## Habersack-Schnellübersicht

*Stand: Mai 2023*

(E = Ergänzungsband)

Habersack
Deutsche Gesetze
Gebundene Ausgabe
II/2023

# Habersack
# Deutsche Gesetze

**Gebundene Ausgabe**
**II/2023**

Herausgegeben von
**Prof. Dr. Mathias Habersack**
Ludwig-Maximilians-Universität München

Begründet von
Dr. Heinrich Schönfelder

Stand: 7. August 2023

C.H.BECK

**Redaktioneller Hinweis:**
Paragraphenüberschriften in eckigen Klammern sind nichtamtlich.
Sie sind ebenso wie die Fußnoten urheber- und wettbewerbsrechtlich geschützt.

**www.beck.de**

ISBN 978 3 406 80489 2


Wilhelmstraße 9, 80801 München

Druck und Bindung: Druckerei C.H.Beck Nördlingen
(Adresse wie Verlag)
Umschlaggestaltung: Agentur 42 | Konzept&Design

$CO_2$
neutral
chbeck.de/nachhaltig

Gedruckt auf säurefreiem, alterungsbeständigem Papier
(hergestellt aus chlorfrei gebleichtem Zellstoff)

## Geleitwort zur Ergänzungslieferung

Die 195. Ergänzungslieferung bringt Ihre Textsammlung „Habersack, Deutsche Gesetze" auf den Stand der Gesetzgebung vom 7. August 2023.

Das Gesetz zur Anpassung des Allgemeinen Eisenbahngesetzes an die VO (EU) 2021/782 über die Rechte und Pflichten der Fahrgäste im Eisenbahnverkehr sowie zur Änderung des EGBGB vom 26.7.2023 (BGBl. 2023 I Nr. 205) brachte eine Änderung im EGBGB (Nr. **21**).

Die Verordnung zum Neuerlass der Fahrzeug-Zulassungsverordnung und zur Änderung weiterer Vorschriften vom 20.7.2023 (BGBl. 2023 I Nr. 199) änderte die StVO (Nr. **35a**).

Das Gesetz zur Umsetzung der Richtlinie (EU) 2021/2101 im Hinblick auf die Offenlegung von Ertragsteuerinformationen durch bestimmte Unternehmen und Zweigniederlassungen sowie zur Änderung des Verbraucherstreitbeilegungsgesetzes und des Pflichtversicherungsgesetzes vom 19.6.2023 (BGBl. 2023 I Nr. 154) brachte Änderungen im HGB (Nr. **50**) mit EG (Nr. **50a**), im AktG (Nr. **51**) mit EG (Nr. **51a**), im PflichtVG (Nr. **63**) und im JVKostG (Nr. **120**).

Das Gesetz zur Änderung des Energiesicherungsgesetzes und des Gesetzes gegen Wettbewerbsbeschränkungen vom 23.6.2023 (BGBl. 2023 I Nr. 167) änderte das GWB (Nr. **74**).

Das StGB (Nr. **85**) mit EG (Nr. **85a**) und die StPO (Nr. **90**) erfuhren Änderungen mWv 1.10.2023 durch das Gesetz zur Überarbeitung des Sanktionenrechts – Ersatzfreiheitsstrafe, Strafzumessung, Auflagen und Weisungen sowie Unterbringung in einer Entziehungsanstalt vom 26.7.2023 (BGBl. 2023 I Nr. 203).

Das Pflegeunterstützungs- und -entlastungsgesetz vom 19.6.2023 (BGBl. 2023 I Nr. 155) brachte eine Änderung im FamFG (Nr. **112**).

Bestandteil dieser Lieferung ist schließlich auch ein vollständig überarbeitetes Sachverzeichnis.

## Vorschau

# Entwurf eines Gesetzes zur Förderung des Einsatzes von Videokonferenztechnik in der Zivilgerichtsbarkeit und den Fachgerichtsbarkeiten

(Inkrafttreten: überwiegend nach Verkündung)

Der Gesetzentwurf der Bundesregierung (BR-Drucks. 228/23) will die Möglichkeiten des Einsatzes von Videokonferenztechnik in den Verfahrensordnungen über die geltende Rechtslage hinaus ausweiten. Kernstück ist die Neufassung des § 128a ZPO. Danach soll künftig das Gericht (in Person der Vorsitzenden oder des Vorsitzenden) eine Videoverhandlung nicht mehr nur gestatten, sondern auch anordnen können. Der Adressat dieser Anordnung kann gegen sie innerhalb einer Frist von zwei Wochen Einspruch einlegen. Der Einspruch muss nicht begründet werden. Wird er fristgerecht eingelegt, hebt die oder der Vorsitzende die Anordnung für alle Verfahrensbeteiligten auf. Die Regelungen zur Beweisaufnahme per Bild- und Tonübertragung sollen aus systematischen Gründen in § 284 ZPO verschoben werden. Es soll zukünftig auch eine Videobeweisaufnahme angeordnet werden können, wobei den zu vernehmenden Parteien und Zeugen ein Einspruchsrecht gegen die Anordnung zusteht. Auch eine Inaugenscheinnahme im Wege der Videobeweisaufnahme soll zukünftig zugelassen werden. Darüber hinaus soll auch die Abgabe von Anträgen und Erklärungen zu Protokoll der Geschäftsstelle per Bild- und Tonübertragung ermöglicht werden (§ 129a ZPO). Bisher ist die persönliche Anwesenheit der Rechtsuchenden in der Rechtsantragstelle Voraussetzung. Die Vorschriften im Gerichtsverfassungsgesetz für blinde oder sehbehinderte Menschen sollen modernisiert werden, um für diese die barrierefreie Zugänglichmachung von Videokonferenztechnik in gerichtlichen Verfahren gesetzlich zu verankern. Schließlich soll die Möglichkeit geschaffen werden, sogenannte vollvirtuelle Videoverhandlungen in der Zivilgerichtsbarkeit zu erproben, bei der sich auch die oder der Vorsitzende nicht mehr im Sitzungssaal aufhält und eine Videoverhandlung beispielsweise auch aus dem heimischen Arbeitszimmer leiten kann. Um auch in diesen Fällen bei öffentlichen Verhandlungen die Öffentlichkeit zu gewährleisten, muss eine solche Videoverhandlung zusätzlich in einen öffentlich zugänglichen Raum im Gericht in Bild und Ton übertragen werden.

# Vorwort

Die von Heinrich Schönfelder 1931 begründete Textsammlung ist in den ersten drei Auflagen als gebundene Ausgabe erschienen. Seit 1935 wurde sie dann aber ausschließlich als Loseblattsammlung vertrieben und heißt mittlerweile „Habersack Deutsche Gesetze". Mit dieser gebundenen Ausgabe knüpft der Verlag an die ursprüngliche Form des „Habersack" an. Dabei entspricht diese Ausgabe in Inhalt und Systematik der weiterhin lieferbaren Loseblattausgabe.

Die Schnellübersicht, die auf dem Vorsatz (Buchdeckelinnenseite vorne) abgedruckt ist, ermöglicht ein erstes rasches Auffinden der einzelnen Gesetze der Textsammlung. Detaillierte Inhaltsverzeichnisse, geordnet nach Systematik und nach Alphabet dienen dem genaueren Überblick über die enthaltenen Gesetze. Zur leichteren Unterrichtung über Aufbau und Gliederung der einzelnen Gesetze wurde ihnen eine Inhaltsübersicht vorangestellt. Soweit der Gesetzgeber Paragraphen nicht mit Überschriften versehen hat, sind diese vom Verlag in eckigen Klammern eingefügt worden. Die nichtamtliche Satznummerierung soll dem Benutzer der Sammlung das Auffinden von Gesetzesstellen erleichtern. Änderungstabellen vor den einzelnen Gesetzen ermöglichen einen raschen Überblick über die Änderungen des Gesetzeswortlauts im Einzelnen. Bei den geänderten Paragraphen wird außerdem in einer Anmerkung auf die ändernde Vorschrift hingewiesen. In den Gesetzestexten sind nur Änderungen berücksichtigt, die der Gesetzgeber ausdrücklich vorgenommen hat. Sonstige (mittelbare) Änderungen werden durch Kursivdruck kenntlich gemacht. Darüber hinaus dienen Anmerkungen mit Verweisungen auf andere zu beachtende Vorschriften des Bundes- oder Landesrechts und ein ausführliches Sachregister dem schnellen Zugriff auf die benötigten Rechtsnormen.

Viele Anregungen zur Ausgestaltung des „Habersack" sowie Verbesserungsvorschläge und Hinweise auf unvermeidliche Druckfehler verdankt der Verlag der ständigen Mitarbeit der Bezieher. Er bittet darum, ihm auch weiterhin Vorschläge und Wünsche mitzuteilen. Der Verlag wird stets bemüht sein, ihnen nach Möglichkeit zu entsprechen.

München, im August 2023

Verlag C. H. Beck oHG
Wilhelmstraße 5–9, 80801 München

# Inhaltsübersicht

# Inhaltsverzeichnis I

(Systematisch geordnet)

*Straf- und Strafverfahrensrecht, Ordnungswidrigkeitenrecht*



*Gerichtsverfassung*



*Recht der juristischen Berufe*



*Zivilverfahrensrecht*

# Inhaltsverzeichnis II

(Alphabetisch geordnet)

# Abkürzungen

aaO ........................... am angegebenen Ort
ABl. ......................... Amtsblatt
Abs. ......................... Absatz
AGG ......................... Allgemeines Gleichbehandlungsgesetz
AHKABl. ................. Amtsblatt der Alliierten Hohen Kommission in Deutschland
AktG ......................... Aktiengesetz
AllMBl. ...................... Allgemeines Ministerialblatt
AmABl. .................... Amtsblatt der Militärregierung Deutschland, Amerikanische Zone
Amtl. Anz. ............... Amtlicher Anzeiger
Amtsbl. .................... Amtsblatt
AMVO ...................... Altbaumietenverordnung
AnfG ......................... Gesetz über die Anfechtung von Rechtshandlungen eines Schuldners außerhalb des Insolvenzverfahrens
angef. ....................... angefügt
Anm. ........................ Anmerkung
AO ........................... Anordnung
AP ............................ Arbeitsrechtliche Praxis, Nachschlagewerk des Bundesarbeitsgerichts
ArbGG ...................... Arbeitsgerichtsgesetz
Art. ........................... Artikel
aufgeh. ..................... aufgehoben
AV ............................ Allgemeine Verfügung
AVO ......................... Ausführungsverordnung
AZ ............................ frühere Amerikanische Zone

BAnz. ....................... Bundesanzeiger
BayBS ....................... Bereinigte Sammlung des bayerischen Landesrechts 1802 bis 1956
BayBSVJu ................ Bereinigte Sammlung der bayerischen Justizverwaltungsvorschriften 1863 bis 30. 6. 1957
BayRS ....................... Bayerische Rechtssammlung
Bek. ........................... Bekanntmachung
ber. ............................ berichtigt
Beschl. ...................... Beschluß
BGB .......................... Bürgerliches Gesetzbuch
BGB-InfoV .............. BGB-Informationspflichten-Verordnung
BGBl. I bzw. II ......... Bundesgesetzblatt Teil I bzw. II (ab 1951)
BGBl. III .................. Bereinigte Sammlung des Bundesrechts, abgeschlossen am 31. 12. 1968 (in Nachweisform fortgeführt durch FNA)
BGH .......................... Bundesgerichtshof
BGHZ ....................... Entscheidungen des Bundesgerichtshofes in Zivilsachen
bish. .......................... bisherige
BMJV ....................... Bundesministerium der Justiz und für Verbraucherschutz

## Abkürzungen

| | |
|---|---|
| BRAGO | Bundesgebührenordnung für Rechtsanwälte |
| BritABl. | Amtsblatt der Militärregierung Deutschland, Britisches Kontrollgebiet |
| BVerfG | Bundesverfassungsgericht |
| BZ | frühere Britische Zone |
| BZRG | Bundeszentralregistergesetz |
| DJ | Deutsche Justiz |
| DVO | Durchführungsverordnung |
| EG | Europäische Gemeinschaften; Einführungsgesetz (iVm anderen Gesetzesabkürzungen) |
| EGAktG | Einführungsgesetz zum Aktiengesetz |
| EGBGB | Einführungsgesetz zum Bürgerlichen Gesetzbuche |
| EGGVG | Einführungsgesetz zum Gerichtsverfassungsgesetz |
| EGHGB | Einführungsgesetz zum Handelsgesetzbuche |
| EGInsO | Einführungsgesetz zur Insolvenzordnung |
| EGStPO | Einführungsgesetz zur Strafprozeßordnung |
| EGVVG | Einführungsgesetz zu dem Gesetz über den Versicherungsvertrag |
| EGZPO | Einführungsgesetz zur Zivilprozeßordnung |
| eingef. | eingefügt |
| Entsch. | Entscheidung |
| ErbbauRG | Gesetz über das Erbbaurecht |
| Erl. | Erlaß |
| EUR | Euro |
| EVertr. | Einigungsvertrag |
| EWGV | EWG-Vertrag |
| FamFG | Gesetz über das Verfahren in Familiensachen und in den Angelegenheiten der freiwilligen Gerichtsbarkeit |
| FamGKG | Gesetz über Gerichtskosten in Familiensachen |
| FamRÄndG | Familienrechtsänderungsgesetz |
| ff. | folgende |
| FGG-RG | Gesetz zur Reform des Verfahrens in Familiensachen und in den Angelegenheiten der freiwilligen Gerichtsbarkeit |
| FNA | Bundesgesetzblatt Teil I, Fundstellennachweis A (Bundesrecht ohne völkerrechtliche Vereinbarungen) |
| FZ | frühere Französische Zone |
| G | Gesetz |
| GBl. | Gesetzblatt |
| GBO | Grundbuchordnung |
| geänd. | geändert |
| GenG | Genossenschaftsgesetz |
| GG | Grundgesetz für die Bundesrepublik Deutschland |
| GKG | Gerichtskostengesetz |
| GmbHG | Gesetz betreffend die Gesellschaften mit beschränkter Haftung |

| | |
|---|---|
| GMBl. | Gemeinsames Ministerialblatt |
| GNotKG | Gerichts- und Notarkostengesetz |
| GrdstVG | Grundstückverkehrsgesetz |
| GRMG | Geschäftsraummietengesetz |
| GS NW | Sammlung des bereinigten Landesrechts Nordrhein-Westfalen 1945 bis 1956 |
| GVBl. (bzw. GVOBl.) | Gesetz- und Verordnungsblatt |
| GVBl. Sb. I | Sammlung des bereinigten niedersächsischen Rechts 9. 5. 1945 bis 31. 12. 1958 (Sonderband I) |
| GVG | Gerichtsverfassungsgesetz |
| GvKostG | Gesetz über Kosten der Gerichtsvollzieher |
| GWB | Gesetz gegen Wettbewerbsbeschränkungen |
| | |
| HambSLR | Sammlung des bereinigten hamburgischen Landesrechts |
| HGB | Handelsgesetzbuch |
| HPflG | Haftpflichtgesetz |
| | |
| idF | in der Fassung |
| InsO | Insolvenzordnung |
| iSd | im Sinne des |
| | |
| JBeitrO | Justizbeitreibungsordnung |
| JBl. | Justizblatt |
| JGG | Jugendgerichtsgesetz |
| JMBl. | Justizministerialblatt |
| JO | Amtsblatt des Französischen Oberkommandos in Deutschland (Journal Officiel) |
| JVBl. | Justizverwaltungsblatt |
| JVEG | Justizvergütungs- und -entschädigungsgesetz |
| JZ | Juristenzeitung |
| | |
| KfzPflVV | Kraftfahrzeug-Pflichtversicherungsverordnung |
| KostO | Kostenordnung |
| KRABl. | Amtsblatt des Kontrollrats in Deutschland |
| KRG | Kontrollratsgesetz |
| KSchG | Kündigungsschutzgesetz |
| KunstUrhG | Gesetz betreffend das Urheberrecht an Werken der bildenden Künste und der Photographie |
| | |
| LPachtVG | Landpachtverkehrsgesetz |
| LPartG | Lebenspartnerschaftsgesetz |
| LV | Landesverfügung |
| LwVG | Gesetz über das gerichtliche Verfahren in Landwirtschaftssachen |
| | |
| MarkenG | Gesetz über den Schutz von Marken und sonstigen Kennzeichen |
| MediatG | Mediationsgesetz |
| MDR | Monatsschrift für deutsches Recht |

# Abkürzungen

| | |
|---|---|
| MRABl. | Amtsblatt der Militärregierung Deutschland |
| mWv | mit Wirkung vom |
| NdsRpfl. | Niedersächsische Rechtspflege |
| neugef. | neugefaßt |
| NJW | Neue Juristische Wochenschrift |
| Nov. | Novelle |
| OWiG | Gesetz über Ordnungswidrigkeiten |
| PartGG | Partnerschaftsgesellschaftsgesetz |
| Preuß. GS | Preußische Gesetzsammlung |
| ProdHaftG | Produkthaftungsgesetz |
| ProdSG | Produktsicherheitsgesetz |
| PStG | Personenstandsgesetz |
| PublG | Publizitätsgesetz |
| RBerG | Rechtsberatungsgesetz |
| RdErl. | Runderlaß |
| RegBl. | Regierungsblatt |
| RGBl. I bzw. II | Reichsgesetzblatt Teil I bzw. II (ab 1922) |
| RHG | Reichshaftpflichtgesetz |
| RJM | Reichsminister der Justiz |
| RPflG | Rechtspflegergesetz |
| SaBremR | Sammlung des bremischen Rechts |
| Sartorius I | Sartorius I, Verfassungs- und Verwaltungsgesetze der Bundesrepublik |
| Sartorius II | Sartorius II, Internationale Verträge, Europarecht |
| ScheckG | Scheckgesetz |
| SchlHAnz. | Schleswig-Holsteinische Anzeigen |
| Schönfelder II | Zivil-, Wirtschafts- und Justizgesetze für die neuen Bundesländer |
| SchuFV | Schuldnerverzeichnisführungsverordnung |
| SchuModG | Gesetz zur Modernisierung des Schuldrechts |
| SchuVAbdrV | Schuldnerverzeichnisabdruckverordnung |
| SchuVVO | Schuldnerverzeichnisverordnung |
| SGB | Sozialgesetzbuch |
| StGB | Strafgesetzbuch |
| StPO | Strafprozeßordnung |
| StrEG | Gesetz über die Entschädigung für Strafverfolgungsmaßnahmen |
| StRÄndG | Strafrechtsänderungsgesetz |
| StVG | Straßenverkehrsgesetz |
| StVO | Straßenverkehrs-OrdnungStVollzG Strafvollzugsgesetz |
| StVZO | Straßenverkehrs-Zulassungs-Ordnung |
| UmweltHG | Umwelthaftungsgesetz |
| UmwG | Umwandlungsgesetz |

| | |
|---|---|
| UrhG | Urheberrechtsgesetz |
| UWG | Gesetz gegen den unlauteren Wettbewerb |
| v. | von, vom |
| VermVV | Vermögensverzeichnisverordnung |
| VersAusglG | Gesetz über den Versorgungsausgleich |
| vgl. | vergleiche |
| VkBl. | Verkehrsblatt |
| VO | Verordnung |
| VOBl. | Verordnungsblatt |
| VOBlBZ | Verordnungsblatt für die Britische Zone |
| VVG | Gesetz über den Versicherungsvertrag |
| VwV | Verwaltungsvorschrift |
| WEG | Wohnungseigentumsgesetz |
| WG | Wechselgesetz |
| WiGBl. | Gesetzblatt der Verwaltung des Vereinigten Wirtschaftsgebietes |
| WiStG | Wirtschaftsstrafgesetz |
| ZPO | Zivilprozeßordnung |
| ZustErgG | Zuständigkeitsergänzungsgesetz |
| ZVG | Gesetz über die Zwangsversteigerung und die Zwangsverwaltung |

# 1. Grundgesetz für die Bundesrepublik Deutschland

Vom 23. Mai 1949

(BGBl. S. 1)[1)]

**BGBl. III/FNA 100-1**

| Lfd. Nr. | Änderndes Gesetz | Datum | Fundstelle | Betroffen | Hinweis |
|---|---|---|---|---|---|
| 1.–36. | Änderungsgesetze bis einschl. G v. 21.12.1983 (BGBl. I S. 1481) nur noch in den Anm. nachgewiesen | | | | |
| 37. | Art. 4 Einigungsvertrag | 31.8.1990 | BGBl. II S. 885, 889 | Art. 51, 135a | geänd. mWv 29.9.1990 |
| | | | | Präambel, 146 | neu gef. mWv 29.9.1990 |
| | | | | Art. 143 | eingef. mWv 29.9.1990 |
| | | | | Art. 23 | aufgeh. mWv 29.9.1990 |
| 38. | Art. 1 ÄndG | 14.7.1992 | BGBl. I S. 1254 | Art. 87d | geänd. mWv 22.7.1992 |
| 39. | Art. 1 ÄndG | 21.12.1992 | BGBl. I S. 2086 | Art. 24, 28, 52, 88, 115e | geänd. mWv 25.12.1992 |
| | | | | Art. 50 | neu gef. mWv 25.12.1992 |
| | | | | Art. 23, 45 | eingef. mWv 25.12.1992 |
| 40. | Art. 1 ÄndG | 28.6.1993 | BGBl. I S. 1002 | Art. 16, 18 | geänd. mWv 30.6.1993 |
| | | | | Art. 16a | eingef. mWv 30.6.1993 |
| 41. | Art. 1 ÄndG | 20.12.1993 | BGBl. I S. 2089 | Art. 73, 74, 80, 87 | geänd. mWv 23.12.1993 |
| | | | | Art. 87e, 106a, 143a | eingef. mWv 23.12.1993 |
| 42. | Art. 1 ÄndG | 30.8.1994 | BGBl. I S. 2245 | Art. 73, 80, 87 | geänd. mWv 3.9.1994 |
| | | | | Art. 87f, 143b | eingef. mWv 3.9.1994 |
| 43. | Art. 1 ÄndG | 27.10.1994 | BGBl. I S. 3146 | Art. 3, 28, 29, 74, 75, 76, 77, 80, 87, 93 | geänd. mWv 15.11.1994 |
| | | | | Art. 72 | neu gef. mWv 15.11.1994 |
| | | | | Art. 20a, 118a, 125a | eingef. mWv 15.11.1994 |

[1)] In der im Bundesgesetzblatt Teil III, Gliederungsnummer 100-1, veröffentlichten bereinigten Fassung.
Die im BGBl. III abgedruckten amtlichen Änderungsnachweise und Verweise auf die Gliederungsnummern anderer Vorschriften sind nur in der online-Version wiedergegeben.
In den redaktionellen Änderungsfußnoten sind abweichend von der üblichen Praxis in Beck'schen Textausgaben alle Änderungen seit dem Erlass des Grundgesetzes aufgeführt, nicht nur diejenigen nach der Bereinigung durch das BGBl. III oder nach zwischenzeitlicher Neufassung von Artikeln.

| Lfd. Nr. | Änderndes Gesetz | Datum | Fundstelle | Betroffen | Hinweis |
|---|---|---|---|---|---|
| 44. | Art. 1 ÄndG | 3.11.1995 | BGBl. I S. 1492 | Art. 106 | geänd. mWv 11.11.1995 |
| 45. | Art. 1 ÄndG | 20.10.1997 | BGBl. I S. 2470 | Art. 28, 106 | geänd. mWv 25.10.1997 |
| 46. | Art. 1 ÄndG | 26.3.1998 | BGBl. I S. 610 | Art. 13 | geänd. mWv 1.4.1998 |
| 47. | Art. 1 ÄndG | 16.7.1998 | BGBl. I S. 1822 | Art. 39 | geänd. mWv 27.10.1998 |
| 48. | Art. 1 ÄndG (Art. 16) | 29.11.2000 | BGBl. I S. 1633 | Art. 16 | geänd. mWv 2.12.2000 |
| 49. | Art. 1 ÄndG (Art. 12a) | 19.12.2000 | BGBl. I S. 1755 | Art. 12a | geänd. mWv 23.12.2000 |
| 50. | Art. 1 ÄndG (Art. 108) | 26.11.2001 | BGBl. I S. 3219 | Art. 108 | geänd. mWv 30.11.2000 |
| 51. | Art. 1 ÄndG (Staatsziel Tierschutz) | 26.7.2002 | BGBl. I S. 2862 | Art. 20a | geänd. mWv 1.8.2002 |
| 52. | Art. 1 ÄndG (Art. 96) | 26.7.2002 | BGBl. I S. 2863 | Art. 96 | geänd. mWv 1.8.2002 |
| 53. | Art. 1 ÄndG (Art. 22, 23, 33, 52, 72, 73, 74, 74a, 75, 84, 85, 87c, 91a, 91b, 93, 98, 104a, 104b, 105, 107, 109, 125a, 125b, 125c, 143c) | 28.8.2006 | BGBl. I S. 2034 | Art. 22, 23, 33, 52, 72, 73, 74, 84, 85, 87c, 91a, 93, 98, 104a, 105, 107, 109 | geänd. mWv 1.9.2006 |
| | | | | Art. 91b, 93, 125a | neu gef. mWv 1.9.2006 |
| | | | | Art. 104b, 125b, 125c, 143c | eingef. mWv 1.9.2006 |
| | | | | Art. 74a, 75 | aufgeh. mit Ablauf des 31.8.2006 |
| 54. | Art. 1 ÄndG (Art. 23, 45, 93) | 8.10.2008 | BGBl. I S. 1926 | Art. 23, 45, 93 | geänd. mWv 1.12.2009 |
| 55. | Art. 1 ÄndG (Art. 106, 106b, 107, 108) | 19.3.2009 | BGBl. I S. 606 | Art. 107, 108 | geänd. mWv 26.3.2009 |
| | | | | Art. 106b | eingef. mWv 26.3.2009 |
| | | | | Art. 106 | geänd. mWv 1.7.2009 |
| 56. | Art. 1 ÄndG (Art. 45d) | 17.7.2009 | BGBl. I S. 1977 | Art. 45d | eingef. mWv 23.7.2009 |
| 57. | Art. 1 ÄndG (Art. 87d) | 29.7.2009 | BGBl. I S. 2247 | Art. 87d | geänd. mWv 1.8.2009 |
| 58. | Art. 1 ÄndG (Art. 91c, 91d, 104b, 109, 109a, 115, 143d) | 29.7.2009 | BGBl. I S. 2248 | Überschrift Abschnitt VIIIa, Art. 104b, 109, 115 | geänd. mWv 1.8.2009 |
| | | | | Art. 91c, 91d, 109a, 143d | eingef. mWv 1.8.2009 |
| 59. | Art. 1 ÄndG (Art. 91e) | 21.7.2010 | BGBl. I S. 944 | Art. 91e | eingef. mWv 27.7.2010 |
| 60. | Art. 1 ÄndG (Art. 93) | 11.7.2012 | BGBl. I S. 1478 | Art. 93 | geänd. mWv 17.7.2012 |
| 61. | Art. 1 ÄndG (Art. 91b) | 23.12.2014 | BGBl. I S. 2438 | Art. 91b | geänd. mWv 1.1.2015 |
| 62. | Art. 1 ÄndG (Art. 21) | 13.7.2017 | BGBl. I S. 2346 | Art. 21 | geänd. mWv 20.7.2017 |

| Lfd. Nr. | Änderndes Gesetz | Datum | Fundstelle | Betroffen | Hinweis |
|---|---|---|---|---|---|
| 63. | Art. 1 ÄndG (Art. 90, 91c, 104b, 104c, 107, 108, 109a, 114, 125c, 143d, 143e, 143f, 143g) | 13.7.2017 | BGBl. I S. 2347 | Art. 90, 91c, 104b, 107, 108, 109a, 114, 125c, 143d | geänd. mWv 20.7.2017 |
| | | | | Art. 104c, 143e, 143f, 143g | eingef. mWv 20.7.2017 |
| 64. | Art. 1 ÄndG (Art. 104b, 104c, 104d, 125c, 143e) | 28.3.2019 | BGBl. I S. 404 | Art. 104b, 125c, 143e | geänd. mWv 4.4.2019 |
| | | | | Art. 104c | neu gef. mWv 4.4.2019 |
| | | | | Art. 104d | eingef. mWv 4.4.2019 |
| 65. | Art. 1 ÄndG (Art. 72, 105, 125b) | 15.11. 2019 | BGBl. I S. 1546 | Art. 72, 105, 125b | geänd. mWv 21.11.2019 |
| 66. | Art. 1 und 2 ÄndG (Art. 104a, 143h) | 29.9.2020 | BGBl. I S. 2048 | Art. 104a | geänd. mWv 8.10.2020 |
| | | | | Art. 143h | eingef. mWv 8.10.2020–31.12.2020 |
| 67. | Art. 1 ÄndG (Art. 87a) | 28.6.2022 | BGBl. I S. 968 | Art. 87a | geänd. mWv 1.7.2022 |
| 68. | Art. 1 ÄndG (Art. 82) | 19.12. 2022 | BGBl. I S. 2478 | Art. 82 | geänd. mWv 24.12.2022 |

**Nichtamtliche Gliederungsübersicht**



## [Verkündungsformel]

Der Parlamentarische Rat hat am 23. Mai 1949 in Bonn am Rhein in öffentlicher Sitzung festgestellt, daß das am 8. Mai des Jahres 1949 vom Parlamentarischen Rat beschlossene Grundgesetz für die Bundesrepublik Deutschland in der Woche vom 16. bis 22. Mai 1949 durch die Volksvertretungen von mehr als Zweidritteln der beteiligten deutschen Länder angenommen worden ist.

Auf Grund dieser Feststellung hat der Parlamentarische Rat, vertreten durch seine Präsidenten, das Grundgesetz ausgefertigt und verkündet.

Das Grundgesetz wird hiermit gemäß Artikel 145 Abs. 3 im Bundesgesetzblatt veröffentlicht:

## Präambel[1)]

[1] Im Bewußtsein seiner Verantwortung vor Gott und den Menschen,

von dem Willen beseelt, als gleichberechtigtes Glied in einem vereinten Europa dem Frieden der Welt zu dienen, hat sich das Deutsche Volk kraft seiner verfassungsgebenden Gewalt dieses Grundgesetz gegeben.

[2] Die Deutschen[2)] in den Ländern Baden-Württemberg, Bayern, Berlin, Brandenburg, Bremen, Hamburg, Hessen, Mecklenburg-Vorpommern, Niedersachsen, Nordrhein-Westfalen, Rheinland-Pfalz, Saarland, Sachsen, Sachsen-Anhalt, Schleswig-Holstein und Thüringen haben in freier Selbstbestimmung die Einheit und Freiheit Deutschlands vollendet. [3] Damit gilt dieses Grundgesetz für das gesamte Deutsche Volk.

---

1) Präambel neu gef. mWv 29.9.1990 durch EVertr. v. 31.8.1990 (BGBl. II S. 885, 889).
2) Zum Begriff des „Deutschen" siehe Art. 116 Abs. 1.

## I. Die Grundrechte[1)]

**Art. 1**[2) 3)] **[Schutz der Menschenwürde, Menschenrechte, Grundrechtsbindung]** (1) [1] Die Würde des Menschen ist unantastbar. [2] Sie zu achten und zu schützen ist Verpflichtung aller staatlichen Gewalt.

(2) Das Deutsche Volk bekennt sich darum zu unverletzlichen und unveräußerlichen Menschenrechten als Grundlage jeder menschlichen Gemeinschaft, des Friedens und der Gerechtigkeit in der Welt.

(3) Die nachfolgenden Grundrechte binden Gesetzgebung, vollziehende Gewalt und Rechtsprechung als unmittelbar geltendes Recht.

**Art. 2 [Freie Entfaltung der Persönlichkeit, Recht auf Leben, körperliche Unversehrtheit, Freiheit der Person]** (1) Jeder hat das Recht auf die freie Entfaltung seiner Persönlichkeit, soweit er nicht die Rechte anderer verletzt und nicht gegen die verfassungsmäßige Ordnung oder das Sittengesetz verstößt.

(2) [1] Jeder hat das Recht auf Leben und körperliche Unversehrtheit. [2] Die Freiheit der Person ist unverletzlich.[4)] [3] In diese Rechte darf nur auf Grund eines Gesetzes eingegriffen werden.[5)]

**Art. 3**[6) 7)] **[Gleichheit vor dem Gesetz]** (1) Alle Menschen sind vor dem Gesetz gleich.

(2) [1] Männer und Frauen sind gleichberechtigt. [2] Der Staat fördert die tatsächliche Durchsetzung der Gleichberechtigung von Frauen und Männern und wirkt auf die Beseitigung bestehender Nachteile hin.

(3)[8)] [1] Niemand darf wegen seines Geschlechtes, seiner Abstammung, seiner Rasse, seiner Sprache, seiner Heimat und Herkunft, seines Glaubens, seiner religiösen oder politischen Anschauungen benachteiligt oder bevorzugt werden. [2] Niemand darf wegen seiner Behinderung benachteiligt werden.

**Art. 4 [Glaubens-, Gewissens- und Bekenntnisfreiheit, Kriegsdienstverweigerung]** (1) Die Freiheit des Glaubens, des Gewissens und die Freiheit des religiösen und weltanschaulichen Bekenntnisses sind unverletzlich.

(2)[9)] Die ungestörte Religionsausübung wird gewährleistet.

(3) [1] Niemand darf gegen sein Gewissen zum Kriegsdienst mit der Waffe gezwungen werden. [2] Das Nähere regelt ein Bundesgesetz.[10)]

---

[1)] Siehe hierzu auch die Konvention zum Schutz der Menschenrechte und Grundfreiheiten **(Sartorius Nr. 1003)**.

[2)] Art. 1 Abs. 3 neu gef. mWv 22.3.1956 durch G v. 19.3.1956 (BGBl. I S. 111).

[3)] Zur Unzulässigkeit der Änderung des Art. 1 siehe Art. 79 Abs. 3.

[4)] Zur Freiheitsentziehung siehe Art. 104.

[5)] Siehe hierzu ua Buch 7 (§§ 415 ff. – Verfahren in Freiheitsentziehungssachen) des G über das Verfahren in Familiensachen und in den Angelegenheiten der freiwilligen Gerichtsbarkeit (FamFG) (Nr. **112**).

[6)] Art. 3 Abs. 2 Satz 2 und Abs. 3 Satz 2 angef. mWv 15.11.1994 durch G v. 27.10.1994 (BGBl. I S. 3146).

[7)] Siehe hierzu auch Art. 33 Abs. 2 GG sowie Art. 136 Abs. 1 und 2 WRV, wiedergegeben im Anschluss an Art. 146.

[8)] Siehe hierzu das Allgemeine GleichbehandlungsG (Nr. **34**).

[9)] Siehe hierzu auch Art. 136 Abs. 3 und 4 WRV, wiedergegeben im Anschluss an Art. 146.

[10)] Siehe das WehrpflichtG **(Sartorius Nr. 620)**, KriegsdienstverweigerungsG **(Sartorius Nr. 626)** und das ZivildienstG **(Sartorius Nr. 625)**.

**Art. 5 [Recht der freien Meinungsäußerung, Medienfreiheit, Kunst- und Wissenschaftsfreiheit]** (1) [1]Jeder hat das Recht, seine Meinung in Wort, Schrift und Bild frei zu äußern und zu verbreiten und sich aus allgemein zugänglichen Quellen ungehindert zu unterrichten. [2]Die Pressefreiheit und die Freiheit der Berichterstattung durch Rundfunk und Film werden gewährleistet. [3]Eine Zensur findet nicht statt.

(2) Diese Rechte finden ihre Schranken in den Vorschriften der allgemeinen Gesetze, den gesetzlichen Bestimmungen zum Schutze der Jugend und in dem Recht der persönlichen Ehre.

(3) [1]Kunst und Wissenschaft, Forschung und Lehre sind frei. [2]Die Freiheit der Lehre entbindet nicht von der Treue zur Verfassung.

**Art. 6[1)] [Ehe, Familie, nicht eheliche Kinder]** (1) Ehe und Familie stehen unter dem besonderen Schutze der staatlichen Ordnung.

(2) [1]Pflege und Erziehung der Kinder sind das natürliche Recht der Eltern und die zuvörderst ihnen obliegende Pflicht. [2]Über ihre Betätigung wacht die staatliche Gemeinschaft.

(3) Gegen den Willen der Erziehungsberechtigten dürfen Kinder nur auf Grund eines Gesetzes von der Familie getrennt werden, wenn die Erziehungsberechtigten versagen oder wenn die Kinder aus anderen Gründen zu verwahrlosen drohen.

(4) Jede Mutter hat Anspruch auf den Schutz und die Fürsorge der Gemeinschaft.

(5) Den unehelichen[2)] Kindern sind durch die Gesetzgebung die gleichen Bedingungen für ihre leibliche und seelische Entwicklung und ihre Stellung in der Gesellschaft zu schaffen wie den ehelichen Kindern.

**Art. 7 [Schulwesen]** (1) Das gesamte Schulwesen steht unter der Aufsicht des Staates.

(2) Die Erziehungsberechtigten haben das Recht, über die Teilnahme des Kindes am Religionsunterricht zu bestimmen.

(3) [1]Der Religionsunterricht ist in den öffentlichen Schulen mit Ausnahme der bekenntnisfreien Schulen ordentliches Lehrfach.[3)] [2]Unbeschadet des staatlichen Aufsichtsrechtes wird der Religionsunterricht in Übereinstimmung mit den Grundsätzen der Religionsgemeinschaften erteilt. [3]Kein Lehrer darf gegen seinen Willen verpflichtet werden, Religionsunterricht zu erteilen.

(4) [1]Das Recht zur Errichtung von privaten Schulen wird gewährleistet. [2]Private Schulen als Ersatz für öffentliche Schulen bedürfen der Genehmigung des Staates und unterstehen den Landesgesetzen. [3]Die Genehmigung ist zu erteilen, wenn die privaten Schulen in ihren Lehrzielen und Einrichtungen sowie in der wissenschaftlichen Ausbildung ihrer Lehrkräfte nicht hinter den öffentlichen Schulen zurückstehen und eine Sonderung der Schüler nach den Besitzverhältnissen der Eltern nicht gefördert wird. [4]Die Genehmigung ist zu versagen, wenn die wirtschaftliche und rechtliche Stellung der Lehrkräfte nicht genügend gesichert ist.

---

[1)] Siehe hierzu das G über die rechtliche Stellung der nichtehelichen Kinder v. 19.8.1969 (BGBl. I S. 1243), zuletzt geänd. durch G v. 12.4.2011 (BGBl. I S. 615).

[2)] Der Begriff „unehelich" ist durch Art. 9 § 2 G zur Neuregelung des Rechts der elterlichen Sorge v. 18.7.1979 (BGBl. I S. 1061) in allen Bundesgesetzen mit Ausnahme des GG durch den Begriff „nicht ehelich" ersetzt worden.

[3)] Siehe hierzu Art. 141.

(5) Eine private Volksschule ist nur zuzulassen, wenn die Unterrichtsverwaltung ein besonderes pädagogisches Interesse anerkennt oder, auf Antrag von Erziehungsberechtigten, wenn sie als Gemeinschaftsschule, als Bekenntnis- oder Weltanschauungsschule errichtet werden soll und eine öffentliche Volksschule dieser Art in der Gemeinde nicht besteht.

(6) Vorschulen bleiben aufgehoben.

**Art. 8[1] [Versammlungsfreiheit]** (1) Alle Deutschen[2] haben das Recht, sich ohne Anmeldung oder Erlaubnis friedlich und ohne Waffen zu versammeln.

(2) Für Versammlungen unter freiem Himmel kann dieses Recht durch Gesetz oder auf Grund eines Gesetzes beschränkt werden.

**Art. 9[3] [4] [Vereinigungsfreiheit]** (1) Alle Deutschen[2] haben das Recht, Vereine und Gesellschaften zu bilden.

(2) Vereinigungen, deren Zwecke oder deren Tätigkeit den Strafgesetzen zuwiderlaufen oder die sich gegen die verfassungsmäßige Ordnung oder gegen den Gedanken der Völkerverständigung richten, sind verboten.

(3) [1] Das Recht, zur Wahrung und Förderung der Arbeits- und Wirtschaftsbedingungen Vereinigungen zu bilden, ist für jedermann und für alle Berufe gewährleistet. [2] Abreden, die dieses Recht einschränken oder zu behindern suchen, sind nichtig, hierauf gerichtete Maßnahmen sind rechtswidrig. [3] Maßnahmen nach den Artikeln 12a, 35 Abs. 2 und 3, Artikel 87a Abs. 4 und Artikel 91 dürfen sich nicht gegen Arbeitskämpfe richten, die zur Wahrung und Förderung der Arbeits- und Wirtschaftsbedingungen von Vereinigungen im Sinne des Satzes 1 geführt werden.

**Art. 10[5] [Brief-, Post- und Fernmeldegeheimnis]** (1) Das Briefgeheimnis sowie das Post- und Fernmeldegeheimnis sind unverletzlich.

(2) [1] Beschränkungen dürfen nur auf Grund eines Gesetzes[6] angeordnet werden. [2] Dient die Beschränkung dem Schutze der freiheitlichen demokratischen Grundordnung oder des Bestandes oder der Sicherung des Bundes oder eines Landes, so kann das Gesetz bestimmen, daß sie dem Betroffenen nicht mitgeteilt wird und daß an die Stelle des Rechtsweges die Nachprüfung durch von der Volksvertretung bestellte Organe und Hilfsorgane tritt.

**Art. 11[7] [Freizügigkeit]** (1) Alle Deutschen[2] genießen Freizügigkeit im ganzen Bundesgebiet.

(2) Dieses Recht darf nur durch Gesetz[8] oder auf Grund eines Gesetzes und nur für die Fälle eingeschränkt werden, in denen eine ausreichende Lebensgrundlage nicht vorhanden ist und der Allgemeinheit daraus besondere Lasten entstehen würden oder in denen es zur Abwehr einer drohenden Gefahr für den Bestand

---

[1] Siehe hierzu das VersammlungsG **(Sartorius Nr. 435)**.

[2] Zum Begriff des „Deutschen" siehe Art. 116 Abs. 1.

[3] Art. 9 Abs. 3 Satz 3 angef. mWv 28.6.1968 durch G v. 24.6.1968 (BGBl. I S. 709).

[4] Siehe hierzu auch Art. 21 und das VereinsG **(Sartorius Nr. 425)**.

[5] Art. 10 neu gef. mWv 28.6.1968 durch G v. 24.6.1968 (BGBl. I S. 709).

[6] Siehe hierzu ua das G zur Beschränkung des Brief-, Post- und Fernmeldegeheimnisses **(Habersack, Deutsche Gesetze ErgBd. Nr. 90f)** und das G zur Überwachung strafrechtl. und anderer Verbringungsverbote v. 24.5.1961 (BGBl. I S. 607), zuletzt geänd. durch G v. 8.7.2016 (BGBl. I S. 1594).

[7] Art. 11 Abs. 2 neu gef. mWv 28.6.1968 durch G v. 24.6.1968 (BGBl. I S. 709).

[8] Siehe hierzu ua § 51 WehrpflichtG **(Sartorius Nr. 620)** und § 39 ArbeitssicherstellungsG **(Loseblatt-Textsammlung Arbeitsrecht Nr. 101)**.

oder die freiheitliche demokratische Grundordnung des Bundes oder eines Landes, zur Bekämpfung von Seuchengefahr, Naturkatastrophen oder besonders schweren Unglücksfällen, zum Schutze der Jugend vor Verwahrlosung oder um strafbaren Handlungen vorzubeugen, erforderlich ist.

**Art. 12[1)] [Berufsfreiheit]** (1) [1] Alle Deutschen[2)] haben das Recht, Beruf, Arbeitsplatz und Ausbildungsstätte frei zu wählen. [2] Die Berufsausübung kann durch Gesetz oder auf Grund eines Gesetzes geregelt werden.

(2)[3)] Niemand darf zu einer bestimmten Arbeit gezwungen werden, außer im Rahmen einer herkömmlichen allgemeinen, für alle gleichen öffentlichen Dienstleistungspflicht.

(3) Zwangsarbeit ist nur bei einer gerichtlich angeordneten Freiheitsentziehung zulässig.

**Art. 12a[4)] [Dienstverpflichtungen]** (1) Männer können vom vollendeten achtzehnten Lebensjahr an zum Dienst in den Streitkräften, im Bundesgrenzschutz[5)] oder in einem Zivilschutzverband verpflichtet werden.

(2) [1] Wer aus Gewissensgründen den Kriegsdienst mit der Waffe verweigert, kann zu einem Ersatzdienst verpflichtet werden. [2] Die Dauer des Ersatzdienstes darf die Dauer des Wehrdienstes nicht übersteigen. [3] Das Nähere regelt ein Gesetz[6)], das die Freiheit der Gewissensentscheidung nicht beeinträchtigen darf und auch eine Möglichkeit des Ersatzdienstes vorsehen muß, die in keinem Zusammenhang mit den Verbänden der Streitkräfte und des Bundesgrenzschutzes[5)] steht.

(3) [1] Wehrpflichtige, die nicht zu einem Dienst nach Absatz 1 oder 2 herangezogen sind, können im Verteidigungsfalle durch Gesetz oder auf Grund eines Gesetzes zu zivilen Dienstleistungen für Zwecke der Verteidigung einschließlich des Schutzes der Zivilbevölkerung in Arbeitsverhältnisse verpflichtet werden; Verpflichtungen in öffentlich-rechtliche Dienstverhältnisse sind nur zur Wahrnehmung polizeilicher Aufgaben oder solcher hoheitlichen Aufgaben der öffentlichen Verwaltung, die nur in einem öffentlich-rechtlichen Dienstverhältnis erfüllt werden können, zulässig. [2] Arbeitsverhältnisse nach Satz 1 können bei den Streitkräften, im Bereich ihrer Versorgung sowie bei der öffentlichen Verwaltung begründet werden; Verpflichtungen in Arbeitsverhältnisse im Bereiche der Versorgung der Zivilbevölkerung sind nur zulässig, um ihren lebensnotwendigen Bedarf zu decken oder ihren Schutz sicherzustellen.

(4) [1] Kann im Verteidigungsfalle der Bedarf an zivilen Dienstleistungen im zivilen Sanitäts- und Heilwesen sowie in der ortsfesten militärischen Lazarettorganisation nicht auf freiwilliger Grundlage gedeckt werden, so können Frauen vom vollendeten achtzehnten bis zum vollendeten fünfundfünfzigsten Lebensjahr durch Gesetz oder auf Grund eines Gesetzes zu derartigen Dienstleistungen heran-

---

1) Art. 12 neu gef. mWv 22.3.1956 durch G v. 19.3.1956 (BGBl. I S. 111); neu gef. mWv 28.6.1968 durch G v. 24.6.1968 (BGBl. I S. 709).

2) Zum Begriff des „Deutschen" siehe Art. 116 Abs. 1.

3) Siehe hierzu ua §§ 25 ff. WehrpflichtG **(Sartorius Nr. 620)** und das ArbeitssicherstellungsG **(Loseblatt-Textsammlung Arbeitsrecht Nr. 101)**.

4) Art. 12a eingef. mWv 28.6.1968 durch G v. 24.6.1968 (BGBl. I S. 709); Abs. 4 Satz 2 neu gef. mWv 23.12.2000 durch G v. 19.12.2000 (BGBl. I S. 1755).

5) Bezeichnung ab 1.7.2005: „Bundespolizei".

6) Siehe das KriegsdienstverweigerungsG **(Sartorius Nr. 626)** und das ZivildienstG **(Sartorius Nr. 625)**.

gezogen werden. [2] Sie dürfen auf keinen Fall zum Dienst mit der Waffe verpflichtet werden.

(5) [1] Für die Zeit vor dem Verteidigungsfalle können Verpflichtungen nach Absatz 3 nur nach Maßgabe des Artikels 80a Abs. 1 begründet werden. [2] Zur Vorbereitung auf Dienstleistungen nach Absatz 3, für die besondere Kenntnisse oder Fertigkeiten erforderlich sind, kann durch Gesetz oder auf Grund eines Gesetzes die Teilnahme an Ausbildungsveranstaltungen zur Pflicht gemacht werden. [3] Satz 1 findet insoweit keine Anwendung.

(6) [1] Kann im Verteidigungsfalle der Bedarf an Arbeitskräften für die in Absatz 3 Satz 2 genannten Bereiche auf freiwilliger Grundlage nicht gedeckt werden, so kann zur Sicherung dieses Bedarfs die Freiheit der Deutschen[1)], die Ausübung eines Berufs oder den Arbeitsplatz aufzugeben, durch Gesetz oder auf Grund eines Gesetzes eingeschränkt werden. [2] Vor Eintritt des Verteidigungsfalles gilt Absatz 5 Satz 1 entsprechend.

**Art. 13[2)] [Unverletzlichkeit der Wohnung]** (1) Die Wohnung ist unverletzlich.

(2) Durchsuchungen dürfen nur durch den Richter, bei Gefahr im Verzuge auch durch die in den Gesetzen vorgesehenen anderen Organe angeordnet und nur in der dort vorgeschriebenen Form durchgeführt werden.

(3) [1] Begründen bestimmte Tatsachen den Verdacht, daß jemand eine durch Gesetz einzeln bestimmte besonders schwere Straftat begangen hat, so dürfen zur Verfolgung der Tat auf Grund richterlicher Anordnung technische Mittel zur akustischen Überwachung von Wohnungen, in denen der Beschuldigte sich vermutlich aufhält, eingesetzt werden, wenn die Erforschung des Sachverhalts auf andere Weise unverhältnismäßig erschwert oder aussichtslos wäre. [2] Die Maßnahme ist zu befristen. [3] Die Anordnung erfolgt durch einen mit drei Richtern besetzten Spruchkörper. [4] Bei Gefahr im Verzuge kann sie auch durch einen einzelnen Richter getroffen werden.

(4) [1] Zur Abwehr dringender Gefahren für die öffentliche Sicherheit, insbesondere einer gemeinen Gefahr oder einer Lebensgefahr, dürfen technische Mittel zur Überwachung von Wohnungen nur auf Grund richterlicher Anordnung eingesetzt werden. [2] Bei Gefahr im Verzuge kann die Maßnahme auch durch eine andere gesetzlich bestimmte Stelle angeordnet werden; eine richterliche Entscheidung ist unverzüglich nachzuholen.

(5) [1] Sind technische Mittel ausschließlich zum Schutze der bei einem Einsatz in Wohnungen tätigen Personen vorgesehen, kann die Maßnahme durch eine gesetzlich bestimmte Stelle angeordnet werden. [2] Eine anderweitige Verwertung der hierbei erlangten Erkenntnisse ist nur zum Zwecke der Strafverfolgung oder der Gefahrenabwehr und nur zulässig, wenn zuvor die Rechtmäßigkeit der Maßnahme richterlich festgestellt ist; bei Gefahr im Verzuge ist die richterliche Entscheidung unverzüglich nachzuholen.

(6) [1] Die Bundesregierung unterrichtet den Bundestag jährlich über den nach Absatz 3 sowie über den im Zuständigkeitsbereich des Bundes nach Absatz 4 und, soweit richterlich überprüfungsbedürftig, nach Absatz 5 erfolgten Einsatz technischer Mittel. [2] Ein vom Bundestag gewähltes Gremium übt auf der Grundlage

---

[1)] Zum Begriff des „Deutschen" siehe Art. 116 Abs. 1.

[2)] Art. 13 Abs. 3–6 eingef., bish. Abs. 3 wird Abs. 7 mWv 1.4.1998 durch G v. 26.3.1998 (BGBl. I S. 610).

dieses Berichts die parlamentarische Kontrolle aus. [3]Die Länder gewährleisten eine gleichwertige parlamentarische Kontrolle.

(7) Eingriffe und Beschränkungen dürfen im übrigen nur zur Abwehr einer gemeinen Gefahr oder einer Lebensgefahr für einzelne Personen, auf Grund eines Gesetzes[1)] auch zur Verhütung dringender Gefahren für die öffentliche Sicherheit und Ordnung, insbesondere zur Behebung der Raumnot, zur Bekämpfung von Seuchengefahr oder zum Schutze gefährdeter Jugendlicher vorgenommen werden.

**Art. 14 [Eigentum, Erbrecht und Enteignung]** (1) [1]Das Eigentum und das Erbrecht werden gewährleistet. [2]Inhalt und Schranken werden durch die Gesetze bestimmt.

(2) [1]Eigentum verpflichtet. [2]Sein Gebrauch soll zugleich dem Wohle der Allgemeinheit dienen.

(3) [1]Eine Enteignung ist nur zum Wohle der Allgemeinheit zulässig. [2]Sie darf nur durch Gesetz oder auf Grund eines Gesetzes erfolgen, das Art und Ausmaß der Entschädigung regelt. [3]Die Entschädigung ist unter gerechter Abwägung der Interessen der Allgemeinheit und der Beteiligten zu bestimmen. [4]Wegen der Höhe der Entschädigung steht im Streitfalle der Rechtsweg vor den ordentlichen Gerichten offen.

**Art. 15 [Sozialisierung, Überführung in Gemeineigentum]** [1]Grund und Boden, Naturschätze und Produktionsmittel können zum Zwecke der Vergesellschaftung durch ein Gesetz, das Art und Ausmaß der Entschädigung regelt, in Gemeineigentum oder in andere Formen der Gemeinwirtschaft überführt werden. [2]Für die Entschädigung gilt Artikel 14 Abs. 3 Satz 3 und 4 entsprechend.

**Art. 16[2)] [Ausbürgerung, Auslieferung]** (1) [1]Die deutsche Staatsangehörigkeit darf nicht entzogen werden.[3)] [2]Der Verlust der Staatsangehörigkeit darf nur auf Grund eines Gesetzes und gegen den Willen des Betroffenen nur dann eintreten, wenn der Betroffene dadurch nicht staatenlos wird.[4)]

(2) [1]Kein Deutscher[5)] darf an das Ausland ausgeliefert werden.[6)] [2]Durch Gesetz[7)] kann eine abweichende Regelung für Auslieferungen an einen Mitgliedstaat der Europäischen Union oder an einen internationalen Gerichtshof getroffen werden, soweit rechtsstaatliche Grundsätze gewahrt sind.

**Art. 16a[8)] [Asylrecht]** (1) Politisch Verfolgte genießen Asylrecht.

(2) [1]Auf Absatz 1 kann sich nicht berufen, wer aus einem Mitgliedstaat der Europäischen Gemeinschaften oder aus einem anderen Drittstaat einreist, in dem die Anwendung des Abkommens über die Rechtsstellung der Flüchtlinge und der

---

[1)] Siehe ua das JugendschutzG **(Sartorius Nr. 400)**, das Lebensmittel- und Futtermittelgesetzbuch **(Sartorius ErgBd. Nr. 862)** und das InfektionsschutzG **(Sartorius ErgBd. Nr. 285)**.

[2)] Art. 16 Abs. 2 Satz 2 aufgeh. mWv 30.6.1993 durch G v. 28.6.1993 (BGBl. I S. 1002); Abs. 2 Satz 2 angef. mWv 2.12.2000 durch G v. 29.11.2000 (BGBl. I S. 1633).

[3)] Siehe das StaatsangehörigkeitsG **(Sartorius Nr. 15)**.

[4)] Zur Wiedererlangung verlorener deutscher Staatsangehörigkeit siehe Art. 116 Abs. 2.

[5)] Zum Begriff des „Deutschen" siehe Art. 116 Abs. 1.

[6)] Siehe hierzu das G über die internationale Rechtshilfe in Strafsachen **(Habersack, Deutsche Gesetze ErgBd. Nr. 90h)**.

[7)] Siehe das G zu dem Übereinkommen vom 27.9.1996 über die Auslieferung zwischen den Mitgliedstaaten der EU v. 7.9.1998 (BGBl. II S. 2253).

[8)] Art. 16a eingef. mWv 30.6.1993 durch G v. 28.6.1993 (BGBl. I S. 1002).

Konvention zum Schutze der Menschenrechte und Grundfreiheiten[1] sichergestellt ist. [2]Die Staaten außerhalb der Europäischen Gemeinschaften, auf die die Voraussetzungen des Satzes 1 zutreffen, werden durch Gesetz, das der Zustimmung des Bundesrates bedarf, bestimmt. [3]In den Fällen des Satzes 1 können aufenthaltsbeendende Maßnahmen unabhängig von einem hiergegen eingelegten Rechtsbehelf vollzogen werden.

(3) [1]Durch Gesetz[2], das der Zustimmung des Bundesrates bedarf, können Staaten bestimmt werden, bei denen auf Grund der Rechtslage, der Rechtsanwendung und der allgemeinen politischen Verhältnisse gewährleistet erscheint, daß dort weder politische Verfolgung noch unmenschliche oder erniedrigende Bestrafung oder Behandlung stattfindet. [2]Es wird vermutet, daß ein Ausländer aus einem solchen Staat nicht verfolgt wird, solange er nicht Tatsachen vorträgt, die die Annahme begründen, daß er entgegen dieser Vermutung politisch verfolgt wird.

(4) [1]Die Vollziehung aufenthaltsbeendender Maßnahmen wird in den Fällen des Absatzes 3 und in anderen Fällen, die offensichtlich unbegründet sind oder als offensichtlich unbegründet gelten, durch das Gericht nur ausgesetzt, wenn ernstliche Zweifel an der Rechtmäßigkeit der Maßnahme bestehen; der Prüfungsumfang kann eingeschränkt werden und verspätetes Vorbringen unberücksichtigt bleiben. [2]Das Nähere ist durch Gesetz zu bestimmen.

(5) Die Absätze 1 bis 4 stehen völkerrechtlichen Verträgen von Mitgliedstaaten der Europäischen Gemeinschaften untereinander und mit dritten Staaten nicht entgegen, die unter Beachtung der Verpflichtungen aus dem Abkommen über die Rechtsstellung der Flüchtlinge und der Konvention zum Schutze der Menschenrechte und Grundfreiheiten, deren Anwendung in den Vertragsstaaten sichergestellt sein muß, Zuständigkeitsregelungen für die Prüfung von Asylbegehren einschließlich der gegenseitigen Anerkennung von Asylentscheidungen treffen.

**Art. 17 [Petitionsrecht]** Jedermann hat das Recht, sich einzeln oder in Gemeinschaft mit anderen schriftlich mit Bitten oder Beschwerden an die zuständigen Stellen und an die Volksvertretung zu wenden.

### Art. 17a[3] [Grundrechtseinschränkungen bei Wehr- und Ersatzdienst]

(1) Gesetze über Wehrdienst[4] und Ersatzdienst[5] können bestimmen, daß für die Angehörigen der Streitkräfte und des Ersatzdienstes während der Zeit des Wehr- oder Ersatzdienstes das Grundrecht, seine Meinung in Wort, Schrift und Bild frei zu äußern und zu verbreiten (Artikel 5 Abs. 1 Satz 1 erster Halbsatz), das Grundrecht der Versammlungsfreiheit (Artikel 8) und das Petitionsrecht (Artikel 17), soweit es das Recht gewährt, Bitten oder Beschwerden in Gemeinschaft mit anderen vorzubringen, eingeschränkt werden.

(2) Gesetze, die der Verteidigung einschließlich des Schutzes der Zivilbevölkerung dienen, können bestimmen, daß die Grundrechte der Freizügigkeit (Artikel 11) und der Unverletzlichkeit der Wohnung (Artikel 13) eingeschränkt werden.

---

[1] **Sartorius Nr. 1003.**
[2] Siehe das Asylgesetz **(Sartorius Nr. 567)**.
[3] Art. 17a eingef. mWv 22.3.1956 durch G v. 19.3.1956 (BGBl. I S. 111).
[4] Siehe das WehrpflichtG **(Sartorius Nr. 620)**.
[5] Siehe das ZivildienstG **(Sartorius Nr. 625)**.

**Art. 18**[1)] [2)] **[Verwirkung von Grundrechten]** [1] Wer die Freiheit der Meinungsäußerung, insbesondere die Pressefreiheit (Artikel 5 Abs. 1), die Lehrfreiheit (Artikel 5 Abs. 3), die Versammlungsfreiheit (Artikel 8), die Vereinigungsfreiheit (Artikel 9), das Brief-, Post- und Fernmeldegeheimnis (Artikel 10), das Eigentum (Artikel 14) oder das Asylrecht (Artikel 16a) zum Kampfe gegen die freiheitliche demokratische Grundordnung mißbraucht, verwirkt diese Grundrechte. [2] Die Verwirkung und ihr Ausmaß werden durch das Bundesverfassungsgericht ausgesprochen.

**Art. 19**[3)] **[Einschränkung von Grundrechten; Grundrechtsträger; Rechtsschutz]** (1) [1] Soweit nach diesem Grundgesetz ein Grundrecht durch Gesetz oder auf Grund eines Gesetzes eingeschränkt werden kann, muß das Gesetz allgemein und nicht nur für den Einzelfall gelten. [2] Außerdem muß das Gesetz das Grundrecht unter Angabe des Artikels nennen.

(2) In keinem Falle darf ein Grundrecht in seinem Wesensgehalt angetastet werden.

(3) Die Grundrechte gelten auch für inländische juristische Personen, soweit sie ihrem Wesen nach auf diese anwendbar sind.

(4) [1] Wird jemand durch die öffentliche Gewalt in seinen Rechten verletzt, so steht ihm der Rechtsweg offen. [2] Soweit eine andere Zuständigkeit nicht begründet ist, ist der ordentliche Rechtsweg gegeben.[4)] [3] Artikel 10 Abs. 2 Satz 2 bleibt unberührt.

## II. Der Bund und die Länder

**Art. 20**[5)] [6)] **[Bundesstaatliche Verfassung; Widerstandsrecht]** (1) Die Bundesrepublik Deutschland ist ein demokratischer und sozialer Bundesstaat.

(2) [1] Alle Staatsgewalt geht vom Volke aus. [2] Sie wird vom Volke in Wahlen und Abstimmungen[7)] und durch besondere Organe der Gesetzgebung, der vollziehenden Gewalt und der Rechtsprechung ausgeübt.

(3) Die Gesetzgebung ist an die verfassungsmäßige Ordnung, die vollziehende Gewalt und die Rechtsprechung sind an Gesetz und Recht gebunden.[8)]

(4) Gegen jeden, der es unternimmt, diese Ordnung zu beseitigen, haben alle Deutschen[9)] das Recht zum Widerstand, wenn andere Abhilfe nicht möglich ist.

**Art. 20a**[10)] **[Schutz der natürlichen Lebensgrundlagen]** Der Staat schützt auch in Verantwortung für die künftigen Generationen die natürlichen Lebensgrundlagen und die Tiere im Rahmen der verfassungsmäßigen Ordnung durch die Gesetzgebung und nach Maßgabe von Gesetz und Recht durch die vollziehende Gewalt und die Rechtsprechung.

---

1) Art. 18 Satz 1 geänd. mWv 30.6.1993 durch G v. 28.6.1993 (BGBl. I S. 1002).

2) Siehe hierzu § 13 Nr. 1 und §§ 36 ff. BundesverfassungsgerichtsG **(Sartorius Nr. 40)**; zum Verwirkungsverfahren gegen Abgeordnete siehe Art. 46 Abs. 3.

3) Art. 19 Abs. 4 Satz 3 angef. mWv 28.6.1968 durch G v. 24.6.1968 (BGBl. I S. 709).

4) Zur Schadensersatzpflicht des Staates bei Amtspflichtverletzungen siehe Art. 34.

5) Art. 20 Abs. 4 angef. mWv 28.6.1968 durch G v. 24.6.1968 (BGBl. I S. 709).

6) Zur Unzulässigkeit der Änderung des Art. 20 siehe Art. 79 Abs. 3.

7) Zu Wahlen siehe Art. 28 und 38, zu Abstimmungen siehe Art. 29 und 118.

8) Siehe hierzu Art. 1 Abs. 3.

9) Zum Begriff des „Deutschen" siehe Art. 116 Abs. 1.

10) Art. 20a eingef. mWv 15.11.1994 durch G v. 27.10.1994 (BGBl. I S. 3146); geänd. mWv 1.8.2002 durch G v. 26.7.2002 (BGBl. I S. 2862).

**Art. 21**[1)] **[Parteien]** (1) [1]Die Parteien wirken bei der politischen Willensbildung des Volkes mit. [2]Ihre Gründung ist frei. [3]Ihre innere Ordnung muß demokratischen Grundsätzen entsprechen. [4]Sie müssen über die Herkunft und Verwendung ihrer Mittel sowie über ihr Vermögen öffentlich Rechenschaft geben.

(2)[2)] Parteien, die nach ihren Zielen oder nach dem Verhalten ihrer Anhänger darauf ausgehen, die freiheitliche demokratische Grundordnung zu beeinträchtigen oder zu beseitigen oder den Bestand der Bundesrepublik Deutschland zu gefährden, sind verfassungswidrig.

(3) [1]Parteien, die nach ihren Zielen oder dem Verhalten ihrer Anhänger darauf ausgerichtet sind, die freiheitliche demokratische Grundordnung zu beeinträchtigen oder zu beseitigen oder den Bestand der Bundesrepublik Deutschland zu gefährden, sind von staatlicher Finanzierung ausgeschlossen. [2]Wird der Ausschluss festgestellt, so entfällt auch eine steuerliche Begünstigung dieser Parteien und von Zuwendungen an diese Parteien.

(4) Über die Frage der Verfassungswidrigkeit nach Absatz 2 sowie über den Ausschluss von staatlicher Finanzierung nach Absatz 3 entscheidet das Bundesverfassungsgericht.

(5) Das Nähere regeln Bundesgesetze.[3)]

**Art. 22**[4)] **[Bundeshauptstadt, Bundesflagge]** (1) [1]Die Hauptstadt der Bundesrepublik Deutschland ist Berlin. [2]Die Repräsentation des Gesamtstaates in der Hauptstadt ist Aufgabe des Bundes. [3]Das Nähere wird durch Bundesgesetz geregelt.

(2) Die Bundesflagge ist schwarz-rot-gold.[5)]

**Art. 23**[6)] **[Verwirklichung der Europäischen Union; Beteiligung des Bundesrates, der Bundesregierung]** (1) [1]Zur Verwirklichung eines vereinten Europas wirkt die Bundesrepublik Deutschland bei der Entwicklung der Europäischen Union mit, die demokratischen, rechtsstaatlichen, sozialen und föderativen Grundsätzen und dem Grundsatz der Subsidiarität verpflichtet ist und einen diesem Grundgesetz im wesentlichen vergleichbaren Grundrechtsschutz gewährleistet. [2]Der Bund kann hierzu durch Gesetz mit Zustimmung des Bundesrates Hoheitsrechte übertragen. [3]Für die Begründung der Europäischen Union sowie für Änderungen ihrer vertraglichen Grundlagen und vergleichbare Regelungen, durch die dieses Grundgesetz seinem Inhalt nach geändert oder ergänzt wird oder solche Änderungen oder Ergänzungen ermöglicht werden, gilt Artikel 79 Abs. 2 und 3.

---

1) Art. 21 Abs. Satz 4 neu gef. mWv 1.1.1984 durch G v. 21.12.1983 (BGBl. I S. 1481); Abs. 2 Satz 2 aufgeh., Abs. 3 und 4 eingef., bish. Abs. 3 wird Abs. 5 mWv 20.7.2017 durch G v. 13.7.2017 (BGBl. I S. 2346).

2) Siehe hierzu § 13 Nr. 2 und §§ 43 ff. BundesverfassungsgerichtsG **(Sartorius Nr. 40)**.

3) Siehe ua das ParteienG **(Sartorius Nr. 58)**

4) Art. 22 Abs. 1 eingef., bish. Wortlaut wird Abs. 2 mWv 1.9.2006 durch G v. 28.8.2006 (BGBl. I S. 2034).

5) Siehe hierzu die AnO über die deutschen Flaggen **(Sartorius Nr. 52)**, das FlaggenrechtsG idF der Bek. v. 26.10.1994 (BGBl. I S. 3140), zuletzt geänd. durch G v. 10.8.2021 (BGBl. I S. 3436), die Bek. betr. das Bundeswappen und den Bundesadler v. 20.1.1950 (BGBl. I S. 26), den Erl. über die Dienstsiegel v. 20.1.1950 (BGBl. I S. 26) und den Erl. über die Amtsschilder der Bundesbehörden v. 25.9.1951 (BGBl. I S. 927), geänd. durch Erlass v. 8.6.2021 (BAnz AT 17.06.2021 B2).

6) Art. 23 aufgeh. mWv 29.9.1990 durch EVertr v. 31.8.1990 (BGBl. II S. 885, 889); neu eingef. mWv 25.12.1992 durch G v. 21.12.1992 (BGBl. I S. 2086); Abs. 6 Satz 1 neu gef. mWv 1.9.2006 durch G v. 28.8.2006 (BGBl. I S. 2034); Abs. 1a eingef. mWv 1.12.2009 durch G v. 8.10.2008 (BGBl. I S. 1926).

(1a) [1]Der Bundestag und der Bundesrat haben das Recht, wegen Verstoßes eines Gesetzgebungsakts der Europäischen Union gegen das Subsidiaritätsprinzip vor dem Gerichtshof der Europäischen Union Klage zu erheben. [2]Der Bundestag ist hierzu auf Antrag eines Viertels seiner Mitglieder verpflichtet. [3]Durch Gesetz, das der Zustimmung des Bundesrates bedarf, können für die Wahrnehmung der Rechte, die dem Bundestag und dem Bundesrat in den vertraglichen Grundlagen der Europäischen Union eingeräumt sind, Ausnahmen von Artikel 42 Abs. 2 Satz 1 und Artikel 52 Abs. 3 Satz 1 zugelassen werden.

(2) [1]In Angelegenheiten der Europäischen Union wirken der Bundestag und durch den Bundesrat die Länder mit. [2]Die Bundesregierung hat den Bundestag und den Bundesrat umfassend und zum frühestmöglichen Zeitpunkt zu unterrichten.

(3) [1]Die Bundesregierung gibt dem Bundestag Gelegenheit zur Stellungnahme vor ihrer Mitwirkung an Rechtsetzungsakten der Europäischen Union. [2]Die Bundesregierung berücksichtigt die Stellungnahmen des Bundestages bei den Verhandlungen. [3]Das Nähere regelt ein Gesetz.[1)]

(4) Der Bundesrat ist an der Willensbildung des Bundes zu beteiligen, soweit er an einer entsprechenden innerstaatlichen Maßnahme mitzuwirken hätte oder soweit die Länder innerstaatlich zuständig wären.

(5) [1]Soweit in einem Bereich ausschließlicher Zuständigkeiten des Bundes Interessen der Länder berührt sind oder soweit im übrigen der Bund das Recht zur Gesetzgebung hat, berücksichtigt die Bundesregierung die Stellungnahme des Bundesrates. [2]Wenn im Schwerpunkt Gesetzgebungsbefugnisse der Länder, die Einrichtung ihrer Behörden oder ihre Verwaltungsverfahren betroffen sind, ist bei der Willensbildung des Bundes insoweit die Auffassung des Bundesrates maßgeblich zu berücksichtigen; dabei ist die gesamtstaatliche Verantwortung des Bundes zu wahren. [3]In Angelegenheiten, die zu Ausgabenerhöhungen oder Einnahmeminderungen für den Bund führen können, ist die Zustimmung der Bundesregierung erforderlich.

(6) [1]Wenn im Schwerpunkt ausschließliche Gesetzgebungsbefugnisse der Länder auf den Gebieten der schulischen Bildung, der Kultur oder des Rundfunks betroffen sind, wird die Wahrnehmung der Rechte, die der Bundesrepublik Deutschland als Mitgliedstaat der Europäischen Union zustehen, vom Bund auf einen vom Bundesrat benannten Vertreter der Länder übertragen. [2]Die Wahrnehmung der Rechte erfolgt unter Beteiligung und in Abstimmung mit der Bundesregierung; dabei ist die gesamtstaatliche Verantwortung des Bundes zu wahren.

(7) Das Nähere zu den Absätzen 4 bis 6 regelt ein Gesetz[2)], das der Zustimmung des Bundesrates bedarf.

**Art. 24[3)] [Übertragung von Hoheitsrechten; kollektives Sicherheitssystem; internationale Schiedsgerichtsbarkeit]** (1) Der Bund kann durch Gesetz Hoheitsrechte auf zwischenstaatliche Einrichtungen übertragen.

(1a) Soweit die Länder für die Ausübung der staatlichen Befugnisse und die Erfüllung der staatlichen Aufgaben zuständig sind, können sie mit Zustimmung

---

[1)] Siehe das G über die Zusammenarbeit von Bundesregierung und Deutschem Bundestag in Angelegenheiten der EU (EUZBBG) **(Sartorius Nr. 96)**.

[2)] Siehe das G über die Zusammenarbeit von Bund und Ländern in Angelegenheiten der EU **(Sartorius Nr. 97)**.

[3)] Art. 24 Abs. 1a eingef. mWv 25.12.1992 durch G v. 21.12.1992 (BGBl. I S. 2086).

der Bundesregierung Hoheitsrechte auf grenznachbarschaftliche Einrichtungen übertragen.

(2) Der Bund kann sich zur Wahrung des Friedens einem System gegenseitiger kollektiver Sicherheit einordnen; er wird hierbei in die Beschränkungen seiner Hoheitsrechte einwilligen, die eine friedliche und dauerhafte Ordnung in Europa und zwischen den Völkern der Welt herbeiführen und sichern.

(3) Zur Regelung zwischenstaatlicher Streitigkeiten wird der Bund Vereinbarungen über eine allgemeine, umfassende, obligatorische, internationale Schiedsgerichtsbarkeit beitreten.

**Art. 25 [Allgemeines Völkerrecht als Bestandteil des Bundesrechts]**

[1] Die allgemeinen Regeln des Völkerrechtes sind Bestandteil des Bundesrechtes.[1)] [2] Sie gehen den Gesetzen vor und erzeugen Rechte und Pflichten unmittelbar für die Bewohner des Bundesgebietes.

**Art. 26 [Verbot des Angriffskrieges]** (1) [1] Handlungen, die geeignet sind und in der Absicht vorgenommen werden, das friedliche Zusammenleben der Völker zu stören, insbesondere die Führung eines Angriffskrieges vorzubereiten, sind verfassungswidrig. [2] Sie sind unter Strafe zu stellen.

(2) [1] Zur Kriegführung bestimmte Waffen dürfen nur mit Genehmigung der Bundesregierung hergestellt, befördert und in Verkehr gebracht werden. [2] Das Nähere regelt ein Bundesgesetz.[2)]

**Art. 27 [Handelsflotte]** Alle deutschen Kauffahrteischiffe bilden eine einheitliche Handelsflotte.

**Art. 28[3)] [Verfassung der Länder]** (1) [1] Die verfassungsmäßige Ordnung in den Ländern muß den Grundsätzen des republikanischen, demokratischen und sozialen Rechtsstaates im Sinne dieses Grundgesetzes entsprechen. [2] In den Ländern, Kreisen und Gemeinden muß das Volk eine Vertretung haben, die aus allgemeinen, unmittelbaren, freien, gleichen und geheimen Wahlen hervorgegangen ist. [3] Bei Wahlen in Kreisen und Gemeinden sind auch Personen, die die Staatsangehörigkeit eines Mitgliedstaates der Europäischen Gemeinschaft besitzen, nach Maßgabe von Recht der Europäischen Gemeinschaft wahlberechtigt und wählbar. [4] In Gemeinden kann an die Stelle einer gewählten Körperschaft die Gemeindeversammlung treten.

(2) [1] Den Gemeinden muß das Recht gewährleistet sein, alle Angelegenheiten der örtlichen Gemeinschaft im Rahmen der Gesetze in eigener Verantwortung zu regeln. [2] Auch die Gemeindeverbände haben im Rahmen ihres gesetzlichen Aufgabenbereiches nach Maßgabe der Gesetze das Recht der Selbstverwaltung. [3] Die Gewährleistung der Selbstverwaltung umfaßt auch die Grundlagen der finanziellen Eigenverantwortung; zu diesen Grundlagen gehört eine den Gemeinden mit Hebesatzrecht zustehende wirtschaftskraftbezogene Steuerquelle.

(3) Der Bund gewährleistet, daß die verfassungsmäßige Ordnung der Länder den Grundrechten und den Bestimmungen der Absätze 1 und 2 entspricht.

---

1) Siehe hierzu auch Art. 100 Abs. 2.

2) Siehe das G über die Kontrolle von Kriegswaffen **(Sartorius Nr. 823)**.

3) Art. 28 Abs. 1 Satz 3 eingef., bish. Satz 3 wird Satz 4 mWv 25.12.1992 durch G v. 21.12.1992 (BGBl. I S. 2086); Abs. 2 Satz 3 angef. mWv 15.11.1994 durch G v. 27.10.1994 (BGBl. I S. 3146); Abs. 2 Satz 3 geänd. mWv 25.10.1997 durch G v. 20.10.1997 (BGBl. I S. 2470).

**Art. 29**[1] **[Neugliederung des Bundesgebietes]** (1) [1] Das Bundesgebiet kann neu gegliedert werden, um zu gewährleisten, daß die Länder nach Größe und Leistungsfähigkeit die ihnen obliegenden Aufgaben wirksam erfüllen können. [2] Dabei sind die landsmannschaftliche Verbundenheit, die geschichtlichen und kulturellen Zusammenhänge, die wirtschaftliche Zweckmäßigkeit sowie die Erfordernisse der Raumordnung und der Landesplanung zu berücksichtigen.

(2) [1] Maßnahmen zur Neugliederung des Bundesgebietes ergehen durch Bundesgesetz, das der Bestätigung durch Volksentscheid bedarf. [2] Die betroffenen Länder sind zu hören.

(3) [1] Der Volksentscheid findet in den Ländern statt, aus deren Gebieten oder Gebietsteilen ein neues oder neu umgrenztes Land gebildet werden soll (betroffene Länder). [2] Abzustimmen ist über die Frage, ob die betroffenen Länder wie bisher bestehenbleiben sollen oder ob das neue oder neu umgrenzte Land gebildet werden soll. [3] Der Volksentscheid für die Bildung eines neuen oder neu umgrenzten Landes kommt zustande, wenn in dessen künftigem Gebiet und insgesamt in den Gebieten oder Gebietsteilen eines betroffenen Landes, deren Landeszugehörigkeit im gleichen Sinne geändert werden soll, jeweils eine Mehrheit der Änderung zustimmt. [4] Er kommt nicht zustande, wenn im Gebiet eines der betroffenen Länder eine Mehrheit die Änderung ablehnt; die Ablehnung ist jedoch unbeachtlich, wenn in einem Gebietsteil, dessen Zugehörigkeit zu dem betroffenen Land geändert werden soll, eine Mehrheit von zwei Dritteln der Änderung zustimmt, es sei denn, daß im Gesamtgebiet des betroffenen Landes eine Mehrheit von zwei Dritteln die Änderung ablehnt.

(4) Wird in einem zusammenhängenden, abgegrenzten Siedlungs- und Wirtschaftsraum, dessen Teile in mehreren Ländern liegen und der mindestens eine Million Einwohner hat, von einem Zehntel der in ihm zum Bundestag Wahlberechtigten durch Volksbegehren gefordert, daß für diesen Raum eine einheitliche Landeszugehörigkeit herbeigeführt werde, so ist durch Bundesgesetz innerhalb von zwei Jahren entweder zu bestimmen, ob die Landeszugehörigkeit gemäß Absatz 2 geändert wird, oder daß in den betroffenen Ländern eine Volksbefragung stattfindet.

(5) [1] Die Volksbefragung ist darauf gerichtet festzustellen, ob eine in dem Gesetz vorzuschlagende Änderung der Landeszugehörigkeit Zustimmung findet. [2] Das Gesetz kann verschiedene, jedoch nicht mehr als zwei Vorschläge der Volksbefragung vorlegen. [3] Stimmt eine Mehrheit einer vorgeschlagenen Änderung der Landeszugehörigkeit zu, so ist durch Bundesgesetz innerhalb von zwei Jahren zu bestimmen, ob die Landeszugehörigkeit gemäß Absatz 2 geändert wird. [4] Findet ein der Volksbefragung vorgelegter Vorschlag eine den Maßgaben des Absatzes 3 Satz 3 und 4 entsprechende Zustimmung, so ist innerhalb von zwei Jahren nach der Durchführung der Volksbefragung ein Bundesgesetz zur Bildung des vorgeschlagenen Landes zu erlassen, das der Bestätigung durch Volksentscheid nicht mehr bedarf.

(6) [1] Mehrheit im Volksentscheid und in der Volksbefragung ist die Mehrheit der abgegebenen Stimmen, wenn sie mindestens ein Viertel der zum Bundestag Wahlberechtigten umfaßt. [2] Im übrigen wird das Nähere über Volksentscheid,

---

[1] Art. 29 neu gef. mWv 23.8.1969 durch G v. 19.8.1969 (BGBl. I S. 1241); neu gef. mWv 28.8.1976 durch G v. 23.8.1976 (BGBl. I S. 2381); Abs. 7 Satz 1 geänd. und Abs. 8 angef. durch G v. 27.10.1994 (BGBl. I S. 3146).

Volksbegehren und Volksbefragung durch ein Bundesgesetz[1] geregelt; dieses kann auch vorsehen, daß Volksbegehren innerhalb eines Zeitraumes von fünf Jahren nicht wiederholt werden können.

(7) [1] Sonstige Änderungen des Gebietsbestandes der Länder können durch Staatsverträge der beteiligten Länder oder durch Bundesgesetz mit Zustimmung des Bundesrates erfolgen, wenn das Gebiet, dessen Landeszugehörigkeit geändert werden soll, nicht mehr als 50 000 Einwohner hat. [2] Das Nähere regelt ein Bundesgesetz[2], das der Zustimmung des Bundesrates und der Mehrheit[3] der Mitglieder des Bundestages bedarf. [3] Es muß die Anhörung der betroffenen Gemeinden und Kreise vorsehen.

(8) [1] Die Länder können eine Neugliederung für das jeweils von ihnen umfaßte Gebiet oder für Teilgebiete abweichend von den Vorschriften der Absätze 2 bis 7 durch Staatsvertrag regeln. [2] Die betroffenen Gemeinden und Kreise sind zu hören. [3] Der Staatsvertrag bedarf der Bestätigung durch Volksentscheid in jedem beteiligten Land. [4] Betrifft der Staatsvertrag Teilgebiete der Länder, kann die Bestätigung auf Volksentscheide in diesen Teilgebieten beschränkt werden; Satz 5 zweiter Halbsatz findet keine Anwendung. [5] Bei einem Volksentscheid entscheidet die Mehrheit der abgegebenen Stimmen, wenn sie mindestens ein Viertel der zum Bundestag Wahlberechtigten umfaßt; das Nähere regelt ein Bundesgesetz. [6] Der Staatsvertrag bedarf der Zustimmung des Bundestages.

**Art. 30 [Funktionen der Länder]** Die Ausübung der staatlichen Befugnisse und die Erfüllung der staatlichen Aufgaben ist Sache der Länder, soweit dieses Grundgesetz keine andere Regelung trifft oder zuläßt.[4]

**Art. 31 [Vorrang des Bundesrechts]** Bundesrecht bricht Landesrecht.[5]

**Art. 32 [Auswärtige Beziehungen]** (1) Die Pflege der Beziehungen zu auswärtigen Staaten ist Sache des Bundes.[6]

(2) Vor dem Abschlusse eines Vertrages, der die besonderen Verhältnisse eines Landes berührt, ist das Land rechtzeitig zu hören.

(3) Soweit die Länder für die Gesetzgebung zuständig sind, können sie mit Zustimmung der Bundesregierung mit auswärtigen Staaten Verträge abschließen.

**Art. 33[7] [Staatsbürgerliche Rechte]** (1) Jeder Deutsche[8] hat in jedem Lande die gleichen staatsbürgerlichen Rechte und Pflichten.

(2) Jeder Deutsche[8] hat nach seiner Eignung, Befähigung und fachlichen Leistung gleichen Zugang zu jedem öffentlichen Amte.

(3) [1] Der Genuß bürgerlicher und staatsbürgerlicher Rechte, die Zulassung zu öffentlichen Ämtern sowie die im öffentlichen Dienste erworbenen Rechte sind

---

[1] Siehe das G über das Verfahren bei Volksentscheid, Volksbegehren und Volksbefragung v. 30.7.1979 (BGBl. I S. 1317), geänd. durch VO v. 19.6.2020 (BGBl. I S. 1328) und die NeugliederungsdurchführungsVO v. 12.11.1984 (BGBl. I S. 1342), geänd. durch VO v. 19.6.2020 (BGBl. I S. 1328).

[2] Siehe das G über das Verfahren bei sonstigen Änderungen des Gebietsbestandes der Länder v. 30.7. 1979 (BGBl. I S. 1325), geänd. durch VO v. 19.6.2020 (BGBl. I S. 1328).

[3] Zum Begriff der Mehrheit siehe Art. 121.

[4] Zur Ausführung der Bundesgesetze durch die Länder siehe Art. 83–85.

[5] Gem. Art. 142 bleiben mit den Art. 1–18 übereinstimmende Grundrechtsbestimmungen in Landesverfassungen in Kraft.

[6] Zur Fortgeltung der vom Deutschen Reich abgeschlossenen Verträge siehe Art. 123.

[7] Art. 33 Abs. 5 geänd. mWv 1.9.2006 durch G v. 28.8.2006 (BGBl. I S. 2034).

[8] Zum Begriff des „Deutschen" siehe Art. 116 Abs. 1.

unabhängig von dem religiösen Bekenntnis. [2] Niemandem darf aus seiner Zugehörigkeit oder Nichtzugehörigkeit zu einem Bekenntnisse oder einer Weltanschauung ein Nachteil erwachsen.[1)]

(4) Die Ausübung hoheitsrechtlicher Befugnisse ist als ständige Aufgabe in der Regel Angehörigen des öffentlichen Dienstes zu übertragen, die in einem öffentlich-rechtlichen Dienst- und Treueverhältnis stehen.

(5)[2)] Das Recht des öffentlichen Dienstes ist unter Berücksichtigung der hergebrachten Grundsätze des Berufsbeamtentums zu regeln und fortzuentwickeln.

**Art. 34**[3)] **[Haftung bei Amtspflichtverletzung]** [1] Verletzt jemand in Ausübung eines ihm anvertrauten öffentlichen Amtes die ihm einem Dritten gegenüber obliegende Amtspflicht, so trifft die Verantwortlichkeit grundsätzlich den Staat oder die Körperschaft, in deren Dienst er steht. [2] Bei Vorsatz oder grober Fahrlässigkeit bleibt der Rückgriff vorbehalten. [3] Für den Anspruch auf Schadensersatz und für den Rückgriff darf der ordentliche Rechtsweg nicht ausgeschlossen werden.

**Art. 35**[4)] **[Rechts- und Amtshilfe]** (1) Alle Behörden des Bundes und der Länder leisten sich gegenseitig Rechts- und Amtshilfe.

(2) [1] Zur Aufrechterhaltung oder Wiederherstellung der öffentlichen Sicherheit oder Ordnung kann ein Land in Fällen von besonderer Bedeutung Kräfte und Einrichtungen des Bundesgrenzschutzes[5)] zur Unterstützung seiner Polizei anfordern, wenn die Polizei ohne diese Unterstützung eine Aufgabe nicht oder nur unter erheblichen Schwierigkeiten erfüllen könnte. [2] Zur Hilfe bei einer Naturkatastrophe oder bei einem besonders schweren Unglücksfall kann ein Land Polizeikräfte anderer Länder, Kräfte und Einrichtungen anderer Verwaltungen sowie des Bundesgrenzschutzes[5)] und der Streitkräfte anfordern.

(3) [1] Gefährdet die Naturkatastrophe oder der Unglücksfall das Gebiet mehr als eines Landes, so kann die Bundesregierung, soweit es zur wirksamen Bekämpfung erforderlich ist, den Landesregierungen die Weisung erteilen, Polizeikräfte anderen Ländern zur Verfügung zu stellen, sowie Einheiten des Bundesgrenzschutzes[5)] und der Streitkräfte zur Unterstützung der Polizeikräfte einsetzen. [2] Maßnahmen der Bundesregierung nach Satz 1 sind jederzeit auf Verlangen des Bundesrates, im übrigen unverzüglich nach Beseitigung der Gefahr aufzuheben.

**Art. 36**[6)] **[Beamte der Bundesbehörden]** (1) [1] Bei den obersten Bundesbehörden sind Beamte aus allen Ländern in angemessenem Verhältnis zu verwenden. [2] Die bei den übrigen Bundesbehörden beschäftigten Personen sollen in der Regel aus dem Lande genommen werden, in dem sie tätig sind.

---

1) Siehe hierzu auch Art. 3 GG und Art. 136 Abs. 3 WRV, wiedergegeben im Anschluss an Art. 146.

2) Siehe hierzu ua das BeamtenstatusG **(Sartorius Nr. 150)**, das BeamtenrechtsrahmenG **(Sartorius Nr. 150a)**, das BundesbeamtenG **(Sartorius Nr. 160)**, das BundesdisziplinarG **(Sartorius Nr. 220)**, das BeamtenversorgungsG **(Sartorius Nr. 155)** und das SoldatenG idF der Bek. v. 30.5.2005 (BGBl. I S. 1482), zuletzt geänd. durch G v. 20.8.2021 (BGBl. I S. 3932).

3) Siehe hierzu ua § 75 BundesbeamtenG **(Sartorius Nr. 160)**, § 24 SoldatenG idF der Bek. v. 30.5. 2005 (BGBl. I S. 1482), zuletzt geänd. durch G v. 20.8.2021 (BGBl. I S. 3932) und das G über die Haftung des Reichs für seine Beamten **(Sartorius Nr. 210)**.

4) Art. 35 Abs. 2 und 3 angef. mWv 28.6.1968 durch G v. 24.6.1968 (BGBl. I S. 709); Abs. 2 neu gef. mWv 3.8.1972 durch G v. 28.7.1972 (BGBl. I S. 1305).

5) Bezeichnung ab 1.7.2005: „Bundespolizei".

6) Art. 36 neu gef. mWv 22.3.1956 durch G v. 19.3.1956 (BGBl. I S. 111).

(2) Die Wehrgesetze haben auch die Gliederung des Bundes in Länder und ihre besonderen landsmannschaftlichen Verhältnisse zu berücksichtigen.

**Art. 37 [Bundeszwang]** (1) Wenn ein Land die ihm nach dem Grundgesetze oder einem anderen Bundesgesetze obliegenden Bundespflichten nicht erfüllt, kann die Bundesregierung mit Zustimmung des Bundesrates die notwendigen Maßnahmen treffen, um das Land im Wege des Bundeszwanges zur Erfüllung seiner Pflichten anzuhalten.

(2) Zur Durchführung des Bundeszwanges hat die Bundesregierung oder ihr Beauftragter das Weisungsrecht gegenüber allen Ländern und ihren Behörden.

## III. Der Bundestag

**Art. 38[1)] [Wahl]** (1) [1] Die Abgeordneten des Deutschen Bundestages werden in allgemeiner, unmittelbarer, freier, gleicher und geheimer Wahl gewählt. [2] Sie sind Vertreter des ganzen Volkes, an Aufträge und Weisungen nicht gebunden und nur ihrem Gewissen unterworfen.

(2) Wahlberechtigt ist, wer das achtzehnte Lebensjahr vollendet hat; wählbar ist, wer das Alter erreicht hat, mit dem die Volljährigkeit eintritt.

(3) Das Nähere bestimmt ein Bundesgesetz.[2)]

**Art. 39[3)] [Zusammentritt und Wahlperiode]** (1) [1] Der Bundestag wird vorbehaltlich der nachfolgenden Bestimmungen auf vier Jahre gewählt. [2] Seine Wahlperiode endet mit dem Zusammentritt eines neuen Bundestages. [3] Die Neuwahl findet frühestens sechsundvierzig, spätestens achtundvierzig Monate nach Beginn der Wahlperiode statt. [4] Im Falle einer Auflösung des Bundestages findet die Neuwahl innerhalb von sechzig Tagen statt.

(2) Der Bundestag tritt spätestens am dreißigsten Tage nach der Wahl zusammen.

(3) [1] Der Bundestag bestimmt den Schluß und den Wiederbeginn seiner Sitzungen. [2] Der Präsident des Bundestages kann ihn früher einberufen. [3] Er ist hierzu verpflichtet, wenn ein Drittel der Mitglieder, der Bundespräsident oder der Bundeskanzler es verlangen.

**Art. 40 [Präsident; Geschäftsordnung]** (1) [1] Der Bundestag wählt seinen Präsidenten, dessen Stellvertreter und die Schriftführer. [2] Er gibt sich eine Geschäftsordnung.[4)]

(2) [1] Der Präsident übt das Hausrecht und die Polizeigewalt im Gebäude des Bundestages aus. [2] Ohne seine Genehmigung darf in den Räumen des Bundestages keine Durchsuchung oder Beschlagnahme stattfinden.

---

[1)] Art. 38 Abs. 2 neu gef. mWv 6.8.1970 durch G v. 31.7.1970 (BGBl. I S. 1161).

[2)] Siehe hierzu ua das BundeswahlG **(Sartorius Nr. 30)**, die BundeswahlO **(Sartorius Nr. 31)** und die BundeswahlgeräteVO v. 3.9.1975 (BGBl. I S. 2459), zuletzt geänd. durch Entsch. v. 3.3.2009 (BGBl. I S. 525).

[3)] Art. 39 Abs. 1 und 2 neu gef. mWv 14.12.1976 durch G v. 23.8.1976 (BGBl. I S. 2381); Abs. 1 Sätze 1 und 3 geänd. mWv 27.10.1998 durch G v. 16.7.1998 (BGBl. I S. 1822).

[4)] Siehe die GeschäftsO des Deutschen Bundestages **(Sartorius Nr. 35)**.

**Art. 41 [Wahlprüfung]** (1) [1]Die Wahlprüfung ist Sache des Bundestages. [2]Er entscheidet auch, ob ein Abgeordneter des Bundestages die Mitgliedschaft verloren hat.[1)]

(2)[2)] Gegen die Entscheidung des Bundestages ist die Beschwerde an das Bundesverfassungsgericht zulässig.

(3) Das Nähere regelt ein Bundesgesetz.[3)]

**Art. 42 [Öffentlichkeit der Sitzungen; Mehrheitsprinzip]** (1) [1]Der Bundestag verhandelt öffentlich. [2]Auf Antrag eines Zehntels seiner Mitglieder oder auf Antrag der Bundesregierung kann mit Zweidrittelmehrheit die Öffentlichkeit ausgeschlossen werden. [3]Über den Antrag wird in nichtöffentlicher Sitzung entschieden.

(2) [1]Zu einem Beschlusse des Bundestages ist die Mehrheit der abgegebenen Stimmen erforderlich, soweit dieses Grundgesetz nichts anderes bestimmt. [2]Für die vom Bundestage vorzunehmenden Wahlen kann die Geschäftsordnung Ausnahmen zulassen.

(3) Wahrheitsgetreue Berichte über die öffentlichen Sitzungen des Bundestages und seiner Ausschüsse bleiben von jeder Verantwortlichkeit frei.

**Art. 43 [Anwesenheit der Bundesregierung]** (1) Der Bundestag und seine Ausschüsse können die Anwesenheit jedes Mitgliedes der Bundesregierung verlangen.

(2) [1]Die Mitglieder des Bundesrates und der Bundesregierung sowie ihre Beauftragten haben zu allen Sitzungen des Bundestages und seiner Ausschüsse Zutritt. [2]Sie müssen jederzeit gehört werden.

**Art. 44 [Untersuchungsausschüsse]** (1) [1]Der Bundestag hat das Recht und auf Antrag eines Viertels seiner Mitglieder die Pflicht, einen Untersuchungsausschuß einzusetzen, der in öffentlicher Verhandlung die erforderlichen Beweise erhebt. [2]Die Öffentlichkeit kann ausgeschlossen werden.

(2) [1]Auf Beweiserhebungen finden die Vorschriften über den Strafprozeß sinngemäß Anwendung. [2]Das Brief-, Post- und Fernmeldegeheimnis[4)] bleibt unberührt.

(3) Gerichte und Verwaltungsbehörden sind zur Rechts- und Amtshilfe verpflichtet.

(4) [1]Die Beschlüsse der Untersuchungsausschüsse sind der richterlichen Erörterung entzogen. [2]In der Würdigung und Beurteilung des der Untersuchung zugrunde liegenden Sachverhaltes sind die Gerichte frei.

**Art. 45[5)] [Ausschuss für die Angelegenheiten der Europäischen Union]**

[1]Der Bundestag bestellt einen Ausschuß für die Angelegenheiten der Europäischen Union. [2]Er kann ihn ermächtigen, die Rechte des Bundestages gemäß Artikel 23 gegenüber der Bundesregierung wahrzunehmen. [3]Er kann ihn auch

---

1) Siehe §§ 46, 47 BundeswahlG **(Sartorius Nr. 30)**.

2) Siehe § 13 Nr. 3 und § 48 BundesverfassungsgerichtsG **(Sartorius Nr. 40)**.

3) Siehe das WahlprüfungsG **(Sartorius Nr. 32)**.

4) Siehe Art. 10.

5) Art. 45 eingef. mWv 25.12.1992 durch G v. 21.12.1992 (BGBl. I S. 2086); Satz 3 angef. mWv 1.12. 2009 durch G v. 8.10.2008 (BGBl. I S. 1926).

ermächtigen, die Rechte wahrzunehmen, die dem Bundestag in den vertraglichen Grundlagen der Europäischen Union eingeräumt sind.

**Art. 45a**[1)] **[Ausschüsse für auswärtige Angelegenheiten und für Verteidigung]** (1) Der Bundestag bestellt einen Ausschuß für auswärtige Angelegenheiten und einen Ausschuß für Verteidigung.

(2) [1] Der Ausschuß für Verteidigung hat auch die Rechte eines Untersuchungsausschusses. [2] Auf Antrag eines Viertels seiner Mitglieder hat er die Pflicht, eine Angelegenheit zum Gegenstand seiner Untersuchung zu machen.

(3) Artikel 44 Abs. 1 findet auf dem Gebiet der Verteidigung keine Anwendung.

**Art. 45b**[2)] **[Wehrbeauftragter des Bundestages]** [1] Zum Schutz der Grundrechte und als Hilfsorgan des Bundestages bei der Ausübung der parlamentarischen Kontrolle wird ein Wehrbeauftragter des Bundestages berufen. [2] Das Nähere regelt ein Bundesgesetz.[3)]

**Art. 45c**[4)] **[Petitionsausschuss des Bundestages]** (1) Der Bundestag bestellt einen Petitionsausschuß, dem die Behandlung der nach Artikel 17 an den Bundestag gerichteten Bitten und Beschwerden obliegt.

(2) Die Befugnisse des Ausschusses zur Überprüfung von Beschwerden regelt ein Bundesgesetz[5)].

**Art. 45d**[6)] **Parlamentarisches Kontrollgremium.** (1) Der Bundestag bestellt ein Gremium zur Kontrolle der nachrichtendienstlichen Tätigkeit des Bundes.

(2) Das Nähere regelt ein Bundesgesetz.

**Art. 46 [Indemnität und Immunität der Abgeordneten]** (1) [1] Ein Abgeordneter darf zu keiner Zeit wegen seiner Abstimmung oder wegen einer Äußerung, die er im Bundestage oder in einem seiner Ausschüsse getan hat, gerichtlich oder dienstlich verfolgt oder sonst außerhalb des Bundestages zur Verantwortung gezogen werden. [2] Dies gilt nicht für verleumderische Beleidigungen.

(2) Wegen einer mit Strafe bedrohten Handlung darf ein Abgeordneter nur mit Genehmigung des Bundestages zur Verantwortung gezogen oder verhaftet werden, es sei denn, daß er bei Begehung der Tat oder im Laufe des folgenden Tages festgenommen wird.

(3) Die Genehmigung des Bundestages ist ferner bei jeder anderen Beschränkung der persönlichen Freiheit eines Abgeordneten oder zur Einleitung eines Verfahrens gegen einen Abgeordneten gemäß Artikel 18 erforderlich.

(4) Jedes Strafverfahren und jedes Verfahren gemäß Artikel 18 gegen einen Abgeordneten, jede Haft und jede sonstige Beschränkung seiner persönlichen Freiheit sind auf Verlangen des Bundestages auszusetzen.

---

[1)] Art. 45a eingef. mWv 22.3.1956 durch G v. 19.3.1956 (BGBl. I S. 111); Abs. 1 Satz 2 aufgeh. mWv 14.12.1976 durch G v. 23.8.1976 (BGBl. I S. 2381).

[2)] Art. 45b eingef. mWv 22.3.1956 durch G v. 19.3.1956 (BGBl. I S. 111).

[3)] Siehe das G über den Wehrbeauftragten des Deutschen Bundestages **(Sartorius Nr. 635)**.

[4)] Art. 45c eingef. mWv 19.7.1975 durch G v. 15.7.1975 (BGBl. I S. 1901).

[5)] Siehe das G über die Befugnisse des Petitionsausschusses des Deutschen Bundestages **(Sartorius Nr. 5)**.

[6)] Art. 45d eingef. mWv 23.7.2009 durch G v. 17.7.2009 (BGBl. I S. 1977).

**Art. 47 [Zeugnisverweigerungsrecht der Abgeordneten]** [1]Die Abgeordneten sind berechtigt, über Personen, die ihnen in ihrer Eigenschaft als Abgeordnete oder denen sie in dieser Eigenschaft Tatsachen anvertraut haben, sowie über diese Tatsachen selbst das Zeugnis zu verweigern. [2]Soweit dieses Zeugnisverweigerungsrecht reicht, ist die Beschlagnahme von Schriftstücken unzulässig.

**Art. 48 [Ansprüche der Abgeordneten]** (1) Wer sich um einen Sitz im Bundestage bewirbt, hat Anspruch auf den zur Vorbereitung seiner Wahl erforderlichen Urlaub.

(2) [1]Niemand darf gehindert werden, das Amt eines Abgeordneten zu übernehmen und auszuüben. [2]Eine Kündigung oder Entlassung aus diesem Grunde ist unzulässig.[1)]

(3) [1]Die Abgeordneten haben Anspruch auf eine angemessene, ihre Unabhangigkeit sichernde Entschädigung. [2]Sie haben das Recht der freien Benutzung aller staatlichen Verkehrsmittel. [3]Das Nähere regelt ein Bundesgesetz.[2)]

**Art. 49**[3)] *(aufgehoben)*

## IV. Der Bundesrat

**Art. 50**[4)] **[Aufgabe]** Durch den Bundesrat wirken die Länder bei der Gesetzgebung und Verwaltung des Bundes und in Angelegenheiten der Europäischen Union mit.

**Art. 51**[5)] **[Zusammensetzung]** (1) [1]Der Bundesrat besteht aus Mitgliedern der Regierungen der Länder, die sie bestellen und abberufen. [2]Sie können durch andere Mitglieder ihrer Regierungen vertreten werden.

(2) Jedes Land hat mindestens drei Stimmen, Länder mit mehr als zwei Millionen Einwohnern haben vier, Länder mit mehr als sechs Millionen Einwohnern fünf, Länder mit mehr als sieben Millionen Einwohnern sechs Stimmen.

(3) [1]Jedes Land kann so viele Mitglieder entsenden, wie es Stimmen hat. [2]Die Stimmen eines Landes können nur einheitlich und nur durch anwesende Mitglieder oder deren Vertreter abgegeben werden.

**Art. 52**[6)] **[Präsident; Beschlussfassung; Bildung einer Europakammer]**

(1) Der Bundesrat wählt seinen Präsidenten auf ein Jahr.

(2) [1]Der Präsident beruft den Bundesrat ein. [2]Er hat ihn einzuberufen, wenn die Vertreter von mindestens zwei Ländern oder die Bundesregierung es verlangen.

(3) [1]Der Bundesrat faßt seine Beschlüsse mit mindestens der Mehrheit seiner Stimmen. [2]Er gibt sich eine Geschäftsordnung.[7)] [3]Er verhandelt öffentlich. [4]Die Öffentlichkeit kann ausgeschlossen werden.

---

1) Zur Beschränkung der Wählbarkeit von Beamten, Richtern usw siehe Art. 137 Abs. 1.

2) Siehe das AbgeordnetenG **(Sartorius Nr. 48)**.

3) Art. 49 neu gef. mWv 22.3.1956 durch G v. 19.3.1956 (BGBl. I S. 111); aufgeh. mWv 14.12.1976 durch G v. 23.8.1976 (BGBl. I S. 2381).

4) Art. 50 neu gef. mWv 25.12.1992 durch G v. 21.12.1992 (BGBl. I S. 2086).

5) Art. 51 Abs. 2 neu gef. mWv 29.9.1990 durch EVertr v. 31.8.1990 (BGBl. II S. 885, 889).

6) Art. 52 Abs. 3a eingef. mWv 25.12.1992 durch G v. 21.12.1992 (BGBl. I S. 2086); Abs. 3a letzter Satzteil neu gef. mWv 1.9.2006 durch G v. 28.8.2006 (BGBl. I S. 2034).

7) Siehe die GeschäftsO des Bundesrates **(Sartorius Nr. 37)**.

(3a) Für Angelegenheiten der Europäischen Union kann der Bundesrat eine Europakammer bilden[1], deren Beschlüsse als Beschlüsse des Bundesrates gelten; die Anzahl der einheitlich abzugebenden Stimmen der Länder bestimmt sich nach Artikel 51 Abs. 2.

(4) Den Ausschüssen des Bundesrates können andere Mitglieder oder Beauftragte der Regierungen der Länder angehören.

**Art. 53 [Teilnahme der Bundesregierung]** [1]Die Mitglieder der Bundesregierung haben das Recht und auf Verlangen die Pflicht, an den Verhandlungen des Bundesrates und seiner Ausschüsse teilzunehmen. [2]Sie müssen jederzeit gehört werden. [3]Der Bundesrat ist von der Bundesregierung über die Führung der Geschäfte auf dem laufenden zu halten.

## IVa.[2] Gemeinsamer Ausschuß

**Art. 53a[2] [Gemeinsamer Ausschuss]** (1) [1]Der Gemeinsame Ausschuß besteht zu zwei Dritteln aus Abgeordneten des Bundestages, zu einem Drittel aus Mitgliedern des Bundesrates. [2]Die Abgeordneten werden vom Bundestage entsprechend dem Stärkeverhältnis der Fraktionen bestimmt; sie dürfen nicht der Bundesregierung angehören. [3]Jedes Land wird durch ein von ihm bestelltes Mitglied des Bundesrates vertreten; diese Mitglieder sind nicht an Weisungen gebunden. [4]Die Bildung des Gemeinsamen Ausschusses und sein Verfahren werden durch eine Geschäftsordnung[3] geregelt, die vom Bundestage zu beschließen ist und der Zustimmung des Bundesrates bedarf.

(2) [1]Die Bundesregierung hat den Gemeinsamen Ausschuß über ihre Planungen für den Verteidigungsfall zu unterrichten. [2]Die Rechte des Bundestages und seiner Ausschüsse nach Artikel 43 Abs. 1 bleiben unberührt.

## V. Der Bundespräsident[4]

**Art. 54 [Wahl durch die Bundesversammlung]** (1) [1]Der Bundespräsident wird ohne Aussprache von der Bundesversammlung gewählt. [2]Wählbar ist jeder Deutsche[5], der das Wahlrecht zum Bundestage besitzt und das vierzigste Lebensjahr vollendet hat.

(2) [1]Das Amt des Bundespräsidenten dauert fünf Jahre. [2]Anschließende Wiederwahl ist nur einmal zulässig.

(3) Die Bundesversammlung besteht aus den Mitgliedern des Bundestages und einer gleichen Anzahl von Mitgliedern, die von den Volksvertretungen der Länder nach den Grundsätzen der Verhältniswahl gewählt werden.

(4) [1]Die Bundesversammlung tritt spätestens dreißig Tage vor Ablauf der Amtszeit des Bundespräsidenten, bei vorzeitiger Beendigung spätestens dreißig Tage nach diesem Zeitpunkt zusammen. [2]Sie wird von dem Präsidenten des Bundestages einberufen.

---

[1] Siehe hierzu §§ 45b ff. der Geschäftsordnung des Bundesrates **(Sartorius Nr. 37)**.

[2] Abschnitt IVa (Art. 53a) eingef. mWv 28.6.1968 durch G v. 24.6.1968 (BGBl. I S. 709).

[3] Siehe die GeschäftsO für den Gemeinsamen Ausschuss **(Sartorius Nr. 39)**.

[4] Siehe hierzu ua das G über die Wahl des Bundespräsidenten durch die Bundesversammlung **(Sartorius Nr. 33)** und das G über die Ruhebezüge des Bundespräsidenten v. 17.6.1953 (BGBl. I S. 406), zuletzt geänd. durch G v. 5.2.2009 (BGBl. I S. 160).

[5] Zum Begriff des „Deutschen" siehe Art. 116 Abs. 1.

(5) Nach Ablauf der Wahlperiode beginnt die Frist des Absatzes 4 Satz 1 mit dem ersten Zusammentritt des Bundestages.

(6) [1] Gewählt ist, wer die Stimmen der Mehrheit[1)] der Mitglieder der Bundesversammlung erhält. [2] Wird diese Mehrheit in zwei Wahlgängen von keinem Bewerber erreicht, so ist gewählt, wer in einem weiteren Wahlgang die meisten Stimmen auf sich vereinigt.

(7) Das Nähere regelt ein Bundesgesetz.[2)]

**Art. 55 [Berufs- und Gewerbeverbot]** (1) Der Bundespräsident darf weder der Regierung noch einer gesetzgebenden Körperschaft des Bundes oder eines Landes angehören.

(2) Der Bundespräsident darf kein anderes besoldetes Amt, kein Gewerbe und keinen Beruf ausüben und weder der Leitung noch dem Aufsichtsrate eines auf Erwerb gerichteten Unternehmens angehören.

**Art. 56 [Amtseid]** [1] Der Bundespräsident leistet bei seinem Amtsantritt vor den versammelten Mitgliedern des Bundestages und des Bundesrates folgenden Eid:

„Ich schwöre, daß ich meine Kraft dem Wohle des deutschen Volkes widmen, seinen Nutzen mehren, Schaden von ihm wenden, das Grundgesetz und die Gesetze des Bundes wahren und verteidigen, meine Pflichten gewissenhaft erfüllen und Gerechtigkeit gegen jedermann üben werde. So wahr mir Gott helfe."

[2] Der Eid kann auch ohne religiöse Beteuerung geleistet werden.

**Art. 57 [Vertretung]** Die Befugnisse des Bundespräsidenten werden im Falle seiner Verhinderung oder bei vorzeitiger Erledigung des Amtes durch den Präsidenten des Bundesrates wahrgenommen.

**Art. 58 [Gegenzeichnung]** [1] Anordnungen und Verfügungen des Bundespräsidenten bedürfen zu ihrer Gültigkeit der Gegenzeichnung durch den Bundeskanzler oder durch den zuständigen Bundesminister. [2] Dies gilt nicht für die Ernennung und Entlassung des Bundeskanzlers, die Auflösung des Bundestages gemäß Artikel 63 und das Ersuchen gemäß Artikel 69 Abs. 3.

**Art. 59 [Völkerrechtliche Vertretungsmacht]** (1) [1] Der Bundespräsident vertritt den Bund völkerrechtlich. [2] Er schließt im Namen des Bundes die Verträge mit auswärtigen Staaten.[3)] [3] Er beglaubigt und empfängt die Gesandten.

(2) [1] Verträge, welche die politischen Beziehungen des Bundes regeln oder sich auf Gegenstände der Bundesgesetzgebung beziehen, bedürfen der Zustimmung oder der Mitwirkung der jeweils für die Bundesgesetzgebung zuständigen Körperschaften in der Form eines Bundesgesetzes. [2] Für Verwaltungsabkommen gelten die Vorschriften über die Bundesverwaltung entsprechend.

**Art. 59a**[4)] *(aufgehoben)*

---

[1)] Zum Begriff der Mehrheit siehe Art. 121.

[2)] Siehe das G über die Wahl des Bundespräsidenten durch die Bundesversammlung **(Sartorius Nr. 33)**.

[3)] Zu Verträgen, die die besonderen Verhältnisse eines Landes berühren, siehe Art. 32 Abs. 2; zum Recht der Länder, Verträge mit auswärtigen Staaten abzuschließen, siehe Art. 32 Abs. 3.

[4)] Art. 59a eingef. mWv 22.3.1956 durch G v. 19.3.1956 (BGBl. I S. 111); aufgeh. mWv 28.6.1968 durch G v. 24.6.1968 (BGBl. I S. 709).

**Art. 60[1] [Ernennung der Bundesrichter, Bundesbeamten und Soldaten; Begnadigungsrecht]** (1)[2] Der Bundespräsident ernennt und entläßt die Bundesrichter, die Bundesbeamten, die Offiziere und Unteroffiziere, soweit gesetzlich nichts anderes bestimmt ist.

(2)[3] Er übt im Einzelfalle für den Bund das Begnadigungsrecht aus.

(3) Er kann diese Befugnisse auf andere Behörden übertragen.

(4) Die Absätze 2 bis 4 des Artikels 46 finden auf den Bundespräsidenten entsprechende Anwendung.

**Art. 61[4] [Anklage vor dem Bundesverfassungsgericht]** (1) [1] Der Bundestag oder der Bundesrat können den Bundespräsidenten wegen vorsätzlicher Verletzung des Grundgesetzes oder eines anderen Bundesgesetzes vor dem Bundesverfassungsgericht anklagen. [2] Der Antrag auf Erhebung der Anklage muß von mindestens einem Viertel der Mitglieder des Bundestages oder einem Viertel der Stimmen des Bundesrates gestellt werden. [3] Der Beschluß auf Erhebung der Anklage bedarf der Mehrheit von zwei Dritteln der Mitglieder des Bundestages oder von zwei Dritteln der Stimmen des Bundesrates. [4] Die Anklage wird von einem Beauftragten der anklagenden Körperschaft vertreten.

(2) [1] Stellt das Bundesverfassungsgericht fest, daß der Bundespräsident einer vorsätzlichen Verletzung des Grundgesetzes oder eines anderen Bundesgesetzes schuldig ist, so kann es ihn des Amtes für verlustig erklären. [2] Durch einstweilige Anordnung kann es nach der Erhebung der Anklage bestimmen, daß er an der Ausübung seines Amtes verhindert ist.

## VI. Die Bundesregierung

**Art. 62 [Zusammensetzung]** Die Bundesregierung besteht aus dem Bundeskanzler und aus den Bundesministern.[5]

**Art. 63 [Wahl des Bundeskanzlers]** (1) Der Bundeskanzler wird auf Vorschlag des Bundespräsidenten vom Bundestage ohne Aussprache gewählt.

(2) [1] Gewählt ist, wer die Stimmen der Mehrheit[6] der Mitglieder des Bundestages auf sich vereinigt. [2] Der Gewählte ist vom Bundespräsidenten zu ernennen.

(3) Wird der Vorgeschlagene nicht gewählt, so kann der Bundestag binnen vierzehn Tagen nach dem Wahlgange mit mehr als der Hälfte seiner Mitglieder einen Bundeskanzler wählen.

(4) [1] Kommt eine Wahl innerhalb dieser Frist nicht zustande, so findet unverzüglich ein neuer Wahlgang statt, in dem gewählt ist, wer die meisten Stimmen erhält. [2] Vereinigt der Gewählte die Stimmen der Mehrheit[6] der Mitglieder des Bundestages auf sich, so muß der Bundespräsident ihn binnen sieben Tagen nach

---

[1] Art. 60 Abs. 1 neu gef. mWv 22.3.1956 durch G v. 19.3.1956 (BGBl. I S. 111).

[2] Siehe hierzu die AnO des Bundespräsidenten über die Ernennung und Entlassung der Beamtinnen, Beamten, Richterinnen und Richter des Bundes v. 23.6.2004 (BGBl. I S. 1286) und die AnO des Bundespräsidenten über die Ernennung und Entlassung der Soldaten v. 10.7.1969 (BGBl. I S. 775), zuletzt geänd. durch AnO v. 17.3.1972 (BGBl. I S. 499).

[3] Siehe hierzu die AnO des Bundespräsidenten über die Ausübung des Begnadigungsrechts des Bundes **(Sartorius Nr. 615)**.

[4] Siehe hierzu § 13 Nr. 4 und §§ 49 ff. BundesverfassungsgerichtsG **(Sartorius Nr. 40)**.

[5] Siehe auch das G über die Rechtsverhältnisse der Parlamentarischen Staatssekretäre v. 24.7.1974 (BGBl. I S. 1538), zuletzt geänd. durch G v. 17.7.2015 (BGBl. I S. 1322).

[6] Zum Begriff der Mehrheit siehe Art. 121.

der Wahl ernennen. [3]Erreicht der Gewählte diese Mehrheit nicht, so hat der Bundespräsident binnen sieben Tagen entweder ihn zu ernennen oder den Bundestag aufzulösen.

**Art. 64 [Ernennung der Bundesminister]** (1) Die Bundesminister[1)] werden auf Vorschlag des Bundeskanzlers vom Bundespräsidenten ernannt und entlassen.

(2) Der Bundeskanzler und die Bundesminister leisten bei der Amtsübernahme vor dem Bundestage den in Artikel 56 vorgesehenen Eid.

**Art. 65 [Verantwortung]** [1]Der Bundeskanzler bestimmt die Richtlinien der Politik und trägt dafür die Verantwortung. [2]Innerhalb dieser Richtlinien leitet jeder Bundesminister seinen Geschäftsbereich selbständig und unter eigener Verantwortung. [3]Über Meinungsverschiedenheiten zwischen den Bundesministern entscheidet die Bundesregierung. [4]Der Bundeskanzler leitet ihre Geschäfte nach einer von der Bundesregierung beschlossenen und vom Bundespräsidenten genehmigten Geschäftsordnung.[2)]

**Art. 65a[3)] [Befehls- und Kommandogewalt über die Streitkräfte]**

(1)[4)] Der Bundesminister für Verteidigung hat die Befehls- und Kommandogewalt über die Streitkräfte.

(2)[4)]

**Art. 66[5)] [Berufs- und Gewerbeverbot]** Der Bundeskanzler und die Bundesminister dürfen kein anderes besoldetes Amt, kein Gewerbe und keinen Beruf ausüben und weder der Leitung noch ohne Zustimmung des Bundestages dem Aufsichtsrate eines auf Erwerb gerichteten Unternehmens angehören.

**Art. 67 [Misstrauensvotum]** (1) [1]Der Bundestag kann dem Bundeskanzler das Mißtrauen nur dadurch aussprechen, daß er mit der Mehrheit[6)] seiner Mitglieder einen Nachfolger wählt und den Bundespräsidenten ersucht, den Bundeskanzler zu entlassen. [2]Der Bundespräsident muß dem Ersuchen entsprechen und den Gewählten ernennen.

(2) Zwischen dem Antrage und der Wahl müssen achtundvierzig Stunden liegen.

**Art. 68 [Auflösung des Bundestages]** (1) [1]Findet ein Antrag des Bundeskanzlers, ihm das Vertrauen auszusprechen, nicht die Zustimmung der Mehrheit[6)] der Mitglieder des Bundestages, so kann der Bundespräsident auf Vorschlag des Bundeskanzlers binnen einundzwanzig Tagen den Bundestag auflösen. [2]Das Recht zur Auflösung erlischt, sobald der Bundestag mit der Mehrheit seiner Mitglieder einen anderen Bundeskanzler wählt.

(2) Zwischen dem Antrage und der Abstimmung müssen achtundvierzig Stunden liegen.

---

[1)] Siehe hierzu das BundesministerG **(Sartorius Nr. 45)**.

[2)] Siehe die GeschäftsO der Bundesregierung **(Sartorius Nr. 38)**.

[3)] Art. 65a eingef. mWv 22.3.1956 durch G v. 19.3.1956 (BGBl. I S. 111); Abs. 2 aufgeh. mWv 28.6.1968 durch G v. 24.6.1968 (BGBl. I S. 709).

[4)] Amtlicher Wortlaut gem. BGBl. III.

[5)] Siehe hierzu auch das BundesministerG **(Sartorius Nr. 45)**.

[6)] Zum Begriff der Mehrheit siehe Art. 121.

**Art. 69 [Stellvertreter des Bundeskanzlers]** (1) Der Bundeskanzler ernennt einen Bundesminister zu seinem Stellvertreter.

(2) Das Amt des Bundeskanzlers oder eines Bundesministers endigt in jedem Falle mit dem Zusammentritt eines neuen Bundestages, das Amt eines Bundesministers auch mit jeder anderen Erledigung des Amtes des Bundeskanzlers.

(3) Auf Ersuchen des Bundespräsidenten ist der Bundeskanzler, auf Ersuchen des Bundeskanzlers oder des Bundespräsidenten ein Bundesminister verpflichtet, die Geschäfte bis zur Ernennung seines Nachfolgers weiterzuführen.

## VII. Die Gesetzgebung des Bundes

**Art. 70 [Gesetzgebung des Bundes und der Länder]** (1) Die Länder haben das Recht der Gesetzgebung, soweit dieses Grundgesetz nicht dem Bunde Gesetzgebungsbefugnisse verleiht.

(2) Die Abgrenzung der Zuständigkeit zwischen Bund und Ländern bemißt sich nach den Vorschriften dieses Grundgesetzes über die ausschließliche und die konkurrierende Gesetzgebung.

**Art. 71 [Ausschließliche Gesetzgebung]** Im Bereiche der ausschließlichen Gesetzgebung des Bundes haben die Länder die Befugnis zur Gesetzgebung nur, wenn und soweit sie hierzu in einem Bundesgesetze ausdrücklich ermächtigt werden.

**Art. 72[1)] [Konkurrierende Gesetzgebung]** (1) Im Bereich der konkurrierenden Gesetzgebung haben die Länder die Befugnis zur Gesetzgebung, solange und soweit der Bund von seiner Gesetzgebungszuständigkeit nicht durch Gesetz Gebrauch gemacht hat.

(2) Auf den Gebieten des Artikels 74 Abs. 1 Nr. 4, 7, 11, 13, 15, 19a, 20, 22, 25 und 26 hat der Bund das Gesetzgebungsrecht, wenn und soweit die Herstellung gleichwertiger Lebensverhältnisse im Bundesgebiet oder die Wahrung der Rechts- oder Wirtschaftseinheit im gesamtstaatlichen Interesse eine bundesgesetzliche Regelung erforderlich macht.

(3) [1] Hat der Bund von seiner Gesetzgebungszuständigkeit Gebrauch gemacht, können die Länder durch Gesetz hiervon abweichende Regelungen treffen über:

1. das Jagdwesen (ohne das Recht der Jagdscheine);
2. den Naturschutz und die Landschaftspflege (ohne die allgemeinen Grundsätze des Naturschutzes, das Recht des Artenschutzes oder des Meeresnaturschutzes);
3. die Bodenverteilung;
4. die Raumordnung;
5. den Wasserhaushalt (ohne stoff- oder anlagenbezogene Regelungen);
6. die Hochschulzulassung und die Hochschulabschlüsse;
7. die Grundsteuer.

[2] Bundesgesetze auf diesen Gebieten treten frühestens sechs Monate nach ihrer Verkündung in Kraft, soweit nicht mit Zustimmung des Bundesrates anderes bestimmt ist. [3] Auf den Gebieten des Satzes 1 geht im Verhältnis von Bundes- und Landesrecht das jeweils spätere Gesetz vor.

---

1) Art. 72 neu gef. mWv 15.11.1994 durch G v. 27.10.1994 (BGBl. I S. 3146); Abs. 2 geänd. und Abs. 3 eingef., bish. Abs. 3 wird Abs. 4 mWv 1.9.2006 durch G v. 28.8.2006 (BGBl. I S. 2034); Abs. 3 Satz 1 Nr. 6 geänd., Nr. 7 angef. mWv 21.11.2019 durch G v. 15.11.2019 (BGBl. I S. 1546).

(4) Durch Bundesgesetz kann bestimmt werden, daß eine bundesgesetzliche Regelung, für die eine Erforderlichkeit im Sinne des Absatzes 2 nicht mehr besteht, durch Landesrecht ersetzt werden kann.

**Art. 73[1)] [Gegenstände der ausschließlichen Gesetzgebung]** (1) Der Bund hat die ausschließliche Gesetzgebung[2)] über:

1. die auswärtigen Angelegenheiten sowie die Verteidigung einschließlich des Schutzes der Zivilbevölkerung;
2. die Staatsangehörigkeit im Bunde;
3. die Freizügigkeit, das Paßwesen, das Melde- und Ausweiswesen, die Ein- und Auswanderung und die Auslieferung;
4. das Währungs-, Geld- und Münzwesen, Maße und Gewichte sowie die Zeitbestimmung;
5. die Einheit des Zoll- und Handelsgebietes, die Handels- und Schiffahrtsverträge, die Freizügigkeit des Warenverkehrs und den Waren- und Zahlungsverkehr mit dem Auslande einschließlich des Zoll- und Grenzschutzes;

5a. den Schutz deutschen Kulturgutes gegen Abwanderung ins Ausland;

6. den Luftverkehr;

6a. den Verkehr von Eisenbahnen, die ganz oder mehrheitlich im Eigentum des Bundes stehen (Eisenbahnen des Bundes), den Bau, die Unterhaltung und das Betreiben von Schienenwegen der Eisenbahnen des Bundes sowie die Erhebung von Entgelten für die Benutzung dieser Schienenwege;

7. das Postwesen und die Telekommunikation;
8. die Rechtsverhältnisse der im Dienste des Bundes und der bundesunmittelbaren Körperschaften des öffentlichen Rechtes stehenden Personen;
9. den gewerblichen Rechtsschutz, das Urheberrecht und das Verlagsrecht;

9a. die Abwehr von Gefahren des internationalen Terrorismus durch das Bundeskriminalpolizeiamt in Fällen, in denen eine länderübergreifende Gefahr vorliegt, die Zuständigkeit einer Landespolizeibehörde nicht erkennbar ist oder die oberste Landesbehörde um eine Übernahme ersucht;

10. die Zusammenarbeit des Bundes und der Länder
    a) in der Kriminalpolizei,
    b) zum Schutze der freiheitlichen demokratischen Grundordnung, des Bestandes und der Sicherheit des Bundes oder eines Landes (Verfassungsschutz) und
    c) zum Schutze gegen Bestrebungen im Bundesgebiet, die durch Anwendung von Gewalt oder darauf gerichtete Vorbereitungshandlungen auswärtige Belange der Bundesrepublik Deutschland gefährden,

    sowie die Einrichtung eines Bundeskriminalpolizeiamtes und die internationale Verbrechensbekämpfung;
11. die Statistik für Bundeszwecke;
12. das Waffen- und das Sprengstoffrecht;

---

1) Art. 73 Nr. 1 neu gef. mWv 28.3.1954 durch G v. 26.3.1954 (BGBl. I S. 45); Nr. 1 geänd. mWv 28.6.1968 durch G v. 24.6.1968 (BGBl. I S. 709); Nr. 10 neu gef. mWv 3.8.1972 durch G v. 28.7.1972 (BGBl. I S. 1305); Nr. 6 geänd., Nr. 6a eingef. mWv 23.12.1993 durch G v. 20.12.1993 (BGBl. I S. 2089); Nr. 7 neu gef. mWv 3.9.1994 durch G v. 30.8.1994 (BGBl. I S. 2245); Abs. 2 angef., bish. Wortlaut wird Abs. 1 und Nr. 3 und 11 geänd., Nr. 5a und 9a eingef. sowie Nr. 12–14 angef. mWv 1.9.2006 durch G v. 28.8.2006 (BGBl. I S. 2034).

2) Zur Gesetzgebungskompetenz auf dem Gebiet des Finanzwesens siehe Art. 104a–107.

13. die Versorgung der Kriegsbeschädigten und Kriegshinterbliebenen und die Fürsorge für die ehemaligen Kriegsgefangenen;
14. die Erzeugung und Nutzung der Kernenergie zu friedlichen Zwecken, die Errichtung und den Betrieb von Anlagen, die diesen Zwecken dienen, den Schutz gegen Gefahren, die bei Freiwerden von Kernenergie oder durch ionisierende Strahlen entstehen, und die Beseitigung radioaktiver Stoffe.

(2) Gesetze nach Absatz 1 Nr. 9a bedürfen der Zustimmung des Bundesrates.

**Art. 74[1)] [Gegenstände der konkurrierenden Gesetzgebung]** (1) Die konkurrierende Gesetzgebung[2)] erstreckt sich auf folgende Gebiete:

1. das bürgerliche Recht, das Strafrecht, die Gerichtsverfassung, das gerichtliche Verfahren (ohne das Recht des Untersuchungshaftvollzugs), die Rechtsanwaltschaft, das Notariat und die Rechtsberatung;
2. das Personenstandswesen;
3. das Vereinsrecht;
4. das Aufenthalts- und Niederlassungsrecht der Ausländer;

4a. *(aufgehoben)*

5. *(aufgehoben)*
6. die Angelegenheiten der Flüchtlinge und Vertriebenen;
7. die öffentliche Fürsorge (ohne das Heimrecht);
8. *(aufgehoben)*
9. die Kriegsschäden und die Wiedergutmachung;
10. die Kriegsgräber und Gräber anderer Opfer des Krieges und Opfer von Gewaltherrschaft;
11. das Recht der Wirtschaft (Bergbau, Industrie, Energiewirtschaft, Handwerk, Gewerbe, Handel, Bank- und Börsenwesen, privatrechtliches Versicherungswesen) ohne das Recht des Ladenschlusses, der Gaststätten, der Spielhallen, der Schaustellung von Personen, der Messen, der Ausstellungen und der Märkte;

11a. *(aufgehoben)*

12. das Arbeitsrecht einschließlich der Betriebsverfassung, des Arbeitsschutzes und der Arbeitsvermittlung sowie die Sozialversicherung einschließlich der Arbeitslosenversicherung;
13. die Regelung der Ausbildungsbeihilfen und die Förderung der wissenschaftlichen Forschung;
14. das Recht der Enteignung, soweit sie auf den Sachgebieten der Artikel 73 und 74 in Betracht kommt;

---

1) Art. 74 Nr. 11a eingef. mWv 1.1.1960 durch G v. 23.12.1959 (BGBl. I S. 813); Nr. 10 geänd., Nr. 10a eingef. durch G v. 16.6.1965 mWv 27.6.1965 (BGBl. I S. 513); Nr. 13 und 22 neu gef., Nr. 19a eingef. mWv 15.5.1969 durch G v. 12.5.1969 (BGBl. I S. 363); Nr. 20 neu gef. mWv 21.3.1971 durch G v. 18.3. 1971 (BGBl. I S. 207); Nr. 23 geänd., Nr. 24 angef. mWv 15.4.1972 durch G v. 12.4.1972 (BGBl. I S. 593); Nr. 4a eingef. mWv 3.8.1972 durch G v. 28.7.1972 (BGBl. I S. 1305); Nr. 4a neugef. mWv 28.8. 1976 durch G v. 23.8.1976 (BGBl. I S. 2383); Nr. 23 neu gef. mWv 23.12.1993 durch G v. 20.12.1993 (BGBl. I S. 2089); Abs. 1 Nr. 5 und 8 aufgeh., Nr. 18 und 24 geänd., Nr. 25 und 26 sowie Abs. 2 angef. mWv 15.11.1994 durch G v. 27.10.1994 (BGBl. I S. 3146); Abs. 1 Nr. 1, 11, 17, 22 und 26 sowie Abs. 2 geänd., Abs. 1 Nr. 3, 7, 18, 19, 20 und 24 neu gef., Nr. 4a, 10 und 11a aufgeh., bish. Nr. 10a wird Nr. 10 und Nr. 27–33 angef. mWv 1.9.2006 durch G v. 28.8.2006 (BGBl. I S. 2034).

2) Zur Gesetzgebungskompetenz auf dem Gebiet des Finanzwesens siehe Art. 104a–107.

15. die Überführung von Grund und Boden, von Naturschätzen und Produktionsmitteln in Gemeineigentum oder in andere Formen der Gemeinwirtschaft;
16. die Verhütung des Mißbrauchs wirtschaftlicher Machtstellung;
17. die Förderung der land- und forstwirtschaftlichen Erzeugung (ohne das Recht der Flurbereinigung), die Sicherung der Ernährung, die Ein- und Ausfuhr land- und forstwirtschaftlicher Erzeugnisse, die Hochsee- und Küstenfischerei und den Küstenschutz;
18. den städtebaulichen Grundstücksverkehr, das Bodenrecht (ohne das Recht der Erschließungsbeiträge) und das Wohngeldrecht, das Altschuldenhilferecht, das Wohnungsbauprämienrecht, das Bergarbeiterwohnungsbaurecht und das Bergmannssiedlungsrecht;
19. Maßnahmen gegen gemeingefährliche oder übertragbare Krankheiten bei Menschen und Tieren, Zulassung zu ärztlichen und anderen Heilberufen und zum Heilgewerbe, sowie das Recht des Apothekenwesens, der Arzneien, der Medizinprodukte, der Heilmittel, der Betäubungsmittel und der Gifte;

19a. die wirtschaftliche Sicherung der Krankenhäuser und die Regelung der Krankenhauspflegesätze;

20. das Recht der Lebensmittel einschließlich der ihrer Gewinnung dienenden Tiere, das Recht der Genussmittel, Bedarfsgegenstände und Futtermittel sowie den Schutz beim Verkehr mit land- und forstwirtschaftlichem Saat- und Pflanzgut, den Schutz der Pflanzen gegen Krankheiten und Schädlinge sowie den Tierschutz;
21. die Hochsee- und Küstenschiffahrt sowie die Seezeichen, die Binnenschiffahrt, den Wetterdienst, die Seewasserstraßen und die dem allgemeinen Verkehr dienenden Binnenwasserstraßen;
22. den Straßenverkehr, das Kraftfahrwesen, den Bau und die Unterhaltung von Landstraßen für den Fernverkehr sowie die Erhebung und Verteilung von Gebühren oder Entgelten für die Benutzung öffentlicher Straßen mit Fahrzeugen;
23. die Schienenbahnen, die nicht Eisenbahnen des Bundes sind, mit Ausnahme der Bergbahnen;
24. die Abfallwirtschaft, die Luftreinhaltung und die Lärmbekämpfung (ohne Schutz vor verhaltensbezogenem Lärm);
25. die Staatshaftung;
26. die medizinisch unterstützte Erzeugung menschlichen Lebens, die Untersuchung und die künstliche Veränderung von Erbinformationen sowie Regelungen zur Transplantation von Organen, Geweben und Zellen;
27. die Statusrechte und -pflichten der Beamten der Länder, Gemeinden und anderen Körperschaften des öffentlichen Rechts sowie der Richter in den Ländern mit Ausnahme der Laufbahnen, Besoldung und Versorgung;
28. das Jagdwesen;
29. den Naturschutz und die Landschaftspflege;
30. die Bodenverteilung;
31. die Raumordnung;
32. den Wasserhaushalt;
33. die Hochschulzulassung und die Hochschulabschlüsse.

(2) Gesetze nach Absatz 1 Nr. 25 und 27 bedürfen der Zustimmung des Bundesrates.

**Art. 74a**[1)] *(aufgehoben)*

**Art. 75**[2)] *(aufgehoben)*

**Art. 76**[3)] **[Gesetzesvorlagen]** (1) Gesetzesvorlagen werden beim Bundestage durch die Bundesregierung, aus der Mitte des Bundestages oder durch den Bundesrat eingebracht.

(2) [1]Vorlagen der Bundesregierung sind zunächst dem Bundesrat zuzuleiten. [2]Der Bundesrat ist berechtigt, innerhalb von sechs Wochen zu diesen Vorlagen Stellung zu nehmen. [3]Verlangt er aus wichtigem Grunde, insbesondere mit Rücksicht auf den Umfang einer Vorlage, eine Fristverlängerung, so beträgt die Frist neun Wochen. [4]Die Bundesregierung kann eine Vorlage, die sie bei der Zuleitung an den Bundesrat ausnahmsweise als besonders eilbedürftig bezeichnet hat, nach drei Wochen oder, wenn der Bundesrat ein Verlangen nach Satz 3 geäußert hat, nach sechs Wochen dem Bundestag zuleiten, auch wenn die Stellungnahme des Bundesrates noch nicht bei ihr eingegangen ist; sie hat die Stellungnahme des Bundesrates unverzüglich nach Eingang dem Bundestag nachzureichen. [5]Bei Vorlagen zur Änderung dieses Grundgesetzes und zur Übertragung von Hoheitsrechten nach Artikel 23 oder Artikel 24 beträgt die Frist zur Stellungnahme neun Wochen; Satz 4 findet keine Anwendung.

(3) [1]Vorlagen des Bundesrates sind dem Bundestag durch die Bundesregierung innerhalb von sechs Wochen zuzuleiten. [2]Sie soll hierbei ihre Auffassung darlegen. [3]Verlangt sie aus wichtigem Grunde, insbesondere mit Rücksicht auf den Umfang einer Vorlage, eine Fristverlängerung, so beträgt die Frist neun Wochen. [4]Wenn der Bundesrat eine Vorlage ausnahmsweise als besonders eilbedürftig bezeichnet hat, beträgt die Frist drei Wochen oder, wenn die Bundesregierung ein Verlangen nach Satz 3 geäußert hat, sechs Wochen. [5]Bei Vorlagen zur Änderung dieses Grundgesetzes und zur Übertragung von Hoheitsrechten nach Artikel 23 oder Artikel 24 beträgt die Frist neun Wochen; Satz 4 findet keine Anwendung. [6]Der Bundestag hat über die Vorlagen in angemessener Frist zu beraten und Beschluß zu fassen.

**Art. 77**[4)] **[Verfahren bei Gesetzesbeschlüssen]** (1) [1]Die Bundesgesetze werden vom Bundestage beschlossen. [2]Sie sind nach ihrer Annahme durch den Präsidenten des Bundestages unverzüglich dem Bundesrate zuzuleiten.

(2) [1]Der Bundesrat kann binnen drei Wochen nach Eingang des Gesetzesbeschlusses verlangen, daß ein aus Mitgliedern des Bundestages und des Bundesrates für die gemeinsame Beratung von Vorlagen gebildeter Ausschuß einberufen

---

[1)] Art. 74a eingef. durch G v. 18.3.1971 (BGBl. I S. 206); aufgeh. mWv 1.9.2006 durch G v. 28.8.2006 (BGBl. I S. 2034).

[2)] Art. 75 Abs. 2 und 3 angef., bish. Wortlaut wird Abs. 1 und Nr. 1a eingef. durch G v. 12.5.1969 (BGBl. I S. 363); Abs. 2 und 3 aufgeh., bish. Abs. 1 wird alleiniger Wortlaut und Nr. 1 neu gef. durch G v. 18.3.1971 (BGBl. I S. 206); Abs. 2 und 3 angef., bish. Wortlaut wird Abs. 1 und Satz 2 angef., bish. Wortlaut wird Satz 1 und Einleitungssatz sowie Nr. 2 geänd. und Nr. 6 angef. durch G v. 27.10.1994 (BGBl I S. 3146); aufgeh. mWv 1.9.2006 durch G v. 28.8.2006 (BGBl. I S. 2034).

[3)] Art. 76 Abs. 2 Satz 2 geänd., Satz 3 angef. mWv 20.11.1968 durch G v. 15.11.1968 (BGBl. I S. 1177); Abs. 3 Satz 1 neu gef. mWv 23.7.1969 durch G v. 17.7.1969 (BGBl. I S. 817); Abs. 2 und 3 neu gef. mWv 15.11.1994 durch G v. 27.10.1994 (BGBl. I S. 3146).

[4)] Art. 77 Abs. 2 Satz 1 und Abs. 3 Satz 1 geänd., Abs. 3 Satz 2 neu gef. mWv 20.11.1968 durch G v. 15.11.1968 (BGBl. I S. 1177); Abs. 2a eingef. mWv 15.11.1994 durch G v. 27.10.1994 (BGBl. I S. 3146).

wird. [2]Die Zusammensetzung und das Verfahren dieses Ausschusses regelt eine Geschäftsordnung[1)], die vom Bundestag beschlossen wird und der Zustimmung des Bundesrates bedarf. [3]Die in diesen Ausschuß entsandten Mitglieder des Bundesrates sind nicht an Weisungen gebunden. [4]Ist zu einem Gesetze die Zustimmung des Bundesrates erforderlich, so können auch der Bundestag und die Bundesregierung die Einberufung verlangen. [5]Schlägt der Ausschuß eine Änderung des Gesetzesbeschlusses vor, so hat der Bundestag erneut Beschluß zu fassen.

(2a) Soweit zu einem Gesetz die Zustimmung des Bundesrates erforderlich ist, hat der Bundesrat, wenn ein Verlangen nach Absatz 2 Satz 1 nicht gestellt oder das Vermittlungsverfahren ohne einen Vorschlag zur Änderung des Gesetzesbeschlusses beendet ist, in angemessener Frist über die Zustimmung Beschluß zu fassen.

(3) [1]Soweit zu einem Gesetze die Zustimmung des Bundesrates nicht erforderlich ist, kann der Bundesrat, wenn das Verfahren nach Absatz 2 beendigt ist, gegen ein vom Bundestage beschlossenes Gesetz binnen zwei Wochen Einspruch einlegen. [2]Die Einspruchsfrist beginnt im Falle des Absatzes 2 letzter Satz mit dem Eingange des vom Bundestage erneut gefaßten Beschlusses, in allen anderen Fällen mit dem Eingange der Mitteilung des Vorsitzenden des in Absatz 2 vorgesehenen Ausschusses, daß das Verfahren vor dem Ausschusse abgeschlossen ist.

(4) [1]Wird der Einspruch mit der Mehrheit[2)] der Stimmen des Bundesrates beschlossen, so kann er durch Beschluß der Mehrheit der Mitglieder des Bundestages zurückgewiesen werden. [2]Hat der Bundesrat den Einspruch mit einer Mehrheit von mindestens zwei Dritteln seiner Stimmen beschlossen, so bedarf die Zurückweisung durch den Bundestag einer Mehrheit von zwei Dritteln, mindestens der Mehrheit der Mitglieder des Bundestages.

**Art. 78 [Zustandekommen von Bundesgesetzen]** Ein vom Bundestage beschlossenes Gesetz kommt zustande, wenn der Bundesrat zustimmt, den Antrag gemäß Artikel 77 Abs. 2 nicht stellt, innerhalb der Frist des Artikels 77 Abs. 3 keinen Einspruch einlegt oder ihn zurücknimmt oder wenn der Einspruch vom Bundestage überstimmt wird.

**Art. 79[3)] [Änderungen des Grundgesetzes]** (1) [1]Das Grundgesetz kann nur durch ein Gesetz geändert werden, das den Wortlaut des Grundgesetzes ausdrücklich ändert oder ergänzt.[4)] [2]Bei völkerrechtlichen Verträgen, die eine Friedensregelung, die Vorbereitung einer Friedensregelung oder den Abbau einer besatzungsrechtlichen Ordnung zum Gegenstand haben oder der Verteidigung der Bundesrepublik zu dienen bestimmt sind, genügt zur Klarstellung, daß die Bestimmungen des Grundgesetzes dem Abschluß und dem Inkraftsetzen der Verträge nicht entgegenstehen, eine Ergänzung des Wortlautes des Grundgesetzes, die sich auf diese Klarstellung beschränkt.

(2) Ein solches Gesetz bedarf der Zustimmung von zwei Dritteln der Mitglieder des Bundestages und zwei Dritteln der Stimmen des Bundesrates.

(3) Eine Änderung dieses Grundgesetzes, durch welche die Gliederung des Bundes in Länder, die grundsätzliche Mitwirkung der Länder bei der Gesetzgebung oder die in den Artikeln 1 und 20 niedergelegten Grundsätze berührt werden, ist unzulässig.

---

[1)] Siehe die Gemeinsame GeschäftsO des Bundestages und des Bundesrates für den Vermittlungsausschuss **(Sartorius Nr. 36)**.

[2)] Zum Begriff der Mehrheit siehe Art. 121.

[3)] Art. 79 Abs. 1 Satz 2 angef. mWv 28.3.1954 durch G v. 26.3.1954 (BGBl. I S. 45).

[4)] Beachte hierzu auch Art. 81 Abs. 4.

**Art. 80**[1] **[Erlass von Rechtsverordnungen]** (1) [1]Durch Gesetz können die Bundesregierung, ein Bundesminister oder die Landesregierungen ermächtigt werden, Rechtsverordnungen zu erlassen.[2] [2]Dabei müssen Inhalt, Zweck und Ausmaß der erteilten Ermächtigung im Gesetze bestimmt werden. [3]Die Rechtsgrundlage ist in der Verordnung anzugeben. [4]Ist durch Gesetz vorgesehen, daß eine Ermächtigung weiter übertragen werden kann, so bedarf es zur Übertragung der Ermächtigung einer Rechtsverordnung.

(2) Der Zustimmung des Bundesrates bedürfen, vorbehaltlich anderweitiger bundesgesetzlicher Regelung, Rechtsverordnungen der Bundesregierung oder eines Bundesministers über Grundsätze und Gebühren für die Benutzung der Einrichtungen des Postwesens und der Telekommunikation, über die Grundsätze der Erhebung des Entgelts für die Benutzung der Einrichtungen der Eisenbahnen des Bundes, über den Bau und Betrieb der Eisenbahnen, sowie Rechtsverordnungen auf Grund von Bundesgesetzen, die der Zustimmung des Bundesrates bedürfen oder die von den Ländern im Auftrage des Bundes oder als eigene Angelegenheit ausgeführt werden.

(3) Der Bundesrat kann der Bundesregierung Vorlagen für den Erlaß von Rechtsverordnungen zuleiten, die seiner Zustimmung bedürfen.

(4) Soweit durch Bundesgesetz oder auf Grund von Bundesgesetzen Landesregierungen ermächtigt werden, Rechtsverordnungen zu erlassen, sind die Länder zu einer Regelung auch durch Gesetz befugt.

**Art. 80a**[3] **[Spannungsfall]** (1) [1]Ist in diesem Grundgesetz oder in einem Bundesgesetz über die Verteidigung einschließlich des Schutzes der Zivilbevölkerung bestimmt, daß Rechtsvorschriften nur nach Maßgabe dieses Artikels angewandt werden dürfen, so ist die Anwendung außer im Verteidigungsfalle nur zulässig, wenn der Bundestag den Eintritt des Spannungsfalles festgestellt oder wenn er der Anwendung besonders zugestimmt hat. [2]Die Feststellung des Spannungsfalles und die besondere Zustimmung in den Fällen des Artikels 12a Abs. 5 Satz 1 und Abs. 6 Satz 2 bedürfen einer Mehrheit von zwei Dritteln der abgegebenen Stimmen.[4]

(2) Maßnahmen auf Grund von Rechtsvorschriften nach Absatz 1 sind aufzuheben, wenn der Bundestag es verlangt.

(3) [1]Abweichend von Absatz 1 ist die Anwendung solcher Rechtsvorschriften auch auf der Grundlage und nach Maßgabe eines Beschlusses zulässig, der von einem internationalen Organ im Rahmen eines Bündnisvertrages mit Zustimmung der Bundesregierung gefaßt wird.[4] [2]Maßnahmen nach diesem Absatz sind aufzuheben, wenn der Bundestag es mit der Mehrheit[5] seiner Mitglieder verlangt.

**Art. 81 [Gesetzgebungsnotstand]** (1) [1]Wird im Falle des Artikels 68 der Bundestag nicht aufgelöst, so kann der Bundespräsident auf Antrag der Bundesregierung mit Zustimmung des Bundesrates für eine Gesetzesvorlage den Gesetzgebungsnotstand erklären, wenn der Bundestag sie ablehnt, obwohl die Bundesregierung sie als dringlich bezeichnet hat. [2]Das gleiche gilt, wenn eine Gesetzes-

---

[1] Art. 80 Abs. 2 geänd. mWv 23.12.1993 durch G v. 20.12.1993 (BGBl. I S. 2089); Abs. 2 geänd. mWv 3.9.1994 durch G v. 30.8.1994 (BGBl. I S. 2245); Abs. 3 und 4 angef. mWv 15.11.1994 durch G v. 27.10.1994 (BGBl. I S. 3146).

[2] Zur Fortgeltung bestehender Ermächtigungen siehe Art. 129.

[3] Art. 80a eingef. mWv 28.6.1968 durch G v. 24.6.1968 (BGBl. I S. 709).

[4] Siehe hierzu das G über vereinfachte Verkündungen und Bekanntgaben **(Sartorius Nr. 71)**.

[5] Zum Begriff der Mehrheit siehe Art. 121.

vorlage abgelehnt worden ist, obwohl der Bundeskanzler mit ihr den Antrag des Artikels 68 verbunden hatte.

(2) [1] Lehnt der Bundestag die Gesetzesvorlage nach Erklärung des Gesetzgebungsnotstandes erneut ab oder nimmt er sie in einer für die Bundesregierung als unannehmbar bezeichneten Fassung an, so gilt das Gesetz als zustande gekommen, soweit der Bundesrat ihm zustimmt. [2] Das gleiche gilt, wenn die Vorlage vom Bundestage nicht innerhalb von vier Wochen nach der erneuten Einbringung verabschiedet wird.

(3) [1] Während der Amtszeit eines Bundeskanzlers kann auch jede andere vom Bundestage abgelehnte Gesetzesvorlage innerhalb einer Frist von sechs Monaten nach der ersten Erklärung des Gesetzgebungsnotstandes gemäß Absatz 1 und 2 verabschiedet werden. [2] Nach Ablauf der Frist ist während der Amtszeit des gleichen Bundcskanzlers eine weitere Erklärung des Gesetzgebungsnotstandes unzulässig.

(4) Das Grundgesetz darf durch ein Gesetz, das nach Absatz 2 zustande kommt, weder geändert, noch ganz oder teilweise außer Kraft oder außer Anwendung gesetzt werden.

**Art. 82[1)] [Verkündung und Inkrafttreten der Gesetze]** (1) [1] Die nach den Vorschriften dieses Grundgesetzes zustande gekommenen Gesetze werden vom Bundespräsidenten nach Gegenzeichnung ausgefertigt und im Bundesgesetzblatt verkündet. [2] Das Bundesgesetzblatt kann in elektronischer Form geführt werden. [3] Rechtsverordnungen werden von der Stelle, die sie erlässt, ausgefertigt. [4] Das Nähere zur Verkündung und zur Form von Gegenzeichnung und Ausfertigung von Gesetzen und Rechtsverordnungen regelt ein Bundesgesetz.[2)]

(2) [1] Jedes Gesetz und jede Rechtsverordnung soll den Tag des Inkrafttretens bestimmen. [2] Fehlt eine solche Bestimmung, so treten sie mit dem vierzehnten Tage nach Ablauf des Tages in Kraft, an dem das Bundesgesetzblatt ausgegeben worden ist.

## VIII. Die Ausführung der Bundesgesetze und die Bundesverwaltung

**Art. 83 [Grundsatz der Landeseigenverwaltung]** Die Länder führen die Bundesgesetze als eigene Angelegenheit aus, soweit dieses Grundgesetz nicht anderes bestimmt oder zuläßt.

**Art. 84[3)] [Landeseigenverwaltung und Bundesaufsicht]** (1) [1] Führen die Länder die Bundesgesetze als eigene Angelegenheit aus, so regeln sie die Einrichtung der Behörden und das Verwaltungsverfahren. [2] Wenn Bundesgesetze etwas anderes bestimmen, können die Länder davon abweichende Regelungen treffen. [3] Hat ein Land eine abweichende Regelung nach Satz 2 getroffen, treten in diesem Land hierauf bezogene spätere bundesgesetzliche Regelungen der Einrichtung der Behörden und des Verwaltungsverfahrens frühestens sechs Monate nach ihrer Verkündung in Kraft, soweit nicht mit Zustimmung des Bundesrates anderes bestimmt ist. [4] Artikel 72 Abs. 3 Satz 3 gilt entsprechend. [5] In Ausnahmefällen kann der Bund wegen eines besonderen Bedürfnisses nach bundeseinheitlicher Regelung das Verwaltungsverfahren ohne Abweichungsmöglichkeit für die Länder regeln. [6] Diese

---

[1)] Art. 82 Abs. 1 neu gef. mWv 24.12.2022 durch G v. 19.12.2022 (BGBl. I S. 2478).
[2)] Siehe hierzu das Verkündungs- und BekanntmachungsG v. 20.12.2022 (BGBl. I S. 2752).
[3)] Art. 84 Abs. 1 neu gef. mWv 1.9.2006 durch G v. 28.8.2006 (BGBl. I S. 2034).

Gesetze bedürfen der Zustimmung des Bundesrates. [7] Durch Bundesgesetz dürfen Gemeinden und Gemeindeverbänden Aufgaben nicht übertragen werden.

(2) Die Bundesregierung kann mit Zustimmung des Bundesrates allgemeine Verwaltungsvorschriften erlassen.

(3) [1] Die Bundesregierung übt die Aufsicht darüber aus, daß die Länder die Bundesgesetze dem geltenden Rechte gemäß ausführen. [2] Die Bundesregierung kann zu diesem Zwecke Beauftragte zu den obersten Landesbehörden entsenden, mit deren Zustimmung und, falls diese Zustimmung versagt wird, mit Zustimmung des Bundesrates auch zu den nachgeordneten Behörden.

(4) [1] Werden Mängel, die die Bundesregierung bei der Ausführung der Bundesgesetze in den Ländern festgestellt hat, nicht beseitigt, so beschließt auf Antrag der Bundesregierung oder des Landes der Bundesrat, ob das Land das Recht verletzt hat. [2] Gegen den Beschluß des Bundesrates kann das Bundesverfassungsgericht angerufen werden.[1)]

(5) [1] Der Bundesregierung kann durch Bundesgesetz, das der Zustimmung des Bundesrates bedarf, zur Ausführung von Bundesgesetzen die Befugnis verliehen werden, für besondere Fälle Einzelweisungen zu erteilen. [2] Sie sind, außer wenn die Bundesregierung den Fall für dringlich erachtet, an die obersten Landesbehörden zu richten.

**Art. 85**[2)] **[Landesverwaltung im Bundesauftrag]** (1) [1] Führen die Länder die Bundesgesetze im Auftrage des Bundes aus, so bleibt die Einrichtung der Behörden Angelegenheit der Länder, soweit nicht Bundesgesetze mit Zustimmung des Bundesrates etwas anderes bestimmen. [2] Durch Bundesgesetz dürfen Gemeinden und Gemeindeverbänden Aufgaben nicht übertragen werden.

(2) [1] Die Bundesregierung kann mit Zustimmung des Bundesrates allgemeine Verwaltungsvorschriften erlassen. [2] Sie kann die einheitliche Ausbildung der Beamten und Angestellten regeln. [3] Die Leiter der Mittelbehörden sind mit ihrem Einvernehmen zu bestellen.

(3) [1] Die Landesbehörden unterstehen den Weisungen der zuständigen obersten Bundesbehörden. [2] Die Weisungen sind, außer wenn die Bundesregierung es für dringlich erachtet, an die obersten Landesbehörden zu richten. [3] Der Vollzug der Weisung ist durch die obersten Landesbehörden sicherzustellen.

(4) [1] Die Bundesaufsicht erstreckt sich auf Gesetzmäßigkeit und Zweckmäßigkeit der Ausführung. [2] Die Bundesregierung kann zu diesem Zwecke Bericht und Vorlage der Akten verlangen und Beauftragte zu allen Behörden entsenden.

**Art. 86 [Bundesverwaltung]** [1] Führt der Bund die Gesetze durch bundeseigene Verwaltung oder durch bundesunmittelbare Körperschaften oder Anstalten des öffentlichen Rechtes aus, so erläßt die Bundesregierung, soweit nicht das Gesetz Besonderes vorschreibt, die allgemeinen Verwaltungsvorschriften. [2] Sie regelt, soweit das Gesetz nichts anderes bestimmt, die Einrichtung der Behörden.

---

1) Siehe hierzu § 13 Nr. 7 und §§ 68 ff. BundesverfassungsgerichtsG **(Sartorius Nr. 40)**.
2) Art. 85 Abs. 1 Satz 2 angef. mWv 1.9.2006 durch G v. 28.8.2006 (BGBl. I S. 2034).

**Art. 87**[1) 2)] **[Gegenstände der Bundesverwaltung]** (1) [1] In bundeseigener Verwaltung mit eigenem Verwaltungsunterbau werden geführt der Auswärtige Dienst, die Bundesfinanzverwaltung und nach Maßgabe des Artikels 89 die Verwaltung der Bundeswasserstraßen und der Schiffahrt. [2] Durch Bundesgesetz können Bundesgrenzschutzbehörden[3) 4)], Zentralstellen für das polizeiliche Auskunfts- und Nachrichtenwesen, für die Kriminalpolizei[5)] und zur Sammlung von Unterlagen für Zwecke des Verfassungsschutzes[6)] und des Schutzes gegen Bestrebungen im Bundesgebiet, die durch Anwendung von Gewalt oder darauf gerichtete Vorbereitungshandlungen auswärtige Belange der Bundesrepublik Deutschland gefährden, eingerichtet werden.

(2) [1] Als bundesunmittelbare Körperschaften des öffentlichen Rechtes werden diejenigen sozialen Versicherungsträger geführt, deren Zuständigkeitsbereich sich über das Gebiet eines Landes hinaus erstreckt. [2] Soziale Versicherungsträger, deren Zuständigkeitsbereich sich über das Gebiet eines Landes, aber nicht über mehr als drei Länder hinaus erstreckt, werden abweichend von Satz 1 als landesunmittelbare Körperschaften des öffentlichen Rechtes geführt, wenn das aufsichtsführende Land durch die beteiligten Länder bestimmt ist.

(3) [1] Außerdem können für Angelegenheiten, für die dem Bunde die Gesetzgebung zusteht, selbständige Bundesoberbehörden und neue bundesunmittelbare Körperschaften und Anstalten des öffentlichen Rechtes durch Bundesgesetz errichtet werden. [2] Erwachsen dem Bunde auf Gebieten, für die ihm die Gesetzgebung zusteht, neue Aufgaben, so können bei dringendem Bedarf bundeseigene Mittel- und Unterbehörden mit Zustimmung des Bundesrates und der Mehrheit[7)] der Mitglieder des Bundestages errichtet werden.

**Art. 87a**[8) 9)] **[Streitkräfte]** (1) [1] Der Bund stellt Streitkräfte zur Verteidigung auf. [2] Ihre zahlenmäßige Stärke und die Grundzüge ihrer Organisation müssen sich aus dem Haushaltsplan ergeben.

(1a) [1] Zur Stärkung der Bündnis- und Verteidigungsfähigkeit kann der Bund ein Sondervermögen für die Bundeswehr mit eigener Kreditermächtigung in Höhe von einmalig bis zu 100 Milliarden Euro errichten. [2] Auf die Kreditermächtigung sind Artikel 109 Absatz 3 und Artikel 115 Absatz 2 nicht anzuwenden. [3] Das Nähere regelt ein Bundesgesetz.

(2) Außer zur Verteidigung dürfen die Streitkräfte nur eingesetzt werden, soweit dieses Grundgesetz es ausdrücklich zuläßt.

(3) [1] Die Streitkräfte haben im Verteidigungsfalle und im Spannungsfalle die Befugnis, zivile Objekte zu schützen und Aufgaben der Verkehrsregelung wahrzunehmen, soweit dies zur Erfüllung ihres Verteidigungsauftrages erforderlich ist. [2] Außerdem kann den Streitkräften im Verteidigungsfalle und im Spannungsfalle der

---

[1)] Art. 87 Abs. 1 Satz 2 neu gef. mWv 3.8.1972 durch G v. 28.7.1972 (BGBl. I S. 1305); Abs. 1 Satz 1 geänd. mWv 23.12.1993 durch G v. 20.12.1993 (BGBl. I S. 2089); Abs. 1 Satz 1 geänd. mWv 3.9.1994 durch G v. 30.8.1994 (BGBl. I S. 2245); Abs. 2 Satz 2 angef. mWv 15.11.1994 durch G v. 27.10.1994 (BGBl. I S. 3146).

[2)] Siehe hierzu auch Art. 130.

[3)] Bezeichnung ab 1.7.2005: „Bundespolizei".

[4)] Siehe das BundespolizeiG **(Sartorius Nr. 90)**.

[5)] Siehe das BundeskriminalamtG **(Sartorius Nr. 450)**.

[6)] Siehe das BundesverfassungsschutzG **(Sartorius Nr. 80)**.

[7)] Zum Begriff der Mehrheit siehe Art. 121.

[8)] Art. 87a eingef. mWv 22.3.1956 durch G v. 19.3.1956 (BGBl. I S. 111); neu gef. mWv 28.6.1968 durch G v. 24.6.1968 (BGBl. I S. 709); Abs. 1a eingef. mWv 1.7.2022 durch G v. 28.6.2022 (BGBl. I S. 968).

[9)] Siehe hierzu das ParlamentsbeteiligungsG v. 18.3.2005 (BGBl. I S. 775).

Schutz ziviler Objekte auch zur Unterstützung polizeilicher Maßnahmen übertragen werden; die Streitkräfte wirken dabei mit den zuständigen Behörden zusammen.

(4) [1] Zur Abwehr einer drohenden Gefahr für den Bestand oder die freiheitliche demokratische Grundordnung des Bundes oder eines Landes kann die Bundesregierung, wenn die Voraussetzungen des Artikels 91 Abs. 2 vorliegen und die Polizeikräfte sowie der Bundesgrenzschutz[1)] nicht ausreichen, Streitkräfte zur Unterstützung der Polizei und des Bundesgrenzschutzes[1)] beim Schutze von zivilen Objekten und bei der Bekämpfung organisierter und militärisch bewaffneter Aufständischer einsetzen. [2] Der Einsatz von Streitkräften ist einzustellen, wenn der Bundestag oder der Bundesrat es verlangen.

**Art. 87b[2)] [Bundeswehrverwaltung]** (1) [1] Die Bundeswehrverwaltung wird in bundeseigener Verwaltung mit eigenem Verwaltungsunterbau geführt. [2] Sie dient den Aufgaben des Personalwesens und der unmittelbaren Deckung des Sachbedarfs der Streitkräfte. [3] Aufgaben der Beschädigtenversorgung und des Bauwesens können der Bundeswehrverwaltung nur durch Bundesgesetz, das der Zustimmung des Bundesrates bedarf, übertragen werden. [4] Der Zustimmung des Bundesrates bedürfen ferner Gesetze, soweit sie die Bundeswehrverwaltung zu Eingriffen in Rechte Dritter ermächtigen; das gilt nicht für Gesetze auf dem Gebiete des Personalwesens.

(2) [1] Im übrigen können Bundesgesetze, die der Verteidigung einschließlich des Wehrersatzwesens und des Schutzes der Zivilbevölkerung dienen, mit Zustimmung des Bundesrates bestimmen, daß sie ganz oder teilweise in bundeseigener Verwaltung mit eigenem Verwaltungsunterbau oder von den Ländern im Auftrage des Bundes ausgeführt werden. [2] Werden solche Gesetze von den Ländern im Auftrage des Bundes ausgeführt, so können sie mit Zustimmung des Bundesrates bestimmen, daß die der Bundesregierung und den zuständigen obersten Bundesbehörden auf Grund des Artikels 85 zustehenden Befugnisse ganz oder teilweise Bundesoberbehörden übertragen werden; dabei kann bestimmt werden, daß diese Behörden beim Erlaß allgemeiner Verwaltungsvorschriften gemäß Artikel 85 Abs. 2 Satz 1 nicht der Zustimmung des Bundesrates bedürfen.

**Art. 87c[3)] [Bestimmungen über Erzeugung und Nutzung der Kernenergie]** Gesetze, die auf Grund des Artikels 73 Abs. 1 Nr. 14 ergehen, können mit Zustimmung des Bundesrates bestimmen, daß sie von den Ländern im Auftrage des Bundes ausgeführt werden.

**Art. 87d[4)] [Luftverkehrsverwaltung]** (1) [1] Die Luftverkehrsverwaltung wird in Bundesverwaltung geführt. [2] Aufgaben der Flugsicherung können auch durch ausländische Flugsicherungsorganisationen wahrgenommen werden, die nach Recht der Europäischen Gemeinschaft zugelassen sind. [3] Das Nähere regelt ein Bundesgesetz.

(2) Durch Bundesgesetz, das der Zustimmung des Bundesrates bedarf, können Aufgaben der Luftverkehrsverwaltung den Ländern als Auftragsverwaltung übertragen werden.

---

[1)] Bezeichnung ab 1.7.2005: „Bundespolizei".
[2)] Art. 87b eingef. mWv 22.3.1956 durch G v. 19.3.1956 (BGBl. I S. 111).
[3)] Art. 87c eingef. mWv 1.1.1960 durch G v. 23.12.1959 (BGBl. I S. 813); geänd. mWv 1.9.2006 durch G v. 28.8.2006 (BGBl. I S. 2034).
[4)] Art. 87d eingef. mWv 16.2.1961 durch G v. 6.2.1961 (BGBl. I S. 65); Abs. 1 neu gef. mWv 22.7.1992 durch G v. 14.7.1992 (BGBl. I S. 1254); Abs. 1 neu gef. mWv 1.8.2009 durch G v. 29.7.2009 (BGBl. I S. 2247).

**Art. 87e**[1) 2)] **[Eisenbahnen des Bundes]** (1) [1]Die Eisenbahnverkehrsverwaltung für Eisenbahnen des Bundes wird in bundeseigener Verwaltung geführt. [2]Durch Bundesgesetz können Aufgaben der Eisenbahnverkehrsverwaltung den Ländern als eigene Angelegenheit übertragen werden.

(2) Der Bund nimmt die über den Bereich der Eisenbahnen des Bundes hinausgehenden Aufgaben der Eisenbahnverkehrsverwaltung wahr, die ihm durch Bundesgesetz übertragen werden.

(3) [1]Eisenbahnen des Bundes werden als Wirtschaftsunternehmen in privatrechtlicher Form geführt. [2]Diese stehen im Eigentum des Bundes, soweit die Tätigkeit des Wirtschaftsunternehmens den Bau, die Unterhaltung und das Betreiben von Schienenwegen umfaßt. [3]Die Veräußerung von Anteilen des Bundes an den Unternehmen nach Satz 2 erfolgt auf Grund eines Gesetzes; die Mehrheit der Anteile an diesen Unternehmen verbleibt beim Bund. [4]Das Nähere wird durch Bundesgesetz geregelt.

(4) [1]Der Bund gewährleistet, daß dem Wohl der Allgemeinheit, insbesondere den Verkehrsbedürfnissen, beim Ausbau und Erhalt des Schienennetzes der Eisenbahnen des Bundes sowie bei deren Verkehrsangeboten auf diesem Schienennetz, soweit diese nicht den Schienenpersonennahverkehr betreffen, Rechnung getragen wird. [2]Das Nähere wird durch Bundesgesetz geregelt.

(5) [1]Gesetze auf Grund der Absätze 1 bis 4 bedürfen der Zustimmung des Bundesrates. [2]Der Zustimmung des Bundesrates bedürfen ferner Gesetze, die die Auflösung, die Verschmelzung und die Aufspaltung von Eisenbahnunternehmen des Bundes, die Übertragung von Schienenwegen der Eisenbahnen des Bundes an Dritte sowie die Stillegung von Schienenwegen der Eisenbahnen des Bundes regeln oder Auswirkungen auf den Schienenpersonennahverkehr haben.

**Art. 87f**[3) 4)] **[Post und Telekommunikation]** (1) Nach Maßgabe eines Bundesgesetzes, das der Zustimmung des Bundesrates bedarf, gewährleistet der Bund im Bereich des Postwesens und der Telekommunikation flächendeckend angemessene und ausreichende Dienstleistungen.

(2) [1]Dienstleistungen im Sinne des Absatzes 1 werden als privatwirtschaftliche Tätigkeiten durch die aus dem Sondervermögen Deutsche Bundespost hervorgegangenen Unternehmen und durch andere private Anbieter erbracht. [2]Hoheitsaufgaben im Bereich des Postwesens und der Telekommunikation werden in bundeseigener Verwaltung ausgeführt.

(3) Unbeschadet des Absatzes 2 Satz 2 führt der Bund in der Rechtsform einer bundesunmittelbaren Anstalt des öffentlichen Rechts einzelne Aufgaben in bezug auf die aus dem Sondervermögen Deutsche Bundespost hervorgegangenen Unternehmen nach Maßgabe eines Bundesgesetzes aus.

---

1) Art. 87e eingef. mWv 23.12.1993 durch G v. 20.12.1993 (BGBl. I S. 2089).

2) Siehe hierzu das EisenbahnneuordnungsG **(Loseblatt-Textsammlung Arbeitsrecht Nr. 635c)**.

3) Art. 87f eingef. mWv 3.9.1994 durch G v. 30.8.1994 (BGBl. I S. 2245).

4) Siehe hierzu auch das PostneuordnungsG v. 14.9.1994 (BGBl. I S. 2325, ber. 1996 S. 103), durch das weitere Bestimmungen im Zuge der Privatisierung der Post erlassen wurden, zB in Art. 1 das Bundesanstalt Post-G v. 14.9.1994 (BGBl. I S. 2325), zuletzt geänd. durch G v. 16.7.2021 (BGBl. I S. 3372), in Art. 3 das PostumwandlungsG v. 14.9.1994 (BGBl. I S. 2325), zuletzt geänd. durch G v. 5.2.2009 (BGBl. I S. 160) und (urspr. in Art. 10) das Post- und TelekommunikationssicherstellungsG **(Sartorius ErgBd. Nr. 905)**.

**Art. 88[1) 2)] [Bundesbank]** [1]Der Bund errichtet eine Währungs- und Notenbank als Bundesbank. [2]Ihre Aufgaben und Befugnisse können im Rahmen der Europäischen Union der Europäischen Zentralbank übertragen werden, die unabhängig ist und dem vorrangigen Ziel der Sicherung der Preisstabilität verpflichtet.

**Art. 89[3)] [Bundeswasserstraßen]** (1) Der Bund ist Eigentümer der bisherigen Reichswasserstraßen.

(2) [1]Der Bund verwaltet die Bundeswasserstraßen durch eigene Behörden. [2]Er nimmt die über den Bereich eines Landes hinausgehenden staatlichen Aufgaben der Binnenschiffahrt und die Aufgaben der Seeschiffahrt wahr, die ihm durch Gesetz[4)] übertragen werden. [3]Er kann die Verwaltung von Bundeswasserstraßen, soweit sie im Gebiete eines Landes liegen, diesem Lande auf Antrag als Auftragsverwaltung übertragen. [4]Berührt eine Wasserstraße das Gebiet mehrerer Länder, so kann der Bund das Land beauftragen, für das die beteiligten Länder es beantragen.

(3) Bei der Verwaltung, dem Ausbau und dem Neubau von Wasserstraßen sind die Bedürfnisse der Landeskultur und der Wasserwirtschaft im Einvernehmen mit den Ländern zu wahren.

**Art. 90[5)] [Bundesautobahnen und Bundesstraßen]** (1) [1]Der Bund bleibt Eigentümer der Bundesautobahnen und sonstigen Bundesstraßen des Fernverkehrs. [2]Das Eigentum ist unveräußerlich.

(2) [1]Die Verwaltung der Bundesautobahnen wird in Bundesverwaltung geführt. [2]Der Bund kann sich zur Erledigung seiner Aufgaben einer Gesellschaft privaten Rechts bedienen. [3]Diese Gesellschaft steht im unveräußerlichen Eigentum des Bundes. [4]Eine unmittelbare oder mittelbare Beteiligung Dritter an der Gesellschaft und deren Tochtergesellschaften ist ausgeschlossen. [5]Eine Beteiligung Privater im Rahmen von Öffentlich-Privaten Partnerschaften ist ausgeschlossen für Streckennetze, die das gesamte Bundesautobahnnetz oder das gesamte Netz sonstiger Bundesfernstraßen in einem Land oder wesentliche Teile davon umfassen. [6]Das Nähere regelt ein Bundesgesetz.

(3) Die Länder oder die nach Landesrecht zuständigen Selbstverwaltungskörperschaften verwalten die sonstigen Bundesstraßen des Fernverkehrs im Auftrage des Bundes.

(4) Auf Antrag eines Landes kann der Bund die sonstigen Bundesstraßen des Fernverkehrs, soweit sie im Gebiet dieses Landes liegen, in Bundesverwaltung übernehmen.

**Art. 91[6)] [Abwehr von Gefahren für den Bestand des Bundes oder eines Landes]** (1) Zur Abwehr einer drohenden Gefahr für den Bestand oder die

[1)] Art. 88 Satz 2 angef. mWv 25.12.1992 durch G v. 21.12.1992 (BGBl. I S. 2086).

[2)] Siehe hierzu das G über die Deutsche Bundesbank **(Sartorius ErgBd. Nr. 855)**.

[3)] Siehe hierzu das G über die vermögensrechtlichen Verhältnisse der Bundeswasserstraßen **(Sartorius Nr. 970)** und das BundeswasserstraßenG **(Sartorius Nr. 971)**.

[4)] Siehe das BinnenschiffahrtsaufgabenG idF der Bek. v. 5.7.2001 (BGBl. I S. 2026), zuletzt geänd. durch G v. 3.6.2021 (BGBl. I S. 1467) und das SeeaufgabenG idF der Bek. v. 17.6.2016 (BGBl. I S. 1489), zuletzt geänd. durch VO v. 19.10.2021 (BGBl. I S. 4717).

[5)] Siehe hierzu das G über die vermögensrechtlichen Verhältnisse der Bundesautobahnen und sonstigen Bundesstraßen des Fernverkehrs **(Sartorius Nr. 930)**, das BundesfernstraßenG **(Sartorius Nr. 932)** und die BundesfernstraßenkreuzungsVO **(Sartorius Nr. 935)**.

[6)] Art. 91 neu gef. mWv 28.6.1968 durch G v. 24.6.1968 (BGBl. I S. 709).

freiheitliche demokratische Grundordnung des Bundes oder eines Landes kann ein Land Polizeikräfte anderer Länder sowie Kräfte und Einrichtungen anderer Verwaltungen und des Bundesgrenzschutzes[1] anfordern.

(2) [1] Ist das Land, in dem die Gefahr droht, nicht selbst zur Bekämpfung der Gefahr bereit oder in der Lage, so kann die Bundesregierung die Polizei in diesem Lande und die Polizeikräfte anderer Länder ihren Weisungen unterstellen sowie Einheiten des Bundesgrenzschutzes[1] einsetzen. [2] Die Anordnung ist nach Beseitigung der Gefahr, im übrigen jederzeit auf Verlangen des Bundesrates aufzuheben. [3] Erstreckt sich die Gefahr auf das Gebiet mehr als eines Landes, so kann die Bundesregierung, soweit es zur wirksamen Bekämpfung erforderlich ist, den Landesregierungen Weisungen erteilen; Satz 1 und Satz 2 bleiben unberührt.

## VIIIa.[2] Gemeinschaftsaufgaben, Verwaltungszusammenarbeit

### Art. 91a[3] [Mitwirkungsbereiche des Bundes bei Länderaufgaben]

(1) Der Bund wirkt auf folgenden Gebieten bei der Erfüllung von Aufgaben der Länder mit, wenn diese Aufgaben für die Gesamtheit bedeutsam sind und die Mitwirkung des Bundes zur Verbesserung der Lebensverhältnisse erforderlich ist (Gemeinschaftsaufgaben):

1. Verbesserung der regionalen Wirtschaftsstruktur,
2. Verbesserung der Agrarstruktur und des Küstenschutzes.

(2) Durch Bundesgesetz[4] mit Zustimmung des Bundesrates werden die Gemeinschaftsaufgaben sowie Einzelheiten der Koordinierung näher bestimmt.

(3) [1] Der Bund trägt in den Fällen des Absatzes 1 Nr. 1 die Hälfte der Ausgaben in jedem Land. [2] In den Fällen des Absatzes 1 Nr. 2 trägt der Bund mindestens die Hälfte; die Beteiligung ist für alle Länder einheitlich festzusetzen. [3] Das Nähere regelt das Gesetz. [4] Die Bereitstellung der Mittel bleibt der Feststellung in den Haushaltsplänen des Bundes und der Länder vorbehalten.

**Art. 91b[5] [Bildungsplanung und Forschungsförderung]** (1) [1] Bund und Länder können auf Grund von Vereinbarungen in Fällen überregionaler Bedeutung bei der Förderung von Wissenschaft, Forschung und Lehre zusammenwirken. [2] Vereinbarungen, die im Schwerpunkt Hochschulen betreffen, bedürfen der Zustimmung aller Länder. [3] Dies gilt nicht für Vereinbarungen über Forschungsbauten einschließlich Großgeräten.

---

1) Bezeichnung ab 1.7.2005: „Bundespolizei".

2) Abschnitt VIIIa (Art. 91a und 91b) eingef. mWv 1.1.1970 durch G v. 12.5.1969 (BGBl. I S. 359); Überschrift neu gef. mWv 1.8.2009 durch G v. 29.7.2009 (BGBl. I S. 2248).

3) Art. 91a eingef. mWv 1.1.1970 durch G v. 12.5.1969 (BGBl. I S. 359); Abs. 1 Nr. 1 neu gef. mWv 6.8.1970 durch G v. 31.7.1970 (BGBl. I S. 1161); Abs. 1 Nr. 1, Abs. 3 und 5 aufgeh., Abs. 1 bish. Nr. 2 und 3 werden Nr. 1 und 2, bish. Abs. 4 wird Abs. 3 und Sätze 1 und 2 geänd. sowie Abs. 2 neu gef. mWv 1.9.2006 durch G v. 28.8.2006 (BGBl. I S. 2034).

4) Siehe die Gesetze über die Gemeinschaftsaufgaben
– „Verbesserung der Agrarstruktur und des Küstenschutzes" idF der Bek. v. 21.7.1988 (BGBl. I S. 1055), zuletzt geänd. durch G v. 11.10.2016 (BGBl. I S. 2231) und
– „Verbesserung der regionalen Wirtschaftsstruktur" v. 6.10.1969 (BGBl. I S. 1861), zuletzt geänd. durch G v. 13.4.2021 (BGBl. I S. 770).

5) Art. 91a eingef. mWv 1.1.1970 durch G v. 12.5.1969 (BGBl. I S. 359); neu gef. mWv 1.9.2006 durch G v. 28.8.2006 (BGBl. I S. 2034); Abs. 1 neu gef. mWv 1.1.2015 durch G v. 23.12.2014 (BGBl. I S. 2438).

(2) Bund und Länder können auf Grund von Vereinbarungen zur Feststellung der Leistungsfähigkeit des Bildungswesens im internationalen Vergleich und bei diesbezüglichen Berichten und Empfehlungen zusammenwirken.

(3) Die Kostentragung wird in der Vereinbarung geregelt.

**Art. 91c[1)] [Informationstechnische Systeme]** (1) Bund und Länder können bei der Planung, der Errichtung und dem Betrieb der für ihre Aufgabenerfüllung benötigten informationstechnischen Systeme zusammenwirken.

(2) [1] Bund und Länder können auf Grund von Vereinbarungen die für die Kommunikation zwischen ihren informationstechnischen Systemen notwendigen Standards und Sicherheitsanforderungen festlegen. [2] Vereinbarungen über die Grundlagen der Zusammenarbeit nach Satz 1 können für einzelne nach Inhalt und Ausmaß bestimmte Aufgaben vorsehen, dass nähere Regelungen bei Zustimmung einer in der Vereinbarung zu bestimmenden qualifizierten Mehrheit für Bund und Länder in Kraft treten. [3] Sie bedürfen der Zustimmung des Bundestages und der Volksvertretungen der beteiligten Länder; das Recht zur Kündigung dieser Vereinbarungen kann nicht ausgeschlossen werden. [4] Die Vereinbarungen regeln auch die Kostentragung.

(3) Die Länder können darüber hinaus den gemeinschaftlichen Betrieb informationstechnischer Systeme sowie die Errichtung von dazu bestimmten Einrichtungen vereinbaren.

(4) [1] Der Bund errichtet zur Verbindung der informationstechnischen Netze des Bundes und der Länder ein Verbindungsnetz. [2] Das Nähere zur Errichtung und zum Betrieb des Verbindungsnetzes regelt ein Bundesgesetz mit Zustimmung des Bundesrates.

(5) Der übergreifende informationstechnische Zugang zu den Verwaltungsleistungen von Bund und Ländern wird durch Bundesgesetz mit Zustimmung des Bundesrates geregelt.

**Art. 91d[2)] [Leistungsvergleich]** Bund und Länder können zur Feststellung und Förderung der Leistungsfähigkeit ihrer Verwaltungen Vergleichsstudien durchführen und die Ergebnisse veröffentlichen.

**Art. 91e[3)] [Zusammenwirken hinsichtlich der Grundsicherung für Arbeitsuchende]** (1) Bei der Ausführung von Bundesgesetzen auf dem Gebiet der Grundsicherung für Arbeitsuchende wirken Bund und Länder oder die nach Landesrecht zuständigen Gemeinden und Gemeindeverbände in der Regel in gemeinsamen Einrichtungen zusammen.

(2) [1] Der Bund kann zulassen, dass eine begrenzte Anzahl von Gemeinden und Gemeindeverbänden auf ihren Antrag und mit Zustimmung der obersten Landesbehörde die Aufgaben nach Absatz 1 allein wahrnimmt. [2] Die notwendigen Ausgaben einschließlich der Verwaltungsausgaben trägt der Bund, soweit die Aufgaben bei einer Ausführung von Gesetzen nach Absatz 1 vom Bund wahrzunehmen sind.

(3) Das Nähere regelt ein Bundesgesetz, das der Zustimmung des Bundesrates bedarf.

---

1) Art. 91c eingef. mWv 1.8.2009 durch G v. 29.7.2009 (BGBl. I S. 2248); Abs. 5 angef. mWv 20.7. 2017 durch G v. 13.7.2017 (BGBl. I S. 2347).

2) Art. 91d eingef. mWv 1.8.2009 durch G v. 29.7.2009 (BGBl. I S. 2248).

3) Art. 91e eingef. mWv 27.7.2010 durch G v. 21.7.2010 (BGBl. I S. 944).

# IX. Die Rechtsprechung

**Art. 92**[1] **[Gerichtsorganisation]** Die rechtsprechende Gewalt ist den Richtern anvertraut; sie wird durch das Bundesverfassungsgericht, durch die in diesem Grundgesetze vorgesehenen Bundesgerichte und durch die Gerichte der Länder ausgeübt.

**Art. 93**[2] [3] **[Zuständigkeit des Bundesverfassungsgerichts]** (1) Das Bundesverfassungsgericht entscheidet:

1. über die Auslegung dieses Grundgesetzes aus Anlaß von Streitigkeiten über den Umfang der Rechte und Pflichten eines obersten Bundesorgans oder anderer Beteiligter, die durch dieses Grundgesetz oder in der Geschäftsordnung eines obersten Bundesorgans mit eigenen Rechten ausgestattet sind;
2. bei Meinungsverschiedenheiten oder Zweifeln über die förmliche und sachliche Vereinbarkeit von Bundesrecht oder Landesrecht mit diesem Grundgesetze oder die Vereinbarkeit von Landesrecht mit sonstigem Bundesrechte auf Antrag der Bundesregierung, einer Landesregierung oder eines Viertels der Mitglieder des Bundestages;

2a. bei Meinungsverschiedenheiten, ob ein Gesetz den Voraussetzungen des Artikels 72 Abs. 2 entspricht, auf Antrag des Bundesrates, einer Landesregierung oder der Volksvertretung eines Landes;

3. bei Meinungsverschiedenheiten über Rechte und Pflichten des Bundes und der Länder, insbesondere bei der Ausführung von Bundesrecht durch die Länder und bei der Ausübung der Bundesaufsicht;
4. in anderen öffentlich-rechtlichen Streitigkeiten zwischen dem Bunde und den Ländern, zwischen verschiedenen Ländern oder innerhalb eines Landes, soweit nicht ein anderer Rechtsweg gegeben ist;

4a. über Verfassungsbeschwerden, die von jedermann mit der Behauptung erhoben werden können, durch die öffentliche Gewalt in einem seiner Grundrechte oder in einem seiner in Artikel 20 Abs. 4, 33, 38, 101, 103 und 104 enthaltenen Rechte verletzt zu sein;

4b. über Verfassungsbeschwerden von Gemeinden und Gemeindeverbänden wegen Verletzung des Rechts auf Selbstverwaltung nach Artikel 28 durch ein Gesetz, bei Landesgesetzen jedoch nur, soweit nicht Beschwerde beim Landesverfassungsgericht erhoben werden kann;

4c. über Beschwerden von Vereinigungen gegen ihre Nichtanerkennung als Partei für die Wahl zum Bundestag;

5. in den übrigen in diesem Grundgesetze vorgesehenen Fällen.

(2) [1] Das Bundesverfassungsgericht entscheidet außerdem auf Antrag des Bundesrates, einer Landesregierung oder der Volksvertretung eines Landes, ob im Falle des Artikels 72 Abs. 4 die Erforderlichkeit für eine bundesgesetzliche Regelung nach Artikel 72 Abs. 2 nicht mehr besteht oder Bundesrecht in den Fällen des

---

[1] Art. 92 geänd. mWv 23.6.1968 durch G v. 18.6.1968 (BGBl. I S. 657).

[2] Art. 93 Abs. 1 Nr. 4a und 4b eingef. mWv 2.2.1969 durch G v. 29.1.1969 (BGBl. I S. 97); Abs. 1 Nr. 2a eingef. mWv 15.11.1994 durch G v. 27.10.1994 (BGBl. I S. 3146); Abs. 2 eingef., bish. Abs. 2 wird Abs. 3 mWv 1.9.2006 durch G v. 28.8.2006 (BGBl. I S. 2034); Abs. 1 Nr. 2 geänd. mWv 1.12.2009 durch G v. 8.10.2008 (BGBl. I S. 1926); Abs. 1 Nr. 4c eingef. mWv 17.7.2012 durch G v. 11.7.2012 (BGBl. I S. 1478).

[3] Siehe hierzu auch § 13 Nr. 5 ff. und §§ 63 ff. BundesverfassungsgerichtsG **(Sartorius Nr. 40)**.

Artikels 125a Abs. 2 Satz 1 nicht mehr erlassen werden könnte. [2]Die Feststellung, dass die Erforderlichkeit entfallen ist oder Bundesrecht nicht mehr erlassen werden könnte, ersetzt ein Bundesgesetz nach Artikel 72 Abs. 4 oder nach Artikel 125a Abs. 2 Satz 2. [3]Der Antrag nach Satz 1 ist nur zulässig, wenn eine Gesetzesvorlage nach Artikel 72 Abs. 4 oder nach Artikel 125a Abs. 2 Satz 2 im Bundestag abgelehnt oder über sie nicht innerhalb eines Jahres beraten und Beschluss gefasst oder wenn eine entsprechende Gesetzesvorlage im Bundesrat abgelehnt worden ist.

(3) Das Bundesverfassungsgericht wird ferner in den ihm sonst durch Bundesgesetz zugewiesenen Fällen tätig.

**Art. 94[1)] [Zusammensetzung des Bundesverfassungsgerichts]** (1) [1]Das Bundesverfassungsgericht besteht aus Bundesrichtern und anderen Mitgliedern. [2]Die Mitglieder des Bundesverfassungsgerichtes werden je zur Hälfte vom Bundestage und vom Bundesrate gewählt. [3]Sie dürfen weder dem Bundestage, dem Bundesrate, der Bundesregierung noch entsprechenden Organen eines Landes angehören.

(2) [1]Ein Bundesgesetz[2)] regelt seine Verfassung und das Verfahren und bestimmt, in welchen Fällen seine Entscheidungen Gesetzeskraft haben. [2]Es kann für Verfassungsbeschwerden die vorherige Erschöpfung des Rechtsweges zur Voraussetzung machen und ein besonderes Annahmeverfahren vorsehen.

**Art. 95[3)] [Oberste Gerichtshöfe des Bundes]** (1) Für die Gebiete der ordentlichen, der Verwaltungs-, der Finanz-, der Arbeits- und der Sozialgerichtsbarkeit errichtet der Bund als oberste Gerichtshöfe den Bundesgerichtshof[4)], das Bundesverwaltungsgericht[5)], den Bundesfinanzhof[6)], das Bundesarbeitsgericht[7)] und das Bundessozialgericht[8)].

(2) Über die Berufung der Richter dieser Gerichte entscheidet der für das jeweilige Sachgebiet zuständige Bundesminister gemeinsam mit einem Richterwahlausschuß, der aus den für das jeweilige Sachgebiet zuständigen Ministern der Länder und einer gleichen Anzahl von Mitgliedern besteht, die vom Bundestage gewählt werden.[9)]

(3) [1]Zur Wahrung der Einheitlichkeit der Rechtsprechung ist ein Gemeinsamer Senat der in Absatz 1 genannten Gerichte zu bilden. [2]Das Nähere regelt ein Bundesgesetz.[10)]

---

[1)] Art. 94 Abs. 2 Satz 2 angef. durch G v. 29.1.1969 (BGBl. I S. 97).

[2)] Siehe das BundesverfassungsgerichtsG **(Sartorius Nr. 40)**.

[3)] Art. 95 neu gef. mWv 23.6.1968 durch G v. 18.6.1968 (BGBl. I S. 657).

[4)] BGH in Karlsruhe, siehe §§ 12 und 123 GerichtsverfassungsG (Nr. **95**).

[5)] BVerwG in Leipzig, siehe § 2 VerwaltungsgerichtsO **(Sartorius Nr. 600)**.

[6)] BFH in München, siehe § 2 FinanzgerichtsO idF der Bek. v. 28.3.2001 (BGBl. I S. 442, ber. S. 2262, 2002 S. 679), zuletzt geänd. durch G v. 5.10.2021 (BGBl. I S. 4607).

[7)] BAG in Erfurt, siehe § 40 ArbeitsgerichtsG (Nr. **83**).

[8)] BSG in Kassel, siehe § 38 SozialgerichtsG **(Sartorius ErgBd. Nr. 415)**.

[9)] Siehe das RichterwahlG **(Sartorius Nr. 610)**.

[10)] Siehe das G zur Wahrung der Einheitlichkeit der Rechtsprechung der obersten Gerichtshöfe des Bundes **(Habersack, Deutsche Gesetze ErgBd. Nr. 95b)**.

**Art. 96[1)] [Weitere Bundesgerichte]** (1) Der Bund kann für Angelegenheiten des gewerblichen Rechtsschutzes ein Bundesgericht[2)] errichten.

(2) [1]Der Bund kann Wehrstrafgerichte für die Streitkräfte als Bundesgerichte errichten. [2]Sie können die Strafgerichtsbarkeit nur im Verteidigungsfalle sowie über Angehörige der Streitkräfte ausüben, die in das Ausland entsandt oder an Bord von Kriegsschiffen eingeschifft sind. [3]Das Nähere regelt ein Bundesgesetz. [4]Diese Gerichte gehören zum Geschäftsbereich des Bundesjustizministers. [5]Ihre hauptamtlichen Richter müssen die Befähigung zum Richteramt haben.

(3) Oberster Gerichtshof für die in Absatz 1 und 2 genannten Gerichte ist der Bundesgerichtshof.

(4) Der Bund kann für Personen, die zu ihm in einem öffentlich-rechtlichen Dienstverhältnis stehen, Bundesgerichte zur Entscheidung in Disziplinarverfahren und Beschwerdeverfahren errichten.[3)]

(5) Für Strafverfahren auf den folgenden Gebieten kann ein Bundesgesetz mit Zustimmung des Bundesrates vorsehen, dass Gerichte der Länder Gerichtsbarkeit des Bundes ausüben:
1. Völkermord;
2. völkerstrafrechtliche Verbrechen gegen die Menschlichkeit;
3. Kriegsverbrechen;
4. andere Handlungen, die geeignet sind und in der Absicht vorgenommen werden, das friedliche Zusammenleben der Völker zu stören (Artikel 26 Abs. 1);
5. Staatsschutz.

**Art. 97 [Unabhängigkeit der Richter]** (1) Die Richter sind unabhängig und nur dem Gesetze unterworfen.

(2) [1]Die hauptamtlich und planmäßig endgültig angestellten Richter können wider ihren Willen nur kraft richterlicher Entscheidung und nur aus Gründen und unter den Formen, welche die Gesetze bestimmen, vor Ablauf ihrer Amtszeit entlassen oder dauernd oder zeitweise ihres Amtes enthoben oder an eine andere Stelle oder in den Ruhestand versetzt werden. [2]Die Gesetzgebung kann Altersgrenzen festsetzen, bei deren Erreichung auf Lebenszeit angestellte Richter in den Ruhestand treten. [3]Bei Veränderung der Einrichtung der Gerichte oder ihrer Bezirke können Richter an ein anderes Gericht versetzt oder aus dem Amte entfernt werden, jedoch nur unter Belassung des vollen Gehaltes.

**Art. 98[4)] [Rechtsstellung der Richter]** (1) Die Rechtsstellung der Bundesrichter ist durch besonderes Bundesgesetz[5)] zu regeln.

---

[1)] Früherer Art. 96a eingef. mWv 22.3.1956 durch G v. 19.3.1956 (BGBl. I S. 111); neu gef. mWv 12.3.1961 durch G v. 6.3.1961 (BGBl. I S. 141); Art. 96 aufgeh., bish. Art 96a wird Art. 96 und Abs. 3 geänd. mWv 23.6.1968 durch G v. 18.6.1968 (BGBl. I S. 657); Abs. 4 neu gef. mWv 15.5.1969 durch G v. 12.5.1969 (BGBl. I S. 363); Abs. 5 angef. mWv 30.8.1969 durch G v. 26.8.1969 (BGBl. I S. 1357); Abs. 5 neu gef. mWv 1.8.2002 durch G v. 26.7.2002 (BGBl. I S. 2863).

[2)] Bundespatentgericht (BPatG) in München, siehe § 65 PatentG **(Habersack, Deutsche Gesetze ErgBd. Nr. 70)**.

[3)] Siehe hierzu das BundesdisziplinarG **(Sartorius Nr. 220)**, die Wehrdisziplinarordnung v. 16.8.2001 (BGBl. I S. 2093), zuletzt geänd. durch G v. 20.8.2021 (BGBl. I S. 3932) sowie die Wehrbeschwerdeordnung idF der Bek. v. 22.1.2009 (BGBl. I S. 81), zuletzt geänd. durch G v. 25.6.2021 (BGBl. I S. 2154).

[4)] Art. 98 Abs. 3 neu gef. mWv 21.3.1971 durch G v. 18.3.1971 (BGBl. I S. 206); Abs. 3 neu gef. mWv 1.9.2006 durch G v. 28.8.2006 (BGBl. I S. 2034).

[5)] Siehe das Deutsche RichterG **(Habersack, Deutsche Gesetze ErgBd. Nr. 97)**.

(2)[1] [1]Wenn ein Bundesrichter im Amte oder außerhalb des Amtes gegen die Grundsätze des Grundgesetzes oder gegen die verfassungsmäßige Ordnung eines Landes verstößt, so kann das Bundesverfassungsgericht mit Zweidrittelmehrheit auf Antrag des Bundestages anordnen, daß der Richter in ein anderes Amt oder in den Ruhestand zu versetzen ist. [2]Im Falle eines vorsätzlichen Verstoßes kann auf Entlassung erkannt werden.

(3) Die Rechtsstellung der Richter in den Ländern ist durch besondere Landesgesetze zu regeln, soweit Artikel 74 Abs. 1 Nr. 27 nichts anderes bestimmt.

(4) Die Länder können bestimmen, daß über die Anstellung der Richter in den Ländern der Landesjustizminister gemeinsam mit einem Richterwahlausschuß entscheidet.

(5)[1] [1]Die Länder können für Landesrichter eine Absatz 2 entsprechende Regelung treffen. [2]Geltendes Landesverfassungsrecht bleibt unberührt. [3]Die Entscheidung über eine Richteranklage steht dem Bundesverfassungsgericht zu.

**Art. 99**[2] [3] **[Landesrechtliche Zuweisung von Streitigkeiten an das Bundesverfassungsgericht oder die obersten Gerichtshöfe des Bundes]** Dem Bundesverfassungsgerichte kann durch Landesgesetz die Entscheidung von Verfassungsstreitigkeiten innerhalb eines Landes, den in Artikel 95 Abs. 1 genannten obersten Gerichtshöfen für den letzten Rechtszug die Entscheidung in solchen Sachen zugewiesen werden, bei denen es sich um die Anwendung von Landesrecht handelt.

**Art. 100**[4] **[Verfassungswidrigkeit von Gesetzen]** (1)[5] [1]Hält ein Gericht ein Gesetz, auf dessen Gültigkeit es bei der Entscheidung ankommt, für verfassungswidrig, so ist das Verfahren auszusetzen und, wenn es sich um die Verletzung der Verfassung eines Landes handelt, die Entscheidung des für Verfassungsstreitigkeiten zuständigen Gerichtes des Landes, wenn es sich um die Verletzung dieses Grundgesetzes handelt, die Entscheidung des Bundesverfassungsgerichtes einzuholen. [2]Dies gilt auch, wenn es sich um die Verletzung dieses Grundgesetzes durch Landesrecht oder um die Unvereinbarkeit eines Landesgesetzes mit einem Bundesgesetze handelt.

(2) Ist in einem Rechtsstreite zweifelhaft, ob eine Regel des Völkerrechtes Bestandteil des Bundesrechtes ist und ob sie unmittelbar Rechte und Pflichten für den Einzelnen erzeugt (Artikel 25), so hat das Gericht die Entscheidung des Bundesverfassungsgerichtes einzuholen.

(3) Will das Verfassungsgericht eines Landes bei der Auslegung des Grundgesetzes von einer Entscheidung des Bundesverfassungsgerichtes oder des Verfassungsgerichtes eines anderen Landes abweichen, so hat das Verfassungsgericht die Entscheidung des Bundesverfassungsgerichtes einzuholen.

**Art. 101 [Ausnahmegerichte]** (1) [1]Ausnahmegerichte sind unzulässig. [2]Niemand darf seinem gesetzlichen Richter entzogen werden.

(2) Gerichte für besondere Sachgebiete können nur durch Gesetz errichtet werden.

---

[1] Siehe hierzu § 13 Nr. 9 und §§ 58 ff. BundesverfassungsgerichtsG **(Sartorius Nr. 40)**.
[2] Art. 99 geänd. mWv 23.6.1968 durch G v. 18.6.1968 (BGBl. I S. 657).
[3] Siehe hierzu § 13 Nr. 10 und §§ 73 ff. BundesverfassungsgerichtsG **(Sartorius Nr. 40)**.
[4] Art. 100 Abs. 3 geänd. mWv 23.6.1968 durch G v. 18.6.1968 (BGBl. I S. 657).
[5] Siehe hierzu § 13 Nr. 11–13 und §§ 80 ff. BundesverfassungsgerichtsG **(Sartorius Nr. 40)**.

**Art. 102 [Abschaffung der Todesstrafe]** Die Todesstrafe ist abgeschafft.

**Art. 103 [Grundrechte vor Gericht]** (1) Vor Gericht hat jedermann Anspruch auf rechtliches Gehör.

(2) Eine Tat kann nur bestraft werden, wenn die Strafbarkeit gesetzlich bestimmt war, bevor die Tat begangen wurde.

(3) Niemand darf wegen derselben Tat auf Grund der allgemeinen Strafgesetze mehrmals bestraft werden.

**Art. 104**[1)] **[Rechtsgarantien bei Freiheitsentziehung]** (1) [1] Die Freiheit der Person kann nur auf Grund eines förmlichen Gesetzes und nur unter Beachtung der darin vorgeschriebenen Formen beschränkt werden. [2] Festgehaltene Personen dürfen weder seelisch noch körperlich mißhandelt werden.

(2) [1] Über die Zulässigkeit und Fortdauer einer Freiheitsentziehung hat nur der Richter zu entscheiden. [2] Bei jeder nicht auf richterlicher Anordnung beruhenden Freiheitsentziehung ist unverzüglich eine richterliche Entscheidung herbeizuführen. [3] Die Polizei darf aus eigener Machtvollkommenheit niemanden länger als bis zum Ende des Tages nach dem Ergreifen in eigenem Gewahrsam halten. [4] Das Nähere ist gesetzlich[2)] zu regeln.

(3) [1] Jeder wegen des Verdachtes einer strafbaren Handlung vorläufig Festgenommene ist spätestens am Tage nach der Festnahme dem Richter vorzuführen, der ihm die Gründe der Festnahme mitzuteilen, ihn zu vernehmen und ihm Gelegenheit zu Einwendungen zu geben hat. [2] Der Richter hat unverzüglich entweder einen mit Gründen versehenen schriftlichen Haftbefehl zu erlassen oder die Freilassung anzuordnen.

(4) Von jeder richterlichen Entscheidung über die Anordnung oder Fortdauer einer Freiheitsentziehung ist unverzüglich ein Angehöriger des Festgehaltenen oder eine Person seines Vertrauens zu benachrichtigen.

## X. Das Finanzwesen[3)]

**Art. 104a**[4)] **[Ausgabenverteilung; Lastenverteilung]** (1) Der Bund und die Länder tragen gesondert die Ausgaben, die sich aus der Wahrnehmung ihrer Aufgaben ergeben, soweit dieses Grundgesetz nichts anderes bestimmt.

---

[1)] Zu den Voraussetzungen der Festnahme von Abgeordneten siehe Art. 46 Abs. 2–4, zu denen der Festnahme des Bundespräsidenten siehe Art. 60 Abs. 4 iVm Art. 46 Abs. 2–4; siehe ferner Art. 5 der Konvention zum Schutz der Menschenrechte und Grundfreiheiten **(Sartorius Nr. 1003)**.

[2)] Siehe hierzu Buch 7 (§§ 415 ff. – Verfahren in Freiheitsentziehungssachen) des G über das Verfahren in Familiensachen und in den Angelegenheiten der freiwilligen Gerichtsbarkeit (FamFG) (Nr. **112**).

[3)] Siehe für die Zeit nach der Herstellung der Einheit Deutschlands Art. 7 EVertr. v. 31.8.1990 (BGBl. II S. 885, 889):

„**Art. 7 Finanzverfassung.** (1) Die Finanzverfassung der Bundesrepublik Deutschland wird auf das in Artikel 3 genannte Gebiet erstreckt, soweit in diesem Vertrag nichts anderes bestimmt ist.

(2), (3) *(nicht mehr wiedergegebene Maßgaben für die Anwendung der Art. 106 und 107 GG bis zum 31.12. 1994 bzw. 31.12.1996)*

(4) Das in Artikel 3 genannte Gebiet wird in die Regelungen der Artikel 91a, 91b und 104a Abs. 3 und 4 des Grundgesetzes einschließlich der hierzu ergangenen Ausführungsbestimmungen nach Maßgabe dieses Vertrags mit Wirkung vom 1. Januar 1991 einbezogen.

(5) Nach Herstellung der deutschen Einheit werden die jährlichen Leistungen des Fonds „Deutsche Einheit"

1. zu 85 vom Hundert als besondere Unterstützung den Ländern Brandenburg, Mecklenburg-Vorpommern, Sachsen, Sachsen-Anhalt und Thüringen sowie dem Land Berlin zur Deckung ihres allgemeinen →

(2) Handeln die Länder im Auftrage des Bundes, trägt der Bund die sich daraus ergebenden Ausgaben.

(3) [1] Bundesgesetze, die Geldleistungen gewähren und von den Ländern ausgeführt werden, können bestimmen, daß die Geldleistungen ganz oder zum Teil vom Bund getragen werden. [2] Bestimmt das Gesetz, daß der Bund die Hälfte der Ausgaben oder mehr trägt, wird es im Auftrage des Bundes durchgeführt. [3] Bei der Gewährung von Leistungen für Unterkunft und Heizung auf dem Gebiet der Grundsicherung für Arbeitsuchende wird das Gesetz im Auftrage des Bundes ausgeführt, wenn der Bund drei Viertel der Ausgaben oder mehr trägt.

(4) Bundesgesetze, die Pflichten der Länder zur Erbringung von Geldleistungen, geldwerten Sachleistungen oder vergleichbaren Dienstleistungen gegenüber Dritten begründen und von den Ländern als eigene Angelegenheit oder nach Absatz 3 Satz 2 im Auftrag des Bundes ausgeführt werden, bedürfen der Zustimmung des Bundesrates, wenn daraus entstehende Ausgaben von den Ländern zu tragen sind.

(5) [1] Der Bund und die Länder tragen die bei ihren Behörden entstehenden Verwaltungsausgaben und haften im Verhältnis zueinander für eine ordnungsmäßige Verwaltung. [2] Das Nähere bestimmt ein Bundesgesetz, das der Zustimmung des Bundesrates bedarf.

(6) [1] Bund und Länder tragen nach der innerstaatlichen Zuständigkeits- und Aufgabenverteilung die Lasten einer Verletzung von supranationalen oder völkerrechtlichen Verpflichtungen Deutschlands.[1)] [2] In Fällen länderübergreifender Finanzkorrekturen der Europäischen Union tragen Bund und Länder diese Lasten im Verhältnis 15 zu 85. [3] Die Ländergesamtheit trägt in diesen Fällen solidarisch 35 vom Hundert der Gesamtlasten entsprechend einem allgemeinen Schlüssel; 50 vom Hundert der Gesamtlasten tragen die Länder, die die Lasten verursacht haben, anteilig entsprechend der Höhe der erhaltenen Mittel. [4] Das Nähere regelt ein Bundesgesetz, das der Zustimmung des Bundesrates bedarf.

## Art. 104b[2)] [Finanzhilfen für bedeutsame Investitionen der Länder]

(1) [1] Der Bund kann, soweit dieses Grundgesetz ihm Gesetzgebungsbefugnisse verleiht, den Ländern Finanzhilfen für besonders bedeutsame Investitionen der Länder und der Gemeinden (Gemeindeverbände) gewähren, die

1. zur Abwehr einer Störung des gesamtwirtschaftlichen Gleichgewichts oder
2. zum Ausgleich unterschiedlicher Wirtschaftskraft im Bundesgebiet oder
3. zur Förderung des wirtschaftlichen Wachstums

---

*(Fortsetzung der Anm. von voriger Seite)*

Finanzbedarfs gewährt und auf diese Länder im Verhältnis ihrer Einwohnerzahl ohne Berücksichtigung der Einwohnerzahl von Berlin (West) verteilt sowie

2. zu 15 vom Hundert zur Erfüllung zentraler öffentlicher Aufgaben auf dem Gebiet der vorgenannten Länder verwendet.

(6) Bei grundlegender Veränderung der Gegebenheiten werden die Möglichkeiten weiterer Hilfe zum angemessenen Ausgleich der Finanzkraft für die Länder in dem Artikel 3 genannten Gebiet von Bund und Ländern gemeinsam geprüft."

[4)] Art. 104a eingef. mWv 1.1.1970 durch G v. 12.5.1969 (BGBl. I S. 359); Abs. 3 Satz 3 aufgeh., Abs. 4 neu gef. und Abs. 6 angef. mWv 1.9.2006 durch G v. 28.8.2006 (BGBl. I S. 2034); Abs. 3 Satz 3 angef. mWv 8.10.2020 durch G v. 29.9.2020 (BGBl. I S. 2048).

[1)] Siehe auch das G zur Lastentragung im Bund-Länder-Verhältnis bei Verletzung von supranationalen oder völkerrechtlichen Verpflichtungen (Lastentragungsgesetz – LastG) v. 5.9.2006 (BGBl. I S. 2098).

[2)] Art. 104b eingef. mWv 1.9.2006 durch G v. 28.8.2006 (BGBl. I S. 2034); Abs. 1 Satz 2 angef. mWv 1.8.2009 durch G v. 29.7.2009 (BGBl. I S. 2248); Abs. 2 Sätze 2–4 eingef., bish. Sätze 2 und 3 werden Sätze 5 und 6 mWv 20.7.2017 durch G v. 13.7.2017 (BGBl. I S. 2347); Abs. 2 Satz 5 eingef., bish. Sätze 5 und 6 werden Sätze 6 und 7, Satz 6 geänd. mWv 4.4.2019 durch G v. 28.3.2019 (BGBl. I S. 404).

erforderlich sind. [2]Abweichend von Satz 1 kann der Bund im Falle von Naturkatastrophen oder außergewöhnlichen Notsituationen, die sich der Kontrolle des Staates entziehen und die staatliche Finanzlage erheblich beeinträchtigen, auch ohne Gesetzgebungsbefugnisse Finanzhilfen gewähren.

(2) [1]Das Nähere, insbesondere die Arten der zu fördernden Investitionen, wird durch Bundesgesetz, das der Zustimmung des Bundesrates bedarf, oder auf Grund des Bundeshaushaltsgesetzes durch Verwaltungsvereinbarung[1)] geregelt. [2]Das Bundesgesetz oder die Verwaltungsvereinbarung kann Bestimmungen über die Ausgestaltung der jeweiligen Länderprogramme zur Verwendung der Finanzhilfen vorsehen. [3]Die Festlegung der Kriterien für die Ausgestaltung der Länderprogramme erfolgt im Einvernehmen mit den betroffenen Ländern. [4]Zur Gewährleistung der zweckentsprechenden Mittelverwendung kann die Bundesregierung Bericht und Vorlage der Akten verlangen und Erhebungen bei allen Behörden durchführen. [5]Die Mittel des Bundes werden zusätzlich zu eigenen Mitteln der Länder bereitgestellt. [6]Sie sind befristet zu gewähren und hinsichtlich ihrer Verwendung in regelmäßigen Zeitabständen zu überprüfen. [7]Die Finanzhilfen sind im Zeitablauf mit fallenden Jahresbeträgen zu gestalten.

(3) Bundestag, Bundesregierung und Bundesrat sind auf Verlangen über die Durchführung der Maßnahmen und die erzielten Verbesserungen zu unterrichten.

**Art. 104c[2)] [Finanzhilfen für bedeutsame Investitionen der Länder im Bereich der kommunalen Bildungsinfrastruktur]** [1]Der Bund kann den Ländern Finanzhilfen für gesamtstaatlich bedeutsame Investitionen sowie besondere, mit diesen unmittelbar verbundene, befristete Ausgaben der Länder und Gemeinden (Gemeindeverbände) zur Steigerung der Leistungsfähigkeit der kommunalen Bildungsinfrastruktur gewähren. [2]Artikel 104b Absatz 2 Satz 1 bis 3, 5, 6 und Absatz 3 gilt entsprechend. [3]Zur Gewährleistung der zweckentsprechenden Mittelverwendung kann die Bundesregierung Berichte und anlassbezogen die Vorlage von Akten verlangen.

**Art. 104d[3)] [Finanzhilfen für bedeutsame Investitionen der Länder im Bereich des sozialen Wohnungsbaus]** [1]Der Bund kann den Ländern Finanzhilfen für gesamtstaatlich bedeutsame Investitionen der Länder und Gemeinden (Gemeindeverbände) im Bereich des sozialen Wohnungsbaus gewähren. [2]Artikel 104b Absatz 2 Satz 1 bis 5 sowie Absatz 3 gilt entsprechend.

**Art. 105[4)] [Gesetzgebungsrecht]** (1) Der Bund hat die ausschließliche Gesetzgebung über die Zölle und Finanzmonopole.

(2) [1]Der Bund hat die konkurrierende Gesetzgebung über die Grundsteuer. [2]Er hat die konkurrierende Gesetzgebung über die übrigen Steuern, wenn ihm das Aufkommen dieser Steuern ganz oder zum Teil zusteht oder die Voraussetzungen des Artikels 72 Abs. 2 vorliegen.

(2a) [1]Die Länder haben die Befugnis zur Gesetzgebung über die örtlichen Verbrauch- und Aufwandsteuern, solange und soweit sie nicht bundesgesetzlich ge-

---

[1)] Siehe hierzu ua die VV Städtebauförderung 2021 v. 18.12.2020 (BAnz AT 28.05.2021 B1).

[2)] Art. 104c eingef. mWv 20.7.2017 durch G v. 13.7.2017 (BGBl. I S. 2347); neu gef. mWv 4.4.2019 durch G v. 28.3.2019 (BGBl. I S. 404).

[3)] Art. 104d eingef. mWv 4.4.2019 durch G v. 28.3.2019 (BGBl. I S. 404).

[4)] Art. 105 Abs. 2 neu gef. und Abs. 2a eingef. mWv 1.1.1970 durch G v. 12.5.1969 (BGBl. I S. 359); Abs. 2a Satz 2 angef. mWv 1.9.2006 durch G v. 28.8.2006 (BGBl. I S. 2034); Abs. 2 Satz 1 eingef., Satz 2 geänd. mWv 21.11.2019 durch G v. 15.11.2019 (BGBl. I S. 1546).

regelten Steuern gleichartig sind. [2] Sie haben die Befugnis zur Bestimmung des Steuersatzes bei der Grunderwerbsteuer.

(3) Bundesgesetze über Steuern, deren Aufkommen den Ländern oder den Gemeinden (Gemeindeverbänden) ganz oder zum Teil zufließt, bedürfen der Zustimmung des Bundesrates.

**Art. 106[1)] [Verteilung des Steueraufkommens und des Ertrages der Finanzmonopole]** (1) Der Ertrag der Finanzmonopole und das Aufkommen der folgenden Steuern stehen dem Bund zu:

1. die Zölle,
2. die Verbrauchsteuern, soweit sie nicht nach Absatz 2 den Ländern, nach Absatz 3 Bund und Ländern gemeinsam oder nach Absatz 6 den Gemeinden zustehen,
3. die Straßengüterverkehrsteuer, die Kraftfahrzeugsteuer und sonstige auf motorisierte Verkehrsmittel bezogene Verkehrsteuern,
4. die Kapitalverkehrsteuern, die Versicherungsteuer und die Wechselsteuer,
5. die einmaligen Vermögensabgaben und die zur Durchführung des Lastenausgleichs erhobenen Ausgleichsabgaben,
6. die Ergänzungsabgabe zur Einkommensteuer und zur Körperschaftsteuer,
7. Abgaben im Rahmen der Europäischen Gemeinschaften.

(2) Das Aufkommen der folgenden Steuern steht den Ländern zu:

1. die Vermögensteuer,
2. die Erbschaftsteuer,
3. die Verkehrsteuern, soweit sie nicht nach Absatz 1 dem Bund oder nach Absatz 3 Bund und Ländern gemeinsam zustehen,
4. die Biersteuer,
5. die Abgabe von Spielbanken.

(3) [1] Das Aufkommen der Einkommensteuer, der Körperschaftsteuer und der Umsatzsteuer steht dem Bund und den Ländern gemeinsam zu (Gemeinschaftsteuern), soweit das Aufkommen der Einkommensteuer nicht nach Absatz 5 und das Aufkommen der Umsatzsteuer nicht nach Absatz 5a den Gemeinden zugewiesen wird. [2] Am Aufkommen der Einkommensteuer und der Körperschaftsteuer sind der Bund und die Länder je zur Hälfte beteiligt. [3] Die Anteile von Bund und Ländern an der Umsatzsteuer werden durch Bundesgesetz, das der Zustimmung des Bundesrates bedarf, festgesetzt. [4] Bei der Festsetzung ist von folgenden Grundsätzen auszugehen:

1. [1] Im Rahmen der laufenden Einnahmen haben der Bund und die Länder gleichmäßig Anspruch auf Deckung ihrer notwendigen Ausgaben. [2] Dabei ist der Umfang der Ausgaben unter Berücksichtigung einer mehrjährigen Finanzplanung zu ermitteln.

---

[1)] Art. 106 neu gef. mWv 1.4.1955 durch G v. 23.12.1955 BGBl. I S. 817); Abs. 2 Nr. 7 aufgeh., bish. Nr. 8 wird Nr. 7, Abs. 6 und Abs. 7 eingef., bish. Abs. 6 wird Abs. 8 und Satz 2 aufgeh. mWv 1.4.1957 (Vorschriften über die verbundene Steuerwirtschaft mWv 1.4.1958) durch G. v. 24.12.1956 (BGBl. I S. 1077); neu gef. mWv 1.1.1970 durch G v. 12.5.1969 (BGBl. I S. 359); Abs. 3 Sätze 5 und 6 angef., Abs. 4 Satz 1 geänd. mWv 11.11.1995 durch G v. 3.11.1995 (BGBl. I S. 1492); Abs. 3 Satz 1 und Abs. 6 Sätze 1–3 und 6 neu gef., Abs. 5a eingef. mWv 25.10.1997 durch G v. 20.10.1997 (BGBl. I S. 2470); Abs. 1 Nr. 3 neu gef., Abs. 2 Nr. 3 aufgeh., Nr. 4–6 werden Nr. 3–5 mWv 1.7.2009 durch G v. 19.3.2009 (BGBl. I S. 606).

2. Die Deckungsbedürfnisse des Bundes und der Länder sind so aufeinander abzustimmen, daß ein billiger Ausgleich erzielt, eine Überbelastung der Steuerpflichtigen vermieden und die Einheitlichkeit der Lebensverhältnisse im Bundesgebiet gewahrt wird.

[5] Zusätzlich werden in die Festsetzung der Anteile von Bund und Ländern an der Umsatzsteuer Steuermindereinnahmen einbezogen, die den Ländern ab 1. Januar 1996 aus der Berücksichtigung von Kindern im Einkommensteuerrecht entstehen. [6] Das Nähere bestimmt das Bundesgesetz nach Satz 3.

(4) [1] Die Anteile von Bund und Ländern an der Umsatzsteuer sind neu festzusetzen, wenn sich das Verhältnis zwischen den Einnahmen und Ausgaben des Bundes und der Länder wesentlich anders entwickelt; Steuermindereinnahmen, die nach Absatz 3 Satz 5 in die Festsetzung der Umsatzsteueranteile zusätzlich einbezogen werden, bleiben hierbei unberücksichtigt. [2] Werden den Ländern durch Bundesgesetz zusätzliche Ausgaben auferlegt oder Einnahmen entzogen, so kann die Mehrbelastung durch Bundesgesetz, das der Zustimmung des Bundesrates bedarf, auch mit Finanzzuweisungen des Bundes ausgeglichen werden, wenn sie auf einen kurzen Zeitraum begrenzt ist. [3] In dem Gesetz sind die Grundsätze für die Bemessung dieser Finanzzuweisungen und für ihre Verteilung auf die Länder zu bestimmen.

(5) [1] Die Gemeinden erhalten einen Anteil an dem Aufkommen der Einkommensteuer, der von den Ländern an ihre Gemeinden auf der Grundlage der Einkommensteuerleistungen ihrer Einwohner weiterzuleiten ist. [2] Das Nähere bestimmt ein Bundesgesetz[1)], das der Zustimmung des Bundesrates bedarf. [3] Es kann bestimmen, daß die Gemeinden Hebesätze für den Gemeindeanteil festsetzen.

(5a) [1] Die Gemeinden erhalten ab dem 1. Januar 1998 einen Anteil an dem Aufkommen der Umsatzsteuer. [2] Er wird von den Ländern auf der Grundlage eines orts- und wirtschaftsbezogenen Schlüssels an ihre Gemeinden weitergeleitet. [3] Das Nähere wird durch Bundesgesetz, das der Zustimmung des Bundesrates bedarf, bestimmt.

(6) [1] Das Aufkommen der Grundsteuer und Gewerbesteuer steht den Gemeinden, das Aufkommen der örtlichen Verbrauch- und Aufwandsteuern steht den Gemeinden oder nach Maßgabe der Landesgesetzgebung den Gemeindeverbänden zu. [2] Den Gemeinden ist das Recht einzuräumen, die Hebesätze der Grundsteuer und Gewerbesteuer im Rahmen der Gesetze festzusetzen. [3] Bestehen in einem Land keine Gemeinden, so steht das Aufkommen der Grundsteuer und Gewerbesteuer sowie der örtlichen Verbrauch- und Aufwandsteuern dem Land zu. [4] Bund und Länder können durch eine Umlage an dem Aufkommen der Gewerbesteuer beteiligt werden. [5] Das Nähere über die Umlage bestimmt ein Bundesgesetz, das der Zustimmung des Bundesrates bedarf. [6] Nach Maßgabe der Landesgesetzgebung können die Grundsteuer und Gewerbesteuer sowie der Gemeindeanteil vom Aufkommen der Einkommensteuer und der Umsatzsteuer als Bemessungsgrundlagen für Umlagen zugrunde gelegt werden.

(7) [1] Von dem Länderanteil am Gesamtaufkommen der Gemeinschaftsteuern fließt den Gemeinden und Gemeindeverbänden insgesamt ein von der Landesgesetzgebung zu bestimmender Hundertsatz zu. [2] Im übrigen bestimmt die Landesgesetzgebung, ob und inwieweit das Aufkommen der Landessteuern den Gemeinden (Gemeindeverbänden) zufließt.

---

[1)] Siehe das GemeindefinanzreformG idF der Bek. v. 10.3.2009 (BGBl. I S. 502), zuletzt geänd. durch G v. 9.12.2019 (BGBl. I S. 2051).

(8) [1]Veranlaßt der Bund in einzelnen Ländern oder Gemeinden (Gemeindeverbänden) besondere Einrichtungen, die diesen Ländern oder Gemeinden (Gemeindeverbänden) unmittelbar Mehrausgaben oder Mindereinnahmen (Sonderbelastungen) verursachen, gewährt der Bund den erforderlichen Ausgleich, wenn und soweit den Ländern oder Gemeinden (Gemeindeverbänden) nicht zugemutet werden kann, die Sonderbelastungen zu tragen. [2]Entschädigungsleistungen Dritter und finanzielle Vorteile, die diesen Ländern oder Gemeinden (Gemeindeverbänden) als Folge der Einrichtungen erwachsen, werden bei dem Ausgleich berücksichtigt.

(9) Als Einnahmen und Ausgaben der Länder im Sinne dieses Artikels gelten auch die Einnahmen und Ausgaben der Gemeinden (Gemeindeverbände).

**Art. 106a[1)] [Bundeszuschuss für öffentlichen Personennahverkehr]**

[1]Den Ländern steht ab 1. Januar 1996 für den öffentlichen Personennahverkehr ein Betrag aus dem Steueraufkommen des Bundes zu. [2]Das Nähere regelt ein Bundesgesetz, das der Zustimmung des Bundesrates bedarf. [3]Der Betrag nach Satz 1 bleibt bei der Bemessung der Finanzkraft nach Artikel 107 Abs. 2 unberücksichtigt.

**Art. 106b[2)] [Länderanteil an der Kraftfahrzeugsteuer]** [1]Den Ländern steht ab dem 1. Juli 2009 infolge der Übertragung der Kraftfahrzeugsteuer auf den Bund ein Betrag aus dem Steueraufkommen des Bundes zu. [2]Das Nähere regelt ein Bundesgesetz, das der Zustimmung des Bundesrates bedarf.

**Art. 107[3) 4)] [Finanzausgleich; Ergänzungszuweisungen]** (1) [1]Das Aufkommen der Landessteuern und der Länderanteil am Aufkommen der Einkommensteuer und der Körperschaftsteuer stehen den einzelnen Ländern insoweit zu, als die Steuern von den Finanzbehörden in ihrem Gebiet vereinnahmt werden (örtliches Aufkommen). [2]Durch Bundesgesetz, das der Zustimmung des Bundesrates bedarf, sind für die Körperschaftsteuer und die Lohnsteuer nähere Bestimmungen über die Abgrenzung sowie über Art und Umfang der Zerlegung des örtlichen Aufkommens zu treffen. [3]Das Gesetz kann auch Bestimmungen über die Abgrenzung und Zerlegung des örtlichen Aufkommens anderer Steuern treffen. [4]Der Länderanteil am Aufkommen der Umsatzsteuer steht den einzelnen Ländern, vorbehaltlich der Regelungen nach Absatz 2, nach Maßgabe ihrer Einwohnerzahl zu.

(2) [1]Durch Bundesgesetz, das der Zustimmung des Bundesrates bedarf, ist sicherzustellen, dass die unterschiedliche Finanzkraft der Länder angemessen ausgeglichen wird; hierbei sind die Finanzkraft und der Finanzbedarf der Gemeinden (Gemeindeverbände) zu berücksichtigen. [2]Zu diesem Zweck sind in dem Gesetz Zuschläge zu und Abschläge von der jeweiligen Finanzkraft bei der Verteilung der Länderanteile am Aufkommen der Umsatzsteuer zu regeln. [3]Die Voraussetzungen für die Gewährung von Zuschlägen und für die Erhebung von Abschlägen sowie die Maßstäbe für die Höhe dieser Zuschläge und Abschläge sind in dem Gesetz zu

---

1) Art. 106a eingef. mWv 23.12.1993 durch G v. 20.12.1993 (BGBl. I S. 2089).

2) Art. 106b eingef. mWv 26.3.2009 durch G v. 19.3.2009 (BGBl. I S. 606).

3) Art. 107 Satz 1 geänd. mWv 23.4.1953 durch G v. 20.4.1953 (BGBl. I S. 130); Satz 1 geänd. mWv 31.12.1954 durch G v. 25.12.1954 (BGBl. I S. 517); neu gef. mWv 1.1.1970 durch G v. 12.5.1969 (BGBl. I S. 359); Abs. 1 Satz 4 neu gef. mWv 1.9.2006 durch G v. 28.8.2006 (BGBl. I S. 2034); Abs. 1 Satz 4 geänd. mWv 26.3.2009 durch G v. 19.3.2009 (BGBl. I S. 606); Abs. 1 Satz 4 und Abs. 2 neu gef. mWv 20.7.2017 durch G v. 13.7.2017 (BGBl. I S. 2347).

4) Zur Anwendung von Art. 107 siehe Art. 143g GG.

bestimmen. [4]Für Zwecke der Bemessung der Finanzkraft kann die bergrechtliche Förderabgabe mit nur einem Teil ihres Aufkommens berücksichtigt werden. [5]Das Gesetz kann auch bestimmen, dass der Bund aus seinen Mitteln leistungsschwachen Ländern Zuweisungen zur ergänzenden Deckung ihres allgemeinen Finanzbedarfs (Ergänzungszuweisungen) gewährt. [6]Zuweisungen können unabhängig von den Maßstäben nach den Sätzen 1 bis 3 auch solchen leistungsschwachen Ländern gewährt werden, deren Gemeinden (Gemeindeverbände) eine besonders geringe Steuerkraft aufweisen (Gemeindesteuerkraftzuweisungen), sowie außerdem solchen leistungsschwachen Ländern, deren Anteile an den Fördermitteln nach Artikel 91b ihre Einwohneranteile unterschreiten.

**Art. 108[1)] [Finanzverwaltung]** (1) [1]Zölle, Finanzmonopole, die bundesgesetzlich geregelten Verbrauchsteuern einschließlich der Einfuhrumsatzsteuer, die Kraftfahrzeugsteuer und sonstige auf motorisierte Verkehrsmittel bezogene Verkehrsteuern ab dem 1. Juli 2009 sowie die Abgaben im Rahmen der Europäischen Gemeinschaften werden durch Bundesfinanzbehörden verwaltet. [2]Der Aufbau dieser Behörden wird durch Bundesgesetz[2)] geregelt. [3]Soweit Mittelbehörden eingerichtet sind, werden deren Leiter im Benehmen mit den Landesregierungen bestellt.

(2) [1]Die übrigen Steuern werden durch Landesfinanzbehörden verwaltet. [2]Der Aufbau dieser Behörden und die einheitliche Ausbildung der Beamten können durch Bundesgesetz[3)] mit Zustimmung des Bundesrates geregelt werden. [3]Soweit Mittelbehörden eingerichtet sind, werden deren Leiter im Einvernehmen mit der Bundesregierung bestellt.

(3) [1]Verwalten die Landesfinanzbehörden Steuern, die ganz oder zum Teil dem Bund zufließen, so werden sie im Auftrage des Bundes tätig. [2]Artikel 85 Abs. 3 und 4 gilt mit der Maßgabe, daß an die Stelle der Bundesregierung der Bundesminister der Finanzen tritt.

(4) [1]Durch Bundesgesetz, das der Zustimmung des Bundesrates bedarf, kann bei der Verwaltung von Steuern ein Zusammenwirken von Bundes- und Landesfinanzbehörden sowie für Steuern, die unter Absatz 1 fallen, die Verwaltung durch Landesfinanzbehörden und für andere Steuern die Verwaltung durch Bundesfinanzbehörden vorgesehen werden, wenn und soweit dadurch der Vollzug der Steuergesetze erheblich verbessert oder erleichtert wird. [2]Für die den Gemeinden (Gemeindeverbänden) allein zufließenden Steuern kann die den Landesfinanzbehörden zustehende Verwaltung durch die Länder ganz oder zum Teil den Gemeinden (Gemeindeverbänden) übertragen werden. [3]Das Bundesgesetz nach Satz 1 kann für ein Zusammenwirken von Bund und Ländern bestimmen, dass bei Zustimmung einer im Gesetz genannten Mehrheit Regelungen für den Vollzug von Steuergesetzen für alle Länder verbindlich werden.

(4a) [1]Durch Bundesgesetz, das der Zustimmung des Bundesrates bedarf, können bei der Verwaltung von Steuern, die unter Absatz 2 fallen, ein Zusammenwirken von Landesfinanzbehörden und eine länderübergreifende Übertragung von Zuständigkeiten auf Landesfinanzbehörden eines oder mehrerer Länder im Einver-

---

[1)] Art. 108 neu gef. mWv 1.1.1970 durch G v. 12.5.1969 (BGBl. I S. 359); Abs. 1 Satz 3 und Abs. 2 Satz 3 neu gef. mWv 30.11.2001 durch G v. 26.11.2001 (BGBl. I S. 3219); Abs. 1 Satz 1 neu gef. mWv 26.3.2009 durch G v. 19.3.2009 (BGBl. I S. 606); Abs. 4 Satz 3 angef., Abs. 4a eingef. mWv 20.7.2017 durch G v. 13.7.2017 (BGBl. I S. 2347).

[2)] Siehe das FinanzverwaltungsG **(Sartorius ErgBd. Nr. 698)**.

[3)] Siehe das Steuerbeamten-AusbildungsG idF der Bek. v. 29.10.1996 (BGBl. I S. 1577), zuletzt geänd. durch G v. 9.7.2021 (BGBl. I S. 2442).

nehmen mit den betroffenen Ländern vorgesehen werden, wenn und soweit dadurch der Vollzug der Steuergesetze erheblich verbessert oder erleichtert wird. 2 Die Kostentragung kann durch Bundesgesetz geregelt werden.

(5) 1 Das von den Bundesfinanzbehörden anzuwendende Verfahren wird durch Bundesgesetz geregelt. 2 Das von den Landesfinanzbehörden und in den Fällen des Absatzes 4 Satz 2 von den Gemeinden (Gemeindeverbänden) anzuwendende Verfahren kann durch Bundesgesetz mit Zustimmung des Bundesrates geregelt werden.

(6) Die Finanzgerichtsbarkeit wird durch Bundesgesetz[1)] einheitlich geregelt.

(7) Die Bundesregierung kann allgemeine Verwaltungsvorschriften erlassen, und zwar mit Zustimmung des Bundesrates, soweit die Verwaltung den Landesfinanzbehörden oder Gemeinden (Gemeindeverbänden) obliegt.

**Art. 109[2)] [Haushaltswirtschaft in Bund und Ländern]** (1) Bund und Länder sind in ihrer Haushaltswirtschaft selbständig und voneinander unabhängig.

(2) Bund und Länder erfüllen gemeinsam die Verpflichtungen der Bundesrepublik Deutschland aus Rechtsakten der Europäischen Gemeinschaft auf Grund des Artikels 104 des Vertrags zur Gründung der Europäischen Gemeinschaft zur Einhaltung der Haushaltsdisziplin und tragen in diesem Rahmen den Erfordernissen des gesamtwirtschaftlichen Gleichgewichts Rechnung.

(3) 1 Die Haushalte von Bund und Ländern sind grundsätzlich ohne Einnahmen aus Krediten auszugleichen. 2 Bund und Länder können Regelungen zur im Auf- und Abschwung symmetrischen Berücksichtigung der Auswirkungen einer von der Normallage abweichenden konjunkturellen Entwicklung sowie eine Ausnahmeregelung für Naturkatastrophen oder außergewöhnliche Notsituationen, die sich der Kontrolle des Staates entziehen und die staatliche Finanzlage erheblich beeinträchtigen, vorsehen. 3 Für die Ausnahmeregelung ist eine entsprechende Tilgungsregelung vorzusehen. 4 Die nähere Ausgestaltung regelt für den Haushalt des Bundes Artikel 115 mit der Maßgabe, dass Satz 1 entsprochen ist, wenn die Einnahmen aus Krediten 0,35 vom Hundert im Verhältnis zum nominalen Bruttoinlandsprodukt nicht überschreiten. 5 Die nähere Ausgestaltung für die Haushalte der Länder regeln diese im Rahmen ihrer verfassungsrechtlichen Kompetenzen mit der Maßgabe, dass Satz 1 nur dann entsprochen ist, wenn keine Einnahmen aus Krediten zugelassen werden.

(4) Durch Bundesgesetz[3)], das der Zustimmung des Bundesrates bedarf, können für Bund und Länder gemeinsam geltende Grundsätze für das Haushaltsrecht, für eine konjunkturgerechte Haushaltswirtschaft und für eine mehrjährige Finanzplanung aufgestellt werden.

(5) 1 Sanktionsmaßnahmen der Europäischen Gemeinschaft im Zusammenhang mit den Bestimmungen in Artikel 104 des Vertrags zur Gründung der Europäischen Gemeinschaft zur Einhaltung der Haushaltsdisziplin tragen Bund und Länder im Verhältnis 65 zu 35. 2 Die Ländergesamtheit trägt solidarisch 35 vom Hundert

---

1) Siehe die FinanzgerichtsO idF der Bek. v. 28.3.2001 (BGBl. I S. 442, ber. S. 2262, 2002 S. 679), zuletzt geänd. durch G v. 5.10.2021 (BGBl. I S. 4607).

2) Art. 109 neu gef. mWv 14.6.1967 durch G v. 8.6.1967 (BGBl. I S. 581); Abs. 3 neu gef. mWv 15.5.1969 durch G v. 12.5.1969 (BGBl. I S. 357); Abs. 5 angef. mWv 1.9.2006 durch G v. 28.8.2006 (BGBl. I S. 2034); Abs. 2 neu gef., Abs. 3 eingef., bish. Abs. 3 wird Abs. 4, bish. Abs. 4, Abs. 5 Satz 1 aufgeh., bish. Sätze 2 bis 4 werden Sätze 1 bis 3, neuer Satz 1 neu gef. mWv 1.8.2009 durch G v. 29.7.2009 (BGBl. I S. 2248).

3) Siehe das HaushaltsgrundsätzeG **(Sartorius Nr. 699)** und das G zur Förderung der Stabilität und des Wachstums der Wirtschaft **(Sartorius Nr. 720)**.

der auf die Länder entfallenden Lasten entsprechend ihrer Einwohnerzahl; 65 vom Hundert der auf die Länder entfallenden Lasten tragen die Länder entsprechend ihrem Verursachungsbeitrag. 3 Das Nähere regelt ein Bundesgesetz, das der Zustimmung des Bundesrates bedarf.

**Art. 109a[1)] [Haushaltsnotlagen]** (1) Zur Vermeidung von Haushaltsnotlagen regelt ein Bundesgesetz, das der Zustimmung des Bundesrates bedarf,

1. die fortlaufende Überwachung der Haushaltswirtschaft von Bund und Ländern durch ein gemeinsames Gremium (Stabilitätsrat),
2. die Voraussetzungen und das Verfahren zur Feststellung einer drohenden Haushaltsnotlage,
3. die Grundsätze zur Aufstellung und Durchführung von Sanierungsprogrammen zur Vermeidung von Haushaltsnotlagen

(2) 1 Dem Stabilitätsrat obliegt ab dem Jahr 2020 die Überwachung der Einhaltung der Vorgaben des Artikels 109 Absatz 3 durch Bund und Länder. 2 Die Überwachung orientiert sich an den Vorgaben und Verfahren aus Rechtsakten auf Grund des Vertrages über die Arbeitsweise der Europäischen Union zur Einhaltung der Haushaltsdisziplin.

(3) Die Beschlüsse des Stabilitätsrats und die zugrunde liegenden Beratungsunterlagen sind zu veröffentlichen.

**Art. 110[2) 3)] [Haushaltsplan des Bundes]** (1) 1 Alle Einnahmen und Ausgaben des Bundes sind in den Haushaltsplan einzustellen; bei Bundesbetrieben und bei Sondervermögen brauchen nur die Zuführungen oder die Ablieferungen eingestellt zu werden. 2 Der Haushaltsplan ist in Einnahme und Ausgabe auszugleichen.

(2) 1 Der Haushaltsplan wird für ein oder mehrere Rechnungsjahre, nach Jahren getrennt, vor Beginn des ersten Rechnungsjahres durch das Haushaltsgesetz festgestellt. 2 Für Teile des Haushaltsplanes kann vorgesehen werden, daß sie für unterschiedliche Zeiträume, nach Rechnungsjahren getrennt, gelten.

(3) Die Gesetzesvorlage nach Absatz 2 Satz 1 sowie Vorlagen zur Änderung des Haushaltsgesetzes und des Haushaltsplanes werden gleichzeitig mit der Zuleitung an den Bundesrat beim Bundestage eingebracht; der Bundesrat ist berechtigt, innerhalb von sechs Wochen, bei Änderungsvorlagen innerhalb von drei Wochen, zu den Vorlagen Stellung zu nehmen.

(4) 1 In das Haushaltsgesetz dürfen nur Vorschriften aufgenommen werden, die sich auf die Einnahmen und die Ausgaben des Bundes und auf den Zeitraum beziehen, für den das Haushaltsgesetz beschlossen wird. 2 Das Haushaltsgesetz kann vorschreiben, daß die Vorschriften erst mit der Verkündung des nächsten Haushaltsgesetzes oder bei Ermächtigung nach Artikel 115 zu einem späteren Zeitpunkt außer Kraft treten.

**Art. 111 [Ausgaben vor Beschluss des Haushaltsplans]** (1) Ist bis zum Schluß eines Rechnungsjahres der Haushaltsplan für das folgende Jahr nicht durch Gesetz festgestellt, so ist bis zu seinem Inkrafttreten die Bundesregierung ermächtigt, alle Ausgaben zu leisten, die nötig sind,

---

1) Art. 109a eingef. mWv 1.8.2009 durch G v. 29.7.2009 (BGBl. I S. 2248); Abs. 1 Satz 2 aufgeh., Abs. 2 und 3 angef. mWv 20.7.2017 durch G v. 13.7.2017 (BGBl. I S. 2347).

2) Art. 110 neu gef. mWv 15.5.1969 durch G v. 12.5.1969 (BGBl. I S. 357).

3) Siehe die BundeshaushaltsO **(Sartorius Nr. 700)**.

a) um gesetzlich bestehende Einrichtungen zu erhalten und gesetzlich beschlossene Maßnahmen durchzuführen,
b) um die rechtlich begründeten Verpflichtungen des Bundes zu erfüllen,
c) um Bauten, Beschaffungen und sonstige Leistungen fortzusetzen oder Beihilfen für diese Zwecke weiter zu gewähren, sofern durch den Haushaltsplan eines Vorjahres bereits Beträge bewilligt worden sind.

(2) Soweit nicht auf besonderem Gesetze beruhende Einnahmen aus Steuern, Abgaben und sonstigen Quellen oder die Betriebsmittelrücklage die Ausgaben unter Absatz 1 decken, darf die Bundesregierung die zur Aufrechterhaltung der Wirtschaftsführung erforderlichen Mittel bis zur Höhe eines Viertels der Endsumme des abgelaufenen Haushaltsplanes im Wege des Kredits flüssig machen.

**Art. 112[1)] [Überplanmäßige und außerplanmäßige Ausgaben]** [1] Überplanmäßige und außerplanmäßige Ausgaben bedürfen der Zustimmung des Bundesministers der Finanzen. [2] Sie darf nur im Falle eines unvorhergesehenen und unabweisbaren Bedürfnisses erteilt werden. [3] Näheres kann durch Bundesgesetz bestimmt werden.

**Art. 113[2)] [Ausgabenerhöhungen; Einnahmeminderungen]** (1) [1] Gesetze, welche die von der Bundesregierung vorgeschlagenen Ausgaben des Haushaltsplanes erhöhen oder neue Ausgaben in sich schließen oder für die Zukunft mit sich bringen, bedürfen der Zustimmung der Bundesregierung. [2] Das gleiche gilt für Gesetze, die Einnahmeminderungen in sich schließen oder für die Zukunft mit sich bringen. [3] Die Bundesregierung kann verlangen, daß der Bundestag die Beschlußfassung über solche Gesetze aussetzt. [4] In diesem Fall hat die Bundesregierung innerhalb von sechs Wochen dem Bundestage eine Stellungnahme zuzuleiten.

(2) Die Bundesregierung kann innerhalb von vier Wochen, nachdem der Bundestag das Gesetz beschlossen hat, verlangen, daß der Bundestag erneut Beschluß faßt.

(3) [1] Ist das Gesetz nach Artikel 78 zustande gekommen, kann die Bundesregierung ihre Zustimmung nur innerhalb von sechs Wochen und nur dann versagen, wenn sie vorher das Verfahren nach Absatz 1 Satz 3 und 4 oder nach Absatz 2 eingeleitet hat. [2] Nach Ablauf dieser Frist gilt die Zustimmung als erteilt.

**Art. 114[3)] [Rechnungslegung; Bundesrechnungshof]** (1) Der Bundesminister der Finanzen hat dem Bundestage und dem Bundesrate über alle Einnahmen und Ausgaben sowie über das Vermögen und die Schulden im Laufe des nächsten Rechnungsjahres zur Entlastung der Bundesregierung Rechnung zu legen.

(2) [1] Der Bundesrechnungshof, dessen Mitglieder richterliche Unabhängigkeit besitzen, prüft die Rechnung sowie die Wirtschaftlichkeit und Ordnungsmäßigkeit der Haushalts- und Wirtschaftsführung des Bundes. [2] Zum Zweck der Prüfung nach Satz 1 kann der Bundesrechnungshof auch bei Stellen außerhalb der Bundesverwaltung Erhebungen vornehmen; dies gilt auch in den Fällen, in denen der Bund den Ländern zweckgebundene Finanzierungsmittel zur Erfüllung von Län-

---

1) Art. 112 neu gef. mWv 15.5.1969 durch G v. 12.5.1969 (BGBl. I S. 357).
2) Art. 113 neu gef. mWv 15.5.1969 durch G v. 12.5.1969 (BGBl. I S. 357).
3) Art. 114 neu gef. mWv 15.5.1969 durch G v. 12.5.1969 (BGBl. I S. 357); Abs. 2 Satz 1 geänd., Satz 2 eingef., bish. Sätze 2 und 3 werden Sätze 3 und 4 mWv 20.7.2017 durch G v. 13.7.2017 (BGBl. I S. 2347).

deraufgaben zuweist. [3] Er hat außer der Bundesregierung unmittelbar dem Bundestage und dem Bundesrate jährlich zu berichten. [4] Im übrigen werden die Befugnisse des Bundesrechnungshofes durch Bundesgesetz[1)] geregelt.

**Art. 115**[2)] **[Kreditbeschaffung]** (1) Die Aufnahme von Krediten sowie die Übernahme von Bürgschaften, Garantien oder sonstigen Gewährleistungen, die zu Ausgaben in künftigen Rechnungsjahren führen können, bedürfen einer der Höhe nach bestimmten oder bestimmbaren Ermächtigung durch Bundesgesetz.

(2) [1] Einnahmen und Ausgaben sind grundsätzlich ohne Einnahmen aus Krediten auszugleichen. [2] Diesem Grundsatz ist entsprochen, wenn die Einnahmen aus Krediten 0,35 vom Hundert im Verhältnis zum nominalen Bruttoinlandsprodukt nicht überschreiten. [3] Zusätzlich sind bei einer von der Normallage abweichenden konjunkturellen Entwicklung die Auswirkungen auf den Haushalt im Auf- und Abschwung symmetrisch zu berücksichtigen. [4] Abweichungen der tatsächlichen Kreditaufnahme von der nach den Sätzen 1 bis 3 zulässigen Kreditobergrenze werden auf einem Kontrollkonto erfasst; Belastungen, die den Schwellenwert von 1,5 vom Hundert im Verhältnis zum nominalen Bruttoinlandsprodukt überschreiten, sind konjunkturgerecht zurückzuführen. [5] Näheres, insbesondere die Bereinigung der Einnahmen und Ausgaben um finanzielle Transaktionen und das Verfahren zur Berechnung der Obergrenze der jährlichen Nettokreditaufnahme unter Berücksichtigung der konjunkturellen Entwicklung auf der Grundlage eines Konjunkturbereinigungsverfahrens sowie die Kontrolle und den Ausgleich von Abweichungen der tatsächlichen Kreditaufnahme von der Regelgrenze, regelt ein Bundesgesetz. [6] Im Falle von Naturkatastrophen oder außergewöhnlichen Notsituationen, die sich der Kontrolle des Staates entziehen und die staatliche Finanzlage erheblich beeinträchtigen, können diese Kreditobergrenzen auf Grund eines Beschlusses der Mehrheit der Mitglieder des Bundestages überschritten werden. [7] Der Beschluss ist mit einem Tilgungsplan zu verbinden. [8] Die Rückführung der nach Satz 6 aufgenommenen Kredite hat binnen eines angemessenen Zeitraumes zu erfolgen.

## Xa.[3)] Verteidigungsfall

**Art. 115a**[3)] **[Feststellung des Verteidigungsfalles]** (1) [1] Die Feststellung, daß das Bundesgebiet mit Waffengewalt angegriffen wird oder ein solcher Angriff unmittelbar droht (Verteidigungsfall), trifft der Bundestag mit Zustimmung des Bundesrates. [2] Die Feststellung erfolgt auf Antrag der Bundesregierung und bedarf einer Mehrheit von zwei Dritteln der abgegebenen Stimmen, mindestens der Mehrheit[4)] der Mitglieder des Bundestages.

(2) Erfordert die Lage unabweisbar ein sofortiges Handeln und stehen einem rechtzeitigen Zusammentritt des Bundestages unüberwindliche Hindernisse entgegen oder ist er nicht beschlußfähig, so trifft der Gemeinsame Ausschuß diese Feststellung mit einer Mehrheit von zwei Dritteln der abgegebenen Stimmen, mindestens der Mehrheit seiner Mitglieder.

(3) [1] Die Feststellung wird vom Bundespräsidenten gemäß Artikel 82 im Bundesgesetzblatte verkündet. [2] Ist dies nicht rechtzeitig möglich, so erfolgt die Ver-

---

[1)] Siehe das BundesrechnungshofG **(Sartorius Nr. 705)**.

[2)] Art. 115 neu gef. mWv 15.5.1969 durch G v. 12.5.1969 (BGBl. I S. 357); Abs. 1 Sätze 2 und 3 aufgeh., Abs. 2 neu gef. mWv 1.8.2009 durch G v. 29.7.2009 (BGBl. I S. 2248).

[3)] Abschnitt Xa (Art. 115a–115l) eingef. mWv 28.6.1968 durch G v. 24.6.1968 (BGBl. I S. 709).

[4)] Zum Begriff der Mehrheit siehe Art. 121.

kündung in anderer Weise[1]; sie ist im Bundesgesetzblatte nachzuholen, sobald die Umstände es zulassen.

(4) [1] Wird das Bundesgebiet mit Waffengewalt angegriffen und sind die zuständigen Bundesorgane außerstande, sofort die Feststellung nach Absatz 1 Satz 1 zu treffen, so gilt diese Feststellung als getroffen und als zu dem Zeitpunkt verkündet, in dem der Angriff begonnen hat. [2] Der Bundespräsident gibt diesen Zeitpunkt bekannt, sobald die Umstände es zulassen.

(5) [1] Ist die Feststellung des Verteidigungsfalles verkündet und wird das Bundesgebiet mit Waffengewalt angegriffen, so kann der Bundespräsident völkerrechtliche Erklärungen über das Bestehen des Verteidigungsfalles mit Zustimmung des Bundestages abgeben. [2] Unter den Voraussetzungen des Absatzes 2 tritt an die Stelle des Bundestages der Gemeinsame Ausschuß.

**Art. 115b[2] [Übergang der Befehls- und Kommandogewalt]** Mit der Verkündung des Verteidigungsfalles geht die Befehls- und Kommandogewalt über die Streitkräfte auf den Bundeskanzler über.

**Art. 115c[3] [Erweiterte Bundesgesetzgebungskompetenz]** (1) [1] Der Bund hat für den Verteidigungsfall das Recht der konkurrierenden Gesetzgebung auch auf den Sachgebieten, die zur Gesetzgebungszuständigkeit der Länder gehören. [2] Diese Gesetze bedürfen der Zustimmung des Bundesrates.

(2) Soweit es die Verhältnisse während des Verteidigungsfalles erfordern, kann durch Bundesgesetz für den Verteidigungsfall

1. bei Enteignungen abweichend von Artikel 14 Abs. 3 Satz 2 die Entschädigung vorläufig geregelt werden,
2. für Freiheitsentziehungen eine von Artikel 104 Abs. 2 Satz 3 und Abs. 3 Satz 1 abweichende Frist, höchstens jedoch eine solche von vier Tagen, für den Fall festgesetzt werden, daß ein Richter nicht innerhalb der für Normalzeiten geltenden Frist tätig werden konnte.

(3) Soweit es zur Abwehr eines gegenwärtigen oder unmittelbar drohenden Angriffs erforderlich ist, kann für den Verteidigungsfall durch Bundesgesetz mit Zustimmung des Bundesrates die Verwaltung und das Finanzwesen des Bundes und der Länder abweichend von den Abschnitten VIII, VIIIa und X geregelt werden, wobei die Lebensfähigkeit der Länder, Gemeinden und Gemeindeverbände, insbesondere auch in finanzieller Hinsicht, zu wahren ist.

(4) Bundesgesetze nach den Absätzen 1 und 2 Nr. 1 dürfen zur Vorbereitung ihres Vollzuges schon vor Eintritt des Verteidigungsfalles angewandt werden.

**Art. 115d[2] [Vereinfachtes Bundesgesetzgebungsverfahren]** (1) Für die Gesetzgebung des Bundes gilt im Verteidigungsfalle abweichend von Artikel 76 Abs. 2, Artikel 77 Abs. 1 Satz 2 und Abs. 2 bis 4, Artikel 78 und Artikel 82 Abs. 1 die Regelung der Absätze 2 und 3.

(2) [1] Gesetzesvorlagen der Bundesregierung, die sie als dringlich bezeichnet, sind gleichzeitig mit der Einbringung beim Bundestage dem Bundesrate zuzuleiten. [2] Bundestag und Bundesrat beraten diese Vorlagen unverzüglich gemeinsam. [3] Soweit zu einem Gesetze die Zustimmung des Bundesrates erforderlich ist, bedarf

---

[1] Siehe das G über vereinfachte Verkündungen und Bekanntgaben **(Sartorius Nr. 71)**.

[2] Abschnitt Xa (Art. 115a–115l) eingef. mWv 28.6.1968 durch G v. 24.6.1968 (BGBl. I S. 709).

[3] Art. 115c eingef. mWv 28.6.1968 durch G v. 24.6.1968 (BGBl. I S. 709); Abs. 3 neu gef. mWv 1.1. 1970 durch G v. 12.5.1969 (BGBl. I S. 359).

es zum Zustandekommen des Gesetzes der Zustimmung der Mehrheit seiner Stimmen. [4] Das Nähere regelt eine Geschäftsordnung[1)], die vom Bundestage beschlossen wird und der Zustimmung des Bundesrates bedarf.

(3) Für die Verkündung der Gesetze gilt Artikel 115a Abs. 3 Satz 2 entsprechend.

**Art. 115e[2)] [Aufgaben des Gemeinsamen Ausschusses]** (1) Stellt der Gemeinsame Ausschuß im Verteidigungsfalle mit einer Mehrheit von zwei Dritteln der abgegebenen Stimmen, mindestens mit der Mehrheit seiner Mitglieder fest, daß dem rechtzeitigen Zusammentritt des Bundestages unüberwindliche Hindernisse entgegenstehen oder daß dieser nicht beschlußfähig ist, so hat der Gemeinsame Ausschuß die Stellung von Bundestag und Bundesrat und nimmt deren Rechte einheitlich wahr.

(2) [1] Durch ein Gesetz des Gemeinsamen Ausschusses darf das Grundgesetz weder geändert noch ganz oder teilweise außer Kraft oder außer Anwendung gesetzt werden. [2] Zum Erlaß von Gesetzen nach Artikel 23 Abs. 1 Satz 2, Artikel 24 Abs. 1 oder Artikel 29 ist der Gemeinsame Ausschuß nicht befugt.

**Art. 115f[3)] [Erweiterte Befugnisse der Bundesregierung]** (1) Die Bundesregierung kann im Verteidigungsfalle, soweit es die Verhältnisse erfordern,

1. den Bundesgrenzschutz[4)] im gesamten Bundesgebiete einsetzen;
2. außer der Bundesverwaltung auch den Landesregierungen und, wenn sie es für dringlich erachtet, den Landesbehörden Weisungen erteilen und diese Befugnis auf von ihr zu bestimmende Mitglieder der Landesregierungen übertragen.

(2) Bundestag, Bundesrat und der Gemeinsame Ausschuß sind unverzüglich von den nach Absatz 1 getroffenen Maßnahmen zu unterrichten.

**Art. 115g[3)] [Stellung des Bundesverfassungsgerichts]** [1] Die verfassungsmäßige Stellung und die Erfüllung der verfassungsmäßigen Aufgaben des Bundesverfassungsgerichtes und seiner Richter dürfen nicht beeinträchtigt werden. [2] Das Gesetz über das Bundesverfassungsgericht[5)] darf durch ein Gesetz des Gemeinsamen Ausschusses nur insoweit geändert werden, als dies auch nach Auffassung des Bundesverfassungsgerichtes zur Aufrechterhaltung der Funktionsfähigkeit des Gerichtes erforderlich ist. [3] Bis zum Erlaß eines solchen Gesetzes kann das Bundesverfassungsgericht die zur Erhaltung der Arbeitsfähigkeit des Gerichtes erforderlichen Maßnahmen treffen. [4] Beschlüsse nach Satz 2 und Satz 3 faßt das Bundesverfassungsgericht mit der Mehrheit der anwesenden Richter.

**Art. 115h[3)] [Wahlperioden und Amtszeiten]** (1) [1] Während des Verteidigungsfalles ablaufende Wahlperioden des Bundestages oder der Volksvertretungen der Länder enden sechs Monate nach Beendigung des Verteidigungsfalles. [2] Die im Verteidigungsfalle ablaufende Amtszeit des Bundespräsidenten sowie bei vorzeitiger Erledigung seines Amtes die Wahrnehmung seiner Befugnisse durch den Präsidenten des Bundesrates enden neun Monate nach Beendigung des Verteidigungsfalles. [3] Die im Verteidigungsfalle ablaufende Amtszeit eines Mitgliedes des Bun-

---

[1)] Siehe die GeschäftsO für das Verfahren nach Art. 115d GG **(Sartorius Nr. 34)**.

[2)] Art. 115e eingef. mWv 28.6.1968 durch G v. 24.6.1968 (BGBl. I S. 709); Abs. 2 Satz 2 neu gef. mWv 25.12.1992 durch G v. 21.12.1992 (BGBl. I S. 2086).

[3)] Abschnitt Xa (Art. 115a–115l) eingef. mWv 28.6.1968 durch G v. 24.6.1968 (BGBl. I S. 709).

[4)] Bezeichnung ab 1.7.2005: „Bundespolizei".

[5)] **Sartorius Nr. 40.**

desverfassungsgerichtes endet sechs Monate nach Beendigung des Verteidigungsfalles.

(2) [1]Wird eine Neuwahl des Bundeskanzlers durch den Gemeinsamen Ausschuß erforderlich, so wählt dieser einen neuen Bundeskanzler mit der Mehrheit seiner Mitglieder; der Bundespräsident macht dem Gemeinsamen Ausschuß einen Vorschlag. [2]Der Gemeinsame Ausschuß kann dem Bundeskanzler das Mißtrauen nur dadurch aussprechen, daß er mit der Mehrheit von zwei Dritteln seiner Mitglieder einen Nachfolger wählt.

(3) Für die Dauer des Verteidigungsfalles ist die Auflösung des Bundestages ausgeschlossen.

**Art. 115i[1)] [Erweiterte Befugnisse der Landesregierungen]** (1) Sind die zuständigen Bundesorgane außerstande, die notwendigen Maßnahmen zur Abwehr der Gefahr zu treffen, und erfordert die Lage unabweisbar ein sofortiges selbständiges Handeln in einzelnen Teilen des Bundesgebietes, so sind die Landesregierungen oder die von ihnen bestimmten Behörden oder Beauftragten befugt, für ihren Zuständigkeitsbereich Maßnahmen im Sinne des Artikels 115f Abs. 1 zu treffen.

(2) Maßnahmen nach Absatz 1 können durch die Bundesregierung, im Verhältnis zu Landesbehörden und nachgeordneten Bundesbehörden auch durch die Ministerpräsidenten der Länder, jederzeit aufgehoben werden.

**Art. 115k[2)] [Geltung von Gesetzen und Rechtsverordnungen des Verteidigungsfalls]** (1) [1]Für die Dauer ihrer Anwendbarkeit setzen Gesetze nach den Artikeln 115c, 115e und 115g und Rechtsverordnungen, die auf Grund solcher Gesetze ergehen, entgegenstehendes Recht außer Anwendung. [2]Dies gilt nicht gegenüber früherem Recht, das auf Grund der Artikel 115c, 115e und 115g erlassen worden ist.

(2) Gesetze, die der Gemeinsame Ausschuß beschlossen hat, und Rechtsverordnungen, die auf Grund solcher Gesetze ergangen sind, treten spätestens sechs Monate nach Beendigung des Verteidigungsfalles außer Kraft.

(3) [1]Gesetze, die von den Artikeln 91a, 91b, 104a, 106 und 107 abweichende Regelungen enthalten, gelten längstens bis zum Ende des zweiten Rechnungsjahres, das auf die Beendigung des Verteidigungsfalles folgt. [2]Sie können nach Beendigung des Verteidigungsfalles durch Bundesgesetz mit Zustimmung des Bundesrates geändert werden, um zu der Regelung gemäß den Abschnitten VIIIa und X überzuleiten.

**Art. 115l[1)] [Aufhebung von Maßnahmen und Beendigung des Verteidigungsfalls]** (1) [1]Der Bundestag kann jederzeit mit Zustimmung des Bundesrates Gesetze des Gemeinsamen Ausschusses aufheben. [2]Der Bundesrat kann verlangen, daß der Bundestag hierüber beschließt. [3]Sonstige zur Abwehr der Gefahr getroffene Maßnahmen des Gemeinsamen Ausschusses oder der Bundesregierung sind aufzuheben, wenn der Bundestag und der Bundesrat es beschließen.

(2) [1]Der Bundestag kann mit Zustimmung des Bundesrates jederzeit durch einen vom Bundespräsidenten zu verkündenden Beschluß den Verteidigungsfall für beendet erklären. [2]Der Bundesrat kann verlangen, daß der Bundestag hierüber

---

[1)] Abschnitt Xa (Art. 115a–115l) eingef. mWv 28.6.1968 durch G v. 24.6.1968 (BGBl. I S. 709).

[2)] Art. 115k eingef. mWv 28.6.1968 durch G v. 24.6.1968 (BGBl. I S. 709); Abs. 3 neu gef. mWv 1.1.1970 durch G v. 12.5.1969 (BGBl. I S. 359).

beschließt. [3]Der Verteidigungsfall ist unverzüglich für beendet zu erklären, wenn die Voraussetzungen für seine Feststellung nicht mehr gegeben sind.

(3) Über den Friedensschluß wird durch Bundesgesetz entschieden.

## XI. Übergangs- und Schlußbestimmungen

**Art. 116**[1)] **[Begriff des „Deutschen"; nationalsozialistische Ausbürgerung]** (1) Deutscher im Sinne dieses Grundgesetzes ist vorbehaltlich anderweitiger gesetzlicher Regelung, wer die deutsche Staatsangehörigkeit besitzt oder als Flüchtling oder Vertriebener deutscher Volkszugehörigkeit oder als dessen Ehegatte oder Abkömmling in dem Gebiete des Deutschen Reiches nach dem Stande vom 31. Dezember 1937 Aufnahme gefunden hat.

(2) [1]Frühere deutsche Staatsangehörige, denen zwischen dem 30. Januar 1933 und dem 8. Mai 1945 die Staatsangehörigkeit aus politischen, rassischen oder religiösen Gründen entzogen worden ist, und ihre Abkömmlinge sind auf Antrag wieder einzubürgern. [2]Sie gelten als nicht ausgebürgert, sofern sie nach dem 8. Mai 1945 ihren Wohnsitz in Deutschland genommen haben und nicht einen entgegengesetzten Willen zum Ausdruck gebracht haben.

**Art. 117 [Übergangsregelung zu Art. 3 Abs. 2 und Art. 11]** (1) Das dem Artikel 3 Abs. 2 entgegenstehende Recht bleibt bis zu seiner Anpassung an diese Bestimmung des Grundgesetzes in Kraft, jedoch nicht länger als bis zum 31. März 1953.

(2) Gesetze, die das Recht der Freizügigkeit mit Rücksicht auf die gegenwärtige Raumnot einschränken, bleiben bis zu ihrer Aufhebung durch Bundesgesetz in Kraft.

**Art. 118 [Neugliederung der badischen und württembergischen Länder]**

[1]Die Neugliederung in dem die Länder Baden, Württemberg-Baden und Württemberg-Hohenzollern umfassenden Gebiete kann abweichend von den Vorschriften des Artikels 29 durch Vereinbarung der beteiligten Länder erfolgen. [2]Kommt eine Vereinbarung nicht zustande, so wird die Neugliederung durch Bundesgesetz[2)] geregelt, das eine Volksbefragung vorsehen muß.

**Art. 118a**[3)] **[Neugliederung Berlins und Brandenburgs]** Die Neugliederung in dem die Länder Berlin und Brandenburg umfassenden Gebiet kann abweichend von den Vorschriften des Artikels 29 unter Beteiligung ihrer Wahlberechtigten durch Vereinbarung beider Länder erfolgen.

**Art. 119 [Flüchtlinge und Vertriebene]** [1]In Angelegenheiten der Flüchtlinge und Vertriebenen, insbesondere zu ihrer Verteilung auf die Länder, kann bis zu einer bundesgesetzlichen Regelung die Bundesregierung mit Zustimmung des Bundesrates Verordnungen mit Gesetzeskraft erlassen. [2]Für besondere Fälle kann dabei die Bundesregierung ermächtigt werden, Einzelweisungen zu erteilen. [3]Die Weisungen sind außer bei Gefahr im Verzuge an die obersten Landesbehörden zu richten.

---

1) Siehe hierzu das StaatsangehörigkeitsG **(Sartorius Nr. 15)** und das G zur Reform des Staatsangehörigkeitsrechts v. 15.7.1999 (BGBl. I S. 1618).

2) So geschehen durch das Zweite G über die Neugliederung in den Ländern Baden, Württemberg-Baden und Württemberg-Hohenzollern v. 4.5.1951 (BGBl. I S. 284).

3) Art. 118a eingef. mWv 15.11.1994 durch G v. 27.10.1994 (BGBl. I S. 3146).

**Art. 120**[1] **[Kriegsfolge- und Sozialversicherungslasten; Ertragshoheit]**

(1) [1]Der Bund trägt die Aufwendungen für Besatzungskosten und die sonstigen inneren und äußeren Kriegsfolgelasten nach näherer Bestimmung von Bundesgesetzen.[2] [2]Soweit diese Kriegsfolgelasten bis zum 1. Oktober 1969 durch Bundesgesetze geregelt worden sind, tragen Bund und Länder im Verhältnis zueinander die Aufwendungen nach Maßgabe dieser Bundesgesetze. [3]Soweit Aufwendungen für Kriegsfolgelasten, die in Bundesgesetzen weder geregelt worden sind noch geregelt werden, bis zum 1. Oktober 1965 von den Ländern, Gemeinden (Gemeindeverbänden) oder sonstigen Aufgabenträgern, die Aufgaben von Ländern oder Gemeinden erfüllen, erbracht worden sind, ist der Bund zur Übernahme von Aufwendungen dieser Art auch nach diesem Zeitpunkt nicht verpflichtet. [4]Der Bund trägt die Zuschüsse zu den Lasten der Sozialversicherung mit Einschluß der Arbeitslosenversicherung und der Arbeitslosenhilfe. [5]Die durch diesen Absatz geregelte Verteilung der Kriegsfolgelasten auf Bund und Länder läßt die gesetzliche Regelung von Entschädigungsansprüchen für Kriegsfolgen unberührt.

(2) Die Einnahmen gehen auf den Bund zu demselben Zeitpunkte über, an dem der Bund die Ausgaben übernimmt.

**Art. 120a**[3] **[Lastenausgleich]** (1) [1]Die Gesetze, die der Durchführung des Lastenausgleichs dienen, können mit Zustimmung des Bundesrates bestimmen, daß sie auf dem Gebiete der Ausgleichsleistungen teils durch den Bund, teils im Auftrage des Bundes durch die Länder ausgeführt werden und daß die der Bundesregierung und den zuständigen obersten Bundesbehörden auf Grund des Artikels 85 insoweit zustehenden Befugnisse ganz oder teilweise dem Bundesausgleichsamt übertragen werden. [2]Das Bundesausgleichsamt bedarf bei Ausübung dieser Befugnisse nicht der Zustimmung des Bundesrates; seine Weisungen sind, abgesehen von den Fällen der Dringlichkeit, an die obersten Landesbehörden (Landesausgleichsämter) zu richten.

(2) Artikel 87 Abs. 3 Satz 2 bleibt unberührt.

**Art. 121 [Begriff der Mehrheit]** Mehrheit der Mitglieder des Bundestages und der Bundesversammlung im Sinne dieses Grundgesetzes ist die Mehrheit ihrer gesetzlichen Mitgliederzahl.

**Art. 122 [Bisherige Gesetzgebungskompetenzen]** (1) Vom Zusammentritt des Bundestages an werden die Gesetze ausschließlich von den in diesem Grundgesetze anerkannten gesetzgebenden Gewalten beschlossen.

(2) Gesetzgebende und bei der Gesetzgebung beratend mitwirkende Körperschaften, deren Zuständigkeit nach Absatz 1 endet, sind mit diesem Zeitpunkt aufgelöst.

**Art. 123 [Fortgeltung des alten Rechts]** (1) Recht aus der Zeit vor dem Zusammentritt des Bundestages gilt fort, soweit es dem Grundgesetze nicht widerspricht.

(2) Die vom Deutschen Reich abgeschlossenen Staatsverträge, die sich auf Gegenstände beziehen, für die nach diesem Grundgesetze die Landesgesetzgebung

---

[1] Art. 120 Abs. 1 neu gef. mWv 5.8.1965 durch G v. 30.7.1965 (BGBl. I S. 649); Abs. 1 Satz 2 geänd. mWv 1.8.1969 durch G v. 28.7.1969 (BGBl. I S. 985).

[2] Siehe das Erste G zur Überleitung von Lasten und Deckungsmitteln auf den Bund v. 28.4.1955 (BGBl. I S. 193), zuletzt geänd. durch G v. 20.12.1991 (BGBl. I S. 2317).

[3] Art. 120a eingef. mWv 18.8.1952 durch G v. 14.8.1952 (BGBl. I S. 445).

zuständig ist, bleiben, wenn sie nach allgemeinen Rechtsgrundsätzen gültig sind und fortgelten, unter Vorbehalt aller Rechte und Einwendungen der Beteiligten in Kraft, bis neue Staatsverträge durch die nach diesem Grundgesetze zuständigen Stellen abgeschlossen werden oder ihre Beendigung auf Grund der in ihnen enthaltenen Bestimmungen anderweitig erfolgt.

**Art. 124 [Altes Recht auf dem Gebiet der ausschließlichen Gesetzgebung]** Recht, das Gegenstände der ausschließlichen Gesetzgebung des Bundes[1] betrifft, wird innerhalb seines Geltungsbereiches Bundesrecht.

**Art. 125 [Altes Recht auf dem Gebiet der konkurrierenden Gesetzgebung]** Recht, das Gegenstände der konkurrierenden Gesetzgebung des Bundes[2] betrifft, wird innerhalb seines Geltungsbereiches Bundesrecht,

1. soweit es innerhalb einer oder mehrerer Besatzungszonen einheitlich gilt,
2. soweit es sich um Recht handelt, durch das nach dem 8. Mai 1945 früheres Reichsrecht abgeändert worden ist.

**Art. 125a[3] [Fortgeltung von Bundesrecht; Ersetzung durch Landesrecht]** (1) [1]Recht, das als Bundesrecht erlassen worden ist, aber wegen der Änderung des Artikels 74 Abs. 1, der Einfügung des Artikels 84 Abs. 1 Satz 7, des Artikels 85 Abs. 1 Satz 2 oder des Artikels 105 Abs. 2a Satz 2 oder wegen der Aufhebung der Artikel 74a, 75 oder 98 Abs. 3 Satz 2 nicht mehr als Bundesrecht erlassen werden könnte, gilt als Bundesrecht fort. [2]Es kann durch Landesrecht ersetzt werden.

(2) [1]Recht, das auf Grund des Artikels 72 Abs. 2 in der bis zum 15. November 1994 geltenden Fassung erlassen worden ist, aber wegen Änderung des Artikels 72 Abs. 2 nicht mehr als Bundesrecht erlassen werden könnte, gilt als Bundesrecht fort. [2]Durch Bundesgesetz kann bestimmt werden, dass es durch Landesrecht ersetzt werden kann.

(3) [1]Recht, das als Landesrecht erlassen worden ist, aber wegen Änderung des Artikels 73 nicht mehr als Landesrecht erlassen werden könnte, gilt als Landesrecht fort. [2]Es kann durch Bundesrecht ersetzt werden.

**Art. 125b[4] [Fortgeltung von Bundesrecht; abweichende Regelungen durch die Länder]** (1) [1]Recht, das auf Grund des Artikels 75 in der bis zum 1. September 2006 geltenden Fassung erlassen worden ist und das auch nach diesem Zeitpunkt als Bundesrecht erlassen werden könnte, gilt als Bundesrecht fort. [2]Befugnisse und Verpflichtungen der Länder zur Gesetzgebung bleiben insoweit bestehen. [3]Auf den in Artikel 72 Abs. 3 Satz 1 genannten Gebieten können die Länder von diesem Recht abweichende Regelungen treffen, auf den Gebieten des Artikels 72 Abs. 3 Satz 1 Nr. 2, 5 und 6 jedoch erst, wenn und soweit der Bund ab dem 1. September 2006 von seiner Gesetzgebungszuständigkeit Gebrauch gemacht hat, in den Fällen der Nummern 2 und 5 spätestens ab dem 1. Januar 2010, im Falle der Nummer 6 spätestens ab dem 1. August 2008.

---

[1] Siehe Art. 73 und 105 Abs. 1.

[2] Siehe Art. 74 und 105 Abs. 2.

[3] Art. 125a eingef. mWv 15.11.1994 durch G v. 27.10.1994 (BGBl. I S. 3146); neu gef. mWv 1.9.2006 durch G v. 28.8.2006 (BGBl. I S. 2034).

[4] Art. 125b eingef. mWv 1.9.2006 durch G v. 28.8.2006 (BGBl. I S. 2034); Abs. 3 angef. mWv 21.11. 2019 durch G v. 15.11.2019 (BGBl. I S. 1546).

(2) Von bundesgesetzlichen Regelungen, die auf Grund des Artikels 84 Abs. 1 in der vor dem 1. September 2006 geltenden Fassung erlassen worden sind, können die Länder abweichende Regelungen treffen, von Regelungen des Verwaltungsverfahrens bis zum 31. Dezember 2008 aber nur dann, wenn ab dem 1. September 2006 in dem jeweiligen Bundesgesetz Regelungen des Verwaltungsverfahrens geändert worden sind.

(3) Auf dem Gebiet des Artikels 72 Absatz 3 Satz 1 Nummer 7 darf abweichendes Landesrecht der Erhebung der Grundsteuer frühestens für Zeiträume ab dem 1. Januar 2025 zugrunde gelegt werden.

**Art. 125c[1)] [Fortgeltung von Bundesrecht auf dem Gebiet der Gemeindeverkehrsfinanzierung und der sozialen Wohnraumförderung]**

(1) Recht, das auf Grund des Artikels 91a Abs. 2 in Verbindung mit Abs. 1 Nr. 1 in der bis zum 1. September 2006 geltenden Fassung erlassen worden ist, gilt bis zum 31. Dezember 2006 fort.

(2) [1] Die nach Artikel 104a Abs. 4 in der bis zum 1. September 2006 geltenden Fassung in den Bereichen der Gemeindeverkehrsfinanzierung und der sozialen Wohnraumförderung geschaffenen Regelungen gelten bis zum 31. Dezember 2006 fort. [2] Die im Bereich der Gemeindeverkehrsfinanzierung für die besonderen Programme nach § 6 Absatz 1 des Gemeindeverkehrsfinanzierungsgesetzes sowie die mit dem Gesetz über Finanzhilfen des Bundes nach Artikel 104a Absatz 4 des Grundgesetzes an die Länder Bremen, Hamburg, Mecklenburg-Vorpommern, Niedersachsen sowie Schleswig-Holstein für Seehäfen vom 20. Dezember 2001 nach Artikel 104a Absatz 4 in der bis zum 1. September 2006 geltenden Fassung geschaffenen Regelungen gelten bis zu ihrer Aufhebung fort. [3] Eine Änderung des Gemeindeverkehrsfinanzierungsgesetzes durch Bundesgesetz ist zulässig. [4] Die sonstigen nach Artikel 104a Absatz 4 in der bis zum 1. September 2006 geltenden Fassung geschaffenen Regelungen gelten bis zum 31. Dezember 2019 fort, soweit nicht ein früherer Zeitpunkt für das Außerkrafttreten bestimmt ist oder wird. [5] Artikel 104b Absatz 2 Satz 4 gilt entsprechend.

(3) Artikel 104b Absatz 2 Satz 5 ist erstmals auf nach dem 31. Dezember 2019 in Kraft getretene Regelungen anzuwenden.

**Art. 126[2)] [Streit über das Fortgelten des alten Rechts]** Meinungsverschiedenheiten über das Fortgelten von Recht als Bundesrecht entscheidet das Bundesverfassungsgericht.

**Art. 127 [Recht des Vereinigten Wirtschaftsgebietes]** Die Bundesregierung kann mit Zustimmung der Regierungen der beteiligten Länder Recht der Verwaltung des Vereinigten Wirtschaftsgebietes, soweit es nach Artikel 124 oder 125 als Bundesrecht fortgilt, innerhalb eines Jahres nach Verkündung dieses Grundgesetzes in den Ländern Baden, Groß-Berlin, Rheinland-Pfalz und Württemberg-Hohenzollern in Kraft setzen.

**Art. 128 [Fortbestehen von Weisungsrechten]** Soweit fortgeltendes Recht Weisungsrechte im Sinne des Artikels 84 Abs. 5 vorsieht, bleiben sie bis zu einer anderweitigen gesetzlichen Regelung bestehen.

---

[1)] Art. 125c eingef. mWv 1.9.2006 durch G v. 28.8.2006 (BGBl. I S. 2034); Abs. 2 Satz 2 neu gef., Sätze 3 und 4 angef. mWv 20.7.2017 durch G v. 13.7.2017 (BGBl. I S. 2347); Abs. 2 Satz 3 geänd., Satz 5 und Abs. 3 angef. mWv 4.4.2019 durch G v. 28.3.2019 (BGBl. I S. 404).

[2)] Siehe hierzu § 13 Nr. 14 und §§ 86 ff. BundesverfassungsgerichtsG **(Sartorius Nr. 40)**.

**Art. 129 [Fortgeltung von Ermächtigungen zu Rechtsverordnungen]**

(1) [1] Soweit in Rechtsvorschriften, die als Bundesrecht fortgelten, eine Ermächtigung zum Erlasse von Rechtsverordnungen oder allgemeinen Verwaltungsvorschriften sowie zur Vornahme von Verwaltungsakten enthalten ist, geht sie auf die nunmehr sachlich zuständigen Stellen über. [2] In Zweifelsfällen entscheidet die Bundesregierung im Einvernehmen mit dem Bundesrate; die Entscheidung ist zu veröffentlichen.

(2) Soweit in Rechtsvorschriften, die als Landesrecht fortgelten, eine solche Ermächtigung enthalten ist, wird sie von den nach Landesrecht zuständigen Stellen ausgeübt.

(3) Soweit Rechtsvorschriften im Sinne der Absätze 1 und 2 zu ihrer Änderung oder Ergänzung oder zum Erlaß von Rechtsvorschriften anstelle von Gesetzen ermächtigen, sind diese Ermächtigungen erloschen.

(4) Die Vorschriften der Absätze 1 und 2 gelten entsprechend, soweit in Rechtsvorschriften auf nicht mehr geltende Vorschriften oder nicht mehr bestehende Einrichtungen verwiesen ist.

**Art. 130 [Überleitung von Verwaltungs- und Rechtspflegeeinrichtungen]** (1) [1] Verwaltungsorgane und sonstige der öffentlichen Verwaltung oder Rechtspflege dienende Einrichtungen, die nicht auf Landesrecht oder Staatsverträgen zwischen Ländern beruhen, sowie die Betriebsvereinigung der südwestdeutschen Eisenbahnen und der Verwaltungsrat für das Post- und Fernmeldewesen für das französische Besatzungsgebiet unterstehen der Bundesregierung. [2] Diese regelt mit Zustimmung des Bundesrates die Überführung, Auflösung oder Abwicklung.

(2) Oberster Disziplinarvorgesetzter der Angehörigen dieser Verwaltungen und Einrichtungen ist der zuständige Bundesminister.

(3) Nicht landesunmittelbare und nicht auf Staatsverträgen zwischen den Ländern beruhende Körperschaften und Anstalten des öffentlichen Rechtes unterstehen der Aufsicht der zuständigen obersten Bundesbehörde.

**Art. 131[1)] [Frühere Angehörige des Öffentlichen Dienstes]** [1] Die Rechtsverhältnisse von Personen einschließlich der Flüchtlinge und Vertriebenen, die am 8. Mai 1945 im öffentlichen Dienste standen, aus anderen als beamten- oder tarifrechtlichen Gründen ausgeschieden sind und bisher nicht oder nicht ihrer früheren Stellung entsprechend verwendet werden, sind durch Bundesgesetz zu regeln. [2] Entsprechendes gilt für Personen einschließlich der Flüchtlinge und Vertriebenen, die am 8. Mai 1945 versorgungsberechtigt waren und aus anderen als beamten- oder tarifrechtlichen Gründen keine oder keine entsprechende Versorgung mehr erhalten. [3] Bis zum Inkrafttreten des Bundesgesetzes können vorbehaltlich anderweitiger landesrechtlicher Regelung Rechtsansprüche nicht geltend gemacht werden.

**Art. 132[2)] [Ausschluss aus dem Öffentlichen Dienst]** (1) [1] Beamte und Richter, die im Zeitpunkte des Inkrafttretens dieses Grundgesetzes auf Lebenszeit angestellt sind, können binnen sechs Monaten nach dem ersten Zusammentritt des Bundestages in den Ruhestand oder Wartestand oder in ein Amt mit niedrigerem

---

1) Für das Gebiet der ehem. DDR ist Art. 131 nach Art. 6 EVertr. v. 31.8.1990 (BGBl. II S. 885, 889) vorerst nicht in Kraft gesetzt worden.

2) Gegenstandslos durch Zeitablauf.

Diensteinkommen versetzt werden, wenn ihnen die persönliche oder fachliche Eignung für ihr Amt fehlt. [2] Auf Angestellte, die in einem unkündbaren Dienstverhältnis stehen, findet diese Vorschrift entsprechende Anwendung. [3] Bei Angestellten, deren Dienstverhältnis kündbar ist, können über die tarifmäßige Regelung hinausgehende Kündigungsfristen innerhalb der gleichen Frist aufgehoben werden.

(2) Diese Bestimmung findet keine Anwendung auf Angehörige des öffentlichen Dienstes, die von den Vorschriften über die „Befreiung von Nationalsozialismus und Militarismus" nicht betroffen oder die anerkannte Verfolgte des Nationalsozialismus sind, sofern nicht ein wichtiger Grund in ihrer Person vorliegt.

(3) Den Betroffenen steht der Rechtsweg gemäß Artikel 19 Abs. 4 offen.

(4) Das Nähere bestimmt eine Verordnung der Bundesregierung, die der Zustimmung des Bundesrates bedarf.

**Art. 133 [Rechtsnachfolge, Vereinigtes Wirtschaftsgebiet]** Der Bund tritt in die Rechte und Pflichten der Verwaltung des Vereinigten Wirtschaftsgebietes ein.

**Art. 134 [Rechtsnachfolge in das Reichsvermögen]** (1) Das Vermögen des Reiches wird grundsätzlich Bundesvermögen.

(2) [1] Soweit es nach seiner ursprünglichen Zweckbestimmung überwiegend für Verwaltungsaufgaben bestimmt war, die nach diesem Grundgesetze nicht Verwaltungsaufgaben des Bundes sind, ist es unentgeltlich auf die nunmehr zuständigen Aufgabenträger und, soweit es nach seiner gegenwärtigen, nicht nur vorübergehenden Benutzung Verwaltungsaufgaben dient, die nach diesem Grundgesetze nunmehr von den Ländern zu erfüllen sind, auf die Länder zu übertragen. [2] Der Bund kann auch sonstiges Vermögen den Ländern übertragen.

(3) Vermögen, das dem Reich von den Ländern und Gemeinden (Gemeindeverbänden) unentgeltlich zur Verfügung gestellt wurde, wird wiederum Vermögen der Länder und Gemeinden (Gemeindeverbände), soweit es nicht der Bund für eigene Verwaltungsaufgaben benötigt.

(4) Das Nähere regelt ein Bundesgesetz[1)], das der Zustimmung des Bundesrates bedarf.

**Art. 135 [Vermögen bei Änderung des Gebietsstandes]** (1) Hat sich nach dem 8. Mai 1945 bis zum Inkrafttreten dieses Grundgesetzes[2)] die Landeszugehörigkeit eines Gebietes geändert, so steht in diesem Gebiete das Vermögen des Landes, dem das Gebiet angehört hat, dem Lande zu, dem es jetzt angehört.

(2) Das Vermögen nicht mehr bestehender Länder und nicht mehr bestehender anderer Körperschaften und Anstalten des öffentlichen Rechtes geht, soweit es nach seiner ursprünglichen Zweckbestimmung überwiegend für Verwaltungsaufgaben bestimmt war, oder nach seiner gegenwärtigen, nicht nur vorübergehenden Benutzung überwiegend Verwaltungsaufgaben dient, auf das Land oder die Körperschaft oder Anstalt des öffentlichen Rechtes über, die nunmehr diese Aufgaben erfüllen.

---

[1)] Siehe ua das G zur Regelung der Rechtsverhältnisse des Reichsvermögens und der preußischen Beteiligungen v. 16.5.1961 (BGBl. I S. 597) und das G über die vermögensrechtlichen Verhältnisse der Deutschen Bundesbahn v. 2.3.1951 (BGBl. I S. 155).

[2)] Siehe Art. 145.

(3) Grundvermögen nicht mehr bestehender Länder geht einschließlich des Zubehörs, soweit es nicht bereits zu Vermögen im Sinne des Absatzes 1 gehört, auf das Land über, in dessen Gebiet es belegen ist.

(4) Sofern ein überwiegendes Interesse des Bundes oder das besondere Interesse eines Gebietes es erfordert, kann durch Bundesgesetz eine von den Absätzen 1 bis 3 abweichende Regelung getroffen werden.

(5) Im übrigen wird die Rechtsnachfolge und die Auseinandersetzung, soweit sie nicht bis zum 1. Januar 1952 durch Vereinbarung zwischen den beteiligten Ländern oder Körperschaften oder Anstalten des öffentlichen Rechtes erfolgt, durch Bundesgesetz geregelt, das der Zustimmung des Bundesrates bedarf.

(6) [1] Beteiligungen des ehemaligen Landes Preußen an Unternehmen des privaten Rechtes gehen auf den Bund über. [2] Das Nähere regelt ein Bundesgesetz, das auch Abweichendes bestimmen kann.

(7) Soweit über Vermögen, das einem Lande oder einer Körperschaft oder Anstalt des öffentlichen Rechtes nach den Absätzen 1 bis 3 zufallen würde, von dem danach Berechtigten durch ein Landesgesetz, auf Grund eines Landesgesetzes oder in anderer Weise bei Inkrafttreten des Grundgesetzes verfügt worden war, gilt der Vermögensübergang als vor der Verfügung erfolgt.

## Art. 135a[1) 2)] [Verbindlichkeiten des Reichs und anderer Körperschaften]

(1) Durch die in Artikel 134 Abs. 4 und Artikel 135 Abs. 5 vorbehaltene Gesetzgebung des Bundes kann auch bestimmt werden, daß nicht oder nicht in voller Höhe zu erfüllen sind

1. Verbindlichkeiten des Reiches sowie Verbindlichkeiten des ehemaligen Landes Preußen und sonstiger nicht mehr bestehender Körperschaften und Anstalten des öffentlichen Rechts,
2. Verbindlichkeiten des Bundes oder anderer Körperschaften und Anstalten des öffentlichen Rechts, welche mit dem Übergang von Vermögenswerten nach Artikel 89, 90, 134 und 135 im Zusammenhang stehen, und Verbindlichkeiten dieser Rechtsträger, die auf Maßnahmen der in Nummer 1 bezeichneten Rechtsträger beruhen,
3. Verbindlichkeiten der Länder und Gemeinden (Gemeindeverbände), die aus Maßnahmen entstanden sind, welche diese Rechtsträger vor dem 1. August 1945 zur Durchführung von Anordnungen der Besatzungsmächte oder zur Beseitigung eines kriegsbedingten Notstandes im Rahmen dem Reich obliegender oder vom Reich übertragener Verwaltungsaufgaben getroffen haben.

(2) Absatz 1 findet entsprechende Anwendung auf Verbindlichkeiten der Deutschen Demokratischen Republik oder ihrer Rechtsträger sowie auf Verbindlichkeiten des Bundes oder anderer Körperschaften und Anstalten des öffentlichen Rechts, die mit dem Übergang von Vermögenswerten der Deutschen Demokratischen Republik auf Bund, Länder und Gemeinden im Zusammenhang stehen, und auf Verbindlichkeiten, die auf Maßnahmen der Deutschen Demokratischen Republik oder ihrer Rechtsträger beruhen.

---

1) Art. 135a eingef. mWv 27.10.1957 durch G v. 22.10.1957 (BGBl. I S. 1745); Abs. 2 angef. mWv 29.9.1990 durch V v. 31.8.1990 (BGBl. II S. 885, 889).

2) Siehe hierzu ua das Allgemeine KriegsfolgenG v. 5.11.1957 (BGBl. I S. 1747), zuletzt geänd. durch VO v. 19.6.2020 (BGBl. I S. 1328), das G zur Regelung der Verbindlichkeiten nationalsozialistischer Einrichtungen und der Rechtsverhältnisse an deren Vermögen v. 17.3.1965 (BGBl. I S. 79), zuletzt geänd. durch G v. 12.8.2005 (BGBl. I S. 2354) und das Rechtsträger-AbwicklungsG v. 6.9.1965 (BGBl. I S. 1065), zuletzt geänd. durch VO v. 19.6.2020 (BGBl. I S. 1328).

**Art. 136**[1)] **[Erster Zusammentritt des Bundesrates]** (1) Der Bundesrat tritt erstmalig am Tage des ersten Zusammentrittes des Bundestages zusammen.

(2) [1]Bis zur Wahl des ersten Bundespräsidenten werden dessen Befugnisse von dem Präsidenten des Bundesrates ausgeübt. [2]Das Recht der Auflösung des Bundestages steht ihm nicht zu.

**Art. 137**[2)] **[Beschränkung der Wählbarkeit von Angehörigen des Öffentlichen Dienstes]** (1)[3)] Die Wählbarkeit von Beamten, Angestellten des öffentlichen Dienstes, Berufssoldaten, freiwilligen Soldaten auf Zeit und Richtern im Bund, in den Ländern und den Gemeinden kann gesetzlich beschränkt werden.

(2)[1)] Für die Wahl des ersten Bundestages, der ersten Bundesversammlung und des ersten Bundespräsidenten der Bundesrepublik gilt das vom Parlamentarischen Rat zu beschließende Wahlgesetz.

(3)[1)] Die dem Bundesverfassungsgerichte gemäß Artikel 41 Abs. 2 zustehende Befugnis wird bis zu seiner Errichtung von dem Deutschen Obergericht für das Vereinigte Wirtschaftsgebiet wahrgenommen, das nach Maßgabe seiner Verfahrensordnung entscheidet.

**Art. 138 [Süddeutsches Notariat]** Änderungen der Einrichtungen des jetzt bestehenden Notariats in den Ländern *Baden*[4)], Bayern, *Württemberg-Baden und Württemberg-Hohenzollern*[4)] bedürfen der Zustimmung der Regierungen dieser Länder.

**Art. 139 [Entnazifizierungsvorschriften]** Die zur „Befreiung des deutschen Volkes vom Nationalsozialismus[5)] und Militarismus" erlassenen Rechtsvorschriften werden von den Bestimmungen dieses Grundgesetzes nicht berührt.

**Art. 140 [Übernahme von Glaubensbestimmungen der Weimarer Reichsverfassung]** Die Bestimmungen der Artikel 136, 137, 138, 139 und 141 der deutschen Verfassung vom 11. August 1919[6)] sind Bestandteil dieses Grundgesetzes.

**Art. 141 [Religionsunterricht]** Artikel 7 Abs. 3 Satz 1 findet keine Anwendung in einem Lande, in dem am 1. Januar 1949 eine andere landesrechtliche Regelung bestand.

**Art. 142 [Grundrechte in Landesverfassungen]** Ungeachtet der Vorschrift des Artikels 31 bleiben Bestimmungen der Landesverfassungen auch insoweit in Kraft, als sie in Übereinstimmung mit den Artikeln 1 bis 18 dieses Grundgesetzes Grundrechte gewährleisten.

**Art. 142a**[7)] *(aufgehoben)*

---

[1)] Gegenstandslos durch Vollzug.

[2)] Art. 137 Abs. 1 neu gef. mWv 22.3.1956 durch G v. 19.3.1956 (BGBl. I S. 111).

[3)] Siehe hierzu auch das AbgeordnetenG **(Sartorius Nr. 48)**.

[4)] Nach Vereinigung der drei Länder durch das 2. NeugliederungsG v. 4.5.1951 (BGBl. I S. 284) seit dem 25.4.1952 „Baden-Württemberg".

[5)] Korrekter Wortlaut gem. BGBl. 1949 S. 18 sowie BGBl. III Folge 6 (Stand 1.8.1959) und Folge 113 (Stand 31.12.1963); im BGBl. III Folge 132 (Stand 1.10.1969) fälschlich „Nationalismus".

[6)] Wiedergegeben im Anschluss an Art. 146.

[7)] Art. 142a eingef. mWv 28.3.1954 durch G v. 26.3.1954 (BGBl. I S. 45); aufgeh. mWv 28.6.1968 durch G v. 24.6.1968 (BGBl. I S. 709).

**Art. 143**[1] **[Sondervorschriften für neue Bundesländer und Ost-Berlin]**

(1)[2] [1]Recht in dem in Artikel 3 des Einigungsvertrags[3] genannten Gebiet kann längstens bis zum 31. Dezember 1992 von Bestimmungen dieses Grundgesetzes abweichen, soweit und solange infolge der unterschiedlichen Verhältnisse die völlige Anpassung an die grundgesetzliche Ordnung noch nicht erreicht werden kann. [2]Abweichungen dürfen nicht gegen Artikel 19 Abs. 2 verstoßen und müssen mit den in Artikel 79 Abs. 3 genannten Grundsätzen vereinbar sein.

(2)[2] Abweichungen von den Abschnitten II, VIII, VIIIa, IX, X und XI sind längstens bis zum 31. Dezember 1995 zulässig.

(3) Unabhängig von Absatz 1 und 2 haben Artikel 41 des Einigungsvertrags und Regelungen zu seiner Durchführung auch insoweit Bestand, als sie vorsehen, daß Eingriffe in das Eigentum auf dem in Artikel 3 dieses Vertrags genannten Gebiet nicht mehr rückgängig gemacht werden.

**Art. 143a**[4] **[Übergangsvorschriften für Bundeseisenbahnen]** (1) [1]Der Bund hat die ausschließliche Gesetzgebung über alle Angelegenheiten, die sich aus der Umwandlung der in bundeseigener Verwaltung geführten Bundeseisenbahnen in Wirtschaftsunternehmen ergeben.[5] [2]Artikel 87e Abs. 5 findet entsprechende Anwendung. [3]Beamte der Bundeseisenbahnen können durch Gesetz unter Wahrung ihrer Rechtsstellung und der Verantwortung des Dienstherrn einer privatrechtlich organisierten Eisenbahn des Bundes zur Dienstleistung zugewiesen werden.

(2) Gesetze nach Absatz 1 führt der Bund aus.

(3)[6] [1]Die Erfüllung der Aufgaben im Bereich des Schienenpersonennahverkehrs der bisherigen Bundeseisenbahnen ist bis zum 31. Dezember 1995 Sache des Bundes. [2]Dies gilt auch für die entsprechenden Aufgaben der Eisenbahnverkehrsverwaltung. [3]Das Nähere wird durch Bundesgesetz geregelt, das der Zustimmung des Bundesrates bedarf.

**Art. 143b**[7] **[Umwandlung der Deutschen Bundespost]** (1) [1]Das Sondervermögen Deutsche Bundespost wird nach Maßgabe eines Bundesgesetzes in Unternehmen privater Rechtsform umgewandelt. [2]Der Bund hat die ausschließliche Gesetzgebung über alle sich hieraus ergebenden Angelegenheiten.

(2) [1]Die vor der Umwandlung bestehenden ausschließlichen Rechte des Bundes können durch Bundesgesetz für eine Übergangszeit den aus der Deutschen Bundespost POSTDIENST und der Deutschen Bundespost TELEKOM hervorgegangenen Unternehmen verliehen werden. [2]Die Kapitalmehrheit am Nachfolgeunternehmen der Deutschen Bundespost POSTDIENST darf der Bund frühestens fünf Jahre nach Inkrafttreten des Gesetzes aufgeben. [3]Dazu bedarf es eines Bundesgesetzes mit Zustimmung des Bundesrates.

(3) [1]Die bei der Deutschen Bundespost tätigen Bundesbeamten werden unter Wahrung ihrer Rechtsstellung und der Verantwortung des Dienstherrn bei den

---

[1] Art. 143 aufgeh. mWv 28.6.1968 durch G v. 24.6.1968 (BGBl. I S. 709); neu eingef. mWv 29.9.1990 durch EVertr. v. 31.8.1990 (BGBl. II S. 885, 889).

[2] Art. 143 Abs. 1 und 2 haben gem. Unterzeichnungsprotokoll zum EVertr. „[…] nur zeitliche Bedeutung; sie sind deshalb keine Vorgabe für die künftige Gesetzgebung."

[3] **Habersack II Nr. 2.**

[4] Art. 143a eingef. mWv 23.12.1993 durch G v. 20.12.1993 (BGBl. I S. 2089).

[5] Siehe das EisenbahnneuordnungsG **(Loseblatt-Textsammlung Arbeitsrecht Nr. 635c)**.

[6] Gegenstandslos durch Zeitablauf.

[7] Art. 143b eingef. mWv 3.9.1994 durch G v. 30.8.1994 (BGBl. I S. 2245).

privaten Unternehmen beschäftigt. [2] Die Unternehmen üben Dienstherrenbefugnisse aus. [3] Das Nähere bestimmt ein Bundesgesetz.

**Art. 143c**[1) 2)] **[Übergangsvorschriften wegen Wegfalls der Finanzhilfen durch den Bund]** (1) [1] Den Ländern stehen ab dem 1. Januar 2007 bis zum 31. Dezember 2019 für den durch die Abschaffung der Gemeinschaftsaufgaben Ausbau und Neubau von Hochschulen einschließlich Hochschulkliniken und Bildungsplanung sowie für den durch die Abschaffung der Finanzhilfen zur Verbesserung der Verkehrsverhältnisse der Gemeinden und zur sozialen Wohnraumförderung bedingten Wegfall der Finanzierungsanteile des Bundes jährlich Beträge aus dem Haushalt des Bundes zu. [2] Bis zum 31. Dezember 2013 werden diese Beträge aus dem Durchschnitt der Finanzierungsanteile des Bundes im Referenzzeitraum 2000 bis 2008 ermittelt.

(2) Die Beträge nach Absatz 1 werden auf die Länder bis zum 31. Dezember 2013 wie folgt verteilt:

1. als jährliche Festbeträge, deren Höhe sich nach dem Durchschnittsanteil eines jeden Landes im Zeitraum 2000 bis 2003 errechnet;
2. jeweils zweckgebunden an den Aufgabenbereich der bisherigen Mischfinanzierungen.

(3) [1] Bund und Länder überprüfen bis Ende 2013, in welcher Höhe die den Ländern nach Absatz 1 zugewiesenen Finanzierungsmittel zur Aufgabenerfüllung der Länder noch angemessen und erforderlich sind. [2] Ab dem 1. Januar 2014 entfällt die nach Absatz 2 Nr. 2 vorgesehene Zweckbindung der nach Absatz 1 zugewiesenen Finanzierungsmittel; die investive Zweckbindung des Mittelvolumens bleibt bestehen. [3] Die Vereinbarungen aus dem Solidarpakt II bleiben unberührt.

(4) Das Nähere regelt ein Bundesgesetz, das der Zustimmung des Bundesrates bedarf.

**Art. 143d**[3)] **[Übergangsvorschriften zu Konsolidierungs- und Sanierungshilfen]** (1)[2)] [1] Artikel 109 und 115 in der bis zum 31. Juli 2009 geltenden Fassung sind letztmals auf das Haushaltsjahr 2010 anzuwenden. [2] Artikel 109 und 115 in der ab dem 1. August 2009 geltenden Fassung sind erstmals für das Haushaltsjahr 2011 anzuwenden; am 31. Dezember 2010 bestehende Kreditermächtigungen für bereits eingerichtete Sondervermögen bleiben unberührt. [3] Die Länder dürfen im Zeitraum vom 1. Januar 2011 bis zum 31. Dezember 2019 nach Maßgabe der geltenden landesrechtlichen Regelungen von den Vorgaben des Artikels 109 Absatz 3 abweichen. [4] Die Haushalte der Länder sind so aufzustellen, dass im Haushaltsjahr 2020 die Vorgabe aus Artikel 109 Absatz 3 Satz 5 erfüllt wird. [5] Der Bund kann im Zeitraum vom 1. Januar 2011 bis zum 31. Dezember 2015 von der Vorgabe des Artikels 115 Absatz 2 Satz 2 abweichen. [6] Mit dem Abbau des bestehenden Defizits soll im Haushaltsjahr 2011 begonnen werden. [7] Die jährlichen Haushalte sind so aufzustellen, dass im Haushaltsjahr 2016 die Vorgabe aus Artikel 115 Absatz 2 Satz 2 erfüllt wird; das Nähere regelt ein Bundesgesetz.

---

1) Art. 143c eingef. mWv 1.9.2006 durch G v. 28.8.2006 (BGBl. I S. 2034).

2) Gegenstandslos durch Zeitablauf.

3) Art. 143d eingef. mWv 1.8.2009 durch G v. 29.7.2009 (BGBl. I S. 2248); Abs. 4 angef. mWv 20.7. 2017 durch G v. 13.7.2017 (BGBl. I S. 2347).

(2)[1] [1]Als Hilfe zur Einhaltung der Vorgaben des Artikels 109 Absatz 3 ab dem 1. Januar 2020 können den Ländern Berlin, Bremen, Saarland, Sachsen-Anhalt und Schleswig-Holstein für den Zeitraum 2011 bis 2019 Konsolidierungshilfen aus dem Haushalt des Bundes in Höhe von insgesamt 800 Millionen Euro jährlich gewährt werden. [2]Davon entfallen auf Bremen 300 Millionen Euro, auf das Saarland 260 Millionen Euro und auf Berlin, Sachsen-Anhalt und Schleswig-Holstein jeweils 80 Millionen Euro. [3]Die Hilfen werden auf der Grundlage einer Verwaltungsvereinbarung nach Maßgabe eines Bundesgesetzes mit Zustimmung des Bundesrates geleistet. [4]Die Gewährung der Hilfen setzt einen vollständigen Abbau der Finanzierungsdefizite bis zum Jahresende 2020 voraus. [5]Das Nähere, insbesondere die jährlichen Abbauschritte der Finanzierungsdefizite, die Überwachung des Abbaus der Finanzierungsdefizite durch den Stabilitätsrat sowie die Konsequenzen im Falle der Nichteinhaltung der Abbauschritte, wird durch Bundesgesetz mit Zustimmung des Bundesrates und durch Verwaltungsvereinbarung geregelt. [6]Die gleichzeitige Gewährung der Konsolidierungshilfen und Sanierungshilfen auf Grund einer extremen Haushaltsnotlage ist ausgeschlossen.

(3)[1] [1]Die sich aus der Gewährung der Konsolidierungshilfen ergebende Finanzierungslast wird hälftig von Bund und Ländern, von letzteren aus ihrem Umsatzsteueranteil, getragen. [2]Das Nähere wird durch Bundesgesetz mit Zustimmung des Bundesrates geregelt.

(4) [1]Als Hilfe zur künftig eigenständigen Einhaltung der Vorgaben des Artikels 109 Absatz 3 können den Ländern Bremen und Saarland ab dem 1. Januar 2020 Sanierungshilfen in Höhe von jährlich insgesamt 800 Millionen Euro aus dem Haushalt des Bundes gewährt werden. [2]Die Länder ergreifen hierzu Maßnahmen zum Abbau der übermäßigen Verschuldung sowie zur Stärkung der Wirtschafts- und Finanzkraft. [3]Das Nähere regelt ein Bundesgesetz, das der Zustimmung des Bundesrates bedarf. [4]Die gleichzeitige Gewährung der Sanierungshilfen und Sanierungshilfen auf Grund einer extremen Haushaltsnotlage ist ausgeschlossen.

**Art. 143e[2] [Übergangsvorschrift wegen Umwandlung der Auftragsverwaltung für die Bundesautobahnen und Bundesstraßen in Bundesverwaltung]** (1)[1] [1]Die Bundesautobahnen werden abweichend von Artikel 90 Absatz 2 längstens bis zum 31. Dezember 2020 in Auftragsverwaltung durch die Länder oder die nach Landesrecht zuständigen Selbstverwaltungskörperschaften geführt. [2]Der Bund regelt die Umwandlung der Auftragsverwaltung in Bundesverwaltung nach Artikel 90 Absatz 2 und 4 durch Bundesgesetz mit Zustimmung des Bundesrates.

(2)[1] Auf Antrag eines Landes, der bis zum 31. Dezember 2018 zu stellen ist, übernimmt der Bund abweichend von Artikel 90 Absatz 4 die sonstigen Bundesstraßen des Fernverkehrs, soweit sie im Gebiet dieses Landes liegen, mit Wirkung zum 1. Januar 2021 in Bundesverwaltung.

(3) Durch Bundesgesetz mit Zustimmung des Bundesrates kann geregelt werden, dass ein Land auf Antrag die Aufgabe der Planfeststellung und Plangenehmigung für den Bau und für die Änderung von Bundesautobahnen und von sonstigen Bundesstraßen des Fernverkehrs, die der Bund nach Artikel 90 Absatz 4 oder Artikel 143e Absatz 2 in Bundesverwaltung übernommen hat, im Auftrage des

---

[1] Gegenstandslos durch Zeitablauf.

[2] Art. 143e eingef. mWv 20.7.2017 durch G v. 13.7.2017 (BGBl. I S. 2347); Abs. 3 angef. mWv 4.4.2019 durch G v. 28.3.2019 (BGBl. I S. 404).

Bundes übernimmt und unter welchen Voraussetzungen eine Rückübertragung erfolgen kann.

**Art. 143f**[1] **[Bedingtes Außerkrafttreten des Art. 143d GG, des FAG und sonstiger aufgrund von Art. 107 Abs. 2 GG erlassener Gesetze]** [1] Artikel 143d, das Gesetz über den Finanzausgleich zwischen Bund und Ländern sowie sonstige auf der Grundlage von Artikel 107 Absatz 2 in seiner ab dem 1. Januar 2020 geltenden Fassung erlassene Gesetze treten außer Kraft, wenn nach dem 31. Dezember 2030 die Bundesregierung, der Bundestag oder gemeinsam mindestens drei Länder Verhandlungen über eine Neuordnung der bundesstaatlichen Finanzbeziehungen verlangt haben und mit Ablauf von fünf Jahren nach Notifikation des Verhandlungsverlangens der Bundesregierung, des Bundestages oder der Länder beim Bundespräsidenten keine gesetzliche Neuordnung der bundesstaatlichen Finanzbeziehungen in Kraft getreten ist. [2] Der Tag des Außerkrafttretens ist im Bundesgesetzblatt bekannt zu geben.

**Art. 143g**[2] [3] **[Anwendung des Art. 107 GG]** Für die Regelung der Steuerertragsverteilung, des Länderfinanzausgleichs und der Bundesergänzungszuweisungen bis zum 31. Dezember 2019 ist Artikel 107 in seiner bis zum Inkrafttreten des Gesetzes zur Änderung des Grundgesetzes vom 13. Juli 2017 geltenden Fassung weiter anzuwenden.

**Art. 143h**[4] *(außer Kraft)*

**Art. 144**[5] **[Annahme des Grundgesetzes; Beschränkungen in der Anwendung des Grundgesetzes]** (1) Dieses Grundgesetz bedarf der Annahme durch die Volksvertretungen in zwei Dritteln der deutschen Länder, in denen es zunächst gelten soll.

(2) Soweit die Anwendung dieses Grundgesetzes in einem der in Artikel 23[6] aufgeführten Länder oder in einem Teile eines dieser Länder Beschränkungen unterliegt, hat das Land oder der Teil des Landes das Recht, gemäß Artikel 38 Vertreter in den Bundestag und gemäß Artikel 50 Vertreter in den Bundesrat zu entsenden.

**Art. 145 [Inkrafttreten des Grundgesetzes]** (1) Der Parlamentarische Rat stellt in öffentlicher Sitzung unter Mitwirkung der Abgeordneten Groß-Berlins die Annahme dieses Grundgesetzes fest, fertigt es aus und verkündet es.

(2) Dieses Grundgesetz tritt mit Ablauf des Tages der Verkündung[7] in Kraft.

(3) Es ist im Bundesgesetzblatte zu veröffentlichen.

**Art. 146**[8] **[Geltungsdauer des Grundgesetzes]** Dieses Grundgesetz, das nach Vollendung der Einheit und Freiheit Deutschlands für das gesamte deutsche Volk gilt, verliert seine Gültigkeit an dem Tage, an dem eine Verfassung in Kraft tritt, die von dem deutschen Volke in freier Entscheidung beschlossen worden ist.

---

[1] Art. 143f eingef. mWv 20.7.2017 durch G v. 13.7.2017 (BGBl. I S. 2347).
[2] Gegenstandslos durch Zeitablauf.
[3] Art. 143g eingef. mWv 20.7.2017 durch G v. 13.7.2017 (BGBl. I S. 2347).
[4] Art. 143h eingef. mWv 8.10.2020–31.12.2020 durch G v. 29.9.2020 (BGBl. I S. 2048).
[5] Gegenstandslos durch Vollzug.
[6] Bezieht sich auf Art. 23 in der durch Art. 4 Nr. 2 EVertr. v. 31.8.1990 (BGBl. II S. 885, 889) aufgehobenen Fassung.
[7] Verkündet am 23.5.1949.
[8] Art. 146 neu gef. mWv 29.9.1990 durch EVertr. v. 31.8.1990 (BGBl. II S. 885, 889).

## [Nichtamtlicher Anhang: Gemäß Art. 140 GG weitergeltende Artikel der Weimarer Reichsverfassung]

### Art. 136 WRV [Religionsunabhängigkeit von Rechten und Pflichten]

(1) Die bürgerlichen und staatsbürgerlichen Rechte und Pflichten werden durch die Ausübung der Religionsfreiheit weder bedingt noch beschränkt.

(2) Der Genuß bürgerlicher und staatsbürgerlicher Rechte sowie die Zulassung zu öffentlichen Ämtern sind unabhängig von dem religiösen Bekenntnis.

(3) [1] Niemand ist verpflichtet, seine religiöse Überzeugung zu offenbaren. [2] Die Behörden haben nur soweit das Recht, nach der Zugehörigkeit zu einer Religionsgesellschaft zu fragen, als davon Rechte und Pflichten abhängen oder eine gesetzlich angeordnete statistische Erhebung dies erfordert.

(4) Niemand darf zu einer kirchlichen Handlung oder Feierlichkeit oder zur Teilnahme an religiösen Übungen oder zur Benutzung einer religiösen Eidesform gezwungen werden.

**Art. 137 WRV [Religionsgesellschaften]** (1) Es besteht keine Staatskirche.

(2) [1] Die Freiheit der Vereinigung zu Religionsgesellschaften wird gewährleistet. [2] Der Zusammenschluß von Religionsgesellschaften innerhalb des Reichsgebiets unterliegt keinen Beschränkungen.

(3) [1] Jede Religionsgesellschaft ordnet und verwaltet ihre Angelegenheiten selbständig innerhalb der Schranken des für alle geltenden Gesetzes. [2] Sie verleiht ihre Ämter ohne Mitwirkung des Staates oder der bürgerlichen Gemeinde.

(4) Religionsgesellschaften erwerben die Rechtsfähigkeit nach den allgemeinen Vorschriften des bürgerlichen Rechtes.

(5) [1] Die Religionsgesellschaften bleiben Körperschaften des öffentlichen Rechtes, soweit sie solche bisher waren. [2] Anderen Religionsgesellschaften sind auf ihren Antrag gleiche Rechte zu gewähren, wenn sie durch ihre Verfassung und die Zahl ihrer Mitglieder die Gewähr der Dauer bieten. [3] Schließen sich mehrere derartige öffentlich-rechtliche Religionsgesellschaften zu einem Verbande zusammen, so ist auch dieser Verband eine öffentlich-rechtliche Körperschaft.

(6) Die Religionsgesellschaften, welche Körperschaften des öffentlichen Rechtes sind, sind berechtigt, auf Grund der bürgerlichen Steuerlisten nach Maßgabe der landesrechtlichen Bestimmungen Steuern zu erheben.

(7) Den Religionsgesellschaften werden die Vereinigungen gleichgestellt, die sich die gemeinschaftliche Pflege einer Weltanschauung zur Aufgabe machen.

(8) Soweit die Durchführung dieser Bestimmungen eine weitere Regelung erfordert, liegt diese der Landesgesetzgebung ob.

**Art. 138 WRV [Staatsleistungen; Kirchengut]** (1) [1] Die auf Gesetz, Vertrag oder besonderen Rechtstiteln beruhenden Staatsleistungen an die Religionsgesellschaften werden durch die Landesgesetzgebung abgelöst. [2] Die Grundsätze hierfür stellt das Reich auf.

(2) Das Eigentum und andere Rechte der Religionsgesellschaften und religiösen Vereine an ihren für Kultus-, Unterrichts- und Wohltätigkeitszwecke bestimmten Anstalten, Stiftungen und sonstigen Vermögen werden gewährleistet.

**Art. 139 WRV [Sonn- und Feiertagsruhe]** Der Sonntag und die staatlich anerkannten Feiertage bleiben als Tage der Arbeitsruhe und der seelischen Erhebung gesetzlich geschützt.

**Art. 141 WRV [Religiöse Handlungen in öffentlichen Anstalten]** Soweit das Bedürfnis nach Gottesdienst und Seelsorge im Heer, in Krankenhäusern, Strafanstalten oder sonstigen öffentlichen Anstalten besteht, sind die Religionsgesellschaften zur Vornahme religiöser Handlungen zuzulassen, wobei jeder Zwang fernzuhalten ist.

# 20. Bürgerliches Gesetzbuch (BGB)[1) 2)]

In der Fassung der Bekanntmachung vom 2. Januar 2002[3)]
(BGBl. I S. 42, ber. S. 2909 und 2003 I S. 738)

**FNA 400-2**

| Lfd. Nr. | Änderndes Gesetz | Datum | Fundstelle | Betroffen | Hinweis |
|---|---|---|---|---|---|
| 1.-54. | Änderungsgesetze bis einschl. G v. 28.9.2009 (BGBl. I S. 3161) nur noch in den Anm. nachgewiesen | | | | |
| 55. | Art. 1 G zur Einf. einer Musterwiderrufsinform. für Verbraucherdarlehensvertr., zur Änd. der Vorschr. über d. WiderrufsR bei Verbraucherdarlehensvertr. u. zur | 24.7.2010 | BGBl. I S. 977 | Inhaltsübersicht, §§ 358, 359a, 492, 494, 495, 502, 508, 655a, 655b, 655d, 655e | geänd. mWv 30.7.2010 |
| | | | | Überschrift Buch 2 Abschnitt 8 Titel 10 UTitel 2 | neu gef. mWv 30.7.2010 |

[1)] **Amtl. Anm.:** Dieses Gesetz dient der Umsetzung folgender Richtlinien:
1. Richtlinie 76/207/EWG des Rates vom 9. Februar 1976 zur Verwirklichung des Grundsatzes der Gleichbehandlung von Männern und Frauen hinsichtlich des Zugangs zur Beschäftigung, zur Berufsbildung und zum beruflichen Aufstieg sowie in Bezug auf die Arbeitsbedingungen (ABl. EG Nr. L 39 S. 40),
2. Richtlinie 77/187/EWG des Rates vom 14. Februar 1977 zur Angleichung der Rechtsvorschriften der Mitgliedstaaten über die Wahrung von Ansprüchen der Arbeitnehmer beim Übergang von Unternehmen, Betrieben oder Betriebsteilen (ABl. EG Nr. L 61 S. 26),
3. Richtlinie 85/577/EWG des Rates vom 20. Dezember 1985 betreffend den Verbraucherschutz im Falle von außerhalb von Geschäftsräumen geschlossenen Verträgen (ABl. EG Nr. L 372 S. 31),
4. Richtlinie 87/102/EWG des Rates zur Angleichung der Rechts- und Verwaltungsvorschriften der Mitgliedstaaten über den Verbraucherkredit (ABl. EG Nr. L 42 S. 48), zuletzt geändert durch die Richtlinie 98/7/EG des Europäischen Parlaments und des Rates vom 16. Februar 1998 zur Änderung der Richtlinie 87/102/EWG zur Angleichung der Rechts- und Verwaltungsvorschriften der Mitgliedstaaten über den Verbraucherkredit (ABl. EG Nr. L 101 S. 17),
5. Richtlinie 90/314/EWG des Europäischen Parlaments und des Rates vom 13. Juni 1990 über Pauschalreisen (ABl. EG Nr. L 158 S. 59),
6. Richtlinie 93/13/EWG des Rates vom 5. April 1993 über missbräuchliche Klauseln in Verbraucherverträgen (ABl. EG Nr. L 95 S. 29),
7. Richtlinie 94/47/EG des Europäischen Parlaments und des Rates vom 26. Oktober 1994 zum Schutz der Erwerber im Hinblick auf bestimmte Aspekte von Verträgen über den Erwerb von Teilzeitnutzungsrechten an Immobilien (ABl. EG Nr. L 280 S. 82),
8. der Richtlinie 97/5/EG des Europäischen Parlaments und des Rates vom 27. Januar 1997 über grenzüberschreitende Überweisungen (ABl. EG Nr. L 43 S. 25),
9. Richtlinie 97/7/EG des Europäischen Parlaments und des Rates vom 20. Mai 1997 über den Verbraucherschutz bei Vertragsabschlüssen im Fernabsatz (ABl. EG Nr. L 144 S. 19),
10. Artikel 3 bis 5 der Richtlinie 98/26/EG des Europäischen Parlaments und des Rates über die Wirksamkeit von Abrechnungen in Zahlungs- und Wertpapierliefer- und -abrechnungssystemen vom 19. Mai 1998 (ABl. EG Nr. L 166 S. 45),
11. Richtlinie 1999/44/EG des Europäischen Parlaments und des Rates vom 25. Mai 1999 zu bestimmten Aspekten des Verbrauchsgüterkaufs und der Garantien für Verbrauchsgüter (ABl. EG Nr. L 171 S. 12),
12. Artikel 10, 11 und 18 der Richtlinie 2000/31/EG des Europäischen Parlaments und des Rates vom 8. Juni 2000 über bestimmte rechtliche Aspekte der Dienste der Informationsgesellschaft, insbesondere des elektronischen Geschäftsverkehrs, im Binnenmarkt („Richtlinie über den elektronischen Geschäftsverkehr", ABl. EG Nr. L 178 S. 1),
13. Richtlinie 2000/35/EG des Europäischen Parlaments und des Rates vom 29. Juni 2000 zur Bekämpfung von Zahlungsverzug im Geschäftsverkehr (ABl. EG Nr. L 200 S. 35).

[2)] Wegen der Übergangsregelung zum Inkrafttreten des SchuldrechtsmodernisierungsG beachte Art. 229 §§ 5–7 EGBGB (Nr. **21**).

[3)] Neubekanntmachung des BGB v. 18.8.1896 (RGBl. S. 195) in der ab 1.1.2002 geltenden Fassung.

| Lfd. Nr. | Änderndes Gesetz | Datum | Fundstelle | Betroffen | Hinweis |
|---|---|---|---|---|---|
| | Änd. des Darlehensvermittlungsrechts | | | | |
| 56. | Beschl. des BVerfG – 1 BvR 420/09 – | 21.7.2010 | BGBl. I S. 1173 | §§ 1626a, 1672 | |
| 57. | Art. 27 G über die weitere Bereinigung von BundesR | 8.12.2010 | BGBl. I S. 1864 | §§ 1082, 2116 | geänd. mWv 15.12.2010 |
| 58. | Art. 1 G zur Modernisierung der Regelungen über Teilzeit-Wohnrechteverträge, Verträge über langfristige Urlaubsprodukte sowie Vermittlungsverträge und Tauschsystemverträge[1] | 17.1.2011 | BGBl. I S. 34 | Inhaltsübersicht, § 312b | geänd. mWv 23.2.2011 |
| | | | | §§ 481, 482, 483, 484, 485, 486 | neu gef. mWv 23.2.2011 |
| | | | | §§ 481a, 481b, 482a, 485a, 486a | eingef. mWv 23.2.2011 |
| 59. | Art. 6 G zur Bekämpf. der Zwangsheirat u. zum bess. Schutz der Opfer von Zwangsheirat sowie zur Änd. weit. aufenthalts- und asylrechtl. Vorschriften | 23.6.2011 | BGBl. I S. 1266 | § 1317 | geänd. mWv 1.7.2011 |
| 60. | Art. 1 G zur Änd. des Vormundschafts- und Betreuungsrechts | 29.6.2011 | BGBl. I S. 1306 | §§ 1793, 1800, 1840, 1908b | geänd. mWv 6.7.2011 |
| | | | | § 1837 | geänd. mWv 5.7.2012 |
| 61. | Art. 1 G z. Anp. d. Vorschr. über den Wertersatz bei Widerruf v. Fernabsatzvertr. u. über verbund. Verträge[2] | 27.7.2011 | BGBl. I S. 1600 | §§ 312d, 312g, 312h, 312i, 357, 358, 359a | geänd. mWv 4.8.2011 |
| | | | | §§ 312e, 312f | eingef. mWv 4.8.2011 |
| 62. | Art. 2 G zum deutsch-französischen Abkommen über den Güterstand der Wahl-Zugewinngemeinschaft | 15.3.2012 | BGBl. II S. 178 | Inhaltsübersicht | geänd. mWv 1.5.2013 |
| | | | | Buch 4 Abschnitt 1 Titel 6 UTitel 2 Kapitel 4 (§ 1519) | eingef. mWv 1.5.2013 |
| 63. | Art. 1 G zur Änd. des BGB zum besseren Schutz der Verbraucherinnen u. Verbraucher vor Kostenfallen im elektr. Geschäftsverkehr u. zur Änd. des WEG[3] | 10.5.2012 | BGBl. I S. 1084 | § 312g | geänd. mWv 1.8.2012 |
| 64. | Art. 7 G zur Reform d. Kapitalanleger-MusterverfG u. z. Änd. and. Vorschr. | 19.10. 2012 | BGBl. I S. 2182 | § 204 | geänd. mWv 1.11.2012 |

[1] **Amtl. Anm.:** Dieses Gesetz dient der Umsetzung der Richtlinie 2008/122/EG des Europäischen Parlaments und des Rates vom 14. Januar 2009 über den Schutz der Verbraucher im Hinblick auf bestimmte Aspekte von Teilzeitnutzungsverträgen, Verträgen über langfristige Urlaubsprodukte sowie Wiederverkaufs- und Tauschverträgen (ABl. L 33 vom 3.2.2009, S. 10).

[2] **Amtl. Anm.:** Artikel 1 dieses Gesetzes dient im Wesentlichen der Umsetzung von Artikel 6 Absatz 1 und 2 der Richtlinie 97/7/EG des Europäischen Parlaments und des Rates vom 20. Mai 1997 über den Verbraucherschutz bei Vertragsabschlüssen im Fernabsatz (ABl. L 144 vom 4.6.1997, S. 19), die zuletzt durch die Richtlinie 2007/64/EG (ABl. L 319 vom 5.12.2007, S. 1) geändert worden ist, in seiner Auslegung durch das Urteil des Europäischen Gerichtshofs vom 3. September 2009 in der Rechtssache C-489/07 (Messner, ABl. C 256 vom 24.10.2009, S. 4).

[3] **Amtl. Anm.:** Die Verpflichtungen aus der Richtlinie 98/34/EG des Europäischen Parlaments und des Rates vom 22. Juni 1998 über ein Informationsverfahren auf dem Gebiet der Normen und technischen Vorschriften und der Vorschriften für die Dienste der Informationsgesellschaft (ABl. L 204 vom 21.7.1998, S. 37), die zuletzt durch die Richtlinie 2006/96/EG (ABl. L 363 vom 20.12.2006, S. 81) geändert worden ist, sind beachtet worden.

| Lfd. Nr. | Änderndes Gesetz | Datum | Fundstelle | Betroffen | Hinweis |
|---|---|---|---|---|---|
| 65. | Art. 1 G über den Umfang der Personensorge bei einer Beschneidung des männlichen Kindes | 20.12. 2012 | BGBl. I S. 2749 | § 1631d | eingef. mWv 28.12.2012 |
| 66. | Art. 1 G zur Regelung der betreuungsrechtl. Einwilligung in eine ärztl. Zwangsmaßnahme | 18.2.2013 | BGBl. I S. 266 | § 1906 | geänd. mWv 26.2.2013 |
| 67. | Art. 3 G zur Durchf. des Haager Übk v. 23.11.2007 sowie zur Änd. von Vorschr. auf dem Gebiet des internat. UnterhaltsverfahrensR u des materiellen UnterhaltsR | 20.2.2013 | BGBl. I S. 273 | § 1578b | geänd. mWv 1.3.2013 |
| 68. | Art. 1 G zur Verbesserung der Rechte von Patientinnen und Patienten | 20.2.2013 | BGBl. I S. 277 | Inhaltsübersicht | geänd. mWv 26.2.2013 |
| | | | | Überschrift Buch 2 Abschnitt 8 Titel 8 | neu gef. mWv 26.2.2013 |
| | | | | Überschrift Buch 2 Abschnitt 8 Titel 8 UTitel 1, UTitel 2 (§§ 630a–630h) | eingef. mWv 26.2.2013 |
| 69. | Art. 1 MietrechtsänderungsG | 11.3.2013 | BGBl. I S. 434 | Inhaltsübersicht, §§ 536, 551, 558, 559a, 559b, 569, 577a, 578 | geänd. mWv 1.5.2013 |
| | | | | § 559 | neu gef. mWv 1.5.2013 |
| | | | | Buch 2 Abschnitt 8 Titel 5 UTitel 2 Kapitel 1a, §§ 555a–555f, 556c | eingef. mWv 1.5.2013 |
| | | | | § 554 | aufgeh. mWv 1.5.2013 |
| 70. | Art. 6 EhrenamtsstärkungsG | 21.3.2013 | BGBl. I S. 556 | §§ 80, 81 | geänd. mWv 29.3.2013 |
| | | | | § 27 | geänd. mWv 1.1.2015 |
| | | | | § 31a | neu gef. mWv 29.3.2013 |
| | | | | § 31b | eingef. mWv 29.3.2013 |
| 71. | Art. 1 G zur Reform der elterlichen Sorge nicht miteinander verheirateter Eltern | 16.4.2013 | BGBl. I S. 795 | §§ 1626b, 1626d, 1678, 1680, 1696, 1747, 1748, 1751 | geänd. mWv 19.5.2013 |
| | | | | § 1626a, 1671 | neu gef. mWv 19.5.2013 |
| | | | | § 1672 | aufgeh. mWv 19.5.2013 |
| 72. | Art. 3 G zur Reform des Seehandelsrechts | 20.4.2013 | BGBl. I S. 831 | §§ 579, 580a | geänd. mWv 25.4.2013 |
| 73. | Art. 7 Personenstandsrechts-ÄnderungsG | 7.5.2013 | BGBl. I S. 1122 | § 1355 | geänd. mWv 1.11.2013 |
| 74. | Art. 10, 12 Abs. 2 G zur Übertragung von Aufgaben im Bereich der freiwilligen Gerichtsbarkeit auf Notare | 26.6.2013 | BGBl. I S. 1800, geänd. S. 2586 | § 2003 | geänd. mWv 1.9.2013 |
| | | | | § 2003 | geänd. mWv 31.12.2017 |

| Lfd. Nr. | Änderndes Gesetz | Datum | Fundstelle | Betroffen | Hinweis |
|---|---|---|---|---|---|
| 75. | Art. 4 G zur Stärkung der Rechte von Opfern sexuellen Missbrauchs | 26.6.2013 | BGBl. I S. 1805 | § 197 | geänd. mWv 30.6.2013 |
| 76. | Art. 4 G zur Umsetzung der Richtlinie 2011/61/EU über die Verwalter alternativer Investmentfonds[1] | 4.7.2013 | BGBl. I S. 1981 | §§ 312a, 312d | geänd. mWv 22.7.2013 |
| 77. | Art. 1 G zur Stärkung der Rechte des leiblichen, nicht rechtlichen Vaters | 4.7.2013 | BGBl. I S. 2176 | § 1686 | geänd. mWv 13.7.2013 |
| | | | | § 1686a | eingef. mWv 13.7.2013 |
| 78. | Art. 3 G zur Stärk. d. Funkt. der Betreuungsbehörde | 28.8.2013 | BGBl. I S. 3393 | § 1908f | geänd. mWv 1.7.2014 |
| 79. | Art. 6 G zum Ausbau der Hilfen für Schwangere und zur Regelung der vertraulichen Geburt | 28.8.2013 | BGBl. I S. 3458 | § 1747 | geänd. mWv 1.5.2014 |
| | | | | § 1674a | eingef. mWv 1.5.2014 |
| 80. | Art. 1 G zur Umsetzung der VerbraucherrechteRL und zur Änd. des G zur Regelung der Wohnungsvermittlung[2] | 20.9.2013 | BGBl. I S. 3642 | Inhaltsübers., §§ 241a, 308, 314, 323, 443, 485, 491, 492, 494–496, 504–508 | geänd. mWv 13.6.2014 |
| | | | | §§ 13, 126b, Buch 2 Abschnitt 3 Titel 1 UTitel 2 (§§ 312–312k), Titel 5 Überschrift, UTitel 2 (§§ 355–361), §§ 474, 510 | neu gef. mWv 13.6.2014 |
| | | | | § 485a | aufgeh. mWv 13.6.2014 |
| 81. | Art. 4 G gegen unseriöse Geschäftspraktiken[3] | 1.10.2013 | BGBl. I S. 3714 | § 675 | geänd. mWv 9.10.2013 |
| 82. | Art. 4 Abs. 5 G zur Einführung eines Datenbankgrundbuchs | 1.10.2013 | BGBl. I S. 3719 | § 874 | geänd. mWv 9.10.2013 |
| 83. | Beschl. des BVerfG – 1 BvL 6/10 – | 17.12. 2013 | BGBl. 2014 I S. 110 | § 1600 | |

[1] **Amtl. Anm.:** Dieses Gesetz dient der Umsetzung der Richtlinie 2009/65/EG des Europäischen Parlaments und des Rates vom 13. Juli 2009 zur Koordinierung der Rechts- und Verwaltungsvorschriften betreffend bestimmte Organismen für gemeinsame Anlagen in Wertpapieren (OGAW) (ABl. L 302 vom 17.11.2009, S. 1), der Richtlinie 2011/61/EU des Europäischen Parlaments und des Rates vom 8. Juni 2011 über die Verwalter alternativer Investmentfonds und zur Änderung der Richtlinien 2003/41/EG und 2009/65/EG und der Verordnungen (EG) Nr. 1060/2009 und (EU) Nr. 1095/2010 (ABl. L 174 vom 1.7.2011, S. 1) sowie der Anpassung an die Verordnung (EU) Nr. 345/2013 des Europäischen Parlaments und des Rates vom 17. April 2013 über Europäische Risikokapitalfonds (ABl. L 115 vom 25.4.2013, S. 1) und die Verordnung (EU) Nr. 346/2013 des Europäischen Parlaments und des Rates vom 17. April 2013 über Europäische Fonds für soziales Unternehmertum (ABl. L 115 vom 25.4.2013, S. 18).

[2] **Amtl. Anm.:** Dieses Gesetz dient der Umsetzung der Richtlinie 2011/83/EU des Europäischen Parlaments und des Rates vom 25. Oktober 2011 über die Rechte der Verbraucher, zur Abänderung der Richtlinie 93/13/EWG des Rates und der Richtlinie 1999/44/EG des Europäischen Parlaments und des Rates sowie zur Aufhebung der Richtlinie 85/577/EWG des Rates und der Richtlinie 97/7/EG des Europäischen Parlaments und des Rates (ABl. L 304 vom 22.11.2011, S. 64).

[3] **Amtl. Anm.:** Dieses Gesetz dient der Umsetzung von Artikel 13 der Richtlinie 2002/58/EG des Europäischen Parlaments und des Rates vom 12. Juli 2002 über die Verarbeitung personenbezogener Daten und den Schutz der Privatsphäre in der elektronischen Kommunikation (Datenschutzrichtlinie für elektronische Kommunikation) (ABl. L 201 vom 31.7.2002, S. 37), die zuletzt durch Artikel 2 der Richtlinie 2009/136/EG (ABl. L 337 vom 18.12.2009, S. 11) geändert worden ist.

| Lfd. Nr. | Änderndes Gesetz | Datum | Fundstelle | Betroffen | Hinweis |
|---|---|---|---|---|---|
| 84. | Art. 1 G zur Bekämpfung von Zahlungsverzug im Geschäftsverkehr und zur Änd. des EEG[1] | 22.7.2014 | BGBl. I S. 1218 | §§ 286, 288, 308, 310 | geänd. mWv 29.7.2014 |
| | | | | § 271a | eingef. mWv 29.7.2014 |
| 85. | Art. 1 Mietrechtsnovellierungsgesetz | 21.4.2015 | BGBl. I S. 610 | Inhaltsübersicht, §§ 549, 557a, 557b | geänd. mWv 1.6.2015 |
| | | | | UKapitel 1a §§ 556d, 556e, 556f, 556g | eingef. mWv 1.6.2015 |
| | | | | § 556d | geänd. mWv 28.4.2015 |
| 86. | Art. 16 G zum Internationalen Erbrecht und zur Änd. von Vorschriften zum Erbschein sowie zur Änd. sonstiger Vorschriften | 29.6.2015 | BGBl. I S 1042 | §§ 1941, 2270, 2278, 2291, 2361 | geänd. mWv 17.8.2015 |
| | | | | §§ 2363, 2368 | neu gef. mWv 17.8.2015 |
| | | | | §§ 2354, 2355, 2356, 2357, 2358, 2359, 2364, 2369 | aufgeh. mWv 17.8.2015 |
| 87. | Art. 18 G zur Bereinigung des Rechts der Lebenspartner | 20.11. 2015 | BGBl. I S. 2010 | §§ 563, 1297, 1385, 1387, 1447, 1448, 1469, 1479, 1495, 1496, 1509, 1599, 1617c, 1624, 1629, 2350 | geänd. mWv 26.11.2015 |
| 88. | Art. 1 G z. Änd. d. UnterhaltsR u. Unterhaltsverf.R sowie z. Änd. d. ZPO u. kostenrechtl. Vorschr. | 20.11. 2015 | BGBl. I S. 2018 | § 1612a | geänd. mWv 26.11.2015 |
| | | | | § 1612a | geänd. mWv 1.1.2016 |
| 89. | Art. 2 Abs. 5 VergaberechtsmodernisierungsG | 17.2.2016 | BGBl. I S. 203 | § 271a | geänd. mWv 18.4.2016 |
| 90. | Art. 1 G zur Verbesserung der zivilrechtl. Durchsetz. von verbraucherschützend. Vorschr. d. DatenschutzR | 17.2.2016 | BGBl. I S. 233 | § 675a | geänd. mWv 24.2.2016 |
| | | | | § 309 | geänd. mWv 1.10.2016 |
| 91. | Art. 6 G z. Ums. d. RL üb. alternat. Streitbeileg. in Verbraucherangel. u. z. Durchf. d. VO üb. Online-Streitbeileg. in Verbraucherangel.[2] | 19.2.2016 | BGBl. I S. 254 | §§ 204, 309 | geänd. mWv 26.2.2016 |
| 92. | Art. 1 G zur Umsetzung der WohnimmobilienkreditRL und zur Änd. handelsrechtlicher Vorschriften[3] | 11.3.2016 | BGBl. I S. 396 | Inhaltsübersicht, §§ 312g, 356–356b, 357a, 358–360, 491–500, 502, 504–508, 510, Buch 2 Abschnitt 8 Titel 3 UTitel 5, §§ 512, 513, Titel 10 UTitel 2 Überschrift, §§ 655b–655e | geänd. mWv 21.3.2016 |

[1] **Amtl. Anm.:** Dieses Gesetz dient der Umsetzung der Richtlinie 2011/7/EU des Europäischen Parlaments und des Rates vom 16. Februar 2011 zur Bekämpfung von Zahlungsverzug im Geschäftsverkehr (ABl. L 48 vom 23.2.2011, S. 1).

[2] **Amtl. Anm.:** Dieses Gesetz dient der Umsetzung der Richtlinie 2013/11/EU des Europäischen Parlaments und des Rates vom 21. Mai 2013 über die alternative Beilegung verbraucherrechtlicher Streitigkeiten und zur Änderung der Verordnung (EG) Nr. 2006/2004 und der Richtlinie 2009/22/EG (Richtlinie über alternative Streitbeilegung in Verbraucherangelegenheiten) (ABl. L 165 vom 18.6.2013, S. 63).

[3] **Amtl. Anm.:** Dieses Gesetz dient der Umsetzung der Richtlinie 2014/17/EU des Europäischen Parlaments und des Rates vom 4. Februar 2014 über Wohnimmobilienkreditverträge für Verbraucher und zur Änderung der Richtlinien 2008/48/EG und 2013/36/EU und der Verordnung (EU) Nr. 1093/2010 (ABl. L 60 vom 28.2.2014, S. 34).

| Lfd. Nr. | Änderndes Gesetz | Datum | Fund-stelle | Betroffen | Hinweis |
|---|---|---|---|---|---|
| | | | | §§ 498, 503, 655a | neu gef. mWv 21.3.2016 |
| | | | | §§ 356d, 492a, 492b, 504a, 505a–505d, Buch 2 Abschn. 8 Tit. 3 UTitel 4 (§ 511), UTitel 6 (§§ 514, 515) | eingef. mWv 21.3.2016 |
| | | | | § 509 | aufgeh. mit Ablauf des 20.3. 2016 |
| 93. | Art. 3 VG-Richtlinie-UmsetzungsG | 24.5.2016 | BGBl. I S. 1190 | § 309 | geänd. mWv 1.6.2016 |
| 94. | Beschl. des BVerfG – 1 BvL 8/15 – | 26.7.2016 | BGBl. I S. 2159 | § 1906 | |
| 95. | Art. 2 G zur Änd. des AÜG und anderer Gesetze | 21.2.2017 | BGBl. I S. 258 | § 611a | eingef. mWv 1.4.2017 |
| 96. | Art. 1 G zur Reform des Bauvertragsrechts, zur Änd. der kaufrechtlichen Mängelhaftung, zur Stärkung des zivilprozessualen Rechtsschutzes und zum maschinellen Siegel im Grundbuch- und Schiffsregisterverfahren | 28.4.2017 | BGBl. I S. 969 | Inhaltsübersicht, §§ 218, 309, 312, 439, 476, 478, 632a, 640, 649, 650, Buch 2 Abschnitt 8 Titel 9 UTitel 4 | geänd. mWv 1.1.2018 |
| | | | | §§ 440, 474, 479 | neu gef. mWv 1.1.2018 |
| | | | | §§ 356e, 357d, 445a, 445b, 475, Überschr. vor § 631, §§ 647a, 648a, Buch 2 Abschn. 8 Tit. 9 UTitel 1 Kap. 2–4, UTitel 2, 3 (§§ 650a–650v) | eingef. mWv 1.1.2018 |
| | | | | §§ 477, 648, 648a | aufgeh. mit Ablauf des 31.12. 2017 |
| 97. | Art. 6 Finanzaufsichtsrechtergänzungs G[1] | 6.6.2017 | BGBl. I S. 1495 | §§ 491, 492b, 505b, 506, 512, 514 | geänd. mWv 10.6.2017 |
| | | | | § 505e | eingef. mWv 10.6.2017 |
| 98. | Art. 1 Drittes G zur Änd. reiserechtlicher Vorschriften[2] | 17.7.2017 | BGBl. I S. 2394 | Inhaltsübersicht, §§ 312, 312g | geänd. mWv 1.7.2018 |
| | | | | Buch 2 Abschnitt 8 Titel 9 UTitel 4 (§§ 651a–651m) | neu gef. mWv 1.7.2018 |
| | | | | §§ 651n–651y | eingef. mWv 1.7.2018 |

[1] **Amtl. Anm.:** Dieses Gesetz dient der Umsetzung der Richtlinie 2008/48/EG des Europäischen Parlaments und des Rates vom 23. April 2008 über Verbraucherkreditverträge und zur Aufhebung der Richtlinie 87/102/EWG des Rates (ABl. L 133 vom 22.5.2008, S. 66), die zuletzt durch die Verordnung (EU) 2016/1011 (ABl. L 171 vom 29.6.2016, S. 1) geändert worden ist, und der Umsetzung der Richtlinie 2014/17/EU des Europäischen Parlaments und des Rates vom 4. Februar 2014 über Wohnimmobilienkreditverträge für Verbraucher und zur Änderung der Richtlinien 2008/48/EG und 2013/36/EU und der Verordnung (EU) Nr. 1093/2010 (ABl. L 60 vom 28.2.2014, S. 34), die zuletzt durch die Verordnung (EU) 2016/1011 (ABl. L 171 vom 29.6.2016, S. 1) geändert worden ist.

[2] **Amtl. Anm.:** Dieses Gesetz dient der Umsetzung der Richtlinie (EU) 2015/2302 des Europäischen Parlaments und des Rates vom 25. November 2015 über Pauschalreisen und verbundene Reiseleistungen, zur Änderung der Verordnung (EG) Nr. 2006/2004 und der Richtlinie 2011/83/EU des Europäischen Parlaments und des Rates sowie zur Aufhebung der Richtlinie 90/314/EWG des Rates (ABl. L 326 vom 11.12.2015, S. 1).

| Lfd. Nr. | Änderndes Gesetz | Datum | Fundstelle | Betroffen | Hinweis |
|---|---|---|---|---|---|
| 99. | Art. 1 G zur Einf. eines Anspr. auf Hinterbl.geld | 17.7.2017 | BGBl. I S. 2421 | § 844 | geänd. mWv 22.7.2017 |
| 100. | Art. 1 G z. Einf. eines familiengerichtl. Genehmigungsvorbeh. für freiheitsentzieh. Maßn. bei Kindern | 17.7.2017 | BGBl. I S. 2424 | § 1631b | geänd. mWv 1.10.2017 |
| 101. | Art. 1 G zur Änd. der materiellen Zulässigkeitsvoraussetzungen von ärztl. Zwangsmaßn. u. zur Stärkung des Selbstbestimmungsrechts von Betreuten | 17.7.2017 | BGBl. I S. 2426 | §§ 1901a, 1906 | geänd. mWv 22.7.2017 |
| | | | | § 1906a | eingef. mWv 22.7.2017 |
| 102. | Art. 1 G zur Bekämpfung von Kinderehen | 17.7.2017 | BGBl. I S. 2429 | §§ 8, 1310, 1314–1317, 1484, 1492, 1516, 1602, 1603, 1606, 1609, 1611, 1617a, 1618, 1649, 1749, 1757, 1767, 1778, 1800, 1903, 2275, 2282, 2284, 2290, 2296, 2347 | geänd. mWv 22.7.2017 |
| | | | | §§ 1303, 1411 | neu gef. mWv 22.7.2017 |
| | | | | §§ 1458, 1633 | aufgeh. mit Ablauf des 21.7. 2017 |
| 103. | Art. 2 G zur Umsetzung der Zweiten ZahlungsdiensteRL[1] | 17.7.2017 | BGBl. I S. 2446 | § 505a | geänd. mWv 22.7.2017 |
| | | | | Inhaltsübersicht, §§ 675c–675f, 675h, Buch 2 Abschnitt 8 Titel 12 UTitel 3 Kapitel 3 UKapitel 1 Überschrift, §§ 675i, 675j, 675l, 675o–675z, 676b | geänd. mWv 13.1.2018 |
| | | | | §§ 675k, 675m, 676a | neu gef. mWv 13.1.2018 |
| | | | | § 270a | eingef. mWv 13.1.2018 |
| 104. | Art. 2 G zur Regelung des Rechts auf Kenntnis der Abstammung bei heterologer Verwendung von Samen | 17.7.2017 | BGBl. I S. 2513 | § 1600d | geänd. mWv 1.7.2018 |
| 105. | Art. 11 Abs. 27 eIDAS-DurchführungsG[2] [3] | 18.7.2017 | BGBl. I S. 2745 | § 126a | geänd. mWv 29.7.2017 |

[1] **Amtl. Anm.:** Dieses Gesetz dient der Umsetzung der Richtlinie (EU) 2015/2366 des Europäischen Parlaments und des Rates vom 25. November 2015 über Zahlungsdienste im Binnenmarkt, zur Änderung der Richtlinien 2002/65/EG, 2009/110/EG und 2013/36/EU und der Verordnung (EU) Nr. 1093/2010 sowie zur Aufhebung der Richtlinie 2007/64/EG (ABl. L 337 vom 23.12.2015, S. 35; L 169 vom 28.6. 2016, S. 18).

[2] **Amtl. Anm.:** Dieses Gesetz dient der Durchführung der Verordnung (EU) Nr. 910/2014 des Europäischen Parlaments und des Rates vom 23. Juli 2014 über elektronische Identifizierung und Vertrauensdienste für elektronische Transaktionen im Binnenmarkt und zur Aufhebung der Richtlinie 1999/93/EG.

[3] **Amtl. Anm.:** Notifiziert gemäß der Richtlinie (EU) 2015/1535 des Europäischen Parlaments und des Rates vom 9. September 2015 über ein Informationsverfahren auf dem Gebiet der technischen Vorschriften und der Vorschriften für die Dienste der Informationsgesellschaft (ABl. L 241 vom 17.9.2015, S. 1).

| Lfd. Nr. | Änderndes Gesetz | Datum | Fundstelle | Betroffen | Hinweis |
|---|---|---|---|---|---|
| 106. | Art. 4 G zur besseren Durchsetzung der Ausreisepflicht | 20.7.2017 | BGBl. I S. 2780 | §§ 1598, 1600, 1600b | geänd. mWv 29.7.2017 |
| | | | | § 1597a | eingef. mWv 29.7.2017 |
| 107. | Art. 1 G zur Einführung des Rechts auf Eheschließung für Personen gleichen Geschlechts | 20.7.2017 | BGBl. I S. 2787 | §§ 1309, 1353 | geänd. mWv 1.10.2017 |
| 108. | Art. 6 G zur Einführung einer zivilprozessualen Musterfeststellungsklage | 12.7.2018 | BGBl. I S. 1151 | § 204 | geänd. mWv 1.11.2018 |
| 109. | Art. 1 G zur Umsetzung des G zur Einführung des Rechts auf Eheschließung für Personen gleichen Geschlechts | 18.12.2018 | BGBl. I S. 2639 | Inhaltsübersicht, §§ 1309, 1355, 1362, 1363, 1366, 1416, 1421, 1459, 2279 | geänd. mWv 22.12.2018 |
| | | | | Buch 4 Abschnitt 1 Titel 6 UTitel 2 Kapitel 3 UKapitel 2 Überschrift, § 1436 | neu gef. mWv 22.12.2018 |
| 110. | Art. 1 MietrechtsanpassungsG | 18.12.2018 | BGBl. I S. 2648 | §§ 555c, 556e, 556g, 558, 559, 578 | geänd. mWv 1.1.2019 |
| | | | | §§ 559c, 559d | eingef. mWv 1.1.2019 |
| 111. | Art. 4d QualifizierungschancenG | 18.12.2018 | BGBl. I S. 2651 | § 622 | geänd. mWv 1.1.2019 |
| 112. | Art. 7 G zur Förd. d. Freizügigkeit von EU-Bürgerinnen u. -Bürgern sowie zur Neureg. versch. Aspekte d. Internation. AdoptionsR | 31.1.2019 | BGBl. I S. 54 | § 1309 | geänd. mWv 1.4.2019 |
| 113. | Beschl. des BVerfG – 1 BvR 673/17 – | 26.3.2019 | BGBl. I S. 737 | § 1754 Abs. 1 und 2, § 1755 Abs. 1 Satz 1 und Abs. 2 | unvereinbar mit Art. 3 Abs. 1 GG |
| 114. | Art. 24 G zur Ums. der RL (EU) 2016/680 im Strafverfahren sowie zur Anp. datenschutzrechtl. Bestimm. an die VO (EU) 2016/679 | 20.11.2019 | BGBl. I S. 1724 | §§ 55a, 1563 | geänd. mWv 26.11.2019 |
| | | | | § 79a | eingef. mWv 26.11.2019 |
| 115. | Art. 1 G zur Verlängerung des Betrachtungszeitraums für die ortsübliche Vergleichsmiete | 21.12.2019 | BGBl. I S. 2911 | § 558 | geänd. mWv 1.1.2020 |
| 116. | Art. 1 G zur Verlängerung und Verbesserung der Regelungen über die zulässige Miethöhe bei Mietbeginn | 19.3.2020 | BGBl. I S. 540 | §§ 556d, 556g | geänd. mWv 1.4.2020 |
| 117. | Art. 1 G zur Ums. der Entsch. des BVerfG v. 26. März 2019 zum Ausschluss der Stiefkindadoption in nichtehel. Familien | 19.3.2020 | BGBl. I S. 541 | § 1746 | geänd. mWv 31.3.2020 |
| | | | | § 1766a | eingef. mWv 31.3.2020 |
| 118. | Art. 1 G über die Verteilung der Maklerkosten bei der Vermittlung von Kaufverträgen über Wohnungen und Einfamilienhäuser | 12.6.2020 | BGBl. I S. 1245 | Inhaltsübersicht, § 385, Buch 2 Abschnitt 8 Titel 10 Überschrift, §§ 652–656, 1221 | geänd. mWv 23.12.2020 |
| | | | | Buch 2 Abschnitt 8 Titel 10 UTitel 4 (§§ 656a–656d) | eingef. mWv 23.12.2020 |

| Lfd. Nr. | Änderndes Gesetz | Datum | Fundstelle | Betroffen | Hinweis |
|---|---|---|---|---|---|
| 119. | Art. 2 WohnungseigentumsmodernisierungsG | 16.10. 2020 | BGBl. I S. 2187 | §§ 556a, 578 | geänd. mWv 1.12.2020 |
| | | | | § 554 | neu gef. mWv 1.12.2020 |
| | | | | § 554a | aufgeh. mit Ablauf des 30.11. 2020 |
| 120. | Art. 2 G zur Änd. des G zur Regel. v. Ingenieur- u. Architektenleist. u. and. G | 12.11. 2020 | BGBl. I S. 2392 | § 650q | geänd. mWv 19.11.2020 |
| 121. | Art. 8, 9 KostenrechtsänderungsG 2021 | 21.12. 2020 | BGBl. I S. 3229 | § 1835a | geänd. mWv 1.1.2021 |
| | | | | § 1835a | Änd. mWv 1.1. 2023 obsolet |
| 122. | Art. 13 Sanierungs- und InsolvenzrechtsfortentwicklungsG[1] | 22.12. 2020 | BGBl. I S. 3256 | §§ 204, 925 | geänd. mWv 1.1.2021 |
| 123. | Art. 10 Siebtes G zur Änd. v. VerbrauchsteuerG | 30.3.2021 | BGBl. I S. 607 | §§ 31a, 31b | geänd. mWv 7.4.2021 |
| 124. | Art. 4 Abs. 6 G zur Verbess. d. Schutzes von Gerichtsvollziehern vor Gewalt sowie zur Änd. weit. zwangsvollstreckungsrechtlicher Vorschr. u. zur Änd. d. IfSG | 7.5.2021 | BGBl. I S. 850 | § 592 | geänd. mWv 1.1.2022 |
| 125. | Art. 1 G zur Reform des Vormundschafts- und Betreuungsrechts | 4.5.2021 | BGBl. I S. 882, geänd. 2022, S. 959 | § 240a | eingef. mWv 1.7.2022 |
| | | | | Inhaltsübers., §§ 234, 238, 630d, 1079, 1288, 1436, 1596, 1626d, 1629, 1631, 1631c, 1638, 1667, 1713, 1716, 1981, 2119, 2282, 2290–2292, 2300, 2351 | geänd. mWv 1.1.2023 |
| | | | | §§ 1358, 1639, 1643, 1644, 1645, 1674a, Buch 4 Abschnitt 3 (§§ 1773–1888), §§ 2347, 2348 | neu gef. mWv 1.1.2023 |
| 126. | Art. 1 G zum Schutz von Kindern mit Varianten der Geschlechtsentwicklung | 12.5.2021 | BGBl. I S. 1082 | § 1631e | eingef. mWv 22.5.2021 |
| 127. | Art. 6 Kinder- und JugendstärkungsG | 3.6.2021 | BGBl. I S. 1444 | §§ 1632, 1688, 1696, 1697a, 1800 | geänd. mWv 10.6.2021 |
| | | | | § 1795 | geänd. mWv 1.1.2023 |
| 128. | Art. 29 Schwarmfinanzierung-BegleitG[2] | 3.6.2021 | BGBl. I S. 1568 | § 513 | geänd. mWv 1.1.2022 |

[1] **Amtl. Anm.:** Dieses Gesetz dient der weiteren Umsetzung der Richtlinie (EU) 2019/1023 des Europäischen Parlaments und des Rates vom 20. Juni 2019 über präventive Restrukturierungsrahmen, über Entschuldung und über Tätigkeitsverbote sowie über Maßnahmen zur Steigerung der Effizienz von Restrukturierungs-, Insolvenz- und Entschuldungsverfahren und zur Änderung der Richtlinie (EU) 2017/1132 (Richtlinie über Restrukturierung und Insolvenz) (ABl. L 172 vom 26.6.2019, S. 18).

[2] **Amtl. Anm.:** Dieses Gesetz dient der Umsetzung der Richtlinie (EU) 2020/1504 des Europäischen Parlaments und des Rates vom 7. Oktober 2020 zur Änderung der Richtlinie 2014/65/EU über Märkte für Finanzinstrumente sowie der Verordnung (EU) 2020/1503 des Europäischen Parlaments und des Rats →

| Lfd. Nr. | Änderndes Gesetz | Datum | Fundstelle | Betroffen | Hinweis |
|---|---|---|---|---|---|
| 129. | Art. 1 G zur Anpassung des Finanzdienstleistungsrechts an die Rechtsprechung des EUGH vom 11. September 2019 in der Rechtssache C-383/18 und vom 26. März 2020 in der Rechtssache C-66/19[1] | 9.6.2021 | BGBl. I S. 1666 | §§ 506, 675d<br>§ 501 | geänd. mWv 15.6.2021<br>neu gef. mWv 15.6.2021 |
| 130. | Art. 19 TelekommunikationsmodernisierungsG[2] | 23.6.2021 | BGBl. I S. 1858 | §§ 555b, 556, 559 | geänd. mWv 1.12.2021 |
| 131. | Art. 18 G zur Fortentwicklung der StrafprozessO und zur Änd. weiterer Vorschriften | 25.6.2021 | BGBl. I S. 2099 | § 1361b | geänd. mWv 1.7.2021 |
| 132. | Art. 2 G über die Insolvenzsicherung durch Reisesicherungsfonds und zur Änd. reiserechtl. Vorschriften[3] | 25.6.2021 | BGBl. I S. 2114 | § 651t<br>§ 651r | geänd. mWv 1.7.2021<br>neu gef. mWv 1.7.2021 |
| 133. | Art. 1 G zur Umsetzung der RL über bestimmte vertragsrechtliche Aspekte der Bereitstellung digitaler Inhalte und digitaler Dienstleistungen[4] | 25.6.2021 | BGBl. I S. 2123, ber. 2022 S. 105 | Inhaltsübersicht, §§ 312, 312f, 453, 580a, 620, 650<br>§ 327, Buch 2 Abschnitt 8 Titel 5 UTitel 3 Überschrift<br>Buch 2 Abschnitt 3 Titel 2a (§§ 327–327u), §§ 445c, 475a, 516a, 548a, 578b | geänd. mWv 1.1.2022<br>neu gef. mWv 1.1.2022<br>eingef. mWv 1.1.2022 |
| 134. | Art. 1 G zur Regelung des Verkaufs von Sachen mit digitalen Elementen und anderer Aspekte des Kaufvertrags[5] | 25.6.2021 | BGBl. I S. 2133 | §§ 439, 445a, 445b, 474, 475, 478<br>§§ 434, 476, 477, 479<br>§§ 475b, 475c, 475d, 475e | geänd. mWv 1.1.2022<br>neu gef. mWv 1.1.2022<br>eingef. mWv 1.1.2022 |

*(Fortsetzung der Anm. von voriger Seite)*
vom 7. Oktober 2020 über Europäische Schwarmfinanzierungsdienstleister für Unternehmen und zur Änderung der Verordnung (EU) 2017/1129 und der Richtlinie (EU) 2019/1937.

[1] **Amtl. Anm.:** Artikel 1 des Gesetzes dient der Umsetzung der Richtlinie 2008/48/EG des Europäischen Parlaments und des Rates vom 23. April 2008 über Verbraucherkreditverträge und zur Aufhebung der Richtlinie 87/102/EWG des Rates (ABl. L 133 vom 22.5.2008, S. 66; L 207 vom 11.8.2009; S. 14; L 199 vom 31.7.2010, S. 40; L 234 vom 10.9.2011, S. 46), die zuletzt durch die Verordnung (EU) 2019/124 (ABl. L 198 vom 25.7.2019, S. 241) geändert worden ist.

[2] **Amtl. Anm.:** Dieses Gesetz dient der Umsetzung der Richtlinie (EU) 2018/1972 des Europäischen Parlaments und des Rates vom 11. Dezember 2018 über den europäischen Kodex für die elektronische Kommunikation (Neufassung) (ABl. L 321 vom 17.12.2018, S. 36).

[3] **Amtl. Anm.:** Dieses Gesetz dient der Umsetzung der Richtlinie (EU) 2015/2302 des Europäischen Parlaments und des Rates vom 25. November 2015 über Pauschalreisen und verbundene Reiseleistungen, zur Änderung der Verordnung (EG) Nr. 2006/2004 und der Richtlinie 2011/83/EU des Europäischen Parlaments und des Rates sowie zur Aufhebung der Richtlinie 90/314/EWG des Rates (ABl. L 326 vom 11.12.2015, S. 1).

[4] **Amtl. Anm.:** Dieses Gesetz dient der Umsetzung der Richtlinie (EU) 2019/770 des Europäischen Parlaments und des Rates vom 20. Mai 2019 über bestimmte vertragsrechtliche Aspekte der Bereitstellung digitaler Inhalte und digitaler Dienstleistungen (ABl. L 136 vom 22.5.2019, S. 1; L 305 vom 26.11.2019, S. 62).

[5] **Amtl. Anm.:** Dieses Gesetz dient der Umsetzung der Richtlinie (EU) 2019/771 des Europäischen Parlaments und des Rates vom 20. Mai 2019 über bestimmte vertragsrechtliche Aspekte des Warenkaufs, zur Änderung der Verordnung (EU) 2017/2394 und der Richtlinie 2009/22/EG sowie zur Aufhebung der Richtlinie 1999/44/EG (ABl. L 136 vom 22.5.2019, S. 28; L 305 vom 26.11.2019, S. 66).

| Lfd. Nr. | Änderndes Gesetz | Datum | Fundstelle | Betroffen | Hinweis |
|---|---|---|---|---|---|
| 135. | Art. 1, 3 G zur Vereinheitlichung des Stiftungsrechts und zur Änd. des InfektionsschutzG | 16.7.2021 | BGBl. I S. 2947 | Inhaltsübersicht, § 2101 | geänd. mWv 1.7.2023 |
| | | | | Buch 1 Abschnitt 1 Titel 2 UTitel 2 (§§ 80–88) | neu gef. mWv 1.7.2023 |
| | | | | §§ 82b, 82c, 82d, 84d, 85b, 86i, 87d | eingef. mWv 1.1.2026 |
| 136. | Art. 12 G zur Umsetzung der DigitalisierungsRL[1] | 5.7.2021 | BGBl. I S. 3338 | §§ 71, 126a | geänd. mWv 1.8.2022 |
| | | | | §§ 66, 129 | neu gef. mWv 1.8.2022 |
| 137. | Art. 1 G für faire Verbraucherverträge[2] | 10.8.2021 | BGBl. I S. 3433 | §§ 308, 310 | geänd. mWv 1.10.2021 |
| | | | | § 309 | geänd. mWv 1.3.2022 |
| | | | | §§ 312, 312l, 312m | geänd. mWv 1.7.2022 |
| | | | | § 312k | eingef. mWv 1.7.2022 |
| 138. | Art. 1 PersonengesellschaftsrechtsmodernisierungsG (MoPeG) | 10.8.2021 | BGBl. I S. 3436 | § 707d | eingef. mWv 18.8.2021 |
| | | | | Inhaltsübersicht | geänd. mWv 1.1.2024 |
| | | | | § 54, Buch 2 Abschnitt 8 Titel 16 (§§ 705–740c) | neu gef. mWv 1.1.2024 |
| | | | | § 899a | aufgeh. mit Ablauf des 31.12. 2023 |
| 139. | Art. 1 G zur Änd. des BGB u. des EGBGB in Ums. der RL (EU) 2019/2161 u. zur Aufh. der VO zur Übertrag. der Zust. für die Durchf. der VO (EG) Nr. 2006/2004 auf das BMJV[3] [2] | 10.8.2021 | BGBl. I S. 3483 | Inhaltsüb., §§ 312, 312e, Buch 2 Abschn. 3 Titel 1 UTitel 2 Kap. 3 Überschr., §§ 312j, 312l, 356, 357, 357b–357e, 358, 360 | geänd. mWv 28.5.2022 |
| | | | | §§ 312k, 357a | eingef. mWv 28.5.2022 |
| 140. | Art. 1 MietspiegelreformG | 10.8.2021 | BGBl. I S. 3515 | § 558c | geänd. mWv 18.8.2021 |
| | | | | §§ 558c, 558d | geänd. mWv 1.7.2022 |
| 141. | Art. 2 G zur Herstellung materieller Gerechtigkeit | 21.12. 2021 | BGBl. I S. 5252 | § 194 | geänd. mWv 30.12.2021 |

[1] **Amtl. Anm.:** Dieses Gesetz dient der Umsetzung der Richtlinie (EU) 2019/1151 des Europäischen Parlaments und des Rates vom 20. Juni 2019 zur Änderung der Richtlinie (EU) 2017/1132 im Hinblick auf den Einsatz digitaler Werkzeuge und Verfahren im Gesellschaftsrecht (ABl. L 186 vom 11.7.2019, S. 80).

[2] **Amtl. Anm.:** Notifiziert gemäß der Richtlinie (EU) 2015/1535 des Europäischen Parlaments und des Rates vom 9. September 2015 über ein Informationsverfahren auf dem Gebiet der technischen Vorschriften und der Vorschriften für die Dienste der Informationsgesellschaft (ABl. L 241 vom 17.9.2015, S. 1).

[3] **Amtl. Anm.:** Dieses Gesetz dient der Umsetzung der Richtlinie (EU) 2019/2161 des Europäischen Parlaments und des Rates vom 27. November 2019 zur Änderung der Richtlinie 93/13/EWG des Rates und der Richtlinien 98/6/EG, 2005/29/EG und 2011/83/EU des Europäischen Parlaments und des Rates zur besseren Durchsetzung und Modernisierung der Verbraucherschutzvorschriften der Union (ABl. L 328 vom 18.12.2019, S. 7).

| Lfd. Nr. | Änderndes Gesetz | Datum | Fundstelle | Betroffen | Hinweis |
|---|---|---|---|---|---|
| 142. | Art. 5 G zur Durchführung der EU-Verordnungen über grenzüberschreitende Zustellungen und grenzüberschreitende Beweisaufnahmen in Zivil- oder Handelssachen sowie zur Änd. sonstiger Vorschriften | 24.6.2022 | BGBl. I S. 959 | § 240a<br>§§ 1631e, 1795, 1817, 1821, 1862 | geänd. mWv 1.7.2022<br>geänd. mWv 1.1.2023 |
| 143. | Art. 4 G zur Ergänzung der Regelungen zur Umsetzung der DigitalisierungsRL und zur Änd. weiterer Vorschriften[1] | 15.7.2022 | BGBl. I S. 1146 | § 356<br>§ 77 | geänd. mWv 22.7.2022<br>geänd. mWv 1.8.2023 |
| 144. | Art. 1 G zur Abschaffung des Güterrechtsregisters und zur Änd. des COVID-19-InsolvenzaussetzungsG | 31.10. 2022 | BGBl. I S. 1966 | Inhaltsübersicht<br>§ 1412<br>Buch 4 Abschnitt 1 Titel 6 UTitel 3 (§§ 1558–1563) | geänd. mWv 1.1.2023<br>neu gef. mWv 1.1.2023<br>aufgeh. mit Ablauf des 31.12. 2022 |
| 145. | Art. 6 G zur Durchführung des Haager Übereinkommens über die Anerkennung und Vollstreckung ausländischer Entscheidungen in Zivil- und Handelssachen sowie zur Änd. der ZPO, des BGB, des WohnungseigentumsG und des G zur Modernisierung des Strafverfahrens | 7.11.2022 | BGBl. I S. 1982 | § 1517 | geänd. mWv 12.11.2022 |
| 146. | Art. 24 G zur Umsetzung der UmwandlungsRL und zur Änd. weiterer Gesetze | 22.2.2023 | BGBl. 2023 I Nr. 51 | § 2201 | geänd. mWv 1.1.2023 |
| 147. | Art. 1 G zur Ermöglichung hybrider und virtueller Mitgliederversammlungen im Vereinsrecht | 14.3.2023 | BGBl. 2023 I Nr. 72 | § 32 | geänd. mWv 21.3.2023 |

**Vorbemerkung:**

**Die Änderungen durch G v. 16.7.2021 (BGBl. I S. 2947) treten teilweise erst mWv 1.1.2026 in Kraft und sind insoweit im Text noch nicht berücksichtigt.**

**Die Änderungen durch G v. 10.8.2021 (BGBl. I S. 3436) treten teilweise erst mWv 1.1.2024 in Kraft und sind insoweit im Text noch nicht berücksichtigt.**

[1] **Amtl. Anm.:** Notifiziert gemäß der Richtlinie (EU) 2015/1535 des Europäischen Parlaments und des Rates vom 9. September 2015 über ein Informationsverfahren auf dem Gebiet der technischen Vorschriften und der Vorschriften für die Dienste der Informationsgesellschaft (ABl. L 241 vom 17.9.2015, S. 1).

**Inhaltsübersicht[1) 2)]**



---

[1)] Inhaltsübersicht geänd. mWv 11.6.2010 durch G v. 29.7.2009 (BGBl. I S. 2355); Wiedergabe der einzelnen Paragraphen aufgeh. mWv 1.1.2010 durch G v. 24.9.2009 (BGBl. I S. 3142); Inhaltsübersicht geänd. mWv 30.7.2010 durch G v. 24.7.2010 (BGBl. I S. 977); mWv 23.2.2011 durch G v. 17.1.2011 (BGBl. I S. 34); mWv 1.5.2013 durch G v. 15.3.2012 (BGBl. II S. 178, geänd. durch Bek. v. 22.4.2013 (BGBl. II S. 431); mWv 26.2.2013 durch G v. 20.2.2013 (BGBl. I S. 277); mWv 1.5.2013 durch G v. 11.3. 2013 (BGBl. I S. 434); mWv 13.6.2014 durch G v. 20.9.2013 (BGBl. I S. 3642); mWv 1.6.2015 durch G v. 21.4.2015 (BGBl. I S. 610); mWv 21.3.2016 durch G v. 11.3.2016 (BGBl. I S. 396); mWv 1.1.2018 durch G v. 28.4.2017 (BGBl. I S. 969); mWv 1.7.2018 durch G v. 17.7.2017 (BGBl. I S. 2394); mWv 13.1.2018 durch G v. 17.7.2017 (BGBl. I S. 2446); mWv 22.12.2018 durch G v. 18.12.2018 (BGBl. I S. 2639); mWv 23.12.2020 durch G v. 12.6.2020 (BGBl. I S. 1245); mWv 1.1.2023 durch G v. 4.5.2021 (BGBl. I S. 882); mWv 1.1.2022 durch G v. 25.6.2021 (BGBl. I S. 2123); mWv 1.7.2023 durch G v. 16.7.2021 (BGBl. I S. 2947); mWv 28.5.2022 durch G v. 10.8.2021 (BGBl. I S. 3483); mWv 1.1.2023 durch G v. 31.10.2022 (BGBl. I S. 1966); sie wurde nichtamtlich an die Änderungen mWv 21.3.2016 durch G v. 11.3.2016 (BGBl. I S. 396), mWv 26.11.2019 durch G v. 20.11.2019 (BGBl. I S. 1724) und mWv 31.3.2020 durch G v. 19.3. 2020 (BGBl. I S. 541) angepasst.

[2)] Zur besseren Übersichtlichkeit wurden den Gliederungsüberschriften redaktionell die zugehörigen §§ angefügt.

# Buch 1. Allgemeiner Teil

## Abschnitt 1. Personen

### Titel 1. Natürliche Personen, Verbraucher, Unternehmer

**§ 1 Beginn der Rechtsfähigkeit** Die Rechtsfähigkeit des Menschen beginnt mit der Vollendung der Geburt.

**§ 2 Eintritt der Volljährigkeit.** Die Volljährigkeit tritt mit der Vollendung des 18. Lebensjahres ein.

**§§ 3 bis 6** (weggefallen)

**§ 7 Wohnsitz; Begründung und Aufhebung.** (1) Wer sich an einem Orte ständig niederlässt, begründet an diesem Orte seinen Wohnsitz.

(2) Der Wohnsitz kann gleichzeitig an mehreren Orten bestehen.

(3) Der Wohnsitz wird aufgehoben, wenn die Niederlassung mit dem Willen aufgehoben wird, sie aufzugeben.

**§ 8[1] Wohnsitz nicht voll Geschäftsfähiger.** Wer geschäftsunfähig oder in der Geschäftsfähigkeit beschränkt ist, kann ohne den Willen seines gesetzlichen Vertreters einen Wohnsitz weder begründen noch aufheben.

**§ 9 Wohnsitz eines Soldaten.** (1) [1] Ein Soldat hat seinen Wohnsitz am Standort. [2] Als Wohnsitz eines Soldaten, der im Inland keinen Standort hat, gilt der letzte inländische Standort.

(2) Diese Vorschriften finden keine Anwendung auf Soldaten, die nur auf Grund der Wehrpflicht Wehrdienst leisten oder die nicht selbständig einen Wohnsitz begründen können.

**§ 10** (weggefallen)

**§ 11 Wohnsitz des Kindes.** [1] Ein minderjähriges Kind teilt den Wohnsitz der Eltern; es teilt nicht den Wohnsitz eines Elternteils, dem das Recht fehlt, für die Person des Kindes zu sorgen. [2] Steht keinem Elternteil das Recht zu, für die Person

[1] § 8 Abs. 2 aufgeh. mWv 22.7.2017 durch G v. 17.7.2017 (BGBl. I S. 2429).

des Kindes zu sorgen, so teilt das Kind den Wohnsitz desjenigen, dem dieses Recht zusteht. [3] Das Kind behält den Wohnsitz, bis es ihn rechtsgültig aufhebt.

**§ 12[1)] Namensrecht.** [1] Wird das Recht zum Gebrauch eines Namens dem Berechtigten von einem anderen bestritten oder wird das Interesse des Berechtigten dadurch verletzt, dass ein anderer unbefugt den gleichen Namen gebraucht, so kann der Berechtigte von dem anderen Beseitigung der Beeinträchtigung verlangen. [2] Sind weitere Beeinträchtigungen zu besorgen, so kann er auf Unterlassung klagen.

**§ 13[2)] Verbraucher.** Verbraucher ist jede natürliche Person, die ein Rechtsgeschäft zu Zwecken abschließt, die überwiegend weder ihrer gewerblichen noch ihrer selbständigen beruflichen Tätigkeit zugerechnet werden können.

**§ 14[3)] Unternehmer.** (1) Unternehmer ist eine natürliche oder juristische Person oder eine rechtsfähige Personengesellschaft, die bei Abschluss eines Rechtsgeschäfts in Ausübung ihrer gewerblichen oder selbständigen beruflichen Tätigkeit handelt.

(2) Eine rechtsfähige Personengesellschaft ist eine Personengesellschaft, die mit der Fähigkeit ausgestattet ist, Rechte zu erwerben und Verbindlichkeiten einzugehen.

**§§ 15 bis 20[4)]** (weggefallen)

### Titel 2. Juristische Personen

#### Untertitel 1.[5)] Vereine

##### Kapitel 1. Allgemeine Vorschriften

**§ 21 Nicht wirtschaftlicher Verein.** Ein Verein, dessen Zweck nicht auf einen wirtschaftlichen Geschäftsbetrieb gerichtet ist, erlangt Rechtsfähigkeit durch Eintragung in das Vereinsregister des zuständigen Amtsgerichts.

**§ 22[6)] Wirtschaftlicher Verein.** [1] Ein Verein, dessen Zweck auf einen wirtschaftlichen Geschäftsbetrieb gerichtet ist, erlangt in Ermangelung besonderer bundesgesetzlicher Vorschriften Rechtsfähigkeit durch staatliche Verleihung. [2] Die Verleihung steht dem Land zu, in dessen Gebiet der Verein seinen Sitz hat.

**§ 23[7)]** *(aufgehoben)*

**§ 24 Sitz.** Als Sitz eines Vereins gilt, wenn nicht ein anderes bestimmt ist, der Ort, an welchem die Verwaltung geführt wird.

**§ 25 Verfassung.** Die Verfassung eines rechtsfähigen Vereins wird, soweit sie nicht auf den nachfolgenden Vorschriften beruht, durch die Vereinssatzung bestimmt.

---

[1)] Beachte hierzu auch das G über die Änderung der Vornamen und die Feststellung der Geschlechtszugehörigkeit in besonderen Fällen (Transsexuellengesetz – TSG) v. 10.9.1980 (BGBl. I S. 1654), zuletzt geänd. durch G v. 20.7.2017 (BGBl. I S. 2787).

[2)] § 13 neu gef. mWv 13.6.2014 durch G v. 20.9.2013 (BGBl. I S. 3642).

[3)] **Amtl. Anm.:** Diese Vorschriften dienen der Umsetzung der eingangs zu den Nummern 3, 4, 6, 7, 9 und 11 genannten Richtlinien.

[4)] An die Stelle der weggefallenen §§ 15–20 ist das VerschollenheitsG **(Habersack, Deutsche Gesetze ErgBd. Nr. 45)** getreten.

[5)] Wegen des für das Gebiet der ehem. DDR geltenden Übergangsrechts zu §§ 21–79 beachte Art. 231 § 2 EGBGB (Nr. **21**).

[6)] § 22 Sätze 1 und 2 geänd. mWv 30.9.2009 durch G v. 24.9.2009 (BGBl. I S. 3145).

[7)] § 23 aufgeh. mWv 30.9.2009 durch G v. 24.9.2009 (BGBl. I S. 3145).

**§ 26[1)] Vorstand und Vertretung.** (1) [1]Der Verein muss einen Vorstand haben. [2]Der Vorstand vertritt den Verein gerichtlich und außergerichtlich; er hat die Stellung eines gesetzlichen Vertreters. [3]Der Umfang der Vertretungsmacht kann durch die Satzung mit Wirkung gegen Dritte beschränkt werden.

(2) [1]Besteht der Vorstand aus mehreren Personen, so wird der Verein durch die Mehrheit der Vorstandsmitglieder vertreten. [2]Ist eine Willenserklärung gegenüber einem Verein abzugeben, so genügt die Abgabe gegenüber einem Mitglied des Vorstands.

**§ 27[2)] Bestellung und Geschäftsführung des Vorstands.** (1) Die Bestellung des Vorstands erfolgt durch Beschluss der Mitgliederversammlung.

(2) [1]Die Bestellung ist jederzeit widerruflich, unbeschadet des Anspruchs auf die vertragsmäßige Vergütung. [2]Die Widerruflichkeit kann durch die Satzung auf den Fall beschränkt werden, dass ein wichtiger Grund für den Widerruf vorliegt; ein solcher Grund ist insbesondere grobe Pflichtverletzung oder Unfähigkeit zur ordnungsmäßigen Geschäftsführung.

(3) [1]Auf die Geschäftsführung des Vorstands finden die für den Auftrag geltenden Vorschriften der §§ 664 bis 670 entsprechende Anwendung. [2]Die Mitglieder des Vorstands sind unentgeltlich tätig.

**§ 28[3)] Beschlussfassung des Vorstands.** Bei einem Vorstand, der aus mehreren Personen besteht, erfolgt die Beschlussfassung nach den für die Beschlüsse der Mitglieder des Vereins geltenden Vorschriften der §§ 32 und 34.

**§ 29 Notbestellung durch Amtsgericht.** Soweit die erforderlichen Mitglieder des Vorstands fehlen, sind sie in dringenden Fällen für die Zeit bis zur Behebung des Mangels auf Antrag eines Beteiligten von dem Amtsgericht zu bestellen, das für den Bezirk, in dem der Verein seinen Sitz hat, das Vereinsregister führt.

**§ 30 Besondere Vertreter.** [1]Durch die Satzung kann bestimmt werden, dass neben dem Vorstand für gewisse Geschäfte besondere Vertreter zu bestellen sind. [2]Die Vertretungsmacht eines solchen Vertreters erstreckt sich im Zweifel auf alle Rechtsgeschäfte, die der ihm zugewiesene Geschäftskreis gewöhnlich mit sich bringt.

**§ 31[4)] Haftung des Vereins für Organe.** Der Verein ist für den Schaden verantwortlich, den der Vorstand, ein Mitglied des Vorstands oder ein anderer verfassungsmäßig berufener Vertreter durch eine in Ausführung der ihm zustehenden Verrichtungen begangene, zum Schadensersatz verpflichtende Handlung einem Dritten zufügt.

**§ 31a[5)] Haftung von Organmitgliedern und besonderen Vertretern.**

(1) [1]Sind Organmitglieder oder besondere Vertreter unentgeltlich tätig oder erhalten sie für ihre Tätigkeit eine Vergütung, die 840 Euro jährlich nicht übersteigt, haften sie dem Verein für einen bei der Wahrnehmung ihrer Pflichten verursachten

---

[1)] § 26 neu gef. mWv 30.9.2009 durch G v. 24.9.2009 (BGBl. I S. 3145).

[2)] § 27 Abs. 3 Satz 2 angef. mWv 1.1.2015 durch G v. 21.3.2013 (BGBl. I S. 556).

[3)] § 28 neu gef. mWv 30.9.2009 durch G v. 24.9.2009 (BGBl. I S. 3145).

[4)] Wegen des für das Gebiet der ehem. DDR geltenden Übergangsrechts zu § 31 beachte Art. 231 § 4 EGBGB (Nr. **21**).

[5)] § 31a eingef. mWv 3.10.2009 durch G v. 28.9.2009 (BGBl. I S. 3161); neu gef. mWv 29.3.2013 durch G v. 21.3.2013 (BGBl. I S. 556); Abs. 1 Satz 1 geänd. mWv 7.4.2021 durch G v. 30.3.2021 (BGBl. I S. 607).

Schaden nur bei Vorliegen von Vorsatz oder grober Fahrlässigkeit. [2] Satz 1 gilt auch für die Haftung gegenüber den Mitgliedern des Vereins. [3] Ist streitig, ob ein Organmitglied oder ein besonderer Vertreter einen Schaden vorsätzlich oder grob fahrlässig verursacht hat, trägt der Verein oder das Vereinsmitglied die Beweislast.

(2) [1] Sind Organmitglieder oder besondere Vertreter nach Absatz 1 Satz 1 einem anderen zum Ersatz eines Schadens verpflichtet, den sie bei der Wahrnehmung ihrer Pflichten verursacht haben, so können sie von dem Verein die Befreiung von der Verbindlichkeit verlangen. [2] Satz 1 gilt nicht, wenn der Schaden vorsätzlich oder grob fahrlässig verursacht wurde.

**§ 31b[1)] Haftung von Vereinsmitgliedern.** (1) [1] Sind Vereinsmitglieder unentgeltlich für den Verein tätig oder erhalten sie für ihre Tätigkeit eine Vergütung, die 840 Euro jährlich nicht übersteigt, haften sie dem Verein für einen Schaden, den sie bei der Wahrnehmung der ihnen übertragenen satzungsgemäßen Vereinsaufgaben verursachen, nur bei Vorliegen von Vorsatz oder grober Fahrlässigkeit. [2] § 31a Absatz 1 Satz 3 ist entsprechend anzuwenden.

(2) [1] Sind Vereinsmitglieder nach Absatz 1 Satz 1 einem anderen zum Ersatz eines Schadens verpflichtet, den sie bei der Wahrnehmung der ihnen übertragenen satzungsgemäßen Vereinsaufgaben verursacht haben, so können sie von dem Verein die Befreiung von der Verbindlichkeit verlangen. [2] Satz 1 gilt nicht, wenn die Vereinsmitglieder den Schaden vorsätzlich oder grob fahrlässig verursacht haben.

**§ 32[2)] Mitgliederversammlung; Beschlussfassung.** (1) [1] Die Angelegenheiten des Vereins werden, soweit sie nicht von dem Vorstand oder einem anderen Vereinsorgan zu besorgen sind, durch Beschlussfassung in einer Versammlung der Mitglieder geordnet. [2] Zur Gültigkeit des Beschlusses ist erforderlich, dass der Gegenstand bei der Berufung bezeichnet wird. [3] Bei der Beschlussfassung entscheidet die Mehrheit der abgegebenen Stimmen.

(2) [1] Bei der Berufung der Versammlung kann vorgesehen werden, dass Mitglieder auch ohne Anwesenheit am Versammlungsort im Wege der elektronischen Kommunikation an der Versammlung teilnehmen und andere Mitgliederrechte ausüben können (hybride Versammlung). [2] Die Mitglieder können beschließen, dass künftige Versammlungen auch als virtuelle Versammlungen einberufen werden können, an der Mitglieder ohne Anwesenheit am Versammlungsort im Wege der elektronischen Kommunikation teilnehmen und ihre anderen Mitgliederrechte ausüben müssen. [3] Wird eine hybride oder virtuelle Versammlung einberufen, so muss bei der Berufung auch angegeben werden, wie die Mitglieder ihre Rechte im Wege der elektronischen Kommunikation ausüben können.

(3) Auch ohne Versammlung der Mitglieder ist ein Beschluss gültig, wenn alle Mitglieder ihre Zustimmung zu dem Beschluss schriftlich erklären.

**§ 33[3)] Satzungsänderung.** (1) [1] Zu einem Beschluss, der eine Änderung der Satzung enthält, ist eine Mehrheit von drei Vierteln der abgegebenen Stimmen erforderlich. [2] Zur Änderung des Zweckes des Vereins ist die Zustimmung aller Mitglieder erforderlich; die Zustimmung der nicht erschienenen Mitglieder muss schriftlich erfolgen.

---

[1)] § 31b eingef. mWv 29.3.2013 durch G v. 21.3.2013 (BGBl. I S. 556); Abs. 1 Satz 1 geänd. mWv 7.4.2021 durch G v. 30.3.2021 (BGBl. I S. 607).

[2)] § 32 Abs. 1 Satz 3 geänd. mWv 30.9.2009 durch G v. 24.9.2009 (BGBl. I S. 3145); Abs. 2 eingef., bish. Abs. 2 wird Abs. 3 mWv 21.3.2023 durch G v. 14.3.2023 (BGBl. 2023 I Nr. 72).

[3)] § 33 Abs. 1 Satz 1 geänd., Abs. 2 neu gef. mWv 30.9.2009 durch G v. 24.9.2009 (BGBl. I S. 3145).

(2) Beruht die Rechtsfähigkeit des Vereins auf Verleihung, so ist zu jeder Änderung der Satzung die Genehmigung der zuständigen Behörde erforderlich.

**§ 34 Ausschluss vom Stimmrecht.** Ein Mitglied ist nicht stimmberechtigt, wenn die Beschlussfassung die Vornahme eines Rechtsgeschäfts mit ihm oder die Einleitung oder Erledigung eines Rechtsstreits zwischen ihm und dem Verein betrifft.

**§ 35 Sonderrechte.** Sonderrechte eines Mitglieds können nicht ohne dessen Zustimmung durch Beschluss der Mitgliederversammlung beeinträchtigt werden.

**§ 36 Berufung der Mitgliederversammlung.** Die Mitgliederversammlung ist in den durch die Satzung bestimmten Fällen sowie dann zu berufen, wenn das Interesse des Vereins es erfordert.

**§ 37 Berufung auf Verlangen einer Minderheit.** (1) Die Mitgliederversammlung ist zu berufen, wenn der durch die Satzung bestimmte Teil oder in Ermangelung einer Bestimmung der zehnte Teil der Mitglieder die Berufung schriftlich unter Angabe des Zweckes und der Gründe verlangt.

(2) [1] Wird dem Verlangen nicht entsprochen, so kann das Amtsgericht die Mitglieder, die das Verlangen gestellt haben, zur Berufung der Versammlung ermächtigen; es kann Anordnungen über die Führung des Vorsitzes in der Versammlung treffen. [2] Zuständig ist das Amtsgericht, das für den Bezirk, in dem der Verein seinen Sitz hat, das Vereinsregister führt. [3] Auf die Ermächtigung muss bei der Berufung der Versammlung Bezug genommen werden.

**§ 38 Mitgliedschaft.** [1] Die Mitgliedschaft ist nicht übertragbar und nicht vererblich. [2] Die Ausübung der Mitgliedschaftsrechte kann nicht einem anderen überlassen werden.

**§ 39 Austritt aus dem Verein.** (1) Die Mitglieder sind zum Austritt aus dem Verein berechtigt.

(2) Durch die Satzung kann bestimmt werden, dass der Austritt nur am Schluss eines Geschäftsjahrs oder erst nach dem Ablauf einer Kündigungsfrist zulässig ist; die Kündigungsfrist kann höchstens zwei Jahre betragen.

**§ 40[1)] Nachgiebige Vorschriften.** [1] Die Vorschriften des § 26 Absatz 2 Satz 1, des § 27 Absatz 1 und 3, ,[2)] der §§ 28, 31a Abs. 1 Satz 2 sowie der §§ 32, 33 und 38 finden insoweit keine Anwendung als die Satzung ein anderes bestimmt. [2] Von § 34 kann auch für die Beschlussfassung des Vorstands durch die Satzung nicht abgewichen werden.

**§ 41[3)] Auflösung des Vereins.** [1] Der Verein kann durch Beschluss der Mitgliederversammlung aufgelöst werden. [2] Zu dem Beschluss ist eine Mehrheit von drei Vierteln der abgegebenen Stimmen erforderlich, wenn nicht die Satzung ein anderes bestimmt.

---

[1)] § 40 neu gef. mWv 30.9.2009 durch G v. 24.9.2009 (BGBl. I S. 3145); Satz 1 geänd. mWv 3.10.2009 durch G v. 28.9.2009 (BGBl. I S. 3161).

[2)] Zeichensetzung amtlich.

[3)] § 41 Satz 2 geänd. mWv 30.9.2009 durch G v. 24.9.2009 (BGBl. I S. 3145).

**§ 42[1] Insolvenz.** (1) [1]Der Verein wird durch die Eröffnung des Insolvenzverfahrens und mit Rechtskraft des Beschlusses, durch den die Eröffnung des Insolvenzverfahrens mangels Masse abgewiesen worden ist, aufgelöst. [2]Wird das Verfahren auf Antrag des Schuldners eingestellt oder nach der Bestätigung eines Insolvenzplans, der den Fortbestand des Vereins vorsieht, aufgehoben, so kann die Mitgliederversammlung die Fortsetzung des Vereins beschließen. [3]Durch die Satzung kann bestimmt werden, dass der Verein im Falle der Eröffnung des Insolvenzverfahrens als nicht rechtsfähiger Verein fortbesteht; auch in diesem Falle kann unter den Voraussetzungen des Satzes 2 die Fortsetzung als rechtsfähiger Verein beschlossen werden.

(2)[2] [1]Der Vorstand hat im Falle der Zahlungsunfähigkeit oder der Überschuldung die Eröffnung des Insolvenzverfahrens zu beantragen. [2]Wird die Stellung des Antrags verzögert, so sind die Vorstandsmitglieder, denen ein Verschulden zur Last fällt, den Gläubigern für den daraus entstehenden Schaden verantwortlich; sie haften als Gesamtschuldner.

**§ 43[3] Entziehung der Rechtsfähigkeit.** Einem Verein, dessen Rechtsfähigkeit auf Verleihung beruht, kann die Rechtsfähigkeit entzogen werden, wenn er einen anderen als den in der Satzung bestimmten Zweck verfolgt.

**§ 44[4] Zuständigkeit und Verfahren.** Die Zuständigkeit und das Verfahren für die Entziehung der Rechtsfähigkeit nach § 43 bestimmen sich nach dem Recht des Landes, in dem der Verein seinen Sitz hat.

**§ 45[5] Anfall des Vereinsvermögens.** (1) Mit der Auflösung des Vereins oder der Entziehung der Rechtsfähigkeit fällt das Vermögen an die in der Satzung bestimmten Personen.

(2) [1]Durch die Satzung kann vorgeschrieben werden, dass die Anfallberechtigten durch Beschluss der Mitgliederversammlung oder eines anderen Vereinsorgans bestimmt werden. [2]Ist der Zweck des Vereins nicht auf einen wirtschaftlichen Geschäftsbetrieb gerichtet, so kann die Mitgliederversammlung auch ohne eine solche Vorschrift das Vermögen einer öffentlichen Stiftung oder Anstalt zuweisen.

(3) Fehlt es an einer Bestimmung der Anfallberechtigten, so fällt das Vermögen, wenn der Verein nach der Satzung ausschließlich den Interessen seiner Mitglieder diente, an die zur Zeit der Auflösung oder der Entziehung der Rechtsfähigkeit vorhandenen Mitglieder zu gleichen Teilen, anderenfalls an den Fiskus des Landes, in dessen Gebiet der Verein seinen Sitz hatte.

**§ 46 Anfall an den Fiskus.** [1]Fällt das Vereinsvermögen an den Fiskus, so finden die Vorschriften über eine dem Fiskus als gesetzlichem Erben anfallende Erbschaft entsprechende Anwendung. [2]Der Fiskus hat das Vermögen tunlichst in einer den Zwecken des Vereins entsprechenden Weise zu verwenden.

**§ 47 Liquidation.** Fällt das Vereinsvermögen nicht an den Fiskus, so muss eine Liquidation stattfinden, sofern nicht über das Vermögen des Vereins das Insolvenzverfahren eröffnet ist.

---

[1] § 42 Abs. 1 Satz 1 geänd. mWv 30.9.2009 durch G v. 24.9.2009 (BGBl. I S. 3145).
[2] Siehe hierzu das Sanierungs- und insolvenzrechtliches KrisenfolgenabmilderungsG (Nr. **110d**).
[3] § 43 neu gef. mWv 30.9.2009 durch G v. 24.9.2009 (BGBl. I S. 3145).
[4] § 44 neu gef. mWv 30.9.2009 durch G v. 24.9.2009 (BGBl. I S. 3145).
[5] § 45 Abs. 3 geänd. mWv 30.9.2009 durch G v. 24.9.2009 (BGBl. I S. 3145).

**§ 48**[1)] **Liquidatoren.** (1) [1]Die Liquidation erfolgt durch den Vorstand. [2]Zu Liquidatoren können auch andere Personen bestellt werden; für die Bestellung sind die für die Bestellung des Vorstands geltenden Vorschriften maßgebend.

(2) Die Liquidatoren haben die rechtliche Stellung des Vorstands, soweit sich nicht aus dem Zwecke der Liquidation ein anderes ergibt.

(3) Sind mehrere Liquidatoren vorhanden, so sind sie nur gemeinschaftlich zur Vertretung befugt und können Beschlüsse nur einstimmig fassen, sofern nicht ein anderes bestimmt ist.

**§ 49 Aufgaben der Liquidatoren.** (1) [1]Die Liquidatoren haben die laufenden Geschäfte zu beendigen, die Forderungen einzuziehen, das übrige Vermögen in Geld umzusetzen, die Gläubiger zu befriedigen und den Überschuss den Anfallberechtigten auszuantworten. [2]Zur Beendigung schwebender Geschäfte können die Liquidatoren auch neue Geschäfte eingehen. [3]Die Einziehung der Forderungen sowie die Umsetzung des übrigen Vermögens in Geld darf unterbleiben, soweit diese Maßregeln nicht zur Befriedigung der Gläubiger oder zur Verteilung des Überschusses unter die Anfallberechtigten erforderlich sind.

(2) Der Verein gilt bis zur Beendigung der Liquidation als fortbestehend, soweit der Zweck der Liquidation es erfordert.

**§ 50**[2)] **Bekanntmachung des Vereins in Liquidation.** (1) [1]Die Auflösung des Vereins oder die Entziehung der Rechtsfähigkeit ist durch die Liquidatoren öffentlich bekannt zu machen. [2]In der Bekanntmachung sind die Gläubiger zur Anmeldung ihrer Ansprüche aufzufordern. [3]Die Bekanntmachung erfolgt durch das in der Satzung für Veröffentlichungen bestimmte Blatt. [4]Die Bekanntmachung gilt mit dem Ablauf des zweiten Tages nach der Einrückung oder der ersten Einrückung als bewirkt.

(2) Bekannte Gläubiger sind durch besondere Mitteilung zur Anmeldung aufzufordern.

**§ 50a**[3)] **Bekanntmachungsblatt.** Hat ein Verein in der Satzung kein Blatt für Bekanntmachungen bestimmt oder hat das bestimmte Bekanntmachungsblatt sein Erscheinen eingestellt, sind Bekanntmachungen des Vereins in dem Blatt zu veröffentlichen, welches für Bekanntmachungen des Amtsgerichts bestimmt ist, in dessen Bezirk der Verein seinen Sitz hat.

**§ 51 Sperrjahr.** Das Vermögen darf den Anfallberechtigten nicht vor dem Ablauf eines Jahres nach der Bekanntmachung der Auflösung des Vereins oder der Entziehung der Rechtsfähigkeit ausgeantwortet werden.

**§ 52 Sicherung für Gläubiger.** (1) Meldet sich ein bekannter Gläubiger nicht, so ist der geschuldete Betrag, wenn die Berechtigung zur Hinterlegung vorhanden ist, für den Gläubiger zu hinterlegen.

(2) Ist die Berichtigung einer Verbindlichkeit zur Zeit nicht ausführbar oder ist eine Verbindlichkeit streitig, so darf das Vermögen den Anfallberechtigten nur ausgeantwortet werden, wenn dem Gläubiger Sicherheit geleistet ist.

---

1) § 48 Abs. 3 neu gef. mWv 30.9.2009 durch G v. 24.9.2009 (BGBl. I S. 3145).
2) § 50 Überschrift und Abs. 1 Satz 3 geänd. mWv 30.11.2007 durch G v. 23.11.2007 (BGBl. I S. 2614).
3) § 50a eingef. mWv 30.11.2007 durch G v. 23.11.2007 (BGBl. I S. 2614).

**§ 53[1] Schadensersatzpflicht der Liquidatoren.** Liquidatoren, welche die ihnen nach dem § 42 Abs. 2 und den §§ 50, 51 und 52 obliegenden Verpflichtungen verletzen oder vor der Befriedigung der Gläubiger Vermögen den Anfallberechtigten ausantworten, sind, wenn ihnen ein Verschulden zur Last fällt, den Gläubigern für den daraus entstehenden Schaden verantwortlich; sie haften als Gesamtschuldner.

**§ 54[2] Nicht rechtsfähige Vereine.** [1]Auf Vereine, die nicht rechtsfähig sind, finden die Vorschriften über die Gesellschaft Anwendung. [2]Aus einem Rechtsgeschäft, das im Namen eines solchen Vereins einem Dritten gegenüber vorgenommen wird, haftet der Handelnde persönlich; handeln mehrere, so haften sie als Gesamtschuldner.[3]

**Kapitel 2. Eingetragene Vereine**

**§ 55[4] [2] Zuständigkeit für die Registereintragung.** Die Eintragung eines Vereins der in § 21 bezeichneten Art in das Vereinsregister hat bei dem Amtsgericht zu geschehen, in dessen Bezirk der Verein seinen Sitz hat.

**§ 55a[5] Elektronisches Vereinsregister.** (1) [1]Die Landesregierungen können durch Rechtsverordnung[6] bestimmen, dass und in welchem Umfang das Vereinsregister in maschineller Form als automatisierte Datei geführt wird. [2]Hierbei muss gewährleistet sein, dass

1. die Grundsätze einer ordnungsgemäßen Datenverarbeitung eingehalten, insbesondere Vorkehrungen gegen einen Datenverlust getroffen sowie die erforderlichen Kopien der Datenbestände mindestens tagesaktuell gehalten und die originären Datenbestände sowie deren Kopien sicher aufbewahrt werden,
2. die vorzunehmenden Eintragungen alsbald in einen Datenspeicher aufgenommen und auf Dauer inhaltlich unverändert in lesbarer Form wiedergegeben werden können und
3. die nach den Artikeln 24, 25 und 32 der Verordnung (EU) 2016/679[7] erforderlichen Anforderungen erfüllt sind.

[3]Die Landesregierungen können durch Rechtsverordnung die Ermächtigung nach Satz 1 auf die Landesjustizverwaltungen übertragen.

(2) [1]Das maschinell geführte Vereinsregister tritt für eine Seite des Registers an die Stelle des bisherigen Registers, sobald die Eintragungen dieser Seite in den für die Vereinsregistereintragungen bestimmten Datenspeicher aufgenommen und als Vereinsregister freigegeben worden sind. [2]Die entsprechenden Seiten des bisherigen Vereinsregisters sind mit einem Schließungsvermerk zu versehen.

(3) [1]Eine Eintragung wird wirksam, sobald sie in den für die Registereintragungen bestimmten Datenspeicher aufgenommen ist und auf Dauer inhaltlich unver-

---

[1] § 53 geänd. mWv 30.11.2007 durch G v. 23.11.2007 (BGBl. I S. 2614).

[2] Wegen des für das Gebiet der ehem. DDR geltenden Übergangsrechts zu den §§ 54 und 55 beachte Art. 231 § 2 Abs. 2 und 4 EGBGB (Nr. **21**).

[3] § 54 Satz 2 wird bei Parteien nicht angewandt; vgl. § 37 ParteienG **(Sartorius Nr. 58)**.

[4] § 55 Abs. 2 neu gef. mWv 25.4.2006 durch G v. 19.4.2006 (BGBl. I S. 866); Abs. 2 aufgeh. mWv 1.9.2009 durch G v. 17.12.2008 (BGBl. I S. 2586).

[5] § 55a Abs. 6 und 7 aufgeh. mWv 1.9.2009 durch G v. 17.12.2008 (BGBl. I S. 2586); Abs. 2 und 5 aufgeh., bish. Abs. 3 und 4 werden Abs. 2 und 3 mWv 30.9.2009 durch G v. 24.9.2009 (BGBl. I S. 3145); Abs. 1 Satz 2 Nr. 2 geänd., Nr. 3 neu gef. mWv 26.11.2019 durch G v. 20.11.2019 (BGBl. I S. 1724).

[6] Siehe die Vereinsregisterverordnung (VRV) v. 10.2.1999 (BGBl. I S. 147), zuletzt geänd. durch G v. 5.7.2021 (BGBl. I S. 3338).

[7] **Sartorius Nr. 246.**

ändert in lesbarer Form wiedergegeben werden kann. [2]Durch eine Bestätigungsanzeige oder in anderer geeigneter Weise ist zu überprüfen, ob diese Voraussetzungen eingetreten sind. [3]Jede Eintragung soll den Tag angeben, an dem sie wirksam geworden ist.

**§ 56 Mindestmitgliederzahl des Vereins.** Die Eintragung soll nur erfolgen, wenn die Zahl der Mitglieder mindestens sieben beträgt.

**§ 57 Mindesterfordernisse an die Vereinssatzung.** (1) Die Satzung muss den Zweck, den Namen und den Sitz des Vereins enthalten und ergeben, dass der Verein eingetragen werden soll.

(2) Der Name soll sich von den Namen der an demselben Orte oder in derselben Gemeinde bestehenden eingetragenen Vereine deutlich unterscheiden.

**§ 58 Sollinhalt der Vereinssatzung.** Die Satzung soll Bestimmungen enthalten:
1. über den Eintritt und Austritt der Mitglieder,
2. darüber, ob und welche Beiträge von den Mitgliedern zu leisten sind,
3. über die Bildung des Vorstands,
4. über die Voraussetzungen, unter denen die Mitgliederversammlung zu berufen ist, über die Form der Berufung und über die Beurkundung der Beschlüsse.

**§ 59[1)] Anmeldung zur Eintragung.** (1) Der Vorstand hat den Verein zur Eintragung anzumelden.

(2) Der Anmeldung sind Abschriften der Satzung und der Urkunden über die Bestellung des Vorstands beizufügen.

(3) Die Satzung soll von mindestens sieben Mitgliedern unterzeichnet sein und die Angabe des Tages der Errichtung enthalten.

**§ 60[2)] Zurückweisung der Anmeldung.** Die Anmeldung ist, wenn den Erfordernissen der §§ 56 bis 59 nicht genügt ist, von dem Amtsgericht unter Angabe der Gründe zurückzuweisen.

(2)[3)] (weggefallen)

**§§ 61 bis 63** (weggefallen)

**§ 64 Inhalt der Vereinsregistereintragung.** Bei der Eintragung sind der Name und der Sitz des Vereins, der Tag der Errichtung der Satzung, die Mitglieder des Vorstands und ihre Vertretungsmacht anzugeben.

**§ 65 Namenszusatz.** Mit der Eintragung erhält der Name des Vereins den Zusatz „eingetragener Verein".

**§ 66[4)] Aufbewahrung von Dokumenten.** Die mit einer Anmeldung eingereichten Dokumente werden vom Amtsgericht aufbewahrt.

**§ 67 Änderung des Vorstands.** (1) [1]Jede Änderung des Vorstands ist von dem Vorstand zur Eintragung anzumelden. [2]Der Anmeldung ist eine Abschrift der Urkunde über die Änderung beizufügen.

---

[1)] § 59 Abs. 2 neu gef. mWv 30.9.2009 durch G v. 24.9.2009 (BGBl. I S. 3145).
[2)] § 60 Absatzbezeichnung „(1)" aufgeh. mWv 30.9.2009 durch G v. 24.9.2009 (BGBl. I S. 3145).
[3)] Absatzbezeichnung amtlich.
[4)] § 66 neu gef. mWv 1.8.2022 durch G v. 5.7.2021 (BGBl. I S. 3338).

(2) Die Eintragung gerichtlich bestellter Vorstandsmitglieder erfolgt von Amts wegen.

**§ 68 Vertrauensschutz durch Vereinsregister.** [1] Wird zwischen den bisherigen Mitgliedern des Vorstands und einem Dritten ein Rechtsgeschäft vorgenommen, so kann die Änderung des Vorstands dem Dritten nur entgegengesetzt werden, wenn sie zur Zeit der Vornahme des Rechtsgeschäfts im Vereinsregister eingetragen oder dem Dritten bekannt ist. [2] Ist die Änderung eingetragen, so braucht der Dritte sie nicht gegen sich gelten zu lassen, wenn er sie nicht kennt, seine Unkenntnis auch nicht auf Fahrlässigkeit beruht.

**§ 69 Nachweis des Vereinsvorstands.** Der Nachweis, dass der Vorstand aus den im Register eingetragenen Personen besteht, wird Behörden gegenüber durch ein Zeugnis des Amtsgerichts über die Eintragung geführt.

**§ 70[1)] Vertrauensschutz bei Eintragungen zur Vertretungsmacht.** Die Vorschriften des § 68 gelten auch für Bestimmungen, die den Umfang der Vertretungsmacht des Vorstands beschränken oder die Vertretungsmacht des Vorstands abweichend von der Vorschrift des § 26 Absatz 2 Satz 1 regeln.

**§ 71[2)] Änderungen der Satzung.** (1) [1] Änderungen der Satzung bedürfen zu ihrer Wirksamkeit der Eintragung in das Vereinsregister. [2] Die Änderung ist von dem Vorstand zur Eintragung anzumelden. [3] Der Anmeldung sind eine Abschrift des die Änderung enthaltenden Beschlusses und der Wortlaut der Satzung beizufügen. [4] In dem Wortlaut der Satzung müssen die geänderten Bestimmungen mit dem Beschluss über die Satzungsänderung, die unveränderten Bestimmungen mit dem zuletzt eingereichten vollständigen Wortlaut der Satzung und, wenn die Satzung geändert worden ist, ohne dass ein vollständiger Wortlaut der Satzung eingereicht wurde, auch mit den zuvor eingetragenen Änderungen übereinstimmen.

(2) Die Vorschriften der §§ 60, 64 und 66 finden entsprechende Anwendung.

**§ 72[3)] Bescheinigung der Mitgliederzahl.** Der Vorstand hat dem Amtsgericht auf dessen Verlangen jederzeit eine schriftliche Bescheinigung über die Zahl der Vereinsmitglieder einzureichen.

**§ 73[4)] Unterschreiten der Mindestmitgliederzahl.** Sinkt die Zahl der Vereinsmitglieder unter drei herab, so hat das Amtsgericht auf Antrag des Vorstands und, wenn der Antrag nicht binnen drei Monaten gestellt wird, von Amts wegen nach Anhörung des Vorstands dem Verein die Rechtsfähigkeit zu entziehen.

(2)[5)] (weggefallen)

**§ 74[6)] Auflösung.** (1) Die Auflösung des Vereins sowie die Entziehung der Rechtsfähigkeit ist in das Vereinsregister einzutragen.

(2) [1] Wird der Verein durch Beschluss der Mitgliederversammlung oder durch den Ablauf der für die Dauer des Vereins bestimmten Zeit aufgelöst, so hat der

---

[1)] § 70 neu gef. mWv 30.9.2009 durch G v. 24.9.2009 (BGBl. I S. 3145).

[2)] § 71 Abs. 1 Satz 3 neu gef., Satz 4 angef. mWv 30.9.2009 durch G v. 24.9.2009 (BGBl. I S. 3145); Abs. 2 geänd. mWv 1.8.2022 durch G v. 5.7.2021 (BGBl. I S. 3338).

[3)] § 72 geänd. mWv 30.9.2009 durch G v. 24.9.2009 (BGBl. I S. 3145).

[4)] § 73 Absatzbezeichnung „(1)" aufgeh. mWv 30.9.2009 durch G v. 24.9.2009 (BGBl. I S. 3145).

[5)] Absatzbezeichnung amtlich.

[6)] § 74 Abs. 1 Satz 2 und Abs. 3 aufgeh. mWv 30.9.2009 durch G v. 24.9.2009 (BGBl. I S. 3145).

Vorstand die Auflösung zur Eintragung anzumelden. [2]Der Anmeldung ist im ersteren Falle eine Abschrift des Auflösungsbeschlusses beizufügen.

**§ 75[1)] Eintragungen bei Insolvenz.** (1) [1]Die Eröffnung des Insolvenzverfahrens und der Beschluss, durch den die Eröffnung des Insolvenzverfahrens mangels Masse rechtskräftig abgewiesen worden ist, sowie die Auflösung des Vereins nach § 42 Absatz 2 Satz 1 sind von Amts wegen einzutragen. [2]Von Amts wegen sind auch einzutragen

1. die Aufhebung des Eröffnungsbeschlusses,
2. die Bestellung eines vorläufigen Insolvenzverwalters, wenn zusätzlich dem Schuldner ein allgemeines Verfügungsverbot auferlegt oder angeordnet wird, dass Verfügungen des Schuldners nur mit Zustimmung des vorläufigen Insolvenzverwalters wirksam sind, und die Aufhebung einer derartigen Sicherungsmaßnahme,
3. die Anordnung der Eigenverwaltung durch den Schuldner und deren Aufhebung sowie die Anordnung der Zustimmungsbedürftigkeit bestimmter Rechtsgeschäfte des Schuldners,
4. die Einstellung und die Aufhebung des Verfahrens und
5. die Überwachung der Erfüllung eines Insolvenzplans und die Aufhebung der Überwachung.

(2) [1]Wird der Verein durch Beschluss der Mitgliederversammlung nach § 42 Absatz 1 Satz 2 fortgesetzt, so hat der Vorstand die Fortsetzung zur Eintragung anzumelden. [2]Der Anmeldung ist eine Abschrift des Beschlusses beizufügen.

**§ 76[2)] Eintragungen bei Liquidation.** (1) [1]Bei der Liquidation des Vereins sind die Liquidatoren und ihre Vertretungsmacht in das Vereinsregister einzutragen. [2]Das Gleiche gilt für die Beendigung des Vereins nach der Liquidation.

(2) [1]Die Anmeldung der Liquidatoren hat durch den Vorstand zu erfolgen. [2]Bei der Anmeldung ist der Umfang der Vertretungsmacht der Liquidatoren anzugeben. [3]Änderungen der Liquidatoren oder ihrer Vertretungsmacht sowie die Beendigung des Vereins sind von den Liquidatoren anzumelden. [4]Der Anmeldung der durch Beschluss der Mitgliederversammlung bestellten Liquidatoren ist eine Abschrift des Bestellungsbeschlusses, der Anmeldung der Vertretungsmacht, die abweichend von § 48 Absatz 3 bestimmt wurde, ist eine Abschrift der diese Bestimmung enthaltenden Urkunde beizufügen.

(3) Die Eintragung gerichtlich bestellter Liquidatoren geschieht von Amts wegen.

**§ 77[3)] Anmeldepflichtige und Form der Anmeldungen.** (1) [1]Die Anmeldungen zum Vereinsregister sind von Mitgliedern des Vorstands sowie von den Liquidatoren, die insoweit zur Vertretung des Vereins berechtigt sind, mittels öffentlich beglaubigter Erklärung abzugeben. [2]Die Erklärung kann in Urschrift oder in öffentlich beglaubigter Abschrift beim Gericht eingereicht werden.

---

[1)] § 75 Überschrift neu gef., Abs. 2 angef., Abs. 1 Satz 1 neu gef., Satz 2 einl. Satzteil geänd. mWv 30.9. 2009 durch G v. 24.9.2009 (BGBl. I S. 3145).

[2)] § 76 Überschrift, Abs. 1 und 2 neu gef. mWv 30.9.2009 durch G v. 24.9.2009 (BGBl. I S. 3145).

[3)] § 77 neu gef. mWv 30.9.2009 durch G v. 24.9.2009 (BGBl. I S. 3145); Abs. 2 angef. mWv 1.8.2023 durch G v. 15.7.2022 (BGBl. I S. 1146).

(2) Die öffentliche Beglaubigung mittels Videokommunikation gemäß § 40a des Beurkundungsgesetzes[1] ist zulässig.

**§ 78[2] Festsetzung von Zwangsgeld.** (1) Das Amtsgericht kann die Mitglieder des Vorstands zur Befolgung der Vorschriften des § 67 Abs. 1, des § 71 Abs. 1, des

*(Fortsetzung nächstes Blatt)*

---

[1] Nr. **23**.
[2] § 78 Abs. 1 geänd. mWv 30.9.2009 durch G v. 24.9.2009 (BGBl. I S. 3145).

§ 72, des § 74 Abs. 2, des § 75 Absatz 2 und des § 76 durch Festsetzung von Zwangsgeld anhalten.

(2) In gleicher Weise können die Liquidatoren zur Befolgung der Vorschriften des § 76 angehalten werden.

**§ 79[1)] Einsicht in das Vereinsregister.** (1) [1] Die Einsicht des Vereinsregisters sowie der von dem Verein bei dem Amtsgericht eingereichten Dokumente ist jedem gestattet. [2] Von den Eintragungen kann eine Abschrift verlangt werden; die Abschrift ist auf Verlangen zu beglaubigen. [3] Wird das Vereinsregister maschinell geführt, tritt an die Stelle der Abschrift ein Ausdruck, an die der beglaubigten Abschrift ein amtlicher Ausdruck.

(2) [1] Die Einrichtung eines automatisierten Verfahrens, das die Übermittlung von Daten aus maschinell geführten Vereinsregistern durch Abruf ermöglicht, ist zulässig, wenn sichergestellt ist, dass

1. der Abruf von Daten die zulässige Einsicht nach Absatz 1 nicht überschreitet und
2. die Zulässigkeit der Abrufe auf der Grundlage einer Protokollierung kontrolliert werden kann.

[2] Die Länder können für das Verfahren ein länderübergreifendes elektronisches Informations- und Kommunikationssystem bestimmen.

(3) [1] Der Nutzer ist darauf hinzuweisen, dass er die übermittelten Daten nur zu Informationszwecken verwenden darf. [2] Die zuständige Stelle hat (z.B. durch Stichproben) zu prüfen, ob sich Anhaltspunkte dafür ergeben, dass die nach Satz 1 zulässige Einsicht überschritten oder übermittelte Daten missbraucht werden.

(4) Die zuständige Stelle kann einen Nutzer, der die Funktionsfähigkeit der Abrufeinrichtung gefährdet, die nach Absatz 3 Satz 1 zulässige Einsicht überschreitet oder übermittelte Daten missbraucht, von der Teilnahme am automatisierten Abrufverfahren ausschließen; dasselbe gilt bei drohender Überschreitung oder drohendem Missbrauch.

(5) [1] Zuständige Stelle ist die Landesjustizverwaltung. [2] Örtlich zuständig ist die Landesjustizverwaltung, in deren Zuständigkeitsbereich das betreffende Amtsgericht liegt. [3] Die Zuständigkeit kann durch Rechtsverordnung der Landesregierung abweichend geregelt werden. [4] Sie kann diese Ermächtigung durch Rechtsverordnung auf die Landesjustizverwaltung übertragen. [5] Die Länder können auch die Übertragung der Zuständigkeit auf die zuständige Stelle eines anderen Landes vereinbaren.

**§ 79a[2)] Anwendung der Verordnung (EU) 2016/679 im Registerverfahren.**

(1) [1] Die Rechte nach Artikel 15 der Verordnung (EU) 2016/679[3)] des Europäischen Parlaments und des Rates vom 27. April 2016 zum Schutz natürlicher Personen bei der Verarbeitung personenbezogener Daten, zum freien Datenverkehr und zur Aufhebung der Richtlinie 95/46/EG (Datenschutz-Grundverordnung) (ABl. L 119 vom 4.5.2016, S. 1; L 314 vom 22.11.2016, S. 72; L 127 vom 23.5. 2018, S. 2) werden nach § 79 und den dazu erlassenen Vorschriften der Vereinsregisterverordnung durch Einsicht in das Register oder den Abruf von Registerdaten

---

[1)] § 79 Abs. 2 neu gef., Abs. 5 Satz 5 angef. mWv 31.12.2006 durch G v. 22.12.2006 (BGBl. I S. 3416); Abs. 1 Satz 1 geänd., Sätze 2 und 3 neu gef., Sätze 4 und 5 aufgeh.; Abs. 5 Satz 2 geänd. mWv 30.9.2009 durch G v. 24.9.2009 (BGBl. I S. 3145).

[2)] § 79a eingef. mWv 26.11.2019 durch G v. 20.11.2019 (BGBl. I S. 1724).

[3)] **Sartorius Nr. 246.**

über das länderübergreifende Informations- und Kommunikationssystem gewährt. [2] Das Registergericht ist nicht verpflichtet, Personen, deren personenbezogene Daten im Vereinsregister oder in den Registerakten gespeichert sind, über die Offenlegung dieser Daten an Dritte Auskunft zu erteilen.

(2) Das Recht auf Berichtigung nach Artikel 16 der Verordnung (EU) 2016/679 kann für personenbezogene Daten, die im Vereinsregister oder in den Registerakten gespeichert sind, nur unter den Voraussetzungen und in dem Verfahren ausgeübt werden, die im Gesetz über das Verfahren in Familiensachen und in den Angelegenheiten der freiwilligen Gerichtsbarkeit[1)] sowie der Vereinsregisterverordnung für eine Löschung oder Berichtigung von Eintragungen geregelt sind.

(3) Das Widerspruchsrecht nach Artikel 21 der Verordnung (EU) 2016/679 ist auf personenbezogene Daten, die im Vereinsregister und in den Registerakten gespeichert sind, nicht anzuwenden.

### Untertitel 2.[2)] [3)] Rechtsfähige Stiftungen

**§ 80[3)] Ausgestaltung und Entstehung der Stiftung.** (1) [1] Die Stiftung ist eine mit einem Vermögen zur dauernden und nachhaltigen Erfüllung eines vom Stifter vorgegebenen Zwecks ausgestattete, mitgliederlose juristische Person. [2] Die Stiftung wird in der Regel auf unbestimmte Zeit errichtet, sie kann aber auch auf bestimmte Zeit errichtet werden, innerhalb derer ihr gesamtes Vermögen zur Erfüllung ihres Zwecks zu verbrauchen ist (Verbrauchsstiftung).

(2) [1] Zur Entstehung der Stiftung sind das Stiftungsgeschäft und die Anerkennung der Stiftung durch die zuständige Behörde des Landes erforderlich, in dem die Stiftung ihren Sitz haben soll. [2] Wird die Stiftung erst nach dem Tode des Stifters anerkannt, so gilt sie für Zuwendungen des Stifters als schon vor dessen Tod entstanden.

**§ 81[3)] Stiftungsgeschäft.** (1) Im Stiftungsgeschäft muss der Stifter

1. der Stiftung eine Satzung geben, die mindestens Bestimmungen enthalten muss über
   a) den Zweck der Stiftung,
   b) den Namen der Stiftung,
   c) den Sitz der Stiftung und
   d) die Bildung des Vorstands der Stiftung sowie
2. zur Erfüllung des von ihm vorgegebenen Stiftungszwecks ein Vermögen widmen (gewidmetes Vermögen), das der Stiftung zu deren eigener Verfügung zu überlassen ist.

(2) Die Satzung einer Verbrauchsstiftung muss zusätzlich enthalten:

1. die Festlegung der Zeit, für die die Stiftung errichtet wird, und
2. Bestimmungen zur Verwendung des Stiftungsvermögens, die die nachhaltige Erfüllung des Stiftungszwecks und den vollständigen Verbrauch des Stiftungsvermögens innerhalb der Zeit, für welche die Stiftung errichtet wird, gesichert erscheinen lassen.

---

1) Nr. **112**.

2) Wegen des für das Gebiet der ehem. DDR geltenden Übergangsrechts zu §§ 80–88 beachte Art. 231 § 3 EGBGB (Nr. **21**).

3) UTitel 2 (§§ 80–88) neu gef. mWv 1.7.2023 durch G v. 16.7.2021 (BGBl. I S. 2947).

(3) Das Stiftungsgeschäft bedarf der schriftlichen Form, wenn nicht in anderen Vorschriften ausdrücklich eine strengere Form als die schriftliche Form vorgeschrieben ist, oder es muss in einer Verfügung von Todes wegen enthalten sein.

(4) [1] Wenn der Stifter verstorben ist und er im Stiftungsgeschäft zwar den Zweck der Stiftung festgelegt und ein Vermögen gewidmet hat, das Stiftungsgeschäft im Übrigen jedoch nicht den gesetzlichen Anforderungen des Absatzes 1 oder des Absatzes 2 genügt, hat die nach Landesrecht zuständige Behörde das Stiftungsgeschäft um die Satzung oder um fehlende Satzungsbestimmungen zu ergänzen. [2] Bei der Ergänzung des Stiftungsgeschäfts soll die Behörde den wirklichen, hilfsweise den mutmaßlichen Willen des Stifters beachten. [3] Wurde im Stiftungsgeschäft kein Sitz der Stiftung bestimmt, ist im Zweifel anzunehmen, dass der Sitz am letzten Wohnsitz des Stifters im Inland sein soll.

**§ 81a[1)] Widerruf des Stiftungsgeschäfts.** [1] Bis zur Anerkennung der Stiftung ist der Stifter zum Widerruf des Stiftungsgeschäfts berechtigt. [2] Ist die Anerkennung bei der zuständigen Behörde des Landes beantragt, so ist der Widerruf dieser gegenüber zu erklären. [3] Der Erbe des Stifters ist zum Widerruf des Stiftungsgeschäfts nicht berechtigt, wenn der Stifter den Antrag auf Anerkennung der Stiftung bei der zuständigen Behörde des Landes gestellt oder im Falle der notariellen Beurkundung des Stiftungsgeschäfts den Notar mit der Antragstellung betraut hat.

**§ 82[1)] Anerkennung der Stiftung.** [1] Die Stiftung ist anzuerkennen, wenn das Stiftungsgeschäft den Anforderungen des § 81 Absatz 1 bis 3 genügt und die dauernde und nachhaltige Erfüllung des Stiftungszwecks gesichert erscheint, es sei denn, die Stiftung würde das Gemeinwohl gefährden. [2] Bei einer Verbrauchsstiftung erscheint die dauernde Erfüllung des Stiftungszwecks gesichert, wenn die in der Satzung für die Stiftung bestimmte Zeit mindestens zehn Jahre umfasst.

**§ 82a[1)] Übertragung und Übergang des gewidmeten Vermögens.** [1] Ist die Stiftung anerkannt, so ist der Stifter verpflichtet, das gewidmete Vermögen auf die Stiftung zu übertragen. [2] Rechte, zu deren Übertragung eine Abtretung genügt, gehen mit der Anerkennung auf die Stiftung über, sofern sich nicht aus dem Stiftungsgeschäft ein anderer Wille des Stifters ergibt.

**§ 83[1)] Stiftungsverfassung und Stifterwille.** (1) Die Verfassung der Stiftung wird, soweit sie nicht auf Bundes- oder Landesgesetz beruht, durch das Stiftungsgeschäft und insbesondere die Satzung bestimmt.

(2) Die Stiftungsorgane haben bei ihrer Tätigkeit für die Stiftung und die zuständigen Behörden haben bei der Aufsicht über die Stiftung den bei der Errichtung der Stiftung zum Ausdruck gekommenen Willen, hilfsweise den mutmaßlichen Willen des Stifters zu beachten.

**§ 83a[1)] Verwaltungssitz der Stiftung.** Die Verwaltung der Stiftung ist im Inland zu führen.

**§ 83b[1)] Stiftungsvermögen.** (1) [1] Bei einer Stiftung, die auf unbestimmte Zeit errichtet wurde, besteht das Stiftungsvermögen aus dem Grundstockvermögen und ihrem sonstigen Vermögen. [2] Bei einer Verbrauchsstiftung besteht das Stiftungsvermögen aufgrund der Satzung nur aus sonstigem Vermögen.

(2) Zum Grundstockvermögen gehören

---

[1)] UTitel 2 (§§ 80–88) neu gef. mWv 1.7.2023 durch G v. 16.7.2021 (BGBl. I S. 2947).

1. das gewidmete Vermögen,
2. das der Stiftung zugewendete Vermögen, das vom Zuwendenden dazu bestimmt wurde, Teil des Grundstockvermögens zu werden (Zustiftung), und
3. das Vermögen, das von der Stiftung zu Grundstockvermögen bestimmt wurde.

(3) Der Stifter kann auch bei einer Stiftung, die auf unbestimmte Zeit errichtet wird, im Stiftungsgeschäft abweichend von Absatz 2 Nummer 1 einen Teil des gewidmeten Vermögens zu sonstigem Vermögen bestimmen.

(4) [1] Das Stiftungsvermögen ist getrennt von fremdem Vermögen zu verwalten. [2] Mit dem Stiftungsvermögen darf nur der Stiftungszweck erfüllt werden.

**§ 83c[1)] Verwaltung des Grundstockvermögens.** (1) [1] Das Grundstockvermögen ist ungeschmälert zu erhalten. [2] Der Stiftungszweck ist mit den Nutzungen des Grundstockvermögens zu erfüllen. [3] Zuwächse aus der Umschichtung des Grundstockvermögens können für die Erfüllung des Stiftungszwecks verwendet werden, soweit dies durch die Satzung nicht ausgeschlossen wurde und die Erhaltung des Grundstockvermögens gewährleistet ist.

(2) [1] Durch die Satzung kann bestimmt werden, dass die Stiftung einen Teil des Grundstockvermögens verbrauchen darf. [2] In einer solchen Satzungsbestimmung muss die Stiftung verpflichtet werden, das Grundstockvermögen in absehbarer Zeit wieder um den verbrauchten Teil aufzustocken.

(3) Durch Landesrecht kann vorgesehen werden, dass die nach Landesrecht zuständigen Behörden auf Antrag einer Stiftung für einen bestimmten Teil des Grundstockvermögens eine zeitlich begrenzte Ausnahme von Absatz 1 Satz 1 zulassen können, wenn dadurch die dauernde und nachhaltige Erfüllung des Stiftungszwecks nicht beeinträchtigt wird.

**§ 84[1)] Stiftungsorgane.** (1) [1] Die Stiftung muss einen Vorstand haben. [2] Der Vorstand führt die Geschäfte der Stiftung.

(2) [1] Der Vorstand vertritt die Stiftung gerichtlich und außergerichtlich; er hat die Stellung eines gesetzlichen Vertreters. [2] Besteht der Vorstand aus mehreren Personen, so wird die Stiftung durch die Mehrheit der Vorstandsmitglieder vertreten. [3] Ist eine Willenserklärung gegenüber der Stiftung abzugeben, so genügt die Abgabe gegenüber einem Mitglied des Vorstands.

(3) Durch die Satzung kann von Absatz 1 Satz 2 und Absatz 2 Satz 2 abgewichen und der Umfang der Vertretungsmacht des Vorstands mit Wirkung gegen Dritte beschränkt werden.

(4) In der Satzung können neben dem Vorstand weitere Organe vorgesehen werden. In der Satzung sollen für ein weiteres Organ auch die Bestimmungen über die Bildung, die Aufgaben und die Befugnisse enthalten sein.

(5) Die §§ 30, 31 und 42 Absatz 2 sind entsprechend anzuwenden.

**§ 84a[1)] Rechte und Pflichten der Organmitglieder.** (1) [1] Auf die Tätigkeit eines Organmitglieds für die Stiftung sind die §§ 664 bis 670 entsprechend anzuwenden. [2] Organmitglieder sind unentgeltlich tätig. [3] Durch die Satzung kann von den Sätzen 1 und 2 abgewichen werden, insbesondere auch die Haftung für Pflichtverletzungen von Organmitgliedern beschränkt werden.

(2) [1] Das Mitglied eines Organs hat bei der Führung der Geschäfte der Stiftung die Sorgfalt eines ordentlichen Geschäftsführers anzuwenden. [2] Eine Pflichtverlet-

[1)] UTitel 2 (§§ 80–88) neu gef. mWv 1.7.2023 durch G v. 16.7.2021 (BGBl. I S. 2947).

zung liegt nicht vor, wenn das Mitglied des Organs bei der Geschäftsführung unter Beachtung der gesetzlichen und satzungsgemäßen Vorgaben vernünftigerweise annehmen durfte, auf der Grundlage angemessener Informationen zum Wohle der Stiftung zu handeln.

(3) [1] § 31a ist entsprechend anzuwenden. [2] Durch die Satzung kann die Anwendbarkeit des § 31a beschränkt oder ausgeschlossen werden.

**§ 84b[1)] Beschlussfassung der Organe.** [1] Besteht ein Organ aus mehreren Mitgliedern, erfolgt die Beschlussfassung entsprechend § 32, wenn in der Satzung nichts Abweichendes geregelt ist. [2] Ein Organmitglied ist nicht stimmberechtigt, wenn die Beschlussfassung die Vornahme eines Rechtsgeschäfts mit ihm oder die Einleitung oder Erledigung eines Rechtsstreits zwischen ihm und der Stiftung betrifft.

**§ 84c[1)] Notmaßnahmen bei fehlenden Organmitgliedern.** (1) [1] Wenn der Vorstand oder ein anderes Organ der Stiftung seine Aufgaben nicht wahrnehmen kann, weil Mitglieder des Organs fehlen, hat die nach Landesrecht zuständige Behörde in dringenden Fällen auf Antrag eines Beteiligten oder von Amts wegen notwendige Maßnahmen zu treffen, um die Handlungsfähigkeit des Organs zu gewährleisten. [2] Die Behörde ist insbesondere befugt, Organmitglieder befristet zu bestellen oder von der satzungsmäßig vorgesehenen Zahl von Organmitgliedern befristet abzuweichen, insbesondere indem die Behörde einzelne Organmitglieder mit Befugnissen ausstattet, die ihnen nach der Satzung nur gemeinsam mit anderen Organmitgliedern zustehen.

(2) [1] Die Behörde kann einem von ihr bestellten Organmitglied bei oder nach der Bestellung eine angemessene Vergütung auf Kosten der Stiftung bewilligen, wenn das Vermögen der Stiftung sowie der Umfang und die Bedeutung der zu erledigenden Aufgabe dies rechtfertigen. [2] Die Behörde kann die Bewilligung der Vergütung mit Wirkung für die Zukunft ändern oder aufheben.

**§ 85[1)] Voraussetzungen für Satzungsänderungen.** (1) [1] Durch Satzungsänderung kann der Stiftung ein anderer Zweck gegeben oder der Zweck der Stiftung kann erheblich beschränkt werden, wenn

1. der Stiftungszweck nicht mehr dauernd und nachhaltig erfüllt werden kann oder
2. der Stiftungszweck das Gemeinwohl gefährdet.

[2] Die Voraussetzungen des Satzes 1 Nummer 1 liegen insbesondere vor, wenn eine Stiftung keine ausreichenden Mittel für die nachhaltige Erfüllung des Stiftungszwecks hat und solche Mittel in absehbarer Zeit auch nicht erwerben kann. [3] Der Stiftungszweck kann nach Satz 1 nur geändert werden, wenn gesichert erscheint, dass die Stiftung den beabsichtigten neuen oder beschränkten Stiftungszweck dauernd und nachhaltig erfüllen kann. [4] Liegen die Voraussetzungen nach Satz 1 Nummer 1 und Satz 3 vor, kann eine auf unbestimmte Zeit errichtete Stiftung auch abweichend von § 83c durch Satzungsänderung in eine Verbrauchsstiftung umgestaltet werden, indem die Satzung um Bestimmungen nach § 81 Absatz 2 ergänzt wird.

(2) [1] Durch Satzungsänderung kann der Stiftungszweck in anderer Weise als nach Absatz 1 Satz 1 oder es können andere prägende Bestimmungen der Stiftungsverfassung geändert werden, wenn sich die Verhältnisse nach Errichtung der Stiftung wesentlich verändert haben und eine solche Änderung erforderlich ist, um die Stiftung an die veränderten Verhältnisse anzupassen. [2] Als prägend für eine Stiftung

---

[1)] UTitel 2 (§§ 80–88) neu gef. mWv 1.7.2023 durch G v. 16.7.2021 (BGBl. I S. 2947).

sind regelmäßig die Bestimmungen über den Namen, den Sitz, die Art und Weise der Zweckerfüllung und über die Verwaltung des Grundstockvermögens anzusehen.

(3) Durch Satzungsänderung können Bestimmungen der Satzung, die nicht unter Absatz 1 oder Absatz 2 Satz 1 fallen, geändert werden, wenn dies der Erfüllung des Stiftungszwecks dient.

(4) [1] Im Stiftungsgeschäft kann der Stifter Satzungsänderungen nach den Absätzen 1 bis 3 ausschließen oder beschränken. [2] Satzungsänderungen durch Organe der Stiftung kann der Stifter im Stiftungsgeschäft auch abweichend von den Absätzen 1 bis 3 zulassen. [3] Satzungsbestimmungen nach Satz 2 sind nur wirksam, wenn der Stifter Inhalt und Ausmaß der Änderungsermächtigung hinreichend bestimmt festlegt.

**§ 85a[1)] Verfahren bei Satzungsänderungen.** (1) [1] Die Satzung kann durch den Vorstand oder ein anderes durch die Satzung dazu bestimmtes Stiftungsorgan geändert werden. [2] Die Satzungsänderung bedarf der Genehmigung der nach Landesrecht zuständigen Behörde.

(2) Die Behörde kann die Satzung nach § 85 ändern, wenn die Satzungsänderung notwendig ist und das zuständige Stiftungsorgan sie nicht rechtzeitig beschließt.

(3) Wenn durch die Satzungsänderung der Sitz der Stiftung in den Zuständigkeitsbereich einer anderen Behörde verlegt werden soll, bedarf die nach Absatz 1 Satz 2 erforderliche Genehmigung der Satzungsänderung der Zustimmung der Behörde, in deren Zuständigkeitsbereich der neue Sitz begründet werden soll.

**§ 86[1)] Voraussetzungen für die Zulegung.** Durch Übertragung ihres Stiftungsvermögens als Ganzes kann die übertragende Stiftung einer übernehmenden Stiftung zugelegt werden, wenn

1. sich die Verhältnisse nach Errichtung der übertragenden Stiftung wesentlich verändert haben und eine Satzungsänderung nach § 85 Absatz 2 bis 4 nicht ausreicht, um die übertragende Stiftung an die veränderten Verhältnisse anzupassen, oder wenn schon seit Errichtung der Stiftung die Voraussetzungen für eine Auflösung nach § 87 Absatz 1 Satz 1 vorlagen,
2. der Zweck der übertragenden Stiftung im Wesentlichen mit einem Zweck der übernehmenden Stiftung übereinstimmt,
3. gesichert erscheint, dass die übernehmende Stiftung ihren Zweck auch nach der Zulegung im Wesentlichen in gleicher Weise dauernd und nachhaltig erfüllen kann, und
4. die Rechte von Personen gewahrt werden, für die in der Satzung der übertragenden Stiftung Ansprüche auf Stiftungsleistungen begründet sind.

**§ 86a[1)] Voraussetzungen für die Zusammenlegung.** Mindestens zwei übertragende Stiftungen können durch Errichtung einer neuen Stiftung und Übertragung ihres jeweiligen Stiftungsvermögens als Ganzes auf die neue übernehmende Stiftung zusammengelegt werden, wenn

1. sich die Verhältnisse nach Errichtung der übertragenden Stiftungen wesentlich verändert haben und eine Satzungsänderung nach § 85 Absatz 2 bis 4 nicht ausreicht, um die übertragenden Stiftungen an die veränderten Verhältnisse anzupassen, oder wenn schon seit Errichtung der Stiftung die Voraussetzungen für eine Auflösung nach § 87 Absatz 1 Satz 1 vorlagen,

---

[1)] UTitel 2 (§§ 80–88) neu gef. mWv 1.7.2023 durch G v. 16.7.2021 (BGBl. I S. 2947).

2. gesichert erscheint, dass die neue übernehmende Stiftung die Zwecke der übertragenden Stiftungen im Wesentlichen in gleicher Weise dauernd und nachhaltig erfüllen kann, und
3. die Rechte von Personen gewahrt werden, für die in den Satzungen der übertragenden Stiftungen Ansprüche auf Stiftungsleistungen begründet sind.

**§ 86b**[1] **Verfahren der Zulegung und der Zusammenlegung.** (1) [1]Stiftungen können durch Vertrag zugelegt oder zusammengelegt werden. [2]Der Zulegungsvertrag oder der Zusammenlegungsvertrag bedarf der Genehmigung durch die für die übernehmende Stiftung nach Landesrecht zuständige Behörde.

(2) Die Behörde nach Absatz 1 Satz 2 kann Stiftungen zulegen oder zusammenlegen, wenn die Stiftungen die Zulegung oder Zusammenlegung nicht vereinbaren können. Die übernehmende Stiftung muss einer Zulegung durch die Behörde zustimmen.

(3) Ist nach Landesrecht für eine übertragende Stiftung eine andere Behörde zuständig als die Behörde nach Absatz 1 Satz 2, bedürfen die Genehmigung eines Zulegungsvertrags oder eines Zusammenlegungsvertrags und die behördliche Zulegung oder Zusammenlegung der Zustimmung der für die übertragenden Stiftungen nach dem jeweiligen Landesrecht zuständigen Behörden.

**§ 86c**[1] **Zulegungsvertrag und Zusammenlegungsvertrag.** (1) [1]Ein Zulegungsvertrag muss mindestens enthalten:
1. die Angabe des jeweiligen Namens und des jeweiligen Sitzes der beteiligten Stiftungen und
2. die Vereinbarung, dass das Stiftungsvermögen der übertragenden Stiftung als Ganzes auf die übernehmende Stiftung übertragen werden soll und mit der Vermögensübertragung das Grundstockvermögen der übertragenden Stiftung Teil des Grundstockvermögens der übernehmenden Stiftung wird.

[2]Wenn durch die Satzung der übertragenden Stiftung für Personen Ansprüche auf Stiftungsleistungen begründet sind, muss der Zulegungsvertrag Angaben zu den Auswirkungen der Zulegung auf diese Ansprüche und zu den Maßnahmen enthalten, die vorgesehen sind, um die Rechte dieser Personen zu wahren.

(2) Ein Zusammenlegungsvertrag muss mindestens die Angaben nach Absatz 1 enthalten sowie das Stiftungsgeschäft zur Errichtung der neuen übernehmenden Stiftung.

(3) Der Zulegungsvertrag oder der Zusammenlegungsvertrag ist Personen nach Absatz 1 Satz 2 spätestens einen Monat vor der Beantragung der Genehmigung nach § 86b Absatz 1 Satz 2 von derjenigen Stiftung zuzuleiten, in deren Satzung die Ansprüche begründet sind.

**§ 86d**[1] **Form des Zulegungsvertrags und des Zusammenlegungsvertrags.** Zulegungsverträge und Zusammenlegungsverträge bedürfen nur der schriftlichen Form, insbesondere § 311b Absatz 1 bis 3 ist nicht anzuwenden.

**§ 86e**[1] **Behördliche Zulegungsentscheidung und Zusammenlegungsentscheidung.** (1) Auf den Inhalt der Entscheidungen über die Zulegung oder Zusammenlegung von Stiftungen durch die nach Landesrecht zuständige Behörde ist § 86c Absatz 1 und 2 entsprechend anzuwenden.

---

[1] UTitel 2 (§§ 80–88) neu gef. mWv 1.7.2023 durch G v. 16.7.2021 (BGBl. I S. 2947).

(2) Die Behörde hat Personen nach § 86c Absatz 1 Satz 2 mindestens einen Monat vor der Entscheidung über die Zulegung oder Zusammenlegung anzuhören und auf die möglichen Folgen der Zulegung oder Zusammenlegung für deren Ansprüche gegen eine übertragende Stiftung hinzuweisen.

**§ 86f[1] Wirkungen der Zulegung und der Zusammenlegung.** (1) Mit der Unanfechtbarkeit der Genehmigung des Zulegungsvertrags oder der Unanfechtbarkeit der Entscheidung über die Zulegung durch die nach Landesrecht zuständige Behörde geht das Stiftungsvermögen der übertragenden Stiftung auf die übernehmende Stiftung über und erlischt die übertragende Stiftung.

(2) Mit der Unanfechtbarkeit der Genehmigung des Zusammenlegungsvertrags oder der Unanfechtbarkeit der Entscheidung über die Zusammenlegung durch die Behörde entsteht die neue Stiftung, geht das Stiftungsvermögen der übertragenden Stiftungen auf die neue übernehmende Stiftung über und erlöschen die übertragenden Stiftungen.

(3) Mängel des Zulegungsvertrags oder des Zusammenlegungsvertrags lassen die Wirkungen der behördlichen Genehmigung unberührt.

**§ 86g[1] Bekanntmachung der Zulegung und der Zusammenlegung.** [1]Die übernehmende Stiftung hat die Zulegung oder die Zusammenlegung innerhalb eines Monats nach dem Zeitpunkt, zu dem die Wirkungen der Zulegung oder Zusammenlegung nach § 86f Absatz 1 oder Absatz 2 eingetreten sind, durch Veröffentlichung im Bundesanzeiger bekannt zu machen. [2]In der Bekanntmachung sind die Gläubiger der an der Zulegung oder Zusammenlegung beteiligten Stiftungen auf ihr Recht nach § 86h hinzuweisen. [3]Die Bekanntmachung gilt mit dem Ablauf des zweiten Tages nach der Veröffentlichung im Bundesanzeiger als bewirkt.

**§ 86h[1] Gläubigerschutz.** Die übernehmende Stiftung hat einem Gläubiger nach § 86g Satz 2 für einen Anspruch, der vor dem Zeitpunkt entstanden ist, zu dem die Wirkungen der Zulegung oder Zusammenlegung nach § 86f Absatz 1 oder Absatz 2 eingetreten sind, und dessen Erfüllung noch nicht verlangt werden kann, Sicherheit zu leisten, wenn der Gläubiger

1. den Anspruch nach Grund und Höhe binnen sechs Monaten nach dem Tag, an dem die Zulegung oder Zusammenlegung bekanntgemacht wurde, bei der Stiftung schriftlich anmeldet und
2. mit der Anmeldung glaubhaft macht, dass die Erfüllung des Anspruchs aufgrund der Zulegung oder Zusammenlegung gefährdet ist.

**§ 87[1] Auflösung der Stiftung durch die Stiftungsorgane.** (1) [1]Der Vorstand soll die Stiftung auflösen, wenn die Stiftung ihren Zweck endgültig nicht mehr dauernd und nachhaltig erfüllen kann. [2]Die Voraussetzungen des Satzes 1 liegen nicht endgültig vor, wenn die Stiftung durch eine Satzungsänderung so umgestaltet werden kann, dass sie ihren Zweck wieder dauernd und nachhaltig erfüllen kann. [3]In der Satzung kann geregelt werden, dass ein anderes Organ über die Auflösung entscheidet.

(2) Eine Verbrauchsstiftung ist aufzulösen, wenn die Zeit, für die sie errichtet wurde, abgelaufen ist.

(3) Die Auflösung einer Stiftung bedarf der Genehmigung der nach Landesrecht zuständigen Behörde.

---

[1] UTitel 2 (§§ 80–88) neu gef. mWv 1.7.2023 durch G v. 16.7.2021 (BGBl. I S. 2947).

**§ 87a[1)] Aufhebung der Stiftung.** (1) Die nach Landesrecht zuständige Behörde soll eine Stiftung aufheben, wenn die Voraussetzungen des § 87 Absatz 1 Satz 1 vorliegen und ein Tätigwerden der Behörde erforderlich ist, weil das zuständige Organ über die Auflösung nicht rechtzeitig entscheidet.

(2) Die nach Landesrecht zuständige Behörde hat die Stiftung aufzuheben, wenn

1. die Voraussetzungen des § 87 Absatz 2 vorliegen und ein Tätigwerden der Behörde erforderlich ist, weil das zuständige Organ über die Auflösung nicht unverzüglich entscheidet,
2. die Stiftung das Gemeinwohl gefährdet und die Gefährdung des Gemeinwohls nicht auf andere Weise beseitigt werden kann oder
3. der Verwaltungssitz der Stiftung im Ausland begründet wurde und die Behörde die Verlegung des Verwaltungssitzes ins Inland nicht innerhalb angemessener Zeit erreichen kann.

**§ 87b[1)] Auflösung der Stiftung bei Insolvenz.** Die Stiftung wird durch die Eröffnung des Insolvenzverfahrens und mit der Rechtskraft des Beschlusses, durch den die Eröffnung des Insolvenzverfahrens mangels Masse abgewiesen worden ist, aufgelöst.

**§ 87c[1)] Vermögensanfall und Liquidation.** (1) [1]Mit der Auflösung oder Aufhebung der Stiftung fällt das Stiftungsvermögen an die in der Satzung bestimmten Anfallberechtigten. [2]Durch die Satzung kann vorgesehen werden, dass die Anfallberechtigten durch ein Stiftungsorgan bestimmt werden. [3]Fehlt es an der Bestimmung der Anfallberechtigten durch oder aufgrund der Satzung, fällt das Stiftungsvermögen an den Fiskus des Landes, in dem die Stiftung ihren Sitz hatte. [4]Durch landesrechtliche Vorschriften kann als Anfallberechtigte an Stelle des Fiskus eine andere juristische Person des öffentlichen Rechts bestimmt werden.

(2) [1]Auf den Anfall des Stiftungsvermögens beim Fiskus des Landes oder des Bundes oder bei einer anderen juristischen Person des öffentlichen Rechts nach Absatz 1 Satz 4 ist § 46 entsprechend anzuwenden. [2]Fällt das Stiftungsvermögen bei anderen Anfallberechtigten an, sind die §§ 47 bis 53 entsprechend anzuwenden.

**§ 88[1)] Kirchliche Stiftungen.** [1]Die Vorschriften der Landesgesetze über die kirchlichen Stiftungen bleiben unberührt, insbesondere die Vorschriften zur Beteiligung, Zuständigkeit und Anfallsberechtigung der Kirchen. [2]Dasselbe gilt entsprechend für Stiftungen, die nach den Landesgesetzen kirchlichen Stiftungen gleichgestellt sind.

### Untertitel 3. Juristische Personen des öffentlichen Rechts

**§ 89[2)] Haftung für Organe; Insolvenz.** (1) Die Vorschrift des § 31 findet auf den Fiskus sowie auf die Körperschaften, Stiftungen und Anstalten des öffentlichen Rechts entsprechende Anwendung.

(2) Das Gleiche gilt, soweit bei Körperschaften, Stiftungen und Anstalten des öffentlichen Rechts das Insolvenzverfahren zulässig ist, von der Vorschrift des § 42 Abs. 2.

---

[1)] UTitel 2 (§§ 80–88) neu gef. mWv 1.7.2023 durch G v. 16.7.2021 (BGBl. I S. 2947).

[2)] Wegen des für das Gebiet der ehem. DDR geltenden Übergangsrechts zu § 89 beachte Art. 231 § 4 EGBGB (Nr. **21**).

## Abschnitt 2. Sachen und Tiere

**§ 90 Begriff der Sache.** Sachen im Sinne des Gesetzes sind nur körperliche Gegenstände.

**§ 90a Tiere.** [1] Tiere sind keine Sachen. [2] Sie werden durch besondere Gesetze geschützt. [3] Auf sie sind die für Sachen geltenden Vorschriften entsprechend anzuwenden, soweit nicht etwas anderes bestimmt ist.

**§ 91 Vertretbare Sachen.** Vertretbare Sachen im Sinne des Gesetzes sind bewegliche Sachen, die im Verkehr nach Zahl, Maß oder Gewicht bestimmt zu werden pflegen.

**§ 92 Verbrauchbare Sachen.** (1) Verbrauchbare Sachen im Sinne des Gesetzes sind bewegliche Sachen, deren bestimmungsmäßiger Gebrauch in dem Verbrauch oder in der Veräußerung besteht.

(2) Als verbrauchbar gelten auch bewegliche Sachen, die zu einem Warenlager oder zu einem sonstigen Sachinbegriff gehören, dessen bestimmungsmäßiger Gebrauch in der Veräußerung der einzelnen Sachen besteht.

**§ 93 Wesentliche Bestandteile einer Sache.** Bestandteile einer Sache, die voneinander nicht getrennt werden können, ohne dass der eine oder der andere zerstört oder in seinem Wesen verändert wird (wesentliche Bestandteile), können nicht Gegenstand besonderer Rechte sein.[1]

**§ 94[2] Wesentliche Bestandteile eines Grundstücks oder Gebäudes.**

(1) [1] Zu den wesentlichen Bestandteilen eines Grundstücks gehören die mit dem Grund und Boden fest verbundenen Sachen, insbesondere Gebäude, sowie die Erzeugnisse des Grundstücks, solange sie mit dem Boden zusammenhängen. [2] Samen wird mit dem Aussäen, eine Pflanze wird mit dem Einpflanzen wesentlicher Bestandteil des Grundstücks.

*(Fortsetzung nächstes Blatt)*

---

[1] Beachte hierzu das Wohnungseigentumsgesetz (Nr. **37**).

[2] Wegen des für das Gebiet der ehem. DDR geltenden Übergangsrechts zu § 94 beachte Art. 231 § 5 EGBGB (Nr. **21**).

(2) Zu den wesentlichen Bestandteilen eines Gebäudes gehören die zur Herstellung des Gebäudes eingefügten Sachen.

**§ 95 Nur vorübergehender Zweck.** (1) [1]Zu den Bestandteilen eines Grundstücks gehören solche Sachen nicht, die nur zu einem vorübergehenden Zweck mit dem Grund und Boden verbunden sind. [2]Das Gleiche gilt von einem Gebäude oder anderen Werk, das in Ausübung eines Rechts an einem fremden Grundstück von dem Berechtigten mit dem Grundstück verbunden worden ist.

(2) Sachen, die nur zu einem vorübergehenden Zwecke in ein Gebäude eingefügt sind, gehören nicht zu den Bestandteilen des Gebäudes.

**§ 96 Rechte als Bestandteile eines Grundstücks.** Rechte, die mit dem Eigentum an einem Grundstück verbunden sind, gelten als Bestandteile des Grundstücks.

**§ 97 Zubehör.** (1) [1]Zubehör sind bewegliche Sachen, die, ohne Bestandteile der Hauptsache zu sein, dem wirtschaftlichen Zwecke der Hauptsache zu dienen bestimmt sind und zu ihr in einem dieser Bestimmung entsprechenden räumlichen Verhältnis stehen. [2]Eine Sache ist nicht Zubehör, wenn sie im Verkehr nicht als Zubehör angesehen wird.

(2) [1]Die vorübergehende Benutzung einer Sache für den wirtschaftlichen Zweck einer anderen begründet nicht die Zubehöreigenschaft. [2]Die vorübergehende Trennung eines Zubehörstücks von der Hauptsache hebt die Zubehöreigenschaft nicht auf.

**§ 98 Gewerbliches und landwirtschaftliches Inventar.** Dem wirtschaftlichen Zwecke der Hauptsache sind zu dienen bestimmt:

1. bei einem Gebäude, das für einen gewerblichen Betrieb dauernd eingerichtet ist, insbesondere bei einer Mühle, einer Schmiede, einem Brauhaus, einer Fabrik, die zu dem Betrieb bestimmten Maschinen und sonstigen Gerätschaften,
2. bei einem Landgut das zum Wirtschaftsbetrieb bestimmte Gerät und Vieh, die landwirtschaftlichen Erzeugnisse, soweit sie zur Fortführung der Wirtschaft bis zu der Zeit erforderlich sind, zu welcher gleiche oder ähnliche Erzeugnisse voraussichtlich gewonnen werden, sowie der vorhandene, auf dem Gut gewonnene Dünger.

**§ 99 Früchte.** (1) Früchte einer Sache sind die Erzeugnisse der Sache und die sonstige Ausbeute, welche aus der Sache ihrer Bestimmung gemäß gewonnen wird.

(2) Früchte eines Rechts sind die Erträge, welche das Recht seiner Bestimmung gemäß gewährt, insbesondere bei einem Recht auf Gewinnung von Bodenbestandteilen die gewonnenen Bestandteile.

(3) Früchte sind auch die Erträge, welche eine Sache oder ein Recht vermöge eines Rechtsverhältnisses gewährt.

**§ 100 Nutzungen.** Nutzungen sind die Früchte einer Sache oder eines Rechts sowie die Vorteile, welche der Gebrauch der Sache oder des Rechts gewährt.

**§ 101 Verteilung der Früchte.** Ist jemand berechtigt, die Früchte einer Sache oder eines Rechts bis zu einer bestimmten Zeit oder von einer bestimmten Zeit an zu beziehen, so gebühren ihm, sofern nicht ein anderes bestimmt ist:

1. die in § 99 Abs. 1 bezeichneten Erzeugnisse und Bestandteile, auch wenn er sie als Früchte eines Rechts zu beziehen hat, insoweit, als sie während der Dauer der Berechtigung von der Sache getrennt werden,
2. andere Früchte insoweit, als sie während der Dauer der Berechtigung fällig werden; bestehen jedoch die Früchte in der Vergütung für die Überlassung des Gebrauchs oder des Fruchtgenusses, in Zinsen, Gewinnanteilen oder anderen regelmäßig wiederkehrenden Erträgen, so gebührt dem Berechtigten ein der Dauer seiner Berechtigung entsprechender Teil.

**§ 102 Ersatz der Gewinnungskosten.** Wer zur Herausgabe von Früchten verpflichtet ist, kann Ersatz der auf die Gewinnung der Früchte verwendeten Kosten insoweit verlangen, als sie einer ordnungsmäßigen Wirtschaft entsprechen und den Wert der Früchte nicht übersteigen.

**§ 103 Verteilung der Lasten.** Wer verpflichtet ist, die Lasten einer Sache oder eines Rechts bis zu einer bestimmten Zeit oder von einer bestimmten Zeit an zu tragen, hat, sofern nicht ein anderes bestimmt ist, die regelmäßig wiederkehrenden Lasten nach dem Verhältnis der Dauer seiner Verpflichtung, andere Lasten insoweit zu tragen, als sie während der Dauer seiner Verpflichtung zu entrichten sind.

## Abschnitt 3. Rechtsgeschäfte

### Titel 1. Geschäftsfähigkeit

**§ 104 Geschäftsunfähigkeit.** Geschäftsunfähig ist:

1. wer nicht das siebente Lebensjahr vollendet hat,
2. wer sich in einem die freie Willensbestimmung ausschließenden Zustand krankhafter Störung der Geistestätigkeit befindet, sofern nicht der Zustand seiner Natur nach ein vorübergehender ist.

**§ 105 Nichtigkeit der Willenserklärung.** (1) Die Willenserklärung eines Geschäftsunfähigen ist nichtig.

(2) Nichtig ist auch eine Willenserklärung, die im Zustand der Bewusstlosigkeit oder vorübergehender Störung der Geistestätigkeit abgegeben wird.

**§ 105a[1)] Geschäfte des täglichen Lebens.** [1] Tätigt ein volljähriger Geschäftsunfähiger ein Geschäft des täglichen Lebens, das mit geringwertigen Mitteln bewirkt werden kann, so gilt der von ihm geschlossene Vertrag in Ansehung von Leistung und, soweit vereinbart, Gegenleistung als wirksam, sobald Leistung und Gegenleistung bewirkt sind. [2] Satz 1 gilt nicht bei einer erheblichen Gefahr für die Person oder das Vermögen des Geschäftsunfähigen.

**§ 106 Beschränkte Geschäftsfähigkeit Minderjähriger.** Ein Minderjähriger, der das siebente Lebensjahr vollendet hat, ist nach Maßgabe der §§ 107 bis 113 in der Geschäftsfähigkeit beschränkt.

**§ 107 Einwilligung des gesetzlichen Vertreters.** Der Minderjährige bedarf zu einer Willenserklärung, durch die er nicht lediglich einen rechtlichen Vorteil erlangt, der Einwilligung seines gesetzlichen Vertreters.

---

[1)] § 105a eingef. mWv 1.8.2002 durch G v. 23.7.2002 (BGBl. I S. 2850).

**§ 108 Vertragsschluss ohne Einwilligung.** (1) Schließt der Minderjährige einen Vertrag ohne die erforderliche Einwilligung des gesetzlichen Vertreters, so hängt die Wirksamkeit des Vertrags von der Genehmigung des Vertreters ab.

(2) [1] Fordert der andere Teil den Vertreter zur Erklärung über die Genehmigung auf, so kann die Erklärung nur ihm gegenüber erfolgen; eine vor der Aufforderung dem Minderjährigen gegenüber erklärte Genehmigung oder Verweigerung der Genehmigung wird unwirksam. [2] Die Genehmigung kann nur bis zum Ablauf von zwei Wochen nach dem Empfang der Aufforderung erklärt werden; wird sie nicht erklärt, so gilt sie als verweigert.

(3) Ist der Minderjährige unbeschränkt geschäftsfähig geworden, so tritt seine Genehmigung an die Stelle der Genehmigung des Vertreters.

**§ 109 Widerrufsrecht des anderen Teils.** (1) [1] Bis zur Genehmigung des Vertrags ist der andere Teil zum Widerruf berechtigt. [2] Der Widerruf kann auch dem Minderjährigen gegenüber erklärt werden.

(2) Hat der andere Teil die Minderjährigkeit gekannt, so kann er nur widerrufen, wenn der Minderjährige der Wahrheit zuwider die Einwilligung des Vertreters behauptet hat; er kann auch in diesem Falle nicht widerrufen, wenn ihm das Fehlen der Einwilligung bei dem Abschluss des Vertrags bekannt war.

**§ 110 Bewirken der Leistung mit eigenen Mitteln.** Ein von dem Minderjährigen ohne Zustimmung des gesetzlichen Vertreters geschlossener Vertrag gilt als von Anfang an wirksam, wenn der Minderjährige die vertragsmäßige Leistung mit Mitteln bewirkt, die ihm zu diesem Zweck oder zu freier Verfügung von dem Vertreter oder mit dessen Zustimmung von einem Dritten überlassen worden sind.

**§ 111 Einseitige Rechtsgeschäfte.** [1] Ein einseitiges Rechtsgeschäft, das der Minderjährige ohne die erforderliche Einwilligung des gesetzlichen Vertreters vornimmt, ist unwirksam. [2] Nimmt der Minderjährige mit dieser Einwilligung ein solches Rechtsgeschäft einem anderen gegenüber vor, so ist das Rechtsgeschäft unwirksam, wenn der Minderjährige die Einwilligung nicht in schriftlicher Form vorlegt und der andere das Rechtsgeschäft aus diesem Grunde unverzüglich zurückweist. [3] Die Zurückweisung ist ausgeschlossen, wenn der Vertreter den anderen von der Einwilligung in Kenntnis gesetzt hatte.

**§ 112[1)] Selbständiger Betrieb eines Erwerbsgeschäfts.** (1) [1] Ermächtigt der gesetzliche Vertreter mit Genehmigung des Familiengerichts den Minderjährigen zum selbständigen Betrieb eines Erwerbsgeschäfts, so ist der Minderjährige für solche Rechtsgeschäfte unbeschränkt geschäftsfähig, welche der Geschäftsbetrieb mit sich bringt. [2] Ausgenommen sind Rechtsgeschäfte, zu denen der Vertreter der Genehmigung des Familiengerichts bedarf.

(2) Die Ermächtigung kann von dem Vertreter nur mit Genehmigung des Familiengerichts zurückgenommen werden.

**§ 113[2)] Dienst- oder Arbeitsverhältnis.** (1) [1] Ermächtigt der gesetzliche Vertreter den Minderjährigen, in Dienst oder in Arbeit zu treten, so ist der Minderjährige für solche Rechtsgeschäfte unbeschränkt geschäftsfähig, welche die Eingehung oder Aufhebung eines Dienst- oder Arbeitsverhältnisses der gestatteten

---

[1)] § 112 Abs. 1 Sätze 1 und 2, Abs. 2 geänd. mWv 1.9.2009 durch G v. 17.12.2008 (BGBl. I S. 2586).

[2)] § 113 Abs. 1 Satz 2, Abs. 3 Sätze 1 und 2 geänd. mWv 1.9.2009 durch G v. 17.12.2008 (BGBl. I S. 2586).

Art oder die Erfüllung der sich aus einem solchen Verhältnis ergebenden Verpflichtungen betreffen. [2] Ausgenommen sind Verträge, zu denen der Vertreter der Genehmigung des Familiengerichts bedarf.

(2) Die Ermächtigung kann von dem Vertreter zurückgenommen oder eingeschränkt werden.

(3) [1] Ist der gesetzliche Vertreter ein Vormund, so kann die Ermächtigung, wenn sie von ihm verweigert wird, auf Antrag des Minderjährigen durch das Familiengericht ersetzt werden. [2] Das Familiengericht hat die Ermächtigung zu ersetzen, wenn sie im Interesse des Mündels liegt.

(4) Die für einen einzelnen Fall erteilte Ermächtigung gilt im Zweifel als allgemeine Ermächtigung zur Eingehung von Verhältnissen derselben Art.

**§§ 114, 115** (weggefallen)

### Titel 2. Willenserklärung

**§ 116 Geheimer Vorbehalt.** [1] Eine Willenserklärung ist nicht deshalb nichtig, weil sich der Erklärende insgeheim vorbehält, das Erklärte nicht zu wollen. [2] Die Erklärung ist nichtig, wenn sie einem anderen gegenüber abzugeben ist und dieser den Vorbehalt kennt.

**§ 117 Scheingeschäft.** (1) Wird eine Willenserklärung, die einem anderen gegenüber abzugeben ist, mit dessen Einverständnis nur zum Schein abgegeben, so ist sie nichtig.

(2) Wird durch ein Scheingeschäft ein anderes Rechtsgeschäft verdeckt, so finden die für das verdeckte Rechtsgeschäft geltenden Vorschriften Anwendung.

**§ 118 Mangel der Ernstlichkeit.** Eine nicht ernstlich gemeinte Willenserklärung, die in der Erwartung abgegeben wird, der Mangel der Ernstlichkeit werde nicht verkannt werden, ist nichtig.

**§ 119 Anfechtbarkeit wegen Irrtums.** (1) Wer bei der Abgabe einer Willenserklärung über deren Inhalt im Irrtum war oder eine Erklärung dieses Inhalts überhaupt nicht abgeben wollte, kann die Erklärung anfechten, wenn anzunehmen ist, dass er sie bei Kenntnis der Sachlage und bei verständiger Würdigung des Falles nicht abgegeben haben würde.

(2) Als Irrtum über den Inhalt der Erklärung gilt auch der Irrtum über solche Eigenschaften der Person oder der Sache, die im Verkehr als wesentlich angesehen werden.

**§ 120 Anfechtbarkeit wegen falscher Übermittlung.** Eine Willenserklärung, welche durch die zur Übermittlung verwendete Person oder Einrichtung unrichtig übermittelt worden ist, kann unter der gleichen Voraussetzung angefochten werden wie nach § 119 eine irrtümlich abgegebene Willenserklärung.

**§ 121 Anfechtungsfrist.** (1) [1] Die Anfechtung muss in den Fällen der §§ 119, 120 ohne schuldhaftes Zögern (unverzüglich) erfolgen, nachdem der Anfechtungsberechtigte von dem Anfechtungsgrund Kenntnis erlangt hat. [2] Die einem Abwesenden gegenüber erfolgte Anfechtung gilt als rechtzeitig erfolgt, wenn die Anfechtungserklärung unverzüglich abgesendet worden ist.

(2) Die Anfechtung ist ausgeschlossen, wenn seit der Abgabe der Willenserklärung zehn Jahre verstrichen sind.

**§ 122 Schadensersatzpflicht des Anfechtenden.** (1) Ist eine Willenserklärung nach § 118 nichtig oder auf Grund der §§ 119, 120 angefochten, so hat der Erklärende, wenn die Erklärung einem anderen gegenüber abzugeben war, diesem, andernfalls jedem Dritten den Schaden zu ersetzen, den der andere oder der Dritte dadurch erleidet, dass er auf die Gültigkeit der Erklärung vertraut, jedoch nicht über den Betrag des Interesses hinaus, welches der andere oder der Dritte an der Gültigkeit der Erklärung hat.

(2) Die Schadensersatzpflicht tritt nicht ein, wenn der Beschädigte den Grund der Nichtigkeit oder der Anfechtbarkeit kannte oder infolge von Fahrlässigkeit nicht kannte (kennen musste).

**§ 123 Anfechtbarkeit wegen Täuschung oder Drohung.** (1) Wer zur Abgabe einer Willenserklärung durch arglistige Täuschung oder widerrechtlich durch Drohung bestimmt worden ist, kann die Erklärung anfechten.

(2) [1] Hat ein Dritter die Täuschung verübt, so ist eine Erklärung, die einem anderen gegenüber abzugeben war, nur dann anfechtbar, wenn dieser die Täuschung kannte oder kennen musste. [2] Soweit ein anderer als derjenige, welchem gegenüber die Erklärung abzugeben war, aus der Erklärung unmittelbar ein Recht erworben hat, ist die Erklärung ihm gegenüber anfechtbar, wenn er die Täuschung kannte oder kennen musste.

**§ 124 Anfechtungsfrist.** (1) Die Anfechtung einer nach § 123 anfechtbaren Willenserklärung kann nur binnen Jahresfrist erfolgen.

(2) [1] Die Frist beginnt im Falle der arglistigen Täuschung mit dem Zeitpunkt, in welchem der Anfechtungsberechtigte die Täuschung entdeckt, im Falle der Drohung mit dem Zeitpunkt, in welchem die Zwangslage aufhört. [2] Auf den Lauf der Frist finden die für die Verjährung geltenden Vorschriften der §§ 206, 210 und 211 entsprechende Anwendung.

(3) Die Anfechtung ist ausgeschlossen, wenn seit der Abgabe der Willenserklärung zehn Jahre verstrichen sind.

**§ 125 Nichtigkeit wegen Formmangels.** [1] Ein Rechtsgeschäft, welches der durch Gesetz vorgeschriebenen Form ermangelt, ist nichtig. [2] Der Mangel der durch Rechtsgeschäft bestimmten Form hat im Zweifel gleichfalls Nichtigkeit zur Folge.

**§ 126 Schriftform.** (1) Ist durch Gesetz schriftliche Form vorgeschrieben, so muss die Urkunde von dem Aussteller eigenhändig durch Namensunterschrift oder mittels notariell beglaubigten Handzeichens unterzeichnet werden.

(2) [1] Bei einem Vertrag muss die Unterzeichnung der Parteien auf derselben Urkunde erfolgen. [2] Werden über den Vertrag mehrere gleichlautende Urkunden aufgenommen, so genügt es, wenn jede Partei die für die andere Partei bestimmte Urkunde unterzeichnet.

(3) Die schriftliche Form kann durch die elektronische Form ersetzt werden, wenn sich nicht aus dem Gesetz ein anderes ergibt.

(4) Die schriftliche Form wird durch die notarielle Beurkundung[1)] ersetzt.

---

[1)] Beachte das Beurkundungsgesetz (Nr. **23**).

**§ 126a[1)] Elektronische Form.** (1) Soll die gesetzlich vorgeschriebene schriftliche Form durch die elektronische Form ersetzt werden, so muss der Aussteller der Erklärung dieser seinen Namen hinzufügen und das elektronische Dokument mit seiner qualifizierten elektronischen Signatur versehen.

(2) Bei einem Vertrag müssen die Parteien jeweils ein gleichlautendes Dokument in der in Absatz 1 bezeichneten Weise elektronisch signieren.

**§ 126b[2)] Textform.** [1] Ist durch Gesetz Textform vorgeschrieben, so muss eine lesbare Erklärung, in der die Person des Erklärenden genannt ist, auf einem dauerhaften Datenträger abgegeben werden. [2] Ein dauerhafter Datenträger ist jedes Medium, das

1. es dem Empfänger ermöglicht, eine auf dem Datenträger befindliche, an ihn persönlich gerichtete Erklärung so aufzubewahren oder zu speichern, dass sie ihm während eines für ihren Zweck angemessenen Zeitraums zugänglich ist, und
2. geeignet ist, die Erklärung unverändert wiederzugeben.

**§ 127 Vereinbarte Form.** (1) Die Vorschriften des § 126, des § 126a oder des § 126b gelten im Zweifel auch für die durch Rechtsgeschäft bestimmte Form.

(2) [1] Zur Wahrung der durch Rechtsgeschäft bestimmten schriftlichen Form genügt, soweit nicht ein anderer Wille anzunehmen ist, die telekommunikative Übermittlung und bei einem Vertrag der Briefwechsel. [2] Wird eine solche Form gewählt, so kann nachträglich eine dem § 126 entsprechende Beurkundung verlangt werden.

(3) [1] Zur Wahrung der durch Rechtsgeschäft bestimmten elektronischen Form genügt, soweit nicht ein anderer Wille anzunehmen ist, auch eine andere als die in § 126a bestimmte elektronische Signatur und bei einem Vertrag der Austausch von Angebots- und Annahmeerklärung, die jeweils mit einer elektronischen Signatur versehen sind. [2] Wird eine solche Form gewählt, so kann nachträglich eine dem § 126a entsprechende elektronische Signierung oder, wenn diese einer der Parteien nicht möglich ist, eine dem § 126 entsprechende Beurkundung verlangt werden.

**§ 127a Gerichtlicher Vergleich.** Die notarielle Beurkundung wird bei einem gerichtlichen Vergleich durch die Aufnahme der Erklärungen in ein nach den Vorschriften der Zivilprozessordnung[3)] errichtetes Protokoll ersetzt.

**§ 128 Notarielle Beurkundung.** Ist durch Gesetz notarielle Beurkundung[4)] eines Vertrags vorgeschrieben, so genügt es, wenn zunächst der Antrag und sodann die Annahme des Antrags von einem Notar beurkundet wird.

**§ 129[5)] Öffentliche Beglaubigung.** (1) [1] Ist für eine Erklärung durch Gesetz öffentliche Beglaubigung vorgeschrieben, so muss die Erklärung

1. in schriftlicher Form abgefasst und die Unterschrift des Erklärenden von einem Notar beglaubigt werden oder

---

[1)] § 126a Abs. 1 geänd. mWv 29.7.2017 durch G v. 18.7.2017 (BGBl. I S. 2745); Abs. 1 geänd. mWv 1.8.2022 durch G v. 5.7.2021 (BGBl. I S. 3338).

[2)] § 126b neu gef. mWv 13.6.2014 durch G v. 20.9.2013 (BGBl. I S. 3642).

[3)] Nr. **100**.

[4)] Beachte das Beurkundungsgesetz (Nr. **23**).

[5)] § 129 neu gef. mWv 1.8.2022 durch G v. 5.7.2021 (BGBl. I S. 3338).

2. in elektronischer Form abgefasst und die qualifizierte elektronische Signatur des Erklärenden von einem Notar beglaubigt werden.

[2] In dem Gesetz kann vorgesehen werden, dass eine Erklärung nur nach Satz 1 Nummer 1 oder nach Satz 1 Nummer 2 öffentlich beglaubigt werden kann.

(2) Wurde eine Erklärung in schriftlicher Form von dem Erklärenden mittels notariell beglaubigten Handzeichens unterzeichnet, so erfüllt die Erklärung auch die Anforderungen nach Absatz 1 Satz 1 Nummer 1.

(3) Die öffentliche Beglaubigung wird durch die notarielle Beurkundung ersetzt.

**§ 130 Wirksamwerden der Willenserklärung gegenüber Abwesenden.**

(1) [1] Eine Willenserklärung, die einem anderen gegenüber abzugeben ist, wird, wenn sie in dessen Abwesenheit abgegeben wird, in dem Zeitpunkt wirksam, in welchem sie ihm zugeht. [2] Sie wird nicht wirksam, wenn dem anderen vorher oder gleichzeitig ein Widerruf zugeht.

(2) Auf die Wirksamkeit der Willenserklärung ist es ohne Einfluss, wenn der Erklärende nach der Abgabe stirbt oder geschäftsunfähig wird.

(3) Diese Vorschriften finden auch dann Anwendung, wenn die Willenserklärung einer Behörde gegenüber abzugeben ist.

**§ 131 Wirksamwerden gegenüber nicht voll Geschäftsfähigen.**

(1) Wird die Willenserklärung einem Geschäftsunfähigen gegenüber abgegeben, so wird sie nicht wirksam, bevor sie dem gesetzlichen Vertreter zugeht.

(2) [1] Das Gleiche gilt, wenn die Willenserklärung einer in der Geschäftsfähigkeit beschränkten Person gegenüber abgegeben wird. [2] Bringt die Erklärung jedoch der in der Geschäftsfähigkeit beschränkten Person lediglich einen rechtlichen Vorteil oder hat der gesetzliche Vertreter seine Einwilligung erteilt, so wird die Erklärung in dem Zeitpunkt wirksam, in welchem sie ihr zugeht.

**§ 132[1)] Ersatz des Zugehens durch Zustellung.** (1) [1] Eine Willenserklärung gilt auch dann als zugegangen, wenn sie durch Vermittlung eines Gerichtsvollziehers zugestellt worden ist. [2] Die Zustellung erfolgt nach den Vorschriften der Zivilprozessordnung[2)].

(2) [1] Befindet sich der Erklärende über die Person desjenigen, welchem gegenüber die Erklärung abzugeben ist, in einer nicht auf Fahrlässigkeit beruhenden Unkenntnis oder ist der Aufenthalt dieser Person unbekannt, so kann die Zustellung nach den für die öffentliche Zustellung geltenden Vorschriften der Zivilprozessordnung erfolgen. [2] Zuständig für die Bewilligung ist im ersteren Falle das Amtsgericht, in dessen Bezirk der Erklärende seinen Wohnsitz oder in Ermangelung eines inländischen Wohnsitzes seinen Aufenthalt hat, im letzteren Falle das Amtsgericht, in dessen Bezirk die Person, welcher zuzustellen ist, den letzten Wohnsitz oder in Ermangelung eines inländischen Wohnsitzes den letzten Aufenthalt hatte.

**§ 133 Auslegung einer Willenserklärung.** Bei der Auslegung einer Willenserklärung ist der wirkliche Wille zu erforschen und nicht an dem buchstäblichen Sinne des Ausdrucks zu haften.

---

1) § 132 Abs. 2 Satz 1 geänd. mWv 1.7.2002 durch G v. 25.6.2001 (BGBl. I S. 1206); diese Änderung wurde in der Neufassung (Stand 1.1.2002) nicht berücksichtigt.

2) Nr. **100**.

**§ 134 Gesetzliches Verbot.** Ein Rechtsgeschäft, das gegen ein gesetzliches Verbot verstößt, ist nichtig, wenn sich nicht aus dem Gesetz ein anderes ergibt.

**§ 135 Gesetzliches Veräußerungsverbot.** (1) [1] Verstößt die Verfügung über einen Gegenstand gegen ein gesetzliches Veräußerungsverbot, das nur den Schutz bestimmter Personen bezweckt, so ist sie nur diesen Personen gegenüber unwirksam. [2] Der rechtsgeschäftlichen Verfügung steht eine Verfügung gleich, die im Wege der Zwangsvollstreckung oder der Arrestvollziehung erfolgt.

(2) Die Vorschriften zugunsten derjenigen, welche Rechte von einem Nichtberechtigten herleiten, finden entsprechende Anwendung.

**§ 136 Behördliches Veräußerungsverbot.** Ein Veräußerungsverbot, das von einem Gericht oder von einer anderen Behörde innerhalb ihrer Zuständigkeit erlassen wird, steht einem gesetzlichen Veräußerungsverbot der in § 135 bezeichneten Art gleich.

**§ 137 Rechtsgeschäftliches Verfügungsverbot.** [1] Die Befugnis zur Verfügung über ein veräußerliches Recht kann nicht durch Rechtsgeschäft ausgeschlossen oder beschränkt werden. [2] Die Wirksamkeit einer Verpflichtung, über ein solches Recht nicht zu verfügen, wird durch diese Vorschrift nicht berührt.

**§ 138 Sittenwidriges Rechtsgeschäft; Wucher.** (1) Ein Rechtsgeschäft, das gegen die guten Sitten verstößt, ist nichtig.

(2) Nichtig ist insbesondere ein Rechtsgeschäft, durch das jemand unter Ausbeutung der Zwangslage, der Unerfahrenheit, des Mangels an Urteilsvermögen oder der erheblichen Willensschwäche eines anderen sich oder einem Dritten für eine Leistung Vermögensvorteile versprechen oder gewähren lässt, die in einem auffälligen Missverhältnis zu der Leistung stehen.

**§ 139 Teilnichtigkeit.** Ist ein Teil eines Rechtsgeschäfts nichtig, so ist das ganze Rechtsgeschäft nichtig, wenn nicht anzunehmen ist, dass es auch ohne den nichtigen Teil vorgenommen sein würde.

*(Fortsetzung nächstes Blatt)*

**§ 140. Umdeutung.** Entspricht ein nichtiges Rechtsgeschäft den Erfordernissen eines anderen Rechtsgeschäfts, so gilt das letztere, wenn anzunehmen ist, dass dessen Geltung bei Kenntnis der Nichtigkeit gewollt sein würde.

**§ 141. Bestätigung des nichtigen Rechtsgeschäfts.** (1) Wird ein nichtiges Rechtsgeschäft von demjenigen, welcher es vorgenommen hat, bestätigt, so ist die Bestätigung als erneute Vornahme zu beurteilen.

(2) Wird ein nichtiger Vertrag von den Parteien bestätigt, so sind diese im Zweifel verpflichtet, einander zu gewähren, was sie haben würden, wenn der Vertrag von Anfang an gültig gewesen wäre.

**§ 142. Wirkung der Anfechtung.** (1) Wird ein anfechtbares Rechtsgeschäft angefochten, so ist es als von Anfang an nichtig anzusehen.

(2) Wer die Anfechtbarkeit kannte oder kennen musste, wird, wenn die Anfechtung erfolgt, so behandelt, wie wenn er die Nichtigkeit des Rechtsgeschäfts gekannt hätte oder hätte kennen müssen.

**§ 143. Anfechtungserklärung.** (1) Die Anfechtung erfolgt durch Erklärung gegenüber dem Anfechtungsgegner.

(2) Anfechtungsgegner ist bei einem Vertrag der andere Teil, im Falle des § 123 Abs. 2 Satz 2 derjenige, welcher aus dem Vertrag unmittelbar ein Recht erworben hat.

(3) [1]Bei einem einseitigen Rechtsgeschäft, das einem anderen gegenüber vorzunehmen war, ist der andere der Anfechtungsgegner. [2]Das Gleiche gilt bei einem Rechtsgeschäft, das einem anderen oder einer Behörde gegenüber vorzunehmen war, auch dann, wenn das Rechtsgeschäft der Behörde gegenüber vorgenommen worden ist.

(4) [1]Bei einem einseitigen Rechtsgeschäft anderer Art ist Anfechtungsgegner jeder, der auf Grund des Rechtsgeschäfts unmittelbar einen rechtlichen Vorteil erlangt hat. [2]Die Anfechtung kann jedoch, wenn die Willenserklärung einer Behörde gegenüber abzugeben war, durch Erklärung gegenüber der Behörde erfolgen; die Behörde soll die Anfechtung demjenigen mitteilen, welcher durch das Rechtsgeschäft unmittelbar betroffen worden ist.

**§ 144. Bestätigung des anfechtbaren Rechtsgeschäfts.** (1) Die Anfechtung ist ausgeschlossen, wenn das anfechtbare Rechtsgeschäft von dem Anfechtungsberechtigten bestätigt wird.

(2) Die Bestätigung bedarf nicht der für das Rechtsgeschäft bestimmten Form.

## Titel 3. Vertrag[1)]

**§ 145. Bindung an den Antrag.** Wer einem anderen die Schließung eines Vertrags anträgt, ist an den Antrag gebunden, es sei denn, dass er die Gebundenheit ausgeschlossen hat.

---

1) Beachte hierzu auch Übereinkommen der Vereinten Nationen über Verträge über den internationalen Warenkauf v. 11. 4. 1980 (BGBl. 1989 II S. 588, ber. 1990 II S. 1699); abgedruckt in **Schönfelder Ergänzungsband; Nr. 50 c**.

**§ 146. Erlöschen des Antrags.** Der Antrag erlischt, wenn er dem Antragenden gegenüber abgelehnt oder wenn er nicht diesem gegenüber nach den §§ 147 bis 149 rechtzeitig angenommen wird.

**§ 147. Annahmefrist.** (1) [1]Der einem Anwesenden gemachte Antrag kann nur sofort angenommen werden. [2]Dies gilt auch von einem mittels Fernsprechers oder einer sonstigen technischen Einrichtung von Person zu Person gemachten Antrag.

(2) Der einem Abwesenden gemachte Antrag kann nur bis zu dem Zeitpunkt angenommen werden, in welchem der Antragende den Eingang der Antwort unter regelmäßigen Umständen erwarten darf.

**§ 148. Bestimmung einer Annahmefrist.** Hat der Antragende für die Annahme des Antrags eine Frist bestimmt, so kann die Annahme nur innerhalb der Frist erfolgen.

**§ 149. Verspätet zugegangene Annahmeerklärung.** [1]Ist eine dem Antragenden verspätet zugegangene Annahmeerklärung dergestalt abgesendet worden, dass sie bei regelmäßiger Beförderung ihm rechtzeitig zugegangen sein würde, und musste der Antragende dies erkennen, so hat er die Verspätung dem Annehmenden unverzüglich nach dem Empfang der Erklärung anzuzeigen, sofern es nicht schon vorher geschehen ist. [2]Verzögert er die Absendung der Anzeige, so gilt die Annahme als nicht verspätet.

**§ 150. Verspätete und abändernde Annahme.** (1) Die verspätete Annahme eines Antrags gilt als neuer Antrag.

(2) Eine Annahme unter Erweiterungen, Einschränkungen oder sonstigen Änderungen gilt als Ablehnung verbunden mit einem neuen Antrag.

**§ 151. Annahme ohne Erklärung gegenüber dem Antragenden.** [1]Der Vertrag kommt durch die Annahme des Antrags zustande, ohne dass die Annahme dem Antragenden gegenüber erklärt zu werden braucht, wenn eine solche Erklärung nach der Verkehrssitte nicht zu erwarten ist oder der Antragende auf sie verzichtet hat. [2]Der Zeitpunkt, in welchem der Antrag erlischt, bestimmt sich nach dem aus dem Antrag oder den Umständen zu entnehmenden Willen des Antragenden.

**§ 152. Annahme bei notarieller Beurkundung.** [1]Wird ein Vertrag notariell beurkundet, ohne dass beide Teile gleichzeitig anwesend sind, so kommt der Vertrag mit der nach § 128 erfolgten Beurkundung der Annahme zustande, wenn nicht ein anderes bestimmt ist. [2]Die Vorschrift des § 151 Satz 2 findet Anwendung.

**§ 153. Tod oder Geschäftsunfähigkeit des Antragenden.** Das Zustandekommen des Vertrags wird nicht dadurch gehindert, dass der Antragende vor der Annahme stirbt oder geschäftsunfähig wird, es sei denn, dass ein anderer Wille des Antragenden anzunehmen ist.

**§ 154. Offener Einigungsmangel; fehlende Beurkundung.** (1) [1]Solange nicht die Parteien sich über alle Punkte eines Vertrags geeinigt haben, über die nach der Erklärung auch nur einer Partei eine Vereinbarung getroffen werden soll, ist im Zweifel der Vertrag nicht geschlossen. [2]Die Verständigung über einzelne Punkte ist auch dann nicht bindend, wenn eine Aufzeichnung stattgefunden hat.

(2) Ist eine Beurkundung des beabsichtigten Vertrags verabredet worden, so ist im Zweifel der Vertrag nicht geschlossen, bis die Beurkundung erfolgt ist.

**§ 155. Versteckter Einigungsmangel.** Haben sich die Parteien bei einem Vertrag, den sie als geschlossen ansehen, über einen Punkt, über den eine Vereinbarung getroffen werden sollte, in Wirklichkeit nicht geeinigt, so gilt das Vereinbarte, sofern anzunehmen ist, dass der Vertrag auch ohne eine Bestimmung über diesen Punkt geschlossen sein würde.

**§ 156. Vertragsschluss bei Versteigerung.** [1]Bei einer Versteigerung kommt der Vertrag erst durch den Zuschlag zustande. [2]Ein Gebot erlischt, wenn ein Übergebot abgegeben oder die Versteigerung ohne Erteilung des Zuschlags geschlossen wird.

**§ 157. Auslegung von Verträgen.** Verträge sind so auszulegen, wie Treu und Glauben mit Rücksicht auf die Verkehrssitte es erfordern.

## Titel 4. Bedingung und Zeitbestimmung

**§ 158. Aufschiebende und auflösende Bedingung.** (1) Wird ein Rechtsgeschäft unter einer aufschiebenden Bedingung vorgenommen, so tritt die von der Bedingung abhängig gemachte Wirkung mit dem Eintritt der Bedingung ein.

(2) Wird ein Rechtsgeschäft unter einer auflösenden Bedingung vorgenommen, so endigt mit dem Eintritt der Bedingung die Wirkung des Rechtsgeschäfts; mit diesem Zeitpunkt tritt der frühere Rechtszustand wieder ein.

**§ 159. Rückbeziehung.** Sollen nach dem Inhalt des Rechtsgeschäfts die an den Eintritt der Bedingung geknüpften Folgen auf einen früheren Zeitpunkt zurückbezogen werden, so sind im Falle des Eintritts der Bedingung die Beteiligten verpflichtet, einander zu gewähren, was sie haben würden, wenn die Folgen in dem früheren Zeitpunkt eingetreten wären.

**§ 160. Haftung während der Schwebezeit.** (1) Wer unter einer aufschiebenden Bedingung berechtigt ist, kann im Falle des Eintritts der Bedingung Schadensersatz von dem anderen Teil verlangen, wenn dieser während der Schwebezeit das von der Bedingung abhängige Recht durch sein Verschulden vereitelt oder beeinträchtigt.

(2) Den gleichen Anspruch hat unter denselben Voraussetzungen bei einem unter einer auflösenden Bedingung vorgenommenen Rechtsgeschäft derjenige, zu dessen Gunsten der frühere Rechtszustand wieder eintritt.

**§ 161. Unwirksamkeit von Verfügungen während der Schwebezeit.** (1) [1]Hat jemand unter einer aufschiebenden Bedingung über einen Gegenstand verfügt, so ist jede weitere Verfügung, die er während der Schwebezeit über den Gegenstand trifft, im Falle des Eintritts der Bedingung insoweit unwirksam, als sie die von der Bedingung abhängige Wirkung vereiteln oder beeinträchtigen würde. [2]Einer solchen Verfügung steht eine Verfügung gleich, die während der Schwebezeit im Wege der Zwangsvollstreckung oder der Arrestvollziehung oder durch den Insolvenzverwalter erfolgt.

(2) Dasselbe gilt bei einer auflösenden Bedingung von den Verfügungen desjenigen, dessen Recht mit dem Eintritt der Bedingung endigt.

(3) Die Vorschriften zugunsten derjenigen, welche Rechte von einem Nichtberechtigten herleiten, finden entsprechende Anwendung.

**§ 162. Verhinderung oder Herbeiführung des Bedingungseintritts.** (1) Wird der Eintritt der Bedingung von der Partei, zu deren Nachteil er gereichen würde, wider Treu und Glauben verhindert, so gilt die Bedingung als eingetreten.

(2) Wird der Eintritt der Bedingung von der Partei, zu deren Vorteil er gereicht, wider Treu und Glauben herbeigeführt, so gilt der Eintritt als nicht erfolgt.

**§ 163. Zeitbestimmung.** Ist für die Wirkung eines Rechtsgeschäfts bei dessen Vornahme ein Anfangs- oder ein Endtermin bestimmt worden, so finden im ersteren Falle die für die aufschiebende, im letzteren Falle die für die auflösende Bedingung geltenden Vorschriften der §§ 158, 160, 161 entsprechende Anwendung.

## Titel 5.[1] Vertretung und Vollmacht

**§ 164. Wirkung der Erklärung des Vertreters.** (1) [1]Eine Willenserklärung, die jemand innerhalb der ihm zustehenden Vertretungsmacht im Namen des Vertretenen abgibt, wirkt unmittelbar für und gegen den Vertretenen. [2]Es macht keinen Unterschied, ob die Erklärung ausdrücklich im Namen des Vertretenen erfolgt oder ob die Umstände ergeben, dass sie in dessen Namen erfolgen soll.

(2) Tritt der Wille, in fremdem Namen zu handeln, nicht erkennbar hervor, so kommt der Mangel des Willens, im eigenen Namen zu handeln, nicht in Betracht.

(3) Die Vorschriften des Absatzes 1 finden entsprechende Anwendung, wenn eine gegenüber einem anderen abzugebende Willenserklärung dessen Vertreter gegenüber erfolgt.

**§ 165. Beschränkt geschäftsfähiger Vertreter.** Die Wirksamkeit einer von oder gegenüber einem Vertreter abgegebenen Willenserklärung wird nicht dadurch beeinträchtigt, dass der Vertreter in der Geschäftsfähigkeit beschränkt ist.

**§ 166. Willensmängel; Wissenszurechnung.** (1) Soweit die rechtlichen Folgen einer Willenserklärung durch Willensmängel oder durch die Kenntnis oder das Kennenmüssen gewisser Umstände beeinflusst werden, kommt nicht die Person des Vertretenen, sondern die des Vertreters in Betracht.

---

[1] Beachte hierzu auch §§ 48 bis 58 HGB; Nr. **50**.

(2) [1] Hat im Falle einer durch Rechtsgeschäft erteilten Vertretungsmacht (Vollmacht) der Vertreter nach bestimmten Weisungen des Vollmachtgebers gehandelt, so kann sich dieser in Ansehung solcher Umstände, die er selbst kannte, nicht auf die Unkenntnis des Vertreters berufen. [2] Dasselbe gilt von Umständen, die der Vollmachtgeber kennen musste, sofern das Kennenmüssen der Kenntnis gleichsteht.

**§ 167. Erteilung der Vollmacht.** (1) Die Erteilung der Vollmacht erfolgt durch Erklärung gegenüber dem zu Bevollmächtigenden oder dem Dritten, dem gegenüber die Vertretung stattfinden soll.

(2) Die Erklärung bedarf nicht der Form, welche für das Rechtsgeschäft bestimmt ist, auf das sich die Vollmacht bezieht.

**§ 168. Erlöschen der Vollmacht.** [1] Das Erlöschen der Vollmacht bestimmt sich nach dem ihrer Erteilung zugrunde liegenden Rechtsverhältnis. [2] Die Vollmacht ist auch bei dem Fortbestehen des Rechtsverhältnisses widerruflich, sofern sich nicht aus diesem ein anderes ergibt. [3] Auf die Erklärung des Widerrufs findet die Vorschrift des § 167 Abs. 1 entsprechende Anwendung.

**§ 169. Vollmacht des Beauftragten und des geschäftsführenden Gesellschafters.** Soweit nach den §§ 674, 729 die erloschene Vollmacht eines Beauftragten oder eines geschäftsführenden Gesellschafters als fortbestehend gilt, wirkt sie nicht zugunsten eines Dritten, der bei der Vornahme eines Rechtsgeschäfts das Erlöschen kennt oder kennen muss.

**§ 170. Wirkungsdauer der Vollmacht.** Wird die Vollmacht durch Erklärung gegenüber einem Dritten erteilt, so bleibt sie diesem gegenüber in Kraft, bis ihm das Erlöschen von dem Vollmachtgeber angezeigt wird.

**§ 171. Wirkungsdauer bei Kundgebung.** (1) Hat jemand durch besondere Mitteilung an einen Dritten oder durch öffentliche Bekanntmachung kundgegeben, dass er einen anderen bevollmächtigt habe, so ist dieser auf Grund der Kundgebung im ersteren Falle dem Dritten gegenüber, im letzteren Falle jedem Dritten gegenüber zur Vertretung befugt.

(2) Die Vertretungsmacht bleibt bestehen, bis die Kundgebung in derselben Weise, wie sie erfolgt ist, widerrufen wird.

**§ 172. Vollmachtsurkunde.** (1) Der besonderen Mitteilung einer Bevollmächtigung durch den Vollmachtgeber steht es gleich, wenn dieser dem Vertreter eine Vollmachtsurkunde ausgehändigt hat und der Vertreter sie dem Dritten vorlegt.

(2) Die Vertretungsmacht bleibt bestehen, bis die Vollmachtsurkunde dem Vollmachtgeber zurückgegeben oder für kraftlos erklärt wird.

**§ 173. Wirkungsdauer bei Kenntnis und fahrlässiger Unkenntnis.** Die Vorschriften des § 170, des § 171 Abs. 2 und des § 172 Abs. 2 finden keine Anwendung, wenn der Dritte das Erlöschen der Vertretungsmacht bei der Vornahme des Rechtsgeschäfts kennt oder kennen muss.

**§ 174. Einseitiges Rechtsgeschäft eines Bevollmächtigten.** [1]Ein einseitiges Rechtsgeschäft, das ein Bevollmächtigter einem anderen gegenüber vornimmt, ist unwirksam, wenn der Bevollmächtigte eine Vollmachtsurkunde nicht vorlegt und der andere das Rechtsgeschäft aus diesem Grunde unverzüglich zurückweist. [2]Die Zurückweisung ist ausgeschlossen, wenn der Vollmachtgeber den anderen von der Bevollmächtigung in Kenntnis gesetzt hatte.

**§ 175. Rückgabe der Vollmachtsurkunde.** Nach dem Erlöschen der Vollmacht hat der Bevollmächtigte die Vollmachtsurkunde dem Vollmachtgeber zurückzugeben; ein Zurückbehaltungsrecht steht ihm nicht zu.

**§ 176. Kraftloserklärung der Vollmachtsurkunde.** (1) [1]Der Vollmachtgeber kann die Vollmachtsurkunde durch eine öffentliche Bekanntmachung für kraftlos erklären; die Kraftloserklärung muss nach den für die öffentliche Zustellung einer Ladung geltenden Vorschriften der Zivilprozessordnung[1)] veröffentlicht werden. [2]Mit dem Ablauf eines Monats nach der letzten Einrückung in die öffentlichen Blätter wird die Kraftloserklärung wirksam.

(2) Zuständig für die Bewilligung der Veröffentlichung ist sowohl das Amtsgericht, in dessen Bezirk der Vollmachtgeber seinen allgemeinen Gerichtsstand hat, als das Amtsgericht, welches für die Klage auf Rückgabe der Urkunde, abgesehen von dem Wert des Streitgegenstands, zuständig sein würde.

(3) Die Kraftloserklärung ist unwirksam, wenn der Vollmachtgeber die Vollmacht nicht widerrufen kann.

**§ 177. Vertragsschluss durch Vertreter ohne Vertretungsmacht.**
(1) Schließt jemand ohne Vertretungsmacht im Namen eines anderen einen Vertrag, so hängt die Wirksamkeit des Vertrags für und gegen den Vertretenen von dessen Genehmigung ab.

(2) [1]Fordert der andere Teil den Vertretenen zur Erklärung über die Genehmigung auf, so kann die Erklärung nur ihm gegenüber erfolgen; eine vor der Aufforderung dem Vertreter gegenüber erklärte Genehmigung oder Verweigerung der Genehmigung wird unwirksam. [2]Die Genehmigung kann nur bis zum Ablauf von zwei Wochen nach dem Empfang der Aufforderung erklärt werden; wird sie nicht erklärt, so gilt sie als verweigert.

**§ 178. Widerrufsrecht des anderen Teils.** [1]Bis zur Genehmigung des Vertrags ist der andere Teil zum Widerruf berechtigt, es sei denn, dass er den Mangel der Vertretungsmacht bei dem Abschluss des Vertrags gekannt hat. [2]Der Widerruf kann auch dem Vertreter gegenüber erklärt werden.

**§ 179. Haftung des Vertreters ohne Vertretungsmacht.** (1) Wer als Vertreter einen Vertrag geschlossen hat, ist, sofern er nicht seine Vertretungsmacht nachweist, dem anderen Teil nach dessen Wahl zur Erfüllung oder zum Schadensersatz verpflichtet, wenn der Vertretene die Genehmigung des Vertrags verweigert.

(2) Hat der Vertreter den Mangel der Vertretungsmacht nicht gekannt, so ist er nur zum Ersatz desjenigen Schadens verpflichtet, welchen der andere Teil

---

[1)] Nr. **100**.

dadurch erleidet, dass er auf die Vertretungsmacht vertraut, jedoch nicht über den Betrag des Interesses hinaus, welches der andere Teil an der Wirksamkeit des Vertrags hat.

(3) [1]Der Vertreter haftet nicht, wenn der andere Teil den Mangel der Vertretungsmacht kannte oder kennen musste. [2]Der Vertreter haftet auch dann nicht, wenn er in der Geschäftsfähigkeit beschränkt war, es sei denn, dass er mit Zustimmung seines gesetzlichen Vertreters gehandelt hat.

**§ 180. Einseitiges Rechtsgeschäft.** [1]Bei einem einseitigen Rechtsgeschäft ist Vertretung ohne Vertretungsmacht unzulässig. [2]Hat jedoch derjenige, welchem gegenüber ein solches Rechtsgeschäft vorzunehmen war, die von dem Vertreter behauptete Vertretungsmacht bei der Vornahme des Rechtsgeschäfts nicht beanstandet oder ist er damit einverstanden gewesen, dass der Vertreter ohne Vertretungsmacht handele, so finden die Vorschriften über Verträge entsprechende Anwendung. [3]Das Gleiche gilt, wenn ein einseitiges Rechtsgeschäft gegenüber einem Vertreter ohne Vertretungsmacht mit dessen Einverständnis vorgenommen wird.

**§ 181. Insichgeschäft.** Ein Vertreter kann, soweit nicht ein anderes ihm gestattet ist, im Namen des Vertretenen mit sich im eigenen Namen oder als Vertreter eines Dritten ein Rechtsgeschäft nicht vornehmen, es sei denn, dass das Rechtsgeschäft ausschließlich in der Erfüllung einer Verbindlichkeit besteht.

## Titel 6. Einwilligung und Genehmigung

**§ 182. Zustimmung.** (1) Hängt die Wirksamkeit eines Vertrags oder eines einseitigen Rechtsgeschäfts, das einem anderen gegenüber vorzunehmen ist, von der Zustimmung eines Dritten ab, so kann die Erteilung sowie die Verweigerung der Zustimmung sowohl dem einen als dem anderen Teil gegenüber erklärt werden.

(2) Die Zustimmung bedarf nicht der für das Rechtsgeschäft bestimmten Form.

(3) Wird ein einseitiges Rechtsgeschäft, dessen Wirksamkeit von der Zustimmung eines Dritten abhängt, mit Einwilligung des Dritten vorgenommen, so finden die Vorschriften des § 111 Satz 2, 3 entsprechende Anwendung.

**§ 183. Widerruflichkeit der Einwilligung.** [1]Die vorherige Zustimmung (Einwilligung) ist bis zur Vornahme des Rechtsgeschäfts widerruflich, soweit nicht aus dem ihrer Erteilung zugrunde liegenden Rechtsverhältnis sich ein anderes ergibt. [2]Der Widerruf kann sowohl dem einen als dem anderen Teil gegenüber erklärt werden.

**§ 184. Rückwirkung der Genehmigung.** (1) Die nachträgliche Zustimmung (Genehmigung) wirkt auf den Zeitpunkt der Vornahme des Rechtsgeschäfts zurück, soweit nicht ein anderes bestimmt ist.

(2) Durch die Rückwirkung werden Verfügungen nicht unwirksam, die vor der Genehmigung über den Gegenstand des Rechtsgeschäfts von dem Genehmigenden getroffen worden oder im Wege der Zwangsvollstreckung oder der Arrestvollziehung oder durch den Insolvenzverwalter erfolgt sind.

**§ 185. Verfügung eines Nichtberechtigten.** (1) Eine Verfügung, die ein Nichtberechtigter über einen Gegenstand trifft, ist wirksam, wenn sie mit Einwilligung des Berechtigten erfolgt.

(2) [1] Die Verfügung wird wirksam, wenn der Berechtigte sie genehmigt oder wenn der Verfügende den Gegenstand erwirbt oder wenn er von dem Berechtigten beerbt wird und dieser für die Nachlassverbindlichkeiten unbeschränkt haftet. [2] In den beiden letzteren Fällen wird, wenn über den Gegenstand mehrere miteinander nicht in Einklang stehende Verfügungen getroffen worden sind, nur die frühere Verfügung wirksam.

## Abschnitt 4. Fristen, Termine

**§ 186. Geltungsbereich.** Für die in Gesetzen, gerichtlichen Verfügungen und Rechtsgeschäften enthaltenen Frist- und Terminsbestimmungen gelten die Auslegungsvorschriften der §§ 187 bis 193.

**§ 187. Fristbeginn.** (1) Ist für den Anfang einer Frist ein Ereignis oder ein in den Lauf eines Tages fallender Zeitpunkt maßgebend, so wird bei der Berechnung der Frist der Tag nicht mitgerechnet, in welchen das Ereignis oder der Zeitpunkt fällt.

(2) [1] Ist der Beginn eines Tages der für den Anfang einer Frist maßgebende Zeitpunkt, so wird dieser Tag bei der Berechnung der Frist mitgerechnet. [2] Das Gleiche gilt von dem Tage der Geburt bei der Berechnung des Lebensalters.

**§ 188. Fristende.** (1) Eine nach Tagen bestimmte Frist endigt mit dem Ablauf des letzten Tages der Frist.

(2) Eine Frist, die nach Wochen, nach Monaten oder nach einem mehrere Monate umfassenden Zeitraum – Jahr, halbes Jahr, Vierteljahr – bestimmt ist, endigt im Falle des § 187 Abs. 1 mit dem Ablauf desjenigen Tages der letzten Woche oder des letzten Monats, welcher durch seine Benennung oder seine Zahl dem Tage entspricht, in den das Ereignis oder der Zeitpunkt fällt, im Falle des § 187 Abs. 2 mit dem Ablauf desjenigen Tages der letzten Woche oder des letzten Monats, welcher dem Tage vorhergeht, der durch seine Benennung oder seine Zahl dem Anfangstag der Frist entspricht.

(3) Fehlt bei einer nach Monaten bestimmten Frist in dem letzten Monat der für ihren Ablauf maßgebende Tag, so endigt die Frist mit dem Ablauf des letzten Tages dieses Monats.

**§ 189. Berechnung einzelner Fristen.** (1) Unter einem halben Jahr wird eine Frist von sechs Monaten, unter einem Vierteljahr eine Frist von drei Monaten, unter einem halben Monat eine Frist von 15 Tagen verstanden.

(2) Ist eine Frist auf einen oder mehrere ganze Monate und einen halben Monat gestellt, so sind die 15 Tage zuletzt zu zählen.

**§ 190. Fristverlängerung.** Im Falle der Verlängerung einer Frist wird die neue Frist von dem Ablauf der vorigen Frist an berechnet.

**§ 191. Berechnung von Zeiträumen.** Ist ein Zeitraum nach Monaten oder nach Jahren in dem Sinne bestimmt, dass er nicht zusammenhängend zu verlaufen braucht, so wird der Monat zu 30, das Jahr zu 365 Tagen gerechnet.

**§ 192 Anfang, Mitte, Ende des Monats.** Unter Anfang des Monats wird der erste, unter Mitte des Monats der 15., unter Ende des Monats der letzte Tag des Monats verstanden.

**§ 193 Sonn- und Feiertag; Sonnabend.** Ist an einem bestimmten Tage oder innerhalb einer Frist eine Willenserklärung abzugeben oder eine Leistung zu bewirken und fällt der bestimmte Tag oder der letzte Tag der Frist auf einen Sonntag, einen am Erklärungs- oder Leistungsort staatlich anerkannten allgemeinen Feiertag oder einen Sonnabend, so tritt an die Stelle eines solchen Tages der nächste Werktag.

## Abschnitt 5. Verjährung[1) 2)]

### Titel 1. Gegenstand und Dauer der Verjährung

**§ 194[3)] Gegenstand der Verjährung.** (1) Das Recht, von einem anderen ein Tun oder Unterlassen zu verlangen (Anspruch), unterliegt der Verjährung.

(2) Der Verjährung unterliegen nicht

1. Ansprüche, die aus einem nicht verjährbaren Verbrechen erwachsen sind,
2. Ansprüche aus einem familienrechtlichen Verhältnis, soweit sie auf die Herstellung des dem Verhältnis entsprechenden Zustands für die Zukunft oder auf die Einwilligung in die genetische Untersuchung zur Klärung der leiblichen Abstammung gerichtet sind.

**§ 195 Regelmäßige Verjährungsfrist.** Die regelmäßige Verjährungsfrist beträgt drei Jahre.

**§ 196 Verjährungsfrist bei Rechten an einem Grundstück.** Ansprüche auf Übertragung des Eigentums an einem Grundstück sowie auf Begründung, Übertragung oder Aufhebung eines Rechts an einem Grundstück oder auf Änderung des Inhalts eines solchen Rechts sowie die Ansprüche auf die Gegenleistung verjähren in zehn Jahren.

**§ 197[4) 5)] Dreißigjährige Verjährungsfrist.** (1) In 30 Jahren verjähren, soweit nicht ein anderes bestimmt ist,

1. Schadensersatzansprüche, die auf der vorsätzlichen Verletzung des Lebens, des Körpers, der Gesundheit, der Freiheit oder der sexuellen Selbstbestimmung beruhen,
2. Herausgabeansprüche aus Eigentum, anderen dinglichen Rechten, den §§ 2018, 2130 und 2362 sowie die Ansprüche, die der Geltendmachung der Herausgabeansprüche dienen,
3. rechtskräftig festgestellte Ansprüche,
4. Ansprüche aus vollstreckbaren Vergleichen oder vollstreckbaren Urkunden,

---

1) Wegen des für das Gebiet der ehem. DDR geltenden Übergangsrechts zum Verjährungsrecht beachte Art. 231 § 6 EGBGB (Nr. **21**).

2) Beachte hierzu Übergangsvorschrift in Art. 229 § 6 EGBGB (Nr. **21**).

3) § 194 Abs. 2 neu gef. mWv 30.12.2021 durch G v. 21.12.2021 (BGBl. I S. 5252).

4) § 197 Abs. 1 Nr. 4 und 5 geänd., Nr. 6 angef. mWv 15.12.2004 durch G v. 9.12.2004 (BGBl. I S. 3214); Abs. 1 Nr. 1 neu gef., Nr. 2 aufgeh., Abs. 2 geänd. mWv 1.1.2010 durch G v. 24.9.2009 (BGBl. I S. 3142); Abs. 1 Nr. 1 eingef., bish. Nr. 1 wird Nr. 2 mWv 30.6.2013 durch G v. 26.6.2013 (BGBl. I S. 1805).

5) Beachte hierzu Übergangsvorschrift in Art. 229 § 31 EGBGB (Nr. **21**).

5. Ansprüche, die durch die im Insolvenzverfahren erfolgte Feststellung vollstreckbar geworden sind, und
6. Ansprüche auf Erstattung der Kosten der Zwangsvollstreckung.

(2) Soweit Ansprüche nach Absatz 1 Nr. 3 bis 5 künftig fällig werdende regelmäßig wiederkehrende Leistungen zum Inhalt haben, tritt an die Stelle der Verjährungsfrist von 30 Jahren die regelmäßige Verjährungsfrist.

**§ 198 Verjährung bei Rechtsnachfolge.** Gelangt eine Sache, hinsichtlich derer ein dinglicher Anspruch besteht, durch Rechtsnachfolge in den Besitz eines Dritten, so kommt die während des Besitzes des Rechtsvorgängers verstrichene Verjährungszeit dem Rechtsnachfolger zugute.

**§ 199[1] Beginn der regelmäßigen Verjährungsfrist und Verjährungshöchstfristen.** (1) Die regelmäßige Verjährungsfrist beginnt, soweit nicht ein anderer Verjährungsbeginn bestimmt ist, mit dem Schluss des Jahres, in dem
1. der Anspruch entstanden ist und
2. der Gläubiger von den den Anspruch begründenden Umständen und der Person des Schuldners Kenntnis erlangt oder ohne grobe Fahrlässigkeit erlangen müsste.

(2) Schadensersatzansprüche, die auf der Verletzung des Lebens, des Körpers, der Gesundheit oder der Freiheit beruhen, verjähren ohne Rücksicht auf ihre Entstehung und die Kenntnis oder grob fahrlässige Unkenntnis in 30 Jahren von der Begehung der Handlung, der Pflichtverletzung oder dem sonstigen, den Schaden auslösenden Ereignis an.

(3) [1] Sonstige Schadensersatzansprüche verjähren
1. ohne Rücksicht auf die Kenntnis oder grob fahrlässige Unkenntnis in zehn Jahren von ihrer Entstehung an und
2. ohne Rücksicht auf ihre Entstehung und die Kenntnis oder grob fahrlässige Unkenntnis in 30 Jahren von der Begehung der Handlung, der Pflichtverletzung oder dem sonstigen, den Schaden auslösenden Ereignis an.

[2] Maßgeblich ist die früher endende Frist.

(3a) Ansprüche, die auf einem Erbfall beruhen oder deren Geltendmachung die Kenntnis einer Verfügung von Todes wegen voraussetzt, verjähren ohne Rücksicht auf die Kenntnis oder grob fahrlässige Unkenntnis in 30 Jahren von der Entstehung des Anspruchs an.

(4) Andere Ansprüche als die nach den Absätzen 2 bis 3a verjähren ohne Rücksicht auf die Kenntnis oder grob fahrlässige Unkenntnis in zehn Jahren von ihrer Entstehung an.

(5) Geht der Anspruch auf ein Unterlassen, so tritt an die Stelle der Entstehung die Zuwiderhandlung.

**§ 200 Beginn anderer Verjährungsfristen.** [1] Die Verjährungsfrist von Ansprüchen, die nicht der regelmäßigen Verjährungsfrist unterliegen, beginnt mit der Entstehung des Anspruchs, soweit nicht ein anderer Verjährungsbeginn bestimmt ist. [2] § 199 Abs. 5 findet entsprechende Anwendung.

---

[1] § 199 Überschrift und Abs. 1 einl. Satzteil geänd., Abs. 3a eingef., Abs. 4 neu gef. mWv 1.1.2010 durch G v. 24.9.2009 (BGBl. I S. 3142).

**§ 201[1] Beginn der Verjährungsfrist von festgestellten Ansprüchen.**

[1] Die Verjährung von Ansprüchen der in § 197 Abs. 1 Nr. 3 bis 6 bezeichneten Art beginnt mit der Rechtskraft der Entscheidung, der Errichtung des vollstreckbaren Titels oder der Feststellung im Insolvenzverfahren, nicht jedoch vor der Entstehung des Anspruchs. [2] § 199 Abs. 5 findet entsprechende Anwendung.

**§ 202 Unzulässigkeit von Vereinbarungen über die Verjährung.** (1) Die Verjährung kann bei Haftung wegen Vorsatzes nicht im Voraus durch Rechtsgeschäft erleichtert werden.

(2) Die Verjährung kann durch Rechtsgeschäft nicht über eine Verjährungsfrist von 30 Jahren ab dem gesetzlichen Verjährungsbeginn hinaus erschwert werden.

### Titel 2. Hemmung, Ablaufhemmung und Neubeginn der Verjährung

**§ 203 Hemmung der Verjährung bei Verhandlungen.** [1] Schweben zwischen dem Schuldner und dem Gläubiger Verhandlungen über den Anspruch oder die den Anspruch begründenden Umstände, so ist die Verjährung gehemmt, bis der eine oder der andere Teil die Fortsetzung der Verhandlungen verweigert. [2] Die Verjährung tritt frühestens drei Monate nach dem Ende der Hemmung ein.

**§ 204[2] [3] Hemmung der Verjährung durch Rechtsverfolgung.** (1) Die Verjährung wird gehemmt durch

1. die Erhebung der Klage auf Leistung oder auf Feststellung des Anspruchs, auf Erteilung der Vollstreckungsklausel oder auf Erlass des Vollstreckungsurteils,

1a. die Erhebung einer Musterfeststellungsklage für einen Anspruch, den ein Gläubiger zu dem zu der Klage geführten Klageregister wirksam angemeldet hat, wenn dem angemeldeten Anspruch derselbe Lebenssachverhalt zugrunde liegt wie den Feststellungszielen der Musterfeststellungsklage,

2. die Zustellung des Antrags im vereinfachten Verfahren über den Unterhalt Minderjähriger,

3. die Zustellung des Mahnbescheids im Mahnverfahren oder des Europäischen Zahlungsbefehls im Europäischen Mahnverfahren nach der Verordnung (EG) Nr. 1896/2006[4] des Europäischen Parlaments und des Rates vom 12. Dezember 2006 zur Einführung eines Europäischen Mahnverfahrens (ABl. EU Nr. L 399 S. 1),

4. die Veranlassung der Bekanntgabe eines Antrags, mit dem der Anspruch geltend gemacht wird, bei einer
   a) staatlichen oder staatlich anerkannten Streitbeilegungsstelle oder
   b) anderen Streitbeilegungsstelle, wenn das Verfahren im Einvernehmen mit dem Antragsgegner betrieben wird;

---

[1] § 201 Satz 1 geänd. mWv 15.12.2004 durch G v. 9.12.2004 (BGBl. I S. 3214).

[2] § 204 Abs. 1 Nr. 8 geänd. mWv 1.1.2009 durch G v. 23.10.2008 (BGBl. I S. 2022); Abs. 1 Nr. 3 neu gef. mWv 12.12.2008 durch G v. 30.10.2008 (BGBl. I S. 2122); Abs. 1 Nr. 14 geänd. mWv 1.9.2009 durch G v. 17.12.2008 (BGBl. I S. 2586); Abs. 1 Nr. 6a eingef, Abs. 3 geänd. mWv 1.11.2012 durch G v. 19.10.2012 (BGBl. I S. 2182); Abs. 1 Nr. 4 neu gef., Nr. 12 geänd. mWv 26.2.2016 durch G v. 19.2.2016 (BGBl. I S. 254); Abs. 1 Nr. 1a, Abs. 2 Satz 2 eingef., Sätze 2 und 3 werden Sätze 3 und 4 mWv 1.11. 2018 durch G v. 12.7.2018 (BGBl. I S. 1151); Abs. 1 Nr. 10a eingef. mWv 1.1.2021 durch G v. 22.12. 2020 (BGBl. I S. 3256).

[3] Beachte hierzu Übergangsvorschrift in Art. 229 § 19 EGBGB (Nr. **21**).

[4] **Habersack, Deutsche Gesetze ErgBd. Nr. 103g.**

die Verjährung wird schon durch den Eingang des Antrags bei der Streitbeilegungsstelle gehemmt, wenn der Antrag demnächst bekannt gegeben wird,

5. die Geltendmachung der Aufrechnung des Anspruchs im Prozess,
6. die Zustellung der Streitverkündung,
6a. die Zustellung der Anmeldung zu einem Musterverfahren für darin bezeichnete Ansprüche, soweit diesen der gleiche Lebenssachverhalt zugrunde liegt wie den Feststellungszielen des Musterverfahrens und wenn innerhalb von drei Monaten nach dem rechtskräftigen Ende des Musterverfahrens die Klage auf Leistung oder Feststellung der in der Anmeldung bezeichneten Ansprüche erhoben wird,
7. die Zustellung des Antrags auf Durchführung eines selbständigen Beweisverfahrens,
8. den Beginn eines vereinbarten Begutachtungsverfahrens,
9. die Zustellung des Antrags auf Erlass eines Arrests, einer einstweiligen Verfügung oder einer einstweiligen Anordnung, oder, wenn der Antrag nicht zugestellt wird, dessen Einreichung, wenn der Arrestbefehl, die einstweilige Verfügung oder die einstweilige Anordnung innerhalb eines Monats seit Verkündung oder Zustellung an den Gläubiger dem Schuldner zugestellt wird,
10. die Anmeldung des Anspruchs im Insolvenzverfahren oder im Schifffahrtsrechtlichen Verteilungsverfahren,
10a. die Anordnung einer Vollstreckungssperre nach dem Unternehmensstabilisierungs- und -restrukturierungsgesetz[1)], durch die der Gläubiger an der Einleitung der Zwangsvollstreckung wegen des Anspruchs gehindert ist,
11. den Beginn des schiedsrichterlichen Verfahrens,
12. die Einreichung des Antrags bei einer Behörde, wenn die Zulässigkeit der Klage von der Vorentscheidung dieser Behörde abhängt und innerhalb von drei Monaten nach Erledigung des Gesuchs die Klage erhoben wird; dies gilt entsprechend für bei einem Gericht oder bei einer in Nummer 4 bezeichneten Streitbeilegungsstelle zu stellende Anträge, deren Zulässigkeit von der Vorentscheidung einer Behörde abhängt,
13. die Einreichung des Antrags bei dem höheren Gericht, wenn dieses das zuständige Gericht zu bestimmen hat und innerhalb von drei Monaten nach Erledigung des Gesuchs die Klage erhoben oder der Antrag, für den die Gerichtsstandsbestimmung zu erfolgen hat, gestellt wird, und
14. die Veranlassung der Bekanntgabe des erstmaligen Antrags auf Gewährung von Prozesskostenhilfe oder Verfahrenskostenhilfe; wird die Bekanntgabe demnächst nach der Einreichung des Antrags veranlasst, so tritt die Hemmung der Verjährung bereits mit der Einreichung ein.

(2) [1] Die Hemmung nach Absatz 1 endet sechs Monate nach der rechtskräftigen Entscheidung oder anderweitigen Beendigung des eingeleiteten Verfahrens. [2] Die Hemmung nach Absatz 1 Nummer 1a endet auch sechs Monate nach der Rücknahme der Anmeldung zum Klageregister. [3] Gerät das Verfahren dadurch in Stillstand, dass die Parteien es nicht betreiben, so tritt an die Stelle der Beendigung des Verfahrens die letzte Verfahrenshandlung der Parteien, des Gerichts oder der sonst mit dem Verfahren befassten Stelle. [4] Die Hemmung beginnt erneut, wenn eine der Parteien das Verfahren weiter betreibt.

---

[1)] **Habersack, Deutsche Gesetze ErgBd. Nr. 110e.**

(3) Auf die Frist nach Absatz 1 Nr. 6a, 9, 12 und 13 finden die §§ 206, 210 und 211 entsprechende Anwendung.

**§ 205 Hemmung der Verjährung bei Leistungsverweigerungsrecht.** Die Verjährung ist gehemmt, solange der Schuldner auf Grund einer Vereinbarung mit dem Gläubiger vorübergehend zur Verweigerung der Leistung berechtigt ist.

**§ 206 Hemmung der Verjährung bei höherer Gewalt.** Die Verjährung ist gehemmt, solange der Gläubiger innerhalb der letzten sechs Monate der Verjährungsfrist durch höhere Gewalt an der Rechtsverfolgung gehindert ist.

**§ 207[1] Hemmung der Verjährung aus familiären und ähnlichen Gründen.** (1) [1] Die Verjährung von Ansprüchen zwischen Ehegatten ist gehemmt, solange die Ehe besteht. [2] Das Gleiche gilt für Ansprüche zwischen

1. Lebenspartnern, solange die Lebenspartnerschaft besteht,
2. dem Kind und
   a) seinen Eltern oder
   b) dem Ehegatten oder Lebenspartner eines Elternteils

   bis zur Vollendung des 21. Lebensjahres des Kindes,
3. dem Vormund und dem Mündel während der Dauer des Vormundschaftsverhältnisses,
4. dem Betreuten und dem Betreuer während der Dauer des Betreuungsverhältnisses und
5. dem Pflegling und dem Pfleger während der Dauer der Pflegschaft.

[3] Die Verjährung von Ansprüchen des Kindes gegen den Beistand ist während der Dauer der Beistandschaft gehemmt.

(2) § 208 bleibt unberührt.

**§ 208 Hemmung der Verjährung bei Ansprüchen wegen Verletzung der sexuellen Selbstbestimmung.** [1] Die Verjährung von Ansprüchen wegen Verletzung der sexuellen Selbstbestimmung ist bis zur Vollendung des 21. Lebensjahrs des Gläubigers gehemmt. [2] Lebt der Gläubiger von Ansprüchen wegen Verletzung der sexuellen Selbstbestimmung bei Beginn der Verjährung mit dem Schuldner in häuslicher Gemeinschaft, so ist die Verjährung auch bis zur Beendigung der häuslichen Gemeinschaft gehemmt.

**§ 209 Wirkung der Hemmung.** Der Zeitraum, während dessen die Verjährung gehemmt ist, wird in die Verjährungsfrist nicht eingerechnet.

**§ 210 Ablaufhemmung bei nicht voll Geschäftsfähigen.** (1) [1] Ist eine geschäftsunfähige oder in der Geschäftsfähigkeit beschränkte Person ohne gesetzlichen Vertreter, so tritt eine für oder gegen sie laufende Verjährung nicht vor dem Ablauf von sechs Monaten nach dem Zeitpunkt ein, in dem die Person unbeschränkt geschäftsfähig oder der Mangel der Vertretung behoben wird. [2] Ist die Verjährungsfrist kürzer als sechs Monate, so tritt der für die Verjährung bestimmte Zeitraum an die Stelle der sechs Monate.

---

[1] § 207 Abs. 1 Satz 2 Nr. 2 neu gef. mWv 1.1.2010 durch G v. 24.9.2009 (BGBl. I S. 3142).

(2) Absatz 1 findet keine Anwendung, soweit eine in der Geschäftsfähigkeit beschränkte Person prozessfähig ist.

**§ 211 Ablaufhemmung in Nachlassfällen.** [1] Die Verjährung eines Anspruchs, der zu einem Nachlass gehört oder sich gegen einen Nachlass richtet, tritt nicht vor dem Ablauf von sechs Monaten nach dem Zeitpunkt ein, in dem die Erbschaft von dem Erben angenommen oder das Insolvenzverfahren über den Nachlass eröffnet wird oder von dem an der Anspruch von einem oder gegen einen Vertreter geltend gemacht werden kann. [2] Ist die Verjährungsfrist kürzer als sechs Monate, so tritt der für die Verjährung bestimmte Zeitraum an die Stelle der sechs Monate.

**§ 212 Neubeginn der Verjährung.** (1) Die Verjährung beginnt erneut, wenn

1. der Schuldner dem Gläubiger gegenüber den Anspruch durch Abschlagszahlung, Zinszahlung, Sicherheitsleistung oder in anderer Weise anerkennt oder
2. eine gerichtliche oder behördliche Vollstreckungshandlung vorgenommen oder beantragt wird.

(2) Der erneute Beginn der Verjährung infolge einer Vollstreckungshandlung gilt als nicht eingetreten, wenn die Vollstreckungshandlung auf Antrag des Gläubigers oder wegen Mangels der gesetzlichen Voraussetzungen aufgehoben wird.

(3) Der erneute Beginn der Verjährung durch den Antrag auf Vornahme einer Vollstreckungshandlung gilt als nicht eingetreten, wenn dem Antrag nicht stattgegeben oder der Antrag vor der Vollstreckungshandlung zurückgenommen oder die erwirkte Vollstreckungshandlung nach Absatz 2 aufgehoben wird.

**§ 213 Hemmung, Ablaufhemmung und erneuter Beginn der Verjährung bei anderen Ansprüchen.** Die Hemmung, die Ablaufhemmung und der erneute Beginn der Verjährung gelten auch für Ansprüche, die aus demselben Grunde wahlweise neben dem Anspruch oder an seiner Stelle gegeben sind.

### Titel 3. Rechtsfolgen der Verjährung

**§ 214 Wirkung der Verjährung.** (1) Nach Eintritt der Verjährung ist der Schuldner berechtigt, die Leistung zu verweigern.

(2) [1] Das zur Befriedigung eines verjährten Anspruchs Geleistete kann nicht zurückgefordert werden, auch wenn in Unkenntnis der Verjährung geleistet worden ist. [2] Das Gleiche gilt von einem vertragsmäßigen Anerkenntnis sowie einer Sicherheitsleistung des Schuldners.

**§ 215 Aufrechnung und Zurückbehaltungsrecht nach Eintritt der Verjährung.** Die Verjährung schließt die Aufrechnung und die Geltendmachung eines Zurückbehaltungsrechts nicht aus, wenn der Anspruch in dem Zeitpunkt noch nicht verjährt war, in dem erstmals aufgerechnet oder die Leistung verweigert werden konnte.

**§ 216 Wirkung der Verjährung bei gesicherten Ansprüchen.** (1) Die Verjährung eines Anspruchs, für den eine Hypothek, eine Schiffshypothek oder ein Pfandrecht besteht, hindert den Gläubiger nicht, seine Befriedigung aus dem belasteten Gegenstand zu suchen.

(2) [1] Ist zur Sicherung eines Anspruchs ein Recht verschafft worden, so kann die Rückübertragung nicht auf Grund der Verjährung des Anspruchs gefordert wer-

den. [2]Ist das Eigentum vorbehalten, so kann der Rücktritt vom Vertrag auch erfolgen, wenn der gesicherte Anspruch verjährt ist.

(3) Die Absätze 1 und 2 finden keine Anwendung auf die Verjährung von Ansprüchen auf Zinsen und andere wiederkehrende Leistungen.

**§ 217 Verjährung von Nebenleistungen.** Mit dem Hauptanspruch verjährt der Anspruch auf die von ihm abhängenden Nebenleistungen, auch wenn die für diesen Anspruch geltende besondere Verjährung noch nicht eingetreten ist.

**§ 218[1)] Unwirksamkeit des Rücktritts.** (1) [1]Der Rücktritt wegen nicht oder nicht vertragsgemäß erbrachter Leistung ist unwirksam, wenn der Anspruch auf die Leistung oder der Nacherfüllungsanspruch verjährt ist und der Schuldner sich hierauf beruft. [2]Dies gilt auch, wenn der Schuldner nach § 275 Absatz 1 bis 3, § 439 Absatz 4 oder § 635 Absatz 3 nicht zu leisten braucht und der Anspruch auf die Leistung oder der Nacherfüllungsanspruch verjährt wäre. [3]§ 216 Abs. 2 Satz 2 bleibt unberührt.

(2) § 214 Abs. 2 findet entsprechende Anwendung.

**§§ 219 bis 225** (weggefallen)

## Abschnitt 6. Ausübung der Rechte, Selbstverteidigung, Selbsthilfe

**§ 226 Schikaneverbot.** Die Ausübung eines Rechts ist unzulässig, wenn sie nur den Zweck haben kann, einem anderen Schaden zuzufügen.

**§ 227 Notwehr.** (1) Eine durch Notwehr gebotene Handlung ist nicht widerrechtlich.

(2) Notwehr ist diejenige Verteidigung, welche erforderlich ist, um einen gegenwärtigen rechtswidrigen Angriff von sich oder einem anderen abzuwenden.

**§ 228 Notstand.** [1]Wer eine fremde Sache beschädigt oder zerstört, um eine durch sie drohende Gefahr von sich oder einem anderen abzuwenden, handelt nicht widerrechtlich, wenn die Beschädigung oder die Zerstörung zur Abwendung der Gefahr erforderlich ist und der Schaden nicht außer Verhältnis zu der Gefahr steht. [2]Hat der Handelnde die Gefahr verschuldet, so ist er zum Schadensersatz verpflichtet.

**§ 229 Selbsthilfe.** Wer zum Zwecke der Selbsthilfe eine Sache wegnimmt, zerstört oder beschädigt oder wer zum Zwecke der Selbsthilfe einen Verpflichteten, welcher der Flucht verdächtig ist, festnimmt oder den Widerstand des Verpflichteten gegen eine Handlung, die dieser zu dulden verpflichtet ist, beseitigt, handelt nicht widerrechtlich, wenn obrigkeitliche Hilfe nicht rechtzeitig zu erlangen ist und ohne sofortiges Eingreifen die Gefahr besteht, dass die Verwirklichung des Anspruchs vereitelt oder wesentlich erschwert werde.

**§ 230 Grenzen der Selbsthilfe.** (1) Die Selbsthilfe darf nicht weiter gehen, als zur Abwendung der Gefahr erforderlich ist.

(2) Im Falle der Wegnahme von Sachen ist, sofern nicht Zwangsvollstreckung erwirkt wird, der dingliche Arrest zu beantragen.

(3) Im Falle der Festnahme des Verpflichteten ist, sofern er nicht wieder in Freiheit gesetzt wird, der persönliche Sicherheitsarrest bei dem Amtsgericht zu

---

[1)] § 218 Abs. 1 Satz 2 geänd. mWv 1.1.2018 durch G v. 28.4.2017 (BGBl. I S. 969).

beantragen, in dessen Bezirk die Festnahme erfolgt ist; der Verpflichtete ist unverzüglich dem Gericht vorzuführen.

(4) Wird der Arrestantrag verzögert oder abgelehnt, so hat die Rückgabe der weggenommenen Sachen und die Freilassung des Festgenommenen unverzüglich zu erfolgen.

**§ 231 Irrtümliche Selbsthilfe.** Wer eine der im § 229 bezeichneten Handlungen in der irrigen Annahme vornimmt, dass die für den Ausschluss der Widerrechtlichkeit erforderlichen Voraussetzungen vorhanden seien, ist dem anderen Teil zum Schadensersatz verpflichtet, auch wenn der Irrtum nicht auf Fahrlässigkeit beruht.

## Abschnitt 7. Sicherheitsleistung

**§ 232 Arten.** (1) Wer Sicherheit zu leisten hat, kann dies bewirken
durch Hinterlegung von Geld oder Wertpapieren,
durch Verpfändung von Forderungen, die in das Bundesschuldbuch oder in das Landesschuldbuch eines Landes eingetragen sind,
durch Verpfändung beweglicher Sachen,
durch Bestellung von Schiffshypotheken an Schiffen oder Schiffsbauwerken, die in einem deutschen Schiffsregister oder Schiffsbauregister eingetragen sind,
durch Bestellung von Hypotheken an inländischen Grundstücken,
durch Verpfändung von Forderungen, für die eine Hypothek an einem inländischen Grundstück besteht, oder durch Verpfändung von Grundschulden oder Rentenschulden an inländischen Grundstücken.

(2) Kann die Sicherheit nicht in dieser Weise geleistet werden, so ist die Stellung eines tauglichen Bürgen zulässig.

**§ 233 Wirkung der Hinterlegung.** Mit der Hinterlegung erwirbt der Berechtigte ein Pfandrecht an dem hinterlegten Geld oder an den hinterlegten Wertpapieren und, wenn das Geld oder die Wertpapiere in das Eigentum des Fiskus oder der als Hinterlegungsstelle bestimmten Anstalt übergehen, ein Pfandrecht an der Forderung auf Rückerstattung.

**§ 234[1] Geeignete Wertpapiere.** (1) Zur Sicherheitsleistung geeignete Wertpapiere sind Inhaberpapiere und Orderpapiere, die mit Blankoindossament versehen sind, wenn sie einen Kurswert haben und zu einer in der Rechtsverordnung nach § 240a aufgeführten Gattung gehören.

(2) Mit den Wertpapieren sind die Zins-, Renten-, Gewinnanteil- und Erneuerungsscheine zu hinterlegen.

(3) Mit Wertpapieren kann Sicherheit nur in Höhe von drei Vierteln des Kurswerts geleistet werden.

**§ 235 Umtauschrecht.** Wer durch Hinterlegung von Geld oder von Wertpapieren Sicherheit geleistet hat, ist berechtigt, das hinterlegte Geld gegen geeignete Wertpapiere, die hinterlegten Wertpapiere gegen andere geeignete Wertpapiere oder gegen Geld umzutauschen.

**§ 236 Buchforderungen.** Mit einer Schuldbuchforderung gegen den Bund oder gegen ein Land kann Sicherheit nur in Höhe von drei Vierteln des Kurswerts der

[1] § 234 Abs. 1 neu gef. mWv 1.1.2023 durch G v. 4.5.2021 (BGBl. I S. 882).

Wertpapiere geleistet werden, deren Aushändigung der Gläubiger gegen Löschung seiner Forderung verlangen kann.

**§ 237 Bewegliche Sachen.** [1] Mit einer beweglichen Sache kann Sicherheit nur in Höhe von zwei Dritteln des Schätzungswerts geleistet werden. [2] Sachen, deren Verderb zu besorgen oder deren Aufbewahrung mit besonderen Schwierigkeiten verbunden ist, können zurückgewiesen werden.

**§ 238[1)] Hypotheken, Grund- und Rentenschulden.** (1) Eine Hypothekenforderung, eine Grundschuld oder eine Rentenschuld ist zur Sicherheitsleistung nur geeignet, wenn sie den in der Rechtsverordnung nach § 240a festgelegten Voraussetzungen entspricht.

(2) Eine Forderung, für die eine Sicherungshypothek besteht, ist zur Sicherheitsleistung nicht geeignet.

**§ 239 Bürge.** (1) Ein Bürge ist tauglich, wenn er ein der Höhe der zu leistenden Sicherheit angemessenes Vermögen besitzt und seinen allgemeinen Gerichtsstand im Inland hat.

(2) Die Bürgschaftserklärung muss den Verzicht auf die Einrede der Vorausklage enthalten.

**§ 240 Ergänzungspflicht.** Wird die geleistete Sicherheit ohne Verschulden des Berechtigten unzureichend, so ist sie zu ergänzen oder anderweitige Sicherheit zu leisten.

**§ 240a[2)] Verordnungsermächtigung.** (1) Das Bundesministerium der Justiz wird ermächtigt, durch Rechtsverordnung, die nicht der Zustimmung des Bundesrates bedarf, Folgendes festzulegen:

1. Gattungen von Inhaberpapieren und Orderpapieren nach § 234 Absatz 1, die zur Sicherheitsleistung geeignet sind und die Voraussetzungen, unter denen Hypothekenforderungen, Grundschulden und Rentenschulden zur Sicherheitsleistung geeignet sind, sowie
2. die Voraussetzungen für Anlagen nach den §§ 1079, 1288 Absatz 1 und 2119.

(2) Die Festlegungen nach Absatz 1 Nummer 1 müssen gewährleisten, dass der Gläubiger bei Unvermögen des Schuldners oder wenn der Schuldner aus anderen Gründen nicht zur Leistung bereit ist, die Schuld durch Verwertung der hinterlegten Wertpapiere, der Hypothekenforderung oder der Grund- und Rentenschulden begleichen kann.

---

[1)] § 238 Abs. 1 geänd. mWv 1.1.2023 durch G v. 4.5.2021 (BGBl. I S. 882).

[2)] § 240a eingef. mWv 1.7.2022 durch G v. 4.5.2021 (BGBl. I S. 882, geänd. durch G v. 24.6.2022, BGBl. I S. 959); Abs. 1 einl. Satzteil geänd. mWv 1.7.2022 durch G v. 24.6.2022 (BGBl. I S. 959)

# Buch 2.[1] [2] Recht der Schuldverhältnisse

## Abschnitt 1. Inhalt der Schuldverhältnisse

### Titel 1. Verpflichtung zur Leistung

**§ 241 Pflichten aus dem Schuldverhältnis.** (1) [1] Kraft des Schuldverhältnisses ist der Gläubiger berechtigt, von dem Schuldner eine Leistung zu fordern. [2] Die Leistung kann auch in einem Unterlassen bestehen.

(2) Das Schuldverhältnis kann nach seinem Inhalt jeden Teil zur Rücksicht auf die Rechte, Rechtsgüter und Interessen des anderen Teils verpflichten.

**§ 241a[3] [4] Unbestellte Leistungen.** (1) Durch die Lieferung beweglicher Sachen, die nicht auf Grund von Zwangsvollstreckungsmaßnahmen oder anderen gerichtlichen Maßnahmen verkauft werden (Waren), oder durch die Erbringung sonstiger Leistungen durch einen Unternehmer an den Verbraucher wird ein Anspruch gegen den Verbraucher nicht begründet, wenn der Verbraucher die Waren oder sonstigen Leistungen nicht bestellt hat.

(2) Gesetzliche Ansprüche sind nicht ausgeschlossen, wenn die Leistung nicht für den Empfänger bestimmt war oder in der irrigen Vorstellung einer Bestellung erfolgte und der Empfänger dies erkannt hat oder bei Anwendung der im Verkehr erforderlichen Sorgfalt hätte erkennen können.

(3) [1] Von den Regelungen dieser Vorschrift darf nicht zum Nachteil des Verbrauchers abgewichen werden. [2] Die Regelungen finden auch Anwendung, wenn sie durch anderweitige Gestaltungen umgangen werden.

**§ 242 Leistung nach Treu und Glauben.** Der Schuldner ist verpflichtet, die Leistung so zu bewirken, wie Treu und Glauben mit Rücksicht auf die Verkehrssitte es erfordern.

**§ 243 Gattungsschuld.** (1) Wer eine nur der Gattung nach bestimmte Sache schuldet, hat eine Sache von mittlerer Art und Güte zu leisten.

(2) Hat der Schuldner das zur Leistung einer solchen Sache seinerseits Erforderliche getan, so beschränkt sich das Schuldverhältnis auf diese Sache.

**§ 244 Fremdwährungsschuld.** (1) Ist eine in einer anderen Währung als Euro ausgedrückte Geldschuld im Inland zu zahlen, so kann die Zahlung in Euro erfolgen, es sei denn, dass Zahlung in der anderen Währung ausdrücklich vereinbart ist.

(2) Die Umrechnung erfolgt nach dem Kurswert, der zur Zeit der Zahlung für den Zahlungsort maßgebend ist.

**§ 245 Geldsortenschuld.** Ist eine Geldschuld in einer bestimmten Münzsorte zu zahlen, die sich zur Zeit der Zahlung nicht mehr im Umlauf befindet, so ist die Zahlung so zu leisten, wie wenn die Münzsorte nicht bestimmt wäre.

---

[1] Wegen des aufgrund des Gesetzes zur Modernisierung des Schuldrechts geltenden Übergangsrechts zum Recht der Schuldverhältnisse beachte Art. 229 § 5 EGBGB (Nr. **21**).

[2] Wegen des für das Gebiet der ehem. DDR zum Recht der Schuldverhältnisse geltenden Übergangsrechts beachte Art. 232 EGBGB (Nr. **21**).

[3] **Amtl. Anm.:** Diese Vorschrift dient der Umsetzung von Artikel 9 der Richtlinie 97/7/EG des Europäischen Parlaments und des Rates vom 20. Mai 1997 über den Verbraucherschutz bei Vertragsabschlüssen im Fernabsatz (ABl. EG Nr. L 144 S. 19).

[4] § 241a Abs. 1 und 3 neu gef. mWv 13.6.2014 durch G v. 20.9.2013 (BGBl. I S. 3642).

**§ 246 Gesetzlicher Zinssatz.** Ist eine Schuld nach Gesetz oder Rechtsgeschäft zu verzinsen, so sind vier vom Hundert für das Jahr zu entrichten, sofern nicht ein anderes bestimmt ist.[1)]

**§ 247**[2) 3)] **Basiszinssatz.** (1) [1]Der Basiszinssatz beträgt *3,62 Prozent*[4)]. [2]Er verändert sich zum 1. Januar und 1. Juli eines jeden Jahres um die Prozentpunkte, um welche die Bezugsgröße seit der letzten Veränderung des Basiszinssatzes gestiegen oder gefallen ist. [3]Bezugsgröße ist der Zinssatz für die jüngste Hauptrefinanzierungsoperation der Europäischen Zentralbank vor dem ersten Kalendertag des betreffenden Halbjahrs.

(2) Die Deutsche Bundesbank gibt den geltenden Basiszinssatz unverzüglich nach den in Absatz 1 Satz 2 genannten Zeitpunkten im Bundesanzeiger bekannt.

**§ 248 Zinseszinsen.** (1) Eine im Voraus getroffene Vereinbarung, dass fällige Zinsen wieder Zinsen tragen sollen, ist nichtig.

(2) [1]Sparkassen, Kreditanstalten und Inhaber von Bankgeschäften können im Voraus vereinbaren, dass nicht erhobene Zinsen von Einlagen als neue verzinsliche Einlagen gelten sollen. [2]Kreditanstalten, die berechtigt sind, für den Betrag der von ihnen gewährten Darlehen verzinsliche Schuldverschreibungen auf den Inhaber auszugeben,

---

[1)] Bei beiderseitigen Handelsgeschäften beachte § 352 HGB (Nr. **50**).

[2)] **Amtl. Anm.:** Diese Vorschrift dient der Umsetzung von Artikel 3 der Richtlinie 2000/35/EG des Europäischen Parlaments und des Rates vom 29. Juni 2000 zur Bekämpfung von Zahlungsverzug im Geschäftsverkehr (ABl. EG Nr. L 200 S. 35).

[3)] Beachte hierzu Übergangsvorschrift in Art. 229 § 7 EGBGB (Nr. **21**).

[4)] Laut Bek. der Dt. Bundesbank gem. § 247 Abs. 2 iVm Abs. 1 Satz 2 beträgt der Basiszinssatz
– ab 1.1.2002 **2,57 %** (Bek. v. 28.12.2001, BAnz. 2002 Nr. 3 S. 98);
– ab 1.7.2002 **2,47 %** (Bek. v. 25.6.2002, BAnz. Nr. 118 S. 14 538);
– ab 1.1.2003 **1,97 %** (Bek. v. 30.12.2002, BAnz. 2003 Nr. 2 S. 76);
– ab 1.7.2003 **1,22 %** (Bek. v. 24.6.2003, BAnz. Nr. 117 S. 13 744);
– ab 1.1.2004 **1,14 %** (Bek. v. 30.12.2003, BAnz. Nr. 2 S. 69);
– ab 1.7.2004 **1,13 %** (Bek. v. 29.6.2004, BAnz. Nr. 122 S. 14 246);
– ab 1.1.2005 **1,21 %** (Bek. v. 30.12.2004, BAnz. Nr. 1 S. 6);
– ab 1.7.2005 **1,17 %** (Bek. v. 28.6.2005, BAnz. Nr. 122 S. 10 041);
– ab 1.1.2006 **1,37 %** (Bek. v. 29.12.2005, BAnz. Nr. 1 S. 2);
– ab 1.7.2006 **1,95 %** (Bek. v. 27.6.2006, BAnz. Nr. 191 S. 4754);
– ab 1.1.2007 **2,70 %** (Bek. v. 28.12.2006, BAnz. Nr. 245 S. 7463);
– ab 1.7.2007 **3,19 %** (Bek. v. 28.6.2007, BAnz. Nr. 117 S. 6530);
– ab 1.1.2008 **3,32 %** (Bek. v. 28.12.2007, BAnz. Nr. 242 S. 8415);
– ab 1.7.2008 **3,19 %** (Bek. v. 24.6.2008, BAnz. Nr. 94 S. 2232);
– ab 1.1.2009 **1,62 %** (Bek. v. 30.12.2008, BAnz. 2009 Nr. 1 S. 6);
– ab 1.7.2009 **0,12 %** (Bek. v. 30.6.2009, BAnz. Nr. 95 S. 2302, Bek. v. 29.12.2009, BAnz. Nr. 198 S. 4582, Bek. v. 29.6.2010, BAnz. Nr. 96 S. 2264, und Bek. v. 28.12.2010, BAnz. Nr. 199 S. 4388);
– ab 1.7.2011 **0,37 %** (Bek. v. 30.6.2011, BAnz. Nr. 96 S. 2314);
– ab 1.1.2012 **0,12 %** (Bek. v. 27.12.2011, BAnz. Nr. 197 S. 4659, und Bek. v. 26.6.2012, BAnz AT 28.06.2012 B3);
– ab 1.1.2013 **−0,13 %** (Bek. v. 28.12.2012, BAnz AT 31.12.2012 B8);
– ab 1.7.2013 **−0,38 %** (Bek. v. 25.6.2013, BAnz AT 27.06.2013 B4);
– ab 1.1.2014 **−0,63 %** (Bek. v. 30.12.2013, BAnz AT 31.12.2013 B7);
– ab 1.7.2014 **−0,73 %** (Bek. v. 24.6.2014, BAnz AT 26.06.2014 B5);
– ab 1.1.2015 **−0,83 %** (Bek. v. 30.12.2014, BAnz AT 31.12.2014 B12, Bek. v. 30.6.2015, BAnz AT 01.07.2015 B6, und Bek. v. 29.12.2015, BAnz AT 30.12.2015 B8);
– ab 1.7.2016 **−0,88 %** (Bek. v. 28.6.2016, BAnz AT 29.06.2016 B4, Bek. v. 27.12.2016, BAnz AT 29.12.2016 B11, Bek. v. 27.6.2017, BAnz AT 29.06.2017 B10, Bek. v. 19.12.2017, BAnz AT 21.12.2017 B6, Bek. v. 26.6.2018, BAnz AT 28.06.2018 B6, Bek. v. 18.12.2018, BAnz AT 20.12.2018 B10, Bek. v. 25.6.2019, BAnz AT 27.06.2019 B9, Bek. v. 31.12.2019, BAnz AT 06.01.2020 B5, Bek. v. 30.6.2020, BAnz AT 02.07.2020 B5, Bek. v. 29.12.2020, BAnz AT 30.12.2020 B8, Bek. v. 29.6.2021, BAnz AT 30.06.2021 B6, Bek. v. 28.12.2021, BAnz AT 29.12.2021 B6 und Bek. v. 28.6.2022, BAnz AT 29.06.2022 B8);
– ab 1.1.2023 **1,62 %** (Bek. v. 27.12.2022, BAnz AT 28.12.2022 B5);
– ab 1.7.2023 **3,12 %** (Bek. v. 27.6.2023, BAnz AT 28.06.2023 B7).

können sich bei solchen Darlehen die Verzinsung rückständiger Zinsen im Voraus versprechen lassen.

**§ 249[1) 2)] Art und Umfang des Schadensersatzes.** (1) Wer zum Schadensersatz verpflichtet ist, hat den Zustand herzustellen, der bestehen würde, wenn der zum Ersatz verpflichtende Umstand nicht eingetreten wäre.

(2) [1] Ist wegen Verletzung einer Person oder wegen Beschädigung einer Sache Schadensersatz zu leisten, so kann der Gläubiger statt der Herstellung den dazu erforderlichen Geldbetrag verlangen. [2] Bei der Beschädigung einer Sache schließt der nach Satz 1 erforderliche Geldbetrag die Umsatzsteuer nur mit ein, wenn und soweit sie tatsächlich angefallen ist.

**§ 250 Schadensersatz in Geld nach Fristsetzung.** [1] Der Gläubiger kann dem Ersatzpflichtigen zur Herstellung eine angemessene Frist mit der Erklärung bestimmen, dass er die Herstellung nach dem Ablauf der Frist ablehne. [2] Nach dem Ablauf der Frist kann der Gläubiger den Ersatz in Geld verlangen, wenn nicht die Herstellung rechtzeitig erfolgt; der Anspruch auf die Herstellung ist ausgeschlossen.

**§ 251 Schadensersatz in Geld ohne Fristsetzung.** (1) Soweit die Herstellung nicht möglich oder zur Entschädigung des Gläubigers nicht genügend ist, hat der Ersatzpflichtige den Gläubiger in Geld zu entschädigen.

(2) [1] Der Ersatzpflichtige kann den Gläubiger in Geld entschädigen, wenn die Herstellung nur mit unverhältnismäßigen Aufwendungen möglich ist. [2] Die aus der Heilbehandlung eines verletzten Tieres entstandenen Aufwendungen sind nicht bereits dann unverhältnismäßig, wenn sie dessen Wert erheblich übersteigen.

**§ 252 Entgangener Gewinn.** [1] Der zu ersetzende Schaden umfasst auch den entgangenen Gewinn. [2] Als entgangen gilt der Gewinn, welcher nach dem gewöhnlichen Lauf der Dinge oder nach den besonderen Umständen, insbesondere nach den getroffenen Anstalten und Vorkehrungen, mit Wahrscheinlichkeit erwartet werden konnte.

**§ 253[3) 2)] Immaterieller Schaden.** (1) Wegen eines Schadens, der nicht Vermögensschaden ist, kann Entschädigung in Geld nur in den durch das Gesetz bestimmten Fällen gefordert werden.

(2) Ist wegen einer Verletzung des Körpers, der Gesundheit, der Freiheit oder der sexuellen Selbstbestimmung Schadensersatz zu leisten, kann auch wegen des Schadens, der nicht Vermögensschaden ist, eine billige Entschädigung in Geld gefordert werden.

**§ 254 Mitverschulden.** (1) Hat bei der Entstehung des Schadens ein Verschulden des Beschädigten mitgewirkt, so hängt die Verpflichtung zum Ersatz sowie der Umfang des zu leistenden Ersatzes von den Umständen, insbesondere davon ab, inwieweit der Schaden vorwiegend von dem einen oder dem anderen Teil verursacht worden ist.

(2) [1] Dies gilt auch dann, wenn sich das Verschulden des Beschädigten darauf beschränkt, dass er unterlassen hat, den Schuldner auf die Gefahr eines ungewöhnlich hohen Schadens aufmerksam zu machen, die der Schuldner weder kannte noch

---

[1)] § 249 bish. Satz 1 wird Abs. 1, bish. Satz 2 wird Abs. 2 Satz 1, Abs. 2 Satz 2 angef. mWv 1.8.2002 durch G v. 19.7.2002 (BGBl. I S. 2674).

[2)] Beachte hierzu Übergangsvorschrift in Art. 229 § 8 EGBGB (Nr. **21**).

[3)] § 253 Abs. 2 angef. mWv 1.8.2002 durch G v. 19.7.2002 (BGBl. I S. 2674).

kennen musste, oder dass er unterlassen hat, den Schaden abzuwenden oder zu mindern. [2] Die Vorschrift des § 278 findet entsprechende Anwendung.

**§ 255 Abtretung der Ersatzansprüche.** Wer für den Verlust einer Sache oder eines Rechts Schadensersatz zu leisten hat, ist zum Ersatz nur gegen Abtretung der Ansprüche verpflichtet, die dem Ersatzberechtigten auf Grund des Eigentums an der Sache oder auf Grund des Rechts gegen Dritte zustehen.

**§ 256 Verzinsung von Aufwendungen.** [1] Wer zum Ersatz von Aufwendungen verpflichtet ist, hat den aufgewendeten Betrag oder, wenn andere Gegenstände als Geld aufgewendet worden sind, den als Ersatz ihres Wertes zu zahlenden Betrag von der Zeit der Aufwendung an zu verzinsen. [2] Sind Aufwendungen auf einen Gegenstand gemacht worden, der dem Ersatzpflichtigen herauszugeben ist, so sind Zinsen für die Zeit, für welche dem Ersatzberechtigten die Nutzungen oder die Früchte des Gegenstands ohne Vergütung verbleiben, nicht zu entrichten.

**§ 257 Befreiungsanspruch.** [1] Wer berechtigt ist, Ersatz für Aufwendungen zu verlangen, die er für einen bestimmten Zweck macht, kann, wenn er für diesen Zweck eine Verbindlichkeit eingeht, Befreiung von der Verbindlichkeit verlangen. [2] Ist die Verbindlichkeit noch nicht fällig, so kann ihm der Ersatzpflichtige, statt ihn zu befreien, Sicherheit leisten.

**§ 258 Wegnahmerecht.** [1] Wer berechtigt ist, von einer Sache, die er einem anderen herauszugeben hat, eine Einrichtung wegzunehmen, hat im Falle der Wegnahme die Sache auf seine Kosten in den vorigen Stand zu setzen. [2] Erlangt der andere den Besitz der Sache, so ist er verpflichtet, die Wegnahme der Einrichtung zu gestatten; er kann die Gestattung verweigern, bis ihm für den mit der Wegnahme verbundenen Schaden Sicherheit geleistet wird.

**§ 259 Umfang der Rechenschaftspflicht.** (1) Wer verpflichtet ist, über eine mit Einnahmen oder Ausgaben verbundene Verwaltung Rechenschaft abzulegen, hat dem Berechtigten eine die geordnete Zusammenstellung der Einnahmen oder der Ausgaben enthaltende Rechnung mitzuteilen und, soweit Belege erteilt zu werden pflegen, Belege vorzulegen.

(2) Besteht Grund zu der Annahme, dass die in der Rechnung enthaltenen Angaben über die Einnahmen nicht mit der erforderlichen Sorgfalt gemacht worden sind, so hat der Verpflichtete auf Verlangen zu Protokoll an Eides statt zu versichern, dass er nach bestem Wissen die Einnahmen so vollständig angegeben habe, als er dazu imstande sei.

(3) In Angelegenheiten von geringer Bedeutung besteht eine Verpflichtung zur Abgabe der eidesstattlichen Versicherung nicht.

**§ 260 Pflichten bei Herausgabe oder Auskunft über Inbegriff von Gegenständen.** (1) Wer verpflichtet ist, einen Inbegriff von Gegenständen herauszugeben oder über den Bestand eines solchen Inbegriffs Auskunft zu erteilen, hat dem Berechtigten ein Verzeichnis des Bestands vorzulegen.

(2) Besteht Grund zu der Annahme, dass das Verzeichnis nicht mit der erforderlichen Sorgfalt aufgestellt worden ist, so hat der Verpflichtete auf Verlangen zu Protokoll an Eides statt zu versichern, dass er nach bestem Wissen den Bestand so vollständig angegeben habe, als er dazu imstande sei.

(3) Die Vorschrift des § 259 Abs. 3 findet Anwendung.

**§ 261[1)] Änderung der eidesstattlichen Versicherung; Kosten.** (1) Das Gericht kann eine den Umständen entsprechende Änderung der eidesstattlichen Versicherung beschließen.

(2) Die Kosten der Abnahme der eidesstattlichen Versicherung hat derjenige zu tragen, welcher die Abgabe der Versicherung verlangt.

**§ 262 Wahlschuld; Wahlrecht.** Werden mehrere Leistungen in der Weise geschuldet, dass nur die eine oder die andere zu bewirken ist, so steht das Wahlrecht im Zweifel dem Schuldner zu.

**§ 263 Ausübung des Wahlrechts; Wirkung.** (1) Die Wahl erfolgt durch Erklärung gegenüber dem anderen Teil.

(2) Die gewählte Leistung gilt als die von Anfang an allein geschuldete.

**§ 264 Verzug des Wahlberechtigten.** (1) Nimmt der wahlberechtigte Schuldner die Wahl nicht vor dem Beginn der Zwangsvollstreckung vor, so kann der Gläubiger die Zwangsvollstreckung nach seiner Wahl auf die eine oder auf die andere Leistung richten; der Schuldner kann sich jedoch, solange nicht der Gläubiger die gewählte Leistung ganz oder zum Teil empfangen hat, durch eine der übrigen Leistungen von seiner Verbindlichkeit befreien.

(2) [1] Ist der wahlberechtigte Gläubiger im Verzug, so kann der Schuldner ihn unter Bestimmung einer angemessenen Frist zur Vornahme der Wahl auffordern. [2] Mit dem Ablauf der Frist geht das Wahlrecht auf den Schuldner über, wenn nicht der Gläubiger rechtzeitig die Wahl vornimmt.

**§ 265 Unmöglichkeit bei Wahlschuld.** [1] Ist eine der Leistungen von Anfang an unmöglich oder wird sie später unmöglich, so beschränkt sich das Schuldverhältnis auf die übrigen Leistungen. [2] Die Beschränkung tritt nicht ein, wenn die Leistung infolge eines Umstands unmöglich wird, den der nicht wahlberechtigte Teil zu vertreten hat.

**§ 266 Teilleistungen.** Der Schuldner ist zu Teilleistungen nicht berechtigt.

**§ 267 Leistung durch Dritte.** (1) [1] Hat der Schuldner nicht in Person zu leisten, so kann auch ein Dritter die Leistung bewirken. [2] Die Einwilligung des Schuldners ist nicht erforderlich.

(2) Der Gläubiger kann die Leistung ablehnen, wenn der Schuldner widerspricht.

**§ 268 Ablösungsrecht des Dritten.** (1) [1] Betreibt der Gläubiger die Zwangsvollstreckung in einen dem Schuldner gehörenden Gegenstand, so ist jeder, der Gefahr läuft, durch die Zwangsvollstreckung ein Recht an dem Gegenstand zu verlieren, berechtigt, den Gläubiger zu befriedigen. [2] Das gleiche Recht steht dem Besitzer einer Sache zu, wenn er Gefahr läuft, durch die Zwangsvollstreckung den Besitz zu verlieren.

(2) Die Befriedigung kann auch durch Hinterlegung oder durch Aufrechnung erfolgen.

---

1) § 261 neu gef. mWv 1.9.2009 durch G v. 17.12.2008 (BGBl. I S. 2586).

(3) [1] Soweit der Dritte den Gläubiger befriedigt, geht die Forderung auf ihn über. [2] Der Übergang kann nicht zum Nachteil des Gläubigers geltend gemacht werden.

**§ 269 Leistungsort.** (1) Ist ein Ort für die Leistung weder bestimmt noch aus den Umständen, insbesondere aus der Natur des Schuldverhältnisses, zu entnehmen, so hat die Leistung an dem Orte zu erfolgen, an welchem der Schuldner zur Zeit der Entstehung des Schuldverhältnisses seinen Wohnsitz hatte.

(2) Ist die Verbindlichkeit im Gewerbebetrieb des Schuldners entstanden, so tritt, wenn der Schuldner seine gewerbliche Niederlassung an einem anderen Orte hatte, der Ort der Niederlassung an die Stelle des Wohnsitzes.

(3) Aus dem Umstand allein, dass der Schuldner die Kosten der Versendung übernommen hat, ist nicht zu entnehmen, dass der Ort, nach welchem die Versendung zu erfolgen hat, der Leistungsort sein soll.

**§ 270 Zahlungsort.** (1) Geld hat der Schuldner im Zweifel auf seine Gefahr und seine Kosten dem Gläubiger an dessen Wohnsitz zu übermitteln.

(2) Ist die Forderung im Gewerbebetrieb des Gläubigers entstanden, so tritt, wenn der Gläubiger seine gewerbliche Niederlassung an einem anderen Orte hat, der Ort der Niederlassung an die Stelle des Wohnsitzes.

(3) Erhöhen sich infolge einer nach der Entstehung des Schuldverhältnisses eintretenden Änderung des Wohnsitzes oder der gewerblichen Niederlassung des Gläubigers die Kosten oder die Gefahr der Übermittlung, so hat der Gläubiger im ersteren Falle die Mehrkosten, im letzteren Falle die Gefahr zu tragen.

(4) Die Vorschriften über den Leistungsort bleiben unberührt.

**§ 270a[1) 2)] Vereinbarungen über Entgelte für die Nutzung bargeldloser Zahlungsmittel.** [1] Eine Vereinbarung, durch die der Schuldner verpflichtet wird, ein Entgelt für die Nutzung einer SEPA-Basislastschrift, einer SEPA-Firmenlastschrift, einer SEPA-Überweisung oder einer Zahlungskarte zu entrichten, ist unwirksam. [2] Satz 1 gilt für die Nutzung von Zahlungskarten nur bei Zahlungsvorgängen mit Verbrauchern, wenn auf diese Kapitel II der Verordnung (EU) 2015/751 des Europäischen Parlaments und des Rates vom 29. April 2015 über Interbankenentgelte für kartengebundene Zahlungsvorgänge (ABl. L 123 vom 19.5.2015, S. 1) anwendbar ist.

**§ 271 Leistungszeit.** (1) Ist eine Zeit für die Leistung weder bestimmt noch aus den Umständen zu entnehmen, so kann der Gläubiger die Leistung sofort verlangen, der Schuldner sie sofort bewirken.

(2) Ist eine Zeit bestimmt, so ist im Zweifel anzunehmen, dass der Gläubiger die Leistung nicht vor dieser Zeit verlangen, der Schuldner aber sie vorher bewirken kann.

**§ 271a[3)] Vereinbarungen über Zahlungs-, Überprüfungs- oder Abnahmefristen.** (1) [1] Eine Vereinbarung, nach der der Gläubiger die Erfüllung einer Entgeltforderung erst nach mehr als 60 Tagen nach Empfang der Gegenleistung

1) § 270a eingef. mWv 13.1.2018 durch G v. 17.7.2017 (BGBl. I S. 2446).

2) Beachte hierzu Übergangsvorschrift in Art. 229 § 45 Abs. 5 EGBGB (Nr. **21**).

3) § 271a eingef. mWv 29.7.2014 durch G v. 22.7.2014 (BGBl. I S. 1218); Abs 2 geänd. mWv 18.4. 2016 durch G v. 17.2.2016 (BGBl. I S. 203).

verlangen kann, ist nur wirksam, wenn sie ausdrücklich getroffen und im Hinblick auf die Belange des Gläubigers nicht grob unbillig ist. [2] Geht dem Schuldner nach Empfang der Gegenleistung eine Rechnung oder gleichwertige Zahlungsaufstellung zu, tritt der Zeitpunkt des Zugangs dieser Rechnung oder Zahlungsaufstellung an die Stelle des in Satz 1 genannten Zeitpunkts des Empfangs der Gegenleistung. [3] Es wird bis zum Beweis eines anderen Zeitpunkts vermutet, dass der Zeitpunkt des Zugangs der Rechnung oder Zahlungsaufstellung auf den Zeitpunkt des Empfangs der Gegenleistung fällt; hat der Gläubiger einen späteren Zeitpunkt benannt, so tritt dieser an die Stelle des Zeitpunkts des Empfangs der Gegenleistung.

(2) [1] Ist der Schuldner ein öffentlicher Auftraggeber im Sinne von § 99 Nummer 1 bis 3 des Gesetzes gegen Wettbewerbsbeschränkungen[1)], so ist abweichend von Absatz 1

1. eine Vereinbarung, nach der der Gläubiger die Erfüllung einer Entgeltforderung erst nach mehr als 30 Tagen nach Empfang der Gegenleistung verlangen kann, nur wirksam, wenn die Vereinbarung ausdrücklich getroffen und aufgrund der besonderen Natur oder der Merkmale des Schuldverhältnisses sachlich gerechtfertigt ist;
2. eine Vereinbarung, nach der der Gläubiger die Erfüllung einer Entgeltforderung erst nach mehr als 60 Tagen nach Empfang der Gegenleistung verlangen kann, unwirksam.

[2] Absatz 1 Satz 2 und 3 ist entsprechend anzuwenden.

(3) Ist eine Entgeltforderung erst nach Überprüfung oder Abnahme der Gegenleistung zu erfüllen, so ist eine Vereinbarung, nach der die Zeit für die Überprüfung oder Abnahme der Gegenleistung mehr als 30 Tage nach Empfang der Gegenleistung beträgt, nur wirksam, wenn sie ausdrücklich getroffen und im Hinblick auf die Belange des Gläubigers nicht grob unbillig ist.

(4) Ist eine Vereinbarung nach den Absätzen 1 bis 3 unwirksam, bleibt der Vertrag im Übrigen wirksam.

(5) Die Absätze 1 bis 3 sind nicht anzuwenden auf

1. die Vereinbarung von Abschlagszahlungen und sonstigen Ratenzahlungen sowie
2. ein Schuldverhältnis, aus dem ein Verbraucher die Erfüllung der Entgeltforderung schuldet.

(6) Die Absätze 1 bis 3 lassen sonstige Vorschriften, aus denen sich Beschränkungen für Vereinbarungen über Zahlungs-, Überprüfungs- oder Abnahmefristen ergeben, unberührt.

**§ 272 Zwischenzinsen.** Bezahlt der Schuldner eine unverzinsliche Schuld vor der Fälligkeit, so ist er zu einem Abzug wegen der Zwischenzinsen nicht berechtigt.

**§ 273 Zurückbehaltungsrecht.**[2)] (1) Hat der Schuldner aus demselben rechtlichen Verhältnis, auf dem seine Verpflichtung beruht, einen fälligen Anspruch gegen den Gläubiger, so kann er, sofern nicht aus dem Schuldverhältnis sich ein

[1)] Nr. **74**.
[2)] Beachte auch das kaufmännische Zurückbehaltungsrecht: §§ 369ff. HGB (Nr. **50**).

anderes ergibt, die geschuldete Leistung verweigern, bis die ihm gebührende Leistung bewirkt wird (Zurückbehaltungsrecht).

(2) Wer zur Herausgabe eines Gegenstands verpflichtet ist, hat das gleiche Recht, wenn ihm ein fälliger Anspruch wegen Verwendungen auf den Gegenstand oder wegen eines ihm durch diesen verursachten Schadens zusteht, es sei denn, dass er den Gegenstand durch eine vorsätzlich begangene unerlaubte Handlung erlangt hat.

(3) [1] Der Gläubiger kann die Ausübung des Zurückbehaltungsrechts durch Sicherheitsleistung abwenden. [2] Die Sicherheitsleistung durch Bürgen ist ausgeschlossen.

**§ 274 Wirkungen des Zurückbehaltungsrechts.** (1) Gegenüber der Klage des Gläubigers hat die Geltendmachung des Zurückbehaltungsrechts nur die Wirkung, dass der Schuldner zur Leistung gegen Empfang der ihm gebührenden Leistung (Erfüllung Zug um Zug) zu verurteilen ist.

(2) Auf Grund einer solchen Verurteilung kann der Gläubiger seinen Anspruch ohne Bewirkung der ihm obliegenden Leistung im Wege der Zwangsvollstreckung verfolgen, wenn der Schuldner im Verzug der Annahme ist.

**§ 275[1)] Ausschluss der Leistungspflicht.** (1) Der Anspruch auf Leistung ist ausgeschlossen, soweit diese für den Schuldner oder für jedermann unmöglich ist.

(2) [1] Der Schuldner kann die Leistung verweigern, soweit diese einen Aufwand erfordert, der unter Beachtung des Inhalts des Schuldverhältnisses und der Gebote von Treu und Glauben in einem groben Missverhältnis zu dem Leistungsinteresse des Gläubigers steht. [2] Bei der Bestimmung der dem Schuldner zuzumutenden Anstrengungen ist auch zu berücksichtigen, ob der Schuldner das Leistungshindernis zu vertreten hat.

(3) Der Schuldner kann die Leistung ferner verweigern, wenn er die Leistung persönlich zu erbringen hat und sie ihm unter Abwägung des seiner Leistung entgegenstehenden Hindernisses mit dem Leistungsinteresse des Gläubigers nicht zugemutet werden kann.

(4) Die Rechte des Gläubigers bestimmen sich nach den §§ 280, 283 bis 285, 311a und 326.

**§ 276 Verantwortlichkeit des Schuldners.** (1) [1] Der Schuldner hat Vorsatz und Fahrlässigkeit zu vertreten, wenn eine strengere oder mildere Haftung weder bestimmt noch aus dem sonstigen Inhalt des Schuldverhältnisses, insbesondere aus der Übernahme einer Garantie oder eines Beschaffungsrisikos, zu entnehmen ist. [2] Die Vorschriften der §§ 827 und 828 finden entsprechende Anwendung.

(2) Fahrlässig handelt, wer die im Verkehr erforderliche Sorgfalt außer Acht lässt.

(3) Die Haftung wegen Vorsatzes kann dem Schuldner nicht im Voraus erlassen werden.

---

[1)] **Amtl. Anm.:** Diese Vorschrift dient auch der Umsetzung der Richtlinie 1999/44/EG des Europäischen Parlaments und des Rates vom 25. Mai 1999 zu bestimmten Aspekten des Verbrauchsgüterkaufs und der Garantien für Verbrauchsgüter (ABl. EG Nr. L 171 S. 12).

**§ 277 Sorgfalt in eigenen Angelegenheiten.** Wer nur für diejenige Sorgfalt einzustehen hat, welche er in eigenen Angelegenheiten anzuwenden pflegt, ist von der Haftung wegen grober Fahrlässigkeit nicht befreit.

**§ 278 Verantwortlichkeit des Schuldners für Dritte.** [1] Der Schuldner hat ein Verschulden seines gesetzlichen Vertreters und der Personen, deren er sich zur Erfüllung seiner Verbindlichkeit bedient, in gleichem Umfang zu vertreten wie eigenes Verschulden. [2] Die Vorschrift des § 276 Abs. 3 findet keine Anwendung.

**§ 279** (weggefallen)

**§ 280 Schadensersatz wegen Pflichtverletzung.** (1) [1] Verletzt der Schuldner eine Pflicht aus dem Schuldverhältnis, so kann der Gläubiger Ersatz des hierdurch entstehenden Schadens verlangen. [2] Dies gilt nicht, wenn der Schuldner die Pflichtverletzung nicht zu vertreten hat.

(2) Schadensersatz wegen Verzögerung der Leistung kann der Gläubiger nur unter der zusätzlichen Voraussetzung des § 286 verlangen.

(3) Schadensersatz statt der Leistung kann der Gläubiger nur unter den zusätzlichen Voraussetzungen des § 281, des § 282 oder des § 283 verlangen.

**§ 281 Schadensersatz statt der Leistung wegen nicht oder nicht wie geschuldet erbrachter Leistung.** (1) [1] Soweit der Schuldner die fällige Leistung nicht oder nicht wie geschuldet erbringt, kann der Gläubiger unter den Voraussetzungen des § 280 Abs. 1 Schadensersatz statt der Leistung verlangen, wenn er dem Schuldner erfolglos eine angemessene Frist zur Leistung oder Nacherfüllung bestimmt hat. [2] Hat der Schuldner eine Teilleistung bewirkt, so kann der Gläubiger Schadensersatz statt der ganzen Leistung nur verlangen, wenn er an der Teilleistung kein Interesse hat. [3] Hat der Schuldner die Leistung nicht wie geschuldet bewirkt, so kann der Gläubiger Schadensersatz statt der ganzen Leistung nicht verlangen, wenn die Pflichtverletzung unerheblich ist.

(2) Die Fristsetzung ist entbehrlich, wenn der Schuldner die Leistung ernsthaft und endgültig verweigert oder wenn besondere Umstände vorliegen, die unter Abwägung der beiderseitigen Interessen die sofortige Geltendmachung des Schadensersatzanspruchs rechtfertigen.

(3) Kommt nach der Art der Pflichtverletzung eine Fristsetzung nicht in Betracht, so tritt an deren Stelle eine Abmahnung.

(4) Der Anspruch auf die Leistung ist ausgeschlossen, sobald der Gläubiger statt der Leistung Schadensersatz verlangt hat.

(5) Verlangt der Gläubiger Schadensersatz statt der ganzen Leistung, so ist der Schuldner zur Rückforderung des Geleisteten nach den §§ 346 bis 348 berechtigt.

**§ 282 Schadensersatz statt der Leistung wegen Verletzung einer Pflicht nach § 241 Abs. 2.** Verletzt der Schuldner eine Pflicht nach § 241 Abs. 2, kann der Gläubiger unter den Voraussetzungen des § 280 Abs. 1 Schadensersatz statt der Leistung verlangen, wenn ihm die Leistung durch den Schuldner nicht mehr zuzumuten ist.

**§ 283 Schadensersatz statt der Leistung bei Ausschluss der Leistungspflicht.** [1] Braucht der Schuldner nach § 275 Abs. 1 bis 3 nicht zu leisten, kann der Gläubiger unter den Voraussetzungen des § 280 Abs. 1 Schadensersatz statt der Leistung verlangen. [2] § 281 Abs. 1 Satz 2 und 3 und Abs. 5 findet entsprechende Anwendung.

**§ 284 Ersatz vergeblicher Aufwendungen.** Anstelle des Schadensersatzes statt der Leistung kann der Gläubiger Ersatz der Aufwendungen verlangen, die er im Vertrauen auf den Erhalt der Leistung gemacht hat und billigerweise machen durfte, es sei denn, deren Zweck wäre auch ohne die Pflichtverletzung des Schuldners nicht erreicht worden.

**§ 285 Herausgabe des Ersatzes.** (1) Erlangt der Schuldner infolge des Umstands, auf Grund dessen er die Leistung nach § 275 Abs. 1 bis 3 nicht zu erbringen braucht, für den geschuldeten Gegenstand einen Ersatz oder einen Ersatzanspruch, so kann der Gläubiger Herausgabe des als Ersatz Empfangenen oder Abtretung des Ersatzanspruchs verlangen.

(2) Kann der Gläubiger statt der Leistung Schadensersatz verlangen, so mindert sich dieser, wenn er von dem in Absatz 1 bestimmten Recht Gebrauch macht, um den Wert des erlangten Ersatzes oder Ersatzanspruchs.

**§ 286[1)] [2)] Verzug des Schuldners.** (1) [1] Leistet der Schuldner auf eine Mahnung des Gläubigers nicht, die nach dem Eintritt der Fälligkeit erfolgt, so kommt er durch die Mahnung in Verzug. [2] Der Mahnung stehen die Erhebung der Klage auf die Leistung sowie die Zustellung eines Mahnbescheids im Mahnverfahren gleich.

(2) Der Mahnung bedarf es nicht, wenn

1. für die Leistung eine Zeit nach dem Kalender bestimmt ist,
2. der Leistung ein Ereignis vorauszugehen hat und eine angemessene Zeit für die Leistung in der Weise bestimmt ist, dass sie sich von dem Ereignis an nach dem Kalender berechnen lässt,
3. der Schuldner die Leistung ernsthaft und endgültig verweigert,
4. aus besonderen Gründen unter Abwägung der beiderseitigen Interessen der sofortige Eintritt des Verzugs gerechtfertigt ist.

(3) [1] Der Schuldner einer Entgeltforderung kommt spätestens in Verzug, wenn er nicht innerhalb von 30 Tagen nach Fälligkeit und Zugang einer Rechnung oder gleichwertigen Zahlungsaufstellung leistet; dies gilt gegenüber einem Schuldner, der Verbraucher ist, nur, wenn auf diese Folgen in der Rechnung oder Zahlungsaufstellung besonders hingewiesen worden ist. [2] Wenn der Zeitpunkt des Zugangs der Rechnung oder Zahlungsaufstellung unsicher ist, kommt der Schuldner, der nicht Verbraucher ist, spätestens 30 Tage nach Fälligkeit und Empfang der Gegenleistung in Verzug.

(4) Der Schuldner kommt nicht in Verzug, solange die Leistung infolge eines Umstands unterbleibt, den er nicht zu vertreten hat.

(5) Für eine von den Absätzen 1 bis 3 abweichende Vereinbarung über den Eintritt des Verzugs gilt § 271a Absatz 1 bis 5 entsprechend.

---

[1)] **Amtl. Anm.:** Diese Vorschrift dient zum Teil auch der Umsetzung der Richtlinie 2000/35/EG des Europäischen Parlaments und des Rates vom 29. Juni 2000 zur Bekämpfung von Zahlungsverzug im Geschäftsverkehr (ABl. EG Nr. L 200 S. 35).

[2)] § 286 Abs. 5 angef. mWv 29.7.2014 durch G v. 22.7.2014 (BGBl. I S. 1218).

**§ 287 Verantwortlichkeit während des Verzugs.** [1] Der Schuldner hat während des Verzugs jede Fahrlässigkeit zu vertreten. [2] Er haftet wegen der Leistung auch für Zufall, es sei denn, dass der Schaden auch bei rechtzeitiger Leistung eingetreten sein würde.

**§ 288**[1) 2)] **Verzugszinsen und sonstiger Verzugsschaden.** (1) [1] Eine Geldschuld ist während des Verzugs zu verzinsen. [2] Der Verzugszinssatz beträgt für das Jahr fünf Prozentpunkte über dem Basiszinssatz.

(2) Bei Rechtsgeschäften, an denen ein Verbraucher nicht beteiligt ist, beträgt der Zinssatz für Entgeltforderungen neun Prozentpunkte über dem Basiszinssatz.

(3) Der Gläubiger kann aus einem anderen Rechtsgrund höhere Zinsen verlangen.

(4) Die Geltendmachung eines weiteren Schadens ist nicht ausgeschlossen.

(5) [1] Der Gläubiger einer Entgeltforderung hat bei Verzug des Schuldners, wenn dieser kein Verbraucher ist, außerdem einen Anspruch auf Zahlung einer Pauschale in Höhe von 40 Euro. [2] Dies gilt auch, wenn es sich bei der Entgeltforderung um eine Abschlagszahlung oder sonstige Ratenzahlung handelt. [3] Die Pauschale nach Satz 1 ist auf einen geschuldeten Schadensersatz anzurechnen, soweit der Schaden in Kosten der Rechtsverfolgung begründet ist.

(6) [1] Eine im Voraus getroffene Vereinbarung, die den Anspruch des Gläubigers einer Entgeltforderung auf Verzugszinsen ausschließt, ist unwirksam. [2] Gleiches gilt für eine Vereinbarung, die diesen Anspruch beschränkt oder den Anspruch des Gläubigers einer Entgeltforderung auf die Pauschale nach Absatz 5 oder auf Ersatz des Schadens, der in Kosten der Rechtsverfolgung begründet ist, ausschließt oder beschränkt, wenn sie im Hinblick auf die Belange des Gläubigers grob unbillig ist. [3] Eine Vereinbarung über den Ausschluss der Pauschale nach Absatz 5 oder des Ersatzes des Schadens, der in Kosten der Rechtsverfolgung begründet ist, ist im Zweifel als grob unbillig anzusehen. [4] Die Sätze 1 bis 3 sind nicht anzuwenden, wenn sich der Anspruch gegen einen Verbraucher richtet.

**§ 289 Zinseszinsverbot.** [1] Von Zinsen sind Verzugszinsen nicht zu entrichten. [2] Das Recht des Gläubigers auf Ersatz des durch den Verzug entstehenden Schadens bleibt unberührt.

**§ 290 Verzinsung des Wertersatzes.** [1] Ist der Schuldner zum Ersatz des Wertes eines Gegenstands verpflichtet, der während des Verzugs untergegangen ist oder aus einem während des Verzugs eingetretenen Grund nicht herausgegeben werden kann, so kann der Gläubiger Zinsen des zu ersetzenden Betrags von dem Zeitpunkt an verlangen, welcher der Bestimmung des Wertes zugrunde gelegt wird. [2] Das Gleiche gilt, wenn der Schuldner zum Ersatz der Minderung des Wertes eines während des Verzugs verschlechterten Gegenstands verpflichtet ist.

**§ 291 Prozesszinsen.** [1] Eine Geldschuld hat der Schuldner von dem Eintritt der Rechtshängigkeit an zu verzinsen, auch wenn er nicht im Verzug ist; wird die Schuld erst später fällig, so ist sie von der Fälligkeit an zu verzinsen. [2] Die

---

[1)] **Amtl. Anm.:** Diese Vorschrift dient zum Teil auch der Umsetzung der Richtlinie 2000/35/EG des Europäischen Parlaments und des Rates vom 29. Juni 2000 zur Bekämpfung von Zahlungsverzug im Geschäftsverkehr (ABl. EG Nr. L 200 S. 35).

[2)] § 288 Überschrift neu gef., Abs. 2 geänd., Abs. 5 und 6 angef. mWv 29.7.2014 durch G v. 22.7. 2014 (BGBl. I S. 1218).

Vorschriften des § 288 Abs. 1 Satz 2, Abs. 2, Abs. 3 und des § 289 Satz 1 finden entsprechende Anwendung.

**§ 292 Haftung bei Herausgabepflicht.** (1) Hat der Schuldner einen bestimmten Gegenstand herauszugeben, so bestimmt sich von dem Eintritt der Rechtshängigkeit an der Anspruch des Gläubigers auf Schadensersatz wegen Verschlechterung, Untergangs oder einer aus einem anderen Grunde eintretenden Unmöglichkeit der Herausgabe nach den Vorschriften, welche für das Verhältnis zwischen dem Eigentümer und dem Besitzer von dem Eintritt der Rechtshängigkeit des Eigentumsanspruchs an gelten, soweit nicht aus dem Schuldverhältnis oder dem Verzug des Schuldners sich zugunsten des Gläubigers ein anderes ergibt.

(2) Das Gleiche gilt von dem Anspruch des Gläubigers auf Herausgabe oder Vergütung von Nutzungen und von dem Anspruch des Schuldners auf Ersatz von Verwendungen.

### Titel 2. Verzug des Gläubigers

**§ 293 Annahmeverzug.** Der Gläubiger kommt in Verzug, wenn er die ihm angebotene Leistung nicht annimmt.

**§ 294 Tatsächliches Angebot.** Die Leistung muss dem Gläubiger so, wie sie zu bewirken ist, tatsächlich angeboten werden.

**§ 295 Wörtliches Angebot.** [1] Ein wörtliches Angebot des Schuldners genügt, wenn der Gläubiger ihm erklärt hat, dass er die Leistung nicht annehmen werde, oder wenn zur Bewirkung der Leistung eine Handlung des Gläubigers erforderlich ist, insbesondere wenn der Gläubiger die geschuldete Sache abzuholen hat. [2] Dem Angebot der Leistung steht die Aufforderung an den Gläubiger gleich, die erforderliche Handlung vorzunehmen.

**§ 296 Entbehrlichkeit des Angebots.** [1] Ist für die von dem Gläubiger vorzunehmende Handlung eine Zeit nach dem Kalender bestimmt, so bedarf es des Angebots nur, wenn der Gläubiger die Handlung rechtzeitig vornimmt. [2] Das Gleiche gilt, wenn der Handlung ein Ereignis vorauszugehen hat und eine angemessene Zeit für die Handlung in der Weise bestimmt ist, dass sie sich von dem Ereignis an nach dem Kalender berechnen lässt.

**§ 297 Unvermögen des Schuldners.** Der Gläubiger kommt nicht in Verzug, wenn der Schuldner zur Zeit des Angebots oder im Falle des § 296 zu der für die Handlung des Gläubigers bestimmten Zeit außerstande ist, die Leistung zu bewirken.

**§ 298 Zug-um-Zug-Leistungen.** Ist der Schuldner nur gegen eine Leistung des Gläubigers zu leisten verpflichtet, so kommt der Gläubiger in Verzug, wenn er zwar die angebotene Leistung anzunehmen bereit ist, die verlangte Gegenleistung aber nicht anbietet.

**§ 299 Vorübergehende Annahmeverhinderung.** Ist die Leistungszeit nicht bestimmt oder ist der Schuldner berechtigt, vor der bestimmten Zeit zu leisten, so kommt der Gläubiger nicht dadurch in Verzug, dass er vorübergehend an der

Annahme der angebotenen Leistung verhindert ist, es sei denn, dass der Schuldner ihm die Leistung eine angemessene Zeit vorher angekündigt hat.

**§ 300 Wirkungen des Gläubigerverzugs.** (1) Der Schuldner hat während des Verzugs des Gläubigers nur Vorsatz und grobe Fahrlässigkeit zu vertreten.

(2) Wird eine nur der Gattung nach bestimmte Sache geschuldet, so geht die Gefahr mit dem Zeitpunkt auf den Gläubiger über, in welchem er dadurch in Verzug kommt, dass er die angebotene Sache nicht annimmt.

**§ 301 Wegfall der Verzinsung.** Von einer verzinslichen Geldschuld hat der Schuldner während des Verzugs des Gläubigers Zinsen nicht zu entrichten.

**§ 302 Nutzungen.** Hat der Schuldner die Nutzungen eines Gegenstands herauszugeben oder zu ersetzen, so beschränkt sich seine Verpflichtung während des Verzugs des Gläubigers auf die Nutzungen, welche er zieht.

**§ 303 Recht zur Besitzaufgabe.** [1] Ist der Schuldner zur Herausgabe eines Grundstücks oder eines eingetragenen Schiffs oder Schiffsbauwerks verpflichtet, so kann er nach dem Eintritt des Verzugs des Gläubigers den Besitz aufgeben. [2] Das Aufgeben muss dem Gläubiger vorher angedroht werden, es sei denn, dass die Androhung untunlich ist.

**§ 304 Ersatz von Mehraufwendungen.** Der Schuldner kann im Falle des Verzugs des Gläubigers Ersatz der Mehraufwendungen verlangen, die er für das erfolglose Angebot sowie für die Aufbewahrung und Erhaltung des geschuldeten Gegenstands machen musste.

## Abschnitt 2.[1] Gestaltung rechtsgeschäftlicher Schuldverhältnisse durch Allgemeine Geschäftsbedingungen[2]

**§ 305 Einbeziehung Allgemeiner Geschäftsbedingungen in den Vertrag.** (1) [1] Allgemeine Geschäftsbedingungen sind alle für eine Vielzahl von Verträgen vorformulierten Vertragsbedingungen, die eine Vertragspartei (Verwender) der anderen Vertragspartei bei Abschluss eines Vertrags stellt. [2] Gleichgültig ist, ob die Bestimmungen einen äußerlich gesonderten Bestandteil des Vertrags bilden oder in die Vertragsurkunde selbst aufgenommen werden, welchen Umfang sie haben, in welcher Schriftart sie verfasst sind und welche Form der Vertrag hat. [3] Allgemeine Geschäftsbedingungen liegen nicht vor, soweit die Vertragsbedingungen zwischen den Vertragsparteien im Einzelnen ausgehandelt sind.

(2) Allgemeine Geschäftsbedingungen werden nur dann Bestandteil eines Vertrags, wenn der Verwender bei Vertragsschluss

1. die andere Vertragspartei ausdrücklich oder, wenn ein ausdrücklicher Hinweis wegen der Art des Vertragsschlusses nur unter unverhältnismäßigen Schwierigkeiten möglich ist, durch deutlich sichtbaren Aushang am Orte des Vertragsschlusses auf sie hinweist und

---

[1] **Amtl. Anm.:** Dieser Abschnitt dient auch der Umsetzung der Richtlinie 93/13/EWG des Rates vom 5. April 1993 über missbräuchliche Klauseln in Verbraucherverträgen (ABl. EG Nr. L 95 S. 29).

[2] Beachte hierzu auch Gesetz über Unterlassungsklagen bei Verbraucherrechts- und anderen Verstößen (Unterlassungsklagengesetz - UKlaG) (Nr. **105**).

2. der anderen Vertragspartei die Möglichkeit verschafft, in zumutbarer Weise, die auch eine für den Verwender erkennbare körperliche Behinderung der anderen Vertragspartei angemessen berücksichtigt, von ihrem Inhalt Kenntnis zu nehmen,

und wenn die andere Vertragspartei mit ihrer Geltung einverstanden ist.

(3) Die Vertragsparteien können für eine bestimmte Art von Rechtsgeschäften die Geltung bestimmter Allgemeiner Geschäftsbedingungen unter Beachtung der in Absatz 2 bezeichneten Erfordernisse im Voraus vereinbaren.

**§ 305a[1] Einbeziehung in besonderen Fällen.** Auch ohne Einhaltung der in § 305 Abs. 2 Nr. 1 und 2 bezeichneten Erfordernisse werden einbezogen, wenn die andere Vertragspartei mit ihrer Geltung einverstanden ist,

1. die mit Genehmigung der zuständigen Verkehrsbehörde oder auf Grund von internationalen Übereinkommen erlassenen Tarife und Ausführungsbestimmungen der Eisenbahnen und die nach Maßgabe des Personenbeförderungsgesetzes[2] genehmigten Beförderungsbedingungen der Straßenbahnen, Obusse und Kraftfahrzeuge im Linienverkehr in den Beförderungsvertrag,
2. die im Amtsblatt der Bundesnetzagentur für Elektrizität, Gas, Telekommunikation, Post und Eisenbahnen veröffentlichten und in den Geschäftsstellen des Verwenders bereitgehaltenen Allgemeinen Geschäftsbedingungen
   a) in Beförderungsverträge, die außerhalb von Geschäftsräumen durch den Einwurf von Postsendungen in Briefkästen abgeschlossen werden,
   b) in Verträge über Telekommunikations-, Informations- und andere Dienstleistungen, die unmittelbar durch Einsatz von Fernkommunikationsmitteln und während der Erbringung einer Telekommunikationsdienstleistung in einem Mal erbracht werden, wenn die Allgemeinen Geschäftsbedingungen der anderen Vertragspartei nur unter unverhältnismäßigen Schwierigkeiten vor dem Vertragsschluss zugänglich gemacht werden können.

**§ 305b Vorrang der Individualabrede.** Individuelle Vertragsabreden haben Vorrang vor Allgemeinen Geschäftsbedingungen.

**§ 305c Überraschende und mehrdeutige Klauseln.** (1) Bestimmungen in Allgemeinen Geschäftsbedingungen, die nach den Umständen, insbesondere nach dem äußeren Erscheinungsbild des Vertrags, so ungewöhnlich sind, dass der Vertragspartner des Verwenders mit ihnen nicht zu rechnen braucht, werden nicht Vertragsbestandteil.

(2) Zweifel bei der Auslegung Allgemeiner Geschäftsbedingungen gehen zu Lasten des Verwenders.

**§ 306 Rechtsfolgen bei Nichteinbeziehung und Unwirksamkeit.**

(1) Sind Allgemeine Geschäftsbedingungen ganz oder teilweise nicht Vertragsbestandteil geworden oder unwirksam, so bleibt der Vertrag im Übrigen wirksam.

(2) Soweit die Bestimmungen nicht Vertragsbestandteil geworden oder unwirksam sind, richtet sich der Inhalt des Vertrags nach den gesetzlichen Vorschriften.

---

[1] § 305a Nr. 2 geänd. mWv 13.7.2005 durch G v. 7.7.2005 (BGBl. I S. 1970).
[2] **Sartorius Nr. 950.**

(3) Der Vertrag ist unwirksam, wenn das Festhalten an ihm auch unter Berücksichtigung der nach Absatz 2 vorgesehenen Änderung eine unzumutbare Härte für eine Vertragspartei darstellen würde.

**§ 306a Umgehungsverbot.** Die Vorschriften dieses Abschnitts finden auch Anwendung, wenn sie durch anderweitige Gestaltungen umgangen werden.

**§ 307 Inhaltskontrolle.** (1) [1] Bestimmungen in Allgemeinen Geschäftsbedingungen sind unwirksam, wenn sie den Vertragspartner des Verwenders entgegen den Geboten von Treu und Glauben unangemessen benachteiligen. [2] Eine unangemessene Benachteiligung kann sich auch daraus ergeben, dass die Bestimmung nicht klar und verständlich ist.

(2) Eine unangemessene Benachteiligung ist im Zweifel anzunehmen, wenn eine Bestimmung

1. mit wesentlichen Grundgedanken der gesetzlichen Regelung, von der abgewichen wird, nicht zu vereinbaren ist oder
2. wesentliche Rechte oder Pflichten, die sich aus der Natur des Vertrags ergeben, so einschränkt, dass die Erreichung des Vertragszwecks gefährdet ist.

(3) [1] Die Absätze 1 und 2 sowie die §§ 308 und 309 gelten nur für Bestimmungen in Allgemeinen Geschäftsbedingungen, durch die von Rechtsvorschriften abweichende oder diese ergänzende Regelungen vereinbart werden. [2] Andere Bestimmungen können nach Absatz 1 Satz 2 in Verbindung mit Absatz 1 Satz 1 unwirksam sein.

**§ 308[1) 2)] Klauselverbote mit Wertungsmöglichkeit.** In Allgemeinen Geschäftsbedingungen ist insbesondere unwirksam

1. (Annahme- und Leistungsfrist)
   eine Bestimmung, durch die sich der Verwender unangemessen lange oder nicht hinreichend bestimmte Fristen für die Annahme oder Ablehnung eines Angebots oder die Erbringung einer Leistung vorbehält; ausgenommen hiervon ist der Vorbehalt, erst nach Ablauf der Widerrufsfrist nach § 355 Absatz 1 und 2 zu leisten;

1a. (Zahlungsfrist)
   eine Bestimmung, durch die sich der Verwender eine unangemessen lange Zeit für die Erfüllung einer Entgeltforderung des Vertragspartners vorbehält; ist der Verwender kein Verbraucher, ist im Zweifel anzunehmen, dass eine Zeit von mehr als 30 Tagen nach Empfang der Gegenleistung oder, wenn dem Schuldner nach Empfang der Gegenleistung eine Rechnung oder gleichwertige Zahlungsaufstellung zugeht, von mehr als 30 Tagen nach Zugang dieser Rechnung oder Zahlungsaufstellung unangemessen lang ist;

1b. (Überprüfungs- und Abnahmefrist)
   eine Bestimmung, durch die sich der Verwender vorbehält, eine Entgeltforderung des Vertragspartners erst nach unangemessen langer Zeit für die Überprüfung oder Abnahme der Gegenleistung zu erfüllen; ist der Verwender kein

---

[1)] § 308 Nr. 5 geänd. mWv 1.1.2009 durch G v. 23.10.2008 (BGBl. I S. 2022); Nr. 1 geänd. mWv 11.6.2010 durch G v. 29.7.2009 (BGBl. I S. 2355); Nr. 1 geänd. mWv 13.6.2014 durch G v. 20.9.2013 (BGBl. I S. 3642); Nr. 1a und 1b eingef. mWv 29.7.2014 durch G v. 22.7.2014 (BGBl. I S. 1218); Nr. 8 geänd., Nr. 9 angef. mWv 1.10.2021 durch G v. 10.8.2021 (BGBl. I S. 3433).

[2)] Beachte hierzu Übergangsvorschrift in Art. 229 § 60 EGBGB (Nr. **21**).

Verbraucher, ist im Zweifel anzunehmen, dass eine Zeit von mehr als 15 Tagen nach Empfang der Gegenleistung unangemessen lang ist;

2. (Nachfrist)
eine Bestimmung, durch die sich der Verwender für die von ihm zu bewirkende Leistung abweichend von Rechtsvorschriften eine unangemessen lange oder nicht hinreichend bestimmte Nachfrist vorbehält;

3. (Rücktrittsvorbehalt)
die Vereinbarung eines Rechts des Verwenders, sich ohne sachlich gerechtfertigten und im Vertrag angegebenen Grund von seiner Leistungspflicht zu lösen; dies gilt nicht für Dauerschuldverhältnisse;

4. (Änderungsvorbehalt)
die Vereinbarung eines Rechts des Verwenders, die versprochene Leistung zu ändern oder von ihr abzuweichen, wenn nicht die Vereinbarung der Änderung oder Abweichung unter Berücksichtigung der Interessen des Verwenders für den anderen Vertragsteil zumutbar ist;

5. (Fingierte Erklärungen)
eine Bestimmung, wonach eine Erklärung des Vertragspartners des Verwenders bei Vornahme oder Unterlassung einer bestimmten Handlung als von ihm abgegeben oder nicht abgegeben gilt, es sei denn, dass
   a) dem Vertragspartner eine angemessene Frist zur Abgabe einer ausdrücklichen Erklärung eingeräumt ist und
   b) der Verwender sich verpflichtet, den Vertragspartner bei Beginn der Frist auf die vorgesehene Bedeutung seines Verhaltens besonders hinzuweisen;

6. (Fiktion des Zugangs)
eine Bestimmung, die vorsieht, dass eine Erklärung des Verwenders von besonderer Bedeutung dem anderen Vertragsteil als zugegangen gilt;

7. (Abwicklung von Verträgen)
eine Bestimmung, nach der der Verwender für den Fall, dass eine Vertragspartei vom Vertrag zurücktritt oder den Vertrag kündigt,
   a) eine unangemessen hohe Vergütung für die Nutzung oder den Gebrauch einer Sache oder eines Rechts oder für erbrachte Leistungen oder
   b) einen unangemessen hohen Ersatz von Aufwendungen verlangen kann;

8. (Nichtverfügbarkeit der Leistung)
die nach Nummer 3 zulässige Vereinbarung eines Vorbehalts des Verwenders, sich von der Verpflichtung zur Erfüllung des Vertrags bei Nichtverfügbarkeit der Leistung zu lösen, wenn sich der Verwender nicht verpflichtet,
   a) den Vertragspartner unverzüglich über die Nichtverfügbarkeit zu informieren und
   b) Gegenleistungen des Vertragspartners unverzüglich zu erstatten;

9. (Abtretungsausschluss)
eine Bestimmung, durch die die Abtretbarkeit ausgeschlossen wird
   a) für einen auf Geld gerichteten Anspruch des Vertragspartners gegen den Verwender oder
   b) für ein anderes Recht, das der Vertragspartner gegen den Verwender hat, wenn
      aa) beim Verwender ein schützenswertes Interesse an dem Abtretungsausschluss nicht besteht oder

bb) berechtigte Belange des Vertragspartners an der Abtretbarkeit des Rechts das schützenswerte Interesse des Verwenders an dem Abtretungsausschluss überwiegen;

Buchstabe a gilt nicht für Ansprüche aus Zahlungsdiensterahmenverträgen und die Buchstaben a und b gelten nicht für Ansprüche auf Versorgungsleistungen im Sinne des Betriebsrentengesetzes[1].

**§ 309[2) 3)] Klauselverbote ohne Wertungsmöglichkeit.** Auch soweit eine Abweichung von den gesetzlichen Vorschriften zulässig ist, ist in Allgemeinen Geschäftsbedingungen unwirksam

1. (Kurzfristige Preiserhöhungen)
eine Bestimmung, welche die Erhöhung des Entgelts für Waren oder Leistungen vorsieht, die innerhalb von vier Monaten nach Vertragsschluss geliefert oder erbracht werden sollen; dies gilt nicht bei Waren oder Leistungen, die im Rahmen von Dauerschuldverhältnissen geliefert oder erbracht werden;
2. (Leistungsverweigerungsrechte)
eine Bestimmung, durch die
   a) das Leistungsverweigerungsrecht, das dem Vertragspartner des Verwenders nach § 320 zusteht, ausgeschlossen oder eingeschränkt wird oder
   b) ein dem Vertragspartner des Verwenders zustehendes Zurückbehaltungsrecht, soweit es auf demselben Vertragsverhältnis beruht, ausgeschlossen oder eingeschränkt, insbesondere von der Anerkennung von Mängeln durch den Verwender abhängig gemacht wird;
3. (Aufrechnungsverbot)
eine Bestimmung, durch die dem Vertragspartner des Verwenders die Befugnis genommen wird, mit einer unbestrittenen oder rechtskräftig festgestellten Forderung aufzurechnen;
4. (Mahnung, Fristsetzung)
eine Bestimmung, durch die der Verwender von der gesetzlichen Obliegenheit freigestellt wird, den anderen Vertragsteil zu mahnen oder ihm eine Frist für die Leistung oder Nacherfüllung zu setzen;
5. (Pauschalierung von Schadensersatzansprüchen)
die Vereinbarung eines pauschalierten Anspruchs des Verwenders auf Schadensersatz oder Ersatz einer Wertminderung, wenn
   a) die Pauschale den in den geregelten Fällen nach dem gewöhnlichen Lauf der Dinge zu erwartenden Schaden oder die gewöhnlich eintretende Wertminderung übersteigt oder
   b) dem anderen Vertragsteil nicht ausdrücklich der Nachweis gestattet wird, ein Schaden oder eine Wertminderung sei überhaupt nicht entstanden oder wesentlich niedriger als die Pauschale;

---

[1] **Loseblatt-Textsammlung Arbeitsrecht Nr. 180.**

[2] § 309 Nr. 10 geänd. mWv 19.8.2008 durch G v. 12.8.2008 (BGBl. I S. 1666); Nr. 8 Buchst. b Doppelbuchst. ff geänd. mWv 1.1.2009 durch G v. 23.10.2008 (BGBl. I S. 2022); Nr. 13 neu gef. mWv 1.10.2016 durch G v. 17.2.2016 (BGBl. I S. 233); Nr. 13 geänd., Nr. 14 angef. mWv 26.2.2016 durch G v. 19.2.2016 (BGBl. I S. 254); Nr. 8 Buchst. b Doppelbuchst. cc neu gef., Nr. 14 geänd., Nr. 15 angef. mWv 1.1.2018 durch G v. 28.4.2017 (BGBl. I S. 969); Nr. 9 neu gef. mWv 1.3.2022 durch G v. 10.8.2021 (BGBl. I S. 3433).

[3] Beachte hierzu Übergangsvorschrift in Art. 229 § 60 EGBGB (Nr. **21**).

6. (Vertragsstrafe)
eine Bestimmung, durch die dem Verwender für den Fall der Nichtabnahme oder verspäteten Abnahme der Leistung, des Zahlungsverzugs oder für den Fall, dass der andere Vertragsteil sich vom Vertrag löst, Zahlung einer Vertragsstrafe versprochen wird;
7. (Haftungsausschluss bei Verletzung von Leben, Körper, Gesundheit und bei grobem Verschulden)
   a) (Verletzung von Leben, Körper, Gesundheit)
   ein Ausschluss oder eine Begrenzung der Haftung für Schäden aus der Verletzung des Lebens, des Körpers oder der Gesundheit, die auf einer fahrlässigen Pflichtverletzung des Verwenders oder einer vorsätzlichen oder fahrlässigen Pflichtverletzung eines gesetzlichen Vertreters oder Erfüllungsgehilfen des Verwenders beruhen;
   b) (Grobes Verschulden)
   ein Ausschluss oder eine Begrenzung der Haftung für sonstige Schäden, die auf einer grob fahrlässigen Pflichtverletzung des Verwenders oder auf einer vorsätzlichen oder grob fahrlässigen Pflichtverletzung eines gesetzlichen Vertreters oder Erfüllungsgehilfen des Verwenders beruhen;

   die Buchstaben a und b gelten nicht für Haftungsbeschränkungen in den nach Maßgabe des Personenbeförderungsgesetzes genehmigten Beförderungsbedingungen und Tarifvorschriften der Straßenbahnen, Obusse und Kraftfahrzeuge im Linienverkehr, soweit sie nicht zum Nachteil des Fahrgasts von der Verordnung über die Allgemeinen Beförderungsbedingungen für den Straßenbahn- und Obusverkehr sowie den Linienverkehr mit Kraftfahrzeugen vom 27. Februar 1970 abweichen; Buchstabe b gilt nicht für Haftungsbeschränkungen für staatlich genehmigte Lotterie- oder Ausspielverträge;
8. (Sonstige Haftungsausschlüsse bei Pflichtverletzung)
   a) (Ausschluss des Rechts, sich vom Vertrag zu lösen)
   eine Bestimmung, die bei einer vom Verwender zu vertretenden, nicht in einem Mangel der Kaufsache oder des Werkes bestehenden Pflichtverletzung das Recht des anderen Vertragsteils, sich vom Vertrag zu lösen, ausschließt oder einschränkt; dies gilt nicht für die in der Nummer 7 bezeichneten Beförderungsbedingungen und Tarifvorschriften unter den dort genannten Voraussetzungen;
   b) (Mängel)
   eine Bestimmung, durch die bei Verträgen über Lieferungen neu hergestellter Sachen und über Werkleistungen
      aa) (Ausschluss und Verweisung auf Dritte)
      die Ansprüche gegen den Verwender wegen eines Mangels insgesamt oder bezüglich einzelner Teile ausgeschlossen, auf die Einräumung von Ansprüchen gegen Dritte beschränkt oder von der vorherigen gerichtlichen Inanspruchnahme Dritter abhängig gemacht werden;
      bb) (Beschränkung auf Nacherfüllung)
      die Ansprüche gegen den Verwender insgesamt oder bezüglich einzelner Teile auf ein Recht auf Nacherfüllung beschränkt werden, sofern dem anderen Vertragsteil nicht ausdrücklich das Recht vorbehalten wird, bei Fehlschlagen der Nacherfüllung zu mindern oder, wenn nicht eine Bauleistung Gegenstand der Mängelhaftung ist, nach seiner Wahl vom Vertrag zurückzutreten;

cc) (Aufwendungen bei Nacherfüllung)
die Verpflichtung des Verwenders ausgeschlossen oder beschränkt wird, die zum Zweck der Nacherfüllung erforderlichen Aufwendungen nach § 439 Absatz 2 und 3 oder § 635 Absatz 2 zu tragen oder zu ersetzen;

dd) (Vorenthalten der Nacherfüllung)
der Verwender die Nacherfüllung von der vorherigen Zahlung des vollständigen Entgelts oder eines unter Berücksichtigung des Mangels unverhältnismäßig hohen Teils des Entgelts abhängig macht;

ee) (Ausschlussfrist für Mängelanzeige)
der Verwender dem anderen Vertragsteil für die Anzeige nicht offensichtlicher Mängel eine Ausschlussfrist setzt, die kürzer ist als die nach dem Doppelbuchstaben ff zulässige Frist;

ff) (Erleichterung der Verjährung)
die Verjährung von Ansprüchen gegen den Verwender wegen eines Mangels in den Fällen des § 438 Abs. 1 Nr. 2 und des § 634a Abs. 1 Nr. 2 erleichtert oder in den sonstigen Fällen eine weniger als ein Jahr betragende Verjährungsfrist ab dem gesetzlichen Verjährungsbeginn erreicht wird;

9. bei einem Vertragsverhältnis, das die regelmäßige Lieferung von Waren oder die regelmäßige Erbringung von Dienst- oder Werkleistungen durch den Verwender zum Gegenstand hat,
   a) eine den anderen Vertragsteil länger als zwei Jahre bindende Laufzeit des Vertrags,
   b) eine den anderen Vertragsteil bindende stillschweigende Verlängerung des Vertragsverhältnisses, es sei denn das Vertragsverhältnis wird nur auf unbestimmte Zeit verlängert und dem anderen Vertragsteil wird das Recht eingeräumt, das verlängerte Vertragsverhältnis jederzeit mit einer Frist von höchstens einem Monat zu kündigen, oder
   c) eine zu Lasten des anderen Vertragsteils längere Kündigungsfrist als einen Monat vor Ablauf der zunächst vorgesehenen Vertragsdauer;

   dies gilt nicht für Verträge über die Lieferung zusammengehörig verkaufter Sachen sowie für Versicherungsverträge;
10. (Wechsel des Vertragspartners)
    eine Bestimmung, wonach bei Kauf-, Darlehens-, Dienst- oder Werkverträgen ein Dritter anstelle des Verwenders in die sich aus dem Vertrag ergebenden Rechte und Pflichten eintritt oder eintreten kann, es sei denn, in der Bestimmung wird
    a) der Dritte namentlich bezeichnet oder
    b) dem anderen Vertragsteil das Recht eingeräumt, sich vom Vertrag zu lösen;
11. (Haftung des Abschlussvertreters)
    eine Bestimmung, durch die der Verwender einem Vertreter, der den Vertrag für den anderen Vertragsteil abschließt,
    a) ohne hierauf gerichtete ausdrückliche und gesonderte Erklärung eine eigene Haftung oder Einstandspflicht oder
    b) im Falle vollmachtsloser Vertretung eine über § 179 hinausgehende Haftung

    auferlegt;
12. (Beweislast)
    eine Bestimmung, durch die der Verwender die Beweislast zum Nachteil des anderen Vertragsteils ändert, insbesondere indem er

a) diesem die Beweislast für Umstände auferlegt, die im Verantwortungsbereich des Verwenders liegen, oder

b) den anderen Vertragsteil bestimmte Tatsachen bestätigen lässt;

Buchstabe b gilt nicht für Empfangsbekenntnisse, die gesondert unterschrieben oder mit einer gesonderten qualifizierten elektronischen Signatur versehen sind;

13. (Form von Anzeigen und Erklärungen)
eine Bestimmung, durch die Anzeigen oder Erklärungen, die dem Verwender oder einem Dritten gegenüber abzugeben sind, gebunden werden
a) an eine strengere Form als die schriftliche Form in einem Vertrag, für den durch Gesetz notarielle Beurkundung vorgeschrieben ist oder
b) an eine strengere Form als die Textform in anderen als den in Buchstabe a genannten Verträgen oder
c) an besondere Zugangserfordernisse;

14. (Klageverzicht)
eine Bestimmung, wonach der andere Vertragsteil seine Ansprüche gegen den Verwender gerichtlich nur geltend machen darf, nachdem er eine gütliche Einigung in einem Verfahren zur außergerichtlichen Streitbeilegung versucht hat;

15. (Abschlagszahlungen und Sicherheitsleistung)
eine Bestimmung, nach der der Verwender bei einem Werkvertrag
a) für Teilleistungen Abschlagszahlungen vom anderen Vertragsteil verlangen kann, die wesentlich höher sind als die nach § 632a Absatz 1 und § 650m Absatz 1 zu leistenden Abschlagszahlungen, oder
b) die Sicherheitsleistung nach § 650m Absatz 2 nicht oder nur in geringerer Höhe leisten muss.

**§ 310**[1) 2)] **Anwendungsbereich.** (1) [1] § 305 Absatz 2 und 3, § 308 Nummer 1, 2 bis 9 und § 309 finden keine Anwendung auf Allgemeine Geschäftsbedingungen, die gegenüber einem Unternehmer, einer juristischen Person des öffentlichen Rechts oder einem öffentlich-rechtlichen Sondervermögen verwendet werden. [2] § 307 Abs. 1 und 2 findet in den Fällen des Satzes 1 auch insoweit Anwendung, als dies zur Unwirksamkeit von in § 308 Nummer 1, 2 bis 9 und § 309 genannten Vertragsbestimmungen führt; auf die im Handelsverkehr geltenden Gewohnheiten und Gebräuche ist angemessen Rücksicht zu nehmen. [3] In den Fällen des Satzes 1 finden § 307 Absatz 1 und 2 sowie § 308 Nummer 1a und 1b auf Verträge, in die die Vergabe- und Vertragsordnung für Bauleistungen Teil B (VOB/B)[3)] in der jeweils zum Zeitpunkt des Vertragsschlusses geltenden Fassung ohne inhaltliche Abweichungen insgesamt einbezogen ist, in Bezug auf eine Inhaltskontrolle einzelner Bestimmungen keine Anwendung.

(2) [1] Die §§ 308 und 309 finden keine Anwendung auf Verträge der Elektrizitäts-, Gas-, Fernwärme- und Wasserversorgungsunternehmen über die Versorgung von Sonderabnehmern mit elektrischer Energie, Gas, Fernwärme und Wasser aus dem Versorgungsnetz, soweit die Versorgungsbedingungen nicht zum Nachteil der

---

[1)] § 310 Abs. 1 Satz 3 angef. mWv 1.1.2009 durch G v. 23.10.2008 (BGBl. I S. 2022); Abs. 3 Nr. 2 geänd. mWv 17.12.2009 durch G v. 25.6.2009 (BGBl. I S. 1574); Abs. 1 Sätze 1–3 geänd. mWv 29.7. 2014 durch G v. 22.7.2014 (BGBl. I S. 1218); Abs. 1 Sätze 1 und 2 geänd. mWv 1.10.2021 durch G v. 10.8.2021 (BGBl. I S. 3433).

[2)] Beachte hierzu Übergangsvorschrift in Art. 229 § 60 EGBGB (Nr. **21**).

[3)] **Habersack, Deutsche Gesetze ErgBd. Nr. 32c.**

Abnehmer von Verordnungen über Allgemeine Bedingungen für die Versorgung von Tarifkunden mit elektrischer Energie, Gas, Fernwärme und Wasser abweichen. [2] Satz 1 gilt entsprechend für Verträge über die Entsorgung von Abwasser.

(3) Bei Verträgen zwischen einem Unternehmer und einem Verbraucher (Verbraucherverträge) finden die Vorschriften dieses Abschnitts mit folgenden Maßgaben Anwendung:

1. Allgemeine Geschäftsbedingungen gelten als vom Unternehmer gestellt, es sei denn, dass sie durch den Verbraucher in den Vertrag eingeführt wurden;
2. § 305c Abs. 2 und die §§ 306 und 307 bis 309 dieses Gesetzes sowie Artikel 46b des Einführungsgesetzes zum Bürgerlichen Gesetzbuche finden auf vorformulierte Vertragsbedingungen auch dann Anwendung, wenn diese nur zur einmaligen Verwendung bestimmt sind und soweit der Verbraucher auf Grund der Vorformulierung auf ihren Inhalt keinen Einfluss nehmen konnte;
3. bei der Beurteilung der unangemessenen Benachteiligung nach § 307 Abs. 1 und 2 sind auch die den Vertragsschluss begleitenden Umstände zu berücksichtigen.

(4) [1] Dieser Abschnitt findet keine Anwendung bei Verträgen auf dem Gebiet des Erb-, Familien- und Gesellschaftsrechts sowie auf Tarifverträge, Betriebs- und Dienstvereinbarungen. [2] Bei der Anwendung auf Arbeitsverträge sind die im Arbeitsrecht geltenden Besonderheiten angemessen zu berücksichtigen; § 305 Abs. 2 und 3 ist nicht anzuwenden. [3] Tarifverträge, Betriebs- und Dienstvereinbarungen stehen Rechtsvorschriften im Sinne von § 307 Abs. 3 gleich.

## Abschnitt 3. Schuldverhältnisse aus Verträgen

### Titel 1. Begründung, Inhalt und Beendigung

#### Untertitel 1. Begründung

**§ 311 Rechtsgeschäftliche und rechtsgeschäftsähnliche Schuldverhältnisse.** (1) Zur Begründung eines Schuldverhältnisses durch Rechtsgeschäft sowie zur Änderung des Inhalts eines Schuldverhältnisses ist ein Vertrag zwischen den Beteiligten erforderlich, soweit nicht das Gesetz ein anderes vorschreibt.

(2) Ein Schuldverhältnis mit Pflichten nach § 241 Abs. 2 entsteht auch durch
1. die Aufnahme von Vertragsverhandlungen,
2. die Anbahnung eines Vertrags, bei welcher der eine Teil im Hinblick auf eine etwaige rechtsgeschäftliche Beziehung dem anderen Teil die Möglichkeit zur Einwirkung auf seine Rechte, Rechtsgüter und Interessen gewährt oder ihm diese anvertraut, oder
3. ähnliche geschäftliche Kontakte.

(3) [1] Ein Schuldverhältnis mit Pflichten nach § 241 Abs. 2 kann auch zu Personen entstehen, die nicht selbst Vertragspartei werden sollen. [2] Ein solches Schuldverhältnis entsteht insbesondere, wenn der Dritte in besonderem Maße Vertrauen für sich in Anspruch nimmt und dadurch die Vertragsverhandlungen oder den Vertragsschluss erheblich beeinflusst.

**§ 311a Leistungshindernis bei Vertragsschluss.** (1) Der Wirksamkeit eines Vertrags steht es nicht entgegen, dass der Schuldner nach § 275 Abs. 1 bis 3 nicht zu leisten braucht und das Leistungshindernis schon bei Vertragsschluss vorliegt.

(2) [1] Der Gläubiger kann nach seiner Wahl Schadensersatz statt der Leistung oder Ersatz seiner Aufwendungen in dem in § 284 bestimmten Umfang verlangen.

[2] Dies gilt nicht, wenn der Schuldner das Leistungshindernis bei Vertragsschluss nicht kannte und seine Unkenntnis auch nicht zu vertreten hat. [3] § 281 Abs. 1 Satz 2 und 3 und Abs. 5 findet entsprechende Anwendung.

**§ 311b Verträge über Grundstücke, das Vermögen und den Nachlass.**

(1) [1] Ein Vertrag, durch den sich der eine Teil verpflichtet, das Eigentum an einem Grundstück zu übertragen oder zu erwerben, bedarf der notariellen Beurkundung. [2] Ein ohne Beachtung dieser Form geschlossener Vertrag wird seinem ganzen Inhalt nach gültig, wenn die Auflassung und die Eintragung in das Grundbuch erfolgen.

(2) Ein Vertrag, durch den sich der eine Teil verpflichtet, sein künftiges Vermögen oder einen Bruchteil seines künftigen Vermögens zu übertragen oder mit einem Nießbrauch zu belasten, ist nichtig.

(3) Ein Vertrag, durch den sich der eine Teil verpflichtet, sein gegenwärtiges Vermögen oder einen Bruchteil seines gegenwärtigen Vermögens zu übertragen oder mit einem Nießbrauch zu belasten, bedarf der notariellen Beurkundung.

(4) [1] Ein Vertrag über den Nachlass eines noch lebenden Dritten ist nichtig. [2] Das Gleiche gilt von einem Vertrag über den Pflichtteil oder ein Vermächtnis aus dem Nachlass eines noch lebenden Dritten.

(5) [1] Absatz 4 gilt nicht für einen Vertrag, der unter künftigen gesetzlichen Erben über den gesetzlichen Erbteil oder den Pflichtteil eines von ihnen geschlossen wird. [2] Ein solcher Vertrag bedarf der notariellen Beurkundung.

**§ 311c Erstreckung auf Zubehör.** Verpflichtet sich jemand zur Veräußerung oder Belastung einer Sache, so erstreckt sich diese Verpflichtung im Zweifel auch auf das Zubehör der Sache.

### Untertitel 2.[1] Grundsätze bei Verbraucherverträgen und besondere Vertriebsformen[2]

#### Kapitel 1.[1] Anwendungsbereich und Grundsätze bei Verbraucherverträgen

**§ 312[3] Anwendungsbereich.** (1) Die Vorschriften der Kapitel 1 und 2 dieses Untertitels sind auf Verbraucherverträge anzuwenden, bei denen sich der Verbraucher zu der Zahlung eines Preises verpflichtet.

(1a) [1] Die Vorschriften der Kapitel 1 und 2 dieses Untertitels sind auch auf Verbraucherverträge anzuwenden, bei denen der Verbraucher dem Unternehmer personenbezogene Daten bereitstellt oder sich hierzu verpflichtet. [2] Dies gilt nicht, wenn der Unternehmer die vom Verbraucher bereitgestellten personenbezogenen Daten ausschließlich verarbeitet, um seine Leistungspflicht oder an ihn gestellte rechtliche Anforderungen zu erfüllen, und sie zu keinem anderen Zweck verarbeitet.

(2) Von den Vorschriften der Kapitel 1 und 2 dieses Untertitels ist nur § 312a Absatz 1, 3, 4 und 6 auf folgende Verträge anzuwenden:

---

[1] UTitel 2 (§§ 312–312k) neu gef. mWv 13.6.2014 durch G v. 20.9.2013 (BGBl. I S. 3642).

[2] Beachte hierzu auch G über Unterlassungsklagen bei Verbraucherrechts- und anderen Verstößen (Unterlassungsklagengesetz – UKlaG) (Nr. **105**).

[3] § 312 neu gef. mWv 13.6.2014 durch G v. 20.9.2013 (BGBl. I S. 3642); Abs. 2 Nr. 3 neu gef. mWv 1.1.2018 durch G v. 28.4.2017 (BGBl. I S. 969); Abs. 2 Nr. 4 aufgeh., Abs. 7 angef. mWv 1.7.2018 durch G v. 17.7.2017 (BGBl. I S. 2394); Abs. 1 neu gef., Abs. 1a eingef. mWv 1.1.2022 durch G v. 25.6.2021 (BGBl. I S. 2123); Abs. 7 Satz 1 geänd. mWv 1.7.2022 durch G v. 10.8.2021 (BGBl. I S. 3433); Abs. 2 Nr. 5 aufgeh., Abs. 7 Satz 1 geänd., Abs. 8 angef. mWv 28.5.2022 durch G v. 10.8.2021 (BGBl. I S. 3483).

1. notariell beurkundete Verträge
   a) über Finanzdienstleistungen, die außerhalb von Geschäftsräumen geschlossen werden,
   b) die keine Verträge über Finanzdienstleistungen sind; für Verträge, für die das Gesetz die notarielle Beurkundung des Vertrags oder einer Vertragserklärung nicht vorschreibt, gilt dies nur, wenn der Notar darüber belehrt, dass die Informationspflichten nach § 312d Absatz 1 und das Widerrufsrecht nach § 312g Absatz 1 entfallen,
2. Verträge über die Begründung, den Erwerb oder die Übertragung von Eigentum oder anderen Rechten an Grundstücken,
3. Verbraucherbauverträge nach § 650i Absatz 1,
4. *(aufgehoben)*
5. *(aufgehoben)*
6. Verträge über Teilzeit-Wohnrechte, langfristige Urlaubsprodukte, Vermittlungen und Tauschsysteme nach den §§ 481 bis 481b,
7. Behandlungsverträge nach § 630a,
8. Verträge über die Lieferung von Lebensmitteln, Getränken oder sonstigen Haushaltsgegenständen des täglichen Bedarfs, die am Wohnsitz, am Aufenthaltsort oder am Arbeitsplatz eines Verbrauchers von einem Unternehmer im Rahmen häufiger und regelmäßiger Fahrten geliefert werden,
9. Verträge, die unter Verwendung von Warenautomaten und automatisierten Geschäftsräumen geschlossen werden,
10. Verträge, die mit Betreibern von Telekommunikationsmitteln mit Hilfe öffentlicher Münz- und Kartentelefone zu deren Nutzung geschlossen werden,
11. Verträge zur Nutzung einer einzelnen von einem Verbraucher hergestellten Telefon-, Internet- oder Telefaxverbindung,
12. außerhalb von Geschäftsräumen geschlossene Verträge, bei denen die Leistung bei Abschluss der Verhandlungen sofort erbracht und bezahlt wird und das vom Verbraucher zu zahlende Entgelt 40 Euro nicht überschreitet, und
13. Verträge über den Verkauf beweglicher Sachen auf Grund von Zwangsvollstreckungsmaßnahmen oder anderen gerichtlichen Maßnahmen.

(3) Auf Verträge über soziale Dienstleistungen, wie Kinderbetreuung oder Unterstützung von dauerhaft oder vorübergehend hilfsbedürftigen Familien oder Personen, einschließlich Langzeitpflege, sind von den Vorschriften der Kapitel 1 und 2 dieses Untertitels nur folgende anzuwenden:

1. die Definitionen der außerhalb von Geschäftsräumen geschlossenen Verträge und der Fernabsatzverträge nach den §§ 312b und 312c,
2. § 312a Absatz 1 über die Pflicht zur Offenlegung bei Telefonanrufen,
3. § 312a Absatz 3 über die Wirksamkeit der Vereinbarung, die auf eine über das vereinbarte Entgelt für die Hauptleistung hinausgehende Zahlung gerichtet ist,
4. § 312a Absatz 4 über die Wirksamkeit der Vereinbarung eines Entgelts für die Nutzung von Zahlungsmitteln,
5. § 312a Absatz 6,
6. § 312d Absatz 1 in Verbindung mit Artikel 246a § 1 Absatz 2 und 3 des Einführungsgesetzes zum Bürgerlichen Gesetzbuche über die Pflicht zur Information über das Widerrufsrecht und
7. § 312g über das Widerrufsrecht.

(4) [1] Auf Verträge über die Vermietung von Wohnraum sind von den Vorschriften der Kapitel 1 und 2 dieses Untertitels nur die in Absatz 3 Nummer 1 bis 7 genannten Bestimmungen anzuwenden. [2] Die in Absatz 3 Nummer 1, 6 und 7 genannten Bestimmungen sind jedoch nicht auf die Begründung eines Mietverhältnisses über Wohnraum anzuwenden, wenn der Mieter die Wohnung zuvor besichtigt hat.

(5) [1] Bei Vertragsverhältnissen über Bankdienstleistungen sowie Dienstleistungen im Zusammenhang mit einer Kreditgewährung, Versicherung, Altersversorgung von Einzelpersonen, Geldanlage oder Zahlung (Finanzdienstleistungen), die eine erstmalige Vereinbarung mit daran anschließenden aufeinanderfolgenden Vorgängen oder eine daran anschließende Reihe getrennter, in einem zeitlichen Zusammenhang stehender Vorgänge gleicher Art umfassen, sind die Vorschriften der Kapitel 1 und 2 dieses Untertitels nur auf die erste Vereinbarung anzuwenden. [2] § 312a Absatz 1, 3, 4 und 6 ist daneben auf jeden Vorgang anzuwenden. [3] Wenn die in Satz 1 genannten Vorgänge ohne eine solche Vereinbarung aufeinanderfolgen, gelten die Vorschriften über Informationspflichten des Unternehmers nur für den ersten Vorgang. [4] Findet jedoch länger als ein Jahr kein Vorgang der gleichen Art mehr statt, so gilt der nächste Vorgang als der erste Vorgang einer neuen Reihe im Sinne von Satz 3.

(6) Von den Vorschriften der Kapitel 1 und 2 dieses Untertitels ist auf Verträge über Versicherungen sowie auf Verträge über deren Vermittlung nur § 312a Absatz 3, 4 und 6 anzuwenden.

(7) [1] Auf Pauschalreiseverträge nach den §§ 651a und 651c sind von den Vorschriften dieses Untertitels nur § 312a Absatz 3 bis 6, die §§ 312i, 312j Absatz 2 bis 5 und § 312m anzuwenden; diese Vorschriften finden auch Anwendung, wenn der Reisende kein Verbraucher ist. [2] Ist der Reisende ein Verbraucher, ist auf Pauschalreiseverträge nach § 651a, die außerhalb von Geschäftsräumen geschlossen worden sind, auch § 312g Absatz 1 anzuwenden, es sei denn, die mündlichen Verhandlungen, auf denen der Vertragsschluss beruht, sind auf vorhergehende Bestellung des Verbrauchers geführt worden.

(8) Auf Verträge über die Beförderung von Personen ist von den Vorschriften der Kapitel 1 und 2 dieses Untertitels nur § 312a Absatz 1 und 3 bis 6 anzuwenden.

**§ 312a[1)] Allgemeine Pflichten und Grundsätze bei Verbraucherverträgen; Grenzen der Vereinbarung von Entgelten.** (1) Ruft der Unternehmer oder eine Person, die in seinem Namen oder Auftrag handelt, den Verbraucher an, um mit diesem einen Vertrag zu schließen, hat der Anrufer zu Beginn des Gesprächs seine Identität und gegebenenfalls die Identität der Person, für die er anruft, sowie den geschäftlichen Zweck des Anrufs offenzulegen.

(2) [1] Der Unternehmer ist verpflichtet, den Verbraucher nach Maßgabe des Artikels 246 des Einführungsgesetzes zum Bürgerlichen Gesetzbuche[2)] zu informieren. [2] Der Unternehmer kann von dem Verbraucher Fracht-, Liefer- oder Versandkosten und sonstige Kosten nur verlangen, soweit er den Verbraucher über diese Kosten entsprechend den Anforderungen aus Artikel 246 Absatz 1 Nummer 3 des Einführungsgesetzes zum Bürgerlichen Gesetzbuche informiert hat. [3] Die Sätze 1 und 2 sind weder auf außerhalb von Geschäftsräumen geschlossene Ver-

---

[1)] UTitel 2 (§§ 312–312k) neu gef. mWv 13.6.2014 durch G v. 20.9.2013 (BGBl. I S. 3642).
[2)] Nr. **21**.

träge noch auf Fernabsatzverträge noch auf Verträge über Finanzdienstleistungen anzuwenden.

(3) [1] Eine Vereinbarung, die auf eine über das vereinbarte Entgelt für die Hauptleistung hinausgehende Zahlung des Verbrauchers gerichtet ist, kann ein Unternehmer mit einem Verbraucher nur ausdrücklich treffen. [2] Schließen der Unternehmer und der Verbraucher einen Vertrag im elektronischen Geschäftsverkehr, wird eine solche Vereinbarung nur Vertragsbestandteil, wenn der Unternehmer die Vereinbarung nicht durch eine Voreinstellung herbeiführt.

(4) Eine Vereinbarung, durch die ein Verbraucher verpflichtet wird, ein Entgelt dafür zu zahlen, dass er für die Erfüllung seiner vertraglichen Pflichten ein bestimmtes Zahlungsmittel nutzt, ist unwirksam, wenn

1. für den Verbraucher keine gängige und zumutbare unentgeltliche Zahlungsmöglichkeit besteht oder
2. das vereinbarte Entgelt über die Kosten hinausgeht, die dem Unternehmer durch die Nutzung des Zahlungsmittels entstehen.

(5) [1] Eine Vereinbarung, durch die ein Verbraucher verpflichtet wird, ein Entgelt dafür zu zahlen, dass der Verbraucher den Unternehmer wegen Fragen oder Erklärungen zu einem zwischen ihnen geschlossenen Vertrag über eine Rufnummer anruft, die der Unternehmer für solche Zwecke bereithält, ist unwirksam, wenn das vereinbarte Entgelt das Entgelt für die bloße Nutzung des Telekommunikationsdienstes übersteigt. [2] Ist eine Vereinbarung nach Satz 1 unwirksam, ist der Verbraucher auch gegenüber dem Anbieter des Telekommunikationsdienstes nicht verpflichtet, ein Entgelt für den Anruf zu zahlen. [3] Der Anbieter des Telekommunikationsdienstes ist berechtigt, das Entgelt für die bloße Nutzung des Telekommunikationsdienstes von dem Unternehmer zu verlangen, der die unwirksame Vereinbarung mit dem Verbraucher geschlossen hat.

(6) Ist eine Vereinbarung nach den Absätzen 3 bis 5 nicht Vertragsbestandteil geworden oder ist sie unwirksam, bleibt der Vertrag im Übrigen wirksam.

### Kapitel 2.[1] Außerhalb von Geschäftsräumen geschlossene Verträge und Fernabsatzverträge

## § 312b[1] Außerhalb von Geschäftsräumen geschlossene Verträge.

(1) [1] Außerhalb von Geschäftsräumen geschlossene Verträge sind Verträge,

1. die bei gleichzeitiger körperlicher Anwesenheit des Verbrauchers und des Unternehmers an einem Ort geschlossen werden, der kein Geschäftsraum des Unternehmers ist,
2. für die der Verbraucher unter den in Nummer 1 genannten Umständen ein Angebot abgegeben hat,
3. die in den Geschäftsräumen des Unternehmers oder durch Fernkommunikationsmittel geschlossen werden, bei denen der Verbraucher jedoch unmittelbar zuvor außerhalb der Geschäftsräume des Unternehmers bei gleichzeitiger körperlicher Anwesenheit des Verbrauchers und des Unternehmers persönlich und individuell angesprochen wurde, oder
4. die auf einem Ausflug geschlossen werden, der von dem Unternehmer oder mit seiner Hilfe organisiert wurde, um beim Verbraucher für den Verkauf von Waren oder die Erbringung von Dienstleistungen zu werben und mit ihm entsprechende Verträge abzuschließen.

---

[1] UTitel 2 (§§ 312–312k) neu gef. mWv 13.6.2014 durch G v. 20.9.2013 (BGBl. I S. 3642).

[2]Dem Unternehmer stehen Personen gleich, die in seinem Namen oder Auftrag handeln.

(2) [1]Geschäftsräume im Sinne des Absatzes 1 sind unbewegliche Gewerberäume, in denen der Unternehmer seine Tätigkeit dauerhaft ausübt, und bewegliche Gewerberäume, in denen der Unternehmer seine Tätigkeit für gewöhnlich ausübt. [2]Gewerberäume, in denen die Person, die im Namen oder Auftrag des Unternehmers handelt, ihre Tätigkeit dauerhaft oder für gewöhnlich ausübt, stehen Räumen des Unternehmers gleich.

**§ 312c[1)] Fernabsatzverträge.** (1) Fernabsatzverträge sind Verträge, bei denen der Unternehmer oder eine in seinem Namen oder Auftrag handelnde Person und der Verbraucher für die Vertragsverhandlungen und den Vertragsschluss ausschließlich Fernkommunikationsmittel verwenden, es sei denn, dass der Vertragsschluss nicht im Rahmen eines für den Fernabsatz organisierten Vertriebs- oder Dienstleistungssystems erfolgt.

(2) Fernkommunikationsmittel im Sinne dieses Gesetzes sind alle Kommunikationsmittel, die zur Anbahnung oder zum Abschluss eines Vertrags eingesetzt werden können, ohne dass die Vertragsparteien gleichzeitig körperlich anwesend sind, wie Briefe, Kataloge, Telefonanrufe, Telekopien, E-Mails, über den Mobilfunkdienst versendete Nachrichten (SMS) sowie Rundfunk und Telemedien.

**§ 312d[1)] Informationspflichten.** (1) [1]Bei außerhalb von Geschäftsräumen geschlossenen Verträgen und bei Fernabsatzverträgen ist der Unternehmer verpflichtet, den Verbraucher nach Maßgabe des Artikels 246a des Einführungsgesetzes zum Bürgerlichen Gesetzbuche[2)] zu informieren. [2]Die in Erfüllung dieser Pflicht gemachten Angaben des Unternehmers werden Inhalt des Vertrags, es sei denn, die Vertragsparteien haben ausdrücklich etwas anderes vereinbart.

(2) Bei außerhalb von Geschäftsräumen geschlossenen Verträgen und bei Fernabsatzverträgen über Finanzdienstleistungen ist der Unternehmer abweichend von Absatz 1 verpflichtet, den Verbraucher nach Maßgabe des Artikels 246b des Einführungsgesetzes zum Bürgerlichen Gesetzbuche zu informieren.

**§ 312e[3)] Verletzung von Informationspflichten über Kosten.** Der Unternehmer kann von dem Verbraucher Fracht-, Liefer- oder Versandkosten und sonstige Kosten nur verlangen, soweit er den Verbraucher über diese Kosten entsprechend den Anforderungen aus § 312d Absatz 1 in Verbindung mit Artikel 246a § 1 Absatz 1 Satz 1 Nummer 7 des Einführungsgesetzes zum Bürgerlichen Gesetzbuche[2)] informiert hat.

**§ 312f[4)] Abschriften und Bestätigungen.** (1) [1]Bei außerhalb von Geschäftsräumen geschlossenen Verträgen ist der Unternehmer verpflichtet, dem Verbraucher alsbald auf Papier zur Verfügung zu stellen

1. eine Abschrift eines Vertragsdokuments, das von den Vertragsschließenden so unterzeichnet wurde, dass ihre Identität erkennbar ist, oder
2. eine Bestätigung des Vertrags, in der der Vertragsinhalt wiedergegeben ist.

---

[1)] UTitel 2 (§§ 312–312k) neu gef. mWv 13.6.2014 durch G v. 20.9.2013 (BGBl. I S. 3642).

[2)] Nr. **21**.

[3)] § 312e neu gef. mWv 13.6.2014 durch G v. 20.9.2013 (BGBl. I S. 3642); geänd. mWv 28.5.2022 durch G v. 10.8.2021 (BGBl. I S. 3483).

[4)] § 312f neu gef. mWv 13.6.2014 durch G v. 20.9.2013 (BGBl. I S. 3642); Abs. 3 einl. Satzteil geänd. mWv 1.1.2022 durch G v. 25.6.2021 (BGBl. I S. 2123).

[2] Wenn der Verbraucher zustimmt, kann für die Abschrift oder die Bestätigung des Vertrags auch ein anderer dauerhafter Datenträger verwendet werden. [3] Die Bestätigung nach Satz 1 muss die in Artikel 246a des Einführungsgesetzes zum Bürgerlichen Gesetzbuche[1)] genannten Angaben nur enthalten, wenn der Unternehmer dem Verbraucher diese Informationen nicht bereits vor Vertragsschluss in Erfüllung seiner Informationspflichten nach § 312d Absatz 1 auf einem dauerhaften Datenträger zur Verfügung gestellt hat.

(2) [1] Bei Fernabsatzverträgen ist der Unternehmer verpflichtet, dem Verbraucher eine Bestätigung des Vertrags, in der der Vertragsinhalt wiedergegeben ist, innerhalb einer angemessenen Frist nach Vertragsschluss, spätestens jedoch bei der Lieferung der Ware oder bevor mit der Ausführung der Dienstleistung begonnen wird, auf einem dauerhaften Datenträger zur Verfügung zu stellen. [2] Die Bestätigung nach Satz 1 muss die in Artikel 246a des Einführungsgesetzes zum Bürgerlichen Gesetzbuche genannten Angaben enthalten, es sei denn, der Unternehmer hat dem Verbraucher diese Informationen bereits vor Vertragsschluss in Erfüllung seiner Informationspflichten nach § 312d Absatz 1 auf einem dauerhaften Datenträger zur Verfügung gestellt.

(3) Bei Verträgen über digitale Inhalte (§ 327 Absatz 2 Satz 1), die nicht auf einem körperlichen Datenträger bereitgestellt werden, ist auf der Abschrift oder in der Bestätigung des Vertrags nach den Absätzen 1 und 2 gegebenenfalls auch festzuhalten, dass der Verbraucher vor Ausführung des Vertrags

1. ausdrücklich zugestimmt hat, dass der Unternehmer mit der Ausführung des Vertrags vor Ablauf der Widerrufsfrist beginnt, und
2. seine Kenntnis davon bestätigt hat, dass er durch seine Zustimmung mit Beginn der Ausführung des Vertrags sein Widerrufsrecht verliert.

(4) Diese Vorschrift ist nicht anwendbar auf Verträge über Finanzdienstleistungen.

**§ 312g[2)] Widerrufsrecht.** (1) Dem Verbraucher steht bei außerhalb von Geschäftsräumen geschlossenen Verträgen und bei Fernabsatzverträgen ein Widerrufsrecht gemäß § 355 zu.

(2) Das Widerrufsrecht besteht, soweit die Parteien nichts anderes vereinbart haben, nicht bei folgenden Verträgen:

1. Verträge zur Lieferung von Waren, die nicht vorgefertigt sind und für deren Herstellung eine individuelle Auswahl oder Bestimmung durch den Verbraucher maßgeblich ist oder die eindeutig auf die persönlichen Bedürfnisse des Verbrauchers zugeschnitten sind,
2. Verträge zur Lieferung von Waren, die schnell verderben können oder deren Verfallsdatum schnell überschritten würde,
3. Verträge zur Lieferung versiegelter Waren, die aus Gründen des Gesundheitsschutzes oder der Hygiene nicht zur Rückgabe geeignet sind, wenn ihre Versiegelung nach der Lieferung entfernt wurde,
4. Verträge zur Lieferung von Waren, wenn diese nach der Lieferung auf Grund ihrer Beschaffenheit untrennbar mit anderen Gütern vermischt wurden,

---

1) Nr. **21**.

2) § 312g neu gef. mWv 13.6.2014 durch G v. 20.9.2013 (BGBl. I S. 3642); Abs. 3 geänd. mWv 21.3.2016 durch G v. 11.3.2016 (BGBl. I S. 396); Abs. 2 Nr. 9 geänd., Satz 2 aufgeh. mWv 1.7.2018 durch G v. 17.7.2017 (BGBl. I S. 2394).

5. Verträge zur Lieferung alkoholischer Getränke, deren Preis bei Vertragsschluss vereinbart wurde, die aber frühestens 30 Tage nach Vertragsschluss geliefert werden können und deren aktueller Wert von Schwankungen auf dem Markt abhängt, auf die der Unternehmer keinen Einfluss hat,
6. Verträge zur Lieferung von Ton- oder Videoaufnahmen oder Computersoftware in einer versiegelten Packung, wenn die Versiegelung nach der Lieferung entfernt wurde,
7. Verträge zur Lieferung von Zeitungen, Zeitschriften oder Illustrierten mit Ausnahme von Abonnement-Verträgen,
8. Verträge zur Lieferung von Waren oder zur Erbringung von Dienstleistungen, einschließlich Finanzdienstleistungen, deren Preis von Schwankungen auf dem Finanzmarkt abhängt, auf die der Unternehmer keinen Einfluss hat und die innerhalb der Widerrufsfrist auftreten können, insbesondere Dienstleistungen im Zusammenhang mit Aktien, mit Anteilen an offenen Investmentvermögen im Sinne von § 1 Absatz 4 des Kapitalanlagegesetzbuchs und mit anderen handelbaren Wertpapieren, Devisen, Derivaten oder Geldmarktinstrumenten,
9. Verträge zur Erbringung von Dienstleistungen in den Bereichen Beherbergung zu anderen Zwecken als zu Wohnzwecken, Beförderung von Waren, Kraftfahrzeugvermietung, Lieferung von Speisen und Getränken sowie zur Erbringung weiterer Dienstleistungen im Zusammenhang mit Freizeitbetätigungen, wenn der Vertrag für die Erbringung einen spezifischen Termin oder Zeitraum vorsieht,
10. Verträge, die im Rahmen einer Vermarktungsform geschlossen werden, bei der der Unternehmer Verbrauchern, die persönlich anwesend sind oder denen diese Möglichkeit gewährt wird, Waren oder Dienstleistungen anbietet, und zwar in einem vom Versteigerer durchgeführten, auf konkurrierenden Geboten basierenden transparenten Verfahren, bei dem der Bieter, der den Zuschlag erhalten hat, zum Erwerb der Waren oder Dienstleistungen verpflichtet ist (öffentlich zugängliche Versteigerung),
11. Verträge, bei denen der Verbraucher den Unternehmer ausdrücklich aufgefordert hat, ihn aufzusuchen, um dringende Reparatur- oder Instandhaltungsarbeiten vorzunehmen; dies gilt nicht hinsichtlich weiterer bei dem Besuch erbrachter Dienstleistungen, die der Verbraucher nicht ausdrücklich verlangt hat, oder hinsichtlich solcher bei dem Besuch gelieferter Waren, die bei der Instandhaltung oder Reparatur nicht unbedingt als Ersatzteile benötigt werden,
12. Verträge zur Erbringung von Wett- und Lotteriedienstleistungen, es sei denn, dass der Verbraucher seine Vertragserklärung telefonisch abgegeben hat oder der Vertrag außerhalb von Geschäftsräumen geschlossen wurde, und
13. notariell beurkundete Verträge; dies gilt für Fernabsatzverträge über Finanzdienstleistungen nur, wenn der Notar bestätigt, dass die Rechte des Verbrauchers aus § 312d Absatz 2 gewahrt sind.

(3) Das Widerrufsrecht besteht ferner nicht bei Verträgen, bei denen dem Verbraucher bereits auf Grund der §§ 495, 506 bis 513 ein Widerrufsrecht nach § 355 zusteht, und nicht bei außerhalb von Geschäftsräumen geschlossenen Verträgen, bei denen dem Verbraucher bereits nach § 305 Absatz 1 bis 6 des Kapitalanlagegesetzbuchs ein Widerrufsrecht zusteht.

**§ 312h[1] Kündigung und Vollmacht zur Kündigung.** Wird zwischen einem Unternehmer und einem Verbraucher nach diesem Untertitel ein Dauerschuldverhältnis begründet, das ein zwischen dem Verbraucher und einem anderen Unternehmer bestehendes Dauerschuldverhältnis ersetzen soll, und wird anlässlich der Begründung des Dauerschuldverhältnisses von dem Verbraucher

1. die Kündigung des bestehenden Dauerschuldverhältnisses erklärt und der Unternehmer oder ein von ihm beauftragter Dritter zur Übermittlung der Kündigung an den bisherigen Vertragspartner des Verbrauchers beauftragt oder
2. der Unternehmer oder ein von ihm beauftragter Dritter zur Erklärung der Kündigung gegenüber dem bisherigen Vertragspartner des Verbrauchers bevollmächtigt,

bedarf die Kündigung des Verbrauchers oder die Vollmacht zur Kündigung der Textform.

### Kapitel 3.[1] Verträge im elektronischen Geschäftsverkehr; Online-Marktplätze

**§ 312i[1] Allgemeine Pflichten im elektronischen Geschäftsverkehr.**

(1) [1] Bedient sich ein Unternehmer zum Zwecke des Abschlusses eines Vertrags über die Lieferung von Waren oder über die Erbringung von Dienstleistungen der Telemedien (Vertrag im elektronischen Geschäftsverkehr), hat er dem Kunden

1. angemessene, wirksame und zugängliche technische Mittel zur Verfügung zu stellen, mit deren Hilfe der Kunde Eingabefehler vor Abgabe seiner Bestellung erkennen und berichtigen kann,
2. die in Artikel 246c des Einführungsgesetzes zum Bürgerlichen Gesetzbuche[2] bestimmten Informationen rechtzeitig vor Abgabe von dessen Bestellung klar und verständlich mitzuteilen,
3. den Zugang von dessen Bestellung unverzüglich auf elektronischem Wege zu bestätigen und
4. die Möglichkeit zu verschaffen, die Vertragsbestimmungen einschließlich der Allgemeinen Geschäftsbedingungen bei Vertragsschluss abzurufen und in wiedergabefähiger Form zu speichern.

[2] Bestellung und Empfangsbestätigung im Sinne von Satz 1 Nummer 3 gelten als zugegangen, wenn die Parteien, für die sie bestimmt sind, sie unter gewöhnlichen Umständen abrufen können.

(2) [1] Absatz 1 Satz 1 Nummer 1 bis 3 ist nicht anzuwenden, wenn der Vertrag ausschließlich durch individuelle Kommunikation geschlossen wird. [2] Absatz 1 Satz 1 Nummer 1 bis 3 und Satz 2 ist nicht anzuwenden, wenn zwischen Vertragsparteien, die nicht Verbraucher sind, etwas anderes vereinbart wird.

(3) Weitergehende Informationspflichten auf Grund anderer Vorschriften bleiben unberührt.

**§ 312j[3] Besondere Pflichten im elektronischen Geschäftsverkehr gegenüber Verbrauchern.** (1) Auf Webseiten für den elektronischen Geschäftsverkehr mit Verbrauchern hat der Unternehmer zusätzlich zu den Angaben nach § 312i

[1] UTitel 2 (§§ 312–312k) neu gef. mWv 13.6.2014 durch G v. 20.9.2013 (BGBl. I S. 3642); Kapitel 3 Überschrift geänd. mWv 28.5.2022 durch G v. 10.8.2021 (BGBl. I S. 3483).

[2] Nr. **21**.

[3] § 312j neu gef. mWv 13.6.2014 durch G v. 20.9.2013 (BGBl. I S. 3642); Abs. 2 geänd. mWv 28.5.2022 durch G v. 10.8.2021 (BGBl. I S. 3483).

Absatz 1 spätestens bei Beginn des Bestellvorgangs klar und deutlich anzugeben, ob Lieferbeschränkungen bestehen und welche Zahlungsmittel akzeptiert werden.

(2) Bei einem Verbrauchervertrag im elektronischen Geschäftsverkehr, der den Verbraucher zur Zahlung verpflichtet, muss der Unternehmer dem Verbraucher die Informationen gemäß Artikel 246a § 1 Absatz 1 Satz 1 Nummer 1, 5 bis 7, 8, 14 und 15 des Einführungsgesetzes zum Bürgerlichen Gesetzbuche[1], unmittelbar bevor der Verbraucher seine Bestellung abgibt, klar und verständlich in hervorgehobener Weise zur Verfügung stellen.

(3) [1] Der Unternehmer hat die Bestellsituation bei einem Vertrag nach Absatz 2 so zu gestalten, dass der Verbraucher mit seiner Bestellung ausdrücklich bestätigt, dass er sich zu einer Zahlung verpflichtet. [2] Erfolgt die Bestellung über eine Schaltfläche, ist die Pflicht des Unternehmers aus Satz 1 nur erfüllt, wenn diese Schaltfläche gut lesbar mit nichts anderem als den Wörtern „zahlungspflichtig bestellen" oder mit einer entsprechenden eindeutigen Formulierung beschriftet ist.

(4) Ein Vertrag nach Absatz 2 kommt nur zustande, wenn der Unternehmer seine Pflicht aus Absatz 3 erfüllt.

(5) [1] Die Absätze 2 bis 4 sind nicht anzuwenden, wenn der Vertrag ausschließlich durch individuelle Kommunikation geschlossen wird. [2] Die Pflichten aus den Absätzen 1 und 2 gelten weder für Webseiten, die Finanzdienstleistungen betreffen, noch für Verträge über Finanzdienstleistungen.

**§ 312k[2) 3)] Kündigung von Verbraucherverträgen im elektronischen Geschäftsverkehr.** (1) [1] Wird Verbrauchern über eine Webseite ermöglicht, einen Vertrag im elektronischen Geschäftsverkehr zu schließen, der auf die Begründung eines Dauerschuldverhältnisses gerichtet ist, das einen Unternehmer zu einer entgeltlichen Leistung verpflichtet, so treffen den Unternehmer die Pflichten nach dieser Vorschrift. [2] Dies gilt nicht

1. für Verträge, für deren Kündigung gesetzlich ausschließlich eine strengere Form als die Textform vorgesehen ist, und
2. in Bezug auf Webseiten, die Finanzdienstleistungen betreffen, oder für Verträge über Finanzdienstleistungen.

(2) [1] Der Unternehmer hat sicherzustellen, dass der Verbraucher auf der Webseite eine Erklärung zur ordentlichen oder außerordentlichen Kündigung eines auf der Webseite abschließbaren Vertrags nach Absatz 1 Satz 1 über eine Kündigungsschaltfläche abgeben kann. [2] Die Kündigungsschaltfläche muss gut lesbar mit nichts anderem als den Wörtern „Verträge hier kündigen" oder mit einer entsprechenden eindeutigen Formulierung beschriftet sein. [3] Sie muss den Verbraucher unmittelbar zu einer Bestätigungsseite führen, die

1. den Verbraucher auffordert und ihm ermöglicht Angaben zu machen
   a) zur Art der Kündigung sowie im Falle der außerordentlichen Kündigung zum Kündigungsgrund,
   b) zu seiner eindeutigen Identifizierbarkeit,
   c) zur eindeutigen Bezeichnung des Vertrags,
   d) zum Zeitpunkt, zu dem die Kündigung das Vertragsverhältnis beenden soll,

---

1) Nr. **21**.
2) § 312k eingef. mWv 1.7.2022 durch G v. 10.8.2021 (BGBl. I S. 3433).
3) Beachte hierzu Übergangsvorschrift in Art. 229 § 60 EGBGB (Nr. **21**).

e) zur schnellen elektronischen Übermittlung der Kündigungsbestätigung an ihn und

2. eine Bestätigungsschaltfläche enthält, über deren Betätigung der Verbraucher die Kündigungserklärung abgeben kann und die gut lesbar mit nichts anderem als den Wörtern „jetzt kündigen" oder mit einer entsprechenden eindeutigen Formulierung beschriftet ist.

[4] Die Schaltflächen und die Bestätigungsseite müssen ständig verfügbar sowie unmittelbar und leicht zugänglich sein.

(3) Der Verbraucher muss seine durch das Betätigen der Bestätigungsschaltfläche abgegebene Kündigungserklärung mit dem Datum und der Uhrzeit der Abgabe auf einem dauerhaften Datenträger so speichern können, dass erkennbar ist, dass die Kündigungserklärung durch das Betätigen der Bestätigungsschaltfläche abgegeben wurde.

(4) [1] Der Unternehmer hat dem Verbraucher den Inhalt sowie Datum und Uhrzeit des Zugangs der Kündigungserklärung sowie den Zeitpunkt, zu dem das Vertragsverhältnis durch die Kündigung beendet werden soll, sofort auf elektronischem Wege in Textform zu bestätigen. [2] Es wird vermutet, dass eine durch das Betätigen der Bestätigungsschaltfläche abgegebene Kündigungserklärung dem Unternehmer unmittelbar nach ihrer Abgabe zugegangen ist.

(5) Wenn der Verbraucher bei der Abgabe der Kündigungserklärung keinen Zeitpunkt angibt, zu dem die Kündigung das Vertragsverhältnis beenden soll, wirkt die Kündigung im Zweifel zum frühestmöglichen Zeitpunkt.

(6) [1] Werden die Schaltflächen und die Bestätigungsseite nicht entsprechend den Absätzen 1 und 2 zur Verfügung gestellt, kann ein Verbraucher einen Vertrag, für dessen Kündigung die Schaltflächen und die Bestätigungsseite zur Verfügung zu stellen sind, jederzeit und ohne Einhaltung einer Kündigungsfrist kündigen. [2] Die Möglichkeit des Verbrauchers zur außerordentlichen Kündigung bleibt hiervon unberührt.

**§ 312l[1)] Allgemeine Informationspflichten für Betreiber von Online-Marktplätzen.** (1) Der Betreiber eines Online-Marktplatzes ist verpflichtet, den Verbraucher nach Maßgabe des Artikels 246d des Einführungsgesetzes zum Bürgerlichen Gesetzbuche[2)] zu informieren.

(2) Absatz 1 gilt nicht, soweit auf dem Online-Marktplatz Verträge über Finanzdienstleistungen angeboten werden.

(3) Online-Marktplatz ist ein Dienst, der es Verbrauchern ermöglicht, durch die Verwendung von Software, die vom Unternehmer oder im Namen des Unternehmers betrieben wird, einschließlich einer Webseite, eines Teils einer Webseite oder einer Anwendung, Fernabsatzverträge mit anderen Unternehmern oder Verbrauchern abzuschließen.

(4) Betreiber eines Online-Marktplatzes ist der Unternehmer, der einen Online-Marktplatz für Verbraucher zur Verfügung stellt.

---

[1)] § 312k eingef. mWv 28.5.2022 durch G v. 10.8.2021 (BGBl. I S. 3483); bish. § 312k wird § 312l mWv 1.7.2022 durch G v. 10.8.2021 (BGBl. I S. 3433).

[2)] Nr. **21**.

### Kapitel 4.[1] Abweichende Vereinbarungen und Beweislast

**§ 312m[2] Abweichende Vereinbarungen und Beweislast.** (1) [1] Von den Vorschriften dieses Untertitels darf, soweit nichts anderes bestimmt ist, nicht zum Nachteil des Verbrauchers oder Kunden abgewichen werden. [2] Die Vorschriften dieses Untertitels finden, soweit nichts anderes bestimmt ist, auch Anwendung, wenn sie durch anderweitige Gestaltungen umgangen werden.

(2) Der Unternehmer trägt gegenüber dem Verbraucher die Beweislast für die Erfüllung der in diesem Untertitel geregelten Informationspflichten.

### Untertitel 3. Anpassung und Beendigung von Verträgen

**§ 313 Störung der Geschäftsgrundlage.** (1) Haben sich Umstände, die zur Grundlage des Vertrags geworden sind, nach Vertragsschluss schwerwiegend verändert und hätten die Parteien den Vertrag nicht oder mit anderem Inhalt geschlossen, wenn sie diese Veränderung vorausgesehen hätten, so kann Anpassung des Vertrags verlangt werden, soweit einem Teil unter Berücksichtigung aller Umstände des Einzelfalls, insbesondere der vertraglichen oder gesetzlichen Risikoverteilung, das Festhalten am unveränderten Vertrag nicht zugemutet werden kann.

(2) Einer Veränderung der Umstände steht es gleich, wenn wesentliche Vorstellungen, die zur Grundlage des Vertrags geworden sind, sich als falsch herausstellen.

(3) [1] Ist eine Anpassung des Vertrags nicht möglich oder einem Teil nicht zumutbar, so kann der benachteiligte Teil vom Vertrag zurücktreten. [2] An die Stelle des Rücktrittsrechts tritt für Dauerschuldverhältnisse das Recht zur Kündigung.

**§ 314[3] Kündigung von Dauerschuldverhältnissen aus wichtigem Grund.**

(1) [1] Dauerschuldverhältnisse kann jeder Vertragsteil aus wichtigem Grund ohne Einhaltung einer Kündigungsfrist kündigen. [2] Ein wichtiger Grund liegt vor, wenn dem kündigenden Teil unter Berücksichtigung aller Umstände des Einzelfalls und unter Abwägung der beiderseitigen Interessen die Fortsetzung des Vertragsverhältnisses bis zur vereinbarten Beendigung oder bis zum Ablauf einer Kündigungsfrist nicht zugemutet werden kann.

(2) [1] Besteht der wichtige Grund in der Verletzung einer Pflicht aus dem Vertrag, ist die Kündigung erst nach erfolglosem Ablauf einer zur Abhilfe bestimmten Frist oder nach erfolgloser Abmahnung zulässig. [2] Für die Entbehrlichkeit der Bestimmung einer Frist zur Abhilfe und für die Entbehrlichkeit einer Abmahnung findet § 323 Absatz 2 Nummer 1 und 2 entsprechende Anwendung. [3] Die Bestimmung einer Frist zur Abhilfe und eine Abmahnung sind auch entbehrlich, wenn besondere Umstände vorliegen, die unter Abwägung der beiderseitigen Interessen die sofortige Kündigung rechtfertigen.

(3) Der Berechtigte kann nur innerhalb einer angemessenen Frist kündigen, nachdem er vom Kündigungsgrund Kenntnis erlangt hat.

(4) Die Berechtigung, Schadensersatz zu verlangen, wird durch die Kündigung nicht ausgeschlossen.

---

[1] UTitel 2 (§§ 312–312k) neu gef. mWv 13.6.2014 durch G v. 20.9.2013 (BGBl. I S. 3642).

[2] Früherer § 312k neu gef. mWv 13.6.2014 durch G v. 20.9.2013 (BGBl. I S. 3642); § 312k wird § 312l mWv 28.5.2022 durch G v. 10.8.2021 (BGBl. I S. 3483); bish. § 312l wird § 312m mWv 1.7.2022 durch G v. 10.8.2021 (BGBl. I S. 3433).

[3] § 314 Abs. 2 Satz 2 neu gef., Satz 3 angef. mWv 13.6.2014 durch G v. 20.9.2013 (BGBl. I S. 3642).

### Untertitel 4. Einseitige Leistungsbestimmungsrechte

**§ 315 Bestimmung der Leistung durch eine Partei.** (1) Soll die Leistung durch einen der Vertragschließenden bestimmt werden, so ist im Zweifel anzunehmen, dass die Bestimmung nach billigem Ermessen zu treffen ist.

(2) Die Bestimmung erfolgt durch Erklärung gegenüber dem anderen Teil.

(3) [1] Soll die Bestimmung nach billigem Ermessen erfolgen, so ist die getroffene Bestimmung für den anderen Teil nur verbindlich, wenn sie der Billigkeit entspricht. [2] Entspricht sie nicht der Billigkeit, so wird die Bestimmung durch Urteil getroffen; das Gleiche gilt, wenn die Bestimmung verzögert wird.

**§ 316 Bestimmung der Gegenleistung.** Ist der Umfang der für eine Leistung versprochenen Gegenleistung nicht bestimmt, so steht die Bestimmung im Zweifel demjenigen Teil zu, welcher die Gegenleistung zu fordern hat.

**§ 317 Bestimmung der Leistung durch einen Dritten.** (1) Ist die Bestimmung der Leistung einem Dritten überlassen, so ist im Zweifel anzunehmen, dass sie nach billigem Ermessen zu treffen ist.

(2) Soll die Bestimmung durch mehrere Dritte erfolgen, so ist im Zweifel Übereinstimmung aller erforderlich; soll eine Summe bestimmt werden, so ist, wenn verschiedene Summen bestimmt werden, im Zweifel die Durchschnittssumme maßgebend.

**§ 318 Anfechtung der Bestimmung.** (1) Die einem Dritten überlassene Bestimmung der Leistung erfolgt durch Erklärung gegenüber einem der Vertragschließenden.

(2) [1] Die Anfechtung der getroffenen Bestimmung wegen Irrtums, Drohung oder arglistiger Täuschung steht nur den Vertragschließenden zu; Anfechtungsgegner ist der andere Teil. [2] Die Anfechtung muss unverzüglich erfolgen, nachdem der Anfechtungsberechtigte von dem Anfechtungsgrund Kenntnis erlangt hat. [3] Sie ist ausgeschlossen, wenn 30 Jahre verstrichen sind, nachdem die Bestimmung getroffen worden ist.

**§ 319 Unwirksamkeit der Bestimmung; Ersetzung.** (1) [1] Soll der Dritte die Leistung nach billigem Ermessen bestimmen, so ist die getroffene Bestimmung für

*(Fortsetzung nächstes Blatt)*

die Vertragschließenden nicht verbindlich, wenn sie offenbar unbillig ist. [2]Die Bestimmung erfolgt in diesem Falle durch Urteil; das Gleiche gilt, wenn der Dritte die Bestimmung nicht treffen kann oder will oder wenn er sie verzögert.

(2) Soll der Dritte die Bestimmung nach freiem Belieben treffen, so ist der Vertrag unwirksam, wenn der Dritte die Bestimmung nicht treffen kann oder will oder wenn er sie verzögert.

### Titel 2. Gegenseitiger Vertrag

**§ 320 Einrede des nicht erfüllten Vertrags.** (1) [1]Wer aus einem gegenseitigen Vertrag verpflichtet ist, kann die ihm obliegende Leistung bis zur Bewirkung der Gegenleistung verweigern, es sei denn, dass er vorzuleisten verpflichtet ist. [2]Hat die Leistung an mehrere zu erfolgen, so kann dem einzelnen der ihm gebührende Teil bis zur Bewirkung der ganzen Gegenleistung verweigert werden. [3]Die Vorschrift des § 273 Abs. 3 findet keine Anwendung.

(2) Ist von der einen Seite teilweise geleistet worden, so kann die Gegenleistung insoweit nicht verweigert werden, als die Verweigerung nach den Umständen, insbesondere wegen verhältnismäßiger Geringfügigkeit des rückständigen Teils, gegen Treu und Glauben verstoßen würde.

**§ 321 Unsicherheitseinrede.** (1) [1]Wer aus einem gegenseitigen Vertrag vorzuleisten verpflichtet ist, kann die ihm obliegende Leistung verweigern, wenn nach Abschluss des Vertrags erkennbar wird, dass sein Anspruch auf die Gegenleistung durch mangelnde Leistungsfähigkeit des anderen Teils gefährdet wird. [2]Das Leistungsverweigerungsrecht entfällt, wenn die Gegenleistung bewirkt oder Sicherheit für sie geleistet wird.

(2) [1]Der Vorleistungspflichtige kann eine angemessene Frist bestimmen, in welcher der andere Teil Zug um Zug gegen die Leistung nach seiner Wahl die Gegenleistung zu bewirken oder Sicherheit zu leisten hat. [2]Nach erfolglosem Ablauf der Frist kann der Vorleistungspflichtige vom Vertrag zurücktreten. [3]§ 323 findet entsprechende Anwendung.

**§ 322 Verurteilung zur Leistung Zug-um-Zug.** (1) Erhebt aus einem gegenseitigen Vertrag der eine Teil Klage auf die ihm geschuldete Leistung, so hat die Geltendmachung des dem anderen Teil zustehenden Rechts, die Leistung bis zur Bewirkung der Gegenleistung zu verweigern, nur die Wirkung, dass der andere Teil zur Erfüllung Zug um Zug zu verurteilen ist.

(2) Hat der klagende Teil vorzuleisten, so kann er, wenn der andere Teil im Verzug der Annahme ist, auf Leistung nach Empfang der Gegenleistung klagen.

(3) Auf die Zwangsvollstreckung findet die Vorschrift des § 274 Abs. 2 Anwendung.

**§ 323[1) 2)] Rücktritt wegen nicht oder nicht vertragsgemäß erbrachter Leistung.** (1) Erbringt bei einem gegenseitigen Vertrag der Schuldner eine fällige Leistung nicht oder nicht vertragsgemäß, so kann der Gläubiger, wenn er dem Schuldner erfolglos eine angemessene Frist zur Leistung oder Nacherfüllung bestimmt hat, vom Vertrag zurücktreten.

---

[1)] **Amtl. Anm.:** Diese Vorschrift dient auch der Umsetzung der Richtlinie 1999/44/EG des Europäischen Parlaments und des Rates vom 25. Mai 1999 zu bestimmten Aspekten des Verbrauchsgüterkaufs und der Garantien für Verbrauchsgüter (ABl. EG Nr. L 171 S. 12).

[2)] § 323 Abs. 2 Nr. 2 neu gef., Nr. 3 geänd. mWv 13.6.2014 durch G v. 20.9.2013 (BGBl. I S. 3642).

(2) Die Fristsetzung ist entbehrlich, wenn

1. der Schuldner die Leistung ernsthaft und endgültig verweigert,
2. der Schuldner die Leistung bis zu einem im Vertrag bestimmten Termin oder innerhalb einer im Vertrag bestimmten Frist nicht bewirkt, obwohl die termin- oder fristgerechte Leistung nach einer Mitteilung des Gläubigers an den Schuldner vor Vertragsschluss oder auf Grund anderer den Vertragsabschluss begleitenden Umstände für den Gläubiger wesentlich ist, oder
3. im Falle einer nicht vertragsgemäß erbrachten Leistung besondere Umstände vorliegen, die unter Abwägung der beiderseitigen Interessen den sofortigen Rücktritt rechtfertigen.

(3) Kommt nach der Art der Pflichtverletzung eine Fristsetzung nicht in Betracht, so tritt an deren Stelle eine Abmahnung.

(4) Der Gläubiger kann bereits vor dem Eintritt der Fälligkeit der Leistung zurücktreten, wenn offensichtlich ist, dass die Voraussetzungen des Rücktritts eintreten werden.

(5) [1] Hat der Schuldner eine Teilleistung bewirkt, so kann der Gläubiger vom ganzen Vertrag nur zurücktreten, wenn er an der Teilleistung kein Interesse hat. [2] Hat der Schuldner die Leistung nicht vertragsgemäß bewirkt, so kann der Gläubiger vom Vertrag nicht zurücktreten, wenn die Pflichtverletzung unerheblich ist.

(6) Der Rücktritt ist ausgeschlossen, wenn der Gläubiger für den Umstand, der ihn zum Rücktritt berechtigen würde, allein oder weit überwiegend verantwortlich ist oder wenn der vom Schuldner nicht zu vertretende Umstand zu einer Zeit eintritt, zu welcher der Gläubiger im Verzug der Annahme ist.

**§ 324 Rücktritt wegen Verletzung einer Pflicht nach § 241 Abs. 2.** Verletzt der Schuldner bei einem gegenseitigen Vertrag eine Pflicht nach § 241 Abs. 2, so kann der Gläubiger zurücktreten, wenn ihm ein Festhalten am Vertrag nicht mehr zuzumuten ist.

**§ 325 Schadensersatz und Rücktritt.** Das Recht, bei einem gegenseitigen Vertrag Schadensersatz zu verlangen, wird durch den Rücktritt nicht ausgeschlossen.

**§ 326[1)] Befreiung von der Gegenleistung und Rücktritt beim Ausschluss der Leistungspflicht.** (1) [1] Braucht der Schuldner nach § 275 Abs. 1 bis 3 nicht zu leisten, entfällt der Anspruch auf die Gegenleistung; bei einer Teilleistung findet § 441 Abs. 3 entsprechende Anwendung. [2] Satz 1 gilt nicht, wenn der Schuldner im Falle der nicht vertragsgemäßen Leistung die Nacherfüllung nach § 275 Abs. 1 bis 3 nicht zu erbringen braucht.

(2) [1] Ist der Gläubiger für den Umstand, auf Grund dessen der Schuldner nach § 275 Abs. 1 bis 3 nicht zu leisten braucht, allein oder weit überwiegend verantwortlich oder tritt dieser vom Schuldner nicht zu vertretende Umstand zu einer Zeit ein, zu welcher der Gläubiger im Verzug der Annahme ist, so behält der Schuldner den Anspruch auf die Gegenleistung. [2] Er muss sich jedoch dasjenige anrechnen lassen, was er infolge der Befreiung von der Leistung erspart oder durch anderweitige Verwendung seiner Arbeitskraft erwirbt oder zu erwerben böswillig unterlässt.

---

[1)] **Amtl. Anm.:** Diese Vorschrift dient auch der Umsetzung der Richtlinie 1999/44/EG des Europäischen Parlaments und des Rates vom 25. Mai 1999 zu bestimmten Aspekten des Verbrauchsgüterkaufs und der Garantien für Verbrauchsgüter (ABl. EG Nr. L 171 S. 12).

(3) [1] Verlangt der Gläubiger nach § 285 Herausgabe des für den geschuldeten Gegenstand erlangten Ersatzes oder Abtretung des Ersatzanspruchs, so bleibt er zur Gegenleistung verpflichtet. [2] Diese mindert sich jedoch nach Maßgabe des § 441 Abs. 3 insoweit, als der Wert des Ersatzes oder des Ersatzanspruchs hinter dem Wert der geschuldeten Leistung zurückbleibt.

(4) Soweit die nach dieser Vorschrift nicht geschuldete Gegenleistung bewirkt ist, kann das Geleistete nach den §§ 346 bis 348 zurückgefordert werden.

(5) Braucht der Schuldner nach § 275 Abs. 1 bis 3 nicht zu leisten, kann der Gläubiger zurücktreten; auf den Rücktritt findet § 323 mit der Maßgabe entsprechende Anwendung, dass die Fristsetzung entbehrlich ist.

## Titel 2a.[1) 2)] Verträge über digitale Produkte

### Untertitel 1. Verbraucherverträge über digitale Produkte

**§ 327[1)] Anwendungsbereich.** (1) [1] Die Vorschriften dieses Untertitels sind auf Verbraucherverträge anzuwenden, welche die Bereitstellung digitaler Inhalte oder digitaler Dienstleistungen (digitale Produkte) durch den Unternehmer gegen Zahlung eines Preises zum Gegenstand haben. [2] Preis im Sinne dieses Untertitels ist auch eine digitale Darstellung eines Werts.

(2) [1] Digitale Inhalte sind Daten, die in digitaler Form erstellt und bereitgestellt werden. [2] Digitale Dienstleistungen sind Dienstleistungen, die dem Verbraucher

1. die Erstellung, die Verarbeitung oder die Speicherung von Daten in digitaler Form oder den Zugang zu solchen Daten ermöglichen, oder
2. die gemeinsame Nutzung der vom Verbraucher oder von anderen Nutzern der entsprechenden Dienstleistung in digitaler Form hochgeladenen oder erstellten Daten oder sonstige Interaktionen mit diesen Daten ermöglichen.

(3) Die Vorschriften dieses Untertitels sind auch auf Verbraucherverträge über die Bereitstellung digitaler Produkte anzuwenden, bei denen der Verbraucher dem Unternehmer personenbezogene Daten bereitstellt oder sich zu deren Bereitstellung verpflichtet, es sei denn, die Voraussetzungen des § 312 Absatz 1a Satz 2 liegen vor.

(4) Die Vorschriften dieses Untertitels sind auch auf Verbraucherverträge anzuwenden, die digitale Produkte zum Gegenstand haben, welche nach den Spezifikationen des Verbrauchers entwickelt werden.

(5) Die Vorschriften dieses Untertitels sind mit Ausnahme der §§ 327b und 327c auch auf Verbraucherverträge anzuwenden, welche die Bereitstellung von körperlichen Datenträgern, die ausschließlich als Träger digitaler Inhalte dienen, zum Gegenstand haben.

(6) Die Vorschriften dieses Untertitels sind nicht anzuwenden auf:

1. Verträge über andere Dienstleistungen als digitale Dienstleistungen, unabhängig davon, ob der Unternehmer digitale Formen oder Mittel einsetzt, um das Ergebnis der Dienstleistung zu generieren oder es dem Verbraucher zu liefern oder zu übermitteln,
2. Verträge über Telekommunikationsdienste im Sinne des § 3 Nummer 61 des Telekommunikationsgesetzes vom 23. Juni 2021 (BGBl. I S. 1858) mit Aus-

---

1) Titel 2a (§§ 327–327u) eingef. mWv 1.1.2022 durch G v. 25.6.2021 (BGBl. I S. 2123).
2) Beachte hierzu Übergangsvorschrift in Art. 229 § 57 EGBGB (Nr. **21**).

nahme von nummernunabhängigen interpersonellen Telekommunikationsdiensten im Sinne des § 3 Nummer 40 des Telekommunikationsgesetzes,
3. Behandlungsverträge nach § 630a,
4. Verträge über Glücksspieldienstleistungen, die einen geldwerten Einsatz erfordern und unter Zuhilfenahme elektronischer oder anderer Kommunikationstechnologien auf individuellen Abruf eines Empfängers erbracht werden,
5. Verträge über Finanzdienstleistungen,
6. Verträge über die Bereitstellung von Software, für die der Verbraucher keinen Preis zahlt und die der Unternehmer im Rahmen einer freien und quelloffenen Lizenz anbietet, sofern die vom Verbraucher bereitgestellten personenbezogenen Daten durch den Unternehmer ausschließlich zur Verbesserung der Sicherheit, der Kompatibilität oder der Interoperabilität der vom Unternehmer angebotenen Software verarbeitet werden,
7. Verträge über die Bereitstellung digitaler Inhalte, wenn die digitalen Inhalte der Öffentlichkeit auf eine andere Weise als durch Signalübermittlung als Teil einer Darbietung oder Veranstaltung zugänglich gemacht werden,
8. Verträge über die Bereitstellung von Informationen im Sinne des Informationsweiterverwendungsgesetzes vom 13. Dezember 2006 (BGBl. I S. 2913), das durch Artikel 1 des Gesetzes vom 8. Juli 2015 (BGBl. I S. 1162) geändert worden ist.

**§ 327a[1] Anwendung auf Paketverträge und Verträge über Sachen mit digitalen Elementen.** (1) [1] Die Vorschriften dieses Untertitels sind auch auf Verbraucherverträge anzuwenden, die in einem Vertrag zwischen denselben Vertragsparteien neben der Bereitstellung digitaler Produkte die Bereitstellung anderer Sachen oder die Bereitstellung anderer Dienstleistungen zum Gegenstand haben (Paketvertrag). [2] Soweit nachfolgend nicht anders bestimmt, sind die Vorschriften dieses Untertitels jedoch nur auf diejenigen Bestandteile des Paketvertrags anzuwenden, welche die digitalen Produkte betreffen.

(2) [1] Die Vorschriften dieses Untertitels sind auch auf Verbraucherverträge über Sachen anzuwenden, die digitale Produkte enthalten oder mit ihnen verbunden sind. [2] Soweit nachfolgend nicht anders bestimmt, sind die Vorschriften dieses Untertitels jedoch nur auf diejenigen Bestandteile des Vertrags anzuwenden, welche die digitalen Produkte betreffen.

(3) [1] Absatz 2 gilt nicht für Kaufverträge über Waren, die in einer Weise digitale Produkte enthalten oder mit ihnen verbunden sind, dass die Waren ihre Funktionen ohne diese digitalen Produkte nicht erfüllen können (Waren mit digitalen Elementen). [2] Beim Kauf einer Ware mit digitalen Elementen ist im Zweifel anzunehmen, dass die Verpflichtung des Verkäufers die Bereitstellung der digitalen Inhalte oder digitalen Dienstleistungen umfasst.

**§ 327b[1] Bereitstellung digitaler Produkte.** (1) Ist der Unternehmer durch einen Verbrauchervertrag gemäß § 327 oder § 327a dazu verpflichtet, dem Verbraucher ein digitales Produkt bereitzustellen, so gelten für die Bestimmung der Leistungszeit sowie für die Art und Weise der Bereitstellung durch den Unternehmer die nachfolgenden Vorschriften.

(2) Sofern die Vertragsparteien keine Zeit für die Bereitstellung des digitalen Produkts nach Absatz 1 vereinbart haben, kann der Verbraucher die Bereitstellung

[1] Titel 2a (§§ 327–327u) eingef. mWv 1.1.2022 durch G v. 25.6.2021 (BGBl. I S. 2123).

unverzüglich nach Vertragsschluss verlangen, der Unternehmer sie sofort bewirken.

(3) Ein digitaler Inhalt ist bereitgestellt, sobald der digitale Inhalt oder die geeigneten Mittel für den Zugang zu diesem oder das Herunterladen des digitalen Inhalts dem Verbraucher unmittelbar oder mittels einer von ihm hierzu bestimmten Einrichtung zur Verfügung gestellt oder zugänglich gemacht worden ist.

(4) Eine digitale Dienstleistung ist bereitgestellt, sobald die digitale Dienstleistung dem Verbraucher unmittelbar oder mittels einer von ihm hierzu bestimmten Einrichtung zugänglich gemacht worden ist.

(5) Wenn der Unternehmer durch den Vertrag zu einer Reihe einzelner Bereitstellungen verpflichtet ist, gelten die Absätze 2 bis 4 für jede einzelne Bereitstellung innerhalb der Reihe.

(6) Die Beweislast für die nach den Absätzen 1 bis 4 erfolgte Bereitstellung trifft abweichend von § 363 den Unternehmer.

**§ 327c[1] Rechte bei unterbliebener Bereitstellung.** (1) [1] Kommt der Unternehmer seiner fälligen Verpflichtung zur Bereitstellung des digitalen Produkts auf Aufforderung des Verbrauchers nicht unverzüglich nach, so kann der Verbraucher den Vertrag beenden. [2] Nach einer Aufforderung gemäß Satz 1 kann eine andere Zeit für die Bereitstellung nur ausdrücklich vereinbart werden.

(2) [1] Liegen die Voraussetzungen für eine Beendigung des Vertrags nach Absatz 1 Satz 1 vor, so kann der Verbraucher nach den §§ 280 und 281 Absatz 1 Satz 1 Schadensersatz oder nach § 284 Ersatz vergeblicher Aufwendungen verlangen, wenn die Voraussetzungen dieser Vorschriften vorliegen. [2] § 281 Absatz 1 Satz 1 ist mit der Maßgabe anzuwenden, dass an die Stelle der Bestimmung einer angemessenen Frist die Aufforderung nach Absatz 1 Satz 1 tritt. [3] Ansprüche des Verbrauchers auf Schadensersatz nach den §§ 283 und 311a Absatz 2 bleiben unberührt.

(3) [1] Die Aufforderung nach Absatz 1 Satz 1 und Absatz 2 Satz 2 ist entbehrlich, wenn

1. der Unternehmer die Bereitstellung verweigert,
2. es nach den Umständen eindeutig zu erkennen ist, dass der Unternehmer das digitale Produkt nicht bereitstellen wird, oder
3. der Unternehmer die Bereitstellung bis zu einem bestimmten Termin oder innerhalb einer bestimmten Frist nicht bewirkt, obwohl vereinbart war oder es sich für den Unternehmer aus eindeutig erkennbaren, den Vertragsabschluss begleitenden Umständen ergeben konnte, dass die termin- oder fristgerechte Bereitstellung für den Verbraucher wesentlich ist.

[2] In den Fällen des Satzes 1 ist die Mahnung gemäß § 286 stets entbehrlich.

(4) [1] Für die Beendigung des Vertrags nach Absatz 1 Satz 1 und deren Rechtsfolgen sind die §§ 327o und 327p entsprechend anzuwenden. [2] Das Gleiche gilt für den Fall, dass der Verbraucher in den Fällen des Absatzes 2 Schadensersatz statt der ganzen Leistung verlangt. [3] § 325 gilt entsprechend.

(5) § 218 ist auf die Vertragsbeendigung nach Absatz 1 Satz 1 entsprechend anzuwenden.

(6) [1] Sofern der Verbraucher den Vertrag nach Absatz 1 Satz 1 beenden kann, kann er sich im Hinblick auf alle Bestandteile des Paketvertrags vom Vertrag lösen,

---

[1] Titel 2a (§§ 327–327u) eingef. mWv 1.1.2022 durch G v. 25.6.2021 (BGBl. I S. 2123).

wenn er an dem anderen Teil des Paketvertrags ohne das nicht bereitgestellte digitale Produkt kein Interesse hat. [2] Satz 1 ist nicht auf Paketverträge anzuwenden, bei denen der andere Bestandteil ein Telekommunikationsdienst im Sinne des § 3 Nummer 61 des Telekommunikationsgesetzes ist.

(7) Sofern der Verbraucher den Vertrag nach Absatz 1 Satz 1 beenden kann, kann er sich im Hinblick auf alle Bestandteile eines Vertrags nach § 327a Absatz 2 vom Vertrag lösen, wenn aufgrund des nicht bereitgestellten digitalen Produkts sich die Sache nicht zur gewöhnlichen Verwendung eignet.

**§ 327d[1)] Vertragsmäßigkeit digitaler Produkte.** Ist der Unternehmer durch einen Verbrauchervertrag gemäß § 327 oder § 327a zur Bereitstellung eines digitalen Produkts verpflichtet, so hat er das digitale Produkt frei von Produkt- und Rechtsmängeln im Sinne der §§ 327e bis 327g bereitzustellen.

**§ 327e[1)] Produktmangel.** (1) [1] Das digitale Produkt ist frei von Produktmängeln, wenn es zur maßgeblichen Zeit nach den Vorschriften dieses Untertitels den subjektiven Anforderungen, den objektiven Anforderungen und den Anforderungen an die Integration entspricht. [2] Soweit nachfolgend nicht anders bestimmt, ist die maßgebliche Zeit der Zeitpunkt der Bereitstellung nach § 327b. [3] Wenn der Unternehmer durch den Vertrag zu einer fortlaufenden Bereitstellung über einen Zeitraum (dauerhafte Bereitstellung) verpflichtet ist, ist der maßgebliche Zeitraum der gesamte vereinbarte Zeitraum der Bereitstellung (Bereitstellungszeitraum).

(2) [1] Das digitale Produkt entspricht den subjektiven Anforderungen, wenn

1. das digitale Produkt
   a) die vereinbarte Beschaffenheit hat, einschließlich der Anforderungen an seine Menge, seine Funktionalität, seine Kompatibilität und seine Interoperabilität,
   b) sich für die nach dem Vertrag vorausgesetzte Verwendung eignet,
2. es wie im Vertrag vereinbart mit Zubehör, Anleitungen und Kundendienst bereitgestellt wird und
3. die im Vertrag vereinbarten Aktualisierungen während des nach dem Vertrag maßgeblichen Zeitraums bereitgestellt werden.

[2] Funktionalität ist die Fähigkeit eines digitalen Produkts, seine Funktionen seinem Zweck entsprechend zu erfüllen. [3] Kompatibilität ist die Fähigkeit eines digitalen Produkts, mit Hardware oder Software zu funktionieren, mit der digitale Produkte derselben Art in der Regel genutzt werden, ohne dass sie konvertiert werden müssen. [4] Interoperabilität ist die Fähigkeit eines digitalen Produkts, mit anderer Hardware oder Software als derjenigen, mit der digitale Produkte derselben Art in der Regel genutzt werden, zu funktionieren.

(3) [1] Das digitale Produkt entspricht den objektiven Anforderungen, wenn

1. es sich für die gewöhnliche Verwendung eignet,
2. es eine Beschaffenheit, einschließlich der Menge, der Funktionalität, der Kompatibilität, der Zugänglichkeit, der Kontinuität und der Sicherheit aufweist, die bei digitalen Produkten derselben Art üblich ist und die der Verbraucher unter Berücksichtigung der Art des digitalen Produkts erwarten kann,
3. es der Beschaffenheit einer Testversion oder Voranzeige entspricht, die der Unternehmer dem Verbraucher vor Vertragsschluss zur Verfügung gestellt hat,

---

[1)] Titel 2a (§§ 327–327u) eingef. mWv 1.1.2022 durch G v. 25.6.2021 (BGBl. I S. 2123).

4. es mit dem Zubehör und den Anleitungen bereitgestellt wird, deren Erhalt der Verbraucher erwarten kann,
5. dem Verbraucher gemäß § 327f Aktualisierungen bereitgestellt werden und der Verbraucher über diese Aktualisierungen informiert wird und
6. sofern die Parteien nichts anderes vereinbart haben, es in der zum Zeitpunkt des Vertragsschlusses neuesten verfügbaren Version bereitgestellt wird.

[2] Zu der üblichen Beschaffenheit nach Satz 1 Nummer 2 gehören auch Anforderungen, die der Verbraucher nach vom Unternehmer oder einer anderen Person in vorhergehenden Gliedern der Vertriebskette selbst oder in deren Auftrag vorgenommenen öffentlichen Äußerungen, die insbesondere in der Werbung oder auf dem Etikett abgegeben wurden, erwarten kann. [3] Das gilt nicht, wenn der Unternehmer die Äußerung nicht kannte und auch nicht kennen konnte, wenn die Äußerung im Zeitpunkt des Vertragsschlusses in derselben oder in gleichwertiger Weise berichtigt war oder wenn die Äußerung die Entscheidung, das digitale Produkt zu erwerben, nicht beeinflussen konnte.

(4) [1] Soweit eine Integration durchzuführen ist, entspricht das digitale Produkt den Anforderungen an die Integration, wenn die Integration

1. sachgemäß durchgeführt worden ist oder
2. zwar unsachgemäß durchgeführt worden ist, dies jedoch weder auf einer unsachgemäßen Integration durch den Unternehmer noch auf einem Mangel in der vom Unternehmer bereitgestellten Anleitung beruht.

[2] Integration ist die Verbindung und die Einbindung eines digitalen Produkts mit den oder in die Komponenten der digitalen Umgebung des Verbrauchers, damit das digitale Produkt gemäß den Anforderungen nach den Vorschriften dieses Untertitels genutzt werden kann. [3] Digitale Umgebung sind Hardware, Software oder Netzverbindungen aller Art, die vom Verbraucher für den Zugang zu einem digitalen Produkt oder die Nutzung eines digitalen Produkts verwendet werden.

(5) Einem Produktmangel steht es gleich, wenn der Unternehmer ein anderes digitales Produkt als das vertraglich geschuldete digitale Produkt bereitstellt.

**§ 327f[1)] Aktualisierungen.** (1) [1] Der Unternehmer hat sicherzustellen, dass dem Verbraucher während des maßgeblichen Zeitraums Aktualisierungen, die für den Erhalt der Vertragsmäßigkeit des digitalen Produkts erforderlich sind, bereitgestellt werden und der Verbraucher über diese Aktualisierungen informiert wird. [2] Zu den erforderlichen Aktualisierungen gehören auch Sicherheitsaktualisierungen. [3] Der maßgebliche Zeitraum nach Satz 1 ist

1. bei einem Vertrag über die dauerhafte Bereitstellung eines digitalen Produkts der Bereitstellungszeitraum,
2. in allen anderen Fällen der Zeitraum, den der Verbraucher aufgrund der Art und des Zwecks des digitalen Produkts und unter Berücksichtigung der Umstände und der Art des Vertrags erwarten kann.

(2) Unterlässt es der Verbraucher, eine Aktualisierung, die ihm gemäß Absatz 1 bereitgestellt worden ist, innerhalb einer angemessenen Frist zu installieren, so haftet der Unternehmer nicht für einen Produktmangel, der allein auf das Fehlen dieser Aktualisierung zurückzuführen ist, sofern

---

[1)] Titel 2a (§§ 327–327u) eingef. mWv 1.1.2022 durch G v. 25.6.2021 (BGBl. I S. 2123).

1. der Unternehmer den Verbraucher über die Verfügbarkeit der Aktualisierung und die Folgen einer unterlassenen Installation informiert hat und
2. die Tatsache, dass der Verbraucher die Aktualisierung nicht oder unsachgemäß installiert hat, nicht auf eine dem Verbraucher bereitgestellte mangelhafte Installationsanleitung zurückzuführen ist.

**§ 327g[1] Rechtsmangel.** Das digitale Produkt ist frei von Rechtsmängeln, wenn der Verbraucher es gemäß den subjektiven oder objektiven Anforderungen nach § 327e Absatz 2 und 3 nutzen kann, ohne Rechte Dritter zu verletzen.

**§ 327h[1] Abweichende Vereinbarungen über Produktmerkmale.** Von den objektiven Anforderungen nach § 327e Absatz 3 Satz 1 Nummer 1 bis 5 und Satz 2, § 327f Absatz 1 und § 327g kann nur abgewichen werden, wenn der Verbraucher vor Abgabe seiner Vertragserklärung eigens davon in Kenntnis gesetzt wurde, dass ein bestimmtes Merkmal des digitalen Produkts von diesen objektiven Anforderungen abweicht, und diese Abweichung im Vertrag ausdrücklich und gesondert vereinbart wurde.

**§ 327i[1] Rechte des Verbrauchers bei Mängeln.** Ist das digitale Produkt mangelhaft, kann der Verbraucher, wenn die Voraussetzungen der folgenden Vorschriften vorliegen,
1. nach § 327l Nacherfüllung verlangen,
2. nach § 327m Absatz 1, 2, 4 und 5 den Vertrag beenden oder nach § 327n den Preis mindern und
3. nach § 280 Absatz 1 oder § 327m Absatz 3 Schadensersatz oder nach § 284 Ersatz vergeblicher Aufwendungen verlangen.

**§ 327j[1] Verjährung.** (1) [1]Die in § 327i Nummer 1 und 3 bezeichneten Ansprüche verjähren in zwei Jahren. [2]Die Verjährung beginnt mit der Bereitstellung.

(2) Im Fall der dauerhaften Bereitstellung verjähren die Ansprüche nicht vor Ablauf von zwölf Monaten nach dem Ende des Bereitstellungszeitraums.

(3) Ansprüche wegen einer Verletzung der Aktualisierungspflicht verjähren nicht vor Ablauf von zwölf Monaten nach dem Ende des für die Aktualisierungspflicht maßgeblichen Zeitraums.

(4) Hat sich ein Mangel innerhalb der Verjährungsfrist gezeigt, so tritt die Verjährung nicht vor dem Ablauf von vier Monaten nach dem Zeitpunkt ein, in dem sich der Mangel erstmals gezeigt hat.

(5) Für die in § 327i Nummer 2 bezeichneten Rechte gilt § 218 entsprechend.

**§ 327k[1] Beweislastumkehr.** (1) Zeigt sich bei einem digitalen Produkt innerhalb eines Jahres seit seiner Bereitstellung ein von den Anforderungen nach § 327e oder § 327g abweichender Zustand, so wird vermutet, dass das digitale Produkt bereits bei Bereitstellung mangelhaft war.

(2) Zeigt sich bei einem dauerhaft bereitgestellten digitalen Produkt während der Dauer der Bereitstellung ein von den Anforderungen nach § 327e oder § 327g abweichender Zustand, so wird vermutet, dass das digitale Produkt während der bisherigen Dauer der Bereitstellung mangelhaft war.

---

[1] Titel 2a (§§ 327–327u) eingef. mWv 1.1.2022 durch G v. 25.6.2021 (BGBl. I S. 2123).

(3) Die Vermutungen nach den Absätzen 1 und 2 gelten vorbehaltlich des Absatzes 4 nicht, wenn

1. die digitale Umgebung des Verbrauchers mit den technischen Anforderungen des digitalen Produkts zur maßgeblichen Zeit nicht kompatibel war oder
2. der Unternehmer nicht feststellen kann, ob die Voraussetzungen der Nummer 1 vorlagen, weil der Verbraucher eine hierfür notwendige und ihm mögliche Mitwirkungshandlung nicht vornimmt und der Unternehmer zur Feststellung ein technisches Mittel einsetzen wollte, das für den Verbraucher den geringsten Eingriff darstellt.

(4) Absatz 3 ist nur anzuwenden, wenn der Unternehmer den Verbraucher vor Vertragsschluss klar und verständlich informiert hat über

1. die technischen Anforderungen des digitalen Produkts an die digitale Umgebung im Fall des Absatzes 3 Nummer 1 oder
2. die Obliegenheit des Verbrauchers nach Absatz 3 Nummer 2.

**§ 327l[1)] Nacherfüllung.** (1) [1]Verlangt der Verbraucher vom Unternehmer Nacherfüllung, so hat dieser den vertragsgemäßen Zustand herzustellen und die zum Zwecke der Nacherfüllung erforderlichen Aufwendungen zu tragen. [2]Der Unternehmer hat die Nacherfüllung innerhalb einer angemessenen Frist ab dem Zeitpunkt, zu dem der Verbraucher ihn über den Mangel informiert hat, und ohne erhebliche Unannehmlichkeiten für den Verbraucher durchzuführen.

(2) [1]Der Anspruch nach Absatz 1 ist ausgeschlossen, wenn die Nacherfüllung unmöglich oder für den Unternehmer nur mit unverhältnismäßigen Kosten möglich ist. [2]Dabei sind insbesondere der Wert des digitalen Produkts in mangelfreiem Zustand sowie die Bedeutung des Mangels zu berücksichtigen. [3]§ 275 Absatz 2 und 3 findet keine Anwendung.

**§ 327m[1)] Vertragsbeendigung und Schadensersatz.** (1) Ist das digitale Produkt mangelhaft, so kann der Verbraucher den Vertrag gemäß § 327o beenden, wenn

1. der Nacherfüllungsanspruch gemäß § 327l Absatz 2 ausgeschlossen ist,
2. der Nacherfüllungsanspruch des Verbrauchers nicht gemäß § 327l Absatz 1 erfüllt wurde,
3. sich trotz der vom Unternehmer versuchten Nacherfüllung ein Mangel zeigt,
4. der Mangel derart schwerwiegend ist, dass die sofortige Vertragsbeendigung gerechtfertigt ist,
5. der Unternehmer die gemäß § 327l Absatz 1 Satz 2 ordnungsgemäße Nacherfüllung verweigert hat, oder
6. es nach den Umständen offensichtlich ist, dass der Unternehmer nicht gemäß § 327l Absatz 1 Satz 2 ordnungsgemäß nacherfüllen wird.

(2) [1]Eine Beendigung des Vertrags nach Absatz 1 ist ausgeschlossen, wenn der Mangel unerheblich ist. [2]Dies gilt nicht für Verbraucherverträge im Sinne des § 327 Absatz 3.

(3) [1]In den Fällen des Absatzes 1 Nummer 1 bis 6 kann der Verbraucher unter den Voraussetzungen des § 280 Absatz 1 Schadensersatz statt der Leistung verlangen. [2]§ 281 Absatz 1 Satz 3 und Absatz 4 sind entsprechend anzuwenden. [3]Verlangt der Verbraucher Schadensersatz statt der ganzen Leistung, so ist der

---

[1)] Titel 2a (§§ 327–327u) eingef. mWv 1.1.2022 durch G v. 25.6.2021 (BGBl. I S. 2123).

Unternehmer zur Rückforderung des Geleisteten nach den §§ 327o und 327p berechtigt. [4] § 325 gilt entsprechend.

(4) [1] Sofern der Verbraucher den Vertrag nach Absatz 1 beenden kann, kann er sich im Hinblick auf alle Bestandteile des Paketvertrags vom Vertrag lösen, wenn er an dem anderen Teil des Paketvertrags ohne das mangelhafte digitale Produkt kein Interesse hat. [2] Satz 1 ist nicht auf Paketverträge anzuwenden, bei denen der andere Bestandteil ein Telekommunikationsdienst im Sinne des § 3 Nummer 61 des Telekommunikationsgesetzes ist.

(5) Sofern der Verbraucher den Vertrag nach Absatz 1 beenden kann, kann er sich im Hinblick auf alle Bestandteile eines Vertrags nach § 327a Absatz 2 vom Vertrag lösen, wenn aufgrund des Mangels des digitalen Produkts sich die Sache nicht zur gewöhnlichen Verwendung eignet.

**§ 327n[1)] Minderung.** (1) [1] Statt den Vertrag nach § 327m Absatz 1 zu beenden, kann der Verbraucher den Preis durch Erklärung gegenüber dem Unternehmer mindern. [2] Der Ausschlussgrund des § 327m Absatz 2 Satz 1 findet keine Anwendung. [3] § 327o Absatz 1 ist entsprechend anzuwenden.

(2) [1] Bei der Minderung ist der Preis in dem Verhältnis herabzusetzen, in welchem zum Zeitpunkt der Bereitstellung der Wert des digitalen Produkts in mangelfreiem Zustand zu dem wirklichen Wert gestanden haben würde. [2] Bei Verträgen über die dauerhafte Bereitstellung eines digitalen Produkts ist der Preis unter entsprechender Anwendung des Satzes 1 nur anteilig für die Dauer der Mangelhaftigkeit herabzusetzen.

(3) Die Minderung ist, soweit erforderlich, durch Schätzung zu ermitteln.

(4) [1] Hat der Verbraucher mehr als den geminderten Preis gezahlt, so hat der Unternehmer den Mehrbetrag zu erstatten. [2] Der Mehrbetrag ist unverzüglich, auf jeden Fall aber innerhalb von 14 Tagen zu erstatten. [3] Die Frist beginnt mit dem Zugang der Minderungserklärung beim Unternehmer. [4] Für die Erstattung muss der Unternehmer dasselbe Zahlungsmittel verwenden, das der Verbraucher bei der Zahlung verwendet hat, es sei denn, es wurde ausdrücklich etwas anderes vereinbart und dem Verbraucher entstehen durch die Verwendung eines anderen Zahlungsmittels keine Kosten. [5] Der Unternehmer kann vom Verbraucher keinen Ersatz für die Kosten verlangen, die ihm für die Erstattung des Mehrbetrags entstehen.

**§ 327o[1)] Erklärung und Rechtsfolgen der Vertragsbeendigung.**

(1) [1] Die Beendigung des Vertrags erfolgt durch Erklärung gegenüber dem Unternehmer, in welcher der Entschluss des Verbrauchers zur Beendigung zum Ausdruck kommt. [2] § 351 ist entsprechend anzuwenden.

(2) [1] Im Fall der Vertragsbeendigung hat der Unternehmer dem Verbraucher die Zahlungen zu erstatten, die der Verbraucher zur Erfüllung des Vertrags geleistet hat. [2] Für Leistungen, die der Unternehmer aufgrund der Vertragsbeendigung nicht mehr zu erbringen hat, erlischt sein Anspruch auf Zahlung des vereinbarten Preises.

(3) [1] Abweichend von Absatz 2 Satz 2 erlischt bei Verträgen über die dauerhafte Bereitstellung eines digitalen Produkts der Anspruch des Unternehmers auch für bereits erbrachte Leistungen, jedoch nur für denjenigen Teil des Bereitstellungszeitraums, in dem das digitale Produkt mangelhaft war. [2] Der gezahlte Preis für den

[1)] Titel 2a (§§ 327–327u) eingef. mWv 1.1.2022 durch G v. 25.6.2021 (BGBl. I S. 2123).

Zeitraum, für den der Anspruch nach Satz 1 entfallen ist, ist dem Verbraucher zu erstatten.

(4) Für die Erstattungen nach den Absätzen 2 und 3 ist § 327n Absatz 4 Satz 2 bis 5 entsprechend anzuwenden.

(5) [1] Der Verbraucher ist verpflichtet, einen vom Unternehmer bereitgestellten körperlichen Datenträger an diesen unverzüglich zurückzusenden, wenn der Unternehmer dies spätestens 14 Tage nach Vertragsbeendigung verlangt. [2] Der Unternehmer trägt die Kosten der Rücksendung. [3] § 348 ist entsprechend anzuwenden.

**§ 327p[1)] Weitere Nutzung nach Vertragsbeendigung.** (1) [1] Der Verbraucher darf das digitale Produkt nach Vertragsbeendigung weder weiter nutzen noch Dritten zur Verfügung stellen. [2] Der Unternehmer ist berechtigt, die weitere Nutzung durch den Verbraucher zu unterbinden. [3] Absatz 3 bleibt hiervon unberührt.

(2) [1] Der Unternehmer darf die Inhalte, die nicht personenbezogene Daten sind und die der Verbraucher bei der Nutzung des vom Unternehmer bereitgestellten digitalen Produkts bereitgestellt oder erstellt hat, nach der Vertragsbeendigung nicht weiter nutzen. [2] Dies gilt nicht, wenn die Inhalte

1. außerhalb des Kontextes des vom Unternehmer bereitgestellten digitalen Produkts keinen Nutzen haben,
2. ausschließlich mit der Nutzung des vom Unternehmer bereitgestellten digitalen Produkts durch den Verbraucher zusammenhängen,
3. vom Unternehmer mit anderen Daten aggregiert wurden und nicht oder nur mit unverhältnismäßigem Aufwand disaggregiert werden können oder
4. vom Verbraucher gemeinsam mit anderen erzeugt wurden, sofern andere Verbraucher die Inhalte weiterhin nutzen können.

(3) [1] Der Unternehmer hat dem Verbraucher auf dessen Verlangen die Inhalte gemäß Absatz 2 Satz 1 bereitzustellen. [2] Dies gilt nicht für Inhalte nach Absatz 2 Satz 2 Nummer 1 bis 3. [3] Die Inhalte müssen dem Verbraucher unentgeltlich, ohne Behinderung durch den Unternehmer, innerhalb einer angemessenen Frist und in einem gängigen und maschinenlesbaren Format bereitgestellt werden.

**§ 327q[1)] Vertragsrechtliche Folgen datenschutzrechtlicher Erklärungen des Verbrauchers.** (1) Die Ausübung von datenschutzrechtlichen Betroffenenrechten und die Abgabe datenschutzrechtlicher Erklärungen des Verbrauchers nach Vertragsschluss lassen die Wirksamkeit des Vertrags unberührt.

(2) Widerruft der Verbraucher eine von ihm erteilte datenschutzrechtliche Einwilligung oder widerspricht er einer weiteren Verarbeitung seiner personenbezogenen Daten, so kann der Unternehmer einen Vertrag, der ihn zu einer Reihe einzelner Bereitstellungen digitaler Produkte oder zur dauerhaften Bereitstellung eines digitalen Produkts verpflichtet, ohne Einhaltung einer Kündigungsfrist kündigen, wenn ihm unter Berücksichtigung des weiterhin zulässigen Umfangs der Datenverarbeitung und unter Abwägung der beiderseitigen Interessen die Fortsetzung des Vertragsverhältnisses bis zum vereinbarten Vertragsende oder bis zum Ablauf einer gesetzlichen oder vertraglichen Kündigungsfrist nicht zugemutet werden kann.

(3) Ersatzansprüche des Unternehmers gegen den Verbraucher wegen einer durch die Ausübung von Datenschutzrechten oder die Abgabe datenschutzrecht-

---

[1)] Titel 2a (§§ 327–327u) eingef. mWv 1.1.2022 durch G v. 25.6.2021 (BGBl. I S. 2123).

licher Erklärungen bewirkten Einschränkung der zulässigen Datenverarbeitung sind ausgeschlossen.

**§ 327r[1)] Änderungen an digitalen Produkten.** (1) Bei einer dauerhaften Bereitstellung darf der Unternehmer Änderungen des digitalen Produkts, die über das zur Aufrechterhaltung der Vertragsmäßigkeit nach § 327e Absatz 2 und 3 und § 327f erforderliche Maß hinausgehen, nur vornehmen, wenn

1. der Vertrag diese Möglichkeit vorsieht und einen triftigen Grund dafür enthält,
2. dem Verbraucher durch die Änderung keine zusätzlichen Kosten entstehen und
3. der Verbraucher klar und verständlich über die Änderung informiert wird.

(2) [1] Eine Änderung des digitalen Produkts, welche die Zugriffsmöglichkeit des Verbrauchers auf das digitale Produkt oder welche die Nutzbarkeit des digitalen Produkts für den Verbraucher beeinträchtigt, darf der Unternehmer nur vornehmen, wenn er den Verbraucher darüber hinaus innerhalb einer angemessenen Frist vor dem Zeitpunkt der Änderung mittels eines dauerhaften Datenträgers informiert. [2] Die Information muss Angaben enthalten über:

1. Merkmale und Zeitpunkt der Änderung sowie
2. die Rechte des Verbrauchers nach den Absätzen 3 und 4.

[3] Satz 1 gilt nicht, wenn die Beeinträchtigung der Zugriffsmöglichkeit oder der Nutzbarkeit nur unerheblich ist.

(3) [1] Beeinträchtigt eine Änderung des digitalen Produkts die Zugriffsmöglichkeit oder die Nutzbarkeit im Sinne des Absatzes 2 Satz 1, so kann der Verbraucher den Vertrag innerhalb von 30 Tagen unentgeltlich beenden. [2] Die Frist beginnt mit dem Zugang der Information nach Absatz 2 zu laufen. [3] Erfolgt die Änderung nach dem Zugang der Information, so tritt an die Stelle des Zeitpunkts des Zugangs der Information der Zeitpunkt der Änderung.

(4) Die Beendigung des Vertrags nach Absatz 3 Satz 1 ist ausgeschlossen, wenn

1. die Beeinträchtigung der Zugriffsmöglichkeit oder der Nutzbarkeit nur unerheblich ist oder
2. dem Verbraucher die Zugriffsmöglichkeit auf das unveränderte digitale Produkt und die Nutzbarkeit des unveränderten digitalen Produkts ohne zusätzliche Kosten erhalten bleiben.

(5) Für die Beendigung des Vertrags nach Absatz 3 Satz 1 und deren Rechtsfolgen sind die §§ 327o und 327p entsprechend anzuwenden.

(6) Die Absätze 1 bis 5 sind auf Paketverträge, bei denen der andere Bestandteil des Paketvertrags die Bereitstellung eines Internetzugangsdienstes oder eines öffentlich zugänglichen nummerngebundenen interpersonellen Telekommunikationsdienstes im Rahmen eines Paketvertrags im Sinne des § 66 Absatz 1 des Telekommunikationsgesetzes zum Gegenstand hat, nicht anzuwenden.

**§ 327s[1)] Abweichende Vereinbarungen.** (1) Auf eine Vereinbarung mit dem Verbraucher, die zum Nachteil des Verbrauchers von den Vorschriften dieses Untertitels abweicht, kann der Unternehmer sich nicht berufen, es sei denn, die Vereinbarung wurde erst nach der Mitteilung des Verbrauchers gegenüber dem Unternehmer über die unterbliebene Bereitstellung oder über den Mangel des digitalen Produkts getroffen.

---

[1)] Titel 2a (§§ 327–327u) eingef. mWv 1.1.2022 durch G v. 25.6.2021 (BGBl. I S. 2123).

(2) Auf eine Vereinbarung mit dem Verbraucher über eine Änderung des digitalen Produkts, die zum Nachteil des Verbrauchers von den Vorschriften dieses Untertitels abweicht, kann der Unternehmer sich nicht berufen, es sei denn, sie wurde nach der Information des Verbrauchers über die Änderung des digitalen Produkts gemäß § 327r getroffen.

(3) Die Vorschriften dieses Untertitels sind auch anzuwenden, wenn sie durch anderweitige Gestaltungen umgangen werden.

(4) Die Absätze 1 und 2 gelten nicht für den Ausschluss oder die Beschränkung des Anspruchs auf Schadensersatz.

(5) § 327h bleibt unberührt.

### Untertitel 2. Besondere Bestimmungen für Verträge über digitale Produkte zwischen Unternehmern

**§ 327t[1] Anwendungsbereich.** Auf Verträge zwischen Unternehmern, die der Bereitstellung digitaler Produkte gemäß der nach den §§ 327 und 327a vom Anwendungsbereich des Untertitels 1 erfassten Verbraucherverträge dienen, sind ergänzend die Vorschriften dieses Untertitels anzuwenden.

**§ 327u[1] Rückgriff des Unternehmers.** (1) [1]Der Unternehmer kann von dem Unternehmer, der sich ihm gegenüber zur Bereitstellung eines digitalen Produkts verpflichtet hat (Vertriebspartner), Ersatz der Aufwendungen verlangen, die ihm im Verhältnis zu einem Verbraucher wegen einer durch den Vertriebspartner verursachten unterbliebenen Bereitstellung des vom Vertriebspartner bereitzustellenden digitalen Produkts aufgrund der Ausübung des Rechts des Verbrauchers nach § 327c Absatz 1 Satz 1 entstanden sind. [2]Das Gleiche gilt für die nach § 327l Absatz 1 vom Unternehmer zu tragenden Aufwendungen, wenn der vom Verbraucher gegenüber dem Unternehmer geltend gemachte Mangel bereits bei der Bereitstellung durch den Vertriebspartner vorhanden war oder in einer durch den Vertriebspartner verursachten Verletzung der Aktualisierungspflicht des Unternehmers nach § 327f Absatz 1 besteht.

(2) [1]Die Aufwendungsersatzansprüche nach Absatz 1 verjähren in sechs Monaten. [2]Die Verjährung beginnt

1. im Fall des Absatzes 1 Satz 1 mit dem Zeitpunkt, zu dem der Verbraucher sein Recht ausgeübt hat,
2. im Fall des Absatzes 1 Satz 2 mit dem Zeitpunkt, zu dem der Unternehmer die Ansprüche des Verbrauchers nach § 327l Absatz 1 erfüllt hat.

(3) § 327k Absatz 1 und 2 ist mit der Maßgabe entsprechend anzuwenden, dass die Frist mit der Bereitstellung an den Verbraucher beginnt.

(4) [1]Der Vertriebspartner kann sich nicht auf eine Vereinbarung berufen, die er vor Geltendmachung der in Absatz 1 bezeichneten Aufwendungsersatzansprüche mit dem Unternehmer getroffen hat und die zum Nachteil des Unternehmers von den Absätzen 1 bis 3 abweicht. [2]Satz 1 ist auch anzuwenden, wenn die Absätze 1 bis 3 durch anderweitige Gestaltungen umgangen werden.

(5) § 377 des Handelsgesetzbuchs[2] bleibt unberührt.

(6) Die vorstehenden Absätze sind auf die Ansprüche des Vertriebspartners und der übrigen Vertragspartner in der Vertriebskette gegen die jeweiligen zur Bereit-

[1] Titel 2a (§§ 327–327u) eingef. mWv 1.1.2022 durch G v. 25.6.2021 (BGBl. I S. 2123).
[2] Nr. **50**.

stellung verpflichteten Vertragspartner entsprechend anzuwenden, wenn die Schuldner Unternehmer sind.

### Titel 3. Versprechen der Leistung an einen Dritten

**§ 328 Vertrag zugunsten Dritter.** (1) Durch Vertrag kann eine Leistung an einen Dritten mit der Wirkung bedungen werden, dass der Dritte unmittelbar das Recht erwirbt, die Leistung zu fordern.

(2) In Ermangelung einer besonderen Bestimmung ist aus den Umständen, insbesondere aus dem Zwecke des Vertrags, zu entnehmen, ob der Dritte das Recht erwerben, ob das Recht des Dritten sofort oder nur unter gewissen Voraussetzungen entstehen und ob den Vertragschließenden die Befugnis vorbehalten sein soll, das Recht des Dritten ohne dessen Zustimmung aufzuheben oder zu ändern.

**§ 329 Auslegungsregel bei Erfüllungsübernahme.** Verpflichtet sich in einem Vertrag der eine Teil zur Befriedigung eines Gläubigers des anderen Teils, ohne die Schuld zu übernehmen, so ist im Zweifel nicht anzunehmen, dass der Gläubiger unmittelbar das Recht erwerben soll, die Befriedigung von ihm zu fordern.

**§ 330[1] Auslegungsregel bei Leibrentenvertrag.** [1] Wird in einem Leibrentenvertrag die Zahlung der Leibrente an einen Dritten vereinbart, ist im Zweifel anzunehmen, dass der Dritte unmittelbar das Recht erwerben soll, die Leistung zu fordern. [2] Das Gleiche gilt, wenn bei einer unentgeltlichen Zuwendung dem Bedachten eine Leistung an einen Dritten auferlegt oder bei einer Vermögens- oder Gutsübernahme von dem Übernehmer eine Leistung an einen Dritten zum Zwecke der Abfindung versprochen wird.

**§ 331 Leistung nach Todesfall.** (1) Soll die Leistung an den Dritten nach dem Tode desjenigen erfolgen, welchem sie versprochen wird, so erwirbt der Dritte das Recht auf die Leistung im Zweifel mit dem Tode des Versprechensempfängers.

(2) Stirbt der Versprechensempfänger vor der Geburt des Dritten, so kann das Versprechen, an den Dritten zu leisten, nur dann noch aufgehoben oder geändert werden, wenn die Befugnis dazu vorbehalten worden ist.

**§ 332 Änderung durch Verfügung von Todes wegen bei Vorbehalt.** Hat sich der Versprechensempfänger die Befugnis vorbehalten, ohne Zustimmung des Versprechenden an die Stelle des in dem Vertrag bezeichneten Dritten einen anderen zu setzen, so kann dies im Zweifel auch in einer Verfügung von Todes wegen geschehen.

**§ 333 Zurückweisung des Rechts durch den Dritten.** Weist der Dritte das aus dem Vertrag erworbene Recht dem Versprechenden gegenüber zurück, so gilt das Recht als nicht erworben.

**§ 334 Einwendungen des Schuldners gegenüber dem Dritten.** Einwendungen aus dem Vertrag stehen dem Versprechenden auch gegenüber dem Dritten zu.

**§ 335 Forderungsrecht des Versprechensempfängers.** Der Versprechensempfänger kann, sofern nicht ein anderer Wille der Vertragschließenden anzuneh-

---

[1] § 330 Überschrift und Satz 1 neu gef. mWv 1.1.2008 durch G v. 23.11.2007 (BGBl. I S. 2631).

men ist, die Leistung an den Dritten auch dann fordern, wenn diesem das Recht auf die Leistung zusteht.

### Titel 4. Draufgabe, Vertragsstrafe

**§ 336 Auslegung der Draufgabe.** (1) Wird bei der Eingehung eines Vertrags etwas als Draufgabe gegeben, so gilt dies als Zeichen des Abschlusses des Vertrags.

(2) Die Draufgabe gilt im Zweifel nicht als Reugeld.

**§ 337 Anrechnung oder Rückgabe der Draufgabe.** (1) Die Draufgabe ist im Zweifel auf die von dem Geber geschuldete Leistung anzurechnen oder, wenn dies nicht geschehen kann, bei der Erfüllung des Vertrags zurückzugeben.

(2) Wird der Vertrag wieder aufgehoben, so ist die Draufgabe zurückzugeben.

**§ 338 Draufgabe bei zu vertretender Unmöglichkeit der Leistung.**

[1] Wird die von dem Geber geschuldete Leistung infolge eines Umstands, den er zu vertreten hat, unmöglich oder verschuldet der Geber die Wiederaufhebung des Vertrags, so ist der Empfänger berechtigt, die Draufgabe zu behalten. [2] Verlangt der Empfänger Schadensersatz wegen Nichterfüllung, so ist die Draufgabe im Zweifel anzurechnen oder, wenn dies nicht geschehen kann, bei der Leistung des Schadensersatzes zurückzugeben.

**§ 339 Verwirkung der Vertragsstrafe.** [1] Verspricht der Schuldner dem Gläubiger für den Fall, dass er seine Verbindlichkeit nicht oder nicht in gehöriger Weise erfüllt, die Zahlung einer Geldsumme als Strafe, so ist die Strafe verwirkt, wenn er in Verzug kommt. [2] Besteht die geschuldete Leistung in einem Unterlassen, so tritt die Verwirkung mit der Zuwiderhandlung ein.

**§ 340 Strafversprechen für Nichterfüllung.** (1) [1] Hat der Schuldner die Strafe für den Fall versprochen, dass er seine Verbindlichkeit nicht erfüllt, so kann der Gläubiger die verwirkte Strafe statt der Erfüllung verlangen. [2] Erklärt der Gläubiger dem Schuldner, dass er die Strafe verlange, so ist der Anspruch auf Erfüllung ausgeschlossen.

(2) [1] Steht dem Gläubiger ein Anspruch auf Schadensersatz wegen Nichterfüllung zu, so kann er die verwirkte Strafe als Mindestbetrag des Schadens verlangen. [2] Die Geltendmachung eines weiteren Schadens ist nicht ausgeschlossen.

**§ 341 Strafversprechen für nicht gehörige Erfüllung.** (1) Hat der Schuldner die Strafe für den Fall versprochen, dass er seine Verbindlichkeit nicht in gehöriger Weise, insbesondere nicht zu der bestimmten Zeit, erfüllt, so kann der Gläubiger die verwirkte Strafe neben der Erfüllung verlangen.

(2) Steht dem Gläubiger ein Anspruch auf Schadensersatz wegen der nicht gehörigen Erfüllung zu, so findet die Vorschrift des § 340 Abs. 2 Anwendung.

(3) Nimmt der Gläubiger die Erfüllung an, so kann er die Strafe nur verlangen, wenn er sich das Recht dazu bei der Annahme vorbehält.

**§ 342 Andere als Geldstrafe.** Wird als Strafe eine andere Leistung als die Zahlung einer Geldsumme versprochen, so finden die Vorschriften der §§ 339 bis 341 Anwendung; der Anspruch auf Schadensersatz ist ausgeschlossen, wenn der Gläubiger die Strafe verlangt.

**§ 343 Herabsetzung der Strafe.** (1) [1] Ist eine verwirkte Strafe unverhältnismäßig hoch, so kann sie auf Antrag des Schuldners durch Urteil auf den angemessenen Betrag herabgesetzt werden. ²Bei der Beurteilung der Angemessenheit ist jedes berechtigte Interesse des Gläubigers, nicht bloß das Vermögensinteresse, in Betracht zu ziehen. ³Nach der Entrichtung der Strafe ist die Herabsetzung ausgeschlossen.

(2) Das Gleiche gilt auch außer in den Fällen der §§ 339, 342, wenn jemand eine Strafe für den Fall verspricht, dass er eine Handlung vornimmt oder unterlässt.

**§ 344 Unwirksames Strafversprechen.** Erklärt das Gesetz das Versprechen einer Leistung für unwirksam, so ist auch die für den Fall der Nichterfüllung des Versprechens getroffene Vereinbarung einer Strafe unwirksam, selbst wenn die Parteien die Unwirksamkeit des Versprechens gekannt haben.

**§ 345 Beweislast.** Bestreitet der Schuldner die Verwirkung der Strafe, weil er seine Verbindlichkeit erfüllt habe, so hat er die Erfüllung zu beweisen, sofern nicht die geschuldete Leistung in einem Unterlassen besteht.

## Titel 5.[1] Rücktritt; Widerrufsrecht bei Verbraucherverträgen

### Untertitel 1. Rücktritt[2]

**§ 346[3] [4] Wirkungen des Rücktritts.** (1) Hat sich eine Vertragspartei vertraglich den Rücktritt vorbehalten oder steht ihr ein gesetzliches Rücktrittsrecht zu, so sind im Falle des Rücktritts die empfangenen Leistungen zurückzugewähren und die gezogenen Nutzungen herauszugeben.

(2) ¹Statt der Rückgewähr oder Herausgabe hat der Schuldner Wertersatz zu leisten, soweit

1. die Rückgewähr oder die Herausgabe nach der Natur des Erlangten ausgeschlossen ist,
2. er den empfangenen Gegenstand verbraucht, veräußert, belastet, verarbeitet oder umgestaltet hat,
3. der empfangene Gegenstand sich verschlechtert hat oder untergegangen ist; jedoch bleibt die durch die bestimmungsgemäße Ingebrauchnahme entstandene Verschlechterung außer Betracht.

²Ist im Vertrag eine Gegenleistung bestimmt, ist sie bei der Berechnung des Wertersatzes zugrunde zu legen; ist Wertersatz für den Gebrauchsvorteil eines Darlehens zu leisten, kann nachgewiesen werden, dass der Wert des Gebrauchsvorteils niedriger war.

(3) ¹Die Pflicht zum Wertersatz entfällt,

1. wenn sich der zum Rücktritt berechtigende Mangel erst während der Verarbeitung oder Umgestaltung des Gegenstandes gezeigt hat,
2. soweit der Gläubiger die Verschlechterung oder den Untergang zu vertreten hat oder der Schaden bei ihm gleichfalls eingetreten wäre,

---

[1] Buch 2 Abschnitt 3 Titel 5 Überschrift neu gef. mWv 13.6.2014 durch G v. 20.9.2013 (BGBl. I S. 3642).

[2] **Amtl. Anm.:** Dieser Untertitel dient auch der Umsetzung der Richtlinie 1999/44/EG des Europäischen Parlaments und des Rates vom 25. Mai 1999 zu bestimmten Aspekten des Verbrauchsgüterkaufs und der Garantien für Verbrauchsgüter (ABl. EG Nr. L 171 S. 12).

[3] § 346 Abs. 2 Satz 1 einl. Satzteil geänd., Satz 2 2. Halbs. angef. mWv 1.8.2002 durch G v. 23.7.2002 (BGBl. I S. 2850).

[4] Beachte hierzu Überleitungsvorschrift in Art. 229 § 9 EGBGB (Nr. **21**).

3. wenn im Falle eines gesetzlichen Rücktrittsrechts die Verschlechterung oder der Untergang beim Berechtigten eingetreten ist, obwohl dieser diejenige Sorgfalt beobachtet hat, die er in eigenen Angelegenheiten anzuwenden pflegt.

[2] Eine verbleibende Bereicherung ist herauszugeben.

(4) Der Gläubiger kann wegen Verletzung einer Pflicht aus Absatz 1 nach Maßgabe der §§ 280 bis 283 Schadensersatz verlangen.

**§ 347 Nutzungen und Verwendungen nach Rücktritt.** (1) [1] Zieht der Schuldner Nutzungen entgegen den Regeln einer ordnungsmäßigen Wirtschaft nicht, obwohl ihm das möglich gewesen wäre, so ist er dem Gläubiger zum Wertersatz verpflichtet. [2] Im Falle eines gesetzlichen Rücktrittsrechts hat der Berechtigte hinsichtlich der Nutzungen nur für diejenige Sorgfalt einzustehen, die er in eigenen Angelegenheiten anzuwenden pflegt.

(2) [1] Gibt der Schuldner den Gegenstand zurück, leistet er Wertersatz oder ist seine Wertersatzpflicht gemäß § 346 Abs. 3 Nr. 1 oder 2 ausgeschlossen, so sind ihm notwendige Verwendungen zu ersetzen. [2] Andere Aufwendungen sind zu ersetzen, soweit der Gläubiger durch diese bereichert wird.

**§ 348 Erfüllung Zug-um-Zug.** [1] Die sich aus dem Rücktritt ergebenden Verpflichtungen der Parteien sind Zug um Zug zu erfüllen. [2] Die Vorschriften der §§ 320, 322 finden entsprechende Anwendung.

**§ 349 Erklärung des Rücktritts.** Der Rücktritt erfolgt durch Erklärung gegenüber dem anderen Teil.

**§ 350 Erlöschen des Rücktrittsrechts nach Fristsetzung.** [1] Ist für die Ausübung des vertraglichen Rücktrittsrechts eine Frist nicht vereinbart, so kann dem Berechtigten von dem anderen Teil für die Ausübung eine angemessene Frist bestimmt werden. [2] Das Rücktrittsrecht erlischt, wenn nicht der Rücktritt vor dem Ablauf der Frist erklärt wird.

**§ 351 Unteilbarkeit des Rücktrittsrechts.** [1] Sind bei einem Vertrag auf der einen oder der anderen Seite mehrere beteiligt, so kann das Rücktrittsrecht nur von allen und gegen alle ausgeübt werden. [2] Erlischt das Rücktrittsrecht für einen der Berechtigten, so erlischt es auch für die übrigen.

**§ 352 Aufrechnung nach Nichterfüllung.** Der Rücktritt wegen Nichterfüllung einer Verbindlichkeit wird unwirksam, wenn der Schuldner sich von der Verbindlichkeit durch Aufrechnung befreien konnte und unverzüglich nach dem Rücktritt die Aufrechnung erklärt.

**§ 353 Rücktritt gegen Reugeld.** [1] Ist der Rücktritt gegen Zahlung eines Reugelds vorbehalten, so ist der Rücktritt unwirksam, wenn das Reugeld nicht vor oder bei der Erklärung entrichtet wird und der andere Teil aus diesem Grunde die Erklärung unverzüglich zurückweist. [2] Die Erklärung ist jedoch wirksam, wenn das Reugeld unverzüglich nach der Zurückweisung entrichtet wird.

**§ 354 Verwirkungsklausel.** Ist ein Vertrag mit dem Vorbehalt geschlossen, dass der Schuldner seiner Rechte aus dem Vertrag verlustig sein soll, wenn er seine Verbindlichkeit nicht erfüllt, so ist der Gläubiger bei dem Eintritt dieses Falles zum Rücktritt von dem Vertrag berechtigt.

### Untertitel 2.[1] Widerrufsrecht bei Verbraucherverträgen

**§ 355[1] Widerrufsrecht bei Verbraucherverträgen.** (1) [1] Wird einem Verbraucher durch Gesetz ein Widerrufsrecht nach dieser Vorschrift eingeräumt, so sind der Verbraucher und der Unternehmer an ihre auf den Abschluss des Vertrags gerichteten Willenserklärungen nicht mehr gebunden, wenn der Verbraucher seine Willenserklärung fristgerecht widerrufen hat. [2] Der Widerruf erfolgt durch Erklärung gegenüber dem Unternehmer. [3] Aus der Erklärung muss der Entschluss des Verbrauchers zum Widerruf des Vertrags eindeutig hervorgehen. [4] Der Widerruf muss keine Begründung enthalten. [5] Zur Fristwahrung genügt die rechtzeitige Absendung des Widerrufs.

(2) [1] Die Widerrufsfrist beträgt 14 Tage. [2] Sie beginnt mit Vertragsschluss, soweit nichts anderes bestimmt ist.

(3) [1] Im Falle des Widerrufs sind die empfangenen Leistungen unverzüglich zurückzugewähren. [2] Bestimmt das Gesetz eine Höchstfrist für die Rückgewähr, so beginnt diese für den Unternehmer mit dem Zugang und für den Verbraucher mit der Abgabe der Widerrufserklärung. [3] Ein Verbraucher wahrt diese Frist durch die rechtzeitige Absendung der Waren. [4] Der Unternehmer trägt bei Widerruf die Gefahr der Rücksendung der Waren.

**§ 356[2] Widerrufsrecht bei außerhalb von Geschäftsräumen geschlossenen Verträgen und Fernabsatzverträgen.** (1) [1] Der Unternehmer kann dem Verbraucher die Möglichkeit einräumen, das Muster-Widerrufsformular nach Anlage 2 zu Artikel 246a § 1 Absatz 2 Satz 1 Nummer 1 des Einführungsgesetzes zum Bürgerlichen Gesetzbuche[3] oder eine andere eindeutige Widerrufserklärung auf der Webseite des Unternehmers auszufüllen und zu übermitteln. [2] Macht der Verbraucher von dieser Möglichkeit Gebrauch, muss der Unternehmer dem Verbraucher den Zugang des Widerrufs unverzüglich auf einem dauerhaften Datenträger bestätigen.

(2) Die Widerrufsfrist beginnt

1. bei einem Verbrauchsgüterkauf,
   a) der nicht unter die Buchstaben b bis d fällt, sobald der Verbraucher oder ein von ihm benannter Dritter, der nicht Frachtführer ist, die Waren erhalten hat,
   b) bei dem der Verbraucher mehrere Waren im Rahmen einer einheitlichen Bestellung bestellt hat und die Waren getrennt geliefert werden, sobald der Verbraucher oder ein von ihm benannter Dritter, der nicht Frachtführer ist, die letzte Ware erhalten hat,
   c) bei dem die Ware in mehreren Teilsendungen oder Stücken geliefert wird, sobald der Verbraucher oder ein vom Verbraucher benannter Dritter, der nicht Frachtführer ist, die letzte Teilsendung oder das letzte Stück erhalten hat,
   d) der auf die regelmäßige Lieferung von Waren über einen festgelegten Zeitraum gerichtet ist, sobald der Verbraucher oder ein von ihm benannter Dritter, der nicht Frachtführer ist, die erste Ware erhalten hat,

[1] UTitel 2 (§§ 355–361) neu gef. mWv 13.6.2014 durch G v. 20.9.2013 (BGBl. I S. 3642).

[2] § 356 neu gef. mWv 13.6.2014 durch G v. 20.9.2013 (BGBl. I S. 3642); Abs. 4 und 5 neu gef. mWv 28.5.2022 durch G v. 10.8.2021 (BGBl. I S. 3483); Abs. 5 Nr. 2 Buchst. a eingef., bish. Buchst. a–c werden Buchst. b–d, neuer Buchst. c geänd. mWv 22.7.2022 durch G v. 15.7.2022 (BGBl. I S. 1146).

[3] Nr. **21**.

2. bei einem Vertrag, der die nicht in einem begrenzten Volumen oder in einer bestimmten Menge angebotene Lieferung von Wasser, Gas oder Strom, die Lieferung von Fernwärme oder die Lieferung von nicht auf einem körperlichen Datenträger befindlichen digitalen Inhalten zum Gegenstand hat, mit Vertragsschluss.

(3) [1] Die Widerrufsfrist beginnt nicht, bevor der Unternehmer den Verbraucher entsprechend den Anforderungen des Artikels 246a § 1 Absatz 2 Satz 1 Nummer 1 oder des Artikels 246b § 2 Absatz 1 des Einführungsgesetzes zum Bürgerlichen Gesetzbuche unterrichtet hat. [2] Das Widerrufsrecht erlischt spätestens zwölf Monate und 14 Tage nach dem in Absatz 2 oder § 355 Absatz 2 Satz 2 genannten Zeitpunkt. [3] Satz 2 ist auf Verträge über Finanzdienstleistungen nicht anwendbar.

(4) Das Widerrufsrecht erlischt bei Verträgen über die Erbringung von Dienstleistungen auch unter folgenden Voraussetzungen:

1. bei einem Vertrag, der den Verbraucher nicht zur Zahlung eines Preises verpflichtet, wenn der Unternehmer die Dienstleistung vollständig erbracht hat,
2. bei einem Vertrag, der den Verbraucher zur Zahlung eines Preises verpflichtet, mit der vollständigen Erbringung der Dienstleistung, wenn der Verbraucher vor Beginn der Erbringung
   a) ausdrücklich zugestimmt hat, dass der Unternehmer mit der Erbringung der Dienstleistung vor Ablauf der Widerrufsfrist beginnt,
   b) bei einem außerhalb von Geschäftsräumen geschlossenen Vertrag die Zustimmung nach Buchstabe a auf einem dauerhaften Datenträger übermittelt hat und
   c) seine Kenntnis davon bestätigt hat, dass sein Widerrufsrecht mit vollständiger Vertragserfüllung durch den Unternehmer erlischt,
3. bei einem Vertrag, bei dem der Verbraucher den Unternehmer ausdrücklich aufgefordert hat, ihn aufzusuchen, um Reparaturarbeiten auszuführen, mit der vollständigen Erbringung der Dienstleistung, wenn der Verbraucher die in Nummer 2 Buchstabe a und b genannten Voraussetzungen erfüllt hat,
4. bei einem Vertrag über die Erbringung von Finanzdienstleistungen, wenn der Vertrag von beiden Seiten auf ausdrücklichen Wunsch des Verbrauchers vollständig erfüllt ist, bevor der Verbraucher sein Widerrufsrecht ausübt.

(5) Das Widerrufsrecht erlischt bei Verträgen über die Bereitstellung von nicht auf einem körperlichen Datenträger befindlichen digitalen Inhalten auch unter folgenden Voraussetzungen:

1. bei einem Vertrag, der den Verbraucher nicht zur Zahlung eines Preises verpflichtet, wenn der Unternehmer mit der Vertragserfüllung begonnen hat,
2. bei einem Vertrag, der den Verbraucher zur Zahlung eines Preises verpflichtet, wenn
   a) der Unternehmer mit der Vertragserfüllung begonnen hat,
   b) der Verbraucher ausdrücklich zugestimmt hat, dass der Unternehmer mit der Vertragserfüllung vor Ablauf der Widerrufsfrist beginnt,
   c) der Verbraucher seine Kenntnis davon bestätigt hat, dass durch seine Zustimmung nach Buchstabe b mit Beginn der Vertragserfüllung sein Widerrufsrecht erlischt, und
   d) der Unternehmer dem Verbraucher eine Bestätigung gemäß § 312f zur Verfügung gestellt hat.

**§ 356a[1] Widerrufsrecht bei Teilzeit-Wohnrechteverträgen, Verträgen über ein langfristiges Urlaubsprodukt, bei Vermittlungsverträgen und Tauschsystemverträgen.** (1) Der Widerruf ist in Textform zu erklären.

(2) [1] Die Widerrufsfrist beginnt mit dem Zeitpunkt des Vertragsschlusses oder des Abschlusses eines Vorvertrags. [2] Erhält der Verbraucher die Vertragsurkunde oder die Abschrift des Vertrags erst nach Vertragsschluss, beginnt die Widerrufsfrist mit dem Zeitpunkt des Erhalts.

(3) [1] Sind dem Verbraucher die in § 482 Absatz 1 bezeichneten vorvertraglichen Informationen oder das in Artikel 242 § 1 Absatz 2 des Einführungsgesetzes zum Bürgerlichen Gesetzbuche[2] bezeichnete Formblatt vor Vertragsschluss nicht, nicht vollständig oder nicht in der in § 483 Absatz 1 vorgeschriebenen Sprache überlassen worden, so beginnt die Widerrufsfrist abweichend von Absatz 2 erst mit dem vollständigen Erhalt der vorvertraglichen Informationen und des Formblatts in der vorgeschriebenen Sprache. [2] Das Widerrufsrecht erlischt spätestens drei Monate und 14 Tage nach dem in Absatz 2 genannten Zeitpunkt.

(4) [1] Ist dem Verbraucher die in § 482a bezeichnete Widerrufsbelehrung vor Vertragsschluss nicht, nicht vollständig oder nicht in der in § 483 Absatz 1 vorgeschriebenen Sprache überlassen worden, so beginnt die Widerrufsfrist abweichend von Absatz 2 erst mit dem vollständigen Erhalt der Widerrufsbelehrung in der vorgeschriebenen Sprache. [2] Das Widerrufsrecht erlischt gegebenenfalls abweichend von Absatz 3 Satz 2 spätestens zwölf Monate und 14 Tage nach dem in Absatz 2 genannten Zeitpunkt.

(5) [1] Hat der Verbraucher einen Teilzeit-Wohnrechtevertrag und einen Tauschsystemvertrag abgeschlossen und sind ihm diese Verträge zum gleichen Zeitpunkt angeboten worden, so beginnt die Widerrufsfrist für beide Verträge mit dem nach Absatz 2 für den Teilzeit-Wohnrechtevertrag geltenden Zeitpunkt. [2] Die Absätze 3 und 4 gelten entsprechend.

**§ 356b[3] Widerrufsrecht bei Verbraucherdarlehensverträgen.** (1) Die Widerrufsfrist beginnt auch nicht, bevor der Darlehensgeber dem Darlehensnehmer eine für diesen bestimmte Vertragsurkunde, den schriftlichen Antrag des Darlehensnehmers oder eine Abschrift der Vertragsurkunde oder seines Antrags zur Verfügung gestellt hat.

(2) [1] Enthält bei einem Allgemein-Verbraucherdarlehensvertrag die dem Darlehensnehmer nach Absatz 1 zur Verfügung gestellte Urkunde die Pflichtangaben nach § 492 Absatz 2 nicht, beginnt die Frist erst mit Nachholung dieser Angaben gemäß § 492 Absatz 6. [2] Enthält bei einem Immobiliar-Verbraucherdarlehensvertrag die dem Darlehensnehmer nach Absatz 1 zur Verfügung gestellte Urkunde die Pflichtangaben zum Widerrufsrecht nach § 492 Absatz 2 in Verbindung mit Artikel 247 § 6 Absatz 2 des Einführungsgesetzes zum Bürgerlichen Gesetzbuche[2] nicht, beginnt die Frist erst mit Nachholung dieser Angaben gemäß § 492 Absatz 6. [3] In den Fällen der Sätze 1 und 2 beträgt die Widerrufsfrist einen Monat. [4] Das Widerrufsrecht bei einem Immobiliar-Verbraucherdarlehensvertrag erlischt

---

[1] § 356a eingef. mWv 13.6.2014 durch G v. 20.9.2013 (BGBl. I S. 3642); Abs. 1 eingef., bish. Abs. 1 wird Abs. 2, bish. Abs. 2 wird Abs. 3 und Sätze 1 und 2 geänd., bish. Abs. 3 wird Abs. 4 und Sätze 1 und 2 geänd., bish. Abs. 4 wird Abs. 5 und Sätze 1 und 2 geänd. mWv 21.3.2016 durch G v. 11.3.2016 (BGBl. I S. 396).

[2] Nr. **21**.

[3] § 356b eingef. mWv 13.6.2014 durch G v. 20.9.2013 (BGBl. I S. 3642); Abs. 2 und 3 neu gef. mWv 21.3.2016 durch G v. 11.3.2016 (BGBl. I S. 396).

spätestens zwölf Monate und 14 Tage nach dem Vertragsschluss oder nach dem in Absatz 1 genannten Zeitpunkt, wenn dieser nach dem Vertragsschluss liegt.

(3) Die Widerrufsfrist beginnt im Falle des § 494 Absatz 7 bei einem Allgemein-Verbraucherdarlehensvertrag erst, wenn der Darlehensnehmer die dort bezeichnete Abschrift des Vertrags erhalten hat.

**§ 356c[1] Widerrufsrecht bei Ratenlieferungsverträgen.** (1) Bei einem Ratenlieferungsvertrag, der weder im Fernabsatz noch außerhalb von Geschäftsräumen geschlossenen wird, beginnt die Widerrufsfrist nicht, bevor der Unternehmer den Verbraucher gemäß Artikel 246 Absatz 3 des Einführungsgesetzes zum Bürgerlichen Gesetzbuche[2] über sein Widerrufsrecht unterrichtet hat.

(2) [1] § 356 Absatz 1 gilt entsprechend. [2] Das Widerrufsrecht erlischt spätestens zwölf Monate und 14 Tage nach dem in § 355 Absatz 2 Satz 2 genannten Zeitpunkt.

**§ 356d[3] Widerrufsrecht des Verbrauchers bei unentgeltlichen Darlehensverträgen und unentgeltlichen Finanzierungshilfen.** [1] Bei einem Vertrag, durch den ein Unternehmer einem Verbraucher ein unentgeltliches Darlehen oder eine unentgeltliche Finanzierungshilfe gewährt, beginnt die Widerrufsfrist abweichend von § 355 Absatz 2 Satz 2 nicht, bevor der Unternehmer den Verbraucher entsprechend den Anforderungen des § 514 Absatz 2 Satz 3 über dessen Widerrufsrecht unterrichtet hat. [2] Das Widerrufsrecht erlischt spätestens zwölf Monate und 14 Tage nach dem Vertragsschluss oder nach dem in Satz 1 genannten Zeitpunkt, wenn dieser nach dem Vertragsschluss liegt.

**§ 356e[4] Widerrufsrecht bei Verbraucherbauverträgen.** [1] Bei einem Verbraucherbauvertrag (§ 650i Absatz 1) beginnt die Widerrufsfrist nicht, bevor der Unternehmer den Verbraucher gemäß Artikel 249 § 3 des Einführungsgesetzes zum Bürgerlichen Gesetzbuche[2] über sein Widerrufsrecht belehrt hat. [2] Das Widerrufsrecht erlischt spätestens zwölf Monate und 14 Tage nach dem in § 355 Absatz 2 Satz 2 genannten Zeitpunkt.

**§ 357[5] Rechtsfolgen des Widerrufs von außerhalb von Geschäftsräumen geschlossenen Verträgen und Fernabsatzverträgen mit Ausnahme von Verträgen über Finanzdienstleistungen.** (1) Die empfangenen Leistungen sind spätestens nach 14 Tagen zurückzugewähren.

(2) [1] Der Unternehmer muss auch etwaige Zahlungen des Verbrauchers für die Lieferung zurückgewähren. [2] Dies gilt nicht, soweit dem Verbraucher zusätzliche Kosten entstanden sind, weil er sich für eine andere Art der Lieferung als die vom Unternehmer angebotene günstigste Standardlieferung entschieden hat.

(3) [1] Für die Rückzahlung muss der Unternehmer dasselbe Zahlungsmittel verwenden, das der Verbraucher bei der Zahlung verwendet hat. [2] Satz 1 gilt nicht, wenn ausdrücklich etwas anderes vereinbart worden ist und dem Verbraucher dadurch keine Kosten entstehen.

---

[1] UTitel 2 (§§ 355–361) neu gef. mWv 13.6.2014 durch G v. 20.9.2013 (BGBl. I S. 3642).

[2] Nr. **21**.

[3] § 356d eingef. mWv 21.3.2016 durch G v. 11.3.2016 (BGBl. I S. 396).

[4] § 356e eingef. mWv 1.1.2018 durch G v. 28.4.2017 (BGBl. I S. 969).

[5] § 357 neu gef. mWv 13.6.2014 durch G v. 20.9.2013 (BGBl. I S. 3642); Abs. 5–8 neu gef., Abs. 9 aufgeh. mWv 28.5.2022 durch G v. 10.8.2021 (BGBl. I S. 3483).

(4) [1] Bei einem Verbrauchsgüterkauf kann der Unternehmer die Rückzahlung verweigern, bis er die Waren zurückerhalten hat oder der Verbraucher den Nachweis erbracht hat, dass er die Waren abgesandt hat. [2] Dies gilt nicht, wenn der Unternehmer angeboten hat, die Waren abzuholen.

(5) Der Verbraucher trägt die unmittelbaren Kosten der Rücksendung der Waren, wenn der Unternehmer den Verbraucher nach Artikel 246a § 1 Absatz 2 Satz 1 Nummer 2 des Einführungsgesetzes zum Bürgerlichen Gesetzbuche[1)] von dieser Pflicht unterrichtet hat. Satz 1 gilt nicht, wenn der Unternehmer sich bereit erklärt hat, diese Kosten zu tragen.

(6) Der Verbraucher ist nicht verpflichtet, die Waren zurückzusenden, wenn der Unternehmer angeboten hat, die Waren abzuholen.

(7) Bei außerhalb von Geschäftsräumen geschlossenen Verträgen, bei denen die Waren zum Zeitpunkt des Vertragsschlusses zur Wohnung des Verbrauchers gebracht worden sind, ist der Unternehmer verpflichtet, die Waren auf eigene Kosten abzuholen, wenn die Waren so beschaffen sind, dass sie nicht per Post zurückgesandt werden können.

(8) Für die Rechtsfolgen des Widerrufs von Verträgen über die Bereitstellung digitaler Produkte gilt ferner § 327p entsprechend.

**§ 357a[2)] Wertersatz als Rechtsfolge des Widerrufs von außerhalb von Geschäftsräumen geschlossenen Verträgen und Fernabsatzverträgen mit Ausnahme von Verträgen über Finanzdienstleistungen.** (1) Der Verbraucher hat Wertersatz für einen Wertverlust der Ware zu leisten, wenn

1. der Wertverlust auf einen Umgang mit den Waren zurückzuführen ist, der zur Prüfung der Beschaffenheit, der Eigenschaften und der Funktionsweise der Waren nicht notwendig war, und
2. der Unternehmer den Verbraucher nach Artikel 246a § 1 Absatz 2 Satz 1 Nummer 1 des Einführungsgesetzes zum Bürgerlichen Gesetzbuche[1)] über dessen Widerrufsrecht unterrichtet hat.

(2) [1] Der Verbraucher hat Wertersatz für die bis zum Widerruf erbrachten Dienstleistungen, für die der Vertrag die Zahlung eines Preises vorsieht, oder die bis zum Widerruf erfolgte Lieferung von Wasser, Gas oder Strom in nicht bestimmten Mengen oder nicht begrenztem Volumen oder von Fernwärme zu leisten, wenn

1. der Verbraucher von dem Unternehmer ausdrücklich verlangt hat, dass mit der Leistung vor Ablauf der Widerrufsfrist begonnen werden soll,
2. bei einem außerhalb von Geschäftsräumen geschlossenen Vertrag der Verbraucher das Verlangen nach Nummer 1 auf einem dauerhaften Datenträger übermittelt hat und
3. der Unternehmer den Verbraucher nach Artikel 246a § 1 Absatz 2 Satz 1 Nummer 1 und 3 des Einführungsgesetzes zum Bürgerlichen Gesetzbuche ordnungsgemäß informiert hat.

[2] Bei der Berechnung des Wertersatzes ist der vereinbarte Gesamtpreis zu Grunde zu legen. [3] Ist der vereinbarte Gesamtpreis unverhältnismäßig hoch, so ist der Wertersatz auf der Grundlage des Marktwerts der erbrachten Leistung zu berechnen.

---

1) Nr. **21**.
2) § 357a eingef. mWv 28.5.2022 durch G v. 10.8.2021 (BGBl. I S. 3483).

(3) Widerruft der Verbraucher einen Vertrag über die Bereitstellung von nicht auf einem körperlichen Datenträger befindlichen digitalen Inhalten, so hat er keinen Wertersatz zu leisten.

**§ 357b[1)] Rechtsfolgen des Widerrufs von Verträgen über Finanzdienstleistungen.** (1) Die empfangenen Leistungen sind spätestens nach 30 Tagen zurückzugewähren.

(2) [1] Im Falle des Widerrufs von außerhalb von Geschäftsräumen geschlossenen Verträgen oder Fernabsatzverträgen über Finanzdienstleistungen ist der Verbraucher zur Zahlung von Wertersatz für die vom Unternehmer bis zum Widerruf erbrachte Dienstleistung verpflichtet, wenn er

1. vor Abgabe seiner Vertragserklärung auf diese Rechtsfolge hingewiesen worden ist und
2. ausdrücklich zugestimmt hat, dass der Unternehmer vor Ende der Widerrufsfrist mit der Ausführung der Dienstleistung beginnt.

[2] Im Falle des Widerrufs von Verträgen über eine entgeltliche Finanzierungshilfe, die von der Ausnahme des § 506 Absatz 4 erfasst sind, gelten auch § 357 Absatz 5 bis 7 und § 357a Absatz 1 und 2 entsprechend. [3] Ist Gegenstand des Vertrags über die entgeltliche Finanzierungshilfe die Lieferung von nicht auf einem körperlichen Datenträger befindlichen digitalen Inhalten, hat der Verbraucher Wertersatz für die bis zum Widerruf gelieferten digitalen Inhalte zu leisten, wenn er

1. vor Abgabe seiner Vertragserklärung auf diese Rechtsfolge hingewiesen worden ist und
2. ausdrücklich zugestimmt hat, dass der Unternehmer vor Ende der Widerrufsfrist mit der Lieferung der digitalen Inhalte beginnt.

[4] Ist im Vertrag eine Gegenleistung bestimmt, ist sie bei der Berechnung des Wertersatzes zu Grunde zu legen. [5] Ist der vereinbarte Gesamtpreis unverhältnismäßig hoch, ist der Wertersatz auf der Grundlage des Marktwerts der erbrachten Leistung zu berechnen.

(3) [1] Im Falle des Widerrufs von Verbraucherdarlehensverträgen hat der Darlehensnehmer für den Zeitraum zwischen der Auszahlung und der Rückzahlung des Darlehens den vereinbarten Sollzins zu entrichten. [2] Bei einem Immobiliar-Verbraucherdarlehen kann nachgewiesen werden, dass der Wert des Gebrauchsvorteils niedriger war als der vereinbarte Sollzins. [3] In diesem Fall ist nur der niedrigere Betrag geschuldet. [4] Im Falle des Widerrufs von Verträgen über eine entgeltliche Finanzierungshilfe, die nicht von der Ausnahme des § 506 Absatz 4 erfasst sind, gilt auch Absatz 2 entsprechend mit der Maßgabe, dass an die Stelle der Unterrichtung über das Widerrufsrecht die Pflichtangaben nach Artikel 247 § 12 Absatz 1 in Verbindung mit § 6 Absatz 2 des Einführungsgesetzes zum Bürgerlichen Gesetzbuche[2)], die das Widerrufsrecht betreffen, treten. [5] Darüber hinaus hat der Darlehensnehmer dem Darlehensgeber nur die Aufwendungen zu ersetzen, die der Darlehensgeber gegenüber öffentlichen Stellen erbracht hat und nicht zurückverlangen kann.

---

[1)] Früherer § 357a eingef. mWv 13.6.2014 durch G v. 20.9.2013 (BGBl. I S. 3642); Abs. 3 Satz 2 geänd. mWv 21.3.2016 durch G v. 11.3.2016 (BGBl. I S. 396); bish. § 357a wird § 357b und Abs. 2 Satz 2 geänd. mWv 28.5.2022 durch G v. 10.8.2021 (BGBl. I S. 3483).

[2)] Nr. **21**.

**§ 357c[1] Rechtsfolgen des Widerrufs von Teilzeit-Wohnrechteverträgen, Verträgen über ein langfristiges Urlaubsprodukt, Vermittlungsverträgen und Tauschsystemverträgen.** (1) [1] Der Verbraucher hat im Falle des Widerrufs keine Kosten zu tragen. [2] Die Kosten des Vertrags, seiner Durchführung und seiner Rückabwicklung hat der Unternehmer dem Verbraucher zu erstatten. [3] Eine Vergütung für geleistete Dienste sowie für die Überlassung von Wohngebäuden zur Nutzung ist ausgeschlossen.

(2) Der Verbraucher hat für einen Wertverlust der Unterkunft im Sinne des § 481 nur Wertersatz zu leisten, soweit der Wertverlust auf einer nicht bestimmungsgemäßen Nutzung der Unterkunft beruht.

**§ 357d[2] Rechtsfolgen des Widerrufs von weder im Fernabsatz noch außerhalb von Geschäftsräumen geschlossenen Ratenlieferungsverträgen.**

[1] Für die Rückgewähr der empfangenen Leistungen gilt § 357 Absatz 1 bis 4 und 6 entsprechend. [2] Der Verbraucher trägt die unmittelbaren Kosten der Rücksendung der empfangenen Sachen, es sei denn, der Unternehmer hat sich bereit erklärt, diese Kosten zu tragen. [3] § 357a Absatz 1 ist mit der Maßgabe entsprechend anzuwenden, dass an die Stelle der Unterrichtung nach Artikel 246a § 1 Absatz 2 Satz 1 Nummer 1 des Einführungsgesetzes zum Bürgerlichen Gesetzbuche[3] die Unterrichtung nach Artikel 246 Absatz 3 des Einführungsgesetzes zum Bürgerlichen Gesetzbuche tritt.

**§ 357e[4] Rechtsfolgen des Widerrufs bei Verbraucherbauverträgen.**

[1] Ist die Rückgewähr der bis zum Widerruf erbrachten Leistung ihrer Natur nach ausgeschlossen, schuldet der Verbraucher dem Unternehmer Wertersatz. [2] Bei der Berechnung des Wertersatzes ist die vereinbarte Vergütung zugrunde zu legen. [3] Ist die vereinbarte Vergütung unverhältnismäßig hoch, ist der Wertersatz auf der Grundlage des Marktwertes der erbrachten Leistung zu berechnen.

**§ 358[5] Mit dem widerrufenen Vertrag verbundener Vertrag.** (1) Hat der Verbraucher seine auf den Abschluss eines Vertrags über die Lieferung einer Ware oder die Erbringung einer anderen Leistung durch einen Unternehmer gerichtete Willenserklärung wirksam widerrufen, so ist er auch an seine auf den Abschluss eines mit diesem Vertrag verbundenen Darlehensvertrags gerichtete Willenserklärung nicht mehr gebunden.

(2) Hat der Verbraucher seine auf den Abschluss eines Darlehensvertrags gerichtete Willenserklärung auf Grund des § 495 Absatz 1 oder des § 514 Absatz 2 Satz 1 wirksam widerrufen, so ist er auch nicht mehr an diejenige Willenserklärung gebunden, die auf den Abschluss eines mit diesem Darlehensvertrag verbundenen Vertrags über die Lieferung einer Ware oder die Erbringung einer anderen Leistung gerichtet ist.

---

[1] Früherer § 357b neu gef. mWv 13.6.2014 durch G v. 20.9.2013 (BGBl. I S. 3642); bish. § 357b wird § 357c mWv 28.5.2022 durch G v. 10.8.2021 (BGBl. I S. 3483).

[2] Früherer § 357c neu gef. mWv 13.6.2014 durch G v. 20.9.2013 (BGBl. I S. 3642); bish. § 357c wird § 357d und Sätze 1 und 3 geänd. mWv 28.5.2022 durch G v. 10.8.2021 (BGBl. I S. 3483).

[3] Nr. **21**.

[4] Früherer § 357d eingef. mWv 1.1.2018 durch G v. 28.4.2017 (BGBl. I S. 969); bish. § 357d wird § 357e mWv 28.5.2022 durch G v. 10.8.2021 (BGBl. I S. 3483).

[5] § 358 neu gef. mWv 13.6.2014 durch G v. 20.9.2013 (BGBl. I S. 3642); Abs. 2 neu gef. mWv 21.3. 2016 durch G v. 11.3.2016 (BGBl. I S. 396); Abs. 4 Sätze 1, 2 und 3 geänd. mWv 28.5.2022 durch G v. 10.8.2021 (BGBl. I S. 3483).

(3) [1] Ein Vertrag über die Lieferung einer Ware oder über die Erbringung einer anderen Leistung und ein Darlehensvertrag nach den Absätzen 1 oder 2 sind verbunden, wenn das Darlehen ganz oder teilweise der Finanzierung des anderen Vertrags dient und beide Verträge eine wirtschaftliche Einheit bilden. [2] Eine wirtschaftliche Einheit ist insbesondere anzunehmen, wenn der Unternehmer selbst die Gegenleistung des Verbrauchers finanziert, oder im Falle der Finanzierung durch einen Dritten, wenn sich der Darlehensgeber bei der Vorbereitung oder dem Abschluss des Darlehensvertrags der Mitwirkung des Unternehmers bedient. [3] Bei einem finanzierten Erwerb eines Grundstücks oder eines grundstücksgleichen Rechts ist eine wirtschaftliche Einheit nur anzunehmen, wenn der Darlehensgeber selbst dem Verbraucher das Grundstück oder das grundstücksgleiche Recht verschafft oder wenn er über die Zurverfügungstellung von Darlehen hinaus den Erwerb des Grundstücks oder grundstücksgleichen Rechts durch Zusammenwirken mit dem Unternehmer fördert, indem er sich dessen Veräußerungsinteressen ganz oder teilweise zu Eigen macht, bei der Planung, Werbung oder Durchführung des Projekts Funktionen des Veräußerers übernimmt oder den Veräußerer einseitig begünstigt.

(4) [1] Auf die Rückabwicklung des verbundenen Vertrags sind unabhängig von der Vertriebsform § 355 Absatz 3 und, je nach Art des verbundenen Vertrags, die §§ 357 bis 357c entsprechend anzuwenden. [2] Ist der verbundene Vertrag ein Vertrag über die Lieferung von nicht auf einem körperlichen Datenträger befindlichen digitalen Inhalten, hat der Verbraucher abweichend von § 357a Absatz 3 unter den Voraussetzungen des § 356 Absatz 5 Nummer 2 Wertersatz für die bis zum Widerruf gelieferten digitalen Inhalte zu leisten. [3] Ist der verbundene Vertrag ein im Fernabsatz oder außerhalb von Geschäftsräumen geschlossener Ratenlieferungsvertrag, sind neben § 355 Absatz 3 auch die §§ 357 und 357a entsprechend anzuwenden; im Übrigen gelten für verbundene Ratenlieferungsverträge § 355 Absatz 3 und § 357d entsprechend. [4] Im Falle des Absatzes 1 sind jedoch Ansprüche auf Zahlung von Zinsen und Kosten aus der Rückabwicklung des Darlehensvertrags gegen den Verbraucher ausgeschlossen. [5] Der Darlehensgeber tritt im Verhältnis zum Verbraucher hinsichtlich der Rechtsfolgen des Widerrufs in die Rechte und Pflichten des Unternehmers aus dem verbundenen Vertrag ein, wenn das Darlehen dem Unternehmer bei Wirksamwerden des Widerrufs bereits zugeflossen ist.

(5) Die Absätze 2 und 4 sind nicht anzuwenden auf Darlehensverträge, die der Finanzierung des Erwerbs von Finanzinstrumenten dienen.

**§ 359[1)] Einwendungen bei verbundenen Verträgen.** (1) [1] Der Verbraucher kann die Rückzahlung des Darlehens verweigern, soweit Einwendungen aus dem verbundenen Vertrag ihn gegenüber dem Unternehmer, mit dem er den verbundenen Vertrag geschlossen hat, zur Verweigerung seiner Leistung berechtigen würden. [2] Dies gilt nicht bei Einwendungen, die auf einer Vertragsänderung beruhen, welche zwischen diesem Unternehmer und dem Verbraucher nach Abschluss des Darlehensvertrags vereinbart wurde. [3] Kann der Verbraucher Nacherfüllung verlangen, so kann er die Rückzahlung des Darlehens erst verweigern, wenn die Nacherfüllung fehlgeschlagen ist.

[1)] § 359 neu gef. mWv 13.6.2014 durch G v. 20.9.2013 (BGBl. I S. 3642); Abs. 1 Satz 2 neu gef. mWv 21.3.2016 durch G v. 11.3.2016 (BGBl. I S. 396).

(2) Absatz 1 ist nicht anzuwenden auf Darlehensverträge, die der Finanzierung des Erwerbs von Finanzinstrumenten dienen, oder wenn das finanzierte Entgelt weniger als 200 Euro beträgt.

**§ 360[1)] Zusammenhängende Verträge.** (1) [1] Hat der Verbraucher seine auf den Abschluss eines Vertrags gerichtete Willenserklärung wirksam widerrufen und liegen die Voraussetzungen für einen verbundenen Vertrag nicht vor, so ist er auch an seine auf den Abschluss eines damit zusammenhängenden Vertrags gerichtete Willenserklärung nicht mehr gebunden. [2] Auf die Rückabwicklung des zusammenhängenden Vertrags ist § 358 Absatz 4 Satz 1 bis 3 entsprechend anzuwenden. [3] Widerruft der Verbraucher einen Teilzeit-Wohnrechtevertrag oder einen Vertrag über ein langfristiges Urlaubsprodukt, hat er auch für den zusammenhängenden Vertrag keine Kosten zu tragen; § 357c Absatz 1 Satz 2 und 3 gilt entsprechend.

(2) [1] Ein zusammenhängender Vertrag liegt vor, wenn er einen Bezug zu dem widerrufenen Vertrag aufweist und eine Leistung betrifft, die von dem Unternehmer des widerrufenen Vertrags oder einem Dritten auf der Grundlage einer Vereinbarung zwischen dem Dritten und dem Unternehmer des widerrufenen Vertrags erbracht wird. [2] Ein Darlehensvertrag ist auch dann ein zusammenhängender Vertrag, wenn das Darlehen, das ein Unternehmer einem Verbraucher gewährt, ausschließlich der Finanzierung des widerrufenen Vertrags dient und die Leistung des Unternehmers aus dem widerrufenen Vertrag in dem Darlehensvertrag genau angegeben ist.

**§ 361[2)] Weitere Ansprüche, abweichende Vereinbarungen und Beweislast.** (1) Über die Vorschriften dieses Untertitels hinaus bestehen keine weiteren Ansprüche gegen den Verbraucher infolge des Widerrufs.

(2) [1] Von den Vorschriften dieses Untertitels darf, soweit nicht ein anderes bestimmt ist, nicht zum Nachteil des Verbrauchers abgewichen werden. [2] Die Vorschriften dieses Untertitels finden, soweit nichts anderes bestimmt ist, auch Anwendung, wenn sie durch anderweitige Gestaltungen umgangen werden.

(3) Ist der Beginn der Widerrufsfrist streitig, so trifft die Beweislast den Unternehmer.

## Abschnitt 4. Erlöschen der Schuldverhältnisse

### Titel 1. Erfüllung

**§ 362 Erlöschen durch Leistung.** (1) Das Schuldverhältnis erlischt, wenn die geschuldete Leistung an den Gläubiger bewirkt wird.

(2) Wird an einen Dritten zum Zwecke der Erfüllung geleistet, so findet die Vorschrift des § 185 Anwendung.

**§ 363 Beweislast bei Annahme als Erfüllung.** Hat der Gläubiger eine ihm als Erfüllung angebotene Leistung als Erfüllung angenommen, so trifft ihn die Beweislast, wenn er die Leistung deshalb nicht als Erfüllung gelten lassen will, weil sie eine andere als die geschuldete Leistung oder weil sie unvollständig gewesen sei.

---

[1)] § 360 neu gef. mWv 13.6.2014 durch G v. 20.9.2013 (BGBl. I S. 3642); Abs. 2 Satz 2 neu gef. mWv 21.3.2016 durch G v. 11.3.2016 (BGBl. I S. 396); Abs. 1 Satz 3 geänd. mWv 28.5.2022 durch G v. 10.8. 2021 (BGBl. I S. 3483).

[2)] UTitel 2 (§§ 355–361) neu gef. mWv 13.6.2014 durch G v. 20.9.2013 (BGBl. I S. 3642).

**§ 364 Annahme an Erfüllungs statt.** (1) Das Schuldverhältnis erlischt, wenn der Gläubiger eine andere als die geschuldete Leistung an Erfüllungs statt annimmt.

(2) Übernimmt der Schuldner zum Zwecke der Befriedigung des Gläubigers diesem gegenüber eine neue Verbindlichkeit, so ist im Zweifel nicht anzunehmen, dass er die Verbindlichkeit an Erfüllungs statt übernimmt.

**§ 365 Gewährleistung bei Hingabe an Erfüllungs statt.** Wird eine Sache, eine Forderung gegen einen Dritten oder ein anderes Recht an Erfüllungs statt gegeben, so hat der Schuldner wegen eines Mangels im Recht oder wegen eines Mangels der Sache in gleicher Weise wie ein Verkäufer Gewähr zu leisten.

**§ 366 Anrechnung der Leistung auf mehrere Forderungen.** (1) Ist der Schuldner dem Gläubiger aus mehreren Schuldverhältnissen zu gleichartigen Leistungen verpflichtet und reicht das von ihm Geleistete nicht zur Tilgung sämtlicher Schulden aus, so wird diejenige Schuld getilgt, welche er bei der Leistung bestimmt.

(2) Trifft der Schuldner keine Bestimmung, so wird zunächst die fällige Schuld, unter mehreren fälligen Schulden diejenige, welche dem Gläubiger geringere Sicherheit bietet, unter mehreren gleich sicheren die dem Schuldner lästigere, unter mehreren gleich lästigen die ältere Schuld und bei gleichem Alter jede Schuld verhältnismäßig getilgt.

**§ 367 Anrechnung auf Zinsen und Kosten.** (1) Hat der Schuldner außer der Hauptleistung Zinsen und Kosten zu entrichten, so wird eine zur Tilgung der ganzen Schuld nicht ausreichende Leistung zunächst auf die Kosten, dann auf die Zinsen und zuletzt auf die Hauptleistung angerechnet.

(2) Bestimmt der Schuldner eine andere Anrechnung, so kann der Gläubiger die Annahme der Leistung ablehnen.

**§ 368 Quittung.** [1]Der Gläubiger hat gegen Empfang der Leistung auf Verlangen ein schriftliches Empfangsbekenntnis (Quittung) zu erteilen. [2]Hat der Schuldner ein rechtliches Interesse, dass die Quittung in anderer Form erteilt wird, so kann er die Erteilung in dieser Form verlangen.

**§ 369 Kosten der Quittung.** (1) Die Kosten der Quittung hat der Schuldner zu tragen und vorzuschießen, sofern nicht aus dem zwischen ihm und dem Gläubiger bestehenden Rechtsverhältnis sich ein anderes ergibt.

(2) Treten infolge einer Übertragung der Forderung oder im Wege der Erbfolge an die Stelle des ursprünglichen Gläubigers mehrere Gläubiger, so fallen die Mehrkosten den Gläubigern zur Last.

**§ 370 Leistung an den Überbringer der Quittung.** Der Überbringer einer Quittung gilt als ermächtigt, die Leistung zu empfangen, sofern nicht die dem Leistenden bekannten Umstände der Annahme einer solchen Ermächtigung entgegenstehen.

**§ 371 Rückgabe des Schuldscheins.** [1]Ist über die Forderung ein Schuldschein ausgestellt worden, so kann der Schuldner neben der Quittung Rückgabe des Schuldscheins verlangen. [2]Behauptet der Gläubiger, zur Rückgabe außerstande zu sein, so kann der Schuldner das öffentlich beglaubigte Anerkenntnis verlangen, dass die Schuld erloschen sei.

## Titel 2. Hinterlegung

**§ 372 Voraussetzungen.** [1] Geld, Wertpapiere und sonstige Urkunden sowie Kostbarkeiten kann der Schuldner bei einer dazu bestimmten öffentlichen Stelle für den Gläubiger hinterlegen, wenn der Gläubiger im Verzug der Annahme ist. [2] Das Gleiche gilt, wenn der Schuldner aus einem anderen in der Person des Gläubigers liegenden Grund oder infolge einer nicht auf Fahrlässigkeit beruhenden Ungewissheit über die Person des Gläubigers seine Verbindlichkeit nicht oder nicht mit Sicherheit erfüllen kann.

**§ 373 Zug-um-Zug-Leistung.** Ist der Schuldner nur gegen eine Leistung des Gläubigers zu leisten verpflichtet, so kann er das Recht des Gläubigers zum Empfang der hinterlegten Sache von der Bewirkung der Gegenleistung abhängig machen.

**§ 374 Hinterlegungsort; Anzeigepflicht.** (1) Die Hinterlegung hat bei der Hinterlegungsstelle des Leistungsorts zu erfolgen; hinterlegt der Schuldner bei einer anderen Stelle, so hat er dem Gläubiger den daraus entstehenden Schaden zu ersetzen.

(2) [1] Der Schuldner hat dem Gläubiger die Hinterlegung unverzüglich anzuzeigen; im Falle der Unterlassung ist er zum Schadensersatz verpflichtet. [2] Die Anzeige darf unterbleiben, wenn sie untunlich ist.

**§ 375 Rückwirkung bei Postübersendung.** Ist die hinterlegte Sache der Hinterlegungsstelle durch die Post übersendet worden, so wirkt die Hinterlegung auf die Zeit der Aufgabe der Sache zur Post zurück.

*(Fortsetzung nächstes Blatt)*

**§ 376 Rücknahmerecht.** (1) Der Schuldner hat das Recht, die hinterlegte Sache zurückzunehmen.

(2) Die Rücknahme ist ausgeschlossen:

1. wenn der Schuldner der Hinterlegungsstelle erklärt, dass er auf das Recht zur Rücknahme verzichte,
2. wenn der Gläubiger der Hinterlegungsstelle die Annahme erklärt,
3. wenn der Hinterlegungsstelle ein zwischen dem Gläubiger und dem Schuldner ergangenes rechtskräftiges Urteil vorgelegt wird, das die Hinterlegung für rechtmäßig erklärt.

**§ 377 Unpfändbarkeit des Rücknahmerechts.** (1) Das Recht zur Rücknahme ist der Pfändung nicht unterworfen.

(2) Wird über das Vermögen des Schuldners das Insolvenzverfahren eröffnet, so kann während des Insolvenzverfahrens das Recht zur Rücknahme auch nicht von dem Schuldner ausgeübt werden.

**§ 378 Wirkung der Hinterlegung bei ausgeschlossener Rücknahme.** Ist die Rücknahme der hinterlegten Sache ausgeschlossen, so wird der Schuldner durch die Hinterlegung von seiner Verbindlichkeit in gleicher Weise befreit, wie wenn er zur Zeit der Hinterlegung an den Gläubiger geleistet hätte.

**§ 379 Wirkung der Hinterlegung bei nicht ausgeschlossener Rücknahme.** (1) Ist die Rücknahme der hinterlegten Sache nicht ausgeschlossen, so kann der Schuldner den Gläubiger auf die hinterlegte Sache verweisen.

(2) Solange die Sache hinterlegt ist, trägt der Gläubiger die Gefahr und ist der Schuldner nicht verpflichtet, Zinsen zu zahlen oder Ersatz für nicht gezogene Nutzungen zu leisten.

(3) Nimmt der Schuldner die hinterlegte Sache zurück, so gilt die Hinterlegung als nicht erfolgt.

**§ 380 Nachweis der Empfangsberechtigung.** Soweit nach den für die Hinterlegungsstelle geltenden Bestimmungen zum Nachweis der Empfangsberechtigung des Gläubigers eine diese Berechtigung anerkennende Erklärung des Schuldners erforderlich oder genügend ist, kann der Gläubiger von dem Schuldner die Abgabe der Erklärung unter denselben Voraussetzungen verlangen, unter denen er die Leistung zu fordern berechtigt sein würde, wenn die Hinterlegung nicht erfolgt wäre.

**§ 381 Kosten der Hinterlegung.** Die Kosten der Hinterlegung fallen dem Gläubiger zur Last, sofern nicht der Schuldner die hinterlegte Sache zurücknimmt.

**§ 382 Erlöschen des Gläubigerrechts.** Das Recht des Gläubigers auf den hinterlegten Betrag erlischt mit dem Ablauf von 30 Jahren nach dem Empfang der Anzeige von der Hinterlegung, wenn nicht der Gläubiger sich vorher bei der Hinterlegungsstelle meldet; der Schuldner ist zur Rücknahme berechtigt, auch wenn er auf das Recht zur Rücknahme verzichtet hat.

**§ 383 Versteigerung hinterlegungsunfähiger Sachen.** (1) [1] Ist die geschuldete bewegliche Sache zur Hinterlegung nicht geeignet, so kann der Schuldner sie im Falle des Verzugs des Gläubigers am Leistungsort versteigern lassen und den Erlös hinterlegen. [2] Das Gleiche gilt in den Fällen des § 372 Satz 2, wenn der

Verderb der Sache zu besorgen oder die Aufbewahrung mit unverhältnismäßigen Kosten verbunden ist.

(2) Ist von der Versteigerung am Leistungsort ein angemessener Erfolg nicht zu erwarten, so ist die Sache an einem geeigneten anderen Orte zu versteigern.

(3) [1] Die Versteigerung hat durch einen für den Versteigerungsort bestellten Gerichtsvollzieher oder zu Versteigerungen befugten anderen Beamten oder öffentlich angestellten Versteigerer öffentlich zu erfolgen (öffentliche Versteigerung). [2] Zeit und Ort der Versteigerung sind unter allgemeiner Bezeichnung der Sache öffentlich bekannt zu machen.

(4) Die Vorschriften der Absätze 1 bis 3 gelten nicht für eingetragene Schiffe und Schiffsbauwerke.

**§ 384 Androhung der Versteigerung.** (1) Die Versteigerung ist erst zulässig, nachdem sie dem Gläubiger angedroht worden ist; die Androhung darf unterbleiben, wenn die Sache dem Verderb ausgesetzt und mit dem Aufschub der Versteigerung Gefahr verbunden ist.

(2) Der Schuldner hat den Gläubiger von der Versteigerung unverzüglich zu benachrichtigen; im Falle der Unterlassung ist er zum Schadensersatz verpflichtet.

(3) Die Androhung und die Benachrichtigung dürfen unterbleiben, wenn sie untunlich sind.

**§ 385[1)] Freihändiger Verkauf.** Hat die Sache einen Börsen- oder Marktpreis, so kann der Schuldner den Verkauf aus freier Hand durch einen zu solchen Verkäufen öffentlich ermächtigten Handelsmakler oder durch eine zur öffentlichen Versteigerung befugte Person zum laufenden Preis bewirken.

**§ 386 Kosten der Versteigerung.** Die Kosten der Versteigerung oder des nach § 385 erfolgten Verkaufs fallen dem Gläubiger zur Last, sofern nicht der Schuldner den hinterlegten Erlös zurücknimmt.

### Titel 3. Aufrechnung

**§ 387 Voraussetzungen.** Schulden zwei Personen einander Leistungen, die ihrem Gegenstand nach gleichartig sind, so kann jeder Teil seine Forderung gegen die Forderung des anderen Teils aufrechnen, sobald er die ihm gebührende Leistung fordern und die ihm obliegende Leistung bewirken kann.

**§ 388 Erklärung der Aufrechnung.** [1] Die Aufrechnung erfolgt durch Erklärung gegenüber dem anderen Teil. [2] Die Erklärung ist unwirksam, wenn sie unter einer Bedingung oder einer Zeitbestimmung abgegeben wird.

**§ 389 Wirkung der Aufrechnung.** Die Aufrechnung bewirkt, dass die Forderungen, soweit sie sich decken, als in dem Zeitpunkt erloschen gelten, in welchem sie zur Aufrechnung geeignet einander gegenübergetreten sind.

**§ 390 Keine Aufrechnung mit einredebehafteter Forderung.** Eine Forderung, der eine Einrede entgegensteht, kann nicht aufgerechnet werden.

---

1) § 385 geänd. mWv 23.12.2020 durch G v. 12.6.2020 (BGBl. I S. 1245).

**§ 391. Aufrechnung bei Verschiedenheit der Leistungsorte.** (1) [1]Die Aufrechnung wird nicht dadurch ausgeschlossen, dass für die Forderungen verschiedene Leistungs- oder Ablieferungsorte bestehen. [2]Der aufrechnende Teil hat jedoch den Schaden zu ersetzen, den der andere Teil dadurch erleidet, dass er infolge der Aufrechnung die Leistung nicht an dem bestimmten Orte erhält oder bewirken kann.

(2) Ist vereinbart, dass die Leistung zu einer bestimmten Zeit an einem bestimmten Orte erfolgen soll, so ist im Zweifel anzunehmen, dass die Aufrechnung einer Forderung, für die ein anderer Leistungsort besteht, ausgeschlossen sein soll.

**§ 392. Aufrechnung gegen beschlagnahmte Forderung.** Durch die Beschlagnahme einer Forderung wird die Aufrechnung einer dem Schuldner gegen den Gläubiger zustehenden Forderung nur dann ausgeschlossen, wenn der Schuldner seine Forderung nach der Beschlagnahme erworben hat oder wenn seine Forderung erst nach der Beschlagnahme und später als die in Beschlag genommene Forderung fällig geworden ist.

**§ 393. Keine Aufrechnung gegen Forderung aus unerlaubter Handlung.** Gegen eine Forderung aus einer vorsätzlich begangenen unerlaubten Handlung ist die Aufrechnung nicht zulässig.

**§ 394. Keine Aufrechnung gegen unpfändbare Forderung.** [1]Soweit eine Forderung der Pfändung nicht unterworfen ist, findet die Aufrechnung gegen die Forderung nicht statt. [2]Gegen die aus Kranken-, Hilfs- oder Sterbekassen, insbesondere aus Knappschaftskassen und Kassen der Knappschaftsvereine, zu beziehenden Hebungen können jedoch geschuldete Beiträge aufgerechnet werden.

**§ 395. Aufrechnung gegen Forderungen öffentlich-rechtlicher Körperschaften.** Gegen eine Forderung des Bundes oder eines Landes sowie gegen eine Forderung einer Gemeinde oder eines anderen Kommunalverbands ist die Aufrechnung nur zulässig, wenn die Leistung an dieselbe Kasse zu erfolgen hat, aus der die Forderung des Aufrechnenden zu berichtigen ist.

**§ 396. Mehrheit von Forderungen.** (1) [1]Hat der eine oder der andere Teil mehrere zur Aufrechnung geeignete Forderungen, so kann der aufrechnende Teil die Forderungen bestimmen, die gegeneinander aufgerechnet werden sollen. [2]Wird die Aufrechnung ohne eine solche Bestimmung erklärt oder widerspricht der andere Teil unverzüglich, so findet die Vorschrift des § 366 Abs. 2 entsprechende Anwendung.

(2) Schuldet der aufrechnende Teil dem anderen Teil außer der Hauptleistung Zinsen und Kosten, so findet die Vorschrift des § 367 entsprechende Anwendung.

## Titel 4. Erlass

**§ 397. Erlassvertrag, negatives Schuldanerkenntnis.** (1) Das Schuldverhältnis erlischt, wenn der Gläubiger dem Schuldner durch Vertrag die Schuld erlässt.

(2) Das Gleiche gilt, wenn der Gläubiger durch Vertrag mit dem Schuldner anerkennt, dass das Schuldverhältnis nicht bestehe.

## Abschnitt 5. Übertragung einer Forderung

**§ 398. Abtretung.** [1]Eine Forderung kann von dem Gläubiger durch Vertrag mit einem anderen auf diesen übertragen werden (Abtretung). [2]Mit dem Abschluss des Vertrags tritt der neue Gläubiger an die Stelle des bisherigen Gläubigers.

**§ 399. Ausschluss der Abtretung bei Inhaltsänderung oder Vereinbarung.** Eine Forderung kann nicht abgetreten werden, wenn die Leistung an einen anderen als den ursprünglichen Gläubiger nicht ohne Veränderung ihres Inhalts erfolgen kann oder wenn die Abtretung durch Vereinbarung mit dem Schuldner ausgeschlossen ist.[1)]

**§ 400. Ausschluss bei unpfändbaren Forderungen.** Eine Forderung kann nicht abgetreten werden, soweit sie der Pfändung nicht unterworfen ist.

**§ 401. Übergang der Neben- und Vorzugsrechte.** (1) Mit der abgetretenen Forderung gehen die Hypotheken, Schiffshypotheken oder Pfandrechte, die für sie bestehen, sowie die Rechte aus einer für sie bestellten Bürgschaft auf den neuen Gläubiger über.

(2) Ein mit der Forderung für den Fall der Zwangsvollstreckung oder des Insolvenzverfahrens verbundenes Vorzugsrecht kann auch der neue Gläubiger geltend machen.

**§ 402. Auskunftspflicht; Urkundenauslieferung.** Der bisherige Gläubiger ist verpflichtet, dem neuen Gläubiger die zur Geltendmachung der Forderung nötige Auskunft zu erteilen und ihm die zum Beweis der Forderung dienenden Urkunden, soweit sie sich in seinem Besitz befinden, auszuliefern.

**§ 403. Pflicht zur Beurkundung.** [1]Der bisherige Gläubiger hat dem neuen Gläubiger auf Verlangen eine öffentlich beglaubigte Urkunde über die Abtretung auszustellen. [2]Die Kosten hat der neue Gläubiger zu tragen und vorzuschießen.

**§ 404. Einwendungen des Schuldners.** Der Schuldner kann dem neuen Gläubiger die Einwendungen entgegensetzen, die zur Zeit der Abtretung der Forderung gegen den bisherigen Gläubiger begründet waren.

**§ 405. Abtretung unter Urkundenvorlegung.** Hat der Schuldner eine Urkunde über die Schuld ausgestellt, so kann er sich, wenn die Forderung unter Vorlegung der Urkunde abgetreten wird, dem neuen Gläubiger gegenüber nicht darauf berufen, dass die Eingehung oder Anerkennung des Schuldverhältnisses nur zum Schein erfolgt oder dass die Abtretung durch Vereinbarung mit dem ursprünglichen Gläubiger ausgeschlossen sei, es sei denn, dass der neue Gläubiger bei der Abtretung den Sachverhalt kannte oder kennen musste.

---

[1)] Die Abtretung ist trotz Ausschluss gleichwohl wirksam, wenn das Rechtsgeschäft, das die Forderung begründet hat, für beide Teile ein Handelsgeschäft ist: § 354 a HGB; Nr. **50**.

**§ 406. Aufrechnung gegenüber dem neuen Gläubiger.** Der Schuldner kann eine ihm gegen den bisherigen Gläubiger zustehende Forderung auch dem neuen Gläubiger gegenüber aufrechnen, es sei denn, dass er bei dem Erwerb der Forderung von der Abtretung Kenntnis hatte oder dass die Forderung erst nach der Erlangung der Kenntnis und später als die abgetretene Forderung fällig geworden ist.

**§ 407. Rechtshandlungen gegenüber dem bisherigen Gläubiger.**

(1) Der neue Gläubiger muss eine Leistung, die der Schuldner nach der Abtretung an den bisherigen Gläubiger bewirkt, sowie jedes Rechtsgeschäft, das nach der Abtretung zwischen dem Schuldner und dem bisherigen Gläubiger in Ansehung der Forderung vorgenommen wird, gegen sich gelten lassen, es sei denn, dass der Schuldner die Abtretung bei der Leistung oder der Vornahme des Rechtsgeschäfts kennt.

(2) Ist in einem nach der Abtretung zwischen dem Schuldner und dem bisherigen Gläubiger anhängig gewordenen Rechtsstreit ein rechtskräftiges Urteil über die Forderung ergangen, so muss der neue Gläubiger das Urteil gegen sich gelten lassen, es sei denn, dass der Schuldner die Abtretung bei dem Eintritt der Rechtshängigkeit gekannt hat.

**§ 408. Mehrfache Abtretung.** (1) Wird eine abgetretene Forderung von dem bisherigen Gläubiger nochmals an einen Dritten abgetreten, so findet, wenn der Schuldner an den Dritten leistet oder wenn zwischen dem Schuldner und dem Dritten ein Rechtsgeschäft vorgenommen oder ein Rechtsstreit anhängig wird, zugunsten des Schuldners die Vorschrift des § 407 dem früheren Erwerber gegenüber entsprechende Anwendung.

(2) Das Gleiche gilt, wenn die bereits abgetretene Forderung durch gerichtlichen Beschluss einem Dritten überwiesen wird oder wenn der bisherige Gläubiger dem Dritten gegenüber anerkennt, dass die bereits abgetretene Forderung kraft Gesetzes auf den Dritten übergegangen sei.

**§ 409. Abtretungsanzeige.** (1) [1] Zeigt der Gläubiger dem Schuldner an, dass er die Forderung abgetreten habe, so muss er dem Schuldner gegenüber die angezeigte Abtretung gegen sich gelten lassen, auch wenn sie nicht erfolgt oder nicht wirksam ist. [2] Der Anzeige steht es gleich, wenn der Gläubiger eine Urkunde über die Abtretung dem in der Urkunde bezeichneten neuen Gläubiger ausgestellt hat und dieser sie dem Schuldner vorlegt.

(2) Die Anzeige kann nur mit Zustimmung desjenigen zurückgenommen werden, welcher als der neue Gläubiger bezeichnet worden ist.

**§ 410. Aushändigung der Abtretungsurkunde.** (1) [1] Der Schuldner ist dem neuen Gläubiger gegenüber zur Leistung nur gegen Aushändigung einer von dem bisherigen Gläubiger über die Abtretung ausgestellten Urkunde verpflichtet. [2] Eine Kündigung oder eine Mahnung des neuen Gläubigers ist unwirksam, wenn sie ohne Vorlegung einer solchen Urkunde erfolgt und der Schuldner sie aus diesem Grunde unverzüglich zurückweist.

(2) Diese Vorschriften finden keine Anwendung, wenn der bisherige Gläubiger dem Schuldner die Abtretung schriftlich angezeigt hat.

**§ 411. Gehaltsabtretung.** [1] Tritt eine Militärperson, ein Beamter, ein Geistlicher oder ein Lehrer an einer öffentlichen Unterrichtsanstalt den übertragbaren Teil des Diensteinkommens, des Wartegelds oder des Ruhegehalts ab, so ist die auszahlende Kasse durch Aushändigung einer von dem bisherigen Gläubiger ausgestellten, öffentlich oder amtlich beglaubigten Urkunde von der Abtretung zu benachrichtigen. [2]Bis zur Benachrichtigung gilt die Abtretung als der Kasse nicht bekannt.

**§ 412. Gesetzlicher Forderungsübergang.** Auf die Übertragung einer Forderung kraft Gesetzes finden die Vorschriften der §§ 399 bis 404, 406 bis 410 entsprechende Anwendung.

**§ 413. Übertragung anderer Rechte.** Die Vorschriften über die Übertragung von Forderungen finden auf die Übertragung anderer Rechte entsprechende Anwendung, soweit nicht das Gesetz ein anderes vorschreibt.

## Abschnitt 6. Schuldübernahme

**§ 414. Vertrag zwischen Gläubiger und Übernehmer.** Eine Schuld kann von einem Dritten durch Vertrag mit dem Gläubiger in der Weise übernommen werden, dass der Dritte an die Stelle des bisherigen Schuldners tritt.

**§ 415. Vertrag zwischen Schuldner und Übernehmer.** (1) [1]Wird die Schuldübernahme von dem Dritten mit dem Schuldner vereinbart, so hängt ihre Wirksamkeit von der Genehmigung des Gläubigers ab. [2]Die Genehmigung kann erst erfolgen, wenn der Schuldner oder der Dritte dem Gläubiger die Schuldübernahme mitgeteilt hat. [3]Bis zur Genehmigung können die Parteien den Vertrag ändern oder aufheben.

(2) [1]Wird die Genehmigung verweigert, so gilt die Schuldübernahme als nicht erfolgt. [2]Fordert der Schuldner oder der Dritte den Gläubiger unter Bestimmung einer Frist zur Erklärung über die Genehmigung auf, so kann die Genehmigung nur bis zum Ablauf der Frist erklärt werden; wird sie nicht erklärt, so gilt sie als verweigert.

(3) [1]Solange nicht der Gläubiger die Genehmigung erteilt hat, ist im Zweifel der Übernehmer dem Schuldner gegenüber verpflichtet, den Gläubiger rechtzeitig zu befriedigen. [2]Das Gleiche gilt, wenn der Gläubiger die Genehmigung verweigert.

**§ 416. Übernahme einer Hypothekenschuld.** (1) [1]Übernimmt der Erwerber eines Grundstücks durch Vertrag mit dem Veräußerer eine Schuld des Veräußerers, für die eine Hypothek an dem Grundstück besteht, so kann der Gläubiger die Schuldübernahme nur genehmigen, wenn der Veräußerer sie ihm mitteilt. [2]Sind seit dem Empfang der Mitteilung sechs Monate verstrichen, so gilt die Genehmigung als erteilt, wenn nicht der Gläubiger sie dem Veräußerer gegenüber vorher verweigert hat; die Vorschrift des § 415 Abs. 2 Satz 2 findet keine Anwendung.

(2) [1]Die Mitteilung des Veräußerers kann erst erfolgen, wenn der Erwerber als Eigentümer im Grundbuch eingetragen ist. [2]Sie muss schriftlich geschehen und den Hinweis enthalten, dass der Übernehmer an die Stelle des bisherigen Schuldners tritt, wenn nicht der Gläubiger die Verweigerung innerhalb der sechs Monate erklärt.

(3) [1] Der Veräußerer hat auf Verlangen des Erwerbers dem Gläubiger die Schuldübernahme mitzuteilen. [2] Sobald die Erteilung oder Verweigerung der Genehmigung feststeht, hat der Veräußerer den Erwerber zu benachrichtigen.

**§ 417. Einwendungen des Übernehmers.** (1) [1] Der Übernehmer kann dem Gläubiger die Einwendungen entgegensetzen, welche sich aus dem Rechtsverhältnis zwischen dem Gläubiger und dem bisherigen Schuldner ergeben. [2] Eine dem bisherigen Schuldner zustehende Forderung kann er nicht aufrechnen.

(2) Aus dem der Schuldübernahme zugrunde liegenden Rechtsverhältnis zwischen dem Übernehmer und dem bisherigen Schuldner kann der Übernehmer dem Gläubiger gegenüber Einwendungen nicht herleiten.

**§ 418. Erlöschen von Sicherungs- und Vorzugsrechten.** (1) [1] Infolge der Schuldübernahme erlöschen die für die Forderung bestellten Bürgschaften und Pfandrechte. [2] Besteht für die Forderung eine Hypothek oder eine Schiffshypothek, so tritt das Gleiche ein, wie wenn der Gläubiger auf die Hypothek oder die Schiffshypothek verzichtet. [3] Diese Vorschriften finden keine Anwendung, wenn der Bürge oder derjenige, welchem der verhaftete Gegenstand zur Zeit der Schuldübernahme gehört, in diese einwilligt.

(2) Ein mit der Forderung für den Fall des Insolvenzverfahrens verbundenes Vorzugsrecht kann nicht im Insolvenzverfahren über das Vermögen des Übernehmers geltend gemacht werden.

**§ 419.**[1)] (weggefallen)

## Abschnitt 7. Mehrheit von Schuldnern und Gläubigern

**§ 420. Teilbare Leistung.** Schulden mehrere eine teilbare Leistung oder haben mehrere eine teilbare Leistung zu fordern, so ist im Zweifel jeder Schuldner nur zu einem gleichen Anteil verpflichtet, jeder Gläubiger nur zu einem gleichen Anteil berechtigt.

**§ 421. Gesamtschuldner.** [1] Schulden mehrere eine Leistung in der Weise, dass jeder die ganze Leistung zu bewirken verpflichtet, der Gläubiger aber die Leistung nur einmal zu fordern berechtigt ist (Gesamtschuldner), so kann der Gläubiger die Leistung nach seinem Belieben von jedem der Schuldner ganz oder zu einem Teil fordern. [2] Bis zur Bewirkung der ganzen Leistung bleiben sämtliche Schuldner verpflichtet.

**§ 422. Wirkung der Erfüllung.** (1) [1] Die Erfüllung durch einen Gesamtschuldner wirkt auch für die übrigen Schuldner. [2] Das Gleiche gilt von der Leistung an Erfüllungs statt, der Hinterlegung und der Aufrechnung.

(2) Eine Forderung, die einem Gesamtschuldner zusteht, kann nicht von den übrigen Schuldnern aufgerechnet werden.

**§ 423. Wirkung des Erlasses.** Ein zwischen dem Gläubiger und einem Gesamtschuldner vereinbarter Erlass wirkt auch für die übrigen Schuldner, wenn die Vertragschließenden das ganze Schuldverhältnis aufheben wollten.

---

[1)] Beachte hierzu Übergangsvorschrift in Art. 223 a EGBGB; Nr. **21**.

**§ 424. Wirkung des Gläubigerverzugs.** Der Verzug des Gläubigers gegenüber einem Gesamtschuldner wirkt auch für die übrigen Schuldner.

**§ 425. Wirkung anderer Tatsachen.** (1) Andere als die in den §§ 422 bis 424 bezeichneten Tatsachen wirken, soweit sich nicht aus dem Schuldverhältnis ein anderes ergibt, nur für und gegen den Gesamtschuldner, in dessen Person sie eintreten.

(2) Dies gilt insbesondere von der Kündigung, dem Verzug, dem Verschulden, von der Unmöglichkeit der Leistung in der Person eines Gesamtschuldners, von der Verjährung, deren Neubeginn, Hemmung und Ablaufhemmung, von der Vereinigung der Forderung mit der Schuld und von dem rechtskräftigen Urteil.

**§ 426. Ausgleichungspflicht, Forderungsübergang.** (1) [1]Die Gesamtschuldner sind im Verhältnis zueinander zu gleichen Anteilen verpflichtet, soweit nicht ein anderes bestimmt ist. [2]Kann von einem Gesamtschuldner der auf ihn entfallende Beitrag nicht erlangt werden, so ist der Ausfall von den übrigen zur Ausgleichung verpflichteten Schuldnern zu tragen.

(2) [1]Soweit ein Gesamtschuldner den Gläubiger befriedigt und von den übrigen Schuldnern Ausgleichung verlangen kann, geht die Forderung des Gläubigers gegen die übrigen Schuldner auf ihn über. [2]Der Übergang kann nicht zum Nachteil des Gläubigers geltend gemacht werden.

**§ 427. Gemeinschaftliche vertragliche Verpflichtung.** Verpflichten sich mehrere durch Vertrag gemeinschaftlich zu einer teilbaren Leistung, so haften sie im Zweifel als Gesamtschuldner.

**§ 428. Gesamtgläubiger.** [1]Sind mehrere eine Leistung in der Weise zu fordern berechtigt, dass jeder die ganze Leistung fordern kann, der Schuldner aber die Leistung nur einmal zu bewirken verpflichtet ist (Gesamtgläubiger), so kann der Schuldner nach seinem Belieben an jeden der Gläubiger leisten. [2]Dies gilt auch dann, wenn einer der Gläubiger bereits Klage auf die Leistung erhoben hat.

**§ 429. Wirkung von Veränderungen.** (1) Der Verzug eines Gesamtgläubigers wirkt auch gegen die übrigen Gläubiger.

(2) Vereinigen sich Forderung und Schuld in der Person eines Gesamtgläubigers, so erlöschen die Rechte der übrigen Gläubiger gegen den Schuldner.

(3) [1]Im Übrigen finden die Vorschriften der §§ 422, 423, 425 entsprechende Anwendung. [2]Insbesondere bleiben, wenn ein Gesamtgläubiger seine Forderung auf einen anderen überträgt, die Rechte der übrigen Gläubiger unberührt.

**§ 430. Ausgleichungspflicht der Gesamtgläubiger.** Die Gesamtgläubiger sind im Verhältnis zueinander zu gleichen Anteilen berechtigt, soweit nicht ein anderes bestimmt ist.

**§ 431. Mehrere Schuldner einer unteilbaren Leistung.** Schulden mehrere eine unteilbare Leistung, so haften sie als Gesamtschuldner.

**§ 432 Mehrere Gläubiger einer unteilbaren Leistung.** (1) [1]Haben mehrere eine unteilbare Leistung zu fordern, so kann, sofern sie nicht Gesamtgläubiger sind, der Schuldner nur an alle gemeinschaftlich leisten und jeder Gläubiger nur die Leistung an alle fordern. [2]Jeder Gläubiger kann verlangen, dass der Schuldner die geschuldete Sache für alle Gläubiger hinterlegt oder, wenn sie sich nicht zur Hinterlegung eignet, an einen gerichtlich zu bestellenden Verwahrer abliefert.

(2) Im Übrigen wirkt eine Tatsache, die nur in der Person eines der Gläubiger eintritt, nicht für und gegen die übrigen Gläubiger.

## Abschnitt 8. Einzelne Schuldverhältnisse

### Titel 1.[1)] Kauf, Tausch[2)]

#### Untertitel 1. Allgemeine Vorschriften

**§ 433 Vertragstypische Pflichten beim Kaufvertrag.** (1) [1]Durch den Kaufvertrag wird der Verkäufer einer Sache verpflichtet, dem Käufer die Sache zu übergeben und das Eigentum an der Sache zu verschaffen. [2]Der Verkäufer hat dem Käufer die Sache frei von Sach- und Rechtsmängeln zu verschaffen.

(2) Der Käufer ist verpflichtet, dem Verkäufer den vereinbarten Kaufpreis zu zahlen und die gekaufte Sache abzunehmen.

**§ 434[3)] Sachmangel.** (1) Die Sache ist frei von Sachmängeln, wenn sie bei Gefahrübergang den subjektiven Anforderungen, den objektiven Anforderungen und den Montageanforderungen dieser Vorschrift entspricht.

(2) [1]Die Sache entspricht den subjektiven Anforderungen, wenn sie

1. die vereinbarte Beschaffenheit hat,
2. sich für die nach dem Vertrag vorausgesetzte Verwendung eignet und
3. mit dem vereinbarten Zubehör und den vereinbarten Anleitungen, einschließlich Montage- und Installationsanleitungen, übergeben wird.

[2]Zu der Beschaffenheit nach Satz 1 Nummer 1 gehören Art, Menge, Qualität, Funktionalität, Kompatibilität, Interoperabilität und sonstige Merkmale der Sache, für die die Parteien Anforderungen vereinbart haben.

(3) [1]Soweit nicht wirksam etwas anderes vereinbart wurde, entspricht die Sache den objektiven Anforderungen, wenn sie

1. sich für die gewöhnliche Verwendung eignet,
2. eine Beschaffenheit aufweist, die bei Sachen derselben Art üblich ist und die der Käufer erwarten kann unter Berücksichtigung
   a) der Art der Sache und
   b) der öffentlichen Äußerungen, die von dem Verkäufer oder einem anderen Glied der Vertragskette oder in deren Auftrag, insbesondere in der Werbung oder auf dem Etikett, abgegeben wurden,
3. der Beschaffenheit einer Probe oder eines Musters entspricht, die oder das der Verkäufer dem Käufer vor Vertragsschluss zur Verfügung gestellt hat, und

---

[1)] Beachte hierzu auch Übereinkommen der Vereinten Nationen über Verträge über den internationalen Warenkauf **(Habersack, Deutsche Gesetze ErgBd. Nr. 50c)**.

[2)] **Amtl. Anm.:** Dieser Titel dient der Umsetzung der Richtlinie 1999/44/EG des Europäischen Parlaments und des Rates vom 25. Mai 1999 zu bestimmten Aspekten des Verbrauchsgüterkaufs und der Garantien für Verbrauchsgüter (ABl. EG Nr. L 171 S. 12).

[3)] § 434 neu gef. mWv 1.1.2022 durch G v. 25.6.2021 (BGBl. I S. 2133).

4. mit dem Zubehör einschließlich der Verpackung, der Montage- oder Installationsanleitung sowie anderen Anleitungen übergeben wird, deren Erhalt der Käufer erwarten kann.

[2] Zu der üblichen Beschaffenheit nach Satz 1 Nummer 2 gehören Menge, Qualität und sonstige Merkmale der Sache, einschließlich ihrer Haltbarkeit, Funktionalität, Kompatibilität und Sicherheit. [3] Der Verkäufer ist durch die in Satz 1 Nummer 2 Buchstabe b genannten öffentlichen Äußerungen nicht gebunden, wenn er sie nicht kannte und auch nicht kennen konnte, wenn die Äußerung im Zeitpunkt des Vertragsschlusses in derselben oder in gleichwertiger Weise berichtigt war oder wenn die Äußerung die Kaufentscheidung nicht beeinflussen konnte.

(4) Soweit eine Montage durchzuführen ist, entspricht die Sache den Montageanforderungen, wenn die Montage
1. sachgemäß durchgeführt worden ist oder
2. zwar unsachgemäß durchgeführt worden ist, dies jedoch weder auf einer unsachgemäßen Montage durch den Verkäufer noch auf einem Mangel in der vom Verkäufer übergebenen Anleitung beruht.

(5) Einem Sachmangel steht es gleich, wenn der Verkäufer eine andere Sache als die vertraglich geschuldete Sache liefert.

**§ 435 Rechtsmangel.** [1] Die Sache ist frei von Rechtsmängeln, wenn Dritte in Bezug auf die Sache keine oder nur die im Kaufvertrag übernommenen Rechte gegen den Käufer geltend machen können. [2] Einem Rechtsmangel steht es gleich, wenn im Grundbuch ein Recht eingetragen ist, das nicht besteht.

**§ 436 Öffentliche Lasten von Grundstücken.** (1) Soweit nicht anders vereinbart, ist der Verkäufer eines Grundstücks verpflichtet, Erschließungsbeiträge und sonstige Anliegerbeiträge für die Maßnahmen zu tragen, die bis zum Tage des Vertragsschlusses bautechnisch begonnen sind, unabhängig vom Zeitpunkt des Entstehens der Beitragsschuld.

(2) Der Verkäufer eines Grundstücks haftet nicht für die Freiheit des Grundstücks von anderen öffentlichen Abgaben und von anderen öffentlichen Lasten, die zur Eintragung in das Grundbuch nicht geeignet sind.

**§ 437 Rechte des Käufers bei Mängeln.** Ist die Sache mangelhaft, kann der Käufer, wenn die Voraussetzungen der folgenden Vorschriften vorliegen und soweit nicht ein anderes bestimmt ist,
1. nach § 439 Nacherfüllung verlangen,
2. nach den §§ 440, 323 und 326 Abs. 5 von dem Vertrag zurücktreten oder nach § 441 den Kaufpreis mindern und
3. nach den §§ 440, 280, 281, 283 und 311a Schadensersatz oder nach § 284 Ersatz vergeblicher Aufwendungen verlangen.

**§ 438 Verjährung der Mängelansprüche.** (1) Die in § 437 Nr. 1 und 3 bezeichneten Ansprüche verjähren
1. in 30 Jahren, wenn der Mangel
   a) in einem dinglichen Recht eines Dritten, auf Grund dessen Herausgabe der Kaufsache verlangt werden kann, oder
   b) in einem sonstigen Recht, das im Grundbuch eingetragen ist,

   besteht,

2. in fünf Jahren
   a) bei einem Bauwerk und
   b) bei einer Sache, die entsprechend ihrer üblichen Verwendungsweise für ein Bauwerk verwendet worden ist und dessen Mangelhaftigkeit verursacht hat, und
3. im Übrigen in zwei Jahren.

(2) Die Verjährung beginnt bei Grundstücken mit der Übergabe, im Übrigen mit der Ablieferung der Sache.

(3) [1] Abweichend von Absatz 1 Nr. 2 und 3 und Absatz 2 verjähren die Ansprüche in der regelmäßigen Verjährungsfrist, wenn der Verkäufer den Mangel arglistig verschwiegen hat. [2] Im Falle des Absatzes 1 Nr. 2 tritt die Verjährung jedoch nicht vor Ablauf der dort bestimmten Frist ein.

(4) [1] Für das in § 437 bezeichnete Rücktrittsrecht gilt § 218. [2] Der Käufer kann trotz einer Unwirksamkeit des Rücktritts nach § 218 Abs. 1 die Zahlung des Kaufpreises insoweit verweigern, als er auf Grund des Rücktritts dazu berechtigt sein würde. [3] Macht er von diesem Recht Gebrauch, kann der Verkäufer vom Vertrag zurücktreten.

(5) Auf das in § 437 bezeichnete Minderungsrecht finden § 218 und Absatz 4 Satz 2 entsprechende Anwendung.

**§ 439[1)] Nacherfüllung.** (1) Der Käufer kann als Nacherfüllung nach seiner Wahl die Beseitigung des Mangels oder die Lieferung einer mangelfreien Sache verlangen.

(2) Der Verkäufer hat die zum Zwecke der Nacherfüllung erforderlichen Aufwendungen, insbesondere Transport-, Wege-, Arbeits- und Materialkosten zu tragen.

(3) Hat der Käufer die mangelhafte Sache gemäß ihrer Art und ihrem Verwendungszweck in eine andere Sache eingebaut oder an eine andere Sache angebracht, bevor der Mangel offenbar wurde, ist der Verkäufer im Rahmen der Nacherfüllung verpflichtet, dem Käufer die erforderlichen Aufwendungen für das Entfernen der mangelhaften und den Einbau oder das Anbringen der nachgebesserten oder gelieferten mangelfreien Sache zu ersetzen.

(4) [1] Der Verkäufer kann die vom Käufer gewählte Art der Nacherfüllung unbeschadet des § 275 Abs. 2 und 3 verweigern, wenn sie nur mit unverhältnismäßigen Kosten möglich ist. [2] Dabei sind insbesondere der Wert der Sache in mangelfreiem Zustand, die Bedeutung des Mangels und die Frage zu berücksichtigen, ob auf die andere Art der Nacherfüllung ohne erhebliche Nachteile für den Käufer zurückgegriffen werden könnte. [3] Der Anspruch des Käufers beschränkt sich in diesem Fall auf die andere Art der Nacherfüllung; das Recht des Verkäufers, auch diese unter den Voraussetzungen des Satzes 1 zu verweigern, bleibt unberührt.

(5) Der Käufer hat dem Verkäufer die Sache zum Zweck der Nacherfüllung zur Verfügung zu stellen.

(6) [1] Liefert der Verkäufer zum Zwecke der Nacherfüllung eine mangelfreie Sache, so kann er vom Käufer Rückgewähr der mangelhaften Sache nach Maßgabe der §§ 346 bis 348 verlangen. [2] Der Verkäufer hat die ersetzte Sache auf seine Kosten zurückzunehmen.

---

1) § 439 Abs. 3 eingef., bish. Abs. 3 und 4 werden Abs. 4 und 5 mWv 1.1.2018 durch G v. 28.4.2017 (BGBl. I S. 969); Abs. 3 bish. Satz 1 geänd., Satz 2 aufgeh., Abs. 5 eingef., bish. Abs. 5 wird Abs. 6 und Satz 2 angef. mWv 1.1.2022 durch G v. 25.6.2021 (BGBl. I S. 2133).

**§ 440[1] Besondere Bestimmungen für Rücktritt und Schadensersatz.**

1 Außer in den Fällen des § 281 Absatz 2 und des § 323 Absatz 2 bedarf es der Fristsetzung auch dann nicht, wenn der Verkäufer beide Arten der Nacherfüllung gemäß § 439 Absatz 4 verweigert oder wenn die dem Käufer zustehende Art der Nacherfüllung fehlgeschlagen oder ihm unzumutbar ist. 2 Eine Nachbesserung gilt nach dem erfolglosen zweiten Versuch als fehlgeschlagen, wenn sich nicht insbesondere aus der Art der Sache oder des Mangels oder den sonstigen Umständen etwas anderes ergibt.

**§ 441 Minderung.** (1) 1 Statt zurückzutreten, kann der Käufer den Kaufpreis durch Erklärung gegenüber dem Verkäufer mindern. 2 Der Ausschlussgrund des § 323 Abs. 5 Satz 2 findet keine Anwendung.

(2) Sind auf der Seite des Käufers oder auf der Seite des Verkäufers mehrere beteiligt, so kann die Minderung nur von allen oder gegen alle erklärt werden.

(3) 1 Bei der Minderung ist der Kaufpreis in dem Verhältnis herabzusetzen, in welchem zur Zeit des Vertragsschlusses der Wert der Sache in mangelfreiem Zustand zu dem wirklichen Wert gestanden haben würde. 2 Die Minderung ist, soweit erforderlich, durch Schätzung zu ermitteln.

(4) 1 Hat der Käufer mehr als den geminderten Kaufpreis gezahlt, so ist der Mehrbetrag vom Verkäufer zu erstatten. 2 § 346 Abs. 1 und § 347 Abs. 1 finden entsprechende Anwendung.

**§ 442 Kenntnis des Käufers.** (1) 1 Die Rechte des Käufers wegen eines Mangels sind ausgeschlossen, wenn er bei Vertragsschluss den Mangel kennt. 2 Ist dem Käufer ein Mangel infolge grober Fahrlässigkeit unbekannt geblieben, kann der Käufer Rechte wegen dieses Mangels nur geltend machen, wenn der Verkäufer den Mangel arglistig verschwiegen oder eine Garantie für die Beschaffenheit der Sache übernommen hat.

(2) Ein im Grundbuch eingetragenes Recht hat der Verkäufer zu beseitigen, auch wenn es der Käufer kennt.

**§ 443[2] Garantie.** (1) Geht der Verkäufer, der Hersteller oder ein sonstiger Dritter in einer Erklärung oder einschlägigen Werbung, die vor oder bei Abschluss des Kaufvertrags verfügbar war, zusätzlich zu der gesetzlichen Mängelhaftung insbesondere die Verpflichtung ein, den Kaufpreis zu erstatten, die Sache auszutauschen, nachzubessern oder in ihrem Zusammenhang Dienstleistungen zu erbringen, falls die Sache nicht diejenige Beschaffenheit aufweist oder andere als die Mängelfreiheit betreffende Anforderungen nicht erfüllt, die in der Erklärung oder einschlägigen Werbung beschrieben sind (Garantie), stehen dem Käufer im Garantiefall unbeschadet der gesetzlichen Ansprüche die Rechte aus der Garantie gegenüber demjenigen zu, der die Garantie gegeben hat (Garantiegeber).

(2) Soweit der Garantiegeber eine Garantie dafür übernommen hat, dass die Sache für eine bestimmte Dauer eine bestimmte Beschaffenheit behält (Haltbarkeitsgarantie), wird vermutet, dass ein während ihrer Geltungsdauer auftretender Sachmangel die Rechte aus der Garantie begründet.

---

[1] § 440 neu gef. mWv 1.1.2018 durch G v. 28.4.2017 (BGBl. I S. 969).

[2] § 443 Überschrift und Abs. 1 neu gef., Abs. 2 geänd. mWv 13.6.2014 durch G v. 20.9.2013 (BGBl. I S. 3642).

**§ 444**[1] **Haftungsausschluss.** Auf eine Vereinbarung, durch welche die Rechte des Käufers wegen eines Mangels ausgeschlossen oder beschränkt werden, kann sich der Verkäufer nicht berufen, soweit er den Mangel arglistig verschwiegen oder eine Garantie für die Beschaffenheit der Sache übernommen hat.

**§ 445 Haftungsbegrenzung bei öffentlichen Versteigerungen.** Wird eine Sache auf Grund eines Pfandrechts in einer öffentlichen Versteigerung unter der Bezeichnung als Pfand verkauft, so stehen dem Käufer Rechte wegen eines Mangels nur zu, wenn der Verkäufer den Mangel arglistig verschwiegen oder eine Garantie für die Beschaffenheit der Sache übernommen hat.

**§ 445a**[2] **Rückgriff des Verkäufers.** (1) Der Verkäufer kann beim Verkauf einer neu hergestellten Sache von dem Verkäufer, der ihm die Sache verkauft hatte (Lieferant), Ersatz der Aufwendungen verlangen, die er im Verhältnis zum Käufer nach § 439 Absatz 2, 3 und 6 Satz 2 sowie nach § 475 Absatz 4 zu tragen hatte, wenn der vom Käufer geltend gemachte Mangel bereits beim Übergang der Gefahr auf den Verkäufer vorhanden war oder auf einer Verletzung der Aktualisierungspflicht gemäß § 475b Absatz 4 beruht.

(2) Für die in § 437 bezeichneten Rechte des Verkäufers gegen seinen Lieferanten bedarf es wegen des vom Käufer geltend gemachten Mangels der sonst erforderlichen Fristsetzung nicht, wenn der Verkäufer die verkaufte neu hergestellte Sache als Folge ihrer Mangelhaftigkeit zurücknehmen musste oder der Käufer den Kaufpreis gemindert hat.

(3) Die Absätze 1 und 2 finden auf die Ansprüche des Lieferanten und der übrigen Käufer in der Lieferkette gegen die jeweiligen Verkäufer entsprechende Anwendung, wenn die Schuldner Unternehmer sind.

(4) § 377 des Handelsgesetzbuchs[3] bleibt unberührt.

**§ 445b**[4] **Verjährung von Rückgriffsansprüchen.** (1) Die in § 445a Absatz 1 bestimmten Aufwendungsersatzansprüche verjähren in zwei Jahren ab Ablieferung der Sache.

(2) Die Verjährung der in den §§ 437 und 445a Absatz 1 bestimmten Ansprüche des Verkäufers gegen seinen Lieferanten wegen des Mangels einer verkauften neu hergestellten Sache tritt frühestens zwei Monate nach dem Zeitpunkt ein, in dem der Verkäufer die Ansprüche des Käufers erfüllt hat.

(3) Die Absätze 1 und 2 finden auf die Ansprüche des Lieferanten und der übrigen Käufer in der Lieferkette gegen die jeweiligen Verkäufer entsprechende Anwendung, wenn die Schuldner Unternehmer sind.

**§ 445c**[5] **Rückgriff bei Verträgen über digitale Produkte.** [1] Ist der letzte Vertrag in der Lieferkette ein Verbrauchervertrag über die Bereitstellung digitaler Produkte nach den §§ 327 und 327a, so sind die §§ 445a, 445b und 478 nicht anzuwenden. [2] An die Stelle der nach Satz 1 nicht anzuwendenden Vorschriften treten die Vorschriften des Abschnitts 3 Titel 2a Untertitel 2.

---

[1] § 444 geänd. mWv 8.12.2004 durch G v. 2.12.2004 (BGBl. I S. 3102).

[2] § 445a eingef. mWv 1.1.2018 durch G v. 28.4.2017 (BGBl. I S. 969); Abs. 1 neu gef. mWv 1.1.2022 durch G v. 25.6.2021 (BGBl. I S. 2133).

[3] Nr. **50**.

[4] § 445b eingef. mWv 1.1.2018 durch G v. 28.4.2017 (BGBl. I S. 969); Abs. 2 Satz 2 aufgeh. mWv 1.1.2022 durch G v. 25.6.2021 (BGBl. I S. 2133).

[5] § 445c eingef. mWv 1.1.2022 durch G v. 25.6.2021 (BGBl. I S. 2123).

**§ 446 Gefahr- und Lastenübergang.** [1]Mit der Übergabe der verkauften Sache geht die Gefahr des zufälligen Untergangs und der zufälligen Verschlechterung auf den Käufer über. [2]Von der Übergabe an gebühren dem Käufer die Nutzungen und trägt er die Lasten der Sache. [3]Der Übergabe steht es gleich, wenn der Käufer im Verzug der Annahme ist.

**§ 447 Gefahrübergang beim Versendungskauf.** (1) Versendet der Verkäufer auf Verlangen des Käufers die verkaufte Sache nach einem anderen Ort als dem Erfüllungsort, so geht die Gefahr auf den Käufer über, sobald der Verkäufer die Sache dem Spediteur, dem Frachtführer oder der sonst zur Ausführung der Versendung bestimmten Person oder Anstalt ausgeliefert hat.

(2) Hat der Käufer eine besondere Anweisung über die Art der Versendung erteilt und weicht der Verkäufer ohne dringenden Grund von der Anweisung ab, so ist der Verkäufer dem Käufer für den daraus entstehenden Schaden verantwortlich.

**§ 448 Kosten der Übergabe und vergleichbare Kosten.** (1) Der Verkäufer trägt die Kosten der Übergabe der Sache, der Käufer die Kosten der Abnahme und der Versendung der Sache nach einem anderen Ort als dem Erfüllungsort.

(2) Der Käufer eines Grundstücks trägt die Kosten der Beurkundung des Kaufvertrags und der Auflassung, der Eintragung ins Grundbuch und der zu der Eintragung erforderlichen Erklärungen.

**§ 449 Eigentumsvorbehalt.** (1) Hat sich der Verkäufer einer beweglichen Sache das Eigentum bis zur Zahlung des Kaufpreises vorbehalten, so ist im Zweifel anzunehmen, dass das Eigentum unter der aufschiebenden Bedingung vollständiger Zahlung des Kaufpreises übertragen wird (Eigentumsvorbehalt).

(2) Auf Grund des Eigentumsvorbehalts kann der Verkäufer die Sache nur herausverlangen, wenn er vom Vertrag zurückgetreten ist.

(3) Die Vereinbarung eines Eigentumsvorbehalts ist nichtig, soweit der Eigentumsübergang davon abhängig gemacht wird, dass der Käufer Forderungen eines Dritten, insbesondere eines mit dem Verkäufer verbundenen Unternehmens, erfüllt.

**§ 450 Ausgeschlossene Käufer bei bestimmten Verkäufen.** (1) Bei einem Verkauf im Wege der Zwangsvollstreckung dürfen der mit der Vornahme oder Leitung des Verkaufs Beauftragte und die von ihm zugezogenen Gehilfen einschließlich des Protokollführers den zu verkaufenden Gegenstand weder für sich persönlich oder durch einen anderen noch als Vertreter eines anderen kaufen.

(2) Absatz 1 gilt auch bei einem Verkauf außerhalb der Zwangsvollstreckung, wenn der Auftrag zu dem Verkauf auf Grund einer gesetzlichen Vorschrift erteilt worden ist, die den Auftraggeber ermächtigt, den Gegenstand für Rechnung eines anderen verkaufen zu lassen, insbesondere in den Fällen des Pfandverkaufs und des in den §§ 383 und 385 zugelassenen Verkaufs, sowie bei einem Verkauf aus einer Insolvenzmasse.

**§ 451 Kauf durch ausgeschlossenen Käufer.** (1) [1]Die Wirksamkeit eines dem § 450 zuwider erfolgten Kaufs und der Übertragung des gekauften Gegenstandes hängt von der Zustimmung der bei dem Verkauf als Schuldner, Eigentümer oder Gläubiger Beteiligten ab. [2]Fordert der Käufer einen Beteiligten zur Erklärung über die Genehmigung auf, so findet § 177 Abs. 2 entsprechende Anwendung.

(2) Wird infolge der Verweigerung der Genehmigung ein neuer Verkauf vorgenommen, so hat der frühere Käufer für die Kosten des neuen Verkaufs sowie für einen Mindererlös aufzukommen.

**§ 452 Schiffskauf.** Die Vorschriften dieses Untertitels über den Kauf von Grundstücken finden auf den Kauf von eingetragenen Schiffen und Schiffsbauwerken entsprechende Anwendung.

**§ 453[1] Rechtskauf; Verbrauchervertrag über den Kauf digitaler Inhalte.**

(1) [1] Die Vorschriften über den Kauf von Sachen finden auf den Kauf von Rechten und sonstigen Gegenständen entsprechende Anwendung. [2] Auf einen Verbrauchervertrag über den Verkauf digitaler Inhalte durch einen Unternehmer sind die folgenden Vorschriften nicht anzuwenden:

1. § 433 Absatz 1 Satz 1 und § 475 Absatz 1 über die Übergabe der Kaufsache und die Leistungszeit sowie
2. § 433 Absatz 1 Satz 2, die §§ 434 bis 442, 475 Absatz 3 Satz 1, Absatz 4 bis 6 und die §§ 476 und 477 über die Rechte bei Mängeln.

[3] An die Stelle der nach Satz 2 nicht anzuwendenden Vorschriften treten die Vorschriften des Abschnitts 3 Titel 2a Untertitel 1.

(2) Der Verkäufer trägt die Kosten der Begründung und Übertragung des Rechts.

(3) Ist ein Recht verkauft, das zum Besitz einer Sache berechtigt, so ist der Verkäufer verpflichtet, dem Käufer die Sache frei von Sach- und Rechtsmängeln zu übergeben.

### Untertitel 2. Besondere Arten des Kaufs

#### Kapitel 1. Kauf auf Probe

**§ 454 Zustandekommen des Kaufvertrags.** (1) [1] Bei einem Kauf auf Probe oder auf Besichtigung steht die Billigung des gekauften Gegenstandes im Belieben des Käufers. [2] Der Kauf ist im Zweifel unter der aufschiebenden Bedingung der Billigung geschlossen.

(2) Der Verkäufer ist verpflichtet, dem Käufer die Untersuchung des Gegenstandes zu gestatten.

**§ 455 Billigungsfrist.** [1] Die Billigung eines auf Probe oder auf Besichtigung gekauften Gegenstandes kann nur innerhalb der vereinbarten Frist und in Ermangelung einer solchen nur bis zum Ablauf einer dem Käufer von dem Verkäufer bestimmten angemessenen Frist erklärt werden. [2] War die Sache dem Käufer zum Zwecke der Probe oder der Besichtigung übergeben, so gilt sein Schweigen als Billigung.

#### Kapitel 2.[2] Wiederkauf

**§ 456 Zustandekommen des Wiederkaufs.** (1) [1] Hat sich der Verkäufer in dem Kaufvertrag das Recht des Wiederkaufs vorbehalten, so kommt der Wiederkauf mit der Erklärung des Verkäufers gegenüber dem Käufer, dass er das Wieder-

---

[1] § 453 Überschrift geänd., Abs. 1 Sätze 2 und 3 angef. mWv 1.1.2022 durch G v. 25.6.2021 (BGBl. I S. 2123, ber. 2022 S. 105).

[2] Beachte auch das Wiederkaufsrecht nach §§ 20, 21 Reichssiedlungsgesetz v. 11.8.1919 (RGBl. S. 1429), zuletzt geänd. durch G v. 29.7.2009 (BGBl. I S. 2355).

kaufsrecht ausübe, zustande. [2]Die Erklärung bedarf nicht der für den Kaufvertrag bestimmten Form.

(2) Der Preis, zu welchem verkauft worden ist, gilt im Zweifel auch für den Wiederkauf.

**§ 457 Haftung des Wiederverkäufers.** (1) Der Wiederverkäufer ist verpflichtet, dem Wiederkäufer den gekauften Gegenstand nebst Zubehör herauszugeben.

(2) [1]Hat der Wiederverkäufer vor der Ausübung des Wiederkaufsrechts eine Verschlechterung, den Untergang oder eine aus einem anderen Grund eingetretene Unmöglichkeit der Herausgabe des gekauften Gegenstandes verschuldet oder den Gegenstand wesentlich verändert, so ist er für den daraus entstehenden Schaden verantwortlich. [2]Ist der Gegenstand ohne Verschulden des Wiederverkäufers verschlechtert oder ist er nur unwesentlich verändert, so kann der Wiederkäufer Minderung des Kaufpreises nicht verlangen.

**§ 458 Beseitigung von Rechten Dritter.** [1]Hat der Wiederverkäufer vor der Ausübung des Wiederkaufsrechts über den gekauften Gegenstand verfügt, so ist er verpflichtet, die dadurch begründeten Rechte Dritter zu beseitigen. [2]Einer Verfügung des Wiederverkäufers steht eine Verfügung gleich, die im Wege der Zwangsvollstreckung oder der Arrestvollziehung oder durch den Insolvenzverwalter erfolgt.

**§ 459 Ersatz von Verwendungen.** [1]Der Wiederverkäufer kann für Verwendungen, die er auf den gekauften Gegenstand vor dem Wiederkauf gemacht hat, insoweit Ersatz verlangen, als der Wert des Gegenstandes durch die Verwendungen erhöht ist. [2]Eine Einrichtung, mit der er die herauszugebende Sache versehen hat, kann er wegnehmen.

**§ 460 Wiederkauf zum Schätzungswert.** Ist als Wiederkaufpreis der Schätzungswert vereinbart, den der gekaufte Gegenstand zur Zeit des Wiederkaufs hat, so ist der Wiederverkäufer für eine Verschlechterung, den Untergang oder die aus einem anderen Grund eingetretene Unmöglichkeit der Herausgabe des Gegenstandes nicht verantwortlich, der Wiederkäufer zum Ersatz von Verwendungen nicht verpflichtet.

**§ 461 Mehrere Wiederkaufsberechtigte.** [1]Steht das Wiederkaufsrecht mehreren gemeinschaftlich zu, so kann es nur im Ganzen ausgeübt werden. [2]Ist es für einen der Berechtigten erloschen oder übt einer von ihnen sein Recht nicht aus, so sind die übrigen berechtigt, das Wiederkaufsrecht im Ganzen auszuüben.

**§ 462 Ausschlussfrist.** [1]Das Wiederkaufsrecht kann bei Grundstücken nur bis zum Ablauf von 30, bei anderen Gegenständen nur bis zum Ablauf von drei Jahren nach der Vereinbarung des Vorbehalts ausgeübt werden. [2]Ist für die Ausübung eine Frist bestimmt, so tritt diese an die Stelle der gesetzlichen Frist.

### Kapitel 3.[1)] Vorkauf

**§ 463 Voraussetzungen der Ausübung.** Wer in Ansehung eines Gegenstandes zum Vorkauf berechtigt ist, kann das Vorkaufsrecht ausüben, sobald der Verpflichtete mit einem Dritten einen Kaufvertrag über den Gegenstand geschlossen hat.

---

[1)] Dingliches Vorkaufsrecht: §§ 1094 ff. BGB - Vorkaufsrecht nach §§ 4–11a, 14 Reichssiedlungsgesetz v. 11.8.1919 (RGBl. S. 1429), zuletzt geänd. durch G v. 29.7.2009 (BGBl. I S. 2355) und gesetzliche Vorkaufsrechte der Gemeinden nach §§ 24–28 Baugesetzbuch **(Sartorius Nr. 300)**.

**§ 464 Ausübung des Vorkaufsrechts.** (1) [1] Die Ausübung des Vorkaufsrechts erfolgt durch Erklärung gegenüber dem Verpflichteten. [2] Die Erklärung bedarf nicht der für den Kaufvertrag bestimmten Form.

(2) Mit der Ausübung des Vorkaufsrechts kommt der Kauf zwischen dem Berechtigten und dem Verpflichteten unter den Bestimmungen zustande, welche der Verpflichtete mit dem Dritten vereinbart hat.

**§ 465 Unwirksame Vereinbarungen.** Eine Vereinbarung des Verpflichteten mit dem Dritten, durch welche der Kauf von der Nichtausübung des Vorkaufsrechts abhängig gemacht oder dem Verpflichteten für den Fall der Ausübung des Vorkaufsrechts der Rücktritt vorbehalten wird, ist dem Vorkaufsberechtigten gegenüber unwirksam.

**§ 466 Nebenleistungen.** [1] Hat sich der Dritte in dem Vertrag zu einer Nebenleistung verpflichtet, die der Vorkaufsberechtigte zu bewirken außerstande ist, so hat der Vorkaufsberechtigte statt der Nebenleistung ihren Wert zu entrichten. [2] Lässt sich die Nebenleistung nicht in Geld schätzen, so ist die Ausübung des Vorkaufsrechts ausgeschlossen; die Vereinbarung der Nebenleistung kommt jedoch nicht in Betracht, wenn der Vertrag mit dem Dritten auch ohne sie geschlossen sein würde.

**§ 467 Gesamtpreis.** [1] Hat der Dritte den Gegenstand, auf den sich das Vorkaufsrecht bezieht, mit anderen Gegenständen zu einem Gesamtpreis gekauft, so hat der Vorkaufsberechtigte einen verhältnismäßigen Teil des Gesamtpreises zu entrichten. [2] Der Verpflichtete kann verlangen, dass der Vorkauf auf alle Sachen erstreckt wird, die nicht ohne Nachteil für ihn getrennt werden können.

**§ 468 Stundung des Kaufpreises.** (1) Ist dem Dritten in dem Vertrag der Kaufpreis gestundet worden, so kann der Vorkaufsberechtigte die Stundung nur in Anspruch nehmen, wenn er für den gestundeten Betrag Sicherheit leistet.

(2) [1] Ist ein Grundstück Gegenstand des Vorkaufs, so bedarf es der Sicherheitsleistung insoweit nicht, als für den gestundeten Kaufpreis die Bestellung einer Hypothek an dem Grundstück vereinbart oder in Anrechnung auf den Kaufpreis eine Schuld, für die eine Hypothek an dem Grundstück besteht, übernommen worden ist. [2] Entsprechendes gilt, wenn ein eingetragenes Schiff oder Schiffsbauwerk Gegenstand des Vorkaufs ist.

**§ 469 Mitteilungspflicht, Ausübungsfrist.** (1) [1] Der Verpflichtete hat dem Vorkaufsberechtigten den Inhalt des mit dem Dritten geschlossenen Vertrags unverzüglich mitzuteilen. [2] Die Mitteilung des Verpflichteten wird durch die Mitteilung des Dritten ersetzt.

(2) [1] Das Vorkaufsrecht kann bei Grundstücken nur bis zum Ablauf von zwei Monaten, bei anderen Gegenständen nur bis zum Ablauf einer Woche nach dem Empfang der Mitteilung ausgeübt werden. [2] Ist für die Ausübung eine Frist bestimmt, so tritt diese an die Stelle der gesetzlichen Frist.

**§ 470 Verkauf an gesetzlichen Erben.** Das Vorkaufsrecht erstreckt sich im Zweifel nicht auf einen Verkauf, der mit Rücksicht auf ein künftiges Erbrecht an einen gesetzlichen Erben erfolgt.

**§ 471 Verkauf bei Zwangsvollstreckung oder Insolvenz.** Das Vorkaufsrecht ist ausgeschlossen, wenn der Verkauf im Wege der Zwangsvollstreckung oder aus einer Insolvenzmasse erfolgt.

**§ 472 Mehrere Vorkaufsberechtigte.** [1] Steht das Vorkaufsrecht mehreren gemeinschaftlich zu, so kann es nur im Ganzen ausgeübt werden. [2] Ist es für einen der Berechtigten erloschen oder übt einer von ihnen sein Recht nicht aus, so sind die übrigen berechtigt, das Vorkaufsrecht im Ganzen auszuüben.

**§ 473 Unübertragbarkeit.** [1] Das Vorkaufsrecht ist nicht übertragbar und geht nicht auf die Erben des Berechtigten über, sofern nicht ein anderes bestimmt ist. [2] Ist das Recht auf eine bestimmte Zeit beschränkt, so ist es im Zweifel vererblich.

### Untertitel 3.[1)] Verbrauchsgüterkauf

**§ 474[2)] Verbrauchsgüterkauf.** (1) [1] Verbrauchsgüterkäufe sind Verträge, durch die ein Verbraucher von einem Unternehmer eine Ware (§ 241a Absatz 1) kauft. [2] Um einen Verbrauchsgüterkauf handelt es sich auch bei einem Vertrag, der neben dem Verkauf einer Ware die Erbringung einer Dienstleistung durch den Unternehmer zum Gegenstand hat.

(2) [1] Für den Verbrauchsgüterkauf gelten ergänzend die folgenden Vorschriften dieses Untertitels. [2] Für gebrauchte Waren, die in einer öffentlich zugänglichen Versteigerung (§ 312g Absatz 2 Nummer 10) verkauft werden, gilt dies nicht, wenn dem Verbraucher klare und umfassende Informationen darüber, dass die Vorschriften dieses Untertitels nicht gelten, leicht verfügbar gemacht wurden.

**§ 475[3)] Anwendbare Vorschriften.** (1) [1] Ist eine Zeit für die nach § 433 zu erbringenden Leistungen weder bestimmt noch aus den Umständen zu entnehmen, so kann der Gläubiger diese Leistungen abweichend von § 271 Absatz 1 nur unverzüglich verlangen. [2] Der Unternehmer muss die Ware in diesem Fall spätestens 30 Tage nach Vertragsschluss übergeben. [3] Die Vertragsparteien können die Leistungen sofort bewirken.

(2) § 447 Absatz 1 gilt mit der Maßgabe, dass die Gefahr des zufälligen Untergangs und der zufälligen Verschlechterung nur dann auf den Käufer übergeht, wenn der Käufer den Spediteur, den Frachtführer oder die sonst zur Ausführung der Versendung bestimmte Person oder Anstalt mit der Ausführung beauftragt hat und der Unternehmer dem Käufer diese Person oder Anstalt nicht zuvor benannt hat.

(3) [1] § 439 Absatz 6 ist mit der Maßgabe anzuwenden, dass Nutzungen nicht herauszugeben oder durch ihren Wert zu ersetzen sind. [2] Die §§ 442, 445 und 447 Absatz 2 sind nicht anzuwenden.

(4) Der Verbraucher kann von dem Unternehmer für Aufwendungen, die ihm im Rahmen der Nacherfüllung gemäß § 439 Absatz 2 und 3 entstehen und die vom Unternehmer zu tragen sind, Vorschuss verlangen.

(5) Der Unternehmer hat die Nacherfüllung innerhalb einer angemessenen Frist ab dem Zeitpunkt, zu dem der Verbraucher ihn über den Mangel unterrichtet hat, und ohne erhebliche Unannehmlichkeiten für den Verbraucher durchzuführen, wobei die Art der Ware sowie der Zweck, für den der Verbraucher die Ware benötigt, zu berücksichtigen sind.

---

[1)] Beachte hierzu auch Unterlassungsklagengesetz (Nr. **105**).

[2)] § 474 neu gef. mWv 1.1.2018 durch G v. 28.4.2017 (BGBl. I S. 969); Abs. 1 Sätze 1 und 2 geänd., Abs. 2 neu gef. mWv 1.1.2022 durch G v. 25.6.2021 (BGBl. I S. 2133).

[3)] § 475 eingef. mWv 1.1.2018 durch G v. 28.4.2017 (BGBl. I S. 969); Abs. 1 Satz 2, Abs. 3 Sätze 1 und 2 geänd., Abs. 4 und 5 aufgeh., bish. Abs. 6 wird Abs. 4, Abs. 5 und 6 angef. mWv 1.1.2022 durch G v. 25.6.2021 (BGBl. I S. 2133).

(6) [1] Im Fall des Rücktritts oder des Schadensersatzes statt der ganzen Leistung wegen eines Mangels der Ware ist § 346 mit der Maßgabe anzuwenden, dass der Unternehmer die Kosten der Rückgabe der Ware trägt. [2] § 348 ist mit der Maßgabe anzuwenden, dass der Nachweis des Verbrauchers über die Rücksendung der Rückgewähr der Ware gleichsteht.

**§ 475a[1)] Verbrauchsgüterkaufvertrag über digitale Produkte.** (1) [1] Auf einen Verbrauchsgüterkaufvertrag, welcher einen körperlichen Datenträger zum Gegenstand hat, der ausschließlich als Träger digitaler Inhalte dient, sind § 433 Absatz 1 Satz 2, die §§ 434 bis 442, 475 Absatz 3 Satz 1, Absatz 4 bis 6, die §§ 475b bis 475e und die §§ 476 und 477 über die Rechte bei Mängeln nicht anzuwenden. [2] An die Stelle der nach Satz 1 nicht anzuwendenden Vorschriften treten die Vorschriften des Abschnitts 3 Titel 2a Untertitel 1.

(2) [1] Auf einen Verbrauchsgüterkaufvertrag über eine Ware, die in einer Weise digitale Produkte enthält oder mit digitalen Produkten verbunden ist, dass die Ware ihre Funktionen auch ohne diese digitalen Produkte erfüllen kann, sind im Hinblick auf diejenigen Bestandteile des Vertrags, welche die digitalen Produkte betreffen, die folgenden Vorschriften nicht anzuwenden:

1. § 433 Absatz 1 Satz 1 und § 475 Absatz 1 über die Übergabe der Kaufsache und die Leistungszeit sowie
2. § 433 Absatz 1 Satz 2, die §§ 434 bis 442, 475 Absatz 3 Satz 1, Absatz 4 bis 6, die §§ 475b bis 475e und die §§ 476 und 477 über die Rechte bei Mängeln.

[2] An die Stelle der nach Satz 1 nicht anzuwendenden Vorschriften treten die Vorschriften des Abschnitts 3 Titel 2a Untertitel 1.

**§ 475b[2)] Sachmangel einer Ware mit digitalen Elementen.** (1) [1] Für den Kauf einer Ware mit digitalen Elementen (§ 327a Absatz 3 Satz 1), bei dem sich der Unternehmer verpflichtet, dass er oder ein Dritter die digitalen Elemente bereitstellt, gelten ergänzend die Regelungen dieser Vorschrift. [2] Hinsichtlich der Frage, ob die Verpflichtung des Unternehmers die Bereitstellung der digitalen Inhalte oder digitalen Dienstleistungen umfasst, gilt § 327a Absatz 3 Satz 2.

(2) Eine Ware mit digitalen Elementen ist frei von Sachmängeln, wenn sie bei Gefahrübergang und in Bezug auf eine Aktualisierungspflicht auch während des Zeitraums nach Absatz 3 Nummer 2 und Absatz 4 Nummer 2 den subjektiven Anforderungen, den objektiven Anforderungen, den Montageanforderungen und den Installationsanforderungen entspricht.

(3) Eine Ware mit digitalen Elementen entspricht den subjektiven Anforderungen, wenn

1. sie den Anforderungen des § 434 Absatz 2 entspricht und
2. für die digitalen Elemente die im Kaufvertrag vereinbarten Aktualisierungen während des nach dem Vertrag maßgeblichen Zeitraums bereitgestellt werden.

(4) Eine Ware mit digitalen Elementen entspricht den objektiven Anforderungen, wenn

1. sie den Anforderungen des § 434 Absatz 3 entspricht und
2. dem Verbraucher während des Zeitraums, den er aufgrund der Art und des Zwecks der Ware und ihrer digitalen Elemente sowie unter Berücksichtigung

---

[1)] § 475a eingef. mWv 1.1.2022 durch G v. 25.6.2021 (BGBl. I S. 2123).
[2)] § 475b eingef. mWv 1.1.2022 durch G v. 25.6.2021 (BGBl. I S. 2133).

der Umstände und der Art des Vertrags erwarten kann, Aktualisierungen bereitgestellt werden, die für den Erhalt der Vertragsmäßigkeit der Ware erforderlich sind, und der Verbraucher über diese Aktualisierungen informiert wird.

(5) Unterlässt es der Verbraucher, eine Aktualisierung, die ihm gemäß Absatz 4 bereitgestellt worden ist, innerhalb einer angemessenen Frist zu installieren, so haftet der Unternehmer nicht für einen Sachmangel, der allein auf das Fehlen dieser Aktualisierung zurückzuführen ist, wenn

1. der Unternehmer den Verbraucher über die Verfügbarkeit der Aktualisierung und die Folgen einer unterlassenen Installation informiert hat und
2. die Tatsache, dass der Verbraucher die Aktualisierung nicht oder unsachgemäß installiert hat, nicht auf eine dem Verbraucher bereitgestellte mangelhafte Installationsanleitung zurückzuführen ist.

(6) Soweit eine Montage oder eine Installation durchzuführen ist, entspricht eine Ware mit digitalen Elementen

1. den Montageanforderungen, wenn sie den Anforderungen des § 434 Absatz 4 entspricht, und
2. den Installationsanforderungen, wenn die Installation
   a) der digitalen Elemente sachgemäß durchgeführt worden ist oder
   b) zwar unsachgemäß durchgeführt worden ist, dies jedoch weder auf einer unsachgemäßen Installation durch den Unternehmer noch auf einem Mangel der Anleitung beruht, die der Unternehmer oder derjenige übergeben hat, der die digitalen Elemente bereitgestellt hat.

**§ 475c[1)] Sachmangel einer Ware mit digitalen Elementen bei dauerhafter Bereitstellung der digitalen Elemente.** (1) [1] Ist beim Kauf einer Ware mit digitalen Elementen eine dauerhafte Bereitstellung für die digitalen Elemente vereinbart, so gelten ergänzend die Regelungen dieser Vorschrift. [2] Haben die Parteien nicht bestimmt, wie lange die Bereitstellung andauern soll, so ist § 475b Absatz 4 Nummer 2 entsprechend anzuwenden.

(2) Der Unternehmer haftet über die §§ 434 und 475b hinaus auch dafür, dass die digitalen Elemente während des Bereitstellungszeitraums, mindestens aber für einen Zeitraum von zwei Jahren ab der Ablieferung der Ware, den Anforderungen des § 475b Absatz 2 entsprechen.

**§ 475d[2)] Sonderbestimmungen für Rücktritt und Schadensersatz.**

(1) Für einen Rücktritt wegen eines Mangels der Ware bedarf es der in § 323 Absatz 1 bestimmten Fristsetzung zur Nacherfüllung abweichend von § 323 Absatz 2 und § 440 nicht, wenn

1. der Unternehmer die Nacherfüllung trotz Ablaufs einer angemessenen Frist ab dem Zeitpunkt, zu dem der Verbraucher ihn über den Mangel unterrichtet hat, nicht vorgenommen hat,
2. sich trotz der vom Unternehmer versuchten Nacherfüllung ein Mangel zeigt,
3. der Mangel derart schwerwiegend ist, dass der sofortige Rücktritt gerechtfertigt ist,
4. der Unternehmer die gemäß § 439 Absatz 1 oder 2 oder § 475 Absatz 5 ordnungsgemäße Nacherfüllung verweigert hat oder

---

[1)] § 475c eingef. mWv 1.1.2022 durch G v. 25.6.2021 (BGBl. I S. 2133).
[2)] § 475d eingef. mWv 1.1.2022 durch G v. 25.6.2021 (BGBl. I S. 2133).

5. es nach den Umständen offensichtlich ist, dass der Unternehmer nicht gemäß § 439 Absatz 1 oder 2 oder § 475 Absatz 5 ordnungsgemäß nacherfüllen wird.

(2) [1] Für einen Anspruch auf Schadensersatz wegen eines Mangels der Ware bedarf es der in § 281 Absatz 1 bestimmten Fristsetzung in den in Absatz 1 bestimmten Fällen nicht. [2] § 281 Absatz 2 und § 440 sind nicht anzuwenden.

**§ 475e[1)] Sonderbestimmungen für die Verjährung.** (1) Im Fall der dauerhaften Bereitstellung digitaler Elemente nach § 475c Absatz 1 Satz 1 verjähren Ansprüche wegen eines Mangels an den digitalen Elementen nicht vor dem Ablauf von zwölf Monaten nach dem Ende des Bereitstellungszeitraums.

(2) Ansprüche wegen einer Verletzung der Aktualisierungspflicht nach § 475b Absatz 3 oder 4 verjähren nicht vor dem Ablauf von zwölf Monaten nach dem Ende des Zeitraums der Aktualisierungspflicht.

(3) Hat sich ein Mangel innerhalb der Verjährungsfrist gezeigt, so tritt die Verjährung nicht vor dem Ablauf von vier Monaten nach dem Zeitpunkt ein, in dem sich der Mangel erstmals gezeigt hat.

(4) Hat der Verbraucher zur Nacherfüllung oder zur Erfüllung von Ansprüchen aus einer Garantie die Ware dem Unternehmer oder auf Veranlassung des Unternehmers einem Dritten übergeben, so tritt die Verjährung von Ansprüchen wegen des geltend gemachten Mangels nicht vor dem Ablauf von zwei Monaten nach dem Zeitpunkt ein, in dem die nachgebesserte oder ersetzte Ware dem Verbraucher übergeben wurde.

**§ 476[2)] Abweichende Vereinbarungen.** (1) [1] Auf eine vor Mitteilung eines Mangels an den Unternehmer getroffene Vereinbarung, die zum Nachteil des Verbrauchers von den §§ 433 bis 435, 437, 439 bis 441 und 443 sowie von den Vorschriften dieses Untertitels abweicht, kann der Unternehmer sich nicht berufen. [2] Von den Anforderungen nach § 434 Absatz 3 oder § 475b Absatz 4 kann vor Mitteilung eines Mangels an den Unternehmer durch Vertrag abgewichen werden, wenn

1. der Verbraucher vor der Abgabe seiner Vertragserklärung eigens davon in Kenntnis gesetzt wurde, dass ein bestimmtes Merkmal der Ware von den objektiven Anforderungen abweicht, und
2. die Abweichung im Sinne der Nummer 1 im Vertrag ausdrücklich und gesondert vereinbart wurde.

(2) [1] Die Verjährung der in § 437 bezeichneten Ansprüche kann vor Mitteilung eines Mangels an den Unternehmer nicht durch Rechtsgeschäft erleichtert werden, wenn die Vereinbarung zu einer Verjährungsfrist ab dem gesetzlichen Verjährungsbeginn von weniger als zwei Jahren, bei gebrauchten Waren von weniger als einem Jahr führt. [2] Die Vereinbarung ist nur wirksam, wenn

1. der Verbraucher vor der Abgabe seiner Vertragserklärung von der Verkürzung der Verjährungsfrist eigens in Kenntnis gesetzt wurde und
2. die Verkürzung der Verjährungsfrist im Vertrag ausdrücklich und gesondert vereinbart wurde.

(3) Die Absätze 1 und 2 gelten unbeschadet der §§ 307 bis 309 nicht für den Ausschluss oder die Beschränkung des Anspruchs auf Schadensersatz.

---

[1)] § 475e eingef. mWv 1.1.2022 durch G v. 25.6.2021 (BGBl. I S. 2133).

[2)] § 476 neu gef. mWv 1.1.2022 durch G v. 25.6.2021 (BGBl. I S. 2133).

(4) Die Regelungen der Absätze 1 und 2 sind auch anzuwenden, wenn sie durch anderweitige Gestaltungen umgangen werden.

**§ 477**[1)] **Beweislastumkehr.** (1) [1] Zeigt sich innerhalb eines Jahres seit Gefahrübergang ein von den Anforderungen nach § 434 oder § 475b abweichender Zustand der Ware, so wird vermutet, dass die Ware bereits bei Gefahrübergang mangelhaft war, es sei denn, diese Vermutung ist mit der Art der Ware oder des mangelhaften Zustands unvereinbar. [2] Beim Kauf eines lebenden Tieres gilt diese Vermutung für einen Zeitraum von sechs Monaten seit Gefahrübergang.

(2) Ist bei Waren mit digitalen Elementen die dauerhafte Bereitstellung der digitalen Elemente im Kaufvertrag vereinbart und zeigt sich ein von den vertraglichen Anforderungen nach § 434 oder § 475b abweichender Zustand der digitalen Elemente während der Dauer der Bereitstellung oder innerhalb eines Zeitraums von zwei Jahren seit Gefahrübergang, so wird vermutet, dass die digitalen Elemente während der bisherigen Dauer der Bereitstellung mangelhaft waren.

**§ 478**[2)] **Sonderbestimmungen für den Rückgriff des Unternehmers.**

(1) Ist der letzte Vertrag in der Lieferkette ein Verbrauchsgüterkauf (§ 474), findet § 477 in den Fällen des § 445a Absatz 1 und 2 mit der Maßgabe Anwendung, dass die Frist mit dem Übergang der Gefahr auf den Verbraucher beginnt.

(2) [1] Auf eine vor Mitteilung eines Mangels an den Lieferanten getroffene Vereinbarung, die zum Nachteil des Unternehmers von Absatz 1 sowie von den §§ 433 bis 435, 437, 439 bis 443, 445a Absatz 1 und 2 sowie den §§ 445b, 475b und 475c abweicht, kann sich der Lieferant nicht berufen, wenn dem Rückgriffsgläubiger kein gleichwertiger Ausgleich eingeräumt wird. [2] Satz 1 gilt unbeschadet des § 307 nicht für den Ausschluss oder die Beschränkung des Anspruchs auf Schadensersatz. [3] Die in Satz 1 bezeichneten Vorschriften finden auch Anwendung, wenn sie durch anderweitige Gestaltungen umgangen werden.

(3) Die Absätze 1 und 2 finden auf die Ansprüche des Lieferanten und der übrigen Käufer in der Lieferkette gegen die jeweiligen Verkäufer entsprechende Anwendung, wenn die Schuldner Unternehmer sind.

**§ 479**[3)] **Sonderbestimmungen für Garantien.** (1) [1] Eine Garantieerklärung (§ 443) muss einfach und verständlich abgefasst sein. [2] Sie muss Folgendes enthalten:

1. den Hinweis auf die gesetzlichen Rechte des Verbrauchers bei Mängeln, darauf, dass die Inanspruchnahme dieser Rechte unentgeltlich ist sowie darauf, dass diese Rechte durch die Garantie nicht eingeschränkt werden,
2. den Namen und die Anschrift des Garantiegebers,
3. das vom Verbraucher einzuhaltende Verfahren für die Geltendmachung der Garantie,
4. die Nennung der Ware, auf die sich die Garantie bezieht, und
5. die Bestimmungen der Garantie, insbesondere die Dauer und den räumlichen Geltungsbereich des Garantieschutzes.

---

1) § 477 neu gef. mWv 1.1.2022 durch G v. 25.6.2021 (BGBl. I S. 2133).

2) § 478 Überschrift geänd., Abs. 1 neu gef., Abs. 2 und 3 aufgeh., bish. Abs. 4 wird Abs. 2 und Satz 1 geänd., bish. Abs. 5 wird Abs. 3 und geänd., Abs. 6 aufgeh. mWv 1.1.2018 durch G v. 28.4.2017 (BGBl. I S. 969); Abs. 2 Satz 1 geänd. mWv 1.1.2022 durch G v. 25.6.2021 (BGBl. I S. 2133).

3) § 479 neu gef. mWv 1.1.2022 durch G v. 25.6.2021 (BGBl. I S. 2133).

(2) Die Garantieerklärung ist dem Verbraucher spätestens zum Zeitpunkt der Lieferung der Ware auf einem dauerhaften Datenträger zur Verfügung zu stellen.

(3) Hat der Hersteller gegenüber dem Verbraucher eine Haltbarkeitsgarantie übernommen, so hat der Verbraucher gegen den Hersteller während des Zeitraums der Garantie mindestens einen Anspruch auf Nacherfüllung gemäß § 439 Absatz 2, 3, 5 und 6 Satz 2 und § 475 Absatz 3 Satz 1 und Absatz 5.

(4) Die Wirksamkeit der Garantieverpflichtung wird nicht dadurch berührt, dass eine der vorstehenden Anforderungen nicht erfüllt wird.

### Untertitel 4. Tausch

**§ 480 Tausch.** Auf den Tausch finden die Vorschriften über den Kauf entsprechende Anwendung.

## Titel 2.[1) 2)] Teilzeit-Wohnrechteverträge, Verträge über langfristige Urlaubsprodukte, Vermittlungsverträge und Tauschsystemverträge

**§ 481[3)] Teilzeit-Wohnrechtevertrag.** (1) [1] Ein Teilzeit-Wohnrechtevertrag ist ein Vertrag, durch den ein Unternehmer einem Verbraucher gegen Zahlung eines Gesamtpreises das Recht verschafft oder zu verschaffen verspricht, für die Dauer von mehr als einem Jahr ein Wohngebäude mehrfach für einen bestimmten oder zu bestimmenden Zeitraum zu Übernachtungszwecken zu nutzen. [2] Bei der Berechnung der Vertragsdauer sind sämtliche im Vertrag vorgesehenen Verlängerungsmöglichkeiten zu berücksichtigen.

(2) [1] Das Recht kann ein dingliches oder anderes Recht sein und insbesondere auch durch eine Mitgliedschaft in einem Verein oder einen Anteil an einer Gesellschaft eingeräumt werden. [2] Das Recht kann auch darin bestehen, aus einem Bestand von Wohngebäuden ein Wohngebäude zur Nutzung zu wählen.

(3) Einem Wohngebäude steht ein Teil eines Wohngebäudes gleich, ebenso eine bewegliche, als Übernachtungsunterkunft gedachte Sache oder ein Teil derselben.

**§ 481a[4)] Vertrag über ein langfristiges Urlaubsprodukt.** [1] Ein Vertrag über ein langfristiges Urlaubsprodukt ist ein Vertrag für die Dauer von mehr als einem Jahr, durch den ein Unternehmer einem Verbraucher gegen Zahlung eines Gesamtpreises das Recht verschafft oder zu verschaffen verspricht, Preisnachlässe oder sonstige Vergünstigungen in Bezug auf eine Unterkunft zu erwerben. [2] § 481 Absatz 1 Satz 2 gilt entsprechend.

**§ 481b[5)] Vermittlungsvertrag, Tauschsystemvertrag.** (1) Ein Vermittlungsvertrag ist ein Vertrag, durch den sich ein Unternehmer von einem Verbraucher ein Entgelt versprechen lässt für den Nachweis der Gelegenheit zum Abschluss eines Vertrags oder für die Vermittlung eines Vertrags, durch den die Rechte des Verbrauchers aus einem Teilzeit-Wohnrechtevertrag oder einem Vertrag über ein langfristiges Urlaubsprodukt erworben oder veräußert werden sollen.

(2) Ein Tauschsystemvertrag ist ein Vertrag, durch den sich ein Unternehmer von einem Verbraucher ein Entgelt versprechen lässt für den Nachweis der Gelegenheit zum Abschluss eines Vertrags oder für die Vermittlung eines Vertrags,

---

1) Titel 2 Überschrift neu gef. mWv 23.2.2011 durch G v. 17.1.2011 (BGBl. I S. 34).
2) Beachte hierzu auch Unterlassungsklagengesetz (Nr. **105**).
3) § 481 neu gef. mWv 23.2.2011 durch G v. 17.1.2011 (BGBl. I S. 34).
4) § 481a eingef. mWv 23.2.2011 durch G v. 17.1.2011 (BGBl. I S. 34).
5) § 481b eingef. mWv 23.2.2011 durch G v. 17.1.2011 (BGBl. I S. 34).

durch den einzelne Rechte des Verbrauchers aus einem Teilzeit-Wohnrechtevertrag oder einem Vertrag über ein langfristiges Urlaubsprodukt getauscht oder auf andere Weise erworben oder veräußert werden sollen.

**§ 482[1] Vorvertragliche Informationen, Werbung und Verbot des Verkaufs als Geldanlage.** (1) [1] Der Unternehmer hat dem Verbraucher rechtzeitig vor Abgabe von dessen Vertragserklärung zum Abschluss eines Teilzeit-Wohnrechtevertrags, eines Vertrags über ein langfristiges Urlaubsprodukt, eines Vermittlungsvertrags oder eines Tauschsystemvertrags vorvertragliche Informationen nach Artikel 242 § 1 des Einführungsgesetzes zum Bürgerlichen Gesetzbuche[2] in Textform zur Verfügung zu stellen. [2] Diese müssen klar und verständlich sein.

(2) [1] In jeder Werbung für solche Verträge ist anzugeben, dass vorvertragliche Informationen erhältlich sind und wo diese angefordert werden können. [2] Der Unternehmer hat bei der Einladung zu Werbe- oder Verkaufsveranstaltungen deutlich auf den gewerblichen Charakter der Veranstaltung hinzuweisen. [3] Dem Verbraucher sind auf solchen Veranstaltungen die vorvertraglichen Informationen jederzeit zugänglich zu machen.

(3) Ein Teilzeit-Wohnrecht oder ein Recht aus einem Vertrag über ein langfristiges Urlaubsprodukt darf nicht als Geldanlage beworben oder verkauft werden.

*(Fortsetzung nächstes Blatt)*

[1] § 482 neu gef. mWv 23.2.2011 durch G v. 17.1.2011 (BGBl. I S. 34).
[2] Nr. **21**.

**§ 482 a.**[1] **Widerrufsbelehrung.** [1]Der Unternehmer muss den Verbraucher vor Vertragsschluss in Textform auf das Widerrufsrecht einschließlich der Widerrufsfrist sowie auf das Anzahlungsverbot nach § 486 hinweisen. [2]Der Erhalt der entsprechenden Vertragsbestimmungen ist vom Verbraucher schriftlich zu bestätigen. [3]Die Einzelheiten sind in Artikel 242 § 2 des Einführungsgesetzes zum Bürgerlichen Gesetzbuche[2] geregelt.

**§ 483.**[1] **Sprache des Vertrags und der vorvertraglichen Informationen.** (1) [1]Der Teilzeit-Wohnrechtevertrag, der Vertrag über ein langfristiges Urlaubsprodukt, der Vermittlungsvertrag oder der Tauschsystemvertrag ist in der Amtssprache oder, wenn es dort mehrere Amtssprachen gibt, in der vom Verbraucher gewählten Amtssprache des Mitgliedstaats der Europäischen Union oder des Vertragsstaats des Abkommens über den Europäischen Wirtschaftsraum abzufassen, in dem der Verbraucher seinen Wohnsitz hat. [2]Ist der Verbraucher Angehöriger eines anderen Mitgliedstaats, so kann er statt der Sprache seines Wohnsitzstaats auch die oder eine der Amtssprachen des Staats, dem er angehört, wählen. [3]Die Sätze 1 und 2 gelten auch für die vorvertraglichen Informationen und für die Widerrufsbelehrung.

(2) Ist der Vertrag von einem deutschen Notar zu beurkunden, so gelten die §§ 5 und 16 des Beurkundungsgesetzes[3] mit der Maßgabe, dass dem Verbraucher eine beglaubigte Übersetzung des Vertrags in der von ihm nach Absatz 1 gewählten Sprache auszuhändigen ist.

(3) Verträge, die Absatz 1 Satz 1 und 2 oder Absatz 2 nicht entsprechen, sind nichtig.

**§ 484.**[1] **Form und Inhalt des Vertrags.** (1) Der Teilzeit-Wohnrechtevertrag, der Vertrag über ein langfristiges Urlaubsprodukt, der Vermittlungsvertrag oder der Tauschsystemvertrag bedarf der schriftlichen Form, soweit nicht in anderen Vorschriften eine strengere Form vorgeschrieben ist.

(2) [1]Die dem Verbraucher nach § 482 Absatz 1 zur Verfügung gestellten vorvertraglichen Informationen werden Inhalt des Vertrags, soweit sie nicht einvernehmlich oder einseitig durch den Unternehmer geändert wurden. [2]Der Unternehmer darf die vorvertraglichen Informationen nur einseitig ändern, um sie an Veränderungen anzupassen, die durch höhere Gewalt verursacht wurden. [3]Die Änderungen nach Satz 1 müssen dem Verbraucher vor Abschluss des Vertrags in Textform mitgeteilt werden. [4]Sie werden nur wirksam, wenn sie in die Vertragsdokumente mit dem Hinweis aufgenommen werden, dass sie von den nach § 482 Absatz 1 zur Verfügung gestellten vorvertraglichen Informationen abweichen. [5]In die Vertragsdokumente sind aufzunehmen:

1. die vorvertraglichen Informationen nach § 482 Absatz 1 unbeschadet ihrer Geltung nach Satz 1,
2. die Namen und ladungsfähigen Anschriften beider Parteien sowie
3. Datum und Ort der Abgabe der darin enthaltenen Vertragserklärungen.

---

[1] Überschr. Buch 2 Abschn. 8 Titel 2 neugef., §§ 481 bis 486 neugef., §§ 481 a, 481 b, 482 a, 485 a, 486 a eingef. mWv 23. 2. 2011 durch Art. 1 G v. 17. 1. 2011 (BGBl. I S. 34); beachte hierzu Übergangsvorschr. in Art. 229 § 25 EGBGB; Nr. **21**.

[2] Nr. **21**.

[3] Nr. **23**.

(3) [1]Der Unternehmer hat dem Verbraucher die Vertragsurkunde oder eine Abschrift des Vertrags zu überlassen. [2]Bei einem Teilzeit-Wohnrechtevertrag hat er, wenn die Vertragssprache und die Amtssprache des Mitgliedstaats der Europäischen Union oder des Vertragsstaats des Abkommens über den Europäischen Wirtschaftsraum, in dem sich das Wohngebäude befindet, verschieden sind, eine beglaubigte Übersetzung des Vertrags in einer Amtssprache des Staats beizufügen, in dem sich das Wohngebäude befindet. [3]Die Pflicht zur Beifügung einer beglaubigten Übersetzung entfällt, wenn sich der Teilzeit-Wohnrechtevertrag auf einen Bestand von Wohngebäuden bezieht, die sich in verschiedenen Staaten befinden.

**§ 485.**[1] **Widerrufsrecht.** Dem Verbraucher steht bei einem Teilzeit-Wohnrechtevertrag, einem Vertrag über ein langfristiges Urlaubsprodukt, einem Vermittlungsvertrag oder einem Tauschsystemvertrag ein Widerrufsrecht nach § 355 zu.

**§ 485 a.**[2] *(aufgehoben)*

**§ 486.**[3] **Anzahlungsverbot.** (1) Der Unternehmer darf Zahlungen des Verbrauchers vor Ablauf der Widerrufsfrist nicht fordern oder annehmen.

(2) Es dürfen keine Zahlungen des Verbrauchers im Zusammenhang mit einem Vermittlungsvertrag gefordert oder angenommen werden, bis der Unternehmer seine Pflichten aus dem Vermittlungsvertrag erfüllt hat oder diese Vertragsbeziehung beendet ist.

**§ 486 a.**[3] **Besondere Vorschriften für Verträge über langfristige Urlaubsprodukte.** (1) [1]Bei einem Vertrag über ein langfristiges Urlaubsprodukt enthält das in Artikel 242 § 1 Absatz 2 des Einführungsgesetzes zum Bürgerlichen Gesetzbuche[4] bezeichnete Formblatt einen Ratenzahlungsplan. [2]Der Unternehmer darf von den dort genannten Zahlungsmodalitäten nicht abweichen. [3]Er darf den laut Formblatt fälligen jährlichen Teilbetrag vom Verbraucher nur fordern oder annehmen, wenn er den Verbraucher zuvor in Textform zur Zahlung dieses Teilbetrags aufgefordert hat. Die Zahlungsaufforderung muss dem Verbraucher mindestens zwei Wochen vor Fälligkeit des jährlichen Teilbetrags zugehen.

(2) Ab dem Zeitpunkt, der nach Absatz 1 für die Zahlung des zweiten Teilbetrags vorgesehen ist, kann der Verbraucher den Vertrag innerhalb von zwei Wochen ab Zugang der Zahlungsaufforderung zum Fälligkeitstermin gemäß Absatz 1 kündigen.

---

[1] § 485 neugef. mWv 23. 2. 2011 durch Art. 1 G v. 17. 1. 2011 (BGBl. I S. 34); beachte hierzu Übergangsvorschr. in Art. 229 § 25 EGBGB; Nr. **21**. § 485 Abs. 2 und 3 aufgeh., bish. Abs. 1 wird alleiniger Wortlaut **mWv 13. 6. 2014** durch Art. 1 G v. 20. 9. 2013 (BGBl. I S. 3642).

[2] § 485 a eingef. mWv 23. 2. 2011 durch Art. 1 G v. 17. 1. 2011 (BGBl. I S. 34); beachte hierzu Übergangsvorschr. in Art. 229 § 25 EGBGB; Nr. **21**. § 485 a aufgeh. **mWv 13. 6. 2014** durch Art. 1 G v. 20. 9. 2013 (BGBl. I S. 3642).

[3] Überschr. Buch 2 Abschn. 8 Titel 2 neugef., §§ 481 bis 486 neugef., §§ 481 a, 481 b, 482 a, 485 a, 486 a eingef. mWv 23. 2. 2011 durch Art. 1 G v. 17. 1. 2011 (BGBl. I S. 34); beachte hierzu Übergangsvorschr. in Art. 229 § 25 EGBGB; Nr. **21**.

[4] Nr. **21**.

**§ 487.**[1] **Abweichende Vereinbarungen.** [1]Von den Vorschriften dieses Titels darf nicht zum Nachteil des Verbrauchers abgewichen werden. [2]Die Vorschriften dieses Titels finden, soweit nicht ein anderes bestimmt ist, auch Anwendung, wenn sie durch anderweitige Gestaltungen umgangen werden.

## Titel 3. Darlehensvertrag; Finanzierungshilfen und Ratenlieferungsverträge zwischen einem Unternehmer und einem Verbraucher[2]

### Untertitel 1. Darlehensvertrag

#### Kapitel 1.[3] Allgemeine Vorschriften

**§ 488.**[3] **Vertragstypische Pflichten beim Darlehensvertrag.** (1) [1]Durch den Darlehensvertrag wird der Darlehensgeber verpflichtet, dem Darlehensnehmer einen Geldbetrag in der vereinbarten Höhe zur Verfügung zu stellen. [2]Der Darlehensnehmer ist verpflichtet, einen geschuldeten Zins zu zahlen und bei Fälligkeit das zur Verfügung gestellte Darlehen zurückzuzahlen.

(2) Die vereinbarten Zinsen sind, soweit nicht ein anderes bestimmt ist, nach dem Ablauf je eines Jahres und, wenn das Darlehen vor dem Ablauf eines Jahres zurückzuzahlen ist, bei der Rückzahlung zu entrichten.

(3) [1]Ist für die Rückzahlung des Darlehens eine Zeit nicht bestimmt, so hängt die Fälligkeit davon ab, dass der Darlehensgeber oder der Darlehensnehmer kündigt. [2]Die Kündigungsfrist beträgt drei Monate. [3]Sind Zinsen nicht geschuldet, so ist der Darlehensnehmer auch ohne Kündigung zur Rückzahlung berechtigt.

**§ 489.**[4] **Ordentliches Kündigungsrecht des Darlehensnehmers.** (1) Der Darlehensnehmer kann einen Darlehensvertrag mit gebundenem Sollzinssatz ganz oder teilweise kündigen,

1. wenn die Sollzinsbindung vor der für die Rückzahlung bestimmten Zeit endet und keine neue Vereinbarung über den Sollzinssatz getroffen ist, unter Einhaltung einer Kündigungsfrist von einem Monat frühestens für den Ablauf des Tages, an dem die Sollzinsbindung endet; ist eine Anpassung des Sollzinssatzes in bestimmten Zeiträumen bis zu einem Jahr vereinbart, so

---

[1] § 487 geänd. mWv 1. 8. 2002 durch Art. 25 Abs. 1 OLGVertrÄndG v. 23. 7. 2002 (BGBl. I S. 2850).

[2] **Amtlicher Hinweis:** Dieser Titel dient der Umsetzung der Richtlinie 87/102/EWG des Rates zur Angleichung der Rechts- und Verwaltungsvorschriften der Mitgliedstaaten über den Verbraucherkredit (ABl. EG Nr. L 42 S. 48), zuletzt geändert durch die Richtlinie 98/7/EG des Europäischen Parlaments und des Rates vom 16. Februar 1998 zur Änderung der Richtlinie 87/102/EWG zur Angleichung der Rechts- und Verwaltungsvorschriften der Mitgliedstaaten über den Verbraucherkredit (ABl. EG Nr. L 101 S. 17).

[3] Buch 2 Abschn. 8 Titel 3 Untertitel 1 Kapitel 1 Überschr. eingef., § 488 Abs. 1 Satz 2, Abs. 2, Abs. 3 Sätze 1 und 3 geänd. mWv 11. 6. 2010 durch Art. 1 G v. 29. 7. 2009 (BGBl. I S. 2355).

[4] § 489 Abs. 1 neugef., Abs. 3 geänd., Abs. 5 angef. mWv 11. 6. 2010 durch Art. 1 G v. 29. 7. 2009 (BGBl. I S. 2355).

kann der Darlehensnehmer jeweils nur für den Ablauf des Tages, an dem die Sollzinsbindung endet, kündigen;

2. in jedem Fall nach Ablauf von zehn Jahren nach dem vollständigen Empfang unter Einhaltung einer Kündigungsfrist von sechs Monaten; wird nach dem Empfang des Darlehens eine neue Vereinbarung über die Zeit der Rückzahlung oder den Sollzinssatz getroffen, so tritt der Zeitpunkt dieser Vereinbarung an die Stelle des Zeitpunkts des Empfangs.

(2) Der Darlehensnehmer kann einen Darlehensvertrag mit veränderlichem Zinssatz jederzeit unter Einhaltung einer Kündigungsfrist von drei Monaten kündigen.

(3) Eine Kündigung des Darlehensnehmers gilt als nicht erfolgt, wenn er den geschuldeten Betrag nicht binnen zwei Wochen nach Wirksamwerden der Kündigung zurückzahlt.

(4) [1]Das Kündigungsrecht des Darlehensnehmers nach den Absätzen 1 und 2 kann nicht durch Vertrag ausgeschlossen oder erschwert werden. [2]Dies gilt nicht bei Darlehen an den Bund, ein Sondervermögen des Bundes, ein Land, eine Gemeinde, einen Gemeindeverband, die Europäischen Gemeinschaften oder ausländische Gebietskörperschaften.

(5) [1]Sollzinssatz ist der gebundene oder veränderliche periodische Prozentsatz, der pro Jahr auf das in Anspruch genommene Darlehen angewendet wird. [2]Der Sollzinssatz ist gebunden, wenn für die gesamte Vertragslaufzeit ein Sollzinssatz oder mehrere Sollzinssätze vereinbart sind, die als feststehende Prozentzahl ausgedrückt werden. [3]Ist für die gesamte Vertragslaufzeit keine Sollzinsbindung vereinbart, gilt der Sollzinssatz nur für diejenigen Zeiträume als gebunden, für die er durch eine feste Prozentzahl bestimmt ist.

**§ 490.**[1)] **Außerordentliches Kündigungsrecht.** (1) Wenn in den Vermögensverhältnissen des Darlehensnehmers oder in der Werthaltigkeit einer für das Darlehen gestellten Sicherheit eine wesentliche Verschlechterung eintritt oder einzutreten droht, durch die die Rückzahlung des Darlehens, auch unter Verwertung der Sicherheit, gefährdet wird, kann der Darlehensgeber den Darlehensvertrag vor Auszahlung des Darlehens im Zweifel stets, nach Auszahlung nur in der Regel fristlos kündigen.

(2) [1]Der Darlehensnehmer kann einen Darlehensvertrag, bei dem der Sollzinssatz gebunden und das Darlehen durch ein Grund- oder Schiffspfandrecht gesichert ist, unter Einhaltung der Fristen des § 488 Abs. 3 Satz 2 vorzeitig kündigen, wenn seine berechtigten Interessen dies gebieten und seit dem vollständigen Empfang des Darlehens sechs Monate abgelaufen sind. [2]Ein solches Interesse liegt insbesondere vor, wenn der Darlehensnehmer ein Bedürfnis nach einer anderweitigen Verwertung der zur Sicherung des Darlehens beliehenen Sache hat. [3]Der Darlehensnehmer hat dem Darlehensgeber denjenigen Schaden zu ersetzen, der diesem aus der vorzeitigen Kündigung entsteht (Vorfälligkeitsentschädigung).

(3) Die Vorschriften der §§ 313 und 314 bleiben unberührt.

---

[1)] § 490 Abs. 1 und Abs. 2 Satz 1 geänd. mWv 11. 6. 2010 durch Art. 1 G v. 29. 7. 2009 (BGBl. I S. 2355).

### Kapitel 2.[1] Besondere Vorschriften für Verbraucherdarlehensverträge

**§ 491[2) 3) 4)] Verbraucherdarlehensvertrag.** (1) [1] Die Vorschriften dieses Kapitels gelten für Verbraucherdarlehensverträge, soweit nichts anderes bestimmt ist. [2] Verbraucherdarlehensverträge sind Allgemein-Verbraucherdarlehensverträge und Immobiliar-Verbraucherdarlehensverträge.

(2) [1] Allgemein-Verbraucherdarlehensverträge sind entgeltliche Darlehensverträge zwischen einem Unternehmer als Darlehensgeber und einem Verbraucher als Darlehensnehmer. [2] Keine Allgemein-Verbraucherdarlehensverträge sind Verträge,

1. bei denen der Nettodarlehensbetrag (Artikel 247 § 3 Abs. 2 des Einführungsgesetzes zum Bürgerlichen Gesetzbuche[5)]) weniger als 200 Euro beträgt,
2. bei denen sich die Haftung des Darlehensnehmers auf eine dem Darlehensgeber zum Pfand übergebene Sache beschränkt,
3. bei denen der Darlehensnehmer das Darlehen binnen drei Monaten zurückzuzahlen hat und nur geringe Kosten vereinbart sind,
4. die von Arbeitgebern mit ihren Arbeitnehmern als Nebenleistung zum Arbeitsvertrag zu einem niedrigeren als dem marktüblichen effektiven Jahreszins (§ 6 der Preisangabenverordnung[6)]) abgeschlossen werden und anderen Personen nicht angeboten werden,
5. die nur mit einem begrenzten Personenkreis auf Grund von Rechtsvorschriften in öffentlichem Interesse abgeschlossen werden, wenn im Vertrag für den Darlehensnehmer günstigere als marktübliche Bedingungen und höchstens der marktübliche Sollzinssatz vereinbart sind,
6. bei denen es sich um Immobiliar-Verbraucherdarlehensverträge oder Immobilienverzehrkreditverträge gemäß Absatz 3 handelt.

(3) [1] Immobiliar-Verbraucherdarlehensverträge sind entgeltliche Darlehensverträge zwischen einem Unternehmer als Darlehensgeber und einem Verbraucher als Darlehensnehmer, die

1. durch ein Grundpfandrecht oder eine Reallast besichert sind oder
2. für den Erwerb oder die Erhaltung des Eigentumsrechts an Grundstücken, an bestehenden oder zu errichtenden Gebäuden oder für den Erwerb oder die Erhaltung von grundstücksgleichen Rechten bestimmt sind.

[2] Keine Immobiliar-Verbraucherdarlehensverträge sind Verträge gemäß Absatz 2 Satz 2 Nummer 4. [3] Auf Immobiliar-Verbraucherdarlehensverträge gemäß Absatz 2 Satz 2 Nummer 5 ist nur § 491a Absatz 4 anwendbar. [4] Keine Immobiliar-Verbraucherdarlehensverträge sind Immobilienverzehrkreditverträge, bei denen der Kreditgeber

1. pauschale oder regelmäßige Zahlungen leistet oder andere Formen der Kreditauszahlung vornimmt und im Gegenzug nur einen Betrag aus dem künftigen

---

[1)] Überschrift Kap. 2 eingef. mWv 11.6.2010 durch G v. 29.7.2009 (BGBl. I S. 2355).

[2)] § 491 neu gef. mWv 11.6.2010 durch G v. 29.7.2009 (BGBl. I S. 2355); Abs. 3 geänd. mWv 13.6. 2014 durch G v. 20.9.2013 (BGBl. I S. 3642); Abs. 1 neu gef., Abs. 2 Satz 1 eingef., bish. Wortlaut wird Satz 2 und einl. Satzteil, Nr. 5 geänd., Nr. 6 angef., Abs. 3 eingef., bish. Abs. 3 wird Abs. 4 und geänd. mWv 21.3.2016 durch G v. 11.3.2016 (BGBl. I S. 396); Abs. 2 Satz 2 Nr. 6 geänd., Abs. 3 Satz 4 angef., Abs. 4 geänd. mWv 10.6.2017 durch G v. 6.6.2017 (BGBl. I S. 1495).

[3)] Beachte hierzu auch das UnterlassungsklagenG (Nr. **105**).

[4)] Beachte hierzu Überleitungsvorschrift in Art. 229 § 9 EGBGB (Nr. **21**).

[5)] Nr. **21**.

[6)] **Schönfelder ErgBd. Nr. 73a.**

Erlös des Verkaufs einer Wohnimmobilie erhält oder ein Recht an einer Wohnimmobilie erwirbt und

2. erst nach dem Tod des Verbrauchers eine Rückzahlung fordert, außer der Verbraucher verstößt gegen die Vertragsbestimmungen, was dem Kreditgeber erlaubt, den Vertrag zu kündigen.

(4) § 358 Abs. 2 und 4 sowie die §§ 491a bis 495 und 505a bis 505e sind nicht auf Darlehensverträge anzuwenden, die in ein nach den Vorschriften der Zivilprozessordnung errichtetes gerichtliches Protokoll aufgenommen oder durch einen gerichtlichen Beschluss über das Zustandekommen und den Inhalt eines zwischen den Parteien geschlossenen Vergleichs festgestellt sind, wenn in das Protokoll oder den Beschluss der Sollzinssatz, die bei Abschluss des Vertrags in Rechnung gestellten Kosten des Darlehens sowie die Voraussetzungen aufgenommen worden sind, unter denen der Sollzinssatz oder die Kosten angepasst werden können.

**§ 491a[1] Vorvertragliche Informationspflichten bei Verbraucherdarlehensverträgen.** (1) Der Darlehensgeber ist verpflichtet, den Darlehensnehmer nach Maßgabe des Artikels 247 des Einführungsgesetzes zum Bürgerlichen Gesetzbuche[2] zu informieren.

(2) [1] Der Darlehensnehmer kann vom Darlehensgeber einen Entwurf des Verbraucherdarlehensvertrags verlangen. [2] Dies gilt nicht, solange der Darlehensgeber zum Vertragsabschluss nicht bereit ist. [3] Unterbreitet der Darlehensgeber bei einem Immobiliar-Verbraucherdarlehensvertrag dem Darlehensnehmer ein Angebot oder einen bindenden Vorschlag für bestimmte Vertragsbestimmungen, so muss er dem Darlehensnehmer anbieten, einen Vertragsentwurf auszuhändigen oder zu übermitteln; besteht kein Widerrufsrecht nach § 495, ist der Darlehensgeber dazu verpflichtet, dem Darlehensnehmer einen Vertragsentwurf auszuhändigen oder zu übermitteln.

(3) [1] Der Darlehensgeber ist verpflichtet, dem Darlehensnehmer vor Abschluss eines Verbraucherdarlehensvertrags angemessene Erläuterungen zu geben, damit der Darlehensnehmer in die Lage versetzt wird, zu beurteilen, ob der Vertrag dem von ihm verfolgten Zweck und seinen Vermögensverhältnissen gerecht wird. [2] Hierzu sind gegebenenfalls die vorvertraglichen Informationen gemäß Absatz 1, die Hauptmerkmale der vom Darlehensgeber angebotenen Verträge sowie ihre vertragstypischen Auswirkungen auf den Darlehensnehmer, einschließlich der Folgen bei Zahlungsverzug, zu erläutern. [3] Werden mit einem Immobiliar-Verbraucherdarlehensvertrag Finanzprodukte oder -dienstleistungen im Paket angeboten, so muss dem Darlehensnehmer erläutert werden, ob sie gesondert gekündigt werden können und welche Folgen die Kündigung hat.

(4) [1] Bei einem Immobiliar-Verbraucherdarlehensvertrag entsprechend § 491 Absatz 2 Satz 2 Nummer 5 ist der Darlehensgeber verpflichtet, den Darlehensnehmer rechtzeitig vor Abgabe von dessen Vertragserklärung auf einem dauerhaften Datenträger über die Merkmale gemäß den Abschnitten 3, 4 und 13 des in Artikel 247 § 1 Absatz 2 Satz 2 des Einführungsgesetzes zum Bürgerlichen Gesetzbuche genannten Musters zu informieren. [2] Artikel 247 § 1 Absatz 2 Satz 6 des Einführungsgesetzes zum Bürgerlichen Gesetzbuche findet Anwendung.

---

[1] § 491a eingef. mWv 11.6.2010 durch G v. 29.7.2009 (BGBl. I S. 2355); Abs. 1 neu gef., Abs. 2 Satz 3, Abs. 3 Satz 3, Abs. 4 angef. mWv 21.3.2016 durch G v. 11.3.2016 (BGBl. I S. 396).

[2] Nr. **21**.

**§ 492[1) 2)] Schriftform, Vertragsinhalt.** (1) [1] Verbraucherdarlehensverträge sind, soweit nicht eine strengere Form vorgeschrieben ist, schriftlich abzuschließen. [2] Der Schriftform ist genügt, wenn Antrag und Annahme durch die Vertragsparteien jeweils getrennt schriftlich erklärt werden. [3] Die Erklärung des Darlehensgebers bedarf keiner Unterzeichnung, wenn sie mit Hilfe einer automatischen Einrichtung erstellt wird.

(2) Der Vertrag muss die für den Verbraucherdarlehensvertrag vorgeschriebenen Angaben nach Artikel 247 §§ 6 bis 13 des Einführungsgesetzes zum Bürgerlichen Gesetzbuche enthalten.

(3) [1] Nach Vertragsschluss stellt der Darlehensgeber dem Darlehensnehmer eine Abschrift des Vertrags zur Verfügung. [2] Ist ein Zeitpunkt für die Rückzahlung des Darlehens bestimmt, kann der Darlehensnehmer vom Darlehensgeber jederzeit einen Tilgungsplan nach Artikel 247 § 14 des Einführungsgesetzes zum Bürgerlichen Gesetzbuche verlangen.

(4) [1] Die Absätze 1 und 2 gelten auch für die Vollmacht, die ein Darlehensnehmer zum Abschluss eines Verbraucherdarlehensvertrags erteilt. [2] Satz 1 gilt nicht für die Prozessvollmacht und eine Vollmacht, die notariell beurkundet ist.

(5) Erklärungen des Darlehensgebers, die dem Darlehensnehmer gegenüber nach Vertragsabschluss abzugeben sind, müssen auf einem dauerhaften Datenträger erfolgen.

(6) [1] Enthält der Vertrag die Angaben nach Absatz 2 nicht oder nicht vollständig, können sie nach wirksamem Vertragsschluss oder in den Fällen des § 494 Absatz 2 Satz 1 nach Gültigwerden des Vertrags auf einem dauerhaften Datenträger nachgeholt werden. [2] Hat das Fehlen von Angaben nach Absatz 2 zu Änderungen der Vertragsbedingungen gemäß § 494 Absatz 2 Satz 2 bis Absatz 6 geführt, kann die Nachholung der Angaben nur dadurch erfolgen, dass der Darlehensnehmer die nach § 494 Absatz 7 erforderliche Abschrift des Vertrags erhält. [3] In den sonstigen Fällen muss der Darlehensnehmer spätestens im Zeitpunkt der Nachholung der Angaben eine der in § 356b Absatz 1 genannten Unterlagen erhalten. [4] Mit der Nachholung der Angaben nach Absatz 2 ist der Darlehensnehmer auf einem dauerhaften Datenträger darauf hinzuweisen, dass die Widerrufsfrist von einem Monat nach Erhalt der nachgeholten Angaben beginnt.

(7) Die Vereinbarung eines veränderlichen Sollzinssatzes, der sich nach einem Index oder Referenzzinssatz richtet, ist nur wirksam, wenn der Index oder Referenzzinssatz objektiv, eindeutig bestimmt und für Darlehensgeber und Darlehensnehmer verfügbar und überprüfbar ist.

**§ 492a[3)] Kopplungsgeschäfte bei Immobiliar-Verbraucherdarlehensverträgen.** (1) [1] Der Darlehensgeber darf den Abschluss eines Immobiliar-Verbraucherdarlehenvertrags unbeschadet des § 492b nicht davon abhängig machen, dass der Darlehensnehmer oder ein Dritter weitere Finanzprodukte oder -dienstleistungen erwirbt (Kopplungsgeschäft). [2] Ist der Darlehensgeber zum Abschluss des Immobiliar-Verbraucherdarlehensvertrags bereit, ohne dass der Verbraucher

---

[1)] § 492 Abs. 1 Sätze 2 und 5 aufgeh., bish. Sätze 3 und 4 werden Sätze 2 und 3, Abs. 1a aufgeh., Abs. 2 und 3 neu gef., Abs. 5 angef. mWv 11.6.2010 durch G v. 29.7.2009 (BGBl. I S. 2355); Abs. 2 geänd., Abs. 6 angef. mWv 30.7.2010 durch G v. 24.7.2010 (BGBl. I S. 977); Abs. 5, Abs. 6 Sätze 1 und 3 geänd., Satz 4 aufgeh., bish. Satz 5 wird Satz 4 und geänd. mWv 13.6.2014 durch G v. 20.9.2013 (BGBl. I S. 3642); Abs. 7 angef. mWv 21.3.2016 durch G v. 11.3.2016 (BGBl. I S. 396).

[2)] Beachte hierzu Übergangsvorschriften in Art. 229 §§ 9 und 38 EGBGB (Nr. **21**).

[3)] § 492a neu gef. mWv 21.3.2016 durch G v. 11.3.2016 (BGBl. I S. 396).

weitere Finanzprodukte oder -dienstleistungen erwirbt, liegt ein Kopplungsgeschäft auch dann nicht vor, wenn die Bedingungen für den Immobiliar-Verbraucherdarlehensvertrag von denen abweichen, zu denen er zusammen mit den weiteren Finanzprodukten oder -dienstleistungen angeboten wird.

(2) Soweit ein Kopplungsgeschäft unzulässig ist, sind die mit dem Immobiliar-Verbraucherdarlehensvertrag gekoppelten Geschäfte nichtig; die Wirksamkeit des Immobiliar-Verbraucherdarlehensvertrags bleibt davon unberührt.

**§ 492b[1] Zulässige Kopplungsgeschäfte.** (1) Ein Kopplungsgeschäft ist zulässig, wenn der Darlehensgeber den Abschluss eines Immobiliar-Verbraucherdarlehensvertrags davon abhängig macht, dass der Darlehensnehmer, ein Familienangehöriger des Darlehensnehmers oder beide zusammen

1. ein Zahlungs- oder ein Sparkonto eröffnen, dessen einziger Zweck die Ansammlung von Kapital ist, um
   a) das Immobiliar-Verbraucherdarlehen zurückzuzahlen oder zu bedienen,
   b) die erforderlichen Mittel für die Gewährung des Darlehens bereitzustellen oder
   c) als zusätzliche Sicherheit für den Darlehensgeber für den Fall eines Zahlungsausfalls zu dienen;
2. ein Anlageprodukt oder ein privates Rentenprodukt erwerben oder behalten, das
   a) in erster Linie als Ruhestandseinkommen dient und
   b) bei Zahlungsausfall als zusätzliche Sicherheit für den Darlehensgeber dient oder das der Ansammlung von Kapital dient, um damit das Immobiliar-Verbraucherdarlehen zurückzuzahlen oder zu bedienen oder um damit die erforderlichen Mittel für die Gewährung des Darlehens bereitzustellen;
3. einen weiteren Darlehensvertrag abschließen, bei dem das zurückzuzahlende Kapital auf einem vertraglich festgelegten Prozentsatz des Werts der Immobilie beruht, die diese zum Zeitpunkt der Rückzahlung oder Rückzahlungen des Kapitals (Darlehensvertrag mit Wertbeteiligung) hat.

(2) Ein Kopplungsgeschäft ist zulässig, wenn der Darlehensgeber den Abschluss eines Immobiliar-Verbraucherdarlehensvertrags davon abhängig macht, dass der Darlehensnehmer im Zusammenhang mit dem Immobiliar-Verbraucherdarlehensvertrag eine einschlägige Versicherung abschließt und dem Darlehensnehmer gestattet ist, diese Versicherung auch bei einem anderen als bei dem vom Darlehensgeber bevorzugten Anbieter abzuschließen.

(3) Ein Kopplungsgeschäft ist zulässig, wenn die für den Darlehensgeber zuständige Aufsichtsbehörde die weiteren Finanzprodukte oder -dienstleistungen sowie deren Kopplung mit dem Immobiliar-Verbraucherdarlehensvertrag nach § 18a Absatz 8a des Kreditwesengesetzes[2] genehmigt hat.

**§ 493[3] Informationen während des Vertragsverhältnisses.** (1) [1] Ist in einem Verbraucherdarlehensvertrag der Sollzinssatz gebunden und endet die Soll-

---

[1] § 492b eingef. mWv 21.3.2016 durch G v. 11.3.2016 (BGBl. I S. 396); Abs. 3 geänd. mWv 10.6. 2017 durch G v. 6.6.2017 (BGBl. I S. 1495).

[2] **Sartorius ErgBd. Nr. 856.**

[3] § 493 neu gef. mWv 11.6.2010 durch G v. 29.7.2009 (BGBl. I S. 2355); Abs. 3 Satz 2 geänd., Abs. 4 und 5 eingef., bish. Abs. 4 wird Abs. 6 und geänd. mWv 21.3.2016 durch G v. 11.3.2016 (BGBl. I S. 396).

zinsbindung vor der für die Rückzahlung bestimmten Zeit, unterrichtet der Darlehensgeber den Darlehensnehmer spätestens drei Monate vor Ende der Sollzinsbindung darüber, ob er zu einer neuen Sollzinsbindungsabrede bereit ist. [2] Erklärt sich der Darlehensgeber hierzu bereit, muss die Unterrichtung den zum Zeitpunkt der Unterrichtung vom Darlehensgeber angebotenen Sollzinssatz enthalten.

(2) [1] Der Darlehensgeber unterrichtet den Darlehensnehmer spätestens drei Monate vor Beendigung eines Verbraucherdarlehensvertrags darüber, ob er zur Fortführung des Darlehensverhältnisses bereit ist. [2] Erklärt sich der Darlehensgeber zur Fortführung bereit, muss die Unterrichtung die zum Zeitpunkt der Unterrichtung gültigen Pflichtangaben gemäß § 491a Abs. 1 enthalten.

(3) [1] Die Anpassung des Sollzinssatzes eines Verbraucherdarlehensvertrags mit veränderlichem Sollzinssatz wird erst wirksam, nachdem der Darlehensgeber den Darlehensnehmer über die Einzelheiten unterrichtet hat, die sich aus Artikel 247 § 15 des Einführungsgesetzes zum Bürgerlichen Gesetzbuche[1)] ergeben. [2] Abweichende Vereinbarungen über die Wirksamkeit sind im Rahmen des Artikels 247 § 15 Absatz 2 und 3 des Einführungsgesetzes zum Bürgerlichen Gesetzbuche zulässig.

(4) [1] Bei einem Vertrag über ein Immobiliar-Verbraucherdarlehen in Fremdwährung gemäß § 503 Absatz 1 Satz 1, auch in Verbindung mit Satz 3, hat der Darlehensgeber den Darlehensnehmer unverzüglich zu informieren, wenn der Wert des noch zu zahlenden Restbetrags oder der Wert der regelmäßigen Raten in der Landeswährung des Darlehensnehmers um mehr als 20 Prozent gegenüber dem Wert steigt, der bei Zugrundelegung des Wechselkurses bei Vertragsabschluss gegeben wäre. [2] Die Information

1. ist auf einem dauerhaften Datenträger zu übermitteln,
2. hat die Angabe über die Veränderung des Restbetrags in der Landeswährung des Darlehensnehmers zu enthalten,
3. hat den Hinweis auf die Möglichkeit einer Währungsumstellung aufgrund des § 503 und die hierfür geltenden Bedingungen und gegebenenfalls die Erläuterung weiterer Möglichkeiten zur Begrenzung des Wechselkursrisikos zu enthalten und
4. ist so lange in regelmäßigen Abständen zu erteilen, bis die Differenz von 20 Prozent wieder unterschritten wird.

[3] Die Sätze 1 und 2 sind entsprechend anzuwenden, wenn ein Immobiliar-Verbraucherdarlehensvertrag in der Währung des Mitgliedstaats der Europäischen Union, in dem der Darlehensnehmer bei Vertragsschluss seinen Wohnsitz hat, geschlossen wurde und der Darlehensnehmer zum Zeitpunkt der maßgeblichen Kreditwürdigkeitsprüfung in einer anderen Währung überwiegend sein Einkommen bezieht oder Vermögenswerte hält, aus denen das Darlehen zurückgezahlt werden soll.

(5) [1] Wenn der Darlehensnehmer eines Immobiliar-Verbraucherdarlehensvertrags dem Darlehensgeber mitteilt, dass er eine vorzeitige Rückzahlung des Darlehens beabsichtigt, ist der Darlehensgeber verpflichtet, ihm unverzüglich die für die Prüfung dieser Möglichkeit erforderlichen Informationen auf einem dauerhaften Datenträger zu übermitteln. [2] Diese Informationen müssen insbesondere folgende Angaben enthalten:

---

1) Nr. **21**.

1. Auskunft über die Zulässigkeit der vorzeitigen Rückzahlung,
2. im Fall der Zulässigkeit die Höhe des zurückzuzahlenden Betrags und
3. gegebenenfalls die Höhe einer Vorfälligkeitsentschädigung.

[3] Soweit sich die Informationen auf Annahmen stützen, müssen diese nachvollziehbar und sachlich gerechtfertigt sein und als solche dem Darlehensnehmer gegenüber offengelegt werden.

(6) Wurden Forderungen aus dem Darlehensvertrag abgetreten, treffen die Pflichten aus den Absätzen 1 bis 5 auch den neuen Gläubiger, wenn nicht der bisherige Darlehensgeber mit dem neuen Gläubiger vereinbart hat, dass im Verhältnis zum Darlehensnehmer weiterhin allein der bisherige Darlehensgeber auftritt.

**§ 494[1) 2)] Rechtsfolgen von Formmängeln.** (1) Der Verbraucherdarlehensvertrag und die auf Abschluss eines solchen Vertrags vom Verbraucher erteilte Vollmacht sind nichtig, wenn die Schriftform insgesamt nicht eingehalten ist oder wenn eine der in Artikel 247 §§ 6 und 10 bis 13 des Einführungsgesetzes zum Bürgerlichen Gesetzbuche[3)] für den Verbraucherdarlehensvertrag vorgeschriebenen Angaben fehlt.

(2) [1] Ungeachtet eines Mangels nach Absatz 1 wird der Verbraucherdarlehensvertrag gültig, soweit der Darlehensnehmer das Darlehen empfängt oder in Anspruch nimmt. [2] Jedoch ermäßigt sich der dem Verbraucherdarlehensvertrag zugrunde gelegte Sollzinssatz auf den gesetzlichen Zinssatz, wenn die Angabe des Sollzinssatzes, des effektiven Jahreszinses oder des Gesamtbetrags fehlt.

(3) Ist der effektive Jahreszins zu niedrig angegeben, so vermindert sich der dem Verbraucherdarlehensvertrag zugrunde gelegte Sollzinssatz um den Prozentsatz, um den der effektive Jahreszins zu niedrig angegeben ist.

(4) [1] Nicht angegebene Kosten werden vom Darlehensnehmer nicht geschuldet. [2] Ist im Vertrag nicht angegeben, unter welchen Voraussetzungen Kosten oder Zinsen angepasst werden können, so entfällt die Möglichkeit, diese zum Nachteil des Darlehensnehmers anzupassen.

(5) Wurden Teilzahlungen vereinbart, ist deren Höhe vom Darlehensgeber unter Berücksichtigung der verminderten Zinsen oder Kosten neu zu berechnen.

(6) [1] Fehlen im Vertrag Angaben zur Laufzeit oder zum Kündigungsrecht, ist der Darlehensnehmer jederzeit zur Kündigung berechtigt. [2] Fehlen Angaben zu Sicherheiten, so können Sicherheiten nicht gefordert werden; dies gilt nicht bei Allgemein-Verbraucherdarlehensverträgen, wenn der Nettodarlehensbetrag 75 000 Euro übersteigt. [3] Fehlen Angaben zum Umwandlungsrecht bei Immobiliar-Verbraucherdarlehen in Fremdwährung, so kann das Umwandlungsrecht jederzeit ausgeübt werden.

(7) Der Darlehensgeber stellt dem Darlehensnehmer eine Abschrift des Vertrags zur Verfügung, in der die Vertragsänderungen berücksichtigt sind, die sich aus den Absätzen 2 bis 6 ergeben.

---

1) § 494 Abs. 1 und 3 geänd., Abs. 2 neu gef., Abs. 4–7 angef. mWv 11.6.2010 durch G v. 29.7.2009 (BGBl. I S. 2355); Abs. 1 geänd., Abs. 7 Satz 2 angef. mWv 30.7.2010 durch G v. 24.7.2010 (BGBl. I S. 977); Abs. 7 Satz 2 aufgeh. mWv 13.6.2014 durch G v. 20.9.2013 (BGBl. I S. 3642); Abs. 1 geänd., Abs. 6 Sätze 2 und 3 neu gef. mWv 21.3.2016 durch G v. 11.3.2016 (BGBl. I S. 396).

2) Beachte hierzu Überleitungsvorschrift in Art. 229 § 9 EGBGB (Nr. **21**).

3) Nr. **21**.

**§ 495**[1) 2)] **Widerrufsrecht; Bedenkzeit.** (1) Dem Darlehensnehmer steht bei einem Verbraucherdarlehensvertrag ein Widerrufsrecht nach § 355 zu.

(2) Ein Widerrufsrecht besteht nicht bei Darlehensverträgen,

1. die einen Darlehensvertrag, zu dessen Kündigung der Darlehensgeber wegen Zahlungsverzugs des Darlehensnehmers berechtigt ist, durch Rückzahlungsvereinbarungen ergänzen oder ersetzen, wenn dadurch ein gerichtliches Verfahren vermieden wird und wenn der Gesamtbetrag (Artikel 247 § 3 des Einführungsgesetzes zum Bürgerlichen Gesetzbuche[3)]) geringer ist als die Restschuld des ursprünglichen Vertrags,
2. die notariell zu beurkunden sind, wenn der Notar bestätigt, dass die Rechte des Darlehensnehmers aus den §§ 491a und 492 gewahrt sind, oder
3. die § 504 Abs. 2 oder § 505 entsprechen.

(3) [1] Bei Immobiliar-Verbraucherdarlehensverträgen ist dem Darlehensnehmer in den Fällen des Absatzes 2 vor Vertragsschluss eine Bedenkzeit von zumindest sieben Tagen einzuräumen. [2] Während des Laufs der Frist ist der Darlehensgeber an sein Angebot gebunden. [3] Die Bedenkzeit beginnt mit der Aushändigung des Vertragsangebots an den Darlehensnehmer.

**§ 496**[4)] **Einwendungsverzicht, Wechsel- und Scheckverbot.** (1) Eine Vereinbarung, durch die der Darlehensnehmer auf das Recht verzichtet, Einwendungen, die ihm gegenüber dem Darlehensgeber zustehen, gemäß § 404 einem Abtretungsgläubiger entgegenzusetzen oder eine ihm gegen den Darlehensgeber zustehende Forderung gemäß § 406 auch dem Abtretungsgläubiger gegenüber aufzurechnen, ist unwirksam.

(2) [1] Wird eine Forderung des Darlehensgebers aus einem Verbraucherdarlehensvertrag an einen Dritten abgetreten oder findet in der Person des Darlehensgebers ein Wechsel statt, ist der Darlehensnehmer unverzüglich darüber sowie über die Kontaktdaten des neuen Gläubigers nach Artikel 246b § 1 Absatz 1 Nummer 1, 3 und 4 des Einführungsgesetzes zum Bürgerlichen Gesetzbuche[3)] zu unterrichten. [2] Die Unterrichtung ist bei Abtretungen entbehrlich, wenn der bisherige Darlehensgeber mit dem neuen Gläubiger vereinbart hat, dass im Verhältnis zum Darlehensnehmer weiterhin allein der bisherige Darlehensgeber auftritt. [3] Fallen die Voraussetzungen des Satzes 2 fort, ist die Unterrichtung unverzüglich nachzuholen.

(3) [1] Der Darlehensnehmer darf nicht verpflichtet werden, für die Ansprüche des Darlehensgebers aus dem Verbraucherdarlehensvertrag eine Wechselverbindlichkeit einzugehen. [2] Der Darlehensgeber darf vom Darlehensnehmer zur Sicherung seiner Ansprüche aus dem Verbraucherdarlehensvertrag einen Scheck nicht entgegennehmen. [3] Der Darlehensnehmer kann vom Darlehensgeber jederzeit die Herausgabe eines Wechsels oder Schecks, der entgegen Satz 1 oder 2 begeben

---

[1)] § 495 Abs. 2 aufgeh., bish. Abs. 3 wird Abs. 2 und geänd. mWv 1.8.2002 durch G v. 23.7.2002 (BGBl. I S. 2850); Abs. 2 neu gef., Abs. 3 angef. mWv 11.6.2010 durch G v. 29.7.2009 (BGBl. I S. 2355); Abs. 2 neu gef. mWv 30.7.2010 durch G v. 24.7.2010 (BGBl. I S. 977); Abs. 2 aufgeh., bish. Abs. 3 wird Abs. 2 mWv 13.6.2014 durch G v. 20.9.2013 (BGBl. I S. 3642); Überschrift geänd., Abs. 3 angef. mWv 21.3.2016 durch G v. 11.3.2016 (BGBl. I S. 396).

[2)] Beachte hierzu Überleitungsvorschrift in Art. 229 § 9 EGBGB (Nr. **21**).

[3)] Nr. **21**.

[4)] § 496 Abs. 2 eingef., bish. Abs. 2 wird Abs. 3 mWv 19.8.2008 durch G v. 12.8.2008 (BGBl. I S. 1666); Abs. 2 Satz 1 geänd. mWv 11.6.2010 durch G v. 29.7.2009 (BGBl. I S. 2355); Abs. 2 Satz 1 geänd. mWv 13.6.2014 durch G v. 20.9.2013 (BGBl. I S. 3642); Abs. 2 Satz 1 geänd. mWv 21.3.2016 durch G v. 11.3.2016 (BGBl. I S. 396).

worden ist, verlangen. [4]Der Darlehensgeber haftet für jeden Schaden, der dem Darlehensnehmer aus einer solchen Wechsel- oder Scheckbegebung entsteht.

**§ 497**[1) 2)] **Verzug des Darlehensnehmers.** (1) [1]Soweit der Darlehensnehmer mit Zahlungen, die er auf Grund des Verbraucherdarlehensvertrags schuldet, in Verzug kommt, hat er den geschuldeten Betrag nach § 288 Abs. 1 zu verzinsen. [2]Im Einzelfall kann der Darlehensgeber einen höheren oder der Darlehensnehmer einen niedrigeren Schaden nachweisen.

(2) [1]Die nach Eintritt des Verzugs anfallenden Zinsen sind auf einem gesonderten Konto zu verbuchen und dürfen nicht in ein Kontokorrent mit dem geschuldeten Betrag oder anderen Forderungen des Darlehensgebers eingestellt werden. [2]Hinsichtlich dieser Zinsen gilt § 289 Satz 2 mit der Maßgabe, dass der Darlehensgeber Schadensersatz nur bis zur Höhe des gesetzlichen Zinssatzes (§ 246) verlangen kann.

(3) [1]Zahlungen des Darlehensnehmers, die zur Tilgung der gesamten fälligen Schuld nicht ausreichen, werden abweichend von § 367 Abs. 1 zunächst auf die Kosten der Rechtsverfolgung, dann auf den übrigen geschuldeten Betrag (Absatz 1) und zuletzt auf die Zinsen (Absatz 2) angerechnet. [2]Der Darlehensgeber darf Teilzahlungen nicht zurückweisen. [3]Die Verjährung der Ansprüche auf Darlehensrückzahlung und Zinsen ist vom Eintritt des Verzugs nach Absatz 1 an bis zu ihrer Feststellung in einer in § 197 Abs. 1 Nr. 3 bis 5 bezeichneten Art gehemmt, jedoch nicht länger als zehn Jahre von ihrer Entstehung an. [4]Auf die Ansprüche auf Zinsen findet § 197 Abs. 2 keine Anwendung. [5]Die Sätze 1 bis 4 finden keine Anwendung, soweit Zahlungen auf Vollstreckungstitel geleistet werden, deren Hauptforderung auf Zinsen lautet.

(4) [1]Bei Immobiliar-Verbraucherdarlehensverträgen beträgt der Verzugszinssatz abweichend von Absatz 1 für das Jahr 2,5 Prozentpunkte über dem Basiszinssatz. [2]Die Absätze 2 und 3 Satz 1, 2, 4 und 5 sind auf Immobiliar-Verbraucherdarlehensverträge nicht anzuwenden.

**§ 498**[3)] **Gesamtfälligstellung bei Teilzahlungsdarlehen.** (1) [1]Der Darlehensgeber kann den Verbraucherdarlehensvertrag bei einem Darlehen, das in Teilzahlungen zu tilgen ist, wegen Zahlungsverzugs des Darlehensnehmers nur dann kündigen, wenn

1. der Darlehensnehmer
   a) mit mindestens zwei aufeinander folgenden Teilzahlungen ganz oder teilweise in Verzug ist,
   b) bei einer Vertragslaufzeit bis zu drei Jahren mit mindestens 10 Prozent oder bei einer Vertragslaufzeit von mehr als drei Jahren mit mindestens 5 Prozent des Nennbetrags des Darlehens in Verzug ist und
2. der Darlehensgeber dem Darlehensnehmer erfolglos eine zweiwöchige Frist zur Zahlung des rückständigen Betrags mit der Erklärung gesetzt hat, dass er bei Nichtzahlung innerhalb der Frist die gesamte Restschuld verlange.

---

[1)] § 497 Abs. 1 Satz 1 neu gef., Abs. 4 angef. mWv 1.8.2002 durch G v. 23.7.2002 (BGBl. I S. 2850); Überschrift neu gef., Abs. 1 Satz 1 2. Halbs. und Satz 2 aufgeh., bish. Satz 3 wird Satz 2, Abs. 3 Satz 3 geänd., Abs. 4 aufgeh. mWv 11.6.2010 durch G v. 29.7.2009 (BGBl. I S. 2355); Abs. 4 angef. mWv 21.3.2016 durch G v. 11.3.2016 (BGBl. I S. 396).

[2)] Beachte hierzu Überleitungsvorschrift in Art. 229 § 9 EGBGB (Nr. **21**).

[3)] § 498 neu gef. mWv 21.3.2016 durch G v. 11.3.2016 (BGBl. I S. 396).

²Der Darlehensgeber soll dem Darlehensnehmer spätestens mit der Fristsetzung ein Gespräch über die Möglichkeiten einer einverständlichen Regelung anbieten.

(2) Bei einem Immobiliar-Verbraucherdarlehensvertrag muss der Darlehensnehmer abweichend von Absatz 1 Satz 1 Nummer 1 Buchstabe b mit mindestens 2,5 Prozent des Nennbetrags des Darlehens in Verzug sein.

**§ 499[1)] Kündigungsrecht des Darlehensgebers; Leistungsverweigerung.**

(1) In einem Allgemein-Verbraucherdarlehensvertrag ist eine Vereinbarung über ein Kündigungsrecht des Darlehensgebers unwirksam, wenn eine bestimmte Vertragslaufzeit vereinbart wurde oder die Kündigungsfrist zwei Monate unterschreitet.

(2) ¹Der Darlehensgeber ist bei entsprechender Vereinbarung berechtigt, die Auszahlung eines Allgemein-Verbraucherdarlehens, bei dem eine Zeit für die Rückzahlung nicht bestimmt ist, aus einem sachlichen Grund zu verweigern. ²Beabsichtigt der Darlehensgeber dieses Recht auszuüben, hat er dies dem Darlehensnehmer unverzüglich mitzuteilen und ihn über die Gründe möglichst vor, spätestens jedoch unverzüglich nach der Rechtsausübung zu unterrichten. ³Die Unterrichtung über die Gründe unterbleibt, soweit hierdurch die öffentliche Sicherheit oder Ordnung gefährdet würde.

(3) ¹Der Darlehensgeber kann einen Verbraucherdarlehensvertrag nicht allein deshalb kündigen, auf andere Weise beenden oder seine Änderung verlangen, weil die vom Darlehensnehmer vor Vertragsschluss gemachten Angaben unvollständig waren oder weil die Kreditwürdigkeitsprüfung des Darlehensnehmers nicht ordnungsgemäß durchgeführt wurde. ²Satz 1 findet keine Anwendung, soweit der Mangel der Kreditwürdigkeitsprüfung darauf beruht, dass der Darlehensnehmer dem Darlehensgeber für die Kreditwürdigkeitsprüfung relevante Informationen wissentlich vorenthalten oder diese gefälscht hat.

**§ 500[2)] Kündigungsrecht des Darlehensnehmers; vorzeitige Rückzahlung.** (1) ¹Der Darlehensnehmer kann einen Allgemein-Verbraucherdarlehensvertrag, bei dem eine Zeit für die Rückzahlung nicht bestimmt ist, ganz oder teilweise kündigen, ohne eine Frist einzuhalten. ²Eine Vereinbarung über eine Kündigungsfrist von mehr als einem Monat ist unwirksam.

(2) ¹Der Darlehensnehmer kann seine Verbindlichkeiten aus einem Verbraucherdarlehensvertrag jederzeit ganz oder teilweise vorzeitig erfüllen. ²Abweichend von Satz 1 kann der Darlehensnehmer eines Immobiliar-Verbraucherdarlehensvertrags, für den ein gebundener Sollzinssatz vereinbart wurde, seine Verbindlichkeiten im Zeitraum der Sollzinsbindung nur dann ganz oder teilweise vorzeitig erfüllen, wenn hierfür ein berechtigtes Interesse des Darlehensnehmers besteht.

**§ 501[3)] Kostenermäßigung bei vorzeitiger Rückzahlung und bei Kündigung.** (1) Soweit der Darlehensnehmer seine Verbindlichkeiten aus einem Verbraucherdarlehensvertrag nach § 500 Absatz 2 vorzeitig erfüllt, ermäßigen sich die Gesamtkosten des Kredits um die Zinsen und die Kosten entsprechend der verbleibenden Laufzeit des Vertrags.

---

[1)] § 499 eingef. mWv 11.6.2010 durch G v. 29.7.2009 (BGBl. I S. 2355); Abs. 1, Abs. 2 Satz 1 geänd., Abs. 3 angef. mWv 21.3.2016 durch G v. 11.3.2016 (BGBl. I S. 396).

[2)] § 500 eingef. mWv 11.6.2010 durch G v. 29.7.2009 (BGBl. I S. 2355); Abs. 1 Satz 1 geänd., Abs. 2 Satz 2 angef. mWv 21.3.2016 durch G v. 11.3.2016 (BGBl. I S. 396).

[3)] § 501 neu gef. mWv 15.6.2021 durch G v. 9.6.2021 (BGBl. I S. 1666).

(2) Soweit die Restschuld eines Verbraucherdarlehens vor der vereinbarten Zeit durch Kündigung fällig wird, ermäßigen sich die Gesamtkosten des Kredits um die Zinsen und die sonstigen laufzeitabhängigen Kosten, die bei gestaffelter Berechnung auf die Zeit nach der Fälligkeit entfallen.

**§ 502[1)] Vorfälligkeitsentschädigung.** (1) [1]Der Darlehensgeber kann im Fall der vorzeitigen Rückzahlung eine angemessene Vorfälligkeitsentschädigung für den unmittelbar mit der vorzeitigen Rückzahlung zusammenhängenden Schaden verlangen, wenn der Darlehensnehmer zum Zeitpunkt der Rückzahlung Zinsen zu einem gebundenen Sollzinssatz schuldet. [2]Bei Allgemein-Verbraucherdarlehensverträgen gilt Satz 1 nur, wenn der gebundene Sollzinssatz bei Vertragsabschluss vereinbart wurde.

(2) Der Anspruch auf Vorfälligkeitsentschädigung ist ausgeschlossen, wenn

1. die Rückzahlung aus den Mitteln einer Versicherung bewirkt wird, die auf Grund einer entsprechenden Verpflichtung im Darlehensvertrag abgeschlossen wurde, um die Rückzahlung zu sichern, oder
2. im Vertrag die Angaben über die Laufzeit des Vertrags, das Kündigungsrecht des Darlehensnehmers oder die Berechnung der Vorfälligkeitsentschädigung unzureichend sind.

(3) Bei Allgemein-Verbraucherdarlehensverträgen darf die Vorfälligkeitsentschädigung folgende Beträge jeweils nicht überschreiten:

1. 1 Prozent des vorzeitig zurückgezahlten Betrags oder, wenn der Zeitraum zwischen der vorzeitigen und der vereinbarten Rückzahlung ein Jahr nicht überschreitet, 0,5 Prozent des vorzeitig zurückgezahlten Betrags,
2. den Betrag der Sollzinsen, den der Darlehensnehmer in dem Zeitraum zwischen der vorzeitigen und der vereinbarten Rückzahlung entrichtet hätte.

**§ 503[2)] Umwandlung bei Immobiliar-Verbraucherdarlehen in Fremdwährung.** (1) [1]Bei einem nicht auf die Währung des Mitgliedstaats der Europäischen Union, in dem der Darlehensnehmer bei Vertragsschluss seinen Wohnsitz hat (Landeswährung des Darlehensnehmers), geschlossenen Immobiliar-Verbraucherdarlehensvertrag (Immobiliar-Verbraucherdarlehensvertrag in Fremdwährung) kann der Darlehensnehmer die Umwandlung des Darlehens in die Landeswährung des Darlehensnehmers verlangen. [2]Das Recht auf Umwandlung besteht dann, wenn der Wert des ausstehenden Restbetrags oder der Wert der regelmäßigen Raten in der Landeswährung des Darlehensnehmers auf Grund der Änderung des Wechselkurses um mehr als 20 Prozent über dem Wert liegt, der bei Zugrundelegung des Wechselkurses bei Vertragsabschluss gegeben wäre. [3]Im Darlehensvertrag kann abweichend von Satz 1 vereinbart werden, dass die Landeswährung des Darlehensnehmers ausschließlich oder ergänzend die Währung ist, in der er zum Zeitpunkt der maßgeblichen Kreditwürdigkeitsprüfung überwiegend sein Einkommen bezieht oder Vermögenswerte hält, aus denen das Darlehen zurückgezahlt werden soll.

(2) [1]Die Umstellung des Darlehens hat zu dem Wechselkurs zu erfolgen, der dem am Tag des Antrags auf Umstellung geltenden Marktwechselkurs entspricht. [2]Satz 1 gilt nur, wenn im Darlehensvertrag nicht etwas anderes vereinbart wurde.

---

[1)] § 502 eingef. mWv 11.6.2010 durch G v. 29.7.2009 (BGBl. I S. 2355); Abs. 1 neu gef., Abs. 3 angef. mWv 21.3.2016 durch G v. 11.3.2016 (BGBl. I S. 396).

[2)] § 503 neu gef. mWv 21.3.2016 durch G v. 11.3.2016 (BGBl. I S. 396).

**§ 504**[1) 2)] **Eingeräumte Überziehungsmöglichkeit.** (1) [1] Ist ein Verbraucherdarlehen in der Weise gewährt, dass der Darlehensgeber in einem Vertragsverhältnis über ein laufendes Konto dem Darlehensnehmer das Recht einräumt, sein Konto in bestimmter Höhe zu überziehen (Überziehungsmöglichkeit), hat der Darlehensgeber den Darlehensnehmer in regelmäßigen Zeitabständen über die Angaben zu unterrichten, die sich aus Artikel 247 § 16 des Einführungsgesetzes zum Bürgerlichen Gesetzbuche[3)] ergeben. [2] Ein Anspruch auf Vorfälligkeitsentschädigung aus § 502 ist ausgeschlossen. [3] § 493 Abs. 3 ist nur bei einer Erhöhung des Sollzinssatzes anzuwenden und gilt entsprechend bei einer Erhöhung der vereinbarten sonstigen Kosten. [4] § 499 Abs. 1 ist nicht anzuwenden.

(2) [1] Ist in einer Überziehungsmöglichkeit in Form des Allgemein-Verbraucherdarlehensvertrags vereinbart, dass nach der Auszahlung die Laufzeit höchstens drei Monate beträgt oder der Darlehensgeber kündigen kann, ohne eine Frist einzuhalten, sind § 491a Abs. 3, die §§ 495, 499 Abs. 2 und § 500 Abs. 1 Satz 2 nicht anzuwenden. [2] § 492 Abs. 1 ist nicht anzuwenden, wenn außer den Sollzinsen keine weiteren laufenden Kosten vereinbart sind, die Sollzinsen nicht in kürzeren Zeiträumen als drei Monaten fällig werden und der Darlehensgeber dem Darlehensnehmer den Vertragsinhalt spätestens unverzüglich nach Vertragsabschluss auf einem dauerhaften Datenträger mitteilt.

**§ 504a**[4) 2)] **Beratungspflicht bei Inanspruchnahme der Überziehungsmöglichkeit.** (1) [1] Der Darlehensgeber hat dem Darlehensnehmer eine Beratung gemäß Absatz 2 anzubieten, wenn der Darlehensnehmer eine ihm eingeräumte Überziehungsmöglichkeit ununterbrochen über einen Zeitraum von sechs Monaten und durchschnittlich in Höhe eines Betrags in Anspruch genommen hat, der 75 Prozent des vereinbarten Höchstbetrags übersteigt. [2] Wenn der Rechnungsabschluss für das laufende Konto vierteljährlich erfolgt, ist der maßgebliche Zeitpunkt für das Vorliegen der Voraussetzungen nach Satz 1 der jeweilige Rechnungsabschluss. [3] Das Beratungsangebot ist dem Darlehensnehmer in Textform auf dem Kommunikationsweg zu unterbreiten, der für den Kontakt mit dem Darlehensnehmer üblicherweise genutzt wird. [4] Das Beratungsangebot ist zu dokumentieren.

(2) [1] Nimmt der Darlehensnehmer das Angebot an, ist eine Beratung zu möglichen kostengünstigen Alternativen zur Inanspruchnahme der Überziehungsmöglichkeit und zu möglichen Konsequenzen einer weiteren Überziehung des laufenden Kontos durchzuführen sowie gegebenenfalls auf geeignete Beratungseinrichtungen hinzuweisen. [2] Die Beratung hat in Form eines persönlichen Gesprächs zu erfolgen. [3] Für dieses können auch Fernkommunikationsmittel genutzt werden. [4] Der Ort und die Zeit des Beratungsgesprächs sind zu dokumentieren.

(3) [1] Nimmt der Darlehensnehmer das Beratungsangebot nicht an oder wird ein Vertrag über ein geeignetes kostengünstigeres Finanzprodukt nicht geschlossen, hat der Darlehensgeber das Beratungsangebot bei erneutem Vorliegen der Voraussetzungen nach Absatz 1 zu wiederholen. [2] Dies gilt nicht, wenn der Darlehensnehmer ausdrücklich erklärt, keine weiteren entsprechenden Beratungsangebote erhalten zu wollen.

---

[1)] § 504 eingef. mWv 11.6.2010 durch G v. 29.7.2009 (BGBl. I S. 2355); Abs. 2 Satz 2 geänd. mWv 13.6.2014 durch G v. 20.9.2013 (BGBl. I S. 3642); Abs. 2 Satz 1 geänd. mWv 21.3.2016 durch G v. 11.3.2016 (BGBl. I S. 396).

[2)] Beachte hierzu Übergangsvorschrift in Art. 229 § 38 EGBGB (Nr. **21**).

[3)] Nr. **21**.

[4)] § 504a eingef. mWv 21.3.2016 durch G v. 11.3.2016 (BGBl. I S. 396).

**§ 505[1) 2)] Geduldete Überziehung.** (1) [1] Vereinbart ein Unternehmer in einem Vertrag mit einem Verbraucher über ein laufendes Konto ohne eingeräumte Überziehungsmöglichkeit ein Entgelt für den Fall, dass er eine Überziehung des Kontos duldet, müssen in diesem Vertrag die Angaben nach Artikel 247 § 17 Abs. 1 des Einführungsgesetzes zum Bürgerlichen Gesetzbuche[3)] auf einem dauerhaften Datenträger enthalten sein und dem Verbraucher in regelmäßigen Zeitabständen auf einem dauerhaften Datenträger mitgeteilt werden. [2] Satz 1 gilt entsprechend, wenn ein Darlehensgeber mit einem Darlehensnehmer in einem Vertrag über ein laufendes Konto mit eingeräumter Überziehungsmöglichkeit ein Entgelt für den Fall vereinbart, dass er eine Überziehung des Kontos über die vertraglich bestimmte Höhe hinaus duldet.

(2) [1] Kommt es im Fall des Absatzes 1 zu einer erheblichen Überziehung von mehr als einem Monat, unterrichtet der Darlehensgeber den Darlehensnehmer unverzüglich auf einem dauerhaften Datenträger über die sich aus Artikel 247 § 17 Abs. 2 des Einführungsgesetzes zum Bürgerlichen Gesetzbuche ergebenden Einzelheiten. [2] Wenn es im Fall des Absatzes 1 zu einer ununterbrochenen Überziehung von mehr als drei Monaten gekommen ist und der durchschnittliche Überziehungsbetrag die Hälfte des durchschnittlichen monatlichen Geldeingangs innerhalb der letzten drei Monate auf diesem Konto übersteigt, so gilt § 504a entsprechend. [3] Wenn der Rechnungsabschluss für das laufende Konto vierteljährlich erfolgt, ist der maßgebliche Zeitpunkt für das Vorliegen der Voraussetzungen nach Satz 1 der jeweilige Rechnungsabschluss.

(3) Verstößt der Unternehmer gegen Absatz 1 oder Absatz 2, kann der Darlehensgeber über die Rückzahlung des Darlehens hinaus Kosten und Zinsen nicht verlangen.

(4) Die §§ 491a bis 496 und 499 bis 502 sind auf Allgemein-Verbraucherdarlehensverträge, die unter den in Absatz 1 genannten Voraussetzungen zustande kommen, nicht anzuwenden.

**§ 505a[4)] Pflicht zur Kreditwürdigkeitsprüfung bei Verbraucherdarlehensverträgen.** (1) [1] Der Darlehensgeber hat vor dem Abschluss eines Verbraucherdarlehensvertrags die Kreditwürdigkeit des Darlehensnehmers zu prüfen. [2] Der Darlehensgeber darf den Verbraucherdarlehensvertrag nur abschließen, wenn aus der Kreditwürdigkeitsprüfung hervorgeht, dass bei einem Allgemein-Verbraucherdarlehensvertrag keine erheblichen Zweifel daran bestehen und dass es bei einem Immobiliar-Verbraucherdarlehensvertrag wahrscheinlich ist, dass der Darlehensnehmer seinen Verpflichtungen, die im Zusammenhang mit dem Darlehensvertrag stehen, vertragsgemäß nachkommen wird.

(2) Wird der Nettodarlehensbetrag nach Abschluss des Darlehensvertrags deutlich erhöht, so ist die Kreditwürdigkeit auf aktualisierter Grundlage neu zu prüfen, es sei denn, der Erhöhungsbetrag des Nettodarlehens wurde bereits in die ursprüngliche Kreditwürdigkeitsprüfung einbezogen.

(3) [1] Bei Immobiliar-Verbraucherdarlehensverträgen, die

---

[1)] § 505 eingef. mWv 11.6.2010 durch G v. 29.7.2009 (BGBl. I S. 2355); Abs. 1 Satz 1 und Abs. 2 geänd. mWv 13.6.2014 durch G v. 20.9.2013 (BGBl. I S. 3642); Abs. 2 Sätze 2 und 3 angef., Abs. 4 geänd. mWv 21.3.2016 durch G v. 11.3.2016 (BGBl. I S. 396).

[2)] Beachte hierzu Übergangsvorschrift in Art. 229 § 38 EGBGB (Nr. **21**).

[3)] Nr. **21**.

[4)] § 505a eingef. mWv 21.3.2016 durch G v. 11.3.2016 (BGBl. I S. 396); Abs. 3 angef. mWv 22.7.2017 durch G v. 17.7.2017 (BGBl. I S. 2446).

1. im Anschluss an einen zwischen den Vertragsparteien abgeschlossenen Darlehensvertrag ein neues Kapitalnutzungsrecht zur Erreichung des von dem Darlehensnehmer mit dem vorangegangenen Darlehensvertrag verfolgten Zweckes einräumen oder
2. einen anderen Darlehensvertrag zwischen den Vertragsparteien zur Vermeidung von Kündigungen wegen Zahlungsverzugs des Darlehensnehmers oder zur Vermeidung von Zwangsvollstreckungsmaßnahmen gegen den Darlehensnehmer ersetzen oder ergänzen,

bedarf es einer erneuten Kreditwürdigkeitsprüfung nur unter den Voraussetzungen des Absatzes 2. [2] Ist danach keine Kreditwürdigkeitsprüfung erforderlich, darf der Darlehensgeber den neuen Immobiliar-Verbraucherdarlehensvertrag nicht abschließen, wenn ihm bereits bekannt ist, dass der Darlehensnehmer seinen Verpflichtungen, die im Zusammenhang mit diesem Darlehensvertrag stehen, dauerhaft nicht nachkommen kann. [3] Bei Verstößen gilt § 505d entsprechend.

**§ 505b[1)] Grundlage der Kreditwürdigkeitsprüfung bei Verbraucherdarlehensverträgen.** (1) Bei Allgemein-Verbraucherdarlehensverträgen können Grundlage für die Kreditwürdigkeitsprüfung Auskünfte des Darlehensnehmers und erforderlichenfalls Auskünfte von Stellen sein, die geschäftsmäßig personenbezogene Daten, die zur Bewertung der Kreditwürdigkeit von Verbrauchern genutzt werden dürfen, zum Zweck der Übermittlung erheben, speichern, verändern oder nutzen.

(2) [1] Bei Immobiliar-Verbraucherdarlehensverträgen hat der Darlehensgeber die Kreditwürdigkeit des Darlehensnehmers auf der Grundlage notwendiger, ausreichender und angemessener Informationen zu Einkommen, Ausgaben sowie anderen finanziellen und wirtschaftlichen Umständen des Darlehensnehmers eingehend zu prüfen. [2] Dabei hat der Darlehensgeber die Faktoren angemessen zu berücksichtigen, die für die Einschätzung relevant sind, ob der Darlehensnehmer seinen Verpflichtungen aus dem Darlehensvertrag voraussichtlich nachkommen kann. [3] Die Kreditwürdigkeitsprüfung darf sich nicht hauptsächlich darauf stützen, dass der Wert der Wohnimmobilie den Darlehensbetrag übersteigt, oder auf die Annahme, dass der Wert der Wohnimmobilie zunimmt, es sei denn, der Darlehensvertrag dient zum Bau oder zur Renovierung der Wohnimmobilie.

(3) [1] Der Darlehensgeber ermittelt die gemäß Absatz 2 erforderlichen Informationen aus einschlägigen internen oder externen Quellen, wozu auch Auskünfte des Darlehensnehmers gehören. [2] Der Darlehensgeber berücksichtigt auch die Auskünfte, die einem Darlehensvermittler erteilt wurden. [3] Der Darlehensgeber ist verpflichtet, die Informationen in angemessener Weise zu überprüfen, soweit erforderlich auch durch Einsichtnahme in unabhängig nachprüfbare Unterlagen.

(4) Bei Immobiliar-Verbraucherdarlehensverträgen ist der Darlehensgeber verpflichtet, die Verfahren und Angaben, auf die sich die Kreditwürdigkeitsprüfung stützt, festzulegen, zu dokumentieren und die Dokumentation aufzubewahren.

(5) Die Bestimmungen zum Schutz personenbezogener Daten bleiben unberührt.

---

1) § 505b eingef. mWv 21.3.2016 durch G v. 11.3.2016 (BGBl. I S. 396); Abs. 2 Satz 3 neu gef. mWv 10.6.2017 durch G v. 6.6.2017 (BGBl. I S. 1495).

**§ 505c[1] Weitere Pflichten bei grundpfandrechtlich oder durch Reallast besicherten Immobiliar-Verbraucherdarlehensverträgen.** Darlehensgeber, die grundpfandrechtlich oder durch Reallast besicherte Immobiliar-Verbraucherdarlehen vergeben, haben

1. bei der Bewertung von Wohnimmobilien zuverlässige Standards anzuwenden und
2. sicherzustellen, dass interne und externe Gutachter, die Immobilienbewertungen für sie vornehmen, fachlich kompetent und so unabhängig vom Darlehensvergabeprozess sind, dass sie eine objektive Bewertung vornehmen können, und
3. Bewertungen für Immobilien, die als Sicherheit für Immobiliar-Verbraucherdarlehen dienen, auf einem dauerhaften Datenträger zu dokumentieren und aufzubewahren.

**§ 505d[2] Verstoß gegen die Pflicht zur Kreditwürdigkeitsprüfung.**

(1) [1] Hat der Darlehensgeber gegen die Pflicht zur Kreditwürdigkeitsprüfung verstoßen, so ermäßigt sich

1. ein im Darlehensvertrag vereinbarter gebundener Sollzins auf den marktüblichen Zinssatz am Kapitalmarkt für Anlagen in Hypothekenpfandbriefe und öffentliche Pfandbriefe, deren Laufzeit derjenigen der Sollzinsbindung entspricht und
2. ein im Darlehensvertrag vereinbarter veränderlicher Sollzins auf den marktüblichen Zinssatz, zu dem europäische Banken einander Anleihen in Euro mit einer Laufzeit von drei Monaten gewähren.

[2] Maßgeblicher Zeitpunkt für die Bestimmung des marktüblichen Zinssatzes gemäß Satz 1 ist der Zeitpunkt des Vertragsschlusses sowie gegebenenfalls jeweils der Zeitpunkt vertraglich vereinbarter Zinsanpassungen. [3] Der Darlehensnehmer kann den Darlehensvertrag jederzeit fristlos kündigen; ein Anspruch auf eine Vorfälligkeitsentschädigung besteht nicht. [4] Der Darlehensgeber stellt dem Darlehensnehmer eine Abschrift des Vertrags zur Verfügung, in der die Vertragsänderungen berücksichtigt sind, die sich aus den Sätzen 1 bis 3 ergeben. [5] Die Sätze 1 bis 4 finden keine Anwendung, wenn bei einer ordnungsgemäßen Kreditwürdigkeitsprüfung der Darlehensvertrag hätte geschlossen werden dürfen.

(2) Kann der Darlehensnehmer Pflichten, die im Zusammenhang mit dem Darlehensvertrag stehen, nicht vertragsgemäß erfüllen, so kann der Darlehensgeber keine Ansprüche wegen Pflichtverletzung geltend machen, wenn die Pflichtverletzung auf einem Umstand beruht, der bei ordnungsgemäßer Kreditwürdigkeitsprüfung dazu geführt hätte, dass der Darlehensvertrag nicht hätte geschlossen werden dürfen.

(3) Die Absätze 1 und 2 finden keine Anwendung, soweit der Mangel der Kreditwürdigkeitsprüfung darauf beruht, dass der Darlehensnehmer dem Darlehensgeber vorsätzlich oder grob fahrlässig Informationen im Sinne des § 505b Absatz 1 bis 3 unrichtig erteilt oder vorenthalten hat.

**§ 505e[3] Verordnungsermächtigung.** [1] Das Bundesministerium der Finanzen und das Bundesministerium der Justiz und für Verbraucherschutz werden ermäch-

---

[1] § 505c eingef. mWv 21.3.2016 durch G v. 11.3.2016 (BGBl. I S. 396).
[2] § 505d eingef. mWv 21.3.2016 durch G v. 11.3.2016 (BGBl. I S. 396).
[3] § 505e eingef. mWv 10.6.2017 durch G v. 6.6.2017 (BGBl. I S. 1495).

(2) [1] Bei unentgeltlichen Darlehensverträgen gemäß Absatz 1 steht dem Verbraucher ein Widerrufsrecht nach § 355 zu. [2] Dies gilt nicht, wenn bereits ein Widerrufsrecht nach § 312g Absatz 1 besteht, und nicht bei Verträgen, die § 495 Absatz 2 Nummer 1 entsprechen. [3] Der Unternehmer hat den Verbraucher rechtzeitig vor der Abgabe von dessen Willenserklärung gemäß Artikel 246 Absatz 3 des Einführungsgesetzes zum Bürgerlichen Gesetzbuche[1)] über sein Widerrufsrecht zu unterrichten. [4] Der Unternehmer kann diese Pflicht dadurch erfüllen, dass er dem Verbraucher das in der Anlage 9 zum Einführungsgesetz zum Bürgerlichen Gesetzbuche vorgesehene Muster für die Widerrufsbelehrung ordnungsgemäß ausgefüllt in Textform übermittelt.

**§ 515[2)] Unentgeltliche Finanzierungshilfen.** § 514 sowie die §§ 358 bis 360 gelten entsprechend, wenn ein Unternehmer einem Verbraucher einen unentgeltlichen Zahlungsaufschub oder eine sonstige unentgeltliche Finanzierungshilfe gewährt.

### Titel 4. Schenkung

**§ 516 Begriff der Schenkung.** (1) Eine Zuwendung, durch die jemand aus seinem Vermögen einen anderen bereichert, ist Schenkung, wenn beide Teile darüber einig sind, dass die Zuwendung unentgeltlich erfolgt.

(2) [1] Ist die Zuwendung ohne den Willen des anderen erfolgt, so kann ihn der Zuwendende unter Bestimmung einer angemessenen Frist zur Erklärung über die Annahme auffordern. [2] Nach dem Ablauf der Frist gilt die Schenkung als angenommen, wenn nicht der andere sie vorher abgelehnt hat. [3] Im Falle der Ablehnung kann die Herausgabe des Zugewendeten nach den Vorschriften über die Herausgabe einer ungerechtfertigten Bereicherung gefordert werden.

**§ 516a[3)] Verbrauchervertrag über die Schenkung digitaler Produkte.**

(1) [1] Auf einen Verbrauchervertrag, bei dem der Unternehmer dem Verbraucher

1. digitale Produkte oder
2. einen körperlichen Datenträger, der ausschließlich als Träger digitaler Inhalte dient,

schenkt, und der Verbraucher dem Unternehmer personenbezogene Daten nach Maßgabe des § 327 Absatz 3 bereitstellt oder sich hierzu verpflichtet, sind die §§ 523 und 524 über die Haftung des Schenkers für Rechts- oder Sachmängel nicht anzuwenden. [2] An die Stelle der nach Satz 1 nicht anzuwendenden Vorschriften treten die Vorschriften des Abschnitts 3 Titel 2a.

(2) Für einen Verbrauchervertrag, bei dem der Unternehmer dem Verbraucher eine Sache schenkt, die digitale Produkte enthält oder mit digitalen Produkten verbunden ist, gilt der Anwendungsausschluss nach Absatz 1 entsprechend für diejenigen Bestandteile des Vertrags, welche die digitalen Produkte betreffen.

*(Fortsetzung nächstes Blatt)*

---

[1)] Nr. **21**.

[2)] UTitel 6 (§§ 514 und 515) eingef. mWv 21.3.2016 durch G v. 11.3.2016 (BGBl. I S. 396).

[3)] § 516a eingef. mWv 1.1.2022 durch G v. 25.6.2021 (BGBl. I S. 2123).

(2) Bei unentgeltlichen Darlehensverträgen gemäß Absatz 1 steht dem Verbraucher ein Widerrufsrecht nach § 355 zu. Dies gilt nicht, wenn bereits ein Widerrufsrecht nach § 312g Absatz 1 besteht, und nicht bei Verträgen, die § 495 Absatz 2 Nummer 1 entsprechen. Der Unternehmer hat den Verbraucher rechtzeitig vor der Abgabe von dessen Willenserklärung gemäß Artikel 246 Absatz 3 des Einführungsgesetzes zum Bürgerlichen Gesetzbuche über sein Widerrufsrecht zu unterrichten. Der Unternehmer kann diese Pflicht dadurch erfüllen, dass er dem Verbraucher das in der Anlage 9 zum Einführungsgesetz zum Bürgerlichen Gesetzbuche vorgesehene Muster für die Widerrufsbelehrung ordnungsgemäß ausgefüllt in Textform übermittelt.

**§ 515 Unentgeltliche Finanzierungshilfen.** § 514 sowie die §§ 358 bis 360 gelten entsprechend, wenn ein Unternehmer einem Verbraucher einen unentgeltlichen Zahlungsaufschub oder eine sonstige unentgeltliche Finanzierungshilfe gewährt.

### Titel 4. Schenkung

**§ 516 Begriff der Schenkung.** (1) Eine Zuwendung, durch die jemand aus seinem Vermögen einen anderen bereichert, ist Schenkung, wenn beide Teile darüber einig sind, dass die Zuwendung unentgeltlich erfolgt.

(2) Ist die Zuwendung ohne den Willen des anderen erfolgt, so kann ihn der Zuwendende unter Bestimmung einer angemessenen Frist zur Erklärung über die Annahme auffordern. Nach dem Ablauf der Frist gilt die Schenkung als angenommen, wenn nicht der andere sie vorher abgelehnt hat. Im Falle der Ablehnung kann die Herausgabe des Zugewendeten nach den Vorschriften über die Herausgabe einer ungerechtfertigten Bereicherung gefordert werden.

**§ 516a[1] Verbrauchervertrag über die Schenkung digitaler Produkte.** (1) Auf einen Verbrauchervertrag, bei dem der Unternehmer dem Verbraucher

1. digitale Produkte oder
2. einen körperlichen Datenträger, der ausschließlich als Träger digitaler Inhalte dient,

schenkt, und der Verbraucher dem Unternehmer personenbezogene Daten nach Maßgabe des § 327 Absatz 3 bereitstellt oder sich hierzu verpflichtet, sind die §§ 523 und 524 über die Haftung des Schenkers für Rechts- oder Sachmängel nicht anzuwenden. An die Stelle der nach Satz 1 nicht anzuwendenden Vorschriften treten die Vorschriften des Abschnitts 3 Titel 2a.

(2) Für einen Verbrauchervertrag, bei dem der Unternehmer dem Verbraucher eine Sache schenkt, die ein digitales Produkt enthält oder mit digitalen Produkten verbunden ist, gilt der Anwendungsausschluss nach Absatz 1 entsprechend für diejenigen Bestandteile des Vertrags, welche die digitalen Produkte betreffen.

[Fortsetzung nächstes Blatt]

[1] § 516a eingef. mWv 1.1.2022 durch G v. 25.6.2021 (BGBl. I S. [illegible]).

**§ 517. Unterlassen eines Vermögenserwerbs.** Eine Schenkung liegt nicht vor, wenn jemand zum Vorteil eines anderen einen Vermögenserwerb unterlässt oder auf ein angefallenes, noch nicht endgültig erworbenes Recht verzichtet oder eine Erbschaft oder ein Vermächtnis ausschlägt.

**§ 518. Form des Schenkungsversprechens.** (1) [1]Zur Gültigkeit eines Vertrags, durch den eine Leistung schenkweise versprochen wird, ist die notarielle Beurkundung des Versprechens erforderlich. [2]Das Gleiche gilt, wenn ein Schuldversprechen oder ein Schuldanerkenntnis der in den §§ 780, 781 bezeichneten Art schenkweise erteilt wird, von dem Versprechen oder der Anerkennungserklärung.

(2) Der Mangel der Form wird durch die Bewirkung der versprochenen Leistung geheilt.

**§ 519. Einrede des Notbedarfs.** (1) Der Schenker ist berechtigt, die Erfüllung eines schenkweise erteilten Versprechens zu verweigern, soweit er bei Berücksichtigung seiner sonstigen Verpflichtungen außerstande ist, das Versprechen zu erfüllen, ohne dass sein angemessener Unterhalt oder die Erfüllung der ihm kraft Gesetzes obliegenden Unterhaltspflichten gefährdet wird.

(2) Treffen die Ansprüche mehrerer Beschenkten zusammen, so geht der früher entstandene Anspruch vor.

**§ 520. Erlöschen eines Rentenversprechens.** Verspricht der Schenker eine in wiederkehrenden Leistungen bestehende Unterstützung, so erlischt die Verbindlichkeit mit seinem Tode, sofern nicht aus dem Versprechen sich ein anderes ergibt.

**§ 521. Haftung des Schenkers.** Der Schenker hat nur Vorsatz und grobe Fahrlässigkeit zu vertreten.

**§ 522. Keine Verzugszinsen.** Zur Entrichtung von Verzugszinsen ist der Schenker nicht verpflichtet.

**§ 523. Haftung für Rechtsmängel.** (1) Verschweigt der Schenker arglistig einen Mangel im Recht, so ist er verpflichtet, dem Beschenkten den daraus entstehenden Schaden zu ersetzen.

(2) [1]Hatte der Schenker die Leistung eines Gegenstandes versprochen, den er erst erwerben sollte, so kann der Beschenkte wegen eines Mangels im Recht Schadensersatz wegen Nichterfüllung verlangen, wenn der Mangel dem Schenker bei dem Erwerb der Sache bekannt gewesen oder infolge grober Fahrlässigkeit unbekannt geblieben ist. [2]Die für die Haftung des Verkäufers für Rechtsmängel geltenden Vorschriften des § 433 Abs. 1 und der §§ 435, 436, 444, 452, 453 finden entsprechende Anwendung.

**§ 524. Haftung für Sachmängel.** (1) Verschweigt der Schenker arglistig einen Fehler der verschenkten Sache, so ist er verpflichtet, dem Beschenkten den daraus entstehenden Schaden zu ersetzen.

(2) [1]Hatte der Schenker die Leistung einer nur der Gattung nach bestimmten Sache versprochen, die er erst erwerben sollte, so kann der Beschenkte, wenn die geleistete Sache fehlerhaft und der Mangel dem Schenker bei dem Erwerb der Sache bekannt gewesen oder infolge grober Fahrlässigkeit unbekannt geblieben ist, verlangen, dass ihm anstelle der fehlerhaften Sache eine fehlerfreie geliefert wird. [2]Hat der Schenker den Fehler arglistig verschwiegen, so kann der Beschenkte statt der Lieferung einer fehlerfreien Sache Schadensersatz wegen Nichterfüllung verlangen. [3]Auf diese Ansprüche finden die für die Gewährleistung wegen Fehler einer verkauften Sache geltenden Vorschriften entsprechende Anwendung.

**§ 525. Schenkung unter Auflage.** (1) Wer eine Schenkung unter einer Auflage macht, kann die Vollziehung der Auflage verlangen, wenn er seinerseits geleistet hat.

(2) Liegt die Vollziehung der Auflage im öffentlichen Interesse, so kann nach dem Tod des Schenkers auch die zuständige Behörde die Vollziehung verlangen.

**§ 526. Verweigerung der Vollziehung der Auflage.** [1]Soweit infolge eines Mangels im Recht oder eines Mangels der verschenkten Sache der Wert der Zuwendung die Höhe der zur Vollziehung der Auflage erforderlichen Aufwendungen nicht erreicht, ist der Beschenkte berechtigt, die Vollziehung der Auflage zu verweigern, bis der durch den Mangel entstandene Fehlbetrag ausgeglichen wird. [2]Vollzieht der Beschenkte die Auflage ohne Kenntnis des Mangels, so kann er von dem Schenker Ersatz der durch die Vollziehung verursachten Aufwendungen insoweit verlangen, als sie infolge des Mangels den Wert der Zuwendung übersteigen.

**§ 527. Nichtvollziehung der Auflage.** (1) Unterbleibt die Vollziehung der Auflage, so kann der Schenker die Herausgabe des Geschenkes unter den für das Rücktrittsrecht bei gegenseitigen Verträgen bestimmten Voraussetzungen nach den Vorschriften über die Herausgabe einer ungerechtfertigten Bereicherung insoweit fordern, als das Geschenk zur Vollziehung der Auflage hätte verwendet werden müssen.

(2) Der Anspruch ist ausgeschlossen, wenn ein Dritter berechtigt ist, die Vollziehung der Auflage zu verlangen.

**§ 528. Rückforderung wegen Verarmung des Schenkers.** (1) [1]Soweit der Schenker nach der Vollziehung der Schenkung außerstande ist, seinen angemessenen Unterhalt zu bestreiten und die ihm seinen Verwandten, seinem Ehegatten, seinem Lebenspartner oder seinem früheren Ehegatten oder Lebenspartner gegenüber gesetzlich obliegende Unterhaltspflicht zu erfüllen, kann er von dem Beschenkten die Herausgabe des Geschenkes nach den Vorschriften über die Herausgabe einer ungerechtfertigten Bereicherung fordern. [2]Der Beschenkte kann die Herausgabe durch Zahlung des für den Unterhalt erforderlichen Betrags abwenden. [3]Auf die Verpflichtung des Beschenkten findet die Vorschrift des § 760 sowie die für die Unterhaltspflicht der Verwandten geltende Vorschrift des § 1613 und im Falle des Todes des Schenkers auch die Vorschrift des § 1615 entsprechende Anwendung.

(2) Unter mehreren Beschenkten haftet der früher Beschenkte nur insoweit, als der später Beschenkte nicht verpflichtet ist.

**§ 529. Ausschluss des Rückforderungsanspruchs.** (1) Der Anspruch auf Herausgabe des Geschenkes ist ausgeschlossen, wenn der Schenker seine Bedürftigkeit vorsätzlich oder durch grobe Fahrlässigkeit herbeigeführt hat oder wenn zur Zeit des Eintritts seiner Bedürftigkeit seit der Leistung des geschenkten Gegenstandes zehn Jahre verstrichen sind.

(2) Das Gleiche gilt, soweit der Beschenkte bei Berücksichtigung seiner sonstigen Verpflichtungen außerstande ist, das Geschenk herauszugeben, ohne dass sein standesmäßiger Unterhalt oder die Erfüllung der ihm kraft Gesetzes obliegenden Unterhaltspflichten gefährdet wird.

**§ 530. Widerruf der Schenkung.** (1) Eine Schenkung kann widerrufen werden, wenn sich der Beschenkte durch eine schwere Verfehlung gegen den Schenker oder einen nahen Angehörigen des Schenkers groben Undanks schuldig macht.

(2) Dem Erben des Schenkers steht das Recht des Widerrufs nur zu, wenn der Beschenkte vorsätzlich und widerrechtlich den Schenker getötet oder am Widerruf gehindert hat.

**§ 531. Widerrufserklärung.** (1) Der Widerruf erfolgt durch Erklärung gegenüber dem Beschenkten.

(2) Ist die Schenkung widerrufen, so kann die Herausgabe des Geschenks nach den Vorschriften über die Herausgabe einer ungerechtfertigten Bereicherung gefordert werden.

**§ 532. Ausschluss des Widerrufs.** [1]Der Widerruf ist ausgeschlossen, wenn der Schenker dem Beschenkten verziehen hat oder wenn seit dem Zeitpunkt, in welchem der Widerrufsberechtigte von dem Eintritt der Voraussetzungen seines Rechts Kenntnis erlangt hat, ein Jahr verstrichen ist. [2]Nach dem Tode des Beschenkten ist der Widerruf nicht mehr zulässig.

**§ 533. Verzicht auf Widerrufsrecht.** Auf das Widerrufsrecht kann erst verzichtet werden, wenn der Undank dem Widerrufsberechtigten bekannt geworden ist.

**§ 534. Pflicht- und Anstandsschenkungen.** Schenkungen, durch die einer sittlichen Pflicht oder einer auf den Anstand zu nehmenden Rücksicht entsprochen wird, unterliegen nicht der Rückforderung und dem Widerruf.

## Titel 5.[1), 2)] Mietvertrag, Pachtvertrag

### Untertitel 1. Allgemeine Vorschriften für Mietverhältnisse

**§ 535. Inhalt und Hauptpflichten des Mietvertrags.** (1) [1]Durch den Mietvertrag wird der Vermieter verpflichtet, dem Mieter den Gebrauch der Mietsache während der Mietzeit zu gewähren. [2]Der Vermieter hat die Mietsache dem Mieter in einem zum vertragsgemäßen Gebrauch geeigneten Zustand zu überlassen und sie während der Mietzeit in diesem Zustand zu erhalten. [3]Er hat die auf der Mietsache ruhenden Lasten zu tragen.

(2) Der Mieter ist verpflichtet, dem Vermieter die vereinbarte Miete zu entrichten.

*(Fortsetzung nächste Seite)*

---

1) Beachte hierzu auch Art 6 Gesetz zur Verbesserung des Mietrechts und zur Begrenzung des Mietanstiegs sowie zur Regelung von Ingenieur- und Architektenleistungen v. 4. 11. 1971 (BGBl. I S. 1745), zuletzt geänd. durch G v. 15. 12. 2001 (BGBl. I S. 3762):

„**Art. 6. Verbot der Zweckentfremdung von Wohnraum. § 1.** (1) [1]Die Landesregierungen werden ermächtigt, für Gemeinden, in denen die Versorgung der Bevölkerung mit ausreichendem Wohnraum zu angemessenen Bedingungen besonders gefährdet ist, durch Rechtsverordnung zu bestimmen, daß Wohnraum anderen als Wohnzwecken nur mit Genehmigung der von der Landesregierung bestimmten Stelle zugeführt werden darf. [2]Als Aufgabe des Wohnzweckes im Sinne des Satzes 1 ist es auch anzusehen, wenn Wohnraum zum Zwecke einer dauernden Fremdenbeherbergung, insbesondere einer gewerblichen Zimmervermietung oder der Einrichtung von Schlafstellen verwendet werden soll. [3]Einer Genehmigung bedarf es nicht für

a) die Umwandlung eines Wohnraums in einen Nebenraum, insbesondere einen Baderaum,
b) die anderweitige Verwendung von Wohnraum, der nach dem 31. Mai 1990 unter wesentlichem Bauaufwand aus Räumen geschaffen wurde, die anderen als Wohnzwecken dienten.

(2) [1]Die Genehmigung kann auch befristet, bedingt oder unter Auflagen erteilt werden. [2]Ist die Wirksamkeit der Genehmigung erloschen, so ist der Raum wieder als Wohnraum zu behandeln.

**§ 2.** (1) Ordnungswidrig handelt, wer ohne die erforderliche Genehmigung Wohnraum für andere als Wohnzwecke im Sinne des § 1 Abs. 1 verwendet oder überläßt.

(2) Die Ordnungswidrigkeit kann mit einer Geldbuße bis zu fünfzigtausend Euro geahndet werden.

**§ 3.** § 27 Abs. 7 des Wohnraumförderungsgesetzes und § 7 Abs. 3 des Wohnungsbindungsgesetzes in Verbindung mit § 27 Abs. 7 des Wohnraumförderungsgesetzes sowie die landesrechtlichen Vorschriften über Belegungsbindungen bleiben unberührt."

**Bayern:** VO v. 10. 12. 2007 (GVBl. S. 864), geänd. durch G v. 10. 6. 2008 (GVBl. S. 319); **Rheinland-Pfalz:** LandesVO v. 29. 6. 1993 (GVBl. S. 354), geänd. durch LandesVO v. 2. 7. 1996 (GVBl. S. 263); **Thüringen:** VO v. 11. 5. 1992 (GVBl. S. 170), zuletzt geänd. durch VO v. 9. 12. 1997 (GVBl. S. 519).

2) Wegen der Übergangsvorschriften zum Gesetz zur Neugliederung, Vereinfachung und Reform des Mietrechts beachte Art. 229 § 3 EGBGB; Nr. **21**. Wegen des für das Gebiet der ehem. DDR zur Miete geltenden Übergangsrechts beachte Art. 232 § 2 EGBGB; Nr. **21**.

**§ 536.**[1] **Mietminderung bei Sach- und Rechtsmängeln.** (1) [1]Hat die Mietsache zur Zeit der Überlassung an den Mieter einen Mangel, der ihre Tauglichkeit zum vertragsgemäßen Gebrauch aufhebt, oder entsteht während der Mietzeit ein solcher Mangel, so ist der Mieter für die Zeit, in der die Tauglichkeit aufgehoben ist, von der Entrichtung der Miete befreit. [2]Für die Zeit, während der die Tauglichkeit gemindert ist, hat er nur eine angemessen herabgesetzte Miete zu entrichten. [3]Eine unerhebliche Minderung der Tauglichkeit bleibt außer Betracht.

(1 a) Für die Dauer von drei Monaten bleibt eine Minderung der Tauglichkeit außer Betracht, soweit diese auf Grund einer Maßnahme eintritt, die einer energetischen Modernisierung nach § 555 b Nummer 1 dient.

(2) Absatz 1 Satz 1 und 2 gilt auch, wenn eine zugesicherte Eigenschaft fehlt oder später wegfällt.

(3) Wird dem Mieter der vertragsgemäße Gebrauch der Mietsache durch das Recht eines Dritten ganz oder zum Teil entzogen, so gelten die Absätze 1 und 2 entsprechend.

(4) Bei einem Mietverhältnis über Wohnraum ist eine zum Nachteil des Mieters abweichende Vereinbarung unwirksam.

**§ 536 a. Schadens- und Aufwendungsersatzanspruch des Mieters wegen eines Mangels.** (1) Ist ein Mangel im Sinne des § 536 bei Vertragsschluss vorhanden oder entsteht ein solcher Mangel später wegen eines Umstands, den der Vermieter zu vertreten hat, oder kommt der Vermieter mit der Beseitigung eines Mangels in Verzug, so kann der Mieter unbeschadet der Rechte aus § 536 Schadensersatz verlangen.

(2) Der Mieter kann den Mangel selbst beseitigen und Ersatz der erforderlichen Aufwendungen verlangen, wenn

1. der Vermieter mit der Beseitigung des Mangels in Verzug ist oder
2. die umgehende Beseitigung des Mangels zur Erhaltung oder Wiederherstellung des Bestands der Mietsache notwendig ist.

**§ 536 b. Kenntnis des Mieters vom Mangel bei Vertragsschluss oder Annahme.** [1]Kennt der Mieter bei Vertragsschluss den Mangel der Mietsache, so stehen ihm die Rechte aus den §§ 536 und 536 a nicht zu. [2]Ist ihm der Mangel infolge grober Fahrlässigkeit unbekannt geblieben, so stehen ihm diese Rechte nur zu, wenn der Vermieter den Mangel arglistig verschwiegen hat. [3]Nimmt der Mieter eine mangelhafte Sache an, obwohl er den Mangel kennt, so kann er die Rechte aus den §§ 536 und 536 a nur geltend machen, wenn er sich seine Rechte bei der Annahme vorbehält.

**§ 536 c. Während der Mietzeit auftretende Mängel; Mängelanzeige durch den Mieter.** (1) [1]Zeigt sich im Laufe der Mietzeit ein Mangel der Mietsache oder wird eine Maßnahme zum Schutz der Mietsache gegen eine nicht vorhergesehene Gefahr erforderlich, so hat der Mieter dies dem Vermieter unverzüglich anzuzeigen. [2]Das Gleiche gilt, wenn ein Dritter sich ein Recht an der Sache anmaßt.

---

[1] § 536 Abs. 1 a eingef. mWv 1. 5. 2013 durch Art. 1 MietRÄndG v. 11. 3. 2013 (BGBl. I S. 434); beachte hierzu Übergangsvorschr. in Art. 229 § 29 EGBGB; Nr. **21**.

(2) [1]Unterlässt der Mieter die Anzeige, so ist er dem Vermieter zum Ersatz des daraus entstehenden Schadens verpflichtet. [2]Soweit der Vermieter infolge der Unterlassung der Anzeige nicht Abhilfe schaffen konnte, ist der Mieter nicht berechtigt,

1. die in § 536 bestimmten Rechte geltend zu machen,
2. nach § 536 a Abs. 1 Schadensersatz zu verlangen oder
3. ohne Bestimmung einer angemessenen Frist zur Abhilfe nach § 543 Abs. 3 Satz 1 zu kündigen.

**§ 536 d. Vertraglicher Ausschluss von Rechten des Mieters wegen eines Mangels.** Auf eine Vereinbarung, durch die die Rechte des Mieters wegen eines Mangels der Mietsache ausgeschlossen oder beschränkt werden, kann sich der Vermieter nicht berufen, wenn er den Mangel arglistig verschwiegen hat.

**§ 537. Entrichtung der Miete bei persönlicher Verhinderung des Mieters.** (1) [1]Der Mieter wird von der Entrichtung der Miete nicht dadurch befreit, dass er durch einen in seiner Person liegenden Grund an der Ausübung seines Gebrauchsrechts gehindert wird. [2]Der Vermieter muss sich jedoch den Wert der ersparten Aufwendungen sowie derjenigen Vorteile anrechnen lassen, die er aus einer anderweitigen Verwertung des Gebrauchs erlangt.

(2) Solange der Vermieter infolge der Überlassung des Gebrauchs an einen Dritten außerstande ist, dem Mieter den Gebrauch zu gewähren, ist der Mieter zur Entrichtung der Miete nicht verpflichtet.

**§ 538. Abnutzung der Mietsache durch vertragsgemäßen Gebrauch.** Veränderungen oder Verschlechterungen der Mietsache, die durch den vertragsgemäßen Gebrauch herbeigeführt werden, hat der Mieter nicht zu vertreten.

**§ 539. Ersatz sonstiger Aufwendungen und Wegnahmerecht des Mieters.** (1) Der Mieter kann vom Vermieter Aufwendungen auf die Mietsache, die der Vermieter ihm nicht nach § 536 a Abs. 2 zu ersetzen hat, nach den Vorschriften über die Geschäftsführung ohne Auftrag ersetzt verlangen.

(2) Der Mieter ist berechtigt, eine Einrichtung wegzunehmen, mit der er die Mietsache versehen hat.

**§ 540. Gebrauchsüberlassung an Dritte.** (1) [1]Der Mieter ist ohne die Erlaubnis des Vermieters nicht berechtigt, den Gebrauch der Mietsache einem Dritten zu überlassen, insbesondere sie weiter zu vermieten. [2]Verweigert der Vermieter die Erlaubnis, so kann der Mieter das Mietverhältnis außerordentlich mit der gesetzlichen Frist kündigen, sofern nicht in der Person des Dritten ein wichtiger Grund vorliegt.

(2) Überlässt der Mieter den Gebrauch einem Dritten, so hat er ein dem Dritten bei dem Gebrauch zur Last fallendes Verschulden zu vertreten, auch wenn der Vermieter die Erlaubnis zur Überlassung erteilt hat.

**§ 541. Unterlassungsklage bei vertragswidrigem Gebrauch.** Setzt der Mieter einen vertragswidrigen Gebrauch der Mietsache trotz einer Abmahnung des Vermieters fort, so kann dieser auf Unterlassung klagen.

**§ 542. Ende des Mietverhältnisses.** (1) Ist die Mietzeit nicht bestimmt, so kann jede Vertragspartei das Mietverhältnis nach den gesetzlichen Vorschriften kündigen.

(2) Ein Mietverhältnis, das auf bestimmte Zeit eingegangen ist, endet mit dem Ablauf dieser Zeit, sofern es nicht

1. in den gesetzlich zugelassenen Fällen außerordentlich gekündigt oder
2. verlängert wird.

**§ 543. Außerordentliche fristlose Kündigung aus wichtigem Grund.** (1) [1]Jede Vertragspartei kann das Mietverhältnis aus wichtigem Grund außerordentlich fristlos kündigen. [2]Ein wichtiger Grund liegt vor, wenn dem Kündigenden unter Berücksichtigung aller Umstände des Einzelfalls, insbesondere eines Verschuldens der Vertragsparteien, und unter Abwägung der beiderseitigen Interessen die Fortsetzung des Mietverhältnisses bis zum Ablauf der Kündigungsfrist oder bis zur sonstigen Beendigung des Mietverhältnisses nicht zugemutet werden kann.

(2) [1]Ein wichtiger Grund liegt insbesondere vor, wenn

1. dem Mieter der vertragsgemäße Gebrauch der Mietsache ganz oder zum Teil nicht rechtzeitig gewährt oder wieder entzogen wird,
2. der Mieter die Rechte des Vermieters dadurch in erheblichem Maße verletzt, dass er die Mietsache durch Vernachlässigung der ihm obliegenden Sorgfalt erheblich gefährdet oder sie unbefugt einem Dritten überlässt oder
3. der Mieter
   a) für zwei aufeinander folgende Termine mit der Entrichtung der Miete oder eines nicht unerheblichen Teils der Miete in Verzug ist oder
   b) in einem Zeitraum, der sich über mehr als zwei Termine erstreckt, mit der Entrichtung der Miete in Höhe eines Betrages in Verzug ist, der die Miete für zwei Monate erreicht.

[2]Im Falle des Satzes 1 Nr. 3 ist die Kündigung ausgeschlossen, wenn der Vermieter vorher befriedigt wird. [3]Sie wird unwirksam, wenn sich der Mieter von seiner Schuld durch Aufrechnung befreien konnte und unverzüglich nach der Kündigung die Aufrechnung erklärt.

(3) [1]Besteht der wichtige Grund in der Verletzung einer Pflicht aus dem Mietvertrag, so ist die Kündigung erst nach erfolglosem Ablauf einer zur Abhilfe bestimmten angemessenen Frist oder nach erfolgloser Abmahnung zulässig. [2]Dies gilt nicht, wenn

1. eine Frist oder Abmahnung offensichtlich keinen Erfolg verspricht,
2. die sofortige Kündigung aus besonderen Gründen unter Abwägung der beiderseitigen Interessen gerechtfertigt ist oder
3. der Mieter mit der Entrichtung der Miete im Sinne des Absatzes 2 Nr. 3 in Verzug ist.

(4) [1]Auf das dem Mieter nach Absatz 2 Nr. 1 zustehende Kündigungsrecht sind die §§ 536b und 536d entsprechend anzuwenden. [2]Ist streitig, ob der Vermieter den Gebrauch der Mietsache rechtzeitig gewährt oder die Abhilfe vor Ablauf der hierzu bestimmten Frist bewirkt hat, so trifft ihn die Beweislast.

**§ 544. Vertrag über mehr als 30 Jahre.** [1]Wird ein Mietvertrag für eine längere Zeit als 30 Jahre geschlossen, so kann jede Vertragspartei nach Ablauf von 30 Jahren nach Überlassung der Mietsache das Mietverhältnis außerordentlich mit der gesetzlichen Frist kündigen. [2]Die Kündigung ist unzulässig, wenn der Vertrag für die Lebenszeit des Vermieters oder des Mieters geschlossen worden ist.

**§ 545. Stillschweigende Verlängerung des Mietverhältnisses.** [1] Setzt der Mieter nach Ablauf der Mietzeit den Gebrauch der Mietsache fort, so verlängert sich das Mietverhältnis auf unbestimmte Zeit, sofern nicht eine Vertragspartei ihren entgegenstehenden Willen innerhalb von zwei Wochen dem anderen Teil erklärt. [2] Die Frist beginnt

1. für den Mieter mit der Fortsetzung des Gebrauchs,
2. für den Vermieter mit dem Zeitpunkt, in dem er von der Fortsetzung Kenntnis erhält.

**§ 546.**[1)] **Rückgabepflicht des Mieters.** (1) Der Mieter ist verpflichtet, die Mietsache nach Beendigung des Mietverhältnisses zurückzugeben.

(2) Hat der Mieter den Gebrauch der Mietsache einem Dritten überlassen, so kann der Vermieter die Sache nach Beendigung des Mietverhältnisses auch von dem Dritten zurückfordern.

**§ 546a. Entschädigung des Vermieters bei verspäteter Rückgabe.** (1) Gibt der Mieter die Mietsache nach Beendigung des Mietverhältnisses nicht zurück, so kann der Vermieter für die Dauer der Vorenthaltung als Entschädigung die vereinbarte Miete oder die Miete verlangen, die für vergleichbare Sachen ortsüblich ist.

(2) Die Geltendmachung eines weiteren Schadens ist nicht ausgeschlossen.

**§ 547. Erstattung von im Voraus entrichteter Miete.** (1) [1] Ist die Miete für die Zeit nach Beendigung des Mietverhältnisses im Voraus entrichtet wor-

---

1) Beachte auch Art. VI G zur Änderung des Zweiten Wohnungsbaugesetzes, anderer wohnungsbaurechtlicher Vorschriften und über die Rückerstattung von Baukostenzuschüssen v. 21. 7. 1961 (BGBl. I S. 1041), zuletzt geänd. durch G v. 19. 6. 2001 (BGBl. I S. 1149):

„**Art. VI. Rückerstattung verlorener Zuschüsse. § 1.** [1] Hat ein Mieter oder für ihn ein Dritter dem Vermieter mit Rücksicht auf die Vermietung einer Wohnung auf Grund vertraglicher Verpflichtung einen verlorenen Zuschuß, insbesondere einen verlorenen Baukostenzuschuß, geleistet, und wird das Mietverhältnis nach dem 31. Oktober 1965 beendigt, so hat der Vermieter die Leistung, soweit sie nicht durch die Dauer des Mietverhältnisses als getilgt anzusehen ist, nach Maßgabe des § 347 des Bürgerlichen Gesetzbuchs zurückzuerstatten. [2] Erfolgt die Beendigung des Mietverhältnisses wegen eines Umstandes, den der Vermieter nicht zu vertreten hat, so hat er die Leistung nach den Vorschriften über die Herausgabe einer ungerechtfertigten Bereicherung zurückzuerstatten.

**§ 2.** [1] Beruht der Zuschuß auf einer nach dem Inkrafttreten dieses Gesetzes getroffenen Vereinbarung, so gilt ein Betrag in Höhe einer Jahresmiete durch eine Mietdauer von vier Jahren von der Leistung an als getilgt. [2] Dabei ist die ortsübliche Miete für Wohnungen gleicher Art, Finanzierungsweise, Lage und Ausstattung zur Zeit der Leistung maßgebend. [3] Leistungen, die den Betrag einer Vierteljahresmiete nicht erreichen, bleiben außer Betracht.

**§ 3.** Beruht der Zuschuß auf einer vor dem Inkrafttreten dieses Gesetzes getroffenen Vereinbarung, so gilt er als für eine Mietdauer gewährt, die unter Berücksichtigung aller Umstände, insbesondere der Höhe des Zuschusses und der laufenden Miete, der Billigkeit entspricht.

**§ 4.** Der Anspruch auf Rückerstattung verjährt nach Ablauf eines Jahres von der Beendigung des Mietverhältnisses an.

**§ 5.** Eine von den Vorschriften der §§ 1 bis 4 zum Nachteil des Mieters abweichende Vereinbarung ist unwirksam.

**§ 6.** Die §§ 1 bis 5 gelten nicht für verlorene Zuschüsse, die wegen ihrer Unzulässigkeit nach anderen Vorschriften zurückzuerstatten sind.

**§ 7.** *(gegenstandslos)*“

den, so hat der Vermieter sie zurückzuerstatten und ab Empfang zu verzinsen. [2]Hat der Vermieter die Beendigung des Mietverhältnisses nicht zu vertreten, so hat er das Erlangte nach den Vorschriften über die Herausgabe einer ungerechtfertigten Bereicherung zurückzuerstatten.

(2) Bei einem Mietverhältnis über Wohnraum ist eine zum Nachteil des Mieters abweichende Vereinbarung unwirksam.

**§ 548 Verjährung der Ersatzansprüche und des Wegnahmerechts.**

(1) [1]Die Ersatzansprüche des Vermieters wegen Veränderungen oder Verschlechterungen der Mietsache verjähren in sechs Monaten. [2]Die Verjährung beginnt mit dem Zeitpunkt, in dem er die Mietsache zurückerhält. [3]Mit der Verjährung des Anspruchs des Vermieters auf Rückgabe der Mietsache verjähren auch seine Ersatzansprüche.

(2) Ansprüche des Mieters auf Ersatz von Aufwendungen oder auf Gestattung der Wegnahme einer Einrichtung verjähren in sechs Monaten nach der Beendigung des Mietverhältnisses.

**§ 548a[1)] Miete digitaler Produkte.** Die Vorschriften über die Miete von Sachen sind auf die Miete digitaler Produkte entsprechend anzuwenden.

### Untertitel 2. Mietverhältnisse über Wohnraum

#### Kapitel 1. Allgemeine Vorschriften

**§ 549[2)] Auf Wohnraummietverhältnisse anwendbare Vorschriften.**

(1) Für Mietverhältnisse über Wohnraum gelten die §§ 535 bis 548, soweit sich nicht aus den §§ 549 bis 577a etwas anderes ergibt.

(2) Die Vorschriften über die Miethöhe bei Mietbeginn in Gebieten mit angespannten Wohnungsmärkten (§§ 556d bis 556g), über die Mieterhöhung (§§ 557 bis 561) und über den Mieterschutz bei Beendigung des Mietverhältnisses sowie bei der Begründung von Wohnungseigentum (§ 568 Abs. 2, §§ 573, 573a, 573d Abs. 1, §§ 574 bis 575, 575a Abs. 1 und §§ 577, 577a) gelten nicht für Mietverhältnisse über

1. Wohnraum, der nur zum vorübergehenden Gebrauch vermietet ist,
2. Wohnraum, der Teil der vom Vermieter selbst bewohnten Wohnung ist und den der Vermieter überwiegend mit Einrichtungsgegenständen auszustatten hat, sofern der Wohnraum dem Mieter nicht zum dauernden Gebrauch mit seiner Familie oder mit Personen überlassen ist, mit denen er einen auf Dauer angelegten gemeinsamen Haushalt führt,
3. Wohnraum, den eine juristische Person des öffentlichen Rechts oder ein anerkannter privater Träger der Wohlfahrtspflege angemietet hat, um ihn Personen mit dringendem Wohnungsbedarf zu überlassen, wenn sie den Mieter bei Vertragsschluss auf die Zweckbestimmung des Wohnraums und die Ausnahme von den genannten Vorschriften hingewiesen hat.

(3) Für Wohnraum in einem Studenten- oder Jugendwohnheim gelten die §§ 556d bis 561 sowie die §§ 573, 573a, 573d Abs. 1 und §§ 575, 575a Abs. 1, §§ 577, 577a nicht.

---

[1)] § 548a eingef. mWv 1.1.2022 durch G v. 25.6.2021 (BGBl. I S. 2123).

[2)] § 549 Abs. 2 einl. Satzteil, Abs. 3 geänd. mWv 1.6.2015 durch G v. 21.4.2015 (BGBl. I S. 610).

**§ 550 Form des Mietvertrags.** [1]Wird der Mietvertrag für längere Zeit als ein Jahr nicht in schriftlicher Form geschlossen, so gilt er für unbestimmte Zeit. [2]Die Kündigung ist jedoch frühestens zum Ablauf eines Jahres nach Überlassung des Wohnraums zulässig.

**§ 551[1)] Begrenzung und Anlage von Mietsicherheiten.** (1) Hat der Mieter dem Vermieter für die Erfüllung seiner Pflichten Sicherheit zu leisten, so darf diese vorbehaltlich des Absatzes 3 Satz 4 höchstens das Dreifache der auf einen Monat entfallenden Miete ohne die als Pauschale oder als Vorauszahlung ausgewiesenen Betriebskosten betragen.

(2) [1]Ist als Sicherheit eine Geldsumme bereitzustellen, so ist der Mieter zu drei gleichen monatlichen Teilzahlungen berechtigt. [2]Die erste Teilzahlung ist zu Beginn des Mietverhältnisses fällig. [3]Die weiteren Teilzahlungen werden zusammen mit den unmittelbar folgenden Mietzahlungen fällig.

(3) [1]Der Vermieter hat eine ihm als Sicherheit überlassene Geldsumme bei einem Kreditinstitut zu dem für Spareinlagen mit dreimonatiger Kündigungsfrist üblichen Zinssatz anzulegen. [2]Die Vertragsparteien können eine andere Anlageform vereinbaren. [3]In beiden Fällen muss die Anlage vom Vermögen des Vermieters getrennt erfolgen und stehen die Erträge dem Mieter zu. [4]Sie erhöhen die Sicherheit. [5]Bei Wohnraum in einem Studenten- oder Jugendwohnheim besteht für den Vermieter keine Pflicht, die Sicherheitsleistung zu verzinsen.

(4) Eine zum Nachteil des Mieters abweichende Vereinbarung ist unwirksam.

**§ 552 Abwendung des Wegnahmerechts des Mieters.** (1) Der Vermieter kann die Ausübung des Wegnahmerechts (§ 539 Abs. 2) durch Zahlung einer angemessenen Entschädigung abwenden, wenn nicht der Mieter ein berechtigtes Interesse an der Wegnahme hat.

(2) Eine Vereinbarung, durch die das Wegnahmerecht ausgeschlossen wird, ist nur wirksam, wenn ein angemessener Ausgleich vorgesehen ist.

**§ 553 Gestattung der Gebrauchsüberlassung an Dritte.** (1) [1]Entsteht für den Mieter nach Abschluss des Mietvertrags ein berechtigtes Interesse, einen Teil des Wohnraums einem Dritten zum Gebrauch zu überlassen, so kann er von dem Vermieter die Erlaubnis hierzu verlangen. [2]Dies gilt nicht, wenn in der Person des Dritten ein wichtiger Grund vorliegt, der Wohnraum übermäßig belegt würde oder dem Vermieter die Überlassung aus sonstigen Gründen nicht zugemutet werden kann.

(2) Ist dem Vermieter die Überlassung nur bei einer angemessenen Erhöhung der Miete zuzumuten, so kann er die Erlaubnis davon abhängig machen, dass der Mieter sich mit einer solchen Erhöhung einverstanden erklärt.

(3) Eine zum Nachteil des Mieters abweichende Vereinbarung ist unwirksam.

**§ 554[2)] Barrierereduzierung, E-Mobilität und Einbruchsschutz.**

(1) [1]Der Mieter kann verlangen, dass ihm der Vermieter bauliche Veränderungen der Mietsache erlaubt, die dem Gebrauch durch Menschen mit Behinderungen, dem Laden elektrisch betriebener Fahrzeuge oder dem Einbruchsschutz dienen. [2]Der Anspruch besteht nicht, wenn die bauliche Veränderung dem Vermieter auch unter Würdigung der Interessen des Mieters nicht zugemutet werden

---

1) § 551 Abs. 2 Satz 3 angef. mWv 1.5.2013 durch G v. 11.3.2013 (BGBl. I S. 434).

2) § 554 neu gef. mWv 1.12.2020 durch G v. 16.10.2020 (BGBl. I S. 2187).

kann. [3]Der Mieter kann sich im Zusammenhang mit der baulichen Veränderung zur Leistung einer besonderen Sicherheit verpflichten; § 551 Absatz 3 gilt entsprechend.

(2) Eine zum Nachteil des Mieters abweichende Vereinbarung ist unwirksam.

**§ 554a**[1)] *(aufgehoben)*

**§ 555 Unwirksamkeit einer Vertragsstrafe.** Eine Vereinbarung, durch die sich der Vermieter eine Vertragsstrafe vom Mieter versprechen lässt, ist unwirksam.

### Kapitel 1a.[2)] Erhaltungs- und Modernisierungsmaßnahmen

**§ 555a**[2)] **Erhaltungsmaßnahmen.** (1) Der Mieter hat Maßnahmen zu dulden, die zur Instandhaltung oder Instandsetzung der Mietsache erforderlich sind (Erhaltungsmaßnahmen).

(2) Erhaltungsmaßnahmen sind dem Mieter rechtzeitig anzukündigen, es sei denn, sie sind nur mit einer unerheblichen Einwirkung auf die Mietsache verbunden oder ihre sofortige Durchführung ist zwingend erforderlich.

(3) [1] Aufwendungen, die der Mieter infolge einer Erhaltungsmaßnahme machen muss, hat der Vermieter in angemessenem Umfang zu ersetzen. [2] Auf Verlangen hat er Vorschuss zu leisten.

(4) Eine zum Nachteil des Mieters von Absatz 2 oder 3 abweichende Vereinbarung ist unwirksam.

**§ 555b**[3)] **Modernisierungsmaßnahmen.** Modernisierungsmaßnahmen sind bauliche Veränderungen,

1. durch die in Bezug auf die Mietsache Endenergie nachhaltig eingespart wird (energetische Modernisierung),
2. durch die nicht erneuerbare Primärenergie nachhaltig eingespart oder das Klima nachhaltig geschützt wird, sofern nicht bereits eine energetische Modernisierung nach Nummer 1 vorliegt,
3. durch die der Wasserverbrauch nachhaltig reduziert wird,
4. durch die der Gebrauchswert der Mietsache nachhaltig erhöht wird,

4a. durch die die Mietsache erstmalig mittels Glasfaser an ein öffentliches Netz mit sehr hoher Kapazität im Sinne des § 3 Nummer 33 des Telekommunikationsgesetzes angeschlossen wird,

5. durch die die allgemeinen Wohnverhältnisse auf Dauer verbessert werden,
6. die auf Grund von Umständen durchgeführt werden, die der Vermieter nicht zu vertreten hat, und die keine Erhaltungsmaßnahmen nach § 555a sind, oder
7. durch die neuer Wohnraum geschaffen wird.

**§ 555c**[4) 5)] **Ankündigung von Modernisierungsmaßnahmen.** (1) [1]Der Vermieter hat dem Mieter eine Modernisierungsmaßnahme spätestens drei Monate

---

[1)] § 554a aufgeh. mWv 1.12.2020 durch G v. 16.10.2020 (BGBl. I S. 2187).

[2)] Kapitel 1a (§§ 555a–555f) eingef. mWv 1.5.2013 durch G v. 11.3.2013 (BGBl. I S. 434).

[3)] § 555b eingef. mWv 1.5.2013 durch G v. 11.3.2013 (BGBl. I S. 434); Nr. 4a eingef. mWv 1.12.2021 durch G v. 23.6.2021 (BGBl. I S. 1858).

[4)] § 555c eingef. mWv 1.5.2013 durch G v. 11.3.2013 (BGBl. I S. 434); Abs. 1 Satz 2 Nr. 3 geänd. mWv 1.1.2019 durch G v. 18.12.2018 (BGBl. I S. 2648).

[5)] Beachte hierzu Übergangsvorschrift in Art. 229 § 49 EGBGB (Nr. **21**).

vor ihrem Beginn in Textform anzukündigen (Modernisierungsankündigung). [2] Die Modernisierungsankündigung muss Angaben enthalten über:

1. die Art und den voraussichtlichen Umfang der Modernisierungsmaßnahme in wesentlichen Zügen,
2. den voraussichtlichen Beginn und die voraussichtliche Dauer der Modernisierungsmaßnahme,
3. den Betrag der zu erwartenden Mieterhöhung, sofern eine Erhöhung nach § 559 oder § 559c verlangt werden soll, sowie die voraussichtlichen künftigen Betriebskosten.

(2) Der Vermieter soll den Mieter in der Modernisierungsankündigung auf die Form und die Frist des Härteeinwands nach § 555d Absatz 3 Satz 1 hinweisen.

(3) In der Modernisierungsankündigung für eine Modernisierungsmaßnahme nach § 555b Nummer 1 und 2 kann der Vermieter insbesondere hinsichtlich der energetischen Qualität von Bauteilen auf allgemein anerkannte Pauschalwerte Bezug nehmen.

(4) Die Absätze 1 bis 3 gelten nicht für Modernisierungsmaßnahmen, die nur mit einer unerheblichen Einwirkung auf die Mietsache verbunden sind und nur zu einer unerheblichen Mieterhöhung führen.

(5) Eine zum Nachteil des Mieters abweichende Vereinbarung ist unwirksam.

## § 555d[1)] Duldung von Modernisierungsmaßnahmen, Ausschlussfrist.

(1) Der Mieter hat eine Modernisierungsmaßnahme zu dulden.

(2) [1] Eine Duldungspflicht nach Absatz 1 besteht nicht, wenn die Modernisierungsmaßnahme für den Mieter, seine Familie oder einen Angehörigen seines Haushalts eine Härte bedeuten würde, die auch unter Würdigung der berechtigten Interessen sowohl des Vermieters als auch anderer Mieter in dem Gebäude sowie von Belangen der Energieeinsparung und des Klimaschutzes nicht zu rechtfertigen ist. [2] Die zu erwartende Mieterhöhung sowie die voraussichtlichen künftigen Betriebskosten bleiben bei der Abwägung im Rahmen der Duldungspflicht außer Betracht; sie sind nur nach § 559 Absatz 4 und 5 bei einer Mieterhöhung zu berücksichtigen.

(3) [1] Der Mieter hat dem Vermieter Umstände, die eine Härte im Hinblick auf die Duldung oder die Mieterhöhung begründen, bis zum Ablauf des Monats, der auf den Zugang der Modernisierungsankündigung folgt, in Textform mitzuteilen. [2] Der Lauf der Frist beginnt nur, wenn die Modernisierungsankündigung den Vorschriften des § 555c entspricht.

(4) [1] Nach Ablauf der Frist sind Umstände, die eine Härte im Hinblick auf die Duldung oder die Mieterhöhung begründen, noch zu berücksichtigen, wenn der Mieter ohne Verschulden an der Einhaltung der Frist gehindert war und er dem Vermieter die Umstände sowie die Gründe der Verzögerung unverzüglich in Textform mitteilt. [2] Umstände, die eine Härte im Hinblick auf die Mieterhöhung begründen, sind nur zu berücksichtigen, wenn sie spätestens bis zum Beginn der Modernisierungsmaßnahme mitgeteilt werden.

(5) [1] Hat der Vermieter in der Modernisierungsankündigung nicht auf die Form und die Frist des Härteeinwands hingewiesen (§ 555c Absatz 2), so bedarf die Mitteilung des Mieters nach Absatz 3 Satz 1 nicht der dort bestimmten Form und Frist. [2] Absatz 4 Satz 2 gilt entsprechend.

---

1) Kapitel 1a (§§ 555a–555f) eingef. mWv 1.5.2013 durch G v. 11.3.2013 (BGBl. I S. 434).

(6) § 555a Absatz 3 gilt entsprechend.

(7) Eine zum Nachteil des Mieters abweichende Vereinbarung ist unwirksam.

**§ 555e[1)] Sonderkündigungsrecht des Mieters bei Modernisierungsmaßnahmen.** (1) [1]Nach Zugang der Modernisierungsankündigung kann der Mieter das Mietverhältnis außerordentlich zum Ablauf des übernächsten Monats kündigen. [2]Die Kündigung muss bis zum Ablauf des Monats erfolgen, der auf den Zugang der Modernisierungsankündigung folgt.

(2) § 555c Absatz 4 gilt entsprechend.

(3) Eine zum Nachteil des Mieters abweichende Vereinbarung ist unwirksam.

**§ 555f[1)] Vereinbarungen über Erhaltungs- oder Modernisierungsmaßnahmen.** Die Vertragsparteien können nach Abschluss des Mietvertrags aus Anlass von Erhaltungs- oder Modernisierungsmaßnahmen Vereinbarungen treffen, insbesondere über die

1. zeitliche und technische Durchführung der Maßnahmen,
2. Gewährleistungsrechte und Aufwendungsersatzansprüche des Mieters,
3. künftige Höhe der Miete.

### Kapitel 2. Die Miete
### Unterkapitel 1. Vereinbarungen über die Miete

**§ 556[2)] Vereinbarungen über Betriebskosten.** (1) [1]Die Vertragsparteien können vereinbaren, dass der Mieter Betriebskosten trägt. [2]Betriebskosten sind die Kosten, die dem Eigentümer oder Erbbauberechtigten durch das Eigentum oder das Erbbaurecht am Grundstück oder durch den bestimmungsmäßigen Gebrauch des Gebäudes, der Nebengebäude, Anlagen, Einrichtungen und des Grundstücks laufend entstehen. [3]Für die Aufstellung der Betriebskosten gilt die Betriebskostenverordnung[3)] vom 25. November 2003 (BGBl. I S. 2346, 2347) fort. [4]Die Bundesregierung wird ermächtigt, durch Rechtsverordnung ohne Zustimmung des Bundesrates Vorschriften über die Aufstellung der Betriebskosten zu erlassen.

(2) [1]Die Vertragsparteien können vorbehaltlich anderweitiger Vorschriften vereinbaren, dass Betriebskosten als Pauschale oder als Vorauszahlung ausgewiesen werden. [2]Vorauszahlungen für Betriebskosten dürfen nur in angemessener Höhe vereinbart werden.

(3) [1]Über die Vorauszahlungen für Betriebskosten ist jährlich abzurechnen; dabei ist der Grundsatz der Wirtschaftlichkeit zu beachten. [2]Die Abrechnung ist dem Mieter spätestens bis zum Ablauf des zwölften Monats nach Ende des Abrechnungszeitraums mitzuteilen. [3]Nach Ablauf dieser Frist ist die Geltendmachung einer Nachforderung durch den Vermieter ausgeschlossen, es sei denn, der Vermieter hat die verspätete Geltendmachung nicht zu vertreten. [4]Der Vermieter ist zu Teilabrechnungen nicht verpflichtet. [5]Einwendungen gegen die Abrechnung hat der Mieter dem Vermieter spätestens bis zum Ablauf des zwölften Monats nach Zugang der Abrechnung mitzuteilen. [6]Nach Ablauf dieser Frist kann der Mieter Einwendungen nicht mehr geltend machen, es sei denn, der Mieter hat die verspätete Geltendmachung nicht zu vertreten.

---

[1)] Kapitel 1a (§§ 555a–555f) eingef. mWv 1.5.2013 durch G v. 11.3.2013 (BGBl. I S. 434).

[2)] § 556 Abs. 1 neu gef. mWv 1.1.2007 durch G v. 5.9.2006 (BGBl. I S. 2098); Abs. 3a eingef., Abs. 4 neu gef. mWv 1.12.2021 durch G v. 23.6.2021 (BGBl. I S. 1858).

[3)] **Habersack, Deutsche Gesetze ErgBd. Nr. 30b/1.**

(3a) [1] Ein Glasfaserbereitstellungsentgelt nach § 72 Absatz 1 des Telekommunikationsgesetzes hat der Mieter nur bei wirtschaftlicher Umsetzung der Maßnahme zu tragen. [2] Handelt es sich um eine aufwändige Maßnahme im Sinne von § 72 Absatz 2 Satz 4 des Telekommunikationsgesetzes, hat der Mieter die Kosten nur dann zu tragen, wenn der Vermieter vor Vereinbarung der Glasfaserbereitstellung soweit möglich drei Angebote eingeholt und das wirtschaftlichste ausgewählt hat.

(4) Eine zum Nachteil des Mieters von Absatz 1, Absatz 2 Satz 2, Absatz 3 oder Absatz 3a abweichende Vereinbarung ist unwirksam.

**§ 556a[1)] Abrechnungsmaßstab für Betriebskosten.** (1) [1] Haben die Vertragsparteien nichts anderes vereinbart, sind die Betriebskosten vorbehaltlich anderweitiger Vorschriften nach dem Anteil der Wohnfläche umzulegen. [2] Betriebskosten, die von einem erfassten Verbrauch oder einer erfassten Verursachung durch die Mieter abhängen, sind nach einem Maßstab umzulegen, der dem unterschiedlichen Verbrauch oder der unterschiedlichen Verursachung Rechnung trägt.

(2) [1] Haben die Vertragsparteien etwas anderes vereinbart, kann der Vermieter durch Erklärung in Textform bestimmen, dass die Betriebskosten zukünftig abweichend von der getroffenen Vereinbarung ganz oder teilweise nach einem Maßstab umgelegt werden dürfen, der dem erfassten unterschiedlichen Verbrauch oder der erfassten unterschiedlichen Verursachung Rechnung trägt. [2] Die Erklärung ist nur vor Beginn eines Abrechnungszeitraums zulässig. [3] Sind die Kosten bislang in der Miete enthalten, so ist diese entsprechend herabzusetzen.

(3) [1] Ist Wohnungseigentum vermietet und haben die Vertragsparteien nichts anderes vereinbart, sind die Betriebskosten abweichend von Absatz 1 nach dem für die Verteilung zwischen den Wohnungseigentümern jeweils geltenden Maßstab umzulegen. [2] Widerspricht der Maßstab billigem Ermessen, ist nach Absatz 1 umzulegen.

(4) Eine zum Nachteil des Mieters von Absatz 2 abweichende Vereinbarung ist unwirksam.

**§ 556b Fälligkeit der Miete, Aufrechnungs- und Zurückbehaltungsrecht.**

(1) Die Miete ist zu Beginn, spätestens bis zum dritten Werktag der einzelnen Zeitabschnitte zu entrichten, nach denen sie bemessen ist.

(2) [1] Der Mieter kann entgegen einer vertraglichen Bestimmung gegen eine Mietforderung mit einer Forderung auf Grund der §§ 536a, 539 oder aus ungerechtfertigter Bereicherung wegen zu viel gezahlter Miete aufrechnen oder wegen einer solchen Forderung ein Zurückbehaltungsrecht ausüben, wenn er seine Absicht dem Vermieter mindestens einen Monat vor der Fälligkeit der Miete in Textform angezeigt hat. [2] Eine zum Nachteil des Mieters abweichende Vereinbarung ist unwirksam.

**§ 556c[2)] Kosten der Wärmelieferung als Betriebskosten, Verordnungsermächtigung.** (1) [1] Hat der Mieter die Betriebskosten für Wärme oder Warmwasser zu tragen und stellt der Vermieter die Versorgung von der Eigenversorgung auf die eigenständig gewerbliche Lieferung durch einen Wärmelieferanten (Wär-

---

[1)] § 556a Abs. 3 eingef., bish. Abs. 3 wird Abs. 4 mWv 1.12.2020 durch G v. 16.10.2020 (BGBl. I S. 2187).

[2)] § 556c eingef. mWv 1.7.2013 durch G v. 11.3.2013 (BGBl. I S. 434), wobei Abs. 3 bereits mWv 19.3.2013 in Kraft tritt.

melieferung) um, so hat der Mieter die Kosten der Wärmelieferung als Betriebskosten zu tragen, wenn

1. die Wärme mit verbesserter Effizienz entweder aus einer vom Wärmelieferanten errichteten neuen Anlage oder aus einem Wärmenetz geliefert wird und
2. die Kosten der Wärmelieferung die Betriebskosten für die bisherige Eigenversorgung mit Wärme oder Warmwasser nicht übersteigen.

[2] Beträgt der Jahresnutzungsgrad der bestehenden Anlage vor der Umstellung mindestens 80 Prozent, kann sich der Wärmelieferant anstelle der Maßnahmen nach Nummer 1 auf die Verbesserung der Betriebsführung der Anlage beschränken.

(2) Der Vermieter hat die Umstellung spätestens drei Monate zuvor in Textform anzukündigen (Umstellungsankündigung).

(3) [1] Die Bundesregierung wird ermächtigt, durch Rechtsverordnung[1)] ohne Zustimmung des Bundesrates Vorschriften für Wärmelieferverträge, die bei einer Umstellung nach Absatz 1 geschlossen werden, sowie für die Anforderungen nach den Absätzen 1 und 2 zu erlassen. [2] Hierbei sind die Belange von Vermietern, Mietern und Wärmelieferanten angemessen zu berücksichtigen.

(4) Eine zum Nachteil des Mieters abweichende Vereinbarung ist unwirksam.

#### Unterkapitel 1a.[2)] Vereinbarungen über die Miethöhe bei Mietbeginn in Gebieten mit angespannten Wohnungsmärkten

**§ 556d[3)] Zulässige Miethöhe bei Mietbeginn; Verordnungsermächtigung.** (1) Wird ein Mietvertrag über Wohnraum abgeschlossen, der in einem durch Rechtsverordnung nach Absatz 2 bestimmten Gebiet mit einem angespannten Wohnungsmarkt liegt, so darf die Miete zu Beginn des Mietverhältnisses die ortsübliche Vergleichsmiete (§ 558 Absatz 2) höchstens um 10 Prozent übersteigen.

(2) [1] Die Landesregierungen werden ermächtigt, Gebiete mit angespannten Wohnungsmärkten durch Rechtsverordnung für die Dauer von jeweils höchstens fünf Jahren zu bestimmen. [2] Gebiete mit angespannten Wohnungsmärkten liegen vor, wenn die ausreichende Versorgung der Bevölkerung mit Mietwohnungen in einer Gemeinde oder einem Teil der Gemeinde zu angemessenen Bedingungen besonders gefährdet ist. [3] Dies kann insbesondere dann der Fall sein, wenn

1. die Mieten deutlich stärker steigen als im bundesweiten Durchschnitt,
2. die durchschnittliche Mietbelastung der Haushalte den bundesweiten Durchschnitt deutlich übersteigt,
3. die Wohnbevölkerung wächst, ohne dass durch Neubautätigkeit insoweit erforderlicher Wohnraum geschaffen wird, oder
4. geringer Leerstand bei großer Nachfrage besteht.

[4] Eine Rechtsverordnung nach Satz 1 muss spätestens mit Ablauf des 31. Dezember 2025 außer Kraft treten. [5] Sie muss begründet werden. [6] Aus der Begründung muss sich ergeben, auf Grund welcher Tatsachen ein Gebiet mit einem angespannten Wohnungsmarkt im Einzelfall vorliegt. [7] Ferner muss sich aus der Begründung

---

1) Siehe die Wärmelieferverordnung **(Habersack, Deutsche Gesetze ErgBd. Nr. 30e)**.

2) UKapitel 1a (§§ 556d–556g) eingef. mWv 1.6.2015 durch G v. 21.4.2015 (BGBl. I S. 610).

3) § 556d eingef. mWv 1.6.2015 durch G v. 21.4.2015 (BGBl. I S. 610), wobei Abs. 2 bereits am 28.4. 2015 in Kraft getreten ist; Abs. 2 Satz 1 geänd., Satz 4 neu gef. mWv 1.4.2020 durch G v. 19.3.2020 (BGBl. I S. 540).

ergeben, welche Maßnahmen die Landesregierung in dem nach Satz 1 durch die Rechtsverordnung jeweils bestimmten Gebiet und Zeitraum ergreifen wird, um Abhilfe zu schaffen.

**§ 556e[1] Berücksichtigung der Vormiete oder einer durchgeführten Modernisierung.** (1) [1] Ist die Miete, die der vorherige Mieter zuletzt schuldete (Vormiete), höher als die nach § 556d Absatz 1 zulässige Miete, so darf eine Miete bis zur Höhe der Vormiete vereinbart werden. [2] Bei der Ermittlung der Vormiete unberücksichtigt bleiben Mietminderungen sowie solche Mieterhöhungen, die mit dem vorherigen Mieter innerhalb des letzten Jahres vor Beendigung des Mietverhältnisses vereinbart worden sind.

(2) [1] Hat der Vermieter in den letzten drei Jahren vor Beginn des Mietverhältnisses Modernisierungsmaßnahmen im Sinne des § 555b durchgeführt, so darf die nach § 556d Absatz 1 zulässige Miete um den Betrag überschritten werden, der sich bei einer Mieterhöhung nach § 559 Absatz 1 bis 3a und § 559a Absatz 1 bis 4 ergäbe. [2] Bei der Berechnung nach Satz 1 ist von der ortsüblichen Vergleichsmiete (§ 558 Absatz 2) auszugehen, die bei Beginn des Mietverhältnisses ohne Berücksichtigung der Modernisierung anzusetzen wäre.

**§ 556f[2] Ausnahmen.** [1] § 556d ist nicht anzuwenden auf eine Wohnung, die nach dem 1. Oktober 2014 erstmals genutzt und vermietet wird. [2] Die §§ 556d und 556e sind nicht anzuwenden auf die erste Vermietung nach umfassender Modernisierung.

**§ 556g[3] [4] Rechtsfolgen; Auskunft über die Miete.** (1) [1] Eine zum Nachteil des Mieters von den Vorschriften dieses Unterkapitels abweichende Vereinbarung ist unwirksam. [2] Für Vereinbarungen über die Miethöhe bei Mietbeginn gilt dies nur, soweit die zulässige Miete überschritten wird. [3] Der Vermieter hat dem Mieter zu viel gezahlte Miete nach den Vorschriften über die Herausgabe einer ungerechtfertigten Bereicherung herauszugeben. [4] Die §§ 814 und 817 Satz 2 sind nicht anzuwenden.

(1a)[5] [1] Soweit die Zulässigkeit der Miete auf § 556e oder § 556f beruht, ist der Vermieter verpflichtet, dem Mieter vor dessen Abgabe der Vertragserklärung über Folgendes unaufgefordert Auskunft zu erteilen:

1. im Fall des § 556e Absatz 1 darüber, wie hoch die Vormiete war,
2. im Fall des § 556e Absatz 2 darüber, dass in den letzten drei Jahren vor Beginn des Mietverhältnisses Modernisierungsmaßnahmen durchgeführt wurden,
3. im Fall des § 556f Satz 1 darüber, dass die Wohnung nach dem 1. Oktober 2014 erstmals genutzt und vermietet wurde,
4. im Fall des § 556f Satz 2 darüber, dass es sich um die erste Vermietung nach umfassender Modernisierung handelt.

[2] Soweit der Vermieter die Auskunft nicht erteilt hat, kann er sich nicht auf eine nach § 556e oder § 556f zulässige Miete berufen. [3] Hat der Vermieter die Auskunft

---

[1] § 556e eingef. mWv 1.6.2015 durch G v. 21.4.2015 (BGBl. I S. 610); Abs. 2 Satz 1 geänd. mWv 1.1. 2019 durch G v. 18.12.2018 (BGBl. I S. 2648).

[2] § 556f eingef. mWv 1.6.2015 durch G v. 21.4.2015 (BGBl. I S. 610).

[3] § 556g eingef. mWv 1.6.2015 durch G v. 21.4.2015 (BGBl. I S. 610); Abs. 1a eingef., Abs. 2 Satz 2 neu gef., Abs. 4 geänd. mWv 1.1.2019 durch G v. 18.12.2018 (BGBl. I S. 2648); Abs. 1a Satz 1 Nr. 1, Abs. 2 Satz 1 geänd., Satz 3 angef. mWv 1.4.2020 durch G v. 19.3.2020 (BGBl. I S. 540).

[4] Beachte hierzu Übergangsvorschrift in Art. 229 § 51 EGBGB (Nr. **21**).

[5] Beachte hierzu Übergangsvorschrift in Art. 229 § 49 EGBGB (Nr. **21**).

nicht erteilt und hat er diese in der vorgeschriebenen Form nachgeholt, kann er sich erst zwei Jahre nach Nachholung der Auskunft auf eine nach § 556e oder § 556f zulässige Miete berufen. [4] Hat der Vermieter die Auskunft nicht in der vorgeschriebenen Form erteilt, so kann er sich auf eine nach § 556e oder § 556f zulässige Miete erst dann berufen, wenn er die Auskunft in der vorgeschriebenen Form nachgeholt hat.

(2)[1)] [1] Der Mieter kann von dem Vermieter eine nach den §§ 556d und 556e nicht geschuldete Miete nur zurückverlangen, wenn er einen Verstoß gegen die Vorschriften dieses Unterkapitels gerügt hat. [2] Hat der Vermieter eine Auskunft nach Absatz 1a Satz 1 erteilt, so muss die Rüge sich auf diese Auskunft beziehen. [3] Rügt der Mieter den Verstoß mehr als 30 Monate nach Beginn des Mietverhältnisses oder war das Mietverhältnis bei Zugang der Rüge bereits beendet, kann er nur die nach Zugang der Rüge fällig gewordene Miete zurückverlangen.

(3) [1] Der Vermieter ist auf Verlangen des Mieters verpflichtet, Auskunft über diejenigen Tatsachen zu erteilen, die für die Zulässigkeit der vereinbarten Miete nach den Vorschriften dieses Unterkapitels maßgeblich sind, soweit diese Tatsachen nicht allgemein zugänglich sind und der Vermieter hierüber unschwer Auskunft geben kann. [2] Für die Auskunft über Modernisierungsmaßnahmen (§ 556e Absatz 2) gilt § 559b Absatz 1 Satz 2 und 3 entsprechend.

(4) Sämtliche Erklärungen nach den Absätzen 1a bis 3 bedürfen der Textform.

### Unterkapitel 2. Regelungen über die Miethöhe

**§ 557 Mieterhöhungen nach Vereinbarung oder Gesetz.** (1) Während des Mietverhältnisses können die Parteien eine Erhöhung der Miete vereinbaren.

(2) Künftige Änderungen der Miethöhe können die Vertragsparteien als Staffelmiete nach § 557a oder als Indexmiete nach § 557b vereinbaren.

(3) Im Übrigen kann der Vermieter Mieterhöhungen nur nach Maßgabe der §§ 558 bis 560 verlangen, soweit nicht eine Erhöhung durch Vereinbarung ausgeschlossen ist oder sich der Ausschluss aus den Umständen ergibt.

(4) Eine zum Nachteil des Mieters abweichende Vereinbarung ist unwirksam.

**§ 557a[2)] Staffelmiete.** (1) Die Miete kann für bestimmte Zeiträume in unterschiedlicher Höhe schriftlich vereinbart werden; in der Vereinbarung ist die jeweilige Miete oder die jeweilige Erhöhung in einem Geldbetrag auszuweisen (Staffelmiete).

(2) [1] Die Miete muss jeweils mindestens ein Jahr unverändert bleiben. [2] Während der Laufzeit einer Staffelmiete ist eine Erhöhung nach den §§ 558 bis 559b ausgeschlossen.

(3) [1] Das Kündigungsrecht des Mieters kann für höchstens vier Jahre seit Abschluss der Staffelmietvereinbarung ausgeschlossen werden. [2] Die Kündigung ist frühestens zum Ablauf dieses Zeitraums zulässig.

(4) [1] Die §§ 556d bis 556g sind auf jede Mietstaffel anzuwenden. [2] Maßgeblich für die Berechnung der nach § 556d Absatz 1 zulässigen Höhe der zweiten und aller weiteren Mietstaffeln ist statt des Beginns des Mietverhältnisses der Zeitpunkt, zu dem die erste Miete der jeweiligen Mietstaffel fällig wird. [3] Die in einer vorangegangenen Mietstaffel wirksam begründete Miethöhe bleibt erhalten.

(5) Eine zum Nachteil des Mieters abweichende Vereinbarung ist unwirksam.

---

1) Beachte hierzu Übergangsvorschrift in Art. 229 § 49 EGBGB (Nr. **21**).

2) § 557a Abs. 4 eingef., bish. Abs. 4 wird Abs. 5 mWv 1.6.2015 durch G v. 21.4.2015 (BGBl. I S. 610).

**§ 557b[1)] Indexmiete.** (1) Die Vertragsparteien können schriftlich vereinbaren, dass die Miete durch den vom Statistischen Bundesamt ermittelten Preisindex für die Lebenshaltung aller privaten Haushalte in Deutschland bestimmt wird (Indexmiete).

(2) [1] Während der Geltung einer Indexmiete muss die Miete, von Erhöhungen nach den §§ 559 bis 560 abgesehen, jeweils mindestens ein Jahr unverändert bleiben. [2] Eine Erhöhung nach § 559 kann nur verlangt werden, soweit der Vermieter bauliche Maßnahmen auf Grund von Umständen durchgeführt hat, die er nicht zu vertreten hat. [3] Eine Erhöhung nach § 558 ist ausgeschlossen.

(3) [1] Eine Änderung der Miete nach Absatz 1 muss durch Erklärung in Textform geltend gemacht werden. [2] Dabei sind die eingetretene Änderung des Preisindexes sowie die jeweilige Miete oder die Erhöhung in einem Geldbetrag anzugeben. [3] Die geänderte Miete ist mit Beginn des übernächsten Monats nach dem Zugang der Erklärung zu entrichten.

(4) Die §§ 556d bis 556g sind nur auf die Ausgangsmiete einer Indexmietvereinbarung anzuwenden.

(5) Eine zum Nachteil des Mieters abweichende Vereinbarung ist unwirksam.

**§ 558[2)] Mieterhöhung bis zur ortsüblichen Vergleichsmiete.** (1) [1] Der Vermieter kann die Zustimmung zu einer Erhöhung der Miete bis zur ortsüblichen Vergleichsmiete verlangen, wenn die Miete in dem Zeitpunkt, zu dem die Erhöhung eintreten soll, seit 15 Monaten unverändert ist. [2] Das Mieterhöhungsverlangen kann frühestens ein Jahr nach der letzten Mieterhöhung geltend gemacht werden. [3] Erhöhungen nach den §§ 559 bis 560 werden nicht berücksichtigt.

(2) [1] Die ortsübliche Vergleichsmiete wird gebildet aus den üblichen Entgelten, die in der Gemeinde oder einer vergleichbaren Gemeinde für Wohnraum vergleichbarer Art, Größe, Ausstattung, Beschaffenheit und Lage einschließlich der energetischen Ausstattung und Beschaffenheit in den letzten sechs Jahren vereinbart oder, von Erhöhungen nach § 560 abgesehen, geändert worden sind.[3)] [2] Ausgenommen ist Wohnraum, bei dem die Miethöhe durch Gesetz oder im Zusammenhang mit einer Förderzusage festgelegt worden ist.

(3) [1] Bei Erhöhungen nach Absatz 1 darf sich die Miete innerhalb von drei Jahren, von Erhöhungen nach den §§ 559 bis 560 abgesehen, nicht um mehr als 20 vom Hundert erhöhen (Kappungsgrenze). [2] Der Prozentsatz nach Satz 1 beträgt 15 vom Hundert, wenn die ausreichende Versorgung der Bevölkerung mit Mietwohnungen zu angemessenen Bedingungen in einer Gemeinde oder einem Teil einer Gemeinde besonders gefährdet ist und diese Gebiete nach Satz 3 bestimmt sind. [3] Die Landesregierungen werden ermächtigt, diese Gebiete durch Rechtsverordnung für die Dauer von jeweils höchstens fünf Jahren zu bestimmen.

(4) [1] Die Kappungsgrenze gilt nicht,

1. wenn eine Verpflichtung des Mieters zur Ausgleichszahlung nach den Vorschriften über den Abbau der Fehlsubventionierung im Wohnungswesen wegen des Wegfalls der öffentlichen Bindung erloschen ist und

---

[1)] § 557b Abs. 4 eingef., bish. Abs. 4 wird Abs. 5 mWv 1.6.2015 durch G v. 21.4.2015 (BGBl. I S. 610).

[2)] § 558 Abs. 2 Satz 1 geänd., Abs. 3 Sätze 2 und 3 angef. mWv 1.5.2013 durch G v. 11.3.2013 (BGBl. I S. 434); Abs. 5 geänd. mWv 1.1.2019 durch G v. 18.12.2018 (BGBl. I S. 2648); Abs. 2 Satz 1 geänd. mWv 1.1.2020 durch G v. 21.12.2019 (BGBl. I S. 2911).

[3)] Beachte hierzu Übergangsvorschrift in Art. 229 § 50 EGBGB (Nr. **21**).

2. soweit die Erhöhung den Betrag der zuletzt zu entrichtenden Ausgleichszahlung nicht übersteigt.

[2] Der Vermieter kann vom Mieter frühestens vier Monate vor dem Wegfall der öffentlichen Bindung verlangen, ihm innerhalb eines Monats über die Verpflichtung zur Ausgleichszahlung und über deren Höhe Auskunft zu erteilen. [3] Satz 1 gilt entsprechend, wenn die Verpflichtung des Mieters zur Leistung einer Ausgleichszahlung nach den §§ 34 bis 37 des Wohnraumförderungsgesetzes[1)] und den hierzu ergangenen landesrechtlichen Vorschriften wegen Wegfalls der Mietbindung erloschen ist.

(5) Von dem Jahresbetrag, der sich bei einer Erhöhung auf die ortsübliche Vergleichsmiete ergäbe, sind Drittmittel im Sinne des § 559a abzuziehen, im Falle des § 559a Absatz 1 mit 8 Prozent des Zuschusses.

(6) Eine zum Nachteil des Mieters abweichende Vereinbarung ist unwirksam.

**§ 558a Form und Begründung der Mieterhöhung.** (1) Das Mieterhöhungsverlangen nach § 558 ist dem Mieter in Textform zu erklären und zu begründen.

(2) Zur Begründung kann insbesondere Bezug genommen werden auf

1. einen Mietspiegel (§§ 558c, 558d),
2. eine Auskunft aus einer Mietdatenbank (§ 558e),
3. ein mit Gründen versehenes Gutachten eines öffentlich bestellten und vereidigten Sachverständigen,
4. entsprechende Entgelte für einzelne vergleichbare Wohnungen; hierbei genügt die Benennung von drei Wohnungen.

(3) Enthält ein qualifizierter Mietspiegel (§ 558d Abs. 1), bei dem die Vorschrift des § 558d Abs. 2 eingehalten ist, Angaben für die Wohnung, so hat der Vermieter in seinem Mieterhöhungsverlangen diese Angaben auch dann mitzuteilen, wenn er die Mieterhöhung auf ein anderes Begründungsmittel nach Absatz 2 stützt.

(4) [1] Bei der Bezugnahme auf einen Mietspiegel, der Spannen enthält, reicht es aus, wenn die verlangte Miete innerhalb der Spanne liegt. [2] Ist in dem Zeitpunkt, in dem der Vermieter seine Erklärung abgibt, kein Mietspiegel vorhanden, bei dem § 558c Abs. 3 oder § 558d Abs. 2 eingehalten ist, so kann auch ein anderer, insbesondere ein veralteter Mietspiegel oder ein Mietspiegel einer vergleichbaren Gemeinde verwendet werden.

(5) Eine zum Nachteil des Mieters abweichende Vereinbarung ist unwirksam.

**§ 558b Zustimmung zur Mieterhöhung.** (1) Soweit der Mieter der Mieterhöhung zustimmt, schuldet er die erhöhte Miete mit Beginn des dritten Kalendermonats nach dem Zugang des Erhöhungsverlangens.

(2) [1] Soweit der Mieter der Mieterhöhung nicht bis zum Ablauf des zweiten Kalendermonats nach dem Zugang des Verlangens zustimmt, kann der Vermieter auf Erteilung der Zustimmung klagen. [2] Die Klage muss innerhalb von drei weiteren Monaten erhoben werden.

(3) [1] Ist der Klage ein Erhöhungsverlangen vorausgegangen, das den Anforderungen des § 558a nicht entspricht, so kann es der Vermieter im Rechtsstreit nachholen oder die Mängel des Erhöhungsverlangens beheben. [2] Dem Mieter steht auch in diesem Fall die Zustimmungsfrist nach Absatz 2 Satz 1 zu.

---

1) **Sartorius Nr. 355.**

(4) Eine zum Nachteil des Mieters abweichende Vereinbarung ist unwirksam.

**§ 558c[1) 2)] Mietspiegel; Verordnungsermächtigung.** (1) Ein Mietspiegel ist eine Übersicht über die ortsübliche Vergleichsmiete, soweit die Übersicht von der nach Landesrecht zuständigen Behörde oder von Interessenvertretern der Vermieter und der Mieter gemeinsam erstellt oder anerkannt worden ist.

(2) Mietspiegel können für das Gebiet einer Gemeinde oder mehrerer Gemeinden oder für Teile von Gemeinden erstellt werden.

(3) Mietspiegel sollen im Abstand von zwei Jahren der Marktentwicklung angepasst werden.

(4) [1] Die nach Landesrecht zuständigen Behörden sollen Mietspiegel erstellen, wenn hierfür ein Bedürfnis besteht und dies mit einem vertretbaren Aufwand möglich ist. [2] Für Gemeinden mit mehr als 50 000 Einwohnern sind Mietspiegel zu erstellen. [3] Die Mietspiegel und ihre Änderungen sind zu veröffentlichen.

(5) Die Bundesregierung wird ermächtigt, durch Rechtsverordnung[3)] mit Zustimmung des Bundesrates Vorschriften zu erlassen über den näheren Inhalt von Mietspiegeln und das Verfahren zu deren Erstellung und Anpassung einschließlich Dokumentation und Veröffentlichung.

**§ 558d[4)] Qualifizierter Mietspiegel.** (1) [1] Ein qualifizierter Mietspiegel ist ein Mietspiegel, der nach anerkannten wissenschaftlichen Grundsätzen erstellt und von der nach Landesrecht zuständigen Behörde oder von Interessenvertretern der Vermieter und der Mieter anerkannt worden ist. [2] Entspricht ein Mietspiegel den Anforderungen, die eine nach § 558c Absatz 5 erlassene Rechtsverordnung an qualifizierte Mietspiegel richtet, wird vermutet, dass er nach anerkannten wissenschaftlichen Grundsätzen erstellt wurde. [3] Haben die nach Landesrecht zuständige Behörde und Interessenvertreter der Vermieter und der Mieter den Mietspiegel als qualifizierten Mietspiegel anerkannt, so wird vermutet, dass der Mietspiegel anerkannten wissenschaftlichen Grundsätzen entspricht.

(2) [1] Der qualifizierte Mietspiegel ist im Abstand von zwei Jahren der Marktentwicklung anzupassen. [2] Dabei kann eine Stichprobe oder die Entwicklung des vom Statistischen Bundesamt ermittelten Preisindexes für die Lebenshaltung aller privaten Haushalte in Deutschland zugrunde gelegt werden. [3] Nach vier Jahren ist der qualifizierte Mietspiegel neu zu erstellen. [4] Maßgeblicher Zeitpunkt für die Anpassung nach Satz 1 und für die Neuerstellung nach Satz 3 ist der Stichtag, zu dem die Daten für den Mietspiegel erhoben wurden. [5] Satz 4 gilt entsprechend für die Veröffentlichung des Mietspiegels.

(3) Ist die Vorschrift des Absatzes 2 eingehalten, so wird vermutet, dass die im qualifizierten Mietspiegel bezeichneten Entgelte die ortsübliche Vergleichsmiete wiedergeben.

**§ 558e Mietdatenbank.** Eine Mietdatenbank ist eine zur Ermittlung der ortsüblichen Vergleichsmiete fortlaufend geführte Sammlung von Mieten, die von der Gemeinde oder von Interessenvertretern der Vermieter und der Mieter gemeinsam

---

1) § 558c Abs. 5 neu gef. mWv 18.8.2021, Überschrift, Abs. 1 und Abs. 4 Satz 1 geänd., Satz 2 eingef., bish. Satz 2 wird Satz 3 und geänd. mWv 1.7.2022 durch G v. 10.8.2021 (BGBl. I S. 3515).

2) Beachte hierzu Übergangsvorschrift in Art. 229 § 62 EGBGB (Nr. **21**).

3) Siehe die MietspiegelVO v. 28.10.2021 (BGBl. I S. 4779).

4) § 558d Abs. 1 Satz 1 geänd., Sätze 2 und 3, Abs. 2 Sätze 4 und 5 angef. mWv 1.7.2022 durch G v. 10.8.2021 (BGBl. I S. 3515).

geführt oder anerkannt wird und aus der Auskünfte gegeben werden, die für einzelne Wohnungen einen Schluss auf die ortsübliche Vergleichsmiete zulassen.

**§ 559[1) 2)] Mieterhöhung nach Modernisierungsmaßnahmen.** (1) [1] Hat der Vermieter Modernisierungsmaßnahmen im Sinne des § 555b Nummer 1, 3, 4, 5 oder 6 durchgeführt, so kann er die jährliche Miete um 8 Prozent der für die Wohnung aufgewendeten Kosten erhöhen. [2] Im Fall des § 555b Nummer 4a ist die Erhöhung nur zulässig, wenn der Mieter seinen Anbieter von öffentlich zugänglichen Telekommunikationsdiensten über den errichteten Anschluss frei wählen kann und der Vermieter kein Bereitstellungsentgelt gemäß § 72 des Telekommunikationsgesetzes[3)] als Betriebskosten umlegt oder umgelegt hat.

(2) Kosten, die für Erhaltungsmaßnahmen erforderlich gewesen wären, gehören nicht zu den aufgewendeten Kosten nach Absatz 1; sie sind, soweit erforderlich, durch Schätzung zu ermitteln.

(3) Werden Modernisierungsmaßnahmen für mehrere Wohnungen durchgeführt, so sind die Kosten angemessen auf die einzelnen Wohnungen aufzuteilen.

(3a) [1] Bei Erhöhungen der jährlichen Miete nach Absatz 1 darf sich die monatliche Miete innerhalb von sechs Jahren, von Erhöhungen nach § 558 oder § 560 abgesehen, nicht um mehr als 3 Euro je Quadratmeter Wohnfläche erhöhen. [2] Beträgt die monatliche Miete vor der Mieterhöhung weniger als 7 Euro pro Quadratmeter Wohnfläche, so darf sie sich abweichend von Satz 1 nicht um mehr als 2 Euro je Quadratmeter Wohnfläche erhöhen.

(4) [1] Die Mieterhöhung ist ausgeschlossen, soweit sie auch unter Berücksichtigung der voraussichtlichen künftigen Betriebskosten für den Mieter eine Härte bedeuten würde, die auch unter Würdigung der berechtigten Interessen des Vermieters nicht zu rechtfertigen ist. [2] Eine Abwägung nach Satz 1 findet nicht statt, wenn

1. die Mietsache lediglich in einen Zustand versetzt wurde, der allgemein üblich ist, oder
2. die Modernisierungsmaßnahme auf Grund von Umständen durchgeführt wurde, die der Vermieter nicht zu vertreten hatte.

*(Fortsetzung nächstes Blatt)*

---

1) § 559 neu gef. mWv 1.5.2013 durch G v. 11.3.2013 (BGBl. I S. 434); Abs. 1 geänd., Abs. 3a eingef. mWv 1.1.2019 durch G v. 18.12.2018 (BGBl. I S. 2648); Abs. 1 Satz 2 angef. mWv 1.12.2021 durch G v. 23.6.2021 (BGBl. I S. 1858).

2) Beachte hierzu Übergangsvorschrift in Art. 229 § 49 EGBGB (Nr. **21**).

3) **Sartorius ErgBd. Nr. 920.**

(5) [1] Umstände, die eine Härte nach Absatz 4 Satz 1 begründen, sind nur zu berücksichtigen, wenn sie nach § 555d Absatz 3 bis 5 rechtzeitig mitgeteilt worden sind. [2] Die Bestimmungen über die Ausschlussfrist nach Satz 1 sind nicht anzuwenden, wenn die tatsächliche Mieterhöhung die angekündigte um mehr als 10 Prozent übersteigt.

(6) Eine zum Nachteil des Mieters abweichende Vereinbarung ist unwirksam.

**§ 559a[1) 2)] Anrechnung von Drittmitteln.** (1) Kosten, die vom Mieter oder für diesen von einem Dritten übernommen oder die mit Zuschüssen aus öffentlichen Haushalten gedeckt werden, gehören nicht zu den aufgewendeten Kosten im Sinne des § 559.

(2) [1] Werden die Kosten für die Modernisierungsmaßnahmen ganz oder teilweise durch zinsverbilligte oder zinslose Darlehen aus öffentlichen Haushalten gedeckt, so verringert sich der Erhöhungsbetrag nach § 559 um den Jahresbetrag der Zinsermäßigung. [2] Dieser wird errechnet aus dem Unterschied zwischen dem ermäßigten Zinssatz und dem marktüblichen Zinssatz für den Ursprungsbetrag des Darlehens. [3] Maßgebend ist der marktübliche Zinssatz für erstrangige Hypotheken zum Zeitpunkt der Beendigung der Modernisierungsmaßnahmen. [4] Werden Zuschüsse oder Darlehen zur Deckung von laufenden Aufwendungen gewährt, so verringert sich der Erhöhungsbetrag um den Jahresbetrag des Zuschusses oder Darlehens.

(3) [1] Ein Mieterdarlehen, eine Mietvorauszahlung oder eine von einem Dritten für den Mieter erbrachte Leistung für die Modernisierungsmaßnahmen stehen einem Darlehen aus öffentlichen Haushalten gleich. [2] Mittel der Finanzierungsinstitute des Bundes oder eines Landes gelten als Mittel aus öffentlichen Haushalten.

(4) Kann nicht festgestellt werden, in welcher Höhe Zuschüsse oder Darlehen für die einzelnen Wohnungen gewährt worden sind, so sind sie nach dem Verhältnis der für die einzelnen Wohnungen aufgewendeten Kosten aufzuteilen.

(5) Eine zum Nachteil des Mieters abweichende Vereinbarung ist unwirksam.

**§ 559b[1) 2)] Geltendmachung der Erhöhung, Wirkung der Erhöhungserklärung.** (1) [1] Die Mieterhöhung nach § 559 ist dem Mieter in Textform zu erklären. [2] Die Erklärung ist nur wirksam, wenn in ihr die Erhöhung auf Grund der entstandenen Kosten berechnet und entsprechend den Voraussetzungen der §§ 559 und 559a erläutert wird. [3] § 555c Absatz 3 gilt entsprechend.

(2) [1] Der Mieter schuldet die erhöhte Miete mit Beginn des dritten Monats nach dem Zugang der Erklärung. [2] Die Frist verlängert sich um sechs Monate, wenn

1. der Vermieter dem Mieter die Modernisierungsmaßnahme nicht nach den Vorschriften des § 555c Absatz 1 und 3 bis 5 angekündigt hat oder
2. die tatsächliche Mieterhöhung die angekündigte um mehr als 10 Prozent übersteigt.

(3) Eine zum Nachteil des Mieters abweichende Vereinbarung ist unwirksam.

---

1) § 559a Abs. 2 Sätze 1 und 3, Abs. 3 Satz 1 geänd., § 559b Abs. 1 Satz 3 angef., Abs. 2 Satz 2 neu gef. mWv 1.5.2013 durch G v. 11.3.2013 (BGBl. I S. 434).

2) Beachte hierzu Übergangsvorschrift in Art. 229 § 29 EGBGB (Nr. **21**).

**§ 559c[1) 2)] Vereinfachtes Verfahren.** (1) [1] Übersteigen die für die Modernisierungsmaßnahme geltend gemachten Kosten für die Wohnung vor Abzug der Pauschale nach Satz 2 10 000 Euro nicht, so kann der Vermieter die Mieterhöhung nach einem vereinfachten Verfahren berechnen. [2] Als Kosten, die für Erhaltungsmaßnahmen erforderlich gewesen wären (§ 559 Absatz 2), werden pauschal 30 Prozent der nach Satz 1 geltend gemachten Kosten abgezogen. [3] § 559 Absatz 4 und § 559a Absatz 2 Satz 1 bis 3 finden keine Anwendung.

(2) Hat der Vermieter die Miete in den letzten fünf Jahren bereits nach Absatz 1 oder nach § 559 erhöht, so mindern sich die Kosten, die nach Absatz 1 Satz 1 für die weitere Modernisierungsmaßnahme geltend gemacht werden können, um die Kosten, die in diesen früheren Verfahren für Modernisierungsmaßnahmen geltend gemacht wurden.

(3) [1] § 559b gilt für das vereinfachte Verfahren entsprechend. [2] Der Vermieter muss in der Mieterhöhungserklärung angeben, dass er die Mieterhöhung nach dem vereinfachten Verfahren berechnet hat.

(4) [1] Hat der Vermieter eine Mieterhöhung im vereinfachten Verfahren geltend gemacht, so kann er innerhalb von fünf Jahren nach Zugang der Mieterhöhungserklärung beim Mieter keine Mieterhöhungen nach § 559 geltend machen. [2] Dies gilt nicht,

1. soweit der Vermieter in diesem Zeitraum Modernisierungsmaßnahmen auf Grund einer gesetzlichen Verpflichtung durchzuführen hat und er diese Verpflichtung bei Geltendmachung der Mieterhöhung im vereinfachten Verfahren nicht kannte oder kennen musste,
2. sofern eine Modernisierungsmaßnahme auf Grund eines Beschlusses von Wohnungseigentümern durchgeführt wird, der frühestens zwei Jahre nach Zugang der Mieterhöhungserklärung beim Mieter gefasst wurde.

(5) Für die Modernisierungsankündigung, die zu einer Mieterhöhung nach dem vereinfachten Verfahren führen soll, gilt § 555c mit den Maßgaben, dass

1. der Vermieter in der Modernisierungsankündigung angeben muss, dass er von dem vereinfachten Verfahren Gebrauch macht,
2. es der Angabe der voraussichtlichen künftigen Betriebskosten nach § 555c Absatz 1 Satz 2 Nummer 3 nicht bedarf.

**§ 559d[1) 2)] Pflichtverletzungen bei Ankündigung oder Durchführung einer baulichen Veränderung.** [1] Es wird vermutet, dass der Vermieter seine Pflichten aus dem Schuldverhältnis verletzt hat, wenn

1. mit der baulichen Veränderung nicht innerhalb von zwölf Monaten nach deren angekündigtem Beginn oder, wenn Angaben hierzu nicht erfolgt sind, nach Zugang der Ankündigung der baulichen Veränderung begonnen wird,
2. in der Ankündigung nach § 555c Absatz 1 ein Betrag für die zu erwartende Mieterhöhung angegeben wird, durch den die monatliche Miete mindestens verdoppelt würde,
3. die bauliche Veränderung in einer Weise durchgeführt wird, die geeignet ist, zu erheblichen, objektiv nicht notwendigen Belastungen des Mieters zu führen, oder

---

1) §§ 559c, 559d eingef. mWv 1.1.2019 durch G v. 18.12.2018 (BGBl. I S. 2648).
2) Beachte hierzu Übergangsvorschrift in Art. 229 § 49 EGBGB (Nr. **21**).

4. die Arbeiten nach Beginn der baulichen Veränderung mehr als zwölf Monate ruhen.

[2] Diese Vermutung gilt nicht, wenn der Vermieter darlegt, dass für das Verhalten im Einzelfall ein nachvollziehbarer objektiver Grund vorliegt.

**§ 560 Veränderungen von Betriebskosten.** (1) [1] Bei einer Betriebskostenpauschale ist der Vermieter berechtigt, Erhöhungen der Betriebskosten durch Erklärung in Textform anteilig auf den Mieter umzulegen, soweit dies im Mietvertrag vereinbart ist. [2] Die Erklärung ist nur wirksam, wenn in ihr der Grund für die Umlage bezeichnet und erläutert wird.

(2) [1] Der Mieter schuldet den auf ihn entfallenden Teil der Umlage mit Beginn des auf die Erklärung folgenden übernächsten Monats. [2] Soweit die Erklärung darauf beruht, dass sich die Betriebskosten rückwirkend erhöht haben, wirkt sie auf den Zeitpunkt der Erhöhung der Betriebskosten, höchstens jedoch auf den Beginn des der Erklärung vorausgehenden Kalenderjahres zurück, sofern der Vermieter die Erklärung innerhalb von drei Monaten nach Kenntnis von der Erhöhung abgibt.

(3) [1] Ermäßigen sich die Betriebskosten, so ist eine Betriebskostenpauschale vom Zeitpunkt der Ermäßigung an entsprechend herabzusetzen. [2] Die Ermäßigung ist dem Mieter unverzüglich mitzuteilen.

(4) Sind Betriebskostenvorauszahlungen vereinbart worden, so kann jede Vertragspartei nach einer Abrechnung durch Erklärung in Textform eine Anpassung auf eine angemessene Höhe vornehmen.

(5) Bei Veränderungen von Betriebskosten ist der Grundsatz der Wirtschaftlichkeit zu beachten.

(6) Eine zum Nachteil des Mieters abweichende Vereinbarung ist unwirksam.

**§ 561 Sonderkündigungsrecht des Mieters nach Mieterhöhung.**

(1) [1] Macht der Vermieter eine Mieterhöhung nach § 558 oder § 559 geltend, so kann der Mieter bis zum Ablauf des zweiten Monats nach dem Zugang der Erklärung des Vermieters das Mietverhältnis außerordentlich zum Ablauf des übernächsten Monats kündigen. [2] Kündigt der Mieter, so tritt die Mieterhöhung nicht ein.

(2) Eine zum Nachteil des Mieters abweichende Vereinbarung ist unwirksam.

### Kapitel 3. Pfandrecht des Vermieters

**§ 562 Umfang des Vermieterpfandrechts.** (1) [1] Der Vermieter hat für seine Forderungen aus dem Mietverhältnis ein Pfandrecht an den eingebrachten Sachen des Mieters. [2] Es erstreckt sich nicht auf die Sachen, die der Pfändung nicht unterliegen.

(2) Für künftige Entschädigungsforderungen und für die Miete für eine spätere Zeit als das laufende und das folgende Mietjahr kann das Pfandrecht nicht geltend gemacht werden.

**§ 562a Erlöschen des Vermieterpfandrechts.** [1] Das Pfandrecht des Vermieters erlischt mit der Entfernung der Sachen von dem Grundstück, außer wenn diese ohne Wissen oder unter Widerspruch des Vermieters erfolgt. [2] Der Vermieter kann nicht widersprechen, wenn sie den gewöhnlichen Lebensverhältnissen entspricht oder wenn die zurückbleibenden Sachen zur Sicherung des Vermieters offenbar ausreichen.

**§ 562b Selbsthilferecht, Herausgabeanspruch.** (1) [1] Der Vermieter darf die Entfernung der Sachen, die seinem Pfandrecht unterliegen, auch ohne Anrufen des Gerichts verhindern, soweit er berechtigt ist, der Entfernung zu widersprechen. [2] Wenn der Mieter auszieht, darf der Vermieter diese Sachen in seinen Besitz nehmen.

(2) [1] Sind die Sachen ohne Wissen oder unter Widerspruch des Vermieters entfernt worden, so kann er die Herausgabe zum Zwecke der Zurückschaffung auf das Grundstück und, wenn der Mieter ausgezogen ist, die Überlassung des Besitzes verlangen. [2] Das Pfandrecht erlischt mit dem Ablauf eines Monats, nachdem der Vermieter von der Entfernung der Sachen Kenntnis erlangt hat, wenn er diesen Anspruch nicht vorher gerichtlich geltend gemacht hat.

**§ 562c Abwendung des Pfandrechts durch Sicherheitsleistung.** [1] Der Mieter kann die Geltendmachung des Pfandrechts des Vermieters durch Sicherheitsleistung abwenden. [2] Er kann jede einzelne Sache dadurch von dem Pfandrecht befreien, dass er in Höhe ihres Wertes Sicherheit leistet.

**§ 562d Pfändung durch Dritte.** Wird eine Sache, die dem Pfandrecht des Vermieters unterliegt, für einen anderen Gläubiger gepfändet, so kann diesem gegenüber das Pfandrecht nicht wegen der Miete für eine frühere Zeit als das letzte Jahr vor der Pfändung geltend gemacht werden.

### Kapitel 4. Wechsel der Vertragsparteien

**§ 563[1)] Eintrittsrecht bei Tod des Mieters.** (1) Der Ehegatte oder Lebenspartner, der mit dem Mieter einen gemeinsamen Haushalt führt, tritt mit dem Tod des Mieters in das Mietverhältnis ein.

(2) [1] Leben in dem gemeinsamen Haushalt Kinder des Mieters, treten diese mit dem Tod des Mieters in das Mietverhältnis ein, wenn nicht der Ehegatte oder Lebenspartner eintritt. [2] Andere Familienangehörige, die mit dem Mieter einen gemeinsamen Haushalt führen, treten mit dem Tod des Mieters in das Mietverhältnis ein, wenn nicht der Ehegatte oder der Lebenspartner eintritt. [3] Dasselbe gilt für Personen, die mit dem Mieter einen auf Dauer angelegten gemeinsamen Haushalt führen.

(3) [1] Erklären eingetretene Personen im Sinne des Absatzes 1 oder 2 innerhalb eines Monats, nachdem sie vom Tod des Mieters Kenntnis erlangt haben, dem Vermieter, dass sie das Mietverhältnis nicht fortsetzen wollen, gilt der Eintritt als nicht erfolgt. [2] Für geschäftsunfähige oder in der Geschäftsfähigkeit beschränkte Personen gilt § 210 entsprechend. [3] Sind mehrere Personen in das Mietverhältnis eingetreten, so kann jeder die Erklärung für sich abgeben.

(4) Der Vermieter kann das Mietverhältnis innerhalb eines Monats, nachdem er von dem endgültigen Eintritt in das Mietverhältnis Kenntnis erlangt hat, außerordentlich mit der gesetzlichen Frist kündigen, wenn in der Person des Eingetretenen ein wichtiger Grund vorliegt.

(5) Eine abweichende Vereinbarung zum Nachteil des Mieters oder solcher Personen, die nach Absatz 1 oder 2 eintrittsberechtigt sind, ist unwirksam.

---

1) § 563 Abs. 1 Satz 1 geänd., Satz 2 aufgeh., Abs. 2 Satz 1 geänd., Satz 2 aufgeh., bish. Sätze 3 und 4 werden Sätze 2 und 3 mWv 26.11.2015 durch G v. 20.11.2015 (BGBl. I S. 2010).

**§ 563a Fortsetzung mit überlebenden Mietern.** (1) Sind mehrere Personen im Sinne des § 563 gemeinsam Mieter, so wird das Mietverhältnis beim Tod eines Mieters mit den überlebenden Mietern fortgesetzt.

(2) Die überlebenden Mieter können das Mietverhältnis innerhalb eines Monats, nachdem sie vom Tod des Mieters Kenntnis erlangt haben, außerordentlich mit der gesetzlichen Frist kündigen.

(3) Eine abweichende Vereinbarung zum Nachteil der Mieter ist unwirksam.

**§ 563b Haftung bei Eintritt oder Fortsetzung.** (1) [1] Die Personen, die nach § 563 in das Mietverhältnis eingetreten sind oder mit denen es nach § 563a fortgesetzt wird, haften neben dem Erben für die bis zum Tod des Mieters entstandenen Verbindlichkeiten als Gesamtschuldner. [2] Im Verhältnis zu diesen Personen haftet der Erbe allein, soweit nichts anderes bestimmt ist.

(2) Hat der Mieter die Miete für einen nach seinem Tod liegenden Zeitraum im Voraus entrichtet, sind die Personen, die nach § 563 in das Mietverhältnis eingetreten sind oder mit denen es nach § 563a fortgesetzt wird, verpflichtet, dem Erben dasjenige herauszugeben, was sie infolge der Vorausentrichtung der Miete ersparen oder erlangen.

(3) Der Vermieter kann, falls der verstorbene Mieter keine Sicherheit geleistet hat, von den Personen, die nach § 563 in das Mietverhältnis eingetreten sind oder mit denen es nach § 563a fortgesetzt wird, nach Maßgabe des § 551 eine Sicherheitsleistung verlangen.

**§ 564 Fortsetzung des Mietverhältnisses mit dem Erben, außerordentliche Kündigung.** [1] Treten beim Tod des Mieters keine Personen im Sinne des § 563 in das Mietverhältnis ein oder wird es nicht mit ihnen nach § 563a fortgesetzt, so wird es mit dem Erben fortgesetzt. [2] In diesem Fall ist sowohl der Erbe als auch der Vermieter berechtigt, das Mietverhältnis innerhalb eines Monats außerordentlich mit der gesetzlichen Frist zu kündigen, nachdem sie vom Tod des Mieters und davon Kenntnis erlangt haben, dass ein Eintritt in das Mietverhältnis oder dessen Fortsetzung nicht erfolgt sind.

**§ 565 Gewerbliche Weitervermietung.** (1) [1] Soll der Mieter nach dem Mietvertrag den gemieteten Wohnraum gewerblich einem Dritten zu Wohnzwecken weitervermieten, so tritt der Vermieter bei der Beendigung des Mietverhältnisses in die Rechte und Pflichten aus dem Mietverhältnis zwischen dem Mieter und dem Dritten ein. [2] Schließt der Vermieter erneut einen Mietvertrag zur gewerblichen Weitervermietung ab, so tritt der Mieter anstelle der bisherigen Vertragspartei in die Rechte und Pflichten aus dem Mietverhältnis mit dem Dritten ein.

(2) Die §§ 566a bis 566e gelten entsprechend.

(3) Eine zum Nachteil des Dritten abweichende Vereinbarung ist unwirksam.

**§ 566 Kauf bricht nicht Miete.** (1) Wird der vermietete Wohnraum nach der Überlassung an den Mieter von dem Vermieter an einen Dritten veräußert, so tritt der Erwerber anstelle des Vermieters in die sich während der Dauer seines Eigentums aus dem Mietverhältnis ergebenden Rechte und Pflichten ein.

(2) [1] Erfüllt der Erwerber die Pflichten nicht, so haftet der Vermieter für den von dem Erwerber zu ersetzenden Schaden wie ein Bürge, der auf die Einrede der Vorausklage verzichtet hat. [2] Erlangt der Mieter von dem Übergang des

Eigentums durch Mitteilung des Vermieters Kenntnis, so wird der Vermieter von der Haftung befreit, wenn nicht der Mieter das Mietverhältnis zum ersten Termin kündigt, zu dem die Kündigung zulässig ist.

**§ 566a Mietsicherheit.** [1] Hat der Mieter des veräußerten Wohnraums dem Vermieter für die Erfüllung seiner Pflichten Sicherheit geleistet, so tritt der Erwerber in die dadurch begründeten Rechte und Pflichten ein. [2] Kann bei Beendigung des Mietverhältnisses der Mieter die Sicherheit von dem Erwerber nicht erlangen, so ist der Vermieter weiterhin zur Rückgewähr verpflichtet.

**§ 566b[1)] Vorausverfügung über die Miete.** (1) [1] Hat der Vermieter vor dem Übergang des Eigentums über die Miete verfügt, die auf die Zeit der Berechtigung des Erwerbers entfällt, so ist die Verfügung wirksam, soweit sie sich auf die Miete für den zur Zeit des Eigentumsübergangs laufenden Kalendermonat bezieht. [2] Geht das Eigentum nach dem 15. Tag des Monats über, so ist die Verfügung auch wirksam, soweit sie sich auf die Miete für den folgenden Kalendermonat bezieht.

(2) Eine Verfügung über die Miete für eine spätere Zeit muss der Erwerber gegen sich gelten lassen, wenn er sie zur Zeit des Übergangs des Eigentums kennt.

**§ 566c Vereinbarung zwischen Mieter und Vermieter über die Miete.** [1] Ein Rechtsgeschäft, das zwischen dem Mieter und dem Vermieter über die Mietforderung vorgenommen wird, insbesondere die Entrichtung der Miete, ist dem Erwerber gegenüber wirksam, soweit es sich nicht auf die Miete für eine spätere Zeit als den Kalendermonat bezieht, in welchem der Mieter von dem Übergang des Eigentums Kenntnis erlangt. [2] Erlangt der Mieter die Kenntnis nach dem 15. Tag des Monats, so ist das Rechtsgeschäft auch wirksam, soweit es sich auf die Miete für den folgenden Kalendermonat bezieht. [3] Ein Rechtsgeschäft, das nach dem Übergang des Eigentums vorgenommen wird, ist jedoch unwirksam, wenn der Mieter bei der Vornahme des Rechtsgeschäfts von dem Übergang des Eigentums Kenntnis hat.

**§ 566d Aufrechnung durch den Mieter.** [1] Soweit die Entrichtung der Miete an den Vermieter nach § 566c dem Erwerber gegenüber wirksam ist, kann der Mieter gegen die Mietforderung des Erwerbers eine ihm gegen den Vermieter zustehende Forderung aufrechnen. [2] Die Aufrechnung ist ausgeschlossen, wenn der Mieter die Gegenforderung erworben hat, nachdem er von dem Übergang des Eigentums Kenntnis erlangt hat, oder wenn die Gegenforderung erst nach der Erlangung der Kenntnis und später als die Miete fällig geworden ist.

**§ 566e Mitteilung des Eigentumsübergangs durch den Vermieter.**

(1) Teilt der Vermieter dem Mieter mit, dass er das Eigentum an dem vermieteten Wohnraum auf einen Dritten übertragen hat, so muss er in Ansehung der Mietforderung dem Mieter gegenüber die mitgeteilte Übertragung gegen sich gelten lassen, auch wenn sie nicht erfolgt oder nicht wirksam ist.

(2) Die Mitteilung kann nur mit Zustimmung desjenigen zurückgenommen werden, der als der neue Eigentümer bezeichnet worden ist.

---

1) Beachte hierzu G über die Pfändung von Miet- und Pachtzinsforderungen wegen Ansprüchen aus öffentlichen Grundstückslasten v. 9.3.1934 (RGBl. I S. 181); abgedruckt in Anm. zu § 1123.

**§ 567 Belastung des Wohnraums durch den Vermieter.** [1] Wird der vermietete Wohnraum nach der Überlassung an den Mieter von dem Vermieter mit dem Recht eines Dritten belastet, so sind die §§ 566 bis 566e entsprechend anzuwenden, wenn durch die Ausübung des Rechts dem Mieter der vertragsgemäße Gebrauch entzogen wird. [2] Wird der Mieter durch die Ausübung des Rechts in dem vertragsgemäßen Gebrauch beschränkt, so ist der Dritte dem Mieter gegenüber verpflichtet, die Ausübung zu unterlassen, soweit sie den vertragsgemäßen Gebrauch beeinträchtigen würde.

**§ 567a Veräußerung oder Belastung vor der Überlassung des Wohnraums.** Hat vor der Überlassung des vermieteten Wohnraums an den Mieter der Vermieter den Wohnraum an einen Dritten veräußert oder mit einem Recht belastet, durch dessen Ausübung der vertragsgemäße Gebrauch dem Mieter entzogen oder beschränkt wird, so gilt das Gleiche wie in den Fällen des § 566 Abs. 1 und des § 567, wenn der Erwerber dem Vermieter gegenüber die Erfüllung der sich aus dem Mietverhältnis ergebenden Pflichten übernommen hat.

**§ 567b Weiterveräußerung oder Belastung durch Erwerber.** [1] Wird der vermietete Wohnraum von dem Erwerber weiterveräußert oder belastet, so sind § 566 Abs. 1 und die §§ 566a bis 567a entsprechend anzuwenden. [2] Erfüllt der neue Erwerber die sich aus dem Mietverhältnis ergebenden Pflichten nicht, so haftet der Vermieter dem Mieter nach § 566 Abs. 2.

### Kapitel 5. Beendigung des Mietverhältnisses

#### Unterkapitel 1. Allgemeine Vorschriften

**§ 568 Form und Inhalt der Kündigung.** (1) Die Kündigung des Mietverhältnisses bedarf der schriftlichen Form.

(2) Der Vermieter soll den Mieter auf die Möglichkeit, die Form und die Frist des Widerspruchs nach den §§ 574 bis 574b rechtzeitig hinweisen.

**§ 569[1)] Außerordentliche fristlose Kündigung aus wichtigem Grund.**

(1) [1] Ein wichtiger Grund im Sinne des § 543 Abs. 1 liegt für den Mieter auch vor, wenn der gemietete Wohnraum so beschaffen ist, dass seine Benutzung mit einer erheblichen Gefährdung der Gesundheit verbunden ist. [2] Dies gilt auch, wenn der Mieter die Gefahr bringende Beschaffenheit bei Vertragsschluss gekannt oder darauf verzichtet hat, die ihm wegen dieser Beschaffenheit zustehenden Rechte geltend zu machen.

(2) Ein wichtiger Grund im Sinne des § 543 Abs. 1 liegt ferner vor, wenn eine Vertragspartei den Hausfrieden nachhaltig stört, so dass dem Kündigenden unter Berücksichtigung aller Umstände des Einzelfalls, insbesondere eines Verschuldens der Vertragsparteien, und unter Abwägung der beiderseitigen Interessen die Fortsetzung des Mietverhältnisses bis zum Ablauf der Kündigungsfrist oder bis zur sonstigen Beendigung des Mietverhältnisses nicht zugemutet werden kann.

(2a) [1] Ein wichtiger Grund im Sinne des § 543 Absatz 1 liegt ferner vor, wenn der Mieter mit einer Sicherheitsleistung nach § 551 in Höhe eines Betrages im Verzug ist, der der zweifachen Monatsmiete entspricht. [2] Die als Pauschale oder als Vorauszahlung ausgewiesenen Betriebskosten sind bei der Berechnung der Monatsmiete nach Satz 1 nicht zu berücksichtigen. [3] Einer Abhilfefrist oder einer

[1)] § 569 Abs. 2a eingef. mWv 1.5.2013 durch G v. 11.3.2013 (BGBl. I S. 434).

Abmahnung nach § 543 Absatz 3 Satz 1 bedarf es nicht. [4] Absatz 3 Nummer 2 Satz 1 sowie § 543 Absatz 2 Satz 2 sind entsprechend anzuwenden.

(3) Ergänzend zu § 543 Abs. 2 Satz 1 Nr. 3 gilt:

1. Im Falle des § 543 Abs. 2 Satz 1 Nr. 3 Buchstabe a ist der rückständige Teil der Miete nur dann als nicht unerheblich anzusehen, wenn er die Miete für einen Monat übersteigt. Dies gilt nicht, wenn der Wohnraum nur zum vorübergehenden Gebrauch vermietet ist.
2. Die Kündigung wird auch dann unwirksam, wenn der Vermieter spätestens bis zum Ablauf von zwei Monaten nach Eintritt der Rechtshängigkeit des Räumungsanspruchs hinsichtlich der fälligen Miete und der fälligen Entschädigung nach § 546a Abs. 1 befriedigt wird oder sich eine öffentliche Stelle zur Befriedigung verpflichtet. Dies gilt nicht, wenn der Kündigung vor nicht länger als zwei Jahren bereits eine nach Satz 1 unwirksam gewordene Kündigung vorausgegangen ist.
3. Ist der Mieter rechtskräftig zur Zahlung einer erhöhten Miete nach den §§ 558 bis 560 verurteilt worden, so kann der Vermieter das Mietverhältnis wegen Zahlungsverzugs des Mieters nicht vor Ablauf von zwei Monaten nach rechtskräftiger Verurteilung kündigen, wenn nicht die Voraussetzungen der außerordentlichen fristlosen Kündigung schon wegen der bisher geschuldeten Miete erfüllt sind.

(4) Der zur Kündigung führende wichtige Grund ist in dem Kündigungsschreiben anzugeben.

(5) [1] Eine Vereinbarung, die zum Nachteil des Mieters von den Absätzen 1 bis 3 dieser Vorschrift oder von § 543 abweicht, ist unwirksam. [2] Ferner ist eine Vereinbarung unwirksam, nach der der Vermieter berechtigt sein soll, aus anderen als den im Gesetz zugelassenen Gründen außerordentlich fristlos zu kündigen.

**§ 570 Ausschluss des Zurückbehaltungsrechts.** Dem Mieter steht kein Zurückbehaltungsrecht gegen den Rückgabeanspruch des Vermieters zu.

**§ 571 Weiterer Schadensersatz bei verspäteter Rückgabe von Wohnraum.** (1) [1] Gibt der Mieter den gemieteten Wohnraum nach Beendigung des Mietverhältnisses nicht zurück, so kann der Vermieter einen weiteren Schaden im Sinne des § 546a Abs. 2 nur geltend machen, wenn die Rückgabe infolge von Umständen unterblieben ist, die der Mieter zu vertreten hat. [2] Der Schaden ist nur insoweit zu ersetzen, als die Billigkeit eine Schadloshaltung erfordert. [3] Dies gilt nicht, wenn der Mieter gekündigt hat.

(2) Wird dem Mieter nach § 721 oder § 794a der Zivilprozessordnung[1)] eine Räumungsfrist gewährt, so ist er für die Zeit von der Beendigung des Mietverhältnisses bis zum Ablauf der Räumungsfrist zum Ersatz eines weiteren Schadens nicht verpflichtet.

(3) Eine zum Nachteil des Mieters abweichende Vereinbarung ist unwirksam.

**§ 572 Vereinbartes Rücktrittsrecht; Mietverhältnis unter auflösender Bedingung.** (1) Auf eine Vereinbarung, nach der der Vermieter berechtigt sein soll, nach Überlassung des Wohnraums an den Mieter vom Vertrag zurückzutreten, kann der Vermieter sich nicht berufen.

---

[1)] Nr. **100**.

(2) Ferner kann der Vermieter sich nicht auf eine Vereinbarung berufen, nach der das Mietverhältnis zum Nachteil des Mieters auflösend bedingt ist.

**Unterkapitel 2. Mietverhältnisse auf unbestimmte Zeit**

**§ 573 Ordentliche Kündigung des Vermieters.** (1) [1] Der Vermieter kann nur kündigen, wenn er ein berechtigtes Interesse an der Beendigung des Mietverhältnisses hat. [2] Die Kündigung zum Zwecke der Mieterhöhung ist ausgeschlossen.

(2) Ein berechtigtes Interesse des Vermieters an der Beendigung des Mietverhältnisses liegt insbesondere vor, wenn

1. der Mieter seine vertraglichen Pflichten schuldhaft nicht unerheblich verletzt hat,
2. der Vermieter die Räume als Wohnung für sich, seine Familienangehörigen oder Angehörige seines Haushalts benötigt oder
3. der Vermieter durch die Fortsetzung des Mietverhältnisses an einer angemessenen wirtschaftlichen Verwertung des Grundstücks gehindert und dadurch erhebliche Nachteile erleiden würde; die Möglichkeit, durch eine anderweitige Vermietung als Wohnraum eine höhere Miete zu erzielen, bleibt außer Betracht; der Vermieter kann sich auch nicht darauf berufen, dass er die Mieträume im Zusammenhang mit einer beabsichtigten oder nach Überlassung an den Mieter erfolgten Begründung von Wohnungseigentum veräußern will.

(3) [1] Die Gründe für ein berechtigtes Interesse des Vermieters sind in dem Kündigungsschreiben anzugeben. [2] Andere Gründe werden nur berücksichtigt, soweit sie nachträglich entstanden sind.

(4) Eine zum Nachteil des Mieters abweichende Vereinbarung ist unwirksam.

**§ 573a Erleichterte Kündigung des Vermieters.** (1) [1] Ein Mietverhältnis über eine Wohnung in einem vom Vermieter selbst bewohnten Gebäude mit nicht mehr als zwei Wohnungen kann der Vermieter auch kündigen, ohne dass es eines berechtigten Interesses im Sinne des § 573 bedarf. [2] Die Kündigungsfrist verlängert sich in diesem Fall um drei Monate.

(2) Absatz 1 gilt entsprechend für Wohnraum innerhalb der vom Vermieter selbst bewohnten Wohnung, sofern der Wohnraum nicht nach § 549 Abs. 2 Nr. 2 vom Mieterschutz ausgenommen ist.

(3) In dem Kündigungsschreiben ist anzugeben, dass die Kündigung auf die Voraussetzungen des Absatzes 1 oder 2 gestützt wird.

(4) Eine zum Nachteil des Mieters abweichende Vereinbarung ist unwirksam.

**§ 573b Teilkündigung des Vermieters.** (1) Der Vermieter kann nicht zum Wohnen bestimmte Nebenräume oder Teile eines Grundstücks ohne ein berechtigtes Interesse im Sinne des § 573 kündigen, wenn er die Kündigung auf diese Räume oder Grundstücksteile beschränkt und sie dazu verwenden will,

1. Wohnraum zum Zwecke der Vermietung zu schaffen oder
2. den neu zu schaffenden und den vorhandenen Wohnraum mit Nebenräumen oder Grundstücksteilen auszustatten.

(2) Die Kündigung ist spätestens am dritten Werktag eines Kalendermonats zum Ablauf des übernächsten Monats zulässig.

(3) Verzögert sich der Beginn der Bauarbeiten, so kann der Mieter eine Verlängerung des Mietverhältnisses um einen entsprechenden Zeitraum verlangen.

(4) Der Mieter kann eine angemessene Senkung der Miete verlangen.

(5) Eine zum Nachteil des Mieters abweichende Vereinbarung ist unwirksam.

**§ 573c Fristen der ordentlichen Kündigung.** (1) [1] Die Kündigung ist spätestens am dritten Werktag eines Kalendermonats zum Ablauf des übernächsten Monats zulässig. [2] Die Kündigungsfrist für den Vermieter verlängert sich nach fünf und acht Jahren seit der Überlassung des Wohnraums um jeweils drei Monate.

(2) Bei Wohnraum, der nur zum vorübergehenden Gebrauch vermietet worden ist, kann eine kürzere Kündigungsfrist vereinbart werden.

(3) Bei Wohnraum nach § 549 Abs. 2 Nr. 2 ist die Kündigung spätestens am 15. eines Monats zum Ablauf dieses Monats zulässig.

(4) Eine zum Nachteil des Mieters von Absatz 1 oder 3 abweichende Vereinbarung ist unwirksam.

**§ 573d Außerordentliche Kündigung mit gesetzlicher Frist.** (1) Kann ein Mietverhältnis außerordentlich mit der gesetzlichen Frist gekündigt werden, so gelten mit Ausnahme der Kündigung gegenüber Erben des Mieters nach § 564 die §§ 573 und 573a entsprechend.

(2) [1] Die Kündigung ist spätestens am dritten Werktag eines Kalendermonats zum Ablauf des übernächsten Monats zulässig, bei Wohnraum nach § 549 Abs. 2 Nr. 2 spätestens am 15. eines Monats zum Ablauf dieses Monats (gesetzliche Frist). [2] § 573a Abs. 1 Satz 2 findet keine Anwendung.

(3) Eine zum Nachteil des Mieters abweichende Vereinbarung ist unwirksam.

**§ 574 Widerspruch des Mieters gegen die Kündigung.** (1) [1] Der Mieter kann der Kündigung des Vermieters widersprechen und von ihm die Fortsetzung des Mietverhältnisses verlangen, wenn die Beendigung des Mietverhältnisses für den Mieter, seine Familie oder einen anderen Angehörigen seines Haushalts eine Härte bedeuten würde, die auch unter Würdigung der berechtigten Interessen des Vermieters nicht zu rechtfertigen ist. [2] Dies gilt nicht, wenn ein Grund vorliegt, der den Vermieter zur außerordentlichen fristlosen Kündigung berechtigt.

(2) Eine Härte liegt auch vor, wenn angemessener Ersatzwohnraum zu zumutbaren Bedingungen nicht beschafft werden kann.

(3) Bei der Würdigung der berechtigten Interessen des Vermieters werden nur die in dem Kündigungsschreiben nach § 573 Abs. 3 angegebenen Gründe berücksichtigt, außer wenn die Gründe nachträglich entstanden sind.

(4) Eine zum Nachteil des Mieters abweichende Vereinbarung ist unwirksam.

**§ 574a Fortsetzung des Mietverhältnisses nach Widerspruch.** (1) [1] Im Falle des § 574 kann der Mieter verlangen, dass das Mietverhältnis so lange fortgesetzt wird, wie dies unter Berücksichtigung aller Umstände angemessen ist. [2] Ist dem Vermieter nicht zuzumuten, das Mietverhältnis zu den bisherigen Vertragsbedingungen fortzusetzen, so kann der Mieter nur verlangen, dass es unter einer angemessenen Änderung der Bedingungen fortgesetzt wird.

(2) [1] Kommt keine Einigung zustande, so werden die Fortsetzung des Mietverhältnisses, deren Dauer sowie die Bedingungen, zu denen es fortgesetzt wird,

durch Urteil bestimmt. [2] Ist ungewiss, wann voraussichtlich die Umstände wegfallen, auf Grund derer die Beendigung des Mietverhältnisses eine Härte bedeutet, so kann bestimmt werden, dass das Mietverhältnis auf unbestimmte Zeit fortgesetzt wird.

(3) Eine zum Nachteil des Mieters abweichende Vereinbarung ist unwirksam.

**§ 574b Form und Frist des Widerspruchs.** (1) [1] Der Widerspruch des Mieters gegen die Kündigung ist schriftlich zu erklären. [2] Auf Verlangen des Vermieters soll der Mieter über die Gründe des Widerspruchs unverzüglich Auskunft erteilen.

(2) [1] Der Vermieter kann die Fortsetzung des Mietverhältnisses ablehnen, wenn der Mieter ihm den Widerspruch nicht spätestens zwei Monate vor der Beendigung des Mietverhältnisses erklärt hat. [2] Hat der Vermieter nicht rechtzeitig vor Ablauf der Widerspruchsfrist auf die Möglichkeit des Widerspruchs sowie auf dessen Form und Frist hingewiesen, so kann der Mieter den Widerspruch noch im ersten Termin des Räumungsrechtsstreits erklären.

(3) Eine zum Nachteil des Mieters abweichende Vereinbarung ist unwirksam.

**§ 574c Weitere Fortsetzung des Mietverhältnisses bei unvorhergesehenen Umständen.** (1) Ist auf Grund der §§ 574 bis 574b durch Einigung oder Urteil bestimmt worden, dass das Mietverhältnis auf bestimmte Zeit fortgesetzt wird, so kann der Mieter dessen weitere Fortsetzung nur verlangen, wenn dies durch eine wesentliche Änderung der Umstände gerechtfertigt ist oder wenn Umstände nicht eingetreten sind, deren vorgesehener Eintritt für die Zeitdauer der Fortsetzung bestimmend gewesen war.

(2) [1] Kündigt der Vermieter ein Mietverhältnis, dessen Fortsetzung auf unbestimmte Zeit durch Urteil bestimmt worden ist, so kann der Mieter der Kündigung widersprechen und vom Vermieter verlangen, das Mietverhältnis auf unbestimmte Zeit fortzusetzen. [2] Haben sich die Umstände verändert, die für die Fortsetzung bestimmend gewesen waren, so kann der Mieter eine Fortsetzung des Mietverhältnisses nur nach § 574 verlangen; unerhebliche Veränderungen bleiben außer Betracht.

(3) Eine zum Nachteil des Mieters abweichende Vereinbarung ist unwirksam.

### Unterkapitel 3. Mietverhältnisse auf bestimmte Zeit

**§ 575 Zeitmietvertrag.** (1) [1] Ein Mietverhältnis kann auf bestimmte Zeit eingegangen werden, wenn der Vermieter nach Ablauf der Mietzeit

1. die Räume als Wohnung für sich, seine Familienangehörigen oder Angehörige seines Haushalts nutzen will,
2. in zulässiger Weise die Räume beseitigen oder so wesentlich verändern oder instand setzen will, dass die Maßnahmen durch eine Fortsetzung des Mietverhältnisses erheblich erschwert würden, oder
3. die Räume an einen zur Dienstleistung Verpflichteten vermieten will

und er dem Mieter den Grund der Befristung bei Vertragsschluss schriftlich mitteilt. [2] Anderenfalls gilt das Mietverhältnis als auf unbestimmte Zeit abgeschlossen.

(2) [1] Der Mieter kann vom Vermieter frühestens vier Monate vor Ablauf der Befristung verlangen, dass dieser ihm binnen eines Monats mitteilt, ob der Be-

fristungsgrund noch besteht. [2] Erfolgt die Mitteilung später, so kann der Mieter eine Verlängerung des Mietverhältnisses um den Zeitraum der Verspätung verlangen.

(3) [1] Tritt der Grund der Befristung erst später ein, so kann der Mieter eine Verlängerung des Mietverhältnisses um einen entsprechenden Zeitraum verlangen. [2] Entfällt der Grund, so kann der Mieter eine Verlängerung auf unbestimmte Zeit verlangen. [3] Die Beweislast für den Eintritt des Befristungsgrundes und die Dauer der Verzögerung trifft den Vermieter.

(4) Eine zum Nachteil des Mieters abweichende Vereinbarung ist unwirksam.

**§ 575a Außerordentliche Kündigung mit gesetzlicher Frist.** (1) Kann ein Mietverhältnis, das auf bestimmte Zeit eingegangen ist, außerordentlich mit der gesetzlichen Frist gekündigt werden, so gelten mit Ausnahme der Kündigung gegenüber Erben des Mieters nach § 564 die §§ 573 und 573a entsprechend.

(2) Die §§ 574 bis 574c gelten entsprechend mit der Maßgabe, dass die Fortsetzung des Mietverhältnisses höchstens bis zum vertraglich bestimmten Zeitpunkt der Beendigung verlangt werden kann.

(3) [1] Die Kündigung ist spätestens am dritten Werktag eines Kalendermonats zum Ablauf des übernächsten Monats zulässig, bei Wohnraum nach § 549 Abs. 2 Nr. 2 spätestens am 15. eines Monats zum Ablauf dieses Monats (gesetzliche Frist). [2] § 573a Abs. 1 Satz 2 findet keine Anwendung.

(4) Eine zum Nachteil des Mieters abweichende Vereinbarung ist unwirksam.

### Unterkapitel 4. Werkwohnungen

**§ 576 Fristen der ordentlichen Kündigung bei Werkmietwohnungen.**

(1) Ist Wohnraum mit Rücksicht auf das Bestehen eines Dienstverhältnisses vermietet, so kann der Vermieter nach Beendigung des Dienstverhältnisses abweichend von § 573c Abs. 1 Satz 2 mit folgenden Fristen kündigen:

1. bei Wohnraum, der dem Mieter weniger als zehn Jahre überlassen war, spätestens am dritten Werktag eines Kalendermonats zum Ablauf des übernächsten Monats, wenn der Wohnraum für einen anderen zur Dienstleistung Verpflichteten benötigt wird;
2. spätestens am dritten Werktag eines Kalendermonats zum Ablauf dieses Monats, wenn das Dienstverhältnis seiner Art nach die Überlassung von Wohnraum erfordert hat, der in unmittelbarer Beziehung oder Nähe zur Arbeitsstätte steht, und der Wohnraum aus dem gleichen Grund für einen anderen zur Dienstleistung Verpflichteten benötigt wird.

(2) Eine zum Nachteil des Mieters abweichende Vereinbarung ist unwirksam.

**§ 576a Besonderheiten des Widerspruchsrechts bei Werkmietwohnungen.** (1) Bei der Anwendung der §§ 574 bis 574c auf Werkmietwohnungen sind auch die Belange des Dienstberechtigten zu berücksichtigen.

(2) Die §§ 574 bis 574c gelten nicht, wenn

1. der Vermieter nach § 576 Abs. 1 Nr. 2 gekündigt hat;
2. der Mieter das Dienstverhältnis gelöst hat, ohne dass ihm von dem Dienstberechtigten gesetzlich begründeter Anlass dazu gegeben war, oder der Mieter durch sein Verhalten dem Dienstberechtigten gesetzlich begründeten Anlass zur Auflösung des Dienstverhältnisses gegeben hat.

(3) Eine zum Nachteil des Mieters abweichende Vereinbarung ist unwirksam.

**§ 576b Entsprechende Geltung des Mietrechts bei Werkdienstwohnungen.** (1) Ist Wohnraum im Rahmen eines Dienstverhältnisses überlassen, so gelten für die Beendigung des Rechtsverhältnisses hinsichtlich des Wohnraums die Vorschriften über Mietverhältnisse entsprechend, wenn der zur Dienstleistung Verpflichtete den Wohnraum überwiegend mit Einrichtungsgegenständen ausgestattet hat oder in dem Wohnraum mit seiner Familie oder Personen lebt, mit denen er einen auf Dauer angelegten gemeinsamen Haushalt führt.

(2) Eine zum Nachteil des Mieters abweichende Vereinbarung ist unwirksam.

### Kapitel 6. Besonderheiten bei der Bildung von Wohnungseigentum an vermieteten Wohnungen

**§ 577 Vorkaufsrecht des Mieters.** (1) [1] Werden vermietete Wohnräume, an denen nach der Überlassung an den Mieter Wohnungseigentum begründet worden ist oder begründet werden soll, an einen Dritten verkauft, so ist der Mieter zum Vorkauf berechtigt. [2] Dies gilt nicht, wenn der Vermieter die Wohnräume an einen Familienangehörigen oder an einen Angehörigen seines Haushalts verkauft. [3] Soweit sich nicht aus den nachfolgenden Absätzen etwas anderes ergibt, finden auf das Vorkaufsrecht die Vorschriften über den Vorkauf Anwendung.

(2) Die Mitteilung des Verkäufers oder des Dritten über den Inhalt des Kaufvertrags ist mit einer Unterrichtung des Mieters über sein Vorkaufsrecht zu verbinden.

(3) Die Ausübung des Vorkaufsrechts erfolgt durch schriftliche Erklärung des Mieters gegenüber dem Verkäufer.

(4) Stirbt der Mieter, so geht das Vorkaufsrecht auf diejenigen über, die in das Mietverhältnis nach § 563 Abs. 1 oder 2 eintreten.

(5) Eine zum Nachteil des Mieters abweichende Vereinbarung ist unwirksam.

**§ 577a[1)] Kündigungsbeschränkung bei Wohnungsumwandlung.**

(1) Ist an vermieteten Wohnräumen nach der Überlassung an den Mieter Wohnungseigentum begründet und das Wohnungseigentum veräußert worden, so kann sich ein Erwerber auf berechtigte Interessen im Sinne des § 573 Abs. 2 Nr. 2 oder 3 erst nach Ablauf von drei Jahren seit der Veräußerung berufen.

(1a) [1] Die Kündigungsbeschränkung nach Absatz 1 gilt entsprechend, wenn vermieteter Wohnraum nach der Überlassung an den Mieter

1. an eine Personengesellschaft oder an mehrere Erwerber veräußert worden ist oder
2. zu Gunsten einer Personengesellschaft oder mehrerer Erwerber mit einem Recht belastet worden ist, durch dessen Ausübung dem Mieter der vertragsgemäße Gebrauch entzogen wird.

[2] Satz 1 ist nicht anzuwenden, wenn die Gesellschafter oder Erwerber derselben Familie oder demselben Haushalt angehören oder vor Überlassung des Wohnraums an den Mieter Wohnungseigentum begründet worden ist.

(2) [1] Die Frist nach Absatz 1 oder nach Absatz 1a beträgt bis zu zehn Jahre, wenn die ausreichende Versorgung der Bevölkerung mit Mietwohnungen zu angemessenen Bedingungen in einer Gemeinde oder einem Teil einer Gemeinde besonders gefährdet ist und diese Gebiete nach Satz 2 bestimmt sind. [2] Die Landesregierun-

---

1) § 577a Abs. 1a und Abs. 2a eingef., Abs. 2 geänd. mWv 1.5.2013 durch G v. 11.3.2013 (BGBl. I S. 434).

gen werden ermächtigt, diese Gebiete und die Frist nach Satz 1 durch Rechtsverordnung[1] für die Dauer von jeweils höchstens zehn Jahren zu bestimmen.

(2a) Wird nach einer Veräußerung oder Belastung im Sinne des Absatzes 1a Wohnungseigentum begründet, so beginnt die Frist, innerhalb der eine Kündigung nach § 573 Absatz 2 Nummer 2 oder 3 ausgeschlossen ist, bereits mit der Veräußerung oder Belastung nach Absatz 1a.

(3) Eine zum Nachteil des Mieters abweichende Vereinbarung ist unwirksam.

### Untertitel 3.[2] Mietverhältnisse über andere Sachen und digitale Produkte

**§ 578[3] Mietverhältnisse über Grundstücke und Räume.** (1) Auf Mietverhältnisse über Grundstücke sind die Vorschriften der §§ 550, 554, 562 bis 562d, 566 bis 567b sowie 570 entsprechend anzuwenden.

(2) [1] Auf Mietverhältnisse über Räume, die keine Wohnräume sind, sind die in Absatz 1 genannten Vorschriften sowie § 552 Abs. 1, § 555a Absatz 1 bis 3, §§ 555b, 555c Absatz 1 bis 4, § 555d Absatz 1 bis 6, § 555e Absatz 1 und 2, § 555f und § 569 Abs. 2 entsprechend anzuwenden. [2] § 556c Absatz 1 und 2 sowie die auf Grund des § 556c Absatz 3 erlassene Rechtsverordnung sind entsprechend anzuwenden, abweichende Vereinbarungen sind zulässig. [3] Sind die Räume zum Aufenthalt von Menschen bestimmt, so gilt außerdem § 569 Abs. 1 entsprechend.

(3)[4] [1] Auf Verträge über die Anmietung von Räumen durch eine juristische Person des öffentlichen Rechts oder einen anerkannten privaten Träger der Wohlfahrtspflege, die geschlossen werden, um die Räume Personen mit dringendem Wohnungsbedarf zum Wohnen zu überlassen, sind die in den Absätzen 1 und 2 genannten Vorschriften sowie die §§ 557, 557a Absatz 1 bis 3 und 5, § 557b Absatz 1 bis 3 und 5, die §§ 558 bis 559d, 561, 568 Absatz 1, § 569 Absatz 3 bis 5, die §§ 573 bis 573d, 575, 575a Absatz 1, 3 und 4, die §§ 577 und 577a entsprechend anzuwenden. [2] Solche Verträge können zusätzlich zu den in § 575 Absatz 1 Satz 1 genannten Gründen auch dann auf bestimmte Zeit geschlossen werden, wenn der Vermieter die Räume nach Ablauf der Mietzeit für ihm obliegende oder ihm übertragene öffentliche Aufgaben nutzen will.

**§ 578a Mietverhältnisse über eingetragene Schiffe.** (1) Die Vorschriften der §§ 566, 566a, 566e bis 567b gelten im Falle der Veräußerung oder Belastung eines im Schiffsregister eingetragenen Schiffs entsprechend.

(2) [1] Eine Verfügung, die der Vermieter vor dem Übergang des Eigentums über die Miete getroffen hat, die auf die Zeit der Berechtigung des Erwerbers entfällt, ist dem Erwerber gegenüber wirksam. [2] Das Gleiche gilt für ein Rechtsgeschäft, das zwischen dem Mieter und dem Vermieter über die Mietforderung vorgenommen wird, insbesondere die Entrichtung der Miete; ein Rechtsgeschäft, das nach dem Übergang des Eigentums vorgenommen wird, ist jedoch unwirksam, wenn

---

[1] **Baden-Württemberg:** VO v. 16.6.2020 (GBl. S. 409); **Bayern:** VO v. 16.7.2019 (GVBl. S. 458, 552), zuletzt geänd. durch V v. 16.6.2020 (GVBl. S. 312); **Berlin:** VO v. 13.8.2013 (GVBl. S. 488); **Hamburg:** VO v. 12.11.2013 (HmbGVBl. S. 458), geänd. durch VO v. 30.12.2014 (HmbGVBl. 2015 S. 11); **Hessen:** VO v. 18.11.2020 (GVBl. S. 802); **Niedersachsen:** VO v. 22.12.2020 (Nds. GVBl. S. 566); **Nordrhein-Westfalen:** VO v. 9.6.2020 (GV. NRW. S. 465).

[2] UTitel 3 Überschrift neu gef. mWv 1.1.2022 durch G v. 25.6.2021 (BGBl. I S. 2123).

[3] § 578 Abs. 2 Satz 1 geänd., Satz 2 eingef., bish. Satz 2 wird Satz 3 mWv 1.5.2013 durch G v. 11.3. 2013 (BGBl. I S. 434); Abs. 3 angef. mWv 1.1.2019 durch G v. 18.12.2018 (BGBl. I S. 2648); Abs. 1 geänd. mWv 1.12.2020 durch G v. 16.10.2020 (BGBl. I S. 2187).

[4] Beachte hierzu Übergangsvorschrift in Art. 229 § 49 EGBGB (Nr. **21**).

der Mieter bei der Vornahme des Rechtsgeschäfts von dem Übergang des Eigentums Kenntnis hat. [3] § 566d gilt entsprechend.

**§ 578b[1)] Verträge über die Miete digitaler Produkte.** (1) [1] Auf einen Verbrauchervertrag, bei dem der Unternehmer sich verpflichtet, dem Verbraucher digitale Produkte zu vermieten, sind die folgenden Vorschriften nicht anzuwenden:

1. § 535 Absatz 1 Satz 2 und die §§ 536 bis 536d über die Rechte bei Mängeln und
2. § 543 Absatz 2 Satz 1 Nummer 1 und Absatz 4 über die Rechte bei unterbliebener Bereitstellung.

[2] An die Stelle der nach Satz 1 nicht anzuwendenden Vorschriften treten die Vorschriften des Abschnitts 3 Titel 2a. [3] Der Anwendungsausschluss nach Satz 1 Nummer 2 gilt nicht, wenn der Vertrag die Bereitstellung eines körperlichen Datenträgers zum Gegenstand hat, der ausschließlich als Träger digitaler Inhalte dient.

(2) [1] Wenn der Verbraucher einen Verbrauchervertrag nach Absatz 1 wegen unterbliebener Bereitstellung (§ 327c), Mangelhaftigkeit (§ 327m) oder Änderung (§ 327r Absatz 3 und 4) des digitalen Produkts beendet, sind die §§ 546 bis 548 nicht anzuwenden. [2] An die Stelle der nach Satz 1 nicht anzuwendenden Vorschriften treten die Vorschriften des Abschnitts 3 Titel 2a.

(3) Für einen Verbrauchervertrag, bei dem der Unternehmer sich verpflichtet, dem Verbraucher eine Sache zu vermieten, die ein digitales Produkt enthält oder mit ihm verbunden ist, gelten die Anwendungsausschlüsse nach den Absätzen 1 und 2 entsprechend für diejenigen Bestandteile des Vertrags, die das digitale Produkt betreffen.

(4) [1] Auf einen Vertrag zwischen Unternehmern, der der Bereitstellung digitaler Produkte gemäß eines Verbrauchervertrags nach Absatz 1 oder Absatz 3 dient, ist § 536a Absatz 2 über den Anspruch des Unternehmers gegen den Vertriebspartner auf Ersatz von denjenigen Aufwendungen nicht anzuwenden, die er im Verhältnis zum Verbraucher nach § 327l zu tragen hatte. [2] An die Stelle des nach Satz 1 nicht anzuwendenden § 536a Absatz 2 treten die Vorschriften des Abschnitts 3 Titel 2a Untertitel 2.

**§ 579[2)] Fälligkeit der Miete.** (1) [1] Die Miete für ein Grundstück und für bewegliche Sachen ist am Ende der Mietzeit zu entrichten. [2] Ist die Miete nach Zeitabschnitten bemessen, so ist sie nach Ablauf der einzelnen Zeitabschnitte zu entrichten. [3] Die Miete für ein Grundstück ist, sofern sie nicht nach kürzeren Zeitabschnitten bemessen ist, jeweils nach Ablauf eines Kalendervierteljahrs am ersten Werktag des folgenden Monats zu entrichten.

(2) Für Mietverhältnisse über Räume gilt § 556b Abs. 1 entsprechend.

**§ 580 Außerordentliche Kündigung bei Tod des Mieters.** Stirbt der Mieter, so ist sowohl der Erbe als auch der Vermieter berechtigt, das Mietverhältnis innerhalb eines Monats, nachdem sie vom Tod des Mieters Kenntnis erlangt haben, außerordentlich mit der gesetzlichen Frist zu kündigen.

---

[1)] § 578b eingef. mWv 1.1.2022 durch G v. 25.6.2021 (BGBl. I S. 2123).
[2)] § 579 Abs. 1 Satz 1 geänd. mWv 25.4.2013 durch G v. 20.4.2013 (BGBl. I S. 831).

**§ 580a**[1] **Kündigungsfristen.** (1) Bei einem Mietverhältnis über Grundstücke, über Räume, die keine Geschäftsräume sind, ist die ordentliche Kündigung zulässig,

1. wenn die Miete nach Tagen bemessen ist, an jedem Tag zum Ablauf des folgenden Tages;
2. wenn die Miete nach Wochen bemessen ist, spätestens am ersten Werktag einer Woche zum Ablauf des folgenden Sonnabends;
3. wenn die Miete nach Monaten oder längeren Zeitabschnitten bemessen ist, spätestens am dritten Werktag eines Kalendermonats zum Ablauf des übernächsten Monats, bei einem Mietverhältnis über gewerblich genutzte unbebaute Grundstücke jedoch nur zum Ablauf eines Kalendervierteljahrs.

(2) Bei einem Mietverhältnis über Geschäftsräume ist die ordentliche Kündigung spätestens am dritten Werktag eines Kalendervierteljahres zum Ablauf des nächsten Kalendervierteljahrs zulässig.

(3) [1] Bei einem Mietverhältnis über bewegliche Sachen oder digitale Produkte ist die ordentliche Kündigung zulässig,

1. wenn die Miete nach Tagen bemessen ist, an jedem Tag zum Ablauf des folgenden Tages;
2. wenn die Miete nach längeren Zeitabschnitten bemessen ist, spätestens am dritten Tag vor dem Tag, mit dessen Ablauf das Mietverhältnis enden soll.

[2] Die Vorschriften über die Beendigung von Verbraucherverträgen über digitale Produkte bleiben unberührt.

(4) Absatz 1 Nr. 3, Absatz 2 und 3 Nr. 2 sind auch anzuwenden, wenn ein Mietverhältnis außerordentlich mit der gesetzlichen Frist gekündigt werden kann.

**Untertitel 4.**[2] [3] **Pachtvertrag**

**§ 581 Vertragstypische Pflichten beim Pachtvertrag.** (1) [1] Durch den Pachtvertrag wird der Verpächter verpflichtet, dem Pächter den Gebrauch des verpachteten Gegenstands und den Genuss der Früchte, soweit sie nach den Regeln einer ordnungsmäßigen Wirtschaft als Ertrag anzusehen sind, während der Pachtzeit zu gewähren. [2] Der Pächter ist verpflichtet, dem Verpächter die vereinbarte Pacht zu entrichten.

(2) Auf den Pachtvertrag mit Ausnahme des Landpachtvertrags sind, soweit sich nicht aus den §§ 582 bis 584b etwas anderes ergibt, die Vorschriften über den Mietvertrag entsprechend anzuwenden.

**§ 582 Erhaltung des Inventars.** (1) Wird ein Grundstück mit Inventar verpachtet, so obliegt dem Pächter die Erhaltung der einzelnen Inventarstücke.

(2) [1] Der Verpächter ist verpflichtet, Inventarstücke zu ersetzen, die infolge eines vom Pächter nicht zu vertretenden Umstands in Abgang kommen. [2] Der Pächter

---

[1] § 580a Abs. 1 einl. Satzteil, Nr. 3 geänd. mWv 25.4.2013 durch G v. 20.4.2013 (BGBl. I S. 831); Abs. 3 Satz 1 einl. Satzteil geänd., Satz 2 angef. mWv 1.1.2022 durch G v. 25.6.2021 (BGBl. I S. 2123).

[2] Landpachtverträge müssen der zuständigen Behörde angezeigt werden; vgl. §§ 2 ff. LandpachtverkehrsG **(Habersack, Deutsche Gesetze ErgBd. Nr. 39)**. Die Jagdpacht ist in §§ 11 ff. BundesjagdG **(Sartorius Nr. 890)** geregelt. Beachte auch PachtkreditG **(Habersack, Deutsche Gesetze ErgBd. Nr. 42)**.

[3] Wegen des für das Gebiet der ehem. DDR geltenden Übergangsrechts zu §§ 581–597 beachte Art. 232 § 3 EGBGB (Nr. **21**).

hat jedoch den gewöhnlichen Abgang der zum Inventar gehörenden Tiere insoweit zu ersetzen, als dies einer ordnungsmäßigen Wirtschaft entspricht.

**§ 582a Inventarübernahme zum Schätzwert.** (1) [1] Übernimmt der Pächter eines Grundstücks das Inventar zum Schätzwert mit der Verpflichtung, es bei Beendigung des Pachtverhältnisses zum Schätzwert zurückzugewähren, so trägt er die Gefahr des zufälligen Untergangs und der zufälligen Verschlechterung des Inventars. [2] Innerhalb der Grenzen einer ordnungsmäßigen Wirtschaft kann er über die einzelnen Inventarstücke verfügen.

(2) [1] Der Pächter hat das Inventar in dem Zustand zu erhalten und in dem Umfang laufend zu ersetzen, der den Regeln einer ordnungsmäßigen Wirtschaft entspricht. [2] Die von ihm angeschafften Stücke werden mit der Einverleibung in das Inventar Eigentum des Verpächters.

(3) [1] Bei Beendigung des Pachtverhältnisses hat der Pächter das vorhandene Inventar dem Verpächter zurückzugewähren. [2] Der Verpächter kann die Übernahme derjenigen von dem Pächter angeschafften Inventarstücke ablehnen, welche nach den Regeln einer ordnungsmäßigen Wirtschaft für das Grundstück überflüssig oder zu wertvoll sind; mit der Ablehnung geht das Eigentum an den abgelehnten Stücken auf den Pächter über. [3] Besteht zwischen dem Gesamtschätzwert des übernommenen und dem des zurückzugewährenden Inventars ein Unterschied, so ist dieser in Geld auszugleichen. [4] Den Schätzwerten sind die Preise im Zeitpunkt der Beendigung des Pachtverhältnisses zugrunde zu legen.

**§ 583 Pächterpfandrecht am Inventar.** (1) Dem Pächter eines Grundstücks steht für die Forderungen gegen den Verpächter, die sich auf das mitgepachtete Inventar beziehen, ein Pfandrecht an den in seinen Besitz gelangten Inventarstücken zu.

(2) [1] Der Verpächter kann die Geltendmachung des Pfandrechts des Pächters durch Sicherheitsleistung abwenden. [2] Er kann jedes einzelne Inventarstück dadurch von dem Pfandrecht befreien, dass er in Höhe des Wertes Sicherheit leistet.

**§ 583a Verfügungsbeschränkungen bei Inventar.** Vertragsbestimmungen, die den Pächter eines Betriebs verpflichten, nicht oder nicht ohne Einwilligung des Verpächters über Inventarstücke zu verfügen oder Inventar an den Verpächter zu veräußern, sind nur wirksam, wenn sich der Verpächter verpflichtet, das Inventar bei der Beendigung des Pachtverhältnisses zum Schätzwert zu erwerben.

**§ 584 Kündigungsfrist.** (1) Ist bei dem Pachtverhältnis über ein Grundstück oder ein Recht die Pachtzeit nicht bestimmt, so ist die Kündigung nur für den Schluss eines Pachtjahrs zulässig; sie hat spätestens am dritten Werktag des halben Jahres zu erfolgen, mit dessen Ablauf die Pacht enden soll.

(2) Dies gilt auch, wenn das Pachtverhältnis außerordentlich mit der gesetzlichen Frist gekündigt werden kann.

**§ 584a Ausschluss bestimmter mietrechtlicher Kündigungsrechte.**

(1) Dem Pächter steht das in § 540 Abs. 1 bestimmte Kündigungsrecht nicht zu.

(2) Der Verpächter ist nicht berechtigt, das Pachtverhältnis nach § 580 zu kündigen.

**§ 584b Verspätete Rückgabe.** [1] Gibt der Pächter den gepachteten Gegenstand nach der Beendigung des Pachtverhältnisses nicht zurück, so kann der Verpächter für die Dauer der Vorenthaltung als Entschädigung die vereinbarte Pacht nach dem

Verhältnis verlangen, in dem die Nutzungen, die der Pächter während dieser Zeit gezogen hat oder hätte ziehen können, zu den Nutzungen des ganzen Pachtjahrs stehen. [2]Die Geltendmachung eines weiteren Schadens ist nicht ausgeschlossen.

### Untertitel 5.[1)] Landpachtvertrag

**§ 585 Begriff des Landpachtvertrags.** (1) [1]Durch den Landpachtvertrag wird ein Grundstück mit den seiner Bewirtschaftung dienenden Wohn- oder Wirtschaftsgebäuden (Betrieb) oder ein Grundstück ohne solche Gebäude überwiegend zur Landwirtschaft verpachtet. [2]Landwirtschaft sind die Bodenbewirtschaftung und die mit der Bodennutzung verbundene Tierhaltung, um pflanzliche oder tierische Erzeugnisse zu gewinnen, sowie die gartenbauliche Erzeugung.

(2) Für Landpachtverträge gelten § 581 Abs. 1 und die §§ 582 bis 583a sowie die nachfolgenden besonderen Vorschriften.

(3) Die Vorschriften über Landpachtverträge gelten auch für Pachtverhältnisse über forstwirtschaftliche Grundstücke, wenn die Grundstücke zur Nutzung in einem überwiegend landwirtschaftlichen Betrieb verpachtet werden.

**§ 585a Form des Landpachtvertrags.** Wird der Landpachtvertrag für längere Zeit als zwei Jahre nicht in schriftlicher Form geschlossen, so gilt er für unbestimmte Zeit.

**§ 585b Beschreibung der Pachtsache.** (1) [1]Der Verpächter und der Pächter sollen bei Beginn des Pachtverhältnisses gemeinsam eine Beschreibung der Pachtsache anfertigen, in der ihr Umfang sowie der Zustand, in dem sie sich bei der Überlassung befindet, festgestellt werden. [2]Dies gilt für die Beendigung des Pachtverhältnisses entsprechend. [3]Die Beschreibung soll mit der Angabe des Tages der Anfertigung versehen werden und ist von beiden Teilen zu unterschreiben.

(2) [1]Weigert sich ein Vertragsteil, bei der Anfertigung einer Beschreibung mitzuwirken, oder ergeben sich bei der Anfertigung Meinungsverschiedenheiten tatsächlicher Art, so kann jeder Vertragsteil verlangen, dass eine Beschreibung durch einen Sachverständigen angefertigt wird, es sei denn, dass seit der Überlassung der Pachtsache mehr als neun Monate oder seit der Beendigung des Pachtverhältnisses mehr als drei Monate verstrichen sind; der Sachverständige wird auf Antrag durch das Landwirtschaftsgericht ernannt. [2]Die insoweit entstehenden Kosten trägt jeder Vertragsteil zur Hälfte.

(3) Ist eine Beschreibung der genannten Art angefertigt, so wird im Verhältnis der Vertragsteile zueinander vermutet, dass sie richtig ist.

**§ 586 Vertragstypische Pflichten beim Landpachtvertrag.** (1) [1]Der Verpächter hat die Pachtsache dem Pächter in einem zu der vertragsmäßigen Nutzung geeigneten Zustand zu überlassen und sie während der Pachtzeit in diesem Zustand zu erhalten. [2]Der Pächter hat jedoch die gewöhnlichen Ausbesserungen der Pachtsache, insbesondere die der Wohn- und Wirtschaftsgebäude, der Wege, Gräben, Dränungen und Einfriedigungen, auf seine Kosten durchzuführen. [3]Er ist zur ordnungsmäßigen Bewirtschaftung der Pachtsache verpflichtet.

(2) Für die Haftung des Verpächters für Sach- und Rechtsmängel der Pachtsache sowie für die Rechte und Pflichten des Pächters wegen solcher Mängel gelten die Vorschriften des § 536 Abs. 1 bis 3 und der §§ 536a bis 536d entsprechend.

---

[1)] Beachte auch LandpachtverkehrsG **(Habersack, Deutsche Gesetze ErgBd. Nr. 39)**.

**§ 586a Lasten der Pachtsache.** Der Verpächter hat die auf der Pachtsache ruhenden Lasten zu tragen.

**§ 587 Fälligkeit der Pacht; Entrichtung der Pacht bei persönlicher Verhinderung des Pächters.** (1) [1] Die Pacht ist am Ende der Pachtzeit zu entrichten. [2] Ist die Pacht nach Zeitabschnitten bemessen, so ist sie am ersten Werktag nach dem Ablauf der einzelnen Zeitabschnitte zu entrichten.

(2) [1] Der Pächter wird von der Entrichtung der Pacht nicht dadurch befreit, dass er durch einen in seiner Person liegenden Grund an der Ausübung des ihm zustehenden Nutzungsrechts verhindert ist. [2] § 537 Abs. 1 Satz 2 und Abs. 2 gilt entsprechend.

**§ 588 Maßnahmen zur Erhaltung oder Verbesserung.** (1) Der Pächter hat Einwirkungen auf die Pachtsache zu dulden, die zu ihrer Erhaltung erforderlich sind.

(2) [1] Maßnahmen zur Verbesserung der Pachtsache hat der Pächter zu dulden, es sei denn, dass die Maßnahme für ihn eine Härte bedeuten würde, die auch unter Würdigung der berechtigten Interessen des Verpächters nicht zu rechtfertigen ist. [2] Der Verpächter hat die dem Pächter durch die Maßnahme entstandenen Aufwendungen und entgangenen Erträge in einem den Umständen nach angemessenen Umfang zu ersetzen. [3] Auf Verlangen hat der Verpächter Vorschuss zu leisten.

(3) Soweit der Pächter infolge von Maßnahmen nach Absatz 2 Satz 1 höhere Erträge erzielt oder bei ordnungsmäßiger Bewirtschaftung erzielen könnte, kann der Verpächter verlangen, dass der Pächter in eine angemessene Erhöhung der Pacht einwilligt, es sei denn, dass dem Pächter eine Erhöhung der Pacht nach den Verhältnissen des Betriebs nicht zugemutet werden kann.

(4) [1] Über Streitigkeiten nach den Absätzen 1 und 2 entscheidet auf Antrag das Landwirtschaftsgericht. [2] Verweigert der Pächter in den Fällen des Absatzes 3 seine Einwilligung, so kann sie das Landwirtschaftsgericht auf Antrag des Verpächters ersetzen.

**§ 589 Nutzungsüberlassung an Dritte.** (1) Der Pächter ist ohne Erlaubnis des Verpächters nicht berechtigt,

1. die Nutzung der Pachtsache einem Dritten zu überlassen, insbesondere die Sache weiter zu verpachten,
2. die Pachtsache ganz oder teilweise einem landwirtschaftlichen Zusammenschluss zum Zwecke der gemeinsamen Nutzung zu überlassen.

(2) Überlässt der Pächter die Nutzung der Pachtsache einem Dritten, so hat er ein Verschulden, das dem Dritten bei der Nutzung zur Last fällt, zu vertreten, auch wenn der Verpächter die Erlaubnis zur Überlassung erteilt hat.

**§ 590 Änderung der landwirtschaftlichen Bestimmung oder der bisherigen Nutzung.** (1) Der Pächter darf die landwirtschaftliche Bestimmung der Pachtsache nur mit vorheriger Erlaubnis des Verpächters ändern.

(2) [1] Zur Änderung der bisherigen Nutzung der Pachtsache ist die vorherige Erlaubnis des Verpächters nur dann erforderlich, wenn durch die Änderung die Art der Nutzung über die Pachtzeit hinaus beeinflusst wird. [2] Der Pächter darf Gebäude nur mit vorheriger Erlaubnis des Verpächters errichten. [3] Verweigert der Verpächter die Erlaubnis, so kann sie auf Antrag des Pächters durch das Landwirtschaftsgericht ersetzt werden, soweit die Änderung zur Erhaltung oder nachhaltigen Verbesserung der Rentabilität des Betriebs geeignet erscheint und dem Ver-

pächter bei Berücksichtigung seiner berechtigten Interessen zugemutet werden kann. [4]Dies gilt nicht, wenn der Pachtvertrag gekündigt ist oder das Pachtverhältnis in weniger als drei Jahren endet. [5]Das Landwirtschaftsgericht kann die Erlaubnis unter Bedingungen und Auflagen ersetzen, insbesondere eine Sicherheitsleistung anordnen sowie Art und Umfang der Sicherheit bestimmen. [6]Ist die Veranlassung für die Sicherheitsleistung weggefallen, so entscheidet auf Antrag das Landwirtschaftsgericht über die Rückgabe der Sicherheit; § 109 der Zivilprozessordnung[1)] gilt entsprechend.

(3) Hat der Pächter das nach § 582a zum Schätzwert übernommene Inventar im Zusammenhang mit einer Änderung der Nutzung der Pachtsache wesentlich vermindert, so kann der Verpächter schon während der Pachtzeit einen Geldausgleich in entsprechender Anwendung des § 582a Abs. 3 verlangen, es sei denn, dass der Erlös der veräußerten Inventarstücke zu einer zur Höhe des Erlöses in angemessenem Verhältnis stehenden Verbesserung der Pachtsache nach § 591 verwendet worden ist.

**§ 590a Vertragswidriger Gebrauch.** Macht der Pächter von der Pachtsache einen vertragswidrigen Gebrauch und setzt er den Gebrauch ungeachtet einer Abmahnung des Verpächters fort, so kann der Verpächter auf Unterlassung klagen.

**§ 590b Notwendige Verwendungen.** Der Verpächter ist verpflichtet, dem Pächter die notwendigen Verwendungen auf die Pachtsache zu ersetzen.

**§ 591 Wertverbessernde Verwendungen.** (1) Andere als notwendige Verwendungen, denen der Verpächter zugestimmt hat, hat er dem Pächter bei Beendigung des Pachtverhältnisses zu ersetzen, soweit die Verwendungen den Wert der Pachtsache über die Pachtzeit hinaus erhöhen (Mehrwert).

(2) [1]Weigert sich der Verpächter, den Verwendungen zuzustimmen, so kann die Zustimmung auf Antrag des Pächters durch das Landwirtschaftsgericht ersetzt werden, soweit die Verwendungen zur Erhaltung oder nachhaltigen Verbesserung der Rentabilität des Betriebs geeignet sind und dem Verpächter bei Berücksichtigung seiner berechtigten Interessen zugemutet werden können. [2]Dies gilt nicht, wenn der Pachtvertrag gekündigt ist oder das Pachtverhältnis in weniger als drei Jahren endet. [3]Das Landwirtschaftsgericht kann die Zustimmung unter Bedingungen und Auflagen ersetzen.

(3) [1]Das Landwirtschaftsgericht kann auf Antrag auch über den Mehrwert Bestimmungen treffen und ihn festsetzen. [2]Es kann bestimmen, dass der Verpächter den Mehrwert nur in Teilbeträgen zu ersetzen hat, und kann Bedingungen für die Bewilligung solcher Teilzahlungen festsetzen. [3]Ist dem Verpächter ein Ersatz des Mehrwerts bei Beendigung des Pachtverhältnisses auch in Teilbeträgen nicht zuzumuten, so kann der Pächter nur verlangen, dass das Pachtverhältnis zu den bisherigen Bedingungen so lange fortgesetzt wird, bis der Mehrwert der Pachtsache abgegolten ist. [4]Kommt keine Einigung zustande, so entscheidet auf Antrag das Landwirtschaftsgericht über eine Fortsetzung des Pachtverhältnisses.

**§ 591a Wegnahme von Einrichtungen.** [1]Der Pächter ist berechtigt, eine Einrichtung, mit der er die Sache versehen hat, wegzunehmen. [2]Der Verpächter kann die Ausübung des Wegnahmerechts durch Zahlung einer angemessenen Entschädigung abwenden, es sei denn, dass der Pächter ein berechtigtes Interesse an der Wegnahme hat. [3]Eine Vereinbarung, durch die das Wegnahmerecht des

[1)] Nr. **100**.

Pächters ausgeschlossen wird, ist nur wirksam, wenn ein angemessener Ausgleich vorgesehen ist.

**§ 591b Verjährung von Ersatzansprüchen.** (1) Die Ersatzansprüche des Verpächters wegen Veränderung oder Verschlechterung der verpachteten Sache sowie die Ansprüche des Pächters auf Ersatz von Verwendungen oder auf Gestattung der Wegnahme einer Einrichtung verjähren in sechs Monaten.

(2) [1] Die Verjährung der Ersatzansprüche des Verpächters beginnt mit dem Zeitpunkt, in welchem er die Sache zurückerhält. [2] Die Verjährung der Ansprüche des Pächters beginnt mit der Beendigung des Pachtverhältnisses.

(3) Mit der Verjährung des Anspruchs des Verpächters auf Rückgabe der Sache verjähren auch die Ersatzansprüche des Verpächters.

**§ 592[1)] Verpächterpfandrecht.** [1] Der Verpächter hat für seine Forderungen aus dem Pachtverhältnis ein Pfandrecht an den eingebrachten Sachen des Pächters sowie an den Früchten der Pachtsache. [2] Für künftige Entschädigungsforderungen kann das Pfandrecht nicht geltend gemacht werden. [3] Das Pfandrecht erstreckt sich nur auf Sachen, die der Pfändung unterliegen; betreibt der Pächter Landwirtschaft, erstreckt sich das Pfandrecht auch auf Sachen im Sinne des § 811 Absatz 1 Nummer 1 Buchstabe b und Tiere im Sinne des § 811 Absatz 1 Nummer 8 Buchstabe b der Zivilprozessordnung[2)]. [4] Die Vorschriften der §§ 562a bis 562c gelten entsprechend.

**§ 593 Änderung von Landpachtverträgen.** (1) [1] Haben sich nach Abschluss des Pachtvertrags die Verhältnisse, die für die Festsetzung der Vertragsleistungen maßgebend waren, nachhaltig so geändert, dass die gegenseitigen Verpflichtungen in ein grobes Missverhältnis zueinander geraten sind, so kann jeder Vertragsteil eine Änderung des Vertrags mit Ausnahme der Pachtdauer verlangen. [2] Verbessert oder verschlechtert sich infolge der Bewirtschaftung der Pachtsache durch den Pächter deren Ertrag, so kann, soweit nichts anderes vereinbart ist, eine Änderung der Pacht nicht verlangt werden.

(2) [1] Eine Änderung kann frühestens zwei Jahre nach Beginn des Pachtverhältnisses oder nach dem Wirksamwerden der letzten Änderung der Vertragsleistungen verlangt werden. [2] Dies gilt nicht, wenn verwüstende Naturereignisse, gegen die ein Versicherungsschutz nicht üblich ist, das Verhältnis der Vertragsleistungen grundlegend und nachhaltig verändert haben.

(3) Die Änderung kann nicht für eine frühere Zeit als für das Pachtjahr verlangt werden, in dem das Änderungsverlangen erklärt wird.

(4) Weigert sich ein Vertragsteil, in eine Änderung des Vertrags einzuwilligen, so kann der andere Teil die Entscheidung des Landwirtschaftsgerichts beantragen.

(5) [1] Auf das Recht, eine Änderung des Vertrags nach den Absätzen 1 bis 4 zu verlangen, kann nicht verzichtet werden. [2] Eine Vereinbarung, dass einem Vertragsteil besondere Nachteile oder Vorteile erwachsen sollen, wenn er die Rechte nach den Absätzen 1 bis 4 ausübt oder nicht ausübt, ist unwirksam.

**§ 593a Betriebsübergabe.** [1] Wird bei der Übergabe eines Betriebs im Wege der vorweggenommenen Erbfolge ein zugepachtetes Grundstück, das der Landwirtschaft dient, mit übergeben, so tritt der Übernehmer anstelle des Pächters in

[1)] § 592 Satz 3 neu gef. mWv 1.1.2022 durch G v. 7.5.2021 (BGBl. I S. 850).
[2)] Nr. **100**.

den Pachtvertrag ein. [2] Der Verpächter ist von der Betriebsübergabe jedoch unverzüglich zu benachrichtigen. [3] Ist die ordnungsmäßige Bewirtschaftung der Pachtsache durch den Übernehmer nicht gewährleistet, so ist der Verpächter berechtigt, das Pachtverhältnis außerordentlich mit der gesetzlichen Frist zu kündigen.

**§ 593b Veräußerung oder Belastung des verpachteten Grundstücks.**

Wird das verpachtete Grundstück veräußert oder mit dem Recht eines Dritten belastet, so gelten die §§ 566 bis 567b entsprechend.

**§ 594 Ende und Verlängerung des Pachtverhältnisses.** [1] Das Pachtverhältnis endet mit dem Ablauf der Zeit, für die es eingegangen ist. [2] Es verlängert sich bei Pachtverträgen, die auf mindestens drei Jahre geschlossen worden sind, auf unbestimmte Zeit, wenn auf die Anfrage eines Vertragsteils, ob der andere Teil zur Fortsetzung des Pachtverhältnisses bereit ist, dieser nicht binnen einer Frist von drei Monaten die Fortsetzung ablehnt. [3] Die Anfrage und die Ablehnung bedürfen der schriftlichen Form. [4] Die Anfrage ist ohne Wirkung, wenn in ihr nicht auf die Folge der Nichtbeachtung ausdrücklich hingewiesen wird und wenn sie nicht innerhalb des drittletzten Pachtjahrs gestellt wird.

**§ 594a Kündigungsfristen.** (1) [1] Ist die Pachtzeit nicht bestimmt, so kann jeder Vertragsteil das Pachtverhältnis spätestens am dritten Werktag eines Pachtjahrs für den Schluss des nächsten Pachtjahrs kündigen. [2] Im Zweifel gilt das Kalenderjahr als Pachtjahr. [3] Die Vereinbarung einer kürzeren Frist bedarf der Schriftform.

(2) Für die Fälle, in denen das Pachtverhältnis außerordentlich mit der gesetzlichen Frist vorzeitig gekündigt werden kann, ist die Kündigung nur für den Schluss eines Pachtjahrs zulässig; sie hat spätestens am dritten Werktag des halben Jahres zu erfolgen, mit dessen Ablauf die Pacht enden soll.

**§ 594b Vertrag über mehr als 30 Jahre.** [1] Wird ein Pachtvertrag für eine längere Zeit als 30 Jahre geschlossen, so kann nach 30 Jahren jeder Vertragsteil das Pachtverhältnis spätestens am dritten Werktag eines Pachtjahrs für den Schluss des nächsten Pachtjahrs kündigen. [2] Die Kündigung ist nicht zulässig, wenn der Vertrag für die Lebenszeit des Verpächters oder des Pächters geschlossen ist.

**§ 594c Kündigung bei Berufsunfähigkeit des Pächters.** [1] Ist der Pächter berufsunfähig im Sinne der Vorschriften der gesetzlichen Rentenversicherung geworden, so kann er das Pachtverhältnis außerordentlich mit der gesetzlichen Frist kündigen, wenn der Verpächter der Überlassung der Pachtsache zur Nutzung an einen Dritten, der eine ordnungsmäßige Bewirtschaftung gewährleistet, widerspricht. [2] Eine abweichende Vereinbarung ist unwirksam.

**§ 594d Tod des Pächters.** (1) Stirbt der Pächter, so sind sowohl seine Erben als auch der Verpächter innerhalb eines Monats, nachdem sie vom Tod des Pächters Kenntnis erlangt haben, berechtigt, das Pachtverhältnis mit einer Frist von sechs Monaten zum Ende eines Kalendervierteljahrs zu kündigen.

(2) [1] Die Erben können der Kündigung des Verpächters widersprechen und die Fortsetzung des Pachtverhältnisses verlangen, wenn die ordnungsmäßige Bewirtschaftung der Pachtsache durch sie oder durch einen von ihnen beauftragten Miterben oder Dritten gewährleistet erscheint. [2] Der Verpächter kann die Fortsetzung des Pachtverhältnisses ablehnen, wenn die Erben den Widerspruch nicht spätestens drei Monate vor Ablauf des Pachtverhältnisses erklärt

und die Umstände mitgeteilt haben, nach denen die weitere ordnungsmäßige Bewirtschaftung der Pachtsache gewährleistet erscheint. [3]Die Widerspruchserklärung und die Mitteilung bedürfen der schriftlichen Form. [4]Kommt keine Einigung zustande, so entscheidet auf Antrag das Landwirtschaftsgericht.

(3) Gegenüber einer Kündigung des Verpächters nach Absatz 1 ist ein Fortsetzungsverlangen des Erben nach § 595 ausgeschlossen.

**§ 594 e. Außerordentliche fristlose Kündigung aus wichtigem Grund.** (1) Die außerordentliche fristlose Kündigung des Pachtverhältnisses ist in entsprechender Anwendung der §§ 543, 569 Abs. 1 und 2 zulässig.

(2) [1]Abweichend von § 543 Abs. 2 Nr. 3 Buchstaben a und b liegt ein wichtiger Grund insbesondere vor, wenn der Pächter mit der Entrichtung der Pacht oder eines nicht unerheblichen Teils der Pacht länger als drei Monate in Verzug ist. [2]Ist die Pacht nach Zeitabschnitten von weniger als einem Jahr bemessen, so ist die Kündigung erst zulässig, wenn der Pächter für zwei aufeinander folgende Termine mit der Entrichtung der Pacht oder eines nicht unerheblichen Teils der Pacht in Verzug ist.

**§ 594 f. Schriftform der Kündigung.** Die Kündigung bedarf der schriftlichen Form.

**§ 595. Fortsetzung des Pachtverhältnisses.** (1) [1]Der Pächter kann vom Verpächter die Fortsetzung des Pachtverhältnisses verlangen, wenn

1. bei einem Betriebspachtverhältnis der Betrieb seine wirtschaftliche Lebensgrundlage bildet,
2. bei dem Pachtverhältnis über ein Grundstück der Pächter auf dieses Grundstück zur Aufrechterhaltung seines Betriebs, der seine wirtschaftliche Lebensgrundlage bildet, angewiesen ist

und die vertragsmäßige Beendigung des Pachtverhältnisses für den Pächter oder seine Familie eine Härte bedeuten würde, die auch unter Würdigung der berechtigten Interessen des Verpächters nicht zu rechtfertigen ist. [2]Die Fortsetzung kann unter diesen Voraussetzungen wiederholt verlangt werden.

(2) [1]Im Falle des Absatzes 1 kann der Pächter verlangen, dass das Pachtverhältnis so lange fortgesetzt wird, wie dies unter Berücksichtigung aller Umstände angemessen ist. [2]Ist dem Verpächter nicht zuzumuten, das Pachtverhältnis nach den bisher geltenden Vertragsbedingungen fortzusetzen, so kann der Pächter nur verlangen, dass es unter einer angemessenen Änderung der Bedingungen fortgesetzt wird.

(3) Der Pächter kann die Fortsetzung des Pachtverhältnisses nicht verlangen, wenn

1. er das Pachtverhältnis gekündigt hat,
2. der Verpächter zur außerordentlichen fristlosen Kündigung oder im Falle des § 593 a zur außerordentlichen Kündigung mit der gesetzlichen Frist berechtigt ist,
3. die Laufzeit des Vertrags bei einem Pachtverhältnis über einen Betrieb, der Zupachtung von Grundstücken, durch die ein Betrieb entsteht, oder bei einem Pachtverhältnis über Moor- und Ödland, das vom Pächter kultiviert worden ist, auf mindestens 18 Jahre, bei der Pacht anderer Grundstücke auf mindestens zwölf Jahre vereinbart ist,

4. der Verpächter die nur vorübergehend verpachtete Sache in eigene Nutzung nehmen oder zur Erfüllung gesetzlicher oder sonstiger öffentlicher Aufgaben verwenden will.

(4) [1]Die Erklärung des Pächters, mit der er die Fortsetzung des Pachtverhältnisses verlangt, bedarf der schriftlichen Form. [2]Auf Verlangen des Verpächters soll der Pächter über die Gründe des Fortsetzungsverlangens unverzüglich Auskunft erteilen.

(5) [1]Der Verpächter kann die Fortsetzung des Pachtverhältnisses ablehnen, wenn der Pächter die Fortsetzung nicht mindestens ein Jahr vor Beendigung des Pachtverhältnisses vom Verpächter verlangt oder auf eine Anfrage des Verpächters nach § 594 die Fortsetzung abgelehnt hat. [2]Ist eine zwölfmonatige oder kürzere Kündigungsfrist vereinbart, so genügt es, wenn das Verlangen innerhalb eines Monats nach Zugang der Kündigung erklärt wird.

(6) [1]Kommt keine Einigung zustande, so entscheidet auf Antrag das Landwirtschaftsgericht über eine Fortsetzung und über die Dauer des Pachtverhältnisses sowie über die Bedingungen, zu denen es fortgesetzt wird. [2]Das Gericht kann die Fortsetzung des Pachtverhältnisses jedoch nur bis zu einem Zeitpunkt anordnen, der die in Absatz 3 Nr. 3 genannten Fristen, ausgehend vom Beginn des laufenden Pachtverhältnisses, nicht übersteigt. [3]Die Fortsetzung kann auch auf einen Teil der Pachtsache beschränkt werden.

(7) [1]Der Pächter hat den Antrag auf gerichtliche Entscheidung spätestens neun Monate vor Beendigung des Pachtverhältnisses und im Falle einer zwölfmonatigen oder kürzeren Kündigungsfrist zwei Monate nach Zugang der Kündigung bei dem Landwirtschaftsgericht zu stellen. [2]Das Gericht kann den Antrag nachträglich zulassen, wenn es zur Vermeidung einer unbilligen Härte geboten erscheint und der Pachtvertrag noch nicht abgelaufen ist.

(8) [1]Auf das Recht, die Verlängerung eines Pachtverhältnisses nach den Absätzen 1 bis 7 zu verlangen, kann nur verzichtet werden, wenn der Verzicht zur Beilegung eines Pachtstreits vor Gericht oder vor einer berufsständischen Pachtschlichtungsstelle erklärt wird. [2]Eine Vereinbarung, dass einem Vertragsteil besondere Nachteile oder besondere Vorteile erwachsen sollen, wenn er die Rechte nach den Absätzen 1 bis 7 ausübt oder nicht ausübt, ist unwirksam.

**§ 595 a. Vorzeitige Kündigung von Landpachtverträgen.** (1) Soweit die Vertragsteile zur außerordentlichen Kündigung eines Landpachtverhältnisses mit der gesetzlichen Frist berechtigt sind, steht ihnen dieses Recht auch nach Verlängerung des Landpachtverhältnisses oder Änderung des Landpachtvertrags zu.

(2) [1]Auf Antrag eines Vertragsteils kann das Landwirtschaftsgericht Anordnungen über die Abwicklung eines vorzeitig beendeten oder eines teilweise beendeten Landpachtvertrags treffen. [2]Wird die Verlängerung eines Landpachtvertrags auf einen Teil der Pachtsache beschränkt, kann das Landwirtschaftsgericht die Pacht für diesen Teil festsetzen.

(3) [1]Der Inhalt von Anordnungen des Landwirtschaftsgerichts gilt unter den Vertragsteilen als Vertragsinhalt. [2]Über Streitigkeiten, die diesen Vertragsinhalt betreffen, entscheidet auf Antrag das Landwirtschaftsgericht.

**§ 596. Rückgabe der Pachtsache.** (1) Der Pächter ist verpflichtet, die Pachtsache nach Beendigung des Pachtverhältnisses in dem Zustand zurückzugeben, der einer bis zur Rückgabe fortgesetzten ordnungsmäßigen Bewirtschaftung entspricht.

(2) Dem Pächter steht wegen seiner Ansprüche gegen den Verpächter ein Zurückbehaltungsrecht am Grundstück nicht zu.

(3) Hat der Pächter die Nutzung der Pachtsache einem Dritten überlassen, so kann der Verpächter die Sache nach Beendigung des Pachtverhältnisses auch von dem Dritten zurückfordern.

**§ 596 a. Ersatzpflicht bei vorzeitigem Pachtende.** (1) [1]Endet das Pachtverhältnis im Laufe eines Pachtjahrs, so hat der Verpächter dem Pächter den Wert der noch nicht getrennten, jedoch nach den Regeln einer ordnungsmäßigen Bewirtschaftung vor dem Ende des Pachtjahrs zu trennenden Früchte zu ersetzen. [2]Dabei ist das Ernterisiko angemessen zu berücksichtigen.

(2) Lässt sich der in Absatz 1 bezeichnete Wert aus jahreszeitlich bedingten Gründen nicht feststellen, so hat der Verpächter dem Pächter die Aufwendungen auf diese Früchte insoweit zu ersetzen, als sie einer ordnungsmäßigen Bewirtschaftung entsprechen.

(3) [1]Absatz 1 gilt auch für das zum Einschlag vorgesehene, aber noch nicht eingeschlagene Holz. [2]Hat der Pächter mehr Holz eingeschlagen, als bei ordnungsmäßiger Nutzung zulässig war, so hat er dem Verpächter den Wert der die normale Nutzung übersteigenden Holzmenge zu ersetzen. [3]Die Geltendmachung eines weiteren Schadens ist nicht ausgeschlossen.

**§ 596 b. Rücklassungspflicht.** (1) Der Pächter eines Betriebs hat von den bei Beendigung des Pachtverhältnisses vorhandenen landwirtschaftlichen Erzeugnissen so viel zurückzulassen, wie zur Fortführung der Wirtschaft bis zur nächsten Ernte nötig ist, auch wenn er bei Beginn des Pachtverhältnisses solche Erzeugnisse nicht übernommen hat.

(2) Soweit der Pächter nach Absatz 1 Erzeugnisse in größerer Menge oder besserer Beschaffenheit zurückzulassen verpflichtet ist, als er bei Beginn des Pachtverhältnisses übernommen hat, kann er vom Verpächter Ersatz des Wertes verlangen.

**§ 597. Verspätete Rückgabe.** [1]Gibt der Pächter die Pachtsache nach Beendigung des Pachtverhältnisses nicht zurück, so kann der Verpächter für die Dauer der Vorenthaltung als Entschädigung die vereinbarte Pacht verlangen. [2]Die Geltendmachung eines weiteren Schadens ist nicht ausgeschlossen.

## Titel 6. Leihe

**§ 598. Vertragstypische Pflichten bei der Leihe.** Durch den Leihvertrag wird der Verleiher einer Sache verpflichtet, dem Entleiher den Gebrauch der Sache unentgeltlich zu gestatten.

**§ 599. Haftung des Verleihers.** Der Verleiher hat nur Vorsatz und grobe Fahrlässigkeit zu vertreten.

**§ 600. Mängelhaftung.** Verschweigt der Verleiher arglistig einen Mangel im Recht oder einen Fehler der verliehenen Sache, so ist er verpflichtet, dem Entleiher den daraus entstehenden Schaden zu ersetzen.

**§ 601. Verwendungsersatz.** (1) Der Entleiher hat die gewöhnlichen Kosten der Erhaltung der geliehenen Sache, bei der Leihe eines Tieres insbesondere die Fütterungskosten, zu tragen.

(2) [1]Die Verpflichtung des Verleihers zum Ersatz anderer Verwendungen bestimmt sich nach den Vorschriften über die Geschäftsführung ohne Auftrag. [2]Der Entleiher ist berechtigt, eine Einrichtung, mit der er die Sache versehen hat, wegzunehmen.

**§ 602. Abnutzung der Sache.** Veränderungen oder Verschlechterungen der geliehenen Sache, die durch den vertragsmäßigen Gebrauch herbeigeführt werden, hat der Entleiher nicht zu vertreten.

**§ 603. Vertragsmäßiger Gebrauch.** [1]Der Entleiher darf von der geliehenen Sache keinen anderen als den vertragsmäßigen Gebrauch machen. [2]Er ist ohne die Erlaubnis des Verleihers nicht berechtigt, den Gebrauch der Sache einem Dritten zu überlassen.

**§ 604. Rückgabepflicht.** (1) Der Entleiher ist verpflichtet, die geliehene Sache nach dem Ablauf der für die Leihe bestimmten Zeit zurückzugeben.

(2) [1]Ist eine Zeit nicht bestimmt, so ist die Sache zurückzugeben, nachdem der Entleiher den sich aus dem Zweck der Leihe ergebenden Gebrauch gemacht hat. [2]Der Verleiher kann die Sache schon vorher zurückfordern, wenn so viel Zeit verstrichen ist, dass der Entleiher den Gebrauch hätte machen können.

(3) Ist die Dauer der Leihe weder bestimmt noch aus dem Zweck zu entnehmen, so kann der Verleiher die Sache jederzeit zurückfordern.

(4) Überlässt der Entleiher den Gebrauch der Sache einem Dritten, so kann der Verleiher sie nach der Beendigung der Leihe auch von dem Dritten zurückfordern.

(5) Die Verjährung des Anspruchs auf Rückgabe der Sache beginnt mit der Beendigung der Leihe.

**§ 605. Kündigungsrecht.** Der Verleiher kann die Leihe kündigen:

1. wenn er infolge eines nicht vorhergesehenen Umstandes der verliehenen Sache bedarf,
2. wenn der Entleiher einen vertragswidrigen Gebrauch von der Sache macht, insbesondere unbefugt den Gebrauch einem Dritten überlässt, oder die Sache durch Vernachlässigung der ihm obliegenden Sorgfalt erheblich gefährdet,
3. wenn der Entleiher stirbt.

**§ 606. Kurze Verjährung.** [1]Die Ersatzansprüche des Verleihers wegen Veränderungen oder Verschlechterungen der verliehenen Sache sowie die Ansprüche des Entleihers auf Ersatz von Verwendungen oder auf Gestattung der Wegnahme einer Einrichtung verjähren in sechs Monaten. [2]Die Vorschriften des § 548 Abs. 1 Satz 2 und 3, Abs. 2 finden entsprechende Anwendung.

### Titel 7. Sachdarlehensvertrag

**§ 607 Vertragstypische Pflichten beim Sachdarlehensvertrag.**

(1) [1] Durch den Sachdarlehensvertrag wird der Darlehensgeber verpflichtet, dem Darlehensnehmer eine vereinbarte vertretbare Sache zu überlassen. [2] Der Darlehensnehmer ist zur Zahlung eines Darlehensentgelts und bei Fälligkeit zur Rückerstattung von Sachen gleicher Art, Güte und Menge verpflichtet.

(2) Die Vorschriften dieses Titels finden keine Anwendung auf die Überlassung von Geld.

**§ 608 Kündigung.** (1) Ist für die Rückerstattung der überlassenen Sache eine Zeit nicht bestimmt, hängt die Fälligkeit davon ab, dass der Darlehensgeber oder der Darlehensnehmer kündigt.

(2) Ein auf unbestimmte Zeit abgeschlossener Sachdarlehensvertrag kann, soweit nicht ein anderes vereinbart ist, jederzeit vom Darlehensgeber oder Darlehensnehmer ganz oder teilweise gekündigt werden.

**§ 609 Entgelt.** Ein Entgelt hat der Darlehensnehmer spätestens bei Rückerstattung der überlassenen Sache zu bezahlen.

**§ 610** (weggefallen)

### Titel 8.[1)] Dienstvertrag und ähnliche Verträge[2)]

#### Untertitel 1.[3)] [4)] Dienstvertrag

**§ 611 Vertragstypische Pflichten beim Dienstvertrag.** (1) Durch den Dienstvertrag wird derjenige, welcher Dienste zusagt, zur Leistung der versprochenen Dienste, der andere Teil zur Gewährung der vereinbarten Vergütung verpflichtet.

(2) Gegenstand des Dienstvertrags können Dienste jeder Art sein.

**§ 611 a[5)] Arbeitsvertrag.** (1) [1] Durch den Arbeitsvertrag wird der Arbeitnehmer im Dienste eines anderen zur Leistung weisungsgebundener, fremdbestimmter Arbeit in persönlicher Abhängigkeit verpflichtet. [2] Das Weisungsrecht kann Inhalt, Durchführung, Zeit und Ort der Tätigkeit betreffen. [3] Weisungsgebunden ist, wer nicht im Wesentlichen frei seine Tätigkeit gestalten und seine Arbeitszeit

---

[1)] Titel 8 Überschrift neu gef. mWv 26. 2. 2013 durch G v. 20. 2. 2013 (BGBl. I S. 277).

[2)] **Amtl. Anm.:** Dieser Titel dient der Umsetzung

1. der Richtlinie 76/207/EWG des Rates vom 9. Februar 1976 zur Verwirklichung des Grundsatzes der Gleichbehandlung von Männern und Frauen hinsichtlich des Zugangs zur Beschäftigung, zur Berufsbildung und zum beruflichen Aufstieg sowie in Bezug auf die Arbeitsbedingungen (ABl. EG Nr. L 39 S. 40) und
2. der Richtlinie 77/187/EWG des Rates vom 14. Februar 1977 zur Angleichung der Rechtsvorschriften der Mitgliedstaaten über die Wahrung von Ansprüchen der Arbeitnehmer beim Übergang von Unternehmen, Betrieben oder Betriebsteilen (ABl. EG Nr. L 61 S. 26).

[3)] Überschrift Untertitel 1 eingef. mWv 26. 2. 2013 durch G v. 20. 2. 2013 (BGBl. I S. 277).

[4)] Für den Dienstvertrag gelten in erster Linie die Vorschriften des Arbeitsrechts: KündigungsschutzG (Nr. **84**), ArbeitszeitG, BetriebsverfassungsG, MutterschutzG, Tarifrecht nach TarifvertragsG, BundesurlaubsG (alle abgedruckt in **Schönfelder Ergänzungsband**), HeimarbeitsG, Feiertagsgesetze der Länder u.a. Beachte auch das ArbeitnehmerüberlassungsG, ebenfalls abgedruckt in **Schönfelder Ergänzungsband.**

Beachte auch arbeitsrechtliche Grundsätze in den §§ 105 ff. Gewerbeordnung **(Sartorius Nr. 800).**

[5)] § 611 a neu eingef. mWv 1. 4. 2017 durch G v. 21. 2. 2017 (BGBl. I S. 258).

bestimmen kann. [4] Der Grad der persönlichen Abhängigkeit hängt dabei auch von der Eigenart der jeweiligen Tätigkeit ab. [5] Für die Feststellung, ob ein Arbeitsvertrag vorliegt, ist eine Gesamtbetrachtung aller Umstände vorzunehmen. [6] Zeigt die tatsächliche Durchführung des Vertragsverhältnisses, dass es sich um ein Arbeitsverhältnis handelt, kommt es auf die Bezeichnung im Vertrag nicht an.

(2) Der Arbeitgeber ist zur Zahlung der vereinbarten Vergütung verpflichtet.

**§ 611 b**[1] *(aufgehoben)*

**§ 612**[2] **Vergütung.** (1) Eine Vergütung gilt als stillschweigend vereinbart, wenn die Dienstleistung den Umständen nach nur gegen eine Vergütung zu erwarten ist.

(2) Ist die Höhe der Vergütung nicht bestimmt, so ist bei dem Bestehen einer Taxe die taxmäßige Vergütung, in Ermangelung einer Taxe die übliche Vergütung als vereinbart anzusehen.

*(Fortsetzung nächstes Blatt)*

[1] § 611 b aufgeh. mWv 18. 8. 2006 durch G v. 14. 8. 2006 (BGBl. I S. 1897).
[2] § 612 Abs. 3 aufgeh. mWv 18. 8. 2006 durch G v. 14. 8. 2006 (BGBl. I S. 1897).

**§ 612a. Maßregelungsverbot.** Der Arbeitgeber darf einen Arbeitnehmer bei einer Vereinbarung oder einer Maßnahme nicht benachteiligen, weil der Arbeitnehmer in zulässiger Weise seine Rechte ausübt.

**§ 613. Unübertragbarkeit.** [1]Der zur Dienstleistung Verpflichtete hat die Dienste im Zweifel in Person zu leisten. [2]Der Anspruch auf die Dienste ist im Zweifel nicht übertragbar.

**§ 613a.[1)] Rechte und Pflichten bei Betriebsübergang.** (1) [1]Geht ein Betrieb oder Betriebsteil durch Rechtsgeschäft auf einen anderen Inhaber über, so tritt dieser in die Rechte und Pflichten aus den im Zeitpunkt des Übergangs bestehenden Arbeitsverhältnissen ein. [2]Sind diese Rechte und Pflichten durch Rechtsnormen eines Tarifvertrags oder durch eine Betriebsvereinbarung geregelt, so werden sie Inhalt des Arbeitsverhaltnisses zwischen dem neuen Inhaber und dem Arbeitnehmer und dürfen nicht vor Ablauf eines Jahres nach dem Zeitpunkt des Übergangs zum Nachteil des Arbeitnehmers geändert werden. [3]Satz 2 gilt nicht, wenn die Rechte und Pflichten bei dem neuen Inhaber durch Rechtsnormen eines anderen Tarifvertrags oder durch eine andere Betriebsvereinbarung geregelt werden. [4]Vor Ablauf der Frist nach Satz 2 können die Rechte und Pflichten geändert werden, wenn der Tarifvertrag oder die Betriebsvereinbarung nicht mehr gilt oder bei fehlender beiderseitiger Tarifgebundenheit im Geltungsbereich eines anderen Tarifvertrags dessen Anwendung zwischen dem neuen Inhaber und dem Arbeitnehmer vereinbart wird.

(2) [1]Der bisherige Arbeitgeber haftet neben dem neuen Inhaber für Verpflichtungen nach Absatz 1, soweit sie vor dem Zeitpunkt des Übergangs entstanden sind und vor Ablauf von einem Jahr nach diesem Zeitpunkt fällig werden, als Gesamtschuldner. [2]Werden solche Verpflichtungen nach dem Zeitpunkt des Übergangs fällig, so haftet der bisherige Arbeitgeber für sie jedoch nur in dem Umfang, der dem im Zeitpunkt des Übergangs abgelaufenen Teil ihres Bemessungszeitraums entspricht.

(3) Absatz 2 gilt nicht, wenn eine juristische Person oder eine Personenhandelsgesellschaft durch Umwandlung erlischt.

(4) [1]Die Kündigung des Arbeitsverhältnisses eines Arbeitnehmers durch den bisherigen Arbeitgeber oder durch den neuen Inhaber wegen des Übergangs eines Betriebs oder eines Betriebsteils ist unwirksam. [2]Das Recht zur Kündigung des Arbeitsverhältnisses aus anderen Gründen bleibt unberührt.

(5) Der bisherige Arbeitgeber oder der neue Inhaber hat die von einem Übergang betroffenen Arbeitnehmer vor dem Übergang in Textform zu unterrichten über:

1. den Zeitpunkt oder den geplanten Zeitpunkt des Übergangs,
2. den Grund für den Übergang,
3. die rechtlichen, wirtschaftlichen und sozialen Folgen des Übergangs für die Arbeitnehmer und
4. die hinsichtlich der Arbeitnehmer in Aussicht genommenen Maßnahmen.

---

[1)] § 613a Abs. 5 und 6 angef. durch Art. 4 G v. 23. 3. 2002 (BGBl. I S. 1163).

(6) [1]Der Arbeitnehmer kann dem Übergang des Arbeitsverhältnisses innerhalb eines Monats nach Zugang der Unterrichtung nach Absatz 5 schriftlich widersprechen. [2]Der Widerspruch kann gegenüber dem bisherigen Arbeitgeber oder dem neuen Inhaber erklärt werden.

**§ 614. Fälligkeit der Vergütung.** [1]Die Vergütung ist nach der Leistung der Dienste zu entrichten. [2]Ist die Vergütung nach Zeitabschnitten bemessen, so ist sie nach dem Ablauf der einzelnen Zeitabschnitte zu entrichten.

**§ 615. Vergütung bei Annahmeverzug und bei Betriebsrisiko.** [1]Kommt der Dienstberechtigte mit der Annahme der Dienste in Verzug, so kann der Verpflichtete für die infolge des Verzugs nicht geleisteten Dienste die vereinbarte Vergütung verlangen, ohne zur Nachleistung verpflichtet zu sein. [2]Er muss sich jedoch den Wert desjenigen anrechnen lassen, was er infolge des Unterbleibens der Dienstleistung erspart oder durch anderweitige Verwendung seiner Dienste erwirbt oder zu erwerben böswillig unterlässt. [3]Die Sätze 1 und 2 gelten entsprechend in den Fällen, in denen der Arbeitgeber das Risiko des Arbeitsausfalls trägt.

**§ 616. Vorübergehende Verhinderung.** [1]Der zur Dienstleistung Verpflichtete wird des Anspruchs auf die Vergütung nicht dadurch verlustig, dass er für eine verhältnismäßig nicht erhebliche Zeit durch einen in seiner Person liegenden Grund ohne sein Verschulden an der Dienstleistung verhindert wird. [2]Er muss sich jedoch den Betrag anrechnen lassen, welcher ihm für die Zeit der Verhinderung aus einer auf Grund gesetzlicher Verpflichtung bestehenden Kranken- oder Unfallversicherung zukommt.

**§ 617. Pflicht zur Krankenfürsorge.** (1) [1]Ist bei einem dauernden Dienstverhältnis, welches die Erwerbstätigkeit des Verpflichteten vollständig oder hauptsächlich in Anspruch nimmt, der Verpflichtete in die häusliche Gemeinschaft aufgenommen, so hat der Dienstberechtigte ihm im Falle der Erkrankung die erforderliche Verpflegung und ärztliche Behandlung bis zur Dauer von sechs Wochen, jedoch nicht über die Beendigung des Dienstverhältnisses hinaus, zu gewähren, sofern nicht die Erkrankung von dem Verpflichteten vorsätzlich oder durch grobe Fahrlässigkeit herbeigeführt worden ist. [2]Die Verpflegung und ärztliche Behandlung kann durch Aufnahme des Verpflichteten in eine Krankenanstalt gewährt werden. [3]Die Kosten können auf die für die Zeit der Erkrankung geschuldete Vergütung angerechnet werden. [4]Wird das Dienstverhältnis wegen der Erkrankung von dem Dienstberechtigten nach § 626 gekündigt, so bleibt die dadurch herbeigeführte Beendigung des Dienstverhältnisses außer Betracht.

(2) Die Verpflichtung des Dienstberechtigten tritt nicht ein, wenn für die Verpflegung und ärztliche Behandlung durch eine Versicherung oder durch eine Einrichtung der öffentlichen Krankenpflege Vorsorge getroffen ist.

**§ 618. Pflicht zu Schutzmaßnahmen.** (1) Der Dienstberechtigte hat Räume, Vorrichtungen oder Gerätschaften, die er zur Verrichtung der Dienste zu beschaffen hat, so einzurichten und zu unterhalten und Dienstleistungen, die unter seiner Anordnung oder seiner Leitung vorzunehmen sind, so zu regeln, dass der Verpflichtete gegen Gefahr für Leben und Gesundheit soweit geschützt ist, als die Natur der Dienstleistung es gestattet.

(2) Ist der Verpflichtete in die häusliche Gemeinschaft aufgenommen, so hat der Dienstberechtigte in Ansehung des Wohn- und Schlafraums, der Verpflegung sowie der Arbeits- und Erholungszeit diejenigen Einrichtungen und Anordnungen zu treffen, welche mit Rücksicht auf die Gesundheit, die Sittlichkeit und die Religion des Verpflichteten erforderlich sind.

(3) Erfüllt der Dienstberechtigte die ihm in Ansehung des Lebens und der Gesundheit des Verpflichteten obliegenden Verpflichtungen nicht, so finden auf seine Verpflichtung zum Schadensersatz die für unerlaubte Handlungen geltenden Vorschriften der §§ 842 bis 846 entsprechende Anwendung.[1)]

---

[1)] Siehe hierzu §§ 104–113 Siebtes Buch Sozialgesetzbuch – Gesetzliche Unfallversicherung v. 7. 8. 1996 (BGBl. I S. 1254) mit späteren Änderungen:

**„Viertes Kapitel. Haftung von Unternehmern, Unternehmensangehörigen und anderen Personen**

**Erster Abschnitt. Beschränkung der Haftung gegenüber Versicherten, ihren Angehörigen und Hinterbliebenen**

**§ 104 Beschränkung der Haftung der Unternehmer.** (1) [1]Unternehmer sind den Versicherten, die für ihre Unternehmen tätig sind oder zu ihren Unternehmen in einer sonstigen die Versicherung begründenden Beziehung stehen, sowie deren Angehörigen und Hinterbliebenen nach anderen gesetzlichen Vorschriften zum Ersatz des Personenschadens, den ein Versicherungsfall verursacht hat, nur verpflichtet, wenn sie den Versicherungsfall vorsätzlich oder auf einem nach § 8 Abs. 2 Nr. 1 bis 4 versicherten Weg herbeigeführt haben. [2]Ein Forderungsübergang nach § 116 des Zehnten Buches findet nicht statt.

(2) Absatz 1 gilt entsprechend für Personen, die als Leibesfrucht durch einen Versicherungsfall im Sinne des § 12 geschädigt worden sind.

(3) Die nach Absatz 1 oder 2 verbleibenden Ersatzansprüche vermindern sich um die Leistungen, die Berechtigte nach Gesetz oder Satzung infolge des Versicherungsfalls erhalten.

**§ 105 Beschränkung der Haftung anderer im Betrieb tätiger Personen.** (1) [1]Personen, die durch eine betriebliche Tätigkeit einen Versicherungsfall von Versicherten desselben Betriebs verursachen, sind diesen sowie deren Angehörigen und Hinterbliebenen nach anderen gesetzlichen Vorschriften zum Ersatz des Personenschadens nur verpflichtet, wenn sie den Versicherungsfall vorsätzlich oder auf einem nach § 8 Abs. 2 Nr. 1 bis 4 versicherten Weg herbeigeführt haben. [2]Satz 1 gilt entsprechend bei der Schädigung von Personen, die für denselben Betrieb tätig und nach § 4 Abs. 1 Nr. 1 versicherungsfrei sind.[3]§ 104 Abs. 1 Satz 2, Abs. 2 und 3 gilt entsprechend.

(2) [1]Absatz 1 gilt entsprechend, wenn nicht versicherte Unternehmer geschädigt worden sind. [2]Soweit nach Satz 1 eine Haftung ausgeschlossen ist, werden die Unternehmer wie Versicherte, die einen Versicherungsfall erlitten haben, behandelt, es sei denn, eine Ersatzpflicht des Schädigers gegenüber dem Unternehmer ist zivilrechtlich ausgeschlossen. [3]Für die Berechnung von Geldleistungen gilt der Mindestjahresarbeitsverdienst als Jahresarbeitsverdienst. [4]Geldleistungen werden jedoch nur bis zur Höhe eines zivilrechtlichen Schadenersatzanspruchs erbracht.

**§ 106 Beschränkung der Haftung anderer Personen.** (1) In den in § 2 Abs. 1 Nr. 2, 3 und 8 genannten Unternehmen gelten die §§ 104 und 105 entsprechend für die Ersatzpflicht
1. der in § 2 Abs. 1 Nr. 2, 3 und 8 genannten Versicherten untereinander,
2. der in § 2 Abs. 1 Nr. 2, 3 und 8 genannten Versicherten gegenüber den Betriebsangehörigen desselben Unternehmens,
3. der Betriebsangehörigen desselben Unternehmens gegenüber den in § 2 Abs. 1 Nr. 2, 3 und 8 genannten Versicherten.

(2) Im Fall des § 2 Abs. 1 Nr. 17 gelten die §§ 104 und 105 entsprechend für die Ersatzpflicht
1. der Pflegebedürftigen gegenüber den Pflegepersonen,
2. der Pflegepersonen gegenüber den Pflegebedürftigen,
3. der Pflegepersonen desselben Pflegebedürftigen untereinander.

(3) Wirken Unternehmen zur Hilfe bei Unglücksfällen oder Unternehmen des Zivilschutzes zusammen oder verrichten Versicherte mehrerer Unternehmen vorübergehend betriebliche Tätigkeiten auf einer gemeinsamen Betriebsstätte, gelten die §§ 104 und 105 für die Ersatzpflicht der für die beteiligten Unternehmen Tätigen untereinander.

(4) Die §§ 104 und 105 gelten ferner für die Ersatzpflicht von Betriebsangehörigen gegenüber den nach § 3 Abs. 1 Nr. 2 Versicherten.

*(Fortsetzung der Anm. auf nächster Seite)*

**§ 619 Unabdingbarkeit der Fürsorgepflichten.** Die dem Dienstberechtigten nach den §§ 617, 618 obliegenden Verpflichtungen können nicht im Voraus durch Vertrag aufgehoben oder beschränkt werden.

---

*(Fortsetzung der Anm. von vorheriger Seite)*

**§ 107 Besonderheiten in der Seefahrt.** (1) [1]Bei Unternehmen der Seefahrt gilt § 104 auch für die Ersatzpflicht anderer das Arbeitsentgelt schuldender Personen entsprechend. [2]§ 105 gilt für den Lotsen entsprechend.

(2) Beim Zusammenstoß mehrerer Seeschiffe von Unternehmen, für die die Berufsgenossenschaft Verkehrswirtschaft Post-Logistik Telekommunikation zuständig ist, gelten die §§ 104 und 105 entsprechend für die Ersatzpflicht, auch untereinander, der Reeder der dabei beteiligten Fahrzeuge, sonstiger das Arbeitsentgelt schuldender Personen, der Lotsen und der auf den beteiligten Fahrzeugen tätigen Versicherten.

**§ 108 Bindung der Gerichte.** (1) Hat ein Gericht über Ersatzansprüche der in den §§ 104 bis 107 genannten Art zu entscheiden, ist es an eine unanfechtbare Entscheidung nach diesem Buch oder nach dem Sozialgerichtsgesetz in der jeweils geltenden Fassung gebunden, ob ein Versicherungsfall vorliegt, in welchem Umfang Leistungen zu erbringen sind und ob der Unfallversicherungsträger zuständig ist.

(2) [1]Das Gericht hat sein Verfahren auszusetzen, bis eine Entscheidung nach Absatz 1 ergangen ist. [2]Falls ein solches Verfahren noch nicht eingeleitet ist, bestimmt das Gericht dafür eine Frist, nach deren Ablauf die Aufnahme des ausgesetzten Verfahrens zulässig ist.

**§ 109 Feststellungsberechtigung von in der Haftung beschränkten Personen.** [1]Personen, deren Haftung nach den §§ 104 bis 107 beschränkt ist und gegen die Versicherte, ihre Angehörigen und Hinterbliebene Schadenersatzforderungen erheben, können statt der Berechtigten die Feststellungen nach § 108 beantragen oder das entsprechende Verfahren nach dem Sozialgerichtsgesetz betreiben. [2]Der Ablauf von Fristen, die ohne ihre Verschulden verstrichen sind, wirkt nicht gegen sie; dies gilt nicht, soweit diese Personen das Verfahren selbst betreiben.

**Zweiter Abschnitt. Haftung gegenüber den Sozialversicherungsträgern**

**§ 110 Haftung gegenüber den Sozialversicherungsträgern.** (1) [1]Haben Personen, deren Haftung nach den §§ 104 bis 107 beschränkt ist, den Versicherungsfall vorsätzlich oder grob fahrlässig herbeigeführt, haften sie den Sozialversicherungsträgern für die infolge des Versicherungsfalls entstandenen Aufwendungen, jedoch nur bis zur Höhe des zivilrechtlichen Schadenersatzanspruchs.[2]Statt der Rente kann der Kapitalwert gefordert werden.[3]Das Verschulden braucht sich nur auf das den Versicherungsfall verursachende Handeln oder Unterlassen zu beziehen.

(1 a) [1]Unternehmer, die Schwarzarbeit nach § 1 des Schwarzarbeitsbekämpfungsgesetzes erbringen und dadurch bewirken, dass Beiträge nach dem Sechsten Kapitel nicht, nicht in der richtigen Höhe oder nicht rechtzeitig entrichtet werden, erstatten den Unfallversicherungsträgern die Aufwendungen, die diesen infolge von Versicherungsfällen bei Ausführung der Schwarzarbeit entstanden sind. [2]Eine nicht ordnungsgemäße Beitragsentrichtung wird vermutet, wenn die Unternehmer die Personen, bei denen die Versicherungsfälle eingetreten sind, nicht nach § 28 a des Vierten Buches bei der Einzugsstelle oder der Datenstelle der Rentenversicherung angemeldet hatten.

(2) Die Sozialversicherungsträger können nach billigem Ermessen, insbesondere unter Berücksichtigung der wirtschaftlichen Verhältnisse des Schuldners, auf den Ersatzanspruch ganz oder teilweise verzichten.

**§ 111 Haftung des Unternehmens.** [1]Haben ein Mitglied eines vertretungsberechtigten Organs, Abwickler oder Liquidatoren juristischer Personen, vertretungsberechtigte Gesellschafter oder Liquidatoren einer Personengesellschaft des Handelsrechts oder gesetzliche Vertreter der Unternehmer in Ausführung ihnen zustehender Verrichtungen den Versicherungsfall vorsätzlich oder grob fahrlässig verursacht, haften nach Maßgabe des § 110 auch die Vertretenen. [2]Eine nach § 110 bestehende Haftung derjenigen, die den Versicherungsfall verursacht haben, bleibt unberührt. [3]Das gleiche gilt für Mitglieder des Vorstandes eines nicht rechtsfähigen Vereins oder für vertretungsberechtigte Gesellschafter einer Personengesellschaft des bürgerlichen Rechts mit der Maßgabe, daß sich die Haftung auf das Vereins- oder das Gesellschaftsvermögen beschränkt.

**§ 112 Bindung der Gerichte.** § 108 über die Bindung der Gerichte gilt auch für die Ansprüche nach den §§ 110 und 111.

**§ 113 Verjährung.** [1]Für die Verjährung der Ansprüche nach den §§ 110 und 111 gelten die §§ 195, 199 Abs. 1 und 2 und § 203 des Bürgerlichen Gesetzbuchs entsprechend mit der Maßgabe, daß die Frist von dem Tag an gerechnet wird, an dem die Leistungspflicht für den Unfallversicherungsträger bindend festgestellt oder ein entsprechendes Urteil rechtskräftig geworden ist. [2]Artikel 229 § 6 Abs. 1 des Einführungsgesetzes zum Bürgerlichen Gesetzbuche gilt entsprechend."

**§ 619a Beweislast bei Haftung des Arbeitnehmers.** Abweichend von § 280 Abs. 1 hat der Arbeitnehmer dem Arbeitgeber Ersatz für den aus der Verletzung einer Pflicht aus dem Arbeitsverhältnis entstehenden Schaden nur zu leisten, wenn er die Pflichtverletzung zu vertreten hat.

**§ 620[1] Beendigung des Dienstverhältnisses.** (1) Das Dienstverhältnis endigt mit dem Ablauf der Zeit, für die es eingegangen ist.

(2) Ist die Dauer des Dienstverhältnisses weder bestimmt noch aus der Beschaffenheit oder dem Zwecke der Dienste zu entnehmen, so kann jeder Teil das Dienstverhältnis nach Maßgabe der §§ 621 bis 623 kündigen.

(3) Für Arbeitsverträge, die auf bestimmte Zeit abgeschlossen werden, gilt das Teilzeit- und Befristungsgesetz[2].

(4) Ein Verbrauchervertrag über eine digitale Dienstleistung kann auch nach Maßgabe der §§ 327c, 327m und 327r Absatz 3 und 4 beendet werden.

**§ 621 Kündigungsfristen bei Dienstverhältnissen.** Bei einem Dienstverhältnis, das kein Arbeitsverhältnis im Sinne des § 622 ist, ist die Kündigung zulässig,
1. wenn die Vergütung nach Tagen bemessen ist, an jedem Tag für den Ablauf des folgenden Tages;
2. wenn die Vergütung nach Wochen bemessen ist, spätestens am ersten Werktag einer Woche für den Ablauf des folgenden Sonnabends;
3. wenn die Vergütung nach Monaten bemessen ist, spätestens am 15. eines Monats für den Schluss des Kalendermonats;
4. wenn die Vergütung nach Vierteljahren oder längeren Zeitabschnitten bemessen ist, unter Einhaltung einer Kündigungsfrist von sechs Wochen für den Schluss eines Kalendervierteljahrs;
5. wenn die Vergütung nicht nach Zeitabschnitten bemessen ist, jederzeit; bei einem die Erwerbstätigkeit des Verpflichteten vollständig oder hauptsächlich in Anspruch nehmenden Dienstverhältnis ist jedoch eine Kündigungsfrist von zwei Wochen einzuhalten.

**§ 622[3] [4] Kündigungsfristen bei Arbeitsverhältnissen.** (1) Das Arbeitsverhältnis eines Arbeiters oder eines Angestellten (Arbeitnehmers) kann mit einer Frist von vier Wochen zum Fünfzehnten oder zum Ende eines Kalendermonats gekündigt werden.

(2) Für eine Kündigung durch den Arbeitgeber beträgt die Kündigungsfrist, wenn das Arbeitsverhältnis in dem Betrieb oder Unternehmen
1. zwei Jahre bestanden hat, einen Monat zum Ende eines Kalendermonats,
2. fünf Jahre bestanden hat, zwei Monate zum Ende eines Kalendermonats,
3. acht Jahre bestanden hat, drei Monate zum Ende eines Kalendermonats,
4. zehn Jahre bestanden hat, vier Monate zum Ende eines Kalendermonats,
5. zwölf Jahre bestanden hat, fünf Monate zum Ende eines Kalendermonats,
6. 15 Jahre bestanden hat, sechs Monate zum Ende eines Kalendermonats,
7. 20 Jahre bestanden hat, sieben Monate zum Ende eines Kalendermonats.

---

[1] § 620 Abs. 4 angef. mWv 1.1.2022 durch G v. 25.6.2021 (BGBl. I S. 2123).

[2] **Habersack, Deutsche Gesetze ErgBd. Nr. 78b.**

[3] § 622 Abs. 2 Satz 2 aufgeh. mWv 1.1.2019 durch G v. 18.12.2018 (BGBl. I S. 2651).

[4] Beachte auch Kündigungsschutzgesetz (Nr. **84**).

(3) Während einer vereinbarten Probezeit, längstens für die Dauer von sechs Monaten, kann das Arbeitsverhältnis mit einer Frist von zwei Wochen gekündigt werden.

(4) [1] Von den Absätzen 1 bis 3 abweichende Regelungen können durch Tarifvertrag vereinbart werden. [2] Im Geltungsbereich eines solchen Tarifvertrags gelten die abweichenden tarifvertraglichen Bestimmungen zwischen nicht tarifgebundenen Arbeitgebern und Arbeitnehmern, wenn ihre Anwendung zwischen ihnen vereinbart ist.

(5) [1] Einzelvertraglich kann eine kürzere als die in Absatz 1 genannte Kündigungsfrist nur vereinbart werden,

1. wenn ein Arbeitnehmer zur vorübergehenden Aushilfe eingestellt ist; dies gilt nicht, wenn das Arbeitsverhältnis über die Zeit von drei Monaten hinaus fortgesetzt wird;
2. wenn der Arbeitgeber in der Regel nicht mehr als 20 Arbeitnehmer ausschließlich der zu ihrer Berufsbildung Beschäftigten beschäftigt und die Kündigungsfrist vier Wochen nicht unterschreitet.

[2] Bei der Feststellung der Zahl der beschäftigten Arbeitnehmer sind teilzeitbeschäftigte Arbeitnehmer mit einer regelmäßigen wöchentlichen Arbeitszeit von nicht mehr als 20 Stunden mit 0,5 und nicht mehr als 30 Stunden mit 0,75 zu berücksichtigen. [3] Die einzelvertragliche Vereinbarung längerer als der in den Absätzen 1 bis 3 genannten Kündigungsfristen bleibt hiervon unberührt.

(6) Für die Kündigung des Arbeitsverhältnisses durch den Arbeitnehmer darf keine längere Frist vereinbart werden als für die Kündigung durch den Arbeitgeber.

**§ 623 Schriftform der Kündigung.** Die Beendigung von Arbeitsverhältnissen durch Kündigung oder Auflösungsvertrag bedürfen zu ihrer Wirksamkeit der Schriftform; die elektronische Form ist ausgeschlossen.

**§ 624 Kündigungsfrist bei Verträgen über mehr als fünf Jahre.** [1] Ist das Dienstverhältnis für die Lebenszeit einer Person oder für längere Zeit als fünf Jahre eingegangen, so kann es von dem Verpflichteten nach dem Ablauf von fünf Jahren gekündigt werden. [2] Die Kündigungsfrist beträgt sechs Monate.

**§ 625 Stillschweigende Verlängerung.** Wird das Dienstverhältnis nach dem Ablauf der Dienstzeit von dem Verpflichteten mit Wissen des anderen Teiles fortgesetzt, so gilt es als auf unbestimmte Zeit verlängert, sofern nicht der andere Teil unverzüglich widerspricht.

**§ 626 Fristlose Kündigung aus wichtigem Grund.** (1) Das Dienstverhältnis kann von jedem Vertragsteil aus wichtigem Grund ohne Einhaltung einer Kündigungsfrist gekündigt werden, wenn Tatsachen vorliegen, auf Grund derer dem Kündigenden unter Berücksichtigung aller Umstände des Einzelfalles und unter Abwägung der Interessen beider Vertragsteile die Fortsetzung des Dienstverhältnisses bis zum Ablauf der Kündigungsfrist oder bis zu der vereinbarten Beendigung des Dienstverhältnisses nicht zugemutet werden kann.

(2) [1] Die Kündigung kann nur innerhalb von zwei Wochen erfolgen. [2] Die Frist beginnt mit dem Zeitpunkt, in dem der Kündigungsberechtigte von den für die Kündigung maßgebenden Tatsachen Kenntnis erlangt. [3] Der Kündigende muss dem anderen Teil auf Verlangen den Kündigungsgrund unverzüglich schriftlich mitteilen.

**§ 627 Fristlose Kündigung bei Vertrauensstellung.** (1) Bei einem Dienstverhältnis, das kein Arbeitsverhältnis im Sinne des § 622 ist, ist die Kündigung auch ohne die in § 626 bezeichnete Voraussetzung zulässig, wenn der zur Dienstleistung Verpflichtete, ohne in einem dauernden Dienstverhältnis mit festen Bezügen zu stehen, Dienste höherer Art zu leisten hat, die auf Grund besonderen Vertrauens übertragen zu werden pflegen.

(2) [1] Der Verpflichtete darf nur in der Art kündigen, dass sich der Dienstberechtigte die Dienste anderweit beschaffen kann, es sei denn, dass ein wichtiger Grund für die unzeitige Kündigung vorliegt. [2] Kündigt er ohne solchen Grund zur Unzeit, so hat er dem Dienstberechtigten den daraus entstehenden Schaden zu ersetzen.

**§ 628[1)] Teilvergütung und Schadensersatz bei fristloser Kündigung.**

(1) [1] Wird nach dem Beginn der Dienstleistung das Dienstverhältnis auf Grund des § 626 oder des § 627 gekündigt, so kann der Verpflichtete einen seinen bisherigen Leistungen entsprechenden Teil der Vergütung verlangen. [2] Kündigt er, ohne durch vertragswidriges Verhalten des anderen Teiles dazu veranlasst zu sein, oder veranlasst er durch sein vertragswidriges Verhalten die Kündigung des anderen Teiles, so steht ihm ein Anspruch auf die Vergütung insoweit nicht zu, als seine bisherigen Leistungen infolge der Kündigung für den anderen Teil kein Interesse haben. [3] Ist die Vergütung für eine spätere Zeit im Voraus entrichtet, so hat der Verpflichtete sie nach Maßgabe des § 346 oder, wenn die Kündigung wegen eines Umstands erfolgt, den er nicht zu vertreten hat, nach den Vorschriften über die Herausgabe einer ungerechtfertigten Bereicherung zurückzuerstatten.

(2) Wird die Kündigung durch vertragswidriges Verhalten des anderen Teiles veranlasst, so ist dieser zum Ersatz des durch die Aufhebung des Dienstverhältnisses entstehenden Schadens verpflichtet.

**§ 629 Freizeit zur Stellungssuche.** Nach der Kündigung eines dauernden Dienstverhältnisses hat der Dienstberechtigte dem Verpflichteten auf Verlangen angemessene Zeit zum Aufsuchen eines anderen Dienstverhältnisses zu gewähren.

**§ 630[2)] Pflicht zur Zeugniserteilung.** [1] Bei der Beendigung eines dauernden Dienstverhältnisses kann der Verpflichtete von dem anderen Teil ein schriftliches Zeugnis über das Dienstverhältnis und dessen Dauer fordern. [2] Das Zeugnis ist auf Verlangen auf die Leistungen und die Führung im Dienst zu erstrecken. [3] Die Erteilung des Zeugnisses in elektronischer Form ist ausgeschlossen. [4] Wenn der Verpflichtete ein Arbeitnehmer ist, findet § 109 der Gewerbeordnung[3)] Anwendung.

### Untertitel 2.[4)] Behandlungsvertrag

**§ 630a[4)] Vertragstypische Pflichten beim Behandlungsvertrag.** (1) Durch den Behandlungsvertrag wird derjenige, welcher die medizinische Behandlung eines Patienten zusagt (Behandelnder), zur Leistung der versprochenen Behandlung, der andere Teil (Patient) zur Gewährung der vereinbarten Vergütung verpflichtet, soweit nicht ein Dritter zur Zahlung verpflichtet ist.

---

[1)] § 628 Abs. 1 Satz 3 geänd. mWv 1.8.2002 durch G v. 23.7.2002 (BGBl. I S. 2850).
[2)] § 630 Satz 4 angef. mWv 1.1.2003 durch G v. 24.8.2002 (BGBl. I S. 3412).
[3)] **Sartorius Nr. 800.**
[4)] UTitel 2 (§§ 630a–630h) eingef. mWv 26.2.2013 durch G v. 20.2.2013 (BGBl. I S. 277).

(2) Die Behandlung hat nach den zum Zeitpunkt der Behandlung bestehenden, allgemein anerkannten fachlichen Standards zu erfolgen, soweit nicht etwas anderes vereinbart ist.

**§ 630b[1] Anwendbare Vorschriften.** Auf das Behandlungsverhältnis sind die Vorschriften über das Dienstverhältnis, das kein Arbeitsverhältnis im Sinne des § 622 ist, anzuwenden, soweit nicht in diesem Untertitel etwas anderes bestimmt ist.

**§ 630c[1] Mitwirkung der Vertragsparteien; Informationspflichten.**

(1) Behandelnder und Patient sollen zur Durchführung der Behandlung zusammenwirken.

(2) [1] Der Behandelnde ist verpflichtet, dem Patienten in verständlicher Weise zu Beginn der Behandlung und, soweit erforderlich, in deren Verlauf sämtliche für die Behandlung wesentlichen Umstände zu erläutern, insbesondere die Diagnose, die voraussichtliche gesundheitliche Entwicklung, die Therapie und die zu und nach der Therapie zu ergreifenden Maßnahmen. [2] Sind für den Behandelnden Umstände erkennbar, die die Annahme eines Behandlungsfehlers begründen, hat er den Patienten über diese auf Nachfrage oder zur Abwendung gesundheitlicher Gefahren zu informieren. [3] Ist dem Behandelnden oder einem seiner in § 52 Absatz 1 der Strafprozessordnung[2] bezeichneten Angehörigen ein Behandlungsfehler unterlaufen, darf die Information nach Satz 2 zu Beweiszwecken in einem gegen den Behandelnden oder gegen seinen Angehörigen geführten Straf- oder Bußgeldverfahren nur mit Zustimmung des Behandelnden verwendet werden.

(3) [1] Weiß der Behandelnde, dass eine vollständige Übernahme der Behandlungskosten durch einen Dritten nicht gesichert ist oder ergeben sich nach den Umständen hierfür hinreichende Anhaltspunkte, muss er den Patienten vor Beginn der Behandlung über die voraussichtlichen Kosten der Behandlung in Textform informieren. [2] Weitergehende Formanforderungen aus anderen Vorschriften bleiben unberührt.

(4) Der Information des Patienten bedarf es nicht, soweit diese ausnahmsweise aufgrund besonderer Umstände entbehrlich ist, insbesondere wenn die Behandlung unaufschiebbar ist oder der Patient auf die Information ausdrücklich verzichtet hat.

**§ 630d[3] Einwilligung.** (1) [1] Vor Durchführung einer medizinischen Maßnahme, insbesondere eines Eingriffs in den Körper oder die Gesundheit, ist der Behandelnde verpflichtet, die Einwilligung des Patienten einzuholen. [2] Ist der Patient einwilligungsunfähig, ist die Einwilligung eines hierzu Berechtigten einzuholen, soweit nicht eine Patientenverfügung nach § 1827 Absatz 1 Satz 1 die Maßnahme gestattet oder untersagt. [3] Weitergehende Anforderungen an die Einwilligung aus anderen Vorschriften bleiben unberührt. [4] Kann eine Einwilligung für eine unaufschiebbare Maßnahme nicht rechtzeitig eingeholt werden, darf sie ohne Einwilligung durchgeführt werden, wenn sie dem mutmaßlichen Willen des Patienten entspricht.

(2) Die Wirksamkeit der Einwilligung setzt voraus, dass der Patient oder im Fall des Absatzes 1 Satz 2 der zur Einwilligung Berechtigte vor der Einwilligung nach Maßgabe von § 630e Absatz 1 bis 4 aufgeklärt worden ist.

---

[1] UTitel 2 (§§ 630a–630h) eingef. mWv 26.2.2013 durch G v. 20.2.2013 (BGBl. I S. 277).

[2] Nr. **90**.

[3] § 630d eingef. mWv 26.2.2013 durch G v. 20.2.2013 (BGBl. I S. 277); Abs. 1 Satz 2 geänd. mWv 1.1.2023 durch G v. 4.5.2021 (BGBl. I S. 882).

(3) Die Einwilligung kann jederzeit und ohne Angabe von Gründen formlos widerrufen werden.

**§ 630e[1] Aufklärungspflichten.** (1) [1]Der Behandelnde ist verpflichtet, den Patienten über sämtliche für die Einwilligung wesentlichen Umstände aufzuklären. [2]Dazu gehören insbesondere Art, Umfang, Durchführung, zu erwartende Folgen und Risiken der Maßnahme sowie ihre Notwendigkeit, Dringlichkeit, Eignung und Erfolgsaussichten im Hinblick auf die Diagnose oder die Therapie. [3]Bei der Aufklärung ist auch auf Alternativen zur Maßnahme hinzuweisen, wenn mehrere medizinisch gleichermaßen indizierte und übliche Methoden zu wesentlich unterschiedlichen Belastungen, Risiken oder Heilungschancen führen können.

(2) [1]Die Aufklärung muss

1. mündlich durch den Behandelnden oder durch eine Person erfolgen, die über die zur Durchführung der Maßnahme notwendige Ausbildung verfügt; ergänzend kann auch auf Unterlagen Bezug genommen werden, die der Patient in Textform erhält,
2. so rechtzeitig erfolgen, dass der Patient seine Entscheidung über die Einwilligung wohlüberlegt treffen kann,
3. für den Patienten verständlich sein.

[2]Dem Patienten sind Abschriften von Unterlagen, die er im Zusammenhang mit der Aufklärung oder Einwilligung unterzeichnet hat, auszuhändigen.

(3) Der Aufklärung des Patienten bedarf es nicht, soweit diese ausnahmsweise aufgrund besonderer Umstände entbehrlich ist, insbesondere wenn die Maßnahme unaufschiebbar ist oder der Patient auf die Aufklärung ausdrücklich verzichtet hat.

(4) Ist nach § 630d Absatz 1 Satz 2 die Einwilligung eines hierzu Berechtigten einzuholen, ist dieser nach Maßgabe der Absätze 1 bis 3 aufzuklären.

(5) [1]Im Fall des § 630d Absatz 1 Satz 2 sind die wesentlichen Umstände nach Absatz 1 auch dem Patienten entsprechend seinem Verständnis zu erläutern, soweit dieser aufgrund seines Entwicklungsstandes und seiner Verständnismöglichkeiten in der Lage ist, die Erläuterung aufzunehmen, und soweit dies seinem Wohl nicht zuwiderläuft. [2]Absatz 3 gilt entsprechend.

**§ 630f[1] Dokumentation der Behandlung.** (1) [1]Der Behandelnde ist verpflichtet, zum Zweck der Dokumentation in unmittelbarem zeitlichen Zusammenhang mit der Behandlung eine Patientenakte in Papierform oder elektronisch zu führen. [2]Berichtigungen und Änderungen von Eintragungen in der Patientenakte sind nur zulässig, wenn neben dem ursprünglichen Inhalt erkennbar bleibt, wann sie vorgenommen worden sind. [3]Dies ist auch für elektronisch geführte Patientenakten sicherzustellen.

(2) [1]Der Behandelnde ist verpflichtet, in der Patientenakte sämtliche aus fachlicher Sicht für die derzeitige und künftige Behandlung wesentlichen Maßnahmen und deren Ergebnisse aufzuzeichnen, insbesondere die Anamnese, Diagnosen, Untersuchungen, Untersuchungsergebnisse, Befunde, Therapien und ihre Wirkungen, Eingriffe und ihre Wirkungen, Einwilligungen und Aufklärungen. [2]Arztbriefe sind in die Patientenakte aufzunehmen.

(3) Der Behandelnde hat die Patientenakte für die Dauer von zehn Jahren nach Abschluss der Behandlung aufzubewahren, soweit nicht nach anderen Vorschriften andere Aufbewahrungsfristen bestehen.

---

[1] UTitel 2 (§§ 630a–630h) eingef. mWv 26.2.2013 durch G v. 20.2.2013 (BGBl. I S. 277).

**§ 630g[1)] Einsichtnahme in die Patientenakte.** (1) [1] Dem Patienten ist auf Verlangen unverzüglich Einsicht in die vollständige, ihn betreffende Patientenakte zu gewähren, soweit der Einsichtnahme nicht erhebliche therapeutische Gründe oder sonstige erhebliche Rechte Dritter entgegenstehen. [2] Die Ablehnung der Einsichtnahme ist zu begründen. [3] § 811 ist entsprechend anzuwenden.

(2) [1] Der Patient kann auch elektronische Abschriften von der Patientenakte verlangen. [2] Er hat dem Behandelnden die entstandenen Kosten zu erstatten.

(3) [1] Im Fall des Todes des Patienten stehen die Rechte aus den Absätzen 1 und 2 zur Wahrnehmung der vermögensrechtlichen Interessen seinen Erben zu. [2] Gleiches gilt für die nächsten Angehörigen des Patienten, soweit sie immaterielle Interessen geltend machen. [3] Die Rechte sind ausgeschlossen, soweit der Einsichtnahme der ausdrückliche oder mutmaßliche Wille des Patienten entgegensteht.

**§ 630h[1)] Beweislast bei Haftung für Behandlungs- und Aufklärungsfehler.** (1) Ein Fehler des Behandelnden wird vermutet, wenn sich ein allgemeines Behandlungsrisiko verwirklicht hat, das für den Behandelnden voll beherrschbar war und das zur Verletzung des Lebens, des Körpers oder der Gesundheit des Patienten geführt hat.

(2) [1] Der Behandelnde hat zu beweisen, dass er eine Einwilligung gemäß § 630d eingeholt und entsprechend den Anforderungen des § 630e aufgeklärt hat. [2] Genügt die Aufklärung nicht den Anforderungen des § 630e, kann der Behandelnde sich darauf berufen, dass der Patient auch im Fall einer ordnungsgemäßen Aufklärung in die Maßnahme eingewilligt hätte.

(3) Hat der Behandelnde eine medizinisch gebotene wesentliche Maßnahme und ihr Ergebnis entgegen § 630f Absatz 1 oder Absatz 2 nicht in der Patientenakte aufgezeichnet oder hat er die Patientenakte entgegen § 630f Absatz 3 nicht aufbewahrt, wird vermutet, dass er diese Maßnahme nicht getroffen hat.

(4) War ein Behandelnder für die von ihm vorgenommene Behandlung nicht befähigt, wird vermutet, dass die mangelnde Befähigung für den Eintritt der Verletzung des Lebens, des Körpers oder der Gesundheit ursächlich war.

(5) [1] Liegt ein grober Behandlungsfehler vor und ist dieser grundsätzlich geeignet, eine Verletzung des Lebens, des Körpers oder der Gesundheit der tatsächlich eingetretenen Art herbeizuführen, wird vermutet, dass der Behandlungsfehler für diese Verletzung ursächlich war. [2] Dies gilt auch dann, wenn es der Behandelnde unterlassen hat, einen medizinisch gebotenen Befund rechtzeitig zu erheben oder zu sichern, soweit der Befund mit hinreichender Wahrscheinlichkeit ein Ergebnis erbracht hätte, das Anlass zu weiteren Maßnahmen gegeben hätte, und wenn das Unterlassen solcher Maßnahmen grob fehlerhaft gewesen wäre.

### Titel 9. Werkvertrag und ähnliche Verträge[2)]

#### Untertitel 1. Werkvertrag

##### Kapitel 1.[3)] Allgemeine Vorschriften

**§ 631 Vertragstypische Pflichten beim Werkvertrag.** (1) Durch den Werkvertrag wird der Unternehmer zur Herstellung des versprochenen Werkes, der Besteller zur Entrichtung der vereinbarten Vergütung verpflichtet.

---

[1)] UTitel 2 (§§ 630a–630h) eingef. mWv 26.2.2013 durch G v. 20.2.2013 (BGBl. I S. 277).
[2)] Beachte hierzu Übergangsvorschrift in Art. 229 § 39 EGBGB (Nr. **21**).
[3)] Überschrift Kapitel 1 eingef. mWv 1.1.2018 durch G v. 28.4.2017 (BGBl. I S. 969).

(2) Gegenstand des Werkvertrags kann sowohl die Herstellung oder Veränderung einer Sache als auch ein anderer durch Arbeit oder Dienstleistung herbeizuführender Erfolg sein.

**§ 632 Vergütung.** (1) Eine Vergütung gilt als stillschweigend vereinbart, wenn die Herstellung des Werkes den Umständen nach nur gegen eine Vergütung zu erwarten ist.

(2) Ist die Höhe der Vergütung nicht bestimmt, so ist bei dem Bestehen einer Taxe die taxmäßige Vergütung, in Ermangelung einer Taxe die übliche Vergütung als vereinbart anzusehen.

(3) Ein Kostenanschlag ist im Zweifel nicht zu vergüten.

**§ 632a[1)] Abschlagszahlungen.** (1) [1]Der Unternehmer kann von dem Besteller eine Abschlagszahlung in Höhe des Wertes der von ihm erbrachten und nach dem Vertrag geschuldeten Leistungen verlangen. [2]Sind die erbrachten Leistungen nicht vertragsgemäß, kann der Besteller die Zahlung eines angemessenen Teils des Abschlags verweigern. [3]Die Beweislast für die vertragsgemäße Leistung verbleibt bis zur Abnahme beim Unternehmer. [4]§ 641 Abs. 3 gilt entsprechend. [5]Die Leistungen sind durch eine Aufstellung nachzuweisen, die eine rasche und sichere Beurteilung der Leistungen ermöglichen muss. [6]Die Sätze 1 bis 5 gelten auch für erforderliche Stoffe oder Bauteile, die angeliefert oder eigens angefertigt und bereitgestellt sind, wenn dem Besteller nach seiner Wahl Eigentum an den Stoffen oder Bauteilen übertragen oder entsprechende Sicherheit hierfür geleistet wird.

(2) Die Sicherheit nach Absatz 1 Satz 6 kann auch durch eine Garantie oder ein sonstiges Zahlungsversprechen eines im Geltungsbereich dieses Gesetzes zum Geschäftsbetrieb befugten Kreditinstituts oder Kreditversicherers geleistet werden.

**§ 633 Sach- und Rechtsmangel.** (1) Der Unternehmer hat dem Besteller das Werk frei von Sach- und Rechtsmängeln zu verschaffen.

(2) [1]Das Werk ist frei von Sachmängeln, wenn es die vereinbarte Beschaffenheit hat. [2]Soweit die Beschaffenheit nicht vereinbart ist, ist das Werk frei von Sachmängeln,

1. wenn es sich für die nach dem Vertrag vorausgesetzte, sonst
2. für die gewöhnliche Verwendung eignet und eine Beschaffenheit aufweist, die bei Werken der gleichen Art üblich ist und die der Besteller nach der Art des Werkes erwarten kann.

[3]Einem Sachmangel steht es gleich, wenn der Unternehmer ein anderes als das bestellte Werk oder das Werk in zu geringer Menge herstellt.

(3) Das Werk ist frei von Rechtsmängeln, wenn Dritte in Bezug auf das Werk keine oder nur die im Vertrag übernommenen Rechte gegen den Besteller geltend machen können.

**§ 634 Rechte des Bestellers bei Mängeln.** Ist das Werk mangelhaft, kann der Besteller, wenn die Voraussetzungen der folgenden Vorschriften vorliegen und soweit nicht ein anderes bestimmt ist,

1. nach § 635 Nacherfüllung verlangen,

---

[1)] § 632a neu gef. mWv 1.1.2009 durch G v. 23.10.2008 (BGBl. I S. 2022); Abs. 1 Sätze 1 und 2 neu gef., Satz 3 eingef., bish. Sätze 3–5 werden Sätze 4–6, neuer Satz 6 geänd., Abs. 2 und 3 aufgeh., bish. Abs. 4 wird Abs. 2 und neu gef. mWv 1.1.2018 durch G v. 28.4.2017 (BGBl. I S. 969).

2. nach § 637 den Mangel selbst beseitigen und Ersatz der erforderlichen Aufwendungen verlangen,
3. nach den §§ 636, 323 und 326 Abs. 5 von dem Vertrag zurücktreten oder nach § 638 die Vergütung mindern und
4. nach den §§ 636, 280, 281, 283 und 311a Schadensersatz oder nach § 284 Ersatz vergeblicher Aufwendungen verlangen.

**§ 634a Verjährung der Mängelansprüche.** (1) Die in § 634 Nr. 1, 2 und 4 bezeichneten Ansprüche verjähren

1. vorbehaltlich der Nummer 2 in zwei Jahren bei einem Werk, dessen Erfolg in der Herstellung, Wartung oder Veränderung einer Sache oder in der Erbringung von Planungs- oder Überwachungsleistungen hierfür besteht,
2. in fünf Jahren bei einem Bauwerk und einem Werk, dessen Erfolg in der Erbringung von Planungs- oder Überwachungsleistungen hierfür besteht, und
3. im Übrigen in der regelmäßigen Verjährungsfrist.

(2) Die Verjährung beginnt in den Fällen des Absatzes 1 Nr. 1 und 2 mit der Abnahme.

(3) [1] Abweichend von Absatz 1 Nr. 1 und 2 und Absatz 2 verjähren die Ansprüche in der regelmäßigen Verjährungsfrist, wenn der Unternehmer den Mangel arglistig verschwiegen hat. [2] Im Falle des Absatzes 1 Nr. 2 tritt die Verjährung jedoch nicht vor Ablauf der dort bestimmten Frist ein.

(4) [1] Für das in § 634 bezeichnete Rücktrittsrecht gilt § 218. [2] Der Besteller kann trotz einer Unwirksamkeit des Rücktritts nach § 218 Abs. 1 die Zahlung der Vergütung insoweit verweigern, als er auf Grund des Rücktritts dazu berechtigt sein würde. [3] Macht er von diesem Recht Gebrauch, kann der Unternehmer vom Vertrag zurücktreten.

(5) Auf das in § 634 bezeichnete Minderungsrecht finden § 218 und Absatz 4 Satz 2 entsprechende Anwendung.

**§ 635 Nacherfüllung.** (1) Verlangt der Besteller Nacherfüllung, so kann der Unternehmer nach seiner Wahl den Mangel beseitigen oder ein neues Werk herstellen.

(2) Der Unternehmer hat die zum Zwecke der Nacherfüllung erforderlichen Aufwendungen, insbesondere Transport-, Wege-, Arbeits- und Materialkosten zu tragen.

(3) Der Unternehmer kann die Nacherfüllung unbeschadet des § 275 Abs. 2 und 3 verweigern, wenn sie nur mit unverhältnismäßigen Kosten möglich ist.

(4) Stellt der Unternehmer ein neues Werk her, so kann er vom Besteller Rückgewähr des mangelhaften Werkes nach Maßgabe der §§ 346 bis 348 verlangen.

**§ 636 Besondere Bestimmungen für Rücktritt und Schadensersatz.**

Außer in den Fällen der §§ 281 Abs. 2 und 323 Abs. 2 bedarf es der Fristsetzung auch dann nicht, wenn der Unternehmer die Nacherfüllung gemäß § 635 Abs. 3 verweigert oder wenn die Nacherfüllung fehlgeschlagen oder dem Besteller unzumutbar ist.

**§ 637 Selbstvornahme.** (1) Der Besteller kann wegen eines Mangels des Werkes nach erfolglosem Ablauf einer von ihm zur Nacherfüllung bestimmten angemessenen Frist den Mangel selbst beseitigen und Ersatz der erforderlichen Aufwendungen verlangen, wenn nicht der Unternehmer die Nacherfüllung zu Recht verweigert.

(2) [1] § 323 Abs. 2 findet entsprechende Anwendung. [2] Der Bestimmung einer Frist bedarf es auch dann nicht, wenn die Nacherfüllung fehlgeschlagen oder dem Besteller unzumutbar ist.

(3) Der Besteller kann von dem Unternehmer für die zur Beseitigung des Mangels erforderlichen Aufwendungen Vorschuss verlangen.

**§ 638 Minderung.** (1) [1] Statt zurückzutreten, kann der Besteller die Vergütung durch Erklärung gegenüber dem Unternehmer mindern. [2] Der Ausschlussgrund des § 323 Abs. 5 Satz 2 findet keine Anwendung.

(2) Sind auf der Seite des Bestellers oder auf der Seite des Unternehmers mehrere beteiligt, so kann die Minderung nur von allen oder gegen alle erklärt werden.

(3) [1] Bei der Minderung ist die Vergütung in dem Verhältnis herabzusetzen, in welchem zur Zeit des Vertragsschlusses der Wert des Werkes in mangelfreiem Zustand zu dem wirklichen Wert gestanden haben würde. [2] Die Minderung ist, soweit erforderlich, durch Schätzung zu ermitteln.

(4) [1] Hat der Besteller mehr als die geminderte Vergütung gezahlt, so ist der Mehrbetrag vom Unternehmer zu erstatten. [2] § 346 Abs. 1 und § 347 Abs. 1 finden entsprechende Anwendung.

**§ 639[1] Haftungsausschluss.** Auf eine Vereinbarung, durch welche die Rechte des Bestellers wegen eines Mangels ausgeschlossen oder beschränkt werden, kann sich der Unternehmer nicht berufen, soweit er den Mangel arglistig verschwiegen oder eine Garantie für die Beschaffenheit des Werkes übernommen hat.

**§ 640[2] Abnahme.** (1) [1] Der Besteller ist verpflichtet, das vertragsmäßig hergestellte Werk abzunehmen, sofern nicht nach der Beschaffenheit des Werkes die Abnahme ausgeschlossen ist. [2] Wegen unwesentlicher Mängel kann die Abnahme nicht verweigert werden.

(2) [1] Als abgenommen gilt ein Werk auch, wenn der Unternehmer dem Besteller nach Fertigstellung des Werks eine angemessene Frist zur Abnahme gesetzt hat und der Besteller die Abnahme nicht innerhalb dieser Frist unter Angabe mindestens eines Mangels verweigert hat. [2] Ist der Besteller ein Verbraucher, so treten die Rechtsfolgen des Satzes 1 nur dann ein, wenn der Unternehmer den Besteller zusammen mit der Aufforderung zur Abnahme auf die Folgen einer nicht erklärten oder ohne Angabe von Mängeln verweigerten Abnahme hingewiesen hat; der Hinweis muss in Textform erfolgen.

(3) Nimmt der Besteller ein mangelhaftes Werk gemäß Absatz 1 Satz 1 ab, obschon er den Mangel kennt, so stehen ihm die in § 634 Nr. 1 bis 3 bezeichneten Rechte nur zu, wenn er sich seine Rechte wegen des Mangels bei der Abnahme vorbehält.

**§ 641[3] [4] Fälligkeit der Vergütung.** (1) [1] Die Vergütung ist bei der Abnahme des Werkes zu entrichten. [2] Ist das Werk in Teilen abzunehmen und die Vergütung

---

[1] § 639 geänd. mWv 8.12.2004 durch G v. 2.12.2004 (BGBl. I S. 3102).

[2] § 640 Abs. 1 Satz 3 aufgeh., Abs. 2 eingef., bish. Abs. 2 wird Abs. 3 mWv 1.1.2018 durch G v. 28.4.2017 (BGBl. I S. 969).

[3] § 641 Abs. 2 und 3 neu gef. mWv 1.1.2009 durch G v. 23.10.2008 (BGBl. I S. 2022).

[4] Beachte hierzu Übergangsvorschrift in Art. 229 § 19 EGBGB (Nr. **21**).

für die einzelnen Teile bestimmt, so ist die Vergütung für jeden Teil bei dessen Abnahme zu entrichten.

(2) [1]Die Vergütung des Unternehmers für ein Werk, dessen Herstellung der Besteller einem Dritten versprochen hat, wird spätestens fällig,

1. soweit der Besteller von dem Dritten für das versprochene Werk wegen dessen Herstellung seine Vergütung oder Teile davon erhalten hat,
2. soweit das Werk des Bestellers von dem Dritten abgenommen worden ist oder als abgenommen gilt oder
3. wenn der Unternehmer dem Besteller erfolglos eine angemessene Frist zur Auskunft über die in den Nummern 1 und 2 bezeichneten Umstände bestimmt hat.

[2]Hat der Besteller dem Dritten wegen möglicher Mängel des Werks Sicherheit geleistet, gilt Satz 1 nur, wenn der Unternehmer dem Besteller entsprechende Sicherheit leistet.

(3) Kann der Besteller die Beseitigung eines Mangels verlangen, so kann er nach der Fälligkeit die Zahlung eines angemessenen Teils der Vergütung verweigern; angemessen ist in der Regel das Doppelte der für die Beseitigung des Mangels erforderlichen Kosten.

(4) Eine in Geld festgesetzte Vergütung hat der Besteller von der Abnahme des Werkes an zu verzinsen, sofern nicht die Vergütung gestundet ist.

**§ 641a**[1) 2)] *(aufgehoben)*

**§ 642 Mitwirkung des Bestellers.** (1) Ist bei der Herstellung des Werkes eine Handlung des Bestellers erforderlich, so kann der Unternehmer, wenn der Besteller durch das Unterlassen der Handlung in Verzug der Annahme kommt, eine angemessene Entschädigung verlangen.

(2) Die Höhe der Entschädigung bestimmt sich einerseits nach der Dauer des Verzugs und der Höhe der vereinbarten Vergütung, andererseits nach demjenigen, was der Unternehmer infolge des Verzugs an Aufwendungen erspart oder durch anderweitige Verwendung seiner Arbeitskraft erwerben kann.

**§ 643 Kündigung bei unterlassener Mitwirkung.** [1]Der Unternehmer ist im Falle des § 642 berechtigt, dem Besteller zur Nachholung der Handlung eine angemessene Frist mit der Erklärung zu bestimmen, dass er den Vertrag kündige, wenn die Handlung nicht bis zum Ablauf der Frist vorgenommen werde. [2]Der Vertrag gilt als aufgehoben, wenn nicht die Nachholung bis zum Ablauf der Frist erfolgt.

**§ 644 Gefahrtragung.** (1) [1]Der Unternehmer trägt die Gefahr bis zur Abnahme des Werkes. [2]Kommt der Besteller in Verzug der Annahme, so geht die Gefahr auf ihn über. [3]Für den zufälligen Untergang und eine zufällige Verschlechterung des von dem Besteller gelieferten Stoffes ist der Unternehmer nicht verantwortlich.

(2) Versendet der Unternehmer das Werk auf Verlangen des Bestellers nach einem anderen Ort als dem Erfüllungsort, so findet die für den Kauf geltende Vorschrift des § 447 entsprechende Anwendung.

---

1) § 641a aufgeh. mWv 1.1.2009 durch G v. 23.10.2008 (BGBl. I S. 2022).
2) Beachte hierzu Übergangsvorschrift in Art. 229 § 19 EGBGB (Nr. **21**).

**§ 645 Verantwortlichkeit des Bestellers.** (1) [1] Ist das Werk vor der Abnahme infolge eines Mangels des von dem Besteller gelieferten Stoffes oder infolge einer von dem Besteller für die Ausführung erteilten Anweisung untergegangen, verschlechtert oder unausführbar geworden, ohne dass ein Umstand mitgewirkt hat, den der Unternehmer zu vertreten hat, so kann der Unternehmer einen der geleisteten Arbeit entsprechenden Teil der Vergütung und Ersatz der in der Vergütung nicht inbegriffenen Auslagen verlangen. [2] Das Gleiche gilt, wenn der Vertrag in Gemäßheit des § 643 aufgehoben wird.

(2) Eine weitergehende Haftung des Bestellers wegen Verschuldens bleibt unberührt.

**§ 646 Vollendung statt Abnahme.** Ist nach der Beschaffenheit des Werkes die Abnahme ausgeschlossen, so tritt in den Fällen des § 634a Abs. 2 und der §§ 641, 644 und 645 an die Stelle der Abnahme die Vollendung des Werkes.

**§ 647 Unternehmerpfandrecht.** Der Unternehmer hat für seine Forderungen aus dem Vertrag ein Pfandrecht an den von ihm hergestellten oder ausgebesserten beweglichen Sachen des Bestellers, wenn sie bei der Herstellung oder zum Zwecke der Ausbesserung in seinen Besitz gelangt sind.

**§ 647a[1)] Sicherungshypothek des Inhabers einer Schiffswerft.** [1] Der Inhaber einer Schiffswerft kann für seine Forderungen aus dem Bau oder der Ausbesserung eines Schiffes die Einräumung einer Schiffshypothek an dem Schiffsbauwerk oder dem Schiff des Bestellers verlangen. [2] Ist das Werk noch nicht vollendet, so kann er die Einräumung der Schiffshypothek für einen der geleisteten Arbeit entsprechenden Teil der Vergütung und für die in der Vergütung nicht inbegriffenen Auslagen verlangen. [3] § 647 findet keine Anwendung.

**§ 648[2) 3)] Kündigungsrecht des Bestellers.** [1] Der Besteller kann bis zur Vollendung des Werkes jederzeit den Vertrag kündigen. [2] Kündigt der Besteller, so ist der Unternehmer berechtigt, die vereinbarte Vergütung zu verlangen; er muss sich jedoch dasjenige anrechnen lassen, was er infolge der Aufhebung des Vertrags an Aufwendungen erspart oder durch anderweitige Verwendung seiner Arbeitskraft erwirbt oder zu erwerben böswillig unterlässt. [3] Es wird vermutet, dass danach dem Unternehmer 5 vom Hundert der auf den noch nicht erbrachten Teil der Werkleistung entfallenden vereinbarten Vergütung zustehen.

**§ 648a[4)] Kündigung aus wichtigem Grund.** (1) [1] Beide Vertragsparteien können den Vertrag aus wichtigem Grund ohne Einhaltung einer Kündigungsfrist kündigen. [2] Ein wichtiger Grund liegt vor, wenn dem kündigenden Teil unter Berücksichtigung aller Umstände des Einzelfalls und unter Abwägung der beiderseitigen Interessen die Fortsetzung des Vertragsverhältnisses bis zur Fertigstellung des Werks nicht zugemutet werden kann.

(2) Eine Teilkündigung ist möglich; sie muss sich auf einen abgrenzbaren Teil des geschuldeten Werks beziehen.

(3) § 314 Absatz 2 und 3 gilt entsprechend.

---

[1)] § 647a eingef. mWv 1.1.2018 durch G v. 28.4.2017 (BGBl. I S. 969).

[2)] Früherer § 649 Satz 3 angef. mWv 1.1.2009 durch G v. 23.10.2008 (BGBl. I S. 2022); § 648 aufgeh., bish. § 649 wird § 648 mWv 1.1.2018 durch G v. 28.4.2017 (BGBl. I S. 969).

[3)] Beachte hierzu Übergangsvorschrift in Art. 229 § 19 EGBGB (Nr. **21**).

[4)] Bish. § 648a aufgeh., neuer § 648a eingef. mWv 1.1.2018 durch G v. 28.4.2017 (BGBl. I S. 969).

(4) [1] Nach der Kündigung kann jede Vertragspartei von der anderen verlangen, dass sie an einer gemeinsamen Feststellung des Leistungsstandes mitwirkt. [2] Verweigert eine Vertragspartei die Mitwirkung oder bleibt sie einem vereinbarten oder einem von der anderen Vertragspartei innerhalb einer angemessenen Frist bestimmten Termin zur Leistungsstandfeststellung fern, trifft sie die Beweislast für den Leistungsstand zum Zeitpunkt der Kündigung. [3] Dies gilt nicht, wenn die Vertragspartei infolge eines Umstands fernbleibt, den sie nicht zu vertreten hat und den sie der anderen Vertragspartei unverzüglich mitgeteilt hat.

(5) Kündigt eine Vertragspartei aus wichtigem Grund, ist der Unternehmer nur berechtigt, die Vergütung zu verlangen, die auf den bis zur Kündigung erbrachten Teil des Werks entfällt.

(6) Die Berechtigung, Schadensersatz zu verlangen, wird durch die Kündigung nicht ausgeschlossen.

**§ 649[1)] Kostenanschlag.** (1) Ist dem Vertrag ein Kostenanschlag zugrunde gelegt worden, ohne dass der Unternehmer die Gewähr für die Richtigkeit des Anschlags übernommen hat, und ergibt sich, dass das Werk nicht ohne eine wesentliche Überschreitung des Anschlags ausführbar ist, so steht dem Unternehmer, wenn der Besteller den Vertrag aus diesem Grund kündigt, nur der im § 645 Abs. 1 bestimmte Anspruch zu.

(2) Ist eine solche Überschreitung des Anschlags zu erwarten, so hat der Unternehmer dem Besteller unverzüglich Anzeige zu machen.

**§ 650[2)] Werklieferungsvertrag; Verbrauchervertrag über die Herstellung digitaler Produkte.** (1) [1] Auf einen Vertrag, der die Lieferung herzustellender oder zu erzeugender beweglicher Sachen zum Gegenstand hat, finden die Vorschriften über den Kauf Anwendung. [2] § 442 Abs. 1 Satz 1 findet bei diesen Verträgen auch Anwendung, wenn der Mangel auf den vom Besteller gelieferten Stoff zurückzuführen ist. [3] Soweit es sich bei den herzustellenden oder zu erzeugenden beweglichen Sachen um nicht vertretbare Sachen handelt, sind auch die §§ 642, 643, 645, 648 und 649 mit der Maßgabe anzuwenden, dass an die Stelle der Abnahme der nach den §§ 446 und 447 maßgebliche Zeitpunkt tritt.

(2) [1] Auf einen Verbrauchervertrag, bei dem der Unternehmer sich verpflichtet,

1. digitale Inhalte herzustellen,
2. einen Erfolg durch eine digitale Dienstleistung herbeizuführen oder
3. einen körperlichen Datenträger herzustellen, der ausschließlich als Träger digitaler Inhalte dient,

sind die §§ 633 bis 639 über die Rechte bei Mängeln sowie § 640 über die Abnahme nicht anzuwenden. [2] An die Stelle der nach Satz 1 nicht anzuwendenden Vorschriften treten die Vorschriften des Abschnitts 3 Titel 2a. [3] Die §§ 641, 644 und 645 sind mit der Maßgabe anzuwenden, dass an die Stelle der Abnahme die Bereitstellung des digitalen Produkts (§ 327b Absatz 3 bis 5) tritt.

(3) [1] Auf einen Verbrauchervertrag, bei dem der Unternehmer sich verpflichtet, einen herzustellenden körperlichen Datenträger zu liefern, der ausschließlich als Träger digitaler Inhalte dient, sind abweichend von Absatz 1 Satz 1 und 2 § 433 Absatz 1 Satz 2, die §§ 434 bis 442, 475 Absatz 3 Satz 1, Absatz 4 bis 6 und die

---

1) Bish. § 650 wird § 649 mWv 1.1.2018 durch G v. 28.4.2017 (BGBl. I S. 969).

2) Bish. § 651 wird § 650 und Satz 3 geänd. mWv 1.1.2018 durch G v. 28.4.2017 (BGBl. I S. 969); Überschrift neu gef., Abs. 2–4 angef. mWv 1.1.2022 durch G v. 25.6.2021 (BGBl. I S. 2123).

§§ 476 und 477 über die Rechte bei Mängeln nicht anzuwenden. [2] An die Stelle der nach Satz 1 nicht anzuwendenden Vorschriften treten die Vorschriften des Abschnitts 3 Titel 2a.

(4) [1] Für einen Verbrauchervertrag, bei dem der Unternehmer sich verpflichtet, eine Sache herzustellen, die ein digitales Produkt enthält oder mit digitalen Produkten verbunden ist, gilt der Anwendungsausschluss nach Absatz 2 entsprechend für diejenigen Bestandteile des Vertrags, welche die digitalen Produkte betreffen. [2] Für einen Verbrauchervertrag, bei dem der Unternehmer sich verpflichtet, eine herzustellende Sache zu liefern, die ein digitales Produkt enthält oder mit digitalen Produkten verbunden ist, gilt der Anwendungsausschluss nach Absatz 3 entsprechend für diejenigen Bestandteile des Vertrags, welche die digitalen Produkte betreffen.

### Kapitel 2.[1)] Bauvertrag

**§ 650a[1)] Bauvertrag.** (1) [1] Ein Bauvertrag ist ein Vertrag über die Herstellung, die Wiederherstellung, die Beseitigung oder den Umbau eines Bauwerks, einer Außenanlage oder eines Teils davon. [2] Für den Bauvertrag gelten ergänzend die folgenden Vorschriften dieses Kapitels.

(2) Ein Vertrag über die Instandhaltung eines Bauwerks ist ein Bauvertrag, wenn das Werk für die Konstruktion, den Bestand oder den bestimmungsgemäßen Gebrauch von wesentlicher Bedeutung ist.

**§ 650b[1)] Änderung des Vertrags; Anordnungsrecht des Bestellers.**

(1) [1] Begehrt der Besteller

1. eine Änderung des vereinbarten Werkerfolgs (§ 631 Absatz 2) oder
2. eine Änderung, die zur Erreichung des vereinbarten Werkerfolgs notwendig ist,

streben die Vertragsparteien Einvernehmen über die Änderung und die infolge der Änderung zu leistende Mehr- oder Mindervergütung an. [2] Der Unternehmer ist verpflichtet, ein Angebot über die Mehr- oder Mindervergütung zu erstellen, im Falle einer Änderung nach Satz 1 Nummer 1 jedoch nur, wenn ihm die Ausführung der Änderung zumutbar ist. [3] Macht der Unternehmer betriebsinterne Vorgänge für die Unzumutbarkeit einer Anordnung nach Absatz 1 Satz 1 Nummer 1 geltend, trifft ihn die Beweislast hierfür. [4] Trägt der Besteller die Verantwortung für die Planung des Bauwerks oder der Außenanlage, ist der Unternehmer nur dann zur Erstellung eines Angebots über die Mehr- oder Mindervergütung verpflichtet, wenn der Besteller die für die Änderung erforderliche Planung vorgenommen und dem Unternehmer zur Verfügung gestellt hat. [5] Begehrt der Besteller eine Änderung, für die dem Unternehmer nach § 650c Absatz 1 Satz 2 kein Anspruch auf Vergütung für vermehrten Aufwand zusteht, streben die Parteien nur Einvernehmen über die Änderung an; Satz 2 findet in diesem Fall keine Anwendung.

(2) [1] Erzielen die Parteien binnen 30 Tagen nach Zugang des Änderungsbegehrens beim Unternehmer keine Einigung nach Absatz 1, kann der Besteller die Änderung in Textform anordnen. [2] Der Unternehmer ist verpflichtet, der Anordnung des Bestellers nachzukommen, einer Anordnung nach Absatz 1 Satz 1 Nummer 1 jedoch nur, wenn ihm die Ausführung zumutbar ist. [3] Absatz 1 Satz 3 gilt entsprechend.

---

1) Kapitel 2 (§§ 650a–650h) eingef. mWv 1.1.2018 durch G v. 28.4.2017 (BGBl. I S. 969).

**§ 650c[1] Vergütungsanpassung bei Anordnungen nach § 650b Absatz 2.**

(1) [1] Die Höhe des Vergütungsanspruchs für den infolge einer Anordnung des Bestellers nach § 650b Absatz 2 vermehrten oder verminderten Aufwand ist nach den tatsächlich erforderlichen Kosten mit angemessenen Zuschlägen für allgemeine Geschäftskosten, Wagnis und Gewinn zu ermitteln. [2] Umfasst die Leistungspflicht des Unternehmers auch die Planung des Bauwerks oder der Außenanlage, steht diesem im Fall des § 650b Absatz 1 Satz 1 Nummer 2 kein Anspruch auf Vergütung für vermehrten Aufwand zu.

(2) [1] Der Unternehmer kann zur Berechnung der Vergütung für den Nachtrag auf die Ansätze in einer vereinbarungsgemäß hinterlegten Urkalkulation zurückgreifen. [2] Es wird vermutet, dass die auf Basis der Urkalkulation fortgeschriebene Vergütung der Vergütung nach Absatz 1 entspricht.

(3) [1] Bei der Berechnung von vereinbarten oder gemäß § 632a geschuldeten Abschlagszahlungen kann der Unternehmer 80 Prozent einer in einem Angebot nach § 650b Absatz 1 Satz 2 genannten Mehrvergütung ansetzen, wenn sich die Parteien nicht über die Höhe geeinigt haben oder keine anderslautende gericht-

*(Fortsetzung nächstes Blatt)*

[1] Kapitel 2 (§§ 650a–650h) eingef. mWv 1.1.2018 durch G v. 28.4.2017 (BGBl. I S. 969).

liche Entscheidung ergeht. [2] Wählt der Unternehmer diesen Weg und ergeht keine anderslautende gerichtliche Entscheidung, wird die nach den Absätzen 1 und 2 geschuldete Mehrvergütung erst nach der Abnahme des Werks fällig. [3] Zahlungen nach Satz 1, die die nach den Absätzen 1 und 2 geschuldete Mehrvergütung übersteigen, sind dem Besteller zurückzugewähren und ab ihrem Eingang beim Unternehmer zu verzinsen. [4] § 288 Absatz 1 Satz 2, Absatz 2 und § 289 Satz 1 gelten entsprechend.

**§ 650d[1)] Einstweilige Verfügung.** Zum Erlass einer einstweiligen Verfügung in Streitigkeiten über das Anordnungsrecht gemäß § 650b oder die Vergütungsanpassung gemäß § 650c ist es nach Beginn der Bauausführung nicht erforderlich, dass der Verfügungsgrund glaubhaft gemacht wird.

**§ 650e[1)] Sicherungshypothek des Bauunternehmers.** [1] Der Unternehmer kann für seine Forderungen aus dem Vertrag die Einräumung einer Sicherungshypothek an dem Baugrundstück des Bestellers verlangen. [2] Ist das Werk noch nicht vollendet, so kann er die Einräumung der Sicherungshypothek für einen der geleisteten Arbeit entsprechenden Teil der Vergütung und für die in der Vergütung nicht inbegriffenen Auslagen verlangen.

**§ 650f[1)] Bauhandwerkersicherung.** (1) [1] Der Unternehmer kann vom Besteller Sicherheit für die auch in Zusatzaufträgen vereinbarte und noch nicht gezahlte Vergütung einschließlich dazugehöriger Nebenforderungen, die mit 10 Prozent des zu sichernden Vergütungsanspruchs anzusetzen sind, verlangen. [2] Satz 1 gilt in demselben Umfang auch für Ansprüche, die an die Stelle der Vergütung treten. [3] Der Anspruch des Unternehmers auf Sicherheit wird nicht dadurch ausgeschlossen, dass der Besteller Erfüllung verlangen kann oder das Werk abgenommen hat. [4] Ansprüche, mit denen der Besteller gegen den Anspruch des Unternehmers auf Vergütung aufrechnen kann, bleiben bei der Berechnung der Vergütung unberücksichtigt, es sei denn, sie sind unstreitig oder rechtskräftig festgestellt. [5] Die Sicherheit ist auch dann als ausreichend anzusehen, wenn sich der Sicherungsgeber das Recht vorbehält, sein Versprechen im Falle einer wesentlichen Verschlechterung der Vermögensverhältnisse des Bestellers mit Wirkung für Vergütungsansprüche aus Bauleistungen zu widerrufen, die der Unternehmer bei Zugang der Widerrufserklärung noch nicht erbracht hat.

(2) [1] Die Sicherheit kann auch durch eine Garantie oder ein sonstiges Zahlungsversprechen eines im Geltungsbereich dieses Gesetzes zum Geschäftsbetrieb befugten Kreditinstituts oder Kreditversicherers geleistet werden. [2] Das Kreditinstitut oder der Kreditversicherer darf Zahlungen an den Unternehmer nur leisten, soweit der Besteller den Vergütungsanspruch des Unternehmers anerkennt oder durch vorläufig vollstreckbares Urteil zur Zahlung der Vergütung verurteilt worden ist und die Voraussetzungen vorliegen, unter denen die Zwangsvollstreckung begonnen werden darf.

(3) [1] Der Unternehmer hat dem Besteller die üblichen Kosten der Sicherheitsleistung bis zu einem Höchstsatz von 2 Prozent für das Jahr zu erstatten. [2] Dies gilt nicht, soweit eine Sicherheit wegen Einwendungen des Bestellers gegen den Vergütungsanspruch des Unternehmers aufrechterhalten werden muss und die Einwendungen sich als unbegründet erweisen.

---

1) Kapitel 2 (§§ 650a–650h) eingef. mWv 1.1.2018 durch G v. 28.4.2017 (BGBl. I S. 969).

(4) Soweit der Unternehmer für seinen Vergütungsanspruch eine Sicherheit nach Absatz 1 oder 2 erlangt hat, ist der Anspruch auf Einräumung einer Sicherungshypothek nach § 650e ausgeschlossen.

(5) [1] Hat der Unternehmer dem Besteller erfolglos eine angemessene Frist zur Leistung der Sicherheit nach Absatz 1 bestimmt, so kann der Unternehmer die Leistung verweigern oder den Vertrag kündigen. [2] Kündigt er den Vertrag, ist der Unternehmer berechtigt, die vereinbarte Vergütung zu verlangen; er muss sich jedoch dasjenige anrechnen lassen, was er infolge der Aufhebung des Vertrages an Aufwendungen erspart oder durch anderweitige Verwendung seiner Arbeitskraft erwirbt oder böswillig zu erwerben unterlässt. [3] Es wird vermutet, dass danach dem Unternehmer 5 Prozent der auf den noch nicht erbrachten Teil der Werkleistung entfallenden vereinbarten Vergütung zustehen.

(6) [1] Die Absätze 1 bis 5 finden keine Anwendung, wenn der Besteller

1. eine juristische Person des öffentlichen Rechts oder ein öffentlich-rechtliches Sondervermögen ist, über deren Vermögen ein Insolvenzverfahren unzulässig ist, oder
2. Verbraucher ist und es sich um einen Verbraucherbauvertrag nach § 650i oder um einen Bauträgervertrag nach § 650u handelt.

[2] Satz 1 Nummer 2 gilt nicht bei Betreuung des Bauvorhabens durch einen zur Verfügung über die Finanzierungsmittel des Bestellers ermächtigten Baubetreuer.

(7) Eine von den Absätzen 1 bis 5 abweichende Vereinbarung ist unwirksam.

**§ 650g[1)] Zustandsfeststellung bei Verweigerung der Abnahme; Schlussrechnung.** (1) [1] Verweigert der Besteller die Abnahme unter Angabe von Mängeln, hat er auf Verlangen des Unternehmers an einer gemeinsamen Feststellung des Zustands des Werks mitzuwirken. [2] Die gemeinsame Zustandsfeststellung soll mit der Angabe des Tages der Anfertigung versehen werden und ist von beiden Vertragsparteien zu unterschreiben.

(2) [1] Bleibt der Besteller einem vereinbarten oder einem von dem Unternehmer innerhalb einer angemessenen Frist bestimmten Termin zur Zustandsfeststellung fern, so kann der Unternehmer die Zustandsfeststellung auch einseitig vornehmen. [2] Dies gilt nicht, wenn der Besteller infolge eines Umstands fernbleibt, den er nicht zu vertreten hat und den er dem Unternehmer unverzüglich mitgeteilt hat. [3] Der Unternehmer hat die einseitige Zustandsfeststellung mit der Angabe des Tages der Anfertigung zu versehen und sie zu unterschreiben sowie dem Besteller eine Abschrift der einseitigen Zustandsfeststellung zur Verfügung zu stellen.

(3) [1] Ist das Werk dem Besteller verschafft worden und ist in der Zustandsfeststellung nach Absatz 1 oder 2 ein offenkundiger Mangel nicht angegeben, wird vermutet, dass dieser nach der Zustandsfeststellung entstanden und vom Besteller zu vertreten ist. [2] Die Vermutung gilt nicht, wenn der Mangel nach seiner Art nicht vom Besteller verursacht worden sein kann.

(4) [1] Die Vergütung ist zu entrichten, wenn

1. der Besteller das Werk abgenommen hat oder die Abnahme nach § 641 Absatz 2 entbehrlich ist und
2. der Unternehmer dem Besteller eine prüffähige Schlussrechnung erteilt hat.

---

1) Kapitel 2 (§§ 650a–650h) eingef. mWv 1.1.2018 durch G v. 28.4.2017 (BGBl. I S. 969).

[2] Die Schlussrechnung ist prüffähig, wenn sie eine übersichtliche Aufstellung der erbrachten Leistungen enthält und für den Besteller nachvollziehbar ist. [3] Sie gilt als prüffähig, wenn der Besteller nicht innerhalb von 30 Tagen nach Zugang der Schlussrechnung begründete Einwendungen gegen ihre Prüffähigkeit erhoben hat.

**§ 650h[1)] Schriftform der Kündigung.** Die Kündigung des Bauvertrags bedarf der schriftlichen Form.

### Kapitel 3.[2)] Verbraucherbauvertrag

**§ 650i[2)] Verbraucherbauvertrag.** (1) Verbraucherbauverträge sind Verträge, durch die der Unternehmer von einem Verbraucher zum Bau eines neuen Gebäudes oder zu erheblichen Umbaumaßnahmen an einem bestehenden Gebäude verpflichtet wird.

(2) Der Verbraucherbauvertrag bedarf der Textform.

(3) Für Verbraucherbauverträge gelten ergänzend die folgenden Vorschriften dieses Kapitels.

**§ 650j[2)] Baubeschreibung.** Der Unternehmer hat den Verbraucher über die sich aus Artikel 249 des Einführungsgesetzes zum Bürgerlichen Gesetzbuche[3)] ergebenden Einzelheiten in der dort vorgesehenen Form zu unterrichten, es sei denn, der Verbraucher oder ein von ihm Beauftragter macht die wesentlichen Planungsvorgaben.

**§ 650k[2)] Inhalt des Vertrags.** (1) Die Angaben der vorvertraglich zur Verfügung gestellten Baubeschreibung in Bezug auf die Bauausführung werden Inhalt des Vertrags, es sei denn, die Vertragsparteien haben ausdrücklich etwas anderes vereinbart.

(2) [1] Soweit die Baubeschreibung unvollständig oder unklar ist, ist der Vertrag unter Berücksichtigung sämtlicher vertragsbegleitender Umstände, insbesondere des Komfort- und Qualitätsstandards nach der übrigen Leistungsbeschreibung, auszulegen. [2] Zweifel bei der Auslegung des Vertrags bezüglich der vom Unternehmer geschuldeten Leistung gehen zu dessen Lasten.

(3) [1] Der Bauvertrag muss verbindliche Angaben zum Zeitpunkt der Fertigstellung des Werks oder, wenn dieser Zeitpunkt zum Zeitpunkt des Abschlusses des Bauvertrags nicht angegeben werden kann, zur Dauer der Bauausführung enthalten. [2] Enthält der Vertrag diese Angaben nicht, werden die vorvertraglich in der Baubeschreibung übermittelten Angaben zum Zeitpunkt der Fertigstellung des Werks oder zur Dauer der Bauausführung Inhalt des Vertrags.

**§ 650l[2)] Widerrufsrecht.** [1] Dem Verbraucher steht ein Widerrufsrecht gemäß § 355 zu, es sei denn, der Vertrag wurde notariell beurkundet. [2] Der Unternehmer ist verpflichtet, den Verbraucher nach Maßgabe des Artikels 249 § 3 des Einführungsgesetzes zum Bürgerlichen Gesetzbuche[3)] über sein Widerrufsrecht zu belehren.

---

[1)] Kapitel 2 (§§ 650a–650h) eingef. mWv 1.1.2018 durch G v. 28.4.2017 (BGBl. I S. 969).
[2)] Kapitel 3 (§§ 650i–650n) eingef. mWv 1.1.2018 durch G v. 28.4.2017 (BGBl. I S. 969).
[3)] Nr. **21**.

**§ 650m[1] Abschlagszahlungen; Absicherung des Vergütungsanspruchs.**

(1) Verlangt der Unternehmer Abschlagszahlungen nach § 632a, darf der Gesamtbetrag der Abschlagszahlungen 90 Prozent der vereinbarten Gesamtvergütung einschließlich der Vergütung für Nachtragsleistungen nach § 650c nicht übersteigen.

(2) [1] Dem Verbraucher ist bei der ersten Abschlagszahlung eine Sicherheit für die rechtzeitige Herstellung des Werks ohne wesentliche Mängel in Höhe von 5 Prozent der vereinbarten Gesamtvergütung zu leisten. [2] Erhöht sich der Vergütungsanspruch infolge einer Anordnung des Verbrauchers nach den §§ 650b und 650c oder infolge sonstiger Änderungen oder Ergänzungen des Vertrags um mehr als 10 Prozent, ist dem Verbraucher bei der nächsten Abschlagszahlung eine weitere Sicherheit in Höhe von 5 Prozent des zusätzlichen Vergütungsanspruchs zu leisten. [3] Auf Verlangen des Unternehmers ist die Sicherheitsleistung durch Einbehalt dergestalt zu erbringen, dass der Verbraucher die Abschlagszahlungen bis zu dem Gesamtbetrag der geschuldeten Sicherheit zurückhält.

(3) Sicherheiten nach Absatz 2 können auch durch eine Garantie oder ein sonstiges Zahlungsversprechen eines im Geltungsbereich dieses Gesetzes zum Geschäftsbetrieb befugten Kreditinstituts oder Kreditversicherers geleistet werden.

(4) [1] Verlangt der Unternehmer Abschlagszahlungen nach § 632a, ist eine Vereinbarung unwirksam, die den Verbraucher zu einer Sicherheitsleistung für die vereinbarte Vergütung verpflichtet, die die nächste Abschlagszahlung oder 20 Prozent der vereinbarten Vergütung übersteigt. [2] Gleiches gilt, wenn die Parteien Abschlagszahlungen vereinbart haben.

**§ 650n[1] Erstellung und Herausgabe von Unterlagen.** (1) [1] Rechtzeitig vor Beginn der Ausführung einer geschuldeten Leistung hat der Unternehmer diejenigen Planungsunterlagen zu erstellen und dem Verbraucher herauszugeben, die dieser benötigt, um gegenüber Behörden den Nachweis führen zu können, dass die Leistung unter Einhaltung der einschlägigen öffentlich-rechtlichen Vorschriften ausgeführt werden wird. [2] Die Pflicht besteht nicht, soweit der Verbraucher oder ein von ihm Beauftragter die wesentlichen Planungsvorgaben erstellt.

(2) Spätestens mit der Fertigstellung des Werks hat der Unternehmer diejenigen Unterlagen zu erstellen und dem Verbraucher herauszugeben, die dieser benötigt, um gegenüber Behörden den Nachweis führen zu können, dass die Leistung unter Einhaltung der einschlägigen öffentlich-rechtlichen Vorschriften ausgeführt worden ist.

(3) Die Absätze 1 und 2 gelten entsprechend, wenn ein Dritter, etwa ein Darlehensgeber, Nachweise für die Einhaltung bestimmter Bedingungen verlangt und wenn der Unternehmer die berechtigte Erwartung des Verbrauchers geweckt hat, diese Bedingungen einzuhalten.

### Kapitel 4.[2] Unabdingbarkeit

**§ 650o[2] Abweichende Vereinbarungen.** [1] Von § 640 Absatz 2 Satz 2, den §§ 650i bis 650l und 650n kann nicht zum Nachteil des Verbrauchers abge-

[1] Kapitel 3 (§§ 650i–650n) eingef. mWv 1.1.2018 durch G v. 28.4.2017 (BGBl. I S. 969).
[2] Kapitel 4 (§ 650o) eingef. mWv 1.1.2018 durch G v. 28.4.2017 (BGBl. I S. 969).

wichen werden. [2] Diese Vorschriften finden auch Anwendung, wenn sie durch anderweitige Gestaltungen umgangen werden.

**Untertitel 2.[1] Architektenvertrag und Ingenieurvertrag**

**§ 650p[1] Vertragstypische Pflichten aus Architekten- und Ingenieurverträgen.** (1) Durch einen Architekten- oder Ingenieurvertrag wird der Unternehmer verpflichtet, die Leistungen zu erbringen, die nach dem jeweiligen Stand der Planung und Ausführung des Bauwerks oder der Außenanlage erforderlich sind, um die zwischen den Parteien vereinbarten Planungs- und Überwachungsziele zu erreichen.

(2) [1] Soweit wesentliche Planungs- und Überwachungsziele noch nicht vereinbart sind, hat der Unternehmer zunächst eine Planungsgrundlage zur Ermittlung dieser Ziele zu erstellen. [2] Er legt dem Besteller die Planungsgrundlage zusammen mit einer Kosteneinschätzung für das Vorhaben zur Zustimmung vor.

**§ 650q[2] Anwendbare Vorschriften.** (1) Für Architekten- und Ingenieurverträge gelten die Vorschriften des Kapitels 1 des Untertitels 1 sowie die §§ 650b, 650e bis 650h entsprechend, soweit sich aus diesem Untertitel nichts anderes ergibt.

(2) [1] Für die Vergütungsanpassung im Fall von Anordnungen nach § 650b Absatz 2 gelten die Entgeltberechnungsregeln der Honorarordnung für Architekten und Ingenieure in der jeweils geltenden Fassung, soweit infolge der Anordnung zu erbringende oder entfallende Leistungen vom Anwendungsbereich der Honorarordnung erfasst werden. [2] Im Übrigen gilt § 650c entsprechend.

**§ 650r[1] Sonderkündigungsrecht.** (1) [1] Nach Vorlage von Unterlagen gemäß § 650p Absatz 2 kann der Besteller den Vertrag kündigen. [2] Das Kündigungsrecht erlischt zwei Wochen nach Vorlage der Unterlagen, bei einem Verbraucher jedoch nur dann, wenn der Unternehmer ihn bei der Vorlage der Unterlagen in Textform über das Kündigungsrecht, die Frist, in der es ausgeübt werden kann, und die Rechtsfolgen der Kündigung unterrichtet hat.

(2) [1] Der Unternehmer kann dem Besteller eine angemessene Frist für die Zustimmung nach § 650p Absatz 2 Satz 2 setzen. [2] Er kann den Vertrag kündigen, wenn der Besteller die Zustimmung verweigert oder innerhalb der Frist nach Satz 1 keine Erklärung zu den Unterlagen abgibt.

(3) Wird der Vertrag nach Absatz 1 oder 2 gekündigt, ist der Unternehmer nur berechtigt, die Vergütung zu verlangen, die auf die bis zur Kündigung erbrachten Leistungen entfällt.

**§ 650s[1] Teilabnahme.** Der Unternehmer kann ab der Abnahme der letzten Leistung des bauausführenden Unternehmers oder der bauausführenden Unternehmer eine Teilabnahme der von ihm bis dahin erbrachten Leistungen verlangen.

**§ 650t[1] Gesamtschuldnerische Haftung mit dem bauausführenden Unternehmer.** Nimmt der Besteller den Unternehmer wegen eines Überwachungsfehlers in Anspruch, der zu einem Mangel an dem Bauwerk oder an der Außenanlage geführt hat, kann der Unternehmer die Leistung verweigern, wenn auch der ausführende Bauunternehmer für den Mangel haftet und der Besteller dem

---

[1] Untertitel 2 (§§ 650p–650t) eingef. mWv 1.1.2018 durch G v. 28.4.2017 (BGBl. I S. 969).

[2] § 650q eingef. mWv 1.1.2018 durch G v. 28.4.2017 (BGBl. I S. 969); Abs. 2 Satz 2 neu gef., Satz 3 aufgeh. mWv 19.11.2020 durch G v. 12.11.2020 (BGBl. I S. 2392).

bauausführenden Unternehmer noch nicht erfolglos eine angemessene Frist zur Nacherfüllung bestimmt hat.

### Untertitel 3.[1] Bauträgervertrag

**§ 650u[1] Bauträgervertrag; anwendbare Vorschriften.** (1) [1] Ein Bauträgervertrag ist ein Vertrag, der die Errichtung oder den Umbau eines Hauses oder eines vergleichbaren Bauwerks zum Gegenstand hat und der zugleich die Verpflichtung des Unternehmers enthält, dem Besteller das Eigentum an dem Grundstück zu übertragen oder ein Erbbaurecht zu bestellen oder zu übertragen. [2] Hinsichtlich der Errichtung oder des Umbaus finden die Vorschriften des Untertitels 1 Anwendung, soweit sich aus den nachfolgenden Vorschriften nichts anderes ergibt. [3] Hinsichtlich des Anspruchs auf Übertragung des Eigentums an dem Grundstück oder auf Übertragung oder Bestellung des Erbbaurechts finden die Vorschriften über den Kauf Anwendung.

(2) Keine Anwendung finden die §§ 648, 648a, 650b bis 650e, 650k Absatz 1 sowie die §§ 650l und 650m Absatz 1.

**§ 650v[1] Abschlagszahlungen.** Der Unternehmer kann von dem Besteller Abschlagszahlungen nur verlangen, soweit sie gemäß einer Verordnung auf Grund von Artikel 244 des Einführungsgesetzes zum Bürgerlichen Gesetzbuche[2] vereinbart sind.

**§ 651[3]** *(nicht mehr belegt)*

### Untertitel 4.[4] [5][6] Pauschalreisevertrag, Reisevermittlung und Vermittlung verbundener Reiseleistungen

**§ 651a[7] Vertragstypische Pflichten beim Pauschalreisevertrag.**

(1) [1] Durch den Pauschalreisevertrag wird der Unternehmer (Reiseveranstalter) verpflichtet, dem Reisenden eine Pauschalreise zu verschaffen. [2] Der Reisende ist verpflichtet, dem Reiseveranstalter den vereinbarten Reisepreis zu zahlen.

(2) [1] Eine Pauschalreise ist eine Gesamtheit von mindestens zwei verschiedenen Arten von Reiseleistungen für den Zweck derselben Reise. [2] Eine Pauschalreise liegt auch dann vor, wenn

1. die von dem Vertrag umfassten Reiseleistungen auf Wunsch des Reisenden oder entsprechend seiner Auswahl zusammengestellt wurden oder

*(Fortsetzung nächstes Blatt)*

[1] Untertitel 3 (§§ 650u und 650v) eingef. mWv 1.1.2018 durch G v. 28.4.2017 (BGBl. I S. 969).
[2] Nr. **21**.
[3] Bish. § 651 wird § 650 mWv 1.1.2018 durch G v. 28.4.2017 (BGBl. I S. 969).
[4] Untertitel 4 neu gef. mWv 1.7.2018 durch G v. 17.7.2017 (BGBl. I S. 2394).
[5] Beachte hierzu Art. 250–253 EGBGB (Nr. **21**) und das Unterlassungsklagengesetz (Nr. **105**).
[6] Beachte hierzu Übergangsvorschrift in Art. 229 § 42 EGBGB (Nr. **21**).
[7] §§ 651a–651m neu gef. mWv 1.7.2018 durch G v. 17.7.2017 (BGBl. I S. 2394).

2. der Reiseveranstalter dem Reisenden in dem Vertrag das Recht einräumt, die Auswahl der Reiseleistungen aus seinem Angebot nach Vertragsschluss zu treffen.

(3) [1] Reiseleistungen im Sinne dieses Gesetzes sind

1. die Beförderung von Personen,
2. die Beherbergung, außer wenn sie Wohnzwecken dient,
3. die Vermietung
   a) von vierrädrigen Kraftfahrzeugen gemäß § 3 Absatz 1 der EG-Fahrzeuggenehmigungsverordnung vom 3. Februar 2011 (BGBl. I S. 126), die zuletzt durch Artikel 7 der Verordnung vom 23. März 2017 (BGBl. I S. 522) geändert worden ist, und
   b) von Krafträdern der Fahrerlaubnisklasse A gemäß § 6 Absatz 1 der Fahrerlaubnis-Verordnung[1)] vom 13. Dezember 2010 (BGBl. I S. 1980), die zuletzt durch Artikel 4 der Verordnung vom 18. Mai 2017 (BGBl. I S. 1282) geändert worden ist,
4. jede touristische Leistung, die nicht Reiseleistung im Sinne der Nummern 1 bis 3 ist.

[2] Nicht als Reiseleistungen nach Satz 1 gelten Reiseleistungen, die wesensmäßig Bestandteil einer anderen Reiseleistung sind.

(4) [1] Keine Pauschalreise liegt vor, wenn nur eine Art von Reiseleistung im Sinne des Absatzes 3 Satz 1 Nummer 1 bis 3 mit einer oder mehreren touristischen Leistungen im Sinne des Absatzes 3 Satz 1 Nummer 4 zusammengestellt wird und die touristischen Leistungen

1. keinen erheblichen Anteil am Gesamtwert der Zusammenstellung ausmachen und weder ein wesentliches Merkmal der Zusammenstellung darstellen noch als solches beworben werden oder
2. erst nach Beginn der Erbringung einer Reiseleistung im Sinne des Absatzes 3 Satz 1 Nummer 1 bis 3 ausgewählt und vereinbart werden.

[2] Touristische Leistungen machen im Sinne des Satzes 1 Nummer 1 keinen erheblichen Anteil am Gesamtwert der Zusammenstellung aus, wenn auf sie weniger als 25 Prozent des Gesamtwertes entfallen.

(5) Die Vorschriften über Pauschalreiseverträge gelten nicht für Verträge über Reisen, die

1. nur gelegentlich, nicht zum Zwecke der Gewinnerzielung und nur einem begrenzten Personenkreis angeboten werden,
2. weniger als 24 Stunden dauern und keine Übernachtung umfassen (Tagesreisen) und deren Reisepreis 500 Euro nicht übersteigt oder
3. auf der Grundlage eines Rahmenvertrags für die Organisation von Geschäftsreisen mit einem Reisenden, der Unternehmer ist, für dessen unternehmerische Zwecke geschlossen werden.

**§ 651b[2)] Abgrenzung zur Vermittlung.** (1) [1] Unbeschadet der §§ 651v und 651w gelten für die Vermittlung von Reiseleistungen die allgemeinen Vorschriften. [2] Ein Unternehmer kann sich jedoch nicht darauf berufen, nur Verträge mit den Personen zu vermitteln, welche alle oder einzelne Reiseleistungen ausführen

---

[1)] **Schönfelder ErgBd. Nr. 35d.**

[2)] §§ 651a–651m neu gef. mWv 1.7.2018 durch G v. 17.7.2017 (BGBl. I S. 2394).

sollen (Leistungserbringer), wenn dem Reisenden mindestens zwei verschiedene Arten von Reiseleistungen für den Zweck derselben Reise erbracht werden sollen und

1. der Reisende die Reiseleistungen in einer einzigen Vertriebsstelle des Unternehmers im Rahmen desselben Buchungsvorgangs auswählt, bevor er sich zur Zahlung verpflichtet,
2. der Unternehmer die Reiseleistungen zu einem Gesamtpreis anbietet oder zu verschaffen verspricht oder in Rechnung stellt oder
3. der Unternehmer die Reiseleistungen unter der Bezeichnung „Pauschalreise“ oder unter einer ähnlichen Bezeichnung bewirbt oder auf diese Weise zu verschaffen verspricht.

[3] In diesen Fällen ist der Unternehmer Reiseveranstalter. [4] Der Buchungsvorgang im Sinne des Satzes 2 Nummer 1 beginnt noch nicht, wenn der Reisende hinsichtlich seines Reisewunsches befragt wird und zu Reiseangeboten lediglich beraten wird.

(2) [1] Vertriebsstellen im Sinne dieses Gesetzes sind

1. unbewegliche und bewegliche Gewerberäume,
2. Webseiten für den elektronischen Geschäftsverkehr und ähnliche Online-Verkaufsplattformen,
3. Telefondienste.

[2] Wird bei mehreren Webseiten und ähnlichen Online-Verkaufsplattformen nach Satz 1 Nummer 2 der Anschein eines einheitlichen Auftritts begründet, handelt es sich um eine Vertriebsstelle.

**§ 651c[1)] Verbundene Online-Buchungsverfahren.** (1) Ein Unternehmer, der mittels eines Online-Buchungsverfahrens mit dem Reisenden einen Vertrag über eine Reiseleistung geschlossen hat oder ihm auf demselben Weg einen solchen Vertrag vermittelt hat, ist als Reiseveranstalter anzusehen, wenn

1. er dem Reisenden für den Zweck derselben Reise mindestens einen Vertrag über eine andere Art von Reiseleistung vermittelt, indem er den Zugriff auf das Online-Buchungsverfahren eines anderen Unternehmers ermöglicht,
2. er den Namen, die Zahlungsdaten und die E-Mail-Adresse des Reisenden an den anderen Unternehmer übermittelt und
3. der weitere Vertrag spätestens 24 Stunden nach der Bestätigung des Vertragsschlusses über die erste Reiseleistung geschlossen wird.

(2) Kommen nach Absatz 1 ein Vertrag über eine andere Art von Reiseleistung oder mehrere Verträge über mindestens eine andere Art von Reiseleistung zustande, gelten vorbehaltlich des § 651a Absatz 4 die vom Reisenden geschlossenen Verträge zusammen als ein Pauschalreisevertrag im Sinne des § 651a Absatz 1.

(3) § 651a Absatz 5 Nummer 2 ist unabhängig von der Höhe des Reisepreises anzuwenden.

**§ 651d[1)] Informationspflichten; Vertragsinhalt.** (1) [1] Der Reiseveranstalter ist verpflichtet, den Reisenden, bevor dieser seine Vertragserklärung abgibt, nach

---

1) §§ 651a–651m neu gef. mWv 1.7.2018 durch G v. 17.7.2017 (BGBl. I S. 2394).

Maßgabe des Artikels 250 §§ 1 bis 3 des Einführungsgesetzes zum Bürgerlichen Gesetzbuche[1)] zu informieren. [2] Er erfüllt damit zugleich die Verpflichtungen des Reisevermittlers aus § 651v Absatz 1 Satz 1.

(2) Dem Reisenden fallen zusätzliche Gebühren, Entgelte und sonstige Kosten nur dann zur Last, wenn er über diese vor Abgabe seiner Vertragserklärung gemäß Artikel 250 § 3 Nummer 3 des Einführungsgesetzes zum Bürgerlichen Gesetzbuche informiert worden ist.

(3) [1] Die gemäß Artikel 250 § 3 Nummer 1, 3 bis 5 und 7 des Einführungsgesetzes zum Bürgerlichen Gesetzbuche gemachten Angaben werden Inhalt des Vertrags, es sei denn, die Vertragsparteien haben ausdrücklich etwas anderes vereinbart. [2] Der Reiseveranstalter hat dem Reisenden bei oder unverzüglich nach Vertragsschluss nach Maßgabe des Artikels 250 § 6 des Einführungsgesetzes zum Bürgerlichen Gesetzbuche eine Abschrift oder Bestätigung des Vertrags zur Verfügung zu stellen. [3] Er hat dem Reisenden rechtzeitig vor Reisebeginn gemäß Artikel 250 § 7 des Einführungsgesetzes zum Bürgerlichen Gesetzbuche die notwendigen Reiseunterlagen zu übermitteln.

(4) Der Reiseveranstalter trägt gegenüber dem Reisenden die Beweislast für die Erfüllung seiner Informationspflichten.

(5) [1] Bei Pauschalreiseverträgen nach § 651c gelten für den als Reiseveranstalter anzusehenden Unternehmer sowie für jeden anderen Unternehmer, dem nach § 651c Absatz 1 Nummer 2 Daten übermittelt werden, die besonderen Vorschriften des Artikels 250 §§ 4 und 8 des Einführungsgesetzes zum Bürgerlichen Gesetzbuche. [2] Im Übrigen bleiben die vorstehenden Absätze unberührt.

**§ 651e[2)] Vertragsübertragung.** (1) [1] Der Reisende kann innerhalb einer angemessenen Frist vor Reisebeginn auf einem dauerhaften Datenträger erklären, dass statt seiner ein Dritter in die Rechte und Pflichten aus dem Pauschalreisevertrag eintritt. [2] Die Erklärung ist in jedem Fall rechtzeitig, wenn sie dem Reiseveranstalter nicht später als sieben Tage vor Reisebeginn zugeht.

(2) Der Reiseveranstalter kann dem Eintritt des Dritten widersprechen, wenn dieser die vertraglichen Reiseerfordernisse nicht erfüllt.

(3) [1] Tritt ein Dritter in den Vertrag ein, haften er und der Reisende dem Reiseveranstalter als Gesamtschuldner für den Reisepreis und die durch den Eintritt des Dritten entstehenden Mehrkosten. [2] Der Reiseveranstalter darf eine Erstattung von Mehrkosten nur fordern, wenn und soweit diese angemessen und ihm tatsächlich entstanden sind.

(4) Der Reiseveranstalter hat dem Reisenden einen Nachweis darüber zu erteilen, in welcher Höhe durch den Eintritt des Dritten Mehrkosten entstanden sind.

**§ 651f[2)] Änderungsvorbehalte; Preissenkung.** (1) [1] Der Reiseveranstalter kann den Reisepreis einseitig nur erhöhen, wenn

1. der Vertrag diese Möglichkeit vorsieht und zudem einen Hinweis auf die Verpflichtung des Reiseveranstalters zur Senkung des Reisepreises nach Absatz 4 Satz 1 sowie die Angabe enthält, wie Änderungen des Reisepreises zu berechnen sind, und

---

[1)] Nr. **21**.

[2)] §§ 651a–651m neu gef. mWv 1.7.2018 durch G v. 17.7.2017 (BGBl. I S. 2394).

2. die Erhöhung des Reisepreises sich unmittelbar ergibt aus einer nach Vertragsschluss erfolgten

a) Erhöhung des Preises für die Beförderung von Personen aufgrund höherer Kosten für Treibstoff oder andere Energieträger,

b) Erhöhung der Steuern und sonstigen Abgaben für vereinbarte Reiseleistungen, wie Touristenabgaben, Hafen- oder Flughafengebühren, oder

c) Änderung der für die betreffende Pauschalreise geltenden Wechselkurse.

[2] Der Reiseveranstalter hat den Reisenden auf einem dauerhaften Datenträger klar und verständlich über die Preiserhöhung und deren Gründe zu unterrichten und hierbei die Berechnung der Preiserhöhung mitzuteilen. [3] Eine Preiserhöhung ist nur wirksam, wenn sie diesen Anforderungen entspricht und die Unterrichtung des Reisenden nicht später als 20 Tage vor Reisebeginn erfolgt.

(2) [1] Andere Vertragsbedingungen als den Reisepreis kann der Reiseveranstalter einseitig nur ändern, wenn dies im Vertrag vorgesehen und die Änderung unerheblich ist. [2] Der Reiseveranstalter hat den Reisenden auf einem dauerhaften Datenträger klar, verständlich und in hervorgehobener Weise über die Änderung zu unterrichten. [3] Eine Änderung ist nur wirksam, wenn sie diesen Anforderungen entspricht und vor Reisebeginn erklärt wird.

(3) § 308 Nummer 4 und § 309 Nummer 1 sind auf Änderungsvorbehalte nach den Absätzen 1 und 2, die durch vorformulierte Vertragsbedingungen vereinbart werden, nicht anzuwenden.

(4) [1] Sieht der Vertrag die Möglichkeit einer Erhöhung des Reisepreises vor, kann der Reisende eine Senkung des Reisepreises verlangen, wenn und soweit sich die in Absatz 1 Satz 1 Nummer 2 genannten Preise, Abgaben oder Wechselkurse nach Vertragsschluss und vor Reisebeginn geändert haben und dies zu niedrigeren Kosten für den Reiseveranstalter führt. [2] Hat der Reisende mehr als den hiernach geschuldeten Betrag gezahlt, ist der Mehrbetrag vom Reiseveranstalter zu erstatten. [3] Der Reiseveranstalter darf von dem zu erstattenden Mehrbetrag die ihm tatsächlich entstandenen Verwaltungsausgaben abziehen. [4] Er hat dem Reisenden auf dessen Verlangen nachzuweisen, in welcher Höhe Verwaltungsausgaben entstanden sind.

**§ 651g[1] Erhebliche Vertragsänderungen.** (1) [1] Übersteigt die im Vertrag nach § 651f Absatz 1 vorbehaltene Preiserhöhung 8 Prozent des Reisepreises, kann der Reiseveranstalter sie nicht einseitig vornehmen. [2] Er kann dem Reisenden jedoch eine entsprechende Preiserhöhung anbieten und verlangen, dass der Reisende innerhalb einer vom Reiseveranstalter bestimmten Frist, die angemessen sein muss,

1. das Angebot zur Preiserhöhung annimmt oder

2. seinen Rücktritt vom Vertrag erklärt.

[3] Satz 2 gilt für andere Vertragsänderungen als Preiserhöhungen entsprechend, wenn der Reiseveranstalter die Pauschalreise aus einem nach Vertragsschluss eingetretenen Umstand nur unter erheblicher Änderung einer der wesentlichen Eigenschaften der Reiseleistungen (Artikel 250 § 3 Nummer 1 des Einführungsgesetzes zum Bürgerlichen Gesetzbuche[2]) oder nur unter Abweichung von besonderen Vorgaben des Reisenden, die Inhalt des Vertrags geworden sind,

[1] §§ 651a–651m neu gef. mWv 1.7.2018 durch G v. 17.7.2017 (BGBl. I S. 2394).
[2] Nr. **21**.

verschaffen kann. [4] Das Angebot zu einer Preiserhöhung kann nicht später als 20 Tage vor Reisebeginn, das Angebot zu sonstigen Vertragsänderungen nicht nach Reisebeginn unterbreitet werden.

(2) [1] Der Reiseveranstalter kann dem Reisenden in einem Angebot zu einer Preiserhöhung oder sonstigen Vertragsänderung nach Absatz 1 wahlweise auch die Teilnahme an einer anderen Pauschalreise (Ersatzreise) anbieten. [2] Der Reiseveranstalter hat den Reisenden nach Maßgabe des Artikels 250 § 10 des Einführungsgesetzes zum Bürgerlichen Gesetzbuche zu informieren. [3] Nach dem Ablauf der vom Reiseveranstalter bestimmten Frist gilt das Angebot zur Preiserhöhung oder sonstigen Vertragsänderung als angenommen.

(3) [1] Tritt der Reisende vom Vertrag zurück, findet § 651h Absatz 1 Satz 2 und Absatz 5 entsprechende Anwendung; Ansprüche des Reisenden nach § 651i Absatz 3 Nummer 7 bleiben unberührt. [2] Nimmt er das Angebot zur Vertragsänderung oder zur Teilnahme an einer Ersatzreise an und ist die Pauschalreise im Vergleich zur ursprünglich geschuldeten nicht von mindestens gleichwertiger Beschaffenheit, gilt § 651m entsprechend; ist sie von gleichwertiger Beschaffenheit, aber für den Reiseveranstalter mit geringeren Kosten verbunden, ist im Hinblick auf den Unterschiedsbetrag § 651m Absatz 2 entsprechend anzuwenden.

**§ 651h[1)] Rücktritt vor Reisebeginn.** (1) [1] Vor Reisebeginn kann der Reisende jederzeit vom Vertrag zurücktreten. [2] Tritt der Reisende vom Vertrag zurück, verliert der Reiseveranstalter den Anspruch auf den vereinbarten Reisepreis. [3] Der Reiseveranstalter kann jedoch eine angemessene Entschädigung verlangen.

(2) [1] Im Vertrag können, auch durch vorformulierte Vertragsbedingungen, angemessene Entschädigungspauschalen festgelegt werden, die sich nach Folgendem bemessen:

1. Zeitraum zwischen der Rücktrittserklärung und dem Reisebeginn,
2. zu erwartende Ersparnis von Aufwendungen des Reiseveranstalters und
3. zu erwartender Erwerb durch anderweitige Verwendung der Reiseleistungen.

[2] Werden im Vertrag keine Entschädigungspauschalen festgelegt, bestimmt sich die Höhe der Entschädigung nach dem Reisepreis abzüglich des Werts der vom Reiseveranstalter ersparten Aufwendungen sowie abzüglich dessen, was er durch anderweitige Verwendung der Reiseleistungen erwirbt. [3] Der Reiseveranstalter ist auf Verlangen des Reisenden verpflichtet, die Höhe der Entschädigung zu begründen.

(3) [1] Abweichend von Absatz 1 Satz 3 kann der Reiseveranstalter keine Entschädigung verlangen, wenn am Bestimmungsort oder in dessen unmittelbarer Nähe unvermeidbare, außergewöhnliche Umstände auftreten, die die Durchführung der Pauschalreise oder die Beförderung von Personen an den Bestimmungsort erheblich beeinträchtigen. [2] Umstände sind unvermeidbar und außergewöhnlich im Sinne dieses Untertitels, wenn sie nicht der Kontrolle der Partei unterliegen, die sich hierauf beruft, und sich ihre Folgen auch dann nicht hätten vermeiden lassen, wenn alle zumutbaren Vorkehrungen getroffen worden wären.

(4) [1] Der Reiseveranstalter kann vor Reisebeginn in den folgenden Fällen vom Vertrag zurücktreten:

---

[1)] §§ 651a–651m neu gef. mWv 1.7.2018 durch G v. 17.7.2017 (BGBl. I S. 2394).

1. für die Pauschalreise haben sich weniger Personen als die im Vertrag angegebene Mindestteilnehmerzahl angemeldet; in diesem Fall hat der Reiseveranstalter den Rücktritt innerhalb der im Vertrag bestimmten Frist zu erklären, jedoch spätestens
   a) 20 Tage vor Reisebeginn bei einer Reisedauer von mehr als sechs Tagen,
   b) sieben Tage vor Reisebeginn bei einer Reisedauer von mindestens zwei und höchstens sechs Tagen,
   c) 48 Stunden vor Reisebeginn bei einer Reisedauer von weniger als zwei Tagen,
2. der Reiseveranstalter ist aufgrund unvermeidbarer, außergewöhnlicher Umstände an der Erfüllung des Vertrags gehindert; in diesem Fall hat er den Rücktritt unverzüglich nach Kenntnis von dem Rücktrittsgrund zu erklären.

[2] Tritt der Reiseveranstalter vom Vertrag zurück, verliert er den Anspruch auf den vereinbarten Reisepreis.

(5) Wenn der Reiseveranstalter infolge eines Rücktritts zur Rückerstattung des Reisepreises verpflichtet ist, hat er unverzüglich, auf jeden Fall aber innerhalb von 14 Tagen nach dem Rücktritt zu leisten.

**§ 651i[1]) Rechte des Reisenden bei Reisemängeln.** (1) Der Reiseveranstalter hat dem Reisenden die Pauschalreise frei von Reisemängeln zu verschaffen.

(2) [1] Die Pauschalreise ist frei von Reisemängeln, wenn sie die vereinbarte Beschaffenheit hat. [2] Soweit die Beschaffenheit nicht vereinbart ist, ist die Pauschalreise frei von Reisemängeln,

1. wenn sie sich für den nach dem Vertrag vorausgesetzten Nutzen eignet, ansonsten
2. wenn sie sich für den gewöhnlichen Nutzen eignet und eine Beschaffenheit aufweist, die bei Pauschalreisen der gleichen Art üblich ist und die der Reisende nach der Art der Pauschalreise erwarten kann.

[3] Ein Reisemangel liegt auch vor, wenn der Reiseveranstalter Reiseleistungen nicht oder mit unangemessener Verspätung verschafft.

(3) Ist die Pauschalreise mangelhaft, kann der Reisende, wenn die Voraussetzungen der folgenden Vorschriften vorliegen und soweit nichts anderes bestimmt ist,

1. nach § 651k Absatz 1 Abhilfe verlangen,
2. nach § 651k Absatz 2 selbst Abhilfe schaffen und Ersatz der erforderlichen Aufwendungen verlangen,
3. nach § 651k Absatz 3 Abhilfe durch andere Reiseleistungen (Ersatzleistungen) verlangen,
4. nach § 651k Absatz 4 und 5 Kostentragung für eine notwendige Beherbergung verlangen,
5. den Vertrag nach § 651l kündigen,
6. die sich aus einer Minderung des Reisepreises (§ 651m) ergebenden Rechte geltend machen und
7. nach § 651n Schadensersatz oder nach § 284 Ersatz vergeblicher Aufwendungen verlangen.

---

1) §§ 651a–651m neu gef. mWv 1.7.2018 durch G v. 17.7.2017 (BGBl. I S. 2394).

**§ 651j[1)] Verjährung.** [1] Die in § 651i Absatz 3 bezeichneten Ansprüche des Reisenden verjähren in zwei Jahren. [2] Die Verjährungsfrist beginnt mit dem Tag, an dem die Pauschalreise dem Vertrag nach enden sollte.

**§ 651k[1)] Abhilfe.** (1) [1] Verlangt der Reisende Abhilfe, hat der Reiseveranstalter den Reisemangel zu beseitigen. [2] Er kann die Abhilfe nur verweigern, wenn sie

1. unmöglich ist oder
2. unter Berücksichtigung des Ausmaßes des Reisemangels und des Werts der betroffenen Reiseleistung mit unverhältnismäßigen Kosten verbunden ist.

(2) [1] Leistet der Reiseveranstalter vorbehaltlich der Ausnahmen des Absatzes 1 Satz 2 nicht innerhalb einer vom Reisenden bestimmten angemessenen Frist Abhilfe, kann der Reisende selbst Abhilfe schaffen und Ersatz der erforderlichen Aufwendungen verlangen. [2] Der Bestimmung einer Frist bedarf es nicht, wenn die Abhilfe vom Reiseveranstalter verweigert wird oder wenn sofortige Abhilfe notwendig ist.

(3) [1] Kann der Reiseveranstalter die Beseitigung des Reisemangels nach Absatz 1 Satz 2 verweigern und betrifft der Reisemangel einen erheblichen Teil der Reiseleistungen, hat der Reiseveranstalter Abhilfe durch angemessene Ersatzleistungen anzubieten. [2] Haben die Ersatzleistungen zur Folge, dass die Pauschalreise im Vergleich zur ursprünglich geschuldeten nicht von mindestens gleichwertiger Beschaffenheit ist, hat der Reiseveranstalter dem Reisenden eine angemessene Herabsetzung des Reisepreises zu gewähren; die Angemessenheit richtet sich nach § 651m Absatz 1 Satz 2. [3] Sind die Ersatzleistungen nicht mit den im Vertrag vereinbarten Leistungen vergleichbar oder ist die vom Reiseveranstalter angebotene Herabsetzung des Reisepreises nicht angemessen, kann der Reisende die Ersatzleistungen ablehnen. [4] In diesem Fall oder wenn der Reiseveranstalter außerstande ist, Ersatzleistungen anzubieten, ist § 651l Absatz 2 und 3 mit der Maßgabe anzuwenden, dass es auf eine Kündigung des Reisenden nicht ankommt.

(4) Ist die Beförderung des Reisenden an den Ort der Abreise oder an einen anderen Ort, auf den sich die Parteien geeinigt haben (Rückbeförderung), vom Vertrag umfasst und aufgrund unvermeidbarer, außergewöhnlicher Umstände nicht möglich, hat der Reiseveranstalter die Kosten für eine notwendige Beherbergung des Reisenden für einen höchstens drei Nächte umfassenden Zeitraum zu tragen, und zwar möglichst in einer Unterkunft, die der im Vertrag vereinbarten gleichwertig ist.

(5) Der Reiseveranstalter kann sich auf die Begrenzung des Zeitraums auf höchstens drei Nächte gemäß Absatz 4 in folgenden Fällen nicht berufen:

1. der Leistungserbringer hat nach unmittelbar anwendbaren Regelungen der Europäischen Union dem Reisenden die Beherbergung für einen längeren Zeitraum anzubieten oder die Kosten hierfür zu tragen,
2. der Reisende gehört zu einem der folgenden Personenkreise und der Reiseveranstalter wurde mindestens 48 Stunden vor Reisebeginn von den besonderen Bedürfnissen des Reisenden in Kenntnis gesetzt:
   a) Personen mit eingeschränkter Mobilität im Sinne des Artikels 2 Buchstabe a der Verordnung (EG) Nr. 1107/2006 des Europäischen Parlaments und des

---

[1)] §§ 651a–651m neu gef. mWv 1.7.2018 durch G v. 17.7.2017 (BGBl. I S. 2394).

Rates vom 5. Juli 2006 über die Rechte von behinderten Flugreisenden und Flugreisenden mit eingeschränkter Mobilität (ABl. L 204 vom 26.7.2006, S. 1; L 26 vom 26.1.2013, S. 34) und deren Begleitpersonen,

b) Schwangere,

c) unbegleitete Minderjährige,

d) Personen, die besondere medizinische Betreuung benötigen.

**§ 651l[1] Kündigung.** (1) [1] Wird die Pauschalreise durch den Reisemangel erheblich beeinträchtigt, kann der Reisende den Vertrag kündigen. [2] Die Kündigung ist erst zulässig, wenn der Reiseveranstalter eine ihm vom Reisenden bestimmte angemessene Frist hat verstreichen lassen, ohne Abhilfe zu leisten; § 651k Absatz 2 Satz 2 gilt entsprechend.

(2) [1] Wird der Vertrag gekündigt, so behält der Reiseveranstalter hinsichtlich der erbrachten und nach Absatz 3 zur Beendigung der Pauschalreise noch zu erbringenden Reiseleistungen den Anspruch auf den vereinbarten Reisepreis; Ansprüche des Reisenden nach § 651i Absatz 3 Nummer 6 und 7 bleiben unberührt. [2] Hinsichtlich der nicht mehr zu erbringenden Reiseleistungen entfällt der Anspruch des Reiseveranstalters auf den vereinbarten Reisepreis; insoweit bereits geleistete Zahlungen sind dem Reisenden vom Reiseveranstalter zu erstatten.

(3) [1] Der Reiseveranstalter ist verpflichtet, die infolge der Aufhebung des Vertrags notwendigen Maßnahmen zu treffen, insbesondere, falls der Vertrag die Beförderung des Reisenden umfasste, unverzüglich für dessen Rückbeförderung zu sorgen; das hierfür eingesetzte Beförderungsmittel muss dem im Vertrag vereinbarten gleichwertig sein. [2] Die Mehrkosten für die Rückbeförderung fallen dem Reiseveranstalter zur Last.

**§ 651m[1] Minderung.** (1) [1] Für die Dauer des Reisemangels mindert sich der Reisepreis. [2] Bei der Minderung ist der Reisepreis in dem Verhältnis herabzusetzen, in welchem zur Zeit des Vertragsschlusses der Wert der Pauschalreise in mangelfreiem Zustand zu dem wirklichen Wert gestanden haben würde. [3] Die Minderung ist, soweit erforderlich, durch Schätzung zu ermitteln.

(2) [1] Hat der Reisende mehr als den geminderten Reisepreis gezahlt, so ist der Mehrbetrag vom Reiseveranstalter zu erstatten. [2] § 346 Absatz 1 und § 347 Absatz 1 finden entsprechende Anwendung.

**§ 651n[1] Schadensersatz.** (1) Der Reisende kann unbeschadet der Minderung oder der Kündigung Schadensersatz verlangen, es sei denn, der Reisemangel

1. ist vom Reisenden verschuldet,
2. ist von einem Dritten verschuldet, der weder Leistungserbringer ist noch in anderer Weise an der Erbringung der von dem Pauschalreisevertrag umfassten Reiseleistungen beteiligt ist, und war für den Reiseveranstalter nicht vorhersehbar oder nicht vermeidbar oder
3. wurde durch unvermeidbare, außergewöhnliche Umstände verursacht.

---

[1] §§ 651a–651m neu gef., §§ 651n–651y eingef. mWv 1.7.2018 durch G v. 17.7.2017 (BGBl. I S. 2394).

(2) Wird die Pauschalreise vereitelt oder erheblich beeinträchtigt, kann der Reisende auch wegen nutzlos aufgewendeter Urlaubszeit eine angemessene Entschädigung in Geld verlangen.

(3) Wenn der Reiseveranstalter zum Schadensersatz verpflichtet ist, hat er unverzüglich zu leisten.

**§ 651o**[1] **Mängelanzeige durch den Reisenden.** (1) Der Reisende hat dem Reiseveranstalter einen Reisemangel unverzüglich anzuzeigen.

(2) Soweit der Reiseveranstalter infolge einer schuldhaften Unterlassung der Anzeige nach Absatz 1 nicht Abhilfe schaffen konnte, ist der Reisende nicht berechtigt,

1. die in § 651m bestimmten Rechte geltend zu machen oder
2. nach § 651n Schadensersatz zu verlangen.

**§ 651p**[1] **Zulässige Haftungsbeschränkung; Anrechnung.** (1) Der Reiseveranstalter kann durch Vereinbarung mit dem Reisenden seine Haftung für solche Schäden auf den dreifachen Reisepreis beschränken, die

1. keine Körperschäden sind und
2. nicht schuldhaft herbeigeführt werden.

(2) Gelten für eine Reiseleistung internationale Übereinkünfte oder auf solchen beruhende gesetzliche Vorschriften, nach denen ein Anspruch auf Schadensersatz gegen den Leistungserbringer nur unter bestimmten Voraussetzungen oder Beschränkungen entsteht oder geltend gemacht werden kann oder unter bestimmten Voraussetzungen ausgeschlossen ist, so kann sich auch der Reiseveranstalter gegenüber dem Reisenden hierauf berufen.

(3) [1] Hat der Reisende gegen den Reiseveranstalter Anspruch auf Schadensersatz oder auf Erstattung eines infolge einer Minderung zu viel gezahlten Betrages, so muss sich der Reisende den Betrag anrechnen lassen, den er aufgrund desselben Ereignisses als Entschädigung oder als Erstattung infolge einer Minderung nach Maßgabe internationaler Übereinkünfte oder von auf solchen beruhenden gesetzlichen Vorschriften erhalten hat oder nach Maßgabe

1. der Verordnung (EG) Nr. 261/2004[2] des Europäischen Parlaments und des Rates vom 11. Februar 2004 über eine gemeinsame Regelung für Ausgleichs- und Unterstützungsleistungen für Fluggäste im Fall der Nichtbeförderung und bei Annullierung oder großer Verspätung von Flügen und zur Aufhebung der Verordnung (EWG) Nr. 295/91 (ABl. L 46 vom 17.2.2004, S. 1),
2. der Verordnung (EG) Nr. 1371/2007 des Europäischen Parlaments und des Rates vom 23. Oktober 2007 über die Rechte und Pflichten der Fahrgäste im Eisenbahnverkehr (ABl. L 315 vom 3.12.2007, S. 14),
3. der Verordnung (EG) Nr. 392/2009 des Europäischen Parlaments und des Rates vom 23. April 2009 über die Unfallhaftung von Beförderern von Reisenden auf See (ABl. L 131 vom 28.5.2009, S. 24),
4. der Verordnung (EU) Nr. 1177/2010 des Europäischen Parlaments und des Rates vom 24. November 2010 über die Fahrgastrechte im See- und Binnenschiffsverkehr und zur Änderung der Verordnung (EG) Nr. 2006/2004 (ABl. L 334 vom 17.12.2010, S. 1) oder

---

[1] §§ 651n–651y eingef. mWv 1.7.2018 durch G v. 17.7.2017 (BGBl. I S. 2394).

[2] **Habersack, Deutsche Gesetze ErgBd. Nr. 36a.**

5. der Verordnung (EU) Nr. 181/2011 des Europäischen Parlaments und des Rates vom 16. Februar 2011 über die Fahrgastrechte im Kraftomnibusverkehr und zur Änderung der Verordnung (EG) Nr. 2006/2004 (ABl. L 55 vom 28.2.2011, S. 1).

2 Hat der Reisende vom Reiseveranstalter bereits Schadensersatz erhalten oder ist ihm infolge einer Minderung vom Reiseveranstalter bereits ein Betrag erstattet worden, so muss er sich den erhaltenen Betrag auf dasjenige anrechnen lassen, was ihm aufgrund desselben Ereignisses als Entschädigung oder als Erstattung infolge einer Minderung nach Maßgabe internationaler Übereinkünfte oder von auf solchen beruhenden gesetzlichen Vorschriften oder nach Maßgabe der in Satz 1 genannten Verordnungen geschuldet ist.

**§ 651q[1] Beistandspflicht des Reiseveranstalters.** (1) Befindet sich der Reisende im Fall des § 651k Absatz 4 oder aus anderen Gründen in Schwierigkeiten, hat der Reiseveranstalter ihm unverzüglich in angemessener Weise Beistand zu gewähren, insbesondere durch

1. Bereitstellung geeigneter Informationen über Gesundheitsdienste, Behörden vor Ort und konsularische Unterstützung,
2. Unterstützung bei der Herstellung von Fernkommunikationsverbindungen und
3. Unterstützung bei der Suche nach anderen Reisemöglichkeiten; § 651k Absatz 3 bleibt unberührt.

(2) Hat der Reisende die den Beistand erfordernden Umstände schuldhaft selbst herbeigeführt, kann der Reiseveranstalter Ersatz seiner Aufwendungen verlangen, wenn und soweit diese angemessen und ihm tatsächlich entstanden sind.

**§ 651r[2] [3] Insolvenzsicherung; Sicherungsschein.** (1) 1 Der Reiseveranstalter hat sicherzustellen, dass dem Reisenden der gezahlte Reisepreis erstattet wird, soweit im Fall der Zahlungsunfähigkeit des Reiseveranstalters

1. Reiseleistungen ausfallen oder
2. der Reisende im Hinblick auf erbrachte Reiseleistungen Zahlungsaufforderungen von Leistungserbringern nachkommt, deren Entgeltforderungen der Reiseveranstalter nicht erfüllt hat.

2 Umfasst der Vertrag auch die Beförderung des Reisenden, hat der Reiseveranstalter zudem die vereinbarte Rückbeförderung und die Beherbergung des Reisenden bis zum Zeitpunkt der Rückbeförderung sicherzustellen. 3 Der Zahlungsunfähigkeit des Reiseveranstalters stehen die Eröffnung des Insolvenzverfahrens über sein Vermögen und die Abweisung eines Eröffnungsantrags mangels Masse gleich.

(2) 1 Die Verpflichtungen nach Absatz 1 kann der Reiseveranstalter vorbehaltlich des Satzes 2 ab dem 1. November 2021 nur durch einen Absicherungsvertrag mit einem nach dem Reisesicherungsfondsgesetz zum Geschäftsbetrieb befugten Reisesicherungsfonds erfüllen. 2 Reiseveranstalter, die im letzten abgeschlossenen Geschäftsjahr einen Umsatz im Sinne des § 1 Nummer 2 Buchstabe a des Reisesicherungsfondsgesetzes von weniger als 10 Millionen Euro erzielt haben, können im jeweils darauffolgenden Geschäftsjahr die Verpflichtungen nach Absatz 1 auch erfüllen

---

[1] §§ 651n–651y eingef. mWv 1.7.2018 durch G v. 17.7.2017 (BGBl. I S. 2394).
[2] § 651r neu gef. mWv 1.7.2021 durch G v. 25.6.2021 (BGBl. I S. 2114).
[3] Beachte hierzu Überleitungsvorschrift in Art. 229 § 56 EGBGB (Nr. **21**).

1. durch eine Versicherung bei einem im Geltungsbereich dieses Gesetzes zum Geschäftsbetrieb befugten Versicherungsunternehmen oder
2. durch ein Zahlungsversprechen eines im Geltungsbereich dieses Gesetzes zum Geschäftsbetrieb befugten Kreditinstituts.

[3] Der Reiseveranstalter muss die Verpflichtungen nach Absatz 1 ohne Rücksicht auf den Wohnsitz des Reisenden, den Ort der Abreise und den Ort des Vertragsschlusses erfüllen.

(3) [1] Der Reisesicherungsfonds, der Versicherer oder das Kreditinstitut (Absicherer) kann dem Reisenden die Fortsetzung der Pauschalreise anbieten. [2] Verlangt der Reisende eine Erstattung nach Absatz 1, hat der Absicherer diesen Anspruch unverzüglich zu erfüllen. [3] Versicherer und Kreditinstitute können ihre aus Verträgen nach Absatz 2 Satz 2 Nummer 1 und 2 folgende Einstandspflicht für jede Insolvenz eines Reiseveranstalters, der im letzten abgeschlossenen Geschäftsjahr einen Umsatz im Sinne des § 1 Nummer 2 Buchstabe a des Reisesicherungsfondsgesetzes von weniger als 3 Millionen Euro erzielt hat, auf 1 Million Euro begrenzen. [4] Übersteigen in diesem Fall die zu erbringenden Leistungen den vereinbarten Höchstbetrag, so verringern sich die einzelnen Leistungsansprüche der Reisenden in dem Verhältnis, in dem ihr Gesamtbetrag zum Höchstbetrag steht.

(4) [1] Zur Erfüllung seiner Verpflichtungen nach Absatz 1 hat der Reiseveranstalter dem Reisenden einen unmittelbaren Anspruch gegen den Absicherer zu verschaffen und durch eine von diesem oder auf dessen Veranlassung gemäß Artikel 252 des Einführungsgesetzes zum Bürgerlichen Gesetzbuche[1)] ausgestellte Bestätigung (Sicherungsschein) nachzuweisen. [2] Der im Vertrag gemäß Artikel 250 § 6 Absatz 2 Nummer 3 des Einführungsgesetzes zum Bürgerlichen Gesetzbuche genannte Absicherer kann sich gegenüber dem Reisenden weder auf Einwendungen aus dem Absicherungsvertrag berufen noch auf dessen Beendigung, wenn die Beendigung nach Abschluss des Pauschalreisevertrags erfolgt ist. [3] In den Fällen des Satzes 2 geht der Anspruch des Reisenden gegen den Reiseveranstalter auf den Absicherer über, soweit dieser den Reisenden befriedigt.

**§ 651s[2)] Insolvenzsicherung der im Europäischen Wirtschaftsraum niedergelassenen Reiseveranstalter.** Hat der Reiseveranstalter im Zeitpunkt des Vertragsschlusses seine Niederlassung im Sinne des § 4 Absatz 3 der Gewerbeordnung[3)] in einem anderen Mitgliedstaat der Europäischen Union oder in einem sonstigen Vertragsstaat des Abkommens über den Europäischen Wirtschaftsraum, so genügt er seiner Verpflichtung zur Insolvenzsicherung auch dann, wenn er dem Reisenden Sicherheit in Übereinstimmung mit den Vorschriften dieses anderen Staates zur Umsetzung des Artikels 17 der Richtlinie (EU) 2015/2302 des Europäischen Parlaments und des Rates vom 25. November 2015 über Pauschalreisen und verbundene Reiseleistungen, zur Änderung der Verordnung (EG) Nr. 2006/2004 und der Richtlinie 2011/83/EU des Europäischen Parlaments und des Rates sowie zur Aufhebung der Richtlinie 90/314/EWG des Rates (ABl. L 326 vom 11.12.2015, S. 1) leistet.

**§ 651t[4)] Rückbeförderung; Vorauszahlungen.** Der Reiseveranstalter darf eine Rückbeförderung des Reisenden nur vereinbaren und Zahlungen des Reisen-

---

[1)] Nr. **21**.

[2)] §§ 651n–651y eingef. mWv 1.7.2018 durch G v. 17.7.2017 (BGBl. I S. 2394).

[3)] **Sartorius Nr. 800.**

[4)] § 651t eingef. mWv 1.7.2018 durch G v. 17.7.2017 (BGBl. I S. 2394); Überschrift neu gef., einl. Satzteil, Nr. 1 und 2 geänd. mWv 1.7.2021 durch G v. 25.6.2021 (BGBl. I S. 2114).

den auf den Reisepreis vor Beendigung der Pauschalreise nur fordern oder annehmen, wenn

1. ein wirksamer Absicherungsvertrag besteht oder, in den Fällen des § 651s, der Reiseveranstalter nach § 651s Sicherheit leistet und
2. dem Reisenden klar, verständlich und in hervorgehobener Weise Name und Kontaktdaten des Absicherers oder, in den Fällen des § 651s, Name und Kontaktdaten der Einrichtung, die den Insolvenzschutz bietet, sowie gegebenenfalls der Name und die Kontaktdaten der von dem betreffenden Staat benannten zuständigen Behörde zur Verfügung gestellt wurden.

**§ 651u[1)] Gastschulaufenthalte.** (1) [1] Für einen Vertrag, der einen mindestens drei Monate andauernden und mit dem geregelten Besuch einer Schule verbundenen Aufenthalt des Gastschülers bei einer Gastfamilie in einem anderen Staat (Aufnahmeland) zum Gegenstand hat, gelten § 651a Absatz 1, 2 und 5, die §§ 651b, 651d Absatz 1 bis 4 und die §§ 651e bis 651t entsprechend sowie die nachfolgenden Absätze. [2] Für einen Vertrag, der einen kürzeren Gastschulaufenthalt (Satz 1) oder einen mit der geregelten Durchführung eines Praktikums verbundenen Aufenthalt bei einer Gastfamilie im Aufnahmeland zum Gegenstand hat, gelten diese Vorschriften nur, wenn dies vereinbart ist.

(2) Der Anbieter des Gastschulaufenthalts ist als Reiseveranstalter bei Mitwirkung des Gastschülers verpflichtet,

1. für eine nach den Verhältnissen des Aufnahmelands angemessene Unterkunft, Beaufsichtigung und Betreuung des Gastschülers in einer Gastfamilie zu sorgen und
2. die Voraussetzungen für einen geregelten Schulbesuch des Gastschülers im Aufnahmeland zu schaffen.

(3) Tritt der Reisende vor Reisebeginn vom Vertrag zurück, findet § 651h Absatz 1 Satz 3, Absatz 2 nur Anwendung, wenn der Reiseveranstalter den Reisenden auf den Aufenthalt angemessen vorbereitet und spätestens zwei Wochen vor Antritt der Reise jedenfalls über Folgendes informiert hat:

1. Name und Anschrift der für den Gastschüler nach Ankunft bestimmten Gastfamilie und
2. Name und Erreichbarkeit eines Ansprechpartners im Aufnahmeland, bei dem auch Abhilfe verlangt werden kann.

(4) [1] Der Reisende kann den Vertrag bis zur Beendigung der Reise jederzeit kündigen. [2] Kündigt der Reisende, ist der Reiseveranstalter berechtigt, den vereinbarten Reisepreis abzüglich der ersparten Aufwendungen zu verlangen. [3] Der Reiseveranstalter ist verpflichtet, die infolge der Kündigung notwendigen Maßnahmen zu treffen, insbesondere, falls der Vertrag die Beförderung des Gastschülers umfasste, für dessen Rückbeförderung zu sorgen. [4] Die Mehrkosten fallen dem Reisenden zur Last. [5] Die vorstehenden Sätze gelten nicht, wenn der Reisende nach § 651l kündigen kann.

**§ 651v[1)] Reisevermittlung.** (1) [1] Ein Unternehmer, der einem Reisenden einen Pauschalreisevertrag vermittelt (Reisevermittler), ist verpflichtet, den Reisenden nach Maßgabe des Artikels 250 §§ 1 bis 3 des Einführungsgesetzes zum

[1)] §§ 651n–651y eingef. mWv 1.7.2018 durch G v. 17.7.2017 (BGBl. I S. 2394).

Bürgerlichen Gesetzbuche[1] zu informieren. [2]Er erfüllt damit zugleich die Verpflichtungen des Reiseveranstalters aus § 651d Absatz 1 Satz 1. [3]Der Reisevermittler trägt gegenüber dem Reisenden die Beweislast für die Erfüllung seiner Informationspflichten.

(2) [1]Für die Annahme von Zahlungen auf den Reisepreis durch den Reisevermittler gilt § 651t Nummer 2 entsprechend. [2]Ein Reisevermittler gilt als vom Reiseveranstalter zur Annahme von Zahlungen auf den Reisepreis ermächtigt, wenn er dem Reisenden eine den Anforderungen des Artikels 250 § 6 des Einführungsgesetzes zum Bürgerlichen Gesetzbuche entsprechende Abschrift oder Bestätigung des Vertrags zur Verfügung stellt oder sonstige dem Reiseveranstalter zuzurechnende Umstände ergeben, dass er von diesem damit betraut ist, Pauschalreiseverträge für ihn zu vermitteln. [3]Dies gilt nicht, wenn die Annahme von Zahlungen durch den Reisevermittler in hervorgehobener Form gegenüber dem Reisenden ausgeschlossen ist.

(3) Hat der Reiseveranstalter im Zeitpunkt des Vertragsschlusses seinen Sitz nicht in einem Mitgliedstaat der Europäischen Union oder einem anderen Vertragsstaat des Abkommens über den Europäischen Wirtschaftsraum, treffen den Reisevermittler die sich aus den §§ 651i bis 651t ergebenden Pflichten des Reiseveranstalters, es sei denn, der Reisevermittler weist nach, dass der Reiseveranstalter seine Pflichten nach diesen Vorschriften erfüllt.

(4) [1]Der Reisevermittler gilt als vom Reiseveranstalter bevollmächtigt, Mängelanzeigen sowie andere Erklärungen des Reisenden bezüglich der Erbringung der Reiseleistungen entgegenzunehmen. [2]Der Reisevermittler hat den Reiseveranstalter unverzüglich von solchen Erklärungen des Reisenden in Kenntnis zu setzen.

**§ 651w[2] Vermittlung verbundener Reiseleistungen.** (1) [1]Ein Unternehmer ist Vermittler verbundener Reiseleistungen, wenn er für den Zweck derselben Reise, die keine Pauschalreise ist,

1. dem Reisenden anlässlich eines einzigen Besuchs in seiner Vertriebsstelle oder eines einzigen Kontakts mit seiner Vertriebsstelle Verträge mit anderen Unternehmern über mindestens zwei verschiedene Arten von Reiseleistungen vermittelt und der Reisende diese Leistungen getrennt auswählt und
   a) getrennt bezahlt oder
   b) sich bezüglich jeder Leistung getrennt zur Zahlung verpflichtet oder
2. dem Reisenden, mit dem er einen Vertrag über eine Reiseleistung geschlossen hat oder dem er einen solchen Vertrag vermittelt hat, in gezielter Weise mindestens einen Vertrag mit einem anderen Unternehmer über eine andere Art von Reiseleistung vermittelt und der weitere Vertrag spätestens 24 Stunden nach der Bestätigung des Vertragsschlusses über die erste Reiseleistung geschlossen wird.

[2]Eine Vermittlung in gezielter Weise im Sinne des Satzes 1 Nummer 2 liegt insbesondere dann nicht vor, wenn der Unternehmer den Reisenden lediglich mit einem anderen Unternehmer in Kontakt bringt. [3]Im Übrigen findet auf Satz 1 § 651a Absatz 4 Satz 1 Nummer 1, Satz 2 und Absatz 5 Nummer 1 und 3 entsprechende Anwendung. [4]§ 651a Absatz 5 Nummer 2 ist unabhängig von der Höhe des Reisepreises entsprechend anzuwenden.

---

[1] Nr. **21**.
[2] §§ 651n–651y eingef. mWv 1.7.2018 durch G v. 17.7.2017 (BGBl. I S. 2394).

(2) Der Vermittler verbundener Reiseleistungen ist verpflichtet, den Reisenden nach Maßgabe des Artikels 251 des Einführungsgesetzes zum Bürgerlichen Gesetzbuche[1)] zu informieren.

(3) [1] Nimmt der Vermittler verbundener Reiseleistungen Zahlungen des Reisenden auf Vergütungen für Reiseleistungen entgegen, hat er sicherzustellen, dass diese dem Reisenden erstattet werden, soweit Reiseleistungen von dem Vermittler verbundener Reiseleistungen selbst zu erbringen sind oder Entgeltforderungen anderer Unternehmer im Sinne des Absatzes 1 Satz 1 noch zu erfüllen sind und im Fall der Zahlungsunfähigkeit des Vermittlers verbundener Reiseleistungen

1. Reiseleistungen ausfallen oder
2. der Reisende im Hinblick auf erbrachte Reiseleistungen Zahlungsaufforderungen nicht befriedigter anderer Unternehmer im Sinne des Absatzes 1 Satz 1 nachkommt.

[2] Hat sich der Vermittler verbundener Reiseleistungen selbst zur Beförderung des Reisenden verpflichtet, hat er zudem die vereinbarte Rückbeförderung und die Beherbergung bis zum Zeitpunkt der Rückbeförderung sicherzustellen. [3] Der Zahlungsunfähigkeit stehen die Eröffnung des Insolvenzverfahrens über das Vermögen des Vermittlers verbundener Reiseleistungen und die Abweisung eines Eröffnungsantrags mangels Masse gleich. [4] § 651r Absatz 2 bis 4 sowie die §§ 651s und 651t sind entsprechend anzuwenden.

(4) Erfüllt der Vermittler verbundener Reiseleistungen seine Pflichten aus den Absätzen 2 und 3 nicht, finden auf das Rechtsverhältnis zwischen ihm und dem Reisenden § 312 Absatz 7 Satz 2 sowie die §§ 651e, 651h bis 651q und 651v Absatz 4 entsprechende Anwendung.

(5) [1] Kommen infolge der Vermittlung nach Absatz 1 ein oder mehrere Verträge über Reiseleistungen mit dem Reisenden zustande, hat der jeweilige andere Unternehmer den Vermittler verbundener Reiseleistungen über den Umstand des Vertragsschlusses zu unterrichten. [2] Die Pflicht nach Satz 1 besteht nicht, wenn der Vermittler verbundener Reiseleistungen den Vertrag als Vertreter des anderen Unternehmers geschlossen hat.

**§ 651x[2)] Haftung für Buchungsfehler.** Der Reisende hat Anspruch auf Ersatz des Schadens,

1. der ihm durch einen technischen Fehler im Buchungssystem des Reiseveranstalters, Reisevermittlers, Vermittlers verbundener Reiseleistungen oder eines Leistungserbringers entsteht, es sei denn, der jeweilige Unternehmer hat den technischen Fehler nicht zu vertreten,
2. den einer der in Nummer 1 genannten Unternehmer durch einen Fehler während des Buchungsvorgangs verursacht hat, es sei denn, der Fehler ist vom Reisenden verschuldet oder wurde durch unvermeidbare, außergewöhnliche Umstände verursacht.

**§ 651y[2)] Abweichende Vereinbarungen.** [1] Von den Vorschriften dieses Untertitels darf, soweit nichts anderes bestimmt ist, nicht zum Nachteil des Reisenden abgewichen werden. [2] Die Vorschriften dieses Untertitels finden, soweit nichts anderes bestimmt ist, auch Anwendung, wenn sie durch anderweitige Gestaltungen umgangen werden.

---

[1)] Nr. **21**.

[2)] §§ 651n–651y eingef. mWv 1.7.2018 durch G v. 17.7.2017 (BGBl. I S. 2394).

## Titel 10.[1) 2)] Maklervertrag

### Untertitel 1. Allgemeine Vorschriften

**§ 652[3)] Entstehung des Lohnanspruchs.** (1) [1] Wer für den Nachweis der Gelegenheit zum Abschluss eines Vertrags oder für die Vermittlung eines Vertrags einen Maklerlohn verspricht, ist zur Entrichtung des Lohnes nur verpflichtet, wenn der Vertrag infolge des Nachweises oder infolge der Vermittlung des Maklers zustande kommt. [2] Wird der Vertrag unter einer aufschiebenden Bedingung geschlossen, so kann der Maklerlohn erst verlangt werden, wenn die Bedingung eintritt.

(2) [1] Aufwendungen sind dem Makler nur zu ersetzen, wenn es vereinbart ist. [2] Dies gilt auch dann, wenn ein Vertrag nicht zustande kommt.

**§ 653[4)] Maklerlohn.** (1) Ein Maklerlohn gilt als stillschweigend vereinbart, wenn die dem Makler übertragene Leistung den Umständen nach nur gegen eine Vergütung zu erwarten ist.

(2) Ist die Höhe der Vergütung nicht bestimmt, so ist bei dem Bestehen einer Taxe der taxmäßige Lohn, in Ermangelung einer Taxe der übliche Lohn als vereinbart anzusehen.

**§ 654[5)] Verwirkung des Lohnanspruchs.** Der Anspruch auf den Maklerlohn und den Ersatz von Aufwendungen ist ausgeschlossen, wenn der Makler dem Inhalt des Vertrags zuwider auch für den anderen Teil tätig gewesen ist.

**§ 655[6)] Herabsetzung des Maklerlohns.** [1] Ist für den Nachweis der Gelegenheit zum Abschluss eines Dienstvertrags oder für die Vermittlung eines solchen Vertrags ein unverhältnismäßig hoher Maklerlohn vereinbart worden, so kann er auf Antrag des Schuldners durch Urteil auf den angemessenen Betrag herabgesetzt werden. [2] Nach der Entrichtung des Lohnes ist die Herabsetzung ausgeschlossen.

### Untertitel 2.[7)] Vermittlung von Verbraucherdarlehensverträgen und entgeltlichen Finanzierungshilfen

**§ 655a[8)] Darlehensvermittlungsvertrag.** (1) [1] Für einen Vertrag, nach dem es ein Unternehmer unternimmt, einem Verbraucher

1. gegen eine vom Verbraucher oder einem Dritten zu leistende Vergütung einen Verbraucherdarlehensvertrag oder eine entgeltliche Finanzierungshilfe zu vermitteln,
2. die Gelegenheit zum Abschluss eines Vertrags nach Nummer 1 nachzuweisen oder
3. auf andere Weise beim Abschluss eines Vertrags nach Nummer 1 behilflich zu sein,

---

[1)] Titel 10 Überschrift geänd. mWv 23.12.2020 durch G v. 12.6.2020 (BGBl. I S. 1245).

[2)] Beachte auch G zur Regelung der Wohnungsvermittlung **(Habersack, Deutsche Gesetze ErgBd. Nr. 31)**.

[3)] § 652 Abs. 1 Sätze 1 und 2, Abs. 2 Satz 1 geänd. mWv 23.12.2020 durch G v. 12.6.2020 (BGBl. I S. 1245).

[4)] § 653 Überschrift, Abs. 1 geänd. mWv 23.12.2020 durch G v. 12.6.2020 (BGBl. I S. 1245).

[5)] § 654 geänd. mWv 23.12.2020 durch G v. 12.6.2020 (BGBl. I S. 1245).

[6)] § 655 Überschrift, Satz 1 geänd. mWv 23.12.2020 durch G v. 12.6.2020 (BGBl. I S. 1245).

[7)] UTitel 2 Überschrift neu gef. mWv 30.7.2010 durch G v. 24.7.2010 (BGBl. I S. 977); geänd. mWv 21.3.2016 durch G v. 11.3.2016 (BGBl. I S. 396).

[8)] § 655a neu gef. mWv 21.3.2016 durch G v. 11.3.2016 (BGBl. I S. 396).

gelten vorbehaltlich des Satzes 2 die folgenden Vorschriften dieses Untertitels. [2]Bei entgeltlichen Finanzierungshilfen, die den Ausnahmen des § 491 Absatz 2 Satz 2 Nummer 1 bis 5 und Absatz 3 Satz 2 entsprechen, gelten die Vorschriften dieses Untertitels nicht.

(2) [1]Der Darlehensvermittler ist verpflichtet, den Verbraucher nach Maßgabe des Artikels 247 § 13 Absatz 2 und § 13b Absatz 1 des Einführungsgesetzes zum Bürgerlichen Gesetzbuche[1)] zu informieren. [2]Der Darlehensvermittler ist gegenüber dem Verbraucher zusätzlich wie ein Darlehensgeber gemäß § 491a verpflichtet. [3]Satz 2 gilt nicht für Warenlieferanten oder Dienstleistungserbringer, die in lediglich untergeordneter Funktion als Darlehensvermittler von Allgemein-Verbraucherdarlehen oder von entsprechenden entgeltlichen Finanzierungshilfen tätig werden, etwa indem sie als Nebenleistung den Abschluss eines verbundenen Verbraucherdarlehensvertrags vermitteln.

(3) [1]Bietet der Darlehensvermittler im Zusammenhang mit der Vermittlung eines Immobiliar-Verbraucherdarlehensvertrags oder entsprechender entgeltlicher Finanzierungshilfen Beratungsleistungen gemäß § 511 Absatz 1 an, so gilt § 511 entsprechend. [2]§ 511 Absatz 2 Satz 2 gilt entsprechend mit der Maßgabe, dass der Darlehensvermittler eine ausreichende Zahl von am Markt verfügbaren Darlehensverträgen zu prüfen hat. [3]Ist der Darlehensvermittler nur im Namen und unter der unbeschränkten und vorbehaltlosen Verantwortung nur eines Darlehensgebers oder einer begrenzten Zahl von Darlehensgebern tätig, die am Markt keine Mehrheit darstellt, so braucht der Darlehensvermittler abweichend von Satz 2 nur Darlehensverträge aus der Produktpalette dieser Darlehensgeber zu berücksichtigen.

**§ 655b[2)] Schriftform bei einem Vertrag mit einem Verbraucher.**

(1) [1]Der Darlehensvermittlungsvertrag mit einem Verbraucher bedarf der schriftlichen Form. [2]Der Vertrag darf nicht mit dem Antrag auf Hingabe des Darlehens verbunden werden. [3]Der Darlehensvermittler hat dem Verbraucher den Vertragsinhalt in Textform mitzuteilen.

(2) Ein Darlehensvermittlungsvertrag mit einem Verbraucher, der den Anforderungen des Absatzes 1 Satz 1 und 2 nicht genügt oder vor dessen Abschluss die Pflichten aus Artikel 247 § 13 Abs. 2 sowie § 13b Absatz 1 und 3 des Einführungsgesetzes zum Bürgerlichen Gesetzbuche[1)] nicht erfüllt worden sind, ist nichtig.

**§ 655c[3)] Vergütung.** [1]Der Verbraucher ist zur Zahlung der Vergütung für die Tätigkeiten nach § 655a Absatz 1 nur verpflichtet, wenn infolge der Vermittlung, des Nachweises oder auf Grund der sonstigen Tätigkeit des Darlehensvermittlers das Darlehen an den Verbraucher geleistet wird und ein Widerruf des Verbrauchers nach § 355 nicht mehr möglich ist. [2]Soweit der Verbraucherdarlehensvertrag mit Wissen des Darlehensvermittlers der vorzeitigen Ablösung eines anderen Darlehens (Umschuldung) dient, entsteht ein Anspruch auf die Vergütung nur, wenn sich der effektive Jahreszins nicht erhöht; bei der Berechnung des effektiven Jahres-

---

[1)] Nr. **21**.

[2)] § 655b Abs. 1 Satz 2 aufgeh., bish. Sätze 3 und 4 werden Sätze 2 und 3, Abs. 2 geänd. mWv 11.6. 2010 durch G v. 29.7.2009 (BGBl. I S. 2355); Überschrift, Abs. 1 Satz 1 und Abs. 2 geänd. mWv 30.7. 2010 durch G v. 24.7.2010 (BGBl. I S. 977); Abs. 2 geänd. mWv 21.3.2016 durch G v. 11.3.2016 (BGBl. I S. 396).

[3)] § 655c Satz 2 geänd. mWv 11.6.2010 durch G v. 29.7.2009 (BGBl. I S. 2355); Satz 1 neu gef. mWv 21.3.2016 durch G v. 11.3.2016 (BGBl. I S. 396).

zinses für das abzulösende Darlehen bleiben etwaige Vermittlungskosten außer Betracht.

**§ 655d[1] Nebenentgelte.** [1] Der Darlehensvermittler darf für Leistungen, die mit der Vermittlung des Verbraucherdarlehensvertrags oder dem Nachweis der Gelegenheit zum Abschluss eines Verbraucherdarlehensvertrags zusammenhängen, außer der Vergütung nach § 655c Satz 1 sowie eines gegebenenfalls vereinbarten Entgelts für Beratungsleistungen ein Entgelt nicht vereinbaren. [2] Jedoch kann vereinbart werden, dass dem Darlehensvermittler entstandene, erforderliche Auslagen zu erstatten sind. [3] Dieser Anspruch darf die Höhe oder die Höchstbeträge, die der Darlehensvermittler dem Verbraucher gemäß Artikel 247 § 13 Absatz 2 Satz 1 Nummer 4 des Einführungsgesetzes zum Bürgerlichen Gesetzbuche[2] mitgeteilt hat, nicht übersteigen.

**§ 655e[3] Abweichende Vereinbarungen, Anwendung auf Existenzgründer.** (1) [1] Von den Vorschriften dieses Untertitels darf nicht zum Nachteil des Verbrauchers abgewichen werden. [2] Die Vorschriften dieses Untertitels finden auch Anwendung, wenn sie durch anderweitige Gestaltungen umgangen werden.

(2) Existenzgründer im Sinne des § 513 stehen Verbrauchern in diesem Untertitel gleich.

### Untertitel 3. Ehevermittlung

**§ 656[4] Heiratsvermittlung.** (1) [1] Durch das Versprechen eines Lohnes für den Nachweis der Gelegenheit zur Eingehung einer Ehe oder für die Vermittlung des Zustandekommens einer Ehe wird eine Verbindlichkeit nicht begründet. [2] Das auf Grund des Versprechens Geleistete kann nicht deshalb zurückgefordert werden, weil eine Verbindlichkeit nicht bestanden hat.

(2) Diese Vorschriften gelten auch für eine Vereinbarung, durch die der andere Teil zum Zwecke der Erfüllung des Versprechens dem Makler gegenüber eine Verbindlichkeit eingeht, insbesondere für ein Schuldanerkenntnis.

### Untertitel 4.[5] Vermittlung von Kaufverträgen über Wohnungen und Einfamilienhäuser

**§ 656a[5] Textform.** Ein Maklervertrag, der den Nachweis der Gelegenheit zum Abschluss eines Kaufvertrags über eine Wohnung oder ein Einfamilienhaus oder die Vermittlung eines solchen Vertrags zum Gegenstand hat, bedarf der Textform.

**§ 656b[5] Persönlicher Anwendungsbereich der §§ 656c und 656d.** Die §§ 656c und 656d gelten nur, wenn der Käufer ein Verbraucher ist.

**§ 656c[5] Lohnanspruch bei Tätigkeit für beide Parteien.** (1) [1] Lässt sich der Makler von beiden Parteien des Kaufvertrags über eine Wohnung oder ein Ein-

---

[1] § 655d Satz 3 angef. mWv 11.6.2010 durch G v. 29.7.2009 (BGBl. I S. 2355); Satz 3 geänd. mWv 30.7.2010 durch G v. 24.7.2010 (BGBl. I S. 977); Satz 1 geänd. mWv 21.3.2016 durch G v. 11.3.2016 (BGBl. I S. 396).

[2] Nr. **21**.

[3] § 655e Abs. 2 geänd. mWv 11.6.2010 durch G v. 29.7.2009 (BGBl. I S. 2355); Abs. 2 neu gef. mWv 30.7.2010 durch G v. 24.7.2010 (BGBl. I S. 977); Abs. 2 geänd. mWv 21.3.2016 durch G v. 11.3.2016 (BGBl. I S. 396).

[4] § 656 Abs. 2 geänd. mWv 23.12.2020 durch G v. 12.6.2020 (BGBl. I S. 1245).

[5] UTitel 4 (§§ 656a–656d) eingef. mWv 23.12.2020 durch G v. 12.6.2020 (BGBl. I S. 1245).

familienhaus einen Maklerlohn versprechen, so kann dies nur in der Weise erfolgen, dass sich die Parteien in gleicher Höhe verpflichten. [2] Vereinbart der Makler mit einer Partei des Kaufvertrags, dass er für diese unentgeltlich tätig wird, kann er sich auch von der anderen Partei keinen Maklerlohn versprechen lassen. [3] Ein Erlass wirkt auch zugunsten des jeweils anderen Vertragspartners des Maklers. [4] Von Satz 3 kann durch Vertrag nicht abgewichen werden.

(2) [1] Ein Maklervertrag, der von Absatz 1 Satz 1 und 2 abweicht, ist unwirksam. [2] § 654 bleibt unberührt.

**§ 656d[1)] Vereinbarungen über die Maklerkosten.** (1) [1] Hat nur eine Partei des Kaufvertrags über eine Wohnung oder ein Einfamilienhaus einen Maklervertrag abgeschlossen, ist eine Vereinbarung, die die andere Partei zur Zahlung oder Erstattung von Maklerlohn verpflichtet, nur wirksam, wenn die Partei, die den Maklervertrag abgeschlossen hat, zur Zahlung des Maklerlohns mindestens in gleicher Höhe verpflichtet bleibt. [2] Der Anspruch gegen die andere Partei wird erst fällig, wenn die Partei, die den Maklervertrag abgeschlossen hat, ihrer Verpflichtung zur Zahlung des Maklerlohns nachgekommen ist und sie oder der Makler einen Nachweis hierüber erbringt.

(2) § 656c Absatz 1 Satz 3 und 4 gilt entsprechend.

### Titel 11. Auslobung

**§ 657 Bindendes Versprechen.** Wer durch öffentliche Bekanntmachung eine Belohnung für die Vornahme einer Handlung, insbesondere für die Herbeiführung eines Erfolges, aussetzt, ist verpflichtet, die Belohnung demjenigen zu entrichten, welcher die Handlung vorgenommen hat, auch wenn dieser nicht mit Rücksicht auf die Auslobung gehandelt hat.

**§ 658 Widerruf.** (1) [1] Die Auslobung kann bis zur Vornahme der Handlung widerrufen werden. [2] Der Widerruf ist nur wirksam, wenn er in derselben Weise wie die Auslobung bekannt gemacht wird oder wenn er durch besondere Mitteilung erfolgt.

(2) Auf die Widerruflichkeit kann in der Auslobung verzichtet werden; ein Verzicht liegt im Zweifel in der Bestimmung einer Frist für die Vornahme der Handlung.

**§ 659 Mehrfache Vornahme.** (1) Ist die Handlung, für welche die Belohnung ausgesetzt ist, mehrmals vorgenommen worden, so gebührt die Belohnung demjenigen, welcher die Handlung zuerst vorgenommen hat.

(2) [1] Ist die Handlung von mehreren gleichzeitig vorgenommen worden, so gebührt jedem ein gleicher Teil der Belohnung. [2] Lässt sich die Belohnung wegen ihrer Beschaffenheit nicht teilen oder soll nach dem Inhalt der Auslobung nur einer die Belohnung erhalten, so entscheidet das Los.

**§ 660 Mitwirkung mehrerer.** (1) [1] Haben mehrere zu dem Erfolg mitgewirkt, für den die Belohnung ausgesetzt ist, so hat der Auslobende die Belohnung unter Berücksichtigung des Anteils eines jeden an dem Erfolg nach billigem Ermessen unter sie zu verteilen. [2] Die Verteilung ist nicht verbindlich, wenn sie offenbar unbillig ist; sie erfolgt in einem solchen Fall durch Urteil.

---

1) UTitel 4 (§§ 656a–656d) eingef. mWv 23.12.2020 durch G v. 12.6.2020 (BGBl. I S. 1245).

(2) Wird die Verteilung des Auslobenden von einem der Beteiligten nicht als verbindlich anerkannt, so ist der Auslobende berechtigt, die Erfüllung zu verweigern, bis die Beteiligten den Streit über ihre Berechtigung unter sich ausgetragen haben; jeder von ihnen kann verlangen, dass die Belohnung für alle hinterlegt wird.

(3) Die Vorschrift des § 659 Abs. 2 Satz 2 findet Anwendung.

**§ 661 Preisausschreiben.** (1) Eine Auslobung, die eine Preisbewerbung zum Gegenstand hat, ist nur gültig, wenn in der Bekanntmachung eine Frist für die Bewerbung bestimmt wird.

(2) [1] Die Entscheidung darüber, ob eine innerhalb der Frist erfolgte Bewerbung der Auslobung entspricht oder welche von mehreren Bewerbungen den Vorzug verdient, ist durch die in der Auslobung bezeichnete Person, in Ermangelung einer solchen durch den Auslobenden zu treffen. [2] Die Entscheidung ist für die Beteiligten verbindlich.

(3) Bei Bewerbungen von gleicher Würdigkeit findet auf die Zuerteilung des Preises die Vorschrift des § 659 Abs. 2 Anwendung.

(4) Die Übertragung des Eigentums an dem Werk kann der Auslobende nur verlangen, wenn er in der Auslobung bestimmt hat, dass die Übertragung erfolgen soll.

**§ 661a[1)] Gewinnzusagen.** Ein Unternehmer, der Gewinnzusagen oder vergleichbare Mitteilungen an Verbraucher sendet und durch die Gestaltung dieser Zusendungen den Eindruck erweckt, dass der Verbraucher einen Preis gewonnen hat, hat dem Verbraucher diesen Preis zu leisten.

## Titel 12.[2)] Auftrag, Geschäftsbesorgungsvertrag und Zahlungsdienste

### Untertitel 1. Auftrag

**§ 662 Vertragstypische Pflichten beim Auftrag.** Durch die Annahme eines Auftrags verpflichtet sich der Beauftragte, ein ihm von dem Auftraggeber übertragenes Geschäft für diesen unentgeltlich zu besorgen.

**§ 663 Anzeigepflicht bei Ablehnung.** [1] Wer zur Besorgung gewisser Geschäfte öffentlich bestellt ist oder sich öffentlich erboten hat, ist, wenn er einen auf solche Geschäfte gerichteten Auftrag nicht annimmt, verpflichtet, die Ablehnung dem Auftraggeber unverzüglich anzuzeigen. [2] Das Gleiche gilt, wenn sich jemand dem Auftraggeber gegenüber zur Besorgung gewisser Geschäfte erboten hat.

**§ 664 Unübertragbarkeit; Haftung für Gehilfen.** (1) [1] Der Beauftragte darf im Zweifel die Ausführung des Auftrags nicht einem Dritten übertragen. [2] Ist die Übertragung gestattet, so hat er nur ein ihm bei der Übertragung zur Last fallendes Verschulden zu vertreten. [3] Für das Verschulden eines Gehilfen ist er nach § 278 verantwortlich.

(2) Der Anspruch auf Ausführung des Auftrags ist im Zweifel nicht übertragbar.

**§ 665 Abweichung von Weisungen.** [1] Der Beauftragte ist berechtigt, von den Weisungen des Auftraggebers abzuweichen, wenn er den Umständen nach anneh-

---

1) Beachte hierzu Übergangsvorschrift in Art. 229 § 2 Abs. 1 EGBGB (Nr. **21**).

2) Titel 12 Überschrift geänd., Kapitelüberschrift vor § 675 aufgeh. mWv 31.10.2009 durch G v. 29.7. 2009 (BGBl. I S. 2355).

men darf, dass der Auftraggeber bei Kenntnis der Sachlage die Abweichung billigen würde. [2]Der Beauftragte hat vor der Abweichung dem Auftraggeber Anzeige zu machen und dessen Entschließung abzuwarten, wenn nicht mit dem Aufschub Gefahr verbunden ist.

**§ 666 Auskunfts- und Rechenschaftspflicht.** Der Beauftragte ist verpflichtet, dem Auftraggeber die erforderlichen Nachrichten zu geben, auf Verlangen über den Stand des Geschäfts Auskunft zu erteilen und nach der Ausführung des Auftrags Rechenschaft abzulegen.

**§ 667 Herausgabepflicht.** Der Beauftragte ist verpflichtet, dem Auftraggeber alles, was er zur Ausführung des Auftrags erhält und was er aus der Geschäftsbesorgung erlangt, herauszugeben.

**§ 668 Verzinsung des verwendeten Geldes.** Verwendet der Beauftragte Geld für sich, das er dem Auftraggeber herauszugeben oder für ihn zu verwenden hat, so ist er verpflichtet, es von der Zeit der Verwendung an zu verzinsen.

**§ 669 Vorschusspflicht.** Für die zur Ausführung des Auftrags erforderlichen Aufwendungen hat der Auftraggeber dem Beauftragten auf Verlangen Vorschuss zu leisten.

**§ 670 Ersatz von Aufwendungen.** Macht der Beauftragte zum Zwecke der Ausführung des Auftrags Aufwendungen, die er den Umständen nach für erforderlich halten darf, so ist der Auftraggeber zum Ersatz verpflichtet.

**§ 671 Widerruf; Kündigung.** (1) Der Auftrag kann von dem Auftraggeber jederzeit widerrufen, von dem Beauftragten jederzeit gekündigt werden.

(2) [1]Der Beauftragte darf nur in der Art kündigen, dass der Auftraggeber für die Besorgung des Geschäfts anderweit Fürsorge treffen kann, es sei denn, dass ein wichtiger Grund für die unzeitige Kündigung vorliegt. [2]Kündigt er ohne solchen Grund zur Unzeit, so hat er dem Auftraggeber den daraus entstehenden Schaden zu ersetzen.

(3) Liegt ein wichtiger Grund vor, so ist der Beauftragte zur Kündigung auch dann berechtigt, wenn er auf das Kündigungsrecht verzichtet hat.

**§ 672 Tod oder Geschäftsunfähigkeit des Auftraggebers.** [1]Der Auftrag erlischt im Zweifel nicht durch den Tod oder den Eintritt der Geschäftsunfähigkeit des Auftraggebers. [2]Erlischt der Auftrag, so hat der Beauftragte, wenn mit dem Aufschub Gefahr verbunden ist, die Besorgung des übertragenen Geschäfts fortzusetzen, bis der Erbe oder der gesetzliche Vertreter des Auftraggebers anderweit Fürsorge treffen kann; der Auftrag gilt insoweit als fortbestehend.

**§ 673 Tod des Beauftragten.** [1]Der Auftrag erlischt im Zweifel durch den Tod des Beauftragten. [2]Erlischt der Auftrag, so hat der Erbe des Beauftragten den Tod dem Auftraggeber unverzüglich anzuzeigen und, wenn mit dem Aufschub Gefahr verbunden ist, die Besorgung des übertragenen Geschäfts fortzusetzen, bis der Auftraggeber anderweit Fürsorge treffen kann; der Auftrag gilt insoweit als fortbestehend.

**§ 674 Fiktion des Fortbestehens.** Erlischt der Auftrag in anderer Weise als durch Widerruf, so gilt er zugunsten des Beauftragten gleichwohl als fortbestehend, bis der Beauftragte von dem Erlöschen Kenntnis erlangt oder das Erlöschen kennen muss.

**Untertitel 2. Geschäftsbesorgungsvertrag[1)]**

**§ 675[2)] Entgeltliche Geschäftsbesorgung.** (1) Auf einen Dienstvertrag oder einen Werkvertrag, der eine Geschäftsbesorgung zum Gegenstand hat, finden, soweit in diesem Untertitel nichts Abweichendes bestimmt wird, die Vorschriften der §§ 663, 665 bis 670, 672 bis 674 und, wenn dem Verpflichteten das Recht zusteht, ohne Einhaltung einer Kündigungsfrist zu kündigen, auch die Vorschrift des § 671 Abs. 2 entsprechende Anwendung.

(2) Wer einem anderen einen Rat oder eine Empfehlung erteilt, ist, unbeschadet der sich aus einem Vertragsverhältnis, einer unerlaubten Handlung oder einer sonstigen gesetzlichen Bestimmung ergebenden Verantwortlichkeit, zum Ersatz des aus der Befolgung des Rates oder der Empfehlung entstehenden Schadens nicht verpflichtet.

(3) Ein Vertrag, durch den sich der eine Teil verpflichtet, die Anmeldung oder Registrierung des anderen Teils zur Teilnahme an Gewinnspielen zu bewirken, die von einem Dritten durchgeführt werden, bedarf der Textform.

**§ 675a[3)] Informationspflichten.** Wer zur Besorgung von Geschäften öffentlich bestellt ist oder sich dazu öffentlich erboten hat, stellt für regelmäßig anfallende standardisierte Geschäftsvorgänge (Standardgeschäfte) unentgeltlich Informationen über Entgelte und Auslagen der Geschäftsbesorgung in Textform zur Verfügung, soweit nicht eine Preisfestsetzung nach § 315 erfolgt oder die Entgelte und Auslagen gesetzlich verbindlich geregelt sind.

**§ 675b[4)] Aufträge zur Übertragung von Wertpapieren in Systemen.** Der Teilnehmer an Wertpapierlieferungs- und Abrechnungssystemen kann einen Auftrag, der die Übertragung von Wertpapieren oder Ansprüchen auf Herausgabe von Wertpapieren im Wege der Verbuchung oder auf sonstige Weise zum Gegenstand hat, von dem in den Regeln des Systems bestimmten Zeitpunkt an nicht mehr widerrufen.

**Untertitel 3.[4)] Zahlungsdienste**

**Kapitel 1.[4)] Allgemeine Vorschriften**

**§ 675c[4)] Zahlungsdienste und E-Geld.** (1) Auf einen Geschäftsbesorgungsvertrag, der die Erbringung von Zahlungsdiensten zum Gegenstand hat, sind die §§ 663, 665 bis 670 und 672 bis 674 entsprechend anzuwenden, soweit in diesem Untertitel nichts Abweichendes bestimmt ist.

---

[1)] **Amtl. Anm.:** Dieser Untertitel dient der Umsetzung
1. der Richtlinie 97/5/EG des Europäischen Parlaments und des Rates vom 27. Januar 1997 über grenzüberschreitende Überweisungen (ABl. EG Nr. L 43 S. 25) und
2. Artikel 3 bis 5 der Richtlinie 98/26/EG des Europäischen Parlaments und des Rates über die Wirksamkeit von Abrechnungen in Zahlungs- und Wertpapierliefer- und -abrechnungssystemen vom 19. Mai 1998 (ABl. EG Nr. L 166 S. 45).

[2)] § 675 Abs. 3 angef. mWv 9.10.2013 durch G v. 1.10.2013 (BGBl. I S. 3714).

[3)] § 675a Abs. 1 Satz 2 und Abs. 2 aufgeh. mWv 31.10.2009 durch G v. 29.7.2009 (BGBl. I S. 2355); geänd. mWv 24.2.2016 durch G v. 17.2.2016 (BGBl. I S. 233).

[4)] §§ 676–676h mit Zwischenüberschriften ersetzt durch §§ 675b–676c mit Zwischenüberschriften mWv 31.10.2009 durch G v. 29.7.2009 (BGBl. I S. 2355); § 675c Überschrift, Abs. 2 geänd., Abs. 4 angef. mWv 13.1.2018 durch G v. 17.7.2017 (BGBl. I S. 2446).

(2) Die Vorschriften dieses Untertitels sind auch auf einen Vertrag über die Ausgabe und Nutzung von E-Geld anzuwenden.

(3) Die Begriffsbestimmungen des Kreditwesengesetzes und des Zahlungsdiensteaufsichtsgesetzes sind anzuwenden.

(4) Die Vorschriften dieses Untertitels sind mit Ausnahme von § 675d Absatz 2 Satz 2 sowie Absatz 3 nicht auf einen Vertrag über die Erbringung von Kontoinformationsdiensten anzuwenden.

**§ 675d[1] Unterrichtung bei Zahlungsdiensten.** (1) Zahlungsdienstleister haben Zahlungsdienstnutzer bei der Erbringung von Zahlungsdiensten über die in Artikel 248 §§ 1 bis 12, 13 Absatz 1, 3 bis 5 und §§ 14 bis 16 des Einführungsgesetzes zum Bürgerlichen Gesetzbuche[2] bestimmten Umstände in der dort vorgesehenen Form zu unterrichten.

(2) [1] Zahlungsauslösedienstleister haben Zahler ausschließlich über die in Artikel 248 § 13 Absatz 1 bis 3 und § 13a des Einführungsgesetzes zum Bürgerlichen Gesetzbuche bestimmten Umstände in der Form zu unterrichten, die in Artikel 248 §§ 2 und 12 des Einführungsgesetzes zum Bürgerlichen Gesetzbuche vorgesehen ist. [2] Kontoinformationsdienstleister haben Zahlungsdienstnutzer entsprechend den Anforderungen des Artikels 248 §§ 4 und 13 Absatz 1 und 3 des Einführungsgesetzes zum Bürgerlichen Gesetzbuche zu unterrichten; sie können die Form und den Zeitpunkt der Unterrichtung mit dem Zahlungsdienstnutzer vereinbaren.

(3) Ist die ordnungsgemäße Unterrichtung streitig, so trifft die Beweislast den Zahlungsdienstleister.

(4) [1] Für die Unterrichtung darf der Zahlungsdienstleister mit dem Zahlungsdienstnutzer nur dann ein Entgelt vereinbaren, wenn die Information auf Verlangen des Zahlungsdienstnutzers erbracht wird und der Zahlungsdienstleister

1. diese Information häufiger erbringt, als in Artikel 248 §§ 1 bis 16 des Einführungsgesetzes zum Bürgerlichen Gesetzbuche vorgesehen,

*(Fortsetzung nächstes Blatt)*

[1] §§ 676–676h mit Zwischenüberschriften ersetzt durch §§ 675b–676c mit Zwischenüberschriften mWv 31.10.2009 durch G v. 29.7.2009 (BGBl. I S. 2355); § 675d Abs. 1 Satz 2 aufgeh., bish. Satz 1 geänd., Abs. 2 eingef., bish. Abs. 2–4 werden Abs. 3–5, neuer Abs. 5 Satz 1 geänd., Satz 2 angef., Abs. 6 angef. mWv 13.1.2018 durch G v. 17.7.2017 (BGBl. I S. 2446); Abs. 2 Satz 2 neu gef. mWv 15.6.2021 durch G v. 9.6.2021 (BGBl. I S. 1666).

[2] Nr. **21**.

2. eine Information erbringt, die über die in Artikel 248 §§ 1 bis 16 des Einführungsgesetzes zum Bürgerlichen Gesetzbuche vorgeschriebenen hinausgeht, oder
3. diese Information mithilfe anderer als der im Zahlungsdiensterahmenvertrag vereinbarten Kommunikationsmittel erbringt.

[2] Das Entgelt muss angemessen und an den tatsächlichen Kosten des Zahlungsdienstleisters ausgerichtet sein.

(5) [1] Zahlungsempfänger, Dienstleister, die Bargeldabhebungsdienste erbringen, und Dritte unterrichten über die in Artikel 248 §§ 17 bis 18 des Einführungsgesetzes zum Bürgerlichen Gesetzbuche bestimmten Umstände. [2] Der Zahler ist nur dann verpflichtet, die Entgelte gemäß Artikel 248 § 17 Absatz 2 und § 18 des Einführungsgesetzes zum Bürgerlichen Gesetzbuche zu entrichten, wenn deren volle Höhe vor der Auslösung des Zahlungsvorgangs bekannt gemacht wurde.

(6) [1] Die Absätze 1 bis 5 sind nicht anzuwenden auf

1. die Bestandteile eines Zahlungsvorgangs, die außerhalb des Europäischen Wirtschaftsraums getätigt werden, wenn
   a) der Zahlungsvorgang in der Währung eines Staates außerhalb des Europäischen Wirtschaftsraums erfolgt und sowohl der Zahlungsdienstleister des Zahlers als auch der Zahlungsdienstleister des Zahlungsempfängers innerhalb des Europäischen Wirtschaftsraums belegen ist oder
   b) bei Beteiligung mehrerer Zahlungsdienstleister an dem Zahlungsvorgang von diesen Zahlungsdienstleistern mindestens einer innerhalb und mindestens einer außerhalb des Europäischen Wirtschaftsraums belegen ist;
2. Zahlungsvorgänge, bei denen keiner der beteiligten Zahlungsdienstleister innerhalb des Europäischen Wirtschaftsraums belegen ist.

[2] In den Fällen des Satzes 1 Nummer 1 sind die Informationspflichten nach Artikel 248 § 4 Absatz 1 Nummer 2 Buchstabe e, § 6 Nummer 1 sowie § 13 Absatz 1 Satz 1 Nummer 2 des Einführungsgesetzes zum Bürgerlichen Gesetzbuche auch auf die innerhalb des Europäischen Wirtschaftsraums getätigten Bestandteile des Zahlungsvorgangs nicht anzuwenden. [3] Gleiches gilt im Fall des Satzes 1 Nummer 1 Buchstabe b für die Informationspflicht nach Artikel 248 § 4 Absatz 1 Nummer 5 Buchstabe g des Einführungsgesetzes zum Bürgerlichen Gesetzbuche.

**§ 675e[1)] Abweichende Vereinbarungen.** (1) Soweit nichts anderes bestimmt ist, darf von den Vorschriften dieses Untertitels nicht zum Nachteil des Zahlungsdienstnutzers abgewichen werden.

(2) In den Fällen des § 675d Absatz 6 Satz 1 Nummer 1 und 2

1. sind § 675s Absatz 1, § 675t Absatz 2, § 675x Absatz 1, § 675y Absatz 1 bis 4 sowie § 675z Satz 3 nicht anzuwenden;
2. darf im Übrigen zum Nachteil des Zahlungsdienstnutzers von den Vorschriften dieses Untertitels abgewichen werden.

---

1) §§ 676–676h mit Zwischenüberschriften ersetzt durch §§ 675b–676c mit Zwischenüberschriften mWv 31.10.2009 durch G v. 29.7.2009 (BGBl. I S. 2355); § 675e Abs. 2 und 4 neu gef. mWv 13.1. 2018 durch G v. 17.7.2017 (BGBl. I S. 2446).

(3) Für Zahlungsvorgänge, die nicht in Euro erfolgen, können der Zahlungsdienstnutzer und sein Zahlungsdienstleister vereinbaren, dass § 675t Abs. 1 Satz 3 und Abs. 2 ganz oder teilweise nicht anzuwenden ist.

(4) Handelt es sich bei dem Zahlungsdienstnutzer nicht um einen Verbraucher, so können die Parteien vereinbaren, dass § 675d Absatz 1 bis 5, § 675f Absatz 5 Satz 2, die §§ 675g, 675h, 675j Absatz 2, die §§ 675p sowie 675v bis 676 ganz oder teilweise nicht anzuwenden sind; sie können auch andere als die in § 676b Absatz 2 und 4 vorgesehenen Fristen vereinbaren.

### Kapitel 2.[1] Zahlungsdienstevertrag

**§ 675f[1)2)] Zahlungsdienstevertrag.** (1) Durch einen Einzelzahlungsvertrag wird der Zahlungsdienstleister verpflichtet, für die Person, die einen Zahlungsdienst als Zahler, Zahlungsempfänger oder in beiden Eigenschaften in Anspruch nimmt (Zahlungsdienstnutzer), einen Zahlungsvorgang auszuführen.

(2) [1] Durch einen Zahlungsdiensterahmenvertrag wird der Zahlungsdienstleister verpflichtet, für den Zahlungsdienstnutzer einzelne und aufeinander folgende Zahlungsvorgänge auszuführen sowie gegebenenfalls für den Zahlungsdienstnutzer ein auf dessen Namen oder die Namen mehrerer Zahlungsdienstnutzer lautendes Zahlungskonto zu führen. [2] Ein Zahlungsdiensterahmenvertrag kann auch Bestandteil eines sonstigen Vertrags sein oder mit einem anderen Vertrag zusammenhängen.

(3) [1] Der Zahlungsdienstnutzer ist berechtigt, einen Zahlungsauslösedienst oder einen Kontoinformationsdienst zu nutzen, es sei denn, das Zahlungskonto des Zahlungsdienstnutzers ist für diesen nicht online zugänglich. [2] Der kontoführende Zahlungsdienstleister darf die Nutzung dieser Dienste durch den Zahlungsdienstnutzer nicht davon abhängig machen, dass der Zahlungsauslösedienstleister oder der Kontoinformationsdienstleister zu diesem Zweck einen Vertrag mit dem kontoführenden Zahlungsdienstleister abschließt.

(4) [1] Zahlungsvorgang ist jede Bereitstellung, Übermittlung oder Abhebung eines Geldbetrags, unabhängig von der zugrunde liegenden Rechtsbeziehung zwischen Zahler und Zahlungsempfänger. [2] Zahlungsauftrag ist jeder Auftrag, den ein Zahler seinem Zahlungsdienstleister zur Ausführung eines Zahlungsvorgangs entweder unmittelbar oder mittelbar über einen Zahlungsauslösedienstleister oder den Zahlungsempfänger erteilt.

(5) [1] Der Zahlungsdienstnutzer ist verpflichtet, dem Zahlungsdienstleister das für die Erbringung eines Zahlungsdienstes vereinbarte Entgelt zu entrichten. [2] Für die Erfüllung von Nebenpflichten nach diesem Untertitel hat der Zahlungsdienstleister nur dann einen Anspruch auf ein Entgelt, sofern dies zugelassen und zwischen dem Zahlungsdienstnutzer und dem Zahlungsdienstleister vereinbart worden ist; dieses Entgelt muss angemessen und an den tatsächlichen Kosten des Zahlungsdienstleisters ausgerichtet sein.

(6) In einem Zahlungsdiensterahmenvertrag zwischen dem Zahlungsempfänger und seinem Zahlungsdienstleister darf das Recht des Zahlungsempfängers, dem Zahler für die Nutzung eines bestimmten Zahlungsinstruments eine Er-

---

[1] §§ 676–676h mit Zwischenüberschriften ersetzt durch §§ 675b–676c mit Zwischenüberschriften mWv 31.10.2009 durch G v. 29.7.2009 (BGBl. I S. 2355); § 675f Abs. 3 eingef., bish. Abs. 3–5 werden Abs. 4– 6, neuer Abs. 4 Satz 2 und neuer Abs. 6 geänd. mWv 13.1.2018 durch G v. 17.7.2017 (BGBl. I S. 2446).

[2] Beachte hierzu Übergangsvorschrift in Art. 229 § 45 Abs. 4 EGBGB (Nr. **21**).

mäßigung oder einen anderweitigen Anreiz anzubieten, nicht ausgeschlossen werden.

**§ 675g[1] Änderung des Zahlungsdiensterahmenvertrags.** (1) Eine Änderung des Zahlungsdiensterahmenvertrags auf Veranlassung des Zahlungsdienstleisters setzt voraus, dass dieser die beabsichtigte Änderung spätestens zwei Monate vor dem vorgeschlagenen Zeitpunkt ihres Wirksamwerdens dem Zahlungsdienstnutzer in der in Artikel 248 §§ 2 und 3 des Einführungsgesetzes zum Bürgerlichen Gesetzbuche[2] vorgesehenen Form anbietet.

(2) [1] Der Zahlungsdienstleister und der Zahlungsdienstnutzer können vereinbaren, dass die Zustimmung des Zahlungsdienstnutzers zu einer Änderung nach Absatz 1 als erteilt gilt, wenn dieser dem Zahlungsdienstleister seine Ablehnung nicht vor dem vorgeschlagenen Zeitpunkt des Wirksamwerdens der Änderung angezeigt hat. [2] Im Fall einer solchen Vereinbarung ist der Zahlungsdienstnutzer auch berechtigt, den Zahlungsdiensterahmenvertrag vor dem vorgeschlagenen Zeitpunkt des Wirksamwerdens der Änderung fristlos zu kündigen. [3] Der Zahlungsdienstleister ist verpflichtet, den Zahlungsdienstnutzer mit dem Angebot zur Vertragsänderung auf die Folgen seines Schweigens sowie auf das Recht zur kostenfreien und fristlosen Kündigung hinzuweisen.

(3) [1] Änderungen von Zinssätzen oder Wechselkursen werden unmittelbar und ohne vorherige Benachrichtigung wirksam, soweit dies im Zahlungsdiensterahmenvertrag vereinbart wurde und die Änderungen auf den dort vereinbarten Referenzzinssätzen oder Referenzwechselkursen beruhen. [2] Referenzzinssatz ist der Zinssatz, der bei der Zinsberechnung zugrunde gelegt wird und aus einer öffentlich zugänglichen und für beide Parteien eines Zahlungsdienstevertrags überprüfbaren Quelle stammt. [3] Referenzwechselkurs ist der Wechselkurs, der bei jedem Währungsumtausch zugrunde gelegt und vom Zahlungsdienstleister zugänglich gemacht wird oder aus einer öffentlich zugänglichen Quelle stammt.

(4) Der Zahlungsdienstnutzer darf durch Vereinbarungen zur Berechnung nach Absatz 3 nicht benachteiligt werden.

**§ 675h[1] Ordentliche Kündigung eines Zahlungsdiensterahmenvertrags.** (1) [1] Der Zahlungsdienstnutzer kann den Zahlungsdiensterahmenvertrag, auch wenn dieser für einen bestimmten Zeitraum geschlossen ist, jederzeit ohne Einhaltung einer Kündigungsfrist kündigen, sofern nicht eine Kündigungsfrist vereinbart wurde. [2] Die Vereinbarung einer Kündigungsfrist von mehr als einem Monat ist unwirksam.

(2) [1] Der Zahlungsdienstleister kann den Zahlungsdiensterahmenvertrag nur kündigen, wenn der Vertrag auf unbestimmte Zeit geschlossen wurde und das Kündigungsrecht vereinbart wurde. [2] Die Kündigungsfrist darf zwei Monate nicht unterschreiten. [3] Die Kündigung ist in der in Artikel 248 §§ 2 und 3 des Einführungsgesetzes zum Bürgerlichen Gesetzbuche[2] vorgesehenen Form zu erklären.

(3) [1] Im Fall der Kündigung sind regelmäßig erhobene Entgelte nur anteilig bis zum Zeitpunkt der Beendigung des Vertrags zu entrichten. [2] Im Voraus

---

[1] §§ 676–676h mit Zwischenüberschriften ersetzt durch §§ 675b–676c mit Zwischenüberschriften mWv 31.10.2009 durch G v. 29.7.2009 (BGBl. I S. 2355); § 675h Abs. 4 angef. mWv 13.1.2018 durch G v. 17.7.2017 (BGBl. I S. 2446).

[2] Nr. **21**.

gezahlte Entgelte, die auf die Zeit nach Beendigung des Vertrags fallen, sind anteilig zu erstatten.

(4) Der Zahlungsdienstleister darf mit dem Zahlungsdienstnutzer für die Kündigung des Zahlungsdiensterahmenvertrags kein Entgelt vereinbaren.

**§ 675i[1)] Ausnahmen für Kleinbetragsinstrumente und E-Geld.** (1) [1] Ein Zahlungsdienstevertrag kann die Überlassung eines Kleinbetragsinstruments an den Zahlungsdienstnutzer vorsehen. [2] Ein Kleinbetragsinstrument ist ein Mittel,

1. mit dem nur einzelne Zahlungsvorgänge bis höchstens 30 Euro ausgelöst werden können,
2. das eine Ausgabenobergrenze von 150 Euro hat oder
3. das Geldbeträge speichert, die zu keiner Zeit 150 Euro übersteigen.

[3] In den Fällen der Nummern 2 und 3 erhöht sich die Betragsgrenze auf 200 Euro, wenn das Kleinbetragsinstrument nur für inländische Zahlungsvorgänge genutzt werden kann.

(2) Im Fall des Absatzes 1 können die Parteien vereinbaren, dass

1. der Zahlungsdienstleister Änderungen der Vertragsbedingungen nicht in der in § 675g Abs. 1 vorgesehenen Form anbieten muss,
2. § 675l Absatz 1 Satz 2, § 675m Absatz 1 Satz 1 Nummer 3 und 5 sowie Satz 2 und § 675v Absatz 5 nicht anzuwenden sind, wenn das Kleinbetragsinstrument nicht gesperrt oder eine weitere Nutzung nicht verhindert werden kann,
3. die §§ 675u, 675v Absatz 1 bis 3 und 5, die §§ 675w und 676 nicht anzuwenden sind, wenn die Nutzung des Kleinbetragsinstruments keinem Zahlungsdienstnutzer zugeordnet werden kann oder der Zahlungsdienstleister aus anderen Gründen, die in dem Kleinbetragsinstrument selbst angelegt sind, nicht nachweisen kann, dass ein Zahlungsvorgang autorisiert war,
4. der Zahlungsdienstleister abweichend von § 675o Abs. 1 nicht verpflichtet ist, den Zahlungsdienstnutzer von einer Ablehnung des Zahlungsauftrags zu unterrichten, wenn die Nichtausführung aus dem Zusammenhang hervorgeht,
5. der Zahler abweichend von § 675p den Zahlungsauftrag nach dessen Übermittlung oder nachdem er dem Zahlungsempfänger seine Zustimmung zum Zahlungsauftrag erteilt hat, nicht widerrufen kann, oder
6. andere als die in § 675s bestimmten Ausführungsfristen gelten.

(3) [1] Die §§ 675u und 675v sind für E-Geld nicht anzuwenden, wenn der Zahlungsdienstleister des Zahlers nicht die Möglichkeit hat, das Zahlungskonto, auf dem das E-Geld gespeichert ist, oder das Kleinbetragsinstrument zu sperren. [2] Satz 1 gilt nur für Zahlungskonten, auf denen das E-Geld gespeichert ist, oder Kleinbetragsinstrumente mit einem Wert von höchstens 200 Euro.

---

[1)] §§ 676–676h mit Zwischenüberschriften ersetzt durch §§ 675b–676c mit Zwischenüberschriften mWv 31.10.2009 durch G v. 29.7.2009 (BGBl. I S. 2355); § 675i Überschrift, Abs. 2 Nr. 2 und 3, Abs. 3 Sätze 1 und 2 geänd. mWv 13.1.2018 durch G v. 17.7.2017 (BGBl. I S. 2446).

### Kapitel 3.[1)] Erbringung und Nutzung von Zahlungsdiensten

#### Unterkapitel 1.[1)] Autorisierung von Zahlungsvorgängen; Zahlungsinstrumente; Verweigerung des Zugangs zum Zahlungskonto

**§ 675j[1)] Zustimmung und Widerruf der Zustimmung.** (1) [1] Ein Zahlungsvorgang ist gegenüber dem Zahler nur wirksam, wenn er diesem zugestimmt hat (Autorisierung). [2] Die Zustimmung kann entweder als Einwilligung oder, sofern zwischen dem Zahler und seinem Zahlungsdienstleister zuvor vereinbart, als Genehmigung erteilt werden. [3] Art und Weise der Zustimmung sind zwischen dem Zahler und seinem Zahlungsdienstleister zu vereinbaren. [4] Insbesondere kann vereinbart werden, dass die Zustimmung mittels eines bestimmten Zahlungsinstruments erteilt werden kann.

(2) [1] Die Zustimmung kann vom Zahler durch Erklärung gegenüber dem Zahlungsdienstleister so lange widerrufen werden, wie der Zahlungsauftrag widerruflich ist (§ 675p). [2] Auch die Zustimmung zur Ausführung mehrerer Zahlungsvorgänge kann mit der Folge widerrufen werden, dass jeder nachfolgende Zahlungsvorgang nicht mehr autorisiert ist.

**§ 675k[2)] Begrenzung der Nutzung eines Zahlungsinstruments; Verweigerung des Zugangs zum Zahlungskonto.** (1) In Fällen, in denen die Zustimmung mittels eines Zahlungsinstruments erteilt wird, können der Zahler und der Zahlungsdienstleister Betragsobergrenzen für die Nutzung dieses Zahlungsinstruments vereinbaren.

(2) [1] Zahler und Zahlungsdienstleister können vereinbaren, dass der Zahlungsdienstleister das Recht hat, ein Zahlungsinstrument zu sperren, wenn

1. sachliche Gründe im Zusammenhang mit der Sicherheit des Zahlungsinstruments dies rechtfertigen,
2. der Verdacht einer nicht autorisierten oder einer betrügerischen Verwendung des Zahlungsinstruments besteht oder
3. bei einem Zahlungsinstrument mit Kreditgewährung ein wesentlich erhöhtes Risiko besteht, dass der Zahler seiner Zahlungspflicht nicht nachkommen kann.

[2] In diesem Fall ist der Zahlungsdienstleister verpflichtet, den Zahler über die Sperrung des Zahlungsinstruments möglichst vor, spätestens jedoch unverzüglich nach der Sperrung zu unterrichten. [3] In der Unterrichtung sind die Gründe für die Sperrung anzugeben. [4] Die Angabe von Gründen darf unterbleiben, soweit der Zahlungsdienstleister hierdurch gegen gesetzliche Verpflichtungen verstoßen würde. [5] Der Zahlungsdienstleister ist verpflichtet, das Zahlungsinstrument zu entsperren oder dieses durch ein neues Zahlungsinstrument zu ersetzen, wenn die Gründe für die Sperrung nicht mehr gegeben sind. [6] Der Zahlungsdienstnutzer ist über eine Entsperrung unverzüglich zu unterrichten.

(3) [1] Hat der kontoführende Zahlungsdienstleister einem Zahlungsauslöse- oder Kontoinformationsdienstleister den Zugang zum Zahlungskonto des Zahlungsdienstnutzers verweigert, ist er verpflichtet, den Zahlungsdienstnutzer in einer im Zahlungsdiensterahmenvertrag zu vereinbarenden Form über die Gründe zu unterrichten. [2] Die Unterrichtung muss möglichst vor, spätestens jedoch

[1)] §§ 676–676h mit Zwischenüberschriften ersetzt durch §§ 675b–676c mit Zwischenüberschriften mWv 31.10.2009 durch G v. 29.7.2009 (BGBl. I S. 2355); Unterkapitel 1 Überschrift, § 675j Abs. 1 Satz 4 geänd. mWv 13.1.2018 durch G v. 17.7.2017 (BGBl. I S. 2446).

[2)] § 675k neu gef. mWv 13.1.2018 durch G v. 17.7.2017 (BGBl. I S. 2446).

unverzüglich nach der Verweigerung des Zugangs erfolgen. [3] Die Angabe von Gründen darf unterbleiben, soweit der kontoführende Zahlungsdienstleister hierdurch gegen gesetzliche Verpflichtungen verstoßen würde.

**§ 675l[1)] Pflichten des Zahlungsdienstnutzers in Bezug auf Zahlungsinstrumente.** (1) [1] Der Zahlungsdienstnutzer ist verpflichtet, unmittelbar nach Erhalt eines Zahlungsinstruments alle zumutbaren Vorkehrungen zu treffen, um die personalisierten Sicherheitsmerkmale vor unbefugtem Zugriff zu schützen. [2] Er hat dem Zahlungsdienstleister oder einer von diesem benannten Stelle den Verlust, den Diebstahl, die missbräuchliche Verwendung oder die sonstige nicht autorisierte Nutzung eines Zahlungsinstruments unverzüglich anzuzeigen, nachdem er hiervon Kenntnis erlangt hat. [3] Für den Ersatz eines verlorenen, gestohlenen, missbräuchlich verwendeten oder sonst nicht autorisiert genutzten Zahlungsinstruments darf der Zahlungsdienstleister mit dem Zahlungsdienstnutzer ein Entgelt vereinbaren, das allenfalls die ausschließlich und unmittelbar mit dem Ersatz verbundenen Kosten abdeckt.

(2) Eine Vereinbarung, durch die sich der Zahlungsdienstnutzer gegenüber dem Zahlungsdienstleister verpflichtet, Bedingungen für die Ausgabe und Nutzung eines Zahlungsinstruments einzuhalten, ist nur insoweit wirksam, als diese Bedingungen sachlich, verhältnismäßig und nicht benachteiligend sind.

**§ 675m[1)] Pflichten des Zahlungsdienstleisters in Bezug auf Zahlungsinstrumente; Risiko der Versendung.** (1) [1] Der Zahlungsdienstleister, der ein Zahlungsinstrument ausgibt, ist verpflichtet,

1. unbeschadet der Pflichten des Zahlungsdienstnutzers gemäß § 675l Absatz 1 sicherzustellen, dass die personalisierten Sicherheitsmerkmale des Zahlungsinstruments nur der zur Nutzung berechtigten Person zugänglich sind,
2. die unaufgeforderte Zusendung von Zahlungsinstrumenten an den Zahlungsdienstnutzer zu unterlassen, es sei denn, ein bereits an den Zahlungsdienstnutzer ausgegebenes Zahlungsinstrument muss ersetzt werden,
3. sicherzustellen, dass der Zahlungsdienstnutzer durch geeignete Mittel jederzeit die Möglichkeit hat, eine Anzeige gemäß § 675l Absatz 1 Satz 2 vorzunehmen oder die Aufhebung der Sperrung gemäß § 675k Absatz 2 Satz 5 zu verlangen,
4. dem Zahlungsdienstnutzer eine Anzeige gemäß § 675l Absatz 1 Satz 2 kostenfrei zu ermöglichen und
5. jede Nutzung des Zahlungsinstruments zu verhindern, sobald eine Anzeige gemäß § 675l Absatz 1 Satz 2 erfolgt ist.

[2] Hat der Zahlungsdienstnutzer den Verlust, den Diebstahl, die missbräuchliche Verwendung oder die sonstige nicht autorisierte Nutzung eines Zahlungsinstruments angezeigt, stellt sein Zahlungsdienstleister ihm auf Anfrage bis mindestens 18 Monate nach dieser Anzeige die Mittel zur Verfügung, mit denen der Zahlungsdienstnutzer beweisen kann, dass eine Anzeige erfolgt ist.

(2) Die Gefahr der Versendung eines Zahlungsinstruments und der Versendung personalisierter Sicherheitsmerkmale des Zahlungsinstruments an den Zahlungsdienstnutzer trägt der Zahlungsdienstleister.

---

[1)] §§ 676–676h mit Zwischenüberschriften ersetzt durch §§ 675b–676c mit Zwischenüberschriften mWv 31.10.2009 durch G v. 29.7.2009 (BGBl. I S. 2355); § 675l Überschrift, Abs. 1 Sätze 1 und 2 geänd., Satz 3 und Abs. 2 angef. mWv 13.1.2018 durch G v. 17.7.2017 (BGBl. I S. 2446).

(3) Hat ein Zahlungsdienstleister, der kartengebundene Zahlungsinstrumente ausgibt, den kontoführenden Zahlungsdienstleister des Zahlers um Bestätigung ersucht, dass ein für die Ausführung eines kartengebundenen Zahlungsvorgangs erforderlicher Betrag auf dem Zahlungskonto verfügbar ist, so kann der Zahler von seinem kontoführenden Zahlungsdienstleister verlangen, ihm die Identifizierungsdaten dieses Zahlungsdienstleisters und die erteilte Antwort mitzuteilen.

### Unterkapitel 2.[1)] Ausführung von Zahlungsvorgängen

**§ 675n[1)] Zugang von Zahlungsaufträgen.** (1) [1] Ein Zahlungsauftrag wird wirksam, wenn er dem Zahlungsdienstleister des Zahlers zugeht. [2] Fällt der Zeitpunkt des Zugangs nicht auf einen Geschäftstag des Zahlungsdienstleisters des Zahlers, gilt der Zahlungsauftrag als am darauf folgenden Geschäftstag zugegangen. [3] Der Zahlungsdienstleister kann festlegen, dass Zahlungsaufträge, die nach einem bestimmten Zeitpunkt nahe am Ende eines Geschäftstags zugehen, für die Zwecke des § 675s Abs. 1 als am darauf folgenden Geschäftstag zugegangen gelten. [4] Geschäftstag ist jeder Tag, an dem der an der Ausführung eines Zahlungsvorgangs beteiligte Zahlungsdienstleister den für die Ausführung von Zahlungsvorgängen erforderlichen Geschäftsbetrieb unterhält.

(2) [1] Vereinbaren der Zahlungsdienstnutzer, der einen Zahlungsvorgang auslöst oder über den ein Zahlungsvorgang ausgelöst wird, und sein Zahlungsdienstleister, dass die Ausführung des Zahlungsauftrags an einem bestimmten Tag oder am Ende eines bestimmten Zeitraums oder an dem Tag, an dem der Zahler dem Zahlungsdienstleister den zur Ausführung erforderlichen Geldbetrag zur Verfügung gestellt hat, beginnen soll, so gilt der vereinbarte Termin für die Zwecke des § 675s Abs. 1 als Zeitpunkt des Zugangs. [2] Fällt der vereinbarte Termin nicht auf einen Geschäftstag des Zahlungsdienstleisters des Zahlers, so gilt für die Zwecke des § 675s Abs. 1 der darauf folgende Geschäftstag als Zeitpunkt des Zugangs.

**§ 675o[1)] Ablehnung von Zahlungsaufträgen.** (1) [1] Lehnt der Zahlungsdienstleister die Ausführung oder Auslösung eines Zahlungsauftrags ab, ist er verpflichtet, den Zahlungsdienstnutzer hierüber unverzüglich, auf jeden Fall aber innerhalb der Fristen gemäß § 675s Abs. 1 zu unterrichten. [2] In der Unterrichtung sind, soweit möglich, die Gründe für die Ablehnung sowie die Möglichkeiten anzugeben, wie Fehler, die zur Ablehnung geführt haben, berichtigt werden können. [3] Die Angabe von Gründen darf unterbleiben, soweit sie gegen sonstige Rechtsvorschriften verstoßen würde. [4] Der Zahlungsdienstleister darf mit dem Zahlungsdienstnutzer im Zahlungsdiensterahmenvertrag ein Entgelt für den Fall vereinbaren, dass er die Ausführung eines Zahlungsauftrags berechtigterweise ablehnt.

(2) Der Zahlungsdienstleister des Zahlers ist nicht berechtigt, die Ausführung eines autorisierten Zahlungsauftrags abzulehnen, wenn die im Zahlungsdiensterahmenvertrag festgelegten Ausführungsbedingungen erfüllt sind und die Ausführung nicht gegen sonstige Rechtsvorschriften verstößt.

(3) Für die Zwecke der §§ 675s, 675y und 675z gilt ein Zahlungsauftrag, dessen Ausführung berechtigterweise abgelehnt wurde, als nicht zugegangen.

---

[1)] §§ 676–676h mit Zwischenüberschriften ersetzt durch §§ 675b–676c mit Zwischenüberschriften mWv 31.10.2009 durch G v. 29.7.2009 (BGBl. I S. 2355); § 675o Abs. 1 Satz 1 geänd., Satz 4 neu gef. mWv 13.1.2018 durch G v. 17.7.2017 (BGBl. I S. 2446).

**§ 675p[1] Unwiderruflichkeit eines Zahlungsauftrags.** (1) Der Zahlungsdienstnutzer kann einen Zahlungsauftrag vorbehaltlich der Absätze 2 bis 4 nach dessen Zugang beim Zahlungsdienstleister des Zahlers nicht mehr widerrufen.

(2) [1] Wurde der Zahlungsvorgang über einen Zahlungsauslösedienstleister, vom Zahlungsempfänger oder über diesen ausgelöst, so kann der Zahler den Zahlungsauftrag nicht mehr widerrufen, nachdem er dem Zahlungsauslösedienstleister die Zustimmung zur Auslösung des Zahlungsvorgangs oder dem Zahlungsempfänger die Zustimmung zur Ausführung des Zahlungsvorgangs erteilt hat. [2] Im Fall einer Lastschrift kann der Zahler den Zahlungsauftrag jedoch unbeschadet seiner Rechte gemäß § 675x bis zum Ende des Geschäftstags vor dem vereinbarten Fälligkeitstag widerrufen.

(3) Ist zwischen dem Zahlungsdienstnutzer und seinem Zahlungsdienstleister ein bestimmter Termin für die Ausführung eines Zahlungsauftrags (§ 675n Abs. 2) vereinbart worden, kann der Zahlungsdienstnutzer den Zahlungsauftrag bis zum Ende des Geschäftstags vor dem vereinbarten Tag widerrufen.

(4) [1] Nach den in den Absätzen 1 bis 3 genannten Zeitpunkten kann der Zahlungsauftrag nur widerrufen werden, wenn der Zahlungsdienstnutzer und der jeweilige Zahlungsdienstleister dies vereinbart haben. [2] In den Fällen des Absatzes 2 ist zudem die Zustimmung des Zahlungsempfängers zum Widerruf erforderlich. [3] Der Zahlungsdienstleister darf mit dem Zahlungsdienstnutzer im Zahlungsdiensterahmenvertrag für die Bearbeitung eines solchen Widerrufs ein Entgelt vereinbaren.

(5) Der Teilnehmer an Zahlungsverkehrssystemen kann einen Auftrag zugunsten eines anderen Teilnehmers von dem in den Regeln des Systems bestimmten Zeitpunkt an nicht mehr widerrufen.

**§ 675q[1] Entgelte bei Zahlungsvorgängen.** (1) Der Zahlungsdienstleister des Zahlers sowie sämtliche an dem Zahlungsvorgang beteiligte zwischengeschaltete Stellen sind verpflichtet, den Betrag, der Gegenstand des Zahlungsvorgangs ist (Zahlungsbetrag), ungekürzt an den Zahlungsdienstleister des Zahlungsempfängers zu übermitteln.

(2) [1] Der Zahlungsdienstleister des Zahlungsempfängers darf ihm zustehende Entgelte vor Erteilung der Gutschrift nur dann von dem übermittelten Betrag abziehen, wenn dies mit dem Zahlungsempfänger vereinbart wurde. [2] In diesem Fall sind der vollständige Betrag des Zahlungsvorgangs und die Entgelte in den Informationen gemäß Artikel 248 §§ 8 und 15 des Einführungsgesetzes zum Bürgerlichen Gesetzbuche[2] für den Zahlungsempfänger getrennt auszuweisen.

(3) Zahlungsempfänger und Zahler tragen jeweils die von ihrem Zahlungsdienstleister erhobenen Entgelte, wenn sowohl der Zahlungsdienstleister des Zahlers als auch der Zahlungsdienstleister des Zahlungsempfängers innerhalb des Europäischen Wirtschaftsraums belegen ist.

(4) Wenn einer der Fälle des § 675d Absatz 6 Satz 1 Nummer 1 vorliegt,

1. ist § 675q Absatz 1 auf die innerhalb des Europäischen Wirtschaftsraums getätigten Bestandteile des Zahlungsvorgangs nicht anzuwenden und

---

[1] §§ 676–676h mit Zwischenüberschriften ersetzt durch §§ 675b–676c mit Zwischenüberschriften mWv 31.10.2009 durch G v. 29.7.2009 (BGBl. I S. 2355); § 675p Abs. 2 Satz 1 neu gef., Abs. 4 Satz 1 geänd., § 675q Abs. 3 neu gef., Abs. 4 angef. mWv 13.1.2018 durch G v. 17.7.2017 (BGBl. I S. 2446).

[2] Nr. **21**.

2. kann von § 675q Absatz 2 für die innerhalb des Europäischen Wirtschaftsraums getätigten Bestandteile des Zahlungsvorgangs abgewichen werden.

**§ 675r[1)] Ausführung eines Zahlungsvorgangs anhand von Kundenkennungen.** (1) [1] Die beteiligten Zahlungsdienstleister sind berechtigt, einen Zahlungsvorgang ausschließlich anhand der von dem Zahlungsdienstnutzer angegebenen Kundenkennung auszuführen. [2] Wird ein Zahlungsauftrag in Übereinstimmung mit dieser Kundenkennung ausgeführt, so gilt er im Hinblick auf den durch die Kundenkennung bezeichneten Zahlungsempfänger als ordnungsgemäß ausgeführt.

(2) Eine Kundenkennung ist eine Abfolge aus Buchstaben, Zahlen oder Symbolen, die dem Zahlungsdienstnutzer vom Zahlungsdienstleister mitgeteilt wird und die der Zahlungsdienstnutzer angeben muss, damit ein anderer am Zahlungsvorgang beteiligter Zahlungsdienstnutzer oder dessen Zahlungskonto für einen Zahlungsvorgang zweifelsfrei ermittelt werden kann.

(3) Ist eine vom Zahler angegebene Kundenkennung für den Zahlungsdienstleister des Zahlers erkennbar keinem Zahlungsempfänger oder keinem Zahlungskonto zuzuordnen, ist dieser verpflichtet, den Zahler unverzüglich hierüber zu unterrichten und ihm gegebenenfalls den Zahlungsbetrag wieder herauszugeben.

**§ 675s[1)] Ausführungsfrist für Zahlungsvorgänge.** (1) [1] Der Zahlungsdienstleister des Zahlers ist verpflichtet sicherzustellen, dass der Zahlungsbetrag spätestens am Ende des auf den Zugangszeitpunkt des Zahlungsauftrags folgenden Geschäftstags beim Zahlungsdienstleister des Zahlungsempfängers eingeht. [2] Für Zahlungsvorgänge innerhalb des Europäischen Wirtschaftsraums, die nicht in Euro erfolgen, können ein Zahler und sein Zahlungsdienstleister eine Frist von maximal vier Geschäftstagen vereinbaren. [3] Für in Papierform ausgelöste Zahlungsvorgänge können die Fristen nach Satz 1 um einen weiteren Geschäftstag verlängert werden.

(2) [1] Bei einem vom oder über den Zahlungsempfänger ausgelösten Zahlungsvorgang ist der Zahlungsdienstleister des Zahlungsempfängers verpflichtet, den Zahlungsauftrag dem Zahlungsdienstleister des Zahlers innerhalb der zwischen dem Zahlungsempfänger und seinem Zahlungsdienstleister vereinbarten Fristen zu übermitteln. [2] Im Fall einer Lastschrift ist der Zahlungsauftrag so rechtzeitig zu übermitteln, dass die Verrechnung an dem vom Zahlungsempfänger mitgeteilten Fälligkeitstag ermöglicht wird.

(3) [1] Wenn einer der Fälle des § 675d Absatz 6 Satz 1 Nummer 1 vorliegt, ist § 675s Absatz 1 Satz 1 und 3 auf die innerhalb des Europäischen Wirtschaftsraums getätigten Bestandteile des Zahlungsvorgangs nicht anzuwenden. [2] Wenn ein Fall des § 675d Absatz 6 Satz 1 Nummer 1 Buchstabe a vorliegt,

1. ist auch § 675s Absatz 1 Satz 2 auf die innerhalb des Europäischen Wirtschaftsraums getätigten Bestandteile des Zahlungsvorgangs nicht anzuwenden und
2. kann von § 675s Absatz 2 für die innerhalb des Europäischen Wirtschaftsraums getätigten Bestandteile des Zahlungsvorgangs abgewichen werden.

---

[1)] §§ 676–676h mit Zwischenüberschriften ersetzt durch §§ 675b–676c mit Zwischenüberschriften mWv 31.10.2009 durch G v. 29.7.2009 (BGBl. I S. 2355); § 675r Abs. 2 geänd., § 675s Abs. 1 Satz 1 geänd., Abs. 3 angef. mWv 13.1.2018 durch G v. 17.7.2017 (BGBl. I S. 2446).

**§ 675t[1] Wertstellungsdatum und Verfügbarkeit von Geldbeträgen; Sperrung eines verfügbaren Geldbetrags.** (1) [1] Der Zahlungsdienstleister des Zahlungsempfängers ist verpflichtet, dem Zahlungsempfänger den Zahlungsbetrag unverzüglich verfügbar zu machen, nachdem der Betrag auf dem Konto des Zahlungsdienstleisters eingegangen ist, wenn dieser

1. keine Währungsumrechnung vornehmen muss oder
2. nur eine Währungsumrechnung zwischen dem Euro und einer Währung eines Vertragsstaates des Abkommens über den Europäischen Wirtschaftsraum oder zwischen den Währungen zweier Vertragsstaaten des Abkommens über den Europäischen Wirtschaftsraum vornehmen muss.

[2] Sofern der Zahlungsbetrag auf einem Zahlungskonto des Zahlungsempfängers gutgeschrieben werden soll, ist die Gutschrift, auch wenn sie nachträglich erfolgt, so vorzunehmen, dass der Zeitpunkt, den der Zahlungsdienstleister für die Berechnung der Zinsen bei Gutschrift oder Belastung eines Betrags auf einem Zahlungskonto zugrunde legt (Wertstellungsdatum), spätestens der Geschäftstag ist, an dem der Zahlungsbetrag auf dem Konto des Zahlungsdienstleisters des Zahlungsempfängers eingegangen ist. [3] Satz 1 gilt auch dann, wenn der Zahlungsempfänger kein Zahlungskonto unterhält.

(2) [1] Zahlt ein Verbraucher Bargeld auf ein Zahlungskonto bei einem Zahlungsdienstleister in der Währung des betreffenden Zahlungskontos ein, so stellt dieser Zahlungsdienstleister sicher, dass der Betrag dem Zahlungsempfänger unverzüglich nach dem Zeitpunkt der Entgegennahme verfügbar gemacht und wertgestellt wird. [2] Ist der Zahlungsdienstnutzer kein Verbraucher, so muss dem Zahlungsempfänger der Geldbetrag spätestens an dem auf die Entgegennahme folgenden Geschäftstag verfügbar gemacht und wertgestellt werden.

(3) [1] Eine Belastung auf dem Zahlungskonto des Zahlers ist so vorzunehmen, dass das Wertstellungsdatum frühestens der Zeitpunkt ist, an dem dieses Zahlungskonto mit dem Zahlungsbetrag belastet wird. [2] Das Zahlungskonto des Zahlers darf nicht belastet werden, bevor der Zahlungsauftrag seinem Zahlungsdienstleister zugegangen ist.

(4) [1] Unbeschadet sonstiger gesetzlicher oder vertraglicher Rechte ist der Zahlungsdienstleister des Zahlers im Fall eines kartengebundenen Zahlungsvorgangs berechtigt, einen verfügbaren Geldbetrag auf dem Zahlungskonto des Zahlers zu sperren, wenn

1. der Zahlungsvorgang vom oder über den Zahlungsempfänger ausgelöst worden ist und
2. der Zahler auch der genauen Höhe des zu sperrenden Geldbetrags zugestimmt hat.

[2] Den gesperrten Geldbetrag gibt der Zahlungsdienstleister des Zahlers unbeschadet sonstiger gesetzlicher oder vertraglicher Rechte unverzüglich frei, nachdem ihm entweder der genaue Zahlungsbetrag mitgeteilt worden oder der Zahlungsauftrag zugegangen ist.

[1] §§ 676–676h mit Zwischenüberschriften ersetzt durch §§ 675b–676c mit Zwischenüberschriften mWv 31.10.2009 durch G v. 29.7.2009 (BGBl. I S. 2355); § 675t Überschrift, Satz 2 geänd., Abs. 1 Satz 1 neu gef., Abs. 3 Satz 2, Abs. 4, 5 angef. mWv 13.1.2018 durch G v. 17.7.2017 (BGBl. I S. 2446).

(5) Wenn ein Fall des § 675d Absatz 6 Satz 1 Nummer 1 Buchstabe a vorliegt,

1. kann von § 675t Absatz 1 Satz 3 für die innerhalb des Europäischen Wirtschaftsraums getätigten Bestandteile des Zahlungsvorgangs abgewichen werden und
2. ist § 675t Absatz 2 auf die innerhalb des Europäischen Wirtschaftsraums getätigten Bestandteile des Zahlungsvorgangs nicht anzuwenden.

**Unterkapitel 3.[1)] Haftung**

**§ 675u[1)] Haftung des Zahlungsdienstleisters für nicht autorisierte Zahlungsvorgänge.** [1] Im Fall eines nicht autorisierten Zahlungsvorgangs hat der Zahlungsdienstleister des Zahlers gegen diesen keinen Anspruch auf Erstattung seiner Aufwendungen. [2] Er ist verpflichtet, dem Zahler den Zahlungsbetrag unverzüglich zu erstatten und, sofern der Betrag einem Zahlungskonto belastet worden ist, dieses Zahlungskonto wieder auf den Stand zu bringen, auf dem es sich ohne die Belastung durch den nicht autorisierten Zahlungsvorgang befunden hätte. [3] Diese Verpflichtung ist unverzüglich, spätestens jedoch bis zum Ende des Geschäftstags zu erfüllen, der auf den Tag folgt, an welchem dem Zahlungsdienstleister angezeigt wurde, dass der Zahlungsvorgang nicht autorisiert ist, oder er auf andere Weise davon Kenntnis erhalten hat. [4] Hat der Zahlungsdienstleister einer zuständigen Behörde berechtigte Gründe für den Verdacht, dass ein betrügerisches Verhalten des Zahlers vorliegt, schriftlich mitgeteilt, hat der Zahlungsdienstleister seine Verpflichtung aus Satz 2 unverzüglich zu prüfen und zu erfüllen, wenn sich der Betrugsverdacht nicht bestätigt. [5] Wurde der Zahlungsvorgang über einen Zahlungsauslösedienstleister ausgelöst, so treffen die Pflichten aus den Sätzen 2 bis 4 den kontoführenden Zahlungsdienstleister.

**§ 675v[1)] Haftung des Zahlers bei missbräuchlicher Nutzung eines Zahlungsinstruments.** (1) Beruhen nicht autorisierte Zahlungsvorgänge auf der Nutzung eines verloren gegangenen, gestohlenen oder sonst abhandengekommenen Zahlungsinstruments oder auf der sonstigen missbräuchlichen Verwendung eines Zahlungsinstruments, so kann der Zahlungsdienstleister des Zahlers von diesem den Ersatz des hierdurch entstandenen Schadens bis zu einem Betrag von 50 Euro verlangen.

(2) Der Zahler haftet nicht nach Absatz 1, wenn

1. es ihm nicht möglich gewesen ist, den Verlust, den Diebstahl, das Abhandenkommen oder eine sonstige missbräuchliche Verwendung des Zahlungsinstruments vor dem nicht autorisierten Zahlungsvorgang zu bemerken, oder
2. der Verlust des Zahlungsinstruments durch einen Angestellten, einen Agenten, eine Zweigniederlassung eines Zahlungsdienstleisters oder eine sonstige Stelle, an die Tätigkeiten des Zahlungsdienstleisters ausgelagert wurden, verursacht worden ist.

(3) Abweichend von den Absätzen 1 und 2 ist der Zahler seinem Zahlungsdienstleister zum Ersatz des gesamten Schadens verpflichtet, der infolge eines nicht autorisierten Zahlungsvorgangs entstanden ist, wenn der Zahler

1. in betrügerischer Absicht gehandelt hat oder

---

[1)] §§ 676–676h mit Zwischenüberschriften ersetzt durch §§ 675b–676c mit Zwischenüberschriften mWv 31.10.2009 durch G v. 29.7.2009 (BGBl. I S. 2355); § 675u Sätze 3–5 angef., § 675v Überschrift geänd., Abs. 1 und 2 neu gef., Abs. 3 und 4 eingef., bish. Abs. 3 wird Abs. 5 und Satz 1 geänd. mWv 13.1.2018 durch G v. 17.7.2017 (BGBl. I S. 2446).

2. den Schaden herbeigeführt hat durch vorsätzliche oder grob fahrlässige Verletzung
   a) einer oder mehrerer Pflichten gemäß § 675l Absatz 1 oder
   b) einer oder mehrerer vereinbarter Bedingungen für die Ausgabe und Nutzung des Zahlungsinstruments.

(4) [1] Abweichend von den Absätzen 1 und 3 ist der Zahler seinem Zahlungsdienstleister nicht zum Schadensersatz verpflichtet, wenn

1. der Zahlungsdienstleister des Zahlers eine starke Kundenauthentifizierung im Sinne des § 1 Absatz 24 des Zahlungsdiensteaufsichtsgesetzes nicht verlangt oder
2. der Zahlungsempfänger oder sein Zahlungsdienstleister eine starke Kundenauthentifizierung im Sinne des § 1 Absatz 24 des Zahlungsdiensteaufsichtsgesetzes nicht akzeptiert.

[2] Satz 1 gilt nicht, wenn der Zahler in betrügerischer Absicht gehandelt hat. [3] Im Fall von Satz 1 Nummer 2 ist derjenige, der eine starke Kundenauthentifizierung nicht akzeptiert, verpflichtet, dem Zahlungsdienstleister des Zahlers den daraus entstehenden Schaden zu ersetzen.

(5) [1] Abweichend von den Absätzen 1 und 3 ist der Zahler nicht zum Ersatz von Schäden verpflichtet, die aus der Nutzung eines nach der Anzeige gemäß § 675l Absatz 1 Satz 2 verwendeten Zahlungsinstruments entstanden sind. [2] Der Zahler ist auch nicht zum Ersatz von Schäden im Sinne des Absatzes 1 verpflichtet, wenn der Zahlungsdienstleister seiner Pflicht gemäß § 675m Abs. 1 Nr. 3 nicht nachgekommen ist. [3] Die Sätze 1 und 2 sind nicht anzuwenden, wenn der Zahler in betrügerischer Absicht gehandelt hat.

**§ 675w[1)] Nachweis der Authentifizierung.** [1] Ist die Autorisierung eines ausgeführten Zahlungsvorgangs streitig, hat der Zahlungsdienstleister nachzuweisen, dass eine Authentifizierung erfolgt ist und der Zahlungsvorgang ordnungsgemäß aufgezeichnet, verbucht sowie nicht durch eine Störung beeinträchtigt wurde. [2] Eine Authentifizierung ist erfolgt, wenn der Zahlungsdienstleister die Nutzung eines bestimmten Zahlungsinstruments, einschließlich seiner personalisierten Sicherheitsmerkmale, mit Hilfe eines Verfahrens überprüft hat. [3] Wurde der Zahlungsvorgang mittels eines Zahlungsinstruments ausgelöst, reicht die Aufzeichnung der Nutzung des Zahlungsinstruments einschließlich der Authentifizierung durch den Zahlungsdienstleister und gegebenenfalls einen Zahlungsauslösedienstleister allein nicht notwendigerweise aus, um nachzuweisen, dass der Zahler

1. den Zahlungsvorgang autorisiert,
2. in betrügerischer Absicht gehandelt,
3. eine oder mehrere Pflichten gemäß § 675l Absatz 1 verletzt oder
4. vorsätzlich oder grob fahrlässig gegen eine oder mehrere Bedingungen für die Ausgabe und Nutzung des Zahlungsinstruments verstoßen

hat. [4] Der Zahlungsdienstleister muss unterstützende Beweismittel vorlegen, um Betrug, Vorsatz oder grobe Fahrlässigkeit des Zahlungsdienstnutzers nachzuweisen.

---

1) §§ 676–676h mit Zwischenüberschriften ersetzt durch §§ 675b–676c mit Zwischenüberschriften mWv 31.10.2009 durch G v. 29.7.2009 (BGBl. I S. 2355); § 675w Satz 2, Satz 3 einl. Satzteil, Nr. 3 und 4 geänd., Satz 4 angef. mWv 13.1.2018 durch G v. 17.7.2017 (BGBl. I S. 2446).

**§ 675x[1)] Erstattungsanspruch bei einem vom oder über den Zahlungsempfänger ausgelösten autorisierten Zahlungsvorgang.** (1) [1] Der Zahler hat gegen seinen Zahlungsdienstleister einen Anspruch auf Erstattung eines belasteten Zahlungsbetrags, der auf einem autorisierten, vom oder über den Zahlungsempfänger ausgelösten Zahlungsvorgang beruht, wenn

1. bei der Autorisierung der genaue Betrag nicht angegeben wurde und
2. der Zahlungsbetrag den Betrag übersteigt, den der Zahler entsprechend seinem bisherigen Ausgabeverhalten, den Bedingungen des Zahlungsdiensterahmenvertrags und den jeweiligen Umständen des Einzelfalls hätte erwarten können; mit einem etwaigen Währungsumtausch zusammenhängende Gründe bleiben außer Betracht, wenn der zwischen den Parteien vereinbarte Referenzwechselkurs zugrunde gelegt wurde.

[2] Ist der Zahlungsbetrag einem Zahlungskonto belastet worden, so ist die Gutschrift des Zahlungsbetrags auf diesem Zahlungskonto so vorzunehmen, dass das Wertstellungsdatum spätestens der Geschäftstag der Belastung ist. [3] Auf Verlangen seines Zahlungsdienstleisters hat der Zahler nachzuweisen, dass die Voraussetzungen des Satzes 1 Nummer 1 und 2 erfüllt sind.

(2) Unbeschadet des Absatzes 3 hat der Zahler bei SEPA-Basislastschriften und SEPA-Firmenlastschriften ohne Angabe von Gründen auch dann einen Anspruch auf Erstattung gegen seinen Zahlungsdienstleister, wenn die Voraussetzungen für eine Erstattung nach Absatz 1 nicht erfüllt sind.

(3) Der Zahler kann mit seinem Zahlungsdienstleister vereinbaren, dass er keinen Anspruch auf Erstattung hat, wenn er seine Zustimmung zur Ausführung des Zahlungsvorgangs direkt seinem Zahlungsdienstleister erteilt hat und er, sofern vereinbart, über den anstehenden Zahlungsvorgang mindestens vier Wochen vor dem Fälligkeitstermin vom Zahlungsdienstleister oder vom Zahlungsempfänger unterrichtet wurde.

(4) Ein Anspruch des Zahlers auf Erstattung ist ausgeschlossen, wenn er ihn nicht innerhalb von acht Wochen ab dem Zeitpunkt der Belastung des betreffenden Zahlungsbetrags gegenüber seinem Zahlungsdienstleister geltend macht.

(5) [1] Der Zahlungsdienstleister ist verpflichtet, innerhalb von zehn Geschäftstagen nach Zugang eines Erstattungsverlangens entweder den vollständigen Betrag des Zahlungsvorgangs zu erstatten oder dem Zahler die Gründe für die Ablehnung der Erstattung mitzuteilen. [2] Im Fall der Ablehnung hat der Zahlungsdienstleister auf die Beschwerdemöglichkeiten gemäß den §§ 60 bis 62 des Zahlungsdiensteaufsichtsgesetzes und auf die Möglichkeit, eine Schlichtungsstelle gemäß § 14 des Unterlassungsklagengesetzes[2)] anzurufen, hinzuweisen. [3] Das Recht des Zahlungsdienstleisters, eine innerhalb der Frist nach Absatz 4 geltend gemachte Erstattung abzulehnen, erstreckt sich nicht auf den Fall nach Absatz 2.

(6) Wenn ein Fall des § 675d Absatz 6 Satz 1 Nummer 1 Buchstabe b vorliegt,

1. ist § 675x Absatz 1 auf die innerhalb des Europäischen Wirtschaftsraums getätigten Bestandteile des Zahlungsvorgangs nicht anzuwenden und

---

[1)] §§ 676–676h mit Zwischenüberschriften ersetzt durch §§ 675b–676c mit Zwischenüberschriften mWv 31.10.2009 durch G v. 29.7.2009 (BGBl. I S. 2355); § 675x Abs. 1 Satz 2 neu gef., Satz 3 angef., Abs. 2 neu gef., Abs. 3, Abs. 5 Satz 2 geänd., Abs. 6 neu gef. mWv 13.1.2018 durch G v. 17.7.2017 (BGBl. I S. 2446).

[2)] Nr. **105**.

2. kann von § 675x Absatz 2 bis 5 für die innerhalb des Europäischen Wirtschaftsraums getätigten Bestandteile des Zahlungsvorgangs abgewichen werden.

**§ 675y[1] Haftung der Zahlungsdienstleister bei nicht erfolgter, fehlerhafter oder verspäteter Ausführung eines Zahlungsauftrags; Nachforschungspflicht.** (1) [1] Wird ein Zahlungsvorgang vom Zahler ausgelöst, kann dieser von seinem Zahlungsdienstleister im Fall einer nicht erfolgten oder fehlerhaften Ausführung des Zahlungsauftrags die unverzügliche und ungekürzte Erstattung des Zahlungsbetrags verlangen. [2] Wurde der Betrag einem Zahlungskonto des Zahlers belastet, ist dieses Zahlungskonto wieder auf den Stand zu bringen, auf dem es sich ohne den fehlerhaft ausgeführten Zahlungsvorgang befunden hätte. [3] Wird ein Zahlungsvorgang vom Zahler über einen Zahlungsauslösedienstleister ausgelöst, so treffen die Pflichten aus den Sätzen 1 und 2 den kontoführenden Zahlungsdienstleister. [4] Soweit vom Zahlungsbetrag entgegen § 675q Abs. 1 Entgelte abgezogen wurden, hat der Zahlungsdienstleister des Zahlers den abgezogenen Betrag dem Zahlungsempfänger unverzüglich zu übermitteln. [5] Weist der Zahlungsdienstleister des Zahlers nach, dass der Zahlungsbetrag ungekürzt beim Zahlungsdienstleister des Zahlungsempfängers eingegangen ist, entfällt die Haftung nach diesem Absatz.

(2) [1] Wird ein Zahlungsvorgang vom oder über den Zahlungsempfänger ausgelöst, kann dieser im Fall einer nicht erfolgten oder fehlerhaften Ausführung des Zahlungsauftrags verlangen, dass sein Zahlungsdienstleister diesen Zahlungsauftrag unverzüglich, gegebenenfalls erneut, an den Zahlungsdienstleister des Zahlers übermittelt. [2] Weist der Zahlungsdienstleister des Zahlungsempfängers nach, dass er die ihm bei der Ausführung des Zahlungsvorgangs obliegenden Pflichten erfüllt hat, hat der Zahlungsdienstleister des Zahlers dem Zahler gegebenenfalls unverzüglich den ungekürzten Zahlungsbetrag entsprechend Absatz 1 Satz 1 und 2 zu erstatten. [3] Soweit vom Zahlungsbetrag entgegen § 675q Abs. 1 und 2 Entgelte abgezogen wurden, hat der Zahlungsdienstleister des Zahlungsempfängers den abgezogenen Betrag dem Zahlungsempfänger unverzüglich verfügbar zu machen.

(3) [1] Wird ein Zahlungsvorgang vom Zahler ausgelöst, kann dieser im Fall einer verspäteten Ausführung des Zahlungsauftrags verlangen, dass sein Zahlungsdienstleister gegen den Zahlungsdienstleister des Zahlungsempfängers den Anspruch nach Satz 2 geltend macht. [2] Der Zahlungsdienstleister des Zahlers kann vom Zahlungsdienstleister des Zahlungsempfängers verlangen, die Gutschrift des Zahlungsbetrags auf dem Zahlungskonto des Zahlungsempfängers so vorzunehmen, als sei der Zahlungsvorgang ordnungsgemäß ausgeführt worden. [3] Wird ein Zahlungsvorgang vom Zahler über einen Zahlungsauslösedienstleister ausgelöst, so trifft die Pflicht aus Satz 1 den kontoführenden Zahlungsdienstleister. [4] Weist der Zahlungsdienstleister des Zahlers nach, dass der Zahlungsbetrag rechtzeitig beim Zahlungsdienstleister des Zahlungsempfängers eingegangen ist, entfällt die Haftung nach diesem Absatz.

(4) [1] Wird ein Zahlungsvorgang vom oder über den Zahlungsempfänger ausgelöst, kann dieser im Fall einer verspäteten Übermittlung des Zahlungsauftrags verlangen, dass sein Zahlungsdienstleister die Gutschrift des Zahlungsbetrags auf

---

[1] §§ 676–676h mit Zwischenüberschriften ersetzt durch §§ 675b–676c mit Zwischenüberschriften mWv 31.10.2009 durch G v. 29.7.2009 (BGBl. I S. 2355); § 675y Überschrift geänd., Abs. 1 Satz 3 eingef., bish. Sätze 3 und 4 werden Sätze 4 und 5, neuer Satz 5 geänd., Abs. 3 und 4 eingef., bish. Abs. 3–5 werden Abs. 5–7, neuer Abs. 5 Satz 3 neu gef., Sätze 4 und 5 angef., Abs. 8 angef. mWv 13.1.2018 durch G v. 17.7.2017 (BGBl. I S. 2446).

dem Zahlungskonto des Zahlungsempfängers so vornimmt, als sei der Zahlungsvorgang ordnungsgemäß ausgeführt worden. [2] Weist der Zahlungsdienstleister des Zahlungsempfängers nach, dass er den Zahlungsauftrag rechtzeitig an den Zahlungsdienstleister des Zahlers übermittelt hat, ist der Zahlungsdienstleister des Zahlers verpflichtet, dem Zahler gegebenenfalls unverzüglich den ungekürzten Zahlungsbetrag nach Absatz 1 Satz 1 und 2 zu erstatten. [3] Dies gilt nicht, wenn der Zahlungsdienstleister des Zahlers nachweist, dass der Zahlungsbetrag lediglich verspätet beim Zahlungsdienstleister des Zahlungsempfängers eingegangen ist. [4] In diesem Fall ist der Zahlungsdienstleister des Zahlungsempfängers verpflichtet, den Zahlungsbetrag entsprechend Satz 1 auf dem Zahlungskonto des Zahlungsempfängers gutzuschreiben.

(5) [1] Ansprüche des Zahlungsdienstnutzers gegen seinen Zahlungsdienstleister nach Absatz 1 Satz 1 und 2 sowie Absatz 2 Satz 2 bestehen nicht, soweit der Zahlungsauftrag in Übereinstimmung mit der vom Zahlungsdienstnutzer angegebenen fehlerhaften Kundenkennung ausgeführt wurde. [2] In diesem Fall kann der Zahler von seinem Zahlungsdienstleister jedoch verlangen, dass dieser sich im Rahmen seiner Möglichkeiten darum bemüht, den Zahlungsbetrag wiederzuerlangen. [3] Der Zahlungsdienstleister des Zahlungsempfängers ist verpflichtet, dem Zahlungsdienstleister des Zahlers alle für die Wiedererlangung des Zahlungsbetrags erforderlichen Informationen mitzuteilen. [4] Ist die Wiedererlangung des Zahlungsbetrags nach den Sätzen 2 und 3 nicht möglich, so ist der Zahlungsdienstleister des Zahlers verpflichtet, dem Zahler auf schriftlichen Antrag alle verfügbaren Informationen mitzuteilen, damit der Zahler einen Anspruch auf Erstattung des Zahlungsbetrags geltend machen kann. [5] Der Zahlungsdienstleister kann mit dem Zahlungsdienstnutzer im Zahlungsdiensterahmenvertrag ein Entgelt für Tätigkeiten nach den Sätzen 2 bis 4 vereinbaren.

(6) Ein Zahlungsdienstnutzer kann von seinem Zahlungsdienstleister über die Ansprüche nach den Absätzen 1 und 2 hinaus die Erstattung der Entgelte und Zinsen verlangen, die der Zahlungsdienstleister ihm im Zusammenhang mit der nicht erfolgten oder fehlerhaften Ausführung des Zahlungsvorgangs in Rechnung gestellt oder mit denen er dessen Zahlungskonto belastet hat.

(7) Wurde ein Zahlungsauftrag nicht oder fehlerhaft ausgeführt, hat der Zahlungsdienstleister desjenigen Zahlungsdienstnutzers, der einen Zahlungsvorgang ausgelöst hat oder über den ein Zahlungsvorgang ausgelöst wurde, auf Verlangen seines Zahlungsdienstnutzers den Zahlungsvorgang nachzuvollziehen und seinen Zahlungsdienstnutzer über das Ergebnis zu unterrichten.

(8) Wenn ein Fall des § 675d Absatz 6 Satz 1 Nummer 1 Buchstabe b vorliegt, ist § 675y Absatz 1 bis 4 auf die innerhalb des Europäischen Wirtschaftsraums getätigten Bestandteile des Zahlungsvorgangs nicht anzuwenden.

**§ 675z[1]) Sonstige Ansprüche bei nicht erfolgter, fehlerhafter oder verspäteter Ausführung eines Zahlungsauftrags oder bei einem nicht autorisierten Zahlungsvorgang.** [1] Die §§ 675u und 675y sind hinsichtlich der dort geregelten Ansprüche eines Zahlungsdienstnutzers abschließend. [2] Die Haftung eines Zahlungsdienstleisters gegenüber seinem Zahlungsdienstnutzer für einen wegen nicht erfolgter, fehlerhafter oder verspäteter Ausführung eines Zahlungsauftrags entstandenen Schaden, der nicht bereits von § 675y erfasst ist, kann auf

---

[1]) §§ 676–676h mit Zwischenüberschriften ersetzt durch §§ 675b–676c mit Zwischenüberschriften mWv 31.10.2009 durch G v. 29.7.2009 (BGBl. I S. 2355); § 675z Überschrift, Sätze 2 und 5 geänd., Satz 6 angef. mWv 13.1.2018 durch G v. 17.7.2017 (BGBl. I S. 2446).

12 500 Euro begrenzt werden; dies gilt nicht für Vorsatz und grobe Fahrlässigkeit, den Zinsschaden und für Gefahren, die der Zahlungsdienstleister besonders übernommen hat. [3] Zahlungsdienstleister haben hierbei ein Verschulden, das einer zwischengeschalteten Stelle zur Last fällt, wie eigenes Verschulden zu vertreten, es sei denn, dass die wesentliche Ursache bei einer zwischengeschalteten Stelle liegt, die der Zahlungsdienstnutzer vorgegeben hat. [4] In den Fällen von Satz 3 zweiter Halbsatz haftet die von dem Zahlungsdienstnutzer vorgegebene zwischengeschaltete Stelle anstelle des Zahlungsdienstleisters des Zahlungsdienstnutzers. [5] § 675y Absatz 5 Satz 1 ist auf die Haftung eines Zahlungsdienstleisters nach den Sätzen 2 bis 4 entsprechend anzuwenden. [6] Wenn ein Fall des § 675d Absatz 6 Satz 1 Nummer 1 Buchstabe b vorliegt, ist § 675z Satz 3 auf die innerhalb des Europäischen Wirtschaftsraums getätigten Bestandteile des Zahlungsvorgangs nicht anzuwenden.

**§ 676[1)] Nachweis der Ausführung von Zahlungsvorgängen.** Ist zwischen dem Zahlungsdienstnutzer und seinem Zahlungsdienstleister streitig, ob der Zahlungsvorgang ordnungsgemäß ausgeführt wurde, muss der Zahlungsdienstleister nachweisen, dass der Zahlungsvorgang ordnungsgemäß aufgezeichnet und verbucht sowie nicht durch eine Störung beeinträchtigt wurde.

**§ 676a[1)] Ausgleichsanspruch.** (1) Liegt die Ursache für die Haftung eines Zahlungsdienstleisters gemäß den §§ 675u, 675y und 675z im Verantwortungsbereich eines anderen Zahlungsdienstleisters, eines Zahlungsauslösedienstleisters oder einer zwischengeschalteten Stelle, so kann der Zahlungsdienstleister von dem anderen Zahlungsdienstleister, dem Zahlungsauslösedienstleister oder der zwischengeschalteten Stelle den Ersatz des Schadens verlangen, der ihm aus der Erfüllung der Ansprüche eines Zahlungsdienstnutzers gemäß den §§ 675u, 675y und 675z entsteht.

(2) Ist zwischen dem kontoführenden Zahlungsdienstleister des Zahlers und einem Zahlungsauslösedienstleister streitig, ob ein ausgeführter Zahlungsvorgang autorisiert wurde, muss der Zahlungsauslösedienstleister nachweisen, dass in seinem Verantwortungsbereich eine Authentifizierung erfolgt ist und der Zahlungsvorgang ordnungsgemäß aufgezeichnet sowie nicht durch eine Störung beeinträchtigt wurde.

(3) Ist zwischen dem kontoführenden Zahlungsdienstleister des Zahlers und einem Zahlungsauslösedienstleister streitig, ob ein Zahlungsvorgang ordnungsgemäß ausgeführt wurde, muss der Zahlungsauslösedienstleister nachweisen, dass

1. der Zahlungsauftrag dem kontoführenden Zahlungsdienstleister gemäß § 675n zugegangen ist und
2. der Zahlungsvorgang im Verantwortungsbereich des Zahlungsauslösedienstleisters ordnungsgemäß aufgezeichnet sowie nicht durch eine Störung beeinträchtigt wurde.

**§ 676b[1)] Anzeige nicht autorisierter oder fehlerhaft ausgeführter Zahlungsvorgänge.** (1) Der Zahlungsdienstnutzer hat seinen Zahlungsdienstleister unverzüglich nach Feststellung eines nicht autorisierten oder fehlerhaft ausgeführten Zahlungsvorgangs zu unterrichten.

---

[1)] §§ 676–676h mit Zwischenüberschriften ersetzt durch §§ 675b–676c mit Zwischenüberschriften mWv 31.10.2009 durch G v. 29.7.2009 (BGBl. I S. 2355); § 676a neu gef., § 676b Abs. 4 und 5 angef. mWv 13.1.2018 durch G v. 17.7.2017 (BGBl. I S. 2446).

(2) [1] Ansprüche und Einwendungen des Zahlungsdienstnutzers gegen den Zahlungsdienstleister nach diesem Unterkapitel sind ausgeschlossen, wenn dieser seinen Zahlungsdienstleister nicht spätestens 13 Monate nach dem Tag der Belastung mit einem nicht autorisierten oder fehlerhaft ausgeführten Zahlungsvorgang hiervon unterrichtet hat. [2] Der Lauf der Frist beginnt nur, wenn der Zahlungsdienstleister den Zahlungsdienstnutzer über die den Zahlungsvorgang betreffenden Angaben gemäß Artikel 248 §§ 7, 10 oder § 14 des Einführungsgesetzes zum Bürgerlichen Gesetzbuche[1)] unterrichtet hat; anderenfalls ist für den Fristbeginn der Tag der Unterrichtung maßgeblich.

(3) Für andere als die in § 675z Satz 1 genannten Ansprüche des Zahlungsdienstnutzers gegen seinen Zahlungsdienstleister wegen eines nicht autorisierten oder fehlerhaft ausgeführten Zahlungsvorgangs gilt Absatz 2 mit der Maßgabe, dass der Zahlungsdienstnutzer diese Ansprüche auch nach Ablauf der Frist geltend machen kann, wenn er ohne Verschulden an der Einhaltung der Frist verhindert war.

(4) [1] Wurde der Zahlungsvorgang über einen Zahlungsauslösedienstleister ausgelöst, sind Ansprüche und Einwendungen des Zahlungsdienstnutzers gegen seinen kontoführenden Zahlungsdienstleister ausgeschlossen, wenn der Zahlungsdienstnutzer den kontoführenden Zahlungsdienstleister nicht spätestens 13 Monate nach dem Tag der Belastung mit einem nicht autorisierten oder fehlerhaften Zahlungsvorgang hiervon unterrichtet hat. [2] Der Lauf der Frist beginnt nur, wenn der kontoführende Zahlungsdienstleister den Zahlungsdienstnutzer über die den Zahlungsvorgang betreffenden Angaben gemäß Artikel 248 §§ 7, 10 oder § 14 des Einführungsgesetzes zum Bürgerlichen Gesetzbuche unterrichtet hat; anderenfalls ist für den Fristbeginn der Tag der Unterrichtung durch den kontoführenden Zahlungsdienstleister maßgeblich.

(5) Für andere als die in § 675z Satz 1 genannten Ansprüche des Zahlungsdienstnutzers gegen seinen kontoführenden Zahlungsdienstleister oder gegen den Zahlungsauslösedienstleister wegen eines nicht autorisierten oder fehlerhaft ausgeführten Zahlungsvorgangs gilt Absatz 4 mit der Maßgabe, dass

1. die Anzeige an den kontoführenden Zahlungsdienstleister auch zur Erhaltung von Ansprüchen und Einwendungen des Zahlungsdienstnutzers gegen den Zahlungsauslösedienstleister genügt und
2. der Zahlungsdienstnutzer seine Ansprüche gegen den kontoführenden Zahlungsdienstleister oder gegen den Zahlungsauslösedienstleister auch nach Ablauf der Frist geltend machen kann, wenn er ohne Verschulden an der Einhaltung der Frist verhindert war.

**§ 676c[2)] Haftungsausschluss.** Ansprüche nach diesem Kapitel sind ausgeschlossen, wenn die einen Anspruch begründenden Umstände

1. auf einem ungewöhnlichen und unvorhersehbaren Ereignis beruhen, auf das diejenige Partei, die sich auf dieses Ereignis beruft, keinen Einfluss hat, und dessen Folgen trotz Anwendung der gebotenen Sorgfalt nicht hätten vermieden werden können, oder
2. vom Zahlungsdienstleister auf Grund einer gesetzlichen Verpflichtung herbeigeführt wurden.

---

1) Nr. **21**.

2) §§ 676–676h mit Zwischenüberschriften ersetzt durch §§ 675b–676c mit Zwischenüberschriften mWv 31.10.2009 durch G v. 29.7.2009 (BGBl. I S. 2355).

### Titel 13. Geschäftsführung ohne Auftrag

**§ 677 Pflichten des Geschäftsführers.** Wer ein Geschäft für einen anderen besorgt, ohne von ihm beauftragt oder ihm gegenüber sonst dazu berechtigt zu sein, hat das Geschäft so zu führen, wie das Interesse des Geschäftsherrn mit Rücksicht auf dessen wirklichen oder mutmaßlichen Willen es erfordert.

**§ 678 Geschäftsführung gegen den Willen des Geschäftsherrn.** Steht die Übernahme der Geschäftsführung mit dem wirklichen oder dem mutmaßlichen Willen des Geschäftsherrn in Widerspruch und musste der Geschäftsführer dies erkennen, so ist er dem Geschäftsherrn zum Ersatz des aus der Geschäftsführung entstehenden Schadens auch dann verpflichtet, wenn ihm ein sonstiges Verschulden nicht zur Last fällt.

**§ 679 Unbeachtlichkeit des entgegenstehenden Willens des Geschäftsherrn.** Ein der Geschäftsführung entgegenstehender Wille des Geschäftsherrn kommt nicht in Betracht, wenn ohne die Geschäftsführung eine Pflicht des Geschäftsherrn, deren Erfüllung im öffentlichen Interesse liegt, oder eine gesetzliche Unterhaltspflicht des Geschäftsherrn nicht rechtzeitig erfüllt werden würde.

**§ 680 Geschäftsführung zur Gefahrenabwehr.** Bezweckt die Geschäftsführung die Abwendung einer dem Geschäftsherrn drohenden dringenden Gefahr, so hat der Geschäftsführer nur Vorsatz und grobe Fahrlässigkeit zu vertreten.

**§ 681 Nebenpflichten des Geschäftsführers.** [1]Der Geschäftsführer hat die Übernahme der Geschäftsführung, sobald es tunlich ist, dem Geschäftsherrn anzuzeigen und, wenn nicht mit dem Aufschub Gefahr verbunden ist, dessen Entschließung abzuwarten. [2]Im Übrigen finden auf die Verpflichtungen des Geschäftsführers die für einen Beauftragten geltenden Vorschriften der §§ 666 bis 668 entsprechende Anwendung.

**§ 682 Fehlende Geschäftsfähigkeit des Geschäftsführers.** Ist der Geschäftsführer geschäftsunfähig oder in der Geschäftsfähigkeit beschränkt, so ist er nur nach den Vorschriften über den Schadensersatz wegen unerlaubter Handlungen und über die Herausgabe einer ungerechtfertigten Bereicherung verantwortlich.

**§ 683 Ersatz von Aufwendungen.** [1]Entspricht die Übernahme der Geschäftsführung dem Interesse und dem wirklichen oder dem mutmaßlichen Willen des Geschäftsherrn, so kann der Geschäftsführer wie ein Beauftragter Ersatz seiner Aufwendungen verlangen. [2]In den Fällen des § 679 steht dieser Anspruch dem Geschäftsführer zu, auch wenn die Übernahme der Geschäftsführung mit dem Willen des Geschäftsherrn in Widerspruch steht.

**§ 684 Herausgabe der Bereicherung.** [1]Liegen die Voraussetzungen des § 683 nicht vor, so ist der Geschäftsherr verpflichtet, dem Geschäftsführer alles, was er durch die Geschäftsführung erlangt, nach den Vorschriften über die Herausgabe einer ungerechtfertigten Bereicherung herauszugeben. [2]Genehmigt der Geschäftsherr die Geschäftsführung, so steht dem Geschäftsführer der in § 683 bestimmte Anspruch zu.

**§ 685 Schenkungsabsicht.** (1) Dem Geschäftsführer steht ein Anspruch nicht zu, wenn er nicht die Absicht hatte, von dem Geschäftsherrn Ersatz zu verlangen.

(2) Gewähren Eltern oder Voreltern ihren Abkömmlingen oder diese jenen Unterhalt, so ist im Zweifel anzunehmen, dass die Absicht fehlt, von dem Empfänger Ersatz zu verlangen.

**§ 686 Irrtum über die Person des Geschäftsherrn.** Ist der Geschäftsführer über die Person des Geschäftsherrn im Irrtum, so wird der wirkliche Geschäftsherr aus der Geschäftsführung berechtigt und verpflichtet.

**§ 687 Unechte Geschäftsführung.** (1) Die Vorschriften der §§ 677 bis 686 finden keine Anwendung, wenn jemand ein fremdes Geschäft in der Meinung besorgt, dass es sein eigenes sei.

(2) [1] Behandelt jemand ein fremdes Geschäft als sein eigenes, obwohl er weiß, dass er nicht dazu berechtigt ist, so kann der Geschäftsherr die sich aus den §§ 677, 678, 681, 682 ergebenden Ansprüche geltend machen. [2] Macht er sie geltend, so ist er dem Geschäftsführer nach § 684 Satz 1 verpflichtet.

## Titel 14. Verwahrung

**§ 688 Vertragstypische Pflichten bei der Verwahrung.** Durch den Verwahrungsvertrag wird der Verwahrer verpflichtet, eine ihm von dem Hinterleger übergebene bewegliche Sache aufzubewahren.

**§ 689 Vergütung.** Eine Vergütung für die Aufbewahrung gilt als stillschweigend vereinbart, wenn die Aufbewahrung den Umständen nach nur gegen eine Vergütung zu erwarten ist.

**§ 690 Haftung bei unentgeltlicher Verwahrung.** Wird die Aufbewahrung unentgeltlich übernommen, so hat der Verwahrer nur für diejenige Sorgfalt einzustehen, welche er in eigenen Angelegenheiten anzuwenden pflegt.

**§ 691 Hinterlegung bei Dritten.** [1] Der Verwahrer ist im Zweifel nicht berechtigt, die hinterlegte Sache bei einem Dritten zu hinterlegen. [2] Ist die Hinterlegung bei einem Dritten gestattet, so hat der Verwahrer nur ein ihm bei dieser Hinterlegung zur Last fallendes Verschulden zu vertreten. [3] Für das Verschulden eines Gehilfen ist er nach § 278 verantwortlich.

**§ 692 Änderung der Aufbewahrung.** [1] Der Verwahrer ist berechtigt, die vereinbarte Art der Aufbewahrung zu ändern, wenn er den Umständen nach annehmen darf, dass der Hinterleger bei Kenntnis der Sachlage die Änderung billigen würde. [2] Der Verwahrer hat vor der Änderung dem Hinterleger Anzeige zu machen und dessen Entschließung abzuwarten, wenn nicht mit dem Aufschub Gefahr verbunden ist.

**§ 693 Ersatz von Aufwendungen.** Macht der Verwahrer zum Zwecke der Aufbewahrung Aufwendungen, die er den Umständen nach für erforderlich halten darf, so ist der Hinterleger zum Ersatz verpflichtet.

**§ 694 Schadensersatzpflicht des Hinterlegers.** Der Hinterleger hat den durch die Beschaffenheit der hinterlegten Sache dem Verwahrer entstehenden Schaden zu ersetzen, es sei denn, dass er die Gefahr drohende Beschaffenheit der Sache bei der Hinterlegung weder kennt noch kennen muss oder dass er sie dem Verwahrer angezeigt oder dieser sie ohne Anzeige gekannt hat.

**§ 695 Rückforderungsrecht des Hinterlegers.** [1]Der Hinterleger kann die hinterlegte Sache jederzeit zurückfordern, auch wenn für die Aufbewahrung eine Zeit bestimmt ist. [2]Die Verjährung des Anspruchs auf Rückgabe der Sache beginnt mit der Rückforderung.

**§ 696 Rücknahmeanspruch des Verwahrers.** [1]Der Verwahrer kann, wenn eine Zeit für die Aufbewahrung nicht bestimmt ist, jederzeit die Rücknahme der hinterlegten Sache verlangen. [2]Ist eine Zeit bestimmt, so kann er die vorzeitige Rücknahme nur verlangen, wenn ein wichtiger Grund vorliegt. [3]Die Verjährung des Anspruchs beginnt mit dem Verlangen auf Rücknahme.

**§ 697 Rückgabeort.** Die Rückgabe der hinterlegten Sache hat an dem Ort zu erfolgen, an welchem die Sache aufzubewahren war; der Verwahrer ist nicht verpflichtet, die Sache dem Hinterleger zu bringen.

**§ 698 Verzinsung des verwendeten Geldes.** Verwendet der Verwahrer hinterlegtes Geld für sich, so ist er verpflichtet, es von der Zeit der Verwendung an zu verzinsen.

**§ 699 Fälligkeit der Vergütung.** (1) [1]Der Hinterleger hat die vereinbarte Vergütung bei der Beendigung der Aufbewahrung zu entrichten. [2]Ist die Vergütung nach Zeitabschnitten bemessen, so ist sie nach dem Ablauf der einzelnen Zeitabschnitte zu entrichten.

(2) Endigt die Aufbewahrung vor dem Ablauf der für sie bestimmten Zeit, so kann der Verwahrer einen seinen bisherigen Leistungen entsprechenden Teil der Vergütung verlangen, sofern nicht aus der Vereinbarung über die Vergütung sich ein anderes ergibt.

**§ 700 Unregelmäßiger Verwahrungsvertrag.** (1) [1]Werden vertretbare Sachen in der Art hinterlegt, dass das Eigentum auf den Verwahrer übergehen und dieser verpflichtet sein soll, Sachen von gleicher Art, Güte und Menge zurückzugewähren, so finden bei Geld die Vorschriften über den Darlehensvertrag, bei anderen Sachen die Vorschriften über den Sachdarlehensvertrag Anwendung. [2]Gestattet der Hinterleger dem Verwahrer, hinterlegte vertretbare Sachen zu verbrauchen, so finden bei Geld die Vorschriften über den Darlehensvertrag, bei anderen Sachen die Vorschriften über den Sachdarlehensvertrag von dem Zeitpunkt an Anwendung, in welchem der Verwahrer sich die Sachen aneignet. [3]In beiden Fällen bestimmen sich jedoch Zeit und Ort der Rückgabe im Zweifel nach den Vorschriften über den Verwahrungsvertrag.

(2) Bei der Hinterlegung von Wertpapieren ist eine Vereinbarung der im Absatz 1 bezeichneten Art nur gültig, wenn sie ausdrücklich getroffen wird.

### Titel 15.[1)] Einbringung von Sachen bei Gastwirten

**§ 701 Haftung des Gastwirts.** (1) Ein Gastwirt, der gewerbsmäßig Fremde zur Beherbergung aufnimmt, hat den Schaden zu ersetzen, der durch den Verlust, die Zerstörung oder die Beschädigung von Sachen entsteht, die ein im Betrieb dieses Gewerbes aufgenommener Gast eingebracht hat.

---

[1)] Beachte hierzu auch G zu dem Übereinkommen v. 17. Dezember 1962 über die Haftung der Gastwirte für die von ihren Gästen eingebrachten Sachen v. 16.5.1966 (BGBl. II S. 269) mit Bek. über das Inkrafttreten v. 5.12.1966 (BGBl. II S. 1565, ber. 1967 II S. 1210).

(2) [1] Als eingebracht gelten

1. Sachen, welche in der Zeit, in der der Gast zur Beherbergung aufgenommen ist, in die Gastwirtschaft oder an einen von dem Gastwirt oder dessen Leuten angewiesenen oder von dem Gastwirt allgemein hierzu bestimmten Ort außerhalb der Gastwirtschaft gebracht oder sonst außerhalb der Gastwirtschaft von dem Gastwirt oder dessen Leuten in Obhut genommen sind,
2. Sachen, welche innerhalb einer angemessenen Frist vor oder nach der Zeit, in der der Gast zur Beherbergung aufgenommen war, von dem Gastwirt oder seinen Leuten in Obhut genommen sind.

[2] Im Falle einer Anweisung oder einer Übernahme der Obhut durch Leute des Gastwirts gilt dies jedoch nur, wenn sie dazu bestellt oder nach den Umständen als dazu bestellt anzusehen waren.

(3) Die Ersatzpflicht tritt nicht ein, wenn der Verlust, die Zerstörung oder die Beschädigung von dem Gast, einem Begleiter des Gastes oder einer Person, die der Gast bei sich aufgenommen hat, oder durch die Beschaffenheit der Sachen oder durch höhere Gewalt verursacht wird.

(4) Die Ersatzpflicht erstreckt sich nicht auf Fahrzeuge, auf Sachen, die in einem Fahrzeug belassen worden sind, und auf lebende Tiere.

**§ 702 Beschränkung der Haftung; Wertsachen.** (1) Der Gastwirt haftet auf Grund des § 701 nur bis zu einem Betrag, der dem Hundertfachen des Beherbergungspreises für einen Tag entspricht, jedoch mindestens bis zu dem Betrag von 600 Euro und höchstens bis zu dem Betrag von 3 500 Euro; für Geld, Wertpapiere und Kostbarkeiten tritt an die Stelle von 3 500 Euro der Betrag von 800 Euro.

(2) Die Haftung des Gastwirts ist unbeschränkt,

1. wenn der Verlust, die Zerstörung oder die Beschädigung von ihm oder seinen Leuten verschuldet ist,
2. wenn es sich um eingebrachte Sachen handelt, die er zur Aufbewahrung übernommen oder deren Übernahme zur Aufbewahrung er entgegen der Vorschrift des Absatzes 3 abgelehnt hat.

(3) [1] Der Gastwirt ist verpflichtet, Geld, Wertpapiere, Kostbarkeiten und andere Wertsachen zur Aufbewahrung zu übernehmen, es sei denn, dass sie im Hinblick auf die Größe oder den Rang der Gastwirtschaft von übermäßigem Wert oder Umfang oder dass sie gefährlich sind. [2] Er kann verlangen, dass sie in einem verschlossenen oder versiegelten Behältnis übergeben werden.

**§ 702a Erlass der Haftung.** (1) [1] Die Haftung des Gastwirts kann im Voraus nur erlassen werden, soweit sie den nach § 702 Abs. 1 maßgeblichen Höchstbetrag übersteigt. [2] Auch insoweit kann sie nicht erlassen werden für den Fall, dass der Verlust, die Zerstörung oder die Beschädigung von dem Gastwirt oder von Leuten des Gastwirts vorsätzlich oder grob fahrlässig verursacht wird oder dass es sich um Sachen handelt, deren Übernahme zur Aufbewahrung der Gastwirt entgegen der Vorschrift des § 702 Abs. 3 abgelehnt hat.

(2) Der Erlass ist nur wirksam, wenn die Erklärung des Gastes schriftlich erteilt ist und wenn sie keine anderen Bestimmungen enthält.

**§ 703 Erlöschen des Schadensersatzanspruchs.** [1] Der dem Gast auf Grund der §§ 701, 702 zustehende Anspruch erlischt, wenn nicht der Gast unverzüglich, nachdem er von dem Verlust, der Zerstörung oder der Beschädigung Kenntnis erlangt hat, dem Gastwirt Anzeige macht. [2]Dies gilt nicht, wenn die Sachen von dem Gastwirt zur Aufbewahrung übernommen waren oder wenn der Verlust, die Zerstörung oder die Beschädigung von ihm oder seinen Leuten verschuldet ist.

**§ 704 Pfandrecht des Gastwirts.** [1]Der Gastwirt hat für seine Forderungen für Wohnung und andere dem Gast zur Befriedigung seiner Bedürfnisse gewährte Leistungen, mit Einschluss der Auslagen, ein Pfandrecht an den eingebrachten Sachen des Gastes. [2]Die für das Pfandrecht des Vermieters geltenden Vorschriften des § 562 Abs. 1 Satz 2 und der §§ 562a bis 562d finden entsprechende Anwendung.

## Titel 16. Gesellschaft

**§ 705 Inhalt des Gesellschaftsvertrags.** Durch den Gesellschaftsvertrag verpflichten sich die Gesellschafter gegenseitig, die Erreichung eines gemeinsamen Zweckes in der durch den Vertrag bestimmten Weise zu fördern, insbesondere die vereinbarten Beiträge zu leisten.

**§ 706 Beiträge der Gesellschafter.** (1) Die Gesellschafter haben in Ermangelung einer anderen Vereinbarung gleiche Beiträge zu leisten.

(2) [1]Sind vertretbare oder verbrauchbare Sachen beizutragen, so ist im Zweifel anzunehmen, dass sie gemeinschaftliches Eigentum der Gesellschafter werden sollen. [2]Das Gleiche gilt von nicht vertretbaren und nicht verbrauchbaren Sachen, wenn sie nach einer Schätzung beizutragen sind, die nicht bloß für die Gewinnverteilung bestimmt ist.

(3) Der Beitrag eines Gesellschafters kann auch in der Leistung von Diensten bestehen.

**§ 707 Erhöhung des vereinbarten Beitrags.** Zur Erhöhung des vereinbarten Beitrags oder zur Ergänzung der durch Verlust verminderten Einlage ist ein Gesellschafter nicht verpflichtet.

**§§ 707a–707c** *(noch nicht in Kraft)*

**§ 707d[1)] Verordnungsermächtigung.** (1) [1]Die Landesregierungen werden ermächtigt, durch Rechtsverordnung nähere Bestimmungen über die elektronische Führung des Gesellschaftsregisters, die elektronische Anmeldung, die elektronische Einreichung von Dokumenten sowie deren Aufbewahrung zu treffen, soweit nicht durch das Bundesministerium der Justiz und für Verbraucherschutz nach § 387 Absatz 2 des Gesetzes über das Verfahren in Familiensachen und in den Angelegenheiten der freiwilligen Gerichtsbarkeit[2)] entsprechende Vorschriften erlassen werden. [2]Dabei können sie auch Einzelheiten der Datenübermittlung regeln sowie die Form zu übermittelnder elektronischer Dokumente festlegen, um die Eignung für die Bearbeitung durch das Gericht sicherzustellen. [3]Die Landesregierungen können die Ermächtigung durch Rechtsverordnung auf die Landesjustizverwaltungen übertragen.

(2) [1]Die Landesjustizverwaltungen bestimmen das elektronische Informations- und Kommunikationssystem, über das die Daten aus den Gesellschaftsregistern abrufbar sind, und sind für die Abwicklung des elektronischen Abrufverfahrens zuständig. [2]Die Landesregierung kann die Zuständigkeit durch Rechtsverordnung

---

[1)] § 707d eingef. mWv 18.8.2021 durch G v. 10.8.2021 (BGBl. I S. 3436).
[2)] Nr. **112**.

abweichend regeln; sie kann diese Ermächtigung durch Rechtsverordnung auf die Landesjustizverwaltung übertragen. [3] Die Länder können ein länderübergreifendes, zentrales elektronisches Informations- und Kommunikationssystem bestimmen. [4] Sie können auch eine Übertragung der Abwicklungsaufgaben auf die zuständige Stelle eines anderen Landes sowie mit dem Betreiber des Unternehmensregisters eine Übertragung der Abwicklungsaufgaben auf das Unternehmensregister vereinbaren.

**§ 708 Haftung der Gesellschafter.** Ein Gesellschafter hat bei der Erfüllung der ihm obliegenden Verpflichtungen nur für diejenige Sorgfalt einzustehen, welche er in eigenen Angelegenheiten anzuwenden pflegt.

**§ 709 Gemeinschaftliche Geschäftsführung.** (1) Die Führung der Geschäfte der Gesellschaft steht den Gesellschaftern gemeinschaftlich zu; für jedes Geschäft ist die Zustimmung aller Gesellschafter erforderlich.

(2) Hat nach dem Gesellschaftsvertrag die Mehrheit der Stimmen zu entscheiden, so ist die Mehrheit im Zweifel nach der Zahl der Gesellschafter zu berechnen.

**§ 710 Übertragung der Geschäftsführung.** [1] Ist in dem Gesellschaftsvertrag die Führung der Geschäfte einem Gesellschafter oder mehreren Gesellschaftern übertragen, so sind die übrigen Gesellschafter von der Geschäftsführung ausgeschlossen. [2] Ist die Geschäftsführung mehreren Gesellschaftern übertragen, so findet die Vorschrift des § 709 entsprechende Anwendung.

**§ 711 Widerspruchsrecht.** [1] Steht nach dem Gesellschaftsvertrag die Führung der Geschäfte allen oder mehreren Gesellschaftern in der Art zu, dass jeder allein zu handeln berechtigt ist, so kann jeder der Vornahme eines Geschäfts durch den anderen widersprechen. [2] Im Falle des Widerspruchs muss das Geschäft unterbleiben.

**§ 712 Entziehung und Kündigung der Geschäftsführung.** (1) Die einem Gesellschafter durch den Gesellschaftsvertrag übertragene Befugnis zur Geschäftsführung kann ihm durch einstimmigen Beschluss oder, falls nach dem Gesellschaftsvertrag die Mehrheit der Stimmen entscheidet, durch Mehrheitsbeschluss der übrigen Gesellschafter entzogen werden, wenn ein wichtiger Grund vorliegt; ein solcher Grund ist insbesondere grobe Pflichtverletzung oder Unfähigkeit zur ordnungsmäßigen Geschäftsführung.

(2) Der Gesellschafter kann auch seinerseits die Geschäftsführung kündigen, wenn ein wichtiger Grund vorliegt; die für den Auftrag geltende Vorschrift des § 671 Abs. 2, 3 findet entsprechende Anwendung.

**§ 713 Rechte und Pflichten der geschäftsführenden Gesellschafter.** Die Rechte und Verpflichtungen der geschäftsführenden Gesellschafter bestimmen sich nach den für den Auftrag geltenden Vorschriften der §§ 664 bis 670, soweit sich nicht aus dem Gesellschaftsverhältnis ein anderes ergibt.

**§ 714 Vertretungsmacht.** Soweit einem Gesellschafter nach dem Gesellschaftsvertrag die Befugnis zur Geschäftsführung zusteht, ist er im Zweifel auch ermächtigt, die anderen Gesellschafter Dritten gegenüber zu vertreten.

**§ 715 Entziehung der Vertretungsmacht.** Ist im Gesellschaftsvertrag ein Gesellschafter ermächtigt, die anderen Gesellschafter Dritten gegenüber zu vertreten, so kann die Vertretungsmacht nur nach Maßgabe des § 712 Abs. 1 und, wenn sie in Verbindung mit der Befugnis zur Geschäftsführung erteilt worden ist, nur mit dieser entzogen werden.

*(Fortsetzung nächstes Blatt)*

**§ 716. Kontrollrecht der Gesellschafter.** (1) Ein Gesellschafter kann, auch wenn er von der Geschäftsführung ausgeschlossen ist, sich von den Angelegenheiten der Gesellschaft persönlich unterrichten, die Geschäftsbücher und die Papiere der Gesellschaft einsehen und sich aus ihnen eine Übersicht über den Stand des Gesellschaftsvermögens anfertigen.

(2) Eine dieses Recht ausschließende oder beschränkende Vereinbarung steht der Geltendmachung des Rechts nicht entgegen, wenn Grund zu der Annahme unredlicher Geschäftsführung besteht.

**§ 717. Nichtübertragbarkeit der Gesellschafterrechte.** [1]Die Ansprüche, die den Gesellschaftern aus dem Gesellschaftsverhältnis gegeneinander zustehen, sind nicht übertragbar. [2]Ausgenommen sind die einem Gesellschafter aus seiner Geschäftsführung zustehenden Ansprüche, soweit deren Befriedigung vor der Auseinandersetzung verlangt werden kann, sowie die Ansprüche auf einen Gewinnanteil oder auf dasjenige, was dem Gesellschafter bei der Auseinandersetzung zukommt.

**§ 718. Gesellschaftsvermögen.** (1) Die Beiträge der Gesellschafter und die durch die Geschäftsführung für die Gesellschaft erworbenen Gegenstände werden gemeinschaftliches Vermögen der Gesellschafter (Gesellschaftsvermögen).

(2) Zu dem Gesellschaftsvermögen gehört auch, was auf Grund eines zu dem Gesellschaftsvermögen gehörenden Rechts oder als Ersatz für die Zerstörung, Beschädigung oder Entziehung eines zu dem Gesellschaftsvermögen gehörenden Gegenstands erworben wird.

**§ 719. Gesamthänderische Bindung.** (1) Ein Gesellschafter kann nicht über seinen Anteil an dem Gesellschaftsvermögen und an den einzelnen dazu gehörenden Gegenständen verfügen; er ist nicht berechtigt, Teilung zu verlangen.

(2) Gegen eine Forderung, die zum Gesellschaftsvermögen gehört, kann der Schuldner nicht eine ihm gegen einen einzelnen Gesellschafter zustehende Forderung aufrechnen.

**§ 720. Schutz des gutgläubigen Schuldners.** Die Zugehörigkeit einer nach § 718 Abs. 1 erworbenen Forderung zum Gesellschaftsvermögen hat der Schuldner erst dann gegen sich gelten zu lassen, wenn er von der Zugehörigkeit Kenntnis erlangt; die Vorschriften der §§ 406 bis 408 finden entsprechende Anwendung.

**§ 721. Gewinn- und Verlustverteilung.** (1) Ein Gesellschafter kann den Rechnungsabschluss und die Verteilung des Gewinns und Verlusts erst nach der Auflösung der Gesellschaft verlangen.

(2) Ist die Gesellschaft von längerer Dauer, so hat der Rechnungsabschluss und die Gewinnverteilung im Zweifel am Schluss jedes Geschäftsjahrs zu erfolgen.

**§ 722. Anteile am Gewinn und Verlust.** (1) Sind die Anteile der Gesellschafter am Gewinn und Verlust nicht bestimmt, so hat jeder Gesellschafter ohne Rücksicht auf die Art und die Größe seines Beitrags einen gleichen Anteil am Gewinn und Verlust.

(2) Ist nur der Anteil am Gewinn oder am Verlust bestimmt, so gilt die Bestimmung im Zweifel für Gewinn und Verlust.

**§ 723. Kündigung durch Gesellschafter.** (1) [1]Ist die Gesellschaft nicht für eine bestimmte Zeit eingegangen, so kann jeder Gesellschafter sie jederzeit kündigen. [2]Ist eine Zeitdauer bestimmt, so ist die Kündigung vor dem Ablauf der Zeit zulässig, wenn ein wichtiger Grund vorliegt. [3]Ein wichtiger Grund liegt insbesondere vor,

1. wenn ein anderer Gesellschafter eine ihm nach dem Gesellschaftsvertrag obliegende wesentliche Verpflichtung vorsätzlich oder aus grober Fahrlässigkeit verletzt hat oder wenn die Erfüllung einer solchen Verpflichtung unmöglich wird,
2. wenn der Gesellschafter das 18. Lebensjahr vollendet hat.

[4]Der volljährig Gewordene kann die Kündigung nach Nummer 2 nur binnen drei Monaten von dem Zeitpunkt an erklären, in welchem er von seiner Gesellschafterstellung Kenntnis hatte oder haben musste. [5]Das Kündigungsrecht besteht nicht, wenn der Gesellschafter bezüglich des Gegenstands der Gesellschaft zum selbständigen Betrieb eines Erwerbsgeschäfts gemäß § 112 ermächtigt war oder der Zweck der Gesellschaft allein der Befriedigung seiner persönlichen Bedürfnisse diente. [6]Unter den gleichen Voraussetzungen ist, wenn eine Kündigungsfrist bestimmt ist, die Kündigung ohne Einhaltung der Frist zulässig.

(2) [1]Die Kündigung darf nicht zur Unzeit geschehen, es sei denn, dass ein wichtiger Grund für die unzeitige Kündigung vorliegt. [2]Kündigt ein Gesellschafter ohne solchen Grund zur Unzeit, so hat er den übrigen Gesellschaftern den daraus entstehenden Schaden zu ersetzen.

(3) Eine Vereinbarung, durch welche das Kündigungsrecht ausgeschlossen oder diesen Vorschriften zuwider beschränkt wird, ist nichtig.

**§ 724. Kündigung bei Gesellschaft auf Lebenszeit oder fortgesetzter Gesellschaft.** [1]Ist eine Gesellschaft für die Lebenszeit eines Gesellschafters eingegangen, so kann sie in gleicher Weise gekündigt werden wie eine für unbestimmte Zeit eingegangene Gesellschaft. [2]Dasselbe gilt, wenn eine Gesellschaft nach dem Ablauf der bestimmten Zeit stillschweigend fortgesetzt wird.

**§ 725. Kündigung durch Pfändungspfandgläubiger.** (1) Hat ein Gläubiger eines Gesellschafters die Pfändung des Anteils des Gesellschafters an dem Gesellschaftsvermögen erwirkt, so kann er die Gesellschaft ohne Einhaltung einer Kündigungsfrist kündigen, sofern der Schuldtitel nicht bloß vorläufig vollstreckbar ist.

(2) Solange die Gesellschaft besteht, kann der Gläubiger die sich aus dem Gesellschaftsverhältnis ergebenden Rechte des Gesellschafters, mit Ausnahme des Anspruchs auf einen Gewinnanteil, nicht geltend machen.

**§ 726. Auflösung wegen Erreichens oder Unmöglichwerdens des Zweckes.** Die Gesellschaft endigt, wenn der vereinbarte Zweck erreicht oder dessen Erreichung unmöglich geworden ist.

**§ 727. Auflösung durch Tod eines Gesellschafters.** (1) Die Gesellschaft wird durch den Tod eines der Gesellschafter aufgelöst, sofern nicht aus dem Gesellschaftsvertrag sich ein anderes ergibt.

(2) [1]Im Falle der Auflösung hat der Erbe des verstorbenen Gesellschafters den übrigen Gesellschaftern den Tod unverzüglich anzuzeigen und, wenn mit dem Aufschub Gefahr verbunden ist, die seinem Erblasser durch den Gesellschaftsvertrag übertragenen Geschäfte fortzuführen, bis die übrigen Gesellschafter in Gemeinschaft mit ihm anderweit Fürsorge treffen können. [2]Die übrigen Gesellschafter sind in gleicher Weise zur einstweiligen Fortführung der ihnen übertragenen Geschäfte verpflichtet. [3]Die Gesellschaft gilt insoweit als fortbestehend.

**§ 728. Auflösung durch Insolvenz der Gesellschaft oder eines Gesellschafters.** (1) [1]Die Gesellschaft wird durch die Eröffnung des Insolvenzverfahrens über das Vermögen der Gesellschaft aufgelöst. [2]Wird das Verfahren auf Antrag des Schuldners eingestellt oder nach der Bestätigung eines Insolvenzplans, der den Fortbestand der Gesellschaft vorsieht, aufgehoben, so können die Gesellschafter die Fortsetzung der Gesellschaft beschließen.

(2) [1]Die Gesellschaft wird durch die Eröffnung des Insolvenzverfahrens über das Vermögen eines Gesellschafters aufgelöst. [2]Die Vorschrift des § 727 Abs. 2 Satz 2, 3 findet Anwendung.

**§ 729. Fortdauer der Geschäftsführungsbefugnis.** [1]Wird die Gesellschaft aufgelöst, so gilt die Befugnis eines Gesellschafters zur Geschäftsführung zu seinen Gunsten gleichwohl als fortbestehend, bis er von der Auflösung Kenntnis erlangt oder die Auflösung kennen muss. [2]Das Gleiche gilt bei Fortbestand der Gesellschaft für die Befugnis zur Geschäftsführung eines aus der Gesellschaft ausscheidenden Gesellschafters oder für ihren Verlust in sonstiger Weise.

**§ 730. Auseinandersetzung; Geschäftsführung.** (1) Nach der Auflösung der Gesellschaft findet in Ansehung des Gesellschaftsvermögens die Auseinandersetzung unter den Gesellschaftern statt, sofern nicht über das Vermögen der Gesellschaft das Insolvenzverfahren eröffnet ist.

(2) [1]Für die Beendigung der schwebenden Geschäfte, für die dazu erforderliche Eingehung neuer Geschäfte sowie für die Erhaltung und Verwaltung des Gesellschaftsvermögens gilt die Gesellschaft als fortbestehend, soweit der Zweck der Auseinandersetzung es erfordert. [2]Die einem Gesellschafter nach dem Gesellschaftsvertrag zustehende Befugnis zur Geschäftsführung erlischt jedoch, wenn nicht aus dem Vertrag sich ein anderes ergibt, mit der Auflösung der Gesellschaft; die Geschäftsführung steht von der Auflösung an allen Gesellschaftern gemeinschaftlich zu.

**§ 731. Verfahren bei Auseinandersetzung.** [1]Die Auseinandersetzung erfolgt in Ermangelung einer anderen Vereinbarung in Gemäßheit der §§ 732 bis 735. [2]Im Übrigen gelten für die Teilung die Vorschriften über die Gemeinschaft.

**§ 732. Rückgabe von Gegenständen.** [1]Gegenstände, die ein Gesellschafter der Gesellschaft zur Benutzung überlassen hat, sind ihm zurückzugeben.

[2]Für einen durch Zufall in Abgang gekommenen oder verschlechterten Gegenstand kann er nicht Ersatz verlangen.

**§ 733. Berichtigung der Gesellschaftsschulden; Erstattung der Einlagen.** (1) [1]Aus dem Gesellschaftsvermögen sind zunächst die gemeinschaftlichen Schulden mit Einschluss derjenigen zu berichtigen, welche den Gläubigern gegenüber unter den Gesellschaftern geteilt sind oder für welche einem Gesellschafter die übrigen Gesellschafter als Schuldner haften. [2]Ist eine Schuld noch nicht fällig oder ist sie streitig, so ist das zur Berichtigung Erforderliche zurückzubehalten.

(2) [1]Aus dem nach der Berichtigung der Schulden übrig bleibenden Gesellschaftsvermögen sind die Einlagen zurückzuerstatten. [2]Für Einlagen, die nicht in Geld bestanden haben, ist der Wert zu ersetzen, den sie zur Zeit der Einbringung gehabt haben. [3]Für Einlagen, die in der Leistung von Diensten oder in der Überlassung der Benutzung eines Gegenstands bestanden haben, kann nicht Ersatz verlangt werden.

(3) Zur Berichtigung der Schulden und zur Rückerstattung der Einlagen ist das Gesellschaftsvermögen, soweit erforderlich, in Geld umzusetzen.

**§ 734. Verteilung des Überschusses.** Verbleibt nach der Berichtigung der gemeinschaftlichen Schulden und der Rückerstattung der Einlagen ein Überschuss, so gebührt er den Gesellschaftern nach dem Verhältnis ihrer Anteile am Gewinn.

**§ 735. Nachschusspflicht bei Verlust.** [1]Reicht das Gesellschaftsvermögen zur Berichtigung der gemeinschaftlichen Schulden und zur Rückerstattung der Einlagen nicht aus, so haben die Gesellschafter für den Fehlbetrag nach dem Verhältnis aufzukommen, nach welchem sie den Verlust zu tragen haben. [2]Kann von einem Gesellschafter der auf ihn entfallende Beitrag nicht erlangt werden, so haben die übrigen Gesellschafter den Ausfall nach dem gleichen Verhältnis zu tragen.

**§ 736. Ausscheiden eines Gesellschafters, Nachhaftung.** (1) Ist im Gesellschaftsvertrag bestimmt, dass, wenn ein Gesellschafter kündigt oder stirbt oder wenn das Insolvenzverfahren über sein Vermögen eröffnet wird, die Gesellschaft unter den übrigen Gesellschaftern fortbestehen soll, so scheidet bei dem Eintritt eines solchen Ereignisses der Gesellschafter, in dessen Person es eintritt, aus der Gesellschaft aus.

(2) Die für Personenhandelsgesellschaften geltenden Regelungen über die Begrenzung der Nachhaftung gelten sinngemäß.

**§ 737. Ausschluss eines Gesellschafters.** [1]Ist im Gesellschaftsvertrag bestimmt, dass, wenn ein Gesellschafter kündigt, die Gesellschaft unter den übrigen Gesellschaftern fortbestehen soll, so kann ein Gesellschafter, in dessen Person ein die übrigen Gesellschafter nach § 723 Abs. 1 Satz 2 zur Kündigung berechtigender Umstand eintritt, aus der Gesellschaft ausgeschlossen werden. [2]Das Ausschließungsrecht steht den übrigen Gesellschaftern gemeinschaftlich zu. [3]Die Ausschließung erfolgt durch Erklärung gegenüber dem auszuschließenden Gesellschafter.

**§ 738. Auseinandersetzung beim Ausscheiden.** (1) [1]Scheidet ein Gesellschafter aus der Gesellschaft aus, so wächst sein Anteil am Gesellschaftsvermögen den übrigen Gesellschaftern zu. [2]Diese sind verpflichtet, dem Ausscheidenden die Gegenstände, die er der Gesellschaft zur Benutzung überlassen hat, nach Maßgabe des § 732 zurückzugeben, ihn von den gemeinschaftlichen Schulden zu befreien und ihm dasjenige zu zahlen, was er bei der Auseinandersetzung erhalten würde, wenn die Gesellschaft zur Zeit seines Ausscheidens aufgelöst worden wäre. [3]Sind gemeinschaftliche Schulden noch nicht fällig, so können die übrigen Gesellschafter dem Ausscheidenden, statt ihn zu befreien, Sicherheit leisten.

(2) Der Wert des Gesellschaftsvermögens ist, soweit erforderlich, im Wege der Schätzung zu ermitteln.

**§ 739. Haftung für Fehlbetrag.** Reicht der Wert des Gesellschaftsvermögens zur Deckung der gemeinschaftlichen Schulden und der Einlagen nicht aus, so hat der Ausscheidende den übrigen Gesellschaftern für den Fehlbetrag nach dem Verhältnis seines Anteils am Verlust aufzukommen.

**§ 740. Beteiligung am Ergebnis schwebender Geschäfte.** (1) [1]Der Ausgeschiedene nimmt an dem Gewinn und dem Verlust teil, welcher sich aus den zur Zeit seines Ausscheidens schwebenden Geschäften ergibt. [2]Die übrigen Gesellschafter sind berechtigt, diese Geschäfte so zu beendigen, wie es ihnen am vorteilhaftesten erscheint.

(2) Der Ausgeschiedene kann am Schluss jedes Geschäftsjahrs Rechenschaft über die inzwischen beendigten Geschäfte, Auszahlung des ihm gebührenden Betrags und Auskunft über den Stand der noch schwebenden Geschäfte verlangen.

## Titel 17.[1] Gemeinschaft

**§ 741. Gemeinschaft nach Bruchteilen.** Steht ein Recht mehreren gemeinschaftlich zu, so finden, sofern sich nicht aus dem Gesetz ein anderes ergibt, die Vorschriften der §§ 742 bis 758 Anwendung (Gemeinschaft nach Bruchteilen).

**§ 742. Gleiche Anteile.** Im Zweifel ist anzunehmen, dass den Teilhabern gleiche Anteile zustehen.

**§ 743. Früchteanteil; Gebrauchsbefugnis.** (1) Jedem Teilhaber gebührt ein seinem Anteil entsprechender Bruchteil der Früchte.

(2) Jeder Teilhaber ist zum Gebrauch des gemeinschaftlichen Gegenstands insoweit befugt, als nicht der Mitgebrauch der übrigen Teilhaber beeinträchtigt wird.

**§ 744. Gemeinschaftliche Verwaltung.** (1) Die Verwaltung des gemeinschaftlichen Gegenstands steht den Teilhabern gemeinschaftlich zu.

---

[1] Wegen des für das Gebiet der ehem. DDR geltenden Übergangsrechts zu §§ 741 bis 758 beachte Art. 232 § 9 EGBGB; Nr. **21**.

(2) Jeder Teilhaber ist berechtigt, die zur Erhaltung des Gegenstands notwendigen Maßregeln ohne Zustimmung der anderen Teilhaber zu treffen; er kann verlangen, dass diese ihre Einwilligung zu einer solchen Maßregel im Voraus erteilen.

**§ 745. Verwaltung und Benutzung durch Beschluss.** (1) [1]Durch Stimmenmehrheit kann eine der Beschaffenheit des gemeinschaftlichen Gegenstands entsprechende ordnungsmäßige Verwaltung und Benutzung beschlossen werden. [2]Die Stimmenmehrheit ist nach der Größe der Anteile zu berechnen.

(2) Jeder Teilhaber kann, sofern nicht die Verwaltung und Benutzung durch Vereinbarung oder durch Mehrheitsbeschluss geregelt ist, eine dem Interesse aller Teilhaber nach billigem Ermessen entsprechende Verwaltung und Benutzung verlangen.

(3) [1]Eine wesentliche Veränderung des Gegenstands kann nicht beschlossen oder verlangt werden. [2]Das Recht des einzelnen Teilhabers auf einen seinem Anteil entsprechenden Bruchteil der Nutzungen kann nicht ohne seine Zustimmung beeinträchtigt werden.

**§ 746. Wirkung gegen Sondernachfolger.** Haben die Teilhaber die Verwaltung und Benutzung des gemeinschaftlichen Gegenstands geregelt, so wirkt die getroffene Bestimmung auch für und gegen die Sondernachfolger.

**§ 747. Verfügung über Anteil und gemeinschaftliche Gegenstände.** [1]Jeder Teilhaber kann über seinen Anteil verfügen. [2]Über den gemeinschaftlichen Gegenstand im Ganzen können die Teilhaber nur gemeinschaftlich verfügen.

**§ 748. Lasten- und Kostentragung.** Jeder Teilhaber ist den anderen Teilhabern gegenüber verpflichtet, die Lasten des gemeinschaftlichen Gegenstands sowie die Kosten der Erhaltung, der Verwaltung und einer gemeinschaftlichen Benutzung nach dem Verhältnis seines Anteils zu tragen.

**§ 749. Aufhebungsanspruch.** (1) Jeder Teilhaber kann jederzeit die Aufhebung der Gemeinschaft verlangen.

(2) [1]Wird das Recht, die Aufhebung zu verlangen, durch Vereinbarung für immer oder auf Zeit ausgeschlossen, so kann die Aufhebung gleichwohl verlangt werden, wenn ein wichtiger Grund vorliegt. [2]Unter der gleichen Voraussetzung kann, wenn eine Kündigungsfrist bestimmt wird, die Aufhebung ohne Einhaltung der Frist verlangt werden.

(3) Eine Vereinbarung, durch welche das Recht, die Aufhebung zu verlangen, diesen Vorschriften zuwider ausgeschlossen oder beschränkt wird, ist nichtig.

**§ 750. Ausschluss der Aufhebung im Todesfall.** Haben die Teilhaber das Recht, die Aufhebung der Gemeinschaft zu verlangen, auf Zeit ausgeschlossen, so tritt die Vereinbarung im Zweifel mit dem Tode eines Teilhabers außer Kraft.

**§ 751. Ausschluss der Aufhebung und Sondernachfolger.** [1]Haben die Teilhaber das Recht, die Aufhebung der Gemeinschaft zu verlangen, für immer oder auf Zeit ausgeschlossen oder eine Kündigungsfrist bestimmt, so wirkt die Vereinbarung auch für und gegen die Sondernachfolger. [2]Hat ein Gläubiger die Pfändung des Anteils eines Teilhabers erwirkt, so kann er ohne Rücksicht auf die Vereinbarung die Aufhebung der Gemeinschaft verlangen, sofern der Schuldtitel nicht bloß vorläufig vollstreckbar ist.

**§ 752. Teilung in Natur.** [1]Die Aufhebung der Gemeinschaft erfolgt durch Teilung in Natur, wenn der gemeinschaftliche Gegenstand oder, falls mehrere Gegenstände gemeinschaftlich sind, diese sich ohne Verminderung des Wertes in gleichartige, den Anteilen der Teilhaber entsprechende Teile zerlegen lassen. [2]Die Verteilung gleicher Teile unter die Teilhaber geschieht durch das Los.

**§ 753. Teilung durch Verkauf.** (1) [1]Ist die Teilung in Natur ausgeschlossen, so erfolgt die Aufhebung der Gemeinschaft durch Verkauf des gemeinschaftlichen Gegenstands nach den Vorschriften über den Pfandverkauf, bei Grundstücken durch Zwangsversteigerung und durch Teilung des Erlöses. [2]Ist die Veräußerung an einen Dritten unstatthaft, so ist der Gegenstand unter den Teilhabern zu versteigern.

(2) Hat der Versuch, den Gegenstand zu verkaufen, keinen Erfolg, so kann jeder Teilhaber die Wiederholung verlangen; er hat jedoch die Kosten zu tragen, wenn der wiederholte Versuch misslingt.

**§ 754. Verkauf gemeinschaftlicher Forderungen.** [1]Der Verkauf einer gemeinschaftlichen Forderung ist nur zulässig, wenn sie noch nicht eingezogen werden kann. [2]Ist die Einziehung möglich, so kann jeder Teilhaber gemeinschaftliche Einziehung verlangen.

**§ 755. Berichtigung einer Gesamtschuld.** (1) Haften die Teilhaber als Gesamtschuldner für eine Verbindlichkeit, die sie in Gemäßheit des § 748 nach dem Verhältnis ihrer Anteile zu erfüllen haben oder die sie zum Zwecke der Erfüllung einer solchen Verbindlichkeit eingegangen sind, so kann jeder Teilhaber bei der Aufhebung der Gemeinschaft verlangen, dass die Schuld aus dem gemeinschaftlichen Gegenstand berichtigt wird.

(2) Der Anspruch kann auch gegen die Sondernachfolger geltend gemacht werden.

(3) Soweit zur Berichtigung der Schuld der Verkauf des gemeinschaftlichen Gegenstands erforderlich ist, hat der Verkauf nach § 753 zu erfolgen.

**§ 756. Berichtigung einer Teilhaberschuld.** [1]Hat ein Teilhaber gegen einen anderen Teilhaber eine Forderung, die sich auf die Gemeinschaft gründet, so kann er bei der Aufhebung der Gemeinschaft die Berichtigung seiner Forderung aus dem auf den Schuldner entfallenden Teil des gemeinschaftlichen Gegenstands verlangen. [2]Die Vorschrift des § 755 Abs. 2, 3 findet Anwendung.

**§ 757. Gewährleistung bei Zuteilung an einen Teilhaber.** Wird bei der Aufhebung der Gemeinschaft ein gemeinschaftlicher Gegenstand einem der Teilhaber zugeteilt, so hat wegen eines Mangels im Recht oder wegen eines Mangels der Sache jeder der übrigen Teilhaber zu seinem Anteil in gleicher Weise wie ein Verkäufer Gewähr zu leisten.

**§ 758. Unverjährbarkeit des Aufhebungsanspruchs.** Der Anspruch auf Aufhebung der Gemeinschaft unterliegt nicht der Verjährung.

### Titel 18. Leibrente[1)]

**§ 759. Dauer und Betrag der Rente.** (1) Wer zur Gewährung einer Leibrente verpflichtet ist, hat die Rente im Zweifel für die Lebensdauer des Gläubigers zu entrichten.

(2) Der für die Rente bestimmte Betrag ist im Zweifel der Jahresbetrag der Rente.

**§ 760. Vorauszahlung.** (1) Die Leibrente ist im Voraus zu entrichten.

(2) Eine Geldrente ist für drei Monate vorauszuzahlen; bei einer anderen Rente bestimmt sich der Zeitabschnitt, für den sie im Voraus zu entrichten ist, nach der Beschaffenheit und dem Zwecke der Rente.

(3) Hat der Gläubiger den Beginn des Zeitabschnitts erlebt, für den die Rente im Voraus zu entrichten ist, so gebührt ihm der volle auf den Zeitabschnitt entfallende Betrag.

**§ 761. Form des Leibrentenversprechens.** [1]Zur Gültigkeit eines Vertrags, durch den eine Leibrente versprochen wird, ist, soweit nicht eine andere Form vorgeschrieben ist, schriftliche Erteilung des Versprechens erforderlich. [2]Die Erteilung des Leibrentenversprechens in elektronischer Form ist ausgeschlossen, soweit das Versprechen der Gewährung familienrechtlichen Unterhalts dient.

### Titel 19. Unvollkommene Verbindlichkeiten

**§ 762. Spiel, Wette.** (1) [1]Durch Spiel oder durch Wette wird eine Verbindlichkeit nicht begründet. [2]Das auf Grund des Spieles oder der Wette Geleistete kann nicht deshalb zurückgefordert werden, weil eine Verbindlichkeit nicht bestanden hat.

(2) Diese Vorschriften gelten auch für eine Vereinbarung, durch die der verlierende Teil zum Zwecke der Erfüllung einer Spiel- oder einer Wettschuld dem gewinnenden Teil gegenüber eine Verbindlichkeit eingeht, insbesondere für ein Schuldanerkenntnis.

**§ 763. Lotterie- und Ausspielvertrag.** [1]Ein Lotterievertrag oder ein Ausspielvertrag ist verbindlich, wenn die Lotterie oder die Ausspielung staatlich genehmigt ist. [2]Anderenfalls findet die Vorschrift des § 762 Anwendung.

**§ 764.**[2)] *(aufgehoben)*

---

1) Vgl. G über die anderweitige Festsetzung von Geldbezügen aus Altenteilsverträgen v. 18. 8. 1923 (RGBl. I S. 815).

2) § 764 aufgeh. durch Art. 9 G v. 21. 6. 2002 (BGBl. I S. 2010).

## Titel 20. Bürgschaft

**§ 765. Vertragstypische Pflichten bei der Bürgschaft.** (1) Durch den Bürgschaftsvertrag verpflichtet sich der Bürge gegenüber dem Gläubiger eines Dritten, für die Erfüllung der Verbindlichkeit des Dritten einzustehen.

(2) Die Bürgschaft kann auch für eine künftige oder eine bedingte Verbindlichkeit übernommen werden.

**§ 766. Schriftform der Bürgschaftserklärung.** [1]Zur Gültigkeit des Bürgschaftsvertrags ist schriftliche Erteilung der Bürgschaftserklärung erforderlich.[1)] [2]Die Erteilung der Bürgschaftserklärung in elektronischer Form ist ausgeschlossen. [3]Soweit der Bürge die Hauptverbindlichkeit erfüllt, wird der Mangel der Form geheilt.

**§ 767. Umfang der Bürgschaftsschuld.** (1) [1]Für die Verpflichtung des Bürgen ist der jeweilige Bestand der Hauptverbindlichkeit maßgebend. [2]Dies gilt insbesondere auch, wenn die Hauptverbindlichkeit durch Verschulden oder Verzug des Hauptschuldners geändert wird. [3]Durch ein Rechtsgeschäft, das der Hauptschuldner nach der Übernahme der Bürgschaft vornimmt, wird die Verpflichtung des Bürgen nicht erweitert.

(2) Der Bürge haftet für die dem Gläubiger von dem Hauptschuldner zu ersetzenden Kosten der Kündigung und der Rechtsverfolgung.

**§ 768. Einreden des Bürgen.** (1) [1]Der Bürge kann die dem Hauptschuldner zustehenden Einreden geltend machen. [2]Stirbt der Hauptschuldner, so kann sich der Bürge nicht darauf berufen, dass der Erbe für die Verbindlichkeit nur beschränkt haftet.

(2) Der Bürge verliert eine Einrede nicht dadurch, dass der Hauptschuldner auf sie verzichtet.

**§ 769. Mitbürgschaft.** Verbürgen sich mehrere für dieselbe Verbindlichkeit, so haften sie als Gesamtschuldner, auch wenn sie die Bürgschaft nicht gemeinschaftlich übernehmen.

**§ 770. Einreden der Anfechtbarkeit und der Aufrechenbarkeit.** (1) Der Bürge kann die Befriedigung des Gläubigers verweigern, solange dem Hauptschuldner das Recht zusteht, das seiner Verbindlichkeit zugrunde liegende Rechtsgeschäft anzufechten.

(2) Die gleiche Befugnis hat der Bürge, solange sich der Gläubiger durch Aufrechnung gegen eine fällige Forderung des Hauptschuldners befriedigen kann.

**§ 771. Einrede der Vorausklage.** [1]Der Bürge kann die Befriedigung des Gläubigers verweigern, solange nicht der Gläubiger eine Zwangsvollstreckung gegen den Hauptschuldner ohne Erfolg versucht hat (Einrede der Voraus-

---

1) Die Formvorschrift des § 766 Satz 1 findet keine Anwendung, sofern die Bürgschaft auf der Seite des Bürgen ein Handelsgeschäft und der Bürge Kaufmann ist: § 350 HGB; Nr. **50**.

klage).[1] [2]Erhebt der Bürge die Einrede der Vorausklage, ist die Verjährung des Anspruchs des Gläubigers gegen den Bürgen gehemmt, bis der Gläubiger eine Zwangsvollstreckung gegen den Hauptschuldner ohne Erfolg versucht hat.

**§ 772. Vollstreckungs- und Verwertungspflicht des Gläubigers.**

(1) Besteht die Bürgschaft für eine Geldforderung, so muss die Zwangsvollstreckung in die beweglichen Sachen des Hauptschuldners an seinem Wohnsitz und, wenn der Hauptschuldner an einem anderen Orte eine gewerbliche Niederlassung hat, auch an diesem Orte, in Ermangelung eines Wohnsitzes und einer gewerblichen Niederlassung an seinem Aufenthaltsort versucht werden.

(2) [1]Steht dem Gläubiger ein Pfandrecht oder ein Zurückbehaltungsrecht an einer beweglichen Sache des Hauptschuldners zu, so muss er auch aus dieser Sache Befriedigung suchen. [2]Steht dem Gläubiger ein solches Recht an der Sache auch für eine andere Forderung zu, so gilt dies nur, wenn beide Forderungen durch den Wert der Sache gedeckt werden.

**§ 773. Ausschluss der Einrede der Vorausklage.** (1) Die Einrede der Vorausklage ist ausgeschlossen:

1. wenn der Bürge auf die Einrede verzichtet, insbesondere wenn er sich als Selbstschuldner verbürgt hat,
2. wenn die Rechtsverfolgung gegen den Hauptschuldner infolge einer nach der Übernahme der Bürgschaft eingetretenen Änderung des Wohnsitzes, der gewerblichen Niederlassung oder des Aufenthaltsorts des Hauptschuldners wesentlich erschwert ist,
3. wenn über das Vermögen des Hauptschuldners das Insolvenzverfahren eröffnet ist,
4. wenn anzunehmen ist, dass die Zwangsvollstreckung in das Vermögen des Hauptschuldners nicht zur Befriedigung des Gläubigers führen wird.

(2) In den Fällen der Nummern 3, 4 ist die Einrede insoweit zulässig, als sich der Gläubiger aus einer beweglichen Sache des Hauptschuldners befriedigen kann, an der er ein Pfandrecht oder ein Zurückbehaltungsrecht hat; die Vorschrift des § 772 Abs. 2 Satz 2 findet Anwendung.

**§ 774. Gesetzlicher Forderungsübergang.** (1) [1]Soweit der Bürge den Gläubiger befriedigt, geht die Forderung des Gläubigers gegen den Hauptschuldner auf ihn über. [2]Der Übergang kann nicht zum Nachteil des Gläubigers geltend gemacht werden. [3]Einwendungen des Hauptschuldners aus einem zwischen ihm und dem Bürgen bestehenden Rechtsverhältnis bleiben unberührt.

(2) Mitbürgen haften einander nur nach § 426.

**§ 775. Anspruch des Bürgen auf Befreiung.** (1) Hat sich der Bürge im Auftrag des Hauptschuldners verbürgt oder stehen ihm nach den Vorschriften über die Geschäftsführung ohne Auftrag wegen der Übernahme der Bürgschaft die Rechte eines Beauftragten gegen den Hauptschuldner zu, so kann er von diesem Befreiung von der Bürgschaft verlangen:

---

[1] Bei der kaufmännischen Bürgschaft keine Einrede der Vorausklage: § 349 HGB; Nr. **50**.

1. wenn sich die Vermögensverhältnisse des Hauptschuldners wesentlich verschlechtert haben,
2. wenn die Rechtsverfolgung gegen den Hauptschuldner infolge einer nach der Übernahme der Bürgschaft eingetretenen Änderung des Wohnsitzes, der gewerblichen Niederlassung oder des Aufenthaltsorts des Hauptschuldners wesentlich erschwert ist,
3. wenn der Hauptschuldner mit der Erfüllung seiner Verbindlichkeit im Verzug ist,
4. wenn der Gläubiger gegen den Bürgen ein vollstreckbares Urteil auf Erfüllung erwirkt hat.

(2) Ist die Hauptverbindlichkeit noch nicht fällig, so kann der Hauptschuldner dem Bürgen, statt ihn zu befreien, Sicherheit leisten.

**§ 776. Aufgabe einer Sicherheit.** [1]Gibt der Gläubiger ein mit der Forderung verbundenes Vorzugsrecht, eine für sie bestehende Hypothek oder Schiffshypothek, ein für sie bestehendes Pfandrecht oder das Recht gegen einen Mitbürgen auf, so wird der Bürge insoweit frei, als er aus dem aufgegebenen Recht nach § 774 hätte Ersatz erlangen können. [2]Dies gilt auch dann, wenn das aufgegebene Recht erst nach der Übernahme der Bürgschaft entstanden ist.

**§ 777. Bürgschaft auf Zeit.** (1) [1]Hat sich der Bürge für eine bestehende Verbindlichkeit auf bestimmte Zeit verbürgt, so wird er nach dem Ablauf der bestimmten Zeit frei, wenn nicht der Gläubiger die Einziehung der Forderung unverzüglich nach Maßgabe des § 772 betreibt, das Verfahren ohne wesentliche Verzögerung fortsetzt und unverzüglich nach der Beendigung des Verfahrens dem Bürgen anzeigt, dass er ihn in Anspruch nehme. [2]Steht dem Bürgen die Einrede der Vorausklage nicht zu, so wird er nach dem Ablauf der bestimmten Zeit frei, wenn nicht der Gläubiger ihm unverzüglich diese Anzeige macht.

(2) Erfolgt die Anzeige rechtzeitig, so beschränkt sich die Haftung des Bürgen im Falle des Absatzes 1 Satz 1 auf den Umfang, den die Hauptverbindlichkeit zur Zeit der Beendigung des Verfahrens hat, im Falle des Absatzes 1 Satz 2 auf den Umfang, den die Hauptverbindlichkeit bei dem Ablauf der bestimmten Zeit hat.

**§ 778. Kreditauftrag.** Wer einen anderen beauftragt, im eigenen Namen und auf eigene Rechnung einem Dritten ein Darlehen oder eine Finanzierungshilfe zu gewähren, haftet dem Beauftragten für die aus dem Darlehen oder der Finanzierungshilfe entstehende Verbindlichkeit des Dritten als Bürge.

## Titel 21. Vergleich

**§ 779. Begriff des Vergleichs, Irrtum über die Vergleichsgrundlage.** (1) Ein Vertrag, durch den der Streit oder die Ungewissheit der Parteien über ein Rechtsverhältnis im Wege gegenseitigen Nachgebens beseitigt wird (Vergleich), ist unwirksam, wenn der nach dem Inhalt des Vertrags als feststehend zugrunde gelegte Sachverhalt der Wirklichkeit nicht entspricht und der Streit oder die Ungewissheit bei Kenntnis der Sachlage nicht entstanden sein würde.

(2) Der Ungewissheit über ein Rechtsverhältnis steht es gleich, wenn die Verwirklichung eines Anspruchs unsicher ist.

### Titel 22. Schuldversprechen, Schuldanerkenntnis

**§ 780. Schuldversprechen.** [1] Zur Gültigkeit eines Vertrags, durch den eine Leistung in der Weise versprochen wird, dass das Versprechen die Verpflichtung selbständig begründen soll (Schuldversprechen), ist, soweit nicht eine andere Form vorgeschrieben ist, schriftliche Erteilung des Versprechens erforderlich.[1)] [2] Die Erteilung des Versprechens in elektronischer Form ist ausgeschlossen.

**§ 781. Schuldanerkenntnis.** [1] Zur Gültigkeit eines Vertrags, durch den das Bestehen eines Schuldverhältnisses anerkannt wird (Schuldanerkenntnis), ist schriftliche Erteilung der Anerkennungserklärung erforderlich. [2] Die Erteilung der Anerkennungserklärung in elektronischer Form ist ausgeschlossen. [3] Ist für die Begründung des Schuldverhältnisses, dessen Bestehen anerkannt wird, eine andere Form vorgeschrieben, so bedarf der Anerkennungsvertrag dieser Form.

**§ 782. Formfreiheit bei Vergleich.** Wird ein Schuldversprechen oder ein Schuldanerkenntnis auf Grund einer Abrechnung oder im Wege des Vergleichs erteilt, so ist die Beobachtung der in den §§ 780, 781 vorgeschriebenen schriftlichen Form nicht erforderlich.

### Titel 23. Anweisung

**§ 783. Rechte aus der Anweisung.** Händigt jemand eine Urkunde, in der er einen anderen anweist, Geld, Wertpapiere oder andere vertretbare Sachen an einen Dritten zu leisten, dem Dritten aus, so ist dieser ermächtigt, die Leistung bei dem Angewiesenen im eigenen Namen zu erheben; der Angewiesene ist ermächtigt, für Rechnung des Anweisenden an den Anweisungsempfänger zu leisten.

**§ 784. Annahme der Anweisung.** (1) Nimmt der Angewiesene die Anweisung an, so ist er dem Anweisungsempfänger gegenüber zur Leistung verpflichtet; er kann ihm nur solche Einwendungen entgegensetzen, welche die Gültigkeit der Annahme betreffen oder sich aus dem Inhalt der Anweisung oder dem Inhalt der Annahme ergeben oder dem Angewiesenen unmittelbar gegen den Anweisungsempfänger zustehen.

(2) [1] Die Annahme erfolgt durch einen schriftlichen Vermerk auf der Anweisung. [2] Ist der Vermerk auf die Anweisung vor der Aushändigung an den Anweisungsempfänger gesetzt worden, so wird die Annahme diesem gegenüber erst mit der Aushändigung wirksam.

**§ 785. Aushändigung der Anweisung.** Der Angewiesene ist nur gegen Aushändigung der Anweisung zur Leistung verpflichtet.

**§ 786.** (weggefallen)

---

[1)] Formfrei als Handelsgeschäft: § 350 HGB; Nr. **50**.

**§ 787. Anweisung auf Schuld.** (1) Im Falle einer Anweisung auf Schuld wird der Angewiesene durch die Leistung in deren Höhe von der Schuld befreit.

(2) Zur Annahme der Anweisung oder zur Leistung an den Anweisungsempfänger ist der Angewiesene dem Anweisenden gegenüber nicht schon deshalb verpflichtet, weil er Schuldner des Anweisenden ist.

**§ 788. Valutaverhältnis.** Erteilt der Anweisende die Anweisung zu dem Zwecke, um seinerseits eine Leistung an den Anweisungsempfänger zu bewirken, so wird die Leistung, auch wenn der Angewiesene die Anweisung annimmt, erst mit der Leistung des Angewiesenen an den Anweisungsempfänger bewirkt.

**§ 789. Anzeigepflicht des Anweisungsempfängers.** [1]Verweigert der Angewiesene vor dem Eintritt der Leistungszeit die Annahme der Anweisung oder verweigert er die Leistung, so hat der Anweisungsempfänger dem Anweisenden unverzüglich Anzeige zu machen. [2]Das Gleiche gilt, wenn der Anweisungsempfänger die Anweisung nicht geltend machen kann oder will.

**§ 790. Widerruf der Anweisung.** [1]Der Anweisende kann die Anweisung dem Angewiesenen gegenüber widerrufen, solange nicht der Angewiesene sie dem Anweisungsempfänger gegenüber angenommen oder die Leistung bewirkt hat. [2]Dies gilt auch dann, wenn der Anweisende durch den Widerruf einer ihm gegen den Anweisungsempfänger obliegenden Verpflichtung zuwiderhandelt.

**§ 791. Tod oder Geschäftsunfähigkeit eines Beteiligten.** Die Anweisung erlischt nicht durch den Tod oder den Eintritt der Geschäftsunfähigkeit eines der Beteiligten.

**§ 792. Übertragung der Anweisung.** (1) [1]Der Anweisungsempfänger kann die Anweisung durch Vertrag mit einem Dritten auf diesen übertragen, auch wenn sie noch nicht angenommen worden ist. [2]Die Übertragungserklärung bedarf der schriftlichen Form. [3]Zur Übertragung ist die Aushändigung der Anweisung an den Dritten erforderlich.

(2) [1]Der Anweisende kann die Übertragung ausschließen. [2]Die Ausschließung ist dem Angewiesenen gegenüber nur wirksam, wenn sie aus der Anweisung zu entnehmen ist oder wenn sie von dem Anweisenden dem Angewiesenen mitgeteilt wird, bevor dieser die Anweisung annimmt oder die Leistung bewirkt.

(3) [1]Nimmt der Angewiesene die Anweisung dem Erwerber gegenüber an, so kann er aus einem zwischen ihm und dem Anweisungsempfänger bestehenden Rechtsverhältnis Einwendungen nicht herleiten. [2]Im Übrigen finden auf die Übertragung der Anweisung die für die Abtretung einer Forderung geltenden Vorschriften entsprechende Anwendung.

## Titel 24. Schuldverschreibung auf den Inhaber

**§ 793. Rechte aus der Schuldverschreibung auf den Inhaber.** (1) [1]Hat jemand eine Urkunde ausgestellt, in der er dem Inhaber der Urkunde eine Leistung verspricht (Schuldverschreibung auf den Inhaber), so kann der Inhaber von ihm die Leistung nach Maßgabe des Versprechens verlangen, es sei denn, dass er zur Verfügung über die Urkunde nicht berechtigt ist. 2 Der Aussteller wird jedoch auch durch die Leistung an einen nicht zur Verfügung berechtigten Inhaber befreit.

(2) 1 Die Gültigkeit der Unterzeichnung kann durch eine in die Urkunde aufgenommene Bestimmung von der Beobachtung einer besonderen Form abhängig gemacht werden. 2 Zur Unterzeichnung genügt eine im Wege der mechanischen Vervielfältigung hergestellte Namensunterschrift.[1)]

**§ 794. Haftung des Ausstellers.** (1) Der Aussteller wird aus einer Schuldverschreibung auf den Inhaber auch dann verpflichtet, wenn sie ihm gestohlen worden oder verloren gegangen oder wenn sie sonst ohne seinen Willen in den Verkehr gelangt ist.

(2) Auf die Wirksamkeit einer Schuldverschreibung auf den Inhaber ist es ohne Einfluss, wenn die Urkunde ausgegeben wird, nachdem der Aussteller gestorben oder geschäftsunfähig geworden ist.

**§ 795.** (weggefallen)

**§ 796. Einwendungen des Ausstellers.** Der Aussteller kann dem Inhaber der Schuldverschreibung nur solche Einwendungen entgegensetzen, welche die Gültigkeit der Ausstellung betreffen oder sich aus der Urkunde ergeben oder dem Aussteller unmittelbar gegen den Inhaber zustehen.

**§ 797. Leistungspflicht nur gegen Aushändigung.** 1 Der Aussteller ist nur gegen Aushändigung der Schuldverschreibung zur Leistung verpflichtet. 2 Mit der Aushändigung erwirbt er das Eigentum an der Urkunde, auch wenn der Inhaber zur Verfügung über sie nicht berechtigt ist.

**§ 798. Ersatzurkunde.** 1 Ist eine Schuldverschreibung auf den Inhaber infolge einer Beschädigung oder einer Verunstaltung zum Umlauf nicht mehr geeignet, so kann der Inhaber, sofern ihr wesentlicher Inhalt und ihre Unterscheidungsmerkmale noch mit Sicherheit erkennbar sind, von dem Aussteller die Erteilung einer neuen Schuldverschreibung auf den Inhaber gegen Aushändigung der beschädigten oder verunstalteten verlangen. 2 Die Kosten hat er zu tragen und vorzuschießen.

**§ 799. Kraftloserklärung.** (1) 1 Eine abhanden gekommene oder vernichtete Schuldverschreibung auf den Inhaber kann, wenn nicht in der Urkunde das Gegenteil bestimmt ist, im Wege des Aufgebotsverfahrens für kraftlos erklärt werden. 2 Ausgenommen sind Zins-, Renten- und Gewinnanteilscheine sowie die auf Sicht zahlbaren unverzinslichen Schuldverschreibungen.

(2) 1 Der Aussteller ist verpflichtet, dem bisherigen Inhaber auf Verlangen die zur Erwirkung des Aufgebots oder der Zahlungssperre erforderliche Auskunft zu erteilen und die erforderlichen Zeugnisse auszustellen. 2 Die Kosten der Zeugnisse hat der bisherige Inhaber zu tragen und vorzuschießen.

---

1) Vgl. hierzu das G betreffend die gemeinsamen Rechte der Besitzer von Schuldverschreibungen v. 4. 12. 1899 (RGBl. S. 691), zuletzt geänd. durch G v. 10. 5. 1994 (BGBl. I S. 2911).

**§ 800.**[1] **Wirkung der Kraftloserklärung.** [1]Ist eine Schuldverschreibung auf den Inhaber für kraftlos erklärt, so kann derjenige, welcher den Ausschließungsbeschluss erwirkt hat, von dem Aussteller, unbeschadet der Befugnis, den Anspruch aus der Urkunde geltend zu machen, die Erteilung einer neuen Schuldverschreibung auf den Inhaber anstelle der für kraftlos erklärten verlangen. [2]Die Kosten hat er zu tragen und vorzuschießen.

**§ 801. Erlöschen; Verjährung.** (1) [1]Der Anspruch aus einer Schuldverschreibung auf den Inhaber erlischt mit dem Ablauf von 30 Jahren nach dem Eintritt der für die Leistung bestimmten Zeit, wenn nicht die Urkunde vor dem Ablauf der 30 Jahre dem Aussteller zur Einlösung vorgelegt wird. [2]Erfolgt die Vorlegung, so verjährt der Anspruch in zwei Jahren von dem Ende der Vorlegungsfrist an. [3]Der Vorlegung steht die gerichtliche Geltendmachung des Anspruchs aus der Urkunde gleich.

(2) [1]Bei Zins-, Renten- und Gewinnanteilscheinen beträgt die Vorlegungsfrist vier Jahre. [2]Die Frist beginnt mit dem Schluss des Jahres, in welchem die für die Leistung bestimmte Zeit eintritt.

(3) Die Dauer und der Beginn der Vorlegungsfrist können von dem Aussteller in der Urkunde anders bestimmt werden.

**§ 802. Zahlungssperre.** [1]Der Beginn und der Lauf der Vorlegungsfrist sowie der Verjährung werden durch die Zahlungssperre zugunsten des Antragstellers gehemmt. [2]Die Hemmung beginnt mit der Stellung des Antrags auf Zahlungssperre; sie endigt mit der Erledigung des Aufgebotsverfahrens und, falls die Zahlungssperre vor der Einleitung des Verfahrens verfügt worden ist, auch dann, wenn seit der Beseitigung des der Einleitung entgegenstehenden Hindernisses sechs Monate verstrichen sind und nicht vorher die Einleitung beantragt worden ist. [3]Auf diese Frist finden die Vorschriften der §§ 206, 210, 211 entsprechende Anwendung.

**§ 803. Zinsscheine.** (1) Werden für eine Schuldverschreibung auf den Inhaber Zinsscheine ausgegeben, so bleiben die Scheine, sofern sie nicht eine gegenteilige Bestimmung enthalten, in Kraft, auch wenn die Hauptforderung erlischt oder die Verpflichtung zur Verzinsung aufgehoben oder geändert wird.

(2) Werden solche Zinsscheine bei der Einlösung der Hauptschuldverschreibung nicht zurückgegeben, so ist der Aussteller berechtigt, den Betrag zurückzubehalten, den er nach Absatz 1 für die Scheine zu zahlen verpflichtet ist.

**§ 804. Verlust von Zins- oder ähnlichen Scheinen.** (1) [1]Ist ein Zins-, Renten- oder Gewinnanteilschein abhanden gekommen oder vernichtet und hat der bisherige Inhaber den Verlust dem Aussteller vor dem Ablauf der Vorlegungsfrist angezeigt, so kann der bisherige Inhaber nach dem Ablauf der Frist die Leistung von dem Aussteller verlangen. [2]Der Anspruch ist ausgeschlossen, wenn der abhanden gekommene Schein dem Aussteller zur Einlösung vorgelegt oder der Anspruch aus dem Schein gerichtlich geltend gemacht worden ist, es sei denn, dass die Vorlegung oder die gerichtliche Geltendmachung nach dem Ablauf der Frist erfolgt ist. [3]Der Anspruch verjährt in vier Jahren.

---

[1] § 800 Satz 1 geänd. mWv 1. 9. 2009 durch Art. 50 FGG-RG v. 17. 12. 2008 (BGBl. I S. 2586).

(2) In dem Zins-, Renten- oder Gewinnanteilschein kann der im Absatz 1 bestimmte Anspruch ausgeschlossen werden.

**§ 805. Neue Zins- und Rentenscheine.** [1]Neue Zins- oder Rentenscheine für eine Schuldverschreibung auf den Inhaber dürfen an den Inhaber der zum Empfang der Scheine ermächtigenden Urkunde (Erneuerungsschein) nicht ausgegeben werden, wenn der Inhaber der Schuldverschreibung der Ausgabe widersprochen hat. [2]Die Scheine sind in diesem Falle dem Inhaber der Schuldverschreibung auszuhändigen, wenn er die Schuldverschreibung vorlegt.

**§ 806. Umschreibung auf den Namen.** [1]Die Umschreibung einer auf den Inhaber lautenden Schuldverschreibung auf den Namen eines bestimmten Berechtigten kann nur durch den Aussteller erfolgen. [2]Der Aussteller ist zur Umschreibung nicht verpflichtet.

**§ 807. Inhaberkarten und -marken.** Werden Karten, Marken oder ähnliche Urkunden, in denen ein Gläubiger nicht bezeichnet ist, von dem Aussteller unter Umständen ausgegeben, aus welchen sich ergibt, dass er dem Inhaber zu einer Leistung verpflichtet sein will, so finden die Vorschriften des § 793 Abs. 1 und der §§ 794, 796, 797 entsprechende Anwendung.

**§ 808. Namenspapiere mit Inhaberklausel.** (1) [1]Wird eine Urkunde, in welcher der Gläubiger benannt ist, mit der Bestimmung ausgegeben, dass die in der Urkunde versprochene Leistung an jeden Inhaber bewirkt werden kann, so wird der Schuldner durch die Leistung an den Inhaber der Urkunde befreit. [2]Der Inhaber ist nicht berechtigt, die Leistung zu verlangen.

(2) [1]Der Schuldner ist nur gegen Aushändigung der Urkunde zur Leistung verpflichtet. [2]Ist die Urkunde abhanden gekommen oder vernichtet, so kann sie, wenn nicht ein anderes bestimmt ist, im Wege des Aufgebotsverfahrens für kraftlos erklärt werden. [3]Die in § 802 für die Verjährung gegebenen Vorschriften finden Anwendung.

## Titel 25. Vorlegung von Sachen

**§ 809. Besichtigung einer Sache.** Wer gegen den Besitzer einer Sache einen Anspruch in Ansehung der Sache hat oder sich Gewissheit verschaffen will, ob ihm ein solcher Anspruch zusteht, kann, wenn die Besichtigung der Sache aus diesem Grunde für ihn von Interesse ist, verlangen, dass der Besitzer ihm die Sache zur Besichtigung vorlegt oder die Besichtigung gestattet.

**§ 810. Einsicht in Urkunden.** Wer ein rechtliches Interesse daran hat, eine in fremdem Besitz befindliche Urkunde einzusehen, kann von dem Besitzer die Gestattung der Einsicht verlangen, wenn die Urkunde in seinem Interesse errichtet oder in der Urkunde ein zwischen ihm und einem anderen bestehendes Rechtsverhältnis beurkundet ist oder wenn die Urkunde Verhandlungen über ein Rechtsgeschäft enthält, die zwischen ihm und einem anderen oder zwischen einem von beiden und einem gemeinschaftlichen Vermittler gepflogen worden sind.

**§ 811. Vorlegungsort, Gefahr und Kosten.** (1) [1]Die Vorlegung hat in den Fällen der §§ 809, 810 an dem Orte zu erfolgen, an welchem sich die vorzulegende Sache befindet. [2]Jeder Teil kann die Vorlegung an einem anderen Orte verlangen, wenn ein wichtiger Grund vorliegt.

(2) [1]Die Gefahr und die Kosten hat derjenige zu tragen, welcher die Vorlegung verlangt. [2]Der Besitzer kann die Vorlegung verweigern, bis ihm der andere Teil die Kosten vorschießt und wegen der Gefahr Sicherheit leistet.

### Titel 26. Ungerechtfertigte Bereicherung

**§ 812. Herausgabeanspruch.** (1) [1]Wer durch die Leistung eines anderen oder in sonstiger Weise auf dessen Kosten etwas ohne rechtlichen Grund erlangt, ist ihm zur Herausgabe verpflichtet. [2]Diese Verpflichtung besteht auch dann, wenn der rechtliche Grund später wegfällt oder der mit einer Leistung nach dem Inhalt des Rechtsgeschäfts bezweckte Erfolg nicht eintritt.

(2) Als Leistung gilt auch die durch Vertrag erfolgte Anerkennung des Bestehens oder des Nichtbestehens eines Schuldverhältnisses.

**§ 813. Erfüllung trotz Einrede.** (1) [1]Das zum Zwecke der Erfüllung einer Verbindlichkeit Geleistete kann auch dann zurückgefordert werden, wenn dem Anspruch eine Einrede entgegenstand, durch welche die Geltendmachung des Anspruchs dauernd ausgeschlossen wurde. [2]Die Vorschrift des § 214 Abs. 2 bleibt unberührt.

(2) Wird eine betagte Verbindlichkeit vorzeitig erfüllt, so ist die Rückforderung ausgeschlossen; die Erstattung von Zwischenzinsen kann nicht verlangt werden.

**§ 814. Kenntnis der Nichtschuld.** Das zum Zwecke der Erfüllung einer Verbindlichkeit Geleistete kann nicht zurückgefordert werden, wenn der Leistende gewusst hat, dass er zur Leistung nicht verpflichtet war, oder wenn die Leistung einer sittlichen Pflicht oder einer auf den Anstand zu nehmenden Rücksicht entsprach.

**§ 815. Nichteintritt des Erfolgs.** Die Rückforderung wegen Nichteintritts des mit einer Leistung bezweckten Erfolgs ist ausgeschlossen, wenn der Eintritt des Erfolgs von Anfang an unmöglich war und der Leistende dies gewusst hat oder wenn der Leistende den Eintritt des Erfolgs wider Treu und Glauben verhindert hat.

**§ 816. Verfügung eines Nichtberechtigten.** (1) [1]Trifft ein Nichtberechtigter über einen Gegenstand eine Verfügung, die dem Berechtigten gegenüber wirksam ist, so ist er dem Berechtigten zur Herausgabe des durch die Verfügung Erlangten verpflichtet. [2]Erfolgt die Verfügung unentgeltlich, so trifft die gleiche Verpflichtung denjenigen, welcher auf Grund der Verfügung unmittelbar einen rechtlichen Vorteil erlangt.

(2) Wird an einen Nichtberechtigten eine Leistung bewirkt, die dem Berechtigten gegenüber wirksam ist, so ist der Nichtberechtigte dem Berechtigten zur Herausgabe des Geleisteten verpflichtet.

**§ 817. Verstoß gegen Gesetz oder gute Sitten.** [1]War der Zweck einer Leistung in der Art bestimmt, dass der Empfänger durch die Annahme gegen ein gesetzliches Verbot oder gegen die guten Sitten verstoßen hat, so ist der Empfänger zur Herausgabe verpflichtet. [2]Die Rückforderung ist ausgeschlossen, wenn dem Leistenden gleichfalls ein solcher Verstoß zur Last fällt, es sei denn, dass die Leistung in der Eingehung einer Verbindlichkeit bestand; das zur Erfüllung einer solchen Verbindlichkeit Geleistete kann nicht zurückgefordert werden.

**§ 818. Umfang des Bereicherungsanspruchs.** (1) Die Verpflichtung zur Herausgabe erstreckt sich auf die gezogenen Nutzungen sowie auf dasjenige, was der Empfänger auf Grund eines erlangten Rechts oder als Ersatz für die Zerstörung, Beschädigung oder Entziehung des erlangten Gegenstands erwirbt.

(2) Ist die Herausgabe wegen der Beschaffenheit des Erlangten nicht möglich oder ist der Empfänger aus einem anderen Grunde zur Herausgabe außerstande, so hat er den Wert zu ersetzen.

(3) Die Verpflichtung zur Herausgabe oder zum Ersatz des Wertes ist ausgeschlossen, soweit der Empfänger nicht mehr bereichert ist.

(4) Von dem Eintritt der Rechtshängigkeit an haftet der Empfänger nach den allgemeinen Vorschriften.

**§ 819. Verschärfte Haftung bei Kenntnis und bei Gesetzes- oder Sittenverstoß.** (1) Kennt der Empfänger den Mangel des rechtlichen Grundes bei dem Empfang oder erfährt er ihn später, so ist er von dem Empfang oder der Erlangung der Kenntnis an zur Herausgabe verpflichtet, wie wenn der Anspruch auf Herausgabe zu dieser Zeit rechtshängig geworden wäre.

(2) Verstößt der Empfänger durch die Annahme der Leistung gegen ein gesetzliches Verbot oder gegen die guten Sitten, so ist er von dem Empfang der Leistung an in der gleichen Weise verpflichtet.

**§ 820. Verschärfte Haftung bei ungewissem Erfolgseintritt.** (1) [1] War mit der Leistung ein Erfolg bezweckt, dessen Eintritt nach dem Inhalt des Rechtsgeschäfts als ungewiss angesehen wurde, so ist der Empfänger, falls der Erfolg nicht eintritt, zur Herausgabe so verpflichtet, wie wenn der Anspruch auf Herausgabe zur Zeit des Empfangs rechtshängig geworden wäre. [2] Das Gleiche gilt, wenn die Leistung aus einem Rechtsgrund, dessen Wegfall nach dem Inhalt des Rechtsgeschäfts als möglich angesehen wurde, erfolgt ist und der Rechtsgrund wegfällt.

(2) Zinsen hat der Empfänger erst von dem Zeitpunkt an zu entrichten, in welchem er erfährt, dass der Erfolg nicht eingetreten oder dass der Rechtsgrund weggefallen ist; zur Herausgabe von Nutzungen ist er insoweit nicht verpflichtet, als er zu dieser Zeit nicht mehr bereichert ist.

**§ 821. Einrede der Bereicherung.** Wer ohne rechtlichen Grund eine Verbindlichkeit eingeht, kann die Erfüllung auch dann verweigern, wenn der Anspruch auf Befreiung von der Verbindlichkeit verjährt ist.

**§ 822. Herausgabepflicht Dritter.** Wendet der Empfänger das Erlangte unentgeltlich einem Dritten zu, so ist, soweit infolgedessen die Verpflichtung des Empfängers zur Herausgabe der Bereicherung ausgeschlossen ist, der Dritte zur Herausgabe verpflichtet, wie wenn er die Zuwendung von dem Gläubiger ohne rechtlichen Grund erhalten hätte.

## Titel 27.[1] Unerlaubte Handlungen

**§ 823[2] Schadensersatzpflicht.** (1) Wer vorsätzlich oder fahrlässig das Leben, den Körper, die Gesundheit, die Freiheit, das Eigentum oder ein sonstiges Recht eines anderen widerrechtlich verletzt, ist dem anderen zum Ersatz des daraus entstehenden Schadens verpflichtet.[3]

(2) [1] Die gleiche Verpflichtung trifft denjenigen, welcher gegen ein den Schutz eines anderen bezweckendes Gesetz verstößt. [2] Ist nach dem Inhalt des Gesetzes ein Verstoß gegen dieses auch ohne Verschulden möglich, so tritt die Ersatzpflicht nur im Falle des Verschuldens ein.[4]

---

[1] Wegen des für das Gebiet der ehem. DDR geltenden Übergangsrechts zu §§ 823–853 beachte Art. 232 § 10 EGBGB (Nr. **21**).

[2] Wegen der Entschädigung der Opfer von Gewalttaten beachte das Opferentschädigungsgesetz **(Schönfelder ErgBd. Nr. 93a)**.

[3] Haftung auch ohne Verschulden mit Ausnahme von höherer Gewalt: HaftpflichtG (Nr. **33**); StraßenverkehrsG (Nr. **35**); LuftverkehrsG **(Sartorius ErgBd. Nr. 975)**; AtomG **(Sartorius Nr. 835)**.

[4] Wegen des gesetzlichen Überganges der Schadensersatzforderungen vgl. §§ 116 und 117 Zehntes Buch Sozialgesetzbuch – Sozialverwaltungsverfahren und Sozialdatenschutz – (SGB X) **(Sartorius ErgBd. Nr. 410)**:

„**§ 116 Ansprüche gegen Schadenersatzpflichtige.** (1) [1] Ein auf anderen gesetzlichen Vorschriften beruhender Anspruch auf Ersatz eines Schadens geht auf den Versicherungsträger oder Träger der Eingliederungshilfe oder der Sozialhilfe über, soweit dieser auf Grund des Schadensereignisses Sozialleistungen zu erbringen hat, die der Behebung eines Schadens der gleichen Art dienen und sich auf denselben Zeitraum wie der vom Schädiger zu leistende Schadenersatz beziehen. [2] Dazu gehören auch
1. die Beiträge, die von Sozialleistungen zu zahlen sind, und
2. die Beiträge zur Krankenversicherung, die für die Dauer des Anspruchs auf Krankengeld unbeschadet des § 224 Abs. 1 des Fünften Buches zu zahlen wären.

(2) Ist der Anspruch auf Ersatz eines Schadens durch Gesetz der Höhe nach begrenzt, geht er auf den Versicherungsträger oder Träger der Eingliederungshilfe oder der Sozialhilfe über, soweit er nicht zum Ausgleich des Schadens des Geschädigten oder seiner Hinterbliebenen erforderlich ist.

(3) [1] Ist der Anspruch auf Ersatz eines Schadens durch ein mitwirkendes Verschulden oder eine mitwirkende Verantwortlichkeit des Geschädigten begrenzt, geht auf den Versicherungsträger oder Träger der Eingliederungshilfe oder der Sozialhilfe von dem nach Absatz 1 bei unbegrenzter Haftung übergehenden Ersatzanspruch der Anteil über, welcher dem Vomhundertsatz entspricht, für den der Schädiger ersatzpflichtig ist. [2] Dies gilt auch, wenn der Ersatzanspruch durch Gesetz der Höhe nach begrenzt ist. [3] Der Anspruchsübergang ist ausgeschlossen, soweit der Geschädigte oder seine Hinterbliebenen dadurch hilfebedürftig im Sinne der Vorschriften des Zwölften Buches werden.

(4) Stehen der Durchsetzung der Ansprüche auf Ersatz eines Schadens tatsächliche Hindernisse entgegen, hat die Durchsetzung der Ansprüche des Geschädigten und seiner Hinterbliebenen Vorrang vor den übergegangenen Ansprüchen nach Absatz 1.

(5) Hat ein Versicherungsträger oder Träger der Eingliederungshilfe oder der Sozialhilfe auf Grund des Schadensereignisses dem Geschädigten oder seinen Hinterbliebenen keine höheren Sozialleistungen zu erbringen als vor diesem Ereignis, geht in den Fällen des Absatzes 3 Satz 1 und 2 der Schadenersatzanspruch nur insoweit über, als der geschuldete Schadenersatz nicht zur vollen Deckung des eigenen Schadens des Geschädigten oder seiner Hinterbliebenen erforderlich ist.

(6) [1] Ein nach Absatz 1 übergegangener Ersatzanspruch kann bei nicht vorsätzlichen Schädigungen durch eine Person, die im Zeitpunkt des Schadensereignisses mit dem Geschädigten oder seinen Hinterbliebenen in häuslicher Gemeinschaft lebt, nicht geltend gemacht werden. [2] Ein Ersatzanspruch nach Absatz 1 kann auch dann nicht geltend gemacht werden, wenn der Schädiger mit dem Geschädigten oder einem Hinterbliebenen nach Eintritt des Schadensereignisses die Ehe geschlossen oder eine Lebenspartnerschaft begründet hat und in häuslicher Gemeinschaft lebt. [3] Abweichend von den Sätzen 1 und 2 kann ein Ersatzanspruch bis zur Höhe der zur Verfügung stehenden Versicherungssumme geltend gemacht werden, wenn der Schaden bei dem Betrieb eines Fahrzeugs entstanden ist, für das Versicherungsschutz nach § 1 des Gesetzes über die Pflichtversicherung für Kraftfahrzeughalter oder § 1 des Gesetzes über die Haftpflichtversicherung für ausländische Kraftfahrzeuge und Kraftfahrzeuganhänger besteht. [4] Der Ersatzanspruch kann in den Fällen des Satzes 3 gegen den Schädiger in voller Höhe geltend gemacht werden, wenn er den Versicherungsfall vorsätzlich verursacht hat.

*(Fortsetzung der Anm. nächste Seite)*

**§ 824 Kreditgefährdung.** (1) Wer der Wahrheit zuwider eine Tatsache behauptet oder verbreitet, die geeignet ist, den Kredit eines anderen zu gefährden oder sonstige Nachteile für dessen Erwerb oder Fortkommen herbeizuführen, hat dem anderen den daraus entstehenden Schaden auch dann zu ersetzen, wenn er die Unwahrheit zwar nicht kennt, aber kennen muss.

(2) Durch eine Mitteilung, deren Unwahrheit dem Mitteilenden unbekannt ist, wird dieser nicht zum Schadensersatz verpflichtet, wenn er oder der Empfänger der Mitteilung an ihr ein berechtigtes Interesse hat.

**§ 825[1] Bestimmung zu sexuellen Handlungen.** Wer einen anderen durch Hinterlist, Drohung oder Missbrauch eines Abhängigkeitsverhältnisses zur Vornahme oder Duldung sexueller Handlungen bestimmt, ist ihm zum Ersatz des daraus entstehenden Schadens verpflichtet.

**§ 826 Sittenwidrige vorsätzliche Schädigung.** Wer in einer gegen die guten Sitten verstoßenden Weise einem anderen vorsätzlich Schaden zufügt, ist dem anderen zum Ersatz des Schadens verpflichtet.

**§ 827 Ausschluss und Minderung der Verantwortlichkeit.** [1] Wer im Zustand der Bewusstlosigkeit oder in einem die freie Willensbestimmung ausschließenden Zustand krankhafter Störung der Geistestätigkeit einem anderen Schaden zufügt, ist für den Schaden nicht verantwortlich. [2] Hat er sich durch geistige Getränke oder ähnliche Mittel in einen vorübergehenden Zustand dieser Art versetzt, so ist er für einen Schaden, den er in diesem Zustand widerrechtlich verursacht, in gleicher Weise verantwortlich, wie wenn ihm Fahrlässigkeit zur Last fiele; die Verantwortlichkeit tritt nicht ein, wenn er ohne Verschulden in den Zustand geraten ist.

*(Fortsetzung nächstes Blatt)*

---

*(Fortsetzung der Anm. von voriger Seite:)*

(7) [1] Haben der Geschädigte oder seine Hinterbliebenen von dem zum Schadenersatz Verpflichteten auf einen übergegangenen Anspruch mit befreiender Wirkung gegenüber dem Versicherungsträger oder Träger der Eingliederungshilfe oder der Sozialhilfe Leistungen erhalten, haben sie insoweit dem Versicherungsträger oder Träger der Eingliederungshilfe oder der Sozialhilfe die erbrachten Leistungen zu erstatten. [2] Haben die Leistungen gegenüber dem Versicherungsträger oder Träger der Sozialhilfe keine befreiende Wirkung, haften der zum Schadenersatz Verpflichtete und der Geschädigte oder dessen Hinterbliebene dem Versicherungsträger oder Träger der Sozialhilfe als Gesamtschuldner.

(8) Weist der Versicherungsträger oder Träger der Sozialhilfe nicht höhere Leistungen nach, sind vorbehaltlich der Absätze 2 und 3 je Schadensfall für nicht stationäre ärztliche Behandlung und Versorgung mit Arznei- und Verbandmitteln 5 vom Hundert der monatlichen Bezugsgröße nach § 18 des Vierten Buches zu ersetzen.

(9) Die Vereinbarung einer Pauschalierung der Ersatzansprüche ist zulässig.

(10) Die Bundesagentur für Arbeit und die Träger der Grundsicherung für Arbeitsuchende nach dem Zweiten Buch gelten als Versicherungsträger im Sinne dieser Vorschrift.

**§ 117 Schadenersatzansprüche mehrerer Leistungsträger.** [1] Haben im Einzelfall mehrere Leistungsträger Sozialleistungen erbracht und ist in den Fällen des § 116 Abs. 2 und 3 der übergegangene Anspruch auf Ersatz des Schadens begrenzt, sind die Leistungsträger Gesamtgläubiger. Untereinander sind sie im Verhältnis der von ihnen erbrachten Sozialleistungen zum Ausgleich verpflichtet. [2] Soweit jedoch eine Sozialleistung allein von einem Leistungsträger erbracht ist, steht der Ersatzanspruch im Innenverhältnis nur diesem zu. [3] Die Leistungsträger können ein anderes Ausgleichsverhältnis vereinbaren."

[1] § 825 neu gef. mWv 1.8.2002 durch G v. 19.7.2002 (BGBl. I S. 2674).

**§ 828.**[1] **Minderjährige.** (1) Wer nicht das siebente Lebensjahr vollendet hat, ist für einen Schaden, den er einem anderen zufügt, nicht verantwortlich.

(2) [1] Wer das siebente, aber nicht das zehnte Lebensjahr vollendet hat, ist für den Schaden, den er bei einem Unfall mit einem Kraftfahrzeug, einer Schienenbahn oder einer Schwebebahn einem anderen zufügt, nicht verantwortlich. [2] Dies gilt nicht, wenn er die Verletzung vorsätzlich herbeigeführt hat.

(3) Wer das 18. Lebensjahr noch nicht vollendet hat, ist, sofern seine Verantwortlichkeit nicht nach Absatz 1 oder 2 ausgeschlossen ist, für den Schaden, den er einem anderen zufügt, nicht verantwortlich, wenn er bei der Begehung der schädigenden Handlung nicht die zur Erkenntnis der Verantwortlichkeit erforderliche Einsicht hat.

**§ 829. Ersatzpflicht aus Billigkeitsgründen.** Wer in einem der in den §§ 823 bis 826 bezeichneten Fälle für einen von ihm verursachten Schaden auf Grund der §§ 827, 828 nicht verantwortlich ist, hat gleichwohl, sofern der Ersatz des Schadens nicht von einem aufsichtspflichtigen Dritten erlangt werden kann, den Schaden insoweit zu ersetzen, als die Billigkeit nach den Umständen, insbesondere nach den Verhältnissen der Beteiligten, eine Schadloshaltung erfordert und ihm nicht die Mittel entzogen werden, deren er zum angemessenen Unterhalt sowie zur Erfüllung seiner gesetzlichen Unterhaltspflichten bedarf.

**§ 830. Mittäter und Beteiligte.** (1) [1] Haben mehrere durch eine gemeinschaftlich begangene unerlaubte Handlung einen Schaden verursacht, so ist jeder für den Schaden verantwortlich. [2] Das Gleiche gilt, wenn sich nicht ermitteln lässt, wer von mehreren Beteiligten den Schaden durch seine Handlung verursacht hat.

(2) Anstifter und Gehilfen stehen Mittätern gleich.

**§ 831. Haftung für den Verrichtungsgehilfen.** (1) [1] Wer einen anderen zu einer Verrichtung bestellt, ist zum Ersatz des Schadens verpflichtet, den der andere in Ausführung der Verrichtung einem Dritten widerrechtlich zufügt. [2] Die Ersatzpflicht tritt nicht ein, wenn der Geschäftsherr bei der Auswahl der bestellten Person und, sofern er Vorrichtungen oder Gerätschaften zu beschaffen oder die Ausführung der Verrichtung zu leiten hat, bei der Beschaffung oder der Leitung die im Verkehr erforderliche Sorgfalt beobachtet oder wenn der Schaden auch bei Anwendung dieser Sorgfalt entstanden sein würde.

(2) Die gleiche Verantwortlichkeit trifft denjenigen, welcher für den Geschäftsherrn die Besorgung eines der im Absatz 1 Satz 2 bezeichneten Geschäfte durch Vertrag übernimmt.

**§ 832. Haftung des Aufsichtspflichtigen.** (1) [1] Wer kraft Gesetzes zur Führung der Aufsicht über eine Person verpflichtet ist, die wegen Minderjährigkeit oder wegen ihres geistigen oder körperlichen Zustands der Beaufsichtigung bedarf, ist zum Ersatz des Schadens verpflichtet, den diese Person einem Dritten widerrechtlich zufügt. [2] Die Ersatzpflicht tritt nicht ein, wenn er seiner Aufsichtspflicht genügt oder wenn der Schaden auch bei gehöriger Aufsichtsführung entstanden sein würde.

---

[1] § 828 Abs. 2 neugef., Abs. 3 angef. mWv 1. 8. 2002 durch Art. 2 G v. 19. 7. 2002 (BGBl. I S. 2674). Beachte hierzu Übergangsvorschrift in Art. 229 § 8 EGBGB; Nr. **21**. § 828 Überschr. neugef. durch Art. 3 Abs. 1 G v. 6. 4. 2004 (BGBl. I S. 550).

(2) Die gleiche Verantwortlichkeit trifft denjenigen, welcher die Führung der Aufsicht durch Vertrag übernimmt.

**§ 833. Haftung des Tierhalters.** [1]Wird durch ein Tier ein Mensch getötet oder der Körper oder die Gesundheit eines Menschen verletzt oder eine Sache beschädigt, so ist derjenige, welcher das Tier hält, verpflichtet, dem Verletzten den daraus entstehenden Schaden zu ersetzen. [2]Die Ersatzpflicht tritt nicht ein, wenn der Schaden durch ein Haustier verursacht wird, das dem Beruf, der Erwerbstätigkeit oder dem Unterhalt des Tierhalters zu dienen bestimmt ist, und entweder der Tierhalter bei der Beaufsichtigung des Tieres die im Verkehr erforderliche Sorgfalt beobachtet oder der Schaden auch bei Anwendung dieser Sorgfalt entstanden sein würde.

**§ 834. Haftung des Tieraufsehers.** [1]Wer für denjenigen, welcher ein Tier hält, die Führung der Aufsicht über das Tier durch Vertrag übernimmt, ist für den Schaden verantwortlich, den das Tier einem Dritten in der im § 833 bezeichneten Weise zufügt. [2]Die Verantwortlichkeit tritt nicht ein, wenn er bei der Führung der Aufsicht die im Verkehr erforderliche Sorgfalt beobachtet oder wenn der Schaden auch bei Anwendung dieser Sorgfalt entstanden sein würde.

**§ 835.** (weggefallen)

**§ 836. Haftung des Grundstücksbesitzers.** (1) [1]Wird durch den Einsturz eines Gebäudes oder eines anderen mit einem Grundstück verbundenen Werkes oder durch die Ablösung von Teilen des Gebäudes oder des Werkes ein Mensch getötet, der Körper oder die Gesundheit eines Menschen verletzt oder eine Sache beschädigt, so ist der Besitzer des Grundstücks, sofern der Einsturz oder die Ablösung die Folge fehlerhafter Errichtung oder mangelhafter Unterhaltung ist, verpflichtet, dem Verletzten den daraus entstehenden Schaden zu ersetzen. [2]Die Ersatzpflicht tritt nicht ein, wenn der Besitzer zum Zwecke der Abwendung der Gefahr die im Verkehr erforderliche Sorgfalt beobachtet hat.

(2) Ein früherer Besitzer des Grundstücks ist für den Schaden verantwortlich, wenn der Einsturz oder die Ablösung innerhalb eines Jahres nach der Beendigung seines Besitzes eintritt, es sei denn, dass er während seines Besitzes die im Verkehr erforderliche Sorgfalt beobachtet hat oder ein späterer Besitzer durch Beobachtung dieser Sorgfalt die Gefahr hätte abwenden können.

(3) Besitzer im Sinne dieser Vorschriften ist der Eigenbesitzer.

**§ 837. Haftung des Gebäudebesitzers.** Besitzt jemand auf einem fremden Grundstück in Ausübung eines Rechts ein Gebäude oder ein anderes Werk, so trifft ihn anstelle des Besitzers des Grundstücks die im § 836 bestimmte Verantwortlichkeit.

**§ 838. Haftung des Gebäudeunterhaltungspflichtigen.** Wer die Unterhaltung eines Gebäudes oder eines mit einem Grundstück verbundenen Werkes für den Besitzer übernimmt oder das Gebäude oder das Werk vermöge eines ihm zustehenden Nutzungsrechts zu unterhalten hat, ist für den durch den Einsturz oder die Ablösung von Teilen verursachten Schaden in gleicher Weise verantwortlich wie der Besitzer.

**§ 839**[1] **Haftung bei Amtspflichtverletzung.** (1) [1] Verletzt ein Beamter vorsätzlich oder fahrlässig die ihm einem Dritten gegenüber obliegende Amtspflicht, so hat er dem Dritten den daraus entstehenden Schaden zu ersetzen. [2] Fällt dem Beamten nur Fahrlässigkeit zur Last, so kann er nur dann in Anspruch genommen werden, wenn der Verletzte nicht auf andere Weise Ersatz zu erlangen vermag.

(2) [1] Verletzt ein Beamter bei dem Urteil in einer Rechtssache seine Amtspflicht, so ist er für den daraus entstehenden Schaden nur dann verantwortlich, wenn die Pflichtverletzung in einer Straftat besteht. [2] Auf eine pflichtwidrige Verweigerung oder Verzögerung der Ausübung des Amts findet diese Vorschrift keine Anwendung.

(3) Die Ersatzpflicht tritt nicht ein, wenn der Verletzte vorsätzlich oder fahrlässig unterlassen hat, den Schaden durch Gebrauch eines Rechtsmittels abzuwenden.

**§ 839a**[2) 3)] **Haftung des gerichtlichen Sachverständigen.** (1) Erstattet ein vom Gericht ernannter Sachverständiger vorsätzlich oder grob fahrlässig ein unrichtiges Gutachten, so ist er zum Ersatz des Schadens verpflichtet, der einem Verfahrensbeteiligten durch eine gerichtliche Entscheidung entsteht, die auf diesem Gutachten beruht.

(2) § 839 Abs. 3 ist entsprechend anzuwenden.

**§ 840 Haftung mehrerer.** (1) Sind für den aus einer unerlaubten Handlung entstehenden Schaden mehrere nebeneinander verantwortlich, so haften sie als Gesamtschuldner.

(2) Ist neben demjenigen, welcher nach den §§ 831, 832 zum Ersatz des von einem anderen verursachten Schadens verpflichtet ist, auch der andere für den Schaden verantwortlich, so ist in ihrem Verhältnis zueinander der andere allein, im Falle des § 829 der Aufsichtspflichtige allein verpflichtet.

(3) Ist neben demjenigen, welcher nach den §§ 833 bis 838 zum Ersatz des Schadens verpflichtet ist, ein Dritter für den Schaden verantwortlich, so ist in ihrem Verhältnis zueinander der Dritte allein verpflichtet.

**§ 841 Ausgleichung bei Beamtenhaftung.** Ist ein Beamter, der vermöge seiner Amtspflicht einen anderen zur Geschäftsführung für einen Dritten zu bestellen oder eine solche Geschäftsführung zu beaufsichtigen oder durch Genehmigung von Rechtsgeschäften bei ihr mitzuwirken hat, wegen Verletzung dieser Pflichten neben dem anderen für den von diesem verursachten Schaden verantwortlich, so ist in ihrem Verhältnis zueinander der andere allein verpflichtet.

**§ 842 Umfang der Ersatzpflicht bei Verletzung einer Person.** Die Verpflichtung zum Schadensersatz wegen einer gegen die Person gerichteten unerlaubten Handlung erstreckt sich auf die Nachteile, welche die Handlung für den Erwerb oder das Fortkommen des Verletzten herbeiführt.

---

[1] Vgl. hierzu auch Art. 34 GG **(Schönfelder ErgBd. Nr. 1)**.
Wegen der Haftung der Notare siehe §§ 19, 46 und 61 BNotO **(Schönfelder ErgBd. Nr. 98a)**.
[2] § 839a eingef. mWv 1.8.2002 durch G v. 19.7.2002 (BGBl. I S. 2674).
[3] Beachte hierzu Übergangsvorschrift in Art. 229 § 8 EGBGB (Nr. **21**).

**§ 843 Geldrente oder Kapitalabfindung.** (1) Wird infolge einer Verletzung des Körpers oder der Gesundheit die Erwerbsfähigkeit des Verletzten aufgehoben oder gemindert oder tritt eine Vermehrung seiner Bedürfnisse ein, so ist dem Verletzten durch Entrichtung einer Geldrente Schadensersatz zu leisten.

(2) [1] Auf die Rente findet die Vorschrift des § 760 Anwendung. [2] Ob, in welcher Art und für welchen Betrag der Ersatzpflichtige Sicherheit zu leisten hat, bestimmt sich nach den Umständen.

(3) Statt der Rente kann der Verletzte eine Abfindung in Kapital verlangen, wenn ein wichtiger Grund vorliegt.

(4) Der Anspruch wird nicht dadurch ausgeschlossen, dass ein anderer dem Verletzten Unterhalt zu gewähren hat.

**§ 844[1)] [2)] Ersatzansprüche Dritter bei Tötung.** (1) Im Falle der Tötung hat der Ersatzpflichtige die Kosten der Beerdigung demjenigen zu ersetzen, welchem die Verpflichtung obliegt, diese Kosten zu tragen.

(2) [1] Stand der Getötete zur Zeit der Verletzung zu einem Dritten in einem Verhältnis, vermöge dessen er diesem gegenüber kraft Gesetzes unterhaltspflichtig war oder unterhaltspflichtig werden konnte, und ist dem Dritten infolge der Tötung das Recht auf den Unterhalt entzogen, so hat der Ersatzpflichtige dem Dritten durch Entrichtung einer Geldrente insoweit Schadensersatz zu leisten, als der Getötete während der mutmaßlichen Dauer seines Lebens zur Gewährung des Unterhalts verpflichtet gewesen sein würde; die Vorschrift des § 843 Abs. 2 bis 4 findet entsprechende Anwendung. [2] Die Ersatzpflicht tritt auch dann ein, wenn der Dritte zur Zeit der Verletzung gezeugt, aber noch nicht geboren war.

(3) [1] Der Ersatzpflichtige hat dem Hinterbliebenen, der zur Zeit der Verletzung zu dem Getöteten in einem besonderen persönlichen Näheverhältnis stand, für das dem Hinterbliebenen zugefügte seelische Leid eine angemessene Entschädigung in Geld zu leisten. [2] Ein besonderes persönliches Näheverhältnis wird vermutet, wenn der Hinterbliebene der Ehegatte, der Lebenspartner, ein Elternteil oder ein Kind des Getöteten war.

**§ 845 Ersatzansprüche wegen entgangener Dienste.** [1] Im Falle der Tötung, der Verletzung des Körpers oder der Gesundheit sowie im Falle der Freiheitsentziehung hat der Ersatzpflichtige, wenn der Verletzte kraft Gesetzes einem Dritten zur Leistung von Diensten in dessen Hauswesen oder Gewerbe verpflichtet war, dem Dritten für die entgehenden Dienste durch Entrichtung einer Geldrente Ersatz zu leisten. [2] Die Vorschrift des § 843 Abs. 2 bis 4 findet entsprechende Anwendung.

**§ 846 Mitverschulden des Verletzten.** Hat in den Fällen der §§ 844, 845 bei der Entstehung des Schadens, den der Dritte erleidet, ein Verschulden des Verletzten mitgewirkt, so findet auf den Anspruch des Dritten die Vorschrift des § 254 Anwendung.

**§ 847[3)] [4)]** *(aufgehoben)*

---

[1)] § 844 Abs. 2 Satz 2 geänd. mWv 1.8.2002 durch G v. 19.7.2002 (BGBl. I S. 2674); Abs. 3 angef. mWv 22.7.2017 durch G v. 17.7.2017 (BGBl. I S. 2421).

[2)] Beachte hierzu Übergangsvorschrift in Art. 229 §§ 8 und 43 EGBGB (Nr. **21**).

[3)] § 847 aufgeh. mWv 1.8.2002 durch G v. 19.7.2002 (BGBl. I S. 2674).

[4)] Beachte hierzu Übergangsvorschrift in Art. 229 § 8 EGBGB (Nr. **21**).

**§ 848. Haftung für Zufall bei Entziehung einer Sache.** Wer zur Rückgabe einer Sache verpflichtet ist, die er einem anderen durch eine unerlaubte Handlung entzogen hat, ist auch für den zufälligen Untergang, eine aus einem anderen Grunde eintretende zufällige Unmöglichkeit der Herausgabe oder eine zufällige Verschlechterung der Sache verantwortlich, es sei denn, dass der Untergang, die anderweitige Unmöglichkeit der Herausgabe oder die Verschlechterung auch ohne die Entziehung eingetreten sein würde.

**§ 849. Verzinsung der Ersatzsumme.** Ist wegen der Entziehung einer Sache der Wert oder wegen der Beschädigung einer Sache die Wertminderung zu ersetzen, so kann der Verletzte Zinsen des zu ersetzenden Betrags von dem Zeitpunkt an verlangen, welcher der Bestimmung des Wertes zugrunde gelegt wird.

**§ 850. Ersatz von Verwendungen.** Macht der zur Herausgabe einer entzogenen Sache Verpflichtete Verwendungen auf die Sache, so stehen ihm dem Verletzten gegenüber die Rechte zu, die der Besitzer dem Eigentümer gegenüber wegen Verwendungen hat.

**§ 851. Ersatzleistung an Nichtberechtigten.** Leistet der wegen der Entziehung oder Beschädigung einer beweglichen Sache zum Schadensersatz Verpflichtete den Ersatz an denjenigen, in dessen Besitz sich die Sache zur Zeit der Entziehung oder der Beschädigung befunden hat, so wird er durch die Leistung auch dann befreit, wenn ein Dritter Eigentümer der Sache war oder ein sonstiges Recht an der Sache hatte, es sei denn, dass ihm das Recht des Dritten bekannt oder infolge grober Fahrlässigkeit unbekannt ist.

**§ 852.**[1] **Herausgabeanspruch nach Eintritt der Verjährung.** [1]Hat der Ersatzpflichtige durch eine unerlaubte Handlung auf Kosten des Verletzten etwas erlangt, so ist er auch nach Eintritt der Verjährung des Anspruchs auf Ersatz des aus einer unerlaubten Handlung entstandenen Schadens zur Herausgabe nach den Vorschriften über die Herausgabe einer ungerechtfertigten Bereicherung verpflichtet. [2]Dieser Anspruch verjährt in zehn Jahren von seiner Entstehung an, ohne Rücksicht auf die Entstehung in 30 Jahren von der Begehung der Verletzungshandlung oder dem sonstigen, den Schaden auslösenden Ereignis an.

**§ 853. Arglisteinrede.** Erlangt jemand durch eine von ihm begangene unerlaubte Handlung eine Forderung gegen den Verletzten, so kann der Verletzte die Erfüllung auch dann verweigern, wenn der Anspruch auf Aufhebung der Forderung verjährt ist.

---

[1] Beachte hierzu auch Art. 6 und 12 G zum NATO-Truppenstatut und zu den Zusatzvereinbarungen v. 18. 8. 1961 (BGBl. II S. 1183).

# Buch 3. Sachenrecht

## Abschnitt 1.[1] Besitz

**§ 854. Erwerb des Besitzes.** (1) Der Besitz einer Sache wird durch die Erlangung der tatsächlichen Gewalt über die Sache erworben.

(2) Die Einigung des bisherigen Besitzers und des Erwerbers genügt zum Erwerb, wenn der Erwerber in der Lage ist, die Gewalt über die Sache auszuüben.

**§ 855. Besitzdiener.** Übt jemand die tatsächliche Gewalt über eine Sache für einen anderen in dessen Haushalt oder Erwerbsgeschäft oder in einem ähnlichen Verhältnis aus, vermöge dessen er den sich auf die Sache beziehenden Weisungen des anderen Folge zu leisten hat, so ist nur der andere Besitzer.

**§ 856. Beendigung des Besitzes.** (1) Der Besitz wird dadurch beendigt, dass der Besitzer die tatsächliche Gewalt über die Sache aufgibt oder in anderer Weise verliert.

(2) Durch eine ihrer Natur nach vorübergehende Verhinderung in der Ausübung der Gewalt wird der Besitz nicht beendigt.

**§ 857. Vererblichkeit.** Der Besitz geht auf den Erben über.

**§ 858. Verbotene Eigenmacht.** (1) Wer dem Besitzer ohne dessen Willen den Besitz entzieht oder ihn im Besitz stört, handelt, sofern nicht das Gesetz die Entziehung oder die Störung gestattet, widerrechtlich (verbotene Eigenmacht).

(2) [1]Der durch verbotene Eigenmacht erlangte Besitz ist fehlerhaft. [2]Die Fehlerhaftigkeit muss der Nachfolger im Besitz gegen sich gelten lassen, wenn er Erbe des Besitzers ist oder die Fehlerhaftigkeit des Besitzes seines Vorgängers bei dem Erwerb kennt.

**§ 859. Selbsthilfe des Besitzers.** (1) Der Besitzer darf sich verbotener Eigenmacht mit Gewalt erwehren.

(2) Wird eine bewegliche Sache dem Besitzer mittels verbotener Eigenmacht weggenommen, so darf er sie dem auf frischer Tat betroffenen oder verfolgten Täter mit Gewalt wieder abnehmen.

(3) Wird dem Besitzer eines Grundstücks der Besitz durch verbotene Eigenmacht entzogen, so darf er sofort nach der Entziehung sich des Besitzes durch Entsetzung des Täters wieder bemächtigen.

(4) Die gleichen Rechte stehen dem Besitzer gegen denjenigen zu, welcher nach § 858 Abs. 2 die Fehlerhaftigkeit des Besitzes gegen sich gelten lassen muss.

---

[1] Wegen des für das Gebiet der ehem. DDR geltenden Übergangsrechts zu §§ 854 bis 872 beachte Art. 233 § 1 EGBGB; Nr. **21**.

**§ 860. Selbsthilfe des Besitzdieners.** Zur Ausübung der dem Besitzer nach § 859 zustehenden Rechte ist auch derjenige befugt, welcher die tatsächliche Gewalt nach § 855 für den Besitzer ausübt.

**§ 861. Anspruch wegen Besitzentziehung.** (1) Wird der Besitz durch verbotene Eigenmacht dem Besitzer entzogen, so kann dieser die Wiedereinräumung des Besitzes von demjenigen verlangen, welcher ihm gegenüber fehlerhaft besitzt.

(2) Der Anspruch ist ausgeschlossen, wenn der entzogene Besitz dem gegenwärtigen Besitzer oder dessen Rechtsvorgänger gegenüber fehlerhaft war und in dem letzten Jahre vor der Entziehung erlangt worden ist.

**§ 862. Anspruch wegen Besitzstörung.** (1) [1] Wird der Besitzer durch verbotene Eigenmacht im Besitz gestört, so kann er von dem Störer die Beseitigung der Störung verlangen. [2] Sind weitere Störungen zu besorgen, so kann der Besitzer auf Unterlassung klagen.

(2) Der Anspruch ist ausgeschlossen, wenn der Besitzer dem Störer oder dessen Rechtsvorgänger gegenüber fehlerhaft besitzt und der Besitz in dem letzten Jahre vor der Störung erlangt worden ist.

**§ 863. Einwendungen des Entziehers oder Störers.** Gegenüber den in den §§ 861, 862 bestimmten Ansprüchen kann ein Recht zum Besitz oder zur Vornahme der störenden Handlung nur zur Begründung der Behauptung geltend gemacht werden, dass die Entziehung oder die Störung des Besitzes nicht verbotene Eigenmacht sei.

**§ 864. Erlöschen der Besitzansprüche.** (1) Ein nach den §§ 861, 862 begründeter Anspruch erlischt mit dem Ablauf eines Jahres nach der Verübung der verbotenen Eigenmacht, wenn nicht vorher der Anspruch im Wege der Klage geltend gemacht wird.

(2) Das Erlöschen tritt auch dann ein, wenn nach der Verübung der verbotenen Eigenmacht durch rechtskräftiges Urteil festgestellt wird, dass dem Täter ein Recht an der Sache zusteht, vermöge dessen er die Herstellung eines seiner Handlungsweise entsprechenden Besitzstands verlangen kann.

**§ 865. Teilbesitz.** Die Vorschriften der §§ 858 bis 864 gelten auch zugunsten desjenigen, welcher nur einen Teil einer Sache, insbesondere abgesonderte Wohnräume oder andere Räume, besitzt.

**§ 866. Mitbesitz.** Besitzen mehrere eine Sache gemeinschaftlich, so findet in ihrem Verhältnis zueinander ein Besitzschutz insoweit nicht statt, als es sich um die Grenzen des den einzelnen zustehenden Gebrauchs handelt.

**§ 867. Verfolgungsrecht des Besitzers.** [1] Ist eine Sache aus der Gewalt des Besitzers auf ein im Besitz eines anderen befindliches Grundstück gelangt, so hat ihm der Besitzer des Grundstücks die Aufsuchung und die Wegschaffung zu gestatten, sofern nicht die Sache inzwischen in Besitz genommen worden ist. [2] Der Besitzer des Grundstücks kann Ersatz des durch die Aufsuchung und die Wegschaffung entstehenden Schadens verlangen. [3] Er kann, wenn die Entstehung eines Schadens zu besorgen ist, die Gestattung verweigern, bis ihm Sicherheit geleistet wird; die Verweigerung ist unzulässig, wenn mit dem Aufschub Gefahr verbunden ist.

**§ 868. Mittelbarer Besitz.** Besitzt jemand eine Sache als Nießbraucher, Pfandgläubiger, Pächter, Mieter, Verwahrer oder in einem ähnlichen Verhältnis, vermöge dessen er einem anderen gegenüber auf Zeit zum Besitz berechtigt oder verpflichtet ist, so ist auch der andere Besitzer (mittelbarer Besitz).

**§ 869. Ansprüche des mittelbaren Besitzers.** [1]Wird gegen den Besitzer verbotene Eigenmacht verübt, so stehen die in den §§ 861, 862 bestimmten Ansprüche auch dem mittelbaren Besitzer zu. [2]Im Falle der Entziehung des Besitzes ist der mittelbare Besitzer berechtigt, die Wiedereinräumung des Besitzes an den bisherigen Besitzer zu verlangen; kann oder will dieser den Besitz nicht wieder übernehmen, so kann der mittelbare Besitzer verlangen, dass ihm selbst der Besitz eingeräumt wird. [3]Unter der gleichen Voraussetzung kann er im Falle des § 867 verlangen, dass ihm die Aufsuchung und Wegschaffung der Sache gestattet wird.

**§ 870. Übertragung des mittelbaren Besitzes.** Der mittelbare Besitz kann dadurch auf einen anderen übertragen werden, dass diesem der Anspruch auf Herausgabe der Sache abgetreten wird.

**§ 871. Mehrstufiger mittelbarer Besitz.** Steht der mittelbare Besitzer zu einem Dritten in einem Verhältnis der in § 868 bezeichneten Art, so ist auch der Dritte mittelbarer Besitzer.

**§ 872. Eigenbesitz.** Wer eine Sache als ihm gehörend besitzt, ist Eigenbesitzer.

## Abschnitt 2. Allgemeine Vorschriften über Rechte an Grundstücken

**§ 873.[1] Erwerb durch Einigung und Eintragung.** (1) Zur Übertragung des Eigentums an einem Grundstück, zur Belastung eines Grundstücks mit einem Recht sowie zur Übertragung oder Belastung eines solchen Rechts ist die Einigung des Berechtigten und des anderen Teils über den Eintritt der Rechtsänderung und die Eintragung der Rechtsänderung in das Grundbuch erforderlich, soweit nicht das Gesetz ein anderes vorschreibt.[2]

(2) Vor der Eintragung sind die Beteiligten an die Einigung nur gebunden, wenn die Erklärungen notariell beurkundet oder vor dem Grundbuchamt abgegeben oder bei diesem eingereicht sind oder wenn der Berechtigte dem anderen Teil eine den Vorschriften der Grundbuchordnung[3] entsprechende Eintragungsbewilligung ausgehändigt hat.

---

[1] Wegen des für das Gebiet der ehem. DDR geltenden Übergangsrechts zu § 873 beachte Art. 233 § 7 EGBGB; Nr. **21**.

[2] Vgl. auch GrundstückverkehrsG v. 28. 7. 1961 (BGBl. I S. 1091); abgedruckt in **Schönfelder Ergänzungsband; Nr. 40**.

[3] Nr. **114**.

**§ 874[1)] Bezugnahme auf die Eintragungsbewilligung.** [1] Bei der Eintragung eines Rechts, mit dem ein Grundstück belastet wird, kann zur näheren Bezeichnung des Inhalts des Rechts auf die Eintragungsbewilligung Bezug genommen werden, soweit nicht das Gesetz ein anderes vorschreibt. [2] Einer Bezugnahme auf die Eintragungsbewilligung steht die Bezugnahme auf die bisherige Eintragung nach § 44 Absatz 3 Satz 2 der Grundbuchordnung[2)] gleich.

**§ 875 Aufhebung eines Rechts.** (1) [1] Zur Aufhebung eines Rechts an einem Grundstück ist, soweit nicht das Gesetz ein anderes vorschreibt, die Erklärung des Berechtigten, dass er das Recht aufgebe, und die Löschung des Rechts im Grundbuch erforderlich. [2] Die Erklärung ist dem Grundbuchamt oder demjenigen gegenüber abzugeben, zu dessen Gunsten sie erfolgt.

(2) Vor der Loschung ist der Berechtigte an seine Erklärung nur gebunden, wenn er sie dem Grundbuchamt gegenüber abgegeben oder demjenigen, zu dessen Gunsten sie erfolgt, eine den Vorschriften der Grundbuchordnung[2)] entsprechende Löschungsbewilligung ausgehändigt hat.

**§ 876 Aufhebung eines belasteten Rechts.** [1] Ist ein Recht an einem Grundstück mit dem Recht eines Dritten belastet, so ist zur Aufhebung des belasteten Rechts die Zustimmung des Dritten erforderlich. [2] Steht das aufzuhebende Recht dem jeweiligen Eigentümer eines anderen Grundstücks zu, so ist, wenn dieses Grundstück mit dem Recht eines Dritten belastet ist, die Zustimmung des Dritten erforderlich, es sei denn, dass dessen Recht durch die Aufhebung nicht berührt wird. [3] Die Zustimmung ist dem Grundbuchamt oder demjenigen gegenüber zu erklären, zu dessen Gunsten sie erfolgt; sie ist unwiderruflich.

**§ 877 Rechtsänderungen.** Die Vorschriften der §§ 873, 874, 876 finden auch auf Änderungen des Inhalts eines Rechts an einem Grundstück Anwendung.

**§ 878 Nachträgliche Verfügungsbeschränkungen.** Eine von dem Berechtigten in Gemäßheit der §§ 873, 875, 877 abgegebene Erklärung wird nicht dadurch unwirksam, dass der Berechtigte in der Verfügung beschränkt wird, nachdem die Erklärung für ihn bindend geworden und der Antrag auf Eintragung bei dem Grundbuchamt gestellt worden ist.

**§ 879 Rangverhältnis mehrerer Rechte.** (1) [1] Das Rangverhältnis unter mehreren Rechten, mit denen ein Grundstück belastet ist, bestimmt sich, wenn die Rechte in derselben Abteilung des Grundbuchs eingetragen sind, nach der Reihenfolge der Eintragungen. [2] Sind die Rechte in verschiedenen Abteilungen eingetragen, so hat das unter Angabe eines früheren Tages eingetragene Recht den Vorrang; Rechte, die unter Angabe desselben Tages eingetragen sind, haben gleichen Rang.

(2) Die Eintragung ist für das Rangverhältnis auch dann maßgebend, wenn die nach § 873 zum Erwerb des Rechts erforderliche Einigung erst nach der Eintragung zustande gekommen ist.

---

[1)] § 874 Satz 2 angef. mWv 9. 10. 2013 durch G v. 1. 10. 2013 (BGBl. I S. 3719).
[2)] Nr. **114**.

(3) Eine abweichende Bestimmung des Rangverhältnisses bedarf der Eintragung in das Grundbuch.

**§ 880 Rangänderung.** (1) Das Rangverhältnis kann nachträglich geändert werden.

(2) [1] Zu der Rangänderung ist die Einigung des zurücktretenden und des vortretenden Berechtigten und die Eintragung der Änderung in das Grundbuch erforderlich; die Vorschriften des § 873 Abs. 2 und des § 878 finden Anwendung. [2] Soll eine Hypothek, eine Grundschuld oder eine Rentenschuld zurücktreten, so ist außerdem die Zustimmung des Eigentümers erforderlich. [3] Die Zustimmung ist dem Grundbuchamt oder einem der Beteiligten gegenüber zu erklären; sie ist unwiderruflich.

(3) Ist das zurücktretende Recht mit dem Recht eines Dritten belastet, so findet die Vorschrift des § 876 entsprechende Anwendung.

(4) Der dem vortretenden Recht eingeräumte Rang geht nicht dadurch verloren, dass das zurücktretende Recht durch Rechtsgeschäft aufgehoben wird.

(5) Rechte, die den Rang zwischen dem zurücktretenden und dem vortretenden Recht haben, werden durch die Rangänderung nicht berührt.

**§ 881 Rangvorbehalt.** (1) Der Eigentümer kann sich bei der Belastung des Grundstücks mit einem Recht die Befugnis vorbehalten, ein anderes, dem Umfang nach bestimmtes Recht mit dem Rang vor jenem Recht eintragen zu lassen.

(2) Der Vorbehalt bedarf der Eintragung in das Grundbuch; die Eintragung muss bei dem Recht erfolgen, das zurücktreten soll.

(3) Wird das Grundstück veräußert, so geht die vorbehaltene Befugnis auf den Erwerber über.

(4) Ist das Grundstück vor der Eintragung des Rechts, dem der Vorrang beigelegt ist, mit einem Recht ohne einen entsprechenden Vorbehalt belastet worden, so hat der Vorrang insoweit keine Wirkung, als das mit dem Vorbehalt eingetragene Recht infolge der inzwischen eingetretenen Belastung eine über den Vorbehalt hinausgehende Beeinträchtigung erleiden würde.

**§ 882 Höchstbetrag des Wertersatzes.** [1] Wird ein Grundstück mit einem Recht belastet, für welches nach den für die Zwangsversteigerung geltenden Vorschriften dem Berechtigten im Falle des Erlöschens durch den Zuschlag der Wert aus dem Erlös zu ersetzen ist, so kann der Höchstbetrag des Ersatzes bestimmt werden. [2] Die Bestimmung bedarf der Eintragung in das Grundbuch.

**§ 883 Voraussetzungen und Wirkung der Vormerkung.** (1) [1] Zur Sicherung des Anspruchs auf Einräumung oder Aufhebung eines Rechts an einem Grundstück oder an einem das Grundstück belastenden Recht oder auf Änderung des Inhalts oder des Ranges eines solchen Rechts kann eine Vormerkung in das Grundbuch eingetragen werden. [2] Die Eintragung einer Vormerkung ist auch zur Sicherung eines künftigen oder eines bedingten Anspruchs zulässig.

(2) [1] Eine Verfügung, die nach der Eintragung der Vormerkung über das Grundstück oder das Recht getroffen wird, ist insoweit unwirksam, als sie den Anspruch vereiteln oder beeinträchtigen würde. [2] Dies gilt auch, wenn die

Verfügung im Wege der Zwangsvollstreckung oder der Arrestvollziehung oder durch den Insolvenzverwalter erfolgt.

(3) Der Rang des Rechts, auf dessen Einräumung der Anspruch gerichtet ist, bestimmt sich nach der Eintragung der Vormerkung.

**§ 884 Wirkung gegenüber Erben.** Soweit der Anspruch durch die Vormerkung gesichert ist, kann sich der Erbe des Verpflichteten nicht auf die Beschränkung seiner Haftung berufen.

**§ 885 Voraussetzung für die Eintragung der Vormerkung.** (1) [1] Die Eintragung einer Vormerkung erfolgt auf Grund einer einstweiligen Verfügung oder auf Grund der Bewilligung desjenigen, dessen Grundstück oder dessen Recht von der Vormerkung betroffen wird. [2] Zur Erlassung der einstweiligen Verfügung ist nicht erforderlich, dass eine Gefährdung des zu sichernden Anspruchs glaubhaft gemacht wird.

(2) Bei der Eintragung kann zur näheren Bezeichnung des zu sichernden Anspruchs auf die einstweilige Verfügung oder die Eintragungsbewilligung Bezug genommen werden.

**§ 886 Beseitigungsanspruch.** Steht demjenigen, dessen Grundstück oder dessen Recht von der Vormerkung betroffen wird, eine Einrede zu, durch welche die Geltendmachung des durch die Vormerkung gesicherten Anspruchs dauernd ausgeschlossen wird, so kann er von dem Gläubiger die Beseitigung der Vormerkung verlangen.

**§ 887[1] Aufgebot des Vormerkungsgläubigers.** [1] Ist der Gläubiger, dessen Anspruch durch die Vormerkung gesichert ist, unbekannt, so kann er im Wege des Aufgebotsverfahrens mit seinem Recht ausgeschlossen werden, wenn die im § 1170 für die Ausschließung eines Hypothekengläubigers bestimmten Voraussetzungen vorliegen. [2] Mit der Rechtskraft des Ausschließungsbeschlusses erlischt die Wirkung der Vormerkung.

**§ 888 Anspruch des Vormerkungsberechtigten auf Zustimmung.**

(1) Soweit der Erwerb eines eingetragenen Rechts oder eines Rechts an einem solchen Recht gegenüber demjenigen, zu dessen Gunsten die Vormerkung besteht, unwirksam ist, kann dieser von dem Erwerber die Zustimmung zu der Eintragung oder der Löschung verlangen, die zur Verwirklichung des durch die Vormerkung gesicherten Anspruchs erforderlich ist.

(2) Das Gleiche gilt, wenn der Anspruch durch ein Veräußerungsverbot gesichert ist.

**§ 889 Ausschluss der Konsolidation bei dinglichen Rechten.** Ein Recht an einem fremden Grundstück erlischt nicht dadurch, dass der Eigentümer des Grundstücks das Recht oder der Berechtigte das Eigentum an dem Grundstück erwirbt.

---

[1] § 887 Satz 2 geänd. mWv 1.9.2009 durch G v. 17.12.2008 (BGBl. I S. 2586).

**§ 890 Vereinigung von Grundstücken; Zuschreibung.** (1) Mehrere Grundstücke können dadurch zu einem Grundstück vereinigt werden, dass der Eigentümer sie als ein Grundstück in das Grundbuch eintragen lässt.[1)]

(2) Ein Grundstück kann dadurch zum Bestandteil eines anderen Grundstücks gemacht werden, dass der Eigentümer es diesem im Grundbuch zuschreiben lässt.

**§ 891 Gesetzliche Vermutung.** (1) Ist im Grundbuch für jemand ein Recht eingetragen, so wird vermutet, dass ihm das Recht zustehe.

(2) Ist im Grundbuch ein eingetragenes Recht gelöscht, so wird vermutet, dass das Recht nicht bestehe.

**§ 892 Öffentlicher Glaube des Grundbuchs.** (1) [1] Zugunsten desjenigen, welcher ein Recht an einem Grundstück oder ein Recht an einem solchen Recht durch Rechtsgeschäft erwirbt, gilt der Inhalt des Grundbuchs als richtig, es sei denn, dass ein Widerspruch gegen die Richtigkeit eingetragen oder die Unrichtigkeit dem Erwerber bekannt ist. [2] Ist der Berechtigte in der Verfügung über ein im Grundbuch eingetragenes Recht zugunsten einer bestimmten Person beschränkt, so ist die Beschränkung dem Erwerber gegenüber nur wirksam, wenn sie aus dem Grundbuch ersichtlich oder dem Erwerber bekannt ist.

---

[1)] Beachte zur Beurkundungs- und Beglaubigungsbefugnis der Vermessungsbehörde:
- in **Baden-Württemberg**: § 15 Abs. 1 und 2 VermessungsG v. 1.7.2004 (GBl. S. 469), zuletzt geänd. durch VO v. 21.12.2021 (GBl. 2022 S. 1);
- in **Bayern**: Art. 9 Abs. 1 und 2 Vermessungs- und KatasterG v. 31.7.1970 (BayRS III S. 687), zuletzt geänd. durch V v. 26.3.2019 (GVBl. S. 98);
- in **Berlin**: § 18 Abs. 1 und 2 G über das Vermessungswesen idF der Bek. v. 9.1.1996 (GVBl. S. 56), zuletzt geänd. durch G v. 12.10.2020 (GVBl. S. 807);
- in **Brandenburg**: § 20 Abs. 1 und 2 Geoinformations- und VermessungsG v. 27.5.2009 (GVBl. I S. 166), zuletzt geänd. durch G v. 19.6.2019 (GVBl. I Nr. 32);
- in **Bremen**: § 12 Abs. 1 und 2 Vermessungs- und KatasterG v. 16.10.1990 (Brem.GBl. S. 313), zuletzt geänd. durch Bek. v. 20.10.2020 (Brem.GBl. S. 1172);
- in **Hamburg**: § 8 Satz 1 VermessungsG v. 20.4.2005 (HmbGVBl. S. 135), zuletzt geänd. durch G v. 31.8.2018 (HmbGVBl. S. 282);
- in **Hessen**: § 12 Abs. 1 und 2 Vermessungs- und GeoinformationsG v. 6.9.2007 (GVBl. I S. 548), zuletzt geänd. durch G v. 30.9.2021 (GVBl. S. 602);
- in **Mecklenburg-Vorpommern**: § 27 Abs. 1 und 2 Geoinformations- und VermessungsG v. 16.12. 2010 (GVOBl. M-V S. 713), geänd. durch G v. 22.5.2018 (GVOBl. M-V S. 193);
- in **Niedersachsen**: § 6 Abs. 5 G über das amtliche Vermessungswesen v. 12.12.2002 (Nds. GVBl. 2003 S. 5), geänd. durch G v. 16.5.2018 (Nds. GVBl. S. 66);
- in **Nordrhein-Westfalen**: § 17 Abs. 1 bis 3 Vermessungs- und KatasterG v. 1.3.2005 (GV. NRW. S. 174), zuletzt geänd. durch G v. 1.12.2020 (GV. NRW. S. 1109);
- in **Rheinland-Pfalz**: § 7 Abs. 1 LandesG über das amtliche Vermessungswesen v. 20.12.2000 (GVBl. S. 572), zuletzt geänd. durch G v. 19.12.2018 (GVBl. S. 448);
- in **Saarland**: § 55 G zur Ausführung bundesrechtlicher Justizgesetze v. 5.2.1997 (Amtsbl. S. 258), zuletzt geänd. durch G v. 8.12.2021 (Amtsbl. I S. 2629);
- in **Sachsen**: § 18 Vermessungs- und KatasterG v. 29.1.2008 (SächsGVBl. S. 138, 148), zuletzt geänd. durch VO v. 12.4.2021 (SächsGVBl. S. 517);
- in **Sachsen-Anhalt**: § 15 Abs. 1 und 2 Vermessungs- und GeoinformationsG idF der Bek. v. 15.9.2004 (GVBl. LSA S. 716), zuletzt geänd. durch G v. 7.7.2020 (GVBl. LSA S. 372);
- in **Schleswig-Holstein**: § 17 Abs. 1 und 2 Vermessungs- und KatasterG idF der Bek. v. 12.5.2004 (GVOBl. Schl.-H. S. 128), zuletzt geänd. durch G v. 16.3.2022 (GVOBl. Schl.-H. S. 285);
- in **Thüringen**: § 12 Abs. 1 Vermessungs- und GeoinformationsG v. 16.12.2008 (GVBl. S. 574), zuletzt geänd. durch G v. 18.12.2018 (GVBl. S. 731).

Vgl. § 66 Abs. 1 Nr. 6 BeurkundungsG (Nr. **23**).

(2) Ist zu dem Erwerb des Rechts die Eintragung erforderlich, so ist für die Kenntnis des Erwerbers die Zeit der Stellung des Antrags auf Eintragung oder, wenn die nach § 873 erforderliche Einigung erst später zustande kommt, die Zeit der Einigung maßgebend.

**§ 893 Rechtsgeschäft mit dem Eingetragenen.** Die Vorschrift des § 892 findet entsprechende Anwendung, wenn an denjenigen, für welchen ein Recht im Grundbuch eingetragen ist, auf Grund dieses Rechts eine Leistung bewirkt oder wenn zwischen ihm und einem anderen in Ansehung dieses Rechts ein nicht unter die Vorschrift des § 892 fallendes Rechtsgeschäft vorgenommen wird, das eine Verfügung über das Recht enthält.

**§ 894 Berichtigung des Grundbuchs.** Steht der Inhalt des Grundbuchs in Ansehung eines Rechts an dem Grundstück, eines Rechts an einem solchen Recht oder einer Verfügungsbeschränkung der in § 892 Abs. 1 bezeichneten Art mit der wirklichen Rechtslage nicht im Einklang, so kann derjenige, dessen Recht nicht oder nicht richtig eingetragen oder durch die Eintragung einer nicht bestehenden Belastung oder Beschränkung beeinträchtigt ist, die Zustimmung zu der Berichtigung des Grundbuchs von demjenigen verlangen, dessen Recht durch die Berichtigung betroffen wird.

**§ 895 Voreintragung des Verpflichteten.** Kann die Berichtigung des Grundbuchs erst erfolgen, nachdem das Recht des nach § 894 Verpflichteten eingetragen worden ist, so hat dieser auf Verlangen sein Recht eintragen zu lassen.

**§ 896 Vorlegung des Briefes.** Ist zur Berichtigung des Grundbuchs die Vorlegung eines Hypotheken-, Grundschuld- oder Rentenschuldbriefs erforderlich, so kann derjenige, zu dessen Gunsten die Berichtigung erfolgen soll, von dem Besitzer des Briefes verlangen, dass der Brief dem Grundbuchamt vorgelegt wird.

**§ 897 Kosten der Berichtigung.** Die Kosten der Berichtigung des Grundbuchs und der dazu erforderlichen Erklärungen hat derjenige zu tragen, welcher die Berichtigung verlangt, sofern nicht aus einem zwischen ihm und dem Verpflichteten bestehenden Rechtsverhältnis sich ein anderes ergibt.

**§ 898 Unverjährbarkeit der Berichtigungsansprüche.** Die in den §§ 894 bis 896 bestimmten Ansprüche unterliegen nicht der Verjährung.

**§ 899 Eintragung eines Widerspruchs.** (1) In den Fällen des § 894 kann ein Widerspruch gegen die Richtigkeit des Grundbuchs eingetragen werden.

(2) [1] Die Eintragung erfolgt auf Grund einer einstweiligen Verfügung oder auf Grund einer Bewilligung desjenigen, dessen Recht durch die Berichtigung des Grundbuchs betroffen wird. [2] Zur Erlassung der einstweiligen Verfügung ist nicht erforderlich, dass eine Gefährdung des Rechts des Widersprechenden glaubhaft gemacht wird.

**§ 899 a**[1] **Maßgaben für die Gesellschaft bürgerlichen Rechts.** [1] Ist eine Gesellschaft bürgerlichen Rechts im Grundbuch eingetragen, so wird in Ansehung des eingetragenen Rechts auch vermutet, dass diejenigen Personen Gesellschafter sind, die nach § 47 Absatz 2 Satz 1 der Grundbuchordnung im Grundbuch eingetragen sind, und dass darüber hinaus keine weiteren Gesellschafter vorhanden sind. [2] Die §§ 892 bis 899 gelten bezüglich der Eintragung der Gesellschafter entsprechend.

**§ 900 Buchersitzung.** (1) [1] Wer als Eigentümer eines Grundstücks im Grundbuch eingetragen ist, ohne dass er das Eigentum erlangt hat, erwirbt das Eigentum, wenn die Eintragung 30 Jahre bestanden und er während dieser Zeit das Grundstück im Eigenbesitz gehabt hat. [2] Die dreißigjährige Frist wird in derselben Weise berechnet wie die Frist für die Ersitzung einer beweglichen Sache. [3] Der Lauf der Frist ist gehemmt, solange ein Widerspruch gegen die Richtigkeit der Eintragung im Grundbuch eingetragen ist.

(2) [1] Diese Vorschriften finden entsprechende Anwendung, wenn für jemand ein ihm nicht zustehendes anderes Recht im Grundbuch eingetragen ist, das zum Besitz des Grundstücks berechtigt oder dessen Ausübung nach den für den Besitz geltenden Vorschriften geschützt ist. [2] Für den Rang des Rechts ist die Eintragung maßgebend.

**§ 901 Erlöschen nicht eingetragener Rechte.** [1] Ist ein Recht an einem fremden Grundstück im Grundbuch mit Unrecht gelöscht, so erlischt es, wenn der Anspruch des Berechtigten gegen den Eigentümer verjährt ist. [2] Das Gleiche gilt, wenn ein kraft Gesetzes entstandenes Recht an einem fremden Grundstück nicht in das Grundbuch eingetragen worden ist.

**§ 902 Unverjährbarkeit eingetragener Rechte.** (1) [1] Die Ansprüche aus eingetragenen Rechten unterliegen nicht der Verjährung. [2] Dies gilt nicht für Ansprüche, die auf Rückstände wiederkehrender Leistungen oder auf Schadensersatz gerichtet sind.

(2) Ein Recht, wegen dessen ein Widerspruch gegen die Richtigkeit des Grundbuchs eingetragen ist, steht einem eingetragenen Recht gleich.

## Abschnitt 3.[2] Eigentum

### Titel 1. Inhalt des Eigentums

**§ 903 Befugnisse des Eigentümers.** [1] Der Eigentümer einer Sache kann, soweit nicht das Gesetz oder Rechte Dritter entgegenstehen, mit der Sache nach Belieben verfahren und andere von jeder Einwirkung ausschließen. [2] Der Eigentümer eines Tieres hat bei der Ausübung seiner Befugnisse die besonderen Vorschriften zum Schutz der Tiere zu beachten.

**§ 904 Notstand.** [1] Der Eigentümer einer Sache ist nicht berechtigt, die Einwirkung eines anderen auf die Sache zu verbieten, wenn die Einwirkung zur Abwendung einer gegenwärtigen Gefahr notwendig und der drohende Schaden gegenüber dem aus der Einwirkung dem Eigentümer entstehenden Scha-

[1] § 899 a eingef. mWv 18. 8. 2009 durch G v. 11. 8. 2009 (BGBl. I S. 2713).

[2] Wegen des für das Gebiet der ehem. DDR geltenden Übergangsrechts zu §§ 903 ff. beachte Art. 233 § 2 EGBGB (Nr. **21**).

den unverhältnismäßig groß ist. [2]Der Eigentümer kann Ersatz des ihm entstehenden Schadens verlangen.

**§ 905 Begrenzung des Eigentums.** [1]Das Recht des Eigentümers eines Grundstücks erstreckt sich auf den Raum über der Oberfläche und auf den Erdkörper unter der Oberfläche. [2]Der Eigentümer kann jedoch Einwirkungen nicht verbieten, die in solcher Höhe oder Tiefe vorgenommen werden, dass er an der Ausschließung kein Interesse hat.

**§ 906[1)] Zuführung unwägbarer Stoffe.** (1) [1]Der Eigentümer eines Grundstücks kann die Zuführung von Gasen, Dämpfen, Gerüchen, Rauch, Ruß, Wärme, Geräusch, Erschütterungen und ähnliche von einem anderen Grundstück ausgehende Einwirkungen insoweit nicht verbieten, als die Einwirkung die Benutzung seines Grundstücks nicht oder nur unwesentlich beeinträchtigt. [2]Eine unwesentliche Beeinträchtigung liegt in der Regel vor, wenn die in Gesetzen oder Rechtsverordnungen festgelegten Grenz- oder Richtwerte von den nach diesen Vorschriften ermittelten und bewerteten Einwirkungen nicht überschritten werden. [3]Gleiches gilt für Werte in allgemeinen Verwaltungsvorschriften, die nach § 48 des Bundes-Immissionsschutzgesetzes[2)] erlassen worden sind und den Stand der Technik wiedergeben.

(2) [1]Das Gleiche gilt insoweit, als eine wesentliche Beeinträchtigung durch eine ortsübliche Benutzung des anderen Grundstücks herbeigeführt wird und nicht durch Maßnahmen verhindert werden kann, die Benutzern dieser Art wirtschaftlich zumutbar sind. [2]Hat der Eigentümer hiernach eine Einwirkung zu dulden, so kann er von dem Benutzer des anderen Grundstücks einen angemessenen Ausgleich in Geld verlangen, wenn die Einwirkung eine ortsübliche Benutzung seines Grundstücks oder dessen Ertrag über das zumutbare Maß hinaus beeinträchtigt.

(3) Die Zuführung durch eine besondere Leitung ist unzulässig.

*(Fortsetzung nächstes Blatt)*

---

[1)] Vgl. ferner §§ 14 und 14 a Bundes-ImmissionsschutzG **(Sartorius Nr. 296)**.
[2)] **Sartorius Nr. 296.**

**§ 907. Gefahr drohende Anlagen.** (1) [1]Der Eigentümer eines Grundstücks kann verlangen, dass auf den Nachbargrundstücken nicht Anlagen hergestellt oder gehalten werden, von denen mit Sicherheit vorauszusehen ist, dass ihr Bestand oder ihre Benutzung eine unzulässige Einwirkung auf sein Grundstück zur Folge hat. [2]Genügt eine Anlage den landesgesetzlichen Vorschriften, die einen bestimmten Abstand von der Grenze oder sonstige Schutzmaßregeln vorschreiben, so kann die Beseitigung der Anlage erst verlangt werden, wenn die unzulässige Einwirkung tatsächlich hervortritt.

(2) Bäume und Sträucher gehören nicht zu den Anlagen im Sinne dieser Vorschriften.

**§ 908. Drohender Gebäudeeinsturz.** Droht einem Grundstück die Gefahr, dass es durch den Einsturz eines Gebäudes oder eines anderen Werkes, das mit einem Nachbargrundstück verbunden ist, oder durch die Ablösung von Teilen des Gebäudes oder des Werkes beschädigt wird, so kann der Eigentümer von demjenigen, welcher nach dem § 836 Abs. 1 oder den §§ 837, 838 für den eintretenden Schaden verantwortlich sein würde, verlangen, dass er die zur Abwendung der Gefahr erforderliche Vorkehrung trifft.

**§ 909. Vertiefung.** Ein Grundstück darf nicht in der Weise vertieft werden, dass der Boden des Nachbargrundstücks die erforderliche Stütze verliert, es sei denn, dass für eine genügende anderweitige Befestigung gesorgt ist.

**§ 910. Überhang.** (1) [1]Der Eigentümer eines Grundstücks kann Wurzeln eines Baumes oder eines Strauches, die von einem Nachbargrundstück eingedrungen sind, abschneiden und behalten. [2]Das Gleiche gilt von herüberragenden Zweigen, wenn der Eigentümer dem Besitzer des Nachbargrundstücks eine angemessene Frist zur Beseitigung bestimmt hat und die Beseitigung nicht innerhalb der Frist erfolgt.

(2) Dem Eigentümer steht dieses Recht nicht zu, wenn die Wurzeln oder die Zweige die Benutzung des Grundstücks nicht beeinträchtigen.

**§ 911. Überfall.** [1]Früchte, die von einem Baume oder einem Strauche auf ein Nachbargrundstück hinüberfallen, gelten als Früchte dieses Grundstücks. [2]Diese Vorschrift findet keine Anwendung, wenn das Nachbargrundstück dem öffentlichen Gebrauch dient.

**§ 912. Überbau; Duldungspflicht.** (1) Hat der Eigentümer eines Grundstücks bei der Errichtung eines Gebäudes über die Grenze gebaut, ohne dass ihm Vorsatz oder grobe Fahrlässigkeit zur Last fällt, so hat der Nachbar den Überbau zu dulden, es sei denn, dass er vor oder sofort nach der Grenzüberschreitung Widerspruch erhoben hat.

(2) [1]Der Nachbar ist durch eine Geldrente zu entschädigen. [2]Für die Höhe der Rente ist die Zeit der Grenzüberschreitung maßgebend.

**§ 913. Zahlung der Überbaurente.** (1) Die Rente für den Überbau ist dem jeweiligen Eigentümer des Nachbargrundstücks von dem jeweiligen Eigentümer des anderen Grundstücks zu entrichten.

(2) Die Rente ist jährlich im Voraus zu entrichten.

**§ 914. Rang, Eintragung und Erlöschen der Rente.** (1) [1]Das Recht auf die Rente geht allen Rechten an dem belasteten Grundstück, auch den älteren, vor. [2]Es erlischt mit der Beseitigung des Überbaus.

(2) [1]Das Recht wird nicht in das Grundbuch eingetragen. [2]Zum Verzicht auf das Recht sowie zur Feststellung der Höhe der Rente durch Vertrag ist die Eintragung erforderlich.

(3) Im Übrigen finden die Vorschriften Anwendung, die für eine zugunsten des jeweiligen Eigentümers eines Grundstücks bestehende Reallast gelten.

**§ 915. Abkauf.** (1) [1]Der Rentenberechtigte kann jederzeit verlangen, dass der Rentenpflichtige ihm gegen Übertragung des Eigentums an dem überbauten Teil des Grundstücks den Wert ersetzt, den dieser Teil zur Zeit der Grenzüberschreitung gehabt hat. [2]Macht er von dieser Befugnis Gebrauch, so bestimmen sich die Rechte und Verpflichtungen beider Teile nach den Vorschriften über den Kauf.

(2) Für die Zeit bis zur Übertragung des Eigentums ist die Rente fortzuentrichten.

**§ 916. Beeinträchtigung von Erbbaurecht oder Dienstbarkeit.** Wird durch den Überbau ein Erbbaurecht oder eine Dienstbarkeit an dem Nachbargrundstück beeinträchtigt, so finden zugunsten des Berechtigten die Vorschriften der §§ 912 bis 914 entsprechende Anwendung.

**§ 917. Notweg.** (1) [1]Fehlt einem Grundstück die zur ordnungsmäßigen Benutzung notwendige Verbindung mit einem öffentlichen Wege, so kann der Eigentümer von den Nachbarn verlangen, dass sie bis zur Hebung des Mangels die Benutzung ihrer Grundstücke zur Herstellung der erforderlichen Verbindung dulden. [2]Die Richtung des Notwegs und der Umfang des Benutzungsrechts werden erforderlichenfalls durch Urteil bestimmt.

(2) [1]Die Nachbarn, über deren Grundstücke der Notweg führt, sind durch eine Geldrente zu entschädigen. [2]Die Vorschriften des § 912 Abs. 2 Satz 2 und der §§ 913, 914, 916 finden entsprechende Anwendung.

**§ 918. Ausschluss des Notwegrechts.** (1) Die Verpflichtung zur Duldung des Notwegs tritt nicht ein, wenn die bisherige Verbindung des Grundstücks mit dem öffentlichen Wege durch eine willkürliche Handlung des Eigentümers aufgehoben wird.

(2) [1]Wird infolge der Veräußerung eines Teils des Grundstücks der veräußerte oder der zurückbehaltene Teil von der Verbindung mit dem öffentlichen Wege abgeschnitten, so hat der Eigentümer desjenigen Teils, über welchen die Verbindung bisher stattgefunden hat, den Notweg zu dulden. [2]Der Veräußerung eines Teils steht die Veräußerung eines von mehreren demselben Eigentümer gehörenden Grundstücken gleich.

**§ 919. Grenzabmarkung.** (1) Der Eigentümer eines Grundstücks kann von dem Eigentümer eines Nachbargrundstücks verlangen, dass dieser zur Errichtung fester Grenzzeichen und, wenn ein Grenzzeichen verrückt oder unkenntlich geworden ist, zur Wiederherstellung mitwirkt.

(2) Die Art der Abmarkung und das Verfahren bestimmen sich nach den Landesgesetzen; enthalten diese keine Vorschriften, so entscheidet die Ortsüblichkeit.

(3) Die Kosten der Abmarkung sind von den Beteiligten zu gleichen Teilen zu tragen, sofern nicht aus einem zwischen ihnen bestehenden Rechtsverhältnis sich ein anderes ergibt.

**§ 920 Grenzverwirrung.** (1) [1] Lässt sich im Falle einer Grenzverwirrung die richtige Grenze nicht ermitteln, so ist für die Abgrenzung der Besitzstand maßgebend. [2] Kann der Besitzstand nicht festgestellt werden, so ist jedem der Grundstücke ein gleich großes Stück der streitigen Fläche zuzuteilen.

(2) Soweit eine diesen Vorschriften entsprechende Bestimmung der Grenze zu einem Ergebnis führt, das mit den ermittelten Umständen, insbesondere mit der feststehenden Größe der Grundstücke, nicht übereinstimmt, ist die Grenze so zu ziehen, wie es unter Berücksichtigung dieser Umstände der Billigkeit entspricht.

**§ 921 Gemeinschaftliche Benutzung von Grenzanlagen.** Werden zwei Grundstücke durch einen Zwischenraum, Rain, Winkel, einen Graben, eine Mauer, Hecke, Planke oder eine andere Einrichtung, die zum Vorteil beider Grundstücke dient, voneinander geschieden, so wird vermutet, dass die Eigentümer der Grundstücke zur Benutzung der Einrichtung gemeinschaftlich berechtigt seien, sofern nicht äußere Merkmale darauf hinweisen, dass die Einrichtung einem der Nachbarn allein gehört.

**§ 922 Art der Benutzung und Unterhaltung.** [1] Sind die Nachbarn zur Benutzung einer der in § 921 bezeichneten Einrichtungen gemeinschaftlich berechtigt, so kann jeder sie zu dem Zwecke, der sich aus ihrer Beschaffenheit ergibt, insoweit benutzen, als nicht die Mitbenutzung des anderen beeinträchtigt wird. [2] Die Unterhaltungskosten sind von den Nachbarn zu gleichen Teilen zu tragen. [3] Solange einer der Nachbarn an dem Fortbestand der Einrichtung ein Interesse hat, darf sie nicht ohne seine Zustimmung beseitigt oder geändert werden. [4] Im Übrigen bestimmt sich das Rechtsverhältnis zwischen den Nachbarn nach den Vorschriften über die Gemeinschaft.

**§ 923 Grenzbaum.** (1) Steht auf der Grenze ein Baum, so gebühren die Früchte und, wenn der Baum gefällt wird, auch der Baum den Nachbarn zu gleichen Teilen.

(2) [1] Jeder der Nachbarn kann die Beseitigung des Baumes verlangen. [2] Die Kosten der Beseitigung fallen den Nachbarn zu gleichen Teilen zur Last. [3] Der Nachbar, der die Beseitigung verlangt, hat jedoch die Kosten allein zu tragen, wenn der andere auf sein Recht an dem Baume verzichtet; er erwirbt in diesem Falle mit der Trennung das Alleineigentum. [4] Der Anspruch auf die Beseitigung ist ausgeschlossen, wenn der Baum als Grenzzeichen dient und den Umständen nach nicht durch ein anderes zweckmäßiges Grenzzeichen ersetzt werden kann.

(3) Diese Vorschriften gelten auch für einen auf der Grenze stehenden Strauch.

**§ 924 Unverjährbarkeit nachbarrechtlicher Ansprüche.** Die Ansprüche, die sich aus den §§ 907 bis 909, 915, dem § 917 Abs. 1, dem § 918 Abs. 2, den §§ 919, 920 und dem § 923 Abs. 2 ergeben, unterliegen nicht der Verjährung.

## Titel 2. Erwerb und Verlust des Eigentums an Grundstücken[1)]

**§ 925[2)] Auflassung.** (1) [1]Die zur Übertragung des Eigentums an einem Grundstück nach § 873 erforderliche Einigung des Veräußerers und des Erwerbers (Auflassung) muss bei gleichzeitiger Anwesenheit beider Teile vor einer zuständigen Stelle erklärt werden. [2]Zur Entgegennahme der Auflassung ist, unbeschadet der Zuständigkeit weiterer Stellen, jeder Notar zuständig. [3]Eine Auflassung kann auch in einem gerichtlichen Vergleich oder in einem rechtskräftig bestätigten Insolvenzplan oder Restrukturierungsplan erklärt werden.

(2) Eine Auflassung, die unter einer Bedingung oder einer Zeitbestimmung erfolgt, ist unwirksam.

**§ 925a[3)] Urkunde über Grundgeschäft.** Die Erklärung einer Auflassung soll nur entgegengenommen werden, wenn die nach § 311b Abs. 1 Satz 1 erforderliche Urkunde über den Vertrag vorgelegt oder gleichzeitig errichtet wird.

**§ 926 Zubehör des Grundstücks.** (1) [1]Sind der Veräußerer und der Erwerber darüber einig, dass sich die Veräußerung auf das Zubehör des Grundstücks erstrecken soll, so erlangt der Erwerber mit dem Eigentum an dem Grundstück auch das Eigentum an den zur Zeit des Erwerbs vorhandenen Zubehörstücken, soweit sie dem Veräußerer gehören. [2]Im Zweifel ist anzunehmen, dass sich die Veräußerung auf das Zubehör erstrecken soll.

(2) Erlangt der Erwerber auf Grund der Veräußerung den Besitz von Zubehörstücken, die dem Veräußerer nicht gehören oder mit Rechten Dritter belastet sind, so finden die Vorschriften der §§ 932 bis 936 Anwendung; für den guten Glauben des Erwerbers ist die Zeit der Erlangung des Besitzes maßgebend.

**§ 927[4)] Aufgebotsverfahren.** (1) [1]Der Eigentümer eines Grundstücks kann, wenn das Grundstück seit 30 Jahren im Eigenbesitz eines anderen ist, im Wege des Aufgebotsverfahrens mit seinem Recht ausgeschlossen werden. [2]Die Besitzzeit wird in gleicher Weise berechnet wie die Frist für die Ersitzung einer beweglichen Sache. [3]Ist der Eigentümer im Grundbuch eingetragen, so ist das Aufgebotsverfahren nur zulässig, wenn er gestorben oder verschollen ist und eine Eintragung in das Grundbuch, die der Zustimmung des Eigentümers bedurfte, seit 30 Jahren nicht erfolgt ist.

(2) Derjenige, welcher den Ausschließungsbeschluss erwirkt hat, erlangt das Eigentum dadurch, dass er sich als Eigentümer in das Grundbuch eintragen lässt.

(3) Ist vor dem Erlass des Ausschließungsbeschlusses ein Dritter als Eigentümer oder wegen des Eigentums eines Dritten ein Widerspruch gegen die Richtigkeit des Grundbuchs eingetragen worden, so wirkt der Ausschließungsbeschluss nicht gegen den Dritten.

**§ 928[5)] Aufgabe des Eigentums, Aneignung des Fiskus.** (1) Das Eigentum an einem Grundstück kann dadurch aufgegeben werden, dass der Ei-

---

[1)] Für den Verkehr mit land- und forstwirtschaftlichen Grundstücken sind die Genehmigungspflichten nach dem Grundstückverkehrsgesetz **(Schönfelder ErgBd. Nr. 40)** zu beachten.

[2)] § 925 Abs. 1 Satz 3 geänd. mWv 1.1.2021 durch G v. 22.12.2020 (BGBl. I S. 3256).

[3)] § 925a geänd. mWv 1.8.2002 durch G v. 23.7.2002 (BGBl. I S. 2850).

[4)] § 927 Abs. 2 und 3 geänd. mWv 1.9.2009 durch G v. 17.12.2008 (BGBl. I S. 2586).

[5)] § 928 Abs. 2 Satz 1 geänd. mWv 25.4.2006 durch G v. 19.4.2006 (BGBl. I S. 866).

gentümer den Verzicht dem Grundbuchamt gegenüber erklärt und der Verzicht in das Grundbuch eingetragen wird.

(2) [1]Das Recht zur Aneignung des aufgegebenen Grundstücks steht dem Fiskus des Landes zu, in dem das Grundstück liegt. [2]Der Fiskus erwirbt das Eigentum dadurch, dass er sich als Eigentümer in das Grundbuch eintragen lässt.

## Titel 3.[1)] Erwerb und Verlust des Eigentums an beweglichen Sachen

### Untertitel 1. Übertragung

**§ 929. Einigung und Übergabe.** [1]Zur Übertragung des Eigentums an einer beweglichen Sache ist erforderlich, dass der Eigentümer die Sache dem Erwerber übergibt und beide darüber einig sind, dass das Eigentum übergehen soll. [2]Ist der Erwerber im Besitz der Sache, so genügt die Einigung über den Übergang des Eigentums.

**§ 929 a. Einigung bei nicht eingetragenem Seeschiff.** (1) Zur Übertragung des Eigentums an einem Seeschiff, das nicht im Schiffsregister eingetragen ist, oder an einem Anteil an einem solchen Schiff ist die Übergabe nicht erforderlich, wenn der Eigentümer und der Erwerber darüber einig sind, dass das Eigentum sofort übergehen soll.

(2) Jeder Teil kann verlangen, dass ihm auf seine Kosten eine öffentlich beglaubigte Urkunde über die Veräußerung erteilt wird.

**§ 930. Besitzkonstitut.** Ist der Eigentümer im Besitz der Sache, so kann die Übergabe dadurch ersetzt werden, dass zwischen ihm und dem Erwerber ein Rechtsverhältnis vereinbart wird, vermöge dessen der Erwerber den mittelbaren Besitz erlangt.

**§ 931. Abtretung des Herausgabeanspruchs.** Ist ein Dritter im Besitz der Sache, so kann die Übergabe dadurch ersetzt werden, dass der Eigentümer dem Erwerber den Anspruch auf Herausgabe der Sache abtritt.

**§ 932. Gutgläubiger Erwerb vom Nichtberechtigten.** (1) [1]Durch eine nach § 929 erfolgte Veräußerung wird der Erwerber auch dann Eigentümer, wenn die Sache nicht dem Veräußerer gehört, es sei denn, dass er zu der Zeit, zu der er nach diesen Vorschriften das Eigentum erwerben würde, nicht in gutem Glauben ist. [2]In dem Falle des § 929 Satz 2 gilt dies jedoch nur dann, wenn der Erwerber den Besitz von dem Veräußerer erlangt hatte.

(2) Der Erwerber ist nicht in gutem Glauben, wenn ihm bekannt oder infolge grober Fahrlässigkeit unbekannt ist, dass die Sache nicht dem Veräußerer gehört.

**§ 932 a. Gutgläubiger Erwerb nicht eingetragener Seeschiffe.** Gehört ein nach § 929 a veräußertes Schiff nicht dem Veräußerer, so wird der Erwerber Eigentümer, wenn ihm das Schiff vom Veräußerer übergeben wird, es sei denn, dass er zu dieser Zeit nicht in gutem Glauben ist; ist ein Anteil an einem

---

[1)] Erwerb und Verlust des Eigentums an Schiffen. §§ 1 bis 23 G über Rechte an eingetragenen Schiffen und Schiffsbauwerken v. 15. 11. 1940 (RGBl. I S. 1499) mit späteren Änderungen.

Schiff Gegenstand der Veräußerung, so tritt an die Stelle der Übergabe die Einräumung des Mitbesitzes an dem Schiff.

**§ 933. Gutgläubiger Erwerb bei Besitzkonstitut.** Gehört eine nach § 930 veräußerte Sache nicht dem Veräußerer, so wird der Erwerber Eigentümer, wenn ihm die Sache von dem Veräußerer übergeben wird, es sei denn, dass er zu dieser Zeit nicht in gutem Glauben ist.

**§ 934. Gutgläubiger Erwerb bei Abtretung des Herausgabeanspruchs.** Gehört eine nach § 931 veräußerte Sache nicht dem Veräußerer, so wird der Erwerber, wenn der Veräußerer mittelbarer Besitzer der Sache ist, mit der Abtretung des Anspruchs, anderenfalls dann Eigentümer, wenn er den Besitz der Sache von dem Dritten erlangt, es sei denn, dass er zur Zeit der Abtretung oder des Besitzerwerbs nicht in gutem Glauben ist.

**§ 935.[1] Kein gutgläubiger Erwerb von abhanden gekommenen Sachen.** (1) [1]Der Erwerb des Eigentums auf Grund der §§ 932 bis 934 tritt nicht ein, wenn die Sache dem Eigentümer gestohlen worden, verloren gegangen oder sonst abhanden gekommen war. [2]Das Gleiche gilt, falls der Eigentümer nur mittelbarer Besitzer war, dann, wenn die Sache dem Besitzer abhanden gekommen war.

(2) Diese Vorschriften finden keine Anwendung auf Geld oder Inhaberpapiere sowie auf Sachen, die im Wege öffentlicher Versteigerung oder in einer Versteigerung nach § 979 Absatz 1 a veräußert werden.[2]

**§ 936. Erlöschen von Rechten Dritter.** (1) [1]Ist eine veräußerte Sache mit dem Recht eines Dritten belastet, so erlischt das Recht mit dem Erwerb des Eigentums. [2]In dem Falle des § 929 Satz 2 gilt dies jedoch nur dann, wenn der Erwerber den Besitz von dem Veräußerer erlangt hatte. [3]Erfolgt die Veräußerung nach § 929 a oder § 930 oder war die nach § 931 veräußerte Sache nicht im mittelbaren Besitz des Veräußerers, so erlischt das Recht des Dritten erst dann, wenn der Erwerber auf Grund der Veräußerung den Besitz der Sache erlangt.

(2) Das Recht des Dritten erlischt nicht, wenn der Erwerber zu der nach Absatz 1 maßgebenden Zeit in Ansehung des Rechts nicht in gutem Glauben ist.

(3) Steht im Falle des § 931 das Recht dem dritten Besitzer zu, so erlischt es auch dem gutgläubigen Erwerber gegenüber nicht.

### Untertitel 2. Ersitzung

**§ 937. Voraussetzungen, Ausschluss bei Kenntnis.** (1) Wer eine bewegliche Sache zehn Jahre im Eigenbesitz hat, erwirbt das Eigentum (Ersitzung).

(2) Die Ersitzung ist ausgeschlossen, wenn der Erwerber bei dem Erwerb des Eigenbesitzes nicht in gutem Glauben ist oder wenn er später erfährt, dass ihm das Eigentum nicht zusteht.

---

[1] § 935 Abs. 2 geänd. durch Art. 4 G v. 30. 7. 2009 (BGBl. I S. 2474).

[2] Vgl. ferner § 365 HGB (Nr. **50**), § 68 Abs. 1 AktG (Nr. **51**) und Art. 16 Abs. 2 WG (Nr. **54**).

**§ 938. Vermutung des Eigenbesitzes.** Hat jemand eine Sache am Anfang und am Ende eines Zeitraums im Eigenbesitz gehabt, so wird vermutet, dass sein Eigenbesitz auch in der Zwischenzeit bestanden habe.

**§ 939. Hemmung der Ersitzung.** (1) [1]Die Ersitzung ist gehemmt, wenn der Herausgabeanspruch gegen den Eigenbesitzer oder im Falle eines mittelbaren Eigenbesitzes gegen den Besitzer, der sein Recht zum Besitz von dem Eigenbesitzer ableitet, in einer nach den §§ 203 und 204 zur Hemmung der Verjährung geeigneten Weise geltend gemacht wird. [2]Die Hemmung tritt jedoch nur zugunsten desjenigen ein, welcher sie herbeiführt.

(2) Die Ersitzung ist ferner gehemmt, solange die Verjährung des Herausgabeanspruchs nach den §§ 205 bis 207 oder ihr Ablauf nach den §§ 210 und 211 gehemmt ist.

**§ 940. Unterbrechung durch Besitzverlust.** (1) Die Ersitzung wird durch den Verlust des Eigenbesitzes unterbrochen.

(2) Die Unterbrechung gilt als nicht erfolgt, wenn der Eigenbesitzer den Eigenbesitz ohne seinen Willen verloren und ihn binnen Jahresfrist oder mittels einer innerhalb dieser Frist erhobenen Klage wiedererlangt hat.

**§ 941. Unterbrechung durch Vollstreckungshandlung.** [1]Die Ersitzung wird durch Vornahme oder Beantragung einer gerichtlichen oder behördlichen Vollstreckungshandlung unterbrochen. [2]§ 212 Abs. 2 und 3 gilt entsprechend.

**§ 942. Wirkung der Unterbrechung.** Wird die Ersitzung unterbrochen, so kommt die bis zur Unterbrechung verstrichene Zeit nicht in Betracht; eine neue Ersitzung kann erst nach der Beendigung der Unterbrechung beginnen.

**§ 943. Ersitzung bei Rechtsnachfolge.** Gelangt die Sache durch Rechtsnachfolge in den Eigenbesitz eines Dritten, so kommt die während des Besitzes des Rechtsvorgängers verstrichene Ersitzungszeit dem Dritten zugute.

**§ 944. Erbschaftsbesitzer.** Die Ersitzungszeit, die zugunsten eines Erbschaftsbesitzers verstrichen ist, kommt dem Erben zustatten.

**§ 945. Erlöschen von Rechten Dritter.** [1]Mit dem Erwerb des Eigentums durch Ersitzung erlöschen die an der Sache vor dem Erwerb des Eigenbesitzes begründeten Rechte Dritter, es sei denn, dass der Eigenbesitzer bei dem Erwerb des Eigenbesitzes in Ansehung dieser Rechte nicht in gutem Glauben ist oder ihr Bestehen später erfährt. [2]Die Ersitzungsfrist muss auch in Ansehung des Rechts des Dritten verstrichen sein; die Vorschriften der §§ 939 bis 944 finden entsprechende Anwendung.

### Untertitel 3. Verbindung, Vermischung, Verarbeitung

**§ 946. Verbindung mit einem Grundstück.** Wird eine bewegliche Sache mit einem Grundstück dergestalt verbunden, dass sie wesentlicher Bestandteil des Grundstücks wird, so erstreckt sich das Eigentum an dem Grundstück auf diese Sache.

**§ 947. Verbindung mit beweglichen Sachen.** (1) Werden bewegliche Sachen miteinander dergestalt verbunden, dass sie wesentliche Bestandteile einer einheitlichen Sache werden, so werden die bisherigen Eigentümer Miteigentümer dieser Sache; die Anteile bestimmen sich nach dem Verhältnis des Wertes, den die Sachen zur Zeit der Verbindung haben.

(2) Ist eine der Sachen als die Hauptsache anzusehen, so erwirbt ihr Eigentümer das Alleineigentum.

**§ 948. Vermischung.** (1) Werden bewegliche Sachen miteinander untrennbar vermischt oder vermengt, so findet die Vorschrift des § 947 entsprechende Anwendung.

(2) Der Untrennbarkeit steht es gleich, wenn die Trennung der vermischten oder vermengten Sachen mit unverhältnismäßigen Kosten verbunden sein würde.

**§ 949. Erlöschen von Rechten Dritter.** [1] Erlischt nach den §§ 946 bis 948 das Eigentum an einer Sache, so erlöschen auch die sonstigen an der Sache bestehenden Rechte. [2] Erwirbt der Eigentümer der belasteten Sache Miteigentum, so bestehen die Rechte an dem Anteil fort, der an die Stelle der Sache tritt. [3] Wird der Eigentümer der belasteten Sache Alleineigentümer, so erstrecken sich die Rechte auf die hinzutretende Sache.

**§ 950. Verarbeitung.** (1) [1] Wer durch Verarbeitung oder Umbildung eines oder mehrerer Stoffe eine neue bewegliche Sache herstellt, erwirbt das Eigentum an der neuen Sache, sofern nicht der Wert der Verarbeitung oder der Umbildung erheblich geringer ist als der Wert des Stoffes. [2] Als Verarbeitung gilt auch das Schreiben, Zeichnen, Malen, Drucken, Gravieren oder eine ähnliche Bearbeitung der Oberfläche.

(2) Mit dem Erwerb des Eigentums an der neuen Sache erlöschen die an dem Stoffe bestehenden Rechte.

**§ 951. Entschädigung für Rechtsverlust.** (1) [1] Wer infolge der Vorschriften der §§ 946 bis 950 einen Rechtsverlust erleidet, kann von demjenigen, zu dessen Gunsten die Rechtsänderung eintritt, Vergütung in Geld nach den Vorschriften über die Herausgabe einer ungerechtfertigten Bereicherung fordern. [2] Die Wiederherstellung des früheren Zustands kann nicht verlangt werden.

(2) [1] Die Vorschriften über die Verpflichtung zum Schadensersatz wegen unerlaubter Handlungen sowie die Vorschriften über den Ersatz von Verwendungen und über das Recht zur Wegnahme einer Einrichtung bleiben unberührt. [2] In den Fällen der §§ 946, 947 ist die Wegnahme nach den für das Wegnahmerecht des Besitzers gegenüber dem Eigentümer geltenden Vorschriften auch dann zulässig, wenn die Verbindung nicht von dem Besitzer der Hauptsache bewirkt worden ist.

**§ 952. Eigentum an Schuldurkunden.** (1) [1] Das Eigentum an dem über eine Forderung ausgestellten Schuldschein steht dem Gläubiger zu. [2] Das Recht eines Dritten an der Forderung erstreckt sich auf den Schuldschein.

(2) Das Gleiche gilt für Urkunden über andere Rechte, kraft deren eine Leistung gefordert werden kann, insbesondere für Hypotheken-, Grundschuld- und Rentenschuldbriefe.

### Untertitel 4. Erwerb von Erzeugnissen und sonstigen Bestandteilen einer Sache

**§ 953. Eigentum an getrennten Erzeugnissen und Bestandteilen.** Erzeugnisse und sonstige Bestandteile einer Sache gehören auch nach der Trennung dem Eigentümer der Sache, soweit sich nicht aus den §§ 954 bis 957 ein anderes ergibt.

**§ 954. Erwerb durch dinglich Berechtigten.** Wer vermöge eines Rechts an einer fremden Sache befugt ist, sich Erzeugnisse oder sonstige Bestandteile der Sache anzueignen, erwirbt das Eigentum an ihnen, unbeschadet der Vorschriften der §§ 955 bis 957, mit der Trennung.

**§ 955. Erwerb durch gutgläubigen Eigenbesitzer.** (1) [1]Wer eine Sache im Eigenbesitz hat, erwirbt das Eigentum an den Erzeugnissen und sonstigen zu den Früchten der Sache gehörenden Bestandteilen, unbeschadet der Vorschriften der §§ 956, 957, mit der Trennung. [2]Der Erwerb ist ausgeschlossen, wenn der Eigenbesitzer nicht zum Eigenbesitz oder ein anderer vermöge eines Rechts an der Sache zum Fruchtbezug berechtigt ist und der Eigenbesitzer bei dem Erwerb des Eigenbesitzes nicht in gutem Glauben ist oder vor der Trennung den Rechtsmangel erfährt.

(2) Dem Eigenbesitzer steht derjenige gleich, welcher die Sache zum Zwecke der Ausübung eines Nutzungsrechts an ihr besitzt.

(3) Auf den Eigenbesitz und den ihm gleichgestellten Besitz findet die Vorschrift des § 940 Abs. 2 entsprechende Anwendung.

**§ 956. Erwerb durch persönlich Berechtigten.** (1) [1]Gestattet der Eigentümer einem anderen, sich Erzeugnisse oder sonstige Bestandteile der Sache anzueignen, so erwirbt dieser das Eigentum an ihnen, wenn der Besitz der Sache ihm überlassen ist, mit der Trennung, anderenfalls mit der Besitzergreifung. [2]Ist der Eigentümer zu der Gestattung verpflichtet, so kann er sie nicht widerrufen, solange sich der andere in dem ihm überlassenen Besitz der Sache befindet.

(2) Das Gleiche gilt, wenn die Gestattung nicht von dem Eigentümer, sondern von einem anderen ausgeht, dem Erzeugnisse oder sonstige Bestandteile einer Sache nach der Trennung gehören.

**§ 957. Gestattung durch den Nichtberechtigten.** Die Vorschrift des § 956 findet auch dann Anwendung, wenn derjenige, welcher die Aneignung einem anderen gestattet, hierzu nicht berechtigt ist, es sei denn, dass der andere, falls ihm der Besitz der Sache überlassen wird, bei der Überlassung, anderenfalls bei der Ergreifung des Besitzes der Erzeugnisse oder der sonstigen Bestandteile nicht in gutem Glauben ist oder vor der Trennung den Rechtsmangel erfährt.

### Untertitel 5. Aneignung

**§ 958. Eigentumserwerb an beweglichen herrenlosen Sachen.** (1) Wer eine herrenlose bewegliche Sache in Eigenbesitz nimmt, erwirbt das Eigentum an der Sache.

(2) Das Eigentum wird nicht erworben, wenn die Aneignung gesetzlich verboten ist oder wenn durch die Besitzergreifung das Aneignungsrecht eines anderen verletzt wird.

**§ 959. Aufgabe des Eigentums.** Eine bewegliche Sache wird herrenlos, wenn der Eigentümer in der Absicht, auf das Eigentum zu verzichten, den Besitz der Sache aufgibt.

**§ 960. Wilde Tiere.** (1) [1]Wilde Tiere sind herrenlos, solange sie sich in der Freiheit befinden. [2]Wilde Tiere in Tiergärten und Fische in Teichen oder anderen geschlossenen Privatgewässern sind nicht herrenlos.

(2) Erlangt ein gefangenes wildes Tier die Freiheit wieder, so wird es herrenlos, wenn nicht der Eigentümer das Tier unverzüglich verfolgt oder wenn er die Verfolgung aufgibt.

(3) Ein gezähmtes Tier wird herrenlos, wenn es die Gewohnheit ablegt, an den ihm bestimmten Ort zurückzukehren.

**§ 961. Eigentumsverlust bei Bienenschwärmen.** Zieht ein Bienenschwarm aus, so wird er herrenlos, wenn nicht der Eigentümer ihn unverzüglich verfolgt oder wenn der Eigentümer die Verfolgung aufgibt.

**§ 962. Verfolgungsrecht des Eigentümers.** [1]Der Eigentümer des Bienenschwarms darf bei der Verfolgung fremde Grundstücke betreten. [2]Ist der Schwarm in eine fremde nicht besetzte Bienenwohnung eingezogen, so darf der Eigentümer des Schwarmes zum Zwecke des Einfangens die Wohnung öffnen und die Waben herausnehmen oder herausbrechen. [3]Er hat den entstehenden Schaden zu ersetzen.

**§ 963. Vereinigung von Bienenschwärmen.** Vereinigen sich ausgezogene Bienenschwärme mehrerer Eigentümer, so werden die Eigentümer, welche ihre Schwärme verfolgt haben, Miteigentümer des eingefangenen Gesamtschwarms; die Anteile bestimmen sich nach der Zahl der verfolgten Schwärme.

**§ 964. Vermischung von Bienenschwärmen.** [1]Ist ein Bienenschwarm in eine fremde besetzte Bienenwohnung eingezogen, so erstrecken sich das Eigentum und die sonstigen Rechte an den Bienen, mit denen die Wohnung besetzt war, auf den eingezogenen Schwarm. [2]Das Eigentum und die sonstigen Rechte an dem eingezogenen Schwarme erlöschen.

### Untertitel 6. Fund

**§ 965. Anzeigepflicht des Finders.** (1) Wer eine verlorene Sache findet und an sich nimmt, hat dem Verlierer oder dem Eigentümer oder einem sonstigen Empfangsberechtigten unverzüglich Anzeige zu machen.

(2) [1]Kennt der Finder die Empfangsberechtigten nicht oder ist ihm ihr Aufenthalt unbekannt, so hat er den Fund und die Umstände, welche für die Ermittlung der Empfangsberechtigten erheblich sein können, unverzüglich der zuständigen Behörde anzuzeigen. [2]Ist die Sache nicht mehr als zehn Euro wert, so bedarf es der Anzeige nicht.

**§ 966. Verwahrungspflicht.** (1) Der Finder ist zur Verwahrung der Sache verpflichtet.

(2) [1]Ist der Verderb der Sache zu besorgen oder ist die Aufbewahrung mit unverhältnismäßigen Kosten verbunden, so hat der Finder die Sache öffentlich versteigern zu lassen. [2]Vor der Versteigerung ist der zuständigen Behörde Anzeige zu machen. [3]Der Erlös tritt an die Stelle der Sache.

**§ 967. Ablieferungspflicht.** Der Finder ist berechtigt und auf Anordnung der zuständigen Behörde verpflichtet, die Sache oder den Versteigerungserlös an die zuständige Behörde abzuliefern.

**§ 968. Umfang der Haftung.** Der Finder hat nur Vorsatz und grobe Fahrlässigkeit zu vertreten.

**§ 969. Herausgabe an den Verlierer.** Der Finder wird durch die Herausgabe der Sache an den Verlierer auch den sonstigen Empfangsberechtigten gegenüber befreit.

**§ 970. Ersatz von Aufwendungen.** Macht der Finder zum Zwecke der Verwahrung oder Erhaltung der Sache oder zum Zwecke der Ermittlung eines Empfangsberechtigten Aufwendungen, die er den Umständen nach für erforderlich halten darf, so kann er von dem Empfangsberechtigten Ersatz verlangen.

**§ 971. Finderlohn.** (1) [1]Der Finder kann von dem Empfangsberechtigten einen Finderlohn verlangen. [2]Der Finderlohn beträgt von dem Werte der Sache bis zu 500 Euro fünf vom Hundert, von dem Mehrwert drei vom Hundert, bei Tieren drei vom Hundert. [3]Hat die Sache nur für den Empfangsberechtigten einen Wert, so ist der Finderlohn nach billigem Ermessen zu bestimmen.

(2) Der Anspruch ist ausgeschlossen, wenn der Finder die Anzeigepflicht verletzt oder den Fund auf Nachfrage verheimlicht.

**§ 972. Zurückbehaltungsrecht des Finders.** Auf die in den §§ 970, 971 bestimmten Ansprüche finden die für die Ansprüche des Besitzers gegen den Eigentümer wegen Verwendungen geltenden Vorschriften der §§ 1000 bis 1002 entsprechende Anwendung.

**§ 973. Eigentumserwerb des Finders.** (1) [1]Mit dem Ablauf von sechs Monaten nach der Anzeige des Fundes bei der zuständigen Behörde erwirbt der Finder das Eigentum an der Sache, es sei denn, dass vorher ein Empfangsberechtigter dem Finder bekannt geworden ist oder sein Recht bei der zuständigen Behörde angemeldet hat. [2]Mit dem Erwerb des Eigentums erlöschen die sonstigen Rechte an der Sache.

(2) [1]Ist die Sache nicht mehr als zehn Euro wert, so beginnt die sechsmonatige Frist mit dem Fund. [2]Der Finder erwirbt das Eigentum nicht, wenn er den Fund auf Nachfrage verheimlicht. [3]Die Anmeldung eines Rechts bei der zuständigen Behörde steht dem Erwerb des Eigentums nicht entgegen.

**§ 974. Eigentumserwerb nach Verschweigung.** [1]Sind vor dem Ablauf der sechsmonatigen Frist Empfangsberechtigte dem Finder bekannt geworden oder haben sie bei einer Sache, die mehr als zehn Euro wert ist, ihre Rechte bei der zuständigen Behörde rechtzeitig angemeldet, so kann der Finder die Empfangsberechtigten nach der Vorschrift des § 1003 zur Erklärung über die ihm nach den §§ 970 bis 972 zustehenden Ansprüche auffordern. [2]Mit dem Ablauf der für die Erklärung bestimmten Frist erwirbt der Finder das Eigentum und erlöschen die sonstigen Rechte an der Sache, wenn nicht die Empfangsberechtigten sich rechtzeitig zu der Befriedigung der Ansprüche bereit erklären.

**§ 975. Rechte des Finders nach Ablieferung.** [1]Durch die Ablieferung der Sache oder des Versteigerungserlöses an die zuständige Behörde werden die Rechte des Finders nicht berührt. [2]Lässt die zuständige Behörde die Sache versteigern, so tritt der Erlös an die Stelle der Sache. [3]Die zuständige Behörde darf die Sache oder den Erlös nur mit Zustimmung des Finders einem Empfangsberechtigten herausgeben.

**§ 976. Eigentumserwerb der Gemeinde.** (1) Verzichtet der Finder der zuständigen Behörde gegenüber auf das Recht zum Erwerb des Eigentums an der Sache, so geht sein Recht auf die Gemeinde des Fundorts über.

(2) Hat der Finder nach der Ablieferung der Sache oder des Versteigerungserlöses an die zuständige Behörde auf Grund der Vorschriften der §§ 973, 974 das Eigentum erworben, so geht es auf die Gemeinde des Fundorts über, wenn nicht der Finder vor dem Ablauf einer ihm von der zuständigen Behörde bestimmten Frist die Herausgabe verlangt.

**§ 977. Bereicherungsanspruch.** [1]Wer infolge der Vorschriften der §§ 973, 974, 976 einen Rechtsverlust erleidet, kann in den Fällen der §§ 973, 974 von dem Finder, in den Fällen des § 976 von der Gemeinde des Fundorts die Herausgabe des durch die Rechtsänderung Erlangten nach den Vorschriften über die Herausgabe einer ungerechtfertigten Bereicherung fordern. [2]Der Anspruch erlischt mit dem Ablauf von drei Jahren nach dem Übergang des Eigentums auf den Finder oder die Gemeinde, wenn nicht die gerichtliche Geltendmachung vorher erfolgt.

**§ 978. Fund in öffentlicher Behörde oder Verkehrsanstalt.** (1) [1]Wer eine Sache in den Geschäftsräumen oder den Beförderungsmitteln einer öffentlichen Behörde oder einer dem öffentlichen Verkehr dienenden Verkehrsanstalt findet und an sich nimmt, hat die Sache unverzüglich an die Behörde oder die Verkehrsanstalt oder an einen ihrer Angestellten abzuliefern. [2]Die Vorschriften der §§ 965 bis 967 und 969 bis 977 finden keine Anwendung.

(2) [1]Ist die Sache nicht weniger als 50 Euro wert, so kann der Finder von dem Empfangsberechtigten einen Finderlohn verlangen. [2]Der Finderlohn besteht in der Hälfte des Betrags, der sich bei Anwendung des § 971 Abs. 1 Satz 2, 3 ergeben würde. [3]Der Anspruch ist ausgeschlossen, wenn der Finder Bediensteter der Behörde oder der Verkehrsanstalt ist oder der Finder die Ablieferungspflicht verletzt. [4]Die für die Ansprüche des Besitzers gegen den Eigentümer wegen Verwendungen geltende Vorschrift des § 1001 findet auf den Finderlohnanspruch entsprechende Anwendung. [5]Besteht ein Anspruch

auf Finderlohn, so hat die Behörde oder die Verkehrsanstalt dem Finder die Herausgabe der Sache an einen Empfangsberechtigten anzuzeigen.

(3) [1] Fällt der Versteigerungserlös oder gefundenes Geld an den nach § 981 Abs. 1 Berechtigten, so besteht ein Anspruch auf Finderlohn nach Absatz 2 Satz 1 bis 3 gegen diesen. [2] Der Anspruch erlischt mit dem Ablauf von drei Jahren nach seiner Entstehung gegen den in Satz 1 bezeichneten Berechtigten.

**§ 979.**[1)] **Verwertung; Verordnungsermächtigung.** (1) [1] Die Behörde oder die Verkehrsanstalt kann die an sie abgelieferte Sache öffentlich versteigern lassen. [2] Die öffentlichen Behörden und die Verkehrsanstalten des *Reichs,* der *Bundesstaaten* und der Gemeinden können die Versteigerung durch einen ihrer Beamten vornehmen lassen.

(1 a) Die Versteigerung kann nach Maßgabe der nachfolgenden Vorschriften auch als allgemein zugängliche Versteigerung im Internet erfolgen.

(1 b) [1] Die Bundesregierung wird ermächtigt, durch Rechtsverordnung ohne Zustimmung des Bundesrates für ihren Bereich Versteigerungsplattformen zur Versteigerung von Fundsachen zu bestimmen; sie kann diese Ermächtigung durch Rechtsverordnung auf die fachlich zuständigen obersten Bundesbehörden übertragen. [2] Die Landesregierungen werden ermächtigt, durch Rechtsverordnung für ihren Bereich entsprechende Regelungen zu treffen; sie können die Ermächtigung auf die fachlich zuständigen obersten Landesbehörden übertragen. [3] Die Länder können Versteigerungsplattformen bestimmen, die sie länderübergreifend nutzen. [4] Sie können eine Übertragung von Abwicklungsaufgaben auf die zuständige Stelle eines anderen Landes vereinbaren.

(2) Der Erlös tritt an die Stelle der Sache.

**§ 980. Öffentliche Bekanntmachung des Fundes.** (1) Die Versteigerung ist erst zulässig, nachdem die Empfangsberechtigten in einer öffentlichen Bekanntmachung des Fundes zur Anmeldung ihrer Rechte unter Bestimmung einer Frist aufgefordert worden sind und die Frist verstrichen ist; sie ist unzulässig, wenn eine Anmeldung rechtzeitig erfolgt ist.

(2) Die Bekanntmachung ist nicht erforderlich, wenn der Verderb der Sache zu besorgen oder die Aufbewahrung mit unverhältnismäßigen Kosten verbunden ist.

**§ 981. Empfang des Versteigerungserlöses.** (1) Sind seit dem Ablauf der in der öffentlichen Bekanntmachung bestimmten Frist drei Jahre verstrichen, so fällt der Versteigerungserlös, wenn nicht ein Empfangsberechtigter sein Recht angemeldet hat, bei *Reichs*behörden und *Reichs*anstalten an den *Reichs*fiskus, bei Landesbehörden und Landesanstalten an den Fiskus des *Bundesstaats,* bei Gemeindebehörden und Gemeindeanstalten an die Gemeinde, bei Verkehrsanstalten, die von einer Privatperson betrieben werden, an diese.

(2) [1] Ist die Versteigerung ohne die öffentliche Bekanntmachung erfolgt, so beginnt die dreijährige Frist erst, nachdem die Empfangsberechtigten in einer

---

[1)] § 979 Überschr. neugef., Abs. 1 a und 1 b eingef. durch Art. 4 G v. 30. 7. 2009 (BGBl. I S. 2474).

öffentlichen Bekanntmachung des Fundes zur Anmeldung ihrer Rechte aufgefordert worden sind. [2]Das Gleiche gilt, wenn gefundenes Geld abgeliefert worden ist.

(3) Die Kosten werden von dem herauszugebenden Betrag abgezogen.

**§ 982. Ausführungsvorschriften.** Die in den §§ 980, 981 vorgeschriebene Bekanntmachung erfolgt bei *Reichs*behörden und *Reichs*anstalten nach den von dem *Bundesrat,*[1)] in den übrigen Fällen nach den von der Zentralbehörde des *Bundesstaats* erlassenen Vorschriften.

**§ 983. Unanbringbare Sachen bei Behörden.** Ist eine öffentliche Behörde im Besitz einer Sache, zu deren Herausgabe sie verpflichtet ist, ohne dass die Verpflichtung auf Vertrag beruht, so finden, wenn der Behörde der Empfangsberechtigte oder dessen Aufenthalt unbekannt ist, die Vorschriften der §§ 979 bis 982 entsprechende Anwendung.

**§ 984. Schatzfund.** Wird eine Sache, die so lange verborgen gelegen hat, dass der Eigentümer nicht mehr zu ermitteln ist (Schatz), entdeckt und infolge der Entdeckung in Besitz genommen, so wird das Eigentum zur Hälfte von dem Entdecker, zur Hälfte von dem Eigentümer der Sache erworben, in welcher der Schatz verborgen war.

## Titel 4. Ansprüche aus dem Eigentum

**§ 985. Herausgabeanspruch.** Der Eigentümer kann von dem Besitzer die Herausgabe der Sache verlangen.

**§ 986. Einwendungen des Besitzers.** (1) [1]Der Besitzer kann die Herausgabe der Sache verweigern, wenn er oder der mittelbare Besitzer, von dem er sein Recht zum Besitz ableitet, dem Eigentümer gegenüber zum Besitz berechtigt ist. [2]Ist der mittelbare Besitzer dem Eigentümer gegenüber zur Überlassung des Besitzes an den Besitzer nicht befugt, so kann der Eigentümer von dem Besitzer die Herausgabe der Sache an den mittelbaren Besitzer oder, wenn dieser den Besitz nicht wieder übernehmen kann oder will, an sich selbst verlangen.

(2) Der Besitzer einer Sache, die nach § 931 durch Abtretung des Anspruchs auf Herausgabe veräußert worden ist, kann dem neuen Eigentümer die Einwendungen entgegensetzen, welche ihm gegen den abgetretenen Anspruch zustehen.

**§ 987. Nutzungen nach Rechtshängigkeit.** (1) Der Besitzer hat dem Eigentümer die Nutzungen herauszugeben, die er nach dem Eintritt der Rechtshängigkeit zieht.

(2) Zieht der Besitzer nach dem Eintritt der Rechtshängigkeit Nutzungen nicht, die er nach den Regeln einer ordnungsmäßigen Wirtschaft ziehen könnte, so ist er dem Eigentümer zum Ersatz verpflichtet, soweit ihm ein Verschulden zur Last fällt.

---

[1)] Bek. v. 16. 6. 1898 (RGBl. S. 912). – Nunmehr ist nach Art. 129 Grundgesetz der Bundesminister des Innern zuständig.

**§ 988. Nutzungen des unentgeltlichen Besitzers.** Hat ein Besitzer, der die Sache als ihm gehörig oder zum Zwecke der Ausübung eines ihm in Wirklichkeit nicht zustehenden Nutzungsrechts an der Sache besitzt, den Besitz unentgeltlich erlangt, so ist er dem Eigentümer gegenüber zur Herausgabe der Nutzungen, die er vor dem Eintritt der Rechtshängigkeit zieht, nach den Vorschriften über die Herausgabe einer ungerechtfertigten Bereicherung verpflichtet.

**§ 989. Schadensersatz nach Rechtshängigkeit.** Der Besitzer ist von dem Eintritt der Rechtshängigkeit an dem Eigentümer für den Schaden verantwortlich, der dadurch entsteht, dass infolge seines Verschuldens die Sache verschlechtert wird, untergeht oder aus einem anderen Grunde von ihm nicht herausgegeben werden kann.

**§ 990. Haftung des Besitzers bei Kenntnis.** (1) [1] War der Besitzer bei dem Erwerb des Besitzes nicht in gutem Glauben, so haftet er dem Eigentümer

*(Fortsetzung nächstes Blatt)*

von der Zeit des Erwerbs an nach den §§ 987, 989. [2]Erfährt der Besitzer später, dass er zum Besitz nicht berechtigt ist, so haftet er in gleicher Weise von der Erlangung der Kenntnis an.

(2) Eine weitergehende Haftung des Besitzers wegen Verzugs bleibt unberührt.

**§ 991. Haftung des Besitzmittlers.** (1) Leitet der Besitzer das Recht zum Besitz von einem mittelbaren Besitzer ab, so findet die Vorschrift des § 990 in Ansehung der Nutzungen nur Anwendung, wenn die Voraussetzungen des § 990 auch bei dem mittelbaren Besitzer vorliegen oder diesem gegenüber die Rechtshängigkeit eingetreten ist.

(2) War der Besitzer bei dem Erwerb des Besitzes in gutem Glauben, so hat er gleichwohl von dem Erwerb an den im § 989 bezeichneten Schaden dem Eigentümer gegenüber insoweit zu vertreten, als er dem mittelbaren Besitzer verantwortlich ist.

**§ 992. Haftung des deliktischen Besitzers.** Hat sich der Besitzer durch verbotene Eigenmacht oder durch eine Straftat den Besitz verschafft, so haftet er dem Eigentümer nach den Vorschriften über den Schadensersatz wegen unerlaubter Handlungen.

**§ 993. Haftung des redlichen Besitzers.** (1) Liegen die in den §§ 987 bis 992 bezeichneten Voraussetzungen nicht vor, so hat der Besitzer die gezogenen Früchte, soweit sie nach den Regeln einer ordnungsmäßigen Wirtschaft nicht als Ertrag der Sache anzusehen sind, nach den Vorschriften über die Herausgabe einer ungerechtfertigten Bereicherung herauszugeben; im Übrigen ist er weder zur Herausgabe von Nutzungen noch zum Schadensersatz verpflichtet.

(2) Für die Zeit, für welche dem Besitzer die Nutzungen verbleiben, findet auf ihn die Vorschrift des § 101 Anwendung.

**§ 994. Notwendige Verwendungen.** (1) [1]Der Besitzer kann für die auf die Sache gemachten notwendigen Verwendungen von dem Eigentümer Ersatz verlangen. [2]Die gewöhnlichen Erhaltungskosten sind ihm jedoch für die Zeit, für welche ihm die Nutzungen verbleiben, nicht zu ersetzen.

(2) Macht der Besitzer nach dem Eintritt der Rechtshängigkeit oder nach dem Beginn der in § 990 bestimmten Haftung notwendige Verwendungen, so bestimmt sich die Ersatzpflicht des Eigentümers nach den Vorschriften über die Geschäftsführung ohne Auftrag.

**§ 995. Lasten.** [1]Zu den notwendigen Verwendungen im Sinne des § 994 gehören auch die Aufwendungen, die der Besitzer zur Bestreitung von Lasten der Sache macht. [2]Für die Zeit, für welche dem Besitzer die Nutzungen verbleiben, sind ihm nur die Aufwendungen für solche außerordentliche Lasten zu ersetzen, die als auf den Stammwert der Sache gelegt anzusehen sind.

**§ 996. Nützliche Verwendungen.** Für andere als notwendige Verwendungen kann der Besitzer Ersatz nur insoweit verlangen, als sie vor dem Eintritt der Rechtshängigkeit und vor dem Beginn der in § 990 bestimmten Haftung gemacht werden und der Wert der Sache durch sie noch zu der Zeit erhöht ist, zu welcher der Eigentümer die Sache wiedererlangt.

**§ 997. Wegnahmerecht.** (1) [1]Hat der Besitzer mit der Sache eine andere Sache als wesentlichen Bestandteil verbunden, so kann er sie abtrennen und sich aneignen. [2]Die Vorschrift des § 258 findet Anwendung.

(2) Das Recht zur Abtrennung ist ausgeschlossen, wenn der Besitzer nach § 994 Abs. 1 Satz 2 für die Verwendung Ersatz nicht verlangen kann oder die Abtrennung für ihn keinen Nutzen hat oder ihm mindestens der Wert ersetzt wird, den der Bestandteil nach der Abtrennung für ihn haben würde.

**§ 998. Bestellungskosten bei landwirtschaftlichem Grundstück.** Ist ein landwirtschaftliches Grundstück herauszugeben, so hat der Eigentümer die Kosten, die der Besitzer auf die noch nicht getrennten, jedoch nach den Regeln einer ordnungsmäßigen Wirtschaft vor dem Ende des Wirtschaftsjahrs zu trennenden Früchte verwendet hat, insoweit zu ersetzen, als sie einer ordnungsmäßigen Wirtschaft entsprechen und den Wert dieser Früchte nicht übersteigen.

**§ 999. Ersatz von Verwendungen des Rechtsvorgängers.** (1) Der Besitzer kann für die Verwendungen eines Vorbesitzers, dessen Rechtsnachfolger er geworden ist, in demselben Umfang Ersatz verlangen, in welchem ihn der Vorbesitzer fordern könnte, wenn er die Sache herauszugeben hätte.

(2) Die Verpflichtung des Eigentümers zum Ersatz von Verwendungen erstreckt sich auch auf die Verwendungen, die gemacht worden sind, bevor er das Eigentum erworben hat.

**§ 1000. Zurückbehaltungsrecht des Besitzers.** [1]Der Besitzer kann die Herausgabe der Sache verweigern, bis er wegen der ihm zu ersetzenden Verwendungen befriedigt wird. [2]Das Zurückbehaltungsrecht steht ihm nicht zu, wenn er die Sache durch eine vorsätzlich begangene unerlaubte Handlung erlangt hat.

**§ 1001. Klage auf Verwendungsersatz.** [1]Der Besitzer kann den Anspruch auf den Ersatz der Verwendungen nur geltend machen, wenn der Eigentümer die Sache wiedererlangt oder die Verwendungen genehmigt. [2]Bis zur Genehmigung der Verwendungen kann sich der Eigentümer von dem Anspruch dadurch befreien, dass er die wiedererlangte Sache zurückgibt. [3]Die Genehmigung gilt als erteilt, wenn der Eigentümer die ihm von dem Besitzer unter Vorbehalt des Anspruchs angebotene Sache annimmt.

**§ 1002. Erlöschen des Verwendungsanspruchs.** (1) Gibt der Besitzer die Sache dem Eigentümer heraus, so erlischt der Anspruch auf den Ersatz der Verwendungen mit dem Ablauf eines Monats, bei einem Grundstück mit dem Ablauf von sechs Monaten nach der Herausgabe, wenn nicht vorher die gerichtliche Geltendmachung erfolgt oder der Eigentümer die Verwendungen genehmigt.

(2) Auf diese Fristen finden die für die Verjährung geltenden Vorschriften der §§ 206, 210, 211 entsprechende Anwendung.

**§ 1003. Befriedigungsrecht des Besitzers.** (1) [1]Der Besitzer kann den Eigentümer unter Angabe des als Ersatz verlangten Betrags auffordern, sich innerhalb einer von ihm bestimmten angemessenen Frist darüber zu erklären, ob er die Verwendungen genehmige. [2] Nach dem Ablauf der Frist ist der Besitzer berechtigt, Befriedigung aus der Sache nach den Vorschriften über den Pfandverkauf, bei einem Grundstück nach den Vorschriften über die Zwangsvollstreckung in das unbewegliche Vermögen zu suchen, wenn nicht die Genehmigung rechtzeitig erfolgt.

(2) Bestreitet der Eigentümer den Anspruch vor dem Ablauf der Frist, so kann sich der Besitzer aus der Sache erst dann befriedigen, wenn er nach rechtskräftiger Feststellung des Betrags der Verwendungen den Eigentümer unter Bestimmung einer angemessenen Frist zur Erklärung aufgefordert hat und die Frist verstrichen ist; das Recht auf Befriedigung aus der Sache ist ausgeschlossen, wenn die Genehmigung rechtzeitig erfolgt.

**§ 1004. Beseitigungs- und Unterlassungsanspruch.** (1) [1] Wird das Eigentum in anderer Weise als durch Entziehung oder Vorenthaltung des Besitzes beeinträchtigt, so kann der Eigentümer von dem Störer die Beseitigung der Beeinträchtigung verlangen. [2] Sind weitere Beeinträchtigungen zu besorgen, so kann der Eigentümer auf Unterlassung klagen.

(2) Der Anspruch ist ausgeschlossen, wenn der Eigentümer zur Duldung verpflichtet ist.[1)]

**§ 1005. Verfolgungsrecht.** Befindet sich eine Sache auf einem Grundstück, das ein anderer als der Eigentümer der Sache besitzt, so steht diesem gegen den Besitzer des Grundstücks der in § 867 bestimmte Anspruch zu.

**§ 1006. Eigentumsvermutung für Besitzer.** (1) [1] Zugunsten des Besitzers einer beweglichen Sache wird vermutet, dass er Eigentümer der Sache sei. [2] Dies gilt jedoch nicht einem früheren Besitzer gegenüber, dem die Sache gestohlen worden, verloren gegangen oder sonst abhanden gekommen ist, es sei denn, dass es sich um Geld oder Inhaberpapiere handelt.

(2) Zugunsten eines früheren Besitzers wird vermutet, dass er während der Dauer seines Besitzes Eigentümer der Sache gewesen sei.

(3) Im Falle eines mittelbaren Besitzes gilt die Vermutung für den mittelbaren Besitzer.

**§ 1007. Ansprüche des früheren Besitzers, Ausschluss bei Kenntnis.** (1) Wer eine bewegliche Sache im Besitz gehabt hat, kann von dem Besitzer die Herausgabe der Sache verlangen, wenn dieser bei dem Erwerb des Besitzes nicht in gutem Glauben war.

(2) [1] Ist die Sache dem früheren Besitzer gestohlen worden, verloren gegangen oder sonst abhanden gekommen, so kann er die Herausgabe auch von einem gutgläubigen Besitzer verlangen, es sei denn, dass dieser Eigentümer der Sache ist oder die Sache ihm vor der Besitzzeit des früheren Besitzers abhanden gekommen war. [2] Auf Geld und Inhaberpapiere findet diese Vorschrift keine Anwendung.

(3) [1] Der Anspruch ist ausgeschlossen, wenn der frühere Besitzer bei dem Erwerb des Besitzes nicht in gutem Glauben war oder wenn er den Besitz

---

1) Vgl. § 14 Bundes-Immissionsschutzgesetz idF der Bek. v. 26. 9. 2002 (BGBl. I S. 3830); abgedruckt in **Sartorius I; Nr. 296**.

aufgegeben hat. [2]Im Übrigen finden die Vorschriften der §§ 986 bis 1003 entsprechende Anwendung.

### Titel 5.[1]) Miteigentum

**§ 1008. Miteigentum nach Bruchteilen.** Steht das Eigentum an einer Sache mehreren nach Bruchteilen zu, so gelten die Vorschriften der §§ 1009 bis 1011.

**§ 1009. Belastung zugunsten eines Miteigentümers.** (1) Die gemeinschaftliche Sache kann auch zugunsten eines Miteigentümers belastet werden.

(2) Die Belastung eines gemeinschaftlichen Grundstücks zugunsten des jeweiligen Eigentümers eines anderen Grundstücks sowie die Belastung eines anderen Grundstücks zugunsten der jeweiligen Eigentümer des gemeinschaftlichen Grundstücks wird nicht dadurch ausgeschlossen, dass das andere Grundstück einem Miteigentümer des gemeinschaftlichen Grundstücks gehört.

**§ 1010. Sondernachfolger eines Miteigentümers.** (1) Haben die Miteigentümer eines Grundstücks die Verwaltung und Benutzung geregelt oder das Recht, die Aufhebung der Gemeinschaft zu verlangen, für immer oder auf Zeit ausgeschlossen oder eine Kündigungsfrist bestimmt, so wirkt die getroffene Bestimmung gegen den Sondernachfolger eines Miteigentümers nur, wenn sie als Belastung des Anteils im Grundbuch eingetragen ist.

(2) Die in den §§ 755, 756 bestimmten Ansprüche können gegen den Sondernachfolger eines Miteigentümers nur geltend gemacht werden, wenn sie im Grundbuch eingetragen sind.

**§ 1011. Ansprüche aus dem Miteigentum.** Jeder Miteigentümer kann die Ansprüche aus dem Eigentum Dritten gegenüber in Ansehung der ganzen Sache geltend machen, den Anspruch auf Herausgabe jedoch nur in Gemäßheit des § 432.

**§§ 1012–1017.** (weggefallen)

## Abschnitt 4. Dienstbarkeiten

### Titel 1. Grunddienstbarkeiten

**§ 1018. Gesetzlicher Inhalt der Grunddienstbarkeit.** Ein Grundstück kann zugunsten des jeweiligen Eigentümers eines anderen Grundstücks in der Weise belastet werden, dass dieser das Grundstück in einzelnen Beziehungen benutzen darf oder dass auf dem Grundstück gewisse Handlungen nicht vorgenommen werden dürfen oder dass die Ausübung eines Rechts ausgeschlossen ist, das sich aus dem Eigentum an dem belasteten Grundstück dem anderen Grundstück gegenüber ergibt (Grunddienstbarkeit).

**§ 1019. Vorteil des herrschenden Grundstücks.** [1]Eine Grunddienstbarkeit kann nur in einer Belastung bestehen, die für die Benutzung des Grund-

---

[1]) Vgl. hierzu auch das Gesetz über das Wohnungseigentum und das Dauerwohnrecht (Wohnungseigentumsgesetz) v. 15. 3. 1951 (BGBl. I S. 175, ber. S. 209); Nr. **37**.

stücks des Berechtigten Vorteil bietet. [2]Über das sich hieraus ergebende Maß hinaus kann der Inhalt der Dienstbarkeit nicht erstreckt werden.

**§ 1020. Schonende Ausübung.** [1]Bei der Ausübung einer Grunddienstbarkeit hat der Berechtigte das Interesse des Eigentümers des belasteten Grundstücks tunlichst zu schonen. [2]Hält er zur Ausübung der Dienstbarkeit auf dem belasteten Grundstück eine Anlage, so hat er sie in ordnungsmäßigem Zustand zu erhalten, soweit das Interesse des Eigentümers es erfordert.

**§ 1021. Vereinbarte Unterhaltungspflicht.** (1) [1]Gehört zur Ausübung einer Grunddienstbarkeit eine Anlage auf dem belasteten Grundstück, so kann bestimmt werden, dass der Eigentümer dieses Grundstücks die Anlage zu unterhalten hat, soweit das Interesse des Berechtigten es erfordert. [2]Steht dem Eigentümer das Recht zur Mitbenutzung der Anlage zu, so kann bestimmt werden, dass der Berechtigte die Anlage zu unterhalten hat, soweit es für das Benutzungsrecht des Eigentümers erforderlich ist.

(2) Auf eine solche Unterhaltungspflicht finden die Vorschriften über die Reallasten entsprechende Anwendung.

**§ 1022. Anlagen auf baulichen Anlagen.** [1]Besteht die Grunddienstbarkeit in dem Recht, auf einer baulichen Anlage des belasteten Grundstücks eine bauliche Anlage zu halten, so hat, wenn nicht ein anderes bestimmt ist, der Eigentümer des belasteten Grundstücks seine Anlage zu unterhalten, soweit das Interesse des Berechtigten es erfordert. [2]Die Vorschrift des § 1021 Abs. 2 gilt auch für diese Unterhaltungspflicht.

**§ 1023. Verlegung der Ausübung.** (1) [1]Beschränkt sich die jeweilige Ausübung einer Grunddienstbarkeit auf einen Teil des belasteten Grundstücks, so kann der Eigentümer die Verlegung der Ausübung auf eine andere, für den Berechtigten ebenso geeignete Stelle verlangen, wenn die Ausübung an der bisherigen Stelle für ihn besonders beschwerlich ist; die Kosten der Verlegung hat er zu tragen und vorzuschießen. [2]Dies gilt auch dann, wenn der Teil des Grundstücks, auf den sich die Ausübung beschränkt, durch Rechtsgeschäft bestimmt ist.

(2) Das Recht auf die Verlegung kann nicht durch Rechtsgeschäft ausgeschlossen oder beschränkt werden.

**§ 1024. Zusammentreffen mehrerer Nutzungsrechte.** Trifft eine Grunddienstbarkeit mit einer anderen Grunddienstbarkeit oder einem sonstigen Nutzungsrecht an dem Grundstück dergestalt zusammen, dass die Rechte nebeneinander nicht oder nicht vollständig ausgeübt werden können, und haben die Rechte gleichen Rang, so kann jeder Berechtigte eine den Interessen aller Berechtigten nach billigem Ermessen entsprechende Regelung der Ausübung verlangen.

**§ 1025. Teilung des herrschenden Grundstücks.** [1]Wird das Grundstück des Berechtigten geteilt, so besteht die Grunddienstbarkeit für die einzelnen Teile fort; die Ausübung ist jedoch im Zweifel nur in der Weise zulässig, dass sie für den Eigentümer des belasteten Grundstücks nicht beschwerlicher wird. [2]Gereicht die Dienstbarkeit nur einem der Teile zum Vorteil, so erlischt sie für die übrigen Teile.

**§ 1026. Teilung des dienenden Grundstücks.** Wird das belastete Grundstück geteilt, so werden, wenn die Ausübung der Grunddienstbarkeit auf einen bestimmten Teil des belasteten Grundstücks beschränkt ist, die Teile, welche außerhalb des Bereichs der Ausübung liegen, von der Dienstbarkeit frei.

**§ 1027. Beeinträchtigung der Grunddienstbarkeit.** Wird eine Grunddienstbarkeit beeinträchtigt, so stehen dem Berechtigten die in § 1004 bestimmten Rechte zu.

**§ 1028. Verjährung.** (1) [1] Ist auf dem belasteten Grundstück eine Anlage, durch welche die Grunddienstbarkeit beeinträchtigt wird, errichtet worden, so unterliegt der Anspruch des Berechtigten auf Beseitigung der Beeinträchtigung der Verjährung, auch wenn die Dienstbarkeit im Grundbuch eingetragen ist. [2] Mit der Verjährung des Anspruchs erlischt die Dienstbarkeit, soweit der Bestand der Anlage mit ihr in Widerspruch steht.

(2) Die Vorschrift des § 892 findet keine Anwendung.

**§ 1029. Besitzschutz des Rechtsbesitzers.** Wird der Besitzer eines Grundstücks in der Ausübung einer für den Eigentümer im Grundbuch eingetragenen Grunddienstbarkeit gestört, so finden die für den Besitzschutz geltenden Vorschriften entsprechende Anwendung, soweit die Dienstbarkeit innerhalb eines Jahres vor der Störung, sei es auch nur einmal, ausgeübt worden ist.

## Titel 2. Nießbrauch

### Untertitel 1. Nießbrauch an Sachen

**§ 1030. Gesetzlicher Inhalt des Nießbrauchs an Sachen.** (1) Eine Sache kann in der Weise belastet werden, dass derjenige, zu dessen Gunsten die Belastung erfolgt, berechtigt ist, die Nutzungen der Sache zu ziehen (Nießbrauch).

(2) Der Nießbrauch kann durch den Ausschluss einzelner Nutzungen beschränkt werden.

**§ 1031. Erstreckung auf Zubehör.** Mit dem Nießbrauch an einem Grundstück erlangt der Nießbraucher den Nießbrauch an dem Zubehör nach der für den Erwerb des Eigentums geltenden Vorschrift des § 926.

**§ 1032. Bestellung an beweglichen Sachen.** [1] Zur Bestellung des Nießbrauchs an einer beweglichen Sache ist erforderlich, dass der Eigentümer die Sache dem Erwerber übergibt und beide darüber einig sind, dass diesem der Nießbrauch zustehen soll. [2] Die Vorschriften des § 929 Satz 2, der §§ 930 bis 932 und der §§ 933 bis 936 finden entsprechende Anwendung; in den Fällen des § 936 tritt nur die Wirkung ein, dass der Nießbrauch dem Recht des Dritten vorgeht.

**§ 1033. Erwerb durch Ersitzung.** [1] Der Nießbrauch an einer beweglichen Sache kann durch Ersitzung erworben werden. [2] Die für den Erwerb des Eigentums durch Ersitzung geltenden Vorschriften finden entsprechende Anwendung.

**§ 1034. Feststellung des Zustands.** [1]Der Nießbraucher kann den Zustand der Sache auf seine Kosten durch Sachverständige feststellen lassen. [2]Das Gleiche Recht steht dem Eigentümer zu.

**§ 1035. Nießbrauch an Inbegriff von Sachen; Verzeichnis.** [1]Bei dem Nießbrauch an einem Inbegriff von Sachen sind der Nießbraucher und der Eigentümer einander verpflichtet, zur Aufnahme eines Verzeichnisses der Sachen mitzuwirken. [2]Das Verzeichnis ist mit der Angabe des Tages der Aufnahme zu versehen und von beiden Teilen zu unterzeichnen; jeder Teil kann verlangen, dass die Unterzeichnung öffentlich beglaubigt wird. [3]Jeder Teil kann auch verlangen, dass das Verzeichnis durch die zuständige Behörde oder durch einen zuständigen Beamten oder Notar aufgenommen wird. [4]Die Kosten hat derjenige zu tragen und vorzuschießen, welcher die Aufnahme oder die Beglaubigung verlangt.

**§ 1036. Besitzrecht; Ausübung des Nießbrauchs.** (1) Der Nießbraucher ist zum Besitz der Sache berechtigt.

(2) Er hat bei der Ausübung des Nutzungsrechts die bisherige wirtschaftliche Bestimmung der Sache aufrechtzuerhalten und nach den Regeln einer ordnungsmäßigen Wirtschaft zu verfahren.

**§ 1037. Umgestaltung.** (1) Der Nießbraucher ist nicht berechtigt, die Sache umzugestalten oder wesentlich zu verändern.

(2) Der Nießbraucher eines Grundstücks darf neue Anlagen zur Gewinnung von Steinen, Kies, Sand, Lehm, Ton, Mergel, Torf und sonstigen Bodenbestandteilen errichten, sofern nicht die wirtschaftliche Bestimmung des Grundstücks dadurch wesentlich verändert wird.

**§ 1038. Wirtschaftsplan für Wald und Bergwerk.** (1) [1]Ist ein Wald Gegenstand des Nießbrauchs, so kann sowohl der Eigentümer als der Nießbraucher verlangen, dass das Maß der Nutzung und die Art der wirtschaftlichen Behandlung durch einen Wirtschaftsplan festgestellt werden. [2]Tritt eine erhebliche Änderung der Umstände ein, so kann jeder Teil eine entsprechende Änderung des Wirtschaftsplans verlangen. [3]Die Kosten hat jeder Teil zur Hälfte zu tragen.

(2) Das Gleiche gilt, wenn ein Bergwerk oder eine andere auf Gewinnung von Bodenbestandteilen gerichtete Anlage Gegenstand des Nießbrauchs ist.

**§ 1039. Übermäßige Fruchtziehung.** (1) [1]Der Nießbraucher erwirbt das Eigentum auch an solchen Früchten, die er den Regeln einer ordnungsmäßigen Wirtschaft zuwider oder die er deshalb im Übermaß zieht, weil dies infolge eines besonderen Ereignisses notwendig geworden ist. [2]Er ist jedoch, unbeschadet seiner Verantwortlichkeit für ein Verschulden, verpflichtet, den Wert der Früchte dem Eigentümer bei der Beendigung des Nießbrauchs zu ersetzen und für die Erfüllung dieser Verpflichtung Sicherheit zu leisten. [3]Sowohl der Eigentümer als der Nießbraucher kann verlangen, dass der zu ersetzende Betrag zur Wiederherstellung der Sache insoweit verwendet wird, als es einer ordnungsmäßigen Wirtschaft entspricht.

(2) Wird die Verwendung zur Wiederherstellung der Sache nicht verlangt, so fällt die Ersatzpflicht weg, soweit durch den ordnungswidrigen oder den

übermäßigen Fruchtbezug die dem Nießbraucher gebührenden Nutzungen beeinträchtigt werden.

**§ 1040. Schatz.** Das Recht des Nießbrauchers erstreckt sich nicht auf den Anteil des Eigentümers an einem Schatze, der in der Sache gefunden wird.

**§ 1041. Erhaltung der Sache.** [1]Der Nießbraucher hat für die Erhaltung der Sache in ihrem wirtschaftlichen Bestand zu sorgen. [2]Ausbesserungen und Erneuerungen liegen ihm nur insoweit ob, als sie zu der gewöhnlichen Unterhaltung der Sache gehören.

**§ 1042. Anzeigepflicht des Nießbrauchers.** [1]Wird die Sache zerstört oder beschädigt oder wird eine außergewöhnliche Ausbesserung oder Erneuerung der Sache oder eine Vorkehrung zum Schutze der Sache gegen eine nicht vorhergesehene Gefahr erforderlich, so hat der Nießbraucher dem Eigentümer unverzüglich Anzeige zu machen. [2]Das Gleiche gilt, wenn sich ein Dritter ein Recht an der Sache anmaßt.

**§ 1043. Ausbesserung oder Erneuerung.** Nimmt der Nießbraucher eines Grundstücks eine erforderlich gewordene außergewöhnliche Ausbesserung oder Erneuerung selbst vor, so darf er zu diesem Zwecke innerhalb der Grenzen einer ordnungsmäßigen Wirtschaft auch Bestandteile des Grundstücks verwenden, die nicht zu den ihm gebührenden Früchten gehören.

**§ 1044. Duldung von Ausbesserungen.** Nimmt der Nießbraucher eine erforderlich gewordene Ausbesserung oder Erneuerung der Sache nicht selbst vor, so hat er dem Eigentümer die Vornahme und, wenn ein Grundstück Gegenstand des Nießbrauchs ist, die Verwendung der in § 1043 bezeichneten Bestandteile des Grundstücks zu gestatten.

**§ 1045. Versicherungspflicht des Nießbrauchers.** (1) [1]Der Nießbraucher hat die Sache für die Dauer des Nießbrauchs gegen Brandschaden und sonstige Unfälle auf seine Kosten unter Versicherung zu bringen, wenn die Versicherung einer ordnungsmäßigen Wirtschaft entspricht. [2]Die Versicherung ist so zu nehmen, dass die Forderung gegen den Versicherer dem Eigentümer zusteht.

(2) Ist die Sache bereits versichert, so fallen die für die Versicherung zu leistenden Zahlungen dem Nießbraucher für die Dauer des Nießbrauchs zur Last, soweit er zur Versicherung verpflichtet sein würde.

**§ 1046. Nießbrauch an der Versicherungsforderung.** (1) An der Forderung gegen den Versicherer steht dem Nießbraucher der Nießbrauch nach den Vorschriften zu, die für den Nießbrauch an einer auf Zinsen ausstehenden Forderung gelten.

(2) [1]Tritt ein unter die Versicherung fallender Schaden ein, so kann sowohl der Eigentümer als der Nießbraucher verlangen, dass die Versicherungssumme zur Wiederherstellung der Sache oder zur Beschaffung eines Ersatzes insoweit verwendet wird, als es einer ordnungsmäßigen Wirtschaft entspricht. [2]Der Eigentümer kann die Verwendung selbst besorgen oder dem Nießbraucher überlassen.

**§ 1047. Lastentragung.** Der Nießbraucher ist dem Eigentümer gegenüber verpflichtet, für die Dauer des Nießbrauchs die auf der Sache ruhenden öffentlichen Lasten mit Ausschluss der außerordentlichen Lasten, die als auf den Stammwert der Sache gelegt anzusehen sind, sowie diejenigen privatrechtlichen Lasten zu tragen, welche schon zur Zeit der Bestellung des Nießbrauchs auf der Sache ruhten, insbesondere die Zinsen der Hypothekenforderungen und Grundschulden sowie die auf Grund einer Rentenschuld zu entrichtenden Leistungen.

**§ 1048. Nießbrauch an Grundstück mit Inventar.** (1) [1] Ist ein Grundstück samt Inventar Gegenstand des Nießbrauchs, so kann der Nießbraucher über die einzelnen Stücke des Inventars innerhalb der Grenzen einer ordnungsmäßigen Wirtschaft verfügen. [2] Er hat für den gewöhnlichen Abgang sowie für die nach den Regeln einer ordnungsmäßigen Wirtschaft ausscheidenden Stücke Ersatz zu beschaffen; die von ihm angeschafften Stücke werden mit der Einverleibung in das Inventar Eigentum desjenigen, welchem das Inventar gehört.

(2) Übernimmt der Nießbraucher das Inventar zum Schätzwert mit der Verpflichtung, es bei der Beendigung des Nießbrauchs zum Schätzwert zurückzugewähren, so findet die Vorschrift des § 582a entsprechende Anwendung.

**§ 1049. Ersatz von Verwendungen.** (1) Macht der Nießbraucher Verwendungen auf die Sache, zu denen er nicht verpflichtet ist, so bestimmt sich die Ersatzpflicht des Eigentümers nach den Vorschriften über die Geschäftsführung ohne Auftrag.

(2) Der Nießbraucher ist berechtigt, eine Einrichtung, mit der er die Sache versehen hat, wegzunehmen.

**§ 1050. Abnutzung.** Veränderungen oder Verschlechterungen der Sache, welche durch die ordnungsmäßige Ausübung des Nießbrauchs herbeigeführt werden, hat der Nießbraucher nicht zu vertreten.

**§ 1051. Sicherheitsleistung.** Wird durch das Verhalten des Nießbrauchers die Besorgnis einer erheblichen Verletzung der Rechte des Eigentümers begründet, so kann der Eigentümer Sicherheitsleistung verlangen.

**§ 1052. Gerichtliche Verwaltung mangels Sicherheitsleistung.** (1) [1] Ist der Nießbraucher zur Sicherheitsleistung rechtskräftig verurteilt, so kann der Eigentümer statt der Sicherheitsleistung verlangen, dass die Ausübung des Nießbrauchs für Rechnung des Nießbrauchers einem von dem Gericht zu bestellenden Verwalter übertragen wird. [2] Die Anordnung der Verwaltung ist nur zulässig, wenn dem Nießbraucher auf Antrag des Eigentümers von dem Gericht eine Frist zur Sicherheitsleistung bestimmt worden und die Frist verstrichen ist; sie ist unzulässig, wenn die Sicherheit vor dem Ablauf der Frist geleistet wird.

(2) [1] Der Verwalter steht unter der Aufsicht des Gerichts wie ein für die Zwangsverwaltung eines Grundstücks bestellter Verwalter. [2] Verwalter kann auch der Eigentümer sein.

(3) Die Verwaltung ist aufzuheben, wenn die Sicherheit nachträglich geleistet wird.

**§ 1053. Unterlassungsklage bei unbefugtem Gebrauch.** Macht der Nießbraucher einen Gebrauch von der Sache, zu dem er nicht befugt ist, und setzt er den Gebrauch ungeachtet einer Abmahnung des Eigentümers fort, so kann der Eigentümer auf Unterlassung klagen.

**§ 1054. Gerichtliche Verwaltung wegen Pflichtverletzung.** Verletzt der Nießbraucher die Rechte des Eigentümers in erheblichem Maße und setzt er das verletzende Verhalten ungeachtet einer Abmahnung des Eigentümers fort, so kann der Eigentümer die Anordnung einer Verwaltung nach § 1052 verlangen.

**§ 1055. Rückgabepflicht des Nießbrauchers.** (1) Der Nießbraucher ist verpflichtet, die Sache nach der Beendigung des Nießbrauchs dem Eigentümer zurückzugeben.

(2) Bei dem Nießbrauch an einem landwirtschaftlichen Grundstück finden die Vorschriften des § 596 Abs. 1 und des § 596a, bei dem Nießbrauch an einem Landgut finden die Vorschriften des § 596 Abs. 1 und der §§ 596a, 596b entsprechende Anwendung.

**§ 1056. Miet- und Pachtverhältnisse bei Beendigung des Nießbrauchs.** (1) Hat der Nießbraucher ein Grundstück über die Dauer des Nießbrauchs hinaus vermietet oder verpachtet, so finden nach der Beendigung des Nießbrauchs die für den Fall der Veräußerung von vermietetem Wohnraum geltenden Vorschriften der §§ 566, 566a, § 566b Abs. 1 und der §§ 566c bis 566e, 567b entsprechende Anwendung.

(2) [1]Der Eigentümer ist berechtigt, das Miet- oder Pachtverhältnis unter Einhaltung der gesetzlichen Kündigungsfrist zu kündigen. [2]Verzichtet der Nießbraucher auf den Nießbrauch, so ist die Kündigung erst von der Zeit an zulässig, zu welcher der Nießbrauch ohne den Verzicht erlöschen würde.

(3) [1]Der Mieter oder der Pächter ist berechtigt, den Eigentümer unter Bestimmung einer angemessenen Frist zur Erklärung darüber aufzufordern, ob er von dem Kündigungsrecht Gebrauch mache. [2]Die Kündigung kann nur bis zum Ablauf der Frist erfolgen.

**§ 1057. Verjährung der Ersatzansprüche.** [1]Die Ersatzansprüche des Eigentümers wegen Veränderungen oder Verschlechterungen der Sache sowie die Ansprüche des Nießbrauchers auf Ersatz von Verwendungen oder auf Gestattung der Wegnahme einer Einrichtung verjähren in sechs Monaten. [2]Die Vorschrift des § 548 Abs. 1 Satz 2 und 3, Abs. 2 findet entsprechende Anwendung.

**§ 1058. Besteller als Eigentümer.** Im Verhältnis zwischen dem Nießbraucher und dem Eigentümer gilt zugunsten des Nießbrauchers der Besteller als Eigentümer, es sei denn, dass der Nießbraucher weiß, dass der Besteller nicht Eigentümer ist.

**§ 1059. Unübertragbarkeit; Überlassung der Ausübung.** [1]Der Nießbrauch ist nicht übertragbar. [2]Die Ausübung des Nießbrauchs kann einem anderen überlassen werden.

**§ 1059 a.**[1] **Übertragbarkeit bei juristischer Person oder rechtsfähiger Personengesellschaft.** (1) Steht ein Nießbrauch einer juristischen Person zu, so ist er nach Maßgabe der folgenden Vorschriften übertragbar:

1. Geht das Vermögen der juristischen Person auf dem Wege der Gesamtrechtsnachfolge auf einen anderen über, so geht auch der Nießbrauch auf den Rechtsnachfolger über, es sei denn, dass der Übergang ausdrücklich ausgeschlossen ist.
2. [1] Wird sonst ein von einer juristischen Person betriebenes Unternehmen oder ein Teil eines solchen Unternehmens auf einen anderen übertragen, so kann auf den Erwerber auch ein Nießbrauch übertragen werden, sofern er den Zwecken des Unternehmens oder des Teils des Unternehmens zu dienen geeignet ist. [2] Ob diese Voraussetzungen gegeben sind, wird durch eine Erklärung der zuständigen Landesbehörde festgestellt. [3] Die Erklärung bindet die Gerichte und die Verwaltungsbehörden. [4] Die Landesregierungen bestimmen durch Rechtsverordnung die zuständige Landesbehörde. [5] Die Landesregierungen können die Ermächtigung durch Rechtsverordnung auf die Landesjustizverwaltungen übertragen.

(2) Einer juristischen Person steht eine rechtsfähige Personengesellschaft gleich.

**§ 1059 b. Unpfändbarkeit.** Ein Nießbrauch kann auf Grund der Vorschrift des § 1059 a weder gepfändet noch verpfändet noch mit einem Nießbrauch belastet werden.

**§ 1059 c. Übergang oder Übertragung des Nießbrauchs.** (1) [1] Im Falle des Übergangs oder der Übertragung des Nießbrauchs tritt der Erwerber anstelle des bisherigen Berechtigten in die mit dem Nießbrauch verbundenen Rechte und Verpflichtungen gegenüber dem Eigentümer ein. [2] Sind in Ansehung dieser Rechte und Verpflichtungen Vereinbarungen zwischen dem Eigentümer und dem Berechtigten getroffen worden, so wirken sie auch für und gegen den Erwerber.

(2) Durch den Übergang oder die Übertragung des Nießbrauchs wird ein Anspruch auf Entschädigung weder für den Eigentümer noch für sonstige dinglich Berechtigte begründet.

**§ 1059 d. Miet- und Pachtverhältnisse bei Übertragung des Nießbrauchs.** Hat der bisherige Berechtigte das mit dem Nießbrauch belastete Grundstück über die Dauer des Nießbrauchs hinaus vermietet oder verpachtet, so sind nach der Übertragung des Nießbrauchs die für den Fall der Veräußerung von vermietetem Wohnraum geltenden Vorschriften der §§ 566 bis 566 e, 567 a und 567 b entsprechend anzuwenden.

**§ 1059 e. Anspruch auf Einräumung des Nießbrauchs.** Steht ein Anspruch auf Einräumung eines Nießbrauchs einer juristischen Person oder einer rechtsfähigen Personengesellschaft zu, so gelten die Vorschriften der §§ 1059 a bis 1059 d entsprechend.

**§ 1060. Zusammentreffen mehrerer Nutzungsrechte.** Trifft ein Nießbrauch mit einem anderen Nießbrauch oder mit einem sonstigen Nutzungsrecht an der Sache dergestalt zusammen, dass die Rechte nebeneinander nicht

---

[1] § 1059 a Abs. 1 Nr. 2 Sätze 2 und 3 neugef., Sätze 4 und 5 angef. durch Art. 123 G v. 19. 4. 2006 (BGBl. I S. 866).

oder nicht vollständig ausgeübt werden können, und haben die Rechte gleichen Rang, so findet die Vorschrift des § 1024 Anwendung.

**§ 1061. Tod des Nießbrauchers.** [1]Der Nießbrauch erlischt mit dem Tode des Nießbrauchers. [2]Steht der Nießbrauch einer juristischen Person oder einer rechtsfähigen Personengesellschaft zu, so erlischt er mit dieser.

**§ 1062. Erstreckung der Aufhebung auf das Zubehör.** Wird der Nießbrauch an einem Grundstück durch Rechtsgeschäft aufgehoben, so erstreckt sich die Aufhebung im Zweifel auf den Nießbrauch an dem Zubehör.

**§ 1063. Zusammentreffen mit dem Eigentum.** (1) Der Nießbrauch an einer beweglichen Sache erlischt, wenn er mit dem Eigentum in derselben Person zusammentrifft.

(2) Der Nießbrauch gilt als nicht erloschen, soweit der Eigentümer ein rechtliches Interesse an dem Fortbestehen des Nießbrauchs hat.

**§ 1064. Aufhebung des Nießbrauchs an beweglichen Sachen.** Zur Aufhebung des Nießbrauchs an einer beweglichen Sache durch Rechtsgeschäft genügt die Erklärung des Nießbrauchers gegenüber dem Eigentümer oder dem Besteller, dass er den Nießbrauch aufgebe.

**§ 1065. Beeinträchtigung des Nießbrauchsrechts.** Wird das Recht des Nießbrauchers beeinträchtigt, so finden auf die Ansprüche des Nießbrauchers die für die Ansprüche aus dem Eigentum geltenden Vorschriften entsprechende Anwendung.

**§ 1066. Nießbrauch am Anteil eines Miteigentümers.** (1) Besteht ein Nießbrauch an dem Anteil eines Miteigentümers, so übt der Nießbraucher die Rechte aus, die sich aus der Gemeinschaft der Miteigentümer in Ansehung der Verwaltung der Sache und der Art ihrer Benutzung ergeben.

(2) Die Aufhebung der Gemeinschaft kann nur von dem Miteigentümer und dem Nießbraucher gemeinschaftlich verlangt werden.

(3) Wird die Gemeinschaft aufgehoben, so gebührt dem Nießbraucher der Nießbrauch an den Gegenständen, welche an die Stelle des Anteils treten.

**§ 1067. Nießbrauch an verbrauchbaren Sachen.** (1) [1]Sind verbrauchbare Sachen Gegenstand des Nießbrauchs, so wird der Nießbraucher Eigentümer der Sachen; nach der Beendigung des Nießbrauchs hat er dem Besteller den Wert zu ersetzen, den die Sachen zur Zeit der Bestellung hatten. [2]Sowohl der Besteller als der Nießbraucher kann den Wert auf seine Kosten durch Sachverständige feststellen lassen.

(2) Der Besteller kann Sicherheitsleistung verlangen, wenn der Anspruch auf Ersatz des Wertes gefährdet ist.

### Untertitel 2. Nießbrauch an Rechten

**§ 1068. Gesetzlicher Inhalt des Nießbrauchs an Rechten.** (1) Gegenstand des Nießbrauchs kann auch ein Recht sein.

(2) Auf den Nießbrauch an Rechten finden die Vorschriften über den Nießbrauch an Sachen entsprechende Anwendung, soweit sich nicht aus den §§ 1069 bis 1084 ein anderes ergibt.

**§ 1069 Bestellung.** (1) Die Bestellung des Nießbrauchs an einem Recht erfolgt nach den für die Übertragung des Rechts geltenden Vorschriften.

(2) An einem Recht, das nicht übertragbar ist, kann ein Nießbrauch nicht bestellt werden.

**§ 1070 Nießbrauch an Recht auf Leistung.** (1) Ist ein Recht, kraft dessen eine Leistung gefordert werden kann, Gegenstand des Nießbrauchs, so finden auf das Rechtsverhältnis zwischen dem Nießbraucher und dem Verpflichteten die Vorschriften entsprechende Anwendung, welche im Falle der Übertragung des Rechts für das Rechtsverhältnis zwischen dem Erwerber und dem Verpflichteten gelten.

(2) [1] Wird die Ausübung des Nießbrauchs nach § 1052 einem Verwalter übertragen, so ist die Übertragung dem Verpflichteten gegenüber erst wirksam, wenn er von der getroffenen Anordnung Kenntnis erlangt oder wenn ihm eine Mitteilung von der Anordnung zugestellt wird. [2] Das Gleiche gilt von der Aufhebung der Verwaltung.

**§ 1071 Aufhebung oder Änderung des belasteten Rechts.** (1) [1] Ein dem Nießbrauch unterliegendes Recht kann durch Rechtsgeschäft nur mit Zustimmung des Nießbrauchers aufgehoben werden. [2] Die Zustimmung ist demjenigen gegenüber zu erklären, zu dessen Gunsten sie erfolgt; sie ist unwiderruflich. [3] Die Vorschrift des § 876 Satz 3 bleibt unberührt.

(2) Das Gleiche gilt im Falle einer Änderung des Rechts, sofern sie den Nießbrauch beeinträchtigt.

**§ 1072 Beendigung des Nießbrauchs.** Die Beendigung des Nießbrauchs tritt nach den Vorschriften der §§ 1063, 1064 auch dann ein, wenn das dem Nießbrauch unterliegende Recht nicht ein Recht an einer beweglichen Sache ist.

**§ 1073 Nießbrauch an einer Leibrente.** Dem Nießbraucher einer Leibrente, eines Auszugs oder eines ähnlichen Rechts gebühren die einzelnen Leistungen, die auf Grund des Rechts gefordert werden können.

**§ 1074 Nießbrauch an einer Forderung; Kündigung und Einziehung.**
[1] Der Nießbraucher einer Forderung ist zur Einziehung der Forderung und, wenn die Fälligkeit von einer Kündigung des Gläubigers abhängt, zur Kündigung berechtigt. [2] Er hat für die ordnungsmäßige Einziehung zu sorgen. [3] Zu anderen Verfügungen über die Forderung ist er nicht berechtigt.

**§ 1075 Wirkung der Leistung.** (1) Mit der Leistung des Schuldners an den Nießbraucher erwirbt der Gläubiger den geleisteten Gegenstand und der Nießbraucher den Nießbrauch an dem Gegenstand.

(2) Werden verbrauchbare Sachen geleistet, so erwirbt der Nießbraucher das Eigentum; die Vorschrift des § 1067 findet entsprechende Anwendung.

**§ 1076 Nießbrauch an verzinslicher Forderung.** Ist eine auf Zinsen ausstehende Forderung Gegenstand des Nießbrauchs, so gelten die Vorschriften der §§ 1077 bis 1079.

**§ 1077 Kündigung und Zahlung.** (1) [1] Der Schuldner kann das Kapital nur an den Nießbraucher und den Gläubiger gemeinschaftlich zahlen. [2] Jeder von beiden kann verlangen, dass an sie gemeinschaftlich gezahlt wird; jeder kann statt der Zahlung die Hinterlegung für beide fordern.

(2) [1] Der Nießbraucher und der Gläubiger können nur gemeinschaftlich kündigen. [2] Die Kündigung des Schuldners ist nur wirksam, wenn sie dem Nießbraucher und dem Gläubiger erklärt wird.

**§ 1078 Mitwirkung zur Einziehung.** [1] Ist die Forderung fällig, so sind der Nießbraucher und der Gläubiger einander verpflichtet, zur Einziehung mitzuwirken. [2] Hängt die Fälligkeit von einer Kündigung ab, so kann jeder Teil die Mitwirkung des anderen zur Kündigung verlangen, wenn die Einziehung der Forderung wegen Gefährdung ihrer Sicherheit nach den Regeln einer ordnungsmäßigen Vermögensverwaltung geboten ist.

**§ 1079[1)] Anlegung des Kapitals.** [1] Der Nießbraucher und der Gläubiger sind einander verpflichtet, dazu mitzuwirken, dass das eingezogene Kapital der Rechtsverordnung nach § 240a entsprechend angelegt und gleichzeitig dem Nießbraucher der Nießbrauch bestellt wird. [2] Die Art der Anlegung bestimmt der Nießbraucher.

**§ 1080 Nießbrauch an Grund- oder Rentenschuld.** Die Vorschriften über den Nießbrauch an einer Forderung gelten auch für den Nießbrauch an einer Grundschuld und an einer Rentenschuld.

**§ 1081 Nießbrauch an Inhaber- oder Orderpapieren.** (1) [1] Ist ein Inhaberpapier oder ein Orderpapier, das mit Blankoindossament versehen ist, Gegenstand des Nießbrauchs, so steht der Besitz des Papiers und des zu dem Papier gehörenden Erneuerungsscheins dem Nießbraucher und dem Eigentümer gemeinschaftlich zu. [2] Der Besitz der zu dem Papier gehörenden Zins-, Renten- oder Gewinnanteilscheine steht dem Nießbraucher zu.

(2) Zur Bestellung des Nießbrauchs genügt anstelle der Übergabe des Papiers die Einräumung des Mitbesitzes.

**§ 1082[2)] Hinterlegung.** Das Papier ist nebst dem Erneuerungsschein auf Verlangen des Nießbrauchers oder des Eigentümers bei einer Hinterlegungsstelle mit der Bestimmung zu hinterlegen, dass die Herausgabe nur von dem Nießbraucher und dem Eigentümer gemeinschaftlich verlangt werden kann.

**§ 1083 Mitwirkung zur Einziehung.** (1) Der Nießbraucher und der Eigentümer des Papiers sind einander verpflichtet, zur Einziehung des fälligen Kapitals, zur Beschaffung neuer Zins-, Renten- oder Gewinnanteilscheine sowie zu sonstigen Maßnahmen mitzuwirken, die zur ordnungsmäßigen Vermögensverwaltung erforderlich sind.

*(Fortsetzung nächstes Blatt)*

---

1) § 1079 Satz 1 geänd. mWv 1.1.2023 durch G v. 4.5.2021 (BGBl. I S. 882).

2) § 1082 Satz 2 aufgeh. mWv 15.12.2010 durch G v. 8.12.2010 (BGBl. I S. 1864).

(2) [1]Im Falle der Einlösung des Papiers findet die Vorschrift des § 1079 Anwendung. [2]Eine bei der Einlösung gezahlte Prämie gilt als Teil des Kapitals.

**§ 1084. Verbrauchbare Sachen.** Gehört ein Inhaberpapier oder ein Orderpapier, das mit Blankoindossament versehen ist, nach § 92 zu den verbrauchbaren Sachen, so bewendet es bei der Vorschrift des § 1067.

### Untertitel 3. Nießbrauch an einem Vermögen

**§ 1085. Bestellung des Nießbrauchs an einem Vermögen.** [1]Der Nießbrauch an dem Vermögen einer Person kann nur in der Weise bestellt werden, dass der Nießbraucher den Nießbrauch an den einzelnen zu dem Vermögen gehörenden Gegenständen erlangt. [2]Soweit der Nießbrauch bestellt ist, gelten die Vorschriften der §§ 1086 bis 1088.

**§ 1086. Rechte der Gläubiger des Bestellers.** [1]Die Gläubiger des Bestellers können, soweit ihre Forderungen vor der Bestellung entstanden sind, ohne Rücksicht auf den Nießbrauch Befriedigung aus den dem Nießbrauch unterliegenden Gegenständen verlangen. [2]Hat der Nießbraucher das Eigentum an verbrauchbaren Sachen erlangt, so tritt an die Stelle der Sachen der Anspruch des Bestellers auf Ersatz des Wertes; der Nießbraucher ist den Gläubigern gegenüber zum sofortigen Ersatz verpflichtet.

**§ 1087. Verhältnis zwischen Nießbraucher und Besteller.** (1) [1]Der Besteller kann, wenn eine vor der Bestellung entstandene Forderung fällig ist, von dem Nießbraucher Rückgabe der zur Befriedigung des Gläubigers erforderlichen Gegenstände verlangen. [2]Die Auswahl steht ihm zu; er kann jedoch nur die vorzugsweise geeigneten Gegenstände auswählen. [3]Soweit die zurückgegebenen Gegenstände ausreichen, ist der Besteller dem Nießbraucher gegenüber zur Befriedigung des Gläubigers verpflichtet.

(2) [1]Der Nießbraucher kann die Verbindlichkeit durch Leistung des geschuldeten Gegenstands erfüllen. [2]Gehört der geschuldete Gegenstand nicht zu dem Vermögen, das dem Nießbrauch unterliegt, so ist der Nießbraucher berechtigt, zum Zwecke der Befriedigung des Gläubigers einen zu dem Vermögen gehörenden Gegenstand zu veräußern, wenn die Befriedigung durch den Besteller nicht ohne Gefahr abgewartet werden kann. [3]Er hat einen vorzugsweise geeigneten Gegenstand auszuwählen. [4]Soweit er zum Ersatz des Wertes verbrauchbarer Sachen verpflichtet ist, darf er eine Veräußerung nicht vornehmen.

**§ 1088. Haftung des Nießbrauchers.** (1) [1]Die Gläubiger des Bestellers, deren Forderungen schon zur Zeit der Bestellung verzinslich waren, können die Zinsen für die Dauer des Nießbrauchs auch von dem Nießbraucher verlangen. [2]Das Gleiche gilt von anderen wiederkehrenden Leistungen, die bei ordnungsmäßiger Verwaltung aus den Einkünften des Vermögens bestritten werden, wenn die Forderung vor der Bestellung des Nießbrauchs entstanden ist.

(2) Die Haftung des Nießbrauchers kann nicht durch Vereinbarung zwischen ihm und dem Besteller ausgeschlossen oder beschränkt werden.

(3) [1]Der Nießbraucher ist dem Besteller gegenüber zur Befriedigung der Gläubiger wegen der im Absatz 1 bezeichneten Ansprüche verpflichtet. [2]Die Rückgabe von Gegenständen zum Zwecke der Befriedigung kann der Besteller nur verlangen, wenn der Nießbraucher mit der Erfüllung dieser Verbindlichkeit in Verzug kommt.

**§ 1089. Nießbrauch an einer Erbschaft.** Die Vorschriften der §§ 1085 bis 1088 finden auf den Nießbrauch an einer Erbschaft entsprechende Anwendung.

## Titel 3. Beschränkte persönliche Dienstbarkeiten

**§ 1090. Gesetzlicher Inhalt der beschränkten persönlichen Dienstbarkeit.** (1) Ein Grundstück kann in der Weise belastet werden, dass derjenige, zu dessen Gunsten die Belastung erfolgt, berechtigt ist, das Grundstück in einzelnen Beziehungen zu benutzen, oder dass ihm eine sonstige Befugnis zusteht, die den Inhalt einer Grunddienstbarkeit bilden kann (beschränkte persönliche Dienstbarkeit).

(2) Die Vorschriften der §§ 1020 bis 1024, 1026 bis 1029, 1061 finden entsprechende Anwendung.

**§ 1091. Umfang.** Der Umfang einer beschränkten persönlichen Dienstbarkeit bestimmt sich im Zweifel nach dem persönlichen Bedürfnis des Berechtigten.

**§ 1092. Unübertragbarkeit; Überlassung der Ausübung.** (1) [1]Eine beschränkte persönliche Dienstbarkeit ist nicht übertragbar. [2]Die Ausübung der Dienstbarkeit kann einem anderen nur überlassen werden, wenn die Überlassung gestattet ist.

(2) Steht eine beschränkte persönliche Dienstbarkeit oder der Anspruch auf Einräumung einer beschränkten persönlichen Dienstbarkeit einer juristischen Person oder einer rechtsfähigen Personengesellschaft zu, so gelten die Vorschriften der §§ 1059a bis 1059d entsprechend.

(3) [1]Steht einer juristischen Person oder einer rechtsfähigen Personengesellschaft eine beschränkte persönliche Dienstbarkeit zu, die dazu berechtigt, ein Grundstück für Anlagen zur Fortleitung von Elektrizität, Gas, Fernwärme, Wasser, Abwasser, Öl oder Rohstoffen einschließlich aller dazugehörigen Anlagen, die der Fortleitung unmittelbar dienen, für Telekommunikationsanlagen, für Anlagen zum Transport von Produkten zwischen Betriebsstätten eines oder mehrerer privater oder öffentlicher Unternehmen oder für Straßenbahn- oder Eisenbahnanlagen zu benutzen, so ist die Dienstbarkeit übertragbar. [2]Die Übertragbarkeit umfasst nicht das Recht, die Dienstbarkeit nach ihren Befugnissen zu teilen. [3]Steht ein Anspruch auf Einräumung einer solchen beschränkten persönlichen Dienstbarkeit einer der in Satz 1 genannten Personen zu, so ist der Anspruch übertragbar. [4]Die Vorschriften der §§ 1059b bis 1059d gelten entsprechend.

**§ 1093. Wohnungsrecht.** (1) [1]Als beschränkte persönliche Dienstbarkeit kann auch das Recht bestellt werden, ein Gebäude oder einen Teil eines Gebäudes unter Ausschluss des Eigentümers als Wohnung zu benutzen. [2]Auf dieses Recht finden die für den Nießbrauch geltenden Vorschriften der §§ 1031, 1034, 1036, des § 1037 Abs. 1 und der §§ 1041, 1042, 1044, 1049, 1050, 1057, 1062 entsprechende Anwendung.

(2) Der Berechtigte ist befugt, seine Familie sowie die zur standesmäßigen Bedienung und zur Pflege erforderlichen Personen in die Wohnung aufzunehmen.

(3) Ist das Recht auf einen Teil des Gebäudes beschränkt, so kann der Berechtigte die zum gemeinschaftlichen Gebrauch der Bewohner bestimmten Anlagen und Einrichtungen mitbenutzen.

## Abschnitt 5.[1] Vorkaufsrecht

**§ 1094. Gesetzlicher Inhalt des dinglichen Vorkaufsrechts.** (1) Ein Grundstück kann in der Weise belastet werden, dass derjenige, zu dessen Gunsten die Belastung erfolgt, dem Eigentümer gegenüber zum Vorkauf berechtigt ist.

(2) Das Vorkaufsrecht kann auch zugunsten des jeweiligen Eigentümers eines anderen Grundstücks bestellt werden.

**§ 1095. Belastung eines Bruchteils.** Ein Bruchteil eines Grundstücks kann mit dem Vorkaufsrecht nur belastet werden, wenn er in dem Anteil eines Miteigentümers besteht.

**§ 1096. Erstreckung auf Zubehör.** [1]Das Vorkaufsrecht kann auf das Zubehör erstreckt werden, das mit dem Grundstück verkauft wird. [2]Im Zweifel ist anzunehmen, dass sich das Vorkaufsrecht auf dieses Zubehör erstrecken soll.

**§ 1097. Bestellung für einen oder mehrere Verkaufsfälle.** Das Vorkaufsrecht beschränkt sich auf den Fall des Verkaufs durch den Eigentümer, welchem das Grundstück zur Zeit der Bestellung gehört, oder durch dessen Erben; es kann jedoch auch für mehrere oder für alle Verkaufsfälle bestellt werden.

**§ 1098. Wirkung des Vorkaufsrechts.** (1) [1]Das Rechtsverhältnis zwischen dem Berechtigten und dem Verpflichteten bestimmt sich nach den Vorschriften der §§ 463 bis 473. [2]Das Vorkaufsrecht kann auch dann ausgeübt werden, wenn das Grundstück von dem Insolvenzverwalter aus freier Hand verkauft wird.

(2) Dritten gegenüber hat das Vorkaufsrecht die Wirkung einer Vormerkung zur Sicherung des durch die Ausübung des Rechts entstehenden Anspruchs auf Übertragung des Eigentums.

(3) Steht ein nach § 1094 Abs. 1 begründetes Vorkaufsrecht einer juristischen Person oder einer rechtsfähigen Personengesellschaft zu, so gelten, wenn

---

[1] Für das gesetzliche Vorkaufrecht der Siedlungsunternehmen siehe §§ 4 bis 11 a ReichssiedlungsG v. 11. 8. 1919 (RGBl. S. 1429), zuletzt geänd. durch G v. 19. 6. 2001 (BGBl. I S. 1149); vgl. dazu auch Gesetz zur Ergänzung des ReichssiedlungsG v. 4. 1. 1935 (RGBl. I S. 1), geänd. durch G v. 28. 7. 1961 (BGBl. I S. 1091). Für die gesetzlichen Vorkaufsrechte der Gemeinden vgl. §§ 24 bis 28 Baugesetzbuch idF der Bek. v. 23. 9. 2004 (BGBl. I S. 2414); abgedruckt in **Sartorius I; Nr. 300**.

seine Übertragbarkeit nicht vereinbart ist, für die Übertragung des Rechts die Vorschriften der §§ 1059 a bis 1059 d entsprechend.

**§ 1099.**[1] **Mitteilungen.** (1) Gelangt das Grundstück in das Eigentum eines Dritten, so kann dieser in gleicher Weise wie der Verpflichtete dem Berechtigten den Inhalt des Kaufvertrags mit der im § 469 Abs. 2 bestimmten Wirkung mitteilen.

(2) Der Verpflichtete hat den neuen Eigentümer zu benachrichtigen, sobald die Ausübung des Vorkaufsrechts erfolgt oder ausgeschlossen ist.

**§ 1100. Rechte des Käufers.** [1]Der neue Eigentümer kann, wenn er der Käufer oder ein Rechtsnachfolger des Käufers ist, die Zustimmung zur Eintragung des Berechtigten als Eigentümer und die Herausgabe des Grundstücks verweigern, bis ihm der zwischen dem Verpflichteten und dem Käufer vereinbarte Kaufpreis, soweit er berichtigt ist, erstattet wird. [2]Erlangt der Berechtigte die Eintragung als Eigentümer, so kann der bisherige Eigentümer von ihm die Erstattung des berichtigten Kaufpreises gegen Herausgabe des Grundstücks fordern.

**§ 1101. Befreiung des Berechtigten.** Soweit der Berechtigte nach § 1100 dem Käufer oder dessen Rechtsnachfolger den Kaufpreis zu erstatten hat, wird er von der Verpflichtung zur Zahlung des aus dem Vorkauf geschuldeten Kaufpreises frei.

**§ 1102. Befreiung des Käufers.** Verliert der Käufer oder sein Rechtsnachfolger infolge der Geltendmachung des Vorkaufsrechts das Eigentum, so wird der Käufer, soweit der von ihm geschuldete Kaufpreis noch nicht berichtigt ist, von seiner Verpflichtung frei; den berichtigten Kaufpreis kann er nicht zurückfordern.

**§ 1103. Subjektiv-dingliches und subjektiv-persönliches Vorkaufsrecht.** (1) Ein zugunsten des jeweiligen Eigentümers eines Grundstücks bestehendes Vorkaufsrecht kann nicht von dem Eigentum an diesem Grundstück getrennt werden.

(2) Ein zugunsten einer bestimmten Person bestehendes Vorkaufsrecht kann nicht mit dem Eigentum an einem Grundstück verbunden werden.

**§ 1104.**[2] **Ausschluss unbekannter Berechtigter.** (1) [1]Ist der Berechtigte unbekannt, so kann er im Wege des Aufgebotsverfahrens mit seinem Recht ausgeschlossen werden, wenn die in § 1170 für die Ausschließung eines Hypothekengläubigers bestimmten Voraussetzungen vorliegen. [2]Mit der Rechtskraft des Ausschließungsbeschlusses erlischt das Vorkaufsrecht.

(2) Auf ein Vorkaufsrecht, das zugunsten des jeweiligen Eigentümers eines Grundstücks besteht, finden diese Vorschriften keine Anwendung.

---

[1] § 1099 Abs. 1 geänd. mWv 1. 8. 2002 durch Art. 25 Abs. 1 OLGVertrÄndG v. 23. 7. 2002 (BGBl. I S. 2850).

[2] § 1104 Abs. 1 Satz 2 geänd. mWv 1. 9. 2009 durch Art. 50 FGG-RG v. 17. 12. 2008 (BGBl. I S. 2586).

## Abschnitt 6. Reallasten

**§ 1105. Gesetzlicher Inhalt der Reallast.** (1) [1]Ein Grundstück kann in der Weise belastet werden, dass an denjenigen, zu dessen Gunsten die Belastung erfolgt, wiederkehrende Leistungen aus dem Grundstück zu entrichten sind (Reallast). [2]Als Inhalt der Reallast kann auch vereinbart werden, dass die zu entrichtenden Leistungen sich ohne weiteres an veränderte Verhältnisse anpassen, wenn anhand der in der Vereinbarung festgelegten Voraussetzungen Art und Umfang der Belastung des Grundstücks bestimmt werden können.

(2) Die Reallast kann auch zugunsten des jeweiligen Eigentümers eines anderen Grundstücks bestellt werden.

**§ 1106. Belastung eines Bruchteils.** Ein Bruchteil eines Grundstücks kann mit einer Reallast nur belastet werden, wenn er in dem Anteil eines Miteigentümers besteht.

**§ 1107. Einzelleistungen.** Auf die einzelnen Leistungen finden die für die Zinsen einer Hypothekenforderung geltenden Vorschriften entsprechende Anwendung.

**§ 1108. Persönliche Haftung des Eigentümers.** (1) Der Eigentümer haftet für die während der Dauer seines Eigentums fällig werdenden Leistungen auch persönlich, soweit nicht ein anderes bestimmt ist.

(2) Wird das Grundstück geteilt, so haften die Eigentümer der einzelnen Teile als Gesamtschuldner.

**§ 1109. Teilung des herrschenden Grundstücks.** (1) [1]Wird das Grundstück des Berechtigten geteilt, so besteht die Reallast für die einzelnen Teile fort. [2]Ist die Leistung teilbar, so bestimmen sich die Anteile der Eigentümer nach dem Verhältnis der Größe der Teile; ist sie nicht teilbar, so findet die Vorschrift des § 432 Anwendung. [3]Die Ausübung des Rechts ist im Zweifel nur in der Weise zulässig, dass sie für den Eigentümer des belasteten Grundstücks nicht beschwerlicher wird.

(2) [1]Der Berechtigte kann bestimmen, dass das Recht nur mit einem der Teile verbunden sein soll. [2]Die Bestimmung hat dem Grundbuchamt gegenüber zu erfolgen und bedarf der Eintragung in das Grundbuch; die Vorschriften der §§ 876, 878 finden entsprechende Anwendung. [3]Veräußert der Berechtigte einen Teil des Grundstücks, ohne eine solche Bestimmung zu treffen, so bleibt das Recht mit dem Teil verbunden, den er behält.

(3) Gereicht die Reallast nur einem der Teile zum Vorteil, so bleibt sie mit diesem Teil allein verbunden.

**§ 1110. Subjektiv-dingliche Reallast.** Eine zugunsten des jeweiligen Eigentümers eines Grundstücks bestehende Reallast kann nicht von dem Eigentum an diesem Grundstück getrennt werden.

**§ 1111. Subjektiv-persönliche Reallast.** (1) Eine zugunsten einer bestimmten Person bestehende Reallast kann nicht mit dem Eigentum an einem Grundstück verbunden werden.

(2) Ist der Anspruch auf die einzelne Leistung nicht übertragbar, so kann das Recht nicht veräußert oder belastet werden.

**§ 1112. Ausschluss unbekannter Berechtigter.** Ist der Berechtigte unbekannt, so findet auf die Ausschließung seines Rechts die Vorschrift des § 1104 entsprechende Anwendung.

## Abschnitt 7.[1] Hypothek, Grundschuld, Rentenschuld

### Titel 1. Hypothek

**§ 1113. Gesetzlicher Inhalt der Hypothek.** (1) Ein Grundstück kann in der Weise belastet werden, dass an denjenigen, zu dessen Gunsten die Belastung erfolgt, eine bestimmte Geldsumme zur Befriedigung wegen einer ihm zustehenden Forderung aus dem Grundstück zu zahlen ist (Hypothek).[2]

(2) Die Hypothek kann auch für eine künftige oder eine bedingte Forderung bestellt werden.

**§ 1114. Belastung eines Bruchteils.** Ein Bruchteil eines Grundstücks kann außer in den in § 3 Abs. 6 der Grundbuchordnung[3] bezeichneten Fällen mit einer Hypothek nur belastet werden, wenn er in dem Anteil eines Miteigentümers besteht.

**§ 1115. Eintragung der Hypothek.** (1) Bei der Eintragung der Hypothek müssen der Gläubiger, der Geldbetrag der Forderung und, wenn die Forderung verzinslich ist, der Zinssatz, wenn andere Nebenleistungen zu entrichten sind, ihr Geldbetrag im Grundbuch angegeben werden; im Übrigen kann zur Bezeichnung der Forderung auf die Eintragungsbewilligung Bezug genommen werden.

(2) Bei der Eintragung der Hypothek für ein Darlehen einer Kreditanstalt, deren Satzung von der zuständigen Behörde öffentlich bekannt gemacht worden ist, genügt zur Bezeichnung der außer den Zinsen satzungsgemäß zu entrichtenden Nebenleistungen die Bezugnahme auf die Satzung.

**§ 1116. Brief- und Buchhypothek.** (1) Über die Hypothek wird ein Hypothekenbrief erteilt.

(2) [1]Die Erteilung des Briefes kann ausgeschlossen werden. [2]Die Ausschließung kann auch nachträglich erfolgen. [3]Zu der Ausschließung ist die Einigung des Gläubigers und des Eigentümers sowie die Eintragung in das Grundbuch erforderlich; die Vorschriften des § 873 Abs. 2 und der §§ 876, 878 finden entsprechende Anwendung.

(3) Die Ausschließung der Erteilung des Briefes kann aufgehoben werden; die Aufhebung erfolgt in gleicher Weise wie die Ausschließung.

---

[1] Wegen des für das Gebiet der ehem. DDR geltenden Übergangsrechts zu §§ 1113 ff. beachte Art. 233 § 6 EGBGB; Nr. **21**.

[2] Schiffshypothek. §§ 24 bis 81 a Gesetz über Rechte an eingetragenen Schiffen und Schiffsbauwerken v. 15. 11. 1940 (RGBl. I S. 1499) mit späteren Änderungen.

[3] Nr. **114**.

**§ 1117. Erwerb der Briefhypothek.** (1) [1]Der Gläubiger erwirbt, sofern nicht die Erteilung des Hypothekenbriefs ausgeschlossen ist, die Hypothek erst, wenn ihm der Brief von dem Eigentümer des Grundstücks übergeben wird. [2]Auf die Übergabe finden die Vorschriften des § 929 Satz 2 und der §§ 930, 931 Anwendung.

(2) Die Übergabe des Briefes kann durch die Vereinbarung ersetzt werden, dass der Gläubiger berechtigt sein soll, sich den Brief von dem Grundbuchamt aushändigen zu lassen.

(3) Ist der Gläubiger im Besitz des Briefes, so wird vermutet, dass die Übergabe erfolgt sei.

**§ 1118. Haftung für Nebenforderungen.** Kraft der Hypothek haftet das Grundstück auch für die gesetzlichen Zinsen der Forderung sowie für die Kosten der Kündigung und der die Befriedigung aus dem Grundstück bezweckenden Rechtsverfolgung.

**§ 1119. Erweiterung der Haftung für Zinsen.** (1) Ist die Forderung unverzinslich oder ist der Zinssatz niedriger als fünf vom Hundert, so kann die Hypothek ohne Zustimmung der im Range gleich- oder nachstehenden Berechtigten dahin erweitert werden, dass das Grundstück für Zinsen bis zu fünf vom Hundert haftet.

(2) Zu einer Änderung der Zahlungszeit und des Zahlungsorts ist die Zustimmung dieser Berechtigten gleichfalls nicht erforderlich.

**§ 1120. Erstreckung auf Erzeugnisse, Bestandteile und Zubehör.** Die Hypothek erstreckt sich auf die von dem Grundstück getrennten Erzeugnisse und sonstigen Bestandteile, soweit sie nicht mit der Trennung nach den §§ 954 bis 957 in das Eigentum eines anderen als des Eigentümers oder des Eigenbesitzers des Grundstücks gelangt sind, sowie auf das Zubehör des Grundstücks mit Ausnahme der Zubehörstücke, welche nicht in das Eigentum des Eigentümers des Grundstücks gelangt sind.

**§ 1121. Enthaftung durch Veräußerung und Entfernung.** (1) Erzeugnisse und sonstige Bestandteile des Grundstücks sowie Zubehörstücke werden von der Haftung frei, wenn sie veräußert und von dem Grundstück entfernt werden, bevor sie zugunsten des Gläubigers in Beschlag genommen worden sind.

(2) [1]Erfolgt die Veräußerung vor der Entfernung, so kann sich der Erwerber dem Gläubiger gegenüber nicht darauf berufen, dass er in Ansehung der Hypothek in gutem Glauben gewesen sei. [2]Entfernt der Erwerber die Sache von dem Grundstück, so ist eine vor der Entfernung erfolgte Beschlagnahme ihm gegenüber nur wirksam, wenn er bei der Entfernung in Ansehung der Beschlagnahme nicht in gutem Glauben ist.

**§ 1122. Enthaftung ohne Veräußerung.** (1) Sind die Erzeugnisse oder Bestandteile innerhalb der Grenzen einer ordnungsmäßigen Wirtschaft von dem Grundstück getrennt worden, so erlischt ihre Haftung auch ohne Veräußerung, wenn sie vor der Beschlagnahme von dem Grundstück entfernt werden, es sei denn, dass die Entfernung zu einem vorübergehenden Zwecke erfolgt.

(2) Zubehörstücke werden ohne Veräußerung von der Haftung frei, wenn die Zubehöreigenschaft innerhalb der Grenzen einer ordnungsmäßigen Wirtschaft vor der Beschlagnahme aufgehoben wird.

**§ 1123. Erstreckung auf Miet- oder Pachtforderung.** (1) Ist das Grundstück vermietet oder verpachtet, so erstreckt sich die Hypothek auf die Miet- oder Pachtforderung.[1)]

(2) [1]Soweit die Forderung fällig ist, wird sie mit dem Ablauf eines Jahres nach dem Eintritt der Fälligkeit von der Haftung frei, wenn nicht vorher die Beschlagnahme zugunsten des Hypothekengläubigers erfolgt. [2]Ist die Miete oder Pacht im Voraus zu entrichten, so erstreckt sich die Befreiung nicht auf die Miete oder Pacht für eine spätere Zeit als den zur Zeit der Beschlagnahme laufenden Kalendermonat; erfolgt die Beschlagnahme nach dem 15. Tage des Monats, so erstreckt sich die Befreiung auch auf den Miet- oder Pachtzins für den folgenden Kalendermonat.

**§ 1124. Vorausverfügung über Miete oder Pacht.** (1) [1]Wird die Miete oder Pacht eingezogen, bevor sie zugunsten des Hypothekengläubigers in Beschlag genommen worden ist, oder wird vor der Beschlagnahme in anderer Weise über sie verfügt, so ist die Verfügung dem Hypothekengläubiger gegenüber wirksam. [2]Besteht die Verfügung in der Übertragung der Forderung auf einen Dritten, so erlischt die Haftung der Forderung; erlangt ein Dritter ein Recht an der Forderung, so geht es der Hypothek im Range vor.

(2) Die Verfügung ist dem Hypothekengläubiger gegenüber unwirksam, soweit sie sich auf die Miete oder Pacht für eine spätere Zeit als den zur Zeit der Beschlagnahme laufenden Kalendermonat bezieht; erfolgt die Beschlagnahme nach dem fünfzehnten Tage des Monats, so ist die Verfügung jedoch insoweit wirksam, als sie sich auf die Miete oder Pacht für den folgenden Kalendermonat bezieht.

(3) Der Übertragung der Forderung auf einen Dritten steht es gleich, wenn das Grundstück ohne die Forderung veräußert wird.

**§ 1125. Aufrechnung gegen Miete oder Pacht.** Soweit die Einziehung der Miete oder Pacht dem Hypothekengläubiger gegenüber unwirksam ist, kann der Mieter oder der Pächter nicht eine ihm gegen den Vermieter oder

---

1) Hierzu bestimmt das Gesetz über die Pfändung von Miet- und Pachtzinsforderungen wegen Ansprüchen aus öffentlichen Grundstückslasten v. 9. 3. 1934 (RGBl. I S. 181), geänd. durch Art. 7 Abs. 19 G v. 19. 6. 2001 (BGBl. I S. 1149):

„(1) Die öffentlichen Lasten eines Grundstücks, die in wiederkehrenden Leistungen bestehen, erstrecken sich nach Maßgabe der folgenden Bestimmungen auf die Miet- und Pachtforderungen.

(2) Werden Miet- oder Pachtforderungen wegen des zuletzt fällig gewordenen Teilbetrages der öffentlichen Last gepfändet, so wird die Pfändung durch eine später von einem Hypotheken- oder Grundschuldgläubiger bewirkte Pfändung nicht berührt. Werden die wiederkehrenden Leistungen in monatlichen Beträgen fällig, so gilt dieses Vorrecht auch für den vorletzten Teilbetrag.

(3) Ist vor der Pfändung die Miete oder Pacht eingezogen oder in anderer Weise über sie verfügt, so bleibt die Verfügung gegenüber dem aus der öffentlichen Last Berechtigten, soweit seine Pfändung das Vorrecht des Absatzes 2 genießt, nur für den zur Zeit der Pfändung laufenden Kalendermonat und, wenn die Pfändung nach dem fünfzehnten Tage des Monats bewirkt ist, auch für den folgenden Kalendermonat wirksam."

den Verpächter zustehende Forderung gegen den Hypothekengläubiger aufrechnen.

**§ 1126. Erstreckung auf wiederkehrende Leistungen.** [1]Ist mit dem Eigentum an dem Grundstück ein Recht auf wiederkehrende Leistungen verbunden, so erstreckt sich die Hypothek auf die Ansprüche auf diese Leistungen. [2]Die Vorschriften des § 1123 Abs. 2 Satz 1, des § 1124 Abs. 1, 3 und des § 1125 finden entsprechende Anwendung. [3]Eine vor der Beschlagnahme erfolgte Verfügung über den Anspruch auf eine Leistung, die erst drei Monate nach der Beschlagnahme fällig wird, ist dem Hypothekengläubiger gegenüber unwirksam.

**§ 1127. Erstreckung auf die Versicherungsforderung.** (1) Sind Gegenstände, die der Hypothek unterliegen, für den Eigentümer oder den Eigenbesitzer des Grundstücks unter Versicherung gebracht, so erstreckt sich die Hypothek auf die Forderung gegen den Versicherer.

(2) Die Haftung der Forderung gegen den Versicherer erlischt, wenn der versicherte Gegenstand wiederhergestellt oder Ersatz für ihn beschafft ist.

**§ 1128. Gebäudeversicherung.** (1) [1]Ist ein Gebäude versichert, so kann der Versicherer die Versicherungssumme mit Wirkung gegen den Hypothekengläubiger an den Versicherten erst zahlen, wenn er oder der Versicherte den Eintritt des Schadens dem Hypothekengläubiger angezeigt hat und seit dem Empfang der Anzeige ein Monat verstrichen ist. [2]Der Hypothekengläubiger kann bis zum Ablauf der Frist dem Versicherer gegenüber der Zahlung widersprechen. [3]Die Anzeige darf unterbleiben, wenn sie untunlich ist; in diesem Falle wird der Monat von dem Zeitpunkt an berechnet, in welchem die Versicherungssumme fällig wird.

(2) Hat der Hypothekengläubiger seine Hypothek dem Versicherer angemeldet, so kann der Versicherer mit Wirkung gegen den Hypothekengläubiger an den Versicherten nur zahlen, wenn der Hypothekengläubiger der Zahlung schriftlich zugestimmt hat.

(3) Im Übrigen finden die für eine verpfändete Forderung geltenden Vorschriften Anwendung; der Versicherer kann sich jedoch nicht darauf berufen, dass er eine aus dem Grundbuch ersichtliche Hypothek nicht gekannt habe.

**§ 1129. Sonstige Schadensversicherung.** Ist ein anderer Gegenstand als ein Gebäude versichert, so bestimmt sich die Haftung der Forderung gegen den Versicherer nach den Vorschriften des § 1123 Abs. 2 Satz 1 und des § 1124 Abs. 1, 3.

**§ 1130. Wiederherstellungsklausel.** Ist der Versicherer nach den Versicherungsbestimmungen nur verpflichtet, die Versicherungssumme zur Wiederherstellung des versicherten Gegenstands zu zahlen, so ist eine diesen Bestimmungen entsprechende Zahlung an den Versicherten dem Hypothekengläubiger gegenüber wirksam.

**§ 1131. Zuschreibung eines Grundstücks.** [1]Wird ein Grundstück nach § 890 Abs. 2 einem anderen Grundstück im Grundbuch zugeschrieben, so erstrecken sich die an diesem Grundstück bestehenden Hypotheken auf das zugeschriebene Grundstück. [2]Rechte, mit denen das zugeschriebene Grundstück belastet ist, gehen diesen Hypotheken im Range vor.

**§ 1132. Gesamthypothek.** (1)[1]Besteht für die Forderung eine Hypothek an mehreren Grundstücken (Gesamthypothek), so haftet jedes Grundstück für die ganze Forderung. [2]Der Gläubiger kann die Befriedigung nach seinem Belieben aus jedem der Grundstücke ganz oder zu einem Teil suchen.

(2) [1]Der Gläubiger ist berechtigt, den Betrag der Forderung auf die einzelnen Grundstücke in der Weise zu verteilen, dass jedes Grundstück nur für den zugeteilten Betrag haftet. [2]Auf die Verteilung finden die Vorschriften der §§ 875, 876, 878 entsprechende Anwendung.

**§ 1133. Gefährdung der Sicherheit der Hypothek.** [1]Ist infolge einer Verschlechterung des Grundstücks die Sicherheit der Hypothek gefährdet, so kann der Gläubiger dem Eigentümer eine angemessene Frist zur Beseitigung der Gefährdung bestimmen. [2]Nach dem Ablauf der Frist ist der Gläubiger berechtigt, sofort Befriedigung aus dem Grundstück zu suchen, wenn nicht die Gefährdung durch Verbesserung des Grundstücks oder durch anderweitige Hypothekenbestellung beseitigt worden ist. [3]Ist die Forderung unverzinslich und noch nicht fällig, so gebührt dem Gläubiger nur die Summe, welche mit Hinzurechnung der gesetzlichen Zinsen für die Zeit von der Zahlung bis zur Fälligkeit dem Betrag der Forderung gleichkommt.

**§ 1134. Unterlassungsklage.** (1) Wirkt der Eigentümer oder ein Dritter auf das Grundstück in solcher Weise ein, dass eine die Sicherheit der Hypothek gefährdende Verschlechterung des Grundstücks zu besorgen ist, so kann der Gläubiger auf Unterlassung klagen.

(2) [1]Geht die Einwirkung von dem Eigentümer aus, so hat das Gericht auf Antrag des Gläubigers die zur Abwendung der Gefährdung erforderlichen Maßregeln anzuordnen. [2]Das Gleiche gilt, wenn die Verschlechterung deshalb zu besorgen ist, weil der Eigentümer die erforderlichen Vorkehrungen gegen Einwirkungen Dritter oder gegen andere Beschädigungen unterlässt.

**§ 1135. Verschlechterung des Zubehörs.** Einer Verschlechterung des Grundstücks im Sinne der §§ 1133, 1134 steht es gleich, wenn Zubehörstücke, auf die sich die Hypothek erstreckt, verschlechtert oder den Regeln einer ordnungsmäßigen Wirtschaft zuwider von dem Grundstück entfernt werden.

**§ 1136. Rechtsgeschäftliche Verfügungsbeschränkung.** Eine Vereinbarung, durch die sich der Eigentümer dem Gläubiger gegenüber verpflichtet, das Grundstück nicht zu veräußern oder nicht weiter zu belasten, ist nichtig.

**§ 1137. Einreden des Eigentümers.** (1) [1]Der Eigentümer kann gegen die Hypothek die dem persönlichen Schuldner gegen die Forderung sowie die nach § 770 einem Bürgen zustehenden Einreden geltend machen. [2]Stirbt der persönliche Schuldner, so kann sich der Eigentümer nicht darauf berufen, dass der Erbe für die Schuld nur beschränkt haftet.

(2) Ist der Eigentümer nicht der persönliche Schuldner, so verliert er eine Einrede nicht dadurch, dass dieser auf sie verzichtet.

**§ 1138. Öffentlicher Glaube des Grundbuchs.** Die Vorschriften der §§ 891 bis 899 gelten für die Hypothek auch in Ansehung der Forderung und der dem Eigentümer nach § 1137 zustehenden Einreden.

**§ 1139. Widerspruch bei Darlehensbuchhypothek.** [1] Ist bei der Bestellung einer Hypothek für ein Darlehen die Erteilung des Hypothekenbriefs ausgeschlossen worden, so genügt zur Eintragung eines Widerspruchs, der sich darauf gründet, dass die Hingabe des Darlehens unterblieben sei, der von dem Eigentümer an das Grundbuchamt gerichtete Antrag, sofern er vor dem Ablauf eines Monats nach der Eintragung der Hypothek gestellt wird. [2] Wird der Widerspruch innerhalb des Monats eingetragen, so hat die Eintragung die gleiche Wirkung, wie wenn der Widerspruch zugleich mit der Hypothek eingetragen worden wäre.

**§ 1140. Hypothekenbrief und Unrichtigkeit des Grundbuchs.** [1] Soweit die Unrichtigkeit des Grundbuchs aus dem Hypothekenbrief oder einem Vermerk auf dem Brief hervorgeht, ist die Berufung auf die Vorschriften der §§ 892, 893 ausgeschlossen. [2] Ein Widerspruch gegen die Richtigkeit des Grundbuchs, der aus dem Briefe oder einem Vermerk auf dem Briefe hervorgeht, steht einem im Grundbuch eingetragenen Widerspruch gleich.

**§ 1141. Kündigung der Hypothek.** (1) [1] Hängt die Fälligkeit der Forderung von einer Kündigung ab, so ist die Kündigung für die Hypothek nur wirksam, wenn sie von dem Gläubiger dem Eigentümer oder von dem Eigentümer dem Gläubiger erklärt wird. [2] Zugunsten des Gläubigers gilt derjenige, welcher im Grundbuch als Eigentümer eingetragen ist, als der Eigentümer.

(2) Hat der Eigentümer keinen Wohnsitz im Inland oder liegen die Voraussetzungen des § 132 Abs. 2 vor, so hat auf Antrag des Gläubigers das Amtsgericht, in dessen Bezirk das Grundstück liegt, dem Eigentümer einen Vertreter zu bestellen, dem gegenüber die Kündigung des Gläubigers erfolgen kann.

**§ 1142. Befriedigungsrecht des Eigentümers.** (1) Der Eigentümer ist berechtigt, den Gläubiger zu befriedigen, wenn die Forderung ihm gegenüber fällig geworden oder wenn der persönliche Schuldner zur Leistung berechtigt ist.

(2) Die Befriedigung kann auch durch Hinterlegung oder durch Aufrechnung erfolgen.

**§ 1143. Übergang der Forderung.** (1) [1] Ist der Eigentümer nicht der persönliche Schuldner, so geht, soweit er den Gläubiger befriedigt, die Forderung auf ihn über. [2] Die für einen Bürgen geltende Vorschrift des § 774 Abs. 1 findet entsprechende Anwendung.

(2) Besteht für die Forderung eine Gesamthypothek, so gilt für diese die Vorschrift des § 1173.

**§ 1144. Aushändigung der Urkunden.** Der Eigentümer kann gegen Befriedigung des Gläubigers die Aushändigung des Hypothekenbriefs und der sonstigen Urkunden verlangen, die zur Berichtigung des Grundbuchs oder zur Löschung der Hypothek erforderlich sind.

**§ 1145. Teilweise Befriedigung.** (1) [1]Befriedigt der Eigentümer den Gläubiger nur teilweise, so kann er die Aushändigung des Hypothekenbriefs nicht verlangen. [2]Der Gläubiger ist verpflichtet, die teilweise Befriedigung auf dem Briefe zu vermerken und den Brief zum Zwecke der Berichtigung des Grundbuchs oder der Löschung dem Grundbuchamt oder zum Zwecke der Herstellung eines Teilhypothekenbriefs für den Eigentümer der zuständigen Behörde oder einem zuständigen Notar vorzulegen.

(2) [1]Die Vorschrift des Absatzes 1 Satz 2 gilt für Zinsen und andere Nebenleistungen nur, wenn sie später als in dem Kalendervierteljahr, in welchem der Gläubiger befriedigt wird, oder dem folgenden Vierteljahr fällig werden. [2]Auf Kosten, für die das Grundstück nach § 1118 haftet, findet die Vorschrift keine Anwendung.

**§ 1146. Verzugszinsen.** Liegen dem Eigentümer gegenüber die Voraussetzungen vor, unter denen ein Schuldner in Verzug kommt, so gebühren dem Gläubiger Verzugszinsen aus dem Grundstück.

**§ 1147. Befriedigung durch Zwangsvollstreckung.** Die Befriedigung des Gläubigers aus dem Grundstück und den Gegenständen, auf die sich die Hypothek erstreckt, erfolgt im Wege der Zwangsvollstreckung.

**§ 1148. Eigentumsfiktion.** [1]Bei der Verfolgung des Rechts aus der Hypothek gilt zugunsten des Gläubigers derjenige, welcher im Grundbuch als Eigentümer eingetragen ist, als der Eigentümer. [2]Das Recht des nicht eingetragenen Eigentümers, die ihm gegen die Hypothek zustehenden Einwendungen geltend zu machen, bleibt unberührt.

**§ 1149. Unzulässige Befriedigungsabreden.** Der Eigentümer kann, solange nicht die Forderung ihm gegenüber fällig geworden ist, dem Gläubiger nicht das Recht einräumen, zum Zwecke der Befriedigung die Übertragung des Eigentums an dem Grundstück zu verlangen oder die Veräußerung des Grundstücks auf andere Weise als im Wege der Zwangsvollstreckung zu bewirken.

**§ 1150. Ablösungsrecht Dritter.** Verlangt der Gläubiger Befriedigung aus dem Grundstück, so finden die Vorschriften der §§ 268, 1144, 1145 entsprechende Anwendung.

**§ 1151. Rangänderung bei Teilhypotheken.** Wird die Forderung geteilt, so ist zur Änderung des Rangverhältnisses der Teilhypotheken untereinander die Zustimmung des Eigentümers nicht erforderlich.

**§ 1152. Teilhypothekenbrief.** [1]Im Falle einer Teilung der Forderung kann, sofern nicht die Erteilung des Hypothekenbriefs ausgeschlossen ist, für jeden Teil ein Teilhypothekenbrief hergestellt werden; die Zustimmung des Eigentümers des Grundstücks ist nicht erforderlich. [2]Der Teilhypothekenbrief tritt für den Teil, auf den er sich bezieht, an die Stelle des bisherigen Briefes.

**§ 1153. Übertragung von Hypothek und Forderung.** (1) Mit der Übertragung der Forderung geht die Hypothek auf den neuen Gläubiger über.

(2) Die Forderung kann nicht ohne die Hypothek, die Hypothek kann nicht ohne die Forderung übertragen werden.

**§ 1154. Abtretung der Forderung.** (1) [1] Zur Abtretung der Forderung ist Erteilung der Abtretungserklärung in schriftlicher Form und Übergabe des Hypothekenbriefs erforderlich; die Vorschrift des § 1117 findet Anwendung. [2] Der bisherige Gläubiger hat auf Verlangen des neuen Gläubigers die Abtretungserklärung auf seine Kosten öffentlich beglaubigen zu lassen.

(2) Die schriftliche Form der Abtretungserklärung kann dadurch ersetzt werden, dass die Abtretung in das Grundbuch eingetragen wird.

(3) Ist die Erteilung des Hypothekenbriefs ausgeschlossen, so finden auf die Abtretung der Forderung die Vorschriften der §§ 873, 878 entsprechende Anwendung.

**§ 1155. Öffentlicher Glaube beglaubigter Abtretungserklärungen.** [1] Ergibt sich das Gläubigerrecht des Besitzers des Hypothekenbriefs aus einer zusammenhängenden, auf einen eingetragenen Gläubiger zurückführenden Reihe von öffentlich beglaubigten Abtretungserklärungen, so finden die Vorschriften der §§ 891 bis 899 in gleicher Weise Anwendung, wie wenn der Besitzer des Briefes als Gläubiger im Grundbuch eingetragen wäre. [2] Einer öffentlich beglaubigten Abtretungserklärung steht gleich ein gerichtlicher Überweisungsbeschluss und das öffentlich beglaubigte Anerkenntnis einer kraft Gesetzes erfolgten Übertragung der Forderung.

**§ 1156. Rechtsverhältnis zwischen Eigentümer und neuem Gläubiger.** [1] Die für die Übertragung der Forderung geltenden Vorschriften der §§ 406 bis 408 finden auf das Rechtsverhältnis zwischen dem Eigentümer und dem neuen Gläubiger in Ansehung der Hypothek keine Anwendung. [2] Der neue Gläubiger muss jedoch eine dem bisherigen Gläubiger gegenüber erfolgte Kündigung des Eigentümers gegen sich gelten lassen, es sei denn, dass die Übertragung zur Zeit der Kündigung dem Eigentümer bekannt oder im Grundbuch eingetragen ist.

**§ 1157. Fortbestehen der Einreden gegen die Hypothek.** [1] Eine Einrede, die dem Eigentümer auf Grund eines zwischen ihm und dem bisherigen Gläubiger bestehenden Rechtsverhältnisses gegen die Hypothek zusteht, kann auch dem neuen Gläubiger entgegengesetzt werden. [2] Die Vorschriften der §§ 892, 894 bis 899, 1140 gelten auch für diese Einrede.

**§ 1158. Künftige Nebenleistungen.** Soweit die Forderung auf Zinsen oder andere Nebenleistungen gerichtet ist, die nicht später als in dem Kalendervierteljahr, in welchem der Eigentümer von der Übertragung Kenntnis erlangt, oder dem folgenden Vierteljahr fällig werden, finden auf das Rechtsverhältnis zwischen dem Eigentümer und dem neuen Gläubiger die Vorschriften der §§ 406 bis 408 Anwendung; der Gläubiger kann sich gegenüber den Einwendungen, welche dem Eigentümer nach den §§ 404, 406 bis 408, 1157 zustehen, nicht auf die Vorschrift des § 892 berufen.

**§ 1159. Rückständige Nebenleistungen.** (1) [1] Soweit die Forderung auf Rückstände von Zinsen oder anderen Nebenleistungen gerichtet ist, bestimmt sich die Übertragung sowie das Rechtsverhältnis zwischen dem Eigentümer und dem neuen Gläubiger nach den für die Übertragung von Forderungen geltenden allgemeinen Vorschriften. [2]Das Gleiche gilt für den Anspruch auf Erstattung von Kosten, für die das Grundstück nach § 1118 haftet.

(2) Die Vorschrift des § 892 findet auf die im Absatz 1 bezeichneten Ansprüche keine Anwendung.

**§ 1160. Geltendmachung der Briefhypothek.** (1) Der Geltendmachung der Hypothek kann, sofern nicht die Erteilung des Hypothekenbriefs ausgeschlossen ist, widersprochen werden, wenn der Gläubiger nicht den Brief vorlegt; ist der Gläubiger nicht im Grundbuch eingetragen, so sind auch die im § 1155 bezeichneten Urkunden vorzulegen.

(2) Eine dem Eigentümer gegenüber erfolgte Kündigung oder Mahnung ist unwirksam, wenn der Gläubiger die nach Absatz 1 erforderlichen Urkunden nicht vorlegt und der Eigentümer die Kündigung oder die Mahnung aus diesem Grunde unverzüglich zurückweist.

(3) Diese Vorschriften gelten nicht für die im § 1159 bezeichneten Ansprüche.

**§ 1161. Geltendmachung der Forderung.** Ist der Eigentümer der persönliche Schuldner, so findet die Vorschrift des § 1160 auch auf die Geltendmachung der Forderung Anwendung.

**§ 1162. Aufgebot des Hypothekenbriefs.** Ist der Hypothekenbrief abhanden gekommen oder vernichtet, so kann er im Wege des Aufgebotsverfahrens für kraftlos erklärt werden.

**§ 1163. Eigentümerhypothek.** (1) [1]Ist die Forderung, für welche die Hypothek bestellt ist, nicht zur Entstehung gelangt, so steht die Hypothek dem Eigentümer zu. [2]Erlischt die Forderung, so erwirbt der Eigentümer die Hypothek.

(2) Eine Hypothek, für welche die Erteilung des Hypothekenbriefs nicht ausgeschlossen ist, steht bis zur Übergabe des Briefes an den Gläubiger dem Eigentümer zu.

**§ 1164. Übergang der Hypothek auf den Schuldner.** (1) [1]Befriedigt der persönliche Schuldner den Gläubiger, so geht die Hypothek insoweit auf ihn über, als er von dem Eigentümer oder einem Rechtsvorgänger des Eigentümers Ersatz verlangen kann. [2]Ist dem Schuldner nur teilweise Ersatz zu leisten, so kann der Eigentümer die Hypothek, soweit sie auf ihn übergegangen ist, nicht zum Nachteil der Hypothek des Schuldners geltend machen.

(2) Der Befriedigung des Gläubigers steht es gleich, wenn sich Forderung und Schuld in einer Person vereinigen.

**§ 1165. Freiwerden des Schuldners.** Verzichtet der Gläubiger auf die Hypothek oder hebt er sie nach § 1183 auf oder räumt er einem anderen Recht den Vorrang ein, so wird der persönliche Schuldner insoweit frei, als er ohne diese Verfügung nach § 1164 aus der Hypothek hätte Ersatz erlangen können.

**§ 1166. Benachrichtigung des Schuldners.** [1]Ist der persönliche Schuldner berechtigt, von dem Eigentümer Ersatz zu verlangen, falls er den Gläubiger befriedigt, so kann er, wenn der Gläubiger die Zwangsversteigerung des Grundstücks betreibt, ohne ihn unverzüglich zu benachrichtigen, die Befriedigung des Gläubigers wegen eines Ausfalls bei der Zwangsversteigerung insoweit verweigern, als er infolge der Unterlassung der Benachrichtigung einen Schaden erleidet. [2]Die Benachrichtigung darf unterbleiben, wenn sie untunlich ist.

**§ 1167. Aushändigung der Berichtigungsurkunden.** Erwirbt der persönliche Schuldner, falls er den Gläubiger befriedigt, die Hypothek oder hat er im Falle der Befriedigung ein sonstiges rechtliches Interesse an der Berichtigung des Grundbuchs, so stehen ihm die in den §§ 1144, 1145 bestimmten Rechte zu.

**§ 1168. Verzicht auf die Hypothek.** (1) Verzichtet der Gläubiger auf die Hypothek, so erwirbt sie der Eigentümer.

(2) [1]Der Verzicht ist dem Grundbuchamt oder dem Eigentümer gegenüber zu erklären und bedarf der Eintragung in das Grundbuch. [2]Die Vorschriften des § 875 Abs. 2 und der §§ 876, 878 finden entsprechende Anwendung.

(3) Verzichtet der Gläubiger für einen Teil der Forderung auf die Hypothek, so stehen dem Eigentümer die im § 1145 bestimmten Rechte zu.

**§ 1169. Rechtszerstörende Einrede.** Steht dem Eigentümer eine Einrede zu, durch welche die Geltendmachung der Hypothek dauernd ausgeschlossen wird, so kann er verlangen, dass der Gläubiger auf die Hypothek verzichtet.

**§ 1170.**[1)] **Ausschluss unbekannter Gläubiger.** (1) [1]Ist der Gläubiger unbekannt, so kann er im Wege des Aufgebotsverfahrens mit seinem Recht ausgeschlossen werden, wenn seit der letzten sich auf die Hypothek beziehenden Eintragung in das Grundbuch zehn Jahre verstrichen sind und das Recht des Gläubigers nicht innerhalb dieser Frist von dem Eigentümer in einer nach § 212 Abs. 1 Nr. 1 zum Neubeginn der Verjährung geeigneten Weise anerkannt worden ist. [2]Besteht für die Forderung eine nach dem Kalender bestimmte Zahlungszeit, so beginnt die Frist nicht vor dem Ablauf des Zahlungstags.

(2) [1]Mit der Rechtskraft des Ausschließungsbeschlusses erwirbt der Eigentümer die Hypothek. [2]Der dem Gläubiger erteilte Hypothekenbrief wird kraftlos.

**§ 1171.**[1)] **Ausschluss durch Hinterlegung.** (1) [1]Der unbekannte Gläubiger kann im Wege des Aufgebotsverfahrens mit seinem Recht auch dann ausgeschlossen werden, wenn der Eigentümer zur Befriedigung des Gläubigers oder zur Kündigung berechtigt ist und den Betrag der Forderung für den Gläubiger unter Verzicht auf das Recht zur Rücknahme hinterlegt. [2]Die Hinterlegung von Zinsen ist nur erforderlich, wenn der Zinssatz im Grundbuch eingetragen ist; Zinsen für eine frühere Zeit als das vierte Kalenderjahr vor der Rechtskraft des Ausschließungsbeschlusses sind nicht zu hinterlegen.

---

1) § 1170 Abs. 2 Satz 1, § 1171 Abs. 1 Satz 2, Abs. 2 Satz 1, Abs. 3 geänd. mWv 1. 9. 2009 durch Art. 50 FGG-RG v. 17. 12. 2008 (BGBl. I S. 2586).

(2) [1]Mit der Rechtskraft des Ausschließungsbeschlusses gilt der Gläubiger als befriedigt, sofern nicht nach den Vorschriften über die Hinterlegung die Befriedigung schon vorher eingetreten ist. [2]Der dem Gläubiger erteilte Hypothekenbrief wird kraftlos.

(3) Das Recht des Gläubigers auf den hinterlegten Betrag erlischt mit dem Ablauf von 30 Jahren nach der Rechtskraft des Ausschließungsbeschlusses, wenn nicht der Gläubiger sich vorher bei der Hinterlegungsstelle meldet; der Hinterleger ist zur Rücknahme berechtigt, auch wenn er auf das Recht zur Rücknahme verzichtet hat.

**§ 1172. Eigentümergesamthypothek.** (1) Eine Gesamthypothek steht in den Fällen des § 1163 den Eigentümern der belasteten Grundstücke gemeinschaftlich zu.

(2) [1]Jeder Eigentümer kann, sofern nicht ein anderes vereinbart ist, verlangen, dass die Hypothek an seinem Grundstück auf den Teilbetrag, der dem Verhältnis des Wertes seines Grundstücks zu dem Werte der sämtlichen Grundstücke entspricht, nach § 1132 Abs. 2 beschränkt und in dieser Beschränkung ihm zugeteilt wird. [2]Der Wert wird unter Abzug der Belastungen berechnet, die der Gesamthypothek im Range vorgehen.

**§ 1173. Befriedigung durch einen der Eigentümer.** (1) [1]Befriedigt der Eigentümer eines der mit einer Gesamthypothek belasteten Grundstücke den Gläubiger, so erwirbt er die Hypothek an seinem Grundstück; die Hypothek an den übrigen Grundstücken erlischt. [2]Der Befriedigung des Gläubigers durch den Eigentümer steht es gleich, wenn das Gläubigerrecht auf den Eigentümer übertragen wird oder wenn sich Forderung und Schuld in der Person des Eigentümers vereinigen.

(2) Kann der Eigentümer, der den Gläubiger befriedigt, von dem Eigentümer eines der anderen Grundstücke oder einem Rechtsvorgänger dieses Eigentümers Ersatz verlangen, so geht in Höhe des Ersatzanspruchs auch die Hypothek an dem Grundstück dieses Eigentümers auf ihn über; sie bleibt mit der Hypothek an seinem eigenen Grundstück Gesamthypothek.

**§ 1174. Befriedigung durch den persönlichen Schuldner.** (1) Befriedigt der persönliche Schuldner den Gläubiger, dem eine Gesamthypothek zusteht, oder vereinigen sich bei einer Gesamthypothek Forderung und Schuld in einer Person, so geht, wenn der Schuldner nur von dem Eigentümer eines der Grundstücke oder von einem Rechtsvorgänger des Eigentümers Ersatz verlangen kann, die Hypothek an diesem Grundstück auf ihn über; die Hypothek an den übrigen Grundstücken erlischt.

(2) Ist dem Schuldner nur teilweise Ersatz zu leisten und geht deshalb die Hypothek nur zu einem Teilbetrag auf ihn über, so hat sich der Eigentümer diesen Betrag auf den ihm nach § 1172 gebührenden Teil des übrig bleibenden Betrags der Gesamthypothek anrechnen zu lassen.

**§ 1175. Verzicht auf die Gesamthypothek.** (1) [1]Verzichtet der Gläubiger auf die Gesamthypothek, so fällt sie den Eigentümern der belasteten Grundstücke gemeinschaftlich zu; die Vorschrift des § 1172 Abs. 2 findet Anwendung. [2]Verzichtet der Gläubiger auf die Hypothek an einem der Grundstücke, so erlischt die Hypothek an diesem.

(2) Das Gleiche gilt, wenn der Gläubiger nach § 1170 mit seinem Recht ausgeschlossen wird.

**§ 1176. Eigentümerteilhypothek; Kollisionsklausel.** Liegen die Voraussetzungen der §§ 1163, 1164, 1168, 1172 bis 1175 nur in Ansehung eines Teilbetrags der Hypothek vor, so kann die auf Grund dieser Vorschriften dem Eigentümer oder einem der Eigentümer oder dem persönlichen Schuldner zufallende Hypothek nicht zum Nachteil der dem Gläubiger verbleibenden Hypothek geltend gemacht werden.

**§ 1177. Eigentümergrundschuld, Eigentümerhypothek.** (1) [1]Vereinigt sich die Hypothek mit dem Eigentum in einer Person, ohne dass dem Eigentümer auch die Forderung zusteht, so verwandelt sich die Hypothek in eine Grundschuld. [2]In Ansehung der Verzinslichkeit, des Zinssatzes, der Zahlungszeit, der Kündigung und des Zahlungsorts bleiben die für die Forderung getroffenen Bestimmungen maßgebend.

(2) Steht dem Eigentümer auch die Forderung zu, so bestimmen sich seine Rechte aus der Hypothek, solange die Vereinigung besteht, nach den für eine Grundschuld des Eigentümers geltenden Vorschriften.

**§ 1178. Hypothek für Nebenleistungen und Kosten.** (1) [1]Die Hypothek für Rückstände von Zinsen und anderen Nebenleistungen sowie für Kosten, die dem Gläubiger zu erstatten sind, erlischt, wenn sie sich mit dem Eigentum in einer Person vereinigt. [2]Das Erlöschen tritt nicht ein, solange einem Dritten ein Recht an dem Anspruch auf eine solche Leistung zusteht.

(2) [1]Zum Verzicht auf die Hypothek für die im Absatz 1 bezeichneten Leistungen genügt die Erklärung des Gläubigers gegenüber dem Eigentümer. [2]Solange einem Dritten ein Recht an dem Anspruch auf eine solche Leistung zusteht, ist die Zustimmung des Dritten erforderlich. [3]Die Zustimmung ist demjenigen gegenüber zu erklären, zu dessen Gunsten sie erfolgt; sie ist unwiderruflich.

**§ 1179. Löschungsvormerkung.** Verpflichtet sich der Eigentümer einem anderen gegenüber, die Hypothek löschen zu lassen, wenn sie sich mit dem Eigentum in einer Person vereinigt, so kann zur Sicherung des Anspruchs auf Löschung eine Vormerkung in das Grundbuch eingetragen werden, wenn demjenigen, zu dessen Gunsten die Eintragung vorgenommen werden soll,

1. ein anderes gleichrangiges oder nachrangiges Recht als eine Hypothek, Grundschuld oder Rentenschuld am Grundstück zusteht oder
2. ein Anspruch auf Einräumung eines solchen anderen Rechts oder auf Übertragung des Eigentums am Grundstück zusteht; der Anspruch kann auch ein künftiger oder bedingter sein.

**§ 1179 a. Löschungsanspruch bei fremden Rechten.** (1) [1]Der Gläubiger einer Hypothek kann von dem Eigentümer verlangen, dass dieser eine vorrangige oder gleichrangige Hypothek löschen lässt, wenn sie im Zeitpunkt der Eintragung der Hypothek des Gläubigers mit dem Eigentum in einer Person vereinigt ist oder eine solche Vereinigung später eintritt. [2]Ist das Eigentum nach der Eintragung der nach Satz 1 begünstigten Hypothek durch Sondernachfolge auf einen anderen übergegangen, so ist jeder Eigentümer wegen der zur Zeit seines Eigentums bestehenden Vereinigungen zur Löschung verpflichtet. [3]Der Löschungsanspruch ist in gleicher Weise gesichert, als wenn zu seiner Sicherung gleichzeitig mit der begünstigten Hypothek eine Vormerkung in das Grundbuch eingetragen worden wäre.

(2) [1]Die Löschung einer Hypothek, die nach § 1163 Abs. 1 Satz 1 mit dem Eigentum in einer Person vereinigt ist, kann nach Absatz 1 erst verlangt werden, wenn sich ergibt, dass die zu sichernde Forderung nicht mehr entstehen wird; der Löschungsanspruch besteht von diesem Zeitpunkt ab jedoch auch wegen der vorher bestehenden Vereinigungen. [2]Durch die Vereinigung einer Hypothek mit dem Eigentum nach § 1163 Abs. 2 wird ein Anspruch nach Absatz 1 nicht begründet.

(3) Liegen bei der begünstigten Hypothek die Voraussetzungen des § 1163 vor, ohne dass das Recht für den Eigentümer oder seinen Rechtsnachfolger im Grundbuch eingetragen ist, so besteht der Löschungsanspruch für den eingetragenen Gläubiger oder seinen Rechtsnachfolger.

(4) Tritt eine Hypothek im Range zurück, so sind auf die Löschung der ihr infolge der Rangänderung vorgehenden oder gleichstehenden Hypothek die Absätze 1 bis 3 mit der Maßgabe entsprechend anzuwenden, dass an die Stelle des Zeitpunkts der Eintragung des zurückgetretenen Rechts der Zeitpunkt der Eintragung der Rangänderung tritt.

(5) [1]Als Inhalt einer Hypothek, deren Gläubiger nach den vorstehenden Vorschriften ein Anspruch auf Löschung zusteht, kann der Ausschluss dieses Anspruchs vereinbart werden; der Ausschluss kann auf einen bestimmten Fall der Vereinigung beschränkt werden. [2]Der Ausschluss ist unter Bezeichnung der Hypotheken, die dem Löschungsanspruch ganz oder teilweise nicht unterliegen, im Grundbuch anzugeben; ist der Ausschluss nicht für alle Fälle der Vereinigung vereinbart, so kann zur näheren Bezeichnung der erfassten Fälle auf die Eintragungsbewilligung Bezug genommen werden. [3]Wird der Ausschluss aufgehoben, so entstehen dadurch nicht Löschungsansprüche für Vereinigungen, die nur vor dieser Aufhebung bestanden haben.

**§ 1179b. Löschungsanspruch bei eigenem Recht.** (1) Wer als Gläubiger einer Hypothek im Grundbuch eingetragen oder nach Maßgabe des § 1155 als Gläubiger ausgewiesen ist, kann von dem Eigentümer die Löschung dieser Hypothek verlangen, wenn sie im Zeitpunkt ihrer Eintragung mit dem Eigentum in einer Person vereinigt ist oder eine solche Vereinigung später eintritt.

(2) § 1179a Abs. 1 Satz 2, 3, Abs. 2, 5 ist entsprechend anzuwenden.

**§ 1180. Auswechslung der Forderung.** (1) [1]An die Stelle der Forderung, für welche die Hypothek besteht, kann eine andere Forderung gesetzt werden. [2]Zu der Änderung ist die Einigung des Gläubigers und des Eigentümers sowie die Eintragung in das Grundbuch erforderlich; die Vorschriften des § 873 Abs. 2 und der §§ 876, 878 finden entsprechende Anwendung.

(2) [1]Steht die Forderung, die an die Stelle der bisherigen Forderung treten soll, nicht dem bisherigen Hypothekengläubiger zu, so ist dessen Zustimmung erforderlich; die Zustimmung ist dem Grundbuchamt oder demjenigen gegenüber zu erklären, zu dessen Gunsten sie erfolgt. [2]Die Vorschriften des § 875 Abs. 2 und des § 876 finden entsprechende Anwendung.

**§ 1181. Erlöschen durch Befriedigung aus dem Grundstück.** (1) Wird der Gläubiger aus dem Grundstück befriedigt, so erlischt die Hypothek.

(2) Erfolgt die Befriedigung des Gläubigers aus einem der mit einer Gesamthypothek belasteten Grundstücke, so werden auch die übrigen Grundstücke frei.

(3) Der Befriedigung aus dem Grundstück steht die Befriedigung aus den Gegenständen gleich, auf die sich die Hypothek erstreckt.

**§ 1182. Übergang bei Befriedigung aus der Gesamthypothek.** [1]Soweit im Falle einer Gesamthypothek der Eigentümer des Grundstücks, aus dem der Gläubiger befriedigt wird, von dem Eigentümer eines der anderen Grundstücke oder einem Rechtsvorgänger dieses Eigentümers Ersatz verlangen kann, geht die Hypothek an dem Grundstück dieses Eigentümers auf ihn über. [2]Die Hypothek kann jedoch, wenn der Gläubiger nur teilweise befriedigt wird, nicht zum Nachteil der dem Gläubiger verbleibenden Hypothek und, wenn das Grundstück mit einem im Range gleich- oder nachstehenden Recht belastet ist, nicht zum Nachteil dieses Rechts geltend gemacht werden.

**§ 1183. Aufhebung der Hypothek.** [1]Zur Aufhebung der Hypothek durch Rechtsgeschäft ist die Zustimmung des Eigentümers erforderlich. [2]Die Zustimmung ist dem Grundbuchamt oder dem Gläubiger gegenüber zu erklären; sie ist unwiderruflich.

**§ 1184. Sicherungshypothek.** (1) Eine Hypothek kann in der Weise bestellt werden, dass das Recht des Gläubigers aus der Hypothek sich nur nach der Forderung bestimmt und der Gläubiger sich zum Beweis der Forderung nicht auf die Eintragung berufen kann (Sicherungshypothek).

(2) Die Hypothek muss im Grundbuch als Sicherungshypothek bezeichnet werden.

**§ 1185. Buchhypothek; unanwendbare Vorschriften.** (1) Bei der Sicherungshypothek ist die Erteilung des Hypothekenbriefs ausgeschlossen.

(2) Die Vorschriften der §§ 1138, 1139, 1141, 1156 finden keine Anwendung.

**§ 1186. Zulässige Umwandlungen.** [1]Eine Sicherungshypothek kann in eine gewöhnliche Hypothek, eine gewöhnliche Hypothek kann in eine Sicherungshypothek umgewandelt werden. [2]Die Zustimmung der im Range gleich- oder nachstehenden Berechtigten ist nicht erforderlich.

**§ 1187. Sicherungshypothek für Inhaber- und Orderpapiere.** [1]Für die Forderung aus einer Schuldverschreibung auf den Inhaber, aus einem Wechsel oder aus einem anderen Papier, das durch Indossament übertragen werden kann, kann nur eine Sicherungshypothek bestellt werden. [2]Die Hypothek gilt als Sicherungshypothek, auch wenn sie im Grundbuch nicht als solche bezeichnet ist. [3]Die Vorschrift des § 1154 Abs. 3 findet keine Anwendung. [4]Ein Anspruch auf Löschung der Hypothek nach den §§ 1179 a, 1179 b besteht nicht.

**§ 1188. Sondervorschrift für Schuldverschreibungen auf den Inhaber.** (1) Zur Bestellung einer Hypothek für die Forderung aus einer Schuldverschreibung auf den Inhaber genügt die Erklärung des Eigentümers gegenüber dem Grundbuchamt, dass er die Hypothek bestelle, und die Eintragung in das Grundbuch; die Vorschrift des § 878 findet Anwendung.

(2) [1]Die Ausschließung des Gläubigers mit seinem Recht nach § 1170 ist nur zulässig, wenn die im § 801 bezeichnete Vorlegungsfrist verstrichen ist. [2]Ist innerhalb der Frist die Schuldverschreibung vorgelegt oder der Anspruch aus der Urkunde gerichtlich geltend gemacht worden, so kann die Ausschließung erst erfolgen, wenn die Verjährung eingetreten ist.

**§ 1189. Bestellung eines Grundbuchvertreters.** (1) [1]Bei einer Hypothek der im § 1187 bezeichneten Art kann für den jeweiligen Gläubiger ein Vertreter mit der Befugnis bestellt werden, mit Wirkung für und gegen jeden späteren Gläubiger bestimmte Verfügungen über die Hypothek zu treffen und den Gläubiger bei der Geltendmachung der Hypothek zu vertreten. [2]Zur Bestellung des Vertreters ist die Eintragung in das Grundbuch erforderlich.

(2) Ist der Eigentümer berechtigt, von dem Gläubiger eine Verfügung zu verlangen, zu welcher der Vertreter befugt ist, so kann er die Vornahme der Verfügung von dem Vertreter verlangen.

**§ 1190. Höchstbetragshypothek.** (1) [1]Eine Hypothek kann in der Weise bestellt werden, dass nur der Höchstbetrag, bis zu dem das Grundstück haften soll, bestimmt, im Übrigen die Feststellung der Forderung vorbehalten wird. [2]Der Höchstbetrag muss in das Grundbuch eingetragen werden.

(2) Ist die Forderung verzinslich, so werden die Zinsen in den Höchstbetrag eingerechnet.

(3) Die Hypothek gilt als Sicherungshypothek, auch wenn sie im Grundbuch nicht als solche bezeichnet ist.

(4) [1]Die Forderung kann nach den für die Übertragung von Forderungen geltenden allgemeinen Vorschriften übertragen werden. [2]Wird sie nach diesen Vorschriften übertragen, so ist der Übergang der Hypothek ausgeschlossen.

## Titel 2. Grundschuld, Rentenschuld

### Untertitel 1. Grundschuld

**§ 1191. Gesetzlicher Inhalt der Grundschuld.** (1) Ein Grundstück kann in der Weise belastet werden, dass an denjenigen, zu dessen Gunsten die Belastung erfolgt, eine bestimmte Geldsumme aus dem Grundstück zu zahlen ist (Grundschuld).

(2) Die Belastung kann auch in der Weise erfolgen, dass Zinsen von der Geldsumme sowie andere Nebenleistungen aus dem Grundstück zu entrichten sind.

**§ 1192.[1)] Anwendbare Vorschriften.** (1) Auf die Grundschuld finden die Vorschriften über die Hypothek entsprechende Anwendung, soweit sich nicht daraus ein anderes ergibt, dass die Grundschuld nicht eine Forderung voraussetzt.

---

[1)] § 1192 Abs. 1 a eingef. durch Art. 6 G v. 12. 8. 2008 (BGBl. I S. 1666). Beachte hierzu Übergangsvorschr. in Art. 229 § 18 EGBGB; Nr. **21**.

(1 a) [1] Ist die Grundschuld zur Sicherung eines Anspruchs verschafft worden (Sicherungsgrundschuld), können Einreden, die dem Eigentümer auf Grund des Sicherungsvertrags mit dem bisherigen Gläubiger gegen die Grundschuld zustehen oder sich aus dem Sicherungsvertrag ergeben, auch jedem Erwerber der Grundschuld entgegengesetzt werden; § 1157 Satz 2 findet insoweit keine Anwendung. [2] Im Übrigen bleibt § 1157 unberührt.

(2) Für Zinsen der Grundschuld gelten die Vorschriften über die Zinsen einer Hypothekenforderung.

**§ 1193**[1)] **Kündigung.** (1) [1] Das Kapital der Grundschuld wird erst nach vorgängiger Kündigung fällig. [2] Die Kündigung steht sowohl dem Eigentümer als dem Gläubiger zu. [3] Die Kündigungsfrist beträgt sechs Monate.

(2) [1] Abweichende Bestimmungen sind zulässig. [2] Dient die Grundschuld der Sicherung einer Geldforderung, so ist eine von Absatz 1 abweichende Bestimmung nicht zulässig.

**§ 1194 Zahlungsort.** Die Zahlung des Kapitals sowie der Zinsen und anderen Nebenleistungen hat, soweit nicht ein anderes bestimmt ist, an dem Orte zu erfolgen, an dem das Grundbuchamt seinen Sitz hat.

**§ 1195 Inhabergrundschuld.** [1] Eine Grundschuld kann in der Weise bestellt werden, dass der Grundschuldbrief auf den Inhaber ausgestellt wird. [2] Auf einen solchen Brief finden die Vorschriften über Schuldverschreibungen auf den Inhaber entsprechende Anwendung.

**§ 1196 Eigentümergrundschuld.** (1) Eine Grundschuld kann auch für den Eigentümer bestellt werden.

(2) Zu der Bestellung ist die Erklärung des Eigentümers gegenüber dem Grundbuchamt, dass die Grundschuld für ihn in das Grundbuch eingetragen werden soll, und die Eintragung erforderlich; die Vorschrift des § 878 findet Anwendung.

(3) Ein Anspruch auf Löschung der Grundschuld nach § 1179 a oder § 1179 b besteht nur wegen solcher Vereinigungen der Grundschuld mit dem Eigentum in einer Person, die eintreten, nachdem die Grundschuld einem anderen als dem Eigentümer zugestanden hat.

**§ 1197 Abweichungen von der Fremdgrundschuld.** (1) Ist der Eigentümer der Gläubiger, so kann er nicht die Zwangsvollstreckung zum Zwecke seiner Befriedigung betreiben.

(2) Zinsen gebühren dem Eigentümer nur, wenn das Grundstück auf Antrag eines anderen zum Zwecke der Zwangsverwaltung in Beschlag genommen ist, und nur für die Dauer der Zwangsverwaltung.

**§ 1198 Zulässige Umwandlungen.** [1] Eine Hypothek kann in eine Grundschuld, eine Grundschuld kann in eine Hypothek umgewandelt werden. [2] Die Zustimmung der im Range gleich- oder nachstehenden Berechtigten ist nicht erforderlich.

---

[1)] § 1193 Abs. 2 Satz 2 angef. mWv 19. 8. 2008 durch G v. 12. 8. 2008 (BGBl. I S. 1666).

### Untertitel 2. Rentenschuld

**§ 1199 Gesetzlicher Inhalt der Rentenschuld.** (1) Eine Grundschuld kann in der Weise bestellt werden, dass in regelmäßig wiederkehrenden Terminen eine bestimmte Geldsumme aus dem Grundstück zu zahlen ist (Rentenschuld).

(2) [1] Bei der Bestellung der Rentenschuld muss der Betrag bestimmt werden, durch dessen Zahlung die Rentenschuld abgelöst werden kann. [2] Die Ablösungssumme muss im Grundbuch angegeben werden.

**§ 1200 Anwendbare Vorschriften.** (1) Auf die einzelnen Leistungen finden die für Hypothekenzinsen, auf die Ablösungssumme finden die für ein Grundschuldkapital geltenden Vorschriften entsprechende Anwendung.

(2) Die Zahlung der Ablösungssumme an den Gläubiger hat die gleiche Wirkung wie die Zahlung des Kapitals einer Grundschuld.

**§ 1201 Ablösungsrecht.** (1) Das Recht zur Ablösung steht dem Eigentümer zu.

(2) [1] Dem Gläubiger kann das Recht, die Ablösung zu verlangen, nicht eingeräumt werden. [2] Im Falle des § 1133 Satz 2 ist der Gläubiger berechtigt, die Zahlung der Ablösungssumme aus dem Grundstück zu verlangen.

**§ 1202 Kündigung.** (1) [1] Der Eigentümer kann das Ablösungsrecht erst nach vorgängiger Kündigung ausüben. [2] Die Kündigungsfrist beträgt sechs Monate, wenn nicht ein anderes bestimmt ist.

(2) Eine Beschränkung des Kündigungsrechts ist nur soweit zulässig, dass der Eigentümer nach 30 Jahren unter Einhaltung der sechsmonatigen Frist kündigen kann.

(3) Hat der Eigentümer gekündigt, so kann der Gläubiger nach dem Ablauf der Kündigungsfrist die Zahlung der Ablösungssumme aus dem Grundstück verlangen.

**§ 1203 Zulässige Umwandlungen.** [1] Eine Rentenschuld kann in eine gewöhnliche Grundschuld, eine gewöhnliche Grundschuld kann in eine Rentenschuld umgewandelt werden. [2] Die Zustimmung der im Range gleich- oder nachstehenden Berechtigten ist nicht erforderlich.

## Abschnitt 8. Pfandrecht an beweglichen Sachen und an Rechten

### Titel 1. Pfandrecht an beweglichen Sachen

**§ 1204 Gesetzlicher Inhalt des Pfandrechts an beweglichen Sachen.**

(1) Eine bewegliche Sache kann zur Sicherung einer Forderung in der Weise belastet werden, dass der Gläubiger berechtigt ist, Befriedigung aus der Sache zu suchen (Pfandrecht).[1)]

*(Fortsetzung nächste Seite)*

[1)] Wegen gesetzlicher Pfandrechte siehe § 1257 und die Anm. hierzu. Beachte auch das Gesetz über Rechte an Luftfahrzeugen v. 26. 2. 1959 (BGBl. I S. 57, ber. S. 223), zuletzt geänd. durch G v. 10. 10. 2013 (BGBl. I S. 3786).

(2) Das Pfandrecht kann auch für eine künftige oder eine bedingte Forderung bestellt werden.

**§ 1205. Bestellung.** (1) [1] Zur Bestellung des Pfandrechts ist erforderlich, dass der Eigentümer die Sache dem Gläubiger übergibt und beide darüber einig sind, dass dem Gläubiger das Pfandrecht zustehen soll. [2] Ist der Gläubiger im Besitz der Sache, so genügt die Einigung über die Entstehung des Pfandrechts.

(2) Die Übergabe einer im mittelbaren Besitz des Eigentümers befindlichen Sache kann dadurch ersetzt werden, dass der Eigentümer den mittelbaren Besitz auf den Pfandgläubiger überträgt und die Verpfändung dem Besitzer anzeigt.

*(Fortsetzung nächstes Blatt)*

**§ 1206. Übergabeersatz durch Einräumung des Mitbesitzes.** Anstelle der Übergabe der Sache genügt die Einräumung des Mitbesitzes, wenn sich die Sache unter dem Mitverschluss des Gläubigers befindet oder, falls sie im Besitz eines Dritten ist, die Herausgabe nur an den Eigentümer und den Gläubiger gemeinschaftlich erfolgen kann.

**§ 1207. Verpfändung durch Nichtberechtigten.** Gehört die Sache nicht dem Verpfänder, so finden auf die Verpfändung die für den Erwerb des Eigentums geltenden Vorschriften der §§ 932, 934, 935 entsprechende Anwendung.

**§ 1208. Gutgläubiger Erwerb des Vorrangs.** [1] Ist die Sache mit dem Recht eines Dritten belastet, so geht das Pfandrecht dem Recht vor, es sei denn, dass der Pfandgläubiger zur Zeit des Erwerbs des Pfandrechts in Ansehung des Rechts nicht in gutem Glauben ist. [2] Die Vorschriften des § 932 Abs. 1 Satz 2, des § 935 und des § 936 Abs. 3 finden entsprechende Anwendung.

**§ 1209. Rang des Pfandrechts.** Für den Rang des Pfandrechts ist die Zeit der Bestellung auch dann maßgebend, wenn es für eine künftige oder eine bedingte Forderung bestellt ist.

**§ 1210. Umfang der Haftung des Pfandes.** (1) [1] Das Pfand haftet für die Forderung in deren jeweiligem Bestand, insbesondere auch für Zinsen und Vertragsstrafen. [2] Ist der persönliche Schuldner nicht der Eigentümer des Pfandes, so wird durch ein Rechtsgeschäft, das der Schuldner nach der Verpfändung vornimmt, die Haftung nicht erweitert.

(2) Das Pfand haftet für die Ansprüche des Pfandgläubigers auf Ersatz von Verwendungen, für die dem Pfandgläubiger zu ersetzenden Kosten der Kündigung und der Rechtsverfolgung sowie für die Kosten des Pfandverkaufs.

**§ 1211. Einreden des Verpfänders.** (1) [1] Der Verpfänder kann dem Pfandgläubiger gegenüber die dem persönlichen Schuldner gegen die Forderung sowie die nach § 770 einem Bürgen zustehenden Einreden geltend machen. [2] Stirbt der persönliche Schuldner, so kann sich der Verpfänder nicht darauf berufen, dass der Erbe für die Schuld nur beschränkt haftet.

(2) Ist der Verpfänder nicht der persönliche Schuldner, so verliert er eine Einrede nicht dadurch, dass dieser auf sie verzichtet.

**§ 1212. Erstreckung auf getrennte Erzeugnisse.** Das Pfandrecht erstreckt sich auf die Erzeugnisse, die von dem Pfande getrennt werden.

**§ 1213. Nutzungspfand.** (1) Das Pfandrecht kann in der Weise bestellt werden, dass der Pfandgläubiger berechtigt ist, die Nutzungen des Pfandes zu ziehen.

(2) Ist eine von Natur Frucht tragende Sache dem Pfandgläubiger zum Alleinbesitz übergeben, so ist im Zweifel anzunehmen, dass der Pfandgläubiger zum Fruchtbezug berechtigt sein soll.

**§ 1214. Pflichten des nutzungsberechtigten Pfandgläubigers.** (1) Steht dem Pfandgläubiger das Recht zu, die Nutzungen zu ziehen, so ist er verpflichtet, für die Gewinnung der Nutzungen zu sorgen und Rechenschaft abzulegen.

(2) Der Reinertrag der Nutzungen wird auf die geschuldete Leistung und, wenn Kosten und Zinsen zu entrichten sind, zunächst auf diese angerechnet.

(3) Abweichende Bestimmungen sind zulässig.

**§ 1215. Verwahrungspflicht.** Der Pfandgläubiger ist zur Verwahrung des Pfandes verpflichtet.

**§ 1216. Ersatz von Verwendungen.** [1]Macht der Pfandgläubiger Verwendungen auf das Pfand, so bestimmt sich die Ersatzpflicht des Verpfänders nach den Vorschriften über die Geschäftsführung ohne Auftrag. [2]Der Pfandgläubiger ist berechtigt, eine Einrichtung, mit der er das Pfand versehen hat, wegzunehmen.

**§ 1217. Rechtsverletzung durch den Pfandgläubiger.** (1) Verletzt der Pfandgläubiger die Rechte des Verpfänders in erheblichem Maße und setzt er das verletzende Verhalten ungeachtet einer Abmahnung des Verpfänders fort, so kann der Verpfänder verlangen, dass das Pfand auf Kosten des Pfandgläubigers hinterlegt oder, wenn es sich nicht zur Hinterlegung eignet, an einen gerichtlich zu bestellenden Verwahrer abgeliefert wird.

(2) [1]Statt der Hinterlegung oder der Ablieferung der Sache an einen Verwahrer kann der Verpfänder die Rückgabe des Pfandes gegen Befriedigung des Gläubigers verlangen. [2]Ist die Forderung unverzinslich und noch nicht fällig, so gebührt dem Pfandgläubiger nur die Summe, welche mit Hinzurechnung der gesetzlichen Zinsen für die Zeit von der Zahlung bis zur Fälligkeit dem Betrag der Forderung gleichkommt.

**§ 1218. Rechte des Verpfänders bei drohendem Verderb.** (1) Ist der Verderb des Pfandes oder eine wesentliche Minderung des Wertes zu besorgen, so kann der Verpfänder die Rückgabe des Pfandes gegen anderweitige Sicherheitsleistung verlangen; die Sicherheitsleistung durch Bürgen ist ausgeschlossen.

(2) Der Pfandgläubiger hat dem Verpfänder von dem drohenden Verderb unverzüglich Anzeige zu machen, sofern nicht die Anzeige untunlich ist.

**§ 1219. Rechte des Pfandgläubigers bei drohendem Verderb.** (1) Wird durch den drohenden Verderb des Pfandes oder durch eine zu besorgende wesentliche Minderung des Wertes die Sicherheit des Pfandgläubigers gefährdet, so kann dieser das Pfand öffentlich versteigern lassen.

(2) [1]Der Erlös tritt an die Stelle des Pfandes. [2]Auf Verlangen des Verpfänders ist der Erlös zu hinterlegen.

**§ 1220. Androhung der Versteigerung.** (1) [1]Die Versteigerung des Pfandes ist erst zulässig, nachdem sie dem Verpfänder angedroht worden ist; die Androhung darf unterbleiben, wenn das Pfand dem Verderb ausgesetzt und mit dem Aufschub der Versteigerung Gefahr verbunden ist. [2]Im Falle der

Wertminderung ist außer der Androhung erforderlich, dass der Pfandgläubiger dem Verpfänder zur Leistung anderweitiger Sicherheit eine angemessene Frist bestimmt hat und diese verstrichen ist.

(2) Der Pfandgläubiger hat den Verpfänder von der Versteigerung unverzüglich zu benachrichtigen; im Falle der Unterlassung ist er zum Schadensersatz verpflichtet.

(3) Die Androhung, die Fristbestimmung und die Benachrichtigung dürfen unterbleiben, wenn sie untunlich sind.

**§ 1221**[1)] **Freihändiger Verkauf.** Hat das Pfand einen Börsen- oder Marktpreis, so kann der Pfandgläubiger den Verkauf aus freier Hand durch einen zu solchen Verkäufen öffentlich ermächtigten Handelsmakler oder durch eine zur öffentlichen Versteigerung befugte Person zum laufenden Preis bewirken.

**§ 1222 Pfandrecht an mehreren Sachen.** Besteht das Pfandrecht an mehreren Sachen, so haftet jede für die ganze Forderung.

**§ 1223 Rückgabepflicht; Einlösungsrecht.** (1) Der Pfandgläubiger ist verpflichtet, das Pfand nach dem Erlöschen des Pfandrechts dem Verpfänder zurückzugeben.

(2) Der Verpfänder kann die Rückgabe des Pfandes gegen Befriedigung des Pfandgläubigers verlangen, sobald der Schuldner zur Leistung berechtigt ist.

**§ 1224 Befriedigung durch Hinterlegung oder Aufrechnung.** Die Befriedigung des Pfandgläubigers durch den Verpfänder kann auch durch Hinterlegung oder durch Aufrechnung erfolgen.

**§ 1225 Forderungsübergang auf den Verpfänder.** [1] Ist der Verpfänder nicht der persönliche Schuldner, so geht, soweit er den Pfandgläubiger befriedigt, die Forderung auf ihn über. [2] Die für einen Bürgen geltende Vorschrift des § 774 findet entsprechende Anwendung.

**§ 1226 Verjährung der Ersatzansprüche.** [1] Die Ersatzansprüche des Verpfänders wegen Veränderungen oder Verschlechterungen des Pfandes sowie die Ansprüche des Pfandgläubigers auf Ersatz von Verwendungen oder auf Gestattung der Wegnahme einer Einrichtung verjähren in sechs Monaten. [2] Die Vorschrift des § 548 Abs. 1 Satz 2 und 3, Abs. 2 findet entsprechende Anwendung.

**§ 1227 Schutz des Pfandrechts.** Wird das Recht des Pfandgläubigers beeinträchtigt, so finden auf die Ansprüche des Pfandgläubigers die für die Ansprüche aus dem Eigentum geltenden Vorschriften entsprechende Anwendung.

**§ 1228 Befriedigung durch Pfandverkauf.** (1) Die Befriedigung des Pfandgläubigers aus dem Pfande erfolgt durch Verkauf.

(2) [1] Der Pfandgläubiger ist zum Verkauf berechtigt, sobald die Forderung ganz oder zum Teil fällig ist. [2] Besteht der geschuldete Gegenstand nicht in Geld, so ist der Verkauf erst zulässig, wenn die Forderung in eine Geldforderung übergegangen ist.

**§ 1229 Verbot der Verfallvereinbarung.** Eine vor dem Eintritt der Verkaufsberechtigung getroffene Vereinbarung, nach welcher dem Pfandgläubiger, falls er

---

[1)] § 1221 geänd. mWv 23.12.2020 durch G v. 12.6.2020 (BGBl. I S. 1245).

nicht oder nicht rechtzeitig befriedigt wird, das Eigentum an der Sache zufallen oder übertragen werden soll, ist nichtig.

**§ 1230 Auswahl unter mehreren Pfändern.** [1] Unter mehreren Pfändern kann der Pfandgläubiger, soweit nicht ein anderes bestimmt ist, diejenigen auswählen, welche verkauft werden sollen. [2] Er kann nur so viele Pfänder zum Verkauf bringen, als zu seiner Befriedigung erforderlich sind.

**§ 1231 Herausgabe des Pfandes zum Verkauf.** [1] Ist der Pfandgläubiger nicht im Alleinbesitz des Pfandes, so kann er nach dem Eintritt der Verkaufsberechtigung die Herausgabe des Pfandes zum Zwecke des Verkaufs fordern. [2] Auf Verlangen des Verpfänders hat anstelle der Herausgabe die Ablieferung an einen gemeinschaftlichen Verwahrer zu erfolgen; der Verwahrer hat sich bei der Ablieferung zu verpflichten, das Pfand zum Verkauf bereitzustellen.

**§ 1232 Nachstehende Pfandgläubiger.** [1] Der Pfandgläubiger ist nicht verpflichtet, einem ihm im Range nachstehenden Pfandgläubiger das Pfand zum Zwecke des Verkaufs herauszugeben. [2] Ist er nicht im Besitz des Pfandes, so kann er, sofern er nicht selbst den Verkauf betreibt, dem Verkauf durch einen nachstehenden Pfandgläubiger nicht widersprechen.

**§ 1233 Ausführung des Verkaufs.** (1) Der Verkauf des Pfandes ist nach den Vorschriften der §§ 1234 bis 1240 zu bewirken.

(2) Hat der Pfandgläubiger für sein Recht zum Verkauf einen vollstreckbaren Titel gegen den Eigentümer erlangt, so kann er den Verkauf auch nach den für den Verkauf einer gepfändeten Sache geltenden Vorschriften bewirken lassen.

**§ 1234 Verkaufsandrohung; Wartefrist.** (1) [1] Der Pfandgläubiger hat dem Eigentümer den Verkauf vorher anzudrohen und dabei den Geldbetrag zu bezeichnen, wegen dessen der Verkauf stattfinden soll. [2] Die Androhung kann erst nach dem Eintritt der Verkaufsberechtigung erfolgen; sie darf unterbleiben, wenn sie untunlich ist.

(2) [1] Der Verkauf darf nicht vor dem Ablauf eines Monats nach der Androhung erfolgen. [2] Ist die Androhung untunlich, so wird der Monat von dem Eintritt der Verkaufsberechtigung an berechnet.

**§ 1235 Öffentliche Versteigerung.** (1) Der Verkauf des Pfandes ist im Wege öffentlicher Versteigerung zu bewirken.

(2) Hat das Pfand einen Börsen- oder Marktpreis, so findet die Vorschrift des § 1221 Anwendung.

**§ 1236 Versteigerungsort.** [1] Die Versteigerung hat an dem Orte zu erfolgen, an dem das Pfand aufbewahrt wird. [2] Ist von einer Versteigerung an dem Aufbewahrungsort ein angemessener Erfolg nicht zu erwarten, so ist das Pfand an einem geeigneten anderen Orte zu versteigern.

**§ 1237. Öffentliche Bekanntmachung.** [1] Zeit und Ort der Versteigerung sind unter allgemeiner Bezeichnung des Pfandes öffentlich bekannt zu machen. [2] Der Eigentümer und Dritte, denen Rechte an dem Pfande zustehen, sind besonders zu benachrichtigen; die Benachrichtigung darf unterbleiben, wenn sie untunlich ist.

**§ 1238. Verkaufsbedingungen.** (1) Das Pfand darf nur mit der Bestimmung verkauft werden, dass der Käufer den Kaufpreis sofort bar zu entrichten hat und seiner Rechte verlustig sein soll, wenn dies nicht geschieht.

(2) [1] Erfolgt der Verkauf ohne diese Bestimmung, so ist der Kaufpreis als von dem Pfandgläubiger empfangen anzusehen; die Rechte des Pfandgläubigers gegen den Ersteher bleiben unberührt. [2] Unterbleibt die sofortige Entrichtung des Kaufpreises, so gilt das Gleiche, wenn nicht vor dem Schluss des Versteigerungstermins von dem Vorbehalt der Rechtsverwirkung Gebrauch gemacht wird.

**§ 1239. Mitbieten durch Gläubiger und Eigentümer.** (1) [1] Der Pfandgläubiger und der Eigentümer können bei der Versteigerung mitbieten. [2] Erhält der Pfandgläubiger den Zuschlag, so ist der Kaufpreis als von ihm empfangen anzusehen.

(2) [1] Das Gebot des Eigentümers darf zurückgewiesen werden, wenn nicht der Betrag bar erlegt wird. [2] Das Gleiche gilt von dem Gebot des Schuldners, wenn das Pfand für eine fremde Schuld haftet.

**§ 1240. Gold- und Silbersachen.** (1) Gold- und Silbersachen dürfen nicht unter dem Gold- oder Silberwert zugeschlagen werden.

(2) Wird ein genügendes Gebot nicht abgegeben, so kann der Verkauf durch eine zur öffentlichen Versteigerung befugte Person aus freier Hand zu einem den Gold- oder Silberwert erreichenden Preis erfolgen.

**§ 1241. Benachrichtigung des Eigentümers.** Der Pfandgläubiger hat den Eigentümer von dem Verkauf des Pfandes und dem Ergebnis unverzüglich zu benachrichtigen, sofern nicht die Benachrichtigung untunlich ist.

**§ 1242. Wirkungen der rechtmäßigen Veräußerung.** (1) [1] Durch die rechtmäßige Veräußerung des Pfandes erlangt der Erwerber die gleichen Rechte, wie wenn er die Sache von dem Eigentümer erworben hätte. [2] Dies gilt auch dann, wenn dem Pfandgläubiger der Zuschlag erteilt wird.

(2) [1] Pfandrechte an der Sache erlöschen, auch wenn sie dem Erwerber bekannt waren. [2] Das Gleiche gilt von einem Nießbrauch, es sei denn, dass er allen Pfandrechten im Range vorgeht.

**§ 1243. Rechtswidrige Veräußerung.** (1) Die Veräußerung des Pfandes ist nicht rechtmäßig, wenn gegen die Vorschriften des § 1228 Abs. 2, des § 1230 Satz 2, des § 1235, des § 1237 Satz 1 oder des § 1240 verstoßen wird.

(2) Verletzt der Pfandgläubiger eine andere für den Verkauf geltende Vorschrift, so ist er zum Schadensersatz verpflichtet, wenn ihm ein Verschulden zur Last fällt.

**§ 1244. Gutgläubiger Erwerb.** Wird eine Sache als Pfand veräußert, ohne dass dem Veräußerer ein Pfandrecht zusteht oder den Erfordernissen genügt wird, von denen die Rechtmäßigkeit der Veräußerung abhängt, so finden die Vorschriften der §§ 932 bis 934, 936 entsprechende Anwendung, wenn die Veräußerung nach § 1233 Abs. 2 erfolgt ist oder die Vorschriften des § 1235 oder des § 1240 Abs. 2 beobachtet worden sind.

**§ 1245. Abweichende Vereinbarungen.** (1) [1]Der Eigentümer und der Pfandgläubiger können eine von den Vorschriften der §§ 1234 bis 1240 abweichende Art des Pfandverkaufs vereinbaren. [2]Steht einem Dritten an dem Pfande ein Recht zu, das durch die Veräußerung erlischt, so ist die Zustimmung des Dritten erforderlich. [3]Die Zustimmung ist demjenigen gegenüber zu erklären, zu dessen Gunsten sie erfolgt; sie ist unwiderruflich.

(2) Auf die Beobachtung der Vorschriften des § 1235, des § 1237 Satz 1 und des § 1240 kann nicht vor dem Eintritt der Verkaufsberechtigung verzichtet werden.

**§ 1246. Abweichung aus Billigkeitsgründen.** (1) Entspricht eine von den Vorschriften der §§ 1235 bis 1240 abweichende Art des Pfandverkaufs nach billigem Ermessen den Interessen der Beteiligten, so kann jeder von ihnen verlangen, dass der Verkauf in dieser Art erfolgt.

(2) Kommt eine Einigung nicht zustande, so entscheidet das Gericht.

**§ 1247. Erlös aus dem Pfande.** [1]Soweit der Erlös aus dem Pfande dem Pfandgläubiger zu seiner Befriedigung gebührt, gilt die Forderung als von dem Eigentümer berichtigt. [2]Im Übrigen tritt der Erlös an die Stelle des Pfandes.

**§ 1248. Eigentumsvermutung.** Bei dem Verkauf des Pfandes gilt zugunsten des Pfandgläubigers der Verpfänder als der Eigentümer, es sei denn, dass der Pfandgläubiger weiß, dass der Verpfänder nicht der Eigentümer ist.

**§ 1249. Ablösungsrecht.** [1]Wer durch die Veräußerung des Pfandes ein Recht an dem Pfande verlieren würde, kann den Pfandgläubiger befriedigen, sobald der Schuldner zur Leistung berechtigt ist. [2]Die Vorschrift des § 268 Abs. 2, 3 findet entsprechende Anwendung.

**§ 1250. Übertragung der Forderung.** (1) [1]Mit der Übertragung der Forderung geht das Pfandrecht auf den neuen Gläubiger über. [2]Das Pfandrecht kann nicht ohne die Forderung übertragen werden.

(2) Wird bei der Übertragung der Forderung der Übergang des Pfandrechts ausgeschlossen, so erlischt das Pfandrecht.

**§ 1251. Wirkung des Pfandrechtsübergangs.** (1) Der neue Pfandgläubiger kann von dem bisherigen Pfandgläubiger die Herausgabe des Pfandes verlangen.

(2) [1]Mit der Erlangung des Besitzes tritt der neue Pfandgläubiger anstelle des bisherigen Pfandgläubigers in die mit dem Pfandrecht verbundenen Verpflichtungen gegen den Verpfänder ein. [2]Erfüllt er die Verpflichtungen nicht, so haftet für den von ihm zu ersetzenden Schaden der bisherige Pfandgläubiger wie ein Bürge, der auf die Einrede der Vorausklage verzichtet hat.

[3]Die Haftung des bisherigen Pfandgläubigers tritt nicht ein, wenn die Forderung kraft Gesetzes auf den neuen Pfandgläubiger übergeht oder ihm auf Grund einer gesetzlichen Verpflichtung abgetreten wird.

**§ 1252. Erlöschen mit der Forderung.** Das Pfandrecht erlischt mit der Forderung, für die es besteht.

**§ 1253. Erlöschen durch Rückgabe.** (1) [1]Das Pfandrecht erlischt, wenn der Pfandgläubiger das Pfand dem Verpfänder oder dem Eigentümer zurückgibt. [2]Der Vorbehalt der Fortdauer des Pfandrechts ist unwirksam.

(2) [1]Ist das Pfand im Besitz des Verpfänders oder des Eigentümers, so wird vermutet, dass das Pfand ihm von dem Pfandgläubiger zurückgegeben worden sei. [2]Diese Vermutung gilt auch dann, wenn sich das Pfand im Besitz eines Dritten befindet, der den Besitz nach der Entstehung des Pfandrechts von dem Verpfänder oder dem Eigentümer erlangt hat.

**§ 1254. Anspruch auf Rückgabe.** [1]Steht dem Pfandrecht eine Einrede entgegen, durch welche die Geltendmachung des Pfandrechts dauernd ausgeschlossen wird, so kann der Verpfänder die Rückgabe des Pfandes verlangen. [2]Das gleiche Recht hat der Eigentümer.

**§ 1255. Aufhebung des Pfandrechts.** (1) Zur Aufhebung des Pfandrechts durch Rechtsgeschäft genügt die Erklärung des Pfandgläubigers gegenüber dem Verpfänder oder dem Eigentümer, dass er das Pfandrecht aufgebe.

(2) [1]Ist das Pfandrecht mit dem Recht eines Dritten belastet, so ist die Zustimmung des Dritten erforderlich. [2]Die Zustimmung ist demjenigen gegenüber zu erklären, zu dessen Gunsten sie erfolgt; sie ist unwiderruflich.

**§ 1256. Zusammentreffen von Pfandrecht und Eigentum.** (1) [1]Das Pfandrecht erlischt, wenn es mit dem Eigentum in derselben Person zusammentrifft. [2]Das Erlöschen tritt nicht ein, solange die Forderung, für welche das Pfandrecht besteht, mit dem Recht eines Dritten belastet ist.

(2) Das Pfandrecht gilt als nicht erloschen, soweit der Eigentümer ein rechtliches Interesse an dem Fortbestehen des Pfandrechts hat.

**§ 1257. Gesetzliches Pfandrecht.** Die Vorschriften über das durch Rechtsgeschäft bestellte Pfandrecht finden auf ein kraft Gesetzes entstandenes Pfandrecht[1)] entsprechende Anwendung.

**§ 1258. Pfandrecht am Anteil eines Miteigentümers.** (1) Besteht ein Pfandrecht an dem Anteil eines Miteigentümers, so übt der Pfandgläubiger die Rechte aus, die sich aus der Gemeinschaft der Miteigentümer in Ansehung der Verwaltung der Sache und der Art ihrer Benutzung ergeben.

---

[1)] Vgl. §§ 233, 562, 583, 592, 647, 704 BGB, §§ 397, 441 bis 443, 464, 475 b, 623, 674, 726, 726 a, 731, 752, 752 a, 755 bis 764 HGB; Nr. **50;** §§ 77, 89, 97, 102, 103 G betreffend die privatrechtlichen Verhältnisse der Binnenschiffahrt (BinnenschiffahrtsG – BinSchG) v. 15. 6. 1895 (RGBl. 1898 S. 868) mit späteren Änderungen; G zur Sicherung der Düngemittel- und Saatgutversorgung v. 19. 1. 1949 (WiGBl. S. 8).

(2) 1 Die Aufhebung der Gemeinschaft kann vor dem Eintritt der Verkaufsberechtigung des Pfandgläubigers nur von dem Miteigentümer und dem Pfandgläubiger gemeinschaftlich verlangt werden. 2 Nach dem Eintritt der Verkaufsberechtigung kann der Pfandgläubiger die Aufhebung der Gemeinschaft verlangen, ohne dass es der Zustimmung des Miteigentümers bedarf; er ist nicht an eine Vereinbarung gebunden, durch welche die Miteigentümer das Recht, die Aufhebung der Gemeinschaft zu verlangen, für immer oder auf Zeit ausgeschlossen oder eine Kündigungsfrist bestimmt haben.

(3) Wird die Gemeinschaft aufgehoben, so gebührt dem Pfandgläubiger das Pfandrecht an den Gegenständen, welche an die Stelle des Anteils treten.

(4) Das Recht des Pfandgläubigers zum Verkauf des Anteils bleibt unberührt.

**§ 1259.**[1)] **Verwertung des gewerblichen Pfandes.** 1 Sind Eigentümer und Pfandgläubiger Unternehmer, juristische Personen des öffentlichen Rechts oder öffentlich-rechtliche Sondervermögen, können sie für die Verwertung des Pfandes, das einen Börsen- oder Marktpreis hat, schon bei der Verpfändung vereinbaren, dass der Pfandgläubiger den Verkauf aus freier Hand zum laufenden Preis selbst oder durch Dritte vornehmen kann oder dem Pfandgläubiger das Eigentum an der Sache bei Fälligkeit der Forderung zufallen soll. 2 In diesem Fall gilt die Forderung in Höhe des am Tag der Fälligkeit geltenden Börsen- oder Marktpreises als von dem Eigentümer berichtigt. 3 Die §§ 1229 und 1233 bis 1239 finden keine Anwendung.

**§§ 1260 bis 1272.** (weggefallen)

## Titel 2. Pfandrecht an Rechten

**§ 1273. Gesetzlicher Inhalt des Pfandrechts an Rechten.** (1) Gegenstand des Pfandrechts kann auch ein Recht sein.

(2) 1 Auf das Pfandrecht an Rechten finden die Vorschriften über das Pfandrecht an beweglichen Sachen entsprechende Anwendung, soweit sich nicht aus den §§ 1274 bis 1296 ein anderes ergibt. 2 Die Anwendung der Vorschriften des § 1208 und des § 1213 Abs. 2 ist ausgeschlossen.

**§ 1274. Bestellung.** (1) 1 Die Bestellung des Pfandrechts an einem Recht erfolgt nach den für die Übertragung des Rechts geltenden Vorschriften. 2 Ist zur Übertragung des Rechts die Übergabe einer Sache erforderlich, so finden die Vorschriften der §§ 1205, 1206 Anwendung.

(2) Soweit ein Recht nicht übertragbar ist, kann ein Pfandrecht an dem Recht nicht bestellt werden.

**§ 1275. Pfandrecht an Recht auf Leistung.** Ist ein Recht, kraft dessen eine Leistung gefordert werden kann, Gegenstand des Pfandrechts, so finden auf das Rechtsverhältnis zwischen dem Pfandgläubiger und dem Verpflichteten die Vorschriften, welche im Falle der Übertragung des Rechts für das Rechtsverhältnis zwischen dem Erwerber und dem Verpflichteten gelten, und im Falle einer nach § 1217 Abs. 1 getroffenen gerichtlichen Anordnung die Vorschrift des § 1070 Abs. 2 entsprechende Anwendung.

---

[1)] § 1259 eingef. durch Art. 3 G v. 5. 4. 2004 (BGBl. I S. 502).

**§ 1276 Aufhebung oder Änderung des verpfändeten Rechts.** (1) [1] Ein verpfändetes Recht kann durch Rechtsgeschäft nur mit Zustimmung des Pfandgläubigers aufgehoben werden. [2] Die Zustimmung ist demjenigen gegenüber zu erklären, zu dessen Gunsten sie erfolgt; sie ist unwiderruflich. [3] Die Vorschrift des § 876 Satz 3 bleibt unberührt.

(2) Das Gleiche gilt im Falle einer Änderung des Rechts, sofern sie das Pfandrecht beeinträchtigt.

**§ 1277 Befriedigung durch Zwangsvollstreckung.** [1] Der Pfandgläubiger kann seine Befriedigung aus dem Recht nur auf Grund eines vollstreckbaren Titels nach den für die Zwangsvollstreckung geltenden Vorschriften suchen, sofern nicht ein anderes bestimmt ist. [2] Die Vorschriften des § 1229 und des § 1245 Abs. 2 bleiben unberührt.

**§ 1278 Erlöschen durch Rückgabe.** Ist ein Recht, zu dessen Verpfändung die Übergabe einer Sache erforderlich ist, Gegenstand des Pfandrechts, so findet auf das Erlöschen des Pfandrechts durch die Rückgabe der Sache die Vorschrift des § 1253 entsprechende Anwendung.

**§ 1279[1)] Pfandrecht an einer Forderung.** [1] Für das Pfandrecht an einer Forderung gelten die besonderen Vorschriften der §§ 1280 bis 1290. [2] Soweit eine Forderung einen Börsen- oder Marktpreis hat, findet § 1259 entsprechende Anwendung.

**§ 1280 Anzeige an den Schuldner.** Die Verpfändung einer Forderung, zu deren Übertragung der Abtretungsvertrag genügt, ist nur wirksam, wenn der Gläubiger sie dem Schuldner anzeigt.

**§ 1281 Leistung vor Fälligkeit.** [1] Der Schuldner kann nur an den Pfandgläubiger und den Gläubiger gemeinschaftlich leisten. [2] Jeder von beiden kann verlangen, dass an sie gemeinschaftlich geleistet wird; jeder kann statt der Leistung verlangen, dass die geschuldete Sache für beide hinterlegt oder, wenn sie sich nicht zur Hinterlegung eignet, an einen gerichtlich zu bestellenden Verwahrer abgeliefert wird.

**§ 1282 Leistung nach Fälligkeit.** (1) [1] Sind die Voraussetzungen des § 1228 Abs. 2 eingetreten, so ist der Pfandgläubiger zur Einziehung der Forderung berechtigt und kann der Schuldner nur an ihn leisten. [2] Die Einziehung einer Geldforderung steht dem Pfandgläubiger nur insoweit zu, als sie zu seiner Befriedigung erforderlich ist. [3] Soweit er zur Einziehung berechtigt ist, kann er auch verlangen, dass ihm die Geldforderung an Zahlungs statt abgetreten wird.

(2) Zu anderen Verfügungen über die Forderung ist der Pfandgläubiger nicht berechtigt; das Recht, die Befriedigung aus der Forderung nach § 1277 zu suchen, bleibt unberührt.

**§ 1283 Kündigung.** (1) Hängt die Fälligkeit der verpfändeten Forderung von einer Kündigung ab, so bedarf der Gläubiger zur Kündigung der Zustimmung des Pfandgläubigers nur, wenn dieser berechtigt ist, die Nutzungen zu ziehen.

(2) Die Kündigung des Schuldners ist nur wirksam, wenn sie dem Pfandgläubiger und dem Gläubiger erklärt wird.

---

1) § 1279 Satz 2 angef. mWv 9.4.2004 durch G v. 5.4.2004 (BGBl. I S. 502).

(3) Sind die Voraussetzungen des § 1228 Abs. 2 eingetreten, so ist auch der Pfandgläubiger zur Kündigung berechtigt; für die Kündigung des Schuldners genügt die Erklärung gegenüber dem Pfandgläubiger.

**§ 1284 Abweichende Vereinbarungen.** Die Vorschriften der §§ 1281 bis 1283 finden keine Anwendung, soweit der Pfandgläubiger und der Gläubiger ein anderes vereinbaren.

**§ 1285 Mitwirkung zur Einziehung.** (1) Hat die Leistung an den Pfandgläubiger und den Gläubiger gemeinschaftlich zu erfolgen, so sind beide einander verpflichtet, zur Einziehung mitzuwirken, wenn die Forderung fällig ist.

(2) [1] Soweit der Pfandgläubiger berechtigt ist, die Forderung ohne Mitwirkung des Gläubigers einzuziehen, hat er für die ordnungsmäßige Einziehung zu sorgen. [2] Von der Einziehung hat er den Gläubiger unverzüglich zu benachrichtigen, sofern nicht die Benachrichtigung untunlich ist.

**§ 1286 Kündigungspflicht bei Gefährdung.** [1] Hängt die Fälligkeit der verpfändeten Forderung von einer Kündigung ab, so kann der Pfandgläubiger, sofern nicht das Kündigungsrecht ihm zusteht, von dem Gläubiger die Kündigung verlangen, wenn die Einziehung der Forderung wegen Gefährdung ihrer Sicherheit nach den Regeln einer ordnungsmäßigen Vermögensverwaltung geboten ist. [2] Unter der gleichen Voraussetzung kann der Gläubiger von dem Pfandgläubiger die Zustimmung zur Kündigung verlangen, sofern die Zustimmung erforderlich ist.

**§ 1287 Wirkung der Leistung.** [1] Leistet der Schuldner in Gemäßheit der §§ 1281, 1282, so erwirbt mit der Leistung der Gläubiger den geleisteten Gegenstand und der Pfandgläubiger ein Pfandrecht an dem Gegenstand. [2] Besteht die Leistung in der Übertragung des Eigentums an einem Grundstück, so erwirbt der Pfandgläubiger eine Sicherungshypothek; besteht sie in der Übertragung des Eigentums an einem eingetragenen Schiff oder Schiffsbauwerk, so erwirbt der Pfandgläubiger eine Schiffshypothek.

**§ 1288[1)] Anlegung eingezogenen Geldes.** (1) [1] Wird eine Geldforderung in Gemäßheit des § 1281 eingezogen, so sind der Pfandgläubiger und der Gläubiger einander verpflichtet, dazu mitzuwirken, dass der eingezogene Betrag, soweit es ohne Beeinträchtigung des Interesses des Pfandgläubigers tunlich ist, der Rechtsverordnung nach § 240a entsprechend angelegt und gleichzeitig dem Pfandgläubiger das Pfandrecht bestellt wird. [2] Die Art der Anlegung bestimmt der Gläubiger.

(2) Erfolgt die Einziehung in Gemäßheit des § 1282, so gilt die Forderung des Pfandgläubigers, soweit ihm der eingezogene Betrag zu seiner Befriedigung gebührt, als von dem Gläubiger berichtigt.

**§ 1289 Erstreckung auf die Zinsen.** [1] Das Pfandrecht an einer Forderung erstreckt sich auf die Zinsen der Forderung. [2] Die Vorschriften des § 1123 Abs. 2 und der §§ 1124, 1125 finden entsprechende Anwendung; an die Stelle der Beschlagnahme tritt die Anzeige des Pfandgläubigers an den Schuldner, dass er von dem Einziehungsrecht Gebrauch mache.

---

1) § 1288 Abs. 1 Satz 1 geänd. mWv 1.1.2023 durch G v. 4.5.2021 (BGBl. I S. 882).

**§ 1290 Einziehung bei mehrfacher Verpfändung.** Bestehen mehrere Pfandrechte an einer Forderung, so ist zur Einziehung nur derjenige Pfandgläubiger berechtigt, dessen Pfandrecht den übrigen Pfandrechten vorgeht.

**§ 1291 Pfandrecht an Grund- oder Rentenschuld.** Die Vorschriften über das Pfandrecht an einer Forderung gelten auch für das Pfandrecht an einer Grundschuld und an einer Rentenschuld.

**§ 1292 Verpfändung von Orderpapieren.** Zur Verpfändung eines Wechsels oder eines anderen Papiers, das durch Indossament übertragen werden kann, genügt die Einigung des Gläubigers und des Pfandgläubigers und die Übergabe des indossierten Papiers.

**§ 1293 Pfandrecht an Inhaberpapieren.** Für das Pfandrecht an einem Inhaberpapier gelten die Vorschriften über das Pfandrecht an beweglichen Sachen.

**§ 1294 Einziehung und Kündigung.** Ist ein Wechsel, ein anderes Papier, das durch Indossament übertragen werden kann, oder ein Inhaberpapier Gegenstand des Pfandrechts, so ist, auch wenn die Voraussetzungen des § 1228 Abs. 2 noch nicht eingetreten sind, der Pfandgläubiger zur Einziehung und, falls Kündigung erforderlich ist, zur Kündigung berechtigt und kann der Schuldner nur an ihn leisten.

**§ 1295[1] Freihändiger Verkauf von Orderpapieren.** [1] Hat ein verpfändetes Papier, das durch Indossament übertragen werden kann, einen Börsen- oder Marktpreis, so ist der Gläubiger nach dem Eintritt der Voraussetzungen des § 1228 Abs. 2 berechtigt, das Papier nach § 1221 verkaufen zu lassen. [2] § 1259 findet entsprechende Anwendung.

**§ 1296 Erstreckung auf Zinsscheine.** [1] Das Pfandrecht an einem Wertpapier erstreckt sich auf die zu dem Papier gehörenden Zins-, Renten- oder Gewinnanteilscheine nur dann, wenn sie dem Pfandgläubiger übergeben sind. [2] Der Verpfänder kann, sofern nicht ein anderes bestimmt ist, die Herausgabe der Scheine verlangen, soweit sie vor dem Eintritt der Voraussetzungen des § 1228 Abs. 2 fällig werden.

# Buch 4.[2] Familienrecht

## Abschnitt 1. Bürgerliche Ehe

### Titel 1.[2] Verlöbnis

**§ 1297[3] Kein Antrag auf Eingehung der Ehe, Nichtigkeit eines Strafversprechens.** (1) Aus einem Verlöbnis kann kein Antrag auf Eingehung der Ehe gestellt werden.

(2) Das Versprechen einer Strafe für den Fall, dass die Eingehung der Ehe unterbleibt, ist nichtig.

**§ 1298 Ersatzpflicht bei Rücktritt.** (1) [1] Tritt ein Verlobter von dem Verlöbnis zurück, so hat er dem anderen Verlobten und dessen Eltern sowie dritten

---

[1] § 1295 Satz 2 angef. mWv 9.4.2004 durch G v. 5.4.2004 (BGBl. I S. 502).

[2] Wegen des für das Gebiet der ehem. DDR geltenden Übergangsrechts zum Vierten Buch des BGB beachte Art. 234 EGBGB (Nr. **21**), zu den §§ 1297–1302 beachte Art. 234 § 2 EGBGB.

[3] § 1297 Überschrift und Abs. 1 geänd. mWv 26.11.2015 durch G v. 20.11.2015 (BGBl. I S. 2010).

Personen, welche anstelle der Eltern gehandelt haben, den Schaden zu ersetzen, der daraus entstanden ist, dass sie in Erwartung der Ehe Aufwendungen gemacht haben oder Verbindlichkeiten eingegangen sind. [2] Dem anderen Verlobten hat er auch den Schaden zu ersetzen, den dieser dadurch erleidet, dass er in Erwartung der Ehe sonstige sein Vermögen oder seine Erwerbsstellung berührende Maßnahmen getroffen hat.

(2) Der Schaden ist nur insoweit zu ersetzen, als die Aufwendungen, die Eingehung der Verbindlichkeiten und die sonstigen Maßnahmen den Umständen nach angemessen waren.

(3) Die Ersatzpflicht tritt nicht ein, wenn ein wichtiger Grund für den Rücktritt vorliegt.

**§ 1299 Rücktritt aus Verschulden des anderen Teils.** Veranlasst ein Verlobter den Rücktritt des anderen durch ein Verschulden, das einen wichtigen Grund für den Rücktritt bildet, so ist er nach Maßgabe des § 1298 Abs. 1, 2 zum Schadensersatz verpflichtet.

**§ 1300** (weggefallen)

**§ 1301 Rückgabe der Geschenke.** [1] Unterbleibt die Eheschließung, so kann jeder Verlobte von dem anderen die Herausgabe desjenigen, was er ihm geschenkt oder zum Zeichen des Verlöbnisses gegeben hat, nach den Vorschriften über die Herausgabe einer ungerechtfertigten Bereicherung fordern. [2] Im Zweifel ist anzunehmen, dass die Rückforderung ausgeschlossen sein soll, wenn das Verlöbnis durch den Tod eines der Verlobten aufgelöst wird.

**§ 1302[1] Verjährung.** Die Verjährungsfrist der in den §§ 1298 bis 1301 bestimmten Ansprüche beginnt mit der Auflösung des Verlöbnisses.

## Titel 2. Eingehung der Ehe

### Untertitel 1. Ehefähigkeit

**§ 1303[2] [3] Ehemündigkeit.** [1] Eine Ehe darf nicht vor Eintritt der Volljährigkeit eingegangen werden. [2] Mit einer Person, die das 16. Lebensjahr nicht vollendet hat, kann eine Ehe nicht wirksam eingegangen werden.

**§ 1304 Geschäftsunfähigkeit.** Wer geschäftsunfähig ist, kann eine Ehe nicht eingehen.

**§ 1305** (weggefallen)

### Untertitel 2. Eheverbote

**§ 1306[4] Bestehende Ehe oder Lebenspartnerschaft.** Eine Ehe darf nicht geschlossen werden, wenn zwischen einer der Personen, die die Ehe miteinander eingehen wollen, und einer dritten Person eine Ehe oder eine Lebenspartnerschaft besteht.

---

[1] § 1302 neu gef. mWv 1.1.2010 durch G v. 24.9.2009 (BGBl. I S. 3142).
[2] § 1303 neu gef. mWv 22.7.2017 durch G v. 17.7.2017 (BGBl. I S. 2429).
[3] Beachte hierzu Übergangsvorschrift in Art. 229 § 44 EGBGB (Nr. **21**).
[4] § 1306 neu gef. mWv 1. 1. 2005 durch G v. 15.12.2004 (BGBl. I S. 3396).

**§ 1307 Verwandtschaft.** [1]Eine Ehe darf nicht geschlossen werden zwischen Verwandten in gerader Linie sowie zwischen vollbürtigen und halbbürtigen Geschwistern. [2]Dies gilt auch, wenn das Verwandtschaftsverhältnis durch Annahme als Kind erloschen ist.

**§ 1308 Annahme als Kind.** (1) [1]Eine Ehe soll nicht geschlossen werden zwischen Personen, deren Verwandtschaft im Sinne des § 1307 durch Annahme als Kind begründet worden ist. [2]Dies gilt nicht, wenn das Annahmeverhältnis aufgelöst worden ist.

(2) [1]Das Familiengericht kann auf Antrag von dieser Vorschrift Befreiung erteilen, wenn zwischen dem Antragsteller und seinem künftigen Ehegatten durch die Annahme als Kind eine Verwandtschaft in der Seitenlinie begründet worden ist. [2]Die Befreiung soll versagt werden, wenn wichtige Gründe der Eingehung der Ehe entgegenstehen.

### Untertitel 3. Ehefähigkeitszeugnis

**§ 1309[1] Ehefähigkeitszeugnis für Ausländer.** (1) [1]Wer hinsichtlich der Voraussetzungen der Eheschließung vorbehaltlich des Artikels 13 Abs. 2 des Einführungsgesetzes zum Bürgerlichen Gesetzbuche[2] ausländischem Recht unterliegt, soll eine Ehe nicht eingehen, bevor er ein Zeugnis der inneren Behörde seines Heimatstaats darüber beigebracht hat, dass der Eheschließung nach dem Recht dieses Staates kein Ehehindernis entgegensteht. [2]Als Zeugnis der inneren Behörde gilt auch eine Urkunde im Sinne von Artikel 3 Nummer 1 Buchstabe e der Verordnung (EU) 2016/1191 des Europäischen Parlaments und des Rates vom 6. Juli 2016 zur Förderung der Freizügigkeit von Bürgern durch die Vereinfachung der Anforderungen an die Vorlage bestimmter öffentlicher Urkunden innerhalb der Europäischen Union und zur Änderung der Verordnung (EU) Nr. 1024/2012 (ABl. L 200 vom 26.7.2016, S. 1) sowie eine Bescheinigung, die von einer anderen Stelle nach Maßgabe eines mit dem Heimatstaat des Betroffenen geschlossenen Vertrags erteilt ist. [3]Das Zeugnis verliert seine Kraft, wenn die Ehe nicht binnen sechs Monaten seit der Ausstellung geschlossen wird; ist in dem Zeugnis eine kürzere Geltungsdauer angegeben, ist diese maßgebend.

(2) [1]Von dem Erfordernis nach Absatz 1 Satz 1 kann der Präsident des Oberlandesgerichts, in dessen Bezirk das Standesamt, bei dem die Eheschließung angemeldet worden ist, seinen Sitz hat, Befreiung erteilen. [2]Die Befreiung soll nur Staatenlosen mit gewöhnlichem Aufenthalt im Ausland und Angehörigen solcher Staaten erteilt werden, deren Behörden keine Ehefähigkeitszeugnisse im Sinne des Absatzes 1 ausstellen. [3]In besonderen Fällen darf sie auch Angehörigen anderer Staaten erteilt werden. [4]Die Befreiung gilt nur für die Dauer von sechs Monaten.

### Untertitel 4. Eheschließung

**§ 1310[3] Zuständigkeit des Standesbeamten, Heilung fehlerhafter Ehen.**

(1) [1]Die Ehe wird nur dadurch geschlossen, dass die Eheschließenden vor dem Standesbeamten erklären, die Ehe miteinander eingehen zu wollen. [2]Der Standesbeamte darf seine Mitwirkung an der Eheschließung nicht verweigern, wenn die

---

[1] § 1309 Abs. 2 Satz 1 geänd. mWv 1.1.2009 durch G v. 19.2.2007 (BGBl. I S. 122); Abs. 3 angef. mWv 1.10.2017 durch G v. 20.7.2017 (BGBl. I S. 2787); Abs. 3 aufgeh. mWv 22.12.2018 durch G v. 18.12.2018 (BGBl. I S. 2639); Abs. 1 Satz 2 neu gef. mWv 1.4.2019 durch G v. 31.1.2019 (BGBl. I S. 54).

[2] Nr. **21**.

[3] § 1310 Abs. 2 und Abs. 3 Nr. 1 und 2 geänd. mWv 1.1.2009 durch G v. 19.2.2007 (BGBl. I S. 122); Abs. 1 Satz 2 neu gef., Satz 3 angef. mWv 22.7.2017 durch G v. 17.7.2017 (BGBl. I S. 2429).

Voraussetzungen der Eheschließung vorliegen. [3]Der Standesbeamte muss seine Mitwirkung verweigern, wenn

1. offenkundig ist, dass die Ehe nach § 1314 Absatz 2 aufhebbar wäre, oder
2. nach Artikel 13 Absatz 3 des Einführungsgesetzes zum Bürgerlichen Gesetzbuche[1)] die beabsichtigte Ehe unwirksam wäre oder die Aufhebung der Ehe in Betracht kommt.

(2) Als Standesbeamter gilt auch, wer, ohne Standesbeamter zu sein, das Amt eines Standesbeamten öffentlich ausgeübt und die Ehe in das Eheregister eingetragen hat.

(3) Eine Ehe gilt auch dann als geschlossen, wenn die Ehegatten erklärt haben, die Ehe miteinander eingehen zu wollen, und

1. der Standesbeamte die Ehe in das Eheregister eingetragen hat,
2. der Standesbeamte im Zusammenhang mit der Beurkundung der Geburt eines gemeinsamen Kindes der Ehegatten einen Hinweis auf die Eheschließung in das Geburtenregister eingetragen hat oder
3. der Standesbeamte von den Ehegatten eine familienrechtliche Erklärung, die zu ihrer Wirksamkeit eine bestehende Ehe voraussetzt, entgegengenommen hat und den Ehegatten hierüber eine in Rechtsvorschriften vorgesehene Bescheinigung erteilt worden ist

und die Ehegatten seitdem zehn Jahre oder bis zum Tode eines der Ehegatten, mindestens jedoch fünf Jahre, als Ehegatten miteinander gelebt haben.

**§ 1311 Persönliche Erklärung.** [1]Die Eheschließenden müssen die Erklärungen nach § 1310 Abs. 1 persönlich und bei gleichzeitiger Anwesenheit abgeben. [2]Die Erklärungen können nicht unter einer Bedingung oder Zeitbestimmung abgegeben werden.

**§ 1312[2)] Trauung.** [1]Der Standesbeamte soll bei der Eheschließung die Eheschließenden einzeln befragen, ob sie die Ehe miteinander eingehen wollen, und, nachdem die Eheschließenden diese Frage bejaht haben, aussprechen, dass sie nunmehr kraft Gesetzes rechtmäßig verbundene Eheleute sind. [2]Die Eheschließung kann in Gegenwart von einem oder zwei Zeugen erfolgen, sofern die Eheschließenden dies wünschen.

### Titel 3. Aufhebung der Ehe

**§ 1313[3)] Aufhebung durch richterliche Entscheidung.** [1]Eine Ehe kann nur durch richterliche Entscheidung auf Antrag aufgehoben werden. [2]Die Ehe ist mit der Rechtskraft der Entscheidung aufgelöst. [3]Die Voraussetzungen, unter denen die Aufhebung begehrt werden kann, ergeben sich aus den folgenden Vorschriften.

**§ 1314[4)] Aufhebungsgründe.** (1) Eine Ehe kann aufgehoben werden, wenn sie

1. entgegen § 1303 Satz 1 mit einem Minderjährigen geschlossen worden ist, der im Zeitpunkt der Eheschließung das 16. Lebensjahr vollendet hatte, oder

---

[1)] Nr. **21**.

[2)] § 1312 Überschrift geänd., Abs. 2 aufgeh. mWv 1.1.2009 durch G v. 19.2.2007 (BGBl. I S. 122).

[3)] § 1313 neu gef. mWv 1.9.2009 durch G v. 17.12.2008 (BGBl. I S. 2586).

[4)] § 1314 Abs. 1 neu gef. mWv 22.7.2017 durch G v. 17.7.2017 (BGBl. I S. 2429).

2. entgegen den §§ 1304, 1306, 1307, 1311 geschlossen worden ist.

(2) Eine Ehe kann ferner aufgehoben werden, wenn
1. ein Ehegatte sich bei der Eheschließung im Zustand der Bewusstlosigkeit oder vorübergehender Störung der Geistestätigkeit befand;
2. ein Ehegatte bei der Eheschließung nicht gewusst hat, dass es sich um eine Eheschließung handelt;
3. ein Ehegatte zur Eingehung der Ehe durch arglistige Täuschung über solche Umstände bestimmt worden ist, die ihn bei Kenntnis der Sachlage und bei richtiger Würdigung des Wesens der Ehe von der Eingehung der Ehe abgehalten hätten; dies gilt nicht, wenn die Täuschung Vermögensverhältnisse betrifft oder von einem Dritten ohne Wissen des anderen Ehegatten verübt worden ist;
4. ein Ehegatte zur Eingehung der Ehe widerrechtlich durch Drohung bestimmt worden ist;
5. beide Ehegatten sich bei der Eheschließung darüber einig waren, dass sie keine Verpflichtung gemäß § 1353 Abs. 1 begründen wollen.

**§ 1315**[1)] **Ausschluss der Aufhebung.** (1) [1] Eine Aufhebung der Ehe ist ausgeschlossen
1. bei Verstoß gegen § 1303 Satz 1, wenn
   a) der minderjährige Ehegatte, nachdem er volljährig geworden ist, zu erkennen gegeben hat, dass er die Ehe fortsetzen will (Bestätigung), oder
   b) auf Grund außergewöhnlicher Umstände die Aufhebung der Ehe eine so schwere Härte für den minderjährigen Ehegatten darstellen würde, dass die Aufrechterhaltung der Ehe ausnahmsweise geboten erscheint;
2. bei Verstoß gegen § 1304, wenn der Ehegatte nach Wegfall der Geschäftsunfähigkeit zu erkennen gegeben hat, dass er die Ehe fortsetzen will (Bestätigung),
3. im Falle des § 1314 Abs. 2 Nr. 1, wenn der Ehegatte nach Wegfall der Bewusstlosigkeit oder der Störung der Geistestätigkeit zu erkennen gegeben hat, dass er die Ehe fortsetzen will (Bestätigung),
4. in den Fällen des § 1314 Abs. 2 Nr. 2 bis 4, wenn der Ehegatte nach Entdeckung des Irrtums oder der Täuschung oder nach Aufhören der Zwangslage zu erkennen gegeben hat, dass er die Ehe fortsetzen will (Bestätigung),
5. in den Fällen des § 1314 Abs. 2 Nr. 5, wenn die Ehegatten nach der Eheschließung als Ehegatten miteinander gelebt haben.

[2] Die Bestätigung eines Geschäftsunfähigen ist unwirksam.

(2) Eine Aufhebung der Ehe ist ferner ausgeschlossen
1. bei Verstoß gegen § 1306, wenn vor der Schließung der neuen Ehe die Scheidung oder Aufhebung der früheren Ehe oder die Aufhebung der Lebenspartnerschaft ausgesprochen ist und dieser Ausspruch nach der Schließung der neuen Ehe rechtskräftig wird;
2. bei Verstoß gegen § 1311, wenn die Ehegatten nach der Eheschließung fünf Jahre oder, falls einer von ihnen vorher verstorben ist, bis zu dessen Tode, jedoch mindestens drei Jahre als Ehegatten miteinander gelebt haben, es sei denn, dass bei Ablauf der fünf Jahre oder zur Zeit des Todes die Aufhebung beantragt ist.

---

[1)] § 1315 Abs. 2 Nr. 1 geänd. mWv 1.1.2009 durch G v. 19.2.2007 (BGBl. I S. 122); Abs. 1 Satz 1 Nr. 1 neu gef., Satz 3 aufgeh. mWv 22.7.2017 durch G v. 17.7.2017 (BGBl. I S. 2429).

**§ 1316[1)] Antragsberechtigung.** (1) Antragsberechtigt

1. sind bei Verstoß gegen § 1303 Satz 1, die §§ 1304, 1306, 1307, 1311 sowie in den Fällen des § 1314 Abs. 2 Nr. 1 und 5 jeder Ehegatte, die zuständige Verwaltungsbehörde und in den Fällen des § 1306 auch die dritte Person. Die zuständige Verwaltungsbehörde wird durch Rechtsverordnung der Landesregierungen bestimmt. Die Landesregierungen können die Ermächtigung nach Satz 2 durch Rechtsverordnung auf die zuständigen obersten Landesbehörden übertragen;
2. ist in den Fällen des § 1314 Abs. 2 Nr. 2 bis 4 der dort genannte Ehegatte.

(2) [1] Der Antrag kann für einen geschäftsunfähigen Ehegatten nur von seinem gesetzlichen Vertreter gestellt werden. [2] Bei einem Verstoß gegen § 1303 Satz 1 kann ein minderjähriger Ehegatte den Antrag nur selbst stellen; er bedarf dazu nicht der Zustimmung seines gesetzlichen Vertreters.

(3) [1] Bei Verstoß gegen die §§ 1304, 1306, 1307 sowie in den Fällen des § 1314 Abs. 2 Nr. 1 und 5 soll die zuständige Verwaltungsbehörde den Antrag stellen, wenn nicht die Aufhebung der Ehe für einen Ehegatten oder für die aus der Ehe hervorgegangenen Kinder eine so schwere Härte darstellen würde, dass die Aufrechterhaltung der Ehe ausnahmsweise geboten erscheint. [2] Bei einem Verstoß gegen § 1303 Satz 1 muss die zuständige Behörde den Antrag stellen, es sei denn, der minderjährige Ehegatte ist zwischenzeitlich volljährig geworden und hat zu erkennen gegeben, dass er die Ehe fortsetzen will.

**§ 1317[2)] Antragsfrist.** (1) [1] Der Antrag kann in den Fällen des § 1314 Absatz 2 Nummer 2 und 3 nur binnen eines Jahres, im Falle des § 1314 Absatz 2 Nummer 4 nur binnen drei Jahren gestellt werden. [2] Die Frist beginnt mit der Entdeckung des Irrtums oder der Täuschung oder mit dem Aufhören der Zwangslage; für den gesetzlichen Vertreter eines geschäftsunfähigen Ehegatten beginnt die Frist jedoch nicht vor dem Zeitpunkt, in welchem ihm die den Fristbeginn begründenden Umstände bekannt werden. [3] Auf den Lauf der Frist sind die §§ 206, 210 Abs. 1 Satz 1 entsprechend anzuwenden.

(2) Hat der gesetzliche Vertreter eines geschäftsunfähigen Ehegatten den Antrag nicht rechtzeitig gestellt, so kann der Ehegatte selbst innerhalb von sechs Monaten nach dem Wegfall der Geschäftsunfähigkeit den Antrag stellen.

(3) Ist die Ehe bereits aufgelöst, so kann der Antrag nicht mehr gestellt werden.

**§ 1318[3)] Folgen der Aufhebung.** (1) Die Folgen der Aufhebung einer Ehe bestimmen sich nur in den nachfolgend genannten Fällen nach den Vorschriften über die Scheidung.

(2) [1] Die §§ 1569 bis 1586b finden entsprechende Anwendung

1. zugunsten eines Ehegatten, der bei Verstoß gegen die §§ 1303, 1304, 1306, 1307 oder § 1311 oder in den Fällen des § 1314 Abs. 2 Nr. 1 oder 2 die Aufhebbarkeit der Ehe bei der Eheschließung nicht gekannt hat oder der in den Fällen des § 1314 Abs. 2 Nr. 3 oder 4 von dem anderen Ehegatten oder mit dessen Wissen getäuscht oder bedroht worden ist;

---

1) § 1316 Abs. 1 Nr. 1 geänd., Abs. 2 Satz 2 neu gef., Abs. 3 Satz 2 angef. mWv 22.7.2017 durch G v. 17.7.2017 (BGBl. I S. 2429).

2) § 1317 Abs. 1 Satz 1 neu gef. mWv 1.7.2011 durch G v. 23.6.2011 (BGBl. I S. 1266); Abs. 1 Satz 2 geänd. mWv 22.7.2017 durch G v. 17.7.2017 (BGBl. I S. 2429).

3) § 1318 Abs. 3 geänd. mWv 1.9.2009 durch G v. 3.4.2009 (BGBl. I S. 700); Abs. 4 Halbs. 1 geänd. mWv 1.9.2009 durch G v. 6.7.2009 (BGBl. I S. 1696).

2. zugunsten beider Ehegatten bei Verstoß gegen die §§ 1306, 1307 oder § 1311, wenn beide Ehegatten die Aufhebbarkeit kannten; dies gilt nicht bei Verstoß gegen § 1306, soweit der Anspruch eines Ehegatten auf Unterhalt einen entsprechenden Anspruch der dritten Person beeinträchtigen würde.

[2] Die Vorschriften über den Unterhalt wegen der Pflege oder Erziehung eines gemeinschaftlichen Kindes finden auch insoweit entsprechende Anwendung, als eine Versagung des Unterhalts im Hinblick auf die Belange des Kindes grob unbillig wäre.

(3) Die §§ 1363 bis 1390 und 1587 finden entsprechende Anwendung, soweit dies nicht im Hinblick auf die Umstände bei der Eheschließung oder bei Verstoß gegen § 1306 im Hinblick auf die Belange der dritten Person grob unbillig wäre.

(4) Die §§ 1568a und 1568b finden entsprechende Anwendung; dabei sind die Umstände bei der Eheschließung und bei Verstoß gegen § 1306 die Belange der dritten Person besonders zu berücksichtigen.

(5) § 1931 findet zugunsten eines Ehegatten, der bei Verstoß gegen die §§ 1304, 1306, 1307 oder § 1311 oder im Falle des § 1314 Abs. 2 Nr. 1 die Aufhebbarkeit der Ehe bei der Eheschließung gekannt hat, keine Anwendung.

### Titel 4. Wiederverheiratung nach Todeserklärung

**§ 1319 Aufhebung der bisherigen Ehe.** (1) Geht ein Ehegatte, nachdem der andere Ehegatte für tot erklärt worden ist, eine neue Ehe ein, so kann, wenn der für tot erklärte Ehegatte noch lebt, die neue Ehe nur dann wegen Verstoßes gegen § 1306 aufgehoben werden, wenn beide Ehegatten bei der Eheschließung wussten, dass der für tot erklärte Ehegatte im Zeitpunkt der Todeserklärung noch lebte.

(2) [1] Mit der Schließung der neuen Ehe wird die frühere Ehe aufgelöst, es sei denn, dass beide Ehegatten der neuen Ehe bei der Eheschließung wussten, dass der für tot erklärte Ehegatte im Zeitpunkt der Todeserklärung noch lebte. [2] Sie bleibt auch dann aufgelöst, wenn die Todeserklärung aufgehoben wird.

**§ 1320 Aufhebung der neuen Ehe.** (1) [1] Lebt der für tot erklärte Ehegatte noch, so kann unbeschadet des § 1319 sein früherer Ehegatte die Aufhebung der neuen Ehe begehren, es sei denn, dass er bei der Eheschließung wusste, dass der für tot erklärte Ehegatte zum Zeitpunkt der Todeserklärung noch gelebt hat. [2] Die Aufhebung kann nur binnen eines Jahres begehrt werden. [3] Die Frist beginnt mit dem Zeitpunkt, in dem der Ehegatte aus der früheren Ehe Kenntnis davon erlangt hat, dass der für tot erklärte Ehegatte noch lebt. [4] § 1317 Abs. 1 Satz 3, Abs. 2 gilt entsprechend.

(2) Für die Folgen der Aufhebung gilt § 1318 entsprechend.

**§§ 1321 bis 1352** (weggefallen)

### Titel 5. Wirkungen der Ehe im Allgemeinen

**§ 1353[1)] Eheliche Lebensgemeinschaft.** (1) [1] Die Ehe wird von zwei Personen verschiedenen oder gleichen Geschlechts auf Lebenszeit geschlossen. [2] Die Ehegatten sind einander zur ehelichen Lebensgemeinschaft verpflichtet; sie tragen füreinander Verantwortung.

---

1) § 1353 Abs. 1 Satz 1 neu gef. mWv 1.10.2017 durch G v. 20.7.2017 (BGBl. I S. 2787).

(2) Ein Ehegatte ist nicht verpflichtet, dem Verlangen des anderen Ehegatten nach Herstellung der Gemeinschaft Folge zu leisten, wenn sich das Verlangen als Missbrauch seines Rechts darstellt oder wenn die Ehe gescheitert ist.

**§ 1354** (weggefallen)

**§ 1355**[1] **Ehename.** (1) [1] Die Ehegatten sollen einen gemeinsamen Familiennamen (Ehenamen) bestimmen. [2] Die Ehegatten führen den von ihnen bestimmten Ehenamen. [3] Bestimmen die Ehegatten keinen Ehenamen, so führen sie ihren zur Zeit der Eheschließung geführten Namen auch nach der Eheschließung.

(2) Zum Ehenamen können die Ehegatten durch Erklärung gegenüber dem Standesamt den Geburtsnamen oder den zur Zeit der Erklärung über die Bestimmung des Ehenamens geführten Namen eines Ehegatten bestimmen.

(3) [1] Die Erklärung über die Bestimmung des Ehenamens soll bei der Eheschließung erfolgen. [2] Wird die Erklärung später abgegeben, so muss sie öffentlich beglaubigt werden.

(4) [1] Ein Ehegatte, dessen Name nicht Ehename wird, kann durch Erklärung gegenüber dem Standesamt dem Ehenamen seinen Geburtsnamen oder den zur Zeit der Erklärung über die Bestimmung des Ehenamens geführten Namen voranstellen oder anfügen. [2] Dies gilt nicht, wenn der Ehename aus mehreren Namen besteht. [3] Besteht der Name eines Ehegatten aus mehreren Namen, so kann nur einer dieser Namen hinzugefügt werden. [4] Die Erklärung kann gegenüber dem Standesamt widerrufen werden; in diesem Falle ist eine erneute Erklärung nach Satz 1 nicht zulässig. [5] Die Erklärung, wenn sie nicht bei der Eheschließung gegenüber einem deutschen Standesamt abgegeben wird, und der Widerruf müssen öffentlich beglaubigt werden.

(5) [1] Der verwitwete oder geschiedene Ehegatte behält den Ehenamen. [2] Er kann durch Erklärung gegenüber dem Standesamt seinen Geburtsnamen oder den Namen wieder annehmen, den er bis zur Bestimmung des Ehenamens geführt hat, oder dem Ehenamen seinen Geburtsnamen oder den zur Zeit der Bestimmung des Ehenamens geführten Namen voranstellen oder anfügen. [3] Absatz 4 gilt entsprechend.

(6) Geburtsname ist der Name, der in die Geburtsurkunde eines Ehegatten zum Zeitpunkt der Erklärung gegenüber dem Standesamt einzutragen ist.

**§ 1356 Haushaltsführung, Erwerbstätigkeit.** (1) [1] Die Ehegatten regeln die Haushaltsführung im gegenseitigen Einvernehmen. [2] Ist die Haushaltsführung einem der Ehegatten überlassen, so leitet dieser den Haushalt in eigener Verantwortung.

(2) [1] Beide Ehegatten sind berechtigt, erwerbstätig zu sein. [2] Bei der Wahl und Ausübung einer Erwerbstätigkeit haben sie auf die Belange des anderen Ehegatten und der Familie die gebotene Rücksicht zu nehmen.

**§ 1357**[2] **Geschäfte zur Deckung des Lebensbedarfs.** (1) [1] Jeder Ehegatte ist berechtigt, Geschäfte zur angemessenen Deckung des Lebensbedarfs der Familie mit Wirkung auch für den anderen Ehegatten zu besorgen. [2] Durch solche Ge-

---

[1] § 1355 Abs. 2, Abs. 4 Satz 1 und Abs. 5 Satz 2 neu gef. mWv 12.2.2005 durch G v. 6.2.2005 (BGBl. I S. 203); Abs. 2, Abs. 4 Sätze 1 und 4, Abs. 5 Satz 2 und Abs. 6 geänd. mWv 1.1.2009 durch G v. 19.2. 2007 (BGBl. I S. 122); Abs. 4 Satz 5 neu gef. mWv 1.11.2013 durch G v. 7.5.2013 (BGBl. I S. 1122); Abs. 2 neu gef. mWv 22.12.2018 durch G v. 18.12.2018 (BGBl. I S. 2639).

[2] § 1357 Abs. 2 Satz 1 2. Halbs. geänd. mWv 1.9.2009 durch G v. 17.12.2008 (BGBl. I S. 2586).

schäfte werden beide Ehegatten berechtigt und verpflichtet, es sei denn, dass sich aus den Umständen etwas anderes ergibt.

(2) [1] Ein Ehegatte kann die Berechtigung des anderen Ehegatten, Geschäfte mit Wirkung für ihn zu besorgen, beschränken oder ausschließen; besteht für die Beschränkung oder Ausschließung kein ausreichender Grund, so hat das Familiengericht sie auf Antrag aufzuheben. [2] Dritten gegenüber wirkt die Beschränkung oder Ausschließung nur nach Maßgabe des § 1412.

(3) Absatz 1 gilt nicht, wenn die Ehegatten getrennt leben.

**§ 1358[1)] Gegenseitige Vertretung von Ehegatten in Angelegenheiten der Gesundheitssorge.** (1) Kann ein Ehegatte aufgrund von Bewusstlosigkeit oder Krankheit seine Angelegenheiten der Gesundheitssorge rechtlich nicht besorgen (vertretener Ehegatte), ist der andere Ehegatte (vertretender Ehegatte) berechtigt, für den vertretenen Ehegatten

1. in Untersuchungen des Gesundheitszustandes, Heilbehandlungen oder ärztliche Eingriffe einzuwilligen oder sie zu untersagen sowie ärztliche Aufklärungen entgegenzunehmen,
2. Behandlungsverträge, Krankenhausverträge oder Verträge über eilige Maßnahmen der Rehabilitation und der Pflege abzuschließen und durchzusetzen,
3. über Maßnahmen nach § 1831 Absatz 4 zu entscheiden, sofern die Dauer der Maßnahme im Einzelfall sechs Wochen nicht überschreitet, und
4. Ansprüche, die dem vertretenen Ehegatten aus Anlass der Erkrankung gegenüber Dritten zustehen, geltend zu machen und an die Leistungserbringer aus den Verträgen nach Nummer 2 abzutreten oder Zahlung an diese zu verlangen.

(2) [1] Unter den Voraussetzungen des Absatzes 1 und hinsichtlich der in Absatz 1 Nummer 1 bis 4 genannten Angelegenheiten sind behandelnde Ärzte gegenüber dem vertretenden Ehegatten von ihrer Schweigepflicht entbunden. [2] Dieser darf die diese Angelegenheiten betreffenden Krankenunterlagen einsehen und ihre Weitergabe an Dritte bewilligen.

(3) Die Berechtigungen nach den Absätzen 1 und 2 bestehen nicht, wenn

1. die Ehegatten getrennt leben,
2. dem vertretenden Ehegatten oder dem behandelnden Arzt bekannt ist, dass der vertretene Ehegatte
   a) eine Vertretung durch ihn in den in Absatz 1 Nummer 1 bis 4 genannten Angelegenheiten ablehnt oder
   b) jemanden zur Wahrnehmung seiner Angelegenheiten bevollmächtigt hat, soweit diese Vollmacht die in Absatz 1 Nummer 1 bis 4 bezeichneten Angelegenheiten umfasst,
3. für den vertretenen Ehegatten ein Betreuer bestellt ist, soweit dessen Aufgabenkreis die in Absatz 1 Nummer 1 bis 4 bezeichneten Angelegenheiten umfasst, oder
4. die Voraussetzungen des Absatzes 1 nicht mehr vorliegen oder mehr als sechs Monate seit dem durch den Arzt nach Absatz 4 Satz 1 Nummer 1 festgestellten Zeitpunkt vergangen sind.

(4) [1] Der Arzt, gegenüber dem das Vertretungsrecht ausgeübt wird, hat

1) § 1358 neu gef. mWv 1.1.2023 durch G v. 4.5.2021 (BGBl. I S. 882).

1. das Vorliegen der Voraussetzungen des Absatzes 1 und den Zeitpunkt, zu dem diese spätestens eingetreten sind, schriftlich zu bestätigen,
2. dem vertretenden Ehegatten die Bestätigung nach Nummer 1 mit einer schriftlichen Erklärung über das Vorliegen der Voraussetzungen des Absatzes 1 und das Nichtvorliegen der Ausschlussgründe des Absatzes 3 vorzulegen und
3. sich von dem vertretenden Ehegatten schriftlich versichern zu lassen, dass
   a) das Vertretungsrecht wegen der Bewusstlosigkeit oder Krankheit, aufgrund derer der Ehegatte seine Angelegenheiten der Gesundheitssorge rechtlich nicht besorgen kann, bisher nicht ausgeübt wurde und
   b) kein Ausschlussgrund des Absatzes 3 vorliegt.

[2] Das Dokument mit der Bestätigung nach Satz 1 Nummer 1 und der Versicherung nach Satz 1 Nummer 3 ist dem vertretenden Ehegatten für die weitere Ausübung des Vertretungsrechts auszuhändigen.

(5) Das Vertretungsrecht darf ab der Bestellung eines Betreuers, dessen Aufgabenkreis die in Absatz 1 Nummer 1 bis 4 bezeichneten Angelegenheiten umfasst, nicht mehr ausgeübt werden.

(6) § 1821 Absatz 2 bis 4, § 1827 Absatz 1 bis 3, § 1828 Absatz 1 und 2, § 1829 Absatz 1 bis 4 sowie § 1831 Absatz 4 in Verbindung mit Absatz 2 gelten entsprechend.

**§ 1359 Umfang der Sorgfaltspflicht.** Die Ehegatten haben bei der Erfüllung der sich aus dem ehelichen Verhältnis ergebenden Verpflichtungen einander nur für diejenige Sorgfalt einzustehen, welche sie in eigenen Angelegenheiten anzuwenden pflegen.

**§ 1360 Verpflichtung zum Familienunterhalt.** [1] Die Ehegatten sind einander verpflichtet, durch ihre Arbeit und mit ihrem Vermögen die Familie angemessen zu unterhalten. [2] Ist einem Ehegatten die Haushaltsführung überlassen, so erfüllt er seine Verpflichtung, durch Arbeit zum Unterhalt der Familie beizutragen, in der Regel durch die Führung des Haushalts.

**§ 1360a Umfang der Unterhaltspflicht.** (1) Der angemessene Unterhalt der Familie umfasst alles, was nach den Verhältnissen der Ehegatten erforderlich ist, um die Kosten des Haushalts zu bestreiten und die persönlichen Bedürfnisse der Ehegatten und den Lebensbedarf der gemeinsamen unterhaltsberechtigten Kinder zu befriedigen.

(2) [1] Der Unterhalt ist in der Weise zu leisten, die durch die eheliche Lebensgemeinschaft geboten ist. [2] Die Ehegatten sind einander verpflichtet, die zum gemeinsamen Unterhalt der Familie erforderlichen Mittel für einen angemessenen Zeitraum im Voraus zur Verfügung zu stellen.

(3) Die für die Unterhaltspflicht der Verwandten geltenden Vorschriften der §§ 1613 bis 1615 sind entsprechend anzuwenden.

(4) [1] Ist ein Ehegatte nicht in der Lage, die Kosten eines Rechtsstreits zu tragen, der eine persönliche Angelegenheit betrifft, so ist der andere Ehegatte verpflichtet, ihm diese Kosten vorzuschießen, soweit dies der Billigkeit entspricht. [2] Das Gleiche gilt für die Kosten der Verteidigung in einem Strafverfahren, das gegen einen Ehegatten gerichtet ist.

**§ 1360b Zuvielleistung.** Leistet ein Ehegatte zum Unterhalt der Familie einen höheren Beitrag als ihm obliegt, so ist im Zweifel anzunehmen, dass er nicht beabsichtigt, von dem anderen Ehegatten Ersatz zu verlangen.

**§ 1361**[1] **Unterhalt bei Getrenntleben.** (1) [1]Leben die Ehegatten getrennt, so kann ein Ehegatte von dem anderen den nach den Lebensverhältnissen und den Erwerbs- und Vermögensverhältnissen der Ehegatten angemessenen Unterhalt verlangen; für Aufwendungen infolge eines Körper- oder Gesundheitsschadens gilt § 1610a. [2]Ist zwischen den getrennt lebenden Ehegatten ein Scheidungsverfahren rechtshängig, so gehören zum Unterhalt vom Eintritt der Rechtshängigkeit an auch die Kosten einer angemessenen Versicherung für den Fall des Alters sowie der verminderten Erwerbsfähigkeit.

(2) Der nicht erwerbstätige Ehegatte kann nur dann darauf verwiesen werden, seinen Unterhalt durch eine Erwerbstätigkeit selbst zu verdienen, wenn dies von ihm nach seinen persönlichen Verhältnissen, insbesondere wegen einer früheren Erwerbstätigkeit unter Berücksichtigung der Dauer der Ehe, und nach den wirtschaftlichen Verhältnissen beider Ehegatten erwartet werden kann.

(3) Die Vorschrift des § 1579 Nr. 2 bis 8 über die Beschränkung oder Versagung des Unterhalts wegen grober Unbilligkeit ist entsprechend anzuwenden.

(4) [1]Der laufende Unterhalt ist durch Zahlung einer Geldrente zu gewähren. [2]Die Rente ist monatlich im Voraus zu zahlen. [3]Der Verpflichtete schuldet den vollen Monatsbetrag auch dann, wenn der Berechtigte im Laufe des Monats stirbt. [4]§ 1360a Abs. 3, 4 und die §§ 1360b, 1605 sind entsprechend anzuwenden.

**§ 1361a**[2] **Verteilung der Haushaltsgegenstände bei Getrenntleben.**

(1) [1]Leben die Ehegatten getrennt, so kann jeder von ihnen die ihm gehörenden Haushaltsgegenstände von dem anderen Ehegatten herausverlangen. [2]Er ist jedoch verpflichtet, sie dem anderen Ehegatten zum Gebrauch zu überlassen, soweit dieser sie zur Führung eines abgesonderten Haushalts benötigt und die Überlassung nach den Umständen des Falles der Billigkeit entspricht.

(2) Haushaltsgegenstände, die den Ehegatten gemeinsam gehören, werden zwischen ihnen nach den Grundsätzen der Billigkeit verteilt.

(3) [1]Können sich die Ehegatten nicht einigen, so entscheidet das zuständige Gericht. [2]Dieses kann eine angemessene Vergütung für die Benutzung der Haushaltsgegenstände festsetzen.

(4) Die Eigentumsverhältnisse bleiben unberührt, sofern die Ehegatten nichts anderes vereinbaren.

**§ 1361b**[3] **Ehewohnung bei Getrenntleben.** (1) [1]Leben die Ehegatten voneinander getrennt oder will einer von ihnen getrennt leben, so kann ein Ehegatte verlangen, dass ihm der andere die Ehewohnung oder einen Teil zur alleinigen Benutzung überlässt, soweit dies auch unter Berücksichtigung der Belange des anderen Ehegatten notwendig ist, um eine unbillige Härte zu vermeiden. [2]Eine unbillige Härte kann auch dann gegeben sein, wenn das Wohl von im Haushalt lebenden Kindern beeinträchtigt ist. [3]Steht einem Ehegatten allein oder gemeinsam mit einem Dritten das Eigentum, das Erbbaurecht oder der Nießbrauch an dem Grundstück zu, auf dem sich die Ehewohnung befindet, so ist dies besonders zu berücksichtigen; Entsprechendes gilt für das Wohnungseigentum, das Dauerwohnrecht und das dingliche Wohnrecht.

(2) [1]Hat der Ehegatte, gegen den sich der Antrag richtet, den anderen Ehegatten widerrechtlich und vorsätzlich am Körper, an der Gesundheit, der Freiheit

---

[1] § 1361 Abs. 3 geänd. mWv 1.1.2008 durch G v. 21.12.2007 (BGBl. I S. 3189).

[2] § 1361a Überschrift neu gef. mWv 1.9.2009 durch G v. 6.7.2009 (BGBl. I S. 1696).

[3] § 1361b Abs. 2 Satz 1 geänd. mWv 1.7.2021 durch G v. 25.6.2021 (BGBl. I S. 2099).

oder der sexuellen Selbstbestimmung verletzt oder mit einer solchen Verletzung oder der Verletzung des Lebens widerrechtlich gedroht, ist in der Regel die gesamte Wohnung zur alleinigen Benutzung zu überlassen. [2] Der Anspruch auf Wohnungsüberlassung ist nur dann ausgeschlossen, wenn keine weiteren Verletzungen und widerrechtlichen Drohungen zu besorgen sind, es sei denn, dass dem verletzten Ehegatten das weitere Zusammenleben mit dem anderen wegen der Schwere der Tat nicht zuzumuten ist.

(3) [1] Wurde einem Ehegatten die Ehewohnung ganz oder zum Teil überlassen, so hat der andere alles zu unterlassen, was geeignet ist, die Ausübung dieses Nutzungsrechts zu erschweren oder zu vereiteln. [2] Er kann von dem nutzungsberechtigten Ehegatten eine Vergütung für die Nutzung verlangen, soweit dies der Billigkeit entspricht.

(4) Ist nach der Trennung der Ehegatten im Sinne des § 1567 Abs. 1 ein Ehegatte aus der Ehewohnung ausgezogen und hat er binnen sechs Monaten nach seinem Auszug eine ernstliche Rückkehrabsicht dem anderen Ehegatten gegenüber nicht bekundet, so wird unwiderleglich vermutet, dass er dem in der Ehewohnung verbliebenen Ehegatten das alleinige Nutzungsrecht überlassen hat.

**§ 1362[1)] Eigentumsvermutung.** (1) [1] Zugunsten der Gläubiger eines der Ehegatten wird vermutet, dass die im Besitz eines oder beider Ehegatten befindlichen beweglichen Sachen dem Schuldner gehören. [2] Diese Vermutung gilt nicht, wenn die Ehegatten getrennt leben und sich die Sachen im Besitz des Ehegatten befinden, der nicht Schuldner ist. [3] Inhaberpapiere und Orderpapiere, die mit Blankoindossament versehen sind, stehen den beweglichen Sachen gleich.

(2) Für die ausschließlich zum persönlichen Gebrauch eines Ehegatten bestimmten Sachen wird im Verhältnis der Ehegatten zueinander und zu den Gläubigern vermutet, dass sie dem Ehegatten gehören, für dessen Gebrauch sie bestimmt sind.

## Titel 6.[2)] Eheliches Güterrecht

### Untertitel 1. Gesetzliches Güterrecht

**§ 1363[3)] Zugewinngemeinschaft.** (1) Die Ehegatten leben im Güterstand der Zugewinngemeinschaft, wenn sie nicht durch Ehevertrag etwas anderes vereinbaren.

(2) [1] Das jeweilige Vermögen der Ehegatten wird nicht deren gemeinschaftliches Vermögen; dies gilt auch für Vermögen, das ein Ehegatte nach der Eheschließung erwirbt. [2] Der Zugewinn, den die Ehegatten in der Ehe erzielen, wird jedoch ausgeglichen, wenn die Zugewinngemeinschaft endet.

**§ 1364 Vermögensverwaltung.** Jeder Ehegatte verwaltet sein Vermögen selbständig; er ist jedoch in der Verwaltung seines Vermögens nach Maßgabe der folgenden Vorschriften beschränkt.

**§ 1365[4)] Verfügung über Vermögen im Ganzen.** (1) [1] Ein Ehegatte kann sich nur mit Einwilligung des anderen Ehegatten verpflichten, über sein Vermögen

---

1) § 1362 Abs. 1 Satz 1 neu gef. mWv 22.12.2018 durch G v. 18.12.2018 (BGBl. I S. 2639).

2) Wegen des für das Gebiet der ehem. DDR geltenden Übergangsrechts zum Ehelichen Güterrecht beachte Art. 234 § 4 EGBGB (Nr. **21**).

3) § 1363 Abs. 2 Satz 1 neu gef. mWv 22.12.2018 durch G v. 18.12.2018 (BGBl. I S. 2639).

4) § 1365 Abs. 2 geänd. mWv 1.9.2009 durch G v. 17.12.2008 (BGBl. I S. 2586).

im Ganzen zu verfügen. [2] Hat er sich ohne Zustimmung des anderen Ehegatten verpflichtet, so kann er die Verpflichtung nur erfüllen, wenn der andere Ehegatte einwilligt.

(2) Entspricht das Rechtsgeschäft den Grundsätzen einer ordnungsmäßigen Verwaltung, so kann das Familiengericht auf Antrag des Ehegatten die Zustimmung des anderen Ehegatten ersetzen, wenn dieser sie ohne ausreichenden Grund verweigert oder durch Krankheit oder Abwesenheit an der Abgabe einer Erklärung verhindert und mit dem Aufschub Gefahr verbunden ist.

**§ 1366[1)] Genehmigung von Verträgen.** (1) Ein Vertrag, den ein Ehegatte ohne die erforderliche Einwilligung des anderen Ehegatten schließt, ist wirksam, wenn dieser ihn genehmigt.

(2) [1] Bis zur Genehmigung kann der Dritte den Vertrag widerrufen. [2] Hat er gewusst, dass der vertragsschließende Ehegatte verheiratet ist, so kann er nur widerrufen, wenn der Ehegatte wahrheitswidrig behauptet hat, der andere Ehegatte habe eingewilligt; er kann auch in diesem Fall nicht widerrufen, wenn ihm beim Abschluss des Vertrags bekannt war, dass der andere Ehegatte nicht eingewilligt hatte.

(3) [1] Fordert der Dritte den Ehegatten auf, die erforderliche Genehmigung des anderen Ehegatten zu beschaffen, so kann dieser sich nur dem Dritten gegenüber über die Genehmigung erklären; hat er sich bereits vor der Aufforderung seinem Ehegatten gegenüber erklärt, so wird die Erklärung unwirksam. [2] Die Genehmigung kann nur innerhalb von zwei Wochen seit dem Empfang der Aufforderung erklärt werden; wird sie nicht erklärt, so gilt sie als verweigert. [3] Ersetzt das Familiengericht die Genehmigung, so ist sein Beschluss nur wirksam, wenn der Ehegatte ihn dem Dritten innerhalb der zweiwöchigen Frist mitteilt; andernfalls gilt die Genehmigung als verweigert.

(4) Wird die Genehmigung verweigert, so ist der Vertrag unwirksam.

**§ 1367 Einseitige Rechtsgeschäfte.** Ein einseitiges Rechtsgeschäft, das ohne die erforderliche Einwilligung vorgenommen wird, ist unwirksam.

**§ 1368 Geltendmachung der Unwirksamkeit.** Verfügt ein Ehegatte ohne die erforderliche Zustimmung des anderen Ehegatten über sein Vermögen, so ist auch der andere Ehegatte berechtigt, die sich aus der Unwirksamkeit der Verfügung ergebenden Rechte gegen den Dritten gerichtlich geltend zu machen.

**§ 1369[2)] Verfügungen über Haushaltsgegenstände.** (1) Ein Ehegatte kann über ihm gehörende Gegenstände des ehelichen Haushalts nur verfügen und sich zu einer solchen Verfügung auch nur verpflichten, wenn der andere Ehegatte einwilligt.

(2) Das Familiengericht kann auf Antrag des Ehegatten die Zustimmung des anderen Ehegatten ersetzen, wenn dieser sie ohne ausreichenden Grund verweigert oder durch Krankheit oder Abwesenheit verhindert ist, eine Erklärung abzugeben.

(3) Die Vorschriften der §§ 1366 bis 1368 gelten entsprechend.

---

[1)] § 1366 Abs. 3 Satz 3 geänd. mWv 1.9.2009 durch G v. 17.12.2008 (BGBl. I S. 2586); Abs. 2 Satz 2 neu gef. mWv 22.12.2018 durch G v. 18.12.2018 (BGBl. I S. 2639).

[2)] § 1369 Abs. 2 geänd. mWv 1.9.2009 durch G v. 17.12.2008 (BGBl. I S. 2586).

**§ 1370**[1] *(aufgehoben)*

**§ 1371 Zugewinnausgleich im Todesfall.** (1) Wird der Güterstand durch den Tod eines Ehegatten beendet, so wird der Ausgleich des Zugewinns dadurch verwirklicht, dass sich der gesetzliche Erbteil des überlebenden Ehegatten um ein Viertel der Erbschaft erhöht; hierbei ist unerheblich, ob die Ehegatten im einzelnen Falle einen Zugewinn erzielt haben.

(2) Wird der überlebende Ehegatte nicht Erbe und steht ihm auch kein Vermächtnis zu, so kann er Ausgleich des Zugewinns nach den Vorschriften der §§ 1373 bis 1383, 1390 verlangen; der Pflichtteil des überlebenden Ehegatten oder eines anderen Pflichtteilsberechtigten bestimmt sich in diesem Falle nach dem nicht erhöhten gesetzlichen Erbteil des Ehegatten.

(3) Schlägt der überlebende Ehegatte die Erbschaft aus, so kann er neben dem Ausgleich des Zugewinns den Pflichtteil auch dann verlangen, wenn dieser ihm nach den erbrechtlichen Bestimmungen nicht zustünde; dies gilt nicht, wenn er durch Vertrag mit seinem Ehegatten auf sein gesetzliches Erbrecht oder sein Pflichtteilsrecht verzichtet hat.

(4) Sind erbberechtigte Abkömmlinge des verstorbenen Ehegatten, welche nicht aus der durch den Tod dieses Ehegatten aufgelösten Ehe stammen, vorhanden, so ist der überlebende Ehegatte verpflichtet, diesen Abkömmlingen, wenn und soweit sie dessen bedürfen, die Mittel zu einer angemessenen Ausbildung aus dem nach Absatz 1 zusätzlich gewährten Viertel zu gewähren.

**§ 1372 Zugewinnausgleich in anderen Fällen.** Wird der Güterstand auf andere Weise als durch den Tod eines Ehegatten beendet, so wird der Zugewinn nach den Vorschriften der §§ 1373 bis 1390 ausgeglichen.

**§ 1373 Zugewinn.** Zugewinn ist der Betrag, um den das Endvermögen eines Ehegatten das Anfangsvermögen übersteigt.

**§ 1374**[2] **Anfangsvermögen.** (1) Anfangsvermögen ist das Vermögen, das einem Ehegatten nach Abzug der Verbindlichkeiten beim Eintritt des Güterstands gehört.

(2) Vermögen, das ein Ehegatte nach Eintritt des Güterstands von Todes wegen oder mit Rücksicht auf ein künftiges Erbrecht, durch Schenkung oder als Ausstattung erwirbt, wird nach Abzug der Verbindlichkeiten dem Anfangsvermögen hinzugerechnet, soweit es nicht den Umständen nach zu den Einkünften zu rechnen ist.

(3) Verbindlichkeiten sind über die Höhe des Vermögens hinaus abzuziehen.

**§ 1375**[3] **Endvermögen.** (1) [1] Endvermögen ist das Vermögen, das einem Ehegatten nach Abzug der Verbindlichkeiten bei der Beendigung des Güterstands gehört. [2] Verbindlichkeiten sind über die Höhe des Vermögens hinaus abzuziehen.

(2) [1] Dem Endvermögen eines Ehegatten wird der Betrag hinzugerechnet, um den dieses Vermögen dadurch vermindert ist, dass ein Ehegatte nach Eintritt des Güterstands

---

[1] § 1370 aufgeh. mWv 1.9.2009 durch G v. 6.7.2009 (BGBl. I S. 1696).

[2] § 1374 Abs. 1 geänd., Abs. 3 angef. mWv 1.9.2009 durch G v. 6.7.2009 (BGBl. I S. 1696).

[3] § 1375 Abs. 1 Satz 2 neu gef., Abs. 2 Satz 2 angef. mWv 1.9.2009 durch G v. 6.7.2009 (BGBl. I S. 1696).

1. unentgeltliche Zuwendungen gemacht hat, durch die er nicht einer sittlichen Pflicht oder einer auf den Anstand zu nehmenden Rücksicht entsprochen hat,
2. Vermögen verschwendet hat oder
3. Handlungen in der Absicht vorgenommen hat, den anderen Ehegatten zu benachteiligen.

[2] Ist das Endvermögen eines Ehegatten geringer als das Vermögen, das er in der Auskunft zum Trennungszeitpunkt angegeben hat, so hat dieser Ehegatte darzulegen und zu beweisen, dass die Vermögensminderung nicht auf Handlungen im Sinne des Satzes 1 Nummer 1 bis 3 zurückzuführen ist.

(3) Der Betrag der Vermögensminderung wird dem Endvermögen nicht hinzugerechnet, wenn sie mindestens zehn Jahre vor Beendigung des Güterstands eingetreten ist oder wenn der andere Ehegatte mit der unentgeltlichen Zuwendung oder der Verschwendung einverstanden gewesen ist.

**§ 1376 Wertermittlung des Anfangs- und Endvermögens.** (1) Der Berechnung des Anfangsvermögens wird der Wert zugrunde gelegt, den das beim Eintritt des Güterstands vorhandene Vermögen in diesem Zeitpunkt, das dem Anfangsvermögen hinzuzurechnende Vermögen im Zeitpunkt des Erwerbs hatte.

(2) Der Berechnung des Endvermögens wird der Wert zugrunde gelegt, den das bei Beendigung des Güterstands vorhandene Vermögen in diesem Zeitpunkt, eine dem Endvermögen hinzuzurechnende Vermögensminderung in dem Zeitpunkt hatte, in dem sie eingetreten ist.

(3) Die vorstehenden Vorschriften gelten entsprechend für die Bewertung von Verbindlichkeiten.

(4) Ein land- oder forstwirtschaftlicher Betrieb, der bei der Berechnung des Anfangsvermögens und des Endvermögens zu berücksichtigen ist, ist mit dem Ertragswert anzusetzen, wenn der Eigentümer nach § 1378 Abs. 1 in Anspruch genommen wird und eine Weiterführung oder Wiederaufnahme des Betriebs durch den Eigentümer oder einen Abkömmling erwartet werden kann; die Vorschrift des § 2049 Abs. 2 ist anzuwenden.

**§ 1377 Verzeichnis des Anfangsvermögens.** (1) Haben die Ehegatten den Bestand und den Wert des einem Ehegatten gehörenden Anfangsvermögens und der diesem Vermögen hinzuzurechnenden Gegenstände gemeinsam in einem Verzeichnis festgestellt, so wird im Verhältnis der Ehegatten zueinander vermutet, dass das Verzeichnis richtig ist.

(2) [1] Jeder Ehegatte kann verlangen, dass der andere Ehegatte bei der Aufnahme des Verzeichnisses mitwirkt. [2] Auf die Aufnahme des Verzeichnisses sind die für den Nießbrauch geltenden Vorschriften des § 1035 anzuwenden. [3] Jeder Ehegatte kann den Wert der Vermögensgegenstände und der Verbindlichkeiten auf seine Kosten durch Sachverständige feststellen lassen.

(3) Soweit kein Verzeichnis aufgenommen ist, wird vermutet, dass das Endvermögen eines Ehegatten seinen Zugewinn darstellt.

**§ 1378[1] Ausgleichsforderung.** (1) Übersteigt der Zugewinn des einen Ehegatten den Zugewinn des anderen, so steht die Hälfte des Überschusses dem anderen Ehegatten als Ausgleichsforderung zu.

---

[1] § 1378 Abs. 2 Satz 2 angef. mWv 1.9.2009 durch G v. 6.7.2009 (BGBl. I S. 1696); Abs. 4 aufgeh. mWv 1.1.2010 durch G v. 24.9.2009 (BGBl. I S. 3142).

(2) [1]Die Höhe der Ausgleichsforderung wird durch den Wert des Vermögens begrenzt, das nach Abzug der Verbindlichkeiten bei Beendigung des Güterstands vorhanden ist. [2]Die sich nach Satz 1 ergebende Begrenzung der Ausgleichsforderung erhöht sich in den Fällen des § 1375 Absatz 2 Satz 1 um den dem Endvermögen hinzuzurechnenden Betrag.

(3) [1]Die Ausgleichsforderung entsteht mit der Beendigung des Güterstands und ist von diesem Zeitpunkt an vererblich und übertragbar. [2]Eine Vereinbarung, die die Ehegatten während eines Verfahrens, das auf die Auflösung der Ehe gerichtet ist, für den Fall der Auflösung der Ehe über den Ausgleich des Zugewinns treffen, bedarf der notariellen Beurkundung; § 127a findet auch auf eine Vereinbarung Anwendung, die in einem Verfahren in Ehesachen vor dem Prozessgericht protokolliert wird. [3]Im Übrigen kann sich kein Ehegatte vor der Beendigung des Güterstands verpflichten, über die Ausgleichsforderung zu verfügen.

**§ 1379[1)] Auskunftspflicht.** (1) [1]Ist der Güterstand beendet oder hat ein Ehegatte die Scheidung, die Aufhebung der Ehe, den vorzeitigen Ausgleich des Zugewinns bei vorzeitiger Aufhebung der Zugewinngemeinschaft oder die vorzeitige Aufhebung der Zugewinngemeinschaft beantragt, kann jeder Ehegatte von dem anderen Ehegatten

1. Auskunft über das Vermögen zum Zeitpunkt der Trennung verlangen;
2. Auskunft über das Vermögen verlangen, soweit es für die Berechnung des Anfangs- und Endvermögens maßgeblich ist.

[2]Auf Anforderung sind Belege vorzulegen. [3]Jeder Ehegatte kann verlangen, dass er bei der Aufnahme des ihm nach § 260 vorzulegenden Verzeichnisses zugezogen und dass der Wert der Vermögensgegenstände und der Verbindlichkeiten ermittelt wird. [4]Er kann auch verlangen, dass das Verzeichnis auf seine Kosten durch die zuständige Behörde oder durch einen zuständigen Beamten oder Notar aufgenommen wird.

(2) [1]Leben die Ehegatten getrennt, kann jeder Ehegatte von dem anderen Ehegatten Auskunft über das Vermögen zum Zeitpunkt der Trennung verlangen. [2]Absatz 1 Satz 2 bis 4 gilt entsprechend.

**§ 1380 Anrechnung von Vorausempfängen.** (1) [1]Auf die Ausgleichsforderung eines Ehegatten wird angerechnet, was ihm von dem anderen Ehegatten durch Rechtsgeschäft unter Lebenden mit der Bestimmung zugewendet ist, dass es auf die Ausgleichsforderung angerechnet werden soll. [2]Im Zweifel ist anzunehmen, dass Zuwendungen angerechnet werden sollen, wenn ihr Wert den Wert von Gelegenheitsgeschenken übersteigt, die nach den Lebensverhältnissen der Ehegatten üblich sind.

(2) [1]Der Wert der Zuwendung wird bei der Berechnung der Ausgleichsforderung dem Zugewinn des Ehegatten hinzugerechnet, der die Zuwendung gemacht hat. [2]Der Wert bestimmt sich nach dem Zeitpunkt der Zuwendung.

**§ 1381 Leistungsverweigerung wegen grober Unbilligkeit.** (1) Der Schuldner kann die Erfüllung der Ausgleichsforderung verweigern, soweit der Ausgleich des Zugewinns nach den Umständen des Falles grob unbillig wäre.

(2) Grobe Unbilligkeit kann insbesondere dann vorliegen, wenn der Ehegatte, der den geringeren Zugewinn erzielt hat, längere Zeit hindurch die wirtschaftli-

---

[1)] § 1379 Abs. 1 Satz 1 neu gef., Satz 2 eingef., bish. Sätze 2 und 3 werden Sätze 3 und 4, Abs. 2 neu gef. mWv 1.9.2009 durch G v. 6.7.2009 (BGBl. I S. 1696).

chen Verpflichtungen, die sich aus dem ehelichen Verhältnis ergeben, schuldhaft nicht erfüllt hat.

**§ 1382 Stundung.** (1) [1]Das Familiengericht stundet auf Antrag eine Ausgleichsforderung, soweit sie vom Schuldner nicht bestritten wird, wenn die sofortige Zahlung auch unter Berücksichtigung der Interessen des Gläubigers zur Unzeit erfolgen würde. [2]Die sofortige Zahlung würde auch dann zur Unzeit erfolgen, wenn sie die Wohnverhältnisse oder sonstigen Lebensverhältnisse gemeinschaftlicher Kinder nachhaltig verschlechtern würde.

(2) Eine gestundete Forderung hat der Schuldner zu verzinsen.

(3) Das Familiengericht kann auf Antrag anordnen, dass der Schuldner für eine gestundete Forderung Sicherheit zu leisten hat.

(4) Über Höhe und Fälligkeit der Zinsen und über Art und Umfang der Sicherheitsleistung entscheidet das Familiengericht nach billigem Ermessen.

(5) Soweit über die Ausgleichsforderung ein Rechtsstreit anhängig wird, kann der Schuldner einen Antrag auf Stundung nur in diesem Verfahren stellen.

(6) Das Familiengericht kann eine rechtskräftige Entscheidung auf Antrag aufheben oder ändern, wenn sich die Verhältnisse nach der Entscheidung wesentlich geändert haben.

**§ 1383 Übertragung von Vermögensgegenständen.** (1) Das Familiengericht kann auf Antrag des Gläubigers anordnen, dass der Schuldner bestimmte Gegenstände seines Vermögens dem Gläubiger unter Anrechnung auf die Ausgleichsforderung zu übertragen hat, wenn dies erforderlich ist, um eine grobe Unbilligkeit für den Gläubiger zu vermeiden, und wenn dies dem Schuldner zugemutet werden kann; in der Entscheidung ist der Betrag festzusetzen, der auf die Ausgleichsforderung angerechnet wird.

(2) Der Gläubiger muss die Gegenstände, deren Übertragung er begehrt, in dem Antrag bezeichnen.

(3) § 1382 Abs. 5 gilt entsprechend.

**§ 1384[1)] Berechnungszeitpunkt des Zugewinns und Höhe der Ausgleichsforderung bei Scheidung.** Wird die Ehe geschieden, so tritt für die Berechnung des Zugewinns und für die Höhe der Ausgleichsforderung an die Stelle der Beendigung des Güterstandes der Zeitpunkt der Rechtshängigkeit des Scheidungsantrags.

**§ 1385[2)] Vorzeitiger Zugewinnausgleich des ausgleichsberechtigten Ehegatten bei vorzeitiger Aufhebung der Zugewinngemeinschaft.** Der ausgleichsberechtigte Ehegatte kann vorzeitigen Ausgleich des Zugewinns bei vorzeitiger Aufhebung der Zugewinngemeinschaft verlangen, wenn

1. die Ehegatten seit mindestens drei Jahren getrennt leben,
2. Handlungen der in § 1365 oder § 1375 Absatz 2 bezeichneten Art zu befürchten sind und dadurch eine erhebliche Gefährdung der Erfüllung der Ausgleichsforderung zu besorgen ist,

---

1) § 1384 neu gef. mWv 1.9.2009 durch G v. 6.7.2009 (BGBl. I S. 1696).

2) § 1385 neu gef. mWv 1.9.2009 durch G v. 6.7.2009 (BGBl. I S. 1696); Nr. 4 geänd. mWv 26.11. 2015 durch G v. 20.11.2015 (BGBl. I S. 2010).

3. der andere Ehegatte längere Zeit hindurch die wirtschaftlichen Verpflichtungen, die sich aus dem ehelichen Verhältnis ergeben, schuldhaft nicht erfüllt hat und anzunehmen ist, dass er sie auch in Zukunft nicht erfüllen wird, oder
4. der andere Ehegatte sich ohne ausreichenden Grund beharrlich weigert oder sich ohne ausreichenden Grund bis zur Stellung des Antrags auf Auskunft beharrlich geweigert hat, ihn über den Bestand seines Vermögens zu unterrichten.

**§ 1386[1] Vorzeitige Aufhebung der Zugewinngemeinschaft.** Jeder Ehegatte kann unter entsprechender Anwendung des § 1385 die vorzeitige Aufhebung der Zugewinngemeinschaft verlangen.

**§ 1387[2] Berechnungszeitpunkt des Zugewinns und Höhe der Ausgleichsforderung bei vorzeitigem Ausgleich oder vorzeitiger Aufhebung.** In den Fällen der §§ 1385 und 1386 tritt für die Berechnung des Zugewinns und für die Höhe der Ausgleichsforderung an die Stelle der Beendigung des Güterstands der Zeitpunkt, in dem die entsprechenden Anträge gestellt sind.

**§ 1388[3] Eintritt der Gütertrennung.** Mit der Rechtskraft der Entscheidung, die die Zugewinngemeinschaft vorzeitig aufhebt, tritt Gütertrennung ein.

**§ 1389[4]** *(aufgehoben)*

**§ 1390[5] Ansprüche des Ausgleichsberechtigten gegen Dritte.** (1) [1]Der ausgleichsberechtigte Ehegatte kann von einem Dritten Ersatz des Wertes einer unentgeltlichen Zuwendung des ausgleichspflichtigen Ehegatten an den Dritten verlangen, wenn
1. der ausgleichspflichtige Ehegatte die unentgeltliche Zuwendung an den Dritten in der Absicht gemacht hat, den ausgleichsberechtigten Ehegatten zu benachteiligen und
2. die Höhe der Ausgleichsforderung den Wert des nach Abzug der Verbindlichkeiten bei Beendigung des Güterstands vorhandenen Vermögens des ausgleichspflichtigen Ehegatten übersteigt.

[2]Der Ersatz des Wertes des Erlangten erfolgt nach den Vorschriften über die Herausgabe einer ungerechtfertigten Bereicherung. [3]Der Dritte kann die Zahlung durch Herausgabe des Erlangten abwenden. [4]Der ausgleichspflichtige Ehegatte und der Dritte haften als Gesamtschuldner.

(2) Das Gleiche gilt für andere Rechtshandlungen, wenn die Absicht, den Ehegatten zu benachteiligen, dem Dritten bekannt war.

(3) [1]Die Verjährungsfrist des Anspruchs beginnt mit der Beendigung des Güterstands. [2]Endet der Güterstand durch den Tod eines Ehegatten, so wird die Verjährung nicht dadurch gehemmt, dass der Anspruch erst geltend gemacht werden kann, wenn der Ehegatte die Erbschaft oder ein Vermächtnis ausgeschlagen hat.

---

1) § 1386 neu gef. mWv 1.9.2009 durch G v. 6.7.2009 (BGBl. I S. 1696).

2) § 1387 neu gef. mWv 1.9.2009 durch G v. 6.7.2009 (BGBl. I S. 1696); geänd. mWv 26.11.2015 durch G v. 20.11.2015 (BGBl. I S. 2010).

3) § 1388 neu gef. mWv 1.9.2009 durch G v. 6.7.2009 (BGBl. I S. 1696).

4) § 1389 aufgeh. mWv 1.9.2009 durch G v. 6.7.2009 (BGBl. I S. 1696).

5) § 1390 Abs. 1 neu gef., Abs. 4 aufgeh. mWv 1.9.2009 durch G v. 6.7.2009 (BGBl. I S. 1696); Abs. 3 Satz 1 neu gef. mWv 1.1.2010 durch G v. 24.9.2009 (BGBl. I S. 3142).

**§§ 1391 bis 1407** (weggefallen)

### Untertitel 2. Vertragliches Güterrecht

#### Kapitel 1. Allgemeine Vorschriften

**§ 1408[1] Ehevertrag, Vertragsfreiheit.** (1) Die Ehegatten können ihre güterrechtlichen Verhältnisse durch Vertrag (Ehevertrag) regeln, insbesondere auch nach der Eingehung der Ehe den Güterstand aufheben oder ändern.

(2) Schließen die Ehegatten in einem Ehevertrag Vereinbarungen über den Versorgungsausgleich, so sind insoweit die §§ 6 und 8 des Versorgungsausgleichsgesetzes[2] anzuwenden.

**§ 1409 Beschränkung der Vertragsfreiheit.** Der Güterstand kann nicht durch Verweisung auf nicht mehr geltendes oder ausländisches Recht bestimmt werden.

**§ 1410 Form.** Der Ehevertrag muss bei gleichzeitiger Anwesenheit beider Teile zur Niederschrift eines Notars geschlossen werden.

**§ 1411[3] Eheverträge Betreuter.** (1) [1]Ein Betreuter kann einen Ehevertrag nur mit Zustimmung seines Betreuers schließen, soweit für diese Angelegenheit ein Einwilligungsvorbehalt angeordnet ist. [2]Die Zustimmung des Betreuers bedarf der Genehmigung des Betreuungsgerichts, wenn der Ausgleich des Zugewinns ausgeschlossen oder eingeschränkt oder wenn Gütergemeinschaft vereinbart oder aufgehoben wird. [3]Für einen geschäftsfähigen Betreuten kann der Betreuer keinen Ehevertrag schließen.

(2) [1]Für einen geschäftsunfähigen Ehegatten schließt der Betreuer den Ehevertrag; Gütergemeinschaft kann er nicht vereinbaren oder aufheben. [2]Der Betreuer kann den Ehevertrag nur mit Genehmigung des Betreuungsgerichts schließen.

**§ 1412[4] Wirkungen gegenüber Dritten.** Haben die Ehegatten den gesetzlichen Güterstand ausgeschlossen oder geändert oder haben sie eine Vereinbarung über den Güterstand aufgehoben oder geändert, so können sie hieraus einem Dritten gegenüber Einwendungen

1. gegen ein Rechtsgeschäft, das zwischen einem der Ehegatten und dem Dritten vorgenommen worden ist, nur herleiten, wenn das Vorhandensein eines Ehevertrages dem Dritten bei Vornahme des Rechtsgeschäfts bekannt gewesen oder infolge grober Fahrlässigkeit unbekannt geblieben ist, oder
2. gegen ein rechtskräftiges Urteil, das zwischen einem der Ehegatten und dem Dritten ergangen ist, nur herleiten, wenn das Vorhandensein eines Ehevertrages dem Dritten bei dem Eintritt der Rechtshängigkeit des Rechtsstreits bekannt gewesen oder infolge grober Fahrlässigkeit unbekannt geblieben ist.

**§ 1413 Widerruf der Überlassung der Vermögensverwaltung.** Überlässt ein Ehegatte sein Vermögen der Verwaltung des anderen Ehegatten, so kann das Recht, die Überlassung jederzeit zu widerrufen, nur durch Ehevertrag ausgeschlossen oder eingeschränkt werden; ein Widerruf aus wichtigem Grunde bleibt gleichwohl zulässig.

---

[1] § 1408 Abs. 2 neu gef. mWv 1.9.2009 durch G v. 3.4.2009 (BGBl. I S. 700).

[2] Nr. **48**.

[3] § 1411 neu gef. mWv 22.7.2017 durch G v. 17.7.2017 (BGBl. I S. 2429).

[4] § 1412 neu gef. mWv 1.1.2023 durch G v. 31.10.2022 (BGBl. I S. 1966).

### Kapitel 2. Gütertrennung

**§ 1414[1] Eintritt der Gütertrennung.** [1] Schließen die Ehegatten den gesetzlichen Güterstand aus oder heben sie ihn auf, so tritt Gütertrennung ein, falls sich nicht aus dem Ehevertrag etwas anderes ergibt. [2] Das Gleiche gilt, wenn der Ausgleich des Zugewinns ausgeschlossen oder die Gütergemeinschaft aufgehoben wird.

### Kapitel 3. Gütergemeinschaft

#### Unterkapitel 1. Allgemeine Vorschriften

**§ 1415 Vereinbarung durch Ehevertrag.** Vereinbaren die Ehegatten durch Ehevertrag Gütergemeinschaft, so gelten die nachstehenden Vorschriften.

**§ 1416[2] Gesamtgut.** (1) [1] Das jeweilige Vermögen der Ehegatten wird durch die Gütergemeinschaft gemeinschaftliches Vermögen beider Ehegatten (Gesamtgut). [2] Zu dem Gesamtgut gehört auch das Vermögen, das einer der Ehegatten während der Gütergemeinschaft erwirbt.

(2) Die einzelnen Gegenstände werden gemeinschaftlich; sie brauchen nicht durch Rechtsgeschäft übertragen zu werden.

(3) [1] Wird ein Recht gemeinschaftlich, das im Grundbuch eingetragen ist oder in das Grundbuch eingetragen werden kann, so kann jeder Ehegatte von dem anderen verlangen, dass er zur Berichtigung des Grundbuchs mitwirke. [2] Entsprechendes gilt, wenn ein Recht gemeinschaftlich wird, das im Schiffsregister oder im Schiffsbauregister eingetragen ist.

**§ 1417 Sondergut.** (1) Vom Gesamtgut ist das Sondergut ausgeschlossen.

(2) Sondergut sind die Gegenstände, die nicht durch Rechtsgeschäft übertragen werden können.

(3) [1] Jeder Ehegatte verwaltet sein Sondergut selbständig. [2] Er verwaltet es für Rechnung des Gesamtguts.

**§ 1418 Vorbehaltsgut.** (1) Vom Gesamtgut ist das Vorbehaltsgut ausgeschlossen.

(2) Vorbehaltsgut sind die Gegenstände,

1. die durch Ehevertrag zum Vorbehaltsgut eines Ehegatten erklärt sind,
2. die ein Ehegatte von Todes wegen erwirbt oder die ihm von einem Dritten unentgeltlich zugewendet werden, wenn der Erblasser durch letztwillige Verfügung, der Dritte bei der Zuwendung bestimmt hat, dass der Erwerb Vorbehaltsgut sein soll,
3. die ein Ehegatte auf Grund eines zu seinem Vorbehaltsgut gehörenden Rechts oder als Ersatz für die Zerstörung, Beschädigung oder Entziehung eines zum Vorbehaltsgut gehörenden Gegenstands oder durch ein Rechtsgeschäft erwirbt, das sich auf das Vorbehaltsgut bezieht.

(3) [1] Jeder Ehegatte verwaltet das Vorbehaltsgut selbständig. [2] Er verwaltet es für eigene Rechnung.

(4) Gehören Vermögensgegenstände zum Vorbehaltsgut, so ist dies Dritten gegenüber nur nach Maßgabe des § 1412 wirksam.

---

[1] § 1414 Satz 2 geänd. mWv 1.9.2009 durch G v. 3.4.2009 (BGBl. I S. 700).

[2] § 1416 Abs. 1 neu gef. mWv 22.12.2018 durch G v. 18.12.2018 (BGBl. I S. 2639).

**§ 1419 Gesamthandsgemeinschaft.** (1) Ein Ehegatte kann nicht über seinen Anteil am Gesamtgut und an den einzelnen Gegenständen verfügen, die zum Gesamtgut gehören; er ist nicht berechtigt, Teilung zu verlangen.

(2) Gegen eine Forderung, die zum Gesamtgut gehört, kann der Schuldner nur mit einer Forderung aufrechnen, deren Berichtigung er aus dem Gesamtgut verlangen kann.

**§ 1420 Verwendung zum Unterhalt.** Die Einkünfte, die in das Gesamtgut fallen, sind vor den Einkünften, die in das Vorbehaltsgut fallen, der Stamm des Gesamtguts ist vor dem Stamm des Vorbehaltsguts oder des Sonderguts für den Unterhalt der Familie zu verwenden.

**§ 1421[1] Verwaltung des Gesamtguts.** [1] Die Ehegatten sollen in dem Ehevertrag, durch den sie die Gütergemeinschaft vereinbaren, bestimmen, welcher der Ehegatten das Gesamtgut verwaltet oder ob es von ihnen gemeinschaftlich verwaltet wird. [2] Enthält der Ehevertrag keine Bestimmung hierüber, so verwalten die Ehegatten das Gesamtgut gemeinschaftlich.

#### Unterkapitel 2.[2] Verwaltung des Gesamtguts durch einen Ehegatten

**§ 1422 Inhalt des Verwaltungsrechts.** [1] Der Ehegatte, der das Gesamtgut verwaltet, ist insbesondere berechtigt, die zum Gesamtgut gehörenden Sachen in Besitz zu nehmen und über das Gesamtgut zu verfügen; er führt Rechtsstreitigkeiten, die sich auf das Gesamtgut beziehen, im eigenen Namen. [2] Der andere Ehegatte wird durch die Verwaltungshandlungen nicht persönlich verpflichtet.

**§ 1423 Verfügung über das Gesamtgut im Ganzen.** [1] Der Ehegatte, der das Gesamtgut verwaltet, kann sich nur mit Einwilligung des anderen Ehegatten verpflichten, über das Gesamtgut im Ganzen zu verfügen. [2] Hat er sich ohne Zustimmung des anderen Ehegatten verpflichtet, so kann er die Verpflichtung nur erfüllen, wenn der andere Ehegatte einwilligt.

**§ 1424 Verfügung über Grundstücke, Schiffe oder Schiffsbauwerke.**

[1] Der Ehegatte, der das Gesamtgut verwaltet, kann nur mit Einwilligung des anderen Ehegatten über ein zum Gesamtgut gehörendes Grundstück verfügen; er kann sich zu einer solchen Verfügung auch nur mit Einwilligung seines Ehegatten verpflichten. [2] Dasselbe gilt, wenn ein eingetragenes Schiff oder Schiffsbauwerk zum Gesamtgut gehört.

**§ 1425 Schenkungen.** (1) [1] Der Ehegatte, der das Gesamtgut verwaltet, kann nur mit Einwilligung des anderen Ehegatten Gegenstände aus dem Gesamtgut verschenken; hat er ohne Zustimmung des anderen Ehegatten versprochen, Gegenstände aus dem Gesamtgut zu verschenken, so kann er dieses Versprechen nur erfüllen, wenn der andere Ehegatte einwilligt. [2] Das Gleiche gilt von einem Schenkungsversprechen, das sich nicht auf das Gesamtgut bezieht.

(2) Ausgenommen sind Schenkungen, durch die einer sittlichen Pflicht oder einer auf den Anstand zu nehmenden Rücksicht entsprochen wird.

**§ 1426[3] Ersetzung der Zustimmung des anderen Ehegatten.** Ist ein Rechtsgeschäft, das nach den §§ 1423, 1424 nur mit Einwilligung des anderen

---

[1] § 1421 Satz 1 neu gef. mWv 22.12.2018 durch G v. 18.12.2018 (BGBl. I S. 2639).
[2] UKapitel 2 Überschrift neu gef. mWv 22.12.2018 durch G v. 18.12.2018 (BGBl. I S. 2639).
[3] § 1426 geänd. mWv 1.9.2009 durch G v. 17.12.2008 (BGBl. I S. 2586).

Ehegatten vorgenommen werden kann, zur ordnungsmäßigen Verwaltung des Gesamtguts erforderlich, so kann das Familiengericht auf Antrag die Zustimmung des anderen Ehegatten ersetzen, wenn dieser sie ohne ausreichenden Grund verweigert oder durch Krankheit oder Abwesenheit an der Abgabe einer Erklärung verhindert und mit dem Aufschub Gefahr verbunden ist.

**§ 1427 Rechtsfolgen fehlender Einwilligung.** (1) Nimmt der Ehegatte, der das Gesamtgut verwaltet, ein Rechtsgeschäft ohne die erforderliche Einwilligung des anderen Ehegatten vor, so gelten die Vorschriften des § 1366 Abs. 1, 3, 4 und des § 1367 entsprechend.

(2) [1] Einen Vertrag kann der Dritte bis zur Genehmigung widerrufen. [2] Hat er gewusst, dass der Ehegatte in Gütergemeinschaft lebt, so kann er nur widerrufen, wenn dieser wahrheitswidrig behauptet hat, der andere Ehegatte habe eingewilligt; er kann auch in diesem Falle nicht widerrufen, wenn ihm beim Abschluss des Vertrags bekannt war, dass der andere Ehegatte nicht eingewilligt hatte.

**§ 1428 Verfügungen ohne Zustimmung.** Verfügt der Ehegatte, der das Gesamtgut verwaltet, ohne die erforderliche Zustimmung des anderen Ehegatten über ein zum Gesamtgut gehörendes Recht, so kann dieser das Recht gegen Dritte gerichtlich geltend machen; der Ehegatte, der das Gesamtgut verwaltet, braucht hierzu nicht mitzuwirken.

**§ 1429 Notverwaltungsrecht.** [1] Ist der Ehegatte, der das Gesamtgut verwaltet, durch Krankheit oder durch Abwesenheit verhindert, ein Rechtsgeschäft vorzunehmen, das sich auf das Gesamtgut bezieht, so kann der andere Ehegatte das Rechtsgeschäft vornehmen, wenn mit dem Aufschub Gefahr verbunden ist; er kann hierbei im eigenen Namen oder im Namen des verwaltenden Ehegatten handeln. [2] Das Gleiche gilt für die Führung eines Rechtsstreits, der sich auf das Gesamtgut bezieht.

**§ 1430[1] Ersetzung der Zustimmung des Verwalters.** Verweigert der Ehegatte, der das Gesamtgut verwaltet, ohne ausreichenden Grund die Zustimmung zu einem Rechtsgeschäft, das der andere Ehegatte zur ordnungsmäßigen Besorgung seiner persönlichen Angelegenheiten vornehmen muss, aber ohne diese Zustimmung nicht mit Wirkung für das Gesamtgut vornehmen kann, so kann das Familiengericht die Zustimmung auf Antrag ersetzen.

**§ 1431 Selbständiges Erwerbsgeschäft.** (1) [1] Hat der Ehegatte, der das Gesamtgut verwaltet, darin eingewilligt, dass der andere Ehegatte selbständig ein Erwerbsgeschäft betreibt, so ist seine Zustimmung zu solchen Rechtsgeschäften und Rechtsstreitigkeiten nicht erforderlich, die der Geschäftsbetrieb mit sich bringt. [2] Einseitige Rechtsgeschäfte, die sich auf das Erwerbsgeschäft beziehen, sind dem Ehegatten gegenüber vorzunehmen, der das Erwerbsgeschäft betreibt.

(2) Weiß der Ehegatte, der das Gesamtgut verwaltet, dass der andere Ehegatte ein Erwerbsgeschäft betreibt, und hat er hiergegen keinen Einspruch eingelegt, so steht dies einer Einwilligung gleich.

(3) Dritten gegenüber ist ein Einspruch und der Widerruf der Einwilligung nur nach Maßgabe des § 1412 wirksam.

---

[1] § 1430 geänd. mWv 1.9.2009 durch G v. 17.12.2008 (BGBl. I S. 2586).

**§ 1432 Annahme einer Erbschaft; Ablehnung von Vertragsantrag oder Schenkung.** (1) [1] Ist dem Ehegatten, der das Gesamtgut nicht verwaltet, eine Erbschaft oder ein Vermächtnis angefallen, so ist nur er berechtigt, die Erbschaft oder das Vermächtnis anzunehmen oder auszuschlagen; die Zustimmung des anderen Ehegatten ist nicht erforderlich. [2] Das Gleiche gilt von dem Verzicht auf den Pflichtteil oder auf den Ausgleich eines Zugewinns sowie von der Ablehnung eines Vertragsantrags oder einer Schenkung.

(2) Der Ehegatte, der das Gesamtgut nicht verwaltet, kann ein Inventar über eine ihm angefallene Erbschaft ohne Zustimmung des anderen Ehegatten errichten.

**§ 1433 Fortsetzung eines Rechtsstreits.** Der Ehegatte, der das Gesamtgut nicht verwaltet, kann ohne Zustimmung des anderen Ehegatten einen Rechtsstreit fortsetzen, der beim Eintritt der Gütergemeinschaft anhängig war.

**§ 1434 Ungerechtfertigte Bereicherung des Gesamtguts.** Wird durch ein Rechtsgeschäft, das ein Ehegatte ohne die erforderliche Zustimmung des anderen Ehegatten vornimmt, das Gesamtgut bereichert, so ist die Bereicherung nach den Vorschriften über die ungerechtfertigte Bereicherung aus dem Gesamtgut herauszugeben.

**§ 1435 Pflichten des Verwalters.** [1] Der Ehegatte hat das Gesamtgut ordnungsmäßig zu verwalten. [2] Er hat den anderen Ehegatten über die Verwaltung zu unterrichten und ihm auf Verlangen über den Stand der Verwaltung Auskunft zu erteilen. [3] Mindert sich das Gesamtgut, so muss er zu dem Gesamtgut Ersatz leisten, wenn er den Verlust verschuldet oder durch ein Rechtsgeschäft herbeigeführt hat, das er ohne die erforderliche Zustimmung des anderen Ehegatten vorgenommen hat.

**§ 1436[1)] Verwaltung durch einen Betreuer.** [1] Fällt die Verwaltung des Gesamtguts in den Aufgabenkreis des Betreuers eines Ehegatten, so hat der Betreuer diesen in den Rechten und Pflichten zu vertreten, die sich aus der Verwaltung des Gesamtguts ergeben. [2] Dies gilt auch dann, wenn der andere Ehegatte zum Betreuer bestellt ist.

**§ 1437 Gesamtgutsverbindlichkeiten; persönliche Haftung.** (1) Aus dem Gesamtgut können die Gläubiger des Ehegatten, der das Gesamtgut verwaltet, und, soweit sich aus den §§ 1438 bis 1440 nichts anderes ergibt, auch die Gläubiger des anderen Ehegatten Befriedigung verlangen (Gesamtgutsverbindlichkeiten).

(2) [1] Der Ehegatte, der das Gesamtgut verwaltet, haftet für die Verbindlichkeiten des anderen Ehegatten, die Gesamtgutsverbindlichkeiten sind, auch persönlich als Gesamtschuldner. [2] Die Haftung erlischt mit der Beendigung der Gütergemeinschaft, wenn die Verbindlichkeiten im Verhältnis der Ehegatten zueinander dem anderen Ehegatten zur Last fallen.

**§ 1438 Haftung des Gesamtguts.** (1) Das Gesamtgut haftet für eine Verbindlichkeit aus einem Rechtsgeschäft, das während der Gütergemeinschaft vorgenommen wird, nur dann, wenn der Ehegatte, der das Gesamtgut verwaltet, das Rechts-

---

[1)] § 1436 neu gef. mWv 22.12.2018 durch G v. 18.12.2018 (BGBl. I S. 2639); Überschrift neu gef. mWv 1.1.2023 durch G v. 4.5.2021 (BGBl. I S. 882).

geschäft vornimmt oder wenn er ihm zustimmt oder wenn das Rechtsgeschäft ohne seine Zustimmung für das Gesamtgut wirksam ist.

(2) Für die Kosten eines Rechtsstreits haftet das Gesamtgut auch dann, wenn das Urteil dem Gesamtgut gegenüber nicht wirksam ist.

**§ 1439 Keine Haftung bei Erwerb einer Erbschaft.** Das Gesamtgut haftet nicht für Verbindlichkeiten, die durch den Erwerb einer Erbschaft entstehen, wenn der Ehegatte, der Erbe ist, das Gesamtgut nicht verwaltet und die Erbschaft während der Gütergemeinschaft als Vorbehaltsgut oder als Sondergut erwirbt; das Gleiche gilt beim Erwerb eines Vermächtnisses.

**§ 1440 Haftung für Vorbehalts- oder Sondergut.** [1]Das Gesamtgut haftet nicht für eine Verbindlichkeit, die während der Gütergemeinschaft infolge eines zum Vorbehaltsgut oder Sondergut gehörenden Rechts oder des Besitzes einer dazu gehörenden Sache in der Person des Ehegatten entsteht, der das Gesamtgut nicht verwaltet. [2]Das Gesamtgut haftet jedoch, wenn das Recht oder die Sache zu einem Erwerbsgeschäft gehört, das der Ehegatte mit Einwilligung des anderen Ehegatten selbständig betreibt, oder wenn die Verbindlichkeit zu den Lasten des Sonderguts gehört, die aus den Einkünften beglichen zu werden pflegen.

**§ 1441 Haftung im Innenverhältnis.** Im Verhältnis der Ehegatten zueinander fallen folgende Gesamtgutsverbindlichkeiten dem Ehegatten zur Last, in dessen Person sie entstehen:

1. die Verbindlichkeiten aus einer unerlaubten Handlung, die er nach Eintritt der Gütergemeinschaft begeht, oder aus einem Strafverfahren, das wegen einer solchen Handlung gegen ihn gerichtet wird;
2. die Verbindlichkeiten aus einem sich auf sein Vorbehaltsgut oder sein Sondergut beziehenden Rechtsverhältnis, auch wenn sie vor Eintritt der Gütergemeinschaft oder vor der Zeit entstanden sind, zu der das Gut Vorbehaltsgut oder Sondergut geworden ist;
3. die Kosten eines Rechtsstreits über eine der in den Nummern 1 und 2 bezeichneten Verbindlichkeiten.

**§ 1442 Verbindlichkeiten des Sonderguts und eines Erwerbsgeschäfts.** [1]Die Vorschrift des § 1441 Nr. 2, 3 gilt nicht, wenn die Verbindlichkeiten zu den Lasten des Sonderguts gehören, die aus den Einkünften beglichen zu werden pflegen. [2]Die Vorschrift gilt auch dann nicht, wenn die Verbindlichkeiten durch den Betrieb eines für Rechnung des Gesamtguts geführten Erwerbsgeschäfts oder infolge eines zu einem solchen Erwerbsgeschäft gehörenden Rechts oder des Besitzes einer dazu gehörenden Sache entstehen.

**§ 1443 Prozesskosten.** (1) Im Verhältnis der Ehegatten zueinander fallen die Kosten eines Rechtsstreits, den die Ehegatten miteinander führen, dem Ehegatten zur Last, der sie nach allgemeinen Vorschriften zu tragen hat.

(2) [1]Führt der Ehegatte, der das Gesamtgut nicht verwaltet, einen Rechtsstreit mit einem Dritten, so fallen die Kosten des Rechtsstreits im Verhältnis der Ehegatten zueinander diesem Ehegatten zur Last. [2]Die Kosten fallen jedoch dem Gesamtgut zur Last, wenn das Urteil dem Gesamtgut gegenüber wirksam ist oder wenn der Rechtsstreit eine persönliche Angelegenheit oder eine Gesamtgutsverbindlichkeit des Ehegatten betrifft und die Aufwendung der Kosten den Umständen nach geboten ist; § 1441 Nr. 3 und § 1442 bleiben unberührt.

**§ 1444 Kosten der Ausstattung eines Kindes.** (1) Verspricht oder gewährt der Ehegatte, der das Gesamtgut verwaltet, einem gemeinschaftlichen Kind aus dem Gesamtgut eine Ausstattung, so fällt ihm im Verhältnis der Ehegatten zueinander die Ausstattung zur Last, soweit sie das Maß übersteigt, das dem Gesamtgut entspricht.

(2) Verspricht oder gewährt der Ehegatte, der das Gesamtgut verwaltet, einem nicht gemeinschaftlichen Kind eine Ausstattung aus dem Gesamtgut, so fällt sie im Verhältnis der Ehegatten zueinander dem Vater oder der Mutter zur Last; für den Ehegatten, der das Gesamtgut nicht verwaltet, gilt dies jedoch nur insoweit, als er zustimmt oder die Ausstattung nicht das Maß übersteigt, das dem Gesamtgut entspricht.

*(Fortsetzung nächstes Blatt)*

**§ 1445 Ausgleichung zwischen Vorbehalts-, Sonder- und Gesamtgut.**

(1) Verwendet der Ehegatte, der das Gesamtgut verwaltet, Gesamtgut in sein Vorbehaltsgut oder in sein Sondergut, so hat er den Wert des Verwendeten zum Gesamtgut zu ersetzen.

(2) Verwendet er Vorbehaltsgut oder Sondergut in das Gesamtgut, so kann er Ersatz aus dem Gesamtgut verlangen.

**§ 1446 Fälligkeit des Ausgleichsanspruchs.** (1) Was der Ehegatte, der das Gesamtgut verwaltet, zum Gesamtgut schuldet, braucht er erst nach der Beendigung der Gütergemeinschaft zu leisten; was er aus dem Gesamtgut zu fordern hat, kann er erst nach der Beendigung der Gütergemeinschaft fordern.

(2) Was der Ehegatte, der das Gesamtgut nicht verwaltet, zum Gesamtgut oder was er zum Vorbehaltsgut oder Sondergut des anderen Ehegatten schuldet, braucht er erst nach der Beendigung der Gütergemeinschaft zu leisten; er hat die Schuld jedoch schon vorher zu berichtigen, soweit sein Vorbehaltsgut und sein Sondergut hierzu ausreichen.

**§ 1447[1] Aufhebungsantrag des nicht verwaltenden Ehegatten.** Der Ehegatte, der das Gesamtgut nicht verwaltet, kann die Aufhebung der Gütergemeinschaft beantragen,

1. wenn seine Rechte für die Zukunft dadurch erheblich gefährdet werden können, dass der andere Ehegatte zur Verwaltung des Gesamtguts unfähig ist oder sein Recht, das Gesamtgut zu verwalten, missbraucht,
2. wenn der andere Ehegatte seine Verpflichtung, zum Familienunterhalt beizutragen, verletzt hat und für die Zukunft eine erhebliche Gefährdung des Unterhalts zu besorgen ist,
3. wenn das Gesamtgut durch Verbindlichkeiten, die in der Person des anderen Ehegatten entstanden sind, in solchem Maße überschuldet ist, dass ein späterer Erwerb des Ehegatten, der das Gesamtgut nicht verwaltet, erheblich gefährdet wird,
4. wenn die Verwaltung des Gesamtguts in den Aufgabenkreis des Betreuers des anderen Ehegatten fällt.

**§ 1448[2] Aufhebungsantrag des Verwalters.** Der Ehegatte, der das Gesamtgut verwaltet, kann die Aufhebung der Gütergemeinschaft beantragen, wenn das Gesamtgut infolge von Verbindlichkeiten des anderen Ehegatten, die diesem im Verhältnis der Ehegatten zueinander zur Last fallen, in solchem Maße überschuldet ist, dass ein späterer Erwerb erheblich gefährdet wird.

**§ 1449[3] Wirkung der richterlichen Aufhebungsentscheidung.** (1) Mit der Rechtskraft der richterlichen Entscheidung ist die Gütergemeinschaft aufgehoben; für die Zukunft gilt Gütertrennung.

---

[1] § 1447 Überschrift und einl. Satzteil geänd. mWv 26.11.2015 durch G v. 20.11.2015 (BGBl. I S. 2010).

[2] § 1448 Überschrift und Wortlaut geänd. mWv 26.11.2015 durch G v. 20.11.2015 (BGBl. I S. 2010).

[3] § 1449 Überschrift und Abs. 1 geänd. mWv 1.9.2009 durch G v. 17.12.2008 (BGBl. I S. 2586, geänd. 2009 I S. 2449).

(2) Dritten gegenüber ist die Aufhebung der Gütergemeinschaft nur nach Maßgabe des § 1412 wirksam.

**Unterkapitel 3. Gemeinschaftliche Verwaltung des Gesamtguts durch die Ehegatten**

**§ 1450 Gemeinschaftliche Verwaltung durch die Ehegatten.** (1) [1] Wird das Gesamtgut von den Ehegatten gemeinschaftlich verwaltet, so sind die Ehegatten insbesondere nur gemeinschaftlich berechtigt, über das Gesamtgut zu verfügen und Rechtsstreitigkeiten zu führen, die sich auf das Gesamtgut beziehen. [2] Der Besitz an den zum Gesamtgut gehörenden Sachen gebührt den Ehegatten gemeinschaftlich.

(2) Ist eine Willenserklärung den Ehegatten gegenüber abzugeben, so genügt die Abgabe gegenüber einem Ehegatten.

**§ 1451 Mitwirkungspflicht beider Ehegatten.** Jeder Ehegatte ist dem anderen gegenüber verpflichtet, zu Maßregeln mitzuwirken, die zur ordnungsmäßigen Verwaltung des Gesamtguts erforderlich sind.

**§ 1452[1)] Ersetzung der Zustimmung.** (1) Ist zur ordnungsmäßigen Verwaltung des Gesamtguts die Vornahme eines Rechtsgeschäfts oder die Führung eines Rechtsstreits erforderlich, so kann das Familiengericht auf Antrag eines Ehegatten die Zustimmung des anderen Ehegatten ersetzen, wenn dieser sie ohne ausreichenden Grund verweigert.

(2) Die Vorschrift des Absatzes 1 gilt auch, wenn zur ordnungsmäßigen Besorgung der persönlichen Angelegenheiten eines Ehegatten ein Rechtsgeschäft erforderlich ist, das der Ehegatte mit Wirkung für das Gesamtgut nicht ohne Zustimmung des anderen Ehegatten vornehmen kann.

**§ 1453 Verfügung ohne Einwilligung.** (1) Verfügt ein Ehegatte ohne die erforderliche Einwilligung des anderen Ehegatten über das Gesamtgut, so gelten die Vorschriften des § 1366 Abs. 1, 3, 4 und des § 1367 entsprechend.

(2) [1] Einen Vertrag kann der Dritte bis zur Genehmigung widerrufen. [2] Hat er gewusst, dass der Ehegatte in Gütergemeinschaft lebt, so kann er nur widerrufen, wenn dieser wahrheitswidrig behauptet hat, der andere Ehegatte habe eingewilligt; er kann auch in diesem Falle nicht widerrufen, wenn ihm beim Abschluss des Vertrags bekannt war, dass der andere Ehegatte nicht eingewilligt hatte.

**§ 1454 Notverwaltungsrecht.** [1] Ist ein Ehegatte durch Krankheit oder Abwesenheit verhindert, bei einem Rechtsgeschäft mitzuwirken, das sich auf das Gesamtgut bezieht, so kann der andere Ehegatte das Rechtsgeschäft vornehmen, wenn mit dem Aufschub Gefahr verbunden ist; er kann hierbei im eigenen Namen oder im Namen beider Ehegatten handeln. [2] Das Gleiche gilt für die Führung eines Rechtsstreits, der sich auf das Gesamtgut bezieht.

**§ 1455 Verwaltungshandlungen ohne Mitwirkung des anderen Ehegatten.** Jeder Ehegatte kann ohne Mitwirkung des anderen Ehegatten

1. eine ihm angefallene Erbschaft oder ein ihm angefallenes Vermächtnis annehmen oder ausschlagen,
2. auf seinen Pflichtteil oder auf den Ausgleich eines Zugewinns verzichten,

---

1) § 1452 Abs. 1 geänd. mWv 1.9.2009 durch G v. 17.12.2008 (BGBl. I S. 2586).

3. ein Inventar über eine ihm oder dem anderen Ehegatten angefallene Erbschaft errichten, es sei denn, dass die dem anderen Ehegatten angefallene Erbschaft zu dessen Vorbehaltsgut oder Sondergut gehört,
4. einen ihm gemachten Vertragsantrag oder eine ihm gemachte Schenkung ablehnen,
5. ein sich auf das Gesamtgut beziehendes Rechtsgeschäft gegenüber dem anderen Ehegatten vornehmen,
6. ein zum Gesamtgut gehörendes Recht gegen den anderen Ehegatten gerichtlich geltend machen,
7. einen Rechtsstreit fortsetzen, der beim Eintritt der Gütergemeinschaft anhängig war,
8. ein zum Gesamtgut gehörendes Recht gegen einen Dritten gerichtlich geltend machen, wenn der andere Ehegatte ohne die erforderliche Zustimmung über das Recht verfügt hat,
9. ein Widerspruchsrecht gegenüber einer Zwangsvollstreckung in das Gesamtgut gerichtlich geltend machen,
10. die zur Erhaltung des Gesamtguts notwendigen Maßnahmen treffen, wenn mit dem Aufschub Gefahr verbunden ist.

**§ 1456 Selbständiges Erwerbsgeschäft.** (1) [1] Hat ein Ehegatte darin eingewilligt, dass der andere Ehegatte selbständig ein Erwerbsgeschäft betreibt, so ist seine Zustimmung zu solchen Rechtsgeschäften und Rechtsstreitigkeiten nicht erforderlich, die der Geschäftsbetrieb mit sich bringt. [2] Einseitige Rechtsgeschäfte, die sich auf das Erwerbsgeschäft beziehen, sind dem Ehegatten gegenüber vorzunehmen, der das Erwerbsgeschäft betreibt.

(2) Weiß ein Ehegatte, dass der andere ein Erwerbsgeschäft betreibt, und hat er hiergegen keinen Einspruch eingelegt, so steht dies einer Einwilligung gleich.

(3) Dritten gegenüber ist ein Einspruch und der Widerruf der Einwilligung nur nach Maßgabe des § 1412 wirksam.

**§ 1457 Ungerechtfertigte Bereicherung des Gesamtguts.** Wird durch ein Rechtsgeschäft, das ein Ehegatte ohne die erforderliche Zustimmung des anderen Ehegatten vornimmt, das Gesamtgut bereichert, so ist die Bereicherung nach den Vorschriften über die ungerechtfertigte Bereicherung aus dem Gesamtgut herauszugeben.

**§ 1458**[1)] *(aufgehoben)*

**§ 1459**[2)] **Gesamtgutsverbindlichkeiten; persönliche Haftung.** (1) Die Gläubiger eines Ehegatten können, soweit sich aus den §§ 1460 bis 1462 nichts anderes ergibt, aus dem Gesamtgut Befriedigung verlangen (Gesamtgutsverbindlichkeiten).

(2) [1] Für die Gesamtgutsverbindlichkeiten haften die Ehegatten auch persönlich als Gesamtschuldner. [2] Fallen die Verbindlichkeiten im Verhältnis der Ehegatten zueinander einem der Ehegatten zur Last, so erlischt die Verbindlichkeit des anderen Ehegatten mit der Beendigung der Gütergemeinschaft.

---

[1)] § 1458 aufgeh. mWv 22.7.2017 durch G v. 17.7.2017 (BGBl. I S. 2429).
[2)] § 1459 Abs. 1 neu gef. mWv 22.12.2018 durch G v. 18.12.2018 (BGBl. I S. 2639).

**§ 1460 Haftung des Gesamtguts.** (1) Das Gesamtgut haftet für eine Verbindlichkeit aus einem Rechtsgeschäft, das ein Ehegatte während der Gütergemeinschaft vornimmt, nur dann, wenn der andere Ehegatte dem Rechtsgeschäft zustimmt oder wenn das Rechtsgeschäft ohne seine Zustimmung für das Gesamtgut wirksam ist.

(2) Für die Kosten eines Rechtsstreits haftet das Gesamtgut auch dann, wenn das Urteil dem Gesamtgut gegenüber nicht wirksam ist.

**§ 1461 Keine Haftung bei Erwerb einer Erbschaft.** Das Gesamtgut haftet nicht für Verbindlichkeiten eines Ehegatten, die durch den Erwerb einer Erbschaft oder eines Vermächtnisses entstehen, wenn der Ehegatte die Erbschaft oder das Vermächtnis während der Gütergemeinschaft als Vorbehaltsgut oder als Sondergut erwirbt.

**§ 1462 Haftung für Vorbehalts- oder Sondergut.** [1] Das Gesamtgut haftet nicht für eine Verbindlichkeit eines Ehegatten, die während der Gütergemeinschaft infolge eines zum Vorbehaltsgut oder zum Sondergut gehörenden Rechts oder des Besitzes einer dazu gehörenden Sache entsteht. [2] Das Gesamtgut haftet jedoch, wenn das Recht oder die Sache zu einem Erwerbsgeschäft gehört, das ein Ehegatte mit Einwilligung des anderen Ehegatten selbständig betreibt, oder wenn die Verbindlichkeit zu den Lasten des Sonderguts gehört, die aus den Einkünften beglichen zu werden pflegen.

**§ 1463 Haftung im Innenverhältnis.** Im Verhältnis der Ehegatten zueinander fallen folgende Gesamtgutsverbindlichkeiten dem Ehegatten zur Last, in dessen Person sie entstehen:

1. die Verbindlichkeiten aus einer unerlaubten Handlung, die er nach Eintritt der Gütergemeinschaft begeht, oder aus einem Strafverfahren, das wegen einer solchen Handlung gegen ihn gerichtet wird,
2. die Verbindlichkeiten aus einem sich auf sein Vorbehaltsgut oder sein Sondergut beziehenden Rechtsverhältnis, auch wenn sie vor Eintritt der Gütergemeinschaft oder vor der Zeit entstanden sind, zu der das Gut Vorbehaltsgut oder Sondergut geworden ist,
3. die Kosten eines Rechtsstreits über eine der in den Nummern 1 und 2 bezeichneten Verbindlichkeiten.

**§ 1464 Verbindlichkeiten des Sonderguts und eines Erwerbsgeschäfts.** [1] Die Vorschrift des § 1463 Nr. 2, 3 gilt nicht, wenn die Verbindlichkeiten zu den Lasten des Sonderguts gehören, die aus den Einkünften beglichen zu werden pflegen. [2] Die Vorschrift gilt auch dann nicht, wenn die Verbindlichkeiten durch den Betrieb eines für Rechnung des Gesamtguts geführten Erwerbsgeschäfts oder infolge eines zu einem solchen Erwerbsgeschäft gehörenden Rechts oder des Besitzes einer dazu gehörenden Sache entstehen.

**§ 1465 Prozesskosten.** (1) Im Verhältnis der Ehegatten zueinander fallen die Kosten eines Rechtsstreits, den die Ehegatten miteinander führen, dem Ehegatten zur Last, der sie nach allgemeinen Vorschriften zu tragen hat.

(2) [1] Führt ein Ehegatte einen Rechtsstreit mit einem Dritten, so fallen die Kosten des Rechtsstreits im Verhältnis der Ehegatten zueinander dem Ehegatten zur Last, der den Rechtsstreit führt. [2] Die Kosten fallen jedoch dem Gesamtgut

zur Last, wenn das Urteil dem Gesamtgut gegenüber wirksam ist oder wenn der Rechtsstreit eine persönliche Angelegenheit oder eine Gesamtgutsverbindlichkeit des Ehegatten betrifft und die Aufwendung der Kosten den Umständen nach geboten ist; § 1463 Nr. 3 und § 1464 bleiben unberührt.

**§ 1466 Kosten der Ausstattung eines nicht gemeinschaftlichen Kindes.** Im Verhältnis der Ehegatten zueinander fallen die Kosten der Ausstattung eines nicht gemeinschaftlichen Kindes dem Vater oder der Mutter des Kindes zur Last.

**§ 1467 Ausgleichung zwischen Vorbehalts-, Sonder- und Gesamtgut.**

(1) Verwendet ein Ehegatte Gesamtgut in sein Vorbehaltsgut oder in sein Sondergut, so hat er den Wert des Verwendeten zum Gesamtgut zu ersetzen.

(2) Verwendet ein Ehegatte Vorbehaltsgut oder Sondergut in das Gesamtgut, so kann er Ersatz aus dem Gesamtgut verlangen.

**§ 1468 Fälligkeit des Ausgleichsanspruchs.** Was ein Ehegatte zum Gesamtgut oder was er zum Vorbehaltsgut oder Sondergut des anderen Ehegatten schuldet, braucht er erst nach Beendigung der Gütergemeinschaft zu leisten; soweit jedoch das Vorbehaltsgut und das Sondergut des Schuldners ausreichen, hat er die Schuld schon vorher zu berichtigen.

**§ 1469[1] Aufhebungsantrag.** Jeder Ehegatte kann die Aufhebung der Gütergemeinschaft beantragen,

1. wenn seine Rechte für die Zukunft dadurch erheblich gefährdet werden können, dass der andere Ehegatte ohne seine Mitwirkung Verwaltungshandlungen vornimmt, die nur gemeinschaftlich vorgenommen werden dürfen,
2. wenn der andere Ehegatte sich ohne ausreichenden Grund beharrlich weigert, zur ordnungsmäßigen Verwaltung des Gesamtguts mitzuwirken,
3. wenn der andere Ehegatte seine Verpflichtung, zum Familienunterhalt beizutragen, verletzt hat und für die Zukunft eine erhebliche Gefährdung des Unterhalts zu besorgen ist,
4. wenn das Gesamtgut durch Verbindlichkeiten, die in der Person des anderen Ehegatten entstanden sind und diesem im Verhältnis der Ehegatten zueinander zur Last fallen, in solchem Maße überschuldet ist, dass sein späterer Erwerb erheblich gefährdet wird,
5. wenn die Wahrnehmung eines Rechts des anderen Ehegatten, das sich aus der Gütergemeinschaft ergibt, vom Aufgabenkreis eines Betreuers erfasst wird.

**§ 1470[2] Wirkung der richterlichen Aufhebungsentscheidung.** (1) Mit der Rechtskraft der richterlichen Entscheidung ist die Gütergemeinschaft aufgehoben; für die Zukunft gilt Gütertrennung.

(2) Dritten gegenüber ist die Aufhebung der Gütergemeinschaft nur nach Maßgabe des § 1412 wirksam.

---

[1] § 1469 Überschrift neu gef., einl. Satzteil geänd. mWv 26.11.2015 durch G v. 20.11.2015 (BGBl. I S. 2010).

[2] § 1470 Überschrift und Abs. 1 geänd. mWv 1.9.2009 durch G v. 17.12.2008 (BGBl. I S. 2586).

### Unterkapitel 4. Auseinandersetzung des Gesamtguts

**§ 1471 Beginn der Auseinandersetzung.** (1) Nach der Beendigung der Gütergemeinschaft setzen sich die Ehegatten über das Gesamtgut auseinander.

(2) Bis zur Auseinandersetzung gilt für das Gesamtgut die Vorschrift des § 1419.

**§ 1472 Gemeinschaftliche Verwaltung des Gesamtguts.** (1) Bis zur Auseinandersetzung verwalten die Ehegatten das Gesamtgut gemeinschaftlich.

(2) [1] Jeder Ehegatte darf das Gesamtgut in derselben Weise wie vor der Beendigung der Gütergemeinschaft verwalten, bis er von der Beendigung Kenntnis erlangt oder sie kennen muss. [2] Ein Dritter kann sich hierauf nicht berufen, wenn er bei der Vornahme eines Rechtsgeschäfts weiß oder wissen muss, dass die Gütergemeinschaft beendet ist.

(3) Jeder Ehegatte ist dem anderen gegenüber verpflichtet, zu Maßregeln mitzuwirken, die zur ordnungsmäßigen Verwaltung des Gesamtguts erforderlich sind; die zur Erhaltung notwendigen Maßregeln kann jeder Ehegatte allein treffen.

(4) [1] Endet die Gütergemeinschaft durch den Tod eines Ehegatten, so hat der überlebende Ehegatte die Geschäfte, die zur ordnungsmäßigen Verwaltung erforderlich sind und nicht ohne Gefahr aufgeschoben werden können, so lange zu führen, bis der Erbe anderweit Fürsorge treffen kann. [2] Diese Verpflichtung besteht nicht, wenn der verstorbene Ehegatte das Gesamtgut allein verwaltet hat.

**§ 1473 Unmittelbare Ersetzung.** (1) Was auf Grund eines zum Gesamtgut gehörenden Rechts oder als Ersatz für die Zerstörung, Beschädigung oder Entziehung eines zum Gesamtgut gehörenden Gegenstands oder durch ein Rechtsgeschäft erworben wird, das sich auf das Gesamtgut bezieht, wird Gesamtgut.

(2) Gehört eine Forderung, die durch Rechtsgeschäft erworben ist, zum Gesamtgut, so braucht der Schuldner dies erst dann gegen sich gelten zu lassen, wenn er erfährt, dass die Forderung zum Gesamtgut gehört; die Vorschriften der §§ 406 bis 408 sind entsprechend anzuwenden.

**§ 1474 Durchführung der Auseinandersetzung.** Die Ehegatten setzen sich, soweit sie nichts anderes vereinbaren, nach den §§ 1475 bis 1481 auseinander.

**§ 1475 Berichtigung der Gesamtgutsverbindlichkeiten.** (1) [1] Die Ehegatten haben zunächst die Gesamtgutsverbindlichkeiten zu berichtigen. [2] Ist eine Verbindlichkeit noch nicht fällig oder ist sie streitig, so müssen die Ehegatten zurückbehalten, was zur Berichtigung dieser Verbindlichkeit erforderlich ist.

(2) Fällt eine Gesamtgutsverbindlichkeit im Verhältnis der Ehegatten zueinander einem der Ehegatten allein zur Last, so kann dieser nicht verlangen, dass die Verbindlichkeit aus dem Gesamtgut berichtigt wird.

(3) Das Gesamtgut ist in Geld umzusetzen, soweit dies erforderlich ist, um die Gesamtgutsverbindlichkeiten zu berichtigen.

**§ 1476 Teilung des Überschusses.** (1) Der Überschuss, der nach der Berichtigung der Gesamtgutsverbindlichkeiten verbleibt, gebührt den Ehegatten zu gleichen Teilen.

(2) [1] Was einer der Ehegatten zum Gesamtgut zu ersetzen hat, muss er sich auf seinen Teil anrechnen lassen. [2] Soweit er den Ersatz nicht auf diese Weise leistet, bleibt er dem anderen Ehegatten verpflichtet.

**§ 1477 Durchführung der Teilung.** (1) Der Überschuss wird nach den Vorschriften über die Gemeinschaft geteilt.

(2) [1] Jeder Ehegatte kann gegen Ersatz des Wertes die Sachen übernehmen, die ausschließlich zu seinem persönlichen Gebrauch bestimmt sind, insbesondere Kleider, Schmucksachen und Arbeitsgeräte. [2] Das Gleiche gilt für die Gegenstände, die ein Ehegatte in die Gütergemeinschaft eingebracht oder während der Gütergemeinschaft durch Erbfolge, durch Vermächtnis oder mit Rücksicht auf ein künftiges Erbrecht, durch Schenkung oder als Ausstattung erworben hat.

**§ 1478 Auseinandersetzung nach Scheidung.** (1) Ist die Ehe geschieden, bevor die Auseinandersetzung beendet ist, so ist auf Verlangen eines Ehegatten jedem von ihnen der Wert dessen zurückzuerstatten, was er in die Gütergemeinschaft eingebracht hat; reicht hierzu der Wert des Gesamtguts nicht aus, so ist der Fehlbetrag von den Ehegatten nach dem Verhältnis des Wertes des von ihnen Eingebrachten zu tragen.

(2) Als eingebracht sind anzusehen
1. die Gegenstände, die einem Ehegatten beim Eintritt der Gütergemeinschaft gehört haben,
2. die Gegenstände, die ein Ehegatte von Todes wegen oder mit Rücksicht auf ein künftiges Erbrecht, durch Schenkung oder als Ausstattung erworben hat, es sei denn, dass der Erwerb den Umständen nach zu den Einkünften zu rechnen war,
3. die Rechte, die mit dem Tode eines Ehegatten erlöschen oder deren Erwerb durch den Tod eines Ehegatten bedingt ist.

(3) Der Wert des Eingebrachten bestimmt sich nach der Zeit der Einbringung.

**§ 1479[1)] Auseinandersetzung nach richterlicher Aufhebungsentscheidung.** Wird die Gütergemeinschaft auf Grund der §§ 1447, 1448 oder des § 1469 durch richterliche Entscheidung aufgehoben, so kann der Ehegatte, der die richterliche Entscheidung erwirkt hat, verlangen, dass die Auseinandersetzung so erfolgt, wie wenn der Anspruch auf Auseinandersetzung in dem Zeitpunkt rechtshängig geworden wäre, in dem der Antrag auf Aufhebung der Gütergemeinschaft gestellt ist.

**§ 1480 Haftung nach der Teilung gegenüber Dritten.** [1] Wird das Gesamtgut geteilt, bevor eine Gesamtgutsverbindlichkeit berichtigt ist, so haftet dem Gläubiger auch der Ehegatte persönlich als Gesamtschuldner, für den zur Zeit der Teilung eine solche Haftung nicht besteht. [2] Seine Haftung beschränkt sich auf die ihm zugeteilten Gegenstände; die für die Haftung des Erben geltenden Vorschriften der §§ 1990, 1991 sind entsprechend anzuwenden.

**§ 1481 Haftung der Ehegatten untereinander.** (1) Wird das Gesamtgut geteilt, bevor eine Gesamtgutsverbindlichkeit berichtigt ist, die im Verhältnis der

---

1) § 1479 Überschrift und Wortlaut geänd. mWv 1.9.2009 durch G v. 17.12.2008 (BGBl. I S. 2586); geänd. mWv 26.11.2015 durch G v. 20.11.2015 (BGBl. I S. 2010).

Ehegatten zueinander dem Gesamtgut zur Last fällt, so hat der Ehegatte, der das Gesamtgut während der Gütergemeinschaft allein verwaltet hat, dem anderen Ehegatten dafür einzustehen, dass dieser weder über die Hälfte der Verbindlichkeit noch über das aus dem Gesamtgut Erlangte hinaus in Anspruch genommen wird.

(2) Haben die Ehegatten das Gesamtgut während der Gütergemeinschaft gemeinschaftlich verwaltet, so hat jeder Ehegatte dem anderen dafür einzustehen, dass dieser von dem Gläubiger nicht über die Hälfte der Verbindlichkeit hinaus in Anspruch genommen wird.

(3) Fällt die Verbindlichkeit im Verhältnis der Ehegatten zueinander einem der Ehegatten zur Last, so hat dieser dem anderen dafür einzustehen, dass der andere Ehegatte von dem Gläubiger nicht in Anspruch genommen wird.

**§ 1482 Eheauflösung durch Tod.** [1] Wird die Ehe durch den Tod eines Ehegatten aufgelöst, so gehört der Anteil des verstorbenen Ehegatten am Gesamtgut zum Nachlass. [2] Der verstorbene Ehegatte wird nach den allgemeinen Vorschriften beerbt.

### Unterkapitel 5. Fortgesetzte Gütergemeinschaft

**§ 1483 Eintritt der fortgesetzten Gütergemeinschaft.** (1) [1] Die Ehegatten können durch Ehevertrag vereinbaren, dass die Gütergemeinschaft nach dem Tod eines Ehegatten zwischen dem überlebenden Ehegatten und den gemeinschaftlichen Abkömmlingen fortgesetzt wird. [2] Treffen die Ehegatten eine solche Vereinbarung, so wird die Gütergemeinschaft mit den gemeinschaftlichen Abkömmlingen fortgesetzt, die bei gesetzlicher Erbfolge als Erben berufen sind. [3] Der Anteil des verstorbenen Ehegatten am Gesamtgut gehört nicht zum Nachlass; im Übrigen wird der Ehegatte nach den allgemeinen Vorschriften beerbt.

(2) Sind neben den gemeinschaftlichen Abkömmlingen andere Abkömmlinge vorhanden, so bestimmen sich ihr Erbrecht und ihre Erbteile so, wie wenn fortgesetzte Gütergemeinschaft nicht eingetreten wäre.

**§ 1484[1)] Ablehnung der fortgesetzten Gütergemeinschaft.** (1) Der überlebende Ehegatte kann die Fortsetzung der Gütergemeinschaft ablehnen.

(2) [1] Auf die Ablehnung finden die für die Ausschlagung einer Erbschaft geltenden Vorschriften der §§ 1943 bis 1947, 1950, 1952, 1954 bis 1957, 1959 entsprechende Anwendung. [2] Bei einer Ablehnung durch den Betreuer des überlebenden Ehegatten ist die Genehmigung des Betreuungsgerichts erforderlich.

(3) Lehnt der Ehegatte die Fortsetzung der Gütergemeinschaft ab, so gilt das Gleiche wie im Falle des § 1482.

**§ 1485[2)] Gesamtgut.** (1) Das Gesamtgut der fortgesetzten Gütergemeinschaft besteht aus dem ehelichen Gesamtgut, soweit es nicht nach § 1483 Abs. 2 einem nicht anteilsberechtigten Abkömmling zufällt, und aus dem Vermögen, das der überlebende Ehegatte aus dem Nachlass des verstorbenen Ehegatten oder nach dem Eintritt der fortgesetzten Gütergemeinschaft erwirbt.

---

1) § 1484 Abs. 2 Satz 2 geänd., Satz 3 neu gef. mWv 1.9.2009 durch G v. 17.12.2008 (BGBl. I S. 2586); Abs. 2 Satz 2 aufgeh., bish. Satz 3 wird Satz 2 mWv 22.7.2017 durch G v. 17.7.2017 (BGBl. I S. 2429).

2) § 1485 Abs. 3 geänd. mWv 1.8.2002 durch G v. 23.7.2002 (BGBl. I S. 2850).

(2) Das Vermögen, das ein gemeinschaftlicher Abkömmling zur Zeit des Eintritts der fortgesetzten Gütergemeinschaft hat oder später erwirbt, gehört nicht zu dem Gesamtgut.

(3) Auf das Gesamtgut findet die für die eheliche Gütergemeinschaft geltende Vorschrift des § 1416 Abs. 2 und 3 entsprechende Anwendung.

**§ 1486 Vorbehaltsgut; Sondergut.** (1) Vorbehaltsgut des überlebenden Ehegatten ist, was er bisher als Vorbehaltsgut gehabt hat oder was er nach § 1418 Abs. 2 Nr. 2, 3 als Vorbehaltsgut erwirbt.

(2) Sondergut des überlebenden Ehegatten ist, was er bisher als Sondergut gehabt hat oder was er als Sondergut erwirbt.

**§ 1487 Rechtsstellung des Ehegatten und der Abkömmlinge.** (1) Die Rechte und Verbindlichkeiten des überlebenden Ehegatten sowie der anteilsberechtigten Abkömmlinge in Ansehung des Gesamtguts der fortgesetzten Gütergemeinschaft bestimmen sich nach den für die eheliche Gütergemeinschaft geltenden Vorschriften der §§ 1419, 1422 bis 1428, 1434, des § 1435 Satz 1, 3 und der §§ 1436, 1445; der überlebende Ehegatte hat die rechtliche Stellung des Ehegatten, der das Gesamtgut allein verwaltet, die anteilsberechtigten Abkömmlinge haben die rechtliche Stellung des anderen Ehegatten.

(2) Was der überlebende Ehegatte zu dem Gesamtgut schuldet oder aus dem Gesamtgut zu fordern hat, ist erst nach der Beendigung der fortgesetzten Gütergemeinschaft zu leisten.

**§ 1488 Gesamtgutsverbindlichkeiten.** Gesamtgutsverbindlichkeiten der fortgesetzten Gütergemeinschaft sind die Verbindlichkeiten des überlebenden Ehegatten sowie solche Verbindlichkeiten des verstorbenen Ehegatten, die Gesamtgutsverbindlichkeiten der ehelichen Gütergemeinschaft waren.

**§ 1489 Persönliche Haftung für die Gesamtgutsverbindlichkeiten.**

(1) Für die Gesamtgutsverbindlichkeiten der fortgesetzten Gütergemeinschaft haftet der überlebende Ehegatte persönlich.

(2) Soweit die persönliche Haftung den überlebenden Ehegatten nur infolge des Eintritts der fortgesetzten Gütergemeinschaft trifft, finden die für die Haftung des Erben für die Nachlassverbindlichkeiten geltenden Vorschriften entsprechende Anwendung; an die Stelle des Nachlasses tritt das Gesamtgut in dem Bestand, den es zur Zeit des Eintritts der fortgesetzten Gütergemeinschaft hat.

(3) Eine persönliche Haftung der anteilsberechtigten Abkömmlinge für die Verbindlichkeiten des verstorbenen oder des überlebenden Ehegatten wird durch die fortgesetzte Gütergemeinschaft nicht begründet.

**§ 1490 Tod eines Abkömmlings.** [1] Stirbt ein anteilsberechtigter Abkömmling, so gehört sein Anteil an dem Gesamtgut nicht zu seinem Nachlass. [2] Hinterlässt er Abkömmlinge, die anteilsberechtigt sein würden, wenn er den verstorbenen Ehegatten nicht überlebt hätte, so treten die Abkömmlinge an seine Stelle. [3] Hinterlässt er solche Abkömmlinge nicht, so wächst sein Anteil den übrigen anteilsberechtigten Abkömmlingen und, wenn solche nicht vorhanden sind, dem überlebenden Ehegatten an.

**§ 1491[1] Verzicht eines Abkömmlings.** (1) [1] Ein anteilsberechtigter Abkömmling kann auf seinen Anteil an dem Gesamtgut verzichten. [2] Der Verzicht erfolgt durch Erklärung gegenüber dem für den Nachlass des verstorbenen Ehegatten zuständigen Gericht; die Erklärung ist in öffentlich beglaubigter Form abzugeben. [3] Das Nachlassgericht soll die Erklärung dem überlebenden Ehegatten und den übrigen anteilsberechtigten Abkömmlingen mitteilen.

(2) [1] Der Verzicht kann auch durch Vertrag mit dem überlebenden Ehegatten und den übrigen anteilsberechtigten Abkömmlingen erfolgen. [2] Der Vertrag bedarf der notariellen Beurkundung.

(3) [1] Steht der Abkömmling unter elterlicher Sorge oder unter Vormundschaft, so ist zu dem Verzicht die Genehmigung des Familiengerichts erforderlich. [2] Bei einem Verzicht durch den Betreuer des Abkömmlings ist die Genehmigung des Betreuungsgerichts erforderlich.

(4) Der Verzicht hat die gleichen Wirkungen, wie wenn der Verzichtende zur Zeit des Verzichts ohne Hinterlassung von Abkömmlingen gestorben wäre.

**§ 1492[2] Aufhebung durch den überlebenden Ehegatten.** (1) [1] Der überlebende Ehegatte kann die fortgesetzte Gütergemeinschaft jederzeit aufheben. [2] Die Aufhebung erfolgt durch Erklärung gegenüber dem für den Nachlass des verstorbenen Ehegatten zuständigen Gericht; die Erklärung ist in öffentlich beglaubigter Form abzugeben. [3] Das Nachlassgericht soll die Erklärung den anteilsberechtigten Abkömmlingen und, wenn der überlebende Ehegatte gesetzlicher Vertreter eines der Abkömmlinge ist, dem Familiengericht, wenn eine Betreuung besteht, dem Betreuungsgericht mitteilen.

(2) [1] Die Aufhebung kann auch durch Vertrag zwischen dem überlebenden Ehegatten und den anteilsberechtigten Abkömmlingen erfolgen. [2] Der Vertrag bedarf der notariellen Beurkundung.

(3) Bei einer Aufhebung durch den Betreuer des überlebenden Ehegatten ist die Genehmigung des Betreuungsgerichts erforderlich.

**§ 1493[3] Wiederverheiratung oder Begründung einer Lebenspartnerschaft des überlebenden Ehegatten.** (1) Die fortgesetzte Gütergemeinschaft endet, wenn der überlebende Ehegatte wieder heiratet oder eine Lebenspartnerschaft begründet.

(2) [1] Der überlebende Ehegatte hat, wenn ein anteilsberechtigter Abkömmling minderjährig ist, die Absicht der Wiederverheiratung dem Familiengericht anzuzeigen, ein Verzeichnis des Gesamtguts einzureichen, die Gütergemeinschaft aufzuheben und die Auseinandersetzung herbeizuführen. [2] Das Familiengericht kann gestatten, dass die Aufhebung der Gütergemeinschaft bis zur Eheschließung unterbleibt und dass die Auseinandersetzung erst später erfolgt. [3] Die Sätze 1 und 2 gelten auch, wenn die Sorge für das Vermögen eines anteilsberechtigten Abkömmlings zum Aufgabenkreis eines Betreuers gehört; in diesem Fall tritt an die Stelle des Familiengerichts das Betreuungsgericht.

---

[1] § 1491 Abs. 3 Satz 1 geänd., Satz 2 neu gef. mWv 1.9.2009 durch G v. 17.12.2008 (BGBl. I S. 2586).

[2] § 1492 Abs. 1 Satz 3, Abs. 3 Satz 1 geänd., Satz 2 neu gef. mWv 1.9.2009 durch G v. 17.12.2008 (BGBl. I S. 2586); Abs. 3 Satz 1 aufgeh. mWv 22.7.2017 durch G v. 17.7.2017 (BGBl. I S. 2429).

[3] § 1493 Abs. 3 angef. mWv 1.1.2009 durch G v. 19.2.2007 (BGBl. I S. 122); Abs. 2 neu gef. mWv 1.9.2009 durch G v. 17.12.2008 (BGBl. I S. 2586); Abs. 3 geänd. mWv 1.9.2009 durch G v. 30.7.2009 (BGBl. I S. 2449).

(3) Das Standesamt, bei dem die Eheschließung angemeldet worden ist, teilt dem Familiengericht die Anmeldung mit.

**§ 1494 Tod des überlebenden Ehegatten.** (1) Die fortgesetzte Gütergemeinschaft endet mit dem Tode des überlebenden Ehegatten.

(2) Wird der überlebende Ehegatte für tot erklärt oder wird seine Todeszeit nach den Vorschriften des Verschollenheitsgesetzes[1] festgestellt, so endet die fortgesetzte Gütergemeinschaft mit dem Zeitpunkt, der als Zeitpunkt des Todes gilt.

**§ 1495[2] Aufhebungsantrag eines Abkömmlings.** Ein anteilsberechtigter Abkömmling kann gegen den überlebenden Ehegatten die Aufhebung der fortgesetzten Gütergemeinschaft beantragen,

1. wenn seine Rechte für die Zukunft dadurch erheblich gefährdet werden können, dass der überlebende Ehegatte zur Verwaltung des Gesamtguts unfähig ist oder sein Recht, das Gesamtgut zu verwalten, missbraucht,
2. wenn der überlebende Ehegatte seine Verpflichtung, dem Abkömmling Unterhalt zu gewähren, verletzt hat und für die Zukunft eine erhebliche Gefährdung des Unterhalts zu besorgen ist,
3. wenn die Verwaltung des Gesamtguts in den Aufgabenkreis des Betreuers des überlebenden Ehegatten fällt,
4. wenn der überlebende Ehegatte die elterliche Sorge für den Abkömmling verwirkt hat oder, falls sie ihm zugestanden hätte, verwirkt haben würde.

**§ 1496[3] Wirkung der richterlichen Aufhebungsentscheidung.** [1] Die Aufhebung der fortgesetzten Gütergemeinschaft tritt in den Fällen des § 1495 mit der Rechtskraft der richterlichen Entscheidung ein. [2] Sie tritt für alle Abkömmlinge ein, auch wenn die richterliche Entscheidung auf den Antrag eines der Abkömmlinge ergangen ist.

**§ 1497 Rechtsverhältnis bis zur Auseinandersetzung.** (1) Nach der Beendigung der fortgesetzten Gütergemeinschaft setzen sich der überlebende Ehegatte und die Abkömmlinge über das Gesamtgut auseinander.

(2) Bis zur Auseinandersetzung bestimmt sich ihr Rechtsverhältnis am Gesamtgut nach den §§ 1419, 1472, 1473.

**§ 1498 Durchführung der Auseinandersetzung.** [1] Auf die Auseinandersetzung sind die Vorschriften der §§ 1475, 1476, des § 1477 Abs. 1, der §§ 1479, 1480 und des § 1481 Abs. 1, 3 anzuwenden; an die Stelle des Ehegatten, der das Gesamtgut allein verwaltet hat, tritt der überlebende Ehegatte, an die Stelle des anderen Ehegatten treten die anteilsberechtigten Abkömmlinge. [2] Die in § 1476 Abs. 2 Satz 2 bezeichnete Verpflichtung besteht nur für den überlebenden Ehegatten.

---

[1] **Schönfelder ErgBd. Nr. 45.**

[2] § 1495 Überschrift und einl. Satzteil geänd. mWv 26.11.2015 durch G v. 20.11.2015 (BGBl. I S. 2010).

[3] § 1496 Überschrift, Sätze 1 und 2 geänd. mWv 1.9.2009 durch G v. 17.12.2008 (BGBl. I S. 2586); Satz 2 geänd. mWv 26.11.2015 durch G v. 20.11.2015 (BGBl. I S. 2010).

**§ 1499 Verbindlichkeiten zu Lasten des überlebenden Ehegatten.** Bei der Auseinandersetzung fallen dem überlebenden Ehegatten zur Last:

1. die ihm bei dem Eintritt der fortgesetzten Gütergemeinschaft obliegenden Gesamtgutsverbindlichkeiten, für die das eheliche Gesamtgut nicht haftete oder die im Verhältnis der Ehegatten zueinander ihm zur Last fielen;
2. die nach dem Eintritt der fortgesetzten Gütergemeinschaft entstandenen Gesamtgutsverbindlichkeiten, die, wenn sie während der ehelichen Gütergemeinschaft in seiner Person entstanden wären, im Verhältnis der Ehegatten zueinander ihm zur Last gefallen sein würden;
3. eine Ausstattung, die er einem anteilsberechtigten Abkömmling über das dem Gesamtgut entsprechende Maß hinaus oder die er einem nicht anteilsberechtigten Abkömmling versprochen oder gewährt hat.

**§ 1500 Verbindlichkeiten zu Lasten der Abkömmlinge.** (1) Die anteilsberechtigten Abkömmlinge müssen sich Verbindlichkeiten des verstorbenen Ehegatten, die diesem im Verhältnis der Ehegatten zueinander zur Last fielen, bei der Auseinandersetzung auf ihren Anteil insoweit anrechnen lassen, als der überlebende Ehegatte nicht von dem Erben des verstorbenen Ehegatten Deckung hat erlangen können.

(2) In gleicher Weise haben sich die anteilsberechtigten Abkömmlinge anrechnen zu lassen, was der verstorbene Ehegatte zu dem Gesamtgut zu ersetzen hatte.

**§ 1501 Anrechnung von Abfindungen.** (1) Ist einem anteilsberechtigten Abkömmling für den Verzicht auf seinen Anteil eine Abfindung aus dem Gesamtgut gewährt worden, so wird sie bei der Auseinandersetzung in das Gesamtgut eingerechnet und auf die den Abkömmlingen gebührende Hälfte angerechnet.

(2) [1] Der überlebende Ehegatte kann mit den übrigen anteilsberechtigten Abkömmlingen schon vor der Aufhebung der fortgesetzten Gütergemeinschaft eine abweichende Vereinbarung treffen. [2] Die Vereinbarung bedarf der notariellen Beurkundung; sie ist auch denjenigen Abkömmlingen gegenüber wirksam, welche erst später in die fortgesetzte Gütergemeinschaft eintreten.

**§ 1502 Übernahmerecht des überlebenden Ehegatten.** (1) [1] Der überlebende Ehegatte ist berechtigt, das Gesamtgut oder einzelne dazu gehörende Gegenstände gegen Ersatz des Wertes zu übernehmen. [2] Das Recht geht nicht auf den Erben über.

(2) [1] Wird die fortgesetzte Gütergemeinschaft auf Grund des § 1495 durch Urteil aufgehoben, so steht dem überlebenden Ehegatten das im Absatz 1 bestimmte Recht nicht zu. [2] Die anteilsberechtigten Abkömmlinge können in diesem Falle diejenigen Gegenstände gegen Ersatz des Wertes übernehmen, welche der verstorbene Ehegatte nach § 1477 Abs. 2 zu übernehmen berechtigt sein würde. [3] Das Recht kann von ihnen nur gemeinschaftlich ausgeübt werden.

**§ 1503 Teilung unter den Abkömmlingen.** (1) Mehrere anteilsberechtigte Abkömmlinge teilen die ihnen zufallende Hälfte des Gesamtguts nach dem Verhältnis der Anteile, zu denen sie im Falle der gesetzlichen Erbfolge als Erben des verstorbenen Ehegatten berufen sein würden, wenn dieser erst zur Zeit der Beendigung der fortgesetzten Gütergemeinschaft gestorben wäre.

(2) Das Vorempfangene kommt nach den für die Ausgleichung unter Abkömmlingen geltenden Vorschriften zur Ausgleichung, soweit nicht eine solche bereits bei der Teilung des Nachlasses des verstorbenen Ehegatten erfolgt ist.

(3) Ist einem Abkömmling, der auf seinen Anteil verzichtet hat, eine Abfindung aus dem Gesamtgut gewährt worden, so fällt sie den Abkömmlingen zur Last, denen der Verzicht zustatten kommt.

**§ 1504 Haftungsausgleich unter Abkömmlingen.** [1] Soweit die anteilsberechtigten Abkömmlinge nach § 1480 den Gesamtgutsgläubigern haften, sind sie im Verhältnis zueinander nach der Größe ihres Anteils an dem Gesamtgut verpflichtet. [2] Die Verpflichtung beschränkt sich auf die ihnen zugeteilten Gegenstände; die für die Haftung des Erben geltenden Vorschriften der §§ 1990, 1991 finden entsprechende Anwendung.

**§ 1505 Ergänzung des Anteils des Abkömmlings.** Die Vorschriften über das Recht auf Ergänzung des Pflichtteils finden zugunsten eines anteilsberechtigten Abkömmlings entsprechende Anwendung; an die Stelle des Erbfalls tritt die Beendigung der fortgesetzten Gütergemeinschaft; als gesetzlicher Erbteil gilt der dem Abkömmling zur Zeit der Beendigung gebührende Anteil an dem Gesamtgut, als Pflichtteil gilt die Hälfte des Wertes dieses Anteils.

**§ 1506 Anteilsunwürdigkeit.** [1] Ist ein gemeinschaftlicher Abkömmling erbunwürdig, so ist er auch des Anteils an dem Gesamtgut unwürdig. [2] Die Vorschriften über die Erbunwürdigkeit finden entsprechende Anwendung.

**§ 1507 Zeugnis über Fortsetzung der Gütergemeinschaft.** [1] Das Nachlassgericht hat dem überlebenden Ehegatten auf Antrag ein Zeugnis über die Fortsetzung der Gütergemeinschaft zu erteilen. [2] Die Vorschriften über den Erbschein finden entsprechende Anwendung.

**§ 1508** (weggefallen)

**§ 1509[1)] Ausschließung der fortgesetzten Gütergemeinschaft durch letztwillige Verfügung.** [1] Jeder Ehegatte kann für den Fall, dass die Ehe durch seinen Tod aufgelöst wird, die Fortsetzung der Gütergemeinschaft durch letztwillige Verfügung ausschließen, wenn er berechtigt ist, dem anderen Ehegatten den Pflichtteil zu entziehen oder die Aufhebung der Gütergemeinschaft zu beantragen. [2] Das Gleiche gilt, wenn der Ehegatte berechtigt ist, die Aufhebung der Ehe zu beantragen, und den Antrag gestellt hat. [3] Auf die Ausschließung finden die Vorschriften über die Entziehung des Pflichtteils entsprechende Anwendung.

**§ 1510 Wirkung der Ausschließung.** Wird die Fortsetzung der Gütergemeinschaft ausgeschlossen, so gilt das Gleiche wie im Falle des § 1482.

**§ 1511[2)] Ausschließung eines Abkömmlings.** (1) Jeder Ehegatte kann für den Fall, dass die Ehe durch seinen Tod aufgelöst wird, einen gemeinschaftlichen

---

[1)] § 1509 Satz 1 geänd. mWv 26.11.2015 durch G v. 20.11.2015 (BGBl. I S. 2010).

[2)] § 1511 Abs. 3 Satz 1 geänd. mWv 1.8.2002 durch G v. 23.7.2002 (BGBl. I S. 2850).

Abkömmling von der fortgesetzten Gütergemeinschaft durch letztwillige Verfügung ausschließen.

(2) [1] Der ausgeschlossene Abkömmling kann, unbeschadet seines Erbrechts, aus dem Gesamtgut der fortgesetzten Gütergemeinschaft die Zahlung des Betrags verlangen, der ihm von dem Gesamtgut der ehelichen Gütergemeinschaft als Pflichtteil gebühren würde, wenn die fortgesetzte Gütergemeinschaft nicht eingetreten wäre. [2] Die für den Pflichtteilsanspruch geltenden Vorschriften finden entsprechende Anwendung.

(3) [1] Der dem ausgeschlossenen Abkömmling gezahlte Betrag wird bei der Auseinandersetzung den anteilsberechtigten Abkömmlingen nach Maßgabe des § 1501 angerechnet. [2] Im Verhältnis der Abkömmlinge zueinander fällt er den Abkömmlingen zur Last, denen die Ausschließung zustatten kommt.

**§ 1512 Herabsetzung des Anteils.** Jeder Ehegatte kann für den Fall, dass mit seinem Tode die fortgesetzte Gütergemeinschaft eintritt, den einem anteilsberechtigten Abkömmling nach der Beendigung der fortgesetzten Gütergemeinschaft gebührenden Anteil an dem Gesamtgut durch letztwillige Verfügung bis auf die Hälfte herabsetzen.

**§ 1513[1)] Entziehung des Anteils.** (1) [1] Jeder Ehegatte kann für den Fall, dass mit seinem Tode die fortgesetzte Gütergemeinschaft eintritt, einem anteilsberechtigten Abkömmling den diesem nach der Beendigung der fortgesetzten Gütergemeinschaft gebührenden Anteil an dem Gesamtgut durch letztwillige Verfügung entziehen, wenn er berechtigt ist, dem Abkömmling den Pflichtteil zu entziehen. [2] Die Vorschrift des § 2336 Abs. 2 und 3 findet entsprechende Anwendung.

(2) Der Ehegatte kann, wenn er nach § 2338 berechtigt ist, das Pflichtteilsrecht des Abkömmlings zu beschränken, den Anteil des Abkömmlings am Gesamtgut einer entsprechenden Beschränkung unterwerfen.

**§ 1514 Zuwendung des entzogenen Betrags.** Jeder Ehegatte kann den Betrag, den er nach § 1512 oder nach § 1513 Abs. 1 einem Abkömmling entzieht, auch einem Dritten durch letztwillige Verfügung zuwenden.

**§ 1515 Übernahmerecht eines Abkömmlings und des Ehegatten.** (1) Jeder Ehegatte kann für den Fall, dass mit seinem Tode die fortgesetzte Gütergemeinschaft eintritt, durch letztwillige Verfügung anordnen, dass ein anteilsberechtigter Abkömmling das Recht haben soll, bei der Teilung das Gesamtgut oder einzelne dazu gehörende Gegenstände gegen Ersatz des Wertes zu übernehmen.

(2) [1] Gehört zu dem Gesamtgut ein Landgut, so kann angeordnet werden, dass das Landgut mit dem Ertragswert oder mit einem Preis, der den Ertragswert mindestens erreicht, angesetzt werden soll. [2] Die für die Erbfolge geltende Vorschrift des § 2049 findet Anwendung.

(3) Das Recht, das Landgut zu dem in Absatz 2 bezeichneten Werte oder Preis zu übernehmen, kann auch dem überlebenden Ehegatten eingeräumt werden.

---

1) § 1513 Abs. 1 Satz 2 geänd. mWv 1.1.2010 durch G v. 24.9.2009 (BGBl. I S. 3142).

**§ 1516[1] Zustimmung des anderen Ehegatten.** (1) Zur Wirksamkeit der in den §§ 1511 bis 1515 bezeichneten Verfügungen eines Ehegatten ist die Zustimmung des anderen Ehegatten erforderlich.

(2) [1]Die Zustimmung kann nicht durch einen Vertreter erteilt werden. [2]Die Zustimmungserklärung bedarf der notariellen Beurkundung. [3]Die Zustimmung ist unwiderruflich.

(3) Die Ehegatten können die in den §§ 1511 bis 1515 bezeichneten Verfügungen auch in einem gemeinschaftlichen Testament treffen.

**§ 1517[2] Verzicht eines Abkömmlings auf seinen Anteil.** (1) [1]Zur Wirksamkeit eines Vertrags, durch den ein gemeinschaftlicher Abkömmling einem der Ehegatten gegenüber für den Fall, dass die Ehe durch dessen Tod aufgelöst wird, auf seinen Anteil am Gesamtgut der fortgesetzten Gütergemeinschaft verzichtet oder durch den ein solcher Verzicht aufgehoben wird, ist die Zustimmung des anderen Ehegatten erforderlich. [2]Für die Zustimmung gilt die Vorschrift des § 1516 Absatz 2 Satz 2 und 3 entsprechend.

(2) Die für den Erbverzicht geltenden Vorschriften finden entsprechende Anwendung.

**§ 1518 Zwingendes Recht.** [1]Anordnungen, die mit den Vorschriften der §§ 1483 bis 1517 in Widerspruch stehen, können von den Ehegatten weder durch letztwillige Verfügung noch durch Vertrag getroffen werden. [2]Das Recht der Ehegatten, den Vertrag, durch den sie die Fortsetzung der Gütergemeinschaft vereinbart haben, durch Ehevertrag aufzuheben, bleibt unberührt.

### Kapitel 4.[3] Wahl-Zugewinngemeinschaft

**§ 1519[3] Vereinbarung durch Ehevertrag.** [1]Vereinbaren die Ehegatten durch Ehevertrag den Güterstand der Wahl-Zugewinngemeinschaft, so gelten die Vorschriften des Abkommens vom 4. Februar 2010 zwischen der Bundesrepublik Deutschland und der Französischen Republik über den Güterstand der Wahl-Zugewinngemeinschaft. [2]§ 1368 gilt entsprechend. [3]§ 1412 ist nicht anzuwenden.

**§§ 1520 bis 1557** (weggefallen)

### Untertitel 3.[4] *(aufgehoben)*

**§§ 1558–1563[4]** *(aufgehoben)*

## Titel 7. Scheidung der Ehe

### Untertitel 1. Scheidungsgründe

**§ 1564[5] Scheidung durch richterliche Entscheidung.** [1]Eine Ehe kann nur durch richterliche Entscheidung auf Antrag eines oder beider Ehegatten geschieden werden. [2]Die Ehe ist mit der Rechtskraft der Entscheidung aufgelöst. [3]Die Voraussetzungen, unter denen die Scheidung begehrt werden kann, ergeben sich aus den folgenden Vorschriften.

---

[1] § 1516 Abs. 2 Satz 2 aufgeh., bish. Sätze 3 und 4 werden Sätze 2 und 3 mWv 22.7.2017 durch G v. 17.7.2017 (BGBl. I S. 2429).

[2] § 1517 Abs. 1 Satz 2 geänd. mWv 12.11.2022 durch G v. 7.11.2022 (BGBl. I S. 1982).

[3] Kapitel 4 (§ 1519) eingef. mWv 1.5.2013 durch G v. 15.3.2012 (BGBl. II S. 178).

[4] UTitel 3 (§§ 1558–1563) aufgeh. mWv 1.1.2023 durch G v. 31.10.2022 (BGBl. I S. 1966).

[5] § 1564 neu gef. mWv 1.9.2009 durch G v. 17.12.2008 (BGBl. I S. 2586).

**§ 1565 Scheitern der Ehe.** (1) [1] Eine Ehe kann geschieden werden, wenn sie gescheitert ist. [2] Die Ehe ist gescheitert, wenn die Lebensgemeinschaft der Ehegatten nicht mehr besteht und nicht erwartet werden kann, dass die Ehegatten sie wiederherstellen.

(2) Leben die Ehegatten noch nicht ein Jahr getrennt, so kann die Ehe nur geschieden werden, wenn die Fortsetzung der Ehe für den Antragsteller aus Gründen, die in der Person des anderen Ehegatten liegen, eine unzumutbare Härte darstellen würde.

**§ 1566 Vermutung für das Scheitern.** (1) Es wird unwiderlegbar vermutet, dass die Ehe gescheitert ist, wenn die Ehegatten seit einem Jahr getrennt leben und beide Ehegatten die Scheidung beantragen oder der Antragsgegner der Scheidung zustimmt.

(2) Es wird unwiderlegbar vermutet, dass die Ehe gescheitert ist, wenn die Ehegatten seit drei Jahren getrennt leben.

**§ 1567 Getrenntleben.** (1) [1] Die Ehegatten leben getrennt, wenn zwischen ihnen keine häusliche Gemeinschaft besteht und ein Ehegatte sie erkennbar nicht herstellen will, weil er die eheliche Lebensgemeinschaft ablehnt. [2] Die häusliche Gemeinschaft besteht auch dann nicht mehr, wenn die Ehegatten innerhalb der ehelichen Wohnung getrennt leben.

(2) Ein Zusammenleben über kürzere Zeit, das der Versöhnung der Ehegatten dienen soll, unterbricht oder hemmt die in § 1566 bestimmten Fristen nicht.

**§ 1568 Härteklausel.** (1) Die Ehe soll nicht geschieden werden, obwohl sie gescheitert ist, wenn und solange die Aufrechterhaltung der Ehe im Interesse der aus der Ehe hervorgegangenen minderjährigen Kinder aus besonderen Gründen ausnahmsweise notwendig ist oder wenn und solange die Scheidung für den Antragsgegner, der sie ablehnt, auf Grund außergewöhnlicher Umstände eine so schwere Härte darstellen würde, dass die Aufrechterhaltung der Ehe auch unter Berücksichtigung der Belange des Antragstellers ausnahmsweise geboten erscheint.

(2) (weggefallen)

### Untertitel 1a.[1)] Behandlung der Ehewohnung und der Haushaltsgegenstände anlässlich der Scheidung

**§ 1568a[1)] Ehewohnung.** (1) Ein Ehegatte kann verlangen, dass ihm der andere Ehegatte anlässlich der Scheidung die Ehewohnung überlässt, wenn er auf deren Nutzung unter Berücksichtigung des Wohls der im Haushalt lebenden Kinder und der Lebensverhältnisse der Ehegatten in stärkerem Maße angewiesen ist als der andere Ehegatte oder die Überlassung aus anderen Gründen der Billigkeit entspricht.

(2) [1] Ist einer der Ehegatten allein oder gemeinsam mit einem Dritten Eigentümer des Grundstücks, auf dem sich die Ehewohnung befindet, oder steht einem Ehegatten allein oder gemeinsam mit einem Dritten ein Nießbrauch, das Erbbaurecht oder ein dingliches Wohnrecht an dem Grundstück zu, so kann der andere Ehegatte die Überlassung nur verlangen, wenn dies notwendig ist, um eine unbillige Härte zu vermeiden. [2] Entsprechendes gilt für das Wohnungseigentum und das Dauerwohnrecht.

(3) [1] Der Ehegatte, dem die Wohnung überlassen wird, tritt

---

[1)] UTitel 1a (§§ 1568a, 1568b) eingef. mWv 1.9.2009 durch G v. 6.7.2009 (BGBl. I S. 1696).

1. zum Zeitpunkt des Zugangs der Mitteilung der Ehegatten über die Überlassung an den Vermieter oder
2. mit Rechtskraft der Endentscheidung im Wohnungszuweisungsverfahren

an Stelle des zur Überlassung verpflichteten Ehegatten in ein von diesem eingegangenes Mietverhältnis ein oder setzt ein von beiden eingegangenes Mietverhältnis allein fort. [2] § 563 Absatz 4 gilt entsprechend.

(4) Ein Ehegatte kann die Begründung eines Mietverhältnisses über eine Wohnung, die die Ehegatten auf Grund eines Dienst- oder Arbeitsverhältnisses innehaben, das zwischen einem von ihnen und einem Dritten besteht, nur verlangen, wenn der Dritte einverstanden oder dies notwendig ist, um eine schwere Härte zu vermeiden.

(5) [1] Besteht kein Mietverhältnis über die Ehewohnung, so kann sowohl der Ehegatte, der Anspruch auf deren Überlassung hat, als auch die zur Vermietung berechtigte Person die Begründung eines Mietverhältnisses zu ortsüblichen Bedingungen verlangen. [2] Unter den Voraussetzungen des § 575 Absatz 1 oder wenn die Begründung eines unbefristeten Mietverhältnisses unter Würdigung der berechtigten Interessen des Vermieters unbillig ist, kann der Vermieter eine angemessene Befristung des Mietverhältnisses verlangen. [3] Kommt eine Einigung über die Höhe der Miete nicht zustande, kann der Vermieter eine angemessene Miete, im Zweifel die ortsübliche Vergleichsmiete, verlangen.

(6) In den Fällen der Absätze 3 und 5 erlischt der Anspruch auf Eintritt in ein Mietverhältnis oder auf seine Begründung ein Jahr nach Rechtskraft der Endentscheidung in der Scheidungssache, wenn er nicht vorher rechtshängig gemacht worden ist.

**§ 1568b[1)] Haushaltsgegenstände.** (1) Jeder Ehegatte kann verlangen, dass ihm der andere Ehegatte anlässlich der Scheidung die im gemeinsamen Eigentum stehenden Haushaltsgegenstände überlässt und übereignet, wenn er auf deren Nutzung unter Berücksichtigung des Wohls der im Haushalt lebenden Kinder und der Lebensverhältnisse der Ehegatten in stärkerem Maße angewiesen ist als der andere Ehegatte oder dies aus anderen Gründen der Billigkeit entspricht.

(2) Haushaltsgegenstände, die während der Ehe für den gemeinsamen Haushalt angeschafft wurden, gelten für die Verteilung als gemeinsames Eigentum der Ehegatten, es sei denn, das Alleineigentum eines Ehegatten steht fest.

(3) Der Ehegatte, der sein Eigentum nach Absatz 1 überträgt, kann eine angemessene Ausgleichszahlung verlangen.

### Untertitel 2.[2)] Unterhalt des geschiedenen Ehegatten

#### Kapitel 1. Grundsatz

**§ 1569[3)] Grundsatz der Eigenverantwortung.** [1] Nach der Scheidung obliegt es jedem Ehegatten, selbst für seinen Unterhalt zu sorgen. [2] Ist er dazu außerstande, hat er gegen den anderen Ehegatten einen Anspruch auf Unterhalt nur nach den folgenden Vorschriften.

---

1) UTitel 1a (§§ 1568a, 1568b) eingef. mWv 1.9.2009 durch G v. 6.7.2009 (BGBl. I S. 1696).

2) Wegen des für das Gebiet der ehem. DDR geltenden Übergangsrechts zu §§ 1569–1586b beachte Art. 234 § 5 EGBGB (Nr. **21**).

3) § 1569 neu gef. mWv 1.1.2008 durch G v. 21.12.2007 (BGBl. I S. 3189).

### Kapitel 2. Unterhaltsberechtigung

**§ 1570[1] Unterhalt wegen Betreuung eines Kindes.** (1) [1] Ein geschiedener Ehegatte kann von dem anderen wegen der Pflege oder Erziehung eines gemeinschaftlichen Kindes für mindestens drei Jahre nach der Geburt Unterhalt verlangen. [2] Die Dauer des Unterhaltsanspruchs verlängert sich, solange und soweit dies der Billigkeit entspricht. [3] Dabei sind die Belange des Kindes und die bestehenden Möglichkeiten der Kinderbetreuung zu berücksichtigen.

(2) Die Dauer des Unterhaltsanspruchs verlängert sich darüber hinaus, wenn dies unter Berücksichtigung der Gestaltung von Kinderbetreuung und Erwerbstätigkeit in der Ehe sowie der Dauer der Ehe der Billigkeit entspricht.

**§ 1571 Unterhalt wegen Alters.** Ein geschiedener Ehegatte kann von dem anderen Unterhalt verlangen, soweit von ihm im Zeitpunkt

1. der Scheidung,
2. der Beendigung der Pflege oder Erziehung eines gemeinschaftlichen Kindes oder
3. des Wegfalls der Voraussetzungen für einen Unterhaltsanspruch nach den §§ 1572 und 1573

wegen seines Alters eine Erwerbstätigkeit nicht mehr erwartet werden kann.

**§ 1572 Unterhalt wegen Krankheit oder Gebrechen.** Ein geschiedener Ehegatte kann von dem anderen Unterhalt verlangen, solange und soweit von ihm vom Zeitpunkt

1. der Scheidung,
2. der Beendigung der Pflege oder Erziehung eines gemeinschaftlichen Kindes,
3. der Beendigung der Ausbildung, Fortbildung oder Umschulung oder
4. des Wegfalls der Voraussetzungen für einen Unterhaltsanspruch nach § 1573

an wegen Krankheit oder anderer Gebrechen oder Schwäche seiner körperlichen oder geistigen Kräfte eine Erwerbstätigkeit nicht erwartet werden kann.

**§ 1573[2] Unterhalt wegen Erwerbslosigkeit und Aufstockungsunterhalt.**

(1) Soweit ein geschiedener Ehegatte keinen Unterhaltsanspruch nach den §§ 1570 bis 1572 hat, kann er gleichwohl Unterhalt verlangen, solange und soweit er nach der Scheidung keine angemessene Erwerbstätigkeit zu finden vermag.

(2) Reichen die Einkünfte aus einer angemessenen Erwerbstätigkeit zum vollen Unterhalt (§ 1578) nicht aus, kann er, soweit er nicht bereits einen Unterhaltsanspruch nach den §§ 1570 bis 1572 hat, den Unterschiedsbetrag zwischen den Einkünften und dem vollen Unterhalt verlangen.

(3) Absätze 1 und 2 gelten entsprechend, wenn Unterhalt nach den §§ 1570 bis 1572, 1575 zu gewähren war, die Voraussetzungen dieser Vorschriften aber entfallen sind.

(4) [1] Der geschiedene Ehegatte kann auch dann Unterhalt verlangen, wenn die Einkünfte aus einer angemessenen Erwerbstätigkeit wegfallen, weil es ihm trotz seiner Bemühungen nicht gelungen war, den Unterhalt durch die Erwerbstätigkeit nach der Scheidung nachhaltig zu sichern. [2] War es ihm gelungen, den Unterhalt

---

[1] § 1570 neu gef. mWv 1.1.2008 durch G v. 21.12.2007 (BGBl. I S. 3189).
[2] § 1573 Abs. 5 aufgeh. mWv 1.1.2008 durch G v. 21.12.2007 (BGBl. I S. 3189).

teilweise nachhaltig zu sichern, so kann er den Unterschiedsbetrag zwischen dem nachhaltig gesicherten und dem vollen Unterhalt verlangen.

**§ 1574[1)] Angemessene Erwerbstätigkeit.** (1) Dem geschiedenen Ehegatten obliegt es, eine angemessene Erwerbstätigkeit auszuüben.

(2) [1] Angemessen ist eine Erwerbstätigkeit, die der Ausbildung, den Fähigkeiten, einer früheren Erwerbstätigkeit, dem Lebensalter und dem Gesundheitszustand des geschiedenen Ehegatten entspricht, soweit eine solche Tätigkeit nicht nach den ehelichen Lebensverhältnissen unbillig wäre. [2] Bei den ehelichen Lebensverhältnissen sind insbesondere die Dauer der Ehe sowie die Dauer der Pflege oder Erziehung eines gemeinschaftlichen Kindes zu berücksichtigen.

(3) Soweit es zur Aufnahme einer angemessenen Erwerbstätigkeit erforderlich ist, obliegt es dem geschiedenen Ehegatten, sich ausbilden, fortbilden oder umschulen zu lassen, wenn ein erfolgreicher Abschluss der Ausbildung zu erwarten ist.

**§ 1575 Ausbildung, Fortbildung oder Umschulung.** (1) [1] Ein geschiedener Ehegatte, der in Erwartung der Ehe oder während der Ehe eine Schul- oder Berufsausbildung nicht aufgenommen oder abgebrochen hat, kann von dem anderen Ehegatten Unterhalt verlangen, wenn er diese oder eine entsprechende Ausbildung sobald wie möglich aufnimmt, um eine angemessene Erwerbstätigkeit, die den Unterhalt nachhaltig sichert, zu erlangen und der erfolgreiche Abschluss der Ausbildung zu erwarten ist. [2] Der Anspruch besteht längstens für die Zeit, in der eine solche Ausbildung im Allgemeinen abgeschlossen wird; dabei sind ehebedingte Verzögerungen der Ausbildung zu berücksichtigen.

(2) Entsprechendes gilt, wenn sich der geschiedene Ehegatte fortbilden oder umschulen lässt, um Nachteile auszugleichen, die durch die Ehe eingetreten sind.

(3) Verlangt der geschiedene Ehegatte nach Beendigung der Ausbildung, Fortbildung oder Umschulung Unterhalt nach § 1573, so bleibt bei der Bestimmung der ihm angemessenen Erwerbstätigkeit (§ 1574 Abs. 2) der erreichte höhere Ausbildungsstand außer Betracht.

**§ 1576 Unterhalt aus Billigkeitsgründen.** [1] Ein geschiedener Ehegatte kann von dem anderen Unterhalt verlangen, soweit und solange von ihm aus sonstigen schwerwiegenden Gründen eine Erwerbstätigkeit nicht erwartet werden kann und die Versagung von Unterhalt unter Berücksichtigung der Belange beider Ehegatten grob unbillig wäre. [2] Schwerwiegende Gründe dürfen nicht allein deswegen berücksichtigt werden, weil sie zum Scheitern der Ehe geführt haben.

**§ 1577[2)] Bedürftigkeit.** (1) Der geschiedene Ehegatte kann den Unterhalt nach den §§ 1570 bis 1573, 1575 und 1576 nicht verlangen, solange und soweit er sich aus seinen Einkünften und seinem Vermögen selbst unterhalten kann.

(2) [1] Einkünfte sind nicht anzurechnen, soweit der Verpflichtete nicht den vollen Unterhalt (§§ 1578 und 1578b) leistet. [2] Einkünfte, die den vollen Unterhalt übersteigen, sind insoweit anzurechnen, als dies unter Berücksichtigung der beiderseitigen wirtschaftlichen Verhältnisse der Billigkeit entspricht.

---

[1)] § 1574 Abs. 1 und 2 neu gef. mWv 1.1.2008 durch G v. 21.12.2007 (BGBl. I S. 3189).
[2)] § 1577 Abs. 2 Satz 1 geänd. mWv 1.1.2008 durch G v. 21.12.2007 (BGBl. I S. 3189).

(3) Den Stamm des Vermögens braucht der Berechtigte nicht zu verwerten, soweit die Verwertung unwirtschaftlich oder unter Berücksichtigung der beiderseitigen wirtschaftlichen Verhältnisse unbillig wäre.

(4) [1] War zum Zeitpunkt der Ehescheidung zu erwarten, dass der Unterhalt des Berechtigten aus seinem Vermögen nachhaltig gesichert sein würde, fällt das Vermögen aber später weg, so besteht kein Anspruch auf Unterhalt. [2] Dies gilt nicht, wenn im Zeitpunkt des Vermögenswegfalls von dem Ehegatten wegen der Pflege oder Erziehung eines gemeinschaftlichen Kindes eine Erwerbstätigkeit nicht erwartet werden kann.

**§ 1578[1)] Maß des Unterhalts.** (1) [1] Das Maß des Unterhalts bestimmt sich nach den ehelichen Lebensverhältnissen. [2] Der Unterhalt umfasst den gesamten Lebensbedarf.

(2) Zum Lebensbedarf gehören auch die Kosten einer angemessenen Versicherung für den Fall der Krankheit und der Pflegebedürftigkeit sowie die Kosten einer Schul- oder Berufsausbildung, einer Fortbildung oder einer Umschulung nach den §§ 1574, 1575.

(3) Hat der geschiedene Ehegatte einen Unterhaltsanspruch nach den §§ 1570 bis 1573 oder § 1576, so gehören zum Lebensbedarf auch die Kosten einer angemessenen Versicherung für den Fall des Alters sowie der verminderten Erwerbsfähigkeit.

**§ 1578a Deckungsvermutung bei schadensbedingten Mehraufwendungen.** Für Aufwendungen infolge eines Körper- oder Gesundheitsschadens gilt § 1610a.

**§ 1578b[2)] Herabsetzung und zeitliche Begrenzung des Unterhalts wegen Unbilligkeit.** (1) [1] Der Unterhaltsanspruch des geschiedenen Ehegatten ist auf den angemessenen Lebensbedarf herabzusetzen, wenn eine an den ehelichen Lebensverhältnissen orientierte Bemessung des Unterhaltsanspruchs auch unter Wahrung der Belange eines dem Berechtigten zur Pflege oder Erziehung anvertrauten gemeinschaftlichen Kindes unbillig wäre. [2] Dabei ist insbesondere zu berücksichtigen, inwieweit durch die Ehe Nachteile im Hinblick auf die Möglichkeit eingetreten sind, für den eigenen Unterhalt zu sorgen, oder eine Herabsetzung des Unterhaltsanspruchs unter Berücksichtigung der Dauer der Ehe unbillig wäre. [3] Nachteile im Sinne des Satzes 2 können sich vor allem aus der Dauer der Pflege oder Erziehung eines gemeinschaftlichen Kindes sowie aus der Gestaltung von Haushaltsführung und Erwerbstätigkeit während der Ehe ergeben.

(2) [1] Der Unterhaltsanspruch des geschiedenen Ehegatten ist zeitlich zu begrenzen, wenn ein zeitlich unbegrenzter Unterhaltsanspruch auch unter Wahrung der Belange eines dem Berechtigten zur Pflege oder Erziehung anvertrauten gemeinschaftlichen Kindes unbillig wäre. [2] Absatz 1 Satz 2 und 3 gilt entsprechend.

(3) Herabsetzung und zeitliche Begrenzung des Unterhaltsanspruchs können miteinander verbunden werden.

---

[1)] § 1578 Abs. 1 neu gef. mWv 1.1.2008 durch G v. 21.12.2007 (BGBl. I S. 3189).

[2)] § 1578b eingef. mWv 1.1.2008 durch G v. 21.12.2007 (BGBl. I S. 3189); Abs. 1 Satz 2 geänd., Satz 3 neu gef. mWv 1.3.2013 durch G v. 20.2.2013 (BGBl. I S. 273).

**§ 1579**[1] **Beschränkung oder Versagung des Unterhalts wegen grober Unbilligkeit.** Ein Unterhaltsanspruch ist zu versagen, herabzusetzen oder zeitlich zu begrenzen, soweit die Inanspruchnahme des Verpflichteten auch unter Wahrung der Belange eines dem Berechtigten zur Pflege oder Erziehung anvertrauten gemeinschaftlichen Kindes grob unbillig wäre, weil

1. die Ehe von kurzer Dauer war; dabei ist die Zeit zu berücksichtigen, in welcher der Berechtigte wegen der Pflege oder Erziehung eines gemeinschaftlichen Kindes nach § 1570 Unterhalt verlangen kann,
2. der Berechtigte in einer verfestigten Lebensgemeinschaft lebt,
3. der Berechtigte sich eines Verbrechens oder eines schweren vorsätzlichen Vergehens gegen den Verpflichteten oder einen nahen Angehörigen des Verpflichteten schuldig gemacht hat,
4. der Berechtigte seine Bedürftigkeit mutwillig herbeigeführt hat,
5. der Berechtigte sich über schwerwiegende Vermögensinteressen des Verpflichteten mutwillig hinweggesetzt hat,
6. der Berechtigte vor der Trennung längere Zeit hindurch seine Pflicht, zum Familienunterhalt beizutragen, gröblich verletzt hat,
7. dem Berechtigten ein offensichtlich schwerwiegendes, eindeutig bei ihm liegendes Fehlverhalten gegen den Verpflichteten zur Last fällt oder
8. ein anderer Grund vorliegt, der ebenso schwer wiegt wie die in den Nummern 1 bis 7 aufgeführten Gründe.

**§ 1580 Auskunftspflicht.** [1] Die geschiedenen Ehegatten sind einander verpflichtet, auf Verlangen über ihre Einkünfte und ihr Vermögen Auskunft zu erteilen. [2] § 1605 ist entsprechend anzuwenden.

### Kapitel 3. Leistungsfähigkeit und Rangfolge

**§ 1581 Leistungsfähigkeit.** [1] Ist der Verpflichtete nach seinen Erwerbs- und Vermögensverhältnissen unter Berücksichtigung seiner sonstigen Verpflichtungen außerstande, ohne Gefährdung des eigenen angemessenen Unterhalts dem Berechtigten Unterhalt zu gewähren, so braucht er nur insoweit Unterhalt zu leisten, als es mit Rücksicht auf die Bedürfnisse und die Erwerbs- und Vermögensverhältnisse der geschiedenen Ehegatten der Billigkeit entspricht. [2] Den Stamm des Vermögens braucht er nicht zu verwerten, soweit die Verwertung unwirtschaftlich oder unter Berücksichtigung der beiderseitigen wirtschaftlichen Verhältnisse unbillig wäre.

**§ 1582**[2] **Rang des geschiedenen Ehegatten bei mehreren Unterhaltsberechtigten.** Sind mehrere Unterhaltsberechtigte vorhanden, richtet sich der Rang des geschiedenen Ehegatten nach § 1609.

**§ 1583 Einfluss des Güterstands.** Lebt der Verpflichtete im Falle der Wiederheirat mit seinem neuen Ehegatten im Güterstand der Gütergemeinschaft, so ist § 1604 entsprechend anzuwenden.

**§ 1584 Rangverhältnisse mehrerer Unterhaltsverpflichteter.** [1] Der unterhaltspflichtige geschiedene Ehegatte haftet vor den Verwandten des Berechtigten.

---

[1] § 1579 Überschrift und Nr. 1 2. Halbs. neu gef., Nr. 2 eingef., bish. Nr. 2–7 werden Nr. 3–8 und Nr. 8 geänd. mWv 1.1.2008 durch G v. 21.12.2007 (BGBl. I S. 3189).

[2] § 1582 neu gef. mWv 1.1.2008 durch G v. 21.12.2007 (BGBl. I S. 3189).

[2] Soweit jedoch der Verpflichtete nicht leistungsfähig ist, haften die Verwandten vor dem geschiedenen Ehegatten. [3] § 1607 Abs. 2 und 4 gilt entsprechend.

### Kapitel 4. Gestaltung des Unterhaltsanspruchs

**§ 1585 Art der Unterhaltsgewährung.** (1) [1] Der laufende Unterhalt ist durch Zahlung einer Geldrente zu gewähren. [2] Die Rente ist monatlich im Voraus zu entrichten. [3] Der Verpflichtete schuldet den vollen Monatsbetrag auch dann, wenn der Unterhaltsanspruch im Laufe des Monats durch Wiederheirat oder Tod des Berechtigten erlischt.

(2) Statt der Rente kann der Berechtigte eine Abfindung in Kapital verlangen, wenn ein wichtiger Grund vorliegt und der Verpflichtete dadurch nicht unbillig belastet wird.

**§ 1585a Sicherheitsleistung.** (1) [1] Der Verpflichtete hat auf Verlangen Sicherheit zu leisten. [2] Die Verpflichtung, Sicherheit zu leisten, entfällt, wenn kein Grund zu der Annahme besteht, dass die Unterhaltsleistung gefährdet ist oder wenn der Verpflichtete durch die Sicherheitsleistung unbillig belastet würde. [3] Der Betrag, für den Sicherheit zu leisten ist, soll den einfachen Jahresbetrag der Unterhaltsrente nicht übersteigen, sofern nicht nach den besonderen Umständen des Falles eine höhere Sicherheitsleistung angemessen erscheint.

(2) Die Art der Sicherheitsleistung bestimmt sich nach den Umständen; die Beschränkung des § 232 gilt nicht.

**§ 1585b[1)] Unterhalt für die Vergangenheit.** (1) Wegen eines Sonderbedarfs (§ 1613 Abs. 2) kann der Berechtigte Unterhalt für die Vergangenheit verlangen.

(2) Im Übrigen kann der Berechtigte für die Vergangenheit Erfüllung oder Schadensersatz wegen Nichterfüllung nur entsprechend § 1613 Abs. 1 fordern.

(3) Für eine mehr als ein Jahr vor der Rechtshängigkeit liegende Zeit kann Erfüllung oder Schadensersatz wegen Nichterfüllung nur verlangt werden, wenn anzunehmen ist, dass der Verpflichtete sich der Leistung absichtlich entzogen hat.

**§ 1585c[2)] Vereinbarungen über den Unterhalt.** [1] Die Ehegatten können über die Unterhaltspflicht für die Zeit nach der Scheidung Vereinbarungen treffen. [2] Eine Vereinbarung, die vor der Rechtskraft der Scheidung getroffen wird, bedarf der notariellen Beurkundung. [3] § 127a findet auch auf eine Vereinbarung Anwendung, die in einem Verfahren in Ehesachen vor dem Prozessgericht protokolliert wird.

### Kapitel 5. Ende des Unterhaltsanspruchs

**§ 1586 Wiederverheiratung, Begründung einer Lebenspartnerschaft oder Tod des Berechtigten.** (1) Der Unterhaltsanspruch erlischt mit der Wiederheirat, der Begründung einer Lebenspartnerschaft oder dem Tode des Berechtigten.

(2) [1] Ansprüche auf Erfüllung oder Schadensersatz wegen Nichterfüllung für die Vergangenheit bleiben bestehen. [2] Das Gleiche gilt für den Anspruch auf den zur Zeit der Wiederheirat, der Begründung einer Lebenspartnerschaft oder des Todes fälligen Monatsbetrag.

---

[1)] § 1585b Abs. 2 neu gef. mWv 1.1.2008 durch G v. 21.12.2007 (BGBl. I S. 3189).
[2)] § 1585c Sätze 2 und 3 angef. mWv 1.1.2008 durch G v. 21.12.2007 (BGBl. I S. 3189).

**§ 1586a[1)] Wiederaufleben des Unterhaltsanspruchs.** (1) Geht ein geschiedener Ehegatte eine neue Ehe oder Lebenspartnerschaft ein und wird die Ehe oder Lebenspartnerschaft wieder aufgelöst, so kann er von dem früheren Ehegatten Unterhalt nach § 1570 verlangen, wenn er ein Kind aus der früheren Ehe oder Lebenspartnerschaft zu pflegen oder zu erziehen hat.

(2) [1]Der Ehegatte der später aufgelösten Ehe haftet vor dem Ehegatten der früher aufgelösten Ehe. [2]Satz 1 findet auf Lebenspartnerschaften entsprechende Anwendung.

**§ 1586b Kein Erlöschen bei Tod des Verpflichteten.** (1) [1]Mit dem Tode des Verpflichteten geht die Unterhaltspflicht auf den Erben als Nachlassverbindlichkeit über. [2]Die Beschränkungen nach § 1581 fallen weg. [3]Der Erbe haftet jedoch nicht über einen Betrag hinaus, der dem Pflichtteil entspricht, welcher dem Berechtigten zustände, wenn die Ehe nicht geschieden worden wäre.

(2) Für die Berechnung des Pflichtteils bleiben Besonderheiten auf Grund des Güterstands, in dem die geschiedenen Ehegatten gelebt haben, außer Betracht.

### Untertitel 3.[2)] Versorgungsausgleich

**§ 1587[2)] Verweis auf das Versorgungsausgleichsgesetz.** Nach Maßgabe des Versorgungsausgleichsgesetzes[3)] findet zwischen den geschiedenen Ehegatten ein Ausgleich von im In- oder Ausland bestehenden Anrechten statt, insbesondere aus der gesetzlichen Rentenversicherung, aus anderen Regelsicherungssystemen wie der Beamtenversorgung oder der berufsständischen Versorgung, aus der betrieblichen Altersversorgung oder aus der privaten Alters- und Invaliditätsvorsorge.

**§§ 1587a–1587p[4)]** *(aufgehoben)*

### Titel 8. Kirchliche Verpflichtungen

**§ 1588 (keine Überschrift)** Die kirchlichen Verpflichtungen in Ansehung der Ehe werden durch die Vorschriften dieses Abschnitts nicht berührt.

## Abschnitt 2. Verwandtschaft

### Titel 1. Allgemeine Vorschriften

**§ 1589 Verwandtschaft.** (1) [1]Personen, deren eine von der anderen abstammt, sind in gerader Linie verwandt. [2]Personen, die nicht in gerader Linie verwandt sind, aber von derselben dritten Person abstammen, sind in der Seitenlinie verwandt. [3]Der Grad der Verwandtschaft bestimmt sich nach der Zahl der sie vermittelnden Geburten.

(2) (weggefallen)

**§ 1590 Schwägerschaft.** (1) [1]Die Verwandten eines Ehegatten sind mit dem anderen Ehegatten verschwägert. [2]Die Linie und der Grad der Schwägerschaft bestimmen sich nach der Linie und dem Grade der sie vermittelnden Verwandtschaft.

---

[1)] § 1586a Abs. 1 Satz 1 geänd., Abs. 2 Satz 2 angef. mWv 1.1.2005 durch G v. 15.12.2004 (BGBl. I S. 3396); Abs. 1 Satz 2 aufgeh. mWv 1.1.2008 durch G v. 21.12.2007 (BGBl. I S. 3189).

[2)] UTitel 3 (§ 1587) neu gef. mWv 1.9.2009 durch G v. 3.4.2009 (BGBl. I S. 700).

[3)] Nr. **48**.

[4)] §§ 1587a–1587p aufgeh. mWv 1.9.2009 durch G v. 3.4.2009 (BGBl. I S. 700).

(2) Die Schwägerschaft dauert fort, auch wenn die Ehe, durch die sie begründet wurde, aufgelöst ist.

### Titel 2.[1] Abstammung

**§ 1591 Mutterschaft.** Mutter eines Kindes ist die Frau, die es geboren hat.

**§ 1592[2] Vaterschaft.** Vater eines Kindes ist der Mann,

1. der zum Zeitpunkt der Geburt mit der Mutter des Kindes verheiratet ist,
2. der die Vaterschaft anerkannt hat oder
3. dessen Vaterschaft nach § 1600d oder § 182 Abs. 1 des Gesetzes über das Verfahren in Familiensachen und in den Angelegenheiten der freiwilligen Gerichtsbarkeit[3] gerichtlich festgestellt ist.

**§ 1593 Vaterschaft bei Auflösung der Ehe durch Tod.** [1] § 1592 Nr. 1 gilt entsprechend, wenn die Ehe durch Tod aufgelöst wurde und innerhalb von 300 Tagen nach der Auflösung ein Kind geboren wird. [2] Steht fest, dass das Kind mehr als 300 Tage vor seiner Geburt empfangen wurde, so ist dieser Zeitraum maßgebend. [3] Wird von einer Frau, die eine weitere Ehe geschlossen hat, ein Kind geboren, das sowohl nach den Sätzen 1 und 2 Kind des früheren Ehemanns als auch nach § 1592 Nr. 1 Kind des neuen Ehemanns wäre, so ist es nur als Kind des neuen Ehemanns anzusehen. [4] Wird die Vaterschaft angefochten und wird rechtskräftig festgestellt, dass der neue Ehemann nicht Vater des Kindes ist, so ist es Kind des früheren Ehemanns.

**§ 1594 Anerkennung der Vaterschaft.** (1) Die Rechtswirkungen der Anerkennung können, soweit sich nicht aus dem Gesetz anderes ergibt, erst von dem Zeitpunkt an geltend gemacht werden, zu dem die Anerkennung wirksam wird.

(2) Eine Anerkennung der Vaterschaft ist nicht wirksam, solange die Vaterschaft eines anderen Mannes besteht.

(3) Eine Anerkennung unter einer Bedingung oder Zeitbestimmung ist unwirksam.

(4) Die Anerkennung ist schon vor der Geburt des Kindes zulässig.

**§ 1595 Zustimmungsbedürftigkeit der Anerkennung.** (1) Die Anerkennung bedarf der Zustimmung der Mutter.

(2) Die Anerkennung bedarf auch der Zustimmung des Kindes, wenn der Mutter insoweit die elterliche Sorge nicht zusteht.

(3) Für die Zustimmung gilt § 1594 Abs. 3 und 4 entsprechend.

**§ 1596[4] Anerkennung und Zustimmung bei fehlender oder beschränkter Geschäftsfähigkeit.** (1) [1] Wer in der Geschäftsfähigkeit beschränkt ist, kann nur selbst anerkennen. [2] Die Zustimmung des gesetzlichen Vertreters ist erforderlich. [3] Für einen Geschäftsunfähigen kann der gesetzliche Vertreter mit Genehmi-

[1] Wegen des für das Gebiet der ehem. DDR geltenden Übergangsrechts zur Abstammung beachte Art. 234 § 7 EGBGB (Nr. **21**).

[2] § 1592 Nr. 3 neu gef. mWv 30.4.2004 durch G v. 23.4.2004 (BGBl. I S. 598); Nr. 3 geänd. mWv 1.9.2009 durch G v. 17.12.2008 (BGBl. I S. 2586).

[3] Nr. **112**.

[4] § 1596 Abs. 1 Satz 4 geänd. mWv 12.4.2002 durch G v. 9.4.2002 (BGBl. I S. 1239); Abs. 1 Satz 3 geänd. mWv 1.9.2009 durch G v. 17.12.2008 (BGBl. I S. 2586); Abs. 3 geänd. mWv 1.1.2023 durch G v. 4.5.2021 (BGBl. I S. 882).

gung des Familiengerichts anerkennen; ist der gesetzliche Vertreter ein Betreuer, ist die Genehmigung des Betreuungsgerichts erforderlich. [4] Für die Zustimmung der Mutter gelten die Sätze 1 bis 3 entsprechend.

(2) [1] Für ein Kind, das geschäftsunfähig oder noch nicht 14 Jahre alt ist, kann nur der gesetzliche Vertreter der Anerkennung zustimmen. [2] Im Übrigen kann ein Kind, das in der Geschäftsfähigkeit beschränkt ist, nur selbst zustimmen; es bedarf hierzu der Zustimmung des gesetzlichen Vertreters.

(3) Ein geschäftsfähiger Betreuter kann nur selbst anerkennen oder zustimmen; § 1825 bleibt unberührt.

(4) Anerkennung und Zustimmung können nicht durch einen Bevollmächtigten erklärt werden.

**§ 1597[1)] Formerfordernisse; Widerruf.** (1) Anerkennung und Zustimmung müssen öffentlich beurkundet werden.

(2) Beglaubigte Abschriften der Anerkennung und aller Erklärungen, die für die Wirksamkeit der Anerkennung bedeutsam sind, sind dem Vater, der Mutter und dem Kind sowie dem Standesamt zu übersenden.

(3) [1] Der Mann kann die Anerkennung widerrufen, wenn sie ein Jahr nach der Beurkundung noch nicht wirksam geworden ist. [2] Für den Widerruf gelten die Absätze 1 und 2 sowie § 1594 Abs. 3 und § 1596 Abs. 1, 3 und 4 entsprechend.

**§ 1597a[2)] Verbot der missbräuchlichen Anerkennung der Vaterschaft.**

(1) Die Vaterschaft darf nicht gezielt gerade zu dem Zweck anerkannt werden, die rechtlichen Voraussetzungen für die erlaubte Einreise oder den erlaubten Aufenthalt des Kindes, des Anerkennenden oder der Mutter zu schaffen, auch nicht, um die rechtlichen Voraussetzungen für die erlaubte Einreise oder den erlaubten Aufenthalt des Kindes durch den Erwerb der deutschen Staatsangehörigkeit des Kindes nach § 4 Absatz 1 oder Absatz 3 Satz 1 des Staatsangehörigkeitsgesetzes[3)] zu schaffen (missbräuchliche Anerkennung der Vaterschaft).

(2) [1] Bestehen konkrete Anhaltspunkte für eine missbräuchliche Anerkennung der Vaterschaft, hat die beurkundende Behörde oder die Urkundsperson dies der nach § 85a des Aufenthaltsgesetzes[4)] zuständigen Behörde nach Anhörung des Anerkennenden und der Mutter mitzuteilen und die Beurkundung auszusetzen. [2] Ein Anzeichen für das Vorliegen konkreter Anhaltspunkte ist insbesondere:

1. das Bestehen einer vollziehbaren Ausreisepflicht des Anerkennenden oder der Mutter oder des Kindes,
2. wenn der Anerkennende oder die Mutter oder das Kind einen Asylantrag gestellt hat und die Staatsangehörigkeit eines sicheren Herkunftsstaates nach § 29a des Asylgesetzes[5)] besitzt,
3. das Fehlen von persönlichen Beziehungen zwischen dem Anerkennenden und der Mutter oder dem Kind,
4. der Verdacht, dass der Anerkennende bereits mehrfach die Vaterschaft von Kindern verschiedener ausländischer Mütter anerkannt hat und jeweils die rechtlichen Voraussetzungen für die erlaubte Einreise oder den erlaubten Auf-

---

[1)] § 1597 Abs. 2 geänd. mWv 1.1.2009 durch G v. 19.2.2007 (BGBl. I S. 122).

[2)] § 1597a eingef. mWv 29.7.2017 durch G v. 20.7.2017 (BGBl. I S. 2780).

[3)] **Sartorius Nr. 15.**

[4)] **Sartorius Nr. 565.**

[5)] **Sartorius Nr. 567.**

enthalt des Kindes oder der Mutter durch die Anerkennung geschaffen hat, auch wenn das Kind durch die Anerkennung die deutsche Staatsangehörigkeit erworben hat, oder

5. der Verdacht, dass dem Anerkennenden oder der Mutter ein Vermögensvorteil für die Anerkennung der Vaterschaft oder die Zustimmung hierzu gewährt oder versprochen worden ist.

[3] Die beurkundende Behörde oder die Urkundsperson hat die Aussetzung dem Anerkennenden, der Mutter und dem Standesamt mitzuteilen. [4] Hat die nach § 85a des Aufenthaltsgesetzes zuständige Behörde gemäß § 85a Absatz 1 des Aufenthaltsgesetzes das Vorliegen einer missbräuchlichen Anerkennung der Vaterschaft festgestellt und ist diese Entscheidung unanfechtbar, so ist die Beurkundung abzulehnen.

(3) [1] Solange die Beurkundung gemäß Absatz 2 Satz 1 ausgesetzt ist, kann die Anerkennung auch nicht wirksam von einer anderen beurkundenden Behörde oder Urkundsperson beurkundet werden. [2] Das Gleiche gilt, wenn die Voraussetzungen des Absatzes 2 Satz 4 vorliegen.

(4) Für die Zustimmung der Mutter nach § 1595 Absatz 1 gelten die Absätze 1 bis 3 entsprechend.

(5) Eine Anerkennung der Vaterschaft kann nicht missbräuchlich sein, wenn der Anerkennende der leibliche Vater des anzuerkennenden Kindes ist.

### § 1598[1)] Unwirksamkeit von Anerkennung, Zustimmung und Widerruf.

(1) [1] Anerkennung, Zustimmung und Widerruf sind nur unwirksam, wenn sie den Erfordernissen nach § 1594 Absatz 2 bis 4 und der §§ 1595 bis 1597 nicht genügen. [2] Anerkennung und Zustimmung sind auch im Fall des § 1597a Absatz 3 und im Fall des § 1597a Absatz 4 in Verbindung mit Absatz 3 unwirksam.

(2) Sind seit der Eintragung in ein deutsches Personenstandsregister fünf Jahre verstrichen, so ist die Anerkennung wirksam, auch wenn sie den Erfordernissen der vorstehenden Vorschriften nicht genügt.

**§ 1598a[2)] Anspruch auf Einwilligung in eine genetische Untersuchung zur Klärung der leiblichen Abstammung.** (1) [1] Zur Klärung der leiblichen Abstammung des Kindes können

1. der Vater jeweils von Mutter und Kind,
2. die Mutter jeweils von Vater und Kind und
3. das Kind jeweils von beiden Elternteilen

verlangen, dass diese in eine genetische Abstammungsuntersuchung einwilligen und die Entnahme einer für die Untersuchung geeigneten genetischen Probe dulden. [2] Die Probe muss nach den anerkannten Grundsätzen der Wissenschaft entnommen werden.

(2) Auf Antrag eines Klärungsberechtigten hat das Familiengericht eine nicht erteilte Einwilligung zu ersetzen und die Duldung einer Probeentnahme anzuordnen.

(3) Das Gericht setzt das Verfahren aus, wenn und solange die Klärung der leiblichen Abstammung eine erhebliche Beeinträchtigung des Wohls des minder-

---

1) § 1598 Abs. 2 geänd. mWv 1.1.2009 durch G v. 19.2.2007 (BGBl. I S. 122); Abs. 1 Satz 1 geänd., Satz 2 angef. mWv 29.7.2017 durch G v. 20.7.2017 (BGBl. I S. 2780).

2) § 1598a eingef. mWv 1.4.2008 durch G v. 26.3.2008 (BGBl. I S. 441).

jährigen Kindes begründen würde, die auch unter Berücksichtigung der Belange des Klärungsberechtigten für das Kind unzumutbar wäre.

(4) [1] Wer in eine genetische Abstammungsuntersuchung eingewilligt und eine genetische Probe abgegeben hat, kann von dem Klärungsberechtigten, der eine Abstammungsuntersuchung hat durchführen lassen, Einsicht in das Abstammungsgutachten oder Aushändigung einer Abschrift verlangen. [2] Über Streitigkeiten aus dem Anspruch nach Satz 1 entscheidet das Familiengericht.

**§ 1599[1)] Nichtbestehen der Vaterschaft.** (1) § 1592 Nr. 1 und 2 und § 1593 gelten nicht, wenn auf Grund einer Anfechtung rechtskräftig festgestellt ist, dass der Mann nicht der Vater des Kindes ist.

(2) [1] § 1592 Nr. 1 und § 1593 gelten auch nicht, wenn das Kind nach Anhängigkeit eines Scheidungsantrags geboren wird und ein Dritter spätestens bis zum Ablauf eines Jahres nach Rechtskraft des dem Scheidungsantrag stattgebenden Beschlusses die Vaterschaft anerkennt; § 1594 Abs. 2 ist nicht anzuwenden. [2] Neben den nach den §§ 1595 und 1596 notwendigen Erklärungen bedarf die Anerkennung der Zustimmung des Mannes, der im Zeitpunkt der Geburt mit der Mutter des Kindes verheiratet ist; für diese Zustimmung gelten § 1594 Abs. 3 und 4, § 1596 Abs. 1 Satz 1 bis 3, Abs. 3 und 4, § 1597 Abs. 1 und 2 und § 1598 Abs. 1 entsprechend. [3] Die Anerkennung wird frühestens mit Rechtskraft des dem Scheidungsantrag stattgebenden Beschlusses wirksam.

**§ 1600[2)] Anfechtungsberechtigte.** (1) Berechtigt, die Vaterschaft anzufechten, sind:

1. der Mann, dessen Vaterschaft nach § 1592 Nr. 1 und 2, § 1593 besteht,
2. [3)] der Mann, der an Eides statt versichert, der Mutter des Kindes während der Empfängniszeit beigewohnt zu haben,
3. die Mutter und
4. das Kind.

(2) Die Anfechtung nach Absatz 1 Nr. 2 setzt voraus, dass zwischen dem Kind und seinem Vater im Sinne von Absatz 1 Nr. 1 keine sozial-familiäre Beziehung besteht oder im Zeitpunkt seines Todes bestanden hat und dass der Anfechtende leiblicher Vater des Kindes ist.

(3) [1] Eine sozial-familiäre Beziehung nach Absatz 2 besteht, wenn der Vater im Sinne von Absatz 1 Nr. 1 zum maßgeblichen Zeitpunkt für das Kind tatsächliche Verantwortung trägt oder getragen hat. [2] Eine Übernahme tatsächlicher Verantwortung liegt in der Regel vor, wenn der Vater im Sinne von Absatz 1 Nr. 1 mit der Mutter des Kindes verheiratet ist oder mit dem Kind längere Zeit in häuslicher Gemeinschaft zusammengelebt hat.

(4) Ist das Kind mit Einwilligung des Mannes und der Mutter durch künstliche Befruchtung mittels Samenspende eines Dritten gezeugt worden, so ist die Anfechtung der Vaterschaft durch den Mann oder die Mutter ausgeschlossen.

---

[1)] § 1599 Abs. 2 Sätze 1 und 3 geänd. mWv 26.11.2015 durch G v. 20.11.2015 (BGBl. I S. 2010).

[2)] § 1600 Abs. 2 angef. mWv 12.4.2002 durch G v. 9.4.2002 (BGBl. I S. 1239); Abs. 1 neu gef., Abs. 2 und 3 eingef., bish. Abs. 2 wird Abs. 4 mWv 30.4.2004 durch G v. 23.4.2004 (BGBl. I S. 598); Abs. 1 einl. Satzteil., Nr. 3 und 4 geänd., Nr. 5 angef., Abs. 3 eingef., bish. Abs. 3 wird Abs. 4 und Satz 1 neu gef., bish. Abs. 4 wird Abs. 5, Abs. 6 angef. mWv 1.6.2008 durch G v. 13.3.2008 (BGBl. I S. 313); Abs. 1 Nr. 3 und 4 geänd., Nr. 5 und Abs. 3 aufgeh., bish. Abs. 4 wird Abs. 3 und Satz 1 geänd., bish. Abs. 5 wird Abs. 4, Abs. 6 aufgeh. mWv 29.7.2017 durch G v. 20.7.2017 (BGBl. I S. 2780).

[3)] Beachte hierzu Übergangsvorschrift in Art. 229 § 10 EGBGB (Nr. **21**).

**§ 1600a[1] Persönliche Anfechtung; Anfechtung bei fehlender oder beschränkter Geschäftsfähigkeit.** (1) Die Anfechtung kann nicht durch einen Bevollmächtigten erfolgen.

(2) [1] Die Anfechtungsberechtigten im Sinne von § 1600 Abs. 1 Nr. 1 bis 3 können die Vaterschaft nur selbst anfechten. [2] Dies gilt auch, wenn sie in der Geschäftsfähigkeit beschränkt sind; sie bedürfen hierzu nicht der Zustimmung ihres gesetzlichen Vertreters. [3] Sind sie geschäftsunfähig, so kann nur ihr gesetzlicher Vertreter anfechten.

(3) Für ein geschäftsunfähiges oder in der Geschäftsfähigkeit beschränktes Kind kann nur der gesetzliche Vertreter anfechten.

(4) Die Anfechtung durch den gesetzlichen Vertreter ist nur zulässig, wenn sie dem Wohl des Vertretenen dient.

(5) Ein geschäftsfähiger Betreuter kann die Vaterschaft nur selbst anfechten.

**§ 1600b[2] Anfechtungsfristen.** (1)[3] [1] Die Vaterschaft kann binnen zwei Jahren gerichtlich angefochten werden. [2] Die Frist beginnt mit dem Zeitpunkt, in dem der Berechtigte von den Umständen erfährt, die gegen die Vaterschaft sprechen; das Vorliegen einer sozial-familiären Beziehung im Sinne des § 1600 Abs. 2 erste Alternative hindert den Lauf der Frist nicht.

(2) [1] Die Frist beginnt nicht vor der Geburt des Kindes und nicht, bevor die Anerkennung wirksam geworden ist. [2] In den Fällen des § 1593 Satz 4 beginnt die Frist nicht vor der Rechtskraft der Entscheidung, durch die festgestellt wird, dass der neue Ehemann der Mutter nicht der Vater des Kindes ist.

(3) [1] Hat der gesetzliche Vertreter eines minderjährigen Kindes die Vaterschaft nicht rechtzeitig angefochten, so kann das Kind nach dem Eintritt der Volljährigkeit selbst anfechten. [2] In diesem Falle beginnt die Frist nicht vor Eintritt der Volljährigkeit und nicht vor dem Zeitpunkt, in dem das Kind von den Umständen erfährt, die gegen die Vaterschaft sprechen.

(4) [1] Hat der gesetzliche Vertreter eines Geschäftsunfähigen die Vaterschaft nicht rechtzeitig angefochten, so kann der Anfechtungsberechtigte nach dem Wegfall der Geschäftsunfähigkeit selbst anfechten. [2] Absatz 3 Satz 2 gilt entsprechend.

(5) [1] Die Frist wird durch die Einleitung eines Verfahrens nach § 1598a Abs. 2 gehemmt; § 204 Abs. 2 gilt entsprechend. [2] Die Frist ist auch gehemmt, solange der Anfechtungsberechtigte widerrechtlich durch Drohung an der Anfechtung gehindert wird. [3] Im Übrigen sind § 204 Absatz 1 Nummer 4, 8, 13, 14 und Absatz 2 sowie die §§ 206 und 210 entsprechend anzuwenden.

(6) Erlangt das Kind Kenntnis von Umständen, auf Grund derer die Folgen der Vaterschaft für es unzumutbar werden, so beginnt für das Kind mit diesem Zeitpunkt die Frist des Absatzes 1 Satz 1 erneut.

**§ 1600c Vaterschaftsvermutung im Anfechtungsverfahren.** (1) In dem Verfahren auf Anfechtung der Vaterschaft wird vermutet, dass das Kind von dem Mann abstammt, dessen Vaterschaft nach § 1592 Nr. 1 und 2, § 1593 besteht.

---

[1] § 1600a Abs. 2 Satz 1 neu gef. mWv 30.4.2004 durch G v. 23.4.2004 (BGBl. I S. 598).

[2] § 1600b Abs. 1 Satz 2 2. Halbs. angef. mWv 30.4.2004 durch G v. 23.4.2004 (BGBl. I S. 598); Abs. 1a eingef. mWv 1.6.2008 durch G v. 13.3.2008 (BGBl. I S. 313); bish. Abs. 6 wird Abs. 5 und neu gef., bish. Abs. 5 wird Abs. 6 mWv 1.4.2008 durch G v. 26.3.2008 (BGBl. I S. 441); Abs. 5 Satz 3 geänd. mWv 1.1.2010 durch G v. 24.9.2009 (BGBl. I S. 3142); Abs. 1a aufgeh. mWv 29.7.2017 durch G v. 20.7.2017 (BGBl. I S. 2780).

[3] Beachte hierzu Übergangsvorschrift in Art. 229 § 10 EGBGB (Nr. **21**).

(2) Die Vermutung nach Absatz 1 gilt nicht, wenn der Mann, der die Vaterschaft anerkannt hat, die Vaterschaft anficht und seine Anerkennung unter einem Willensmangel nach § 119 Abs. 1, § 123 leidet; in diesem Falle ist § 1600d Abs. 2 und 3 entsprechend anzuwenden.

**§ 1600d**[1] **Gerichtliche Feststellung der Vaterschaft.** (1) Besteht keine Vaterschaft nach § 1592 Nr. 1 und 2, § 1593, so ist die Vaterschaft gerichtlich festzustellen.

(2) [1] Im Verfahren auf gerichtliche Feststellung der Vaterschaft wird als Vater vermutet, wer der Mutter während der Empfängniszeit beigewohnt hat. [2] Die Vermutung gilt nicht, wenn schwerwiegende Zweifel an der Vaterschaft bestehen.

(3) [1] Als Empfängniszeit gilt die Zeit von dem 300. bis zu dem 181. Tage vor der Geburt des Kindes, mit Einschluss sowohl des 300. als auch des 181. Tages. [2] Steht fest, dass das Kind außerhalb des Zeitraums des Satzes 1 empfangen worden ist, so gilt dieser abweichende Zeitraum als Empfängniszeit.[2]

(4) Ist das Kind durch eine ärztlich unterstützte künstliche Befruchtung in einer Einrichtung der medizinischen Versorgung im Sinne von § 1a Nummer 9 des Transplantationsgesetzes unter heterologer Verwendung von Samen gezeugt worden, der vom Spender einer Entnahmeeinrichtung im Sinne von § 2 Absatz 1 Satz 1 des Samenspenderregistergesetzes zur Verfügung gestellt wurde, so kann der Samenspender nicht als Vater dieses Kindes festgestellt werden.

(5) Die Rechtswirkungen der Vaterschaft können, soweit sich nicht aus dem Gesetz anderes ergibt, erst vom Zeitpunkt ihrer Feststellung an geltend gemacht werden.

**§ 1600e**[3] *(aufgehoben)*

## Titel 3. Unterhaltspflicht

### Untertitel 1. Allgemeine Vorschriften

**§ 1601 Unterhaltsverpflichtete.** Verwandte in gerader Linie sind verpflichtet, einander Unterhalt zu gewähren.[4]

---

[1] § 1600d Abs. 4 eingef., bish. Abs. 4 wird 5 mWv 1.7.2018 durch G v. 17.7.2017 (BGBl. I S. 2513).

[2] **Tabelle zur Berechnung der Empfängniszeit.** Hier wird schematisch die Tabelle für den Monatsersten eines Normaljahres angegeben. Die übrigen Tage sind durch das Fortzählen in der jeweiligen Spalte des Geburtsmonats zu ermitteln. In Schaltjahren tritt bei einer Geburt, die vor dem 1. März liegt, keine Änderung ein. Fällt diese in die Zeit vom 1. März bis einschließlich 28. August, so ist dem Anfangs- und Endtag in der Tabelle jeweils ein Tag, bei der Geburt vom 29. August bis einschließlich 27. Dezember, nur dem Anfangstag ein Tag zuzuzählen. Bei der Geburt am 29. Februar ist der Zeitraum der Empfängnis vom 5. Mai bis 1. September.

| Geburtstag | Empfängniszeit vom | bis | Geburtstag | Empfängniszeit vom | bis | Geburtstag | Empfängniszeit vom | bis |
|---|---|---|---|---|---|---|---|---|
| 1. Jan. | 7. März | 4. Juli | 1. Mai | 5. Juli | 1. Nov. | 1. Sept. | 5. Nov. | 4. März |
| 1. Feb. | 7. April | 4. Aug. | 1. Juni | 5. Aug. | 2. Dez. | 1. Okt. | 5. Dez. | 3. April |
| 1. März | 5. Mai | 1. Sept. | 1. Juli | 4. Sept. | 1. Jan. | 1. Nov. | 5. Jan. | 4. Mai |
| 1. April | 5. Juni | 2. Okt. | 1. Aug. | 5. Okt. | 1. Feb. | 1. Dez. | 4. Feb. | 3. Juni |

[3] § 1600e aufgeh. mWv 1.9.2009 durch G v. 17.12.2008 (BGBl. I S. 2586).

[4] G zu dem Übereinkommen v. 20. Juni 1956 über die Geltendmachung von Unterhaltsansprüchen im Ausland v. 26.2.1959 (BGBl. II S. 149), zuletzt geänd. durch G v. 23.5.2011 (BGBl. I S. 898); G zur Geltendmachung von Unterhaltsansprüchen im Verkehr mit ausländischen Staaten (AuslandsunterhaltsG – AUG) **(Habersack, Deutsche Gesetze ErgBd. Nr. 103o)**.

**§ 1602**[1] **Bedürftigkeit.** (1) Unterhaltsberechtigt ist nur, wer außerstande ist, sich selbst zu unterhalten.

(2) Ein minderjähriges Kind kann von seinen Eltern, auch wenn es Vermögen hat, die Gewährung des Unterhalts insoweit verlangen, als die Einkünfte seines Vermögens und der Ertrag seiner Arbeit zum Unterhalt nicht ausreichen.

**§ 1603**[2] **Leistungsfähigkeit.** (1) Unterhaltspflichtig ist nicht, wer bei Berücksichtigung seiner sonstigen Verpflichtungen außerstande ist, ohne Gefährdung seines angemessenen Unterhalts den Unterhalt zu gewähren.

(2) [1] Befinden sich Eltern in dieser Lage, so sind sie ihren minderjährigen Kindern gegenüber verpflichtet, alle verfügbaren Mittel zu ihrem und der Kinder Unterhalt gleichmäßig zu verwenden. [2] Den minderjährigen Kindern stehen volljährige unverheiratete Kinder bis zur Vollendung des 21. Lebensjahrs gleich, solange sie im Haushalt der Eltern oder eines Elternteils leben und sich in der allgemeinen Schulausbildung befinden. [3] Diese Verpflichtung tritt nicht ein, wenn ein anderer unterhaltspflichtiger Verwandter vorhanden ist; sie tritt auch nicht ein gegenüber einem Kind, dessen Unterhalt aus dem Stamme seines Vermögens bestritten werden kann.

**§ 1604**[3] **Einfluss des Güterstands.** [1] Lebt der Unterhaltspflichtige in Gütergemeinschaft, bestimmt sich seine Unterhaltspflicht Verwandten gegenüber so, als ob das Gesamtgut ihm gehörte. [2] Haben beide in Gütergemeinschaft lebende Personen bedürftige Verwandte, ist der Unterhalt aus dem Gesamtgut so zu gewähren, als ob die Bedürftigen zu beiden Unterhaltspflichtigen in dem Verwandtschaftsverhältnis stünden, auf dem die Unterhaltspflicht des Verpflichteten beruht.

**§ 1605 Auskunftspflicht.** (1) [1] Verwandte in gerader Linie sind einander verpflichtet, auf Verlangen über ihre Einkünfte und ihr Vermögen Auskunft zu erteilen, soweit dies zur Feststellung eines Unterhaltsanspruchs oder einer Unterhaltsverpflichtung erforderlich ist. [2] Über die Höhe der Einkünfte sind auf Verlangen Belege, insbesondere Bescheinigungen des Arbeitgebers, vorzulegen. [3] Die §§ 260, 261 sind entsprechend anzuwenden.

(2) Vor Ablauf von zwei Jahren kann Auskunft erneut nur verlangt werden, wenn glaubhaft gemacht wird, dass der zur Auskunft Verpflichtete später wesentlich höhere Einkünfte oder weiteres Vermögen erworben hat.

**§ 1606**[4] **Rangverhältnisse mehrerer Pflichtiger.** (1) Die Abkömmlinge sind vor den Verwandten der aufsteigenden Linie unterhaltspflichtig.

(2) Unter den Abkömmlingen und unter den Verwandten der aufsteigenden Linie haften die näheren vor den entfernteren.

(3) [1] Mehrere gleich nahe Verwandte haften anteilig nach ihren Erwerbs- und Vermögensverhältnissen. [2] Der Elternteil, der ein minderjähriges Kind betreut, erfüllt seine Verpflichtung, zum Unterhalt des Kindes beizutragen, in der Regel durch die Pflege und die Erziehung des Kindes.

---

[1] § 1602 Abs. 2 geänd. mWv 22.7.2017 durch G v. 17.7.2017 (BGBl. I S. 2429).
[2] § 1603 Abs. 2 Sätze 1 und 2 geänd. mWv 22.7.2017 durch G v. 17.7.2017 (BGBl. I S. 2429).
[3] § 1604 neu gef. mWv 1.1.2008 durch G v. 21.12.2007 (BGBl. I S. 3189).
[4] § 1606 Abs. 3 Satz 2 geänd. mWv 22.7.2017 durch G v. 17.7.2017 (BGBl. I S. 2429).

**§ 1607 Ersatzhaftung und gesetzlicher Forderungsübergang.** (1) Soweit ein Verwandter auf Grund des § 1603 nicht unterhaltspflichtig ist, hat der nach ihm haftende Verwandte den Unterhalt zu gewähren.

(2) [1] Das Gleiche gilt, wenn die Rechtsverfolgung gegen einen Verwandten im Inland ausgeschlossen oder erheblich erschwert ist. [2] Der Anspruch gegen einen solchen Verwandten geht, soweit ein anderer nach Absatz 1 verpflichteter Verwandter den Unterhalt gewährt, auf diesen über.

(3) [1] Der Unterhaltsanspruch eines Kindes gegen einen Elternteil geht, soweit unter den Voraussetzungen des Absatzes 2 Satz 1 anstelle des Elternteils ein anderer, nicht unterhaltspflichtiger Verwandter oder der Ehegatte des anderen Elternteils Unterhalt leistet, auf diesen über. [2] Satz 1 gilt entsprechend, wenn dem Kind ein Dritter als Vater Unterhalt gewährt.

(4) Der Übergang des Unterhaltsanspruchs kann nicht zum Nachteil des Unterhaltsberechtigten geltend gemacht werden.

**§ 1608 Haftung des Ehegatten oder Lebenspartners.** (1) [1] Der Ehegatte des Bedürftigen haftet vor dessen Verwandten. [2] Soweit jedoch der Ehegatte bei Berücksichtigung seiner sonstigen Verpflichtungen außerstande ist, ohne Gefährdung seines angemessenen Unterhalts den Unterhalt zu gewähren, haften die Verwandten vor dem Ehegatten. [3] § 1607 Abs. 2 und 4 gilt entsprechend. [4] Der Lebenspartner des Bedürftigen haftet in gleicher Weise wie ein Ehegatte.

(2) (weggefallen)

**§ 1609[1)] Rangfolge mehrerer Unterhaltsberechtigter.** Sind mehrere Unterhaltsberechtigte vorhanden und ist der Unterhaltspflichtige außerstande, allen Unterhalt zu gewähren, gilt folgende Rangfolge:

1. minderjährige Kinder und Kinder im Sinne des § 1603 Abs. 2 Satz 2,
2. Elternteile, die wegen der Betreuung eines Kindes unterhaltsberechtigt sind oder im Fall einer Scheidung wären, sowie Ehegatten und geschiedene Ehegatten bei einer Ehe von langer Dauer; bei der Feststellung einer Ehe von langer Dauer sind auch Nachteile im Sinne des § 1578b Abs. 1 Satz 2 und 3 zu berücksichtigen,
3. Ehegatten und geschiedene Ehegatten, die nicht unter Nummer 2 fallen,
4. Kinder, die nicht unter Nummer 1 fallen,
5. Enkelkinder und weitere Abkömmlinge,
6. Eltern,
7. weitere Verwandte der aufsteigenden Linie; unter ihnen gehen die Näheren den Entfernteren vor.

**§ 1610 Maß des Unterhalts.** (1) Das Maß des zu gewährenden Unterhalts bestimmt sich nach der Lebensstellung des Bedürftigen (angemessener Unterhalt).

(2) Der Unterhalt umfasst den gesamten Lebensbedarf einschließlich der Kosten einer angemessenen Vorbildung zu einem Beruf, bei einer der Erziehung bedürftigen Person auch die Kosten der Erziehung.

**§ 1610a Deckungsvermutung bei schadensbedingten Mehraufwendungen.** Werden für Aufwendungen infolge eines Körper- oder Gesundheitsschadens

---

1) § 1609 neu gef. mWv 1.1.2008 durch G v. 21.12.2007 (BGBl. I S. 3189); Nr. 1 geänd. mWv 22.7. 2017 durch G v. 17.7.2017 (BGBl. I S. 2429).

Sozialleistungen in Anspruch genommen, wird bei der Feststellung eines Unterhaltsanspruchs vermutet, dass die Kosten der Aufwendungen nicht geringer sind als die Höhe dieser Sozialleistungen.

**§ 1611[1)] Beschränkung oder Wegfall der Verpflichtung.** (1) [1] Ist der Unterhaltsberechtigte durch sein sittliches Verschulden bedürftig geworden, hat er seine eigene Unterhaltspflicht gegenüber dem Unterhaltspflichtigen gröblich vernachlässigt oder sich vorsätzlich einer schweren Verfehlung gegen den Unterhaltspflichtigen oder einen nahen Angehörigen des Unterhaltspflichtigen schuldig gemacht, so braucht der Verpflichtete nur einen Beitrag zum Unterhalt in der Höhe zu leisten, die der Billigkeit entspricht. [2] Die Verpflichtung fällt ganz weg, wenn die Inanspruchnahme des Verpflichteten grob unbillig wäre.

(2) Die Vorschriften des Absatzes 1 sind auf die Unterhaltspflicht von Eltern gegenüber ihren minderjährigen Kindern nicht anzuwenden.

(3) Der Bedürftige kann wegen einer nach diesen Vorschriften eintretenden Beschränkung seines Anspruchs nicht andere Unterhaltspflichtige in Anspruch nehmen.

**§ 1612[2) 3)] Art der Unterhaltsgewährung.** (1) [1] Der Unterhalt ist durch Entrichtung einer Geldrente zu gewähren. [2] Der Verpflichtete kann verlangen, dass ihm die Gewährung des Unterhalts in anderer Art gestattet wird, wenn besondere Gründe es rechtfertigen.

(2) [1] Haben Eltern einem unverheirateten Kind Unterhalt zu gewähren, können sie bestimmen, in welcher Art und für welche Zeit im Voraus der Unterhalt gewährt werden soll, sofern auf die Belange des Kindes die gebotene Rücksicht genommen wird. [2] Ist das Kind minderjährig, kann ein Elternteil, dem die Sorge für die Person des Kindes nicht zusteht, eine Bestimmung nur für die Zeit treffen, in der das Kind in seinen Haushalt aufgenommen ist.

(3) [1] Eine Geldrente ist monatlich im Voraus zu zahlen. [2] Der Verpflichtete schuldet den vollen Monatsbetrag auch dann, wenn der Berechtigte im Laufe des Monats stirbt.

**§ 1612a[4)] Mindestunterhalt minderjähriger Kinder; Verordnungsermächtigung.** (1) [1] Ein minderjähriges Kind kann von einem Elternteil, mit dem es nicht in einem Haushalt lebt, den Unterhalt als Prozentsatz des jeweiligen Mindestunterhalts verlangen. [2] Der Mindestunterhalt richtet sich nach dem steuerfrei zu stellenden sächlichen Existenzminimum des minderjährigen Kindes. [3] Er beträgt monatlich entsprechend dem Alter des Kindes

1. für die Zeit bis zur Vollendung des sechsten Lebensjahrs (erste Altersstufe) 87 Prozent,
2. für die Zeit vom siebten bis zur Vollendung des zwölften Lebensjahrs (zweite Altersstufe) 100 Prozent und

---

[1)] § 1611 Abs. 2 geänd. mWv 22.7.2017 durch G v. 17.7.2017 (BGBl. I S. 2429).

[2)] § 1612 Abs. 2 neu gef. mWv 1.1.2008 durch G v. 21.12.2007 (BGBl. I S. 3189).

[3)] Beachte hierzu auch G zur Sicherung des Unterhalts von Kindern alleinstehender Mütter und Väter durch Unterhaltsvorschüsse oder -ausfallleistungen (Unterhaltsvorschussgesetz) **(Habersack, Deutsche Gesetze ErgBd. Nr. 45d)**.

[4)] § 1612a Überschrift, Abs. 1 und 3 neu gef., Abs. 2 Satz 1 geänd., Abs. 4 und 5 aufgeh. mWv 1.1. 2008 durch G v. 21.12.2007 (BGBl. I S. 3189); Überschrift geänd. und Abs. 4 angef. mWv 26.11.2015, Abs. 1 Satz 2 neu gef., Satz 3 abschl. Satzteil geänd. mWv 1.1.2016 durch G v. 20.11.2015 (BGBl. I S. 2018).

3. für die Zeit vom 13. Lebensjahr an (dritte Altersstufe) 117 Prozent

des steuerfrei zu stellenden sächlichen Existenzminimums des minderjährigen Kindes.

(2) [1] Der Prozentsatz ist auf eine Dezimalstelle zu begrenzen; jede weitere sich ergebende Dezimalstelle wird nicht berücksichtigt. [2] Der sich bei der Berechnung des Unterhalts ergebende Betrag ist auf volle Euro aufzurunden.

(3) Der Unterhalt einer höheren Altersstufe ist ab dem Beginn des Monats maßgebend, in dem das Kind das betreffende Lebensjahr vollendet.

(4) Das Bundesministerium der Justiz und für Verbraucherschutz hat den Mindestunterhalt erstmals zum 1. Januar 2016 und dann alle zwei Jahre durch Rechtsverordnung[1)], die nicht der Zustimmung des Bundesrates bedarf, festzulegen.

**§ 1612b[2)] Deckung des Barbedarfs durch Kindergeld.** (1) [1] Das auf das Kind entfallende Kindergeld ist zur Deckung seines Barbedarfs zu verwenden:

1. zur Hälfte, wenn ein Elternteil seine Unterhaltspflicht durch Betreuung des Kindes erfüllt (§ 1606 Abs. 3 Satz 2);
2. in allen anderen Fällen in voller Höhe.

[2] In diesem Umfang mindert es den Barbedarf des Kindes.

(2) Ist das Kindergeld wegen der Berücksichtigung eines nicht gemeinschaftlichen Kindes erhöht, ist es im Umfang der Erhöhung nicht bedarfsmindernd zu berücksichtigen.

**§ 1612c Anrechnung anderer kindbezogener Leistungen.** § 1612b gilt entsprechend für regelmäßig wiederkehrende kindbezogene Leistungen, soweit sie den Anspruch auf Kindergeld ausschließen.

**§ 1613 Unterhalt für die Vergangenheit.** (1) [1] Für die Vergangenheit kann der Berechtigte Erfüllung oder Schadensersatz wegen Nichterfüllung nur von dem Zeitpunkt an fordern, zu welchem der Verpflichtete zum Zwecke der Geltendmachung des Unterhaltsanspruchs aufgefordert worden ist, über seine Einkünfte und sein Vermögen Auskunft zu erteilen, zu welchem der Verpflichtete in Verzug gekommen oder der Unterhaltsanspruch rechtshängig geworden ist. [2] Der Unterhalt wird ab dem Ersten des Monats, in den die bezeichneten Ereignisse fallen, geschuldet, wenn der Unterhaltsanspruch dem Grunde nach zu diesem Zeitpunkt bestanden hat.

(2) Der Berechtigte kann für die Vergangenheit ohne die Einschränkung des Absatzes 1 Erfüllung verlangen

1. wegen eines unregelmäßigen außergewöhnlich hohen Bedarfs (Sonderbedarf); nach Ablauf eines Jahres seit seiner Entstehung kann dieser Anspruch nur

---

[1)] Siehe die Mindestunterhaltsverordnung v. 3.12.2015 (BGBl. I S. 2188), zuletzt geänd. durch VO v. 30.11.2022 (BGBl. I S. 2130):

„**§ 1 Festlegung des Mindestunterhalts.** Der Mindestunterhalt minderjähriger Kinder gemäß § 1612a Absatz 1 des Bürgerlichen Gesetzbuchs beträgt monatlich

1. in der ersten Altersstufe (§ 1612a Absatz 1 Satz 3 Nummer 1 des Bürgerlichen Gesetzbuchs) 437 Euro,
2. in der zweiten Altersstufe (§ 1612a Absatz 1 Satz 3 Nummer 2 des Bürgerlichen Gesetzbuchs) 502 Euro,
3. in der dritten Altersstufe (§ 1612a Absatz 1 Satz 3 Nummer 3 des Bürgerlichen Gesetzbuchs) 588 Euro.

**§ 2 Inkrafttreten.** Diese Verordnung tritt am 1. Januar 2016 in Kraft."

[2)] § 1612b neu gef. mWv 1.1.2008 durch G v. 21.12.2007 (BGBl. I S. 3189).

geltend gemacht werden, wenn vorher der Verpflichtete in Verzug gekommen oder der Anspruch rechtshängig geworden ist;

2. für den Zeitraum, in dem er
   a) aus rechtlichen Gründen oder
   b) aus tatsächlichen Gründen, die in den Verantwortungsbereich des Unterhaltspflichtigen fallen,

   an der Geltendmachung des Unterhaltsanspruchs gehindert war.

(3) [1] In den Fällen des Absatzes 2 Nr. 2 kann Erfüllung nicht, nur in Teilbeträgen oder erst zu einem späteren Zeitpunkt verlangt werden, soweit die volle oder die sofortige Erfüllung für den Verpflichteten eine unbillige Härte bedeuten würde. [2] Dies gilt auch, soweit ein Dritter vom Verpflichteten Ersatz verlangt, weil er anstelle des Verpflichteten Unterhalt gewährt hat.

**§ 1614 Verzicht auf den Unterhaltsanspruch; Vorausleistung.** (1) Für die Zukunft kann auf den Unterhalt nicht verzichtet werden.

(2) Durch eine Vorausleistung wird der Verpflichtete bei erneuter Bedürftigkeit des Berechtigten nur für den im § 760 Abs. 2 bestimmten Zeitabschnitt oder, wenn er selbst den Zeitabschnitt zu bestimmen hatte, für einen den Umständen nach angemessenen Zeitabschnitt befreit.

**§ 1615 Erlöschen des Unterhaltsanspruchs.** (1) Der Unterhaltsanspruch erlischt mit dem Tode des Berechtigten oder des Verpflichteten, soweit er nicht auf Erfüllung oder Schadensersatz wegen Nichterfüllung für die Vergangenheit oder auf solche im Voraus zu bewirkende Leistungen gerichtet ist, die zur Zeit des Todes des Berechtigten oder des Verpflichteten fällig sind.

(2) Im Falle des Todes des Berechtigten hat der Verpflichtete die Kosten der Beerdigung zu tragen, soweit ihre Bezahlung nicht von dem Erben zu erlangen ist.

### Untertitel 2. Besondere Vorschriften für das Kind und seine nicht miteinander verheirateten Eltern

**§ 1615a Anwendbare Vorschriften.** Besteht für ein Kind keine Vaterschaft nach § 1592 Nr. 1, § 1593 und haben die Eltern das Kind auch nicht während ihrer Ehe gezeugt oder nach seiner Geburt die Ehe miteinander geschlossen, gelten die allgemeinen Vorschriften, soweit sich nichts anderes aus den folgenden Vorschriften ergibt.

**§§ 1615b bis 1615k** (weggefallen)

**§ 1615l[1)] Unterhaltsanspruch von Mutter und Vater aus Anlass der Geburt.** (1) [1] Der Vater hat der Mutter für die Dauer von sechs Wochen vor und acht Wochen nach der Geburt des Kindes Unterhalt zu gewähren. [2] Dies gilt auch hinsichtlich der Kosten, die infolge der Schwangerschaft oder der Entbindung außerhalb dieses Zeitraums entstehen.

(2) [1] Soweit die Mutter einer Erwerbstätigkeit nicht nachgeht, weil sie infolge der Schwangerschaft oder einer durch die Schwangerschaft oder die Entbindung verursachten Krankheit dazu außerstande ist, ist der Vater verpflichtet, ihr über die

---

[1)] § 1615l Abs. 2 Satz 3 neu gef., Sätze 4 und 5 angef., Abs. 3 Satz 3 aufgeh., bish. Sätze 4 und 5 werden Sätze 3 und 4 mWv 1.1.2008 durch G v. 21.12.2007 (BGBl. I S. 3189).

in Absatz 1 Satz 1 bezeichnete Zeit hinaus Unterhalt zu gewähren. [2]Das Gleiche gilt, soweit von der Mutter wegen der Pflege oder Erziehung des Kindes eine Erwerbstätigkeit nicht erwartet werden kann. [3]Die Unterhaltspflicht beginnt frühestens vier Monate vor der Geburt und besteht für mindestens drei Jahre nach der Geburt. [4]Sie verlängert sich, solange und soweit dies der Billigkeit entspricht. [5]Dabei sind insbesondere die Belange des Kindes und die bestehenden Möglichkeiten der Kinderbetreuung zu berücksichtigen.

(3) [1]Die Vorschriften über die Unterhaltspflicht zwischen Verwandten sind entsprechend anzuwenden. [2]Die Verpflichtung des Vaters geht der Verpflichtung der Verwandten der Mutter vor. [3]§ 1613 Abs. 2 gilt entsprechend. [4]Der Anspruch erlischt nicht mit dem Tode des Vaters.

(4) [1]Wenn der Vater das Kind betreut, steht ihm der Anspruch nach Absatz 2 Satz 2 gegen die Mutter zu. [2]In diesem Falle gilt Absatz 3 entsprechend.

**§ 1615m Beerdigungskosten für die Mutter.** Stirbt die Mutter infolge der Schwangerschaft oder der Entbindung, so hat der Vater die Kosten der Beerdigung zu tragen, soweit ihre Bezahlung nicht von dem Erben der Mutter zu erlangen ist.

**§ 1615n Kein Erlöschen bei Tod des Vaters oder Totgeburt.** [1]Die Ansprüche nach den §§ 1615l, 1615m bestehen auch dann, wenn der Vater vor der Geburt des Kindes gestorben oder wenn das Kind tot geboren ist. [2]Bei einer Fehlgeburt gelten die Vorschriften der §§ 1615l, 1615m sinngemäß.

**§ 1615o**[1] *(aufgehoben)*

### Titel 4. Rechtsverhältnis zwischen den Eltern und dem Kind im Allgemeinen

**§ 1616**[2] **Geburtsname bei Eltern mit Ehenamen.** Das Kind erhält den Ehenamen seiner Eltern als Geburtsnamen.

**§ 1617**[3] **Geburtsname bei Eltern ohne Ehenamen und gemeinsamer Sorge.** (1) [1]Führen die Eltern keinen Ehenamen und steht ihnen die Sorge gemeinsam zu, so bestimmen sie durch Erklärung gegenüber dem Standesamt den Namen, den der Vater oder die Mutter zur Zeit der Erklärung führt, zum Geburtsnamen des Kindes[4]. [2]Eine nach der Beurkundung der Geburt abgegebene Erklärung muss öffentlich beglaubigt werden. [3]Die Bestimmung der Eltern gilt auch für ihre weiteren Kinder.

(2) [1]Treffen die Eltern binnen eines Monats nach der Geburt des Kindes keine Bestimmung, überträgt das Familiengericht das Bestimmungsrecht einem Elternteil. [2]Absatz 1 gilt entsprechend. [3]Das Gericht kann dem Elternteil für die Ausübung des Bestimmungsrechts eine Frist setzen. [4]Ist nach Ablauf der Frist das Bestimmungsrecht nicht ausgeübt worden, so erhält das Kind den Namen des Elternteils, dem das Bestimmungsrecht übertragen ist.

(3) Ist ein Kind nicht im Inland geboren, so überträgt das Gericht einem Elternteil das Bestimmungsrecht nach Absatz 2 nur dann, wenn ein Elternteil oder das Kind dies beantragt oder die Eintragung des Namens des Kindes in ein deutsches

---

[1] § 1615o aufgeh. mWv 1.9.2009 durch G v. 17.12.2008 (BGBl. I S. 2586).

[2] Wegen des für das Gebiet der ehem. DDR geltenden Übergangsrechts zu § 1616 beachte Art. 234 § 10 EGBGB (Nr. **21**).

[3] § 1617 Abs. 1 Satz 1 und Abs. 3 geänd. mWv 1.1.2009 durch G v. 19.2.2007 (BGBl. I S. 122).

[4] § 1617 Abs. 1 Satz 1 ist mit dem Grundgesetz vereinbar, vgl. Entsch. des BVerfG v. 30.1.2002 – 1 BvL 23/96 – (BGBl. I S. 950).

Personenstandsregister oder in ein amtliches deutsches Identitätspapier erforderlich wird.

**§ 1617a[1)] Geburtsname bei Eltern ohne Ehenamen und Alleinsorge.**

(1) Führen die Eltern keinen Ehenamen und steht die elterliche Sorge nur einem Elternteil zu, so erhält das Kind den Namen, den dieser Elternteil im Zeitpunkt der Geburt des Kindes führt.

(2) [1]Der Elternteil, dem die elterliche Sorge für ein Kind allein zusteht, kann dem Kind durch Erklärung gegenüber dem Standesamt den Namen des anderen Elternteils erteilen. [2]Die Erteilung des Namens bedarf der Einwilligung des anderen Elternteils und, wenn das Kind das fünfte Lebensjahr vollendet hat, auch der Einwilligung des Kindes. [3]Die Erklärungen müssen öffentlich beglaubigt werden. [4]Für die Einwilligung des Kindes gilt § 1617c Abs. 1 entsprechend.

**§ 1617b[2)] Name bei nachträglicher gemeinsamer Sorge oder Scheinvaterschaft.** (1) [1]Wird eine gemeinsame Sorge der Eltern erst begründet, wenn das Kind bereits einen Namen führt, so kann der Name des Kindes binnen drei Monaten nach der Begründung der gemeinsamen Sorge neu bestimmt werden. [2]Die Frist endet, wenn ein Elternteil bei Begründung der gemeinsamen Sorge seinen gewöhnlichen Aufenthalt nicht im Inland hat, nicht vor Ablauf eines Monats nach Rückkehr in das Inland. [3]Hat das Kind das fünfte Lebensjahr vollendet, so ist die Bestimmung nur wirksam, wenn es sich der Bestimmung anschließt. [4]§ 1617 Abs. 1 und § 1617c Abs. 1 Satz 2 und 3 und Abs. 3 gelten entsprechend.

(2) [1]Wird rechtskräftig festgestellt, dass ein Mann, dessen Familienname Geburtsname des Kindes geworden ist, nicht der Vater des Kindes ist, so erhält das Kind auf seinen Antrag oder, wenn das Kind das fünfte Lebensjahr noch nicht vollendet hat, auch auf Antrag des Mannes den Namen, den die Mutter im Zeitpunkt der Geburt des Kindes führt, als Geburtsnamen. [2]Der Antrag erfolgt durch Erklärung gegenüber dem Standesamt, die öffentlich beglaubigt werden muss. [3]Für den Antrag des Kindes gilt § 1617c Abs. 1 Satz 2 und 3 entsprechend.

**§ 1617c[3)] Name bei Namensänderung der Eltern.** (1) [1]Bestimmen die Eltern einen Ehenamen oder Lebenspartnerschaftsnamen, nachdem das Kind das fünfte Lebensjahr vollendet hat, so erstreckt sich der Ehename oder Lebenspartnerschaftsname auf den Geburtsnamen des Kindes nur dann, wenn es sich der Namensgebung anschließt. [2]Ein in der Geschäftsfähigkeit beschränktes Kind, welches das 14. Lebensjahr vollendet hat, kann die Erklärung nur selbst abgeben; es bedarf hierzu der Zustimmung seines gesetzlichen Vertreters. [3]Die Erklärung ist gegenüber dem Standesamt abzugeben; sie muss öffentlich beglaubigt werden.

(2) Absatz 1 gilt entsprechend,

1. wenn sich der Ehename oder Lebenspartnerschaftsname, der Geburtsname eines Kindes geworden ist, ändert oder
2. wenn sich in den Fällen der §§ 1617, 1617a und 1617b der Familienname eines Elternteils, der Geburtsname eines Kindes geworden ist, auf andere Weise als durch Eheschließung oder Begründung einer Lebenspartnerschaft ändert.

---

1) § 1617a Abs. 2 Satz 1 geänd. mWv 1.1.2009 durch G v. 19.2.2007 (BGBl. I S. 122); Abs. 2 Satz 1 geänd. mWv 22.7.2017 durch G v. 17.7.2017 (BGBl. I S. 2429).

2) § 1617b Abs. 2 Satz 2 geänd. mWv 1.1.2009 durch G v. 19.2.2007 (BGBl. I S. 122).

3) § 1617c Abs. 1 Satz 3 geänd. mWv 1.1.2009 durch G v. 19.2.2007 (BGBl. I S. 122); Abs. 1 Satz 1 und Abs. 2 Nr. 1 geänd. mWv 26.11.2015 durch G v. 20.11.2015 (BGBl. I S. 2010).

(3) Eine Änderung des Geburtsnamens erstreckt sich auf den Ehenamen oder den Lebenspartnerschaftsnamen des Kindes nur dann, wenn sich auch der Ehegatte oder der Lebenspartner der Namensänderung anschließt; Absatz 1 Satz 3 gilt entsprechend.

**§ 1618[1] Einbenennung.** [1] Der Elternteil, dem die elterliche Sorge für ein Kind allein oder gemeinsam mit dem anderen Elternteil zusteht, und sein Ehegatte, der nicht Elternteil des Kindes ist, können dem Kind, das sie in ihren gemeinsamen Haushalt aufgenommen haben, durch Erklärung gegenüber dem Standesamt ihren Ehenamen erteilen. [2] Sie können diesen Namen auch dem von dem Kind zur Zeit der Erklärung geführten Namen voranstellen oder anfügen; ein bereits zuvor nach Halbsatz 1 vorangestellter oder angefügter Ehename entfällt. [3] Die Erteilung, Voranstellung oder Anfügung des Namens bedarf der Einwilligung des anderen Elternteils, wenn ihm die elterliche Sorge gemeinsam mit dem den Namen erteilenden Elternteil zusteht oder das Kind seinen Namen führt, und, wenn das Kind das fünfte Lebensjahr vollendet hat, auch der Einwilligung des Kindes. [4] Das Familiengericht kann die Einwilligung des anderen Elternteils ersetzen, wenn die Erteilung, Voranstellung oder Anfügung des Namens zum Wohl des Kindes erforderlich ist. [5] Die Erklärungen müssen öffentlich beglaubigt werden. [6] § 1617c gilt entsprechend.

**§ 1618a Pflicht zu Beistand und Rücksicht.** Eltern und Kinder sind einander Beistand und Rücksicht schuldig.

**§ 1619 Dienstleistungen in Haus und Geschäft.** Das Kind ist, solange es dem elterlichen Hausstand angehört und von den Eltern erzogen oder unterhalten wird, verpflichtet, in einer seinen Kräften und seiner Lebensstellung entsprechenden Weise den Eltern in ihrem Hauswesen und Geschäft Dienste zu leisten.

**§ 1620 Aufwendungen des Kindes für den elterlichen Haushalt.** Macht ein dem elterlichen Hausstand angehörendes volljähriges Kind zur Bestreitung der Kosten des Haushalts aus seinem Vermögen eine Aufwendung oder überlässt es den Eltern zu diesem Zwecke etwas aus seinem Vermögen, so ist im Zweifel anzunehmen, dass die Absicht fehlt, Ersatz zu verlangen.

**§§ 1621 bis 1623** (weggefallen)

**§ 1624[2] Ausstattung aus dem Elternvermögen.** (1) Was einem Kind mit Rücksicht auf seine Verheiratung, auf seine Begründung einer Lebenspartnerschaft oder auf die Erlangung einer selbständigen Lebensstellung zur Begründung oder zur Erhaltung der Wirtschaft oder der Lebensstellung von dem Vater oder der Mutter zugewendet wird (Ausstattung), gilt, auch wenn eine Verpflichtung nicht besteht, nur insoweit als Schenkung, als die Ausstattung das den Umständen, insbesondere den Vermögensverhältnissen des Vaters oder der Mutter, entsprechende Maß übersteigt.

(2) Die Verpflichtung des Ausstattenden zur Gewährleistung wegen eines Mangels im Recht oder wegen eines Fehlers der Sache bestimmt sich, auch soweit die

---

[1] § 1618 neu gef. mWv 12.4.2002 durch G v. 9.4.2002 (BGBl. I S. 1239); Satz 2 geänd. mWv 30.4.2004 durch G v. 23.4.2004 (BGBl. I S. 598); Satz 1 geänd. mWv 1.1.2009 durch G v. 19.2.2007 (BGBl. I S. 122); Satz 1 geänd. mWv 22.7.2017 durch G v. 17.7.2017 (BGBl. I S. 2429).

[2] § 1624 Abs. 1 geänd. mWv 26.11.2015 durch G v. 20.11.2015 (BGBl. I S. 2010).

Ausstattung nicht als Schenkung gilt, nach den für die Gewährleistungspflicht des Schenkers geltenden Vorschriften.

**§ 1625 Ausstattung aus dem Kindesvermögen.** [1] Gewährt der Vater einem Kind, dessen Vermögen kraft elterlicher Sorge, Vormundschaft oder Betreuung seiner Verwaltung unterliegt, eine Ausstattung, so ist im Zweifel anzunehmen, dass er sie aus diesem Vermögen gewährt. [2] Diese Vorschrift findet auf die Mutter entsprechende Anwendung.

### Titel 5.[1) 2)] Elterliche Sorge

**§ 1626 Elterliche Sorge, Grundsätze.** (1) [1] Die Eltern haben die Pflicht und das Recht, für das minderjährige Kind zu sorgen (elterliche Sorge). [2] Die elterliche Sorge umfasst die Sorge für die Person des Kindes (Personensorge) und das Vermögen des Kindes (Vermögenssorge).

(2) [1] Bei der Pflege und Erziehung berücksichtigen die Eltern die wachsende Fähigkeit und das wachsende Bedürfnis des Kindes zu selbständigem verantwortungsbewusstem Handeln. [2] Sie besprechen mit dem Kind, soweit es nach dessen Entwicklungsstand angezeigt ist, Fragen der elterlichen Sorge und streben Einvernehmen an.

(3) [1] Zum Wohl des Kindes gehört in der Regel der Umgang mit beiden Elternteilen. [2] Gleiches gilt für den Umgang mit anderen Personen, zu denen das Kind Bindungen besitzt, wenn ihre Aufrechterhaltung für seine Entwicklung förderlich ist.

**§ 1626a[3)] Elterliche Sorge nicht miteinander verheirateter Eltern; Sorgeerklärungen.** (1) Sind die Eltern bei der Geburt des Kindes nicht miteinander verheiratet, so steht ihnen die elterliche Sorge gemeinsam zu,

1. wenn sie erklären, dass sie die Sorge gemeinsam übernehmen wollen (Sorgeerklärungen),
2. wenn sie einander heiraten oder
3. soweit ihnen das Familiengericht die elterliche Sorge gemeinsam überträgt.

(2) [1] Das Familiengericht überträgt gemäß Absatz 1 Nummer 3 auf Antrag eines Elternteils die elterliche Sorge oder einen Teil der elterlichen Sorge beiden Eltern gemeinsam, wenn die Übertragung dem Kindeswohl nicht widerspricht. [2] Trägt der andere Elternteil keine Gründe vor, die der Übertragung der gemeinsamen elterlichen Sorge entgegenstehen können, und sind solche Gründe auch sonst nicht ersichtlich, wird vermutet, dass die gemeinsame elterliche Sorge dem Kindeswohl nicht widerspricht.

(3) Im Übrigen hat die Mutter die elterliche Sorge.

**§ 1626b[4)] Besondere Wirksamkeitsvoraussetzungen der Sorgeerklärung.**

(1) Eine Sorgeerklärung unter einer Bedingung oder einer Zeitbestimmung ist unwirksam.

---

1) Wegen des für das Gebiet der ehem. DDR geltenden Übergangsrechts zu §§ 1626–1698b beachte Art. 234 § 11 EGBGB (Nr. **21**).

2) Beachte auch das G über die religiöse Kindererziehung **(Habersack, Deutsche Gesetze ErgBd. Nr. 45k)**.

3) § 1626a neu gef. mWv 19.5.2013 durch G v. 16.4.2013 (BGBl. I S. 795).

4) § 1626b Abs. 3 geänd. mWv 19.5.2013 durch G v. 16.4.2013 (BGBl. I S. 795).

(2) Die Sorgeerklärung kann schon vor der Geburt des Kindes abgegeben werden.

(3) Eine Sorgeerklärung ist unwirksam, soweit eine gerichtliche Entscheidung über die elterliche Sorge nach den § 1626a Absatz 1 Nummer 3 oder § 1671 getroffen oder eine solche Entscheidung nach § 1696 Absatz 1 Satz 1 geändert wurde.

**§ 1626c Persönliche Abgabe; beschränkt geschäftsfähiger Elternteil.**

(1) Die Eltern können die Sorgeerklärungen nur selbst abgeben.

(2) [1]Die Sorgeerklärung eines beschränkt geschäftsfähigen Elternteils bedarf der Zustimmung seines gesetzlichen Vertreters. [2]Die Zustimmung kann nur von diesem selbst abgegeben werden; § 1626b Abs. 1 und 2 gilt entsprechend. [3]Das Familiengericht hat die Zustimmung auf Antrag des beschränkt geschäftsfähigen Elternteils zu ersetzen, wenn die Sorgeerklärung dem Wohl dieses Elternteils nicht widerspricht.

**§ 1626d[1)] Form; Mitteilungspflicht.** (1) Sorgeerklärungen und Zustimmungen müssen öffentlich beurkundet werden.

(2) Die beurkundende Stelle teilt die Abgabe von Sorgeerklärungen und Zustimmungen unter Angabe des Geburtsdatums und des Geburtsorts des Kindes sowie des Namens, den das Kind zur Zeit der Beurkundung seiner Geburt geführt hat, dem nach § 87c Abs. 6 Satz 2 des Achten Buches Sozialgesetzbuch zuständigen Jugendamt zu den in § 58 des Achten Buches Sozialgesetzbuch genannten Zwecken unverzüglich mit.

**§ 1626e Unwirksamkeit.** Sorgeerklärungen und Zustimmungen sind nur unwirksam, wenn sie den Erfordernissen der vorstehenden Vorschriften nicht genügen.

**§ 1627 Ausübung der elterlichen Sorge.** [1]Die Eltern haben die elterliche Sorge in eigener Verantwortung und in gegenseitigem Einvernehmen zum Wohl des Kindes auszuüben. [2]Bei Meinungsverschiedenheiten müssen sie versuchen, sich zu einigen.

**§ 1628 Gerichtliche Entscheidung bei Meinungsverschiedenheiten der Eltern.** [1]Können sich die Eltern in einer einzelnen Angelegenheit oder in einer bestimmten Art von Angelegenheiten der elterlichen Sorge, deren Regelung für das Kind von erheblicher Bedeutung ist, nicht einigen, so kann das Familiengericht auf Antrag eines Elternteils die Entscheidung einem Elternteil übertragen. [2]Die Übertragung kann mit Beschränkungen oder mit Auflagen verbunden werden.

**§ 1629[2)] Vertretung des Kindes.** (1) [1]Die elterliche Sorge umfasst die Vertretung des Kindes. [2]Die Eltern vertreten das Kind gemeinschaftlich; ist eine Willenserklärung gegenüber dem Kind abzugeben, so genügt die Abgabe gegenüber einem Elternteil. [3]Ein Elternteil vertritt das Kind allein, soweit er die elterliche Sorge allein ausübt oder ihm die Entscheidung nach § 1628 übertragen

---

[1)] § 1626d Abs. 2 geänd. mWv 31.12.2003 durch G v. 13.12.2003 (BGBl. I S. 2547); geänd. mWv 19.5. 2013 durch G v. 16.4.2013 (BGBl. I S. 795) und mWv 1.1.2023 durch G v. 4.5.2021 (BGBl. I S. 882).

[2)] § 1629 Abs. 2a eingef. mWv 1.4.2008 durch G v. 26.3.2008 (BGBl. I S. 441); Abs. 3 Satz 1 neu gef. mWv 26.11.2015 durch G v. 20.11.2015 (BGBl. I S. 2010); Abs. 2 Sätze 1 und 3 geänd. mWv 1.1.2023 durch G v. 4.5.2021 (BGBl. I S. 882).

ist. [4]Bei Gefahr im Verzug ist jeder Elternteil dazu berechtigt, alle Rechtshandlungen vorzunehmen, die zum Wohl des Kindes notwendig sind; der andere Elternteil ist unverzüglich zu unterrichten.

(2) [1]Der Vater und die Mutter können das Kind insoweit nicht vertreten, als nach § 1824 ein Betreuer von der Vertretung des Betreuten ausgeschlossen ist. [2]Steht die elterliche Sorge für ein Kind den Eltern gemeinsam zu, so kann der Elternteil, in dessen Obhut sich das Kind befindet, Unterhaltsansprüche des Kindes gegen den anderen Elternteil geltend machen. [3]Das Familiengericht kann dem Vater und der Mutter nach § 1789 Absatz 2 Satz 3 und 4 die Vertretung entziehen; dies gilt nicht für die Feststellung der Vaterschaft.

(2a) Der Vater und die Mutter können das Kind in einem gerichtlichen Verfahren nach § 1598a Abs. 2 nicht vertreten.

(3) [1]Sind die Eltern des Kindes miteinander verheiratet oder besteht zwischen ihnen eine Lebenspartnerschaft, so kann ein Elternteil Unterhaltsansprüche des Kindes gegen den anderen Elternteil nur im eigenen Namen geltend machen, solange

1. die Eltern getrennt leben oder
2. eine Ehesache oder eine Lebenspartnerschaftssache im Sinne von § 269 Absatz 1 Nummer 1 oder 2 des Gesetzes über das Verfahren in Familiensachen[1)] und in den Angelegenheiten der freiwilligen Gerichtsbarkeit zwischen ihnen anhängig ist.

[2]Eine von einem Elternteil erwirkte gerichtliche Entscheidung und ein zwischen den Eltern geschlossener gerichtlicher Vergleich wirken auch für und gegen das Kind.

**§ 1629a[2)] Beschränkung der Minderjährigenhaftung.** (1) [1]Die Haftung für Verbindlichkeiten, die die Eltern im Rahmen ihrer gesetzlichen Vertretungsmacht oder sonstige vertretungsberechtigte Personen im Rahmen ihrer Vertretungsmacht durch Rechtsgeschäft oder eine sonstige Handlung mit Wirkung für das Kind begründet haben, oder die auf Grund eines während der Minderjährigkeit erfolgten Erwerbs von Todes wegen entstanden sind, beschränkt sich auf den Bestand des bei Eintritt der Volljährigkeit vorhandenen Vermögens des Kindes; dasselbe gilt für Verbindlichkeiten aus Rechtsgeschäften, die der Minderjährige gemäß §§ 107, 108 oder § 111 mit Zustimmung seiner Eltern vorgenommen hat oder für Verbindlichkeiten aus Rechtsgeschäften, zu denen die Eltern die Genehmigung des Familiengerichts erhalten haben. [2]Beruft sich der volljährig Gewordene auf die Beschränkung der Haftung, so finden die für die Haftung des Erben geltenden Vorschriften der §§ 1990, 1991 entsprechende Anwendung.

(2) Absatz 1 gilt nicht für Verbindlichkeiten aus dem selbständigen Betrieb eines Erwerbsgeschäfts, soweit der Minderjährige hierzu nach § 112 ermächtigt war, und für Verbindlichkeiten aus Rechtsgeschäften, die allein der Befriedigung seiner persönlichen Bedürfnisse dienten.

(3) Die Rechte der Gläubiger gegen Mitschuldner und Mithaftende sowie deren Rechte aus einer für die Forderung bestellten Sicherheit oder aus einer deren Bestellung sichernden Vormerkung werden von Absatz 1 nicht berührt.

(4) [1]Hat das volljährig gewordene Mitglied einer Erbengemeinschaft oder Gesellschaft nicht binnen drei Monaten nach Eintritt der Volljährigkeit die Aus-

---

1) Nr. **112**.

2) § 1629a Abs. 1 Satz 1 geänd. mWv 1.9.2009 durch G v. 17.12.2008 (BGBl. I S. 2586).

einandersetzung des Nachlasses verlangt oder die Kündigung der Gesellschaft erklärt, ist im Zweifel anzunehmen, dass die aus einem solchen Verhältnis herrührende Verbindlichkeit nach dem Eintritt der Volljährigkeit entstanden ist; Entsprechendes gilt für den volljährig gewordenen Inhaber eines Handelsgeschäfts, der dieses nicht binnen drei Monaten nach Eintritt der Volljährigkeit einstellt. [2] Unter den in Satz 1 bezeichneten Voraussetzungen wird ferner vermutet, dass das gegenwärtige Vermögen des volljährig Gewordenen bereits bei Eintritt der Volljährigkeit vorhanden war.

**§ 1630 Elterliche Sorge bei Pflegerbestellung oder Familienpflege.**

(1) Die elterliche Sorge erstreckt sich nicht auf Angelegenheiten des Kindes, für die ein Pfleger bestellt ist.

(2) Steht die Personensorge oder die Vermögenssorge einem Pfleger zu, so entscheidet das Familiengericht, falls sich die Eltern und der Pfleger in einer Angelegenheit nicht einigen können, die sowohl die Person als auch das Vermögen des Kindes betrifft.

(3) [1] Geben die Eltern das Kind für längere Zeit in Familienpflege, so kann das Familiengericht auf Antrag der Eltern oder der Pflegeperson Angelegenheiten der elterlichen Sorge auf die Pflegeperson übertragen. [2] Für die Übertragung auf Antrag der Pflegeperson ist die Zustimmung der Eltern erforderlich. [3] Im Umfang der Übertragung hat die Pflegeperson die Rechte und Pflichten eines Pflegers.[1)]

**§ 1631[2)] Inhalt und Grenzen der Personensorge.** (1) Die Personensorge umfasst insbesondere die Pflicht und das Recht, das Kind zu pflegen, zu erziehen, zu beaufsichtigen und seinen Aufenthalt zu bestimmen.

(2) Das Kind hat ein Recht auf Pflege und Erziehung unter Ausschluss von Gewalt, körperlichen Bestrafungen, seelischen Verletzungen und anderen entwürdigenden Maßnahmen.

(3) Das Familiengericht hat die Eltern auf Antrag bei der Ausübung der Personensorge in geeigneten Fällen zu unterstützen.[1)]

**§ 1631a Ausbildung und Beruf.** [1] In Angelegenheiten der Ausbildung und des Berufs nehmen die Eltern insbesondere auf Eignung und Neigung des Kindes Rücksicht. [2] Bestehen Zweifel, so soll der Rat eines Lehrers oder einer anderen geeigneten Person eingeholt werden.

**§ 1631b[3) 1)] Freiheitsentziehende Unterbringung und freiheitsentziehende Maßnahmen.** (1) [1] Eine Unterbringung des Kindes, die mit Freiheitsentziehung verbunden ist, bedarf der Genehmigung des Familiengerichts. [2] Die Unterbringung ist zulässig, solange sie zum Wohl des Kindes, insbesondere zur Abwendung einer erheblichen Selbst- oder Fremdgefährdung, erforderlich ist und der Gefahr nicht auf andere Weise, auch nicht durch andere öffentliche Hilfen, begegnet werden kann. [3] Ohne die Genehmigung ist die Unterbringung nur

---

[1)] In Verfahren nach § 1630 Abs. 3, § 1631 Abs. 3, § 1631b und § 1632 hat das Jugendamt mitzuwirken; vgl. § 50 Abs. 1 Satz 1 SGB VIII **(Habersack, Deutsche Gesetze ErgBd. Nr. 46)**.

[2)] § 1631 Abs. 2 neu gef. mWv 1.1.2023 durch G v. 4.5.2021 (BGBl. I S. 882).

[3)] § 1631b Satz 1 geänd., Satz 2 eingef., bish. Sätze 2 und 3 werden Sätze 3 und 4 mWv 12.7.2008 durch G v. 4.7.2008 (BGBl. I S. 1188); Satz 4 aufgeh. mWv 1.9.2009 durch G v. 17.12.2008 (BGBl. I S. 2586); Überschrift neu gef., Abs. 1 Satz 2 geänd., Abs. 2 angef. mWv 1.10.2017 durch G v. 17.7.2017 (BGBl. I S. 2424).

zulässig, wenn mit dem Aufschub Gefahr verbunden ist; die Genehmigung ist unverzüglich nachzuholen.

(2) [1]Die Genehmigung des Familiengerichts ist auch erforderlich, wenn dem Kind, das sich in einem Krankenhaus, einem Heim oder einer sonstigen Einrichtung aufhält, durch mechanische Vorrichtungen, Medikamente oder auf andere Weise über einen längeren Zeitraum oder regelmäßig in nicht altersgerechter Weise die Freiheit entzogen werden soll. [2]Absatz 1 Satz 2 und 3 gilt entsprechend.

**§ 1631c[1)] Verbot der Sterilisation.** [1]Die Eltern können nicht in eine Sterilisation des Kindes einwilligen. [2]Auch das Kind selbst kann nicht in die Sterilisation einwilligen. [3]§ 1809 findet keine Anwendung.

**§ 1631d[2)] Beschneidung des männlichen Kindes.** (1) [1]Die Personensorge umfasst auch das Recht, in eine medizinisch nicht erforderliche Beschneidung des nicht einsichts- und urteilsfähigen männlichen Kindes einzuwilligen, wenn diese nach den Regeln der ärztlichen Kunst durchgeführt werden soll. [2]Dies gilt nicht, wenn durch die Beschneidung auch unter Berücksichtigung ihres Zwecks das Kindeswohl gefährdet wird.

(2) In den ersten sechs Monaten nach der Geburt des Kindes dürfen auch von einer Religionsgesellschaft dazu vorgesehene Personen Beschneidungen gemäß Absatz 1 durchführen, wenn sie dafür besonders ausgebildet und, ohne Arzt zu sein, für die Durchführung der Beschneidung vergleichbar befähigt sind.

**§ 1631e[3) 4)] Behandlung von Kindern mit Varianten der Geschlechtsentwicklung.** (1) Die Personensorge umfasst nicht das Recht, in eine Behandlung eines nicht einwilligungsfähigen Kindes mit einer Variante der Geschlechtsentwicklung einzuwilligen oder selbst diese Behandlung durchzuführen, die, ohne dass ein weiterer Grund für die Behandlung hinzutritt, allein in der Absicht erfolgt, das körperliche Erscheinungsbild des Kindes an das des männlichen oder des weiblichen Geschlechts anzugleichen.

(2) [1]In operative Eingriffe an den inneren oder äußeren Geschlechtsmerkmalen des nicht einwilligungsfähigen Kindes mit einer Variante der Geschlechtsentwicklung, die eine Angleichung des körperlichen Erscheinungsbilds des Kindes an das des männlichen oder des weiblichen Geschlechts zur Folge haben könnten und für die nicht bereits nach Absatz 1 die Einwilligungsbefugnis fehlt, können die Eltern nur einwilligen, wenn der Eingriff nicht bis zu einer selbstbestimmten Entscheidung des Kindes aufgeschoben werden kann. [2]§ 1809 ist nicht anzuwenden.

(3) [1]Die Einwilligung nach Absatz 2 Satz 1 bedarf der Genehmigung des Familiengerichts, es sei denn, der operative Eingriff ist zur Abwehr einer Gefahr für das Leben oder für die Gesundheit des Kindes erforderlich und kann nicht bis zur Erteilung der Genehmigung aufgeschoben werden. [2]Die Genehmigung ist auf Antrag der Eltern zu erteilen, wenn der geplante Eingriff dem Wohl des Kindes am besten entspricht. [3]Legen die Eltern dem Familiengericht eine den Eingriff befürwortende Stellungnahme einer interdisziplinären Kommission nach Absatz 4 vor, wird vermutet, dass der geplante Eingriff dem Wohl des Kindes am besten entspricht.

---

1) § 1631c Satz 3 geänd. mWv 1.1.2023 durch G v. 4.5.2021 (BGBl. I S. 882).

2) § 1631d eingef. mWv 28.12.2012 durch G v. 20.12.2012 (BGBl. I S. 2749).

3) § 1631e eingef. mWv 22.5.2021 durch G v. 12.5.2021 (BGBl. I S. 1082); Abs. 2 Satz 2 geänd. mWv 1.1.2023 durch G v. 24.6.2022 (BGBl. I S. 959).

4) Beachte hierzu Übergangsvorschrift in Art. 229 § 55 EGBGB (Nr. **21**).

(4) [1] Einer interdisziplinären Kommission sollen zumindest die folgenden Personen angehören:

1. der das Kind Behandelnde gemäß § 630a,
2. mindestens eine weitere ärztliche Person,
3. eine Person, die über eine psychologische, kinder- und jugendlichenpsychotherapeutische oder kinder- und jugendpsychiatrische Berufsqualifikation verfügt, und
4. eine in Ethik aus-, weiter- oder fortgebildete Person.

[2] Die ärztlichen Kommissionsmitglieder müssen unterschiedliche kinderheilkundliche Spezialisierungen aufweisen. [3] Unter ihnen muss ein Facharzt für Kinder- und Jugendmedizin mit dem Schwerpunkt Kinderendokrinologie und -diabetologie sein. [4] Ein Kommissionsmitglied nach Satz 1 Nummer 2 darf nicht in der Einrichtung der medizinischen Versorgung beschäftigt sein, in der der operative Eingriff durchgeführt werden soll. [5] Sämtliche Kommissionsmitglieder müssen Erfahrung im Umgang mit Kindern mit Varianten der Geschlechtsentwicklung haben. [6] Auf Wunsch der Eltern soll die Kommission eine Beratungsperson mit einer Variante der Geschlechtsentwicklung beteiligen.

(5) [1] Die den operativen Eingriff nach Absatz 2 Satz 1 befürwortende Stellungnahme der interdisziplinären Kommission hat insbesondere folgende Angaben zu enthalten:

1. die Bezeichnung der Mitglieder der Kommission und Informationen zu ihrer Befähigung,
2. das Alter des Kindes und ob und welche Variante der Geschlechtsentwicklung es aufweist,
3. die Bezeichnung des geplanten Eingriffs und welche Indikation für diesen besteht,
4. warum die Kommission den Eingriff unter Berücksichtigung des Kindeswohls befürwortet und ob er aus ihrer Sicht dem Wohl des Kindes am besten entspricht, insbesondere welche Risiken mit diesem Eingriff, mit einer anderen Behandlung oder mit dem Verzicht auf einen Eingriff bis zu einer selbstbestimmten Entscheidung des Kindes verbunden sind,
5. ob und durch welche Kommissionsmitglieder ein Gespräch mit den Eltern und dem Kind geführt wurde und ob und durch welche Kommissionsmitglieder die Eltern und das Kind zum Umgang mit dieser Variante der Geschlechtsentwicklung aufgeklärt und beraten wurden,
6. ob eine Beratung der Eltern und des Kindes durch eine Beratungsperson mit einer Variante der Geschlechtsentwicklung stattgefunden hat,
7. inwieweit das Kind in der Lage ist, sich eine Meinung zu bilden und zu äußern und ob der geplante Eingriff seinem Willen entspricht, sowie
8. ob die nach Absatz 4 Satz 6 beteiligte Beratungsperson mit einer Variante der Geschlechtsentwicklung die befürwortende Stellungnahme mitträgt.

[2] Die Stellungnahme muss von allen Mitgliedern der interdisziplinären Kommission unterschrieben sein.

(6) Der Behandelnde gemäß § 630a hat, wenn eine Behandlung an den inneren oder äußeren Geschlechtsmerkmalen erfolgt ist, die Patientenakte bis zu dem Tag aufzubewahren, an dem die behandelte Person ihr 48. Lebensjahr vollendet.

**§ 1632**[1) 2)] **Herausgabe des Kindes; Bestimmung des Umgangs; Verbleibensanordnung bei Familienpflege.** (1) Die Personensorge umfasst das Recht, die Herausgabe des Kindes von jedem zu verlangen, der es den Eltern oder einem Elternteil widerrechtlich vorenthält.

(2) Die Personensorge umfasst ferner das Recht, den Umgang des Kindes auch mit Wirkung für und gegen Dritte zu bestimmen.

(3) Über Streitigkeiten, die eine Angelegenheit nach Absatz 1 oder 2 betreffen, entscheidet das Familiengericht auf Antrag eines Elternteils.

(4) [1] Lebt das Kind seit längerer Zeit in Familienpflege und wollen die Eltern das Kind von der Pflegeperson wegnehmen, so kann das Familiengericht von Amts wegen oder auf Antrag der Pflegeperson anordnen, dass das Kind bei der Pflegeperson verbleibt, wenn und solange das Kindeswohl durch die Wegnahme gefährdet würde. [2] Das Familiengericht kann in Verfahren nach Satz 1 von Amts wegen oder auf Antrag der Pflegeperson zusätzlich anordnen, dass der Verbleib bei der Pflegeperson auf Dauer ist, wenn

1. sich innerhalb eines im Hinblick auf die Entwicklung des Kindes vertretbaren Zeitraums trotz angebotener geeigneter Beratungs- und Unterstützungsmaßnahmen die Erziehungsverhältnisse bei den Eltern nicht nachhaltig verbessert haben und eine derartige Verbesserung mit hoher Wahrscheinlichkeit auch zukünftig nicht zu erwarten ist und
2. die Anordnung zum Wohl des Kindes erforderlich ist.

**§ 1633**[3)] *(aufgehoben)*

**§§ 1634 bis 1637** (weggefallen)

**§ 1638**[4)] **Beschränkung der Vermögenssorge.** (1) Die Vermögenssorge erstreckt sich nicht auf das Vermögen, welches das Kind von Todes wegen, durch unentgeltliche Zuwendung auf den Todesfall oder unter Lebenden erwirbt, wenn der Erblasser durch letztwillige Verfügung, der Zuwendende bei der Zuwendung bestimmt hat, dass die Eltern das Vermögen nicht verwalten sollen.

(2) Was das Kind auf Grund eines zu einem solchen Vermögen gehörenden Rechts oder als Ersatz für die Zerstörung, Beschädigung oder Entziehung eines zu dem Vermögen gehörenden Gegenstands oder durch ein Rechtsgeschäft erwirbt, das sich auf das Vermögen bezieht, können die Eltern gleichfalls nicht verwalten.

(3) [1] Ist durch letztwillige Verfügung oder bei der Zuwendung bestimmt, dass ein Elternteil das Vermögen nicht verwalten soll, so verwaltet es der andere Elternteil. [2] Insoweit vertritt dieser das Kind.

**§ 1639**[5)] **Anordnungen des Erblassers oder Zuwendenden.** (1) Was das Kind von Todes wegen, durch unentgeltliche Zuwendung auf den Todesfall oder unter Lebenden erwirbt, haben die Eltern nach den Anordnungen zu verwalten, die durch letztwillige Verfügung oder bei der Zuwendung getroffen worden sind.

(2) § 1837 Absatz 2 gilt entsprechend.

---

[1)] § 1632 Abs. 4 Satz 2 angef. mWv 10.6.2021 durch G v. 3.6.2021 (BGBl. I S. 1444).

[2)] In Verfahren nach § 1630 Abs. 3, § 1631 Abs. 3, § 1631b und § 1632 hat das Jugendamt mitzuwirken; vgl. § 50 Abs. 1 Satz 1 SGB VIII **(Habersack, Deutsche Gesetze ErgBd. Nr. 46)**.

[3)] § 1633 aufgeh. mWv 22.7.2017 durch G v. 17.7.2017 (BGBl. I S. 2429).

[4)] § 1638 Abs. 1 neu gef. mWv 1.1.2023 durch G v. 4.5.2021 (BGBl. I S. 882).

[5)] § 1639 neu gef. mWv 1.1.2023 durch G v. 4.5.2021 (BGBl. I S. 882).

**§ 1640 Vermögensverzeichnis.** (1) [1] Die Eltern haben das ihrer Verwaltung unterliegende Vermögen, welches das Kind von Todes wegen erwirbt, zu verzeichnen, das Verzeichnis mit der Versicherung der Richtigkeit und Vollständigkeit zu versehen und dem Familiengericht einzureichen. [2] Gleiches gilt für Vermögen, welches das Kind sonst anlässlich eines Sterbefalls erwirbt, sowie für Abfindungen, die anstelle von Unterhalt gewährt werden, und unentgeltliche Zuwendungen. [3] Bei Haushaltsgegenständen genügt die Angabe des Gesamtwerts.

(2) Absatz 1 gilt nicht,

1. wenn der Wert eines Vermögenserwerbs 15 000 Euro nicht übersteigt oder
2. soweit der Erblasser durch letztwillige Verfügung oder der Zuwendende bei der Zuwendung eine abweichende Anordnung getroffen hat.

(3) Reichen die Eltern entgegen Absatz 1, 2 ein Verzeichnis nicht ein oder ist das eingereichte Verzeichnis ungenügend, so kann das Familiengericht anordnen, dass das Verzeichnis durch eine zuständige Behörde oder einen zuständigen Beamten oder Notar aufgenommen wird.

**§ 1641 Schenkungsverbot.** [1] Die Eltern können nicht in Vertretung des Kindes Schenkungen machen. [2] Ausgenommen sind Schenkungen, durch die einer sittlichen Pflicht oder einer auf den Anstand zu nehmenden Rücksicht entsprochen wird.

**§ 1642 Anlegung von Geld.** Die Eltern haben das ihrer Verwaltung unterliegende Geld des Kindes nach den Grundsätzen einer wirtschaftlichen Vermögensverwaltung anzulegen, soweit es nicht zur Bestreitung von Ausgaben bereitzuhalten ist.

**§ 1643[1)] Genehmigungsbedürftige Rechtsgeschäfte.** (1) Die Eltern bedürfen der Genehmigung des Familiengerichts in den Fällen, in denen ein Betreuer nach den §§ 1850 bis 1854 der Genehmigung des Betreuungsgerichts bedarf, soweit sich nicht aus den Absätzen 2 bis 5 etwas anderes ergibt.

(2) Nicht genehmigungsbedürftig gemäß § 1850 sind Verfügungen über Grundpfandrechte sowie Verpflichtungen zu einer solchen Verfügung.

(3) [1] Tritt der Anfall einer Erbschaft oder eines Vermächtnisses an das Kind erst infolge der Ausschlagung eines Elternteils ein, der das Kind allein oder gemeinsam mit dem anderen Elternteil vertritt, ist die Genehmigung abweichend von § 1851 Nummer 1 nur dann erforderlich, wenn der Elternteil neben dem Kind berufen war. [2] Ein Auseinandersetzungsvertrag und eine Vereinbarung, mit der das Kind aus einer Erbengemeinschaft ausscheidet, bedarf keiner Genehmigung.

(4) [1] Die Eltern bedürfen abweichend von § 1853 Satz 1 Nummer 1 der Genehmigung zum Abschluss eines Miet- oder Pachtvertrags oder eines anderen Vertrags, durch den das Kind zu wiederkehrenden Leistungen verpflichtet wird, wenn das Vertragsverhältnis länger als ein Jahr nach dem Eintritt der Volljährigkeit des Kindes fortdauern soll. [2] Eine Genehmigung ist nicht erforderlich, wenn

1. es sich um einen Ausbildungs-, Dienst- oder Arbeitsvertrag handelt,
2. der Vertrag geringe wirtschaftliche Bedeutung für das Kind hat oder
3. das Vertragsverhältnis von dem Kind nach Eintritt der Volljährigkeit spätestens zum Ablauf des 19. Lebensjahres ohne eigene Nachteile gekündigt werden kann.

---

1) § 1643 neu gef. mWv 1.1.2023 durch G v. 4.5.2021 (BGBl. I S. 882).

[3] § 1853 Satz 1 Nummer 2 ist nicht anzuwenden.

(5) § 1854 Nummer 6 bis 8 ist nicht anzuwenden.

**§ 1644[1)] Ergänzende Vorschriften für genehmigungsbedürftige Rechtsgeschäfte.** (1) Das Familiengericht erteilt die Genehmigung, wenn das Rechtsgeschäft dem Wohl des Kindes unter Berücksichtigung der Grundsätze einer wirtschaftlichen Vermögensverwaltung nicht widerspricht.

(2) § 1860 Absatz 2 gilt entsprechend.

(3) [1] Für die Erteilung der Genehmigung gelten die §§ 1855 bis 1856 Absatz 2 sowie die §§ 1857 und 1858 entsprechend. [2] Ist das Kind volljährig geworden, so tritt seine Genehmigung an die Stelle der Genehmigung des Familiengerichts.

**§ 1645[2)] Anzeigepflicht für Erwerbsgeschäfte.** Die Eltern haben Beginn, Art und Umfang eines neuen Erwerbsgeschäfts im Namen des Kindes beim Familiengericht anzuzeigen.

**§ 1646 Erwerb mit Mitteln des Kindes.** (1) [1] Erwerben die Eltern mit Mitteln des Kindes bewegliche Sachen, so geht mit dem Erwerb das Eigentum auf das Kind über, es sei denn, dass die Eltern nicht für Rechnung des Kindes erwerben wollen. [2] Dies gilt insbesondere auch von Inhaberpapieren und von Orderpapieren, die mit Blankoindossament versehen sind.

(2) Die Vorschriften des Absatzes 1 sind entsprechend anzuwenden, wenn die Eltern mit Mitteln des Kindes ein Recht an Sachen der bezeichneten Art oder ein anderes Recht erwerben, zu dessen Übertragung der Abtretungsvertrag genügt.

**§ 1647** (weggefallen)

**§ 1648 Ersatz von Aufwendungen.** Machen die Eltern bei der Ausübung der Personensorge oder der Vermögenssorge Aufwendungen, die sie den Umständen nach für erforderlich halten dürfen, so können sie von dem Kind Ersatz verlangen, sofern nicht die Aufwendungen ihnen selbst zur Last fallen.

**§ 1649[3)] Verwendung der Einkünfte des Kindesvermögens.** (1) [1] Die Einkünfte des Kindesvermögens, die zur ordnungsmäßigen Verwaltung des Vermögens nicht benötigt werden, sind für den Unterhalt des Kindes zu verwenden. [2] Soweit die Vermögenseinkünfte nicht ausreichen, können die Einkünfte verwendet werden, die das Kind durch seine Arbeit oder durch den ihm nach § 112 gestatteten selbständigen Betrieb eines Erwerbsgeschäfts erwirbt.

(2) Die Eltern können die Einkünfte des Vermögens, die zur ordnungsmäßigen Verwaltung des Vermögens und für den Unterhalt des Kindes nicht benötigt werden, für ihren eigenen Unterhalt und für den Unterhalt der minderjährigen Geschwister des Kindes verwenden, soweit dies unter Berücksichtigung der Vermögens- und Erwerbsverhältnisse der Beteiligten der Billigkeit entspricht.

**§§ 1650 bis 1663** (weggefallen)

---

[1)] § 1644 neu gef. mWv 1.1.2023 durch G v. 4.5.2021 (BGBl. I S. 882).
[2)] § 1645 neu gef. mWv 1.1.2023 durch G v. 4.5.2021 (BGBl. I S. 882).
[3)] § 1649 Abs. 2 Satz 2 aufgeh., bish. Satz 1 geänd. mWv 22.7.2017 durch G v. 17.7.2017 (BGBl. I S. 2429).

**§ 1664 Beschränkte Haftung der Eltern.** (1) Die Eltern haben bei der Ausübung der elterlichen Sorge dem Kind gegenüber nur für die Sorgfalt einzustehen, die sie in eigenen Angelegenheiten anzuwenden pflegen.

(2) Sind für einen Schaden beide Eltern verantwortlich, so haften sie als Gesamtschuldner.

**§ 1665** (weggefallen)

**§ 1666**[1) 2)] **Gerichtliche Maßnahmen bei Gefährdung des Kindeswohls.** (1) Wird das körperliche, geistige oder seelische Wohl des Kindes oder sein Vermögen gefährdet und sind die Eltern nicht gewillt oder nicht in der Lage, die Gefahr abzuwenden, so hat das Familiengericht die Maßnahmen zu treffen, die zur Abwendung der Gefahr erforderlich sind.

(2) In der Regel ist anzunehmen, dass das Vermögen des Kindes gefährdet ist, wenn der Inhaber der Vermögenssorge seine Unterhaltspflicht gegenüber dem Kind oder seine mit der Vermögenssorge verbundenen Pflichten verletzt oder Anordnungen des Gerichts, die sich auf die Vermögenssorge beziehen, nicht befolgt.

(3) Zu den gerichtlichen Maßnahmen nach Absatz 1 gehören insbesondere

1. Gebote, öffentliche Hilfen wie zum Beispiel Leistungen der Kinder- und Jugendhilfe und der Gesundheitsfürsorge in Anspruch zu nehmen,
2. Gebote, für die Einhaltung der Schulpflicht zu sorgen,
3. Verbote, vorübergehend oder auf unbestimmte Zeit die Familienwohnung oder eine andere Wohnung zu nutzen, sich in einem bestimmten Umkreis der Wohnung aufzuhalten oder zu bestimmende andere Orte aufzusuchen, an denen sich das Kind regelmäßig aufhält,
4. Verbote, Verbindung zum Kind aufzunehmen oder ein Zusammentreffen mit dem Kind herbeizuführen,
5. die Ersetzung von Erklärungen des Inhabers der elterlichen Sorge,
6. die teilweise oder vollständige Entziehung der elterlichen Sorge.

(4) In Angelegenheiten der Personensorge kann das Gericht auch Maßnahmen mit Wirkung gegen einen Dritten treffen.

**§ 1666a**[3)] **Grundsatz der Verhältnismäßigkeit; Vorrang öffentlicher Hilfen.** (1) [1] Maßnahmen, mit denen eine Trennung des Kindes von der elterlichen Familie verbunden ist, sind nur zulässig, wenn der Gefahr nicht auf andere Weise, auch nicht durch öffentliche Hilfen, begegnet werden kann. [2] Dies gilt auch, wenn einem Elternteil vorübergehend oder auf unbestimmte Zeit die Nutzung der Familienwohnung untersagt werden soll. [3] Wird einem Elternteil oder einem Dritten die Nutzung der vom Kind mitbewohnten oder einer anderen Wohnung untersagt, ist bei der Bemessung der Dauer der Maßnahme auch zu berücksichtigen, ob diesem das Eigentum, das Erbbaurecht oder der Nießbrauch an dem Grundstück zusteht, auf dem sich die Wohnung befindet; Entsprechendes gilt für das Wohnungseigentum, das Dauerwohnrecht, das dingliche Wohnrecht oder wenn der Elternteil oder Dritte Mieter der Wohnung ist.

---

[1)] § 1666 Abs. 1 und 3 neu gef. mWv 12.7.2008 durch G v. 4.7.2008 (BGBl. I S. 1188).

[2)] Im Verfahren nach § 1666 hat das Jugendamt mitzuwirken; vgl. § 50 Abs. 1 Satz 1 SGB VIII **(Habersack, Deutsche Gesetze ErgBd. Nr. 46)**.

[3)] § 1666a Überschrift neu gef., Abs. 1 Sätze 2 und 3 angef. mWv 12.4.2002 durch G v. 9.4.2002 (BGBl. I S. 1239).

(2) Die gesamte Personensorge darf nur entzogen werden, wenn andere Maßnahmen erfolglos geblieben sind oder wenn anzunehmen ist, dass sie zur Abwendung der Gefahr nicht ausreichen.

**§ 1667[1] Gerichtliche Maßnahmen bei Gefährdung des Kindesvermögens.** (1) [1] Das Familiengericht kann anordnen, dass die Eltern ein Verzeichnis des Vermögens des Kindes einreichen und über die Verwaltung Rechnung legen. [2] Die Eltern haben das Verzeichnis mit der Versicherung der Richtigkeit und Vollständigkeit zu versehen. [3] Ist das eingereichte Verzeichnis ungenügend, so kann das Familiengericht anordnen, dass das Verzeichnis durch eine zuständige Behörde oder durch einen zuständigen Beamten oder Notar aufgenommen wird.

(2) [1] Das Familiengericht kann anordnen, dass das Geld des Kindes in bestimmter Weise anzulegen und zur Abhebung seine Genehmigung erforderlich ist. [2] Gehören Wertpapiere oder Wertgegenstände zum Vermögen des Kindes, so kann das Familiengericht dem Elternteil, der das Kind vertritt, die gleichen Verpflichtungen auferlegen, die nach den §§ 1843 bis 1845 einem Betreuer obliegen; die §§ 1842 und 1849 Absatz 1 sind entsprechend anzuwenden.

(3) [1] Das Familiengericht kann dem Elternteil, der das Vermögen des Kindes gefährdet, Sicherheitsleistung für das seiner Verwaltung unterliegende Vermögen auferlegen. [2] Die Art und den Umfang der Sicherheitsleistung bestimmt das Familiengericht nach seinem Ermessen. [3] Bei der Bestellung und Aufhebung der Sicherheit wird die Mitwirkung des Kindes durch die Anordnung des Familiengerichts ersetzt. [4] Die Sicherheitsleistung darf nur dadurch erzwungen werden, dass die Vermögenssorge gemäß § 1666 Abs. 1 ganz oder teilweise entzogen wird.

(4) Die Kosten der angeordneten Maßnahmen trägt der Elternteil, der sie veranlasst hat.

**§§ 1668 bis 1670** (weggefallen)

**§ 1671[2] [3] Übertragung der Alleinsorge bei Getrenntleben der Eltern.**

(1) [1] Leben Eltern nicht nur vorübergehend getrennt und steht ihnen die elterliche Sorge gemeinsam zu, so kann jeder Elternteil beantragen, dass ihm das Familiengericht die elterliche Sorge oder einen Teil der elterlichen Sorge allein überträgt. [2] Dem Antrag ist stattzugeben, soweit

1. der andere Elternteil zustimmt, es sei denn, das Kind hat das 14. Lebensjahr vollendet und widerspricht der Übertragung, oder
2. zu erwarten ist, dass die Aufhebung der gemeinsamen Sorge und die Übertragung auf den Antragsteller dem Wohl des Kindes am besten entspricht.

(2) [1] Leben Eltern nicht nur vorübergehend getrennt und steht die elterliche Sorge nach § 1626a Absatz 3 der Mutter zu, so kann der Vater beantragen, dass ihm das Familiengericht die elterliche Sorge oder einen Teil der elterlichen Sorge allein überträgt. [2] Dem Antrag ist stattzugeben, soweit

1. die Mutter zustimmt, es sei denn, die Übertragung widerspricht dem Wohl des Kindes oder das Kind hat das 14. Lebensjahr vollendet und widerspricht der Übertragung, oder

---

[1] § 1667 Abs. 2 neu gef. mWv 1.1.2023 durch G v. 4.5.2021 (BGBl. I S. 882).

[2] § 1671 neu gef. mWv 19.5.2013 durch G v. 16.4.2013 (BGBl. I S. 795).

[3] Im Verfahren nach § 1671 hat das Jugendamt mitzuwirken; vgl. § 50 Abs. 1 Satz 1 SGB VIII **(Habersack, Deutsche Gesetze ErgBd. Nr. 46)**.

2. eine gemeinsame Sorge nicht in Betracht kommt und zu erwarten ist, dass die Übertragung auf den Vater dem Wohl des Kindes am besten entspricht.

(3) [1] Ruht die elterliche Sorge der Mutter nach § 1751 Absatz 1 Satz 1, so gilt der Antrag des Vaters auf Übertragung der gemeinsamen elterlichen Sorge nach § 1626a Absatz 2 als Antrag nach Absatz 2. [2] Dem Antrag ist stattzugeben, soweit die Übertragung der elterlichen Sorge auf den Vater dem Wohl des Kindes nicht widerspricht.

(4) Den Anträgen nach den Absätzen 1 und 2 ist nicht stattzugeben, soweit die elterliche Sorge auf Grund anderer Vorschriften abweichend geregelt werden muss.

**§ 1672**[1)] *(aufgehoben)*

**§ 1673 Ruhen der elterlichen Sorge bei rechtlichem Hindernis.**

(1) Die elterliche Sorge eines Elternteils ruht, wenn er geschäftsunfähig ist.

(2) [1] Das Gleiche gilt, wenn er in der Geschäftsfähigkeit beschränkt ist. [2] Die Personensorge für das Kind steht ihm neben dem gesetzlichen Vertreter des Kindes zu; zur Vertretung des Kindes ist er nicht berechtigt. [3] Bei einer Meinungsverschiedenheit geht die Meinung des minderjährigen Elternteils vor, wenn der gesetzliche Vertreter des Kindes ein Vormund oder Pfleger ist; andernfalls gelten § 1627 Satz 2 und § 1628.

**§ 1674 Ruhen der elterlichen Sorge bei tatsächlichem Hindernis.**

(1) Die elterliche Sorge eines Elternteils ruht, wenn das Familiengericht feststellt, dass er auf längere Zeit die elterliche Sorge tatsächlich nicht ausüben kann.

(2) Die elterliche Sorge lebt wieder auf, wenn das Familiengericht feststellt, dass der Grund des Ruhens nicht mehr besteht.

**§ 1674a**[2)] **Ruhen der elterlichen Sorge für ein vertraulich geborenes Kind.** [1] Die elterliche Sorge der Eltern für ein nach § 25 Absatz 1 des Schwangerschaftskonfliktgesetzes[3)] vertraulich geborenes Kind ruht. [2] Die elterliche Sorge lebt wieder auf, wenn das Familiengericht feststellt, dass ein Elternteil ihm gegenüber die für den Geburtseintrag des Kindes erforderlichen Angaben gemacht hat.

**§ 1675 Wirkung des Ruhens.** Solange die elterliche Sorge ruht, ist ein Elternteil nicht berechtigt, sie auszuüben.

**§ 1676** (weggefallen)

**§ 1677 Beendigung der Sorge durch Todeserklärung.** Die elterliche Sorge eines Elternteils endet, wenn er für tot erklärt oder seine Todeszeit nach den Vorschriften des Verschollenheitsgesetzes festgestellt wird, mit dem Zeitpunkt, der als Zeitpunkt des Todes gilt.

**§ 1678**[4)] **Folgen der tatsächlichen Verhinderung oder des Ruhens für den anderen Elternteil.** (1) Ist ein Elternteil tatsächlich verhindert, die elterliche Sorge auszuüben, oder ruht seine elterliche Sorge, so übt der andere Teil die

---

[1)] § 1672 aufgeh. mWv 19.5.2013 durch G v. 16.4.2013 (BGBl. I S. 795).
[2)] § 1674a neu gef. mWv 1.1.2023 durch G v. 4.5.2021 (BGBl. I S. 882).
[3)] **Habersack, Deutsche Gesetze ErgBd. Nr. 85e.**
[4)] § 1678 Abs. 1 geänd., Abs. 2 neu gef. mWv 19.5.2013 durch G v. 16.4.2013 (BGBl. I S. 795).

elterliche Sorge allein aus; dies gilt nicht, wenn die elterliche Sorge dem Elternteil nach § 1626a Absatz 3 oder § 1671 allein zustand.

(2) Ruht die elterliche Sorge des Elternteils, dem sie gemäß § 1626a Absatz 3 oder § 1671 allein zustand, und besteht keine Aussicht, dass der Grund des Ruhens wegfallen werde, so hat das Familiengericht die elterliche Sorge dem anderen Elternteil zu übertragen, wenn dies dem Wohl des Kindes nicht widerspricht.

**§ 1679** (weggefallen)

**§ 1680[1] Tod eines Elternteils oder Entziehung des Sorgerechts.**

(1) Stand die elterliche Sorge den Eltern gemeinsam zu und ist ein Elternteil gestorben, so steht die elterliche Sorge dem überlebenden Elternteil zu.

(2) Ist ein Elternteil, dem die elterliche Sorge gemäß § 1626a Absatz 3 oder § 1671 allein zustand, gestorben, so hat das Familiengericht die elterliche Sorge dem überlebenden Elternteil zu übertragen, wenn dies dem Wohl des Kindes nicht widerspricht.[2]

(3) Die Absätze 1 und 2 gelten entsprechend, soweit einem Elternteil die elterliche Sorge entzogen wird.

**§ 1681 Todeserklärung eines Elternteils.** (1) § 1680 Abs. 1 und 2 gilt entsprechend, wenn die elterliche Sorge eines Elternteils endet, weil er für tot erklärt oder seine Todeszeit nach den Vorschriften des Verschollenheitsgesetzes[3] festgestellt worden ist.

(2) Lebt dieser Elternteil noch, so hat ihm das Familiengericht auf Antrag die elterliche Sorge in dem Umfang zu übertragen, in dem sie ihm vor dem nach § 1677 maßgebenden Zeitpunkt zustand, wenn dies dem Wohl des Kindes nicht widerspricht.

**§ 1682 Verbleibensanordnung zugunsten von Bezugspersonen.** [1] Hat das Kind seit längerer Zeit in einem Haushalt mit einem Elternteil und dessen Ehegatten gelebt und will der andere Elternteil, der nach den §§ 1678, 1680, 1681 den Aufenthalt des Kindes nunmehr allein bestimmen kann, das Kind von dem Ehegatten wegnehmen, so kann das Familiengericht von Amts wegen oder auf Antrag des Ehegatten anordnen, dass das Kind bei dem Ehegatten verbleibt, wenn und solange das Kindeswohl durch die Wegnahme gefährdet würde. [2] Satz 1 gilt entsprechend, wenn das Kind seit längerer Zeit in einem Haushalt mit einem Elternteil und dessen Lebenspartner oder einer nach § 1685 Abs. 1 umgangsberechtigten volljährigen Person gelebt hat.

**§ 1683[4]** *(aufgehoben)*

**§ 1684[5] Umgang des Kindes mit den Eltern.** (1) Das Kind hat das Recht auf Umgang mit jedem Elternteil; jeder Elternteil ist zum Umgang mit dem Kind verpflichtet und berechtigt.

---

[1] § 1680 Abs. 2 Satz 1 geänd., Satz 2 aufgeh., Abs. 3 neu gef. mWv 19.5.2013 durch G v. 16.4.2013 (BGBl. I S. 795).

[2] Im Verfahren nach § 1680 Abs. 2 hat das Jugendamt mitzuwirken; vgl. § 50 Abs. 1 Satz 1 SGB VIII **(Habersack, Deutsche Gesetze ErgBd. Nr. 46)**.

[3] **Habersack, Deutsche Gesetze ErgBd. Nr. 45.**

[4] § 1683 aufgeh. mWv 12.7.2008 durch G v. 4.7.2008 (BGBl. I S. 1188).

[5] § 1684 Abs. 3 Sätze 3–6 angef. mWv 1.9.2009 durch G v. 17.12.2008 (BGBl. I S. 2586).

(2) [1]Die Eltern haben alles zu unterlassen, was das Verhältnis des Kindes zum jeweils anderen Elternteil beeinträchtigt oder die Erziehung erschwert. [2]Entsprechendes gilt, wenn sich das Kind in der Obhut einer anderen Person befindet.

(3) [1]Das Familiengericht kann über den Umfang des Umgangsrechts entscheiden und seine Ausübung, auch gegenüber Dritten, näher regeln. [2]Es kann die Beteiligten durch Anordnungen zur Erfüllung der in Absatz 2 geregelten Pflicht anhalten. [3]Wird die Pflicht nach Absatz 2 dauerhaft oder wiederholt erheblich verletzt, kann das Familiengericht auch eine Pflegschaft für die Durchführung des Umgangs anordnen (Umgangspflegschaft). [4]Die Umgangspflegschaft umfasst das Recht, die Herausgabe des Kindes zur Durchführung des Umgangs zu verlangen und für die Dauer des Umgangs dessen Aufenthalt zu bestimmen. [5]Die Anordnung ist zu befristen. [6]Für den Ersatz von Aufwendungen und die Vergütung des Umgangspflegers gilt § 277 des Gesetzes über das Verfahren in Familiensachen und in den Angelegenheiten der freiwilligen Gerichtsbarkeit[1)] entsprechend.

(4) [1]Das Familiengericht kann das Umgangsrecht oder den Vollzug früherer Entscheidungen über das Umgangsrecht einschränken oder ausschließen, soweit dies zum Wohl des Kindes erforderlich ist. [2]Eine Entscheidung, die das Umgangsrecht oder seinen Vollzug für längere Zeit oder auf Dauer einschränkt oder ausschließt, kann nur ergehen, wenn andernfalls das Wohl des Kindes gefährdet wäre. [3]Das Familiengericht kann insbesondere anordnen, dass der Umgang nur stattfinden darf, wenn ein mitwirkungsbereiter Dritter anwesend ist. [4]Dritter kann auch ein Träger der Jugendhilfe oder ein Verein sein; dieser bestimmt dann jeweils, welche Einzelperson die Aufgabe wahrnimmt.

**§ 1685[2)] Umgang des Kindes mit anderen Bezugspersonen.** (1) Großeltern und Geschwister haben ein Recht auf Umgang mit dem Kind, wenn dieser dem Wohl des Kindes dient.

(2) [1]Gleiches gilt für enge Bezugspersonen des Kindes, wenn diese für das Kind tatsächliche Verantwortung tragen oder getragen haben (sozial-familiäre Beziehung). [2]Eine Übernahme tatsächlicher Verantwortung ist in der Regel anzunehmen, wenn die Person mit dem Kind längere Zeit in häuslicher Gemeinschaft zusammengelebt hat.

(3) [1]§ 1684 Abs. 2 bis 4 gilt entsprechend. [2]Eine Umgangspflegschaft nach § 1684 Abs. 3 Satz 3 bis 5 kann das Familiengericht nur anordnen, wenn die Voraussetzungen des § 1666 Abs. 1 erfüllt sind.

**§ 1686[3)] Auskunft über die persönlichen Verhältnisse des Kindes.** Jeder Elternteil kann vom anderen Elternteil bei berechtigtem Interesse Auskunft über die persönlichen Verhältnisse des Kindes verlangen, soweit dies dem Wohl des Kindes nicht widerspricht.

**§ 1686a[4)] Rechte des leiblichen, nicht rechtlichen Vaters.** (1) Solange die Vaterschaft eines anderen Mannes besteht, hat der leibliche Vater, der ernsthaftes Interesse an dem Kind gezeigt hat,

1. ein Recht auf Umgang mit dem Kind, wenn der Umgang dem Kindeswohl dient, und

---

[1)] Nr. **112**.

[2)] § 1685 Abs. 2 neu gef. mWv 30.4.2004 durch G v. 23.4.2004 (BGBl. I S. 598); Abs. 3 Satz 2 angef. mWv 1.9.2009 durch G v. 17.12.2008 (BGBl. I S. 2586).

[3)] § 1686 Satz 2 aufgeh. mWv 13.7.2013 durch G v. 4.7.2013 (BGBl. I S. 2176).

[4)] § 1686a eingef. mWv 13.7.2013 durch G v. 4.7.2013 (BGBl. I S. 2176).

2. ein Recht auf Auskunft von jedem Elternteil über die persönlichen Verhältnisse des Kindes, soweit er ein berechtigtes Interesse hat und dies dem Wohl des Kindes nicht widerspricht.

(2) [1] Hinsichtlich des Rechts auf Umgang mit dem Kind nach Absatz 1 Nummer 1 gilt § 1684 Absatz 2 bis 4 entsprechend. [2] Eine Umgangspflegschaft nach § 1684 Absatz 3 Satz 3 bis 5 kann das Familiengericht nur anordnen, wenn die Voraussetzungen des § 1666 Absatz 1 erfüllt sind.

**§ 1687 Ausübung der gemeinsamen Sorge bei Getrenntleben.**

(1) [1] Leben Eltern, denen die elterliche Sorge gemeinsam zusteht, nicht nur vorübergehend getrennt, so ist bei Entscheidungen in Angelegenheiten, deren Regelung für das Kind von erheblicher Bedeutung ist, ihr gegenseitiges Einvernehmen erforderlich. [2] Der Elternteil, bei dem sich das Kind mit Einwilligung des anderen Elternteils oder auf Grund einer gerichtlichen Entscheidung gewöhnlich aufhält, hat die Befugnis zur alleinigen Entscheidung in Angelegenheiten des täglichen Lebens. [3] Entscheidungen in Angelegenheiten des täglichen Lebens sind in der Regel solche, die häufig vorkommen und die keine schwer abzuändernden Auswirkungen auf die Entwicklung des Kindes haben. [4] Solange sich das Kind mit Einwilligung dieses Elternteils oder auf Grund einer gerichtlichen Entscheidung bei dem anderen Elternteil aufhält, hat dieser die Befugnis zur alleinigen Entscheidung in Angelegenheiten der tatsächlichen Betreuung. [5] § 1629 Abs. 1 Satz 4 und § 1684 Abs. 2 Satz 1 gelten entsprechend.

(2) Das Familiengericht kann die Befugnisse nach Absatz 1 Satz 2 und 4 einschränken oder ausschließen, wenn dies zum Wohl des Kindes erforderlich ist.

**§ 1687a Entscheidungsbefugnisse des nicht sorgeberechtigten Elternteils.** Für jeden Elternteil, der nicht Inhaber der elterlichen Sorge ist und bei dem sich das Kind mit Einwilligung des anderen Elternteils oder eines sonstigen Inhabers der Sorge oder auf Grund einer gerichtlichen Entscheidung aufhält, gilt § 1687 Abs. 1 Satz 4 und 5 und Abs. 2 entsprechend.

**§ 1687b Sorgerechtliche Befugnisse des Ehegatten.** (1) [1] Der Ehegatte eines allein sorgeberechtigten Elternteils, der nicht Elternteil des Kindes ist, hat im Einvernehmen mit dem sorgeberechtigten Elternteil die Befugnis zur Mitentscheidung in Angelegenheiten des täglichen Lebens des Kindes. [2] § 1629 Abs. 2 Satz 1 gilt entsprechend.

(2) Bei Gefahr im Verzug ist der Ehegatte dazu berechtigt, alle Rechtshandlungen vorzunehmen, die zum Wohl des Kindes notwendig sind; der sorgeberechtigte Elternteil ist unverzüglich zu unterrichten.

(3) Das Familiengericht kann die Befugnisse nach Absatz 1 einschränken oder ausschließen, wenn dies zum Wohl des Kindes erforderlich ist.

(4) Die Befugnisse nach Absatz 1 bestehen nicht, wenn die Ehegatten nicht nur vorübergehend getrennt leben.

**§ 1688[1] Entscheidungsbefugnisse der Pflegeperson.** (1) [1] Lebt ein Kind für längere Zeit in Familienpflege, so ist die Pflegeperson berechtigt, in Angelegenheiten des täglichen Lebens zu entscheiden sowie den Inhaber der elterlichen Sorge in solchen Angelegenheiten zu vertreten. [2] Sie ist befugt, den Arbeitsverdienst des Kindes zu verwalten sowie Unterhalts-, Versicherungs-, Versorgungs- und sonstige

---

[1] § 1688 Abs. 2 geänd. mWv 10.6.2021 durch G v. 3.6.2021 (BGBl. I S. 1444).

Sozialleistungen für das Kind geltend zu machen und zu verwalten. [3] § 1629 Abs. 1 Satz 4 gilt entsprechend.

(2) Der Pflegeperson steht eine Person gleich, die im Rahmen der Hilfe nach den §§ 34, 35 und 35a Absatz 2 Nummer 3 und 4 des Achten Buches Sozialgesetzbuch[1)] die Erziehung und Betreuung eines Kindes übernommen hat.

(3) [1] Die Absätze 1 und 2 gelten nicht, wenn der Inhaber der elterlichen Sorge etwas anderes erklärt. [2] Das Familiengericht kann die Befugnisse nach den Absätzen 1 und 2 einschränken oder ausschließen, wenn dies zum Wohl des Kindes erforderlich ist.

(4) Für eine Person, bei der sich das Kind auf Grund einer gerichtlichen Entscheidung nach § 1632 Abs. 4 oder § 1682 aufhält, gelten die Absätze 1 und 3 mit der Maßgabe, dass die genannten Befugnisse nur das Familiengericht einschränken oder ausschließen kann.

**§§ 1689 bis 1692** (weggefallen)

**§ 1693 Gerichtliche Maßnahmen bei Verhinderung der Eltern.** Sind die Eltern verhindert, die elterliche Sorge auszuüben, so hat das Familiengericht die im Interesse des Kindes erforderlichen Maßregeln zu treffen.

**§§ 1694, 1695** (weggefallen)

**§ 1696[2)] Abänderung gerichtlicher Entscheidungen und gerichtlich gebilligter Vergleiche.** (1) [1] Eine Entscheidung zum Sorge- oder Umgangsrecht oder ein gerichtlich gebilligter Vergleich ist zu ändern, wenn dies aus triftigen, das Wohl des Kindes nachhaltig berührenden Gründen angezeigt ist. [2] Entscheidungen nach § 1626a Absatz 2 können gemäß § 1671 Absatz 1 geändert werden; § 1671 Absatz 4 gilt entsprechend. [3] § 1678 Absatz 2, § 1680 Absatz 2 sowie § 1681 Absatz 1 und 2 bleiben unberührt.

(2) Eine Maßnahme nach den §§ 1666 bis 1667 oder einer anderen Vorschrift des Bürgerlichen Gesetzbuchs, die nur ergriffen werden darf, wenn dies zur Abwendung einer Kindeswohlgefährdung oder zum Wohl des Kindes erforderlich ist (kindesschutzrechtliche Maßnahme), ist aufzuheben, wenn eine Gefahr für das Wohl des Kindes nicht mehr besteht oder die Erforderlichkeit der Maßnahme entfallen ist.

(3) Eine Anordnung nach § 1632 Absatz 4 ist auf Antrag der Eltern aufzuheben, wenn die Wegnahme des Kindes von der Pflegeperson das Kindeswohl nicht gefährdet.

**§ 1697[3)]** *(aufgehoben)*

**§ 1697a[4)] Kindeswohlprinzip.** (1) Soweit nichts anderes bestimmt ist, trifft das Gericht in Verfahren über die in diesem Titel geregelten Angelegenheiten diejenige Entscheidung, die unter Berücksichtigung der tatsächlichen Gegebenheiten und Möglichkeiten sowie der berechtigten Interessen der Beteiligten dem Wohl des Kindes am besten entspricht.

---

[1)] **Habersack, Deutsche Gesetze ErgBd. Nr. 46.**

[2)] § 1696 neu gef. mWv 1.9.2009 durch G v. 17.12.2008 (BGBl. I S. 2586); Abs. 1 Satz 2 neu gef., Satz 3 angef. mWv 19.5.2013 durch G v. 16.4.2013 (BGBl. I S. 795); Abs. 3 angef. mWv 10.6.2021 durch G v. 3.6.2021 (BGBl. I S. 1444).

[3)] § 1697 aufgeh. mWv 1.9.2009 durch G v. 17.12.2008 (BGBl. I S. 2586).

[4)] § 1697a Abs. 2 angef. mWv 10.6.2021 durch G v. 3.6.2021 (BGBl. I S. 1444).

(2) [1] Lebt das Kind in Familienpflege, so hat das Gericht, soweit nichts anderes bestimmt ist, in Verfahren über die in diesem Titel geregelten Angelegenheiten auch zu berücksichtigen, ob und inwieweit sich innerhalb eines im Hinblick auf die Entwicklung des Kindes vertretbaren Zeitraums die Erziehungsverhältnisse bei den Eltern derart verbessert haben, dass diese das Kind selbst erziehen können. [2] Liegen die Voraussetzungen des § 1632 Absatz 4 Satz 2 Nummer 1 vor, so hat das Gericht bei seiner Entscheidung auch das Bedürfnis des Kindes nach kontinuierlichen und stabilen Lebensverhältnissen zu berücksichtigen. [3] Die Sätze 1 und 2 gelten entsprechend, wenn das Kind im Rahmen einer Hilfe nach § 34 oder 35a Absatz 2 Nummer 4 des Achten Buches Sozialgesetzbuch[1)] erzogen und betreut wird.

**§ 1698 Herausgabe des Kindesvermögens; Rechnungslegung.**

(1) Endet oder ruht die elterliche Sorge der Eltern oder hört aus einem anderen Grunde ihre Vermögenssorge auf, so haben sie dem Kind das Vermögen herauszugeben und auf Verlangen über die Verwaltung Rechenschaft abzulegen.

(2) Über die Nutzungen des Kindesvermögens brauchen die Eltern nur insoweit Rechenschaft abzulegen, als Grund zu der Annahme besteht, dass sie die Nutzungen entgegen der Vorschrift des § 1649 verwendet haben.

**§ 1698a Fortführung der Geschäfte in Unkenntnis der Beendigung der elterlichen Sorge.** (1) [1] Die Eltern dürfen die mit der Personensorge und mit der Vermögenssorge für das Kind verbundenen Geschäfte fortführen, bis sie von der Beendigung der elterlichen Sorge Kenntnis erlangen oder sie kennen müssen. [2] Ein Dritter kann sich auf diese Befugnis nicht berufen, wenn er bei der Vornahme eines Rechtsgeschäfts die Beendigung kennt oder kennen muss.

(2) Diese Vorschriften sind entsprechend anzuwenden, wenn die elterliche Sorge ruht.

**§ 1698b Fortführung dringender Geschäfte nach Tod des Kindes.**

Endet die elterliche Sorge durch den Tod des Kindes, so haben die Eltern die Geschäfte, die nicht ohne Gefahr aufgeschoben werden können, zu besorgen, bis der Erbe anderweit Fürsorge treffen kann.

**§§ 1699 bis 1711** (weggefallen)

### Titel 6. Beistandschaft

**§ 1712[2)] Beistandschaft des Jugendamts; Aufgaben.** (1) Auf schriftlichen Antrag eines Elternteils wird das Jugendamt Beistand des Kindes für folgende Aufgaben:

1. die Feststellung der Vaterschaft,
2. die Geltendmachung von Unterhaltsansprüchen sowie die Verfügung über diese Ansprüche; ist das Kind bei einem Dritten entgeltlich in Pflege, so ist der Beistand berechtigt, aus dem vom Unterhaltspflichtigen Geleisteten den Dritten zu befriedigen.

(2) Der Antrag kann auf einzelne der in Absatz 1 bezeichneten Aufgaben beschränkt werden.

---

[1)] **Habersack, Deutsche Gesetze ErgBd. Nr. 46.**

[2)] § 1712 Abs. 1 Nr. 2 geänd. mWv 12.7.2008 durch G v. 4.7.2008 (BGBl. I S. 1188).

**§ 1713**[1] **Antragsberechtigte.** (1) [1] Den Antrag kann ein Elternteil stellen, dem für den Aufgabenkreis der beantragten Beistandschaft die alleinige elterliche Sorge zusteht oder zustünde, wenn das Kind bereits geboren wäre. [2] Steht die elterliche Sorge für das Kind den Eltern gemeinsam zu, kann der Antrag von dem Elternteil gestellt werden, in dessen Obhut sich das Kind befindet. [3] Der Antrag kann auch von einem ehrenamtlichen Vormund, sowie von einer Pflegeperson, der nach § 1630 Absatz 3 Angelegenheiten der elterlichen Sorge übertragen wurden, gestellt werden. [4] Er kann nicht durch einen Vertreter gestellt werden.

(2) [1] Vor der Geburt des Kindes kann die werdende Mutter den Antrag auch dann stellen, wenn das Kind, sofern es bereits geboren wäre, unter Vormundschaft stünde. [2] Ist die werdende Mutter in der Geschäftsfähigkeit beschränkt, so kann sie den Antrag nur selbst stellen; sie bedarf hierzu nicht der Zustimmung ihres gesetzlichen Vertreters. [3] Für eine geschäftsunfähige werdende Mutter kann nur ihr gesetzlicher Vertreter den Antrag stellen.

**§ 1714 Eintritt der Beistandschaft.** [1] Die Beistandschaft tritt ein, sobald der Antrag dem Jugendamt zugeht. [2] Dies gilt auch, wenn der Antrag vor der Geburt des Kindes gestellt wird.

**§ 1715 Beendigung der Beistandschaft.** (1) [1] Die Beistandschaft endet, wenn der Antragsteller dies schriftlich verlangt. [2] § 1712 Abs. 2 und § 1714 gelten entsprechend.

(2) Die Beistandschaft endet auch, sobald der Antragsteller keine der in § 1713 genannten Voraussetzungen mehr erfüllt.

**§ 1716**[2] **Wirkungen der Beistandschaft.** [1] Durch die Beistandschaft wird die elterliche Sorge nicht eingeschränkt. [2] Im Übrigen gelten die Vorschriften über die Pflegschaft für Minderjährige mit Ausnahme derjenigen über die Aufsicht des Familiengerichts und die Rechnungslegung sinngemäß.

**§ 1717 Erfordernis des gewöhnlichen Aufenthalts im Inland.** [1] Die Beistandschaft tritt nur ein, wenn das Kind seinen gewöhnlichen Aufenthalt im Inland hat; sie endet, wenn das Kind seinen gewöhnlichen Aufenthalt im Ausland begründet. [2] Dies gilt für die Beistandschaft vor der Geburt des Kindes entsprechend.

**§§ 1718 bis 1740** (weggefallen)

## Titel 7.[3] Annahme als Kind

### Untertitel 1. Annahme Minderjähriger

**§ 1741**[4] **Zulässigkeit der Annahme.** (1) [1] Die Annahme als Kind ist zulässig, wenn sie dem Wohl des Kindes dient und zu erwarten ist, dass zwischen dem Annehmenden und dem Kind ein Eltern-Kind-Verhältnis entsteht. [2] Wer an einer gesetzes- oder sittenwidrigen Vermittlung oder Verbringung eines Kindes zum Zwecke der Annahme mitgewirkt oder einen Dritten hiermit beauftragt oder

---

[1] § 1713 Abs. 1 Satz 2 eingef., bish. Satz 2 und 3 werden Satz 3 und 4 mWv 12.4.2002 durch G v. 9.4. 2002 (BGBl. I S. 1239); Abs. 1 Satz 3 geänd. mWv 1.1.2023 durch G v. 4.5.2021 (BGBl. I S. 882).

[2] § 1716 Satz 2 geänd. mWv 1.9.2009 durch G v. 17.12.2008 (BGBl. I S. 2586); Satz 2 neu gef. mWv 1.1.2023 durch G v. 4.5.2021 (BGBl. I S. 882).

[3] Beachte auch Adoptionsvermittlungsgesetz **(Habersack, Deutsche Gesetze ErgBd. Nr. 45i)**. Die Adoptionsvermittlung ist Aufgabe des Jugendamtes und des Landesjugendamtes.

[4] Im Verfahren nach § 1741 hat das Jugendamt mitzuwirken; vgl. § 50 Abs. 1 Satz 1 SGB VIII **(Habersack, Deutsche Gesetze ErgBd. Nr. 46)**.

hierfür belohnt hat, soll ein Kind nur dann annehmen, wenn dies zum Wohl des Kindes erforderlich ist.

(2) [1] Wer nicht verheiratet ist, kann ein Kind nur allein annehmen. [2] Ein Ehepaar kann ein Kind nur gemeinschaftlich annehmen. [3] Ein Ehegatte kann ein Kind seines Ehegatten allein annehmen. [4] Er kann ein Kind auch dann allein annehmen, wenn der andere Ehegatte das Kind nicht annehmen kann, weil er geschäftsunfähig ist oder das 21. Lebensjahr noch nicht vollendet hat.

**§ 1742 Annahme nur als gemeinschaftliches Kind.** Ein angenommenes Kind kann, solange das Annahmeverhältnis besteht, bei Lebzeiten eines Annehmenden nur von dessen Ehegatten angenommen werden.

**§ 1743 Mindestalter.** [1] Der Annehmende muss das 25., in den Fällen des § 1741 Abs. 2 Satz 3 das 21. Lebensjahr vollendet haben. [2] In den Fällen des § 1741 Abs. 2 Satz 2 muss ein Ehegatte das 25. Lebensjahr, der andere Ehegatte das 21. Lebensjahr vollendet haben.

**§ 1744 Probezeit.** Die Annahme soll in der Regel erst ausgesprochen werden, wenn der Annehmende das Kind eine angemessene Zeit in Pflege gehabt hat.

**§ 1745 Verbot der Annahme.** [1] Die Annahme darf nicht ausgesprochen werden, wenn ihr überwiegende Interessen der Kinder des Annehmenden oder des Anzunehmenden entgegenstehen oder wenn zu befürchten ist, dass Interessen des Anzunehmenden durch Kinder des Annehmenden gefährdet werden. [2] Vermögensrechtliche Interessen sollen nicht ausschlaggebend sein.

**§ 1746[1)] Einwilligung des Kindes.** (1) [1] Zur Annahme ist die Einwilligung des Kindes erforderlich. [2] Für ein Kind, das geschäftsunfähig oder noch nicht 14 Jahre alt ist, kann nur sein gesetzlicher Vertreter die Einwilligung erteilen. [3] Im Übrigen kann das Kind die Einwilligung nur selbst erteilen; es bedarf hierzu der Zustimmung seines gesetzlichen Vertreters.

(2) [1] Hat das Kind das 14. Lebensjahr vollendet und ist es nicht geschäftsunfähig, so kann es die Einwilligung bis zum Wirksamwerden des Ausspruchs der Annahme gegenüber dem Familiengericht widerrufen. [2] Der Widerruf bedarf der öffentlichen Beurkundung. [3] Eine Zustimmung des gesetzlichen Vertreters ist nicht erforderlich.

(3) Verweigert der Vormund oder Pfleger die Einwilligung oder Zustimmung ohne triftigen Grund, so kann das Familiengericht sie ersetzen; einer Erklärung nach Absatz 1 durch die Eltern bedarf es nicht, soweit diese nach den §§ 1747, 1750 unwiderruflich in die Annahme eingewilligt haben oder ihre Einwilligung nach § 1748 durch das Familiengericht ersetzt worden ist.

**§ 1747[2)] Einwilligung der Eltern des Kindes.** (1) [1] Zur Annahme eines Kindes ist die Einwilligung der Eltern erforderlich. [2] Sofern kein anderer Mann nach § 1592 als Vater anzusehen ist, gilt im Sinne des Satzes 1 und des § 1748 Abs. 4 als Vater, wer die Voraussetzung des § 1600d Abs. 2 Satz 1 glaubhaft macht.

---

[1)] § 1746 Abs. 1 Satz 4, Abs. 2 Satz 1 und Abs. 3 geänd. mWv 1.9.2009 durch G v. 17.12.2008 (BGBl. I S. 2586); Abs. 1 Satz 4 aufgeh. mWv 31.3.2020 durch G v. 19.3.2020 (BGBl. I S. 541).

[2)] § 1747 Abs. 3 neu gef. mWv 19.5.2013 durch G v. 16.4.2013 (BGBl. I S. 795); Abs. 4 Satz 2 angef. mWv 1.5.2014 durch G v. 28.8.2013 (BGBl. I S. 3458).

(2) [1]Die Einwilligung kann erst erteilt werden, wenn das Kind acht Wochen alt ist. [2]Sie ist auch dann wirksam, wenn der Einwilligende die schon feststehenden Annehmenden nicht kennt.

(3) Steht nicht miteinander verheirateten Eltern die elterliche Sorge nicht gemeinsam zu, so

1. kann die Einwilligung des Vaters bereits vor der Geburt erteilt werden;
2. kann der Vater durch öffentlich beurkundete Erklärung darauf verzichten, die Übertragung der Sorge nach § 1626a Absatz 2 und § 1671 Absatz 2 zu beantragen; § 1750 gilt sinngemäß mit Ausnahme von Absatz 1 Satz 2 und Absatz 4 Satz 1;
3. darf, wenn der Vater die Übertragung der Sorge nach § 1626a Absatz 2 oder § 1671 Absatz 2 beantragt hat, eine Annahme erst ausgesprochen werden, nachdem über den Antrag des Vaters entschieden worden ist.

(4) [1]Die Einwilligung eines Elternteils ist nicht erforderlich, wenn er zur Abgabe einer Erklärung dauernd außerstande oder sein Aufenthalt dauernd unbekannt ist. [2]Der Aufenthalt der Mutter eines gemäß § 25 Absatz 1 des Schwangerschaftskonfliktgesetzes[1)] vertraulich geborenen Kindes gilt als dauernd unbekannt, bis sie gegenüber dem Familiengericht die für den Geburtseintrag ihres Kindes erforderlichen Angaben macht.

**§ 1748[2)] Ersetzung der Einwilligung eines Elternteils.** (1) [1]Das Familiengericht hat auf Antrag des Kindes die Einwilligung eines Elternteils zu ersetzen, wenn dieser seine Pflichten gegenüber dem Kind anhaltend gröblich verletzt hat oder durch sein Verhalten gezeigt hat, dass ihm das Kind gleichgültig ist, und wenn das Unterbleiben der Annahme dem Kind zu unverhältnismäßigem Nachteil gereichen würde. [2]Die Einwilligung kann auch ersetzt werden, wenn die Pflichtverletzung zwar nicht anhaltend, aber besonders schwer ist und das Kind voraussichtlich dauernd nicht mehr der Obhut des Elternteils anvertraut werden kann.

(2) [1]Wegen Gleichgültigkeit, die nicht zugleich eine anhaltende gröbliche Pflichtverletzung ist, darf die Einwilligung nicht ersetzt werden, bevor der Elternteil vom Jugendamt über die Möglichkeit ihrer Ersetzung belehrt und nach Maßgabe des § 51 Abs. 2 des Achten Buches Sozialgesetzbuch[3)] beraten worden ist und seit der Belehrung wenigstens drei Monate verstrichen sind; in der Belehrung ist auf die Frist hinzuweisen. [2]Der Belehrung bedarf es nicht, wenn der Elternteil seinen Aufenthaltsort ohne Hinterlassung seiner neuen Anschrift gewechselt hat und der Aufenthaltsort vom Jugendamt während eines Zeitraums von drei Monaten trotz angemessener Nachforschungen nicht ermittelt werden konnte; in diesem Falle beginnt die Frist mit der ersten auf die Belehrung und Beratung oder auf die Ermittlung des Aufenthaltsorts gerichteten Handlung des Jugendamts. [3]Die Fristen laufen frühestens fünf Monate nach der Geburt des Kindes ab.

(3) Die Einwilligung eines Elternteils kann ferner ersetzt werden, wenn er wegen einer besonders schweren psychischen Krankheit oder einer besonders schweren geistigen oder seelischen Behinderung zur Pflege und Erziehung des Kindes dauernd unfähig ist und wenn das Kind bei Unterbleiben der Annahme nicht in einer Familie aufwachsen könnte und dadurch in seiner Entwicklung schwer gefährdet wäre.

---

[1)] **Habersack, Deutsche Gesetze ErgBd. Nr. 85e.**

[2)] § 1748 Abs. 1 Satz 1, Abs. 4 geänd. mWv 1.9.2009 durch G v. 17.12.2008 (BGBl. I S. 2586); Abs. 4 geänd. mWv 19.5.2013 durch G v. 16.4.2013 (BGBl. I S. 795).

[3)] **Habersack, Deutsche Gesetze ErgBd. Nr. 46.**

(4) In den Fällen des § 1626a Absatz 3 hat das Familiengericht die Einwilligung des Vaters zu ersetzen, wenn das Unterbleiben der Annahme dem Kind zu unverhältnismäßigem Nachteil gereichen würde.

**§ 1749[1)] Einwilligung des Ehegatten.** (1) [1] Zur Annahme eines Kindes durch einen Ehegatten allein ist die Einwilligung des anderen Ehegatten erforderlich. [2] Das Familiengericht kann auf Antrag des Annehmenden die Einwilligung ersetzen. [3] Die Einwilligung darf nicht ersetzt werden, wenn berechtigte Interessen des anderen Ehegatten und der Familie der Annahme entgegenstehen.

(2) Die Einwilligung des Ehegatten ist nicht erforderlich, wenn er zur Abgabe der Erklärung dauernd außerstande oder sein Aufenthalt dauernd unbekannt ist.

**§ 1750[2)] Einwilligungserklärung.** (1) [1] Die Einwilligung nach §§ 1746, 1747 und 1749 ist dem Familiengericht gegenüber zu erklären. [2] Die Erklärung bedarf der notariellen Beurkundung. [3] Die Einwilligung wird in dem Zeitpunkt wirksam, in dem sie dem Familiengericht zugeht.

(2) [1] Die Einwilligung kann nicht unter einer Bedingung oder einer Zeitbestimmung erteilt werden. [2] Sie ist unwiderruflich; die Vorschrift des § 1746 Abs. 2 bleibt unberührt.

(3) [1] Die Einwilligung kann nicht durch einen Vertreter erteilt werden. [2] Ist der Einwilligende in der Geschäftsfähigkeit beschränkt, so bedarf seine Einwilligung nicht der Zustimmung seines gesetzlichen Vertreters. [3] Die Vorschrift des § 1746 Abs. 1 Satz 2, 3 bleibt unberührt.

(4) [1] Die Einwilligung verliert ihre Kraft, wenn der Antrag zurückgenommen oder die Annahme versagt wird. [2] Die Einwilligung eines Elternteils verliert ferner ihre Kraft, wenn das Kind nicht innerhalb von drei Jahren seit dem Wirksamwerden der Einwilligung angenommen wird.

**§ 1751[3)] Wirkung der elterlichen Einwilligung, Verpflichtung zum Unterhalt.** (1) [1] Mit der Einwilligung eines Elternteils in die Annahme ruht die elterliche Sorge dieses Elternteils; die Befugnis zum persönlichen Umgang mit dem Kind darf nicht ausgeübt werden. [2] Das Jugendamt wird Vormund; dies gilt nicht, wenn der andere Elternteil die elterliche Sorge allein ausübt oder wenn bereits ein Vormund bestellt ist. [3] Eine bestehende Pflegschaft bleibt unberührt. [4] Für den Annehmenden gilt während der Zeit der Adoptionspflege § 1688 Abs. 1 und 3 entsprechend.

(2) Absatz 1 ist nicht anzuwenden auf einen Ehegatten, dessen Kind vom anderen Ehegatten angenommen wird.

(3) Hat die Einwilligung eines Elternteils ihre Kraft verloren, so hat das Familiengericht die elterliche Sorge dem Elternteil zu übertragen, wenn und soweit dies dem Wohl des Kindes nicht widerspricht.[4)]

(4) [1] Der Annehmende ist dem Kind vor den Verwandten des Kindes zur Gewährung des Unterhalts verpflichtet, sobald die Eltern des Kindes die erforder-

---

[1)] § 1749 Abs. 1 Satz 2 geänd. mWv 1.9.2009 durch G v. 17.12.2008 (BGBl. I S. 2586); Abs. 2 aufgeh., bish. Abs. 3 wird Abs. 2 mWv 22.7.2017 durch G v. 17.7.2017 (BGBl. I S. 2429).

[2)] § 1750 Abs. 1 Sätze 1 und 3 geänd. mWv 1.9.2009 durch G v. 17.12.2008 (BGBl. I S. 2586).

[3)] § 1751 Abs. 1 Satz 4 aufgeh., bish. Sätze 5 und 6 werden Sätze 4 und 5 mWv 1.9.2009 durch G v. 17.12.2008 (BGBl. I S. 2586); Abs. 1 Satz 5 aufgeh., Abs. 3 geänd. mWv 19.5.2013 durch G v. 16.4.2013 (BGBl. I S. 795).

[4)] Im Verfahren nach § 1751 Abs. 3 hat das Jugendamt mitzuwirken; vgl. § 50 Abs. 1 Satz 1 SGB VIII **(Habersack, Deutsche Gesetze ErgBd. Nr. 46)**.

liche Einwilligung erteilt haben und das Kind in die Obhut des Annehmenden mit dem Ziel der Annahme aufgenommen ist. [2] Will ein Ehegatte ein Kind seines Ehegatten annehmen, so sind die Ehegatten dem Kind vor den anderen Verwandten des Kindes zur Gewährung des Unterhalts verpflichtet, sobald die erforderliche Einwilligung der Eltern des Kindes erteilt und das Kind in die Obhut der Ehegatten aufgenommen ist.

**§ 1752[1)] Beschluss des Familiengerichts, Antrag.** (1) Die Annahme als Kind wird auf Antrag des Annehmenden vom Familiengericht ausgesprochen.

(2) [1] Der Antrag kann nicht unter einer Bedingung oder einer Zeitbestimmung oder durch einen Vertreter gestellt werden. [2] Er bedarf der notariellen Beurkundung.

**§ 1753[2)] Annahme nach dem Tode.** (1) Der Ausspruch der Annahme kann nicht nach dem Tode des Kindes erfolgen.

(2) Nach dem Tode des Annehmenden ist der Ausspruch nur zulässig, wenn der Annehmende den Antrag beim Familiengericht eingereicht oder bei oder nach der notariellen Beurkundung des Antrags den Notar damit betraut hat, den Antrag einzureichen.

(3) Wird die Annahme nach dem Tode des Annehmenden ausgesprochen, so hat sie die gleiche Wirkung, wie wenn sie vor dem Tode erfolgt wäre.

**§ 1754 Wirkung der Annahme.** (1)[3)] Nimmt ein Ehepaar ein Kind an oder nimmt ein Ehegatte ein Kind des anderen Ehegatten an, so erlangt das Kind die rechtliche Stellung eines gemeinschaftlichen Kindes der Ehegatten.

(2)[3)] In den anderen Fällen erlangt das Kind die rechtliche Stellung eines Kindes des Annehmenden.

(3) Die elterliche Sorge steht in den Fällen des Absatzes 1 den Ehegatten gemeinsam, in den Fällen des Absatzes 2 dem Annehmenden zu.

**§ 1755 Erlöschen von Verwandtschaftsverhältnissen.** (1) [1] Mit der Annahme erlöschen das Verwandtschaftsverhältnis des Kindes und seiner Abkömmlinge zu den bisherigen Verwandten und die sich aus ihm ergebenden Rechte und Pflichten.[3)] [2] Ansprüche des Kindes, die bis zur Annahme entstanden sind, insbesondere auf Renten, Waisengeld und andere entsprechende wiederkehrende Leistungen, werden durch die Annahme nicht berührt; dies gilt nicht für Unterhaltsansprüche.

(2)[3)] Nimmt ein Ehegatte das Kind seines Ehegatten an, so tritt das Erlöschen nur im Verhältnis zu dem anderen Elternteil und dessen Verwandten ein.

---

[1)] § 1752 Überschrift und Abs. 1 geänd. mWv 1.9.2009 durch G v. 17.12.2008 (BGBl. I S. 2586).

[2)] § 1753 Abs. 2 geänd. mWv 1.9.2009 durch G v. 17.12.2008 (BGBl. I S. 2586).

[3)] Beachte hierzu Beschl. des BVerfG v. 26.3.2019 (BGBl. I S. 737):

„1. § 1754 Absatz 1 und Absatz 2 und § 1755 Absatz 1 Satz 1 und Absatz 2 des Bürgerlichen Gesetzbuchs (BGB) in der Fassung des Gesetzes zur Reform des Kindschaftsrechts (Kindschaftsrechtsreformgesetz) vom 16. Dezember 1997 (Bundesgesetzblatt I Seite 2949) sind mit Artikel 3 Absatz 1 des Grundgesetzes insoweit unvereinbar, als danach ein Kind von seinem mit einem rechtlichen Elternteil in nichtehelicher Lebensgemeinschaft lebenden Stiefelternteil unter keinen Umständen adoptiert werden kann, ohne dass die verwandtschaftliche Beziehung zum rechtlichen Elternteil erlischt.

2. Der Gesetzgeber ist verpflichtet, bis zum 31. März 2020 eine verfassungsgemäße Regelung zu treffen. Bis zur gesetzlichen Neuregelung ist das geltende Recht auf nichteheliche Stiefkindfamilien nicht anwendbar; Verfahren sind insoweit bis zu dieser Neuregelung auszusetzen."

**§ 1756 Bestehenbleiben von Verwandtschaftsverhältnissen.** (1) Sind die Annehmenden mit dem Kind im zweiten oder dritten Grad verwandt oder verschwägert, so erlöschen nur das Verwandtschaftsverhältnis des Kindes und seiner Abkömmlinge zu den Eltern des Kindes und die sich aus ihm ergebenden Rechte und Pflichten.

(2) Nimmt ein Ehegatte das Kind seines Ehegatten an, so erlischt das Verwandtschaftsverhältnis nicht im Verhältnis zu den Verwandten des anderen Elternteils, wenn dieser die elterliche Sorge hatte und verstorben ist.

**§ 1757[1] Name des Kindes.** (1) [1] Das Kind erhält als Geburtsnamen den Familiennamen des Annehmenden. [2] Als Familienname gilt nicht der dem Ehenamen oder dem Lebenspartnerschaftsnamen hinzugefügte Name (§ 1355 Abs. 4; § 3 Abs. 2 des Lebenspartnerschaftsgesetzes[2]).

(2) [1] Nimmt ein Ehepaar ein Kind an oder nimmt ein Ehegatte ein Kind des anderen Ehegatten an und führen die Ehegatten keinen Ehenamen, so bestimmen sie den Geburtsnamen des Kindes vor dem Ausspruch der Annahme durch Erklärung gegenüber dem Familiengericht; § 1617 Abs. 1 gilt entsprechend. [2] Hat das Kind das fünfte Lebensjahr vollendet, so ist die Bestimmung nur wirksam, wenn es sich der Bestimmung vor dem Ausspruch der Annahme durch Erklärung gegenüber dem Familiengericht anschließt; § 1617c Abs. 1 Satz 2 gilt entsprechend.

(3) [1] Das Familiengericht kann auf Antrag des Annehmenden mit Einwilligung des Kindes mit dem Ausspruch der Annahme

1. Vornamen des Kindes ändern oder ihm einen oder mehrere neue Vornamen beigeben, wenn dies dem Wohl des Kindes entspricht;
2. dem neuen Familiennamen des Kindes den bisherigen Familiennamen voranstellen oder anfügen, wenn dies aus schwerwiegenden Gründen zum Wohl des Kindes erforderlich ist.

[2] § 1746 Abs. 1 Satz 2, 3, Abs. 3 erster Halbsatz ist entsprechend anzuwenden.

**§ 1758[3] Offenbarungs- und Ausforschungsverbot.** (1) Tatsachen, die geeignet sind, die Annahme und ihre Umstände aufzudecken, dürfen ohne Zustimmung des Annehmenden und des Kindes nicht offenbart oder ausgeforscht werden, es sei denn, dass besondere Gründe des öffentlichen Interesses dies erfordern.

(2) [1] Absatz 1 gilt sinngemäß, wenn die nach § 1747 erforderliche Einwilligung erteilt ist. [2] Das Familiengericht kann anordnen, dass die Wirkungen des Absatzes 1 eintreten, wenn ein Antrag auf Ersetzung der Einwilligung eines Elternteils gestellt worden ist.

**§ 1759 Aufhebung des Annahmeverhältnisses.** Das Annahmeverhältnis kann nur in den Fällen der §§ 1760, 1763 aufgehoben werden.

**§ 1760[4] [5] Aufhebung wegen fehlender Erklärungen.** (1) Das Annahmeverhältnis kann auf Antrag vom Familiengericht aufgehoben werden, wenn es ohne

---

[1] § 1757 Abs. 2 Sätze 1 und 2, Abs. 3 und Abs. 4 Satz 1 einl. Satzteil geänd. mWv 1.9.2009 durch G v. 17.12.2008 (BGBl. I S. 2586); Abs. 3 aufgeh., bish. Abs. 4 wird Abs. 3 mWv 22.7.2017 durch G v. 17.7. 2017 (BGBl. I S. 2429).

[2] **Habersack, Deutsche Gesetze ErgBd. Nr. 43.**

[3] § 1758 Abs. 2 Satz 2 geänd. mWv 1.9.2009 durch G v. 17.12.2008 (BGBl. I S. 2586).

[4] § 1760 Abs. 1 geänd. mWv 1.9.2009 durch G v. 17.12.2008 (BGBl. I S. 2586).

[5] Im Verfahren nach § 1760 hat das Jugendamt mitzuwirken; vgl. § 50 Abs. 1 Satz 1 SGB VIII **(Habersack, Deutsche Gesetze ErgBd. Nr. 46)**.

Antrag des Annehmenden, ohne die Einwilligung des Kindes oder ohne die erforderliche Einwilligung eines Elternteils begründet worden ist.

(2) Der Antrag oder eine Einwilligung ist nur dann unwirksam, wenn der Erklärende

a) zur Zeit der Erklärung sich im Zustand der Bewusstlosigkeit oder vorübergehenden Störung der Geistestätigkeit befand, wenn der Antragsteller geschäftsunfähig war oder das geschäftsunfähige oder noch nicht 14 Jahre alte Kind die Einwilligung selbst erteilt hat,

b) nicht gewusst hat, dass es sich um eine Annahme als Kind handelt, oder wenn er dies zwar gewusst hat, aber einen Annahmeantrag nicht hat stellen oder eine Einwilligung zur Annahme nicht hat abgeben wollen oder wenn sich der Annehmende in der Person des anzunehmenden Kindes oder wenn sich das anzunehmende Kind in der Person des Annehmenden geirrt hat,

c) durch arglistige Täuschung über wesentliche Umstände zur Erklärung bestimmt worden ist,

d) widerrechtlich durch Drohung zur Erklärung bestimmt worden ist,

e) die Einwilligung vor Ablauf der in § 1747 Abs. 2 Satz 1 bestimmten Frist erteilt hat.

(3) [1] Die Aufhebung ist ausgeschlossen, wenn der Erklärende nach Wegfall der Geschäftsunfähigkeit, der Bewusstlosigkeit, der Störung der Geistestätigkeit, der durch die Drohung bestimmten Zwangslage, nach der Entdeckung des Irrtums oder nach Ablauf der in § 1747 Abs. 2 Satz 1 bestimmten Frist den Antrag oder die Einwilligung nachgeholt oder sonst zu erkennen gegeben hat, dass das Annahmeverhältnis aufrechterhalten werden soll. [2] Die Vorschriften des § 1746 Abs. 1 Satz 2, 3 und des § 1750 Abs. 3 Satz 1, 2 sind entsprechend anzuwenden.

(4) Die Aufhebung wegen arglistiger Täuschung über wesentliche Umstände ist ferner ausgeschlossen, wenn über Vermögensverhältnisse des Annehmenden oder des Kindes getäuscht worden ist oder wenn die Täuschung ohne Wissen eines Antrags- oder Einwilligungsberechtigten von jemand verübt worden ist, der weder antrags- noch einwilligungsberechtigt noch zur Vermittlung der Annahme befugt war.

(5) [1] Ist beim Ausspruch der Annahme zu Unrecht angenommen worden, dass ein Elternteil zur Abgabe der Erklärung dauernd außerstande oder sein Aufenthalt dauernd unbekannt sei, so ist die Aufhebung ausgeschlossen, wenn der Elternteil die Einwilligung nachgeholt oder sonst zu erkennen gegeben hat, dass das Annahmeverhältnis aufrechterhalten werden soll. [2] Die Vorschrift des § 1750 Abs. 3 Satz 1, 2 ist entsprechend anzuwenden.

**§ 1761 Aufhebungshindernisse.** (1) Das Annahmeverhältnis kann nicht aufgehoben werden, weil eine erforderliche Einwilligung nicht eingeholt worden oder nach § 1760 Abs. 2 unwirksam ist, wenn die Voraussetzungen für die Ersetzung der Einwilligung beim Ausspruch der Annahme vorgelegen haben oder wenn sie zum Zeitpunkt der Entscheidung über den Aufhebungsantrag vorliegen; dabei ist es unschädlich, wenn eine Belehrung oder Beratung nach § 1748 Abs. 2 nicht erfolgt ist.

(2) Das Annahmeverhältnis darf nicht aufgehoben werden, wenn dadurch das Wohl des Kindes erheblich gefährdet würde, es sei denn, dass überwiegende Interessen des Annehmenden die Aufhebung erfordern.

**§ 1762 Antragsberechtigung; Antragsfrist, Form.** (1) [1] Antragsberechtigt ist nur derjenige, ohne dessen Antrag oder Einwilligung das Kind angenommen worden ist. [2] Für ein Kind, das geschäftsunfähig oder noch nicht 14 Jahre alt ist, und für den Annehmenden, der geschäftsunfähig ist, können die gesetzlichen Vertreter den Antrag stellen. [3] Im Übrigen kann der Antrag nicht durch einen Vertreter gestellt werden. [4] Ist der Antragsberechtigte in der Geschäftsfähigkeit beschränkt, so ist die Zustimmung des gesetzlichen Vertreters nicht erforderlich.

(2) [1] Der Antrag kann nur innerhalb eines Jahres gestellt werden, wenn seit der Annahme noch keine drei Jahre verstrichen sind. [2] Die Frist beginnt

a) in den Fällen des § 1760 Abs. 2 Buchstabe a mit dem Zeitpunkt, in dem der Erklärende zumindest die beschränkte Geschäftsfähigkeit erlangt hat oder in dem dem gesetzlichen Vertreter des geschäftsunfähigen Annehmenden oder des noch nicht 14 Jahre alten oder geschäftsunfähigen Kindes die Erklärung bekannt wird;

b) in den Fällen des § 1760 Abs. 2 Buchstabe b, c mit dem Zeitpunkt, in dem der Erklärende den Irrtum oder die Täuschung entdeckt;

c) in dem Falle des § 1760 Abs. 2 Buchstabe d mit dem Zeitpunkt, in dem die Zwangslage aufhört;

d) in dem Falle des § 1760 Abs. 2 Buchstabe e nach Ablauf der in § 1747 Abs. 2 Satz 1 bestimmten Frist;

e) in den Fällen des § 1760 Abs. 5 mit dem Zeitpunkt, in dem dem Elternteil bekannt wird, dass die Annahme ohne seine Einwilligung erfolgt ist.

[3] Die für die Verjährung geltenden Vorschriften der §§ 206, 210 sind entsprechend anzuwenden.

(3) Der Antrag bedarf der notariellen Beurkundung.

**§ 1763[1) 2)] Aufhebung von Amts wegen.** (1) Während der Minderjährigkeit des Kindes kann das Familiengericht das Annahmeverhältnis von Amts wegen aufheben, wenn dies aus schwerwiegenden Gründen zum Wohl des Kindes erforderlich ist.

(2) Ist das Kind von einem Ehepaar angenommen, so kann auch das zwischen dem Kind und einem Ehegatten bestehende Annahmeverhältnis aufgehoben werden.

(3) Das Annahmeverhältnis darf nur aufgehoben werden,

a) wenn in dem Falle des Absatzes 2 der andere Ehegatte oder wenn ein leiblicher Elternteil bereit ist, die Pflege und Erziehung des Kindes zu übernehmen, und wenn die Ausübung der elterlichen Sorge durch ihn dem Wohl des Kindes nicht widersprechen würde oder

b) wenn die Aufhebung eine erneute Annahme des Kindes ermöglichen soll.

**§ 1764[3)] Wirkung der Aufhebung.** (1) [1] Die Aufhebung wirkt nur für die Zukunft. [2] Hebt das Familiengericht das Annahmeverhältnis nach dem Tode des Annehmenden auf dessen Antrag oder nach dem Tode des Kindes auf dessen Antrag auf, so hat dies die gleiche Wirkung, wie wenn das Annahmeverhältnis vor dem Tode aufgehoben worden wäre.

---

[1)] § 1763 Abs. 1 geänd. mWv 1.9.2009 durch G v. 17.12.2008 (BGBl. I S. 2586).

[2)] Im Verfahren nach § 1763 hat das Jugendamt mitzuwirken; vgl. § 50 Abs. 1 Satz 1 SGB VIII **(Habersack, Deutsche Gesetze ErgBd. Nr. 46)**.

[3)] § 1764 Abs. 1 Satz 2 und Abs. 4 geänd. mWv 1.9.2009 durch G v. 17.12.2008 (BGBl. I S. 2586).

(2) Mit der Aufhebung der Annahme als Kind erlöschen das durch die Annahme begründete Verwandtschaftsverhältnis des Kindes und seiner Abkömmlinge zu den bisherigen Verwandten und die sich aus ihm ergebenden Rechte und Pflichten.

(3) Gleichzeitig leben das Verwandtschaftsverhältnis des Kindes und seiner Abkömmlinge zu den leiblichen Verwandten des Kindes und die sich aus ihm ergebenden Rechte und Pflichten, mit Ausnahme der elterlichen Sorge, wieder auf.

(4) Das Familiengericht hat den leiblichen Eltern die elterliche Sorge zurückzuübertragen, wenn und soweit dies dem Wohl des Kindes nicht widerspricht; andernfalls bestellt es einen Vormund oder Pfleger.[1)]

(5) Besteht das Annahmeverhältnis zu einem Ehepaar und erfolgt die Aufhebung nur im Verhältnis zu einem Ehegatten, so treten die Wirkungen des Absatzes 2 nur zwischen dem Kind und seinen Abkömmlingen und diesem Ehegatten und dessen Verwandten ein; die Wirkungen des Absatzes 3 treten nicht ein.

**§ 1765[2)] Name des Kindes nach der Aufhebung.** (1) [1] Mit der Aufhebung der Annahme als Kind verliert das Kind das Recht, den Familiennamen des Annehmenden als Geburtsnamen zu führen. [2] Satz 1 ist in den Fällen des § 1754 Abs. 1 nicht anzuwenden, wenn das Kind einen Geburtsnamen nach § 1757 Abs. 1 führt und das Annahmeverhältnis zu einem Ehegatten allein aufgehoben wird. [3] Ist der Geburtsname zum Ehenamen oder Lebenspartnerschaftsnamen des Kindes geworden, so bleibt dieser unberührt.

(2) [1] Auf Antrag des Kindes kann das Familiengericht mit der Aufhebung anordnen, dass das Kind den Familiennamen behält, den es durch die Annahme erworben hat, wenn das Kind ein berechtigtes Interesse an der Führung dieses Namens hat. [2] § 1746 Abs. 1 Satz 2, 3 ist entsprechend anzuwenden.

(3) Ist der durch die Annahme erworbene Name zum Ehenamen oder Lebenspartnerschaftsnamen geworden, so hat das Familiengericht auf gemeinsamen Antrag der Ehegatten oder Lebenspartner mit der Aufhebung anzuordnen, dass die Ehegatten oder Lebenspartner als Ehenamen oder Lebenspartnerschaftsnamen den Geburtsnamen führen, den das Kind vor der Annahme geführt hat.

**§ 1766 Ehe zwischen Annehmendem und Kind.** [1] Schließt ein Annehmender mit dem Angenommenen oder einem seiner Abkömmlinge den eherechtlichen Vorschriften zuwider die Ehe, so wird mit der Eheschließung das durch die Annahme zwischen ihnen begründete Rechtsverhältnis aufgehoben. [2] §§ 1764, 1765 sind nicht anzuwenden.

**§ 1766a[3)] Annahme von Kindern des nichtehelichen Partners.**

(1) Für zwei Personen, die in einer verfestigten Lebensgemeinschaft in einem gemeinsamen Haushalt leben, gelten die Vorschriften dieses Untertitels über die Annahme eines Kindes des anderen Ehegatten entsprechend.

(2) [1] Eine verfestigte Lebensgemeinschaft im Sinne des Absatzes 1 liegt in der Regel vor, wenn die Personen

---

[1)] Im Verfahren nach § 1764 Abs. 4 hat das Jugendamt mitzuwirken; vgl. § 50 Abs. 1 Satz 1 SGB VIII **(Habersack, Deutsche Gesetze ErgBd. Nr. 46)**.

[2)] § 1765 Abs. 2 Satz 1 und Abs. 3 geänd. mWv 1.9.2009 durch G v. 17.12.2008 (BGBl. I S. 2586).

[3)] § 1766a eingef. mWv 31.3.2020 durch G v. 19.3.2020 (BGBl. I S. 541).

1. seit mindestens vier Jahren oder
2. als Eltern eines gemeinschaftlichen Kindes mit diesem

eheähnlich zusammenleben. [2] Sie liegt in der Regel nicht vor, wenn ein Partner mit einem Dritten verheiratet ist.

(3) [1] Ist der Annehmende mit einem Dritten verheiratet, so kann er das Kind seines Partners nur allein annehmen. [2] Die Einwilligung des Dritten in die Annahme ist erforderlich. [3] § 1749 Absatz 1 Satz 2 und 3 und Absatz 2 gilt entsprechend.

### Untertitel 2. Annahme Volljähriger

**§ 1767[1)] Zulässigkeit der Annahme, anzuwendende Vorschriften.**

(1) Ein Volljähriger kann als Kind angenommen werden, wenn die Annahme sittlich gerechtfertigt ist; dies ist insbesondere anzunehmen, wenn zwischen dem Annehmenden und dem Anzunehmenden ein Eltern-Kind-Verhältnis bereits entstanden ist.

(2) [1] Für die Annahme Volljähriger gelten die Vorschriften über die Annahme Minderjähriger sinngemäß, soweit sich aus den folgenden Vorschriften nichts anderes ergibt. [2] Zur Annahme eines Verheirateten oder einer Person, die eine Lebenspartnerschaft führt, ist die Einwilligung seines Ehegatten oder ihres Lebenspartners erforderlich. [3] Die Änderung des Geburtsnamens erstreckt sich auf den Ehe- oder Lebenspartnerschaftsnamen des Angenommenen nur dann, wenn sich auch der Ehegatte oder Lebenspartner der Namensänderung vor dem Ausspruch der Annahme durch Erklärung gegenüber dem Familiengericht anschließt; die Erklärung muss öffentlich beglaubigt werden.

**§ 1768[2)] Antrag.** (1) [1] Die Annahme eines Volljährigen wird auf Antrag des Annehmenden und des Anzunehmenden vom Familiengericht ausgesprochen. [2] §§ 1742, 1744, 1745, 1746 Abs. 1, 2, § 1747 sind nicht anzuwenden.

(2) Für einen Anzunehmenden, der geschäftsunfähig ist, kann der Antrag nur von seinem gesetzlichen Vertreter gestellt werden.

**§ 1769 Verbot der Annahme.** Die Annahme eines Volljährigen darf nicht ausgesprochen werden, wenn ihr überwiegende Interessen der Kinder des Annehmenden oder des Anzunehmenden entgegenstehen.

**§ 1770[3)] Wirkung der Annahme.** (1) [1] Die Wirkungen der Annahme eines Volljährigen erstrecken sich nicht auf die Verwandten des Annehmenden. [2] Der Ehegatte oder Lebenspartner des Annehmenden wird nicht mit dem Angenommenen, dessen Ehegatte oder Lebenspartner wird nicht mit dem Annehmenden verschwägert.

(2) Die Rechte und Pflichten aus dem Verwandtschaftsverhältnis des Angenommenen und seiner Abkömmlinge zu ihren Verwandten werden durch die Annahme nicht berührt, soweit das Gesetz nichts anderes vorschreibt.

(3) Der Annehmende ist dem Angenommenen und dessen Abkömmlingen vor den leiblichen Verwandten des Angenommenen zur Gewährung des Unterhalts verpflichtet.

---

1) § 1767 Abs. 2 Satz 3 angef. mWv 1.1.2005 durch G v. 15.12.2004 (BGBl. I S. 3396); Abs. 2 Sätze 2 und 3 neu gef. mWv 22.7.2017 durch G v. 17.7.2017 (BGBl. I S. 2429).

2) § 1768 Abs. 1 Satz 1 geänd. mWv 1.9.2009 durch G v. 17.12.2008 (BGBl. I S. 2586).

3) § 1770 Abs. 1 Satz 2 geänd. mWv 1.1.2005 durch G v. 15.12.2004 (BGBl. I S. 3396).

**§ 1771[1)] Aufhebung des Annahmeverhältnisses.** [1]Das Familiengericht kann das Annahmeverhältnis, das zu einem Volljährigen begründet worden ist, auf Antrag des Annehmenden und des Angenommenen aufheben, wenn ein wichtiger Grund vorliegt. [2]Im Übrigen kann das Annahmeverhältnis nur in sinngemäßer Anwendung der Vorschrift des § 1760 Abs. 1 bis 5 aufgehoben werden. [3]An die Stelle der Einwilligung des Kindes tritt der Antrag des Anzunehmenden.

**§ 1772[2)] Annahme mit den Wirkungen der Minderjährigenannahme.**

(1) [1]Das Familiengericht kann beim Ausspruch der Annahme eines Volljährigen auf Antrag des Annehmenden und des Anzunehmenden bestimmen, dass sich die Wirkungen der Annahme nach den Vorschriften über die Annahme eines Minderjährigen oder eines verwandten Minderjährigen richten (§§ 1754 bis 1756), wenn

a) ein minderjähriger Bruder oder eine minderjährige Schwester des Anzunehmenden von dem Annehmenden als Kind angenommen worden ist oder gleichzeitig angenommen wird oder
b) der Anzunehmende bereits als Minderjähriger in die Familie des Annehmenden aufgenommen worden ist oder
c) der Annehmende das Kind seines Ehegatten annimmt oder
d) der Anzunehmende in dem Zeitpunkt, in dem der Antrag auf Annahme bei dem Familiengericht eingereicht wird, noch nicht volljährig ist.

[2]Eine solche Bestimmung darf nicht getroffen werden, wenn ihr überwiegende Interessen der Eltern des Anzunehmenden entgegenstehen.

(2) [1]Das Annahmeverhältnis kann in den Fällen des Absatzes 1 nur in sinngemäßer Anwendung der Vorschrift des § 1760 Abs. 1 bis 5 aufgehoben werden. [2]An die Stelle der Einwilligung des Kindes tritt der Antrag des Anzunehmenden.

## Abschnitt 3.[3)] Vormundschaft, Pflegschaft für Minderjährige, rechtliche Betreuung, sonstige Pflegschaft

### Titel 1.[3)] [4)] Vormundschaft

#### Untertitel 1.[3)] Begründung der Vormundschaft

##### Kapitel 1.[3)] Bestellte Vormundschaft

###### Unterkapitel 1.[3)] Allgemeine Vorschriften

**§ 1773[3)] Voraussetzungen der Vormundschaft; Bestellung des Vormunds.** (1) Das Familiengericht hat die Vormundschaft für einen Minderjährigen anzuordnen und ihm einen Vormund zu bestellen, wenn

1. er nicht unter elterlicher Sorge steht,
2. seine Eltern nicht berechtigt sind, ihn in den seine Person und sein Vermögen betreffenden Angelegenheiten zu vertreten, oder
3. sein Familienstand nicht zu ermitteln ist.

---

[1)] § 1771 Satz 1 geänd. mWv 1.9.2009 durch G v. 17.12.2008 (BGBl. I S. 2586).

[2)] § 1772 Abs. 1 Satz 1 einl. Satzteil und Buchst. d geänd. mWv 1.9.2009 durch G v. 17.12.2008 (BGBl. I S. 2586).

[3)] Buch 4 Abschnitt 3 (§§ 1773–1888) neu gef. mWv 1.1.2023 durch G v. 4.5.2021 (BGBl. I S. 882).

[4)] Vgl. auch Haager Übereinkommen v. 5. Oktober 1961 über die Zuständigkeit der Behörden und das anzuwendende Recht auf dem Gebiet des Schutzes von Minderjährigen v. 5.10.1961 (BGBl. 1971 II S. 217).

(2) [1] Ist anzunehmen, dass ein Kind mit seiner Geburt einen Vormund benötigt, so kann schon vor der Geburt des Kindes eine Vormundschaft angeordnet und ein Vormund bestellt werden. [2] Die Bestellung wird mit der Geburt des Kindes wirksam.

**§ 1774[1)] Vormund.** (1) Zum Vormund kann bestellt werden:
1. eine natürliche Person, die die Vormundschaft ehrenamtlich führt,
2. eine natürliche Person, die die Vormundschaft beruflich selbständig führt (Berufsvormund),
3. ein Mitarbeiter eines vom überörtlichen Träger der Jugendhilfe anerkannten Vormundschaftsvereins, wenn der Mitarbeiter dort ausschließlich oder teilweise als Vormund tätig ist (Vereinsvormund), oder
4. das Jugendamt.

(2) Zum vorläufigen Vormund kann bestellt werden:
1. ein vom überörtlichen Träger der Jugendhilfe anerkannter Vormundschaftsverein,
2. das Jugendamt.

**§ 1775[1)] Mehrere Vormünder.** (1) Ehegatten können gemeinschaftlich zu Vormündern bestellt werden.

(2) Für Geschwister soll nur ein Vormund bestellt werden, es sei denn, es liegen besondere Gründe vor, jeweils einen Vormund für einzelne Geschwister zu bestellen.

**§ 1776[1)] Zusätzlicher Pfleger.** (1) [1] Das Familiengericht kann bei Bestellung eines ehrenamtlichen Vormunds mit dessen Einverständnis einzelne Sorgeangelegenheiten oder eine bestimmte Art von Sorgeangelegenheiten auf einen Pfleger übertragen, wenn die Übertragung dieser Angelegenheiten dem Wohl des Mündels dient. [2] Die Übertragung ist auch nachträglich möglich, wenn der Vormund zustimmt.

(2) [1] Die Übertragung ist ganz oder teilweise aufzuheben,
1. wenn sie dem Wohl des Mündels widerspricht,
2. auf Antrag des Vormunds oder des Pflegers, wenn der jeweils andere Teil zustimmt und die Aufhebung dem Wohl des Mündels nicht widerspricht, oder
3. auf Antrag des Mündels, der das 14. Lebensjahr vollendet hat, wenn Vormund und Pfleger der Aufhebung zustimmen.

[2] Die Zustimmung gemäß Satz 1 Nummer 2 und 3 ist entbehrlich, wenn ein wichtiger Grund für die Aufhebung vorliegt.

(3) [1] Im Übrigen gelten die Vorschriften über die Pflegschaft für Minderjährige entsprechend. [2] Neben einem Pfleger nach § 1809 oder § 1777 kann ein Pfleger nach Absatz 1 nicht bestellt werden.

**§ 1777[1)] Übertragung von Sorgeangelegenheiten auf die Pflegeperson als Pfleger.** (1) [1] Das Familiengericht überträgt auf Antrag des Vormunds oder der Pflegeperson einzelne Sorgeangelegenheiten oder eine bestimmte Art von Sorgeangelegenheiten auf die Pflegeperson als Pfleger, wenn

[1)] Buch 4 Abschnitt 3 (§§ 1773–1888) neu gef. mWv 1.1.2023 durch G v. 4.5.2021 (BGBl. I S. 882).

1. der Mündel seit längerer Zeit bei der Pflegeperson lebt oder bereits bei Begründung des Pflegeverhältnisses eine persönliche Bindung zwischen dem Mündel und der Pflegeperson besteht,
2. die Pflegeperson oder der Vormund dem Antrag des jeweils anderen auf Übertragung zustimmt und
3. die Übertragung dem Wohl des Mündels dient.

[2] Ein entgegenstehender Wille des Mündels ist zu berücksichtigen.

(2) Sorgeangelegenheiten, deren Regelung für den Mündel von erheblicher Bedeutung ist, werden der Pflegeperson nur zur gemeinsamen Wahrnehmung mit dem Vormund übertragen.

(3) [1] Den Antrag auf Übertragung nach Absatz 1 Satz 1 kann auch der Mündel stellen, wenn er das 14. Lebensjahr vollendet hat. [2] Für die Übertragung ist die Zustimmung des Vormunds und der Pflegeperson erforderlich.

(4) [1] § 1776 Absatz 2 gilt entsprechend. [2] Im Übrigen gelten die Vorschriften über die Pflegschaft für Minderjährige entsprechend. [3] Neben einem Pfleger nach § 1809 oder § 1776 kann die Pflegeperson nicht zum Pfleger bestellt werden.

### Unterkapitel 2.[1] Auswahl des Vormunds

**§ 1778[1] Auswahl des Vormunds durch das Familiengericht.** (1) Ist die Vormundschaft nicht einem nach § 1782 Benannten zu übertragen, hat das Familiengericht den Vormund auszuwählen, der am besten geeignet ist, für die Person und das Vermögen des Mündels zu sorgen.

(2) Bei der Auswahl sind insbesondere zu berücksichtigen:
1. der Wille des Mündels, seine familiären Beziehungen, seine persönlichen Bindungen, sein religiöses Bekenntnis und sein kultureller Hintergrund,
2. der wirkliche oder mutmaßliche Wille der Eltern und
3. die Lebensumstände des Mündels.

**§ 1779[1] Eignung der Person; Vorrang des ehrenamtlichen Vormunds.**

(1) Eine natürliche Person muss nach
1. ihren Kenntnissen und Erfahrungen,
2. ihren persönlichen Eigenschaften,
3. ihren persönlichen Verhältnissen und ihrer Vermögenslage sowie
4. ihrer Fähigkeit und Bereitschaft zur Zusammenarbeit mit den anderen an der Erziehung des Mündels beteiligten Personen

geeignet sein, die Vormundschaft so zu führen, wie es das Wohl des Mündels erfordert.

(2) [1] Eine natürliche Person, die geeignet und bereit ist, die Vormundschaft ehrenamtlich zu führen, hat gegenüber den in § 1774 Absatz 1 Nummer 2 bis 4 genannten Vormündern Vorrang. [2] Von ihrer Eignung ist auch dann auszugehen, wenn ein zusätzlicher Pfleger nach § 1776 bestellt wird.

**§ 1780[1] Berücksichtigung der beruflichen Belastung des Berufs- und Vereinsvormunds.** [1] Soll ein Berufsvormund oder ein Vereinsvormund bestellt werden, ist seine berufliche Arbeitsbelastung, insbesondere die Anzahl und der

---

[1] Buch 4 Abschnitt 3 (§§ 1773–1888) neu gef. mWv 1.1.2023 durch G v. 4.5.2021 (BGBl. I S. 882).

Umfang der bereits zu führenden Vormundschaften und Pflegschaften zu berücksichtigen. [2] Er ist dem Familiengericht zur Auskunft hierüber verpflichtet.

**§ 1781[1)] Bestellung eines vorläufigen Vormunds.** (1) Sind die erforderlichen Ermittlungen zur Auswahl des geeigneten Vormunds insbesondere im persönlichen Umfeld des Mündels im Zeitpunkt der Anordnung der Vormundschaft noch nicht abgeschlossen oder besteht ein vorübergehendes Hindernis für die Bestellung des Vormunds, bestellt das Familiengericht einen vorläufigen Vormund.

(2) [1] Der Vormundschaftsverein überträgt die Aufgaben des vorläufigen Vormunds einzelnen seiner Mitarbeiter; § 1784 gilt entsprechend. [2] Der Vormundschaftsverein hat dem Familiengericht alsbald, spätestens binnen zwei Wochen nach seiner Bestellung zum vorläufigen Vormund mitzuteilen, welchem Mitarbeiter die Ausübung der Aufgaben des vorläufigen Vormunds übertragen worden sind.

(3) [1] Das Familiengericht hat den Vormund alsbald, längstens aber binnen drei Monaten ab Bestellung des vorläufigen Vormunds zu bestellen. [2] Die Frist kann durch Beschluss des Gerichts nach Anhörung der Beteiligten um höchstens weitere drei Monate verlängert werden, wenn trotz eingeleiteter Ermittlungen des Familiengerichts der für den Mündel am besten geeignete Vormund noch nicht bestellt werden konnte.

(4) Die Bestellung des Jugendamtes oder eines Vereinsmitarbeiters zum Vormund ist auch erforderlich, wenn das Familiengericht das Jugendamt oder einen Vormundschaftsverein zuvor als vorläufigen Vormund ausgewählt hat.

(5) Mit der Bestellung des Vormunds endet das Amt des vorläufigen Vormunds.

**§ 1782[1)] Benennung und Ausschluss als Vormund durch die Eltern.**

(1) [1] Die Eltern können durch letztwillige Verfügung eine natürliche Person als Vormund oder Ehegatten als gemeinschaftliche Vormünder benennen oder von der Vormundschaft ausschließen, wenn ihnen zur Zeit ihres Todes die Sorge für die Person und das Vermögen des Kindes zusteht. [2] Die Benennung und der Ausschluss können schon vor der Geburt des Kindes erfolgen, wenn dem jeweiligen Elternteil die Sorge für die Person und das Vermögen des Kindes zustünde, falls es vor dem Tod des Elternteils geboren wäre.

(2) Haben die Eltern widersprüchliche letztwillige Verfügungen zur Benennung oder zum Ausschluss von Vormündern getroffen, so gilt die Verfügung durch den zuletzt verstorbenen Elternteil.

**§ 1783[1)] Übergehen der benannten Person.** (1) Die benannte Person darf als Vormund ohne ihre Zustimmung nur übergangen werden, wenn

1. sie nach § 1784 nicht zum Vormund bestellt werden kann oder soll,
2. ihre Bestellung dem Wohl des Mündels widersprechen würde,
3. der Mündel, der das 14. Lebensjahr vollendet hat, der Bestellung widerspricht,
4. sie aus rechtlichen oder tatsächlichen Gründen an der Übernahme der Vormundschaft verhindert ist oder
5. sie sich nicht binnen vier Wochen ab der Aufforderung des Familiengerichts zur Übernahme der Vormundschaft bereit erklärt hat.

---

[1)] Buch 4 Abschnitt 3 (§§ 1773–1888) neu gef. mWv 1.1.2023 durch G v. 4.5.2021 (BGBl. I S. 882).

(2) Wurde die benannte Person gemäß Absatz 1 Nummer 4 übergangen und war sie nur vorübergehend verhindert, so ist sie auf ihren Antrag anstelle des bisherigen Vormunds zum Vormund zu bestellen, wenn

1. sie den Antrag innerhalb von sechs Monaten nach der Bestellung des bisherigen Vormunds gestellt hat,
2. die Entlassung des bisherigen Vormunds dem Wohl des Mündels nicht widerspricht und
3. der Mündel, der das 14. Lebensjahr vollendet hat, der Entlassung des bisherigen Vormunds nicht widerspricht.

**§ 1784**[1] **Ausschlussgründe.** (1) Nicht zum Vormund bestellt werden kann, wer geschäftsunfähig ist.

(2) Nicht zum Vormund bestellt werden soll in der Regel eine Person,

1. die minderjährig ist,
2. für die ein Betreuer bestellt ist, sofern die Betreuung die für die Führung der Vormundschaft wesentlichen Angelegenheiten umfasst, oder für die ein Einwilligungsvorbehalt nach § 1825 angeordnet ist,
3. die die Eltern gemäß § 1782 als Vormund ausgeschlossen haben, oder
4. die zu einer Einrichtung, in der der Mündel lebt, in einem Abhängigkeitsverhältnis oder in einer anderen engen Beziehung steht.

**§ 1785**[1] **Übernahmepflicht; weitere Bestellungsvoraussetzungen.**

(1) Die vom Familiengericht ausgewählte Person ist verpflichtet, die Vormundschaft zu übernehmen, wenn ihr die Übernahme unter Berücksichtigung ihrer familiären, beruflichen und sonstigen Verhältnisse zugemutet werden kann.

(2) Die ausgewählte Person darf erst dann zum Vormund bestellt werden, wenn sie sich zur Übernahme der Vormundschaft bereit erklärt hat.

(3) Der Vormundschaftsverein und der Vereinsvormund dürfen nur mit Einwilligung des Vereins bestellt werden.

### Kapitel 2.[1] Gesetzliche Amtsvormundschaft

**§ 1786**[1] **Amtsvormundschaft bei Fehlen eines sorgeberechtigten Elternteils.** [1] Mit der Geburt eines Kindes, dessen Eltern nicht miteinander verheiratet sind und das eines Vormunds bedarf, wird das Jugendamt Vormund, wenn das Kind seinen gewöhnlichen Aufenthalt im Inland hat. [2] Dies gilt nicht, wenn bereits vor der Geburt des Kindes ein Vormund bestellt ist. [3] Wurde die Vaterschaft nach § 1592 Nummer 1 oder 2 durch Anfechtung beseitigt und bedarf das Kind eines Vormunds, so wird das Jugendamt in dem Zeitpunkt Vormund, in dem die Entscheidung rechtskräftig wird.

**§ 1787**[1] **Amtsvormundschaft bei vertraulicher Geburt.** Wird ein Kind vertraulich geboren (§ 25 Absatz 1 Satz 2 des Schwangerschaftskonfliktgesetzes[2]), wird das Jugendamt mit der Geburt des Kindes Vormund.

---

[1] Buch 4 Abschnitt 3 (§§ 1773–1888) neu gef. mWv 1.1.2023 durch G v. 4.5.2021 (BGBl. I S. 882).
[2] **Habersack, Deutsche Gesetze ErgBd. Nr. 85e.**

**Untertitel 2.[1] Führung der Vormundschaft**

**Kapitel 1.[1] Allgemeine Vorschriften**

**§ 1788[1] Rechte des Mündels.** Der Mündel hat insbesondere das Recht auf

1. Förderung seiner Entwicklung und Erziehung zu einer eigenverantwortlichen und gemeinschaftsfähigen Persönlichkeit,
2. Pflege und Erziehung unter Ausschluss von Gewalt, körperlichen Bestrafungen, seelischen Verletzungen und anderen entwürdigenden Maßnahmen,
3. persönlichen Kontakt mit dem Vormund,
4. Achtung seines Willens, seiner persönlichen Bindungen, seines religiösen Bekenntnisses und kulturellen Hintergrunds sowie
5. Beteiligung an ihn betreffenden Angelegenheiten, soweit es nach seinem Entwicklungsstand angezeigt ist.

**§ 1789[1] Sorge des Vormunds; Vertretung und Haftung des Mündels.**

(1) [1] Der Vormund hat die Pflicht und das Recht, für die Person und das Vermögen des Mündels zu sorgen. [2] Ausgenommen sind Angelegenheiten, für die ein Pfleger bestellt ist, es sei denn, die Angelegenheiten sind dem Pfleger mit dem Vormund zur gemeinsamen Wahrnehmung übertragen.

(2) [1] Der Vormund vertritt den Mündel. [2] § 1824 gilt entsprechend. [3] Das Familiengericht kann dem Vormund die Vertretung für einzelne Angelegenheiten entziehen. [4] Die Entziehung soll nur erfolgen, wenn das Interesse des Mündels zu dem Interesse des Vormunds, eines von diesem vertretenen Dritten oder einer der in § 1824 Absatz 1 Nummer 1 bezeichneten Personen in erheblichem Gegensatz steht.

(3) Für Verbindlichkeiten, die im Rahmen der Vertretungsmacht nach Absatz 2 gegenüber dem Mündel begründet werden, haftet der Mündel entsprechend § 1629a.

**§ 1790[1] Amtsführung des Vormunds; Auskunftspflicht.** (1) Der Vormund ist unabhängig und hat die Vormundschaft im Interesse des Mündels zu dessen Wohl zu führen.

(2) [1] Der Vormund hat die wachsende Fähigkeit und das wachsende Bedürfnis des Mündels zu selbständigem und verantwortungsbewusstem Handeln zu berücksichtigen und zu fördern. [2] Der Vormund hat Angelegenheiten der Personen- und der Vermögenssorge mit dem Mündel zu besprechen und ihn an Entscheidungen zu beteiligen, soweit es nach dessen Entwicklungsstand angezeigt ist; Einvernehmen ist anzustreben. [3] Der Vormund soll bei seiner Amtsführung im Interesse des Mündels zu dessen Wohl die Beziehung des Mündels zu seinen Eltern einbeziehen.

(3) [1] Der Vormund ist zum persönlichen Kontakt mit dem Mündel verpflichtet und berechtigt. [2] Er soll den Mündel in der Regel einmal im Monat in dessen üblicher Umgebung aufsuchen, es sei denn, im Einzelfall sind kürzere oder längere Besuchsabstände oder ein anderer Ort geboten.

(4) Der Vormund hat bei berechtigtem Interesse nahestehenden Angehörigen oder sonstigen Vertrauenspersonen auf Verlangen Auskunft über die persönlichen Verhältnisse des Mündels zu erteilen, soweit dies dem Wohl des Mündels nicht widerspricht und dem Vormund zuzumuten ist.

---

[1] Buch 4 Abschnitt 3 (§§ 1773–1888) neu gef. mWv 1.1.2023 durch G v. 4.5.2021 (BGBl. I S. 882).

(5) [1] Wird der gewöhnliche Aufenthalt eines Mündels in den Bezirk eines anderen Jugendamts verlegt, so hat der Vormund dem Jugendamt des bisherigen gewöhnlichen Aufenthalts die Verlegung mitzuteilen. [2] Satz 1 gilt nicht für den Vereinsvormund und den Vormundschaftsverein.

**§ 1791[1)] Aufnahme des Mündels in den Haushalt des Vormunds.** [1] Der Vormund kann den Mündel zur Pflege und Erziehung in seinen Haushalt aufnehmen. [2] In diesem Fall sind Vormund und Mündel einander Beistand und Rücksicht schuldig; § 1619 gilt entsprechend.

**§ 1792[1)] Gemeinschaftliche Führung der Vormundschaft, Zusammenarbeit von Vormund und Pfleger.** (1) Ehegatten führen die ihnen übertragene Vormundschaft gemeinschaftlich.

(2) Vormünder und Pfleger sind zur gegenseitigen Information und Zusammenarbeit im Interesse des Mündels zu dessen Wohl verpflichtet.

(3) Der nach § 1776 bestellte Pfleger hat bei seinen Entscheidungen die Auffassung des Vormunds einzubeziehen.

(4) Der nach § 1777 bestellte Pfleger und der Vormund entscheiden in Angelegenheiten, für die ihnen die Sorge gemeinsam zusteht, in gegenseitigem Einvernehmen.

(5) In den Fällen der Absätze 1 und 4 gilt § 1629 Absatz 1 Satz 2 und 4 entsprechend.

**§ 1793[1)] Entscheidung bei Meinungsverschiedenheiten.** (1) Das Familiengericht entscheidet auf Antrag über die hinsichtlich einer Sorgeangelegenheit bestehenden Meinungsverschiedenheiten zwischen

1. gemeinschaftlichen Vormündern,
2. mehreren Vormündern bei Sorgeangelegenheiten, die Geschwister gemeinsam betreffen,
3. dem Vormund und dem nach § 1776 oder § 1777 bestellten Pfleger.

(2) Antragsberechtigt sind der Vormund, der Pfleger und der Mündel, der das 14. Lebensjahr vollendet hat.

**§ 1794[1)] Haftung des Vormunds.** (1) [1] Der Vormund ist dem Mündel für den aus einer Pflichtverletzung entstehenden Schaden verantwortlich. [2] Dies gilt nicht, wenn der Vormund die Pflichtverletzung nicht zu vertreten hat. [3] Im Übrigen gilt § 1826 entsprechend.

(2) Ist der Mündel zur Pflege und Erziehung in den Haushalt des Vormunds, der die Vormundschaft ehrenamtlich führt, aufgenommen, gilt § 1664 entsprechend.

### Kapitel 2.[1)] Personensorge

**§ 1795[2)] Gegenstand der Personensorge; Genehmigungspflichten.**

(1) [1] Die Personensorge umfasst insbesondere die Bestimmung des Aufenthalts sowie die Pflege, Erziehung und Beaufsichtigung des Mündels unter Berücksichtigung seiner Rechte aus § 1788. [2] Der Vormund ist auch dann für die Personen-

---

[1)] Buch 4 Abschnitt 3 (§§ 1773–1888) neu gef. mWv 1.1.2023 durch G v. 4.5.2021 (BGBl. I S. 882).

[2)] § 1795 neu gef. mWv 1.1.2023 durch G v. 4.5.2021 (BGBl. I S. 882); Abs. 1 Satz 3 geänd. mWv 1.1.2023 durch G v. 3.6.2021 (BGBl. I S. 1444); Abs. 2 Nr. 2 geänd. mWv 1.1.2023 durch G v. 24.6.2022 (BGBl. I S. 959).

sorge verantwortlich und hat die Pflege und Erziehung des Mündels persönlich zu fördern und zu gewährleisten, wenn er den Mündel nicht in seinem Haushalt pflegt und erzieht. [3]Die §§ 1631a bis 1632 Absatz 4 Satz 1 gelten entsprechend.

(2) Der Vormund bedarf der Genehmigung des Familiengerichts

1. zu einem Ausbildungsvertrag, der für längere Zeit als ein Jahr geschlossen wird,
2. zu einem auf die Eingehung eines Dienst- oder Arbeitsverhältnisses gerichteten Vertrag, wenn der Mündel zu persönlichen Leistungen für längere Zeit als ein Jahr verpflichtet werden soll, und
3. zum Wechsel des gewöhnlichen Aufenthalts des Mündels ins Ausland.

(3) Das Familiengericht erteilt die Genehmigung nach Absatz 2, wenn das Rechtsgeschäft oder der Aufenthaltswechsel unter Berücksichtigung der Rechte des Mündels aus § 1788 dem Wohl des Mündels nicht widerspricht.

(4) [1] Für die Erteilung der Genehmigung gelten die §§ 1855 bis 1856 Absatz 2 sowie die §§ 1857 und 1858 entsprechend. [2]Ist der Mündel volljährig geworden, so tritt seine Genehmigung an die Stelle der Genehmigung des Familiengerichts.

**§ 1796[1)] Verhältnis zwischen Vormund und Pflegeperson.** (1) [1]Der Vormund hat auf die Belange der Pflegeperson Rücksicht zu nehmen. [2]Bei Entscheidungen der Personensorge soll er die Auffassung der Pflegeperson einbeziehen.

(2) Für das Zusammenwirken von Vormund und Pflegeperson gilt § 1792 Absatz 2 entsprechend.

(3) Der Pflegeperson steht eine Person gleich, die

1. den Mündel
   a) in einer Einrichtung über Tag und Nacht oder
   b) in sonstigen Wohnformen

   betreut und erzieht oder
2. die intensive sozialpädagogische Betreuung des Mündels übernommen hat.

**§ 1797[1)] Entscheidungsbefugnis der Pflegeperson.** (1) [1]Lebt der Mündel für längere Zeit bei der Pflegeperson, ist diese berechtigt, in Angelegenheiten des täglichen Lebens zu entscheiden und den Vormund insoweit zu vertreten. [2]§ 1629 Absatz 1 Satz 4 gilt entsprechend.

(2) Absatz 1 ist auf die Person gemäß § 1796 Absatz 3 entsprechend anzuwenden.

(3) Der Vormund kann die Befugnisse nach den Absätzen 1 und 2 durch Erklärung gegenüber der Pflegeperson einschränken oder ausschließen, wenn dies zum Wohl des Mündels erforderlich ist.

### Kapitel 3.[1)] Vermögenssorge

**§ 1798[1)] Grundsätze und Pflichten des Vormunds in der Vermögenssorge.** (1) [1]Der Vormund hat die Vermögenssorge zum Wohl des Mündels unter Berücksichtigung der Grundsätze einer wirtschaftlichen Vermögensverwaltung und der wachsenden Bedürfnisse des Mündels zu selbständigem und verantwortungsbewussten Handeln wahrzunehmen. [2]Er ist dabei zum Schutz und Erhalt des Mündelvermögens verpflichtet.

---

[1)] Buch 4 Abschnitt 3 (§§ 1773–1888) neu gef. mWv 1.1.2023 durch G v. 4.5.2021 (BGBl. I S. 882).

(2) [1] Für die Pflichten des Vormunds bei der Vermögenssorge gelten im Übrigen § 1835 Absatz 1 bis 5 sowie die §§ 1836, 1837 und 1839 bis 1847 entsprechend. [2] Das Vermögensverzeichnis soll das bei Anordnung der Vormundschaft vorhandene Vermögen erfassen. [3] Das Familiengericht hat das Vermögensverzeichnis dem Mündel zur Kenntnis zu geben, soweit dies dem Wohl des Mündels nicht widerspricht und der Mündel aufgrund seines Entwicklungsstands in der Lage ist, das Verzeichnis zur Kenntnis zu nehmen.

(3) [1] Der Vormund kann nicht in Vertretung des Mündels Schenkungen machen. [2] Ausgenommen sind Schenkungen, durch die einer sittlichen Pflicht oder einer auf den Anstand zu nehmenden Rücksicht entsprochen wird.

**§ 1799[1)] Genehmigungsbedürftige Rechtsgeschäfte.** (1) Der Vormund bedarf der Genehmigung des Familiengerichts in den Fällen, in denen ein Betreuer nach den §§ 1848 bis 1854 Nummer 1 bis 7 der Genehmigung des Betreuungsgerichts bedarf, soweit sich nicht aus Absatz 2 etwas anderes ergibt.

(2) [1] Der Vormund bedarf abweichend von § 1853 Satz 1 Nummer 1 der Genehmigung des Familiengerichts zum Abschluss eines Miet- oder Pachtvertrags oder eines anderen Vertrags, durch den der Mündel zu wiederkehrenden Leistungen verpflichtet wird, wenn das Vertragsverhältnis länger als ein Jahr nach dem Eintritt seiner Volljährigkeit fortdauern soll. [2] Eine Genehmigung ist nicht erforderlich, wenn

1. der Vertrag geringe wirtschaftliche Bedeutung für den Mündel hat oder
2. das Vertragsverhältnis von dem Mündel nach Eintritt der Volljährigkeit spätestens zum Ablauf des 19. Lebensjahres ohne eigene Nachteile gekündigt werden kann.

**§ 1800[1)] Erteilung der Genehmigung.** (1) Das Familiengericht erteilt die Genehmigung, wenn das Rechtgeschäft den Grundsätzen nach § 1798 Absatz 1 nicht widerspricht.

(2) [1] Für die Erteilung der Genehmigung gelten die §§ 1855 bis 1856 Absatz 2 sowie die §§ 1857 und 1858 entsprechend. [2] Ist der Mündel volljährig geworden, so tritt seine Genehmigung an die Stelle der Genehmigung des Familiengerichts.

**§ 1801[1)] Befreite Vormundschaft.** (1) Für das Jugendamt, den Vereinsvormund und den Vormundschaftsverein als Vormund gilt § 1859 Absatz 1 entsprechend.

(2) [1] Das Familiengericht kann auf Antrag Vormünder von den Beschränkungen bei der Vermögenssorge befreien, wenn eine Gefährdung des Mündelvermögens nicht zu besorgen ist. [2] § 1860 Absatz 1 bis 3 gilt entsprechend.

(3) [1] Eltern können unter Beachtung der Voraussetzungen des § 1782 einen von ihnen benannten Vormund von den Beschränkungen nach den §§ 1845, 1848 und 1849 Absatz 1 Satz 1 Nummer 1 und 2, Satz 2 sowie § 1865 Absatz 1 befreien. [2] § 1859 Absatz 1 Satz 2 und 3 gilt entsprechend.

(4) Das Familiengericht hat die Befreiungen aufzuheben, wenn ihre Voraussetzungen nicht mehr vorliegen oder bei ihrer Fortgeltung eine Gefährdung des Mündelvermögens zu besorgen wäre.

---

[1)] Buch 4 Abschnitt 3 (§§ 1773–1888) neu gef. mWv 1.1.2023 durch G v. 4.5.2021 (BGBl. I S. 882).

### Untertitel 3.[1] Beratung und Aufsicht durch das Familiengericht

**§ 1802[1] Allgemeine Vorschriften.** (1) [1] Das Familiengericht unterstützt den Vormund und berät ihn über seine Rechte und Pflichten bei der Wahrnehmung seiner Aufgaben. [2] § 1861 Absatz 2 gilt entsprechend.

(2) [1] Das Familiengericht führt über die gesamte Tätigkeit des Vormunds die Aufsicht. [2] Es hat dabei insbesondere auf die Einhaltung der Pflichten der Amtsführung des Vormunds unter Berücksichtigung der Rechte des Mündels sowie der Grundsätze und Pflichten des Vormunds in der Personen- und Vermögenssorge zu achten. [3] § 1862 Absatz 3 und 4 sowie die §§ 1863 bis 1867, 1666, 1666a und 1696 gelten entsprechend. [4] Das Familiengericht kann dem Vormund aufgeben, eine Versicherung gegen Schäden, die er dem Mündel zufügen kann, einzugehen.

**§ 1803[1] Persönliche Anhörung; Besprechung mit dem Mündel.** In geeigneten Fällen und soweit es nach dem Entwicklungstand des Mündels angezeigt ist,

1. hat das Familiengericht den Mündel persönlich anzuhören, wenn Anhaltspunkte bestehen, dass der Vormund pflichtwidrig die Rechte des Mündels nicht oder nicht in geeigneter Weise beachtet oder seinen Pflichten als Vormund in anderer Weise nicht nachkommt,
2. soll das Familiengericht den Anfangs- und Jahresbericht des Vormunds über die persönlichen Verhältnisse des Mündels, die Rechnungslegung des Vormunds, wenn der Umfang des zu verwaltenden Vermögens dies rechtfertigt, sowie wesentliche Änderungen der persönlichen oder wirtschaftlichen Verhältnisse des Mündels mit dem Mündel persönlich besprechen; der Vormund kann hinzugezogen werden.

### Untertitel 4.[1] Beendigung der Vormundschaft

**§ 1804[1] Entlassung des Vormunds.** (1) Das Familiengericht hat den Vormund zu entlassen, wenn

1. die Fortführung des Amtes durch ihn, insbesondere wegen Verletzung seiner Pflichten, das Interesse oder Wohl des Mündels gefährden würde,
2. er als Vormund gemäß § 1774 Absatz 1 Nummer 2 bis 4 bestellt wurde und jetzt eine andere Person geeignet und bereit ist, die Vormundschaft ehrenamtlich zu führen, es sei denn, die Entlassung widerspricht dem Wohl des Mündels,
3. er als Vereinsvormund bestellt wurde und aus dem Arbeitsverhältnis mit dem Verein ausscheidet,
4. nach seiner Bestellung Umstände bekannt werden oder eintreten, die seiner Bestellung gemäß § 1784 entgegenstehen oder
5. ein sonstiger wichtiger Grund für die Entlassung vorliegt.

(2) Das Familiengericht hat den Vormund außerdem zu entlassen, wenn

1. nach dessen Bestellung Umstände eintreten, aufgrund derer ihm die Fortführung des Amtes nicht mehr zugemutet werden kann, und der Vormund seine Entlassung beantragt oder
2. er als Vereinsvormund bestellt wurde und der Verein seine Entlassung beantragt.

(3) [1] Das Familiengericht soll auf Antrag den bisherigen Vormund entlassen, wenn der Wechsel des Vormunds dem Wohl des Mündels dient. [2] Ein entgegen-

[1] Buch 4 Abschnitt 3 (§§ 1773–1888) neu gef. mWv 1.1.2023 durch G v. 4.5.2021 (BGBl. I S. 882).

stehender Wille des Mündels und der Vorrang des ehrenamtlichen Vormunds sind zu berücksichtigen. [3] Den Antrag nach Satz 1 können stellen:

1. der Vormund,
2. derjenige, der sich im Interesse des Mündels als neuer Vormund anbietet,
3. der Mündel, der das 14. Lebensjahr vollendet hat, sowie
4. jeder andere, der ein berechtigtes Interesse des Mündels geltend macht.

**§ 1805[1)] Bestellung eines neuen Vormunds.** (1) [1] Wird der Vormund entlassen oder verstirbt er, hat das Familiengericht unverzüglich einen neuen Vormund zu bestellen. [2] Die §§ 1778 bis 1785 gelten entsprechend.

(2) Wird der Vereinsvormund gemäß § 1804 Absatz 1 Nummer 3 oder Absatz 2 Nummer 2 entlassen, kann das Familiengericht statt der Entlassung des Vereinsvormunds feststellen, dass dieser die Vormundschaft künftig als Privatperson weiterführt, wenn dies dem Wohl des Mündels dient.

**§ 1806[1)] Ende der Vormundschaft.** Die Vormundschaft endet, wenn die Voraussetzungen für ihre Begründung gemäß § 1773 nicht mehr gegeben sind.

**§ 1807[1)] Vermögensherausgabe, Schlussrechnungslegung und Fortführung der Geschäfte.** Bei Beendigung der Vormundschaft finden die §§ 1872 bis 1874 mit der Maßgabe entsprechende Anwendung, dass § 1872 Absatz 5 für Vormünder gilt, die bei Beendigung ihres Amtes gemäß § 1801 Absatz 1 und 3 befreit waren.

### Untertitel 5.[1)] Vergütung und Aufwendungsersatz

**§ 1808[1)] Vergütung und Aufwendungsersatz.** (1) Die Vormundschaft wird grundsätzlich unentgeltlich geführt.

(2) [1] Der ehrenamtliche Vormund kann vom Mündel für seine zur Führung der Vormundschaft erforderlichen Aufwendungen Vorschuss oder Ersatz gemäß § 1877 oder stattdessen die Aufwandspauschale gemäß § 1878 verlangen; die §§ 1879 und 1880 gelten entsprechend. [2] Das Familiengericht kann ihm abweichend von Absatz 1 eine angemessene Vergütung bewilligen. [3] § 1876 Satz 2 gilt entsprechend.

(3) [1] Die Vormundschaft wird ausnahmsweise berufsmäßig geführt. [2] Die Berufsmäßigkeit sowie Ansprüche des berufsmäßig tätigen Vormunds und des Vormundschaftsvereins auf Vergütung und Aufwendungsersatz bestimmen sich nach dem Vormünder- und Betreuervergütungsgesetz.

## Titel 2.[1)] Pflegschaft für Minderjährige

**§ 1809[1)] Ergänzungspflegschaft.** (1) [1] Wer unter elterlicher Sorge oder unter Vormundschaft steht, erhält für Angelegenheiten, an deren Besorgung die Eltern oder der Vormund verhindert sind, einen Pfleger. [2] Der Pfleger hat die Pflicht und das Recht, die ihm übertragenen Angelegenheiten im Interesse des Pfleglings zu dessen Wohl zu besorgen und diesen zu vertreten.

(2) Wird eine Pflegschaft erforderlich, so haben die Eltern oder der Vormund dies dem Familiengericht unverzüglich anzuzeigen.

**§ 1810[1)] Pflegschaft für ein ungeborenes Kind.** [1] Für ein bereits gezeugtes Kind kann zur Wahrung seiner künftigen Rechte ein Pfleger bestellt werden,

---

[1)] Buch 4 Abschnitt 3 (§§ 1773–1888) neu gef. mWv 1.1.2023 durch G v. 4.5.2021 (BGBl. I S. 882).

sofern die Eltern an der Ausübung der elterlichen Sorge verhindert wären, wenn das Kind bereits geboren wäre. [2] Mit der Geburt des Kindes endet die Pflegschaft.

**§ 1811[1)] Zuwendungspflegschaft.** (1) Der Minderjährige erhält einen Zuwendungspfleger, wenn

1. der Minderjährige von Todes wegen, durch unentgeltliche Zuwendung auf den Todesfall oder unter Lebenden Vermögen erwirbt und
2. der Erblasser durch letztwillige Verfügung, der Zuwendende bei der Zuwendung bestimmt hat, dass die Eltern oder der Vormund das Vermögen nicht verwalten sollen.

(2) [1] Der Erblasser kann durch letztwillige Verfügung, der Zuwendende bei der Zuwendung

1. einen Zuwendungspfleger benennen,
2. den Zuwendungspfleger von den Beschränkungen gemäß den §§ 1843, 1845, 1846, 1848, 1849 Absatz 1 Satz 1 Nummer 1 und 2 und Satz 2 sowie § 1865 befreien.

[2] In den Fällen des Satzes 1 Nummer 1 gilt § 1783 entsprechend. [3] In den Fällen des Satzes 1 Nummer 2 gilt § 1859 Absatz 1 Satz 2 und 3 entsprechend.

(3) [1] Das Familiengericht hat die Befreiungen nach Absatz 2 Satz 1 Nummer 2 aufzuheben, wenn sie das Vermögen des Pfleglings erheblich gefährden. [2] Solange der Zuwendende lebt, ist zu einer Abweichung der von ihm erteilten Befreiungen seine Zustimmung erforderlich und genügend. [3] Ist er zur Abgabe einer Erklärung dauerhaft außerstande oder ist sein Aufenthalt dauerhaft unbekannt, so hat das Familiengericht unter Beachtung der Voraussetzung des Satzes 1 die Zustimmung zu ersetzen.

(4) [1] Sofern der Pflegling nicht mittellos ist, bestimmt sich die Höhe des Stundensatzes des Zuwendungspflegers nach seinen für die Führung der Pflegschaftsgeschäfte nutzbaren Fachkenntnissen sowie nach dem Umfang und der Schwierigkeit der Pflegschaftsgeschäfte. [2] § 1881 gilt entsprechend.

**§ 1812[1)] Aufhebung und Ende der Pflegschaft.** (1) Die Pflegschaft ist aufzuheben, wenn der Grund für die Anordnung der Pflegschaft weggefallen ist.

(2) Die Pflegschaft endet mit der Beendigung der elterlichen Sorge oder der Vormundschaft, im Falle der Pflegschaft zur Besorgung einer einzelnen Angelegenheit mit deren Erledigung.

**§ 1813[1)] Anwendung des Vormundschaftsrechts.** (1) Auf die Pflegschaften nach diesem Titel finden die für die Vormundschaft geltenden Vorschriften entsprechende Anwendung, soweit sich aus dem Gesetz nichts anderes ergibt.

(2) Für Pflegschaften nach § 1809 Absatz 1 Satz 1 gelten die §§ 1782 und 1783 nicht.

### Titel 3.[1)] Rechtliche Betreuung

#### Untertitel 1.[1)] Betreuerbestellung

**§ 1814[1)] Voraussetzungen.** (1) Kann ein Volljähriger seine Angelegenheiten ganz oder teilweise rechtlich nicht besorgen und beruht dies auf einer Krankheit

[1)] Buch 4 Abschnitt 3 (§§ 1773–1888) neu gef. mWv 1.1.2023 durch G v. 4.5.2021 (BGBl. I S. 882).

oder Behinderung, so bestellt das Betreuungsgericht für ihn einen rechtlichen Betreuer (Betreuer).

(2) Gegen den freien Willen des Volljährigen darf ein Betreuer nicht bestellt werden.

(3) [1] Ein Betreuer darf nur bestellt werden, wenn dies erforderlich ist. [2] Die Bestellung eines Betreuers ist insbesondere nicht erforderlich, soweit die Angelegenheiten des Volljährigen

1. durch einen Bevollmächtigten, der nicht zu den in § 1816 Absatz 6 bezeichneten Personen gehört, gleichermaßen besorgt werden können oder
2. durch andere Hilfen, bei denen kein gesetzlicher Vertreter bestellt wird, erledigt werden können, insbesondere durch solche Unterstützung, die auf sozialen Rechten oder anderen Vorschriften beruht.

(4) [1] Die Bestellung eines Betreuers erfolgt auf Antrag des Volljährigen oder von Amts wegen. [2] Soweit der Volljährige seine Angelegenheiten lediglich aufgrund einer körperlichen Krankheit oder Behinderung nicht besorgen kann, darf ein Betreuer nur auf Antrag des Volljährigen bestellt werden, es sei denn, dass dieser seinen Willen nicht kundtun kann.

(5) [1] Ein Betreuer kann auch für einen Minderjährigen, der das 17. Lebensjahr vollendet hat, bestellt werden, wenn anzunehmen ist, dass die Bestellung eines Betreuers bei Eintritt der Volljährigkeit erforderlich sein wird. [2] Die Bestellung des Betreuers wird erst mit dem Eintritt der Volljährigkeit wirksam.

**§ 1815[1)] Umfang der Betreuung.** (1) [1] Der Aufgabenkreis eines Betreuers besteht aus einem oder mehreren Aufgabenbereichen. [2] Diese sind vom Betreuungsgericht im Einzelnen anzuordnen. [3] Ein Aufgabenbereich darf nur angeordnet werden, wenn und soweit dessen rechtliche Wahrnehmung durch einen Betreuer erforderlich ist.

(2) Folgende Entscheidungen darf der Betreuer nur treffen, wenn sie als Aufgabenbereich vom Betreuungsgericht ausdrücklich angeordnet worden sind:

1. eine mit Freiheitsentziehung verbundene Unterbringung des Betreuten nach § 1831 Absatz 1,
2. eine freiheitsentziehende Maßnahme im Sinne des § 1831 Absatz 4, unabhängig davon, wo der Betreute sich aufhält,
3. die Bestimmung des gewöhnlichen Aufenthalts des Betreuten im Ausland,
4. die Bestimmung des Umgangs des Betreuten,
5. die Entscheidung über die Telekommunikation des Betreuten einschließlich seiner elektronischen Kommunikation,
6. die Entscheidung über die Entgegennahme, das Öffnen und das Anhalten der Post des Betreuten.

(3) Einem Betreuer können unter den Voraussetzungen des § 1820 Absatz 3 auch die Aufgabenbereiche der Geltendmachung von Rechten des Betreuten gegenüber seinem Bevollmächtigten sowie zusätzlich der Geltendmachung von Auskunfts- und Rechenschaftsansprüchen des Betreuten gegenüber Dritten übertragen werden (Kontrollbetreuer).

**§ 1816[1)] Eignung und Auswahl des Betreuers, Berücksichtigung der Wünsche des Volljährigen.** (1) Das Betreuungsgericht bestellt einen Betreuer,

---

[1)] Buch 4 Abschnitt 3 (§§ 1773–1888) neu gef. mWv 1.1.2023 durch G v. 4.5.2021 (BGBl. I S. 882).

der geeignet ist, in dem gerichtlich angeordneten Aufgabenkreis die Angelegenheiten des Betreuten nach Maßgabe des § 1821 rechtlich zu besorgen und insbesondere in dem hierfür erforderlichen Umfang persönlichen Kontakt mit dem Betreuten zu halten.

(2) [1] Wünscht der Volljährige eine Person als Betreuer, so ist diesem Wunsch zu entsprechen, es sei denn, die gewünschte Person ist zur Führung der Betreuung nach Absatz 1 nicht geeignet. [2] Lehnt der Volljährige eine bestimmte Person als Betreuer ab, so ist diesem Wunsch zu entsprechen, es sei denn, die Ablehnung bezieht sich nicht auf die Person des Betreuers, sondern auf die Bestellung eines Betreuers als solche. [3] Die Sätze 1 und 2 gelten auch für Wünsche, die der Volljährige vor Einleitung des Betreuungsverfahrens geäußert hat, es sei denn, dass er an diesen erkennbar nicht festhalten will. [4] Wer von der Einleitung eines Verfahrens über die Bestellung eines Betreuers für einen Volljährigen Kenntnis erlangt und ein Dokument besitzt, in dem der Volljährige für den Fall, dass für ihn ein Betreuer bestellt werden muss, Wünsche zur Auswahl des Betreuers oder zur Wahrnehmung der Betreuung geäußert hat (Betreuungsverfügung), hat die Betreuungsverfügung dem Betreuungsgericht zu übermitteln.

(3) Schlägt der Volljährige niemanden vor, der zum Betreuer bestellt werden kann oder ist die gewünschte Person nicht geeignet, so sind bei der Auswahl des Betreuers die familiären Beziehungen des Volljährigen, insbesondere zum Ehegatten, zu Eltern und zu Kindern, seine persönlichen Bindungen sowie die Gefahr von Interessenkonflikten zu berücksichtigen.

(4) Eine Person, die keine familiäre Beziehung oder persönliche Bindung zu dem Volljährigen hat, soll nur dann zum ehrenamtlichen Betreuer bestellt werden, wenn sie mit einem nach § 14 des Betreuungsorganisationsgesetzes[1)] anerkannten Betreuungsverein oder mit der zuständigen Behörde eine Vereinbarung über eine Begleitung und Unterstützung gemäß § 15 Absatz 1 Satz 1 Nummer 4 oder § 5 Absatz 2 Satz 3 des Betreuungsorganisationsgesetzes geschlossen hat.

(5) [1] Ein beruflicher Betreuer nach § 19 Absatz 2 des Betreuungsorganisationsgesetzes soll nur dann zum Betreuer bestellt werden, wenn keine geeignete Person für die ehrenamtliche Führung der Betreuung zur Verfügung steht. [2] Bei der Entscheidung, ob ein bestimmter beruflicher Betreuer bestellt wird, sind die Anzahl und der Umfang der bereits von diesem zu führenden Betreuungen zu berücksichtigen.

(6) [1] Eine Person, die zu einem Träger von Einrichtungen oder Diensten, der in der Versorgung des Volljährigen tätig ist, in einem Abhängigkeitsverhältnis oder in einer anderen engen Beziehung steht, darf nicht zum Betreuer bestellt werden. [2] Dies gilt nicht, wenn im Einzelfall die konkrete Gefahr einer Interessenkollision nicht besteht.

**§ 1817[2)] Mehrere Betreuer; Verhinderungsbetreuer; Ergänzungsbetreuer.** (1) [1] Das Betreuungsgericht kann mehrere Betreuer bestellen, wenn die Angelegenheiten des Betreuten hierdurch besser besorgt werden können. [2] In diesem Falle bestimmt es, welcher Betreuer mit welchem Aufgabenbereich betraut wird. [3] Mehrere berufliche Betreuer werden außer in den in den Absätzen 2, 4 und 5 geregelten Fällen nicht bestellt.

---

[1)] **Habersack, Deutsche Gesetze ErgBd. Nr. 49c.**

[2)] § 1817 neu gef. mWv 1.1.2023 durch G v. 4.5.2021 (BGBl. I S. 882); Abs. 4 Satz 1 geänd. mWv 1.1.2023 durch G v. 24.6.2022 (BGBl. I S. 959).

(2) Für die Entscheidung über die Einwilligung in eine Sterilisation des Betreuten ist stets ein besonderer Betreuer zu bestellen (Sterilisationsbetreuer).

(3) Sofern mehrere Betreuer mit demselben Aufgabenbereich betraut werden, können sie diese Angelegenheiten des Betreuten nur gemeinsam besorgen, es sei denn, dass das Betreuungsgericht etwas anderes bestimmt hat oder mit dem Aufschub Gefahr verbunden ist.

(4) [1] Das Betreuungsgericht kann auch vorsorglich einen Verhinderungsbetreuer bestellen, der die Angelegenheiten des Betreuten zu besorgen hat, soweit der Betreuer aus tatsächlichen Gründen verhindert ist. [2] Für diesen Fall kann auch ein anerkannter Betreuungsverein zum Verhinderungsbetreuer bestellt werden, ohne dass die Voraussetzungen des § 1818 Absatz 1 Satz 1 vorliegen.

(5) Soweit ein Betreuer aus rechtlichen Gründen gehindert ist, einzelne Angelegenheiten des Betreuten zu besorgen, hat das Betreuungsgericht hierfür einen Ergänzungsbetreuer zu bestellen.

### § 1818[1)] Betreuung durch Betreuungsverein oder Betreuungsbehörde.

(1) [1] Das Betreuungsgericht bestellt einen anerkannten Betreuungsverein zum Betreuer, wenn der Volljährige dies wünscht, oder wenn er durch eine oder mehrere natürliche Personen nicht hinreichend betreut werden kann. [2] Die Bestellung bedarf der Einwilligung des Betreuungsvereins.

(2) [1] Der Betreuungsverein überträgt die Wahrnehmung der Betreuung einzelnen Personen. [2] Vorschlägen des Volljährigen hat er hierbei zu entsprechen, wenn nicht wichtige Gründe entgegenstehen. [3] Der Betreuungsverein teilt dem Betreuungsgericht alsbald, spätestens binnen zwei Wochen nach seiner Bestellung, mit, wem er die Wahrnehmung der Betreuung übertragen hat. [4] Die Sätze 2 und 3 gelten bei einem Wechsel der Person, die die Betreuung für den Betreuungsverein wahrnimmt, entsprechend.

(3) Werden dem Betreuungsverein Umstände bekannt, aus denen sich ergibt, dass der Volljährige durch eine oder mehrere natürliche Personen hinreichend betreut werden kann, so hat er dies dem Betreuungsgericht mitzuteilen.

(4) [1] Kann der Volljährige weder durch eine oder mehrere natürliche Personen noch durch einen Betreuungsverein hinreichend betreut werden, so bestellt das Betreuungsgericht die zuständige Betreuungsbehörde zum Betreuer. [2] Die Absätze 2 und 3 gelten entsprechend.

(5) Die Entscheidung über die Einwilligung in eine Sterilisation darf weder einem Betreuungsverein noch einer Betreuungsbehörde übertragen werden.

### § 1819[1)] Übernahmepflicht; weitere Bestellungsvoraussetzungen.

(1) Die vom Betreuungsgericht ausgewählte Person ist verpflichtet, die Betreuung zu übernehmen, wenn ihr die Übernahme unter Berücksichtigung ihrer familiären, beruflichen und sonstigen Verhältnisse zugemutet werden kann.

(2) Die ausgewählte Person darf erst dann zum Betreuer bestellt werden, wenn sie sich zur Übernahme der Betreuung bereit erklärt hat.

(3) [1] Ein Mitarbeiter eines anerkannten Betreuungsvereins, der dort ausschließlich oder teilweise als Betreuer tätig ist (Vereinsbetreuer), darf nur mit Einwilligung des Betreuungsvereins bestellt werden. [2] Entsprechendes gilt für den Mitarbeiter einer Betreuungsbehörde, der als Betreuer bestellt wird (Behördenbetreuer).

---

[1)] Buch 4 Abschnitt 3 (§§ 1773–1888) neu gef. mWv 1.1.2023 durch G v. 4.5.2021 (BGBl. I S. 882).

**§ 1820**[1] **Vorsorgevollmacht und Kontrollbetreuung.** (1) [1]Wer von der Einleitung eines Verfahrens über die Bestellung eines Betreuers für einen Volljährigen Kenntnis erlangt und ein Dokument besitzt, in dem der Volljährige eine andere Person mit der Wahrnehmung seiner Angelegenheiten bevollmächtigt hat, hat das Betreuungsgericht hierüber unverzüglich zu unterrichten. [2]Das Betreuungsgericht kann die Vorlage einer Abschrift verlangen.

(2) Folgende Maßnahmen eines Bevollmächtigten setzen voraus, dass die Vollmacht schriftlich erteilt ist und diese Maßnahmen ausdrücklich umfasst:

1. die Einwilligung sowie ihr Widerruf oder die Nichteinwilligung in Maßnahmen nach § 1829 Absatz 1 Satz 1 und Absatz 2,
2. die Unterbringung nach § 1831 und die Einwilligung in Maßnahmen nach § 1831 Absatz 4,
3. die Einwilligung in eine ärztliche Zwangsmaßnahme nach § 1832 und die Verbringung nach § 1832 Absatz 4.

(3) Das Betreuungsgericht bestellt einen Kontrollbetreuer, wenn die Bestellung erforderlich ist, weil

1. der Vollmachtgeber aufgrund einer Krankheit oder Behinderung nicht mehr in der Lage ist, seine Rechte gegenüber dem Bevollmächtigten auszuüben, und
2. aufgrund konkreter Anhaltspunkte davon auszugehen ist, dass der Bevollmächtigte die Angelegenheiten des Vollmachtgebers nicht entsprechend der Vereinbarung oder dem erklärten oder mutmaßlichen Willen des Vollmachtgebers besorgt.

(4) [1]Das Betreuungsgericht kann anordnen, dass der Bevollmächtigte die ihm erteilte Vollmacht nicht ausüben darf und die Vollmachtsurkunde an den Betreuer herauszugeben hat, wenn

1. die dringende Gefahr besteht, dass der Bevollmächtigte nicht den Wünschen des Vollmachtgebers entsprechend handelt und dadurch die Person des Vollmachtgebers oder dessen Vermögen erheblich gefährdet oder
2. der Bevollmächtigte den Betreuer bei der Wahrnehmung seiner Aufgaben behindert.

[2]Liegen die Voraussetzungen des Satzes 1 nicht mehr vor, hat das Betreuungsgericht die Anordnung aufzuheben und den Betreuer zu verpflichten, dem Bevollmächtigten die Vollmachtsurkunde herauszugeben, wenn die Vollmacht nicht erloschen ist.

(5) [1]Der Betreuer darf eine Vollmacht oder einen Teil einer Vollmacht, die den Bevollmächtigten zu Maßnahmen der Personensorge oder zu Maßnahmen in wesentlichen Bereichen der Vermögenssorge ermächtigt, nur widerrufen, wenn das Festhalten an der Vollmacht eine künftige Verletzung der Person oder des Vermögens des Betreuten mit hinreichender Wahrscheinlichkeit und in erheblicher Schwere befürchten lässt und mildere Maßnahmen nicht zur Abwehr eines Schadens für den Betreuten geeignet erscheinen. [2]Der Widerruf bedarf der Genehmigung des Betreuungsgerichts. [3]Mit der Genehmigung des Widerrufs einer Vollmacht kann das Betreuungsgericht die Herausgabe der Vollmachtsurkunde an den Betreuer anordnen.

---

[1] Buch 4 Abschnitt 3 (§§ 1773–1888) neu gef. mWv 1.1.2023 durch G v. 4.5.2021 (BGBl. I S. 882).

### Untertitel 2.[1] Führung der Betreuung

### Kapitel 1.[1] Allgemeine Vorschriften

**§ 1821[2] Pflichten des Betreuers; Wünsche des Betreuten.** (1) [1]Der Betreuer nimmt alle Tätigkeiten vor, die erforderlich sind, um die Angelegenheiten des Betreuten rechtlich zu besorgen. [2]Er unterstützt den Betreuten dabei, seine Angelegenheiten rechtlich selbst zu besorgen, und macht von seiner Vertretungsmacht nach § 1823 nur Gebrauch, soweit dies erforderlich ist.

(2) [1]Der Betreuer hat die Angelegenheiten des Betreuten so zu besorgen, dass dieser im Rahmen seiner Möglichkeiten sein Leben nach seinen Wünschen gestalten kann. [2]Hierzu hat der Betreuer die Wünsche des Betreuten festzustellen. [3]Diesen hat der Betreuer vorbehaltlich des Absatzes 3 zu entsprechen und den Betreuten bei deren Umsetzung rechtlich zu unterstützen. [4]Dies gilt auch für die Wünsche, die der Betreute vor der Bestellung des Betreuers geäußert hat, es sei denn, dass er an diesen Wünschen erkennbar nicht festhalten will.

(3) Den Wünschen des Betreuten hat der Betreuer nicht zu entsprechen, soweit

1. die Person des Betreuten oder dessen Vermögen hierdurch erheblich gefährdet würde und der Betreute diese Gefahr aufgrund seiner Krankheit oder Behinderung nicht erkennen oder nicht nach dieser Einsicht handeln kann oder
2. dies dem Betreuer nicht zuzumuten ist.

(4) [1]Kann der Betreuer die Wünsche des Betreuten nicht feststellen oder darf er ihnen nach Absatz 3 Nummer 1 nicht entsprechen, hat er den mutmaßlichen Willen des Betreuten aufgrund konkreter Anhaltspunkte zu ermitteln und ihm Geltung zu verschaffen. [2]Zu berücksichtigen sind insbesondere frühere Äußerungen, ethische oder religiöse Überzeugungen und sonstige persönliche Wertvorstellungen des Betreuten. [3]Bei der Feststellung des mutmaßlichen Willens soll nahen Angehörigen und sonstigen Vertrauenspersonen des Betreuten Gelegenheit zur Äußerung gegeben werden.

(5) Der Betreuer hat den erforderlichen persönlichen Kontakt mit dem Betreuten zu halten, sich regelmäßig einen persönlichen Eindruck von ihm zu verschaffen und dessen Angelegenheiten mit ihm zu besprechen.

(6) Der Betreuer hat innerhalb seines Aufgabenkreises dazu beizutragen, dass Möglichkeiten genutzt werden, die Fähigkeit des Betreuten, seine eigenen Angelegenheiten zu besorgen, wiederherzustellen oder zu verbessern.

**§ 1822[1] Auskunftspflicht gegenüber nahestehenden Angehörigen.**

Der Betreuer hat nahestehenden Angehörigen und sonstigen Vertrauenspersonen des Betreuten auf Verlangen Auskunft über dessen persönliche Lebensumstände zu erteilen, soweit dies einem nach § 1821 Absatz 2 bis 4 zu beachtenden Wunsch oder dem mutmaßlichen Willen des Betreuten entspricht und dem Betreuer zuzumuten ist.

**§ 1823[1] Vertretungsmacht des Betreuers.** In seinem Aufgabenkreis kann der Betreuer den Betreuten gerichtlich und außergerichtlich vertreten.

**§ 1824[1] Ausschluss der Vertretungsmacht.** (1) Der Betreuer kann den Betreuten nicht vertreten:

---

[1] Buch 4 Abschnitt 3 (§§ 1773–1888) neu gef. mWv 1.1.2023 durch G v. 4.5.2021 (BGBl. I S. 882).

[2] § 1821 neu gef. mWv 1.1.2023 durch G v. 4.5.2021 (BGBl. I S. 882); Abs. 4 Satz 1 geänd. mWv 1.1.2023 durch G v. 24.6.2022 (BGBl. I S. 959).

1. bei einem Rechtsgeschäft zwischen seinem Ehegatten oder einem seiner Verwandten in gerader Linie einerseits und dem Betreuten andererseits, es sei denn, dass das Rechtsgeschäft ausschließlich in der Erfüllung einer Verbindlichkeit besteht,
2. bei einem Rechtsgeschäft, das die Übertragung oder Belastung einer durch Pfandrecht, Hypothek, Schiffshypothek oder Bürgschaft gesicherten Forderung des Betreuten gegen den Betreuer oder die Aufhebung oder Minderung dieser Sicherheit zum Gegenstand hat oder die Verpflichtung des Betreuten zu einer solchen Übertragung, Belastung, Aufhebung oder Minderung begründet,
3. bei einem Rechtsstreit zwischen den in Nummer 1 bezeichneten Personen sowie bei einem Rechtsstreit über eine Angelegenheit der in Nummer 2 bezeichneten Art.

(2) § 181 bleibt unberührt.

**§ 1825[1)] Einwilligungsvorbehalt.** (1) [1]Soweit dies zur Abwendung einer erheblichen Gefahr für die Person oder das Vermögen des Betreuten erforderlich ist, ordnet das Betreuungsgericht an, dass der Betreute zu einer Willenserklärung, die einen Aufgabenbereich des Betreuers betrifft, dessen Einwilligung bedarf (Einwilligungsvorbehalt). [2]Gegen den freien Willen des Volljährigen darf ein Einwilligungsvorbehalt nicht angeordnet werden. [3]Die §§ 108 bis 113, 131 Absatz 2 und § 210 gelten entsprechend.

(2) Ein Einwilligungsvorbehalt kann sich nicht erstrecken
1. auf Willenserklärungen, die auf Eingehung einer Ehe gerichtet sind,
2. auf Verfügungen von Todes wegen,
3. auf die Anfechtung eines Erbvertrags,
4. auf die Aufhebung eines Erbvertrags durch Vertrag und
5. auf Willenserklärungen, zu denen ein beschränkt Geschäftsfähiger nach den Vorschriften dieses Buches und des Buches 5 nicht der Zustimmung seines gesetzlichen Vertreters bedarf.

(3) [1]Ist ein Einwilligungsvorbehalt angeordnet, so bedarf der Betreute dennoch nicht der Einwilligung seines Betreuers, wenn die Willenserklärung dem Betreuten lediglich einen rechtlichen Vorteil bringt. [2]Soweit das Gericht nichts anderes anordnet, gilt dies auch, wenn die Willenserklärung eine geringfügige Angelegenheit des täglichen Lebens betrifft.

(4) Auch für einen Minderjährigen, der das 17. Lebensjahr vollendet hat, kann das Betreuungsgericht einen Einwilligungsvorbehalt anordnen, wenn anzunehmen ist, dass ein solcher bei Eintritt der Volljährigkeit erforderlich wird.

**§ 1826[1)] Haftung des Betreuers.** (1) [1]Der Betreuer ist dem Betreuten für den aus einer Pflichtverletzung entstehenden Schaden verantwortlich. [2]Dies gilt nicht, wenn der Betreuer die Pflichtverletzung nicht zu vertreten hat.

(2) Sind für den Schaden mehrere Betreuer nebeneinander verantwortlich, so haften sie als Gesamtschuldner.

(3) Ist ein Betreuungsverein als Betreuer bestellt, so ist er dem Betreuten für ein Verschulden des Mitglieds oder des Mitarbeiters in gleicher Weise verantwortlich wie für ein Verschulden eines verfassungsmäßig berufenen Vertreters.

[1)] Buch 4 Abschnitt 3 (§§ 1773–1888) neu gef. mWv 1.1.2023 durch G v. 4.5.2021 (BGBl. I S. 882).

### Kapitel 2.[1] Personenangelegenheiten

**§ 1827[1] Patientenverfügung; Behandlungswünsche oder mutmaßlicher Wille des Betreuten.** (1) [1] Hat ein einwilligungsfähiger Volljähriger für den Fall seiner Einwilligungsunfähigkeit schriftlich festgelegt, ob er in bestimmte, zum Zeitpunkt der Festlegung noch nicht unmittelbar bevorstehende Untersuchungen seines Gesundheitszustands, Heilbehandlungen oder ärztliche Eingriffe einwilligt oder sie untersagt (Patientenverfügung), prüft der Betreuer, ob diese Festlegungen auf die aktuelle Lebens- und Behandlungssituation des Betreuten zutreffen. [2] Ist dies der Fall, hat der Betreuer dem Willen des Betreuten Ausdruck und Geltung zu verschaffen. [3] Eine Patientenverfügung kann jederzeit formlos widerrufen werden.

(2) [1] Liegt keine Patientenverfügung vor oder treffen die Festlegungen einer Patientenverfügung nicht auf die aktuelle Lebens- und Behandlungssituation des Betreuten zu, hat der Betreuer die Behandlungswünsche oder den mutmaßlichen Willen des Betreuten festzustellen und auf dieser Grundlage zu entscheiden, ob er in eine ärztliche Maßnahme nach Absatz 1 einwilligt oder sie untersagt. [2] Der mutmaßliche Wille ist aufgrund konkreter Anhaltspunkte zu ermitteln. [3] Zu berücksichtigen sind insbesondere frühere Äußerungen, ethische oder religiöse Überzeugungen und sonstige persönliche Wertvorstellungen des Betreuten.

(3) Die Absätze 1 und 2 gelten unabhängig von Art und Stadium einer Erkrankung des Betreuten.

(4) Der Betreuer soll den Betreuten in geeigneten Fällen auf die Möglichkeit einer Patientenverfügung hinweisen und ihn auf dessen Wunsch bei der Errichtung einer Patientenverfügung unterstützen.

(5) [1] Niemand kann zur Errichtung einer Patientenverfügung verpflichtet werden. [2] Die Errichtung oder Vorlage einer Patientenverfügung darf nicht zur Bedingung eines Vertragsschlusses gemacht werden.

(6) Die Absätze 1 bis 3 gelten für Bevollmächtigte entsprechend.

**§ 1828[1] Gespräch zur Feststellung des Patientenwillens.** (1) [1] Der behandelnde Arzt prüft, welche ärztliche Maßnahme im Hinblick auf den Gesamtzustand und die Prognose des Patienten indiziert ist. [2] Er und der Betreuer erörtern diese Maßnahme unter Berücksichtigung des Patientenwillens als Grundlage für die nach § 1827 zu treffende Entscheidung.

(2) Bei der Feststellung des Patientenwillens nach § 1827 Absatz 1 oder der Behandlungswünsche oder des mutmaßlichen Willens nach § 1827 Absatz 2 soll nahen Angehörigen und sonstigen Vertrauenspersonen des Betreuten Gelegenheit zur Äußerung gegeben werden, sofern dies ohne erhebliche Verzögerung möglich ist.

(3) Die Absätze 1 und 2 gelten für Bevollmächtigte entsprechend.

**§ 1829[1] Genehmigung des Betreuungsgerichts bei ärztlichen Maßnahmen.** (1) [1] Die Einwilligung des Betreuers in eine Untersuchung des Gesundheitszustands, eine Heilbehandlung oder einen ärztlichen Eingriff bedarf der Genehmigung des Betreuungsgerichts, wenn die begründete Gefahr besteht, dass der Betreute aufgrund der Maßnahme stirbt oder einen schweren und länger dauernden gesundheitlichen Schaden erleidet. [2] Ohne die Genehmigung darf die Maßnahme nur durchgeführt werden, wenn mit dem Aufschub Gefahr verbunden ist.

[1] Buch 4 Abschnitt 3 (§§ 1773–1888) neu gef. mWv 1.1.2023 durch G v. 4.5.2021 (BGBl. I S. 882).

(2) Die Nichteinwilligung oder der Widerruf der Einwilligung des Betreuers in eine Untersuchung des Gesundheitszustands, eine Heilbehandlung oder einen ärztlichen Eingriff bedarf der Genehmigung des Betreuungsgerichts, wenn die Maßnahme medizinisch angezeigt ist und die begründete Gefahr besteht, dass der Betreute aufgrund des Unterbleibens oder des Abbruchs der Maßnahme stirbt oder einen schweren und länger dauernden gesundheitlichen Schaden erleidet.

(3) Die Genehmigung nach den Absätzen 1 und 2 ist zu erteilen, wenn die Einwilligung, die Nichteinwilligung oder der Widerruf der Einwilligung dem Willen des Betreuten entspricht.

(4) Eine Genehmigung nach den Absätzen 1 und 2 ist nicht erforderlich, wenn zwischen Betreuer und behandelndem Arzt Einvernehmen darüber besteht, dass die Erteilung, die Nichterteilung oder der Widerruf der Einwilligung dem nach § 1827 festgestellten Willen des Betreuten entspricht.

(5) Die Absätze 1 bis 4 gelten nach Maßgabe des § 1820 Absatz 2 Nummer 1 für einen Bevollmächtigten entsprechend.

**§ 1830[1)] Sterilisation.** (1) Die Einwilligung eines Sterilisationsbetreuers in eine Sterilisation des Betreuten, in die dieser nicht selbst einwilligen kann, ist nur zulässig, wenn

1. die Sterilisation dem natürlichen Willen des Betreuten entspricht,
2. der Betreute auf Dauer einwilligungsunfähig bleiben wird,
3. anzunehmen ist, dass es ohne die Sterilisation zu einer Schwangerschaft kommen würde,
4. infolge dieser Schwangerschaft eine Gefahr für das Leben oder die Gefahr einer schwerwiegenden Beeinträchtigung des körperlichen oder seelischen Gesundheitszustands der Schwangeren zu erwarten wäre, die nicht auf zumutbare Weise abgewendet werden könnte, und
5. die Schwangerschaft nicht durch andere zumutbare Mittel verhindert werden kann.

(2) [1]Die Einwilligung bedarf der Genehmigung des Betreuungsgerichts. [2]Die Sterilisation darf erst zwei Wochen nach Wirksamkeit der Genehmigung durchgeführt werden. [3]Bei der Sterilisation ist stets der Methode der Vorzug zu geben, die eine Refertilisierung zulässt.

**§ 1831[1)] Freiheitsentziehende Unterbringung und freiheitsentziehende Maßnahmen.** (1) Eine Unterbringung des Betreuten durch den Betreuer, die mit Freiheitsentziehung verbunden ist, ist nur zulässig, solange sie erforderlich ist, weil

1. aufgrund einer psychischen Krankheit oder geistigen oder seelischen Behinderung des Betreuten die Gefahr besteht, dass er sich selbst tötet oder erheblichen gesundheitlichen Schaden zufügt, oder
2. zur Abwendung eines drohenden erheblichen gesundheitlichen Schadens eine Untersuchung des Gesundheitszustands, eine Heilbehandlung oder ein ärztlicher Eingriff notwendig ist, die Maßnahme ohne die Unterbringung des Betreuten nicht durchgeführt werden kann und der Betreute aufgrund einer psychischen Krankheit oder geistigen oder seelischen Behinderung die Notwendigkeit der Unterbringung nicht erkennen oder nicht nach dieser Einsicht handeln kann.

---

1) Buch 4 Abschnitt 3 (§§ 1773–1888) neu gef. mWv 1.1.2023 durch G v. 4.5.2021 (BGBl. I S. 882).

(2) [1]Die Unterbringung ist nur mit Genehmigung des Betreuungsgerichts zulässig. [2]Ohne die Genehmigung ist die Unterbringung nur zulässig, wenn mit dem Aufschub Gefahr verbunden ist; die Genehmigung ist unverzüglich nachzuholen.

(3) [1]Der Betreuer hat die Unterbringung zu beenden, wenn ihre Voraussetzungen weggefallen sind. [2]Er hat die Beendigung der Unterbringung dem Betreuungsgericht unverzüglich anzuzeigen.

(4) Die Absätze 1 bis 3 gelten entsprechend, wenn dem Betreuten, der sich in einem Krankenhaus, einem Heim oder einer sonstigen Einrichtung aufhält, durch mechanische Vorrichtungen, Medikamente oder auf andere Weise über einen längeren Zeitraum oder regelmäßig die Freiheit entzogen werden soll.

(5) Die Absätze 1 bis 4 gelten nach Maßgabe des § 1820 Absatz 2 Nummer 2 für einen Bevollmächtigten entsprechend.

**§ 1832[1)] Ärztliche Zwangsmaßnahmen.** (1) [1]Widerspricht eine Untersuchung des Gesundheitszustands, eine Heilbehandlung oder ein ärztlicher Eingriff dem natürlichen Willen des Betreuten (ärztliche Zwangsmaßnahme), so kann der Betreuer in die ärztliche Zwangsmaßnahme nur einwilligen, wenn

1. die ärztliche Zwangsmaßnahme notwendig ist, um einen drohenden erheblichen gesundheitlichen Schaden vom Betreuten abzuwenden,
2. der Betreute aufgrund einer psychischen Krankheit oder einer geistigen oder seelischen Behinderung die Notwendigkeit der ärztlichen Maßnahme nicht erkennen oder nicht nach dieser Einsicht handeln kann,
3. die ärztliche Zwangsmaßnahme dem nach § 1827 zu beachtenden Willen des Betreuten entspricht,
4. zuvor ernsthaft, mit dem nötigen Zeitaufwand und ohne Ausübung unzulässigen Drucks versucht wurde, den Betreuten von der Notwendigkeit der ärztlichen Maßnahme zu überzeugen,
5. der drohende erhebliche gesundheitliche Schaden durch keine andere den Betreuten weniger belastende Maßnahme abgewendet werden kann,
6. der zu erwartende Nutzen der ärztlichen Zwangsmaßnahme die zu erwartenden Beeinträchtigungen deutlich überwiegt und
7. die ärztliche Zwangsmaßnahme im Rahmen eines stationären Aufenthalts in einem Krankenhaus, in dem die gebotene medizinische Versorgung des Betreuten einschließlich einer erforderlichen Nachbehandlung sichergestellt ist, durchgeführt wird.

[2]§ 1867 ist nur anwendbar, wenn der Betreuer an der Erfüllung seiner Pflichten verhindert ist.

(2) Die Einwilligung in die ärztliche Zwangsmaßnahme bedarf der Genehmigung des Betreuungsgerichts.

(3) [1]Der Betreuer hat die Einwilligung in die ärztliche Zwangsmaßnahme zu widerrufen, wenn ihre Voraussetzungen weggefallen sind. [2]Er hat den Widerruf dem Betreuungsgericht unverzüglich anzuzeigen.

(4) Kommt eine ärztliche Zwangsmaßnahme in Betracht, so gilt für die Verbringung des Betreuten gegen seinen natürlichen Willen zu einem stationären Aufenthalt in ein Krankenhaus § 1831 Absatz 1 Nummer 2, Absatz 2 und 3 Satz 1 entsprechend.

---

[1)] Buch 4 Abschnitt 3 (§§ 1773–1888) neu gef. mWv 1.1.2023 durch G v. 4.5.2021 (BGBl. I S. 882).

(5) Die Absätze 1 bis 4 gelten nach Maßgabe des § 1820 Absatz 2 Nummer 3 für einen Bevollmächtigten entsprechend.

**§ 1833[1] Aufgabe von Wohnraum des Betreuten.** (1) [1] Eine Aufgabe von Wohnraum, der vom Betreuten selbst genutzt wird, durch den Betreuer ist nur nach Maßgabe des § 1821 Absatz 2 bis 4 zulässig. [2] Eine Gefährdung im Sinne des § 1821 Absatz 3 Nummer 1 liegt insbesondere dann vor, wenn eine Finanzierung des Wohnraums trotz Ausschöpfung aller dem Betreuten zur Verfügung stehenden Ressourcen nicht möglich ist oder eine häusliche Versorgung trotz umfassender Zuhilfenahme aller ambulanten Dienste zu einer erheblichen gesundheitlichen Gefährdung des Betreuten führen würde.

(2) [1] Beabsichtigt der Betreuer, vom Betreuten selbst genutzten Wohnraum aufzugeben, so hat er dies unter Angabe der Gründe und der Sichtweise des Betreuten dem Betreuungsgericht unverzüglich anzuzeigen. [2] Ist mit einer Aufgabe des Wohnraums aus anderen Gründen zu rechnen, so hat der Betreuer auch dies sowie die von ihm beabsichtigten Maßnahmen dem Betreuungsgericht unverzüglich anzuzeigen, wenn sein Aufgabenkreis die entsprechende Angelegenheit umfasst.

(3) [1] Der Betreuer bedarf bei vom Betreuten selbst genutzten Wohnraum der Genehmigung des Betreuungsgerichts

1. zur Kündigung des Mietverhältnisses,
2. zu einer Willenserklärung, die auf die Aufhebung des Mietverhältnisses gerichtet ist,
3. zur Vermietung solchen Wohnraums und
4. zur Verfügung über ein Grundstück oder über ein Recht an einem Grundstück, sofern dies mit der Aufgabe des Wohnraums verbunden ist.

[2] Die §§ 1855 bis 1858 gelten entsprechend.

**§ 1834[1] Bestimmung des Umgangs und des Aufenthalts des Betreuten.**

(1) Den Umgang des Betreuten mit anderen Personen darf der Betreuer mit Wirkung für und gegen Dritte nur bestimmen, wenn der Betreute dies wünscht oder ihm eine konkrete Gefährdung im Sinne des § 1821 Absatz 3 Nummer 1 droht.

(2) Die Bestimmung des Aufenthalts umfasst das Recht, den Aufenthalt des Betreuten auch mit Wirkung für und gegen Dritte zu bestimmen und, falls erforderlich, die Herausgabe des Betreuten zu verlangen.

(3) Über Streitigkeiten, die eine Angelegenheit nach Absatz 1 oder 2 betreffen, entscheidet das Betreuungsgericht auf Antrag.

### Kapitel 3.[1] Vermögensangelegenheiten

#### Unterkapitel 1.[1] Allgemeine Vorschriften

**§ 1835[1] Vermögensverzeichnis.** (1) [1] Soweit die Verwaltung des Vermögens des Betreuten zum Aufgabenkreis des Betreuers gehört, hat er zum Zeitpunkt seiner Bestellung ein Verzeichnis über das Vermögen des Betreuten zu erstellen und dieses dem Betreuungsgericht mit der Versicherung der Richtigkeit und Vollständigkeit einzureichen. [2] Das Vermögensverzeichnis soll auch Angaben zu den regelmäßigen Einnahmen und Ausgaben des Betreuten enthalten. [3] Der Betreuer hat das Vermögensverzeichnis um dasjenige Vermögen zu ergänzen, das der Be-

---

[1] Buch 4 Abschnitt 3 (§§ 1773–1888) neu gef. mWv 1.1.2023 durch G v. 4.5.2021 (BGBl. I S. 882).

treute später hinzuerwirbt. [4]Mehrere Betreuer haben das Vermögensverzeichnis gemeinsam zu erstellen, soweit sie das Vermögen gemeinsam verwalten.

(2) Der Betreuer hat seine Angaben im Vermögensverzeichnis in geeigneter Weise zu belegen.

(3) Soweit es für die ordnungsgemäße Erstellung des Vermögensverzeichnisses erforderlich und mit Rücksicht auf das Vermögen des Betreuten angemessen ist, kann der Betreuer die zuständige Betreuungsbehörde, einen zuständigen Beamten, einen Notar oder einen Sachverständigen zur Erstellung des Verzeichnisses hinzuziehen.

(4) [1]Bestehen nach den Umständen des Einzelfalls konkrete Anhaltspunkte dafür, dass die Kontrolle der Richtigkeit und Vollständigkeit des Vermögensverzeichnisses durch eine dritte Person zum Schutz des Vermögens des Betreuten oder zur Vermeidung von Rechtsstreitigkeiten erforderlich ist, kann das Betreuungsgericht eine dritte Person als Zeuge bei der Erstellung des Vermögensverzeichnisses, insbesondere bei einer Inaugenscheinnahme von Vermögensgegenständen, hinzuziehen. [2]Für die Erstattung der Aufwendungen der dritten Person sind die Vorschriften über die Entschädigung von Zeugen nach dem Justizvergütungs- und -entschädigungsgesetz[1)] anzuwenden. [3]Der Betreuer hat der dritten Person die Wahrnehmung ihrer Aufgaben zu ermöglichen. [4]Die dritte Person hat dem Betreuungsgericht über die Erstellung des Vermögensverzeichnisses und insbesondere das Ergebnis der Inaugenscheinnahme zu berichten.

(5) Ist das eingereichte Vermögensverzeichnis ungenügend, so kann das Betreuungsgericht anordnen, dass das Vermögensverzeichnis durch die zuständige Betreuungsbehörde oder einen Notar aufgenommen wird.

(6) Das Betreuungsgericht hat das Vermögensverzeichnis dem Betreuten zur Kenntnis zu geben, es sei denn, dadurch sind erhebliche Nachteile für dessen Gesundheit zu besorgen oder er ist offensichtlich nicht in der Lage, das Vermögensverzeichnis zur Kenntnis zu nehmen.

**§ 1836[2)] Trennungsgebot; Verwendung des Vermögens für den Betreuer.** (1) [1]Der Betreuer hat das Vermögen des Betreuten getrennt von seinem eigenen Vermögen zu halten. [2]Dies gilt nicht für das bei Bestellung des Betreuers bestehende und das während der Betreuung hinzukommende gemeinschaftliche Vermögen des Betreuers und des Betreuten, wenn das Betreuungsgericht nichts anderes anordnet.

(2) [1]Der Betreuer darf das Vermögen des Betreuten nicht für sich verwenden. [2]Dies gilt nicht, wenn die Betreuung ehrenamtlich geführt wird und zwischen dem Betreuten und dem Betreuer eine Vereinbarung über die Verwendung getroffen wurde. [3]Verwendungen nach Satz 2 sind unter Darlegung der Vereinbarung dem Betreuungsgericht anzuzeigen.

(3) Absatz 2 Satz 1 gilt nicht für Haushaltsgegenstände und das Verfügungsgeld im Sinne des § 1839, wenn der Betreuer mit dem Betreuten einen gemeinsamen Haushalt führt oder geführt hat und die Verwendung dem Wunsch oder mutmaßlichen Willen des Betreuten entspricht.

**§ 1837[2)] Vermögensverwaltung durch den Betreuer bei Erbschaft und Schenkung.** (1) Der Betreuer hat das Vermögen des Betreuten, das dieser von Todes wegen erwirbt, das ihm unentgeltlich durch Zuwendung auf den Todesfall

---

[1)] Nr. **116**.

[2)] Buch 4 Abschnitt 3 (§§ 1773–1888) neu gef. mWv 1.1.2023 durch G v. 4.5.2021 (BGBl. I S. 882).

oder unter Lebenden von einem Dritten zugewendet wird, nach den Anordnungen des Erblassers oder des Zuwendenden, soweit diese sich an den Betreuer richten, zu verwalten, wenn die Anordnungen von dem Erblasser durch letztwillige Verfügung oder von dem Dritten bei der Zuwendung getroffen worden sind.

(2) [1]Das Betreuungsgericht kann die Anordnungen des Erblassers oder des Zuwendenden aufheben, wenn ihre Befolgung das Vermögen des Betreuten erheblich gefährden würde. [2]Solange der Zuwendende lebt, ist zu einer Abweichung von den Anordnungen seine Zustimmung erforderlich und genügend. [3]Ist er zur Abgabe einer Erklärung dauerhaft außerstande oder ist sein Aufenthalt dauerhaft unbekannt, so kann das Betreuungsgericht unter Beachtung der Voraussetzungen von Satz 1 die Zustimmung ersetzen.

### Unterkapitel 2.[1)] Verwaltung von Geld, Wertpapieren und Wertgegenständen

**§ 1838[1)] Pflichten des Betreuers in Vermögensangelegenheiten.**

(1) [1]Der Betreuer hat die Vermögensangelegenheiten des Betreuten nach Maßgabe des § 1821 wahrzunehmen. [2]Es wird vermutet, dass eine Wahrnehmung der Vermögensangelegenheiten nach den §§ 1839 bis 1843 dem mutmaßlichen Willen des Betreuten nach § 1821 Absatz 4 entspricht, wenn keine hinreichenden konkreten Anhaltspunkte für einen hiervon abweichenden mutmaßlichen Willen bestehen.

(2) [1]Soweit die nach Absatz 1 Satz 1 gebotene Wahrnehmung der Vermögensangelegenheiten von den in den §§ 1839 bis 1843 festgelegten Grundsätzen abweicht, hat der Betreuer dies dem Betreuungsgericht unverzüglich unter Darlegung der Wünsche des Betreuten anzuzeigen. [2]Das Betreuungsgericht kann die Anwendung der §§ 1839 bis 1843 oder einzelner Vorschriften ausdrücklich anordnen, wenn andernfalls eine Gefährdung im Sinne des § 1821 Absatz 3 Nummer 1 zu besorgen wäre.

**§ 1839[1)] Bereithaltung von Verfügungsgeld.** (1) [1]Geld des Betreuten, das der Betreuer für dessen Ausgaben benötigt (Verfügungsgeld), hat er auf einem Girokonto des Betreuten bei einem Kreditinstitut bereitzuhalten. [2]Ausgenommen ist Bargeld im Sinne § 1840 Absatz 2.

(2) Absatz 1 steht einer Bereithaltung von Verfügungsgeld auf einem gesonderten zur verzinslichen Anlage geeigneten Konto des Betreuten im Sinne von § 1841 Absatz 2 nicht entgegen.

**§ 1840[1)] Bargeldloser Zahlungsverkehr.** (1) Der Betreuer hat den Zahlungsverkehr für den Betreuten bargeldlos unter Verwendung des gemäß § 1839 Absatz 1 Satz 1 zu unterhaltenden Girokontos durchzuführen.

(2) Von Absatz 1 sind ausgenommen

1. im Geschäftsverkehr übliche Barzahlungen und
2. Auszahlungen an den Betreuten.

**§ 1841[1)] Anlagepflicht.** (1) Geld des Betreuten, das nicht für Ausgaben nach § 1839 benötigt wird, hat der Betreuer anzulegen (Anlagegeld).

(2) Der Betreuer soll das Anlagegeld auf einem zur verzinslichen Anlage geeigneten Konto des Betreuten bei einem Kreditinstitut (Anlagekonto) anlegen.

---

[1)] Buch 4 Abschnitt 3 (§§ 1773–1888) neu gef. mWv 1.1.2023 durch G v. 4.5.2021 (BGBl. I S. 882).

**§ 1842**[1] **Voraussetzungen für das Kreditinstitut.** Das Kreditinstitut muss bei Anlagen nach den §§ 1839 und 1841 Absatz 2 einer für die jeweilige Anlage ausreichenden Sicherungseinrichtung angehören.

**§ 1843**[1] **Depotverwahrung und Hinterlegung von Wertpapieren.**

(1) Der Betreuer hat Wertpapiere des Betreuten im Sinne des § 1 Absatz 1 und 2 des Depotgesetzes[2] bei einem Kreditinstitut in Einzel- oder Sammelverwahrung verwahren zu lassen.

(2) Sonstige Wertpapiere des Betreuten hat der Betreuer in einem Schließfach eines Kreditinstituts zu hinterlegen.

(3) Die Pflicht zur Depotverwahrung oder zur Hinterlegung besteht nicht, wenn diese nach den Umständen des Einzelfalls unter Berücksichtigung der Art der Wertpapiere zur Sicherung des Vermögens des Betreuten nicht geboten ist.

**§ 1844**[1] **Hinterlegung von Wertgegenständen auf Anordnung des Betreuungsgerichts.** Das Betreuungsgericht kann anordnen, dass der Betreuer Wertgegenstände des Betreuten bei einer Hinterlegungsstelle oder einer anderen geeigneten Stelle hinterlegt, wenn dies zur Sicherung des Vermögens des Betreuten geboten ist.

**§ 1845**[1] **Sperrvereinbarung.** (1) [1] Für Geldanlagen des Betreuten im Sinne von § 1841 Absatz 2 hat der Betreuer mit dem Kreditinstitut zu vereinbaren, dass er über die Anlage nur mit Genehmigung des Betreuungsgerichts verfügen kann. [2] Anlagen von Verfügungsgeld gemäß § 1839 Absatz 2 bleiben unberührt.

(2) [1] Für Wertpapiere im Sinne von § 1843 Absatz 1 hat der Betreuer mit dem Verwahrer zu vereinbaren, dass er über die Wertpapiere und die Rechte aus dem Depotvertrag mit Ausnahme von Zinsen und Ausschüttungen nur mit Genehmigung des Betreuungsgerichts verfügen kann. [2] Der Betreuer hat mit dem Kreditinstitut zu vereinbaren, dass er die Öffnung des Schließfachs für Wertpapiere im Sinne des § 1843 Absatz 2 und die Herausgabe von nach § 1844 hinterlegten Wertgegenständen nur mit Genehmigung des Betreuungsgerichts verlangen kann.

(3) [1] Die Absätze 1 und 2 sind entsprechend anzuwenden, wenn ein Anlagekonto, ein Depot oder eine Hinterlegung des Betreuten bei der Bestellung des Betreuers unversperrt ist. [2] Der Betreuer hat dem Betreuungsgericht die Sperrvereinbarung anzuzeigen.

### Unterkapitel 3.[1] Anzeigepflichten

**§ 1846**[1] **Anzeigepflichten bei der Geld- und Vermögensverwaltung.**

(1) Der Betreuer hat dem Betreuungsgericht unverzüglich anzuzeigen, wenn er

1. ein Girokonto für den Betreuten eröffnet,
2. ein Anlagekonto für den Betreuten eröffnet,
3. ein Depot eröffnet oder Wertpapiere des Betreuten hinterlegt,
4. Wertpapiere des Betreuten gemäß § 1843 Absatz 3 nicht in einem Depot verwahrt oder hinterlegt.

(2) Die Anzeige hat insbesondere Angaben zu enthalten

1. zur Höhe des Guthabens auf dem Girokonto nach Absatz 1 Nummer 1,

---

[1] Buch 4 Abschnitt 3 (§§ 1773–1888) neu gef. mWv 1.1.2023 durch G v. 4.5.2021 (BGBl. I S. 882).
[2] **Habersack, Deutsche Gesetze ErgBd. Nr. 59.**

2. zu Höhe und Verzinsung der Anlage gemäß Absatz 1 Nummer 2 sowie ihrer Bestimmung als Anlage- oder Verfügungsgeld,
3. zu Art, Umfang und Wert der depotverwahrten oder hinterlegten Wertpapiere gemäß Absatz 1 Nummer 3 sowie zu den sich aus ihnen ergebenden Aufwendungen und Nutzungen,
4. zu den Gründen, aus denen der Betreuer die Depotverwahrung oder Hinterlegung gemäß Absatz 1 Nummer 4 für nicht geboten erachtet, und wie die Wertpapiere verwahrt werden sollen,
5. zur Sperrvereinbarung.

**§ 1847[1] Anzeigepflicht für Erwerbsgeschäfte.** Der Betreuer hat Beginn, Art und Umfang eines neuen Erwerbsgeschäfts im Namen des Betreuten und die Aufgabe eines bestehenden Erwerbsgeschäfts des Betreuten beim Betreuungsgericht anzuzeigen.

### Unterkapitel 4.[1] Genehmigungsbedürftige Rechtsgeschäfte

**§ 1848[1] Genehmigung einer anderen Anlegung von Geld.** Der Betreuer bedarf der Genehmigung des Betreuungsgerichts, wenn er Anlagegeld anders als auf einem Anlagekonto gemäß § 1841 Absatz 2 anlegt.

**§ 1849[1] Genehmigung bei Verfügung über Rechte und Wertpapiere.**

(1) [1] Der Betreuer bedarf der Genehmigung des Betreuungsgerichts zu einer Verfügung über
1. ein Recht, kraft dessen der Betreute eine Geldleistung oder die Leistung eines Wertpapiers verlangen kann,
2. ein Wertpapier des Betreuten,
3. einen hinterlegten Wertgegenstand des Betreuten.

[2] Das Gleiche gilt für die Eingehung der Verpflichtung zu einer solchen Verfügung.

(2) [1] Einer Genehmigung bedarf es nicht,
1. im Fall einer Geldleistung nach Absatz 1 Satz 1 Nummer 1, wenn der aus dem Recht folgende Zahlungsanspruch
   a) nicht mehr als 3 000 Euro beträgt,
   b) das Guthaben auf einem Girokonto des Betreuten betrifft,
   c) das Guthaben auf einem vom Betreuer für Verfügungsgeld ohne Sperrvereinbarung eröffneten Anlagekonto betrifft,
   d) zu den Nutzungen des Vermögens des Betreuten gehört oder
   e) auf Nebenleistungen gerichtet ist,
2. im Fall von Absatz 1 Satz 1 Nummer 2, wenn die Verfügung über das Wertpapier
   a) eine Nutzung des Vermögens des Betreuten darstellt,
   b) eine Umschreibung des Wertpapiers auf den Namen des Betreuten darstellt,
3. im Fall einer Verfügung nach Absatz 1 Satz 1, wenn die Eingehung der Verpflichtung zu einer solchen Verfügung bereits durch das Betreuungsgericht genehmigt worden ist.

---

[1] Buch 4 Abschnitt 3 (§§ 1773–1888) neu gef. mWv 1.1.2023 durch G v. 4.5.2021 (BGBl. I S. 882).

[2] Satz 1 Nummer 2 gilt entsprechend für die Eingehung einer Verpflichtung zu einer solchen Verfügung.

(3) [1] Absatz 2 Nummer 1 Buchstabe a ist nicht anzuwenden auf eine Verfügung über einen sich aus einer Geldanlage ergebenden Zahlungsanspruch, soweit er einer Sperrvereinbarung unterliegt, sowie über den sich aus der Einlösung eines Wertpapiers ergebenden Zahlungsanspruch. [2] Absatz 2 Nummer 1 Buchstabe d ist nicht anzuwenden auf eine Verfügung über einen Zahlungsanspruch, der einer Sperrvereinbarung unterliegt und eine Kapitalnutzung betrifft.

(4) Die vorstehenden Absätze gelten entsprechend für die Annahme der Leistung.

**§ 1850[1)] Genehmigung für Rechtsgeschäfte über Grundstücke und Schiffe.** Der Betreuer bedarf der Genehmigung des Betreuungsgerichts

1. zur Verfügung über ein Grundstück oder über ein Recht an einem Grundstück, sofern die Genehmigung nicht bereits nach § 1833 Absatz 3 Satz 1 Nummer 4 erforderlich ist,
2. zur Verfügung über eine Forderung, die auf Übertragung des Eigentums an einem Grundstück, auf Begründung oder Übertragung eines Rechts an einem Grundstück oder auf Befreiung eines Grundstücks von einem solchen Recht gerichtet ist,
3. zur Verfügung über ein eingetragenes Schiff oder Schiffsbauwerk oder über eine Forderung, die auf Übertragung des Eigentums an einem eingetragenen Schiff oder Schiffsbauwerk gerichtet ist,
4. zu einem Rechtsgeschäft, durch das der Betreute unentgeltlich Wohnungs- oder Teileigentum erwirbt,
5. zur Eingehung einer Verpflichtung zu einer der in den Nummern 1 bis 3 bezeichneten Verfügungen oder des in Nummer 4 bezeichneten Erwerbs sowie
6. zu einem Rechtsgeschäft, durch das der Betreute zum entgeltlichen Erwerb eines Grundstücks, eines eingetragenen Schiffes oder Schiffsbauwerks oder eines Rechts an einem Grundstück verpflichtet wird, sowie zur Verpflichtung zum entgeltlichen Erwerb einer Forderung auf Übertragung des Eigentums an einem Grundstück, an einem eingetragenen Schiff oder Schiffsbauwerk oder auf Übertragung eines Rechts an einem Grundstück.

**§ 1851[1)] Genehmigung für erbrechtliche Rechtsgeschäfte.** Der Betreuer bedarf der Genehmigung des Betreuungsgerichts

1. zur Ausschlagung einer Erbschaft oder eines Vermächtnisses, zum Verzicht auf die Geltendmachung eines Vermächtnisses oder Pflichtteilsanspruchs sowie zu einem Auseinandersetzungsvertrag,
2. zu einem Rechtsgeschäft, durch das der Betreute zu einer Verfügung über eine ihm angefallene Erbschaft, über seinen künftigen gesetzlichen Erbteil oder seinen künftigen Pflichtteil verpflichtet wird,
3. zu einer Verfügung über den Anteil des Betreuten an einer Erbschaft oder zu einer Vereinbarung, mit der der Betreute aus der Erbengemeinschaft ausscheidet,
4. zu einer Anfechtung eines Erbvertrags für den geschäftsunfähigen Betreuten als Erblasser gemäß § 2282 Absatz 2,

---

[1)] Buch 4 Abschnitt 3 (§§ 1773–1888) neu gef. mWv 1.1.2023 durch G v. 4.5.2021 (BGBl. I S. 882).

5. zum Abschluss eines Vertrags mit dem Erblasser über die Aufhebung eines Erbvertrags oder einer einzelnen vertragsmäßigen Verfügung gemäß § 2290,
6. zu einer Zustimmung zur testamentarischen Aufhebung einer in einem Erbvertrag mit dem Erblasser geregelten vertragsmäßigen Anordnung eines Vermächtnisses, einer Auflage sowie einer Rechtswahl gemäß § 2291,
7. zur Aufhebung eines zwischen Ehegatten oder Lebenspartnern geschlossenen Erbvertrags durch gemeinschaftliches Testament der Ehegatten oder Lebenspartner gemäß § 2292,
8. zu einer Rücknahme eines mit dem Erblasser geschlossenen Erbvertrags, der nur Verfügungen von Todes wegen enthält, aus der amtlichen oder notariellen Verwahrung gemäß § 2300 Absatz 2,
9. zum Abschluss oder zur Aufhebung eines Erb- oder Pflichtteilsverzichtsvertrags gemäß §§ 2346, 2351 sowie zum Abschluss eines Zuwendungsverzichtsvertrags gemäß § 2352.

**§ 1852[1)] Genehmigung für handels- und gesellschaftsrechtliche Rechtsgeschäfte.** Der Betreuer bedarf der Genehmigung des Betreuungsgerichts

1. zu einer Verfügung und zur Eingehung der Verpflichtung zu einer solchen Verfügung, durch die der Betreute
   a) ein Erwerbsgeschäft oder
   b) einen Anteil an einer Personen- oder Kapitalgesellschaft, die ein Erwerbsgeschäft betreibt,

   erwirbt oder veräußert,
2. zu einem Gesellschaftsvertrag, der zum Betrieb eines Erwerbsgeschäfts eingegangen wird, und
3. zur Erteilung einer Prokura.

**§ 1853[1)] Genehmigung bei Verträgen über wiederkehrende Leistungen.**

[1] Der Betreuer bedarf der Genehmigung des Betreuungsgerichts

1. zum Abschluss eines Miet- oder Pachtvertrags oder zu einem anderen Vertrag, durch den der Betreute zu wiederkehrenden Leistungen verpflichtet wird, wenn das Vertragsverhältnis länger als vier Jahre dauern soll, und
2. zu einem Pachtvertrag über einen gewerblichen oder land- oder forstwirtschaftlichen Betrieb.

[2] Satz 1 Nummer 1 gilt nicht, wenn der Betreute das Vertragsverhältnis ohne eigene Nachteile vorzeitig kündigen kann.

**§ 1854[1)] Genehmigung für sonstige Rechtsgeschäfte.** Der Betreuer bedarf der Genehmigung des Betreuungsgerichts

1. zu einem Rechtsgeschäft, durch das der Betreute zu einer Verfügung über sein Vermögen im Ganzen verpflichtet wird,
2. zur Aufnahme von Geld auf den Kredit des Betreuten mit Ausnahme einer eingeräumten Überziehungsmöglichkeit für das auf einem Girokonto des Betreuten bei einem Kreditinstitut bereitzuhaltende Verfügungsgeld (§ 1839 Absatz 1),

---

[1)] Buch 4 Abschnitt 3 (§§ 1773–1888) neu gef. mWv 1.1.2023 durch G v. 4.5.2021 (BGBl. I S. 882).

3. zur Ausstellung einer Schuldverschreibung auf den Inhaber oder zur Eingehung einer Verbindlichkeit aus einem Wechsel oder einem anderen Papier, das durch Indossament übertragen werden kann,
4. zu einem Rechtsgeschäft, das auf Übernahme einer fremden Verbindlichkeit gerichtet ist,
5. zur Eingehung einer Bürgschaft,
6. zu einem Vergleich oder einer auf ein Schiedsverfahren gerichteten Vereinbarung, es sei denn, dass der Gegenstand des Streites oder der Ungewissheit in Geld schätzbar ist und den Wert von 6 000 Euro nicht übersteigt oder der Vergleich einem schriftlichen oder protokollierten gerichtlichen Vergleichsvorschlag entspricht,
7. zu einem Rechtsgeschäft, durch das die für eine Forderung des Betreuten bestehende Sicherheit aufgehoben oder gemindert oder die Verpflichtung dazu begründet wird, und
8. zu einer Schenkung oder unentgeltlichen Zuwendung, es sei denn, diese ist nach den Lebensverhältnissen des Betreuten angemessen oder als Gelegenheitsgeschenk üblich.

**Unterkapitel 5.[1] Genehmigungserklärung**

**§ 1855[1] Erklärung der Genehmigung.** Das Betreuungsgericht kann die Genehmigung zu einem Rechtsgeschäft nur dem Betreuer gegenüber erklären.

**§ 1856[1] Nachträgliche Genehmigung.** (1) [1] Schließt der Betreuer einen Vertrag ohne die erforderliche Genehmigung des Betreuungsgerichts, so hängt die Wirksamkeit des Vertrags von der nachträglichen Genehmigung des Betreuungsgerichts ab. [2] Die Genehmigung sowie deren Verweigerung wird dem anderen Teil gegenüber erst wirksam, wenn ihm die wirksam gewordene Genehmigung oder Verweigerung durch den Betreuer mitgeteilt wird.

(2) Fordert der andere Teil den Betreuer zur Mitteilung darüber auf, ob die Genehmigung erteilt sei, so kann die Mitteilung der Genehmigung nur bis zum Ablauf des zweiten Monats nach dem Empfang der Aufforderung erfolgen; wird die Genehmigung nicht mitgeteilt, so gilt sie als verweigert.

(3) Soweit die Betreuung aufgehoben oder beendet ist, tritt die Genehmigung des Betreuten an die Stelle der Genehmigung des Betreuungsgerichts.

**§ 1857[1] Widerrufsrecht des Vertragspartners.** Hat der Betreuer dem anderen Teil gegenüber wahrheitswidrig die Genehmigung des Betreuungsgerichts behauptet, so ist der andere Teil bis zur Mitteilung der nachträglichen Genehmigung des Betreuungsgerichts zum Widerruf berechtigt, es sei denn, dass ihm das Fehlen der Genehmigung bei dem Abschluss des Vertrags bekannt war.

**§ 1858[1] Einseitiges Rechtsgeschäft.** (1) Ein einseitiges Rechtsgeschäft, das der Betreuer ohne die erforderliche Genehmigung des Betreuungsgerichts vornimmt, ist unwirksam.

(2) Nimmt der Betreuer mit Genehmigung des Betreuungsgerichts ein einseitiges Rechtsgeschäft einem anderen gegenüber vor, so ist das Rechtsgeschäft unwirksam, wenn der Betreuer die Genehmigung nicht vorlegt und der andere das Rechtsgeschäft aus diesem Grunde unverzüglich zurückweist.

[1] Buch 4 Abschnitt 3 (§§ 1773–1888) neu gef. mWv 1.1.2023 durch G v. 4.5.2021 (BGBl. I S. 882).

(3) [1] Nimmt der Betreuer ein einseitiges Rechtsgeschäft gegenüber einem Gericht oder einer Behörde ohne die erforderliche Genehmigung des Betreuungsgerichts vor, so hängt die Wirksamkeit des Rechtsgeschäfts von der nachträglichen Genehmigung des Betreuungsgerichts ab. [2] Das Rechtsgeschäft wird mit Rechtskraft der Genehmigung wirksam. [3] Der Ablauf einer gesetzlichen Frist wird während der Dauer des Genehmigungsverfahrens gehemmt. [4] Die Hemmung endet mit Rechtskraft des Beschlusses über die Erteilung der Genehmigung. [5] Das Betreuungsgericht teilt dem Gericht oder der Behörde nach Rechtskraft des Beschlusses die Erteilung oder Versagung der Genehmigung mit.

#### Unterkapitel 6.[1)] Befreiungen

**§ 1859[1)] Gesetzliche Befreiungen.** (1) [1] Befreite Betreuer sind entbunden

1. von der Pflicht zur Sperrvereinbarung nach § 1845,
2. von den Beschränkungen nach § 1849 Absatz 1 Satz 1 Nummer 1 und 2, Satz 2 und
3. von der Pflicht zur Rechnungslegung nach § 1865.

[2] Sie haben dem Betreuungsgericht jährlich eine Übersicht über den Bestand des ihrer Verwaltung unterliegenden Vermögens des Betreuten (Vermögensübersicht) einzureichen. [3] Das Betreuungsgericht kann anordnen, dass die Vermögensübersicht in längeren, höchstens fünfjährigen Zeiträumen einzureichen ist.

(2) [1] Befreite Betreuer sind

1. Verwandte in gerader Linie,
2. Geschwister,
3. Ehegatten,
4. der Betreuungsverein oder ein Vereinsbetreuer,
5. die Betreuungsbehörde oder ein Behördenbetreuer.

[2] Das Betreuungsgericht kann andere als die in Satz 1 genannten Betreuer von den in Absatz 1 Satz 1 genannten Pflichten befreien, wenn der Betreute dies vor der Bestellung des Betreuers schriftlich verfügt hat. [3] Dies gilt nicht, wenn der Betreute erkennbar an diesem Wunsch nicht festhalten will.

(3) Das Betreuungsgericht hat die Befreiungen aufzuheben, wenn bei ihrer Fortgeltung eine Gefährdung im Sinne des § 1821 Absatz 3 Nummer 1 zu besorgen wäre.

**§ 1860[1)] Befreiungen auf Anordnung des Gerichts.** (1) Das Betreuungsgericht kann den Betreuer auf dessen Antrag von den Beschränkungen nach den §§ 1841, 1845, 1848 und 1849 Absatz 1 Satz 1 Nummer 1 und 2 sowie Satz 2 ganz oder teilweise befreien, wenn der Wert des Vermögens des Betreuten ohne Berücksichtigung von Immobilien und Verbindlichkeiten 6 000 Euro nicht übersteigt.

(2) Das Betreuungsgericht kann den Betreuer auf dessen Antrag von den Beschränkungen nach den §§ 1848, 1849 Absatz 1 Satz 1 Nummer 1 und 2 sowie Satz 2 und nach § 1854 Nummer 2 bis 5 befreien, soweit mit der Vermögensverwaltung der Betrieb eines Erwerbsgeschäfts verbunden ist oder besondere Gründe der Vermögensverwaltung dies erfordern.

---

[1)] Buch 4 Abschnitt 3 (§§ 1773–1888) neu gef. mWv 1.1.2023 durch G v. 4.5.2021 (BGBl. I S. 882).

(3) Das Betreuungsgericht kann den Betreuer auf dessen Antrag von den Beschränkungen nach § 1845 Absatz 2, den §§ 1848 und 1849 Absatz 1 Satz 1 Nummer 1 und 2 sowie Satz 2 befreien, wenn ein Wertpapierdepot des Betreuten häufige Wertpapiergeschäfte erfordert und der Betreuer über hinreichende Kapitalmarktkenntnis und Erfahrung verfügt.

(4) Eine Befreiung gemäß den Absätzen 1 bis 3 kann das Betreuungsgericht nur anordnen, wenn eine Gefährdung im Sinne des § 1821 Absatz 3 Nummer 1 nicht zu besorgen ist.

(5) Das Betreuungsgericht hat eine Befreiung aufzuheben, wenn ihre Voraussetzungen nicht mehr vorliegen.

### Untertitel 3.[1] Beratung und Aufsicht durch das Betreuungsgericht

**§ 1861[1] Beratung; Verpflichtung des Betreuers.** (1) Das Betreuungsgericht berät den Betreuer über dessen Rechte und Pflichten bei der Wahrnehmung seiner Aufgaben.

(2) [1] Der ehrenamtliche Betreuer wird alsbald nach seiner Bestellung mündlich verpflichtet, über seine Aufgaben unterrichtet und auf Beratungs- und Unterstützungsangebote hingewiesen. [2] Das gilt nicht für solche ehrenamtlichen Betreuer, die mehr als eine Betreuung führen oder in den letzten zwei Jahren geführt haben.

**§ 1862[2] Aufsicht durch das Betreuungsgericht.** (1) [1] Das Betreuungsgericht führt über die gesamte Tätigkeit des Betreuers die Aufsicht. [2] Es hat dabei auf die Einhaltung der Pflichten des Betreuers zu achten und insbesondere bei Anordnungen nach Absatz 3, der Erteilung von Genehmigungen und einstweiligen Maßnahmen nach § 1867 den in § 1821 Absatz 2 bis 4 festgelegten Maßstab zu beachten.

(2) Das Betreuungsgericht hat den Betreuten persönlich anzuhören, wenn Anhaltspunkte dafür bestehen, dass der Betreuer pflichtwidrig den Wünschen des Betreuten nicht oder nicht in geeigneter Weise entspricht oder seinen Pflichten gegenüber dem Betreuten in anderer Weise nicht nachkommt, es sei denn, die persönliche Anhörung ist nicht geeignet oder nicht erforderlich, um die Pflichtwidrigkeit aufzuklären.

(3) [1] Das Betreuungsgericht hat gegen Pflichtwidrigkeiten des Betreuers durch geeignete Gebote und Verbote einzuschreiten. [2] Zur Befolgung seiner Anordnungen kann es den Betreuer durch die Festsetzung von Zwangsgeld anhalten. [3] Gegen die Betreuungsbehörde, einen Behördenbetreuer oder einen Betreuungsverein wird kein Zwangsgeld festgesetzt.

(4) Durch Landesrecht kann bestimmt werden, dass Vorschriften, welche die Aufsicht des Betreuungsgerichts in vermögensrechtlicher Hinsicht sowie beim Abschluss von Ausbildungs-, Dienst- oder Arbeitsverträgen betreffen, gegenüber der Betreuungsbehörde außer Anwendung bleiben.

**§ 1863[1] Berichte über die persönlichen Verhältnisse des Betreuten.**

(1) [1] Mit Übernahme der Betreuung hat der Betreuer einen Bericht über die persönlichen Verhältnisse (Anfangsbericht) zu erstellen. [2] Der Anfangsbericht hat insbesondere Angaben zu folgenden Sachverhalten zu enthalten:

---

[1] Buch 4 Abschnitt 3 (§§ 1773–1888) neu gef. mWv 1.1.2023 durch G v. 4.5.2021 (BGBl. I S. 882).

[2] § 1862 neu gef. mWv 1.1.2023 durch G v. 4.5.2021 (BGBl. I S. 882); Abs. 2 geänd. mWv 1.1.2023 durch G v. 24.6.2022 (BGBl. I S. 959).

1. persönliche Situation des Betreuten,
2. Ziele der Betreuung, bereits durchgeführte und beabsichtigte Maßnahmen, insbesondere im Hinblick auf § 1821 Absatz 6, und
3. Wünsche des Betreuten hinsichtlich der Betreuung.

[3] Sofern ein Vermögensverzeichnis gemäß § 1835 zu erstellen ist, ist dieses dem Anfangsbericht beizufügen. [4] Der Anfangsbericht soll dem Betreuungsgericht innerhalb von drei Monaten nach Bestellung des Betreuers übersandt werden. [5] Das Betreuungsgericht kann den Anfangsbericht mit dem Betreuten und dem Betreuer in einem persönlichen Gespräch erörtern.

(2) [1] Absatz 1 gilt nicht, wenn die Betreuung ehrenamtlich von einer Person mit einer familiären Beziehung oder persönlichen Bindung zum Betreuten geführt wird. [2] In diesem Fall führt das Betreuungsgericht mit dem Betreuten auf dessen Wunsch oder in anderen geeigneten Fällen ein Anfangsgespräch zur Ermittlung der Sachverhalte nach Absatz 1 Satz 2. [3] Der ehrenamtliche Betreuer soll an dem Gespräch teilnehmen. [4] Die Pflicht zur Erstellung eines Vermögensverzeichnisses gemäß § 1835 bleibt unberührt.

(3) [1] Der Betreuer hat dem Betreuungsgericht über die persönlichen Verhältnisse des Betreuten mindestens einmal jährlich zu berichten (Jahresbericht). [2] Er hat den Jahresbericht mit dem Betreuten zu besprechen, es sei denn, davon sind erhebliche Nachteile für die Gesundheit des Betreuten zu besorgen oder dieser ist offensichtlich nicht in der Lage, den Inhalt des Jahresberichts zur Kenntnis zu nehmen. [3] Der Jahresbericht hat insbesondere Angaben zu folgenden Sachverhalten zu enthalten:

1. Art, Umfang und Anlass der persönlichen Kontakte zum Betreuten und der persönliche Eindruck vom Betreuten,
2. Umsetzung der bisherigen Betreuungsziele und Darstellung der bereits durchgeführten und beabsichtigten Maßnahmen, insbesondere solcher gegen den Willen des Betreuten,
3. Gründe für die weitere Erforderlichkeit der Betreuung und des Einwilligungsvorbehalts, insbesondere auch hinsichtlich des Umfangs,
4. bei einer beruflich geführten Betreuung die Mitteilung, ob die Betreuung zukünftig ehrenamtlich geführt werden kann, und
5. die Sichtweise des Betreuten zu den Sachverhalten nach den Nummern 1 bis 4.

(4) [1] Nach Beendigung der Betreuung hat der Betreuer einen abschließenden Bericht (Schlussbericht) zu erstellen, in dem die seit dem letzten Jahresbericht eingetretenen Änderungen der persönlichen Verhältnisse mitzuteilen sind. [2] Der Schlussbericht ist dem Betreuungsgericht zu übersenden. [3] Er hat Angaben zur Herausgabe des der Verwaltung des Betreuers unterliegenden Vermögens des Betreuten und aller im Rahmen der Betreuung erlangten Unterlagen zu enthalten.

**§ 1864[1)] Auskunfts- und Mitteilungspflichten des Betreuers.** (1) Der Betreuer hat dem Betreuungsgericht auf dessen Verlangen jederzeit über die Führung der Betreuung und über die persönlichen und wirtschaftlichen Verhältnisse des Betreuten Auskunft zu erteilen.

(2) [1] Der Betreuer hat dem Betreuungsgericht wesentliche Änderungen der persönlichen und wirtschaftlichen Verhältnisse des Betreuten unverzüglich mitzuteilen. [2] Dies gilt auch für solche Umstände,

[1)] Buch 4 Abschnitt 3 (§§ 1773–1888) neu gef. mWv 1.1.2023 durch G v. 4.5.2021 (BGBl. I S. 882).

1. die eine Aufhebung der Betreuung oder des Einwilligungsvorbehalts ermöglichen,
2. die eine Einschränkung des Aufgabenkreises des Betreuers ermöglichen,
3. die die Erweiterung des Aufgabenkreises des Betreuers erfordern,
4. die die Bestellung eines weiteren Betreuers erfordern,
5. die die Anordnung eines Einwilligungsvorbehalts erfordern und
6. aus denen sich bei einer beruflich geführten Betreuung ergibt, dass die Betreuung zukünftig ehrenamtlich geführt werden kann.

**§ 1865[1)] Rechnungslegung.** (1) Der Betreuer hat dem Betreuungsgericht über die Vermögensverwaltung Rechnung zu legen, soweit sein Aufgabenkreis die Vermögensverwaltung umfasst.

(2) [1] Die Rechnung ist jährlich zu legen. [2] Das Rechnungsjahr wird vom Betreuungsgericht bestimmt.

(3) [1] Die Rechnung soll eine geordnete Zusammenstellung der Einnahmen und Ausgaben enthalten und über den Ab- und Zugang des vom Betreuer verwalteten Vermögens Auskunft geben. [2] Das Betreuungsgericht kann Einzelheiten zur Erstellung der geordneten Zusammenstellung nach Satz 1 bestimmen. [3] Es kann in geeigneten Fällen auf die Vorlage von Belegen verzichten. [4] Verwaltet der Betreute im Rahmen des dem Betreuer übertragenen Aufgabenkreises einen Teil seines Vermögens selbst, so hat der Betreuer dies dem Betreuungsgericht mitzuteilen. [5] Der Betreuer hat die Richtigkeit dieser Mitteilung durch eine Erklärung des Betreuten nachzuweisen oder, falls eine solche nicht beigebracht werden kann, die Richtigkeit an Eides statt zu versichern.

(4) [1] Wird vom Betreuten ein Erwerbsgeschäft mit kaufmännischer Buchführung betrieben, so genügt als Rechnung ein aus den Büchern gezogener Jahresabschluss. [2] Das Betreuungsgericht kann Vorlage der Bücher und sonstigen Belege verlangen.

**§ 1866[1)] Prüfung der Rechnung durch das Betreuungsgericht.**

(1) Das Betreuungsgericht hat die Rechnung sachlich und rechnerisch zu prüfen und, soweit erforderlich, ihre Berichtigung und Ergänzung durch den Betreuer herbeizuführen.

(2) [1] Die Möglichkeit der Geltendmachung streitig gebliebener Ansprüche zwischen Betreuer und Betreutem im Rechtsweg bleibt unberührt. [2] Die Ansprüche können schon vor der Beendigung der Betreuung geltend gemacht werden.

**§ 1867[1)] Einstweilige Maßnahmen des Betreuungsgerichts.** Bestehen dringende Gründe für die Annahme, dass die Voraussetzungen für die Bestellung eines Betreuers gegeben sind, und konnte ein Betreuer noch nicht bestellt werden oder ist der Betreuer an der Erfüllung seiner Pflichten gehindert, so hat das Betreuungsgericht die dringend erforderlichen Maßnahmen zu treffen.

### Untertitel 4.[1)] Beendigung, Aufhebung oder Änderung von Betreuung und Einwilligungsvorbehalt

**§ 1868[1)] Entlassung des Betreuers.** (1) [1] Das Betreuungsgericht hat den Betreuer zu entlassen, wenn dessen Eignung, die Angelegenheiten des Betreuten zu besorgen, nicht oder nicht mehr gewährleistet ist oder ein anderer wichtiger

[1)] Buch 4 Abschnitt 3 (§§ 1773–1888) neu gef. mWv 1.1.2023 durch G v. 4.5.2021 (BGBl. I S. 882).

Grund für die Entlassung vorliegt. [2] Ein wichtiger Grund liegt auch vor, wenn der Betreuer eine erforderliche Abrechnung vorsätzlich falsch erteilt oder den erforderlichen persönlichen Kontakt zum Betreuten nicht gehalten hat.

(2) Das Betreuungsgericht hat den beruflichen Betreuer zu entlassen, wenn dessen Registrierung nach § 27 Absatz 1 und 2 des Betreuungsorganisationsgesetzes[1)] widerrufen oder zurückgenommen wurde.

(3) Das Betreuungsgericht soll den beruflichen Betreuer, den Betreuungsverein, den Behördenbetreuer oder die Betreuungsbehörde entlassen, wenn der Betreute zukünftig ehrenamtlich betreut werden kann.

(4) Das Betreuungsgericht entlässt den Betreuer auf dessen Verlangen, wenn nach dessen Bestellung Umstände eingetreten sind, aufgrund derer ihm die Führung der Betreuung nicht mehr zugemutet werden kann.

(5) Das Betreuungsgericht kann den Betreuer entlassen, wenn der Betreute eine mindestens gleich geeignete Person, die zur Übernahme der Betreuung bereit ist, als neuen Betreuer vorschlägt.

(6) [1] Der Vereinsbetreuer ist auch dann zu entlassen, wenn der Betreuungsverein dies beantragt. [2] Wünscht der Betreute die Fortführung der Betreuung durch den bisherigen Vereinsbetreuer, so kann das Betreuungsgericht statt der Entlassung des Vereinsbetreuers mit dessen Einverständnis feststellen, dass dieser die Betreuung künftig als Privatperson weiterführt. [3] Die Sätze 1 und 2 gelten für den Behördenbetreuer entsprechend.

(7) [1] Der Betreuungsverein oder die Betreuungsbehörde ist als Betreuer zu entlassen, sobald der Betreute durch eine oder mehrere natürliche Personen hinreichend betreut werden kann. [2] Dies gilt für den Betreuungsverein nicht, wenn der Wunsch des Betreuten dem entgegensteht.

**§ 1869[2)] Bestellung eines neuen Betreuers.** Mit der Entlassung des Betreuers oder nach dessen Tod ist ein neuer Betreuer zu bestellen.

**§ 1870[2)] Ende der Betreuung.** Die Betreuung endet mit der Aufhebung der Betreuung durch das Betreuungsgericht oder mit dem Tod des Betreuten.

**§ 1871[2)] Aufhebung oder Änderung von Betreuung und Einwilligungsvorbehalt.** (1) [1] Die Betreuung ist aufzuheben, wenn ihre Voraussetzungen wegfallen. [2] Fallen die Voraussetzungen nur für einen Teil der Aufgabenbereiche des Betreuers weg, so ist dessen Aufgabenkreis einzuschränken.

(2) [1] Ist der Betreuer auf Antrag des Betreuten bestellt, so ist die Betreuung auf dessen Antrag wieder aufzuheben, es sei denn, die Aufrechterhaltung der Betreuung ist auch unter Berücksichtigung von § 1814 Absatz 2 erforderlich. [2] Dies gilt für die Einschränkung des Aufgabenkreises des Betreuers entsprechend.

(3) [1] Der Aufgabenkreis des Betreuers ist zu erweitern, wenn dies erforderlich wird. [2] Die Vorschriften über die Bestellung des Betreuers gelten hierfür entsprechend.

(4) Für den Einwilligungsvorbehalt gelten die Absätze 1 und 3 entsprechend.

**§ 1872[2)] Herausgabe von Vermögen und Unterlagen; Schlussrechnungslegung.** (1) Endet die Betreuung, hat der Betreuer das seiner Verwaltung unterlie-

---

[1)] **Habersack, Deutsche Gesetze ErgBd. Nr. 49c.**

[2)] Buch 4 Abschnitt 3 (§§ 1773–1888) neu gef. mWv 1.1.2023 durch G v. 4.5.2021 (BGBl. I S. 882).

gende Vermögen und alle im Rahmen der Betreuung erlangten Unterlagen an den Betreuten, dessen Erben oder sonstigen Berechtigten herauszugeben.

(2) [1] Eine Schlussrechnung über die Vermögensverwaltung hat der Betreuer nur zu erstellen, wenn der Berechtigte nach Absatz 1 dies verlangt. [2] Auf dieses Recht ist der Berechtigte durch den Betreuer vor Herausgabe der Unterlagen hinzuweisen. [3] Die Frist zur Geltendmachung des Anspruchs beträgt sechs Wochen nach Zugang des Hinweises. [4] Der Berechtigte hat dem Betreuungsgericht sein Verlangen gegenüber dem Betreuer mitzuteilen.

(3) Ist der Betreute sechs Monate nach Ende der Betreuung unbekannten Aufenthalts oder sind dessen Erben nach Ablauf dieser Frist unbekannt oder unbekannten Aufenthalts und ist auch kein sonstiger Berechtigter vorhanden, hat der Betreuer abweichend von Absatz 2 eine Schlussrechnung zu erstellen.

(4) [1] Bei einem Wechsel des Betreuers hat der bisherige Betreuer das seiner Verwaltung unterliegende Vermögen und alle im Rahmen der Betreuung erlangten Unterlagen an den neuen Betreuer herauszugeben. [2] Über die Verwaltung seit der letzten beim Betreuungsgericht eingereichten Rechnungslegung hat er Rechenschaft durch eine Schlussrechnung abzulegen.

(5) [1] War der Betreuer bei Beendigung seines Amtes gemäß § 1859 befreit, genügt zur Erfüllung der Verpflichtungen aus den Absätzen 2 und 4 Satz 2 die Erstellung einer Vermögensübersicht mit einer Übersicht über die Einnahmen und Ausgaben seit der letzten Vermögensübersicht. [2] Die Richtigkeit und Vollständigkeit der Vermögensübersicht ist an Eides statt zu versichern.

**§ 1873[1)] Rechnungsprüfung.** (1) [1] Der Betreuer hat eine nach § 1872 von ihm zu erstellende Schlussrechnung oder Vermögensübersicht beim Betreuungsgericht einzureichen. [2] Das Betreuungsgericht übersendet diese an den Berechtigten, soweit dieser bekannt ist oder rechtlich vertreten wird und kein Fall des § 1872 Absatz 3 vorliegt.

(2) [1] Das Betreuungsgericht hat die Schlussrechnung oder die Vermögensübersicht sachlich und rechnerisch zu prüfen und, soweit erforderlich, ihre Ergänzung herbeizuführen. [2] Das Betreuungsgericht übersendet das Ergebnis seiner Prüfung nach Satz 1 an den Berechtigten.

(3) [1] Endet die Betreuung und liegt kein Fall des § 1872 Absatz 3 vor, so gilt Absatz 2 nur dann, wenn der Berechtigte binnen sechs Wochen nach Zugang der Schlussrechnung oder der Vermögensübersicht deren Prüfung verlangt. [2] Über dieses Recht ist der Berechtigte bei der Übersendung nach Absatz 1 Satz 2 zu belehren. [3] Nach Ablauf der Frist kann eine Prüfung durch das Betreuungsgericht nicht mehr verlangt werden.

**§ 1874[1)] Besorgung der Angelegenheiten des Betreuten nach Beendigung der Betreuung.** (1) [1] Der Betreuer darf die Besorgung der Angelegenheiten des Betreuten fortführen, bis er von der Beendigung der Betreuung Kenntnis erlangt oder diese kennen muss. [2] Ein Dritter kann sich auf diese Befugnis nicht berufen, wenn er bei der Vornahme des Rechtsgeschäfts die Beendigung kennt oder kennen muss.

(2) Endet die Betreuung durch den Tod des Betreuten, so hat der Betreuer im Rahmen des ihm übertragenen Aufgabenkreises die Angelegenheiten, die keinen Aufschub dulden, zu besorgen, bis der Erbe diese besorgen kann.

---

[1)] Buch 4 Abschnitt 3 (§§ 1773–1888) neu gef. mWv 1.1.2023 durch G v. 4.5.2021 (BGBl. I S. 882).

### Untertitel 5.[1)] Vergütung und Aufwendungsersatz

**§ 1875[1)] Vergütung und Aufwendungsersatz.** (1) Vergütung und Aufwendungsersatz des ehrenamtlichen Betreuers bestimmen sich nach den Vorschriften dieses Untertitels.

(2) Vergütung und Aufwendungsersatz des beruflichen Betreuers, des Betreuungsvereins, des Behördenbetreuers und der Betreuungsbehörde bestimmen sich nach dem Vormünder- und Betreuervergütungsgesetz[2)].

**§ 1876[1)] Vergütung.** [1] Dem ehrenamtlichen Betreuer steht grundsätzlich kein Anspruch auf Vergütung zu. [2] Das Betreuungsgericht kann ihm abweichend von Satz 1 eine angemessene Vergütung bewilligen, wenn

1. der Umfang oder die Schwierigkeit der Wahrnehmung der Angelegenheiten des Betreuten dies rechtfertigen und
2. der Betreute nicht mittellos ist.

**§ 1877[1)] Aufwendungsersatz.** (1) [1] Macht der Betreuer zur Führung der Betreuung Aufwendungen, so kann er nach den für den Auftrag geltenden Vorschriften der §§ 669 und 670 vom Betreuten Vorschuss oder Ersatz verlangen. [2] Für den Ersatz von Fahrtkosten des Betreuers gilt die in § 5 des Justizvergütungs- und -entschädigungsgesetzes[3)] für Sachverständige getroffene Regelung entsprechend.

(2) [1] Zu den Aufwendungen gehören auch die Kosten einer angemessenen Versicherung gegen Schäden, die

1. dem Betreuten durch den Betreuer zugefügt werden können oder
2. die dem Betreuer dadurch entstehen können, dass er einem Dritten zum Ersatz eines durch die Führung der Betreuung verursachten Schadens verpflichtet ist.

[2] Kosten für die Haftpflichtversicherung des Halters eines Kraftfahrzeugs gehören nicht zu diesen Aufwendungen.

(3) Als Aufwendungen gelten auch solche Dienste des Betreuers, die zu seinem Gewerbe oder Beruf gehören.

(4) [1] Der Anspruch auf Aufwendungsersatz erlischt, wenn er nicht binnen 15 Monaten nach seiner Entstehung gerichtlich geltend gemacht wird. [2] Die Geltendmachung beim Betreuungsgericht gilt als Geltendmachung gegen den Betreuten. [3] Die Geltendmachung gegen den Betreuten gilt auch als Geltendmachung gegen die Staatskasse.

(5) [1] Das Betreuungsgericht kann eine von Absatz 4 Satz 1 abweichende kürzere oder längere Frist für das Erlöschen des Anspruchs bestimmen sowie diese gesetzte Frist auf Antrag verlängern. [2] Mit der Fristbestimmung ist über das Erlöschen des Ersatzanspruchs bei Versäumung der Frist zu belehren. [3] Der Anspruch ist innerhalb der Frist zu beziffern.

**§ 1878[1)] Aufwandspauschale.** (1) [1] Zur Abgeltung seines Anspruchs auf Aufwendungsersatz kann der Betreuer für die Führung jeder Betreuung, für die er keine Vergütung erhält, vom Betreuten einen pauschalen Geldbetrag verlangen (Aufwandspauschale). [2] Dieser entspricht für ein Jahr dem Siebzehnfachen dessen, was einem Zeugen als Höchstbetrag der Entschädigung für eine Stunde versäumter

---

1) Buch 4 Abschnitt 3 (§§ 1773–1888) neu gef. mWv 1.1.2023 durch G v. 4.5.2021 (BGBl. I S. 882).
2) **Habersack, Deutsche Gesetze ErgBd. Nr. 49b/1.**
3) Nr. **116**.

Arbeitszeit (§ 22 des Justizvergütungs- und -entschädigungsgesetzes[1)]) gewährt werden kann. [3]Hat der Betreuer für solche Aufwendungen bereits Vorschuss oder Ersatz erhalten, so verringert sich die Aufwandspauschale entsprechend.

(2) [1]Sind mehrere Betreuer bestellt, kann jeder Betreuer den Anspruch auf Aufwandspauschale geltend machen. [2]In den Fällen der Bestellung eines Verhinderungsbetreuers nach § 1817 Absatz 4 kann jeder Betreuer den Anspruch auf Aufwandspauschale nur für den Zeitraum geltend machen, in dem er tatsächlich tätig geworden ist.

(3) [1]Die Aufwandspauschale ist jährlich zu zahlen, erstmals ein Jahr nach Bestellung des Betreuers. [2]Endet das Amt des Betreuers, ist die Aufwandspauschale anteilig nach den Monaten des bis zur Beendigung des Amtes laufenden Betreuungsjahres zu zahlen; ein angefangener Monat gilt als voller Monat.

(4) [1]Der Anspruch erlischt, wenn er nicht binnen sechs Monaten nach Ablauf des Jahres, in dem der Anspruch entstanden ist, gerichtlich geltend gemacht wird. [2]§ 1877 Absatz 4 Satz 2 und 3 gilt entsprechend. [3]Ist der Anspruch einmalig ausdrücklich gerichtlich geltend gemacht worden, so gilt in den Folgejahren die Einreichung des Jahresberichts jeweils als Antrag, es sei denn, der Betreuer verzichtet ausdrücklich auf eine weitere Geltendmachung.

**§ 1879[2)] Zahlung aus der Staatskasse.** Gilt der Betreute als mittellos im Sinne von § 1880, so kann der Betreuer den Vorschuss, den Aufwendungsersatz nach § 1877 oder die Aufwandspauschale nach § 1878 aus der Staatskasse verlangen.

**§ 1880[2)] Mittellosigkeit des Betreuten.** (1) Der Betreute gilt als mittellos, wenn er den Vorschuss, den Aufwendungsersatz oder die Aufwandspauschale aus seinem einzusetzenden Vermögen nicht, nur zum Teil oder nur in Raten aufbringen kann.

(2) Der Betreute hat sein Vermögen nach Maßgabe des § 90 des Zwölften Buches Sozialgesetzbuch[3)] einzusetzen.

**§ 1881[2)] Gesetzlicher Forderungsübergang.** [1]Soweit die Staatskasse den Betreuer befriedigt, gehen Ansprüche des Betreuers gegen den Betreuten auf die Staatskasse über. [2]Nach dem Tode des Betreuten haftet sein Erbe nur mit dem Wert des im Zeitpunkt des Erbfalls vorhandenen Nachlasses; § 102 Absatz 3 und 4 des Zwölften Buches Sozialgesetzbuch[3)] gilt entsprechend, § 1880 Absatz 2 ist auf den Erben nicht anzuwenden.

### Titel 4.[2)] Sonstige Pflegschaft

**§ 1882[2)] Pflegschaft für unbekannte Beteiligte.** [1]Ist unbekannt oder ungewiss, wer bei einer Angelegenheit der Beteiligte ist, so kann dem Beteiligten für diese Angelegenheit, soweit eine Fürsorge erforderlich ist, ein Pfleger bestellt werden. [2]Insbesondere kann für einen Nacherben, der noch nicht gezeugt ist oder dessen Persönlichkeit erst durch ein künftiges Ereignis bestimmt wird, für die Zeit bis zum Eintritt der Nacherbfolge ein Pfleger bestellt werden.

**§ 1883[2)] Pflegschaft für gesammeltes Vermögen.** Ist durch öffentliche Sammlung Vermögen für einen vorübergehenden Zweck zusammengebracht worden, so kann zum Zwecke der Verwaltung und Verwendung des Vermögens ein

---

[1)] Nr. **116**.
[2)] Buch 4 Abschnitt 3 (§§ 1773–1888) neu gef. mWv 1.1.2023 durch G v. 4.5.2021 (BGBl. I S. 882).
[3)] **Sartorius ErgBd. Nr. 412.**

Pfleger bestellt werden, wenn die zu der Verwaltung und Verwendung berufenen Personen weggefallen sind.

**§ 1884[1)] Abwesenheitspflegschaft.** (1) [1]Ein abwesender Volljähriger, dessen Aufenthalt unbekannt ist, erhält für seine Vermögensangelegenheiten, soweit sie der Fürsorge bedürfen, einen Abwesenheitspfleger. [2]Ein solcher Abwesenheitspfleger ist ihm insbesondere auch dann zu bestellen, wenn er durch Erteilung eines Auftrags oder einer Vollmacht Fürsorge getroffen hat, aber Umstände eingetreten sind, die zum Widerruf des Auftrags oder der Vollmacht Anlass geben.

(2) Das Gleiche gilt für einen Abwesenden, dessen Aufenthalt bekannt, der aber an der Rückkehr und der Besorgung seiner Vermögensangelegenheiten verhindert ist.

**§ 1885[1)] Bestellung des sonstigen Pflegers.** Das Betreuungsgericht oder im Falle der Nachlasspflegschaft das Nachlassgericht ordnet die Pflegschaft an, wählt einen geeigneten Pfleger aus und bestellt ihn, nachdem er sich zur Übernahme des Amtes bereit erklärt hat.

**§ 1886[1)] Aufhebung der Pflegschaft.** (1) Die Pflegschaft für einen Abwesenden ist aufzuheben

1. wenn der Abwesende an der Besorgung seiner Vermögensangelegenheiten nicht mehr verhindert ist.
2. wenn der Abwesende stirbt.

(2) Im Übrigen ist eine Pflegschaft aufzuheben, wenn der Grund für ihre Anordnung weggefallen ist.

**§ 1887[1)] Ende der Pflegschaft kraft Gesetzes.** (1) Wird der Abwesende für tot erklärt oder wird seine Todeszeit nach den Vorschriften des Verschollenheitsgesetzes[2)] festgestellt, so endet die Pflegschaft mit der Rechtskraft des Beschlusses über die Todeserklärung oder die Feststellung der Todeszeit.

(2) Im Übrigen endet die Pflegschaft zur Besorgung einer einzelnen Angelegenheit mit deren Erledigung.

**§ 1888[1)] Anwendung des Betreuungsrechts.** (1) Die Vorschriften des Betreuungsrechts sind auf sonstige Pflegschaften entsprechend anwendbar, soweit sich nicht aus dem Gesetz ein anderes ergibt.

(2) [1]Die Ansprüche des berufsmäßig tätigen Pflegers auf Vergütung und Aufwendungsersatz richten sich nach den §§ 1 bis 6 des Vormünder- und Betreuervergütungsgesetzes[3)]. [2]Sofern der Pflegling nicht mittellos ist, bestimmt sich die Höhe des Stundensatzes des Pflegers jedoch nach den für die Führung der Pflegschaftsgeschäfte nutzbaren Fachkenntnissen des Pflegers sowie nach dem Umfang und der Schwierigkeit der Pflegschaftsgeschäfte.

**§§ 1889–1921[4)]** *(nicht mehr belegt)*

---

[1)] Buch 4 Abschnitt 3 (§§ 1773–1888) neu gef. mWv 1.1.2023 durch G v. 4.5.2021 (BGBl. I S. 882).

[2)] **Habersack, Deutsche Gesetze ErgBd. Nr. 45.**

[3)] **Habersack, Deutsche Gesetze ErgBd. Nr. 49b/1.**

[4)] Buch 4 Abschnitt 3 (§§ 1773–1888, zuvor §§ 1773-1921) neu gef. mWv 1.1.2023 durch G v. 4.5. 2021 (BGBl. I S. 882).

## Buch 5.[1] Erbrecht

### Abschnitt 1. Erbfolge

**§ 1922 Gesamtrechtsnachfolge.** (1) Mit dem Tode einer Person (Erbfall) geht deren Vermögen (Erbschaft) als Ganzes auf eine oder mehrere andere Personen (Erben) über.

(2) Auf den Anteil eines Miterben (Erbteil) finden die sich auf die Erbschaft beziehenden Vorschriften Anwendung.

**§ 1923[2] Erbfähigkeit.** (1) Erbe kann nur werden, wer zur Zeit des Erbfalls lebt.

(2) Wer zur Zeit des Erbfalls noch nicht lebte, aber bereits gezeugt war, gilt als vor dem Erbfall geboren.

**§ 1924 Gesetzliche Erben erster Ordnung.** (1) Gesetzliche Erben der ersten Ordnung sind die Abkömmlinge des Erblassers.

(2) Ein zur Zeit des Erbfalls lebender Abkömmling schließt die durch ihn mit dem Erblasser verwandten Abkömmlinge von der Erbfolge aus.

(3) An die Stelle eines zur Zeit des Erbfalls nicht mehr lebenden Abkömmlings treten die durch ihn mit dem Erblasser verwandten Abkömmlinge (Erbfolge nach Stämmen).

(4) Kinder erben zu gleichen Teilen.

**§ 1925 Gesetzliche Erben zweiter Ordnung.** (1) Gesetzliche Erben der zweiten Ordnung sind die Eltern des Erblassers und deren Abkömmlinge.

(2) Leben zur Zeit des Erbfalls die Eltern, so erben sie allein und zu gleichen Teilen.

(3) [1] Lebt zur Zeit des Erbfalls der Vater oder die Mutter nicht mehr, so treten an die Stelle des Verstorbenen dessen Abkömmlinge nach den für die Beerbung in der ersten Ordnung geltenden Vorschriften. [2] Sind Abkömmlinge nicht vorhanden, so erbt der überlebende Teil allein.

(4) In den Fällen des § 1756 sind das angenommene Kind und die Abkömmlinge der leiblichen Eltern oder des anderen Elternteils des Kindes im Verhältnis zueinander nicht Erben der zweiten Ordnung.

**§ 1926 Gesetzliche Erben dritter Ordnung.** (1) Gesetzliche Erben der dritten Ordnung sind die Großeltern des Erblassers und deren Abkömmlinge.

(2) Leben zur Zeit des Erbfalls die Großeltern, so erben sie allein und zu gleichen Teilen.

(3) [1] Lebt zur Zeit des Erbfalls von einem Großelternpaar der Großvater oder die Großmutter nicht mehr, so treten an die Stelle des Verstorbenen dessen Abkömmlinge. [2] Sind Abkömmlinge nicht vorhanden, so fällt der Anteil des Verstorbenen dem anderen Teil des Großelternpaars und, wenn dieser nicht mehr lebt, dessen Abkömmlingen zu.

---

[1] Wegen des für das Gebiet der ehem. DDR geltenden Übergangsrechts zum Erbrecht beachte Art. 235 § 1 EGBGB (Nr. **21**).

[2] § 1923 Abs. 2 geänd. mWv 1.8.2002 durch G v. 19.7.2002 (BGBl. I S. 2674).

(4) Lebt zur Zeit des Erbfalls ein Großelternpaar nicht mehr und sind Abkömmlinge der Verstorbenen nicht vorhanden, so erben die anderen Großeltern oder ihre Abkömmlinge allein.

(5) Soweit Abkömmlinge an die Stelle ihrer Eltern oder ihrer Voreltern treten, finden die für die Beerbung in der ersten Ordnung geltenden Vorschriften Anwendung.

**§ 1927 Mehrere Erbteile bei mehrfacher Verwandtschaft.** [1] Wer in der ersten, der zweiten oder der dritten Ordnung verschiedenen Stämmen angehört, erhält den in jedem dieser Stämme ihm zufallenden Anteil. [2] Jeder Anteil gilt als besonderer Erbteil.

**§ 1928 Gesetzliche Erben vierter Ordnung.** (1) Gesetzliche Erben der vierten Ordnung sind die Urgroßeltern des Erblassers und deren Abkömmlinge.

(2) Leben zur Zeit des Erbfalls Urgroßeltern, so erben sie allein; mehrere erben zu gleichen Teilen, ohne Unterschied, ob sie derselben Linie oder verschiedenen Linien angehören.

(3) Leben zur Zeit des Erbfalls Urgroßeltern nicht mehr, so erbt von ihren Abkömmlingen derjenige, welcher mit dem Erblasser dem Grade nach am nächsten verwandt ist; mehrere gleich nahe Verwandte erben zu gleichen Teilen.

**§ 1929 Fernere Ordnungen.** (1) Gesetzliche Erben der fünften Ordnung und der ferneren Ordnungen sind die entfernteren Voreltern des Erblassers und deren Abkömmlinge.

(2) Die Vorschrift des § 1928 Abs. 2, 3 findet entsprechende Anwendung.

**§ 1930 Rangfolge der Ordnungen.** Ein Verwandter ist nicht zur Erbfolge berufen, solange ein Verwandter einer vorhergehenden Ordnung vorhanden ist.

**§ 1931 Gesetzliches Erbrecht des Ehegatten.** (1) [1] Der überlebende Ehegatte des Erblassers ist neben Verwandten der ersten Ordnung zu einem Viertel, neben Verwandten der zweiten Ordnung oder neben Großeltern zur Hälfte der Erbschaft als gesetzlicher Erbe berufen. [2] Treffen mit Großeltern Abkömmlinge von Großeltern zusammen, so erhält der Ehegatte auch von der anderen Hälfte den Anteil, der nach § 1926 den Abkömmlingen zufallen würde.

(2) Sind weder Verwandte der ersten oder der zweiten Ordnung noch Großeltern vorhanden, so erhält der überlebende Ehegatte die ganze Erbschaft.

(3) Die Vorschrift des § 1371 bleibt unberührt.

(4) Bestand beim Erbfall Gütertrennung und sind als gesetzliche Erben neben dem überlebenden Ehegatten ein oder zwei Kinder des Erblassers berufen, so erben der überlebende Ehegatte und jedes Kind zu gleichen Teilen; § 1924 Abs. 3 gilt auch in diesem Falle.

**§ 1932 Voraus des Ehegatten.** (1) [1] Ist der überlebende Ehegatte neben Verwandten der zweiten Ordnung oder neben Großeltern gesetzlicher Erbe, so gebühren ihm außer dem Erbteil die zum ehelichen Haushalt gehörenden Gegenstände, soweit sie nicht Zubehör eines Grundstücks sind, und die Hochzeitsgeschenke als Voraus. [2] Ist der überlebende Ehegatte neben Verwandten der ersten Ordnung gesetzlicher Erbe, so gebühren ihm diese Gegenstände, soweit er sie zur Führung eines angemessenen Haushalts benötigt.

(2) Auf den Voraus sind die für Vermächtnisse geltenden Vorschriften anzuwenden.

**§ 1933 Ausschluss des Ehegattenerbrechts.** [1] Das Erbrecht des überlebenden Ehegatten sowie das Recht auf den Voraus ist ausgeschlossen, wenn zur Zeit des Todes des Erblassers die Voraussetzungen für die Scheidung der Ehe gegeben waren und der Erblasser die Scheidung beantragt oder ihr zugestimmt hatte. [2] Das Gleiche gilt, wenn der Erblasser berechtigt war, die Aufhebung der Ehe zu beantragen, und den Antrag gestellt hatte. [3] In diesen Fällen ist der Ehegatte nach Maßgabe der §§ 1569 bis 1586b unterhaltsberechtigt.

**§ 1934 Erbrecht des verwandten Ehegatten.** [1] Gehört der überlebende Ehegatte zu den erbberechtigten Verwandten, so erbt er zugleich als Verwandter. [2] Der Erbteil, der ihm auf Grund der Verwandtschaft zufällt, gilt als besonderer Erbteil.

**§ 1935 Folgen der Erbteilserhöhung.** Fällt ein gesetzlicher Erbe vor oder nach dem Erbfall weg und erhöht sich infolgedessen der Erbteil eines anderen gesetzlichen Erben, so gilt der Teil, um welchen sich der Erbteil erhöht, in Ansehung der Vermächtnisse und Auflagen, mit denen dieser Erbe oder der wegfallende Erbe beschwert ist, sowie in Ansehung der Ausgleichungspflicht als besonderer Erbteil.

**§ 1936[1)] Gesetzliches Erbrecht des Staates.** [1] Ist zur Zeit des Erbfalls kein Verwandter, Ehegatte oder Lebenspartner des Erblassers vorhanden, erbt das Land, in dem der Erblasser zur Zeit des Erbfalls seinen letzten Wohnsitz oder, wenn ein solcher nicht feststellbar ist, seinen gewöhnlichen Aufenthalt hatte. [2] Im Übrigen erbt der Bund.

**§ 1937 Erbeinsetzung durch letztwillige Verfügung.** Der Erblasser kann durch einseitige Verfügung von Todes wegen (Testament, letztwillige Verfügung) den Erben bestimmen.

**§ 1938 Enterbung ohne Erbeinsetzung.** Der Erblasser kann durch Testament einen Verwandten, den Ehegatten oder den Lebenspartner von der gesetzlichen Erbfolge ausschließen, ohne einen Erben einzusetzen.

**§ 1939 Vermächtnis.** Der Erblasser kann durch Testament einem anderen, ohne ihn als Erben einzusetzen, einen Vermögensvorteil zuwenden (Vermächtnis).

**§ 1940 Auflage.** Der Erblasser kann durch Testament den Erben oder einen Vermächtnisnehmer zu einer Leistung verpflichten, ohne einem anderen ein Recht auf die Leistung zuzuwenden (Auflage).

**§ 1941[2)] Erbvertrag.** (1) Der Erblasser kann durch Vertrag einen Erben einsetzen, Vermächtnisse und Auflagen anordnen sowie das anzuwendende Erbrecht wählen (Erbvertrag).

(2) Als Erbe (Vertragserbe) oder als Vermächtnisnehmer kann sowohl der andere Vertragschließende als ein Dritter bedacht werden.

---

1) § 1936 neu gef. mWv 1.1.2010 durch G v. 24.9.2009 (BGBl. I S. 3142).
2) § 1941 Abs. 1 neu gef. mWv 17.8.2015 durch G v. 29.6.2015 (BGBl. I S. 1042).

## Abschnitt 2. Rechtliche Stellung des Erben

### Titel 1. Annahme und Ausschlagung der Erbschaft, Fürsorge des Nachlassgerichts

**§ 1942 Anfall und Ausschlagung der Erbschaft.** (1) Die Erbschaft geht auf den berufenen Erben unbeschadet des Rechts über, sie auszuschlagen (Anfall der Erbschaft).

(2) Der Fiskus kann die ihm als gesetzlichem Erben angefallene Erbschaft nicht ausschlagen.

**§ 1943 Annahme und Ausschlagung der Erbschaft.** Der Erbe kann die Erbschaft nicht mehr ausschlagen, wenn er sie angenommen hat oder wenn die für die Ausschlagung vorgeschriebene Frist verstrichen ist; mit dem Ablauf der Frist gilt die Erbschaft als angenommen.

**§ 1944[1] Ausschlagungsfrist.** (1) Die Ausschlagung kann nur binnen sechs Wochen erfolgen.

(2) [1] Die Frist beginnt mit dem Zeitpunkt, in welchem der Erbe von dem Anfall und dem Grunde der Berufung Kenntnis erlangt. [2] Ist der Erbe durch Verfügung von Todes wegen berufen, beginnt die Frist nicht vor Bekanntgabe der Verfügung von Todes wegen durch das Nachlassgericht. [3] Auf den Lauf der Frist finden die für die Verjährung geltenden Vorschriften der §§ 206, 210 entsprechende Anwendung.

(3) Die Frist beträgt sechs Monate, wenn der Erblasser seinen letzten Wohnsitz nur im Ausland gehabt hat oder wenn sich der Erbe bei dem Beginn der Frist im Ausland aufhält.

**§ 1945 Form der Ausschlagung.** (1) Die Ausschlagung erfolgt durch Erklärung gegenüber dem Nachlassgericht; die Erklärung ist zur Niederschrift des Nachlassgerichts oder in öffentlich beglaubigter Form abzugeben.

(2) Die Niederschrift des Nachlassgerichts wird nach den Vorschriften des Beurkundungsgesetzes[2] errichtet.

(3) [1] Ein Bevollmächtigter bedarf einer öffentlich beglaubigten Vollmacht. [2] Die Vollmacht muss der Erklärung beigefügt oder innerhalb der Ausschlagungsfrist nachgebracht werden.

**§ 1946 Zeitpunkt für Annahme oder Ausschlagung.** Der Erbe kann die Erbschaft annehmen oder ausschlagen, sobald der Erbfall eingetreten ist.

**§ 1947 Bedingung und Zeitbestimmung.** Die Annahme und die Ausschlagung können nicht unter einer Bedingung oder einer Zeitbestimmung erfolgen.

**§ 1948 Mehrere Berufungsgründe.** (1) Wer durch Verfügung von Todes wegen als Erbe berufen ist, kann, wenn er ohne die Verfügung als gesetzlicher Erbe berufen sein würde, die Erbschaft als eingesetzter Erbe ausschlagen und als gesetzlicher Erbe annehmen.

(2) Wer durch Testament und durch Erbvertrag als Erbe berufen ist, kann die Erbschaft aus dem einen Berufungsgrund annehmen und aus dem anderen ausschlagen.

---

[1] § 1944 Abs. 2 Satz 2 neu gef. Wv 1.9.2009 durch G v. 17.12.2008 (BGBl. I S. 2586).
[2] Nr. **23**.

**§ 1949 Irrtum über den Berufungsgrund.** (1) Die Annahme gilt als nicht erfolgt, wenn der Erbe über den Berufungsgrund im Irrtum war.

(2) Die Ausschlagung erstreckt sich im Zweifel auf alle Berufungsgründe, die dem Erben zur Zeit der Erklärung bekannt sind.

**§ 1950 Teilannahme; Teilausschlagung.** [1] Die Annahme und die Ausschlagung können nicht auf einen Teil der Erbschaft beschränkt werden. [2] Die Annahme oder Ausschlagung eines Teils ist unwirksam.

**§ 1951 Mehrere Erbteile.** (1) Wer zu mehreren Erbteilen berufen ist, kann, wenn die Berufung auf verschiedenen Gründen beruht, den einen Erbteil annehmen und den anderen ausschlagen.

(2) [1] Beruht die Berufung auf demselben Grund, so gilt die Annahme oder Ausschlagung des einen Erbteils auch für den anderen, selbst wenn der andere erst später anfällt. [2] Die Berufung beruht auf demselben Grund auch dann, wenn sie in verschiedenen Testamenten oder vertragsmäßig in verschiedenen zwischen denselben Personen geschlossenen Erbverträgen angeordnet ist.

(3) Setzt der Erblasser einen Erben auf mehrere Erbteile ein, so kann er ihm durch Verfügung von Todes wegen gestatten, den einen Erbteil anzunehmen und den anderen auszuschlagen.

**§ 1952 Vererblichkeit des Ausschlagungsrechts.** (1) Das Recht des Erben, die Erbschaft auszuschlagen, ist vererblich.

(2) Stirbt der Erbe vor dem Ablauf der Ausschlagungsfrist, so endigt die Frist nicht vor dem Ablauf der für die Erbschaft des Erben vorgeschriebenen Ausschlagungsfrist.

(3) Von mehreren Erben des Erben kann jeder den seinem Erbteil entsprechenden Teil der Erbschaft ausschlagen.

**§ 1953 Wirkung der Ausschlagung.** (1) Wird die Erbschaft ausgeschlagen, so gilt der Anfall an den Ausschlagenden als nicht erfolgt.

(2) Die Erbschaft fällt demjenigen an, welcher berufen sein würde, wenn der Ausschlagende zur Zeit des Erbfalls nicht gelebt hätte; der Anfall gilt als mit dem Erbfall erfolgt.

(3) [1] Das Nachlassgericht soll die Ausschlagung demjenigen mitteilen, welchem die Erbschaft infolge der Ausschlagung angefallen ist. [2] Es hat die Einsicht der Erklärung jedem zu gestatten, der ein rechtliches Interesse glaubhaft macht.

**§ 1954 Anfechtungsfrist.** (1) Ist die Annahme oder die Ausschlagung anfechtbar, so kann die Anfechtung nur binnen sechs Wochen erfolgen.

(2) [1] Die Frist beginnt im Falle der Anfechtbarkeit wegen Drohung mit dem Zeitpunkt, in welchem die Zwangslage aufhört, in den übrigen Fällen mit dem Zeitpunkt, in welchem der Anfechtungsberechtigte von dem Anfechtungsgrund Kenntnis erlangt. [2] Auf den Lauf der Frist finden die für die Verjährung geltenden Vorschriften der §§ 206, 210, 211 entsprechende Anwendung.

(3) Die Frist beträgt sechs Monate, wenn der Erblasser seinen letzten Wohnsitz nur im Ausland gehabt hat oder wenn sich der Erbe bei dem Beginn der Frist im Ausland aufhält.

(4) Die Anfechtung ist ausgeschlossen, wenn seit der Annahme oder der Ausschlagung 30 Jahre verstrichen sind.

**§ 1955 Form der Anfechtung.** [1]Die Anfechtung der Annahme oder der Ausschlagung erfolgt durch Erklärung gegenüber dem Nachlassgericht. [2]Für die Erklärung gelten die Vorschriften des § 1945.

**§ 1956 Anfechtung der Fristversäumung.** Die Versäumung der Ausschlagungsfrist kann in gleicher Weise wie die Annahme angefochten werden.

**§ 1957 Wirkung der Anfechtung.** (1) Die Anfechtung der Annahme gilt als Ausschlagung, die Anfechtung der Ausschlagung gilt als Annahme.

(2) [1]Das Nachlassgericht soll die Anfechtung der Ausschlagung demjenigen mitteilen, welchem die Erbschaft infolge der Ausschlagung angefallen war. [2]Die Vorschrift des § 1953 Abs. 3 Satz 2 findet Anwendung.

**§ 1958 Gerichtliche Geltendmachung von Ansprüchen gegen den Erben.** Vor der Annahme der Erbschaft kann ein Anspruch, der sich gegen den Nachlass richtet, nicht gegen den Erben gerichtlich geltend gemacht werden.

**§ 1959 Geschäftsführung vor der Ausschlagung.** (1) Besorgt der Erbe vor der Ausschlagung erbschaftliche Geschäfte, so ist er demjenigen gegenüber, welcher Erbe wird, wie ein Geschäftsführer ohne Auftrag berechtigt und verpflichtet.

(2) Verfügt der Erbe vor der Ausschlagung über einen Nachlassgegenstand, so wird die Wirksamkeit der Verfügung durch die Ausschlagung nicht berührt, wenn die Verfügung nicht ohne Nachteil für den Nachlass verschoben werden konnte.

(3) Ein Rechtsgeschäft, das gegenüber dem Erben als solchem vorgenommen werden muss, bleibt, wenn es vor der Ausschlagung dem Ausschlagenden gegenüber vorgenommen wird, auch nach der Ausschlagung wirksam.

**§ 1960 Sicherung des Nachlasses; Nachlasspfleger.** (1) [1]Bis zur Annahme der Erbschaft hat das Nachlassgericht für die Sicherung des Nachlasses zu sorgen, soweit ein Bedürfnis besteht. [2]Das Gleiche gilt, wenn der Erbe unbekannt oder wenn ungewiss ist, ob er die Erbschaft angenommen hat.

(2) Das Nachlassgericht kann insbesondere die Anlegung von Siegeln, die Hinterlegung von Geld, Wertpapieren und Kostbarkeiten sowie die Aufnahme eines Nachlassverzeichnisses anordnen und für denjenigen, welcher Erbe wird, einen Pfleger (Nachlasspfleger) bestellen.

(3) Die Vorschrift des § 1958 findet auf den Nachlasspfleger keine Anwendung.

**§ 1961 Nachlasspflegschaft auf Antrag.** Das Nachlassgericht hat in den Fällen des § 1960 Abs. 1 einen Nachlasspfleger zu bestellen, wenn die Bestellung zum Zwecke der gerichtlichen Geltendmachung eines Anspruchs, der sich gegen den Nachlass richtet, von dem Berechtigten beantragt wird.

**§ 1962[1)] Zuständigkeit des Nachlassgerichts.** Für die Nachlasspflegschaft tritt an die Stelle des Familiengerichts oder Betreuungsgerichts das Nachlassgericht.

**§ 1963 Unterhalt der werdenden Mutter eines Erben.** [1]Ist zur Zeit des Erbfalls die Geburt eines Erben zu erwarten, so kann die Mutter, falls sie außerstande ist, sich selbst zu unterhalten, bis zur Entbindung angemessenen Unterhalt aus dem Nachlass oder, wenn noch andere Personen als Erben berufen sind, aus

---

[1)] § 1962 geänd. mWv 1.9.2009 durch G v. 17.12.2008 (BGBl. I S. 2586).

dem Erbteil des Kindes verlangen. [2]Bei der Bemessung des Erbteils ist anzunehmen, dass nur ein Kind geboren wird.

**§ 1964 Erbvermutung für den Fiskus durch Feststellung.** (1) Wird der Erbe nicht innerhalb einer den Umständen entsprechenden Frist ermittelt, so hat das Nachlassgericht festzustellen, dass ein anderer Erbe als der Fiskus nicht vorhanden ist.

(2) Die Feststellung begründet die Vermutung, dass der Fiskus gesetzlicher Erbe sei.

**§ 1965 Öffentliche Aufforderung zur Anmeldung der Erbrechte.**

(1) [1]Der Feststellung hat eine öffentliche Aufforderung zur Anmeldung der Erbrechte unter Bestimmung einer Anmeldungsfrist vorauszugehen; die Art der Bekanntmachung und die Dauer der Anmeldungsfrist bestimmen sich nach den für das Aufgebotsverfahren geltenden Vorschriften. [2]Die Aufforderung darf unterbleiben, wenn die Kosten dem Bestand des Nachlasses gegenüber unverhältnismäßig groß sind.

(2) [1]Ein Erbrecht bleibt unberücksichtigt, wenn nicht dem Nachlassgericht binnen drei Monaten nach dem Ablauf der Anmeldungsfrist nachgewiesen wird, dass das Erbrecht besteht oder dass es gegen den Fiskus im Wege der Klage geltend gemacht ist. [2]Ist eine öffentliche Aufforderung nicht ergangen, so beginnt die dreimonatige Frist mit der gerichtlichen Aufforderung, das Erbrecht oder die Erhebung der Klage nachzuweisen.

**§ 1966 Rechtsstellung des Fiskus vor Feststellung.** Von dem Fiskus als gesetzlichem Erben und gegen den Fiskus als gesetzlichen Erben kann ein Recht erst geltend gemacht werden, nachdem von dem Nachlassgericht festgestellt worden ist, dass ein anderer Erbe nicht vorhanden ist.

## Titel 2. Haftung des Erben für die Nachlassverbindlichkeiten

### Untertitel 1. Nachlassverbindlichkeiten

**§ 1967 Erbenhaftung, Nachlassverbindlichkeiten.** (1) Der Erbe haftet für die Nachlassverbindlichkeiten.

(2) Zu den Nachlassverbindlichkeiten gehören außer den vom Erblasser herrührenden Schulden die den Erben als solchen treffenden Verbindlichkeiten, insbesondere die Verbindlichkeiten aus Pflichtteilsrechten, Vermächtnissen und Auflagen.

**§ 1968 Beerdigungskosten.** Der Erbe trägt die Kosten der Beerdigung des Erblassers.

**§ 1969 Dreißigster.** (1) [1]Der Erbe ist verpflichtet, Familienangehörigen des Erblassers, die zur Zeit des Todes des Erblassers zu dessen Hausstand gehören und von ihm Unterhalt bezogen haben, in den ersten 30 Tagen nach dem Eintritt des Erbfalls in demselben Umfang, wie der Erblasser es getan hat, Unterhalt zu gewähren und die Benutzung der Wohnung und der Haushaltsgegenstände zu gestatten. [2]Der Erblasser kann durch letztwillige Verfügung eine abweichende Anordnung treffen.

(2) Die Vorschriften über Vermächtnisse finden entsprechende Anwendung.

### Untertitel 2. Aufgebot der Nachlassgläubiger

**§ 1970 Anmeldung der Forderungen.** Die Nachlassgläubiger können im Wege des Aufgebotsverfahrens zur Anmeldung ihrer Forderungen aufgefordert werden.

**§ 1971 Nicht betroffene Gläubiger.** [1]Pfandgläubiger und Gläubiger, die im Insolvenzverfahren den Pfandgläubigern gleichstehen, sowie Gläubiger, die bei der Zwangsvollstreckung in das unbewegliche Vermögen ein Recht auf Befriedigung aus diesem Vermögen haben, werden, soweit es sich um die Befriedigung aus den ihnen haftenden Gegenständen handelt, durch das Aufgebot nicht betroffen. [2]Das Gleiche gilt von Gläubigern, deren Ansprüche durch eine Vormerkung gesichert sind oder denen im Insolvenzverfahren ein Aussonderungsrecht zusteht, in Ansehung des Gegenstands ihres Rechts.

**§ 1972 Nicht betroffene Rechte.** Pflichtteilsrechte, Vermächtnisse und Auflagen werden durch das Aufgebot nicht betroffen, unbeschadet der Vorschrift des § 2060 Nr. 1.

**§ 1973 Ausschluss von Nachlassgläubigern.** (1) [1]Der Erbe kann die Befriedigung eines im Aufgebotsverfahren ausgeschlossenen Nachlassgläubigers insoweit verweigern, als der Nachlass durch die Befriedigung der nicht ausgeschlossenen Gläubiger erschöpft wird. [2]Der Erbe hat jedoch den ausgeschlossenen Gläubiger vor den Verbindlichkeiten aus Pflichtteilsrechten, Vermächtnissen und Auflagen zu befriedigen, es sei denn, dass der Gläubiger seine Forderung erst nach der Berichtigung dieser Verbindlichkeiten geltend macht.

(2) [1]Einen Überschuss hat der Erbe zum Zwecke der Befriedigung des Gläubigers im Wege der Zwangsvollstreckung nach den Vorschriften über die Herausgabe einer ungerechtfertigten Bereicherung herauszugeben. [2]Er kann die Herausgabe der noch vorhandenen Nachlassgegenstände durch Zahlung des Wertes abwenden. [3]Die rechtskräftige Verurteilung des Erben zur Befriedigung eines ausgeschlossenen Gläubigers wirkt einem anderen Gläubiger gegenüber wie die Befriedigung.

**§ 1974 Verschweigungseinrede.** (1) [1]Ein Nachlassgläubiger, der seine Forderung später als fünf Jahre nach dem Erbfall dem Erben gegenüber geltend macht, steht einem ausgeschlossenen Gläubiger gleich, es sei denn, dass die Forderung dem Erben vor dem Ablauf der fünf Jahre bekannt geworden oder im Aufgebotsverfahren angemeldet worden ist. [2]Wird der Erblasser für tot erklärt oder wird seine Todeszeit nach den Vorschriften des Verschollenheitsgesetzes[1)] festgestellt, so beginnt die Frist nicht vor dem Eintritt der Rechtskraft des Beschlusses über die Todeserklärung oder die Feststellung der Todeszeit.

(2) Die dem Erben nach § 1973 Abs. 1 Satz 2 obliegende Verpflichtung tritt im Verhältnis von Verbindlichkeiten aus Pflichtteilsrechten, Vermächtnissen und Auflagen zueinander nur insoweit ein, als der Gläubiger im Falle des Nachlassinsolvenzverfahrens im Range vorgehen würde.

(3) Soweit ein Gläubiger nach § 1971 von dem Aufgebot nicht betroffen wird, finden die Vorschriften des Absatzes 1 auf ihn keine Anwendung.

---

[1)] **Habersack, Deutsche Gesetze ErgBd. Nr. 45.**

### Untertitel 3. Beschränkung der Haftung des Erben

**§ 1975 Nachlassverwaltung; Nachlassinsolvenz.** Die Haftung des Erben für die Nachlassverbindlichkeiten beschränkt sich auf den Nachlass, wenn eine Nachlasspflegschaft zum Zwecke der Befriedigung der Nachlassgläubiger (Nachlassverwaltung) angeordnet oder das Nachlassinsolvenzverfahren eröffnet ist.

**§ 1976 Wirkung auf durch Vereinigung erloschene Rechtsverhältnisse.**

Ist die Nachlassverwaltung angeordnet oder das Nachlassinsolvenzverfahren eröffnet, so gelten die infolge des Erbfalls durch Vereinigung von Recht und Verbindlichkeit oder von Recht und Belastung erloschenen Rechtsverhältnisse als nicht erloschen.

**§ 1977 Wirkung auf eine Aufrechnung.** (1) Hat ein Nachlassgläubiger vor der Anordnung der Nachlassverwaltung oder vor der Eröffnung des Nachlassinsolvenzverfahrens seine Forderung gegen eine nicht zum Nachlass gehörende Forderung des Erben ohne dessen Zustimmung aufgerechnet, so ist nach der Anordnung der Nachlassverwaltung oder der Eröffnung des Nachlassinsolvenzverfahrens die Aufrechnung als nicht erfolgt anzusehen.

(2) Das Gleiche gilt, wenn ein Gläubiger, der nicht Nachlassgläubiger ist, die ihm gegen den Erben zustehende Forderung gegen eine zum Nachlass gehörende Forderung aufgerechnet hat.

**§ 1978 Verantwortlichkeit des Erben für bisherige Verwaltung, Aufwendungsersatz.** (1) [1] Ist die Nachlassverwaltung angeordnet oder das Nachlassinsolvenzverfahren eröffnet, so ist der Erbe den Nachlassgläubigern für die bisherige Verwaltung des Nachlasses so verantwortlich, wie wenn er von der Annahme der Erbschaft an die Verwaltung für sie als Beauftragter zu führen gehabt hätte. [2] Auf die vor der Annahme der Erbschaft von dem Erben besorgten erbschaftlichen Geschäfte finden die Vorschriften über die Geschäftsführung ohne Auftrag entsprechende Anwendung.

(2) Die den Nachlassgläubigern nach Absatz 1 zustehenden Ansprüche gelten als zum Nachlass gehörend.

(3) Aufwendungen sind dem Erben aus dem Nachlass zu ersetzen, soweit er nach den Vorschriften über den Auftrag oder über die Geschäftsführung ohne Auftrag Ersatz verlangen könnte.

**§ 1979 Berichtigung von Nachlassverbindlichkeiten.** Die Berichtigung einer Nachlassverbindlichkeit durch den Erben müssen die Nachlassgläubiger als für Rechnung des Nachlasses erfolgt gelten lassen, wenn der Erbe den Umständen nach annehmen durfte, dass der Nachlass zur Berichtigung aller Nachlassverbindlichkeiten ausreiche.

**§ 1980 Antrag auf Eröffnung des Nachlassinsolvenzverfahrens.**

(1) [1] Hat der Erbe von der Zahlungsunfähigkeit oder der Überschuldung des Nachlasses Kenntnis erlangt, so hat er unverzüglich die Eröffnung des Nachlassinsolvenzverfahrens zu beantragen. [2] Verletzt er diese Pflicht, so ist er den Gläubigern für den daraus entstehenden Schaden verantwortlich. [3] Bei der Bemessung der Zulänglichkeit des Nachlasses bleiben die Verbindlichkeiten aus Vermächtnissen und Auflagen außer Betracht.

(2) [1] Der Kenntnis der Zahlungsunfähigkeit oder der Überschuldung steht die auf Fahrlässigkeit beruhende Unkenntnis gleich. [2] Als Fahrlässigkeit gilt es ins-

besondere, wenn der Erbe das Aufgebot der Nachlassgläubiger nicht beantragt, obwohl er Grund hat, das Vorhandensein unbekannter Nachlassverbindlichkeiten anzunehmen; das Aufgebot ist nicht erforderlich, wenn die Kosten des Verfahrens dem Bestand des Nachlasses gegenüber unverhältnismäßig groß sind.

**§ 1981[1)] Anordnung der Nachlassverwaltung.** (1) Die Nachlassverwaltung ist von dem Nachlassgericht anzuordnen, wenn der Erbe die Anordnung beantragt.

(2) [1] Auf Antrag eines Nachlassgläubigers ist die Nachlassverwaltung anzuordnen, wenn Grund zu der Annahme besteht, dass die Befriedigung der Nachlassgläubiger aus dem Nachlass durch das Verhalten oder die Vermögenslage des Erben gefährdet wird. [2] Der Antrag kann nicht mehr gestellt werden, wenn seit der Annahme der Erbschaft zwei Jahre verstrichen sind.

**§ 1982 Ablehnung der Anordnung der Nachlassverwaltung mangels Masse.** Die Anordnung der Nachlassverwaltung kann abgelehnt werden, wenn eine den Kosten entsprechende Masse nicht vorhanden ist.

**§ 1983 Bekanntmachung.** Das Nachlassgericht hat die Anordnung der Nachlassverwaltung durch das für seine Bekanntmachungen bestimmte Blatt zu veröffentlichen.

**§ 1984 Wirkung der Anordnung.** (1) [1] Mit der Anordnung der Nachlassverwaltung verliert der Erbe die Befugnis, den Nachlass zu verwalten und über ihn zu verfügen. [2] Die Vorschriften der §§ 81 und 82 der Insolvenzordnung[2)] finden entsprechende Anwendung. [3] Ein Anspruch, der sich gegen den Nachlass richtet, kann nur gegen den Nachlassverwalter geltend gemacht werden.

(2) Zwangsvollstreckungen und Arreste in den Nachlass zugunsten eines Gläubigers, der nicht Nachlassgläubiger ist, sind ausgeschlossen.

**§ 1985 Pflichten und Haftung des Nachlassverwalters.** (1) Der Nachlassverwalter hat den Nachlass zu verwalten und die Nachlassverbindlichkeiten aus dem Nachlass zu berichtigen.

(2) [1] Der Nachlassverwalter ist für die Verwaltung des Nachlasses auch den Nachlassgläubigern verantwortlich. [2] Die Vorschriften des § 1978 Abs. 2 und der §§ 1979, 1980 finden entsprechende Anwendung.

**§ 1986 Herausgabe des Nachlasses.** (1) Der Nachlassverwalter darf den Nachlass dem Erben erst ausantworten, wenn die bekannten Nachlassverbindlichkeiten berichtigt sind.

(2) [1] Ist die Berichtigung einer Verbindlichkeit zur Zeit nicht ausführbar oder ist eine Verbindlichkeit streitig, so darf die Ausantwortung des Nachlasses nur erfolgen, wenn dem Gläubiger Sicherheit geleistet wird. [2] Für eine bedingte Forderung ist Sicherheitsleistung nicht erforderlich, wenn die Möglichkeit des Eintritts der Bedingung eine so entfernte ist, dass die Forderung einen gegenwärtigen Vermögenswert nicht hat.

**§ 1987 Vergütung des Nachlassverwalters.** Der Nachlassverwalter kann für die Führung seines Amts eine angemessene Vergütung verlangen.

---

1) § 1981 Abs. 3 aufgeh. mWv 1.1.2023 durch G v. 4.5.2021 (BGBl. I S. 882).

2) Nr. **110**.

**§ 1988 Ende und Aufhebung der Nachlassverwaltung.** (1) Die Nachlassverwaltung endigt mit der Eröffnung des Nachlassinsolvenzverfahrens.

(2) Die Nachlassverwaltung kann aufgehoben werden, wenn sich ergibt, dass eine den Kosten entsprechende Masse nicht vorhanden ist.

**§ 1989 Erschöpfungseinrede des Erben.** Ist das Nachlassinsolvenzverfahren durch Verteilung der Masse oder durch einen Insolvenzplan beendet, so findet auf die Haftung des Erben die Vorschrift des § 1973 entsprechende Anwendung.

**§ 1990 Dürftigkeitseinrede des Erben.** (1) [1] Ist die Anordnung der Nachlassverwaltung oder die Eröffnung des Nachlassinsolvenzverfahrens wegen Mangels einer den Kosten entsprechenden Masse nicht tunlich oder wird aus diesem Grunde die Nachlassverwaltung aufgehoben oder das Insolvenzverfahren eingestellt, so kann der Erbe die Befriedigung eines Nachlassgläubigers insoweit verweigern, als der Nachlass nicht ausreicht. [2] Der Erbe ist in diesem Falle verpflichtet, den Nachlass zum Zwecke der Befriedigung des Gläubigers im Wege der Zwangsvollstreckung herauszugeben.

*(Fortsetzung nächstes Blatt)*

(2) Das Recht des Erben wird nicht dadurch ausgeschlossen, dass der Gläubiger nach dem Eintritt des Erbfalls im Wege der Zwangsvollstreckung oder der Arrestvollziehung ein Pfandrecht oder eine Hypothek oder im Wege der einstweiligen Verfügung eine Vormerkung erlangt hat.

**§ 1991. Folgen der Dürftigkeitseinrede.** (1) Macht der Erbe von dem ihm nach § 1990 zustehenden Recht Gebrauch, so finden auf seine Verantwortlichkeit und den Ersatz seiner Aufwendungen die Vorschriften der §§ 1978, 1979 Anwendung.

(2) Die infolge des Erbfalls durch Vereinigung von Recht und Verbindlichkeit oder von Recht und Belastung erloschenen Rechtsverhältnisse gelten im Verhältnis zwischen dem Gläubiger und dem Erben als nicht erloschen.

(3) Die rechtskräftige Verurteilung des Erben zur Befriedigung eines Gläubigers wirkt einem anderen Gläubiger gegenüber wie die Befriedigung.

(4) Die Verbindlichkeiten aus Pflichtteilsrechten, Vermächtnissen und Auflagen hat der Erbe so zu berichtigen, wie sie im Falle des Insolvenzverfahrens zur Berichtigung kommen würden.

**§ 1992. Überschuldung durch Vermächtnisse und Auflagen.** [1] Beruht die Überschuldung des Nachlasses auf Vermächtnissen und Auflagen, so ist der Erbe, auch wenn die Voraussetzungen des § 1990 nicht vorliegen, berechtigt, die Berichtigung dieser Verbindlichkeiten nach den Vorschriften der §§ 1990, 1991 zu bewirken. [2] Er kann die Herausgabe der noch vorhandenen Nachlassgegenstände durch Zahlung des Wertes abwenden.

### Untertitel 4. Inventarerrichtung, unbeschränkte Haftung des Erben

**§ 1993. Inventarerrichtung.** Der Erbe ist berechtigt, ein Verzeichnis des Nachlasses (Inventar) bei dem Nachlassgericht einzureichen (Inventarerrichtung).

**§ 1994. Inventarfrist.** (1) [1] Das Nachlassgericht hat dem Erben auf Antrag eines Nachlassgläubigers zur Errichtung des Inventars eine Frist (Inventarfrist) zu bestimmen. [2] Nach dem Ablauf der Frist haftet der Erbe für die Nachlassverbindlichkeiten unbeschränkt, wenn nicht vorher das Inventar errichtet wird.

(2) [1] Der Antragsteller hat seine Forderung glaubhaft zu machen. [2] Auf die Wirksamkeit der Fristbestimmung ist es ohne Einfluss, wenn die Forderung nicht besteht.

**§ 1995. Dauer der Frist.** (1) [1] Die Inventarfrist soll mindestens einen Monat, höchstens drei Monate betragen. [2] Sie beginnt mit der Zustellung des Beschlusses, durch den die Frist bestimmt wird.

(2) Wird die Frist vor der Annahme der Erbschaft bestimmt, so beginnt sie erst mit der Annahme der Erbschaft.

(3) Auf Antrag des Erben kann das Nachlassgericht die Frist nach seinem Ermessen verlängern.

**§ 1996.**[1] **Bestimmung einer neuen Frist.** (1) [1]War der Erbe ohne sein Verschulden verhindert, das Inventar rechtzeitig zu errichten, die nach den Umständen gerechtfertigte Verlängerung der Inventarfrist zu beantragen oder die in Absatz 2 bestimmte Frist von zwei Wochen einzuhalten, so hat ihm auf seinen Antrag das Nachlassgericht eine neue Inventarfrist zu bestimmen.

(2) Der Antrag muss binnen zwei Wochen nach der Beseitigung des Hindernisses und spätestens vor dem Ablauf eines Jahres nach dem Ende der zuerst bestimmten Frist gestellt werden.

(3) Vor der Entscheidung soll der Nachlassgläubiger, auf dessen Antrag die erste Frist bestimmt worden ist, wenn tunlich gehört werden.

**§ 1997.**[2] **Hemmung des Fristablaufs.** Auf den Lauf der Inventarfrist und der im § 1996 Abs. 2 bestimmten Frist von zwei Wochen finden die für die Verjährung geltenden Vorschriften des § 210 entsprechende Anwendung.

**§ 1998. Tod des Erben vor Fristablauf.** Stirbt der Erbe vor dem Ablauf der Inventarfrist oder der in § 1996 Abs. 2 bestimmten Frist von zwei Wochen, so endigt die Frist nicht vor dem Ablauf der für die Erbschaft des Erben vorgeschriebenen Ausschlagungsfrist.

**§ 1999.**[3] **Mitteilung an das Gericht.** [1]Steht der Erbe unter elterlicher Sorge oder unter Vormundschaft, so soll das Nachlassgericht dem Familiengericht von der Bestimmung der Inventarfrist Mitteilung machen. [2]Fällt die Nachlassangelegenheit in den Aufgabenkreis eines Betreuers des Erben, tritt an die Stelle des Familiengerichts das Betreuungsgericht.

**§ 2000. Unwirksamkeit der Fristbestimmung.** [1]Die Bestimmung einer Inventarfrist wird unwirksam, wenn eine Nachlassverwaltung angeordnet oder das Nachlassinsolvenzverfahren eröffnet wird. [2]Während der Dauer der Nachlassverwaltung oder des Nachlassinsolvenzverfahrens kann eine Inventarfrist nicht bestimmt werden. [3]Ist das Nachlassinsolvenzverfahren durch Verteilung der Masse oder durch einen Insolvenzplan beendet, so bedarf es zur Abwendung der unbeschränkten Haftung der Inventarerrichtung nicht.

**§ 2001. Inhalt des Inventars.** (1) In dem Inventar sollen die bei dem Eintritt des Erbfalls vorhandenen Nachlassgegenstände und die Nachlassverbindlichkeiten vollständig angegeben werden.

(2) Das Inventar soll außerdem eine Beschreibung der Nachlassgegenstände, soweit eine solche zur Bestimmung des Wertes erforderlich ist, und die Angabe des Wertes enthalten.

**§ 2002. Aufnahme des Inventars durch den Erben.** Der Erbe muss zu der Aufnahme des Inventars eine zuständige Behörde oder einen zuständigen Beamten oder Notar zuziehen.

---

[1] § 1996 Abs. 1 neugef. durch Art. 7 G v. 9. 12. 2004 (BGBl. I S. 3214).

[2] § 1997 neugef. durch Art. 7 G v. 9. 12. 2004 (BGBl. I S. 3214).

[3] § 1999 Überschr. und Satz 1 geänd., Satz 2 neugef. mWv 1. 9. 2009 durch Art. 50 FGG-RG v. 17. 12. 2008 (BGBl. I S. 2586).

**§ 2003**[1] **Amtliche Aufnahme des Inventars.** (1) [1] Die amtliche Aufnahme des Inventars erfolgt auf Antrag des Erben durch einen vom Nachlassgericht beauftragten Notar. [2] Durch die Stellung des Antrags wird die Inventarfrist gewahrt.

(2) Der Erbe ist verpflichtet, die zur Aufnahme des Inventars erforderliche Auskunft zu erteilen.

(3) Das Inventar ist von dem Notar bei dem Nachlassgericht einzureichen.

**§ 2004 Bezugnahme auf ein vorhandenes Inventar.** Befindet sich bei dem Nachlassgericht schon ein den Vorschriften der §§ 2002, 2003 entsprechendes Inventar, so genügt es, wenn der Erbe vor dem Ablauf der Inventarfrist dem Nachlassgericht gegenüber erklärt, dass das Inventar als von ihm eingereicht gelten soll.

**§ 2005 Unbeschränkte Haftung des Erben bei Unrichtigkeit des Inventars.** (1) [1] Führt der Erbe absichtlich eine erhebliche Unvollständigkeit der im Inventar enthaltenen Angabe der Nachlassgegenstände herbei oder bewirkt er in der Absicht, die Nachlassgläubiger zu benachteiligen, die Aufnahme einer nicht bestehenden Nachlassverbindlichkeit, so haftet er für die Nachlassverbindlichkeiten unbeschränkt. [2] Das Gleiche gilt, wenn er im Falle des § 2003 die Erteilung der Auskunft verweigert oder absichtlich in erheblichem Maße verzögert.

(2) Ist die Angabe der Nachlassgegenstände unvollständig, ohne dass ein Fall des Absatzes 1 vorliegt, so kann dem Erben zur Ergänzung eine neue Inventarfrist bestimmt werden.

**§ 2006 Eidesstattliche Versicherung.** (1) Der Erbe hat auf Verlangen eines Nachlassgläubigers zu Protokoll des Nachlassgerichts an Eides statt zu versichern, dass er nach bestem Wissen die Nachlassgegenstände so vollständig angegeben habe, als er dazu imstande sei.

(2) Der Erbe kann vor der Abgabe der eidesstattlichen Versicherung das Inventar vervollständigen.

(3) [1] Verweigert der Erbe die Abgabe der eidesstattlichen Versicherung, so haftet er dem Gläubiger, der den Antrag gestellt hat, unbeschränkt. [2] Das Gleiche gilt, wenn er weder in dem Termin noch in einem auf Antrag des Gläubigers bestimmten neuen Termin erscheint, es sei denn, dass ein Grund vorliegt, durch den das Nichterscheinen in diesem Termin genügend entschuldigt wird.

(4) Eine wiederholte Abgabe der eidesstattlichen Versicherung kann derselbe Gläubiger oder ein anderer Gläubiger nur verlangen, wenn Grund zu der Annahme besteht, dass dem Erben nach der Abgabe der eidesstattlichen Versicherung weitere Nachlassgegenstände bekannt geworden sind.

**§ 2007 Haftung bei mehreren Erbteilen.** [1] Ist ein Erbe zu mehreren Erbteilen berufen, so bestimmt sich seine Haftung für die Nachlassverbindlichkeiten in Ansehung eines jeden der Erbteile so, wie wenn die Erbteile verschiedenen Erben gehörten. [2] In den Fällen der Anwachsung und des § 1935 gilt dies nur dann, wenn die Erbteile verschieden beschwert sind.

---

[1] § 2003 Abs. 1 Satz 1 neu gef. und Satz 2 eingef., Abs. 3 geänd. mWv 1.9.2013, Abs. 1 Satz 2 aufgeh. mWv 31.12.2017 durch G v. 26.6.2013 (BGBl. I S. 1800, geänd. durch G v. 23.7.2013, BGBl. I S. 2586).

**§ 2008 Inventar für eine zum Gesamtgut gehörende Erbschaft.** (1) [1]Ist ein in Gütergemeinschaft lebender Ehegatte Erbe und gehört die Erbschaft zum Gesamtgut, so ist die Bestimmung der Inventarfrist nur wirksam, wenn sie auch dem anderen Ehegatten gegenüber erfolgt, sofern dieser das Gesamtgut allein oder mit seinem Ehegatten gemeinschaftlich verwaltet. [2]Solange die Frist diesem gegenüber nicht verstrichen ist, endet sie auch nicht dem Ehegatten gegenüber, der Erbe ist. [3]Die Errichtung des Inventars durch den anderen Ehegatten kommt dem Ehegatten, der Erbe ist, zustatten.

(2) Die Vorschriften des Absatzes 1 gelten auch nach der Beendigung der Gütergemeinschaft.

**§ 2009 Wirkung der Inventarerrichtung.** Ist das Inventar rechtzeitig errichtet worden, so wird im Verhältnis zwischen dem Erben und den Nachlassgläubigern vermutet, dass zur Zeit des Erbfalls weitere Nachlassgegenstände als die angegebenen nicht vorhanden gewesen seien.

**§ 2010 Einsicht des Inventars.** Das Nachlassgericht hat die Einsicht des Inventars jedem zu gestatten, der ein rechtliches Interesse glaubhaft macht.

**§ 2011 Keine Inventarfrist für den Fiskus als Erben.** [1]Dem Fiskus als gesetzlichem Erben kann eine Inventarfrist nicht bestimmt werden. [2]Der Fiskus ist den Nachlassgläubigern gegenüber verpflichtet, über den Bestand des Nachlasses Auskunft zu erteilen.

**§ 2012 Keine Inventarfrist für den Nachlasspfleger und Nachlassverwalter.** (1) [1]Einem nach den §§ 1960, 1961 bestellten Nachlasspfleger kann eine Inventarfrist nicht bestimmt werden. [2]Der Nachlasspfleger ist den Nachlassgläubigern gegenüber verpflichtet, über den Bestand des Nachlasses Auskunft zu erteilen. [3]Der Nachlasspfleger kann nicht auf die Beschränkung der Haftung des Erben verzichten.

(2) Diese Vorschriften gelten auch für den Nachlassverwalter.

**§ 2013 Folgen der unbeschränkten Haftung des Erben.** (1) [1]Haftet der Erbe für die Nachlassverbindlichkeiten unbeschränkt, so finden die Vorschriften der §§ 1973 bis 1975, 1977 bis 1980, 1989 bis 1992 keine Anwendung; der Erbe ist nicht berechtigt, die Anordnung einer Nachlassverwaltung zu beantragen. [2]Auf eine nach § 1973 oder nach § 1974 eingetretene Beschränkung der Haftung kann sich der Erbe jedoch berufen, wenn später der Fall des § 1994 Abs. 1 Satz 2 oder des § 2005 Abs. 1 eintritt.

(2) Die Vorschriften der §§ 1977 bis 1980 und das Recht des Erben, die Anordnung einer Nachlassverwaltung zu beantragen, werden nicht dadurch ausgeschlossen, dass der Erbe einzelnen Nachlassgläubigern gegenüber unbeschränkt haftet.

### Untertitel 5. Aufschiebende Einreden

**§ 2014 Dreimonatseinrede.** Der Erbe ist berechtigt, die Berichtigung einer Nachlassverbindlichkeit bis zum Ablauf der ersten drei Monate nach der Annahme der Erbschaft, jedoch nicht über die Errichtung des Inventars hinaus, zu verweigern.

**§ 2015.**[1] **Einrede des Aufgebotsverfahrens.** (1) Hat der Erbe den Antrag auf Einleitung des Aufgebotsverfahrens der Nachlassgläubiger innerhalb eines Jahres nach der Annahme der Erbschaft gestellt und ist der Antrag zugelassen, so ist der Erbe berechtigt, die Berichtigung einer Nachlassverbindlichkeit bis zur Beendigung des Aufgebotsverfahrens zu verweigern.

(2) *(aufgehoben)*

(3) Wird der Ausschließungsbeschluss erlassen oder der Antrag auf Erlass des Ausschließungsbeschlusses zurückgewiesen, so ist das Aufgebotsverfahren erst dann als beendet anzusehen, wenn der Beschluss rechtskräftig ist.

**§ 2016. Ausschluss der Einreden bei unbeschränkter Erbenhaftung.** (1) Die Vorschriften der §§ 2014, 2015 finden keine Anwendung, wenn der Erbe unbeschränkt haftet.

(2) Das Gleiche gilt, soweit ein Gläubiger nach § 1971 von dem Aufgebot der Nachlassgläubiger nicht betroffen wird, mit der Maßgabe, dass ein erst nach dem Eintritt des Erbfalls im Wege der Zwangsvollstreckung oder der Arrestvollziehung erlangtes Recht sowie eine erst nach diesem Zeitpunkt im Wege der einstweiligen Verfügung erlangte Vormerkung außer Betracht bleibt.

**§ 2017. Fristbeginn bei Nachlasspflegschaft.** Wird vor der Annahme der Erbschaft zur Verwaltung des Nachlasses ein Nachlasspfleger bestellt, so beginnen die in § 2014 und in § 2015 Abs. 1 bestimmten Fristen mit der Bestellung.

## Titel 3. Erbschaftsanspruch

**§ 2018. Herausgabepflicht des Erbschaftsbesitzers.** Der Erbe kann von jedem, der auf Grund eines ihm in Wirklichkeit nicht zustehenden Erbrechts etwas aus der Erbschaft erlangt hat (Erbschaftsbesitzer), die Herausgabe des Erlangten verlangen.

**§ 2019. Unmittelbare Ersetzung.** (1) Als aus der Erbschaft erlangt gilt auch, was der Erbschaftsbesitzer durch Rechtsgeschäft mit Mitteln der Erbschaft erwirbt.

(2) Die Zugehörigkeit einer in solcher Weise erworbenen Forderung zur Erbschaft hat der Schuldner erst dann gegen sich gelten zu lassen, wenn er von der Zugehörigkeit Kenntnis erlangt; die Vorschriften der §§ 406 bis 408 finden entsprechende Anwendung.

**§ 2020. Nutzungen und Früchte.** Der Erbschaftsbesitzer hat dem Erben die gezogenen Nutzungen herauszugeben; die Verpflichtung zur Herausgabe erstreckt sich auch auf Früchte, an denen er das Eigentum erworben hat.

**§ 2021. Herausgabepflicht nach Bereicherungsgrundsätzen.** Soweit der Erbschaftsbesitzer zur Herausgabe außerstande ist, bestimmt sich seine Verpflichtung nach den Vorschriften über die Herausgabe einer ungerechtfertigten Bereicherung.

---

[1] § 2015 Abs. 1 geänd., Abs. 2 aufgeh., Abs. 3 neugef. mWv 1. 9. 2009 durch Art. 50 FGG-RG v. 17. 12. 2008 (BGBl. I S. 2586).

**§ 2022. Ersatz von Verwendungen und Aufwendungen.** (1) [1]Der Erbschaftsbesitzer ist zur Herausgabe der zur Erbschaft gehörenden Sachen nur gegen Ersatz aller Verwendungen verpflichtet, soweit nicht die Verwendungen durch Anrechnung auf die nach § 2021 herauszugebende Bereicherung gedeckt werden. [2]Die für den Eigentumsanspruch geltenden Vorschriften der §§ 1000 bis 1003 finden Anwendung.

(2) Zu den Verwendungen gehören auch die Aufwendungen, die der Erbschaftsbesitzer zur Bestreitung von Lasten der Erbschaft oder zur Berichtigung von Nachlassverbindlichkeiten macht.

(3) Soweit der Erbe für Aufwendungen, die nicht auf einzelne Sachen gemacht worden sind, insbesondere für die im Absatz 2 bezeichneten Aufwendungen, nach den allgemeinen Vorschriften in weiterem Umfang Ersatz zu leisten hat, bleibt der Anspruch des Erbschaftsbesitzers unberührt.

**§ 2023. Haftung bei Rechtshängigkeit, Nutzungen und Verwendungen.** (1) Hat der Erbschaftsbesitzer zur Erbschaft gehörende Sachen herauszugeben, so bestimmt sich von dem Eintritt der Rechtshängigkeit an der Anspruch des Erben auf Schadensersatz wegen Verschlechterung, Untergangs oder einer aus einem anderen Grund eintretenden Unmöglichkeit der Herausgabe nach den Vorschriften, die für das Verhältnis zwischen dem Eigentümer und dem Besitzer von dem Eintritt der Rechtshängigkeit des Eigentumsanspruchs an gelten.

(2) Das Gleiche gilt von dem Anspruch des Erben auf Herausgabe oder Vergütung von Nutzungen und von dem Anspruch des Erbschaftsbesitzers auf Ersatz von Verwendungen.

**§ 2024. Haftung bei Kenntnis.** [1]Ist der Erbschaftsbesitzer bei dem Beginn des Erbschaftsbesitzes nicht in gutem Glauben, so haftet er so, wie wenn der Anspruch des Erben zu dieser Zeit rechtshängig geworden wäre. [2]Erfährt der Erbschaftsbesitzer später, dass er nicht Erbe ist, so haftet er in gleicher Weise von der Erlangung der Kenntnis an. [3]Eine weitergehende Haftung wegen Verzugs bleibt unberührt.

**§ 2025. Haftung bei unerlaubter Handlung.** [1]Hat der Erbschaftsbesitzer einen Erbschaftsgegenstand durch eine Straftat oder eine zur Erbschaft gehörende Sache durch verbotene Eigenmacht erlangt, so haftet er nach den Vorschriften über den Schadensersatz wegen unerlaubter Handlungen. [2]Ein gutgläubiger Erbschaftsbesitzer haftet jedoch wegen verbotener Eigenmacht nach diesen Vorschriften nur, wenn der Erbe den Besitz der Sache bereits tatsächlich ergriffen hatte.

**§ 2026. Keine Berufung auf Ersitzung.** Der Erbschaftsbesitzer kann sich dem Erben gegenüber, solange nicht der Erbschaftsanspruch verjährt ist, nicht auf die Ersitzung einer Sache berufen, die er als zur Erbschaft gehörend im Besitz hat.

**§ 2027. Auskunftspflicht des Erbschaftsbesitzers.** (1) Der Erbschaftsbesitzer ist verpflichtet, dem Erben über den Bestand der Erbschaft und über den Verbleib der Erbschaftsgegenstände Auskunft zu erteilen.

(2) Die gleiche Verpflichtung hat, wer, ohne Erbschaftsbesitzer zu sein, eine Sache aus dem Nachlass in Besitz nimmt, bevor der Erbe den Besitz tatsächlich ergriffen hat.

**§ 2028. Auskunftspflicht des Hausgenossen.** (1) Wer sich zur Zeit des Erbfalls mit dem Erblasser in häuslicher Gemeinschaft befunden hat, ist verpflichtet, dem Erben auf Verlangen Auskunft darüber zu erteilen, welche erbschaftlichen Geschäfte er geführt hat und was ihm über den Verbleib der Erbschaftsgegenstände bekannt ist.

(2) Besteht Grund zu der Annahme, dass die Auskunft nicht mit der erforderlichen Sorgfalt erteilt worden ist, so hat der Verpflichtete auf Verlangen des Erben zu Protokoll an Eides statt zu versichern, dass er seine Angaben nach bestem Wissen so vollständig gemacht habe, als er dazu imstande sei.

(3) Die Vorschriften des § 259 Abs. 3 und des § 261 finden Anwendung.

**§ 2029. Haftung bei Einzelansprüchen des Erben.** Die Haftung des Erbschaftsbesitzers bestimmt sich auch gegenüber den Ansprüchen, die dem Erben in Ansehung der einzelnen Erbschaftsgegenstände zustehen, nach den Vorschriften über den Erbschaftsanspruch.

**§ 2030. Rechtsstellung des Erbschaftserwerbers.** Wer die Erbschaft durch Vertrag von einem Erbschaftsbesitzer erwirbt, steht im Verhältnis zu dem Erben einem Erbschaftsbesitzer gleich.

**§ 2031. Herausgabeanspruch des für tot Erklärten.** (1) [1] Überlebt eine Person, die für tot erklärt oder deren Todeszeit nach den Vorschriften des Verschollenheitsgesetzes festgestellt ist, den Zeitpunkt, der als Zeitpunkt ihres Todes gilt, so kann sie die Herausgabe ihres Vermögens nach den für den Erbschaftsanspruch geltenden Vorschriften verlangen. [2] Solange sie noch lebt, wird die Verjährung ihres Anspruchs nicht vor dem Ablauf eines Jahres nach dem Zeitpunkt vollendet, in welchem sie von der Todeserklärung oder der Feststellung der Todeszeit Kenntnis erlangt.

(2) Das Gleiche gilt, wenn der Tod einer Person ohne Todeserklärung oder Feststellung der Todeszeit mit Unrecht angenommen worden ist.

## Titel 4. Mehrheit von Erben

### Untertitel 1. Rechtsverhältnis der Erben untereinander

**§ 2032. Erbengemeinschaft.** (1) Hinterlässt der Erblasser mehrere Erben, so wird der Nachlass gemeinschaftliches Vermögen der Erben.

(2) Bis zur Auseinandersetzung gelten die Vorschriften der §§ 2033 bis 2041.

**§ 2033. Verfügungsrecht des Miterben.** (1) [1] Jeder Miterbe kann über seinen Anteil an dem Nachlass verfügen. [2] Der Vertrag, durch den ein Miterbe über seinen Anteil verfügt, bedarf der notariellen Beurkundung.

(2) Über seinen Anteil an den einzelnen Nachlassgegenständen kann ein Miterbe nicht verfügen.

**§ 2034. Vorkaufsrecht gegenüber dem Verkäufer.** (1) Verkauft ein Miterbe seinen Anteil an einen Dritten, so sind die übrigen Miterben zum Vorkauf berechtigt.

(2) [1]Die Frist für die Ausübung des Vorkaufsrechts beträgt zwei Monate. [2]Das Vorkaufsrecht ist vererblich.

**§ 2035. Vorkaufsrecht gegenüber dem Käufer.** (1) [1]Ist der verkaufte Anteil auf den Käufer übertragen, so können die Miterben das ihnen nach § 2034 dem Verkäufer gegenüber zustehende Vorkaufsrecht dem Käufer gegenüber ausüben. [2]Dem Verkäufer gegenüber erlischt das Vorkaufsrecht mit der Übertragung des Anteils.

(2) Der Verkäufer hat die Miterben von der Übertragung unverzüglich zu benachrichtigen.

**§ 2036. Haftung des Erbteilkäufers.** [1]Mit der Übertragung des Anteils auf die Miterben wird der Käufer von der Haftung für die Nachlassverbindlichkeiten frei. [2]Seine Haftung bleibt jedoch bestehen, soweit er den Nachlassgläubigern nach den §§ 1978 bis 1980 verantwortlich ist; die Vorschriften der §§ 1990, 1991 finden entsprechende Anwendung.

**§ 2037. Weiterveräußerung des Erbteils.** Überträgt der Käufer den Anteil auf einen anderen, so finden die Vorschriften der §§ 2033, 2035, 2036 entsprechende Anwendung.

**§ 2038. Gemeinschaftliche Verwaltung des Nachlasses.** (1) [1]Die Verwaltung des Nachlasses steht den Erben gemeinschaftlich zu. [2]Jeder Miterbe ist den anderen gegenüber verpflichtet, zu Maßregeln mitzuwirken, die zur ordnungsmäßigen Verwaltung erforderlich sind; die zur Erhaltung notwendigen Maßregeln kann jeder Miterbe ohne Mitwirkung der anderen treffen.

(2) [1]Die Vorschriften der §§ 743, 745, 746, 748 finden Anwendung. [2]Die Teilung der Früchte erfolgt erst bei der Auseinandersetzung. [3]Ist die Auseinandersetzung auf längere Zeit als ein Jahr ausgeschlossen, so kann jeder Miterbe am Schluss jedes Jahres die Teilung des Reinertrags verlangen.

**§ 2039. Nachlassforderungen.** [1]Gehört ein Anspruch zum Nachlass, so kann der Verpflichtete nur an alle Erben gemeinschaftlich leisten und jeder Miterbe nur die Leistung an alle Erben fordern. [2]Jeder Miterbe kann verlangen, dass der Verpflichtete die zu leistende Sache für alle Erben hinterlegt oder, wenn sie sich nicht zur Hinterlegung eignet, an einen gerichtlich zu bestellenden Verwahrer abliefert.

**§ 2040. Verfügung über Nachlassgegenstände, Aufrechnung.** (1) Die Erben können über einen Nachlassgegenstand nur gemeinschaftlich verfügen.

(2) Gegen eine zum Nachlass gehörende Forderung kann der Schuldner nicht eine ihm gegen einen einzelnen Miterben zustehende Forderung aufrechnen.

**§ 2041. Unmittelbare Ersetzung.** [1]Was auf Grund eines zum Nachlass gehörenden Rechts oder als Ersatz für die Zerstörung, Beschädigung oder Entziehung eines Nachlassgegenstands oder durch ein Rechtsgeschäft erworben wird, das sich auf den Nachlass bezieht, gehört zum Nachlass. [2]Auf eine durch ein solches Rechtsgeschäft erworbene Forderung findet die Vorschrift des § 2019 Abs. 2 Anwendung.

**§ 2042. Auseinandersetzung.** (1) Jeder Miterbe kann jederzeit die Auseinandersetzung verlangen, soweit sich nicht aus den §§ 2043 bis 2045 ein anderes ergibt.

(2) Die Vorschriften des § 749 Abs. 2, 3 und der §§ 750 bis 758 finden Anwendung.

**§ 2043.**[1] **Aufschub der Auseinandersetzung.** (1) Soweit die Erbteile wegen der zu erwartenden Geburt eines Miterben noch unbestimmt sind, ist die Auseinandersetzung bis zur Hebung der Unbestimmtheit ausgeschlossen.

(2) Das Gleiche gilt, soweit die Erbteile deshalb noch unbestimmt sind, weil die Entscheidung über einen Antrag auf Annahme als Kind, über die Aufhebung des Annahmeverhältnisses oder über die Anerkennung einer vom Erblasser errichteten Stiftung als rechtsfähig noch aussteht.

**§ 2044. Ausschluss der Auseinandersetzung.** (1) [1]Der Erblasser kann durch letztwillige Verfügung die Auseinandersetzung in Ansehung des Nachlasses oder einzelner Nachlassgegenstände ausschließen oder von der Einhaltung einer Kündigungsfrist abhängig machen. [2]Die Vorschriften des § 749 Abs. 2, 3, der §§ 750, 751 und des § 1010 Abs. 1 finden entsprechende Anwendung.

(2) [1]Die Verfügung wird unwirksam, wenn 30 Jahre seit dem Eintritt des Erbfalls verstrichen sind. [2]Der Erblasser kann jedoch anordnen, dass die Verfügung bis zum Eintritt eines bestimmten Ereignisses in der Person eines Miterben oder, falls er eine Nacherbfolge oder ein Vermächtnis anordnet, bis zum Eintritt der Nacherbfolge oder bis zum Anfall des Vermächtnisses gelten soll. [3]Ist der Miterbe, in dessen Person das Ereignis eintreten soll, eine juristische Person, so bewendet es bei der dreißigjährigen Frist.

**§ 2045.**[2] **Aufschub der Auseinandersetzung.** [1]Jeder Miterbe kann verlangen, dass die Auseinandersetzung bis zur Beendigung des nach § 1970 zulässigen Aufgebotsverfahrens oder bis zum Ablauf der in § 2061 bestimmten Anmeldungsfrist aufgeschoben wird. [2]Ist der Antrag auf Einleitung des Aufgebotsverfahrens noch nicht gestellt oder die öffentliche Aufforderung nach § 2061 noch nicht erlassen, so kann der Aufschub nur verlangt werden, wenn unverzüglich der Antrag gestellt oder die Aufforderung erlassen wird.

**§ 2046. Berichtigung der Nachlassverbindlichkeiten.** (1) [1]Aus dem Nachlass sind zunächst die Nachlassverbindlichkeiten zu berichtigen. [2]Ist eine Nachlassverbindlichkeit noch nicht fällig oder ist sie streitig, so ist das zur Berichtigung Erforderliche zurückzubehalten.

(2) Fällt eine Nachlassverbindlichkeit nur einigen Miterben zur Last, so können diese die Berichtigung nur aus dem verlangen, was ihnen bei der Auseinandersetzung zukommt.

---

[1] § 2043 Abs. 2 geänd. mWv 1. 9. 2002 durch Art. 1 G v. 15. 7. 2002 (BGBl. I S. 2634).

[2] § 2045 Satz 2 geänd. mWv 1. 9. 2009 durch Art. 50 FGG-RG v. 17. 12. 2008 (BGBl. I S. 2586).

(3) Zur Berichtigung ist der Nachlass, soweit erforderlich, in Geld umzusetzen.

**§ 2047. Verteilung des Überschusses.** (1) Der nach der Berichtigung der Nachlassverbindlichkeiten verbleibende Überschuss gebührt den Erben nach dem Verhältnis der Erbteile.

(2) Schriftstücke, die sich auf die persönlichen Verhältnisse des Erblassers, auf dessen Familie oder auf den ganzen Nachlass beziehen, bleiben gemeinschaftlich.

**§ 2048. Teilungsanordnungen des Erblassers.** [1]Der Erblasser kann durch letztwillige Verfügung Anordnungen für die Auseinandersetzung treffen. [2]Er kann insbesondere anordnen, dass die Auseinandersetzung nach dem billigen Ermessen eines Dritten erfolgen soll. [3]Die von dem Dritten auf Grund der Anordnung getroffene Bestimmung ist für die Erben nicht verbindlich, wenn sie offenbar unbillig ist; die Bestimmung erfolgt in diesem Falle durch Urteil.

**§ 2049. Übernahme eines Landguts.** (1) Hat der Erblasser angeordnet, dass einer der Miterben das Recht haben soll, ein zum Nachlass gehörendes Landgut zu übernehmen, so ist im Zweifel anzunehmen, dass das Landgut zu dem Ertragswert angesetzt werden soll.

(2) Der Ertragswert bestimmt sich nach dem Reinertrag, den das Landgut nach seiner bisherigen wirtschaftlichen Bestimmung bei ordnungsmäßiger Bewirtschaftung nachhaltig gewähren kann.

**§ 2050. Ausgleichungspflicht für Abkömmlinge als gesetzliche Erben.** (1) Abkömmlinge, die als gesetzliche Erben zur Erbfolge gelangen, sind verpflichtet, dasjenige, was sie von dem Erblasser bei dessen Lebzeiten als Ausstattung erhalten haben, bei der Auseinandersetzung untereinander zur Ausgleichung zu bringen, soweit nicht der Erblasser bei der Zuwendung ein anderes angeordnet hat.

(2) Zuschüsse, die zu dem Zwecke gegeben worden sind, als Einkünfte verwendet zu werden, sowie Aufwendungen für die Vorbildung zu einem Beruf sind insoweit zur Ausgleichung zu bringen, als sie das den Vermögensverhältnissen des Erblassers entsprechende Maß überstiegen haben.

(3) Andere Zuwendungen unter Lebenden sind zur Ausgleichung zu bringen, wenn der Erblasser bei der Zuwendung die Ausgleichung angeordnet hat.

**§ 2051. Ausgleichungspflicht bei Wegfall eines Abkömmlings.**
(1) Fällt ein Abkömmling, der als Erbe zur Ausgleichung verpflichtet sein würde, vor oder nach dem Erbfall weg, so ist wegen der ihm gemachten Zuwendungen der an seine Stelle tretende Abkömmling zur Ausgleichung verpflichtet.

(2) Hat der Erblasser für den wegfallenden Abkömmling einen Ersatzerben eingesetzt, so ist im Zweifel anzunehmen, dass dieser nicht mehr erhalten soll, als der Abkömmling unter Berücksichtigung der Ausgleichungspflicht erhalten würde.

**§ 2052. Ausgleichungspflicht für Abkömmlinge als gewillkürte Erben.** Hat der Erblasser die Abkömmlinge auf dasjenige als Erben eingesetzt, was sie als gesetzliche Erben erhalten würden, oder hat er ihre Erbteile so bestimmt, dass sie zueinander in demselben Verhältnis stehen wie die gesetzlichen Erbteile, so ist im Zweifel anzunehmen, dass die Abkömmlinge nach den §§ 2050, 2051 zur Ausgleichung verpflichtet sein sollen.

**§ 2053. Zuwendung an entfernteren oder angenommenen Abkömmling.** (1) Eine Zuwendung, die ein entfernterer Abkömmling vor dem Wegfall des ihn von der Erbfolge ausschließenden näheren Abkömmlings oder

*(Fortsetzung nächstes Blatt)*

ein an die Stelle eines Abkömmlings als Ersatzerbe tretender Abkömmling von dem Erblasser erhalten hat, ist nicht zur Ausgleichung zu bringen, es sei denn, dass der Erblasser bei der Zuwendung die Ausgleichung angeordnet hat.

(2) Das Gleiche gilt, wenn ein Abkömmling, bevor er die rechtliche Stellung eines solchen erlangt hatte, eine Zuwendung von dem Erblasser erhalten hat.

**§ 2054. Zuwendung aus dem Gesamtgut.** (1) [1]Eine Zuwendung, die aus dem Gesamtgut der Gütergemeinschaft erfolgt, gilt als von jedem der Ehegatten zur Hälfte gemacht. [2]Die Zuwendung gilt jedoch, wenn sie an einen Abkömmling erfolgt, der nur von einem der Ehegatten abstammt, oder wenn einer der Ehegatten wegen der Zuwendung zu dem Gesamtgut Ersatz zu leisten hat, als von diesem Ehegatten gemacht.

(2) Diese Vorschriften sind auf eine Zuwendung aus dem Gesamtgut der fortgesetzten Gütergemeinschaft entsprechend anzuwenden.

**§ 2055. Durchführung der Ausgleichung.** (1) [1]Bei der Auseinandersetzung wird jedem Miterben der Wert der Zuwendung, die er zur Ausgleichung zu bringen hat, auf seinen Erbteil angerechnet. [2]Der Wert der sämtlichen Zuwendungen, die zur Ausgleichung zu bringen sind, wird dem Nachlass hinzugerechnet, soweit dieser den Miterben zukommt, unter denen die Ausgleichung stattfindet.

(2) Der Wert bestimmt sich nach der Zeit, zu der die Zuwendung erfolgt ist.

**§ 2056. Mehrempfang.** [1]Hat ein Miterbe durch die Zuwendung mehr erhalten, als ihm bei der Auseinandersetzung zukommen würde, so ist er zur Herauszahlung des Mehrbetrags nicht verpflichtet. [2]Der Nachlass wird in einem solchen Falle unter den übrigen Erben in der Weise geteilt, dass der Wert der Zuwendung und der Erbteil des Miterben außer Ansatz bleiben.

**§ 2057. Auskunftspflicht.** [1]Jeder Miterbe ist verpflichtet, den übrigen Erben auf Verlangen Auskunft über die Zuwendungen zu erteilen, die er nach den §§ 2050 bis 2053 zur Ausgleichung zu bringen hat. [2]Die Vorschriften der §§ 260, 261 über die Verpflichtung zur Abgabe der eidesstattlichen Versicherung finden entsprechende Anwendung.

**§ 2057 a.[1)] Ausgleichungspflicht bei besonderen Leistungen eines Abkömmlings.** (1) [1]Ein Abkömmling, der durch Mitarbeit im Haushalt, Beruf oder Geschäft des Erblassers während längerer Zeit, durch erhebliche Geldleistungen oder in anderer Weise in besonderem Maße dazu beigetragen hat, dass das Vermögen des Erblassers erhalten oder vermehrt wurde, kann bei der Auseinandersetzung eine Ausgleichung unter den Abkömmlingen verlangen, die mit ihm als gesetzliche Erben zur Erbfolge gelangen; § 2052 gilt entsprechend. [2]Dies gilt auch für einen Abkömmling, der den Erblasser während längerer Zeit gepflegt hat.

(2) [1]Eine Ausgleichung kann nicht verlangt werden, wenn für die Leistungen ein angemessenes Entgelt gewährt oder vereinbart worden ist oder soweit dem Abkömmling wegen seiner Leistungen ein Anspruch aus anderem Rechtsgrund zusteht. [2]Der Ausgleichungspflicht steht es nicht entgegen, wenn die Leistungen nach den §§ 1619, 1620 erbracht worden sind.

---

[1)] § 2057 a Abs. 1 Satz 2 neugef. mWv 1. 1. 2010 durch Art. 1 G v. 24. 9. 2009 (BGBl. I S. 3142).

(3) Die Ausgleichung ist so zu bemessen, wie es mit Rücksicht auf die Dauer und den Umfang der Leistungen und auf den Wert des Nachlasses der Billigkeit entspricht.

(4) [1]Bei der Auseinandersetzung wird der Ausgleichungsbetrag dem Erbteil des ausgleichungsberechtigten Miterben hinzugerechnet. [2]Sämtliche Ausgleichungsbeträge werden vom Werte des Nachlasses abgezogen, soweit dieser den Miterben zukommt, unter denen die Ausgleichung stattfindet.

### Untertitel 2. Rechtsverhältnis zwischen den Erben und den Nachlassgläubigern

**§ 2058. Gesamtschuldnerische Haftung.** Die Erben haften für die gemeinschaftlichen Nachlassverbindlichkeiten als Gesamtschuldner.

**§ 2059. Haftung bis zur Teilung.** (1) [1]Bis zur Teilung des Nachlasses kann jeder Miterbe die Berichtigung der Nachlassverbindlichkeiten aus dem Vermögen, das er außer seinem Anteil an dem Nachlass hat, verweigern. [2]Haftet er für eine Nachlassverbindlichkeit unbeschränkt, so steht ihm dieses Recht in Ansehung des seinem Erbteil entsprechenden Teils der Verbindlichkeit nicht zu.

(2) Das Recht der Nachlassgläubiger, die Befriedigung aus dem ungeteilten Nachlass von sämtlichen Miterben zu verlangen, bleibt unberührt.

**§ 2060. Haftung nach der Teilung.** Nach der Teilung des Nachlasses haftet jeder Miterbe nur für den seinem Erbteil entsprechenden Teil einer Nachlassverbindlichkeit:

1. wenn der Gläubiger im Aufgebotsverfahren ausgeschlossen ist; das Aufgebot erstreckt sich insoweit auch auf die in § 1972 bezeichneten Gläubiger sowie auf die Gläubiger, denen der Miterbe unbeschränkt haftet;
2. wenn der Gläubiger seine Forderung später als fünf Jahre nach dem in § 1974 Abs. 1 bestimmten Zeitpunkt geltend macht, es sei denn, dass die Forderung vor dem Ablauf der fünf Jahre dem Miterben bekannt geworden oder im Aufgebotsverfahren angemeldet worden ist; die Vorschrift findet keine Anwendung, soweit der Gläubiger nach § 1971 von dem Aufgebot nicht betroffen wird;
3. wenn das Nachlassinsolvenzverfahren eröffnet und durch Verteilung der Masse oder durch einen Insolvenzplan beendigt worden ist.

**§ 2061. Aufgebot der Nachlassgläubiger.** (1) [1]Jeder Miterbe kann die Nachlassgläubiger öffentlich auffordern, ihre Forderungen binnen sechs Monaten bei ihm oder bei dem Nachlassgericht anzumelden. [2]Ist die Aufforderung erfolgt, so haftet nach der Teilung jeder Miterbe nur für den seinem Erbteil entsprechenden Teil einer Forderung, soweit nicht vor dem Ablauf der Frist die Anmeldung erfolgt oder die Forderung ihm zur Zeit der Teilung bekannt ist.

(2) [1]Die Aufforderung ist durch den Bundesanzeiger und durch das für die Bekanntmachungen des Nachlassgerichts bestimmte Blatt zu veröffentlichen. [2]Die Frist beginnt mit der letzten Einrückung. [3]Die Kosten fallen dem Erben zur Last, der die Aufforderung erlässt.

**§ 2062. Antrag auf Nachlassverwaltung.** Die Anordnung einer Nachlassverwaltung kann von den Erben nur gemeinschaftlich beantragt werden; sie ist ausgeschlossen, wenn der Nachlass geteilt ist.

**§ 2063. Errichtung eines Inventars, Haftungsbeschränkung.** (1) Die Errichtung des Inventars durch einen Miterben kommt auch den übrigen Erben zustatten, soweit nicht ihre Haftung für die Nachlassverbindlichkeiten unbeschränkt ist.

(2) Ein Miterbe kann sich den übrigen Erben gegenüber auf die Beschränkung seiner Haftung auch dann berufen, wenn er den anderen Nachlassgläubigern gegenüber unbeschränkt haftet.

## Abschnitt 3.[1)] Testament

### Titel 1. Allgemeine Vorschriften

**§ 2064. Persönliche Errichtung.** Der Erblasser kann ein Testament nur persönlich errichten.

**§ 2065. Bestimmung durch Dritte.** (1) Der Erblasser kann eine letztwillige Verfügung nicht in der Weise treffen, dass ein anderer zu bestimmen hat, ob sie gelten oder nicht gelten soll.

(2) Der Erblasser kann die Bestimmung der Person, die eine Zuwendung erhalten soll, sowie die Bestimmung des Gegenstands der Zuwendung nicht einem anderen überlassen.

**§ 2066. Gesetzliche Erben des Erblassers.** [1]Hat der Erblasser seine gesetzlichen Erben ohne nähere Bestimmung bedacht, so sind diejenigen, welche zur Zeit des Erbfalls seine gesetzlichen Erben sein würden, nach dem Verhältnis ihrer gesetzlichen Erbteile bedacht. [2]Ist die Zuwendung unter einer aufschiebenden Bedingung oder unter Bestimmung eines Anfangstermins gemacht und tritt die Bedingung oder der Termin erst nach dem Erbfall ein, so sind im Zweifel diejenigen als bedacht anzusehen, welche die gesetzlichen Erben sein würden, wenn der Erblasser zur Zeit des Eintritts der Bedingung oder des Termins gestorben wäre.

**§ 2067. Verwandte des Erblassers.** [1]Hat der Erblasser seine Verwandten oder seine nächsten Verwandten ohne nähere Bestimmung bedacht, so sind im Zweifel diejenigen Verwandten, welche zur Zeit des Erbfalls seine gesetzlichen Erben sein würden, als nach dem Verhältnis ihrer gesetzlichen Erbteile bedacht anzusehen. [2]Die Vorschrift des § 2066 Satz 2 findet Anwendung.

**§ 2068. Kinder des Erblassers.** Hat der Erblasser seine Kinder ohne nähere Bestimmung bedacht und ist ein Kind vor der Errichtung des Testaments mit Hinterlassung von Abkömmlingen gestorben, so ist im Zweifel anzunehmen, dass die Abkömmlinge insoweit bedacht sind, als sie bei der gesetzlichen Erbfolge an die Stelle des Kindes treten würden.

---

[1)] Wegen des für das Gebiet der ehem. DDR geltenden Übergangsrechts zu Verfügungen von Todes wegen beachte Art. 235 § 2 EGBGB; Nr. **21**.

**§ 2069. Abkömmlinge des Erblassers.** Hat der Erblasser einen seiner Abkömmlinge bedacht und fällt dieser nach der Errichtung des Testaments weg, so ist im Zweifel anzunehmen, dass dessen Abkömmlinge insoweit bedacht sind, als sie bei der gesetzlichen Erbfolge an dessen Stelle treten würden.

**§ 2070.**[1] **Abkömmlinge eines Dritten.** Hat der Erblasser die Abkömmlinge eines Dritten ohne nähere Bestimmung bedacht, so ist im Zweifel anzunehmen, dass diejenigen Abkömmlinge nicht bedacht sind, welche zur Zeit des Erbfalls oder, wenn die Zuwendung unter einer aufschiebenden Bedingung oder unter Bestimmung eines Anfangstermins gemacht ist und die Bedingung oder der Termin erst nach dem Erbfall eintritt, zur Zeit des Eintritts der Bedingung oder des Termins noch nicht gezeugt sind.

**§ 2071. Personengruppe.** Hat der Erblasser ohne nähere Bestimmung eine Klasse von Personen oder Personen bedacht, die zu ihm in einem Dienst- oder Geschäftsverhältnis stehen, so ist im Zweifel anzunehmen, dass diejenigen bedacht sind, welche zur Zeit des Erbfalls der bezeichneten Klasse angehören oder in dem bezeichneten Verhältnis stehen.

**§ 2072. Die Armen.** Hat der Erblasser die Armen ohne nähere Bestimmung bedacht, so ist im Zweifel anzunehmen, dass die öffentliche Armenkasse der Gemeinde, in deren Bezirk er seinen letzten Wohnsitz gehabt hat, unter der Auflage bedacht ist, das Zugewendete unter Arme zu verteilen.

**§ 2073. Mehrdeutige Bezeichnung.** Hat der Erblasser den Bedachten in einer Weise bezeichnet, die auf mehrere Personen passt, und lässt sich nicht ermitteln, wer von ihnen bedacht werden sollte, so gelten sie als zu gleichen Teilen bedacht.

**§ 2074. Aufschiebende Bedingung.** Hat der Erblasser eine letztwillige Zuwendung unter einer aufschiebenden Bedingung gemacht, so ist im Zweifel anzunehmen, dass die Zuwendung nur gelten soll, wenn der Bedachte den Eintritt der Bedingung erlebt.

**§ 2075. Auflösende Bedingung.** Hat der Erblasser eine letztwillige Zuwendung unter der Bedingung gemacht, dass der Bedachte während eines Zeitraums von unbestimmter Dauer etwas unterlässt oder fortgesetzt tut, so ist, wenn das Unterlassen oder das Tun lediglich in der Willkür des Bedachten liegt, im Zweifel anzunehmen, dass die Zuwendung von der auflösenden Bedingung abhängig sein soll, dass der Bedachte die Handlung vornimmt oder das Tun unterlässt.

**§ 2076. Bedingung zum Vorteil eines Dritten.** Bezweckt die Bedingung, unter der eine letztwillige Zuwendung gemacht ist, den Vorteil eines Dritten, so gilt sie im Zweifel als eingetreten, wenn der Dritte die zum Eintritt der Bedingung erforderliche Mitwirkung verweigert.

---

[1] § 2070 geänd. mWv 1. 8. 2002 durch Art. 2 G v. 19. 7. 2002 (BGBl. I S. 2674). Beachte hierzu Übergangsvorschrift in Art. 229 § 8 EGBGB; Nr. **21**.

**§ 2077. Unwirksamkeit letztwilliger Verfügungen bei Auflösung der Ehe oder Verlobung.** (1) [1]Eine letztwillige Verfügung, durch die der Erblasser seinen Ehegatten bedacht hat, ist unwirksam, wenn die Ehe vor dem Tode des Erblassers aufgelöst worden ist. [2]Der Auflösung der Ehe steht es gleich, wenn zur Zeit des Todes des Erblassers die Voraussetzungen für die Scheidung der Ehe gegeben waren und der Erblasser die Scheidung beantragt oder ihr zugestimmt hatte. [3]Das Gleiche gilt, wenn der Erblasser zur Zeit seines Todes berechtigt war, die Aufhebung der Ehe zu beantragen, und den Antrag gestellt hatte.

(2) Eine letztwillige Verfügung, durch die der Erblasser seinen Verlobten bedacht hat, ist unwirksam, wenn das Verlöbnis vor dem Tode des Erblassers aufgelöst worden ist.

(3) Die Verfügung ist nicht unwirksam, wenn anzunehmen ist, dass der Erblasser sie auch für einen solchen Fall getroffen haben würde.

**§ 2078. Anfechtung wegen Irrtums oder Drohung.** (1) Eine letztwillige Verfügung kann angefochten werden, soweit der Erblasser über den Inhalt seiner Erklärung im Irrtum war oder eine Erklärung dieses Inhalts überhaupt nicht abgeben wollte und anzunehmen ist, dass er die Erklärung bei Kenntnis der Sachlage nicht abgegeben haben würde.

(2) Das Gleiche gilt, soweit der Erblasser zu der Verfügung durch die irrige Annahme oder Erwartung des Eintritts oder Nichteintritts eines Umstands oder widerrechtlich durch Drohung bestimmt worden ist.

(3) Die Vorschrift des § 122 findet keine Anwendung.

**§ 2079. Anfechtung wegen Übergehung eines Pflichtteilsberechtigten.** [1]Eine letztwillige Verfügung kann angefochten werden, wenn der Erblasser einen zur Zeit des Erbfalls vorhandenen Pflichtteilsberechtigten übergangen hat, dessen Vorhandensein ihm bei der Errichtung der Verfügung nicht bekannt war oder der erst nach der Errichtung geboren oder pflichtteilsberechtigt geworden ist. [2]Die Anfechtung ist ausgeschlossen, soweit anzunehmen ist, dass der Erblasser auch bei Kenntnis der Sachlage die Verfügung getroffen haben würde.

**§ 2080. Anfechtungsberechtigte.** (1) Zur Anfechtung ist derjenige berechtigt, welchem die Aufhebung der letztwilligen Verfügung unmittelbar zustatten kommen würde.

(2) Bezieht sich in den Fällen des § 2078 der Irrtum nur auf eine bestimmte Person und ist diese anfechtungsberechtigt oder würde sie anfechtungsberechtigt sein, wenn sie zur Zeit des Erbfalls gelebt hätte, so ist ein anderer zur Anfechtung nicht berechtigt.

(3) Im Falle des § 2079 steht das Anfechtungsrecht nur dem Pflichtteilsberechtigten zu.

**§ 2081. Anfechtungserklärung.** (1) Die Anfechtung einer letztwilligen Verfügung, durch die ein Erbe eingesetzt, ein gesetzlicher Erbe von der Erbfolge ausgeschlossen, ein Testamentsvollstrecker ernannt oder eine Verfügung solcher Art aufgehoben wird, erfolgt durch Erklärung gegenüber dem Nachlassgericht.

(2) [1]Das Nachlassgericht soll die Anfechtungserklärung demjenigen mitteilen, welchem die angefochtene Verfügung unmittelbar zustatten kommt. [2]Es hat die Einsicht der Erklärung jedem zu gestatten, der ein rechtliches Interesse glaubhaft macht.

(3) Die Vorschrift des Absatzes 1 gilt auch für die Anfechtung einer letztwilligen Verfügung, durch die ein Recht für einen anderen nicht begründet wird, insbesondere für die Anfechtung einer Auflage.

**§ 2082. Anfechtungsfrist.** (1) Die Anfechtung kann nur binnen Jahresfrist erfolgen.

(2) [1]Die Frist beginnt mit dem Zeitpunkt, in welchem der Anfechtungsberechtigte von dem Anfechtungsgrund Kenntnis erlangt. [2]Auf den Lauf der Frist finden die für die Verjährung geltenden Vorschriften der §§ 206, 210, 211 entsprechende Anwendung.

(3) Die Anfechtung ist ausgeschlossen, wenn seit dem Erbfall 30 Jahre verstrichen sind.

**§ 2083. Anfechtbarkeitseinrede.** Ist eine letztwillige Verfügung, durch die eine Verpflichtung zu einer Leistung begründet wird, anfechtbar, so kann der Beschwerte die Leistung verweigern, auch wenn die Anfechtung nach § 2082 ausgeschlossen ist.

**§ 2084. Auslegung zugunsten der Wirksamkeit.** Lässt der Inhalt einer letztwilligen Verfügung verschiedene Auslegungen zu, so ist im Zweifel diejenige Auslegung vorzuziehen, bei welcher die Verfügung Erfolg haben kann.

**§ 2085. Teilweise Unwirksamkeit.** Die Unwirksamkeit einer von mehreren in einem Testament enthaltenen Verfügungen hat die Unwirksamkeit der übrigen Verfügungen nur zur Folge, wenn anzunehmen ist, dass der Erblasser diese ohne die unwirksame Verfügung nicht getroffen haben würde.

**§ 2086. Ergänzungsvorbehalt.** Ist einer letztwilligen Verfügung der Vorbehalt einer Ergänzung beigefügt, die Ergänzung aber unterblieben, so ist die Verfügung wirksam, sofern nicht anzunehmen ist, dass die Wirksamkeit von der Ergänzung abhängig sein sollte.

## Titel 2. Erbeinsetzung

**§ 2087. Zuwendung des Vermögens, eines Bruchteils oder einzelner Gegenstände.** (1) Hat der Erblasser sein Vermögen oder einen Bruchteil seines Vermögens dem Bedachten zugewendet, so ist die Verfügung als Erbeinsetzung anzusehen, auch wenn der Bedachte nicht als Erbe bezeichnet ist.

(2) Sind dem Bedachten nur einzelne Gegenstände zugewendet, so ist im Zweifel nicht anzunehmen, dass er Erbe sein soll, auch wenn er als Erbe bezeichnet ist.

**§ 2088. Einsetzung auf Bruchteile.** (1) Hat der Erblasser nur einen Erben eingesetzt und die Einsetzung auf einen Bruchteil der Erbschaft beschränkt, so tritt in Ansehung des übrigen Teils die gesetzliche Erbfolge ein.

(2) Das Gleiche gilt, wenn der Erblasser mehrere Erben unter Beschränkung eines jeden auf einen Bruchteil eingesetzt hat und die Bruchteile das Ganze nicht erschöpfen.

**§ 2089 Erhöhung der Bruchteile.** Sollen die eingesetzten Erben nach dem Willen des Erblassers die alleinigen Erben sein, so tritt, wenn jeder von ihnen auf einen Bruchteil der Erbschaft eingesetzt ist und die Bruchteile das Ganze nicht erschöpfen, eine verhältnismäßige Erhöhung der Bruchteile ein.

**§ 2090 Minderung der Bruchteile.** Ist jeder der eingesetzten Erben auf einen Bruchteil der Erbschaft eingesetzt und übersteigen die Bruchteile das Ganze, so tritt eine verhältnismäßige Minderung der Bruchteile ein.

**§ 2091 Unbestimmte Bruchteile.** Sind mehrere Erben eingesetzt, ohne dass die Erbteile bestimmt sind, so sind sie zu gleichen Teilen eingesetzt, soweit sich nicht aus den §§ 2066 bis 2069 ein anderes ergibt.

**§ 2092 Teilweise Einsetzung auf Bruchteile.** (1) Sind von mehreren Erben die einen auf Bruchteile, die anderen ohne Bruchteile eingesetzt, so erhalten die letzteren den freigebliebenen Teil der Erbschaft.

(2) Erschöpfen die bestimmten Bruchteile die Erbschaft, so tritt eine verhältnismäßige Minderung der Bruchteile in der Weise ein, dass jeder der ohne Bruchteile eingesetzten Erben so viel erhält wie der mit dem geringsten Bruchteil bedachte Erbe.

**§ 2093 Gemeinschaftlicher Erbteil.** Sind einige von mehreren Erben auf einen und denselben Bruchteil der Erbschaft eingesetzt (gemeinschaftlicher Erbteil), so finden in Ansehung des gemeinschaftlichen Erbteils die Vorschriften der §§ 2089 bis 2092 entsprechende Anwendung.

**§ 2094 Anwachsung.** (1) [1] Sind mehrere Erben in der Weise eingesetzt, dass sie die gesetzliche Erbfolge ausschließen, und fällt einer der Erben vor oder nach dem Eintritt des Erbfalls weg, so wächst dessen Erbteil den übrigen Erben nach dem Verhältnis ihrer Erbteile an. [2] Sind einige der Erben auf einen gemeinschaftlichen Erbteil eingesetzt, so tritt die Anwachsung zunächst unter ihnen ein.

(2) Ist durch die Erbeinsetzung nur über einen Teil der Erbschaft verfügt und findet in Ansehung des übrigen Teils die gesetzliche Erbfolge statt, so tritt die Anwachsung unter den eingesetzten Erben nur ein, soweit sie auf einen gemeinschaftlichen Erbteil eingesetzt sind.

(3) Der Erblasser kann die Anwachsung ausschließen.

**§ 2095 Angewachsener Erbteil.** Der durch Anwachsung einem Erben anfallende Erbteil gilt in Ansehung der Vermächtnisse und Auflagen, mit denen dieser Erbe oder der wegfallende Erbe beschwert ist, sowie in Ansehung der Ausgleichungspflicht als besonderer Erbteil.

**§ 2096 Ersatzerbe.** Der Erblasser kann für den Fall, dass ein Erbe vor oder nach dem Eintritt des Erbfalls wegfällt, einen anderen als Erben einsetzen (Ersatzerbe).

**§ 2097 Auslegungsregel bei Ersatzerben.** Ist jemand für den Fall, dass der zunächst berufene Erbe nicht Erbe sein kann, oder für den Fall, dass er nicht Erbe sein will, als Ersatzerbe eingesetzt, so ist im Zweifel anzunehmen, dass er für beide Fälle eingesetzt ist.

**§ 2098 Wechselseitige Einsetzung als Ersatzerben.** (1) Sind die Erben gegenseitig oder sind für einen von ihnen die übrigen als Ersatzerben eingesetzt, so ist im Zweifel anzunehmen, dass sie nach dem Verhältnis ihrer Erbteile als Ersatzerben eingesetzt sind.

(2) Sind die Erben gegenseitig als Ersatzerben eingesetzt, so gehen Erben, die auf einen gemeinschaftlichen Erbteil eingesetzt sind, im Zweifel als Ersatzerben für diesen Erbteil den anderen vor.

**§ 2099 Ersatzerbe und Anwachsung.** Das Recht des Ersatzerben geht dem Anwachsungsrecht vor.

### Titel 3. Einsetzung eines Nacherben

**§ 2100 Nacherbe.** Der Erblasser kann einen Erben in der Weise einsetzen, dass dieser erst Erbe wird, nachdem zunächst ein anderer Erbe geworden ist (Nacherbe).

**§ 2101[1) 2)] Noch nicht gezeugter Nacherbe.** (1) [1] Ist eine zur Zeit des Erbfalls noch nicht gezeugte Person als Erbe eingesetzt, so ist im Zweifel anzunehmen, dass sie als Nacherbe eingesetzt ist. [2] Entspricht es nicht dem Willen des Erblassers, dass der Eingesetzte Nacherbe werden soll, so ist die Einsetzung unwirksam.

(2) Das Gleiche gilt von der Einsetzung einer juristischen Person, die erst nach dem Erbfall zur Entstehung gelangt; die Vorschrift des § 80 Absatz 2 Satz 2 bleibt unberührt.

**§ 2102 Nacherbe und Ersatzerbe.** (1) Die Einsetzung als Nacherbe enthält im Zweifel auch die Einsetzung als Ersatzerbe.

(2) Ist zweifelhaft, ob jemand als Ersatzerbe oder als Nacherbe eingesetzt ist, so gilt er als Ersatzerbe.

**§ 2103 Anordnung der Herausgabe der Erbschaft.** Hat der Erblasser angeordnet, dass der Erbe mit dem Eintritt eines bestimmten Zeitpunkts oder Ereignisses die Erbschaft einem anderen herausgeben soll, so ist anzunehmen, dass der andere als Nacherbe eingesetzt ist.

**§ 2104 Gesetzliche Erben als Nacherben.** [1] Hat der Erblasser angeordnet, dass der Erbe nur bis zu dem Eintritt eines bestimmten Zeitpunkts oder Ereignisses Erbe sein soll, ohne zu bestimmen, wer alsdann die Erbschaft erhalten soll, so ist anzunehmen, dass als Nacherben diejenigen eingesetzt sind, welche die gesetzlichen Erben des Erblassers sein würden, wenn er zur Zeit des Eintritts des Zeitpunkts oder des Ereignisses gestorben wäre. [2] Der Fiskus gehört nicht zu den gesetzlichen Erben im Sinne dieser Vorschrift.

---

1) § 2101 Abs. 1 Satz 1 geänd. mWv 1.8.2002 durch G v. 19.7.2002 (BGBl. I S. 2674); Überschrift neu gef. mWv 16.4.2004 durch G v. 6.4.2004 (BGBl. I S. 550); Abs. 2 geänd. mWv 1.7.2023 durch G v. 16.7.2021 (BGBl. I S. 2947).

2) Beachte hierzu Übergangsvorschrift in Art. 229 § 8 EGBGB (Nr. **21**).

**§ 2105.**[1] **Gesetzliche Erben als Vorerben.** (1) Hat der Erblasser angeordnet, dass der eingesetzte Erbe die Erbschaft erst mit dem Eintritt eines bestimmten Zeitpunkts oder Ereignisses erhalten soll, ohne zu bestimmen, wer bis dahin Erbe sein soll, so sind die gesetzlichen Erben des Erblassers die Vorerben.

(2) Das Gleiche gilt, wenn die Persönlichkeit des Erben durch ein erst nach dem Erbfall eintretendes Ereignis bestimmt werden soll oder wenn die Einsetzung einer zur Zeit des Erbfalls noch nicht gezeugten Person oder einer zu dieser Zeit noch nicht entstandenen juristischen Person als Erbe nach § 2101 als Nacherbeinsetzung anzusehen ist.

**§ 2106.**[1] **Eintritt der Nacherbfolge.** (1) Hat der Erblasser einen Nacherben eingesetzt, ohne den Zeitpunkt oder das Ereignis zu bestimmen, mit dem die Nacherbfolge eintreten soll, so fallt die Erbschaft dem Nacherben mit dem Tode des Vorerben an.

(2) [1] Ist die Einsetzung einer noch nicht gezeugten Person als Erbe nach § 2101 Abs. 1 als Nacherbeinsetzung anzusehen, so fällt die Erbschaft dem Nacherben mit dessen Geburt an. [2] Im Falle des § 2101 Abs. 2 tritt der Anfall mit der Entstehung der juristischen Person ein.

**§ 2107. Kinderloser Vorerbe.** Hat der Erblasser einem Abkömmling, der zur Zeit der Errichtung der letztwilligen Verfügung keinen Abkömmling hat oder von dem der Erblasser zu dieser Zeit nicht weiß, dass er einen Abkömmling hat, für die Zeit nach dessen Tode einen Nacherben bestimmt, so ist anzunehmen, dass der Nacherbe nur für den Fall eingesetzt ist, dass der Abkömmling ohne Nachkommenschaft stirbt.

**§ 2108. Erbfähigkeit; Vererblichkeit des Nacherbrechts.** (1) Die Vorschrift des § 1923 findet auf die Nacherbfolge entsprechende Anwendung.

(2) [1] Stirbt der eingesetzte Nacherbe vor dem Eintritt des Falles der Nacherbfolge, aber nach dem Eintritt des Erbfalls, so geht sein Recht auf seine Erben über, sofern nicht ein anderer Wille des Erblassers anzunehmen ist. [2] Ist der Nacherbe unter einer aufschiebenden Bedingung eingesetzt, so bewendet es bei der Vorschrift des § 2074.

**§ 2109. Unwirksamwerden der Nacherbschaft.** (1) [1] Die Einsetzung eines Nacherben wird mit dem Ablauf von 30 Jahren nach dem Erbfall unwirksam, wenn nicht vorher der Fall der Nacherbfolge eingetreten ist. [2] Sie bleibt auch nach dieser Zeit wirksam,

1. wenn die Nacherbfolge für den Fall angeordnet ist, dass in der Person des Vorerben oder des Nacherben ein bestimmtes Ereignis eintritt, und derjenige, in dessen Person das Ereignis eintreten soll, zur Zeit des Erbfalls lebt,
2. wenn dem Vorerben oder einem Nacherben für den Fall, dass ihm ein Bruder oder eine Schwester geboren wird, der Bruder oder die Schwester als Nacherbe bestimmt ist.

---

[1] § 2105 Abs. 2 geänd., § 2106 Abs. 2 Satz 1 geänd. mWv 1. 8. 2002 durch Art. 2 G v. 19. 7. 2002 (BGBl. I S. 2674). Beachte hierzu Übergangsvorschrift in Art. 229 § 8 EGBGB; Nr. **21**.

(2) Ist der Vorerbe oder der Nacherbe, in dessen Person das Ereignis eintreten soll, eine juristische Person, so bewendet es bei der dreißigjährigen Frist.

**§ 2110. Umfang des Nacherbrechts.** (1) Das Recht des Nacherben erstreckt sich im Zweifel auf einen Erbteil, der dem Vorerben infolge des Wegfalls eines Miterben anfällt.

(2) Das Recht des Nacherben erstreckt sich im Zweifel nicht auf ein dem Vorerben zugewendetes Vorausvermächtnis.

**§ 2111. Unmittelbare Ersetzung.** (1) [1] Zur Erbschaft gehört, was der Vorerbe auf Grund eines zur Erbschaft gehörenden Rechts oder als Ersatz für die Zerstörung, Beschädigung oder Entziehung eines Erbschaftsgegenstands oder durch Rechtsgeschäft mit Mitteln der Erbschaft erwirbt, sofern nicht der Erwerb ihm als Nutzung gebührt. [2] Die Zugehörigkeit einer durch Rechtsgeschäft erworbenen Forderung zur Erbschaft hat der Schuldner erst dann gegen sich gelten zu lassen, wenn er von der Zugehörigkeit Kenntnis erlangt; die Vorschriften der §§ 406 bis 408 finden entsprechende Anwendung.

(2) Zur Erbschaft gehört auch, was der Vorerbe dem Inventar eines erbschaftlichen Grundstücks einverleibt.

**§ 2112. Verfügungsrecht des Vorerben.** Der Vorerbe kann über die zur Erbschaft gehörenden Gegenstände verfügen, soweit sich nicht aus den Vorschriften der §§ 2113 bis 2115 ein anderes ergibt.

**§ 2113. Verfügungen über Grundstücke, Schiffe und Schiffsbauwerke; Schenkungen.** (1) Die Verfügung des Vorerben über ein zur Erbschaft gehörendes Grundstück oder Recht an einem Grundstück oder über ein zur Erbschaft gehörendes eingetragenes Schiff oder Schiffsbauwerk ist im Falle des Eintritts der Nacherbfolge insoweit unwirksam, als sie das Recht des Nacherben vereiteln oder beeinträchtigen würde.

(2) [1] Das Gleiche gilt von der Verfügung über einen Erbschaftsgegenstand, die unentgeltlich oder zum Zwecke der Erfüllung eines von dem Vorerben erteilten Schenkungsversprechens erfolgt. [2] Ausgenommen sind Schenkungen, durch die einer sittlichen Pflicht oder einer auf den Anstand zu nehmenden Rücksicht entsprochen wird.

(3) Die Vorschriften zugunsten derjenigen, welche Rechte von einem Nichtberechtigten herleiten, finden entsprechende Anwendung.

**§ 2114. Verfügungen über Hypothekenforderungen, Grund- und Rentenschulden.** [1] Gehört zur Erbschaft eine Hypothekenforderung, eine Grundschuld, eine Rentenschuld oder eine Schiffshypothekenforderung, so steht die Kündigung und die Einziehung dem Vorerben zu. [2] Der Vorerbe kann jedoch nur verlangen, dass das Kapital an ihn nach Beibringung der Einwilligung des Nacherben gezahlt oder dass es für ihn und den Nacherben hinterlegt wird. [3] Auf andere Verfügungen über die Hypothekenforderung, die Grundschuld, die Rentenschuld oder die Schiffshypothekenforderung findet die Vorschrift des § 2113 Anwendung.

**§ 2115. Zwangsvollstreckungsverfügungen gegen Vorerben.** [1] Eine Verfügung über einen Erbschaftsgegenstand, die im Wege der Zwangsvollstreckung oder der Arrestvollziehung oder durch den Insolvenzverwalter erfolgt, ist im Falle des Eintritts der Nacherbfolge insoweit unwirksam, als sie das Recht des Nacherben vereiteln oder beeinträchtigen würde. [2]Die Verfügung ist unbeschränkt wirksam, wenn der Anspruch eines Nachlassgläubigers oder ein an einem Erbschaftsgegenstand bestehendes Recht geltend gemacht wird, das im Falle des Eintritts der Nacherbfolge dem Nacherben gegenüber wirksam ist.

**§ 2116[1)] Hinterlegung von Wertpapieren.** (1) [1]Der Vorerbe hat auf Verlangen des Nacherben die zur Erbschaft gehörenden Inhaberpapiere nebst den Erneuerungsscheinen bei einer Hinterlegungsstelle mit der Bestimmung zu hinterlegen, dass die Herausgabe nur mit Zustimmung des Nacherben verlangt werden kann. [2]Die Hinterlegung von Inhaberpapieren, die nach § 92 zu den verbrauchbaren Sachen gehören, sowie von Zins-, Renten- oder Gewinnanteilscheinen kann nicht verlangt werden. [3]Den Inhaberpapieren stehen Orderpapiere gleich, die mit Blankoindossament versehen sind.

(2) Über die hinterlegten Papiere kann der Vorerbe nur mit Zustimmung des Nacherben verfügen.

**§ 2117 Umschreibung; Umwandlung.** [1]Der Vorerbe kann die Inhaberpapiere, statt sie nach § 2116 zu hinterlegen, auf seinen Namen mit der Bestimmung umschreiben lassen, dass er über sie nur mit Zustimmung des Nacherben verfügen kann. [2]Sind die Papiere vom Bund oder von einem Land ausgestellt, so kann er sie mit der gleichen Bestimmung in Buchforderungen gegen den Bund oder das Land umwandeln lassen.

**§ 2118 Sperrvermerk im Schuldbuch.** Gehören zur Erbschaft Buchforderungen gegen den Bund oder ein Land, so ist der Vorerbe auf Verlangen des Nacherben verpflichtet, in das Schuldbuch den Vermerk eintragen zu lassen, dass er über die Forderungen nur mit Zustimmung des Nacherben verfügen kann.

**§ 2119[2)] Anlegung von Geld.** Geld, das nach den Regeln einer ordnungsmäßigen Wirtschaft dauernd anzulegen ist, darf der Vorerbe nur der Rechtsverordnung nach § 240a entsprechend anlegen.

**§ 2120 Einwilligungspflicht des Nacherben.** [1]Ist zur ordnungsmäßigen Verwaltung, insbesondere zur Berichtigung von Nachlassverbindlichkeiten, eine Verfügung erforderlich, die der Vorerbe nicht mit Wirkung gegen den Nacherben vornehmen kann, so ist der Nacherbe dem Vorerben gegenüber verpflichtet, seine Einwilligung zu der Verfügung zu erteilen. [2]Die Einwilligung ist auf Verlangen in öffentlich beglaubigter Form zu erklären. [3]Die Kosten der Beglaubigung fallen dem Vorerben zur Last.

**§ 2121 Verzeichnis der Erbschaftsgegenstände.** (1) [1]Der Vorerbe hat dem Nacherben auf Verlangen ein Verzeichnis der zur Erbschaft gehörenden Gegenstände mitzuteilen. [2]Das Verzeichnis ist mit der Angabe des Tages der Aufnahme zu versehen und von dem Vorerben zu unterzeichnen; der Vorerbe hat auf Verlangen die Unterzeichnung öffentlich beglaubigen zu lassen.

(2) Der Nacherbe kann verlangen, dass er bei der Aufnahme des Verzeichnisses zugezogen wird.

---

[1)] § 2116 Abs. 1 Satz 1 geänd. mWv 15.12.2010 durch G v. 8.12.2010 (BGBl. I S. 1864).
[2)] § 2119 geänd. mWv 1.1.2023 durch G v. 4.5.2021 (BGBl. I S. 882).

(3) Der Vorerbe ist berechtigt und auf Verlangen des Nacherben verpflichtet, das Verzeichnis durch die zuständige Behörde oder durch einen zuständigen Beamten oder Notar aufnehmen zu lassen.

(4) Die Kosten der Aufnahme und der Beglaubigung fallen der Erbschaft zur Last.

**§ 2122 Feststellung des Zustands der Erbschaft.** [1] Der Vorerbe kann den Zustand der zur Erbschaft gehörenden Sachen auf seine Kosten durch Sachverständige feststellen lassen. [2] Das gleiche Recht steht dem Nacherben zu.

**§ 2123 Wirtschaftsplan.** (1) [1] Gehört ein Wald zur Erbschaft, so kann sowohl der Vorerbe als der Nacherbe verlangen, dass das Maß der Nutzung und die Art der wirtschaftlichen Behandlung durch einen Wirtschaftsplan festgestellt werden. [2] Tritt eine erhebliche Änderung der Umstände ein, so kann jeder Teil eine entsprechende Änderung des Wirtschaftsplans verlangen. [3] Die Kosten fallen der Erbschaft zur Last.

(2) Das Gleiche gilt, wenn ein Bergwerk oder eine andere auf Gewinnung von Bodenbestandteilen gerichtete Anlage zur Erbschaft gehört.

**§ 2124 Erhaltungskosten.** (1) Der Vorerbe trägt dem Nacherben gegenüber die gewöhnlichen Erhaltungskosten.

(2) [1] Andere Aufwendungen, die der Vorerbe zum Zwecke der Erhaltung von Erbschaftsgegenständen den Umständen nach für erforderlich halten darf, kann er aus der Erbschaft bestreiten. [2] Bestreitet er sie aus seinem Vermögen, so ist der Nacherbe im Falle des Eintritts der Nacherbfolge zum Ersatz verpflichtet.

**§ 2125 Verwendungen; Wegnahmerecht.** (1) Macht der Vorerbe Verwendungen auf die Erbschaft, die nicht unter die Vorschrift des § 2124 fallen, so ist der Nacherbe im Falle des Eintritts der Nacherbfolge nach den Vorschriften über die Geschäftsführung ohne Auftrag zum Ersatz verpflichtet.

(2) Der Vorerbe ist berechtigt, eine Einrichtung, mit der er eine zur Erbschaft gehörende Sache versehen hat, wegzunehmen.

**§ 2126 Außerordentliche Lasten.** [1] Der Vorerbe hat im Verhältnis zu dem Nacherben nicht die außerordentlichen Lasten zu tragen, die als auf den Stammwert der Erbschaftsgegenstände gelegt anzusehen sind. [2] Auf diese Lasten findet die Vorschrift des § 2124 Abs. 2 Anwendung.

**§ 2127 Auskunftsrecht des Nacherben.** Der Nacherbe ist berechtigt, von dem Vorerben Auskunft über den Bestand der Erbschaft zu verlangen, wenn Grund zu der Annahme besteht, dass der Vorerbe durch seine Verwaltung die Rechte des Nacherben erheblich verletzt.

*(Fortsetzung nächstes Blatt)*

**§ 2128. Sicherheitsleistung.** (1) Wird durch das Verhalten des Vorerben oder durch seine ungünstige Vermögenslage die Besorgnis einer erheblichen Verletzung der Rechte des Nacherben begründet, so kann der Nacherbe Sicherheitsleistung verlangen.

(2) Die für die Verpflichtung des Nießbrauchers zur Sicherheitsleistung geltende Vorschrift des § 1052 findet entsprechende Anwendung.

**§ 2129. Wirkung einer Entziehung der Verwaltung.** (1) Wird dem Vorerben die Verwaltung nach der Vorschrift des § 1052 entzogen, so verliert er das Recht, über Erbschaftsgegenstände zu verfügen.

(2) [1]Die Vorschriften zugunsten derjenigen, welche Rechte von einem Nichtberechtigten herleiten, finden entsprechende Anwendung. [2]Für die zur Erbschaft gehörenden Forderungen ist die Entziehung der Verwaltung dem Schuldner gegenüber erst wirksam, wenn er von der getroffenen Anordnung Kenntnis erlangt oder wenn ihm eine Mitteilung von der Anordnung zugestellt wird. [3]Das Gleiche gilt von der Aufhebung der Entziehung.

**§ 2130. Herausgabepflicht nach dem Eintritt der Nacherbfolge, Rechenschaftspflicht.** (1) [1]Der Vorerbe ist nach dem Eintritt der Nacherbfolge verpflichtet, dem Nacherben die Erbschaft in dem Zustand herauszugeben, der sich bei einer bis zur Herausgabe fortgesetzten ordnungsmäßigen Verwaltung ergibt. [2]Auf die Herausgabe eines landwirtschaftlichen Grundstücks findet die Vorschrift des § 596 a, auf die Herausgabe eines Landguts finden die Vorschriften der §§ 596 a, 596 b entsprechende Anwendung.

(2) Der Vorerbe hat auf Verlangen Rechenschaft abzulegen.

**§ 2131. Umfang der Sorgfaltspflicht.** Der Vorerbe hat dem Nacherben gegenüber in Ansehung der Verwaltung nur für diejenige Sorgfalt einzustehen, welche er in eigenen Angelegenheiten anzuwenden pflegt.

**§ 2132. Keine Haftung für gewöhnliche Abnutzung.** Veränderungen oder Verschlechterungen von Erbschaftssachen, die durch ordnungsmäßige Benutzung herbeigeführt werden, hat der Vorerbe nicht zu vertreten.

**§ 2133. Ordnungswidrige oder übermäßige Fruchtziehung.** Zieht der Vorerbe Früchte den Regeln einer ordnungsmäßigen Wirtschaft zuwider oder zieht er Früchte deshalb im Übermaß, weil dies infolge eines besonderen Ereignisses notwendig geworden ist, so gebührt ihm der Wert der Früchte nur insoweit, als durch den ordnungswidrigen oder den übermäßigen Fruchtbezug die ihm gebührenden Nutzungen beeinträchtigt werden und nicht der Wert der Früchte nach den Regeln einer ordnungsmäßigen Wirtschaft zur Wiederherstellung der Sache zu verwenden ist.

**§ 2134. Eigennützige Verwendung.** [1]Hat der Vorerbe einen Erbschaftsgegenstand für sich verwendet, so ist er nach dem Eintritt der Nacherbfolge dem Nacherben gegenüber zum Ersatz des Wertes verpflichtet. [2]Eine weitergehende Haftung wegen Verschuldens bleibt unberührt.

**§ 2135. Miet- und Pachtverhältnis bei der Nacherbfolge.** Hat der Vorerbe ein zur Erbschaft gehörendes Grundstück oder eingetragenes Schiff vermietet oder verpachtet, so findet, wenn das Miet- oder Pachtverhältnis bei dem Eintritt der Nacherbfolge noch besteht, die Vorschrift des § 1056 entsprechende Anwendung.

**§ 2136. Befreiung des Vorerben.** Der Erblasser kann den Vorerben von den Beschränkungen und Verpflichtungen des § 2113 Abs. 1 und der §§ 2114, 2116 bis 2119, 2123, 2127 bis 2131, 2133, 2134 befreien.

**§ 2137. Auslegungsregel für die Befreiung.** (1) Hat der Erblasser den Nacherben auf dasjenige eingesetzt, was von der Erbschaft bei dem Eintritt der Nacherbfolge übrig sein wird, so gilt die Befreiung von allen in § 2136 bezeichneten Beschränkungen und Verpflichtungen als angeordnet.

(2) Das Gleiche ist im Zweifel anzunehmen, wenn der Erblasser bestimmt hat, dass der Vorerbe zur freien Verfügung über die Erbschaft berechtigt sein soll.

**§ 2138. Beschränkte Herausgabepflicht.** (1) [1]Die Herausgabepflicht des Vorerben beschränkt sich in den Fällen des § 2137 auf die bei ihm noch vorhandenen Erbschaftsgegenstände. [2]Für Verwendungen auf Gegenstände, die er infolge dieser Beschränkung nicht herauszugeben hat, kann er nicht Ersatz verlangen.

(2) Hat der Vorerbe der Vorschrift des § 2113 Abs. 2 zuwider über einen Erbschaftsgegenstand verfügt oder hat er die Erbschaft in der Absicht, den Nacherben zu benachteiligen, vermindert, so ist er dem Nacherben zum Schadensersatz verpflichtet.

**§ 2139. Wirkung des Eintritts der Nacherbfolge.** Mit dem Eintritt des Falles der Nacherbfolge hört der Vorerbe auf, Erbe zu sein, und fällt die Erbschaft dem Nacherben an.

**§ 2140. Verfügungen des Vorerben nach Eintritt der Nacherbfolge.** [1]Der Vorerbe ist auch nach dem Eintritt des Falles der Nacherbfolge zur Verfügung über Nachlassgegenstände in dem gleichen Umfang wie vorher berechtigt, bis er von dem Eintritt Kenntnis erlangt oder ihn kennen muss. [2]Ein Dritter kann sich auf diese Berechtigung nicht berufen, wenn er bei der Vornahme eines Rechtsgeschäfts den Eintritt kennt oder kennen muss.

**§ 2141. Unterhalt der werdenden Mutter eines Nacherben.** Ist bei dem Eintritt des Falles der Nacherbfolge die Geburt eines Nacherben zu erwarten, so findet auf den Unterhaltsanspruch der Mutter die Vorschrift des § 1963 entsprechende Anwendung.

**§ 2142. Ausschlagung der Nacherbschaft.** (1) Der Nacherbe kann die Erbschaft ausschlagen, sobald der Erbfall eingetreten ist.

(2) Schlägt der Nacherbe die Erbschaft aus, so verbleibt sie dem Vorerben, soweit nicht der Erblasser ein anderes bestimmt hat.

**§ 2143. Wiederaufleben erloschener Rechtsverhältnisse.** Tritt die Nacherbfolge ein, so gelten die infolge des Erbfalls durch Vereinigung von Recht und Verbindlichkeit oder von Recht und Belastung erloschenen Rechtsverhältnisse als nicht erloschen.

**§ 2144. Haftung des Nacherben für Nachlassverbindlichkeiten.** (1) Die Vorschriften über die Beschränkung der Haftung des Erben für die Nachlassverbindlichkeiten gelten auch für den Nacherben; an die Stelle des Nachlasses tritt dasjenige, was der Nacherbe aus der Erbschaft erlangt, mit Einschluss der ihm gegen den Vorerben als solchen zustehenden Ansprüche.

(2) Das von dem Vorerben errichtete Inventar kommt auch dem Nacherben zustatten.

(3) Der Nacherbe kann sich dem Vorerben gegenüber auf die Beschränkung seiner Haftung auch dann berufen, wenn er den übrigen Nachlassgläubigern gegenüber unbeschränkt haftet.

**§ 2145. Haftung des Vorerben für Nachlassverbindlichkeiten.** (1) [1]Der Vorerbe haftet nach dem Eintritt der Nacherbfolge für die Nachlassverbindlichkeiten noch insoweit, als der Nacherbe nicht haftet. [2]Die Haftung bleibt auch für diejenigen Nachlassverbindlichkeiten bestehen, welche im Verhältnis zwischen dem Vorerben und dem Nacherben dem Vorerben zur Last fallen.

(2) [1]Der Vorerbe kann nach dem Eintritt der Nacherbfolge die Berichtigung der Nachlassverbindlichkeiten, sofern nicht seine Haftung unbeschränkt ist, insoweit verweigern, als dasjenige nicht ausreicht, was ihm von der Erbschaft gebührt. [2]Die Vorschriften der §§ 1990, 1991 finden entsprechende Anwendung.

**§ 2146. Anzeigepflicht des Vorerben gegenüber Nachlassgläubigern.** (1) [1]Der Vorerbe ist den Nachlassgläubigern gegenüber verpflichtet, den Eintritt der Nacherbfolge unverzüglich dem Nachlassgericht anzuzeigen. [2]Die Anzeige des Vorerben wird durch die Anzeige des Nacherben ersetzt.

(2) Das Nachlassgericht hat die Einsicht der Anzeige jedem zu gestatten, der ein rechtliches Interesse glaubhaft macht.

## Titel 4. Vermächtnis

**§ 2147. Beschwerter.** [1]Mit einem Vermächtnis kann der Erbe oder ein Vermächtnisnehmer beschwert werden. [2]Soweit nicht der Erblasser ein anderes bestimmt hat, ist der Erbe beschwert.

**§ 2148. Mehrere Beschwerte.** Sind mehrere Erben oder mehrere Vermächtnisnehmer mit demselben Vermächtnis beschwert, so sind im Zweifel die Erben nach dem Verhältnis der Erbteile, die Vermächtnisnehmer nach dem Verhältnis des Wertes der Vermächtnisse beschwert.

**§ 2149. Vermächtnis an die gesetzlichen Erben.** [1]Hat der Erblasser bestimmt, dass dem eingesetzten Erben ein Erbschaftsgegenstand nicht zufallen soll, so gilt der Gegenstand als den gesetzlichen Erben vermacht. [2]Der Fiskus gehört nicht zu den gesetzlichen Erben im Sinne dieser Vorschrift.

**§ 2150. Vorausvermächtnis.** Das einem Erben zugewendete Vermächtnis (Vorausvermächtnis) gilt als Vermächtnis auch insoweit, als der Erbe selbst beschwert ist.

**§ 2151. Bestimmungsrecht des Beschwerten oder eines Dritten bei mehreren Bedachten.** (1) Der Erblasser kann mehrere mit einem Vermächtnis in der Weise bedenken, dass der Beschwerte oder ein Dritter zu bestimmen hat, wer von den mehreren das Vermächtnis erhalten soll.

(2) Die Bestimmung des Beschwerten erfolgt durch Erklärung gegenüber demjenigen, welcher das Vermächtnis erhalten soll; die Bestimmung des Dritten erfolgt durch Erklärung gegenüber dem Beschwerten.

(3) [1]Kann der Beschwerte oder der Dritte die Bestimmung nicht treffen, so sind die Bedachten Gesamtgläubiger. [2]Das Gleiche gilt, wenn das Nachlassgericht dem Beschwerten oder dem Dritten auf Antrag eines der Beteiligten eine Frist zur Abgabe der Erklärung bestimmt hat und die Frist verstrichen ist, sofern nicht vorher die Erklärung erfolgt. [3]Der Bedachte, der das Vermächtnis erhält, ist im Zweifel nicht zur Teilung verpflichtet.

**§ 2152. Wahlweise Bedachte.** Hat der Erblasser mehrere mit einem Vermächtnis in der Weise bedacht, dass nur der eine oder der andere das Vermächtnis erhalten soll, so ist anzunehmen, dass der Beschwerte bestimmen soll, wer von ihnen das Vermächtnis erhält.

**§ 2153. Bestimmung der Anteile.** (1) [1]Der Erblasser kann mehrere mit einem Vermächtnis in der Weise bedenken, dass der Beschwerte oder ein Dritter zu bestimmen hat, was jeder von dem vermachten Gegenstand erhalten soll. [2]Die Bestimmung erfolgt nach § 2151 Abs. 2.

(2) [1]Kann der Beschwerte oder der Dritte die Bestimmung nicht treffen, so sind die Bedachten zu gleichen Teilen berechtigt. [2]Die Vorschrift des § 2151 Abs. 3 Satz 2 findet entsprechende Anwendung.

**§ 2154. Wahlvermächtnis.** (1) [1]Der Erblasser kann ein Vermächtnis in der Art anordnen, dass der Bedachte von mehreren Gegenständen nur den einen oder den anderen erhalten soll. [2]Ist in einem solchen Falle die Wahl einem Dritten übertragen, so erfolgt sie durch Erklärung gegenüber dem Beschwerten.

(2) [1]Kann der Dritte die Wahl nicht treffen, so geht das Wahlrecht auf den Beschwerten über. [2]Die Vorschrift des § 2151 Abs. 3 Satz 2 findet entsprechende Anwendung.

**§ 2155. Gattungsvermächtnis.** (1) Hat der Erblasser die vermachte Sache nur der Gattung nach bestimmt, so ist eine den Verhältnissen des Bedachten entsprechende Sache zu leisten.

(2) Ist die Bestimmung der Sache dem Bedachten oder einem Dritten übertragen, so finden die nach § 2154 für die Wahl des Dritten geltenden Vorschriften Anwendung.

(3) Entspricht die von dem Bedachten oder dem Dritten getroffene Bestimmung den Verhältnissen des Bedachten offenbar nicht, so hat der Beschwerte so zu leisten, wie wenn der Erblasser über die Bestimmung der Sache keine Anordnung getroffen hätte.

**§ 2156. Zweckvermächtnis.** [1]Der Erblasser kann bei der Anordnung eines Vermächtnisses, dessen Zweck er bestimmt hat, die Bestimmung der Leistung dem billigen Ermessen des Beschwerten oder eines Dritten überlassen.

[2] Auf ein solches Vermächtnis finden die Vorschriften der §§ 315 bis 319 entsprechende Anwendung.

**§ 2157. Gemeinschaftliches Vermächtnis.** Ist mehreren derselbe Gegenstand vermacht, so finden die Vorschriften der §§ 2089 bis 2093 entsprechende Anwendung.

**§ 2158. Anwachsung.** (1) [1] Ist mehreren derselbe Gegenstand vermacht, so wächst, wenn einer von ihnen vor oder nach dem Erbfall wegfällt, dessen Anteil den übrigen Bedachten nach dem Verhältnis ihrer Anteile an. [2] Dies gilt auch dann, wenn der Erblasser die Anteile der Bedachten bestimmt hat. [3] Sind einige der Bedachten zu demselben Anteil berufen, so tritt die Anwachsung zunächst unter ihnen ein.

(2) Der Erblasser kann die Anwachsung ausschließen.

**§ 2159. Selbständigkeit der Anwachsung.** Der durch Anwachsung einem Vermächtnisnehmer anfallende Anteil gilt in Ansehung der Vermächtnisse und Auflagen, mit denen dieser oder der wegfallende Vermächtnisnehmer beschwert ist, als besonderes Vermächtnis.

**§ 2160. Vorversterben des Bedachten.** Ein Vermächtnis ist unwirksam, wenn der Bedachte zur Zeit des Erbfalls nicht mehr lebt.

**§ 2161. Wegfall des Beschwerten.** [1] Ein Vermächtnis bleibt, sofern nicht ein anderer Wille des Erblassers anzunehmen ist, wirksam, wenn der Beschwerte nicht Erbe oder Vermächtnisnehmer wird. [2] Beschwert ist in diesem Falle derjenige, welchem der Wegfall des zunächst Beschwerten unmittelbar zustatten kommt.

**§ 2162.[1] Dreißigjährige Frist für aufgeschobenes Vermächtnis.**

(1) Ein Vermächtnis, das unter einer aufschiebenden Bedingung oder unter Bestimmung eines Anfangstermins angeordnet ist, wird mit dem Ablauf von 30 Jahren nach dem Erbfall unwirksam, wenn nicht vorher die Bedingung oder der Termin eingetreten ist.

(2) Ist der Bedachte zur Zeit des Erbfalls noch nicht gezeugt oder wird seine Persönlichkeit durch ein erst nach dem Erbfall eintretendes Ereignis bestimmt, so wird das Vermächtnis mit dem Ablauf von 30 Jahren nach dem Erbfall unwirksam, wenn nicht vorher der Bedachte gezeugt oder das Ereignis eingetreten ist, durch das seine Persönlichkeit bestimmt wird.

**§ 2163. Ausnahmen von der dreißigjährigen Frist.** (1) Das Vermächtnis bleibt in den Fällen des § 2162 auch nach dem Ablauf von 30 Jahren wirksam:

1. wenn es für den Fall angeordnet ist, dass in der Person des Beschwerten oder des Bedachten ein bestimmtes Ereignis eintritt, und derjenige, in dessen Person das Ereignis eintreten soll, zur Zeit des Erbfalls lebt,

---

[1] § 2162 Abs. 2 geänd. mWv 1. 8. 2002 durch Art. 2 G v. 19. 7. 2002 (BGBl. I S. 2674). Beachte hierzu Übergangsvorschrift in Art. 229 § 8 EGBGB; Nr. **21**.

2. wenn ein Erbe, ein Nacherbe oder ein Vermächtnisnehmer für den Fall, dass ihm ein Bruder oder eine Schwester geboren wird, mit einem Vermächtnis zugunsten des Bruders oder der Schwester beschwert ist.

(2) Ist der Beschwerte oder der Bedachte, in dessen Person das Ereignis eintreten soll, eine juristische Person, so bewendet es bei der dreißigjährigen Frist.

**§ 2164. Erstreckung auf Zubehör und Ersatzansprüche.** (1) Das Vermächtnis einer Sache erstreckt sich im Zweifel auf das zur Zeit des Erbfalls vorhandene Zubehör.

(2) Hat der Erblasser wegen einer nach der Anordnung des Vermächtnisses erfolgten Beschädigung der Sache einen Anspruch auf Ersatz der Minderung des Wertes, so erstreckt sich im Zweifel das Vermächtnis auf diesen Anspruch.

**§ 2165. Belastungen.** (1) [1]Ist ein zur Erbschaft gehörender Gegenstand vermacht, so kann der Vermächtnisnehmer im Zweifel nicht die Beseitigung der Rechte verlangen, mit denen der Gegenstand belastet ist. [2]Steht dem Erblasser ein Anspruch auf die Beseitigung zu, so erstreckt sich im Zweifel das Vermächtnis auf diesen Anspruch.

(2) Ruht auf einem vermachten Grundstück eine Hypothek, Grundschuld oder Rentenschuld, die dem Erblasser selbst zusteht, so ist aus den Umständen zu entnehmen, ob die Hypothek, Grundschuld oder Rentenschuld als mitvermacht zu gelten hat.

**§ 2166. Belastung mit einer Hypothek.** (1) [1]Ist ein vermachtes Grundstück, das zur Erbschaft gehört, mit einer Hypothek für eine Schuld des Erblassers oder für eine Schuld belastet, zu deren Berichtigung der Erblasser dem Schuldner gegenüber verpflichtet ist, so ist der Vermächtnisnehmer im Zweifel dem Erben gegenüber zur rechtzeitigen Befriedigung des Gläubigers insoweit verpflichtet, als die Schuld durch den Wert des Grundstücks gedeckt wird. [2]Der Wert bestimmt sich nach der Zeit, zu welcher das Eigentum auf den Vermächtnisnehmer übergeht; er wird unter Abzug der Belastungen berechnet, die der Hypothek im Range vorgehen.

(2) Ist dem Erblasser gegenüber ein Dritter zur Berichtigung der Schuld verpflichtet, so besteht die Verpflichtung des Vermächtnisnehmers im Zweifel nur insoweit, als der Erbe die Berichtigung nicht von dem Dritten erlangen kann.

(3) Auf eine Hypothek der in § 1190 bezeichneten Art finden diese Vorschriften keine Anwendung.

**§ 2167. Belastung mit einer Gesamthypothek.** [1]Sind neben dem vermachten Grundstück andere zur Erbschaft gehörende Grundstücke mit der Hypothek belastet, so beschränkt sich die in § 2166 bestimmte Verpflichtung des Vermächtnisnehmers im Zweifel auf den Teil der Schuld, der dem Verhältnis des Wertes des vermachten Grundstücks zu dem Werte der sämtlichen Grundstücke entspricht. [2]Der Wert wird nach § 2166 Abs. 1 Satz 2 berechnet.

**§ 2168. Belastung mit einer Gesamtgrundschuld.** (1) [1]Besteht an mehreren zur Erbschaft gehörenden Grundstücken eine Gesamtgrundschuld oder eine Gesamtrentenschuld und ist eines dieser Grundstücke vermacht, so ist der Vermächtnisnehmer im Zweifel dem Erben gegenüber zur Befriedigung des Gläubigers in Höhe des Teils der Grundschuld oder der Rentenschuld verpflichtet, der dem Verhältnis des Wertes des vermachten Grundstücks zu dem Wert der sämtlichen Grundstücke entspricht. [2]Der Wert wird nach § 2166 Abs. 1 Satz 2 berechnet.

(2) Ist neben dem vermachten Grundstück ein nicht zur Erbschaft gehörendes Grundstück mit einer Gesamtgrundschuld oder einer Gesamtrentenschuld belastet, so finden, wenn der Erblasser zur Zeit des Erbfalls gegenüber dem Eigentümer des anderen Grundstücks oder einem Rechtsvorgänger des Eigentümers zur Befriedigung des Gläubigers verpflichtet ist, die Vorschriften des § 2166 Abs. 1 und des § 2167 entsprechende Anwendung.

**§ 2168 a. Anwendung auf Schiffe, Schiffsbauwerke und Schiffshypotheken.** § 2165 Abs. 2, §§ 2166, 2167 gelten sinngemäß für eingetragene Schiffe und Schiffsbauwerke und für Schiffshypotheken.

**§ 2169. Vermächtnis fremder Gegenstände.** (1) Das Vermächtnis eines bestimmten Gegenstands ist unwirksam, soweit der Gegenstand zur Zeit des Erbfalls nicht zur Erbschaft gehört, es sei denn, dass der Gegenstand dem Bedachten auch für den Fall zugewendet sein soll, dass er nicht zur Erbschaft gehört.

(2) Hat der Erblasser nur den Besitz der vermachten Sache, so gilt im Zweifel der Besitz als vermacht, es sei denn, dass er dem Bedachten keinen rechtlichen Vorteil gewährt.

(3) Steht dem Erblasser ein Anspruch auf Leistung des vermachten Gegenstands oder, falls der Gegenstand nach der Anordnung des Vermächtnisses untergegangen oder dem Erblasser entzogen worden ist, ein Anspruch auf Ersatz des Wertes zu, so gilt im Zweifel der Anspruch als vermacht.

(4) Zur Erbschaft gehört im Sinne des Absatzes 1 ein Gegenstand nicht, wenn der Erblasser zu dessen Veräußerung verpflichtet ist.

**§ 2170. Verschaffungsvermächtnis.** (1) Ist das Vermächtnis eines Gegenstands, der zur Zeit des Erbfalls nicht zur Erbschaft gehört, nach § 2169 Abs. 1 wirksam, so hat der Beschwerte den Gegenstand dem Bedachten zu verschaffen.

(2) [1]Ist der Beschwerte zur Verschaffung außerstande, so hat er den Wert zu entrichten. [2]Ist die Verschaffung nur mit unverhältnismäßigen Aufwendungen möglich, so kann sich der Beschwerte durch Entrichtung des Wertes befreien.

**§ 2171. Unmöglichkeit, gesetzliches Verbot.** (1) Ein Vermächtnis, das auf eine zur Zeit des Erbfalls für jedermann unmögliche Leistung gerichtet ist oder gegen ein zu dieser Zeit bestehendes gesetzliches Verbot verstößt, ist unwirksam.

(2) Die Unmöglichkeit der Leistung steht der Gültigkeit des Vermächtnisses nicht entgegen, wenn die Unmöglichkeit behoben werden kann und das Vermächtnis für den Fall zugewendet ist, dass die Leistung möglich wird.

(3) Wird ein Vermächtnis, das auf eine unmögliche Leistung gerichtet ist, unter einer anderen aufschiebenden Bedingung oder unter Bestimmung eines Anfangstermins zugewendet, so ist das Vermächtnis gültig, wenn die Unmöglichkeit vor dem Eintritt der Bedingung oder des Termins behoben wird.

**§ 2172. Verbindung, Vermischung, Vermengung der vermachten Sache.** (1) Die Leistung einer vermachten Sache gilt auch dann als unmöglich, wenn die Sache mit einer anderen Sache in solcher Weise verbunden, vermischt oder vermengt worden ist, dass nach den §§ 946 bis 948 das Eigentum an der anderen Sache sich auf sie erstreckt oder Miteigentum eingetreten ist, oder wenn sie in solcher Weise verarbeitet oder umgebildet worden ist, dass nach § 950 derjenige, welcher die neue Sache hergestellt hat, Eigentümer geworden ist.

(2) [1] Ist die Verbindung, Vermischung oder Vermengung durch einen anderen als den Erblasser erfolgt und hat der Erblasser dadurch Miteigentum erworben, so gilt im Zweifel das Miteigentum als vermacht; steht dem Erblasser ein Recht zur Wegnahme der verbundenen Sache zu, so gilt im Zweifel dieses Recht als vermacht. [2] Im Falle der Verarbeitung oder Umbildung durch einen anderen als den Erblasser bewendet es bei der Vorschrift des § 2169 Abs. 3.

**§ 2173. Forderungsvermächtnis.** [1] Hat der Erblasser eine ihm zustehende Forderung vermacht, so ist, wenn vor dem Erbfall die Leistung erfolgt und der geleistete Gegenstand noch in der Erbschaft vorhanden ist, im Zweifel anzunehmen, dass dem Bedachten dieser Gegenstand zugewendet sein soll. [2] War die Forderung auf die Zahlung einer Geldsumme gerichtet, so gilt im Zweifel die entsprechende Geldsumme als vermacht, auch wenn sich eine solche in der Erbschaft nicht vorfindet.

**§ 2174. Vermächtnisanspruch.** Durch das Vermächtnis wird für den Bedachten das Recht begründet, von dem Beschwerten die Leistung des vermachten Gegenstands zu fordern.

**§ 2175. Wiederaufleben erloschener Rechtsverhältnisse.** Hat der Erblasser eine ihm gegen den Erben zustehende Forderung oder hat er ein Recht vermacht, mit dem eine Sache oder ein Recht des Erben belastet ist, so gelten die infolge des Erbfalls durch Vereinigung von Recht und Verbindlichkeit oder von Recht und Belastung erloschenen Rechtsverhältnisse in Ansehung des Vermächtnisses als nicht erloschen.

**§ 2176. Anfall des Vermächtnisses.** Die Forderung des Vermächtnisnehmers kommt, unbeschadet des Rechts, das Vermächtnis auszuschlagen, zur Entstehung (Anfall des Vermächtnisses) mit dem Erbfall.

**§ 2177. Anfall bei einer Bedingung oder Befristung.** Ist das Vermächtnis unter einer aufschiebenden Bedingung oder unter Bestimmung eines Anfangstermins angeordnet und tritt die Bedingung oder der Termin erst nach dem Erbfall ein, so erfolgt der Anfall des Vermächtnisses mit dem Eintritt der Bedingung oder des Termins.

**§ 2178.[1)] Anfall bei einem noch nicht gezeugten oder bestimmten Bedachten.** Ist der Bedachte zur Zeit des Erbfalls noch nicht gezeugt oder wird seine Persönlichkeit durch ein erst nach dem Erbfall eintretendes Ereignis bestimmt, so erfolgt der Anfall des Vermächtnisses im ersteren Falle mit der Geburt, im letzteren Falle mit dem Eintritt des Ereignisses.

---

[1)] § 2178 geänd. mWv 1. 8. 2002 durch Art. 2 G v. 19. 7. 2002 (BGBl. I S. 2674). Beachte hierzu Übergangsvorschrift in Art. 229 § 8 EGBGB; Nr. **21**.

**§ 2179. Schwebezeit.** Für die Zeit zwischen dem Erbfall und dem Anfall des Vermächtnisses finden in den Fällen der §§ 2177, 2178 die Vorschriften Anwendung, die für den Fall gelten, dass eine Leistung unter einer aufschiebenden Bedingung geschuldet wird.

**§ 2180. Annahme und Ausschlagung.** (1) Der Vermächtnisnehmer kann das Vermächtnis nicht mehr ausschlagen, wenn er es angenommen hat.

(2) [1]Die Annahme sowie die Ausschlagung des Vermächtnisses erfolgt durch Erklärung gegenüber dem Beschwerten. [2]Die Erklärung kann erst nach dem Eintritt des Erbfalls abgegeben werden; sie ist unwirksam, wenn sie unter einer Bedingung oder einer Zeitbestimmung abgegeben wird.

(3) Die für die Annahme und die Ausschlagung einer Erbschaft geltenden Vorschriften des § 1950, des § 1952 Abs. 1, 3 und des § 1953 Abs. 1, 2 finden entsprechende Anwendung.

**§ 2181. Fälligkeit bei Beliebigkeit.** Ist die Zeit der Erfüllung eines Vermächtnisses dem freien Belieben des Beschwerten überlassen, so wird die Leistung im Zweifel mit dem Tode des Beschwerten fällig.

**§ 2182.[1)] Haftung für Rechtsmängel.** (1) [1]Ist ein nur der Gattung nach bestimmter Gegenstand vermacht, so hat der Beschwerte die gleichen Verpflichtungen wie ein Verkäufer nach den Vorschriften des § 433 Abs. 1 Satz 1, der §§ 436, 452 und 453. [2]Er hat den Gegenstand dem Vermächtnisnehmer frei von Rechtsmängeln im Sinne des § 435 zu verschaffen. [3]§ 444 findet entsprechende Anwendung.

(2) Dasselbe gilt im Zweifel, wenn ein bestimmter nicht zur Erbschaft gehörender Gegenstand vermacht ist, unbeschadet der sich aus dem § 2170 ergebenden Beschränkung der Haftung.

(3) Ist ein Grundstück Gegenstand des Vermächtnisses, so haftet der Beschwerte im Zweifel nicht für die Freiheit des Grundstücks von Grunddienstbarkeiten, beschränkten persönlichen Dienstbarkeiten und Reallasten.

**§ 2183.[2)] Haftung für Sachmängel.** [1]Ist eine nur der Gattung nach bestimmte Sache vermacht, so kann der Vermächtnisnehmer, wenn die geleistete Sache mangelhaft ist, verlangen, dass ihm anstelle der mangelhaften Sache eine mangelfreie geliefert wird. [2]Hat der Beschwerte einen Sachmangel arglistig verschwiegen, so kann der Vermächtnisnehmer anstelle der Lieferung einer mangelfreien Sache Schadensersatz statt der Leistung verlangen, ohne dass er eine Frist zur Nacherfüllung setzen muss. [3]Auf diese Ansprüche finden die für die Sachmängelhaftung beim Kauf einer Sache geltenden Vorschriften entsprechende Anwendung.

**§ 2184. Früchte; Nutzungen.** [1]Ist ein bestimmter zur Erbschaft gehörender Gegenstand vermacht, so hat der Beschwerte dem Vermächtnisnehmer auch die seit dem Anfall des Vermächtnisses gezogenen Früchte sowie das sonst auf Grund des vermachten Rechts Erlangte herauszugeben. [2]Für Nut-

---

[1)] § 2182 Überschr., Abs. 1 Sätze 1 und 2 geänd. mWv 1. 1. 2010 durch Art. 1 G v. 24. 9. 2009 (BGBl. I S. 3142).

[2)] § 2183 Überschr. und Satz 3 geänd., Satz 2 neugef. mWv 1. 1. 2010 durch Art. 1 G v. 24. 9. 2009 (BGBl. I S. 3142).

zungen, die nicht zu den Früchten gehören, hat der Beschwerte nicht Ersatz zu leisten.

**§ 2185. Ersatz von Verwendungen und Aufwendungen.** Ist eine bestimmte zur Erbschaft gehörende Sache vermacht, so kann der Beschwerte für die nach dem Erbfall auf die Sache gemachten Verwendungen sowie für Aufwendungen, die er nach dem Erbfall zur Bestreitung von Lasten der Sache gemacht hat, Ersatz nach den Vorschriften verlangen, die für das Verhältnis zwischen dem Besitzer und dem Eigentümer gelten.

**§ 2186. Fälligkeit eines Untervermächtnisses oder einer Auflage.** Ist ein Vermächtnisnehmer mit einem Vermächtnis oder einer Auflage beschwert, so ist er zur Erfüllung erst dann verpflichtet, wenn er die Erfüllung des ihm zugewendeten Vermächtnisses zu verlangen berechtigt ist.

**§ 2187. Haftung des Hauptvermächtnisnehmers.** (1) Ein Vermächtnisnehmer, der mit einem Vermächtnis oder einer Auflage beschwert ist, kann die Erfüllung auch nach der Annahme des ihm zugewendeten Vermächtnisses insoweit verweigern, als dasjenige, was er aus dem Vermächtnis erhält, zur Erfüllung nicht ausreicht.

(2) Tritt nach § 2161 ein anderer an die Stelle des beschwerten Vermächtnisnehmers, so haftet er nicht weiter, als der Vermächtnisnehmer haften würde.

(3) Die für die Haftung des Erben geltende Vorschrift des § 1992 findet entsprechende Anwendung.

**§ 2188. Kürzung der Beschwerungen.** Wird die einem Vermächtnisnehmer gebührende Leistung auf Grund der Beschränkung der Haftung des Erben, wegen eines Pflichtteilsanspruchs oder in Gemäßheit des § 2187 gekürzt, so kann der Vermächtnisnehmer, sofern nicht ein anderer Wille des Erblassers anzunehmen ist, die ihm auferlegten Beschwerungen verhältnismäßig kürzen.

**§ 2189. Anordnung eines Vorrangs.** Der Erblasser kann für den Fall, dass die dem Erben oder einem Vermächtnisnehmer auferlegten Vermächtnisse und Auflagen auf Grund der Beschränkung der Haftung des Erben, wegen eines Pflichtteilsanspruchs oder in Gemäßheit der §§ 2187, 2188 gekürzt werden, durch Verfügung von Todes wegen anordnen, dass ein Vermächtnis oder eine Auflage den Vorrang vor den übrigen Beschwerungen haben soll.

**§ 2190. Ersatzvermächtnisnehmer.** Hat der Erblasser für den Fall, dass der zunächst Bedachte das Vermächtnis nicht erwirbt, den Gegenstand des Vermächtnisses einem anderen zugewendet, so finden die für die Einsetzung eines Ersatzerben geltenden Vorschriften der §§ 2097 bis 2099 entsprechende Anwendung.

**§ 2191. Nachvermächtnisnehmer.** (1) Hat der Erblasser den vermachten Gegenstand von einem nach dem Anfall des Vermächtnisses eintretenden bestimmten Zeitpunkt oder Ereignis an einem Dritten zugewendet, so gilt der erste Vermächtnisnehmer als beschwert.

(2) Auf das Vermächtnis finden die für die Einsetzung eines Nacherben geltenden Vorschriften des § 2102, des § 2106 Abs. 1, des § 2107 und des § 2110 Abs. 1 entsprechende Anwendung.

### Titel 5. Auflage

**§ 2192 Anzuwendende Vorschriften.** Auf eine Auflage finden die für letztwillige Zuwendungen geltenden Vorschriften der §§ 2065, 2147, 2148, 2154 bis 2156, 2161, 2171, 2181 entsprechende Anwendung.

**§ 2193 Bestimmung des Begünstigten, Vollziehungsfrist.** (1) Der Erblasser kann bei der Anordnung einer Auflage, deren Zweck er bestimmt hat, die Bestimmung der Person, an welche die Leistung erfolgen soll, dem Beschwerten oder einem Dritten überlassen.

(2) Steht die Bestimmung dem Beschwerten zu, so kann ihm, wenn er zur Vollziehung der Auflage rechtskräftig verurteilt ist, von dem Kläger eine angemessene Frist zur Vollziehung bestimmt werden; nach dem Ablauf der Frist ist der Kläger berechtigt, die Bestimmung zu treffen, wenn nicht die Vollziehung rechtzeitig erfolgt.

(3) [1] Steht die Bestimmung einem Dritten zu, so erfolgt sie durch Erklärung gegenüber dem Beschwerten. [2] Kann der Dritte die Bestimmung nicht treffen, so geht das Bestimmungsrecht auf den Beschwerten über. [3] Die Vorschrift des § 2151 Abs. 3 Satz 2 findet entsprechende Anwendung; zu den Beteiligten im Sinne dieser Vorschrift gehören der Beschwerte und diejenigen, welche die Vollziehung der Auflage zu verlangen berechtigt sind.

**§ 2194 Anspruch auf Vollziehung.** [1] Die Vollziehung einer Auflage können der Erbe, der Miterbe und derjenige verlangen, welchem der Wegfall des mit der Auflage zunächst Beschwerten unmittelbar zustatten kommen würde. [2] Liegt die Vollziehung im öffentlichen Interesse, so kann auch die zuständige Behörde die Vollziehung verlangen.

**§ 2195 Verhältnis von Auflage und Zuwendung.** Die Unwirksamkeit einer Auflage hat die Unwirksamkeit der unter der Auflage gemachten Zuwendung nur zur Folge, wenn anzunehmen ist, dass der Erblasser die Zuwendung nicht ohne die Auflage gemacht haben würde.

**§ 2196 Unmöglichkeit der Vollziehung.** (1) Wird die Vollziehung einer Auflage infolge eines von dem Beschwerten zu vertretenden Umstands unmöglich, so kann derjenige, welchem der Wegfall des zunächst Beschwerten unmittelbar zustatten kommen würde, die Herausgabe der Zuwendung nach den Vorschriften über die Herausgabe einer ungerechtfertigten Bereicherung insoweit fordern, als die Zuwendung zur Vollziehung der Auflage hätte verwendet werden müssen.

(2) Das Gleiche gilt, wenn der Beschwerte zur Vollziehung einer Auflage, die nicht durch einen Dritten vollzogen werden kann, rechtskräftig verurteilt ist und die zulässigen Zwangsmittel erfolglos gegen ihn angewendet worden sind.

### Titel 6. Testamentsvollstrecker

**§ 2197 Ernennung des Testamentsvollstreckers.** (1) Der Erblasser kann durch Testament einen oder mehrere Testamentsvollstrecker ernennen.

(2) Der Erblasser kann für den Fall, dass der ernannte Testamentsvollstrecker vor oder nach der Annahme des Amts wegfällt, einen anderen Testamentsvollstrecker ernennen.

**§ 2198 Bestimmung des Testamentsvollstreckers durch einen Dritten.**

(1) [1] Der Erblasser kann die Bestimmung der Person des Testamentsvollstreckers einem Dritten überlassen. [2] Die Bestimmung erfolgt durch Erklärung gegenüber dem Nachlassgericht; die Erklärung ist in öffentlich beglaubigter Form abzugeben.

(2) Das Bestimmungsrecht des Dritten erlischt mit dem Ablauf einer ihm auf Antrag eines der Beteiligten von dem Nachlassgericht bestimmten Frist.

**§ 2199 Ernennung eines Mitvollstreckers oder Nachfolgers.** (1) Der Erblasser kann den Testamentsvollstrecker ermächtigen, einen oder mehrere Mitvollstrecker zu ernennen.

(2) Der Erblasser kann den Testamentsvollstrecker ermächtigen, einen Nachfolger zu ernennen.

(3) Die Ernennung erfolgt nach § 2198 Abs. 1 Satz 2.

**§ 2200 Ernennung durch das Nachlassgericht.** (1) Hat der Erblasser in dem Testament das Nachlassgericht ersucht, einen Testamentsvollstrecker zu ernennen, so kann das Nachlassgericht die Ernennung vornehmen.

(2) Das Nachlassgericht soll vor der Ernennung die Beteiligten hören, wenn es ohne erhebliche Verzögerung und ohne unverhältnismäßige Kosten geschehen kann.

**§ 2201[1)] Unwirksamkeit der Ernennung.** Die Ernennung des Testamentsvollstreckers ist unwirksam, wenn er zu der Zeit, zu welcher er das Amt anzutreten hat, geschäftsunfähig oder in der Geschäftsfähigkeit beschränkt ist oder nach § 1814 zur Besorgung seiner Vermögensangelegenheiten einen Betreuer erhalten hat.

**§ 2202 Annahme und Ablehnung des Amts.** (1) Das Amt des Testamentsvollstreckers beginnt mit dem Zeitpunkt, in welchem der Ernannte das Amt annimmt.

(2) [1] Die Annahme sowie die Ablehnung des Amts erfolgt durch Erklärung gegenüber dem Nachlassgericht. [2] Die Erklärung kann erst nach dem Eintritt des Erbfalls abgegeben werden; sie ist unwirksam, wenn sie unter einer Bedingung oder einer Zeitbestimmung abgegeben wird.

(3) [1] Das Nachlassgericht kann dem Ernannten auf Antrag eines der Beteiligten eine Frist zur Erklärung über die Annahme bestimmen. [2] Mit dem Ablauf der Frist gilt das Amt als abgelehnt, wenn nicht die Annahme vorher erklärt wird.

*(Fortsetzung nächstes Blatt)*

---

[1)] § 2201 geänd. mWv 1.1.2023 durch G v. 22.2.2023 (BGBl. 2023 I Nr. 51).

**§ 2203. Aufgabe des Testamentsvollstreckers.** Der Testamentsvollstrecker hat die letztwilligen Verfügungen des Erblassers zur Ausführung zu bringen.

**§ 2204.**[1] **Auseinandersetzung unter Miterben.** (1) Der Testamentsvollstrecker hat, wenn mehrere Erben vorhanden sind, die Auseinandersetzung unter ihnen nach Maßgabe der §§ 2042 bis 2057 a zu bewirken.

(2) Der Testamentsvollstrecker hat die Erben über den Auseinandersetzungsplan vor der Ausführung zu hören.

**§ 2205. Verwaltung des Nachlasses, Verfügungsbefugnis.** [1] Der Testamentsvollstrecker hat den Nachlass zu verwalten. [2] Er ist insbesondere berechtigt, den Nachlass in Besitz zu nehmen und über die Nachlassgegenstände zu verfügen. [3] Zu unentgeltlichen Verfügungen ist er nur berechtigt, soweit sie einer sittlichen Pflicht oder einer auf den Anstand zu nehmenden Rücksicht entsprechen.

**§ 2206. Eingehung von Verbindlichkeiten.** (1) [1] Der Testamentsvollstrecker ist berechtigt, Verbindlichkeiten für den Nachlass einzugehen, soweit die Eingehung zur ordnungsmäßigen Verwaltung erforderlich ist. [2] Die Verbindlichkeit zu einer Verfügung über einen Nachlassgegenstand kann der Testamentsvollstrecker für den Nachlass auch dann eingehen, wenn er zu der Verfügung berechtigt ist.

(2) Der Erbe ist verpflichtet, zur Eingehung solcher Verbindlichkeiten seine Einwilligung zu erteilen, unbeschadet des Rechts, die Beschränkung seiner Haftung für die Nachlassverbindlichkeiten geltend zu machen.

**§ 2207. Erweiterte Verpflichtungsbefugnis.** [1] Der Erblasser kann anordnen, dass der Testamentsvollstrecker in der Eingehung von Verbindlichkeiten für den Nachlass nicht beschränkt sein soll. [2] Der Testamentsvollstrecker ist auch in einem solchen Falle zu einem Schenkungsversprechen nur nach Maßgabe des § 2205 Satz 3 berechtigt.

**§ 2208. Beschränkung der Rechte des Testamentsvollstreckers, Ausführung durch den Erben.** (1) [1] Der Testamentsvollstrecker hat die in den §§ 2203 bis 2206 bestimmten Rechte nicht, soweit anzunehmen ist, dass sie ihm nach dem Willen des Erblassers nicht zustehen sollen. [2] Unterliegen der Verwaltung des Testamentsvollstreckers nur einzelne Nachlassgegenstände, so stehen ihm die in § 2205 Satz 2 bestimmten Befugnisse nur in Ansehung dieser Gegenstände zu.

(2) Hat der Testamentsvollstrecker Verfügungen des Erblassers nicht selbst zur Ausführung zu bringen, so kann er die Ausführung von dem Erben verlangen, sofern nicht ein anderer Wille des Erblassers anzunehmen ist.

**§ 2209. Dauervollstreckung.** [1] Der Erblasser kann einem Testamentsvollstrecker die Verwaltung des Nachlasses übertragen, ohne ihm andere Aufgaben als die Verwaltung zuzuweisen; er kann auch anordnen, dass der Testamentsvollstrecker die Verwaltung nach der Erledigung der ihm sonst zuge-

---

[1] § 2204 Abs. 1 geänd. mWv 1. 1. 2010 durch Art. 1 G v. 24. 9. 2009 (BGBl. I S. 3142).

wiesenen Aufgaben fortzuführen hat. [2]Im Zweifel ist anzunehmen, dass einem solchen Testamentsvollstrecker die in § 2207 bezeichnete Ermächtigung erteilt ist.

**§ 2210. Dreißigjährige Frist für die Dauervollstreckung.** [1]Eine nach § 2209 getroffene Anordnung wird unwirksam, wenn seit dem Erbfall 30 Jahre verstrichen sind. [2]Der Erblasser kann jedoch anordnen, dass die Verwaltung bis zum Tode des Erben oder des Testamentsvollstreckers oder bis zum Eintritt eines anderen Ereignisses in der Person des einen oder des anderen fortdauern soll. [3]Die Vorschrift des § 2163 Abs. 2 findet entsprechende Anwendung.

**§ 2211. Verfügungsbeschränkung des Erben.** (1) Über einen der Verwaltung des Testamentsvollstreckers unterliegenden Nachlassgegenstand kann der Erbe nicht verfügen.

(2) Die Vorschriften zugunsten derjenigen, welche Rechte von einem Nichtberechtigten herleiten, finden entsprechende Anwendung.

**§ 2212. Gerichtliche Geltendmachung von der Testamentsvollstreckung unterliegenden Rechten.** Ein der Verwaltung des Testamentsvollstreckers unterliegendes Recht kann nur von dem Testamentsvollstrecker gerichtlich geltend gemacht werden.

**§ 2213. Gerichtliche Geltendmachung von Ansprüchen gegen den Nachlass.** (1) [1]Ein Anspruch, der sich gegen den Nachlass richtet, kann sowohl gegen den Erben als gegen den Testamentsvollstrecker gerichtlich geltend gemacht werden. [2]Steht dem Testamentsvollstrecker nicht die Verwaltung des Nachlasses zu, so ist die Geltendmachung nur gegen den Erben zulässig. [3]Ein Pflichtteilsanspruch kann, auch wenn dem Testamentsvollstrecker die Verwaltung des Nachlasses zusteht, nur gegen den Erben geltend gemacht werden.

(2) Die Vorschrift des § 1958 findet auf den Testamentsvollstrecker keine Anwendung.

(3) Ein Nachlassgläubiger, der seinen Anspruch gegen den Erben geltend macht, kann den Anspruch auch gegen den Testamentsvollstrecker dahin geltend machen, dass dieser die Zwangsvollstreckung in die seiner Verwaltung unterliegenden Nachlassgegenstände dulde.

**§ 2214. Gläubiger des Erben.** Gläubiger des Erben, die nicht zu den Nachlassgläubigern gehören, können sich nicht an die der Verwaltung des Testamentsvollstreckers unterliegenden Nachlassgegenstände halten.

**§ 2215. Nachlassverzeichnis.** (1) Der Testamentsvollstrecker hat dem Erben unverzüglich nach der Annahme des Amts ein Verzeichnis der seiner Verwaltung unterliegenden Nachlassgegenstände und der bekannten Nachlassverbindlichkeiten mitzuteilen und ihm die zur Aufnahme des Inventars sonst erforderliche Beihilfe zu leisten.

(2) Das Verzeichnis ist mit der Angabe des Tages der Aufnahme zu versehen und von dem Testamentsvollstrecker zu unterzeichnen; der Testamentsvollstrecker hat auf Verlangen die Unterzeichnung öffentlich beglaubigen zu lassen.

(3) Der Erbe kann verlangen, dass er bei der Aufnahme des Verzeichnisses zugezogen wird.

(4) Der Testamentsvollstrecker ist berechtigt und auf Verlangen des Erben verpflichtet, das Verzeichnis durch die zuständige Behörde oder durch einen zuständigen Beamten oder Notar aufnehmen zu lassen.

*(Fortsetzung nächstes Blatt)*

(5) Die Kosten der Aufnahme und der Beglaubigung fallen dem Nachlass zur Last.

**§ 2216. Ordnungsmäßige Verwaltung des Nachlasses, Befolgung von Anordnungen.** (1) Der Testamentsvollstrecker ist zur ordnungsmäßigen Verwaltung des Nachlasses verpflichtet.

(2) [1] Anordnungen, die der Erblasser für die Verwaltung durch letztwillige Verfügung getroffen hat, sind von dem Testamentsvollstrecker zu befolgen. [2] Sie können jedoch auf Antrag des Testamentsvollstreckers oder eines anderen Beteiligten von dem Nachlassgericht außer Kraft gesetzt werden, wenn ihre Befolgung den Nachlass erheblich gefährden würde. [3] Das Gericht soll vor der Entscheidung, soweit tunlich, die Beteiligten hören.

**§ 2217. Überlassung von Nachlassgegenständen.** (1) [1] Der Testamentsvollstrecker hat Nachlassgegenstände, deren er zur Erfüllung seiner Obliegenheiten offenbar nicht bedarf, dem Erben auf Verlangen zur freien Verfügung zu überlassen. [2] Mit der Überlassung erlischt sein Recht zur Verwaltung der Gegenstände.

(2) Wegen Nachlassverbindlichkeiten, die nicht auf einem Vermächtnis oder einer Auflage beruhen, sowie wegen bedingter und betagter Vermächtnisse oder Auflagen kann der Testamentsvollstrecker die Überlassung der Gegenstände nicht verweigern, wenn der Erbe für die Berichtigung der Verbindlichkeiten oder für die Vollziehung der Vermächtnisse oder Auflagen Sicherheit leistet.

**§ 2218. Rechtsverhältnis zum Erben; Rechnungslegung.** (1) Auf das Rechtsverhältnis zwischen dem Testamentsvollstrecker und dem Erben finden die für den Auftrag geltenden Vorschriften der §§ 664, 666 bis 668, 670, des § 673 Satz 2 und des § 674 entsprechende Anwendung.

(2) Bei einer länger dauernden Verwaltung kann der Erbe jährlich Rechnungslegung verlangen.

**§ 2219. Haftung des Testamentsvollstreckers.** (1) Verletzt der Testamentsvollstrecker die ihm obliegenden Verpflichtungen, so ist er, wenn ihm ein Verschulden zur Last fällt, für den daraus entstehenden Schaden dem Erben und, soweit ein Vermächtnis zu vollziehen ist, auch dem Vermächtnisnehmer verantwortlich.

(2) Mehrere Testamentsvollstrecker, denen ein Verschulden zur Last fällt, haften als Gesamtschuldner.

**§ 2220. Zwingendes Recht.** Der Erblasser kann den Testamentsvollstrecker nicht von den ihm nach den §§ 2215, 2216, 2218, 2219 obliegenden Verpflichtungen befreien.

**§ 2221. Vergütung des Testamentsvollstreckers.** Der Testamentsvollstrecker kann für die Führung seines Amts eine angemessene Vergütung verlangen, sofern nicht der Erblasser ein anderes bestimmt hat.

**§ 2222. Nacherbenvollstrecker.** Der Erblasser kann einen Testamentsvollstrecker auch zu dem Zwecke ernennen, dass dieser bis zu dem Eintritt einer angeordneten Nacherbfolge die Rechte des Nacherben ausübt und dessen Pflichten erfüllt.

**§ 2223. Vermächtnisvollstrecker.** Der Erblasser kann einen Testamentsvollstrecker auch zu dem Zwecke ernennen, dass dieser für die Ausführung der einem Vermächtnisnehmer auferlegten Beschwerungen sorgt.

**§ 2224. Mehrere Testamentsvollstrecker.** (1) [1]Mehrere Testamentsvollstrecker führen das Amt gemeinschaftlich; bei einer Meinungsverschiedenheit entscheidet das Nachlassgericht. [2]Fällt einer von ihnen weg, so führen die übrigen das Amt allein. [3]Der Erblasser kann abweichende Anordnungen treffen.

(2) Jeder Testamentsvollstrecker ist berechtigt, ohne Zustimmung der anderen Testamentsvollstrecker diejenigen Maßregeln zu treffen, welche zur Erhaltung eines der gemeinschaftlichen Verwaltung unterliegenden Nachlassgegenstands notwendig sind.

**§ 2225. Erlöschen des Amts des Testamentsvollstreckers.** Das Amt des Testamentsvollstreckers erlischt, wenn er stirbt oder wenn ein Fall eintritt, in welchem die Ernennung nach § 2201 unwirksam sein würde.

**§ 2226. Kündigung durch den Testamentsvollstrecker.** [1]Der Testamentsvollstrecker kann das Amt jederzeit kündigen. [2]Die Kündigung erfolgt durch Erklärung gegenüber dem Nachlassgericht. [3]Die Vorschrift des § 671 Abs. 2, 3 findet entsprechende Anwendung.

**§ 2227.[1)] Entlassung des Testamentsvollstreckers.** Das Nachlassgericht kann den Testamentsvollstrecker auf Antrag eines der Beteiligten entlassen, wenn ein wichtiger Grund vorliegt; ein solcher Grund ist insbesondere grobe Pflichtverletzung oder Unfähigkeit zur ordnungsmäßigen Geschäftsführung.

**§ 2228. Akteneinsicht.** Das Nachlassgericht hat die Einsicht der nach § 2198 Abs. 1 Satz 2, § 2199 Abs. 3, § 2202 Abs. 2, § 2226 Satz 2 abgegebenen Erklärungen jedem zu gestatten, der ein rechtliches Interesse glaubhaft macht.

## Titel 7. Errichtung und Aufhebung eines Testaments

**§ 2229. Testierfähigkeit Minderjähriger, Testierunfähigkeit.** (1) Ein Minderjähriger kann ein Testament erst errichten, wenn er das 16. Lebensjahr vollendet hat.

(2) Der Minderjährige bedarf zur Errichtung eines Testaments nicht der Zustimmung seines gesetzlichen Vertreters.

(3) (weggefallen)

(4) Wer wegen krankhafter Störung der Geistestätigkeit, wegen Geistesschwäche oder wegen Bewusstseinsstörung nicht in der Lage ist, die Bedeutung einer von ihm abgegebenen Willenserklärung einzusehen und nach dieser Einsicht zu handeln, kann ein Testament nicht errichten.

---

[1)] § 2227 Abs. 2 aufgeh., bish. Abs. 1 wird alleiniger Wortlaut mWv 1. 9. 2009 durch Art. 50 FGG-RG v. 17. 12. 2008 (BGBl. I S. 2586).

**§ 2230.** (weggefallen)

**§ 2231. Ordentliche Testamente.** Ein Testament kann in ordentlicher Form errichtet werden

1. zur Niederschrift eines Notars,
2. durch eine vom Erblasser nach § 2247 abgegebene Erklärung.

**§ 2232.**[1] **Öffentliches Testament.** [1]Zur Niederschrift eines Notars wird ein Testament errichtet, indem der Erblasser dem Notar seinen letzten Willen erklärt oder ihm eine Schrift mit der Erklärung übergibt, dass die Schrift seinen letzten Willen enthalte. [2]Der Erblasser kann die Schrift offen oder verschlossen übergeben; sie braucht nicht von ihm geschrieben zu sein.

**§ 2233.**[1] **Sonderfälle.** (1) Ist der Erblasser minderjährig, so kann er das Testament nur durch eine Erklärung gegenüber dem Notar oder durch Übergabe einer offenen Schrift errichten.

(2) Ist der Erblasser nach seinen Angaben oder nach der Überzeugung des Notars nicht im Stande, Geschriebenes zu lesen, so kann er das Testament nur durch eine Erklärung gegenüber dem Notar errichten.

**§§ 2234–2246.** (weggefallen)

**§ 2247. Eigenhändiges Testament.** (1) Der Erblasser kann ein Testament durch eine eigenhändig geschriebene und unterschriebene Erklärung errichten.

(2) Der Erblasser soll in der Erklärung angeben, zu welcher Zeit (Tag, Monat und Jahr) und an welchem Orte er sie niedergeschrieben hat.

(3) [1]Die Unterschrift soll den Vornamen und den Familiennamen des Erblassers enthalten. [2]Unterschreibt der Erblasser in anderer Weise und reicht diese Unterzeichnung zur Feststellung der Urheberschaft des Erblassers und der Ernstlichkeit seiner Erklärung aus, so steht eine solche Unterzeichnung der Gültigkeit des Testaments nicht entgegen.

(4) Wer minderjährig ist oder Geschriebenes nicht zu lesen vermag, kann ein Testament nicht nach obigen Vorschriften errichten.

(5) [1]Enthält ein nach Absatz 1 errichtetes Testament keine Angabe über die Zeit der Errichtung und ergeben sich hieraus Zweifel über seine Gültigkeit, so ist das Testament nur dann als gültig anzusehen, wenn sich die notwendigen Feststellungen über die Zeit der Errichtung anderweit treffen lassen. [2]Dasselbe gilt entsprechend für ein Testament, das keine Angabe über den Ort der Errichtung enthält.

**§ 2248.**[2] **Verwahrung des eigenhändigen Testaments.** Ein nach § 2247 errichtetes Testament ist auf Verlangen des Erblassers in besondere amtliche Verwahrung zu nehmen.

---

[1] §§ 2232 und 2233 neugef. mWv 1. 8. 2002 durch Art. 25 Abs. 1 OLGVertrÄndG v. 23. 7. 2002 (BGBl. I S. 2850).

[2] § 2248 neugef. mWv 1. 9. 2009 durch Art. 50 FGG-RG v. 17. 12. 2008 (BGBl. I S. 2586).

**§ 2249.**[1] **Nottestament vor dem Bürgermeister.** (1) [1]Ist zu besorgen, dass der Erblasser früher sterben werde, als die Errichtung eines Testaments vor einem Notar möglich ist, so kann er das Testament zur Niederschrift des Bürgermeisters der Gemeinde, in der er sich aufhält, errichten. [2]Der Bürgermeister muss zu der Beurkundung zwei Zeugen zuziehen. [3]Als Zeuge kann nicht zugezogen werden, wer in dem zu beurkundenden Testament bedacht oder zum Testamentsvollstrecker ernannt wird; die Vorschriften der §§ 7 und 27 des Beurkundungsgesetzes[2] gelten entsprechend. [4]Für die Errichtung gelten die Vorschriften der §§ 2232, 2233 sowie die Vorschriften der §§ 2, 4, 5 Abs. 1, §§ 6 bis 10, 11 Abs. 1 Satz 2, Abs. 2, § 13 Abs. 1, 3, §§ 16, 17, 23, 24, 26 Abs. 1 Nr. 3, 4, Abs. 2, §§ 27, 28, 30, 32, 34, 35 des Beurkundungsgesetzes; der Bürgermeister tritt an die Stelle des Notars. [5]Die Niederschrift muss auch von den Zeugen unterschrieben werden. [6]Vermag der Erblasser nach seinen Angaben oder nach der Überzeugung des Bürgermeisters seinen Namen nicht zu schreiben, so wird die Unterschrift des Erblassers durch die Feststellung dieser Angabe oder Überzeugung in der Niederschrift ersetzt.

(2) [1]Die Besorgnis, dass die Errichtung eines Testaments vor einem Notar nicht mehr möglich sein werde, soll in der Niederschrift festgestellt werden. [2]Der Gültigkeit des Testaments steht nicht entgegen, dass die Besorgnis nicht begründet war.

(3) [1]Der Bürgermeister soll den Erblasser darauf hinweisen, dass das Testament seine Gültigkeit verliert, wenn der Erblasser den Ablauf der in § 2252 Abs. 1, 2 vorgesehenen Frist überlebt. [2]Er soll in der Niederschrift feststellen, dass dieser Hinweis gegeben ist.

(4) *(aufgehoben)*

(5) [1]Das Testament kann auch vor demjenigen errichtet werden, der nach den gesetzlichen Vorschriften zur Vertretung des Bürgermeisters befugt ist. [2]Der Vertreter soll in der Niederschrift angeben, worauf sich seine Vertretungsbefugnis stützt.

(6) Sind bei Abfassung der Niederschrift über die Errichtung des in den vorstehenden Absätzen vorgesehenen Testaments Formfehler unterlaufen, ist aber dennoch mit Sicherheit anzunehmen, dass das Testament eine zuverlässige Wiedergabe der Erklärung des Erblassers enthält, so steht der Formverstoß der Wirksamkeit der Beurkundung nicht entgegen.

**§ 2250. Nottestament vor drei Zeugen.** (1) Wer sich an einem Orte aufhält, der infolge außerordentlicher Umstände dergestalt abgesperrt ist, dass die Errichtung eines Testaments vor einem Notar nicht möglich oder erheblich erschwert ist, kann das Testament in der durch § 2249 bestimmten Form oder durch mündliche Erklärung vor drei Zeugen errichten.

(2) Wer sich in so naher Todesgefahr befindet, dass voraussichtlich auch die Errichtung eines Testaments nach § 2249 nicht mehr möglich ist, kann das Testament durch mündliche Erklärung vor drei Zeugen errichten.

---

[1] § 2249 Abs. 1 Satz 4 geänd. mWv 1. 8. 2002 durch Art. 25 Abs. 1 OLGVertrÄndG v. 23. 7. 2002 (BGBl. I S. 2850), Abs. 4 aufgeh., Abs. 5 Satz 1 geänd. mWv 1. 1. 2009 durch Art. 2 Abs. 16 PStRG v. 19. 2. 2007 (BGBl. I S. 122).

[2] Nr. **23**.

(3) [1]Wird das Testament durch mündliche Erklärung vor drei Zeugen errichtet, so muss hierüber eine Niederschrift aufgenommen werden. [2]Auf die Zeugen sind die Vorschriften des § 6 Abs. 1 Nr. 1 bis 3, der §§ 7, 26 Abs. 2 Nr. 2 bis 5 und des § 27 des Beurkundungsgesetzes[1)]; auf die Niederschrift sind die Vorschriften der §§ 8 bis 10, 11 Abs. 1 Satz 2, Abs. 2, § 13 Abs. 1, 3 Satz 1, §§ 23, 28 des Beurkundungsgesetzes sowie die Vorschriften des § 2249 Abs. 1 Satz 5, 6, Abs. 2, 6 entsprechend anzuwenden. [3]Die Niederschrift kann außer in der deutschen auch in einer anderen Sprache aufgenommen werden. [4]Der Erblasser und die Zeugen müssen der Sprache der Niederschrift hinreichend kundig sein; dies soll in der Niederschrift festgestellt werden, wenn sie in einer anderen als der deutschen Sprache aufgenommen wird.

**§ 2251. Nottestament auf See.** Wer sich während einer Seereise an Bord eines deutschen Schiffes außerhalb eines inländischen Hafens befindet, kann ein Testament durch mündliche Erklärung vor drei Zeugen nach § 2250 Abs. 3 errichten.

**§ 2252. Gültigkeitsdauer der Nottestamente.** (1) Ein nach § 2249, § 2250 oder § 2251 errichtetes Testament gilt als nicht errichtet, wenn seit der Errichtung drei Monate verstrichen sind und der Erblasser noch lebt.

(2) Beginn und Lauf der Frist sind gehemmt, solange der Erblasser außerstande ist, ein Testament vor einem Notar zu errichten.

(3) Tritt im Falle des § 2251 der Erblasser vor dem Ablauf der Frist eine neue Seereise an, so wird die Frist mit der Wirkung unterbrochen, dass nach Beendigung der neuen Reise die volle Frist von neuem zu laufen beginnt.

(4) Wird der Erblasser nach dem Ablauf der Frist für tot erklärt oder wird seine Todeszeit nach den Vorschriften des Verschollenheitsgesetzes festgestellt, so behält das Testament seine Kraft, wenn die Frist zu der Zeit, zu welcher der Erblasser nach den vorhandenen Nachrichten noch gelebt hat, noch nicht verstrichen war.

**§ 2253. Widerruf eines Testaments.** Der Erblasser kann ein Testament sowie eine einzelne in einem Testament enthaltene Verfügung jederzeit widerrufen.

**§ 2254. Widerruf durch Testament.** Der Widerruf erfolgt durch Testament.

**§ 2255. Widerruf durch Vernichtung oder Veränderungen.** [1]Ein Testament kann auch dadurch widerrufen werden, dass der Erblasser in der Absicht, es aufzuheben, die Testamentsurkunde vernichtet oder an ihr Veränderungen vornimmt, durch die der Wille, eine schriftliche Willenserklärung aufzuheben, ausgedrückt zu werden pflegt. [2]Hat der Erblasser die Testamentsurkunde vernichtet oder in der bezeichneten Weise verändert, so wird vermutet, dass er die Aufhebung des Testaments beabsichtigt habe.

**§ 2256. Widerruf durch Rücknahme des Testaments aus der amtlichen Verwahrung.** (1) [1]Ein vor einem Notar oder nach § 2249 errichtetes

---

1) Nr. **23**.

Testament gilt als widerrufen, wenn die in amtliche Verwahrung genommene Urkunde dem Erblasser zurückgegeben wird. [2]Die zurückgebende Stelle soll den Erblasser über die in Satz 1 vorgesehene Folge der Rückgabe belehren, dies auf der Urkunde vermerken und aktenkundig machen, dass beides geschehen ist.

(2) [1]Der Erblasser kann die Rückgabe jederzeit verlangen. [2]Das Testament darf nur an den Erblasser persönlich zurückgegeben werden.

(3) Die Vorschriften des Absatzes 2 gelten auch für ein nach § 2248 hinterlegtes Testament; die Rückgabe ist auf die Wirksamkeit des Testaments ohne Einfluss.

**§ 2257. Widerruf des Widerrufs.** Wird der durch Testament erfolgte Widerruf einer letztwilligen Verfügung widerrufen, so ist im Zweifel die Verfügung wirksam, wie wenn sie nicht widerrufen worden wäre.

**§ 2258. Widerruf durch ein späteres Testament.** (1) Durch die Errichtung eines Testaments wird ein früheres Testament insoweit aufgehoben, als das spätere Testament mit dem früheren in Widerspruch steht.

(2) Wird das spätere Testament widerrufen, so ist im Zweifel das frühere Testament in gleicher Weise wirksam, wie wenn es nicht aufgehoben worden wäre.

**§§ 2258 a, 2258 b.**[1] *(aufgehoben)*

**§ 2259. Ablieferungspflicht.** (1) Wer ein Testament, das nicht in besondere amtliche Verwahrung gebracht ist, im Besitz hat, ist verpflichtet, es unverzüglich, nachdem er von dem Tode des Erblassers Kenntnis erlangt hat, an das Nachlassgericht abzuliefern.

(2) [1]Befindet sich ein Testament bei einer anderen Behörde als einem Gericht in amtlicher Verwahrung, so ist es nach dem Tode des Erblassers an das Nachlassgericht abzuliefern. [2]Das Nachlassgericht hat, wenn es von dem Testament Kenntnis erlangt, die Ablieferung zu veranlassen.

**§§ 2260–2262.**[2] *(aufgehoben)*

**§ 2263. Nichtigkeit eines Eröffnungsverbots.** Eine Anordnung des Erblassers, durch die er verbietet, das Testament alsbald nach seinem Tode zu eröffnen, ist nichtig.

**§§ 2263 a, 2264.**[2] *(aufgehoben)*

### Titel 8. Gemeinschaftliches Testament

**§ 2265. Errichtung durch Ehegatten.** Ein gemeinschaftliches Testament kann nur von Ehegatten errichtet werden.

---

[1] §§ 2258 a und 2258 b aufgeh. mWv 1. 1. 2009 durch Art. 2 Abs. 16 PStRG v. 19. 2. 2007 (BGBl. I S. 122).

[2] §§ 2260–2262, 2263 a, 2264 aufgeh. mWv 1. 9. 2009 durch Art. 50 FGG-RG v. 17. 12. 2008 (BGBl. I S. 2586).

**§ 2266 Gemeinschaftliches Nottestament.** Ein gemeinschaftliches Testament kann nach den §§ 2249, 2250 auch dann errichtet werden, wenn die dort vorgesehenen Voraussetzungen nur bei einem der Ehegatten vorliegen.

**§ 2267 Gemeinschaftliches eigenhändiges Testament.** [1] Zur Errichtung eines gemeinschaftlichen Testaments nach § 2247 genügt es, wenn einer der Ehegatten das Testament in der dort vorgeschriebenen Form errichtet und der andere Ehegatte die gemeinschaftliche Erklärung eigenhändig mitunterzeichnet. [2] Der mitunterzeichnende Ehegatte soll hierbei angeben, zu welcher Zeit (Tag, Monat und Jahr) und an welchem Orte er seine Unterschrift beigefügt hat.

**§ 2268 Wirkung der Ehenichtigkeit oder -auflösung.** (1) Ein gemeinschaftliches Testament ist in den Fällen des § 2077 seinem ganzen Inhalt nach unwirksam.

(2) Wird die Ehe vor dem Tode eines der Ehegatten aufgelöst oder liegen die Voraussetzungen des § 2077 Abs. 1 Satz 2 oder 3 vor, so bleiben die Verfügungen insoweit wirksam, als anzunehmen ist, dass sie auch für diesen Fall getroffen sein würden.

**§ 2269 Gegenseitige Einsetzung.** (1) Haben die Ehegatten in einem gemeinschaftlichen Testament, durch das sie sich gegenseitig als Erben einsetzen, bestimmt, dass nach dem Tode des Überlebenden der beiderseitige Nachlass an einen Dritten fallen soll, so ist im Zweifel anzunehmen, dass der Dritte für den gesamten Nachlass als Erbe des zuletzt versterbenden Ehegatten eingesetzt ist.

(2) Haben die Ehegatten in einem solchen Testament ein Vermächtnis angeordnet, das nach dem Tode des Überlebenden erfüllt werden soll, so ist im Zweifel anzunehmen, dass das Vermächtnis dem Bedachten erst mit dem Tode des Überlebenden anfallen soll.

**§ 2270[1)] Wechselbezügliche Verfügungen.** (1) Haben die Ehegatten in einem gemeinschaftlichen Testament Verfügungen getroffen, von denen anzunehmen ist, dass die Verfügung des einen nicht ohne die Verfügung des anderen getroffen sein würde, so hat die Nichtigkeit oder der Widerruf der einen Verfügung die Unwirksamkeit der anderen zur Folge.

(2) Ein solches Verhältnis der Verfügungen zueinander ist im Zweifel anzunehmen, wenn sich die Ehegatten gegenseitig bedenken oder wenn dem einen Ehegatten von dem anderen eine Zuwendung gemacht und für den Fall des Überlebens des Bedachten eine Verfügung zugunsten einer Person getroffen wird, die mit dem anderen Ehegatten verwandt ist oder ihm sonst nahe steht.

(3) Auf andere Verfügungen als Erbeinsetzungen, Vermächtnisse, Auflagen und die Wahl des anzuwendenden Erbrechts findet Absatz 1 keine Anwendung.

**§ 2271 Widerruf wechselbezüglicher Verfügungen.** (1) [1] Der Widerruf einer Verfügung, die mit einer Verfügung des anderen Ehegatten in dem in § 2270 bezeichneten Verhältnis steht, erfolgt bei Lebzeiten der Ehegatten nach der für den Rücktritt von einem Erbvertrag geltenden Vorschrift des § 2296. [2] Durch eine neue Verfügung von Todes wegen kann ein Ehegatte bei Lebzeiten des anderen seine Verfügung nicht einseitig aufheben.

---

[1)] § 2270 Abs. 3 neu gef. mWv 17.8.2015 durch G v. 29.6.2015 (BGBl. I S. 1042).

(2) [1] Das Recht zum Widerruf erlischt mit dem Tode des anderen Ehegatten; der Überlebende kann jedoch seine Verfügung aufheben, wenn er das ihm Zugewendete ausschlägt. [2] Auch nach der Annahme der Zuwendung ist der Überlebende zur Aufhebung nach Maßgabe des § 2294 und des § 2336 berechtigt.

(3) Ist ein pflichtteilsberechtigter Abkömmling der Ehegatten oder eines der Ehegatten bedacht, so findet die Vorschrift des § 2289 Abs. 2 entsprechende Anwendung.

**§ 2272 Rücknahme aus amtlicher Verwahrung.** Ein gemeinschaftliches Testament kann nach § 2256 nur von beiden Ehegatten zurückgenommen werden.

**§ 2273**[1] *(aufgehoben)*

## Abschnitt 4.[2] Erbvertrag

**§ 2274 Persönlicher Abschluss.** Der Erblasser kann einen Erbvertrag nur persönlich schließen.

**§ 2275**[3] **Voraussetzungen.** Einen Erbvertrag kann als Erblasser nur schließen, wer unbeschränkt geschäftsfähig ist.

**§ 2276 Form.** (1) [1] Ein Erbvertrag kann nur zur Niederschrift eines Notars bei gleichzeitiger Anwesenheit beider Teile geschlossen werden. [2] Die Vorschriften des § 2231 Nr. 1 und der §§ 2232, 2233 sind anzuwenden; was nach diesen Vorschriften für den Erblasser gilt, gilt für jeden der Vertragschließenden.

(2) Für einen Erbvertrag zwischen Ehegatten oder zwischen Verlobten, der mit einem Ehevertrag in derselben Urkunde verbunden wird, genügt die für den Ehevertrag vorgeschriebene Form.

**§ 2277**[4] *(aufgehoben)*

**§ 2278**[5] **Zulässige vertragsmäßige Verfügungen.** (1) In einem Erbvertrag kann jeder der Vertragschließenden vertragsmäßige Verfügungen von Todes wegen treffen.

(2) Andere Verfügungen als Erbeinsetzungen, Vermächtnisse, Auflagen und die Wahl des anzuwendenden Erbrechts können vertragsmäßig nicht getroffen werden.

---

[1] § 2273 aufgeh. mWv 1.9.2009 durch G v. 17.12.2008 (BGBl. I S. 2586).

[2] Wegen des für das Gebiet der ehem. DDR geltenden Übergangsrechts zu Verfügungen von Todes wegen beachte Art. 235 § 2 EGBGB (Nr. **21**).

[3] § 2275 Abs. 3 neu gef. mWv 1.1.2005 durch G v. 15.12.2004 (BGBl. I S. 3396); Abs. 2 Satz 2 geänd. mWv 1.9.2009 durch G v. 17.12.2008 (BGBl. I S. 2586); Abs. 2 und 3 aufgeh. mWv 22.7.2017 durch G v. 17.7.2017 (BGBl. I S. 2429).

[4] § 2277 aufgeh. mWv 1.1.2009 durch G v. 19.2.2007 (BGBl. I S. 122).

[5] § 2278 Abs. 2 neu gef. mWv 17.8.2015 durch G v. 29.6.2015 (BGBl. I S. 1042).

**§ 2279**[1] **Vertragsmäßige Zuwendungen und Auflagen; Anwendung von § 2077.** (1) Auf vertragsmäßige Zuwendungen und Auflagen finden die für letztwillige Zuwendungen und Auflagen geltenden Vorschriften entsprechende Anwendung.

(2) Die Vorschrift des § 2077 gilt für einen Erbvertrag zwischen Ehegatten, Lebenspartnern oder Verlobten auch insoweit, als ein Dritter bedacht ist.

**§ 2280 Anwendung von § 2269.** Haben Ehegatten oder Lebenspartner in einem Erbvertrag, durch den sie sich gegenseitig als Erben einsetzen, bestimmt, dass nach dem Tode des Überlebenden der beiderseitige Nachlass an einen Dritten fallen soll, oder ein Vermächtnis angeordnet, das nach dem Tode des Überlebenden zu erfüllen ist, so findet die Vorschrift des § 2269 entsprechende Anwendung.

**§ 2281 Anfechtung durch den Erblasser.** (1) Der Erbvertrag kann auf Grund der §§ 2078, 2079 auch von dem Erblasser angefochten werden; zur Anfechtung auf Grund des § 2079 ist erforderlich, dass der Pflichtteilsberechtigte zur Zeit der Anfechtung vorhanden ist.

(2) [1] Soll nach dem Tode des anderen Vertragschließenden eine zugunsten eines Dritten getroffene Verfügung von dem Erblasser angefochten werden, so ist die Anfechtung dem Nachlassgericht gegenüber zu erklären. [2] Das Nachlassgericht soll die Erklärung dem Dritten mitteilen.

**§ 2282**[2] **Vertretung, Form der Anfechtung.** (1) Die Anfechtung kann nicht durch einen Vertreter des Erblassers erfolgen.

(2) Für einen geschäftsunfähigen Erblasser kann sein Betreuer den Erbvertrag anfechten.

(3) Die Anfechtungserklärung bedarf der notariellen Beurkundung.

**§ 2283 Anfechtungsfrist.** (1) Die Anfechtung durch den Erblasser kann nur binnen Jahresfrist erfolgen.

(2) [1] Die Frist beginnt im Falle der Anfechtbarkeit wegen Drohung mit dem Zeitpunkt, in welchem die Zwangslage aufhört, in den übrigen Fällen mit dem Zeitpunkt, in welchem der Erblasser von dem Anfechtungsgrund Kenntnis erlangt. [2] Auf den Lauf der Frist finden die für die Verjährung geltenden Vorschriften der §§ 206, 210 entsprechende Anwendung.

(3) Hat im Falle des § 2282 Abs. 2 der gesetzliche Vertreter den Erbvertrag nicht rechtzeitig angefochten, so kann nach dem Wegfall der Geschäftsunfähigkeit der Erblasser selbst den Erbvertrag in gleicher Weise anfechten, wie wenn er ohne gesetzlichen Vertreter gewesen wäre.

**§ 2284**[3] **Bestätigung.** Die Bestätigung eines anfechtbaren Erbvertrags kann nur durch den Erblasser persönlich erfolgen.

**§ 2285 Anfechtung durch Dritte.** Die in § 2080 bezeichneten Personen können den Erbvertrag auf Grund der §§ 2078, 2079 nicht mehr anfechten, wenn das Anfechtungsrecht des Erblassers zur Zeit des Erbfalls erloschen ist.

---

[1] § 2279 Abs. 2 neu gef. mWv 1.1.2005 durch G v. 15.12.2004 (BGBl. I S. 3396); Abs. 2 geänd. mWv 22.12.2018 durch G v. 18.12.2018 (BGBl. I S. 2639).

[2] § 2282 Abs. 2 geänd. mWv 1.9.2009 durch G v. 17.12.2008 (BGBl. I S. 2586); Abs. 1 und 2 neu gef. mWv 22.7.2017 durch G v. 17.7.2017 (BGBl. I S. 2429); Abs. 2 geänd. mWv 1.1.2023 durch G v. 4.5. 2021 (BGBl. I S. 882).

[3] § 2284 Satz 2 aufgeh. mWv 22.7.2017 durch G v. 17.7.2017 (BGBl. I S. 2429).

**§ 2286 Verfügungen unter Lebenden.** Durch den Erbvertrag wird das Recht des Erblassers, über sein Vermögen durch Rechtsgeschäft unter Lebenden zu verfügen, nicht beschränkt.

**§ 2287[1] Den Vertragserben beeinträchtigende Schenkungen.** (1) Hat der Erblasser in der Absicht, den Vertragserben zu beeinträchtigen, eine Schenkung gemacht, so kann der Vertragserbe, nachdem ihm die Erbschaft angefallen ist, von dem Beschenkten die Herausgabe des Geschenks nach den Vorschriften über die Herausgabe einer ungerechtfertigten Bereicherung fordern.

(2) Die Verjährungsfrist des Anspruchs beginnt mit dem Erbfall.

**§ 2288 Beeinträchtigung des Vermächtnisnehmers.** (1) Hat der Erblasser den Gegenstand eines vertragsmäßig angeordneten Vermächtnisses in der Absicht, den Bedachten zu beeinträchtigen, zerstört, beiseite geschafft oder beschädigt, so tritt, soweit der Erbe dadurch außerstande gesetzt ist, die Leistung zu bewirken, an die Stelle des Gegenstands der Wert.

(2) [1] Hat der Erblasser den Gegenstand in der Absicht, den Bedachten zu beeinträchtigen, veräußert oder belastet, so ist der Erbe verpflichtet, dem Bedachten den Gegenstand zu verschaffen oder die Belastung zu beseitigen; auf diese Verpflichtung findet die Vorschrift des § 2170 Abs. 2 entsprechende Anwendung. [2] Ist die Veräußerung oder die Belastung schenkweise erfolgt, so steht dem Bedachten, soweit er Ersatz nicht von dem Erben erlangen kann, der im § 2287 bestimmte Anspruch gegen den Beschenkten zu.

**§ 2289 Wirkung des Erbvertrags auf letztwillige Verfügungen; Anwendung von § 2338.** (1) [1] Durch den Erbvertrag wird eine frühere letztwillige Verfügung des Erblassers aufgehoben, soweit sie das Recht des vertragsmäßig Bedachten beeinträchtigen würde. [2] In dem gleichen Umfang ist eine spätere Verfügung von Todes wegen unwirksam, unbeschadet der Vorschrift des § 2297.

(2) Ist der Bedachte ein pflichtteilsberechtigter Abkömmling des Erblassers, so kann der Erblasser durch eine spätere letztwillige Verfügung die nach § 2338 zulässigen Anordnungen treffen.

**§ 2290[2] Aufhebung durch Vertrag.** (1) [1] Ein Erbvertrag sowie eine einzelne vertragsmäßige Verfügung kann durch Vertrag von den Personen aufgehoben werden, die den Erbvertrag geschlossen haben. [2] Nach dem Tode einer dieser Personen kann die Aufhebung nicht mehr erfolgen.

(2) Der Erblasser kann den Vertrag nur persönlich schließen.

(3) Der Vertrag bedarf der in § 2276 für den Erbvertrag vorgeschriebenen Form.

**§ 2291[3] Aufhebung durch Testament.** (1) [1] Eine vertragsmäßige Verfügung, durch die ein Vermächtnis oder eine Auflage angeordnet sowie eine Rechtswahl getroffen ist, kann von dem Erblasser durch Testament aufgehoben werden.

---

[1] § 2287 Abs. 2 neu gef. mWv 1.1.2010 durch G v. 24.9.2009 (BGBl. I S. 3142).

[2] § 2290 Abs. 3 Satz 2 geänd. mWv 1.1.2005 durch G v. 15.12.2004 (BGBl. I S. 3396); Abs. 3 Satz 1 geänd., Satz 3 angef. mWv 1.9.2009 durch G v. 17.12.2008 (BGBl. I S. 2586); Abs. 2 Satz 2 aufgeh., Abs. 3 neu gef. mWv 22.7.2017 durch G v. 17.7.2017 (BGBl. I S. 2429); Abs. 3 aufgeh, bish. Abs. 4 wird Abs. 3 mWv 1.1.2023 durch G v. 4.5.2021 (BGBl. I S. 882).

[3] § 2291 Abs. 1 Satz 1 neu gef. mWv 17.8.2015 durch G v. 29.6.2015 (BGBl. I S. 1042); Abs. 1 Satz 2 geänd. mWv 1.1.2023 durch G v. 4.5.2021 (BGBl. I S. 882).

[2] Zur Wirksamkeit der Aufhebung ist die Zustimmung des anderen Vertragschließenden erforderlich.

(2) Die Zustimmungserklärung bedarf der notariellen Beurkundung; die Zustimmung ist unwiderruflich.

**§ 2292[1)] Aufhebung durch gemeinschaftliches Testament.** Ein zwischen Ehegatten oder Lebenspartnern geschlossener Erbvertrag kann auch durch ein gemeinschaftliches Testament der Ehegatten oder Lebenspartner aufgehoben werden.

**§ 2293 Rücktritt bei Vorbehalt.** Der Erblasser kann von dem Erbvertrag zurücktreten, wenn er sich den Rücktritt im Vertrag vorbehalten hat.

**§ 2294 Rücktritt bei Verfehlungen des Bedachten.** Der Erblasser kann von einer vertragsmäßigen Verfügung zurücktreten, wenn sich der Bedachte einer Verfehlung schuldig macht, die den Erblasser zur Entziehung des Pflichtteils berechtigt oder, falls der Bedachte nicht zu den Pflichtteilsberechtigten gehört, zu der Entziehung berechtigen würde, wenn der Bedachte ein Abkömmling des Erblassers wäre.

**§ 2295 Rücktritt bei Aufhebung der Gegenverpflichtung.** Der Erblasser kann von einer vertragsmäßigen Verfügung zurücktreten, wenn die Verfügung mit Rücksicht auf eine rechtsgeschäftliche Verpflichtung des Bedachten, dem Erblasser für dessen Lebenszeit wiederkehrende Leistungen zu entrichten, insbesondere Unterhalt zu gewähren, getroffen ist und die Verpflichtung vor dem Tode des Erblassers aufgehoben wird.

**§ 2296[2)] Vertretung, Form des Rücktritts.** (1) Der Rücktritt kann nicht durch einen Vertreter erfolgen.

(2) [1] Der Rücktritt erfolgt durch Erklärung gegenüber dem anderen Vertragschließenden. [2] Die Erklärung bedarf der notariellen Beurkundung.

**§ 2297[3)] Rücktritt durch Testament.** [1] Soweit der Erblasser zum Rücktritt berechtigt ist, kann er nach dem Tode des anderen Vertragschließenden die vertragsmäßige Verfügung durch Testament aufheben. [2] In den Fällen des § 2294 findet die Vorschrift des § 2336 Abs. 2 und 3 entsprechende Anwendung.

**§ 2298 Gegenseitiger Erbvertrag.** (1) Sind in einem Erbvertrag von beiden Teilen vertragsmäßige Verfügungen getroffen, so hat die Nichtigkeit einer dieser Verfügungen die Unwirksamkeit des ganzen Vertrags zur Folge.

(2) [1] Ist in einem solchen Vertrag der Rücktritt vorbehalten, so wird durch den Rücktritt eines der Vertragschließenden der ganze Vertrag aufgehoben. [2] Das Rücktrittsrecht erlischt mit dem Tode des anderen Vertragschließenden. [3] Der Überlebende kann jedoch, wenn er das ihm durch den Vertrag Zugewendete ausschlägt, seine Verfügung durch Testament aufheben.

(3) Die Vorschriften des Absatzes 1 und des Absatzes 2 Sätze 1 und 2 finden keine Anwendung, wenn ein anderer Wille der Vertragschließenden anzunehmen ist.

---

1) § 2292 geänd. mWv 1.1.2023 durch G v. 4.5.2021 (BGBl. I S. 882).
2) § 2296 Abs. 1 Satz 2 aufgeh. mWv 22.7.2017 durch G v. 17.7.2017 (BGBl. I S. 2429).
3) § 2297 Satz 2 geänd. mWv 1.1.2010 durch G v. 24.9.2009 (BGBl. I S. 3142).

**§ 2299 Einseitige Verfügungen.** (1) Jeder der Vertragschließenden kann in dem Erbvertrag einseitig jede Verfügung treffen, die durch Testament getroffen werden kann.

(2) [1] Für eine Verfügung dieser Art gilt das Gleiche, wie wenn sie durch Testament getroffen worden wäre. [2] Die Verfügung kann auch in einem Vertrag aufgehoben werden, durch den eine vertragsmäßige Verfügung aufgehoben wird.

(3) Wird der Erbvertrag durch Ausübung des Rücktrittsrechts oder durch Vertrag aufgehoben, so tritt die Verfügung außer Kraft, sofern nicht ein anderer Wille des Erblassers anzunehmen ist.

**§ 2300[1)] Anwendung der §§ 2259 und 2263; Rücknahme aus der amtlichen oder notariellen Verwahrung.** (1) Die §§ 2259 und 2263 sind auf den Erbvertrag entsprechend anzuwenden.

(2) [1] Ein Erbvertrag, der nur Verfügungen von Todes wegen enthält, kann aus der amtlichen oder notariellen Verwahrung zurückgenommen und den Vertragsschließenden zurückgegeben werden. [2] Die Rückgabe kann nur an alle Vertragsschließenden gemeinschaftlich erfolgen; § 2290 Absatz 1 Satz 2 und Absatz 2 gilt entsprechend. [3] Wird ein Erbvertrag nach den Sätzen 1 und 2 zurückgenommen, gilt § 2256 Abs. 1 entsprechend.

**§ 2300a[2)]** *(aufgehoben)*

**§ 2301 Schenkungsversprechen von Todes wegen.** (1) [1] Auf ein Schenkungsversprechen, welches unter der Bedingung erteilt wird, dass der Beschenkte den Schenker überlebt, finden die Vorschriften über Verfügungen von Todes wegen Anwendung. [2] Das Gleiche gilt für ein schenkweise unter dieser Bedingung erteiltes Schuldversprechen oder Schuldanerkenntnis der in den §§ 780, 781 bezeichneten Art.

(2) Vollzieht der Schenker die Schenkung durch Leistung des zugewendeten Gegenstands, so finden die Vorschriften über Schenkungen unter Lebenden Anwendung.

**§ 2302 Unbeschränkbare Testierfreiheit.** Ein Vertrag, durch den sich jemand verpflichtet, eine Verfügung von Todes wegen zu errichten oder nicht zu errichten, aufzuheben oder nicht aufzuheben, ist nichtig.

## Abschnitt 5. Pflichtteil

**§ 2303 Pflichtteilsberechtigte; Höhe des Pflichtteils.** (1) [1] Ist ein Abkömmling des Erblassers durch Verfügung von Todes wegen von der Erbfolge ausgeschlossen, so kann er von dem Erben den Pflichtteil verlangen. [2] Der Pflichtteil besteht in der Hälfte des Wertes des gesetzlichen Erbteils.

(2) [1] Das gleiche Recht steht den Eltern und dem Ehegatten des Erblassers zu, wenn sie durch Verfügung von Todes wegen von der Erbfolge ausgeschlossen sind. [2] Die Vorschrift des § 1371 bleibt unberührt.

---

[1)] § 2300 Abs. 2 angef. mWv 1.8.2002 durch G v. 23.7.2002 (BGBl. I S. 2850); Überschrift neu gef. und Abs 1 geänd. mWv 1.1.2009 durch G v. 19.2.2007 (BGBl. I S. 122); Überschrift und Abs. 1 neu gef. mWv 1.9.2009 durch G v. 17.12.2008 (BGBl. I S. 2586); Abs. 2 Satz 2 neu gef. mWv 1.1.2023 durch G v. 4.5.2021 (BGBl. I S. 882).

[2)] § 2300a aufgeh. mWv 1.9.2009 durch G v. 17.12.2008 (BGBl. I S. 2586).

**§ 2304 Auslegungsregel.** Die Zuwendung des Pflichtteils ist im Zweifel nicht als Erbeinsetzung anzusehen.

**§ 2305[1)] Zusatzpflichtteil.** [1] Ist einem Pflichtteilsberechtigten ein Erbteil hinterlassen, der geringer ist als die Hälfte des gesetzlichen Erbteils, so kann der Pflichtteilsberechtigte von den Miterben als Pflichtteil den Wert des an der Hälfte fehlenden Teils verlangen. [2] Bei der Berechnung des Wertes bleiben Beschränkungen und Beschwerungen der in § 2306 bezeichneten Art außer Betracht.

**§ 2306[2)] Beschränkungen und Beschwerungen.** (1) Ist ein als Erbe berufener Pflichtteilsberechtigter durch die Einsetzung eines Nacherben, die Ernennung eines Testamentsvollstreckers oder eine Teilungsanordnung beschränkt oder ist er mit einem Vermächtnis oder einer Auflage beschwert, so kann er den Pflichtteil verlangen, wenn er den Erbteil ausschlägt; die Ausschlagungsfrist beginnt erst, wenn der Pflichtteilsberechtigte von der Beschränkung oder der Beschwerung Kenntnis erlangt.

(2) Einer Beschränkung der Erbeinsetzung steht es gleich, wenn der Pflichtteilsberechtigte als Nacherbe eingesetzt ist.

**§ 2307 Zuwendung eines Vermächtnisses.** (1) [1] Ist ein Pflichtteilsberechtigter mit einem Vermächtnis bedacht, so kann er den Pflichtteil verlangen, wenn er das Vermächtnis ausschlägt. [2] Schlägt er nicht aus, so steht ihm ein Recht auf den Pflichtteil nicht zu, soweit der Wert des Vermächtnisses reicht; bei der Berechnung des Wertes bleiben Beschränkungen und Beschwerungen der in § 2306 bezeichneten Art außer Betracht.

(2) [1] Der mit dem Vermächtnis beschwerte Erbe kann den Pflichtteilsberechtigten unter Bestimmung einer angemessenen Frist zur Erklärung über die Annahme des Vermächtnisses auffordern. [2] Mit dem Ablauf der Frist gilt das Vermächtnis als ausgeschlagen, wenn nicht vorher die Annahme erklärt wird.

**§ 2308 Anfechtung der Ausschlagung.** (1) Hat ein Pflichtteilsberechtigter, der als Erbe oder als Vermächtnisnehmer in der in § 2306 bezeichneten Art beschränkt oder beschwert ist, die Erbschaft oder das Vermächtnis ausgeschlagen, so kann er die Ausschlagung anfechten, wenn die Beschränkung oder die Beschwerung zur Zeit der Ausschlagung weggefallen und der Wegfall ihm nicht bekannt war.

(2) [1] Auf die Anfechtung der Ausschlagung eines Vermächtnisses finden die für die Anfechtung der Ausschlagung einer Erbschaft geltenden Vorschriften entsprechende Anwendung. [2] Die Anfechtung erfolgt durch Erklärung gegenüber dem Beschwerten.

**§ 2309 Pflichtteilsrecht der Eltern und entfernteren Abkömmlinge.**

Entferntere Abkömmlinge und die Eltern des Erblassers sind insoweit nicht pflichtteilsberechtigt, als ein Abkömmling, der sie im Falle der gesetzlichen Erbfolge ausschließen würde, den Pflichtteil verlangen kann oder das ihm Hinterlassene annimmt.

---

1) § 2305 Satz 2 angef. mWv 1.1.2010 durch G v. 24.9.2009 (BGBl. I S. 3142).

2) § 2306 Abs. 1 bish. Sätze 1 und 2 neu gef., bish. Satz 2 aufgeh. mWv 1.1.2010 durch G v. 24.9.2009 (BGBl. I S. 3142).

**§ 2310 Feststellung des Erbteils für die Berechnung des Pflichtteils.**
[1]Bei der Feststellung des für die Berechnung des Pflichtteils maßgebenden Erbteils werden diejenigen mitgezählt, welche durch letztwillige Verfügung von der Erbfolge ausgeschlossen sind oder die Erbschaft ausgeschlagen haben oder für erbunwürdig erklärt sind. [2]Wer durch Erbverzicht von der gesetzlichen Erbfolge ausgeschlossen ist, wird nicht mitgezählt.

**§ 2311 Wert des Nachlasses.** (1) [1]Der Berechnung des Pflichtteils wird der Bestand und der Wert des Nachlasses zur Zeit des Erbfalls zugrunde gelegt. [2]Bei der Berechnung des Pflichtteils eines Abkömmlings und der Eltern des Erblassers bleibt der dem überlebenden Ehegatten gebührende Voraus außer Ansatz.

(2) [1]Der Wert ist, soweit erforderlich, durch Schätzung zu ermitteln. [2]Eine vom Erblasser getroffene Wertbestimmung ist nicht maßgebend.

**§ 2312 Wert eines Landguts.** (1) [1]Hat der Erblasser angeordnet oder ist nach § 2049 anzunehmen, dass einer von mehreren Erben das Recht haben soll, ein zum Nachlass gehörendes Landgut zu dem Ertragswert zu übernehmen, so ist, wenn von dem Recht Gebrauch gemacht wird, der Ertragswert auch für die Berechnung des Pflichtteils maßgebend. [2]Hat der Erblasser einen anderen Übernahmepreis bestimmt, so ist dieser maßgebend, wenn er den Ertragswert erreicht und den Schätzungswert nicht übersteigt.

(2) Hinterlässt der Erblasser nur einen Erben, so kann er anordnen, dass der Berechnung des Pflichtteils der Ertragswert oder ein nach Absatz 1 Satz 2 bestimmter Wert zugrunde gelegt werden soll.

(3) Diese Vorschriften finden nur Anwendung, wenn der Erbe, der das Landgut erwirbt, zu den in § 2303 bezeichneten pflichtteilsberechtigten Personen gehört.

**§ 2313 Ansatz bedingter, ungewisser oder unsicherer Rechte; Feststellungspflicht des Erben.** (1) [1]Bei der Feststellung des Wertes des Nachlasses bleiben Rechte und Verbindlichkeiten, die von einer aufschiebenden Bedingung abhängig sind, außer Ansatz. [2]Rechte und Verbindlichkeiten, die von einer auflösenden Bedingung abhängig sind, kommen als unbedingte in Ansatz. [3]Tritt die Bedingung ein, so hat die der veränderten Rechtslage entsprechende Ausgleichung zu erfolgen.

(2) [1]Für ungewisse oder unsichere Rechte sowie für zweifelhafte Verbindlichkeiten gilt das Gleiche wie für Rechte und Verbindlichkeiten, die von einer aufschiebenden Bedingung abhängig sind. [2]Der Erbe ist dem Pflichtteilsberechtigten gegenüber verpflichtet, für die Feststellung eines ungewissen und für die Verfolgung eines unsicheren Rechts zu sorgen, soweit es einer ordnungsmäßigen Verwaltung entspricht.

**§ 2314 Auskunftspflicht des Erben.** (1) [1]Ist der Pflichtteilsberechtigte nicht Erbe, so hat ihm der Erbe auf Verlangen über den Bestand des Nachlasses Auskunft zu erteilen. [2]Der Pflichtteilsberechtigte kann verlangen, dass er bei der Aufnahme des ihm nach § 260 vorzulegenden Verzeichnisses der Nachlassgegenstände zugezogen und dass der Wert der Nachlassgegenstände ermittelt wird. [3]Er kann auch verlangen, dass das Verzeichnis durch die zuständige Behörde oder durch einen zuständigen Beamten oder Notar aufgenommen wird.

(2) Die Kosten fallen dem Nachlass zur Last.

**§ 2315 Anrechnung von Zuwendungen auf den Pflichtteil.** (1) Der Pflichtteilsberechtigte hat sich auf den Pflichtteil anrechnen zu lassen, was ihm von dem Erblasser durch Rechtsgeschäft unter Lebenden mit der Bestimmung zugewendet worden ist, dass es auf den Pflichtteil angerechnet werden soll.

(2) [1] Der Wert der Zuwendung wird bei der Bestimmung des Pflichtteils dem Nachlass hinzugerechnet. [2] Der Wert bestimmt sich nach der Zeit, zu welcher die Zuwendung erfolgt ist.

(3) Ist der Pflichtteilsberechtigte ein Abkömmling des Erblassers, so findet die Vorschrift des § 2051 Abs. 1 entsprechende Anwendung.

**§ 2316 Ausgleichungspflicht.** (1) [1] Der Pflichtteil eines Abkömmlings bestimmt sich, wenn mehrere Abkömmlinge vorhanden sind und unter ihnen im Falle der gesetzlichen Erbfolge eine Zuwendung des Erblassers oder Leistungen der in § 2057a bezeichneten Art zur Ausgleichung zu bringen sein würden, nach demjenigen, was auf den gesetzlichen Erbteil unter Berücksichtigung der Ausgleichungspflichten bei der Teilung entfallen würde. [2] Ein Abkömmling, der durch Erbverzicht von der gesetzlichen Erbfolge ausgeschlossen ist, bleibt bei der Berechnung außer Betracht.

(2) Ist der Pflichtteilsberechtigte Erbe und beträgt der Pflichtteil nach Absatz 1 mehr als der Wert des hinterlassenen Erbteils, so kann der Pflichtteilsberechtigte von den Miterben den Mehrbetrag als Pflichtteil verlangen, auch wenn der hinterlassene Erbteil die Hälfte des gesetzlichen Erbteils erreicht oder übersteigt.

(3) Eine Zuwendung der in § 2050 Abs. 1 bezeichneten Art kann der Erblasser nicht zum Nachteil eines Pflichtteilsberechtigten von der Berücksichtigung ausschließen.

(4) Ist eine nach Absatz 1 zu berücksichtigende Zuwendung zugleich nach § 2315 auf den Pflichtteil anzurechnen, so kommt sie auf diesen nur mit der Hälfte des Wertes zur Anrechnung.

**§ 2317 Entstehung und Übertragbarkeit des Pflichtteilsanspruchs.**

(1) Der Anspruch auf den Pflichtteil entsteht mit dem Erbfall.

(2) Der Anspruch ist vererblich und übertragbar.

**§ 2318 Pflichtteilslast bei Vermächtnissen und Auflagen.** (1) [1] Der Erbe kann die Erfüllung eines ihm auferlegten Vermächtnisses soweit verweigern, dass die Pflichtteilslast von ihm und dem Vermächtnisnehmer verhältnismäßig getragen wird. [2] Das Gleiche gilt von einer Auflage.

(2) Einem pflichtteilsberechtigten Vermächtnisnehmer gegenüber ist die Kürzung nur soweit zulässig, dass ihm der Pflichtteil verbleibt.

(3) Ist der Erbe selbst pflichtteilsberechtigt, so kann er wegen der Pflichtteilslast das Vermächtnis und die Auflage soweit kürzen, dass ihm sein eigener Pflichtteil verbleibt.

**§ 2319 Pflichtteilsberechtigter Miterbe.** [1] Ist einer von mehreren Erben selbst pflichtteilsberechtigt, so kann er nach der Teilung die Befriedigung eines anderen Pflichtteilsberechtigten soweit verweigern, dass ihm sein eigener Pflichtteil verbleibt. [2] Für den Ausfall haften die übrigen Erben.

**§ 2320 Pflichtteilslast des an die Stelle des Pflichtteilsberechtigten getretenen Erben.** (1) Wer anstelle des Pflichtteilsberechtigten gesetzlicher Erbe wird, hat im Verhältnis zu Miterben die Pflichtteilslast und, wenn der Pflichtteilsberechtigte ein ihm zugewendetes Vermächtnis annimmt, das Vermächtnis in Höhe des erlangten Vorteils zu tragen.

(2) Das Gleiche gilt im Zweifel von demjenigen, welchem der Erblasser den Erbteil des Pflichtteilsberechtigten durch Verfügung von Todes wegen zugewendet hat.

**§ 2321 Pflichtteilslast bei Vermächtnisausschlagung.** Schlägt der Pflichtteilsberechtigte ein ihm zugewendetes Vermächtnis aus, so hat im Verhältnis der Erben und der Vermächtnisnehmer zueinander derjenige, welchem die Ausschlagung zustatten kommt, die Pflichtteilslast in Höhe des erlangten Vorteils zu tragen.

**§ 2322 Kürzung von Vermächtnissen und Auflagen.** Ist eine von dem Pflichtteilsberechtigten ausgeschlagene Erbschaft oder ein von ihm ausgeschlagenes Vermächtnis mit einem Vermächtnis oder einer Auflage beschwert, so kann derjenige, welchem die Ausschlagung zustatten kommt, das Vermächtnis oder die Auflage soweit kürzen, dass ihm der zur Deckung der Pflichtteilslast erforderliche Betrag verbleibt.

**§ 2323 Nicht pflichtteilsbelasteter Erbe.** Der Erbe kann die Erfüllung eines Vermächtnisses oder einer Auflage auf Grund des § 2318 Abs. 1 insoweit nicht verweigern, als er die Pflichtteilslast nach den §§ 2320 bis 2322 nicht zu tragen hat.

**§ 2324 Abweichende Anordnungen des Erblassers hinsichtlich der Pflichtteilslast.** Der Erblasser kann durch Verfügung von Todes wegen die Pflichtteilslast im Verhältnis der Erben zueinander einzelnen Erben auferlegen und von den Vorschriften des § 2318 Abs. 1 und der §§ 2320 bis 2323 abweichende Anordnungen treffen.

**§ 2325[1] Pflichtteilsergänzungsanspruch bei Schenkungen.** (1) Hat der Erblasser einem Dritten eine Schenkung gemacht, so kann der Pflichtteilsberechtigte als Ergänzung des Pflichtteils den Betrag verlangen, um den sich der Pflichtteil erhöht, wenn der verschenkte Gegenstand dem Nachlass hinzugerechnet wird.

(2) [1] Eine verbrauchbare Sache kommt mit dem Werte in Ansatz, den sie zur Zeit der Schenkung hatte. [2] Ein anderer Gegenstand kommt mit dem Werte in Ansatz, den er zur Zeit des Erbfalls hat; hatte er zur Zeit der Schenkung einen geringeren Wert, so wird nur dieser in Ansatz gebracht.

(3) [1] Die Schenkung wird innerhalb des ersten Jahres vor dem Erbfall in vollem Umfang, innerhalb jedes weiteren Jahres vor dem Erbfall um jeweils ein Zehntel weniger berücksichtigt. [2] Sind zehn Jahre seit der Leistung des verschenkten Gegenstandes verstrichen, bleibt die Schenkung unberücksichtigt. [3] Ist die Schenkung an den Ehegatten erfolgt, so beginnt die Frist nicht vor der Auflösung der Ehe.

**§ 2326 Ergänzung über die Hälfte des gesetzlichen Erbteils.** [1] Der Pflichtteilsberechtigte kann die Ergänzung des Pflichtteils auch dann verlangen, wenn ihm die Hälfte des gesetzlichen Erbteils hinterlassen ist. [2] Ist dem Pflichtteilsberechtigten mehr als die Hälfte hinterlassen, so ist der Anspruch ausgeschlossen, soweit der Wert des mehr Hinterlassenen reicht.

---

[1] § 2325 Abs. 3 neu gef. mWv 1.1.2010 durch G v. 24.9.2009 (BGBl. I S. 3142).

**§ 2327 Beschenkter Pflichtteilsberechtigter.** (1) [1] Hat der Pflichtteilsberechtigte selbst ein Geschenk von dem Erblasser erhalten, so ist das Geschenk in gleicher Weise wie das dem Dritten gemachte Geschenk dem Nachlass hinzuzurechnen und zugleich dem Pflichtteilsberechtigten auf die Ergänzung anzurechnen. [2] Ein nach § 2315 anzurechnendes Geschenk ist auf den Gesamtbetrag des Pflichtteils und der Ergänzung anzurechnen.

(2) Ist der Pflichtteilsberechtigte ein Abkömmling des Erblassers, so findet die Vorschrift des § 2051 Abs. 1 entsprechende Anwendung.

**§ 2328 Selbst pflichtteilsberechtigter Erbe.** Ist der Erbe selbst pflichtteilsberechtigt, so kann er die Ergänzung des Pflichtteils soweit verweigern, dass ihm sein eigener Pflichtteil mit Einschluss dessen verbleibt, was ihm zur Ergänzung des Pflichtteils gebühren würde.

**§ 2329 Anspruch gegen den Beschenkten.** (1) [1] Soweit der Erbe zur Ergänzung des Pflichtteils nicht verpflichtet ist, kann der Pflichtteilsberechtigte von dem Beschenkten die Herausgabe des Geschenks zum Zwecke der Befriedigung wegen des fehlenden Betrags nach den Vorschriften über die Herausgabe einer ungerechtfertigten Bereicherung fordern. [2] Ist der Pflichtteilsberechtigte der alleinige Erbe, so steht ihm das gleiche Recht zu.

(2) Der Beschenkte kann die Herausgabe durch Zahlung des fehlenden Betrags abwenden.

(3) Unter mehreren Beschenkten haftet der früher Beschenkte nur insoweit, als der später Beschenkte nicht verpflichtet ist.

**§ 2330 Anstandsschenkungen.** Die Vorschriften der §§ 2325 bis 2329 finden keine Anwendung auf Schenkungen, durch die einer sittlichen Pflicht oder einer auf den Anstand zu nehmenden Rücksicht entsprochen wird.

**§ 2331 Zuwendungen aus dem Gesamtgut.** (1) [1] Eine Zuwendung, die aus dem Gesamtgut der Gütergemeinschaft erfolgt, gilt als von jedem der Ehegatten zur Hälfte gemacht. [2] Die Zuwendung gilt jedoch, wenn sie an einen Abkömmling, der nur von einem der Ehegatten abstammt, oder an eine Person, von der nur einer der Ehegatten abstammt, erfolgt, oder wenn einer der Ehegatten wegen der Zuwendung zu dem Gesamtgut Ersatz zu leisten hat, als von diesem Ehegatten gemacht.

(2) Diese Vorschriften sind auf eine Zuwendung aus dem Gesamtgut der fortgesetzten Gütergemeinschaft entsprechend anzuwenden.

**§ 2331a[1)] Stundung.** (1) [1] Der Erbe kann Stundung des Pflichtteils verlangen, wenn die sofortige Erfüllung des gesamten Anspruchs für den Erben wegen der Art der Nachlassgegenstände eine unbillige Härte wäre, insbesondere wenn sie ihn zur Aufgabe des Familienheims oder zur Veräußerung eines Wirtschaftsguts zwingen würde, das für den Erben und seine Familie die wirtschaftliche Lebensgrundlage bildet. [2] Die Interessen des Pflichtteilsberechtigten sind angemessen zu berücksichtigen.

(2) [1] Für die Entscheidung über eine Stundung ist, wenn der Anspruch nicht bestritten wird, das Nachlassgericht zuständig. [2] § 1382 Abs. 2 bis 6 gilt entsprechend; an die Stelle des Familiengerichts tritt das Nachlassgericht.

---

[1)] § 2331a Abs. 1 neu gef. mWv 1.1.2010 durch G v. 24.9.2009 (BGBl. I S. 3142).

**§ 2332[1] Verjährung.** (1) Die Verjährungsfrist des dem Pflichtteilsberechtigten nach § 2329 gegen den Beschenkten zustehenden Anspruchs beginnt mit dem Erbfall.

(2) Die Verjährung des Pflichtteilsanspruchs und des Anspruchs nach § 2329 wird nicht dadurch gehemmt, dass die Ansprüche erst nach der Ausschlagung der Erbschaft oder eines Vermächtnisses geltend gemacht werden können.

**§ 2333[2] Entziehung des Pflichtteils.** (1) Der Erblasser kann einem Abkömmling den Pflichtteil entziehen, wenn der Abkömmling

1. dem Erblasser, dem Ehegatten des Erblassers, einem anderen Abkömmling oder einer dem Erblasser ähnlich nahe stehenden Person nach dem Leben trachtet,
2. sich eines Verbrechens oder eines schweren vorsätzlichen Vergehens gegen eine der in Nummer 1 bezeichneten Personen schuldig macht,
3. die ihm dem Erblasser gegenüber gesetzlich obliegende Unterhaltspflicht böswillig verletzt oder
4. wegen einer vorsätzlichen Straftat zu einer Freiheitsstrafe von mindestens einem Jahr ohne Bewährung rechtskräftig verurteilt wird und die Teilhabe des Abkömmlings am Nachlass deshalb für den Erblasser unzumutbar ist. Gleiches gilt, wenn die Unterbringung des Abkömmlings in einem psychiatrischen Krankenhaus oder in einer Entziehungsanstalt wegen einer ähnlich schwerwiegenden vorsätzlichen Tat rechtskräftig angeordnet wird.

(2) Absatz 1 gilt entsprechend für die Entziehung des Eltern- oder Ehegattenpflichtteils.

**§§ 2334, 2335[3]** *(aufgehoben)*

**§ 2336[4] Form, Beweislast, Unwirksamwerden.** (1) Die Entziehung des Pflichtteils erfolgt durch letztwillige Verfügung.

(2) [1] Der Grund der Entziehung muss zur Zeit der Errichtung bestehen und in der Verfügung angegeben werden. [2] Für eine Entziehung nach § 2333 Absatz 1 Nummer 4 muss zur Zeit der Errichtung die Tat begangen sein und der Grund für die Unzumutbarkeit vorliegen; beides muss in der Verfügung angegeben werden.

(3) Der Beweis des Grundes liegt demjenigen ob, welcher die Entziehung geltend macht.

**§ 2337 Verzeihung.** [1] Das Recht zur Entziehung des Pflichtteils erlischt durch Verzeihung. [2] Eine Verfügung, durch die der Erblasser die Entziehung angeordnet hat, wird durch die Verzeihung unwirksam.

**§ 2338 Pflichtteilsbeschränkung.** (1) [1] Hat sich ein Abkömmling in solchem Maße der Verschwendung ergeben oder ist er in solchem Maße überschuldet, dass sein späterer Erwerb erheblich gefährdet wird, so kann der Erblasser das Pflichtteilsrecht des Abkömmlings durch die Anordnung beschränken, dass nach dem Tode des Abkömmlings dessen gesetzliche Erben das ihm Hinterlassene oder den ihm gebührenden Pflichtteil als Nacherben oder als Nachvermächtnisnehmer nach dem Verhältnis ihrer gesetzlichen Erbteile erhalten sollen. [2] Der Erblasser kann

---

[1] § 2332 neu gef. mWv 1.1.2010 durch G v. 24.9.2009 (BGBl. I S. 3142).
[2] § 2333 neu gef. mWv 1.1.2010 durch G v. 24.9.2009 (BGBl. I S. 3142).
[3] §§ 2334, 2335 aufgeh. mWv 1.1.2010 durch G v. 24.9.2009 (BGBl. I S. 3142).
[4] § 2336 Abs. 2 Satz 2 angef., Abs. 4 aufgeh. mWv 1.1.2010 durch G v. 24.9.2009 (BGBl. I S. 3142).

auch für die Lebenszeit des Abkömmlings die Verwaltung einem Testamentsvollstrecker übertragen; der Abkömmling hat in einem solchen Falle Anspruch auf den jährlichen Reinertrag.

(2) [1] Auf Anordnungen dieser Art findet die Vorschrift des § 2336 Abs. 1 bis 3 entsprechende Anwendung. [2] Die Anordnungen sind unwirksam, wenn zur Zeit des Erbfalls der Abkömmling sich dauernd von dem verschwenderischen Leben abgewendet hat oder die den Grund der Anordnung bildende Überschuldung nicht mehr besteht.

## Abschnitt 6. Erbunwürdigkeit

**§ 2339 Gründe für Erbunwürdigkeit.** (1) Erbunwürdig ist:

1. wer den Erblasser vorsätzlich und widerrechtlich getötet oder zu töten versucht oder in einen Zustand versetzt hat, infolge dessen der Erblasser bis zu seinem Tode unfähig war, eine Verfügung von Todes wegen zu errichten oder aufzuheben,
2. wer den Erblasser vorsätzlich und widerrechtlich verhindert hat, eine Verfügung von Todes wegen zu errichten oder aufzuheben,
3. wer den Erblasser durch arglistige Täuschung oder widerrechtlich durch Drohung bestimmt hat, eine Verfügung von Todes wegen zu errichten oder aufzuheben,
4. wer sich in Ansehung einer Verfügung des Erblassers von Todes wegen einer Straftat nach den §§ 267, 271 bis 274 des Strafgesetzbuchs[1] schuldig gemacht hat.

(2) Die Erbunwürdigkeit tritt in den Fällen des Absatzes 1 Nr. 3, 4 nicht ein, wenn vor dem Eintritt des Erbfalls die Verfügung, zu deren Errichtung der Erblasser bestimmt oder in Ansehung deren die Straftat begangen worden ist, unwirksam geworden ist, oder die Verfügung, zu deren Aufhebung er bestimmt worden ist, unwirksam geworden sein würde.

**§ 2340 Geltendmachung der Erbunwürdigkeit durch Anfechtung.**

(1) Die Erbunwürdigkeit wird durch Anfechtung des Erbschaftserwerbs geltend gemacht.

(2) [1] Die Anfechtung ist erst nach dem Anfall der Erbschaft zulässig. [2] Einem Nacherben gegenüber kann die Anfechtung erfolgen, sobald die Erbschaft dem Vorerben angefallen ist.

(3) Die Anfechtung kann nur innerhalb der in § 2082 bestimmten Fristen erfolgen.

**§ 2341 Anfechtungsberechtigte.** Anfechtungsberechtigt ist jeder, dem der Wegfall des Erbunwürdigen, sei es auch nur bei dem Wegfall eines anderen, zustatten kommt.

**§ 2342 Anfechtungsklage.** (1) [1] Die Anfechtung erfolgt durch Erhebung der Anfechtungsklage. [2] Die Klage ist darauf zu richten, dass der Erbe für erbunwürdig erklärt wird.

(2) Die Wirkung der Anfechtung tritt erst mit der Rechtskraft des Urteils ein.

---

[1] Nr. **85**.

**§ 2343 Verzeihung.** Die Anfechtung ist ausgeschlossen, wenn der Erblasser dem Erbunwürdigen verziehen hat.

**§ 2344 Wirkung der Erbunwürdigerklärung.** (1) Ist ein Erbe für erbunwürdig erklärt, so gilt der Anfall an ihn als nicht erfolgt.

(2) Die Erbschaft fällt demjenigen an, welcher berufen sein würde, wenn der Erbunwürdige zur Zeit des Erbfalls nicht gelebt hätte; der Anfall gilt als mit dem Eintritt des Erbfalls erfolgt.

**§ 2345 Vermächtnisunwürdigkeit; Pflichtteilsunwürdigkeit.** (1) [1] Hat sich ein Vermächtnisnehmer einer der in § 2339 Abs. 1 bezeichneten Verfehlungen schuldig gemacht, so ist der Anspruch aus dem Vermächtnis anfechtbar. [2] Die Vorschriften der §§ 2082, 2083, 2339 Abs. 2 und der §§ 2341, 2343 finden Anwendung.

(2) Das Gleiche gilt für einen Pflichtteilsanspruch, wenn der Pflichtteilsberechtigte sich einer solchen Verfehlung schuldig gemacht hat.

## Abschnitt 7. Erbverzicht

**§ 2346 Wirkung des Erbverzichts, Beschränkungsmöglichkeit.**

(1) [1] Verwandte sowie der Ehegatte des Erblassers können durch Vertrag mit dem Erblasser auf ihr gesetzliches Erbrecht verzichten. [2] Der Verzichtende ist von der gesetzlichen Erbfolge ausgeschlossen, wie wenn er zur Zeit des Erbfalls nicht mehr lebte; er hat kein Pflichtteilsrecht.

(2) Der Verzicht kann auf das Pflichtteilsrecht beschränkt werden.

**§ 2347[1)] Persönliche Anforderungen, Vertretung.** [1] Der Erblasser kann den Vertrag nach § 2346 nur persönlich schließen; ist er in der Geschäftsfähigkeit beschränkt, so bedarf er nicht der Zustimmung seines gesetzlichen Vertreters. [2] Ist der Erblasser geschäftsunfähig, so kann der Vertrag durch den gesetzlichen Vertreter geschlossen werden.

**§ 2348[2)] Form.** Der Vertrag nach § 2346 bedarf der notariellen Beurkundung.

**§ 2349 Erstreckung auf Abkömmlinge.** Verzichtet ein Abkömmling oder ein Seitenverwandter des Erblassers auf das gesetzliche Erbrecht, so erstreckt sich die Wirkung des Verzichts auf seine Abkömmlinge, sofern nicht ein anderes bestimmt wird.

**§ 2350[3)] Verzicht zugunsten eines anderen.** (1) Verzichtet jemand zugunsten eines anderen auf das gesetzliche Erbrecht, so ist im Zweifel anzunehmen, dass der Verzicht nur für den Fall gelten soll, dass der andere Erbe wird.

(2) Verzichtet ein Abkömmling des Erblassers auf das gesetzliche Erbrecht, so ist im Zweifel anzunehmen, dass der Verzicht nur zugunsten der anderen Abkömmlinge und des Ehegatten oder Lebenspartners des Erblassers gelten soll.

**§ 2351[4)] Aufhebung des Erbverzichts.** Auf einen Vertrag, durch den ein Erbverzicht aufgehoben wird, findet die Vorschrift des § 2348 und in Ansehung

---

[1)] § 2347 neu gef. mWv 1.1.2023 durch G v. 4.5.2021 (BGBl. I S. 882).
[2)] § 2348 neu gef. mWv 1.1.2023 durch G v. 4.5.2021 (BGBl. I S. 882).
[3)] § 2350 Abs. 2 geänd. mWv 26.11.2015 durch G v. 20.11.2015 (BGBl. I S. 2010).
[4)] § 2351 geänd. mWv 1.1.2023 durch G v. 4.5.2021 (BGBl. I S. 882).

des Erblassers auch die Vorschrift des § 2347 Satz 1 erster Halbsatz, Satz 2 Anwendung.

**§ 2352[1] Verzicht auf Zuwendungen.** [1] Wer durch Testament als Erbe eingesetzt oder mit einem Vermächtnis bedacht ist, kann durch Vertrag mit dem Erblasser auf die Zuwendung verzichten. [2] Das Gleiche gilt für eine Zuwendung, die in einem Erbvertrag einem Dritten gemacht ist. [3] Die Vorschriften der §§ 2347 bis 2349 finden Anwendung.

## Abschnitt 8. Erbschein

**§ 2353 Zuständigkeit des Nachlassgerichts, Antrag.** Das Nachlassgericht hat dem Erben auf Antrag ein Zeugnis über sein Erbrecht und, wenn er nur zu einem Teil der Erbschaft berufen ist, über die Größe des Erbteils zu erteilen (Erbschein).

**§§ 2354–2360[2]** *(aufgehoben)*

**§ 2361[3] Einziehung oder Kraftloserklärung des unrichtigen Erbscheins.**

[1] Ergibt sich, dass der erteilte Erbschein unrichtig ist, so hat ihn das Nachlassgericht einzuziehen. [2] Mit der Einziehung wird der Erbschein kraftlos.

**§ 2362 Herausgabe- und Auskunftsanspruch des wirklichen Erben.**

(1) Der wirkliche Erbe kann von dem Besitzer eines unrichtigen Erbscheins die Herausgabe an das Nachlassgericht verlangen.

(2) Derjenige, welchem ein unrichtiger Erbschein erteilt worden ist, hat dem wirklichen Erben über den Bestand der Erbschaft und über den Verbleib der Erbschaftsgegenstände Auskunft zu erteilen.

**§ 2363[4] Herausgabeanspruch des Nacherben und des Testamentsvollstreckers.** Dem Nacherben sowie dem Testamentsvollstrecker steht das in § 2362 Absatz 1 bestimmte Recht zu.

**§ 2364[5]** *(aufgehoben)*

**§ 2365 Vermutung der Richtigkeit des Erbscheins.** Es wird vermutet, dass demjenigen, welcher in dem Erbschein als Erbe bezeichnet ist, das in dem Erbschein angegebene Erbrecht zustehe und dass er nicht durch andere als die angegebenen Anordnungen beschränkt sei.

*(Fortsetzung nächstes Blatt)*

---

[1] § 2352 Satz 3 geänd. mWv 1.1.2010 durch G v. 24.9.2009 (BGBl. I S. 3142).

[2] § 2360 aufgeh. mWv 1.9.2009 durch G v. 17.12.2008 (BGBl. I S. 2586); §§ 2354–2359 aufgeh. mWv 17.8.2015 durch G v. 29.6.2015 (BGBl. I S. 1042).

[3] § 2361 Abs. 2 und 3 aufgeh. mWv 17.8.2015 durch G v. 29.6.2015 (BGBl. I S. 1042).

[4] § 2363 neu gef. mWv 17.8.2015 durch G v. 29.6.2015 (BGBl. I S. 1042).

[5] § 2364 aufgeh. mWv 17.8.2015 durch G v. 29.6.2015 (BGBl. I S. 1042).

**§ 2366 Öffentlicher Glaube des Erbscheins.** Erwirbt jemand von demjenigen, welcher in einem Erbschein als Erbe bezeichnet ist, durch Rechtsgeschäft einen Erbschaftsgegenstand, ein Recht an einem solchen Gegenstand oder die Befreiung von einem zur Erbschaft gehörenden Recht, so gilt zu seinen Gunsten der Inhalt des Erbscheins, soweit die Vermutung des § 2365 reicht, als richtig, es sei denn, dass er die Unrichtigkeit kennt oder weiß, dass das Nachlassgericht die Rückgabe des Erbscheins wegen Unrichtigkeit verlangt hat.

**§ 2367 Leistung an Erbscheinserben.** Die Vorschrift des § 2366 findet entsprechende Anwendung, wenn an denjenigen, welcher in einem Erbschein als Erbe bezeichnet ist, auf Grund eines zur Erbschaft gehörenden Rechts eine Leistung bewirkt oder wenn zwischen ihm und einem anderen in Ansehung eines solchen Rechts ein nicht unter die Vorschrift des § 2366 fallendes Rechtsgeschäft vorgenommen wird, das eine Verfügung über das Recht enthält.

**§ 2368[1)] Testamentsvollstreckerzeugnis.** [1] Einem Testamentsvollstrecker hat das Nachlassgericht auf Antrag ein Zeugnis über die Ernennung zu erteilen. [2] Die Vorschriften über den Erbschein finden auf das Zeugnis entsprechende Anwendung; mit der Beendigung des Amts des Testamentsvollstreckers wird das Zeugnis kraftlos.

**§ 2369[2)]** *(aufgehoben)*

**§ 2370 Öffentlicher Glaube bei Todeserklärung.** (1) Hat eine Person, die für tot erklärt oder deren Todeszeit nach den Vorschriften des Verschollenheitsgesetzes[3)] festgestellt ist, den Zeitpunkt überlebt, der als Zeitpunkt ihres Todes gilt, oder ist sie vor diesem Zeitpunkt gestorben, so gilt derjenige, welcher auf Grund der Todeserklärung oder der Feststellung der Todeszeit Erbe sein würde, in Ansehung der in den §§ 2366, 2367 bezeichneten Rechtsgeschäfte zugunsten des Dritten auch ohne Erteilung eines Erbscheins als Erbe, es sei denn, dass der Dritte die Unrichtigkeit der Todeserklärung oder der Feststellung der Todeszeit kennt oder weiß, dass sie aufgehoben worden sind.

(2) [1] Ist ein Erbschein erteilt worden, so stehen demjenigen, der für tot erklärt oder dessen Todeszeit nach den Vorschriften des Verschollenheitsgesetzes festgestellt ist, wenn er noch lebt, die in § 2362 bestimmten Rechte zu. [2] Die gleichen Rechte hat eine Person, deren Tod ohne Todeserklärung oder Feststellung der Todeszeit mit Unrecht angenommen worden ist.

## Abschnitt 9. Erbschaftskauf

**§ 2371 Form.** Ein Vertrag, durch den der Erbe die ihm angefallene Erbschaft verkauft, bedarf der notariellen Beurkundung.

**§ 2372 Dem Käufer zustehende Vorteile.** Die Vorteile, welche sich aus dem Wegfall eines Vermächtnisses oder einer Auflage oder aus der Ausgleichungspflicht eines Miterben ergeben, gebühren dem Käufer.

---

1) § 2368 neu gef. mWv 17. 8. 2015 durch G v. 29. 6. 2015 (BGBl. I S. 1042).
2) § 2369 aufgeh. mWv 17. 8. 2015 durch G v. 29. 6. 2015 (BGBl. I S. 1042).
3) **Schönfelder ErgBd. Nr. 45.**

**§ 2373 Dem Verkäufer verbleibende Teile.** [1] Ein Erbteil, der dem Verkäufer nach dem Abschluss des Kaufs durch Nacherbfolge oder infolge des Wegfalls eines Miterben anfällt, sowie ein dem Verkäufer zugewendetes Vorausvermächtnis ist im Zweifel nicht als mitverkauft anzusehen. [2] Das Gleiche gilt von Familienpapieren und Familienbildern.

**§ 2374 Herausgabepflicht.** Der Verkäufer ist verpflichtet, dem Käufer die zur Zeit des Verkaufs vorhandenen Erbschaftsgegenstände mit Einschluss dessen herauszugeben, was er vor dem Verkauf auf Grund eines zur Erbschaft gehörenden Rechts oder als Ersatz für die Zerstörung, Beschädigung oder Entziehung eines Erbschaftsgegenstands oder durch ein Rechtsgeschäft erlangt hat, das sich auf die Erbschaft bezog.

**§ 2375 Ersatzpflicht.** (1) [1] Hat der Verkäufer vor dem Verkauf einen Erbschaftsgegenstand verbraucht, unentgeltlich veräußert oder unentgeltlich belastet, so ist er verpflichtet, dem Käufer den Wert des verbrauchten oder veräußerten Gegenstands, im Falle der Belastung die Wertminderung zu ersetzen. [2] Die Ersatzpflicht tritt nicht ein, wenn der Käufer den Verbrauch oder die unentgeltliche Verfügung bei dem Abschluss des Kaufs kennt.

(2) Im Übrigen kann der Käufer wegen Verschlechterung, Untergangs oder einer aus einem anderen Grunde eingetretenen Unmöglichkeit der Herausgabe eines Erbschaftsgegenstands nicht Ersatz verlangen.

**§ 2376[1] Haftung des Verkäufers.** (1) Die Haftung des Verkäufers für Rechtsmängel beschränkt sich darauf, dass ihm das Erbrecht zusteht, dass es nicht durch das Recht eines Nacherben oder durch die Ernennung eines Testamentsvollstreckers beschränkt ist, dass nicht Vermächtnisse, Auflagen, Pflichtteilslasten, Ausgleichungspflichten oder Teilungsanordnungen bestehen und dass nicht unbeschränkte Haftung gegenüber den Nachlassgläubigern oder einzelnen von ihnen eingetreten ist.

(2) Für Sachmängel eines zur Erbschaft gehörenden Gegenstands haftet der Verkäufer nicht, es sei denn, dass er einen Mangel arglistig verschwiegen oder eine Garantie für die Beschaffenheit des Gegenstands übernommen hat.

**§ 2377 Wiederaufleben erloschener Rechtsverhältnisse.** [1] Die infolge des Erbfalls durch Vereinigung von Recht und Verbindlichkeit oder von Recht und Belastung erloschenen Rechtsverhältnisse gelten im Verhältnis zwischen dem Käufer und dem Verkäufer als nicht erloschen. [2] Erforderlichenfalls ist ein solches Rechtsverhältnis wiederherzustellen.

**§ 2378 Nachlassverbindlichkeiten.** (1) Der Käufer ist dem Verkäufer gegenüber verpflichtet, die Nachlassverbindlichkeiten zu erfüllen, soweit nicht der Verkäufer nach § 2376 dafür haftet, dass sie nicht bestehen.

(2) Hat der Verkäufer vor dem Verkauf eine Nachlassverbindlichkeit erfüllt, so kann er von dem Käufer Ersatz verlangen.

**§ 2379 Nutzungen und Lasten vor Verkauf.** [1] Dem Verkäufer verbleiben die auf die Zeit vor dem Verkauf fallenden Nutzungen. [2] Er trägt für diese

[1] § 2376 Abs. 1 geänd., Abs. 2 neu gef. mWv 1. 1. 2010 durch G v. 24. 9. 2009 (BGBl. I S. 3142).

Zeit die Lasten, mit Einschluss der Zinsen der Nachlassverbindlichkeiten. [3]Den Käufer treffen jedoch die von der Erbschaft zu entrichtenden Abgaben sowie die außerordentlichen Lasten, welche als auf den Stammwert der Erbschaftsgegenstände gelegt anzusehen sind.

**§ 2380. Gefahrübergang, Nutzungen und Lasten nach Verkauf.** [1]Der Käufer trägt von dem Abschluss des Kaufs an die Gefahr des zufälligen Untergangs und einer zufälligen Verschlechterung der Erbschaftsgegenstände. [2]Von diesem Zeitpunkt an gebühren ihm die Nutzungen und trägt er die Lasten.

**§ 2381. Ersatz von Verwendungen und Aufwendungen.** (1) Der Käufer hat dem Verkäufer die notwendigen Verwendungen zu ersetzen, die der Verkäufer vor dem Verkauf auf die Erbschaft gemacht hat.

(2) Für andere vor dem Verkauf gemachte Aufwendungen hat der Käufer insoweit Ersatz zu leisten, als durch sie der Wert der Erbschaft zur Zeit des Verkaufs erhöht ist.

**§ 2382. Haftung des Käufers gegenüber Nachlassgläubigern.** (1) [1]Der Käufer haftet von dem Abschluss des Kaufs an den Nachlassgläubigern, unbeschadet der Fortdauer der Haftung des Verkäufers. [2]Dies gilt auch von den Verbindlichkeiten, zu deren Erfüllung der Käufer dem Verkäufer gegenüber nach den §§ 2378, 2379 nicht verpflichtet ist.

(2) Die Haftung des Käufers den Gläubigern gegenüber kann nicht durch Vereinbarung zwischen dem Käufer und dem Verkäufer ausgeschlossen oder beschränkt werden.

**§ 2383. Umfang der Haftung des Käufers.** (1) [1]Für die Haftung des Käufers gelten die Vorschriften über die Beschränkung der Haftung des Erben. [2]Er haftet unbeschränkt, soweit der Verkäufer zur Zeit des Verkaufs unbeschränkt haftet. [3]Beschränkt sich die Haftung des Käufers auf die Erbschaft, so gelten seine Ansprüche aus dem Kauf als zur Erbschaft gehörend.

(2) Die Errichtung des Inventars durch den Verkäufer oder den Käufer kommt auch dem anderen Teil zustatten, es sei denn, dass dieser unbeschränkt haftet.

**§ 2384. Anzeigepflicht des Verkäufers gegenüber Nachlassgläubigern, Einsichtsrecht.** (1) [1]Der Verkäufer ist den Nachlassgläubigern gegenüber verpflichtet, den Verkauf der Erbschaft und den Namen des Käufers unverzüglich dem Nachlassgericht anzuzeigen. [2]Die Anzeige des Verkäufers wird durch die Anzeige des Käufers ersetzt.

(2) Das Nachlassgericht hat die Einsicht der Anzeige jedem zu gestatten, der ein rechtliches Interesse glaubhaft macht.

**§ 2385. Anwendung auf ähnliche Verträge.** (1) Die Vorschriften über den Erbschaftskauf finden entsprechende Anwendung auf den Kauf einer von dem Verkäufer durch Vertrag erworbenen Erbschaft sowie auf andere Verträge, die auf die Veräußerung einer dem Veräußerer angefallenen oder anderweit von ihm erworbenen Erbschaft gerichtet sind.

(2) [1]Im Falle einer Schenkung ist der Schenker nicht verpflichtet, für die vor der Schenkung verbrauchten oder unentgeltlich veräußerten Erbschaftsge-

genstände oder für eine vor der Schenkung unentgeltlich vorgenommene Belastung dieser Gegenstände Ersatz zu leisten. [2]Die in § 2376 bestimmte Verpflichtung zur Gewährleistung wegen eines Mangels im Recht trifft den Schenker nicht; hat der Schenker den Mangel arglistig verschwiegen, so ist er verpflichtet, dem Beschenkten den daraus entstehenden Schaden zu ersetzen.

# 21. Einführungsgesetz zum Bürgerlichen Gesetzbuche

In der Fassung der Bekanntmachung vom 21. September 1994[1)]
(BGBl. I S. 2494, ber. 1997 I S. 1061)

**FNA 400-1**

| Lfd. Nr. | Änderndes Gesetz | Datum | Fund-stelle | Betroffen | Hinweis |
|---|---|---|---|---|---|
| 1.–64. | Änderungsgesetze bis einschl. G v. 24.9.2009 (BGBl. I S. 3145) nur noch in den Anm. nachgewiesen | | | | |
| 65. | Art. 2 G zur Einf. einer Musterwiderrufsinform. für Verbraucherdarlehensvertr., zur Änd. der Vorschr. über das Widerrufsrecht bei Verbraucherdarlehensvertr. u. zur Änd. d. Darlehensvermittlungs R | 24.7.2010 | BGBl. I S. 977 | Art. 247 §§ 2, 6, 10, 11, 12, 13, Art. 248 §§ 4, 11, Anl. 3, 4 | geänd. mWv 30.7.2010 |
| | | | | Anl. 6 | eingef. mWv 30.7.2010 |
| 66. | Art. 2 G zur Modernisierung der Regelungen über Teilzeit-Wohnrechteverträge, Verträge über langfristige Urlaubsprodukte sowie Vermittlungsverträge und Tauschsystemverträge[2)] | 17.1.2011 | BGBl. I S. 34 | Art. 46b, Anl. 1 | geänd. mWv 23.2.2011 |
| | | | | Art. 242 | neu gef. mWv 23.2.2011 |
| | | | | Art. 229 § 25 | eingef. mWv 23.2.2011 |
| 67. | Art. 2 Zweites G zur erbrechtl. Gleichstellung nichtehelicher Kinder, zur Änd. der ZPO u. der AbgabenO | 12.4.2011 | BGBl. I S. 615 | Art. 235 § 1 | geänd. mWv 29.5.2009 |
| 68. | Art. 12 G zur Durchführung der VO (EG) Nr. 4/2009 u. zur NeuO bestehender Aus- und Durchführungsbest. auf dem Gebiet des internationalen Unterhaltsverfahrensrechts | 23.5.2011 | BGBl. I S. 898 | Art. 3, 17b | geänd. mWv 18.6.2011 |
| | | | | Art. 18 | aufgeh. mWv 18.6.2011 |
| 69. | Art. 7 G zur Bekämpfung der Zwangsheirat u. zum besseren Schutz der Opfer von Zwangsheirat sowie zur Änd. weiterer aufenthalts- und asylrechtlicher Vorschr. | 23.6.2011 | BGBl. I S. 1266 | Art. 229 § 26 | eingef. mWv 1.7.2011 |
| 70. | Art. 2 G zur Anpassung der Vorschriften über den Wertersatz bei Widerruf von Fernabsatzverträgen und über verbundene Verträge | 27.7.2011 | BGBl. I S. 1600, ber. S. 1942 | Art. 246 § 3, Art. 247 §§ 6, 12 | geänd. mWv 4.8.2011 |
| | | | | Anl. 1, 2 | neu gef. mWv 4.8.2011 |
| | | | | Art. 229 § 27 | eingef. mWv 4.8.2011 |

[1)] Neubekanntmachung des EGBGB v. 18.8.1896 (RGBl. S. 604) in der ab 1.10.1994 geltenden Fassung.

[2)] **Amtl. Anm.:** Dieses Gesetz dient der Umsetzung der Richtlinie 2008/122/EG des Europäischen Parlaments und des Rates vom 14. Januar 2009 über den Schutz der Verbraucher im Hinblick auf bestimmte Aspekte von Teilzeitnutzungsverträgen, Verträgen über langfristige Urlaubsprodukte sowie Wiederverkaufs- und Tauschverträgen (ABl. L 33 vom 3.2.2009, S. 10).

| Lfd. Nr. | Änderndes Gesetz | Datum | Fundstelle | Betroffen | Hinweis |
|---|---|---|---|---|---|
| 71. | Art. 1 G zur Anp. der Vorschr. des Internationalen Privatrechts an die VO (EU) Nr. 1259/2010 u. zur Änd. anderer Vorschr. des Internationalen Privatrechts | 23.1.2013 | BGBl. I S. 101 | Art. 3, 17, 17b, Überschrift 7. Abschnitt, Anl. 3 und 4 | geänd. mWv 29.1.2013 |
| | | | | Überschrift 3. Teil 3. Kapitel, Art. 48 | neu gef. mWv 29.1.2013 |
| | | | | 3. Unterabschnitt, Art. 46d, 229 § 28 | eingef. mWv 29.1.2013 |
| 72. | Art. 2 MietrechtsänderungsG | 11.3.2013 | BGBl. I S. 434 | Art. 229 § 29 | geänd. mWv 1.5.2013 |
| 73. | Art. 4 G zur Reform der elterlichen Sorge nicht miteinander verheirateter Eltern | 16.4.2013 | BGBl. I S. 795 | Art. 224 § 2 | geänd. mWv 19.5.2013 |
| | | | | Art. 229 § 30 | eingef. mWv 19.5.2013 |
| | | | | Art. 234 § 11 | aufgeh. mWv 19.5.2013 |
| 74. | Art. 6 Personenstandsrechts-ÄnderungsG | 7.5.2013 | BGBl. I S. 1122 | Art. 47 | geänd. mWv 1.11.2013 |
| 75. | Art. 9 G zur Übertragung von Aufgaben im Bereich der freiwilligen Gerichtsbarkeit auf Notare | 26.6.2013 | BGBl. I S. 1800 | Siebter Teil Überschrift | geänd. mWv 1.9.2013 |
| | | | | Art. 239 | eingef. mWv 1.9.2013 |
| | | | | Art. 148 | aufgeh. mWv 1.9.2013 |
| 76. | Art. 5 G zur Stärkung der Rechte von Opfern sexuellen Missbrauchs | 26.6.2013 | BGBl. I S. 1805 | Art. 229 § 31 | eingef. mWv 30.6.2013 |
| 77. | Art. 2 G zur Umsetzung der VerbraucherrechteRL und zur Änd. des G zur Regelung der Wohnungsvermittlung[1] | 20.9.2013 | BGBl. I S. 3642 | Art. 46b, Art. 247 §§ 2, 5, 6, 10–14, Art. 248 §§ 3–5, 12, Anl. 4–6 | geänd. mWv 13.6.2014 |
| | | | | Art. 246, 248 § 1, Anl. 1, 2, 3 | neu gef. mWv 13.6.2014 |
| | | | | Art. 229 § 32, Art. 246a, 246c, Anl. 7 | eingef. mWv 13.6.2014 |
| | | | | Art. 245 | aufgeh. mWv 13.6.2014 |
| 78. | Art. 5 G gegen unseriöse Geschäftspraktiken[2] | 1.10.2013 | BGBl. I S. 3714 | Art. 229 § 33 | eingef. mWv 9.10.2013 |
| 79. | Art. 4 Abs. 4 G zur Einf. eines Datenbankgrundbuchs | 1.10.2013 | BGBl. I S. 3719 | Art. 119 | geänd. mWv 9.10.2013 |
| 80. | BVerfG, Beschl. – 1 BvL 6/10 – | 17.12.2013 | BGBl. 2014 I S. 110 | Art. 229 § 16 | |

[1] **Amtl. Anm.:** Dieses Gesetz dient der Umsetzung der Richtlinie 2011/83/EU des Europäischen Parlaments und des Rates vom 25. Oktober 2011 über die Rechte der Verbraucher, zur Abänderung der Richtlinie 93/13/EWG des Rates und der Richtlinie 1999/44/EG des Europäischen Parlaments und des Rates sowie zur Aufhebung der Richtlinie 85/577/EWG des Rates und der Richtlinie 97/7/EG des Europäischen Parlaments und des Rates (ABl. L 304 vom 22.11.2011, S. 64).

[2] **Amtl. Anm.:** Dieses Gesetz dient der Umsetzung von Artikel 13 der Richtlinie 2002/58/EG des Europäischen Parlaments und des Rates vom 12. Juli 2002 über die Verarbeitung personenbezogener Daten und den Schutz der Privatsphäre in der elektronischen Kommunikation (Datenschutzrichtlinie für elektronische Kommunikation) (ABl. L 201 vom 31.7.2002, S. 37), die zuletzt durch Artikel 2 der Richtlinie 2009/136/EG (ABl. L 337 vom 18.12.2009, S. 11) geändert worden ist.

| Lfd. Nr. | Änderndes Gesetz | Datum | Fundstelle | Betroffen | Hinweis |
|---|---|---|---|---|---|
| 81. | Art. 1 G z Ums. d. Entsch. d. BVerfG zur Sukzessivadoption durch Lebenspart. | 20.6.2014 | BGBl. I S. 786 | Art. 22 | geänd. mWv 27.6.2014 |
| 82. | Art. 11 G zur Durchf. der VO (EU) Nr. 1215/2012 sow. z. Änd. sonst. Vorschr. | 8.7.2014 | BGBl. I S. 890 | Art. 3 | geänd. mWv 16.7.2014 |
| 83. | Art. 3 G zur Bekämpf. v. Zahlungsverzug im Geschäftsverkehr und zur Änd. des EEG[1] | 22.7.2014 | BGBl. I S. 1218 | Art. 229 § 34 | eingef. mWv 29.7.2014 |
| 84. | Art. 2 Mietrechtsnovellierungsgesetz | 21.4.2015 | BGBl. I S. 610 | Art. 229 § 35 | eingef. mWv 1.6.2015 |
| 85. | Art. 15 G zum Internationalen Erbrecht und zur Änd. von Vorschriften zum Erbschein sowie zur Änd. sonstiger Vorschriften | 29.6.2015 | BGBl. I S. 1042 | Art. 3, 3a, 17b, 239 | geänd. mWv 17.8.2015 |
| | | | | Art. 25, 26 | neu gef. mWv 17.8.2015 |
| | | | | Art. 229 § 36 | eingef. mWv 17.8.2015 |
| 86. | Art. 179 Zehnte ZuständigkeitsanpassungsVO | 31.8.2015 | BGBl. I S. 1474 | Art. 233 § 2a, Art. 238, 243, 244 | geänd. mWv 8.9.2015 |
| 87. | Art. 17 G zur Bereinig. des Rechts d. Lebenspartner | 20.11. 2015 | BGBl. I S. 2010 | Art. 17b | geänd. mWv 26.11.2015 |
| 88. | Art. 2 G zur Verbess. der zivilrechtl. Durchsetz. von verbraucherschützenden Vorschr. des DatenschutzR | 17.2.2016 | BGBl. I S. 233 | Art. 86 | geänd. mWv 24.2.2016 |
| | | | | Art. 229 § 37 | eingef. mWv 1.10.2016 |
| 89. | Art. 2 G zur Umsetzung der WohnimmobilienkreditRL und zur Änd. handelsrechtlicher Vorschriften[2] | 11.3.2016 | BGBl. I S. 396 | Art. 246, 247 §§ 2–8, 10–13, 15, Anl. 1 | geänd. mWv 21.3.2016 |
| | | | | Art. 247 § 1, Anl. 6, 7 | neu gef. mWv 21.3.2016 |
| | | | | Art. 229 § 38, Art. 247 §§ 13a, 13b, 18, Art. 247a §§ 1, 2, Anl. 8, 9 | eingef. mWv 21.3.2016 |
| | | | | Art. 247 § 9 | aufgeh. mWv 21.3.2016 |
| 90. | Art. 55 Zweites G über die weitere Bereinigung von Bundesrecht | 8.7.2016 | BGBl. I S. 1594 | Art. 234 § 3, Art. 240, 241 | aufgeh. mit Ablauf des 14.7. 2016 |
| 91. | Art. 2 G zur Reform des Bauvertragsrechts, zur Änd. der kaufrechtlichen Mängelhaftung, zur Stärkung des zivilprozessualen Rechtsschutzes und zum maschinellen Siegel im Grundbuch- und Schiffsregisterverfahren | 28.4.2017 | BGBl. I S. 969 | Art. 244 | geänd. mWv 1.1.2018 |
| | | | | Art. 229 § 39, Art. 249, Anl. 10 | eingef. mWv 1.1.2018 |

[1] **Amtl. Anm.:** Dieses Gesetz dient der Umsetzung der Richtlinie 2011/7/EU des Europäischen Parlaments und des Rates vom 16. Februar 2011 zur Bekämpfung von Zahlungsverzug im Geschäftsverkehr (ABl. L 48 vom 23.2.2011, S. 1).

[2] **Amtl. Anm.:** Dieses Gesetz dient der Umsetzung der Richtlinie 2014/17/EU des Europäischen Parlaments und des Rates vom 4. Februar 2014 über Wohnimmobilienkreditverträge für Verbraucher und zur Änderung der Richtlinien 2008/48/EG und 2013/36/EU und der Verordnung (EU) Nr. 1093/2010 (ABl. L 60 vom 28.2.2014, S. 34).

| Lfd. Nr. | Änderndes Gesetz | Datum | Fundstelle | Betroffen | Hinweis |
|---|---|---|---|---|---|
| 92. | Art. 7 FinanzaufsichtsrechtergänzungsG[1] | 6.6.2017 | BGBl. I S. 1495 | Art. 229 § 40 | eingef. mWv 10.6.2017 |
| | | | | Art. 247 § 4, Art. 247a § 1 | geänd. mWv 1.7.2018 |
| 93. | Art. 5 G zur Änd. von Vorschriften im Bereich des Internationalen Privat- und Zivilverfahrensrechts | 11.6.2017 | BGBl. I S. 1607 | Art. 8, 229 § 41 | eingef. mWv 17.6.2017 |
| 94. | Art. 2 Drittes G zur Änd. reiserechtlicher Vorschriften[2] | 17.7.2017 | BGBl. I S. 2394 | Art. 46d, 1. Teil 2. Kapitel 7. Abschnitt 4. UAbschnitt, Art. 46e, 246a § 1 | geänd. mWv 1.7.2018 |
| | | | | 1. Teil 2. Kapitel 7. Abschnitt 2. UAbschnitt Überschrift | neu gef. mWv 1.7.2018 |
| | | | | Art. 46c, 1. Teil 2. Kapitel 7. Abschnitt 3. UAbschnitt Überschrift, Art. 229 § 42, Art. 250 (§§ 1–10), Art. 251 (§§ 1, 2), Art. 252, 253 (§§ 1–3), Anl. 11–18 | eingef. mWv 1.7.2018 |
| | | | | Art. 238 | aufgeh. mit Ablauf des 30.6. 2018 |
| 95. | Art. 4 G zur Einführung eines Anspruchs auf Hinterbliebenengeld | 17.7.2017 | BGBl. I S. 2421 | Art. 229 § 43 | eingef. mWv 22.7.2017 |
| 96. | Art. 2 G zur Bekämpfung von Kinderehen | 17.7.2017 | BGBl. I S. 2429 | Art. 13 | geänd. mWv 22.7.2017 |
| | | | | Art. 229 § 44 | eingef. mWv 22.7.2017 |
| 97. | Art. 3 G zur Umsetzung der Zweiten ZahlungsdiensteRL[3] | 17.7.2017 | BGBl. I S. 2446 | Art. 247 § 3, Art. 248 §§ 1, 2, 4, 7, 8, 11–18, Überschrift 4. Abschnitt | geänd. mWv 13.1.2018 |
| | | | | Art. 248 § 6 | neu gef. mWv 13.1.2018 |
| | | | | Art. 229 § 45, Art. 248 §§ 13a, 17a | eingef. mWv 13.1.2018 |

[1] **Amtl. Anm.:** Dieses Gesetz dient der Umsetzung der Richtlinie 2008/48/EG des Europäischen Parlaments und des Rates vom 23. April 2008 über Verbraucherkreditverträge und zur Aufhebung der Richtlinie 87/102/EWG des Rates (ABl. L 133 vom 22.5.2008, S. 66), die zuletzt durch die Verordnung (EU) 2016/1011 (ABl. L 171 vom 29.6.2016, S. 1) geändert worden ist, und der Umsetzung der Richtlinie 2014/17/EU des Europäischen Parlaments und des Rates vom 4. Februar 2014 über Wohnimmobilienkreditverträge für Verbraucher und zur Änderung der Richtlinien 2008/48/EG und 2013/36/EU und der Verordnung (EU) Nr. 1093/2010 (ABl. L 60 vom 28.2.2014, S. 34), die zuletzt durch die Verordnung (EU) 2016/1011 (ABl. L 171 vom 29.6.2016, S. 1) geändert worden ist.

[2] **Amtl. Anm.:** Dieses Gesetz dient der Umsetzung der Richtlinie (EU) 2015/2302 des Europäischen Parlaments und des Rates vom 25. November 2015 über Pauschalreisen und verbundene Reiseleistungen, zur Änderung der Verordnung (EG) Nr. 2006/2004 und der Richtlinie 2011/83/EU des Europäischen Parlaments und des Rates sowie zur Aufhebung der Richtlinie 90/314/EWG des Rates (ABl. L 326 vom 11.12.2015, S. 1).

[3] **Amtl. Anm.:** Dieses Gesetz dient der Umsetzung der Richtlinie (EU) 2015/2366 des Europäischen Parlaments und des Rates vom 25. November 2015 über Zahlungsdienste im Binnenmarkt, zur Änderung der Richtlinien 2002/65/EG, 2009/110/EG und 2013/36/EU und der Verordnung (EU) Nr. 1093/2010 sowie zur Aufhebung der Richtlinie 2007/64/EG (ABl. L 337 vom 23.12.2015, S. 35; L 169 vom 28.6. 2016, S. 18).

| Lfd. Nr. | Änderndes Gesetz | Datum | Fundstelle | Betroffen | Hinweis |
|---|---|---|---|---|---|
| 98. | Art. 3 G zur Regelung des Rechts auf Kenntnis der Abstammung bei heterologer Verwendung von Samen | 17.7.2017 | BGBl. I S. 2513 | Art. 229 § 46 | eingef. mWv 1.7.2018 |
| 99. | Art. 5 G zur besseren Durchsetzung der Ausreisepflicht | 20.7.2017 | BGBl. I S. 2780 | Art. 229 § 16 | aufgeh. mit Ablauf des 28.7. 2017 |
| 100. | Art. 2 Abs. 4 G zur Einführung des Rechts auf Eheschließung für Personen gleichen Geschlechts | 20.7.2017 | BGBl. I S. 2787 | Art. 17b | geänd. mWv 1.10.2017 |
| 101. | Art. 2 G zum Internationalen Güterrecht und zur Änd. von Vorschriften des Internationalen Privatrechts | 17.12. 2018 | BGBl. I S. 2573 | Art. 17 | geänd. mWv 21.12.2018 |
| | | | | Art. 3, 4, 17, 17b, 19, 22, 220, 236 | geänd. mWv 29.1.2019 |
| | | | | Art. 14, 17a | neu gef. mWv 29.1.2019 |
| | | | | Art. 229 § 47 | eingef. mWv 29.1.2019 |
| | | | | Art. 3a, 15, 16 | aufgeh. mit Ablauf des 28.1. 2019 |
| 102. | Art. 2 G zur Ums. des G zur Einf. des Rechts auf Eheschließung für Personen gleichen Geschlechts | 18.12. 2018 | BGBl. I S. 2639 | Art. 17b | geänd. mWv 22.12.2018 |
| | | | | Art. 229 § 48 | eingef. mWv 22.12.2018 |
| 103. | Art. 2 MietrechtsanpassungsG | 18.12. 2018 | BGBl. I S. 2648 | Art. 229 § 49 | eingef. mWv 1.1.2019 |
| 104. | Art. 3 G zur Verläng. d. Betrachtungszeitraums für die ortsübl. Vergleichsmiete | 21.12. 2019 | BGBl. I S. 2911 | Art. 229 § 50 | eingef. mWv 1.1.2020 |
| 105. | Art. 2 G zur Verlängerung und Verbesserung der Regelungen über die zulässige Miethöhe bei Mietbeginn | 19.3.2020 | BGBl. I S. 540 | Art. 229 § 51 | eingef. mWv 1.4.2020 |
| 106. | Art. 2 G zur Ums. d. Entsch. des BVerfG vom 26. März 2019 zum Ausschluss der Stiefkindadoption in nichtehel. Familien | 19.3.2020 | BGBl. I S. 541 | Art. 17b, 22, 23 | geänd. mWv 31.3.2020 |
| | | | | Art. 229 § 52 | eingef. mWv 31.3.2020 |
| 107. | Art. 5, 6 Abs. 6 G zur Abmilderung der Folgen der COVID-19-Pandemie im Zivil-, Insolvenz- und Strafverfahrensrecht | 27.3.2020 | BGBl. I S. 569 | Art. 240 (§§ 1, 2, 3, 4) | eingef. mWv 1.4.2020 |
| | | | | Art. 240 (§§ 1, 2, 3, 4, 5, 6, 7) | aufgeh. mit Ablauf des 30.9. 2022 |
| 108. | Art. 1 G zur Abmilderung der Folgen der COVID-19-Pandemie im Veranstaltungsvertragsrecht und im Recht der SE und der SCE | 15.5.2020 | BGBl. I S. 948 | Art. 240 § 5 | eingef. mWv 20.5.2020 |
| 109. | Art. 2 G über die Verteilung der Maklerkosten bei der Vermittlung von Kaufverträgen über Wohnungen und Einfamilienhäuser | 12.6.2020 | BGBl. I S. 1245 | Art. 229 § 53 | eingef. mWv 23.12.2020 |

| Lfd. Nr. | Änderndes Gesetz | Datum | Fundstelle | Betroffen | Hinweis |
|---|---|---|---|---|---|
| 110. | Art. 1 G zur Abmilderung der Folgen der Covid-19-Pandemie im Pauschalreisevertragsrecht | 10.7.2020 | BGBl. I S. 1643 iVm. Bek. v. 6.8. 2020, BGBl. I S. 1870 | Art. 240 § 6 | eingef. mWv 31.7.2020 |
| 111. | Art. 10 G zur weiteren Verkürzung des Restschuldbefreiungsverfahrens und zur Anpassung pandemiebedingter Vorschriften im Gesellschafts-, Genossenschafts-, Vereins- und Stiftungsrecht sowie im Miet- und Pachtrecht | 22.12. 2020 | BGBl. I S. 3328 | Art. 240 § 7 | eingef. mWv 31.12.2020 |
| 112. | Art. 2 G zur Reform des Vormundschafts- und Betreuungsrechts | 4.5.2021 | BGBl. I S. 882 | Art. 17b, 144 | geänd. mWv 1.1.2023 |
| | | | | Art. 7, 15, 24 | neu gef. mWv 1.1.2023 |
| | | | | Art. 229 § 54 | eingef. mWv 1.1.2023 |
| 113. | Art. 2 G zum Schutz von Kindern mit Varianten der Geschlechtsentwicklung | 12.5.2021 | BGBl. I S. 1082 | Art. 229 § 55 | eingef. mWv 22.5.2021 |
| 114. | Art. 2 G zur Anpassung des Finanzdienstleistungsrechts an die Rechtsprechung des Gerichtshofs der EU vom 11. September 2019 in der Rechtssache C-383/18 und vom 26. März 2020 in der Rechtssache C-66/19 | 9.6.2021 | BGBl. I S. 1666 | Art. 246b §§ 1, 2, Anl. 6 | geänd. mWv 15.6.2021 |
| | | | | Anl. 3, 7 | neu gef. mWv 15.6.2021 |
| | | | | Anl. 3a, 3b | eingef. mWv 15.6.2021 |
| 115. | Art. 3 G über die Insolvenzsicherung durch Reisesicherungsfonds und zur Änd. reiserechtlicher Vorschriften[1)] | 25.6.2021 | BGBl. I S. 2114 | Art. 250 § 6, Art. 252, Anl. 11, 12, 13, 14, 15, 16, 17 | geänd. mWv 1.7.2021 |
| | | | | Anl. 18 | neu gef. mWv 1.7.2021 |
| | | | | Art. 229 § 56 | eingef. mWv 1.7.2021 |
| 116. | Art. 2 G zur Umsetzung der RL über bestimmte vertragsrechtliche Aspekte der Bereitstellung digitaler Inhalte und digitaler Dienstleistungen[2)] | 25.6.2021 | BGBl. I S. 2123 | Art. 229 § 57 | eingef. mWv 1.1.2022 |

[1)] **Amtl. Anm.:** Dieses Gesetz dient der Umsetzung der Richtlinie (EU) 2015/2302 des Europäischen Parlaments und des Rates vom 25. November 2015 über Pauschalreisen und verbundene Reiseleistungen, zur Änderung der Verordnung (EG) Nr. 2006/2004 und der Richtlinie 2011/83/EU des Europäischen Parlaments und des Rates sowie zur Aufhebung der Richtlinie 90/314/EWG des Rates (ABl. L 326 vom 11.12.2015, S. 1).

[2)] **Amtl. Anm.:** Dieses Gesetz dient der Umsetzung der Richtlinie (EU) 2019/770 des Europäischen Parlaments und des Rates vom 20. Mai 2019 über bestimmte vertragsrechtliche Aspekte der Bereitstellung digitaler Inhalte und digitaler Dienstleistungen (ABl. L 136 vom 22.5.2019, S. 1; L 305 vom 26.11.2019, S. 62).

| Lfd. Nr. | Änderndes Gesetz | Datum | Fundstelle | Betroffen | Hinweis |
|---|---|---|---|---|---|
| 117. | Art. 2 G zur Regelung des Verkaufs von Sachen mit digitalen Elementen und anderer Aspekte des Kaufvertrags[1] | 25.6.2021 | BGBl. I S. 2133 | Art. 46b | geänd. mWv 1.1.2022 |
| | | | | Art. 229 § 58 | eingef. mWv 1.1.2022 |
| 118. | Art. 2 G zur Vereinheitlichung des Stiftungsrechts und zur Änd. des InfektionsschutzG | 16.7.2021 | BGBl. I S. 2947 | Art. 229 § 59 | eingef. mWv 1.7.2023 |
| 119. | Art. 2 G für faire Verbraucherverträge[2] | 10.8.2021 | BGBl. I S. 3433 | Art. 229 § 60 | eingef. mWv 1.10.2021 |
| | | | | Art. 246e § 1 | geänd. mWv 1.7.2022 |
| 120. | Art. 49 PersonengesellschaftsrechtsmodernisierungsG (MoPeG) | 10.8.2021 | BGBl. I S. 3436 | Art. 229 § 21 | neu gef. mWv 1.1.2024 |
| | | | | Art. 229 § 61 | eingef. mWv 1.1.2024 |
| 121. | Art. 2 G zur Änd. des BGB und des EGBGB in Umsetzung der RL (EU) 2019/2161 und zur Aufhebung der VO zur Übertragung der Zuständigkeit für die Durchführung der VO (EG) Nr. 2006/2004 auf das Bundesministerium der Justiz und für Verbraucherschutz[3] [2] | 10.8.2021 | BGBl. I S. 3483 | Art. 246, 246a §§ 1, 2, 3, Art. 246b § 1, Art. 249 § 3, Anl. 1, 2, 3, 3a, 3b, 7, 8, 9 | geänd. mWv 28.5.2022 |
| | | | | Art. 246d (§§ 1, 2), 246e (§§ 1, 2) | eingef. mWv 28.5.2022 |
| 122. | Art. 2 MietspiegelreformG | 10.8.2021 | BGBl. I S. 3515 | Art. 238 (§§ 1, 2, 3, 4) | neu gef. mWv 1.7.2022 |
| | | | | Art. 229 § 62 | eingef. mWv 1.7.2022 |
| 123. | Art. 3 G zur Herstellung materieller Gerechtigkeit | 21.12.2021 | BGBl. I S. 5252 | Art. 229 § 63 | eingef. mWv 30.12.2021 |
| 124. | Art. 18 G zur Durchführung der EU-Verordnungen über grenzüberschreitende Zustellungen und grenzüberschreitende Beweisaufnahmen in Zivil- oder Handelssachen sowie zur Änd. sonstiger Vorschriften | 24.6.2022 | BGBl. I S. 959 | Art. 246e § 2 | geänd. mWv 1.8.2022 |

[1] **Amtl. Anm.:** Dieses Gesetz dient der Umsetzung der Richtlinie (EU) 2019/771 des Europäischen Parlaments und des Rates vom 20. Mai 2019 über bestimmte vertragsrechtliche Aspekte des Warenkaufs, zur Änderung der Verordnung (EU) 2017/2394 und der Richtlinie 2009/22/EG sowie zur Aufhebung der Richtlinie 1999/44/EG (ABl. L 136 vom 22.5.2019, S. 28; L 305 vom 26.11.2019, S. 66).

[2] **Amtl. Anm.:** Notifiziert gemäß der Richtlinie (EU) 2015/1535 des Europäischen Parlaments und des Rates vom 9. September 2015 über ein Informationsverfahren auf dem Gebiet der technischen Vorschriften und der Vorschriften für die Dienste der Informationsgesellschaft (ABl. L 241 vom 17.9.2015, S. 1).

[3] **Amtl. Anm.:** Dieses Gesetz dient der Umsetzung der Richtlinie (EU) 2019/2161 des Europäischen Parlaments und des Rates vom 27. November 2019 zur Änderung der Richtlinie 93/13/EWG des Rates und der Richtlinien 98/6/EG, 2005/29/EG und 2011/83/EU des Europäischen Parlaments und des Rates zur besseren Durchsetzung und Modernisierung der Verbraucherschutzvorschriften der Union (ABl. L 328 vom 18.12.2019, S. 7).

| Lfd. Nr. | Änderndes Gesetz | Datum | Fundstelle | Betroffen | Hinweis |
|---|---|---|---|---|---|
| 125. | Art. 2, 3 G zur Abschaffung des Güterrechtsregisters und zur Änd. des COVID-19-InsolvenzaussetzungsG | 31.10. 2022 | BGBl. I S. 1966 | Art. 234 §§ 4, 4a | geänd. mWv 1.1.2023 |
| | | | | Art. 229 § 64 | eingef. mWv 1.1.2023 |
| | | | | Art. 229 § 64 | geänd. mWv 1.1.2038 |
| 126. | Beschl. des BVerfG – 1 BvL 7/18 – | 1.2.2023 | BGBl. 2023 I Nr. 108 | Art. 13 Abs. 3 Nr. 1 | unvereinbar mit Art. 6 Abs. 1 GG |
| 127. | Art. 2 G zur Anpassung des Allgemeinen EisenbahnG an die VO (EU) 2021/782 über die Rechte und Pflichten der Fahrgäste im Eisenbahnverkehr sowie zur Änd. des EGBGB | 26.7.2023 | BGBl. 2023 I Nr. 205 | Art. 45 | geänd. mWv 3.8.2023 |

**Vorbemerkung:**
**Die Änderungen durch G v. 10.8.2021 (BGBl. I S. 3436) treten erst mWv 1.1.2024 in Kraft und sind im Text noch nicht berücksichtigt.**

**Nichtamtliche Inhaltsübersicht**



## Erster Teil. Allgemeine Vorschriften

### Erstes Kapitel. Inkrafttreten. Vorbehalt für Landesrecht. Gesetzesbegriff

**Art. 1 [Inkrafttreten des BGB; Vorbehalt für Landesrecht]** (1) Das Bürgerliche Gesetzbuch tritt am 1. Januar 1900 gleichzeitig mit einem Gesetz, betreffend Änderungen des Gerichtsverfassungsgesetzes, der Zivilprozeßordnung und der Konkursordnung, einem Gesetz über die Zwangsversteigerung und die Zwangsverwaltung, einer Grundbuchordnung und einem Gesetz über die Angelegenheiten der freiwilligen Gerichtsbarkeit in Kraft.

(2) Soweit in dem Bürgerlichen Gesetzbuch oder in diesem Gesetz die Regelung den Landesgesetzen vorbehalten oder bestimmt ist, daß landesgesetzliche Vorschriften unberührt bleiben oder erlassen werden können, bleiben die bestehenden landesgesetzlichen Vorschriften in Kraft und können neue landesgesetzliche Vorschriften erlassen werden.

**Art. 2 [Begriff des Gesetzes]** Gesetz im Sinne des Bürgerlichen Gesetzbuchs und dieses Gesetzes ist jede Rechtsnorm.

---

[1] Nr. **21a**.
[2] Nr. **21c**.
[3] **Habersack II Nr. 2.**

## Zweites Kapitel.[1] Internationales Privatrecht

### Erster Abschnitt.[2] Allgemeine Vorschriften

**Art. 3[3] Anwendungsbereich; Verhältnis zu Regelungen der Europäischen Union und zu völkerrechtlichen Vereinbarungen.** Soweit nicht

1. unmittelbar anwendbare Regelungen der Europäischen Union in ihrer jeweils geltenden Fassung, insbesondere
   a) die Verordnung (EG) Nr. 864/2007[4] des Europäischen Parlaments und des Rates vom 11. Juli 2007 über das auf außervertragliche Schuldverhältnisse anzuwendende Recht (Rom II),
   b) die Verordnung (EG) Nr. 593/2008[5] des Europäischen Parlaments und des Rates vom 17. Juni 2008 über das auf vertragliche Schuldverhältnisse anzuwendende Recht (Rom I),
   c) Artikel 15 der Verordnung (EG) Nr. 4/2009[6] des Rates vom 18. Dezember 2008 über die Zuständigkeit, das anwendbare Recht, die Anerkennung und Vollstreckung von Entscheidungen und die Zusammenarbeit in Unterhaltssachen in Verbindung mit dem Haager Protokoll vom 23. November 2007 über das auf Unterhaltspflichten anzuwendende Recht,
   d) die Verordnung (EU) Nr. 1259/2010[7] des Rates vom 20. Dezember 2010 zur Durchführung einer Verstärkten Zusammenarbeit im Bereich des auf die Ehescheidung und Trennung ohne Auflösung des Ehebandes anzuwendenden Rechts,
   e) die Verordnung (EU) Nr. 650/2012[8] des Europäischen Parlaments und des Rates vom 4. Juli 2012 über die Zuständigkeit, das anzuwendende Recht, die Anerkennung und Vollstreckung von Entscheidungen und die Annahme und Vollstreckung öffentlicher Urkunden in Erbsachen sowie zur Einführung eines Europäischen Nachlasszeugnisses,
   f) die Verordnung (EU) 2016/1103[9] des Rates vom 24. Juni 2016 zur Durchführung einer Verstärkten Zusammenarbeit im Bereich der Zuständigkeit, des anzuwendenden Rechts und der Anerkennung und Vollstreckung von Entscheidungen in Fragen des ehelichen Güterstands sowie
   g) die Verordnung (EU) 2016/1104[10] des Rates vom 24. Juni 2016 zur Durchführung der Verstärkten Zusammenarbeit im Bereich der Zuständigkeit, des anzuwendenden Rechts und der Anerkennung und Vollstreckung von Ent-

---

[1] Wegen des für das Gebiet der ehem. DDR geltenden Übergangsrechts zum Internationalen Privatrecht beachte Art. 236.

[2] 1. Abschnitt Überschrift neu gef. mWv 11.1.2009 durch G v. 10.12.2008 (BGBl. I S. 2401).

[3] Art. 3 neu gef. mWv 11.1.2009 durch G v. 10.12.2008 (BGBl. I S. 2401); Nr. 1 neu gef. mWv 17.12. 2009 durch G v. 25.6.2009 (BGBl. I S. 1574); Nr. 1 Buchst. a und b geänd., Buchst. c angef. mWv 18.6. 2011 durch G v. 23.5.2011 (BGBl. I S. 898); Überschrift, Nr. 1 einl. Satzteil, Buchst. b und c geänd., Buchst. d angef. mWv 29.1.2013 durch G v. 23.1.2013 (BGBl. I S. 101); Nr. 1 Buchst. a, b und d geänd., Buchst. c neu gef. mWv 16.7.2014 durch G v. 8.7.2014 (BGBl. I S. 890); Nr. 1 Buchst. c und d geänd., Buchst. e angef. mWv 17.8.2015 durch G v. 29.6.2015 (BGBl. I S. 1042); Nr. 1 Buchst. d, e geänd., Buchst. f und g angef. mWv 29.1.2019 durch G v. 17.12.2018 (BGBl. I S. 2573).

[4] **Nr. 21b.**

[5] **Nr. 21a.**

[6] **Habersack, Deutsche Gesetze ErgBd. Nr. 21d.**

[7] **Nr. 21c.**

[8] **Habersack, Deutsche Gesetze ErgBd. Nr. 21e.**

[9] **Habersack, Deutsche Gesetze ErgBd. Nr. 103i.**

[10] **Habersack, Deutsche Gesetze ErgBd. Nr. 103k.**

scheidungen in Fragen güterrechtlicher Wirkungen eingetragener Partnerschaften oder

2. Regelungen in völkerrechtlichen Vereinbarungen, soweit sie unmittelbar anwendbares innerstaatliches Recht geworden sind,

maßgeblich sind, bestimmt sich das anzuwendende Recht bei Sachverhalten mit einer Verbindung zu einem ausländischen Staat nach den Vorschriften dieses Kapitels (Internationales Privatrecht).

**Art. 3a**[1) 2)] *(aufgehoben)*

**Art. 4**[3)] **Verweisung.** (1) [1] Wird auf das Recht eines anderen Staates verwiesen, so ist auch dessen Internationales Privatrecht anzuwenden, sofern dies nicht dem Sinn der Verweisung widerspricht. [2] Verweist das Recht des anderen Staates auf deutsches Recht zurück, so sind die deutschen Sachvorschriften anzuwenden.

(2) [1] Verweisungen auf Sachvorschriften beziehen sich auf die Rechtsnormen der maßgebenden Rechtsordnung unter Ausschluss derjenigen des Internationalen Privatrechts. [2] Soweit die Parteien das Recht eines Staates wählen können, können sie nur auf die Sachvorschriften verweisen.

(3) [1] Wird auf das Recht eines Staates mit mehreren Teilrechtsordnungen verwiesen, ohne die maßgebende zu bezeichnen, so bestimmt das Recht dieses Staates, welche Teilrechtsordnung anzuwenden ist. [2] Fehlt eine solche Regelung, so ist die Teilrechtsordnung anzuwenden, mit welcher der Sachverhalt am engsten verbunden ist.

**Art. 5 Personalstatut.** (1) [1] Wird auf das Recht des Staates verwiesen, dem eine Person angehört, und gehört sie mehreren Staaten an, so ist das Recht desjenigen dieser Staaten anzuwenden, mit dem die Person am engsten verbunden ist, insbesondere durch ihren gewöhnlichen Aufenthalt oder durch den Verlauf ihres Lebens. [2] Ist die Person auch Deutscher, so geht diese Rechtsstellung vor.

(2) Ist eine Person staatenlos oder kann ihre Staatsangehörigkeit nicht festgestellt werden, so ist das Recht des Staates anzuwenden, in dem sie ihren gewöhnlichen Aufenthalt oder, mangels eines solchen, ihren Aufenthalt hat.

(3) Wird auf das Recht des Staates verwiesen, in dem eine Person ihren Aufenthalt oder ihren gewöhnlichen Aufenthalt hat, und ändert eine nicht voll geschäftsfähige Person den Aufenthalt ohne den Willen des gesetzlichen Vertreters, so führt diese Änderung allein nicht zur Anwendung eines anderen Rechts.

**Art. 6 Öffentliche Ordnung (ordre public)** [1] Eine Rechtsnorm eines anderen Staates ist nicht anzuwenden, wenn ihre Anwendung zu einem Ergebnis führt, das mit wesentlichen Grundsätzen des deutschen Rechts offensichtlich unvereinbar ist. [2] Sie ist insbesondere nicht anzuwenden, wenn die Anwendung mit den Grundrechten unvereinbar ist.

---

1) Art. 3a aufgeh. mWv 29.1.2019 durch G v. 17.12.2018 (BGBl. I S. 2573).

2) Beachte hierzu Übergangsvorschrift in Art. 229 § 47.

3) Art. 4 Überschrift neu gef., Abs. 2 Satz 1 eingef. mWv 29.1.2019 durch G v. 17.12.2018 (BGBl. I S. 2573).

## Zweiter Abschnitt. Recht der natürlichen Personen und der Rechtsgeschäfte

**Art. 7[1] Rechts- und Geschäftsfähigkeit.** (1) [1]Die Rechtsfähigkeit einer Person unterliegt dem Recht des Staates, dem die Person angehört.[2] [2]Die einmal erlangte Rechtsfähigkeit wird durch Erwerb oder Verlust einer Staatsangehörigkeit nicht beeinträchtigt.

(2) [1]Die Geschäftsfähigkeit einer Person unterliegt dem Recht des Staates, in dem die Person ihren gewöhnlichen Aufenthalt hat. [2]Dies gilt auch, soweit die Geschäftsfähigkeit durch Eheschließung erweitert wird. [3]Die einmal erlangte Geschäftsfähigkeit wird durch einen Wechsel des gewöhnlichen Aufenthalts nicht beeinträchtigt.

**Art. 8[3] [4] Gewillkürte Stellvertretung.** (1) [1]Auf die gewillkürte Stellvertretung ist das vom Vollmachtgeber vor der Ausübung der Vollmacht gewählte Recht anzuwenden, wenn die Rechtswahl dem Dritten und dem Bevollmächtigten bekannt ist. [2]Der Vollmachtgeber, der Bevollmächtigte und der Dritte können das anzuwendende Recht jederzeit wählen. [3]Die Wahl nach Satz 2 geht derjenigen nach Satz 1 vor.

(2) Ist keine Rechtswahl nach Absatz 1 getroffen worden und handelt der Bevollmächtigte in Ausübung seiner unternehmerischen Tätigkeit, so sind die Sachvorschriften des Staates anzuwenden, in dem der Bevollmächtigte im Zeitpunkt der Ausübung der Vollmacht seinen gewöhnlichen Aufenthalt hat, es sei denn, dieser Ort ist für den Dritten nicht erkennbar.

(3) Ist keine Rechtswahl nach Absatz 1 getroffen worden und handelt der Bevollmächtigte als Arbeitnehmer des Vollmachtgebers, so sind die Sachvorschriften des Staates anzuwenden, in dem der Vollmachtgeber im Zeitpunkt der Ausübung der Vollmacht seinen gewöhnlichen Aufenthalt hat, es sei denn, dieser Ort ist für den Dritten nicht erkennbar.

(4) Ist keine Rechtswahl nach Absatz 1 getroffen worden und handelt der Bevollmächtigte weder in Ausübung seiner unternehmerischen Tätigkeit noch als Arbeit-

---

[1] Art. 7 neu gef. mWv 1.1.2023 durch G v. 4.5.2021 (BGBl. I S. 882).

[2] Wegen der Rechtsstellung von Volksdeutschen iSd Art. 116 Abs. 1 GG (Nr. **1**), welche die deutsche Staatsangehörigkeit nicht besitzen, vgl. Art. 9 II Nr. 5 FamilienrechtsänderungsG v. 11.8.1961 (BGBl. I S. 1221), zuletzt geänd. durch G v. 17.12.2008 (BGBl. I S. 2586).

Wegen der Rechtsstellung heimatloser Ausländer im Bundesgebiet siehe G über die Rechtsstellung heimatloser Ausländer im Bundesgebiet **(Sartorius Nr. 563)**.

Siehe das Übereinkommen über die Rechtsstellung der Staatenlosen v. 28.9.1954 (BGBl. 1976 II S. 473, 474), G zu dem Übereinkommen v. 12.4.1976 (BGBl. II S. 473) und Bek. über das Inkrafttreten (24.1.1977) v. 10.2.1977 (BGBl. II S. 235).

Beachte aber auch das Abkommen über die Rechtsstellung der Flüchtlinge v. 28.7.1951 (BGBl. 1953 II S. 559), G über den Beitritt zu diesem Abkommen v. 1.9.1953 (BGBl. II S. 559) und Bek. über das Inkrafttreten v. 25.5.1954 (BGBl. II S. 619). Art. 12 dieses Abkommens lautet:

„**Art. 12. Personalstatut**

1. Das Personalstatut jedes Flüchtlings bestimmt sich nach dem Recht des Landes seines Wohnsitzes oder, in Ermangelung eines Wohnsitzes, nach dem Recht seines Aufenthaltslandes.
2. Die von einem Flüchtling vorher erworbenen und sich aus seinem Personalstatut ergebenden Rechte, insbesondere die aus der Eheschließung, werden von jedem vertragschließenden Staat geachtet, gegebenenfalls vorbehaltlich der Formalitäten, die nach dem in diesem Staat geltenden Recht vorgesehen sind. Hierbei wird jedoch unterstellt, daß das betreffende Recht zu demjenigen gehört, das nach den Gesetzen dieses Staates anerkannt worden wäre, wenn die in Betracht kommende Person kein Flüchtling geworden wäre.“

Beachte auch das Protokoll über die Rechtsstellung der Flüchtlinge v. 31.1.1967 (BGBl. 1969 II S. 1293) mit G v. 11.7.1969 (BGBl. II S. 1293) und Bek. über das Inkrafttreten v. 14.4.1970 (BGBl. II S. 194).

[3] Art. 8 neu eingef. mWv 17.6.2017 durch G v. 11.6.2017 (BGBl. I S. 1607).

[4] Beachte hierzu Übergangsvorschrift in Art. 229 § 41.

nehmer des Vollmachtgebers, so sind im Falle einer auf Dauer angelegten Vollmacht die Sachvorschriften des Staates anzuwenden, in dem der Bevollmächtigte von der Vollmacht gewöhnlich Gebrauch macht, es sei denn, dieser Ort ist für den Dritten nicht erkennbar.

(5) [1] Ergibt sich das anzuwendende Recht nicht aus den Absätzen 1 bis 4, so sind die Sachvorschriften des Staates anzuwenden, in dem der Bevollmächtigte von seiner Vollmacht im Einzelfall Gebrauch macht (Gebrauchsort). [2] Mussten der Dritte und der Bevollmächtigte wissen, dass von der Vollmacht nur in einem bestimmten Staat Gebrauch gemacht werden sollte, so sind die Sachvorschriften dieses Staates anzuwenden. [3] Ist der Gebrauchsort für den Dritten nicht erkennbar, so sind die Sachvorschriften des Staates anzuwenden, in dem der Vollmachtgeber im Zeitpunkt der Ausübung der Vollmacht seinen gewöhnlichen Aufenthalt hat.

(6) Auf die gewillkürte Stellvertretung bei Verfügungen über Grundstücke oder Rechte an Grundstücken ist das nach Artikel 43 Absatz 1 und Artikel 46 zu bestimmende Recht anzuwenden.

(7) Dieser Artikel findet keine Anwendung auf die gewillkürte Stellvertretung bei Börsengeschäften und Versteigerungen.

(8) [1] Auf die Bestimmung des gewöhnlichen Aufenthalts im Sinne dieses Artikels ist Artikel 19 Absatz 1 und 2 erste Alternative der Verordnung (EG) Nr. 593/2008[1)] mit der Maßgabe anzuwenden, dass an die Stelle des Vertragsschlusses die Ausübung der Vollmacht tritt. [2] Artikel 19 Absatz 2 erste Alternative der Verordnung (EG) Nr. 593/2008 ist nicht anzuwenden, wenn der nach dieser Vorschrift maßgebende Ort für den Dritten nicht erkennbar ist.

**Art. 9 Todeserklärung.** [1] Die Todeserklärung, die Feststellung des Todes und des Todeszeitpunkts sowie Lebens- und Todesvermutungen unterliegen dem Recht des Staates, dem der Verschollene in dem letzten Zeitpunkt angehörte, in dem er nach den vorhandenen Nachrichten noch gelebt hat. [2] War der Verschollene in diesem Zeitpunkt Angehöriger eines fremden Staates, so kann er nach deutschem Recht für tot erklärt werden, wenn hierfür ein berechtigtes Interesse besteht.

**Art. 10[2)] Name.** (1) Der Name einer Person unterliegt dem Recht des Staates, dem die Person angehört.

(2) [1] Ehegatten können bei oder nach der Eheschließung gegenüber dem Standesamt ihren künftig zu führenden Namen wählen

1. nach dem Recht eines Staates, dem einer der Ehegatten angehört, ungeachtet des Artikels 5 Abs. 1, oder
2. nach deutschem Recht, wenn einer von ihnen seinen gewöhnlichen Aufenthalt im Inland hat.

[2] Nach der Eheschließung abgegebene Erklärungen müssen öffentlich beglaubigt werden. [3] Für die Auswirkungen der Wahl auf den Namen eines Kindes ist § 1617c des Bürgerlichen Gesetzbuchs sinngemäß anzuwenden.

(3) [1] Der Inhaber der Sorge kann gegenüber dem Standesamt bestimmen, daß ein Kind den Familiennamen erhalten soll

1. nach dem Recht eines Staates, dem ein Elternteil angehört, ungeachtet des Artikels 5 Abs. 1,

---

[1)] Nr. **21a.**

[2)] Art. 10 Abs. 2 Satz 3 geänd., Abs. 3 neu gef., Abs. 4 aufgeh. durch G v. 16.12.1997 (BGBl. I S. 2942); Abs. 2 Satz 1 und Abs. 3 Satz 1 geänd. mWv 1.1.2009 durch G v. 19.2.2007 (BGBl. I S. 122).

2. nach deutschem Recht, wenn ein Elternteil seinen gewöhnlichen Aufenthalt im Inland hat, oder
3. nach dem Recht des Staates, dem ein den Namen Erteilender angehört.

[2] Nach der Beurkundung der Geburt abgegebene Erklärungen müssen öffentlich beglaubigt werden.

**Art. 11**[1) 2)] **Form von Rechtsgeschäften.** (1) Ein Rechtsgeschäft ist formgültig, wenn es die Formerfordernisse des Rechts, das auf das seinen Gegenstand bildende Rechtsverhältnis anzuwenden ist, oder des Rechts des Staates erfüllt, in dem es vorgenommen wird.

(2) Wird ein Vertrag zwischen Personen geschlossen, die sich in verschiedenen Staaten befinden, so ist er formgültig, wenn er die Formerfordernisse des Rechts, das auf das seinen Gegenstand bildende Rechtsverhältnis anzuwenden ist, oder des Rechts eines dieser Staaten erfüllt.

(3) Wird der Vertrag durch einen Vertreter geschlossen, so ist bei Anwendung der Absätze 1 und 2 der Staat maßgebend, in dem sich der Vertreter befindet.

(4) Ein Rechtsgeschäft, durch das ein Recht an einer Sache begründet oder über ein solches Recht verfügt wird, ist nur formgültig, wenn es die Formerfordernisse des Rechts erfüllt, das auf das seinen Gegenstand bildende Rechtsverhältnis anzuwenden ist.

**Art. 12 Schutz des anderen Vertragsteils.** [1] Wird ein Vertrag zwischen Personen geschlossen, die sich in demselben Staat befinden, so kann sich eine natürliche Person, die nach den Sachvorschriften des Rechts dieses Staates rechts-, geschäfts- und handlungsfähig wäre, nur dann auf ihre aus den Sachvorschriften des Rechts eines anderen Staates abgeleitete Rechts-, Geschäfts- und Handlungsunfähigkeit berufen, wenn der andere Vertragsteil bei Vertragsabschluß diese Rechts-, Geschäfts- und Handlungsunfähigkeit kannte oder kennen mußte. [2] Dies gilt nicht für familienrechtliche und erbrechtliche Rechtsgeschäfte sowie für Verfügungen über ein in einem anderen Staat belegenes Grundstück.

## Dritter Abschnitt. Familienrecht[3)]

**Art. 13**[4)] **Eheschließung.** (1) Die Voraussetzungen der Eheschließung unterliegen für jeden Verlobten dem Recht des Staates, dem er angehört.

(2) Fehlt danach eine Voraussetzung, so ist insoweit deutsches Recht anzuwenden, wenn

1. ein Verlobter seinen gewöhnlichen Aufenthalt im Inland hat oder Deutscher ist,
2. die Verlobten die zumutbaren Schritte zur Erfüllung der Voraussetzung unternommen haben und

---

1) Art. 11 Abs. 4 aufgeh., bish. Abs. 5 wird Abs. 4 mWv 17.12.2009 durch G v. 25.6.2009 (BGBl. I S. 1574).

2) Vgl. Übereinkommen v. 19. Juni 1980 über das auf vertragliche Schuldverhältnisse anzuwendende Recht (BGBl. 1986 II S. 810) mit Bek. v. 12.7.1991 (BGBl. II S. 871) und G zu dem Übereinkommen v. 25.7.1986 (BGBl. II S. 809).

Vgl. auch das Übereinkommen der Vereinten Nationen über Verträge über den internationalen Warenkauf **(Habersack, Deutsche Gesetze ErgBd. Nr. 50c)** sowie wegen der Übergangsbestimmungen und des Inkrafttretens Art. 5 bis 7 G v. 5.7.1989 (BGBl. II S. 586) und Bek. 23.10.1990 (BGBl. II S. 1477).

3) Wegen des für das Gebiet der ehem. DDR geltenden Übergangsrechts zu den Wirkungen familienrechtlicher Rechtsverhältnisse beachte Art. 236 § 2 EGBGB.

4) Art. 13 Abs. 3 eingef., bish. Abs. 3 wird Abs. 4 mWv 22.7.2017 durch G v. 17.7.2017 (BGBl. I S. 2429).

3. es mit der Eheschließungsfreiheit unvereinbar ist, die Eheschließung zu versagen; insbesondere steht die frühere Ehe eines Verlobten nicht entgegen, wenn ihr Bestand durch eine hier erlassene oder anerkannte Entscheidung beseitigt oder der Ehegatte des Verlobten für tot erklärt ist.

(3) Unterliegt die Ehemündigkeit eines Verlobten nach Absatz 1 ausländischem Recht, ist die Ehe nach deutschem Recht

1. *unwirksam, wenn der Verlobte im Zeitpunkt der Eheschließung das 16. Lebensjahr nicht vollendet hatte, und*[1]
2. aufhebbar, wenn der Verlobte im Zeitpunkt der Eheschließung das 16., aber nicht das 18. Lebensjahr vollendet hatte.

(4) [1] Eine Ehe kann im Inland nur in der hier vorgeschriebenen Form geschlossen werden. [2] Eine Ehe zwischen Verlobten, von denen keiner Deutscher ist, kann jedoch vor einer von der Regierung des Staates, dem einer der Verlobten angehört, ordnungsgemäß ermächtigten Person in der nach dem Recht dieses Staates vorgeschriebenen Form geschlossen werden; eine beglaubigte Abschrift der Eintragung der so geschlossenen Ehe in das Standesregister, das von der dazu ordnungsgemäß ermächtigten Person geführt wird, erbringt vollen Beweis der Eheschließung.

**Art. 14**[2) 3)] **Allgemeine Ehewirkungen.** (1) [1] Soweit allgemeine Ehewirkungen nicht in den Anwendungsbereich der Verordnung (EU) 2016/1103[4)] fallen, unterliegen sie dem von den Ehegatten gewählten Recht. [2] Wählbar sind

1. das Recht des Staates, in dem beide Ehegatten im Zeitpunkt der Rechtswahl ihren gewöhnlichen Aufenthalt haben,
2. das Recht des Staates, in dem beide Ehegatten ihren gewöhnlichen Aufenthalt während der Ehe zuletzt hatten, wenn einer von ihnen im Zeitpunkt der Rechtswahl dort noch seinen gewöhnlichen Aufenthalt hat, oder
3. ungeachtet des Artikels 5 Absatz 1 das Recht des Staates, dem ein Ehegatte im Zeitpunkt der Rechtswahl angehört.

[3] Die Rechtswahl muss notariell beurkundet werden. [4] Wird sie nicht im Inland vorgenommen, so genügt es, wenn sie den Formerfordernissen für einen Ehevertrag nach dem gewählten Recht oder am Ort der Rechtswahl entspricht.

(2) Sofern die Ehegatten keine Rechtswahl getroffen haben, gilt

1. das Recht des Staates, in dem beide Ehegatten ihren gewöhnlichen Aufenthalt haben, sonst
2. das Recht des Staates, in dem beide Ehegatten ihren gewöhnlichen Aufenthalt während der Ehe zuletzt hatten, wenn einer von ihnen dort noch seinen gewöhnlichen Aufenthalt hat, sonst
3. das Recht des Staates, dem beide Ehegatten angehören, sonst
4. das Recht des Staates, mit dem die Ehegatten auf andere Weise gemeinsam am engsten verbunden sind.

---

[1)] Art. 13 Abs. 3 Nr. 1 ist gem. Beschl. des BVerfG v. 1.2.2023 (BGBl. 2023 I Nr. 108) – vorbehaltlich der Ausnahmen nach Art. 229 § 44 Abs. 4 – mit Art. 6 Abs. 1 des Grundgesetzes unvereinbar. Art. 13 Abs. 3 Nr. 1 gilt bis zum Inkrafttreten einer Neuregelung durch den Gesetzgeber, längstens jedoch bis zum 30.6. 2024, fort.

[2)] Art. 14 neu gef. mWv 29.1.2019 durch G v. 17.12.2018 (BGBl. I S. 2573).

[3)] Beachte hierzu Übergangsvorschrift in Art. 229 § 47.

[4)] **Habersack, Deutsche Gesetze ErgBd. Nr. 103i.**

**Art. 15[1] Gegenseitige Vertretung von Ehegatten.** In Angelegenheiten der Gesundheitssorge, die im Inland wahrgenommen werden, ist § 1358 des Bürgerlichen Gesetzbuchs auch dann anzuwenden, wenn nach anderen Vorschriften insoweit ausländisches Recht anwendbar wäre.

**Art. 16[2] [3]** *(aufgehoben)*

**Art. 17[4] Sonderregelungen zur Scheidung.** (1) Soweit vermögensrechtliche Scheidungsfolgen nicht in den Anwendungsbereich der Verordnung (EU) 2016/1103 oder der Verordnung (EG) Nr. 4/2009[5] fallen oder von anderen Vorschriften dieses Abschnitts erfasst sind, unterliegen sie dem nach der Verordnung (EU) Nr. 1259/2010[6] auf die Scheidung anzuwendenden Recht.

(2) Auf Scheidungen, die nicht in den Anwendungsbereich der Verordnung (EU) Nr. 1259/2010 fallen, finden die Vorschriften des Kapitels II dieser Verordnung mit folgenden Maßgaben entsprechende Anwendung:

1. Artikel 5 Absatz 1 Buchstabe d der Verordnung (EU) Nr. 1259/2010 ist nicht anzuwenden;
2. in Artikel 5 Absatz 2, Artikel 6 Absatz 2 und Artikel 8 Buchstabe a bis c der Verordnung (EU) Nr. 1259/2010 ist statt auf den Zeitpunkt der Anrufung des Gerichts auf den Zeitpunkt der Einleitung des Scheidungsverfahrens abzustellen;
3. abweichend von Artikel 5 Absatz 3 der Verordnung (EU) Nr. 1259/2010 können die Ehegatten die Rechtswahl auch noch im Laufe des Verfahrens in der durch Artikel 7 dieser Verordnung bestimmten Form vornehmen, wenn das gewählte Recht dies vorsieht;
4. im Fall des Artikels 8 Buchstabe d der Verordnung (EU) Nr. 1259/2010 ist statt des Rechts des angerufenen Gerichts das Recht desjenigen Staates anzuwenden, mit dem die Ehegatten im Zeitpunkt der Einleitung des Scheidungsverfahrens auf andere Weise gemeinsam am engsten verbunden sind, und
5. statt der Artikel 10 und 12 der Verordnung (EU) Nr. 1259/2010 findet Artikel 6 Anwendung.

(3) Eine Ehe kann im Inland nur durch ein Gericht geschieden werden.

(4) [1] Der Versorgungsausgleich unterliegt dem nach der Verordnung (EU) Nr. 1259/2010 auf die Scheidung anzuwendenden Recht; er ist nur durchzuführen, wenn danach deutsches Recht anzuwenden ist und ihn das Recht eines der Staaten kennt, denen die Ehegatten im Zeitpunkt des Eintritts der Rechtshängigkeit des Scheidungsantrags angehören. [2] Im Übrigen ist der Versorgungsausgleich auf Antrag eines Ehegatten nach deutschem Recht durchzuführen, wenn einer der Ehegatten in der Ehezeit ein Anrecht bei einem inländischen Versorgungsträger erworben hat, soweit die Durchführung des Versorgungsausgleichs insbesondere im Hinblick auf die beiderseitigen wirtschaftlichen Verhältnisse während der gesamten Ehezeit der Billigkeit nicht widerspricht.

---

[1] Art. 15 neu gef. mWv 1.1.2023 durch G v. 4.5.2021 (BGBl. I S. 882).

[2] Art. 16 aufgeh. mWv 29.1.2019 durch G v. 17.12.2018 (BGBl. I S. 2573).

[3] Beachte hierzu Übergangsvorschrift in Art. 229 § 47.

[4] Art. 17 Abs. 3 neu gef. mWv 29.1.2013 durch G v. 23.1.2013 (BGBl. I S. 101); Überschrift neu gef., Abs. 2 eingef., bish. Abs. 2 und 3 werden Abs. 3 und 4 mWv 21.12.2018, Abs. 1 neu gef. mWv 29.1.2019 durch G v. 17.12.2018 (BGBl. I S. 2573).

[5] **Habersack, Deutsche Gesetze ErgBd. Nr. 21d.**

[6] Nr. **21c**.

**Art. 17a[1) 2)] Ehewohnung.** Betretungs-, Näherungs- und Kontaktverbote, die mit einer im Inland belegenen Ehewohnung zusammenhängen, unterliegen den deutschen Sachvorschriften.

**Art. 17b[3) 2)] Eingetragene Lebenspartnerschaft und gleichgeschlechtliche Ehe.** (1) [1] Die Begründung, die Auflösung und die nicht in den Anwendungsbereich der Verordnung (EU) 2016/1104[4)] fallenden allgemeinen Wirkungen einer eingetragenen Lebenspartnerschaft unterliegen den Sachvorschriften des Register führenden Staates. [2] Der Versorgungsausgleich unterliegt dem nach Satz 1 anzuwendenden Recht; er ist nur durchzuführen, wenn danach deutsches Recht anzuwenden ist und das Recht eines der Staaten, denen die Lebenspartner im Zeitpunkt der Rechtshängigkeit des Antrags auf Aufhebung der Lebenspartnerschaft angehören, einen Versorgungsausgleich zwischen Lebenspartnern kennt. [3] Im Übrigen ist der Versorgungsausgleich auf Antrag eines Lebenspartners nach deutschem Recht durchzuführen, wenn einer der Lebenspartner während der Zeit der Lebenspartnerschaft ein Anrecht bei einem inländischen Versorgungsträger erworben hat, soweit die Durchführung des Versorgungsausgleichs insbesondere im Hinblick auf die beiderseitigen wirtschaftlichen Verhältnisse während der gesamten Zeit der Lebenspartnerschaft der Billigkeit nicht widerspricht.

(2) Artikel 10 Absatz 2 sowie die Artikel 15 und 17a gelten entsprechend.

(3) Bestehen zwischen denselben Personen eingetragene Lebenspartnerschaften in verschiedenen Staaten, so ist die zuletzt begründete Lebenspartnerschaft vom Zeitpunkt ihrer Begründung an für die in Absatz 1 umschriebenen Wirkungen und Folgen maßgebend.

(4)[5)] [1] Gehören die Ehegatten demselben Geschlecht an oder gehört zumindest ein Ehegatte weder dem weiblichen noch dem männlichen Geschlecht an, so gelten die Absätze 1 bis 3 mit der Maßgabe entsprechend, dass sich das auf die Ehescheidung und auf die Trennung ohne Auflösung des Ehebandes anzuwendende Recht nach der Verordnung (EU) Nr. 1259/2010[6)] richtet. [2] Die güterrechtlichen Wirkungen unterliegen dem nach der Verordnung (EU) 2016/1103[7)] anzuwendenden Recht.

(5) [1] Für die in Absatz 4 genannten Ehen gelten Artikel 13 Absatz 3, Artikel 17 Absatz 1 bis 3, Artikel 19 Absatz 1 Satz 3, Artikel 22 Absatz 3 Satz 1 sowie Artikel 46e entsprechend. [2] Die Ehegatten können für die allgemeinen Ehewirkungen eine Rechtswahl gemäß Artikel 14 treffen.

---

1) Art. 17a neu gef. mWv 29.1.2019 durch G v. 17.12.2018 (BGBl. I S. 2573).

2) Beachte hierzu Übergangsvorschrift in Art. 229 § 47.

3) Früherer Art. 17a eingef. mWv 1.8.2001 durch G v. 16.2.2001 (BGBl. I S. 266); bish. Art. 17a wird Art. 17b, Art. 17b Abs. 2 Satz 1 neu gef. mWv 1.1.2002 durch G v. 11.12.2001 (BGBl. I S. 3513); Abs. 1 Sätze 3, 4 angef. mWv 1.1.2005 durch G v. 15.12.2004 (BGBl. I S. 3396); Abs. 1 Satz 3 geänd. mWv 1.9. 2009 durch G v. 3.4.2009 (BGBl. I S. 700); Abs. 1 Satz 4 neu gef. mWv 29.1.2013 durch G v. 23.1.2013 (BGBl. I S. 101); Abs. 1 Satz 2 aufgeh., bish. Sätze 3, 4 werden Sätze 2, 3 mWv 17.8.2015 durch G v. 29.6. 2015 (BGBl. I S. 1042); Abs. 2 Satz 3 angef. mWv 26.11.2015 durch G v. 20.11.2015 (BGBl. I S. 2010); Überschrift geänd. mWv 1.10.2017 durch G v. 20.7.2017 (BGBl. I S. 2787); Abs. 1 Satz 1 neu gef., Abs. 2 Sätze 2, 3 aufgeh. mWv 29.1.2019 durch G v. 17.12.2018 (BGBl. I S. 2573); Abs. 4 neu gef., Abs. 5 angef. mWv 22.12.2018 durch G v. 18.12.2018 (BGBl. I S. 2639); Abs. 5 Satz 1 geänd. mWv 31.3.2020 durch G v. 19.3.2020 (BGBl. I S. 541); Abs. 2 geänd. mWv 1.1.2023 durch G v. 4.5.2021 (BGBl. I S. 882).

4) **Habersack, Deutsche Gesetze ErgBd. Nr. 103k.**

5) Beachte hierzu Überleitungsvorschrift in Art. 229 § 48.

6) Nr. **21c**.

7) **Habersack, Deutsche Gesetze ErgBd. Nr. 103i.**

**Art. 18**[1] *(aufgehoben)*

**Art. 19**[2] [3] **Abstammung.** (1) [1] Die Abstammung eines Kindes unterliegt dem Recht des Staates, in dem das Kind seinen gewöhnlichen Aufenthalt hat. [2] Sie kann im Verhältnis zu jedem Elternteil auch nach dem Recht des Staates bestimmt werden, dem dieser Elternteil angehört. [3] Ist die Mutter verheiratet, so kann die Abstammung ferner nach dem Recht bestimmt werden, dem die allgemeinen Wirkungen ihrer Ehe bei der Geburt nach Artikel 14 Absatz 2 unterliegen; ist die Ehe vorher durch Tod aufgelöst worden, so ist der Zeitpunkt der Auflösung maßgebend.

(2) Sind die Eltern nicht miteinander verheiratet, so unterliegen Verpflichtungen des Vaters gegenüber der Mutter auf Grund der Schwangerschaft dem Recht des Staates, in dem die Mutter ihren gewöhnlichen Aufenthalt hat.

**Art. 20**[4] **Anfechtung der Abstammung.** [1] Die Abstammung kann nach jedem Recht angefochten werden, aus dem sich ihre Voraussetzungen ergeben. [2] Das Kind kann die Abstammung in jedem Fall nach dem Recht des Staates anfechten, in dem es seinen gewöhnlichen Aufenthalt hat.

**Art. 21**[4] **Wirkungen des Eltern-Kind-Verhältnisses.** Das Rechtsverhältnis zwischen einem Kind und seinen Eltern unterliegt dem Recht des Staates, in dem das Kind seinen gewöhnlichen Aufenthalt hat.

**Art. 22**[5] [3] [6] **Annahme als Kind.** (1) [1] Die Annahme als Kind im Inland unterliegt dem deutschen Recht. [2] Im Übrigen unterliegt sie dem Recht des Staates, in dem der Anzunehmende zum Zeitpunkt der Annahme seinen gewöhnlichen Aufenthalt hat.

(2) Die Folgen der Annahme in Bezug auf das Verwandtschaftsverhältnis zwischen dem Kind und dem Annehmenden sowie den Personen, zu denen das Kind in einem familienrechtlichen Verhältnis steht, unterliegen dem nach Absatz 1 anzuwendenden Recht.

(3) [1] In Ansehung der Rechtsnachfolge von Todes wegen nach dem Annehmenden, dessen Ehegatten, Lebenspartner oder Verwandten steht der Angenommene ungeachtet des nach den Absätzen 1 und 2 anzuwendenden Rechts einem nach den deutschen Sachvorschriften angenommenen Kind gleich, wenn der Erblasser dies in der Form einer Verfügung von Todes wegen angeordnet hat und die Rechtsnachfolge deutschem Recht unterliegt. [2] Satz 1 gilt entsprechend, wenn die Annahme auf einer ausländischen Entscheidung beruht. [3] Die Sätze 1 und 2 finden keine Anwendung, wenn der Angenommene im Zeitpunkt der Annahme das achtzehnte Lebensjahr vollendet hatte.

---

[1] Art. 18 aufgeh. mWv 18.6.2011 durch G v. 23.5.2011 (BGBl. I S. 898).

[2] Art. 19 neu gef. durch G v. 16.12.1997 (BGBl. I S. 2942); Abs. 1 Satz 3 geänd. mWv 29.1.2019 durch G v. 17.12.2018 (BGBl. I S. 2573).

[3] Beachte hierzu Übergangsvorschrift in Art. 229 § 47.

[4] Art. 20, 21 neu gef. durch G v. 16.12.1997 (BGBl. I S. 2942).

[5] Art. 22 Abs. 2 und 3 angef. mWv 1.1.2002 durch G v. 5.11.2001 (BGBl. I S. 2950); Abs. 3 Satz 1 geänd. mWv 27.6.2014 durch G v. 20.6.2014 (BGBl. I S. 786); Abs. 1 neu gef. mWv 31.3.2020 durch G v. 19.3.2020 (BGBl. I S. 541).

[6] Beachte auch das G zu dem Europäischen Übereinkommen vom 24. April 1967 über die Adoption von Kindern v. 25.8.1980 (BGBl. II S. 1093) und Bek. über das Inkrafttreten v. 21.1.1981 (BGBl. II S. 72) sowie v. 28.11.2000 (BGBl. II 2001 S. 14).

**Art. 23**[1] **Zustimmung.** [1]Die Erforderlichkeit und die Erteilung der Zustimmung des Kindes und einer Person, zu der das Kind in einem familienrechtlichen Verhältnis steht, zu einer Abstammungserklärung oder einer Namenserteilung unterliegen zusätzlich dem Recht des Staates, dem das Kind angehört. [2]Soweit es zum Wohl des Kindes erforderlich ist, ist statt dessen das deutsche Recht anzuwenden.

**Art. 24**[2] **Vormundschaft, Betreuung und Pflegschaft.** (1) Die Entstehung, die Ausübung, die Änderung und das Ende eines Fürsorgeverhältnisses (Vormundschaft, Betreuung, Pflegschaft), das kraft Gesetzes oder durch Rechtsgeschäft begründet wird, unterliegen dem Recht des Staates, in dem der Fürsorgebedürftige seinen gewöhnlichen Aufenthalt hat.

(2) [1]Maßnahmen, die im Inland in Bezug auf ein Fürsorgeverhältnis angeordnet werden, und die Ausübung dieses Fürsorgeverhältnisses unterliegen deutschem Recht. [2]Besteht mit dem Recht eines anderen Staates eine wesentlich engere Verbindung als mit dem deutschen Recht, so kann jenes Recht angewendet werden.

(3) Die Ausübung eines Fürsorgeverhältnisses aufgrund einer anzuerkennenden ausländischen Entscheidung richtet sich im Inland nach deutschem Recht.

### Vierter Abschnitt. Erbrecht

**Art. 25**[3] **Rechtsnachfolge von Todes wegen.** Soweit die Rechtsnachfolge von Todes wegen nicht in den Anwendungsbereich der Verordnung (EU) Nr. 650/2012[4] fällt, gelten die Vorschriften des Kapitels III dieser Verordnung entsprechend.

**Art. 26**[3] **Form von Verfügungen von Todes wegen.** (1) [1]In Ausführung des Artikels 3 des Haager Übereinkommens vom 5. Oktober 1961 über das auf die Form letztwilliger Verfügungen anzuwendende Recht (BGBl. 1965 II S. 1144, 1145) ist eine letztwillige Verfügung, auch wenn sie von mehreren Personen in derselben Urkunde errichtet wird oder durch sie eine frühere letztwillige Verfügung widerrufen wird, hinsichtlich ihrer Form gültig, wenn sie den Formerfordernissen des Rechts entspricht, das auf die Rechtsnachfolge von Todes wegen anzuwenden ist oder im Zeitpunkt der Verfügung anzuwenden wäre. [2]Die weiteren Vorschriften des Haager Übereinkommens bleiben unberührt.

(2) Für die Form anderer Verfügungen von Todes wegen ist Artikel 27 der Verordnung (EU) Nr. 650/2012[4] maßgeblich.

### Fünfter Abschnitt.[5] Außervertragliche Schuldverhältnisse

**Art. 27–37**[5] *(aufgehoben)*

**Art. 38**[6] **Ungerechtfertigte Bereicherung.** (1) Bereicherungsansprüche wegen erbrachter Leistung unterliegen dem Recht, das auf das Rechtsverhältnis anzuwenden ist, auf das die Leistung bezogen ist.

(2) Ansprüche wegen Bereicherung durch Eingriff in ein geschütztes Interesse unterliegen dem Recht des Staates, in dem der Eingriff geschehen ist.

---

[1] Art. 23 Satz 1 geänd. durch G v. 16.12.1997 (BGBl. I S. 2942); Satz 1 geänd. mWv 31.3.2020 durch G v. 19.3.2020 (BGBl. I S. 541).

[2] Art. 24 neu gef. mWv 1.1.2023 durch G v. 4.5.2021 (BGBl. I S. 882).

[3] Art. 25, 26 neu gef. mWv 17.8.2015 durch G v. 29.6.2015 (BGBl. I S. 1042).

[4] **Habersack, Deutsche Gesetze ErgBd. Nr. 21e.**

[5] 5. Abschnitt Überschrift neu gef., 1. UAbschnitt (Art. 27–37) und Überschrift 2. UAbschnitt aufgeh. mWv 17.12.2009 durch G v. 25.6.2009 (BGBl. I S. 1574).

[6] Art. 38 neu gef. durch G v. 21.5.1999 (BGBl. I S. 1026).

(3) In sonstigen Fällen unterliegen Ansprüche aus ungerechtfertigter Bereicherung dem Recht des Staates, in dem die Bereicherung eingetreten ist.

**Art. 39[1)] Geschäftsführung ohne Auftrag.** (1) Gesetzliche Ansprüche aus der Besorgung eines fremden Geschäfts unterliegen dem Recht des Staates, in dem das Geschäft vorgenommen worden ist.

(2) Ansprüche aus der Tilgung einer fremden Verbindlichkeit unterliegen dem Recht, das auf die Verbindlichkeit anzuwenden ist.

**Art. 40[1)] Unerlaubte Handlung.** (1) [1] Ansprüche aus unerlaubter Handlung unterliegen dem Recht des Staates, in dem der Ersatzpflichtige gehandelt hat. [2] Der Verletzte kann verlangen, daß anstelle dieses Rechts das Recht des Staates angewandt wird, in dem der Erfolg eingetreten ist. [3] Das Bestimmungsrecht kann nur im ersten Rechtszug bis zum Ende des frühen ersten Termins oder dem Ende des schriftlichen Vorverfahrens ausgeübt werden.

(2) [1] Hatten der Ersatzpflichtige und der Verletzte zur Zeit des Haftungsereignisses ihren gewöhnlichen Aufenthalt in demselben Staat, so ist das Recht dieses Staates anzuwenden. [2] Handelt es sich um Gesellschaften, Vereine oder juristische Personen, so steht dem gewöhnlichen Aufenthalt der Ort gleich, an dem sich die Hauptverwaltung oder, wenn eine Niederlassung beteiligt ist, an dem sich diese befindet.

(3) Ansprüche, die dem Recht eines anderen Staates unterliegen, können nicht geltend gemacht werden, soweit sie

1. wesentlich weiter gehen als zur angemessenen Entschädigung des Verletzten erforderlich,
2. offensichtlich anderen Zwecken als einer angemessenen Entschädigung des Verletzten dienen oder
3. haftungsrechtlichen Regelungen eines für die Bundesrepublik Deutschland verbindlichen Übereinkommens widersprechen.

(4) Der Verletzte kann seinen Anspruch unmittelbar gegen einen Versicherer des Ersatzpflichtigen geltend machen, wenn das auf die unerlaubte Handlung anzuwendende Recht oder das Recht, dem der Versicherungsvertrag unterliegt, dies vorsieht.

**Art. 41[1)] Wesentlich engere Verbindung.** (1) Besteht mit dem Recht eines Staates eine wesentlich engere Verbindung als mit dem Recht, das nach den Artikeln 38 bis 40 Abs. 2 maßgebend wäre, so ist jenes Recht anzuwenden.

(2) Eine wesentlich engere Verbindung kann sich insbesondere ergeben

1. aus einer besonderen rechtlichen oder tatsächlichen Beziehung zwischen den Beteiligten im Zusammenhang mit dem Schuldverhältnis oder

*(Fortsetzung nächstes Blatt)*

[1)] Art. 39–41 neu gef. durch G v. 21.5.1999 (BGBl. I S. 1026).

2. in den Fällen des Artikels 38 Abs. 2 und 3 und des Artikels 39 aus dem gewöhnlichen Aufenthalt der Beteiligten in demselben Staat im Zeitpunkt des rechtserheblichen Geschehens; Artikel 40 Abs. 2 Satz 2 gilt entsprechend.

**Art. 42[1)] Rechtswahl.** [1] Nach Eintritt des Ereignisses, durch das ein außervertragliches Schuldverhältnis entstanden ist, können die Parteien das Recht wählen, dem es unterliegen soll. [2] Rechte Dritter bleiben unberührt.

### Sechster Abschnitt.[2)] Sachenrecht

**Art. 43[3)] Rechte an einer Sache.** (1) Rechte an einer Sache unterliegen dem Recht des Staates, in dem sich die Sache befindet.

(2) Gelangt eine Sache, an der Rechte begründet sind, in einen anderen Staat, so können diese Rechte nicht im Widerspruch zu der Rechtsordnung dieses Staates ausgeübt werden.

(3) Ist ein Recht an einer Sache, die in das Inland gelangt, nicht schon vorher erworben worden, so sind für einen solchen Erwerb im Inland Vorgänge in einem anderen Staat wie inländische zu berücksichtigen.

**Art. 44[4)] Von Grundstücken ausgehende Einwirkungen.** Für Ansprüche aus beeinträchtigenden Einwirkungen, die von einem Grundstück ausgehen, gelten die Vorschriften der Verordnung (EG) Nr. 864/2007[5)] mit Ausnahme des Kapitels III entsprechend.

**Art. 45[6)] Transportmittel.** (1) [1] Rechte an Luft-, Wasser- und Schienenfahrzeugen unterliegen dem Recht des Herkunftsstaats. [2] Das ist

1. bei Luftfahrzeugen der Staat ihrer Staatszugehörigkeit,
2. bei Wasserfahrzeugen der Staat der Registereintragung, sonst des Heimathafens oder des Heimatorts,
3. bei Schienenfahrzeugen
   a) der Staat der Zulassung,
   b) mangels Zulassung der Staat der Registrierung oder
   c) bei Registrierung in einem supranationalen Register der Staat, dem das Schienenfahrzeug in diesem Register zugeordnet ist.

(2) [1] Die Entstehung gesetzlicher Sicherungsrechte an diesen Fahrzeugen unterliegt dem Recht, das auf die zu sichernde Forderung anzuwenden ist. [2] Für die Rangfolge mehrerer Sicherungsrechte gilt Artikel 43 Abs. 1.

**Art. 46[7)] Wesentlich engere Verbindung.** Besteht mit dem Recht eines Staates eine wesentlich engere Verbindung als mit dem Recht, das nach den Artikeln 43 und 45 maßgebend wäre, so ist jenes Recht anzuwenden.

---

[1)] Art. 42 neu gef. durch G v. 21.5.1999 (BGBl. I S. 1026).
[2)] 6. Abschnitt Überschrift eingef. durch G v. 21.5.1999 (BGBl. I S. 1026).
[3)] Art. 43 neu gef. durch G v. 21.5.1999 (BGBl. I S. 1026).
[4)] Art. 44 neu gef. durch G v. 21.5.1999 (BGBl. I S. 1026); Überschrift neu gef., Wortlaut geänd. mWv 11.1.2009 durch G v. 10.12.2008 (BGBl. I S. 2401).
[5)] Nr. **21b**.
[6)] Art. 45 neu gef. durch G v. 21.5.1999 (BGBl. I S. 1026); Abs. 1 Satz 2 Nr. 3 neu gef. mWv 3.8.2023 durch G v. 26.7.2023 (BGBl. 2023 I Nr. 205).
[7)] Art. 46 neu gef. durch G v. 21.5.1999 (BGBl. I S. 1026); geänd. mWv 11.1.2009 durch G v. 10.12.2008 (BGBl. I S. 2401).

### Siebter Abschnitt.[1] Besondere Vorschriften zur Durchführung und Umsetzung international-privatrechtlicher Regelungen der Europäischen Union

#### Erster Unterabschnitt.[2] Durchführung der Verordnung (EG) Nr. 864/2007

**Art. 46a[3] Umweltschädigungen.** Die geschädigte Person kann das ihr nach Artikel 7 der Verordnung (EG) Nr. 864/2007[4] zustehende Recht, ihren Anspruch auf das Recht des Staates zu stützen, in dem das schadensbegründende Ereignis eingetreten ist, nur im ersten Rechtszug bis zum Ende des frühen ersten Termins oder dem Ende des schriftlichen Vorverfahrens ausüben.

#### Zweiter Unterabschnitt.[5] Umsetzung international-privatrechtlicher Regelungen im Verbraucherschutz

**Art. 46b[6] Verbraucherschutz für besondere Gebiete.** (1) Unterliegt ein Vertrag auf Grund einer Rechtswahl nicht dem Recht eines Mitgliedstaats der Europäischen Union oder eines anderen Vertragsstaats des Abkommens über den Europäischen Wirtschaftsraum, weist der Vertrag jedoch einen engen Zusammenhang mit dem Gebiet eines dieser Staaten auf, so sind die im Gebiet dieses Staates geltenden Bestimmungen zur Umsetzung der Verbraucherschutzrichtlinien gleichwohl anzuwenden.

(2) Ein enger Zusammenhang ist insbesondere anzunehmen, wenn der Unternehmer

1. in dem Mitgliedstaat der Europäischen Union oder einem anderen Vertragsstaat des Abkommens über den Europäischen Wirtschaftsraum, in dem der Verbraucher seinen gewöhnlichen Aufenthalt hat, eine berufliche oder gewerbliche Tätigkeit ausübt oder
2. eine solche Tätigkeit auf irgendeinem Wege auf diesen Mitgliedstaat der Europäischen Union oder einen anderen Vertragsstaat des Abkommens über den Europäischen Wirtschaftsraum oder auf mehrere Staaten, einschließlich dieses Staates, ausrichtet

und der Vertrag in den Bereich dieser Tätigkeit fällt.

(3) Verbraucherschutzrichtlinien im Sinne dieser Vorschrift sind in ihrer jeweils geltenden Fassung:

1. die Richtlinie 93/13/EWG des Rates vom 5. April 1993 über missbräuchliche Klauseln in Verbraucherverträgen (ABl. L 95 vom 21.4.1993, S. 29);
2. die Richtlinie 2002/65/EG des Europäischen Parlaments und des Rates vom 23. September 2002 über den Fernabsatz von Finanzdienstleistungen an Ver-

---

[1] 7. Abschnitt (Art. 46a) eingef. mWv 11.1.2009 durch G v. 10.12.2008 (BGBl. I S. 2401); Überschrift geänd. mWv 29.1.2013 durch G v. 23.1.2013 (BGBl. I S. 101); Überschrift neu gef. mWv 1.7.2018 durch G v. 17.7.2017 (BGBl. I S. 2394).

[2] 1. UAbschnitt Überschrift eingef. mWv 17.12.2009 durch G v. 25.6.2009 (BGBl. I S. 1574).

[3] Art. 46a eingef. mWv 11.1.2009 durch G v. 10.12.2008 (BGBl. I S. 2401); Überschrift geänd. mWv 17.12.2009 durch G v. 25.6.2009 (BGBl. I S. 1574).

[4] Nr. **21b**.

[5] 2. UAbschnitt (Art. 46b und 46c) eingef. mWv 17.12.2009 durch G v. 25.6.2009 (BGBl. I S. 1574); Überschrift neu gef. mWv 1.7.2018 durch G v. 17.7.2017 (BGBl. I S. 2394).

[6] Art. 46b eingef. mWv 17.12.2009 durch G v. 25.6.2009 (BGBl. I S. 1574); Abs. 3 und 4 neu gef. mWv 23.2.2011 durch G v. 17.1.2011 (BGBl. I S. 34); Abs. 3 Nr. 2 aufgeh., bish. Nr. 3–5 werden Nr. 2–4 mWv 13.6.2014 durch G v. 20.9.2013 (BGBl. I S. 3642); Abs. 3 Nr. 2 aufgeh., bish. Nr. 3 und 4 werden Nr. 2 und 3 mWv 1.1.2022 durch G v. 25.6.2021 (BGBl. I S. 2133).

braucher und zur Änderung der Richtlinie 90/619/EWG des Rates und der Richtlinien 97/7/EG und 98/27/EG (ABl. L 271 vom 9.10.2002, S. 16);

3. die Richtlinie 2008/48/EG des Europäischen Parlaments und des Rates vom 23. April 2008 über Verbraucherkreditverträge und zur Aufhebung der Richtlinie 87/102/EWG des Rates (ABl. L 133 vom 22.5.2008, S. 66).

(4) Unterliegt ein Teilzeitnutzungsvertrag, ein Vertrag über ein langfristiges Urlaubsprodukt, ein Wiederverkaufsvertrag oder ein Tauschvertrag im Sinne von Artikel 2 Absatz 1 Buchstabe a bis d der Richtlinie 2008/122/EG des Europäischen Parlaments und des Rates vom 14. Januar 2009 über den Schutz der Verbraucher im Hinblick auf bestimmte Aspekte von Teilzeitnutzungsverträgen, Verträgen über langfristige Urlaubsprodukte sowie Wiederverkaufs- und Tauschverträgen (ABl. L 33 vom 3.2.2009, S. 10) nicht dem Recht eines Mitgliedstaats der Europäischen Union oder eines anderen Vertragsstaats des Abkommens über den Europäischen Wirtschaftsraum, so darf Verbrauchern der in Umsetzung dieser Richtlinie gewährte Schutz nicht vorenthalten werden, wenn

1. eine der betroffenen Immobilien im Hoheitsgebiet eines Mitgliedstaats der Europäischen Union oder eines anderen Vertragsstaats des Abkommens über den Europäischen Wirtschaftsraum belegen ist oder
2. im Falle eines Vertrags, der sich nicht unmittelbar auf eine Immobilie bezieht, der Unternehmer eine gewerbliche oder berufliche Tätigkeit in einem Mitgliedstaat der Europäischen Union oder einem anderen Vertragsstaat des Abkommens über den Europäischen Wirtschaftsraum ausübt oder diese Tätigkeit auf irgendeine Weise auf einen solchen Staat ausrichtet und der Vertrag in den Bereich dieser Tätigkeit fällt.

**Art. 46c[1] Pauschalreisen und verbundene Reiseleistungen.** (1) Hat der Reiseveranstalter im Zeitpunkt des Vertragsschlusses seine Niederlassung im Sinne des § 4 Absatz 3 der Gewerbeordnung[2] weder in einem Mitgliedstaat der Europäischen Union noch in einem anderen Vertragsstaat des Abkommens über den Europäischen Wirtschaftsraum und

1. schließt der Reiseveranstalter in einem Mitgliedstaat der Europäischen Union oder einem anderen Vertragsstaat des Abkommens über den Europäischen Wirtschaftsraum Pauschalreiseverträge oder bietet er in einem dieser Staaten an, solche Verträge zu schließen, oder
2. richtet der Reiseveranstalter seine Tätigkeit im Sinne der Nummer 1 auf einen Mitgliedstaat der Europäischen Union oder einen anderen Vertragsstaat des Abkommens über den Europäischen Wirtschaftsraum aus,

so sind die sachrechtlichen Vorschriften anzuwenden, die der in Nummer 1 oder Nummer 2 genannte Staat zur Umsetzung des Artikels 17 der Richtlinie (EU) 2015/2302 des Europäischen Parlaments und des Rates vom 25. November 2015 über Pauschalreisen und verbundene Reiseleistungen, zur Änderung der Verordnung (EG) Nr. 2006/2004 und der Richtlinie 2011/83/EU des Europäischen Parlaments und des Rates sowie zur Aufhebung der Richtlinie 90/314/EWG des Rates (ABl. L 326 vom 11.12.2015, S. 1) erlassen hat, sofern der Vertrag in den Bereich dieser Tätigkeit fällt.

(2) Hat der Vermittler verbundener Reiseleistungen im Zeitpunkt des Vertragsschlusses seine Niederlassung im Sinne des § 4 Absatz 3 der Gewerbeordnung

[1] Art. 46c eingef. mWv 1.7.2018 durch G v. 17.7.2017 (BGBl. I S. 2394).
[2] **Sartorius Nr. 800.**

weder in einem Mitgliedstaat der Europäischen Union noch einem anderen Vertragsstaat des Abkommens über den Europäischen Wirtschaftsraum und

1. vermittelt er verbundene Reiseleistungen in einem Mitgliedstaat der Europäischen Union oder einem anderen Vertragsstaat des Abkommens über den Europäischen Wirtschaftsraum oder bietet er sie dort zur Vermittlung an oder
2. richtet er seine Vermittlungstätigkeit auf einen Mitgliedstaat der Europäischen Union oder einen anderen Vertragsstaat des Abkommens über den Europäischen Wirtschaftsraum aus,

so sind die sachrechtlichen Vorschriften anzuwenden, die der in Nummer 1 oder Nummer 2 genannte Staat zur Umsetzung des Artikels 19 Absatz 1 in Verbindung mit Artikel 17 und des Artikels 19 Absatz 3 der Richtlinie (EU) 2015/2302 erlassen hat, sofern der Vertrag in den Bereich dieser Tätigkeit fällt.

(3) Hat der Vermittler verbundener Reiseleistungen in dem nach Artikel 251 § 1 maßgeblichen Zeitpunkt seine Niederlassung im Sinne des § 4 Absatz 3 der Gewerbeordnung weder in einem Mitgliedstaat der Europäischen Union noch in einem anderen Vertragsstaat des Abkommens über den Europäischen Wirtschaftsraum und richtet er seine Vermittlungstätigkeit auf einen Mitgliedstaat der Europäischen Union oder einen anderen Vertragsstaat des Abkommens über den Europäischen Wirtschaftsraum aus, so sind die sachrechtlichen Vorschriften anzuwenden, die der Staat, auf den die Vermittlungstätigkeit ausgerichtet ist, zur Umsetzung des Artikels 19 Absatz 2 und 3 der Richtlinie (EU) 2015/2302 erlassen hat, sofern der in Aussicht genommene Vertrag in den Bereich dieser Tätigkeit fällt.

### Dritter Unterabschnitt.[1] Durchführung der Verordnung (EG) Nr. 593/2008[2]

**Art. 46d[3] Pflichtversicherungsverträge.** (1) Ein Versicherungsvertrag über Risiken, für die ein Mitgliedstaat der Europäischen Union oder ein anderer Vertragsstaat des Abkommens über den Europäischen Wirtschaftsraum eine Versicherungspflicht vorschreibt, unterliegt dem Recht dieses Staates, sofern dieser dessen Anwendung vorschreibt.

(2) Ein über eine Pflichtversicherung abgeschlossener Vertrag unterliegt deutschem Recht, wenn die gesetzliche Verpflichtung zu seinem Abschluss auf deutschem Recht beruht.

### Vierter Unterabschnitt.[4] Durchführung der Verordnung (EU) Nr. 1259/2010[5]

**Art. 46e[4] Rechtswahl.** (1) Eine Rechtswahlvereinbarung nach Artikel 5 der Verordnung (EU) Nr. 1259/2010[5] ist notariell zu beurkunden.

*(Fortsetzung nächstes Blatt)*

---

[1] Überschrift 3. UAbschnitt eingef. mWv 1.7.2018 durch G v. 17.7.2017 (BGBl. I S. 2394).

[2] Nr. **21a**.

[3] Früherer Art. 46c eingef. mWv 17.12.2009 durch G v. 25.6.2009 (BGBl. I S. 1574); bish. Art. 46c wird Art. 46d mWv 1.7.2018 durch G v. 17.7.2017 (BGBl. I S. 2394).

[4] Früherer 3. UAbschnitt (Art. 46d) eingef. mWv 29.1.2013 durch G v. 23.1.2013 (BGBl. I S. 101); bish. 3. UAbschnitt wird 4. UAbschnitt, bish. Art. 46d wird Art. 46e mWv 1.7.2018 durch G v. 17.7.2017 (BGBl. I S. 2394).

[5] Nr. **21c**.

(2) [1] Die Ehegatten können die Rechtswahl nach Absatz 1 auch noch bis zum Schluss der mündlichen Verhandlung im ersten Rechtszug vornehmen. [2] § 127a des Bürgerlichen Gesetzbuchs[1)] gilt entsprechend.

### Drittes Kapitel.[2)] Angleichung; Wahl eines in einem anderen Mitgliedstaat der Europäischen Union erworbenen Namens

**Art. 47[3)] Vor- und Familiennamen.** (1) [1] Hat eine Person nach einem anwendbaren ausländischen Recht einen Namen erworben und richtet sich ihr Name fortan nach deutschem Recht, so kann sie durch Erklärung gegenüber dem Standesamt

1. aus dem Namen Vor- und Familiennamen bestimmen,
2. bei Fehlen von Vor- oder Familiennamen einen solchen Namen wählen,
3. Bestandteile des Namens ablegen, die das deutsche Recht nicht vorsieht,
4. die ursprüngliche Form eines nach dem Geschlecht oder dem Verwandtschaftsverhältnis abgewandelten Namens annehmen,
5. eine deutschsprachige Form ihres Vor- oder ihres Familiennamens annehmen; gibt es eine solche Form des Vornamens nicht, so kann sie neue Vornamen annehmen.

[2] Ist der Name Ehename oder Lebenspartnerschaftsname, so kann die Erklärung während des Bestehens der Ehe oder Lebenspartnerschaft nur von beiden Ehegatten oder Lebenspartnern abgegeben werden.

(2) Absatz 1 gilt entsprechend für die Bildung eines Namens nach deutschem Recht, wenn dieser von einem Namen abgeleitet werden soll, der nach einem anwendbaren ausländischen Recht erworben worden ist.

(3) § 1617c des Bürgerlichen Gesetzbuchs[1)] gilt entsprechend.

(4) Die Erklärungen nach den Absätzen 1 und 2 müssen öffentlich beglaubigt oder beurkundet werden, wenn sie nicht bei der Eheschließung oder bei der Begründung der Lebenspartnerschaft gegenüber einem deutschen Standesamt abgegeben werden.

**Art. 48[4)] Wahl eines in einem anderen Mitgliedstaat der Europäischen Union erworbenen Namens.** [1] Unterliegt der Name einer Person deutschem Recht, so kann sie durch Erklärung gegenüber dem Standesamt den während eines gewöhnlichen Aufenthalts in einem anderen Mitgliedstaat der Europäischen Union erworbenen und dort in ein Personenstandsregister eingetragenen Namen wählen, sofern dies nicht mit wesentlichen Grundsätzen des deutschen Rechts offensichtlich unvereinbar ist. [2] Die Namenswahl wirkt zurück auf den Zeitpunkt der Eintragung in das Personenstandsregister des anderen Mitgliedstaats, es sei denn, die Person erklärt ausdrücklich, dass die Namenswahl nur für

---

[1)] Nr. **20**.

[2)] 3. Kapitel (Art. 47) eingef. mWv 24.5.2007 durch G v. 19.2.2007 (BGBl. I S. 122, iK geänd. mWv 24.5.2007 durch G v. 16.5.2007 BGBl. I S. 748); Überschrift neu gef. mWv 29.1.2013 durch G v. 23.1.2013 (BGBl. I S. 101).

[3)] Art. 47 eingef. mWv 24.5.2007 durch G v. 19.2.2007 (BGBl. I S. 122, iK geänd. mWv 24.5.2007 durch G v. 16.5.2007 BGBl. I S. 748); Abs. 4 Sätze 2–4 angef. mWv 24.5.2007; Abs. 4 Sätze 2–4 aufgeh. mWv 1.1.2009 durch G v. 16.5.2007 (BGBl. I S. 748); Abs. 1 Satz 2 und Abs. 4 neu gef. mWv 1.11.2013 durch G v. 7.5.2013 (BGBl. I S. 1122).

[4)] Art. 48 neu gef. mWv 29.1.2013 durch G v. 23.1.2013 (BGBl. I S. 101).

die Zukunft wirken soll. [3]Die Erklärung muss öffentlich beglaubigt oder beurkundet werden. [4]Artikel 47 Absatz 1 und 3 gilt entsprechend.

**Art. 49** *(Änderung anderer Vorschriften)*

## Zweiter Teil. Verhältnis des Bürgerlichen Gesetzbuchs zu den Reichsgesetzen

**Art. 50 [Grundsatz]** [1]Die Vorschriften der Reichsgesetze bleiben in Kraft. [2]Sie treten jedoch insoweit außer Kraft, als sich aus dem Bürgerlichen Gesetzbuch oder aus diesem Gesetz die Aufhebung ergibt.

**Art. 51[1)] [Verwandtschaft und Schwägerschaft]** Soweit in dem Gerichtsverfassungsgesetz, der Zivilprozeßordnung, der Strafprozeßordnung, der Insolvenzordnung und in dem Anfechtungsgesetz an die Verwandtschaft oder die Schwägerschaft rechtliche Folgen geknüpft sind, finden die Vorschriften des Bürgerlichen Gesetzbuchs oder des Lebenspartnerschaftsgesetzes[2)] über Verwandtschaft oder Schwägerschaft Anwendung.

**Art. 52 [Rechte Dritter bei Enteignungsentschädigung]** Ist auf Grund eines Reichsgesetzes dem Eigentümer einer Sache wegen der im öffentlichen Interesse erfolgenden Entziehung, Beschädigung oder Benutzung der Sache oder wegen Beschränkung des Eigentums eine Entschädigung zu gewähren und steht einem Dritten ein Recht an der Sache zu, für welches nicht eine besondere Entschädigung gewährt wird, so hat der Dritte, soweit sein Recht beeinträchtigt wird, an dem Entschädigungsanspruch dieselben Rechte, die ihm im Falle des Erlöschens seines Rechts durch Zwangsversteigerung an dem Erlös zustehen.

**Art. 53 [Rechte von Grundstücksgläubigern]** (1) [1]Ist in einem Falle des Artikels 52 die Entschädigung dem Eigentümer eines Grundstücks zu gewähren, so finden auf den Entschädigungsanspruch die Vorschriften des § 1128 des Bürgerlichen Gesetzbuchs[3)] entsprechende Anwendung. [2]Erhebt ein Berechtigter innerhalb der im § 1128 bestimmten Frist Widerspruch gegen die Zahlung der Entschädigung an den Eigentümer, so kann der Eigentümer und jeder Berechtigte die Eröffnung eines Verteilungsverfahrens nach den für die Verteilung des Erlöses im Falle der Zwangsversteigerung geltenden Vorschriften beantragen. [3]Die Zahlung hat in diesem Fall an das für das Verteilungsverfahren zuständige Gericht zu erfolgen.

(2) [1]Ist das Recht des Dritten eine Reallast, eine Hypothek, eine Grundschuld oder eine Rentenschuld, so erlischt die Haftung des Entschädigungsanspruchs, wenn der beschädigte Gegenstand wiederhergestellt oder für die entzogene bewegliche Sache Ersatz beschafft ist. [2]Ist die Entschädigung wegen Benutzung des Grundstücks oder wegen Entziehung oder Beschädigung von Früchten oder von Zubehörstücken zu gewähren, so finden die Vorschriften des § 1123 Abs. 2

---

1) Art. 51 geänd. durch G v. 5.10.1994 (BGBl. I S. 2911); geänd. mWv 1.1.2005 durch G v. 15.12. 2004 (BGBl. I S. 3396).

2) **Schönfelder ErgBd. Nr. 43.**

3) Nr. **20**.

Satz 1 und des § 1124 Abs. 1 und 3 des Bürgerlichen Gesetzbuchs entsprechende Anwendung.

**Art. 53a [Entschädigungsanspruch bei Schiffen]** (1) Ist in einem Falle des Artikels 52 die Entschädigung dem Eigentümer eines eingetragenen Schiffs oder Schiffsbauwerks zu gewähren, so sind auf den Entschädigungsanspruch die Vorschriften der §§ 32 und 33 des Gesetzes über Rechte an eingetragenen Schiffen und Schiffsbauwerken vom 15. November 1940 (Reichsgesetzbl. I S. 1499) entsprechend anzuwenden.

(2) Artikel 53 Abs. 1 Satz 2 und 3 gilt entsprechend.

**Art. 54** (gegenstandslos)

## Dritter Teil. Verhältnis des Bürgerlichen Gesetzbuchs zu den Landesgesetzen[1)]

**Art. 55 [Privatrechtliche Vorschriften der Landesgesetze]** Die privatrechtlichen Vorschriften der Landesgesetze treten außer Kraft, soweit nicht in dem Bürgerlichen Gesetzbuch oder in diesem Gesetz ein anderes bestimmt ist.

**Art. 56 [Staatsverträge der Länder]** Unberührt bleiben die Bestimmungen der Staatsverträge, die ein Bundesstaat mit einem ausländischen Staat vor dem Inkrafttreten des Bürgerlichen Gesetzbuchs geschlossen hat.

**Art. 57 und 58** (gegenstandslos)

---

1) Beachte hierzu insbesondere folgende Ausführungsgesetze der Länder:
- **Baden-Württemberg:** Baden-Württembergisches AusführungsG zum BGB v. 26.11.1974 (GBl. S. 498), zuletzt geänd. durch G v. 10.2.2015 (GBl. S. 89)
- **Bayern:** G zur Ausführung des BGB und anderer Gesetze v. 20.9.1982 (BayRS IV 1983 S. 571), zuletzt geänd. durch G v. 24.11.2016 (GVBl. S. 318)
- **Berlin:** AusführungsG zum BGB v. 20.9.1899 (PrGS S. 177), zuletzt geänd. durch G v. 18.11.2009 (GVBl. S. 674)
- **Brandenburg:** Brandenburgisches AusführungsG zum BGB (BbgAGBGB) **(Schönfelder II Nr. 4a)**
- **Bremen:** AusführungsG zum BGB v. 18.7.1899 (Brem.GBl. S. 61), zuletzt geänd. durch G v. 14.3. 2017 (Brem.GBl. S. 121)
- **Hamburg:** Hamburgisches AusführungsG zum BGB v. 1.7.1958 (HmbGVBl. S. 195), zuletzt geänd. durch G v. 21.10.2016 (HmbGVBl. S. 460)
- **Hessen:** Hessisches AusführungsG zum BGB (Hess. AGBGB) v. 18.12.1984 (GVBl. I S. 344), zuletzt geänd. durch G v. 5.10.2017 (GVBl. S. 294)
- **Niedersachsen:** Niedersächsisches AusführungsG zum BGB v. 4.3.1971 (Nds. GVBl. S. 73), zuletzt geänd. durch G v. 17.3.2011 (Nds. GVBl. S. 89)
- **Nordrhein-Westfalen:** AusführungsG zum BGB v. 20.9.1899 (PrGS. NW. S. 105), zuletzt geänd. durch G v. 23.1.2018 (GV. NRW. S. 90)
- **Rheinland-Pfalz:** LandesG zur Ausführung des BGB v. 18.11.1976 (GVBl. S. 259), zuletzt geänd. durch G v. 22.12.2015 (GVBl. S. 461)
- **Saarland:** G zur Ausführung bundesrechtlicher Justizgesetze (AGJusG) v. 5.2.1997 (Amtsbl. S. 258), zuletzt geänd. durch G v. 30.11.2016 (Amtsbl. 2017 I S. 79)
- **Schleswig-Holstein:** AusführungsG zum BGB für das Land Schleswig-Holstein v. 27.9.1974 (GVOBl. Schl.-H. S. 357), zuletzt geänd. durch G v. 23.4.2013 (GVOBl. Schl.-H. S. 167)

**Art. 59[1)] [Fideikommisse]** Unberührt bleiben die landesgesetzlichen Vorschriften über Familienfideikommisse und Lehen, mit Einschluß der allodifizierten Lehen, sowie über Stammgüter.

**Art. 60[1)] [Revenuenhypothek]** Unberührt bleiben die landesgesetzlichen Vorschriften, welche die Bestellung einer Hypothek, Grundschuld oder Rentenschuld an einem Grundstück, dessen Belastung nach den in den Artikeln 57 bis 59 bezeichneten Vorschriften nur beschränkt zulässig ist, dahin gestatten, daß der Gläubiger Befriedigung aus dem Grundstück lediglich im Wege der Zwangsverwaltung suchen kann.

**Art. 61[1)] [Schutz des gutgläubigen Erwerbers]** Ist die Veräußerung oder Belastung eines Gegenstandes nach den in den Artikeln 57 bis 59 bezeichneten Vorschriften unzulässig oder nur beschränkt zulässig, so finden auf einen Erwerb, dem diese Vorschriften entgegenstehen, die Vorschriften des Bürgerlichen Gesetzbuchs zugunsten derjenigen, welche Rechte von einem Nichtberechtigten herleiten, entsprechende Anwendung.

**Art. 62[1)] [Rentengüter]** Unberührt bleiben die landesgesetzlichen Vorschriften über Rentengüter.

**Art. 63[1)] [Erbpachtrecht]** [1] Unberührt bleiben die landesgesetzlichen Vorschriften über das Erbpachtrecht, mit Einschluß des Büdnerrechts und des Häuslerrechts, in denjenigen Bundesstaaten, in welchen solche Rechte bestehen. [2] Die Vorschriften des *§ 1017 des Bürgerlichen Gesetzbuchs*[2)] finden auf diese Rechte entsprechende Anwendung.

**Art. 64[3)] [Anerbenrecht]** (1) Unberührt bleiben die landesgesetzlichen Vorschriften über das Anerbenrecht in Ansehung landwirtschaftlicher und forstwirtschaftlicher Grundstücke nebst deren Zubehör.

---

[1)] Vgl. Art. 155 Abs. 2 Satz 2 Weimarer Verfassung v. 11.8.1919 (RGBl. S. 1383) und G zur Vereinheitlichung der Fideikommißauflösung v. 26.6.1935 (RGBl. I S. 785), aufgeh. durch G v. 23.11. 2007 (BGBl. I S. 2614, 1622) sowie DurchführungsVO v. 24.8.1935 (RGBl. I S. 1103), aufgeh. durch G v. 23.11.2007 (BGBl. I S. 2614, 1622). – Nach dem G über das Erlöschen der Familienfideikommisse und sonstiger gebundener Vermögen v. 6.7.1938 (RGBl. I S. 825, geänd. 1942 I S. 675), DurchführungsVO v. 20.3.1939 (RGBl. I S. 509, geänd. 1942 I S. 675 und BGBl. 1950 S. 821, Bayern BayBS II S. 661, Hessen GVBl. 1966 S. 77, Niedersachsen GVBl. 1972 S. 309, Nordrhein-Westfalen GV NW 1980 S. 214, Schleswig-Holstein GVOBl. 1972 S. 123) sind am 1.1.1939 die Familienfideikommisse, Lehen und Stammgüter erloschen. Vgl. ferner die VO über Familienstiftungen v. 17.5.1940 (RGBl. I S. 806), aufgeh. durch G v. 23.11.2007 (BGBl. I S. 2614, 1622), Ermächtigung zur Aufhebung und Änderung dieser VO durch G v. 28.12.1950 (BGBl. S. 820), geänd. durch G v. 3.8.1967 (BGBl. I S. 839). Hiervon hat Baden-Württemberg durch G v. 4.10.1977 (GBl. S. 408) mit späteren Änderungen, Bayern durch G v. 26.11.1954 (BayBS II S. 661), Hamburg durch Art. 4 G v. 18.3.1958 (GVBl. S. 67), Niedersachsen durch G v. 19.9.1989 (GVBl. S. 345) und Schleswig-Holstein durch G v. 2.3.2000 (GVOBl. S. 208) Gebrauch gemacht.

[2)] § 1017 BGB durch § 35 ErbbaurechtsVO (Nr. **41**) außer Kraft gesetzt mit der Maßgabe, daß auf vorher begründete Rechte dieser Paragraph auch fernerhin anzuwenden ist.

[3)] Durch § 60 ReichserbhofG v. 29.9.1933 (RGBl. I S. 685) waren die landesgesetzlichen Vorschriften über das Anerbenrecht mit den dort ersichtlichen Ausnahmen außer Kraft gesetzt worden. Vgl. auch Art. I und II KontrollratsG Nr. 45 v. 20.2.1947 (KRABl. S. 256) – inzwischen ebenfalls aufgehoben –, durch die das ReichserbhofG mit allen Durchführungs- und Ergänzungsvorschriften aufgehoben worden ist.

(2) Die Landesgesetze können das Recht des Erblassers, über das dem Anerbenrecht unterliegende Grundstück von Todes wegen zu verfügen, nicht beschränken.

**Art. 65**[1] *(aufgehoben)*

**Art. 66 [Deich- und Sielrecht]** Unberührt bleiben die landesgesetzlichen Vorschriften, welche dem Deich- und Sielrecht angehören.

**Art. 67 [Bergrecht]** (1) Unberührt bleiben die landesgesetzlichen Vorschriften, welche dem Bergrecht angehören.[2]

(2) Ist nach landesgesetzlicher Vorschrift wegen Beschädigung eines Grundstücks durch Bergbau eine Entschädigung zu gewähren, so finden die Vorschriften der Artikel 52 und 53 Anwendung, soweit nicht die Landesgesetze ein anderes bestimmen.

**Art. 68 [Abbaurecht]** [1] Unberührt bleiben die landesgesetzlichen Vorschriften, welche die Belastung eines Grundstücks mit dem vererblichen und veräußerlichen Rechte zur Gewinnung eines den bergrechtlichen Vorschriften nicht unterliegenden Minerals gestatten und den Inhalt dieses Rechtes näher bestimmen. [2] Die Vorschriften der §§ 874, 875, 876, *1015, 1017*[3] des Bürgerlichen Gesetzbuchs finden entsprechende Anwendung.

**Art. 69**[4] **[Fischerei]** Unberührt bleiben die landesgesetzlichen Vorschriften über *Jagd und* Fischerei, unbeschadet der Vorschrift des § 958 Abs. 2 des Bürgerlichen Gesetzbuchs *und der Vorschriften des Bürgerlichen Gesetzbuchs über den Ersatz des Wildschadens.*

**Art. 70–72**[4] (weggefallen)

**Art. 73 [Regalien]** Unberührt bleiben die landesgesetzlichen Vorschriften über Regalien.

**Art. 74 [Gewerberechte]** Unberührt bleiben die landesgesetzlichen Vorschriften über Zwangsrechte, Bannrechte und Realgewerbeberechtigungen.

**Art. 75** (gegenstandslos)

**Art. 76**[5] **[Verlagsrecht]** Unberührt bleiben die landesgesetzlichen Vorschriften, welche dem Verlagsrecht angehören.

---

[1] Art. 65 aufgeh. mWv 1.3.2010 durch G v. 31.7.2009 (BGBl. I S. 2585).

[2] Vgl. dazu das BundesbergG **(Schönfelder II Nr. 27a)**.

[3] §§ 1015, 1017 BGB durch § 35ErbbaurechtsVO (Nr. **41**) außer Kraft gesetzt mit der Maßgabe, daß auf vorher begründete Rechte diese Paragraphen auch fernerhin anzuwenden sind.

[4] Art. 69, soweit er die Jagd betrifft, Art. 70–72 waren gem. § 71 ReichsjagdG v. 3.7.1934 (RGBl. I S. 549) am 1.4.1935 außer Kraft getreten. In der früheren Amerikanischen Zone galten sie jedoch wieder mit Aufhebung des ReichsjagdG. Durch § 46 BundesjagdG **(Sartorius Nr. 890)** sind Art. 69, soweit er die Jagd betrifft, sowie Art. 70–72 im ganzen Bundesgebiet aufgehoben.

[5] Teilweise überholt durch die reichsgesetzliche Regelung des Verlagsrechtes im G über das Verlagsrecht **(Schönfelder ErgBd. Nr. 66)**.

**Art. 77**[1] **[Staatshaftung für Beamte]** Unberührt bleiben die landesgesetzlichen Vorschriften über die Haftung des Staates, der Gemeinden und anderer Kommunalverbände (*Provinzial-*, Kreis-, Amtsverbände) für den von ihren Beamten in Ausübung der diesen anvertrauten öffentlichen Gewalt zugefügten Schaden sowie die landesgesetzlichen Vorschriften, welche das Recht des Beschädigten, von dem Beamten den Ersatz eines solchen Schadens zu verlangen, insoweit ausschließen, als der Staat oder der Kommunalverband haftet.

**Art. 78 [Haftung der Beamten für Hilfspersonen]** Unberührt bleiben die landesgesetzlichen Vorschriften, nach welchen die Beamten für die von ihnen angenommenen Stellvertreter und Gehilfen in weiterem Umfang als nach dem Bürgerlichen Gesetzbuch haften.

**Art. 79 [Haftung von Grundstücksschätzern]** Unberührt bleiben die landesgesetzlichen Vorschriften, nach welchen die zur amtlichen Feststellung des Wertes von Grundstücken bestellten Sachverständigen für den aus einer Verletzung ihrer Berufspflicht entstandenen Schaden in weiterem Umfang als nach dem Bürgerlichen Gesetzbuch haften.

**Art. 80 [Vermögensrechtliche Ansprüche der Beamten; Pfründenrecht]**

(1) Unberührt bleiben, soweit nicht in dem Bürgerlichen Gesetzbuch eine besondere Bestimmung getroffen ist, die landesgesetzlichen Vorschriften über die vermögensrechtlichen Ansprüche und Verbindlichkeiten der Beamten, der Geistlichen und der Lehrer an öffentlichen Unterrichtsanstalten aus dem Amts- oder Dienstverhältnis, mit Einschluß der Ansprüche der Hinterbliebenen.

(2) Unberührt bleiben die landesgesetzlichen Vorschriften über das Pfründenrecht.

**Art. 81 [Übertragung und Aufrechnung von Gehaltsansprüchen]** Unberührt bleiben die landesgesetzlichen Vorschriften, welche die Übertragbarkeit der Ansprüche der in Artikel 80 Abs. 1 bezeichneten Personen auf Besoldung, Wartegeld, Ruhegehalt, Witwen- und Waisengeld beschränken, sowie die landesgesetzlichen Vorschriften, welche die Aufrechnung gegen solche Ansprüche abweichend von der Vorschrift des § 394 des Bürgerlichen Gesetzbuchs[2] zulassen.

**Art. 82 [Verfassung konzessionierter Vereine]** Unberührt bleiben die Vorschriften der Landesgesetze über die Verfassung solcher Vereine, deren Rechtsfähigkeit auf staatlicher Verleihung beruht.

**Art. 83 [Waldgenossenschaften]** Unberührt bleiben die landesgesetzlichen Vorschriften über Waldgenossenschaften.

**Art. 84** (gegenstandslos)

**Art. 85 [Vermögen aufgelöster Vereine]** Unberührt bleiben die landesgesetzlichen Vorschriften, nach welchen im Falle des § 45 Abs. 3 des Bürgerli-

---

[1] Vgl. hierzu auch Art. 34 GG **(Schönfelder ErgBd. Nr. 1)**.
[2] Nr. **20**.

chen Gesetzbuchs das Vermögen des aufgelösten Vereins an Stelle des Fiskus einer Körperschaft, Stiftung oder Anstalt des öffentlichen Rechts anfällt.

**Art. 86[1)] [Aufhebung von Erwerbsbeschränkungen für Ausländer und ausländische juristische Personen; Ausnahmen]** [1] Vorschriften, die den Erwerb von Rechten durch Ausländer oder durch juristische Personen, die ihren satzungsmäßigen Sitz, ihre Hauptverwaltung oder ihre Hauptniederlassung nicht im Bundesgebiet haben (ausländische juristische Personen), beschränken oder von einer Genehmigung abhängig machen, finden vom 30. Juli 1998[2)] keine Anwendung mehr. [2] Die Bundesregierung wird ermächtigt, durch Rechtsverordnung mit Zustimmung des Bundesrates den Erwerb von Rechten durch Ausländer oder ausländische juristische Personen zu beschränken und von der Erteilung einer Genehmigung abhängig zu machen, wenn Deutsche und inländische juristische Personen in dem betreffenden Staat in dem Erwerb von Rechten eingeschränkt werden und außenpolitische Gründe, insbesondere das Retorsionsrecht, dies erfordern. [3] Satz 2 gilt nicht für Ausländer und ausländische juristische Personen aus Mitgliedstaaten der Europäischen Union.

**Art. 87** (weggefallen)

**Art. 88[3)]** *(aufgehoben)*

**Art. 89 [Privatpfändung]** Unberührt bleiben die landesgesetzlichen Vorschriften über die zum Schutz der Grundstücke und der Erzeugnisse von Grundstücken gestattete Pfändung von Sachen, mit Einschluß der Vorschriften über die Entrichtung von Pfandgeld oder Ersatzgeld.

**Art. 90 [Öffentlich-rechtliche Sicherheitsleistung]** Unberührt bleiben die landesgesetzlichen Vorschriften über die Rechtsverhältnisse, welche sich aus einer auf Grund des öffentlichen Rechts wegen der Führung eines Amtes oder wegen eines Gewerbebetriebs erfolgten Sicherheitsleistung ergeben.

**Art. 91 [Sicherungshypothek öffentlich-rechtlicher Körperschaften]** [1] Unberührt bleiben die landesgesetzlichen Vorschriften, nach welchen der Fiskus, eine Körperschaft, Stiftung oder Anstalt des öffentlichen Rechts oder eine unter der Verwaltung einer öffentlichen Behörde stehende Stiftung berechtigt ist, zur Sicherung gewisser Forderungen die Eintragung einer Hypothek an Grundstücken des Schuldners zu verlangen, und nach welchen die Eintragung der Hypothek auf Ersuchen einer bestimmten Behörde zu erfolgen hat. [2] Die Hypothek kann nur als Sicherungshypothek eingetragen werden; sie entsteht mit der Eintragung.

**Art. 92** (weggefallen)

**Art. 93 [Mieträumungsfristen]** Unberührt bleiben die landesgesetzlichen Vorschriften über die Fristen, bis zu deren Ablauf gemietete Räume bei Beendigung des Mietverhältnisses zu räumen sind.

---

1) Art. 86 neu gef. durch G v. 23.7.1998 (BGBl. I S. 1886); Satz 2 geänd. mWv 24.2.2016 durch G v. 17.2.2016 (BGBl. I S. 233).

2) Richtig wohl: „vom 30. Juli 1998 an".

3) Art. 88 aufgeh. durch G v. 23.7.1998 (BGBl. I S. 1886).

**Art. 94**[1] **[Geschäftsbetrieb der Pfandleiher]** (1) Unberührt bleiben die landesgesetzlichen Vorschriften, welche den Geschäftsbetrieb der Pfandleihanstalten betreffen.

(2) Unberührt bleiben die landesgesetzlichen Vorschriften, nach welchen öffentlichen Pfandleihanstalten das Recht zusteht, die ihnen verpfändeten Sachen dem Berechtigten nur gegen Bezahlung des auf die Sache gewährten Darlehens herauszugeben.

**Art. 95** (gegenstandslos)

**Art. 96 [Altenteilsverträge]** Unberührt bleiben die landesgesetzlichen Vorschriften über einen mit der Überlassung eines Grundstücks in Verbindung stehenden Leibgedings-, Leibzuchts-, Altenteils- oder Auszugsvertrag, soweit sie das sich aus dem Vertrag ergebende Schuldverhältnis für den Fall regeln, daß nicht besondere Vereinbarungen getroffen werden.

**Art. 97**[2] **[Staatsschuldbuch]** (1) Unberührt bleiben die landesgesetzlichen Vorschriften, welche die Eintragung von Gläubigern des *Bundesstaats* in ein Staatsschuldbuch und die aus der Eintragung sich ergebenden Rechtsverhältnisse, insbesondere die Übertragung und Belastung einer Buchforderung, regeln.

(2) [1] Soweit nach diesen Vorschriften eine *Ehefrau* berechtigt ist, selbständig Anträge zu stellen, ist dieses Recht ausgeschlossen, wenn ein Vermerk zugunsten des *Ehemanns* im Schuldbuch eingetragen ist. [2] Ein solcher Vermerk ist einzutragen, wenn die *Ehefrau* oder mit ihrer Zustimmung der *Ehemann* die Eintragung beantragt. [3] Die *Ehefrau* ist dem *Ehemann* gegenüber zur Erteilung der Zustimmung verpflichtet, wenn sie nach dem unter ihnen bestehenden Güterstand über die Buchforderung nur mit Zustimmung des *Ehemanns* verfügen kann.

**Art. 98 [Rückzahlung von Staatsschulden]** Unberührt bleiben die landesgesetzlichen Vorschriften über die Rückzahlung oder Umwandlung verzinslicher Staatsschulden, für die Inhaberpapiere ausgegeben oder die im Staatsschuldbuch eingetragen sind.

**Art. 99 [Sparkassen]** Unberührt bleiben die landesgesetzlichen Vorschriften über die öffentlichen Sparkassen, unbeschadet der Vorschriften des § 808 des Bürgerlichen Gesetzbuchs[3] und der Vorschriften des Bürgerlichen Gesetzbuchs über die Anlegung von Mündelgeld.

**Art. 100 [Schuldverschreibungen öffentlich-rechtlicher Körperschaften]** Unberührt bleiben die landesgesetzlichen Vorschriften, nach welchen bei Schuldverschreibungen auf den Inhaber, die der *Bundesstaat* oder eine ihm angehörende Körperschaft, Stiftung oder Anstalt des öffentlichen Rechts ausstellt:

---

[1] Art. 94 Abs. 1 geänd. mWv 25.3.2009 durch G v. 17.3.2009 (BGBl. I S. 550).

[2] Zu Art. 97 Abs. 2 vgl. Art. 3 Abs. 2 und Art. 117 GG **(Schönfelder ErgBd. Nr. 1)** und Art. 8 I Nr. 2 bis 7 GleichberechtigungsG v. 18.6.1957 (BGBl. I S. 609), zuletzt geänd. durch G v. 19.4.2006 (BGBl. I S. 866).

[3] Nr. **20**.

1. die Gültigkeit der Unterzeichnung von der Beobachtung einer besonderen Form abhängt, auch wenn eine solche Bestimmung in die Urkunde nicht aufgenommen ist;
2. der im § 804 Abs. 1 des Bürgerlichen Gesetzbuchs[1)] bezeichnete Anspruch ausgeschlossen ist, auch wenn die Ausschließung in dem Zins- oder Rentenschein nicht bestimmt ist.

**Art. 101 [Umschreibung von Schuldverschreibungen auf den Namen]** Unberührt bleiben die landesgesetzlichen Vorschriften, welche den *Bundesstaat* oder ihm angehörende Körperschaften, Stiftungen und Anstalten des öffentlichen Rechts abweichend von der Vorschrift des § 806 Satz 2 des Bürgerlichen Gesetzbuchs[1)] verpflichten, die von ihnen ausgestellten, auf den Inhaber lautenden Schuldverschreibungen auf den Namen eines bestimmten Berechtigten umzuschreiben, sowie die landesgesetzlichen Vorschriften, welche die sich aus der Umschreibung einer solchen Schuldverschreibung ergebenden Rechtsverhältnisse, mit Einschluß der Kraftloserklärung, regeln.

**Art. 102 [Kraftloserklärung von Legitimationspapieren]** (1) Unberührt bleiben die landesgesetzlichen Vorschriften über die Kraftloserklärung und die Zahlungssperre in Ansehung der im § 807 des Bürgerlichen Gesetzbuchs[1)] bezeichneten Urkunden.

(2) Unberührt bleiben die landesgesetzlichen Vorschriften, welche für die Kraftloserklärung der im § 808 des Bürgerlichen Gesetzbuchs bezeichneten Urkunden ein anderes Verfahren als das Aufgebotsverfahren bestimmen.

**Art. 103** (gegenstandslos)

**Art. 104[2)] [Rückerstattung von Abgaben und Kosten]** Unberührt bleiben die landesgesetzlichen Vorschriften über den Anspruch auf Rückerstattung mit Unrecht erhobener öffentlicher Abgaben oder Kosten eines Verfahrens.

**Art. 105 [Schadenshaftung bei gefährlichen Betrieben]** Unberührt bleiben die landesgesetzlichen Vorschriften, nach welchen der Unternehmer eines *Eisenbahnbetriebs oder*[3)] *eines anderen* mit gemeiner Gefahr verbundenen Betriebs für den aus dem Betrieb entstehenden Schaden in weiterem Umfang als nach den Vorschriften des Bürgerlichen Gesetzbuchs verantwortlich ist.

**Art. 106 [Haftung bei Benutzung öffentlicher Grundstücke]** Unberührt bleiben die landesgesetzlichen Vorschriften, nach welchen, wenn ein dem öffentlichen Gebrauch dienendes Grundstück zu einer Anlage oder zu einem Betrieb benutzt werden darf, der Unternehmer der Anlage oder des Betriebs für den Schaden verantwortlich ist, der bei dem öffentlichen Gebrauch des Grundstücks durch die Anlage oder den Betrieb verursacht wird.

---

[1)] Nr. **20**.

[2)] Art. 104 ist durch § 479 Nr. 3 ReichsabgabenO v. 22.5.1931 (RGBl. I S. 161) insoweit außer Kraft getreten, als die Vorschriften der ReichsabgabenO über Erstattungs- und Vergütungsansprüche Anwendung finden.

[3)] Art. 105 außer Kraft gesetzt durch § 12 Abs. 2 G über die Haftpflicht der Eisenbahnen und Straßenbahnen für Sachschaden v. 29.4.1940 (RGBl. I S. 691), soweit er die Haftpflicht der Eisenbahnen und Straßenbahnen betrifft.

**Art. 107 [Haftung für Schäden an Grundstücken]** Unberührt bleiben die landesgesetzlichen Vorschriften über die Verpflichtung zum Ersatz des Schadens, der durch das Zuwiderhandeln gegen ein zum Schutz von Grundstücken erlassenes Strafgesetz verursacht wird.

**Art. 108[1)] [Haftung für Schäden bei Zusammenrottung, Auflauf oder Aufruhr]** Unberührt bleiben die landesgesetzlichen Vorschriften über die Verpflichtung zum Ersatz des Schadens, der bei einer Zusammenrottung, einem Auflauf oder einem Aufruhr entsteht.

**Art. 109 [Enteignung]** [1] Unberührt bleiben die landesgesetzlichen Vorschriften über die im öffentlichen Interesse erfolgende Entziehung, Beschädigung oder Benutzung einer Sache, Beschränkung des Eigentums und Entziehung oder Beschränkung von Rechten. [2] Auf die nach landesgesetzlicher Vorschrift wegen eines solchen Eingriffs zu gewährende Entschädigung finden die Vorschriften der Artikel 52 und 53 Anwendung, soweit nicht die Landesgesetze ein anderes bestimmen.[2)] [3] Die landesgesetzlichen Vorschriften können nicht bestimmen, daß für ein Rechtsgeschäft, für das notarielle Beurkundung vorgeschrieben ist, eine andere Form genügt.

**Art. 110 [Wiederherstellung zerstörter Gebäude]** Unberührt bleiben die landesgesetzlichen Vorschriften, welche für den Fall, daß zerstörte Gebäude in anderer Lage wiederhergestellt werden, die Rechte an den beteiligten Grundstücken regeln.

**Art. 111 [Öffentlich-rechtliche Eigentumsbeschränkungen]** Unberührt bleiben die landesgesetzlichen Vorschriften, welche im öffentlichen Interesse das Eigentum in Ansehung tatsächlicher Verfügungen beschränken.

**Art. 112 [Bahneinheiten]** Unberührt bleiben die landesgesetzlichen Vorschriften über die Behandlung der einem Eisenbahn- oder Kleinbahnunternehmen gewidmeten Grundstücke und sonstiger Vermögensgegenstände als Einheit (Bahneinheit), über die Veräußerung und Belastung einer solchen Bahneinheit oder ihrer Bestandteile, insbesondere die Belastung im Falle der Ausstellung von Teilschuldverschreibungen auf den Inhaber, und die sich dabei ergebenden Rechtsverhältnisse sowie über die Liquidation zum Zwecke der Befriedigung der Gläubiger, denen ein Recht auf abgesonderte Befriedigung aus den Bestandteilen der Bahneinheit zusteht.

**Art. 113 [Flurbereinigung]** [1] Unberührt bleiben die landesgesetzlichen Vorschriften über die Zusammenlegung von Grundstücken, über die Gemeinheitsteilung, die Regulierung der Wege, die Ordnung der gutsherrlich-bäuerlichen Verhältnisse sowie über die Ablösung, Umwandlung oder Einschränkung von Dienstbarkeiten und Reallasten.[3)] [2] Dies gilt insbesondere auch von den Vorschriften, welche die durch ein Verfahren dieser Art begründeten gemeinschaftli-

---

1) Beachte auch G über die durch innere Unruhen verursachten Schäden (sog. TumultschädenG) v. 12.5.1920 (RGBl. S. 941, ber. S. 960), geänd. durch VO v. 8.1.1924 (RGBl. I S. 23) und v. 29.3.1924 (RGBl. I S. 381) und zahlreichen landesrechtlichen Änderungen.

2) Vgl. hierzu Art. 14 Abs. 3 GG **(Schönfelder ErgBd. Nr. 1)**.

3) Durch das FlurbereinigungsG idF der Bek. v. 16.3.1976 (BGBl. I S. 546), zuletzt geänd. durch G v. 19.12.2008 (BGBl. I S. 2794) ist das Recht der ländlichen Grundstücksumlegung neu geregelt worden.

chen Angelegenheiten zum Gegenstand haben oder welche sich auf den Erwerb des Eigentums, auf die Begründung, Änderung und Aufhebung von anderen Rechten an Grundstücken und auf die Berichtigung des Grundbuchs beziehen.

**Art. 114 [Staatliche Ablösungsrenten]** Unberührt bleiben die landesgesetzlichen Vorschriften, nach welchen die dem Staat oder einer öffentlichen Anstalt infolge der Ordnung der gutsherrlich-bäuerlichen Verhältnisse oder der Ablösung von Dienstbarkeiten, Reallasten oder der Oberlehnsherrlichkeit zustehenden Ablösungsrenten und sonstigen Reallasten zu ihrer Begründung und zur Wirksamkeit gegenüber dem öffentlichen Glauben des Grundbuchs nicht der Eintragung bedürfen.

**Art. 115 [Belastungsverbote]** Unberührt bleiben die landesgesetzlichen Vorschriften, welche die Belastung eines Grundstücks mit gewissen Grunddienstbarkeiten oder beschränkten persönlichen Dienstbarkeiten oder mit Reallasten untersagen oder beschränken, sowie die landesgesetzlichen Vorschriften, welche den Inhalt und das Maß solcher Rechte näher bestimmen.

**Art. 116 [Überbau; Notweg]** Die in den Artikeln 113 bis 115 bezeichneten landesgesetzlichen Vorschriften finden keine Anwendung auf die nach den §§ 912, 916 und 917 des Bürgerlichen Gesetzbuchs[1)] zu entrichtenden Geldrenten und auf die in den §§ 1021 und 1022 des Bürgerlichen Gesetzbuchs bestimmten Unterhaltungspflichten.

**Art. 117 [Belastungsbeschränkungen]** (1) Unberührt bleiben die landesgesetzlichen Vorschriften, welche die Belastung eines Grundstücks über eine bestimmte Wertgrenze hinaus untersagen.

(2) Unberührt bleiben die landesgesetzlichen Vorschriften, welche die Belastung eines Grundstücks mit einer unkündbaren Hypothek oder Grundschuld untersagen oder die Ausschließung des Kündigungsrechts des Eigentümers bei Hypothekenforderungen und Grundschulden zeitlich beschränken und bei Rentenschulden nur für eine kürzere als die in § 1202 Abs. 2 des Bürgerlichen Gesetzbuchs[1)] bestimmte Zeit zulassen.

**Art. 118 [Vorrang von Verbesserungsdarlehen]** [1] Unberührt bleiben die landesgesetzlichen Vorschriften, welche einer Geldrente, Hypothek, Grundschuld oder Rentenschuld, die dem Staat oder einer öffentlichen Anstalt wegen eines zur Verbesserung des belasteten Grundstücks gewährten Darlehens zusteht, den Vorrang vor anderen Belastungen des Grundstücks einräumen. [2] Zugunsten eines Dritten finden die Vorschriften der §§ 892, 893 des Bürgerlichen Gesetzbuchs[1)] Anwendung.

**Art. 119[2)] [Veräußerung und Teilung von Grundstücken]** Unberührt bleiben die landesgesetzlichen Vorschriften, welche

1. die Veräußerung eines Grundstücks beschränken;
2. die Teilung eines Grundstücks oder die getrennte Veräußerung von Grundstücken, die bisher zusammen bewirtschaftet worden sind, untersagen oder beschränken.

---

[1)] Nr. **20**.
[2)] Art. 119 Nr. 2 geänd, Nr. 3 aufgeh. mWv 9.10.2013 durch G v. 1.10.2013 (BGBl. I S. 3719).

**Art. 120 [Unschädlichkeitszeugnis]** (1) Unberührt bleiben die landesgesetzlichen Vorschriften, nach welchen im Falle der Veräußerung eines Teiles eines Grundstücks dieser Teil von den Belastungen des Grundstücks befreit wird, wenn von der zuständigen Behörde festgestellt wird, daß die Rechtsänderung für die Berechtigten unschädlich ist.

(2) Unberührt bleiben die landesgesetzlichen Vorschriften, nach welchen unter der gleichen Voraussetzung:

1. im Falle der Teilung eines mit einer Reallast belasteten Grundstücks die Reallast auf die einzelnen Teile des Grundstücks verteilt wird;
2. im Falle der Aufhebung eines dem jeweiligen Eigentümer eines Grundstücks an einem anderen Grundstück zustehenden Rechts die Zustimmung derjenigen nicht erforderlich ist, zu deren Gunsten das Grundstück des Berechtigten belastet ist;
3. in den Fällen des § 1128 des Bürgerlichen Gesetzbuchs[1)] und des Artikels 52 dieses Gesetzes der dem Eigentümer zustehende Entschädigungsanspruch von dem einem Dritten an dem Anspruch zustehenden Recht befreit wird.

**Art. 121 [Öffentlich-rechtliche Reallasten]** Unberührt bleiben die landesgesetzlichen Vorschriften, nach welchen im Falle der Teilung eines für den Staat oder eine öffentliche Anstalt mit einer Reallast belasteten Grundstücks nur ein Teil des Grundstücks mit der Reallast belastet bleibt und dafür zugunsten des jeweiligen Eigentümers dieses Teiles die übrigen Teile mit gleichartigen Reallasten belastet werden.

**Art. 122 [Obstbäume]** Unberührt bleiben die landesgesetzlichen Vorschriften, welche die Rechte des Eigentümers eines Grundstücks in Ansehung der auf der Grenze oder auf dem Nachbargrundstück stehenden Obstbäume abweichend von den Vorschriften des § 910 und des § 923 Abs. 2 des Bürgerlichen Gesetzbuchs[1)] bestimmen.

**Art. 123 [Notweg]** Unberührt bleiben die landesgesetzlichen Vorschriften, welche das Recht des Notwegs zum Zwecke der Verbindung eines Grundstücks mit einer Wasserstraße oder einer Eisenbahn gewähren.

**Art. 124 [Nachbarrecht; Eigentumsbeschränkungen]** [1] Unberührt bleiben die landesgesetzlichen Vorschriften, welche das Eigentum an Grundstücken zugunsten der Nachbarn noch anderen als den im Bürgerlichen Gesetzbuch bestimmten Beschränkungen unterwerfen. [2] Dies gilt insbesondere auch von den Vorschriften, nach welchen Anlagen sowie Bäume und Sträucher nur in einem bestimmten Abstand von der Grenze gehalten werden dürfen.

**Art. 125 [Verkehrsunternehmungen]** Unberührt bleiben die landesgesetzlichen Vorschriften, welche die Vorschrift des *§ 26 der Gewerbeordnung*[2)] auf Eisenbahn-, Dampfschiffahrts- und ähnliche Verkehrsunternehmungen erstrecken.

---

[1)] Nr. **20**.

[2)] § 26 GewerbeO aufgeh. durch § 68 Abs. 1 Nr. 1 Bundes-ImmissionsschutzG **(Sartorius Nr. 296)**.

**Art. 126 [Übereignung durch Landesgesetze]** Durch Landesgesetz kann das dem Staat an einem Grundstück zustehende Eigentum auf einen Kommunalverband und das einem Kommunalverband an einem Grundstück zustehende Eigentum auf einen anderen Kommunalverband oder auf den Staat übertragen werden.

**Art. 127 [Buchungsfreie Grundstücke; Eigentumswechsel]** Unberührt bleiben die landesgesetzlichen Vorschriften über die Übertragung des Eigentums an einem Grundstück, das im Grundbuch nicht eingetragen ist und nach den Vorschriften der Grundbuchordnung auch nach der Übertragung nicht eingetragen zu werden braucht.

**Art. 128 [Buchungsfreie Grundstücke; Dienstbarkeiten]** Unberührt bleiben die landesgesetzlichen Vorschriften über die Begründung und Aufhebung einer Dienstbarkeit an einem Grundstück, das im Grundbuch nicht eingetragen ist und nach den Vorschriften der Grundbuchordnung nicht eingetragen zu werden braucht.

**Art. 129 [Aneignung aufgegebener Grundstücke]** Unberührt bleiben die landesgesetzlichen Vorschriften, nach welchen das Recht zur Aneignung eines nach § 928 des Bürgerlichen Gesetzbuchs[1] aufgegebenen Grundstücks an Stelle des Fiskus einer bestimmten anderen Person zusteht.

**Art. 130 [Aneignung von Tauben]** Unberührt bleiben die landesgesetzlichen Vorschriften über das Recht zur Aneignung der einem anderen gehörenden, im Freien betroffenen Tauben.

**Art. 131[2] [3] [Stockwerkseigentum]** Unberührt bleiben die landesgesetzlichen Vorschriften, welche für den Fall, daß jedem der Miteigentümer eines mit einem Gebäude versehenen Grundstücks die ausschließliche Benutzung eines Teiles des Gebäudes eingeräumt ist, das Gemeinschaftsverhältnis näher bestimmen, die Anwendung der §§ 749 bis 751 des Bürgerlichen Gesetzbuchs[1] ausschließen und für den Fall des Insolvenzverfahrens über das Vermögen eines Miteigentümers das Recht, für die Insolvenzmasse die Aufhebung der Gemeinschaft zu verlangen, versagen.

**Art. 132 [Kirchen- und Schulbaulast]** Unberührt bleiben die landesgesetzlichen Vorschriften über die Kirchenbaulast und die Schulbaulast.

**Art. 133 [Kirchenstühle, Begräbnisplätze]** Unberührt bleiben die landesgesetzlichen Vorschriften über das Recht zur Benutzung eines Platzes in einem dem öffentlichen Gottesdienst gewidmeten Gebäude oder auf einer öffentlichen Begräbnisstätte.

**Art. 134 bis 136** (weggefallen)

**Art. 138 [Erbrecht öffentlich-rechtlicher Körperschaften]** Unberührt bleiben die landesgesetzlichen Vorschriften, nach welchen im Falle des § 1936 des Bürgerlichen Gesetzbuchs[1] an Stelle des Fiskus eine Körperschaft, Stiftung oder Anstalt des öffentlichen Rechts gesetzlicher Erbe ist.

---

[1] Nr. **20**.
[2] Art. 131 geänd. durch G v. 5.10.1994 (BGBl. I S. 2911).
[3] Vgl. hierzu das WohnungseigentumsG (Nr. **37**).

**Art. 139 [Nachlass einer verpflegten Person]** Unberührt bleiben die landesgesetzlichen Vorschriften, nach welchen dem Fiskus oder einer anderen juristischen Person in Ansehung des Nachlasses einer verpflegten oder unterstützten Person ein Erbrecht, ein Pflichtteilsanspruch oder ein Recht auf bestimmte Sachen zusteht.

**Art. 140 [Nachlassverzeichnis]** Unberührt bleiben die landesgesetzlichen Vorschriften, nach welchen das Nachlaßgericht auch unter anderen als den in § 1960 Abs. 1 des Bürgerlichen Gesetzbuchs[1] bezeichneten Voraussetzungen die Anfertigung eines Nachlaßverzeichnisses sowie bis zu dessen Vollendung die erforderlichen Sicherungsmaßregeln, insbesondere die Anlegung von Siegeln, von Amts wegen anordnen kann oder soll.

**Art. 141 und 142** (weggefallen)

**Art. 143 [Form der Auflassung]** (1) (weggefallen)

(2) Unberührt bleiben die landesgesetzlichen Vorschriften, nach welchen es bei der Auflassung eines Grundstücks der gleichzeitigen Anwesenheit beider Teile nicht bedarf, wenn das Grundstück durch einen Notar versteigert worden ist und die Auflassung noch in dem Versteigerungstermin stattfindet.

**Art. 144[2] [Beistandschaft für Vereine]** Die Landesgesetze können bestimmen, daß das Jugendamt die Beistandschaft mit Zustimmung des Elternteils auf einen nach § 54 des Achten Buches Sozialgesetzbuch[3] anerkannten Vormundschaftsverein übertragen kann.

**Art. 145 und 146** (weggefallen)

**Art. 147[4] [Betreuungs- und Nachlassbehörden]** Unberührt bleiben die landesgesetzlichen Vorschriften, nach denen für die Aufgaben des Betreuungsgerichts oder des Nachlassgerichts andere Stellen als Gerichte zuständig sind.

**Art. 148[5]** *(aufgehoben)*

**Art. 149 bis 151** (weggefallen)

**Art. 152 [Rechtshängigkeit]** [1] Unberührt bleiben die landesgesetzlichen Vorschriften, welche für die nicht nach den Vorschriften der Zivilprozeßordnung zu erledigenden Rechtsstreitigkeiten die Vorgänge bestimmen, mit denen die nach den Vorschriften des Bürgerlichen Gesetzbuchs an die Klageerhebung und an die Rechtshängigkeit geknüpften Wirkungen eintreten. [2] Soweit solche Vorschriften fehlen, finden die Vorschriften der Zivilprozeßordnung entsprechende Anwendung.

## Vierter Teil. Übergangsvorschriften

**Art. 153 bis 156** (gegenstandslos)

---

[1] Nr. **20**.

[2] Art. 144 eingef. durch G v. 4.12.1997 (BGBl. I S. 2846); geänd. mWv 1.1.2023 durch G v. 4.5.2021 (BGBl. I S. 882).

[3] **Habersack, Deutsche Gesetze ErgBd. Nr. 46.**

[4] Art. 147 neu gef. mWv 1.9.2009 durch G v. 17.12.2008 (BGBl. I S. 2586).

[5] Art. 148 aufgeh. mWv 1.9.2013 durch G. v. 26.6.2013 (BGBl. I S. 1800).

**Art. 157 [Erwählter Wohnsitz]** Die Vorschriften der französischen und der badischen Gesetze über den erwählten Wohnsitz bleiben für Rechtsverhältnisse, die sich nach diesen Gesetzen bestimmen, in Kraft, sofern der Wohnsitz vor dem Inkrafttreten des Bürgerlichen Gesetzbuchs erwählt worden ist.

**Art. 158 bis 162** (gegenstandslos)

**Art. 163 [Juristische Personen]** Auf die zur Zeit des Inkrafttretens des Bürgerlichen Gesetzbuchs bestehenden juristischen Personen finden von dieser Zeit an die Vorschriften der §§ 25 bis 53 und 85 bis 89 des Bürgerlichen Gesetzbuchs[1)] Anwendung, soweit sich nicht aus den Artikeln 164 bis 166 ein anderes ergibt.

**Art. 164 [Realgemeinden]** [1] In Kraft bleiben die landesgesetzlichen Vorschriften über die zur Zeit des Inkrafttretens des Bürgerlichen Gesetzbuchs bestehenden Realgemeinden und ähnlichen Verbände, deren Mitglieder als

*(Fortsetzung nächstes Blatt)*

---

[1)] Nr. **20**.

solche zu Nutzungen an land- und forstwirtschaftlichen Grundstücken, an Mühlen, Brauhäusern und ähnlichen Anlagen berechtigt sind. [2]Es macht keinen Unterschied, ob die Realgemeinden oder sonstigen Verbände juristische Personen sind oder nicht und ob die Berechtigung der Mitglieder an Grundbesitz geknüpft ist oder nicht.

**Art. 165. [Bayerische Vereine]** In Kraft bleiben die Vorschriften der bayerischen Gesetze, betreffend die privatrechtliche Stellung der Vereine sowie der Erwerbs- und Wirtschaftsgesellschaften, vom 29. April 1869[1)] in Ansehung derjenigen Vereine und registrierten Gesellschaften, welche auf Grund dieser Gesetze zur Zeit des Inkrafttretens des Bürgerlichen Gesetzbuchs bestehen.

**Art. 166. [Sächsische Vereine]** In Kraft bleiben die Vorschriften des sächsischen Gesetzes vom 15. Juni 1868, betreffend die juristischen Personen, in Ansehung derjenigen Personenvereine, welche zur Zeit des Inkrafttretens des Bürgerlichen Gesetzbuchs die Rechtsfähigkeit durch Eintragung in das Genossenschaftsregister erlangt haben.

**Art. 167. [Landschaftliche oder ritterschaftliche Kreditanstalten]** In Kraft bleiben die landesgesetzlichen Vorschriften, welche die zur Zeit des Inkrafttretens des Bürgerlichen Gesetzbuchs bestehenden landschaftlichen oder ritterschaftlichen Kreditanstalten betreffen.

**Art. 168. [Verfügungsbeschränkungen]** Eine zur Zeit des Inkrafttretens des Bürgerlichen Gesetzbuchs bestehende Verfügungsbeschränkung bleibt wirksam, unbeschadet der Vorschriften des Bürgerlichen Gesetzbuchs zugunsten derjenigen, welche Rechte von einem Nichtberechtigten herleiten.

**Art. 169. [Verjährung]** (1) [1]Die Vorschriften des Bürgerlichen Gesetzbuchs über die Verjährung finden auf die vor dem Inkrafttreten des Bürgerlichen Gesetzbuchs entstandenen, noch nicht verjährten Ansprüche Anwendung. [2]Der Beginn sowie die Hemmung und Unterbrechung der Verjährung bestimmen sich jedoch für die Zeit vor dem Inkrafttreten des Bürgerlichen Gesetzbuchs nach den bisherigen Gesetzen.

(2) [1]Ist die Verjährungsfrist nach dem Bürgerlichen Gesetzbuch kürzer als nach den bisherigen Gesetzen, so wird die kürzere Frist von dem Inkrafttreten des Bürgerlichen Gesetzbuchs an berechnet. [2]Läuft jedoch die in den bisherigen Gesetzen bestimmte längere Frist früher als die im Bürgerlichen Gesetzbuch bestimmte kürzere Frist ab, so ist die Verjährung mit dem Ablauf der längeren Frist vollendet.

**Art. 170. [Schuldverhältnisse]** Für ein Schuldverhältnis, das vor dem Inkrafttreten des Bürgerlichen Gesetzbuchs entstanden ist, bleiben die bisherigen Gesetze maßgebend.

---

[1)] Das G v. 29. 4. 1869 (BayBS III S. 135) wurde aufgehoben durch das bayerische G v. 6. 4. 1981 (GVBl. S. 85, BayRS 1141–10–J). Nach § 5 Abs. 2 dieses G gelten die bestehenden eingetragenen Erwerbs- und Wirtschafts-Gesellschaften v. 1. 7. 1981 an als eingetragene Genossenschaften nach dem GenossenschaftsG.

**Art. 171. [Dienst-, Miet- und Pachtverhältnisse]** Ein zur Zeit des Inkrafttretens des Bürgerlichen Gesetzbuchs bestehendes Miet-, Pacht- oder Dienstverhältnis bestimmt sich, wenn nicht die Kündigung nach dem Inkrafttreten des Bürgerlichen Gesetzbuchs für den ersten Termin erfolgt, für den sie nach den bisherigen Gesetzen zulässig ist, von diesem Termin an nach den Vorschriften des Bürgerlichen Gesetzbuchs.

**Art. 172.** [1] Wird eine Sache, die zur Zeit des Inkrafttretens des Bürgerlichen Gesetzbuchs vermietet oder verpachtet war, nach dieser Zeit veräußert oder mit einem Recht belastet, so hat der Mieter oder Pächter dem Erwerber der Sache oder des Rechts gegenüber die im Bürgerlichen Gesetzbuch bestimmten Rechte. [2] Weitergehende Rechte des Mieters oder Pächters, die sich aus den bisherigen Gesetzen ergeben, bleiben unberührt, unbeschadet der Vorschrift des Artikels 171.

**Art. 173. [Gemeinschaft nach Bruchteilen]** Auf eine zur Zeit des Inkrafttretens des Bürgerlichen Gesetzbuchs bestehende Gemeinschaft nach Bruchteilen finden von dieser Zeit an die Vorschriften des Bürgerlichen Gesetzbuchs Anwendung.

**Art. 174. [Inhaberschuldverschreibungen]** (1) [1] Von dem Inkrafttreten des Bürgerlichen Gesetzbuchs an gelten für die vorher ausgestellten Schuldverschreibungen auf den Inhaber die Vorschriften der §§ 798 bis 800, 802 und 804 und des § 806 Satz 1 des Bürgerlichen Gesetzbuchs. [2] Bei den auf Sicht zahlbaren unverzinslichen Schuldverschreibungen sowie bei Zins-, Renten- und Gewinnanteilscheinen bleiben jedoch für die Kraftloserklärung und die Zahlungssperre die bisherigen Gesetze maßgebend.

(2) Die Verjährung der Ansprüche aus den vor dem Inkrafttreten des Bürgerlichen Gesetzbuchs ausgestellten Schuldverschreibungen auf den Inhaber bestimmt sich, unbeschadet der Vorschriften des § 802 des Bürgerlichen Gesetzbuchs, nach den bisherigen Gesetzen.

**Art. 175.** Für Zins-, Renten- und Gewinnanteilscheine, die nach dem Inkrafttreten des Bürgerlichen Gesetzbuchs für ein vor dieser Zeit ausgestelltes Inhaberpapier ausgegeben werden, sind die Gesetze maßgebend, welche für die vor dem Inkrafttreten des Bürgerlichen Gesetzbuchs ausgegebenen Scheine gleicher Art gelten.

**Art. 176.** [1] Die Außerkurssetzung von Schuldverschreibungen auf den Inhaber findet nach dem Inkrafttreten des Bürgerlichen Gesetzbuchs nicht mehr statt. [2] Eine vorher erfolgte Außerkurssetzung verliert mit dem Inkrafttreten des Bürgerlichen Gesetzbuchs ihre Wirkung.

**Art. 177. [Legitimationspapiere]** Von dem Inkrafttreten des Bürgerlichen Gesetzbuchs an gelten für vorher ausgegebene Urkunden der in § 808 des Bürgerlichen Gesetzbuchs bezeichneten Art, sofern der Schuldner nur gegen Aushändigung der Urkunde zur Leistung verpflichtet ist, die Vorschriften des § 808 Abs. 2 Satz 2 und 3 des Bürgerlichen Gesetzbuchs und des Artikels 102 Abs. 2 dieses Gesetzes.

**Art. 178.** [1]Ein zur Zeit des Inkrafttretens des Bürgerlichen Gesetzbuchs anhängiges Verfahren, das die Kraftloserklärung einer Schuldverschreibung auf den Inhaber oder einer Urkunde der in § 808 des Bürgerlichen Gesetzbuchs bezeichneten Art oder die Zahlungssperre für ein solches Papier zum Gegenstand hat, ist nach den bisherigen Gesetzen zu erledigen. [2]Nach diesen Gesetzen bestimmen sich auch die Wirkungen des Verfahrens und der Entscheidung.

**Art. 179. [Eingetragene Ansprüche]** Hat ein Anspruch aus einem Schuldverhältnis nach den bisherigen Gesetzen durch Eintragung in ein öffentliches Buch Wirksamkeit gegen Dritte erlangt, so behält er diese Wirksamkeit auch nach dem Inkrafttreten des Bürgerlichen Gesetzbuchs.

**Art. 180. [Besitz]** Auf ein zur Zeit des Inkrafttretens des Bürgerlichen Gesetzbuchs bestehendes Besitzverhältnis finden von dieser Zeit an, unbeschadet des Artikels 191, die Vorschriften des Bürgerlichen Gesetzbuchs Anwendung.

**Art. 181. [Inhalt des Eigentums]** (1) Auf das zur Zeit des Inkrafttretens des Bürgerlichen Gesetzbuchs bestehende Eigentum finden von dieser Zeit an die Vorschriften des Bürgerlichen Gesetzbuchs Anwendung.

(2) Steht zur Zeit des Inkrafttretens des Bürgerlichen Gesetzbuchs das Eigentum an einer Sache mehreren nicht nach Bruchteilen zu oder ist zu dieser Zeit ein Sondereigentum an stehenden Erzeugnissen eines Grundstücks, insbesondere an Bäumen, begründet, so bleiben diese Rechte bestehen.

**Art. 182. [Stockwerkseigentum]** [1]Das zur Zeit des Inkrafttretens des Bürgerlichen Gesetzbuchs bestehende Stockwerkseigentum bleibt bestehen. [2]Das Rechtsverhältnis der Beteiligten untereinander bestimmt sich nach den bisherigen Gesetzen.

**Art. 183. [Waldgrundstück]** Zugunsten eines Grundstücks, das zur Zeit des Inkrafttretens des Bürgerlichen Gesetzbuchs mit Wald bestanden ist, bleiben die landesgesetzlichen Vorschriften, welche die Rechte des Eigentümers eines Nachbargrundstücks in Ansehung der auf der Grenze oder auf dem Waldgrundstück stehenden Bäume und Sträucher abweichend von den Vorschriften des § 910 und des § 923 Abs. 2 und 3 des Bürgerlichen Gesetzbuchs bestimmen, bis zur nächsten Verjüngung des Waldes in Kraft.

**Art. 184. [Beschränkte dingliche Rechte]** [1]Rechte, mit denen eine Sache oder ein Recht zur Zeit des Inkrafttretens des Bürgerlichen Gesetzbuchs belastet ist, bleiben mit dem sich aus den bisherigen Gesetzen ergebenden Inhalt und Rang bestehen, soweit sich nicht aus den Artikeln 192 bis 195 ein anderes ergibt. [2]Von dem Inkrafttreten des Bürgerlichen Gesetzbuchs an gelten jedoch für ein Erbbaurecht die Vorschriften des § 1017,[1)] für eine Grunddienstbarkeit die Vorschriften der §§ 1020 bis 1028 des Bürgerlichen Gesetzbuchs.

---

[1)] § 1017 BGB aufgeh. für neuzubestellende Rechte durch §§ 35 und 38 VO über das Erbbaurecht v. 15. 1. 1919 (RGBl. S. 72) – Nr. **41** –, deren Vorschriften gem. § 36 an die Stelle der §§ 1012 bis 1017 BGB getreten sind.

**Art. 185. [Ersitzung]** Ist zur Zeit des Inkrafttretens des Bürgerlichen Gesetzbuchs die Ersitzung des Eigentums oder Nießbrauchs an einer beweglichen Sache noch nicht vollendet, so finden auf die Ersitzung die Vorschriften des Artikels 169 entsprechende Anwendung.

**Art. 186. [Anlegung der Grundbücher]** (1) Das Verfahren, in welchem die Anlegung der Grundbücher erfolgt, sowie der Zeitpunkt, in welchem das Grundbuch für einen Bezirk als angelegt anzusehen ist, werden für jeden *Bundesstaat* durch *landesherrliche* Verordnung bestimmt.

(2) Ist das Grundbuch für einen Bezirk als angelegt anzusehen, so ist die Anlegung auch für solche zu dem Bezirk gehörende Grundstücke, die noch kein Blatt im Grundbuch haben, als erfolgt anzusehen, soweit nicht bestimmte Grundstücke durch besondere Anordnung ausgenommen sind.

**Art. 187. [Nicht eingetragene Grunddienstbarkeiten]** (1) [1]Eine Grunddienstbarkeit, die zu der Zeit besteht, zu welcher das Grundbuch als angelegt anzusehen ist, bedarf zur Erhaltung der Wirksamkeit gegenüber dem öffentlichen Glauben des Grundbuchs nicht der Eintragung. [2]Die Eintragung hat jedoch zu erfolgen, wenn sie von dem Berechtigten oder von dem Eigentümer des belasteten Grundstücks verlangt wird; die Kosten sind von demjenigen zu tragen und vorzuschießen, welcher die Eintragung verlangt.

(2) [1]Durch Landesgesetz kann bestimmt werden, daß die bestehenden Grunddienstbarkeiten oder einzelne Arten zur Erhaltung der Wirksamkeit gegenüber dem öffentlichen Glauben des Grundbuchs bei der Anlegung des Grundbuchs oder später in das Grundbuch eingetragen werden müssen. [2]Die Bestimmung kann auf einzelne Grundbuchbezirke beschränkt werden.[1)]

**Art. 188. [Gesetzliche Pfandrechte; dingliche Miet- und Pachtrechte]** (1) Durch *landesherrliche* Verordnung kann bestimmt werden, daß gesetzliche Pfandrechte, die zu der Zeit bestehen, zu welcher das Grundbuch als angelegt anzusehen ist, zur Erhaltung der Wirksamkeit gegenüber dem öffentlichen Glauben des Grundbuchs während einer zehn Jahre nicht übersteigenden, von dem Inkrafttreten des Bürgerlichen Gesetzbuchs an zu berechnenden Frist nicht der Eintragung bedürfen.

(2) Durch *landesherrliche* Verordnung kann bestimmt werden, daß Mietrechte und Pachtrechte, welche zu der im Absatz 1 bezeichneten Zeit als Rechte an einem Grundstück bestehen, zur Erhaltung der Wirksamkeit gegenüber dem öffentlichen Glauben des Grundbuchs nicht der Eintragung bedürfen.

**Art. 189. [Erwerb und Verlust von Grundstücksrechten]** (1) [1]Der Erwerb und Verlust des Eigentums sowie die Begründung, Übertragung, Belastung und Aufhebung eines anderen Rechts an einem Grundstück oder eines Rechts an einem solchen Recht erfolgen auch nach dem Inkrafttreten des Bürgerlichen Gesetzbuchs nach den bisherigen Gesetzen, bis das Grundbuch als angelegt anzusehen ist. [2]Das gleiche gilt von der Änderung des Inhalts und des Ranges der Rechte. [3]Ein nach den Vorschriften des Bürgerlichen Gesetzbuchs unzulässiges Recht kann nach dem Inkrafttreten des Bürgerlichen Gesetzbuchs nicht mehr begründet werden.

---

1) Vgl. im früheren **Württemberg-Hohenzollern** G über die Eintragung altrechtlicher Grunddienstbarkeiten im Grundbuch v. 9. 1. 1951 (RegBl. S. 11).

(2) Ist zu der Zeit, zu welcher das Grundbuch als angelegt anzusehen ist, der Besitzer als der Berechtigte im Grundbuch eingetragen, so finden auf eine zu dieser Zeit noch nicht vollendete, nach § 900 des Bürgerlichen Gesetzbuchs zulässige Ersitzung die Vorschriften des Artikels 169 entsprechende Anwendung.

(3) Die Aufhebung eines Rechts, mit dem ein Grundstück oder ein Recht an einem Grundstück zu der Zeit belastet ist, zu welcher das Grundbuch als angelegt anzusehen ist, erfolgt auch nach dieser Zeit nach den bisherigen Gesetzen, bis das Recht in das Grundbuch eingetragen wird.

**Art. 190. [Aneignungsrecht des Fiskus]** [1]Das nach § 928 Abs. 2 des Bürgerlichen Gesetzbuchs dem Fiskus zustehende Aneignungsrecht erstreckt sich auf alle Grundstücke, die zu der Zeit herrenlos sind, zu welcher das Grundbuch als angelegt anzusehen ist. [2]Die Vorschrift des Artikels 129 findet entsprechende Anwendung.

**Art. 191. [Besitzschutz bei Dienstbarkeiten]** (1) Die bisherigen Gesetze über den Schutz im Besitz einer Grunddienstbarkeit oder einer beschränkten persönlichen Dienstbarkeit finden auch nach dem Inkrafttreten des Bürgerlichen Gesetzbuchs Anwendung, bis das Grundbuch für das belastete Grundstück als angelegt anzusehen ist.

(2) [1]Von der Zeit an, zu welcher das Grundbuch als angelegt anzusehen ist, finden zum Schutz der Ausübung einer Grunddienstbarkeit, mit welcher das Halten einer dauernden Anlage verbunden ist, die für den Besitzschutz geltenden Vorschriften des Bürgerlichen Gesetzbuchs entsprechende Anwendung, solange Dienstbarkeiten dieser Art nach Artikel 128 oder Artikel 187 zur Erhaltung der Wirksamkeit gegenüber dem öffentlichen Glauben des Grundbuchs nicht der Eintragung bedürfen. [2]Das gleiche gilt für Grunddienstbarkeiten anderer Art mit der Maßgabe, daß der Besitzschutz nur gewährt wird, wenn die Dienstbarkeit in jedem der drei letzten Jahre vor der Störung mindestens einmal ausgeübt worden ist.

**Art. 192. [Überleitung von Pfandrechten]** (1) [1]Ein zu der Zeit, zu welcher das Grundbuch als angelegt anzusehen ist, an einem Grundstück bestehendes Pfandrecht gilt von dieser Zeit an als eine Hypothek, für welche die Erteilung des Hypothekenbriefs ausgeschlossen ist. [2]Ist der Betrag der Forderung, für die das Pfandrecht besteht, nicht bestimmt, so gilt das Pfandrecht als Sicherungshypothek.

(2) Ist das Pfandrecht dahin beschränkt, daß der Gläubiger Befriedigung aus dem Grundstück nur im Wege der Zwangsverwaltung suchen kann, so bleibt diese Beschränkung bestehen.

**Art. 193.**[1)] Durch Landesgesetz kann bestimmt werden, daß ein Pfandrecht, welches nach Artikel 192 nicht als Sicherungshypothek gilt, als Sicherungshypothek oder als eine Hypothek gelten soll, für welche die Erteilung des Hypothekenbriefs nicht ausgeschlossen ist, und daß eine über das Pfandrecht erteilte Urkunde als Hypothekenbrief gelten soll.

---

[1)] Vgl. G betr. die Überleitung von Hypotheken des früheren Rechtes v. 17. 3. 1906 (RGBl. S. 429).

**Art. 194.** Durch Landesgesetz kann bestimmt werden, daß ein Gläubiger, dessen Pfandrecht zu der im Artikel 192 bezeichneten Zeit besteht, die Löschung eines im Rang vorgehenden oder gleichstehenden Pfandrechts, falls dieses sich mit dem Eigentum in einer Person vereinigt, in gleicher Weise zu verlangen berechtigt ist, wie wenn zur Sicherung des Rechts auf Löschung eine Vormerkung im Grundbuch eingetragen wäre.

**Art. 195.** (1) 1 Eine zu der Zeit, zu welcher das Grundbuch als angelegt anzusehen ist, bestehende Grundschuld gilt von dieser Zeit an als Grundschuld im Sinne des Bürgerlichen Gesetzbuchs und eine über die Grundschuld erteilte Urkunde als Grundschuldbrief. 2 Die Vorschrift des Artikels 192 Abs. 2 findet entsprechende Anwendung.

(2) Durch Landesgesetz kann bestimmt werden, daß eine zu der im Absatz 1 bezeichneten Zeit bestehende Grundschuld als eine Hypothek, für welche die Erteilung des Hypothekenbriefs nicht ausgeschlossen ist, oder als Sicherungshypothek gelten soll und daß eine über die Grundschuld erteilte Urkunde als Hypothekenbrief gelten soll.

**Art. 196. [Grundstücksgleiche Rechte]** Durch Landesgesetz kann bestimmt werden, daß auf ein an einem Grundstück bestehendes vererbliches und übertragbares Nutzungsrecht die sich auf Grundstücke beziehenden Vorschriften und auf den Erwerb eines solchen Rechts die für den Erwerb des Eigentums an einem Grundstück geltenden Vorschriften des Bürgerlichen Gesetzbuchs Anwendung finden.

**Art. 197. [Bäuerliche Nutzungsrechte]** In Kraft bleiben die landesgesetzlichen Vorschriften, nach welchen in Ansehung solcher Grundstücke, bezüglich deren zur Zeit des Inkrafttretens des Bürgerlichen Gesetzbuchs ein nicht unter den Artikel 63 fallendes bäuerliches Nutzungsrecht besteht, nach der Beendigung des Nutzungsrechts ein Recht gleicher Art neu begründet werden kann und der Gutsherr zu der Begründung verpflichtet ist.

**Art. 198. [Gültigkeit der Ehe]** (1) Die Gültigkeit einer vor dem Inkrafttreten des Bürgerlichen Gesetzbuchs geschlossenen Ehe bestimmt sich nach den bisherigen Gesetzen.

(2) 1 Eine nach den bisherigen Gesetzen nichtige oder ungültige Ehe ist als von Anfang an gültig anzusehen, wenn die Ehegatten zur Zeit des Inkrafttretens des Bürgerlichen Gesetzbuchs noch als Ehegatten miteinander leben und der Grund, auf dem die Nichtigkeit oder die Ungültigkeit beruht, nach den Vorschriften des Bürgerlichen Gesetzbuchs die Nichtigkeit oder die Anfechtbarkeit der Ehe nicht zur Folge haben oder diese Wirkung verloren haben würde. 2 Die für die Anfechtung im Bürgerlichen Gesetzbuch bestimmte Frist beginnt nicht vor dem Inkrafttreten des Bürgerlichen Gesetzbuchs.

(3) Die nach den bisherigen Gesetzen erfolgte Ungültigkeitserklärung einer Ehe steht der Nichtigkeitserklärung nach dem Bürgerlichen Gesetzbuch gleich.

**Art. 199. [Persönliche Rechtsbeziehungen der Ehegatten]** Die persönlichen Rechtsbeziehungen der Ehegatten zueinander, insbesondere die gegenseitige Unterhaltspflicht, bestimmen sich auch für die zur Zeit des Inkrafttretens des Bürgerlichen Gesetzbuchs bestehenden Ehen nach dessen Vorschriften.

**Art. 200. [Eheliches Güterrecht]** (1) [1]Für den Güterstand einer zur Zeit des Inkrafttretens des Bürgerlichen Gesetzbuchs bestehenden Ehe bleiben die bisherigen Gesetze maßgebend. [2]Dies gilt insbesondere auch von den Vorschriften über die erbrechtlichen Wirkungen des Güterstands und von den Vorschriften der französischen und der badischen Gesetze über das Verfahren bei Vermögensabsonderungen unter Ehegatten.

(2) Eine nach den Vorschriften des Bürgerlichen Gesetzbuchs zulässige Regelung des Güterstands kann durch Ehevertrag auch dann getroffen werden, wenn nach den bisherigen Gesetzen ein Ehevertrag unzulässig sein würde.

(3) *(gegenstandslos)*

**Art. 201. [Scheidung und Aufhebung der ehelichen Gemeinschaft]**
(1) Die Scheidung und die Aufhebung der ehelichen Gemeinschaft erfolgen von dem Inkrafttreten des Bürgerlichen Gesetzbuchs an nach dessen Vorschriften.

(2) (weggefallen)

**Art. 202. [Trennung von Tisch und Bett]** [1]Für die Wirkungen einer beständigen oder zeitweiligen Trennung von Tisch und Bett, auf welche vor dem Inkrafttreten des Bürgerlichen Gesetzbuchs erkannt worden ist, bleiben die bisherigen Gesetze maßgebend. [2]Dies gilt insbesondere auch von den Vorschriften, nach denen eine bis zu dem Tod eines der Ehegatten fortbestehende Trennung in allen oder einzelnen Beziehungen der Auflösung der Ehe gleichsteht.

**Art. 203. [Eltern und Kinder]** Das Rechtsverhältnis zwischen den Eltern und einem vor dem Inkrafttreten des Bürgerlichen Gesetzbuchs geborenen ehelichen Kind bestimmt sich von dem Inkrafttreten des Bürgerlichen Gesetzbuchs an nach dessen Vorschriften.

**Art. 204–206.** *(gegenstandslos)*

**Art. 207. [Kinder aus nichtigen oder ungültigen Ehen]** Inwieweit die Kinder aus einer vor dem Inkrafttreten des Bürgerlichen Gesetzbuchs geschlossenen nichtigen oder ungültigen Ehe als eheliche Kinder anzusehen sind und inwieweit der Vater und die Mutter die Pflichten und Rechte ehelicher Eltern haben, bestimmt sich nach den bisherigen Gesetzen.

**Art. 208. [Nichteheliche Kinder]** (1) Die rechtliche Stellung eines vor dem Inkrafttreten des Bürgerlichen Gesetzbuchs geborenen nichtehelichen Kindes bestimmt sich von dem Inkrafttreten des Bürgerlichen Gesetzbuchs an nach dessen Vorschriften; für die Erforschung der Vaterschaft, für das Recht des Kindes, den Familiennamen des Vaters zu führen, sowie für die Unterhaltspflicht des Vaters bleiben jedoch die bisherigen Gesetze maßgebend.

(2) Inwieweit einem vor dem Inkrafttreten des Bürgerlichen Gesetzbuchs außerehelich erzeugten Kind aus einem besonderen Grund, insbesondere we-

gen Erzeugung im Brautstand, die rechtliche Stellung eines ehelichen Kindes zukommt und inwieweit der Vater und die Mutter eines solchen Kindes die Pflichten und Rechte ehelicher Eltern haben, bestimmt sich nach den bisherigen Gesetzen.

(3) Die Vorschriften des Absatzes 1 gelten auch für ein nach den französischen oder den badischen Gesetzen anerkanntes Kind.

**Art. 209. [Legitimation, Annahme an Kindes Statt]** Inwieweit ein vor dem Inkrafttreten des Bürgerlichen Gesetzbuchs legitimiertes oder an Kindes Statt angenommenes Kind die rechtliche Stellung eines ehelichen Kindes hat und inwieweit der Vater und die Mutter die Pflichten und Rechte ehelicher Eltern haben, bestimmt sich nach den bisherigen Gesetzen.

**Art. 210. [Vormundschaft]** (1) 1 Auf eine zur Zeit des Inkrafttretens des Bürgerlichen Gesetzbuchs bestehende Vormundschaft oder Pflegschaft finden von dieser Zeit an die Vorschriften des Bürgerlichen Gesetzbuchs Anwendung. 2 Ist die Vormundschaft wegen eines körperlichen Gebrechens angeordnet, so gilt sie als eine nach *§ 1910 Abs. 1*[1] des Bürgerlichen Gesetzbuchs angeordnete Pflegschaft. 3 Ist die Vormundschaft wegen Geistesschwäche angeordnet, ohne daß eine Entmündigung erfolgt ist, so gilt sie als eine nach *§ 1910 Abs. 2*[1] des Bürgerlichen Gesetzbuchs für die Vermögensangelegenheiten des Geistesschwachen angeordnete Pflegschaft.

(2) 1 Die bisherigen Vormünder und Pfleger bleiben im Amt. 2 Das gleiche gilt im Geltungsbereich der preußischen Vormundschaftsordnung vom 5. Juli 1875 für den Familienrat und dessen Mitglieder. 3 Ein Gegenvormund ist zu entlassen, wenn nach den Vorschriften des Bürgerlichen Gesetzbuchs ein Gegenvormund nicht zu bestellen sein würde.

**Art. 211.** *(gegenstandslos)*

**Art. 212. [Mündelsicherheit von Wertpapieren]** In Kraft bleiben die landesgesetzlichen Vorschriften, nach welchen gewisse Wertpapiere zur Anlegung von Mündelgeld für geeignet erklärt sind.

**Art. 213. [Erbrechtliche Verhältnisse]** 1 Für die erbrechtlichen Verhältnisse bleiben, wenn der Erblasser vor dem Inkrafttreten des Bürgerlichen Gesetzbuchs gestorben ist, die bisherigen Gesetze maßgebend. 2 Dies gilt insbesondere auch von den Vorschriften über das erbschaftliche Liquidationsverfahren.

**Art. 214. [Verfügungen von Todes wegen]** (1) Die vor dem Inkrafttreten des Bürgerlichen Gesetzbuchs erfolgte Errichtung oder Aufhebung einer Verfügung von Todes wegen wird nach den bisherigen Gesetzen beurteilt, auch wenn der Erblasser nach dem Inkrafttreten des Bürgerlichen Gesetzbuchs stirbt.

(2) Das gleiche gilt für die Bindung des Erblassers bei einem Erbvertrag oder einem gemeinschaftlichen Testament, sofern der Erbvertrag oder das Testa-

[1] § 1910 BGB aufgeh. durch BtG v. 12. 9. 1990 (BGBl. I S. 2002).

ment vor dem Inkrafttreten des Bürgerlichen Gesetzbuchs errichtet worden ist.

**Art. 215 [Testierfähigkeit]** (1) Wer vor dem Inkrafttreten des Bürgerlichen Gesetzbuchs die Fähigkeit zur Errichtung einer Verfügung von Todes wegen erlangt und eine solche Verfügung errichtet hat, behält die Fähigkeit, auch wenn er das nach dem Bürgerlichen Gesetzbuch erforderliche Alter noch nicht erreicht hat.

(2) Die Vorschriften des § 2230 des Bürgerlichen Gesetzbuchs finden auf ein Testament Anwendung, das ein nach dem Inkrafttreten des Bürgerlichen Gesetzbuchs gestorbener Erblasser vor diesem Zeitpunkt errichtet hat.

**Art. 216** (gegenstandslos)

**Art. 217 [Erbverzicht]** (1) Die vor dem Inkrafttreten des Bürgerlichen Gesetzbuchs erfolgte Errichtung eines Erbverzichtsvertrags sowie die Wirkungen eines solchen Vertrags bestimmen sich nach den bisherigen Gesetzen.

(2) Das gleiche gilt von einem vor dem Inkrafttreten des Bürgerlichen Gesetzbuchs geschlossenen Vertrag, durch den ein Erbverzichtsvertrag aufgehoben worden ist.

**Art. 218 [Änderungsbefugnis der Landesgesetzgebung]** Soweit nach den Vorschriften dieses Abschnitts die bisherigen Landesgesetze maßgebend bleiben, können sie nach dem Inkrafttreten des Bürgerlichen Gesetzbuchs durch Landesgesetz auch geändert werden.

## Fünfter Teil. Übergangsvorschriften aus Anlaß jüngerer Änderungen des Bürgerlichen Gesetzbuchs und dieses Einführungsgesetzes

**Art. 219 Übergangsvorschrift zum Gesetz vom 8. November 1985 zur Neuordnung des landwirtschaftlichen Pachtrechts.** (1) [1] Pachtverhältnisse auf Grund von Verträgen, die vor dem 1. Juli 1986 geschlossen worden sind, richten sich von da an nach der neuen Fassung der §§ 581 bis 597 des Bürgerlichen Gesetzbuchs. [2] Beruhen vertragliche Bestimmungen über das Inventar auf bis dahin geltendem Recht, so hat jeder Vertragsteil das Recht, bis zum 30. Juni 1986 zu erklären, daß für den Pachtvertrag insoweit das alte Recht fortgelten soll. [3] Die Erklärung ist gegenüber dem anderen Vertragsteil abzugeben. [4] Sie bedarf der schriftlichen Form.

(2) [1] Absatz 1 gilt entsprechend für Rechtsverhältnisse, zu deren Regelung auf die bisher geltenden Vorschriften der §§ 587 bis 589 des Bürgerlichen Gesetzbuchs verwiesen wird. [2] Auf einen vor dem in Absatz 1 Satz 1 genannten Tag bestellten Nießbrauch ist jedoch § 1048 Abs. 2 in Verbindung mit den §§ 588 und 589 des Bürgerlichen Gesetzbuchs in der bisher geltenden Fassung der Vorschriften weiterhin anzuwenden.

(3) In gerichtlichen Verfahren, die am Beginn des in Absatz 1 Satz 1 genannten Tages anhängig sind, ist über die Verlängerung von Pachtverträgen nach dem bisher geltenden Recht zu entscheiden.

**Art. 220**[1] **Übergangsvorschrift zum Gesetz vom 25. Juli 1986 zur Neuregelung des Internationalen Privatrechts.** (1) Auf vor dem 1. September 1986 abgeschlossene Vorgänge bleibt das bisherige Internationale Privatrecht anwendbar.

(2) Die Wirkungen familienrechtlicher Rechtsverhältnisse unterliegen von dem in Absatz 1 genannten Tag an den Vorschriften des Zweiten Kapitels des Ersten Teils.

(3) [1] Die güterrechtlichen Wirkungen von Ehen, die nach dem 31. März 1953 und vor dem 9. April 1983 geschlossen worden sind, unterliegen bis zum 8. April 1983

1. dem Recht des Staates, dem beide Ehegatten bei der Eheschließung angehörten, sonst
2. dem Recht, dem die Ehegatten sich unterstellt haben oder von dessen Anwendung sie ausgegangen sind, insbesondere nachdem sie einen Ehevertrag geschlossen haben, hilfsweise
3. dem Recht des Staates, dem der Ehemann bei der Eheschließung angehörte.

[2] Für die Zeit nach dem 8. April 1983 ist Artikel 15 in der bis einschließlich 28. Januar 2019 geltenden Fassung anzuwenden. [3] Dabei tritt für Ehen, auf die vorher Satz 1 Nr. 3 anzuwenden war, an die Stelle des Zeitpunkts der Eheschließung der 9. April 1983. [4] Soweit sich allein aus einem Wechsel des anzuwendenden Rechts zum Ablauf des 8. April 1983 Ansprüche wegen der Beendigung des früheren Güterstands ergeben würden, gelten sie bis zu dem in Absatz 1 genannten Tag als gestundet. [5] Auf die güterrechtlichen Wirkungen von Ehen, die nach dem 8. April 1983 geschlossen worden sind, ist Artikel 15 in der bis einschließlich 28. Januar 2019 geltenden Fassung anzuwenden. [6] Die güterrechtlichen Wirkungen von Ehen, die vor dem 1. April 1953 geschlossen worden sind, bleiben unberührt; die Ehegatten können jedoch eine Rechtswahl nach Artikel 15 Absatz 2 und 3 in der bis einschließlich 28. Januar 2019 geltenden Fassung treffen.

(4), (5) (weggefallen)

**Art. 221 Übergangsvorschrift zum Gesetz vom 26. Juni 1990 zur Änderung des Arbeitsgerichtsgesetzes und anderer arbeitsrechtlicher Vorschriften.** Bei einer vor dem 1. Juli 1990 zugegangenen Kündigung werden bei der Berechnung der Beschäftigungsdauer auch Zeiten, die zwischen der Vollendung des fünfundzwanzigsten Lebensjahres und der Vollendung des fünfunddreißigsten Lebensjahres liegen, berücksichtigt, wenn am 1. Juli 1990

1. das Arbeitsverhältnis noch nicht beendet ist oder
2. ein Rechtsstreit über den Zeitpunkt der Beendigung des Arbeitsverhältnisses anhängig ist.

**Art. 222 Übergangsvorschrift zum Kündigungsfristengesetz vom 7. Oktober 1993.** Bei einer vor dem 15. Oktober 1993 zugegangenen Kündigung gilt Artikel 1 des Kündigungsfristengesetzes vom 7. Oktober 1993 (BGBl. I S. 1668),[2] wenn am 15. Oktober 1993

1. das Arbeitsverhältnis noch nicht beendet ist und die Vorschriften des Artikels 1 des Kündigungsfristengesetzes vom 7. Oktober 1993 für den Arbeitnehmer günstiger als die vor dem 15. Oktober 1993 geltenden gesetzlichen Vorschriften sind oder

[1] Art. 220 Abs. 3 Sätze 2, 5 und 6 geänd. mWv 29.1.2019 durch G v. 17.12.2018 (BGBl. I S. 2573).
[2] Siehe § 622 BGB (Nr. **20**).

2. ein Rechtsstreit anhängig ist, bei dem die Entscheidung über den Zeitpunkt der Beendigung des Arbeitsverhältnisses abhängt von
   a) der Vorschrift des § 622 Abs. 2 Satz 1 und Satz 2 erster Halbsatz des Bürgerlichen Gesetzbuchs in der Fassung des Artikels 2 Nr. 4 des Ersten Arbeitsrechtsbereinigungsgesetzes vom 14. August 1969 (BGBl. I S. 1106) oder
   b) der Vorschrift des § 2 Abs. 1 Satz 1 des Gesetzes über die Fristen für die Kündigung von Angestellten in der im Bundesgesetzblatt Teil III, Gliederungsnummer 800-1, veröffentlichten bereinigten Fassung, das zuletzt durch Artikel 30 des Gesetzes vom 18. Dezember 1989 (BGBl. I S. 2261) geändert worden ist, soweit danach die Beschäftigung von in der Regel mehr als zwei Angestellten durch den Arbeitgeber Voraussetzung für die Verlängerung der Fristen für die Kündigung von Angestellten ist.

### Art. 223.[1] Übergangsvorschrift zum Beistandschaftsgesetz vom 4. Dezember 1997

(1) [1]Bestehende gesetzliche Amtspflegschaften nach den §§ 1706 bis 1710 des Bürgerlichen Gesetzbuchs werden am 1. Juli 1998 zu Beistandschaften nach den §§ 1712 bis 1717 des Bürgerlichen Gesetzbuchs. [2]Der bisherige Amtspfleger wird Beistand. [3]Der Aufgabenkreis des Beistands entspricht dem bisherigen Aufgabenkreis; vom 1. Januar 1999 an fallen andere als die in § 1712 Abs. 1 des Bürgerlichen Gesetzbuchs bezeichneten Aufgaben weg. [4]Dies gilt nicht für die Abwicklung laufender erbrechtlicher Verfahren nach § 1706 Nr. 3 des Bürgerlichen Gesetzbuchs.

(2) [1]Soweit dem Jugendamt als Beistand Aufgaben nach § 1690 Abs. 1 des Bürgerlichen Gesetzbuchs übertragen wurden, werden diese Beistandschaften am 1. Juli 1998 zu Beistandschaften nach den §§ 1712 bis 1717 des Bürgerlichen Gesetzbuchs. [2]Absatz 1 Satz 3 gilt entsprechend. [3]Andere Beistandschaften des Jugendamts enden am 1. Juli 1998.

(3) [1]Soweit anderen Beiständen als Jugendämtern Aufgaben nach § 1690 Abs. 1 des Bürgerlichen Gesetzbuchs übertragen wurden, werden diese Beistandschaften am 1. Juli 1998 zu Beistandschaften nach den §§ 1712 bis 1717 des Bürgerlichen Gesetzbuchs. [2]Absatz 1 Satz 3 Halbsatz 1 gilt entsprechend. [3]Diese Beistandschaften enden am 1. Januar 1999.

### Art. 223 a.[2] Übergangsvorschrift aus Anlaß der Aufhebung von § 419 des Bürgerlichen Gesetzbuchs

§ 419 des Bürgerlichen Gesetzbuchs ist in seiner bis zum Ablauf des 31. Dezember 1998 geltenden Fassung auf Vermögensübernahmen anzuwenden, die bis zu diesem Zeitpunkt wirksam werden.

---

[1] Art. 223 eingef. durch Art. 3 BeistandschaftsG v. 4. 12. 1997 (BGBl. I S. 2846).

[2] Art. 223 a eingef. durch Art. 1 Nr. 5 b EGInsOÄndG v. 19. 12. 1998 (BGBl. I S. 3836).
Der aufgehobene § 419 BGB lautet:
„**§ 419. [Vermögensübernahme; Haftung des Übernehmers]**

(1) Übernimmt jemand durch Vertrag das Vermögen eines anderen, so können dessen Gläubiger, unbeschadet der Fortdauer der Haftung des bisherigen Schuldners, von dem Abschlusse des Vertrags an ihre zu dieser Zeit bestehenden Ansprüche auch gegen den Übernehmer geltend machen.

*(Fortsetzung der Anm. nächste Seite)*

## Art. 224.[1] Übergangsvorschrift zum Kindschaftsrechtsreformgesetz vom 16. Dezember 1997

**§ 1. Abstammung.** (1) Die Vaterschaft hinsichtlich eines vor dem 1. Juli 1998 geborenen Kindes richtet sich nach den bisherigen Vorschriften.

(2) Die Anfechtung der Ehelichkeit und die Anfechtung der Anerkennung der Vaterschaft richten sich nach den neuen Vorschriften über die Anfechtung der Vaterschaft.

(3) § 1599 Abs. 2 des Bürgerlichen Gesetzbuchs ist entsprechend anzuwenden auf Kinder, die vor dem in Absatz 1 genannten Tag geboren wurden.

(4) [1] War dem Kind vor dem in Absatz 1 genannten Tag die Anfechtung verwehrt, weil ein gesetzlich vorausgesetzter Anfechtungstatbestand nicht vorlag, oder hat es vorher von seinem Anfechtungsrecht keinen Gebrauch gemacht, weil es vor Vollendung des zwanzigsten Lebensjahres die dafür erforderlichen Kenntnisse nicht hatte, so beginnt für das Kind an dem in Absatz 1 genannten Tag eine zweijährige Frist für die Anfechtung der Vaterschaft. [2] Ist eine Anfechtungsklage wegen Fristversäumnis oder wegen Fehlens eines gesetzlichen Anfechtungstatbestandes abgewiesen worden, so steht die Rechtskraft dieser Entscheidung einer erneuten Klage nicht entgegen.

(5) [1] Der Beschwerde des Kindes, dem nach neuem Recht eine Beschwerde zusteht, steht die Wirksamkeit einer Verfügung, durch die das Vormundschaftsgericht die Vaterschaft nach den bisher geltenden Vorschriften festgestellt hat, nicht entgegen. [2] Die Beschwerdefrist beginnt frühestens am 1. Juli 1998.

**§ 2.[2] Elterliche Sorge.** (1) [1] Ist ein Kind auf Antrag des Vaters für ehelich erklärt worden, so ist dies als Entscheidung gemäß § 1671 Absatz 2 des Bürgerlichen Gesetzbuchs anzusehen. [2] Hat die Mutter in die Ehelicherklärung eingewilligt, so bleibt der Vater dem Kind und dessen Abkömmlingen vor der Mut ter und den mütterlichen Verwandten zur Gewährung des Unterhalts verpflichtet, sofern nicht die Sorge wieder der Mutter übertragen wird.

(2) Ist ein Kind auf seinen Antrag nach dem Tod der Mutter für ehelich erklärt worden, so ist dies als Entscheidung gemäß § 1680 Abs. 2 Satz 2 des Bürgerlichen Gesetzbuchs anzusehen.

**§ 3. Name des Kindes.** (1) [1] Führt ein vor dem 1. Juli 1998 geborenes Kind einen Geburtsnamen, so behält es diesen Geburtsnamen. [2] § 1617 a Abs. 2 und die §§ 1617 b, 1617 c und 1618 des Bürgerlichen Gesetzbuchs bleiben unberührt.

---

*(Fortsetzung der Anm. v. S. 38)*

(2) [1] Die Haftung des Übernehmers beschränkt sich auf den Bestand des übernommenen Vermögens und die ihm aus dem Vertrage zustehenden Ansprüche. [2] Beruft sich der Übernehmer auf die Beschränkung seiner Haftung, so finden die für die Haftung des Erben geltenden Vorschriften der §§ 1990, 1991 entsprechende Anwendung.

(3) Die Haftung des Übernehmers kann nicht durch Vereinbarung zwischen ihm und dem bisherigen Schuldner ausgeschlossen oder beschränkt werden."

---

[1] Art. 224 eingef. durch Art. 12 KindRG v. 16. 12. 1997 (BGBl. I S. 2942).

[2] Art. 224 § 2 Abs. 3 bis 5 angef. durch Art. 1 G v. 13. 12. 2003 (BGBl. I S. 2547), Abs. 1 Satz 1 geänd., Abs. 3 bis 5 aufgeh. mWv 19. 5. 2013 durch Art. 4 G v. 16. 4. 2013 (BGBl. I S. 795).

(2) § 1617 Abs. 1 und § 1617 c des Bürgerlichen Gesetzbuchs gelten für ein nach dem 31. März 1994 geborenes Kind auch dann, wenn ein vor dem 1. April 1994 geborenes Kind derselben Eltern einen aus den Namen der Eltern zusammengesetzten Geburtsnamen führt.

(3) [1] In den Fällen des Absatzes 2 können die Eltern durch Erklärung gegenüber dem Standesbeamten auch den zusammengesetzten Namen, den das vor dem 1. April 1994 geborene Kind als Geburtsnamen führt, zum Geburtsnamen ihres nach dem 31. März 1994 geborenen Kindes bestimmen. [2] Die Bestimmung muß für alle gemeinsamen Kinder wirksam sein; § 1617 Abs. 1 Satz 2 und 3 sowie § 1617 c Abs. 1 des Bürgerlichen Gesetzbuchs gelten entsprechend.

(4) [1] Ist in den Fällen des Absatzes 2 für das nach dem 31. März 1994 geborene Kind bei Inkrafttreten dieser Vorschriften ein Name in ein deutsches Personenstandsbuch eingetragen, so behält das Kind den eingetragenen Namen als Geburtsnamen. [2] Die Eltern können jedoch binnen eines Jahres nach dem Inkrafttreten dieser Vorschrift den Geburtsnamen des vor dem 1. April 1994 geborenen Kindes zum Geburtsnamen auch des nach dem 31. März 1994 geborenen Kindes bestimmen. [3] Absatz 3 Satz 2 gilt entsprechend.

(5) [1] Ist für ein Kind bei Inkrafttreten dieser Vorschrift ein aus den Namen der Eltern zusammengesetzter Name als Geburtsname in ein deutsches Personenstandsbuch eingetragen, so können die Eltern durch Erklärung gegenüber dem Standesbeamten den Namen, den der Vater oder den die Mutter zum Zeitpunkt der Erklärung führt, zum Geburtsnamen dieses Kindes bestimmen. [2] Absatz 3 Satz 2 gilt entsprechend. [3] Haben die Eltern bereits den Namen des Vaters oder den Namen der Mutter zum Geburtsnamen eines ihrer gemeinsamen Kinder bestimmt, so kann auch für die anderen gemeinsamen Kinder nur dieser Name bestimmt werden.

(6) Die Absätze 3 bis 5 gelten nicht, wenn mehrere vor dem 1. April 1994 geborene Kinder derselben Eltern unterschiedliche Geburtsnamen führen.

**Art. 225.**[1)] **Überleitungsvorschrift zum Wohnraummodernisierungssicherungsgesetz.** [1] Artikel 231 § 8 Abs. 2 ist nicht anzuwenden, wenn vor dem 24. Juli 1997 über den Bestand des Vertrages ein rechtskräftiges Urteil ergangen oder eine wirksame Vereinbarung geschlossen worden ist. [2] Artikel 233 § 2 Abs. 2, § 11 Abs. 3 Satz 5 und Abs. 4 Satz 3 und §§ 13 und 14 sowie Artikel 237 § 1 gelten nicht, soweit am 24. Juli 1997 in Ansehung der dort bezeichneten Rechtsverhältnisse ein rechtskräftiges Urteil ergangen oder eine Einigung der Beteiligten erfolgt ist.

**Art. 226.**[2)] **Überleitungsvorschrift zum Gesetz vom 4. Mai 1998 zur Neuordnung des Eheschließungsrechts.** (1) Die Aufhebung einer vor dem 1. Juli 1998 geschlossenen Ehe ist ausgeschlossen, wenn die Ehe nach dem bis dahin geltenden Recht nicht hätte aufgehoben oder für nichtig erklärt werden können.

---

[1)] Art. 225 eingef. durch Art. 2 WoModSiG v. 17. 7. 1997 (BGBl. I S. 1823).
[2)] Art. 226 eingef. durch Art. 15 EheschlRG v. 4. 5. 1998 (BGBl. I S. 833).

(2) Ist vor dem 1. Juli 1998 die Nichtigkeits- oder Aufhebungsklage erhoben worden, so bleibt für die Voraussetzungen und Folgen der Nichtigkeit oder Aufhebung sowie für das Verfahren das bis dahin geltende Recht maßgebend.

(3) Im übrigen finden auf die vor dem 1. Juli 1998 geschlossenen Ehen die Vorschriften in ihrer ab dem 1. Juli 1998 geltenden Fassung Anwendung.

**Art. 227.**[1] **Übergangsvorschrift zum Gesetz zur erbrechtlichen Gleichstellung nichtehelicher Kinder vom 16. Dezember 1997.** (1) Die bis zum 1. April 1998 geltenden Vorschriften über das Erbrecht des nichtehelichen Kindes sind weiter anzuwenden, wenn vor diesem Zeitpunkt

1. der Erblasser gestorben ist oder
2. über den Erbausgleich eine wirksame Vereinbarung getroffen oder der Erbausgleich durch rechtskräftiges Urteil zuerkannt worden ist.

(2) Ist ein Erbausgleich nicht zustande gekommen, so gelten für Zahlungen, die der Vater dem Kinde im Hinblick auf den Erbausgleich geleistet und nicht zurückgefordert hat, die Vorschriften des § 2050 Abs. 1, des § 2051 Abs. 1 und des § 2315 des Bürgerlichen Gesetzbuchs entsprechend.

**Art. 228.**[2] **Übergangsvorschrift zum Überweisungsgesetz.** (1) Die §§ 675 a bis 676 g des Bürgerlichen Gesetzbuchs gelten nicht für Überweisungen, Übertragungs- und Zahlungsverträge, mit deren Abwicklung vor dem 14. August 1999 begonnen wurde.

(2) [1] Die §§ 675 a bis 676 g gelten nicht für inländische Überweisungen und Überweisungen in andere als die in § 676 a Abs. 2 Satz 2 Nr. 1 des Bürgerlichen Gesetzbuchs bezeichneten Länder, mit deren Abwicklung vor dem 1. Januar 2002 begonnen wurde. [2] Für diese Überweisungen gelten die bis dahin geltenden Vorschriften und Grundsätze.

(3) Die §§ 676 a bis 676 g gelten nicht für inländische Überweisungen im Rahmen des Rentenzahlverfahrens der Rentenversicherungsträger und vergleichbare inländische Überweisungen anderer Sozialversicherungsträger.

(4) Die §§ 676 a bis 676 g des Bürgerlichen Gesetzbuchs lassen Vorschriften aus völkerrechtlichen Verträgen, insbesondere aus dem Postgiroübereinkommen und dem Postanweisungsübereinkommen unberührt.

### Art. 229.[3] Weitere Überleitungsvorschriften

**§ 1.**[3] **Überleitungsvorschrift zum Gesetz zur Beschleunigung fälliger Zahlungen.** (1) [1] § 284 Abs. 3 des Bürgerlichen Gesetzbuchs in der seit dem 1. Mai 2000 geltenden Fassung gilt auch für Geldforderungen, die vor diesem Zeitpunkt entstanden sind. [2] Vor diesem Zeitpunkt zugegangene Rechnungen lösen die Wirkungen des § 284 Abs. 3 nicht aus. [3] § 288 des Bürgerlichen Gesetzbuchs und § 352 des Handelsgesetzbuchs in der jeweils seit dem 1. Mai 2000 geltenden Fassung sind auf alle Forderungen anzuwenden, die von diesem Zeitpunkt an fällig werden.

---

[1] Art. 227 eingef. durch Art. 2 ErbGleichG v. 16. 12. 1997 (BGBl. I S. 2968, ber. 1998 S. 524). Beachte dazu Art. 12 § 10 Abs. 2 NEhelG; G v. 19. 8. 1969 (BGBl. I S. 1243).

[2] Art. 228 eingef. durch Art. 2 Abs. 1 ÜG v. 21. 7. 1999 (BGBl. I S. 1642).

[3] Art. 229 eingef. durch Art. 2 G v. 30. 3. 2000 (BGBl. I S. 330), bish. Textteil wird § 1, Überschr. zu § 1 eingef. durch Art. 2 Abs. 2 G v. 27. 6. 2000 (BGBl. I S. 897).

(2) [1] §§ 632a, 640, 641, 641a und 648a in der jeweils ab dem 1. Mai 2000 geltenden Fassung gelten, soweit nichts anderes bestimmt wird, nicht für Verträge, die vor diesem Zeitpunkt abgeschlossen worden sind. [2] § 641 Abs. 3 und 648a Abs. 5 Satz 3 in der seit dem 1. Mai 2000[1)] sind auch auf vorher abgeschlossene Verträge anzuwenden. [3] § 640 gilt für solche Verträge mit der Maßgabe, dass der Lauf der darin bestimmten Frist erst mit dem 1. Mai 2000 beginnt.

**§ 2.[2)] Übergangsvorschriften zum Gesetz vom 27. Juni 2000.** Die §§ 241a, 361a, 361b, 661a und 676h des Bürgerlichen Gesetzbuchs sind nur auf Sachverhalte anzuwenden, die nach dem 29. Juni 2000 entstanden sind.

**§ 3.[3)] Übergangsvorschriften zum Gesetz zur Neugliederung, Vereinfachung und Reform des Mietrechts vom 19. Juni 2001.** (1) Auf ein am 1. September 2001 bestehendes Mietverhältnis oder Pachtverhältnis sind

1. im Falle einer vor dem 1. September 2001 zugegangenen Kündigung § 554 Abs. 2 Nr. 2, §§ 565, 565c Satz 1 Nr. 1b, § 565d Abs. 2, § 570 des Bürgerlichen Gesetzbuchs sowie § 9 Abs. 1 des Gesetzes zur Regelung der Miethöhe jeweils in der bis zu diesem Zeitpunkt geltenden Fassung anzuwenden;
2. im Falle eines vor dem 1. September 2001 zugegangenen Mieterhöhungsverlangens oder einer vor diesem Zeitpunkt zugegangenen Mieterhöhungserklärung die §§ 2, 3, 5, 7, 11 bis 13, 15 und 16 des Gesetzes zur Regelung der Miethöhe in der bis zu diesem Zeitpunkt geltenden Fassung anzuwenden; darüber hinaus richten sich auch nach dem in Satz 1 genannten Zeitpunkt Mieterhöhungen nach § 7 Abs. 1 bis 3 des Gesetzes zur Regelung der Miethöhe in der bis zu diesem Zeitpunkt geltenden Fassung, soweit es sich um Mietverhältnisse im Sinne des § 7 Abs. 1 jenes Gesetzes handelt;
3. im Falle einer vor dem 1. September 2001 zugegangenen Erklärung über eine Betriebskostenänderung § 4 Abs. 2 bis 4 des Gesetzes zur Regelung der Miethöhe in der bis zu diesem Zeitpunkt geltenden Fassung anzuwenden;
4. im Falle einer vor dem 1. September 2001 zugegangenen Erklärung über die Abrechnung von Betriebskosten § 4 Abs. 5 Satz 1 Nr. 2 und § 14 des Gesetzes zur Regelung der Miethöhe in der bis zu diesem Zeitpunkt geltenden Fassung anzuwenden;
5. im Falle des Todes des Mieters oder Pächters die §§ 569 bis 569b, 570b Abs. 3 und § 594d Abs. 1 des Bürgerlichen Gesetzbuchs in der bis zum 1. September 2001 geltenden Fassung anzuwenden, wenn der Mieter oder Pächter vor diesem Zeitpunkt verstorben ist, im Falle der Vermieterkündigung eines Mietverhältnisses über Wohnraum gegenüber dem Erben jedoch nur, wenn auch die Kündigungserklärung dem Erben vor diesem Zeitpunkt zugegangen ist;

---

1) Wohl einzufügen „geltenden Fassung".

2) Art. 229 § 2 angef. durch Art. 2 Abs. 2 G v. 27. 6. 2000 (BGBl. I S. 897), Abs. 3 aufgeh. durch Art. 2 SchuModG v. 26. 11. 2001 (BGBl. I S. 3138), Abs. 2 aufgeh., bish. Abs. 1 wird alleiniger Wortlaut mWv 1. 1. 2008 durch Art. 3 Abs. 6 G v. 21. 12. 2007 (BGBl. I S. 3189).

3) Art. 229 § 3 angef. durch Art. 2 MietRRG v. 19. 6. 2001 (BGBl. I S. 1149), Abs. 10 Satz 2 angef. durch G v. 26. 5. 2005 (BGBl. I S. 1425), Abs. 11 angef. durch Art. 19 G v. 23. 11. 2007 (BGBl. I S. 2614).

6. im Falle einer vor dem 1. September 2001 zugegangenen Mitteilung über die Durchführung von Modernisierungsmaßnahmen § 541 b des Bürgerlichen Gesetzbuchs in der bis zu diesem Zeitpunkt geltenden Fassung anzuwenden;
7. hinsichtlich der Fälligkeit § 551 des Bürgerlichen Gesetzbuchs[1] in der bis zum 1. September 2001 geltenden Fassung anzuwenden.

(2) Ein am 1. September 2001 bestehendes Mietverhältnis im Sinne des § 564 b Abs. 4 Nr. 2 oder Abs. 7 Nr. 4 des Bürgerlichen Gesetzbuchs[2] in der bis zum 1. September 2001 geltenden Fassung kann noch bis zum 31. August 2006 nach § 564 b des Bürgerlichen Gesetzbuchs in der vorstehend genannten Fassung gekündigt werden.

(3) Auf ein am 1. September 2001 bestehendes Mietverhältnis auf bestimmte Zeit sind § 564 c in Verbindung mit § 564 b sowie die §§ 556 a bis 556 c, 565 a Abs. 1 und § 570 des Bürgerlichen Gesetzbuchs[2] in der bis zu diesem Zeitpunkt geltenden Fassung anzuwenden.

---

[1] § 551 des Bürgerlichen Gesetzbuchs **in der bis 1. 9. 2001 geltenden Fassung** lautete:

„**§ 551. [Entrichtung des Mietzinses]** (1) [1]Der Mietzins ist am Ende der Mietzeit zu entrichten. [2]Ist der Mietzins nach Zeitabschnitten bemessen, so ist er nach dem Ablaufe der einzelnen Zeitabschnitte zu entrichten.

(2) Der Mietzins für ein Grundstück ist, sofern er nicht nach kürzeren Zeitabschnitten bemessen ist, nach dem Ablaufe je eines Kalendervierteljahrs am ersten Werktage des folgenden Monats zu entrichten."

[2] Die §§ 564 c, 564 b, 556 a bis 556 c, 565 a Abs. 1 und 570 des Bürgerlichen Gesetzbuchs **in der bis 1. 9. 2001 geltenden Fassung** lauteten:

„**§ 564c. [Fortsetzung befristeter Mietverhältnisse]** (1) [1]Ist ein Mietverhältnis über Wohnraum auf bestimmte Zeit eingegangen, so kann der Mieter spätestens zwei Monate vor der Beendigung des Mietverhältnisses durch schriftliche Erklärung gegenüber dem Vermieter die Fortsetzung des Mietverhältnisses auf unbestimmte Zeit verlangen, wenn nicht der Vermieter ein berechtigtes Interesse an der Beendigung des Mietverhältnisses hat. [2]§ 564 b gilt entsprechend.

(2) [1]Der Mieter kann keine Fortsetzung des Mietverhältnisses nach Absatz 1 oder nach § 556 b verlangen, wenn

1. das Mietverhältnis für nicht mehr als fünf Jahre eingegangen worden ist,
2. der Vermieter nach Ablauf der Mietzeit
   a) die Räume als Wohnung für sich, die zu seinem Hausstand gehörenden Personen oder seine Familienangehörigen nutzen will oder
   b) in zulässiger Weise die Räume beseitigen oder so wesentlich verändern oder instandsetzen will, daß die Maßnahmen durch eine Fortsetzung des Mietverhältnisses erheblich erschwert würden, oder
   c) Räume, die mit Rücksicht auf das Bestehen eines Dienstverhältnisses vermietet worden sind, an einen anderen zur Dienstleistung Verpflichteten vermieten will und
3. der Vermieter dem Mieter diese Absicht bei Vertragsschluß schriftlich mit geteilt hat.

[2]Verzögert sich die vom Vermieter beabsichtigte Verwendung der Räume ohne sein Verschulden oder teilt der Vermieter dem Mieter nicht drei Monate vor Ablauf der Mietzeit schriftlich mit, daß seine Verwendungsabsicht noch besteht, so kann der Mieter eine Verlängerung des Mietverhältnisses um einen entsprechenden Zeitraum verlangen.

**§ 564 b. [Berechtigtes Interesse des Vermieters an der Kündigung]** (1) Ein Mietverhältnis über Wohnraum kann der Vermieter vorbehaltlich der Regelung in Absatz 4 nur kündigen, wenn er ein berechtigtes Interesse an der Beendigung des Mietverhältnisses hat.

(2) Als ein berechtigtes Interesse des Vermieters an der Beendigung des Mietverhältnisses ist es insbesondere anzusehen, wenn

*(Fortsetzung der Anm. nächste Seite)*

(4) Auf ein am 1. September 2001 bestehendes Mietverhältnis, bei dem die Betriebskosten ganz oder teilweise in der Miete enthalten sind, ist wegen

---

*(Fortsetzung der Anm. von S. 40 a)*

1. der Mieter seine vertraglichen Verpflichtungen schuldhaft nicht unerheblich verletzt hat;
2. der Vermieter die Räume als Wohnung für sich, die zu seinem Hausstand gehörenden Personen oder seine Familienangehörigen benötigt. [2] Ist an den vermieteten Wohnräumen nach der Überlassung an den Mieter Wohnungseigentum begründet und das Wohnungseigentum veräußert worden, so kann sich der Erwerber auf berechtigte Interessen im Sinne des Satzes 1 nicht vor Ablauf von drei Jahren seit der Veräußerung an ihn berufen. [3] Ist die ausreichende Versorgung der Bevölkerung mit Mietwohnungen zu angemessenen Bedingungen in einer Gemeinde oder einem Teil einer Gemeinde besonders gefährdet, so verlängert sich die Frist nach Satz 2 auf fünf Jahre. [4] Diese Gebiete werden durch Rechtsverordnung der Landesregierungen für die Dauer von jeweils höchstens fünf Jahren bestimmt;
3. der Vermieter durch die Fortsetzung des Mietverhältnisses an einer angemessenen wirtschaftlichen Verwertung des Grundstücks gehindert und dadurch erhebliche Nachteile erleiden würde. [2] Die Möglichkeit, im Falle einer anderweitigen Vermietung als Wohnraum eine höhere Miete zu erzielen, bleibt dabei außer Betracht. [3] Der Vermieter kann sich auch nicht darauf berufen, daß er die Mieträume im Zusammenhang mit einer beabsichtigten oder nach Überlassung an den Mieter erfolgten Begründung von Wohnungseigentum veräußern will. [4] Ist an den vermieteten Wohnräumen nach der Überlassung an den Mieter Wohnungseigentum begründet und das Wohnungseigentum veräußert worden, so kann sich der Erwerber in Gebieten, die die Landesregierung nach Nummer 2 Satz 4 bestimmt hat, nicht vor Ablauf von fünf Jahren seit der Veräußerung an ihn darauf berufen, daß er die Mieträume veräußern will;
4. der Vermieter nicht zum Wohnen bestimmte Nebenräume oder Teile eines Grundstücks dazu verwenden will,
   a) Wohnraum zum Zwecke der Vermietung zu schaffen oder
   b) den neu zu schaffenden und den vorhandenen Wohnraum mit Nebenräumen und Grundstücksteilen auszustatten,

   und er die Kündigung auf diese Räume oder Grundstücksteile beschränkt. [2] Die Kündigung ist spätestens am dritten Werktag eines Kalendermonats für den Ablauf des übernächsten Monats zulässig. [3] Der Mieter kann eine angemessene Senkung des Mietzinses verlangen. [4] Verzögert sich der Beginn der Bauarbeiten, so kann der Mieter eine Verlängerung des Mietverhältnisses um einen entsprechenden Zeitraum verlangen.

(3) Als berechtigte Interessen des Vermieters werden nur die Gründe berücksichtigt, die in dem Kündigungsschreiben angegeben sind, soweit sie nicht nachträglich entstanden sind.

(4) [1] Ein Mietverhältnis über eine Wohnung in einem vom Vermieter selbst bewohnten Wohngebäude

1. mit nicht mehr als zwei Wohnungen oder
2. mit drei Wohnungen, wenn mindestens eine der Wohnungen durch Ausbau oder Erweiterung eines vom Vermieter selbst bewohnten Wohngebäudes nach dem 31. Mai 1990 und vor dem 1. Juni 1999 fertiggestellt worden ist,

kann der Vermieter kündigen, auch wenn die Voraussetzungen des Absatzes 1 nicht vorliegen, im Falle der Nummer 2 beim Abschluß eines Mietvertrages nach Fertigstellung der Wohnung jedoch nur, wenn er den Mieter bei Vertragsschluß auf diese Kündigungsmöglichkeit hingewiesen hat. [2] Die Kündigungsfrist verlängert sich in diesem Fall um drei Monate. [3] Dies gilt entsprechend für Mietverhältnisse über Wohnraum innerhalb der vom Vermieter selbst bewohnten Wohnung, sofern der Wohnraum nicht nach Absatz 7 von der Anwendung dieser Vorschriften ausgenommen ist. [4] In dem Kündigungsschreiben ist anzugeben, daß die Kündigung nicht auf die Voraussetzungen des Absatzes 1 gestützt wird.

(5) Weitergehende Schutzrechte des Mieters bleiben unberührt.

(6) Eine zum Nachteil des Mieters abweichende Vereinbarung ist unwirksam.

(7) Diese Vorschriften gelten nicht für Mietverhältnisse:

*(Fortsetzung der Anm. nächste Seite)*

Erhöhungen der Betriebskosten § 560 Abs. 1, 2, 5 und 6 des Bürgerlichen Gesetzbuchs entsprechend anzuwenden, soweit im Mietvertrag vereinbart ist,

---

*(Fortsetzung der Anm. von S. 40 b)*

1. über Wohnraum, der zu nur vorübergehendem Gebrauch vermietet ist,
2. über Wohnraum, der Teil der vom Vermieter selbst bewohnten Wohnung ist und den der Vermieter ganz oder überwiegend mit Einrichtungsgegenständen auszustatten hat, sofern der Wohnraum nicht zum dauernden Gebrauch für eine Familie überlassen ist,
3. über Wohnraum, der Teil eines Studenten- oder Jugendwohnheims ist,
4. über Wohnraum in Ferienhäusern und Ferienwohnungen in Ferienhausgebieten, der vor dem 1. Juni 1995 dem Mieter überlassen worden ist, wenn der Vermieter den Mieter bei Vertragsschluß auf die Zweckbestimmung des Wohnraums und die Ausnahme von den Absätzen 1 bis 6 hingewiesen hat,
5. über Wohnraum, den eine juristische Person des öffentlichen Rechts im Rahmen der ihr durch Gesetz zugewiesenen Aufgaben angemietet hat, um ihn Personen mit dringendem Wohnungsbedarf oder in Ausbildung befindlichen Personen zu überlassen, wenn sie den Mieter bei Vertragsschluß auf die Zweckbestimmung des Wohnraums und die Ausnahme von den Absätzen 1 bis 6 hingewiesen hat.

**§ 556 a. [Widerspruch des Mieters gegen Kündigung]** (1) [1]Der Mieter kann der Kündigung eines Mietverhältnisses über Wohnraum widersprechen und vom Vermieter die Fortsetzung des Mietverhältnisses verlangen, wenn die vertragsmäßige Beendigung des Mietverhältnisses für den Mieter oder seine Familie eine Härte bedeuten würde, die auch unter Würdigung der berechtigten Interessen des Vermieters nicht zu rechtfertigen ist. [2]Eine Härte liegt auch vor, wenn angemessener Ersatzwohnraum zu zumutbaren Bedingungen nicht beschafft werden kann. [3]Bei der Würdigung der berechtigten Interessen des Vermieters werden nur die in dem Kündigungsschreiben nach § 564 a Abs. 1 Satz 2 angegebenen Gründe berücksichtigt, soweit nicht die Gründe nachträglich entstanden sind.

(2) [1]Im Falle des Absatzes 1 kann der Mieter verlangen, daß das Mietverhältnis so lange fortgesetzt wird, wie dies unter Berücksichtigung aller Umstände angemessen ist. [2]Ist dem Vermieter nicht zuzumuten, das Mietverhältnis nach den bisher geltenden Vertragsbedingungen fortzusetzen, so kann der Mieter nur verlangen, daß es unter einer angemessenen Änderung der Bedingungen fortgesetzt wird.

(3) [1]Kommt keine Einigung zustande, so wird über eine Fortsetzung des Mietverhältnisses und über deren Dauer sowie über die Bedingungen, nach denen es fortgesetzt wird, durch Urteil Bestimmung getroffen. [2]Ist ungewiß, wann voraussichtlich die Umstände wegfallen, auf Grund deren die Beendigung des Mietverhältnisses für den Mieter oder seine Familie eine Härte bedeutet, so kann bestimmt werden, daß das Mietverhältnis auf unbestimmte Zeit fortgesetzt wird.

(4) Der Mieter kann eine Fortsetzung des Mietverhältnisses nicht verlangen,

1. wenn er das Mietverhältnis gekündigt hat;
2. wenn ein Grund vorliegt, aus dem der Vermieter zur Kündigung ohne Einhaltung einer Kündigungsfrist berechtigt ist.

(5) [1]Die Erklärung des Mieters, mit der er der Kündigung widerspricht und die Fortsetzung des Mietverhältnisses verlangt, bedarf der schriftlichen Form. [2]Auf Verlangen des Vermieters soll der Mieter über die Gründe des Widerspruchs unverzüglich Auskunft erteilen.

(6) [1]Der Vermieter kann die Fortsetzung des Mietverhältnisses ablehnen, wenn der Mieter den Widerspruch nicht spätestens zwei Monate vor der Beendigung des Mietverhältnisses dem Vermieter gegenüber erklärt hat. [2]Hat der Vermieter nicht rechtzeitig vor Ablauf der Widerspruchsfrist den in § 564 a Abs. 2 bezeichneten Hinweis erteilt, so kann der Mieter den Widerspruch noch im ersten Termin des Räumungsrechtsstreits erklären.

(7) Eine entgegenstehende Vereinbarung ist unwirksam.

(8) Diese Vorschriften gelten nicht für Mietverhältnisse der in § 564 b Abs. 7 Nr. 1, 2, 4 und 5 genannten Art.

*(Fortsetzung der Anm. nächste Seite)*

dass der Mieter Erhöhungen der Betriebskosten zu tragen hat; bei Ermäßigungen der Betriebskosten gilt § 560 Abs. 3 des Bürgerlichen Gesetzbuchs entsprechend.

(5) 1 Auf einen Mietspiegel, der vor dem 1. September 2001 unter Voraussetzungen erstellt worden ist, die § 558 d Abs. 1 und 2 des Bürgerlichen Gesetzbuchs entsprechen, sind die Vorschriften über den qualifizierten Mietspiegel anzuwenden, wenn die Gemeinde ihn nach dem 1. September 2001 als solchen veröffentlicht hat. 2 War der Mietspiegel vor diesem Zeitpunkt bereits veröffentlicht worden, so ist es ausreichend, wenn die Gemeinde ihn später öffentlich als qualifizierten Mietspiegel bezeichnet hat. 3 In jedem Fall sind § 558 a Abs. 3 und § 558 d Abs. 3 des Bürgerlichen Gesetzbuchs nicht anzuwenden auf Mieterhöhungsverlangen, die dem Mieter vor dieser Veröffentlichung zugegangen sind.

(6) 1 Auf vermieteten Wohnraum, der sich in einem Gebiet befindet, das aufgrund

1. des § 564 b Abs. 2 Nr. 2, auch in Verbindung mit Nr. 3, des Bürgerlichen Gesetzbuchs in der bis zum 1. September 2001 geltenden Fassung oder
2. des Gesetzes über eine Sozialklausel in Gebieten mit gefährdeter Wohnungsversorgung vom 22. April 1993 (BGBl. I S. 466, 487)

bestimmt ist, sind die am 31. August 2001 geltenden vorstehend genannten Bestimmungen über Beschränkungen des Kündigungsrechts des Vermieters

---

*(Fortsetzung der Anm. von S. 40 c)*

**§ 556 b. [Fortsetzung befristeter Mietverhältnisse]** (1) 1 Ist ein Mietverhältnis über Wohnraum auf bestimmte Zeit eingegangen, so kann der Mieter die Fortsetzung des Mietverhältnisses verlangen, wenn sie auf Grund des § 556 a im Falle einer Kündigung verlangt werden könnte. 2 Im übrigen gilt § 556 a sinngemäß.

(2) Hat der Mieter die Umstände, welche das Interesse des Vermieters an der fristgemäßen Rückgabe des Wohnraums begründen, bei Abschluß des Mietvertrages gekannt, so sind zugunsten des Mieters nur Umstände zu berücksichtigen, die nachträglich eingetreten sind.

**§ 556 c. [Weitere Fortsetzung des Mietverhältnisses]** (1) Ist auf Grund der §§ 556 a, 556 b durch Einigung oder Urteil bestimmt worden, daß das Mietverhältnis auf bestimmte Zeit fortgesetzt wird, so kann der Mieter dessen weitere Fortsetzung nach diesen Vorschriften nur verlangen, wenn dies durch eine wesentliche Änderung der Umstände gerechtfertigt ist oder wenn Umstände nicht eingetreten sind, deren vorgesehener Eintritt für die Zeitdauer der Fortsetzung bestimmend gewesen war.

(2) 1 Kündigt der Vermieter ein Mietverhältnis, dessen Fortsetzung auf unbestimmte Zeit durch Urteil bestimmt worden ist, so kann der Mieter der Kündigung widersprechen und vom Vermieter verlangen, das Mietverhältnis auf unbestimmte Zeit fortzusetzen. 2 Haben sich Umstände, die für die Fortsetzung bestimmend gewesen waren, verändert, so kann der Mieter eine Fortsetzung des Mietverhältnisses nur nach § 556 a verlangen; unerhebliche Veränderungen bleiben außer Betracht.

**§ 565 a. [Verlängerung befristeter oder bedingter Mietverhältnisse]** (1) Ist ein Mietverhältnis über Wohnraum auf bestimmte Zeit eingegangen und ist vereinbart, daß es sich mangels Kündigung verlängert, so tritt die Verlängerung ein, wenn es nicht nach den Vorschriften des § 565 gekündigt wird.

(2), (3) …

**§ 570. [Versetzung des Mieters]** 1 Militärpersonen, Beamte, Geistliche und Lehrer an öffentlichen Unterrichtsanstalten können im Falle der Versetzung nach einem anderen Orte das Mietverhältnis in Ansehung der Räume, welche sie für sich oder ihre Familie an dem bisherigen Garnison- oder Wohnorte gemietet haben, unter Einhaltung der gesetzlichen Frist kündigen. 2 Die Kündigung kann nur für den ersten Termin erfolgen, für den sie zulässig ist."

bis zum 31. August 2004 weiter anzuwenden. [2]Ein am 1. September 2001 bereits verstrichener Teil einer Frist nach den vorstehend genannten Bestimmungen wird auf die Frist nach § 577a des Bürgerlichen Gesetzbuchs angerechnet. [3]§ 577a des Bürgerlichen Gesetzbuchs ist jedoch nicht anzuwenden im Falle einer Kündigung des Erwerbers nach § 573 Abs. 2 Nr. 3 jenes Gesetzes, wenn die Veräußerung vor dem 1. September 2001 erfolgt ist und sich die veräußerte Wohnung nicht in einem nach Satz 1 bezeichneten Gebiet befindet.

(7) § 548 *Abs. 3*[1)] des Bürgerlichen Gesetzbuchs ist nicht anzuwenden, wenn das selbständige Beweisverfahren vor dem 1. September 2001 beantragt worden ist.

(8) § 551 Abs. 3 Satz 1 des Bürgerlichen Gesetzbuchs ist nicht anzuwenden, wenn die Verzinsung vor dem 1. Januar 1983 durch Vertrag ausgeschlossen worden ist.

(9) § 556 Abs. 3 Satz 2 bis 6 und § 556a Abs. 1 des Bürgerlichen Gesetzbuchs sind nicht anzuwenden auf Abrechnungszeiträume, die vor dem 1. September 2001 beendet waren.

(10) [1]§ 573c Abs. 4 des Bürgerlichen Gesetzbuchs ist nicht anzuwenden, wenn die Kündigungsfristen vor dem 1. September 2001 durch Vertrag vereinbart worden sind. [2]Für Kündigungen, die ab dem 1. Juni 2005 zugehen, gilt dies nicht, wenn die Kündigungsfristen des § 565 Abs. 2 Satz 1 und 2 des Bürgerlichen Gesetzbuchs in der bis zum 1. September 2001 geltenden Fassung durch Allgemeine Geschäftsbedingungen vereinbart worden sind.

(11) [1]Nicht unangemessen hoch im Sinn des § 5 des Wirtschaftsstrafgesetzes 1954 sind Entgelte für Wohnraum im Sinn des § 11 Abs. 2 des Gesetzes zur Regelung der Miethöhe in der bis zum 31. August 2001 geltenden Fassung, die

1. bis zum 31. Dezember 1997 nach § 3 oder § 13 des Gesetzes zur Regelung der Miethöhe in der bis zum 31. August 2001 geltenden Fassung geändert oder nach § 13 in Verbindung mit § 17 jenes Gesetzes in der bis zum 31. August 2001 geltenden Fassung vereinbart oder
2. bei der Wiedervermietung in einer der Nummer 1 entsprechenden Höhe vereinbart

worden sind. [2]Für Zwecke des Satzes 1 bleiben die hier genannten Bestimmungen weiterhin anwendbar.

**§ 4.[2)] Übergangsvorschrift zum Zweiten Gesetz zur Änderung reiserechtlicher Vorschriften.** (1) Die §§ 651k und 651l des Bürgerlichen Gesetzbuchs sind in ihrer seit dem 1. September 2001 geltenden Fassung nur auf Verträge anzuwenden, die nach diesem Tag geschlossen werden.

(2) Abweichend von § 651k Abs. 2 Satz 1 des Bürgerlichen Gesetzbuchs gelten für die nachfolgenden Zeiträume folgende Haftungshöchstsummen:

1. vom 1. November 1994 bis zum 31. Oktober 1995 70 Millionen Deutsche Mark,

---

[1)] Inzwischen aufgehoben durch SchuModG v. 26. 11. 2001 (BGBl. I S. 3138).
[2)] Art. 229 § 4 angef. durch Art. 2 G v. 23. 7. 2001 (BGBl. I S. 1658).

2. vom 1. November 1995 bis zum 31. Oktober 1996 100 Millionen Deutsche Mark,
3. vom 1. November 1996 bis zum 31. Oktober 1997 150 Millionen Deutsche Mark,
4. vom 1. November 1997 bis zum 31. Oktober 2000 200 Millionen Deutsche Mark und
5. vom 1. November 2000 bis zum 1. September 2001 110 Millionen Euro.

**§ 5.[1] Allgemeine Überleitungsvorschrift zum Gesetz zur Modernisierung des Schuldrechts vom 26. November 2001.** [1] Auf Schuldverhältnisse, die vor dem 1. Januar 2002 entstanden sind, sind das Bürgerliche Gesetzbuch[2], das AGB-Gesetz[3], das Handelsgesetzbuch, das Verbraucherkreditgesetz[4], das Fernabsatzgesetz[5], das Fernunterrichtsschutzgesetz, das Gesetz über den Widerruf von Haustürgeschäften und ähnlichen Geschäften[6], das Teilzeit-Wohnrechtegesetz[7], die Verordnung über Kundeninformationspflichten, die Verordnung über Informationspflichten von Reiseveranstaltern und die Verordnung betreffend die Hauptmängel und Gewährfristen beim Viehhandel, soweit nicht ein anderes bestimmt ist, in der bis zu diesem Tag geltenden Fassung anzuwenden. [2] Satz 1 gilt für Dauerschuldverhältnisse mit der Maßgabe, dass anstelle der in Satz 1 bezeichneten Gesetze vom 1. Januar 2003 an nur das Bürgerliche Gesetzbuch, das Handelsgesetzbuch, das Fernunterrichtsschutzgesetz und die Verordnung über Informationspflichten nach bürgerlichem Recht in der dann geltenden Fassung anzuwenden sind.

**§ 6.[8] Überleitungsvorschrift zum Verjährungsrecht nach dem Gesetz zur Modernisierung des Schuldrechts vom 26. November 2001.**

(1) [1] Die Vorschriften des Bürgerlichen Gesetzbuchs über die Verjährung in der seit dem 1. Januar 2002 geltenden Fassung finden auf die an diesem Tag bestehenden und noch nicht verjährten Ansprüche Anwendung. [2] Der Beginn, die Hemmung, die Ablaufhemmung und der Neubeginn der Verjährung bestimmen sich jedoch für den Zeitraum vor dem 1. Januar 2002 nach dem Bürgerlichen Gesetzbuch in der bis zu diesem Tag geltenden Fassung. [3] Wenn nach Ablauf des 31. Dezember 2001 ein Umstand eintritt, bei dessen Vorliegen nach dem Bürgerlichen Gesetzbuch in der vor dem 1. Januar 2002 geltenden Fassung eine vor dem 1. Januar 2002 eintretende Unterbrechung der Verjährung als nicht erfolgt oder als erfolgt gilt, so ist auch insoweit das Bürgerliche Gesetzbuch in der vor dem 1. Januar 2002 geltenden Fassung anzuwenden.

(2) Soweit die Vorschriften des Bürgerlichen Gesetzbuchs in der seit dem 1. Januar 2002 geltenden Fassung anstelle der Unterbrechung der Verjährung deren Hemmung vorsehen, so gilt eine Unterbrechung der Verjährung, die nach den anzuwendenden Vorschriften des Bürgerlichen Gesetzbuchs in der

---

[1] Art. 229 § 5 angef. durch Art. 2 SchuModG v. 26. 11. 2001 (BGBl. I S. 3138).
[2] Abgedruckt in **Schönfelder Ergänzungsband; Nr. 20**.
[3] Abgedruckt in **Schönfelder Ergänzungsband; Nr. 26**.
[4] Abgedruckt in **Schönfelder Ergänzungsband; Nr. 24**.
[5] Abgedruckt in **Schönfelder Ergänzungsband; Nr. 29**.
[6] Abgedruckt in **Schönfelder Ergänzungsband; Nr. 24 a**.
[7] Abgedruckt in **Schönfelder Ergänzungsband; Nr. 25**.
[8] Art. 229 § 6 angef. durch Art. 2 SchuModG v. 26. 11. 2001 (BGBl. I S. 3138).

vor dem 1. Januar 2002 geltenden Fassung vor dem 1. Januar 2002 eintritt und mit Ablauf des 31. Dezember 2001 noch nicht beendigt ist, als mit dem Ablauf des 31. Dezember 2001 beendigt, und die neue Verjährung ist mit Beginn des 1. Januar 2002 gehemmt.

(3) Ist die Verjährungsfrist nach dem Bürgerlichen Gesetzbuch in der seit dem 1. Januar 2002 geltenden Fassung länger als nach dem Bürgerlichen Gesetzbuch in der bis zu diesem Tag geltenden Fassung, so ist die Verjährung mit dem Ablauf der im Bürgerlichen Gesetzbuch in der bis zu diesem Tag geltenden Fassung bestimmten Frist vollendet.

(4)[1] [1]Ist die Verjährungsfrist nach dem Bürgerlichen Gesetzbuch in der seit dem 1. Januar 2002 geltenden Fassung kürzer als nach dem Bürgerlichen Gesetzbuch in der bis zu diesem Tag geltenden Fassung, so wird die kürzere

*(Fortsetzung nächste Seite)*

[1] Beachte hierzu auch Art. 229 § 12 EGBGB.

Frist von dem 1. Januar 2002 an berechnet. [2]Läuft jedoch die im Bürgerlichen Gesetzbuch in der bis zu diesem Tag geltenden Fassung bestimmte längere Frist früher als die im Bürgerlichen Gesetzbuch in der seit diesem Tag geltenden Fassung bestimmten Frist ab, so ist die Verjährung mit dem Ablauf der im Bürgerlichen Gesetzbuch in der bis zu diesem Tag geltenden Fassung bestimmten Frist vollendet.

(5) Die vorstehenden Absätze sind entsprechend auf Fristen anzuwenden, die für die Geltendmachung, den Erwerb oder den Verlust eines Rechts maßgebend sind.

(6) Die vorstehenden Absätze gelten für die Fristen nach dem Handelsgesetzbuch[1)] und dem Umwandlungsgesetz[2)] entsprechend.

**§ 7.[3)] Überleitungsvorschrift zu Zinsvorschriften nach dem Gesetz zur Modernisierung des Schuldrechts vom 26. November 2001.** (1) [1]Soweit sie als Bezugsgröße für Zinsen und andere Leistungen in Rechtsvorschriften des Bundes auf dem Gebiet des Bürgerlichen Rechts und des Verfahrensrechts der Gerichte, in nach diesem Gesetz vorbehaltenen Landesrecht und in Vollstreckungstiteln und Verträgen auf Grund solcher Vorschriften verwendet werden, treten mit Wirkung vom 1. Januar 2002

1. an die Stelle des Basiszinssatzes nach dem Diskontsatz-Überleitungs-Gesetz vom 9. Juni 1998 (BGBl. I S. 1242) der Basiszinssatz des Bürgerlichen Gesetzbuchs,
2. an die Stelle des Diskontsatzes der Deutschen Bundesbank der Basiszinssatz (§ 247 des Bürgerlichen Gesetzbuchs),
3. an die Stelle des Zinssatzes für Kassenkredite des Bundes der um 1,5 Prozentpunkte erhöhte Basiszinssatz des Bürgerlichen Gesetzbuchs,
4. an die Stelle des Lombardsatzes der Deutschen Bundesbank der Zinssatz der Spitzenrefinanzierungsfazilität der Europäischen Zentralbank (SRF-Zinssatz),
5. an die Stelle der „Frankfurt Interbank Offered Rate"-Sätze für die Beschaffung von Ein- bis Zwölfmonatsgeld von ersten Adressen auf dem deutschen Markt auf ihrer seit dem 2. Juli 1990 geltenden Grundlage (FIBOR-neu-Sätze) die „EURO Interbank Offered Rate"-Sätze für die Beschaffung von Ein- bis Zwölfmonatsgeld von ersten Adressen in den Teilnehmerstaaten der Europäischen Währungsunion (EURIBOR-Sätze) für die entsprechende Laufzeit,
6. an die Stelle des „Frankfurt Interbank Offered Rate"-Satzes für die Beschaffung von Tagesgeld („Overnight") von ersten Adressen auf dem deutschen Markt („FIBOR-Overnight"-Satz) der „EURO Overnight Index Average"-Satz für die Beschaffung von Tagesgeld („Overnight") von ersten Adressen in den Teilnehmerstaaten der Europäischen Währungsunion (EONIA-Satz) und
7. bei Verwendung der „Frankfurt Interbank Offered Rate"-Sätze für die Geldbeschaffung von ersten Adressen auf dem deutschen Markt auf ihrer seit dem 12. August 1985 geltenden Grundlage (FIBOR-alt-Sätze)

---

[1)] Nr. **50**.
[2)] Nr. **52 a**.
[3)] Art. 227 § 7 angef. durch Art. 2 SchuModG v. 26. 11. 2001 (BGBl. I S. 3138).

a) an die Stelle des FIBOR-alt-Satzes für Dreimonatsgeld der EURIBOR-Satz für Dreimonatsgeld, multipliziert mit der Anzahl der Tage der jeweiligen Dreimonatsperiode und dividiert durch 90,

b) an die Stelle des FIBOR-alt-Satzes für Sechsmonatsgeld der EURIBOR-Satz für Sechsmonatsgeld, multipliziert mit der Anzahl der Tage der jeweiligen Sechsmonatsperiode und dividiert durch 180 und

c) wenn eine Anpassung der Bestimmungen über die Berechnung unterjähriger Zinsen nach § 5 Satz 1 Nr. 3 des Gesetzes zur Umstellung von Schuldverschreibungen auf Euro vom 9. Juni 1998 (BGBl. I S. 1242, 1250) erfolgt, an die Stelle aller FIBOR-alt-Sätze die EURIBOR-Sätze für die entsprechende Laufzeit.

[2]Satz 1 Nr. 5 bis 7 ist auf Zinsperioden nicht anzuwenden, die auf einen vor Ablauf des 31. Dezember 1998 festgestellten FIBOR-Satz Bezug nehmen; insoweit verbleibt es bei den zu Beginn der Zinsperiode vereinbarten FIBOR-Sätzen. [3]Soweit Zinsen für einen Zeitraum vor dem 1. Januar 1999 geltend gemacht werden, bezeichnet eine Bezugnahme auf den Basiszinssatz den Diskontsatz der Deutschen Bundesbank in der in diesem Zeitraum maßgebenden Höhe. [4]Die in den vorstehenden Sätzen geregelte Ersetzung von Zinssätzen begründet keinen Anspruch auf vorzeitige Kündigung, einseitige Aufhebung oder Abänderung von Verträgen und Abänderung von Vollstreckungstiteln. [5]Das Recht der Parteien, den Vertrag einvernehmlich zu ändern, bleibt unberührt.

(2) Für die Zeit vor dem 1. Januar 2002 sind das Diskontsatz-Überleitungs-Gesetz vom 9. Juni 1998 (BGBl. I S. 1242) und die auf seiner Grundlage erlassenen Rechtsverordnungen in der bis zu diesem Tag geltenden Fassung anzuwenden.[1)]

(3) Eine Veränderung des Basiszinssatzes gemäß § 247 Abs. 1 Satz 2 des Bürgerlichen Gesetzbuchs erfolgt erstmals zum 1. Januar 2002.

---

[1)] Diskontsatz-Überleitungs-Gesetz (DÜG) v. 9. 6. 1998 (BGBl. I S. 1242), **aufgeh. mWv 4. 4. 2002** durch Art. 4 VersKapAG v. 26. 3. 2002 (BGBl. I S. 1219). § 1 Abs. 1 lautete:

„**§ 1. Ersetzung des Diskontsatzes aus Anlaß der Einführung des Euro.** (1) [1]Soweit der Diskontsatz der Deutschen Bundesbank als Bezugsgröße für Zinsen und andere Leistungen verwendet wird, tritt an seine Stelle der jeweilige Basiszinssatz. [2]Basiszinssatz ist der am 31. Dezember 1998 geltende Diskontsatz der Deutschen Bundesbank. [3]Er verändert sich mit Beginn des 1. Januar, 1. Mai und 1. September jedes Jahres, erstmals mit Beginn des 1. Mai 1999 um die Prozentpunkte, um welche die gemäß Absatz 2 zu bestimmende Bezugsgröße seit der letzten Veränderung des Basiszinssatzes gestiegen oder gefallen ist. [4]Für die erste Veränderung ist die Veränderung der Bezugsgröße seit der Ersetzung des Diskontsatzes maßgeblich. [5]Sätze 3 und 4 gelten nicht, wenn sich die Bezugsgröße um weniger als 0,5 Prozentpunkte verändert hat. [6]Die Deutsche Bundesbank gibt den Basiszinssatz im Bundesanzeiger bekannt."

Beachte auch § 1 Basiszinssatz-Bezugsgrößen-VO (BazBV) v. 10. 2. 1999 (BGBl. I S. 139), ebenfalls aufgeh. durch Art. 4 VersKapAG v. 26. 3. 2002 (BGBl. I S. 1219):

„**§ 1. Bezugsgröße für den Basiszinssatz.** Als Bezugsgröße für den Basiszinssatz nach § 1 des Diskontsatz-Überleitungs-Gesetzes wird der Zinssatz für längerfristige Refinanzierungsgeschäfte der Europäischen Zentralbank (LRG-Satz) bestimmt."

Der Basiszinssatz betrug seit
1. 5. 1999 1,95% (Bek. v. 28. 4. 1999, BAnz. Nr. 81 S. 7244, ber. Nr. 85 S. 7506);
1. 1. 2000 2,68% (Bek. v. 22. 12. 1999, BAnz. Nr. 247 S. 20953);
1. 5. 2000 3,42% (Bek. v. 26. 4. 2000, BAnz. Nr. 82 S. 8182);
1. 9. 2000 4,26% (Bek. v. 30. 8. 2000, BAnz. Nr. 166 S. 17751);
1. 9. 2001 3,62% (Bek. v. 29. 8. 2001, BAnz. Nr. 164 S. 19143);
1. 1. 2002 2,71% (Bek. v. 28. 12. 2001, BAnz. 2002 Nr. 3 S. 98).

(4) Die Bundesregierung wird ermächtigt, durch Rechtsverordnung mit Zustimmung des Bundesrates
1. die Bezugsgröße für den Basiszinssatz gemäß § 247 des Bürgerlichen Gesetzbuchs und
2. den SRF-Zinssatz als Ersatz für den Lombardsatz der Deutschen Bundesbank

durch einen anderen Zinssatz der Europäischen Zentralbank zu ersetzen, der dem Basiszinszinssatz, den durch diesen ersetzten Zinssätzen und dem Lombardsatz in ihrer Funktion als Bezugsgrößen für Zinssätze eher entspricht.

**§ 8.**[1] **Übergangsvorschriften zum Zweiten Gesetz zur Änderung schadensersatzrechtlicher Vorschriften vom 19. Juli 2002.** (1) Die durch das Zweite Gesetz zur Änderung schadensersatzrechtlicher Vorschriften im
1. Arzneimittelgesetz,
2. Bürgerlichen Gesetzbuch,
3. Bundesberggesetz,
4. Straßenverkehrsgesetz,
5. Haftpflichtgesetz,
6. Luftverkehrsgesetz,
7. Bundesdatenschutzgesetz,
8. Gentechnikgesetz,
9. Produkthaftungsgesetz,
10. Umwelthaftungsgesetz,
11. Handelsgesetzbuch,
12. Bundesgrenzschutzgesetz,
13. Bundessozialhilfegesetz,
14. Gesetz über die Abgeltung von Besatzungsschäden,
15. Atomgesetz,
16. Bundesversorgungsgesetz,
17. Pflichtversicherungsgesetz und

in der Luftverkehrs-Zulassungs-Ordnung geänderten Vorschriften sind mit Ausnahme des durch Artikel 1 Nr. 2 des Zweiten Gesetzes zur Änderung schadensersatzrechtlicher Vorschriften eingefügten § 84a des Arzneimittelgesetzes und des durch Artikel 1 Nr. 4 des Zweiten Gesetzes zur Änderung schadensersatzrechtlicher Vorschriften geänderten § 88 des Arzneimittelgesetzes anzuwenden, wenn das schädigende Ereignis nach dem 31. Juli 2002 eingetreten ist.

(2) Der durch Artikel 1 Nr. 2 des Zweiten Gesetzes zur Änderung schadensersatzrechtlicher Vorschriften eingefügte § 84a des Arzneimittelgesetzes ist auch auf Fälle anzuwenden, in denen das schädigende Ereignis vor dem 1. August 2002 eingetreten ist, es sei denn, dass zu diesem Zeitpunkt über den Schadensersatz durch rechtskräftiges Urteil entschieden war oder Arzneimittelanwender und pharmazeutischer Unternehmer sich über den Schadensersatz geeinigt hatten.

---

[1] Art. 229 § 8 angef. durch Art. 12 G v. 19. 7. 2002 (BGBl. I S. 2674).

(3) Der durch Artikel 1 Nr. 4 des Zweiten Gesetzes zur Änderung schadensersatzrechtlicher Vorschriften geänderte § 88 des Arzneimittelgesetzes ist erst auf Fälle anzuwenden, in denen das schädigende Ereignis nach dem 31. Dezember 2002 eingetreten ist.

**§ 9.[1] Überleitungsvorschrift zum OLG-Vertretungsänderungsgesetz vom 23. Juli 2002.** (1) [1]Die §§ 312a, 312d, 346, 355, 358, 491, 492, 494, 495, 497, 498, 502, 505 und 506 des Bürgerlichen Gesetzbuchs in der seit dem 1. August 2002 geltenden Fassung sind, soweit nichts anderes bestimmt ist, nur anzuwenden auf

1. Haustürgeschäfte, die nach dem 1. August 2002 abgeschlossen worden sind, einschließlich ihrer Rückabwicklung und
2. andere Schuldverhältnisse, die nach dem 1. November 2002 entstanden sind.

[2]§ 355 Abs. 3 des Bürgerlichen Gesetzbuchs in der in Satz 1 genannten Fassung ist jedoch auch auf Haustürgeschäfte anzuwenden, die nach dem 31. Dezember 2001 abgeschlossen worden sind, einschließlich ihrer Rückabwicklung.

(2) § 355 Abs. 2 ist in der in Absatz 1 Satz 1 genannten Fassung auch auf Verträge anzuwenden, die vor diesem Zeitpunkt geschlossen worden sind, wenn die erforderliche Belehrung über das Widerrufs- oder Rückgaberecht erst nach diesem Zeitpunkt erteilt wird.

**§ 10.[2] Überleitungsvorschrift zum Gesetz zur Änderung der Vorschriften über die Anfechtung der Vaterschaft und das Umgangsrecht von Bezugspersonen des Kindes, zur Registrierung von Vorsorgeverfügungen und zur Einführung von Vordrucken für die Vergütung von Berufsbetreuern vom 23. April 2004.** Im Fall der Anfechtung nach § 1600 Abs. 1 Nr. 2 des Bürgerlichen Gesetzbuchs beginnt die Frist für die Anfechtung gemäß § 1600b Abs. 1 des Bürgerlichen Gesetzbuchs nicht vor dem 30. April 2004.

**§ 11.[3] Überleitungsvorschrift zu dem Gesetz zur Änderung der Vorschriften über Fernabsatzverträge bei Finanzdienstleistungen vom 2. Dezember 2004.** (1) [1]Auf Schuldverhältnisse, die bis zum Ablauf des 7. Dezember 2004 entstanden sind, finden das Bürgerliche Gesetzbuch und die BGB-Informationspflichten-Verordnung in der bis zu diesem Tag geltenden Fassung Anwendung. [2]Satz 1 gilt für Vertragsverhältnisse im Sinne des § 312b Abs. 4 Satz 1 des Bürgerlichen Gesetzbuchs mit der Maßgabe, dass es auf die Entstehung der erstmaligen Vereinbarung ankommt.

(2) Verkaufsprospekte, die vor dem Ablauf des 7. Dezember 2004 hergestellt wurden und die der Neufassung der BGB-Informationspflichten-Verordnung nicht genügen, dürfen bis zum 31. März 2005 aufgebraucht werden, soweit sie ausschließlich den Fernabsatz von Waren und Dienstleistungen betreffen, die nicht Finanzdienstleistungen sind.

---

[1] Art. 229 § 9 angef. durch Art. 25 Abs. 3 OLGVertrÄndG v. 23. 7. 2002 (BGBl. I S. 2850, ber. S. 4410).

[2] Art. 229 § 10 angef. durch Art. 2 Nr. 1 G v. 23. 4. 2004 (BGBl. I S. 598).

[3] Art. 229 § 11 angef. durch Art. 2 G v. 2. 12. 2004 (BGBl. I S. 3102).

**§ 12[1] Überleitungsvorschrift zum Gesetz zur Anpassung von Verjährungsvorschriften an das Gesetz zur Modernisierung des Schuldrechts.**

(1) [1] Auf die Verjährungsfristen gemäß den durch das Gesetz zur Anpassung von Verjährungsvorschriften an das Gesetz zur Modernisierung des Schuldrechts vom 9. Dezember 2004 (BGBl. I S. 3214) geänderten Vorschriften

1. im Arzneimittelgesetz,
2. im Lebensmittelspezialitätengesetz,
3. in der Bundesrechtsanwaltsordnung,
4. in der Insolvenzordnung,
5. im Bürgerlichen Gesetzbuch,
6. im Gesetz zur Regelung der Wohnungsvermittlung,
7. im Handelsgesetzbuch,
8. im Umwandlungsgesetz,
9. im Aktiengesetz,
10. im Gesetz betreffend die Gesellschaften mit beschränkter Haftung,
11. im Gesetz betreffend die Erwerbs- und Wirtschaftsgenossenschaften,
12. in der Patentanwaltsordnung,
13. im Steuerberatungsgesetz,
14. in der Verordnung über Allgemeine Bedingungen für die Elektrizitätsversorgung von Tarifkunden,
15. in der Verordnung über Allgemeine Bedingungen für die Gasversorgung von Tarifkunden,
16. in der Verordnung über Allgemeine Bedingungen für die Versorgung mit Wasser,
17. in der Verordnung über Allgemeine Bedingungen für die Versorgung mit Fernwärme,
18. im Rindfleischetikettierungsgesetz,
19. in der Telekommunikations-Kundenschutzverordnung und
20. in der Verordnung über die Allgemeinen Beförderungsbedingungen für den Straßenbahn- und Obusverkehr sowie für den Linienverkehr mit Kraftfahrzeugen

ist § 6 entsprechend anzuwenden, soweit nicht ein anderes bestimmt ist. [2] An die Stelle des 1. Januar 2002 tritt der 15. Dezember 2004, an die Stelle des 31. Dezember 2001 der 14. Dezember 2004.

(2) [1] Noch nicht verjährte Ansprüche, deren Verjährung sich nach Maßgabe des bis zum 14. Dezember 2004 geltenden Rechts nach den Regelungen über die regelmäßige Verjährung nach dem Bürgerlichen Gesetzbuch[2] bestimmt hat und für die durch das Gesetz zur Anpassung von Verjährungsvorschriften an das Gesetz zur Modernisierung des Schuldrechts längere Verjährungsfristen bestimmt werden, verjähren nach den durch dieses Gesetz eingeführten Vorschriften. [2] Der Zeitraum, der vor dem 15. Dezember 2004 abgelaufen ist, wird in die Verjährungsfrist eingerechnet.

---

[1] Art. 229 § 12 angef. mWv 15.12.2004 durch G v. 9.12.2004 (BGBl. I S. 3214).
[2] Nr. **20**.

**§ 13**[1] *(aufgehoben)*

**§ 14**[2] **Übergangsvorschrift zum Zweiten Betreuungsrechtsänderungsgesetz vom 21. April 2005.** Die Vergütungs- und Aufwendungsersatzansprüche von Vormündern, Betreuern und Pflegern, die vor dem 1. Juli 2005 entstanden sind, richten sich nach den bis zum Inkrafttreten des Zweiten Betreuungsrechtsänderungsgesetzes vom 21. April 2005 (BGBl. I S. 1073) geltenden Vorschriften.

**§ 15**[3] **Übergangsvorschrift zum Minderjährigenhaftungsbeschränkungsgesetz.** Soweit der volljährig Gewordene Verbindlichkeiten vor dem Inkrafttreten des Minderjährigenhaftungsbeschränkungsgesetzes vom 25. August 1998 (BGBl. I S. 2487) am 1. Januar 1999 erfüllt hat oder diese im Wege der Zwangsvollstreckung befriedigt worden sind, sind Ansprüche aus ungerechtfertigter Bereicherung ausgeschlossen.

**§ 16**[4] *(aufgehoben)*

**§ 17**[5] **Übergangsvorschrift zum Gesetz zur Klärung der Vaterschaft unabhängig vom Anfechtungsverfahren.** Ist eine Klage auf Anfechtung der Vaterschaft wegen Fristablaufs rechtskräftig abgewiesen worden, so ist eine Restitutionsklage nach § 641i der Zivilprozessordnung auch dann nicht statthaft, wenn ein nach § 1598a des Bürgerlichen Gesetzbuchs in der Fassung des Gesetzes zur Klärung der Vaterschaft unabhängig vom Anfechtungsverfahren vom 26. März 2008 (BGBl. I S. 441) eingeholtes Abstammungsgutachten die Abstammung widerlegt.

**§ 18**[6] **Übergangsvorschrift zum Risikobegrenzungsgesetz.** (1) [1] § 498 des Bürgerlichen Gesetzbuchs ist in seiner seit dem 19. August 2008 geltenden Fassung nur auf Verträge anzuwenden, die nach dem 18. August 2008 geschlossen werden. [2] Zudem ist § 498 des Bürgerlichen Gesetzbuchs in seiner seit dem 19. August 2008 geltenden Fassung auf bestehende Vertragsverhältnisse anzuwenden, die nach dem 18. August 2008 vom Darlehensgeber übertragen werden.

(2) § 1192 Abs. 1a des Bürgerlichen Gesetzbuchs findet nur Anwendung, sofern der Erwerb der Grundschuld nach dem 19. August 2008 erfolgt ist.

(3) § 1193 Abs. 2 des Bürgerlichen Gesetzbuchs in der seit dem 19. August 2008 geltenden Fassung ist nur auf Grundschulden anzuwenden, die nach dem 19. August 2008 bestellt werden.

**§ 19**[7] **Überleitungsvorschrift zum Forderungssicherungsgesetz.** (1) Die Vorschriften der §§ 204, 632a, 641, 648a und 649 des Bürgerlichen Gesetzbuchs in der seit dem 1. Januar 2009 geltenden Fassung sind nur auf Schuldverhältnisse anzuwenden, die nach diesem Tag entstanden sind.

---

1) Art. 229 § 13 aufgeh. mWv 12.2.2010 durch G v. 6.2.2005 (BGBl. I S. 203).
2) Art. 229 § 14 angef. mWv 1.7.2005 durch G v. 21.4.2005 (BGBl. I S. 1073).
3) Art. 229 § 15 angef. mWv 25.4.2006 durch G v. 19.4.2006 (BGBl. I S. 866).
4) Art. 229 § 16 aufgeh. mWv 29.7.2017 durch G v. 20.7.2017 (BGBl. I S. 2780).
5) Art. 229 § 17 angef. mWv 1.4.2008 durch G v. 26.3.2008 (BGBl. I S. 441).
6) Art. 229 § 18 angef. mWv 19.8.2008 durch G v. 12.8.2008 (BGBl. I S. 1666).
7) Art. 229 § 19 angef. mWv 1.1.2009 durch G v. 23.10.2008 (BGBl. I S. 2022, ber. S. 2582).

(2) § 641a des Bürgerlichen Gesetzbuchs ist auf Schuldverhältnisse, die vor dem 1. Januar 2009 entstanden sind, in der bis zu diesem Zeitpunkt geltenden Fassung anzuwenden.

**§ 20[1)] Übergangsvorschrift zum Gesetz zur Änderung des Zugewinnausgleichs- und Vormundschaftsrechts vom 6. Juli 2009.** (1) Bei der Behandlung von Haushaltsgegenständen aus Anlass der Scheidung ist auf Haushaltsgegenstände, die vor dem 1. September 2009 angeschafft worden sind, § 1370 des Bürgerlichen Gesetzbuchs in der bis zu diesem Tag geltenden Fassung[2)] anzuwenden.

(2) Für Verfahren über den Ausgleich des Zugewinns, die vor dem 1. September 2009 anhängig werden, ist für den Zugewinnausgleich § 1374 des Bürgerlichen Gesetzbuchs in der bis zu diesem Tag geltenden Fassung[2)] anzuwenden.

(3) § 1813 Absatz 1 Nummer 3 des Bürgerlichen Gesetzbuchs in der Fassung vom 1. September 2009 gilt auch für vor dem 1. September 2009 anhängige Vormundschaften (§ 1773 des Bürgerlichen Gesetzbuchs), Pflegschaften (§ 1915 Absatz 1 des Bürgerlichen Gesetzbuchs) und Betreuungen (§ 1908i Absatz 1 Satz 1 des Bürgerlichen Gesetzbuchs).

**§ 21[3)] Übergangsvorschrift für die Gesellschaft bürgerlichen Rechts im Grundbuchverfahren.** § 899a des Bürgerlichen Gesetzbuchs sowie § 47 Absatz 2 Satz 2 und § 82 Satz 3 der Grundbuchordnung gelten auch, wenn die Eintragung vor dem Zeitpunkt des Inkrafttretens gemäß Artikel 5 Absatz 2 des Gesetzes zur Einführung des elektronischen Rechtsverkehrs und der elektronischen Akte im Grundbuchverfahren sowie zur Änderung weiterer grundbuch-, register- und kostenrechtlicher Vorschriften am 18. August 2009 erfolgt ist.

**§ 22[4)] Übergangsvorschrift zum Gesetz zur Umsetzung der Verbraucherkreditrichtlinie, des zivilrechtlichen Teils der Zahlungsdiensterichtlinie sowie zur Neuordnung der Vorschriften über das Widerrufs- und Rückgaberecht vom 29. Juli 2009.** (1) [1] Auf Schuldverhältnisse, die die Ausführung von Zahlungsvorgängen zum Gegenstand haben und die vor dem 31. Oktober 2009 entstanden sind, ist Artikel 248 §§ 4 und 13 nicht anzuwenden. [2] Ist mit der Abwicklung eines Zahlungsvorgangs vor dem 31. Oktober 2009 begonnen worden, sind das Bürgerliche Gesetzbuch[5)] und die BGB-Infor-

---

1) Art. 229 § 20 angef. mWv 1.9.2009 durch G v. 6.7.2009 (BGBl. I S. 1696).

2) § 1370 und § 1374 BGB in der bis 1.9.2009 geltenden Fassung lauteten:

„**§ 1370. Ersatz von Haushaltsgegenständen.** Haushaltsgegenstände, die anstelle von nicht mehr vorhandenen oder wertlos gewordenen Gegenständen angeschafft werden, werden Eigentum des Ehegatten, dem die nicht mehr vorhandenen oder wertlos gewordenen Gegenstände gehört haben.

**§ 1374. Anfangsvermögen.** (1) Anfangsvermögen ist das Vermögen, das einem Ehegatten nach Abzug der Verbindlichkeiten beim Eintritt des Güterstands gehört; die Verbindlichkeiten können nur bis zur Höhe des Vermögens abgezogen werden.

(2) Vermögen, das ein Ehegatte nach Eintritt des Güterstands von Todes wegen oder mit Rücksicht auf ein künftiges Erbrecht, durch Schenkung oder als Ausstattung erwirbt, wird nach Abzug der Verbindlichkeiten dem Anfangsvermögen hinzugerechnet, soweit es nicht den Umständen nach zu den Einkünften zu rechnen ist."

3) § 21 angef. mWv 18.8.2009 durch G v. 11.8.2009 (BGBl. I S. 2713).

4) Art. 229 § 22 angef. mWv 31.10.2009, Abs. 2 und 3 angef. mWv 11.6.2010 durch G v. 29.7.2009 (BGBl. I S. 2355)

5) Nr. **20**.

mationspflichten-Verordnung jeweils in der bis dahin geltenden Fassung anzuwenden.

(2) Soweit andere als die in Absatz 1 geregelten Schuldverhältnisse vor dem 11. Juni 2010 entstanden sind, sind auf sie das Bürgerliche Gesetzbuch und die BGB-Informationspflichten-Verordnung jeweils in der bis dahin geltenden Fassung anzuwenden.

(3) Abweichend von Absatz 2 sind § 492 Abs. 5, § 493 Abs. 3, die §§ 499, 500 Abs. 1 sowie § 504 Abs. 1 und § 505 Abs. 2 des Bürgerlichen Gesetzbuchs auf unbefristete Schuldverhältnisse anzuwenden, die vor dem 11. Juni 2010 entstanden sind; § 505 Abs. 1 ist auf solche Schuldverhältnisse in Ansehung der Mitteilungen nach Vertragsschluss anzuwenden.

**§ 23[1] Überleitungsvorschrift zum Gesetz zur Änderung des Erb- und Verjährungsrechts.** (1) [1] Die Vorschriften des Bürgerlichen Gesetzbuchs über die Verjährung in der seit dem 1. Januar 2010 geltenden Fassung sind auf die an diesem Tag bestehenden und nicht verjährten Ansprüche anzuwenden. [2] Der Beginn der Verjährung und die Verjährungsfrist bestimmen sich nach den Vorschriften des Bürgerlichen Gesetzbuchs in der vor dem 1. Januar 2010 geltenden Fassung, wenn bei Anwendung dieser Vorschriften die Verjährung früher vollendet wird als bei Anwendung der entsprechenden Vorschriften nach Satz 1.

(2) [1] Bestimmen sich der Beginn und die Verjährungsfrist nach den Vorschriften des Bürgerlichen Gesetzbuchs in der seit dem 1. Januar 2010 geltenden Fassung, beginnt die Frist nicht vor dem 1. Januar 2010. [2] Läuft die nach den Vorschriften des Bürgerlichen Gesetzbuchs in der vor dem 1. Januar 2010 geltenden Fassung bestimmte Verjährungsfrist früher ab als die Verjährungsfrist nach dem Bürgerlichen Gesetzbuch in der seit dem 1. Januar 2010 geltenden Fassung, ist die Verjährung mit Ablauf der Frist nach den vor dem 1. Januar 2010 geltenden Vorschriften vollendet.

(3) Die Hemmung der Verjährung bestimmt sich für den Zeitraum vor dem 1. Januar 2010 nach den Vorschriften des Bürgerlichen Gesetzbuchs in der bis zu diesem Tag geltenden Fassung.

(4) [1] Im Übrigen gelten für Erbfälle vor dem 1. Januar 2010 die Vorschriften des Bürgerlichen Gesetzbuchs in der vor dem 1. Januar 2010 geltenden Fassung. [2] Für Erbfälle seit dem 1. Januar 2010 gelten die Vorschriften des Bürgerlichen Gesetzbuchs in der seit dem 1. Januar 2010 geltenden Fassung, unabhängig davon, ob an Ereignisse aus der Zeit vor dem Inkrafttreten dieser Vorschriften angeknüpft wird.

**§ 24[2] Übergangsvorschrift zu dem Gesetz zur Erleichterung elektronischer Anmeldungen zum Vereinsregister und anderer vereinsrechtlicher Änderungen.** [1] Ausländische Vereine und Stiftungen, denen vor dem 30. September 2009 die Rechtsfähigkeit im Inland verliehen wurde, bleiben rechtsfähig. [2] Auf die Vereine sind § 33 Absatz 2 und § 44 des Bürgerlichen Gesetzbuchs in der bis zum 29. September 2009 geltenden Fassung weiter anzuwenden.

---

[1] Art. 229 § 23 eingef. mWv 1.1.2010 durch G v. 24.9.2009 (BGBl. I S. 3142).
[2] Art. 229 § 24 angef. mWv 30.9.2009 durch G v. 24.9.2009 (BGBl. I S. 3145).

**§ 25[1] Übergangsvorschriften zum Gesetz zur Modernisierung der Regelungen über Teilzeit-Wohnrechteverträge, Verträge über langfristige Urlaubsprodukte sowie Vermittlungsverträge und Tauschsystemverträge.** (1) Auf einen vor dem 23. Februar 2011 abgeschlossenen Teilzeit-Wohnrechtevertrag sind die §§ 481 bis 487 des Bürgerlichen Gesetzbuchs in der bis zu diesem Tag geltenden Fassung anzuwenden.

(2) Auf einen vor dem 23. Februar 2011 abgeschlossenen Vertrag über ein langfristiges Urlaubsprodukt im Sinne von § 481a des Bürgerlichen Gesetzbuchs, auf einen Vermittlungsvertrag im Sinne von § 481b Absatz 1 des Bürgerlichen Gesetzbuchs oder einen Tauschsystemvertrag im Sinne von § 481b Absatz 2 des Bürgerlichen Gesetzbuchs sind die §§ 481 bis 487 des Bürgerlichen Gesetzbuchs nicht anzuwenden.

**§ 26[2] Überleitungsvorschrift zum Gesetz zur Bekämpfung der Zwangsheirat und zum besseren Schutz der Opfer von Zwangsheirat sowie zur Änderung weiterer aufenthalts- und asylrechtlicher Vorschriften.** Die Aufhebung einer vor dem 1. Juli 2011 geschlossenen Ehe ist ausgeschlossen, wenn die Ehe nach dem bis dahin geltenden Recht zu diesem Zeitpunkt nicht mehr hätte aufgehoben werden können.

**§ 27[3] Übergangsvorschrift zum Gesetz zur Anpassung der Vorschriften über den Wertersatz bei Widerruf von Fernabsatzverträgen und über verbundene Verträge vom 27. Juli 2011.** Sowohl Artikel 246 § 2 Absatz 3 Satz 1 als auch § 360 Absatz 3 des Bürgerlichen Gesetzbuchs sind bis zum Ablauf des 4. November 2011 auch im Fall der Übermittlung der Widerrufs- und der Rückgabebelehrungen nach den Mustern gemäß den Anlagen 1 und 2 in der Fassung des Gesetzes zur Umsetzung der Verbraucherkreditrichtlinie, des zivilrechtlichen Teils der Zahlungsdiensterichtlinie sowie zur Neuordnung der Vorschriften über das Widerrufs- und Rückgaberecht vom 29. Juni 2009 (BGBl. I S. 2355) anzuwenden.

**§ 28[4] Übergangsvorschrift zum Gesetz zur Anpassung der Vorschriften des Internationalen Privatrechts an die Verordnung (EU) Nr. 1259/2010 und zur Änderung anderer Vorschriften des Internationalen Privatrechts vom 23. Januar 2013.** (1) Artikel 17 Absatz 1 in der am 29. Januar 2013 geltenden Fassung ist anzuwenden, wenn das Verfahren auf Ehescheidung nach dem 28. Januar 2013 eingeleitet worden ist.

(2) Artikel 17 Absatz 3 und Artikel 17b Absatz 1 Satz 4 in der am 28. Januar 2013 geltenden Fassung sind weiter anzuwenden, wenn das Verfahren auf Ehescheidung oder Aufhebung der Lebenspartnerschaft vor dem 29. Januar 2013 eingeleitet worden ist.

---

[1] Art. 229 § 25 angef. mWv 23.2.2011 durch G v. 17.1.2011 (BGBl. I S. 34).
[2] Art. 229 § 26 angef. mWv 1.7.2011 durch G v. 23.6.2011 (BGBl. I S. 1266).
[3] Art. 229 § 27 angef. mWv 4.8.2011 durch G v. 27.7.2011 (BGBl. I S. 1600).
[4] Art. 229 § 28 angef. mWv 29.1.2013 durch G v. 23.1.2013 (BGBl. I S. 101).

**§ 29[1)] Übergangsvorschriften zum Mietrechtsänderungsgesetz vom 11. März 2013.** (1) Auf ein bis zum 1. Mai 2013 entstandenes Mietverhältnis sind die §§ 536, 554, 559 bis 559b, 578 des Bürgerlichen Gesetzbuchs in der bis zum 1. Mai 2013 geltenden Fassung[2)] weiter anzuwenden, wenn

1. bei Modernisierungsmaßnahmen die Mitteilung nach § 554 Absatz 3 Satz 1 des Bürgerlichen Gesetzbuchs dem Mieter vor dem 1. Mai 2013 zugegangen ist oder
2. bei Modernisierungsmaßnahmen, auf die § 554 Absatz 3 Satz 3 des Bürgerlichen Gesetzbuchs in der bis zum 1. Mai 2013 geltenden Fassung anzuwenden ist, der Vermieter mit der Ausführung der Maßnahme vor dem 1. Mai 2013 begonnen hat.

---

1) Art. 229 § 29 angef. mWv 1.5.2013 durch G v. 11.3.2013 (BGBl. I S. 434).

2) Die §§ 536, 554, 559 bis 559b, 578 BGB in der bis 1.5.2013 geltenden Fassung lauteten:

„**§ 536 Mietminderung bei Sach- und Rechtsmängeln.** (1) [1] Hat die Mietsache zur Zeit der Überlassung an den Mieter einen Mangel, der ihre Tauglichkeit zum vertragsgemäßen Gebrauch aufhebt, oder entsteht während der Mietzeit ein solcher Mangel, so ist der Mieter für die Zeit, in der die Tauglichkeit aufgehoben ist, von der Entrichtung der Miete befreit. [2] Für die Zeit, während der die Tauglichkeit gemindert ist, hat er nur eine angemessen herabgesetzte Miete zu entrichten. [3] Eine unerhebliche Minderung der Tauglichkeit bleibt außer Betracht.

(2) Absatz 1 Satz 1 und 2 gilt auch, wenn eine zugesicherte Eigenschaft fehlt oder später wegfällt.

(3) Wird dem Mieter der vertragsgemäße Gebrauch der Mietsache durch das Recht eines Dritten ganz oder zum Teil entzogen, so gelten die Absätze 1 und 2 entsprechend.

(4) Bei einem Mietverhältnis über Wohnraum ist eine zum Nachteil des Mieters abweichende Vereinbarung unwirksam.

**§ 554 Duldung von Erhaltungs- und Modernisierungsmaßnahmen.** (1) Der Mieter hat Maßnahmen zu dulden, die zur Erhaltung der Mietsache erforderlich sind.

(2) [1] Maßnahmen zur Verbesserung der Mietsache, zur Einsparung von Energie oder Wasser oder zur Schaffung neuen Wohnraums hat der Mieter zu dulden. [2] Dies gilt nicht, wenn die Maßnahme für ihn, seine Familie oder einen anderen Angehörigen seines Haushalts eine Härte bedeuten würde, die auch unter Würdigung der berechtigten Interessen des Vermieters und anderer Mieter in dem Gebäude nicht zu rechtfertigen ist. [3] Dabei sind insbesondere die vorzunehmenden Arbeiten, die baulichen Folgen, vorausgegangene Aufwendungen des Mieters und die zu erwartende Mieterhöhung zu berücksichtigen. [4] Die zu erwartende Mieterhöhung ist nicht als Härte anzusehen, wenn die Mietsache lediglich in einen Zustand versetzt wird, wie er allgemein üblich ist.

(3) [1] Bei Maßnahmen nach Absatz 2 Satz 1 hat der Vermieter dem Mieter spätestens drei Monate vor Beginn der Maßnahme deren Art sowie voraussichtlichen Umfang und Beginn, voraussichtliche Dauer und die zu erwartende Mieterhöhung in Textform mitzuteilen. [2] Der Mieter ist berechtigt, bis zum Ablauf des Monats, der auf den Zugang der Mitteilung folgt, außerordentlich zum Ablauf des nächsten Monats zu kündigen. [3] Diese Vorschriften gelten nicht bei Maßnahmen, die nur mit einer unerheblichen Einwirkung auf die vermieteten Räume verbunden sind und nur zu einer unerheblichen Mieterhöhung führen.

(4) [1] Aufwendungen, die der Mieter infolge einer Maßnahme nach Absatz 1 oder 2 Satz 1 machen musste, hat der Vermieter in angemessenem Umfang zu ersetzen. [2] Auf Verlangen hat er Vorschuss zu leisten.

(5) Eine zum Nachteil des Mieters von den Absätzen 2 bis 4 abweichende Vereinbarung ist unwirksam.

**§ 559 Mieterhöhung bei Modernisierung.** (1) Hat der Vermieter bauliche Maßnahmen durchgeführt, die den Gebrauchswert der Mietsache nachhaltig erhöhen, die allgemeinen Wohnverhältnisse auf Dauer verbessern oder nachhaltig Einsparungen von Energie oder Wasser bewirken (Modernisierung), oder hat er andere bauliche Maßnahmen auf Grund von Umständen durchgeführt, die er nicht zu vertreten hat, so kann er die jährliche Miete um 11 vom Hundert der für die Wohnung aufgewendeten Kosten erhöhen.

(2) Sind die baulichen Maßnahmen für mehrere Wohnungen durchgeführt worden, so sind die Kosten angemessen auf die einzelnen Wohnungen aufzuteilen.

(3) Eine zum Nachteil des Mieters abweichende Vereinbarung ist unwirksam."

*(Fortsetzung der Anm. auf nächster Seite)*

(2) § 569 Absatz 2a des Bürgerlichen Gesetzbuchs ist auf ein vor dem 1. Mai 2013 entstandenes Mietverhältnis nicht anzuwenden.

**§ 30[1)] Überleitungsvorschrift zum Gesetz zur Reform der elterlichen Sorge nicht miteinander verheirateter Eltern.** Hat ein Elternteil vor dem 19. Mai 2013 beim Familiengericht einen Antrag auf Ersetzung der Sorgeerklärung des anderen Elternteils gestellt, gilt dieser Antrag als ein Antrag auf Übertragung der elterlichen Sorge nach § 1626a Absatz 2 des Bürgerlichen Gesetzbuchs.

**§ 31[2)] Überleitungsvorschrift zur Änderung der Verjährungsvorschriften des Bürgerlichen Gesetzbuchs durch das Gesetz zur Stärkung der Rechte von Opfern sexuellen Missbrauchs.** Die Vorschriften des Bürgerlichen Gesetzbuchs in der seit dem 30. Juni 2013 geltenden Fassung über die Verjährung sind auf die an diesem Tag bestehenden und noch nicht verjährten Ansprüche anzuwenden.

---

*(Fortsetzung der Anm. von voriger Seite)*

„**§ 559a Anrechnung von Drittmitteln.** (1) Kosten, die vom Mieter oder für diesen von einem Dritten übernommen oder die mit Zuschüssen aus öffentlichen Haushalten gedeckt werden, gehören nicht zu den aufgewendeten Kosten im Sinne des § 559.

(2) [1] Werden die Kosten für die baulichen Maßnahmen ganz oder teilweise durch zinsverbilligte oder zinslose Darlehen aus öffentlichen Haushalten gedeckt, so verringert sich der Erhöhungsbetrag nach § 559 um den Jahresbetrag der Zinsermäßigung. [2] Dieser wird errechnet aus dem Unterschied zwischen dem ermäßigten Zinssatz und dem marktüblichen Zinssatz für den Ursprungsbetrag des Darlehens. [3] Maßgebend ist der marktübliche Zinssatz für erstrangige Hypotheken zum Zeitpunkt der Beendigung der Maßnahmen. [4] Werden Zuschüsse oder Darlehen zur Deckung von laufenden Aufwendungen gewährt, so verringert sich der Erhöhungsbetrag um den Jahresbetrag des Zuschusses oder Darlehens.

(3) [1] Ein Mieterdarlehen, eine Mietvorauszahlung oder eine von einem Dritten für den Mieter erbrachte Leistung für die baulichen Maßnahmen stehen einem Darlehen aus öffentlichen Haushalten gleich. [2] Mittel der Finanzierungsinstitute des Bundes oder eines Landes gelten als Mittel aus öffentlichen Haushalten.

(4) Kann nicht festgestellt werden, in welcher Höhe Zuschüsse oder Darlehen für die einzelnen Wohnungen gewährt worden sind, so sind sie nach dem Verhältnis der für die einzelnen Wohnungen aufgewendeten Kosten aufzuteilen.

(5) Eine zum Nachteil des Mieters abweichende Vereinbarung ist unwirksam.

**§ 559b Geltendmachung der Erhöhung, Wirkung der Erhöhungserklärung.** (1) [1] Die Mieterhöhung nach § 559 ist dem Mieter in Textform zu erklären. [2] Die Erklärung ist nur wirksam, wenn in ihr die Erhöhung auf Grund der entstandenen Kosten berechnet und entsprechend den Voraussetzungen der §§ 559 und 559a erläutert wird.

(2) [1] Der Mieter schuldet die erhöhte Miete mit Beginn des dritten Monats nach dem Zugang der Erklärung. [2] Die Frist verlängert sich um sechs Monate, wenn der Vermieter dem Mieter die zu erwartende Erhöhung der Miete nicht nach § 554 Abs. 3 Satz 1 mitgeteilt hat oder wenn die tatsächliche Mieterhöhung mehr als 10 vom Hundert höher ist als die mitgeteilte.

(3) Eine zum Nachteil des Mieters abweichende Vereinbarung ist unwirksam.

**§ 578 Mietverhältnisse über Grundstücke und Räume.** (1) Auf Mietverhältnisse über Grundstücke sind die Vorschriften der §§ 550, 562 bis 562d, 566 bis 567b sowie 570 entsprechend anzuwenden.

(2) [1] Auf Mietverhältnisse über Räume, die keine Wohnräume sind, sind die in Absatz 1 genannten Vorschriften sowie § 552 Abs. 1, § 554 Abs. 1 bis 4 und § 569 Abs. 2 entsprechend anzuwenden. [2] Sind die Räume zum Aufenthalt von Menschen bestimmt, so gilt außerdem § 569 Abs. 1 entsprechend."

1) Art. 229 § 30 angef. mWv 19.5.2013 durch G v. 16.4.2013 (BGBl. I S. 795).

2) Art. 229 § 31 angef. mWv 30.6.2013 durch G v. 26.6.2013 (BGBl. I S. 1805).

**§ 32[1] Übergangsvorschrift zum Gesetz zur Umsetzung der Verbraucherrechterichtlinie und zur Änderung des Gesetzes zur Regelung der Wohnungsvermittlung.** (1) Auf einen vor dem 13. Juni 2014 abgeschlossenen Verbrauchervertrag sind die Vorschriften dieses Gesetzes, des Bürgerlichen Gesetzbuchs, des Fernunterrichtsschutzgesetzes, der Zivilprozessordnung, des Gesetzes zur Regelung der Wohnungsvermittlung, des Gesetzes gegen unlauteren Wettbewerb, des Vermögensanlagengesetzes, der Wertpapierdienstleistungs-Verhaltens- und Organisationsverordnung, des Wertpapierprospektgesetzes, der Preisangabenverordnung, des Kapitalanlagegesetzbuchs, des Versicherungsvertragsgesetzes und des Unterlassungsklagengesetzes in der bis zu diesem Tag geltenden Fassung anzuwenden.

(2) Solange der Verbraucher bei einem Fernabsatzvertrag, der vor dem 13. Juni 2014 geschlossen wurde, nicht oder nicht entsprechend den zum Zeitpunkt des Vertragsschlusses geltenden gesetzlichen Anforderungen des Bürgerlichen Gesetzbuchs über sein Widerrufsrecht belehrt worden ist und solange das Widerrufsrecht aus diesem Grunde nicht erloschen ist, erlischt das Widerrufsrecht

1. bei der Lieferung von Waren: zwölf Monate und 14 Tage nach Eingang der Waren beim Empfänger, jedoch nicht vor Ablauf des 27. Juni 2015,
2. bei der wiederkehrenden Lieferung gleichartiger Waren: zwölf Monate und 14 Tage nach Eingang der ersten Teillieferung, jedoch nicht vor Ablauf des 27. Juni 2015,
3. bei Dienstleistungen: mit Ablauf des 27. Juni 2015.

(3) Solange der Verbraucher bei einem Haustürgeschäft, das vor dem 13. Juni 2014 geschlossen wurde, nicht oder nicht entsprechend den zum Zeitpunkt des Vertragsschlusses geltenden Anforderungen des Bürgerlichen Gesetzbuchs über sein Widerrufsrecht belehrt worden ist und solange das Widerrufsrecht aus diesem Grunde nicht erloschen ist, erlischt das Widerrufsrecht zwölf Monate und 14 Tage nach vollständiger Erbringung der beiderseitigen Leistungen aus dem Vertrag, nicht jedoch vor Ablauf des 27. Juni 2015.

(4) [1]Die Absätze 2 und 3 sind nicht anwendbar auf Verträge über Finanzdienstleistungen. [2]Solange der Verbraucher bei einem Haustürgeschäft, durch das der Unternehmer dem Verbraucher eine entgeltliche Finanzierungshilfe gewährt und das vor dem 11. Juni 2010 geschlossen wurde, nicht oder nicht entsprechend den zum Zeitpunkt des Vertragsschlusses geltenden Anforderungen des Bürgerlichen Gesetzbuchs über sein Widerrufsrecht belehrt worden ist und solange das Widerrufsrecht aus diesem Grunde nicht erloschen ist, erlischt das Widerrufsrecht zwölf Monate und 14 Tage nach vollständiger Erbringung der beiderseitigen Leistungen aus dem Vertrag, nicht jedoch vor Ablauf des 27. Juni 2015.

**§ 33[2] Überleitungsvorschrift zu dem Gesetz gegen unseriöse Geschäftspraktiken.** Auf Schuldverhältnisse, die vor dem 9. Oktober 2013 entstanden sind, ist § 675 des Bürgerlichen Gesetzbuchs in der bis zu diesem Tag geltenden Fassung anzuwenden.

---

[1] Art. 229 § 32 angef. mWv 13.6.2014 durch G v. 20.9.2013 (BGBl. I S. 3642).
[2] Art. 229 § 33 angef. mWv 9.10.2013 durch G v. 1.10.2013 (BGBl. I S. 3714).

**§ 34[1)] Überleitungsvorschrift zum Gesetz zur Bekämpfung von Zahlungsverzug im Geschäftsverkehr.** [1] Die §§ 271a, 286, 288, 308 und 310 des Bürgerlichen Gesetzbuchs in der seit dem 29. Juli 2014 geltenden Fassung sind nur auf ein Schuldverhältnis anzuwenden, das nach dem 28. Juli 2014 entstanden ist. [2] Abweichend von Satz 1 sind die dort genannten Vorschriften auch auf ein vorher entstandenes Dauerschuldverhältnis anzuwenden, soweit die Gegenleistung nach dem 30. Juni 2016 erbracht wird.

**§ 35[2)] Übergangsvorschriften zum Mietrechtsnovellierungsgesetz vom 21. April 2015.** (1) Die §§ 556d bis 556g, 557a Absatz 4 und § 557b Absatz 4 des Bürgerlichen Gesetzbuchs sind nicht anzuwenden auf Mietverträge und Staffelmietvereinbarungen über Wohnraum, die abgeschlossen worden sind, bevor die vertragsgegenständliche Mietwohnung in den Anwendungsbereich einer Rechtsverordnung nach § 556d Absatz 2 des Bürgerlichen Gesetzbuchs fällt.

(2) § 557a Absatz 4 des Bürgerlichen Gesetzbuchs ist nicht mehr anzuwenden auf Mietstaffeln, deren erste Miete zu einem Zeitpunkt fällig wird, in dem die vertragsgegenständliche Mietwohnung nicht mehr in den Anwendungsbereich einer Rechtsverordnung nach § 556d Absatz 2 des Bürgerlichen Gesetzbuchs fällt.

**§ 36[3)] Überleitungsvorschrift zum Gesetz zum Internationalen Erbrecht und zur Änderung von Vorschriften zum Erbschein sowie zur Änderung sonstiger Vorschriften vom 29. Juni 2015.** Auf Verfahren zur Erteilung von Erbscheinen nach einem Erblasser, der vor dem 17. August 2015 verstorben ist, sind das Bürgerliche Gesetzbuch und das Gesetz über das Verfahren in Familiensachen und in den Angelegenheiten der freiwilligen Gerichtsbarkeit in der bis zu diesem Tag geltenden Fassung weiterhin anzuwenden.

**§ 37[4)] Überleitungsvorschrift zum Gesetz zur Verbesserung der zivilrechtlichen Durchsetzung von verbraucherschützenden Vorschriften des Datenschutzrechts.** § 309 Nummer 13 des Bürgerlichen Gesetzbuchs in der seit dem 1. Oktober 2016 geltenden Fassung ist nur auf ein Schuldverhältnis anzuwenden, das nach dem 30. September 2016 entstanden ist.

**§ 38[5)] Übergangsvorschrift zum Gesetz zur Umsetzung der Wohnimmobilienkreditrichtlinie und zur Änderung handelsrechtlicher Vorschriften.** (1) [1] Dieses Gesetz und das Bürgerliche Gesetzbuch jeweils in der bis zum 20. März 2016 geltenden Fassung sind vorbehaltlich des Absatzes 2 auf folgende Verträge anzuwenden, wenn sie vor dem 21. März 2016 abgeschlossen wurden:

1. Verbraucherdarlehensverträge und Verträge über entgeltliche Finanzierungshilfen,
2. Verträge über die Vermittlung von Verträgen gemäß Nummer 1.

[2] Für Verbraucherdarlehensverträge gemäß § 504 des Bürgerlichen Gesetzbuchs ist der Zeitpunkt des Abschlusses des Vertrags maßgeblich, mit dem der Darlehensgeber dem Darlehensnehmer das Recht einräumt, sein laufendes Konto in bestimmter Höhe zu überziehen. [3] Für Verbraucherdarlehensverträge gemäß § 505 Absatz 1 des Bürgerlichen Gesetzbuchs ist der Zeitpunkt des Abschlusses des Ver-

---

1) Art. 229 § 34 angef. mWv 29.7.2014 durch G v. 22.7.2014 (BGBl. I S. 1218).
2) Art. 229 § 35 angef. mWv 1.6.2015 durch G v. 21.4.2015 (BGBl. I S. 610).
3) Art. 229 § 36 angef. mWv 17.8.2015 durch G v. 29.6.2015 (BGBl. I S. 1042).
4) Art. 229 § 37 angef. mWv 1.10.2016 durch G v. 17.2.2016 (BGBl. I S. 233).
5) Art. 229 § 38 angef. mWv 21.3.2016 durch G v. 11.3.2016 (BGBl. I S. 396).

trags maßgeblich, mit dem der Unternehmer mit dem Verbraucher ein Entgelt für den Fall vereinbart, dass er eine Überziehung seines laufenden Kontos duldet.

(2) Die §§ 504a und 505 Absatz 2 des Bürgerlichen Gesetzbuchs sind auf Verbraucherdarlehensverträge gemäß den §§ 504 und 505 des Bürgerlichen Gesetzbuchs auch dann anzuwenden, wenn diese Verträge vor dem 21. März 2016 abgeschlossen wurden.

(3) [1] Bei Immobiliardarlehensverträgen gemäß § 492 Absatz 1a Satz 2 des Bürgerlichen Gesetzbuchs in der vom 1. August 2002 bis einschließlich 10. Juni 2010 geltenden Fassung, die zwischen dem 1. September 2002 und dem 10. Juni 2010 geschlossen wurden, erlischt ein fortbestehendes Widerrufsrecht spätestens drei Monate nach dem 21. März 2016, wenn das Fortbestehen des Widerrufsrechts darauf beruht, dass die dem Verbraucher erteilte Widerrufsbelehrung den zum Zeitpunkt des Vertragsschlusses geltenden Anforderungen des Bürgerlichen Gesetzbuchs nicht entsprochen hat. [2] Bei Haustürgeschäften ist Satz 1 nur anzuwenden, wenn die beiderseitigen Leistungen aus dem Verbraucherdarlehensvertrag bei Ablauf des 21. Mai 2016 vollständig erbracht worden sind, andernfalls erlöschen die fortbestehenden Widerrufsrechte erst einen Monat nach vollständiger Erbringung der beiderseitigen Leistungen aus dem Vertrag.

**§ 39[1)] Übergangsvorschrift zum Gesetz zur Reform des Bauvertragsrechts, zur Änderung der kaufrechtlichen Mängelhaftung, zur Stärkung des zivilprozessualen Rechtsschutzes und zum maschinellen Siegel im Grundbuch- und Schiffsregisterverfahren.** Auf ein Schuldverhältnis, das vor dem 1. Januar 2018 entstanden ist, finden die Vorschriften dieses Gesetzes, des Bürgerlichen Gesetzbuchs und der Verordnung über Abschlagszahlungen bei Bauträgerverträgen in der bis zu diesem Tag geltenden Fassung Anwendung.

**§ 40[2)] Übergangsvorschrift zum Finanzaufsichtsrechtergänzungsgesetz.**

(1) Das Bürgerliche Gesetzbuch ist in der bis zum 9. Juni 2017 geltenden Fassung auf folgende Verträge anzuwenden, wenn sie vor dem 10. Juni 2017 abgeschlossen wurden:

1. Darlehensverträge, Verträge über entgeltliche und unentgeltliche Finanzierungshilfen sowie Immobilienverzehrkreditverträge,
2. Verträge über die Vermittlung von Verträgen nach Nummer 1.

(2) Dieses Gesetz ist in der bis zum 30. Juni 2018 geltenden Fassung auf folgende Verträge anzuwenden, wenn sie vor dem 1. Juli 2018 abgeschlossen wurden:

1. Darlehensverträge und Verträge über entgeltliche Finanzierungshilfen,
2. Verträge über die Vermittlung von Verträgen nach Nummer 1.

**§ 41[3)] Übergangsvorschrift zum Gesetz zur Änderung von Vorschriften im Bereich des Internationalen Privat- und Zivilverfahrensrechts vom 11. Juni 2017.** Ist vor Inkrafttreten von Artikel 8 am 17. Juni 2017 eine Vollmacht erteilt oder eine Erklärung im Namen einer anderen Person gegenüber einem Dritten abgegeben oder für einen anderen entgegengenommen worden, bleibt das bisherige Internationale Privatrecht anwendbar.

---

1) Art. 229 § 39 angef. mWv 1.1.2018 durch G v. 28.4.2017 (BGBl. I S. 969).
2) Art. 229 § 40 angef. mWv 10.6.2017 durch G v. 6.6.2017 (BGBl. I S. 1495).
3) Art. 229 § 41 angef. mWv 17.6.2017 durch G v. 11.6.2017 (BGBl. I S. 1607).

**§ 42[1)] Übergangsvorschrift zum Dritten Gesetz zur Änderung reiserechtlicher Vorschriften.** Auf einen vor dem 1. Juli 2018 abgeschlossenen Reisevertrag sind die Vorschriften dieses Gesetzes, des Bürgerlichen Gesetzbuchs[2)], der BGB-Informationspflichten-Verordnung, des Unterlassungsklagengesetzes[3)], der Gewerbeordnung[4)] und der Preisangabenverordnung[5)] in der bis zu diesem Tag geltenden Fassung weiter anzuwenden.

**§ 43[6)] Überleitungsvorschrift zum Gesetz zur Einführung eines Anspruchs auf Hinterbliebenengeld.** Wenn die zum Tode führende Verletzung nach dem 22. Juli 2017 eingetreten ist, sind die durch das Gesetz zur Einführung eines Anspruchs auf Hinterbliebenengeld vom 17. Juli 2017 (BGBl. I S. 2421) geänderten Vorschriften in folgenden Gesetzen anzuwenden:
1. Bürgerliches Gesetzbuch[2)],
2. Arzneimittelgesetz[7)],
3. Gentechnikgesetz,
4. Produkthaftungsgesetz[8)],
5. Umwelthaftungsgesetz[9)],
6. Atomgesetz[10)],
7. Straßenverkehrsgesetz[11)] und
8. Haftpflichtgesetz[12)].

**§ 44[13)] Überleitungsvorschrift zum Gesetz zur Bekämpfung von Kinderehen.** (1) [1] § 1303 Satz 2 des Bürgerlichen Gesetzbuchs[2)] in der ab dem 22. Juli 2017 geltenden Fassung ist für Ehen, die vor dem 22. Juli 2017 geschlossen worden sind, nicht anzuwenden. [2] Die Aufhebbarkeit dieser Ehen richtet sich nach dem bis zum 22. Juli 2017 geltenden Recht.

(2) Die Aufhebung einer Ehe wegen eines Verstoßes gegen § 1303 des Bürgerlichen Gesetzbuchs ist ausgeschlossen, wenn sie nach Befreiung vom Erfordernis der Volljährigkeit nach § 1303 Absatz 2 bis 4 des Bürgerlichen Gesetzbuchs in der bis zum 21. Juli 2017 geltenden Fassung und vor dem 22. Juli 2017 geschlossen worden ist.

(3) [1] Bis zum 22. Juli 2017 noch nicht abgeschlossene Verfahren über die Erteilung einer Befreiung nach § 1303 Absatz 2 bis 4 des Bürgerlichen Gesetzbuchs in der bis zum 21. Juli 2017 geltenden Fassung sind erledigt. [2] Eine Genehmigung nach § 1315 Absatz 1 Satz 1 Nummer 1 Fall 1 des Bürgerlichen Gesetzbuchs in der bis zum 21. Juli 2017 geltenden Fassung kann nach dem 22. Juli 2017 nicht mehr erteilt werden.

(4) Artikel 13 Absatz 3 Nummer 1 gilt nicht, wenn

---

1) Art. 229 § 42 angef. mWv 1.7.2018 durch G v. 17.7.2017 (BGBl. I S. 2394).
2) Nr. **20**.
3) Nr. **105**.
4) **Sartorius Nr. 800.**
5) **Habersack, Deutsche Gesetze ErgBd. Nr. 73a.**
6) Art. 229 § 43 angef. mWv 22.7.2017 durch G v. 17.7.2017 (BGBl. I S. 2421).
7) **Sartorius ErgBd. Nr. 272.**
8) Nr. **27**.
9) Nr. **28**.
10) **Sartorius Nr. 835.**
11) Nr. **35**.
12) Nr. **33**.
13) Art. 229 § 44 angef. mWv 22.7.2017 durch G v. 17.7.2017 (BGBl. I S. 2429).

1. der minderjährige Ehegatte vor dem 22. Juli 1999 geboren worden ist, oder
2. die nach ausländischem Recht wirksame Ehe bis zur Volljährigkeit des minderjährigen Ehegatten geführt worden ist und kein Ehegatte seit der Eheschließung bis zur Volljährigkeit des minderjährigen Ehegatten seinen gewöhnlichen Aufenthalt in Deutschland hatte.

**§ 45[1)] Übergangsvorschriften zum Gesetz zur Umsetzung der Zweiten Zahlungsdiensterichtlinie vom 17. Juli 2017.** (1) Auf Schuldverhältnisse, die die Ausführung von Zahlungsvorgängen zum Gegenstand haben und ab dem 13. Januar 2018 entstanden sind, sind nur das Bürgerliche Gesetzbuch[2)] und Artikel 248 in der ab dem 13. Januar 2018 geltenden Fassung anzuwenden.

(2) Auf Schuldverhältnisse, die die Ausführung von Zahlungsvorgängen zum Gegenstand haben und vor dem 13. Januar 2018 entstanden sind, sind das Bürgerliche Gesetzbuch und Artikel 248 in der bis zum 13. Januar 2018 geltenden Fassung anzuwenden, soweit in den Absätzen 3 und 4 nichts anderes bestimmt ist.

(3) Wenn bei einem Schuldverhältnis im Sinne von Absatz 2 erst ab dem 13. Januar 2018 mit der Abwicklung eines Zahlungsvorgangs begonnen worden ist, sind auf diesen Zahlungsvorgang nur das Bürgerliche Gesetzbuch und Artikel 248 in der ab dem 13. Januar 2018 geltenden Fassung anzuwenden.

(4) § 675f Absatz 3 des Bürgerlichen Gesetzbuchs in der ab dem 13. Januar 2018 geltenden Fassung ist ab diesem Tag auch auf Schuldverhältnisse im Sinne von Absatz 2 anzuwenden.

(5) § 270a des Bürgerlichen Gesetzbuchs ist auf alle Schuldverhältnisse anzuwenden, die ab dem 13. Januar 2018 entstanden sind.

**§ 46[3)] Überleitungsvorschrift zum Gesetz zur Regelung des Rechts auf Kenntnis der Abstammung bei heterologer Verwendung von Samen.**

§ 1600d Absatz 4 des Bürgerlichen Gesetzbuchs[2)] ist nicht anzuwenden, wenn der Samen, mithilfe dessen das Kind gezeugt wurde, vor Inkrafttreten des Gesetzes zur Regelung des Rechts auf Kenntnis der Abstammung bei heterologer Verwendung von Samen vom 17. Juli 2017 (BGBl. I S. 2513) verwendet wurde.

**§ 47[4)] Übergangsvorschrift zum Gesetz zum Internationalen Güterrecht und zur Änderung von Vorschriften des Internationalen Privatrechts vom 17. Dezember 2018.** (1) Die allgemeinen Wirkungen der Ehe bestimmen sich bis einschließlich 28. Januar 2019 nach Artikel 14 in der bis zu diesem Tag geltenden Fassung.

(2) Haben die Ehegatten die Ehe vor dem 29. Januar 2019 geschlossen und ab diesem Zeitpunkt keine Rechtswahl nach der Verordnung (EU) 2016/1103[5)] über das auf ihren Güterstand anzuwendende Recht getroffen, sind folgende Vorschriften jeweils in ihrer bis einschließlich 28. Januar 2019 geltenden Fassung weiter anzuwenden:

1. die Vorschriften des Gesetzes über den ehelichen Güterstand von Vertriebenen und Flüchtlingen;

---

1) Art. 229 § 45 angef. mWv 13.1.2018 durch G v. 17.7.2017 (BGBl. I S. 2446).
2) Nr. **20**.
3) Art. 229 § 46 angef. mWv 1.7.2018 durch G v. 17.7.2017 (BGBl. I S. 2513).
4) Art. 229 § 47 angef. mWv 29.1.2019 durch G v. 17.12.2018 (BGBl. I S. 2573).
5) **Habersack, Deutsche Gesetze ErgBd. Nr. 103i.**

2. die Artikel 3a, 15, 16, 17a sowie 17b Absatz 4.[1)]

(3) Haben die Lebenspartner ihre eingetragene Partnerschaft vor dem 29. Januar 2019 eintragen lassen und ab diesem Zeitpunkt keine Rechtswahl nach der Verordnung (EU) 2016/1104[2)] über das auf die güterrechtlichen Wirkungen ihrer eingetragenen Partnerschaft anzuwendende Recht getroffen, ist Artikel 17b Absatz 1 Satz 1 sowie Absatz 2 Satz 2 und 3 in der bis einschließlich 28. Januar 2019 geltenden Fassung weiter anzuwenden.

(4) Fand die Geburt oder die Annahme als Kind vor dem 29. Januar 2019 statt, so sind Artikel 19 Absatz 1 Satz 3 und Artikel 22 Absatz 1 Satz 2 in ihrer bis einschließlich 28. Januar 2019 geltenden Fassung anwendbar.

**§ 48[3)] Überleitungsvorschrift zum Gesetz zur Umsetzung des Gesetzes zur Einführung des Rechts auf Eheschließung für Personen gleichen Geschlechts.** Auf gleichgeschlechtliche Ehen und eingetragene Lebenspartnerschaften, die vor dem 1. Oktober 2017 im Ausland nach den Sachvorschriften des Register führenden Staates wirksam geschlossen oder begründet worden sind, findet Artikel 17b Absatz 4 in seiner bis einschließlich 30. September 2017 geltenden Fassung keine Anwendung.

---

[1)] Art. 3a, 15, 16, 17a und 17b Abs. 4 in ihrer bis einschließlich 28.1.2019 geltenden Fassung lauten:
„**Art. 3a Sachnormverweisung; Einzelstatut.** (1) Verweisungen auf Sachvorschriften beziehen sich auf die Rechtsnormen der maßgebenden Rechtsordnung unter Ausschluss derjenigen des Internationalen Privatrechts.

(2) Soweit Verweisungen im Dritten Abschnitt das Vermögen einer Person dem Recht eines Staates unterstellen, beziehen sie sich nicht auf Gegenstände, die sich nicht in diesem Staat befinden und nach dem Recht des Staates, in dem sie sich befinden, besonderen Vorschriften unterliegen.

**Art. 15 Güterstand.** (1) Die güterrechtlichen Wirkungen der Ehe unterliegen dem bei der Eheschließung für die allgemeinen Wirkungen der Ehe maßgebenden Recht.

(2) Die Ehegatten können für die güterrechtlichen Wirkungen ihrer Ehe wählen
1. das Recht des Staates, dem einer von ihnen angehört,
2. das Recht des Staates, in dem einer von ihnen seinen gewöhnlichen Aufenthalt hat, oder
3. für unbewegliches Vermögen das Recht des Lageorts.

(3) Artikel 14 Abs. 4 gilt entsprechend.

(4) Die Vorschriften des Gesetzes über den ehelichen Güterstand von Vertriebenen und Flüchtlingen bleiben unberührt.

**Art. 16 Schutz Dritter.** (1) Unterliegen die güterrechtlichen Wirkungen einer Ehe dem Recht eines anderen Staates und hat einer der Ehegatten seinen gewöhnlichen Aufenthalt im Inland oder betreibt er hier ein Gewerbe, so ist § 1412 des Bürgerlichen Gesetzbuchs entsprechend anzuwenden; der fremde gesetzliche Güterstand steht einem vertragsmäßigen gleich.

(2) Auf im Inland vorgenommene Rechtsgeschäfte ist § 1357, auf hier befindliche bewegliche Sachen § 1362, auf ein hier betriebenes Erwerbsgeschäft sind die §§ 1431 und 1456 des Bürgerlichen Gesetzbuchs sinngemäß anzuwenden, soweit diese Vorschriften für gutgläubige Dritte günstiger sind als das fremde Recht.

**Art. 17a Ehewohnung und Haushaltsgegenstände.** Die Nutzungsbefugnis für die im Inland belegene Ehewohnung und die im Inland befindlichen Haushaltsgegenstände sowie damit zusammenhängende Betretungs-, Näherungs- und Kontaktverbote unterliegen den deutschen Sachvorschriften.

**Art. 17b Eingetragene Lebenspartnerschaft und gleichgeschlechtliche Ehe.** (4) Gehören die Ehegatten demselben Geschlecht an oder gehört zumindest ein Ehegatte weder dem weiblichen noch dem männlichen Geschlecht an, so gelten die Absätze 1 bis 3 mit der Maßgabe entsprechend, dass sich das auf die Ehescheidung und auf die Trennung ohne Auflösung des Ehebandes anzuwendende Recht nach der Verordnung (EU) Nr. 1259/2010 richtet."

[2)] **Habersack, Deutsche Gesetze ErgBd. Nr. 103k.**

[3)] Art. 229 § 48 angef. mWv 22.12.2018 durch G v. 18.12.2018 (BGBl. I S. 2639).

**§ 49[1] Übergangsvorschriften zum Mietrechtsanpassungsgesetz vom 18. Dezember 2018.** (1) [1] Auf ein bis einschließlich 31. Dezember 2018 entstandenes Mietverhältnis sind die §§ 555c und 559 des Bürgerlichen Gesetzbuchs[2] in der bis dahin geltenden Fassung weiter anzuwenden, wenn dem Mieter bei Modernisierungsmaßnahmen die Mitteilung nach § 555c Absatz 1 Satz 1 des Bürgerlichen Gesetzbuchs bis einschließlich 31. Dezember 2018 zugegangen ist. [2] Hat der Vermieter die Modernisierungsmaßnahme nicht oder nicht ordnungsgemäß nach § 555c Absatz 1 Satz 1 des Bürgerlichen Gesetzbuchs angekündigt, so gilt Satz 1 mit der Maßgabe, dass es an Stelle des Zugangs der Mitteilung nach § 555c Absatz 1 Satz 1 des Bürgerlichen Gesetzbuchs auf den Zugang der Mieterhöhungserklärung nach § 559b Absatz 1 Satz 1 des Bürgerlichen Gesetzbuchs ankommt. [3] § 559c des Bürgerlichen Gesetzbuchs ist nur anzuwenden, wenn der Vermieter die Modernisierungsmaßnahme nach dem 31. Dezember 2018 angekündigt hat. [4] § 559d des Bürgerlichen Gesetzbuchs ist nur anzuwenden auf ein Verhalten nach dem 31. Dezember 2018.

(2) [1] Auf ein bis einschließlich 31. Dezember 2018 entstandenes Mietverhältnis ist § 556g Absatz 1a des Bürgerlichen Gesetzbuchs nicht anzuwenden. [2] § 556g Absatz 2 des Bürgerlichen Gesetzbuchs ist in der bis einschließlich 31. Dezember 2018 geltenden Fassung weiter auf Mietverhältnisse anzuwenden, die bis zu diesem Zeitpunkt im Anwendungsbereich der §§ 556d bis 556g des Bürgerlichen Gesetzbuchs abgeschlossen worden sind.

(3) Auf ein bis einschließlich 31. Dezember 2018 entstandenes Mietverhältnis ist § 578 Absatz 3 des Bürgerlichen Gesetzbuchs nicht anzuwenden.

**§ 50[3] Übergangsvorschriften zum Gesetz zur Verlängerung des Betrachtungszeitraums für die ortsübliche Vergleichsmiete.** (1) [1] Mietspiegel können auch nach dem 31. Dezember 2019 nach § 558 Absatz 2 Satz 1 des Bürgerlichen Gesetzbuchs[2] in der bis dahin geltenden Fassung neu erstellt werden, wenn der Stichtag für die Feststellung der ortsüblichen Vergleichsmiete vor dem 1. März 2020 liegt und der Mietspiegel vor dem 1. Januar 2021 veröffentlicht wird. [2] Mietspiegel, die nach Satz 1 neu erstellt wurden oder die bereits am 31. Dezember 2019 existierten, können entsprechend § 558d Absatz 2 des Bürgerlichen Gesetzbuchs innerhalb von zwei Jahren der Marktentwicklung angepasst werden.

(2) [1] In Gemeinden oder Teilen von Gemeinden, in denen ein Mietspiegel nach Absatz 1 Satz 1 neu erstellt wurde oder in denen am 31. Dezember 2019 ein Mietspiegel existierte, ist § 558 Absatz 2 Satz 1 des Bürgerlichen Gesetzbuchs in der bis zu diesem Tag geltenden Fassung anzuwenden, bis ein neuer Mietspiegel anwendbar ist, längstens jedoch zwei Jahre ab der Veröffentlichung des zuletzt erstellten Mietspiegels. [2] Wurde dieser Mietspiegel innerhalb von zwei Jahren der Marktentwicklung angepasst, ist die Veröffentlichung der ersten Anpassung maßgeblich.

**§ 51[4] Übergangsvorschriften zum Gesetz zur Verlängerung und Verbesserung der Regelungen über die zulässige Miethöhe bei Mietbeginn.**

Auf ein bis einschließlich 31. März 2020 entstandenes Mietverhältnis ist § 556g des Bürgerlichen Gesetzbuchs[2] in der bis dahin geltenden Fassung weiter anzuwenden.

---

[1] Art. 229 § 49 angef. mWv 1.1.2019 durch G v. 18.12.2018 (BGBl. I S. 2648).

[2] Nr. **20**.

[3] Art. 229 § 50 angef. mWv 1.1.2020 durch G v. 21.12.2019 (BGBl. I S. 2911).

[4] Art. 229 § 51 angef. mWv 1.4.2020 durch G v. 19.3.2020 (BGBl. I S. 540).

**§ 52[1)] Überleitungsvorschrift zum Gesetz zur Umsetzung der Entscheidung des Bundesverfassungsgerichts vom 26. März 2019 zum Ausschluss der Stiefkindadoption in nichtehelichen Familien.** Auf vor dem 31. März 2020 abgeschlossene Vorgänge bleibt das bisherige Internationale Privatrecht anwendbar.

**§ 53[2)] Übergangsvorschrift zum Gesetz über die Maklerkosten bei der Vermittlung von Kaufverträgen über Wohnungen und Einfamilienhäuser.** Auf Rechtsverhältnisse, die vor dem 23. Dezember 2020 entstanden sind, sind die Vorschriften des Bürgerlichen Gesetzbuchs[3)] in der bis zu diesem Tag geltenden Fassung weiter anzuwenden.

**§ 54[4)] Übergangsvorschrift zum Gesetz zur Reform des Vormundschafts- und Betreuungsrechts.** (1) Eine bei Ablauf des 31. Dezember 2022 bestehende Geschäftsfähigkeit besteht fort.

(2) Mit Inkrafttreten dieses Gesetzes am 1. Januar 2023 wird die Bestellung eines Gegenvormunds und eines Gegenbetreuers wirkungslos.

(3) Ist am 1. Januar 2023 ein Betreuer zur Besorgung aller Angelegenheiten bestellt, ist der Aufgabenkreis bis zum 1. Januar 2024 nach Maßgabe des § 1815 Absatz 1 des Bürgerlichen Gesetzbuchs[3)] zu ändern.

(4) [1]Auf Betreuungen, die am 1. Januar 2023 bestehen, findet § 1815 Absatz 2 Nummer 1 bis 4 des Bürgerlichen Gesetzbuchs bis zum 1. Januar 2028 keine Anwendung. [2]Bei der nächsten Entscheidung über die Aufhebung oder Verlängerung der Betreuung oder im Rahmen eines gerichtlichen Genehmigungsverfahrens nach § 1831 Absatz 2 des Bürgerlichen Gesetzbuchs hat das Betreuungsgericht über den Aufgabenkreis nach Maßgabe des § 1815 Absatz 2 des Bürgerlichen Gesetzbuchs zu entscheiden.

(5) Betreuer, die erstmals durch § 1859 Absatz 2 des Bürgerlichen Gesetzbuchs befreit sind, haben bis zum Ablauf des am 1. Januar 2023 noch laufenden Betreuungsjahres Rechnung zu legen.

(6) Auf vor dem 1. Januar 2023 abgeschlossene Vorgänge bleibt das bisherige Internationale Privatrecht anwendbar.

**§ 55[5)] Übergangsvorschrift zum Gesetz zum Schutz von Kindern mit Varianten der Geschlechtsentwicklung.** § 1631e Absatz 6 des Bürgerlichen Gesetzbuchs[3)] ist auch auf Patientenakten von Kindern mit Varianten der Geschlechtsentwicklung anzuwenden, deren Behandlung vor dem 22. Mai 2021 durchgeführt worden ist, wenn die Aufbewahrungsfrist nach § 630f Absatz 3 des Bürgerlichen Gesetzbuchs nicht vor dem 22. Mai 2021 abgelaufen ist.

**§ 56[6)] Überleitungsvorschrift zum Gesetz über die Insolvenzsicherung durch Reisesicherungsfonds und zur Änderung reiserechtlicher Vorschriften.**

(1) Auf Pauschalreiseverträge und Verträge über verbundene Reiseleistungen, die vor dem 1. November 2021 abgeschlossen wurden, ist § 651r des Bürgerlichen Gesetzbuchs[3)], auch in Verbindung mit § 651w Absatz 3 des Bürgerlichen Gesetzbuchs, in der bis zum 30. Juni 2021 geltenden Fassung mit der Maßgabe weiter anzuwenden, dass

---

[1)] Art. 229 § 52 angef. mWv 31.3.2020 durch G v. 19.3.2020 (BGBl. I S. 541).
[2)] Art. 229 § 53 angef. mWv 23.12.2020 durch G v. 12.6.2020 (BGBl. I S. 1245).
[3)] Nr. **20**.
[4)] Art. 229 § 54 angef. mWv 1.1.2023 durch G v. 4.5.2021 (BGBl. I S. 882).
[5)] Art. 229 § 55 angef. mWv 22.5.2021 durch G v. 12.5.2021 (BGBl. I S. 1082).
[6)] Art. 229 § 56 angef. mWv 1.7.2021 durch G v. 25.6.2021 (BGBl. I S. 2114).

1. ein Reisesicherungsfonds, der gemäß § 16 des Reisesicherungsfondsgesetzes fortbestehende Einstandspflichten eines Kundengeldabsicherers übernimmt, an die Stelle des bisherigen Kundengeldabsicherers tritt und
2. in den Fällen der Nummer 1 sich der bisherige Kundengeldabsicherer abweichend von § 651r Absatz 4 Satz 2 des Bürgerlichen Gesetzbuchs gegenüber dem Reisenden auf die Beendigung des Kundengeldabsicherungsvertrags berufen kann.

(2) [1] Auf einen Reisegutschein nach Artikel 240 § 6 sind die Vorschriften dieses Gesetzes und des Bürgerlichen Gesetzbuchs jeweils in der bis einschließlich 30. Juni 2021 geltenden Fassung weiter anzuwenden; Absatz 1 Nummer 1 und 2 gilt entsprechend. [2] In den Fällen des Artikels 240 § 6 Absatz 6 Satz 2 kann der Reisesicherungsfonds die Reisenden gegen Abtretung derjenigen Ansprüche, die ihnen nach Artikel 240 § 6 Absatz 6 Satz 2 gegen die Bundesrepublik Deutschland zustehen, vollständig entschädigen. [3] Er hat im Fall des Satzes 2 neben den abgetretenen Ansprüchen auch einen Anspruch auf angemessenen Ausgleich des zusätzlichen Abwicklungsaufwands gegen die Bundesrepublik Deutschland.

**§ 57[1)] Übergangsvorschrift zum Gesetz zur Umsetzung der Richtlinie über bestimmte vertragsrechtliche Aspekte der Bereitstellung digitaler Inhalte und digitaler Dienstleistungen.** (1) Auf Verbraucherverträge, welche die Bereitstellung eines digitalen Produkts zum Gegenstand haben und ab dem 1. Januar 2022 abgeschlossen wurden, sind nur die Vorschriften des Bürgerlichen Gesetzbuchs[2)] und des Unterlassungsklagengesetzes[3)] in der ab dem 1. Januar 2022 geltenden Fassung anzuwenden.

(2) Sofern nicht in Absatz 3 etwas anderes bestimmt ist, sind auf vor dem 1. Januar 2022 abgeschlossene Verbraucherverträge, welche die Bereitstellung eines digitalen Produkts zum Gegenstand haben, die Vorschriften des Bürgerlichen Gesetzbuchs und des Unterlassungsklagengesetzes in der ab dem 1. Januar 2022 geltenden Fassung anzuwenden, wenn die vertragsgegenständliche Bereitstellung ab dem 1. Januar 2022 erfolgt.

(3) § 327r des Bürgerlichen Gesetzbuchs ist auf Verbraucherverträge anzuwenden, welche die Bereitstellung eines digitalen Produkts zum Gegenstand haben und ab dem 1. Januar 2022 abgeschlossen wurden.

(4) Die §§ 327t und 327u des Bürgerlichen Gesetzbuchs sind auf Verträge anzuwenden, welche ab dem 1. Januar 2022 abgeschlossen wurden.

**§ 58[4)] Übergangsvorschrift zum Gesetz zur Regelung des Verkaufs von Sachen mit digitalen Elementen und anderer Aspekte des Kaufvertrags.** Auf einen Kaufvertrag, der vor dem 1. Januar 2022 geschlossen worden ist, sind die Vorschriften dieses Gesetzes und des Bürgerlichen Gesetzbuchs[2)] in der bis einschließlich 31. Dezember 2021 geltenden Fassung anzuwenden.

**§ 59[5)] Allgemeine Überleitungsvorschrift zum Gesetz zur Vereinheitlichung des Stiftungsrechts.** [1] Auf die vor dem 1. Juli 2023 bestehenden Stiftungen sind die §§ 82a bis 88 des Bürgerlichen Gesetzbuchs[2)] in der am 1. Juli 2023 geltenden Fassung anzuwenden. [2] In § 87c Absatz 1 Satz 1 bis 3 des Bürgerlichen Gesetzbuchs tritt bei diesen Stiftungen an die Stelle der Satzung die Stiftungsverfassung.

---

[1)] Art. 229 § 57 angef. mWv 1.1.2022 durch G v. 25.6.2021 (BGBl. I S. 2123).
[2)] Nr. **20**.
[3)] Nr. **105**.
[4)] Art. 229 § 58 angef. mWv 1.1.2022 durch G v. 25.6.2021 (BGBl. I S. 2133).
[5)] Art. 229 § 59 angef. mWv 1.7.2023 durch G v. 16.7.2021 (BGBl. I S. 2947).

**§ 60[1] Übergangsvorschrift zum Gesetz für faire Verbraucherverträge.** [1] Auf ein Schuldverhältnis, das vor dem 1. Oktober 2021 entstanden ist, sind die §§ 308 und 310 Absatz 1 Satz 1 und 2 des Bürgerlichen Gesetzbuchs[2] in der bis zu diesem Tag geltenden Fassung anzuwenden. [2] Auf ein Schuldverhältnis, das vor dem 1. März 2022 entstanden ist, ist § 309 des Bürgerlichen Gesetzbuchs in der bis zu diesem Tag geltenden Fassung anzuwenden. [3] Die in § 312k des Bürgerlichen Gesetzbuchs in der Fassung vom 1. Juli 2022 vorgesehenen Pflichten gelten auch im Hinblick auf Schuldverhältnisse, die vor diesem Tag entstanden sind.

**§ 61** *(noch nicht in Kraft)*

**§ 62[3] Übergangsvorschrift zum Mietspiegelreformgesetz.** [1] Für Gemeinden, für die infolge der durch § 558c Absatz 4 Satz 2 des Bürgerlichen Gesetzbuchs[2] in der ab dem 1. Juli 2022 geltenden Fassung eingeführten Pflicht erstmalig ein Mietspiegel zu erstellen ist, ist dieser bis spätestens 1. Januar 2023 zu erstellen und zu veröffentlichen. [2] Wird für die Gemeinde in Erfüllung dieser Verpflichtung ein qualifizierter Mietspiegel erstellt, ist dieser bis spätestens 1. Januar 2024 zu erstellen und zu veröffentlichen.

**§ 63[4] Überleitungsvorschrift zum Gesetz zur Änderung der Strafprozessordnung – Erweiterung der Wiederaufnahmemöglichkeiten zuungunsten des Verurteilten gemäß § 362 StPO und zur Änderung der zivilrechtlichen Verjährung (Gesetz zur Herstellung materieller Gerechtigkeit)** § 194 des Bürgerlichen Gesetzbuchs[2] in der ab dem 30. Dezember 2021 geltenden Fassung ist auf die an diesem Tag bestehenden noch nicht verjährten Ansprüche anzuwenden.

**§ 64[5] Übergangsvorschrift zum Gesetz zur Abschaffung des Güterrechtsregisters.**

***[Abs. 1 bis 31.12.2037:]***

(1) Abweichend von § 1412 des Bürgerlichen Gesetzbuchs[2] können Ehegatten und Partner einer eingetragenen Lebenspartnerschaft auch aus Eintragungen im Güterrechtsregister Dritten gegenüber Einwendungen

1. gegen ein Rechtsgeschäft herleiten, das zwischen einem der Ehegatten und dem Dritten vorgenommen worden ist, wenn das Geschäft vor dem 1. Januar 2028 abgeschlossen oder die Rechtshandlung vorgenommen worden ist, oder
2. gegen ein rechtskräftiges Urteil herleiten, das zwischen einem der Ehegatten und dem Dritten ergangen ist, wenn der Rechtsstreit vor dem 1. Januar 2028 rechtshängig geworden ist.

***[Abs. 1 ab 1.1.2038:]***

*(1) (aufgehoben)*

(2) Haben die Ehegatten Gütergemeinschaft vereinbart und dies in das Güterrechtsregister eintragen lassen, kann jeder Ehegatte ab dem 1. Januar 2023 verlangen, dass die vertragliche Regelung wegen Wegfalls des Güterrechtsregisters nach den Grundsätzen des § 313 des Bürgerlichen Gesetzbuchs angepasst wird.

---

[1] Art. 229 § 60 angef. mWv 1.10.2021 durch G v. 10.8.2021 (BGBl. I S. 3433), wobei Satz 2 erst mWv 1.3. 2022 und Satz 3 erst mWv 1.7.2022 in Kraft treten.

[2] Nr. **20**.

[3] Art. 229 § 62 angef. mWv 1.7.2022 durch G v. 10.8.2021 (BGBl. I S. 3515).

[4] Art. 229 § 63 angef. mWv 30.12.2021 durch G v. 21.12.2021 (BGBl. I S. 5252).

[5] Art. 229 § 64 angef. mWv 1.1.2023, Abs. 1, 3, 4 und 6 aufgeh. mWv 1.1.2038 durch G v. 31.10.2022 (BGBl. I S. 1966).

***[Abs. 3 bis 31.12.2037:]***

(3) [1]Wird eine bestehende Eintragung in dem Register in der Zeit vom 1. Januar 2023 bis 31. Dezember 2027 unrichtig oder verlegen beide Ehegatten in diesem Zeitraum ihren gewöhnlichen Aufenthalt in einen anderen Registerbezirk, so verliert die Eintragung ihre Wirkung. [2]Eine nach Satz 1 unwirksame Eintragung ist auf Antrag eines Ehegatten zu löschen; die folgenden Vorschriften sind in der bis einschließlich 31. Dezember 2022 geltenden Fassung entsprechend anzuwenden:

1. die §§ 1558 und 1560 des Bürgerlichen Gesetzbuchs,
2. die auf der Grundlage des § 1558 Absatz 2 des Bürgerlichen Gesetzbuchs erlassenen Rechtsverordnungen,
3. das Gesetz über das Verfahren in Familiensachen und in den Angelegenheiten der freiwilligen Gerichtsbarkeit[1] und
4. § 3 Nummer 1 Buchstabe e des Rechtspflegergesetzes[2].

***[Abs. 3 ab 1.1.2038:]***

*(3) (aufgehoben)*

***[Abs. 4 bis 31.12.2037:]***

(4) [1]Bis zum 31. Dezember 2037 ist jedem die Einsicht in das Register gestattet. [2]Von den Eintragungen kann eine Abschrift angefordert werden. [3]Die Abschrift ist auf Verlangen zu beglaubigen.

***[Abs. 4 ab 1.1.2038:]***

*(4) (aufgehoben)*

(5) Nach dem 31. Dezember 2037 können aus der Registereintragung keine Rechte mehr hergeleitet werden.

***[Abs. 6 bis 31.12.2037:]***

(6) [1]Die Rechte nach Artikel 15 der Verordnung (EU) 2016/679[3] des Europäischen Parlaments und des Rates vom 27. April 2016 zum Schutz natürlicher Personen bei der Verarbeitung personenbezogener Daten, zum Datenverkehr und zur Aufhebung der Richtlinie 95/46/EG (Datenschutz-Grundverordnung) (ABl. L 119 vom 4.5.2016, S. 1; L 314 vom 22.11.2016, S. 72; L 127 vom 23.5.2018, S. 2; L 74 vom 4.3.2021, S. 35) werden durch Einsicht in das Register nach Absatz 4 gewährt. [2]Das Gericht ist nicht verpflichtet, Personen, deren personenbezogene Daten im Güterrechtsregister oder in den Registerakten gespeichert sind, über die Offenlegung dieser Daten an Dritte Auskunft zu erteilen. [3]Im Übrigen gilt § 79a Absatz 2 und 3 des Bürgerlichen Gesetzbuchs entsprechend.

## Sechster Teil. Inkrafttreten und Übergangsrecht aus Anlaß der Einführung des Bürgerlichen Gesetzbuchs und dieses Einführungsgesetzes in dem in Artikel 3 des Einigungsvertrages[4] genannten Gebiet

**Art. 230[5] Inkrafttreten.** Das Bürgerliche Gesetzbuch[6] und dieses Einführungsgesetz treten für das in Artikel 3 des Einigungsvertrages[4] genannte Gebiet am Tage des

[1] Nr. **112**.
[2] Nr. **96**.
[3] **Sartorius Nr. 246.**
[4] **Habersack II Nr. 2.**
[5] Art. 230 neu gef. durch G v. 4.12.1997 (BGBl. I S. 2846).
[6] Nr. **20**.

Wirksamwerdens des Beitritts nach Maßgabe der folgenden Übergangsvorschriften in Kraft.

## Art. 231 Erstes Buch. Allgemeiner Teil des Bürgerlichen Gesetzbuchs

**§ 1**[1] *(aufgehoben)*

**§ 2 Vereine.** (1) Rechtsfähige Vereinigungen, die nach dem Gesetz über Vereinigungen – Vereinigungsgesetz – vom 21. Februar 1990 (GBl. I Nr. 10 S. 75), geändert durch das Gesetz vom 22. Juni 1990 (GBl. I Nr. 37 S. 470, Nr. 39 S. 546), vor dem Wirksamwerden des Beitritts entstanden sind, bestehen fort.

(2) Auf sie sind ab dem Tag des Wirksamwerdens des Beitritts die §§ 21 bis 79 des Bürgerlichen Gesetzbuchs[2] anzuwenden.

(3) Die in Absatz 1 genannten Vereinigungen führen ab dem Wirksamwerden des Beitritts die Bezeichnung „eingetragener Verein".

(4) Auf nicht rechtsfähige Vereinigungen im Sinn des Gesetzes über Vereinigungen – Vereinigungsgesetz – vom 21. Februar 1990 findet ab dem Tag des Wirksamwerdens des Beitritts § 54 des Bürgerlichen Gesetzbuchs Anwendung.

**§ 3 Stiftungen.** (1) Die in dem in Artikel 3 des Einigungsvertrages[3] genannten Gebiet bestehenden rechtsfähigen Stiftungen bestehen fort.

(2) Auf Stiftungen des Privaten Rechts sind ab dem Tag des Wirksamwerdens des Beitritts die §§ 80 bis 88 des Bürgerlichen Gesetzbuchs[2] anzuwenden.

**§ 4 Haftung juristischer Personen für ihre Organe.** Die §§ 31 und 89 des Bürgerlichen Gesetzbuchs[2] sind nur auf solche Handlungen anzuwenden, die am Tag des Wirksamwerdens des Beitritts oder danach begangen werden.

**§ 5**[4] **Sachen.** (1) [1] Nicht zu den Bestandteilen eines Grundstücks gehören Gebäude, Baulichkeiten, Anlagen, Anpflanzungen oder Einrichtungen, die gemäß dem am Tag vor dem Wirksamwerden des Beitritts geltenden Recht vom Grundstückseigentum unabhängiges Eigentum sind. [2] Das gleiche gilt, wenn solche Gegenstände am Tag des Wirksamwerdens des Beitritts oder danach errichtet oder angebracht werden, soweit dies aufgrund eines vor dem Wirksamwerden des Beitritts begründeten Nutzungsrechts an dem Grundstück oder Nutzungsrechts nach den §§ 312 bis 315 des Zivilgesetzbuchs der Deutschen Demokratischen Republik zulässig ist.

(2) [1] Das Nutzungsrecht an dem Grundstück und die erwähnten Anlagen, Anpflanzungen oder Einrichtungen gelten als wesentliche Bestandteile des Gebäudes. [2] Artikel 233 § 4 Abs. 3 und 5 bleibt unberührt.

(3) [1] Das Gebäudeeigentum nach den Absätzen 1 und 2 erlischt, wenn nach dem 31. Dezember 2000 das Eigentum am Grundstück übertragen wird, es sei denn, daß das Nutzungsrecht oder das selbständige Gebäudeeigentum nach Artikel 233 § 2b Abs. 2 Satz 3 im Grundbuch des veräußerten Grundstücks eingetragen ist oder dem Erwerber das nicht eingetragene Recht bekannt war. [2] Dem Inhaber des Gebäudeeigentums steht gegen den Veräußerer ein Anspruch auf Ersatz des Wertes zu, den das Gebäudeeigen-

---

[1] Art. 231 § 1 aufgeh. mWv 25.4.2006 durch G v. 19.4.2006 (BGBl. I S. 866).

[2] Nr. **20**.

[3] **Habersack II Nr. 2.**

[4] Art. 231 § 5 Abs. 3 Satz 1, Abs. 4 Satz 1 geänd. durch G v. 20.12.1996 (BGBl. I S. 2028); Abs. 3 Satz 1, Abs. 4 Satz 1 geänd. durch G v. 20.12.1999 (BGBl. I S. 2493).

tum im Zeitpunkt seines Erlöschens hatte; an dem Gebäudeeigentum begründete Grundpfandrechte werden Pfandrechte an diesem Anspruch.

(4) [1] Wird nach dem 31. Dezember 2000 das Grundstück mit einem dinglichen Recht belastet oder ein solches Recht erworben, so gilt für den Inhaber des Rechts das Gebäude als Bestandteil des Grundstücks. [2] Absatz 3 Satz 1 ist entsprechend anzuwenden.

(5) [1] Ist ein Gebäude auf mehreren Grundstücken errichtet, gelten die Absätze 3 und 4 nur in Ansehung des Grundstücks, auf dem sich der überwiegende Teil des Gebäudes befindet. [2] Für den Erwerber des Grundstücks gelten in Ansehung des auf dem anderen Grundstück befindlichen Teils des Gebäudes die Vorschriften über den zu duldenden Überbau sinngemäß.

**§ 6 Verjährung.** (1) [1] Die Vorschriften des Bürgerlichen Gesetzbuchs über die Verjährung finden auf die am Tag des Wirksamwerdens des Beitritts bestehenden und noch nicht verjährten Ansprüche Anwendung. [2] Der Beginn, die Hemmung und die Unterbrechung der Verjährung bestimmen sich jedoch für den Zeitraum vor dem Wirksamwerden des Beitritts nach den bislang für das in Artikel 3 des Einigungsvertrages[1)] genannte Gebiet geltenden Rechtsvorschriften.

(2) [1] Ist die Verjährungsfrist nach dem Bürgerlichen Gesetzbuch[2)] kürzer als nach den Rechtsvorschriften, die bislang für das in Artikel 3 des Einigungsvertrages genannte Gebiet galten, so wird die kürzere Frist von dem Tag des Wirksamwerdens des Beitritts an berechnet. [2] Läuft jedoch die in den Rechtsvorschriften, die bislang für das in Artikel 3 des Einigungsvertrages genannte Gebiet galten, bestimmte längere Frist früher als die im Bürgerlichen Gesetzbuch bestimmte kürzere Frist ab, so ist die Verjährung mit dem Ablauf der längeren Frist vollendet.

(3) Die Absätze 1 und 2 sind entsprechend auf Fristen anzuwenden, die für die Geltendmachung, den Erwerb oder den Verlust eines Rechts maßgebend sind.

**§ 7 Beurkundungen und Beglaubigungen.** (1) Eine vor dem Wirksamwerden des Beitritts erfolgte notarielle Beurkundung oder Beglaubigung ist nicht deshalb unwirksam, weil die erforderliche Beurkundung oder Beglaubigung von einem Notar vorgenommen wurde, der nicht in dem in Artikel 3 des Einigungsvertrages[1)] genannten Gebiet berufen oder bestellt war, sofern dieser im Geltungsbereich des Grundgesetzes[3)] bestellt war.

(2) Absatz 1 gilt nicht, soweit eine rechtskräftige Entscheidung entgegensteht.

(3) Ein Vertrag, durch den sich der Beteiligte eines nach Absatz 1 wirksamen Rechtsgeschäfts vor Inkrafttreten des Zweiten Vermögensrechtsänderungsgesetzes gegenüber einem anderen Beteiligten zu weitergehenden Leistungen verpflichtet oder auf Rechte verzichtet hat, weil dieser die Nichtigkeit dieses Rechtsgeschäfts geltend gemacht hat, ist insoweit unwirksam, als die durch den Vertrag begründeten Rechte und Pflichten der Beteiligten von den Vereinbarungen in dem nach Absatz 1 wirksamen Rechtsgeschäft abweichen.

*(Fortsetzung nächstes Blatt)*

---

[1)] **Habersack II Nr. 2.**
[2)] Nr. **20**.
[3)] Nr. **1**.

(4) Eine Veräußerung nach den §§ 17 bis 19 des Gesetzes über die Gründung und Tätigkeit privater Unternehmen und über Unternehmensbeteiligungen vom 7. März 1990 (GBl. I Nr. 17 S. 141), die ohne die in § 19 Abs. 5 Satz 2 dieses Gesetzes geforderte notarielle Beurkundung der Umwandlungserklärung erfolgt ist, wird ihrem ganzen Inhalt nach gültig, wenn die gegründete Gesellschaft in das Register eingetragen ist.

**§ 8[1)] Vollmachtsurkunden staatlicher Organe, Falschbezeichnung von Kommunen.** (1) [1] Eine von den in den §§ 2 und 3 der Siegelordnung der Deutschen Demokratischen Republik vom 29. November 1966 (GBl. 1967 II Nr. 9 S. 49) und in § 1 der Siegelordnung der Deutschen Demokratischen Republik vom 16. Juli 1981 (GBl. I Nr. 25 S. 309) bezeichneten staatlichen Organen erteilte Vollmachtsurkunde ist wirksam, wenn die Urkunde vom vertretungsberechtigten Leiter des Organs oder einer von diesem nach den genannten Bestimmungen ermächtigten Person unterzeichnet und mit einem ordnungsgemäßen Dienstsiegel versehen worden ist. [2] Die Beglaubigung der Vollmacht nach § 57 Abs. 2 Satz 2 des Zivilgesetzbuchs der Deutschen Demokratischen Republik wird durch die Unterzeichnung und Siegelung der Urkunde ersetzt.

(2) [1] Rechtsgeschäfte und Rechtshandlungen, die der Vertreter einer Kommune zwischen dem 17. Mai 1990 und dem 3. Oktober 1990 namens des früheren Rates der betreffenden Kommune mit Vertretungsmacht vorgenommen hat, gelten als Rechtsgeschäfte und Rechtshandlungen der Kommune, die an die Stelle des früheren Rates der Kommune getreten ist. [2] Die Vertretungsmacht des Vertreters der Kommune wird widerleglich vermutet, wenn die Kommune innerhalb eines Monats von dem Eingang einer Anzeige des Grundbuchamts von einer beabsichtigten Eintragung an keinen Widerspruch erhebt. [3] Der Widerspruch der Kommune ist nur zu beachten, wenn er darauf gestützt wird, daß

1. die für den früheren Rat handelnde Person als gesetzlicher Vertreter oder dessen Stellvertreter nach § 81 Satz 2 oder 3 des Gesetzes über die örtlichen Volksvertretungen vom 4. Juli 1985 (GBl. I Nr. 18 S. 213) auftrat, nachdem eine andere Person nach der Kommunalverfassung vom 17. Mai 1990 (GBl. I Nr. 28 S. 255) zum vertretungsbefugten Bürgermeister oder Landrat gewählt worden war und ihr Amt angetreten hatte,
2. eine rechtsgeschäflich erteilte Vollmacht widerrufen worden oder durch Zeitablauf erloschen war,
3. die Gebietskörperschaft innerhalb von 2 Monaten nach Kenntnis des von einer Person abgeschlossenen Rechtsgeschäftes, die zum Zeitpunkt des Abschlusses Mitarbeiter der Verwaltung war, gegenüber dem Käufer erklärt hat, das im einzelnen bezeichnete Rechtsgeschäft nicht erfüllen zu wollen, oder
4. das Rechtsgeschäft von einer Person abgeschlossen wurde, die nicht oder nicht mehr Mitarbeiter der Kommunalverwaltung war.

**§ 9[2)] Heilung unwirksamer Vermögensübertragungen.** (1) [1] Sollte das ehemals volkseigene Vermögen oder ein Teil des ehemals volkseigenen Vermögens, das einem Betrieb der kommunalen Wohnungswirtschaft zur selbständigen Nutzung und Bewirtschaftung übertragen war, im Wege der Umwandlung nach den in Absatz 2 Nr. 2 geannnten Umwandlungsvorschriften oder im Zu-

1) Art. 231 § 8 Überschrift neu gef., Abs. 2 angef. durch G v. 17.7.1997 (BGBl. I S. 1823).
2) Art. 231 § 9 eingef. durch G v. 4.7.1995 (BGBl. I S. 895).

sammenhang mit einer Sachgründung auf eine neue Kapitalgesellschaft übergehen und ist der Übergang deswegen nicht wirksam geworden, weil für einen solchen Vermögensübergang eine rechtliche Voraussetzung fehlte, kann der Vermögensübergang durch Zuordnungsbescheid nachgeholt werden. [2] Eine aus dem Zuordnungsbescheid nach dieser Vorschrift begünstigte Kapitalgesellschaft kann ungeachtet von Fehlern bei der Umwandlung oder Sachgründung als Inhaberin eines Rechts an einem Grundstück oder an einem solchen Recht in das Grundbuch eingetragen werden, wenn sie im Handelsregister eingetragen ist.

(2) Im Sinne des Absatzes 1 Satz 1 sind:

1. Betriebe der kommunalen Wohnungswirtschaft:
   a) ehemals volkseigene Betriebe Kommunale Wohnungsverwaltung,
   b) ehemals volkseigene Betriebe Gebäudewirtschaft oder
   c) aus solchen Betrieben hervorgegangene kommunale Regie- oder Eigenbetriebe;
2. Umwandlungsvorschriften:
   a) die Verordnung zur Umwandlung von volkseigenen Kombinaten, Betrieben und Einrichtungen in Kapitalgesellschaften vom 1. März 1990 (GBl. I Nr. 14 S. 107),
   b) das Treuhandgesetz[1)],
   c) das Gesetz über die Umwandlung volkseigener Wohnungswirtschaftsbetriebe in gemeinnützige Wohnungsbaugesellschaften und zur Übertragung des Grundeigentums an die Wohnungsgenossenschaften vom 22. Juli 1990 (GBl. I Nr. 49 S. 901) oder
   d) das Umwandlungsgesetz in der Fassung der Bekanntmachung vom 6. November 1969 (BGBl. I S. 2081).

(3) Durch einen solchen Bescheid kann auch ein durch die Umwandlung eines der in Absatz 1 Satz 1 bezeichneten Unternehmen eingetretener Übergang ehemals volkseigenen Vermögens geändert werden.

(4) [1] Ein Bescheid nach den Absätzen 1 und 3 bedarf des Einvernehmens der Beteiligten. [2] Das Einvernehmen kann durch den Zuordnungsbescheid ersetzt werden, wenn es rechtsmißbräuchlich verweigert wird. [3] Die Ersetzung des Einvernehmens kann nur zusammen mit dem Zuordnungsbescheid vor dem Verwaltungsgericht angefochten werden. [4] § 6 des Vermögenszuordnungsgesetzes[2)] gilt sinngemäß.

(5) [1] Die in Absatz 1 bezeichneten Kapitalgesellschaften gelten auch schon vor Erteilung der Zuordnungsbescheide als ermächtigt, alle Rechte aus dem ehemals volkseigenen Vermögen, das auf sie übergehen sollte, oder aus Rechtsgeschäften in bezug auf dieses Vermögen unter Einschluß von Kündigungs- und anderen Gestaltungsrechten im eigenen Namen und auf eigene Rechnung geltend zu machen. [2] Sollte ein ehemals volkseigener Vermögenswert auf mehrere Gesellschaften der in Absatz 1 bezeichneten Art übergehen, gelten die betreffenden Gesellschaften als Gesamtgläubiger. [3] Wird eine Zuordnung nach Maßgabe der Absätze 3 und 4 geändert, gilt Satz 2 sinngemäß. [4] Die Gesellschaft, die den Vermögenswert auf Grund der Umwandlung oder Sachgründung in Besitz hat, gilt als zur Verwaltung beauftragt. [5] Im übrigen gilt § 8 Abs. 3 des Vermögens-

---

1) **Schönfelder II Nr. 96.**
2) **Schönfelder II Nr. 45.**

zuordnungsgesetzes entsprechend. [6] Ansprüche nach dem Vermögensgesetz[1)] und rechtskräftige Urteile bleiben unberührt.

**§ 10**[2)] **Übergang volkseigener Forderungen, Grundpfandrechte und Verbindlichkeiten auf Kreditinstitute.** (1) [1] Ein volkseigenes oder genossenschaftliches Kreditinstitut, das die Geschäfte eines solchen Kreditinstituts fortführende Kreditinstitut oder das Nachfolgeinstitut ist spätestens mit Wirkung vom 1. Juli 1990 Gläubiger der volkseigenen Forderungen und Grundpfandrechte geworden, die am 30. Juni 1990 in seiner Rechtsträgerschaft standen oder von ihm verwaltet wurden. [2] Diese Kreditinstitute werden mit Wirkung vom 1. Juli 1990 Schuldner der von ihnen verwalteten volkseigenen Verbindlichkeiten. [3] Gläubiger der von dem Kreditinstitut für den Staatshaushalt der Deutschen Demokratischen Republik treuhänderisch verwalteten Forderungen und Grundpfandrechte ist mit Wirkung vom 3. Oktober 1990 der Bund geworden; er verwaltet sie treuhänderisch nach Maßgabe des Artikels 22 des Einigungsvertrages[3)]. [4] Auf die für die Sozialversicherung treuhänderisch verwalteten Forderungen und Grundpfandrechte sind Anlage I Kapitel VIII Sachgebiet F Abschnitt II Nr. 1 § 3 Abs. 2 des Einigungsvertrages vom 31. August 1990 (BGBl. 1990 II S. 885, 1042) und die Bestimmungen des Gesetzes zur Regelung von Vermögensfragen der Sozialversicherung im Beitrittsgebiet[4)] vom 20. Dezember 1991 (BGBl. I S. 2313) anzuwenden. [5] Ansprüche auf Rückübertragung nach den Regelungen über die Zuordnung von Volkseigentum und Ansprüche nach dem Vermögensgesetz[1)] bleiben unberührt.

(2) Rechtshandlungen, die ein Kreditinstitut oder ein anderer nach Absatz 1 möglicher Berechtigter in Ansehung der Forderung, des Grundpfandrechtes oder der Verbindlichkeit vorgenommen hat, gelten als Rechtshandlungen desjenigen, dem die Forderung, das Grundpfandrecht oder die Verbindlichkeit nach Absatz 1 zusteht.

(3) [1] Zum Nachweis, wer nach Absatz 1 Inhaber eines Grundpfandrechtes oder Gläubiger einer Forderung geworden ist, genügt auch im Verfahren nach der Grundbuchordnung[5)] eine mit Unterschrift und Siegel versehene Bescheinigung der Kreditanstalt für Wiederaufbau. [2] Die Kreditanstalt für Wiederaufbau kann die Befugnis zur Erteilung der Bescheinigung nach Satz 1 auf die Sparkassen für ihren jeweiligen Geschäftsbereich übertragen. [3] Die nach Satz 1 oder Satz 2 befugte Stelle kann auch den Übergang des Grundpfandrechtes oder der Forderung auf sich selbst feststellen. [4] In den Fällen des Absatzes 1 Satz 3 bedarf es neben der in den Sätzen 1 bis 3 genannten Bescheinigung eines Zuordnungsbescheides nicht. [5] § 113 Absatz 1 Nummer 6 der Grundbuchverfügung in der am 1. Oktober 2009 geltenden Fassung bleibt unberührt.

## Art. 232. Zweites Buch. Recht der Schuldverhältnisse

**§ 1 Allgemeine Bestimmungen für Schuldverhältnisse.** Für ein Schuldverhältnis, das vor dem Wirksamwerden des Beitritts entstanden ist, bleibt das

---

[1)] **Schönfelder II Nr. 66.**

[2)] Art. 231 § 10 eingef. mWv 8.11.2000 durch G v. 2.11.2000 (BGBl. I S. 1481); Abs. 3 Satz 5 neu gef. mWv 1.10.2009 durch G v. 11.8.2009 (BGBl. I S. 2713).

[3)] **Schönfelder II Nr. 2.**

[4)] **Schönfelder II Nr. 48.**

[5)] Nr. **114.**

bisherige für das in Artikel 3 des Einigungsvertrages[1] genannte Gebiet geltende Recht maßgebend.

**§ 1a Überlassungsverträge.** Ein vor dem 3. Oktober 1990 geschlossener Vertrag, durch den ein bisher staatlich verwaltetes (§ 1 Abs. 4 des Vermögensgesetzes[2]) Grundstück durch den staatlichen Verwalter oder die von ihm beauftragte Stelle gegen Leistung eines Geldbetrages für das Grundstück sowie etwa aufstehende Gebäude und gegen Übernahme der öffentlichen Lasten einem anderen zur Nutzung überlassen wurde (Überlassungsvertrag), ist wirksam.

**§ 2[3] Mietverträge.** Mietverhältnisse aufgrund von Verträgen, die vor dem Wirksamwerden des Beitritts geschlossen worden sind, richten sich von diesem Zeitpunkt an nach den Vorschriften des Bürgerlichen Gesetzbuchs[4].

**§ 3[5] Pachtverträge.** (1) Pachtverhältnisse aufgrund von Verträgen, die vor dem Wirksamwerden des Beitritts geschlossen worden sind, richten sich von diesem Zeitpunkt an nach den §§ 581 bis 597 des Bürgerlichen Gesetzbuchs[4].

(2) Die §§ 51 und 52 des Landwirtschaftsanpassungsgesetzes vom 29. Juni 1990 (GBl. I Nr. 42 S. 642) bleiben unberührt.

**§ 4[6] Nutzung von Bodenflächen zur Erholung.** (1) [1] Nutzungsverhältnisse nach den §§ 312 bis 315 des Zivilgesetzbuchs der Deutschen Demokratischen Republik aufgrund von Verträgen, die vor dem Wirksamwerden des Beitritts geschlossen worden sind, richten sich weiterhin nach den genannten Vorschriften des Zivilgesetzbuchs. [2] Abweichende Regelungen bleiben einem besonderen Gesetz vorbehalten.

(2) [1] Die Bundesregierung wird ermächtigt, durch Rechtsverordnung[7] mit Zustimmung des Bundesrates Vorschriften über eine angemessene Gestaltung der Nutzungsentgelte zu erlassen. [2] Angemessen sind Entgelte bis zur Höhe der ortsüblichen Pacht für Grundstücke, die auch hinsichtlich der Art und des Umfangs der Bebauung in vergleichbarer Weise genutzt werden. [3] In der Rechtsverordnung können Bestimmungen über die Ermittlung der ortsüblichen Pacht, über das Verfahren der Entgelterhöhung sowie über die Kündigung im Fall der Erhöhung getroffen werden.

(3) Für Nutzungsverhältnisse innerhalb von Kleingartenanlagen bleibt die Anwendung des Bundeskleingartengesetzes vom 28. Februar 1983 (BGBl. I S. 210) mit den in Anlage I Kapitel XIV Abschnitt II Nr. 4 zum Einigungsvertrag[1] enthaltenen Ergänzungen unberührt.

---

[1] **Schönfelder II Nr. 2.**
[2] **Schönfelder II Nr. 66.**
[3] Art. 232 § 2 neu gef. mWv 1.9.2001 durch G v. 19.6.2001 (BGBl. I S. 1149); Abs. 2 aufgeh., bish. Abs. 1 wird alleiniger Wortlaut und geänd. mWv 1.5.2004 durch G v. 31.3.2004 (BGBl. I S. 478).
[4] Nr. **20**.
[5] Art. 232 § 3 Überschrift neu gef. mWv 1.9.2001 durch G v. 19.6.2001 (BGBl. I S. 1149).
[6] Art. 232 § 4 Abs. 2 Satz 2 und 3 geänd. mWv 1.9.2001 durch G v. 19.6.2001 (BGBl. I S. 1149).
[7] NutzungsentgeltVO **(Schönfelder II Nr. 14)**.

(4) Die Absätze 1 bis 3 gelten auch für vor dem 1. Januar 1976 geschlossene Verträge, durch die land- oder forstwirtschaftlich nicht genutzte Bodenflächen Bürgern zum Zwecke der nicht gewerblichen kleingärtnerischen Nutzung, Erholung und Freizeitgestaltung überlassen wurden.

**§ 4a. Vertrags-Moratorium.** (1) [1]Verträge nach § 4 können, auch soweit sie Garagen betreffen, gegenüber dem Nutzer bis zum Ablauf des 31. Dezember 1994 nur aus den in § 554 des Bürgerlichen Gesetzbuchs bezeichneten Gründen gekündigt oder sonst beendet werden. [2]Sie verlängern sich, wenn nicht der Nutzer etwas Gegenteiliges mitteilt, bis zu diesem Zeitpunkt, wenn sie nach ihrem Inhalt vorher enden würden.

(2) Hat der Nutzer einen Vertrag nach § 4 nicht mit dem Eigentümer des betreffenden Grundstücks, sondern aufgrund des § 18 oder § 46 in Verbindung mit § 18 des Gesetzes über die landwirtschaftlichen Produktionsgenossenschaften – LPG-Gesetz – vom 2. Juli 1982 (GBl. I Nr. 25 S. 443)[1] in der vor dem 1. Juli 1990 geltenden Fassung mit einer der dort genannten Genossenschaften oder Stellen geschlossen, so ist er nach Maßgabe des Vertrages und des Absatzes 1 bis zum Ablauf des 31. Dezember 1994 auch dem Grundstückseigentümer gegenüber zum Besitz berechtigt.

(3) [1]Die Absätze 1 und 2 gelten ferner, wenn ein Vertrag nach § 4 mit einer staatlichen Stelle abgeschlossen wurde, auch wenn diese hierzu nicht ermächtigt war. [2]Dies gilt jedoch nicht, wenn der Nutzer Kenntnis von dem Fehlen einer entsprechenden Ermächtigung hatte.

(4) Die Absätze 1 und 2 gelten ferner auch, wenn ein Vertrag nach § 4 mit einer staatlichen Stelle abgeschlossen wurde und diese bei Vertragsschluß nicht ausdrücklich in fremdem Namen, sondern im eigenen Namen handelte, obwohl es sich nicht um ein volkseigenes, sondern ein von ihr verwaltetes Grundstück handelte, es sei denn, daß der Nutzer hiervon Kenntnis hatte.

(5) [1]In den Fällen der Absätze 2 bis 4 ist der Vertragspartner des Nutzers unbeschadet des § 51 des Landwirtschaftsanpassungsgesetzes verpflichtet, die gezogenen Entgelte unter Abzug der mit ihrer Erzielung verbundenen Kosten an den Grundstückseigentümer abzuführen. [2]Entgelte, die in der Zeit von dem 1. Januar 1992 an bis zum Inkrafttreten dieser Vorschrift erzielt wurden, sind um 20 vom Hundert gemindert an den Grundstückseigentümer auszukehren; ein weitergehender Ausgleich für gezogene Entgelte und Aufwendungen findet nicht statt. [3]Ist ein Entgelt nicht vereinbart, so ist das Entgelt, das für Verträge der betreffenden Art gewöhnlich zu erzielen ist, unter Abzug der mit seiner Erzielung verbundenen Kosten an den Grundstückseigentümer auszukehren. [4]Der Grundstückseigentümer kann von dem Vertragspartner des Nutzers die Abtretung der Entgeltansprüche verlangen.

(6) [1]Die Absätze 1 bis 5 gelten auch, wenn der unmittelbare Nutzer Verträge mit einer Vereinigung von Kleingärtnern und diese mit einer der dort genannten Stellen den Hauptnutzungsvertrag geschlossen hat. [2]Ist Gegenstand des Vertrages die Nutzung des Grundstücks für eine Garage, so kann der Eigentümer die Verlegung der Nutzung auf eine andere Stelle des Grundstücks oder ein anderes Grundstück verlangen, wenn die Nutzung ihn besonders beeinträchtigt, die andere Stelle für den Nutzer gleichwertig ist und die recht-

---

[1] Abgedruckt in **Schönfelder II; Nr. 125**.

lichen Voraussetzungen für die Nutzung geschaffen worden sind; die Kosten der Verlegung hat der Eigentümer zu tragen und vorzuschießen.

(7) Die Absätze 1 bis 6 finden keine Anwendung, wenn die Betroffenen nach dem 2. Oktober 1990 etwas Abweichendes vereinbart haben oder zwischen ihnen abweichende rechtskräftige Urteile ergangen sind.

**§ 5.[1] Arbeitsverhältnisse.** (1) Für am Tag des Wirksamwerdens des Beitritts bestehende Arbeitsverhältnisse gelten unbeschadet des Artikels 230 von dieser Zeit an die Vorschriften des Bürgerlichen Gesetzbuchs.

(2) § 613a des Bürgerlichen Gesetzbuchs ist in dem in Artikel 3 des Einigungsvertrages vom 31. August 1990 (BGBl. 1990 II S. 885) genannten Gebiet vom Tage des Inkrafttretens dieses Gesetzes bis zum 31. Dezember 1998 mit folgenden Maßgaben anzuwenden:

1. Innerhalb des bezeichneten Zeitraums ist auf eine Betriebsübertragung im Gesamtvollstreckungsverfahren § 613a des Bürgerlichen Gesetzbuchs nicht anzuwenden.
2. Anstelle des Absatzes 4 Satz 2 gilt folgende Vorschrift:

   „Satz 1 läßt das Recht zur Kündigung aus wirtschaftlichen, technischen oder organisatorischen Gründen, die Änderungen im Bereich der Beschäftigung mit sich bringen, unberührt."

**§ 6. Verträge über wiederkehrende Dienstleistungen.** Für am Tag des Wirksamwerdens des Beitritts bestehende Pflege- und Wartungsverträge und Verträge über wiederkehrende persönliche Dienstleistungen gelten von dieser Zeit an die Vorschriften des Bürgerlichen Gesetzbuchs.

**§ 7. Kontoverträge und Sparkontoverträge.** [1]Das Kreditinstitut kann durch Erklärung gegenüber dem Kontoinhaber bestimmen, daß auf einen am Tag des Wirksamwerdens des Beitritts bestehenden Kontovertrag oder Sparkontovertrag die Vorschriften des Bürgerlichen Gesetzbuchs einschließlich der im bisherigen Geltungsbereich dieses Gesetzes für solche Verträge allgemein verwendeten, näher zu bezeichnenden allgemeinen Geschäftsbedingungen anzuwenden sind. [2]Der Kontoinhaber kann den Vertrag innerhalb eines Monats von dem Zugang der Erklärung an kündigen.

**§ 8. Kreditverträge.** Auf Kreditverträge, die nach dem 30. Juni 1990 abgeschlossen worden sind, ist § 609a des Bürgerlichen Gesetzbuchs anzuwenden.

**§ 9. Bruchteilsgemeinschaften.** Auf eine am Tag des Wirksamwerdens des Beitritts bestehende Gemeinschaft nach Bruchteilen finden von dieser Zeit an die Vorschriften des Bürgerlichen Gesetzbuchs Anwendung.

**§ 10. Unerlaubte Handlungen.** Die Bestimmungen der §§ 823 bis 853 des Bürgerlichen Gesetzbuchs sind nur auf Handlungen anzuwenden, die am Tag des Wirksamwerdens des Beitritts oder danach begangen werden.

---

[1] Art. 232 § 5 Abs. 2 geänd. durch Art. 32 EGInsO v. 5. 10. 1994 (BGBl. I S. 2911).

## Art. 233. Drittes Buch. Sachenrecht

### Erster Abschnitt. Allgemeine Vorschriften

**§ 1 Besitz.** Auf ein am Tag des Wirksamwerdens des Beitritts bestehendes Besitzverhältnis finden von dieser Zeit an die Vorschriften des Bürgerlichen Gesetzbuchs Anwendung.

**§ 2[1] Inhalt des Eigentums.** (1) Auf das am Tag des Wirksamwerdens des Beitritts bestehende Eigentum an Sachen finden von dieser Zeit an die Vorschriften des Bürgerlichen Gesetzbuchs Anwendung, soweit nicht in den nachstehenden Vorschriften etwas anderes bestimmt ist.

(2) [1] Bei ehemals volkseigenen Grundstücken wird unwiderleglich vermutet, daß in der Zeit vom 15. März 1990 bis zum Ablauf des 2. Oktober 1990 die als Rechtsträger eingetragene staatliche Stelle und diejenige Stelle, die deren Aufgaben bei Vornahme der Verfügung wahrgenommen hat, und in der Zeit vom 3. Oktober 1990 bis zum 24. Dezember 1993 die in § 8 des Vermögenszuordnungsgesetzes in der seit dem 25. Dezember 1993 geltenden Fassung bezeichneten Stellen zur Verfügung über das Grundstück befugt waren. [2] § 878 des Bürgerlichen Gesetzbuchs gilt auch für den Fortfall der Verfügungsbefugnis sinngemäß. [3] Die vorstehenden Sätze lassen Verbote, über ehemals volkseigene Grundstücke zu verfügen, namentlich nach § 68 des Zivilgesetzbuchs und der Zweiten, Dritten und Vierten Durchführungsverordnung zum Treuhandgesetz unberührt. [4] Wem bisheriges Volkseigentum zusteht, richtet sich nach den Vorschriften über die Abwicklung des Volkseigentums.

(3) [1] Ist der Eigentümer eines Grundstücks oder sein Aufenthalt nicht festzustellen und besteht ein Bedürfnis, die Vertretung des Eigentümers sicherzustellen, so bestellt der Landkreis oder die kreisfreie Stadt, in dessen oder deren Gebiet sich das Grundstück befindet, auf Antrag der Gemeinde oder eines anderen, der ein berechtigtes Interesse daran hat, einen gesetzlichen Vertreter. [2] Im Falle einer Gemeinschaft wird ein Mitglied der Gemeinschaft zum gesetzlichen Vertreter bestellt. [3] Der Vertreter ist von den Beschränkungen des § 181 des Bürgerlichen Gesetzbuchs befreit. [4] § 16 Abs. 3 und 4 des Verwaltungsverfahrensgesetzes findet entsprechende Anwendung. [5] Der Vertreter wird auf Antrag des Eigentümers abberufen. [6] Diese Vorschrift tritt in ihrem räumlichen Anwendungsbereich und für die Dauer ihrer Geltung an die Stelle des § 119 des Flurbereinigungsgesetzes auch, soweit auf diese Bestimmung in anderen Gesetzen verwiesen wird. [7] § 11 b des Vermögensgesetzes bleibt unberührt.

**§ 2 a[2] Moratorium.** (1) [1] Als zum Besitz eines in dem in Artikel 3 des Einigungsvertrages genannten Gebiet belegenen Grundstücks berechtigt gelten unbeschadet bestehender Nutzungsrechte und günstigerer Vereinbarungen und Regelungen:

a) wer das Grundstück bis zum Ablauf des 2. Oktober 1990 aufgrund einer bestandskräftigen Baugenehmigung oder sonst entsprechend den Rechtsvor-

---

[1] Art. 233 § 2 Abs. 2 neu gef. durch G v. 17. 7. 1997 (BGBl. I S. 1823).

[2] Art. 233 § 2 a Abs. 5 Satz 2 aufgeh. durch G v. 4. 7. 1995 (BGBl. I S. 895); Abs. 9 geänd. durch G v. 20. 10. 1998 (BGBl. I S. 3180); Abs. 1 Sätze 4–7 eingef., bish. Sätze 4–7 werden Sätze 8–11, bish. Satz 4 neu gef., Abs. 3 Satz 1, Abs. 8 Satz 1 geänd. mWv 8. 11. 2000 (BGBl. I S. 1481); Abs. 9 neu gef. mWv 1. 10. 2001 durch G v. 26. 10. 2001 (BGBl I S. 2716); § 2 a Abs. 1 Satz 11 neu gef., Abs. 5 geänd. mWv 1. 1. 2007 durch G v. 19. 12. 2006 (BGBl. I S. 3230); Abs. 1 Satz 2 geänd. mWv 8. 9. 2015 durch VO v. 31. 8. 2015 (BGBl. I S. 1474).

schriften mit Billigung staatlicher oder gesellschaftlicher Organe mit Gebäuden oder Anlagen bebaut oder zu bebauen begonnen hat und bei Inkrafttreten dieser Vorschrift selbst nutzt,

b) Genossenschaften und ehemals volkseigene Betriebe der Wohnungswirtschaft, denen vor dem 3. Oktober 1990 aufgrund einer bestandskräftigen Baugenehmigung oder sonst entsprechend den Rechtsvorschriften mit Billigung staatlicher oder gesellschaftlicher Organe errichtete Gebäude und dazugehörige Grundstücksflächen und -teilflächen zur Nutzung sowie selbständigen Bewirtschaftung und Verwaltung übertragen worden waren und von diesen oder ihren Rechtsnachfolgern genutzt werden,

c) wer über ein bei Abschluß des Vertrages bereits mit einem Wohnhaus bebautes Grundstück, das bis dahin unter staatlicher oder treuhänderischer Verwaltung gestanden hat, einen Überlassungsvertrag geschlossen hat, sowie diejenigen, die mit diesem einen gemeinsamen Hausstand führen,

d) wer ein auf einem Grundstück errichtetes Gebäude gekauft oder den Kauf beantragt hat.

[2] Das Recht nach Satz 1 besteht bis zur Bereinigung der genannten Rechtsverhältnisse durch besonderes Gesetz längstens bis zum Ablauf des 31. Dezember 1994; die Frist kann durch Rechtsverordnung des Bundesministers der Justiz und für Verbraucherschutz einmal verlängert werden. [3] In den in § 3 Abs. 3 und den §§ 4 und 121 des Sachenrechtsbereinigungsgesetzes bezeichneten Fällen besteht das in Satz 1 bezeichnete Recht zum Besitz bis zur Bereinigung dieser Rechtsverhältnisse nach jenem Gesetz fort. [4] Für die Zeit vom 22. Juli 1992 bis 31. März 1995 kann der jeweilige Grundstückseigentümer vom jeweiligen Nutzer ein Entgelt in Höhe des nach § 51 Abs. 1 Satz 2 Nr. 1, §§ 43, 45 des Sachenrechtsbereinigungsgesetzes zu zahlenden Erbbauzinses verlangen, für die Zeit ab 1. Januar 1995 jedoch nur, wenn er kein Entgelt nach Satz 8 verlangen kann. [5] Für die Zeit vom 1. Januar 1995 bis zum 31. März 1995 kann der Grundstückseigentümer das Entgelt nach Satz 4 nicht verlangen, wenn er sich in einem bis zum 31. März 1995 eingeleiteten notariellen Vermittlungsverfahren nach den §§ 87 bis 102 des Sachenrechtsbereinigungsgesetzes oder Bodenordnungsverfahren nach dem Achten Abschnitt des Landwirtschaftsanpassungsgesetzes nicht unverzüglich auf eine Verhandlung zur Begründung dinglicher Rechte oder eine Übereignung eingelassen hat. [6] Für die Bestimmung des Entgeltes sind der Bodenwert und der Restwert eines überlassenen Gebäudes zum 22. Juli 1992 maßgebend. [7] Der Anspruch nach Satz 4 verjährt in zwei Jahren vom 8. November 2000 an. [8] Der Grundstückseigentümer kann vom 1. Januar 1995 an vom Nutzer ein Entgelt bis zur Höhe des nach dem Sachenrechtsbereinigungsgesetz zu zahlenden Erbbauzinses verlangen, wenn ein Verfahren zur Bodenneuordnung nach dem Bodensonderungsgesetz eingeleitet wird, er ein

*(Fortsetzung nächstes Blatt)*

notarielles Vermittlungsverfahren nach den §§ 87 bis 102 des Sachenrechtsbereinigungsgesetzes oder ein Bodenordnungsverfahren nach dem Achten Abschnitt des Landwirtschaftsanpassungsgesetzes beantragt oder sich in den Verfahren auf eine Verhandlung zur Begründung dinglicher Rechte oder eine Übereignung eingelassen hat. 9 Vertragliche oder gesetzliche Regelungen, die ein abweichendes Nutzungsentgelt oder einen früheren Beginn der Zahlungspflicht begründen, bleiben unberührt. 10 Umfang und Inhalt des Rechts bestimmen sich im übrigen nach der bisherigen Ausübung. 11 In den Fällen des § 20b Abs. 3 des Parteiengesetzes vom 21. Februar 1990 (GBl. I Nr. 9 S. 66), das zuletzt durch Artikel 1 des Gesetzes vom 19. Dezember 2006 (BGBl. I S. 3230) geändert worden ist, kann das Recht nach Satz 1 allein von der Bundesanstalt für vereinigungsbedingte Sonderaufgaben oder deren Rechtsnachfolger geltend gemacht werden.

(2) 1 Das Recht zum Besitz nach Absatz 1 wird durch eine Übertragung oder einen Übergang des Eigentums oder eine sonstige Verfügung über das Grundstück nicht berührt. 2 Das Recht kann übertragen werden; die Übertragung ist gegenüber dem Grundstückseigentümer nur wirksam, wenn sie diesem vom Veräußerer angezeigt wird.

(3) 1 Während des in Absatz 8 Satz 1 genannten Zeitraums kann Ersatz für gezogene Nutzungen oder vorgenommene Verwendungen nur auf einvernehmlicher Grundlage verlangt werden. 2 Der Eigentümer eines Grundstücks ist während der Dauer des Rechts zum Besitz nach Absatz 1 verpflichtet, das Grundstück nicht mit Rechten zu belasten, es sei denn, er ist zu deren Bestellung gesetzlich oder aufgrund der Entscheidung einer Behörde verpflichtet.

(4) Bis zu dem in Absatz 1 Satz 2 genannten Zeitpunkt findet auf Überlassungsverträge unbeschadet des Artikels 232 § 1 der § 78 des Zivilgesetzbuchs der Deutschen Demokratischen Republik keine Anwendung.

(5) Das Vermögensgesetz, § 20b Abs. 3 des Parteiengesetzes vom 21. Februar 1990 (GBl. I Nr. 9 S. 66), das zuletzt durch Artikel 1 des Gesetzes vom 19. Dezember 2006 (BGBl. I S. 3230) geändert worden ist, sowie Verfahren nach dem Achten Abschnitt des Landwirtschaftsanpassungsgesetzes bleiben unberührt.

(6) 1 Bestehende Rechte des gemäß Absatz 1 Berechtigten werden nicht berührt. 2 In Ansehung der Nutzung des Grundstücks getroffene Vereinbarungen bleiben außer in den Fällen des Absatzes 1 Satz 1 Buchstabe c unberührt. 3 Sie sind in allen Fällen auch weiterhin möglich. 4 Das Recht nach Absatz 1 kann ohne Einhaltung einer Frist durch einseitige Erklärung des Grundeigentümers beendet werden, wenn

a) der Nutzer
   aa) im Sinne der §§ 20a und 20b des Parteiengesetzes der Deutschen Demokratischen Republik eine Massenorganisation, eine Partei, eine ihr verbundene Organisation oder eine juristische Person ist und die treuhänderische Verwaltung über den betreffenden Vermögenswert beendet worden ist oder
   bb) dem Bereich der Kommerziellen Koordinierung zuzuordnen ist oder
b) die Rechtsverhältnisse des Nutzers an dem fraglichen Grund und Boden Gegenstand eines gerichtlichen Strafverfahrens gegen den Nutzer sind oder
c) es sich um ein ehemals volkseigenes Grundstück handelt und seine Nutzung am 2. Oktober 1990 auf einer Rechtsträgerschaft beruhte, es sei denn,

der Nutzer ist eine landwirtschaftliche Produktionsgenossenschaft, ein ehemals volkseigener Betrieb der Wohnungswirtschaft, eine Arbeiter-Wohnungsbaugenossenschaft oder eine gemeinnützige Wohnungsgenossenschaft oder deren jeweiliger Rechtsnachfolger.

5 In den Fällen des Satzes 4 Buchstabe a und c ist § 1000 des Bürgerlichen Gesetzbuchs nicht anzuwenden. 6 Das Recht zum Besitz nach dieser Vorschrift erlischt, wenn eine Vereinbarung nach den Sätzen 2 und 3 durch den Nutzer gekündigt wird.

(7) 1 Die vorstehenden Regelungen gelten nicht für Nutzungen zur Erholung, Freizeitgestaltung oder zu ähnlichen persönlichen Bedürfnissen einschließlich der Nutzung innerhalb von Kleingartenanlagen. 2 Ein Miet- oder Pachtvertrag ist nicht als Überlassungsvertrag anzusehen.

(8) 1 Für die Zeit bis zum Ablauf des 21. Juli 1992 ist der nach Absatz 1 Berechtigte gegenüber dem Grundstückseigentümer sowie sonstigen dinglichen Berechtigten zur Herausgabe von Nutzungen nicht verpflichtet, es sei denn, daß die Beteiligten andere Abreden getroffen haben. 2 Ist ein in Absatz 1 Satz 1 Buchstabe d bezeichneter Kaufvertrag unwirksam oder sind die Verhandlungen auf Abschluß des beantragten Kaufvertrages gescheitert, so ist der Nutzer von der Erlangung der Kenntnis der Unwirksamkeit des Vertrages oder der Ablehnung des Vertragsschlusses an nach § 987 des Bürgerlichen Gesetzbuchs zur Herausgabe von Nutzungen verpflichtet.

(9) 1 Für die Zeit vom 22. Juli 1992 bis zum 30. September 2001 kann der Grundstückseigentümer von der öffentlichen Körperschaft, die das Grundstück zur Erfüllung ihrer öffentlichen Aufgaben nutzt oder im Falle der Widmung zum Gemeingebrauch für das Gebäude oder die Anlage unterhaltungspflichtig ist, nur ein Entgelt in Höhe von jährlich 0,8 vom Hundert des Bodenwerts eines in gleicher Lage belegenen Grundstücks sowie die Freistellung von den Lasten des Grundstücks verlangen. 2 Der Bodenwert ist nach den Bodenrichtwerten zu bestimmen; § 19 Abs. 5 des Sachenrechtsbereinigungsgesetzes gilt entsprechend. 3 Für die Zeit vom 1. Januar 1995 entsteht der Anspruch nach Satz 1 von dem Zeitpunkt an, in dem der Grundstückseigentümer ihn gegenüber der Körperschaft schriftlich geltend macht; für die Zeit vom 22. Juli 1992 bis zum 31. Dezember 1994 kann er nur bis zum 31. März 2002 geltend gemacht werden. 4 Abweichende vertragliche Vereinbarungen bleiben unberührt.

**§ 2b.[1] Gebäudeeigentum ohne dingliches Nutzungsrecht.** (1) 1 In den Fällen des § 2a Abs. 1 Satz 1 Buchstabe a und b sind Gebäude und Anlagen von Arbeiter-Wohnungsbaugenossenschaften und von gemeinnützigen Wohnungsgenossenschaften auf ehemals volkseigenen Grundstücken, in den Fällen des § 2a Abs. 1 Satz 1 Buchstabe a Gebäude und Anlagen landwirtschaftlicher Produktionsgenossenschaften, auch soweit dies nicht gesetzlich bestimmt ist, unabhängig vom Eigentum am Grundstück, Eigentum des Nutzers. 2 Ein beschränkt dingliches Recht am Grundstück besteht nur, wenn dies besonders begründet worden ist. 3 Dies gilt auch für Rechtsnachfolger der in Satz 1 bezeichneten Genossenschaften.

[1] Art. 233 § 2b Abs. 1 Satz 1 neugef. durch Art. 4 G v. 2. 11. 2000 (BGBl. I S. 1481), Abs. 3 Satz 3 eingef., bish. Sätze 3 und 4 werden Sätze 4 und 5 mWv 1. 2. 2003 durch Art. 21 G v. 21. 8. 2002 (BGBl. I S. 3322), Abs. 3 Sätze 1 und 5 geänd. durch Art. 9b EntschRÄndG v. 10. 12. 2003 (BGBl. I S. 2471), Sätze 1 und 5 geänd. mWv 1. 1. 2006 durch Art. 4 Abs. 15 G v. 22. 9. 2005 (BGBl. I S. 2809).

(2) 1 Für Gebäudeeigentum, das nach Absatz 1 entsteht oder nach § 27 des Gesetzes über die landwirtschaftlichen Produktionsgenossenschaften vom 2. Juli 1982 (GBl. I Nr. 25 S. 443),[1] das zuletzt durch das Gesetz über die Änderung oder Aufhebung von Gesetzen der Deutschen Demokratischen Republik vom 28. Juni 1990 (GBl. I Nr. 38 S. 483) geändert worden ist, entstanden ist, ist auf Antrag des Nutzers ein Gebäudegrundbuchblatt anzulegen. 2 Für die Anlegung und Führung des Gebäudegrundbuchblatts sind die vor dem Wirksamwerden des Beitritts geltenden sowie später erlassene Vorschriften entsprechend anzuwenden. 3 Ist das Gebäudeeigentum nicht gemäß § 2c Abs. 1 wie eine Belastung im Grundbuch des betroffenen Grundstücks eingetragen, so ist diese Eintragung vor Anlegung des Gebäudegrundbuchblatts von Amts wegen vorzunehmen.

(3) 1 Ob Gebäudeeigentum entstanden ist und wem es zusteht, wird durch Bescheid des Bundesamtes für zentrale Dienste und offene Vermögensfragen festgestellt. 2 Das Vermögenszuordnungsgesetz ist anzuwenden. 3 § 3a des Verwaltungsverfahrensgesetzes findet keine Anwendung. 4 Den Grundbuchämtern bleibt es unbenommen, Gebäudeeigentum und seinen Inhaber nach Maßgabe der Bestimmungen des Grundbuchrechts festzustellen; ein Antrag nach den Sätzen 1 und 2 darf nicht von der vorherigen Befassung der Grundbuchämter abhängig gemacht werden. 5 Im Antrag an das Bundesamt für zentrale Dienste und offene Vermögensfragen oder an das Grundbuchamt hat der Antragsteller zu versichern, daß bei keiner anderen Stelle ein vergleichbarer Antrag anhängig oder ein Antrag nach Satz 1 abschlägig beschieden worden ist.

(4) § 4 Abs. 1, 3 Satz 1 bis 3 und Abs. 6 ist entsprechend anzuwenden.

(5) 1 Ist ein Gebäude nach Absatz 1 vor Inkrafttreten dieser Vorschrift zur Sicherung übereignet worden, so kann der Sicherungsgeber die Rückübertragung Zug um Zug gegen Bestellung eines Grundpfandrechts an dem Gebäudeeigentum verlangen. 2 Bestellte Pfandrechte sind in Grundpfandrechte an dem Gebäudeeigentum zu überführen.

(6) 1 Eine bis zum Ablauf des 21. Juli 1992 vorgenommene Übereignung des nach § 27 des Gesetzes über die landwirtschaftlichen Produktionsgenossenschaften oder nach § 459 Abs. 1 Satz 1 des Zivilgesetzbuchs der Deutschen Demokratischen Republik entstandenen selbständigen Gebäudeeigentums ist nicht deshalb unwirksam, weil sie nicht nach den für die Übereignung von Grundstücken geltenden Vorschriften des Bürgerlichen Gesetzbuchs vorgenommen worden ist. 2 Gleiches gilt für das Rechtsgeschäft, mit dem die Verpflichtung zur Übertragung und zum Erwerb begründet worden ist. 3 Die Sätze 1 und 2 sind nicht anzuwenden, soweit eine rechtskräftige Entscheidung entgegensteht.

**§ 2c. Grundbucheintragung.** (1) 1 Selbständiges Gebäudeeigentum nach § 2b ist auf Antrag (§ 13 Abs. 2 der Grundbuchordnung)[2] im Grundbuch wie eine Belastung des betroffenen Grundstücks einzutragen. 2 Ist für das Gebäudeeigentum ein Gebäudegrundbuchblatt nicht vorhanden, so wird es bei der Eintragung in das Grundbuch von Amts wegen angelegt.

---

[1] Abgedruckt in **Schönfelder II; Nr. 125**.
[2] Nr. **114**.

(2) [1]Zur Sicherung etwaiger Ansprüche aus dem Sachenrechtsbereinigungsgesetz ist auf Antrag des Nutzers ein Vermerk in der Zweiten Abteilung des Grundbuchs für das betroffene Grundstück einzutragen, wenn ein Besitzrecht nach § 2a besteht. [2]In den in § 121 Abs. 1 und 2 des Sachenrechtsbereinigungsgesetzes genannten Fällen kann die Eintragung des Vermerks auch gegenüber dem Verfügungsberechtigten mit Wirkung gegenüber dem Berechtigten erfolgen, solange das Rückübertragungsverfahren nach dem Vermögensgesetz nicht unanfechtbar abgeschlossen ist. [3]Der Vermerk hat die Wirkung einer Vormerkung zur Sicherung dieser Ansprüche. [4]§ 885 des Bürgerlichen Gesetzbuchs ist entsprechend anzuwenden.

(3) Der Erwerb selbständigen Gebäudeeigentums sowie dinglicher Rechte am Gebäude der in § 2b bezeichneten Art aufgrund der Vorschriften über den öffentlichen Glauben des Grundbuchs ist nur möglich, wenn das Gebäudeeigentum auch bei dem belasteten Grundstück eingetragen ist.

**§ 3. Inhalt und Rang beschränkter dinglicher Rechte.** (1) [1]Rechte, mit denen eine Sache oder ein Recht am Ende des Tages vor dem Wirksamwerden des Beitritts belastet ist, bleiben mit dem sich aus dem bisherigen Recht ergebenden Inhalt und Rang bestehen, soweit sich nicht aus den nachstehenden Vorschriften ein anderes ergibt. [2]§ 5 Abs. 2 Satz 2 und Abs. 3 des Gesetzes über die Verleihung von Nutzungsrechten an volkseigenen Grundstücken vom 14. Dezember 1970 (GBl. I Nr. 24 S. 372 – Nutzungsrechtsgesetz) sowie § 289 Abs. 2 und 3 und § 293 Abs. 1 Satz 2 des Zivilgesetzbuchs der Deutschen Demokratischen Republik sind nicht mehr anzuwenden. [3]Satz 2 gilt entsprechend für die Bestimmungen des Nutzungsrechtsgesetzes und des Zivilgesetzbuchs über den Entzug eines Nutzungsrechts.

(2) Die Aufhebung eines Rechts, mit dem ein Grundstück oder ein Recht an einem Grundstück belastet ist, richtet sich nach den bisherigen Vorschrif-

*(Fortsetzung nächste Seite)*

ten, wenn das Recht der Eintragung in das Grundbuch nicht bedurfte und nicht eingetragen ist.

(3) [1]Die Anpassung des vom Grundstückseigentum unabhängigen Eigentums am Gebäude und des in § 4 Abs. 2 bezeichneten Nutzungsrechts an das Bürgerliche Gesetzbuch und seine Nebengesetze und an die veränderten Verhältnisse sowie die Begründung von Rechten zur Absicherung der in § 2a bezeichneten Bebauungen erfolgen nach Maßgabe des Sachenrechtsbereinigungsgesetzes. [2]Eine Anpassung im übrigen bleibt vorbehalten.

(4) Auf Vorkaufsrechte, die nach den Vorschriften des Zivilgesetzbuchs der Deutschen Demokratischen Republik bestellt wurden, sind vom 1. Oktober 1994 an die Bestimmungen des Bürgerlichen Gesetzbuchs nach den §§ 1094 bis 1104 anzuwenden.

**§ 4.[1)] Sondervorschriften für dingliche Nutzungsrechte und Gebäudeeigentum.** (1) [1]Für das Gebäudeeigentum nach § 288 Abs. 4 oder § 292 Abs. 3 des Zivilgesetzbuchs der Deutschen Demokratischen Republik[2)] gelten von dem Wirksamwerden des Beitritts an die sich auf Grundstücke beziehenden Vorschriften des Bürgerlichen Gesetzbuchs mit Ausnahme der §§ 927 und 928 entsprechend. [2]Vor der Anlegung eines Gebäudegrundbuchblatts ist das dem Gebäudeeigentum zugrundeliegende Nutzungsrecht von Amts wegen im Grundbuch des belasteten Grundstücks einzutragen. [3]Der Erwerb eines selbständigen Gebäudeeigentums oder eines dinglichen Rechts am Gebäude der in Satz 1 genannten Art aufgrund der Vorschriften über den öffentlichen Glauben des Grundbuchs ist nur möglich, wenn auch das zugrundeliegende Nutzungsrecht bei dem belasteten Grundstück eingetragen ist.

(2) [1]Ein Nutzungsrecht nach den §§ 287 bis 294 des Zivilgesetzbuchs der Deutschen Demokratischen Republik,[2)] das nicht im Grundbuch des belasteten Grundstücks eingetragen ist, wird durch die Vorschriften des Bürgerlichen Gesetzbuchs über den öffentlichen Glauben des Grundbuchs nicht beeinträchtigt, wenn ein aufgrund des Nutzungsrechts zulässiges Eigenheim oder sonstiges Gebäude in dem für den öffentlichen Glauben maßgebenden Zeitpunkt ganz oder teilweise errichtet ist und der dem Erwerb zugrundeliegende Eintragungsantrag vor dem 1. Januar 2001 gestellt worden ist. [2]Der Erwerber des Eigentums oder eines sonstigen Rechts an dem belasteten Grundstück kann in diesem Fall die Aufhebung oder Änderung des Nutzungsrechts gegen Ausgleich der dem Nutzungsberechtigten dadurch entstehenden Vermögensnachteile verlangen, wenn das Nutzungsrecht für ihn mit Nachteilen verbunden ist, welche erheblich größer sind als der dem Nutzungsberechtigten durch die Aufhebung oder Änderung seines Rechts entstehende Schaden; dies gilt nicht, wenn er beim Erwerb des Eigentums oder sonstigen Rechts in dem für den öffentlichen Glauben des Grundbuchs maßgeblichen Zeitpunkt das Vorhandensein des Nutzungsrechts kannte.

(3) [1]Der Untergang des Gebäudes läßt den Bestand des Nutzungsrechts unberührt. [2]Aufgrund des Nutzungsrechts kann ein neues Gebäude errichtet werden; Belastungen des Gebäudeeigentums setzen sich an dem Nutzungsrecht und dem neu errichteten Gebäude fort. [3]Ist ein Nutzungsrecht nur auf die Gebäudegrundfläche verliehen worden, so umfaßt das Nutzungsrecht auch

---

1) Art. 233 § 4 Abs. 2 Satz 1, Abs. 4 und 5 Satz 2 geänd. durch 2. EFG v. 20. 12. 1999 (BGBl. I S. 2493).

2) **Schönfelder II Nr. 10.**

die Nutzung des Grundstücks in dem für Gebäude der errichteten Art zweckentsprechenden ortsüblichen Umfang, bei Eigenheimen nicht mehr als eine Fläche von 500 qm. 4 Auf Antrag ist das Grundbuch entsprechend zu berichtigen. 5 Absatz 2 gilt entsprechend.

(4) Besteht am Gebäude selbständiges Eigentum nach § 288 Abs. 4 und § 292 Abs. 3 des Zivilgesetzbuchs der Deutschen Demokratischen Republik,[1] so bleibt bei bis zum Ablauf des 31. Dezember 2000 angeordneten Zwangsversteigerungen ein nach jenem Recht begründetes Nutzungsrecht am Grundstück bei dessen Versteigerung auch dann bestehen, wenn es bei der Feststellung des geringsten Gebots nicht berücksichtigt ist.

(5) 1 War der Nutzer beim Erwerb des Nutzungsrechts unredlich im Sinne des § 4 des Vermögensgesetzes, kann der Grundstückseigentümer die Aufhebung des Nutzungsrechts durch gerichtliche Entscheidung verlangen. 2 Der Anspruch nach Satz 1 ist ausgeschlossen, wenn er nicht bis zum 31. Dezember 2000 rechtshängig geworden ist. 3 Ein Klageantrag auf Aufhebung ist unzulässig, wenn der Grundstückseigentümer zu einem Antrag auf Aufhebung des Nutzungsrechts durch Bescheid des Amtes zur Regelung offener Vermögensfragen berechtigt oder berechtigt gewesen ist. 4 Mit der Aufhebung des Nutzungsrechts erlischt das Eigentum am Gebäude nach § 288 Abs. 4 und § 292 Abs. 3 des Zivilgesetzbuchs der Deutschen Demokratischen Republik.[1] 5 Das Gebäude wird Bestandteil des Grundstücks. 6 Der Nutzer kann für Gebäude, Anlagen und Anpflanzungen, mit denen er das Grundstück ausgestattet hat, Ersatz verlangen, soweit der Wert des Grundstücks hierdurch noch zu dem Zeitpunkt der Aufhebung des Nutzungsrechts erhöht ist. 7 Grundpfandrechte an einem aufgrund des Nutzungsrechts errichteten Gebäude setzen sich am Wertersatzanspruch des Nutzers gegen den Grundstückseigentümer fort. 8 § 16 Abs. 3 Satz 5 des Vermögensgesetzes ist entsprechend anzuwenden.

(6) 1 Auf die Aufhebung eines Nutzungsrechts nach § 287 oder § 291 des Zivilgesetzbuchs der Deutschen Demokratischen Republik[1] finden die §§ 875 und 876 des Bürgerlichen Gesetzbuchs Anwendung. 2 Ist das Nutzungsrecht nicht im Grundbuch eingetragen, so reicht die notariell beurkundete Erklärung des Berechtigten, daß er das Recht aufgebe, aus, wenn die Erklärung bei dem Grundbuchamt eingereicht wird. 3 Mit der Aufhebung des Nutzungsrechts erlischt das Gebäudeeigentum nach § 288 Abs. 4 oder § 292 Abs. 3 des Zivilgesetzbuchs der Deutschen Demokratischen Republik; das Gebäude wird Bestandteil des Grundstücks.

(7) Die Absätze 1 bis 5 gelten entsprechend, soweit aufgrund anderer Rechtsvorschriften Gebäudeeigentum, für das ein Gebäudegrundbuchblatt anzulegen ist, in Verbindung mit einem Nutzungsrecht an dem betroffenen Grundstück besteht.

**§ 5.[2] Mitbenutzungsrechte.** (1) Mitbenutzungsrechte im Sinn des § 321 Abs. 1 bis 3 und des § 322 des Zivilgesetzbuchs der Deutschen Demokratischen Republik[1] gelten als Rechte an dem belasteten Grundstück, soweit ihre Begründung der Zustimmung des Eigentümers dieses Grundstücks bedurfte.

(2) 1 Soweit die in Absatz 1 bezeichneten Rechte nach den am Tag vor dem Wirksamwerden des Beitritts geltenden Rechtsvorschriften gegenüber ei-

[1] **Schönfelder II Nr. 10.**
[2] Art. 233 § 5 Abs. 2 Sätze 1 und 3 geänd. durch 2. EFG v. 20. 12. 1999 (BGBl. I S. 2493).

nem Erwerber des belasteten Grundstücks oder eines Rechts an diesem Grundstück auch dann wirksam bleiben, wenn sie nicht im Grundbuch eingetragen sind, behalten sie ihre Wirksamkeit auch gegenüber den Vorschriften des Bürgerlichen Gesetzbuchs über den öffentlichen Glauben des Grundbuchs, wenn der dem Erwerb zugrundeliegende Eintragungsantrag vor dem 1. Januar 2001 gestellt worden ist. [2]Der Erwerber des Eigentums oder eines sonstigen Rechts an dem belasteten Grundstück kann in diesem Fall jedoch die Aufhebung oder Änderung des Mitbenutzungsrechts gegen Ausgleich der dem Berechtigten dadurch entstehenden Vermögensnachteile verlangen, wenn das Mitbenutzungsrecht für ihn mit Nachteilen verbunden ist, welche erheblich größer sind als der durch die Aufhebung oder Änderung dieses Rechts dem Berechtigten entstehende Schaden; dies gilt nicht, wenn derjenige, der die Aufhebung oder Änderung des Mitbenutzungsrechts verlangt, beim Erwerb des Eigentums oder sonstigen Rechts an dem belasteten Grundstück in dem für den öffentlichen Glauben des Grundbuchs maßgeblichen Zeitpunkt das Vorhandensein des Mitbenutzungsrechts kannte. [3]In der Zwangsversteigerung des Grundstücks ist bei bis zum Ablauf des 31. Dezember 2000 angeordneten Zwangsversteigerungen auf die in Absatz 1 bezeichneten Rechte § 9 des Einführungsgesetzes zu dem Gesetz über die Zwangsversteigerung und die Zwangsverwaltung in der im Bundesgesetzblatt Teil III, Gliederungsnummer 310-13, veröffentlichten bereinigten Fassung, zuletzt geändert durch Artikel 7 Abs. 24 des Gesetzes vom 17. Dezember 1990 (BGBl. I S. 2847), entsprechend anzuwenden.

(3) [1]Ein nach Absatz 1 als Recht an einem Grundstück geltendes Mitbenutzungsrecht kann in das Grundbuch auch dann eingetragen werden, wenn es nach den am Tag vor dem Wirksamwerden des Beitritts geltenden Vorschriften nicht eintragungsfähig war. [2]Bei Eintragung eines solchen Rechts ist der Zeitpunkt der Entstehung des Rechts zu vermerken, wenn der Antragsteller diesen in der nach der Grundbuchordnung für die Eintragung vorgesehenen Form nachweist. [3]Kann der Entstehungszeitpunkt nicht nachgewiesen werden, so ist der Vorrang vor anderen Rechten zu vermerken, wenn dieser von den Betroffenen bewilligt wird.

(4) [1]Durch Landesgesetz kann bestimmt werden, daß ein Mitbenutzungsrecht der in Absatz 1 bezeichneten Art mit dem Inhalt in das Grundbuch einzutragen ist, der dem seit dem 3. Oktober 1990 geltenden Recht entspricht oder am ehesten entspricht. [2]Ist die Verpflichtung zur Eintragung durch rechtskräftige Entscheidung festgestellt, so kann das Recht auch in den Fällen des Satzes 1 mit seinem festgestellten Inhalt eingetragen werden.

**§ 6. Hypotheken.** (1) [1]Für die Übertragung von Hypothekenforderungen nach dem Zivilgesetzbuch der Deutschen Demokratischen Republik, die am Tag des Wirksamwerdens des Beitritts bestehen, gelten die Vorschriften des Bürgerlichen Gesetzbuchs, welche bei der Übertragung von Sicherungshypotheken anzuwenden sind, entsprechend. [2]Das gleiche gilt für die Aufhebung solcher Hypotheken mit der Maßgabe, daß § 1183 des Bürgerlichen Gesetzbuchs und § 27 der Grundbuchordnung nicht anzuwenden sind. [3]Die Regelungen des Bürgerlichen Gesetzbuchs über den Verzicht auf eine Hypothek sind bei solchen Hypotheken nicht anzuwenden.

(2) Die Übertragung von Hypotheken, Grundschulden und Rentenschulden aus der Zeit vor Inkrafttreten des Zivilgesetzbuchs der Deutschen Demo-

kratischen Republik und die sonstigen Verfügungen über solche Rechte richten sich nach den entsprechenden Vorschriften des Bürgerlichen Gesetzbuchs.

**§ 7. Am Tag des Wirksamwerdens des Beitritts schwebende Rechtsänderungen.** (1) [1]Die Übertragung des Eigentums an einem Grundstück richtet sich statt nach den Vorschriften des Bürgerlichen Gesetzbuchs nach den am Tag vor dem Wirksamwerden des Beitritts geltenden Rechtsvorschriften, wenn der Antrag auf Eintragung in das Grundbuch vor dem Wirksamwerden des Beitritts gestellt worden ist. [2]Dies gilt entsprechend für das Gebäudeeigentum. [3]Wurde bei einem Vertrag, der vor dem 3. Oktober 1990 beurkundet worden ist, der Antrag nach diesem Zeitpunkt gestellt, so ist eine gesonderte Auflassung nicht erforderlich, wenn die am 2. Oktober 1990 geltenden Vorschriften des Zivilgesetzbuchs der Deutschen Demokratischen Republik über den Eigentumsübergang eingehalten worden sind.

(2) [1]Ein Recht nach den am Tag vor dem Wirksamwerden des Beitritts geltenden Vorschriften kann nach diesem Tage gemäß diesen Vorschriften noch begründet werden, wenn hierzu die Eintragung in das Grundbuch erforderlich ist und diese beim Grundbuchamt vor dem Wirksamwerden des Beitritts beantragt worden ist. [2]Auf ein solches Recht ist § 3 Abs. 1 und 2 entsprechend anzuwenden. [3]Ist die Eintragung einer Verfügung über ein Recht der in Satz 1 bezeichneten Art vor dem Wirksamwerden des Beitritts beim Grundbuchamt beantragt worden, so sind auf die Verfügung die am Tag vor dem Wirksamwerden des Beitritts geltenden Vorschriften anzuwenden.

**§ 8. Rechtsverhältnisse nach § 459 des Zivilgesetzbuchs.** [1]Soweit Rechtsverhältnisse und Ansprüche aufgrund des früheren § 459 des Zivilgesetzbuchs der Deutschen Demokratischen Republik[1)] und der dazu ergangenen Ausführungsvorschriften am Ende des Tages vor dem Wirksamwerden des Beitritts bestehen, bleiben sie vorbehaltlich des § 2 und der im Sachenrechtsbereinigungsgesetz getroffenen Bestimmungen unberührt. [2]Soweit Gebäudeeigentum besteht, sind die §§ 2b und 2c entsprechend anzuwenden.

**§ 9. Rangbestimmung.** (1) Das Rangverhältnis der in § 3 Abs. 1 bezeichneten Rechte an Grundstücken bestimmt sich nach dem Zeitpunkt der Eintragung in das Grundbuch, soweit sich nicht im folgenden etwas anderes ergibt.

(2) Bei Rechten an Grundstücken, die nicht der Eintragung in das Grundbuch bedürfen und nicht eingetragen sind, bestimmt sich der Rang nach dem Zeitpunkt der Entstehung des Rechts, im Falle des § 5 Abs. 3 Satz 2 und 3 nach dem eingetragenen Vermerk.

(3) [1]Der Vorrang von Aufbauhypotheken gemäß § 456 Abs. 3 des Zivilgesetzbuchs der Deutschen Demokratischen Republik[1)] in Verbindung mit § 3 des Gesetzes zur Änderung und Ergänzung des Zivilgesetzbuchs der Deutschen Demokratischen Republik vom 28. Juni 1990 (GBl. I Nr. 39 S. 524) bleibt unberührt. [2]Der Vorrang kann für Zinsänderungen bis zu einem Gesamtumfang von 13 vom Hundert in Anspruch genommen werden. [3]Die Stundungswirkung der Aufbauhypotheken gemäß § 458 des Zivilgesetzbuchs der Deutschen Demokratischen Republik in Verbindung mit § 3 des Gesetzes

---

[1)] **Schönfelder II Nr. 10.**

zur Änderung und Ergänzung des Zivilgesetzbuchs der Deutschen Demokratischen Republik vom 28. Juni 1990 (GBl. I Nr. 39 S. 524) entfällt. [4]Diese Bestimmungen gelten für Aufbaugrundschulden entsprechend.

**§ 10. Vertretungsbefugnis für Personenzusammenschlüsse alten Rechts.** (1) [1]Steht ein dingliches Recht an einem Grundstück einem Personenzusammenschluß zu, dessen Mitglieder nicht namentlich im Grundbuch aufgeführt sind, ist die Gemeinde, in der das Grundstück liegt, vorbehaltlich einer anderweitigen landesgesetzlichen Regelung gesetzliche Vertreterin des Personenzusammenschlusses und dessen Mitglieder in Ansehung des Gemeinschaftsgegenstandes. [2]Erstreckt sich das Grundstück auf verschiedene Gemeindebezirke, ermächtigt die Flurneuordnungsbehörde (§ 53 Abs. 4 des Landwirtschaftsanpassungsgesetzes)[1] eine der Gemeinden zur Vertretung des Personenzusammenschlusses.

(2) [1]Im Rahmen der gesetzlichen Vertretung des Personenzusammenschlusses ist die Gemeinde zur Verfügung über das Grundstück befugt. [2]Verfügungsbeschränkungen, die sich aus den Bestimmungen ergeben, denen der Personenzusammenschluß unterliegt, stehen einer Verfügung durch die Gemeinde nicht entgegen. [3]Die Gemeinde übt die Vertretung des Personenzusammenschlusses so aus, wie es dem mutmaßlichen Willen der Mitglieder unter Berücksichtigung der Interessen der Allgemeinheit entspricht. [4]Hinsichtlich eines Veräußerungserlöses gelten die §§ 666 und 667 des Bürgerlichen Gesetzbuchs entsprechend.

(3) Die Rechte der Organe des Personenzusammenschlusses bleiben unberührt.

(4) [1]Die Vertretungsbefugnis der Gemeinde endet, wenn sie durch Bescheid der Flurneuordnungsbehörde aufgehoben wird und eine Ausfertigung hiervon zu den Grundakten des betroffenen Grundstücks gelangt. [2]Die Aufhebung der Vertretungsbefugnis kann von jedem Mitglied des Personenzusammenschlusses beantragt werden. [3]Die Flurneuordnungsbehörde hat dem Antrag zu entsprechen, wenn die anderweitige Vertretung des Personenzusammenschlusses sichergestellt ist.

(5) Die Absätze 1 bis 4 gelten entsprechend, wenn im Grundbuch das Grundstück ohne Angabe eines Eigentümers als öffentliches bezeichnet wird.

## Zweiter Abschnitt. Abwicklung der Bodenreform

**§ 11.[2] Grundsatz.** (1) [1]Eigentümer eines Grundstücks, das im Grundbuch als Grundstück aus der Bodenreform gekennzeichnet ist oder war, ist der aus einem bestätigten Übergabe-Übernahme-Protokoll oder einer Entscheidung über einen Besitzwechsel nach der (Ersten) Verordnung über die Durchführung des Besitzwechsels bei Bodenreformgrundstücken vom 7. August 1975 (GBl. I Nr. 35 S. 629) in der Fassung der Zweiten Verordnung über die Durchführung des Besitzwechsels bei Bodenreformgrundstücken vom 7. Januar 1988 (GBl. I Nr. 3 S. 25)[3] Begünstigte, wenn vor dem Ablauf des 2. Okto-

[1] **Schönfelder II Nr. 127.**

[2] Art. 233 § 11 Abs. 3 Satz 5 neugef., Abs. 4 Satz 3 angef. durch Art. 2 WoModSiG v. 17. 7. 1997 (BGBl. I S. 1823).

[3] **Schönfelder II Nr. 23 a.**

ber 1990 bei dem Grundbuchamt ein nicht erledigtes Ersuchen oder ein nicht erledigter Antrag auf Vornahme der Eintragung eingegangen ist. [2]Grundstücke aus der Bodenreform, die in Volkseigentum überführt worden sind, sind nach der Dritten Durchführungsverordnung zum Treuhandgesetz vom 29. August 1990 (GBl. I Nr. 57 S. 1333)[1)] zu behandeln, wenn vor dem Ablauf des 2. Oktober 1990 ein Ersuchen oder ein Antrag auf Eintragung als Eigentum des Volkes bei dem Grundbuchamt eingegangen ist.

(2) [1]Das Eigentum an einem anderen als den in Absatz 1 bezeichneten Grundstücken, das im Grundbuch als Grundstück aus der Bodenreform gekennzeichnet ist oder war, wird mit dem Inkrafttreten dieser Vorschriften übertragen,

1. wenn bei Ablauf des 15. März 1990 eine noch lebende natürliche Person als Eigentümer eingetragen war, dieser Person,
2. wenn bei Ablauf des 15. März 1990 eine verstorbene natürliche Person als Eigentümer eingetragen war oder die in Nummer 1 genannte Person nach dem 15. März 1990 verstorben ist, derjenigen Person, die sein Erbe ist, oder einer Gemeinschaft, die aus den Erben des zuletzt im Grundbuch eingetragenen Eigentümers gebildet wird.

[2]Auf die Gemeinschaft sind die Vorschriften des Fünfzehnten Titels des Zweiten Buchs des Bürgerlichen Gesetzbuchs anzuwenden, die Bruchteile bestimmen sich jedoch nach den Erbteilen, sofern nicht die Teilhaber übereinstimmend eine andere Aufteilung der Bruchteile bewilligen.

(3) [1]Der nach § 12 Berechtigte kann von demjenigen, dem das Eigentum an einem Grundstück aus der Bodenreform nach Absatz 2 übertragen worden ist, Zug um Zug gegen Übernahme der Verbindlichkeiten nach § 15 Abs. 1 Satz 2 die unentgeltliche Auflassung des Grundstücks verlangen. [2]Die Übertragung ist gebührenfrei. [3]Jeder Beteiligte trägt seine Auslagen selbst; die Kosten einer Beurkundung von Rechtsgeschäften, zu denen der Eigentümer nach Satz 1 verpflichtet ist, trägt der Berechtigte. [4]Als Ersatz für die Auflassung kann der Berechtigte auch Zahlung des Verkehrswertes des Grundstücks verlangen; maßgeblich ist der Zeitpunkt des Verlangens. [5]Der Anspruch nach Satz 4 kann nur geltend gemacht werden, wenn der Eigentümer zur Zahlung aufgefordert worden ist und nicht innerhalb von 2 Wochen von dem Eingang der Zahlungsaufforderung an darauf bestanden hat, den Anspruch durch Auflassung des Grundstücks erfüllen zu können.

(4) [1]Auf den Anspruch nach Absatz 3 sind die Vorschriften des Bürgerlichen Gesetzbuchs über Schuldverhältnisse anzuwenden. [2]Der Eigentümer nach Absatz 2 gilt bis zum Zeitpunkt der Übereignung aufgrund eines Anspruchs nach Absatz 3 dem Berechtigten gegenüber als mit der Verwaltung des Grundstücks beauftragt. [3]Für Klagen nach den Absätzen 3, 4 und 6 ist das Gericht ausschließlich zuständig, in dessen Bezirk das Grundstück ganz oder überwiegend liegt.

(5) [1]Ist die in Absatz 1 Satz 1 oder in Absatz 2 Satz 1 bezeichnete Person in dem maßgeblichen Zeitpunkt verheiratet und unterlag die Ehe vor dem Wirksamwerden des Beitritts dem gesetzlichen Güterstand der Eigentums- und Vermögensgemeinschaft des Familiengesetzbuchs der Deutschen Demo-

---

1) **Schönfelder II Nr. 96 d.**

kratischen Republik, so sind diese Person und ihr Ehegatte zu gleichen Bruchteilen Eigentümer, wenn der Ehegatte den 22. Juli 1992 erlebt hat. 2 Maßgeblich ist

1. in den Fällen des Absatzes 1 Satz 1 der Zeitpunkt der Bestätigung des Übergabe-Übernahme-Protokolls oder der Entscheidung,
2. in den Fällen des Absatzes 2 Satz 1 Nr. 1 und 2 Fall 2 der Ablauf des 15. März 1990 und
3. in den Fällen des Absatzes 2 Nr. 2 Fall 1 der Tod der als Eigentümer eingetragenen Person.

**§ 12. Berechtigter.** (1) Berechtigter ist in den Fällen des § 11 Abs. 2 Satz 1 Nr. 1 und Nr. 2 Fall 2 in nachfolgender Reihenfolge:

1. diejenige Person, der das Grundstück oder der Grundstücksteil nach den Vorschriften über die Bodenreform oder den Besitzwechsel bei Grundstükken aus der Bod enreform förmlich zugewiesen oder übergeben worden ist, auch wenn der Besitzwechsel nicht im Grundbuch eingetragen worden ist,
2. diejenige Person, die das Grundstück oder den Grundstücksteil auf Veranlassung einer staatlichen Stelle oder mit deren ausdrücklicher Billigung wie ein Eigentümer in Besitz genommen, den Besitzwechsel beantragt hat und zuteilungsfähig ist, sofern es sich um Häuser und die dazu gehörenden Gärten handelt.

(2) Berechtigter ist in den Fällen des § 11 Abs. 2 Satz 1 Nr. 2 Fall 1 in nachfolgender Reihenfolge:

1. bei nicht im wesentlichen gewerblich genutzten, zum Ablauf des 15. März 1990 noch vorhandenen Häusern und den dazugehörenden Gärten
   a) diejenige Person, der das Grundstück oder der Grundstücksteil, auf dem sie sich befinden, nach den Vorschriften über die Bodenreform oder den Besitzwechsel bei Grundstücken aus der Bodenreform förmlich zugewiesen oder übergeben worden ist, auch wenn der Besitzwechsel nicht im Grundbuch eingetragen worden ist,
   b) diejenige Person, die das Grundstück oder den Grundstücksteil, auf dem sie sich befinden, auf Veranlassung einer staatlichen Stelle oder mit deren ausdrücklicher Billigung wie ein Eigentümer in Besitz genommen, den Besitzwechsel beantragt hat und zuteilungsfähig ist,
   c) der Erbe des zuletzt im Grundbuch aufgrund einer Entscheidung nach den Vorschriften über die Bodenreform oder über die Durchführung des Besitzwechsels eingetragenen Eigentümers, der das Haus am Ende des 15. März 1990 bewohnte,
   d) abweichend von den Vorschriften der Dritten Durchführungsverordnung zum Treuhandgesetz vom 29. August 1990 (GBl. I Nr. 57 S. 1333)[1] der Fiskus des Landes, in dem das Hausgrundstück liegt, wenn dieses am 15. März 1990 weder zu Wohnzwecken noch zu gewerblichen Zwecken genutzt wurde;
2. bei für die Land- oder Forstwirtschaft genutzten Grundstücken (Schlägen)
   a) diejenige Person, der das Grundstück oder der Grundstücksteil nach den Vorschriften über die Bodenreform oder den Besitzwechsel bei Grund-

[1] **Schönfelder II Nr. 96 d.**

stücken aus der Bodenreform förmlich zugewiesen oder übergeben worden ist, auch wenn der Besitzwechsel nicht im Grundbuch eingetragen worden ist,

b) der Erbe des zuletzt im Grundbuch aufgrund einer Entscheidung nach den Vorschriften über die Bodenreform oder über die Durchführung des Besitzwechsels eingetragenen Eigentümers, der zuteilungsfähig ist,

c) abweichend von den Vorschriften der Dritten Durchführungsverordnung zum Treuhandgesetz der Fiskus des Landes, in dem das Grundstück liegt.

(3) Zuteilungsfähig im Sinne der Absätze 1 und 2 ist, wer bei Ablauf des 15. März 1990 in dem in Artikel 3 des Einigungsvertrages genannten Gebiet in der Land-, Forst- oder Nahrungsgüterwirtschaft tätig war oder wer vor Ablauf des 15. März 1990 in dem in Artikel 3 des Einigungsvertrages genannten Gebiet in der Land-, Forst- oder Nahrungsgüterwirtschaft insgesamt mindestens zehn Jahre lang tätig war und im Anschluß an diese Tätigkeit keiner anderen Erwerbstätigkeit nachgegangen ist und einer solchen voraussichtlich auf Dauer nicht nachgehen wird.

(4) [1] Erfüllen mehrere Personen die in den Absätzen 1 und 2 genannten Voraussetzungen, so sind sie zu gleichen Teilen berechtigt. [2] Ist der nach Absatz 1 Nr. 1 oder Absatz 2 Nr. 1 Buchstabe a und b oder Nr. 2 Buchstabe a Berechtigte verheiratet und unterlag die Ehe vor dem Wirksamwerden des Beitritts dem gesetzlichen Güterstand der Eigentums- und Vermögensgemeinschaft des Familiengesetzbuchs der Deutschen Demokratischen Republik,[1] so ist der Ehegatte zu einem gleichen Anteil berechtigt.

(5) [1] Wenn Ansprüche nach den Absätzen 1 und 2 nicht bestehen, ist der Eigentümer nach § 11 verpflichtet, einem Mitnutzer im Umfang seiner Mitnutzung Miteigentum einzuräumen. [2] Mitnutzer ist, wem in einem Wohnzwecken dienenden Gebäude auf einem Grundstück aus der Bodenreform Wohnraum zur selbständigen, gleichberechtigten und nicht nur vorübergehenden Nutzung zugewiesen wurde. [3] Für den Mitnutzer gilt Absatz 4 sinngemäß. [4] Der Anspruch besteht nicht, wenn die Einräumung von Miteigentum für den Eigentümer eine insbesondere unter Berücksichtigung der räumlichen Verhältnisse und dem Umfang der bisherigen Nutzung unbillige Härte bedeuten würde.

**§ 13.[2), 3)] Verfügungen des Eigentümers.** [1] Wird vor dem 3. Oktober 2000 die Berichtigung des Grundbuchs zugunsten desjenigen beantragt, der nach § 11 Abs. 2 Eigentümer ist, so übersendet das Grundbuchamt dem Fiskus des

---

[1)] **Schönfelder II Nr. 30.**

[2)] Art. 233 § 13 neugef. durch Art. 2 WoModSiG v. 17. 7. 1997 (BGBl. I S. 1823).

[3)] Wegen des Übergangsrechts zu Art. 233 § 13 idF des RegVBG v. 20. 12. 1993 (BGBl. I S. 2182) beachte Art. 19 Abs. 3 dieses Gesetzes:

„(3) [1] Artikel 13 Nr. 3 Buchstabe k [Art. 233 § 13 idF des RegVBG] läßt bereits vollzogene Eintragungen in ihrer Wirksamkeit unberührt. [2] Auf Grund des Artikels 233 § 13 des Einführungsgesetzes zum Bürgerlichen Gesetzbuche in der vor Inkrafttreten dieses Gesetzes [25. 12. 1993] geltenden Fassung auf Widerspruch hin begründete Vormerkungen erlöschen spätestens nach Ablauf von vier Monaten von dem Inkrafttreten der in Satz 1 genannten Vorschrift an. [3] Artikel 233 § 13 Abs. 5 des Einführungsgesetzes zum Bürgerlichen Gesetzbuche gilt entsprechend."

Landes, in dem das Grundstück liegt, eine Nachricht hiervon. [2]Das gilt auch für Verfügungen, deren Eintragung dieser Eigentümer vor dem 3. Oktober 2000 beantragt oder beantragen läßt.

**§ 13a Vormerkung zugunsten des Fiskus.** [1]Auf Ersuchen des Fiskus trägt das Grundbuchamt eine Vormerkung zur Sicherung von dessen Anspruch nach § 11 Abs. 3 ein. [2]Die Vormerkung ist von Amts wegen zu löschen, wenn das Ersuchen durch das zuständige Verwaltungsgericht aufgehoben wird.

**§ 14[1)] Verjährung.** [1]Die Ansprüche nach den §§ 11 und 16 verjähren mit dem Ablauf des 2. Oktober 2000. [2]Ist für einen Auflassungsanspruch eine Vormerkung nach § 13 in der bis zum 24. Juli 1997 geltenden Fassung eingetragen, verjährt der gesicherte Auflassungsanspruch innerhalb von 6 Monaten von der Eintragung der Vormerkung.

**§ 15[2)] Verbindlichkeiten.** (1) [1]Auf den Eigentümer nach § 11 Abs. 2 gehen mit Inkrafttreten dieser Vorschriften Verbindlichkeiten über, soweit sie für Maßnahmen an dem Grundstück begründet worden sind. [2]Sind solche Verbindlichkeiten von einem anderen als dem Eigentümer getilgt worden, so ist der Eigentümer diesem zum Ersatz verpflichtet, soweit die Mittel aus der Verbindlichkeit für das Grundstück verwendet worden sind. [3]Der Berechtigte hat die in Satz 1 bezeichneten Verbindlichkeiten und Verpflichtungen zu übernehmen.

(2) [1]Der Eigentümer nach § 11 Abs. 2 ist zur Aufgabe des Eigentums nach Maßgabe des § 928 Abs. 1 des Bürgerlichen Gesetzbuchs[3)] berechtigt. [2]Er kann die Erfüllung auf ihn gemäß Absatz 1 übergegangener Verbindlichkeiten von dem Wirksamwerden des Verzichts an bis zu ihrem Übergang nach Absatz 3 verweigern. [3]Die Erklärung des Eigentümers bedarf der Zustimmung der Gemeinde, in der das Grundstück belegen ist, die sie nur zu erteilen hat, wenn ihr ein nach § 12 Berechtigter nicht bekannt ist.

(3) [1]Das Recht zur Aneignung steht im Fall des Absatzes 2 in dieser Reihenfolge dem nach § 12 Berechtigten, dem Fiskus des Landes, in dem das Grundstück liegt, und dem Gläubiger von Verbindlichkeiten nach Absatz 1 zu. [2]Die Verbindlichkeiten gehen auf den nach § 12 Berechtigten oder den Fiskus des Landes, in dem das Grundstück liegt, über, wenn sie von ihren Aneignungsrechten Gebrauch machen. [3]Der Gläubiger kann den nach § 12 Berechtigten und den Fiskus des Landes, in dem das Grundstück liegt, zum Verzicht auf ihr Aneignungsrecht auffordern. [4]Der Verzicht gilt als erklärt, wenn innerhalb von drei Monaten ab Zugang eine Äußerung nicht erfolgt. [5]Ist er wirksam, entfallen Ansprüche nach § 12. [6]Ist der Verzicht erklärt oder gilt er als erklärt, so können andere Aneignungsberechtigte mit ihren Rechten im Wege des Aufgebotsverfahrens ausgeschlossen werden, wenn ein Jahr seit dem Verzicht verstrichen ist. [7]Mit der Rechtskraft des Ausschließungsbeschlusses wird der beantragende Aneignungsberechtigte Eigentümer. [8]Mehrere Gläubiger können ihre Rechte nur gemeinsam ausüben.

**§ 16 Verhältnis zu anderen Vorschriften, Übergangsvorschriften.**

(1) [1]Die Vorschriften dieses Abschnitts lassen die Bestimmungen des Vermögensgesetzes sowie andere Vorschriften unberührt, nach denen die Aufhebung

---

[1)] Art. 233 § 14 neu gef. durch G v. 17.7.1997 (BGBl. I S. 1823).
[2)] Art. 233 § 15 Abs. 3 Satz 7 geänd. mWv 1.9.2009 durch G v. 17.12.2008 (BGBl. I S. 2586).
[3)] Nr. **20**.

staatlicher Entscheidungen oder von Verzichtserklärungen oder die Rückübertragung von Vermögenswerten verlangt werden kann. [2] Durch die Vorschriften dieses Abschnitts, insbesondere § 12 Abs. 2 Nr. 2 Buchstabe c, werden ferner nicht berührt die Vorschriften der Dritten Durchführungsverordnung zum Treuhandgesetz[1)] sowie Ansprüche nach Artikel 21 Abs. 3 und nach Artikel 22 Abs. 1 Satz 7 des Einigungsvertrages[2)]. [3] Über die endgültige Aufteilung des Vermögens nach § 12 Abs. 2 Nr. 2 Buchstabe c wird durch besonderes Bundesgesetz entschieden.

(2) [1] Der durch Erbschein oder durch eine andere öffentliche oder öffentlich beglaubigte Urkunde ausgewiesene Erbe des zuletzt eingetragenen Eigentümers eines Grundstücks aus der Bodenreform, das als solches im Grundbuch gekennzeichnet ist, gilt als zur Vornahme von Verfügungen befugt, zu deren Vornahme er sich vor dem Inkrafttreten dieses Abschnitts verpflichtet hat, wenn vor diesem Zeitpunkt die Eintragung der Verfügung erfolgt oder die Eintragung einer Vormerkung zur Sicherung dieses Anspruchs oder die Eintragung dieser Verfügung beantragt worden ist. [2] Der in § 11 bestimmte Anspruch richtet sich in diesem Falle gegen den Erben; dessen Haftung beschränkt sich auf die in dem Vertrag zu seinen Gunsten vereinbarten Leistungen. [3] Die Bestimmungen dieses Absatzes gelten sinngemäß, wenn der Erwerber im Grundbuch eingetragen ist oder wenn der Erwerb von der in § 11 Abs. 2 Satz 1 Nr. 1 bezeichneten Person erfolgt.

(3) Ein Vermerk über die Beschränkungen des Eigentümers nach den Vorschriften über die Bodenreform kann von Amts wegen gelöscht werden.

## Art. 234 Viertes Buch. Familienrecht

**§ 1 Grundsatz.** Das Vierte Buch des Bürgerlichen Gesetzbuchs[3)] gilt für alle familienrechtlichen Verhältnisse, die am Tag des Wirksamwerdens des Beitritts bestehen, soweit im folgenden nichts anderes bestimmt ist.

**§ 2 Verlöbnis.** Die Vorschriften über das Verlöbnis gelten nicht für Verlöbnisse, die vor dem Wirksamwerden des Beitritts geschlossen worden sind.

**§ 3**[4)] *(aufgehoben)*

**§ 4**[5)] **Eheliches Güterrecht.** (1) Haben die Ehegatten am Tag des Wirksamwerdens des Beitritts im gesetzlichen Güterstand der Eigentums- und Vermögensgemeinschaft des Familiengesetzbuchs der Deutschen Demokratischen Republik gelebt, so gelten, soweit die Ehegatten nichts anderes vereinbart haben, von diesem Zeitpunkt an die Vorschriften über den gesetzlichen Güterstand der Zugewinngemeinschaft.

(2) [1] Jeder Ehegatte kann, sofern nicht vorher ein Ehevertrag geschlossen oder die Ehe geschieden worden ist, bis zum Ablauf von zwei Jahren nach Wirksamwerden des Beitritts dem Kreisgericht gegenüber erklären, daß für die Ehe der bisherige gesetzliche Güterstand fortgelten solle. [2] § 1411 des Bürgerlichen Gesetzbuchs[3)] gilt entsprechend. [3] Wird die Erklärung abgegeben, so gilt die Überleitung als nicht erfolgt. [4] Aus der Wiederherstellung des ursprünglichen Güterstandes

[1)] **Habersack II Nr. 96d.**
[2)] **Habersack II Nr. 2.**
[3)] Nr. **20.**
[4)] Art. 234 § 3 aufgeh. mWv 15.7.2016 durch G v. 8.7.2016 (BGBl. I S. 1594).
[5)] Art. 234 § 4 Abs. 6 geänd. mWv 1.1.2002 durch G v. 27.4.2001 (BGBl. I S. 751); Abs. 3 Satz 8 neu gef. mWv 1.9.2009 durch G v. 17.12.2008 (BGBl. I S. 2586); Abs. 3 Sätze 5–7 aufgeh., bish. Satz 8 wird Satz 5, Abs. 6 geänd. mWv 1.1.2023 durch G v. 31.10.2022 (BGBl. I S. 1966).

können die Ehegatten untereinander und gegenüber einem Dritten Einwendungen gegen ein Rechtsgeschäft, das nach der Überleitung zwischen den Ehegatten oder zwischen einem von ihnen und dem Dritten vorgenommen worden ist, nicht herleiten.

(3) [1] Für die Entgegennahme der Erklärung nach Absatz 2 ist jedes Kreisgericht zuständig. [2] Die Erklärung muß notariell beurkundet werden. [3] Haben die Ehegatten die Erklärung nicht gemeinsam abgegeben, so hat das Kreisgericht sie dem anderen Ehegatten nach den für Zustellungen von Amts wegen geltenden Vorschriften der Zivilprozeßordnung[1)] bekanntzumachen. [4] Für die Zustellung werden Auslagen nach § 137 Nr. 2 der Kostenordnung nicht erhoben. [5] Für das gerichtliche Verfahren gelten die Vorschriften des Gesetzes über das Verfahren in Familiensachen und in den Angelegenheiten der freiwilligen Gerichtsbarkeit[2)].

(4) In den Fällen des Absatzes 1 gilt für die Auseinandersetzung des bis zum Wirksamwerden des Beitritts erworbenen gemeinschaftlichen Eigentums und Vermögens § 39 des Familiengesetzbuchs der Deutschen Demokratischen Republik sinngemäß.

(5) Für Ehegatten, die vor dem Wirksamwerden des Beitritts geschieden worden sind, bleibt für die Auseinandersetzung des gemeinschaftlichen Eigentums und Vermögens und für die Entscheidung über die Ehewohnung das bisherige Recht maßgebend.

(6) Für die Beurkundung der Erklärung nach Absatz 2 beträgt der Geschäftswert 3 000 Euro.

**§ 4a[3)] Gemeinschaftliches Eigentum.** (1) [1] Haben die Ehegatten keine Erklärung nach § 4 Abs. 2 Satz 1 abgegeben, so wird gemeinschaftliches Eigentum von Ehegatten Eigentum zu gleichen Bruchteilen. [2] Für Grundstücke und grundstücksgleiche Rechte können die Ehegatten andere Anteile bestimmen. [3] Die Bestimmung ist binnen sechs Monaten nach Inkrafttreten dieser Vorschrift möglich und erfolgt mit dem Antrag auf Berichtigung des Grundbuchs. [4] Dieser und die Bestimmung bedürfen nicht der in § 29 der Grundbuchordnung[4)] bestimmten Form. [5] Das Wahlrecht nach Satz 2 erlischt, unbeschadet des Satzes 3 im übrigen, wenn die Zwangsversteigerung oder Zwangsverwaltung des Grundstücks oder grundstücksgleichen Rechts angeordnet oder wenn bei dem Grundbuchamt die Eintragung einer Zwangshypothek beantragt wird.

(2) [1] Haben die Ehegatten eine Erklärung nach § 4 Abs. 2 Satz 1 abgegeben, so finden auf das bestehende und künftige gemeinschaftliche Eigentum die Vorschriften über das durch beide Ehegatten verwaltete Gesamtgut einer Gütergemeinschaft entsprechende Anwendung. [2] Für die Auflösung dieser Gemeinschaft im Falle der Scheidung sind jedoch die Vorschriften des Familiengesetzbuchs der Deutschen Demokratischen Republik nach Maßgabe des § 4 anzuwenden.

(3) Es wird widerleglich vermutet, daß gemeinschaftliches Eigentum von Ehegatten nach dem Familiengesetzbuch der Deutschen Demokratischen Republik Bruchteilseigentum zu ein halb Anteilen ist, sofern sich nicht aus dem Grundbuch andere Bruchteile ergeben.

---

[1)] Nr. **100**.
[2)] Nr. **112**.
[3)] Art. 234 § 4a Abs. 3 geänd. mWv 1.1.2023 durch G v. 31.10.2022 (BGBl. I S. 1966).
[4)] Nr. **114**.

**§ 5 Unterhalt des geschiedenen Ehegatten.** [1] Für den Unterhaltsanspruch eines Ehegatten, dessen Ehe vor dem Wirksamwerden des Beitritts geschieden worden ist, bleibt das bisherige Recht maßgebend. [2] Unterhaltsvereinbarungen bleiben unberührt.

**§ 6[1)] Versorgungsausgleich.** (1) [1] Für Ehegatten, die vor dem grundsätzlichen Inkrafttreten der versicherungs- und rentenrechtlichen Vorschriften des Sechsten Buches Sozialgesetzbuch – Gesetzliche Rentenversicherung – in dem in Artikel 3 des Einigungsvertrages[2)] genannten Gebiet geschieden worden sind oder geschieden werden, gilt das Recht des Versorgungsausgleichs nicht. [2] Wird die Ehe nach diesem Zeitpunkt geschieden, findet der Versorgungsausgleich insoweit nicht statt, als das auszugleichende Anrecht Gegenstand oder Grundlage einer vor dem Wirksamwerden des Beitritts geschlossenen wirksamen Vereinbarung oder gerichtlichen Entscheidung über die Vermögensverteilung war.

(2) Absatz 1 gilt entsprechend in Bezug auf

1. das Gesetz zur Regelung von Härten im Versorgungsausgleich vom 21. Februar 1983 (BGBl. I S. 105), zuletzt geändert durch Artikel 24 des Gesetzes vom 9. Dezember 2004 (BGBl. I S. 3242),
2. die Barwert-Verordnung vom 24. Juni 1977 (BGBl. I S. 1014), zuletzt geändert durch die Verordnung vom 26. Mai 2003 (BGBl. I S. 728),

in der jeweils geltenden Fassung.

**§ 7 Abstammung.** (1) [1] Entscheidungen, die vor dem Wirksamwerden des Beitritts ergangen sind und feststellen, daß der Ehemann der Mutter nicht der Vater des Kindes ist, wer der Vater des Kindes ist oder daß eine Anerkennung der Vaterschaft unwirksam ist, bleiben unberührt. [2] Dasselbe gilt für eine Anerkennung der Vaterschaft, die nach dem 31. März 1966 und vor dem Wirksamwerden des Beitritts wirksam geworden ist.

(2) Die Fristen für Klagen, durch welche die Ehelichkeit eines Kindes oder die Anerkennung der Vaterschaft angefochten wird, beginnen nicht vor dem Wirksamwerden des Beitritts, wenn der Anfechtungsberechtigte nach dem bisher geltenden Recht nicht klageberechtigt war.

(3) Ist vor dem Wirksamwerden des Beitritts die Vaterschaft angefochten oder Klage auf Feststellung der Unwirksamkeit einer Anerkennung der Vaterschaft erhoben und über die Klagen nicht vor dem Wirksamwerden des Beitritts rechtskräftig entschieden worden, so wird der Zeitraum von der Klageerhebung bis zum Wirksamwerden des Beitritts in die in Absatz 2 genannten Fristen nicht eingerechnet, wenn die Klage aufgrund des Inkrafttretens des Bürgerlichen

*(Fortsetzung nächstes Blatt)*

---

[1)] Art. 234 § 6 Abs. 2 angef., bish. Wortlaut wird Abs. 1 mWv 25.4.2006 durch G v. 19.4.2006 (BGBl. I S. 866).

[2)] **Habersack II Nr. 2.**

Gesetzbuchs nicht mehr von dem Kläger erhoben oder nicht mehr gegen den Beklagten gerichtet werden kann.

(4) Andere als die in Absatz 1 genannten Entscheidungen und Erklärungen, die nach dem bisherigen Recht die Wirkung einer Vaterschaftsfeststellung haben, stehen einer Anerkennung der Vaterschaft im Sinne des Absatzes 1 Satz 2 gleich.

**§§ 8, 9**[1] *(aufgehoben)*

**§ 10 Rechtsverhältnis zwischen den Eltern und dem Kind im allgemeinen.** Der Familienname eines vor dem Wirksamwerden des Beitritts geborenen Kindes bestimmt sich in Ansehung der bis zum Wirksamwerden des Beitritts eingetretenen namensrechtlichen Folgen nach dem bisherigen Recht.

**§ 11**[2] *(aufgehoben)*

**§ 12 Legitimation nichtehelicher Kinder.** Die Frist nach *§ 1740e Abs. 1 Satz 1* des Bürgerlichen Gesetzbuchs[3] beginnt nicht vor dem Wirksamwerden des Beitritts.

**§ 13 Annahme als Kind.** (1) [1] Für Annahmeverhältnisse, die vor dem Wirksamwerden des Beitritts begründet worden sind, gelten § 1755 Abs. 1 Satz 2, §§ 1756, 1760 Abs. 2 Buchstabe e, § 1762 Abs. 2 und §§ 1767 bis 1772 des Bürgerlichen Gesetzbuchs nicht. [2] § 1766 des Bürgerlichen Gesetzbuchs gilt nicht, wenn die Ehe vor dem Wirksamwerden des Beitritts geschlossen worden ist.

(2) [1] Vor dem Wirksamwerden des Beitritts ergangene Entscheidungen des Gerichts, durch die ein Annahmeverhältnis aufgehoben worden ist, bleiben unberührt. [2] Dasselbe gilt für Entscheidungen eines staatlichen Organs, durch die ein Annahmeverhältnis aufgehoben worden ist und die vor dem Wirksamwerden des Beitritts wirksam geworden sind.

(3) Ist ein Annahmeverhältnis vor dem Wirksamwerden des Beitritts ohne die Einwilligung des Kindes oder eines Elternteils begründet worden, so kann es aus diesem Grund nur aufgehoben werden, wenn die Einwilligung nach dem bisherigen Recht erforderlich war.

(4) [1] Ist ein Annahmeverhältnis vor dem Wirksamwerden des Beitritts begründet worden und war die Einwilligung eines Elternteils nach dem bisherigen Recht nicht erforderlich, weil

1. dieser Elternteil zur Abgabe einer Erklärung für eine nicht absehbare Zeit außerstande war,
2. diesem Elternteil das Erziehungsrecht entzogen war oder
3. der Aufenthalt dieses Elternteils nicht ermittelt werden konnte,

so kann das Annahmeverhältnis gleichwohl auf Antrag dieses Elternteils aufgehoben werden. [2] § 1761 des Bürgerlichen Gesetzbuchs gilt entsprechend.

(5) Ist ein Annahmeverhältnis vor dem Wirksamwerden des Beitritts begründet worden und ist die Einwilligung eines Elternteils ersetzt worden, so gilt Absatz 4 entsprechend.

---

[1] Art. 234 §§ 8 und 9 aufgeh. durch G v. 6. 4. 1998 (BGBl. I S. 666).
[2] Art. 234 § 11 aufgeh. mWv 19. 5. 2013 durch G v. 16. 4. 2013 (BGBl. I S. 795).
[3] § 1740e BGB aufgeh. durch KindschaftsrechtsreformG v. 16. 12. 1997 (BGBl. I S. 2942).

(6) [1] Ein Antrag auf Aufhebung eines vor dem Wirksamwerden des Beitritts begründeten Annahmeverhältnisses kann nur bis zum Ablauf von drei Jahren nach dem Wirksamwerden des Beitritts gestellt werden. [2] Für die Entgegennahme des Antrags ist jedes Vormundschaftsgericht zuständig.

(7) [1] Ist über die Klage eines leiblichen Elternteils auf Aufhebung eines Annahmeverhältnisses am Tag des Wirksamwerdens des Beitritts noch nicht rechtskräftig entschieden worden, so gilt die Klage als Antrag auf Aufhebung des Annahmeverhältnisses. [2] § 1762 Abs. 3 des Bürgerlichen Gesetzbuchs gilt nicht.

**§ 14 Vormundschaft.** (1) Ab dem Wirksamwerden des Beitritts gelten für die bestehenden Vormundschaften und vorläufigen Vormundschaften die Vorschriften des Bürgerlichen Gesetzbuchs.

(2) [1] Bisherige Bestellungen von Vormündern bleiben wirksam. [2] Sind Ehegatten nach § 90 Abs. 1 des Familiengesetzbuchs der Deutschen Demokratischen Republik gemeinsam zu Vormündern bestellt, so gilt bei Verhinderung eines Mitvormunds § 1678 Abs. 1 erster Halbsatz des Bürgerlichen Gesetzbuchs entsprechend.

(3) Führt das Jugendamt oder das Staatliche Notariat selbst eine Vormundschaft, so wird diese als bestellte Amtsvormundschaft fortgeführt (§§ 1791 b, 1897 Satz 1 des Bürgerlichen Gesetzbuchs).

(4) Die Vorschriften des Bürgerlichen Gesetzbuchs über die Anlegung von Mündelgeld sind erst ab 1. Januar 1992 anzuwenden.

(5) Für Ansprüche des Vormunds auf Vergütungen für die Zeit bis zum Wirksamwerden des Beitritts sowie auf Ersatz für Aufwendungen, die er in dieser Zeit gemacht hat, gilt das bisherige Recht.

(6) § 11 Abs. 4 gilt entsprechend.

**§ 15 Pflegschaft.** (1) [1] Am Tag des Wirksamwerdens des Beitritts werden die bestehenden Pflegschaften zu den entsprechenden Pflegschaften nach dem Bürgerlichen Gesetzbuch. [2] Der Wirkungskreis entspricht dem bisher festgelegten Wirkungskreis.

(2) § 14 Abs. 2 bis 6 gilt entsprechend.

### Art. 235. Fünftes Buch. Erbrecht

**§ 1[1)] Erbrechtliche Verhältnisse.** Für die erbrechtlichen Verhältnisse bleibt das bisherige Recht maßgebend, wenn der Erblasser vor dem Wirksamwerden des Beitritts gestorben ist.

**§ 2 Verfügungen von Todes wegen.** [1] Die Errichtung oder Aufhebung einer Verfügung von Todes wegen vor dem Wirksamwerden des Beitritts wird nach dem bisherigen Recht beurteilt, auch wenn der Erblasser nach dem Wirksamwerden des Beitritts stirbt. [2] Dies gilt auch für die Bindung des Erblassers bei einem gemeinschaftlichen Testament, sofern das Testament vor dem Wirksamwerden des Beitritts errichtet worden ist.

---

1) Art. 235 § 1 Abs. 2 aufgeh. mWv 29. 5. 2009 durch G v. 12. 4. 2011 (BGBl. I S. 615).

## Art. 236 Einführungsgesetz – Internationales Privatrecht

**§ 1 Abgeschlossene Vorgänge.** Auf vor dem Wirksamwerden des Beitritts abgeschlossene Vorgänge bleibt das bisherige Internationale Privatrecht anwendbar.

**§ 2 Wirkungen familienrechtlicher Rechtsverhältnisse.** Die Wirkungen familienrechtlicher Rechtsverhältnisse unterliegen von dem Wirksamwerden des Beitritts an den Vorschriften des Zweiten Kapitels des Ersten Teils.

**§ 3[1] Güterstand.** [1]Die güterrechtlichen Wirkungen von Ehen, die vor dem Wirksamwerden des Beitritts geschlossen worden sind, unterliegen von diesem Tag an dem Artikel 15 in der bis einschließlich 28. Januar 2019 geltenden Fassung; dabei tritt an die Stelle des Zeitpunkts der Eheschließung der Tag des Wirksamwerdens des Beitritts. [2]Soweit sich allein aus einem Wechsel des anzuwendenden Rechts nach Satz 1 Ansprüche wegen der Beendigung des früheren Güterstandes ergeben würden, gelten sie bis zum Ablauf von zwei Jahren nach Wirksamwerden des Beitritts als gestundet.

## Art. 237[2] Bestandsschutz, Ausschlußfrist

**§ 1[3] Bestandsschutz.** (1) [1]Fehler bei dem Ankauf, der Enteignung oder der sonstigen Überführung eines Grundstücks oder selbständigen Gebäudeeigentums in Volkseigentum sind nur zu beachten, wenn das Grundstück oder selbständige Gebäudeeigentum nach den allgemeinen Rechtsvorschriften, Verfahrensgrundsätzen und der ordnungsgemäßen Verwaltungspraxis, die im Zeitpunkt der Überführung in Volkseigentum hierfür maßgeblich waren (§ 4 Abs. 3 Buchstabe a Halbsatz 1 des Vermögensgesetzes[4]), nicht wirksam in Volkseigentum hätte überführt werden können oder wenn die mögliche Überführung in Volkseigentum mit rechtsstaatlichen Grundsätzen schlechthin unvereinbar war. [2]Mit rechtsstaatlichen Grundsätzen schlechthin unvereinbar sind Maßnahmen, die in schwerwiegender Weise gegen die Prinzipien der Gerechtigkeit, der Rechtssicherheit oder der Verhältnismäßigkeit verstoßen oder Willkürakte im Einzelfall dargestellt haben.

(2) [1]Ist die Überführung in Volkseigentum nach Maßgabe von Absatz 1 unwirksam, stehen dem Nutzer des Grundstücks die in Kapitel 2 in Verbindung mit § 2 des Sachenrechtsbereinigungsgesetzes[5] bestimmten Ansprüche zu, wenn die dort oder in den nachfolgenden Sätzen bestimmten Voraussetzungen gegeben sind. [2]Eine bauliche Maßnahme ist auch dann anzunehmen, wenn der Nutzer ein auf dem Grundstück befindliches Ein- oder Zweifamilienhaus nach den Vorschriften über den Verkauf volkseigener Gebäude gekauft hat oder das Grundstück durch den früheren Rechtsträger, einen Zuordnungsempfänger oder dessen Rechtsnachfolger der gewerblichen Nutzung zugeführt oder in eine Unternehmenseinheit einbezogen worden ist. [3]Es genügt abweichend von § 8 des Sachenrechtsbereinigungsgesetzes, wenn die bauliche Maßnahme bis zu dem Tag, an dem eine Klage auf Herausgabe des Grundstücks oder auf Bewilligung der Grundbuchberichtigung rechtshängig geworden ist, spätestens bis zum 24. Juli 1997, vorgenommen oder begonnen worden ist.

---

[1] Art. 236 § 3 Satz 1 geänd. mWv 29.1.2019 durch G v. 17.12.2018 (BGBl. I S. 2573).
[2] Art. 237 (§§ 1, 2) angef. durch G v. 17.7.1997 (BGBl. I S. 1823).
[3] Art. 237 § 1 angef. durch G v. 17.7.1997 (BGBl. I S. 1823).
[4] **Schönfelder II Nr. 66.**
[5] **Schönfelder II Nr. 6.**

(3) Für Sachverhalte, die einen Tatbestand des § 1 des Vermögensgesetzes erfüllen, gelten die vorstehenden Absätze nicht; hier gilt das Vermögensgesetz.

**§ 2[1)] Ausschlußfrist.** (1) [1] Wer als Eigentümer eines Grundstücks oder Gebäudes im Grundbuch eingetragen ist, ohne das er das Eigentum erlangt hat, erwirbt das Eigentum, wenn die Eintragung vor dem 3. Oktober 1990 erfolgt ist und sie bis zum Ablauf des 30. September 1998 nicht durch eine rechtshängige Klage des wirklichen Eigentümers oder einen beim Grundbuchamt eingereichten und durch eine Bewilligung des eingetragenen Eigentümers oder die einstweilige Verfügung eines Gerichts begründeten Antrag auf Eintragung eines Widerspruchs angegriffen worden ist. [2] Zwischenzeitliche Verfügungen über das Grundstück bleiben unberrührt. [3] Wird der Widerspruch gelöscht, ist die rechtzeitige Erhebung der Klage erforderlich. [4] Gegen die unverschuldete Versäumung der Frist kann Wiedereinsetzung in den vorigen Stand nach den §§ 233 bis 238 der Zivilprozeßordnung[2)] gewährt werden.

(2) [1] Ist im Grundbuch oder im Bestandsblatt (§ 113 Abs. 1 Nr. 5 der Grundbuchverfügung) eines Grundstücks oder Gebäudes als Eigentümer Eigentum des Volkes eingetragen, ohne das Volkseigentum entstanden ist, so erwirbt die nach den Vorschriften über die Abwicklung des Volkseigentums berechtigte juristische Person des öffentlichen oder des Privatrechts das Eigentum, wenn die Eintragung vor dem 3. Oktober 1990 erfolgt ist und sie bis zum Ablauf des 30. September 1998 nicht durch eine rechtshängige Klage des wirklichen Eigentümers oder einen beim Grundbuchamt eingereichten und durch eine Bewilligung des eingetragenen Eigentümers oder des Verfügungsbefugten (§ 8 des Vermögenszuordnungsgesetzes[3)]) oder die einstweilige Verfügung eines Gerichts begründeten Antrag auf Eintragung eines Widerspruchs angegriffen worden ist. [2] Die Klage oder der Antrag auf Erlaß einer einstweiligen Verfügung kann, wenn ein Zuordnungsbescheid noch nicht erlassen ist, auch gegen den Verfügungsbefugten gerichtet werden. [3] Absatz 1 Satz 2 und 3 gilt entsprechend.

(3) Ein Amtswiderspruch steht einem Widerspruch nach den Absätzen 1 und 2 gleich.

(4) [1] Die Vorschriften über die Abwicklung des Volkseigentums sowie Ansprüche nach dem Vermögensgesetz[4)] und nach Artikel 233 §§ 11 bis 16 bleiben unberrührt. [2] Ist am 24. Juli 1997 ein Verfahren nach dem Vermögensgesetz anhängig oder schweben zu diesem Zeitpunkt Verhandlungen zwischen dem Verfügungsberechtigten und einem früheren Eigentümer des Grundstücks, so treten die in den Absätzen 1 bis 3 bezeichneten Wirkungen erst nach Ablauf eines Monats nach Beendigung des Verfahrens oder dem Abbruch der Verhandlungen, frühestens jedoch am 1. Oktober 1998 ein.

(5) Die vorstehenden Absätze finden keine Anwendung, wenn die Betroffenen vor dem 24. Juli 1997 etwas Abweichendes vereinbart haben oder zwischen ihnen abweichende Urteile ergangen sind.

---

[1)] Art. 237 § 2 angef. durch G v. 17.7.1997 (BGBl. I S. 1823); Abs. 2 Satz 1 geänd. mWv 1.10.2009 durch G v. 11.8.2009 (BGBl. I S. 2713).

[2)] Nr. **100**.

[3)] **Schönfelder II Nr. 45.**

[4)] **Schönfelder II Nr. 66.**

## Siebter Teil.[1] Durchführung des Bürgerlichen Gesetzbuchs, Verordnungsermächtigungen, Länderöffnungsklauseln, Informationspflichten

### Art. 238[2] Datenverarbeitung und Auskunftspflichten für qualifizierte Mietspiegel

**§ 1[2] Erhebung und Übermittlung von Daten.** (1) Zur Erstellung eines qualifizierten Mietspiegels dürfen die nach Landesrecht zuständigen Behörden bezogen auf das Gebiet, für das der Mietspiegel erstellt werden soll, die bei der Verwaltung der Grundsteuer bekannt gewordenen Namen und Anschriften der Grundstückseigentümer von den für die Verwaltung der Grundsteuer zuständigen Behörden erheben und in sonstiger Weise verarbeiten.

(2) [1] Zur Erstellung eines qualifizierten Mietspiegels übermittelt die Meldebehörde der nach Landesrecht zuständigen Behörde bezogen auf das Gebiet, für das der Mietspiegel erstellt werden soll, auf Ersuchen die nachfolgenden Daten aller volljährigen Personen:

1. Familienname,
2. Vornamen unter Kennzeichnung des gebräuchlichen Vornamens,
3. derzeitige Anschriften im Zuständigkeitsbereich der Meldebehörde,
4. Einzugsdaten sowie
5. Namen und Anschriften der Wohnungsgeber.

[2] Das Ersuchen kann nur alle zwei Jahre gestellt werden. [3] Die nach Landesrecht zuständigen Behörden dürfen die in Satz 1 genannten Daten in dem zur Erstellung eines qualifizierten Mietspiegels erforderlichen Umfang erheben und in sonstiger Weise verarbeiten.

(3) Die in den Absätzen 1 und 2 Satz 1 genannten Daten dürfen auch von Stellen verarbeitet werden, die von der nach Landesrecht zuständigen Behörde damit beauftragt wurden, wenn die Datenverarbeitung auf der Grundlage einer Vereinbarung nach Artikel 28 Absatz 3 der Verordnung (EU) 2016/679[3] des Europäischen Parlaments und des Rates vom 27. April 2016 zum Schutz natürlicher Personen bei der Verarbeitung personenbezogener Daten, zum freien Datenverkehr und zur Aufhebung der Richtlinie 95/46/EG (Datenschutz-Grundverordnung) (ABl. L 119 vom 4.5.2016, S. 1; L 314 vom 22.11.2016, S. 72; L 127 vom 23.5.2018, S. 2) erfolgt.

(4) [1] Die nach Landesrecht zuständige Behörde und die in Absatz 3 bezeichneten Stellen haben die nach den Absätzen 1 und 2 erhobenen Daten unverzüglich zu löschen, sobald sie für die Erstellung des qualifizierten Mietspiegels nicht mehr erforderlich sind, es sei denn, sie werden für eine Anpassung mittels Stichprobe nach § 558d Absatz 2 Satz 2 des Bürgerlichen Gesetzbuchs[4] benötigt. [2] Die nach den Absätzen 1 und 2 erhobenen Daten sind spätestens drei Jahre nach ihrer Erhebung zu löschen.

---

[1] 7. Teil (Art. 238–245) angef. mWv 1.9.2001 durch G v. 23.7.2001 (BGBl. I S. 1658); Überschrift geänd. mWv 31.10.2009 durch G v. 29.7.2009 (BGBl. I S. 2355); Überschrift geänd. mWv 1.9.2013 durch G v. 26.6.2013 (BGBl. I S. 1800).

[2] Art. 238 (§§ 1–4) neu gef. mWv 1.7.2022 durch G v. 10.8.2021 (BGBl. I S. 3515).

[3] **Sartorius Nr. 246.**

[4] Nr. **20.**

(5) [1] Zur Erstellung eines qualifizierten Mietspiegels dürfen die Statistikstellen der Gemeinden und der Gemeindeverbände, sofern sie das Statistikgeheimnis gewährleisten, von den Statistischen Ämtern des Bundes und der Länder folgende Daten aus der Gebäude- und Wohnungszählung des Zensus, bezogen auf das Gebiet, für das der Mietspiegel erstellt werden soll, erheben und in sonstiger Weise verarbeiten:

1. Erhebungsmerkmale für Gebäude mit Wohnraum und bewohnte Unterkünfte:
   a) Gemeinde, Postleitzahl und amtlicher Gemeindeschlüssel,
   b) Art des Gebäudes,
   c) Eigentumsverhältnisse,
   d) Gebäudetyp,
   e) Baujahr,
   f) Heizungsart und Energieträger,
   g) Zahl der Wohnungen,
2. Erhebungsmerkmale für Wohnungen:
   a) Art der Nutzung,
   b) Leerstandsdauer,
   c) Fläche der Wohnung,
   d) Zahl der Räume,
   e) Nettokaltmiete,
3. Hilfsmerkmale:
   Straße und Hausnummer der Wohnung.

[2] Die Statistikstellen der Gemeinden und Gemeindeverbände haben die nach Satz 1 Nummer 3 erhobenen Hilfsmerkmale zum frühestmöglichen Zeitpunkt, spätestens jedoch zwei Jahre nach Erhebung, zu löschen.

**§ 2[1] Auskunftspflichten.** (1) Zur Erstellung eines qualifizierten Mietspiegels und zu seiner Anpassung mittels Stichprobe sind Eigentümer und Mieter von Wohnraum verpflichtet, der nach Landesrecht zuständigen Behörde auf Verlangen Auskunft zu erteilen darüber, ob der Wohnraum vermietet ist, sowie über die Anschrift der Wohnung.

(2) Zur Erstellung eines qualifizierten Mietspiegels und zu seiner Anpassung mittels Stichprobe sind Vermieter und Mieter von Wohnraum verpflichtet, der nach Landesrecht zuständigen Behörde auf Verlangen Auskunft über folgende Merkmale zu erteilen:

1. Erhebungsmerkmale:
   a) Beginn des Mietverhältnisses,
   b) Zeitpunkt und Art der letzten Mieterhöhung mit Ausnahme von Erhöhungen nach § 560 des Bürgerlichen Gesetzbuchs[2],
   c) Festlegungen der Miethöhe durch Gesetz oder im Zusammenhang mit einer Förderzusage,
   d) Art der Miete und Miethöhe,
   e) Art, Größe, Ausstattung, Beschaffenheit und Lage des vermieteten Wohnraums einschließlich seiner energetischen Ausstattung und Beschaffenheit (§ 558 Absatz 2 Satz 1 des Bürgerlichen Gesetzbuchs),

---

[1] Art. 238 (§§ 1–4) neu gef. mWv 1.7.2022 durch G v. 10.8.2021 (BGBl. I S. 3515).
[2] Nr. **20**.

f) Vorliegen besonderer Umstände, die zu einer Ermäßigung der Miethöhe geführt haben, insbesondere Verwandtschaft zwischen Vermieter und Mieter, ein zwischen Vermieter und Mieter bestehendes Beschäftigungsverhältnis oder die Übernahme besonderer Pflichten durch den Mieter,

2. Hilfsmerkmale:

a) Anschrift der Wohnung,

b) Namen und Anschriften der Mieter und Vermieter.

(3) Die Auskunftspflichten nach den Absätzen 1 und 2 bestehen auch gegenüber Stellen, die von der nach Landesrecht zuständigen Behörde mit der Erstellung oder Anpassung eines qualifizierten Mietspiegels nach § 1 Absatz 3 beauftragt wurden.

**§ 3[1)] Datenverarbeitung.** (1) [1]Die nach Landesrecht zuständige Behörde darf die in § 2 Absatz 1 und 2 genannten Merkmale in dem zur Erstellung oder Anpassung eines qualifizierten Mietspiegels erforderlichen Umfang erheben und in sonstiger Weise verarbeiten. [2]Doppelerhebungen sind nur dann zulässig, wenn begründete Zweifel an der Richtigkeit einer Erhebung bestehen oder wenn dies zur stichprobenartigen Prüfung der Qualität der Erhebung erforderlich ist.

(2) [1]Die nach Landesrecht zuständige Behörde hat die Hilfsmerkmale des § 2 Absatz 2 Nummer 2 von den weiteren erhobenen Merkmalen zum frühestmöglichen Zeitpunkt zu trennen und gesondert zu verarbeiten. [2]Die Hilfsmerkmale sind zu löschen, sobald die Überprüfung der Erhebungs- und Hilfsmerkmale auf ihre Schlüssigkeit und Vollständigkeit abgeschlossen ist und sie auch für eine Anpassung des Mietspiegels nach § 558d Absatz 2 Satz 2 des Bürgerlichen Gesetzbuchs[2)] nicht mehr benötigt werden.

(3) Die Absätze 1 und 2 gelten entsprechend für Stellen, die von der nach Landesrecht zuständigen Behörde mit der Erstellung oder Anpassung eines qualifizierten Mietspiegels nach § 1 Absatz 3 beauftragt worden sind.

(4) [1]Die nach Landesrecht zuständige Behörde darf die nach Absatz 1 erhobenen Daten zu wissenschaftlichen Forschungszwecken in anonymisierter Form an Hochschulen, an andere Einrichtungen, die wissenschaftliche Forschung betreiben, und an öffentliche Stellen übermitteln. [2]Sie ist befugt, die Daten zu diesem Zweck zu anonymisieren.

**§ 4[1)] Bußgeldvorschriften.** (1) Ordnungswidrig handelt, wer vorsätzlich oder fahrlässig entgegen § 2 Absatz 1 oder 2, jeweils auch in Verbindung mit Absatz 3, eine Auskunft nicht, nicht rechtzeitig, nicht richtig oder nicht vollständig erteilt.

(2) Die Ordnungswidrigkeit kann mit einer Geldbuße bis zu fünftausend Euro geahndet werden.

**Art. 239[3)] Länderöffnungsklausel.** Die Länder können durch Gesetz bestimmen, dass der Antrag auf Erteilung eines Erbscheins der notariellen Beurkundung bedarf und die Versicherung an Eides statt nach § 352 Absatz 3 Satz 3 des Gesetzes über das Verfahren in Familiensachen und in den Angelegenheiten der freiwilligen Gerichtsbarkeit[4)] und nach § 36 Absatz 2 Satz 1 des Internationalen Erbrechts-

---

[1)] Art. 238 (§§ 1–4) neu gef. mWv 1.7.2022 durch G v. 10.8.2021 (BGBl. I S. 3515).

[2)] Nr. **20**.

[3)] Art. 239 neu eingef. mWv 1.9.2013 durch G v. 26.6.2013 (BGBl. I S. 1800); geänd. mWv 17.8.2015 durch G v. 29.6.2015 (BGBl. I S. 1042).

[4)] Nr. **112**.

verfahrensgesetzes[1] vom 29. Juni 2015 (BGBl. I S. 1042) nur vor einem Notar abzugeben ist.

*[Art. 240 bis 30.9.2022:]*

### Art. 240[2] Vertragsrechtliche Regelungen aus Anlass der COVID-19-Pandemie

**§ 1[2] Moratorium.** (1) [1] Ein Verbraucher hat das Recht, Leistungen zur Erfüllung eines Anspruchs, der im Zusammenhang mit einem Verbrauchervertrag steht, der ein Dauerschuldverhältnis ist und vor dem 8. März 2020 geschlossen wurde, bis zum 30. Juni 2020 zu verweigern, wenn dem Verbraucher infolge von Umständen, die auf die Ausbreitung der Infektionen mit dem SARS-CoV-2-Virus (COVID-19-Pandemie) zurückzuführen sind, die Erbringung der Leistung ohne Gefährdung seines angemessenen Lebensunterhalts oder des angemessenen Lebensunterhalts seiner unterhaltsberechtigten Angehörigen nicht möglich wäre. [2] Das Leistungsverweigerungsrecht besteht in Bezug auf alle wesentlichen Dauerschuldverhältnisse. [3] Wesentliche Dauerschuldverhältnisse sind solche, die zur Eindeckung mit Leistungen der angemessenen Daseinsvorsorge erforderlich sind.

(2) [1] Ein Kleinstunternehmen im Sinne der Empfehlung 2003/361/EG der Kommission vom 6. Mai 2003 betreffend die Definition der Kleinstunternehmen sowie der kleinen und mittleren Unternehmen (ABl. L 124 vom 20.5.2003, S. 36) hat das Recht, Leistungen zur Erfüllung eines Anspruchs, der im Zusammenhang mit einem Vertrag steht, der ein Dauerschuldverhältnis ist und vor dem 8. März 2020 geschlossen wurde, bis zum 30. Juni 2020 zu verweigern, wenn infolge von Umständen, die auf die COVID-19-Pandemie zurückzuführen sind,

1. das Unternehmen die Leistung nicht erbringen kann oder
2. dem Unternehmen die Erbringung der Leistung ohne Gefährdung der wirtschaftlichen Grundlagen seines Erwerbsbetriebs nicht möglich wäre.

[2] Das Leistungsverweigerungsrecht besteht in Bezug auf alle wesentlichen Dauerschuldverhältnisse. [3] Wesentliche Dauerschuldverhältnisse sind solche, die zur Eindeckung mit Leistungen zur angemessenen Fortsetzung seines Erwerbsbetriebs erforderlich sind.

(3) [1] Absatz 1 gilt nicht, wenn die Ausübung des Leistungsverweigerungsrechts für den Gläubiger seinerseits unzumutbar ist, da die Nichterbringung der Leistung die wirtschaftliche Grundlage seines Erwerbsbetriebs gefährden würde. [2] Absatz 2 gilt nicht, wenn die Ausübung des Leistungsverweigerungsrechts für den Gläubiger unzumutbar ist, da die Nichterbringung der Leistung zu einer Gefährdung seines angemessenen Lebensunterhalts oder des angemessenen Lebensunterhalts seiner unterhaltsberechtigten Angehörigen oder der wirtschaftlichen Grundlagen seines Erwerbsbetriebs führen würde. [3] Wenn das Leistungsverweigerungsrecht nach Satz 1 oder 2 ausgeschlossen ist, steht dem Schuldner das Recht zur Kündigung zu.

(4) Die Absätze 1 und 2 gelten ferner nicht im Zusammenhang

1. mit Miet- und Pachtverträgen nach § 2, mit Darlehensverträgen sowie
2. mit arbeitsrechtlichen Ansprüchen.

---

[1] **Habersack, Deutsche Gesetze ErgBd. Nr. 103p.**

[2] Art. 240 (§§ 1–4) eingef. mWv 1.4.2020 und aufgeh. **mWv 1.10.2022** durch G v. 27.3.2020 (BGBl. I S. 569).

(5) Von den Absätzen 1 und 2 kann nicht zum Nachteil des Schuldners abgewichen werden.

**§ 2[1)] Beschränkung der Kündigung von Miet- und Pachtverhältnissen.**

(1) [1] Der Vermieter kann ein Mietverhältnis über Grundstücke oder über Räume nicht allein aus dem Grund kündigen, dass der Mieter im Zeitraum vom 1. April 2020 bis 30. Juni 2020 trotz Fälligkeit die Miete nicht leistet, sofern die Nichtleistung auf den Auswirkungen der COVID-19-Pandemie beruht. [2] Der Zusammenhang zwischen COVID-19-Pandemie und Nichtleistung ist glaubhaft zu machen. [3] Sonstige Kündigungsrechte bleiben unberührt.

(2) Von Absatz 1 kann nicht zum Nachteil des Mieters abgewichen werden.

(3) Die Absätze 1 und 2 sind auf Pachtverhältnisse entsprechend anzuwenden.

(4) Die Absätze 1 bis 3 sind nur bis zum 30. Juni 2022 anzuwenden.

**§ 3[1)] Regelungen zum Darlehensrecht.** (1) [1] Für Verbraucherdarlehensverträge, die vor dem 15. März 2020 abgeschlossen wurden, gilt, dass Ansprüche des Darlehensgebers auf Rückzahlung, Zins- oder Tilgungsleistungen, die zwischen dem 1. April 2020 und dem 30. Juni 2020 fällig werden, mit Eintritt der Fälligkeit für die Dauer von drei Monaten gestundet werden, wenn der Verbraucher aufgrund der durch Ausbreitung der COVID-19-Pandemie hervorgerufenen außergewöhnlichen Verhältnisse Einnahmeausfälle hat, die dazu führen, dass ihm die Erbringung der geschuldeten Leistung nicht zumutbar ist. [2] Nicht zumutbar ist ihm die Erbringung der Leistung insbesondere dann, wenn sein angemessener Lebensunterhalt oder der angemessene Lebensunterhalt seiner Unterhaltsberechtigten gefährdet ist. [3] Der Verbraucher ist berechtigt, in dem in Satz 1 genannten Zeitraum seine vertraglichen Zahlungen zu den ursprünglich vereinbarten Leistungsterminen weiter zu erbringen. [4] Soweit er die Zahlungen vertragsgemäß weiter leistet, gilt die in Satz 1 geregelte Stundung als nicht erfolgt.

(2) Die Vertragsparteien können von Absatz 1 abweichende Vereinbarungen, insbesondere über mögliche Teilleistungen, Zins- und Tilgungsanpassungen oder Umschuldungen treffen.

(3) [1] Kündigungen des Darlehensgebers wegen Zahlungsverzugs, wegen wesentlicher Verschlechterung der Vermögensverhältnisse des Verbrauchers oder der Werthaltigkeit einer für das Darlehen gestellten Sicherheit sind im Fall des Absatzes 1 bis zum Ablauf der Stundung ausgeschlossen. [2] Hiervon darf nicht zu Lasten des Verbrauchers abgewichen werden.

(4) [1] Der Darlehensgeber soll dem Verbraucher ein Gespräch über die Möglichkeit einer einverständlichen Regelung und über mögliche Unterstützungsmaßnahmen anbieten. [2] Für dieses können auch Fernkommunikationsmittel genutzt werden.

(5) [1] Kommt eine einverständliche Regelung für den Zeitraum nach dem 30. Juni 2020 nicht zustande, verlängert sich die Vertragslaufzeit um drei Monate. [2] Die jeweilige Fälligkeit der vertraglichen Leistungen wird um diese Frist hinausgeschoben. [3] Der Darlehensgeber stellt dem Verbraucher eine Abschrift des Vertrags zur Verfügung, in der die vereinbarten Vertragsänderungen oder die sich aus Satz 1 sowie aus Absatz 1 Satz 1 ergebenden Vertragsänderungen berücksichtigt sind.

---

[1)] Art. 240 (§§ 1–4) eingef. mWv 1.4.2020 und aufgeh. **mWv 1.10.2022** durch G v. 27.3.2020 (BGBl. I S. 569).

(6) Die Absätze 1 bis 5 gelten nicht, wenn dem Darlehensgeber die Stundung oder der Ausschluss der Kündigung unter Berücksichtigung aller Umstände des Einzelfalls einschließlich der durch die COVID-19-Pandemie verursachten Veränderungen der allgemeinen Lebensumstände unzumutbar ist.

(7) Die Absätze 1 bis 6 gelten entsprechend für den Ausgleich und den Rückgriff unter Gesamtschuldnern nach § 426 des Bürgerlichen Gesetzbuchs[1].

(8) Die Bundesregierung wird ermächtigt, durch Rechtsverordnung mit Zustimmung des Bundestages und ohne Zustimmung des Bundesrates den personellen Anwendungsbereich der Absätze 1 bis 7 zu ändern und insbesondere Kleinstunternehmen im Sinne von Artikel 2 Absatz 3 des Anhangs der Empfehlung 2003/361/EG der Kommission vom 6. Mai 2003 betreffend die Definition der Kleinstunternehmen sowie der kleinen und mittleren Unternehmen in den Anwendungsbereich einzubeziehen.

**§ 4[2] Verordnungsermächtigung.** (1) Die Bundesregierung wird ermächtigt, durch Rechtsverordnung ohne Zustimmung des Bundesrates
1. die Dauer des Leistungsverweigerungsrechts nach § 1 bis längstens zum 30. September 2020 zu verlängern,
2. die in § 2 Absatz 1 und 3 enthaltene Kündigungsbeschränkung auf Zahlungsrückstände zu erstrecken, die im Zeitraum vom 1. Juli 2020 bis längstens zum 30. September 2020 entstanden sind,
3. den in § 3 Absatz 1 genannten Zeitraum bis zum 30. September 2020 und die in § 3 Absatz 5 geregelte Verlängerung der Vertragslaufzeit auf bis zu zwölf Monate zu erstrecken,

wenn zu erwarten ist, dass das soziale Leben, die wirtschaftliche Tätigkeit einer Vielzahl von Unternehmen oder die Erwerbstätigkeit einer Vielzahl von Menschen durch die COVID-19-Pandemie weiterhin in erheblichem Maße beeinträchtigt bleibt.

(2) Die Bundesregierung wird ermächtigt, durch Rechtsverordnung mit Zustimmung des Bundestages und ohne Zustimmung des Bundesrates die in Absatz 1 genannten Fristen über den 30. September 2020 hinaus zu verlängern, wenn die Beeinträchtigungen auch nach Inkrafttreten der Rechtsverordnung nach Absatz 1 fortbestehen.

**§ 5[2] Gutschein für Freizeitveranstaltungen und Freizeiteinrichtungen.**

(1) [1] Wenn eine Musik-, Kultur-, Sport- oder sonstige Freizeitveranstaltung aufgrund der COVID-19-Pandemie nicht stattfinden konnte oder kann, ist der Veranstalter berechtigt, dem Inhaber einer vor dem 8. März 2020 erworbenen Eintrittskarte oder sonstigen Teilnahmeberechtigung anstelle einer Erstattung des Eintrittspreises oder sonstigen Entgelts einen Gutschein zu übergeben. [2] Umfasst eine solche Eintrittskarte oder sonstige Berechtigung die Teilnahme an mehreren Freizeitveranstaltungen und konnte oder kann nur ein Teil dieser Veranstaltungen stattfinden, ist der Veranstalter berechtigt, dem Inhaber einen Gutschein in Höhe des Wertes des nicht genutzten Teils zu übergeben.

(2) Soweit eine Musik-, Kultur-, Sport- oder sonstige Freizeiteinrichtung aufgrund der COVID-19-Pandemie zu schließen war oder ist, ist der Betreiber

---

[1] Nr. **20**.

[2] Art. 240 (§§ 1–4) eingef. mWv 1.4.2020 und aufgeh. **mWv 1.10.2022** durch G v. 27.3.2020 (BGBl. I S. 569); § 5 angef. mWv 20.5.2020 durch G v. 15.5.2020 (BGBl. I S. 948).

berechtigt, dem Inhaber einer vor dem 8. März 2020 erworbenen Nutzungsberechtigung anstelle einer Erstattung des Entgelts einen Gutschein zu übergeben.

(3) [1]Der Wert des Gutscheins muss den gesamten Eintrittspreis oder das gesamte sonstige Entgelt einschließlich etwaiger Vorverkaufsgebühren umfassen. [2]Für die Ausstellung und Übersendung des Gutscheins dürfen keine Kosten in Rechnung gestellt werden.

(4) Aus dem Gutschein muss sich ergeben,
1. dass dieser wegen der COVID-19-Pandemie ausgestellt wurde und
2. dass der Inhaber des Gutscheins die Auszahlung des Wertes des Gutscheins unter einer der in Absatz 5 genannten Voraussetzungen verlangen kann.

(5) Der Inhaber eines nach den Absätzen 1 oder 2 ausgestellten Gutscheins kann von dem Veranstalter oder Betreiber die Auszahlung des Wertes des Gutscheins verlangen, wenn
1. der Verweis auf einen Gutschein für ihn angesichts seiner persönlichen Lebensumstände unzumutbar ist oder
2. er den Gutschein bis zum 31. Dezember 2021 nicht eingelöst hat.

**§ 6[1)] Reisegutschein; Verordnungsermächtigung.** (1) [1]Tritt der Reisende oder der Reiseveranstalter wegen der COVID-19-Pandemie nach § 651h Absatz 1, 3 und 4 Satz 1 Nummer 2 des Bürgerlichen Gesetzbuchs[2)] von einem Pauschalreisevertrag zurück, der vor dem 8. März 2020 geschlossen wurde, so kann der Reiseveranstalter dem Reisenden statt der Rückerstattung des Reisepreises einen Reisegutschein anbieten. [2]Diese Möglichkeit hat der Reiseveranstalter auch dann, wenn der Reisende oder der Reiseveranstalter den Rücktritt unter den Voraussetzungen des Satzes 1 vor dem Tag erklärt hat, an dem diese Vorschrift gemäß Artikel 3 Absatz 1 Satz 1 des Gesetzes vom 10. Juli 2020 (BGBl. I S. 1643) in Kraft getreten ist, und der Reiseveranstalter den Reisepreis nicht bereits zurückgezahlt hat. [3]Der Reisende hat die Wahl, ob er das Angebot des Reiseveranstalters annimmt oder sein Recht auf Rückerstattung des Reisepreises ausübt. [4]Auf dieses Wahlrecht hat der Reiseveranstalter ihn bei seinem Angebot hinzuweisen. [5]Hat der Reisende schon vor dem Tag, an dem diese Vorschrift gemäß Artikel 3 Absatz 1 Satz 1 des Gesetzes vom 10. Juli 2020 (BGBl. I S. 1643) in Kraft getreten ist, ein Angebot des Reiseveranstalters angenommen, das unter den Voraussetzungen des Satzes 1 unterbreitet wurde, so kann er von dem Reiseveranstalter verlangen, dass der Gutschein an die Vorgaben der Absätze 2 und 3 angepasst oder in einen Gutschein umgetauscht wird, der den Vorgaben der Absätze 2 und 3 entspricht.

(2) [1]Der Wert des Reisegutscheins muss den erhaltenen Vorauszahlungen entsprechen. [2]Für die Ausstellung, Übermittlung und Einlösung des Gutscheins dürfen dem Reisenden keine Kosten in Rechnung gestellt werden.

(3) Aus dem Reisegutschein muss sich neben dessen Wert ergeben,
1. dass dieser wegen der COVID-19-Pandemie ausgestellt wurde,
2. wie lange er gültig ist,
3. dass der Reisende die Erstattung der geleisteten Vorauszahlungen unter den in Absatz 5 genannten Voraussetzungen verlangen kann sowie

---

[1)] Art. 240 (§§ 1–4) eingef. mWv 1.4.2020 und aufgeh. **mWv 1.10.2022** durch G v. 27.3.2020 (BGBl. I S. 569); § 6 angef. mWv 31.7.2020 durch G v. 10.7.2020 (BGBl. I S. 1643) iVm. Bek. v. 6.8.2020 (BGBl. I S. 1870).

[2)] Nr. **20**.

4. dass der Reisende im Fall der Insolvenz des Reiseveranstalters gemäß Absatz 6 abgesichert ist und etwaige zusätzliche Leistungsversprechen des Reiseveranstalters von der Insolvenzsicherung nicht umfasst sind.

(4) Der Reisegutschein verliert spätestens am 31. Dezember 2021 seine Gültigkeit.

(5) Der Reiseveranstalter hat dem Reisenden die geleisteten Vorauszahlungen unverzüglich, spätestens innerhalb von 14 Tagen, zu erstatten, wenn dieser den Gutschein innerhalb der Gültigkeitsdauer nicht eingelöst hat.

(6) [1] Wird der Reiseveranstalter zahlungsunfähig, wird über sein Vermögen das Insolvenzverfahren eröffnet oder wird ein Eröffnungsantrag mangels Masse abgewiesen, so kann der Reisende die unverzügliche Erstattung der geleisteten Vorauszahlungen von dem im Pauschalreisevertrag gemäß Artikel 250 § 6 Absatz 2 Nummer 3 genannten Kundengeldabsicherer verlangen; insoweit findet die Vorschrift des § 651r des Bürgerlichen Gesetzbuchs Anwendung. [2] Hat der Kundengeldabsicherer seine Haftung für die von ihm in einem Geschäftsjahr insgesamt zu erstattenden Beträge auf 110 Millionen Euro begrenzt und den Anspruch des Reisenden nach § 651r Absatz 3 Satz 4 des Bürgerlichen Gesetzbuchs deshalb nur anteilig befriedigt, so kann der Reisende auf der Grundlage des Reisegutscheins von der Bundesrepublik Deutschland die restliche Erstattung der Vorauszahlungen verlangen. [3] Der Reisende hat die Höhe der bereits erhaltenen Erstattungsleistung nachzuweisen. [4] Soweit die Staatskasse den Reisenden befriedigt, gehen Ansprüche des Reisenden gegen den Reiseveranstalter und den Kundengeldabsicherer auf die Staatskasse über. [5] Im Übrigen kann die Staatskasse die Erstattung davon abhängig machen, dass der Reisende Erstattungsansprüche gegen Dritte, die nicht von Satz 4 erfasst werden, an die Staatskasse abtritt.

(7) Im Hinblick auf die ergänzende staatliche Absicherung des Gutscheins nach Absatz 6 Satz 2 kann die Bundesrepublik Deutschland von dem Reiseveranstalter eine Garantieprämie erheben.

(8) Die Bundesregierung wird ermächtigt, durch Rechtsverordnung ohne Zustimmung des Bundesrates Einzelheiten des Erstattungsverfahrens und der Erhebung der Garantieprämien zu regeln.

(9) [1] Zuständige Stelle für das Erstattungsverfahren nach Absatz 6 Satz 2 bis 5 ist das Bundesministerium der Justiz und für Verbraucherschutz. [2] Das Bundesministerium der Justiz und für Verbraucherschutz kann die Aufgabe dem Bundesamt für Justiz übertragen. [3] Das Bundesministerium der Justiz und für Verbraucherschutz oder das Bundesamt für Justiz kann sich bei der Erfüllung seiner Aufgaben geeigneter Dritter bedienen. [4] Der zuständigen Stelle für das Erstattungsverfahren wird zur Erfüllung der Aufgaben außerdem die Wahrnehmung des Zahlungsverkehrs als für Zahlungen zuständige Stelle gemäß § 70 der Bundeshaushaltsordnung[1)] übertragen. [5] Falls die zuständige Stelle sich zur Erfüllung der Aufgaben eines Dritten bedient, kann sie auch die Wahrnehmung des Zahlungsverkehrs als eine für Zahlungen zuständige Stelle gemäß § 70 der Bundeshaushaltsordnung an den Dritten übertragen. [6] Die notwendigen Bestimmungen der Bundeshaushaltsordnung und die dazu erlassenen Ausführungsbestimmungen sind insoweit entsprechend anzuwenden. [7] Das Nähere wird im Einvernehmen mit dem Bundesministerium der Finanzen bestimmt.

---

**1) Sartorius Nr. 700.**

(10) Der Reiseveranstalter kann sich gegenüber dem Reisevermittler nur darauf berufen, dass der vermittelte Pauschalreisevertrag nicht mehr besteht, wenn er den Wert des Reisegutscheins auszuzahlen hat.

**§ 7[1]) Störung der Geschäftsgrundlage von Miet- und Pachtverträgen.**

(1) Sind vermietete Grundstücke oder vermietete Räume, die keine Wohnräume sind, infolge staatlicher Maßnahmen zur Bekämpfung der COVID-19-Pandemie für den Betrieb des Mieters nicht oder nur mit erheblicher Einschränkung verwendbar, so wird vermutet, dass sich insofern ein Umstand im Sinne des § 313 Absatz 1 des Bürgerlichen Gesetzbuchs[2]), der zur Grundlage des Mietvertrags geworden ist, nach Vertragsschluss schwerwiegend verändert hat.

(2) Absatz 1 ist auf Pachtverträge entsprechend anzuwenden.

***[Art. 240 ab 1.10.2022:]***
***Art. 240[3])*** *(aufgehoben)*

**Art. 241[4])** *(aufgehoben)*

**Art. 242[5]) Informationspflichten bei Teilzeit-Wohnrechteverträgen, Verträgen über langfristige Urlaubsprodukte, Vermittlungsverträgen sowie Tauschsystemverträgen**

**§ 1[5]) Vorvertragliche und vertragliche Pflichtangaben.** (1) Als vorvertragliche Informationen nach § 482 Absatz 1 des Bürgerlichen Gesetzbuchs[2]) für den Abschluss eines Teilzeit-Wohnrechtevertrags, eines Vertrags über ein langfristiges Urlaubsprodukt, eines Vermittlungsvertrags oder eines Tauschsystemvertrags sind die Angaben nach den Anhängen der Richtlinie 2008/122/EG des Europäischen Parlaments und des Rates vom 14. Januar 2009 über den Schutz der Verbraucher im Hinblick auf bestimmte Aspekte von Teilzeitnutzungsverträgen, Verträgen über langfristige Urlaubsprodukte sowie Wiederverkaufs- und Tauschverträgen (ABl. L 33 vom 3.2.2009, S. 10) in leicht zugänglicher Form zur Verfügung zu stellen, und zwar

1. für einen Teilzeit-Wohnrechtevertrag die Angaben nach Anhang I der Richtlinie,
2. für einen Vertrag über ein langfristiges Urlaubsprodukt die Angaben nach Anhang II der Richtlinie,
3. für einen Vermittlungsvertrag die Angaben nach Anhang III der Richtlinie,
4. für einen Tauschsystemvertrag die Angaben nach Anhang IV der Richtlinie.

(2) [1]Die Angaben in den Teilen 1 und 2 der Anhänge nach Absatz 1 Nummer 1 bis 4 sind in einem Formblatt nach den in den Anhängen enthaltenen Mustern zur Verfügung zu stellen. [2]Die Angaben nach Teil 3 des Anhangs können in das Formblatt aufgenommen oder auf andere Weise zur Verfügung gestellt werden. [3]Werden sie nicht in das Formblatt aufgenommen, ist auf dem Formblatt darauf hinzuweisen, wo die Angaben zu finden sind.

---

[1]) Art. 240 (§§ 1–4) eingef. mWv 1.4.2020 und aufgeh. **mWv 1.10.2022** durch G v. 27.3.2020 (BGBl. I S. 569); § 7 angef. mWv 31.12.2020 durch G v. 22.12.2020 (BGBl. I S. 3328).
[2]) Nr. **20.**
[3]) Art. 240 (§§ 1–7) aufgeh. **mWv 1.10.2022** durch G v. 27.3.2020 (BGBl. I S. 569).
[4]) Art. 241 aufgeh. mWv 15.7.2016 durch G v. 8.7.2016 (BGBl. I S. 1594).
[5]) Art. 242 (§§ 1, 2) neu gef. mWv 23.2.2011 durch G v. 17.1.2011 (BGBl. I S. 34).

**§ 2[1)] Informationen über das Widerrufsrecht.** Einem Teilzeit-Wohnrechtevertrag, einem Vertrag über ein langfristiges Urlaubsprodukt, einem Vermittlungsvertrag oder einem Tauschsystemvertrag ist ein Formblatt gemäß dem Muster in Anhang V der Richtlinie 2008/122/EG des Europäischen Parlaments und des Rates vom 14. Januar 2009 über den Schutz der Verbraucher im Hinblick auf bestimmte Aspekte von Teilzeitnutzungsverträgen, Verträgen über langfristige Urlaubsprodukte sowie Wiederverkaufs- und Tauschverträgen (ABl. L 33 vom 3.2. 2009, S. 10) in der Sprache nach § 483 Absatz 1 des Bürgerlichen Gesetzbuchs[2)] beizufügen, in das die einschlägigen Informationen zum Widerrufsrecht deutlich und verständlich eingefügt sind.

**Art. 243[3)] Ver- und Entsorgungsbedingungen.** [1] Das Bundesministerium für Wirtschaft und Energie kann im Einvernehmen mit dem Bundesministerium der Justiz und für Verbraucherschutz durch Rechtsverordnung mit Zustimmung des Bundesrates die Allgemeinen Bedingungen für die Versorgung mit Wasser und Fernwärme sowie die Entsorgung von Abwasser einschließlich von Rahmenregelungen über die Entgelte ausgewogen gestalten und hierbei unter angemessener Berücksichtigung der beiderseitigen Interessen

1. die Bestimmungen der Verträge einheitlich festsetzen,
2. Regelungen über den Vertragsschluss, den Gegenstand und die Beendigung der Verträge treffen sowie
3. die Rechte und Pflichten der Vertragsparteien festlegen.

[2] Satz 1 gilt entsprechend für Bedingungen öffentlich-rechtlich gestalteter Ver- und Entsorgungsverhältnisse mit Ausnahme der Regelung des Verwaltungsverfahrens.

**Art. 244[4)] Abschlagszahlungen beim Hausbau.** Das Bundesministerium der Justiz und für Verbraucherschutz wird ermächtigt, im Einvernehmen mit dem Bundesministerium für Wirtschaft und Energie durch Rechtsverordnung ohne Zustimmung des Bundesrates auch unter Abweichung von § 632a oder § 650m des Bürgerlichen Gesetzbuchs[2)] zu regeln, welche Abschlagszahlungen bei Werkverträgen verlangt werden können, die die Errichtung oder den Umbau eines Hauses oder eines vergleichbaren Bauwerks zum Gegenstand haben, insbesondere wie viele Abschläge vereinbart werden können, welche erbrachten Gewerke hierbei mit welchen Prozentsätzen der Gesamtbausumme angesetzt werden können, welcher Abschlag für eine in dem Vertrag enthaltene Verpflichtung zur Verschaffung des Eigentums angesetzt werden kann und welche Sicherheit dem Besteller hierfür zu leisten ist.

**Art. 245[5)]** *(aufgehoben)*

---

[1)] Art. 242 (§§ 1, 2) neu gef. mWv 23.2.2011 durch G v. 17.1.2011 (BGBl. I S. 34).

[2)] Nr. **20**.

[3)] Art. 243 angef. mWv 1.1.2002 durch G v. 26.11.2001 (BGBl. I S. 3138); Satz 1 geänd. mWv 28.11. 2003 durch VO v. 25.11.2003 (BGBl. I S. 2304); Satz 1 geänd. mWv 8.11.2006 durch VO v. 31.10.2006 (BGBl. I S. 2407); Satz 1 einl. Satzteil geänd. mWv 8.9.2015 durch VO v. 31.8.2015 (BGBl. I S. 1474).

[4)] Art. 244 angef. mWv 1.1.2002 durch G v. 26.11.2001 (BGBl. I S. 3138); geänd. mWv 28.11.2003 durch VO v. 25.11.2003 (BGBl. I S. 2304); geänd. mWv 8.11.2006 durch VO v. 31.10.2006 (BGBl. I S. 2407); geänd. mWv 1.1.2009 durch G v. 23.10.2008 (BGBl. I S. 2022); geänd. mWv 8.9.2015 durch VO v. 31.8.2015 (BGBl. I S. 1474); geänd. mWv 1.1.2018 durch G v. 28.4.2017 (BGBl. I S. 969).

[5)] Art. 245 aufgeh. mWv 13.6.2014 durch G v. 20.9.2013 (BGBl. I S. 3642).

**Art. 246[1)] Informationspflichten beim Verbrauchervertrag.** (1) Der Unternehmer ist, sofern sich diese Informationen nicht aus den Umständen ergeben, nach § 312a Absatz 2 des Bürgerlichen Gesetzbuchs verpflichtet, dem Verbraucher vor Abgabe von dessen Vertragserklärung folgende Informationen in klarer und verständlicher Weise zur Verfügung zu stellen:

1. die wesentlichen Eigenschaften der Waren oder Dienstleistungen in dem für den Datenträger und die Waren oder Dienstleistungen angemessenen Umfang,
2. seine Identität, beispielsweise seinen Handelsnamen und die Anschrift des Ortes, an dem er niedergelassen ist, sowie seine Telefonnummer,
3. den Gesamtpreis der Waren und Dienstleistungen einschließlich aller Steuern und Abgaben oder in den Fällen, in denen der Preis auf Grund der Beschaffenheit der Ware oder Dienstleistung vernünftigerweise nicht im Voraus berechnet werden kann, die Art der Preisberechnung sowie gegebenenfalls alle zusätzlichen Fracht-, Liefer- oder Versandkosten und alle sonstigen Kosten oder in den Fällen, in denen diese Kosten vernünftigerweise nicht im Voraus berechnet werden können, die Tatsache, dass solche zusätzlichen Kosten anfallen können,
4. gegebenenfalls die Zahlungs-, Liefer- und Leistungsbedingungen, den Termin, bis zu dem sich der Unternehmer verpflichtet hat, die Waren zu liefern oder die Dienstleistungen zu erbringen, sowie das Verfahren des Unternehmers zum Umgang mit Beschwerden,
5. das Bestehen eines gesetzlichen Mängelhaftungsrechts für die Waren oder die digitalen Produkte sowie gegebenenfalls das Bestehen und die Bedingungen von Kundendienstleistungen und Garantien,
6. gegebenenfalls die Laufzeit des Vertrags oder die Bedingungen der Kündigung unbefristeter Verträge oder sich automatisch verlängernder Verträge,
7. gegebenenfalls die Funktionalität der Waren mit digitalen Elementen oder der digitalen Produkte, einschließlich anwendbarer technischer Schutzmaßnahmen, und
8. gegebenenfalls, soweit wesentlich, die Kompatibilität und die Interoperabilität der Waren mit digitalen Elementen oder der digitalen Produkte, soweit diese Informationen dem Unternehmer bekannt sind oder bekannt sein müssen.

(2) Absatz 1 ist nicht anzuwenden auf Verträge, die Geschäfte des täglichen Lebens zum Gegenstand haben und bei Vertragsschluss sofort erfüllt werden.

(3) [1] Steht dem Verbraucher ein Widerrufsrecht zu, ist der Unternehmer verpflichtet, den Verbraucher in Textform über sein Widerrufsrecht zu belehren. [2] Die Widerrufsbelehrung muss deutlich gestaltet sein und dem Verbraucher seine wesentlichen Rechte in einer dem benutzten Kommunikationsmittel angepassten Weise deutlich machen. [3] Sie muss Folgendes enthalten:

1. einen Hinweis auf das Recht zum Widerruf,
2. einen Hinweis darauf, dass der Widerruf durch Erklärung gegenüber dem Unternehmer erfolgt und keiner Begründung bedarf,
3. den Namen und die ladungsfähige Anschrift desjenigen, gegenüber dem der Widerruf zu erklären ist, und
4. einen Hinweis auf Dauer und Beginn der Widerrufsfrist sowie darauf, dass zur Fristwahrung die rechtzeitige Absendung der Widerrufserklärung genügt.

---

1) Art. 246 neu gef. mWv 13.6.2014 durch G v. 20.9.2013 (BGBl. I S. 3642); Abs. 1 Nr. 3 geänd. mWv 21.3.2016 durch G v. 11.3.2016 (BGBl. I S. 396); Abs. 1 Nr. 5 geänd., Nr. 7 und 8 neu gef. mWv 28.5. 2022 durch G v. 10.8.2021 (BGBl. I S. 3483).

## Art. 246a[1] Informationspflichten bei außerhalb von Geschäftsräumen geschlossenen Verträgen und Fernabsatzverträgen mit Ausnahme von Verträgen über Finanzdienstleistungen

**§ 1[1] Informationspflichten.** (1) [1]Der Unternehmer ist nach § 312d Absatz 1 des Bürgerlichen Gesetzbuchs[2] verpflichtet, dem Verbraucher folgende Informationen zur Verfügung zu stellen:

1. die wesentlichen Eigenschaften der Waren oder Dienstleistungen in dem für das Kommunikationsmittel und für die Waren und Dienstleistungen angemessenen Umfang,
2. seine Identität, beispielsweise seinen Handelsnamen, sowie die Anschrift des Ortes, an dem er niedergelassen ist, sowie gegebenenfalls die Identität und die Anschrift des Unternehmers, in dessen Auftrag er handelt,
3. seine Telefonnummer, seine E-Mail-Adresse sowie gegebenenfalls andere von ihm zur Verfügung gestellte Online-Kommunikationsmittel, sofern diese gewährleisten, dass der Verbraucher seine Korrespondenz mit dem Unternehmer, einschließlich deren Datums und deren Uhrzeit, auf einem dauerhaften Datenträger speichern kann,
4. zusätzlich zu den Angaben gemäß den Nummern 2 und 3 die Geschäftsanschrift des Unternehmers und gegebenenfalls die Anschrift des Unternehmers, in dessen Auftrag er handelt, an die sich der Verbraucher mit jeder Beschwerde wenden kann, falls diese Anschrift von der Anschrift nach Nummer 2 abweicht,
5. den Gesamtpreis der Waren oder der Dienstleistungen, einschließlich aller Steuern und Abgaben, oder in den Fällen, in denen der Preis auf Grund der Beschaffenheit der Waren oder der Dienstleistungen vernünftigerweise nicht im Voraus berechnet werden kann, die Art der Preisberechnung,
6. gegebenenfalls den Hinweis, dass der Preis auf der Grundlage einer automatisierten Entscheidungsfindung personalisiert wurde,
7. gegebenenfalls alle zusätzlich zu dem Gesamtpreis nach Nummer 5 anfallenden Fracht-, Liefer- oder Versandkosten und alle sonstigen Kosten, oder in den Fällen, in denen diese Kosten vernünftigerweise nicht im Voraus berechnet werden können, die Tatsache, dass solche zusätzlichen Kosten anfallen können,
8. im Falle eines unbefristeten Vertrags oder eines Abonnement-Vertrags den Gesamtpreis; dieser umfasst die pro Abrechnungszeitraum anfallenden Gesamtkosten und, wenn für einen solchen Vertrag Festbeträge in Rechnung gestellt werden, ebenfalls die monatlichen Gesamtkosten; wenn die Gesamtkosten vernünftigerweise nicht im Voraus berechnet werden können, ist die Art der Preisberechnung anzugeben,
9. die Kosten für den Einsatz des für den Vertragsabschluss genutzten Fernkommunikationsmittels, sofern dem Verbraucher Kosten berechnet werden, die über die Kosten für die bloße Nutzung des Fernkommunikationsmittels hinausgehen,
10. die Zahlungs-, Liefer- und Leistungsbedingungen, den Termin, bis zu dem der Unternehmer die Waren liefern oder die Dienstleistung erbringen muss, und

---

[1] Art. 246a (§§ 1–4) eingef. mWv 13.6.2014 durch G v. 20.9.2013 (BGBl. I S. 3642); § 1 Abs. 3 Nr. 1 und 2 geänd. mWv 1.7.2018 durch G v. 17.7.2017 (BGBl. I S. 2394); Abs. 1 Satz 1 neu gef., Satz 2, Abs. 2 Satz 1 Nr. 3 geänd. mWv 28.5.2022 durch G v. 10.8.2021 (BGBl. I S. 3483).

[2] Nr. **20**.

gegebenenfalls das Verfahren des Unternehmers zum Umgang mit Beschwerden,
11. das Bestehen eines gesetzlichen Mängelhaftungsrechts für die Waren oder die digitalen Produkte,
12. gegebenenfalls das Bestehen und die Bedingungen von Kundendienst, Kundendienstleistungen und Garantien,
13. gegebenenfalls bestehende einschlägige Verhaltenskodizes gemäß Artikel 2 Buchstabe f der Richtlinie 2005/29/EG des Europäischen Parlaments und des Rates vom 11. Mai 2005 über unlautere Geschäftspraktiken im binnenmarktinternen Geschäftsverkehr zwischen Unternehmen und Verbrauchern und zur Änderung der Richtlinie 84/450/EWG des Rates, der Richtlinien 97/7/EG, 98/27/EG und 2002/65/EG des Europäischen Parlaments und des Rates sowie der Verordnung (EG) Nr. 2006/2004 des Europäischen Parlaments und des Rates (ABl. L 149 vom 11.6.2005, S. 22; L 253 vom 25.9.2009, S. 18), die zuletzt durch die Richtlinie (EU) 2019/2161 (ABl. L 328 vom 18.12.2019, S. 7) geändert worden ist, und wie Exemplare davon erhalten werden können,
14. gegebenenfalls die Laufzeit des Vertrags oder die Bedingungen der Kündigung unbefristeter Verträge oder sich automatisch verlängernder Verträge,
15. gegebenenfalls die Mindestdauer der Verpflichtungen, die der Verbraucher mit dem Vertrag eingeht,
16. gegebenenfalls die Tatsache, dass der Unternehmer vom Verbraucher die Stellung einer Kaution oder die Leistung anderer finanzieller Sicherheiten verlangen kann, sowie deren Bedingungen,
17. gegebenenfalls die Funktionalität der Waren mit digitalen Elementen oder der digitalen Produkte, einschließlich anwendbarer technischer Schutzmaßnahmen,
18. gegebenenfalls, soweit wesentlich, die Kompatibilität und die Interoperabilität der Waren mit digitalen Elementen oder der digitalen Produkte, soweit diese Informationen dem Unternehmer bekannt sind oder bekannt sein müssen, und
19. gegebenenfalls, dass der Verbraucher ein außergerichtliches Beschwerde- und Rechtsbehelfsverfahren, dem der Unternehmer unterworfen ist, nutzen kann, und dessen Zugangsvoraussetzungen.

[2]Wird der Vertrag im Rahmen einer öffentlich zugänglichen Versteigerung geschlossen, können anstelle der Angaben nach Satz 1 Nummer 2 bis 4 die entsprechenden Angaben des Versteigerers zur Verfügung gestellt werden.

(2) [1]Steht dem Verbraucher ein Widerrufsrecht nach § 312g Absatz 1 des Bürgerlichen Gesetzbuchs zu, ist der Unternehmer verpflichtet, den Verbraucher zu informieren

1. über die Bedingungen, die Fristen und das Verfahren für die Ausübung des Widerrufsrechts nach § 355 Absatz 1 des Bürgerlichen Gesetzbuchs sowie das Muster-Widerrufsformular in der Anlage 2,
2. gegebenenfalls darüber, dass der Verbraucher im Widerrufsfall die Kosten für die Rücksendung der Waren zu tragen hat, und bei Fernabsatzverträgen zusätzlich über die Kosten für die Rücksendung der Waren, wenn die Waren auf Grund ihrer Beschaffenheit nicht auf dem normalen Postweg zurückgesendet werden können, und
3. darüber, dass der Verbraucher dem Unternehmer bei einem Vertrag über die Erbringung von Dienstleistungen, für die die Zahlung eines Preises vorgesehen ist, oder über die nicht in einem bestimmten Volumen oder in einer bestimmten

Menge vereinbarte Lieferung von Wasser, Gas, Strom oder die Lieferung von Fernwärme einen angemessenen Betrag nach § 357a Absatz 2 des Bürgerlichen Gesetzbuchs für die vom Unternehmer erbrachte Leistung schuldet, wenn der Verbraucher das Widerrufsrecht ausübt, nachdem er auf Aufforderung des Unternehmers von diesem ausdrücklich den Beginn der Leistung vor Ablauf der Widerrufsfrist verlangt hat.

2 Der Unternehmer kann diese Informationspflichten dadurch erfüllen, dass er das in der Anlage 1 vorgesehene Muster für die Widerrufsbelehrung zutreffend ausgefüllt in Textform übermittelt.

(3) Der Unternehmer hat den Verbraucher auch zu informieren, wenn

1. dem Verbraucher nach § 312g Absatz 2 Nummer 1, 2, 5 und 7 bis 13 des Bürgerlichen Gesetzbuchs ein Widerrufsrecht nicht zusteht, dass der Verbraucher seine Willenserklärung nicht widerrufen kann, oder
2. das Widerrufsrecht des Verbrauchers nach § 312g Absatz 2 Nummer 3, 4 und 6 sowie § 356 Absatz 4 und 5 des Bürgerlichen Gesetzbuchs vorzeitig erlöschen kann, über die Umstände, unter denen der Verbraucher ein zunächst bestehendes Widerrufsrecht verliert.

**§ 2[1] Erleichterte Informationspflichten bei Reparatur- und Instandhaltungsarbeiten.** (1) Hat der Verbraucher bei einem Vertrag über Reparatur- und Instandhaltungsarbeiten, der außerhalb von Geschäftsräumen geschlossen wird, bei dem die beiderseitigen Leistungen sofort erfüllt werden und die vom Verbraucher zu leistende Vergütung 200 Euro nicht übersteigt, ausdrücklich die Dienste des Unternehmers angefordert, muss der Unternehmer dem Verbraucher lediglich folgende Informationen zur Verfügung stellen:

1. die Angaben nach § 1 Absatz 1 Satz 1 Nummer 2 und 3 sowie
2. den Preis oder die Art der Preisberechnung zusammen mit einem Kostenvoranschlag über die Gesamtkosten.

(2) Ferner hat der Unternehmer dem Verbraucher folgende Informationen zur Verfügung zu stellen:

1. die wesentlichen Eigenschaften der Waren oder Dienstleistungen in dem für das Kommunikationsmittel und die Waren oder Dienstleistungen angemessenen Umfang,
2. gegebenenfalls die Bedingungen, die Fristen und das Verfahren für die Ausübung des Widerrufsrechts sowie das Muster-Widerrufsformular in der Anlage 2 und
3. gegebenenfalls die Information, dass der Verbraucher seine Willenserklärung nicht widerrufen kann, oder die Umstände, unter denen der Verbraucher ein zunächst bestehendes Widerrufsrecht vorzeitig verliert.

(3) Eine vom Unternehmer zur Verfügung gestellte Abschrift oder Bestätigung des Vertrags nach § 312f Absatz 1 des Bürgerlichen Gesetzbuchs[2] muss alle nach § 1 zu erteilenden Informationen enthalten.

---

[1] Art. 246a § 2 eingef. mWv 13.6.2014 durch G v. 20.9.2013 (BGBl. I S. 3642); Abs. 1 Nr. 1 geänd. mWv 28.5.2022 durch G v. 10.8.2021 (BGBl. I S. 3483).
[2] Nr. **20**.

**§ 3[1)] Erleichterte Informationspflichten bei begrenzter Darstellungsmöglichkeit.** [1]Soll ein Fernabsatzvertrag mittels eines Fernkommunikationsmittels geschlossen werden, das nur begrenzten Raum oder begrenzte Zeit für die dem Verbraucher zu erteilenden Informationen bietet, ist der Unternehmer verpflichtet, dem Verbraucher mittels dieses Fernkommunikationsmittels zumindest folgende Informationen zur Verfügung zu stellen:

1. die wesentlichen Eigenschaften der Waren oder Dienstleistungen,
2. die Identität des Unternehmers,
3. den Gesamtpreis oder in den Fällen, in denen der Preis auf Grund der Beschaffenheit der Waren oder Dienstleistungen vernünftigerweise nicht im Voraus berechnet werden kann, die Art der Preisberechnung,
4. gegebenenfalls die Bedingungen, die Fristen und das Verfahren für die Ausübung des Widerrufsrechts nach § 355 Absatz 1 des Bürgerlichen Gesetzbuchs[2)] und
5. gegebenenfalls die Vertragslaufzeit und die Bedingungen für die Kündigung eines Dauerschuldverhältnisses.

[2]Die weiteren Angaben nach § 1 hat der Unternehmer dem Verbraucher in geeigneter Weise unter Beachtung von § 4 Absatz 3 zugänglich zu machen.

**§ 4[1)] Formale Anforderungen an die Erfüllung der Informationspflichten.**

(1) Der Unternehmer muss dem Verbraucher die Informationen nach den §§ 1 bis 3 vor Abgabe von dessen Vertragserklärung in klarer und verständlicher Weise zur Verfügung stellen.

(2) [1]Bei einem außerhalb von Geschäftsräumen geschlossenen Vertrag muss der Unternehmer die Informationen auf Papier oder, wenn der Verbraucher zustimmt, auf einem anderen dauerhaften Datenträger zur Verfügung stellen. [2]Die Informationen müssen lesbar sein. [3]Die Person des erklärenden Unternehmers muss genannt sein. [4]Der Unternehmer kann die Informationen nach § 2 Absatz 2 in anderer Form zur Verfügung stellen, wenn sich der Verbraucher hiermit ausdrücklich einverstanden erklärt hat.

(3) [1]Bei einem Fernabsatzvertrag muss der Unternehmer dem Verbraucher die Informationen in einer den benutzten Fernkommunikationsmitteln angepassten Weise zur Verfügung stellen. [2]Soweit die Informationen auf einem dauerhaften Datenträger zur Verfügung gestellt werden, müssen sie lesbar sein, und die Person des erklärenden Unternehmers muss genannt sein. [3]Abweichend von Satz 1 kann der Unternehmer dem Verbraucher die in § 3 Satz 2 genannten Informationen in geeigneter Weise zugänglich machen.

## Art. 246b[3)] Informationspflichten bei außerhalb von Geschäftsräumen geschlossenen Verträgen und Fernabsatzverträgen über Finanzdienstleistungen

**§ 1[3)] Informationspflichten.** (1) Der Unternehmer ist nach § 312d Absatz 2 des Bürgerlichen Gesetzbuchs[2)] verpflichtet, dem Verbraucher rechtzeitig vor

---

[1)] Art. 246a (§§ 1–4) eingef. mWv 13.6.2014 durch G v. 20.9.2013 (BGBl. I S. 3642); § 3 Satz 1 Nr. 4 neu gef. mWv 28.5.2022 durch G v. 10.8.2021 (BGBl. I S. 3483).

[2)] Nr. **20**.

[3)] Art. 246b (§§ 1, 2) eingef. mWv 13.6.2014 durch G v. 20.9.2013 (BGBl. I S. 3642); § 1 Abs. 1 Nr. 9, 14, 16, 18 und 19 neu gef. mWv 15.6.2021 durch G v. 9.6.2021 (BGBl. I S. 1666); Abs. 1 Nr. 12, Abs. 2 Satz 1 Nr. 5 geänd. mWv 28.5.2022 durch G v. 10.8.2021 (BGBl. I S. 3483).

Abgabe von dessen Vertragserklärung klar und verständlich und unter Angabe des geschäftlichen Zwecks, bei Fernabsatzverträgen in einer dem benutzten Fernkommunikationsmittel angepassten Weise, folgende Informationen zur Verfügung zu stellen:

1. seine Identität, anzugeben ist auch das öffentliche Unternehmensregister, bei dem der Rechtsträger eingetragen ist, und die zugehörige Registernummer oder gleichwertige Kennung,
2. die Hauptgeschäftstätigkeit des Unternehmers und die für seine Zulassung zuständige Aufsichtsbehörde,
3. die Identität des Vertreters des Unternehmers in dem Mitgliedstaat, in dem der Verbraucher seinen Wohnsitz hat, wenn es einen solchen Vertreter gibt, oder die Identität einer anderen gewerblich tätigen Person als dem Anbieter, wenn der Verbraucher mit dieser Person geschäftlich zu tun hat, und die Eigenschaft, in der diese Person gegenüber dem Verbraucher tätig wird,
4. die ladungsfähige Anschrift des Unternehmers und jede andere Anschrift, die für die Geschäftsbeziehung zwischen diesem, seinem Vertreter oder einer anderen gewerblich tätigen Person nach Nummer 3 und dem Verbraucher maßgeblich ist, bei juristischen Personen, Personenvereinigungen oder Personengruppen auch den Namen des Vertretungsberechtigten,
5. die wesentlichen Merkmale der Finanzdienstleistung sowie Informationen darüber, wie der Vertrag zustande kommt,
6. den Gesamtpreis der Finanzdienstleistung einschließlich aller damit verbundenen Preisbestandteile sowie alle über den Unternehmer abgeführten Steuern oder, wenn kein genauer Preis angegeben werden kann, seine Berechnungsgrundlage, die dem Verbraucher eine Überprüfung des Preises ermöglicht,
7. gegebenenfalls zusätzlich anfallende Kosten sowie einen Hinweis auf mögliche weitere Steuern oder Kosten, die nicht über den Unternehmer abgeführt oder von ihm in Rechnung gestellt werden,
8. gegebenenfalls den Hinweis, dass sich die Finanzdienstleistung auf Finanzinstrumente bezieht, die wegen ihrer spezifischen Merkmale oder der durchzuführenden Vorgänge mit speziellen Risiken behaftet sind oder deren Preis Schwankungen auf dem Finanzmarkt unterliegt, auf die der Unternehmer keinen Einfluss hat, und dass in der Vergangenheit erwirtschaftete Erträge kein Indikator für künftige Erträge sind,
9. gegebenenfalls eine Befristung der Gültigkeitsdauer der zur Verfügung gestellten Informationen, beispielsweise die Gültigkeitsdauer befristeter Angebote, insbesondere hinsichtlich des Preises,
10. Einzelheiten hinsichtlich der Zahlung und der Erfüllung,
11. alle spezifischen zusätzlichen Kosten, die der Verbraucher für die Benutzung des Fernkommunikationsmittels zu tragen hat, wenn solche zusätzlichen Kosten durch den Unternehmer in Rechnung gestellt werden,
12. das Bestehen oder Nichtbestehen eines Widerrufsrechts sowie die Bedingungen, Einzelheiten der Ausübung, insbesondere Name und Anschrift desjenigen, gegenüber dem der Widerruf zu erklären ist, und die Rechtsfolgen des Widerrufs einschließlich Informationen über den Betrag, den der Verbraucher im Falle des Widerrufs nach § 357b des Bürgerlichen Gesetzbuchs für die erbrachte Leistung zu zahlen hat,
13. die Mindestlaufzeit des Vertrags, wenn dieser eine dauernde oder regelmäßig wiederkehrende Leistung zum Inhalt hat,

14. gegebenenfalls die vertraglichen Kündigungsbedingungen einschließlich etwaiger Vertragsstrafen,
15. die Mitgliedstaaten der Europäischen Union, deren Recht der Unternehmer der Aufnahme von Beziehungen zum Verbraucher vor Abschluss des Vertrags zugrunde legt,
16. gegebenenfalls eine Vertragsklausel über das auf den Vertrag anwendbare Recht oder über das zuständige Gericht,
17. die Sprachen, in welchen die Vertragsbedingungen und die in dieser Vorschrift genannten Vorabinformationen mitgeteilt werden, sowie die Sprachen, in welchen sich der Unternehmer verpflichtet, mit Zustimmung des Verbrauchers die Kommunikation während der Laufzeit dieses Vertrags zu führen,
18. den Hinweis, ob der Verbraucher ein außergerichtliches Beschwerde- und Rechtsbehelfsverfahren, dem der Unternehmer unterworfen ist, nutzen kann, und gegebenenfalls dessen Zugangsvoraussetzungen,
19. gegebenenfalls das Bestehen eines Garantiefonds oder anderer Entschädigungsregelungen, die weder unter die Richtlinie 2014/49/EU des Europäischen Parlaments und des Rates vom 16. April 2014 über Einlagensicherungssysteme (ABl. L 173 vom 12.6.2014, S. 149; L 212 vom 18.7.2014, S. 47; L 309 vom 30.10.2014, S. 37) noch unter die Richtlinie 97/9/EG des Europäischen Parlaments und des Rates vom 3. März 1997 über Systeme für die Entschädigung der Anleger (ABl. L 84 vom 26.3.1997, S. 22) fallen.

(2) [1]Bei Telefongesprächen hat der Unternehmer nur folgende Informationen zur Verfügung zu stellen:

1. die Identität der Kontaktperson des Verbrauchers und deren Verbindung zum Unternehmer,
2. die Beschreibung der Hauptmerkmale der Finanzdienstleistung,
3. den Gesamtpreis, den der Verbraucher dem Unternehmer für die Finanzdienstleistung schuldet, einschließlich aller über den Unternehmer abgeführten Steuern, oder, wenn kein genauer Preis angegeben werden kann, die Grundlage für die Berechnung des Preises, die dem Verbraucher eine Überprüfung des Preises ermöglicht,
4. mögliche weitere Steuern und Kosten, die nicht über den Unternehmer abgeführt oder von ihm in Rechnung gestellt werden, und
5. das Bestehen oder Nichtbestehen eines Widerrufsrechts sowie für den Fall, dass ein Widerrufsrecht besteht, auch die Widerrufsfrist und die Bedingungen, Einzelheiten der Ausübung und die Rechtsfolgen des Widerrufs einschließlich Informationen über den Betrag, den der Verbraucher im Falle des Widerrufs nach § 357b des Bürgerlichen Gesetzbuchs für die erbrachte Leistung zu zahlen hat.

[2]Satz 1 gilt nur, wenn der Unternehmer den Verbraucher darüber informiert hat, dass auf Wunsch weitere Informationen übermittelt werden können und welcher Art diese Informationen sind, und der Verbraucher ausdrücklich auf die Übermittlung der weiteren Informationen vor Abgabe seiner Vertragserklärung verzichtet hat.

**§ 2[1)] Weitere Informationspflichten.** (1) [1] Der Unternehmer hat dem Verbraucher rechtzeitig vor Abgabe von dessen Vertragserklärung die folgenden Informationen auf einem dauerhaften Datenträger mitzuteilen:

1. die Vertragsbestimmungen einschließlich der Allgemeinen Geschäftsbedingungen und
2. die in § 1 Absatz 1 genannten Informationen.

[2] Wird der Vertrag auf Verlangen des Verbrauchers telefonisch oder unter Verwendung eines anderen Fernkommunikationsmittels geschlossen, das die Mitteilung auf einem dauerhaften Datenträger vor Vertragsschluss nicht gestattet, hat der Unternehmer dem Verbraucher abweichend von Satz 1 die Informationen unverzüglich nach Abschluss des Fernabsatzvertrags zu übermitteln.

(2) Der Verbraucher kann während der Laufzeit des Vertrags vom Unternehmer jederzeit verlangen, dass dieser ihm die Vertragsbedingungen einschließlich der Allgemeinen Geschäftsbedingungen in Papierform zur Verfügung stellt.

(3) [1] Zur Erfüllung seiner Informationspflicht nach Absatz 1 Satz 1 Nummer 2 in Verbindung mit § 1 Absatz 1 Nummer 12 über das Bestehen eines Widerrufsrechts kann der Unternehmer dem Verbraucher das jeweils einschlägige, in der Anlage 3, der Anlage 3a oder der Anlage 3b vorgesehene Muster für die Widerrufsbelehrung bei Finanzdienstleistungsverträgen zutreffend ausgefüllt in Textform übermitteln. [2] In Fällen des Artikels 247 § 1 Absatz 2 Satz 6 kann der Unternehmer zur Erfüllung seiner Informationspflicht nach Artikel 246b § 2 Absatz 1 Satz 1 Nummer 2 in Verbindung mit Artikel 246b § 1 Absatz 1 Nummer 12 über das Bestehen eines Widerrufsrechts dem Verbraucher das in der Anlage 6 vorgesehene Muster für das ESIS-Merkblatt zutreffend ausgefüllt in Textform übermitteln. [3] Zur Erfüllung seiner Informationspflichten nach den Sätzen 1 und 2 kann der Unternehmer bis zum Ablauf des 31. Dezember 2021 auch das Muster der Anlage 3 in der Fassung von Artikel 2 Nummer 7 des Gesetzes zur Umsetzung der Verbraucherrechterichtlinie und zur Änderung des Gesetzes zur Regelung der Wohnungsvermittlung vom 20. September 2013 (BGBl. I S. 3642) verwenden.

**Art. 246c[2)] Informationspflichten bei Verträgen im elektronischen Geschäftsverkehr.** Bei Verträgen im elektronischen Geschäftsverkehr muss der Unternehmer den Kunden unterrichten

1. über die einzelnen technischen Schritte, die zu einem Vertragsschluss führen,
2. darüber, ob der Vertragstext nach dem Vertragsschluss von dem Unternehmer gespeichert wird und ob er dem Kunden zugänglich ist,
3. darüber, wie er mit den nach § 312i Absatz 1 Satz 1 Nummer 1 des Bürgerlichen Gesetzbuchs[3)] zur Verfügung gestellten technischen Mitteln Eingabefehler vor Abgabe der Vertragserklärung erkennen und berichtigen kann,
4. über die für den Vertragsschluss zur Verfügung stehenden Sprachen und
5. über sämtliche einschlägigen Verhaltenskodizes, denen sich der Unternehmer unterwirft, sowie über die Möglichkeit eines elektronischen Zugangs zu diesen Regelwerken.

---

[1)] Art. 246b § 2 eingef. mWv 13.6.2014 durch G v. 20.9.2013 (BGBl. I S. 3642); Abs. 3 Satz 1 geänd., Sätze 2 und 3 angef. mWv 15.6.2021 durch G v. 9.6.2021 (BGBl. I S. 1666).

[2)] Art. 246c eingef. mWv 13.6.2014 durch G v. 20.9.2013 (BGBl. I S. 3642).

[3)] Nr. **20**.

## Art. 246d[1)] Allgemeine Informationspflichten für Betreiber von Online-Marktplätzen

**§ 1[1)] Informationspflichten.** Der Betreiber eines Online-Marktplatzes muss den Verbraucher informieren

1. zum Ranking der Waren, Dienstleistungen oder digitalen Inhalte, die dem Verbraucher als Ergebnis seiner Suchanfrage auf dem Online-Marktplatz präsentiert werden, allgemein über
   a) die Hauptparameter zur Festlegung des Rankings und
   b) die relative Gewichtung der Hauptparameter zur Festlegung des Rankings im Vergleich zu anderen Parametern,
2. falls dem Verbraucher auf dem Online-Marktplatz das Ergebnis eines Vergleichs von Waren, Dienstleistungen oder digitalen Inhalten präsentiert wird, über die Anbieter, die bei der Erstellung des Vergleichs einbezogen wurden,
3. gegebenenfalls darüber, dass es sich bei ihm und dem Anbieter der Waren, Dienstleistungen oder digitalen Inhalte um verbundene Unternehmen im Sinne von § 15 des Aktiengesetzes[2)] handelt,
4. darüber, ob es sich bei dem Anbieter der Waren, Dienstleistungen oder digitalen Inhalte nach dessen eigener Erklärung gegenüber dem Betreiber des Online-Marktplatzes um einen Unternehmer handelt,
5. falls es sich bei dem Anbieter der Waren, Dienstleistungen oder digitalen Inhalte nach dessen eigener Erklärung gegenüber dem Betreiber des Online-Marktplatzes nicht um einen Unternehmer handelt, darüber, dass die besonderen Vorschriften für Verbraucherverträge auf den Vertrag nicht anzuwenden sind,
6. gegebenenfalls darüber, in welchem Umfang der Anbieter der Waren, Dienstleistungen oder digitalen Inhalte sich des Betreibers des Online- Marktplatzes bei der Erfüllung von Verbindlichkeiten aus dem Vertrag mit dem Verbraucher bedient, und darüber, dass dem Verbraucher hierdurch keine eigenen vertraglichen Ansprüche gegenüber dem Betreiber des Online- Marktplatzes entstehen, und
7. falls ein Anbieter eine Eintrittsberechtigung für eine Veranstaltung weiterverkaufen will, ob und gegebenenfalls in welcher Höhe der Veranstalter nach Angaben des Anbieters einen Preis für den Erwerb dieser Eintrittsberechtigung festgelegt hat.

**§ 2[1)] Formale Anforderungen.** (1) Der Betreiber eines Online-Marktplatzes muss dem Verbraucher die Informationen nach § 1 vor Abgabe von dessen Vertragserklärung in klarer, verständlicher und in einer den benutzten Fernkommunikationsmitteln angepassten Weise zur Verfügung stellen.

(2) Die Informationen nach § 1 Nummer 1 und 2 müssen dem Verbraucher in einem bestimmten Bereich der Online-Benutzeroberfläche zur Verfügung gestellt werden, der von der Webseite, auf der die Angebote angezeigt werden, unmittelbar und leicht zugänglich ist.

---

[1)] Art. 246d (§§ 1 und 2) eingef. mWv 28.5.2022 durch G v. 10.8.2021 (BGBl. I S. 3483).
[2)] Nr. **51**.

**Art. 246e[1)] Verbotene Verletzung von Verbraucherinteressen und Bußgeldvorschriften**

**§ 1[2)] Verbotene Verletzung von Verbraucherinteressen im Zusammenhang mit Verbraucherverträgen.** (1) Die Verletzung von Verbraucherinteressen im Zusammenhang mit Verbraucherverträgen, bei der es sich um einen weitverbreiteten Verstoß gemäß Artikel 3 Nummer 3 oder einen weitverbreiteten Verstoß mit Unions-Dimension gemäß Artikel 3 Nummer 4 der Verordnung (EU) 2017/2394 des Europäischen Parlaments und des Rates vom 12. Dezember 2017 über die Zusammenarbeit zwischen den für die Durchsetzung der Verbraucherschutzgesetze zuständigen nationalen Behörden und zur Aufhebung der Verordnung (EG) Nr. 2006/2004 (ABl. L 345 vom 27.12.2017, S. 1), die zuletzt durch die Richtlinie (EU) 2019/771 (ABl. L 136 vom 22.5.2019, S. 28) geändert worden ist, handelt, ist verboten.

(2) Eine Verletzung von Verbraucherinteressen im Zusammenhang mit Verbraucherverträgen im Sinne des Absatzes 1 liegt vor, wenn

1. gegenüber dem Verbraucher ein nach § 241a Absatz 1 des Bürgerlichen Gesetzbuchs[3)] nicht begründeter Anspruch geltend gemacht wird,
2. von einem Unternehmer in seinen Allgemeinen Geschäftsbedingungen eine Bestimmung empfohlen oder verwendet wird,
   a) die nach § 309 des Bürgerlichen Gesetzbuchs unwirksam ist oder
   b) deren Empfehlung oder Verwendung gegenüber Verbrauchern dem Unternehmer durch rechtskräftiges Urteil untersagt wurde,
3. eine Identität oder der geschäftliche Zweck eines Anrufs nicht nach § 312a Absatz 1 des Bürgerlichen Gesetzbuchs offengelegt wird,
4. der Verbraucher nicht nach § 312a Absatz 2 Satz 1 oder § 312d Absatz 1 des Bürgerlichen Gesetzbuchs informiert wird,
5. eine Vereinbarung nach § 312a Absatz 3 Satz 1, auch in Verbindung mit Satz 2, des Bürgerlichen Gesetzbuchs nicht ausdrücklich getroffen wird,
6. eine nach § 312a Absatz 4 Nummer 2 oder Absatz 5 Satz 1 des Bürgerlichen Gesetzbuchs unwirksame Vereinbarung abgeschlossen wird,
7. von dem Verbraucher entgegen § 312e des Bürgerlichen Gesetzbuchs die Erstattung der Kosten verlangt wird,
8. eine Abschrift oder eine Bestätigung des Vertrags nach § 312f Absatz 1 Satz 1, auch in Verbindung mit Satz 2, oder nach Absatz 2 Satz 1 des Bürgerlichen Gesetzbuchs nicht zur Verfügung gestellt wird,
9. im elektronischen Geschäftsverkehr gegenüber Verbrauchern
   a) eine zusätzliche Angabe nicht nach den Vorgaben des § 312j Absatz 1 des Bürgerlichen Gesetzbuchs gemacht wird,
   b) eine Information nicht nach den Vorgaben des § 312j Absatz 2 des Bürgerlichen Gesetzbuchs zur Verfügung gestellt wird oder
   c) die Bestellsituation nicht nach den Vorgaben des § 312j Absatz 3 des Bürgerlichen Gesetzbuchs gestaltet wird,
10. der Verbraucher nicht nach § 312l Absatz 1 des Bürgerlichen Gesetzbuchs informiert wird,

---

1) Art. 246e (§§ 1 und 2) eingef. mWv 28.5.2022 durch G v. 10.8.2021 (BGBl. I S. 3483).

2) Art. 246e § 1 eingef. mWv 28.5.2022 durch G v. 10.8.2021 (BGBl. I S. 3483); Abs. 2 Nr. 10 geänd. mWv 1.7.2022 durch G v. 10.8.2021 (BGBl. I S. 3433).

3) Nr. **20**.

11. eine Sache bei einem Verbrauchsgüterkauf nicht innerhalb einer dem Unternehmer nach § 323 Absatz 1 des Bürgerlichen Gesetzbuchs gesetzten angemessenen Frist geliefert wird,
12. nach einem wirksamen Widerruf des Vertrags durch den Verbraucher
    a) Inhalte entgegen § 327p Absatz 2 Satz 1 in Verbindung mit § 357 Absatz 8 des Bürgerlichen Gesetzbuchs genutzt werden,
    b) Inhalte nicht nach § 327p Absatz 3 Satz 1 in Verbindung mit § 357 Absatz 8 des Bürgerlichen Gesetzbuchs bereitgestellt werden,
    c) eine empfangene Leistung dem Verbraucher nicht nach § 355 Absatz 3 Satz 1 in Verbindung mit § 357 Absatz 1 bis 3 des Bürgerlichen Gesetzbuchs zurückgewährt wird oder
    d) Ware nicht nach § 357 Absatz 7 des Bürgerlichen Gesetzbuchs auf eigene Kosten abgeholt wird,
13. im Falle eines Rücktritts des Verbrauchers von einem Verbrauchsgüterkauf eine Leistung des Verbrauchers nicht nach § 346 Absatz 1 des Bürgerlichen Gesetzbuchs zurückgewährt wird,
14. der Zugang eines Widerrufs nicht nach § 356 Absatz 1 Satz 2 des Bürgerlichen Gesetzbuchs bestätigt wird oder
15. eine Sache dem Verbraucher nicht innerhalb der nach § 433 Absatz 1 Satz 1 in Verbindung mit § 475 Absatz 1 Satz 1 und 2 des Bürgerlichen Gesetzbuchs maßgeblichen Leistungszeit übergeben wird.

(3) Eine Verletzung von Verbraucherinteressen im Zusammenhang mit Verbraucherverträgen nach Absatz 1 liegt auch vor, wenn
1. eine Handlung oder Unterlassung die tatsächlichen Voraussetzungen eines der in Absatz 2 geregelten Fälle erfüllt und
2. auf den Verbrauchervertrag das nationale Recht eines anderen Mitgliedstaates der Europäischen Union anwendbar ist, welches eine Vorschrift enthält, die der jeweiligen in Absatz 2 genannten Vorschrift entspricht.

**§ 2[1] Bußgeldvorschriften.** (1) Ordnungswidrig handelt, wer vorsätzlich oder fahrlässig entgegen § 1 Absatz 1 Verbraucherinteressen im Zusammenhang mit Verbraucherverträgen nach § 1 Absatz 2 oder 3 verletzt.

(2) [1]Die Ordnungswidrigkeit kann mit einer Geldbuße bis zu fünfzigtausend Euro geahndet werden. [2]Gegenüber einem Unternehmer, der in den von dem Verstoß betroffenen Mitgliedstaaten der Europäischen Union in dem der Behördenentscheidung vorausgegangenen Geschäftsjahr mehr als eine Million zweihundertfünfzigtausend Euro Jahresumsatz erzielt hat, kann eine höhere Geldbuße verhängt werden; diese darf 4 Prozent des Jahresumsatzes nicht übersteigen. [3]Die Höhe des Jahresumsatzes kann geschätzt werden. [4]Liegen keine Anhaltspunkte für eine Schätzung des Jahresumsatzes vor, beträgt das Höchstmaß der Geldbuße zwei Millionen Euro. [5]Abweichend von den Sätzen 2 bis 4 gilt gegenüber einem Täter oder einem Beteiligten, der im Sinne des § 9 des Gesetzes über Ordnungswidrigkeiten[2] für einen Unternehmer handelt, und gegenüber einem Beteiligten im Sinne von § 14 Absatz 1 Satz 2 des Gesetzes über Ordnungswidrigkeiten, der kein Unternehmer ist, der Bußgeldrahmen des Satzes 1. [6]Das für die Ordnungswidrigkeit angedrohte Höchstmaß der Geldbuße im Sinne von § 30 Absatz 2 Satz 2 des

[1] Art. 246e § 2 eingef. mWv 28.5.2022 durch G v. 10.8.2021 (BGBl. I S. 3483); Abs. 4 geänd. mWv 1.8.2022 durch G v. 24.6.2022 (BGBl. I S. 959).

[2] Nr. **94**.

Gesetzes über Ordnungswidrigkeiten ist das nach den Sätzen 1 bis 4 anwendbare Höchstmaß.

(3) Die Ordnungswidrigkeit kann nur im Rahmen einer koordinierten Durchsetzungsmaßnahme nach Artikel 21 der Verordnung (EU) 2017/2394 geahndet werden.

(4) Verwaltungsbehörde im Sinne des § 36 Absatz 1 Nummer 1 des Gesetzes über Ordnungswidrigkeiten ist das Umweltbundesamt.

## Art. 247[1] Informationspflichten bei Verbraucherdarlehensverträgen, entgeltlichen Finanzierungshilfen und Darlehensvermittlungsverträgen

**§ 1[2] Vorvertragliche Informationen bei Immobiliar-Verbraucherdarlehensverträgen.** (1) [1]Bei einem Immobiliar-Verbraucherdarlehensvertrag muss der Darlehensgeber dem Darlehensnehmer mitteilen, welche Informationen und Nachweise er innerhalb welchen Zeitraums von ihm benötigt, um eine ordnungsgemäße Kreditwürdigkeitsprüfung durchführen zu können. [2]Er hat den Darlehensnehmer darauf hinzuweisen, dass eine Kreditwürdigkeitsprüfung für den Abschluss des Darlehensvertrags zwingend ist und nur durchgeführt werden kann, wenn die hierfür benötigten Informationen und Nachweise richtig sind und vollständig beigebracht werden.

(2) [1]Der Darlehensgeber muss dem Darlehensnehmer die vorvertraglichen Informationen in Textform übermitteln, und zwar unverzüglich nachdem er die Angaben gemäß Absatz 1 erhalten hat und rechtzeitig vor Abgabe der Vertragserklärung des Darlehensnehmers. [2]Dafür muss der Darlehensgeber das entsprechend ausgefüllte Europäische Standardisierte Merkblatt gemäß dem Muster in Anlage 6 (ESIS-Merkblatt) verwenden. [3]Der Darlehensgeber hat das ESIS-Merkblatt auch jedem Vertragsangebot und jedem Vertragsvorschlag, an dessen Bedingungen er sich bindet, beizufügen. [4]Dies gilt nicht, wenn der Darlehensnehmer bereits ein Merkblatt erhalten hat, das über die speziellen Bedingungen des Vertragsangebots oder Vertragsvorschlags informiert. [5]Jeder bindende Vertragsvorschlag ist dem Darlehensnehmer in Textform zur Verfügung zu stellen. [6]Ist der Darlehensvertrag zugleich ein außerhalb von Geschäftsräumen geschlossener Vertrag oder ein Fernabsatzvertrag, gelten mit der Übermittlung des ESIS-Merkblatts

*(Fortsetzung nächstes Blatt)*

[1] Art. 247 (§§ 1–17) angef. mWv 11.6.2010 durch G v. 29.7.2009 (BGBl. I S. 2355).
[2] Art. 247 § 1 neu gef. mWv 21.3.2016 durch G v. 11.3.2016 (BGBl. I S. 396).

auch die Anforderungen des § 312d Absatz 2 des Bürgerlichen Gesetzbuchs[1] als erfüllt.

(3) [1] Weitere vorvertragliche Informationen sind, soweit nichts anderes bestimmt ist, in einem gesonderten Dokument zu erteilen, das dem ESIS-Merkblatt beigefügt werden kann. [2] Die weiteren vorvertraglichen Informationen müssen auch einen deutlich gestalteten Hinweis darauf enthalten, dass der Darlehensgeber Forderungen aus dem Darlehensvertrag ohne Zustimmung des Darlehensnehmers abtreten und das Vertragsverhältnis auf einen Dritten übertragen darf, soweit nicht die Abtretung im Vertrag ausgeschlossen wird oder der Darlehensnehmer der Übertragung zustimmen muss.

(4) Wenn der Darlehensgeber entscheidet, den Darlehensvertrag nicht abzuschließen, muss er dies dem Darlehensnehmer unverzüglich mitteilen.

**§ 2[2] Form, Zeitpunkt und Muster der vorvertraglichen Informationen bei Allgemein-Verbraucherdarlehensverträgen.** (1) [1] Bei einem Allgemein-Verbraucherdarlehensvertrag muss der Darlehensgeber den Darlehensnehmer über die Einzelheiten nach den §§ 3 bis 5 und 8 bis 13 unterrichten, und zwar rechtzeitig vor Abgabe der Vertragserklärung des Darlehensnehmers. [2] Die Unterrichtung erfolgt in Textform.

(2) Für die Unterrichtung nach Absatz 1 ist vorbehaltlich des Absatzes 3 die Europäische Standardinformation für Verbraucherkredite gemäß dem Muster in Anlage 4 zu verwenden.

(3) [1] Soll ein Allgemein-Verbraucherdarlehensvertrag gemäß § 495 Absatz 2 Nummer 1 oder § 504 Absatz 2 des Bürgerlichen Gesetzbuchs[1] abgeschlossen werden, kann der Darlehensgeber zur Unterrichtung die Europäische Verbraucherkreditinformation gemäß dem Muster in Anlage 5 verwenden. [2] Verwendet der Darlehensgeber das Muster nicht, hat er bei der Unterrichtung alle nach den §§ 3 bis 5 und 8 bis 13 erforderlichen Angaben gleichartig zu gestalten und hervorzuheben.

(4) [1] Die Verpflichtung zur Unterrichtung nach § 491a Abs. 1 des Bürgerlichen Gesetzbuchs gilt als erfüllt, wenn der Darlehensgeber dem Darlehensnehmer das ordnungsgemäß ausgefüllte Muster in Textform übermittelt hat. [2] Ist der Darlehensvertrag zugleich ein Fernabsatzvertrag oder ein außerhalb von Geschäftsräumen geschlossener Vertrag, gelten mit der Übermittlung des entsprechenden ausgefüllten Musters auch die Anforderungen des § 312d Absatz 2 des Bürgerlichen Gesetzbuchs als erfüllt. [3] Die in diesem Absatz genannten Verpflichtungen gelten bis 31. Dezember 2010 auch bei Übermittlung des Musters in den Anlagen 4 und 5 in der Fassung des Gesetzes zur Umsetzung der Verbraucherkreditrichtlinie, des zivilrechtlichen Teils der Zahlungsdiensterichtlinie sowie zur Neuordnung der Vorschriften über das Widerrufs- und Rückgaberecht vom 29. Juli 2009 (BGBl. I S. 2355) als erfüllt.

---

[1] Nr. **20**.

[2] Art. 247 § 2 angef. mWv 11.6.2010 durch G v. 29.7.2009 (BGBl. I S. 2355); Abs. 3 Satz 3 angef. mWv 30.7.2010 durch G v. 24.7.2010 (BGBl. I S. 977); Abs. 1, Abs. 2 Sätze 1 und 2 sowie Abs. 3 Sätze 2 und 3 geänd. mWv 13.6.2014 durch G v. 20.9.2013 (BGBl. I S. 3642); Überschrift, Abs. 1 und 2 neu gef., Abs. 3 eingef., bish. Abs. 3 wird Abs. 4 und Satz 2 geänd. mWv 21.3.2016 durch G v. 11.3.2016 (BGBl. I S. 396).

**§ 3[1] Inhalt der vorvertraglichen Information bei Allgemein-Verbraucherdarlehensverträgen.** (1) Die Unterrichtung vor Vertragsschluss muss folgende Informationen enthalten:

1. den Namen und die Anschrift des Darlehensgebers,
2. die Art des Darlehens,
3. den effektiven Jahreszins,
4. den Nettodarlehensbetrag,
5. den Sollzinssatz,
6. die Vertragslaufzeit,
7. Betrag, Zahl und Fälligkeit der einzelnen Teilzahlungen,
8. den Gesamtbetrag,
9. die Auszahlungsbedingungen,

*(Fortsetzung nächstes Blatt)*

[1] Art. 247 § 3 angef. mWv 11.6.2010 durch G v. 29.7.2009 (BGBl. I S. 2355); Überschrift geänd. mWv 21.3.2016 durch G v. 11.3.2016 (BGBl. I S. 396); Abs. 1 Nr. 10 geänd. mWv 13.1.2018 durch G v. 17.7.2017 (BGBl. I S. 2446).

10. alle sonstigen Kosten, insbesondere in Zusammenhang mit der Auszahlung oder der Verwendung eines Zahlungsinstruments, mit dem sowohl Zahlungsvorgänge als auch Abhebungen getätigt werden können, sowie die Bedingungen, unter denen die Kosten angepasst werden können,
11. den Verzugszinssatz und die Art und Weise seiner etwaigen Anpassung sowie gegebenenfalls anfallende Verzugskosten,
12. einen Warnhinweis zu den Folgen ausbleibender Zahlungen,
13. das Bestehen oder Nichtbestehen eines Widerrufsrechts,
14. das Recht des Darlehensnehmers, das Darlehen vorzeitig zurückzuzahlen,
15. die sich aus § 491a Abs. 2 des Bürgerlichen Gesetzbuchs[1)] ergebenden Rechte,
16. die sich aus § 29 Abs. 7 des Bundesdatenschutzgesetzes[2)] ergebenden Rechte.

(2) [1] Gesamtbetrag ist die Summe aus Nettodarlehensbetrag und Gesamtkosten. [2] Nettodarlehensbetrag ist der Höchstbetrag, auf den der Darlehensnehmer aufgrund des Darlehensvertrags Anspruch hat. [3] Die Gesamtkosten und der effektive Jahreszins sind nach § 6 der Preisangabenverordnung[3)] zu berechnen.

(3) [1] Der Gesamtbetrag und der effektive Jahreszins sind anhand eines repräsentativen Beispiels zu erläutern. [2] Dabei sind sämtliche in die Berechnung des effektiven Jahreszinses einfließenden Annahmen anzugeben und die vom Darlehensnehmer genannten Wünsche zu einzelnen Vertragsbedingungen zu berücksichtigen. [3] Der Darlehensgeber hat darauf hinzuweisen, dass sich der effektive Jahreszins unter Umständen erhöht, wenn der Verbraucherdarlehensvertrag mehrere Auszahlungsmöglichkeiten mit unterschiedlichen Kosten oder Sollzinssätzen vorsieht und die Berechnung des effektiven Jahreszinses auf der Vermutung beruht, dass die für die Art des Darlehens übliche Auszahlungsmöglichkeit vereinbart werde.

(4) [1] Die Angabe zum Sollzinssatz muss die Bedingungen und den Zeitraum für seine Anwendung sowie die Art und Weise seiner Anpassung enthalten. [2] Ist der Sollzinssatz von einem Index oder Referenzzinssatz abhängig, sind diese anzugeben. [3] Sieht der Verbraucherdarlehensvertrag mehrere Sollzinssätze vor, sind die Angaben für alle Sollzinssätze zu erteilen. [4] Sind im Fall des Satzes 3 Teilzahlungen vorgesehen, ist anzugeben, in welcher Reihenfolge die ausstehenden Forderungen des Darlehensgebers, für die unterschiedliche Sollzinssätze gelten, durch die Teilzahlungen getilgt werden.

**§ 4[4)] Weitere Angaben bei der vorvertraglichen Information bei Allgemein-Verbraucherdarlehensverträgen.** (1) Die Unterrichtung muss bei Allgemein-Verbraucherdarlehensverträgen folgende Angaben enthalten, soweit sie für den in Betracht kommenden Vertragsabschluss erheblich sind:

1. einen Hinweis, dass der Darlehensnehmer infolge des Vertragsabschlusses Notarkosten zu tragen hat,
2. Sicherheiten, die der Darlehensgeber verlangt,

---

[1)] Nr. 20.
[2)] **Sartorius Nr. 245.**
[3)] **Schönfelder ErgBd. Nr. 73a.**
[4)] Art. 247 § 4 angef. mWv 11.6.2010 durch G v. 29.7.2009 (BGBl. I S. 2355); Überschrift, Abs. 1 einl. Satzteil und Abs. 2 geänd. mWv 21.3.2016 durch G v. 11.3.2016 (BGBl. I S. 396); Abs. 3 angef. mWv 1.7.2018 durch G v. 6.6.2017 (BGBl. I S. 1495).

3. den Anspruch auf Vorfälligkeitsentschädigung und dessen Berechnungsmethode, soweit der Darlehensgeber diesen Anspruch geltend macht, falls der Darlehensnehmer das Darlehen vorzeitig zurückzahlt,
4. gegebenenfalls den Zeitraum, für den sich der Darlehensgeber an die übermittelten Informationen bindet.

(2) Weitere Hinweise des Darlehensgebers müssen räumlich getrennt von den Angaben nach Absatz 1 und nach den §§ 3 und 8 bis 13a übermittelt werden.

(3) Wird in einem Allgemein-Verbraucherdarlehensvertrag auf einen Referenzwert im Sinne des Artikels 3 Absatz 1 Nummer 3 der Verordnung (EU) 2016/1011 des Europäischen Parlaments und des Rates vom 8. Juni 2016 über Indizes, die bei Finanzinstrumenten und Finanzkontrakten als Referenzwert oder zur Messung der Wertentwicklung eines Investmentfonds verwendet werden, und zur Änderung der Richtlinien 2008/48/EG und 2014/17/EU sowie der Verordnung (EU) Nr. 596/2014 (ABl. L 171 vom 29.6.2016, S. 1) Bezug genommen, teilt der Darlehensgeber dem Darlehensnehmer in einem gesonderten Dokument, das dem Formular „Europäische Standardinformationen für Verbraucherkredite" beigefügt werden kann, die Bezeichnung des Referenzwerts und den Namen des Administrators sowie die möglichen Auswirkungen auf den Darlehensnehmer mit.

**§ 5[1)] Information bei besonderen Kommunikationsmitteln.** (1) [1] Wählt der Darlehensnehmer für die Vertragsanbahnung bei Allgemein-Verbraucherdarlehensverträgen Kommunikationsmittel, die die Übermittlung der vorstehenden Informationen in der in § 2 vorgesehenen Form nicht gestatten, ist die vollständige Unterrichtung nach § 2 unverzüglich nachzuholen. [2] Bei Telefongesprächen muss die Beschreibung der wesentlichen Merkmale nach Artikel 246b § 1 Absatz 1 Nummer 5 zumindest die Angaben nach § 3 Abs. 1 Nr. 3 bis 9, Abs. 3 und 4 enthalten.

(2) Bei Telefongesprächen, die sich auf Immobiliar-Verbraucherdarlehensverträge beziehen, muss die Beschreibung der wesentlichen Merkmale nach Artikel 246b § 1 Absatz 1 Nummer 5 zumindest die Angaben nach Teil A Abschnitt 3 bis 6 des ESIS-Merkblatts gemäß dem Muster in Anlage 6 enthalten.

**§ 6[2)] Vertragsinhalt.** (1) [1] Der Verbraucherdarlehensvertrag muss klar und verständlich folgende Angaben enthalten:
1. die in § 3 Abs. 1 Nr. 1 bis 14 und Abs. 4 genannten Angaben,
2. den Namen und die Anschrift des Darlehensnehmers,
3. die für den Darlehensgeber zuständige Aufsichtsbehörde,
4. einen Hinweis auf den Anspruch des Darlehensnehmers auf einen Tilgungsplan nach § 492 Abs. 3 Satz 2 des Bürgerlichen Gesetzbuchs[3)],
5. das einzuhaltende Verfahren bei der Kündigung des Vertrags,
6. sämtliche weitere Vertragsbedingungen.

---

[1)] Art. 247 § 5 angef. mWv 11.6.2010 durch G v. 29.7.2009 (BGBl. I S. 2355); Satz 2 geänd. mWv 13.6.2014 durch G v. 20.9.2013 (BGBl. I S. 3642); Abs. 1 Satz 1 neu gef., Abs. 2 angef. mWv 21.3.2016 durch G v. 11.3.2016 (BGBl. I S. 396).

[2)] Art. 247 § 6 angef. mWv 11.6.2010 durch G v. 29.7.2009 (BGBl. I S. 2355); Abs. 2 Sätze 3 und 4 angef. mWv 30.7.2010 durch G v. 24.7.2010 (BGBl. I S. 977); Abs. 2 neu gef. mWv 4.8.2011 durch G v. 27.7.2011 (BGBl. I S. 1600); Abs. 2 Satz 3 geänd. mWv 13.6.2014 durch G v. 20.9.2013 (BGBl. I S. 3642); Abs. 1 Sätze 2 und 3 angef., Abs. 2 Satz 3 und Abs. 3 neu gef. mWv 21.3.2016 durch G v. 11.3.2016 (BGBl. I S. 396).

[3)] Nr. **20**.

[2]Bei einem Immobiliar-Verbraucherdarlehensvertrag sind abweichend von Satz 1 nur die in § 3 Absatz 1 Nummer 1 bis 7, 10 und 13 sowie Absatz 4 genannten Angaben zwingend. [3]Abweichend von § 3 Absatz 1 Nummer 7 ist die Anzahl der Teilzahlungen nicht anzugeben, wenn die Laufzeit des Darlehensvertrags von dem Zeitpunkt der Zuteilung eines Bausparvertrags abhängt.

(2) [1]Besteht ein Widerrufsrecht nach § 495 des Bürgerlichen Gesetzbuchs, müssen im Vertrag Angaben zur Frist und zu anderen Umständen für die Erklärung des Widerrufs sowie ein Hinweis auf die Verpflichtung des Darlehensnehmers enthalten sein, ein bereits ausbezahltes Darlehen zurückzuzahlen und Zinsen zu vergüten. [2]Der pro Tag zu zahlende Zinsbetrag ist anzugeben. [3]Enthält der Verbraucherdarlehensvertrag eine Vertragsklausel in hervorgehobener und deutlich gestalteter Form, die bei Allgemein-Verbraucherdarlehensverträgen dem Muster in Anlage 7 und bei Immobiliar-Verbraucherdarlehensverträgen dem Muster in Anlage 8 entspricht, genügt diese Vertragsklausel den Anforderungen der Sätze 1 und 2. [1]Dies gilt bis zum Ablauf des 4. November 2011 auch bei entsprechender Verwendung dieses Musters in der Fassung des Gesetzes zur Einführung einer Musterwiderrufsinformation für Verbraucherdarlehensverträge, zur Änderung der Vorschriften über das Widerrufsrecht bei Verbraucherdarlehensverträgen und zur Änderung des Darlehensvermittlungsrechts vom 24. Juli 2010 (BGBl. I S. 977). [5]Der Darlehensgeber darf unter Beachtung von Satz 3 in Format und Schriftgröße jeweils von dem Muster abweichen.

(3) Bei Allgemein-Verbraucherdarlehensverträgen hat die Angabe des Gesamtbetrags und des effektiven Jahreszinses unter Angabe der Annahmen zu erfolgen, die zum Zeitpunkt des Abschlusses des Vertrags bekannt sind und die in die Berechnung des effektiven Jahreszinses einfließen.

**§ 7[1)] Weitere Angaben im Vertrag.** (1) Der Allgemein-Verbraucherdarlehensvertrag muss folgende klar und verständlich formulierte weitere Angaben enthalten, soweit sie für den Vertrag bedeutsam sind:
1. einen Hinweis, dass der Darlehensnehmer Notarkosten zu tragen hat,
2. die vom Darlehensgeber verlangten Sicherheiten und Versicherungen, im Fall von entgeltlichen Finanzierungshilfen insbesondere einen Eigentumsvorbehalt,
3. die Berechnungsmethode des Anspruchs auf Vorfälligkeitsentschädigung, soweit der Darlehensgeber beabsichtigt, diesen Anspruch geltend zu machen, falls der Darlehensnehmer das Darlehen vorzeitig zurückzahlt,
4. den Zugang des Darlehensnehmers zu einem außergerichtlichen Beschwerde- und Rechtsbehelfsverfahren und gegebenenfalls die Voraussetzungen für diesen Zugang.

(2) Der Immobiliar-Verbraucherdarlehensvertrag muss folgende klar und verständlich formulierte weitere Angaben enthalten, soweit sie für den Vertrag bedeutsam sind:
1. die Voraussetzungen und die Berechnungsmethode für den Anspruch auf Vorfälligkeitsentschädigung, soweit der Darlehensgeber beabsichtigt, diesen Anspruch geltend zu machen, falls der Darlehensnehmer das Darlehen vorzeitig zurückzahlt, und die sich aus § 493 Absatz 5 des Bürgerlichen Gesetzbuchs[2)] ergebenden Pflichten,

[1)] Art. 247 § 7 angef. mWv 11.6.2010 durch G v. 29.7.2009 (BGBl. I S. 2355); Abs. 1 einl. Satzteil geänd., Abs. 2 angef. mWv 21.3.2016 durch G v. 11.3.2016 (BGBl. I S. 396).
[2)] Nr. **20**.

2. bei einem Immobiliar-Verbraucherdarlehensvertrag in Fremdwährung auch die sich aus den §§ 503 und 493 Absatz 4 des Bürgerlichen Gesetzbuchs ergebenden Rechte des Darlehensnehmers.

**§ 8[1] Verträge mit Zusatzleistungen.** (1) [1] Verlangt der Darlehensgeber zum Abschluss eines Allgemein-Verbraucherdarlehensvertrags, dass der Darlehensnehmer zusätzliche Leistungen des Darlehensgebers annimmt oder einen weiteren Vertrag abschließt, insbesondere einen Versicherungsvertrag oder Kontoführungsvertrag, hat der Darlehensgeber dies zusammen mit der vorvertraglichen Information anzugeben. [2] In der vorvertraglichen Information sind Kontoführungsgebühren sowie die Bedingungen, unter denen sie angepasst werden können, anzugeben.

(2) Werden im Zusammenhang mit einem Verbraucherdarlehensvertrag Kontoführungsgebühren erhoben, so sind diese sowie die Bedingungen, unter denen die Gebühren angepasst werden können, im Vertrag anzugeben.

(3) [1] Dienen die vom Darlehensnehmer geleisteten Zahlungen nicht der unmittelbaren Darlehenstilgung, sind die Zeiträume und Bedingungen für die Zahlung der Sollzinsen und der damit verbundenen wiederkehrenden und nicht wiederkehrenden Kosten im Verbraucherdarlehensvertrag aufzustellen. [2] Verpflichtet sich der Darlehensnehmer mit dem Abschluss eines Verbraucherdarlehensvertrags auch zur Vermögensbildung, muss aus der vorvertraglichen Information und aus dem Verbraucherdarlehensvertrag klar und verständlich hervorgehen, dass weder die während der Vertragslaufzeit fälligen Zahlungsverpflichtungen noch die Ansprüche, die der Darlehensnehmer aus der Vermögensbildung erwirbt, die Tilgung des Darlehens gewährleisten, es sei denn, dies wird vertraglich vereinbart.

**§ 9[2]** *(aufgehoben)*

**§ 10[3] Abweichende Mitteilungspflichten bei Überziehungsmöglichkeiten gemäß § 504 Abs. 2 des Bürgerlichen Gesetzbuchs[4].** (1) Bei Überziehungsmöglichkeiten im Sinne des § 504 Abs. 2 des Bürgerlichen Gesetzbuchs sind abweichend von den §§ 3, 4 und 6 nur anzugeben:

1. in der vorvertraglichen Information
   a) die Angaben nach § 3 Absatz 1 Nummer 1 bis 6, 10, 11 und 16, Absatz 3 und 4 sowie gegebenenfalls nach § 4 Abs. 1 Nr. 4,
   b) die Bedingungen zur Beendigung des Darlehensverhältnisses und
   c) der Hinweis, dass der Darlehensnehmer jederzeit zur Rückzahlung des gesamten Darlehensbetrags aufgefordert werden kann, falls ein entsprechendes Kündigungsrecht für den Darlehensgeber vereinbart werden soll;
2. im Vertrag
   a) die Angaben nach § 6 Abs. 1 Nr. 1 in Verbindung mit § 3 Abs. 1 Nr. 1 bis 6, 9 und 10, Abs. 4,
   b) die Angaben nach § 6 Abs. 1 Nr. 2 und 5,

---

[1] Art. 247 § 8 angef. mWv 11.6.2010 durch G v. 29.7.2009 (BGBl. I S. 2355); Abs. 1 Sätze 1 und 2 geänd., Abs. 2 eingef., bish. Abs. 2 wird Abs. 3 mWv 21.3.2016 durch G v. 11.3.2016 (BGBl. I S. 396).

[2] Art. 247 § 9 aufgeh. mWv 21.3.2016 durch G v. 11.3.2016 (BGBl. I S. 396).

[3] Art. 247 § 10 angef. mWv 11.6.2010 durch G v. 29.7.2009 (BGBl. I S. 2355); Abs. 1 einleit. Satz, Nr. 1 Buchst. a und Abs. 2 geänd. mWv 30.7.2010 durch G v. 24.7.2010 (BGBl. I S. 977); Abs. 2 geänd. mWv 13.6.2014 durch G v. 20.9.2013 (BGBl. I S. 3642); Abs. 2 geänd. mWv 21.3.2016 durch G v. 11.3. 2016 (BGBl. I S. 396).

[4] Nr. **20**.

c) die Gesamtkosten sowie

d) gegebenenfalls der Hinweis nach Nummer 1 Buchstabe c.

(2) In den Fällen des § 5 Absatz 1 muss die Beschreibung der wesentlichen Merkmale nach Artikel 246b § 1 Absatz 1 Nummer 5 zumindest die Angaben nach § 3 Absatz 1 Nummer 3 bis 5, 10, Absatz 3 und 4 sowie nach Absatz 1 Nr. 1 Buchstabe c enthalten.

(3) Die Angabe des effektiven Jahreszinses ist entbehrlich, wenn der Darlehensgeber außer den Sollzinsen keine weiteren Kosten verlangt und die Sollzinsen nicht in kürzeren Zeiträumen als drei Monaten fällig werden.

**§ 11[1] Abweichende Mitteilungspflichten bei Allgemein-Verbraucherdarlehensverträgen zur Umschuldung gemäß § 495 Absatz 2 Nummer 1 des Bürgerlichen Gesetzbuchs[2].** (1) Bei Allgemein-Verbraucherdarlehensverträgen zur Umschuldung gemäß § 495 Absatz 2 Nummer 1 des Bürgerlichen Gesetzbuchs sind abweichend von den §§ 3, 4 und 6 nur anzugeben:

1. in der vorvertraglichen Information
   a) die Angaben nach § 3 Abs. 1 Nr. 1 bis 7, 10, 11, 14 und 16, Abs. 3 und 4,
   b) die Angaben nach § 4 Abs. 1 Nr. 3,
   c) die Angaben nach § 10 Abs. 1 Nr. 1 Buchstabe b sowie
   d) gegebenenfalls die Angaben nach § 4 Abs. 1 Nr. 4;
2. im Vertrag
   a) die Angaben nach § 6 Abs. 1 Nr. 1 in Verbindung mit § 3 Abs. 1 Nr. 1 bis 9, 11 und 14, Abs. 3 und 4 sowie
   b) die Angaben nach § 6 Abs. 1 Nr. 2 bis 4 und 6.

(2) In den Fällen des § 5 Absatz 1 muss die Beschreibung der wesentlichen Merkmale nach Artikel 246b § 1 Absatz 1 Nummer 5 zumindest die Angaben nach § 3 Abs. 1 Nr. 3 bis 6, 10 sowie Abs. 3 und 4 enthalten.

(3) [1] Wird ein Verbraucherdarlehensvertrag gemäß § 495 Absatz 2 Nummer 1 des Bürgerlichen Gesetzbuchs als Überziehungsmöglichkeit im Sinne des § 504 Abs. 2 Satz 1 des Bürgerlichen Gesetzbuchs abgeschlossen, gilt § 10. [2] Die Absätze 1 und 2 sind nicht anzuwenden.

**§ 12[3] Verbundene Verträge und entgeltliche Finanzierungshilfen.**

(1) [1] Die §§ 1 bis 11 gelten entsprechend für die in § 506 Absatz 1 des Bürgerlichen Gesetzbuchs[2] bezeichneten Verträge über entgeltliche Finanzierungshilfen. [2] Bei diesen Verträgen oder Verbraucherdarlehensverträgen, die mit einem anderen Vertrag gemäß § 358 des Bürgerlichen Gesetzbuchs verbunden sind oder in denen eine Ware oder Leistung gemäß § 360 Absatz 2 Satz 2 des Bürgerlichen Gesetzbuchs angegeben ist, muss enthalten:

---

[1] Art. 247 § 11 angef. mWv 11.6.2010 durch G v. 29.7.2009 (BGBl. I S. 2355); Abs. 1 einl. Satzteil und Abs. 2 geänd. mWv 30.7.2010 durch G v. 24.7.2010 (BGBl. I S. 977); Überschrift, Abs. 1 einl. Satzteil, Abs. 2 und Abs. 3 Satz 1 geänd. mWv 13.6.2014 durch G v. 20.9.2013 (BGBl. I S. 3642); Überschrift, Abs. 1 einl. Satzteil und Abs. 2 geänd. mWv 21.3.2016 durch G v. 11.3.2016 (BGBl. I S. 396).

[2] Nr. **20**.

[3] Art. 247 § 12 angef. mWv 11.6.2010 durch G v. 29.7.2009 (BGBl. I S. 2355); Abs. 1 Sätze 3–5 angef., Abs. 2 Satz 1 geänd. mWv 30.7.2010 durch G v. 24.7.2010 (BGBl. I S. 977); Abs. 1 neu gef. mWv 4.8.2011 durch G v. 27.7.2011 (BGBl. I S. 1600, ber. S. 1942); Abs. 1 Satz 2 einl. Satzteil, Nr. 2 Buchst. b und Satz 3 geänd. mWv 13.6.2014 durch G v. 20.9.2013 (BGBl. I S. 3642); Abs. 1 Satz 3 neu gef., Abs. 2 Satz 1 geänd. mWv 21.3.2016 durch G v. 11.3.2016 (BGBl. I S. 396).

1. die vorvertragliche Information, auch in den Fällen des § 5, den Gegenstand und den Barzahlungspreis,
2. der Vertrag
   a) den Gegenstand und den Barzahlungspreis sowie
   b) Informationen über die sich aus den §§ 358 und 359 oder § 360 des Bürgerlichen Gesetzbuchs ergebenden Rechte und über die Bedingungen für die Ausübung dieser Rechte.

[3] Enthält der Verbraucherdarlehensvertrag eine Vertragsklausel in hervorgehobener und deutlich gestalteter Form, die bei Allgemein-Verbraucherdarlehensverträgen dem Muster in Anlage 7 und bei Immobiliar-Verbraucherdarlehensverträgen dem Muster in Anlage 8 entspricht, genügt diese Vertragsklausel bei verbundenen Verträgen sowie Geschäften gemäß § 360 Absatz 2 Satz 2 des Bürgerlichen Gesetzbuchs den in Satz 2 Nummer 2 Buchstabe b gestellten Anforderungen. [4] Dies gilt bis zum Ablauf des 4. November 2011 auch bei entsprechender Verwendung dieses Musters in der Fassung des Gesetzes zur Einführung einer Musterwiderrufsinformation für Verbraucherdarlehensverträge, zur Änderung der Vorschriften über das Widerrufsrecht bei Verbraucherdarlehensverträgen und zur Änderung des Darlehensvermittlungsrechts vom 24. Juli 2010 (BGBl. I S. 977). [5] Bei Verträgen über eine entgeltliche Finanzierungshilfe treten diese Rechtsfolgen nur ein, wenn die Informationen dem im Einzelfall vorliegenden Vertragstyp angepasst sind. [6] Der Darlehensgeber darf unter Beachtung von Satz 3 in Format und Schriftgröße von dem Muster abweichen.

(2) [1] Bei Verträgen gemäß § 506 Absatz 2 Satz 1 Nummer 3 des Bürgerlichen Gesetzbuchs sind die Angaben nach § 3 Abs. 1 Nr. 14, § 4 Abs. 1 Nr. 3 und § 7 Nummer 3 entbehrlich. [2] § 14 Abs. 1 Satz 2 ist nicht anzuwenden. [3] Hat der Unternehmer den Gegenstand für den Verbraucher erworben, tritt an die Stelle des Barzahlungspreises der Anschaffungspreis.

### § 13[1)] Darlehensvermittler bei Verbraucherdarlehensverträgen.

(1) Ist bei der Anbahnung oder beim Abschluss eines Verbraucherdarlehensvertrags oder eines Vertrags über eine entgeltliche Finanzierungshilfe ein Darlehensvermittler beteiligt, so ist der Vertragsinhalt nach § 6 Abs. 1 um den Namen und die Anschrift des beteiligten Darlehensvermittlers zu ergänzen.

(2) [1] Wird der Darlehensvermittlungsvertrag im Sinne des § 655a des Bürgerlichen Gesetzbuchs[2)] mit einem Verbraucher abgeschlossen, so hat der Darlehensvermittler den Verbraucher rechtzeitig vor Abschluss des Darlehensvermittlungsvertrags auf einem dauerhaften Datenträger zu unterrichten über

1. die Höhe einer vom Verbraucher verlangten Vergütung,
2. die Tatsache, ob er für die Vermittlung von einem Dritten ein Entgelt oder sonstige Anreize erhält sowie gegebenenfalls die Höhe,
3. den Umfang seiner Befugnisse, insbesondere, ob er ausschließlich für einen oder mehrere bestimmte Darlehensgeber oder unabhängig tätig wird, und

---

[1)] Art. 247 § 13 angef. mWv 11.6.2010 durch G v. 29.7.2009 (BGBl. I S. 2355); Abs. 2 neu gef., Abs. 3 Satz 2 geänd., Abs. 4 angef. mWv 30.7.2010 durch G v. 24.7.2010 (BGBl. I S. 977); Abs. 2 Sätze 1 und 2 geänd. mWv 13.6.2014 durch G v. 20.9.2013 (BGBl. I S. 3642); Überschrift und Abs. 1 geänd., Abs. 2 Satz 1 Nr. 2 neu gef. mWv 21.3.2016 durch G v. 11.3.2016 (BGBl. I S. 396).

[2)] Nr. **20**.

4. gegebenenfalls weitere vom Verbraucher verlangte Nebenentgelte sowie deren Höhe, soweit diese zum Zeitpunkt der Unterrichtung bekannt ist, andernfalls einen Höchstbetrag.

2 Wird der Darlehensvermittlungsvertrag im Sinne des § 655a des Bürgerlichen Gesetzbuchs ausschließlich mit einem Dritten abgeschlossen, so hat der Darlehensvermittler den Verbraucher rechtzeitig vor Abschluss eines vermittelten Vertrags im Sinne von Absatz 1 auf einem dauerhaften Datenträger über die Einzelheiten gemäß Satz 1 Nummer 2 und 3 zu unterrichten.

(3) 1 Der Darlehensvermittler hat dem Darlehensgeber die Höhe der von ihm verlangten Vergütung vor der Annahme des Auftrags mitzuteilen. 2 Darlehensvermittler und Darlehensgeber haben sicherzustellen, dass die andere Partei eine Abschrift des Vertrags im Sinne von Absatz 1 erhält.

(4) Wirbt der Darlehensvermittler gegenüber einem Verbraucher für den Abschluss eines Verbraucherdarlehensvertrags oder eines Vertrags über eine entgeltliche Finanzierungshilfe, so hat er hierbei die Angaben nach Absatz 2 Satz 1 Nummer 3 einzubeziehen.

**§ 13a[1] Besondere Regelungen für Darlehensvermittler bei Allgemein-Verbraucherdarlehensverträgen.** Ist bei der Anbahnung oder beim Abschluss eines Allgemein-Verbraucherdarlehensvertrags oder eines Vertrags über eine entsprechende entgeltliche Finanzierungshilfe ein Darlehensvermittler beteiligt, so sind die vorvertraglichen Informationen nach § 3 Absatz 1 Nummer 1 um den Namen und die Anschrift des beteiligten Darlehensvermittlers zu ergänzen.

**§ 13b[2] Besondere Regelungen für Darlehensvermittler bei Immobiliar-Verbraucherdarlehensverträgen.** (1) 1 Bei der Vermittlung von Immobiliar-Verbraucherdarlehensverträgen muss der Darlehensvermittler mit der Unterrichtung nach § 13 Absatz 2 Folgendes zusätzlich mitteilen:

1. seine Identität und Anschrift,
2. in welches Register er eingetragen wurde, gegebenenfalls die Registrierungsnummer, und auf welche Weise der Registereintrag eingesehen werden kann,
3. ob er an einen oder mehrere Darlehensgeber gemäß § 655a Absatz 3 Satz 3 des Bürgerlichen Gesetzbuchs[3] gebunden oder ausschließlich für einen oder mehrere Darlehensgeber tätig ist, und wenn ja, die Namen der Darlehensgeber,
4. ob er Beratungsleistungen anbietet,
5. die Methode, nach der seine Vergütung berechnet wird, falls die Höhe noch nicht genau benannt werden kann,
6. welche interne Verfahren für Beschwerden von Verbrauchern oder anderen interessierten Parteien über Darlehensvermittler zur Verfügung stehen sowie einen möglichen Zugang des Verbrauchers zu einem außergerichtlichen Beschwerde- und Rechtsbehelfsverfahren,
7. ob ihm für seine im Zusammenhang mit dem Darlehensvertrag stehende Dienstleistung Provisionen oder sonstige Anreize von einem Dritten gewährt werden, und wenn ja, in welcher Höhe; ist die Höhe noch nicht bekannt, so ist mitzuteilen, dass der tatsächliche Betrag zu einem späteren Zeitpunkt im ESIS-Merkblatt angegeben wird.

---

[1] Art. 247 § 13a eingef. mWv 21.3.2016 durch G v. 11.3.2016 (BGBl. I S. 396).
[2] Art. 247 § 13b eingef. mWv 21.3.2016 durch G v. 11.3.2016 (BGBl. I S. 396).
[3] Nr. **20**.

[2]Beginnt der Darlehensvermittler seine Vermittlungstätigkeit vor Abschluss des Vermittlungsvertrags, so sind die Informationspflichten gemäß Satz 1 rechtzeitig vor Ausübung der Vermittlungstätigkeit zu erteilen.

(2) Bei Immobiliar-Verbraucherdarlehensverträgen hat der Darlehensvermittler dem Darlehensgeber die Informationen gemäß § 1 Absatz 1, die er von dem Darlehensnehmer erhalten hat, zum Zweck der Kreditwürdigkeitsprüfung richtig und vollständig zu übermitteln.

(3) Bietet der Darlehensvermittler im Zusammenhang mit der Vermittlung eines Immobiliar-Verbraucherdarlehensvertrags Beratungsleistungen an, gilt § 18 entsprechend.

**§ 14[1)] Tilgungsplan.** (1) [1]Verlangt der Darlehensnehmer nach § 492 Abs. 3 Satz 2 des Bürgerlichen Gesetzbuchs[2)] einen Tilgungsplan, muss aus diesem hervorgehen, welche Zahlungen in welchen Zeitabständen zu leisten sind und welche Bedingungen für diese Zahlungen gelten. [2]Dabei ist aufzuschlüsseln, in welcher Höhe die Teilzahlungen auf das Darlehen, die nach dem Sollzinssatz berechneten Zinsen und die sonstigen Kosten angerechnet werden.

(2) Ist der Sollzinssatz nicht gebunden oder können die sonstigen Kosten angepasst werden, ist in dem Tilgungsplan in klarer und verständlicher Form anzugeben, dass die Daten des Tilgungsplans nur bis zur nächsten Anpassung des Sollzinssatzes oder der sonstigen Kosten gelten.

(3) [1]Der Tilgungsplan ist dem Darlehensnehmer auf einem dauerhaften Datenträger zur Verfügung zu stellen. [2]Der Anspruch erlischt nicht, solange das Vertragsverhältnis besteht.

**§ 15[3)] Unterrichtungen bei Zinsanpassungen.** (1) Eine Zinsanpassung in einem Verbraucherdarlehensvertrag oder einem Vertrag über eine entgeltliche Finanzierungshilfe wird erst wirksam, nachdem der Darlehensgeber den Darlehensnehmer über

1. den angepassten Sollzinssatz,
2. die angepasste Höhe der Teilzahlungen und
3. die Zahl und die Fälligkeit der Teilzahlungen, sofern sich diese ändern,

unterrichtet hat.

(2) [1]Geht die Anpassung des Sollzinssatzes auf die Änderung eines Referenzzinssatzes zurück, können die Vertragsparteien einen von Absatz 1 abweichenden Zeitpunkt für die Wirksamkeit der Zinsanpassung vereinbaren. [2]In diesen Fällen muss der Vertrag eine Pflicht des Darlehensgebers vorsehen, den Darlehensnehmer nach Absatz 1 in regelmäßigen Zeitabständen zu unterrichten. [3]Bei einem Immobiliar-Verbraucherdarlehensvertrag muss der Vertrag ferner die Pflicht vorsehen, auch über den neuen Referenzzinssatz zu unterrichten. [4]Außerdem muss der Darlehensnehmer die Höhe des Referenzzinssatzes in den Geschäftsräumen des Darlehensgebers einsehen können.

(3) Werden bei einem Immobiliar-Verbraucherdarlehensvertrag Änderungen des Sollzinssatzes im Wege der Versteigerung auf den Kapitalmärkten festgelegt und kann der Darlehensgeber den Darlehensnehmer daher nicht vor dem Wirk-

---

[1)] Art. 247 § 14 angef. mWv 11.6.2010 durch G v. 29.7.2009 (BGBl. I S. 2355); Abs. 3 geänd. mWv 13.6.2014 durch G v. 20.9.2013 (BGBl. I S. 3642).

[2)] Nr. **20**.

[3)] Art. 247 § 15 angef. mWv 11.6.2010 durch G v. 29.7.2009 (BGBl. I S. 2355); Abs. 2 Satz 3 eingef., bish. Satz 3 wird Satz 4, Abs. 3 angef. mWv 21.3.2016 durch G v. 11.3.2016 (BGBl. I S. 396).

samwerden der Änderung über diese in Kenntnis setzen, so hat der Darlehensgeber den Darlehensnehmer abweichend von Absatz 1 rechtzeitig vor der Versteigerung über das bevorstehende Verfahren zu unterrichten und darauf hinzuweisen, wie sich die Versteigerung auf den Sollzinssatz auswirken könnte.

**§ 16**[1] **Unterrichtung bei Überziehungsmöglichkeiten.** Die Unterrichtung nach § 504 Abs. 1 Satz 1 des Bürgerlichen Gesetzbuchs[2] muss folgende Angaben enthalten:

1. den genauen Zeitraum, auf den sie sich bezieht,
2. Datum und Höhe der an den Darlehensnehmer ausbezahlten Beträge,
3. Saldo und Datum der vorangegangenen Unterrichtung,
4. den neuen Saldo,
5. Datum und Höhe der Rückzahlungen des Darlehensnehmers,
6. den angewendeten Sollzinssatz,
7. die erhobenen Kosten und
8. den gegebenenfalls zurückzuzahlenden Mindestbetrag.

**§ 17**[3] **Angaben bei geduldeten Überziehungen.** (1) Die Unterrichtung nach § 505 Abs. 1 des Bürgerlichen Gesetzbuchs[2] muss folgende Angaben enthalten:

1. den Sollzinssatz, die Bedingungen für seine Anwendung und, soweit vorhanden, Indizes oder Referenzzinssätze, auf die sich der Sollzinssatz bezieht,
2. sämtliche Kosten, die ab dem Zeitpunkt der Überziehung anfallen, sowie die Bedingungen, unter denen die Kosten angepasst werden können.

(2) Die Unterrichtung nach § 505 Abs. 2 des Bürgerlichen Gesetzbuchs muss folgende Angaben enthalten:

1. das Vorliegen einer Überziehung,
2. den Betrag der Überziehung,
3. den Sollzinssatz und
4. etwaige Vertragsstrafen, Kosten und Verzugszinsen.

**§ 18**[4] **Vorvertragliche Informationen bei Beratungsleistungen für Immobiliar-Verbraucherdarlehensverträge.** (1) [1]Bevor der Darlehensgeber Beratungsleistungen für einen Immobiliar-Verbraucherdarlehensvertrag erbringt oder einen entsprechenden Beratungsvertrag schließt, hat er den Darlehensnehmer darüber zu informieren,

1. wie hoch das Entgelt ist, sofern ein solches für die Beratungsleistungen verlangt wird,
2. ob der Darlehensgeber seiner Empfehlung
   a) nur oder im Wesentlichen eigene Produkte zugrunde legt oder
   b) neben eigenen Produkten auch eine größere Anzahl von Produkten anderer Anbieter zugrunde legt.

[2]Lässt sich die Höhe des Entgelts nach Satz 1 Nummer 1 noch nicht bestimmen, ist über die Methode zu informieren, die für die Berechnung verwendet wird.

---

[1] Art. 247 § 16 angef. mWv 11.6.2010 durch G v. 29.7.2009 (BGBl. I S. 2355).
[2] Nr. **20**.
[3] Art. 247 § 17 angef. mWv 11.6.2010 durch G v. 29.7.2009 (BGBl. I S. 2355).
[4] Art. 247 § 18 angef. mWv 21.3.2016 durch G v. 11.3.2016 (BGBl. I S. 396).

(2) Die Informationen sind auf einem dauerhaften Datenträger zu übermitteln; sie können in der gleichen Art und Weise wie weitere vorvertragliche Informationen gemäß § 1 Absatz 3 Satz 1 erteilt werden.

## Art. 247a[1] Allgemeine Informationspflichten bei Verbraucherdarlehensverträgen, Verträgen über entgeltliche Finanzierungshilfen und deren Vermittlung

**§ 1[2] Allgemeine Informationspflichten bei Immobiliar-Verbraucherdarlehensverträgen und entsprechenden Finanzierungshilfen.** (1) Unternehmer, die den Abschluss von Immobiliar-Verbraucherdarlehensverträgen oder deren Vermittlung durch gebundene Darlehensvermittler gemäß § 655a Absatz 3 Satz 3 des Bürgerlichen Gesetzbuchs[3] anbieten, stellen für Standardgeschäfte nach § 675a des Bürgerlichen Gesetzbuchs schriftlich, in geeigneten Fällen auch elektronisch, unentgeltlich Informationen über Entgelte und Auslagen der Geschäftsbesorgung zur Verfügung, soweit nicht eine Preisfestsetzung nach § 315 des Bürgerlichen Gesetzbuchs erfolgt oder die Entgelte und Auslagen gesetzlich verbindlich geregelt sind.

(2) [1] Die Informationen nach Absatz 1 müssen zumindest folgende Angaben enthalten:

1. die Identität und Anschrift des Darlehensgebers oder Darlehensvermittlers,
2. die Zwecke, für die das Darlehen verwendet werden kann,
3. die möglichen Formen von Sicherheiten, gegebenenfalls einschließlich eines Hinweises darauf, dass die Grundstücke oder grundstücksgleichen Rechte, an denen die Sicherheiten bestellt werden, in einem anderen Mitgliedstaat der Europäischen Union belegen sein dürfen,
4. die möglichen Laufzeiten der Darlehensverträge,
5. die angebotenen Arten von Sollzinssätzen, jeweils mit dem Hinweis, ob diese als feste oder veränderliche Zinssätze oder in beiden Varianten angeboten werden; die Merkmale eines festen und eines veränderlichen Zinssatzes, einschließlich der sich hieraus ergebenden Konsequenzen für den Darlehensnehmer, sind kurz darzustellen,
6. ein repräsentatives Beispiel des Nettodarlehensbetrags, der Gesamtkosten, des Gesamtbetrags und des effektiven Jahreszinses,
7. einen Hinweis auf mögliche weitere, im Zusammenhang mit einem Darlehensvertrag anfallende Kosten, die nicht in den Gesamtkosten des Darlehens enthalten sind,
8. die verschiedenen möglichen Optionen zur Rückzahlung des Darlehens einschließlich der Anzahl, Häufigkeit und Höhe der regelmäßigen Rückzahlungsraten,
9. gegebenenfalls einen klaren und prägnanten Hinweis darauf, dass die Einhaltung der Bedingungen des Darlehensvertrags nicht in jedem Fall gewährleistet, dass damit der in Anspruch genommene Darlehensbetrag vollständig zurückgezahlt werden wird,
10. die Bedingungen, die für eine vorzeitige Rückzahlung gelten,

---

[1] Art. 247a (§§ 1, 2) eingef. mWv 21.3.2016 durch G v. 11.3.2016 (BGBl. I S. 396).

[2] Art. 247a § 1 eingef. mWv 21.3.2016 durch G v. 11.3.2016 (BGBl. I S. 396); Abs. 2 Satz 1 Nr. 12 und 13 geänd., Nr. 14 angef. mWv 1.7.2018 durch G v. 6.6.2017 (BGBl. I S. 1495).

[3] Nr. **20**.

11. Auskunft darüber, ob für den Vertragsschluss eine Bewertung des Werts des belasteten Grundstücks oder des Werts des zu erwerbenden oder zu erhaltenden Grundstücks, Gebäudes oder grundstücksgleichen Rechts erforderlich ist und, falls ja, wer dafür verantwortlich ist, dass die Bewertung durchgeführt wird, sowie Informationen darüber, ob dem Darlehensnehmer hierdurch Kosten entstehen,
12. Auskunft über die Nebenleistungen, die der Darlehensnehmer erwerben muss, damit ihm das Darlehen überhaupt oder nach den vorgesehenen Vertragsbedingungen gewährt wird, und gegebenenfalls einen Hinweis darauf, dass die Nebenleistungen von einem anderen Anbieter als dem Darlehensgeber erworben werden können,
13. eine allgemeine Warnung vor möglichen Konsequenzen für den Fall, dass der Darlehensnehmer die mit dem Darlehensvertrag eingegangenen Verpflichtungen nicht einhält, und
14. falls Verträge angeboten werden, in denen auf einen Referenzwert im Sinne des Artikels 3 Absatz 1 Nummer 3 der Verordnung (EU) 2016/1011 Bezug genommen wird, die Bezeichnungen der Referenzwerte und die Namen der Administratoren sowie die möglichen Auswirkungen auf den Darlehensnehmer.

[2] Werden Verträge in einer anderen Währung als der Landeswährung des Darlehensnehmers nach § 503 Absatz 1 Satz 1 des Bürgerlichen Gesetzbuchs angeboten, so sind die in Betracht kommenden ausländischen Währungen anzugeben sowie die möglichen Konsequenzen eines Darlehens in Fremdwährung für den Darlehensnehmer zu erläutern.

(3) Die Absätze 1 und 2 gelten entsprechend, wenn der Abschluss von Verträgen über entgeltliche Finanzierungshilfen gemäß § 506 Absatz 1 Satz 2 und 3 des Bürgerlichen Gesetzbuchs oder deren Vermittlung durch gebundene Darlehensvermittler gemäß § 655a Absatz 3 Satz 3 des Bürgerlichen Gesetzbuchs angeboten wird.

**§ 2[1)] Allgemeine Informationspflichten bei Überziehungsmöglichkeiten und Entgeltvereinbarungen für die Duldung einer Überziehung.** (1) Unternehmer, die den Abschluss von Verträgen über die Einräumung von Überziehungsmöglichkeiten gemäß § 504 des Bürgerlichen Gesetzbuchs[2)] oder deren Vermittlung durch gebundene Darlehensvermittler gemäß § 655a Absatz 3 Satz 3 des Bürgerlichen Gesetzbuchs anbieten, stellen für Standardgeschäfte nach § 675a des Bürgerlichen Gesetzbuchs schriftlich, in geeigneten Fällen auch elektronisch, unentgeltlich Informationen über Entgelte und Auslagen der Geschäftsbesorgung zur Verfügung, soweit nicht eine Preisfestsetzung nach § 315 des Bürgerlichen Gesetzbuchs erfolgt oder die Entgelte und Auslagen gesetzlich verbindlich geregelt sind.

(2) [1] Der Sollzinssatz, der für die Überziehungsmöglichkeit berechnet wird, ist in den nach Absatz 1 zur Verfügung zu stellenden Informationen klar,

*(Fortsetzung nächstes Blatt)*

---

[1)] Art. 247a § 2 eingef. mWv 21.3.2016 durch G v. 11.3.2016 (BGBl. I S. 396).
[2)] Nr. **20**.

eindeutig und in auffallender Weise anzugeben. [2] Verfügt derjenige, der gemäß Absatz 1 Informationen bereitzustellen hat, über einen Internetauftritt, so ist der Sollzinssatz in entsprechender Weise auch dort anzugeben.

(3) Die Absätze 1 und 2 gelten entsprechend für Unternehmer, die den Abschluss von Entgeltvereinbarungen für die Duldung von Überziehungen gemäß § 505 des Bürgerlichen Gesetzbuchs anbieten.

## Art. 248.[1)] Informationspflichten bei der Erbringung von Zahlungsdienstleistungen

### Abschnitt 1. Allgemeine Vorschriften

**§ 1[1)] Konkurrierende Informationspflichten.** [1] Ist der Zahlungsdienstevertrag zugleich ein Fernabsatzvertrag oder ein außerhalb von Geschäftsräumen geschlossener Vertrag, so werden die Informationspflichten nach Artikel 246b § 1 Absatz 1 durch die Informationspflichten nach den §§ 2 bis 13 und 14 bis 16 ersetzt. [2] Dies gilt bei Fernabsatzverträgen nicht für die in Artikel 246b § 1 Absatz 1 Nummer 7 bis 12, 15 und 19 und bei außerhalb von Geschäftsräumen geschlossenen Verträgen nicht für die in Artikel 246b § 1 Absatz 1 Nummer 12 genannten Informationspflichten.

**§ 2[1)] Allgemeine Form.** Die Informationen und Vertragsbedingungen sind in einer Amtssprache des Mitgliedstaats der Europäischen Union oder des Vertragsstaats des Abkommens über den Europäischen Wirtschaftsraum, in dem der Zahlungsdienst angeboten wird, oder in einer anderen zwischen den Parteien vereinbarten Sprache in leicht verständlichen Worten und in klarer und verständlicher Form abzufassen.

### Abschnitt 2. Zahlungsdiensterahmenverträge

**§ 3[1)] Besondere Form.** Bei Zahlungsdiensterahmenverträgen (§ 675f Abs. 2 des Bürgerlichen Gesetzbuchs) hat der Zahlungsdienstleister dem Zahlungsdienstnutzer die in den §§ 4 bis 9 genannten Informationen und Vertragsbedingungen auf einem dauerhaften Datenträger mitzuteilen.

**§ 4[1)] Vorvertragliche Informationen.** (1) Die folgenden vorvertraglichen Informationen und Vertragsbedingungen müssen rechtzeitig vor Abgabe der Vertragserklärung des Zahlungsdienstnutzers mitgeteilt werden:

1. zum Zahlungsdienstleister
   a) den Namen, die ladungsfähige Anschrift seiner Hauptverwaltung und gegebenenfalls seines Agenten oder seiner Zweigniederlassung in dem Mitgliedstaat, in dem der Zahlungsdienst angeboten wird, sowie alle anderen Anschriften einschließlich E-Mail-Adresse, die für die Kommunikation mit dem Zahlungsdienstleister von Belang sind, und

---

[1)] Art. 248 (§§ 1–19) angef. mWv 31.10.2009 durch G v. 29.7.2009 (BGBl. I S. 2355); § 4 Abs. 1 Nr. 3 Buchst. c geänd. mWv 30.7.2010 durch G v. 24.7.2010 (BGBl. I S. 977); § 1 neu gef., § 3, § 4 Abs. 2 geänd. mWv 13.6.2014 durch G v. 20.9.2013 (BGBl. I S. 3642); § 1 Satz 1, § 2 geänd., § 4 Abs. 1 Nr. 2 Buchst. b, c, e und f geänd., Buchst. g angef., Nr. 3 und 4 jeweils Buchst. a neu gef., Nr. 5 Buchst. a geänd., Buchst. b eingef., bish. Buchst. b wird Buchst. c und geänd., bish. Buchst. c wird Buchst. d, bish. Buchst. d und e werden Buchst. e und f und jeweils geänd., bish. Buchst. f wird Buchst. g, Nr. 6 Buchst. a und b geänd., Nr 8 neu gef. mWv 13.1.2018 durch G v. 17.7.2017 (BGBl. I S. 2446).

b) die für den Zahlungsdienstleister zuständigen Aufsichtsbehörden und das bei der Bundesanstalt für Finanzdienstleistungsaufsicht geführte Register oder jedes andere relevante öffentliche Register, in das der Zahlungsdienstleister als zugelassen eingetragen ist, sowie seine Registernummer oder eine gleichwertige in diesem Register verwendete Kennung,

2. zur Nutzung des Zahlungsdienstes

a) eine Beschreibung der wesentlichen Merkmale des zu erbringenden Zahlungsdienstes,

b) Informationen oder Kundenkennungen, die für die ordnungsgemäße Auslösung oder Ausführung eines Zahlungsauftrags erforderlich sind,

c) die Art und Weise der Zustimmung zur Auslösung eines Zahlungsauftrags oder zur Ausführung eines Zahlungsvorgangs und des Widerrufs eines Zahlungsauftrags gemäß den §§ 675j und 675p des Bürgerlichen Gesetzbuchs,

d) den Zeitpunkt, ab dem ein Zahlungsauftrag gemäß § 675n Abs. 1 des Bürgerlichen Gesetzbuchs als zugegangen gilt, und gegebenenfalls den vom Zahlungsdienstleister gemäß § 675n Abs. 1 Satz 3 festgelegten Zeitpunkt,

e) die maximale Ausführungsfrist für die zu erbringenden Zahlungsdienste,

f) die Angabe, ob die Möglichkeit besteht, Betragsobergrenzen für die Nutzung eines Zahlungsinstruments gemäß § 675k Abs. 1 des Bürgerlichen Gesetzbuchs zu vereinbaren, und

g) im Falle von kartengebundenen Zahlungsinstrumenten, die mehrere Zahlungsmarken tragen, die Rechte des Zahlungsdienstnutzers gemäß Artikel 8 der Verordnung (EU) 2015/751 des Europäischen Parlaments und des Rates vom 29. April 2015 über Interbankenentgelte für kartengebundene Zahlungsvorgänge (ABl. L 123 vom 19.5.2015, S. 1),

3. zu Entgelten, Zinsen und Wechselkursen

a) alle Entgelte, die der Zahlungsdienstnutzer an den Zahlungsdienstleister zu entrichten hat, einschließlich derjenigen, die sich danach richten, wie und wie oft über die geforderten Informationen zu unterrichten ist, sowie gegebenenfalls eine Aufschlüsselung dieser Entgelte,

b) gegebenenfalls die zugrunde gelegten Zinssätze und Wechselkurse oder, bei Anwendung von Referenzzinssätzen und -wechselkursen, die Methode für die Berechnung der tatsächlichen Zinsen sowie der maßgebliche Stichtag und der Index oder die Grundlage für die Bestimmung des Referenzzinssatzes oder -wechselkurses, und

c) soweit vereinbart, das unmittelbare Wirksamwerden von Änderungen des Referenzzinssatzes oder -wechselkurses gemäß § 675g Absatz 3 des Bürgerlichen Gesetzbuchs,

4. zur Kommunikation

a) die Kommunikationsmittel, deren Nutzung zwischen den Parteien für die Informationsübermittlung und Anzeigepflichten vereinbart wird, einschließlich der technischen Anforderungen an die Ausstattung und die Software des Zahlungsdienstnutzers,

b) Angaben dazu, wie und wie oft die nach diesem Artikel geforderten Informationen mitzuteilen oder zugänglich zu machen sind,

c) die Sprache oder Sprachen, in der oder in denen der Vertrag zu schließen ist und in der oder in denen die Kommunikation für die Dauer des Vertragsverhältnisses erfolgen soll, und

d) einen Hinweis auf das Recht des Zahlungsdienstnutzers gemäß § 5, Informationen und Vertragsbedingungen in einer Urkunde zu erhalten,

5. zu den Schutz- und Abhilfemaßnahmen

a) gegebenenfalls eine Beschreibung, wie der Zahlungsdienstnutzer ein Zahlungsinstrument sicher aufbewahrt und wie er seine Anzeigepflicht gegenüber dem Zahlungsdienstleister gemäß § 675l Absatz 1 Satz 2 des Bürgerlichen Gesetzbuchs erfüllt,

b) eine Beschreibung des sicheren Verfahrens zur Unterrichtung des Zahlungsdienstnutzers durch den Zahlungsdienstleister im Falle vermuteten oder tatsächlichen Betrugs oder bei Sicherheitsrisiken,

c) soweit vereinbart, die Bedingungen, unter denen sich der Zahlungsdienstleister das Recht vorbehält, ein Zahlungsinstrument gemäß § 675k Abs. 2 des Bürgerlichen Gesetzbuchs zu sperren,

d) Informationen zur Haftung des Zahlers gemäß § 675v des Bürgerlichen Gesetzbuchs einschließlich Angaben zum Höchstbetrag,

e) Angaben dazu, wie und innerhalb welcher Frist der Zahlungsdienstnutzer dem Zahlungsdienstleister nicht autorisierte oder fehlerhaft ausgelöste oder ausgeführte Zahlungsvorgänge gemäß § 676b des Bürgerlichen Gesetzbuchs anzeigen muss, sowie Informationen über die Haftung des Zahlungsdienstleisters bei nicht autorisierten Zahlungsvorgängen gemäß § 675u des Bürgerlichen Gesetzbuchs,

f) Informationen über die Haftung des Zahlungsdienstleisters bei der Auslösung oder Ausführung von Zahlungsvorgängen gemäß § 675y des Bürgerlichen Gesetzbuchs und

g) die Bedingungen für Erstattungen gemäß § 675x des Bürgerlichen Gesetzbuchs,

6. zu Änderungen der Bedingungen und Kündigung des Zahlungsdiensterahmenvertrags

a) soweit vereinbart, die Angabe, dass die Zustimmung des Zahlungsdienstnutzers zu einer Änderung der Vertragsbedingungen gemäß § 675g des Bürgerlichen Gesetzbuchs als erteilt gilt, wenn er dem Zahlungsdienstleister seine Ablehnung nicht vor dem Zeitpunkt angezeigt hat, zu dem die geänderten Vertragsbedingungen in Kraft treten sollen,

b) die Laufzeit des Zahlungsdiensterahmenvertrags und

c) einen Hinweis auf das Recht des Zahlungsdienstnutzers, den Vertrag zu kündigen, sowie auf sonstige kündigungsrelevante Vereinbarungen gemäß § 675g Abs. 2 und § 675h des Bürgerlichen Gesetzbuchs,

7. die Vertragsklauseln über das auf den Zahlungsdiensterahmenvertrag anwendbare Recht oder über das zuständige Gericht und

8. einen Hinweis auf die Beschwerdeverfahren gemäß den §§ 60 bis 62 des Zahlungsdiensteaufsichtsgesetzes sowie auf das außergerichtliche Rechtsbehelfsverfahren gemäß § 14 des Unterlassungsklagengesetzes.

(2) Wenn auf Verlangen des Zahlungsdienstnutzers der Zahlungsdiensterahmenvertrag unter Verwendung eines Fernkommunikationsmittels geschlossen wird, das dem Zahlungsdienstleister die Mitteilung der in Absatz 1 bestimmten Informatio-

nen und Vertragsbedingungen auf einem dauerhaften Datenträger nicht gestattet, hat der Zahlungsdienstleister dem Zahlungsdienstnutzer diese unverzüglich nach Abschluss des Vertrags in der in den §§ 2 und 3 vorgesehenen Form mitzuteilen.

(3) Die Pflichten gemäß Absatz 1 können auch erfüllt werden, indem eine Abschrift des Vertragsentwurfs übermittelt wird, die die nach Absatz 1 erforderlichen Informationen und Vertragsbedingungen enthält.

**§ 5[1] Zugang zu Vertragsbedingungen und vorvertraglichen Informationen während der Vertragslaufzeit.** Während der Vertragslaufzeit kann der Zahlungsdienstnutzer jederzeit die Übermittlung der Vertragsbedingungen sowie der in § 4 genannten Informationen in Papierform oder auf einem anderen dauerhaften Datenträger verlangen.

**§ 6[1] Informationen vor Ausführung einzelner Zahlungsvorgänge.** Vor Ausführung eines einzelnen vom Zahler ausgelösten Zahlungsvorgangs teilt der Zahlungsdienstleister auf Verlangen des Zahlers Folgendes mit:

1. die maximale Ausführungsfrist,
2. die dem Zahler in Rechnung zu stellenden Entgelte und
3. gegebenenfalls die Aufschlüsselung der Entgelte nach Nummer 2.

**§ 7[1] Informationen an den Zahler bei einzelnen Zahlungsvorgängen.** Nach Belastung des Kontos des Zahlers mit dem Zahlungsbetrag eines einzelnen Zahlungsvorgangs oder, falls der Zahler kein Zahlungskonto verwendet, nach Zugang des Zahlungsauftrags teilt der Zahlungsdienstleister des Zahlers diesem unverzüglich die folgenden Informationen mit:

1. eine dem Zahlungsvorgang zugeordnete Kennung, die dem Zahler die Identifizierung des betreffenden Zahlungsvorgangs ermöglicht, sowie gegebenenfalls Angaben zum Zahlungsempfänger,
2. den Zahlungsbetrag in der Währung, in der das Zahlungskonto des Zahlers belastet wird, oder in der Währung, die im Zahlungsauftrag verwendet wird,
3. die für den Zahlungsvorgang zu entrichtenden Entgelte und gegebenenfalls eine Aufschlüsselung der Beträge dieser Entgelte oder die vom Zahler zu entrichtenden Zinsen,
4. gegebenenfalls den Wechselkurs, den der Zahlungsdienstleister des Zahlers dem Zahlungsvorgang zugrunde gelegt hat, und den Betrag, der nach dieser Währungsumrechnung Gegenstand des Zahlungsvorgangs ist, und
5. das Wertstellungsdatum der Belastung oder das Datum des Zugangs des Zahlungsauftrags.

**§ 8[1] Informationen an den Zahlungsempfänger bei einzelnen Zahlungsvorgängen.** Nach Ausführung eines einzelnen Zahlungsvorgangs teilt der Zahlungsdienstleister des Zahlungsempfängers diesem unverzüglich die folgenden Informationen mit:

1. eine dem Zahlungsvorgang zugeordnete Kennung, die dem Zahlungsempfänger die Identifizierung des Zahlungsvorgangs und des Zahlers ermöglicht, sowie alle weiteren mit dem Zahlungsvorgang übermittelten Angaben,

[1] Art. 248 (§§ 1–19) angef. mWv 31.10.2009 durch G v. 29.7.2009 (BGBl. I S. 2355); § 5, § 8 Nr. 3 geänd., § 6, § 7 Nr. 3, § 8 Nr. 1 neu gef. mWv 13.1.2018 durch G v. 17.7.2017 (BGBl. I S. 2446).

2. den Zahlungsbetrag in der Währung, in der dieser Betrag auf dem Zahlungskonto des Zahlungsempfängers gutgeschrieben wird,
3. den Betrag der für den Zahlungsvorgang zu entrichtenden Entgelte und gegebenenfalls deren Aufschlüsselung oder der vom Zahlungsempfänger zu entrichtenden Zinsen,
4. gegebenenfalls den Wechselkurs, den der Zahlungsdienstleister des Zahlungsempfängers dem Zahlungsvorgang zugrunde gelegt hat, und den Betrag, der vor dieser Währungsumrechnung Gegenstand des Zahlungsvorgangs war, und
5. das Wertstellungsdatum der Gutschrift.

**§ 9[1] Sonstige Informationen während des Vertragsverhältnisses.** Während des Vertragsverhältnisses ist der Zahlungsdienstleister verpflichtet, den Zahlungsdienstnutzer unverzüglich zu unterrichten, wenn
1. sich Umstände, über die gemäß § 4 Abs. 1 Nr. 1 unterrichtet wurde, ändern oder
2. zum Nachteil des Zahlungsdienstnutzers Änderungen von Zinssätzen wirksam geworden sind.

**§ 10[1] Abweichende Vereinbarungen.** [1] Für die in den §§ 7, 8 und 9 Nr. 2 genannten Informationen können Zahlungsdienstleister und Zahlungsdienstnutzer eine andere Häufigkeit und eine von § 3 abweichende Form oder ein abweichendes Verfahren vereinbaren. [2] Über die in den §§ 7 und 8 genannten Informationen hat der Zahlungsdienstleister jedoch mindestens einmal monatlich so zu unterrichten, dass der Zahlungsdienstnutzer die Informationen unverändert aufbewahren und wiedergeben kann.

**§ 11[1] Ausnahmen für Kleinbetragsinstrumente und E-Geld.** (1) [1] Bei Zahlungsdiensteverträgen über die Überlassung eines Kleinbetragsinstruments (§ 675i Abs. 1 des Bürgerlichen Gesetzbuchs[2]) teilt der Zahlungsdienstleister dem Zahlungsdienstnutzer abweichend von den §§ 4 und 6 nur Folgendes mit:
1. die wesentlichen Merkmale des Zahlungsdienstes, einschließlich der Nutzungsmöglichkeiten des Kleinbetragsinstruments,
2. Haftungshinweise,
3. die anfallenden Entgelte und
4. die anderen für den Zahlungsdienstnutzer wesentlichen Vertragsinformationen.

[2] Ferner gibt der Zahlungsdienstleister an, wo die weiteren gemäß § 4 vorgeschriebenen Informationen und Vertragsbedingungen in leicht zugänglicher Form zur Verfügung gestellt sind.

(2) Bei Verträgen nach Absatz 1 können die Vertragsparteien abweichend von den §§ 7 und 8 vereinbaren, dass der Zahlungsdienstleister dem Zahlungsdienstnutzer nach Ausführung eines Zahlungsvorgangs
1. nur eine dem Zahlungsvorgang zugeordnete Kennung mitteilen oder zur Verfügung stellen muss, die es ermöglicht, den betreffenden Zahlungsvorgang, seinen Betrag sowie die erhobenen Entgelte zu identifizieren, und im Fall

---

[1] Art. 248 (§§ 1–19) angef. mWv 31.10.2009 durch G v. 29.7.2009 (BGBl. I S. 2355); § 11 Abs. 2 Nr. 2 geänd. mWv 30.7.2010 durch G v. 24.7.2010 (BGBl. I S. 977); § 11 Überschrift geänd. mWv 13.1.2018 durch G v. 17.7.2017 (BGBl. I S. 2446).

[2] Nr. **20**.

mehrerer gleichartiger Zahlungsvorgänge an den selben Zahlungsempfänger eine Information, die den Gesamtbetrag und die erhobenen Entgelte für diese Zahlungsvorgänge enthält,

2. die unter Nummer 1 genannten Informationen nicht mitteilen oder zur Verfügung stellen muss, wenn die Nutzung des Kleinbetragsinstruments keinem Zahlungsdienstnutzer zugeordnet werden kann oder wenn der Zahlungsdienstleister auf andere Weise technisch nicht in der Lage ist, diese Informationen mitzuteilen; in diesem Fall hat der Zahlungsdienstleister dem Zahlungsdienstnutzer eine Möglichkeit anzubieten, die gespeicherten Beträge zu überprüfen.

### Abschnitt 3. Einzelzahlungsverträge

**§ 12[1)] Besondere Form.** [1]Bei einem Einzelzahlungsvertrag, der nicht Gegenstand eines Zahlungsdiensterahmenvertrags ist, hat der Zahlungsdienstleister dem Zahlungsdienstnutzer die in § 13 genannten Informationen und Vertragsbedingungen hinsichtlich der von ihm zu erbringenden Zahlungsdienste in leicht zugänglicher Form zur Verfügung zu stellen. [2]Auf Verlangen des Zahlungsdienstnutzers stellt ihm der Zahlungsdienstleister die Informationen und Vertragsbedingungen in Papierform oder auf einem anderen dauerhaften Datenträger zur Verfügung.

**§ 13[1)] Vorvertragliche Informationen.** (1) Die folgenden vorvertraglichen Informationen und Vertragsbedingungen sind rechtzeitig vor Abgabe der Vertragserklärung des Zahlungsdienstnutzers zur Verfügung zu stellen:

1. die vom Zahlungsdienstnutzer mitzuteilenden Informationen oder Kundenkennungen, die für die ordnungsgemäße Auslösung oder Ausführung eines Zahlungsauftrags erforderlich sind,
2. die maximale Ausführungsfrist für den zu erbringenden Zahlungsdienst,
3. alle Entgelte, die der Zahlungsdienstnutzer an den Zahlungsdienstleister zu entrichten hat, und gegebenenfalls ihre Aufschlüsselung,
4. gegebenenfalls der dem Zahlungsvorgang zugrunde zu legende tatsächliche Wechselkurs oder Referenzwechselkurs.

(2) Ein Zahlungsauslösedienstleister hat dem Zahler rechtzeitig vor der Auslösung des Zahlungsvorgangs auch die folgenden Informationen zur Verfügung zu stellen:

1. den Namen des Zahlungsauslösedienstleisters, die Anschrift seiner Hauptverwaltung und gegebenenfalls die Anschrift seines Agenten oder seiner Zweigniederlassung in dem Mitgliedstaat, in dem der Zahlungsauslösedienst angeboten wird, sowie alle anderen Kontaktdaten einschließlich der E-Mail-Adresse, die für die Kommunikation mit dem Zahlungsauslösedienstleister von Belang sind, und
2. die Kontaktdaten der zuständigen Behörde.

(3) Die anderen in § 4 Absatz 1 genannten Informationen sind, soweit sie für den Einzelzahlungsvertrag erheblich sind, dem Zahlungsdienstnutzer ebenfalls zur Verfügung zu stellen.

---

1) Art. 248 (§§ 1–19) angef. mWv 31.10.2009 durch G v. 29.7.2009 (BGBl. I S. 2355); § 12 Satz 2 geänd. mWv 13.6.2014 durch G v. 20.9.2013 (BGBl. I S. 3642); § 12 Satz 1 geänd., § 13 Abs. 1 Satz 1 Nr. 1 geänd., Satz 2 aufgeh., Abs. 2, 3 eingef., bish. Abs. 2 und 3 werden Abs. 4 und 5 mWv 13.1.2018 durch G v. 17.7.2017 (BGBl. I S. 2446).

(4) Wenn auf Verlangen des Zahlungsdienstnutzers der Einzelzahlungsvertrag unter Verwendung eines Fernkommunikationsmittels geschlossen wird, das dem Zahlungsdienstleister die Informationsunterrichtung nach Absatz 1 nicht gestattet, hat der Zahlungsdienstleister den Zahlungsdienstnutzer unverzüglich nach Ausführung des Zahlungsvorgangs in der Form zu unterrichten, die in den §§ 2 und 12 vorgesehen ist.

(5) Die Pflichten gemäß Absatz 1 können auch erfüllt werden, indem eine Abschrift des Vertragsentwurfs übermittelt wird, die die nach Absatz 1 erforderlichen Informationen und Vertragsbedingungen enthält.

**§ 13a[1)] Informationen an den Zahler und den Zahlungsempfänger nach Auslösung des Zahlungsauftrags über einen Zahlungsauslösedienstleister.** Ein Zahlungsauslösedienstleister unterrichtet den Zahler und gegebenenfalls den Zahlungsempfänger unmittelbar nach der Auslosung des Zahlungsauftrags über

1. die erfolgreiche Auslösung des Zahlungsauftrags beim kontoführenden Zahlungsdienstleister des Zahlers,
2. die dem Zahlungsvorgang zugeordnete Kennung, die dem Zahler und dem Zahlungsempfänger die Identifizierung des Zahlungsvorgangs und dem Zahlungsempfänger gegebenenfalls die Identifizierung des Zahlers ermöglicht, sowie jede weitere mit dem Zahlungsvorgang übermittelte Angabe,
3. den Zahlungsbetrag,
4. gegebenenfalls die Höhe aller an den Zahlungsauslösedienstleister für den Zahlungsvorgang zu entrichtenden Entgelte sowie gegebenenfalls deren Aufschlüsselung.

**§ 14[2)] Informationen an den Zahler nach Zugang des Zahlungsauftrags.** Nach Zugang des Zahlungsauftrags unterrichtet der Zahlungsdienstleister des Zahlers diesen hinsichtlich der von ihm zu erbringenden Zahlungsdienste unverzüglich über

1. die dem Zahlungsvorgang zugeordnete Kennung, die dem Zahler die Identifizierung des betreffenden Zahlungsvorgangs ermöglicht, sowie gegebenenfalls Angaben zum Zahlungsempfänger,
2. den Zahlungsbetrag in der im Zahlungsauftrag verwendeten Währung,
3. die Höhe der vom Zahler für den Zahlungsvorgang zu entrichtenden Entgelte und gegebenenfalls deren Aufschlüsselung,
4. gegebenenfalls den Wechselkurs, den der Zahlungsdienstleister des Zahlers dem Zahlungsvorgang zugrunde gelegt hat, oder einen Verweis darauf, sofern dieser Kurs von dem in § 13 Abs. 1 Nr. 4 genannten Kurs abweicht, und den Betrag, der nach dieser Währungsumrechnung Gegenstand des Zahlungsvorgangs ist, und
5. das Datum des Zugangs des Zahlungsauftrags.

**§ 15[2)] Informationen an den Zahlungsempfänger nach Ausführung des Zahlungsvorgangs.** Nach Ausführung des Zahlungsvorgangs unterrichtet der

[1)] Art. 248 § 13a eingef. mWv 13.1.2018 durch G v. 17.7.2017 (BGBl. I S. 2446).

[2)] Art. 248 (§§ 1–19) angef. mWv 31.10.2009 durch G v. 29.7.2009 (BGBl. I S. 2355); § 14 einl. Satzteil, § 15 einl. Satzteil, Nr. 1, 3 geänd. mWv 13.1.2018 durch G v. 17.7.2017 (BGBl. I S. 2446).

Zahlungsdienstleister des Zahlungsempfängers diesen hinsichtlich der von ihm erbrachten Zahlungsdienste unverzüglich über

1. die dem Zahlungsvorgang zugeordnete Kennung, die dem Zahlungsempfänger die Identifizierung des betreffenden Zahlungsvorgangs und gegebenenfalls des Zahlers ermöglicht, sowie jede weitere mit dem Zahlungsvorgang übermittelte Angabe,
2. den Zahlungsbetrag in der Währung, in der er dem Zahlungsempfänger zur Verfügung steht,
3. die Höhe aller vom Zahlungsempfänger für den Zahlungsvorgang zu entrichtenden Entgelte und gegebenenfalls deren Aufschlüsselung,
4. gegebenenfalls den Wechselkurs, den der Zahlungsdienstleister des Zahlungsempfängers dem Zahlungsvorgang zugrunde gelegt hat, und den Betrag, der vor dieser Währungsumrechnung Gegenstand des Zahlungsvorgangs war, und
5. das Wertstellungsdatum der Gutschrift.

**§ 16[1] Informationen bei Einzelzahlung mittels rahmenvertraglich geregelten Zahlungsinstruments.** Wird ein Zahlungsauftrag für eine Einzelzahlung über ein rahmenvertraglich geregeltes Zahlungsinstrument übermittelt, so ist nur der Zahlungsdienstleister, der Partei des Zahlungsdiensterahmenvertrags ist, verpflichtet, den Zahlungsdienstnutzer nach Maßgabe des Abschnitts 2 zu unterrichten.

### Abschnitt 4.[1] Informationspflichten von Zahlungsempfängern, Bargeldabhebungsdienstleistern und Dritten

**§ 17[1] Informationspflichten des Zahlungsempfängers.** (1) Sollen Zahlungen mittels eines Zahlungsinstruments in einer anderen Währung als Euro erfolgen und wird vor der Auslösung des Zahlungsvorgangs vom Zahlungsempfänger eine Währungsumrechnung angeboten, muss der Zahlungsempfänger dem Zahler alle damit verbundenen Entgelte sowie den der Währungsumrechnung zugrunde gelegten Wechselkurs offenlegen.

(2) Verlangt der Zahlungsempfänger für die Nutzung eines bestimmten Zahlungsinstruments ein Entgelt oder bietet er eine Ermäßigung an, so teilt er dies dem Zahler vor Auslösung des Zahlungsvorgangs mit.

**§ 17a[1] Informationspflichten des Bargeldabhebungsdienstleisters.** Ein Dienstleister, der Bargeldabhebungsdienste erbringt, ist verpflichtet, den Kunden über alle Entgelte für eine Geldabhebung entsprechend § 13 Absatz 1 und 3, den §§ 14, 15 sowie 17 Absatz 1 sowohl vor der Abhebung als auch auf der Quittung nach dem Erhalt des Bargeldes zu unterrichten.

**§ 18[1] Informationspflichten Dritter.** Verlangt ein Dritter, über welchen ein Zahlungsdienstnutzer einen Zahlungsvorgang auslösen kann, von diesem für die Nutzung eines bestimmten Zahlungsinstruments ein Entgelt, so teilt er dies dem Zahlungsdienstnutzer vor der Auslösung des Zahlungsvorgangs mit.

[1] Art. 248 (§§ 1–19) angef. mWv 31.10.2009 durch G v. 29.7.2009 (BGBl. I S. 2355); § 16 Überschrift und Wortlaut, Abschnitt 4 Überschrift, § 17 Abs. 1, 2, § 18 geänd., § 17a eingef. mWv 13.1. 2018 durch G v. 17.7.2017 (BGBl. I S. 2446).

**§ 19**[1] **Abweichende Vereinbarungen.** Handelt es sich bei dem Zahlungsdienstnutzer nicht um einen Verbraucher, so können die Parteien vereinbaren, dass die §§ 17 und 18 ganz oder teilweise nicht anzuwenden sind.

## Art. 249[2] Informationspflichten bei Verbraucherbauverträgen

**§ 1**[2] **Informationspflichten bei Verbraucherbauverträgen.** Der Unternehmer ist nach § 650j des Bürgerlichen Gesetzbuchs[3] verpflichtet, dem Verbraucher rechtzeitig vor Abgabe von dessen Vertragserklärung eine Baubeschreibung in Textform zur Verfügung zu stellen.

**§ 2**[2] **Inhalt der Baubeschreibung.** (1) [1] In der Baubeschreibung sind die wesentlichen Eigenschaften des angebotenen Werks in klarer Weise darzustellen. [2] Sie muss mindestens folgende Informationen enthalten:

1. allgemeine Beschreibung des herzustellenden Gebäudes oder der vorzunehmenden Umbauten, gegebenenfalls Haustyp und Bauweise,
2. Art und Umfang der angebotenen Leistungen, gegebenenfalls der Planung und der Bauleitung, der Arbeiten am Grundstück und der Baustelleneinrichtung sowie der Ausbaustufe,
3. Gebäudedaten, Pläne mit Raum- und Flächenangaben sowie Ansichten, Grundrisse und Schnitte,
4. gegebenenfalls Angaben zum Energie-, zum Brandschutz- und zum Schallschutzstandard sowie zur Bauphysik,
5. Angaben zur Beschreibung der Baukonstruktionen aller wesentlichen Gewerke,
6. gegebenenfalls Beschreibung des Innenausbaus,
7. gegebenenfalls Beschreibung der gebäudetechnischen Anlagen,
8. Angaben zu Qualitätsmerkmalen, denen das Gebäude oder der Umbau genügen muss,
9. gegebenenfalls Beschreibung der Sanitärobjekte, der Armaturen, der Elektroanlage, der Installationen, der Informationstechnologie und der Außenanlagen.

(2) [1] Die Baubeschreibung hat verbindliche Angaben zum Zeitpunkt der Fertigstellung des Werks zu enthalten. [2] Steht der Beginn der Baumaßnahme noch nicht fest, ist ihre Dauer anzugeben.

**§ 3**[4] **Widerrufsbelehrung.** (1) [1] Steht dem Verbraucher ein Widerrufsrecht nach § 650l Satz 1 des Bürgerlichen Gesetzbuchs[3] zu, ist der Unternehmer verpflichtet, den Verbraucher vor Abgabe von dessen Vertragserklärung in Textform über sein Widerrufsrecht zu belehren. [2] Die Widerrufsbelehrung muss deutlich gestaltet sein und dem Verbraucher seine wesentlichen Rechte in einer an das benutzte Kommunikationsmittel angepassten Weise deutlich machen. [3] Sie muss Folgendes enthalten:

1. einen Hinweis auf das Recht zum Widerruf,
2. einen Hinweis darauf, dass der Widerruf durch Erklärung gegenüber dem Unternehmer erfolgt und keiner Begründung bedarf,

---

[1] Art. 248 § 19 angef. mWv 31.10.2009 durch G v. 29.7.2009 (BGBl. I S. 2355).

[2] Art. 249 (§§ 1–3) angef. mWv 1.1.2018 durch G v. 28.4.2017 (BGBl. I S. 969).

[3] Nr. **20**.

[4] Art. 249 § 3 angef. mWv 1.1.2018 durch G v. 28.4.2017 (BGBl. I S. 969); Abs. 1 Satz 3 Nr. 5 geänd. mWv 28.5.2022 durch G v. 10.8.2021 (BGBl. I S. 3483).

3. den Namen, die ladungsfähige Anschrift und die Telefonnummer desjenigen, gegenüber dem der Widerruf zu erklären ist, gegebenenfalls seine Telefaxnummer und E-Mail-Adresse,
4. einen Hinweis auf die Dauer und den Beginn der Widerrufsfrist sowie darauf, dass zur Fristwahrung die rechtzeitige Absendung der Widerrufserklärung genügt, und
5. einen Hinweis darauf, dass der Verbraucher dem Unternehmer Wertersatz nach § 357e des Bürgerlichen Gesetzbuchs schuldet, wenn die Rückgewähr der bis zum Widerruf erbrachten Leistung ihrer Natur nach ausgeschlossen ist.

(2) Der Unternehmer kann seine Belehrungspflicht dadurch erfüllen, dass er dem Verbraucher das in Anlage 10 vorgesehene Muster für die Widerrufsbelehrung zutreffend ausgefüllt in Textform übermittelt.

## Art. 250[1] Informationspflichten bei Pauschalreiseverträgen

**§ 1[1] Form und Zeitpunkt der vorvertraglichen Unterrichtung.**

(1) [1]Die Unterrichtung des Reisenden nach § 651d Absatz 1 und 5 sowie § 651v Absatz 1 des Bürgerlichen Gesetzbuchs[2] muss erfolgen, bevor dieser seine Vertragserklärung abgibt. [2]Die Informationen sind klar, verständlich und in hervorgehobener Weise mitzuteilen; werden sie schriftlich erteilt, müssen sie leserlich sein.

(2) Änderungen der vorvertraglichen Informationen sind dem Reisenden vor Vertragsschluss klar, verständlich und in hervorgehobener Weise mitzuteilen.

**§ 2[1] Formblatt für die vorvertragliche Unterrichtung.** (1) Dem Reisenden ist gemäß dem in Anlage 11 enthaltenen Muster ein zutreffend ausgefülltes Formblatt zur Verfügung zu stellen.

(2) Bei Verträgen nach § 651u des Bürgerlichen Gesetzbuchs[2] ist anstelle des Formblatts gemäß dem in Anlage 11 enthaltenen Muster das zutreffend ausgefüllte Formblatt gemäß dem in Anlage 12 enthaltenen Muster zu verwenden.

(3) Soll ein Pauschalreisevertrag telefonisch geschlossen werden, können die Informationen aus dem jeweiligen Formblatt abweichend von den Absätzen 1 und 2 auch telefonisch zur Verfügung gestellt werden.

**§ 3[1] Weitere Angaben bei der vorvertraglichen Unterrichtung.** Die Unterrichtung muss folgende Informationen enthalten, soweit sie für die in Betracht kommende Pauschalreise erheblich sind:

1. die wesentlichen Eigenschaften der Reiseleistungen, und zwar
   a) Bestimmungsort oder, wenn die Pauschalreise mehrere Aufenthalte umfasst, die einzelnen Bestimmungsorte sowie die einzelnen Zeiträume (Datumsangaben und Anzahl der Übernachtungen),
   b) Reiseroute,
   c) Transportmittel (Merkmale und Klasse),
   d) Ort, Tag und Zeit der Abreise und der Rückreise oder, sofern eine genaue Zeitangabe noch nicht möglich ist, ungefähre Zeit der Abreise und Rück-

[1] Art. 250 (§§ 1–10) angef. mWv 1.7.2018 durch G v. 17.7.2017 (BGBl. I S. 2394).
[2] Nr. **20**.

reise, ferner Orte und Dauer von Zwischenstationen sowie die dort zu erreichenden Anschlussverbindungen,

e) Unterkunft (Lage, Hauptmerkmale und gegebenenfalls touristische Einstufung der Unterkunft nach den Regeln des jeweiligen Bestimmungslandes),

f) Mahlzeiten,

g) Besichtigungen, Ausflüge oder sonstige im Reisepreis inbegriffene Leistungen,

h) sofern dies nicht aus dem Zusammenhang hervorgeht, die Angabe, ob eine der Reiseleistungen für den Reisenden als Teil einer Gruppe erbracht wird, und wenn dies der Fall ist, sofern möglich, die Angabe der ungefähren Gruppengröße,

i) sofern die Nutzung touristischer Leistungen im Sinne des § 651a Absatz 3 Satz 1 Nummer 4 des Bürgerlichen Gesetzbuchs[1] durch den Reisenden von einer wirksamen mündlichen Kommunikation abhängt, die Sprache, in der diese Leistungen erbracht werden, und

j) die Angabe, ob die Pauschalreise im Allgemeinen für Personen mit eingeschränkter Mobilität geeignet ist, sowie auf Verlangen des Reisenden genaue Informationen über eine solche Eignung unter Berücksichtigung der Bedürfnisse des Reisenden,

2. die Firma oder den Namen des Reiseveranstalters, die Anschrift des Ortes, an dem er niedergelassen ist, die Telefonnummer und gegebenenfalls die E-Mail-Adresse; diese Angaben sind gegebenenfalls auch bezüglich des Reisevermittlers zu erteilen,
3. den Reisepreis einschließlich Steuern und gegebenenfalls aller zusätzlichen Gebühren, Entgelte und sonstigen Kosten, oder, wenn sich diese Kosten vor Vertragsschluss nicht bestimmen lassen, die Angabe der Art von Mehrkosten, für die der Reisende gegebenenfalls noch aufkommen muss,
4. die Zahlungsmodalitäten einschließlich des Betrags oder des Prozentsatzes des Reisepreises, der als Anzahlung zu leisten ist, sowie des Zeitplans für die Zahlung des Restbetrags oder für die Stellung finanzieller Sicherheiten durch den Reisenden,
5. die für die Durchführung der Pauschalreise erforderliche Mindestteilnehmerzahl sowie die Angabe, bis zu welchem Zeitpunkt vor dem vertraglich vereinbarten Reisebeginn dem Reisenden die Rücktrittserklärung des Reiseveranstalters gemäß § 651h Absatz 4 Satz 1 Nummer 1 des Bürgerlichen Gesetzbuchs zugegangen sein muss,
6. allgemeine Pass- und Visumerfordernisse des Bestimmungslands, einschließlich der ungefähren Fristen für die Erlangung von Visa, sowie gesundheitspolizeiliche Formalitäten,
7. den Hinweis, dass der Reisende vor Reisebeginn gegen Zahlung einer angemessenen Entschädigung oder gegebenenfalls einer vom Reiseveranstalter verlangten Entschädigungspauschale jederzeit vom Vertrag zurücktreten kann,
8. den Hinweis auf den möglichen Abschluss einer Reiserücktrittskostenversicherung oder einer Versicherung zur Deckung der Kosten einer Unterstützung einschließlich einer Rückbeförderung bei Unfall, Krankheit oder Tod.

---

[1] Nr. **20**.

**§ 4[1] Vorvertragliche Unterrichtung in den Fällen des § 651c des Bürgerlichen Gesetzbuchs.** [1]Für Pauschalreiseverträge nach § 651c des Bürgerlichen Gesetzbuchs[2] ist abweichend von § 2 Absatz 1 anstelle des Formblatts gemäß dem in Anlage 11 enthaltenen Muster das zutreffend ausgefüllte Formblatt gemäß dem in Anlage 13 enthaltenen Muster zu verwenden. [2]Zur Unterrichtung nach § 3 sind verpflichtet

1. der als Reiseveranstalter anzusehende Unternehmer nur in Bezug auf die Reiseleistung, die er zu erbringen hat,
2. jeder andere Unternehmer, dem nach § 651c Absatz 1 Nummer 2 des Bürgerlichen Gesetzbuchs Daten übermittelt werden, in Bezug auf die von ihm zu erbringende Reiseleistung; er trägt gegenüber dem Reisenden die Beweislast für die Erfüllung seiner Informationspflichten.

**§ 5[1] Gestaltung des Vertrags.** Der Pauschalreisevertrag muss in einfacher und verständlicher Sprache abgefasst und, sofern er schriftlich geschlossen wird, leserlich sein.

**§ 6[3] Abschrift oder Bestätigung des Vertrags.** (1) [1]Dem Reisenden ist bei oder unverzüglich nach Vertragsschluss auf einem dauerhaften Datenträger eine Abschrift oder Bestätigung des Vertrags zur Verfügung zu stellen. [2]Der Reisende hat Anspruch auf eine Abschrift oder Bestätigung des Vertrags in Papierform, wenn der Vertragsschluss

1. bei gleichzeitiger körperlicher Anwesenheit der Vertragsschließenden erfolgte oder
2. außerhalb von Geschäftsräumen erfolgte (§ 312b des Bürgerlichen Gesetzbuchs[2]); wenn der Reisende zustimmt, kann für die Abschrift oder die Bestätigung des Vertrags auch ein anderer dauerhafter Datenträger verwendet werden.

(2) Die Abschrift oder Bestätigung des Vertrags muss klar, verständlich und in hervorgehobener Weise den vollständigen Vertragsinhalt wiedergeben und außer den in § 3 genannten Informationen die folgenden Angaben enthalten:

1. besondere Vorgaben des Reisenden, denen der Reiseveranstalter zugestimmt hat,
2. den Hinweis, dass der Reiseveranstalter
   a) gemäß § 651i des Bürgerlichen Gesetzbuchs für die ordnungsgemäße Erbringung aller von dem Vertrag umfassten Reiseleistungen verantwortlich ist und
   b) gemäß § 651q des Bürgerlichen Gesetzbuchs zum Beistand verpflichtet ist, wenn sich der Reisende in Schwierigkeiten befindet,
3. den Namen des Absicherers sowie dessen Kontaktdaten einschließlich der Anschrift des Ortes, an dem er niedergelassen ist; im Fall des § 651s des Bürgerlichen Gesetzbuchs sind diese Angaben zu erteilen in Bezug auf die Einrichtung, die den Insolvenzschutz bietet, und gegebenenfalls in Bezug auf die zuständige Behörde,
4. Namen, Anschrift, Telefonnummer, E-Mail-Adresse und gegebenenfalls Faxnummer des Vertreters des Reiseveranstalters vor Ort, einer Kontaktstelle oder eines anderen Dienstes, an den oder die sich der Reisende wenden kann, um

[1] Art. 250 (§§ 1–10) angef. mWv 1.7.2018 durch G v. 17.7.2017 (BGBl. I S. 2394).
[2] Nr. **20**.
[3] Art. 250 § 6 angef. mWv 1.7.2018 durch G v. 17.7.2017 (BGBl. I S. 2394); Abs. 2 Nr. 2 Buchst. a neu gef., Nr. 3 geänd. mWv 1.7.2021 durch G v. 25.6.2021 (BGBl. I S. 2114).

schnell mit dem Reiseveranstalter Verbindung aufzunehmen, wenn der Reisende
a) Beistand nach § 651q des Bürgerlichen Gesetzbuchs benötigt oder
b) einen aufgetretenen Reisemangel anzeigen will,
5. den Hinweis auf die Obliegenheit des Reisenden, dem Reiseveranstalter einen aufgetretenen Reisemangel unverzüglich anzuzeigen,
6. bei Minderjährigen, die ohne Begleitung durch einen Elternteil oder eine andere berechtigte Person reisen, Angaben darüber, wie eine unmittelbare Verbindung zu dem Minderjährigen oder zu dem an dessen Aufenthaltsort für ihn Verantwortlichen hergestellt werden kann; dies gilt nicht, wenn der Vertrag keine Beherbergung des Minderjährigen umfasst,
7. Informationen
a) zu bestehenden internen Beschwerdeverfahren,
b) gemäß § 36 des Verbraucherstreitbeilegungsgesetzes[1] zur Teilnahme an alternativen Streitbeilegungsverfahren und
c) zur Online-Streitbeilegungsplattform gemäß Artikel 14 der Verordnung (EU) Nr. 524/2013 des Europäischen Parlaments und des Rates vom 21. Mai 2013 über die Online-Beilegung verbraucherrechtlicher Streitigkeiten und zur Änderung der Verordnung (EG) Nr. 2006/2004 und der Richtlinie 2009/22/EG (ABl. L 165 vom 18.6.2013, S. 1),
8. den Hinweis auf das Recht des Reisenden, den Vertrag gemäß § 651e des Bürgerlichen Gesetzbuchs auf einen anderen Reisenden zu übertragen.

**§ 7[2] Reiseunterlagen, Unterrichtung vor Reisebeginn.** (1) Der Reiseveranstalter hat dem Reisenden rechtzeitig vor Reisebeginn die notwendigen Reiseunterlagen zu übermitteln, insbesondere notwendige Buchungsbelege, Gutscheine, Beförderungsausweise und Eintrittskarten.

(2) [1] Der Reiseveranstalter hat den Reisenden rechtzeitig vor Reisebeginn zu unterrichten über die Abreise- und Ankunftszeiten sowie gegebenenfalls die Zeiten für die Abfertigung vor der Beförderung, die Orte und Dauer von Zwischenstationen sowie die dort zu erreichenden Anschlussverbindungen. [2] Eine besondere Mitteilung nach Satz 1 ist nicht erforderlich, soweit diese Informationen bereits in einer dem Reisenden zur Verfügung gestellten Abschrift oder Bestätigung des Vertrags gemäß § 6 oder in einer Information des Reisenden nach § 8 Absatz 2 enthalten sind und inzwischen keine Änderungen eingetreten sind.

**§ 8[2] Mitteilungspflichten anderer Unternehmer und Information des Reisenden nach Vertragsschluss in den Fällen des § 651c des Bürgerlichen Gesetzbuchs.** (1) Schließt ein Unternehmer, dem nach § 651c Absatz 1 Nummer 2 des Bürgerlichen Gesetzbuchs[3] Daten übermittelt werden, mit dem Reisenden einen Vertrag über eine Reiseleistung ab, hat er den als Reiseveranstalter anzusehenden Unternehmer über den Umstand des Vertragsschlusses zu unterrichten und diesem in Bezug auf die von ihm zu erbringende Reiseleistung die Informationen zur Verfügung zu stellen, die zur Erfüllung der Verpflichtungen als Reiseveranstalter erforderlich sind.

---

[1] **Habersack, Deutsche Gesetze ErgBd. Nr. 107.**
[2] Art. 250 (§§ 1–10) angef. mWv 1.7.2018 durch G v. 17.7.2017 (BGBl. I S. 2394).
[3] Nr. **20**.

(2) Der als Reiseveranstalter anzusehende Unternehmer hat dem Reisenden die in § 6 Absatz 2 Nummer 1 bis 8 genannten Angaben klar, verständlich und in hervorgehobener Weise auf einem dauerhaften Datenträger zur Verfügung zu stellen, sobald er von dem anderen Unternehmer gemäß Absatz 1 über den Umstand des Vertragsschlusses unterrichtet wurde.

**§ 9[1)] Weitere Informationspflichten bei Verträgen über Gastschulaufenthalte.** Über die in § 6 Absatz 2 bestimmten Angaben hinaus hat der Reiseveranstalter dem Reisenden folgende Informationen zu erteilen:

1. Namen, Anschrift, Telefonnummer und gegebenenfalls E-Mail-Adresse der Gastfamilie, in welcher der Gastschüler untergebracht ist, einschließlich Veränderungen,
2. Namen und Erreichbarkeit eines Ansprechpartners im Aufnahmeland, bei dem auch Abhilfe verlangt werden kann, einschließlich Veränderungen, und
3. Abhilfeverlangen des Gastschülers und die vom Reiseveranstalter ergriffenen Maßnahmen.

**§ 10[1)] Unterrichtung bei erheblichen Vertragsänderungen.** Beabsichtigt der Reiseveranstalter eine Vertragsänderung nach § 651g Absatz 1 des Bürgerlichen Gesetzbuchs[2)], hat er den Reisenden unverzüglich nach Kenntnis von dem Änderungsgrund auf einem dauerhaften Datenträger klar, verständlich und in hervorgehobener Weise zu informieren über

1. die angebotene Vertragsänderung, die Gründe hierfür sowie
   a) im Fall einer Erhöhung des Reisepreises über deren Berechnung,
   b) im Fall einer sonstigen Vertragsänderung über die Auswirkungen dieser Änderung auf den Reisepreis gemäß § 651g Absatz 3 Satz 2 des Bürgerlichen Gesetzbuchs,
2. die Frist, innerhalb derer der Reisende ohne Zahlung einer Entschädigung vom Vertrag zurücktreten oder das Angebot zur Vertragsänderung annehmen kann,
3. den Umstand, dass das Angebot zur Vertragsänderung als angenommen gilt, wenn der Reisende sich nicht innerhalb der Frist erklärt, und
4. die gegebenenfalls als Ersatz angebotene Pauschalreise und deren Reisepreis.

### Art. 251[3)] Informationspflichten bei Vermittlung verbundener Reiseleistungen

**§ 1[3)] Form und Zeitpunkt der Unterrichtung.** [1] Die Unterrichtung des Reisenden nach § 651w Absatz 2 des Bürgerlichen Gesetzbuchs[2)] muss erfolgen, bevor dieser eine Vertragserklärung betreffend einen Vertrag über eine Reiseleistung abgibt, dessen Zustandekommen bewirkt, dass eine Vermittlung verbundener Reiseleistungen erfolgt ist. [2] Die Informationen sind klar, verständlich und in hervorgehobener Weise mitzuteilen.

**§ 2[3)] Formblatt für die Unterrichtung des Reisenden.** [1] Dem Reisenden ist gemäß den in den Anlagen 14 bis 17 enthaltenen Mustern ein zutreffend ausgefülltes Formblatt zur Verfügung zu stellen, und zwar

---

[1)] Art. 250 (§§ 1–10) angef. mWv 1.7.2018 durch G v. 17.7.2017 (BGBl. I S. 2394).
[2)] Nr. **20**.
[3)] Art. 251 (§§ 1, 2) angef. mWv 1.7.2018 durch G v. 17.7.2017 (BGBl. I S. 2394).

1. sofern der Vermittler verbundener Reiseleistungen ein Beförderer ist, mit dem der Reisende einen die Rückbeförderung umfassenden Beförderungsvertrag geschlossen hat:
   a) ein Formblatt gemäß dem Muster in Anlage 14, wenn die Vermittlung nach § 651w Absatz 1 Satz 1 Nummer 1 des Bürgerlichen Gesetzbuchs[1] erfolgt,
   b) ein Formblatt gemäß dem Muster in Anlage 15, wenn die Vermittlung nach § 651w Absatz 1 Satz 1 Nummer 2 des Bürgerlichen Gesetzbuchs erfolgt,
2. sofern es sich bei dem Vermittler verbundener Reiseleistungen nicht um einen Beförderer handelt, mit dem der Reisende einen die Rückbeförderung umfassenden Beförderungsvertrag geschlossen hat:
   a) ein Formblatt gemäß dem Muster in Anlage 16, wenn die Vermittlung nach § 651w Absatz 1 Satz 1 Nummer 1 des Bürgerlichen Gesetzbuchs erfolgt,
   b) ein Formblatt gemäß dem Muster in Anlage 17, wenn die Vermittlung nach § 651w Absatz 1 Satz 1 Nummer 2 des Bürgerlichen Gesetzbuchs erfolgt.

[2] Erfolgt die Vermittlung verbundener Reiseleistungen in den Fällen von Satz 1 Nummer 1 und 2 Buchstabe b bei gleichzeitiger körperlicher Anwesenheit des Reisenden und des Vermittlers verbundener Reiseleistungen, hat der Vermittler verbundener Reiseleistungen abweichend von Satz 1 die in den betreffenden Formblättern enthaltenen Informationen in einer der Vermittlungssituation angepassten Weise zur Verfügung zu stellen. [3] Entsprechendes gilt, wenn die Vermittlung verbundener Reiseleistungen weder bei gleichzeitiger körperlicher Anwesenheit des Reisenden und des Vermittlers verbundener Reiseleistungen noch online erfolgt.

## Art. 252[2] Sicherungsschein; Mitteilungspflicht des Absicherers.

(1) [1] Der Sicherungsschein nach § 651r Absatz 4 Satz 1, auch in Verbindung mit § 651w Absatz 3 Satz 4, des Bürgerlichen Gesetzbuchs[1] ist gemäß dem in Anlage 18 enthaltenen Muster zu erstellen und dem Reisenden zutreffend ausgefüllt in Textform zu übermitteln. [2] Von dem Muster darf in Format und Schriftgröße abgewichen werden. [3] Auf dem Sicherungsschein darf die Firma oder ein Kennzeichen des Absicherers oder seines Beauftragten abgedruckt werden. [4] Enthält die Urkunde neben dem Sicherungsschein weitere Angaben oder Texte, muss sich der Sicherungsschein deutlich hiervon abheben.

(2) [1] Bei Pauschalreisen ist der Sicherungsschein der Bestätigung oder der Abschrift des Vertrags anzuheften oder auf ihrer Rückseite abzudrucken. [2] Der Sicherungsschein kann auch elektronisch mit der Bestätigung oder Abschrift des Vertrags verbunden werden. [3] Bei Pauschalreisen nach § 651c des Bürgerlichen Gesetzbuchs ist der Sicherungsschein zu übermitteln, sobald der als Reiseveranstalter anzusehende Unternehmer nach Artikel 250 § 8 Absatz 1 über den Umstand eines weiteren Vertragsschlusses unterrichtet worden ist.

(3) Bei Vermittlung verbundener Reiseleistungen ist der Sicherungsschein zu übermitteln, sobald der Vermittler verbundener Reiseleistungen nach § 651w Absatz 5 des Bürgerlichen Gesetzbuchs über den Umstand eines weiteren Vertragsschlusses unterrichtet worden ist.

---

[1] Nr. **20**.

[2] Art. 252 angef. mWv 1.7.2018 durch G v. 17.7.2017 (BGBl. I S. 2394); Überschrift, Abs. 1 Satz 3, Abs. 5 geänd. mWv 1.7.2021 durch G v. 25.6.2021 (BGBl. I S. 2114).

(4) Ein Reisevermittler ist dem Reisenden gegenüber verpflichtet, den Sicherungsschein auf seine Gültigkeit hin zu überprüfen, wenn er ihn dem Reisenden übermittelt.

(5) Der Absicherer (§ 651r Absatz 3 des Bürgerlichen Gesetzbuchs) ist verpflichtet, die Beendigung des Absicherungsvertrags der zuständigen Behörde unverzüglich mitzuteilen.

## Art. 253[1] Zentrale Kontaktstelle

**§ 1[1] Zentrale Kontaktstelle; Informationen über die Insolvenzsicherung.**

(1) Die Aufgaben der zentralen Kontaktstelle nach Artikel 18 Absatz 2 bis 4 der Richtlinie (EU) 2015/2302 nimmt das Bundesamt für Justiz wahr.

(2) Das Bundesamt für Justiz stellt den zentralen Kontaktstellen anderer Mitgliedstaaten oder sonstiger Vertragsstaaten des Abkommens über den Europäischen Wirtschaftsraum alle notwendigen Informationen über die gesetzlichen Anforderungen an die Verpflichtung von Reiseveranstaltern und Vermittlern verbundener Reiseleistungen zur Insolvenzsicherung (§§ 651r bis 651t, 651w Absatz 3 des Bürgerlichen Gesetzbuchs[2]) zur Verfügung.

**§ 2[1] Ausgehende Ersuchen.** Das Bundesamt für Justiz leitet Auskunftsersuchen der zuständigen Behörden zur Klärung von Zweifeln, ob ein Reiseveranstalter oder ein Vermittler verbundener Reiseleistungen mit Sitz in einem anderen Mitgliedstaat oder in einem anderen Vertragsstaat des Abkommens über den Europäischen Wirtschaftsraum seiner Verpflichtung zur Insolvenzsicherung (§§ 651s, 651w Absatz 3 des Bürgerlichen Gesetzbuchs[2]) nachgekommen ist, an die zentrale Kontaktstelle des Niederlassungsstaats weiter.

**§ 3[1] Eingehende Ersuchen.** (1) Auskunftsersuchen zentraler Kontaktstellen anderer Mitgliedstaaten oder sonstiger Vertragsstaaten des Abkommens über den Europäischen Wirtschaftsraum zur Klärung von Zweifeln, ob ein Reiseveranstalter oder ein Vermittler verbundener Reiseleistungen mit Sitz im Inland seiner Verpflichtung zur Insolvenzsicherung (§§ 651r, 651w Absatz 3 des Bürgerlichen Gesetzbuchs[2]) nachgekommen ist, leitet das Bundesamt für Justiz unverzüglich an die zuständige Behörde weiter.

(2) [1] Die zuständige Behörde ergreift unverzüglich die zur Klärung erforderlichen Maßnahmen und teilt dem Bundesamt für Justiz das Ergebnis mit. [2] Das Bundesamt für Justiz leitet die Mitteilung der zuständigen Behörde unverzüglich an die zentrale Kontaktstelle des anderen Staats weiter.

(3) Sofern das Ersuchen innerhalb von 15 Arbeitstagen nach Eingang noch nicht abschließend beantwortet werden kann, erteilt das Bundesamt für Justiz der zentralen Kontaktstelle des anderen Staats innerhalb dieser Frist eine erste Antwort.

---

[1] Art. 253 (§§ 1–3) angef. mWv 1.7.2018 durch G v. 17.7.2017 (BGBl. I S. 2394).
[2] Nr. **20**.

**Anlage 1[1) 2)]**
(zu Artikel 246a § 1 Absatz 2 Satz 2)

**Muster für die Widerrufsbelehrung bei außerhalb von Geschäftsräumen geschlossenen Verträgen und bei Fernabsatzverträgen mit Ausnahme von Verträgen über Finanzdienstleistungen**

**Widerrufsbelehrung**

**Widerrufsrecht**

Sie haben das Recht, binnen vierzehn Tagen ohne Angabe von Gründen diesen Vertrag zu widerrufen.
Die Widerrufsfrist beträgt vierzehn Tage ab dem Tag [1].
Um Ihr Widerrufsrecht auszuüben, müssen Sie uns ([2]) mittels einer eindeutigen Erklärung (z.B. ein mit der Post versandter Brief oder eine E-Mail) über Ihren Entschluss, diesen Vertrag zu widerrufen, informieren. Sie können dafür das beigefügte Muster-Widerrufsformular verwenden, das jedoch nicht vorgeschrieben ist. [3]
Zur Wahrung der Widerrufsfrist reicht es aus, dass Sie die Mitteilung über die Ausübung des Widerrufsrechts vor Ablauf der Widerrufsfrist absenden.

**Folgen des Widerrufs**

Wenn Sie diesen Vertrag widerrufen, haben wir Ihnen alle Zahlungen, die wir von Ihnen erhalten haben, einschließlich der Lieferkosten (mit Ausnahme der zusätzlichen Kosten, die sich daraus ergeben, dass Sie eine andere Art der Lieferung als die von uns angebotene, günstigste Standardlieferung gewählt haben), unverzüglich und spätestens binnen vierzehn Tagen ab dem Tag zurückzuzahlen, an dem die Mitteilung über Ihren Widerruf dieses Vertrags bei uns eingegangen ist. Für diese Rückzahlung verwenden wir dasselbe Zahlungsmittel, das Sie bei der ursprünglichen Transaktion eingesetzt haben, es sei denn, mit Ihnen wurde ausdrücklich etwas anderes vereinbart; in keinem Fall werden Ihnen wegen dieser Rückzahlung Entgelte berechnet. [4]
[5]
[6]

**Gestaltungshinweise:**

[1] Fügen Sie einen der folgenden in Anführungszeichen gesetzten Textbausteine ein:

a) im Falle eines Dienstleistungsvertrags oder eines Vertrags über die Lieferung von Wasser, Gas oder Strom, wenn sie nicht in einem begrenzten Volumen oder in einer bestimmten Menge zum Verkauf angeboten werden, von Fernwärme oder von digitalen Inhalten, die nicht auf einem körperlichen Datenträger geliefert werden: „des Vertragsabschlusses.“;

b) im Falle eines Kaufvertrags: „, an dem Sie oder ein von Ihnen benannter Dritter, der nicht der Beförderer ist, die Waren in Besitz genommen haben bzw. hat.“;

c) im Falle eines Vertrags über mehrere Waren, die der Verbraucher im Rahmen einer einheitlichen Bestellung bestellt hat und die getrennt geliefert werden: „, an dem Sie oder ein von Ihnen benannter Dritter, der nicht der Beförderer ist, die letzte Ware in Besitz genommen haben bzw. hat.“;

d) im Falle eines Vertrags über die Lieferung einer Ware in mehreren Teilsendungen oder Stücken: „, an dem Sie oder ein von Ihnen benannter Dritter, der nicht der Beförderer ist, die letzte Teilsendung oder das letzte Stück in Besitz genommen haben bzw. hat.“;

e) im Falle eines Vertrags zur regelmäßigen Lieferung von Waren über einen festgelegten Zeitraum hinweg: „, an dem Sie oder ein von Ihnen benannter Dritter, der nicht der Beförderer ist, die erste Ware in Besitz genommen haben bzw. hat.“

[2] Fügen Sie Ihren Namen, Ihre Anschrift, Ihre Telefonnummer und Ihre E-Mail-Adresse ein.

---

1) Anl. 1 neu gef. mWv 13.6.2014 durch G v. 20.9.2013 (BGBl. I S. 3642); geänd. mWv 21.3.2016 durch G v. 11.3.2016 (BGBl. I S. 396); geänd. mWv 28.5.2022 durch G v. 10.8.2021 (BGBl. I S. 3483).

2) Im BGBl. I sind die hier in eckigen Klammern wiedergegebenen Bezugnahmen auf die Gestaltungshinweise als geschlossene Kästchen dargestellt.

[3] Wenn Sie dem Verbraucher die Wahl einräumen, die Information über seinen Widerruf des Vertrags auf Ihrer Webseite elektronisch auszufüllen und zu übermitteln, fügen Sie Folgendes ein: „Sie können das Muster-Widerrufsformular oder eine andere eindeutige Erklärung auch auf unserer Webseite [Internet-Adresse einfügen] elektronisch ausfüllen und übermitteln. Machen Sie von dieser Möglichkeit Gebrauch, so werden wir Ihnen unverzüglich (z.B. per E-Mail) eine Bestätigung über den Eingang eines solchen Widerrufs übermitteln."

[4] Im Falle von Kaufverträgen, in denen Sie nicht angeboten haben, im Falle des Widerrufs die Waren selbst abzuholen, fügen Sie Folgendes ein: „Wir können die Rückzahlung verweigern, bis wir die Waren wieder zurückerhalten haben oder bis Sie den Nachweis erbracht haben, dass Sie die Waren zurückgesandt haben, je nachdem, welches der frühere Zeitpunkt ist."

[5] Wenn der Verbraucher Waren im Zusammenhang mit dem Vertrag erhalten hat:

a) Fügen Sie ein:

– „Wir holen die Waren ab." oder

– „Sie haben die Waren unverzüglich und in jedem Fall spätestens binnen vierzehn Tagen ab dem Tag, an dem Sie uns über den Widerruf dieses Vertrags unterrichten, an … uns oder an [hier sind gegebenenfalls der Name und die Anschrift der von Ihnen zur Entgegennahme der Waren ermächtigten Person einzufügen] zurückzusenden oder zu übergeben. Die Frist ist gewahrt, wenn Sie die Waren vor Ablauf der Frist von vierzehn Tagen absenden."

b) fügen Sie ein:

– „Wir tragen die Kosten der Rücksendung der Waren.";

– „Sie tragen die unmittelbaren Kosten der Rücksendung der Waren.";

– Wenn Sie bei einem Fernabsatzvertrag nicht anbieten, die Kosten der Rücksendung der Waren zu tragen, und die Waren aufgrund ihrer Beschaffenheit nicht normal mit der Post zurückgesandt werden können: „Sie tragen die unmittelbaren Kosten der Rücksendung der Waren in Höhe von … EUR [Betrag einfügen].", oder, wenn die Kosten vernünftigerweise nicht im Voraus berechnet werden können: „Sie tragen die unmittelbaren Kosten der Rücksendung der Waren. Die Kosten werden auf höchstens etwa … EUR [Betrag einfügen] geschätzt." oder

– Wenn die Waren bei einem außerhalb von Geschäftsräumen geschlossenen Vertrag aufgrund ihrer Beschaffenheit nicht normal mit der Post zurückgesandt werden können und zum Zeitpunkt des Vertragsschlusses zur Wohnung des Verbrauchers gebracht worden sind: „Wir holen die Waren auf unsere Kosten ab." und

c) fügen Sie ein: „Sie müssen für einen etwaigen Wertverlust der Waren nur aufkommen, wenn dieser Wertverlust auf einen zur Prüfung der Beschaffenheit, Eigenschaften und Funktionsweise der Waren nicht notwendigen Umgang mit ihnen zurückzuführen ist."

[6] Im Falle eines Vertrags zur Erbringung von Dienstleistungen oder der Lieferung von Wasser, Gas oder Strom, wenn sie nicht in einem begrenzten Volumen oder in einer bestimmten Menge zum Verkauf angeboten werden, oder von Fernwärme fügen Sie Folgendes ein: „Haben Sie verlangt, dass die Dienstleistungen oder Lieferung von Wasser/Gas/Strom/Fernwärme [Unzutreffendes streichen] während der Widerrufsfrist beginnen soll, so haben Sie uns einen angemessenen Betrag zu zahlen, der dem Anteil der bis zu dem Zeitpunkt, zu dem Sie uns von der Ausübung des Widerrufsrechts hinsichtlich dieses Vertrags unterrichten, bereits erbrachten Dienstleistungen im Vergleich zum Gesamtumfang der im Vertrag vorgesehenen Dienstleistungen entspricht."

**Anlage 2**[1]
(zu Artikel 246a § 1 Absatz 2 Satz 1 Nummer 1 und § 2 Absatz 2 Nummer 2)

**Muster für das Widerrufsformular**

**Muster-Widerrufsformular**

(Wenn Sie den Vertrag widerrufen wollen, dann füllen Sie bitte dieses Formular aus und senden Sie es zurück.)
– An [hier ist der Name, die Anschrift und die E-Mail-Adresse des Unternehmers durch den Unternehmer einzufügen]:
– Hiermit widerrufe(n) ich/wir (*) den von mir/uns (*) abgeschlossenen Vertrag über den Kauf der folgenden Waren (*)/die Erbringung der folgenden Dienstleistung (*)
– Bestellt am (*)/erhalten am (*)
– Name des/der Verbraucher(s)
– Anschrift des/der Verbraucher(s)
– Unterschrift des/der Verbraucher(s) (nur bei Mitteilung auf Papier)
– Datum

(*) Unzutreffendes streichen.

**Anlage 3**[2] [3]
(zu Artikel 246b § 2 Absatz 3 Satz 1)

**Muster für die Widerrufsbelehrung bei im Fernabsatz und außerhalb von Geschäftsräumen geschlossenen Verträgen über Finanzdienstleistungen mit Ausnahme von Verträgen über die Erbringung von Zahlungsdiensten und Immobiliarförderdarlehensverträgen**

**Widerrufsbelehrung**

**Abschnitt 1**
**Widerrufsrecht**
Sie können Ihre Vertragserklärung **innerhalb von 14 Tagen ohne Angabe von Gründen mittels einer eindeutigen Erklärung widerrufen**. Die Frist beginnt nach Abschluss des Vertrags und nachdem Sie die Vertragsbestimmungen einschließlich der Allgemeinen Geschäftsbedingungen sowie **alle nachstehend unter Abschnitt 2 aufgeführten Informationen** auf einem dauerhaften Datenträger (z.B. Brief, Telefax, E-Mail) **erhalten haben**. **Zur Wahrung der Widerrufsfrist genügt die rechtzeitige Absendung des Widerrufs**, wenn die Erklärung auf einem dauerhaften Datenträger erfolgt. Der Widerruf ist zu richten an: [1]

**Abschnitt 2**
**Für den Beginn der Widerrufsfrist erforderliche Informationen**
[2]
Die Informationen im Sinne des Abschnitts 1 Satz 2 umfassen folgende Angaben:
1. die Identität des Unternehmers; anzugeben ist auch das öffentliche Unternehmensregister, bei dem der Rechtsträger eingetragen ist, und die zugehörige Registernummer oder gleichwertige Kennung;

[1] Anl. 2 neu gef. mWv 13.6.2014 durch G v. 20.9.2013 (BGBl. I S. 3642); geänd. mWv 28.5.2022 durch G v. 10.8.2021 (BGBl. I S. 3483).
[2] Anl. 3 neu gef. mWv 15.6.2021 durch G v. 9.6.2021 (BGBl. I S. 1666); geänd. mWv 28.5.2022 durch G v. 10.8.2021 (BGBl. I S. 3483).
[3] Im BGBl. I sind die hier in eckigen Klammern wiedergegebenen Bezugnahmen auf die Gestaltungshinweise als geschlossene Kästchen dargestellt.

2. die Hauptgeschäftstätigkeit des Unternehmers und die für seine Zulassung zuständige Aufsichtsbehörde;
3. *die Identität des Vertreters des Unternehmers in dem Mitgliedstaat der Europäischen Union, in dem der Verbraucher seinen Wohnsitz hat, wenn es einen solchen Vertreter gibt, oder einer anderen gewerblich tätigen Person als dem Unternehmer, wenn der Verbraucher mit dieser Person geschäftlich zu tun hat, und die Eigenschaft, in der diese Person gegenüber dem Verbraucher tätig wird;*
4. zur Anschrift
   a) die ladungsfähige Anschrift des Unternehmers und jede andere Anschrift, die für die Geschäftsbeziehung zwischen dem Unternehmer und dem Verbraucher maßgeblich ist, bei juristischen Personen, Personenvereinigungen oder Personengruppen auch den Namen des Vertretungsberechtigten;
   *b) jede andere Anschrift, die für die Geschäftsbeziehung zwischen dem Verbraucher und einem Vertreter des Unternehmers oder einer anderen gewerblich tätigen Person als dem Unternehmer, wenn der Verbraucher mit dieser Person geschäftlich zu tun hat, maßgeblich ist, bei juristischen Personen, Personenvereinigungen oder Personengruppen auch den Namen des Vertretungsberechtigten;*
5. die wesentlichen Merkmale der Finanzdienstleistung sowie Informationen darüber, wie der Vertrag zustande kommt;
6. den Gesamtpreis der Finanzdienstleistung einschließlich aller damit verbundenen Preisbestandteile sowie alle über den Unternehmer abgeführten Steuern oder, wenn kein genauer Preis angegeben werden kann, seine Berechnungsgrundlage, die dem Verbraucher eine Überprüfung des Preises ermöglicht;
7. *gegebenenfalls zusätzlich anfallende Kosten sowie einen Hinweis auf mögliche weitere Steuern oder Kosten, die nicht über den Unternehmer abgeführt oder von ihm in Rechnung gestellt werden;*
8. *den Hinweis, dass sich die Finanzdienstleistung auf Finanzinstrumente bezieht, die wegen ihrer spezifischen Merkmale oder der durchzuführenden Vorgänge mit speziellen Risiken behaftet sind oder deren Preis Schwankungen auf dem Finanzmarkt unterliegt, auf die der Unternehmer keinen Einfluss hat, und dass in der Vergangenheit erwirtschaftete Erträge kein Indikator für künftige Erträge sind;*
9. *eine Befristung der Gültigkeitsdauer der zur Verfügung gestellten Informationen, beispielsweise die Gültigkeitsdauer befristeter Angebote, insbesondere hinsichtlich des Preises;*
10. Einzelheiten hinsichtlich der Zahlung und der Erfüllung;
11. *alle spezifischen zusätzlichen Kosten, die der Verbraucher für die Benutzung des Fernkommunikationsmittels zu tragen hat, wenn solche zusätzlichen Kosten durch den Unternehmer in Rechnung gestellt werden;*
12. das Bestehen oder Nichtbestehen eines Widerrufsrechts sowie die Bedingungen, Einzelheiten der Ausübung, insbesondere Name und Anschrift desjenigen, gegenüber dem der Widerruf zu erklären ist, und die Rechtsfolgen des Widerrufs einschließlich Informationen über den Betrag, den der Verbraucher im Fall des Widerrufs für die erbrachte Leistung zu zahlen hat, sofern er zur Zahlung von Wertersatz verpflichtet ist (zugrunde liegende Vorschrift: § 357b des Bürgerlichen Gesetzbuchs);
13. *die Mindestlaufzeit des Vertrags, wenn dieser eine dauernde oder regelmäßig wiederkehrende Leistung zum Inhalt hat;*
14. *die vertraglichen Kündigungsbedingungen einschließlich etwaiger Vertragsstrafen;*
15. die Mitgliedstaaten der Europäischen Union, deren Recht der Unternehmer der Aufnahme von Beziehungen zum Verbraucher vor Abschluss des Vertrags zugrunde legt;
16. *eine Vertragsklausel über das auf den Vertrag anwendbare Recht oder über das zuständige Gericht;*
17. die Sprachen, in denen die Vertragsbedingungen und die in dieser Widerrufsbelehrung genannten Vorabinformationen mitgeteilt werden, sowie die Sprachen, in denen sich der Unternehmer verpflichtet, mit Zustimmung des Verbrauchers die Kommunikation während der Laufzeit dieses Vertrags zu führen;
18. den Hinweis, ob der Verbraucher ein außergerichtliches Beschwerde- und Rechtsbehelfsverfahren, dem der Unternehmer unterworfen ist, nutzen kann, und gegebenenfalls dessen Zugangsvoraussetzungen;
19. *das Bestehen eines Garantiefonds oder anderer Entschädigungsregelungen, die weder unter die gemäß der Richtlinie 2014/49/EU des Europäischen Parlaments und des Rates vom 16. April 2014 über Einlagensicherungssysteme (ABl. L 173 vom 12.6.2014, S. 149; L 212 vom 18.7.2014, S. 47; L 309 vom 30.10. 2014, S. 37) geschaffenen Einlagensicherungssysteme noch unter die gemäß der Richtlinie 97/9/EG des Europäischen Parlaments und des Rates vom 3. März 1997 über Systeme für die Entschädigung der Anleger (ABl. L 84 vom 26.3.1997, S. 22) geschaffenen Anlegerentschädigungssysteme fallen.*

**Abschnitt 3**
**Widerrufsfolgen**
Im Fall eines wirksamen Widerrufs **sind die beiderseits empfangenen Leistungen zurückzugewähren**. [3] Sie sind zur **Zahlung von Wertersatz** für die bis zum Widerruf erbrachte Dienstleistung verpflichtet, wenn Sie vor Abgabe Ihrer Vertragserklärung auf diese Rechtsfolge hingewiesen wurden und ausdrücklich zugestimmt haben, dass vor dem Ende der Widerrufsfrist mit der Ausführung der Gegenleistung begonnen werden kann. Besteht eine Verpflichtung zur Zahlung von Wertersatz, kann dies dazu führen, dass Sie die vertraglichen Zahlungsverpflichtungen für den Zeitraum bis zum Widerruf dennoch erfüllen müssen. **Ihr Widerrufsrecht erlischt** vorzeitig, wenn der Vertrag **von beiden Seiten auf Ihren ausdrücklichen Wunsch vollständig erfüllt ist**, bevor Sie Ihr Widerrufsrecht ausgeübt haben. **Verpflichtungen zur Erstattung von Zahlungen müssen innerhalb von 30 Tagen erfüllt werden**. Diese Frist beginnt für Sie mit der Absendung Ihrer Widerrufserklärung, für uns mit deren Empfang.
[4]
[5]
[6]
[7]
[8]
(Ort), (Datum), (Unterschrift des Verbrauchers) [9]

**Gestaltungshinweise:**

[1] Einsetzen: Namen/Firma und ladungsfähige Anschrift des Widerrufsadressaten. Zusätzlich können angegeben werden: Telefaxnummer, E-Mail-Adresse und/oder, wenn der Verbraucher eine Bestätigung seiner Widerrufserklärung an den Unternehmer erhält, auch eine Internetadresse.

[2] Die unter den **Nummern 3, 4 Buchstabe b, den Nummern 7, 8, 9, 11, 13, 14, 16 und 19 aufgelisteten und kursiv gedruckten Informationen** sind nur dann in die Widerrufsbelehrung aufzunehmen, **wenn sie für den vorliegenden Vertrag einschlägig sind**. Der Kursivdruck ist dabei zu entfernen. Eine Information ist auch dann vollständig aufzunehmen, wenn sie nur teilweise einschlägig ist, beispielsweise, wenn bei Nummer 7 nur zusätzliche Kosten, nicht aber weitere Steuern, die nicht über den Unternehmer abgeführt oder von ihm in Rechnung gestellt werden, anfallen. Werden Informationen gemäß der vorstehenden Vorgabe nicht aufgenommen, so ist die fortlaufende Nummerierung entsprechend anzupassen (wird beispielsweise Nummer 8 nicht übernommen, so wird Nummer 9 zu Nummer 8 etc.). Wird bei Nummer 4 Buchstabe b nicht übernommen, so entfällt bei Buchstabe a im Text der Buchstabe „a)" sowie die Überschrift „zur Anschrift". Die letzte in der Widerrufsbelehrung aufgenommene Information soll mit dem Satzzeichen „." abschließen.

[3] Bei der Vereinbarung eines Entgelts für die Duldung einer Überziehung im Sinne des § 505 des Bürgerlichen Gesetzbuchs (BGB) ist hier Folgendes einzufügen:
„Überziehen Sie Ihr Konto ohne eingeräumte Überziehungsmöglichkeit oder überschreiten Sie die Ihnen eingeräumte Überziehungsmöglichkeit, können wir von Ihnen über die Rückzahlung des Betrags der Überziehung oder Überschreitung hinaus weder Kosten noch Zinsen verlangen, wenn wir Sie nicht ordnungsgemäß über die Bedingungen und Folgen der Überziehung oder Überschreitung (z.B. anwendbarer Sollzinssatz, Kosten) informiert haben."

[4] Bei einem Vertrag über eine entgeltliche Finanzierungshilfe, der von der Ausnahme des § 506 Absatz 4 BGB erfasst ist, gilt Folgendes:

a) Ist Vertragsgegenstand die Überlassung einer Sache mit Ausnahme der Lieferung von Wasser, Gas oder Strom, die nicht in einem begrenzten Volumen oder in einer bestimmten Menge zum Verkauf angeboten werden, so sind hier die konkreten Hinweise entsprechend Gestaltungshinweis [5] Buchstabe a bis c der Anlage 1 des Einführungsgesetzes zum Bürgerlichen Gesetzbuche (EGBGB) zu geben.

b) Ist Vertragsgegenstand die Erbringung einer Dienstleistung, die nicht in der Überlassung einer Sache gemäß Buchstabe a oder in einer Finanzdienstleistung besteht, oder die Lieferung von Wasser, Gas oder Strom, wenn sie nicht in einem begrenzten Volumen oder in einer bestimmten Menge zum Verkauf angeboten werden, oder die Lieferung von Fernwärme, so sind hier die konkreten Hinweise entsprechend Gestaltungshinweis [6] der Anlage 1 des EGBGB zu geben.

c) Ist Vertragsgegenstand die Lieferung von nicht auf einem körperlichen Datenträger befindlichen digitalen Inhalten, so ist hier folgender Hinweis zu geben:
„Sie sind zur Zahlung von Wertersatz für die bis zum Widerruf gelieferten digitalen Inhalte verpflichtet, wenn Sie vor Abgabe Ihrer Vertragserklärung auf diese Rechtsfolge hingewiesen wurden

und ausdrücklich zugestimmt haben, dass wir vor dem Ende der Widerrufsfrist mit der Lieferung der digitalen Inhalte beginnen."

[5] Bei Anwendung der Gestaltungshinweise [6] oder [7] ist hier folgende Unterüberschrift einzufügen: **„Besondere Hinweise"**.

[6] Wenn ein verbundenes Geschäft (§ 358 BGB) vorliegt, ist für finanzierte Geschäfte der nachfolgende Hinweis einzufügen:
„Wenn Sie diesen Vertrag durch ein Darlehen finanzieren und ihn später widerrufen, sind Sie auch an den Darlehensvertrag nicht mehr gebunden, sofern beide Verträge eine wirtschaftliche Einheit bilden. Dies ist insbesondere dann anzunehmen, wenn wir gleichzeitig Ihr Darlehensgeber sind oder wenn sich Ihr Darlehensgeber im Hinblick auf die Finanzierung unserer Mitwirkung bedient. Wenn uns das Darlehen bei Wirksamwerden des Widerrufs oder bei der Rückgabe der Ware bereits zugeflossen ist, tritt Ihr Darlehensgeber im Verhältnis zu Ihnen hinsichtlich der Rechtsfolgen des Widerrufs oder der Rückgabe in unsere Rechte und Pflichten aus dem finanzierten Vertrag ein. Letzteres gilt nicht, wenn der finanzierte Vertrag den Erwerb von Finanzinstrumenten (z.B. von Wertpapieren, Devisen oder Derivaten) zum Gegenstand hat. Wollen Sie eine vertragliche Bindung so weitgehend wie möglich vermeiden, machen Sie von Ihrem Widerrufsrecht Gebrauch und widerrufen Sie zudem den Darlehensvertrag, wenn Ihnen auch dafür ein Widerrufsrecht zusteht."
Bei einem finanzierten Erwerb eines Grundstücks oder eines grundstücksgleichen Rechts ist Satz 2 des vorstehenden Hinweises wie folgt zu ändern:
„Dies ist nur anzunehmen, wenn die Vertragspartner in beiden Verträgen identisch sind oder wenn der Darlehensgeber über die Zurverfügungstellung von Darlehen hinaus Ihr Grundstücksgeschäft durch Zusammenwirken mit dem Veräußerer fördert, indem er sich dessen Veräußerungsinteressen ganz oder teilweise zu eigen macht, bei der Planung, Werbung oder Durchführung des Projekts Funktionen des Veräußerers übernimmt oder den Veräußerer einseitig begünstigt."

[7] Wenn ein zusammenhängender Vertrag (§ 360 BGB) vorliegt, ist der nachfolgende Hinweis einzufügen:
„Bei Widerruf dieses Vertrags sind Sie auch an einen mit diesem Vertrag zusammenhängenden Vertrag nicht mehr gebunden, wenn der zusammenhängende Vertrag eine Leistung betrifft, die von uns oder einem Dritten auf der Grundlage einer Vereinbarung zwischen uns und dem Dritten erbracht wird."

[8] Wird für einen Vertrag belehrt, der auch einen Vertrag über die Erbringung von Zahlungsdiensten betrifft, für den in Anlage 3a und/oder in Anlage 3b des EGBGB ein Muster für eine Widerrufsbelehrung zur Verfügung gestellt wird, so sind die jeweils zutreffenden Ergänzungen aus den Mustern für die Widerrufsbelehrung zu kombinieren. Soweit zu kombinierende Ergänzungen identisch sind, sind Wiederholungen des Wortlauts nicht erforderlich.

[9] Ort, Datum und Unterschriftsleiste können entfallen. In diesem Fall sind diese Angaben entweder durch die Wörter „Ende der Widerrufsbelehrung" oder durch die Wörter „(einsetzen: Firma des Unternehmers)" zu ersetzen.

**Anlage 3a**[1) 2)]
(zu Artikel 246b § 2 Absatz 3 Satz 1)

### Muster für die Widerrufsbelehrung bei im Fernabsatz und außerhalb von Geschäftsräumen geschlossenen Verträgen über die Erbringung von Zahlungsdiensten in Form von Zahlungsdiensterahmenverträgen

**Widerrufsbelehrung**

**Abschnitt 1**
**Widerrufsrecht**
Sie können Ihre Vertragserklärung **innerhalb von 14 Tagen ohne Angabe von Gründen mittels einer eindeutigen Erklärung widerrufen**. Die Frist beginnt nach Abschluss des Vertrags und nachdem Sie die Vertragsbestimmungen einschließlich der Allgemeinen Geschäftsbedingungen sowie **alle nachstehend unter Abschnitt 2 aufgeführten Informationen** auf einem dauerhaften Datenträger (z.B. Brief, Telefax, E-Mail) **erhalten haben. Zur Wahrung der Widerrufsfrist genügt die rechtzeitige**

---

1) Anl. 3a eingef. mWv 15.6.2021 durch G v. 9.6.2021 (BGBl. I S. 1666); geänd. mWv 28.5.2022 durch G v. 10.8.2021 (BGBl. I S. 3483).

2) Im BGBl. I sind die hier in eckigen Klammern wiedergegebenen Bezugnahmen auf die Gestaltungshinweise als geschlossene Kästchen dargestellt.

**Absendung des Widerrufs**, wenn die Erklärung auf einem dauerhaften Datenträger erfolgt. Der Widerruf ist zu richten an: [1]

**Abschnitt 2**
**Für den Beginn der Widerrufsfrist erforderliche Informationen**
[2]
Die Informationen im Sinne des Abschnitts 1 Satz 2 umfassen folgende Angaben:
**Allgemeine Informationen:** [3]

1. das Bestehen oder Nichtbestehen eines Widerrufsrechts sowie die Bedingungen, Einzelheiten der Ausübung, insbesondere Name und Anschrift desjenigen, gegenüber dem der Widerruf zu erklären ist, und die Rechtsfolgen des Widerrufs einschließlich Informationen über den Betrag, den der Verbraucher im Fall des Widerrufs für die erbrachte Leistung zu zahlen hat, sofern er zur Zahlung von Wertersatz verpflichtet ist (zugrunde liegende Vorschrift: § 357b des Bürgerlichen Gesetzbuchs);
2. die Mitgliedstaaten der Europäischen Union, deren Recht der Zahlungsdienstleister der Aufnahme von Beziehungen zum Verbraucher vor Abschluss des Vertrags zugrunde legt;
3. Einzelheiten hinsichtlich der Zahlung und der Erfüllung;
4. *gegebenenfalls anfallende Kosten sowie einen Hinweis auf mögliche Steuern oder Kosten, die nicht über den Zahlungsdienstleister abgeführt oder von ihm in Rechnung gestellt werden;*
5. *den Hinweis, dass sich die Finanzdienstleistung auf Finanzinstrumente bezieht, die wegen ihrer spezifischen Merkmale oder der durchzuführenden Vorgänge mit speziellen Risiken behaftet sind oder deren Preis Schwankungen auf dem Finanzmarkt unterliegt, auf die der Zahlungsdienstleister keinen Einfluss hat, und dass in der Vergangenheit erwirtschaftete Erträge kein Indikator für künftige Erträge sind;*
6. *eine Befristung der Gültigkeitsdauer der zur Verfügung gestellten Informationen, beispielsweise die Gültigkeitsdauer befristeter Angebote, insbesondere hinsichtlich des Preises;*
7. *alle spezifischen zusätzlichen Kosten, die der Verbraucher für die Benutzung des Fernkommunikationsmittels zu tragen hat, wenn solche zusätzlichen Kosten durch den Zahlungsdienstleister in Rechnung gestellt werden;*
8. *das Bestehen eines Garantiefonds oder anderer Entschädigungsregelungen, die weder unter die gemäß der Richtlinie 2014/49/EU des Europäischen Parlaments und des Rates vom 16. April 2014 über Einlagensicherungssysteme (ABl. L 173 vom 12.6.2014, S. 149; L 212 vom 18.7.2014, S. 47; L 309 vom 30.10.2014, S. 37) geschaffenen Einlagensicherungssysteme noch unter die gemäß der Richtlinie 97/9/EG des Europäischen Parlaments und des Rates vom 3. März 1997 über Systeme für die Entschädigung der Anleger (ABl. L 84 vom 26.3.1997, S. 22) geschaffenen Anlegerentschädigungssysteme fallen;*

**Informationen zur Erbringung von Zahlungsdiensten:**

9. zum Zahlungsdienstleister
   a) den Namen und die ladungsfähige Anschrift seiner Hauptverwaltung sowie alle anderen Anschriften einschließlich E-Mail-Adresse, die für die Kommunikation mit dem Zahlungsdienstleister von Belang sind;
   *b) den Namen und die ladungsfähige Anschrift seines Agenten oder seiner Zweigniederlassung in dem Mitgliedstaat, in dem der Zahlungsdienst angeboten wird;*
   c) die für den Zahlungsdienstleister zuständigen Aufsichtsbehörden und das bei der Bundesanstalt für Finanzdienstleistungsaufsicht geführte Register oder jedes andere relevante öffentliche Register, in das der Zahlungsdienstleister als zugelassen eingetragen ist, sowie seine Registernummer oder eine gleichwertige in diesem Register verwendete Kennung;
10. zur Nutzung des Zahlungsdienstes
   a) eine Beschreibung der wesentlichen Merkmale des zu erbringenden Zahlungsdienstes;
   b) Informationen oder Kundenkennungen, die für die ordnungsgemäße Auslösung oder Ausführung eines Zahlungsauftrags erforderlich sind;
   c) die Art und Weise der Zustimmung zur Auslösung eines Zahlungsauftrags oder zur Ausführung eines Zahlungsvorgangs und des Widerrufs eines Zahlungsauftrags (zugrunde liegende Vorschriften: §§ 675j und 675p des Bürgerlichen Gesetzbuchs);
   d) den Zeitpunkt, ab dem ein Zahlungsauftrag als zugegangen gilt (zugrunde liegende Vorschrift: § 675n Absatz 1 des Bürgerlichen Gesetzbuchs);
   *e) einen vom Zahlungsdienstleister festgelegten Zeitpunkt nahe am Ende eines Geschäftstags, bei dessen Ablauf ein nach diesem Zeitpunkt zugegangener Zahlungsauftrag des Verbrauchers als am darauf folgenden Geschäftstag zugegangen gilt (zugrunde liegende Vorschrift: § 675n Absatz 1 Satz 3 des Bürgerlichen Gesetzbuchs);*
   f) die maximale Ausführungsfrist für die zu erbringenden Zahlungsdienste;

*g) einen Hinweis auf die Möglichkeit, Betragsobergrenzen für die Nutzung eines Zahlungsinstruments (wie beispielsweise eine Zahlungskarte) zu vereinbaren (zugrunde liegende Vorschrift: § 675k Absatz 1 des Bürgerlichen Gesetzbuchs);*

*h) einen Hinweis auf das Recht des Verbrauchers, zwei oder mehrere unterschiedliche Zahlungsmarken auf seinem kartengebundenen Zahlungsinstrument zu verlangen, sofern sein Zahlungsdienstleister diesen Dienst anbietet, sowie einen Hinweis auf das Recht des Verbrauchers, rechtzeitig vor der Unterzeichnung des Vertrags vom Zahlungsdienstleister in klarer und objektiver Weise über alle verfügbaren Zahlungsmarken und deren Eigenschaften, einschließlich ihrer Funktionsweise, Kosten und Sicherheit, informiert zu werden (zugrunde liegende Vorschrift: Artikel 8 der Verordnung (EU) 2015/751 des Europäischen Parlaments und des Rates vom 29. April 2015 über Interbankenentgelte für kartengebundene Zahlungsvorgänge (ABl. L 123 vom 19.5.2015, S. 1), die durch die Delegierte Verordnung (EU) 2018/72 (ABl. L 13 vom 18.1.2018, S. 1) geändert worden ist);*

11. zu Entgelten, Zinsen und Wechselkursen

a) alle Entgelte, die der Verbraucher an den Zahlungsdienstleister zu entrichten hat, einschließlich derjenigen, die sich danach richten, wie und wie oft über die geforderten Informationen zu unterrichten ist;

*b) eine Aufschlüsselung dieser Entgelte;*

*c) die zugrunde gelegten Zinssätze und Wechselkurse oder, bei Anwendung von Referenzzinssätzen und -wechselkursen, die Methode für die Berechnung der tatsächlichen Zinsen sowie den maßgeblichen Stichtag und den Index oder die Grundlage für die Bestimmung des Referenzzinssatzes oder -wechselkurses;*

*d) das unmittelbare Wirksamwerden von Änderungen des Referenzzinssatzes oder -wechselkurses, die auf den vereinbarten Referenzzinssätzen oder -wechselkursen beruhen, ohne vorherige Benachrichtigung des Verbrauchers (zugrunde liegende Vorschrift: § 675g Absatz 3 des Bürgerlichen Gesetzbuchs);*

12. zur Kommunikation

*a) die Kommunikationsmittel, deren Nutzung für die Informationsübermittlung und Anzeigepflichten vereinbart wird, einschließlich der technischen Anforderungen an die Ausstattung und die Software des Verbrauchers;*

b) Angaben dazu, wie und wie oft die vom Zahlungsdienstleister vor und während des Vertragsverhältnisses, vor der Ausführung von Zahlungsvorgängen sowie bei einzelnen Zahlungsvorgängen zu erteilenden Informationen mitzuteilen oder zugänglich zu machen sind;

c) die Sprache oder die Sprachen, in der oder in denen der Vertrag zu schließen ist und in der oder in denen die Kommunikation für die Dauer des Vertragsverhältnisses erfolgen soll;

d) einen Hinweis auf das Recht des Verbrauchers, während der Vertragslaufzeit jederzeit die Übermittlung der Vertragsbedingungen sowie der in dieser Widerrufsbelehrung genannten vorvertraglichen Informationen zur Erbringung von Zahlungsdiensten in Papierform oder auf einem anderen dauerhaften Datenträger zu verlangen;

13. zu den Schutz- und Abhilfemaßnahmen

*a) eine Beschreibung, wie der Verbraucher ein Zahlungsinstrument sicher aufbewahrt und wie er seine Pflicht gegenüber dem Zahlungsdienstleister oder einer von diesem benannten Stelle erfüllt, den Verlust, den Diebstahl, die missbräuchliche Verwendung oder die sonstige nicht autorisierte Nutzung eines Zahlungsinstruments unverzüglich anzuzeigen, nachdem er hiervon Kenntnis erlangt hat (zugrunde liegende Vorschrift: § 675l Absatz 1 Satz 2 des Bürgerlichen Gesetzbuchs);*

b) eine Beschreibung des sicheren Verfahrens zur Unterrichtung des Verbrauchers durch den Zahlungsdienstleister im Fall vermuteten oder tatsächlichen Betrugs oder bei Sicherheitsrisiken;

*c) die Bedingungen, unter denen sich der Zahlungsdienstleister das Recht vorbehält, ein Zahlungsinstrument des Bürgerlichen Gesetzbuchs zu sperren (zugrunde liegende Vorschrift: § 675k Absatz 2 des Bürgerlichen Gesetzbuchs);*

*d) Informationen zur Haftung des Verbrauchers bei Verlust, Diebstahl, Abhandenkommen oder sonstiger missbräuchlicher Verwendung des Zahlungsinstruments einschließlich Angaben zum Höchstbetrag (zugrunde liegende Vorschrift: § 675v des Bürgerlichen Gesetzbuchs);*

e) Informationen über die Haftung des Zahlungsdienstleisters bei nicht autorisierten Zahlungsvorgängen (zugrunde liegende Vorschrift: § 675u des Bürgerlichen Gesetzbuchs);

f) Angaben dazu, wie und innerhalb welcher Frist der Verbraucher dem Zahlungsdienstleister nicht autorisierte oder fehlerhaft ausgelöste oder ausgeführte Zahlungsvorgänge anzeigen muss (zugrunde liegende Vorschrift: § 676b des Bürgerlichen Gesetzbuchs);

g) Informationen über die Haftung des Zahlungsdienstleisters bei nicht erfolgter, fehlerhafter oder verspäteter Auslösung oder Ausführung von Zahlungsvorgängen sowie Informationen über dessen Verpflichtung, auf Verlangen Nachforschungen über den nicht oder fehlerhaft ausgeführten Zahlungsvorgang anzustellen (zugrunde liegende Vorschrift: § 675y des Bürgerlichen Gesetzbuchs);

h) die Bedingungen für den Erstattungsanspruch des Verbrauchers bei einem vom oder über den Zahlungsempfänger ausgelösten autorisierten Zahlungsvorgang (beispielsweise bei SEPA-Lastschriften) (zugrunde liegende Vorschrift: § 675x des Bürgerlichen Gesetzbuchs);

14. zu Änderungen der Bedingungen und Kündigung des Zahlungsdiensterahmenvertrags
*a) die Vereinbarung, dass die Zustimmung des Verbrauchers zu einer Änderung der Vertragsbedingungen als erteilt gilt, wenn der Verbraucher dem Zahlungsdienstleister seine Ablehnung nicht vor dem Zeitpunkt angezeigt hat, zu dem die geänderten Vertragsbedingungen in Kraft treten sollen (zugrunde liegende Vorschrift: § 675g des Bürgerlichen Gesetzbuchs);*
b) die Laufzeit des Zahlungsdiensterahmenvertrags;
c) einen Hinweis auf das Recht des Verbrauchers, den Vertrag zu kündigen;
*d) gegebenenfalls einen Hinweis auf folgende kündigungsrelevante Vereinbarungen:*
*aa) die Vereinbarung einer Kündigungsfrist für das Recht des Verbrauchers, den Vertrag zu kündigen, die einen Monat nicht überschreiten darf (zugrunde liegende Vorschrift: § 675h Absatz 1 des Bürgerlichen Gesetzbuchs),*
*bb) die Vereinbarung eines Kündigungsrechts des Zahlungsdienstleisters unter Einhaltung einer Frist von mindestens zwei Monaten, die voraussetzt, dass der Vertrag auf unbestimmte Zeit geschlossen ist (zugrunde liegende Vorschrift: § 675h Absatz 2 des Bürgerlichen Gesetzbuchs),*
*cc) das Recht zur fristlosen Kündigung des Verbrauchers vor dem Wirksamwerden einer vom Zahlungsdienstleister vorgeschlagenen Änderung des Vertrags, wenn die Zustimmung des Verbrauchers zur Änderung nach einer Vereinbarung im Vertrag ohne ausdrückliche Ablehnung als erteilt gälte, sofern der Zahlungsdienstleister den Verbraucher auf die Folgen seines Schweigens sowie auf das Kündigungsrecht hingewiesen hat (zugrunde liegende Vorschrift: § 675g Absatz 2 des Bürgerlichen Gesetzbuchs);*

*15. die Vertragsklauseln über das auf den Zahlungsdiensterahmenvertrag anwendbare Recht oder über das zuständige Gericht;*

16. einen Hinweis auf die dem Verbraucher offenstehenden Beschwerdeverfahren wegen mutmaßlicher Verstöße des Zahlungsdienstleisters gegen dessen Verpflichtungen (zugrunde liegende Vorschriften: §§ 60 bis 62 des Zahlungsdiensteaufsichtsgesetzes) sowie auf Verbrauchern offenstehende außergerichtliche Rechtsbehelfsverfahren (zugrunde liegende Vorschrift: § 14 des Unterlassungsklagengesetzes).

**Abschnitt 3**
**Widerrufsfolgen**

Im Fall eines wirksamen Widerrufs **sind die beiderseits empfangenen Leistungen zurückzugewähren**. [4] Sie sind zur **Zahlung von Wertersatz** für die bis zum Widerruf erbrachte Dienstleistung verpflichtet, wenn Sie vor Abgabe Ihrer Vertragserklärung auf diese Rechtsfolge hingewiesen wurden und ausdrücklich zugestimmt haben, dass vor dem Ende der Widerrufsfrist mit der Ausführung der Gegenleistung begonnen werden kann. Besteht eine Verpflichtung zur Zahlung von Wertersatz, kann dies dazu führen, dass Sie die vertraglichen Zahlungsverpflichtungen für den Zeitraum bis zum Widerruf dennoch erfüllen müssen. **Ihr Widerrufsrecht erlischt** vorzeitig, wenn der Vertrag **von beiden Seiten auf Ihren ausdrücklichen Wunsch vollständig erfüllt** ist, bevor Sie Ihr Widerrufsrecht ausgeübt haben. **Verpflichtungen zur Erstattung von Zahlungen müssen innerhalb von 30 Tagen erfüllt werden**. Diese Frist beginnt für Sie mit der Absendung Ihrer Widerrufserklärung, für uns mit deren Empfang.

[5]
[6]
[7]
[8]
[9]
(Ort), (Datum), (Unterschrift des Verbrauchers) [10]
[11]

**Gestaltungshinweise:**

[1] Einsetzen: Namen/Firma und ladungsfähige Anschrift des Widerrufsadressaten. Zusätzlich können angegeben werden: Telefaxnummer, E-Mail-Adresse und/oder, wenn der Verbraucher eine Bestätigung seiner Widerrufserklärung an den Zahlungsdienstleister erhält, auch eine Internetadresse.

[2] Die unter den **Nummern 4 bis 8, Nummer 9 Buchstabe b, Nummer 10 Buchstabe e, Nummer 10 Buchstabe g, Nummer 10 Buchstabe h, Nummer 11 Buchstabe b, Nummer 11 Buchstabe c, Nummer 11 Buchstabe d, Nummer 12 Buchstabe a, Nummer 13 Buchstabe**

**a, Nummer 13 Buchstabe c, Nummer 13 Buchstabe d, Nummer 14 Buchstabe a, Nummer 14 Buchstabe d und Nummer 15 aufgelisteten und kursiv gedruckten Informationen** sind nur dann in die Widerrufsbelehrung aufzunehmen, **wenn sie für den vorliegenden Vertrag einschlägig sind**. Der Kursivdruck ist dabei zu entfernen.
Eine Information ist auch dann vollständig aufzunehmen, wenn sie nur teilweise einschlägig ist, beispielsweise, wenn bei Nummer 4 nur zusätzliche Kosten, nicht aber weitere Steuern, die nicht über den Zahlungsdienstleister abgeführt oder von ihm in Rechnung gestellt werden, anfallen. Dies gilt auch für die Informationen unter Nummer 14 Buchstabe d, die stets insgesamt aufzunehmen sind, selbst wenn nur eine oder mehrere der dort unter Doppelbuchstabe aa, bb oder cc aufgeführten Informationen einschlägig ist beziehungsweise sind. Werden Informationen gemäß der vorstehenden Vorgabe nicht aufgenommen, so ist die fortlaufende Nummerierung entsprechend anzupassen (wird beispielsweise Nummer 10 Buchstabe g nicht übernommen, so wird Nummer 10 Buchstabe h zu Nummer 10 Buchstabe g etc.). Wird bei Nummer 11 weder Buchstabe b noch Buchstabe c oder Buchstabe d aufgenommen, so entfällt bei Buchstabe a im Text der Buchstabe „a)".

[3] Bei Abschluss von Verträgen **außerhalb von Geschäftsräumen** sind die Nummern 2 bis 8 nicht in die Widerrufsbelehrung aufzunehmen. Die Nummerierung ist – unter Fortgeltung von Gestaltungshinweis [2] – entsprechend anzupassen, das heißt Nummer 9 wird zu Nummer 2 etc.

[4] Bei der Vereinbarung eines Entgelts für die Duldung einer Überziehung im Sinne des § 505 des Bürgerlichen Gesetzbuchs (BGB) ist hier Folgendes einzufügen:
„Überziehen Sie Ihr Konto ohne eingeräumte Überziehungsmöglichkeit oder überschreiten Sie die Ihnen eingeräumte Überziehungsmöglichkeit, so können wir von Ihnen über die Rückzahlung des Betrags der Überziehung oder Überschreitung hinaus weder Kosten noch Zinsen verlangen, wenn wir Sie nicht ordnungsgemäß über die Bedingungen und Folgen der Überziehung oder Überschreitung (z.B. anwendbarer Sollzinssatz, Kosten) informiert haben."

[5] Bei einem Vertrag über eine entgeltliche Finanzierungshilfe, der von der Ausnahme des § 506 Absatz 4 BGB erfasst ist, gilt Folgendes:

a) Ist Vertragsgegenstand die Überlassung einer Sache mit Ausnahme der Lieferung von Wasser, Gas oder Strom, die nicht in einem begrenzten Volumen oder in einer bestimmten Menge zum Verkauf angeboten werden, so sind hier die konkreten Hinweise entsprechend Gestaltungshinweis [5] Buchstabe a bis c der Anlage 1 des Einführungsgesetzes zum Bürgerlichen Gesetzbuche (EGBGB) zu geben.

b) Ist Vertragsgegenstand die Erbringung einer Dienstleistung, die nicht in der Überlassung einer Sache gemäß Buchstabe a oder in einer Finanzdienstleistung besteht, oder die Lieferung von Wasser, Gas oder Strom, wenn sie nicht in einem begrenzten Volumen oder in einer bestimmten Menge zum Verkauf angeboten werden, oder die Lieferung von Fernwärme, so sind hier die konkreten Hinweise entsprechend Gestaltungshinweis [6] der Anlage 1 des EGBGB zu geben.

c) Ist Vertragsgegenstand die Lieferung von nicht auf einem körperlichen Datenträger befindlichen digitalen Inhalten, so ist hier folgender Hinweis zu geben:
„Sie sind zur Zahlung von Wertersatz für die bis zum Widerruf gelieferten digitalen Inhalte verpflichtet, wenn Sie vor Abgabe Ihrer Vertragserklärung auf diese Rechtsfolge hingewiesen wurden und ausdrücklich zugestimmt haben, dass wir vor dem Ende der Widerrufsfrist mit der Lieferung der digitalen Inhalte beginnen."

[6] Bei Anwendung der Gestaltungshinweise [7] oder [8] ist hier folgende Unterüberschrift einzufügen: **„Besondere Hinweise"**.

[7] Wenn ein verbundenes Geschäft (§ 358 BGB) vorliegt, ist für finanzierte Geschäfte der nachfolgende Hinweis einzufügen:
„Wenn Sie diesen Vertrag durch ein Darlehen finanzieren und ihn später widerrufen, sind Sie auch an den Darlehensvertrag nicht mehr gebunden, sofern beide Verträge eine wirtschaftliche Einheit bilden. Dies ist insbesondere dann anzunehmen, wenn wir gleichzeitig Ihr Darlehensgeber sind oder wenn sich Ihr Darlehensgeber im Hinblick auf die Finanzierung unserer Mitwirkung bedient. Wenn uns das Darlehen bei Wirksamwerden des Widerrufs oder bei der Rückgabe der Ware bereits zugeflossen ist, tritt Ihr Darlehensgeber im Verhältnis zu Ihnen hinsichtlich der Rechtsfolgen des Widerrufs oder der Rückgabe in unsere Rechte und Pflichten aus dem finanzierten Vertrag ein. Letzteres gilt nicht, wenn der finanzierte Vertrag den Erwerb von Finanzinstrumenten (z.B. von Wertpapieren, Devisen oder Derivaten) zum Gegenstand hat. Wollen Sie eine vertragliche Bindung so weitgehend wie möglich vermeiden, machen Sie von Ihrem Widerrufsrecht Gebrauch und widerrufen Sie zudem den Darlehensvertrag, wenn Ihnen auch dafür ein Widerrufsrecht zusteht."
Bei einem finanzierten Erwerb eines Grundstücks oder eines grundstücksgleichen Rechts ist Satz 2 des vorstehenden Hinweises wie folgt zu ändern:

„Dies ist nur anzunehmen, wenn die Vertragspartner in beiden Verträgen identisch sind oder wenn der Darlehensgeber über die Zurverfügungstellung von Darlehen hinaus Ihr Grundstücksgeschäft durch Zusammenwirken mit dem Veräußerer fördert, indem er sich dessen Veräußerungsinteressen ganz oder teilweise zu eigen macht, bei der Planung, Werbung oder Durchführung des Projekts Funktionen des Veräußerers übernimmt oder den Veräußerer einseitig begünstigt."

[8] Wenn ein zusammenhängender Vertrag (§ 360 BGB) vorliegt, ist der nachfolgende Hinweis einzufügen:
„Bei Widerruf dieses Vertrags sind Sie auch an einen mit diesem Vertrag zusammenhängenden Vertrag nicht mehr gebunden, wenn der zusammenhängende Vertrag eine Leistung betrifft, die von uns oder einem Dritten auf der Grundlage einer Vereinbarung zwischen uns und dem Dritten erbracht wird."

[9] Wird für einen Vertrag belehrt, der zugleich einen Vertrag über Finanzdienstleistungen betrifft, für den in Anlage 3 und/oder in Anlage 3b des EGBGB ein Muster für eine Widerrufsbelehrung zur Verfügung gestellt wird, so sind die jeweils zutreffenden Ergänzungen aus den Mustern für die Widerrufsbelehrung zu kombinieren. Soweit zu kombinierende Ergänzungen identisch sind, sind Wiederholungen des Wortlauts nicht erforderlich.

[10] Ort, Datum und Unterschriftsleiste können entfallen. In diesem Fall sind diese Angaben entweder durch die Wörter „Ende der Widerrufsbelehrung" oder durch die Wörter „(einsetzen: Firma des Zahlungsdienstleisters)" zu ersetzen.

[11] Das Muster für die Widerrufsbelehrung gemäß dieser Anlage ist auch auf Verträge über die Erbringung von Zahlungsdiensten in Form eines Zahlungsdiensterahmenvertrags mit einem Kontoinformationsdienstleister anzuwenden.

**Anlage 3b**[1) 2)]
(zu Artikel 246b § 2 Absatz 3 Satz 1)

## Muster für die Widerrufsbelehrung bei im Fernabsatz und außerhalb von Geschäftsräumen geschlossenen Verträgen über die Erbringung von Zahlungsdiensten in Form von Einzelzahlungsverträgen

### Widerrufsbelehrung

**Abschnitt 1**
**Widerrufsrecht**
Sie können Ihre Vertragserklärung **innerhalb von 14 Tagen ohne Angabe von Gründen mittels einer eindeutigen Erklärung widerrufen**. Die Frist beginnt nach Abschluss des Vertrags und nachdem Sie die Vertragsbestimmungen einschließlich der Allgemeinen Geschäftsbedingungen sowie alle nachstehend unter Abschnitt 2 aufgeführten Informationen auf einem dauerhaften Datenträger (z.B. Brief, Telefax, E-Mail) erhalten haben. **Zur Wahrung der Widerrufsfrist genügt die rechtzeitige Absendung des Widerrufs**, wenn die Erklärung auf einem dauerhaften Datenträger erfolgt. Der Widerruf ist zu richten an: [1]

**Abschnitt 2**
**Für den Beginn der Widerrufsfrist erforderliche Informationen**
[2]
Die Informationen im Sinne des Abschnitts 1 Satz 2 umfassen folgende Angaben:
**Allgemeine Informationen:** [3]
1. das Bestehen oder Nichtbestehen eines Widerrufsrechts sowie die Bedingungen, Einzelheiten der Ausübung, insbesondere Name und Anschrift desjenigen, gegenüber dem der Widerruf zu erklären ist, und die Rechtsfolgen des Widerrufs einschließlich Informationen über den Betrag, den der Verbraucher im Fall des Widerrufs für die erbrachte Leistung zu zahlen hat, sofern er zur Zahlung von Wertersatz verpflichtet ist (zugrunde liegende Vorschrift: § 357b des Bürgerlichen Gesetzbuchs);

---

1) Anl. 3b eingef. mWv 15.6.2021 durch G v. 9.6.2021 (BGBl. I S. 1666); geänd. mWv 28.5.2022 durch G v. 10.8.2021 (BGBl. I S. 3483).

2) Im BGBl. I sind die hier in eckigen Klammern wiedergegebenen Bezugnahmen auf die Gestaltungshinweise als geschlossene Kästchen dargestellt.

2. die Mitgliedstaaten der Europäischen Union, deren Recht der Zahlungsdienstleister der Aufnahme von Beziehungen zum Verbraucher vor Abschluss des Vertrags zugrunde legt;
3. Einzelheiten hinsichtlich der Zahlung und der Erfüllung;
4. *gegebenenfalls anfallende Kosten sowie einen Hinweis auf mögliche Steuern oder Kosten, die nicht über den Zahlungsdienstleister abgeführt oder von ihm in Rechnung gestellt werden;*
5. *den Hinweis, dass sich die Finanzdienstleistung auf Finanzinstrumente bezieht, die wegen ihrer spezifischen Merkmale oder der durchzuführenden Vorgänge mit speziellen Risiken behaftet sind oder deren Preis Schwankungen auf dem Finanzmarkt unterliegt, auf die der Zahlungsdienstleister keinen Einfluss hat, und dass in der Vergangenheit erwirtschaftete Erträge kein Indikator für künftige Erträge sind;*
6. *eine Befristung der Gültigkeitsdauer der zur Verfügung gestellten Informationen, beispielsweise die Gültigkeitsdauer befristeter Angebote, insbesondere hinsichtlich des Preises;*
7. *alle spezifischen zusätzlichen Kosten, die der Verbraucher für die Benutzung des Fernkommunikationsmittels zu tragen hat, wenn solche zusätzlichen Kosten durch den Zahlungsdienstleister in Rechnung gestellt werden;*
8. *das Bestehen eines Garantiefonds oder anderer Entschädigungsregelungen, die weder unter die gemäß der Richtlinie 2014/49/EU des Europäischen Parlaments und des Rates vom 16. April 2014 über Einlagensicherungssysteme (ABl. L 173 vom 12.6.2014, S. 149; L 212 vom 18.7.2014, S. 47; L 309 vom 30.10. 2014, S. 37) geschaffenen Einlagensicherungssysteme noch unter die gemäß der Richtlinie 97/9/EG des Europäischen Parlaments und des Rates vom 3. März 1997 über Systeme für die Entschädigung der Anleger (ABl. L 84 vom 26.3.1997, S. 22) geschaffenen Anlegerentschädigungssysteme fallen;*

**Informationen zur Erbringung von Zahlungsdiensten:**

9. zum Zahlungsdienstleister
   a) den Namen und die ladungsfähige Anschrift seiner Hauptverwaltung sowie alle anderen Anschriften einschließlich E-Mail-Adresse, die für die Kommunikation mit dem Zahlungsdienstleister von Belang sind;
   *b) den Namen und die ladungsfähige Anschrift seines Agenten oder seiner Zweigniederlassung in dem Mitgliedstaat, in dem der Zahlungsdienst angeboten wird;*
   c) die für den Zahlungsdienstleister zuständigen Aufsichtsbehörden und das bei der Bundesanstalt für Finanzdienstleistungsaufsicht geführte Register oder jedes andere relevante öffentliche Register, in das der Zahlungsdienstleister als zugelassen eingetragen ist, sowie seine Registernummer oder eine gleichwertige in diesem Register verwendete Kennung;
10. zur Nutzung des Zahlungsdienstes
   a) eine Beschreibung der wesentlichen Merkmale des zu erbringenden Zahlungsdienstes;
   b) die vom Verbraucher mitzuteilenden Informationen oder Kundenkennungen, die für die ordnungsgemäße Auslösung oder Ausführung eines Zahlungsauftrags erforderlich sind;
   *c) die Art und Weise der Zustimmung zur Auslösung eines Zahlungsauftrags oder zur Ausführung eines Zahlungsvorgangs und des Widerrufs eines Zahlungsauftrags (zugrunde liegende Vorschriften: §§ 675j und 675p des Bürgerlichen Gesetzbuchs);*
   *d) den Zeitpunkt, ab dem ein Zahlungsauftrag als zugegangen gilt (zugrunde liegende Vorschrift: § 675n Absatz 1 des Bürgerlichen Gesetzbuchs);*
   *e) einen vom Zahlungsdienstleister festgelegten Zeitpunkt nahe am Ende eines Geschäftstags, bei dessen Ablauf ein nach diesem Zeitpunkt zugegangener Zahlungsauftrag des Verbrauchers als am darauf folgenden Geschäftstag zugegangen gilt (zugrunde liegende Vorschrift: § 675n Absatz 1 Satz 3 des Bürgerlichen Gesetzbuchs);*
   f) die maximale Ausführungsfrist für den zu erbringenden Zahlungsdienst;
   *g) einen Hinweis auf die Möglichkeit, Betragsobergrenzen für die Nutzung eines Zahlungsinstruments (wie beispielsweise eine Zahlungskarte) zu vereinbaren (zugrunde liegende Vorschrift: § 675k Absatz 1 des Bürgerlichen Gesetzbuchs);*
   *h) einen Hinweis auf das Recht des Verbrauchers, zwei oder mehrere unterschiedliche Zahlungsmarken auf seinem kartengebundenen Zahlungsinstrument zu verlangen, sofern sein Zahlungsdienstleister diesen Dienst anbietet, sowie einen Hinweis auf das Recht des Verbrauchers, rechtzeitig vor der Unterzeichnung des Vertrags vom Zahlungsdienstleister in klarer und objektiver Weise über alle verfügbaren Zahlungsmarken und deren Eigenschaften, einschließlich ihrer Funktionsweise, Kosten und Sicherheit, informiert zu werden (zugrunde liegende Vorschrift: Artikel 8 der Verordnung (EU) 2015/751 des Europäischen Parlaments und des Rates vom 29. April 2015 über Interbankenentgelte für kartengebundene Zahlungsvorgänge (ABl. L 123 vom 19.5.2015, S. 1), die durch die Delegierte Verordnung (EU) 2018/72 (ABl. L 13 vom 18.1.2018, S. 1) geändert worden ist);*
11. zu Entgelten, Zinsen und Wechselkursen
   a) alle Entgelte, die der Verbraucher an den Zahlungsdienstleister zu entrichten hat;
   *b) eine Aufschlüsselung dieser Entgelte;*
   *c) den dem Zahlungsvorgang zugrunde zu legenden tatsächlichen Wechselkurs oder Referenzwechselkurs;*

*d) die zugrunde gelegten Zinssätze oder, bei Anwendung von Referenzzinssätzen und -wechselkursen, die Methode für die Berechnung der tatsächlichen Zinsen sowie den maßgeblichen Stichtag und den Index oder die Grundlage für die Bestimmung des Referenzzinssatzes oder -wechselkurses;*

*12. zur Kommunikation*

*a) die Kommunikationsmittel, deren Nutzung zwischen den Parteien für die Informationsübermittlung und Anzeigepflichten vereinbart wird, einschließlich der technischen Anforderungen an die Ausstattung und die Software des Verbrauchers;*

*b) Angaben dazu, wie und wie oft vom Zahlungsdienstleister vor und während des Vertragsverhältnisses, vor der Ausführung von Zahlungsvorgängen sowie bei einzelnen Zahlungsvorgängen zu erteilende Informationen mitzuteilen oder zugänglich zu machen sind;*

*c) die Sprache oder die Sprachen, in der oder in denen der Vertrag zu schließen ist und in der oder in denen die Kommunikation für die Dauer des Vertragsverhältnisses erfolgen soll;*

*d) einen Hinweis auf das Recht des Verbrauchers, während der Vertragslaufzeit jederzeit die Übermittlung der Vertragsbedingungen sowie der in dieser Widerrufsbelehrung genannten vorvertraglichen Informationen zur Erbringung von Zahlungsdiensten in Papierform oder auf einem anderen dauerhaften Datenträger zu verlangen;*

*13. zu den Schutz- und Abhilfemaßnahmen*

*a) eine Beschreibung, wie der Verbraucher ein Zahlungsinstrument sicher aufbewahrt und wie er seine Pflicht gegenüber dem Zahlungsdienstleister oder einer von diesem benannten Stelle erfüllt, den Verlust, den Diebstahl, die missbräuchliche Verwendung oder die sonstige nicht autorisierte Nutzung eines Zahlungsinstruments unverzüglich anzuzeigen, nachdem er hiervon Kenntnis erlangt hat (zugrunde liegende Vorschrift: § 675l Absatz 1 Satz 2 des Bürgerlichen Gesetzbuchs);*

*b) eine Beschreibung des sicheren Verfahrens zur Unterrichtung des Verbrauchers durch den Zahlungsdienstleister im Fall vermuteten oder tatsächlichen Betrugs oder bei Sicherheitsrisiken;*

*c) die Bedingungen, unter denen sich der Zahlungsdienstleister das Recht vorbehält, ein Zahlungsinstrument zu sperren (zugrunde liegende Vorschrift: § 675k Absatz 2 des Bürgerlichen Gesetzbuchs);*

*d) Informationen zur Haftung des Verbrauchers bei Verlust, Diebstahl, Abhandenkommen oder sonstiger missbräuchlicher Verwendung des Zahlungsinstruments einschließlich Angaben zum Höchstbetrag (zugrunde liegende Vorschrift: § 675v des Bürgerlichen Gesetzbuchs);*

*e) Informationen über die Haftung des Zahlungsdienstleisters bei nicht autorisierten Zahlungsvorgängen (zugrunde liegende Vorschrift: § 675u des Bürgerlichen Gesetzbuchs);*

*f) Angaben dazu, wie und innerhalb welcher Frist der Verbraucher dem Zahlungsdienstleister nicht autorisierte oder fehlerhaft ausgelöste oder ausgeführte Zahlungsvorgänge anzeigen muss (zugrunde liegende Vorschrift: § 676b des Bürgerlichen Gesetzbuchs);*

*g) Informationen über die Haftung des Zahlungsdienstleisters bei nicht erfolgter, fehlerhafter oder verspäteter Auslösung oder Ausführung von Zahlungsvorgängen sowie über dessen Verpflichtung, auf Verlangen Nachforschungen über den nicht oder fehlerhaft ausgeführten Zahlungsvorgang anzustellen (zugrunde liegende Vorschrift: § 675y des Bürgerlichen Gesetzbuchs);*

*h) die Bedingungen für den Erstattungsanspruch des Verbrauchers bei einem vom oder über den Zahlungsempfänger ausgelösten autorisierten Zahlungsvorgang (beispielsweise bei SEPA-Lastschriften) (zugrunde liegende Vorschrift: § 675x des Bürgerlichen Gesetzbuchs);*

*14. die Vertragsklauseln über das auf den Vertrag anwendbare Recht oder über das zuständige Gericht;*

*15. einen Hinweis auf die dem Verbraucher offenstehenden Beschwerdeverfahren wegen mutmaßlicher Verstöße des Zahlungsdienstleisters gegen dessen Verpflichtungen (zugrunde liegende Vorschriften: die §§ 60 bis 62 des Zahlungsdiensteaufsichtsgesetzes) sowie auf Verbrauchern offenstehende außergerichtliche Rechtsbehelfsverfahren (zugrunde liegende Vorschrift: § 14 des Unterlassungsklagengesetzes).*

[4]

**Abschnitt 3**
**Widerrufsfolgen**

Im Fall eines wirksamen Widerrufs **sind die beiderseits empfangenen Leistungen zurückzugewähren**. Sie sind zur **Zahlung von Wertersatz** für die bis zum Widerruf erbrachte Dienstleistung verpflichtet, wenn Sie vor Abgabe Ihrer Vertragserklärung auf diese Rechtsfolge hingewiesen wurden und ausdrücklich zugestimmt haben, dass vor dem Ende der Widerrufsfrist mit der Ausführung der Gegenleistung begonnen werden kann. Besteht eine Verpflichtung zur Zahlung von Wertersatz, kann dies dazu führen, dass Sie die vertraglichen Zahlungsverpflichtungen für den Zeitraum bis zum Widerruf dennoch erfüllen müssen. **Ihr Widerrufsrecht erlischt** vorzeitig, wenn der Vertrag **von beiden Seiten auf Ihren ausdrücklichen Wunsch vollständig erfüllt** ist, bevor Sie Ihr Widerrufsrecht ausgeübt haben.

| |
|---|
| **Verpflichtungen zur Erstattung von Zahlungen müssen innerhalb von 30 Tagen erfüllt werden**. Diese Frist beginnt für Sie mit der Absendung Ihrer Widerrufserklärung, für uns mit deren Empfang.<br>[5]<br>[6]<br>[7]<br>[8]<br>[9]<br>(Ort), (Datum), (Unterschrift des Verbrauchers) [10]<br>[11] |

**Gestaltungshinweise:**

[1] Einsetzen: Namen/Firma und ladungsfähige Anschrift des Widerrufsadressaten. Zusätzlich können angegeben werden: Telefaxnummer, E-Mail-Adresse und/oder, wenn der Verbraucher eine Bestätigung seiner Widerrufserklärung an den Zahlungsdienstleister erhält, auch eine Internetadresse.

[2] Die unter den **Nummern 4 bis 8, Nummer 9 Buchstabe b, Nummer 10 Buchstabe c, Nummer 10 Buchstabe d, Nummer 10 Buchstabe e, Nummer 10 Buchstabe g, Nummer 10 Buchstabe h und Nummer 11 Buchstabe b bis Nummer 15 aufgelisteten und kursiv gedruckten Informationen** sind nur dann in die Widerrufsbelehrung aufzunehmen, **wenn sie für den vorliegenden Vertrag einschlägig sind**. Der Kursivdruck ist dabei zu entfernen.
Eine Information ist auch dann vollständig aufzunehmen, wenn sie nur teilweise einschlägig ist, beispielsweise, wenn bei Nummer 4 nur zusätzliche Kosten, nicht aber weitere Steuern, die nicht über den Zahlungsdienstleister abgeführt oder von ihm in Rechnung gestellt werden, anfallen. Werden Informationen gemäß der vorstehenden Vorgabe nicht aufgenommen, so ist die fortlaufende Nummerierung entsprechend anzupassen (wird beispielsweise Nummer 13 Buchstabe d nicht übernommen, so wird Nummer 13 Buchstabe e zu Nummer 13 Buchstabe d etc.). Wird von einer Nummer keiner der hierunter aufgeführten Untergliederungspunkte aufgenommen, so entfällt auch die Nummer insgesamt zusammen mit der Überschrift (wird beispielsweise Nummer 12 Buchstabe a bis d nicht übernommen, so entfällt auch der Text „12. zur Kommunikation"). Wird bei den Nummern 11, 12 und/oder 13 nur der Text eines Buchstabens aufgenommen, so entfällt auch die Bezeichnung als Buchstabe „a)" im Text. Die letzte in die Widerrufsbelehrung aufgenommene Information soll mit dem Satzzeichen „." abschließen.

[3] Bei Abschluss von Verträgen **außerhalb von Geschäftsräumen** sind die Nummern 2 bis 8 nicht in die Widerrufsbelehrung aufzunehmen. Die Nummerierung ist – unter Fortgeltung von Gestaltungshinweis [2] – entsprechend anzupassen, das heißt Nummer 9 wird zu Nummer 2 etc.

[4] Bei einem Vertrag über die Erbringung von Zahlungsdiensten in Form eines Einzelzahlungsvertrags **mit einem Zahlungsauslösedienstleister** ist Nummer 15 mit einem Semikolon abzuschließen und folgende Nummer 16 anzufügen:

„16. einen Hinweis, dass dem Verbraucher rechtzeitig vor der Auslösung des Zahlungsvorgangs folgende Informationen zur Verfügung zu stellen sind:

a) der Name und die Anschrift der Hauptverwaltung des Zahlungsdienstleisters sowie alle anderen Kontaktdaten einschließlich der E-Mail-Adresse, die für die Kommunikation mit dem Zahlungsauslösedienstleister von Belang sind;

*b) die Anschrift des Agenten des Zahlungsdienstleisters oder der Zweigniederlassung des Zahlungsdienstleisters in dem Mitgliedstaat, in dem der Zahlungsdienst angeboten wird;*

c) die Kontaktdaten der zuständigen Behörde."

Die unter der **Nummer 16 Buchstabe b kursiv gedruckte Information** ist nur dann in die Widerrufsbelehrung aufzunehmen, **wenn sie für den vorliegenden Vertrag einschlägig ist**. Der Kursivdruck ist dabei zu entfernen. Die Information ist auch dann vollständig aufzunehmen, wenn sie nur teilweise einschlägig ist, beispielsweise nur ein Agent, nicht aber eine Zweigniederlassung existiert.

[5] Bei einem Vertrag über eine entgeltliche Finanzierungshilfe, der von der Ausnahme des § 506 Absatz 4 des Bürgerlichen Gesetzbuchs (BGB) erfasst ist, gilt Folgendes:

a) Ist Vertragsgegenstand die Überlassung einer Sache mit Ausnahme der Lieferung von Wasser, Gas oder Strom, die nicht in einem begrenzten Volumen oder in einer bestimmten Menge zum Verkauf angeboten werden, so sind hier die konkreten Hinweise entsprechend Gestaltungshinweis [5] Buchstabe a bis c der Anlage 1 des Einführungsgesetzes zum Bürgerlichen Gesetzbuche (EGBGB) zu geben.

b) Ist Vertragsgegenstand die Erbringung einer Dienstleistung, die nicht in der Überlassung einer Sache gemäß Buchstabe a oder in einer Finanzdienstleistung besteht, oder die Lieferung von Wasser, Gas oder Strom, wenn sie nicht in einem begrenzten Volumen oder in einer bestimmten Menge zum Verkauf angeboten werden, oder die Lieferung von Fernwärme, so sind hier die konkreten Hinweise entsprechend Gestaltungshinweis [6] der Anlage 1 des EGBGB zu geben.

c) Ist Vertragsgegenstand die Lieferung von nicht auf einem körperlichen Datenträger befindlichen digitalen Inhalten, so ist hier folgender Hinweis zu geben:
„Sie sind zur Zahlung von Wertersatz für die bis zum Widerruf gelieferten digitalen Inhalte verpflichtet, wenn Sie vor Abgabe Ihrer Vertragserklärung auf diese Rechtsfolge hingewiesen wurden und ausdrücklich zugestimmt haben, dass wir vor dem Ende der Widerrufsfrist mit der Lieferung der digitalen Inhalte beginnen."

[6] Bei Anwendung der Gestaltungshinweise [7] oder [8] ist hier folgende Unterüberschrift einzufügen: **„Besondere Hinweise"**.

[7] Wenn ein verbundenes Geschäft (§ 358 BGB) vorliegt, ist für finanzierte Geschäfte der nachfolgende Hinweis einzufügen:
„Wenn Sie diesen Vertrag durch ein Darlehen finanzieren und ihn später widerrufen, sind Sie auch an den Darlehensvertrag nicht mehr gebunden, sofern beide Verträge eine wirtschaftliche Einheit bilden. Dies ist insbesondere dann anzunehmen, wenn wir gleichzeitig Ihr Darlehensgeber sind oder wenn sich Ihr Darlehensgeber im Hinblick auf die Finanzierung unserer Mitwirkung bedient. Wenn uns das Darlehen bei Wirksamwerden des Widerrufs oder bei der Rückgabe der Ware bereits zugeflossen ist, tritt Ihr Darlehensgeber im Verhältnis zu Ihnen hinsichtlich der Rechtsfolgen des Widerrufs oder der Rückgabe in unsere Rechte und Pflichten aus dem finanzierten Vertrag ein. Letzteres gilt nicht, wenn der finanzierte Vertrag den Erwerb von Finanzinstrumenten (z.B. von Wertpapieren, Devisen oder Derivaten) zum Gegenstand hat. Wollen Sie eine vertragliche Bindung so weitgehend wie möglich vermeiden, machen Sie von Ihrem Widerrufsrecht Gebrauch und widerrufen Sie zudem den Darlehensvertrag, wenn Ihnen auch dafür ein Widerrufsrecht zusteht."
Bei einem finanzierten Erwerb eines Grundstücks oder eines grundstücksgleichen Rechts ist Satz 2 des vorstehenden Hinweises wie folgt zu ändern:
„Dies ist nur anzunehmen, wenn die Vertragspartner in beiden Verträgen identisch sind oder wenn der Darlehensgeber über die Zurverfügungstellung von Darlehen hinaus Ihr Grundstücksgeschäft durch Zusammenwirken mit dem Veräußerer fördert, indem er sich dessen Veräußerungsinteressen ganz oder teilweise zu eigen macht, bei der Planung, Werbung oder Durchführung des Projekts Funktionen des Veräußerers übernimmt oder den Veräußerer einseitig begünstigt."

[8] Wenn ein zusammenhängender Vertrag (§ 360 BGB) vorliegt, ist der nachfolgende Hinweis einzufügen:
„Bei Widerruf dieses Vertrags sind Sie auch an einen mit diesem Vertrag zusammenhängenden Vertrag nicht mehr gebunden, wenn der zusammenhängende Vertrag eine Leistung betrifft, die von uns oder einem Dritten auf der Grundlage einer Vereinbarung zwischen uns und dem Dritten erbracht wird."

[9] Wird für einen Vertrag belehrt, der auch einen Vertrag über Finanzdienstleistungen betrifft, für den in Anlage 3 und/oder in Anlage 3a des EGBGB ein Muster für eine Widerrufsbelehrung zur Verfügung gestellt wird, so sind die jeweils zutreffenden Ergänzungen aus den Mustern für die Widerrufsbelehrung zu kombinieren. Soweit zu kombinierende Ergänzungen identisch sind, sind Wiederholungen des Wortlauts nicht erforderlich.

[10] Ort, Datum und Unterschriftsleiste können entfallen. In diesem Fall sind diese Angaben entweder durch die Wörter „Ende der Widerrufsbelehrung" oder durch die Wörter „(einsetzen: Firma des Zahlungsdienstleisters)" zu ersetzen.

[11] Das Muster für die Widerrufsbelehrung gemäß dieser Anlage ist auch auf Verträge über die Erbringung von Zahlungsdiensten in Form eines Einzelzahlungsvertrags mit einem Kontoinformationsdienstleister anzuwenden.

**Anlage 4**[1]
(zu Artikel 247 § 2)

## Europäische Standardinformationen für Verbraucherkredite

### 1. Name und Kontaktangaben des Kreditgebers/Kreditvermittlers

| | |
|---|---|
| Kreditgeber<br>Anschrift<br>Telefon[2]<br>E-Mail[2]<br>Fax[2]<br>Internet-Adresse[2] | [Name]<br>[Ladungsfähige Anschrift für Kontakte des Verbrauchers] |
| (falls zutreffend)<br>Kreditvermittler<br>Anschrift<br>Telefon[2]<br>E-Mail[2]<br>Fax[2]<br>Internet-Adresse[2] | [Name]<br>[Anschrift für Kontakte mit dem Verbraucher] |

In allen Fällen, in denen „falls zutreffend" angegeben ist, muss der Kreditgeber das betreffende Kästchen ausfüllen, wenn die Information für den Kreditvertrag relevant ist, oder die betreffende Information bzw. die gesamte Zeile streichen, wenn die Information für die in Frage kommende Kreditart nicht relevant ist.

Die Vermerke in eckigen Klammern dienen zur Erläuterung und sind durch die entsprechenden Angaben zu ersetzen.

### 2. Beschreibung der wesentlichen Merkmale des Kredits

| | |
|---|---|
| Kreditart | |
| Gesamtkreditbetrag<br>Obergrenze oder Summe aller Beträge, die aufgrund des Kreditvertrags zur Verfügung gestellt wird | |
| Bedingungen für die Inanspruchnahme<br>Gemeint ist, wie und wann Sie das Geld erhalten | |
| Laufzeit des Kreditvertrags | |
| Teilzahlungen und gegebenenfalls Reihenfolge, in der die Teilzahlungen angerechnet werden | Sie müssen folgende Zahlungen leisten:<br>[Betrag, Anzahl und Periodizität der vom Verbraucher zu leistenden Zahlungen]<br>Zinsen und/oder Kosten sind wie folgt zu entrichten: |
| Von Ihnen zu zahlender Gesamtbetrag<br>Betrag des geliehenen Kapitals zuzüglich Zinsen und etwaiger Kosten im Zusammenhang mit Ihrem Kredit | [Summe des Gesamtkreditbetrags und der Gesamtkosten des Kredits] |
| (falls zutreffend)<br>Der Kredit wird in Form eines Zahlungsaufschubs für eine Ware oder Dienstleistung gewährt oder ist mit der Lieferung bestimmter Waren oder der Erbringung einer Dienstleistung verbunden.<br>Bezeichnung der Ware oder Dienstleistung<br>Barzahlungspreis | |
| (falls zutreffend)<br>Verlangte Sicherheiten | [Art der Sicherheiten] |

[1] Frühere Anl. 3 angef. mWv 11.6.2010 durch G v. 29.7.2009 (BGBl. I S. 2355); geänd. mWv 30.7. 2010 durch G v. 24.7.2010 (BGBl. I S. 977); geänd. mWv 29.1.2013 durch G v. 23.1.2013 (BGBl. I S. 101); bish. Anl. 3 wird Anl. 4 und geänd. mWv 13.6.2014 durch G v. 20.9.2013 (BGBl. I S. 3642).

[2] **Amtl. Anm.:** Freiwillige Angaben des Kreditgebers

| | |
|---|---|
| Beschreibung der von Ihnen im Zusammenhang mit dem Kreditvertrag zu stellenden Sicherheiten | |
| (falls zutreffend)<br>Zahlungen dienen nicht der unmittelbaren Kapitaltilgung | |

**3. Kreditkosten**

| | |
|---|---|
| Sollzinssatz oder gegebenenfalls die verschiedenen Sollzinssätze, die für den Kreditvertrag gelten | [%<br>– gebunden oder<br>– veränderlich (mit dem Index oder Referenzzinssatz für den anfänglichen Sollzinssatz)<br>– Zeiträume] |
| Effektiver Jahreszins<br>Gesamtkosten ausgedrückt als jährlicher Prozentsatz des Gesamtkreditbetrags<br>Diese Angabe hilft Ihnen dabei, unterschiedliche Angebote zu vergleichen. | [% Repräsentatives Beispiel unter Angabe sämtlicher in die Berechnung des Jahreszinses einfließender Annahmen] |
| Ist<br>– der Abschluss einer Kreditversicherung<br>oder<br>– die Inanspruchnahme einer anderen mit dem Kreditvertrag zusammenhängenden Nebenleistung<br>zwingende Voraussetzung dafür, dass der Kredit überhaupt oder nach den vorgesehenen Vertragsbedingungen gewährt wird?<br>Falls der Kreditgeber die Kosten dieser Dienstleistungen nicht kennt, sind sie nicht im effektiven Jahreszins enthalten. | Ja/Nein<br>[Falls ja, Art der Versicherung:]<br>Ja/Nein<br>[Falls ja, Art der Nebenleistung:] |
| Kosten im Zusammenhang mit dem Kredit | |
| (falls zutreffend)<br>Die Führung eines oder mehrerer Konten ist für die Buchung der Zahlungsvorgänge und der in Anspruch genommenen Kreditbeträge erforderlich. | |
| (falls zutreffend)<br>Höhe der Kosten für die Verwendung eines bestimmten Zahlungsmittels (z.B. einer Kreditkarte) | |
| (falls zutreffend)<br>Sonstige Kosten im Zusammenhang mit dem Kreditvertrag | |
| (falls zutreffend)<br>Bedingungen, unter denen die vorstehend genannten Kosten im Zusammenhang mit dem Kreditvertrag geändert werden können | |
| (falls zutreffend)<br>Verpflichtung zur Zahlung von Notarkosten | |
| Kosten bei Zahlungsverzug<br>Ausbleibende Zahlungen können schwer wiegende Folgen für Sie haben (z.B. Zwangsverkauf) und die Erlangung eines Kredits erschweren. | Bei Zahlungsverzug wird Ihnen [… (anwendbarer Zinssatz und Regelungen für seine Anpassung sowie gegebenenfalls Verzugskosten)] berechnet. |

**4. Andere wichtige rechtliche Aspekte**

| | |
|---|---|
| Widerrufsrecht<br>Sie haben das Recht, innerhalb von 14 Kalendertagen den Kreditvertrag zu widerrufen. | Ja/Nein |

| | |
|---|---|
| Vorzeitige Rückzahlung<br>Sie haben das Recht, den Kredit jederzeit ganz oder teilweise vorzeitig zurückzuzahlen. | |
| (falls zutreffend)<br>Dem Kreditgeber steht bei vorzeitiger Rückzahlung eine Entschädigung zu | [Festlegung der Entschädigung (Berechnungsmethode) gemäß § 502 BGB] |
| Datenbankabfrage<br>Der Kreditgeber muss Sie unverzüglich und unentgeltlich über das Ergebnis einer Datenbankabfrage unterrichten, wenn ein Kreditantrag aufgrund einer solchen Abfrage abgelehnt wird. Dies gilt nicht, wenn eine entsprechende Unterrichtung durch die Rechtsvorschriften der Europäischen Union untersagt ist oder den Zielen der öffentlichen Ordnung oder Sicherheit zuwiderläuft. | |
| Recht auf einen Kreditvertragsentwurf<br>Sie haben das Recht, auf Verlangen unentgeltlich eine Kopie des Kreditvertragsentwurfs zu erhalten. Diese Bestimmung gilt nicht, wenn der Kreditgeber zum Zeitpunkt der Beantragung nicht zum Abschluss eines Kreditvertrags mit Ihnen bereit ist. | |
| (falls zutreffend)<br>Zeitraum, während dessen der Kreditgeber an die vorvertraglichen Informationen gebunden ist | Diese Informationen gelten vom … bis … |

(falls zutreffend)

**5. Zusätzliche Informationen beim Fernabsatz von Finanzdienstleistungen**

| | |
|---|---|
| a) zum Kreditgeber | |
| (falls zutreffend)<br>Vertreter des Kreditgebers in dem Mitgliedstaat, in dem Sie Ihren Wohnsitz haben<br>Anschrift<br><br>Telefon[1]<br>E-Mail[1]<br>Fax[1]<br>Internet-Adresse[1] | [Name]<br><br>[Ladungsfähige Anschrift für Kontakte des Verbrauchers] |
| (falls zutreffend)<br>Eintrag im Handelsregister | [Handelsregister, in das der Kreditgeber eingetragen ist, und seine Handelsregisternummer oder eine gleichwertige in diesem Register verwendete Kennung] |
| (falls zutreffend)<br>Zuständige Aufsichtsbehörde | |
| b) zum Kreditvertrag | |
| (falls zutreffend)<br>Ausübung des Widerrufsrechts | [Praktische Hinweise zur Ausübung des Widerrufsrechts, darunter Widerrufsfrist, Angabe der Anschrift, an die die Widerruferklärung zu senden ist, sowie Folgen bei Nichtausübung dieses Rechts] |
| (falls zutreffend)<br>Recht, das der Kreditgeber der Aufnahme von Beziehungen zu Ihnen vor Abschluss des Kreditvertrags zugrunde legt | |

[1] **Amtl. Anm.:** Freiwillige Angaben des Kreditgebers

| | |
|---|---|
| (falls zutreffend)<br>Klauseln über das auf den Kreditvertrag anwendbare Recht und/oder das zuständige Gericht | <br>[Entsprechende Klauseln hier wiedergeben] |
| (falls zutreffend)<br>Wahl der Sprache | Die Informationen und Vertragsbedingungen werden in [Angabe der Sprache] vorgelegt. Mit Ihrer Zustimmung werden wir während der Laufzeit des Kreditvertrags in [Angabe der Sprache(n)] mit Ihnen Kontakt halten. |
| c) zu den Rechtsmitteln | |
| Verfügbarkeit außergerichtlicher Beschwerde- und Rechtsbehelfsverfahren und Zugang dazu | [Angabe, ob der Verbraucher, der Vertragspartei eines Fernabsatzvertrags ist, Zugang zu einem außergerichtlichen Beschwerde- und Rechtsbehelfsverfahren hat, und gegebenenfalls die Voraussetzungen für diesen Zugang] |

**Anlage 5**[1)]
(zu Artikel 247 § 2)

**Europäische Verbraucherkreditinformationen bei**
**1. Überziehungskrediten**
**2. Umschuldungen**

**1. Name und Kontaktangaben des Kreditgebers/Kreditvermittlers**

| | |
|---|---|
| Kreditgeber<br>Anschrift<br><br>Telefon[2)]<br>E-Mail[2)]<br>Fax[2)]<br>Internet-Adresse[2)] | [Name]<br>[Ladungsfähige Anschrift für Kontakte des Verbrauchers] |
| (falls zutreffend)<br>Kreditvermittler<br>Anschrift<br><br>Telefon[2)]<br>E-Mail[2)]<br>Fax[2)]<br>Internet-Adresse[2)] | <br><br>[Name]<br>[Ladungsfähige Anschrift für Kontakte des Verbrauchers] |

In allen Fällen, in denen „falls zutreffend" angegeben ist, muss der Kreditgeber das betreffende Kästchen ausfüllen, wenn die Information für den Kreditvertrag relevant ist, oder die betreffende Information bzw. die gesamte Zeile streichen, wenn die Information für die in Frage kommende Kreditart nicht relevant ist.

Die Vermerke in eckigen Klammern dienen zur Erläuterung und sind durch die entsprechenden Angaben zu ersetzen.

**2. Beschreibung der wesentlichen Merkmale des Kredits**

| | |
|---|---|
| Kreditart | |
| Gesamtkreditbetrag<br>Obergrenze oder Summe aller Beträge, die aufgrund des Kreditvertrags zur Verfügung gestellt wird | |

[1)] Frühere Anl. 4 angef. mWv 11.6.2010 durch G v. 29.7.2009 (BGBl. I S. 2355); geänd. mWv 30.7. 2010 durch G v. 24.7.2010 (BGBl. I S. 977); geänd. mWv 29.1.2013 durch G v. 23.1.2013 (BGBl. I S. 101); bish. Anl. 4 wird Anl. 5 und geänd. mWv 13.6.2014 durch G v. 20.9.2013 (BGBl. I S. 3642).

[2)] **Amtl. Anm.:** Freiwillige Angaben des Kreditgebers.

| | |
|---|---|
| Laufzeit des Kreditvertrags | |
| (falls zutreffend)<br>Sie können jederzeit zur Rückzahlung des gesamten Kreditbetrags aufgefordert werden. | |

**3. Kreditkosten**

| | |
|---|---|
| Sollzinssatz oder gegebenenfalls die verschiedenen Sollzinssätze, die für den Kreditvertrag gelten | [%<br>– gebunden oder<br>– veränderlich (mit dem Index oder Referenzzinssatz für den anfänglichen Sollzinssatz)] |
| (falls zutreffend)<br>Effektiver Jahreszins[1)]<br>Gesamtkosten ausgedrückt als jährlicher Prozentsatz des Gesamtkreditbetrags<br>Diese Angabe hilft Ihnen dabei, unterschiedliche Angebote zu vergleichen. | [%. Repräsentatives Beispiel unter Angabe sämtlicher in die Berechnung des Jahreszinses einfließender Annahmen] |
| (falls zutreffend)<br>Kosten<br>(falls zutreffend)<br>Bedingungen, unter denen diese Kosten geändert werden können | [Sämtliche vom Zeitpunkt des Vertragsabschlusses des Kreditvertrags an zu zahlende Kosten] |
| Kosten bei Zahlungsverzug | Bei Zahlungsverzug wird Ihnen [… (anwendbarer Zinssatz und Regelungen für seine Anpassung sowie gegebenenfalls Verzugskosten)] berechnet. |

**4. Andere wichtige rechtliche Aspekte**

| | |
|---|---|
| Beendigung des Kreditvertrags | [Bedingungen und Verfahren zur Beendigung des Kreditvertrags] |
| Datenbankabfrage<br>Der Kreditgeber muss Sie unverzüglich und unentgeltlich über das Ergebnis einer Datenbankabfrage unterrichten, wenn ein Kreditantrag aufgrund einer solchen Abfrage abgelehnt wird. Dies gilt nicht, wenn eine entsprechende Unterrichtung durch die Rechtsvorschriften der Europäischen Union untersagt ist oder den Zielen der öffentlichen Ordnung oder Sicherheit zuwiderläuft. | |
| (falls zutreffend)<br>Zeitraum, während dessen der Kreditgeber an die vorvertraglichen Informationen gebunden ist | Diese Informationen gelten vom … bis … |

(falls zutreffend)

**5. Zusätzliche Informationen, die zu liefern sind, wenn die vorvertraglichen Informationen einen Verbraucherkredit für eine Umschuldung betreffen**

| | |
|---|---|
| Teilzahlungen und gegebenenfalls Reihenfolge, in der die Teilzahlungen angerechnet werden | Sie müssen folgende Zahlungen leisten:<br>[Repräsentatives Beispiel für einen Ratenzahlungsplan unter Angabe des Betrags, der Anzahl und der Periodizität der vom Verbraucher zu leistenden Zahlungen] |

[1)] **Amtl. Anm.:** Bei Überziehungsmöglichkeiten nach § 504 Abs. 2 des Bürgerlichen Gesetzbuchs, bei denen der Kredit jederzeit vom Kreditgeber gekündigt werden kann oder binnen drei Monaten zurückgezahlt werden muss, muss der effektive Jahreszins nicht angegeben werden, wenn der Kreditgeber außer den Sollzinsen keine weiteren Kosten verlangt.

| | |
|---|---|
| Von Ihnen zu zahlender Gesamtbetrag | |
| Vorzeitige Rückzahlung<br>Sie haben das Recht, den Kredit jederzeit ganz oder teilweise vorzeitig zurückzuzahlen.<br>(falls zutreffend)<br>Dem Kreditgeber steht bei vorzeitiger Rückzahlung eine Entschädigung zu. | <br><br><br><br>[Festlegung der Entschädigung (Berechnungsmethode) gemäß § 502 BGB] |

**6. Zusätzlich zu gebende Informationen beim Fernabsatz von Finanzdienstleistungen**

| | |
|---|---|
| a) zum Kreditgeber | |
| (falls zutreffend)<br>Vertreter des Kreditgebers in dem Mitgliedstaat, in dem Sie Ihren Wohnsitz haben<br>Anschrift<br><br>Telefon[1]<br>E-Mail[1]<br>Fax[1]<br>Internet-Adresse[1] | <br>[Name]<br><br>[Ladungsfähige Anschrift für Kontakte des Verbrauchers] |
| (falls zutreffend)<br>Eintrag im Handelsregister | <br>[Handelsregister, in das der Kreditgeber eingetragen ist, und seine Handelsregisternummer oder eine gleichwertige in diesem Register verwendete Kennung] |
| (falls zutreffend)<br>zuständige Aufsichtsbehörde | |
| b) zum Kreditvertrag | |
| Widerrufsrecht<br>Sie haben das Recht, innerhalb von 14 Kalendertagen den Kreditvertrag zu widerrufen.<br>(falls zutreffend)<br>Ausübung des Widerrufsrechts | Ja/Nein<br>[Praktische Hinweise zur Ausübung des Widerrufsrechts, u.a. Anschrift, an die die Widerrufserklärung zu senden ist, sowie Folgen bei Nichtausübung dieses Rechts] |
| (falls zutreffend)<br>Recht, das der Kreditgeber der Aufnahme von Beziehungen zu Ihnen vor Abschluss des Kreditvertrags zugrunde legt | |
| (falls zutreffend)<br>Klauseln über das auf den Kreditvertrag anwendbare Recht und/oder das zuständige Gericht | <br>[Entsprechende Klauseln hier wiedergeben] |
| (falls zutreffend)<br>Wahl der Sprache | <br><br>Die Informationen und Vertragsbedingungen werden in [Angabe der Sprache] vorgelegt. Mit Ihrer Zustimmung werden wir während der Laufzeit des Kreditvertrags in [Angabe der Sprache(n)] mit Ihnen Kontakt halten. |
| c) zu den Rechtsmitteln | |
| Verfügbarkeit außergerichtlicher Beschwerde- und Rechtsbehelfsverfahren und Zugang zu ihnen | [Angabe, ob der Verbraucher, der Vertragspartei eines Fernabsatzvertrags ist, Zugang zu einem außergerichtlichen Beschwerde- und Rechtsbehelfsverfahren hat, und gegebenenfalls die Voraussetzungen für diesen Zugang] |

[1] **Amtl. Anm.:** Freiwillige Angaben des Kreditgebers.

**Anlage 6**[1) 2)]
(zu Artikel 247 § 1 Absatz 2)

### Europäisches Standardisiertes Merkblatt (ESIS-Merkblatt)

#### Teil A

Das folgende Muster ist im selben Wortlaut in das ESIS-Merkblatt zu übernehmen. Text in eckigen Klammern ist durch die entsprechende Angabe zu ersetzen. Hinweise für den Kreditgeber oder gegebenenfalls den Kreditvermittler zum Ausfüllen des ESIS-Merkblatts finden sich in Teil B.

Bei Angaben, denen der Text „falls zutreffend" vorangestellt ist, hat der Kreditgeber die erforderlichen Angaben zu machen, wenn sie für den Kreditvertrag relevant sind. Ist die betreffende Information nicht relevant, ist die entsprechende Rubrik bzw. der gesamte Abschnitt vom Kreditgeber zu streichen (beispielsweise wenn der Abschnitt nicht anwendbar ist). Wird der gesamte Abschnitt gestrichen, so ist die Nummerierung der einzelnen Abschnitte des ESIS-Merkblatts entsprechend anzupassen.

Die nachstehenden Informationen müssen in einem einzigen Dokument enthalten sein. Es ist eine gut lesbare Schriftgröße zu wählen. Zur Hervorhebung sind Fettdruck, Schattierung oder eine größere Schriftgröße zu verwenden. Sämtliche Warnhinweise sind optisch hervorzuheben.

**Muster für das ESIS-Merkblatt**

| |
|---|
| (Vorbemerkungen) |
| Dieses Dokument wurde am [Datum] für [Name des Verbrauchers] erstellt.<br>Das Dokument wurde auf der Grundlage der bereits von Ihnen gemachten Angaben sowie der aktuellen Bedingungen am Finanzmarkt erstellt.<br>Die nachstehenden Informationen bleiben bis [Gültigkeitsdatum] gültig, (falls zutreffend) mit Ausnahme des Zinssatzes und anderer Kosten. Danach können sie sich je nach Marktbedingungen ändern.<br>(falls zutreffend) Die Ausfertigung dieses Dokuments begründet für [Name des Kreditgebers] keinerlei Verpflichtung zur Gewährung eines Kredits. |
| 1. Kreditgeber |
| [Name]<br>[Telefon]<br>[Anschrift]<br>(Fakultativ) [E-Mail]<br>(Fakultativ) [Faxnummer]<br>(Fakultativ) [Internetadresse]<br>(Fakultativ) [Kontaktperson/-stelle]<br>(falls zutreffend, Informationen darüber, ob Beratungsdienstleistungen erbracht werden:) [Wir empfehlen nach Analyse Ihres Bedarfs und Ihrer Situation, dass Sie diesen Kredit aufnehmen. / Wir empfehlen Ihnen keinen bestimmten Kredit. Auf Grund Ihrer Antworten auf einige der Fragen erhalten Sie von uns jedoch Informationen zu diesem Kredit, damit Sie Ihre eigene Entscheidung treffen können.] |
| 2. (falls zutreffend) Kreditvermittler |
| [Name]<br>[Telefon]<br>[Anschrift]<br>(Fakultativ) [E-Mail]<br>(Fakultativ) [Faxnummer]<br>(Fakultativ) [Internetadresse]<br>(Fakultativ) [Kontaktperson/-stelle]<br>(falls zutreffend, Informationen darüber, ob Beratungsdienstleistungen erbracht werden:) [Wir empfehlen nach Analyse Ihres Bedarfs und Ihrer Situation, dass Sie diesen Kredit aufnehmen. / Wir empfehlen Ihnen keinen bestimmten Kredit. Auf Grund Ihrer Antworten auf einige der Fragen erhalten Sie von uns jedoch Informationen zu diesem Kredit, damit Sie Ihre eigene Entscheidung treffen können.]<br>[Vergütung] |

---

1) Anl. 6 neu gef. mWv 21.3.2016 durch G v. 11.3.2016 (BGBl. I S. 396); geänd. mWv 15.6.2021 durch G v. 9.6.2021 (BGBl. I S. 1666).

2) Im BGBl. I sind die hier in eckigen Klammern wiedergegebenen Bezugnahmen auf die Gestaltungshinweise als geschlossene Kästchen dargestellt.

| 3. Hauptmerkmale des Kredits |
|---|
| Kreditbetrag und Währung: [Wert] [Währung]<br>(falls zutreffend) Dieser Kredit lautet nicht auf [Landeswährung des Kreditnehmers].<br>(falls zutreffend) Der Wert Ihres Kredits in [Landeswährung des Kreditnehmers] kann sich ändern.<br>(falls zutreffend) Wenn beispielsweise [Landeswährung des Kreditnehmers] gegenüber [Kreditwährung] um 20 % an Wert verliert, würde sich der Wert Ihres Kredits um [Betrag in der Landeswährung des Kreditnehmers] erhöhen. Allerdings könnte es sich auch um einen höheren Betrag handeln, falls [Landeswährung des Kreditnehmers] um mehr als 20 % an Wert verliert.<br>(falls zutreffend) Der Wert Ihres Kredits beläuft sich auf maximal [Betrag in der Landeswährung des Kreditnehmers].<br>(falls zutreffend) Sie erhalten einen Warnhinweis, falls der Kreditbetrag [Betrag in der Landeswährung des Kreditnehmers] erreicht. (falls zutreffend) Sie haben die Möglichkeit, [Recht auf Neuverhandlung eines Fremdwährungskreditvertrags oder Recht, den Kredit in [einschlägige Währung] umzuwandeln, und Bedingungen].<br>Laufzeit des Kredits: [Laufzeit]<br>[Kreditart]<br>[Art des anwendbaren Zinssatzes]<br>Zurückzuzahlender Gesamtbetrag:<br>Dies bedeutet, dass Sie [Betrag] je geliehene(n) [Währungseinheit] zurückzuzahlen haben.<br>(falls zutreffend) Bei dem gewährten Kredit/einem Teil des gewährten Kredits handelt es sich um einen endfälligen Kredit. Ihre Schuld nach Ablauf der Laufzeit des Kredits beträgt [Kreditbetrag nach Endfälligkeit].<br>(falls zutreffend) Für dieses Merkblatt zugrunde gelegter Schätzwert der Immobilie: [Betrag]<br>(falls zutreffend) Beleihungsgrenze (maximale Höhe des Kredits im Verhältnis zum Wert der Immobilie): [Verhältnis] oder Mindestwert der Immobilie als Voraussetzung für die Aufnahme eines Kredits in der angegebenen Höhe: [Betrag]<br>(falls zutreffend) [Sicherheit] |
| 4. Zinssatz und andere Kosten |
| Der effektive Jahreszins entspricht den Gesamtkosten des Kredits, ausgedrückt als jährlicher Prozentsatz. Der effektive Jahreszins erleichtert den Vergleich verschiedener Angebote.<br>Der für Ihren Kredit geltende effektive Jahreszins beträgt [effektiver Jahreszins].<br>Er setzt sich zusammen aus:<br>Zinssatz: [Wert in Prozent oder, falls zutreffend, Angabe eines Referenzzinssatzes und Prozentwerts der Zinsmarge des Kreditgebers]<br>[sonstige Komponenten des effektiven Jahreszinses]<br>Einmalige Kosten:<br>(falls zutreffend) Für die Eintragung der Hypothek bzw. Grundschuld wird eine Gebühr fällig. [Gebühr, sofern bekannt, oder Grundlage für die Berechnung.]<br>Regelmäßig anfallende Kosten:<br>(falls zutreffend) Dieser effektive Jahreszins wird anhand des angenommenen Zinssatzes berechnet.<br>(falls zutreffend) Da es sich bei Ihrem Kredit [einem Teil Ihres Kredits] um einen Kredit mit variablem Zinssatz handelt, kann der tatsächliche effektive Jahreszins von dem angegebenen effektiven Jahreszins abweichen, falls sich der Zinssatz Ihres Kredits ändert. Falls sich der Zinssatz beispielsweise auf [unter Teil B beschriebenes Szenario] erhöht, kann der effektive Jahreszins auf [Beispiel für den gemäß diesem Szenario fälligen effektiven Jahreszins] ansteigen.<br>(falls zutreffend) Beachten Sie bitte, dass bei der Berechnung dieses effektiven Jahreszinses davon ausgegangen wird, dass der Zinssatz während der gesamten Vertragslaufzeit auf dem für den Anfangszeitraum festgelegten Niveau bleibt.<br>(falls zutreffend) Die folgenden Kosten sind dem Kreditgeber nicht bekannt und sind daher im effektiven Jahreszins nicht enthalten: [Kosten]<br>(falls zutreffend) Für die Eintragung der Hypothek bzw. Grundschuld wird eine Gebühr fällig.<br>Bitte vergewissern Sie sich, dass Sie alle im Zusammenhang mit Ihrem Kredit anfallenden Kosten und Gebühren bedacht haben. |
| 5. Häufigkeit und Anzahl der Ratenzahlungen |
| Häufigkeit der Ratenzahlungen: [Zahlungsintervall] |
| Anzahl der Zahlungen: [Anzahl] |

**6. Höhe der einzelnen Raten**

[Betrag] [Währung]

Ihre Einkommenssituation kann sich ändern. Prüfen Sie bitte, ob Sie Ihre [Zahlungsintervall] Raten auch dann noch zahlen können, wenn sich Ihr Einkommen verringern sollte.

(falls zutreffend) Da es sich bei dem [gewährten Kredit/einem Teil des gewährten Kredits] um einen endfälligen Kredit handelt, müssen Sie eine gesonderte Regelung für die Tilgung der Schuld von [Kreditbetrag nach Endfälligkeit] nach Ablauf der Laufzeit des Kredits treffen. Berücksichtigen Sie dabei auch alle Zahlungen, die Sie zusätzlich zu der hier angegebenen Ratenhöhe leisten müssen.

(falls zutreffend) Der Zinssatz dieses Kredits oder eines Teils davon kann sich ändern. Daher kann die Höhe Ihrer Raten steigen oder sinken. Falls sich der Zinssatz beispielsweise auf [unter Teil B beschriebenes Szenario] erhöht, können Ihre Ratenzahlungen auf [Angabe der Höhe der gemäß diesem Szenario fälligen Rate] ansteigen.

(falls zutreffend) Die Höhe der [Zahlungsintervall] in [Landeswährung des Kreditnehmers] fälligen Zahlungen kann sich ändern.

(falls zutreffend) Ihre pro [Zahlungsperiode] fälligen Zahlungen können sich auf [Höchstbetrag in der Landeswährung des Kreditnehmers] erhöhen.

(falls zutreffend) Wenn beispielsweise [Landeswährung des Kreditnehmers] gegenüber [Kreditwährung] um 20 % an Wert verliert, müssten Sie pro [Zeitraum] [Betrag in der Landeswährung des Kreditnehmers] mehr zahlen. Ihre Zahlungen könnten auch um einen höheren Betrag ansteigen.

(falls zutreffend) Bei der Umrechnung Ihrer in [Kreditwährung] geleisteten Rückzahlungen in [Landeswährung des Kreditnehmers] wird der von [Name der den Wechselkurs veröffentlichenden Einrichtung] am [Datum] veröffentlichte oder auf der Grundlage von [Bezeichnung der Bezugsgrundlage oder der Berechnungsmethode] am [Datum] errechnete Wechselkurs zugrunde gelegt.

(falls zutreffend) [Spezifische Angaben zu verbundenen Sparprodukten und Krediten mit abgegrenztem Zins]

**7. (falls zutreffend) Beispiel eines Tilgungsplans**

Der folgenden Tabelle ist die Höhe des pro [Zahlungsintervall] zu zahlenden Betrags zu entnehmen.

Die Raten (Spalte [Nummer]) setzen sich aus zu zahlenden Zinsen (Spalte [Nummer]) und, falls zutreffend, zu zahlender Tilgung (Spalte [Nummer]) sowie, falls zutreffend, sonstigen Kosten (Spalte [Nummer]) zusammen. (falls zutreffend) Die in der Spalte „sonstige Kosten" angegebenen Kosten betreffen [Aufzählung der Kosten]. Das Restkapital (Spalte [Nummer]) ist der nach einer Ratenzahlung noch verbleibende zurückzuzahlende Kreditbetrag.

[Tabelle]

**8. Zusätzliche Auflagen**

Der Kreditnehmer muss folgende Auflagen erfüllen, um in den Genuss der im vorliegenden Dokument genannten Kreditkonditionen zu kommen.

[Auflagen]

(falls zutreffend) Beachten Sie bitte, dass sich die in diesem Dokument genannten Kreditkonditionen (einschließlich Zinssatz) ändern können, falls Sie diese Auflagen nicht erfüllen.

(falls zutreffend) Beachten Sie bitte die möglichen Konsequenzen einer späteren Kündigung der mit dem Kredit verbundenen Nebenleistungen:

[Konsequenzen]

**9. Vorzeitige Rückzahlung**

Sie können den Kredit ganz oder teilweise vorzeitig zurückzahlen.

(falls zutreffend) [Bedingungen]

(falls zutreffend) Ablösungsentschädigung: [Betrag oder, sofern keine Angabe möglich ist, Berechnungsmethode]

(falls zutreffend) Sollten Sie beschließen, den Kredit vorzeitig zurückzuzahlen, setzen Sie sich bitte mit uns in Verbindung, um die genaue Höhe der Ablösungsentschädigung zum betreffenden Zeitpunkt in Erfahrung zu bringen.

**10. Flexible Merkmale**

(falls zutreffend) [Information über Übertragbarkeit/Abtretung] Sie können den Kredit auf [einen anderen Kreditnehmer] [oder] [eine andere Immobilie] übertragen. [Bedingungen]

(falls zutreffend) Sie können den Kredit nicht auf [einen anderen Kreditnehmer] [oder] [eine andere Immobilie] übertragen.

| |
|---|
| (falls zutreffend) Zusätzliche Merkmale: [Erläuterung der in Teil B aufgelisteten zusätzlichen Merkmale und – fakultativ – aller weiteren Merkmale, die der Kreditgeber im Rahmen des Kreditvertrags anbietet und die nicht in den vorausgehenden Abschnitten genannt sind.] |
| 11. Sonstige Rechte des Kreditnehmers |
| (falls zutreffend) Bevor Sie sich für die Aufnahme des Kredits entscheiden, haben Sie ab dem [Zeitpunkt, zu dem die Bedenkzeit beginnt] [Dauer der Bedenkzeit] Bedenkzeit. (falls zutreffend) Sobald Sie den Kreditvertrag vom Kreditgeber erhalten haben, können Sie diesen nicht vor Ablauf einer Frist von [Zeitraum der Bedenkzeit] annehmen.<br>(falls zutreffend) Sie können während eines Zeitraums von [Dauer der Widerrufsfrist] ab [Zeitpunkt, zu dem die Widerruffrist beginnt] von Ihrem Widerrufsrecht Gebrauch machen. [Bedingungen] [Verfahren]<br>(falls zutreffend) Sie können Ihr Widerrufsrecht verlieren, wenn Sie innerhalb dieses Zeitraums eine Immobilie erwerben oder veräußern, die im Zusammenhang mit diesem Kreditvertrag steht.<br>(falls zutreffend) Sollten Sie beschließen, von Ihrem Recht auf Widerruf [des Kreditvertrags] Gebrauch zu machen, so prüfen Sie bitte, ob Sie durch andere [, in Abschnitt 8 genannte] Auflagen im Zusammenhang mit dem Kredit [einschließlich der mit dem Kredit verbundenen Nebenleistungen] weiter gebunden bleiben. |
| 12. Beschwerden |
| Im Fall einer Beschwerde wenden Sie sich bitte an [interne Kontaktstelle und Informationsquelle zum weiteren Verfahren].<br>(falls zutreffend) Maximale Frist für die Bearbeitung der Beschwerde: [Zeitraum]<br>(falls zutreffend) Sollten wir die Beschwerde nicht intern zu Ihrer Zufriedenheit beilegen, so können Sie sich auch an [Name der externen Stelle für außergerichtliche Beschwerde- und Rechtsbehelfsverfahren] wenden<br>(falls zutreffend) oder Sie können weitere Informationen bei FIN-NET oder der entsprechenden Stelle in Ihrem eigenen Land erfragen. |
| 13. Nichteinhaltung der aus dem Kreditvertrag erwachsenden Verpflichtungen: Konsequenzen für den Kreditnehmer |
| [Arten eines Verstoßes gegen die Verpflichtungen]<br>[finanzielle und/oder rechtliche Folgen]<br>Sollten Sie Schwierigkeiten haben, die [Zahlungsintervall] Zahlungen zu leisten, so nehmen Sie bitte umgehend Kontakt mit uns auf, damit nach möglichen Lösungen gesucht werden kann.<br>(falls zutreffend) Kommen Sie Ihren Zahlungsverpflichtungen nicht nach, kann als letztes Mittel Ihre Immobilie zwangsversteigert werden. |
| (falls zutreffend) 14. Zusätzliche Informationen |
| (falls zutreffend) [auf den Kreditvertrag anwendbares Recht]<br>(Sofern der Kreditgeber eine Sprache verwenden möchte, die sich von der Sprache des ESIS-Merkblatts unterscheidet:) Informationen und Vertragsbedingungen werden in [Angabe der Sprache] vorgelegt. Mit Ihrer Zustimmung werden wir während der Laufzeit des Kreditvertrags mit Ihnen in [Angabe der Sprache(n)] kommunizieren.<br>[Hinweis betreffend das Recht, dass der Kreditvertrag gegebenenfalls im Entwurf vorgelegt oder dies angeboten wird]. |
| 15. Aufsichtsbehörde |
| Die Aufsicht über diesen Kreditgeber obliegt: [Bezeichnung(en) und Internetadresse(n) der Aufsichtsbehörde(n)].<br>(falls zutreffend) Die Aufsicht über diesen Kreditvermittler obliegt: [Bezeichnung und Internetadresse der Aufsichtsbehörde]. |

## Teil B.
## Hinweise zum Ausfüllen des ESIS-Merkblatts

Beim Ausfüllen des ESIS-Merkblatts sind die folgenden Hinweise zu beachten:

Abschnitt „Vorbemerkungen"

Das Datum, bis zu dem die Angaben gelten, ist optisch angemessen hervorzuheben. Für die Zwecke dieses Abschnitts bezeichnet der Begriff „Gültigkeitsdatum" den Zeitraum, innerhalb dessen die im ESIS-Merkblatt enthaltenen Angaben, etwa der Sollzinssatz, unverändert bleiben und zur Anwendung kommen werden, falls der Kreditgeber beschließt, den Kredit innerhalb dieser Frist zu bewilligen. Hängt die Festlegung des anwendbaren Sollzinssatzes und anderer Kosten vom Ergebnis des Verkaufs zugrunde liegender Wertpapiere ab, so können der vertraglich vereinbarte Sollzinssatz und andere Kosten gegebenenfalls von diesen Angaben abweichen. Ausschließlich unter diesen Umständen ist auf die Tatsache, dass sich das Gültigkeitsdatum nicht auf den Sollzinssatz und andere Kosten bezieht, mit folgender Angabe hinzuweisen: „mit Ausnahme des Zinssatzes und anderer Kosten".

**Abschnitt „1. Kreditgeber"**

(1) Name, Telefonnummer und Anschrift des Kreditgebers müssen diejenigen Kontaktdaten sein, die der Verbraucher in der künftigen Kommunikation verwenden kann.

(2) Angaben zu E-Mail-Adresse, Faxnummer, Internetadresse und Kontaktperson oder -stelle sind fakultativ.

(3) Wird der Kreditvertrag im Rahmen eines Fernabsatzgeschäfts gemäß § 312c des Bürgerlichen Gesetzbuchs angeboten, muss der Kreditgeber hier gegebenenfalls gemäß Artikel 246b § 1 Absatz 1 Nummer 3 und 4 des Einführungsgesetzes zum Bürgerlichen Gesetzbuche Namen und Anschrift seines Vertreters in dem Mitgliedstaat der Europäischen Union, in dem der Verbraucher seinen Wohnsitz hat, angeben. Die Angabe von Telefonnummer, E-Mail-Adresse und Internetadresse des Vertreters des Kreditgebers ist fakultativ.

(4) Kommt Abschnitt 2 nicht zur Anwendung, so unterrichtet der Kreditgeber unter Verwendung der Formulierungen in Teil A den Verbraucher darüber, ob und auf welcher Grundlage Beratungsdienstleistungen (Beratungsleistungen gemäß § 511 des Bürgerlichen Gesetzbuchs) erbracht werden.

**(falls zutreffend) Abschnitt „2. Kreditvermittler"**

Erhält der Verbraucher die Produktinformationen von einem Kreditvermittler, so erteilt dieser die folgenden Informationen:

(1) Name, Telefonnummer und Anschrift des Kreditvermittlers müssen diejenigen Kontaktdaten sein, die der Verbraucher in der künftigen Kommunikation verwenden kann.

(2) Angaben zu E-Mail-Adresse, Faxnummer, Internetadresse und Kontaktperson oder -stelle sind fakultativ.

(3) Der Kreditvermittler unterrichtet unter Verwendung der Formulierungen in Teil A den Verbraucher darüber, ob und auf welcher Grundlage Beratungsdienstleistungen (Beratungsleistungen gemäß § 511 des Bürgerlichen Gesetzbuchs) erbracht werden.

(4) Erläuterungen zur Art und Weise der Vergütung des Kreditvermittlers. Erhält dieser eine Provision vom Kreditgeber, so sind der Betrag und – sofern abweichend von der Angabe unter Abschnitt 1 – der Name des Kreditgebers anzugeben.

**Abschnitt „3. Hauptmerkmale des Kredits"**

(1) In diesem Abschnitt sind die Hauptmerkmale des Kredits, einschließlich des Wertes, der Währung und der potenziellen Risiken, die mit dem Sollzinssatz (darunter die unter Nummer 8 genannten Risiken) und der Amortisationsstruktur verbunden sind, klar darzulegen.

(2) Handelt es sich bei der Kreditwährung nicht um die Landeswährung des Verbrauchers, so weist der Kreditgeber darauf hin, dass der Verbraucher einen regelmäßigen Warnhinweis erhält, sobald der Wechselkurs um mehr als 20 % schwankt, und dass er das Recht hat, die Währung des Kreditvertrags in seine Landeswährung umzuwandeln. Er weist auch auf alle sonstigen Regelungen, die dem Verbraucher zur Begrenzung des Wechselkursrisikos zur Verfügung stehen, hin. Ist im Kreditvertrag eine Bestimmung zur Begrenzung des Wechselkursrisikos vorgesehen, so gibt der Kreditgeber den Höchstbetrag an, den der Verbraucher gegebenenfalls zurückzuzahlen hat. Ist im Kreditvertrag keine Bestimmung vorgesehen, wonach das Wechselkursrisiko für den Verbraucher auf eine Wechselkursschwankung von weniger als 20 % begrenzt wird, so gibt der Kreditgeber ein anschauliches Beispiel dafür, wie sich ein Kursverfall der Landeswährung des Verbrauchers von 20 % gegenüber der Kreditwährung auf den Wert des Kredits auswirkt.

(3) Die Laufzeit des Kredits ist – je nach Relevanz – in Jahren oder Monaten auszudrücken. Kann sich die Kreditlaufzeit während der Geltungsdauer des Vertrags ändern, erläutert der Kreditgeber, wann und unter welchen Bedingungen dies möglich ist. Handelt es sich um einen unbefristeten Kredit, etwa für eine gesicherte Kreditkarte, so ist dies vom Kreditgeber klar anzugeben.

(4) Die Art des Kredits ist genau anzugeben (z.B. grundpfandrechtlich besicherter Kredit, wohnungswirtschaftlicher Kredit, gesicherte Kreditkarte). Bei der Beschreibung der Kreditart ist klar anzugeben, wie Kapital und Zinsen während der Laufzeit des Kredits zurückzuzahlen sind (d.h. die Amortisationsstruktur) und ob der Kreditvertrag auf einer Kapitalrückzahlung oder auf der Endfälligkeit basiert oder eine Mischung von beidem ist.

(5) Handelt es sich bei dem gewährten Kredit oder einem Teil davon um einen endfälligen Kredit, so ist ein diesbezüglicher eindeutiger Hinweis unter Verwendung der Formulierung in Teil A deutlich sichtbar am Ende dieses Abschnitts einzufügen.

(6) In der Rubrik [Art des anwendbaren Zinssatzes] ist anzugeben, ob der Sollzinssatz fest oder variabel ist, sowie gegebenenfalls die Zeiträume, für die der Zinssatz festgeschrieben ist, wie häufig der Zinssatz in der Folge überprüft wird und inwieweit die Variabilität des Sollzinssatzes nach oben oder nach unten hin begrenzt ist.
Die Formel für die Überprüfung des Sollzinssatzes und ihrer einzelnen Bestandteile (z.B. Referenzzinssatz, Zinsmarge) ist zu erläutern. Der Kreditgeber hat anzugeben, etwa mittels einer Internetadresse, wo weitere Informationen zu den in der Formel zugrunde gelegten Indizes oder Zinssätzen zu finden sind, z.B. EURIBOR-Satz oder Referenzzinssatz der Zentralbank.

(7) Gelten unter bestimmten Umständen unterschiedliche Sollzinssätze, so sind diese Angaben für alle anzuwendenden Sollzinssätze zu machen.

(8) Der „zurückzuzahlende Gesamtbetrag" entspricht dem Gesamtbetrag, den der Verbraucher zu zahlen hat. Er wird dargestellt als die Summe aus Nettodarlehensbetrag und Gesamtkosten des Kredits für den Verbraucher. Ist der Sollzinssatz für die Laufzeit des Vertrags nicht festgelegt, so ist optisch hervorzuheben, dass dieser Betrag lediglich Beispielcharakter hat und insbesondere bei einer Veränderung des Sollzinssatzes variieren kann.

(9) Wird der Kredit durch eine Hypothek auf die Immobilie oder durch eine andere vergleichbare Sicherheit oder ein Recht an einer Immobilie gesichert, hat der Kreditgeber den Verbraucher darauf hinzuweisen. Der Kreditgeber hat gegebenenfalls den geschätzten Wert der Immobilie oder der sonstigen Sicherheiten zu nennen, die zur Erstellung dieses Merkblatts herangezogen wurden.

(10) Der Kreditgeber gibt gegebenenfalls Folgendes an:

a) die „Beleihungsgrenze" (maximale Höhe des Kredits im Verhältnis zum Wert der Immobilie), die das Verhältnis zwischen Kredithöhe und Objektwert angibt; neben der entsprechenden Angabe ist ein konkretes Zahlenbeispiel für die Ermittlung des Höchstbetrags zu nennen, der bei einem bestimmten Immobilienwert als Kredit aufgenommen werden kann oder

b) den „Mindestwert der Immobilie, den der Kreditgeber für die Vergabe eines Kredits in der angegebenen Höhe voraussetzt".

(11) Bei mehrteiligen Krediten (z.B. zum Teil mit festem und zum Teil mit variablem Zinssatz) muss dies aus den Angaben zur Art des Kredits hervorgehen und die vorgeschriebenen Informationen müssen für jeden Teil des Kredits angegeben werden.

**Abschnitt „4. Zinssatz und andere Kosten"**

(1) Der Begriff „Zinssatz" bezeichnet den Sollzinssatz oder die Sollzinssätze.

(2) Der Sollzinssatz ist als Prozentwert anzugeben. Handelt es sich um einen variablen Sollzinssatz auf Basis eines Referenzzinssatzes, so kann der Kreditgeber den Sollzinssatz in Form eines Referenzzinssatzes und eines Prozentwerts seiner Zinsmarge angeben. Der Kreditgeber muss allerdings den am Tag der Ausstellung des ESIS-Merkblatts geltenden Wert des Referenzzinssatzes angeben.
Im Falle eines variablen Sollzinssatzes ist Folgendes anzugeben:

a) die der Berechnung des effektiven Jahreszinses zugrunde gelegten Annahmen,

b) gegebenenfalls die geltenden Ober- und Untergrenzen sowie

c) ein Warnhinweis, dass sich die Variabilität negativ auf die tatsächliche Höhe des effektiven Jahreszinses auswirken könnte.

Der Warnhinweis hat in größerer Schrift deutlich sichtbar im Hauptteil des ESIS-Merkblatts zu erscheinen, damit die Aufmerksamkeit der Verbraucher darauf gelenkt wird. Der Warnhinweis ist durch ein anschauliches Beispiel zum effektiven Jahreszins zu ergänzen. Besteht eine Obergrenze für den Sollzinssatz, so basiert das Beispiel auf der Annahme, dass der Sollzinssatz bei frühestmöglicher Gelegenheit auf das höchste im Kreditvertrag vorgesehene Niveau ansteigt. Besteht keine Obergrenze, so bildet das Beispiel den effektiven Jahreszins beim höchsten Sollzinssatz der mindestens letzten 20 Jahre ab oder – falls die der Berechnung des Sollzinssatzes zugrunde liegenden Daten nur für einen Zeitraum von weniger als 20 Jahren vorliegen – des längsten Zeitraums, für den solche Daten vorliegen, und zwar ausgehend vom Höchststand des jeweiligen externen Referenzsatzes, der gegebenenfalls für die Berechnung des Sollzinssatzes herangezogen wurde oder vom Höchststand eines Benchmarkzinssatzes, der von einer zuständigen Behörde oder der Europäischen Bankenaufsichtsbehörde (EBA) festgesetzt wird, sofern der Kreditgeber keinen externen Referenzsatz verwendet. Diese Anforderung gilt nicht für Kreditverträge, bei denen für einen konkreten Anfangszeitraum von mindestens fünf Jahren ein fester Sollzinssatz vereinbart wurde, der anschließend nach Verhandlungen zwischen Kreditgeber und Verbraucher für einen weiteren Zeitraum festgeschrieben werden kann. Im Falle von

Kreditverträgen, bei denen für einen konkreten Anfangszeitraum von mindestens fünf Jahren ein fester Sollzinssatz vereinbart wurde, der anschließend nach Verhandlungen zwischen Kreditgeber und Verbraucher für einen weiteren Zeitraum festgeschrieben werden kann, muss das Merkblatt einen Warnhinweis enthalten, dass der effektive Jahreszins auf der Grundlage des Sollzinssatzes für den Anfangszeitraum berechnet worden ist. Der Warnhinweis ist durch ein zusätzliches anschauliches Beispiel für den gemäß § 6 Absatz 2 bis 6 und 8 der Preisangabenverordnung errechneten effektiven Jahreszins zu ergänzen. Bei mehrteiligen Krediten (z.B. zugleich zum Teil mit festem und zum Teil mit variablem Zinssatz) sind die entsprechenden Informationen für jeden einzelnen Teil des Kredits zu erteilen.

(3) In der Rubrik „sonstige Komponenten des effektiven Jahreszinses" sind alle sonstigen im effektiven Jahreszins enthaltenen Kosten aufzuführen, einschließlich einmaliger Kosten – etwa Verwaltungsgebühren – sowie regelmäßige Kosten wie jährliche Verwaltungsgebühren. Der Kreditgeber listet die einzelnen Kosten nach Kategorien auf (einmalige Kosten, in den Raten enthaltene regelmäßig anfallende Kosten, in den Raten nicht enthaltene regelmäßig anfallende Kosten) und gibt die jeweiligen Beträge, den Zahlungsempfänger und den Zeitpunkt der Fälligkeit an. Dabei müssen die für Vertragsverletzungen anfallenden Kosten nicht enthalten sein. Ist die Höhe der Kosten nicht bekannt, so gibt der Kreditgeber, falls möglich, einen Näherungswert an; ist dies nicht möglich, so erläutert er, wie sich der Betrag berechnen wird, wobei ausdrücklich anzugeben ist, dass der genannte Betrag lediglich Hinweischarakter hat. Sind einzelne Kosten im effektiven Jahreszins nicht enthalten, weil sie dem Kreditgeber nicht bekannt sind, so ist dies optisch hervorzuheben.
Hat der Verbraucher dem Kreditgeber seine Wünsche in Bezug auf eines oder mehrere Elemente seines Kredits mitgeteilt, beispielsweise in Bezug auf die Laufzeit des Kreditvertrags oder den Gesamtkreditbetrag, so muss der Kreditgeber diese Elemente soweit möglich aufgreifen; sofern ein Kreditvertrag unterschiedliche Verfahren der Inanspruchnahme mit jeweils unterschiedlichen Gebühren oder Sollzinssätzen vorsieht und der Kreditgeber die Annahmen nach der Anlage zu § 6 der Preisangabenverordnung zugrunde legt, so weist er darauf hin, dass andere Mechanismen der Inanspruchnahme bei dieser Art des Kreditvertrags zu einem höheren effektiven Jahreszins führen können. Falls die Bedingungen für die Inanspruchnahme in die Berechnung des effektiven Jahreszinses einfließen, hebt der Kreditgeber die Gebühren optisch hervor, die mit anderen Mechanismen der Inanspruchnahme verbunden sein können, welche nicht notwendigerweise diejenigen sind, anhand deren der effektive Jahreszins berechnet worden ist.

(4) Fällt eine Gebühr für die Eintragung einer Hypothek oder vergleichbaren Sicherheit an, so ist diese zusammen mit dem Betrag (sofern bekannt) in diesem Abschnitt anzugeben oder – falls dies nicht möglich ist – ist die Grundlage für die Festsetzung dieses Betrags anzugeben. Ist die Gebühr bekannt und wurde sie in den effektiven Jahreszins eingerechnet, so sind das Anfallen der Gebühr und deren Höhe unter „einmalige Kosten" auszuweisen. Ist dem Kreditgeber die Gebühr nicht bekannt und wurde diese daher nicht in den effektiven Jahreszins eingerechnet, so muss das Anfallen einer Gebühr klar und deutlich in der Liste der dem Kreditgeber nicht bekannten Kosten aufgeführt werden. In beiden Fällen ist die Standardformulierung gemäß Teil A unter der entsprechenden Rubrik zu verwenden.

**Abschnitt „5. Häufigkeit und Anzahl der Ratenzahlungen"**

(1) Sind regelmäßige Zahlungen zu leisten, ist das Zahlungsintervall (z.B. monatlich) anzugeben. Sind Zahlungen in unregelmäßigen Abständen vorgesehen, ist dies dem Verbraucher klar zu erläutern.

(2) Es sind alle über die gesamte Kreditlaufzeit zu leistenden Zahlungen aufzuführen.

**Abschnitt „6. Höhe der einzelnen Raten"**

(1) Es ist klar anzugeben, in welcher Währung der Kredit bereitgestellt wird und die Raten gezahlt werden.

(2) Kann sich die Höhe der Raten während der Kreditlaufzeit ändern, hat der Kreditgeber anzugeben, für welchen Zeitraum die anfängliche Ratenhöhe unverändert bleibt und wann und wie häufig sie sich in der Folge ändern wird.

(3) Handelt es sich bei dem gewährten Kredit oder einem Teil davon um einen endfälligen Kredit, so ist ein diesbezüglicher eindeutiger Hinweis unter Verwendung der Formulierung in Teil A deutlich sichtbar am Ende dieses Abschnitts einzufügen.
Muss der Verbraucher ein damit verbundenes Sparprodukt aufnehmen, um einen durch eine Hypothek oder eine vergleichbare Sicherheit gesicherten endfälligen Kredit zu erhalten, sind Betrag und Häufigkeit von Zahlungen für dieses Produkt anzugeben.

(4) Im Falle eines variablen Sollzinssatzes muss das Merkblatt einen diesbezüglichen Hinweis enthalten, wobei die Formulierung unter Teil A zu verwenden und ein anschauliches Beispiel für die maximale Zahlungsrate anzuführen ist. Besteht eine Obergrenze, so muss in dem Beispiel die Höhe der Raten

aufgezeigt werden, die fällig sind, falls der Sollzinssatz die Obergrenze erreicht. Besteht keine Obergrenze, so bildet der ungünstigste denkbare Verlauf die Höhe der Ratenzahlungen beim höchsten Sollzinssatz der letzten 20 Jahre ab oder – falls die der Berechnung des Sollzinssatzes zugrunde liegenden Daten nur für einen Zeitraum von weniger als 20 Jahren vorliegen – des längsten Zeitraums, für den solche Daten vorliegen, und zwar ausgehend vom Höchststand des jeweiligen externen Referenzsatzes, der gegebenenfalls für die Berechnung des Sollzinssatzes herangezogen wurde oder vom Höchststand eines Benchmarkzinssatzes, der von einer zuständigen Behörde oder der EBA festgesetzt wird, sofern der Kreditgeber keinen externen Referenzsatz verwendet. Die Anforderung, ein anschauliches Beispiel anzuführen, gilt nicht für Kreditverträge, bei denen ein fester Sollzinssatz für einen konkreten Anfangszeitraum von mindestens fünf Jahren vereinbart wurde, der anschließend nach Verhandlungen zwischen Kreditgeber und Verbraucher für einen weiteren Zeitraum festgelegt werden kann. Bei mehrteiligen Krediten (d.h. zugleich zum Teil mit festem und zum Teil mit variablem Zinssatz) sind die entsprechenden Informationen für jeden einzelnen Teil des Kredits und für den Gesamtkredit anzugeben.

(5) (falls zutreffend) Wird der Kredit in einer anderen Währung als der Landeswährung des Verbrauchers bereitgestellt oder ist er auf eine andere Währung als die Landeswährung des Verbrauchers indexiert, verdeutlicht der Kreditgeber – unter Verwendung der Formulierung unter Teil A – anhand eines Zahlenbeispiels, wie sich Änderungen des maßgeblichen Wechselkurses auf die Höhe der Raten auswirken können. Dieses Beispiel basiert auf einem Kursverlust der Landeswährung des Verbrauchers von 20 % und wird von einem Hinweis an hervorgehobener Stelle begleitet, dass die Raten um mehr als den in diesem Beispiel angenommenen Betrag steigen können. Besteht eine Obergrenze, die den Anstieg auf weniger als 20 % begrenzt, so ist stattdessen der Höchstwert der Zahlungen in der Landeswährung des Verbrauchers anzugeben und der Hinweis auf etwaige weitere Anstiege entfällt.

(6) Handelt es sich bei dem gesamten Kreditvertrag oder einem Teil davon um einen Kreditvertrag mit variablem Zinssatz und kommt ferner Nummer 5 zur Anwendung, so ist das Beispiel nach Nummer 4 auf der Grundlage der Ratenhöhe im Sinne von Nummer 1 anzugeben.

(7) Werden die Raten in einer anderen Währung als der Kreditwährung gezahlt oder hängt die Höhe der einzelnen in der Landeswährung des Verbrauchers ausgedrückten Raten von dem entsprechenden Betrag in einer anderen Währung ab, so sind in diesem Abschnitt der Termin, zu dem der anwendbare Wechselkurs berechnet wurde, sowie entweder der Wechselkurs oder die Grundlage für dessen Berechnung und die Häufigkeit der Anpassung desselben anzugeben. Gegebenenfalls ist dabei der Name der den Wechselkurs veröffentlichenden Einrichtung zu nennen.

(8) Handelt es sich um einen Kredit mit abgegrenztem Zins, bei dem der fällige Zins durch die Raten nicht vollständig zurückbezahlt und zum ausstehenden Gesamtkreditbetrag hinzuaddiert wird, so ist zu erläutern, wie und wann der abgegrenzte Zins als Barbetrag zu dem Kredit hinzuaddiert wird und wie sich dies auf die Restschuld des Verbrauchers auswirkt.

### Abschnitt „7. Beispiel eines Tilgungsplans"

(1) Dieser Abschnitt ist aufzunehmen, falls es sich um einen Kredit mit abgegrenztem Zins handelt, bei dem der fällige Zins durch die Raten nicht vollständig zurückbezahlt und zum ausstehenden Gesamtkreditbetrag hinzuaddiert wird, oder falls der Sollzinssatz für die Laufzeit des Kreditvertrags festgeschrieben ist. Der Abschnitt ist ferner aufzunehmen, wenn im Kreditvertrag ein Zeitpunkt für die Rückzahlung des Kredits bestimmt werden soll. Soll im Kreditvertrag ein Zeitpunkt für die Rückzahlung des Kredits bestimmt werden, ist der Verbraucher darauf hinzuweisen, dass er vom Kreditgeber jederzeit einen Tilgungsplan nach Artikel 247 § 14 des Einführungsgesetzes zum Bürgerlichen Gesetzbuche verlangen kann.

(2) Kann der Sollzinssatz während der Kreditlaufzeit variieren, so muss der Kreditgeber nach Angabe des Sollzinssatzes den Zeitraum nennen, während dessen der Anfangszinssatz unverändert bleibt, wenn dieser bekannt ist.

(3) Die Tabelle in diesem Abschnitt muss folgende Spalten enthalten: „Rückzahlungsplan" (z.B. Monat 1, Monat 2, Monat 3), „Ratenhöhe", „pro Rate zu zahlende Zinsen", „sonstige in der Rate enthaltene Kosten" (falls zutreffend), „pro Rate zurückgezahltes Kapital" und „nach der jeweiligen Ratenzahlung noch zurückzuzahlendes Kapital".

(4) Für das erste Jahr der Rückzahlung sind für jede einzelne Ratenzahlung die betreffenden Angaben und für jede einzelne Spalte die Zwischensumme am Ende des ersten Jahres anzugeben. Für die Folgejahre können die Angaben auf Jahresbasis gemacht werden. Am Ende der Tabelle ist eine Reihe mit den Gesamtbeträgen für alle Spalten anzufügen. Die vom Verbraucher gezahlte Gesamtsumme der Spalte „Höhe der Ratenzahlung" ist optisch deutlich hervorzuheben und als solche darzustellen.

(5) Ist der Sollzinssatz Gegenstand einer Überprüfung und ist die Ratenhöhe nach einer solchen Überprüfung nicht bekannt, kann der Kreditgeber im Tilgungsplan für die gesamte Kreditlaufzeit dieselbe

Ratenhöhe angeben. In diesem Fall macht der Kreditgeber den Verbraucher darauf aufmerksam, indem er den Unterschied zwischen bereits feststehenden Beträgen und hypothetischen Beträgen optisch verdeutlicht (z.B. durch Schriftgröße, Rahmen oder Schattierung). Außerdem ist in leicht verständlicher Form zu erläutern, für welche Zeiträume und aus welchen Gründen sich die in der Tabelle angegebenen Beträge ändern können.

**Abschnitt „8. Zusätzliche Auflagen"**

(1) Der Kreditgeber nennt in diesem Abschnitt die mit der Kreditvergabe verbundenen Auflagen, so die Auflage, die Immobilie zu versichern, eine Lebensversicherung abzuschließen, das Gehalt auf ein bei dem Kreditgeber geführtes Konto überweisen zu lassen oder ein anderes Produkt oder eine andere Dienstleistung zu erwerben. Für jede dieser Auflagen gibt der Kreditgeber an, wem gegenüber die Verpflichtung besteht und bis wann ihr nachzukommen ist.

(2) Der Kreditgeber gibt die Dauer der Auflage an, z.B. bis zum Ablauf des Kreditvertrags. Der Kreditgeber gibt für jede Verpflichtung die dem Verbraucher entstehenden Kosten an, die im effektiven Jahreszins nicht berücksichtigt wurden.

(3) Der Kreditgeber teilt mit, ob der Verbraucher zum Erwerb etwaiger Nebenleistungen verpflichtet ist, um den Kredit zu den genannten Bedingungen zu erhalten, und ob der Verbraucher gegebenenfalls verpflichtet ist, diese vom bevorzugten Anbieter des Kreditgebers zu erwerben oder ob er diese von einem Anbieter seiner Wahl erwerben kann. Hängt eine solche Möglichkeit davon ab, dass die Nebenleistungen bestimmte Mindestmerkmale aufweisen, so sind diese in dieser Rubrik zu beschreiben.
Sofern der Kreditvertrag mit anderen Produkten gebündelt angeboten wird, nennt der Kreditgeber die wichtigsten Merkmale dieser anderen Produkte und gibt eindeutig an, ob der Verbraucher das Recht hat, den Kreditvertrag oder die an ihn geknüpften Produkte voneinander getrennt zu kündigen und zu welchen Bedingungen und mit welchen Folgen dies möglich ist sowie gegebenenfalls die möglichen Folgen der Kündigung der in Verbindung mit dem Kreditvertrag vorgeschriebenen Nebenleistungen.

**Abschnitt „9. Vorzeitige Rückzahlung"**

(1) Der Kreditgeber nennt die etwaigen Bedingungen für eine vorzeitige vollständige oder teilweise Rückzahlung des Kredits.

(2) In der Rubrik „Ablöseentschädigung" weist der Kreditgeber den Verbraucher auf die im Falle einer vorzeitigen Rückzahlung mögliche Vorfälligkeitsentschädigung hin und gibt sofern möglich deren Höhe an. Der Kreditgeber erläutert, wie die Vorfälligkeitsentschädigung berechnet wird, und gibt den potenziellen Höchstbetrag der Entschädigung an oder – falls dies nicht möglich ist – macht dem Verbraucher in einem anschaulichen Beispiel deutlich, wie hoch die Entschädigung bei Zugrundelegung unterschiedlicher möglicher Szenarien ausfällt.

**Abschnitt „10. Flexible Merkmale"**

(1) Gegebenenfalls erläutert der Kreditgeber die Möglichkeit und die Bedingungen für die Übertragung des Kredits auf einen anderen Kreditnehmer oder eine andere Immobilie.

(2) (falls zutreffend) Zusätzliche Merkmale: Wenn Produkte eines der unten unter Nummer 5 aufgelisteten Merkmale enthalten, muss dieser Abschnitt diese Merkmale auflisten und eine knappe Erläuterung der folgenden Punkte enthalten:
– die Bedingungen, unter denen der Verbraucher dieses Merkmal nutzen kann;
– jegliche mit dem Merkmal verbundenen Bedingungen;
– ob gewöhnlich mit dem Merkmal verbundene gesetzliche oder andere Schutzvorkehrungen für den Verbraucher wegfallen, wenn das Merkmal Bestandteil des durch eine Hypothek oder vergleichbare Sicherheit gesicherten Kredits ist, und
– die Firma, die das Merkmal anbietet (sofern mit dem Kreditgeber nicht identisch).

(3) Wenn das Merkmal zusätzliche Kredite umfasst, müssen dem Verbraucher in diesem Abschnitt die folgenden Punkte erläutert werden: der Gesamtkreditbetrag (einschließlich des Kredits, der durch die Hypothek oder vergleichbare Sicherheit gesichert ist); ob der zusätzliche Kredit besichert ist; die entsprechenden Sollzinssätze und ob er einer Regulierung unterliegt. Dieser zusätzliche Kreditbetrag ist entweder im Rahmen der ursprünglichen Kreditwürdigkeitsprüfung enthalten oder – wenn dies nicht der Fall ist – es wird in diesem Abschnitt klargestellt, dass die Verfügbarkeit des zusätzlichen Betrags von einer weiteren Prüfung der Fähigkeit des Verbrauchers, den Kredit zurückzuzahlen, abhängt.

(4) Wenn das Merkmal einen Träger für Spareinlagen umfasst, sind die entsprechenden Zinssätze zu erläutern.

(5) Die möglichen weiteren Merkmale sind:

– „Überzahlungen/Unterzahlungen" [es wird mehr oder weniger zurückgezahlt als die im Rahmen der Amortisationsstruktur vereinbarte normale Rate];

– „Zahlungsunterbrechungen" [Zeiträume, während denen der Verbraucher keine Zahlungen leisten muss];

– „Rückdarlehen" [Möglichkeit für den Verbraucher, Beträge, die bereits in Anspruch genommen und zurückbezahlt wurden, erneut aufzunehmen];

– „verfügbare zusätzliche Kreditaufnahme ohne weitere Genehmigung";

– „zusätzliche besicherte oder unbesicherte Kreditaufnahme [in Übereinstimmung mit Nummer 3 oben] „Kreditkarte";

– „damit verbundenes Girokonto" sowie

– „damit verbundenes Sparkonto".

(6) Der Kreditgeber kann alle weiteren Merkmale erläutern, die er als Teil des Kreditvertrags anbietet und die nicht in den vorausgehenden Abschnitten genannt sind.

**Abschnitt „11. Sonstige Rechte des Kreditnehmers"**

(1) Der Kreditgeber weist auf die bestehenden Rechte hin wie etwa ein Recht auf Widerruf oder Bedenkzeit oder gegebenenfalls andere Rechte wie etwa ein Recht auf Übertragbarkeit (einschließlich Abtretung), spezifiziert die Voraussetzungen für ihre Ausübung, die bei ihrer Ausübung vom Verbraucher einzuhaltenden Verfahren – unter anderem die Adresse, an die die Mitteilung über den Widerruf zu richten ist – sowie die entsprechenden Gebühren (falls zutreffend).

(2) Falls der Verbraucher ein Recht auf Bedenkzeit oder Widerruf hat, so wird deutlich darauf hingewiesen. Bei einem Widerrufsrecht nach § 495 des Bürgerlichen Gesetzbuchs kann für die Information zu dem „Zeitpunkt, zu dem die Frist beginnt", die Formulierung aus Satz 2 (gegebenenfalls mit Gestaltungshinweis [2]) des Musters in Anlage 8 zu Artikel 247 § 6 Absatz 2 und Artikel 247 § 12 Absatz 1 des Einführungsgesetzes zum Bürgerlichen Gesetzbuche verwandt werden.

(3) Wird der Kreditvertrag im Rahmen eines Fernabsatzgeschäfts angeboten und besteht kein Widerrufsrecht nach § 495 des Bürgerlichen Gesetzbuchs, ist der Verbraucher darüber zu unterrichten, ob er über ein Widerrufsrecht nach § 312g des Bürgerlichen Gesetzbuchs verfügt oder nicht. Im Fall des Bestehens eines solchen Widerrufsrechts ist Artikel 246b § 2 Absatz 3 Satz 2 des Einführungsgesetzes zum Bürgerlichen Gesetzbuche nur unter der Voraussetzung anwendbar, dass der Verbraucher wie folgt unterrichtet wird:

a) Für die Information zur [Dauer der Widerrufsfrist] ist folgende Formulierung zu verwenden:
„Die Vertragserklärung kann innerhalb von 14 Tagen widerrufen werden."

b) Für die Information zum [Zeitpunkt, zu dem die Widerrufsfrist beginnt] ist folgende Formulierung zu verwenden:
„Die Widerrufsfrist beginnt nach Abschluss des Vertrags und nachdem Sie die Vertragsbestimmungen einschließlich der Allgemeinen Geschäftsbedingungen sowie dieses ESIS-Merkblatt auf einem dauerhaften Datenträger (z. B. Brief, Telefax, E-Mail) erhalten haben."

c) Für die Information zu [Bedingungen] und [Verfahren] ist folgende Formulierung zu verwenden:
„Die Vertragserklärung kann ohne Angabe von Gründen mittels einer eindeutigen Erklärung widerrufen werden. Zur Wahrung der Widerrufsfrist genügt die rechtzeitige Absendung des Widerrufs, wenn die Erklärung auf einem dauerhaften Datenträger erfolgt.
Der Widerruf ist zu richten an: [Einsetzen: Namen/Firma und ladungsfähige Anschrift des Widerrufsadressaten. Zusätzlich können angegeben werden: Telefaxnummer, E-Mail-Adresse und/oder, wenn der Kreditnehmer eine Bestätigung seiner Widerrufserklärung an den Unternehmer erhält, auch eine Internetadresse.]
Im Fall eines wirksamen Widerrufs sind die beiderseits empfangenen Leistungen zurückzugewähren. Sie sind zur Zahlung von Wertersatz für die bis zum Widerruf erbrachte Dienstleistung verpflichtet, wenn Sie vor Abgabe Ihrer Vertragserklärung auf diese Rechtsfolge hingewiesen wurden und ausdrücklich zugestimmt haben, dass vor dem Ende der Widerrufsfrist mit der Ausführung der Gegenleistung begonnen werden kann. Besteht eine Verpflichtung zur Zahlung von Wertersatz, kann dies dazu führen, dass Sie die vertraglichen Zahlungsverpflichtungen für den Zeitraum bis zum Widerruf dennoch erfüllen müssen. Ihr Widerrufsrecht erlischt vorzeitig, wenn der Vertrag von beiden Seiten auf Ihren ausdrücklichen Wunsch vollständig erfüllt ist, bevor Sie Ihr Widerrufsrecht ausgeübt haben. Verpflichtungen zur Erstattung von Zahlungen müssen innerhalb von 30 Tagen erfüllt werden. Diese Frist beginnt für Sie mit der Absendung Ihrer Widerrufserklärung, für uns mit deren Empfang."

Wenn ein verbundenes Geschäft (§ 358 des Bürgerlichen Gesetzbuchs) oder zusammenhängendes Geschäft (§ 360 des Bürgerlichen Gesetzbuchs) vorliegt, sind hier Hinweise über die sich daraus ergebenden Rechtsfolgen des Widerrufs einzufügen. Für die sich aus § 360 des Bürgerlichen Gesetzbuchs ergebenden Rechtsfolgen kann die Formulierung aus Gestaltungshinweis [7] des Musters in Anlage 3 zu Artikel 246b § 2 Absatz 3 des Einführungsgesetzes zum Bürgerlichen Gesetzbuche verwendet werden.

**Abschnitt „12. Beschwerden"**

(1) In diesem Abschnitt werden die interne Kontaktstelle [Bezeichnung der einschlägigen Abteilung] und ein Weg zur Kontaktaufnahme mit dieser Beschwerdestelle [Anschrift] oder [Telefonnummer] oder [eine Kontaktperson] [Kontaktangaben] sowie ein Link zu einem Beschwerdeverfahren auf der entsprechenden Seite einer Website oder ähnlichen Informationsquelle angegeben.

(2) Es wird der Name der externen Stelle für außergerichtliche Beschwerde- und Rechtsbehelfsverfahren angegeben und – falls die Nutzung des internen Beschwerdeverfahrens eine Voraussetzung für den Zugang zu dieser Stelle ist – wird unter Verwendung der Formulierung in Teil A auf diesen Umstand hingewiesen.

(3) Bei Kreditverträgen mit einem Verbraucher, der seinen Wohnsitz in einem anderen Mitgliedstaat hat, macht der Kreditgeber diesen auf das FIN-NET aufmerksam (http://ec.europa.eu/internal_market/fin-net/).

**Abschnitt „13. Nichteinhaltung der aus dem Kreditvertrag erwachsenden Verpflichtungen: Konsequenzen für den Kreditnehmer"**

(1) Kann die Nichteinhaltung einer aus dem Kredit erwachsenden Verpflichtung durch den Verbraucher für diesen finanzielle oder rechtliche Konsequenzen haben, erläutert der Kreditgeber in diesem Abschnitt die wichtigsten Fälle (z.B. Zahlungsverzug/Zahlungsausfall, Nichteinhaltung der in Abschnitt 8 – „Zusätzliche Auflagen" – genannten Verpflichtungen) und gibt an, wo weitere Informationen hierzu eingeholt werden können.

(2) Der Kreditgeber gibt für jeden dieser Fälle in klarer, leicht verständlicher Form an, welche Sanktionen oder Konsequenzen daraus erwachsen können. Hinweise auf schwerwiegende Konsequenzen sind optisch hervorzuheben.

(3) Kann die zur Besicherung des Kredits verwendete Immobilie an den Kreditgeber zurückgegeben oder übertragen werden, falls der Verbraucher seinen Verpflichtungen nicht nachkommt, so ist in diesem Abschnitt unter Verwendung der Formulierung in Teil A auf diesen Umstand hinzuweisen.

**Abschnitt „14. Weitere Angaben"**

(1) Im Falle von im Fernabsatz geschlossenen Verträgen enthält dieser Abschnitt sämtliche Angaben zu dem auf den Kreditvertrag anwendbaren Recht oder zur zuständigen Gerichtsbarkeit.

(2) Beabsichtigt der Kreditgeber, während der Vertragslaufzeit mit dem Verbraucher in einer anderen Sprache als der des ESIS-Merkblatts zu kommunizieren, wird dies ebenfalls erwähnt und die Sprache angegeben, in der kommuniziert werden soll. Die Verpflichtung zur vorvertraglichen Information bei Fernabsatzverträgen über die verwendete Sprache gemäß § 312d des Bürgerlichen Gesetzbuchs und Artikel 246b § 1 Absatz 1 Nummer 17 des Einführungsgesetzes zum Bürgerlichen Gesetzbuche bleibt hiervon unberührt.

(3) Der Kreditgeber oder der Kreditvermittler weisen auf das Recht des Verbrauchers hin, dass er gegebenenfalls zumindest zum Zeitpunkt der Vorlage eines für den Kreditgeber verbindlichen Angebots eine Ausfertigung des Kreditvertragsentwurfs erhält oder ihm dies angeboten wird.

**Abschnitt „15. Aufsichtsbehörde"**

Es sind die Behörden anzugeben, die für die Überwachung des vorvertraglichen Stadiums der Kreditvergabe zuständig sind.

**Anlage 7**[1) 2)]
(zu Artikel 247 § 6 Absatz 2 und § 12 Absatz 1)

## Muster für eine Widerrufsinformation für Allgemein-Verbraucherdarlehensverträge

### Widerrufsinformation

**Abschnitt 1**
**Widerrufsrecht**

**Der Darlehensnehmer*** kann seine Vertragserklärung **innerhalb von 14 Tagen ohne Angabe von Gründen widerrufen**.
Die Frist **beginnt nach Abschluss des Vertrags, aber erst**, nachdem der Darlehensnehmer **alle nachstehend unter Abschnitt 2 aufgeführten Pflichtangaben erhalten** hat. Der Darlehensnehmer hat alle Pflichtangaben erhalten, wenn sie in der für den Darlehensnehmer bestimmten Ausfertigung seines Antrags oder in der für den Darlehensnehmer bestimmten Ausfertigung der Vertragsurkunde oder in einer für den Darlehensnehmer bestimmten Abschrift seines Antrags oder der Vertragsurkunde enthalten sind und dem Darlehensnehmer eine solche Unterlage zur Verfügung gestellt worden ist. Über in den Vertragstext nicht aufgenommene Pflichtangaben kann der Darlehensnehmer nachträglich auf einem dauerhaften Datenträger informiert werden; die Widerrufsfrist beträgt dann einen Monat. Der Darlehensnehmer ist mit den nachgeholten Pflichtangaben nochmals auf den Beginn der Widerrufsfrist hinzuweisen. **Zur Wahrung der Widerrufsfrist genügt die rechtzeitige Absendung des Widerrufs**, wenn die Erklärung auf einem dauerhaften Datenträger (z.B. Brief, Telefax, E-Mail) erfolgt. Der Widerruf ist zu richten an:
[1]
[2]
[2a]
[2b]
[2c]

**Abschnitt 2**
**Für den Beginn der Widerrufsfrist erforderliche vertragliche Pflichtangaben**

Die Pflichtangaben nach Abschnitt 1 Satz 2 umfassen:
1. den Namen und die Anschrift des Darlehensgebers und des Darlehensnehmers;
2. die Art des Darlehens;
3. den Nettodarlehensbetrag;
4. den effektiven Jahreszins;
5. den Gesamtbetrag;
   Zu den Nummern 4 und 5: Die Angabe des effektiven Jahreszinses und des Gesamtbetrags hat unter Angabe der Annahmen zu erfolgen, die zum Zeitpunkt des Abschlusses des Vertrags bekannt sind und die in die Berechnung des effektiven Jahreszinses einfließen.
6. den Sollzinssatz;
   Die Angabe zum Sollzinssatz muss die Bedingungen und den Zeitraum für seine Anwendung sowie die Art und Weise seiner Anpassung enthalten. Ist der Sollzinssatz von einem Index oder Referenzzinssatz abhängig, so sind diese anzugeben. Sieht der Darlehensvertrag mehrere Sollzinssätze vor, so sind die Angaben für alle Sollzinssätze zu erteilen.
7. die Vertragslaufzeit;
8. den Betrag, die Zahl und die Fälligkeit der einzelnen Teilzahlungen;
   Sind im Fall mehrerer vereinbarter Sollzinssätze Teilzahlungen vorgesehen, so ist anzugeben, in welcher Reihenfolge die ausstehenden Forderungen des Darlehensgebers, für die unterschiedliche Sollzinssätze gelten, durch die Teilzahlungen getilgt werden.
9. die Auszahlungsbedingungen;
10. den Verzugszinssatz und die Art und Weise seiner etwaigen Anpassung sowie gegebenenfalls anfallende Verzugskosten;
11. einen Warnhinweis zu den Folgen ausbleibender Zahlungen;

---

1) Anl. 7 neu gef. mWv 15.6.2021 durch G v. 9.6.2021 (BGBl. I S. 1666); geänd. mWv 28.5.2022 durch G v. 10.8.2021 (BGBl. I S. 3483).

2) Im BGBl. I sind die hier in eckigen Klammern wiedergegebenen Bezugnahmen auf die Gestaltungshinweise als geschlossene Kästchen dargestellt.

12. das Bestehen oder Nichtbestehen eines Widerrufsrechts, die Frist und die anderen Umstände für die Erklärung des Widerrufs sowie einen Hinweis auf die Verpflichtung des Darlehensnehmers, ein bereits ausbezahltes Darlehen zurückzuzahlen und Zinsen zu vergüten; der pro Tag zu zahlende Zinsbetrag ist anzugeben;
13. das Recht des Darlehensnehmers, das Darlehen vorzeitig zurückzuzahlen;
14. die für den Darlehensgeber zuständige Aufsichtsbehörde;
15. das einzuhaltende Verfahren bei der Kündigung des Vertrags;
16. den Hinweis, dass der Darlehensnehmer Zugang zu einem außergerichtlichen Beschwerde- und Rechtsbehelfsverfahren hat, und die Voraussetzungen für diesen Zugang;

[3]

17. ist ein Zeitpunkt für die Rückzahlung des Darlehens bestimmt, einen Hinweis auf den Anspruch des Darlehensnehmers, während der Gesamtlaufzeit des Darlehens jederzeit kostenlos einen Tilgungsplan zu erhalten;
    Verlangt der Darlehensnehmer einen Tilgungsplan, muss aus diesem hervorgehen, welche Zahlungen in welchen Zeitabständen zu leisten sind und welche Bedingungen für diese Zahlungen gelten. Dabei ist aufzuschlüsseln, in welcher Höhe die Teilzahlungen auf das Darlehen, die nach dem Sollzinssatz berechneten Zinsen und die sonstigen Kosten angerechnet werden. Ist der Sollzinssatz nicht gebunden oder können die sonstigen Kosten angepasst werden, so ist in dem Tilgungsplan in klarer und verständlicher Form anzugeben, dass die Daten des Tilgungsplans nur bis zur nächsten Anpassung des Sollzinssatzes oder der sonstigen Kosten gelten. Der Tilgungsplan ist dem Darlehensnehmer auf einem dauerhaften Datenträger zur Verfügung zu stellen.
18. einen Hinweis, dass der Darlehensnehmer Notarkosten zu tragen hat;
19. die vom Darlehensgeber verlangten Sicherheiten und Versicherungen, im Fall von entgeltlichen Finanzierungshilfen insbesondere einen Eigentumsvorbehalt;
20. die Berechnungsmethode des Anspruchs auf Vorfälligkeitsentschädigung, soweit der Darlehensgeber beabsichtigt, diesen Anspruch geltend zu machen, falls der Darlehensnehmer das Darlehen vorzeitig zurückzahlt;
21. den Namen und die Anschrift des beteiligten Darlehensvermittlers;
22. im Zusammenhang mit dem Verbraucherdarlehensvertrag erhobene Kontoführungsgebühren sowie die Bedingungen, unter denen die Gebühren angepasst werden können, wenn der Darlehensgeber den Abschluss eines Kontoführungsvertrags verlangt, sowie alle sonstigen Kosten, insbesondere in Zusammenhang mit der Auszahlung oder der Verwendung eines Zahlungsinstruments, mit dem sowohl Zahlungsvorgänge als auch Abhebungen getätigt werden können, sowie die Bedingungen, unter denen die Kosten angepasst werden können;
23. soweit die vom Darlehensnehmer geleisteten Zahlungen nicht der unmittelbaren Darlehenstilgung dienen, eine Aufstellung der Zeiträume und Bedingungen für die Zahlung der Sollzinsen und der damit verbundenen wiederkehrenden und nicht wiederkehrenden Kosten im Darlehensvertrag;
24. soweit sich der Darlehensnehmer mit dem Abschluss eines Darlehensvertrags auch zur Vermögensbildung verpflichtet, einen Hinweis, dass weder die während der Vertragslaufzeit fälligen Zahlungsverpflichtungen noch die Ansprüche, die der Darlehensnehmer aus der Vermögensbildung erwirbt, die Tilgung des Darlehens gewährleisten, es sei denn, dies wird vertraglich vereinbart;
25. sämtliche weitere Vertragsbedingungen.

[4]
[4a]
[4b]

**Abschnitt 3**
**Widerrufsfolgen**

Soweit das Darlehen bereits ausbezahlt wurde, hat der Darlehensnehmer es **spätestens innerhalb von 30 Tagen zurückzuzahlen** und für den Zeitraum zwischen der Auszahlung und der Rückzahlung des Darlehens den **vereinbarten Sollzins zu entrichten**. Die Frist beginnt mit der Absendung der Widerrufserklärung. Für den Zeitraum zwischen der Auszahlung und der Rückzahlung ist bei vollständiger Inanspruchnahme des Darlehens pro Tag ein Zinsbetrag in Höhe von [5] Euro zu zahlen. Dieser Betrag verringert sich entsprechend, wenn das Darlehen nur teilweise in Anspruch genommen wurde.
[6]
[7]
[7a]
[7b]
[7c]

| |
|---|
| [7d] |
| [7e] |
| [7f] |
| [7g] |

**Gestaltungshinweise:**

[1] Hier sind einzufügen: Name/Firma und ladungsfähige Anschrift des Widerrufsadressaten. Zusätzlich können angegeben werden: Telefaxnummer, E-Mail-Adresse und/oder, wenn der Darlehensnehmer eine Bestätigung seiner Widerrufserklärung an den Darlehensgeber erhält, auch eine Internetadresse.

[2] Bei Anwendung der Gestaltungshinweise [2a], [2b] oder [2c] ist hier folgende Unterüberschrift einzufügen:
**„Besonderheiten bei weiteren Verträgen"**.

[2a] Bei einem verbundenen Vertrag nach § 358 des Bürgerlichen Gesetzbuchs (BGB) ist hier einzufügen:

a) Wenn der Vertrag nicht den Erwerb von Finanzinstrumenten zum Gegenstand hat:

„– Widerruft der Darlehensnehmer diesen Darlehensvertrag, so ist er auch an den [einsetzen: Bezeichnung des verbundenen Vertrags] (im Folgenden: verbundener Vertrag)** nicht mehr gebunden.

– Steht dem Darlehensnehmer in Bezug auf den [einsetzen***: verbundenen Vertrag] ein Widerrufsrecht zu, so ist er mit wirksamem Widerruf des [einsetzen***: verbundenen Vertrags] auch an den Darlehensvertrag nicht mehr gebunden. Für die Rechtsfolgen des Widerrufs sind die in dem [einsetzen***: verbundenen Vertrag] getroffenen Regelungen und die hierfür erteilte Widerrufsbelehrung maßgeblich."

b) Wenn der Vertrag den Erwerb von Finanzinstrumenten zum Gegenstand hat:

„– Widerruft der Darlehensnehmer den [einsetzen: Bezeichnung des verbundenen Vertrags], so ist er auch an den Darlehensvertrag nicht mehr gebunden."

[2b] Bei einem Geschäft, dessen Vertragsgegenstand (die Leistung des Unternehmers) in dem Verbraucherdarlehensvertrag genau angegeben ist und das nicht gleichzeitig die Voraussetzungen eines verbundenen Vertrags gemäß § 358 BGB erfüllt, obwohl das Darlehen ausschließlich zu dessen Finanzierung dient (angegebenes Geschäft gemäß § 360 Absatz 2 Satz 2 BGB), ist hier Folgendes einzufügen:

„– Steht dem Darlehensnehmer in Bezug auf das [einsetzen: Bezeichnung des im Darlehensvertrag angegebenen Geschäfts] (im Folgenden: angegebenes Geschäft)** ein Widerrufsrecht zu, so ist er mit wirksamem Widerruf des angegebenen Geschäfts auch an diesen Darlehensvertrag nicht mehr gebunden."

[2c] Bei einem mit einem Verbraucherdarlehensvertrag zusammenhängenden Vertrag (§ 360 BGB), der nicht gleichzeitig die Voraussetzungen eines verbundenen Vertrags gemäß § 358 BGB erfüllt, kann hier Folgendes eingefügt werden:

„– Steht dem Darlehensnehmer in Bezug auf diesen Darlehensvertrag ein Widerrufsrecht zu, so ist er mit wirksamem Widerruf des Darlehensvertrags auch an den [einsetzen: Bezeichnung des mit dem Darlehensvertrag zusammenhängenden Vertrags] (im Folgenden: zusammenhängender Vertrag)** nicht mehr gebunden."

[3] Die in den Nummern 17 bis 25 aufgelisteten Pflichtangaben sind nur dann in die Widerrufsinformation aufzunehmen, wenn sie für den vorliegenden Vertrag einschlägig sind. Eine Pflichtangabe ist auch dann vollständig aufzunehmen, wenn sie nur teilweise einschlägig ist, beispielsweise in Nummer 22 nur sonstige Kosten, nicht aber Kontoführungsgebühren vereinbart sind. Werden Pflichtangaben gemäß der vorstehenden Vorgabe nicht aufgenommen, ist die fortlaufende Nummerierung entsprechend anzupassen (wird beispielsweise Nummer 17 nicht übernommen, wird Nummer 18 zu Nummer 17 etc.). Die letzte in die Widerrufsinformation aufgenommene Pflichtangabe ist mit dem Satzzeichen „." abzuschließen.

[4] Bei Anwendung der Gestaltungshinweise [4a] oder [4b] ist hier folgende Unterüberschrift einzufügen:
**„Besonderheiten bei weiteren Verträgen"**.

[4a] Bei Verträgen über einen entgeltlichen Zahlungsaufschub oder über eine sonstige entgeltliche Finanzierungshilfe gilt Folgendes:

a) Es ist folgende Pflichtangabe einzufügen, und zwar unter der nächsten fortlaufenden Nummer, die – unter Berücksichtigung von Gestaltungshinweis [3] – auf die in der vorliegenden Widerrufsinformation zuletzt verwendete Nummer folgt:

„Ergänzende Pflichtangaben bei Verträgen über einen entgeltlichen Zahlungsaufschub oder über eine sonstige entgeltliche Finanzierungshilfe:
Diese Verträge müssen zusätzlich zu den Angaben nach den Nummern 1 bis [einsetzen: die verwendete Nummer der zuletzt aufgeführten Pflichtangabe] den Gegenstand (Ware oder Dienstleistung), den der Darlehensnehmer erhalten soll, und den Barzahlungspreis enthalten. Hat der Unternehmer den Gegenstand für den Verbraucher erworben, so tritt an die Stelle des Barzahlungspreises der Anschaffungspreis."

b) Handelt es sich um einen Vertrag zwischen einem Unternehmer und einem Verbraucher über die entgeltliche Nutzung eines Gegenstandes, in dem vereinbart ist, dass der Verbraucher bei Beendigung des Vertrags für einen bestimmten Wert des Gegenstandes einzustehen hat, so sind die Angaben nach Nummer 13 (vorzeitige Rückzahlung), Nummer 17 Satz 3 (Aufschlüsselung der Anrechnung von Teilzahlungen im Tilgungsplan) und Nummer 20 (Vorfälligkeitsentschädigung) entbehrlich.

[4b] Bei Darlehensverträgen, die mit einem anderen Vertrag verbunden sind, und bei Darlehensverträgen, die ausschließlich der Finanzierung eines anderen (später widerrufenen) Vertrags dienen und in denen die Leistung des Unternehmers aus dem widerrufenen Vertrag genau angegeben ist, ist unter der nächsten fortlaufenden Nummer, die – unter Berücksichtigung der Gestaltungshinweise [3] und [4a] – auf die in der vorliegenden Widerrufsinformation zuletzt verwendete Nummer folgt, folgende Pflichtangabe einzufügen:
„Ergänzende Pflichtangaben bei Darlehensverträgen, die mit einem anderen Vertrag verbunden sind, und bei Darlehensverträgen, die ausschließlich der Finanzierung eines anderen (später widerrufenen) Vertrags dienen und in denen die Leistung des Unternehmers aus dem widerrufenen Vertrag genau angegeben ist:
Diese Verträge müssen zusätzlich zu den Angaben nach den Nummern 1 bis [einsetzen: die verwendete Nummer der zuletzt aufgeführten Pflichtangabe mit Ausnahme der Einfügung einer Pflichtangabe nach Gestaltungshinweis [4a] ] Folgendes enthalten:

a) Bezeichnung des Gegenstandes (Ware oder Dienstleistung) und Höhe des Barzahlungspreises sowie

b) Informationen über die Rechte des Verbrauchers, die sich daraus ergeben, dass der Darlehensvertrag mit einem anderen Vertrag verbunden ist oder in der vorstehend genannten Weise zusammenhängt. Weiter ist über die Bedingungen für die Ausübung dieser Rechte zu informieren."

[5] Hier ist der genaue Zinsbetrag in Euro pro Tag einzufügen. Centbeträge sind als Dezimalstellen anzugeben.

[6] Erbringt der Darlehensgeber gegenüber öffentlichen Stellen Aufwendungen gemäß § 357b Absatz 3 Satz 5 BGB und will er sich für den Fall des Widerrufs die Geltendmachung dieses Anspruchs vorbehalten, so ist hier Folgendes einzufügen:

„– Der Darlehensnehmer hat dem Darlehensgeber auch die Aufwendungen zu ersetzen, die der Darlehensgeber gegenüber öffentlichen Stellen erbracht hat und nicht zurückverlangen kann."

[7] Bei Anwendung der Gestaltungshinweise [7a], [7b], [7c], [7d], [7e], [7f] oder [7g] ist hier als Unterüberschrift einzufügen:
**„Besonderheiten bei weiteren Verträgen"**.
Dies gilt nicht, wenn bei einer entgeltlichen Finanzierungshilfe ausschließlich der Hinweis [7d] verwendet wird und weitere Verträge nicht vorliegen.
Liegen mehrere weitere Verträge nebeneinander vor, so kann im Folgenden die Unterrichtung gemäß den anwendbaren Gestaltungshinweisen auch durch eine entsprechende, jeweils auf den konkreten Vertrag bezogene, wiederholte Nennung der Hinweise erfolgen.

[7a] Bei einem verbundenen Vertrag nach § 358 BGB, der nicht den Erwerb von Finanzinstrumenten zum Gegenstand hat, ist hier Folgendes einzufügen:

„– Steht dem Darlehensnehmer in Bezug auf [einsetzen***: den verbundenen Vertrag] ein Widerrufsrecht zu, so sind im Fall des wirksamen Widerrufs [einsetzen***: des verbundenen Vertrags] Ansprüche des Darlehensgebers auf Zahlung von Zinsen und Kosten aus der Rückabwicklung des Darlehensvertrags gegen den Darlehensnehmer ausgeschlossen."

[7b] Bei einem verbundenen Vertrag nach § 358 BGB, der nicht den Erwerb von Finanzinstrumenten zum Gegenstand hat, oder bei einem zusammenhängenden Vertrag, wenn von Gestaltungshinweis [2c] Gebrauch gemacht wurde, ist hier Folgendes einzufügen:

„– Ist der Darlehensnehmer auf Grund des Widerrufs dieses Darlehensvertrags an [einsetzen***: den verbundenen Vertrag und/oder den zusammenhängenden Vertrag] nicht mehr gebunden, so sind insoweit die beiderseits empfangenen Leistungen zurückzugewähren."

[7c] Bei einem verbundenen Vertrag nach § 358 BGB über die Überlassung einer Sache oder bei einem zusammenhängenden Vertrag, gerichtet auf die Überlassung einer Sache, wenn von Gestaltungshinweis [2c] Gebrauch gemacht wurde, ist hier nachstehender Unterabsatz einzufügen:

„– Der Darlehensnehmer ist nicht verpflichtet, die Sache zurückzusenden, wenn der an [einsetzen***: dem verbundenen Vertrag oder dem zusammenhängenden Vertrag] beteiligte Unternehmer angeboten hat, die Sachen abzuholen. Grundsätzlich trägt der Darlehensnehmer die unmittelbaren Kosten der Rücksendung der Waren. Dies gilt nicht, wenn der an [einsetzen***: dem verbundenen Vertrag oder dem zusammenhängenden Vertrag] beteiligte Unternehmer sich bereit erklärt hat, diese Kosten zu tragen, oder er es unterlassen hat, den Verbraucher über die Pflicht, die unmittelbaren Kosten der Rücksendung zu tragen, zu unterrichten. Bei außerhalb von Geschäftsräumen geschlossenen Verträgen, bei denen die Waren zum Zeitpunkt des Vertragsschlusses zur Wohnung des Verbrauchers gebracht worden sind, ist der Unternehmer verpflichtet, die Waren auf eigene Kosten abzuholen, wenn die Waren so beschaffen sind, dass sie nicht per Post zurückgesandt werden können."

Der Unterabsatz kann wie folgt ergänzt werden:

„Wenn der Darlehensnehmer die auf Grund [einsetzen***: des verbundenen Vertrags oder des zusammenhängenden Vertrags] überlassene Sache nicht oder teilweise nicht oder nur in verschlechtertem Zustand zurückgewähren kann, so hat er insoweit Wertersatz zu leisten. Dies kommt allerdings nur in Betracht, wenn der Wertverlust auf einen Umgang mit den Waren zurückzuführen ist, der zur Prüfung der Beschaffenheit, der Eigenschaften und der Funktionsweise der Waren nicht notwendig war."

[7d] Bei einem Vertrag über eine entgeltliche Finanzierungshilfe gilt Folgendes:

a) Ist Vertragsgegenstand die Überlassung einer Sache mit Ausnahme der Lieferung von Wasser, Gas oder Strom, die nicht in einem begrenzten Volumen oder in einer bestimmten Menge zum Verkauf angeboten werden, so sind hier die konkreten Hinweise entsprechend Gestaltungshinweis [5] Buchstabe a und b der Anlage 1 zu Artikel 246a § 1 Absatz 2 Satz 2 des Einführungsgesetzes zum Bürgerlichen Gesetzbuche (EGBGB) unter Anpassung der dort genannten Frist zu geben.
Diese können durch die konkreten Hinweise entsprechend Gestaltungshinweis 5 Buchstabe c der Anlage 1 zu Artikel 246a § 1 Absatz 2 Satz 2 EGBGB ergänzt werden.

b) Ist Vertragsgegenstand die Erbringung einer Finanzdienstleistung, kann hier folgender Hinweis gegeben werden:
„Der Darlehensnehmer ist zur Zahlung von Wertersatz für die bis zum Widerruf erbrachte Dienstleistung verpflichtet, wenn er ausdrücklich zugestimmt hat, dass vor dem Ende der Widerrufsfrist mit der Ausführung der Gegenleistung begonnen wird. Besteht eine Verpflichtung zur Zahlung von Wertersatz, so kann dies dazu führen, dass der Darlehensnehmer die vertraglichen Zahlungsverpflichtungen für den Zeitraum bis zum Widerruf dennoch erfüllen muss."

c) Ist Vertragsgegenstand die Erbringung einer Dienstleistung, die nicht in der Überlassung einer Sache gemäß Buchstabe a oder in einer Finanzdienstleistung besteht, oder die Lieferung von Wasser, Gas oder Strom, wenn sie nicht in einem begrenzten Volumen oder in einer bestimmten Menge zum Verkauf angeboten werden, oder die Lieferung von Fernwärme, so können hier die konkreten Hinweise entsprechend Gestaltungshinweis [6] der Anlage 1 zu Artikel 246a § 1 Absatz 2 Satz 2 EGBGB gegeben werden.

d) Ist Vertragsgegenstand die Lieferung von nicht auf einem körperlichen Datenträger befindlichen digitalen Inhalten, so kann hier folgender Hinweis gegeben werden:
„Der Darlehensnehmer ist zur Zahlung von Wertersatz für die bis zum Widerruf gelieferten digitalen Inhalte verpflichtet, wenn er ausdrücklich zugestimmt hat, dass vor dem Ende der Widerrufsfrist mit der Lieferung der digitalen Inhalte begonnen wird."

[7e] Bei einem angegebenen Geschäft nach § 360 Absatz 2 Satz 2 BGB ist hier Folgendes einzufügen:

„– Ist der Darlehensnehmer auf Grund des Widerrufs des [einsetzen***: angegebenen Geschäfts] an den Darlehensvertrag nicht mehr gebunden, so führt das hinsichtlich des Darlehensvertrags zu den gleichen Folgen, die eintreten würden, wenn der Darlehensvertrag selbst widerrufen worden wäre (vergleiche oben unter „Widerrufsfolgen")."

[7f] Bei einem verbundenen Vertrag nach § 358 BGB, der nicht den Erwerb von Finanzinstrumenten zum Gegenstand hat, ist hier Folgendes einzufügen:

„– Wenn der Darlehensnehmer infolge des Widerrufs des Darlehensvertrags nicht mehr an den weiteren Vertrag gebunden ist oder infolge des Widerrufs des weiteren Vertrags nicht mehr an den Darlehensvertrag gebunden ist, so gilt ergänzend Folgendes: Ist das Darlehen bei Wirksamwerden des Widerrufs dem Vertragspartner des Darlehensnehmers aus [einsetzen***: dem verbundenen Vertrag] bereits zugeflossen, so tritt der Darlehensgeber im Verhältnis zum Darlehensnehmer hinsichtlich der Rechtsfolgen des Widerrufs in die Rechte und Pflichten des Vertragspartners aus dem weiteren Vertrag ein."

Dieser Hinweis entfällt, wenn der Darlehensgeber zugleich Vertragspartner des Darlehensnehmers aus dem weiteren Vertrag ist.

[7g] Bei einem verbundenen Vertrag nach § 358 BGB, der nicht den Erwerb von Finanzinstrumenten zum Gegenstand hat, sind hier folgende Überschrift und folgender Hinweis einzufügen:
**„Einwendungen bei verbundenen Verträgen"**.
„Der Darlehensnehmer kann die Rückzahlung des Darlehens verweigern, soweit ihn Einwendungen berechtigen würden, seine Leistung gegenüber dem Vertragspartner aus dem verbundenen Vertrag zu verweigern. Dies gilt nicht, wenn das finanzierte Entgelt weniger als 200 Euro beträgt oder wenn der Rechtsgrund für die Einwendung auf einer Vereinbarung beruht, die zwischen dem Darlehensnehmer und dem anderen Vertragspartner nach dem Abschluss des Darlehensvertrags getroffen wurde. Kann der Darlehensnehmer von dem anderen Vertragspartner Nacherfüllung verlangen, so kann er die Rückzahlung des Darlehens erst verweigern, wenn die Nacherfüllung fehlgeschlagen ist."
Dieser Hinweis und die Überschrift können entfallen, wenn der Darlehensgeber weiß, dass das finanzierte Entgelt weniger als 200 Euro beträgt.

* Die Vertragsparteien können auch direkt angesprochen werden (z.B. „Sie", „Wir"). Es kann auch die weibliche Form der jeweiligen Bezeichnung und/oder die genaue Bezeichnung der Vertragsparteien verwendet werden. Es können auch die Bezeichnungen „Kreditnehmer" und „Kreditgeber" verwendet werden. Bei entgeltlichen Finanzierungshilfen sind die Bezeichnungen entsprechend anzupassen, beispielsweise mit „Leasinggeber" und „Leasingnehmer".

** Dieser Klammerzusatz entfällt bei durchgängiger genauer Bezeichnung des Vertrags/Geschäfts.

*** Die Bezugnahme auf den betreffenden Vertrag/auf das betreffende Geschäft kann nach erstmaliger genauer Bezeichnung im Weiteren durch Verwendung der allgemeinen Bezeichnung des jeweiligen Vertrags/Geschäfts (verbundener Vertrag, angegebenes Geschäft, zusammenhängender Vertrag) erfolgen.

**Anlage 8**[1) 2)]
(zu Artikel 247 § 6 Absatz 2 und § 12 Absatz 1)

### Muster für eine Widerrufsinformation für Immobiliar-Verbraucherdarlehensverträge

**Widerrufsinformation**

**Widerrufsrecht**

Der Darlehensnehmer* kann seine Vertragserklärung innerhalb von 14 Tagen ohne Angabe von Gründen widerrufen. Die Frist beginnt nach Abschluss des Vertrags, aber erst, nachdem der Darlehensnehmer diese Widerrufsinformation erhalten hat. Der Darlehensnehmer hat diese Widerrufsinformation erhalten, wenn sie in der für den Darlehensnehmer bestimmten Ausfertigung seines Antrags oder in der für den Darlehensnehmer bestimmten Ausfertigung der Vertragsurkunde oder in einer für den Darlehensnehmer bestimmten Abschrift seines Antrags oder der Vertragsurkunde enthalten ist und dem Darlehensnehmer eine solche Unterlage zur Verfügung gestellt worden ist. Über eine in den Vertragstext nicht aufgenommene Angabe zum Widerrufsrecht kann der Darlehensnehmer nachträglich auf einem dauerhaften Datenträger informiert werden; die Widerrufsfrist beträgt dann einen Monat. Der Darlehensnehmer ist mit der nachgeholten Widerrufsinformation nochmals auf den Beginn der Widerrufsfrist hinzuweisen. Zur Wahrung der Widerrufsfrist genügt die rechtzeitige Absendung des Widerrufs, wenn die Erklärung auf einem dauerhaften Datenträger (z.B. Brief, Telefax, E-Mail) erfolgt. Der Widerruf ist zu richten an:
[1]

**Information über das Erlöschen des Widerrufsrechts**

Das Widerrufsrecht erlischt spätestens zwölf Monate und 14 Tage nach dem Zeitpunkt des Vertragsschlusses oder, sofern dieser Zeitpunkt nach dem Vertragsschluss liegt, dem Zeitpunkt zu dem dem Darlehensnehmer eine für ihn bestimmte Ausfertigung oder Abschrift seines Antrags oder der Vertragsurkunde zur Verfügung gestellt worden ist. Das Widerrufsrecht erlischt auch dann, wenn die Widerrufsinformation oder die Angaben hierzu im Vertrag fehlerhaft waren oder ganz unterblieben sind.
[2]

---

1) Anl. 8 angef. mWv 21.3.2016 durch G v. 11.3.2016 (BGBl. I S. 396); geänd. mWv 28.5.2022 durch G v. 10.8.2021 (BGBl. I S. 3483).

2) Im BGBl. I sind die hier in eckigen Klammern wiedergegebenen Bezugnahmen auf die Gestaltungshinweise als geschlossene Kästchen dargestellt.

[2a]
[2b]
[2c]
**Widerrufsfolgen**
Der Darlehensnehmer hat innerhalb von 30 Tagen das Darlehen, soweit es bereits ausbezahlt wurde, zurückzuzahlen und für den Zeitraum zwischen der Auszahlung und der Rückzahlung des Darlehens den vereinbarten Sollzins zu entrichten. Die Frist beginnt mit der Absendung der Widerrufserklärung. Für den Zeitraum zwischen Auszahlung und Rückzahlung ist bei vollständiger Inanspruchnahme des Darlehens pro Tag ein Zinsbetrag in Höhe von [3] Euro zu zahlen. Dieser Betrag verringert sich entsprechend, wenn das Darlehen nur teilweise in Anspruch genommen wurde. Wenn der Darlehensnehmer nachweist, dass der Wert seines Gebrauchsvorteils niedriger war als der Vertragszins, muss er nur den niedrigeren Betrag zahlen. Dies kann z.B. in Betracht kommen, wenn der marktübliche Zins geringer war als der Vertragszins. [4]
[5]
[5a]
[5b]
[5c]
[5d]
[5e]
[5f]
[5g]

**Gestaltungshinweise:**

[1] Hier sind einzufügen: Name/Firma und ladungsfähige Anschrift des Widerrufsadressaten. Zusätzlich können angegeben werden: Telefaxnummer, E-Mail-Adresse und/oder, wenn der Darlehensnehmer eine Bestätigung seiner Widerrufserklärung an den Darlehensgeber erhält, auch eine Internet-Adresse.

[2] Bei Anwendung der Gestaltungshinweise [2a], [2b] oder [2c] ist hier folgende Unterüberschrift einzufügen:
„Besonderheiten bei weiteren Verträgen".

[2a] Bei einem verbundenen Vertrag nach § 358 BGB ist hier einzufügen:
a) Wenn der Vertrag nicht den Erwerb von Finanzinstrumenten zum Gegenstand hat:
„– Widerruft der Darlehensnehmer diesen Darlehensvertrag, so ist er auch an den [einsetzen: Bezeichnung des verbundenen Vertrags] (im Folgenden: verbundener Vertrag)★★ nicht mehr gebunden.
– Steht dem Darlehensnehmer in Bezug auf den [einsetzen★★★: verbundenen Vertrag] ein Widerrufsrecht zu, so ist er mit wirksamem Widerruf des [einsetzen★★★: verbundenen Vertrags] auch an den Darlehensvertrag nicht mehr gebunden. Für die Rechtsfolgen des Widerrufs sind die in dem [einsetzen★★★: verbundenen Vertrag] getroffenen Regelungen und die hierfür erteilte Widerrufsbelehrung maßgeblich."
b) Wenn der Vertrag den Erwerb von Finanzinstrumenten zum Gegenstand hat:
„– Widerruft der Darlehensnehmer den [einsetzen: Bezeichnung des verbundenen Vertrags], so ist er auch an den Darlehensvertrag nicht mehr gebunden."

[2b] Bei einem Geschäft, dessen Vertragsgegenstand (die Leistung des Unternehmers) in dem Verbraucherdarlehensvertrag genau angegeben ist und das nicht gleichzeitig die Voraussetzungen eines verbundenen Vertrags gemäß § 358 BGB erfüllt, obwohl das Darlehen ausschließlich zu dessen Finanzierung dient (angegebenes Geschäft gemäß § 360 Absatz 2 Satz 2 BGB), ist hier Folgendes einzufügen:
„– Steht dem Darlehensnehmer in Bezug auf das [einsetzen: Bezeichnung des im Darlehensvertrag angegebenen Geschäfts] (im Folgenden: angegebenes Geschäft)★★ ein Widerrufsrecht zu, so ist er mit wirksamem Widerruf des angegebenen Geschäfts auch an diesen Darlehensvertrag nicht mehr gebunden."

[2c] Bei einem mit einem Verbraucherdarlehensvertrag zusammenhängenden Vertrag (§ 360 BGB), der nicht gleichzeitig die Voraussetzungen eines verbundenen Vertrags gemäß § 358 BGB erfüllt, kann hier Folgendes eingefügt werden:
„– Steht dem Darlehensnehmer in Bezug auf diesen Darlehensvertrag ein Widerrufsrecht zu, so ist er mit wirksamem Widerruf des Darlehensvertrags auch an den [einsetzen: Bezeichnung des

mit dem Darlehensvertrag zusammenhängenden Vertrags] (im Folgenden: zusammenhängender Vertrag)** nicht mehr gebunden."

[3] Hier ist der genaue Zinsbetrag in Euro pro Tag einzufügen. Centbeträge sind als Dezimalstellen anzugeben.

[4] Erbringt der Darlehensgeber gegenüber öffentlichen Stellen Aufwendungen gemäß § 357b Absatz 3 Satz 5 BGB und will er sich für den Fall des Widerrufs die Geltendmachung dieses Anspruchs vorbehalten, ist hier Folgendes einzufügen:

„– Der Darlehensnehmer hat dem Darlehensgeber auch die Aufwendungen zu ersetzen, die der Darlehensgeber gegenüber öffentlichen Stellen erbracht hat und nicht zurückverlangen kann."

[5] Bei Anwendung der Gestaltungshinweise [5a], [5b], [5c], [5d], [5e], [5f] oder [5g] ist hier als Unterüberschrift einzufügen:

„Besonderheiten bei weiteren Verträgen".

Dies gilt nicht, wenn bei einer entgeltlichen Finanzierungshilfe ausschließlich der Hinweis [5d] verwandt wird und weitere Verträge nicht vorliegen.

Liegen mehrere weitere Verträge nebeneinander vor, kann im Folgenden die Unterrichtung gemäß den anwendbaren Gestaltungshinweisen auch durch eine entsprechende, jeweils auf den konkreten Vertrag bezogene, wiederholte Nennung der Hinweise erfolgen.

[5a] Bei einem verbundenen Vertrag nach § 358 BGB, der nicht den Erwerb von Finanzinstrumenten zum Gegenstand hat, ist hier Folgendes einzufügen:

„– Steht dem Darlehensnehmer in Bezug auf [einsetzen***: den verbundenen Vertrag] ein Widerrufsrecht zu, sind im Fall des wirksamen Widerrufs [einsetzen***: des verbundenen Vertrags] Ansprüche des Darlehensgebers auf Zahlung von Zinsen und Kosten aus der Rückabwicklung des Darlehensvertrags gegen den Darlehensnehmer ausgeschlossen."

[5b] Bei einem verbundenen Vertrag nach § 358 BGB, der nicht den Erwerb von Finanzinstrumenten zum Gegenstand hat, oder bei einem zusammenhängenden Vertrag, wenn von Gestaltungshinweis [2c] Gebrauch gemacht wurde, ist hier Folgendes einzufügen:

„– Ist der Darlehensnehmer auf Grund des Widerrufs dieses Darlehensvertrags an [einsetzen***: den verbundenen Vertrag und/oder den zusammenhängenden Vertrag] nicht mehr gebunden, sind insoweit die beiderseits empfangenen Leistungen zurückzugewähren."

[5c] Bei einem verbundenen Vertrag nach § 358 BGB über die Überlassung einer Sache oder bei einem zusammenhängenden Vertrag, gerichtet auf die Überlassung einer Sache, wenn von Gestaltungshinweis [2c] Gebrauch gemacht wurde, ist hier nachstehender Unterabsatz einzufügen:

„– Der Darlehensnehmer ist nicht verpflichtet, die Sache zurückzusenden, wenn der an [einsetzen***: dem verbundenen Vertrag oder dem zusammenhängenden Vertrag] beteiligte Unternehmer angeboten hat, die Sachen abzuholen. Grundsätzlich trägt der Darlehensnehmer die unmittelbaren Kosten der Rücksendung der Waren. Dies gilt nicht, wenn der an [einsetzen***: dem verbundenen Vertrag oder dem zusammenhängenden Vertrag] beteiligte Unternehmer sich bereit erklärt hat, diese Kosten zu tragen, oder er es unterlassen hat, den Verbraucher über die Pflicht, die unmittelbaren Kosten der Rücksendung zu tragen, zu unterrichten. Bei außerhalb von Geschäftsräumen geschlossenen Verträgen, bei denen die Waren zum Zeitpunkt des Vertragsschlusses zur Wohnung des Verbrauchers gebracht worden sind, ist der Unternehmer verpflichtet, die Waren auf eigene Kosten abzuholen, wenn die Waren so beschaffen sind, dass sie nicht per Post zurückgesandt werden können."

Der Unterabsatz kann wie folgt ergänzt werden:

„Wenn der Darlehensnehmer die auf Grund [einsetzen***: des verbundenen Vertrags oder des zusammenhängenden Vertrags] überlassene Sache nicht oder teilweise nicht oder nur in verschlechtertem Zustand zurückgewähren kann, hat er insoweit Wertersatz zu leisten. Dies kommt allerdings nur in Betracht, wenn der Wertverlust auf einen Umgang mit den Waren zurückzuführen ist, der zur Prüfung der Beschaffenheit, der Eigenschaften und der Funktionsweise der Waren nicht notwendig war."

[5d] Bei einem Vertrag über eine entgeltliche Finanzierungshilfe gilt Folgendes:

a) Ist Vertragsgegenstand die Überlassung einer Sache mit Ausnahme der Lieferung von Wasser, Gas oder Strom, die nicht in einem begrenzten Volumen oder in einer bestimmten Menge zum Verkauf angeboten werden, sind hier die konkreten Hinweise entsprechend Gestaltungshinweis [5] Buchstabe a und b der Anlage 1 zu Artikel 246a § 1 Absatz 2 Satz 2 EGBGB zu geben. Diese können durch die konkreten Hinweise entsprechend Gestaltungshinweis [5] Buchstabe c der Anlage 1 zu Artikel 246a § 1 Absatz 2 Satz 2 EGBGB ergänzt werden.

b) Ist Vertragsgegenstand die Erbringung einer Finanzdienstleistung, kann hier folgender Hinweis gegeben werden:

„Der Darlehensnehmer ist zur Zahlung von Wertersatz für die bis zum Widerruf erbrachte Dienstleistung verpflichtet, wenn er ausdrücklich zugestimmt hat, dass vor dem Ende der Widerrufsfrist mit der Ausführung der Gegenleistung begonnen wird. Besteht eine Verpflichtung zur Zahlung von Wertersatz, kann dies dazu führen, dass der Darlehensnehmer die vertraglichen Zahlungsverpflichtungen für den Zeitraum bis zum Widerruf dennoch erfüllen muss."

c) Ist Vertragsgegenstand die Erbringung einer Dienstleistung, die nicht in der Überlassung einer Sache gemäß Buchstabe a oder in einer Finanzdienstleistung besteht, oder die Lieferung von Wasser, Gas oder Strom, wenn sie nicht in einem begrenzten Volumen oder in einer bestimmten Menge zum Verkauf angeboten werden, oder die Lieferung von Fernwärme, können hier die konkreten Hinweise entsprechend Gestaltungshinweis [6] der Anlage 1 zu Artikel 246a § 1 Absatz 2 Satz 2 EGBGB gegeben werden.

d) Ist Vertragsgegenstand die Lieferung von nicht auf einem körperlichen Datenträger befindlichen digitalen Inhalten, kann hier folgender Hinweis gegeben werden:
„Der Darlehensnehmer ist zur Zahlung von Wertersatz für die bis zum Widerruf gelieferten digitalen Inhalte verpflichtet, wenn er ausdrücklich zugestimmt hat, dass vor dem Ende der Widerrufsfrist mit der Lieferung der digitalen Inhalte begonnen wird."

[5e] Bei einem angegebenen Geschäft nach § 360 Absatz 2 Satz 2 BGB ist hier Folgendes einzufügen:
„– Ist der Darlehensnehmer auf Grund des Widerrufs des [einsetzen***: angegebenen Geschäfts] an den Darlehensvertrag nicht mehr gebunden, führt das hinsichtlich des Darlehensvertrags zu den gleichen Folgen, die eintreten würden, wenn der Darlehensvertrag selbst widerrufen worden wäre (vgl. oben unter „Widerrufsfolgen")."

[5f] Bei einem verbundenen Vertrag nach § 358 BGB, der nicht den Erwerb von Finanzinstrumenten zum Gegenstand hat, ist hier Folgendes einzufügen:
„– Wenn der Darlehensnehmer infolge des Widerrufs des Darlehensvertrags nicht mehr an den weiteren Vertrag gebunden ist oder infolge des Widerrufs des weiteren Vertrags nicht mehr an den Darlehensvertrag gebunden ist, gilt ergänzend Folgendes: Ist das Darlehen bei Wirksamwerden des Widerrufs dem Vertragspartner des Darlehensnehmers aus [einsetzen***: dem verbundenen Vertrag] bereits zugeflossen, tritt der Darlehensgeber im Verhältnis zum Darlehensnehmer hinsichtlich der Rechtsfolgen des Widerrufs in die Rechte und Pflichten des Vertragspartners aus dem weiteren Vertrag ein."

Dieser Hinweis entfällt, wenn der Darlehensgeber zugleich Vertragspartner des Darlehensnehmers aus dem weiteren Vertrag ist.

[5g] Bei einem verbundenen Vertrag nach § 358 BGB, der nicht den Erwerb von Finanzinstrumenten zum Gegenstand hat, sind hier folgende Überschrift und folgender Hinweis einzufügen:

**„Einwendungen bei verbundenen Verträgen".**

„Der Darlehensnehmer kann die Rückzahlung des Darlehens verweigern, soweit ihn Einwendungen berechtigen würden, seine Leistung gegenüber dem Vertragspartner aus dem verbundenen Vertrag zu verweigern. Dies gilt nicht, wenn das finanzierte Entgelt weniger als 200 Euro beträgt oder wenn der Rechtsgrund für die Einwendung auf einer Vereinbarung beruht, die zwischen dem Darlehensnehmer und dem anderen Vertragspartner nach dem Abschluss des Darlehensvertrags getroffen wurde. Kann der Darlehensnehmer von dem anderen Vertragspartner Nacherfüllung verlangen, so kann er die Rückzahlung des Darlehens erst verweigern, wenn die Nacherfüllung fehlgeschlagen ist."

Dieser Hinweis und die Überschrift können entfallen, wenn der Darlehensgeber weiß, dass das finanzierte Entgelt weniger als 200 Euro beträgt.

* Die Vertragsparteien können auch direkt angesprochen werden (z.B. „Sie", „Wir"). Es kann auch die weibliche Form der jeweiligen Bezeichnung und/oder die genaue Bezeichnung der Vertragsparteien verwendet werden. Es können auch die Bezeichnungen „Kreditnehmer" und „Kreditgeber" verwendet werden. Bei entgeltlichen Finanzierungshilfen sind die Bezeichnungen entsprechend anzupassen, beispielsweise mit „Leasinggeber" und „Leasingnehmer".

** Dieser Klammerzusatz entfällt bei durchgängiger genauer Bezeichnung des Vertrags/Geschäfts.

*** Die Bezugnahme auf den betreffenden Vertrag/auf das betreffende Geschäft kann nach erstmaliger genauer Bezeichnung im Weiteren durch Verwendung der allgemeinen Bezeichnung des jeweiligen Vertrags/Geschäfts (verbundener Vertrag, angegebenes Geschäft, zusammenhängender Vertrag) erfolgen.

**Anlage 9**[1) 2)]
(zu Artikel 246 Absatz 3)

**Muster für die Widerrufsbelehrung bei unentgeltlichen Darlehensverträgen zwischen einem Unternehmer als Darlehensgeber und einem Verbraucher als Darlehensnehmer**

**Widerrufsbelehrung**

**Widerrufsrecht**

Der Darlehensnehmer* kann seine Vertragserklärung innerhalb von 14 Tagen ohne Angabe von Gründen widerrufen. Die Frist beginnt nach Abschluss des Vertrags, aber erst, nachdem der Darlehensnehmer diese Widerrufsbelehrung auf einem dauerhaften Datenträger erhalten hat. Zur Wahrung der Widerrufsfrist genügt die rechtzeitige Absendung des Widerrufs, wenn die Erklärung auf einem dauerhaften Datenträger (z.B. Brief, Telefax, E-Mail) erfolgt. Der Widerruf ist zu richten an: [1]

[2]

[2a]

[2b]

[2c]

**Widerrufsfolgen**

Soweit das Darlehen bereits ausbezahlt wurde, hat es der Darlehensnehmer spätestens innerhalb von 30 Tagen zurückzuzahlen. Die Frist beginnt mit der Absendung der Widerrufserklärung.

[3]

[4]

[4a]

[4b]

[4c]

[4d]

[4e]

[4f]

**Gestaltungshinweise:**

[1] Hier sind einzufügen: Name/Firma und ladungsfähige Anschrift des Widerrufsadressaten. Zusätzlich können angegeben werden: Telefaxnummer, E-Mail-Adresse und/oder, wenn der Darlehensnehmer eine Bestätigung seiner Widerrufserklärung an den Darlehensgeber erhält, auch eine Internet-Adresse.

[2] Bei Anwendung der Gestaltungshinweise [2a], [2b] oder [2c] ist hier folgende Unterüberschrift einzufügen:
„Besonderheiten bei weiteren Verträgen".

[2a] Bei einem verbundenen Vertrag nach § 358 BGB ist hier einzufügen:
a) Wenn der Vertrag nicht den Erwerb von Finanzinstrumenten zum Gegenstand hat:
„– Widerruft der Darlehensnehmer diesen Darlehensvertrag, so ist er auch an den [einsetzen: Bezeichnung des verbundenen Vertrags] (im Folgenden: verbundener Vertrag)** nicht mehr gebunden.
– Steht dem Darlehensnehmer in Bezug auf den [einsetzen***: verbundenen Vertrag] ein Widerrufsrecht zu, so ist er mit wirksamem Widerruf des [einsetzen***: verbundenen Vertrags] auch an den Darlehensvertrag nicht mehr gebunden. Für die Rechtsfolgen des Widerrufs sind die in dem [einsetzen***: verbundenen Vertrag] getroffenen Regelungen und die hierfür erteilte Widerrufsbelehrung maßgeblich."
b) Wenn der Vertrag den Erwerb von Finanzinstrumenten zum Gegenstand hat:
„– Widerruft der Darlehensnehmer den [einsetzen: Bezeichnung des verbundenen Vertrags], so ist er auch an den Darlehensvertrag nicht mehr gebunden."

[2b] Bei einem Geschäft, dessen Vertragsgegenstand (die Leistung des Unternehmers) in dem Darlehensvertrag genau angegeben ist und das nicht gleichzeitig die Voraussetzungen eines verbundenen

---

1) Anl. 9 angef. mWv 21.3.2016 durch G v. 11.3.2016 (BGBl. I S. 396); geänd. mWv 28.5.2022 durch G v. 10.8.2021 (BGBl. I S. 3483).

2) Im BGBl. I sind die hier in eckigen Klammern wiedergegebenen Bezugnahmen auf die Gestaltungshinweise als geschlossene Kästchen dargestellt.

Vertrags gemäß § 358 BGB erfüllt, obwohl das Darlehen ausschließlich zu dessen Finanzierung dient (angegebenes Geschäft gemäß § 360 Absatz 2 Satz 2 BGB), ist hier Folgendes einzufügen:

„– Steht dem Darlehensnehmer in Bezug auf das [einsetzen: Bezeichnung des im Darlehensvertrag angegebenen Geschäfts] (im Folgenden: angegebenes Geschäft)★★ ein Widerrufsrecht zu, so ist er mit wirksamem Widerruf des angegebenen Geschäfts auch an diesen Darlehensvertrag nicht mehr gebunden."

[2c] Bei einem mit einem Darlehensvertrag zusammenhängenden Vertrag (§ 360 BGB), der nicht gleichzeitig die Voraussetzungen eines verbundenen Vertrags gemäß § 358 BGB erfüllt, kann hier Folgendes eingefügt werden:

„– Steht dem Darlehensnehmer in Bezug auf diesen Darlehensvertrag ein Widerrufsrecht zu, so ist er mit wirksamem Widerruf des Darlehensvertrags auch an den [einsetzen: Bezeichnung des mit dem Darlehensvertrag zusammenhängenden Vertrags] (im Folgenden: zusammenhängender Vertrag)★★ nicht mehr gebunden."

[3] Erbringt der Darlehensgeber gegenüber öffentlichen Stellen Aufwendungen gemäß § 357b Absatz 3 Satz 5 BGB und will er sich für den Fall des Widerrufs die Geltendmachung dieses Anspruchs vorbehalten, ist hier Folgendes einzufügen:

„– Der Darlehensnehmer hat dem Darlehensgeber auch die Aufwendungen zu ersetzen, die der Darlehensgeber gegenüber öffentlichen Stellen erbracht hat und nicht zurückverlangen kann."

[4] Bei Anwendung der Gestaltungshinweise [4a], [4b], [4c], [4d], [4e] oder [4f] ist hier als Unterüberschrift einzufügen:

„Besonderheiten bei weiteren Verträgen".

Dies gilt nicht, wenn bei einer entgeltlichen Finanzierungshilfe ausschließlich der Hinweis [4c] verwandt wird und weitere Verträge nicht vorliegen.

Liegen mehrere weitere Verträge nebeneinander vor, kann im Folgenden die Unterrichtung gemäß den anwendbaren Gestaltungshinweisen auch durch eine entsprechende, jeweils auf den konkreten Vertrag bezogene, wiederholte Nennung der Hinweise erfolgen.

[4a] Bei einem verbundenen Vertrag nach § 358 BGB, der nicht den Erwerb von Finanzinstrumenten zum Gegenstand hat, oder bei einem zusammenhängenden Vertrag, wenn von Gestaltungshinweis [2c] Gebrauch gemacht wird, ist hier Folgendes einzufügen:

„– Ist der Darlehensnehmer auf Grund des Widerrufs dieses Darlehensvertrags an [einsetzen★★★: den verbundenen Vertrag und/oder den zusammenhängenden Vertrag] nicht mehr gebunden, sind insoweit die beiderseits empfangenen Leistungen zurückzugewähren."

[4b] Bei einem verbundenen Vertrag nach § 358 BGB über die Überlassung einer Sache oder bei einem zusammenhängenden Vertrag, gerichtet auf die Überlassung einer Sache, wenn von Gestaltungshinweis [2c] Gebrauch gemacht wurde, ist hier nachstehender Unterabsatz einzufügen:

„– Der Darlehensnehmer ist nicht verpflichtet, die Sache zurückzusenden, wenn der an [einsetzen★★★: dem verbundenen Vertrag oder dem zusammenhängenden Vertrag] beteiligte Unternehmer angeboten hat, die Sachen abzuholen. Grundsätzlich trägt der Darlehensnehmer die unmittelbaren Kosten der Rücksendung der Waren. Dies gilt nicht, wenn der an [einsetzen★★★: dem verbundenen Vertrag oder dem zusammenhängenden Vertrag] beteiligte Unternehmer sich bereit erklärt hat, diese Kosten zu tragen, oder er es unterlassen hat, den Verbraucher über die Pflicht, die unmittelbaren Kosten der Rücksendung zu tragen, zu unterrichten. Bei außerhalb von Geschäftsräumen geschlossenen Verträgen, bei denen die Waren zum Zeitpunkt des Vertragsschlusses zur Wohnung des Verbrauchers gebracht worden sind, ist der Unternehmer verpflichtet, die Waren auf eigene Kosten abzuholen, wenn die Waren so beschaffen sind, dass sie nicht per Post zurückgesandt werden können."

Der Unterabsatz kann wie folgt ergänzt werden:

„Wenn der Darlehensnehmer die auf Grund [einsetzen★★★: des verbundenen Vertrags oder des zusammenhängenden Vertrags] überlassene Sache nicht oder teilweise nicht oder nur in verschlechtertem Zustand zurückgewähren kann, hat er insoweit Wertersatz zu leisten. Dies kommt allerdings nur in Betracht, wenn der Wertverlust auf einen Umgang mit den Waren zurückzuführen ist, der zur Prüfung der Beschaffenheit, der Eigenschaften und der Funktionsweise der Waren nicht notwendig war."

[4c] Bei einem Vertrag über eine unentgeltliche Finanzierungshilfe gilt Folgendes:

a) Ist Vertragsgegenstand die Überlassung einer Sache mit Ausnahme der Lieferung von Wasser, Gas oder Strom, die nicht in einem begrenzten Volumen oder in einer bestimmten Menge zum Verkauf angeboten werden, sind hier die konkreten Hinweise entsprechend Gestaltungshinweis [5] Buchstabe a und b der Anlage 1 zu Artikel 246a § 1 Absatz 2 Satz 2 EGBGB zu geben.

Diese können durch die konkreten Hinweise entsprechend Gestaltungshinweis [5] Buchstabe c der Anlage 1 zu Artikel 246a § 1 Absatz 2 Satz 2 EGBGB ergänzt werden.

b) Ist Vertragsgegenstand die Erbringung einer Finanzdienstleistung, kann hier folgender Hinweis gegeben werden:
„Der Darlehensnehmer ist zur Zahlung von Wertersatz für die bis zum Widerruf erbrachte Dienstleistung verpflichtet, wenn er ausdrücklich zugestimmt hat, dass vor dem Ende der Widerrufsfrist mit der Ausführung der Gegenleistung begonnen wird. Besteht eine Verpflichtung zur Zahlung von Wertersatz, kann dies dazu führen, dass der Darlehensnehmer die vertraglichen Zahlungsverpflichtungen für den Zeitraum bis zum Widerruf dennoch erfüllen muss."

c) Ist Vertragsgegenstand die Erbringung einer Dienstleistung, die nicht in der Überlassung einer Sache gemäß Buchstabe a oder in einer Finanzdienstleistung besteht, oder die Lieferung von Wasser, Gas oder Strom, wenn sie nicht in einem begrenzten Volumen oder in einer bestimmten Menge zum Verkauf angeboten werden, oder die Lieferung von Fernwärme, können hier die konkreten Hinweise entsprechend Gestaltungshinweis [6] der Anlage 1 zu Artikel 246a § 1 Absatz 2 Satz 2 EGBGB gegeben werden.

d) Ist Vertragsgegenstand die Lieferung von nicht auf einem körperlichen Datenträger befindlichen digitalen Inhalten, kann hier folgender Hinweis gegeben werden:
„Der Darlehensnehmer ist zur Zahlung von Wertersatz für die bis zum Widerruf gelieferten digitalen Inhalte verpflichtet, wenn er ausdrücklich zugestimmt hat, dass vor dem Ende der Widerrufsfrist mit der Lieferung der digitalen Inhalte begonnen wird."

[4d] Bei einem angegebenen Geschäft nach § 360 Absatz 2 Satz 2 BGB ist hier Folgendes einzufügen:
„– Ist der Darlehensnehmer auf Grund des Widerrufs des [einsetzen***: angegebenen Geschäfts] an den Darlehensvertrag nicht mehr gebunden, führt das hinsichtlich des Darlehensvertrags zu den gleichen Folgen, die eintreten würden, wenn der Darlehensvertrag selbst widerrufen worden wäre (vgl. oben unter „Widerrufsfolgen")."

[4e] Bei einem verbundenen Vertrag nach § 358 BGB, der nicht den Erwerb von Finanzinstrumenten zum Gegenstand hat, ist hier Folgendes einzufügen:
„– Wenn der Darlehensnehmer infolge des Widerrufs des Darlehensvertrags nicht mehr an den weiteren Vertrag gebunden ist oder infolge des Widerrufs des weiteren Vertrags nicht mehr an den Darlehensvertrag gebunden ist, gilt ergänzend Folgendes: Ist das Darlehen bei Wirksamwerden des Widerrufs dem Vertragspartner des Darlehensnehmers aus [einsetzen***: dem verbundenen Vertrag] bereits zugeflossen, tritt der Darlehensgeber im Verhältnis zum Darlehensnehmer hinsichtlich der Rechtsfolgen des Widerrufs in die Rechte und Pflichten des Vertragspartners aus dem weiteren Vertrag ein." Dieser Hinweis entfällt, wenn der Darlehensgeber zugleich Vertragspartner des Darlehensnehmers aus dem weiteren Vertrag ist."

[4f] Bei einem verbundenen Vertrag nach § 358 BGB, der nicht den Erwerb von Finanzinstrumenten zum Gegenstand hat, sind hier folgende Überschrift und folgender Hinweis einzufügen:

**„Einwendungen bei verbundenen Verträgen".**

„Der Darlehensnehmer kann die Rückzahlung des Darlehens verweigern, soweit ihn Einwendungen berechtigen würden, seine Leistung gegenüber dem Vertragspartner aus dem verbundenen Vertrag zu verweigern. Dies gilt nicht, wenn das finanzierte Entgelt weniger als 200 Euro beträgt oder wenn der Rechtsgrund für die Einwendung auf einer Vereinbarung beruht, die zwischen dem Darlehensnehmer und dem anderen Vertragspartner nach dem Abschluss des Darlehensvertrags getroffen wurde. Kann der Darlehensnehmer von dem anderen Vertragspartner Nacherfüllung verlangen, so kann er die Rückzahlung des Darlehens erst verweigern, wenn die Nacherfüllung fehlgeschlagen ist."

Dieser Hinweis und die Überschrift können entfallen, wenn der Darlehensgeber weiß, dass das finanzierte Entgelt weniger als 200 Euro beträgt.

* Die Vertragsparteien können auch direkt angesprochen werden (z.B. „Sie", „Wir"). Es kann auch die weibliche Form der jeweiligen Bezeichnung und/oder die genaue Bezeichnung der Vertragsparteien verwendet werden. Es können auch die Bezeichnungen „Kreditnehmer" und „Kreditgeber" verwendet werden. Bei unentgeltlichen Finanzierungshilfen sind die Bezeichnungen entsprechend anzupassen, beispielsweise mit „Leasinggeber" und „Leasingnehmer".

** Dieser Klammerzusatz entfällt bei durchgängiger genauer Bezeichnung des Vertrags/Geschäfts.

*** Die Bezugnahme auf den betreffenden Vertrag/auf das betreffende Geschäft kann nach erstmaliger genauer Bezeichnung im Weiteren durch Verwendung der allgemeinen Bezeichnung des jeweiligen Vertrags/Geschäfts (verbundener Vertrag, angegebenes Geschäft, zusammenhängender Vertrag) erfolgen.

**Anlage 10**[1]
(zu Artikel 249 § 3)

**Muster für die Widerrufsbelehrung bei Verbraucherbauverträgen**

**Widerrufsbelehrung**

**Widerrufsrecht**

Sie haben das Recht, binnen 14 Tagen ohne Angabe von Gründen diesen Vertrag zu widerrufen.

Die Widerrufsfrist beträgt 14 Tage ab dem Tag des Vertragsabschlusses. Sie beginnt nicht zu laufen, bevor Sie diese Belehrung in Textform erhalten haben.

Um Ihr Widerrufsrecht auszuüben, müssen Sie uns (*) mittels einer eindeutigen Erklärung (z.B. Brief, Telefax oder E-Mail) über Ihren Entschluss, diesen Vertrag zu widerrufen, informieren.

Zur Wahrung der Widerrufsfrist reicht es aus, dass Sie die Erklärung über die Ausübung des Widerrufsrechts vor Ablauf der Widerrufsfrist absenden.

**Folgen des Widerrufs**

Wenn Sie diesen Vertrag widerrufen, haben wir Ihnen alle Zahlungen, die wir von Ihnen erhalten haben, unverzüglich zurückzuzahlen.

Sie müssen uns im Falle des Widerrufs alle Leistungen zurückgeben, die Sie bis zum Widerruf von uns erhalten haben. Ist die Rückgewähr einer Leistung ihrer Natur nach ausgeschlossen, lassen sich etwa verwendete Baumaterialien nicht ohne Zerstörung entfernen, müssen Sie Wertersatz dafür bezahlen.

**Gestaltungshinweis:**

* Fügen Sie Ihren Namen oder den Namen Ihres Unternehmens, Ihre Anschrift und Ihre Telefonnummer ein. Sofern verfügbar sind zusätzlich anzugeben: Ihre Telefaxnummer und E-Mail-Adresse.

**Anlage 11**[2) 3)]
(zu Artikel 250 § 2 Absatz 1)

**Muster für das Formblatt zur Unterrichtung des Reisenden bei einer Pauschalreise nach § 651a des Bürgerlichen Gesetzbuchs**

Bei der Ihnen angebotenen Kombination von Reiseleistungen handelt es sich um eine Pauschalreise im Sinne der Richtlinie (EU) 2015/2302. [1]

Daher können Sie alle EU-Rechte in Anspruch nehmen, die für Pauschalreisen gelten. Das Unternehmen [2] trägt die volle Verantwortung für die ordnungsgemäße Durchführung der gesamten Pauschalreise.

Zudem verfügt das Unternehmen [2] über die gesetzlich vorgeschriebene Absicherung für die Rückzahlung Ihrer Zahlungen und, falls der Transport in der Pauschalreise inbegriffen ist, zur Sicherstellung Ihrer Rückbeförderung im Fall seiner Insolvenz.[4)]

[3]

[4] Wichtigste Rechte nach der Richtlinie (EU) 2015/2302
- Die Reisenden erhalten alle wesentlichen Informationen über die Pauschalreise vor Abschluss des Pauschalreisevertrags.
- Es haftet immer mindestens ein Unternehmer für die ordnungsgemäße Erbringung aller im Vertrag inbegriffenen Reiseleistungen.

---

1) Anl. 10 angef. mWv 1.1.2018 durch G v. 28.4.2017 (BGBl. I S. 969).

2) Anl. 11 angef. mWv 1.7.2018 durch G v. 17.7.2017 (BGBl. I S. 2394); geänd. mWv 1.7.2021 durch G v. 25.6.2021 (BGBl. I S. 2114).

3) Im BGBl. I sind die hier in eckigen Klammern wiedergegebenen Bezugnahmen auf die Gestaltungshinweise als geschlossene Kästchen dargestellt.

4) **Amtl. Anm.:** Besteht gemäß § 651r Absatz 1 des Bürgerlichen Gesetzbuchs keine Verpflichtung des Reiseveranstalters zur Insolvenzsicherung, weil der Reiseveranstalter vor Beendigung der Pauschalreise keine Zahlungen des Reisenden auf den Reisepreis annimmt und der Vertrag keine Rückbeförderung des Reisenden umfasst, entfallen diese Sätze.

– Die Reisenden erhalten eine Notruftelefonnummer oder Angaben zu einer Kontaktstelle, über die sie sich mit dem Reiseveranstalter oder dem Reisebüro in Verbindung setzen können.
– Die Reisenden können die Pauschalreise – innerhalb einer angemessenen Frist und unter Umständen unter zusätzlichen Kosten – auf eine andere Person übertragen.
– Der Preis der Pauschalreise darf nur erhöht werden, wenn bestimmte Kosten (zum Beispiel Treibstoffpreise) sich erhöhen und wenn dies im Vertrag ausdrücklich vorgesehen ist, und in jedem Fall bis spätestens 20 Tage vor Beginn der Pauschalreise. Wenn die Preiserhöhung 8 % des Pauschalreisepreises übersteigt, kann der Reisende vom Vertrag zurücktreten. Wenn sich ein Reiseveranstalter das Recht auf eine Preiserhöhung vorbehält, hat der Reisende das Recht auf eine Preissenkung, wenn die entsprechenden Kosten sich verringern.
– Die Reisenden können ohne Zahlung einer Rücktrittsgebühr vom Vertrag zurücktreten und erhalten eine volle Erstattung aller Zahlungen, wenn einer der wesentlichen Bestandteile der Pauschalreise mit Ausnahme des Preises erheblich geändert wird. Wenn der für die Pauschalreise verantwortliche Unternehmer die Pauschalreise vor Beginn der Pauschalreise absagt, haben die Reisenden Anspruch auf eine Kostenerstattung und unter Umständen auf eine Entschädigung.
– Die Reisenden können bei Eintritt außergewöhnlicher Umstände vor Beginn der Pauschalreise ohne Zahlung einer Rücktrittsgebühr vom Vertrag zurücktreten, beispielsweise wenn am Bestimmungsort schwerwiegende Sicherheitsprobleme bestehen, die die Pauschalreise voraussichtlich beeinträchtigen.
– Zudem können die Reisenden jederzeit vor Beginn der Pauschalreise gegen Zahlung einer angemessenen und vertretbaren Rücktrittsgebühr vom Vertrag zurücktreten.
– Können nach Beginn der Pauschalreise wesentliche Bestandteile der Pauschalreise nicht vereinbarungsgemäß durchgeführt werden, so sind dem Reisenden angemessene andere Vorkehrungen ohne Mehrkosten anzubieten. Der Reisende kann ohne Zahlung einer Rücktrittsgebühr vom Vertrag zurücktreten (in der Bundesrepublik Deutschland heißt dieses Recht „Kündigung"), wenn Leistungen nicht gemäß dem Vertrag erbracht werden und dies erhebliche Auswirkungen auf die Erbringung der vertraglichen Pauschalreiseleistungen hat und der Reiseveranstalter es versäumt, Abhilfe zu schaffen.
– Der Reisende hat Anspruch auf eine Preisminderung und/oder Schadenersatz, wenn die Reiseleistungen nicht oder nicht ordnungsgemäß erbracht werden.
– Der Reiseveranstalter leistet dem Reisenden Beistand, wenn dieser sich in Schwierigkeiten befindet.
– Im Fall der Insolvenz des Reiseveranstalters oder – in einigen Mitgliedstaaten – des Reisevermittlers werden Zahlungen zurückerstattet. Tritt die Insolvenz des Reiseveranstalters oder, sofern einschlägig, des Reisevermittlers nach Beginn der Pauschalreise ein und ist die Beförderung Bestandteil der Pauschalreise, so wird die Rückbeförderung der Reisenden gewährleistet. [2] hat eine Insolvenzabsicherung mit [5] abgeschlossen.[1] Die Reisenden können diese Einrichtung oder gegebenenfalls die zuständige Behörde ([6]) kontaktieren, wenn ihnen Leistungen aufgrund der Insolvenz von [2] verweigert werden.[1]

[7]

**Gestaltungshinweise:**

[1] Bei Tagesreisen, deren Reisepreis 500 Euro übersteigt, ist anstelle des vorangegangenen Satzes der folgende Satz einzufügen: „Bei der Ihnen angebotenen Kombination von Reiseleistungen handelt es sich um eine Tagesreise, die nach den Vorschriften des Bürgerlichen Gesetzbuchs wie eine Pauschalreise im Sinne der Richtlinie (EU) 2015/2302 behandelt wird."

[2] Hier ist die Firma/der Name des Reiseveranstalters einzufügen.

[3] Werden die Informationen auf einer Webseite für den elektronischen Geschäftsverkehr zur Verfügung gestellt, ist hier die mit den Wörtern „Weiterführende Informationen zu Ihren wichtigsten Rechten nach der Richtlinie (EU) 2015/2302" beschriftete Hyperlink-Schaltfläche einzufügen, nach deren Betätigung die Informationen zu [4] zur Verfügung gestellt werden.

[4] Die Informationen über die wichtigsten Rechte nach der Richtlinie (EU) 2015/2302 werden entweder nach Betätigung der Hyperlink-Schaltfläche zu [3] zur Verfügung gestellt oder, wenn die Informationen nicht auf einer Webseite für den elektronischen Geschäftsverkehr zur Verfügung gestellt werden, den Informationen im ersten Kasten unmittelbar unterhalb des Kastens angefügt.

[5] Hier ist einzufügen:
a) wenn ein Fall des § 651s des Bürgerlichen Gesetzbuchs vorliegt: Name der Einrichtung, die den Insolvenzschutz bietet,

[1] **Amtl. Anm.:** Besteht gemäß § 651r Absatz 1 des Bürgerlichen Gesetzbuchs keine Verpflichtung des Reiseveranstalters zur Insolvenzsicherung, weil der Reiseveranstalter vor Beendigung der Pauschalreise keine Zahlungen des Reisenden auf den Reisepreis annimmt und der Vertrag keine Rückbeförderung des Reisenden umfasst, entfallen diese Sätze.

b) in allen anderen Fällen: Name des Absicherers (§ 651r Absatz 3 des Bürgerlichen Gesetzbuchs).

[6] Hier sind einzufügen:

a) wenn ein Fall des § 651s des Bürgerlichen Gesetzbuchs vorliegt: Kontaktdaten der Einrichtung, die den Insolvenzschutz bietet, und gegebenenfalls Name und Kontaktdaten der zuständigen Behörde, jeweils einschließlich der Anschrift des Ortes, an dem sie ihren Sitz hat, der E-Mail-Adresse und der Telefonnummer,

b) in allen anderen Fällen: Kontaktdaten des Absicherers (§ 651r Absatz 3 des Bürgerlichen Gesetzbuchs) einschließlich der Anschrift des Ortes, an dem er niedergelassen ist, der E-Mail-Adresse und der Telefonnummer.

[7] Hier ist einzufügen:

a) wenn die Informationen auf einer Webseite für den elektronischen Geschäftsverkehr zur Verfügung gestellt werden: die mit den Wörtern „Richtlinie (EU) 2015/2302 in der in das nationale Recht umgesetzten Form" beschriftete Hyperlink-Schaltfläche, nach deren Betätigung eine Weiterleitung auf die Webseite www.umsetzung-richtlinie-eu2015-2302.de erfolgt,

b) wenn die Informationen nicht auf einer Webseite für den elektronischen Geschäftsverkehr zur Verfügung gestellt werden: „Webseite, auf der die Richtlinie (EU) 2015/2302 in der in das nationale Recht umgesetzten Form zu finden ist: www.umsetzung-richtlinie-eu2015-2302.de".

**Anlage 12**[1) 2)]
(zu Artikel 250 § 2 Absatz 2)

**Muster für das Formblatt zur Unterrichtung des Reisenden bei Verträgen über Gastschulaufenthalte nach § 651u des Bürgerlichen Gesetzbuchs**

Auf den Ihnen angebotenen Vertrag finden die Vorschriften des Bürgerlichen Gesetzbuchs über Pauschalreisen entsprechende Anwendung.

Daher können Sie Rechte in Anspruch nehmen, die für Pauschalreisen gelten. Bei einem Gastschulaufenthalt gelten darüber hinaus die besonderen Bestimmungen des § 651u Absatz 2 bis 4 des Bürgerlichen Gesetzbuchs, insbesondere für den Rücktritt vom Vertrag vor Reisebeginn und für die Kündigung.

Das Unternehmen [1] verfügt über die gesetzlich vorgeschriebene Absicherung für den Fall seiner Insolvenz.[3)] Die Absicherung umfasst die Rückzahlung Ihrer Zahlungen und, falls der Vertrag die Beförderung umfasst, die Sicherstellung der Rückbeförderung.[3)]

[2]

[3] Ihre wichtigsten Rechte nach den Vorschriften des Bürgerlichen Gesetzbuchs

– Die Reisenden, d.h. in aller Regel nicht die Gastschüler selbst, sondern die Vertragspartner des Reiseveranstalters, erhalten alle wesentlichen Informationen über die Pauschalreise vor Abschluss des Vertrags.
– Es haftet immer mindestens ein Unternehmer für die ordnungsgemäße Erbringung der von dem Vertrag umfassten Reiseleistungen.
– Die Reisenden erhalten eine Notruftelefonnummer oder Angaben zu einer Kontaktstelle, über die sie sich mit dem Reiseveranstalter oder dem Reisebüro in Verbindung setzen können.
– Die Reisenden können die Pauschalreise – innerhalb einer angemessenen Frist und unter Umständen unter zusätzlichen Kosten – auf eine andere Person übertragen.
– Der Reisepreis darf nur erhöht werden, wenn bestimmte Kosten (zum Beispiel Treibstoffpreise) sich erhöhen und die Preiserhöhung im Vertrag ausdrücklich vorgesehen ist. Eine Preiserhöhung ist nur wirksam, wenn die Unterrichtung des Reisenden nicht später als 20 Tage vor Reisebeginn erfolgt. Übersteigt die Preiserhöhung 8 % des Reisepreises, kann der Reisende vom Vertrag zurücktreten. Wenn sich ein Reiseveranstalter das Recht auf eine Preiserhöhung vorbehält, hat der Reisende das Recht auf eine Preissenkung, wenn die entsprechenden Kosten sich verringern.

---

1) Anl. 12 angef. mWv 1.7.2018 durch G v. 17.7.2017 (BGBl. I S. 2394); geänd. mWv 1.7.2021 durch G v. 25.6.2021 (BGBl. I S. 2114).

2) Im BGBl. I sind die hier in eckigen Klammern wiedergegebenen Bezugnahmen auf die Gestaltungshinweise als geschlossene Kästchen dargestellt.

3) **Amtl. Anm.:** Besteht gemäß § 651r Absatz 1 des Bürgerlichen Gesetzbuchs keine Verpflichtung des Reiseveranstalters zur Insolvenzsicherung, weil der Reiseveranstalter vor Beendigung der Pauschalreise keine Zahlungen des Reisenden auf den Reisepreis annimmt und der Vertrag keine Rückbeförderung des Reisenden umfasst, entfallen diese Sätze.

– Die Reisenden können ohne Zahlung einer Rücktrittsgebühr vom Vertrag zurücktreten und erhalten eine volle Erstattung aller Zahlungen, wenn einer der wesentlichen Bestandteile der Pauschalreise mit Ausnahme des Preises erheblich geändert wird. Wenn der Reiseveranstalter die Pauschalreise vor Reisebeginn absagt, haben die Reisenden Anspruch auf eine Kostenerstattung und unter Umständen auf eine Entschädigung.
– Die Reisenden können bei Eintritt außergewöhnlicher Umstände vor Reisebeginn ohne Zahlung einer Rücktrittsgebühr vom Vertrag zurücktreten, beispielsweise wenn am Bestimmungsort schwerwiegende Sicherheitsprobleme bestehen, die die Pauschalreise voraussichtlich beeinträchtigen.
– Zudem können die Reisenden vor Reisebeginn jederzeit, d.h. ohne weitere Voraussetzungen, vom Vertrag zurücktreten, gegebenenfalls gegen Zahlung einer angemessenen Rücktrittsgebühr.
– Der Reisende kann den Vertrag bis zur Beendigung der Reise auch jederzeit kündigen. Der Reiseveranstalter ist dann berechtigt, den vereinbarten Reisepreis abzüglich ersparter Aufwendungen zu verlangen. Der Reiseveranstalter ist verpflichtet, die infolge der Kündigung notwendigen Maßnahmen zu treffen. Er hat insbesondere, falls der Vertrag die Beförderung des Gastschülers umfasst, für dessen Rückbeförderung zu sorgen. Die Mehrkosten trägt in diesem Fall der Reisende.
– Kann nach Reisebeginn ein erheblicher Teil der Reiseleistungen nicht vereinbarungsgemäß durchgeführt werden, so sind dem Reisenden ohne Mehrkosten angemessene Ersatzleistungen anzubieten. Der Reisende kann den Vertrag kostenfrei kündigen, wenn Leistungen nicht gemäß dem Vertrag erbracht werden, die Pauschalreise hierdurch erheblich beeinträchtigt wird und der Reiseveranstalter es versäumt, Abhilfe zu schaffen. In diesem Fall trägt der Reiseveranstalter die Mehrkosten für eine gegebenenfalls zu veranlassende Rückbeförderung des Gastschülers.
– Der Reisende hat Anspruch auf eine Preisminderung und/oder Schadenersatz, wenn die Leistungen nicht oder nicht ordnungsgemäß erbracht werden.
– Der Reiseveranstalter leistet dem Reisenden bzw. dem Gastschüler Beistand, wenn dieser sich in Schwierigkeiten befindet.
– Im Fall der Insolvenz des Reiseveranstalters werden Zahlungen zurückerstattet. Tritt die Insolvenz des Reiseveranstalters nach Reisebeginn ein und ist die Beförderung Bestandteil der Pauschalreise, so wird die Rückbeförderung des Gastschülers gewährleistet. [1] hat eine Insolvenzabsicherung mit [4] abgeschlossen.¹⁾ Die Reisenden können diese Einrichtung oder gegebenenfalls die zuständige Behörde ([5]) kontaktieren, wenn ihnen Leistungen aufgrund der Insolvenz von [1] verweigert werden.¹⁾

[6]

**Gestaltungshinweise:**

[1] Hier ist die Firma/der Name des Reiseveranstalters einzufügen.

[2] Werden die Informationen auf einer Webseite für den elektronischen Geschäftsverkehr zur Verfügung gestellt, ist hier die mit den Wörtern „Weiterführende Informationen zu Ihren wichtigsten Rechten nach den Vorschriften des Bürgerlichen Gesetzbuchs" beschriftete Hyperlink-Schaltfläche einzufügen, nach deren Betätigung die Informationen zu [3] zur Verfügung gestellt werden.

[3] Die Informationen über die wichtigsten Rechte werden entweder nach Betätigung der Hyperlink-Schaltfläche zu [2] zur Verfügung gestellt oder, wenn die Informationen nicht auf einer Webseite für den elektronischen Geschäftsverkehr zur Verfügung gestellt werden, den Informationen im ersten Kasten unmittelbar unterhalb des Kastens angefügt.

[4] Hier ist einzufügen:
a) wenn ein Fall des § 651s des Bürgerlichen Gesetzbuchs vorliegt: Name der Einrichtung, die den Insolvenzschutz bietet,
b) in allen anderen Fällen: Name des Absicherers (§ 651r Absatz 3 des Bürgerlichen Gesetzbuchs).

[5] Hier sind einzufügen:
a) wenn ein Fall des § 651s des Bürgerlichen Gesetzbuchs vorliegt: Kontaktdaten der Einrichtung, die den Insolvenzschutz bietet, und gegebenenfalls Name und Kontaktdaten der zuständigen Behörde, jeweils einschließlich der Anschrift des Ortes, an dem sie ihren Sitz hat, der E-Mail-Adresse und der Telefonnummer,
b) in allen anderen Fällen: Kontaktdaten des Absicherers (§ 651r Absatz 3 des Bürgerlichen Gesetzbuchs) einschließlich der Anschrift des Ortes, an dem er niedergelassen ist, der E-Mail-Adresse und der Telefonnummer.

---

¹⁾ **Amtl. Anm.:** Besteht gemäß § 651r Absatz 1 des Bürgerlichen Gesetzbuchs keine Verpflichtung des Reiseveranstalters zur Insolvenzsicherung, weil der Reiseveranstalter vor Beendigung der Pauschalreise keine Zahlungen des Reisenden auf den Reisepreis annimmt und der Vertrag keine Rückbeförderung des Reisenden umfasst, entfallen diese Sätze.

[6] Hier ist einzufügen:

a) wenn die Informationen auf einer Webseite für den elektronischen Geschäftsverkehr zur Verfügung gestellt werden: die mit den Wörtern „Weiterleitung zur Gesamtausgabe des Bürgerlichen Gesetzbuchs" beschriftete Hyperlink-Schaltfläche, nach deren Betätigung eine Weiterleitung auf die Webseite www.gesetze-im-internet.de/bgb erfolgt,

b) wenn die Informationen nicht auf einer Webseite für den elektronischen Geschäftsverkehr zur Verfügung gestellt werden: „Webseite, auf welcher die Gesamtausgabe des Bürgerlichen Gesetzbuchs[1] zu finden ist: www.gesetze-im-internet.de/bgb".

**Anlage 13[2) 3)]**
(zu Artikel 250 § 4)

### Muster für das Formblatt zur Unterrichtung des Reisenden bei einer Pauschalreise nach § 651c des Bürgerlichen Gesetzbuchs

| |
|---|
| Wenn Sie innerhalb von 24 Stunden ab Eingang der Buchungsbestätigung des Unternehmens [1] einen Vertrag mit dem Unternehmen [2] schließen, handelt es sich bei den von [1] und [2] zu erbringenden Reiseleistungen um eine Pauschalreise im Sinne der Richtlinie (EU) 2015/2302.<br>Daher können Sie alle EU-Rechte in Anspruch nehmen, die für Pauschalreisen gelten. Das Unternehmen [1] trägt die volle Verantwortung für die ordnungsgemäße Durchführung der gesamten Pauschalreise.<br>Zudem verfügt das Unternehmen [1] über die gesetzlich vorgeschriebene Absicherung für die Rückzahlung Ihrer Zahlungen und, falls der Transport in der Pauschalreise inbegriffen ist, zur Sicherstellung Ihrer Rückbeförderung im Fall seiner Insolvenz.[4]<br>[3] |

| |
|---|
| [4] Wichtigste Rechte nach der Richtlinie (EU) 2015/2302<br>– Die Reisenden erhalten alle wesentlichen Informationen über die Pauschalreise vor Abschluss des Pauschalreisevertrags.<br>– Es haftet immer mindestens ein Unternehmer für die ordnungsgemäße Erbringung aller im Vertrag inbegriffenen Reiseleistungen.<br>– Die Reisenden erhalten eine Notruftelefonnummer oder Angaben zu einer Kontaktstelle, über die sie sich mit dem Reiseveranstalter oder dem Reisebüro in Verbindung setzen können.<br>– Die Reisenden können die Pauschalreise – innerhalb einer angemessenen Frist und unter Umständen unter zusätzlichen Kosten – auf eine andere Person übertragen.<br>– Der Preis der Pauschalreise darf nur erhöht werden, wenn bestimmte Kosten (zum Beispiel Treibstoffpreise) sich erhöhen und wenn dies im Vertrag ausdrücklich vorgesehen ist, und in jedem Fall bis spätestens 20 Tage vor Beginn der Pauschalreise. Wenn die Preiserhöhung 8 % des Pauschalreisepreises übersteigt, kann der Reisende vom Vertrag zurücktreten. Wenn sich ein Reiseveranstalter das Recht auf eine Preiserhöhung vorbehält, hat der Reisende das Recht auf eine Preissenkung, wenn die entsprechenden Kosten sich verringern.<br>– Die Reisenden können ohne Zahlung einer Rücktrittsgebühr vom Vertrag zurücktreten und erhalten eine volle Erstattung aller Zahlungen, wenn einer der wesentlichen Bestandteile der Pauschalreise mit Ausnahme des Preises erheblich geändert wird. Wenn der für die Pauschalreise verantwortliche Unternehmer die Pauschalreise vor Beginn der Pauschalreise absagt, haben die Reisenden Anspruch auf eine Kostenerstattung und unter Umständen auf eine Entschädigung.<br>– Die Reisenden können bei Eintritt außergewöhnlicher Umstände vor Beginn der Pauschalreise ohne Zahlung einer Rücktrittsgebühr vom Vertrag zurücktreten, beispielsweise wenn am Bestimmungsort schwerwiegende Sicherheitsprobleme bestehen, die die Pauschalreise voraussichtlich beeinträchtigen. |

---

[1] Nr. **20**.

[2] Anl. 13 angef. mWv 1.7.2018 durch G v. 17.7.2017 (BGBl. I S. 2394); geänd. mWv 1.7.2021 durch G v. 25.6.2021 (BGBl. I S. 2114).

[3] Im BGBl. I sind die hier in eckigen Klammern wiedergegebenen Bezugnahmen auf die Gestaltungshinweise als geschlossene Kästchen dargestellt.

[4] **Amtl. Anm.:** Besteht gemäß § 651r Absatz 1 des Bürgerlichen Gesetzbuchs keine Verpflichtung des als Reiseveranstalter anzusehenden Unternehmers zur Insolvenzsicherung, weil der als Reiseveranstalter anzusehende Unternehmer vor Beendigung der Pauschalreise keine Zahlungen des Reisenden auf den Reisepreis annimmt und der Vertrag keine Rückbeförderung des Reisenden umfasst, entfallen diese Sätze.

– Zudem können die Reisenden jederzeit vor Beginn der Pauschalreise gegen Zahlung einer angemessenen und vertretbaren Rücktrittsgebühr vom Vertrag zurücktreten.
– Können nach Beginn der Pauschalreise wesentliche Bestandteile der Pauschalreise nicht vereinbarungsgemäß durchgeführt werden, so sind dem Reisenden angemessene andere Vorkehrungen ohne Mehrkosten anzubieten. Der Reisende kann ohne Zahlung einer Rücktrittsgebühr vom Vertrag zurücktreten (in der Bundesrepublik Deutschland heißt dieses Recht „Kündigung"), wenn Leistungen nicht gemäß dem Vertrag erbracht werden und dies erhebliche Auswirkungen auf die Erbringung der vertraglichen Pauschalreiseleistungen hat und der Reiseveranstalter es versäumt, Abhilfe zu schaffen.
– Der Reisende hat Anspruch auf eine Preisminderung und/oder Schadenersatz, wenn die Reiseleistungen nicht oder nicht ordnungsgemäß erbracht werden.
– Der Reiseveranstalter leistet dem Reisenden Beistand, wenn dieser sich in Schwierigkeiten befindet.
– Im Fall der Insolvenz des Reiseveranstalters oder – in einigen Mitgliedstaaten – des Reisevermittlers werden Zahlungen zurückerstattet. Tritt die Insolvenz des Reiseveranstalters oder, sofern einschlägig, des Reisevermittlers nach Beginn der Pauschalreise ein und ist die Beförderung Bestandteil der Pauschalreise, so wird die Rückbeförderung der Reisenden gewährleistet. [1] hat eine Insolvenzabsicherung mit [5] abgeschlossen.[1)] Die Reisenden können diese Einrichtung oder gegebenenfalls die zuständige Behörde ([6]) kontaktieren, wenn ihnen Leistungen aufgrund der Insolvenz von [1] verweigert werden.[1)]

[7]

**Gestaltungshinweise:**

[1] Hier ist die Firma/der Name des als Reiseveranstalter anzusehenden Unternehmers (§ 651c Absatz 1 des Bürgerlichen Gesetzbuchs) einzufügen.

[2] Hier ist die Firma/der Name jedes anderen Unternehmers einzutragen, dem nach § 651c Absatz 1 Nummer 2 des Bürgerlichen Gesetzbuchs Daten übermittelt werden.

[3] Hier ist die mit den Wörtern „Weiterführende Informationen zu Ihren wichtigsten Rechten nach der Richtlinie (EU) 2015/2302" beschriftete Hyperlink-Schaltfläche einzufügen, nach deren Betätigung die Informationen zu [4] zur Verfügung gestellt werden.

[4] Die Informationen über die wichtigsten Rechte nach der Richtlinie (EU) 2015/2302 werden nach Betätigung der Hyperlink-Schaltfläche zu [3] zur Verfügung gestellt.

[5] Hier ist einzufügen:
a) wenn ein Fall des § 651s des Bürgerlichen Gesetzbuchs vorliegt: Name der Einrichtung, die den Insolvenzschutz bietet,
b) in allen anderen Fällen: Name des Absicherers (§ 651r Absatz 3 des Bürgerlichen Gesetzbuchs).

[6] Hier sind einzufügen:
a) wenn ein Fall des § 651s des Bürgerlichen Gesetzbuchs vorliegt: Kontaktdaten der Einrichtung, die den Insolvenzschutz bietet, und gegebenenfalls Name und Kontaktdaten der zuständigen Behörde, jeweils einschließlich der Anschrift des Ortes, an dem sie ihren Sitz hat, der E-Mail-Adresse und der Telefonnummer,
b) in allen anderen Fällen: Kontaktdaten des Absicherers (§ 651r Absatz 3 des Bürgerlichen Gesetzbuchs) einschließlich der Anschrift des Ortes, an dem er niedergelassen ist, der E-Mail-Adresse und der Telefonnummer.

[7] Hier ist die mit den Wörtern „Richtlinie (EU) 2015/2302 in der in das nationale Recht umgesetzten Form" beschriftete Hyperlink-Schaltfläche einzufügen, nach deren Betätigung eine Weiterleitung auf die Webseite www.umsetzung-richtlinie-eu2015-2302.de erfolgt.

---

[1)] **Amtl. Anm.:** Besteht gemäß § 651r Absatz 1 des Bürgerlichen Gesetzbuchs keine Verpflichtung des als Reiseveranstalter anzusehenden Unternehmers zur Insolvenzsicherung, weil der als Reiseveranstalter anzusehende Unternehmer vor Beendigung der Pauschalreise keine Zahlungen des Reisenden auf den Reisepreis annimmt und der Vertrag keine Rückbeförderung des Reisenden umfasst, entfallen diese Sätze.

**Anlage 14[1) 2)]**
(zu Artikel 251 § 2 Satz 1 Nummer 1 Buchstabe a)

## Muster für das Formblatt zur Unterrichtung des Reisenden, wenn der Vermittler verbundener Reiseleistungen ein Beförderer ist, mit dem der Reisende einen die Rückbeförderung umfassenden Vertrag geschlossen hat, und die Vermittlung nach § 651w Absatz 1 Satz 1 Nummer 1 des Bürgerlichen Gesetzbuchs erfolgt

| |
|---|
| Bei Buchung zusätzlicher Reiseleistungen für Ihre Reise über [1] im Anschluss an die Auswahl und Zahlung einer Reiseleistung können Sie die nach der Richtlinie (EU) 2015/2302 für Pauschalreisen geltenden Rechte NICHT in Anspruch nehmen.<br>Daher ist [1] nicht für die ordnungsgemäße Erbringung solcher zusätzlichen Reiseleistungen verantwortlich. Bei Problemen wenden Sie sich bitte an den jeweiligen Leistungserbringer.<br>Bei Buchung zusätzlicher Reiseleistungen bei demselben Besuch des Buchungsportals [2] werden diese Reiseleistungen jedoch Teil verbundener Reiseleistungen. In diesem Fall verfügt [3] über die nach dem EU-Recht vorgeschriebene Absicherung für die Erstattung Ihrer Zahlungen an [3] für Dienstleistungen, die aufgrund der Insolvenz von [3] nicht erbracht wurden, sowie erforderlichenfalls für Ihre Rückbeförderung an den Abreiseort. Beachten Sie bitte, dass dies im Fall einer Insolvenz des betreffenden Leistungserbringers keine Erstattung bewirkt.<br>[4] |

| |
|---|
| [3] hat eine Insolvenzabsicherung mit [5] abgeschlossen.<br>Die Reisenden können diese Einrichtung oder gegebenenfalls die zuständige Behörde ([6]) kontaktieren, wenn ihnen Reiseleistungen aufgrund der Insolvenz von [3] verweigert werden.<br>Hinweis: Diese Insolvenzabsicherung gilt nicht für Verträge mit anderen Parteien als [3], die trotz der Insolvenz des Unternehmens [3] erfüllt werden können.<br>[7] |

**Gestaltungshinweise:**

[1] Hier ist entweder „unser Unternehmen“ oder „das Unternehmen (einsetzen: Firma/Name des Vermittlers verbundener Reiseleistungen)“ einzufügen.

[2] Hier ist entweder „unseres Unternehmens“ oder „des Unternehmens (einsetzen: Firma/Name des Vermittlers verbundener Reiseleistungen)“ einzufügen.

[3] Hier ist die Firma/der Name des Vermittlers verbundener Reiseleistungen einzufügen.

[4] Hier ist die mit den Wörtern „Weiterführende Informationen zum Insolvenzschutz“ beschriftete Hyperlink-Schaltfläche einzufügen, nach deren Betätigung die Informationen im zweiten Kasten zur Verfügung gestellt werden.

[5] Hier ist einzufügen:
a) wenn ein Fall des § 651w Absatz 3 Satz 4 in Verbindung mit § 651s des Bürgerlichen Gesetzbuchs vorliegt: Name der Einrichtung, die den Insolvenzschutz bietet,
b) in allen anderen Fällen: Name des Absicherers (§ 651r Absatz 3 des Bürgerlichen Gesetzbuchs)

[6] Hier sind einzufügen:
a) wenn ein Fall des § 651w Absatz 3 Satz 4 in Verbindung mit § 651s des Bürgerlichen Gesetzbuchs vorliegt: Kontaktdaten der Einrichtung, die den Insolvenzschutz bietet, und gegebenenfalls Name und Kontaktdaten der zuständigen Behörde, jeweils einschließlich der Anschrift des Ortes, an dem sie ihren Sitz hat, der E-Mail-Adresse und der Telefonnummer,
b) in allen anderen Fällen: Kontaktdaten des Absicherers (§ 651r Absatz 3 des Bürgerlichen Gesetzbuchs) einschließlich der Anschrift des Ortes, an dem er niedergelassen ist, der E-Mail-Adresse und der Telefonnummer.

[7] Hier ist die mit den Wörtern „Richtlinie (EU) 2015/2302 in der in das nationale Recht umgesetzten Form“ beschriftete Hyperlink-Schaltfläche einzufügen, nach deren Betätigung eine Weiterleitung auf die Webseite www.umsetzung-richtlinie-eu2015-2302.de erfolgt.

---

[1)] Anl. 14 angef. mWv 1.7.2018 durch G v. 17.7.2017 (BGBl. I S. 2394); geänd. mWv 1.7.2021 durch G v. 25.6.2021 (BGBl. I S. 2114).

[2)] Im BGBl. I sind die hier in eckigen Klammern wiedergegebenen Bezugnahmen auf die Gestaltungshinweise als geschlossene Kästchen dargestellt.

**Anlage 15[1) 2)]**
(zu Artikel 251 § 2 Satz 1 Nummer 1 Buchstabe b)

**Muster für das Formblatt zur Unterrichtung des Reisenden, wenn der Vermittler verbundener Reiseleistungen ein Beförderer ist, mit dem der Reisende einen die Rückbeförderung umfassenden Vertrag geschlossen hat, und die Vermittlung nach § 651w Absatz 1 Satz 1 Nummer 2 des Bürgerlichen Gesetzbuchs erfolgt**

Bei Buchung zusätzlicher Reiseleistungen für Ihre Reise über diesen Link oder diese Links können Sie die nach der Richtlinie (EU) 2015/2302 für Pauschalreisen geltenden Rechte NICHT in Anspruch nehmen.

Daher ist [1] nicht für die ordnungsgemäße Erbringung solcher zusätzlichen Reiseleistungen verantwortlich. Bei Problemen wenden Sie sich bitte an den jeweiligen Leistungserbringer.

Bei der Buchung zusätzlicher Reiseleistungen über diesen Link oder diese Links innerhalb von 24 Stunden nach Bestätigung Ihrer Buchung durch [1] werden diese Reiseleistungen jedoch Teil verbundener Reiseleistungen. In diesem Fall verfügt [2] über die nach dem EU-Recht vorgeschriebene Absicherung für die Erstattung Ihrer Zahlungen an [2] für Dienstleistungen, die aufgrund der Insolvenz von [2] nicht erbracht wurden, sowie erforderlichenfalls für Ihre Rückbeförderung an den Abreiseort. Beachten Sie bitte, dass dies im Fall einer Insolvenz des betreffenden Leistungserbringers keine Erstattung bewirkt.

[3]

---

[2] hat eine Insolvenzabsicherung mit [4] abgeschlossen.

Die Reisenden können diese Einrichtung oder gegebenenfalls die zuständige Behörde ([5]) kontaktieren, wenn ihnen Reiseleistungen aufgrund der Insolvenz von [2] verweigert werden.

Hinweis: Diese Insolvenzabsicherung gilt nicht für Verträge mit anderen Parteien als [2], die trotz der Insolvenz des Unternehmens [2] erfüllt werden können.

[6]

**Gestaltungshinweise:**

[1] Hier ist entweder „unser Unternehmen“ oder „das Unternehmen (einsetzen: Firma/Name des Vermittlers verbundener Reiseleistungen)“ einzufügen.

[2] Hier ist die Firma/der Name des Vermittlers verbundener Reiseleistungen einzufügen.

[3] Hier ist die mit den Wörtern „Weiterführende Informationen zum Insolvenzschutz“ beschriftete Hyperlink-Schaltfläche einzufügen, nach deren Betätigung die Informationen im zweiten Kasten zur Verfügung gestellt werden.

[4] Hier ist einzufügen:
a) wenn ein Fall des § 651w Absatz 3 Satz 4 in Verbindung mit § 651s des Bürgerlichen Gesetzbuchs vorliegt: Name der Einrichtung, die den Insolvenzschutz bietet,
b) in allen anderen Fällen: Name des Absicherers (§ 651r Absatz 3 des Bürgerlichen Gesetzbuchs).

[5] Hier sind einzufügen:
a) wenn ein Fall des § 651w Absatz 3 Satz 4 in Verbindung mit § 651s des Bürgerlichen Gesetzbuchs vorliegt: Kontaktdaten der Einrichtung, die den Insolvenzschutz bietet, und gegebenenfalls Name und Kontaktdaten der zuständigen Behörde, jeweils einschließlich der Anschrift des Ortes, an dem sie ihren Sitz hat, der E-Mail-Adresse und der Telefonnummer,
b) in allen anderen Fällen: Kontaktdaten des Absicherers (§ 651r Absatz 3 des Bürgerlichen Gesetzbuchs) einschließlich der Anschrift des Ortes, an dem er niedergelassen ist, der E-Mail-Adresse und der Telefonnummer.

[6] Hier ist die mit den Wörtern „Richtlinie (EU) 2015/2302 in der in das nationale Recht umgesetzten Form“ beschriftete Hyperlink-Schaltfläche einzufügen, nach deren Betätigung eine Weiterleitung auf die Webseite www.umsetzung-richtlinie-eu2015-2302.de erfolgt.

---

[1)] Anl. 15 angef. mWv 1.7.2018 durch G v. 17.7.2017 (BGBl. I S. 2394); geänd. mWv 1.7.2021 durch G v. 25.6.2021 (BGBl. I S. 2114).

[2)] Im BGBl. I sind die hier in eckigen Klammern wiedergegebenen Bezugnahmen auf die Gestaltungshinweise als geschlossene Kästchen dargestellt.

**Anlage 16[1) 2)]**
(zu Artikel 251 § 2 Satz 1 Nummer 2 Buchstabe a)

**Muster für das Formblatt zur Unterrichtung des Reisenden, wenn der Vermittler verbundener Reiseleistungen kein Beförderer ist, mit dem der Reisende einen die Rückbeförderung umfassenden Vertrag geschlossen hat, und die Vermittlung nach § 651w Absatz 1 Satz 1 Nummer 1 des Bürgerlichen Gesetzbuchs erfolgt**

Bei Buchung zusätzlicher Reiseleistungen für Ihre Reise über [1] im Anschluss an die Auswahl und Zahlung einer Reiseleistung können Sie die nach der Richtlinie (EU) 2015/2302 für Pauschalreisen geltenden Rechte NICHT in Anspruch nehmen.
Daher ist [1] nicht für die ordnungsgemäße Erbringung solcher zusätzlichen Reiseleistungen verantwortlich. Bei Problemen wenden Sie sich bitte an den jeweiligen Leistungserbringer.
Bei Buchung zusätzlicher Reiseleistungen bei demselben Besuch [2] werden diese Reiseleistungen jedoch Teil verbundener Reiseleistungen. In diesem Fall verfügt [3] über die nach dem EU-Recht vorgeschriebene Absicherung für die Erstattung Ihrer Zahlungen an [3] für Dienstleistungen, die aufgrund der Insolvenz von [3] nicht erbracht wurden. Beachten Sie bitte, dass dies im Fall einer Insolvenz des betreffenden Leistungserbringers keine Erstattung bewirkt.[3)]
[4][3)]

[3] hat eine Insolvenzabsicherung mit [5] abgeschlossen.[3)]
Die Reisenden können diese Einrichtung oder gegebenenfalls die zuständige Behörde ([6]) kontaktieren, wenn ihnen Reiseleistungen aufgrund der Insolvenz von [3] verweigert werden.[3)]
Hinweis: Diese Insolvenzabsicherung gilt nicht für Verträge mit anderen Parteien als [3], die trotz der Insolvenz des Unternehmens [3] erfüllt werden können.[3)]
[7][3)]

**Gestaltungshinweise:**

[1] Hier ist entweder „unser Unternehmen“ oder „das Unternehmen (einsetzen: Firma/Name des Vermittlers verbundener Reiseleistungen)“ einzufügen.

[2] Hier ist einzufügen:
a) wenn die Informationen auf einer Webseite für den elektronischen Geschäftsverkehr zur Verfügung gestellt werden: entweder „des Buchungsportals unseres Unternehmens“ oder „des Buchungsportals des Unternehmens (einsetzen: Firma/Name des Vermittlers verbundener Reiseleistungen)“,
b) wenn die Informationen bei gleichzeitiger körperlicher Anwesenheit des Reisenden und des Vermittlers verbundener Reiseleistungen zur Verfügung gestellt werden: entweder „unseres Unternehmens oder bei demselben Kontakt mit diesem“ oder „des Unternehmens (einsetzen: Firma/Name des Vermittlers verbundener Reiseleistungen) oder bei demselben Kontakt mit diesem“.

[3] Hier ist die Firma/der Name des Vermittlers verbundener Reiseleistungen einzufügen.

[4] Werden die Informationen auf einer Webseite für den elektronischen Geschäftsverkehr zur Verfügung gestellt, ist hier die mit den Wörtern „Weiterführende Informationen zum Insolvenzschutz“ beschriftete Hyperlink-Schaltfläche einzufügen, nach deren Betätigung die Informationen im zweiten Kasten zur Verfügung gestellt werden. Werden die Informationen bei gleichzeitiger körperlicher Anwesenheit des Reisenden und des Vermittlers verbundener Reiseleistungen zur Verfügung gestellt, werden die Informationen im zweiten Kasten unmittelbar unterhalb des ersten Kastens angefügt.

---

1) Anl. 16 angef. mWv 1.7.2018 durch G v. 17.7.2017 (BGBl. I S. 2394); geänd. mWv 1.7.2021 durch G v. 25.6.2021 (BGBl. I S. 2114).

2) Im BGBl. I sind die hier in eckigen Klammern wiedergegebenen Bezugnahmen auf die Gestaltungshinweise als geschlossene Kästchen dargestellt.

3) **Amtl. Anm.:** Besteht gemäß § 651w Absatz 3 des Bürgerlichen Gesetzbuchs keine Verpflichtung des Vermittlers verbundener Reiseleistungen zur Insolvenzsicherung, weil er Zahlungen des Reisenden auf Vergütungen für Reiseleistungen nicht oder erst nach deren Erbringung annimmt, entfallen diese Absätze. Gleiches gilt, soweit solche Zahlungen aufgrund einer vom Leistungserbringer erteilten Inkassovollmacht des Vermittlers verbundener Reiseleistungen auf einem insolvenzfesten Treuhandkonto gutgeschrieben werden.

[5] Hier ist einzufügen:
a) wenn ein Fall des § 651w Absatz 3 Satz 4 in Verbindung mit § 651s des Bürgerlichen Gesetzbuchs vorliegt: Name der Einrichtung, die den Insolvenzschutz bietet,
b) in allen anderen Fällen: Name des Absicherers (§ 651r Absatz 3 des Bürgerlichen Gesetzbuchs).

[6] Hier sind einzufügen:
a) wenn ein Fall des § 651w Absatz 3 Satz 4 in Verbindung mit § 651s des Bürgerlichen Gesetzbuchs vorliegt: Kontaktdaten der Einrichtung, die den Insolvenzschutz bietet, und gegebenenfalls Name und Kontaktdaten der zuständigen Behörde, jeweils einschließlich der Anschrift des Ortes, an dem sie ihren Sitz hat, der E-Mail-Adresse und der Telefonnummer,
b) in allen anderen Fällen: Kontaktdaten des Absicherers (§ 651r Absatz 3 des Bürgerlichen Gesetzbuchs) einschließlich der Anschrift des Ortes, an dem er niedergelassen ist, der E-Mail-Adresse und der Telefonnummer.

[7] Hier ist einzufügen:
a) wenn die Informationen auf einer Webseite für den elektronischen Geschäftsverkehr zur Verfügung gestellt werden: die mit den Wörtern „Richtlinie (EU) 2015/2302 in der in das nationale Recht umgesetzten Form" beschriftete Hyperlink-Schaltfläche, nach deren Betätigung eine Weiterleitung auf die Webseite www.umsetzung-richtlinie-eu2015-2302.de erfolgt,
b) wenn die Informationen bei gleichzeitiger körperlicher Anwesenheit des Reisenden und des Vermittlers verbundener Reiseleistungen zur Verfügung gestellt werden: „Webseite, auf der die Richtlinie (EU) 2015/2302 in der in das nationale Recht umgesetzten Form zu finden ist: www.umsetzung-richtlinie-eu2015-2302.de".

**Anlage 17**[1) 2)]
(zu Artikel 251 § 2 Satz 1 Nummer 2 Buchstabe b)

### Muster für das Formblatt zur Unterrichtung des Reisenden, wenn der Vermittler verbundener Reiseleistungen kein Beförderer ist, mit dem der Reisende einen die Rückbeförderung umfassenden Vertrag geschlossen hat, und die Vermittlung nach § 651w Absatz 1 Satz 1 Nummer 2 des Bürgerlichen Gesetzbuchs erfolgt

Bei Buchung zusätzlicher Reiseleistungen für Ihre Reise über diesen Link oder diese Links können Sie die nach der Richtlinie (EU) 2015/2302 für Pauschalreisen geltenden Rechte NICHT in Anspruch nehmen.

Daher ist [1] nicht für die ordnungsgemäße Erbringung solcher zusätzlichen Reiseleistungen verantwortlich. Bei Problemen wenden Sie sich bitte an den jeweiligen Leistungserbringer.

Bei der Buchung zusätzlicher Reiseleistungen über diesen Link oder diese Links innerhalb von 24 Stunden nach Bestätigung Ihrer Buchung durch [1] werden diese Reiseleistungen jedoch Teil verbundener Reiseleistungen. In diesem Fall verfügt [2] über die nach dem EU-Recht vorgeschriebene Absicherung für die Erstattung Ihrer Zahlungen an [2] für Dienstleistungen, die aufgrund der Insolvenz von [2] nicht erbracht wurden. Beachten Sie bitte, dass dies im Fall einer Insolvenz des betreffenden Leistungserbringers keine Erstattung bewirkt.[3)]

[3][3)]

---

[1)] Anl. 17 angef. mWv 1.7.2018 durch G v. 17.7.2017 (BGBl. I S. 2394); geänd. mWv 1.7.2021 durch G v. 25.6.2021 (BGBl. I S. 2114).

[2)] Im BGBl. I sind die hier in eckigen Klammern wiedergegebenen Bezugnahmen auf die Gestaltungshinweise als geschlossene Kästchen dargestellt.

[3)] **Amtl. Anm.:** Besteht gemäß § 651w Absatz 3 des Bürgerlichen Gesetzbuchs keine Verpflichtung des Vermittlers verbundener Reiseleistungen zur Insolvenzsicherung, weil er Zahlungen des Reisenden auf Vergütungen für Reiseleistungen nicht oder erst nach deren Erbringung annimmt, entfallen diese Absätze. Gleiches gilt, soweit solche Zahlungen aufgrund einer vom Leistungserbringer erteilten Inkassovollmacht des Vermittlers verbundener Reiseleistungen auf einem insolvenzfesten Treuhandkonto gutgeschrieben werden.

| |
|---|
| [2] hat eine Insolvenzabsicherung mit [4] abgeschlossen.[1]<br>Die Reisenden können diese Einrichtung oder gegebenenfalls die zuständige Behörde ([5]) kontaktieren, wenn ihnen Reiseleistungen aufgrund der Insolvenz von [2] verweigert werden.[1]<br>Hinweis: Diese Insolvenzabsicherung gilt nicht für Verträge mit anderen Parteien als [2], die trotz der Insolvenz des Unternehmens [2] erfüllt werden können.[1]<br>[6][1] |

**Gestaltungshinweise:**

[1] Hier ist entweder „unser Unternehmen" oder „das Unternehmen (einsetzen: Firma/Name des Vermittlers verbundener Reiseleistungen)" einzufügen.

[2] Hier ist die Firma/der Name des Vermittlers verbundener Reiseleistungen einzufügen.

[3] Hier ist die mit den Wörtern „Weiterführende Informationen zum Insolvenzschutz" beschriftete Hyperlink-Schaltfläche einzufügen, nach deren Betätigung die Informationen im zweiten Kasten zur Verfügung gestellt werden.

[4] Hier ist einzufügen:
a) wenn ein Fall des § 651w Absatz 3 Satz 4 in Verbindung mit § 651s des Bürgerlichen Gesetzbuchs vorliegt: Name der Einrichtung, die den Insolvenzschutz bietet,
b) in allen anderen Fällen: Name des Absicherers (§ 651r Absatz 3 des Bürgerlichen Gesetzbuchs).

[5] Hier sind einzufügen:
a) wenn ein Fall des § 651w Absatz 3 Satz 4 in Verbindung mit § 651s des Bürgerlichen Gesetzbuchs vorliegt: Kontaktdaten der Einrichtung, die den Insolvenzschutz bietet, und gegebenenfalls Name und Kontaktdaten der zuständigen Behörde, jeweils einschließlich der Anschrift des Ortes, an dem sie ihren Sitz hat, der E-Mail-Adresse und der Telefonnummer,
b) in allen anderen Fällen: Kontaktdaten des Absicherers (§ 651r Absatz 3 des Bürgerlichen Gesetzbuchs) einschließlich der Anschrift des Ortes, an dem er niedergelassen ist, der E-Mail-Adresse und der Telefonnummer.

[6] Hier ist die mit den Wörtern „Richtlinie (EU) 2015/2302 in der in das nationale Recht umgesetzten Form" beschriftete Hyperlink-Schaltfläche einzufügen, nach deren Betätigung eine Weiterleitung auf die Webseite www.umsetzung-richtlinie-eu2015-2302.de erfolgt.

**Anlage 18**[2) 3)]
(zu Artikel 252 Absatz 1 Satz 1)

**Muster für den Sicherungsschein**

| |
|---|
| (gegebenenfalls einsetzen Sicherungsscheinnummer)<br>**Sicherungsschein für**<br>[1] **Pauschalreisen**<br>**gemäß** [2] **§ 651r des Bürgerlichen Gesetzbuchs**<br>für …………………<br>(einsetzen: Namen des Reisenden, die Wörter „den umseitig bezeichneten Reisenden" oder die Buchungsnummer) [3]<br>(gegebenenfalls einsetzen: Geltungsdauer des Sicherungsscheins) [4]<br>Dem Reisenden steht im Fall der Insolvenz [5] gegenüber dem unten angegebenen Absicherer unter den gesetzlichen Voraussetzungen ein unmittelbarer Anspruch nach § 651r Absatz 4 des Bürgerlichen Gesetzbuchs zu.<br>Die Einstandspflicht des Absicherers für die zu erbringenden Leistungen ist auf 1 Million Euro für jeden Insolvenzfall begrenzt. Sollte diese Summe nicht für alle Reisenden ausreichen, so verringern sich die |

---

1) **Amtl. Anm.**: Besteht gemäß § 651w Absatz 3 des Bürgerlichen Gesetzbuchs keine Verpflichtung des Vermittlers verbundener Reiseleistungen zur Insolvenzsicherung, weil er Zahlungen des Reisenden auf Vergütungen für Reiseleistungen nicht oder erst nach deren Erbringung annimmt, entfallen diese Absätze. Gleiches gilt, soweit solche Zahlungen aufgrund einer vom Leistungserbringer erteilten Inkassovollmacht des Vermittlers verbundener Reiseleistungen auf einem insolvenzfesten Treuhandkonto gutgeschrieben werden.

2) Anl. 18 neu gef. mWv 1.7.2021 durch G v. 25.6.2021 (BGBl. I S. 2114).

3) Im BGBl. I sind die hier in eckigen Klammern wiedergegebenen Bezugnahmen auf die Gestaltungshinweise als geschlossene Kästchen dargestellt.

| |
|---|
| einzelnen Leistungsansprüche der Reisenden in dem Verhältnis, in dem der Gesamtbetrag ihrer Ansprüche zum Höchstbetrag steht. [6]<br>Bei Rückfragen wenden Sie sich an: (mindestens einsetzen: Namen, Anschrift und Telefonnummer der anzusprechenden Stelle; falls diese nicht für die Schadensabwicklung zuständig ist, auch Namen, Anschrift und Telefonnummer der dafür zuständigen Stelle).<br>(einsetzen: Namen, ladungsfähige Anschrift des Absicherers)<br>Absicherer |

**Gestaltungshinweise:**

[1] Hier ist bei einer Vermittlung verbundener Reiseleistungen (§ 651w des Bürgerlichen Gesetzbuchs) anstelle des nachfolgenden Wortes „Pauschalreisen" Folgendes einzufügen: „verbundene Reiseleistungen".

[2] Hier ist bei einer Vermittlung verbundener Reiseleistungen (§ 651w des Bürgerlichen Gesetzbuchs) anstelle der nachfolgenden Angabe „§ 651r" Folgendes einzufügen: „den §§ 651r und 651w".

[3] Diese Angaben können entfallen. In diesem Falle ist folgender Satz einzufügen: „Dieser Sicherungsschein gilt für den Buchenden und alle Reiseteilnehmer."

[4] Falls der Sicherungsschein befristet ist, muss die Frist mindestens den Zeitraum vom Vertragsschluss bis zur Beendigung der Reise umfassen.

[5] Hier ist einzufügen:
a) wenn ein Pauschalreisevertrag vorliegt: entweder die Wörter „des umseitig bezeichneten Reiseveranstalters" oder „der"/„des" und sodann Firma/Name und Anschrift des Reiseveranstalters,
b) wenn eine Vermittlung verbundener Reiseleistungen (§ 651w des Bürgerlichen Gesetzbuchs) vorliegt: „der"/„des" und sodann Firma/Name und Anschrift des Vermittlers verbundener Reiseleistungen.

[6] Diese Angabe entfällt, wenn
a) die Absicherung durch den Reisesicherungsfonds erfolgt,
b) der Reiseveranstalter oder Vermittler verbundener Reiseleistungen im letzten abgeschlossenen Geschäftsjahr einen Umsatz nach § 1 Nummer 2 des Reisesicherungsfondsgesetzes von mindestens 3 Millionen Euro erzielt hat oder
c) ein Versicherer oder Kreditinstitut in allen anderen Fällen keine Beschränkung der Einstandspflicht nach § 651r Absatz 3 Satz 3 des Bürgerlichen Gesetzbuchs vereinbart.

# 21 a. Verordnung (EG) Nr. 593/2008 des Europäischen Parlaments und des Rates vom 17. Juni 2008 über das auf vertragliche Schuldverhältnisse anzuwendende Recht (Rom I)

(ABl. Nr. L 177 S. 6, ber. 2009 Nr. L 309 S. 87)
EU-Dok.-Nr. 3 2008 R 0593

DAS EUROPÄISCHE PARLAMENT UND DER RAT DER EUROPÄISCHEN UNION –

gestützt auf den Vertrag zur Gründung der Europäischen Gemeinschaft, insbesondere auf Artikel 61 Buchstabe c und Artikel 67 Absatz 5, zweiter Gedankenstrich,

auf Vorschlag der Kommission,

nach Stellungnahme des Europäischen Wirtschafts- und Sozialausschusses[1)],

gemäß dem Verfahren des Artikels 251 des Vertrags[2)],

in Erwägung nachstehender Gründe:

(1) Die Gemeinschaft hat sich zum Ziel gesetzt, einen Raum der Freiheit, der Sicherheit und des Rechts zu erhalten und weiterzuentwickeln. Zur schrittweisen Schaffung dieses Raums muss die Gemeinschaft im Bereich der justiziellen Zusammenarbeit in Zivilsachen, die einen grenzüberschreitenden Bezug aufweisen, Maßnahmen erlassen, soweit sie für das reibungslose Funktionieren des Binnenmarkts erforderlich sind.

(2) Nach Artikel 65 Buchstabe b des Vertrags schließen diese Maßnahmen solche ein, die die Vereinbarkeit der in den Mitgliedstaaten geltenden Kollisionsnormen und Vorschriften zur Vermeidung von Kompetenzkonflikten fördern.

(3) Auf seiner Tagung vom 15. und 16. Oktober 1999 in Tampere hat der Europäische Rat den Grundsatz der gegenseitigen Anerkennung von Urteilen und anderen Entscheidungen von Justizbehörden als Eckstein der justiziellen Zusammenarbeit in Zivilsachen unterstützt und den Rat und die Kommission ersucht, ein Maßnahmenprogramm zur Umsetzung dieses Grundsatzes anzunehmen.

(4) Der Rat hat am 30. November 2000 ein gemeinsames Maßnahmenprogramm der Kommission und des Rates zur Umsetzung des Grundsatzes der gegenseitigen Anerkennung gerichtlicher Entscheidungen in Zivil- und Handelssachen verabschiedet[3)]. Nach dem Programm können Maßnahmen zur Harmonisierung der Kollisionsnormen dazu beitragen, die gegenseitige Anerkennung gerichtlicher Entscheidungen zu vereinfachen.

---

1) **Amtl. Anm.:** ABl. C 318 vom 23. 12. 2006, S. 56.

2) **Amtl. Anm.:** Stellungnahme des Europäischen Parlaments vom 29. November 2007 (noch nicht im Amtsblatt veröffentlicht) und Beschluss des Rates vom 5. Juni 2008.

3) **Amtl. Anm.:** ABl. C 12 vom 15. 1. 2001, S. 1.

(5) In dem vom Europäischen Rat am 5. November 2004 angenommenen Haager Programm[1] wurde dazu aufgerufen, die Beratungen über die Regelung der Kollisionsnormen für vertragliche Schuldverhältnisse („Rom I") energisch voranzutreiben.

(6) Um den Ausgang von Rechtsstreitigkeiten vorhersehbarer zu machen und die Sicherheit in Bezug auf das anzuwendende Recht sowie den freien Verkehr gerichtlicher Entscheidungen zu fördern, müssen die in den Mitgliedstaaten geltenden Kollisionsnormen im Interesse eines reibungslos funktionierenden Binnenmarkts unabhängig von dem Staat, in dem sich das Gericht befindet, bei dem der Anspruch geltend gemacht wird, dasselbe Recht bestimmen.

(7) Der materielle Anwendungsbereich und die Bestimmungen dieser Verordnung sollten mit der Verordnung (EG) Nr. 44/2001 des Rates vom 22. Dezember 2000 über die gerichtliche Zuständigkeit und die Anerkennung und Vollstreckung von Entscheidungen in Zivil- und Handelssachen („Brüssel I")[2] und der Verordnung (EG) Nr. 864/2007 des Europäischen Parlaments und des Rates vom 11. Juli 2007 über das auf außervertragliche Schuldverhältnisse anzuwendende Recht („Rom II")[3] im Einklang stehen.

(8) Familienverhältnisse sollten die Verwandtschaft in gerader Linie, die Ehe, die Schwägerschaft und die Verwandtschaft in der Seitenlinie umfassen. Die Bezugnahme in Artikel 1 Absatz 2 auf Verhältnisse, die mit der Ehe oder anderen Familienverhältnissen vergleichbare Wirkungen entfalten, sollte nach dem Recht des Mitgliedstaats, in dem sich das angerufene Gericht befindet, ausgelegt werden.

(9) Unter Schuldverhältnisse aus Wechseln, Schecks, Eigenwechseln und anderen handelbaren Wertpapieren sollten auch Konnossemente fallen, soweit die Schuldverhältnisse aus dem Konnossement aus dessen Handelbarkeit entstehen.

(10) Schuldverhältnisse, die aus Verhandlungen vor Abschluss eines Vertrags entstehen, fallen unter Artikel 12 der Verordnung (EG) Nr. 864/2007. Sie sollten daher vom Anwendungsbereich dieser Verordnung ausgenommen werden.

(11) Die freie Rechtswahl der Parteien sollte einer der Ecksteine des Systems der Kollisionsnormen im Bereich der vertraglichen Schuldverhältnisse sein.

(12) Eine Vereinbarung zwischen den Parteien, dass ausschließlich ein Gericht oder mehrere Gerichte eines Mitgliedstaats für Streitigkeiten aus einem Vertrag zuständig sein sollen, sollte bei der Feststellung, ob eine Rechtswahl eindeutig getroffen wurde, einer der zu berücksichtigenden Faktoren sein.

(13) Diese Verordnung hindert die Parteien nicht daran, in ihrem Vertrag auf ein nichtstaatliches Regelwerk oder ein internationales Übereinkommen Bezug zu nehmen.

---

[1] **Amtl. Anm.:** ABl. C 53 vom 3. 3. 2005, S. 1.

[2] **Amtl. Anm.:** ABl. L 12 vom 16. 1. 2001, S. 1. Zuletzt geändert durch die Verordnung (EG) Nr. 1791/2006 (ABl. L 363 vom 20. 12. 2006, S. 1).

[3] **Amtl. Anm.:** ABl. L 199 vom 31. 7. 2007, S. 40.

(14) Sollte die Gemeinschaft in einem geeigneten Rechtsakt Regeln des materiellen Vertragsrechts, einschließlich vertragsrechtlicher Standardbestimmungen, festlegen, so kann in einem solchen Rechtsakt vorgesehen werden, dass die Parteien entscheiden können, diese Regeln anzuwenden.

(15) Wurde eine Rechtswahl getroffen und sind alle anderen Elemente des Sachverhalts in einem anderen als demjenigen Staat belegen, dessen Recht gewählt wurde, so sollte die Rechtswahl nicht die Anwendung derjenigen Bestimmungen des Rechts dieses anderen Staates berühren, von denen nicht durch Vereinbarung abgewichen werden kann. Diese Regel sollte unabhängig davon angewandt werden, ob die Rechtswahl zusammen mit einer Gerichtsstandsvereinbarung getroffen wurde oder nicht. Obwohl keine inhaltliche Änderung gegenüber Artikel 3 Absatz 3 des Übereinkommens von 1980 über das auf vertragliche Schuldverhältnisse anzuwendende Recht[1] („Übereinkommen von Rom") beabsichtigt ist, ist der Wortlaut der vorliegenden Verordnung so weit wie möglich an Artikel 14 der Verordnung (EG) Nr. 864/2007[2] angeglichen.

(16) Die Kollisionsnormen sollten ein hohes Maß an Berechenbarkeit aufweisen, um zum allgemeinen Ziel dieser Verordnung, nämlich zur Rechtssicherheit im europäischen Rechtsraum, beizutragen. Dennoch sollten die Gerichte über ein gewisses Ermessen verfügen, um das Recht bestimmen zu können, das zu dem Sachverhalt die engste Verbindung aufweist.

(17) Soweit es das mangels einer Rechtswahl anzuwendende Recht betrifft, sollten die Begriffe „Erbringung von Dienstleistungen" und „Verkauf beweglicher Sachen" so ausgelegt werden wie bei der Anwendung von Artikel 5 der Verordnung (EG) Nr. 44/2001, soweit der Verkauf beweglicher Sachen und die Erbringung von Dienstleistungen unter jene Verordnung fallen. Franchiseverträge und Vertriebsverträge sind zwar Dienstleistungsverträge, unterliegen jedoch besonderen Regeln.

(18) Hinsichtlich des mangels einer Rechtswahl anzuwendenden Rechts sollten unter multilateralen Systemen solche Systeme verstanden werden, in denen Handel betrieben wird, wie die geregelten Märkte und multilateralen Handelssysteme im Sinne des Artikels 4 der Richtlinie 2004/39/EG des Europäischen Parlaments und des Rates vom 21. April 2004 über Märkte für Finanzinstrumente[3], und zwar ungeachtet dessen, ob sie sich auf eine zentrale Gegenpartei stützen oder nicht.

(19) Wurde keine Rechtswahl getroffen, so sollte das anzuwendende Recht nach der für die Vertragsart spezifizierten Regel bestimmt werden. Kann der Vertrag nicht einer der spezifizierten Vertragsarten zugeordnet werden oder sind die Bestandteile des Vertrags durch mehr als eine der spezifizierten Vertragsarten abgedeckt, so sollte der Vertrag dem Recht des Staates unterliegen, in dem die Partei, welche die für den Vertrag charakteristische Leistung zu erbringen hat, ihren gewöhnlichen Aufenthalt hat. Besteht ein Vertrag aus einem Bündel von Rechten und Verpflichtungen, die mehr als einer der spezifizierten Vertragsarten zugeordnet werden

---

[1] **Amtl. Anm.:** ABl. C 334 vom 30. 12. 2005, S. 1.

[2] Nr. **21 b**.

[3] **Amtl. Anm.:** ABl. L 145 vom 30. 4. 2004, S. 1. Zuletzt geändert durch die Richtlinie 2008/10/EG (ABl. L 76 vom 19. 3. 2008, S. 33).

können, so sollte die charakteristische Leistung des Vertrags nach ihrem Schwerpunkt bestimmt werden.

(20) Weist ein Vertrag eine offensichtlich engere Verbindung zu einem anderen als dem in Artikel 4 Absätze 1 und 2 genannten Staat auf, so sollte eine Ausweichklausel vorsehen, dass das Recht dieses anderen Staats anzuwenden ist. Zur Bestimmung dieses Staates sollte unter anderem berücksichtigt werden, ob der betreffende Vertrag in einer sehr engen Verbindung zu einem oder mehreren anderen Verträgen steht.

(21) Kann das bei Fehlen einer Rechtswahl anzuwendende Recht weder aufgrund der Zuordnung des Vertrags zu einer der spezifizierten Vertragsarten noch als das Recht des Staates bestimmt werden, in dem die Partei, die die für den Vertrag charakteristische Leistung zu erbringen hat, ihren gewöhnlichen Aufenthalt hat, so sollte der Vertrag dem Recht des Staates unterliegen, zu dem er die engste Verbindung aufweist. Bei der Bestimmung dieses Staates sollte unter anderem berücksichtigt werden, ob der betreffende Vertrag in einer sehr engen Verbindung zu einem oder mehreren anderen Verträgen steht.

(22) In Bezug auf die Auslegung von „Güterbeförderungsverträgen" ist keine inhaltliche Abweichung von Artikel 4 Absatz 4 Satz 3 des Übereinkommens von Rom beabsichtigt. Folglich sollten als Güterbeförderungsverträge auch Charterverträge für eine einzige Reise und andere Verträge gelten, die in der Hauptsache der Güterbeförderung dienen. Für die Zwecke dieser Verordnung sollten der Begriff „Absender" eine Person bezeichnen, die mit dem Beförderer einen Beförderungsvertrag abschließt, und der Begriff „Beförderer" die Vertragspartei, die sich zur Beförderung der Güter verpflichtet, unabhängig davon, ob sie die Beförderung selbst durchführt.

(23) Bei Verträgen, bei denen die eine Partei als schwächer angesehen wird, sollte die schwächere Partei durch Kollisionsnormen geschützt werden, die für sie günstiger sind als die allgemeinen Regeln.

(24) Insbesondere bei Verbraucherverträgen sollte die Kollisionsnorm es ermöglichen, die Kosten für die Beilegung von Rechtsstreitigkeiten zu senken, die häufig einen geringen Streitwert haben, und der Entwicklung des Fernabsatzes Rechnung zu tragen. Um die Übereinstimmung mit der Verordnung (EG) Nr. 44/2001 zu wahren, ist zum einen als Voraussetzung für die Anwendung der Verbraucherschutznorm auf das Kriterium der ausgerichteten Tätigkeit zu verweisen und zum anderen auf die Notwendigkeit, dass dieses Kriterium in der Verordnung (EG) Nr. 44/2001 und der vorliegenden Verordnung einheitlich ausgelegt wird, wobei zu beachten ist, dass eine gemeinsame Erklärung des Rates und der Kommission zu Artikel 15 der Verordnung (EG) Nr. 44/2001 ausführt, „dass es für die Anwendung von Artikel 15 Absatz 1 Buchstabe c nicht ausreicht, dass ein Unternehmen seine Tätigkeiten auf den Mitgliedstaat, in dem der Verbraucher seinen Wohnsitz hat, oder auf mehrere Staaten – einschließlich des betreffenden Mitgliedstaats –, ausrichtet, sondern dass im Rahmen dieser Tätigkeiten auch ein Vertrag geschlossen worden sein muss." Des Weiteren heißt es in dieser Erklärung, „dass die Zugänglichkeit einer Website allein nicht ausreicht, um die Anwendbarkeit von Artikel 15 zu begründen; vielmehr ist erforderlich, dass diese Website auch

den Vertragsabschluss im Fernabsatz anbietet und dass tatsächlich ein Vertragsabschluss im Fernabsatz erfolgt ist, mit welchem Mittel auch immer. Dabei sind auf einer Website die benutzte Sprache oder die Währung nicht von Bedeutung."

(25) Die Verbraucher sollten dann durch Regelungen des Staates ihres gewöhnlichen Aufenthalts geschützt werden, von denen nicht durch Vereinbarung abgewichen werden kann, wenn der Vertragsschluss darauf zurückzuführen ist, dass der Unternehmer in diesem bestimmten Staat eine berufliche oder gewerbliche Tätigkeit ausübt. Der gleiche Schutz sollte gewährleistet sein, wenn ein Unternehmer zwar keine beruflichen oder gewerblichen Tätigkeiten in dem Staat, in dem der Verbraucher seinen gewöhnlichen Aufenthalt hat, ausübt, seine Tätigkeiten aber – unabhängig von der Art und Weise, in der dies geschieht – auf diesen Staat oder auf mehrere Staaten, einschließlich dieses Staates, ausrichtet und der Vertragsschluss auf solche Tätigkeiten zurückzuführen ist.

(26) Für die Zwecke dieser Verordnung sollten Finanzdienstleistungen wie Wertpapierdienstleistungen und Anlagetätigkeiten und Nebendienstleistungen nach Anhang I Abschnitt A und Abschnitt B der Richtlinie 2004/39/EG, die ein Unternehmer für einen Verbraucher erbringt, sowie Verträge über den Verkauf von Anteilen an Organismen für gemeinsame Anlagen in Wertpapieren, selbst wenn sie nicht unter die Richtlinie 85/611/EWG des Rates vom 20. Dezember 1985 zur Koordinierung der Rechts- und Verwaltungsvorschriften betreffend bestimmte Organismen für gemeinsame Anlagen in Wertpapieren (OGAW)[1] fallen, Artikel 6 der vorliegenden Verordnung unterliegen. Daher sollten, wenn die Bedingungen für die Ausgabe oder das öffentliche Angebot bezüglich übertragbarer Wertpapiere oder die Zeichnung oder der Rückkauf von Anteilen an Organismen für gemeinsame Anlagen in Wertpapieren erwähnt werden, darunter alle Aspekte fallen, durch die sich der Emittent bzw. Anbieter gegenüber dem Verbraucher verpflichtet, nicht aber diejenigen Aspekte, die mit der Erbringung von Finanzdienstleistungen im Zusammenhang stehen.

(27) Es sollten verschiedene Ausnahmen von der allgemeinen Kollisionsnorm für Verbraucherverträge vorgesehen werden. Eine solche Ausnahme, bei der die allgemeinen Regeln nicht gelten, sollten Verträge sein, die ein dingliches Recht an unbeweglichen Sachen oder die Miete oder Pacht unbeweglicher Sachen zum Gegenstand haben, mit Ausnahme von Verträgen über Teilzeitnutzungsrechte an Immobilien im Sinne der Richtlinie 94/47/EG des Europäischen Parlaments und des Rates vom 26. Oktober 1994 zum Schutz der Erwerber im Hinblick auf bestimmte Aspekte von Verträgen über den Erwerb von Teilzeitnutzungsrechten an Immobilien[2].

(28) Es muss sichergestellt werden, dass Rechte und Verpflichtungen, die ein Finanzinstrument begründen, nicht der allgemeinen Regel für Verbraucherverträge unterliegen, da dies dazu führen könnte, dass für jedes

---

[1] **Amtl. Anm.:** ABl. L 375 vom 31. 12. 1985, S. 3. Zuletzt geändert durch die Richtlinie 2008/18/EG des Europäischen Parlaments und des Rates (ABl. L 76 vom 19. 3. 2008, S. 42).

[2] **Amtl. Anm.:** ABl. L 280 vom 29. 10. 1994, S. 83.

der ausgegebenen Instrumente ein anderes Recht anzuwenden wäre, wodurch ihr Wesen verändert würde und ihr fungibler Handel und ihr fungibles Angebot verhindert würden. Entsprechend sollte auf das Vertragsverhältnis zwischen dem Emittenten bzw. dem Anbieter und dem Verbraucher bei Ausgabe oder Angebot solcher Instrumente nicht notwendigerweise die Anwendung des Rechts des Staates des gewöhnlichen Aufenthalts des Verbrauchers zwingend vorgeschrieben sein, da die Einheitlichkeit der Bedingungen einer Ausgabe oder eines Angebots sichergestellt werden muss. Gleiches sollte bei den multilateralen Systemen, die von Artikel 4 Absatz 1 Buchstabe h erfasst werden, gelten, in Bezug auf die gewährleistet sein sollte, dass das Recht des Staates des gewöhnlichen Aufenthalts des Verbrauchers nicht die Regeln berührt, die auf innerhalb solcher Systeme oder mit dem Betreiber solcher Systeme geschlossene Verträge anzuwenden sind.

(29) Werden für die Zwecke dieser Verordnung Rechte und Verpflichtungen, durch die die Bedingungen für die Ausgabe, das öffentliche Angebot oder das öffentliche Übernahmeangebot bezüglich übertragbarer Wertpapiere festgelegt werden, oder die Zeichnung oder der Rückkauf von Anteilen an Organismen für gemeinsame Anlagen in Wertpapieren genannt, so sollten darunter auch die Bedingungen für die Zuteilung von Wertpapieren oder Anteilen, für die Rechte im Falle einer Überzeichnung, für Ziehungsrechte und ähnliche Fälle im Zusammenhang mit dem Angebot sowie die in den Artikeln 10, 11, 12 und 13 geregelten Fälle fallen, so dass sichergestellt ist, dass alle relevanten Vertragsaspekte eines Angebots, durch das sich der Emittent bzw. Anbieter gegenüber dem Verbraucher verpflichtet, einem einzigen Recht unterliegen.

(30) Für die Zwecke dieser Verordnung bezeichnen die Begriffe „Finanzinstrumente" und „übertragbare Wertpapiere" diejenigen Instrumente, die in Artikel 4 der Richtlinie 2004/39/EG genannt sind.

(31) Die Abwicklung einer förmlichen Vereinbarung, die als ein System im Sinne von Artikel 2 Buchstabe a der Richtlinie 98/26/EG des Europäischen Parlaments und des Rates vom 19. Mai 1998 über die Wirksamkeit von Abrechnungen in Zahlungs- sowie Wertpapierliefer- und -abrechnungssystemen[1] ausgestaltet ist, sollte von dieser Verordnung unberührt bleiben.

(32) Wegen der Besonderheit von Beförderungsverträgen und Versicherungsverträgen sollten besondere Vorschriften ein angemessenes Schutzniveau für zu befördernde Personen und Versicherungsnehmer gewährleisten. Deshalb sollte Artikel 6 nicht im Zusammenhang mit diesen besonderen Verträgen gelten.

(33) Deckt ein Versicherungsvertrag, der kein Großrisiko deckt, mehr als ein Risiko, von denen mindestens eines in einem Mitgliedstaat und mindestens eines in einem dritten Staat belegen ist, so sollten die besonderen Regelungen für Versicherungsverträge in dieser Verordnung nur für die Risiken gelten, die in dem betreffenden Mitgliedstaat bzw. den betreffenden Mitgliedstaaten belegen sind.

---

[1] **Amtl. Anm.:** ABl. L 166 vom 11. 6. 1998, S. 45.

(34) Die Kollisionsnorm für Individualarbeitsverträge sollte die Anwendung von Eingriffsnormen des Staates, in den der Arbeitnehmer im Einklang mit der Richtlinie 96/71/EG des Europäischen Parlaments und des Rates vom 16. Dezember 1996 über die Entsendung von Arbeitnehmern im Rahmen der Erbringung von Dienstleistungen[1] entsandt wird, unberührt lassen.

(35) Den Arbeitnehmern sollte nicht der Schutz entzogen werden, der ihnen durch Bestimmungen gewährt wird, von denen nicht oder nur zu ihrem Vorteil durch Vereinbarung abgewichen werden darf.

(36) Bezogen auf Individualarbeitsverträge sollte die Erbringung der Arbeitsleistung in einem anderen Staat als vorübergehend gelten, wenn von dem Arbeitnehmer erwartet wird, dass er nach seinem Arbeitseinsatz im Ausland seine Arbeit im Herkunftsstaat wieder aufnimmt. Der Abschluss eines neuen Arbeitsvertrags mit dem ursprünglichen Arbeitgeber oder einem Arbeitgeber, der zur selben Unternehmensgruppe gehört wie der ursprüngliche Arbeitgeber, sollte nicht ausschließen, dass der Arbeitnehmer als seine Arbeit vorübergehend in einem anderen Staat verrichtend gilt.

(37) Gründe des öffentlichen Interesses rechtfertigen es, dass die Gerichte der Mitgliedstaaten unter außergewöhnlichen Umständen die Vorbehaltsklausel („ordre public") und Eingriffsnormen anwenden können. Der Begriff „Eingriffsnormen" sollte von dem Begriff „Bestimmungen, von denen nicht durch Vereinbarung abgewichen werden kann", unterschieden und enger ausgelegt werden.

(38) Im Zusammenhang mit der Übertragung der Forderung sollte mit dem Begriff „Verhältnis" klargestellt werden, dass Artikel 14 Absatz 1 auch auf die dinglichen Aspekte des Vertrags zwischen Zedent und Zessionar anwendbar ist, wenn eine Rechtsordnung dingliche und schuldrechtliche Aspekte trennt. Allerdings sollte mit dem Begriff „Verhältnis" nicht jedes beliebige möglicherweise zwischen dem Zedenten und dem Zessionar bestehende Verhältnis gemeint sein. Insbesondere sollte sich der Begriff nicht auf die der Übertragung einer Forderung vorgelagerten Fragen erstrecken. Vielmehr sollte er sich ausschließlich auf die Aspekte beschränken, die für die betreffende Übertragung einer Forderung unmittelbar von Bedeutung sind.

(39) Aus Gründen der Rechtssicherheit sollte der Begriff „gewöhnlicher Aufenthalt", insbesondere im Hinblick auf Gesellschaften, Vereine und juristische Personen, eindeutig definiert werden. Im Unterschied zu Artikel 60 Absatz 1 der Verordnung (EG) Nr. 44/2001, der drei Kriterien zur Wahl stellt, sollte sich die Kollisionsnorm auf ein einziges Kriterium beschränken, da es für die Parteien andernfalls nicht möglich wäre, vorherzusehen, welches Recht auf ihren Fall anwendbar ist.

(40) Die Aufteilung der Kollisionsnormen auf zahlreiche Rechtsakte sowie Unterschiede zwischen diesen Normen sollten vermieden werden. Diese Verordnung sollte jedoch die Möglichkeit der Aufnahme von Kollisionsnormen für vertragliche Schuldverhältnisse in Vorschriften des Gemeinschaftsrechts über besondere Gegenstände nicht ausschließen.

---

[1] **Amtl. Anm.:** ABl. L 18 vom 21. 1. 1997, S. 1.

Diese Verordnung sollte die Anwendung anderer Rechtsakte nicht ausschließen, die Bestimmungen enthalten, die zum reibungslosen Funktionieren des Binnenmarkts beitragen sollen, soweit sie nicht in Verbindung mit dem Recht angewendet werden können, auf das die Regeln dieser Verordnung verweisen. Die Anwendung der Vorschriften im anzuwendenden Recht, die durch die Bestimmungen dieser Verordnung berufen wurden, sollte nicht die Freiheit des Waren- und Dienstleistungsverkehrs, wie sie in den Rechtsinstrumenten der Gemeinschaft wie der Richtlinie 2000/31/EG des Europäischen Parlaments und des Rates vom 8. Juni 2000 über bestimmte rechtliche Aspekte der Dienste der Informationsgesellschaft, insbesondere des elektronischen Geschäftsverkehrs, im Binnenmarkt („Richtlinie über den elektronischen Geschäftsverkehr")[1] ausgestaltet ist, beschränken.

(41) Um die internationalen Verpflichtungen, die die Mitgliedstaaten eingegangen sind, zu wahren, darf sich die Verordnung nicht auf internationale Übereinkommen auswirken, denen ein oder mehrere Mitgliedstaaten zum Zeitpunkt der Annahme dieser Verordnung angehören. Um den Zugang zu den Rechtsakten zu erleichtern, sollte die Kommission anhand der Angaben der Mitgliedstaaten ein Verzeichnis der betreffenden Übereinkommen im *Amtsblatt der Europäischen Union* veröffentlichen.

(42) Die Kommission wird dem Europäischen Parlament und dem Rat einen Vorschlag unterbreiten, nach welchen Verfahren und unter welchen Bedingungen die Mitgliedstaaten in Einzel- und Ausnahmefällen in eigenem Namen Übereinkünfte mit Drittländern über sektorspezifische Fragen aushandeln und abschließen dürfen, die Bestimmungen über das auf vertragliche Schuldverhältnisse anzuwendende Recht enthalten.

(43) Da das Ziel dieser Verordnung auf Ebene der Mitgliedstaaten nicht ausreichend verwirklicht werden kann und daher wegen des Umfangs und der Wirkungen der Verordnung besser auf Gemeinschaftsebene zu verwirklichen ist, kann die Gemeinschaft im Einklang mit dem in Artikel 5 des Vertrags niedergelegten Subsidiaritätsprinzip tätig werden. Entsprechend dem ebenfalls in diesem Artikel festgelegten Grundsatz der Verhältnismäßigkeit geht diese Verordnung nicht über das zur Erreichung ihres Ziels erforderliche Maß hinaus.

(44) Gemäß Artikel 3 des Protokolls über die Position des Vereinigten Königreichs und Irlands im Anhang zum Vertrag über die Europäische Union und im Anhang zum Vertrag zur Gründung der Europäischen Gemeinschaft beteiligt sich Irland an der Annahme und Anwendung dieser Verordnung.

(45) Gemäß den Artikeln 1 und 2 und unbeschadet des Artikels 4 des Protokolls über die Position des Vereinigten Königreichs und Irlands im Anhang zum Vertrag über die Europäische Union und zum Vertrag zur Gründung der Europäischen Gemeinschaft beteiligt sich das Vereinigte Königreich nicht an der Annahme dieser Verordnung, die für das Vereinigte Königreich nicht bindend oder anwendbar ist.

[1] **Amtl. Anm.:** ABl. L 178 vom 17. 7. 2000, S. 1.

(46) Gemäß den Artikeln 1 und 2 des Protokolls über die Position Dänemarks im Anhang zum Vertrag über die Europäische Union und dem Vertrag zur Gründung der Europäischen Gemeinschaft beteiligt sich Dänemark nicht an der Annahme dieser Verordnung, die für Dänemark nicht bindend oder anwendbar ist –

HABEN FOLGENDE VERORDNUNG ERLASSEN:

## Kapitel I. Anwendungsbereich

**Art. 1 Anwendungsbereich.** (1) Diese Verordnung gilt für vertragliche Schuldverhältnisse in Zivil- und Handelssachen, die eine Verbindung zum Recht verschiedener Staaten aufweisen.

Sie gilt insbesondere nicht für Steuer- und Zollsachen sowie verwaltungsrechtliche Angelegenheiten.

(2) Vom Anwendungsbereich dieser Verordnung ausgenommen sind:

a) der Personenstand sowie die Rechts-, Geschäfts- und Handlungsfähigkeit von natürlichen Personen, unbeschadet des Artikels 13;

b) Schuldverhältnisse aus einem Familienverhältnis oder aus Verhältnissen, die nach dem auf diese Verhältnisse anzuwendenden Recht vergleichbare Wirkungen entfalten, einschließlich der Unterhaltspflichten;

c) Schuldverhältnisse aus ehelichen Güterständen, aus Güterständen aufgrund von Verhältnissen, die nach dem auf diese Verhältnisse anzuwendenden Recht mit der Ehe vergleichbare Wirkungen entfalten, und aus Testamenten und Erbrecht;

d) Verpflichtungen aus Wechseln, Schecks, Eigenwechseln und anderen handelbaren Wertpapieren, soweit die Verpflichtungen aus diesen anderen Wertpapieren aus deren Handelbarkeit entstehen;

e) Schieds- und Gerichtsstandsvereinbarungen;

f) Fragen betreffend das Gesellschaftsrecht, das Vereinsrecht und das Recht der juristischen Personen, wie die Errichtung durch Eintragung oder auf andere Weise, die Rechts- und Handlungsfähigkeit, die innere Verfassung und die Auflösung von Gesellschaften, Vereinen und juristischen Personen sowie die persönliche Haftung der Gesellschafter und der Organe für die Verbindlichkeiten einer Gesellschaft, eines Vereins oder einer juristischen Person;

g) die Frage, ob ein Vertreter die Person, für deren Rechnung er zu handeln vorgibt, Dritten gegenüber verpflichten kann, oder ob ein Organ einer Gesellschaft, eines Vereins oder einer anderen juristischen Person diese Gesellschaft, diesen Verein oder diese juristische Person gegenüber Dritten verpflichten kann;

h) die Gründung von „Trusts" sowie die dadurch geschaffenen Rechtsbeziehungen zwischen den Verfügenden, den Treuhändern und den Begünstigten;

i) Schuldverhältnisse aus Verhandlungen vor Abschluss eines Vertrags;

j) Versicherungsverträge aus von anderen Einrichtungen als den in Artikel 2 der Richtlinie 2002/83/EG des Europäischen Parlaments und des Rates vom 5. November 2002 über Lebensversicherungen[1] genannten Unternehmen durchgeführten Geschäften, deren Zweck darin besteht, den unselbstständig oder selbstständig tätigen Arbeitskräften eines Unternehmens oder einer Unternehmensgruppe oder den Angehörigen eines Berufes oder einer Berufsgruppe im Todes- oder Erlebensfall oder bei Arbeitseinstellung oder bei Minderung der Erwerbstätigkeit oder bei arbeitsbedingter Krankheit oder Arbeitsunfällen Leistungen zu gewähren.

(3) Diese Verordnung gilt unbeschadet des Artikels 18 nicht für den Beweis und das Verfahren.

(4) 1 Im Sinne dieser Verordnung bezeichnet der Begriff „Mitgliedstaat" die Mitgliedstaaten, auf die diese Verordnung anwendbar ist. 2 In Artikel 3 Absatz 4 und Artikel 7 bezeichnet der Begriff jedoch alle Mitgliedstaaten.

**Art. 2 Universelle Anwendung.** Das nach dieser Verordnung bezeichnete Recht ist auch dann anzuwenden, wenn es nicht das Recht eines Mitgliedstaats ist.

## Kapitel II. Einheitliche Kollisionsnormen

**Art. 3 Freie Rechtswahl.** (1) 1 Der Vertrag unterliegt dem von den Parteien gewählten Recht. 2 Die Rechtswahl muss ausdrücklich erfolgen oder sich eindeutig aus den Bestimmungen des Vertrags oder aus den Umständen des Falles ergeben. 3 Die Parteien können die Rechtswahl für ihren ganzen Vertrag oder nur für einen Teil desselben treffen.

(2) 1 Die Parteien können jederzeit vereinbaren, dass der Vertrag nach einem anderen Recht zu beurteilen ist als dem, das zuvor entweder aufgrund einer früheren Rechtswahl nach diesem Artikel oder aufgrund anderer Vorschriften dieser Verordnung für ihn maßgebend war. 2 Die Formgültigkeit des Vertrags im Sinne des Artikels 11 und Rechte Dritter werden durch eine nach Vertragsschluss erfolgende Änderung der Bestimmung des anzuwendenden Rechts nicht berührt.

(3) Sind alle anderen Elemente des Sachverhalts zum Zeitpunkt der Rechtswahl in einem anderen als demjenigen Staat belegen, dessen Recht gewählt wurde, so berührt die Rechtswahl der Parteien nicht die Anwendung derjenigen Bestimmungen des Rechts dieses anderen Staates, von denen nicht durch Vereinbarung abgewichen werden kann.

(4) Sind alle anderen Elemente des Sachverhalts zum Zeitpunkt der Rechtswahl in einem oder mehreren Mitgliedstaaten belegen, so berührt die Wahl des Rechts eines Drittstaats durch die Parteien nicht die Anwendung der Bestimmungen des Gemeinschaftsrechts – gegebenenfalls in der von dem Mitgliedstaat des angerufenen Gerichts umgesetzten Form –, von denen nicht durch Vereinbarung abgewichen werden kann.

(5) Auf das Zustandekommen und die Wirksamkeit der Einigung der Parteien über das anzuwendende Recht finden die Artikel 10, 11 und 13 Anwendung.

---

[1] **Amtl. Anm.:** ABl. L 345 vom 19. 12. 2002, S. 1. Zuletzt geändert durch die Richtlinie 2008/19/EG (ABl. L 76 vom 19. 3. 2008, S. 44).

**Art. 4 Mangels Rechtswahl anzuwendendes Recht.** (1) Soweit die Parteien keine Rechtswahl gemäß Artikel 3 getroffen haben, bestimmt sich das auf den Vertrag anzuwendende Recht unbeschadet der Artikel 5 bis 8 wie folgt:

a) Kaufverträge über bewegliche Sachen unterliegen dem Recht des Staates, in dem der Verkäufer seinen gewöhnlichen Aufenthalt hat.

b) Dienstleistungsverträge unterliegen dem Recht des Staates, in dem der Dienstleister seinen gewöhnlichen Aufenthalt hat.

c) Verträge, die ein dingliches Recht an unbeweglichen Sachen sowie die Miete oder Pacht unbeweglicher Sachen zum Gegenstand haben, unterliegen dem Recht des Staates, in dem die unbewegliche Sache belegen ist.

d) Ungeachtet des Buchstabens c unterliegt die Miete oder Pacht unbeweglicher Sachen für höchstens sechs aufeinander folgende Monate zum vorübergehenden privaten Gebrauch dem Recht des Staates, in dem der Vermieter oder Verpächter seinen gewöhnlichen Aufenthalt hat, sofern der Mieter oder Pächter eine natürliche Person ist und seinen gewöhnlichen Aufenthalt in demselben Staat hat.

e) Franchiseverträge unterliegen dem Recht des Staates, in dem der Franchisenehmer seinen gewöhnlichen Aufenthalt hat.

f) Vertriebsverträge unterliegen dem Recht des Staates, in dem der Vertriebshändler seinen gewöhnlichen Aufenthalt hat.

g) Verträge über den Kauf beweglicher Sachen durch Versteigerung unterliegen dem Recht des Staates, in dem die Versteigerung abgehalten wird, sofern der Ort der Versteigerung bestimmt werden kann.

h) Verträge, die innerhalb eines multilateralen Systems geschlossen werden, das die Interessen einer Vielzahl Dritter am Kauf und Verkauf von Finanzinstrumenten im Sinne von Artikel 4 Absatz 1 Nummer 17 der Richtlinie 2004/39/EG nach nicht diskretionären Regeln und nach Maßgabe eines einzigen Rechts zusammenführt oder das Zusammenführen fördert, unterliegen diesem Recht.

(2) Fällt der Vertrag nicht unter Absatz 1 oder sind die Bestandteile des Vertrags durch mehr als einen der Buchstaben a bis h des Absatzes 1 abgedeckt, so unterliegt der Vertrag dem Recht des Staates, in dem die Partei, welche die für den Vertrag charakteristische Leistung zu erbringen hat, ihren gewöhnlichen Aufenthalt hat.

(3) Ergibt sich aus der Gesamtheit der Umstände, dass der Vertrag eine offensichtlich engere Verbindung zu einem anderen als dem nach Absatz 1 oder 2 bestimmten Staat aufweist, so ist das Recht dieses anderen Staates anzuwenden.

(4) Kann das anzuwendende Recht nicht nach Absatz 1 oder 2 bestimmt werden, so unterliegt der Vertrag dem Recht des Staates, zu dem er die engste Verbindung aufweist.

**Art. 5 Beförderungsverträge.** (1) [1]Soweit die Parteien in Bezug auf einen Vertrag über die Beförderung von Gütern keine Rechtswahl nach Artikel 3 getroffen haben, ist das Recht des Staates anzuwenden, in dem der Beförderer seinen gewöhnlichen Aufenthalt hat, sofern sich in diesem Staat auch der Übernahmeort oder der Ablieferungsort oder der gewöhnliche Aufenthalt des

Absenders befindet. 2 Sind diese Voraussetzungen nicht erfüllt, so ist das Recht des Staates des von den Parteien vereinbarten Ablieferungsorts anzuwenden.

(2) 1 Soweit die Parteien in Bezug auf einen Vertrag über die Beförderung von Personen keine Rechtswahl nach Unterabsatz 2 getroffen haben, ist das anzuwendende Recht das Recht des Staates, in dem die zu befördernde Person ihren gewöhnlichen Aufenthalt hat, sofern sich in diesem Staat auch der Abgangsort oder der Bestimmungsort befindet. 2 Sind diese Voraussetzungen nicht erfüllt, so ist das Recht des Staates anzuwenden, in dem der Beförderer seinen gewöhnlichen Aufenthalt hat.

Als auf einen Vertrag über die Beförderung von Personen anzuwendendes Recht können die Parteien im Einklang mit Artikel 3 nur das Recht des Staates wählen,

a) in dem die zu befördernde Person ihren gewöhnlichen Aufenthalt hat oder
b) in dem der Beförderer seinen gewöhnlichen Aufenthalt hat oder
c) in dem der Beförderer seine Hauptverwaltung hat oder
d) in dem sich der Abgangsort befindet oder
e) in dem sich der Bestimmungsort befindet.

(3) Ergibt sich aus der Gesamtheit der Umstände, dass der Vertrag im Falle fehlender Rechtswahl eine offensichtlich engere Verbindung zu einem anderen als dem nach Absatz 1 oder 2 bestimmten Staat aufweist, so ist das Recht dieses anderen Staates anzuwenden.

**Art. 6 Verbraucherverträge.** (1) Unbeschadet der Artikel 5 und 7 unterliegt ein Vertrag, den eine natürliche Person zu einem Zweck, der nicht ihrer beruflichen oder gewerblichen Tätigkeit zugerechnet werden kann („Verbraucher"), mit einer anderen Person geschlossen hat, die in Ausübung ihrer beruflichen oder gewerblichen Tätigkeit handelt („Unternehmer"), dem Recht des Staates, in dem der Verbraucher seinen gewöhnlichen Aufenthalt hat, sofern der Unternehmer

a) seine berufliche oder gewerbliche Tätigkeit in dem Staat ausübt, in dem der Verbraucher seinen gewöhnlichen Aufenthalt hat, oder
b) eine solche Tätigkeit auf irgendeiner Weise auf diesen Staat oder auf mehrere Staaten, einschließlich dieses Staates, ausrichtet

und der Vertrag in den Bereich dieser Tätigkeit fällt.

(2) 1 Ungeachtet des Absatzes 1 können die Parteien das auf einen Vertrag, der die Anforderungen des Absatzes 1 erfüllt, anzuwendende Recht nach Artikel 3 wählen. 2 Die Rechtswahl darf jedoch nicht dazu führen, dass dem Verbraucher der Schutz entzogen wird, der ihm durch diejenigen Bestimmungen gewährt wird, von denen nach dem Recht, das nach Absatz 1 mangels einer Rechtswahl anzuwenden wäre, nicht durch Vereinbarung abgewichen werden darf.

(3) Sind die Anforderungen des Absatzes 1 Buchstabe a oder b nicht erfüllt, so gelten für die Bestimmung des auf einen Vertrag zwischen einem Verbraucher und einem Unternehmer anzuwendenden Rechts die Artikel 3 und 4.

(4) Die Absätze 1 und 2 gelten nicht für:

a) Verträge über die Erbringung von Dienstleistungen, wenn die dem Verbraucher geschuldeten Dienstleistungen ausschließlich in einem anderen als dem Staat erbracht werden müssen, in dem der Verbraucher seinen gewöhnlichen Aufenthalt hat;

b) Beförderungsverträge mit Ausnahme von Pauschalreiseverträgen im Sinne der Richtlinie 90/314/EWG des Rates vom 13. Juni 1990 über Pauschalreisen[1];

c) Verträge, die ein dingliches Recht an unbeweglichen Sachen oder die Miete oder Pacht unbeweglicher Sachen zum Gegenstand haben, mit Ausnahme der Verträge über Teilzeitnutzungsrechte an Immobilien im Sinne der Richtlinie 94/47/EG;

d) Rechte und Pflichten im Zusammenhang mit einem Finanzinstrument sowie Rechte und Pflichten, durch die die Bedingungen für die Ausgabe oder das öffentliche Angebot und öffentliche Übernahmeangebote bezüglich übertragbarer Wertpapiere und die Zeichnung oder den Rückkauf von Anteilen an Organismen für gemeinsame Anlagen in Wertpapieren festgelegt werden, sofern es sich dabei nicht um die Erbringung von Finanzdienstleistungen handelt;

e) Verträge, die innerhalb der Art von Systemen geschlossen werden, auf die Artikel 4 Absatz 1 Buchstabe h Anwendung findet.

**Art. 7 Versicherungsverträge.** (1) [1]Dieser Artikel gilt für Verträge nach Absatz 2, unabhängig davon, ob das gedeckte Risiko in einem Mitgliedstaat belegen ist, und für alle anderen Versicherungsverträge, durch die Risiken gedeckt werden, die im Gebiet der Mitgliedstaaten belegen sind. [2]Er gilt nicht für Rückversicherungsverträge.

(2) Versicherungsverträge, die Großrisiken im Sinne von Artikel 5 Buchstabe d der Ersten Richtlinie 73/239/EWG des Rates vom 24. Juli 1973 zur Koordinierung der Rechts- und Verwaltungsvorschriften betreffend die Aufnahme und Ausübung der Tätigkeit der Direktversicherung (mit Ausnahme der Lebensversicherung)[2] decken, unterliegen dem von den Parteien nach Artikel 3 der vorliegenden Verordnung gewählten Recht.

[1]Soweit die Parteien keine Rechtswahl getroffen haben, unterliegt der Versicherungsvertrag dem Recht des Staats, in dem der Versicherer seinen gewöhnlichen Aufenthalt hat. [2]Ergibt sich aus der Gesamtheit der Umstände, dass der Vertrag eine offensichtlich engere Verbindung zu einem anderen Staat aufweist, ist das Recht dieses anderen Staates anzuwenden.

(3) Für Versicherungsverträge, die nicht unter Absatz 2 fallen, dürfen die Parteien nur die folgenden Rechte im Einklang mit Artikel 3 wählen:

a) das Recht eines jeden Mitgliedstaats, in dem zum Zeitpunkt des Vertragsschlusses das Risiko belegen ist;

b) das Recht des Staates, in dem der Versicherungsnehmer seinen gewöhnlichen Aufenthalt hat;

c) bei Lebensversicherungen das Recht des Mitgliedstaats, dessen Staatsangehörigkeit der Versicherungsnehmer besitzt;

d) für Versicherungsverträge, bei denen sich die gedeckten Risiken auf Schadensfälle beschränken, die in einem anderen Mitgliedstaat als dem Mitglied-

---

[1] **Amtl. Anm.:** ABl. L 158 vom 23. 6. 1990, S. 59.

[2] **Amtl. Anm.:** ABl. L 228 vom 16. 8. 1973, S. 3. Zuletzt geändert durch die Richtlinie 2005/68/EG des Europäischen Parlaments und des Rates (ABl. L 323 vom 9. 12. 2006, S. 1).

staat, in dem das Risiko belegen ist, eintreten können, das Recht jenes Mitgliedstaats;

e) wenn der Versicherungsnehmer eines Vertrags im Sinne dieses Absatzes eine gewerbliche oder industrielle Tätigkeit ausübt oder freiberuflich tätig ist und der Versicherungsvertrag zwei oder mehr Risiken abdeckt, die mit dieser Tätigkeit in Zusammenhang stehen und in unterschiedlichen Mitgliedstaaten belegen sind, das Recht eines betroffenen Mitgliedstaats oder das Recht des Staates des gewöhnlichen Aufenthalts des Versicherungsnehmers.

Räumen in den Fällen nach den Buchstaben a, b oder e die betreffenden Mitgliedstaaten eine größere Wahlfreiheit bezüglich des auf den Versicherungsvertrag anwendbaren Rechts ein, so können die Parteien hiervon Gebrauch machen.

Soweit die Parteien keine Rechtswahl gemäß diesem Absatz getroffen haben unterliegt der Vertrag dem Recht des Mitgliedstaats, in dem zum Zeitpunkt des Vertragsschlusses das Risiko belegen ist.

(4) Die folgenden zusätzlichen Regelungen gelten für Versicherungsverträge über Risiken, für die ein Mitgliedstaat eine Versicherungspflicht vorschreibt:

a) Der Versicherungsvertrag genügt der Versicherungspflicht nur, wenn er den von dem die Versicherungspflicht auferlegenden Mitgliedstaat vorgeschriebenen besonderen Bestimmungen für diese Versicherung entspricht. Widerspricht sich das Recht des Mitgliedstaats, in dem das Risiko belegen ist, und dasjenige des Mitgliedstaats, der die Versicherungspflicht vorschreibt, so hat das letztere Vorrang.

b) Ein Mitgliedstaat kann abweichend von den Absätzen 2 und 3 vorschreiben, dass auf den Versicherungsvertrag das Recht des Mitgliedstaats anzuwenden ist, der die Versicherungspflicht vorschreibt.

(5) Deckt der Vertrag in mehr als einem Mitgliedstaat belegene Risiken, so ist für die Zwecke von Absatz 3 Unterabsatz 3 und Absatz 4 der Vertrag als aus mehreren Verträgen bestehend anzusehen, von denen sich jeder auf jeweils nur einen Mitgliedstaat bezieht.

(6) Für die Zwecke dieses Artikels bestimmt sich der Staat, in dem das Risiko belegen ist, nach Artikel 2 Buchstabe d der Zweiten Richtlinie 88/357/EWG des Rates vom 22. Juni 1988 zur Koordinierung der Rechts- und Verwaltungsvorschriften für die Direktversicherung (mit Ausnahme der Lebensversicherung) und zur Erleichterung der tatsächlichen Ausübung des freien Dienstleistungsverkehrs[1)], und bei Lebensversicherungen ist der Staat, in dem das Risiko belegen ist, der Staat der Verpflichtung im Sinne von Artikel 1 Absatz 1 Buchstabe g der Richtlinie 2002/83/EG.

**Art. 8 Individualarbeitsverträge.** (1) [1]Individualarbeitsverträge unterliegen dem von den Parteien nach Artikel 3 gewählten Recht. [2]Die Rechtswahl der Parteien darf jedoch nicht dazu führen, dass dem Arbeitnehmer der Schutz entzogen wird, der ihm durch Bestimmungen gewährt wird, von denen nach

---

[1)] **Amtl. Anm.:** ABl. L 172 vom 4. 7. 1988, S. 1. Zuletzt geändert durch die Richtlinie 2005/14/EG des Europäischen Parlaments und des Rates (ABl. L 149 vom 11. 6. 2005, S. 14).

dem Recht, das nach den Absätzen 2, 3 und 4 des vorliegenden Artikels mangels einer Rechtswahl anzuwenden wäre, nicht durch Vereinbarung abgewichen werden darf.

(2) [1]Soweit das auf den Arbeitsvertrag anzuwendende Recht nicht durch Rechtswahl bestimmt ist, unterliegt der Arbeitsvertrag dem Recht des Staates, in dem oder andernfalls von dem aus der Arbeitnehmer in Erfüllung des Vertrags gewöhnlich seine Arbeit verrichtet. [2]Der Staat, in dem die Arbeit gewöhnlich verrichtet wird, wechselt nicht, wenn der Arbeitnehmer seine Arbeit vorübergehend in einem anderen Staat verrichtet.

(3) Kann das anzuwendende Recht nicht nach Absatz 2 bestimmt werden, so unterliegt der Vertrag dem Recht des Staates, in dem sich die Niederlassung befindet, die den Arbeitnehmer eingestellt hat.

(4) Ergibt sich aus der Gesamtheit der Umstände, dass der Vertrag eine engere Verbindung zu einem anderen als dem in Absatz 2 oder 3 bezeichneten Staat aufweist, ist das Recht dieses anderen Staates anzuwenden.

**Art. 9 Eingriffsnormen.** (1) Eine Eingriffsnorm ist eine zwingende Vorschrift, deren Einhaltung von einem Staat als so entscheidend für die Wahrung seines öffentlichen Interesses, insbesondere seiner politischen, sozialen oder wirtschaftlichen Organisation, angesehen wird, dass sie ungeachtet des nach Maßgabe dieser Verordnung auf den Vertrag anzuwendenden Rechts auf alle Sachverhalte anzuwenden ist, die in ihren Anwendungsbereich fallen.

(2) Diese Verordnung berührt nicht die Anwendung der Eingriffsnormen des Rechts des angerufenen Gerichts.

(3) [1]Den Eingriffsnormen des Staates, in dem die durch den Vertrag begründeten Verpflichtungen erfüllt werden sollen oder erfüllt worden sind, kann Wirkung verliehen werden, soweit diese Eingriffsnormen die Erfüllung des Vertrags unrechtmäßig werden lassen. [2]Bei der Entscheidung, ob diesen Eingriffsnormen Wirkung zu verleihen ist, werden Art und Zweck dieser Normen sowie die Folgen berücksichtigt, die sich aus ihrer Anwendung oder Nichtanwendung ergeben würden.

**Art. 10 Einigung und materielle Wirksamkeit.** (1) Das Zustandekommen und die Wirksamkeit des Vertrags oder einer seiner Bestimmungen beurteilen sich nach dem Recht, das nach dieser Verordnung anzuwenden wäre, wenn der Vertrag oder die Bestimmung wirksam wäre.

(2) Ergibt sich jedoch aus den Umständen, dass es nicht gerechtfertigt wäre, die Wirkung des Verhaltens einer Partei nach dem in Absatz 1 bezeichneten Recht zu bestimmen, so kann sich diese Partei für die Behauptung, sie habe dem Vertrag nicht zugestimmt, auf das Recht des Staates ihres gewöhnlichen Aufenthalts berufen.

**Art. 11 Form.** (1) Ein Vertrag, der zwischen Personen geschlossen wird, die oder deren Vertreter sich zum Zeitpunkt des Vertragsschlusses in demselben Staat befinden, ist formgültig, wenn er die Formerfordernisse des auf ihn nach dieser Verordnung anzuwendenden materiellen Rechts oder die Formerfordernisse des Rechts des Staates, in dem er geschlossen wird, erfüllt.

(2) Ein Vertrag, der zwischen Personen geschlossen wird, die oder deren Vertreter sich zum Zeitpunkt des Vertragsschlusses in verschiedenen Staaten

befinden, ist formgültig, wenn er die Formerfordernisse des auf ihn nach dieser Verordnung anzuwendenden materiellen Rechts oder die Formerfordernisse des Rechts eines der Staaten, in denen sich eine der Vertragsparteien oder ihr Vertreter zum Zeitpunkt des Vertragsschlusses befindet, oder die Formerfordernisse des Rechts des Staates, in dem eine der Vertragsparteien zu diesem Zeitpunkt ihren gewöhnlichen Aufenthalt hatte, erfüllt.

(3) Ein einseitiges Rechtsgeschäft, das sich auf einen geschlossenen oder zu schließenden Vertrag bezieht, ist formgültig, wenn es die Formerfordernisse des materiellen Rechts, das nach dieser Verordnung auf den Vertrag anzuwenden ist oder anzuwenden wäre, oder die Formerfordernisse des Rechts des Staates erfüllt, in dem dieses Rechtsgeschäft vorgenommen worden ist oder in dem die Person, die das Rechtsgeschäft vorgenommen hat, zu diesem Zeitpunkt ihren gewöhnlichen Aufenthalt hatte.

(4) [1] Die Absätze 1, 2 und 3 des vorliegenden Artikels gelten nicht für Verträge, die in den Anwendungsbereich von Artikel 6 fallen. [2] Für die Form dieser Verträge ist das Recht des Staates maßgebend, in dem der Verbraucher seinen gewöhnlichen Aufenthalt hat.

(5) Abweichend von den Absätzen 1 bis 4 unterliegen Verträge, die ein dingliches Recht an einer unbeweglichen Sache oder die Miete oder Pacht einer unbeweglichen Sache zum Gegenstand haben, den Formvorschriften des Staates, in dem die unbewegliche Sache belegen ist, sofern diese Vorschriften nach dem Recht dieses Staates

a) unabhängig davon gelten, in welchem Staat der Vertrag geschlossen wird oder welchem Recht dieser Vertrag unterliegt, und

b) von ihnen nicht durch Vereinbarung abgewichen werden darf.

**Art. 12 Geltungsbereich des anzuwendenden Rechts.** (1) Das nach dieser Verordnung auf einen Vertrag anzuwendende Recht ist insbesondere maßgebend für

a) seine Auslegung,

b) die Erfüllung der durch ihn begründeten Verpflichtungen,

c) die Folgen der vollständigen oder teilweisen Nichterfüllung dieser Verpflichtungen, in den Grenzen der dem angerufenen Gericht durch sein Prozessrecht eingeräumten Befugnisse, einschließlich der Schadensbemessung, soweit diese nach Rechtsnormen erfolgt,

d) die verschiedenen Arten des Erlöschens der Verpflichtungen sowie die Verjährung und die Rechtsverluste, die sich aus dem Ablauf einer Frist ergeben,

e) die Folgen der Nichtigkeit des Vertrags.

(2) In Bezug auf die Art und Weise der Erfüllung und die vom Gläubiger im Falle mangelhafter Erfüllung zu treffenden Maßnahmen ist das Recht des Staates, in dem die Erfüllung erfolgt, zu berücksichtigen.

**Art. 13 Rechts-, Geschäfts- und Handlungsunfähigkeit.** Bei einem zwischen Personen, die sich in demselben Staat befinden, geschlossenen Vertrag kann sich eine natürliche Person, die nach dem Recht dieses Staates rechts-, geschäfts- und handlungsfähig wäre, nur dann auf ihre sich nach dem Recht eines anderen Staates ergebende Rechts-, Geschäfts- und Handlungsunfähigkeit berufen, wenn die andere Vertragspartei bei Vertragsschluss diese Rechts-, Geschäfts- und Handlungsunfähigkeit kannte oder infolge von Fahrlässigkeit nicht kannte.

**Art. 14 Übertragung der Forderung.** (1) Das Verhältnis zwischen Zedent und Zessionar aus der Übertragung einer Forderung gegen eine andere Person („Schuldner") unterliegt dem Recht, das nach dieser Verordnung auf den Vertrag zwischen Zedent und Zessionar anzuwenden ist.

(2) Das Recht, dem die übertragene Forderung unterliegt, bestimmt ihre Übertragbarkeit, das Verhältnis zwischen Zessionar und Schuldner, die Voraussetzungen, unter denen die Übertragung dem Schuldner entgegengehalten werden kann, und die befreiende Wirkung einer Leistung durch den Schuldner.

(3) Der Begriff „Übertragung" in diesem Artikel umfasst die vollkommene Übertragung von Forderungen, die Übertragung von Forderungen zu Sicherungszwecken sowie von Pfandrechten oder anderen Sicherungsrechten an Forderungen.

**Art. 15 Gesetzlicher Forderungsübergang.** Hat eine Person („Gläubiger") eine vertragliche Forderung gegen eine andere Person („Schuldner") und ist ein Dritter verpflichtet, den Gläubiger zu befriedigen, oder hat er den Gläubiger aufgrund dieser Verpflichtung befriedigt, so bestimmt das für die Verpflichtung des Dritten gegenüber dem Gläubiger maßgebende Recht, ob und in welchem Umfang der Dritte die Forderung des Gläubigers gegen den Schuldner nach dem für deren Beziehung maßgebenden Recht geltend zu machen berechtigt ist.

**Art. 16 Mehrfache Haftung.** [1] Hat ein Gläubiger eine Forderung gegen mehrere für dieselbe Forderung haftende Schuldner und ist er von einem der Schuldner ganz oder teilweise befriedigt worden, so ist für das Recht dieses Schuldners, von den übrigen Schuldnern Ausgleich zu verlangen, das Recht maßgebend, das auf die Verpflichtung dieses Schuldners gegenüber dem Gläubiger anzuwenden ist. [2] Die übrigen Schuldner sind berechtigt, diesem Schuldner diejenigen Verteidigungsmittel entgegenzuhalten, die ihnen gegenüber dem Gläubiger zugestanden haben, soweit dies gemäß dem auf ihre Verpflichtung gegenüber dem Gläubiger anzuwendenden Recht zulässig wäre.

**Art. 17 Aufrechnung.** Ist das Recht zur Aufrechnung nicht vertraglich vereinbart, so gilt für die Aufrechnung das Recht, dem die Forderung unterliegt, gegen die aufgerechnet wird.

**Art. 18 Beweis.** (1) Das nach dieser Verordnung für das vertragliche Schuldverhältnis maßgebende Recht ist insoweit anzuwenden, als es für vertragliche Schuldverhältnisse gesetzliche Vermutungen aufstellt oder die Beweislast verteilt.

(2) Zum Beweis eines Rechtsgeschäfts sind alle Beweisarten des Rechts des angerufenen Gerichts oder eines der in Artikel 11 bezeichneten Rechte, nach denen das Rechtsgeschäft formgültig ist, zulässig, sofern der Beweis in dieser Art vor dem angerufenen Gericht erbracht werden kann.

## Kapitel III. Sonstige Vorschriften

**Art. 19 Gewöhnlicher Aufenthalt.** (1) Für die Zwecke dieser Verordnung ist der Ort des gewöhnlichen Aufenthalts von Gesellschaften, Vereinen und juristischen Personen der Ort ihrer Hauptverwaltung.

Der gewöhnliche Aufenthalt einer natürlichen Person, die im Rahmen der Ausübung ihrer beruflichen Tätigkeit handelt, ist der Ort ihrer Hauptniederlassung.

(2) Wird der Vertrag im Rahmen des Betriebs einer Zweigniederlassung, Agentur oder sonstigen Niederlassung geschlossen oder ist für die Erfüllung gemäß dem Vertrag eine solche Zweigniederlassung, Agentur oder sonstige Niederlassung verantwortlich, so steht der Ort des gewöhnlichen Aufenthalts dem Ort gleich, an dem sich die Zweigniederlassung, Agentur oder sonstige Niederlassung befindet.

(3) Für die Bestimmung des gewöhnlichen Aufenthalts ist der Zeitpunkt des Vertragsschlusses maßgebend.

**Art. 20 Ausschluss der Rück- und Weiterverweisung.** Unter dem nach dieser Verordnung anzuwendenden Recht eines Staates sind die in diesem Staat geltenden Rechtsnormen unter Ausschluss derjenigen des Internationalen Privatrechts zu verstehen, soweit in dieser Verordnung nichts anderes bestimmt ist.

**Art. 21 Öffentliche Ordnung im Staat des angerufenen Gerichts.** Die Anwendung einer Vorschrift des nach dieser Verordnung bezeichneten Rechts kann nur versagt werden, wenn ihre Anwendung mit der öffentlichen Ordnung („ordre public") des Staates des angerufenen Gerichts offensichtlich unvereinbar ist.

**Art. 22 Staaten ohne einheitliche Rechtsordnung.** (1) Umfasst ein Staat mehrere Gebietseinheiten, von denen jede eigene Rechtsnormen für vertragliche Schuldverhältnisse hat, so gilt für die Bestimmung des nach dieser Verordnung anzuwendenden Rechts jede Gebietseinheit als Staat.

(2) Ein Mitgliedstaat, in dem verschiedene Gebietseinheiten ihre eigenen Rechtsnormen für vertragliche Schuldverhältnisse haben, ist nicht verpflichtet, diese Verordnung auf Kollisionen zwischen den Rechtsordnungen dieser Gebietseinheiten anzuwenden.

**Art. 23 Verhältnis zu anderen Gemeinschaftsrechtsakten.** Mit Ausnahme von Artikel 7 berührt diese Verordnung nicht die Anwendung von Vorschriften des Gemeinschaftsrechts, die in besonderen Bereichen Kollisionsnormen für vertragliche Schuldverhältnisse enthalten.

**Art. 24 Beziehung zum Übereinkommen von Rom.** (1) Diese Verordnung tritt in den Mitgliedstaaten an die Stelle des Übereinkommens von Rom, außer hinsichtlich der Hoheitsgebiete der Mitgliedstaaten, die in den territorialen Anwendungsbereich dieses Übereinkommens fallen und für die aufgrund der Anwendung von Artikel 299 des Vertrags diese Verordnung nicht gilt.

(2) Soweit diese Verordnung die Bestimmungen des Übereinkommens von Rom ersetzt, gelten Bezugnahmen auf dieses Übereinkommen als Bezugnahmen auf diese Verordnung.

**Art. 25 Verhältnis zu bestehenden internationalen Übereinkommen.** (1) Diese Verordnung berührt nicht die Anwendung der internationalen Übereinkommen, denen ein oder mehrere Mitgliedstaaten zum Zeitpunkt der Annahme dieser Verordnung angehören und die Kollisionsnormen für vertragliche Schuldverhältnisse enthalten.

(2) Diese Verordnung hat jedoch in den Beziehungen zwischen den Mitgliedstaaten Vorrang vor den ausschließlich zwischen zwei oder mehreren Mitgliedstaaten geschlossenen Übereinkommen, soweit diese Bereiche betreffen, die in dieser Verordnung geregelt sind.

**Art. 26[1] Verzeichnis der Übereinkommen.** (1) [1]Die Mitgliedstaaten übermitteln der Kommission bis spätestens 17. Juni 2009 die Übereinkommen nach Artikel 25 Absatz 1. [2]Kündigen die Mitgliedstaaten nach diesem Stichtag eines dieser Übereinkommen, so setzen sie die Kommission davon in Kenntnis.

(2) Die Kommission veröffentlicht im *Amtsblatt der Europäischen Union* innerhalb von sechs Monaten nach Erhalt der in Absatz 1 genannten Übermittlung

a) ein Verzeichnis der in Absatz 1 genannten Übereinkommen;

b) die in Absatz 1 genannten Kündigungen.

**Art. 27 Überprüfungsklausel.** (1) [1]Die Kommission legt dem Europäischen Parlament, dem Rat und dem Europäischen Wirtschafts- und Sozialausschuss bis spätestens 17. Juni 2013 einen Bericht über die Anwendung dieser Verordnung vor. [2]Diesem Bericht werden gegebenenfalls Vorschläge zur Änderung der Verordnung beigefügt. [3]Der Bericht umfasst:

a) eine Untersuchung über das auf Versicherungsverträge anzuwendende Recht und eine Abschätzung der Folgen etwaiger einzuführender Bestimmungen und

b) eine Bewertung der Anwendung von Artikel 6, insbesondere hinsichtlich der Kohärenz des Gemeinschaftsrechts im Bereich des Verbraucherschutzes.

(2) [1]Die Kommission legt dem Europäischen Parlament, dem Rat und dem Europäischen Wirtschafts- und Sozialausschuss bis 17. Juni 2010 einen Bericht über die Frage vor, ob die Übertragung einer Forderung Dritten entgegengehalten werden kann, und über den Rang dieser Forderung gegenüber einem Recht einer anderen Person. [2]Dem Bericht wird gegebenenfalls ein Vorschlag zur Änderung dieser Verordnung sowie eine Folgenabschätzung der einzuführenden Bestimmungen beigefügt.

**Art. 28 Zeitliche Anwendbarkeit.** Diese Verordnung wird auf Verträge angewandt, die ab dem 17. Dezember 2009 geschlossen werden.

---

[1] Zum Geltungsbeginn siehe Art. 29 UAbs. 2.

## Kapitel IV. Schlussbestimmungen

**Art. 29 Inkrafttreten und Anwendbarkeit.** Diese Verordnung tritt am zwanzigsten Tag nach ihrer Veröffentlichung[1] *im Amtsblatt der Europäischen Union* in Kraft.

Sie gilt ab 17. Dezember 2009, mit Ausnahme des Artikels 26, der ab dem 17. Juni 2009 gilt.

Diese Verordnung ist in allen ihren Teilen verbindlich und gilt gemäß dem Vertrag zur Gründung der Europäischen Gemeinschaft unmittelbar in den Mitgliedstaaten.

---

[1] Veröffentlicht am 4. 7. 2008.

# 21b. Verordnung (EG) Nr. 864/2007 des Europäischen Parlaments und des Rates vom 11. Juli 2007 über das auf außervertragliche Schuldverhältnisse anzuwendende Recht („Rom II“)

(ABl. Nr. L 199 S. 40, ber. ABl. 2012 Nr. L 310 S. 52)

EU-Dok.-Nr. 3 2007 R 0864

DAS EUROPÄISCHE PARLAMENT UND DER RAT DER EUROPÄISCHEN UNION –

gestützt auf den Vertrag zur Gründung der Europäischen Gemeinschaft, insbesondere auf Artikel 61 Buchstabe c und Artikel 67,

auf Vorschlag der Kommission,

nach Stellungnahme des Europäischen Wirtschafts- und Sozialausschusses[1)],

gemäß dem Verfahren des Artikels 251 des Vertrags, aufgrund des vom Vermittlungsausschuss am 25. Juni 2007 gebilligten gemeinsamen Entwurfs[2)],

in Erwägung nachstehender Gründe:

(1) Die Gemeinschaft hat sich zum Ziel gesetzt, einen Raum der Freiheit, der Sicherheit und des Rechts zu erhalten und weiterzuentwickeln. Zur schrittweisen Schaffung eines solchen Raums muss die Gemeinschaft im Bereich der justiziellen Zusammenarbeit in Zivilsachen, die einen grenzüberschreitenden Bezug aufweisen, Maßnahmen erlassen, soweit sie für das reibungslose Funktionieren des Binnenmarkts erforderlich sind.

(2) Nach Artikel 65 Buchstabe b des Vertrags schließen diese Maßnahmen auch solche ein, die die Vereinbarkeit der in den Mitgliedstaaten geltenden Kollisionsnormen und Vorschriften zur Vermeidung von Kompetenzkonflikten fördern.

(3) Auf seiner Tagung vom 15. und 16. Oktober 1999 in Tampere hat der Europäische Rat den Grundsatz der gegenseitigen Anerkennung von Urteilen und anderen Entscheidungen von Justizbehörden als Eckstein der justiziellen Zusammenarbeit in Zivilsachen unterstützt und den Rat und die Kommission ersucht, ein Maßnahmenprogramm zur Umsetzung dieses Grundsatzes anzunehmen.

(4) Der Rat hat am 30. November 2000 ein gemeinsames Maßnahmenprogramm der Kommission und des Rates zur Umsetzung des Grundsatzes der gegenseitigen Anerkennung gerichtlicher Entscheidungen in Zivil- und Handelssachen[3)] angenommen. Nach dem Programm können Maß-

---

[1)] **Amtl. Anm.:** ABl. C 241 vom 28. 9. 2004, S. 1.

[2)] **Amtl. Anm.:** Stellungnahme des Europäischen Parlaments vom 6. Juli 2005 (ABl. C 157 E vom 6. 7. 2006, S. 371), Gemeinsamer Standpunkt des Rates vom 25. September 2006 (ABl. C 289 E vom 28. 11. 2006, S. 68) und Standpunkt des Europäischen Parlaments vom 18. Januar 2007 (noch nicht im Amtsblatt veröffentlicht). Legislative Entschließung des Europäischen Parlaments vom 10. Juli 2007 und Beschluss des Rates vom 28. Juni 2007.

[3)] **Amtl. Anm.:** ABl. C 12 vom 15. 1. 2001, S. 1.

nahmen zur Harmonisierung der Kollisionsnormen dazu beitragen, die gegenseitige Anerkennung gerichtlicher Entscheidungen zu vereinfachen.

(5) In dem vom Europäischen Rat am 5. November 2004 angenommenen Haager Programm[1] wurde dazu aufgerufen, die Beratungen über die Regelung der Kollisionsnormen für außervertragliche Schuldverhältnisse („Rom II") energisch voranzutreiben.

(6) Um den Ausgang von Rechtsstreitigkeiten vorhersehbarer zu machen und die Sicherheit in Bezug auf das anzuwendende Recht sowie den freien Verkehr gerichtlicher Entscheidungen zu fördern, müssen die in den Mitgliedstaaten geltenden Kollisionsnormen im Interesse eines reibungslos funktionierenden Binnenmarkts unabhängig von dem Staat, in dem sich das Gericht befindet, bei dem der Anspruch geltend gemacht wird, dieselben Verweisungen zur Bestimmung des anzuwendenden Rechts vorsehen.

(7) Der materielle Anwendungsbereich und die Bestimmungen dieser Verordnung sollten mit der Verordnung (EG) Nr. 44/2001 des Rates vom 22. Dezember 2000 über die gerichtliche Zuständigkeit und die Anerkennung und Vollstreckung von Entscheidungen in Zivil- und Handelssachen[2] (Brüssel I) und den Instrumenten, die das auf vertragliche Schuldverhältnisse anzuwendende Recht zum Gegenstand haben, in Einklang stehen.

(8) Diese Verordnung ist unabhängig von der Art des angerufenen Gerichts anwendbar.

(9) Forderungen aufgrund von „acta iure imperii" sollten sich auch auf Forderungen gegen im Namen des Staates handelnde Bedienstete und auf die Haftung für Handlungen öffentlicher Stellen erstrecken, einschließlich der Haftung amtlich ernannter öffentlicher Bediensteter. Sie sollten daher vom Anwendungsbereich dieser Verordnung ausgenommen werden.

(10) Familienverhältnisse sollten die Verwandtschaft in gerader Linie, die Ehe, die Schwägerschaft und die Verwandtschaft in der Seitenlinie umfassen. Die Bezugnahme in Artikel 1 Absatz 2 auf Verhältnisse, die mit der Ehe oder anderen Familienverhältnissen vergleichbare Wirkungen entfalten, sollte nach dem Recht des Mitgliedstaats, in dem sich das angerufene Gericht befindet, ausgelegt werden.

(11) Der Begriff des außervertraglichen Schuldverhältnisses ist von Mitgliedstaat zu Mitgliedstaat verschieden definiert. Im Sinne dieser Verordnung sollte der Begriff des außervertraglichen Schuldverhältnisses daher als autonomer Begriff verstanden werden. Die in dieser Verordnung enthaltenen Regeln des Kollisionsrechts sollten auch für außervertragliche Schuldverhältnisse aus Gefährdungshaftung gelten.

(12) Das anzuwendende Recht sollte auch für die Frage gelten, wer für eine unerlaubte Handlung haftbar gemacht werden kann.

(13) Wettbewerbsverzerrungen im Verhältnis zwischen Wettbewerbern aus der Gemeinschaft sind vermeidbar, wenn einheitliche Bestimmun-

---

[1] **Amtl. Anm.:** ABl. C 53 vom 3. 3. 2005, S. 1.

[2] **Amtl. Anm.:** ABl. L 12 vom 16. 1. 2001, S. 1. Zuletzt geändert durch die Verordnung (EG) Nr. 1791/2006 (ABl. L 363 vom 20. 12. 2006, S. 1).

gen unabhängig von dem durch sie bezeichneten Recht angewandt werden.

(14) Das Erfordernis der Rechtssicherheit und die Notwendigkeit, in jedem Einzelfall Recht zu sprechen, sind wesentliche Anforderungen an einen Rechtsraum. Diese Verordnung bestimmt die Anknüpfungskriterien, die zur Erreichung dieser Ziele am besten geeignet sind. Deshalb sieht diese Verordnung neben einer allgemeinen Regel Sonderregeln und, in bestimmten Fällen, eine „Ausweichklausel“ vor, die ein Abweichen von diesen Regeln erlaubt, wenn sich aus der Gesamtheit der Umstände ergibt, dass die unerlaubte Handlung eine offensichtlich engere Verbindung mit einem anderen Staat aufweist. Diese Gesamtregelung schafft einen flexiblen Rahmen kollisionsrechtlicher Regelungen. Sie ermöglicht es dem angerufenen Gericht gleichfalls, Einzelfälle in einer angemessenen Weise zu behandeln.

(15) Zwar wird in nahezu allen Mitgliedstaaten bei außervertraglichen Schuldverhältnissen grundsätzlich von der lex loci delicti commissi ausgegangen, doch wird dieser Grundsatz in der Praxis unterschiedlich angewandt, wenn sich Sachverhaltselemente des Falles über mehrere Staaten erstrecken. Dies führt zu Unsicherheit in Bezug auf das anzuwendende Recht.

(16) Einheitliche Bestimmungen sollten die Vorhersehbarkeit gerichtlicher Entscheidungen verbessern und einen angemessenen Interessenausgleich zwischen Personen, deren Haftung geltend gemacht wird, und Geschädigten gewährleisten. Die Anknüpfung an den Staat, in dem der Schaden selbst eingetreten ist (lex loci damni), schafft einen gerechten Ausgleich zwischen den Interessen der Person, deren Haftung geltend gemacht wird, und der Person, die geschädigt wurde, und entspricht der modernen Konzeption der zivilrechtlichen Haftung und der Entwicklung der Gefährdungshaftung.

(17) Das anzuwendende Recht sollte das Recht des Staates sein, in dem der Schaden eintritt, und zwar unabhängig von dem Staat oder den Staaten, in dem bzw. denen die indirekten Folgen auftreten könnten. Daher sollte bei Personen- oder Sachschäden der Staat, in dem der Schaden eintritt, der Staat sein, in dem die Verletzung erlitten beziehungsweise die Sache beschädigt wurde.

(18) Als allgemeine Regel in dieser Verordnung sollte die „lex loci damni“ nach Artikel 4 Absatz 1 gelten. Artikel 4 Absatz 2 sollte als Ausnahme von dieser allgemeinen Regel verstanden werden; durch diese Ausnahme wird eine besondere Anknüpfung für Fälle geschaffen, in denen die Parteien ihren gewöhnlichen Aufenthalt in demselben Staat haben. Artikel 4 Absatz 3 sollte als „Ausweichklausel“ zu Artikel 4 Absätze 1 und 2 betrachtet werden, wenn sich aus der Gesamtheit der Umstände ergibt, dass die unerlaubte Handlung eine offensichtlich engere Verbindung mit einem anderen Staat aufweist.

(19) Für besondere unerlaubte Handlungen, bei denen die allgemeine Kollisionsnorm nicht zu einem angemessenen Interessenausgleich führt, sollten besondere Bestimmungen vorgesehen werden.

(20) Die Kollisionsnorm für die Produkthaftung sollte für eine gerechte Verteilung der Risiken einer modernen, hochtechnisierten Gesellschaft sorgen, die Gesundheit der Verbraucher schützen, Innovationsanreize geben, einen

unverfälschten Wettbewerb gewährleisten und den Handel erleichtern. Die Schaffung einer Anknüpfungsleiter stellt, zusammen mit einer Vorhersehbarkeitsklausel, im Hinblick auf diese Ziele eine ausgewogene Lösung dar. Als erstes Element ist das Recht des Staates zu berücksichtigen, in dem die geschädigte Person beim Eintritt des Schadens ihren gewöhnlichen Aufenthalt hatte, sofern das Produkt in diesem Staat in den Verkehr gebracht wurde. Die weiteren Elemente der Anknüpfungsleiter kommen zur Anwendung, wenn das Produkt nicht in diesem Staat in Verkehr gebracht wurde, unbeschadet von Artikel 4 Absatz 2 und der Möglichkeit einer offensichtlich engeren Verbindung mit einem anderen Staat.

(21) Die Sonderregel nach Artikel 6 stellt keine Ausnahme von der allgemeinen Regel nach Artikel 4 Absatz 1 dar, sondern vielmehr eine Präzisierung derselben. Im Bereich des unlauteren Wettbewerbs sollte die Kollisionsnorm die Wettbewerber, die Verbraucher und die Öffentlichkeit schützen und das reibungslose Funktionieren der Marktwirtschaft sicherstellen. Durch eine Anknüpfung an das Recht des Staates, in dessen Gebiet die Wettbewerbsbeziehungen oder die kollektiven Interessen der Verbraucher beeinträchtigt worden sind oder beeinträchtigt zu werden drohen, können diese Ziele im Allgemeinen erreicht werden.

(22) Außervertragliche Schuldverhältnisse, die aus einem den Wettbewerb einschränkenden Verhalten nach Artikel 6 Absatz 3 entstanden sind, sollten sich auf Verstöße sowohl gegen nationale als auch gegen gemeinschaftliche Wettbewerbsvorschriften erstrecken. Auf solche außervertraglichen Schuldverhältnisse sollte das Recht des Staates anzuwenden sein, in dessen Gebiet sich die Einschränkung auswirkt oder auszuwirken droht. Wird der Markt in mehr als einem Staat beeinträchtigt oder wahrscheinlich beeinträchtigt, so sollte der Geschädigte seinen Anspruch unter bestimmten Umständen auf das Recht des Mitgliedstaats des angerufenen Gerichts stützen können.

(23) Für die Zwecke dieser Verordnung sollte der Begriff der Einschränkung des Wettbewerbs Verbote von Vereinbarungen zwischen Unternehmen, Beschlüssen von Unternehmensvereinigungen und abgestimmten Verhaltensweisen, die eine Verhinderung, Einschränkung oder Verfälschung des Wettbewerbs in einem Mitgliedstaat oder innerhalb des Binnenmarktes bezwecken oder bewirken, sowie das Verbot der missbräuchlichen Ausnutzung einer beherrschenden Stellung in einem Mitgliedstaat oder innerhalb des Binnenmarktes erfassen, sofern solche Vereinbarungen, Beschlüsse, abgestimmte Verhaltensweisen oder Missbräuche nach den Artikeln 81 und 82 des Vertrags oder dem Recht eines Mitgliedstaats verboten sind.

(24) „Umweltschaden" sollte eine nachteilige Veränderung einer natürlichen Ressource, wie Wasser, Boden oder Luft, eine Beeinträchtigung einer Funktion, die eine natürliche Ressource zum Nutzen einer anderen natürlichen Ressource oder der Öffentlichkeit erfüllt, oder eine Beeinträchtigung der Variabilität unter lebenden Organismen umfassen.

(25) Im Falle von Umweltschäden rechtfertigt Artikel 174 des Vertrags, wonach ein hohes Schutzniveau erreicht werden sollte, und der auf den Grundsätzen der Vorsorge und Vorbeugung, auf dem Grundsatz, Umweltbeeinträchtigungen vorrangig an ihrem Ursprung zu bekämpfen,

sowie auf dem Verursacherprinzip beruht, in vollem Umfang die Anwendung des Grundsatzes der Begünstigung des Geschädigten. Die Frage, wann der Geschädigte die Wahl des anzuwendenden Rechts zu treffen hat, sollte nach dem Recht des Mitgliedstaats des angerufenen Gerichts entschieden werden.

(26) Bei einer Verletzung von Rechten des geistigen Eigentums gilt es, den allgemein anerkannten Grundsatz der lex loci protectionis zu wahren. Im Sinne dieser Verordnung sollte der Ausdruck „Rechte des geistigen Eigentums“ dahin interpretiert werden, dass er beispielsweise Urheberrechte, verwandte Schutzrechte, das Schutzrecht sui generis für Datenbanken und gewerbliche Schutzrechte umfasst.

(27) Die exakte Definition des Begriffs „Arbeitskampfmaßnahmen“, beispielsweise Streikaktionen oder Aussperrung, ist von Mitgliedstaat zu Mitgliedstaat verschieden und unterliegt den innerstaatlichen Vorschriften der einzelnen Mitgliedstaaten. Daher wird in dieser Verordnung grundsätzlich davon ausgegangen, dass das Recht des Staates anzuwenden ist, in dem die Arbeitskampfmaßnahmen ergriffen wurden, mit dem Ziel, die Rechte und Pflichten der Arbeitnehmer und der Arbeitgeber zu schützen.

(28) Die Sonderbestimmung für Arbeitskampfmaßnahmen nach Artikel 9 lässt die Bedingungen für die Durchführung solcher Maßnahmen nach nationalem Recht und die im Recht der Mitgliedstaaten vorgesehene Rechtsstellung der Gewerkschaften oder der repräsentativen Arbeitnehmerorganisationen unberührt.

(29) Für Schäden, die aufgrund einer anderen Handlung als aus unerlaubter Handlung, wie ungerechtfertigter Bereicherung, Geschäftsführung ohne Auftrag oder Verschulden bei Vertragsverhandlungen, entstanden sind, sollten Sonderbestimmungen vorgesehen werden.

(30) Der Begriff des Verschuldens bei Vertragsverhandlungen ist für die Zwecke dieser Verordnung als autonomer Begriff zu verstehen und sollte daher nicht zwangsläufig im Sinne des nationalen Rechts ausgelegt werden. Er sollte die Verletzung der Offenlegungspflicht und den Abbruch von Vertragsverhandlungen einschließen. Artikel 12 gilt nur für außervertragliche Schuldverhältnisse, die in unmittelbarem Zusammenhang mit den Verhandlungen vor Abschluss eines Vertrags stehen. So sollten in den Fällen, in denen einer Person während der Vertragsverhandlungen ein Personenschaden zugefügt wird, Artikel 4 oder andere einschlägige Bestimmungen dieser Verordnung zur Anwendung gelangen.

(31) Um den Grundsatz der Parteiautonomie zu achten und die Rechtssicherheit zu verbessern, sollten die Parteien das auf ein außervertragliches Schuldverhältnis anzuwendende Recht wählen können. Die Rechtswahl sollte ausdrücklich erfolgen oder sich mit hinreichender Sicherheit aus den Umständen des Falles ergeben. Bei der Prüfung, ob eine solche Rechtswahl vorliegt, hat das Gericht den Willen der Parteien zu achten. Die Möglichkeit der Rechtswahl sollte zum Schutz der schwächeren Partei mit bestimmten Bedingungen versehen werden.

(32) Gründe des öffentlichen Interesses rechtfertigen es, dass die Gerichte der Mitgliedstaaten unter außergewöhnlichen Umständen die Vorbehaltsklausel (ordre public) und Eingriffsnormen anwenden können. Insbeson-

dere kann die Anwendung einer Norm des nach dieser Verordnung bezeichneten Rechts, die zur Folge haben würde, dass ein unangemessener, über den Ausgleich des entstandenen Schadens hinausgehender Schadensersatz mit abschreckender Wirkung oder Strafschadensersatz zugesprochen werden könnte, je nach der Rechtsordnung des Mitgliedstaats des angerufenen Gerichts als mit der öffentlichen Ordnung („ordre public“) dieses Staates unvereinbar angesehen werden.

(33) Gemäß den geltenden nationalen Bestimmungen über den Schadensersatz für Opfer von Straßenverkehrsunfällen sollte das befasste Gericht bei der Schadensberechnung für Personenschäden in Fällen, in denen sich der Unfall in einem anderem Staat als dem des gewöhnlichen Aufenthalts des Opfers ereignet, alle relevanten tatsächlichen Umstände des jeweiligen Opfers berücksichtigen, insbesondere einschließlich tatsächlicher Verluste und Kosten für Nachsorge und medizinische Versorgung.

(34) Zur Wahrung eines angemessenen Interessenausgleichs zwischen den Parteien müssen, soweit dies angemessen ist, die Sicherheits- und Verhaltensregeln des Staates, in dem die schädigende Handlung begangen wurde, selbst dann beachtet werden, wenn auf das außervertragliche Schuldverhältnis das Recht eines anderen Staates anzuwenden ist. Der Begriff „Sicherheits- und Verhaltensregeln“ ist in dem Sinne auszulegen, dass er sich auf alle Vorschriften bezieht, die in Zusammenhang mit Sicherheit und Verhalten stehen, einschließlich beispielsweise der Straßenverkehrssicherheit im Falle eines Unfalls.

(35) Die Aufteilung der Kollisionsnormen auf zahlreiche Rechtsakte sowie Unterschiede zwischen diesen Normen sollten vermieden werden. Diese Verordnung schließt jedoch die Möglichkeit der Aufnahme von Kollisionsnormen für außervertragliche Schuldverhältnisse in Vorschriften des Gemeinschaftsrechts in Bezug auf besondere Gegenstände nicht aus.
Diese Verordnung sollte die Anwendung anderer Rechtsakte nicht ausschließen, die Bestimmungen enthalten, die zum reibungslosen Funktionieren des Binnenmarkts beitragen sollen, soweit sie nicht in Verbindung mit dem Recht angewendet werden können, auf das die Regeln dieser Verordnung verweisen. Die Anwendung der Vorschriften im anzuwendenden Recht, die durch die Bestimmungen dieser Verordnung berufen wurden, sollte nicht die Freiheit des Waren- und Dienstleistungsverkehrs, wie sie in den Rechtsinstrumenten der Gemeinschaft wie der Richtlinie 2000/31/EG des Europäischen Parlaments und des Rates vom 8. Juni 2000 über bestimmte rechtliche Aspekte der Dienste der Informationsgesellschaft, insbesondere des elektronischen Geschäftsverkehrs, im Binnenmarkt („Richtlinie über den elektronischen Geschäftsverkehr“)[1] ausgestaltet ist, beschränken.

(36) Um die internationalen Verpflichtungen, die die Mitgliedstaaten eingegangen sind, zu wahren, darf sich die Verordnung nicht auf internationale Übereinkommen auswirken, denen ein oder mehrere Mitgliedstaaten zum Zeitpunkt der Annahme dieser Verordnung angehören. Um den Zugang zu den Rechtsakten zu erleichtern, sollte die Kommission anhand der Angaben der Mitgliedstaaten ein Verzeichnis der betreffen-

[1] **Amtl. Anm.:** ABl. L 178 vom 17. 7. 2000, S. 1.

den Übereinkommen im *Amtsblatt der Europäischen Union* veröffentlichen.

(37) Die Kommission wird dem Europäischen Parlament und dem Rat einen Vorschlag unterbreiten, nach welchen Verfahren und unter welchen Bedingungen die Mitgliedstaaten in Einzel- und Ausnahmefällen in eigenem Namen Übereinkünfte mit Drittländern über sektorspezifische Fragen aushandeln und abschließen dürfen, die Bestimmungen über das auf außervertragliche Schuldverhältnisse anzuwendende Recht enthalten.

(38) Da das Ziel dieser Verordnung auf Ebene der Mitgliedstaaten nicht ausreichend verwirklicht werden kann und daher wegen des Umfangs und der Wirkungen der Verordnung besser auf Gemeinschaftsebene zu verwirklichen ist, kann die Gemeinschaft im Einklang mit dem in Artikel 5 des Vertrags niedergelegten Subsidiaritätsprinzip tätig werden. Entsprechend dem ebenfalls in diesem Artikel festgelegten Grundsatz der Verhältnismäßigkeit geht diese Verordnung nicht über das für die Erreichung dieses Ziels erforderliche Maß hinaus.

(39) Gemäß Artikel 3 des Protokolls über die Position des Vereinigten Königreichs und Irlands im Anhang zum Vertrag über die Europäische Union und im Anhang zum Vertrag zur Gründung der Europäischen Gemeinschaft beteiligen sich das Vereinigte Königreich und Irland an der Annahme und Anwendung dieser Verordnung.

(40) Gemäß den Artikeln 1 und 2 des dem Vertrag über die Europäische Union und dem Vertrag zur Gründung der Europäischen Gemeinschaft beigefügten Protokolls über die Position Dänemarks beteiligt sich Dänemark nicht an der Annahme dieser Verordnung, die für Dänemark nicht bindend oder anwendbar ist –

HABEN FOLGENDE VERORDNUNG ERLASSEN:

## Kapitel I. Anwendungsbereich

**Art. 1 Anwendungsbereich.** (1) [1] Diese Verordnung gilt für außervertragliche Schuldverhältnisse in Zivil- und Handelssachen, die eine Verbindung zum Recht verschiedener Staaten aufweisen. [2] Sie gilt insbesondere nicht für Steuer- und Zollsachen, verwaltungsrechtliche Angelegenheiten oder die Haftung des Staates für Handlungen oder Unterlassungen im Rahmen der Ausübung hoheitlicher Rechte („acta iure imperii“).

(2) Vom Anwendungsbereich dieser Verordnung ausgenommen sind

a) außervertragliche Schuldverhältnisse aus einem Familienverhältnis oder aus Verhältnissen, die nach dem auf diese Verhältnisse anzuwendenden Recht vergleichbare Wirkungen entfalten, einschließlich der Unterhaltspflichten;

b) außervertragliche Schuldverhältnisse aus ehelichen Güterständen, aus Güterständen aufgrund von Verhältnissen, die nach dem auf diese Verhältnisse anzuwendenden Recht mit der Ehe vergleichbare Wirkungen entfalten, und aus Testamenten und Erbrecht;

c) außervertragliche Schuldverhältnisse aus Wechseln, Schecks, Eigenwechseln und anderen handelbaren Wertpapieren, sofern die Verpflichtungen aus diesen anderen Wertpapieren aus deren Handelbarkeit entstehen;

d) außervertragliche Schuldverhältnisse, die sich aus dem Gesellschaftsrecht, dem Vereinsrecht und dem Recht der juristischen Personen ergeben, wie die Errichtung durch Eintragung oder auf andere Weise, die Rechts- und Handlungsfähigkeit, die innere Verfassung und die Auflösung von Gesellschaften, Vereinen und juristischen Personen, die persönliche Haftung der Gesellschafter und der Organe für die Verbindlichkeiten einer Gesellschaft, eines Vereins oder einer juristischen Person sowie die persönliche Haftung der Rechnungsprüfer gegenüber einer Gesellschaft oder ihren Gesellschaftern bei der Pflichtprüfung der Rechnungslegungsunterlagen;

e) außervertragliche Schuldverhältnisse aus den Beziehungen zwischen den Verfügenden, den Treuhändern und den Begünstigten eines durch Rechtsgeschäft errichteten „Trusts";

f) außervertragliche Schuldverhältnisse, die sich aus Schäden durch Kernenergie ergeben;

g) außervertragliche Schuldverhältnisse aus der Verletzung der Privatsphäre oder der Persönlichkeitsrechte, einschließlich der Verleumdung.

(3) Diese Verordnung gilt unbeschadet der Artikel 21 und 22 nicht für den Beweis und das Verfahren.

(4) Im Sinne dieser Verordnung bezeichnet der Begriff „Mitgliedstaat" jeden Mitgliedstaat mit Ausnahme Dänemarks.

**Art. 2 Außervertragliche Schuldverhältnisse.** (1) Im Sinne dieser Verordnung umfasst der Begriff des Schadens sämtliche Folgen einer unerlaubten Handlung, einer ungerechtfertigten Bereicherung, einer Geschäftsführung ohne Auftrag („Negotiorum gestio") oder eines Verschuldens bei Vertragsverhandlungen („Culpa in contrahendo").

(2) Diese Verordnung gilt auch für außervertragliche Schuldverhältnisse, deren Entstehen wahrscheinlich ist.

(3) Sämtliche Bezugnahmen in dieser Verordnung auf

a) sein schadensbegründendes Ereignis gelten auch für schadensbegründende Ereignisse, deren Eintritt wahrscheinlich ist, und

b) einen Schaden gelten auch für Schäden, deren Eintritt wahrscheinlich ist.

**Art. 3 Universelle Anwendung.** Das nach dieser Verordnung bezeichnete Recht ist auch dann anzuwenden, wenn es nicht das Recht eines Mitgliedstaats ist.

## Kapitel II. Unerlaubte Handlungen

**Art. 4 Allgemeine Kollisionsnorm.** (1) Soweit in dieser Verordnung nichts anderes vorgesehen ist, ist auf ein außervertragliches Schuldverhältnis aus unerlaubter Handlung das Recht des Staates anzuwenden, in dem der Schaden eintritt, unabhängig davon, in welchem Staat das schadensbegründende Ereignis oder indirekte Schadensfolgen eingetreten sind.

(2) Haben jedoch die Person, deren Haftung geltend gemacht wird, und die Person, die geschädigt wurde, zum Zeitpunkt des Schadenseintritts ihren

gewöhnlichen Aufenthalt in demselben Staat, so unterliegt die unerlaubte Handlung dem Recht dieses Staates.

(3) [1]Ergibt sich aus der Gesamtheit der Umstände, dass die unerlaubte Handlung eine offensichtlich engere Verbindung mit einem anderen als dem in den Absätzen 1 oder 2 bezeichneten Staat aufweist, so ist das Recht dieses anderen Staates anzuwenden. [2]Eine offensichtlich engere Verbindung mit einem anderen Staat könnte sich insbesondere aus einem bereits bestehenden Rechtsverhältnis zwischen den Parteien – wie einem Vertrag – ergeben, das mit der betreffenden unerlaubten Handlung in enger Verbindung steht.

**Art. 5 Produkthaftung.** (1) Unbeschadet des Artikels 4 Absatz 2 ist auf ein außervertragliches Schuldverhältnis im Falle eines Schadens durch ein Produkt folgendes Recht anzuwenden:

a) das Recht des Staates, in dem die geschädigte Person beim Eintritt des Schadens ihren gewöhnlichen Aufenthalt hatte, sofern das Produkt in diesem Staat in Verkehr gebracht wurde, oder anderenfalls

b) das Recht des Staates, in dem das Produkt erworben wurde, falls das Produkt in diesem Staat in Verkehr gebracht wurde, oder anderenfalls

c) das Recht des Staates, in dem der Schaden eingetreten ist, falls das Produkt in diesem Staat in Verkehr gebracht wurde.

Jedoch ist das Recht des Staates anzuwenden, in dem die Person, deren Haftung geltend gemacht wird, ihren gewöhnlichen Aufenthalt hat, wenn sie das Inverkehrbringen des Produkts oder eines gleichartigen Produkts in dem Staat, dessen Recht nach den Buchstaben a, b oder c anzuwenden ist, vernünftigerweise nicht voraussehen konnte.

(2) [1]Ergibt sich aus der Gesamtheit der Umstände, dass die unerlaubte Handlung eine offensichtlich engere Verbindung mit einem anderen als dem in Absatz 1 bezeichneten Staat aufweist, so ist das Recht dieses anderen Staates anzuwenden. [2]Eine offensichtlich engere Verbindung mit einem anderen Staat könnte sich insbesondere aus einem bereits bestehenden Rechtsverhältnis zwischen den Parteien – wie einem Vertrag – ergeben, das mit der betreffenden unerlaubten Handlung in enger Verbindung steht.

**Art. 6 Unlauterer Wettbewerb und den freien Wettbewerb einschränkendes Verhalten.** (1) Auf außervertragliche Schuldverhältnisse aus unlauterem Wettbewerbsverhalten ist das Recht des Staates anzuwenden, in dessen Gebiet die Wettbewerbsbeziehungen oder die kollektiven Interessen der Verbraucher beeinträchtigt worden sind oder wahrscheinlich beeinträchtigt werden.

(2) Beeinträchtigt ein unlauteres Wettbewerbsverhalten ausschließlich die Interessen eines bestimmten Wettbewerbers, ist Artikel 4 anwendbar.

(3)

a) Auf außervertragliche Schuldverhältnisse aus einem den Wettbewerb einschränkenden Verhalten ist das Recht des Staates anzuwenden, dessen Markt beeinträchtigt ist oder wahrscheinlich beeinträchtigt wird.

b) Wird der Markt in mehr als einem Staat beeinträchtigt oder wahrscheinlich beeinträchtigt, so kann ein Geschädigter, der vor einem Gericht im Mitgliedstaat des Wohnsitzes des Beklagten klagt, seinen Anspruch auf das

Recht des Mitgliedstaats des angerufenen Gerichts stützen, sofern der Markt in diesem Mitgliedstaat zu den Märkten gehört, die unmittelbar und wesentlich durch das den Wettbewerb einschränkende Verhalten beeinträchtigt sind, das das außervertragliche Schuldverhältnis begründet, auf welches sich der Anspruch stützt; klagt der Kläger gemäß den geltenden Regeln über die gerichtliche Zuständigkeit vor diesem Gericht gegen mehr als einen Beklagten, so kann er seinen Anspruch nur dann auf das Recht dieses Gerichts stützen, wenn das den Wettbewerb einschränkende Verhalten, auf das sich der Anspruch gegen jeden dieser Beklagten stützt, auch den Markt im Mitgliedstaat dieses Gerichts unmittelbar und wesentlich beeinträchtigt.

(4) Von dem nach diesem Artikel anzuwendenden Recht kann nicht durch eine Vereinbarung gemäß Artikel 14 abgewichen werden.

**Art. 7 Umweltschädigung.** Auf außervertragliche Schuldverhältnisse aus einer Umweltschädigung oder einem aus einer solchen Schädigung herrührenden Personen- oder Sachschaden ist das nach Artikel 4 Absatz 1 geltende Recht anzuwenden, es sei denn, der Geschädigte hat sich dazu entschieden, seinen Anspruch auf das Recht des Staates zu stützen, in dem das schadensbegründende Ereignis eingetreten ist.

**Art. 8 Verletzung von Rechten des geistigen Eigentums.** (1) Auf außervertragliche Schuldverhältnisse aus einer Verletzung von Rechten des geistigen Eigentums ist das Recht des Staates anzuwenden, für den der Schutz beansprucht wird.

(2) Bei außervertraglichen Schuldverhältnissen aus einer Verletzung von gemeinschaftsweit einheitlichen Rechten des geistigen Eigentums ist auf Fragen, die nicht unter den einschlägigen Rechtsakt der Gemeinschaft fallen, das Recht des Staates anzuwenden, in dem die Verletzung begangen wurde.

(3) Von dem nach diesem Artikel anzuwendenden Recht kann nicht durch eine Vereinbarung nach Artikel 14 abgewichen werden.

**Art. 9 Arbeitskampfmaßnahmen.** Unbeschadet des Artikels 4 Absatz 2 ist auf außervertragliche Schuldverhältnisse in Bezug auf die Haftung einer Person in ihrer Eigenschaft als Arbeitnehmer oder Arbeitgeber oder der Organisationen, die deren berufliche Interessen vertreten, für Schäden, die aus bevorstehenden oder durchgeführten Arbeitskampfmaßnahmen entstanden sind, das Recht des Staates anzuwenden, in dem die Arbeitskampfmaßnahme erfolgen soll oder erfolgt ist.

## Kapitel III. Ungerechtfertigte Bereicherung, Geschäftsführung ohne Auftrag und Verschulden bei Vertragsverhandlungen

**Art. 10 Ungerechtfertigte Bereicherung.** (1) Knüpft ein außervertragliches Schuldverhältnis aus ungerechtfertigter Bereicherung, einschließlich von Zahlungen auf eine nicht bestehende Schuld, an ein zwischen den Parteien bestehendes Rechtsverhältnis – wie einen Vertrag oder eine unerlaubte Handlung – an, das eine enge Verbindung mit dieser ungerechtfertigten Bereicherung aufweist, so ist das Recht anzuwenden, dem dieses Rechtsverhältnis unterliegt.

(2) Kann das anzuwendende Recht nicht nach Absatz 1 bestimmt werden und haben die Parteien zum Zeitpunkt des Eintritts des Ereignisses, das die ungerechtfertigte Bereicherung zur Folge hat, ihren gewöhnlichen Aufenthalt in demselben Staat, so ist das Recht dieses Staates anzuwenden.

(3) Kann das anzuwendende Recht nicht nach den Absätzen 1 oder 2 bestimmt werden, so ist das Recht des Staates anzuwenden, in dem die ungerechtfertigte Bereicherung eingetreten ist.

(4) Ergibt sich aus der Gesamtheit der Umstände, dass das außervertragliche Schuldverhältnis aus ungerechtfertigter Bereicherung eine offensichtlich engere Verbindung mit einem anderen als dem in den Absätzen 1, 2 und 3 bezeichneten Staat aufweist, so ist das Recht dieses anderen Staates anzuwenden.

**Art. 11 Geschäftsführung ohne Auftrag.** (1) Knüpft ein außervertragliches Schuldverhältnis aus Geschäftsführung ohne Auftrag an ein zwischen den Parteien bestehendes Rechtsverhältnis – wie einen Vertrag oder eine unerlaubte Handlung – an, das eine enge Verbindung mit dieser Geschäftsführung ohne Auftrag aufweist, so ist das Recht anzuwenden, dem dieses Rechtsverhältnis unterliegt.

(2) Kann das anzuwendende Recht nicht nach Absatz 1 bestimmt werden und haben die Parteien zum Zeitpunkt des Eintritts des schadensbegründenden Ereignisses ihren gewöhnlichen Aufenthalt in demselben Staat, so ist das Recht dieses Staates anzuwenden.

(3) Kann das anzuwendende Recht nicht nach den Absätzen 1 oder 2 bestimmt werden, so ist das Recht des Staates anzuwenden, in dem die Geschäftsführung erfolgt ist.

(4) Ergibt sich aus der Gesamtheit der Umstände, dass das außervertragliche Schuldverhältnis aus Geschäftsführung ohne Auftrag eine offensichtlich engere Verbindung mit einem anderen als dem in den Absätzen 1, 2 und 3 bezeichneten Staat aufweist, so ist das Recht dieses anderen Staates anzuwenden.

**Art. 12 Verschulden bei Vertragsverhandlungen.** (1) Auf außervertragliche Schuldverhältnisse aus Verhandlungen vor Abschluss eines Vertrags, unabhängig davon, ob der Vertrag tatsächlich geschlossen wurde oder nicht, ist das Recht anzuwenden, das auf den Vertrag anzuwenden ist oder anzuwenden gewesen wäre, wenn er geschlossen worden wäre.

(2) Kann das anzuwendende Recht nicht nach Absatz 1 bestimmt werden, so ist das anzuwendende Recht

a) das Recht des Staates, in dem der Schaden eingetreten ist, unabhängig davon, in welchem Staat das schadensbegründende Ereignis oder indirekte Schadensfolgen eingetreten sind, oder,

b) wenn die Parteien zum Zeitpunkt des Eintritts des schadensbegründenden Ereignisses ihren gewöhnlichen Aufenthalt in demselben Staat haben, das Recht dieses Staates, oder,

c) wenn sich aus der Gesamtheit der Umstände ergibt, dass das außervertragliche Schuldverhältnis aus Verhandlungen vor Abschluss eines Vertrags eine offensichtlich engere Verbindung mit einem anderen als dem in den Buchstaben a oder b bezeichneten Staat aufweist, das Recht dieses anderen Staates.

**Art. 13 Anwendbarkeit des Artikels 8.** Auf außervertragliche Schuldverhältnisse aus einer Verletzung von Rechten des geistigen Eigentums ist für die Zwecke dieses Kapitels Artikel 8 anzuwenden.

## Kapitel IV. Freie Rechtswahl

**Art. 14 Freie Rechtswahl.** (1) Die Parteien können das Recht wählen, dem das außervertragliche Schuldverhältnis unterliegen soll:

a) durch eine Vereinbarung nach Eintritt des schadensbegründenden Ereignisses;

oder

b) wenn alle Parteien einer kommerziellen Tätigkeit nachgehen, auch durch eine vor Eintritt des schadensbegründenden Ereignisses frei ausgehandelte Vereinbarung.

Die Rechtswahl muss ausdrücklich erfolgen oder sich mit hinreichender Sicherheit aus den Umständen des Falles ergeben und lässt Rechte Dritter unberührt.

(2) Sind alle Elemente des Sachverhalts zum Zeitpunkt des Eintritts des schadensbegründenden Ereignisses in einem anderen als demjenigen Staat belegen, dessen Recht gewählt wurde, so berührt die Rechtswahl der Parteien nicht die Anwendung derjenigen Bestimmungen des Rechts dieses anderen Staates, von denen nicht durch Vereinbarung abgewichen werden kann.

(3) Sind alle Elemente des Sachverhalts zum Zeitpunkt des Eintritts des schadensbegründenden Ereignisses in einem oder mehreren Mitgliedstaaten belegen, so berührt die Wahl des Rechts eines Drittstaats durch die Parteien nicht die Anwendung – gegebenenfalls in der von dem Mitgliedstaat des angerufenen Gerichts umgesetzten Form – der Bestimmungen des Gemeinschaftsrechts, von denen nicht durch Vereinbarung abgewichen werden kann.

## Kapitel V. Gemeinsame Vorschriften

**Art. 15 Geltungsbereich des anzuwendenden Rechts.** Das nach dieser Verordnung auf außervertragliche Schuldverhältnisse anzuwendende Recht ist insbesondere maßgebend für

a) den Grund und den Umfang der Haftung einschließlich der Bestimmung der Personen, die für ihre Handlungen haftbar gemacht werden können;

b) die Haftungsausschlussgründe sowie jede Beschränkung oder Teilung der Haftung;

c) das Vorliegen, die Art und die Bemessung des Schadens oder der geforderten Wiedergutmachung;

d) die Maßnahmen, die ein Gericht innerhalb der Grenzen seiner verfahrensrechtlichen Befugnisse zur Vorbeugung, zur Beendigung oder zum Ersatz des Schadens anordnen kann;

e) die Übertragbarkeit, einschließlich der Vererbbarkeit, des Anspruchs auf Schadenersatz oder Wiedergutmachung;
f) die Personen, die Anspruch auf Ersatz eines persönlich erlittenen Schadens haben;
g) die Haftung für die von einem anderen begangenen Handlungen;
h) die Bedingungen für das Erlöschen von Verpflichtungen und die Vorschriften über die Verjährung und die Rechtsverluste, einschließlich der Vorschriften über den Beginn, die Unterbrechung und die Hemmung der Verjährungsfristen und der Fristen für den Rechtsverlust.

**Art. 16 Eingriffsnormen.** Diese Verordnung berührt nicht die Anwendung der nach dem Recht des Staates des angerufenen Gerichts geltenden Vorschriften, die ohne Rücksicht auf das für das außervertragliche Schuldverhältnis maßgebende Recht den Sachverhalt zwingend regeln.

**Art. 17 Sicherheits- und Verhaltensregeln.** Bei der Beurteilung des Verhaltens der Person, deren Haftung geltend gemacht wird, sind faktisch und soweit angemessen die Sicherheits- und Verhaltensregeln zu berücksichtigen, die an dem Ort und zu dem Zeitpunkt des haftungsbegründenden Ereignisses in Kraft sind.

**Art. 18 Direktklage gegen den Versicherer des Haftenden.** Der Geschädigte kann seinen Anspruch direkt gegen den Versicherer des Haftenden geltend machen, wenn dies nach dem auf das außervertragliche Schuldverhältnis oder nach dem auf den Versicherungsvertrag anzuwendenden Recht vorgesehen ist.

**Art. 19 Gesetzlicher Forderungsübergang.** Hat eine Person („der Gläubiger") aufgrund eines außervertraglichen Schuldverhältnisses eine Forderung gegen eine andere Person („den Schuldner") und hat ein Dritter die Verpflichtung, den Gläubiger zu befriedigen, oder befriedigt er den Gläubiger aufgrund dieser Verpflichtung, so bestimmt das für die Verpflichtung des Dritten gegenüber dem Gläubiger maßgebende Recht, ob und in welchem Umfang der Dritte die Forderung des Gläubigers gegen den Schuldner nach dem für deren Beziehungen maßgebenden Recht geltend zu machen berechtigt ist.

**Art. 20 Mehrfache Haftung.** Hat ein Gläubiger eine Forderung gegen mehrere für dieselbe Forderung haftende Schuldner und ist er von einem der Schuldner vollständig oder teilweise befriedigt worden, so bestimmt sich der Anspruch dieses Schuldners auf Ausgleich durch die anderen Schuldner nach dem Recht, das auf die Verpflichtung dieses Schuldners gegenüber dem Gläubiger aus dem außervertraglichen Schuldverhältnis anzuwenden ist.

**Art. 21 Form.** Eine einseitige Rechtshandlung, die ein außervertragliches Schuldverhältnis betrifft, ist formgültig, wenn sie die Formerfordernisse des für das betreffende außervertragliche Schuldverhältnis maßgebenden Rechts oder des Rechts des Staates, in dem sie vorgenommen wurde, erfüllt.

**Art. 22 Beweis.** (1) Das nach dieser Verordnung für das außervertragliche Schuldverhältnis maßgebende Recht ist insoweit anzuwenden, als es für außervertragliche Schuldverhältnisse gesetzliche Vermutungen aufstellt oder die Beweislast verteilt.

(2) Zum Beweis einer Rechtshandlung sind alle Beweisarten des Rechts des angerufenen Gerichts oder eines der in Artikel 21 bezeichneten Rechte, nach denen die Rechtshandlung formgültig ist, zulässig, sofern der Beweis in dieser Art vor dem angerufenen Gericht erbracht werden kann.

## Kapitel VI. Sonstige Vorschriften

**Art. 23 Gewöhnlicher Aufenthalt.** (1) Für die Zwecke dieser Verordnung ist der Ort des gewöhnlichen Aufenthalts von Gesellschaften, Vereinen und juristischen Personen der Ort ihrer Hauptverwaltung.

Wenn jedoch das schadensbegründende Ereignis oder der Schaden aus dem Betrieb einer Zweigniederlassung, einer Agentur oder einer sonstigen Niederlassung herrührt, steht dem Ort des gewöhnlichen Aufenthalts der Ort gleich, an dem sich diese Zweigniederlassung, Agentur oder sonstige Niederlassung befindet.

(2) Im Sinne dieser Verordnung ist der gewöhnliche Aufenthalt einer natürlichen Person, die im Rahmen der Ausübung ihrer beruflichen Tätigkeit handelt, der Ort ihrer Hauptniederlassung.

**Art. 24 Ausschluss der Rück- und Weiterverweisung.** Unter dem nach dieser Verordnung anzuwendenden Recht eines Staates sind die in diesem Staat geltenden Rechtsnormen unter Ausschluss derjenigen des Internationalen Privatrechts zu verstehen.

**Art. 25 Staaten ohne einheitliche Rechtsordnung.** (1) Umfasst ein Staat mehrere Gebietseinheiten, von denen jede für außervertragliche Schuldverhältnisse ihre eigenen Rechtsnormen hat, so gilt für die Bestimmung des nach dieser Verordnung anzuwendenden Rechts jede Gebietseinheit als Staat.

(2) Ein Mitgliedstaat, in dem verschiedene Gebietseinheiten ihre eigenen Rechtsnormen für außervertragliche Schuldverhältnisse haben, ist nicht verpflichtet, diese Verordnung auf Kollisionen zwischen den Rechtsordnungen dieser Gebietseinheiten anzuwenden.

**Art. 26 Öffentliche Ordnung im Staat des angerufenen Gerichts.** Die Anwendung einer Vorschrift des nach dieser Verordnung bezeichneten Rechts kann nur versagt werden, wenn ihre Anwendung mit der öffentlichen Ordnung („ordre public") des Staates des angerufenen Gerichts offensichtlich unvereinbar ist.

**Art. 27 Verhältnis zu anderen Gemeinschaftsrechtsakten.** Diese Verordnung berührt nicht die Anwendung von Vorschriften des Gemeinschaftsrechts, die für besondere Gegenstände Kollisionsnormen für außervertragliche Schuldverhältnisse enthalten.

**Art. 28 Verhältnis zu bestehenden internationalen Übereinkommen.** (1) Diese Verordnung berührt nicht die Anwendung der internationalen Übereinkommen, denen ein oder mehrere Mitgliedstaaten zum Zeitpunkt der Annahme dieser Verordnung angehören und die Kollisionsnormen für außervertragliche Schuldverhältnisse enthalten.

(2) Diese Verordnung hat jedoch in den Beziehungen zwischen den Mitgliedstaaten Vorrang vor den ausschließlich zwischen zwei oder mehreren Mitgliedstaaten geschlossenen Übereinkommen, soweit diese Bereiche betreffen, die in dieser Verordnung geregelt sind.

## Kapitel VII. Schlussbestimmungen

**Art. 29 Verzeichnis der Übereinkommen.** (1) [1] Die Mitgliedstaaten übermitteln der Kommission spätestens am 11. Juli 2008 die Übereinkommen gemäß Artikel 28 Absatz 1. [2] Kündigen die Mitgliedstaaten nach diesem Stichtag eines dieser Übereinkommen, so setzen sie die Kommission davon in Kenntnis.

(2) Die Kommission veröffentlicht im *Amtsblatt der Europäischen Union* innerhalb von sechs Monaten nach deren Erhalt

i) ein Verzeichnis der in Absatz 1 genannten Übereinkommen;
ii) die in Absatz 1 genannten Kündigungen.

**Art. 30 Überprüfungsklausel.** (1) [1] Die Kommission legt dem Europäischen Parlament, dem Rat und dem Europäischen Wirtschafts- und Sozialausschuss bis spätestens 20. August 2011 einen Bericht über die Anwendung dieser Verordnung vor. [2] Diesem Bericht werden gegebenenfalls Vorschläge zur Anpassung der Verordnung beigefügt. [3] Der Bericht umfasst:

i) eine Untersuchung über Auswirkungen der Art und Weise, in der mit ausländischem Recht in den verschiedenen Rechtsordnungen umgegangen wird, und darüber, inwieweit die Gerichte in den Mitgliedstaaten ausländisches Recht aufgrund dieser Verordnung in der Praxis anwenden;
ii) eine Untersuchung der Auswirkungen von Artikel 28 der vorliegenden Verordnung im Hinblick auf das Haager Übereinkommen vom 4. Mai 1971 über das auf Verkehrsunfälle anzuwendende Recht.

(2) Die Kommission legt dem Europäischen Parlament, dem Rat und dem Europäischen Wirtschafts- und Sozialausschuss bis spätestens 31. Dezember 2008 eine Untersuchung zum Bereich des auf außervertragliche Schuldverhältnisse aus der Verletzung der Privatsphäre oder der Persönlichkeitsrechte anzuwendenden Rechts vor, wobei die Regeln über die Pressefreiheit und die Meinungsfreiheit in den Medien sowie die kollisionsrechtlichen Aspekte im Zusammenhang mit der Richtlinie 95/46/EG des Europäischen Parlaments und des Rates vom 24. Oktober 1995 zum Schutz natürlicher Personen bei der Verarbeitung personenbezogener Daten und zum freien Datenverkehr[1)] zu berücksichtigen sind.

**Art. 31 Zeitliche Anwendbarkeit.** Diese Verordnung wird auf schadensbegründende Ereignisse angewandt, die nach ihrem Inkrafttreten eintreten.

---

[1)] **Amtl. Anm.:** ABl. L 281 vom 23. 11. 1995, S. 31.

**Art. 32 Zeitpunkt des Beginns der Anwendung.** Diese Verordnung gilt ab dem 11. Januar 2009, mit Ausnahme des Artikels 29, der ab dem 11. Juli 2008 gilt.

Diese Verordnung ist in allen ihren Teilen verbindlich und gilt gemäß dem Vertrag zur Gründung der Europäischen Gemeinschaft unmittelbar in den Mitgliedstaaten.

**Erklärung der Kommission zur Überprüfungsklausel (Artikel 30)**

Die Kommission wird auf entsprechende Aufforderung durch das Europäische Parlament und den Rat im Rahmen von Artikel 30 der Verordnung Rom II hin, bis spätestens Dezember 2008 eine Untersuchung zu dem auf außervertragliche Schuldverhältnisse aus der Verletzung der Privatsphäre oder der Persönlichkeitsrechte anwendbaren Recht vorlegen. Die Kommission wird allen Aspekten Rechnung tragen und erforderlichenfalls geeignete Maßnahmen ergreifen.

**Erklärung der Kommission zu Straßenverkehrsunfällen**

In Anbetracht der unterschiedlichen Höhe des Schadenersatzes, der den Opfern von Straßenverkehrsunfällen in den Mitgliedstaaten zugesprochen wird, ist die Kommission bereit, die spezifischen Probleme zu untersuchen, mit denen EU-Ansässige bei Straßenverkehrsunfällen in einem anderen Mitgliedstaat als dem ihres gewöhnlichen Aufenthalts konfrontiert sind. Die Kommission wird dem Europäischen Parlament und dem Rat bis Ende 2008 hierzu eine Untersuchung zu allen Optionen einschließlich Versicherungsaspekten vorlegen, wie die Position gebietsfremder Unfallopfer verbessert werden kann. Diese Untersuchung würde den Weg zur Ausarbeitung eines Grünbuches bahnen.

**Erklärung der Kommission zur Behandlung ausländischen Rechts**

In Anbetracht der unterschiedlichen Behandlung ausländischen Rechts in den Mitgliedstaaten wird die Kommission, sobald die Untersuchung vorliegt, spätestens aber vier Jahre nach Inkrafttreten der Verordnung Rom II eine Untersuchung zur Anwendung ausländischen Rechts in Zivil- und Handelssachen durch die Gerichte der Mitgliedstaaten unter Berücksichtigung der Ziele des Haager Programms veröffentlichen. Die Kommission ist bereit, erforderlichenfalls geeignete Maßnahmen zu ergreifen.

# 21 c. Verordnung (EU) Nr. 1259/2010 des Rates vom 20. Dezember 2010 zur Durchführung einer Verstärkten Zusammenarbeit im Bereich des auf die Ehescheidung und Trennung ohne Auflösung des Ehebandes anzuwendenden Rechts („Rom III“)

(ABl. Nr. L 343 S. 10)

EU-Dok.-Nr. 3 2010 R 1259

DER RAT DER EUROPÄISCHEN UNION –

gestützt auf den Vertrag über die Arbeitsweise der Europäischen Union, insbesondere auf Artikel 81 Absatz 3,

gestützt auf den Beschluss 2010/405/EU des Rates vom 12. Juli 2010 über die Ermächtigung zu einer Verstärkten Zusammenarbeit im Bereich des auf die Ehescheidung und Trennung ohne Auflösung des Ehebandes anzuwendenden Rechts[1]),

auf Vorschlag der Europäischen Kommission,

nach Zuleitung des Entwurfs des Gesetzgebungsakts an die nationalen Parlamente,

nach Stellungnahme des Europäischen Parlaments,

nach Stellungnahme des Europäischen Wirtschafts- und Sozialausschusses,

gemäß einem besonderen Gesetzgebungsverfahren,

in Erwägung nachstehender Gründe:

(1) Die Union hat sich zum Ziel gesetzt, einen Raum der Freiheit, der Sicherheit und des Rechts, in dem der freie Personenverkehr gewährleistet ist, zu erhalten und weiterzuentwickeln. Zum schrittweisen Aufbau eines solchen Raums muss die Union im Bereich der justiziellen Zusammenarbeit in Zivilsachen, die einen grenzüberschreitenden Bezug aufweisen, Maßnahmen erlassen, insbesondere wenn dies für das reibungslose Funktionieren des Binnenmarkts erforderlich ist.

(2) Nach Artikel 81 des Vertrags über die Arbeitsweise der Europäischen Union fallen darunter auch Maßnahmen, die die Vereinbarkeit der in den Mitgliedstaaten geltenden Kollisionsnormen sicherstellen sollen.

(3) Die Kommission nahm am 14. März 2005 ein Grünbuch über das anzuwendende Recht und die gerichtliche Zuständigkeit in Scheidungssachen an. Auf der Grundlage dieses Grünbuchs fand eine umfassende öffentliche Konsultation zu möglichen Lösungen für die Probleme statt, die bei der derzeitigen Sachlage auftreten können.

(4) Am 17. Juli 2006 legte die Kommission einen Vorschlag für eine Verordnung zur Änderung der Verordnung (EG) Nr. 2201/2003 des Rates[2]) im

---

[1]) **Amtl. Anm.:** ABl. L 189 vom 22. 7. 2010, S. 12.

[2]) **Amtl. Anm.:** Verordnung (EG) Nr. 2201/2003 des Rates vom 27. November 2003 über die Zuständigkeit und die Anerkennung und Vollstreckung von Entscheidungen in Ehesachen und in Verfahren betreffend die elterliche Verantwortung und zur Aufhebung der Verordnung (EG) Nr. 1347/2000 (ABl. L 338 vom 23. 12. 2003, S. 1).

Hinblick auf die Zuständigkeit in Ehesachen und zur Einführung von Vorschriften betreffend das anwendbare Recht in diesem Bereich vor.

(5) Auf seiner Tagung vom 5./6. Juni 2008 in Luxemburg stellte der Rat fest, dass es keine Einstimmigkeit für diesen Vorschlag gab und es unüberwindbare Schwierigkeiten gab, die damals und in absehbarer Zukunft eine einstimmige Annahme unmöglich machen. Er stellte fest, dass die Ziele der Verordnung unter Anwendung der einschlägigen Bestimmungen der Verträge nicht in einem vertretbaren Zeitraum verwirklicht werden können.

(6) In der Folge teilten Belgien, Bulgarien, Deutschland, Griechenland, Spanien, Frankreich, Italien, Lettland, Luxemburg, Ungarn, Malta, Österreich, Portugal, Rumänien und Slowenien der Kommission mit, dass sie die Absicht hätten, untereinander im Bereich des anzuwendenden Rechts in Ehesachen eine Verstärkte Zusammenarbeit zu begründen. Am 3. März 2010 zog Griechenland seinen Antrag zurück.

(7) Der Rat hat am 12. Juli 2010 den Beschluss 2010/405/EU über die Ermächtigung zu einer Verstärkten Zusammenarbeit im Bereich des auf die Ehescheidung und Trennung ohne Auflösung des Ehebandes anzuwendenden Rechts erlassen.

(8) Gemäß Artikel 328 Absatz 1 des Vertrags über die Arbeitsweise der Europäischen Union steht eine Verstärkte Zusammenarbeit bei ihrer Begründung allen Mitgliedstaaten offen, sofern sie die in dem hierzu ermächtigenden Beschluss gegebenenfalls festgelegten Teilnahmevoraussetzungen erfüllen. Dies gilt auch zu jedem anderen Zeitpunkt, sofern sie neben den genannten Voraussetzungen auch die in diesem Rahmen bereits erlassenen Rechtsakte beachten. Die Kommission und die an einer Verstärkten Zusammenarbeit teilnehmenden Mitgliedstaaten stellen sicher, dass die Teilnahme möglichst vieler Mitgliedstaaten gefördert wird. Diese Verordnung sollte in allen ihren Teilen verbindlich sein und gemäß den Verträgen unmittelbar nur in den teilnehmenden Mitgliedstaaten gelten.

(9) Diese Verordnung sollte einen klaren, umfassenden Rechtsrahmen im Bereich des auf die Ehescheidung und Trennung ohne Auflösung des Ehebandes anzuwendenden Rechts in den teilnehmenden Mitgliedstaaten vorgeben, den Bürgern in Bezug auf Rechtssicherheit, Berechenbarkeit und Flexibilität sachgerechte Lösungen garantieren und Fälle verhindern, in denen ein Ehegatte alles daran setzt, die Scheidung zuerst einzureichen, um sicherzugehen, dass sich das Verfahren nach einer Rechtsordnung richtet, die seine Interessen seiner Ansicht nach besser schützt.

(10) Der sachliche Anwendungsbereich und die Bestimmungen dieser Verordnung sollten mit der Verordnung (EG) Nr. 2201/2003 im Einklang stehen. Er sollte sich jedoch nicht auf die Ungültigerklärung einer Ehe erstrecken.

Diese Verordnung sollte nur für die Auflösung oder die Lockerung des Ehebandes gelten. Das nach den Kollisionsnormen dieser Verordnung bestimmte Recht sollte für die Gründe der Ehescheidung und Trennung ohne Auflösung des Ehebandes gelten.

Vorfragen wie die Rechts- und Handlungsfähigkeit und die Gültigkeit der Ehe und Fragen wie die güterrechtlichen Folgen der Ehescheidung oder der Trennung ohne Auflösung des Ehebandes, den Namen, die elterliche Verantwortung, die Unterhaltspflicht oder sonstige mögliche Nebenaspekte sollten nach den Kollisionsnormen geregelt werden, die in dem betreffenden teilnehmenden Mitgliedstaat anzuwenden sind.

(11) Um den räumlichen Geltungsbereich dieser Verordnung genau abzugrenzen, sollte angegeben werden, welche Mitgliedstaaten sich an der Verstärkten Zusammenarbeit beteiligen.

(12) Diese Verordnung sollte universell gelten, d. h. kraft ihrer einheitlichen Kollisionsnormen sollte das Recht eines teilnehmenden Mitgliedstaats, eines nicht teilnehmenden Mitgliedstaats oder das Recht eines Drittstaats zur Anwendung kommen können.

(13) Für die Anwendung dieser Verordnung sollte es unerheblich sein, welches Gericht angerufen wird. Soweit zweckmäßig, sollte ein Gericht als gemäß der Verordnung (EG) Nr. 2201/2003 angerufen gelten.

(14) Um den Ehegatten die Möglichkeit zu bieten, das Recht zu wählen, zu dem sie einen engen Bezug haben, oder um, in Ermangelung einer Rechtswahl, dafür zu sorgen, dass dieses Recht auf ihre Ehescheidung oder Trennung ohne Auflösung des Ehebandes angewendet wird, sollte dieses Recht auch dann zum Tragen kommen, wenn es nicht das Recht eines teilnehmenden Mitgliedstaats ist. Ist das Recht eines anderen Mitgliedstaats anzuwenden, könnte das mit der Entscheidung 2001/470/EG des Rates vom 28. Mai 2001 über die Einrichtung eines Europäischen Justiziellen Netzes für Zivil- und Handelssachen[1] eingerichtete Netz den Gerichten dabei helfen, sich mit dem ausländischen Recht vertraut zu machen.

(15) Eine erhöhte Mobilität der Bürger erfordert gleichermaßen mehr Flexibilität und mehr Rechtssicherheit. Um diesem Ziel zu entsprechen, sollte diese Verordnung die Parteiautonomie bei der Ehescheidung und Trennung ohne Auflösung des Ehebandes stärken und den Parteien in gewissen Grenzen die Möglichkeit geben, das in ihrem Fall anzuwendende Recht zu bestimmen.

(16) Die Ehegatten sollten als auf die Ehescheidung oder Trennung ohne Auflösung des Ehebandes anzuwendendes Recht das Recht eines Landes wählen können, zu dem sie einen besonderen Bezug haben, oder das Recht des Staates des angerufenen Gerichts. Das von den Ehegatten gewählte Recht muss mit den Grundrechten vereinbar sein, wie sie durch die Verträge und durch die Charta der Grundrechte der Europäischen Union anerkannt werden.

(17) Für die Ehegatten ist es wichtig, dass sie vor der Rechtswahl auf aktuelle Informationen über die wesentlichen Aspekte sowohl des innerstaatlichen Rechts als auch des Unionsrechts und der Verfahren bei Ehescheidung und Trennung ohne Auflösung des Ehebandes zugreifen können. Um den Zugang zu entsprechenden sachdienlichen, qualitativ hochwertigen Informationen zu gewährleisten, werden die Informationen, die der Öffentlichkeit auf der durch die Entscheidung 2001/470/EG des Rates eingerichteten Website zur Verfügung stehen, regelmäßig von der Kommission aktualisiert.

---

[1] **Amtl. Anm.:** ABl. L 174 vom 27. 6. 2001, S. 25.

(18) Diese Verordnung sieht als wesentlichen Grundsatz vor, dass beide Ehegatten ihre Rechtswahl in voller Sachkenntnis treffen. Jeder Ehegatte sollte sich genau über die rechtlichen und sozialen Folgen der Rechtswahl im Klaren sein. Die Rechte und die Chancengleichheit der beiden Ehegatten dürfen durch die Möglichkeit einer einvernehmlichen Rechtswahl nicht beeinträchtigt werden. Die Richter in den teilnehmenden Mitgliedstaaten sollten daher wissen, dass es darauf ankommt, dass die Ehegatten ihre Rechtswahlvereinbarung in voller Kenntnis der Rechtsfolgen schließen.

(19) Regeln zur materiellen Wirksamkeit und zur Formgültigkeit sollten festgelegt werden, so dass die von den Ehegatten in voller Sachkenntnis zu treffende Rechtswahl erleichtert und das Einvernehmen der Ehegatten geachtet wird, damit Rechtssicherheit sowie ein besserer Zugang zur Justiz gewährleistet werden. Was die Formgültigkeit anbelangt, sollten bestimmte Schutzvorkehrungen getroffen werden, um sicherzustellen, dass sich die Ehegatten der Tragweite ihrer Rechtswahl bewusst sind. Die Vereinbarung über die Rechtswahl sollte zumindest der Schriftform bedürfen und von beiden Parteien mit Datum und Unterschrift versehen werden müssen. Sieht das Recht des teilnehmenden Mitgliedstaats, in dem beide Ehegatten zum Zeitpunkt der Rechtswahl ihren gewöhnlichen Aufenthalt haben, zusätzliche Formvorschriften vor, so sollten diese eingehalten werden. Beispielsweise können derartige zusätzliche Formvorschriften in einem teilnehmenden Mitgliedstaat bestehen, in dem die Rechtswahlvereinbarung Bestandteil des Ehevertrags ist. Haben die Ehegatten zum Zeitpunkt der Rechtswahl ihren gewöhnlichen Aufenthalt in verschiedenen teilnehmenden Mitgliedstaaten, in denen unterschiedliche Formvorschriften vorgesehen sind, so würde es ausreichen, dass die Formvorschriften eines dieser Mitgliedstaaten eingehalten werden. Hat zum Zeitpunkt der Rechtswahl nur einer der Ehegatten seinen gewöhnlichen Aufenthalt in einem teilnehmenden Mitgliedstaat, in dem zusätzliche Formvorschriften vorgesehen sind, so sollten diese Formvorschriften eingehalten werden.

(20) Eine Vereinbarung zur Bestimmung des anzuwendenden Rechts sollte spätestens bei Anrufung des Gerichts geschlossen und geändert werden können sowie gegebenenfalls sogar im Laufe des Verfahrens, wenn das Recht des Staates des angerufenen Gerichts dies vorsieht. In diesem Fall sollte es genügen, wenn die Rechtswahl vom Gericht im Einklang mit dem Recht des Staates des angerufenen Gerichts zu Protokoll genommen wird.

(21) Für den Fall, dass keine Rechtswahl getroffen wurde, sollte diese Verordnung im Interesse der Rechtssicherheit und Berechenbarkeit und um zu vermeiden, dass ein Ehegatte alles daran setzt, die Scheidung zuerst einzureichen, um sicherzugehen, dass sich das Verfahren nach einer Rechtsordnung richtet, die seine Interessen seiner Ansicht nach besser schützt, harmonisierte Kollisionsnormen einführen, die sich auf Anknüpfungspunkte stützen, die einen engen Bezug der Ehegatten zum anzuwendenden Recht gewährleisten. Die Anknüpfungspunkte sollten so gewählt werden, dass sichergestellt ist, dass die Verfahren, die sich auf die Ehescheidung oder die Trennung ohne Auflösung des Ehebandes beziehen, nach einer Rechtsordnung erfolgen, zu der die Ehegatten einen engen Bezug haben.

(22) Wird in dieser Verordnung hinsichtlich der Anwendung des Rechts eines Staates auf die Staatsangehörigkeit als Anknüpfungspunkt verwiesen, so wird die Frage, wie in Fällen der mehrfachen Staatsangehörigkeit zu verfahren ist, weiterhin nach innerstaatlichem Recht geregelt, wobei die allgemeinen Grundsätze der Europäischen Union uneingeschränkt zu achten sind.

(23) Wird das Gericht angerufen, damit eine Trennung ohne Auflösung des Ehebandes in eine Ehescheidung umgewandelt wird, und haben die Parteien keine Rechtswahl getroffen, so sollte das Recht, das auf die Trennung ohne Auflösung des Ehebandes angewendet wurde, auch auf die Ehescheidung angewendet werden. Eine solche Kontinuität würde den Parteien eine bessere Berechenbarkeit bieten und die Rechtssicherheit stärken. Sieht das Recht, das auf die Trennung ohne Auflösung des Ehebandes angewendet wurde, keine Umwandlung der Trennung ohne Auflösung des Ehebandes in eine Ehescheidung vor, so sollte die Ehescheidung in Ermangelung einer Rechtswahl durch die Parteien nach den Kollisionsnormen erfolgen. Dies sollte die Ehegatten nicht daran hindern, die Scheidung auf der Grundlage anderer Bestimmungen dieser Verordnung zu beantragen

(24) In bestimmten Situationen, in denen das anzuwendende Recht eine Ehescheidung nicht zulässt oder einem der Ehegatten aufgrund seiner Geschlechtszugehörigkeit keinen gleichberechtigten Zugang zu einem Scheidungs- oder Trennungsverfahren gewährt, sollte jedoch das Recht des angerufenen Gerichts maßgebend sein. Der *Ordre-public*-Vorbehalt sollte hiervon jedoch unberührt bleiben.

(25) Aus Gründen des öffentlichen Interesses sollte den Gerichten der teilnehmenden Mitgliedstaaten in Ausnahmefällen die Möglichkeit gegeben werden, die Anwendung einer Bestimmung des ausländischen Rechts zu versagen, wenn ihre Anwendung in einem konkreten Fall mit der öffentlichen Ordnung *(Ordre public)* des Staates des angerufenen Gerichts offensichtlich unvereinbar wäre. Die Gerichte sollten jedoch den *Ordre-public*-Vorbehalt nicht mit dem Ziel anwenden dürfen, eine Bestimmung des Rechts eines anderen Staates auszuschließen, wenn dies gegen die Charta der Grundrechte der Europäischen Union und insbesondere gegen deren Artikel 21 verstoßen würde, der jede Form der Diskriminierung untersagt.

(26) Wird in der Verordnung darauf Bezug genommen, dass das Recht des teilnehmenden Mitgliedstaats, dessen Gericht angerufen wird, Scheidungen nicht vorsieht, so sollte dies so ausgelegt werden, dass im Recht dieses teilnehmenden Mitgliedstaats das Rechtsinstitut der Ehescheidung nicht vorhanden ist. In solch einem Fall sollte das Gericht nicht verpflichtet sein, aufgrund dieser Verordnung eine Scheidung auszusprechen. Wird in der Verordnung darauf Bezug genommen, dass nach dem Recht des teilnehmenden Mitgliedstaats, dessen Gericht angerufen wird, die betreffende Ehe für die Zwecke eines Scheidungsverfahrens nicht als gültig angesehen wird, so sollte dies unter anderem so ausgelegt werden, dass im Recht dieses teilnehmenden Mitgliedstaats eine solche Ehe nicht vorgesehen ist. In einem solchen Fall sollte das Gericht nicht verpflichtet sein, eine Ehescheidung oder eine Trennung ohne Auflösung des Ehebandes nach dieser Verordnung auszusprechen.

(27) Da es Staaten und teilnehmende Mitgliedstaaten gibt, in denen die in dieser Verordnung geregelten Angelegenheiten durch zwei oder mehr Rechtssysteme oder Regelwerke erfasst werden, sollte es eine Vorschrift geben, die festlegt, inwieweit diese Verordnung in den verschiedenen Gebietseinheiten dieser Staaten und teilnehmender Mitgliedstaaten Anwendung findet oder inwieweit diese Verordnung auf verschiedene Kategorien von Personen dieser Staaten und teilnehmender Mitgliedstaaten Anwendung findet.

(28) In Ermangelung von Regeln zur Bestimmung des anzuwendenden Rechts sollten Parteien, die das Recht des Staates wählen, dessen Staatsangehörigkeit eine der Parteien besitzt, zugleich das Recht der Gebietseinheit angeben, das sie vereinbart haben, wenn der Staat, dessen Recht gewählt wurde, mehrere Gebietseinheiten umfasst und jede Gebietseinheit ihr eigenes Rechtssystem oder eigene Rechtsnormen für Ehescheidung hat.

(29) Da die Ziele dieser Verordnung, nämlich die Sicherstellung von mehr Rechtssicherheit, einer besseren Berechenbarkeit und einer größeren Flexibilität in Ehesachen mit internationalem Bezug und damit auch die Erleichterung der Freizügigkeit in der Europäischen Union, auf Ebene der Mitgliedstaaten allein nicht ausreichend verwirklicht werden können und daher wegen ihres Umfangs und ihrer Wirkungen besser auf Unionsebene zu erreichen sind, kann die Union im Einklang mit dem in Artikel 5 des Vertrags über die Europäische Union niedergelegten Subsidiaritätsprinzip gegebenenfalls im Wege einer Verstärkten Zusammenarbeit tätig werden. Entsprechend dem in demselben Artikel genannten Verhältnismäßigkeitsprinzip geht diese Verordnung nicht über das für die Erreichung dieser Ziele erforderliche Maß hinaus.

(30) Diese Verordnung wahrt die Grundrechte und achtet die Grundsätze, die mit der Charta der Grundrechte der Europäischen Union anerkannt wurden, namentlich Artikel 21, wonach jede Diskriminierung insbesondere wegen des Geschlechts, der Rasse, der Hautfarbe, der ethnischen oder sozialen Herkunft, der genetischen Merkmale, der Sprache, der Religion oder der Weltanschauung, der politischen oder sonstigen Anschauung, der Zugehörigkeit zu einer nationalen Minderheit, des Vermögens, der Geburt, einer Behinderung, des Alters oder der sexuellen Ausrichtung verboten ist. Bei der Anwendung dieser Verordnung sollten die Gerichte der teilnehmenden Mitgliedstaaten diese Rechte und Grundsätze achten –

HAT FOLGENDE VERORDNUNG ERLASSEN:

## Kapitel I. Anwendungsbereich, Verhältnis zur Verordnung (EG) Nr. 2201/2003, Begriffsbestimmungen und universelle Anwendung

**Art. 1. Anwendungsbereich.** (1) Diese Verordnung gilt für die Ehescheidung und die Trennung ohne Auflösung des Ehebandes in Fällen, die eine Verbindung zum Recht verschiedener Staaten aufweisen.

(2) Diese Verordnung gilt nicht für die folgenden Regelungsgegenstände, auch wenn diese sich nur als Vorfragen im Zusammenhang mit einem Verfah-

ren betreffend die Ehescheidung oder Trennung ohne Auflösung des Ehebandes stellen:

a) die Rechts- und Handlungsfähigkeit natürlicher Personen,
b) das Bestehen, die Gültigkeit oder die Anerkennung einer Ehe,
c) die Ungültigerklärung einer Ehe,
d) die Namen der Ehegatten,
e) die vermögensrechtlichen Folgen der Ehe,
f) die elterliche Verantwortung,
g) Unterhaltspflichten,
h) Trusts und Erbschaften.

**Art. 2. Verhältnis zur Verordnung (EG) Nr. 2201/2003.** Diese Verordnung lässt die Anwendung der Verordnung (EG) Nr. 2201/2003 unberührt.

**Art. 3. Begriffsbestimmungen.** Für die Zwecke dieser Verordnung bezeichnet der Begriff:

1. „teilnehmender Mitgliedstaat“ einen Mitgliedstaat, der auf der Grundlage des Beschlusses 2010/405/EU des Rates vom 12. Juli 2010 oder auf der Grundlage eines gemäß Artikel 331 Absatz 1 Unterabsatz 2 oder 3 des Vertrags über die Arbeitsweise der Europäischen Union angenommenen Beschlusses an der Verstärkten Zusammenarbeit im Bereich des auf die Ehescheidung und Trennung ohne Auflösung des Ehebandes anzuwendenden Rechts teilnimmt;
2. „Gericht“ alle Behörden der teilnehmenden Mitgliedstaaten, die für Rechtssachen zuständig sind, die in den Anwendungsbereich dieser Verordnung fallen.

**Art. 4. Universelle Anwendung.** Das nach dieser Verordnung bezeichnete Recht ist auch dann anzuwenden, wenn es nicht das Recht eines teilnehmenden Mitgliedstaats ist.

## Kapitel II. Einheitliche Vorschriften zur Bestimmung des auf die Ehescheidung und Trennung ohne Auflösung des Ehebandes anzuwendenden Rechts

**Art. 5. Rechtswahl der Parteien.** (1) Die Ehegatten können das auf die Ehescheidung oder die Trennung ohne Auflösung des Ehebandes anzuwendende Recht durch Vereinbarung bestimmen, sofern es sich dabei um das Recht eines der folgenden Staaten handelt:

a) das Recht des Staates, in dem die Ehegatten zum Zeitpunkt der Rechtswahl ihren gewöhnlichen Aufenthalt haben, oder
b) das Recht des Staates, in dem die Ehegatten zuletzt ihren gewöhnlichen Aufenthalt hatten, sofern einer von ihnen zum Zeitpunkt der Rechtswahl dort noch seinen gewöhnlichen Aufenthalt hat, oder
c) das Recht des Staates, dessen Staatsangehörigkeit einer der Ehegatten zum Zeitpunkt der Rechtswahl besitzt, oder
d) das Recht des Staates des angerufenen Gerichts.

(2) Unbeschadet des Absatzes 3 kann eine Rechtswahlvereinbarung jederzeit, spätestens jedoch zum Zeitpunkt der Anrufung des Gerichts, geschlossen oder geändert werden.

(3) [1]Sieht das Recht des Staates des angerufenen Gerichts dies vor, so können die Ehegatten die Rechtswahl vor Gericht auch im Laufe des Verfahrens vornehmen. [2]In diesem Fall nimmt das Gericht die Rechtswahl im Einklang mit dem Recht des Staates des angerufenen Gerichts zu Protokoll.

**Art. 6. Einigung und materielle Wirksamkeit.** (1) Das Zustandekommen und die Wirksamkeit einer Rechtswahlvereinbarung oder einer ihrer Bestimmungen bestimmen sich nach dem Recht, das nach dieser Verordnung anzuwenden wäre, wenn die Vereinbarung oder die Bestimmung wirksam wäre.

(2) Ergibt sich jedoch aus den Umständen, dass es nicht gerechtfertigt wäre, die Wirkung des Verhaltens eines Ehegatten nach dem in Absatz 1 bezeichneten Recht zu bestimmen, so kann sich dieser Ehegatte für die Behauptung, er habe der Vereinbarung nicht zugestimmt, auf das Recht des Staates berufen, in dem er zum Zeitpunkt der Anrufung des Gerichts seinen gewöhnlichen Aufenthalt hat.

**Art. 7. Formgültigkeit.** (1) [1]Die Rechtswahlvereinbarung nach Artikel 5 Absätze 1 und 2 bedarf der Schriftform, der Datierung sowie der Unterzeichnung durch beide Ehegatten. [2]Elektronische Übermittlungen, die eine dauerhafte Aufzeichnung der Vereinbarung ermöglichen, erfüllen die Schriftform.

(2) Sieht jedoch das Recht des teilnehmenden Mitgliedstaats, in dem beide Ehegatten zum Zeitpunkt der Rechtswahl ihren gewöhnlichen Aufenthalt hatten, zusätzliche Formvorschriften für solche Vereinbarungen vor, so sind diese Formvorschriften anzuwenden.

(3) Haben die Ehegatten zum Zeitpunkt der Rechtswahl ihren gewöhnlichen Aufenthalt in verschiedenen teilnehmenden Mitgliedstaaten und sieht das Recht beider Staaten unterschiedliche Formvorschriften vor, so ist die Vereinbarung formgültig, wenn sie den Vorschriften des Rechts eines dieser Mitgliedstaaten genügt.

(4) Hat zum Zeitpunkt der Rechtswahl nur einer der Ehegatten seinen gewöhnlichen Aufenthalt in einem teilnehmenden Mitgliedstaat und sind in diesem Staat zusätzliche Formanforderungen für diese Art der Rechtswahl vorgesehen, so sind diese Formanforderungen anzuwenden.

**Art. 8. In Ermangelung einer Rechtswahl anzuwendendes Recht.** Mangels einer Rechtswahl gemäß Artikel 5 unterliegen die Ehescheidung und die Trennung ohne Auflösung des Ehebandes:

a) dem Recht des Staates, in dem die Ehegatten zum Zeitpunkt der Anrufung des Gerichts ihren gewöhnlichen Aufenthalt haben, oder anderenfalls

b) dem Recht des Staates, in dem die Ehegatten zuletzt ihren gewöhnlichen Aufenthalt hatten, sofern dieser nicht vor mehr als einem Jahr vor Anrufung des Gerichts endete und einer der Ehegatten zum Zeitpunkt der Anrufung des Gerichts dort noch seinen gewöhnlichen Aufenthalt hat, oder anderenfalls

c) dem Recht des Staates, dessen Staatsangehörigkeit beide Ehegatten zum Zeitpunkt der Anrufung des Gerichts besitzen, oder anderenfalls

d) dem Recht des Staates des angerufenen Gerichts.

**Art. 9. Umwandlung einer Trennung ohne Auflösung des Ehebandes in eine Ehescheidung.** (1) Bei Umwandlung einer Trennung ohne Auflösung des Ehebandes in eine Ehescheidung ist das auf die Ehescheidung anzuwendende Recht das Recht, das auf die Trennung ohne Auflösung des Ehebandes angewendet wurde, sofern die Parteien nicht gemäß Artikel 5 etwas anderes vereinbart haben.

(2) Sieht das Recht, das auf die Trennung ohne Auflösung des Ehebandes angewendet wurde, jedoch keine Umwandlung der Trennung ohne Auflösung des Ehebandes in eine Ehescheidung vor, so findet Artikel 8 Anwendung, sofern die Parteien nicht gemäß Artikel 5 etwas anderes vereinbart haben.

**Art. 10. Anwendung des Rechts des Staates des angerufenen Gerichts.** Sieht das nach Artikel 5 oder Artikel 8 anzuwendende Recht eine Ehescheidung nicht vor oder gewährt es einem der Ehegatten aufgrund seiner Geschlechtszugehörigkeit keinen gleichberechtigten Zugang zur Ehescheidung oder Trennung ohne Auflösung des Ehebandes, so ist das Recht des Staates des angerufenen Gerichts anzuwenden.

**Art. 11. Ausschluss der Rück- und Weiterverweisung.** Unter dem nach dieser Verordnung anzuwendenden Recht eines Staates sind die in diesem Staat geltenden Rechtsnormen unter Ausschluss derjenigen des Internationalen Privatrechts zu verstehen.

**Art. 12. Öffentliche Ordnung *(Ordre public)*.** Die Anwendung einer Vorschrift des nach dieser Verordnung bezeichneten Rechts kann nur versagt werden, wenn ihre Anwendung mit der öffentlichen Ordnung *(Ordre public)* des Staates des angerufenen Gerichts offensichtlich unvereinbar ist.

**Art. 13. Unterschiede beim nationalen Recht.** Nach dieser Verordnung sind die Gerichte eines teilnehmenden Mitgliedstaats, nach dessen Recht die Ehescheidung nicht vorgesehen ist oder die betreffende Ehe für die Zwecke des Scheidungsverfahrens nicht als gültig angesehen wird, nicht verpflichtet, eine Ehescheidung in Anwendung dieser Verordnung auszusprechen.

**Art. 14. Staaten mit zwei oder mehr Rechtssystemen – Kollisionen hinsichtlich der Gebiete.** Umfasst ein Staat mehrere Gebietseinheiten, von denen jede ihr eigenes Rechtssystem oder ihr eigenes Regelwerk für die in dieser Verordnung geregelten Angelegenheiten hat, so gilt Folgendes:

a) Jede Bezugnahme auf das Recht dieses Staates ist für die Bestimmung des nach dieser Verordnung anzuwendenden Rechts als Bezugnahme auf das in der betreffenden Gebietseinheit geltende Recht zu verstehen;

b) jede Bezugnahme auf den gewöhnlichen Aufenthalt in diesem Staat ist als Bezugnahme auf den gewöhnlichen Aufenthalt in einer Gebietseinheit zu verstehen;

c) jede Bezugnahme auf die Staatsangehörigkeit betrifft die durch das Recht dieses Staates bezeichnete Gebietseinheit oder, mangels einschlägiger Vorschriften, die durch die Parteien gewählte Gebietseinheit oder, mangels einer Wahlmöglichkeit, die Gebietseinheit, zu der der Ehegatte oder die Ehegatten die engste Verbindung hat bzw. haben.

**Art. 15. Staaten mit zwei oder mehr Rechtssystemen – Kollisionen hinsichtlich der betroffenen Personengruppen.** [1]In Bezug auf einen Staat, der für die in dieser Verordnung geregelten Angelegenheiten zwei oder mehr Rechtssysteme oder Regelwerke hat, die für verschiedene Personengruppen gelten, ist jede Bezugnahme auf das Recht des betreffenden Staates als Bezugnahme auf das Rechtssystem zu verstehen, das durch die in diesem Staat in Kraft befindlichen Vorschriften bestimmt wird. [2]Mangels solcher Regeln ist das Rechtssystem oder das Regelwerk anzuwenden, zu dem der Ehegatte oder die Ehegatten die engste Verbindung hat bzw. haben.

**Art. 16. Nichtanwendung dieser Verordnung auf innerstaatliche Kollisionen.** Ein teilnehmender Mitgliedstaat, in dem verschiedene Rechtssysteme oder Regelwerke für die in dieser Verordnung geregelten Angelegenheiten gelten, ist nicht verpflichtet, diese Verordnung auf Kollisionen anzuwenden, die allein zwischen diesen verschiedenen Rechtssystemen oder Regelwerken auftreten.

## Kapitel III. Sonstige Bestimmungen

**Art. 17. Informationen der teilnehmenden Mitgliedstaaten.** (1) [1]Die teilnehmenden Mitgliedstaaten teilen bis spätestens zum 21. September 2011 der Kommission ihre nationalen Bestimmungen, soweit vorhanden, betreffend Folgendes mit:

a) die Formvorschriften für Rechtswahlvereinbarungen gemäß Artikel 7 Absätze 2 bis 4, und

b) die Möglichkeit, das anzuwendende Recht gemäß Artikel 5 Absatz 3 zu bestimmen.

[2]Die teilnehmenden Mitgliedstaaten teilen der Kommission alle späteren Änderungen dieser Bestimmungen mit.

(2) Die Kommission macht die nach Absatz 1 übermittelten Informationen auf geeignetem Wege, insbesondere auf der Website des Europäischen Justiziellen Netzes für Zivil- und Handelssachen, öffentlich zugänglich.

**Art. 18. Übergangsbestimmungen.** (1) Diese Verordnung gilt nur für gerichtliche Verfahren und für Vereinbarungen nach Artikel 5, die ab dem 21. Juni 2012 eingeleitet beziehungsweise geschlossen wurden.

Eine Rechtswahlvereinbarung, die vor dem 21. Juni 2012 geschlossen wurde, ist ebenfalls wirksam, sofern sie die Voraussetzungen nach den Artikeln 6 und 7 erfüllt.

(2) Diese Verordnung lässt Rechtswahlvereinbarungen unberührt, die nach dem Recht eines teilnehmenden Mitgliedstaats geschlossen wurden, dessen Gerichtsbarkeit vor dem 21. Juni 2012 angerufen wurde.

**Art. 19. Verhältnis zu bestehenden internationalen Übereinkommen.** (1) Unbeschadet der Verpflichtungen der teilnehmenden Mitgliedstaaten gemäß Artikel 351 des Vertrags über die Arbeitsweise der Europäischen Union lässt diese Verordnung die Anwendung internationaler Übereinkommen unberührt, denen ein oder mehrere teilnehmende Mitgliedstaaten zum Zeitpunkt der Annahme dieser Verordnung oder zum Zeitpunkt der Annahme des Beschlusses gemäß Artikel 331 Absatz 1 Unterabsatz 2 oder 3 des Vertrags über die Arbeitsweise der Europäischen Union angehören und die Kollisionsnormen für Ehescheidung oder Trennung ohne Auflösung des Ehebandes enthalten.

(2) Diese Verordnung hat jedoch im Verhältnis zwischen den teilnehmenden Mitgliedstaaten Vorrang vor ausschließlich zwischen zwei oder mehreren von ihnen geschlossenen Übereinkommen, soweit diese Bereiche betreffen, die in dieser Verordnung geregelt sind.

**Art. 20. Revisionsklausel.** (1) [1]Die Kommission legt dem Europäischen Parlament, dem Rat und dem Europäischen Wirtschafts- und Sozialausschuss spätestens zum 31. Dezember 2015 und danach alle fünf Jahre einen Bericht über die Anwendung dieser Verordnung vor. [2]Dem Bericht werden gegebenenfalls Vorschläge zur Anpassung dieser Verordnung beigefügt.

(2) Die teilnehmenden Mitgliedstaaten übermitteln der Kommission zu diesem Zweck sachdienliche Angaben betreffend die Anwendung dieser Verordnung durch ihre Gerichte.

## Kapitel IV. Schlussbestimmungen

**Art. 21. Inkrafttreten und Geltungsbeginn.** Diese Verordnung tritt am Tag nach ihrer Veröffentlichung im *Amtsblatt der Europäischen Union* in Kraft.

Sie gilt ab dem 21. Juni 2012, mit Ausnahme des Artikels 17, der ab dem 21. Juni 2011 gilt.

Für diejenigen teilnehmenden Mitgliedstaaten, die aufgrund eines nach Artikel 331 Absatz 1 Unterabsatz 2 oder Unterabsatz 3 des Vertrags über die Arbeitsweise der Europäischen Union angenommenen Beschlusses an der Verstärkten Zusammenarbeit teilnehmen, gilt diese Verordnung ab dem in dem betreffenden Beschluss angegebenen Tag.

# 23. Beurkundungsgesetz (BeurkG)[1)]

Vom 28. August 1969
(BGBl. I S. 1513)

**FNA 303-13**

| Lfd. Nr. | Änderndes Gesetz | Datum | Fundstelle | Betroffen | Hinweis |
|---|---|---|---|---|---|
| 1. | Art. 3 G zur Änd. des RPflG, des BeurkG und zur Umwandlung des Offenbarungseides in eine eidesstattliche Versicherung | 27.6.1970 | BGBl. I S. 911 | §§ 56, 61, 68 | eingef. |
| 2. | Art. 2 G über die Ermächt. d. Landes Bad.-Württ. zur Rechtsbereinigung | 17.12. 1974 | BGBl. I S. 3602 | § 61 | geänd. |
| 3. | Art. 7 AdoptionsG | 2.7.1976 | BGBl. I S. 1749 | §§ 3,6, 7, 26 | geänd. |
| 4. | § 3 G zur Änd. und Ergänzung beurkungsrechtlicher Vorschriften | 20.2.1980 | BGBl. I S. 157 | §§ 9, 13, 37, 44<br>§ 13a | geänd.<br>eingef. |
| 5. | Sechstes ÜberleitungsG | 25.9.1990 | BGBl. I S. 2106 | § 70 | gegenstandslos |
| 6. | Art. 7 Rechtspflege-VereinfachungsG | 17.12. 1990 | BGBl. I S. 2847 | § 62 | geänd. |
| 7. | Art. 14 § 5 KindschaftsrechtsreformG | 16.12. 1997 | BGBl. I S. 2942 | § 62 | geänd. |
| 8. | Art. 4 KindesunterhaltsG | 6.4.1998 | BGBl. I S. 666 | § 62 | geänd. |
| 9. | Art. 17 HandelsrechtsreformG | 22.6.1998 | BGBl. I S. 1474 | §§ 39, 41 | geänd. |
| 10. | Art. 2 Drittes G zur Änd. der BNotO und anderer Gesetze | 31.8.1998 | BGBl. I S. 2585 | §§ 1, 3, 14, 17, 34, 45<br>§ 44a, Fünfter Abschnitt (§§ 54a–54e) | geänd.<br>eingef. |
| 11. | Art. 3 § 15 G zur Beendigung der Diskriminierung gleichgeschlechtlicher Gemeinschaften: Lebenspartnerschaften | 16.2.2001 | BGBl. I S. 266 | §§ 3, 6, 7, 26 | geänd. |
| 12. | Art. 2 Abs. 6 ZustellungsreformG | 25.6.2001 | BGBl. I S. 1206 | § 62 | geänd. |
| 13. | Art. 5 G zur Einführung des Euro in Rechtspflegegesetzen u.a. | 13.12. 2001 | BGBl. I S. 3574 | § 3 | geänd. mWv 1.1.2002 |
| 14. | Art. 25 Abs. 4 OLG-VertretungsänderungsG | 23.7.2002 | BGBl. I S. 2850, ber. S. 4410 | §§ 17, 22 – 24, 33, 34<br>§ 31 | geänd. mWv 1.8.2002<br>aufgeh. mWv 1.8.2002 |
| 15. | Art. 2c Vaterschafts-Anfechtungs-ÄndG | 23.4.2004 | BGBl. I S. 598 | § 20a | eingef. mWv 30.4.2004 |

[1)] Überschrift geänd. mWv 1.8.2021 durch G v. 25.6.2021 (BGBl. I S. 2154).

| Lfd. Nr. | Änderndes Gesetz | Datum | Fundstelle | Betroffen | Hinweis |
|---|---|---|---|---|---|
| 16. | Art. 5 Abs. 20 G zur Überarbeitung des Lebenspartnerschaftsrechts | 15.12. 2004 | BGBl. I S. 3396 | § 3 | geänd. mWv 1.1.2005 |
| 17. | Art. 8 JustizkommunikationsG | 22.3.2005 | BGBl. I S. 837, ber. S. 2022 | §§ 19, 42, 64 | geänd. mWv 1.4.2005 |
| | | | | § 39a | eingef. mWv 1.4.2005 |
| 18. | Art. 2 Abs. 10 PersonenstandsrechtsreformG | 19.2.2007 | BGBl. I S. 122 | §§ 34, 58 | geänd. mWv 1.1.2009 |
| | | | | § 34a | eingef. mWv 1.1.2009 |
| 19. | Art. 5 G zur Neuregelung des Rechtsberatungsrechts[1] | 12.12. 2007 | BGBl. I S. 2840 | § 3 | geänd. mWv 18.12.2007 |
| 20. | Art. 26 FGG-ReformG | 17.12. 2008 | BGBl. I S. 2586 | § 54 | geänd. mWv 1.9.2009 |
| 21. | Art. 7 G zur Änd. der BundesnotarO und anderer Gesetze | 15.7.2009 | BGBl. I S. 1798, aufgeh. durch G v. 1.6. 2017, BGBl. I S. 1396 | § 61 | geänd. mWv 1.1.2018, insoweit aufgeh. durch G v. 1.6. 2017 (BGBl. I S. 1396) |
| | | | | § 64 | aufgeh. mWv 1.1.2018, insoweit aufgeh. durch G v. 1.6. 2017 (BGBl. I S. 1396) |
| 22. | Art. 2 G zur Modernisierung des Benachrichtigungswesens in Nachlasssachen durch Schaffung des Zentralen Testamentsregisters bei der BNotK und zur Fristverlängerung nach der HofraumVO | 22.12. 2010 | BGBl. I S. 2255 | § 20a | geänd. mWv 28.12.2010 |
| | | | | § 34a | neu gef. mWv 1.1.2012 |
| 23. | Art. 1 G zur Stärkung des Verbraucherschutzes im notariellen Beurkundungsverfahren | 15.7.2013 | BGBl. I S. 2378 | § 17 | geänd. mWv 1.10.2013 |
| 24. | Art. 5 G zum Internationalen Erbrecht u. zur Änd. von Vorschr. zum Erbschein sowie zur Änd. sonstiger Vorschr. | 29.6.2015 | BGBl. I S. 1042 | § 56 | geänd. mWv 17.8.2015 |
| 25. | Art. 3 G zur Abwicklung der staatlichen Notariate in Baden-Württemberg | 23.11. 2015 | BGBl. I S. 2090, aufgeh. durch G v. 1.6. 2017, BGBl. I S. 1396 | § 54b | geänd. mWv 1.1.2018, insoweit aufgeh. durch G v. 1.6. 2017 (BGBl. I S. 1396) |

[1] **Amtl. Anm.:** Dieses Gesetz dient der Umsetzung der Richtlinie 2005/36/EG des Europäischen Parlaments und des Rates vom 7. September 2005 über die Anerkennung von Berufsqualifikationen (ABl. EU Nr. L 255 S. 22).

| Lfd. Nr. | Änderndes Gesetz | Datum | Fundstelle | Betroffen | Hinweis |
|---|---|---|---|---|---|
| 26. | Art. 2 G zur Neuordnung der Aufbewahrung von Notariatsunterlagen und zur Einrichtung des Elektronischen Urkundenarchivs bei der Bundesnotarkammer sowie zur Änd. weiterer Gesetze | 1.6.2017 | BGBl. I S. 1396, geänd. 2019, S. 1942 | §§ 10, 34a, 39a–41, 5.–7. Abschn., §§ 57, 58, 60–76 | geänd. mWv 9.6.2017 |
| | | | | §§ 58, 66 | geänd. mWv 1.1.2018 |
| | | | | §§ 1, 34, 44a, 45, 46, 49, 54 | geänd. mWv 1.1.2022 |
| | | | | 6. Abschnitt 3. Zwischenüberschrift | neu gef. mWv 1.1.2022 |
| | | | | § 59 | eingef. mWv 9.6.2017 |
| | | | | §§ 44b, 45a, 5. Abschnitt (§§ 55, 56), § 59a | eingef. mWv 1.1.2022 |
| | | | | §§ 55, 57, 60 | aufgeh. mit Ablauf des 8.6.2017 |
| | | | | § 69 | aufgeh. mit Ablauf des 31.12. 2017 |
| 27. | Art. 11 Abs. 14 eIDAS-DurchführungsG[1] [2] | 18.7.2017 | BGBl. I S. 2745 | § 42 | geänd. mWv 29.7.2017 |
| 28. | Art. 10 G zur Umsetzung des G zur Einf. des Rechts auf Eheschließung für Personen gleichen Geschlechts | 18.12. 2018 | BGBl. I S. 2639 | § 3 | geänd. mWv 22.12.2018 |
| 29. | Art. 13 G zur Änd. von Vorschr. über die außergerichtl. Streitbeilegung in Verbrauchersachen u. zur Änd. weiterer G | 30.11. 2019 | BGBl. I S. 1942 | § 76 | neu gef. mWv 1.1.2022 |
| 30. | Art. 10, 11 G zur Modernisierung des notariellen Berufsrechts und zur Änd. weiterer Vorschriften | 25.6.2021 | BGBl. I S. 2154 | Überschrift, §§ 3, 17, 39a, 42, 46, 51, 57, 58 | geänd. mWv 1.8.2021 |
| | | | | § 75 | aufgeh. mit Ablauf des 31.7. 2021 |
| | | | | §§ 49, 56, 76 | geänd. mWv 1.1.2022 |
| 31. | Art. 4 G zur Umsetzung der Digitalisierungsrichtlinie (DiRUG)[3] | 5.7.2021 | BGBl. I S. 3338 | §§ 1, 12, 39a, 42, 44a, 44b, 45, 46, 47, 49, 56, 66, 75 | geänd. mWv 1.8.2022 |
| | | | | Gliederungs-, Paragraphenüberschriften (teilweise), §§ 31, 69 | neu gef. mWv 1.8.2022; die Neufassung der Gliederungs- und Paragra- |

[1] **Amtl. Anm.:** Dieses Gesetz dient der Durchführung der Verordnung (EU) Nr. 910/2014 des Europäischen Parlaments und des Rates vom 23. Juli 2014 über elektronische Identifizierung und Vertrauensdienste für elektronische Transaktionen im Binnenmarkt und zur Aufhebung der Richtlinie 1999/93/EG.

[2] **Amtl. Anm.:** Notifiziert gemäß der Richtlinie (EU) 2015/1535 des Europäischen Parlaments und des Rates vom 9. September 2015 über ein Informationsverfahren auf dem Gebiet der technischen Vorschriften und der Vorschriften für die Dienste der Informationsgesellschaft (ABl. L 241 vom 17.9.2015, S. 1).

[3] **Amtl. Anm.:** Dieses Gesetz dient der Umsetzung der Richtlinie (EU) 2019/1151 des Europäischen Parlaments und des Rates vom 20. Juni 2019 zur Änderung der Richtlinie (EU) 2017/1132 im Hinblick auf den Einsatz digitaler Werkzeuge und Verfahren im Gesellschaftsrecht (ABl. L 186 vom 11.7.2019, S. 80).

| Lfd. Nr. | Änderndes Gesetz | Datum | Fundstelle | Betroffen | Hinweis |
|---|---|---|---|---|---|
| | | | | | phenüberschriften ist nicht einzeln in Fußnoten nachgewiesen |
| | | | | Inhaltsübersicht, Abschnitt 2 UAbschnitt 3 (§§ 16a–16e), §§ 40a, 45b | eingef. mWv 1.8.2022 |
| 32. | Art. 23 G zum Ausbau des elektronischen Rechtsverkehrs mit den Gerichten und zur Änd. weiterer Vorschriften[1] | 5.10.2021 | BGBl. I S. 4607 | § 67 | geänd. mWv 1.1.2022 |
| 33. | Art. 2 G zum Vorschlag für eine Verordnung des Rates zur Änd. der VO (EG) Nr. 168/2007 zur Errichtung einer Agentur der Europäischen Union für Grundrechte und zur Inbetriebnahme der elektronischen Urkundensammlung | 21.12.2021 | BGBl. II S. 1282 | § 76 | geänd. mWv 1.1.2022 |
| 34. | Art. 3 G zur Ergänzung der Regelungen zur Umsetzung der DigitalisierungsRL und zur Änd. weiterer Vorschriften[1] | 15.7.2022 | BGBl. I S. 1146 | Inhaltsübersicht, §§ 16a, 16b, 40a, 49 | geänd. mWv 1.8.2022 |
| | | | | § 16c | neu gef. mWv 1.8.2022 |

[1] **Amtl. Anm.:** Notifiziert gemäß der Richtlinie (EU) 2015/1535 des Europäischen Parlaments und des Rates vom 9. September 2015 über ein Informationsverfahren auf dem Gebiet der technischen Vorschriften und der Vorschriften für die Dienste der Informationsgesellschaft (ABl. L 241 vom 17.9.2015, S. 1).

## Inhaltsübersicht[1)]



[1)] Inhaltsübersicht eingef. mWv 1.8.2022 durch G v. 5.7.2021 (BGBl. I S. 3338); geänd. mWv 1.8.2022 durch G v. 15.7.2022 (BGBl. I S. 1146).

## Abschnitt 1. Allgemeine Vorschriften

**§ 1[1] Geltungsbereich.** (1) Dieses Gesetz gilt für öffentliche Beurkundungen und Verwahrungen durch den Notar.

(2) Soweit für öffentliche Beurkundungen neben dem Notar auch andere Urkundspersonen oder sonstige Stellen zuständig sind, gelten die Vorschriften dieses Gesetzes, ausgenommen § 5 Abs. 2 und des Abschnitts 5, entsprechend.[2]

**§ 2 Überschreiten des Amtsbezirks.** Eine Beurkundung ist nicht deshalb unwirksam, weil der Notar sie außerhalb seines Amtsbezirks oder außerhalb des Landes vorgenommen hat, in dem er zum Notar bestellt ist.

**§ 3[3] Verbot der Mitwirkung als Notar.** (1) [1] Ein Notar soll an einer Beurkundung nicht mitwirken, wenn es sich handelt um

1. eigene Angelegenheiten, auch wenn der Notar nur mitberechtigt oder mitverpflichtet ist,
2. Angelegenheiten seines Ehegatten, früheren Ehegatten oder seines Verlobten,

2a. Angelegenheiten seines Lebenspartners oder früheren Lebenspartners,

3. Angelegenheiten einer Person, die mit dem Notar in gerader Linie verwandt oder verschwägert oder in der Seitenlinie bis zum dritten Grade verwandt oder bis zum zweiten Grade verschwägert ist oder war,
4. Angelegenheiten einer Person, mit der sich der Notar zur gemeinsamen Berufsausübung verbunden oder mit der er gemeinsame Geschäftsräume hat,
5. Angelegenheiten einer Person, deren gesetzlicher Vertreter der Notar oder eine Person im Sinne der Nummer 4 ist,
6. Angelegenheiten einer Person, deren vertretungsberechtigtem Organ der Notar oder eine Person im Sinne der Nummer 4 angehört,
7. Angelegenheiten einer Person, für die der Notar, eine Person im Sinn der Nummer 4 oder eine mit dieser im Sinn der Nummer 4 oder in einem verbundenen Unternehmen (§ 15 des Aktiengesetzes[4]) verbundene Person außerhalb einer Amtstätigkeit in derselben Angelegenheit bereits tätig war oder ist, es sei denn, diese Tätigkeit wurde im Auftrag aller Personen ausgeübt, die an der Beurkundung beteiligt sein sollen,
8. Angelegenheiten einer Person, die den Notar in derselben Angelegenheit bevollmächtigt hat oder zu der der Notar oder eine Person im Sinne der Nummer 4 in einem ständigen Dienst- oder ähnlichen ständigen Geschäftsverhältnis steht, oder

---

[1] § 1 Abs. 1 neu gef. durch G v. 31.8.1998 (BGBl. I S. 2585); Abs. 2 geänd. mWv 1.1.2022 durch G v. 1.6.2017 (BGBl. I S. 1396, geänd. durch G v. 30.11.2019, BGBl. I S. 1942); Abs. 2 geänd. mWv 1.8.2022 durch G v. 5.7.2021 (BGBl. I S. 3338).

[2] Beachte hierzu auch §§ 10 ff. KonsularG v. 11.9.1974 (BGBl. I S. 2317), zuletzt geänd. durch G v. 28.3.2021 (BGBl. I S. 591).

[3] § 3 Abs. 1 Nr. 3 geänd. durch G v. 2.7.1976 (BGBl. I S. 1749); Abs. 1 Nr. 4, 5 neu gef., Nr. 6–9 und Satz 2 angef., Abs. 3 Satz 1 Nr. 2 und 3 sowie Satz 2 neu gef. durch G v. 31.8.1998 (BGBl. I S. 2585); Abs. 1 Satz 1 Nr. 9 geänd. mWv 1.1.2002 durch G v. 13.12.2001 (BGBl. I S. 3574); Abs. 1 Satz 1 Nr. 7 neu gef. mWv 18.12.2007 durch G v. 12.12.2007 (BGBl. I S. 2840); Abs. 1 Satz 1 Nr. 2a neu gef. mWv 22.12.2018 durch G v. 18.12.2018 (BGBl. I S. 2639); Abs. 1 Satz 2 geänd., Abs. 3 Satz 2 neu gef. mWv 1.8.2021 durch G v. 25.6.2021 (BGBl. I S. 2154).

[4] Nr. **51**.

9. Angelegenheiten einer Gesellschaft, an der der Notar mit mehr als fünf vom Hundert der Stimmrechte oder mit einem anteiligen Betrag des Haftkapitals von mehr als 2 500 Euro beteiligt ist.

[2] Der Notar hat vor der Beurkundung nach einer Vorbefassung im Sinne des Satzes 1 Nummer 7 zu fragen und in der Urkunde die Antwort zu vermerken.

(2) [1] Handelt es sich um eine Angelegenheit mehrerer Personen und ist der Notar früher in dieser Angelegenheit als gesetzlicher Vertreter oder Bevollmächtigter tätig gewesen oder ist er für eine dieser Personen in anderer Sache als Bevollmächtigter tätig, so soll er vor der Beurkundung darauf hinweisen und fragen, ob er die Beurkundung gleichwohl vornehmen soll. [2] In der Urkunde soll er vermerken, daß dies geschehen ist.

(3) [1] Absatz 2 gilt entsprechend, wenn es sich handelt um

1. Angelegenheiten einer Person, deren nicht zur Vertretung berechtigtem Organ der Notar angehört,
2. Angelegenheiten einer Gemeinde oder eines Kreises, deren Organ der Notar angehört,
3. Angelegenheiten einer als Körperschaft des öffentlichen Rechts anerkannten Religions- oder Weltanschauungsgemeinschaft oder einer als Körperschaft des öffentlichen Rechts anerkannten Teilorganisation einer solchen Gemeinschaft, deren Organ der Notar angehört.

[2] In den Fällen des Satzes 1 Nummer 2 und 3 ist Absatz 1 Satz 1 Nummer 6 nicht anwendbar.

**§ 4 Ablehnung der Beurkundung.** Der Notar soll die Beurkundung ablehnen, wenn sie mit seinen Amtspflichten nicht vereinbar wäre, insbesondere wenn seine Mitwirkung bei Handlungen verlangt wird, mit denen erkennbar unerlaubte oder unredliche Zwecke verfolgt werden.

**§ 5 Urkundensprache.** (1) Urkunden werden in deutscher Sprache errichtet.

(2) [1] Der Notar kann auf Verlangen Urkunden auch in einer anderen Sprache errichten. [2] Er soll dem Verlangen nur entsprechen, wenn er der fremden Sprache hinreichend kundig ist.

## Abschnitt 2. Beurkundung von Willenserklärungen

### Unterabschnitt 1. Ausschließung des Notars

**§ 6[1)] Ausschließungsgründe.** (1) Die Beurkundung von Willenserklärungen ist unwirksam, wenn

1. der Notar selbst,
2. sein Ehegatte,

2a. sein Lebenspartner,

3. eine Person, die mit ihm in gerader Linie verwandt ist oder war,

oder

4. ein Vertreter, der für eine der in den Nummern 1 bis 3 bezeichneten Personen handelt,

---

[1)] § 6 Abs. 1 Nr. 3 neu gef. durch G v. 2.7.1976 (BGBl. I S. 1749); Abs. 1 Nr. 2a eingef. mWv 1.8.2001 durch G v. 16.2.2001 (BGBl. I S. 266).

an der Beurkundung beteiligt ist.

(2) An der Beurkundung beteiligt sind die Erschienenen, deren im eigenen oder fremden Namen abgegebene Erklärungen beurkundet werden sollen.

**§ 7[1] Beurkundungen zugunsten des Notars oder seiner Angehörigen.** Die Beurkundung von Willenserklärungen ist insoweit unwirksam, als diese darauf gerichtet sind,

1. dem Notar,
2. seinem Ehegatten oder früheren Ehegatten,

2a. seinem Lebenspartner oder früheren Lebenspartner oder

3. einer Person, die mit ihm in gerader Linie verwandt oder verschwägert oder in der Seitenlinie bis zum dritten Grade verwandt oder bis zum zweiten Grade verschwägert ist oder war,

einen rechtlichen Vorteil zu verschaffen.

### Unterabschnitt 2. Niederschrift

**§ 8 Grundsatz.** Bei der Beurkundung von Willenserklärungen muß eine Niederschrift über die Verhandlung aufgenommen werden.

**§ 9[2] Inhalt der Niederschrift.** (1) [1] Die Niederschrift muß enthalten

1. die Bezeichnung des Notars und der Beteiligten

sowie

2. die Erklärungen der Beteiligten.

[2] Erklärungen in einem Schriftstück, auf das in der Niederschrift verwiesen und das dieser beigefügt wird, gelten als in der Niederschrift selbst enthalten. [3] Satz 2 gilt entsprechend, wenn die Beteiligten unter Verwendung von Karten, Zeichnungen oder Abbildungen Erklärungen abgeben.

(2) Die Niederschrift soll Ort und Tag der Verhandlung enthalten.

**§ 10[3] Feststellung der Beteiligten.** (1) Der Notar soll sich Gewissheit über die Person der Beteiligten verschaffen.

(2) In der Niederschrift soll die Person der Beteiligten so genau bezeichnet werden, daß Zweifel und Verwechslungen ausgeschlossen sind.

(3) [1] Aus der Niederschrift soll sich ergeben, ob der Notar die Beteiligten kennt oder wie er sich Gewißheit über ihre Person verschafft hat. [2] Kann sich der Notar diese Gewißheit nicht verschaffen, wird aber gleichwohl die Aufnahme der Niederschrift verlangt, so soll der Notar dies in der Niederschrift unter Anführung des Sachverhalts angeben.

**§ 11 Feststellungen über die Geschäftsfähigkeit.** (1) [1] Fehlt einem Beteiligten nach der Überzeugung des Notars die erforderliche Geschäftsfähigkeit, so soll die Beurkundung abgelehnt werden. [2] Zweifel an der erforderlichen Geschäftsfähigkeit eines Beteiligten soll der Notar in der Niederschrift feststellen.

---

[1] § 7 Nr. 3 geänd. durch G v. 2.7.1976 (BGBl. I S. 1749); Nr. 2 neu gef., Nr. 2a eingef. mWv 1.8. 2001 durch G v. 16.2.2001 (BGBl. I S. 266).

[2] § 9 Abs. 1 Satz 3 angef. durch G v. 20.2.1980 (BGBl. I S. 157).

[3] § 10 Abs. 1 eingef., bish. Abs. 1 und 2 werden Abs. 2 und 3 mWv 9.6.2017 durch G v. 1.6.2017 (BGBl. I S. 1396).

(2) Ist ein Beteiligter schwer krank, so soll dies in der Niederschrift vermerkt und angegeben werden, welche Feststellungen der Notar über die Geschäftsfähigkeit getroffen hat.

**§ 12[1] Nachweise für die Vertretungsberechtigung.** (1) [1]Vorgelegte Vollmachten und Ausweise über die Berechtigung eines gesetzlichen Vertreters sollen der Niederschrift in Urschrift oder in beglaubigter Abschrift beigefügt werden. [2]Ergibt sich die Vertretungsberechtigung aus einer Eintragung im Handelsregister oder in einem ähnlichen Register, so genügt die Bescheinigung eines Notars nach § 21 der Bundesnotarordnung[2].

(2) Wird eine Willenserklärung als von einem Bevollmächtigten abgegeben beurkundet, so gilt die Vorlage der Vollmachtsurkunde gegenüber dem Notar auch als Vorlage gegenüber demjenigen, gegenüber dem die beurkundete Willenserklärung abgegeben wird.

**§ 13[3] Vorlesen, Genehmigen, Unterschreiben.** (1) [1]Die Niederschrift muß in Gegenwart des Notars den Beteiligten vorgelesen, von ihnen genehmigt und eigenhändig unterschrieben werden; soweit die Niederschrift auf Karten, Zeichnungen oder Abbildungen verweist, müssen diese den Beteiligten anstelle des Vorlesens zur Durchsicht vorgelegt werden. [2]In der Niederschrift soll festgestellt werden, daß dies geschehen ist. [3]Haben die Beteiligten die Niederschrift eigenhändig unterschrieben, so wird vermutet, daß sie in Gegenwart des Notars vorgelesen oder, soweit nach Satz 1 erforderlich, zur Durchsicht vorgelegt und von den Beteiligten genehmigt ist. [4]Die Niederschrift soll den Beteiligten auf Verlangen vor der Genehmigung auch zur Durchsicht vorgelegt werden.

(2) [1]Werden mehrere Niederschriften aufgenommen, die ganz oder teilweise übereinstimmen, so genügt es, wenn der übereinstimmende Inhalt den Beteiligten einmal nach Absatz 1 Satz 1 vorgelesen oder anstelle des Vorlesens zur Durchsicht vorgelegt wird. [2]§ 18 der Bundesnotarordnung[2] bleibt unberührt.

(3) [1]Die Niederschrift muß von dem Notar eigenhändig unterschrieben werden. [2]Der Notar soll der Unterschrift seine Amtsbezeichnung beifügen.

**§ 13a[4] Eingeschränkte Beifügungs- und Vorlesungspflicht.** (1) [1]Wird in der Niederschrift auf eine andere notarielle Niederschrift verwiesen, die nach den Vorschriften über die Beurkundung von Willenserklärungen errichtet worden ist, so braucht diese nicht vorgelesen zu werden, wenn die Beteiligten erklären, daß ihnen der Inhalt der anderen Niederschrift bekannt ist, und sie auf das Vorlesen verzichten. [2]Dies soll in der Niederschrift festgestellt werden. [3]Der Notar soll nur beurkunden, wenn den Beteiligten die andere Niederschrift zumindest in beglaubigter Abschrift bei der Beurkundung vorliegt. [4]Für die Vorlage zur Durchsicht anstelle des Vorlesens von Karten, Zeichnungen oder Abbildungen gelten die Sätze 1 bis 3 entsprechend.

(2) [1]Die andere Niederschrift braucht der Niederschrift nicht beigefügt zu werden, wenn die Beteiligten darauf verzichten. [2]In der Niederschrift soll festgestellt werden, daß die Beteiligten auf das Beifügen verzichtet haben.

(3) [1]Kann die andere Niederschrift bei dem Notar oder einer anderen Stelle rechtzeitig vor der Beurkundung eingesehen werden, so soll der Notar dies den

[1] § 12 Abs. 2 angef. mWv 1.8.2022 durch G v. 5.7.2021 (BGBl. I S. 3338).
[2] **Habersack, Deutsche Gesetze ErgBd. Nr. 98a.**
[3] § 13 Abs. 1 Satz 1 geänd., Satz 3 und Abs. 2 Satz 1 neu gef. durch G v. 20.2.1980 (BGBl. I S. 157).
[4] § 13a eingef. durch G v. 20.2.1980 (BGBl. I S. 157).

Beteiligten vor der Verhandlung mitteilen; befindet sich die andere Niederschrift bei dem Notar, so soll er diese dem Beteiligten auf Verlangen übermitteln. [2] Unbeschadet des § 17 soll der Notar die Beteiligten auch über die Bedeutung des Verweisens auf die andere Niederschrift belehren.

(4) Wird in der Niederschrift auf Karten oder Zeichnungen verwiesen, die von einer öffentlichen Behörde innerhalb der Grenzen ihrer Amtsbefugnisse oder von einer mit öffentlichem Glauben versehenen Person innerhalb des ihr zugewiesenen Geschäftskreises mit Unterschrift und Siegel oder Stempel versehen worden sind, so gelten die Absätze 1 bis 3 entsprechend.

**§ 14[1)] Eingeschränkte Vorlesungspflicht.** (1) [1] Werden Bilanzen, Inventare, Nachlaßverzeichnisse oder sonstige Bestandsverzeichnisse über Sachen, Rechte und Rechtsverhältnisse in ein Schriftstück aufgenommen, auf das in der Niederschrift verwiesen und das dieser beigefügt wird, so braucht es nicht vorgelesen zu werden, wenn die Beteiligten auf das Vorlesen verzichten. [2] Das gleiche gilt für Erklärungen, die bei der Bestellung einer Hypothek, Grundschuld, Rentenschuld, Schiffshypothek oder eines Registerpfandrechts an Luftfahrzeugen aufgenommen werden und nicht im Grundbuch, Schiffsregister, Schiffsbauregister oder im Register für Pfandrechte an Luftfahrzeugen selbst angegeben zu werden brauchen. [3] Eine Erklärung, sich der sofortigen Zwangsvollstreckung zu unterwerfen, muß in die Niederschrift selbst aufgenommen werden.

(2) [1] Wird nach Absatz 1 das beigefügte Schriftstück nicht vorgelesen, so soll es den Beteiligten zur Kenntnisnahme vorgelegt und von ihnen unterschrieben werden; besteht das Schriftstück aus mehreren Seiten, soll jede Seite von ihnen unterzeichnet werden. [2] § 17 bleibt unberührt.

(3) In der Niederschrift muß festgestellt werden, daß die Beteiligten auf das Vorlesen verzichtet haben; es soll festgestellt werden, daß ihnen das beigefügte Schriftstück zur Kenntnisnahme vorgelegt worden ist.

**§ 15 Versteigerungen.** [1] Bei der Beurkundung von Versteigerungen gelten nur solche Bieter als beteiligt, die an ihr Gebot gebunden bleiben. [2] Entfernt sich ein solcher Bieter vor dem Schluß der Verhandlung, so gilt § 13 Abs. 1 insoweit nicht; in der Niederschrift muß festgestellt werden, daß sich der Bieter vor dem Schluß der Verhandlung entfernt hat.

**§ 16 Übersetzung der Niederschrift.** (1) Ist ein Beteiligter nach seinen Angaben oder nach der Überzeugung des Notars der deutschen Sprache oder, wenn die Niederschrift in einer anderen als der deutschen Sprache aufgenommen wird, dieser Sprache nicht hinreichend kundig, so soll dies in der Niederschrift festgestellt werden.

(2) [1] Eine Niederschrift, die eine derartige Feststellung enthält, muß dem Beteiligten anstelle des Vorlesens übersetzt werden. [2] Wenn der Beteiligte es verlangt, soll die Übersetzung außerdem schriftlich angefertigt und ihm zur Durchsicht vorgelegt werden; die Übersetzung soll der Niederschrift beigefügt werden. [3] Der Notar soll den Beteiligten darauf hinweisen, daß dieser eine schriftliche Übersetzung verlangen kann. [4] Diese Tatsachen sollen in der Niederschrift festgestellt werden.

(3) [1] Für die Übersetzung muß, falls der Notar nicht selbst übersetzt, ein Dolmetscher zugezogen werden. [2] Für den Dolmetscher gelten die §§ 6, 7 entspre-

---

[1)] § 14 Abs. 1 neu gef., Abs. 2 Satz 1 geänd. durch G v. 31.8.1998 (BGBl. I S. 2585).

chend. [3]Ist der Dolmetscher nicht allgemein vereidigt, so soll ihn der Notar vereidigen, es sei denn, daß alle Beteiligten darauf verzichten. [4]Diese Tatsachen sollen in der Niederschrift festgestellt werden. [5]Die Niederschrift soll auch von dem Dolmetscher unterschrieben werden.

### Unterabschnitt 3.[1)] Beurkundung mittels Videokommunikation; Elektronische Niederschrift

**§ 16a[2)] Zulässigkeit.** (1) Die Beurkundung von Willenserklärungen kann mittels des von der Bundesnotarkammer nach § 78p der Bundesnotarordnung[3)] betriebenen Videokommunikationssystems nach den folgenden Vorschriften erfolgen, soweit dies durch Gesetz zugelassen ist.

(2) Der Notar soll die Beurkundung mittels Videokommunikation ablehnen, wenn er die Erfüllung seiner Amtspflichten auf diese Weise nicht gewährleisten kann, insbesondere wenn er sich auf diese Weise keine Gewissheit über die Person eines Beteiligten verschaffen kann oder er Zweifel an der erforderlichen Rechtsfähigkeit oder Geschäftsfähigkeit eines Beteiligten hat.

**§ 16b[4)] Aufnahme einer elektronischen Niederschrift.** (1) [1]Bei der Beurkundung von Willenserklärungen mittels Videokommunikation muss eine elektronische Niederschrift über die Verhandlung aufgenommen werden. [2]Auf die elektronische Niederschrift sind die Vorschriften über die Niederschrift entsprechend anzuwenden, soweit in den Absätzen 2 bis 5 sowie den §§ 16c bis 16e nichts anderes bestimmt ist.

(2) Die elektronische Niederschrift wird als elektronisches Dokument errichtet.

(3) [1]Ort der Verhandlung ist der Ort, an dem die elektronische Niederschrift aufgenommen wird. [2]In der elektronischen Niederschrift soll festgestellt werden, dass die Verhandlung mittels Videokommunikation durchgeführt worden ist. [3]Am Schluss der elektronischen Niederschrift sollen die Namen der Personen wiedergegeben werden, die diese nach Absatz 4 signieren; dem Namen des Notars soll seine Amtsbezeichnung beigefügt werden.

(4) [1]Die elektronische Niederschrift ist mit qualifizierten elektronischen Signaturen zu versehen, die an die Stelle der nach diesem Gesetz vorgesehenen Unterschriften treten. [2]Diese sollen auf einem Zertifikat beruhen, das auf Dauer prüfbar ist. [3]Die Beteiligten sollen die qualifizierten elektronischen Signaturen selbst erstellen. [4]Der Notar muss die qualifizierte elektronische Signatur selbst erstellen; § 33 Absatz 3 der Bundesnotarordnung[3)] gilt entsprechend.

(5) Die elektronische Niederschrift soll den Beteiligten auf Verlangen vor der Genehmigung auch zur Durchsicht elektronisch übermittelt werden.

**§ 16c[5)] Feststellung der Beteiligten mittels Videokommunikation.**

[1]Erfolgt die Beurkundung mittels Videokommunikation, soll sich der Notar Gewissheit über die Person der Beteiligten anhand eines ihm elektronisch über-

---

[1)] UAbschnitt 3 (§§ 16a–16e) eingef. mWv 1.8.2022 durch G v. 5.7.2021 (BGBl. I S. 3338).

[2)] § 16a eingef. mWv 1.8.2022 durch G v. 5.7.2021 (BGBl. I S. 3338); Abs. 1 geänd. mWv 1.8.2022 durch G v. 15.7.2022 (BGBl. I S. 1146).

[3)] **Habersack, Deutsche Gesetze ErgBd. Nr. 98a.**

[4)] § 16b eingef. mWv 1.8.2022 durch G v. 5.7.2021 (BGBl. I S. 3338); Abs. 4 Sätze 3 und 4 geänd. mWv 1.8.2022 durch G v. 15.7.2022 (BGBl. I S. 1146).

[5)] § 16c eingef. mWv 1.8.2022 durch G v. 5.7.2021 (BGBl. I S. 3338); neu gef. mWv 1.8.2022 durch G v. 15.7.2022 (BGBl. I S. 1146).

mittelten Lichtbildes sowie anhand eines der folgenden Nachweise oder Mittel verschaffen:

1. eines elektronischen Identitätsnachweises nach § 18 des Personalausweisgesetzes[1)], nach § 12 des eID-Karte-Gesetzes oder nach § 78 Absatz 5 des Aufenthaltsgesetzes[2)] oder
2. eines elektronischen Identifizierungsmittels, das von einem anderen Mitgliedstaat der Europäischen Union oder einem anderen Vertragsstaat des Abkommens über den Europäischen Wirtschaftsraum ausgestellt wurde und das
   a) für die Zwecke der grenzüberschreitenden Authentifizierung nach Artikel 6 der Verordnung (EU) Nr. 910/2014 des Europäischen Parlaments und des Rates vom 23. Juli 2014 über elektronische Identifizierung und Vertrauensdienste für elektronische Transaktionen im Binnenmarkt und zur Aufhebung der Richtlinie 1999/93/EG (ABl. L 257 vom 28.8.2014, S. 73; L 23 vom 29.1.2015, S. 19; L 155 vom 14.6.2016, S. 44) anerkannt ist und
   b) auf dem Vertrauensniveau „hoch" im Sinne des Artikels 8 Absatz 2 Buchstabe c der Verordnung (EU) Nr. 910/2014 notifiziert wurde.

[2]Das dem Notar zu übermittelnde Lichtbild ist mit Zustimmung des betreffenden Beteiligten nebst Vornamen, Familienname und Tag der Geburt aus dem elektronischen Speicher- und Verarbeitungsmedium eines von Deutschland ausgegebenen Personalausweises, Passes oder elektronischen Aufenthaltstitels oder eines amtlichen Ausweises oder Passes eines anderen Staates, mit dem die Pass- und Ausweispflicht im Inland erfüllt wird, auszulesen. [3]Sofern ein Beteiligter dem Notar bekannt ist, ist die elektronische Übermittlung eines Lichtbildes nicht erforderlich.

**§ 16d[3)] Nachweise für die Vertretungsberechtigung bei elektronischen Niederschriften.** Vorgelegte Vollmachten und Ausweise über die Berechtigung eines gesetzlichen Vertreters sollen der elektronischen Niederschrift in elektronisch beglaubigter Abschrift beigefügt werden.

**§ 16e[3)] Gemischte Beurkundung.** (1) [1]Erfolgt die Beurkundung mit einem Teil der Beteiligten, die bei dem Notar körperlich anwesend sind, und mit dem anderen Teil der Beteiligten mittels Videokommunikation, so ist zusätzlich zu der elektronischen Niederschrift mit den bei dem Notar körperlich anwesenden Beteiligten eine inhaltsgleiche Niederschrift nach § 8 aufzunehmen. [2]Dies soll in der Niederschrift und der elektronischen Niederschrift vermerkt werden.

(2) Beide Niederschriften sind zusammen zu verwahren.

### Unterabschnitt 4. Prüfungs- und Belehrungspflichten

**§ 17[4)] Grundsatz.** (1) [1]Der Notar soll den Willen der Beteiligten erforschen, den Sachverhalt klären, die Beteiligten über die rechtliche Tragweite des Geschäfts belehren und ihre Erklärungen klar und unzweideutig in der Niederschrift wiedergeben. [2]Dabei soll er darauf achten, daß Irrtümer und Zweifel vermieden sowie unerfahrene und ungewandte Beteiligte nicht benachteiligt werden.

---

[1)] **Sartorius Nr. 255.**

[2)] **Sartorius Nr. 565.**

[3)] UAbschnitt 3 (§§ 16a–16e) eingef. mWv 1.8.2022 durch G v. 5.7.2021 (BGBl. I S. 3338).

[4)] § 17 Abs. 2a eingef. durch G v. 31.8.1998 (BGBl. I S. 2585); Abs. 2a Sätze 2 und 3 angef. mWv 1.8. 2002 durch G v. 23.7.2002 (BGBl. I S. 2850); Abs. 2a Satz 2 Nr. 2 neu gef. mWv 1.10.2013 durch G v. 15.7.2013 (BGBl. I S. 2378); Abs. 2a Satz 1 geänd. mWv 1.8.2021 durch G v. 25.6.2021 (BGBl. I S. 2154).

(2) [1] Bestehen Zweifel, ob das Geschäft dem Gesetz oder dem wahren Willen der Beteiligten entspricht, so sollen die Bedenken mit den Beteiligten erörtert werden. [2] Zweifelt der Notar an der Wirksamkeit des Geschäfts und bestehen die Beteiligten auf der Beurkundung, so soll er die Belehrung und die dazu abgegebenen Erklärungen der Beteiligten in der Niederschrift vermerken.

(2a) [1] Der Notar soll das Beurkundungsverfahren so gestalten, daß die Einhaltung der Amtspflichten nach den Absätzen 1 und 2 gewährleistet ist. [2] Bei Verbraucherverträgen soll der Notar darauf hinwirken, dass

1. die rechtsgeschäftlichen Erklärungen des Verbrauchers von diesem persönlich oder durch eine Vertrauensperson vor dem Notar abgegeben werden und
2. der Verbraucher ausreichend Gelegenheit erhält, sich vorab mit dem Gegenstand der Beurkundung auseinanderzusetzen; bei Verbraucherverträgen, die der Beurkundungspflicht nach § 311b Absatz 1 Satz 1 und Absatz 3 des Bürgerlichen Gesetzbuchs[1)] unterliegen, soll dem Verbraucher der beabsichtigte Text des Rechtsgeschäfts vom beurkundenden Notar oder einem Notar, mit dem sich der beurkundende Notar zur gemeinsamen Berufsausübung verbunden hat, zur Verfügung gestellt werden. Dies soll im Regelfall zwei Wochen vor der Beurkundung erfolgen. Wird diese Frist unterschritten, sollen die Gründe hierfür in der Niederschrift angegeben werden.

[3] Weitere Amtspflichten des Notars bleiben unberührt.

(3) [1] Kommt ausländisches Recht zur Anwendung oder bestehen darüber Zweifel, so soll der Notar die Beteiligten darauf hinweisen und dies in der Niederschrift vermerken. [2] Zur Belehrung über den Inhalt ausländischer Rechtsordnungen ist er nicht verpflichtet.

**§ 18 Genehmigungserfordernisse.** Auf die erforderlichen gerichtlichen oder behördlichen Genehmigungen oder Bestätigungen oder etwa darüber bestehende Zweifel soll der Notar die Beteiligten hinweisen und dies in der Niederschrift vermerken.

**§ 19[2)] Unbedenklichkeitsbescheinigung.** Darf nach dem Grunderwerbsteuerrecht eine Eintragung im Grundbuch erst vorgenommen werden, wenn die Unbedenklichkeitsbescheinigung des Finanzamts vorliegt, so soll der Notar die Beteiligten darauf hinweisen und dies in der Niederschrift vermerken.

**§ 20 Gesetzliches Vorkaufsrecht.** Beurkundet der Notar die Veräußerung eines Grundstücks, so soll er, wenn ein gesetzliches Vorkaufsrecht in Betracht kommen könnte, darauf hinweisen und dies in der Niederschrift vermerken.

**§ 20a[3)] Vorsorgevollmacht.** Beurkundet der Notar eine Vorsorgevollmacht, so soll er auf die Möglichkeit der Registrierung bei dem Zentralen Vorsorgeregister hinweisen.

**§ 21 Grundbucheinsicht, Briefvorlage.** (1) [1] Bei Geschäften, die im Grundbuch eingetragene oder einzutragende Rechte zum Gegenstand haben, soll sich der Notar über den Grundbuchinhalt unterrichten. [2] Sonst soll er nur beurkunden, wenn die Beteiligten trotz Belehrung über die damit verbundenen Gefahren auf

---

[1)] Nr. **20**.

[2)] § 19 geänd. mWv 1.4.2005 durch G v. 22.3.2005 (BGBl. I S. 837).

[3)] § 20a eingef. mWv 31.7.2004 durch G v. 23.4.2004 (BGBl. I S. 598); geänd. mWv 28.12.2010 durch G v. 22.12.2010 (BGBl. I S. 2255).

einer sofortigen Beurkundung bestehen; dies soll er in der Niederschrift vermerken.

(2) Bei der Abtretung oder Belastung eines Briefpfandrechts soll der Notar in der Niederschrift vermerken, ob der Brief vorgelegen hat.

### Unterabschnitt 5. Beteiligung behinderter Personen

**§ 22[1)] Hörbehinderte, sprachbehinderte und sehbehinderte Beteiligte.**

(1) [1] Vermag ein Beteiligter nach seinen Angaben oder nach der Überzeugung des Notars nicht hinreichend zu hören, zu sprechen oder zu sehen, so soll zu der Beurkundung ein Zeuge oder ein zweiter Notar zugezogen werden, es sei denn, daß alle Beteiligten darauf verzichten. [2] Auf Verlangen eines hör- oder sprachbehinderten Beteiligten soll der Notar einen Gebärdensprachdolmetscher hinzuziehen. [3] Diese Tatsachen sollen in der Niederschrift festgestellt werden.

(2) Die Niederschrift soll auch von dem Zeugen oder dem zweiten Notar unterschrieben werden.

**§ 23[2)] Besonderheiten bei hörbehinderten Beteiligten.** [1] Eine Niederschrift, in der nach § 22 Abs. 1 festgestellt ist, daß ein Beteiligter nicht hinreichend zu hören vermag, muß diesem Beteiligten anstelle des Vorlesens zur Durchsicht vorgelegt werden; in der Niederschrift soll festgestellt werden, daß dies geschehen ist. [2] Hat der Beteiligte die Niederschrift eigenhändig unterschrieben, so wird vermutet, daß sie ihm zur Durchsicht vorgelegt und von ihm genehmigt worden ist.

**§ 24[3)] Besonderheiten bei hör- und sprachbehinderten Beteiligten, mit denen eine schriftliche Verständigung nicht möglich ist.** (1) [1] Vermag ein Beteiligter nach seinen Angaben oder nach der Überzeugung des Notars nicht hinreichend zu hören oder zu sprechen und sich auch nicht schriftlich zu verständigen, so soll der Notar dies in der Niederschrift feststellen. [2] Wird in der Niederschrift eine solche Feststellung getroffen, so muss zu der Beurkundung eine Person zugezogen werden, die sich mit dem behinderten Beteiligten zu verständigen vermag und mit deren Zuziehung er nach der Überzeugung des Notars einverstanden ist; in der Niederschrift soll festgestellt werden, dass dies geschehen ist. [3] Zweifelt der Notar an der Möglichkeit der Verständigung zwischen der zugezogenen Person und dem Beteiligten, so soll er dies in der Niederschrift feststellen. [4] Die Niederschrift soll auch von der zugezogenen Person unterschrieben werden.

(2) Die Beurkundung von Willenserklärungen ist insoweit unwirksam, als diese darauf gerichtet sind, der nach Absatz 1 zugezogenen Person einen rechtlichen Vorteil zu verschaffen.

(3) Das Erfordernis, nach § 22 einen Zeugen oder zweiten Notar zuzuziehen, bleibt unberührt.

**§ 25 Schreibunfähige.** [1] Vermag ein Beteiligter nach seinen Angaben oder nach der Überzeugung des Notars seinen Namen nicht zu schreiben, so muß bei dem

---

1) § 22 Überschrift neu gef., Abs. 1 Satz 2 eingef., bish. Satz 2 wird Satz 3 mWv 1.8.2002 durch G v. 23.7.2002 (BGBl. I S. 2850).

2) § 23 Überschrift neu gef. mWv 1.8.2002 durch G v. 23.7.2002 (BGBl. I S. 2850).

3) § 24 Überschrift, Abs. 1 neu gef., Abs. 2 geänd. mWv 1.8.2002 durch G v. 23.7.2002 (BGBl. I S. 2850).

Vorlesen und der Genehmigung ein Zeuge oder ein zweiter Notar zugezogen werden, wenn nicht bereits nach § 22 ein Zeuge oder ein zweiter Notar zugezogen worden ist. [2] Diese Tatsachen sollen in der Niederschrift festgestellt werden. [3] Die Niederschrift muß von dem Zeugen oder dem zweiten Notar unterschrieben werden.

**§ 26[1)] Verbot der Mitwirkung als Zeuge oder zweiter Notar.** (1) Als Zeuge oder zweiter Notar soll bei der Beurkundung nicht zugezogen werden, wer
1. selbst beteiligt ist oder durch einen Beteiligten vertreten wird,
2. aus einer zu beurkundenden Willenserklärung einen rechtlichen Vorteil erlangt,
3. mit dem Notar verheiratet ist,
3a. mit ihm eine Lebenspartnerschaft führt oder
4. mit ihm in gerader Linie verwandt ist oder war.

(2) Als Zeuge soll bei der Beurkundung ferner nicht zugezogen werden, wer
1. zu dem Notar in einem ständigen Dienstverhältnis steht,
2. minderjährig ist,
3. geisteskrank oder geistesschwach ist,
4. nicht hinreichend zu hören, zu sprechen oder zu sehen vermag,
5. nicht schreiben kann oder
6. der deutschen Sprache nicht hinreichend kundig ist; dies gilt nicht im Falle des § 5 Abs. 2, wenn der Zeuge der Sprache der Niederschrift hinreichend kundig ist.

### Unterabschnitt 6. Besonderheiten für Verfügungen von Todes wegen

**§ 27 Begünstigte Personen.** Die §§ 7, 16 Abs. 3 Satz 2, § 24 Abs. 2, § 26 Abs. 1 Nr. 2 gelten entsprechend für Personen, die in einer Verfügung von Todes wegen bedacht oder zum Testamentsvollstrecker ernannt werden.

**§ 28 Feststellungen über die Geschäftsfähigkeit.** Der Notar soll seine Wahrnehmungen über die erforderliche Geschäftsfähigkeit des Erblassers in der Niederschrift vermerken.

**§ 29 Zeugen, zweiter Notar.** [1] Auf Verlangen der Beteiligten soll der Notar bei der Beurkundung bis zu zwei Zeugen oder einen zweiten Notar zuziehen und dies in der Niederschrift vermerken. [2] Die Niederschrift soll auch von diesen Personen unterschrieben werden.

**§ 30 Übergabe einer Schrift.** [1] Wird eine Verfügung von Todes wegen durch Übergabe einer Schrift errichtet, so muß die Niederschrift auch die Feststellung enthalten, daß die Schrift übergeben worden ist. [2] Die Schrift soll derart gekennzeichnet werden, daß eine Verwechslung ausgeschlossen ist. [3] In der Niederschrift soll vermerkt werden, ob die Schrift offen oder verschlossen übergeben worden ist. [4] Von dem Inhalt einer offen übergebenen Schrift soll der Notar Kenntnis nehmen, sofern er der Sprache, in der die Schrift verfaßt ist, hinreichend kundig

---

1) § 26 Abs. 1 Nr. 4 geänd. durch G v. 2.7.1976 (BGBl. I S. 1749); Abs. 1 Nr. 3 neu gef, Nr. 3a eingef. mWv 1.8.2001 durch G v. 16.2.2001 (BGBl. I S. 266).

ist; § 17 ist anzuwenden. [5]Die Schrift soll der Niederschrift beigefügt werden; einer Verlesung der Schrift bedarf es nicht.

**§ 31**[1)] (weggefallen)

**§ 32 Sprachunkundige.** [1]Ist ein Erblasser, der dem Notar seinen letzten Willen mündlich erklärt, der Sprache, in der die Niederschrift aufgenommen wird, nicht hinreichend kundig und ist dies in der Niederschrift festgestellt, so muß eine schriftliche Übersetzung angefertigt werden, die der Niederschrift beigefügt werden soll. [2]Der Erblasser kann hierauf verzichten; der Verzicht muß in der Niederschrift festgestellt werden.

**§ 33**[2)] **Besonderheiten beim Erbvertrag.** Bei einem Erbvertrag gelten die §§ 30 und 32 entsprechend auch für die Erklärung des anderen Vertragschließenden.

**§ 34**[3)] **Verschließung, Verwahrung.** (1) [1]Die Niederschrift über die Errichtung eines Testaments soll der Notar in einen Umschlag nehmen und diesen mit dem Prägesiegel verschließen. [2]In den Umschlag sollen auch die nach den §§ 30 und 32 beigefügten Schriften genommen werden. [3]Auf dem Umschlag soll der Notar den Erblasser seiner Person nach näher bezeichnen und angeben, wann das Testament errichtet worden ist; diese Aufschrift soll der Notar unterschreiben. [4]Der Notar soll veranlassen, daß das Testament unverzüglich in besondere amtliche Verwahrung gebracht wird.

(2) Beim Abschluß eines Erbvertrages gilt Absatz 1 entsprechend, sofern nicht die Vertragschließenden die besondere amtliche Verwahrung ausschließen; dies ist im Zweifel anzunehmen, wenn der Erbvertrag mit einem anderen Vertrag in derselben Urkunde verbunden wird.

(3) Haben die Beteiligten bei einem Erbvertrag die besondere amtliche Verwahrung ausgeschlossen, so bleibt die Urkunde in der Verwahrung des Notars.

(4) Die Urschrift einer Verfügung von Todes wegen darf nicht nach § 56 in die elektronische Form übertragen werden.

**§ 34a**[4)] **Mitteilungs- und Ablieferungspflichten.** (1) [1]Der Notar übermittelt nach Errichtung einer erbfolgerelevanten Urkunde im Sinne von § 78d Absatz 2 Satz 1 der Bundesnotarordnung[5)] die Verwahrangaben im Sinne von § 78d Absatz 2 Satz 2 der Bundesnotarordnung unverzüglich elektronisch an die das Zentrale Testamentsregister führende Registerbehörde. [2]Die Mitteilungspflicht nach Satz 1 besteht auch bei jeder Beurkundung von Änderungen erbfolgerelevanter Urkunden.

(2) Wird ein in die notarielle Verwahrung genommener Erbvertrag gemäß § 2300 Absatz 2, § 2256 Absatz 1 des Bürgerlichen Gesetzbuchs[6)] zurückgegeben, teilt der Notar dies der Registerbehörde mit.

---

1) § 31 neu gef. mWv 1.8.2022 durch G v. 5.7.2021 (BGBl. I S. 3338).

2) § 33 geänd. mWv 1.8.2002 durch G v. 23.7.2002 (BGBl. I S. 2850).

3) § 34 Abs. 3 angef. durch G v. 31.8.1998 (BGBl. I S. 2585); Abs. 1 Satz 2 geänd. mWv 1.8.2002 durch G v. 23.7.2002 (BGBl. I S. 2850); Abs. 3 Satz 2 aufgeh.mWv 1.1.2009 durch G v. 19.2.2007 (BGBl. I S. 122); Abs. 4 angef. mWv 1.1.2022 durch G v. 1.6.2017 (BGBl. I S. 1396).

4) § 34a neu gef. mWv 1.1.2012 durch G v. 22.12.2010 (BGBl. I S. 2255); Abs. 1 Satz 1 geänd. mWv 9.6.2017 durch G v. 1.6.2017 (BGBl. I S. 1396).

5) **Habersack, Deutsche Gesetze ErgBd. Nr. 98a.**

6) Nr. **20**.

(3) [1]Befindet sich ein Erbvertrag in der Verwahrung des Notars, liefert der Notar ihn nach Eintritt des Erbfalls an das Nachlassgericht ab, in dessen Verwahrung er danach verbleibt. [2]Enthält eine sonstige Urkunde Erklärungen, nach deren Inhalt die Erbfolge geändert werden kann, so teilt der Notar diese Erklärungen dem Nachlassgericht nach dem Eintritt des Erbfalls in beglaubigter Abschrift mit.

**§ 35 Niederschrift ohne Unterschrift des Notars.** Hat der Notar die Niederschrift über die Errichtung einer Verfügung von Todes wegen nicht unterschrieben, so ist die Beurkundung aus diesem Grunde nicht unwirksam, wenn er die Aufschrift auf dem verschlossenen Umschlag unterschrieben hat.

## Abschnitt 3. Sonstige Beurkundungen

### Unterabschnitt 1. Niederschriften

**§ 36 Grundsatz.** Bei der Beurkundung anderer Erklärungen als Willenserklärungen sowie sonstiger Tatsachen oder Vorgänge muß eine Niederschrift aufgenommen werden, soweit in § 39 nichts anderes bestimmt ist.

**§ 37[1)] Inhalt der Niederschrift.** (1) [1]Die Niederschrift muß enthalten

1. die Bezeichnung des Notars sowie
2. den Bericht über seine Wahrnehmungen.

[2]Der Bericht des Notars in einem Schriftstück, auf das in der Niederschrift verwiesen und das dieser beigefügt wird, gilt als in der Niederschrift selbst enthalten. [3]Satz 2 gilt entsprechend, wenn der Notar unter Verwendung von Karten, Zeichnungen oder Abbildungen seinen Bericht erstellt.

(2) In der Niederschrift sollen Ort und Tag der Wahrnehmungen des Notars sowie Ort und Tag der Errichtung der Urkunde angegeben werden.

(3) § 13 Abs. 3 gilt entsprechend.

**§ 38 Eide, eidesstattliche Versicherungen.** (1) Bei der Abnahme von Eiden und bei der Aufnahme eidesstattlicher Versicherungen gelten die Vorschriften über die Beurkundung von Willenserklärungen entsprechend.

(2) Der Notar soll über die Bedeutung des Eides oder der eidesstattlichen Versicherung belehren und dies in der Niederschrift vermerken.

### Unterabschnitt 2. Vermerke

**§ 39[2)] Einfache Zeugnisse.** Bei der Beglaubigung einer Unterschrift oder eines Handzeichens oder der Zeichnung einer Namensunterschrift, bei der Feststellung des Zeitpunktes, zu dem eine Privaturkunde vorgelegt worden ist, bei Bescheinigungen über Eintragungen in öffentlichen Registern, bei der Beglaubigung von Abschriften, Abdrucken, Ablichtungen und dergleichen (Abschriften) und bei sonstigen einfachen Zeugnissen genügt anstelle einer Niederschrift eine Urkunde, die das Zeugnis, die Unterschrift und das Präge- oder Farbdrucksiegel (Siegel) des Notars enthalten muß und Ort und Tag der Ausstellung angeben soll (Vermerk).

---

1) § 37 Abs. 1 Satz 3 angef. durch G v. 20.2.1980 (BGBl. I S. 157).
2) § 39 geänd. durch G v. 22. 6.1998 (BGBl. I S. 1474).

**§ 39a[1] Einfache elektronische Zeugnisse.** (1) [1] Beglaubigungen und sonstige Zeugnisse im Sinne des § 39 können elektronisch errichtet werden; Beglaubigungen qualifizierter elektronischer Signaturen sind elektronisch zu errichten. [2] Das hierzu erstellte Dokument muss mit einer qualifizierten elektronischen Signatur versehen werden. [3] § 16b Absatz 4 Satz 2 und 4 gilt entsprechend.

(2) [1] Mit dem Zeugnis muss eine Bestätigung der Notareigenschaft durch die zuständige Stelle verbunden werden. [2] Das Zeugnis soll Ort und Tag der Ausstellung angeben.

(3) [1] Bei der Beglaubigung eines elektronischen Dokuments, das mit einer qualifizierten elektronischen Signatur versehen ist, soll das Ergebnis der Signaturprüfung dokumentiert werden. [2] Ist das elektronische Dokument mit der qualifizierten elektronischen Signatur eines Notars versehen, so genügt die Dokumentation der Prüfung seiner qualifizierten elektronischen Signatur.

(4) Bei der Beglaubigung einer qualifizierten elektronischen Signatur ist der Bezug zwischen dem Zeugnis und dem mit der zu beglaubigenden qualifizierten elektronischen Signatur versehenen elektronischen Dokument durch kryptografische Verfahren nach dem Stand der Technik herzustellen, wenn das Zeugnis nicht in dem mit der zu beglaubigenden qualifizierten elektronischen Signatur versehenen elektronischen Dokument enthalten ist.

**§ 40[2] Beglaubigung einer Unterschrift.** (1) Eine Unterschrift soll nur beglaubigt werden, wenn sie in Gegenwart des Notars vollzogen oder anerkannt wird.

(2) Der Notar braucht die Urkunde nur darauf zu prüfen, ob Gründe bestehen, seine Amtstätigkeit zu versagen.

(3) [1] Der Beglaubigungsvermerk muß auch die Person bezeichnen, welche die Unterschrift vollzogen oder anerkannt hat. [2] In dem Vermerk soll angegeben werden, ob die Unterschrift vor dem Notar vollzogen oder anerkannt worden ist.

(4) § 10 Absatz 1, 2 und 3 Satz 1 gilt entsprechend.

(5) [1] Unterschriften ohne zugehörigen Text soll der Notar nur beglaubigen, wenn dargelegt wird, daß die Beglaubigung vor der Festlegung des Urkundeninhalts benötigt wird. [2] In dem Beglaubigungsvermerk soll angegeben werden, daß bei der Beglaubigung ein durch die Unterschrift gedeckter Text nicht vorhanden war.

(6) Die Absätze 1 bis 5 gelten für die Beglaubigung von Handzeichen entsprechend.

**§ 40a[3] Beglaubigung einer qualifizierten elektronischen Signatur.**

(1) [1] Eine qualifizierte elektronische Signatur soll nur beglaubigt werden, wenn sie in Gegenwart des Notars oder mittels des von der Bundesnotarkammer nach § 78p der Bundesnotarordnung[4] betriebenen Videokommunikationssystems anerkannt worden ist. [2] Die Beglaubigung kann mittels Videokommunikation nur erfolgen, soweit dies durch Gesetz zugelassen ist.

---

[1] § 39a eingef. mWv 1.4.2005 durch G v. 22.3.2005 (BGBl. I S. 837); bish. Sätze 1–3 werden Abs. 1, bish. Sätze 4 und 5 werden Abs. 2, Abs. 3 angef. mWv 9.6.2017 durch G v. 1.6.2017 (BGBl. I S. 1396); Abs. 1 neu gef., Abs. 3 Satz 2, Abs. 4 angef. mWv 1.8.2022 durch G v. 5.7.2021 (BGBl. I S. 3338).

[2] § 40 Abs. 4 geänd. mWv 9.6.2017 durch G v. 1.6.2017 (BGBl. I S. 1396).

[3] § 40a eingef. mWv 1.8.2022 durch G v. 5.7.2021 (BGBl. I S. 3338); Abs. 1 Satz 2 geänd. mWv 1.8.2022 durch G v. 15.7.2022 (BGBl. I S. 1146).

[4] **Habersack, Deutsche Gesetze ErgBd. Nr. 98a.**

(2) [1] Der Beglaubigungsvermerk muss die Person bezeichnen, welche die qualifizierte elektronische Signatur anerkannt hat. [2] In dem Vermerk soll angegeben werden, ob die qualifizierte elektronische Signatur in Gegenwart des Notars oder mittels Videokommunikation anerkannt worden ist.

(3) Bei der Beglaubigung einer qualifizierten elektronischen Signatur mittels Videokommunikation ist eine Signaturprüfung nach § 39a Absatz 3 nicht erforderlich.

(4) [1] § 10 Absatz 1, 2 und 3 Satz 1 und § 40 Absatz 2 und 5 gelten entsprechend. [2] Im Falle der Beglaubigung mittels Videokommunikation gilt § 16c entsprechend.

(5) Der Notar soll die Beglaubigung einer mittels Videokommunikation anerkannten qualifizierten elektronischen Signatur ablehnen, wenn er die Erfüllung seiner Amtspflichten auf diese Weise nicht gewährleisten kann, insbesondere wenn er sich auf diese Weise keine Gewissheit über die Person verschaffen kann, welche die qualifizierte elektronische Signatur anerkannt hat.

**§ 41[1)] Beglaubigung der Zeichnung einer Namensunterschrift.** [1] Bei der Beglaubigung der Zeichnung einer Namensunterschrift, die zur Aufbewahrung beim Gericht bestimmt ist, muß die Zeichnung in Gegenwart des Notars vollzogen werden; dies soll in dem Beglaubigungsvermerk festgestellt werden. [2] Der Beglaubigungsvermerk muß auch die Person angeben, welche gezeichnet hat. [3] § 10 Absatz 1, 2 und 3 Satz 1 gilt entsprechend.

**§ 42[2)] Beglaubigung einer Abschrift.** (1) Bei der Beglaubigung der Abschrift einer Urkunde soll festgestellt werden, ob die Urkunde eine Urschrift, eine Ausfertigung, eine beglaubigte oder einfache Abschrift ist.

(2) Finden sich in einer dem Notar vorgelegten Urkunde Lücken, Durchstreichungen, Einschaltungen, Änderungen oder unleserliche Worte, zeigen sich Spuren der Beseitigung von Schriftzeichen, insbesondere Radierungen, ist der Zusammenhang einer aus mehreren Blättern bestehenden Urkunde aufgehoben oder sprechen andere Umstände dafür, daß der ursprüngliche Inhalt der Urkunde geändert worden ist, so soll dies in dem Beglaubigungsvermerk festgestellt werden, sofern es sich nicht schon aus der Abschrift ergibt.

(3) Enthält die Abschrift nur den Auszug aus einer Urkunde, so soll in dem Beglaubigungsvermerk der Gegenstand des Auszugs angegeben und bezeugt werden, daß die Urkunde über diesen Gegenstand keine weiteren Bestimmungen enthält.

(4) [1] Bei der Beglaubigung eines Ausdrucks oder einer Abschrift eines elektronischen Dokuments, das mit einer qualifizierten elektronischen Signatur versehen ist, soll das Ergebnis der Signaturprüfung dokumentiert werden. [2] § 39a Absatz 3 Satz 2 gilt entsprechend.

**§ 43 Feststellung des Zeitpunktes der Vorlegung einer privaten Urkunde.**

Bei der Feststellung des Zeitpunktes, zu dem eine private Urkunde vorgelegt worden ist, gilt § 42 Abs. 2 entsprechend.

---

[1)] § 41 Satz 1 geänd. durch G v. 22. 6.1998 (BGBl. I S. 1474); Satz 3 geänd. mWv 9.6.2017 durch G v. 1.6.2017 (BGBl. I S. 1396).

[2)] § 42 Abs. 4 angef. mWv 1.4.2005 durch G v. 22.3.2005 (BGBl. I S. 837); Abs. 4 geänd. mWv 29.7.2017 durch G v. 18.7.2017 (BGBl. I S. 2745); Abs. 4 geänd. mWv 1.8.2021 durch G v. 25.6.2021 (BGBl. I S. 2154); Abs. 4 Satz 2 angef. mWv 1.8.2022 durch G v. 5.7.2021 (BGBl. I S. 3338).

## Abschnitt 4. Behandlung der Urkunden

**§ 44[1] Verbindung mit Schnur und Prägesiegel.** [1] Besteht eine Urkunde aus mehreren Blättern, so sollen diese mit Schnur und Prägesiegel verbunden werden. [2] Das gleiche gilt für Schriftstücke sowie für Karten, Zeichnungen oder Abbildungen, die nach § 9 Abs. 1 Satz 2, 3, §§ 14, 37 Abs. 1 Satz 2, 3 der Niederschrift beigefügt worden sind.

**§ 44a[2] Änderungen in den Urkunden.** (1) [1] Zusätze und sonstige, nicht nur geringfügige Änderungen sollen am Schluß vor den Unterschriften oder am Rande vermerkt und im letzteren Falle von dem Notar besonders unterzeichnet werden. [2] Ist der Niederschrift ein Schriftstück nach § 9 Abs. 1 Satz 2, den §§ 14, 37 Abs. 1 Satz 2 beigefügt, so brauchen Änderungen in dem beigefügten Schriftstück nicht unterzeichnet zu werden, wenn aus der Niederschrift hervorgeht, daß sie genehmigt worden sind.

(2) [1] Offensichtliche Unrichtigkeiten kann der Notar auch nach Abschluß der Niederschrift durch einen von ihm zu unterschreibenden Nachtragsvermerk richtigstellen. [2] Der Nachtragsvermerk ist mit dem Datum der Richtigstellung zu versehen. [3] Der Nachtragsvermerk ist am Schluß nach den Unterschriften oder auf einem besonderen, mit der Urkunde zu verbindenden Blatt niederzulegen. [4] Wird die elektronische Fassung der Urschrift zum Zeitpunkt der Richtigstellung bereits in der elektronischen Urkundensammlung verwahrt, darf der Nachtragsvermerk nur noch auf einem gesonderten, mit der Urkunde zu verbindenden Blatt niedergelegt werden. [5] Bei elektronischen Niederschriften ist der Nachtragsvermerk in einem gesonderten elektronischen Dokument niederzulegen, das vom Notar mit einer qualifizierten elektronischen Signatur zu versehen und zusammen mit der elektronischen Urschrift in der elektronischen Urkundensammlung zu verwahren ist; § 16b Absatz 4 Satz 2 und 4 und § 39a Absatz 2 Satz 1 gelten entsprechend.

(3) Ergibt sich im übrigen nach Abschluß der Niederschrift die Notwendigkeit einer Änderung oder Berichtigung, so hat der Notar hierüber eine besondere Niederschrift aufzunehmen.

**§ 44b[3] Nachtragsbeurkundung.** (1) [1] Wird der Inhalt einer Niederschrift in einer anderen Niederschrift berichtigt, geändert, ergänzt oder aufgehoben, soll der Notar durch einen mit dem Datum zu versehenden und von ihm zu unterschreibenden Nachtragsvermerk auf die andere Niederschrift verweisen. [2] § 44a Absatz 2 Satz 3 bis 5 gilt entsprechend. [3] Anstelle eines Nachtragsvermerks kann der Notar die andere Niederschrift zusammen mit der Niederschrift verwahren.

(2) Nachtragsvermerke sowie die zusammen mit der Niederschrift verwahrten anderen Niederschriften nach Absatz 1 soll der Notar in Ausfertigungen und Abschriften der Urschrift übernehmen.

---

[1] § 44 Satz 2 neu gef. durch G v. 20.2.1980 (BGBl. I S. 157).

[2] § 44a eingef. durch G v. 31.8.1998 (BGBl. I S. 2585); Abs. 2 Satz 2 eingef., bish. Satz 2 wird Satz 3 und geänd., Satz 4 angef., bish. Satz 3 wird Abs. 3 mWv 1.1.2022 durch G v. 1.6.2017 (BGBl. I S. 1396); Abs. 2 Satz 5 angef. mWv 1.8.2022 durch G v. 5.7.2021 (BGBl. I S. 3338).

[3] § 44b eingef. mWv 1.1.2022 durch G v. 1.6.2017 (BGBl. I S. 1396); Abs. 1 Satz 2 geänd. mWv 1.8.2022 durch G v. 5.7.2021 (BGBl. I S. 3338).

**§ 45[1)] Urschrift.** (1) Die Urschrift der notariellen Urkunde bleibt, wenn sie nicht auszuhändigen ist, in der Verwahrung des Notars.

(2) Wird die Urschrift der notariellen Urkunde nach § 56 in ein elektronisches Dokument übertragen und in der elektronischen Urkundensammlung verwahrt, steht die elektronische Fassung der Urschrift derjenigen in Papierform gleich.

(3) Das nach § 16b oder § 39a erstellte elektronische Dokument (elektronische Urkunde), das in der elektronischen Urkundensammlung verwahrt wird, gilt als Urschrift im Sinne dieses Gesetzes (elektronische Urschrift).

**§ 45a[2)] Aushändigung der Urschrift.** (1) [1] Die Urschrift einer Niederschrift soll nur ausgehändigt werden, wenn dargelegt wird, dass sie im Ausland verwendet werden soll, und sämtliche Personen zustimmen, die eine Ausfertigung verlangen können. [2] In diesem Fall soll die Urschrift mit dem Siegel versehen werden; ferner soll eine Ausfertigung zurückbehalten und auf ihr vermerkt werden, an wen und weshalb die Urschrift ausgehändigt worden ist. [3] Die Ausfertigung tritt an die Stelle der Urschrift.

(2) Die Urschrift einer Urkunde, die in der Form eines Vermerks verfasst ist, ist auszuhändigen, wenn nicht die Verwahrung verlangt wird.

**§ 45b[3)] Verwahrung und Aushändigung elektronischer Urkunden.**

(1) [1] Das nach § 16b erstellte elektronische Dokument bleibt in der Verwahrung des Notars. [2] Elektronische Vervielfältigungen dieses elektronischen Dokuments sollen nicht ausgehändigt werden.

(2) [1] Das nach § 39a erstellte elektronische Dokument bleibt nur dann in der Verwahrung des Notars, wenn die Verwahrung verlangt wird. [2] Die Verwahrung kann nur verlangt werden, wenn das Dokument den nach § 35 Absatz 4 der Verordnung über die Führung notarieller Akten und Verzeichnisse zu beachtenden Vorgaben für die Einstellung elektronischer Dokumente in die elektronische Urkundensammlung entspricht. [3] Elektronische Vervielfältigungen dieses elektronischen Dokuments können ausgehändigt werden. [4] Wird die Verwahrung nicht verlangt, ist das nach § 39a erstellte elektronische Dokument auszuhändigen.

**§ 46[4)] Ersetzung der Urschrift.** (1) [1] Ist die Urschrift einer Niederschrift ganz oder teilweise zerstört worden oder abhanden gekommen und besteht Anlaß, sie zu ersetzen, so kann auf einer Ausfertigung oder beglaubigten Abschrift oder einer davon gefertigten beglaubigten Abschrift vermerkt werden, daß sie an die Stelle der Urschrift tritt. [2] Der Vermerk kann mit dem Beglaubigungsvermerk verbunden werden. [3] Er soll Ort und Tag der Ausstellung angeben und muß unterschrieben werden.

(2) [1] Ist die elektronische Fassung der Urschrift ganz oder teilweise zerstört worden, soll die Urschrift erneut nach § 56 in die elektronische Form übertragen und in der elektronischen Urkundensammlung verwahrt werden. [2] Ist die Urschrift

---

[1)] § 45 Abs. 1 eingef., bish. Abs. 1 und 2 werden Abs. 2 und 3 durch G v. 31.8.1998 (BGBl. I S. 2585); Überschrift geänd., Abs. 2 neu gef., Abs. 3 aufgeh. mWv 1.1.2022 durch G v. 1.6.2017 (BGBl. I S. 1396); Abs. 3 angef. mWv 1.8.2022 durch G v. 5.7.2021 (BGBl. I S. 3338).

[2)] § 45a eingef. mWv 1.1.2022 durch G v. 1.6.2017 (BGBl. I S. 1396).

[3)] § 45b eingef. mWv 1.8.2022 durch G v. 5.7.2021 (BGBl. I S. 3338).

[4)] § 46 Abs. 1 Satz 1 geänd., Abs. 2 neu gef., Abs. 3 eingef., bish. Abs. 3 wird Abs. 4 mWv 1.1.2022 durch G v. 1.6.2017 (BGBl. I S. 1396); Abs. 1 Satz 3 geänd. mWv 1.8.2021 durch G v. 25.6.2021 (BGBl. I S. 2154); Abs. 3 eingef., bish. Abs. 3 und 4 werden Abs. 4 und 5 mWv 1.8.2022 durch G v. 5.7.2021 (BGBl. I S. 3338).

nicht mehr vorhanden, gilt Absatz 1 entsprechend oder die Wiederherstellung erfolgt aus einer im Elektronischen Urkundenarchiv gespeicherten früheren elektronischen Fassung der Urschrift. [3] Für die Wiederherstellung aus einer früheren elektronischen Fassung gilt § 56 Absatz 1 entsprechend; in dem Vermerk soll zusätzlich die Tatsache der sicheren Speicherung im Elektronischen Urkundenarchiv angegeben werden.

(3) Ist die elektronische Urschrift ganz oder teilweise zerstört worden, so gilt Absatz 2 Satz 2 und 3 entsprechend.

(4) Die Ersetzung erfolgt durch die Stelle, die für die Erteilung einer Ausfertigung zuständig ist.

(5) [1] Vor der Ersetzung der Urschrift soll der Schuldner gehört werden, wenn er sich in der Urkunde der sofortigen Zwangsvollstreckung unterworfen hat. [2] Von der Ersetzung der Urschrift sollen die Personen, die eine Ausfertigung verlangen können, verständigt werden, soweit sie sich ohne erhebliche Schwierigkeiten ermitteln lassen.

**§ 47[1)] Ausfertigung.** Die Ausfertigung der Niederschrift oder der elektronischen Niederschrift vertritt die Urschrift im Rechtsverkehr.

**§ 48 Zuständigkeit für die Erteilung der Ausfertigung.** [1] Die Ausfertigung erteilt, soweit bundes- oder landesrechtlich nichts anderes bestimmt ist, die Stelle, welche die Urschrift verwahrt. [2] Wird die Urschrift bei einem Gericht verwahrt, so erteilt der Urkundsbeamte der Geschäftsstelle die Ausfertigung.

**§ 49[2)] Form der Ausfertigung.** (1) Die Ausfertigung besteht, jeweils mit einem Ausfertigungsvermerk versehen, in

1. einer Abschrift der Urschrift, der elektronischen Urschrift oder der elektronischen Fassung der Urschrift oder
2. einem Ausdruck der elektronischen Urschrift oder der elektronischen Fassung der Urschrift.

(2) [1] Der Ausfertigungsvermerk soll den Tag und den Ort der Erteilung angeben, die Person bezeichnen, der die Ausfertigung erteilt wird, und die Übereinstimmung der Ausfertigung mit der Urschrift, der elektronischen Urschrift oder der elektronischen Fassung der Urschrift bestätigen. [2] Er muß unterschrieben und mit dem Siegel der erteilenden Stelle versehen sein. [3] Besteht die Ausfertigung in einer Abschrift oder einem Ausdruck der elektronischen Urschrift oder der elektronischen Fassung der Urschrift, soll das Ergebnis der Signaturprüfung dokumentiert werden. [4] § 39a Absatz 3 Satz 2 gilt entsprechend.

(3) Werden Abschriften von Urkunden mit der Ausfertigung durch Schnur und Prägesiegel verbunden oder befinden sie sich mit dieser auf demselben Blatt, so genügt für die Beglaubigung dieser Abschriften der Ausfertigungsvermerk; dabei soll entsprechend § 42 Abs. 3 und, wenn die Urkunden, von denen die Abschriften hergestellt sind, nicht zusammen mit der Urschrift der ausgefertigten Urkunde verwahrt werden, auch entsprechend § 42 Abs. 1, 2 verfahren werden.

---

[1)] § 47 geänd. mWv 1.8.2022 durch G v. 5.7.2021 (BGBl. I S. 3338).

[2)] § 49 Abs. 2 Satz 1 geänd., Satz 3 angef., Abs. 4 geänd. mWv 1.1.2022 durch G v. 1.6.2017 (BGBl. I S. 1396, geänd. durch G v. 30.11.2019, BGBl. I S. 1942); Abs. 1 neu gef., Abs. 2 Satz 3 geänd. mWv 1.1.2022 durch G v. 25.6.2021 (BGBl. I S. 2154); Abs. 1 Nr. 1 und 2, Abs. 2 Satz 3 geänd., Satz 4 angef. mWv 1.8.2022 durch G v. 5.7.2021 (BGBl. I S. 3338); Abs. 2 Satz 1 geänd. mWv 1.8.2022 durch G v. 15.7.2022 (BGBl. I S. 1146).

(4) Im Urkundenverzeichnis soll vermerkt werden, wem und an welchem Tage eine Ausfertigung erteilt worden ist.

(5) [1]Die Ausfertigung kann auf Antrag auch auszugsweise erteilt werden. [2]§ 42 Abs. 3 ist entsprechend anzuwenden.

**§ 50 Übersetzungen.** (1) [1]Ein Notar kann die deutsche Übersetzung einer Urkunde mit der Bescheinigung der Richtigkeit und Vollständigkeit versehen, wenn er die Urkunde selbst in fremder Sprache errichtet hat oder für die Erteilung einer Ausfertigung der Niederschrift zuständig ist. [2]Für die Bescheinigung gilt § 39 entsprechend. [3]Der Notar soll die Bescheinigung nur erteilen, wenn er der fremden Sprache hinreichend kundig ist.

(2) [1]Eine Übersetzung, die mit einer Bescheinigung nach Absatz 1 versehen ist, gilt als richtig und vollständig. [2]Der Gegenbeweis ist zulässig.

(3) [1]Von einer derartigen Übersetzung können Ausfertigungen und Abschriften erteilt werden. [2]Die Übersetzung soll in diesem Fall zusammen mit der Urschrift verwahrt werden.

**§ 51[1)] Recht auf Ausfertigungen, Abschriften und Einsicht.** (1) Ausfertigungen können verlangen

1. bei Niederschriften über Willenserklärungen jeder, der eine Erklärung im eigenen Namen abgegeben hat oder in dessen Namen eine Erklärung abgegeben worden ist,
2. bei anderen Niederschriften jeder, der die Aufnahme der Urkunde beantragt hat,

sowie die Rechtsnachfolger dieser Personen.

(2) Die in Absatz 1 genannten Personen können gemeinsam in der Niederschrift oder durch besondere Erklärung gegenüber der zuständigen Stelle etwas anderes bestimmen.

(3) Wer Ausfertigungen verlangen kann, ist auch berechtigt, einfache oder beglaubigte Abschriften zu verlangen und die Urschrift einzusehen.

(4) Mitteilungspflichten, die auf Grund von Rechtsvorschriften gegenüber Gerichten oder Behörden bestehen, sowie das Recht auf Zugang zu Forschungszwecken nach § 18a der Bundesnotarordnung[2)] bleiben unberührt.

**§ 52 Vollstreckbare Ausfertigungen.** Vollstreckbare Ausfertigungen werden nach den dafür bestehenden Vorschriften erteilt.

**§ 53 Einreichung beim Grundbuchamt oder Registergericht.** Sind Willenserklärungen beurkundet worden, die beim Grundbuchamt oder Registergericht einzureichen sind, so soll der Notar dies veranlassen, sobald die Urkunde eingereicht werden kann, es sei denn, daß alle Beteiligten gemeinsam etwas anderes verlangen; auf die mit einer Verzögerung verbundenen Gefahren soll der Notar hinweisen.

---

[1)] § 51 Abs. 4 geänd. mWv 1.8.2021 durch G v. 25.6.2021 (BGBl. I S. 2154).

[2)] **Habersack, Deutsche Gesetze ErgBd. Nr. 98a.**

**§ 54[1] Rechtsmittel.** (1) Gegen die Ablehnung der Erteilung der Vollstreckungsklausel oder einer Amtshandlung nach den §§ 45a, 46 und 51 sowie gegen die Ersetzung einer Urschrift ist die Beschwerde gegeben.

(2) [1] Für das Beschwerdeverfahren gelten die Vorschriften des Gesetzes über das Verfahren in Familiensachen und in den Angelegenheiten der freiwilligen Gerichtsbarkeit[2]. [2] Über die Beschwerde entscheidet eine Zivilkammer des Landgerichts, in dessen Bezirk die Stelle, gegen die sich die Beschwerde richtet, ihren Sitz hat.

## Abschnitt 5.[3] Verwahrung der Urkunden

**§ 55[3] [4] Verzeichnis und Verwahrung der Urkunden.** (1) Der Notar führt ein elektronisches Verzeichnis über Beurkundungen und sonstige Amtshandlungen (Urkundenverzeichnis).

(2) Das Urkundenverzeichnis und die elektronische Urkundensammlung sind vom Notar im Elektronischen Urkundenarchiv (§ 78h der Bundesnotarordnung[5]) zu führen.

(3) Die im Urkundenverzeichnis registrierten Urkunden verwahrt der Notar in einer Urkundensammlung, einer elektronischen Urkundensammlung und einer Erbvertragssammlung.

**§ 56[3] [6] Übertragung der Papierdokumente in die elektronische Form; Einstellung der elektronischen Dokumente in die elektronische Urkundensammlung.** (1) [1] Bei der Übertragung der in Papierform vorliegenden Schriftstücke in die elektronische Form soll durch geeignete Vorkehrungen nach dem Stand der Technik sichergestellt werden, dass die elektronischen Dokumente mit den in Papierform vorhandenen Schriftstücken inhaltlich und bildlich übereinstimmen. [2] Diese Übereinstimmung ist vom Notar in einem Vermerk unter Angabe des Ortes und des Tages seiner Ausstellung zu bestätigen. [3] Durchstreichungen, Änderungen, Einschaltungen, Radierungen oder andere Mängel des Schriftstücks sollen im Vermerk angegeben werden, soweit sie nicht aus dem elektronischen Dokument eindeutig ersichtlich sind. [4] Das elektronische Dokument und der Vermerk müssen mit einer qualifizierten elektronischen Signatur versehen werden. [5] § 16b Absatz 4 Satz 2 und 4 und § 39a Absatz 2 Satz 1 gelten entsprechend.

(2) Werden nach der Einstellung der elektronischen Fassung einer in der Urkundensammlung zu verwahrenden Urschrift oder Abschrift in die elektronische Urkundensammlung Nachtragsvermerke, weitere Unterlagen oder andere Urschriften der Urschrift oder Abschrift beigefügt, sind die Nachtragsvermerke, die weiteren Unterlagen und die anderen Urschriften nach Absatz 1 in elektronische

---

[1] § 54 Abs. 2 Satz 1 geänd. mWv 1.9.2009 durch G v. 17.12.2008 (BGBl. I S. 2586); Abs. 1 geänd. mWv 1.1.2022 durch G v. 1.6.2017 (BGBl. I S. 1396).

[2] Nr. **112**.

[3] 5. Abschnitt (§§ 55, 56) eingef. mWv 1.1.2022 durch G v. 1.6.2017 (BGBl. I S. 1396, geänd. durch G v. 30.11.2019, BGBl. I S. 1942); § 56 Abs. 1 Sätze 2 und 5, Abs. 2 geänd. mWv 1.1.2022 durch G v. 25.6.2021 (BGBl. I S. 2154); Abs. 1 Satz 5 neu gef., Abs. 3 eingef., bish. Abs. 3 wird Abs. 4 und geänd. mWv 1.8.2022 durch G v. 5.7.2021 (BGBl. I S. 3338).

[4] Beachte hierzu Übergangsvorschrift in § 75.

[5] **Habersack, Deutsche Gesetze ErgBd. Nr. 98a.**

[6] Beachte hierzu Übergangsvorschrift in § 76.

Dokumente zu übertragen und zusammen mit der elektronischen Fassung der Urschrift oder Abschrift in der elektronischen Urkundensammlung zu verwahren.

(3) [1] Werden der elektronischen Urschrift Unterlagen oder andere Urschriften beigefügt, so gelten die Absätze 1 und 2 entsprechend. [2] § 44a Absatz 2 Satz 5 und § 44b Absatz 1 Satz 2 bleiben unberührt.

(4) Die von dem Notar in der elektronischen Urkundensammlung verwahrten elektronischen Dokumente stehen den Dokumenten gleich, aus denen sie nach den Absätzen 1 bis 3 übertragen worden sind.

## Abschnitt 6.[1)] Verwahrung

**§ 57[2)] Antrag auf Verwahrung.** (1) Der Notar darf Bargeld zur Aufbewahrung oder zur Ablieferung an Dritte nicht entgegennehmen.

(2) Der Notar darf Geld zur Verwahrung nur entgegennehmen, wenn

1. hierfür ein berechtigtes Sicherungsinteresse der am Verwahrungsgeschäft beteiligten Personen besteht,
2. ihm ein Antrag auf Verwahrung verbunden mit einer Verwahrungsanweisung vorliegt, in der hinsichtlich der Masse und ihrer Erträge der Anweisende, der Empfangsberechtigte sowie die zeitlichen und sachlichen Bedingungen der Verwahrung und die Auszahlungsvoraussetzungen bestimmt sind,
3. er den Verwahrungsantrag und die Verwahrungsanweisung angenommen hat.

(3) Der Notar darf den Verwahrungsantrag nur annehmen, wenn die Verwahrungsanweisung den Bedürfnissen einer ordnungsgemäßen Geschäftsabwicklung und eines ordnungsgemäßen Vollzugs der Verwahrung sowie dem Sicherungsinteresse aller am Verwahrungsgeschäft beteiligten Personen genügt.

(4) Die Verwahrungsanweisung sowie deren Änderung, Ergänzung oder Widerruf bedürfen der Schriftform.

(5) Auf der Verwahrungsanweisung hat der Notar die Annahme mit Datum und Unterschrift zu vermerken, sofern die Verwahrungsanweisung nicht Gegenstand einer Niederschrift (§§ 8, 36) ist, die er selbst oder seine Notarvertretung aufgenommen hat.

(6) Die Absätze 3 bis 5 gelten entsprechend für Treuhandaufträge, die dem Notar im Zusammenhang mit dem Vollzug des der Verwahrung zugrundeliegenden Geschäfts von Personen erteilt werden, die an diesem nicht beteiligt sind.

**§ 58[3)] Durchführung der Verwahrung.** (1) [1] Der Notar hat anvertraute Gelder unverzüglich einem Sonderkonto für fremde Gelder (Notaranderkonto) zuzuführen. [2] Der Notar ist zu einer bestimmten Art der Anlage nur bei einer entsprechenden Anweisung der Beteiligten verpflichtet. [3] Fremdgelder sowie deren Erträge dürfen auch nicht vorübergehend auf einem sonstigen Konto des Notars oder eines Dritten geführt werden.

---

[1)] Früherer 5. Abschnitt (§§ 54a–54e) eingef. durch G v. 31.8.1998 (BGBl. I S. 2585); bish. 5. Abschnitt wird 6. Abschnitt mWv 9.6.2017 durch G v. 1.6.2017 (BGBl. I S. 1396).

[2)] Früherer § 54a eingef. durch G v. 31.8.1998 (BGBl. I S. 2585); bish. § 54a wird § 57 mWv 9.6.2017 durch G v. 1.6.2017 (BGBl. I S. 1396); Abs. 5 geänd. mWv 1.8.2021 durch G v. 25.6.2021 (BGBl. I S. 2154).

[3)] Früherer § 54b eingef. durch G v. 31.8.1998 (BGBl. I S. 2585); bish. § 54b wird § 58 mWv 9.6.2017, Abs. 3 Satz 3 geänd. mWv 1.1.2018 durch G v. 1.6.2017 (BGBl. I S. 1396); Abs. 3 Satz 1 neu gef., Satz 2 aufgeh., bish. Sätze 3–8 werden Sätze 2–7 mWv 1.8.2021 durch G v. 25.6.2021 (BGBl. I S. 2154).

(2) [1] Das Notaranderkonto muß bei einem im Inland zum Geschäftsbetrieb befugten Kreditinstitut oder der Deutschen Bundesbank eingerichtet sein. [2] Die Anderkonten sollen bei Kreditinstituten in dem Amtsbereich des Notars oder den unmittelbar angrenzenden Amtsgerichtsbezirken desselben Oberlandesgerichtsbezirks eingerichtet werden, sofern in der Anweisung nicht ausdrücklich etwas anderes vorgesehen wird oder eine andere Handhabung sachlich geboten ist. [3] Für jede Verwahrungsmasse muß ein gesondertes Anderkonto geführt werden, Sammelanderkonten sind nicht zulässig.

(3) [1] Über das Notaranderkonto dürfen nur der Notar persönlich, die Notarvertretung, der Notariatsverwalter oder der nach § 51 Absatz 1 Satz 2 der Bundesnotarordnung[1)] mit der Aktenverwahrung betraute Notar verfügen. [2] Die Landesregierungen oder die von ihnen bestimmten Stellen werden ermächtigt, durch Rechtsverordnung zu bestimmen, daß Verfügungen auch durch einen entsprechend bevollmächtigten anderen Notar oder im Land Baden-Württemberg durch Notariatsabwickler erfolgen dürfen. [3] Verfügungen sollen nur erfolgen, um Beträge unverzüglich dem Empfangsberechtigten oder einem von diesem schriftlich benannten Dritten zuzuführen. [4] Sie sind grundsätzlich im bargeldlosen Zahlungsverkehr durchzuführen, sofern nicht besondere berechtigte Interessen der Beteiligten die Auszahlung in bar oder mittels Bar- oder Verrechnungsscheck gebieten. [5] Die Gründe für eine Bar- oder Scheckauszahlung sind von dem Notar zu vermerken. [6] Die Bar- oder Scheckauszahlung ist durch den berechtigten Empfänger oder einen von ihm schriftlich Beauftragten nach Feststellung der Person zu quittieren. [7] Verfügungen zugunsten von Privat- oder Geschäftskonten des Notars sind lediglich zur Bezahlung von Kostenforderungen aus dem zugrundeliegenden Amtsgeschäft unter Angabe des Verwendungszwecks und nur dann zulässig, wenn hierfür eine notarielle Kostenrechnung erteilt und dem Kostenschuldner zugegangen ist und Auszahlungsreife des verwahrten Betrages zugunsten des Kostenschuldners gegeben ist.

(4) Eine Verwahrung soll nur dann über mehrere Anderkonten durchgeführt werden, wenn dies sachlich geboten ist und in der Anweisung ausdrücklich bestimmt ist.

(5) [1] Schecks sollen unverzüglich eingelöst oder verrechnet werden, soweit sich aus den Anweisungen nichts anderes ergibt. [2] Der Gegenwert ist nach den Absätzen 2 und 3 zu behandeln.

**§ 59[2)] Verordnungsermächtigung.** [1] Das Bundesministerium der Justiz und für Verbraucherschutz hat durch Rechtsverordnung mit Zustimmung des Bundesrates die näheren Bestimmungen zu treffen über den Inhalt, den Aufbau und die Führung des Verwahrungsverzeichnisses einschließlich der Verweismöglichkeiten auf die im Urkundenverzeichnis zu der Urkunde gespeicherten Daten sowie über Einzelheiten der Datenübermittlung und -speicherung sowie der Datensicherheit. [2] Die Verordnung kann auch Ausnahmen von der Eintragungspflicht anordnen. [3] Die technischen und organisatorischen Maßnahmen zur Gewährleistung der Datensicherheit müssen denen zur Gewährleistung der Datensicherheit des Elektronischen Urkundenarchivs entsprechen.

---

1) **Habersack, Deutsche Gesetze ErgBd. Nr. 98a.**

2) § 59 eingef. mWv 9.6.2017 durch G v. 1.6.2017 (BGBl. I S. 1396).

**§ 59a[1) 2)] Verwahrungsverzeichnis.** (1) Der Notar führt ein elektronisches Verzeichnis über Verwahrungsmassen, die er nach § 23 der Bundesnotarordnung[3)] und nach den §§ 57 und 62 entgegennimmt (Verwahrungsverzeichnis).

(2) [1] Das Verwahrungsverzeichnis ist im Elektronischen Urkundenarchiv (§ 78h der Bundesnotarordnung) zu führen. [2] Erfolgt die Verwahrung in Vollzug eines vom Notar in das Urkundenverzeichnis einzutragenden Amtsgeschäfts, soll der Notar im Verwahrungsverzeichnis auf die im Urkundenverzeichnis zu der Urkunde gespeicherten Daten verweisen, soweit diese auch in das Verwahrungsverzeichnis einzutragen wären.

**§ 60[4)] Widerruf.** (1) Den schriftlichen Widerruf einer Anweisung hat der Notar zu beachten, soweit er dadurch Dritten gegenüber bestehende Amtspflichten nicht verletzt.

(2) Ist die Verwahrungsanweisung von mehreren Anweisenden erteilt, so ist der Widerruf darüber hinaus nur zu beachten, wenn er durch alle Anweisenden erfolgt.

(3) [1] Erfolgt der Widerruf nach Absatz 2 nicht durch alle Anweisenden und wird er darauf gegründet, daß das mit der Verwahrung durchzuführende Rechtsverhältnis aufgehoben, unwirksam oder rückabzuwickeln sei, soll sich der Notar jeder Verfügung über das Verwahrungsgut enthalten. [2] Der Notar soll alle an dem Verwahrungsgeschäft beteiligten Personen im Sinne des § 57 hiervon unterrichten. [3] Der Widerruf wird jedoch unbeachtlich, wenn

1. eine spätere übereinstimmende Anweisung vorliegt oder
2. der Widerrufende nicht innerhalb einer von dem Notar festzusetzenden angemessenen Frist dem Notar nachweist, daß ein gerichtliches Verfahren zur Herbeiführung einer übereinstimmenden Anweisung rechtshängig ist, oder
3. dem Notar nachgewiesen wird, daß die Rechtshängigkeit der nach Nummer 2 eingeleiteten Verfahren entfallen ist.

(4) Die Verwahrungsanweisung kann von den Absätzen 2 und 3 abweichende oder ergänzende Regelungen enthalten.

(5) § 15 Abs. 2 der Bundesnotarordnung bleibt unberührt.

**§ 61[5)] Absehen von Auszahlung.** Der Notar hat von der Auszahlung abzusehen und alle an dem Verwahrungsgeschäft beteiligten Personen im Sinne des § 57 hiervon zu unterrichten, wenn

1. hinreichende Anhaltspunkte dafür vorliegen, daß er bei Befolgung der unwiderruflichen Weisung an der Erreichung unerlaubter oder unredlicher Zwecke mitwirken würde, oder
2. einem Auftraggeber im Sinne des § 57 durch die Auszahlung des verwahrten Geldes ein unwiederbringlicher Schaden erkennbar droht.

---

[1)] § 59a eingef. mWv 1.1.2022 durch G v. 1.6.2017 (BGBl. I S. 1396, geänd. durch G v. 30.11.2019, BGBl. I S. 1942).

[2)] Beachte hierzu Übergangsvorschrift in § 75.

[3)] **Habersack, Deutsche Gesetze ErgBd. Nr. 98a.**

[4)] Früherer § 54c eingef. durch G v. 31.8.1998 (BGBl. I S. 2585); bish. § 54c wird § 60 und Abs. 3 Satz 2 geänd. mWv 9.6.2017 durch G v. 1.6.2017 (BGBl. I S. 1396).

[5)] Früherer § 54d eingef. durch G v. 31.8.1998 (BGBl. I S. 2585); bish. § 54d wird § 61, einl. Satzteil und Nr. 2 geänd. mWv 9.6.2017 durch G v. 1.6.2017 (BGBl. I S. 1396).

**§ 62**[1] **Verwahrung von Wertpapieren und Kostbarkeiten.** (1) Die §§ 57, 60 und 61 gelten entsprechend für die Verwahrung von Wertpapieren und Kostbarkeiten.

(2) Der Notar ist berechtigt, Wertpapiere und Kostbarkeiten auch einer Bank im Sinne des § 58 Absatz 2 in Verwahrung zu geben, und ist nicht verpflichtet, von ihm verwahrte Wertpapiere zu verwalten, soweit in der Verwahrungsanweisung nichts anderes bestimmt ist.

## Abschnitt 7.[2] Schlussvorschriften

### Unterabschnitt 1. Verhältnis zu anderen Gesetzen

**§ 63**[3] **Beseitigung von Doppelzuständigkeiten.** (1), (2) *(nicht wiedergegebene Änderungsvorschriften)*

(3) *(aufgehoben)*

(4) Auch wenn andere Vorschriften des bisherigen Bundesrechts die gerichtliche oder notarielle Beurkundung oder Beglaubigung oder die Erklärung vor einem Gericht oder Notar vorsehen, ist nur der Notar zuständig.

**§ 64**[4] **Beurkundungen nach dem Personenstandsgesetz.** Dieses Gesetz gilt nicht für Beurkundungen nach dem Personenstandsgesetz[5].

**§ 65**[6] **Unberührt bleibendes Bundesrecht.** Soweit in diesem Gesetz nichts anderes bestimmt ist, bleiben bundesrechtliche Vorschriften über Beurkundungen unberührt.

**§ 66**[7] **Unberührt bleibendes Landesrecht.** (1) Unbeschadet der Zuständigkeit des Notars bleiben folgende landesrechtliche Vorschriften unberührt:

1. Vorschriften über die Beurkundung von freiwilligen Versteigerungen; dies gilt nicht für die freiwillige Versteigerung von Grundstücken und grundstücksgleichen Rechten;
2. Vorschriften über die Zuständigkeit zur Aufnahme von Inventaren, Bestandsverzeichnissen, Nachlaßverzeichnissen und anderen Vermögensverzeichnissen sowie zur Mitwirkung bei der Aufnahme solcher Vermögensverzeichnisse;
3. Vorschriften, nach denen die Gerichtsvollzieher zuständig sind, Wechsel- und Scheckproteste aufzunehmen sowie das tatsächliche Angebot einer Leistung zu beurkunden;

---

[1] Früherer § 54e eingef. durch G v. 31.8.1998 (BGBl. I S. 2585); bish. § 54e wird § 62, Abs. 1 und 2 geänd. mWv 9.6.2017 durch G v. 1.6.2017 (BGBl. I S. 1396)

[2] Früherer 5. Abschnitt wird 6. Abschnitt durch G v. 31.8.1998 (BGBl. I S. 2585); bish. 6. Abschnitt wird 7. Abschnitt mWv 9.6.2017 durch G v. 1.6.2017 (BGBl. I S. 1396).

[3] Früherer § 56 Abs. 3 Satz 2 angef. durch G v. 27.6.1970 (BGBl. I S. 911); Abs. 3 aufgeh. mWv 17.8. 2015 durch G v. 29.6.2015 (BGBl. I S. 1042); bish. § 56 wird § 63 mWv 9.6.2017 durch G v. 1.6.2017 (BGBl. I S. 1396).

[4] Früherer § 58 geänd. mWv 1.1.2009 durch G v. 19.2.2007 (BGBl. I S. 122); bish. § 58 wird § 64 mWv 9.6.2017 durch G v. 1.6.2017 (BGBl. I S. 1396).

[5] **Habersack, Deutsche Gesetze ErgBd. Nr. 113.**

[6] Bish. § 59 wird § 65 mWv 9.6.2017 durch G v. 1.6.2017 (BGBl. I S. 1396).

[7] Früherer § 61 Abs. 1 Nr. 12 angef. durch G v. 27.6.1970 (BGBl. I S. 911); Abs. 4 Satz 1 geänd. durch G v. 17.12.1974 (BGBl. I S. 3602); bish. § 61 wird § 66 mWv 9.6.2017, Abs. 4 aufgeh. mWv 1.1.2018 durch G v. 1.6.2017 (BGBl. I S. 1396); Abs. 3 Nr. 3 geänd. mWv 1.8.2022 durch G v. 5.7.2021 (BGBl. I S. 3338).

4. Vorschriften, nach denen die Amtsgerichte zuständig sind, außerhalb eines anhängigen Verfahrens die Aussagen von Zeugen und die Gutachten von Sachverständigen, die Vereidigung sowie eidesstattliche Versicherungen dieser Personen zu beurkunden;
5. Vorschriften, nach denen Beurkundungen in Fideikommißsachen, für die ein Kollegialgericht zuständig ist, durch einen beauftragten oder ersuchten Richter erfolgen können;
6. Vorschriften, nach denen die Vorstände der Vermessungsbehörden, die das amtliche Verzeichnis im Sinne des § 2 Abs. 2 der Grundbuchordnung[1)] führen, und die von den Vorständen beauftragten Beamten dieser Behörden zuständig sind, Anträge der Eigentümer auf Vereinigung oder Teilung von Grundstücken zu beurkunden oder zu beglaubigen;
7. Vorschriften über die Beurkundung der Errichtung fester Grenzzeichen (Abmarkung);
8. Vorschriften über die Beurkundung von Tatbeständen, die am Grund und Boden durch vermessungstechnische Ermittlungen festgestellt werden, durch Behörden, öffentlich bestellte Vermessungsingenieure oder Markscheider;
9. Vorschriften über Beurkundungen in Gemeinheitsteilungs- und agrarrechtlichen Ablösungsverfahren einschließlich der Rentenübernahme- und Rentengutsverfahren;
10. Vorschriften über Beurkundungen im Rückerstattungsverfahren;
11. Vorschriften über die Beglaubigung amtlicher Unterschriften zum Zwecke der Legalisation;
12. Vorschriften über Beurkundungen in Kirchenaustrittssachen.

(2) Auf Grund dieser Vorbehalte können den Gerichten Beurkundungszuständigkeiten nicht neu übertragen werden.

(3) Auf Grund anderer bundesrechtlicher Vorbehalte kann

1. die Zuständigkeit der Notare für öffentliche Beurkundungen (§ 20 der Bundesnotarordnung[2)]) nicht eingeschränkt werden,
2. nicht bestimmt werden, daß für öffentliche Beurkundungen neben dem Notar andere Urkundspersonen oder sonstige Stellen zuständig sind, und
3. keine Regelung getroffen werden, die den Vorschriften der Abschnitte 1 bis 4 dieses Gesetzes entgegensteht.

**§ 67[3)] Zuständigkeit der Amtsgerichte, Zustellung.** (1) Unbeschadet der Zuständigkeit sonstiger Stellen sind die Amtsgerichte zuständig für die Beurkundung von

1. Erklärungen über die Anerkennung der Vaterschaft,
2. Verpflichtungen zur Erfüllung von Unterhaltsansprüchen eines Kindes,
3. Verpflichtungen zur Erfüllung von Unterhaltsansprüchen nach § 1615l des Bürgerlichen Gesetzbuchs[4)].

---

[1)] Nr. **114**.

[2)] **Habersack, Deutsche Gesetze ErgBd. Nr. 98a.**

[3)] Früherer § 62 Überschrift neu gef., Abs. 2 angef. durch G v. 17.12.1990 (BGBl. I S. 2847); Abs. 1 Nr. 2 und 3 neu gef. durch G v. 6.4.1998 (BGBl. I S. 666); Abs. 2 geänd. mWv 1.7.2002 durch G v. 25.6. 2001 (BGBl. I S. 1206); bish. § 62 wird § 67 mWv 9.6.2017 durch G v. 1.6.2017 (BGBl. I S. 1396); Abs. 2 geänd. mWv 1.1.2022 durch G v. 5.10.2021 (BGBl. I S. 4607).

[4)] Nr. **20**.

(2) Die Zustellung von Urkunden, die eine Verpflichtung nach Absatz 1 Nr. 2 oder 3 zum Gegenstand haben, kann auch dadurch vollzogen werden, daß der Schuldner eine beglaubigte Abschrift der Urkunde ausgehändigt erhält; § 174 Satz 2 und 3 der Zivilprozeßordnung[1] gilt entsprechend.

**§ 68[2] Übertragung auf andere Stellen.** Die Länder sind befugt, durch Gesetz die Zuständigkeit für die öffentliche Beglaubigung von Abschriften oder Unterschriften anderen Personen oder Stellen zu übertragen.

**§ 69[3]** (weggefallen)

**§ 70[4] Amtliche Beglaubigungen.** [1] Dieses Gesetz gilt nicht für amtliche Beglaubigungen, mit denen eine Verwaltungsbehörde zum Zwecke der Verwendung in Verwaltungsverfahren oder für sonstige Zwecke, für die eine öffentliche Beglaubigung nicht vorgeschrieben ist, die Echtheit einer Unterschrift oder eines Handzeichens oder die Richtigkeit der Abschrift einer Urkunde bezeugt, die nicht von einer Verwaltungsbehörde ausgestellt ist. [2] Die Beweiskraft dieser amtlichen Beglaubigungen beschränkt sich auf den in dem Beglaubigungsvermerk genannten Verwendungszweck. [3] Die Befugnis der Verwaltungsbehörden, Abschriften ihrer eigenen Urkunden oder von Urkunden anderer Verwaltungsbehörden in der dafür vorgeschriebenen Form mit uneingeschränkter Beweiskraft zu beglaubigen, bleibt unberührt.

**§ 71[5] Eidesstattliche Versicherungen in Verwaltungsverfahren.** Dieses Gesetz gilt nicht für die Aufnahme eidesstattlicher Versicherungen in Verwaltungsverfahren.

**§ 72[6] Erklärungen juristischer Personen des öffentlichen Rechts.** Die bundes- oder landesrechtlich vorgeschriebene Beidrückung des Dienstsiegels bei Erklärungen juristischer Personen des öffentlichen Rechts wird durch die öffentliche Beurkundung ersetzt.

**§ 73[7] Bereits errichtete Urkunden.** (1) [1] §§ 45 bis 49, 51, 52, 54 dieses Gesetzes gelten auch für Urkunden, die vor dem Inkrafttreten dieses Gesetzes errichtet worden sind. [2] Dies gilt auch, wenn die Beurkundungszuständigkeit weggefallen ist.

(2) Eine vor dem Inkrafttreten dieses Gesetzes erteilte Ausfertigung einer Niederschrift ist auch dann als von Anfang an wirksam anzusehen, wenn sie den Vorschriften dieses Gesetzes genügt.

(3) § 2256 Abs. 1, 2 des Bürgerlichen Gesetzbuchs[8] gilt auch für Testamente, die vor dem Inkrafttreten dieses Gesetzes vor einem Richter errichtet worden sind.

---

[1] Nr. **100**.
[2] Bish. § 63 wird § 68 mWv 9.6.2017 durch G v. 1.6.2017 (BGBl. I S. 1396).
[3] § 69 neu gef. mWv 1.8.2022 durch G v. 5.7.2021 (BGBl. I S. 3338).
[4] Bish. § 65 wird § 70 mWv 9.6.2017 durch G v. 1.6.2017 (BGBl. I S. 1396).
[5] Bish. § 66 wird § 71 mWv 9.6.2017 durch G v. 1.6.2017 (BGBl. I S. 1396).
[6] Bish. § 67 wird § 72 mWv 9.6.2017 durch G v. 1.6.2017 (BGBl. I S. 1396).
[7] Früherer § 68 Abs. 3 angef. durch G v. 27.6.1970 (BGBl. I S. 911); bish. § 68 wird § 73 mWv 9.6.2017 durch G v. 1.6.2017 (BGBl. I S. 1396).
[8] Nr. **20**.

**§ 74[1] Verweisungen.** Soweit in Gesetzen oder Verordnungen auf die durch dieses Gesetz aufgehobenen oder abgeänderten Vorschriften verwiesen ist, treten die entsprechenden Vorschriften dieses Gesetzes an ihre Stelle.

### Unterabschnitt 2.[2] Übergangsvorschrift

**§ 75[3] Übergangsvorschrift zur Einführung des Elektronischen Urkundenarchivs.** (1) [1] Für Beurkundungen und sonstige Amtshandlungen, die vor dem 1. Januar 2022 vorgenommen worden sind, sind die §§ 55 und 56 nicht anzuwenden. [2] Abweichend von § 49 Absatz 4 ist auf der Urschrift zu vermerken, wem und an welchem Tag eine Ausfertigung erteilt worden ist. [3] Zusätze und Änderungen sind nach den vor dem 1. Januar 2022 geltenden Bestimmungen vorzunehmen.

(2) [1] Die Urkundensammlung und die Erbvertragssammlung für Urkunden, die vor dem 1. Januar 2022 errichtet wurden, werden von dem Notar nach Maßgabe der vor dem 1. Januar 2022 geltenden Vorschriften geführt und verwahrt. [2] Zusätze und Änderungen sind nach den vor dem 1. Januar 2022 geltenden Bestimmungen vorzunehmen.

(3) [1] Für Verwahrungsmassen, die der Notar vor dem 1. Januar 2022 entgegengenommen hat, ist § 59a vorbehaltlich der Sätze 3 bis 5 nicht anzuwenden. [2] Für diese Verwahrungsmassen werden die Verwahrungsbücher, die Massenbücher, die Namensverzeichnisse zum Massenbuch und die Anderkontenlisten nach den vor dem 1. Januar 2022 geltenden Bestimmungen geführt und verwahrt. [3] Der Notar kann jedoch zum Schluss eines Kalenderjahres alle Verwahrungsmassen im Sinne des Satzes 1 in das Verwahrungsverzeichnis übernehmen und insoweit die Verzeichnisführung nach den vor dem 1. Januar 2022 geltenden Bestimmungen abschließen. [4] Dazu sind für die zu übernehmenden Verwahrungsmassen die nach den Vorschriften des Abschnitts 3 der Verordnung über die Führung notarieller Akten und Verzeichnisse erforderlichen Angaben in das Verwahrungsverzeichnis einzutragen. [5] Dabei sind sämtliche in den Massenbüchern und Verwahrungsbüchern verzeichneten Eintragungen zu übernehmen.

(4) Die Urkundenrollen, die Erbvertragsverzeichnisse und die Namensverzeichnisse zur Urkundenrolle für Urkunden, die vor dem 1. Januar 2022 errichtet wurden, werden von dem Notar nach Maßgabe der vor dem 1. Januar 2022 geltenden Vorschriften geführt und verwahrt.

(5) [1] Für Beurkundungen und sonstige Amtshandlungen, die vom 1. Januar bis zum 30. Juni 2022 vorgenommen werden, gilt § 55 Absatz 2 nur im Hinblick auf das Urkundenverzeichnis und sind § 55 Absatz 3 sowie § 56 nicht anzuwenden. [2] Im Übrigen gelten für die vom 1. Januar bis zum 30. Juni 2022 vorgenommenen Beurkundungen und sonstigen Amtshandlungen Absatz 1 Satz 3 und Absatz 2 entsprechend.

---

[1] Bish. § 69 wird § 74 mWv 9.6.2017 durch G v. 1.6.2017 (BGBl. I S. 1396).

[2] Früherer UAbschnitt 3 Überschrift neu gef. mWv 1.1.2022 durch G v. 1.6.2017 (BGBl. I S. 1396, geänd. durch G v. 30.11.2019, BGBl. I S. 1942).

[3] Früherer § 76 neu gef. mWv 1.1.2022 durch G v. 30.11.2019 (BGBl. I S. 1942); Abs. 3 neu gef. mWv 1.1.2022 durch G v. 25.6.2021 (BGBl. I S. 2154); Abs. 3 Satz 1 geänd., Abs. 5 angef. mWv 1.1.2022 durch G v. 21.12.2021 (BGBl. II S. 1282); bish. § 76 wird § 75 mWv 1.8.2022 durch G v. 5.7.2021 (BGBl. I S. 3338).

# 27. Gesetz über die Haftung für fehlerhafte Produkte (Produkthaftungsgesetz – ProdHaftG)

Vom 15. Dezember 1989
(BGBl. I S. 2198)

**FNA 400-8**

| Lfd. Nr. | Änderndes Gesetz | Datum | Fundstelle | Betroffen | Hinweis |
|---|---|---|---|---|---|
| 1. | Art. 39 EWR-AusführungsG | 27.4.1993 | BGBl. I S. 512 | § 4 | geänd. mWv 1.1.1994 |
| 2. | Art. 4 G zu dem Übereinkommen v. 16.9.1988 über die gerichtl. Zuständigkeit und die Vollstreckung gerichtl. Entscheidungen in Zivil- und Handelssachen | 30.9.1994 | BGBl. II S. 2658 | § 4 | aufgeh. mWv 1.1.1994 |
| 3. | Art. 12 MarkenrechtsreformG | 25.10. 1994 | BGBl. I S. 3082 | § 4 | geänd. 1.1.1995 |
| 4. | Art. 1 G zur Änd. produkthaftungsrechtl. Vorschriften | 2.11.2000 | BGBl. I S. 1478 | § 2 | geänd. mWv 1.12.2000 |
| 5. | Art. 9 Abs. 3 Zweites Schadensersatzrechts-ÄndG | 19.7.2002 | BGBl. I S. 2674 | §§ 8, 10, 11 | geänd. mWv 1.8.2002 |
| 6. | Art. 180 Zehnte ZuständigkeitsanpassungsVO | 31.8.2015 | BGBl. I S. 1474 | § 17 | geänd. mWv 8.9.2015 |
| 7. | Art. 5 G zur Einführung eines Anspruchs auf Hinterbliebenengeld | 17.7.2017 | BGBl. I S. 2421 | § 7 | geänd. mWv 22.7.2017 |

Der Bundestag hat das folgende Gesetz beschlossen:

**§ 1 Haftung.** (1) [1] Wird durch den Fehler eines Produkts jemand getötet, sein Körper oder seine Gesundheit verletzt oder eine Sache beschädigt, so ist der Hersteller des Produkts verpflichtet, dem Geschädigten den daraus entstehenden Schaden zu ersetzen. [2] Im Falle der Sachbeschädigung gilt dies nur, wenn eine andere Sache als das fehlerhafte Produkt beschädigt wird und diese andere Sache ihrer Art nach gewöhnlich für den privaten Ge- oder Verbrauch bestimmt und hierzu von dem Geschädigten hauptsächlich verwendet worden ist.

(2) Die Ersatzpflicht des Herstellers ist ausgeschlossen, wenn

1. er das Produkt nicht in den Verkehr gebracht hat,
2. nach den Umständen davon auszugehen ist, daß das Produkt den Fehler, der den Schaden verursacht hat, noch nicht hatte, als der Hersteller es in den Verkehr brachte,
3. er das Produkt weder für den Verkauf oder eine andere Form des Vertriebs mit wirtschaftlichem Zweck hergestellt noch im Rahmen seiner beruflichen Tätigkeit hergestellt oder vertrieben hat,

4. der Fehler darauf beruht, daß das Produkt in dem Zeitpunkt, in dem der Hersteller es in den Verkehr brachte, dazu zwingenden Rechtsvorschriften entsprochen hat, oder
5. der Fehler nach dem Stand der Wissenschaft und Technik in dem Zeitpunkt, in dem der Hersteller das Produkt in den Verkehr brachte, nicht erkannt werden konnte.

(3) [1] Die Ersatzpflicht des Herstellers eines Teilprodukts ist ferner ausgeschlossen, wenn der Fehler durch die Konstruktion des Produkts, in welches das Teilprodukt eingearbeitet wurde, oder durch die Anleitungen des Herstellers des Produkts verursacht worden ist. [2] Satz 1 ist auf den Hersteller eines Grundstoffs entsprechend anzuwenden.

(4) [1] Für den Fehler, den Schaden und den ursächlichen Zusammenhang zwischen Fehler und Schaden trägt der Geschädigte die Beweislast. [2] Ist streitig, ob die Ersatzpflicht gemäß Absatz 2 oder 3 ausgeschlossen ist, so trägt der Hersteller die Beweislast.

**§ 2[1)] Produkt.** Produkt im Sinne dieses Gesetzes ist jede bewegliche Sache, auch wenn sie einen Teil einer anderen beweglichen Sache oder einer unbeweglichen Sache bildet, sowie Elektrizität.

**§ 3 Fehler.** (1) Ein Produkt hat einen Fehler, wenn es nicht die Sicherheit bietet, die unter Berücksichtigung aller Umstände, insbesondere

a) seiner Darbietung,

b) des Gebrauchs, mit dem billigerweise gerechnet werden kann,

c) des Zeitpunkts, in dem es in den Verkehr gebracht wurde,

berechtigterweise erwartet werden kann.

(2) Ein Produkt hat nicht allein deshalb einen Fehler, weil später ein verbessertes Produkt in den Verkehr gebracht wurde.

**§ 4[2)] Hersteller.** (1) [1] Hersteller im Sinne dieses Gesetzes ist, wer das Endprodukt, einen Grundstoff oder ein Teilprodukt hergestellt hat. [2] Als Hersteller gilt auch jeder, der sich durch das Anbringen seines Namens, seiner Marke oder eines anderen unterscheidungskräftigen Kennzeichens als Hersteller ausgibt.

(2) Als Hersteller gilt ferner, wer ein Produkt zum Zweck des Verkaufs, der Vermietung, des Mietkaufs oder einer anderen Form des Vertriebs mit wirtschaftlichem Zweck im Rahmen seiner geschäftlichen Tätigkeit in den Geltungsbereich des Abkommens über den Europäischen Wirtschaftsraum einführt oder verbringt.

(3) [1] Kann der Hersteller des Produkts nicht festgestellt werden, so gilt jeder Lieferant als dessen Hersteller, es sei denn, daß er dem Geschädigten innerhalb eines Monats, nachdem ihm dessen diesbezügliche Aufforderung zugegangen ist, den Hersteller oder diejenige Person benennt, die ihm das Produkt geliefert hat. [2] Dies gilt auch für ein eingeführtes Produkt, wenn sich bei diesem die in Absatz 2 genannte Person nicht feststellen läßt, selbst wenn der Name des Herstellers bekannt ist.

---

[1)] § 2 Satz 2 aufgeh. mWv 1.12.2000 durch G v. 2.11.2000 (BGBl. I S. 1478).

[2)] § 4 Abs. 2 neu gef. durch G v. 27.4.1993 (BGBl. I S. 512); Abs. 2 Satz 2 aufgeh. durch G v. 30.9. 1994 (BGBl. II S. 2658); Abs. 1 Satz 2 geänd. durch G v. 25.10.1994 (BGBl. I S. 3082).

**§ 5 Mehrere Ersatzpflichtige.** [1] Sind für denselben Schaden mehrere Hersteller nebeneinander zum Schadensersatz verpflichtet, so haften sie als Gesamtschuldner. [2] Im Verhältnis der Ersatzpflichtigen zueinander hängt, soweit nichts anderes bestimmt ist, die Verpflichtung zum Ersatz sowie der Umfang des zu leistenden Ersatzes von den Umständen, insbesondere davon ab, inwieweit der Schaden vorwiegend von dem einen oder dem anderen Teil verursacht worden ist; im übrigen gelten die §§ 421 bis 425 sowie § 426 Abs. 1 Satz 2 und Abs. 2 des Bürgerlichen Gesetzbuchs[1)].

**§ 6 Haftungsminderung.** (1) Hat bei der Entstehung des Schadens ein Verschulden des Geschädigten mitgewirkt, so gilt § 254 des Bürgerlichen Gesetzbuchs[1)]; im Falle der Sachbeschädigung steht das Verschulden desjenigen, der die tatsächliche Gewalt über die Sache ausübt, dem Verschulden des Geschädigten gleich.

(2) [1] Die Haftung des Herstellers wird nicht gemindert, wenn der Schaden durch einen Fehler des Produkts und zugleich durch die Handlung eines Dritten verursacht worden ist. [2] § 5 Satz 2 gilt entsprechend.

**§ 7[2)] Umfang der Ersatzpflicht bei Tötung.** (1) [1] Im Falle der Tötung ist Ersatz der Kosten einer versuchten Heilung sowie des Vermögensnachteils zu leisten, den der Getötete dadurch erlitten hat, daß während der Krankheit seine Erwerbsfähigkeit aufgehoben oder gemindert war oder seine Bedürfnisse vermehrt waren. [2] Der Ersatzpflichtige hat außerdem die Kosten der Beerdigung demjenigen zu ersetzen, der diese Kosten zu tragen hat.

(2) [1] Stand der Getötete zur Zeit der Verletzung zu einem Dritten in einem Verhältnis, aus dem er diesem gegenüber kraft Gesetzes unterhaltspflichtig war oder unterhaltspflichtig werden konnte, und ist dem Dritten infolge der Tötung das Recht auf Unterhalt entzogen, so hat der Ersatzpflichtige dem Dritten insoweit Schadensersatz zu leisten, als der Getötete während der mutmaßlichen Dauer seines Lebens zur Gewährung des Unterhalts verpflichtet gewesen wäre. [2] Die Ersatzpflicht tritt auch ein, wenn der Dritte zur Zeit der Verletzung gezeugt, aber noch nicht geboren war.

(3) [1] Der Ersatzpflichtige hat dem Hinterbliebenen, der zur Zeit der Verletzung zu dem Getöteten in einem besonderen persönlichen Näheverhältnis stand, für das dem Hinterbliebenen zugefügte seelische Leid eine angemessene Entschädigung in Geld zu leisten. [2] Ein besonderes persönliches Näheverhältnis wird vermutet, wenn der Hinterbliebene der Ehegatte, der Lebenspartner, ein Elternteil oder ein Kind des Getöteten war.

**§ 8[3)] Umfang der Ersatzpflicht bei Körperverletzung.** [1] Im Falle der Verletzung des Körpers oder der Gesundheit ist Ersatz der Kosten der Heilung sowie des Vermögensnachteils zu leisten, den der Verletzte dadurch erleidet, daß infolge der Verletzung zeitweise oder dauernd seine Erwerbsfähigkeit aufgehoben oder gemindert ist oder seine Bedürfnisse vermehrt sind. [2] Wegen des Schadens, der nicht Vermögensschaden ist, kann auch eine billige Entschädigung in Geld gefordert werden.

---

1) Nr. **20**.
2) § 7 Abs. 3 angef. mWv 22.7.2017 durch G v. 17.7.2017 (BGBl. I S. 2421).
3) § 8 Satz 2 angef. mWv 1.8.2002 durch G v. 19.7.2002 (BGBl. I S. 2674).

**§ 9 Schadensersatz durch Geldrente.** (1) Der Schadensersatz wegen Aufhebung oder Minderung der Erwerbsfähigkeit und wegen vermehrter Bedürfnisse des Verletzten sowie der nach § 7 Abs. 2 einem Dritten zu gewährende Schadensersatz ist für die Zukunft durch eine Geldrente zu leisten.

(2) § 843 Abs. 2 bis 4 des Bürgerlichen Gesetzbuchs[1] ist entsprechend anzuwenden.

**§ 10[2] Haftungshöchstbetrag.** (1) Sind Personenschäden durch ein Produkt oder gleiche Produkte mit demselben Fehler verursacht worden, so haftet der Ersatzpflichtige nur bis zu einem Höchstbetrag von 85 Millionen Euro.

(2) Übersteigen die den mehreren Geschädigten zu leistenden Entschädigungen den in Absatz 1 vorgesehenen Höchstbetrag, so verringern sich die einzelnen Entschädigungen in dem Verhältnis, in dem ihr Gesamtbetrag zu dem Höchstbetrag steht.

**§ 11[3] Selbstbeteiligung bei Sachbeschädigung.** Im Falle der Sachbeschädigung hat der Geschädigte einen Schaden bis zu einer Höhe von 500 Euro selbst zu tragen.

**§ 12 Verjährung.** (1) Der Anspruch nach § 1 verjährt in drei Jahren von dem Zeitpunkt an, in dem der Ersatzberechtigte von dem Schaden, dem Fehler und von der Person des Ersatzpflichtigen Kenntnis erlangt hat oder hätte erlangen müssen.

(2) Schweben zwischen dem Ersatzpflichtigen und dem Ersatzberechtigten Verhandlungen über den zu leistenden Schadensersatz, so ist die Verjährung gehemmt, bis die Fortsetzung der Verhandlungen verweigert wird.

(3) Im übrigen sind die Vorschriften des Bürgerlichen Gesetzbuchs[1] über die Verjährung anzuwenden.

**§ 13 Erlöschen von Ansprüchen.** (1) [1] Der Anspruch nach § 1 erlischt zehn Jahre nach dem Zeitpunkt, in dem der Hersteller das Produkt, das den Schaden verursacht hat, in den Verkehr gebracht hat. [2] Dies gilt nicht, wenn über den Anspruch ein Rechtsstreit oder ein Mahnverfahren anhängig ist.

(2) [1] Auf den rechtskräftig festgestellten Anspruch oder auf den Anspruch aus einem anderen Vollstreckungstitel ist Absatz 1 Satz 1 nicht anzuwenden. [2] Gleiches gilt für den Anspruch, der Gegenstand eines außergerichtlichen Vergleichs ist oder der durch rechtsgeschäftliche Erklärung anerkannt wurde.

**§ 14 Unabdingbarkeit.** [1] Die Ersatzpflicht des Herstellers nach diesem Gesetz darf im voraus weder ausgeschlossen noch beschränkt werden. [2] Entgegenstehende Vereinbarungen sind nichtig.

**§ 15 Arzneimittelhaftung; Haftung nach anderen Rechtsvorschriften.**

(1) Wird infolge der Anwendung eines zum Gebrauch bei Menschen bestimmten Arzneimittels, das im Geltungsbereich des Arzneimittelgesetzes[4] an

---

[1] Nr. **20**.
[2] § 10 Abs. 1 geänd. mWv 1.8.2002 durch G v. 19.7.2002 (BGBl. I S. 2674).
[3] § 11 geänd. mWv 1.8.2002 durch G v. 19.7.2002 (BGBl. I S. 2674).
[4] **Sartorius ErgBd. Nr. 272.**

den Verbraucher abgegeben wurde und der Pflicht zur Zulassung unterliegt oder durch Rechtsverordnung von der Zulassung befreit worden ist, jemand getötet, sein Körper oder seine Gesundheit verletzt, so sind die Vorschriften des Produkthaftungsgesetzes[1] nicht anzuwenden.

(2) Eine Haftung aufgrund anderer Vorschriften bleibt unberührt.

**§ 16 Übergangsvorschrift.** Dieses Gesetz ist nicht auf Produkte anwendbar, die vor seinem Inkrafttreten in den Verkehr gebracht worden sind.

**§ 17[2] Erlaß von Rechtsverordnungen.** Das Bundesministerium der Justiz und für Verbraucherschutz wird ermächtigt, durch Rechtsverordnung die Beträge der §§ 10 und 11 zu ändern oder das Außerkrafttreten des § 10 anzuordnen, wenn und soweit dies zur Umsetzung einer Richtlinie des Rates der Europäischen Gemeinschaften auf der Grundlage der Artikel 16 Abs. 2 und 18 Abs. 2 der Richtlinie des Rates vom 25. Juli 1985 zur Angleichung der Rechts- und Verwaltungsvorschriften der Mitgliedstaaten über die Haftung für fehlerhafte Produkte erforderlich ist.

**§ 18 Berlin-Klausel.** *(gegenstandslos)*

**§ 19 Inkrafttreten.** Dieses Gesetz tritt am 1. Januar 1990 in Kraft.

---

[1] Nr. **27**.
[2] § 17 geänd. mWv 8.9.2015 durch VO v. 31.8.2015 (BGBl. I S. 1474).

# 28. Umwelthaftungsgesetz (UmweltHG)[1]

Vom 10. Dezember 1990
(BGBl. I S. 2634)

FNA 400-9

| Lfd. Nr. | Änderndes Gesetz | Datum | Fundstelle | Betroffen | Hinweis |
|---|---|---|---|---|---|
| 1. | Art. 9 Abs. 4 Zweites Schadensersatzrechts-ÄndG | 19.7.2002 | BGBl. I S. 2674 | §§ 13, 15, 22 | geänd. mWv 1.8.2002 |
| 2. | Art. 129 Erstes G über die Bereinigung von BundesR im Zuständigkeitsbereich des BMJ | 19.4.2006 | BGBl. I S. 866 | § 23 | geänd. mWv 25.4.2006 |
| 3. | Art. 9 Abs. 5 Versicherungsvertrags-ReformG | 23.11.2007 | BGBl. I S. 2631 | § 20 | geänd. mWv 1.1.2008 |
| 4. | Art. 6 G zur Einführung eines Anspruchs auf Hinterbliebenengeld | 17.7.2017 | BGBl. I S. 2421 | § 12 | geänd. mWv 22.7.2017 |

**§ 1 Anlagenhaftung bei Umwelteinwirkungen.** Wird durch eine Umwelteinwirkung, die von einer im Anhang 1[2] genannten Anlage ausgeht, jemand getötet, sein Körper oder seine Gesundheit verletzt oder eine Sache beschädigt, so ist der Inhaber der Anlage verpflichtet, dem Geschädigten den daraus entstehenden Schaden zu ersetzen.

**§ 2 Haftung für nichtbetriebene Anlagen.** (1) Geht die Umwelteinwirkung von einer noch nicht fertiggestellten Anlage aus und beruht sie auf Umständen, die die Gefährlichkeit der Anlage nach ihrer Fertigstellung begründen, so haftet der Inhaber der noch nicht fertiggestellten Anlage nach § 1.

(2) Geht die Umwelteinwirkung von einer nicht mehr betriebenen Anlage aus und beruht sie auf Umständen, die die Gefährlichkeit der Anlage vor der Einstellung des Betriebs begründet haben, so haftet derjenige nach § 1, der im Zeitpunkt der Einstellung des Betriebs Inhaber der Anlage war.

**§ 3 Begriffsbestimmungen.** (1) Ein Schaden entsteht durch eine Umwelteinwirkung, wenn er durch Stoffe, Erschütterungen, Geräusche, Druck, Strahlen, Gase, Dämpfe, Wärme oder sonstige Erscheinungen verursacht wird, die sich in Boden, Luft oder Wasser ausgebreitet haben.

(2) Anlagen sind ortsfeste Einrichtungen wie Betriebsstätten und Lager.

(3) Zu den Anlagen gehören auch

a) Maschinen, Geräte, Fahrzeuge und sonstige ortsveränderliche technische Einrichtungen und

b) Nebeneinrichtungen,

---

[1] Verkündet als Art. 1 G über die Umwelthaftung vom 10.12.1990 (BGBl. I S. 2634); Inkrafttreten gem. Art. 5 dieses G am 1. Januar 1991.

[2] Hier nicht wiedergegeben.

die mit der Anlage oder einem Anlagenteil in einem räumlichen oder betriebstechnischen Zusammenhang stehen und für das Entstehen von Umwelteinwirkungen von Bedeutung sein können.

**§ 4 Ausschluß der Haftung.** Die Ersatzpflicht besteht nicht, soweit der Schaden durch höhere Gewalt verursacht wurde.

**§ 5 Beschränkung der Haftung bei Sachschäden.** Ist die Anlage bestimmungsgemäß betrieben worden (§ 6 Abs. 2 Satz 2), so ist die Ersatzpflicht für Sachschäden ausgeschlossen, wenn die Sache nur unwesentlich oder in einem Maße beeinträchtigt wird, das nach den örtlichen Verhältnissen zumutbar ist.

**§ 6 Ursachenvermutung.** (1) [1] Ist eine Anlage nach den Gegebenheiten des Einzelfalles geeignet, den entstandenen Schaden zu verursachen, so wird vermutet, daß der Schaden durch diese Anlage verursacht ist. [2] Die Eignung im Einzelfall beurteilt sich nach dem Betriebsablauf, den verwendeten Einrichtungen, der Art und Konzentration der eingesetzten und freigesetzten Stoffe, den meteorologischen Gegebenheiten, nach Zeit und Ort des Schadenseintritts und nach dem Schadensbild sowie allen sonstigen Gegebenheiten, die im Einzelfall für oder gegen die Schadensverursachung sprechen.

(2) [1] Absatz 1 findet keine Anwendung, wenn die Anlage bestimmungsgemäß betrieben wurde. [2] Ein bestimmungsgemäßer Betrieb liegt vor, wenn die besonderen Betriebspflichten eingehalten worden sind und auch keine Störung des Betriebs vorliegt.

(3) Besondere Betriebspflichten sind solche, die sich aus verwaltungsrechtlichen Zulassungen, Auflagen und vollziehbaren Anordnungen und Rechtsvorschriften ergeben, soweit sie die Verhinderung von solchen Umwelteinwirkungen bezwecken, die für die Verursachung des Schadens in Betracht kommen.

(4) Sind in der Zulassung, in Auflagen, in vollziehbaren Anordnungen oder in Rechtsvorschriften zur Überwachung einer besonderen Betriebspflicht Kontrollen vorgeschrieben, so wird die Einhaltung dieser Betriebspflicht vermutet, wenn

1. die Kontrollen in dem Zeitraum durchgeführt wurden, in dem die in Frage stehende Umwelteinwirkung von der Anlage ausgegangen sein kann, und diese Kontrollen keinen Anhalt für die Verletzung der Betriebspflicht ergeben haben, oder
2. im Zeitpunkt der Geltendmachung des Schadensersatzanspruchs die in Frage stehende Umwelteinwirkung länger als zehn Jahre zurückliegt.

**§ 7 Ausschluß der Vermutung.** (1) [1] Sind mehrere Anlagen geeignet, den Schaden zu verursachen, so gilt die Vermutung nicht, wenn ein anderer Umstand nach den Gegebenheiten des Einzelfalles geeignet ist, den Schaden zu verursachen. [2] Die Eignung im Einzelfall beurteilt sich nach Zeit und Ort des Schadenseintritts und nach dem Schadensbild sowie allen sonstigen Gegebenheiten, die im Einzelfall für oder gegen die Schadensverursachung sprechen.

(2) Ist nur eine Anlage geeignet, den Schaden zu verursachen, so gilt die Vermutung dann nicht, wenn ein anderer Umstand nach den Gegebenheiten des Einzelfalles geeignet ist, den Schaden zu verursachen.

**§ 8 Auskunftsanspruch des Geschädigten gegen den Inhaber einer Anlage.**

(1) [1] Liegen Tatsachen vor, die die Annahme begründen, daß eine Anlage den Schaden verursacht hat, so kann der Geschädigte vom Inhaber der Anlage Auskunft

verlangen, soweit dies zur Feststellung, daß ein Anspruch auf Schadensersatz nach diesem Gesetz besteht, erforderlich ist. [2] Verlangt werden können nur Angaben über die verwendeten Einrichtungen, die Art und Konzentration der eingesetzten oder freigesetzten Stoffe und die sonst von der Anlage ausgehenden Wirkungen sowie die besonderen Betriebspflichten nach § 6 Abs. 3.

(2) Der Anspruch nach Absatz 1 besteht insoweit nicht, als die Vorgänge aufgrund gesetzlicher Vorschriften geheimzuhalten sind oder die Geheimhaltung einem überwiegenden Interesse des Inhabers der Anlage oder eines Dritten entspricht.

(3) [1] Der Geschädigte kann vom Inhaber der Anlage Gewährung von Einsicht in vorhandene Unterlagen verlangen, soweit die Annahme begründet ist, daß die Auskunft unvollständig, unrichtig oder nicht ausreichend ist, oder wenn die Auskunft nicht in angemessener Frist erteilt wird. [2] Absätze 1 und 2 gelten entsprechend.

(4) Die §§ 259 bis 261 des Bürgerlichen Gesetzbuchs finden entsprechende Anwendung.

**§ 9 Auskunftsanspruch des Geschädigten gegen Behörden.** [1] Liegen Tatsachen vor, die die Annahme begründen, daß eine Anlage den Schaden verursacht hat, so kann der Geschädigte von Behörden, die die Anlage genehmigt haben oder überwachen, oder deren Aufgabe es ist, Einwirkungen auf die Umwelt zu erfassen, Auskunft verlangen, soweit dies zur Feststellung, daß ein Anspruch auf Schadensersatz nach diesem Gesetz besteht, erforderlich ist. [2] Die Behörde ist zur Erteilung der Auskunft nicht verpflichtet, soweit durch sie die ordnungsgemäße Erfüllung der Aufgaben der Behörde beeinträchtigt würde, das Bekanntwerden des Inhalts der Auskunft dem Wohle des Bundes oder eines Landes Nachteile bereiten würde oder soweit die Vorgänge nach einem Gesetz oder ihrem Wesen nach, namentlich wegen der berechtigten Interessen der Beteiligten oder dritter Personen, geheimgehalten werden müssen. [3] § 8 Abs. 1 Satz 2 gilt entsprechend für die Behörden, die die Anlage genehmigt haben oder überwachen; von diesen Behörden können auch Angaben über Namen und Anschrift des Inhabers der Anlage, seines gesetzlichen Vertreters oder eines Zustellungsbevollmächtigten verlangt werden.

**§ 10 Auskunftsanspruch des Inhabers einer Anlage.** (1) Wird gegen den Inhaber einer Anlage ein Anspruch aufgrund dieses Gesetzes geltend gemacht, so kann er von dem Geschädigten und von dem Inhaber einer anderen Anlage Auskunft und Einsichtsgewährung oder von den in § 9 genannten Behörden Auskunft verlangen, soweit dies zur Feststellung des Umfangs seiner Ersatzpflicht gegenüber dem Geschädigten oder seines Ausgleichsanspruchs gegen den anderen Inhaber erforderlich ist.

(2) Für den Anspruch gegen den Geschädigten gilt § 8 Abs. 2, 3 Satz 1 und § 8 Abs. 4, für den Anspruch gegen den Inhaber einer anderen Anlage gilt § 8 Abs. 1 Satz 2, Abs. 2 bis 4 und für den Auskunftsanspruch gegen Behörden § 9 entsprechend.

**§ 11 Mitverschulden.** Hat bei der Entstehung des Schadens ein Verschulden des Geschädigten mitgewirkt, so gilt § 254 des Bürgerlichen Gesetzbuchs; im Falle der Sachbeschädigung steht das Verschulden desjenigen, der die tatsächliche Gewalt über die Sache ausübt, dem Verschulden des Geschädigten gleich.

**§ 12[1)] Umfang der Ersatzpflicht bei Tötung.** (1) [1] Im Falle der Tötung ist Ersatz der Kosten einer versuchten Heilung sowie des Vermögensnachteils zu leisten, den

[1)] § 12 Abs. 3 angef. mWv 22.7.2017 durch G v. 17.7.2017 (BGBl. I S. 2421).

der Getötete dadurch erlitten hat, daß während der Krankheit seine Erwerbsfähigkeit aufgehoben oder gemindert war oder seine Bedürfnisse vermehrt waren. [2] Der Ersatzpflichtige hat außerdem die Kosten der Beerdigung demjenigen zu ersetzen, der diese Kosten zu tragen hat.

(2) [1] Stand der Getötete zur Zeit der Verletzung zu einem Dritten in einem Verhältnis, aus dem er diesem gegenüber kraft Gesetzes unterhaltspflichtig war oder unterhaltspflichtig werden konnte, und ist dem Dritten infolge der Tötung das Recht auf Unterhalt entzogen, so hat der Ersatzpflichtige dem Dritten insoweit Schadensersatz zu leisten, als der Getötete während der mutmaßlichen Dauer seines Lebens zur Gewährung des Unterhalts verpflichtet gewesen wäre. [2] Die Ersatzpflicht tritt auch ein, wenn der Dritte zur Zeit der Verletzung gezeugt, aber noch nicht geboren war.

(3) [1] Der Ersatzpflichtige hat dem Hinterbliebenen, der zur Zeit der Verletzung zu dem Getöteten in einem besonderen persönlichen Näheverhältnis stand, für das dem Hinterbliebenen zugefügte seelische Leid eine angemessene Entschädigung in Geld zu leisten. [2] Ein besonderes persönliches Näheverhältnis wird vermutet, wenn der Hinterbliebene der Ehegatte, der Lebenspartner, ein Elternteil oder ein Kind des Getöteten war.

**§ 13[1)] Umfang der Ersatzpflicht bei Körperverletzung.** [1] Im Falle der Verletzung des Körpers oder der Gesundheit ist Ersatz der Kosten der Heilung sowie des Vermögensnachteils zu leisten, den der Verletzte dadurch erleidet, daß infolge der Verletzung zeitweise oder dauernd seine Erwerbsfähigkeit aufgehoben oder gemindert ist oder seine Bedürfnisse vermehrt sind. [2] Wegen des Schadens, der nicht Vermögensschaden ist, kann auch eine billige Entschädigung in Geld gefordert werden.

**§ 14 Schadensersatz durch Geldrente.** (1) Der Schadensersatz wegen Aufhebung oder Minderung der Erwerbsfähigkeit und wegen vermehrter Bedürfnisse des Verletzten sowie der nach § 12 Abs. 2 einem Dritten zu gewährende Schadensersatz ist für die Zukunft durch eine Geldrente zu leisten.

(2) § 843 Abs. 2 bis 4 des Bürgerlichen Gesetzbuchs ist entsprechend anzuwenden.

**§ 15[2)] Haftungshöchstgrenzen.** [1] Der Ersatzpflichtige haftet für Tötung, Körper- und Gesundheitsverletzung insgesamt nur bis zu einem Höchstbetrag von 85 Millionen Euro und für Sachbeschädigungen ebenfalls insgesamt nur bis zu einem Höchstbetrag von 85 Millionen Euro, soweit die Schäden aus einer einheitlichen Umwelteinwirkung entstanden sind. [2] Übersteigen die mehreren aufgrund der einheitlichen Umwelteinwirkung zu leistenden Entschädigungen die in Satz 1 bezeichneten jeweiligen Höchstbeträge, so verringern sich die einzelnen Entschädigungen in dem Verhältnis, in dem ihr Gesamtbetrag zum Höchstbetrag steht.

**§ 16 Aufwendungen bei Wiederherstellungsmaßnahmen.** (1) Stellt die Beschädigung einer Sache auch eine Beeinträchtigung der Natur oder der Landschaft dar, so ist, soweit der Geschädigte den Zustand herstellt, der bestehen würde, wenn die Beeinträchtigung nicht eingetreten wäre, § 251 Abs. 2 des Bürgerlichen Gesetzbuchs mit der Maßgabe anzuwenden, daß Aufwendungen für die Wiederherstellung des vorherigen Zustandes nicht allein deshalb unverhältnismäßig sind, weil sie den Wert der Sache übersteigen.

---

1) § 13 Satz 2 angef. mWv 1.8.2002 durch G v. 19.7.2002 (BGBl. I S. 2674).
2) § 15 Satz 1 geänd. mWv 1.8.2002 durch G v. 19.7.2002 (BGBl. I S. 2674).

(2) Für die erforderlichen Aufwendungen hat der Schädiger auf Verlangen des Ersatzberechtigten Vorschuß zu leisten.

**§ 17 Verjährung.** Auf die Verjährung finden die für unerlaubte Handlungen geltenden Verjährungsvorschriften des Bürgerlichen Gesetzbuchs entsprechende Anwendung.

**§ 18 Weitergehende Haftung.** (1) Eine Haftung aufgrund anderer Vorschriften bleibt unberührt.

(2) Dieses Gesetz findet keine Anwendung im Falle eines nuklearen Ereignisses, soweit für den Schaden das Atomgesetz in Verbindung mit dem Pariser Atomhaftungsübereinkommen vom 29. Juli 1960 (im Wortlaut der Bekanntmachung vom 15. Juli 1985, BGBl. 1985 II S. 963), dem Brüsseler Reaktorschiff-Übereinkommen vom 25. Mai 1962 (BGBl. 1975 II S. 957, 977) und dem Brüsseler Kernmaterial-Seetransport-Abkommen vom 17. Dezember 1971 (BGBl. 1975 II S. 957, 1026) in der jeweils gültigen Fassung, maßgebend ist.

**§ 19 Deckungsvorsorge.** (1) [1] Die Inhaber von Anlagen, die in Anhang 2 genannt sind, haben dafür Sorge zu tragen, daß sie ihren gesetzlichen Verpflichtungen zum Ersatz von Schäden nachkommen können, die dadurch entstehen, daß infolge einer von der Anlage ausgehenden Umwelteinwirkung ein Mensch getötet, sein Körper oder seine Gesundheit verletzt oder eine Sache beschädigt wird (Deckungsvorsorge). [2] Geht von einer nicht mehr betriebenen Anlage eine besondere Gefährlichkeit aus, kann die zuständige Behörde anordnen, daß derjenige, der im Zeitpunkt der Einstellung des Betriebs Inhaber der Anlage war, für die Dauer von höchstens zehn Jahren weiterhin entsprechende Deckungsvorsorge zu treffen hat.

(2) Die Deckungsvorsorge kann erbracht werden

1. durch eine Haftpflichtversicherung bei einem im Geltungsbereich dieses Gesetzes zum Geschäftsbetrieb befugten Versicherungsunternehmen oder
2. durch eine Freistellungs- oder Gewährleistungsverpflichtung des Bundes oder eines Landes oder
3. durch eine Freistellungs- oder Gewährleistungsverpflichtung eines im Geltungsbereich dieses Gesetzes zum Geschäftsbetrieb befugten Kreditinstituts, wenn gewährleistet ist, daß sie einer Haftpflichtversicherung vergleichbare Sicherheiten bietet.

(3) Die in § 2 Abs. 1 Nr. 1 bis 5 des Pflichtversicherungsgesetzes[1)] in der Fassung der Bekanntmachung vom 5. April 1965 (BGBl. I S. 213), zuletzt geändert durch Gesetz vom 22. März 1988 (BGBl. I S. 358), Genannten sind von der Pflicht zur Deckungsvorsorge befreit.

(4) Die zuständige Behörde kann den Betrieb einer im Anhang 2 genannten Anlage ganz oder teilweise untersagen, wenn der Inhaber seiner Verpflichtung zur Deckungsvorsorge nicht nachkommt und die Deckungsvorsorge nicht binnen einer von der zuständigen Behörde festzusetzenden angemessenen Frist nachweist.

**§ 20[2)] Ermächtigung zum Erlaß von Rechtsverordnungen.** (1) Die Bundesregierung wird durch Rechtsverordnung mit Zustimmung des Bundesrates Vorschriften erlassen über

---

1) Nr. **63**.
2) § 20 Abs. 1 Nr. 5 geänd. mWv 1.1.2008 durch G v. 23.11.2007 (BGBl. I S. 2631).

1. den Zeitpunkt, ab dem der Inhaber einer Anlage nach § 19 Deckungsvorsorge zu treffen hat,
2. Umfang und Höhe der Deckungsvorsorge,
3. die an Freistellungs- und Gewährleistungsverpflichtungen von Kreditinstituten zu stellenden Anforderungen,
4. Verfahren und Befugnisse der für die Überwachung der Deckungsvorsorge zuständigen Behörde,
5. die zuständige Stelle gemäß § 117 Abs. 2 desVersicherungsvertragsgesetzes[1] sowie über die Erstattung der Anzeige im Sinne des § 117 Abs. 2 desVersicherungsvertragsgesetzes,
6. die Pflichten des Inhabers der Anlage, des Versicherungsunternehmens und desjenigen, der eine Freistellungs- oder Gewährleistungsverpflichtung übernommen hat, gegenüber der für die Überwachung der Deckungsvorsorge zuständigen Behörde.

(2) [1] Die Rechtsverordnung ist vor Zuleitung an den Bundesrat dem Deutschen Bundestag zuzuleiten. [2] Sie kann durch Beschluß des Bundestages geändert oder abgelehnt werden. [3] Der Beschluß des Bundestages wird der Bundesregierung zugeleitet. [4] Hat sich der Deutsche Bundestag nach Ablauf von drei Sitzungswochen seit Eingang der Rechtsverordnung nicht mit ihr befaßt, so wird die unveränderte Rechtsverordnung der Bundesregierung zugeleitet. [5] Der Deutsche Bundestag befaßt sich mit der Rechtsverordnung auf Antrag von so vielen Mitgliedern des Bundestages, wie zur Bildung einer Fraktion erforderlich sind.

**§ 21 Strafvorschriften.** (1) Mit Freiheitsstrafe bis zu einem Jahr oder mit Geldstrafe wird bestraft, wer

1. entgegen § 19 Abs. 1 Satz 1, auch in Verbindung mit einer Rechtsverordnung nach § 20 Abs. 1 Nr. 1 oder 2, nicht oder nicht ausreichende Deckungsvorsorge trifft oder
2. einer vollziehbaren Anordnung nach § 19 Abs. 1 Satz 2 zuwiderhandelt.

(2) Handelt der Täter fahrlässig, so ist die Strafe Freiheitsstrafe bis zu sechs Monaten oder Geldstrafe bis zu einhundertachtzig Tagessätzen.

**§ 22[2] Bußgeldvorschriften.** (1) Ordnungswidrig handelt, wer einer Rechtsverordnung nach § 20 Abs. 1 Nr. 3 bis 6 zuwiderhandelt, soweit sie für einen bestimmten Tatbestand auf diese Bußgeldvorschrift verweist.

(2) Die Ordnungswidrigkeit kann mit einer Geldbuße bis zu 5 000 Euro geahndet werden.

**§ 23[3] Übergangsvorschriften.** Dieses Gesetz und § 32a der Zivilprozessordnung[4] finden keine Anwendung, soweit der Schaden vor dem Inkrafttreten dieses Gesetzes verursacht worden ist.

**Anhang 1, 2.** *(hier nicht wiedergegeben)*

---

[1] Nr. **62**.
[2] § 22 Abs. 2 geänd. mWv 1.8.2002 durch G v. 19.7.2002 (BGBl. I S. 2674).
[3] § 23 geänd. mWv 25.4.2006 durch G v. 19.4.2006 (BGBl. I S. 866).
[4] Nr. **100**.

# 33. Haftpflichtgesetz

In der Fassung der Bekanntmachung vom 4. Januar 1978[1)]

(BGBl. I S. 145)

**FNA 935-1**

| Lfd. Nr. | Änderndes Gesetz | Datum | Fundstelle | Betroffen | Hinweis |
|---|---|---|---|---|---|
| 1. | Art. 5 Zweites Schadensersatzrechts-ÄndG | 19.7.2002 | BGBl. I S. 2674 | §§ 1, 5, 6, 9, 10, 13 | geänd. mWv 1.8.2002 |
| 2. | Art. 9 G zur Einführung eines Anspruchs auf Hinterbliebenengeld | 17.7.2017 | BGBl. I S. 2421 | § 5 | geänd. mWv 22.7.2017 |

**§ 1**[2)] **[Haftung des Bahnbetriebsunternehmers]** (1) Wird bei dem Betrieb einer Schienenbahn oder einer Schwebebahn ein Mensch getötet, der Körper oder die Gesundheit eines Menschen verletzt oder eine Sache beschädigt, so ist der Betriebsunternehmer dem Geschädigten zum Ersatz des daraus entstehenden Schadens verpflichtet.

(2) Die Ersatzpflicht ist ausgeschlossen, wenn der Unfall durch höhere Gewalt verursacht ist.

(3) Die Ersatzpflicht ist ferner ausgeschlossen, wenn eine

1. zur Aufbewahrung angenommene Sache beschädigt wird;
2. beförderte Sache beschädigt wird, es sei denn, daß ein Fahrgast sie an sich trägt oder mit sich führt.

**§ 2 [Haftung des Inhabers einer Energieanlage]** (1) [1] Wird durch die Wirkungen von Elektrizität, Gasen, Dämpfen oder Flüssigkeiten, die von einer Stromleitungs- oder Rohrleitungsanlage oder einer Anlage zur Abgabe der bezeichneten Energien oder Stoffe ausgehen, ein Mensch getötet, der Körper oder die Gesundheit eines Menschen verletzt oder eine Sache beschädigt, so ist der Inhaber der Anlage verpflichtet, den daraus entstehenden Schaden zu ersetzen. [2] Das gleiche gilt, wenn der Schaden, ohne auf den Wirkungen der Elektrizität, der Gase, Dämpfe oder Flüssigkeiten zu beruhen, auf das Vorhandensein einer solchen Anlage zurückzuführen ist, es sei denn, daß sich diese zur Zeit der Schadensverursachung in ordnungsmäßigem Zustand befand. [3] Ordnungsmäßig ist eine Anlage, solange sie den anerkannten Regeln der Technik entspricht und unversehrt ist.

(2) Absatz 1 gilt nicht für Anlagen, die lediglich der Übertragung von Zeichen oder Lauten dienen.

---

[1)] Neubekanntmachung des Gesetzes betreffend die Verbindlichkeit zum Schadensersatz für die bei dem Betriebe von Eisenbahnen, Bergwerken usw. herbeigeführten Tötungen und Körperverletzungen vom 7.6.1871 (RGBl. S. 207) unter der neuen Bezeichnung „Haftpflichtgesetz" in der ab 1.1.1978 geltenden Fassung.

[2)] § 1 Abs. 2 Sätze 2 und 3 aufgeh. mWv 1.8.2002 durch G v. 19.7.2002 (BGBl. I S. 2674).

(3) Die Ersatzpflicht nach Absatz 1 ist ausgeschlossen,

1. wenn der Schaden innerhalb eines Gebäudes entstanden und auf eine darin befindliche Anlage (Absatz 1) zurückzuführen oder wenn er innerhalb eines im Besitz des Inhabers der Anlage stehenden befriedeten Grundstücks entstanden ist;
2. wenn ein Energieverbrauchgerät oder eine sonstige Einrichtung zum Verbrauch oder zur Abnahme der in Absatz 1 bezeichneten Stoffe beschädigt oder durch eine solche Einrichtung ein Schaden verursacht worden ist;
3. wenn der Schaden durch höhere Gewalt verursacht worden ist, es sei denn, daß er auf das Herabfallen von Leitungsdrähten zurückzuführen ist.

**§ 3**[1] **[Haftung sonstiger Betriebsunternehmer]** Wer ein Bergwerk, einen Steinbruch, eine Gräberei (Grube) oder eine Fabrik betreibt, haftet, wenn ein Bevollmächtigter oder ein Repräsentant oder eine zur Leitung oder Beaufsichtigung des Betriebes oder der Arbeiter angenommene Person durch ein Verschulden in Ausführung der Dienstverrichtungen den Tod oder die Körperverletzung eines Menschen herbeigeführt hat, für den dadurch entstandenen Schaden.

**§ 4 [Mitwirkendes Verschulden]** Hat bei der Entstehung des Schadens ein Verschulden des Geschädigten mitgewirkt, so gilt § 254 des Bürgerlichen Gesetzbuchs; bei Beschädigung einer Sache steht das Verschulden desjenigen, der die tatsächliche Gewalt über die Sache ausübt, dem Verschulden des Geschädigten gleich.

**§ 5**[2] **[Umfang des Schadensersatzes bei Tötung]** (1) [1] Im Falle der Tötung ist der Schadensersatz (§§ 1, 2 und 3) durch Ersatz der Kosten einer versuchten Heilung sowie des Vermögensnachteils zu leisten, den der Getötete dadurch erlitten hat, daß während der Krankheit seine Erwerbsfähigkeit aufgehoben oder gemindert oder eine Vermehrung seiner Bedürfnisse eingetreten war. [2] Der Ersatzpflichtige hat außerdem die Kosten der Beerdigung demjenigen zu ersetzen, dem die Verpflichtung obliegt, diese Kosten zu tragen.

(2) [1] Stand der Getötete zur Zeit der Verletzung zu einem Dritten in einem Verhältnisse, vermöge dessen er diesem gegenüber kraft Gesetzes unterhaltspflichtig war oder unterhaltspflichtig werden konnte, und ist dem Dritten infolge der Tötung das Recht auf den Unterhalt entzogen, so hat der Ersatzpflichtige dem Dritten insoweit Schadensersatz zu leisten, als der Getötete während der mutmaßlichen Dauer seines Lebens zur Gewährung des Unterhalts verpflichtet gewesen sein würde. [2] Die Ersatzpflicht tritt auch dann ein, wenn der Dritte zur Zeit der Verletzung gezeugt, aber noch nicht geboren war.

(3) [1] Der Ersatzpflichtige hat dem Hinterbliebenen, der zur Zeit der Verletzung zu dem Getöteten in einem besonderen persönlichen Näheverhältnis stand, für das dem Hinterbliebenen zugefügte seelische Leid eine angemessene Entschädigung in Geld zu leisten. [2] Ein besonderes persönliches Näheverhältnis wird vermutet, wenn der Hinterbliebene der Ehegatte, der Lebenspartner, ein Elternteil oder ein Kind des Getöteten war.

---

[1] Beachte hierzu §§ 104–113 Siebtes Buch Sozialgesetzbuch – Gesetzliche Unfallversicherung v. 7.8. 1996 (BGBl. I S. 1254) mit späteren Änderungen; abgedruckt in Anm. zu § 618 Abs. 3 BGB (Nr. **20**).

[2] § 5 Abs. 2 Satz 2 geänd. mWv 1.8.2002 durch G v. 19.7.2002 (BGBl. I S. 2674); Abs. 3 angef. mWv 22.7.2017 durch G v. 17.7.2017 (BGBl. I S. 2421).

**§ 6**[1] **[Umfang des Schadensersatzes bei Körperverletzung]** [1] Im Falle einer Körperverletzung ist der Schadensersatz (§§ 1, 2 und 3) durch Ersatz der Kosten der Heilung sowie des Vermögensnachteils zu leisten, den der Verletzte dadurch erleidet, daß infolge der Verletzung zeitweise oder dauernd seine Erwerbsfähigkeit aufgehoben oder gemindert oder eine Vermehrung seiner Bedürfnisse eingetreten ist. [2] Wegen des Schadens, der nicht Vermögensschaden ist, kann auch eine billige Entschädigung in Geld gefordert werden.

**§ 7 [Zwingendes Recht]** [1] Die Ersatzpflicht nach den §§ 1 bis 3 dieses Gesetzes darf, soweit es sich um Personenschäden handelt, im voraus weder ausgeschlossen noch beschränkt werden. [2] Das gleiche gilt für die Ersatzpflicht nach § 2 dieses Gesetzes wegen Sachschäden, es sei denn, daß der Haftungsausschluß oder die Haftungsbeschränkung zwischen dem Inhaber der Anlage und einer juristischen Person des öffentlichen Rechts, einem öffentlich-rechtlichen Sondervermögen oder einem Kaufmann im Rahmen eines zum Betriebe seines Handelsgewerbes gehörenden Vertrages vereinbart worden ist. [3] Entgegenstehende Bestimmungen und Vereinbarungen sind nichtig.

**§ 8 [Geldrente oder Kapitalabfindung]** (1) Der Schadensersatz wegen Aufhebung oder Minderung der Erwerbsfähigkeit und wegen Vermehrung der Bedürfnisse des Verletzten sowie der nach § 5 Abs. 2 einem Dritten zu gewährende Schadensersatz ist für die Zukunft durch Entrichtung einer Geldrente zu leisten.

(2) Die Vorschriften des § 843 Abs. 2 bis 4 des Bürgerlichen Gesetzbuchs[2] finden entsprechende Anwendung.

(3) Ist bei der Verurteilung des Verpflichteten zur Entrichtung einer Geldrente nicht auf Sicherheitsleistung erkannt worden, so kann der Berechtigte gleichwohl Sicherheitsleistung verlangen, wenn die Vermögensverhältnisse des Verpflichteten sich erheblich verschlechtert haben; unter der gleichen Voraussetzung kann er eine Erhöhung der in dem Urteile bestimmten Sicherheit verlangen.

**§ 9**[3] **[Haftungsgrenze]** Der Unternehmer oder der in § 2 bezeichnete Inhaber der Anlage haftet im Falle der Tötung oder Verletzung eines Menschen für jede Person bis zu einem Kapitalbetrag von 600 000 Euro oder bis zu einem Rentenbetrag von jährlich 36 000 Euro.

**§ 10**[4] **[Haftungsgrenze für Sachschaden durch Energieanlage]** (1) Der Unternehmer oder der in § 2 bezeichnete Inhaber der Anlage haftet für Sachschäden nur bis zum Betrag von 300 000 Euro, auch wenn durch dasselbe Ereignis mehrere Sachen beschädigt werden.

(2) Sind auf Grund desselben Ereignisses an mehrere Personen Entschädigungen zu leisten, die insgesamt den Höchstbetrag von 300 000 Euro übersteigen, so verringern sich die einzelnen Entschädigungen in dem Verhältnis, in dem ihr Gesamtbetrag zu dem Höchstbetrag steht.

(3) Die Absätze 1 und 2 gelten nicht für die Beschädigung von Grundstücken.

---

[1] § 6 Satz 2 angef. mWv 1.8.2002 durch G v. 19.7.2002 (BGBl. I S. 2674).
[2] Nr. **20**.
[3] § 9 neu gef. mWv 1.8.2002 durch G v. 19.7.2002 (BGBl. I S. 2674).
[4] § 10 Abs. 1 und 2 geänd. mWv 1.8.2002 durch G v. 19.7.2002 (BGBl. I S. 2674).

**§ 11 [Verjährung]** Auf die Verjährung finden die für unerlaubte Handlungen geltenden Verjährungsvorschriften des Bürgerlichen Gesetzbuchs entsprechende Anwendung.

**§ 12 [Weitergehende Haftungen]** Unberührt bleiben gesetzliche Vorschriften, nach denen ein Ersatzpflichtiger in weiterem Umfang als nach den Vorschriften dieses Gesetzes haftet oder nach denen ein anderer für den Schaden verantwortlich ist.

**§ 13[1)] [Mehrere Haftpflichtige]** (1) Sind nach den §§ 1, 2 mehrere einem Dritten zum Schadensersatz verpflichtet, so hängt im Verhältnis der Ersatzpflichtigen untereinander Pflicht und Umfang zum Ersatz von den Umständen, insbesondere davon ab, wie weit der Schaden überwiegend von dem einen oder dem anderen verursacht worden ist.

(2) Wenn der Schaden einem der nach §§ 1, 2 Ersatzpflichtigen entstanden ist, gilt Absatz 1 auch für die Haftung der Ersatzpflichtigen untereinander.

(3) [1] Die Verpflichtung zum Ersatz nach den Absätzen 1 und 2 ist für den nach § 1 zum Schadensersatz Verpflichteten ausgeschlossen, soweit die Schienenbahn innerhalb des Verkehrsraumes einer öffentlichen Straße betrieben wird und wenn der Unfall durch ein unabwendbares Ereignis verursacht ist, das weder auf einem Fehler in der Beschaffenheit der Fahrzeuge oder Anlagen der Schienenbahn noch auf einem Versagen ihrer Vorrichtungen beruht. [2] Als unabwendbar gilt ein Ereignis nur dann, wenn sowohl der Betriebsunternehmer als auch die beim Betrieb tätigen Personen jede nach den Umständen des Falles gebotene Sorgfalt beobachtet haben. [3] Der Ausschluss gilt auch für die Ersatzpflicht gegenüber dem Eigentümer einer Schienenbahn, der nicht Betriebsunternehmer ist.

(4) Die Absätze 1 bis 3 gelten entsprechend, wenn neben den nach den §§ 1, 2 Ersatzpflichtigen ein anderer für den Schaden kraft Gesetzes verantwortlich ist.

**§ 14 [Wahlgerichtsstand]** Für Klagen, die auf Grund dieses Gesetzes erhoben werden, ist auch das Gericht zuständig, in dessen Bezirk das schädigende Ereignis stattgefunden hat.

---

1) § 13 Abs. 1 Satz 2 aufgeh., Abs. 2 neu gef., Abs. 3 und 4 angef. mWv 1.8.2002 durch G v. 19.7. 2002 (BGBl. I S. 2674).

# 34. Allgemeines Gleichbehandlungsgesetz (AGG)[1) 2)]

Vom 14. August 2006
(BGBl. I S. 1897)

**FNA 402-40**

| Lfd. Nr. | Änderndes Gesetz | Datum | Fund-stelle | Betroffen | Hinweis |
|---|---|---|---|---|---|
| 1. | Art. 8 Abs. 1 G zur Änd. des BetriebsrentenG und anderer G | 2.12.2006 | BGBl. I S. 2742 | §§ 10, 20 | geänd. mWv 12.12.2006 |
| 2. | Art. 19 Abs. 10 G Neuregelung des Rechtsberatungsrechts[3)] | 12.12.2007 | BGBl. I S. 2840 | § 23 | geänd. mWv 1.7.2008 |
| 3. | Art. 15 Abs. 66 DienstrechtsneuordnungsG | 5.2.2009 | BGBl. I S. 160 | § 26 | geänd. mWv 12.2.2009 |
| 4. | Art. 8 SEPA-BegleitG | 3.4.2013 | BGBl. I S. 610 | §§ 20, 33 | geänd. mWv 21.12.2012 |
| 5. | Art. 1 ÄndG | 23.5.2022 | BGBl. I S. 768 | §§ 25, 27, 29, 30 | geänd. mWv 28.5.2022 |
| | | | | Abschnitt 6 Überschrift, §§ 26, 28 | neu gef. mWv 28.5.2022 |
| | | | | §§ 26a, 26b, 26c, 26d, 26e, 26f, 26g, 26h, 26i | eingef. mWv 28.5.2022 |
| 6. | Art. 4 G zur weiteren Umsetzung der RL (EU) 2019/1158 | 19.12.2022 | BGBl. I S. 2510 | § 27 | geänd. mWv 24.12.2022 |

[1)] **Amtl. Anm.:** Dieses Gesetz dient der Umsetzung der Richtlinien:
- 2000/43/EG des Rates vom 29. Juni 2000 zur Anwendung des Gleichbehandlungsgrundsatzes ohne Unterschied der Rasse oder der ethnischen Herkunft (ABl. EG Nr. L 180 S. 22),
- 2000/78/EG des Rates vom 27. November 2000 zur Festlegung eines allgemeinen Rahmens für die Verwirklichung der Gleichbehandlung in Beschäftigung und Beruf (ABl. EG Nr. L 303 S. 16),
- 2002/73/EG des Europäischen Parlaments und des Rates vom 23. September 2002 zur Änderung der Richtlinie 76/207/EWG des Rates zur Verwirklichung des Grundsatzes der Gleichbehandlung von Männern und Frauen hinsichtlich des Zugangs zur Beschäftigung, zur Berufsbildung und zum beruflichen Aufstieg sowie in Bezug auf die Arbeitsbedingungen (ABl. EG Nr. L 269 S. 15) und
- 2004/113/EG des Rates vom 13. Dezember 2004 zur Verwirklichung des Grundsatzes der Gleichbehandlung von Männern und Frauen beim Zugang zu und bei der Versorgung mit Gütern und Dienstleistungen (ABl. EU Nr. L 373 S. 37).

[2)] Verkündet als Art. 1 G zur Umsetzung europ. RL zur Verwirklichung des Grundsatzes der Gleichbehandlung v. 14.8.2006 (BGBl. I S. 1897); Inkrafttreten gem. Art. 4 Satz 1 dieses G am 18.8.2006.

[3)] **Amtl. Anm.:** Dieses Gesetz dient der Umsetzung der Richtlinie 2005/36/EG des Europäischen Parlaments und des Rates vom 7. September 2005 über die Anerkennung von Berufsqualifikationen (ABl. EU Nr. L 255 S. 22).

## Abschnitt 1. Allgemeiner Teil

**§ 1 Ziel des Gesetzes.** Ziel des Gesetzes ist, Benachteiligungen aus Gründen der Rasse oder wegen der ethnischen Herkunft, des Geschlechts, der Religion oder Weltanschauung, einer Behinderung, des Alters oder der sexuellen Identität zu verhindern oder zu beseitigen.

**§ 2 Anwendungsbereich.** (1) Benachteiligungen aus einem in § 1 genannten Grund sind nach Maßgabe dieses Gesetzes unzulässig in Bezug auf:

1. die Bedingungen, einschließlich Auswahlkriterien und Einstellungsbedingungen, für den Zugang zu unselbstständiger und selbstständiger Erwerbstätigkeit, unabhängig von Tätigkeitsfeld und beruflicher Position, sowie für den beruflichen Aufstieg,
2. die Beschäftigungs- und Arbeitsbedingungen einschließlich Arbeitsentgelt und Entlassungsbedingungen, insbesondere in individual- und kollektivrechtlichen Vereinbarungen und Maßnahmen bei der Durchführung und Beendigung eines Beschäftigungsverhältnisses sowie beim beruflichen Aufstieg,
3. den Zugang zu allen Formen und allen Ebenen der Berufsberatung, der Berufsbildung einschließlich der Berufsausbildung, der beruflichen Weiterbildung und der Umschulung sowie der praktischen Berufserfahrung,
4. die Mitgliedschaft und Mitwirkung in einer Beschäftigten- oder Arbeitgebervereinigung oder einer Vereinigung, deren Mitglieder einer bestimmten Berufsgruppe angehören, einschließlich der Inanspruchnahme der Leistungen solcher Vereinigungen,
5. den Sozialschutz, einschließlich der sozialen Sicherheit und der Gesundheitsdienste,
6. die sozialen Vergünstigungen,
7. die Bildung,
8. den Zugang zu und die Versorgung mit Gütern und Dienstleistungen, die der Öffentlichkeit zur Verfügung stehen, einschließlich von Wohnraum.

(2) [1] Für Leistungen nach dem Sozialgesetzbuch gelten § 33c des Ersten Buches Sozialgesetzbuch[1)] und § 19a des Vierten Buches Sozialgesetzbuch[2)]. [2] Für die betriebliche Altersvorsorge gilt das Betriebsrentengesetz[3)].

(3) [1] Die Geltung sonstiger Benachteiligungsverbote oder Gebote der Gleichbehandlung wird durch dieses Gesetz nicht berührt. [2] Dies gilt auch für öffentlich-rechtliche Vorschriften, die dem Schutz bestimmter Personengruppen dienen.

(4) Für Kündigungen gelten ausschließlich die Bestimmungen zum allgemeinen und besonderen Kündigungsschutz.

**§ 3 Begriffsbestimmungen.** (1) [1] Eine unmittelbare Benachteiligung liegt vor, wenn eine Person wegen eines in § 1 genannten Grundes eine weniger günstige Behandlung erfährt, als eine andere Person in einer vergleichbaren Situation erfährt, erfahren hat oder erfahren würde. [2] Eine unmittelbare Benachteiligung wegen des Geschlechts liegt in Bezug auf § 2 Abs. 1 Nr. 1 bis 4 auch im Falle einer

---

[1)] **Sartorius ErgBd. Nr. 401.**
[2)] **Aichberger, SGB Nr. 4.**
[3)] **Loseblatt-Textsammlung Arbeitsrecht Nr. 180.**

ungünstigeren Behandlung einer Frau wegen Schwangerschaft oder Mutterschaft vor.

(2) Eine mittelbare Benachteiligung liegt vor, wenn dem Anschein nach neutrale Vorschriften, Kriterien oder Verfahren Personen wegen eines in § 1 genannten Grundes gegenüber anderen Personen in besonderer Weise benachteiligen können, es sei denn, die betreffenden Vorschriften, Kriterien oder Verfahren sind durch ein rechtmäßiges Ziel sachlich gerechtfertigt und die Mittel sind zur Erreichung dieses Ziels angemessen und erforderlich.

(3) Eine Belästigung ist eine Benachteiligung, wenn unerwünschte Verhaltensweisen, die mit einem in § 1 genannten Grund in Zusammenhang stehen, bezwecken oder bewirken, dass die Würde der betreffenden Person verletzt und ein von Einschüchterungen, Anfeindungen, Erniedrigungen, Entwürdigungen oder Beleidigungen gekennzeichnetes Umfeld geschaffen wird.

(4) Eine sexuelle Belästigung ist eine Benachteiligung in Bezug auf § 2 Abs. 1 Nr. 1 bis 4, wenn ein unerwünschtes, sexuell bestimmtes Verhalten, wozu auch unerwünschte sexuelle Handlungen und Aufforderungen zu diesen, sexuell bestimmte körperliche Berührungen, Bemerkungen sexuellen Inhalts sowie unerwünschtes Zeigen und sichtbares Anbringen von pornographischen Darstellungen gehören, bezweckt oder bewirkt, dass die Würde der betreffenden Person verletzt wird, insbesondere wenn ein von Einschüchterungen, Anfeindungen, Erniedrigungen, Entwürdigungen oder Beleidigungen gekennzeichnetes Umfeld geschaffen wird.

(5) [1] Die Anweisung zur Benachteiligung einer Person aus einem in § 1 genannten Grund gilt als Benachteiligung. [2] Eine solche Anweisung liegt in Bezug auf § 2 Abs. 1 Nr. 1 bis 4 insbesondere vor, wenn jemand eine Person zu einem Verhalten bestimmt, das einen Beschäftigten oder eine Beschäftigte wegen eines in § 1 genannten Grundes benachteiligt oder benachteiligen kann.

**§ 4 Unterschiedliche Behandlung wegen mehrerer Gründe.** Erfolgt eine unterschiedliche Behandlung wegen mehrerer der in § 1 genannten Gründe, so kann diese unterschiedliche Behandlung nach den §§ 8 bis 10 und 20 nur gerechtfertigt werden, wenn sich die Rechtfertigung auf alle diese Gründe erstreckt, derentwegen die unterschiedliche Behandlung erfolgt.

**§ 5 Positive Maßnahmen.** Ungeachtet der in den §§ 8 bis 10 sowie in § 20 benannten Gründe ist eine unterschiedliche Behandlung auch zulässig, wenn durch geeignete und angemessene Maßnahmen bestehende Nachteile wegen eines in § 1 genannten Grundes verhindert oder ausgeglichen werden sollen.

## Abschnitt 2. Schutz der Beschäftigten vor Benachteiligung

### Unterabschnitt 1. Verbot der Benachteiligung

**§ 6 Persönlicher Anwendungsbereich.** (1) [1] Beschäftigte im Sinne dieses Gesetzes sind

1. Arbeitnehmerinnen und Arbeitnehmer,
2. die zu ihrer Berufsbildung Beschäftigten,
3. Personen, die wegen ihrer wirtschaftlichen Unselbstständigkeit als arbeitnehmerähnliche Personen anzusehen sind; zu diesen gehören auch die in Heimarbeit Beschäftigten und die ihnen Gleichgestellten.

[2] Als Beschäftigte gelten auch die Bewerberinnen und Bewerber für ein Beschäftigungsverhältnis sowie die Personen, deren Beschäftigungsverhältnis beendet ist.

(2) [1] Arbeitgeber (Arbeitgeber und Arbeitgeberinnen) im Sinne dieses Abschnitts sind natürliche und juristische Personen sowie rechtsfähige Personengesellschaften, die Personen nach Absatz 1 beschäftigen. [2] Werden Beschäftigte einem Dritten zur Arbeitsleistung überlassen, so gilt auch dieser als Arbeitgeber im Sinne dieses Abschnitts. [3] Für die in Heimarbeit Beschäftigten und die ihnen Gleichgestellten tritt an die Stelle des Arbeitgebers der Auftraggeber oder Zwischenmeister.

(3) Soweit es die Bedingungen für den Zugang zur Erwerbstätigkeit sowie den beruflichen Aufstieg betrifft, gelten die Vorschriften dieses Abschnitts für Selbstständige und Organmitglieder, insbesondere Geschäftsführer oder Geschäftsführerinnen und Vorstände, entsprechend.

**§ 7 Benachteiligungsverbot.** (1) Beschäftigte dürfen nicht wegen eines in § 1 genannten Grundes benachteiligt werden; dies gilt auch, wenn die Person, die die Benachteiligung begeht, das Vorliegen eines in § 1 genannten Grundes bei der Benachteiligung nur annimmt.

(2) Bestimmungen in Vereinbarungen, die gegen das Benachteiligungsverbot des Absatzes 1 verstoßen, sind unwirksam.

(3) Eine Benachteiligung nach Absatz 1 durch Arbeitgeber oder Beschäftigte ist eine Verletzung vertraglicher Pflichten.

**§ 8 Zulässige unterschiedliche Behandlung wegen beruflicher Anforderungen.** (1) Eine unterschiedliche Behandlung wegen eines in § 1 genannten Grundes ist zulässig, wenn dieser Grund wegen der Art der auszuübenden Tätigkeit oder der Bedingungen ihrer Ausübung eine wesentliche und entscheidende berufliche Anforderung darstellt, sofern der Zweck rechtmäßig und die Anforderung angemessen ist.

(2) Die Vereinbarung einer geringeren Vergütung für gleiche oder gleichwertige Arbeit wegen eines in § 1 genannten Grundes wird nicht dadurch gerechtfertigt, dass wegen eines in § 1 genannten Grundes besondere Schutzvorschriften gelten.

**§ 9 Zulässige unterschiedliche Behandlung wegen der Religion oder Weltanschauung.** (1) Ungeachtet des § 8 ist eine unterschiedliche Behandlung wegen der Religion oder der Weltanschauung bei der Beschäftigung durch Religionsgemeinschaften, die ihnen zugeordneten Einrichtungen ohne Rücksicht auf ihre Rechtsform oder durch Vereinigungen, die sich die gemeinschaftliche Pflege einer Religion oder Weltanschauung zur Aufgabe machen, auch zulässig, wenn eine bestimmte Religion oder Weltanschauung unter Beachtung des Selbstverständnisses der jeweiligen Religionsgemeinschaft oder Vereinigung im Hinblick auf ihr Selbstbestimmungsrecht oder nach der Art der Tätigkeit eine gerechtfertigte berufliche Anforderung darstellt.

(2) Das Verbot unterschiedlicher Behandlung wegen der Religion oder der Weltanschauung berührt nicht das Recht der in Absatz 1 genannten Religionsgemeinschaften, der ihnen zugeordneten Einrichtungen ohne Rücksicht auf ihre Rechtsform oder der Vereinigungen, die sich die gemeinschaftliche Pflege einer Religion oder Weltanschauung zur Aufgabe machen, von ihren Beschäftigten ein loyales und aufrichtiges Verhalten im Sinne ihres jeweiligen Selbstverständnisses verlangen zu können.

**§ 10[1] Zulässige unterschiedliche Behandlung wegen des Alters.** [1] Ungeachtet des § 8 ist eine unterschiedliche Behandlung wegen des Alters auch zulässig, wenn sie objektiv und angemessen und durch ein legitimes Ziel gerechtfertigt ist. [2] Die Mittel zur Erreichung dieses Ziels müssen angemessen und erforderlich sein. [3] Derartige unterschiedliche Behandlungen können insbesondere Folgendes einschließen:

1. die Festlegung besonderer Bedingungen für den Zugang zur Beschäftigung und zur beruflichen Bildung sowie besonderer Beschäftigungs- und Arbeitsbedingungen, einschließlich der Bedingungen für Entlohnung und Beendigung des Beschäftigungsverhältnisses, um die berufliche Eingliederung von Jugendlichen, älteren Beschäftigten und Personen mit Fürsorgepflichten zu fördern oder ihren Schutz sicherzustellen,
2. die Festlegung von Mindestanforderungen an das Alter, die Berufserfahrung oder das Dienstalter für den Zugang zur Beschäftigung oder für bestimmte mit der Beschäftigung verbundene Vorteile,
3. die Festsetzung eines Höchstalters für die Einstellung auf Grund der spezifischen Ausbildungsanforderungen eines bestimmten Arbeitsplatzes oder auf Grund der Notwendigkeit einer angemessenen Beschäftigungszeit vor dem Eintritt in den Ruhestand,
4. die Festsetzung von Altersgrenzen bei den betrieblichen Systemen der sozialen Sicherheit als Voraussetzung für die Mitgliedschaft oder den Bezug von Altersrente oder von Leistungen bei Invalidität einschließlich der Festsetzung unterschiedlicher Altersgrenzen im Rahmen dieser Systeme für bestimmte Beschäftigte oder Gruppen von Beschäftigten und die Verwendung von Alterskriterien im Rahmen dieser Systeme für versicherungsmathematische Berechnungen,
5. eine Vereinbarung, die die Beendigung des Beschäftigungsverhältnisses ohne Kündigung zu einem Zeitpunkt vorsieht, zu dem der oder die Beschäftigte eine Rente wegen Alters beantragen kann; § 41 des Sechsten Buches Sozialgesetzbuch[2] bleibt unberührt,
6. Differenzierungen von Leistungen in Sozialplänen im Sinne des Betriebsverfassungsgesetzes[3], wenn die Parteien eine nach Alter oder Betriebszugehörigkeit gestaffelte Abfindungsregelung geschaffen haben, in der die wesentlich vom Alter abhängenden Chancen auf dem Arbeitsmarkt durch eine verhältnismäßig starke Betonung des Lebensalters erkennbar berücksichtigt worden sind, oder Beschäftigte von den Leistungen des Sozialplans ausgeschlossen haben, die wirtschaftlich abgesichert sind, weil sie, gegebenenfalls nach Bezug von Arbeitslosengeld, rentenberechtigt sind.

### Unterabschnitt 2. Organisationspflichten des Arbeitgebers

**§ 11 Ausschreibung.** Ein Arbeitsplatz darf nicht unter Verstoß gegen § 7 Abs. 1 ausgeschrieben werden.

**§ 12 Maßnahmen und Pflichten des Arbeitgebers.** (1) [1] Der Arbeitgeber ist verpflichtet, die erforderlichen Maßnahmen zum Schutz vor Benachteiligungen

---

[1] § 10 Satz 3 Nr. 6 und 7 aufgeh., bish. Nr. 8 wird Nr. 6 mWv 12.12.2006 durch G v. 2.12.2006 (BGBl. I S. 2742).
[2] **Aichberger, SGB Nr. 6.**
[3] **Habersack, Deutsche Gesetze ErgBd. Nr. 82.**

wegen eines in § 1 genannten Grundes zu treffen. [2]Dieser Schutz umfasst auch vorbeugende Maßnahmen.

(2) [1]Der Arbeitgeber soll in geeigneter Art und Weise, insbesondere im Rahmen der beruflichen Aus- und Fortbildung, auf die Unzulässigkeit solcher Benachteiligungen hinweisen und darauf hinwirken, dass diese unterbleiben. [2]Hat der Arbeitgeber seine Beschäftigten in geeigneter Weise zum Zwecke der Verhinderung von Benachteiligung geschult, gilt dies als Erfüllung seiner Pflichten nach Absatz 1.

(3) Verstoßen Beschäftigte gegen das Benachteiligungsverbot des § 7 Abs. 1, so hat der Arbeitgeber die im Einzelfall geeigneten, erforderlichen und angemessenen Maßnahmen zur Unterbindung der Benachteiligung wie Abmahnung, Umsetzung, Versetzung oder Kündigung zu ergreifen.

(4) Werden Beschäftigte bei der Ausübung ihrer Tätigkeit durch Dritte nach § 7 Abs. 1 benachteiligt, so hat der Arbeitgeber die im Einzelfall geeigneten, erforderlichen und angemessenen Maßnahmen zum Schutz der Beschäftigten zu ergreifen.

(5) [1]Dieses Gesetz und § 61b des Arbeitsgerichtsgesetzes[1)] sowie Informationen über die für die Behandlung von Beschwerden nach § 13 zuständigen Stellen sind im Betrieb oder in der Dienststelle bekannt zu machen. [2]Die Bekanntmachung kann durch Aushang oder Auslegung an geeigneter Stelle oder den Einsatz der im Betrieb oder der Dienststelle üblichen Informations- und Kommunikationstechnik erfolgen.

### Unterabschnitt 3. Rechte der Beschäftigten

**§ 13 Beschwerderecht.** (1) [1]Die Beschäftigten haben das Recht, sich bei den zuständigen Stellen des Betriebs, des Unternehmens oder der Dienststelle zu beschweren, wenn sie sich im Zusammenhang mit ihrem Beschäftigungsverhältnis vom Arbeitgeber, von Vorgesetzten, anderen Beschäftigten oder Dritten wegen eines in § 1 genannten Grundes benachteiligt fühlen. [2]Die Beschwerde ist zu prüfen und das Ergebnis der oder dem beschwerdeführenden Beschäftigten mitzuteilen.

(2) Die Rechte der Arbeitnehmervertretungen bleiben unberührt.

**§ 14 Leistungsverweigerungsrecht.** [1]Ergreift der Arbeitgeber keine oder offensichtlich ungeeignete Maßnahmen zur Unterbindung einer Belästigung oder sexuellen Belästigung am Arbeitsplatz, sind die betroffenen Beschäftigten berechtigt, ihre Tätigkeit ohne Verlust des Arbeitsentgelts einzustellen, soweit dies zu ihrem Schutz erforderlich ist. [2]§ 273 des Bürgerlichen Gesetzbuchs[2)] bleibt unberührt.

**§ 15 Entschädigung und Schadensersatz.** (1) [1]Bei einem Verstoß gegen das Benachteiligungsverbot ist der Arbeitgeber verpflichtet, den hierdurch entstandenen Schaden zu ersetzen. [2]Dies gilt nicht, wenn der Arbeitgeber die Pflichtverletzung nicht zu vertreten hat.

(2) [1]Wegen eines Schadens, der nicht Vermögensschaden ist, kann der oder die Beschäftigte eine angemessene Entschädigung in Geld verlangen. [2]Die Entschädigung darf bei einer Nichteinstellung drei Monatsgehälter nicht übersteigen, wenn

---

1) Nr. **83**.
2) Nr. **20**.

der oder die Beschäftigte auch bei benachteiligungsfreier Auswahl nicht eingestellt worden wäre.

(3) Der Arbeitgeber ist bei der Anwendung kollektivrechtlicher Vereinbarungen nur dann zur Entschädigung verpflichtet, wenn er vorsätzlich oder grob fahrlässig handelt.

(4) [1]Ein Anspruch nach Absatz 1 oder 2 muss innerhalb einer Frist von zwei Monaten schriftlich geltend gemacht werden, es sei denn, die Tarifvertragsparteien haben etwas anderes vereinbart. [2]Die Frist beginnt im Falle einer Bewerbung oder eines beruflichen Aufstiegs mit dem Zugang der Ablehnung und in den sonstigen Fällen einer Benachteiligung zu dem Zeitpunkt, in dem der oder die Beschäftigte von der Benachteiligung Kenntnis erlangt.

(5) Im Übrigen bleiben Ansprüche gegen den Arbeitgeber, die sich aus anderen Rechtsvorschriften ergeben, unberührt.

(6) Ein Verstoß des Arbeitgebers gegen das Benachteiligungsverbot des § 7 Abs. 1 begründet keinen Anspruch auf Begründung eines Beschäftigungsverhältnisses, Berufsausbildungsverhältnisses oder einen beruflichen Aufstieg, es sei denn, ein solcher ergibt sich aus einem anderen Rechtsgrund.

**§ 16 Maßregelungsverbot.** (1) [1]Der Arbeitgeber darf Beschäftigte nicht wegen der Inanspruchnahme von Rechten nach diesem Abschnitt oder wegen der Weigerung, eine gegen diesen Abschnitt verstoßende Anweisung auszuführen, benachteiligen. [2]Gleiches gilt für Personen, die den Beschäftigten hierbei unterstützen oder als Zeuginnen oder Zeugen aussagen.

(2) [1]Die Zurückweisung oder Duldung benachteiligender Verhaltensweisen durch betroffene Beschäftigte darf nicht als Grundlage für eine Entscheidung herangezogen werden, die diese Beschäftigten berührt. [2]Absatz 1 Satz 2 gilt entsprechend.

(3) § 22 gilt entsprechend.

## Unterabschnitt 4. Ergänzende Vorschriften

**§ 17 Soziale Verantwortung der Beteiligten.** (1) Tarifvertragsparteien, Arbeitgeber, Beschäftigte und deren Vertretungen sind aufgefordert, im Rahmen ihrer Aufgaben und Handlungsmöglichkeiten an der Verwirklichung des in § 1 genannten Ziels mitzuwirken.

(2) [1]In Betrieben, in denen die Voraussetzungen des § 1 Abs. 1 Satz 1 des Betriebsverfassungsgesetzes[1)] vorliegen, können bei einem groben Verstoß des Arbeitgebers gegen Vorschriften aus diesem Abschnitt der Betriebsrat oder eine im Betrieb vertretene Gewerkschaft unter der Voraussetzung des § 23 Abs. 3 Satz 1 des Betriebsverfassungsgesetzes die dort genannten Rechte gerichtlich geltend machen; § 23 Abs. 3 Satz 2 bis 5 des Betriebsverfassungsgesetzes gilt entsprechend. [2]Mit dem Antrag dürfen nicht Ansprüche des Benachteiligten geltend gemacht werden.

**§ 18 Mitgliedschaft in Vereinigungen.** (1) Die Vorschriften dieses Abschnitts gelten entsprechend für die Mitgliedschaft oder die Mitwirkung in einer

1. Tarifvertragspartei,
2. Vereinigung, deren Mitglieder einer bestimmten Berufsgruppe angehören oder die eine überragende Machtstellung im wirtschaftlichen oder sozialen Bereich

---

**[1)] Habersack, Deutsche Gesetze ErgBd. Nr. 82.**

innehat, wenn ein grundlegendes Interesse am Erwerb der Mitgliedschaft besteht,

sowie deren jeweiligen Zusammenschlüssen.

(2) Wenn die Ablehnung einen Verstoß gegen das Benachteiligungsverbot des § 7 Abs. 1 darstellt, besteht ein Anspruch auf Mitgliedschaft oder Mitwirkung in den in Absatz 1 genannten Vereinigungen.

## Abschnitt 3. Schutz vor Benachteiligung im Zivilrechtsverkehr

**§ 19 Zivilrechtliches Benachteiligungsverbot.** (1) Eine Benachteiligung aus Gründen der Rasse oder wegen der ethnischen Herkunft, wegen des Geschlechts, der Religion, einer Behinderung, des Alters oder der sexuellen Identität bei der Begründung, Durchführung und Beendigung zivilrechtlicher Schuldverhältnisse, die

1. typischerweise ohne Ansehen der Person zu vergleichbaren Bedingungen in einer Vielzahl von Fällen zustande kommen (Massengeschäfte) oder bei denen das Ansehen der Person nach der Art des Schuldverhältnisses eine nachrangige Bedeutung hat und die zu vergleichbaren Bedingungen in einer Vielzahl von Fällen zustande kommen oder
2. eine privatrechtliche Versicherung zum Gegenstand haben,

ist unzulässig.

(2) Eine Benachteiligung aus Gründen der Rasse oder wegen der ethnischen Herkunft ist darüber hinaus auch bei der Begründung, Durchführung und Beendigung sonstiger zivilrechtlicher Schuldverhältnisse im Sinne des § 2 Abs. 1 Nr. 5 bis 8 unzulässig.

(3) Bei der Vermietung von Wohnraum ist eine unterschiedliche Behandlung im Hinblick auf die Schaffung und Erhaltung sozial stabiler Bewohnerstrukturen und ausgewogener Siedlungsstrukturen sowie ausgeglichener wirtschaftlicher, sozialer und kultureller Verhältnisse zulässig.

(4) Die Vorschriften dieses Abschnitts finden keine Anwendung auf familien- und erbrechtliche Schuldverhältnisse.

(5) [1] Die Vorschriften dieses Abschnitts finden keine Anwendung auf zivilrechtliche Schuldverhältnisse, bei denen ein besonderes Nähe- oder Vertrauensverhältnis der Parteien oder ihrer Angehörigen begründet wird. [2] Bei Mietverhältnissen kann dies insbesondere der Fall sein, wenn die Parteien oder ihre Angehörigen Wohnraum auf demselben Grundstück nutzen. [3] Die Vermietung von Wohnraum zum nicht nur vorübergehenden Gebrauch ist in der Regel kein Geschäft im Sinne des Absatzes 1 Nr. 1, wenn der Vermieter insgesamt nicht mehr als 50 Wohnungen vermietet.

**§ 20[1)] Zulässige unterschiedliche Behandlung.** (1) [1] Eine Verletzung des Benachteiligungsverbots ist nicht gegeben, wenn für eine unterschiedliche Behandlung wegen der Religion, einer Behinderung, des Alters, der sexuellen Identität oder des Geschlechts ein sachlicher Grund vorliegt. [2] Das kann insbesondere der Fall sein, wenn die unterschiedliche Behandlung

---

[1)] § 20 Abs. 1 Satz 1 und Abs. 2 Satz 3 geänd. mWv 12.12.2006 durch G v. 2.12.2006 (BGBl. I S. 2742); Abs. 2 Satz 1 aufgeh., bish. Sätze 2 und 3 werden Sätze 1 und 2 mWv 21.12.2012 durch G v. 3.4.2013 (BGBl. I S. 610).

1. der Vermeidung von Gefahren, der Verhütung von Schäden oder anderen Zwecken vergleichbarer Art dient,
2. dem Bedürfnis nach Schutz der Intimsphäre oder der persönlichen Sicherheit Rechnung trägt,
3. besondere Vorteile gewährt und ein Interesse an der Durchsetzung der Gleichbehandlung fehlt,
4. an die Religion eines Menschen anknüpft und im Hinblick auf die Ausübung der Religionsfreiheit oder auf das Selbstbestimmungsrecht der Religionsgemeinschaften, der ihnen zugeordneten Einrichtungen ohne Rücksicht auf ihre Rechtsform sowie der Vereinigungen, die sich die gemeinschaftliche Pflege einer Religion zur Aufgabe machen, unter Beachtung des jeweiligen Selbstverständnisses gerechtfertigt ist.

(2) [1]Kosten im Zusammenhang mit Schwangerschaft und Mutterschaft dürfen auf keinen Fall zu unterschiedlichen Prämien oder Leistungen führen. [2]Eine unterschiedliche Behandlung wegen der Religion, einer Behinderung, des Alters oder der sexuellen Identität ist im Falle des § 19 Abs. 1 Nr. 2 nur zulässig, wenn diese auf anerkannten Prinzipien risikoadäquater Kalkulation beruht, insbesondere auf einer versicherungsmathematisch ermittelten Risikobewertung unter Heranziehung statistischer Erhebungen.

**§ 21 Ansprüche.** (1) [1]Der Benachteiligte kann bei einem Verstoß gegen das Benachteiligungsverbot unbeschadet weiterer Ansprüche die Beseitigung der Beeinträchtigung verlangen. [2]Sind weitere Beeinträchtigungen zu besorgen, so kann er auf Unterlassung klagen.

(2) [1]Bei einer Verletzung des Benachteiligungsverbots ist der Benachteiligende verpflichtet, den hierdurch entstandenen Schaden zu ersetzen. [2]Dies gilt nicht, wenn der Benachteiligende die Pflichtverletzung nicht zu vertreten hat. [3]Wegen eines Schadens, der nicht Vermögensschaden ist, kann der Benachteiligte eine angemessene Entschädigung in Geld verlangen.

(3) Ansprüche aus unerlaubter Handlung bleiben unberührt.

(4) Auf eine Vereinbarung, die von dem Benachteiligungsverbot abweicht, kann sich der Benachteiligende nicht berufen.

(5) [1]Ein Anspruch nach den Absätzen 1 und 2 muss innerhalb einer Frist von zwei Monaten geltend gemacht werden. [2]Nach Ablauf der Frist kann der Anspruch nur geltend gemacht werden, wenn der Benachteiligte ohne Verschulden an der Einhaltung der Frist verhindert war.

## Abschnitt 4. Rechtsschutz

**§ 22 Beweislast.** Wenn im Streitfall die eine Partei Indizien beweist, die eine Benachteiligung wegen eines in § 1 genannten Grundes vermuten lassen, trägt die andere Partei die Beweislast dafür, dass kein Verstoß gegen die Bestimmungen zum Schutz vor Benachteiligung vorgelegen hat.

**§ 23[1)] Unterstützung durch Antidiskriminierungsverbände.** (1) [1]Antidiskriminierungsverbände sind Personenzusammenschlüsse, die nicht gewerbsmäßig und nicht nur vorübergehend entsprechend ihrer Satzung die besonderen Interessen von benachteiligten Personen oder Personengruppen nach Maßgabe von § 1

[1)] § 23 Abs. 2 Satz 2 geänd. mWv 1.7.2008 durch G v. 12.12.2007 (BGBl. I S. 2840).

wahrnehmen. [2]Die Befugnisse nach den Absätzen 2 bis 4 stehen ihnen zu, wenn sie mindestens 75 Mitglieder haben oder einen Zusammenschluss aus mindestens sieben Verbänden bilden.

(2) [1]Antidiskriminierungsverbände sind befugt, im Rahmen ihres Satzungszwecks in gerichtlichen Verfahren als Beistände Benachteiligter in der Verhandlung aufzutreten. [2]Im Übrigen bleiben die Vorschriften der Verfahrensordnungen, insbesondere diejenigen, nach denen Beiständen weiterer Vortrag untersagt werden kann, unberührt.

(3) Antidiskriminierungsverbänden ist im Rahmen ihres Satzungszwecks die Besorgung von Rechtsangelegenheiten Benachteiligter gestattet.

(4) Besondere Klagerechte und Vertretungsbefugnisse von Verbänden zu Gunsten von behinderten Menschen bleiben unberührt.

## Abschnitt 5. Sonderregelungen für öffentlich-rechtliche Dienstverhältnisse

**§ 24 Sonderregelung für öffentlich-rechtliche Dienstverhältnisse.** Die Vorschriften dieses Gesetzes gelten unter Berücksichtigung ihrer besonderen Rechtsstellung entsprechend für

1. Beamtinnen und Beamte des Bundes, der Länder, der Gemeinden, der Gemeindeverbände sowie der sonstigen der Aufsicht des Bundes oder eines Landes unterstehenden Körperschaften, Anstalten und Stiftungen des öffentlichen Rechts,
2. Richterinnen und Richter des Bundes und der Länder,
3. Zivildienstleistende sowie anerkannte Kriegsdienstverweigerer, soweit ihre Heranziehung zum Zivildienst betroffen ist.

## Abschnitt 6.[1] Antidiskriminierungsstelle des Bundes und Unabhängige Bundesbeauftragte oder Unabhängiger Bundesbeauftragter für Antidiskriminierung

**§ 25[2] Antidiskriminierungsstelle des Bundes.** (1) Beim Bundesministerium für Familie, Senioren, Frauen und Jugend wird unbeschadet der Zuständigkeit der Beauftragten des Deutschen Bundestages oder der Bundesregierung die Stelle des Bundes zum Schutz vor Benachteiligungen wegen eines in § 1 genannten Grundes (Antidiskriminierungsstelle des Bundes) errichtet.

(2) [1]Der Antidiskriminierungsstelle des Bundes ist die für die Erfüllung ihrer Aufgaben notwendige Personal- und Sachausstattung zur Verfügung zu stellen. [2]Sie ist im Einzelplan des Bundesministeriums für Familie, Senioren, Frauen und Jugend in einem eigenen Kapitel auszuweisen.

(3) Die Antidiskriminierungsstelle des Bundes wird von der oder dem Unabhängigen Bundesbeauftragten für Antidiskriminierung geleitet.

**§ 26[3] Wahl der oder des Unabhängigen Bundesbeauftragten für Antidiskriminierung; Anforderungen.** (1) Die oder der Unabhängige Bundesbeauf-

---

[1] Abschnitt 6 Überschrift neu gef. mWv 28.5.2022 durch G v. 23.5.2022 (BGBl. I S. 768).
[2] § 25 Abs. 3 angef. mWv 28.5.2022 durch G v. 23.5.2022 (BGBl. I S. 768).
[3] § 26 neu gef. mWv 28.5.2022 durch G v. 23.5.2022 (BGBl. I S. 768).

tragte für Antidiskriminierung wird auf Vorschlag der Bundesregierung vom Deutschen Bundestag gewählt.

(2) Über den Vorschlag stimmt der Deutsche Bundestag ohne Aussprache ab.

(3) Die vorgeschlagene Person ist gewählt, wenn für sie mehr als die Hälfte der gesetzlichen Zahl der Mitglieder des Deutschen Bundestages gestimmt hat.

(4) [1] Die oder der Unabhängige Bundesbeauftragte für Antidiskriminierung muss zur Erfüllung ihrer oder seiner Aufgaben und zur Ausübung ihrer oder seiner Befugnisse über die erforderliche Qualifikation, Erfahrung und Sachkunde insbesondere im Bereich der Antidiskriminierung verfügen. [2] Insbesondere muss sie oder er über durch einschlägige Berufserfahrung erworbene Kenntnisse des Antidiskriminierungsrechts verfügen und die Befähigung für die Laufbahn des höheren nichttechnischen Verwaltungsdienstes des Bundes haben.

**§ 26a[1)] Rechtsstellung der oder des Unabhängigen Bundesbeauftragten für Antidiskriminierung.** (1) [1] Die oder der Unabhängige Bundesbeauftragte für Antidiskriminierung steht nach Maßgabe dieses Gesetzes in einem öffentlich-rechtlichen Amtsverhältnis zum Bund. [2] Sie oder er ist bei der Ausübung ihres oder seines Amtes unabhängig und nur dem Gesetz unterworfen.

(2) Die oder der Unabhängige Bundesbeauftragte für Antidiskriminierung untersteht der Rechtsaufsicht der Bundesregierung.

**§ 26b[1)] Amtszeit der oder des Unabhängigen Bundesbeauftragten für Antidiskriminierung.** (1) Die Amtszeit der oder des Unabhängigen Bundesbeauftragten für Antidiskriminierung beträgt fünf Jahre.

(2) Eine einmalige Wiederwahl ist zulässig.

(3) Kommt vor Ende des Amtsverhältnisses eine Neuwahl nicht zustande, so führt die oder der bisherige Unabhängige Bundesbeauftragte für Antidiskriminierung auf Ersuchen der Bundespräsidentin oder des Bundespräsidenten die Geschäfte bis zur Neuwahl fort.

**§ 26c[1)] Beginn und Ende des Amtsverhältnisses der oder des Unabhängigen Bundesbeauftragten für Antidiskriminierung; Amtseid.** (1) [1] Die oder der nach § 26 Gewählte ist von der Bundespräsidentin oder dem Bundespräsidenten zu ernennen. [2] Das Amtsverhältnis der oder des Unabhängigen Bundesbeauftragten für Antidiskriminierung beginnt mit der Aushändigung der Ernennungsurkunde.

(2) [1] Die oder der Unabhängige Bundesbeauftragte für Antidiskriminierung leistet vor der Bundespräsidentin oder dem Bundespräsidenten folgenden Eid: „Ich schwöre, dass ich meine Kraft dem Wohl des deutschen Volkes widmen, seinen Nutzen mehren, Schaden von ihm wenden, das Grundgesetz[2)] und die Gesetze des Bundes wahren und verteidigen, meine Pflichten gewissenhaft erfüllen und Gerechtigkeit gegen jedermann üben werde. So wahr mir Gott helfe." [2] Der Eid kann auch ohne religiöse Beteuerung geleistet werden.

(3) Das Amtsverhältnis endet

1. regulär mit dem Ablauf der Amtszeit oder
2. wenn die oder der Unabhängige Bundesbeauftragte für Antidiskriminierung vorzeitig aus dem Amt entlassen wird.

---

[1)] §§ 26a–26c eingef. mWv 28.5.2022 durch G v. 23.5.2022 (BGBl. I S. 768).

[2)] **Habersack, Deutsche Gesetze ErgBd. Nr. 1.**

(4) [1]Entlassen wird die oder der Unabhängige Bundesbeauftragte für Antidiskriminierung

1. auf eigenes Verlangen oder
2. auf Vorschlag der Bundesregierung, wenn die oder der Unabhängige Bundesbeauftragte für Antidiskriminierung eine schwere Verfehlung begangen hat oder die Voraussetzungen für die Wahrnehmung ihrer oder seiner Aufgaben nicht mehr erfüllt.

[2]Die Entlassung erfolgt durch die Bundespräsidentin oder den Bundespräsidenten.

(5) [1]Im Fall der Beendigung des Amtsverhältnisses vollzieht die Bundespräsidentin oder der Bundespräsident eine Urkunde. [2]Die Entlassung wird mit der Aushändigung der Urkunde wirksam.

**§ 26d[1)] Unerlaubte Handlungen und Tätigkeiten der oder des Unabhängigen Bundesbeauftragten für Antidiskriminierung.** (1) Die oder der Unabhängige Bundesbeauftragte für Antidiskriminierung darf keine Handlungen vornehmen, die mit den Aufgaben des Amtes nicht zu vereinbaren sind.

(2) [1]Die oder der Unabhängige Bundesbeauftragte für Antidiskriminierung darf während der Amtszeit und während einer anschließenden Geschäftsführung keine anderen Tätigkeiten ausüben, die mit dem Amt nicht zu vereinbaren sind, unabhängig davon, ob es entgeltliche oder unentgeltliche Tätigkeiten sind. [2]Insbesondere darf sie oder er

1. kein besoldetes Amt, kein Gewerbe und keinen Beruf ausüben,
2. nicht dem Vorstand, Aufsichtsrat oder Verwaltungsrat eines auf Erwerb gerichteten Unternehmens, nicht einer Regierung oder einer gesetzgebenden Körperschaft des Bundes oder eines Landes angehören und
3. nicht gegen Entgelt außergerichtliche Gutachten abgeben.

**§ 26e[1)] Verschwiegenheitspflicht der oder des Unabhängigen Bundesbeauftragten für Antidiskriminierung.** (1) [1]Die oder der Unabhängige Bundesbeauftragte für Antidiskriminierung ist verpflichtet, über die Angelegenheiten, die ihr oder ihm im Amt oder während einer anschließenden Geschäftsführung bekannt werden, Verschwiegenheit zu bewahren. [2]Dies gilt nicht für Mitteilungen im dienstlichen Verkehr oder für Tatsachen, die offenkundig sind oder ihrer Bedeutung nach keiner Geheimhaltung bedürfen. [3]Die oder der Unabhängige Bundesbeauftragte für Antidiskriminierung entscheidet nach pflichtgemäßem Ermessen, ob und inwieweit sie oder er über solche Angelegenheiten vor Gericht oder außergerichtlich aussagt oder Erklärungen abgibt.

(2) [1]Die Pflicht zur Verschwiegenheit gilt auch nach Beendigung des Amtsverhältnisses oder nach Beendigung einer anschließenden Geschäftsführung. [2]In Angelegenheiten, für die die Pflicht zur Verschwiegenheit gilt, darf vor Gericht oder außergerichtlich nur ausgesagt werden und dürfen Erklärungen nur abgegeben werden, wenn dies die oder der amtierende Unabhängige Bundesbeauftragte für Antidiskriminierung genehmigt hat.

(3) Unberührt bleibt die Pflicht, bei einer Gefährdung der freiheitlichen demokratischen Grundordnung für deren Erhaltung einzutreten und die gesetzlich begründete Pflicht, Straftaten anzuzeigen.

---

[1)] §§ 26d, 26e eingef. mWv 28.5.2022 durch G v. 23.5.2022 (BGBl. I S. 768).

**§ 26f[1] Zeugnisverweigerungsrecht der oder des Unabhängigen Bundesbeauftragten für Antidiskriminierung.** (1) [1] Die oder der Unabhängige Bundesbeauftragte für Antidiskriminierung ist berechtigt, über Personen, die ihr oder ihm in ihrer oder seiner Eigenschaft als Leitung der Antidiskriminierungsstelle des Bundes Tatsachen anvertraut haben, sowie über diese Tatsachen selbst das Zeugnis zu verweigern. [2] Soweit das Zeugnisverweigerungsrecht der oder des Unabhängigen Bundesbeauftragten für Antidiskriminierung reicht, darf von ihr oder ihm nicht gefordert werden, Akten oder andere Dokumente vorzulegen oder herauszugeben.

(2) Das Zeugnisverweigerungsrecht gilt auch für die der oder dem Unabhängigen Bundesbeauftragten für Antidiskriminierung zugewiesenen Beschäftigten mit der Maßgabe, dass über die Ausübung dieses Rechts die oder der Unabhängige Bundesbeauftragte für Antidiskriminierung entscheidet.

**§ 26g[1] Anspruch der oder des Unabhängigen Bundesbeauftragten für Antidiskriminierung auf Amtsbezüge, Versorgung und auf andere Leistungen.** (1) Die oder der Unabhängige Bundesbeauftragte für Antidiskriminierung erhält Amtsbezüge entsprechend dem Grundgehalt der Besoldungsgruppe B 6 und den Familienzuschlag entsprechend den §§ 39 bis 41 des Bundesbesoldungsgesetzes[2].

(2) [1] Der Anspruch auf die Amtsbezüge besteht für die Zeit vom ersten Tag des Monats, in dem das Amtsverhältnis beginnt, bis zum letzten Tag des Monats, in dem das Amtsverhältnis endet. [2] Werden die Geschäfte über das Ende des Amtsverhältnisses hinaus noch bis zur Neuwahl weitergeführt, so besteht der Anspruch für die Zeit bis zum letzten Tag des Monats, in dem die Geschäftsführung endet. [3] Bezieht die oder der Unabhängige Bundesbeauftragte für Antidiskriminierung für einen Zeitraum, für den sie oder er Amtsbezüge erhält, ein Einkommen aus einer Verwendung im öffentlichen Dienst, so ruht der Anspruch auf dieses Einkommen bis zur Höhe der Amtsbezüge. [4] Die Amtsbezüge werden monatlich im Voraus gezahlt.

(3) [1] Für Ansprüche auf Beihilfe und Versorgung gelten § 12 Absatz 6, die §§ 13 bis 18 und 20 des Bundesministergesetzes[3] entsprechend mit der Maßgabe, dass an die Stelle der vierjährigen Amtszeit in § 15 Absatz 1 des Bundesministergesetzes eine Amtszeit als Unabhängige Bundesbeauftragte oder Unabhängiger Bundesbeauftragter für Antidiskriminierung von fünf Jahren tritt. [2] Ein Anspruch auf Übergangsgeld besteht längstens bis zum Ablauf des Monats, in dem die für Bundesbeamtinnen und Bundesbeamte geltende Regelaltersgrenze nach § 51 Absatz 1 und 2 des Bundesbeamtengesetzes[4] vollendet wird. [3] Ist § 18 Absatz 2 des Bundesministergesetzes nicht anzuwenden, weil das Beamtenverhältnis einer Bundesbeamtin oder eines Bundesbeamten nach Beendigung des Amtsverhältnisses als Unabhängige Bundesbeauftragte oder Unabhängiger Bundesbeauftragter für Antidiskriminierung fortgesetzt wird, dann ist die Amtszeit als Unabhängige Bundesbeauftragte oder Unabhängiger Bundesbeauftragter für Antidiskriminierung bei der wegen Eintritt oder Versetzung der Bundesbeamtin oder des Bundesbeamten in den Ruhestand durchzuführenden Festsetzung des Ruhegehalts als ruhegehaltfähige Dienstzeit zu berücksichtigen.

---

[1] §§ 26f, 26g eingef. mWv 28.5.2022 durch G v. 23.5.2022 (BGBl. I S. 768).
[2] **Sartorius Nr. 230.**
[3] **Sartorius Nr. 45.**
[4] **Sartorius Nr. 160.**

(4) Die oder der Unabhängige Bundesbeauftragte für Antidiskriminierung erhält Reisekostenvergütung und Umzugskostenvergütung entsprechend den für Bundesbeamtinnen und Bundesbeamte geltenden Vorschriften.

**§ 26h[1] Verwendung der Geschenke an die Unabhängige Bundesbeauftragte oder den Unabhängigen Bundesbeauftragten für Antidiskriminierung.** (1) Erhält die oder der Unabhängige Bundesbeauftragte für Antidiskriminierung ein Geschenk in Bezug auf das Amt, so muss sie oder er dies der Präsidentin oder dem Präsidenten des Deutschen Bundestages mitteilen.

(2) [1]Die Präsidentin oder der Präsident des Deutschen Bundestages entscheidet über die Verwendung des Geschenks. [2]Sie oder er kann Verfahrensvorschriften erlassen.

**§ 26i[2] Berufsbeschränkung.** [1]Die oder der Unabhängige Bundesbeauftragte für Antidiskriminierung ist verpflichtet, eine beabsichtigte Erwerbstätigkeit oder sonstige entgeltliche Beschäftigung außerhalb des öffentlichen Dienstes, die innerhalb der ersten 18 Monate nach dem Ende der Amtszeit oder einer anschließenden Geschäftsführung aufgenommen werden soll, schriftlich oder elektronisch gegenüber der Präsidentin oder dem Präsidenten des Deutschen Bundestages anzuzeigen. [2]Die Präsidentin oder der Präsident des Deutschen Bundestages kann der oder dem Unabhängigen Bundesbeauftragten für Antidiskriminierung die beabsichtigte Erwerbstätigkeit oder sonstige entgeltliche Beschäftigung untersagen, soweit zu besorgen ist, dass öffentliche Interessen beeinträchtigt werden. [3]Von einer Beeinträchtigung ist insbesondere dann auszugehen, wenn die beabsichtigte Erwerbstätigkeit oder sonstige entgeltliche Beschäftigung in Angelegenheiten oder Bereichen ausgeführt werden soll, in denen die oder der Unabhängige Bundesbeauftragte für Antidiskriminierung während der Amtszeit oder einer anschließenden Geschäftsführung tätig war. [4]Eine Untersagung soll in der Regel die Dauer von einem Jahr nach dem Ende der Amtszeit oder einer anschließenden Geschäftsführung nicht überschreiten. [5]In Fällen der schweren Beeinträchtigung öffentlicher Interessen kann eine Untersagung auch für die Dauer von bis zu 18 Monaten ausgesprochen werden.

**§ 27[3] Aufgaben der Antidiskriminierungsstelle des Bundes.** (1) [1]Wer der Ansicht ist, wegen eines in § 1 genannten Grundes benachteiligt worden zu sein, kann sich an die Antidiskriminierungsstelle des Bundes wenden. [2]An die Antidiskriminierungsstelle des Bundes können sich auch Beschäftigte wenden, die der Ansicht sind, benachteiligt worden zu sein auf Grund

1. der Beantragung oder Inanspruchnahme einer Freistellung von der Arbeitsleistung oder der Anpassung der Arbeitszeit als Eltern oder pflegende Angehörige nach dem Bundeselterngeld- und Elternzeitgesetz[4], dem Pflegezeitgesetz[5] oder dem Familienpflegezeitgesetz[6],
2. des Fernbleibens von der Arbeit nach § 2 des Pflegezeitgesetzes oder

---

[1] § 26h eingef. mWv 28.5.2022 durch G v. 23.5.2022 (BGBl. I S. 768).
[2] § 26i eingef. mWv 28.5.2022 durch G v. 23.5.2022 (BGBl. I S. 768).
[3] § 27 Überschrift neu gef. mWv 28.5.2022 durch G v. 23.5.2022 (BGBl. I S. 768); Abs. 1 Satz 2 angef., Abs. 3 Nr. 2, Abs. 4 Satz 1 geänd. mWv 24.12.2022 durch G v. 19.12.2022 (BGBl. I S. 2510).
[4] **Habersack, Deutsche Gesetze ErgBd. Nr. 45e.**
[5] **Aichberger, SGB Nr. 11/10.**
[6] **Aichberger, SGB Nr. 11/20.**

3. der Verweigerung ihrer persönlich zu erbringenden Arbeitsleistung aus dringenden familiären Gründen nach § 275 Absatz 3 des Bürgerlichen Gesetzbuchs[1], wenn eine Erkrankung oder ein Unfall ihre unmittelbare Anwesenheit erforderten.

(2) [1] Die Antidiskriminierungsstelle des Bundes unterstützt auf unabhängige Weise Personen, die sich nach Absatz 1 an sie wenden, bei der Durchsetzung ihrer Rechte zum Schutz vor Benachteiligungen. [2] Hierbei kann sie insbesondere

1. über Ansprüche und die Möglichkeiten des rechtlichen Vorgehens im Rahmen gesetzlicher Regelungen zum Schutz vor Benachteiligungen informieren,
2. Beratung durch andere Stellen vermitteln,
3. eine gütliche Beilegung zwischen den Beteiligten anstreben.

[3] Soweit Beauftragte des Deutschen Bundestages oder der Bundesregierung zuständig sind, leitet die Antidiskriminierungsstelle des Bundes die Anliegen der in Absatz 1 genannten Personen mit deren Einverständnis unverzüglich an diese weiter.

(3) Die Antidiskriminierungsstelle des Bundes nimmt auf unabhängige Weise folgende Aufgaben wahr, soweit nicht die Zuständigkeit der Beauftragten der Bundesregierung oder des Deutschen Bundestages berührt ist:

1. Öffentlichkeitsarbeit,
2. Maßnahmen zur Verhinderung von Benachteiligungen aus den in § 1 genannten Gründen sowie von Benachteiligungen von Beschäftigten gemäß Absatz 1 Satz 2,
3. Durchführung wissenschaftlicher Untersuchungen zu diesen Benachteiligungen.

(4) [1] Die Antidiskriminierungsstelle des Bundes und die in ihrem Zuständigkeitsbereich betroffenen Beauftragten der Bundesregierung und des Deutschen Bundestages legen gemeinsam dem Deutschen Bundestag alle vier Jahre Berichte über Benachteiligungen aus den in § 1 genannten Gründen sowie über Benachteiligungen von Beschäftigten gemäß Absatz 1 Satz 2 vor und geben Empfehlungen zur Beseitigung und Vermeidung dieser Benachteiligungen. [2] Sie können gemeinsam wissenschaftliche Untersuchungen zu Benachteiligungen durchführen.

(5) Die Antidiskriminierungsstelle des Bundes und die in ihrem Zuständigkeitsbereich betroffenen Beauftragten der Bundesregierung und des Deutschen Bundestages sollen bei Benachteiligungen aus mehreren der in § 1 genannten Gründe zusammenarbeiten.

**§ 28[2] Amtsbefugnisse der oder des Unabhängigen Bundesbeauftragten für Antidiskriminierung und Pflicht zur Unterstützung durch Bundesbehörden und öffentliche Stellen des Bundes.** (1) [1] Die oder der Unabhängige Bundesbeauftragte für Antidiskriminierung ist bei allen Vorhaben, die ihre oder seine Aufgaben berühren, zu beteiligen. [2] Die Beteiligung soll möglichst frühzeitig erfolgen. [3] Sie oder er kann der Bundesregierung Vorschläge machen und Stellungnahmen zuleiten.

(2) Die oder der Unabhängige Bundesbeauftragte für Antidiskriminierung informiert die Bundesministerien – vorbehaltlich anderweitiger gesetzlicher Bestimmungen – frühzeitig in Angelegenheiten von grundsätzlicher politischer Bedeutung, soweit Aufgaben der Bundesministerien betroffen sind.

---

[1] Nr. **20**.
[2] § 28 neu gef. mWv 28.5.2022 durch G v. 23.5.2022 (BGBl. I S. 768).

(3) In den Fällen, in denen sich eine Person wegen einer Benachteiligung an die Antidiskriminierungsstelle des Bundes gewandt hat und die Antidiskriminierungsstelle des Bundes die gütliche Beilegung zwischen den Beteiligten anstrebt, kann die oder der Unabhängige Bundesbeauftragte für Antidiskriminierung Beteiligte um Stellungnahmen ersuchen, soweit die Person, die sich an die Antidiskriminierungsstelle des Bundes gewandt hat, hierzu ihr Einverständnis erklärt.

(4) Alle Bundesministerien, sonstigen Bundesbehörden und öffentlichen Stellen im Bereich des Bundes sind verpflichtet, die Unabhängige Bundesbeauftragte oder den Unabhängigen Bundesbeauftragten für Antidiskriminierung bei der Erfüllung der Aufgaben zu unterstützen, insbesondere die erforderlichen Auskünfte zu erteilen.

**§ 29[1)] Zusammenarbeit der Antidiskriminierungsstelle des Bundes mit Nichtregierungsorganisationen und anderen Einrichtungen.** Die Antidiskriminierungsstelle des Bundes soll bei ihrer Tätigkeit Nichtregierungsorganisationen sowie Einrichtungen, die auf europäischer, Bundes-, Landes- oder regionaler Ebene zum Schutz vor Benachteiligungen wegen eines in § 1 genannten Grundes tätig sind, in geeigneter Form einbeziehen.

**§ 30[2)] Beirat der Antidiskriminierungsstelle des Bundes.** (1) [1]Zur Förderung des Dialogs mit gesellschaftlichen Gruppen und Organisationen, die sich den Schutz vor Benachteiligungen wegen eines in § 1 genannten Grundes zum Ziel gesetzt haben, wird der Antidiskriminierungsstelle des Bundes ein Beirat beigeordnet. [2]Der Beirat berät die Antidiskriminierungsstelle des Bundes bei der Vorlage von Berichten und Empfehlungen an den Deutschen Bundestag nach § 27 Abs. 4 und kann hierzu sowie zu wissenschaftlichen Untersuchungen nach § 27 Abs. 3 Nr. 3 eigene Vorschläge unterbreiten.

(2) [1]Das Bundesministerium für Familie, Senioren, Frauen und Jugend beruft im Einvernehmen mit der oder dem Unabhängigen Bundesbeauftragten für Antidiskriminierung sowie den entsprechend zuständigen Beauftragten der Bundesregierung oder des Deutschen Bundestages die Mitglieder dieses Beirats und für jedes Mitglied eine Stellvertretung. [2]In den Beirat sollen Vertreterinnen und Vertreter gesellschaftlicher Gruppen und Organisationen sowie Expertinnen und Experten in Benachteiligungsfragen berufen werden. [3]Die Gesamtzahl der Mitglieder des Beirats soll 16 Personen nicht überschreiten. [4]Der Beirat soll zu gleichen Teilen mit Frauen und Männern besetzt sein.

(3) Der Beirat gibt sich eine Geschäftsordnung, die der Zustimmung des Bundesministeriums für Familie, Senioren, Frauen und Jugend bedarf.

(4) [1]Die Mitglieder des Beirats üben die Tätigkeit nach diesem Gesetz ehrenamtlich aus. [2]Sie haben Anspruch auf Aufwandsentschädigung sowie Reisekostenvergütung, Tagegelder und Übernachtungsgelder. [3]Näheres regelt die Geschäftsordnung.

## Abschnitt 7. Schlussvorschriften

**§ 31 Unabdingbarkeit.** Von den Vorschriften dieses Gesetzes kann nicht zu Ungunsten der geschützten Personen abgewichen werden.

---

[1)] § 29 Überschrift neu gef. mWv 28.5.2022 durch G v. 23.5.2022 (BGBl. I S. 768).

[2)] § 30 Überschrift neu gef., Abs. 2 Satz 1 geänd. mWv 28.5.2022 durch G v. 23.5.2022 (BGBl. I S. 768).

**§ 32 Schlussbestimmung.** Soweit in diesem Gesetz nicht Abweichendes bestimmt ist, gelten die allgemeinen Bestimmungen.

**§ 33[1)] Übergangsbestimmungen.** (1) Bei Benachteiligungen nach den §§ 611a, 611b und 612 Abs. 3 des Bürgerlichen Gesetzbuchs[2)] oder sexuellen Belästigungen nach dem Beschäftigtenschutzgesetz ist das vor dem 18. August 2006 maßgebliche Recht anzuwenden.

(2) [1] Bei Benachteiligungen aus Gründen der Rasse oder wegen der ethnischen Herkunft sind die §§ 19 bis 21 nicht auf Schuldverhältnisse anzuwenden, die vor dem 18. August 2006 begründet worden sind. [2] Satz 1 gilt nicht für spätere Änderungen von Dauerschuldverhältnissen.

(3) [1] Bei Benachteiligungen wegen des Geschlechts, der Religion, einer Behinderung, des Alters oder der sexuellen Identität sind die §§ 19 bis 21 nicht auf Schuldverhältnisse anzuwenden, die vor dem 1. Dezember 2006 begründet worden sind. [2] Satz 1 gilt nicht für spätere Änderungen von Dauerschuldverhältnissen.

(4) [1] Auf Schuldverhältnisse, die eine privatrechtliche Versicherung zum Gegenstand haben, ist § 19 Abs. 1 nicht anzuwenden, wenn diese vor dem 22. Dezember 2007 begründet worden sind. [2] Satz 1 gilt nicht für spätere Änderungen solcher Schuldverhältnisse.

---

[1)] § 33 Abs. 5 angef. mWv 21.12.2012 durch G v. 3.4.2013 (BGBl. I S. 610).

[2)] Die §§ 611a, 611b und 612 Abs. 3 lauteten:

„**§ 611a Geschlechtsbezogene Benachteiligung.** (1) [1] Der Arbeitgeber darf einen Arbeitnehmer bei einer Vereinbarung oder einer Maßnahme, insbesondere bei der Begründung des Arbeitsverhältnisses, beim beruflichen Aufstieg, bei einer Weisung oder einer Kündigung, nicht wegen seines Geschlechts benachteiligen. [2] Eine unterschiedliche Behandlung wegen des Geschlechts ist jedoch zulässig, soweit eine Vereinbarung oder eine Maßnahme die Art der vom Arbeitnehmer auszuübenden Tätigkeit zum Gegenstand hat und ein bestimmtes Geschlecht unverzichtbare Voraussetzung für diese Tätigkeit ist. [3] Wenn im Streitfall der Arbeitnehmer Tatsachen glaubhaft macht, die eine Benachteiligung wegen des Geschlechts vermuten lassen, trägt der Arbeitgeber die Beweislast dafür, dass nicht auf das Geschlecht bezogene, sachliche Gründe eine unterschiedliche Behandlung rechtfertigen oder das Geschlecht unverzichtbare Voraussetzung für die auszuübende Tätigkeit ist.

(2) Verstößt der Arbeitgeber gegen das in Absatz 1 geregelte Benachteiligungsverbot bei der Begründung eines Arbeitsverhältnisses, so kann der hierdurch benachteiligte Bewerber eine angemessene Entschädigung in Geld verlangen; ein Anspruch auf Begründung eines Arbeitsverhältnisses besteht nicht.

(3) [1] Wäre der Bewerber auch bei benachteiligungsfreier Auswahl nicht eingestellt worden, so hat der Arbeitgeber eine angemessene Entschädigung in Höhe von höchstens drei Monatsverdiensten zu leisten. [2] Als Monatsverdienst gilt, was dem Bewerber bei regelmäßiger Arbeitszeit in dem Monat, in dem das Arbeitsverhältnis hätte begründet werden sollen, an Geld- und Sachbezügen zugestanden hätte.

(4) [1] Ein Anspruch nach den Absätzen 2 und 3 muss innerhalb einer Frist, die mit Zugang der Ablehnung der Bewerbung beginnt, schriftlich geltend gemacht werden. [2] Die Länge der Frist bemisst sich nach einer für die Geltendmachung von Schadensersatzansprüchen im angestrebten Arbeitsverhältnis vorgesehenen Ausschlussfrist; sie beträgt mindestens zwei Monate. [3] Ist eine solche Frist für das angestrebte Arbeitsverhältnis nicht bestimmt, so beträgt die Frist sechs Monate.

(5) Die Absätze 2 bis 4 gelten beim beruflichen Aufstieg entsprechend, wenn auf den Aufstieg kein Anspruch besteht.

**§ 611b Arbeitsplatzausschreibung.** Der Arbeitgeber darf einen Arbeitsplatz weder öffentlich noch innerhalb des Betriebs nur für Männer oder nur für Frauen ausschreiben, es sei denn, dass ein Fall des § 611a Abs. 1 Satz 2 vorliegt.

**§ 612.** (3) [1] Bei einem Arbeitsverhältnis darf für gleiche oder für gleichwertige Arbeit nicht wegen des Geschlechts des Arbeitnehmers eine geringere Vergütung vereinbart werden als bei einem Arbeitnehmer des anderen Geschlechts. [2] Die Vereinbarung einer geringeren Vergütung wird nicht dadurch gerechtfertigt, dass wegen des Geschlechts des Arbeitnehmers besondere Schutzvorschriften gelten. [3] § 611a Abs. 1 Satz 3 ist entsprechend anzuwenden."

(5) [1] Bei Versicherungsverhältnissen, die vor dem 21. Dezember 2012 begründet werden, ist eine unterschiedliche Behandlung wegen des Geschlechts im Falle des § 19 Absatz 1 Nummer 2 bei den Prämien oder Leistungen nur zulässig, wenn dessen Berücksichtigung bei einer auf relevanten und genauen versicherungsmathematischen und statistischen Daten beruhenden Risikobewertung ein bestimmender Faktor ist. [2] Kosten im Zusammenhang mit Schwangerschaft und Mutterschaft dürfen auf keinen Fall zu unterschiedlichen Prämien oder Leistungen führen.

# 35. Straßenverkehrsgesetz (StVG)

In der Fassung der Bekanntmachung vom 5. März 2003[1)]
(BGBl. I S. 310, ber. S. 919)

**FNA 9231-1**

| Lfd. Nr. | Änderndes Gesetz | Datum | Fundstelle | Betroffen | Hinweis |
|---|---|---|---|---|---|
| 1.–18. | Änderungsgesetze bis einschl. G v. 10.12.2007 (BGBl. I S. 2833) nur noch in den Anmerkungen nachgewiesen | | | | |
| 19. | Art. 5 G zur Änd. seeverkehrsrechtl., verkehrsrechtl. u. anderer Vorschr. mit Bezug zum Seerecht[2)] | 8.4.2008 | BGBl. I S. 706 | §§ 30, 30a, 30b | geänd. mWv 18.4.2008 |
| 20. | Art. 3 Zweites G zur Änd. des GüKG u. and. G | 6.11.2008 | BGBl. I S. 2162 | § 52 | geänd. mWv 1.1.2009 |
| 21. | Art. 1 Viertes ÄndG[3)] | 22.12.2008 | BGBl. I S. 2965 | §§ 24, 24a, 29 | geänd. mWv 30.12.2008 |
| | | | | §§ 6, 23, 26 | geänd. mWv 29.4.2009 |
| 22. | Art. 1 G zur Änd. des StVG und zur Änd. des G zur Änd. der Anl. 1 und 3 des ATP-Übereinkommens | 3.2.2009 | BGBl. I S. 150 | §§ 6, 65 | geänd. mWv 7.2.2009 |
| | | | | § 66 | eingef. mWv 7.2.2009 |
| 23. | Art. 9 G zur Neuregelung der Kraftfahrzeugsteuer und Änd. anderer Gesetze | 29.5.2009 | BGBl. I S. 1170 | §§ 35, 36, 42 | geänd. mWv 1.7.2009 |
| 24. | Art. 1 Fünftes ÄndG | 17.7.2009 | BGBl. I S. 2021 | §§ 2, 6, 28 | geänd. mWv 23.7.2009 |
| 25. | Art. 1 Sechstes ÄndG | 17.7.2009 | BGBl. I S. 2023 | § 6 | geänd. mWv 23.7.2009 |
| 26. | Art. 4 Abs. 16 G zur Reform der Sachaufklärung in der Zwangsvollstreckung | 29.7.2009 | BGBl. I S. 2258, geänd. 2011, I S. 898 | §§ 25, 35 | geänd. mWv 1.1.2013 |
| 27. | Art. 3 G zur Ums. d. Beschl. des Rates 2008/615/JI v. 23.6.2008 zur Vertiefung der grenzüberschr. Zusammenarbeit, insbesondere zur Bekämpfung d. Terrorismus u. d. grenzüberschr. Kriminalität | 31.7.2009 | BGBl. I S. 2507 | § 37 | geänd. mWv 5.8.2009 |

1) Neubek. des StVG v. 19.12.1952 (BGBl. I S. 837) in der ab 18.9.2002 geltenden Fassung.

2) **Amtl. Anm.:** Dieses Gesetz dient auch der weiteren Umsetzung der Richtlinie 96/98/EG des Rates über Schiffsausrüstung vom 20. Dezember 1996 (ABl. EG Nr. L 46 S. 25) in der jeweils geltenden Fassung.

3) **Amtl. Anm.:** Dieses Gesetz dient zur Umsetzung der Richtlinie 2007/46/EG des Europäischen Parlaments und des Rates vom 5. September 2007 zur Schaffung eines Rahmens für die Genehmigung von Kraftfahrzeugen und Kraftfahrzeuganhängern sowie von Systemen, Bauteilen und selbständigen technischen Einheiten für diese Fahrzeuge (Rahmenrichtlinie) (ABl. EU Nr. L 263 S. 1).

| Lfd. Nr. | Änderndes Gesetz | Datum | Fundstelle | Betroffen | Hinweis |
|---|---|---|---|---|---|
| 28. | Art. 1 G zur Änd. des StVG u. d. KraftfahrsachverständigenG | 2.12.2010 | BGBl. I S. 1748 | Inhaltsverzeichnis, §§ 2, 2a, 2b, 4, 6, 6e, 30, 30c, 51, 53, 54, 61, 65 | geänd. mWv 9.12.2010 |
| 29. | Art. 14, 16 G zur Durchf. d. VO (EG) Nr. 4/2009 u. zur NeuO bestehender Aus- u. Durchführungsbest. auf dem Gebiet d. internat. Unterhaltsverfahrensrechts | 23.5.2011 | BGBl. I S. 898 | §§ 35, 36 | geänd. mWv 18.6.2011 |
| | | | | §§ 35, 36 | geänd. mWv 1.1.2013 |
| 30. | Art. 1 Drittes G zur Änd. des StVG u. and. G | 20.6.2011 | BGBl. I S. 1124 | §§ 1, 6, 34, 35, 36 | geänd. mWv 26.6.2011 |
| 31. | Art. 1 Siebtes ÄndG | 23.6.2011 | BGBl. I S. 1213 | §§ 2, 6 | geänd. mWv 29.6.2011 |
| 32. | Art. 2 Mautrecht-NeuregelungsG | 12.7.2011 | BGBl. I S. 1378 | §§ 35, 36 | geänd. mWv 19.7.2011 |
| 33. | Art. 2 Abs. 118 G zur Änd. von Vorschr. über Verkündung u. Bek. sowie der ZPO, des EGZPO u. der AO | 22.12. 2011 | BGBl. I S. 3044 | § 66 | geänd. mWv 1.4.2012 |
| 34. | Art. 5 G zur Änd. des GüKG u. and. G | 17.6.2013 | BGBl. I S. 1558 | §§ 1, 29, 65 | geänd. mWv 21.6.2013 |
| 35. | Art. 24 G zur Förd. d. elektr. Verwaltung sowie zur Änd. weiterer Vorschr. | 25.7.2013 | BGBl. I S. 2749 | §§ 30, 58, 64 | geänd. mWv 1.8.2013 |
| 36. | Art. 2 Abs. 144 G zur Strukturreform des Gebührenrechts des Bundes | 7.8.2013 | BGBl. I S. 3154 | § 6a | geänd. mWv 15.8.2013 |
| 37. | Art. 1 Viertes G zur Änd. des StVG und anderer Gesetze[1] | 28.8.2013 | BGBl. I S. 3310 | §§ 6a, 33, 35, 36, 37c, 40 | geänd. mWv 31.8.2013 |
| | | | | §§ 27, 37b | eingef. mWv 31.8.2013 |
| 38. | Art. 1 Fünftes G zur Änd. des StVG und anderer Gesetze | 28.8.2013 | BGBl. I S. 3313 | §§ 6, 6a | geänd. mWv 31.8.2013 |
| | | | | §§ 2, 2a, 2c, 6e, Abschnitt IV Überschrift, §§ 28, 28a, 29, 30, 30a, 30b, 30c, 33, 42, 50, 59, 61, 64, 65 | geänd. mWv 1.5.2014 |
| | | | | § 4 | neu gef. mWv 1.5.2014 |
| | | | | §§ 4a, 4b | eingef. mWv 1.5.2014 |
| 39. | Art. 1 G zur Änd. des StVG, der GewerbeO und des BundeszentralregisterG | 28.11. 2014 | BGBl. I S. 1802 | §§ 2, 2a, 4, 4a, 4b, 5b, 6, 6a, 6c, 6e, 24a, 26a, 29, 30c, 47, 63, 65 | geänd. mWv 5.12.2014 |
| | | | | §§ 48, 49, 50, 61, 65 | geänd. mWv 1.1.2015 |
| | | | | § 37c | neu gef. mWv 5.12.2014 |

[1] **Amtl. Anm.:** Dieses Gesetz dient der Umsetzung der Richtlinie 2011/82/EU des Europäischen Parlaments und des Rates vom 25. Oktober 2011 zur Erleichterung des grenzüberschreitenden Austauschs von Informationen über die Straßenverkehrssicherheit gefährdende Verkehrsdelikte (ABl. L 288 vom 5.11. 2011, S. 1).

| Lfd. Nr. | Änderndes Gesetz | Datum | Fundstelle | Betroffen | Hinweis |
|---|---|---|---|---|---|
| 40. | Art. 2 G zur Änd. des FahrpersonalG und des StVG | 2.3.2015 | BGBl. I S. 186 | § 2 | geänd. mWv 7.3.2015 |
| 41. | Art. 4 G zur Einf. einer Infrastrukturabgabe für d. Benutzung v. Bundesfernstr. | 8.6.2015 | BGBl. I S. 904 | § 32 | geänd. mWv 12.6.2015 |
| 42. | Art. 15 WSV-ZuständigkeitsanpassungsG | 24.5.2016 | BGBl. I S. 1217 | § 31 | geänd. mWv 1.6.2016 |
| 43. | Art. 1 Sechstes G zur Änd. des StVG und anderer Gesetze[1] | 28.11. 2016 | BGBl. I S. 2722 | §§ 2, 3, 6, 6a, 6f, 6g, 24, 26, 27, 28, 30, 30a, 30c, 31, 33, 34, 35, 36, 36a, 37a, 37b, 38, 47, 48, 50, 53, 54, 56, 62, 65 | geänd. mWv 7.12.2016 |
| 44. | Art. 3 G zur Stärk. der Bekämpfung der Schwarzarbeit u. illegalen Beschäftigung | 6.3.2017 | BGBl. I S. 399 | §§ 35, 36 | geänd. mWv 10.3.2017 |
| 45. | Art. 4 G zur Änd. des GüKG, des FPersG, des G zur Regelung der Arbeitszeit von selbst. Kraftfahrern, des StVG u. des G über die Err. eines Kraftfahrt-Bundesamtes | 16.5.2017 | BGBl. I S. 1214 | § 6 | geänd. mWv 25.5.2017 |
| 46. | Art. 6 Abs. 3 G zur Änd. von Vorschriften im Bereich des Internationalen Privat- und Zivilverfahrensrechts | 11.6.2017 | BGBl. I S. 1607 | § 35 | geänd. mWv 17.6.2017 |
| 47. | Art. 1 Achtes ÄndG | 16.6.2017 | BGBl. I S. 1648 | §§ 6, 12, 32 | geänd. mWv 21.6.2017 |
| | | | | §§ 1a, 1b, 1c, Abschnitt VIa (§§ 63a, 63b) | eingef. mWv 21.6.2017 |
| 48. | Art. 21 G zur Ums. d. Vierten EU-GeldwäscheRL, zur Ausf. d. EU-Geldtransfer-VO und zur Neuorg. d. Zentralstelle für Finanztransaktionsuntersuchungen[2] | 23.6.2017 | BGBl. I S. 1822 | § 36 | geänd. mWv 26.6.2017 |

[1] **Amtl. Anm.:** Dieses Gesetz dient der Umsetzung der
- Richtlinie 2006/126/EG des Europäischen Parlaments und des Rates vom 20. Dezember 2006 über den Führerschein (Neufassung) (ABl. L 403 vom 30.12.2006, S. 18);
- Verordnung (EU) Nr. 165/2014 des Europäischen Parlaments und des Rates vom 4. Februar 2014 über Fahrtenschreiber im Straßenverkehr, zur Aufhebung der Verordnung (EWG) Nr. 3821/85 des Rates über das Kontrollgerät im Straßenverkehr und zur Änderung der Verordnung (EG) Nr. 561/2006 des Europäischen Parlaments und des Rates zur Harmonisierung bestimmter Sozialvorschriften im Straßenverkehr (ABl. L 60 vom 28.2.2014, S. 1);
- Richtlinie 2014/45/EU des Europäischen Parlaments und des Rates vom 3. April 2014 über die regelmäßige technische Überwachung von Kraftfahrzeugen und Kraftfahrzeuganhängern und zur Aufhebung der Richtlinie 2009/40/EG (ABl. L 127 vom 29.4.2014, S. 51);
- Richtlinie 2014/46/EU des Europäischen Parlaments und des Rates vom 3. April 2014 zur Änderung der Richtlinie 1999/37/EG des Rates über Zulassungsdokumente für Fahrzeuge (ABl. L 127 vom 29.4. 2014, S. 129);
- Richtlinie (EU) 2015/413 des Europäischen Parlaments und des Rates vom 11. März 2015 zur Erleichterung des grenzüberschreitenden Austauschs von Informationen über die Straßenverkehrssicherheit gefährdende Verkehrsdelikte (ABl. L 68 vom 13.3.2015, S. 9).

[2] **Amtl. Anm.:** *(abgedruckt in Änderungstabelle Nr.* **52***)*

| Lfd. Nr. | Änderndes Gesetz | Datum | Fundstelle | Betroffen | Hinweis |
|---|---|---|---|---|---|
| 49. | Art. 4 G zur Verbesserung der Sachaufklärung in der Verwaltungsvollstreckung | 30.6.2017 | BGBl. I S. 2094 | § 35 | geänd. mWv 6.7.2017 |
| 50. | Art. 2 G über das Fahrlehrerwesen und zur Änd. anderer straßenverkehrsrechtlicher Vorschriften[1] | 30.6.2017 | BGBl. I S. 2162 | §§ 2, 4a, 30b | geänd. mWv 1.1.2018 |
| 51. | Art. 8 G zur Einführung eines Anspruchs auf Hinterbliebenengeld | 17.7.2017 | BGBl. I S. 2421 | § 10 | geänd. mWv 22.7.2017 |
| 52. | Art. 6 G zur effektiveren u. praxistauglicheren Ausgestaltung d. Strafverfahrens | 17.8.2017 | BGBl. I S. 3202 | § 25 | geänd. mWv 24.8.2017 |
| 53. | Art. 3 ÄndG des BundesfernstraßenmautG und zur Änd. weiterer straßenverkehrsrechtl. Vorschriften | 4.12.2018 | BGBl. I S. 2251 | § 6f | neu gef. mWv 1.1.2019 |
| 54. | Art. 1 Neuntes ÄndG | 8.4.2019 | BGBl. I S. 430 | §§ 35, 36 | geänd. mWv 12.4.2019 |
| | | | | Abschnitt VIa. Überschrift | neu gef. mWv 12.4.2019 |
| | | | | § 63c | eingef. mWv 12.4.2019 |
| 55. | Art. 5 Abs. 21 G zur Einf. einer Karte für Unionsbürger u. Angehörige des Europäischen Wirtschaftsraums mit Funktion zum elektr. Identitätsnachweis sowie zur Änd. des PersonalausweisG u. weiterer Vorschr.[2] [3] | 21.6.2019 | BGBl. I S. 846 | §§ 30, 58 | geänd. mWv 1.11.2019 |
| 56. | Art. 137 Zweites Datenschutz-Anpassungs- und Umsetzungsgesetz EU[4] | 20.11. 2019 | BGBl. I S. 1626 | §§ 2, 2b, 4a, 6, 6g, 25, 28, 28a, 29, 30, 30a, 36, 37, 37a, 38, 38a, 38b, 41, 42, 43, 44, 45, 50, 53, 55, 56, 57, 59, 60, 61, 62, 63a | geänd. mWv 26.11.2019 |

[1] **Amtl. Anm.:** Dieses Gesetz dient der Umsetzung der Richtlinie 2006/126/EG des Europäischen Parlaments und des Rates vom 20. Dezember 2006 über den Führerschein (ABl. L 403 vom 30.12.2006, S. 18) und der Richtlinie 2005/36/EG des Europäischen Parlaments und des Rates vom 7. September 2005 über die Anerkennung von Berufsqualifikationen (ABl. L 255 vom 30.9.2005, S. 22) sowie der Umsetzung der Richtlinie 2013/55/EU des Europäischen Parlaments und des Rates vom 20. November 2013 zur Änderung der Richtlinie 2005/36/EG über die Anerkennung von Berufsqualifikationen und der Verordnung (EU) Nr. 1024/2012 über die Verwaltungszusammenarbeit mit Hilfe des Binnenmarkt-Informationssystems („IMI-Verordnung") (ABl. L 354 vom 28.12.2013, S. 132).

[2] **Amtl. Anm.:** Notifiziert gemäß der Richtlinie (EU) 2015/1535 des Europäischen Parlaments und des Rates vom 9. September 2015 über ein Informationsverfahren auf dem Gebiet der technischen Vorschriften und der Vorschriften für die Dienste der Informationsgesellschaft (ABl. L 241 vom 17.9.2015, S. 1).

[3] Die Änd. des Inkrafttretens dieses G durch Art. 154a G v. 20.11.2019 (BGBl. I S. 1626) ist unbeachtlich, da das G bei Erlass des ÄndG bereits in Kraft getreten war.

[4] **Amtl. Anm.:** Dieses Gesetz dient der Umsetzung der Richtlinie (EU) 2016/680 des Europäischen Parlaments und des Rates vom 27. April 2016 zum Schutz natürlicher Personen bei der Verarbeitung personenbezogener Daten durch die zuständigen Behörden zum Zweck der Verhütung, Ermittlung, Aufdeckung oder Verfolgung von Straftaten oder der Strafvollstreckung sowie zum freien Datenverkehr und zur Aufhebung des Rahmenbeschlusses 2008/977/JI des Rates (ABl. L 119 vom 4.5.2016, S. 89; L 127 vom 23.5.2018, S. 9).

| Lfd. Nr. | Änderndes Gesetz | Datum | Fundstelle | Betroffen | Hinweis |
|---|---|---|---|---|---|
| 57. | Art. 1 G zur Änd. des StraßenverkehrsG und weiterer straßenverkehrsrechtl. Vorschriften | 5.12.2019 | BGBl. I S. 2008 | §§ 6, 62, 65 | geänd. mWv 12.12.2019 |
| | | | | §§ 6, 50 | geänd. mWv 1.6.2020 |
| 58. | Art. 325 Elfte ZuständigkeitsanpassungsVO | 19.6.2020 | BGBl. I S. 1328 | § 6 | geänd. mWv 27.6.2020 |
| 59. | Art. 2 Achtes G zur Änd. des BundesfernstraßenG und zur Änd. weiterer Vorschriften | 29.6.2020 | BGBl. I S. 1528 | § 6a | geänd. mWv 4.7.2020 |
| | | | | §§ 35, 36 | geänd. mWv 1.10.2020 |
| 60. | Art. 1 G zur Haftung bei Unfällen mit Anhängern und Gespannen im Straßenverkehr | 10.7.2020 | BGBl. I S. 1653 | §§ 7, 8, 12, 17, 18, 65 | geänd. mWv 17.7.2020 |
| | | | | §§ 19, 19a | eingef. mWv 17.7.2020 |
| 61. | Art. 3 G über Änderungen im Berufskraftfahrerqualifikationsrecht | 26.11. 2020 | BGBl. I S. 2575 | § 6a | geänd. mWv 2.12.2020 |
| 62. | Art. 6 Abs. 2 Zweites G zur Änd. des BundesmeldeG | 15.1.2021 | BGBl. I S. 530 | § 35 | geänd. mWv 1.5.2022 |
| 63. | Art. 3 G zur Modernisierung des Personenbeförderungsrechts | 16.4.2021 | BGBl. I S. 822 | § 2 | geänd. mWv 1.8.2021 |
| 64. | Art. 4 Abs. 9 G zur Verbesserung des Schutzes von Gerichtsvollziehern vor Gewalt sowie zur Änd. weiterer zwangsvollstreckungsrechtl. Vorschriften und zur Änd. des InfektionsschutzG | 7.5.2021 | BGBl. I S. 850 | § 35 | geänd. mWv 1.1.2022 |
| | | | | §§ 35, 36 | geänd. mWv 1.11.2022 |
| 65. | Art. 1 und 2 Viertes G zur Änd. des StraßenverkehrsG und anderer straßenverkehrsrechtlicher Vorschriften | 12.7.2021 | BGBl. I S. 3091 | §§ 2, 2a, 2b, 3, 4, 6a, 6b, 6c, 25, 25a, 26, 26a, 28, 28a, 29, 30, 30c, 31, 32, 33, 34, 35, 36, 37, 37a, 39, 41, 42, 43, 47, 58, 60, 63, 63b, 64, 65 | geänd. mWv 28.7.2021 |
| | | | | §§ 6, 24 | neu gef. mWv 28.7.2021 |
| | | | | §§ 39a, 63d, 63e, 63f | eingef. mWv 28.7.2021 |
| | | | | §§ 23, 24b | aufgeh. mit Ablauf des 27.7. 2021 |
| | | | | § 33 | geänd. mWv 1.7.2023 |
| 66. | Art. 1 Gesetz zum autonomen Fahren[1)] | 12.7.2021 | BGBl. I S. 3108 | §§ 8, 12, 19, 24 | geänd. mWv 28.7.2021 |
| | | | | §§ 1d, 1e, 1f, 1g, 1h, 1i, 1j, 1k, 1l | eingef. mWv 28.7.2021 |

[1)] **Amtl. Anm.:** Notifiziert gemäß Richtlinie (EU) 2015/1535 des Europäischen Parlaments und des Rates vom 9. September 2015 über ein Informationsverfahren auf dem Gebiet der technischen Vorschriften und der Vorschriften für die Dienste der Informationsgesellschaft (ABl. L 241 vom 17.9.2015, S. 1).

| Lfd. Nr. | Änderndes Gesetz | Datum | Fundstelle | Betroffen | Hinweis |
|---|---|---|---|---|---|
| 67. | Art. 23 SanktionsdurchsetzungsG II | 19.12. 2022 | BGBl. I S. 2606 | §§ 35, 36 | geänd. mWv 28.12.2022 |
| 68. | Art. 2 Abs. 32 G zur Modernisierung des Verkündungs- und Bekanntmachungswesens | 20.12. 2022 | BGBl. I S. 2752 | § 66 | aufgeh. mit Ablauf des 31.12. 2022 |
| 69. | Art. 16 G zur Anpassung von Gesetzen und Verordnungen an die neue Behördenbezeichnung des Bundesamtes für Güterverkehr | 2.3.2023 | BGBl. 2023 I Nr. 56 | § 36 | geänd. mWv 9.3.2023 |

**Nichtamtliche Inhaltsübersicht**



## I. Verkehrsvorschriften

**§ 1[1)] Zulassung.** (1) [1]Kraftfahrzeuge und ihre Anhänger, die auf öffentlichen Straßen in Betrieb gesetzt werden sollen, müssen von der zuständigen Behörde (Zulassungsbehörde) zum Verkehr zugelassen sein. [2]Die Zulassung erfolgt auf Antrag des Verfügungsberechtigten des Fahrzeugs bei Vorliegen einer Betriebserlaubnis, Einzelgenehmigung oder EG-Typgenehmigung durch Zuteilung eines amtlichen Kennzeichens.

(2) Als Kraftfahrzeuge im Sinne dieses Gesetzes gelten Landfahrzeuge, die durch Maschinenkraft bewegt werden, ohne an Bahngleise gebunden zu sein.

(3) [1]Keine Kraftfahrzeuge im Sinne dieses Gesetzes sind Landfahrzeuge, die durch Muskelkraft fortbewegt werden und mit einem elektromotorischen Hilfsantrieb mit einer Nenndauerleistung von höchstens 0,25 kW ausgestattet sind, dessen Unterstützung sich mit zunehmender Fahrzeuggeschwindigkeit progressiv verringert und

1. beim Erreichen einer Geschwindigkeit von 25 km/h oder früher,
2. wenn der Fahrer im Treten einhält,

unterbrochen wird. [2]Satz 1 gilt auch dann, soweit die in Satz 1 bezeichneten Fahrzeuge zusätzlich über eine elektromotorische Anfahr- oder Schiebehilfe verfügen, die eine Beschleunigung des Fahrzeuges auf eine Geschwindigkeit von bis zu 6 km/h, auch ohne gleichzeitiges Treten des Fahrers, ermöglicht. [3]Für Fahrzeuge im Sinne der Sätze 1 und 2 sind die Vorschriften über Fahrräder anzuwenden.

**§ 1a[2)] Kraftfahrzeuge mit hoch- oder vollautomatisierter Fahrfunktion.** (1) Der Betrieb eines Kraftfahrzeugs mittels hoch- oder vollautomatisierter Fahrfunktion ist zulässig, wenn die Funktion bestimmungsgemäß verwendet wird.

(2) [1]Kraftfahrzeuge mit hoch- oder vollautomatisierter Fahrfunktion im Sinne dieses Gesetzes sind solche, die über eine technische Ausrüstung verfügen,

1. die zur Bewältigung der Fahraufgabe – einschließlich Längs- und Querführung – das jeweilige Kraftfahrzeug nach Aktivierung steuern (Fahrzeugsteuerung) kann,
2. die in der Lage ist, während der hoch- oder vollautomatisierten Fahrzeugsteuerung den an die Fahrzeugführung gerichteten Verkehrsvorschriften zu entsprechen,

---

[1)] § 1 Abs. 1 Satz 2 geänd., Satz 3 aufgeh. mWv 26.6.2011 durch G v. 20.6.2011 (BGBl. I S. 1124); Abs. 3 angef. mWv 21.6.2013 durch G v. 17.6.2013 (BGBl. I S. 1558).

[2)] § 1a eingef. mWv 21.6.2017 durch G v. 16.6.2017 (BGBl. I S. 1648).

3. die jederzeit durch den Fahrzeugführer manuell übersteuerbar oder deaktivierbar ist,
4. die die Erforderlichkeit der eigenhändigen Fahrzeugsteuerung durch den Fahrzeugführer erkennen kann,
5. die dem Fahrzeugführer das Erfordernis der eigenhändigen Fahrzeugsteuerung mit ausreichender Zeitreserve vor der Abgabe der Fahrzeugsteuerung an den Fahrzeugführer optisch, akustisch, taktil oder sonst wahrnehmbar anzeigen kann und
6. die auf eine der Systembeschreibung zuwiderlaufende Verwendung hinweist.

[2] Der Hersteller eines solchen Kraftfahrzeugs hat in der Systembeschreibung verbindlich zu erklären, dass das Fahrzeug den Voraussetzungen des Satzes 1 entspricht.

(3) Die vorstehenden Absätze sind nur auf solche Fahrzeuge anzuwenden, die nach § 1 Absatz 1 zugelassen sind, den in Absatz 2 Satz 1 enthaltenen Vorgaben entsprechen und deren hoch- oder vollautomatisierte Fahrfunktionen

1. in internationalen, im Geltungsbereich dieses Gesetzes anzuwendenden Vorschriften beschrieben sind und diesen entsprechen oder
2. eine Typgenehmigung gemäß Artikel 20 der Richtlinie 2007/46/EG des Europäischen Parlaments und des Rates vom 5. September 2007 zur Schaffung eines Rahmens für die Genehmigung von Kraftfahrzeugen und Kraftfahrzeuganhängern sowie von Systemen, Bauteilen und selbstständigen technischen Einheiten für diese Fahrzeuge (Rahmenrichtlinie) (ABl. L 263 vom 9.10.2007, S. 1) erteilt bekommen haben.

(4) Fahrzeugführer ist auch derjenige, der eine hoch- oder vollautomatisierte Fahrfunktion im Sinne des Absatzes 2 aktiviert und zur Fahrzeugsteuerung verwendet, auch wenn er im Rahmen der bestimmungsgemäßen Verwendung dieser Funktion das Fahrzeug nicht eigenhändig steuert.

**§ 1b[1)] Rechte und Pflichten des Fahrzeugführers bei Nutzung hoch- oder vollautomatisierter Fahrfunktionen.** (1) Der Fahrzeugführer darf sich während der Fahrzeugführung mittels hoch- oder vollautomatisierter Fahrfunktionen gemäß § 1a vom Verkehrsgeschehen und der Fahrzeugsteuerung abwenden; dabei muss er derart wahrnehmungsbereit bleiben, dass er seiner Pflicht nach Absatz 2 jederzeit nachkommen kann.

(2) Der Fahrzeugführer ist verpflichtet, die Fahrzeugsteuerung unverzüglich wieder zu übernehmen,

1. wenn das hoch- oder vollautomatisierte System ihn dazu auffordert oder
2. wenn er erkennt oder auf Grund offensichtlicher Umstände erkennen muss, dass die Voraussetzungen für eine bestimmungsgemäße Verwendung der hoch- oder vollautomatisierten Fahrfunktionen nicht mehr vorliegen.

**§ 1c[1)] Evaluierung.** [1] Das Bundesministerium für Verkehr und digitale Infrastruktur wird die Anwendung der Regelungen in Artikel 1 des Gesetzes vom 16. Juni 2017 (BGBl. I S. 1648) nach Ablauf des Jahres 2019 auf wissenschaftlicher Grundlage evaluieren. [2] Die Bundesregierung unterrichtet den Deutschen Bundestag über die Ergebnisse der Evaluierung.

---

[1)] §§ 1b, 1c eingef. mWv 21.6.2017 durch G v. 16.6.2017 (BGBl. I S. 1648).

**§ 1d[1)] Kraftfahrzeuge mit autonomer Fahrfunktion in festgelegten Betriebsbereichen.** (1) Ein Kraftfahrzeug mit autonomer Fahrfunktion im Sinne dieses Gesetzes ist ein Kraftfahrzeug, das

1. die Fahraufgabe ohne eine fahrzeugführende Person selbstständig in einem festgelegten Betriebsbereich erfüllen kann und
2. über eine technische Ausrüstung gemäß § 1e Absatz 2 verfügt.

(2) Ein festgelegter Betriebsbereich im Sinne dieses Gesetzes bezeichnet den örtlich und räumlich bestimmten öffentlichen Straßenraum, in dem ein Kraftfahrzeug mit autonomer Fahrfunktion bei Vorliegen der Voraussetzungen gemäß § 1e Absatz 1 betrieben werden darf.

(3) Technische Aufsicht eines Kraftfahrzeugs mit autonomer Fahrfunktion im Sinne dieses Gesetzes ist diejenige natürliche Person, die dieses Kraftfahrzeug während des Betriebs gemäß § 1e Absatz 2 Nummer 8 deaktivieren und für dieses Kraftfahrzeug gemäß § 1e Absatz 2 Nummer 4 und Absatz 3 Fahrmanöver freigeben kann.

(4) Risikominimaler Zustand im Sinne dieses Gesetzes ist ein Zustand, in dem sich das Kraftfahrzeug mit autonomer Fahrfunktion auf eigene Veranlassung oder auf Veranlassung der Technischen Aufsicht an einer möglichst sicheren Stelle in den Stillstand versetzt und die Warnblinkanlage aktiviert, um unter angemessener Beachtung der Verkehrssituation die größtmögliche Sicherheit für die Fahrzeuginsassen, andere Verkehrsteilnehmende und Dritte zu gewährleisten.

**§ 1e[1)] Betrieb von Kraftfahrzeugen mit autonomer Fahrfunktion; Widerspruch und Anfechtungsklage.** (1) [1]Der Betrieb eines Kraftfahrzeugs mittels autonomer Fahrfunktion ist zulässig, wenn

1. das Kraftfahrzeug den technischen Voraussetzungen gemäß Absatz 2 entspricht,
2. für das Kraftfahrzeug eine Betriebserlaubnis nach Absatz 4 erteilt worden ist,
3. das Kraftfahrzeug in einem von der nach Bundes- oder Landesrecht zuständigen Behörde oder auf Bundesfernstraßen, soweit dem Bund die Verwaltung zusteht, von der Gesellschaft privaten Rechts im Sinne des Infrastrukturgesellschaftserrichtungsgesetzes genehmigten, festgelegten Betriebsbereich eingesetzt wird und
4. das Kraftfahrzeug zur Teilnahme am öffentlichen Straßenverkehr gemäß § 1 Absatz 1 zugelassen ist.

[2]Ein Betrieb eines Kraftfahrzeugs gemäß § 1h und die Zulassung im Übrigen gemäß § 1 Absatz 1 bleiben hiervon unberührt.

(2) Kraftfahrzeuge mit autonomer Fahrfunktion müssen über eine technische Ausrüstung verfügen, die in der Lage ist,

1. die Fahraufgabe innerhalb des jeweiligen festgelegten Betriebsbereichs selbstständig zu bewältigen, ohne dass eine fahrzeugführende Person in die Steuerung eingreift oder die Fahrt des Kraftfahrzeugs permanent von der Technischen Aufsicht überwacht wird,
2. selbstständig den an die Fahrzeugführung gerichteten Verkehrsvorschriften zu entsprechen und die über ein System der Unfallvermeidung verfügt, das
   a) auf Schadensvermeidung und Schadensreduzierung ausgelegt ist,

---

[1)] §§ 1d, 1e eingef. mWv 28.7.2021 durch G v. 12.7.2021 (BGBl. I S. 3108).

b) bei einer unvermeidbaren alternativen Schädigung unterschiedlicher Rechtsgüter die Bedeutung der Rechtsgüter berücksichtigt, wobei der Schutz menschlichen Lebens die höchste Priorität besitzt, und
c) für den Fall einer unvermeidbaren alternativen Gefährdung von Menschenleben keine weitere Gewichtung anhand persönlicher Merkmale vorsieht,

3. das Kraftfahrzeug selbstständig in einen risikominimalen Zustand zu versetzen, wenn die Fortsetzung der Fahrt nur durch eine Verletzung des Straßenverkehrsrechts möglich wäre,
4. im Fall der Nummer 3 der Technischen Aufsicht selbstständig
   a) mögliche Fahrmanöver zur Fortsetzung der Fahrt vorzuschlagen sowie
   b) Daten zur Beurteilung der Situation zu liefern, damit die Technische Aufsicht über eine Freigabe des vorgeschlagenen Fahrmanövers entscheiden kann,
5. ein von der Technischen Aufsicht vorgegebenes Fahrmanöver zu überprüfen und dieses nicht auszuführen, sondern das Kraftfahrzeug selbstständig in einen risikominimalen Zustand zu versetzen, wenn das Fahrmanöver am Verkehr teilnehmende oder unbeteiligte Personen gefährden würde,
6. eine Beeinträchtigung ihrer Funktionalität der Technischen Aufsicht unverzüglich anzuzeigen,
7. ihre Systemgrenzen zu erkennen und beim Erreichen einer Systemgrenze, beim Auftreten einer technischen Störung, die die Ausübung der autonomen Fahrfunktion beeinträchtigt, oder beim Erreichen der Grenzen des festgelegten Betriebsbereichs das Kraftfahrzeug selbstständig in einen risikominimalen Zustand zu versetzen,
8. jederzeit durch die Technische Aufsicht oder durch Fahrzeuginsassen deaktiviert zu werden und im Falle einer Deaktivierung das Kraftfahrzeug selbstständig in den risikominimalen Zustand zu versetzen,
9. der Technischen Aufsicht das Erfordernis der Freischaltung eines alternativen Fahrmanövers, der Deaktivierung mit ausreichender Zeitreserve sowie Signale zum eigenen Funktionsstatus optisch, akustisch oder sonst wahrnehmbar anzuzeigen und
10. ausreichend stabile und vor unautorisierten Eingriffen geschützte Funkverbindungen, insbesondere zur Technischen Aufsicht, sicherzustellen und das Kraftfahrzeug selbstständig in einen risikominimalen Zustand zu versetzen, wenn diese Funkverbindung abbricht oder darauf unerlaubt zugegriffen wird.

(3) Zur Erfüllung der Anforderungen nach Absatz 2 Nummer 1 bis 4 ist es im Falle sonstiger Beeinträchtigungen, die dazu führen, dass die technische Ausrüstung die Fahraufgabe nicht selbstständig bewältigen kann, auch ausreichend, wenn

1. die technische Ausrüstung in der Lage ist sicherzustellen, dass alternative Fahrmanöver durch die Technische Aufsicht vorgegeben werden können,
2. die alternativen Fahrmanöver gemäß Nummer 1 durch die technische Ausrüstung selbstständig ausgeführt werden und
3. die technische Ausrüstung in der Lage ist, die Technische Aufsicht mit ausreichender Zeitreserve optisch, akustisch oder sonst wahrnehmbar zur Vorgabe eines Fahrmanövers aufzufordern.

(4) [1] Liegen die technischen Voraussetzungen gemäß Absatz 2 und die Erklärung des Herstellers nach § 1f Absatz 3 Nummer 4 vor, erteilt das Kraftfahrt-Bundesamt auf Antrag des Herstellers eine Betriebserlaubnis für ein Kraftfahrzeug mit autonomer Fahrfunktion. [2] Laufende Genehmigungsverfahren, die sachlich unter § 1d

bis § 1g fallen und in denen der Antrag auf Erteilung einer Betriebserlaubnis inklusive einer Ausnahmegenehmigung bereits gestellt worden ist, bleiben unberührt.

(5) Widerspruch und Anfechtungsklage gegen den Widerruf oder die Rücknahme einer Betriebserlaubnis für ein Kraftfahrzeug mit autonomer Fahrfunktion haben keine aufschiebende Wirkung.

(6) Widerspruch und Anfechtungsklage gegen den Widerruf oder die Rücknahme einer Genehmigung eines festgelegten Betriebsbereichs haben keine aufschiebende Wirkung.

**§ 1f[1)] Pflichten der Beteiligten beim Betrieb von Kraftfahrzeugen mit autonomer Fahrfunktion.** (1) [1] Der Halter eines Kraftfahrzeugs mit autonomer Fahrfunktion ist zur Erhaltung der Verkehrssicherheit und der Umweltverträglichkeit des Kraftfahrzeugs verpflichtet und hat die hierfür erforderlichen Vorkehrungen zu treffen. [2] Er hat

1. die regelmäßige Wartung der für die autonome Fahrfunktion erforderlichen Systeme sicherzustellen,
2. Vorkehrungen zu treffen, dass die sonstigen, nicht an die Fahrzeugführung gerichteten Verkehrsvorschriften eingehalten werden und
3. zu gewährleisten, dass die Aufgaben der Technischen Aufsicht erfüllt werden.

(2) Die Technische Aufsicht über ein Kraftfahrzeug mit autonomer Fahrfunktion ist verpflichtet,

1. ein alternatives Fahrmanöver nach § 1e Absatz 2 Nummer 4 und Absatz 3 zu bewerten und das Kraftfahrzeug hierfür freizuschalten, sobald ihr ein solches optisch, akustisch oder sonst wahrnehmbar durch das Fahrzeugsystem angezeigt wird, die vom Fahrzeugsystem bereitgestellten Daten ihr eine Beurteilung der Situation ermöglichen und die Durchführung des alternativen Fahrmanövers nicht die Verkehrssicherheit gefährdet,
2. die autonome Fahrfunktion unverzüglich zu deaktivieren, sobald dies optisch, akustisch oder sonst wahrnehmbar durch das Fahrzeugsystem angezeigt wird,
3. Signale der technischen Ausrüstung zum eigenen Funktionsstatus zu bewerten und gegebenenfalls erforderliche Maßnahmen zur Verkehrssicherung einzuleiten und
4. unverzüglich Kontakt mit den Insassen des Kraftfahrzeugs herzustellen und die zur Verkehrssicherung notwendigen Maßnahmen einzuleiten, wenn das Kraftfahrzeug in den risikominimalen Zustand versetzt wird.

(3) Der Hersteller eines Kraftfahrzeugs mit autonomer Fahrfunktion hat

1. über den gesamten Entwicklungs- und Betriebszeitraum des Kraftfahrzeugs gegenüber dem Kraftfahrt-Bundesamt und der zuständigen Behörde nachzuweisen, dass die elektronische und elektrische Architektur des Kraftfahrzeugs und die mit dem Kraftfahrzeug in Verbindung stehende elektronische und elektrische Architektur vor Angriffen gesichert ist,
2. eine Risikobeurteilung für das Kraftfahrzeug vorzunehmen und gegenüber dem Kraftfahrt- Bundesamt und der zuständigen Behörde nachzuweisen, wie die Risikobeurteilung durchgeführt wurde und dass kritische Elemente des Kraftfahrzeugs gegen Gefahren, die im Rahmen der Risikobeurteilung festgestellt wurden, geschützt werden,

---

[1)] § 1f eingef. mWv 28.7.2021 durch G v. 12.7.2021 (BGBl. I S. 3108).

3. eine für das autonome Fahren ausreichend sichere Funkverbindung nachzuweisen,
4. für jedes Kraftfahrzeug eine Systembeschreibung vorzunehmen, ein Betriebshandbuch zu erstellen und gegenüber dem Kraftfahrt-Bundesamt und im Betriebshandbuch verbindlich zu erklären, dass das Kraftfahrzeug die Voraussetzungen nach § 1e Absatz 2, auch in Verbindung mit Absatz 3, erfüllt,
5. für das Kraftfahrzeug eine Schulung für die am Betrieb beteiligten Personen anzubieten, in der die technische Funktionsweise insbesondere im Hinblick auf die Fahrfunktionen und die Aufgabenwahrnehmung der Technischen Aufsicht vermittelt werden, und
6. sobald er Manipulationen am Kraftfahrzeug oder an dessen elektronischer oder elektrischer Architektur oder an der mit dem Kraftfahrzeug in Verbindung stehenden elektronischen oder elektrischen Architektur erkennt, insbesondere bei einem unerlaubten Zugriff auf die Funkverbindungen des Kraftfahrzeugs, diese unverzüglich dem Kraftfahrt-Bundesamt und der nach Bundes- oder Landesrecht zuständigen Behörde oder auf Bundesfernstraßen, soweit dem Bund die Verwaltung zusteht, der Gesellschaft privaten Rechts im Sinne des Infrastrukturgesellschaftserrichtungsgesetzes mitzuteilen und erforderliche Maßnahmen einzuleiten.

**§ 1g[1] Datenverarbeitung.** (1) [1] Der Halter eines Kraftfahrzeugs mit autonomer Fahrfunktion ist verpflichtet, folgende Daten beim Betrieb des Kraftfahrzeugs zu speichern:
1. Fahrzeugidentifizierungsnummer,
2. Positionsdaten,
3. Anzahl und Zeiten der Nutzung sowie der Aktivierung und der Deaktivierung der autonomen Fahrfunktion,
4. Anzahl und Zeiten der Freigabe von alternativen Fahrmanövern,
5. Systemüberwachungsdaten einschließlich Daten zum Softwarestand,
6. Umwelt- und Wetterbedingungen,
7. Vernetzungsparameter wie beispielsweise Übertragungslatenz und verfügbare Bandbreite,
8. Name der aktivierten und deaktivierten passiven und aktiven Sicherheitssysteme, Daten zum Zustand dieser Sicherheitssysteme sowie die Instanz, die das Sicherheitssystem ausgelöst hat,
9. Fahrzeugbeschleunigung in Längs- und Querrichtung,
10. Geschwindigkeit,
11. Status der lichttechnischen Einrichtungen,
12. Spannungsversorgung des Kraftfahrzeugs mit autonomer Fahrfunktion,
13. von extern an das Kraftfahrzeug gesendete Befehle und Informationen.

[2] Der Halter ist verpflichtet, dem Kraftfahrt-Bundesamt und der nach Bundes- oder Landesrecht zuständigen Behörde oder auf Bundesfernstraßen, soweit dem Bund die Verwaltung zusteht, der Gesellschaft privaten Rechts im Sinne des Infrastrukturgesellschaftserrichtungsgesetzes auf Verlangen die Daten nach Satz 1 zu übermitteln, soweit dies erforderlich ist

[1] § 1g eingef. mWv 28.7.2021 durch G v. 12.7.2021 (BGBl. I S. 3108).

1. bezüglich des Kraftfahrt-Bundesamts für dessen Aufgabenerfüllung nach den Absätzen 4 und 5 und
2. bezüglich der nach Bundes- oder Landesrecht zuständigen Behörde oder auf Bundesfernstraßen, soweit dem Bund die Verwaltung zusteht, der Gesellschaft privaten Rechts im Sinne des Infrastrukturgesellschaftserrichtungsgesetzes für deren Aufgabenerfüllung nach Absatz 6

(2) Die Daten gemäß Absatz 1 sind bei den folgenden Anlässen zu speichern:

1. bei Eingriffen durch die Technische Aufsicht,
2. bei Konfliktszenarien, insbesondere bei Unfällen und Fast-Unfall-Szenarien,
3. bei nicht planmäßigem Spurwechsel oder Ausweichen,
4. bei Störungen im Betriebsablauf.

(3) [1] Der Hersteller eines Kraftfahrzeugs mit autonomer Fahrfunktion hat das Fahrzeug so auszustatten, dass die Speicherung der Daten gemäß Absatz 1 und 2 dem Halter tatsächlich möglich ist. [2] Der Hersteller muss den Halter präzise, klar und in leichter Sprache über die Einstellungsmöglichkeiten zur Privatsphäre und zur Verarbeitung der Daten, die beim Betrieb des Kraftfahrzeugs in der autonomen Fahrfunktion verarbeitet werden, informieren. [3] Die diesbezügliche Software des Kraftfahrzeugs muss Wahlmöglichkeiten zur Art und Weise der Speicherung und der Übermittlung der in der autonomen Fahrfunktion verarbeiteten Daten vorsehen und dem Halter entsprechende Einstellungen ermöglichen.

(4) [1] Das Kraftfahrt-Bundesamt ist berechtigt, folgende Daten beim Halter zu erheben, zu speichern und zu verwenden, soweit dies für die Überwachung des sicheren Betriebs des Kraftfahrzeugs mit autonomer Fahrfunktion erforderlich ist:

1. Daten nach Absatz 1 und
2. Vor- und Nachname der als Technische Aufsicht eingesetzten Person sowie Nachweise über ihre fachliche Qualifikation.

[2] Setzt der Halter seinerseits Beschäftigte gemäß § 26 des Bundesdatenschutzgesetzes als Technische Aufsicht ein, findet § 26 des Bundesdatenschutzgesetzes Anwendung. [3] Das Kraftfahrt-Bundesamt hat die Daten unverzüglich zu löschen, sobald sie für die Zwecke nach Satz 1 nicht mehr erforderlich sind, spätestens nach Ablauf von drei Jahren nach Einstellung des Betriebs des entsprechenden Kraftfahrzeugs.

(5) [1] Sofern es sich nicht um ein Kraftfahrzeug im Sinne des § 1k handelt, ist das Kraftfahrt-Bundesamt berechtigt, die nach Absatz 4 Nummer 1 in Verbindung mit Absatz 1 beim Halter erhobenen nicht personenbezogenen Daten für verkehrsbezogene Gemeinwohlzwecke, insbesondere zum Zweck der wissenschaftlichen Forschung im Bereich der Digitalisierung, Automatisierung und Vernetzung sowie zum Zweck der Unfallforschung im Straßenverkehr, folgenden Stellen zugänglich zu machen:

1. Hochschulen und Universitäten,
2. außeruniversitäre Forschungseinrichtungen,
3. Bundes-, Landes- und Kommunalbehörden mit Forschungs-, Entwicklungs-, Verkehrsplanungs- oder Stadtplanungsaufgaben.

[2] Die in Satz 1 genannten Stellen dürfen die Daten ausschließlich für die in Satz 1 genannten Zwecke verwenden. [3] Absatz 4 Satz 2 gilt entsprechend. [4] Allgemeine Übermittlungsvorschriften bleiben unberührt.

(6) [1] Die für die Genehmigung von festgelegten Betriebsbereichen nach Bundes- oder Landesrecht zuständigen Behörden oder auf Bundesfernstraßen, soweit

dem Bund die Verwaltung zusteht, die Gesellschaft privaten Rechts im Sinne des Infrastrukturgesellschaftserrichtungsgesetzes sind berechtigt, folgende Daten beim Halter zu erheben, zu speichern und zu verwenden, soweit dies für die Prüfung und Überwachung erforderlich ist, ob der festgelegte Betriebsbereich für den Betrieb des Kraftfahrzeugs mit autonomer Fahrfunktion geeignet ist, insbesondere für die Überprüfung und Überwachung, ob die Voraussetzungen der jeweiligen Genehmigung vorliegen und die damit verbundenen Auflagen eingehalten werden:

1. Daten nach Absatz 1 und
2. Vor- und Nachname der als Technische Aufsicht eingesetzten Person sowie Nachweise über ihre fachliche Qualifikation.

[2] Die für die Genehmigung von festgelegten Betriebsbereichen nach Bundes- oder Landesrecht zuständigen Behörden oder auf Bundesfernstraßen, soweit dem Bund die Verwaltung zusteht, die Gesellschaft privaten Rechts im Sinne des Infrastrukturgesellschaftserrichtungsgesetzes haben diese Daten unverzüglich zu löschen, sobald sie für die Zwecke nach Satz 1 nicht mehr erforderlich sind, spätestens nach Ablauf von drei Jahren nach Einstellung des Betriebs des entsprechenden Kraftfahrzeugs.

(7) [1] Unbeschadet der Absätze 1 bis 6 können Dritte vom Halter Auskunft über die gemäß Absatz 1 und 2 gespeicherten Daten verlangen, soweit diese Daten zur Geltendmachung, Befriedigung oder Abwehr von Rechtsansprüchen im Zusammenhang mit einem in § 7 Absatz 1 geregelten Ereignis erforderlich sind und das entsprechende Kraftfahrzeug mit autonomer Fahrfunktion an diesem Ereignis beteiligt war. [2] Die Dritten haben die Daten unverzüglich zu löschen, sobald sie zur Geltendmachung von Rechtsansprüchen nicht mehr erforderlich sind, spätestens mit Verjährung der Ansprüche, für deren Geltendmachung, Befriedigung oder Abwehr die Daten erhoben wurden. [3] Eine Verwendung dieser Daten durch die Dritten ist nur zu den in Satz 1 genannten Zwecken zulässig.

**§ 1h[1)] Nachträgliche Aktivierung von automatisierten und autonomen Fahrfunktionen.** (1) Ist in einem Kraftfahrzeug eine automatisierte oder autonome Fahrfunktion verbaut, die in internationalen, im Geltungsbereich dieses Gesetzes anzuwendenden Vorschriften nicht beschrieben ist, so ist die Erteilung einer Genehmigung für den Betrieb dieses Kraftfahrzeugs nach den einschlägigen Genehmigungsvorschriften unter Außerachtlassung der automatisierten oder autonomen Fahrfunktion nur zulässig, wenn bei Deaktivierung der automatisierten oder autonomen Fahrfunktion die Einflussnahme dieser Fahrfunktionen auf die genehmigten Systeme ausgeschlossen ist.

(2) [1] Die Aktivierung einer automatisierten oder autonomen Fahrfunktion im Sinne des Absatzes 1 in einem zugelassenen Kraftfahrzeug für den Betrieb dieser Funktionen im öffentlichen Straßenverkehr im Geltungsbereich dieses Gesetzes darf nur auf der Grundlage einer besonderen durch das Kraftfahrt- Bundesamt erteilten Genehmigung erfolgen. [2] Diese Genehmigung darf nur erteilt werden, sofern die Fahrfunktion genehmigungsfähig gemäß § 1a Absatz 3, § 1e Absatz 2 oder anderer einschlägiger Genehmigungsvorschriften ist. [3] Das Kraftfahrt-Bundesamt veröffentlicht die insofern zu beachtenden technischen Anforderungen.

---

1) § 1h eingef. mWv 28.7.2021 durch G v. 12.7.2021 (BGBl. I S. 3108).

**§ 1i[1] Erprobung von automatisierten und autonomen Fahrfunktionen.**

(1) Kraftfahrzeuge, die zur Erprobung von Entwicklungsstufen für die Entwicklung automatisierter oder autonomer Fahrfunktionen dienen, dürfen auf öffentlichen Straßen nur betrieben werden, wenn

1. für das Kraftfahrzeug eine Erprobungsgenehmigung durch das Kraftfahrt-Bundesamt nach Absatz 2 erteilt worden ist,
2. das Kraftfahrzeug nach § 1 Absatz 1 zugelassen ist,
3. das Kraftfahrzeug ausschließlich zur Erprobung betrieben wird und
4. das Kraftfahrzeug im Betrieb wie folgt permanent überwacht wird:
   a) bei automatisierten Fahrfunktionen erfolgt die Überwachung durch einen in Bezug auf technische Entwicklungen für den Kraftfahrzeugverkehr zuverlässigen Fahrzeugführer,
   b) bei autonomen Fahrfunktionen erfolgt die Überwachung durch eine vor Ort anwesende, in Bezug auf technische Entwicklungen für den Kraftfahrzeugverkehr zuverlässige Technische Aufsicht.

(2) [1]Eine Erprobungsgenehmigung gemäß Absatz 1 Nummer 1 wird vom Kraftfahrt-Bundesamt auf Antrag des Halters erteilt. [2]Das Kraftfahrt-Bundesamt kann die Erprobungsgenehmigung jederzeit mit Nebenbestimmungen versehen, die den sicheren Betrieb des Fahrzeugs sicherstellen. [3]Zu Nebenbestimmungen, die den Betrieb auf einen bestimmten Betriebsbereich beschränken, ist die nach Landesrecht zuständige Behörde des örtlich betroffenen Landes anzuhören. [4]Die Gesellschaft privaten Rechts im Sinne des Infrastrukturgesellschaftserrichtungsgesetzes ist anzuhören, soweit der Betriebsbereich Bundesautobahnen oder Bundesstraßen in Bundesverwaltung umfasst oder dies vorgesehen ist.

(3) Das Kraftfahrt-Bundesamt beteiligt das Bundesamt für Sicherheit in der Informationstechnik zu Fragen der Sicherheit in der Informationstechnik bei der Erstellung, Umsetzung und bei der Weiterentwicklung und Bewertung technischer Anforderungen.

(4) Bis sechs Monate nach Inkrafttreten der Regelungen in der auf Grundlage von § 1j Absatz 1 Nummer 7 erlassenen Verordnung gelten die bisherigen straßenverkehrsrechtlichen Vorschriften zur Erprobung, auch für Entwicklungsstufen automatisierter oder autonomer Fahrfunktionen, unverändert fort, sofern nicht bereits von den Regelungen in der auf Grundlage von § 1j Absatz 1 Nummer 7 erlassenen Verordnung Gebrauch gemacht wird.

**§ 1j[1] Verordnungsermächtigung.** (1) Das Bundesministerium für Verkehr und digitale Infrastruktur wird ermächtigt, durch Rechtsverordnung mit Zustimmung des Bundesrates Einzelheiten der Zulassung und des Betriebs von Kraftfahrzeugen mit autonomer Fahrfunktion auf öffentlichen Straßen nach den §§ 1d bis 1i zu regeln betreffend

1. die technischen Anforderungen und das Verfahren zur Erteilung einer Betriebserlaubnis gemäß § 1e Absatz 2 bis 4 durch das Kraftfahrt-Bundesamt, einschließlich
   a) der vom Hersteller zu beachtenden technischen Anforderungen an den Bau, die Beschaffenheit und die technische Ausrüstung des Kraftfahrzeugs, der vom Hersteller zu beachtenden Anforderungen an die Datenspeicherung, die Sicherheit der eingesetzten Informationstechnik und die funktionale Sicher-

---

[1] §§ 1i, 1j eingef. mWv 28.7.2021 durch G v. 12.7.2021 (BGBl. I S. 3108).

heit des Kraftfahrzeugs, der vom Hersteller zu beachtenden Anforderungen an die Erklärung gemäß § 1f Absatz 3 Nummer 4 sowie der vom Hersteller zu beachtenden Dokumentationspflichten,

b) der Anforderungen an die Prüfung und Validierung des Kraftfahrzeugs durch das Kraftfahrt- Bundesamt,

c) der Anforderungen an den Betrieb des Kraftfahrzeugs,

d) der Anforderungen an die Begutachtung des Kraftfahrzeugs durch das Kraftfahrt-Bundesamt,

e) der Marktüberwachung einschließlich Vorgaben zur Beteiligung weiterer Behörden bei der Bewertung der informationstechnischen Sicherheit von Kraftfahrzeugen und Fahrzeugteilen sowie der Regelung von Mitwirkungspflichten für Hersteller und Halter von Kraftfahrzeugen mit autonomer Fahrfunktion und

f) der Anerkennung und Bewertung der Wirkungsgleichheit von Erlaubnissen und Genehmigungen von automatisierten und autonomen Kraftfahrzeugen, die in einem anderen Mitgliedstaat der Europäischen Union auf Grundlage der jeweils geltenden nationalen Bestimmungen erteilt worden sind,

2. die Eignung von Betriebsbereichen und das Verfahren für die Bewertung und die Genehmigung von festgelegten Betriebsbereichen durch die nach Bundes- oder Landesrecht zuständigen Behörden oder auf Bundesfernstraßen, soweit dem Bund die Verwaltung zusteht, die Gesellschaft privaten Rechts im Sinne des Infrastrukturgesellschaftserrichtungsgesetzes

3. Besonderheiten des Verfahrens der Zulassung, einschließlich der Kennzeichnung der Kraftfahrzeuge und Fahrzeugteile, um deren Betriebsweisen kenntlich zu machen und um die Verkehrssicherheit zu gewährleisten,

4. Anforderungen an und Pflichten für Hersteller, Halter und die Technische Aufsicht zur Gewährleistung der Verkehrssicherheit und eines sicheren Betriebs, einschließlich von

a) Anforderungen zur Freigabe von Fahrmanövern und zur Deaktivierung eines Kraftfahrzeugs durch die Technische Aufsicht gemäß § 1f Absatz 2 Nummer 1 und 2,

b) technischen und organisatorischen Anforderungen an den Halter und

c) Anforderungen an die fachliche Qualifikation und die Zuverlässigkeit der am Betrieb eines Kraftfahrzeugs mit autonomer Fahrfunktion beteiligten Personen einschließlich der hierfür erforderlichen Nachweise,

5. die technischen Einzelheiten der Speicherung der beim Betrieb des Kraftfahrzeugs mittels der autonomen Fahrfunktion erzeugten Daten nach § 1g Absatz 1, insbesondere über die genauen Zeitpunkte der Datenspeicherungen, die Parameter der Datenkategorien und die Datenformate,

6. das Verfahren zur Erteilung einer Genehmigung bei der nachträglichen Aktivierung von automatisierten und autonomen Fahrfunktionen nach § 1h einschließlich technischer Anforderungen an die Erteilung einer Betriebserlaubnis,

7. die Anforderungen und das Verfahren zur Erteilung einer Erprobungsgenehmigung nach § 1i Absatz 2 durch das Kraftfahrt-Bundesamt, einschließlich weiterer Pflichten des Halters, Ausnahmen von Anforderungen nach diesem Gesetz zu Erprobungszwecken sowie die Befugnis des Kraftfahrt-Bundesamts, Daten, die zur Schaffung einer Datenbasis zur Beurteilung der Sicherheit im Straßenverkehr und des technischen Fortschritts sowie zur evidenzbasierten Entwicklung der Regulierung von Entwicklungsstufen automatisierter oder autonomer Fahr-

funktionen erforderlich sind, in anonymisierter Form zu erheben, zu speichern und zu verwenden,

8. Abweichungen von den §§ 1d bis 1i in Bezug auf Kraftfahrzeuge der Bundeswehr, der Bundespolizei, des Bundeskriminalamts, des Bundesnachrichtendienstes, des Zollkriminalamts, des Bundesamts für Verfassungsschutz, der Gesellschaft privaten Rechts im Sinne des Infrastrukturgesellschaftserrichtungsgesetzes, der Landespolizei, der Landeskriminalämter, der Landesämter für Verfassungsschutz, des Zivil- und Katastrophenschutzes, der Feuerwehren, der Rettungsdienste und der Straßenbauverwaltungen.

(2) [1] Das Bundesministerium für Verkehr und digitale Infrastruktur wird ermächtigt, durch Rechtsverordnung ohne Zustimmung des Bundesrates Ausnahmen von den auf Grundlage des Absatzes 1 erlassenen Rechtsverordnungen zur Erprobung neuartiger Fahrzeugsteuerungseinrichtungen zu regeln. [2] Es wird ermächtigt, durch Rechtsverordnung ohne Zustimmung des Bundesrates diese Ermächtigung auf das Kraftfahrt-Bundesamt zu übertragen.

**§ 1k[1)] Ausnahmen.** (1) Für Kraftfahrzeuge mit autonomer Fahrfunktion gemäß § 1d Absatz 1, die für militärische, nachrichtendienstliche oder polizeiliche Zwecke, für Zwecke der Zollfahndung, des Zivil- oder Katastrophenschutzes, der Brandbekämpfung, der Straßenbauverwaltung oder der Rettungsdienste bestimmt sind, können das Bundesministerium der Finanzen, das Bundesministerium des Innern, für Bau und Heimat, das Bundesministerium der Verteidigung, das Bundesministerium für Verkehr und digitale Infrastruktur, das Bundeskanzleramt und die nach Landesrecht zuständigen Behörden Dienststellen in ihren jeweiligen Geschäftsbereichen, das Bundesministerium der Verteidigung Dienststellen der Bundeswehr bestimmen, die die Aufgaben des Kraftfahrt-Bundesamts an dessen Stelle für den jeweiligen Geschäftsbereich wahrnehmen.

(2) [1] Kraftfahrzeuge mit autonomer Fahrfunktion, die in der Bundeswehr, in der Bundespolizei, im Bundeskriminalamt, im Bundesnachrichtendienst, im Bundesamt für Verfassungsschutz, im Zollkriminalamt, in der Gesellschaft privaten Rechts im Sinne des Infrastrukturgesellschaftserrichtungsgesetzes, in der Landespolizei, in den Landeskriminalämtern, in den Landesämtern für Verfassungsschutz, im Zivil- und Katastrophenschutz, in den Feuerwehren, in den Rettungsdiensten oder in den Straßenbauverwaltungen eingesetzt werden, dürfen von den technischen Vorgaben, von Regelungen zur Festlegung von Betriebsbereichen und von Betriebsvorschriften sowie von den gemäß § 1j Absatz 1 erlassenen Verordnungen abweichen, wenn die Kraftfahrzeuge zur Erfüllung hoheitlicher Aufgaben bestimmt, für diese Zwecke gebaut oder ausgerüstet sind und wenn gewährleistet ist, dass die Kraftfahrzeuge unter gebührender Berücksichtigung der öffentlichen Sicherheit eingesetzt werden. [2] Technische Voraussetzungen, Regelungen zur Festlegung von Betriebsbereichen und Betriebsvorschriften sind dabei sinngemäß anzuwenden, sofern es der jeweilige Zweck nach Absatz 1 zulässt; Abweichungen sind auf das zwingend erforderliche Maß zu beschränken.

**§ 1l[1)] Evaluierung.** [1] Das Bundesministerium für Verkehr und digitale Infrastruktur wird die Anwendung der Regelungen des Gesetzes vom 12. Juli 2021 (BGBl. I S. 3108) nach Ablauf des Jahres 2023 insbesondere im Hinblick auf die Auswirkungen auf die Entwicklung des autonomen Fahrens, die Vereinbarkeit mit Datenschutzvorschriften sowie die aufgrund von Erprobungsgenehmigungen im

[1)] §§ 1k, 1l eingef. mWv 28.7.2021 durch G v. 12.7.2021 (BGBl. I S. 3108).

Sinne des § 1i Absatz 2 gewonnenen Erkenntnisse auf wissenschaftlicher Grundlage in nicht personenbezogener Form evaluieren und den Deutschen Bundestag über die Ergebnisse der Evaluierung unterrichten. [2] Sofern erforderlich, soll das Bundesministerium für Verkehr und digitale Infrastruktur die Evaluierung zu einem von ihm festzulegenden Zeitpunkt bis zum Jahr 2030 erneut durchführen.

**§ 2[1)] Fahrerlaubnis und Führerschein.** (1) [1] Wer auf öffentlichen Straßen ein Kraftfahrzeug führt, bedarf der Erlaubnis (Fahrerlaubnis) der zuständigen Behörde (Fahrerlaubnisbehörde). [2] Die Fahrerlaubnis wird in bestimmten Klassen erteilt. [3] Sie ist durch eine amtliche Bescheinigung (Führerschein) nachzuweisen. [4] Nach näherer Bestimmung durch Rechtsverordnung auf Grund des § 6 Absatz 1 Satz 1 Nummer 1 Buchstabe a und Absatz 3 Nummer 2 kann die Gültigkeitsdauer der Führerscheine festgelegt werden.

(2) [1] Die Fahrerlaubnis ist für die jeweilige Klasse zu erteilen, wenn der Bewerber

1. seinen ordentlichen Wohnsitz im Sinne des Artikels 12 der Richtlinie 2006/126/EG des Europäischen Parlaments und des Rates vom 20. Dezember 2006 über den Führerschein (ABl. L 403 vom 30.12.2006, S. 26) im Inland hat,
2. das erforderliche Mindestalter erreicht hat,
3. zum Führen von Kraftfahrzeugen geeignet ist,
4. zum Führen von Kraftfahrzeugen nach dem Fahrlehrergesetz und den auf ihm beruhenden Rechtsvorschriften ausgebildet worden ist,
5. die Befähigung zum Führen von Kraftfahrzeugen in einer theoretischen und praktischen Prüfung nachgewiesen hat,
6. Erste Hilfe leisten kann und
7. keine in einem Mitgliedstaat der Europäischen Union oder einem anderen Vertragsstaat des Abkommens über den Europäischen Wirtschaftsraum erteilte Fahrerlaubnis dieser Klasse besitzt.

[2] Nach näherer Bestimmung durch Rechtsverordnung gemäß § 6 Absatz 1 Satz 1 Nummer 1 Buchstabe b können als weitere Voraussetzungen der Vorbesitz anderer Klassen oder Fahrpraxis in einer anderen Klasse festgelegt werden. [3] Die Fahrerlaubnis kann für die Klassen C und D sowie ihre Unterklassen und Anhängerklassen befristet erteilt werden. [4] Sie ist auf Antrag zu verlängern, wenn der Bewerber zum Führen von Kraftfahrzeugen geeignet ist und kein Anlass zur Annahme besteht, dass eine der aus den Sätzen 1 und 2 ersichtlichen sonstigen Voraussetzungen fehlt.

---

[1)] § 2 Abs. 15 Satz 2 geänd. mWv 1.6.2005 durch G v. 3.5.2005 (BGBl. I S. 1221); Abs. 10 Satz 1 geänd. mWv 1.7.2005 durch G v. 21.6.2005 (BGBl. I S. 1818); Abs. 10 Sätze 5–8 angef., Abs. 11 Satz 2 aufgeh., Abs. 13 Satz 4 und Abs. 16 angef. mWv 23.7.2009 durch G v. 17.7.2009 (BGBl. I S. 2021); Abs. 1 Satz 4 angef., Abs. 2 Satz 1 Nr. 1 geänd. mWv 9.12.2010 durch G v. 2.12.2010 (BGBl. I S. 1748); Abs. 10 Sätze 5–8 aufgeh., Abs. 10a eingef., Abs. 13 Satz 4 und Abs. 16 neu gef. mWv 29.6.2011 durch G v. 23.6.2011 (BGBl. I S. 1213); Abs. 7 Satz 2, Abs. 9 Satz 2 geänd., Abs. 16 Satz 1 Nr. 3 neu gef., Satz 3 geänd. mWv 1.5.2014 durch G v. 28.8.2013 (BGBl. I S. 3313); Abs. 9 Sätze 2 und 3 geänd. mWv 5.12.2014 durch G v. 28.11.2014 (BGBl. I S. 1802); Abs. 2 Satz 1 Nr. 6 und Abs. 13 Satz 1 geänd. mWv 7.3.2015 durch G v. 2.3.2015 (BGBl. I S. 186); Abs. 6 Satz 1 Nr. 1 geänd. mWv 7.12.2016 durch G v. 28.11.2016 (BGBl. I S. 2722); Abs. 15 Sätze 1 und 2 geänd. mWv 1.1.2018 durch G v. 30.6.2017 (BGBl. I S. 2162); Abs. 9 Satz 6 und Abs. 14 Satz 2 geänd. mWv 26.11.2019 durch G v. 20.11.2019 (BGBl. I S. 1626); Abs. 3 Satz 4 neu gef., Abs. 13 Satz 1 geänd. mWv 1.8.2021 durch G v. 16.4.2021 (BGBl. I S. 822); Abs. 1 Satz 4, Abs. 2 Satz 2, Abs. 3 Satz 1, Abs. 6 Satz 1, Abs. 11, Abs. 13 Satz 3 und Abs. 14 Satz 2 geänd., Abs. 8 Sätze 2 und 3 angef. mWv 28.7.2021 durch G v. 12.7.2021 (BGBl. I S. 3091).

(3) [1] Nach näherer Bestimmung durch Rechtsverordnung gemäß § 6 Absatz 1 Satz 1 Nummer 1 Buchstabe a und b kann für die Personenbeförderung in anderen Fahrzeugen als Kraftomnibussen zusätzlich zur Fahrerlaubnis nach Absatz 1 eine besondere Erlaubnis verlangt werden. [2] Die Erlaubnis wird befristet erteilt. [3] Für die Erteilung und Verlängerung können dieselben Voraussetzungen bestimmt werden, die für die Fahrerlaubnis zum Führen von Kraftomnibussen gelten. [4] Außerdem kann ein Fachkundenachweis verlangt werden. [5] Im Übrigen gelten die Bestimmungen für Fahrerlaubnisse entsprechend, soweit gesetzlich nichts anderes bestimmt ist.

(4) [1] Geeignet zum Führen von Kraftfahrzeugen ist, wer die notwendigen körperlichen und geistigen Anforderungen erfüllt und nicht erheblich oder nicht wiederholt gegen verkehrsrechtliche Vorschriften oder gegen Strafgesetze verstoßen hat. [2] Ist der Bewerber auf Grund körperlicher oder geistiger Mängel nur bedingt zum Führen von Kraftfahrzeugen geeignet, so erteilt die Fahrerlaubnisbehörde die Fahrerlaubnis mit Beschränkungen oder unter Auflagen, wenn dadurch das sichere Führen von Kraftfahrzeugen gewährleistet ist.

(5) Befähigt zum Führen von Kraftfahrzeugen ist, wer

1. ausreichende Kenntnisse der für das Führen von Kraftfahrzeugen maßgebenden gesetzlichen Vorschriften hat,
2. mit den Gefahren des Straßenverkehrs und den zu ihrer Abwehr erforderlichen Verhaltensweisen vertraut ist,
3. die zum sicheren Führen eines Kraftfahrzeugs, gegebenenfalls mit Anhänger, erforderlichen technischen Kenntnisse besitzt und zu ihrer praktischen Anwendung in der Lage ist und
4. über ausreichende Kenntnisse einer umweltbewussten und energiesparenden Fahrweise verfügt und zu ihrer praktischen Anwendung in der Lage ist.

(6) [1] Wer die Erteilung, Erweiterung, Verlängerung oder Änderung einer Fahrerlaubnis oder einer besonderen Erlaubnis nach Absatz 3, die Aufhebung einer Beschränkung oder Auflage oder die Ausfertigung oder Änderung eines Führerscheins beantragt, hat der Fahrerlaubnisbehörde nach näherer Bestimmung durch Rechtsverordnung gemäß § 6 Absatz 1 Satz 1 Nummer 1 und Absatz 3 Nummer 1 mitzuteilen und nachzuweisen

1. Familiennamen, Geburtsnamen, sonstige frühere Namen, Vornamen, Ordens- oder Künstlernamen, Doktorgrad, Geschlecht, Tag und Ort der Geburt, Anschrift, Staatsangehörigkeit, Art des Ausweisdokumentes und
2. das Vorliegen der Voraussetzungen nach Absatz 2 Satz 1 Nr. 1 bis 6 und Satz 2 und Absatz 3

sowie ein Lichtbild abzugeben. [2] Außerdem hat der Antragsteller eine Erklärung darüber abzugeben, ob er bereits eine in- oder ausländische Fahrerlaubnis der beantragten Klasse oder einen entsprechenden Führerschein besitzt.

(7) [1] Die Fahrerlaubnisbehörde hat zu ermitteln, ob der Antragsteller zum Führen von Kraftfahrzeugen, gegebenenfalls mit Anhänger, geeignet und befähigt ist, und ob er bereits eine in- oder ausländische Fahrerlaubnis oder einen entsprechenden Führerschein besitzt. [2] Sie hat dazu Auskünfte aus dem Fahreignungsregister und dem Zentralen Fahrerlaubnisregister nach den Vorschriften dieses Gesetzes einzuholen. [3] Sie kann außerdem insbesondere entsprechende Auskünfte aus ausländischen Registern oder von ausländischen Stellen einholen sowie die Beibringung eines Führungszeugnisses zur Vorlage bei der Verwaltungsbehörde nach den Vorschriften des Bundeszentralregistergesetzes verlangen.

(8) [1] Werden Tatsachen bekannt, die Bedenken gegen die Eignung oder Befähigung des Bewerbers begründen, so kann die Fahrerlaubnisbehörde anordnen, dass der Antragsteller ein Gutachten oder Zeugnis eines Facharztes oder Amtsarztes, ein Gutachten einer amtlich anerkannten Begutachtungsstelle für Fahreignung oder eines amtlich anerkannten Sachverständigen oder Prüfers für den Kraftfahrzeugverkehr innerhalb einer angemessenen Frist beibringt. [2] Anstelle eines erneuten Gutachtens einer amtlich anerkannten Begutachtungsstelle für Fahreignung genügt zum Nachweis der Wiederherstellung der Eignung in der Regel die Vorlage einer Bescheinigung über die Teilnahme an einem amtlich anerkannten Kurs zur Wiederherstellung der Kraftfahreignung, wenn

1. auf Grund eines Gutachtens einer amtlich anerkannten Begutachtungsstelle für Fahreignung die Teilnahme des Betroffenen an dieser Art von Kursen als geeignete Maßnahme angesehen wird, bestehende Eignungsmängel zu beseitigen,
2. der Betroffene nicht Inhaber einer Fahrerlaubnis ist und
3. die Fahrerlaubnisbehörde der Kursteilnahme zugestimmt hat.

[3] Satz 2 gilt nicht, wenn die Beibringung eines Gutachtens einer amtlich anerkannten Begutachtungsstelle für Fahreignung nach § 4 Absatz 10 Satz 4 oder wegen erheblichen oder wiederholten Verstoßes gegen verkehrsrechtliche Vorschriften oder gegen Strafgesetze angeordnet wird.

(9) [1] Die Registerauskünfte, Führungszeugnisse, Gutachten und Gesundheitszeugnisse dürfen nur zur Feststellung oder Überprüfung der Eignung oder Befähigung verwendet werden. [2] Sie sind nach spätestens zehn Jahren zu vernichten, es sei denn, mit ihnen im Zusammenhang stehende Eintragungen im Fahreignungsregister oder im Zentralen Fahrerlaubnisregister sind nach den Bestimmungen für diese Register zu einem früheren oder späteren Zeitpunkt zu tilgen oder zu löschen. [3] In diesem Fall ist für die Vernichtung oder Löschung der frühere oder spätere Zeitpunkt maßgeblich. [4] Die Zehnjahresfrist nach Satz 2 beginnt mit der rechts- oder bestandskräftigen Entscheidung oder mit der Rücknahme des Antrags durch den Antragsteller. [5] Die Sätze 1 bis 4 gelten auch für entsprechende Unterlagen, die der Antragsteller nach Absatz 6 Satz 1 Nr. 2 beibringt. [6] Anstelle einer Vernichtung der Unterlagen ist die Verarbeitung der darin enthaltenen Daten einzuschränken, wenn die Vernichtung wegen der besonderen Art der Führung der Akten nicht oder nur mit unverhältnismäßigem Aufwand möglich ist.

(10) [1] Bundeswehr, Bundespolizei und Polizei können durch ihre Dienststellen Fahrerlaubnisse für das Führen von Dienstfahrzeugen erteilen (Dienstfahrerlaubnisse). [2] Diese Dienststellen nehmen die Aufgaben der Fahrerlaubnisbehörde wahr. [3] Für Dienstfahrerlaubnisse gelten die Bestimmungen dieses Gesetzes und der auf ihm beruhenden Rechtsvorschriften, soweit gesetzlich nichts anderes bestimmt ist. [4] Mit Dienstfahrerlaubnissen dürfen nur Dienstfahrzeuge geführt werden.

(10a) [1] Die nach Landesrecht zuständige Behörde kann Angehörigen der Freiwilligen Feuerwehren, der nach Landesrecht anerkannten Rettungsdienste, des Technischen Hilfswerks und sonstiger Einheiten des Katastrophenschutzes, die ihre Tätigkeit ehrenamtlich ausüben, Fahrberechtigungen zum Führen von Einsatzfahrzeugen auf öffentlichen Straßen bis zu einer zulässigen Gesamtmasse von 4,75 t – auch mit Anhängern, sofern die zulässige Gesamtmasse der Kombination 4,75 t nicht übersteigt – erteilen. [2] Der Bewerber um die Fahrberechtigung muss

1. mindestens seit zwei Jahren eine Fahrerlaubnis der Klasse B besitzen,
2. in das Führen von Einsatzfahrzeugen bis zu einer zulässigen Gesamtmasse von 4,75 t eingewiesen worden sein und

3. in einer praktischen Prüfung seine Befähigung nachgewiesen haben.

[3]Die Fahrberechtigung gilt im gesamten Hoheitsgebiet der Bundesrepublik Deutschland zur Aufgabenerfüllung der in Satz 1 genannten Organisationen oder Einrichtungen. [4]Die Sätze 1 bis 3 gelten entsprechend für den Erwerb der Fahrberechtigung zum Führen von Einsatzfahrzeugen bis zu einer zulässigen Gesamtmasse von 7,5 t – auch mit Anhängern, sofern die zulässige Gesamtmasse der Kombination 7,5 t nicht übersteigt.

(11) Nach näherer Bestimmung durch Rechtsverordnung[1)] gemäß § 6 Absatz 1 Satz 1 Nummer 1 in Verbindung mit Absatz 3 Nummer 1 und 2 berechtigen auch ausländische Fahrerlaubnisse zum Führen von Kraftfahrzeugen im Inland.

(12) [1]Die Polizei hat Informationen über Tatsachen, die auf nicht nur vorübergehende Mängel hinsichtlich der Eignung oder auf Mängel hinsichtlich der Befähigung einer Person zum Führen von Kraftfahrzeugen schließen lassen, den Fahrerlaubnisbehörden zu übermitteln, soweit dies für die Überprüfung der Eignung oder Befähigung aus der Sicht der übermittelnden Stelle erforderlich ist. [2]Soweit die mitgeteilten Informationen für die Beurteilung der Eignung oder Befähigung nicht erforderlich sind, sind die Unterlagen unverzüglich zu vernichten.

(13) [1]Stellen oder Personen, die die Eignung oder Befähigung zur Teilnahme am Straßenverkehr oder Fachkundenachweise zwecks Vorbereitung einer verwaltungsbehördlichen Entscheidung beurteilen oder prüfen oder die in Erster Hilfe (§ 2 Abs. 2 Satz 1 Nr. 6) ausbilden, müssen für diese Aufgaben gesetzlich oder amtlich anerkannt oder beauftragt sein. [2]Personen, die die Befähigung zum Führen von Kraftfahrzeugen nach § 2 Abs. 5 prüfen, müssen darüber hinaus einer Technischen Prüfstelle für den Kraftfahrzeugverkehr nach § 10 des Kraftfahrsachverständigengesetzes angehören. [3]Voraussetzungen, Inhalt, Umfang und Verfahren für die Anerkennung oder Beauftragung und die Aufsicht werden – soweit nicht bereits im Kraftfahrsachverständigengesetz oder in auf ihm beruhenden Rechtsvorschriften geregelt – durch Rechtsverordnung gemäß § 6 Absatz 1 Satz 1 Nummer 1 Buchstabe c und d in Verbindung mit Absatz 3 Nummer 3 näher bestimmt. [4]Abweichend von den Sätzen 1 bis 3 sind Personen, die die Voraussetzungen des Absatzes 16 für die Begleitung erfüllen, berechtigt, die Befähigung zum Führen von Einsatzfahrzeugen der in Absatz 10a Satz 1 genannten Organisationen oder Einrichtungen zu prüfen.

(14) [1]Die Fahrerlaubnisbehörden dürfen den in Absatz 13 Satz 1 genannten Stellen und Personen die Daten übermitteln, die diese zur Erfüllung ihrer Aufgaben benötigen. [2]Die betreffenden Stellen und Personen dürfen diese Daten und nach näherer Bestimmung durch Rechtsverordnung gemäß § 6 Absatz 1 Satz 1 Nummer 1 Buchstabe c und d in Verbindung mit Absatz 3 Nummer 3 die bei der Erfüllung ihrer Aufgaben anfallenden Daten verarbeiten.

(15) [1]Wer zur Ausbildung, zur Ablegung der Prüfung oder zur Begutachtung der Eignung oder Befähigung ein Kraftfahrzeug auf öffentlichen Straßen führt, muss dabei von einem Fahrlehrer oder einem Fahrlehreranwärter im Sinne des Fahrlehrergesetzes begleitet werden. [2]Bei den Fahrten nach Satz 1 sowie bei der Hin- und Rückfahrt zu oder von einer Prüfung oder einer Begutachtung gilt im Sinne dieses Gesetzes der Fahrlehrer oder der Fahrlehreranwärter als Führer des

---

[1)] Beachte zur Einteilung der Fahrerlaubnisklassen § 6 Fahrerlaubnis-VO **(Habersack, Deutsche Gesetze ErgBd. Nr. 35d)**.

Kraftfahrzeugs, wenn der Kraftfahrzeugführer keine entsprechende Fahrerlaubnis besitzt.

(16) [1]Wer zur Einweisung oder zur Ablegung der Prüfung nach Absatz 10a ein entsprechendes Einsatzfahrzeug auf öffentlichen Straßen führt, muss von einem Fahrlehrer im Sinne des Fahrlehrergesetzes oder abweichend von Absatz 15 Satz 1 von einem Angehörigen der in Absatz 10a Satz 1 genannten Organisationen oder Einrichtungen, der

1. das 30. Lebensjahr vollendet hat,
2. mindestens seit fünf Jahren eine gültige Fahrerlaubnis der Klasse C1 besitzt und
3. zum Zeitpunkt der Einweisungs- und Prüfungsfahrten im Fahreignungsregister mit nicht mehr als zwei Punkten belastet ist,

begleitet werden. [2]Absatz 15 Satz 2 gilt entsprechend. [3]Die nach Landesrecht zuständige Behörde kann überprüfen, ob die Voraussetzungen des Satzes 1 erfüllt sind; sie kann die Auskunft nach Satz 1 Nummer 3 beim Fahreignungsregister einholen. [4]Die Fahrerlaubnis nach Satz 1 Nummer 2 ist durch einen gültigen Führerschein nachzuweisen, der während der Einweisungs- und Prüfungsfahrten mitzuführen und zur Überwachung des Straßenverkehrs berechtigten Personen auszuhändigen ist.

**§ 2a[1)] Fahrerlaubnis auf Probe.** (1) [1]Bei erstmaligem Erwerb einer Fahrerlaubnis wird diese auf Probe erteilt; die Probezeit dauert zwei Jahre vom Zeitpunkt der Erteilung an. [2]Bei Erteilung einer Fahrerlaubnis an den Inhaber einer im Ausland erteilten Fahrerlaubnis ist die Zeit seit deren Erwerb auf die Probezeit anzurechnen. [3]Die Regelungen über die Fahrerlaubnis auf Probe finden auch Anwendung auf Inhaber einer gültigen Fahrerlaubnis aus einem Mitgliedstaat der Europäischen Union oder einem anderen Vertragsstaat des Abkommens über den Europäischen Wirtschaftsraum, die ihren ordentlichen Wohnsitz in das Inland verlegt haben. [4]Die Zeit seit dem Erwerb der Fahrerlaubnis ist auf die Probezeit anzurechnen. [5]Die Beschlagnahme, Sicherstellung oder Verwahrung von Führerscheinen nach § 94 der Strafprozessordnung[2)], die vorläufige Entziehung nach § 111a der Strafprozessordnung und die sofort vollziehbare Entziehung durch die Fahrerlaubnisbehörde hemmen den Ablauf der Probezeit. [6]Die Probezeit endet vorzeitig, wenn die Fahrerlaubnis entzogen wird oder der Inhaber auf sie verzichtet. [7]In diesem Fall beginnt mit der Erteilung einer neuen Fahrerlaubnis eine neue Probezeit, jedoch nur im Umfang der Restdauer der vorherigen Probezeit.

(2) [1]Ist gegen den Inhaber einer Fahrerlaubnis wegen einer innerhalb der Probezeit begangenen Straftat oder Ordnungswidrigkeit eine rechtskräftige Entscheidung ergangen, die nach § 28 Absatz 3 Nummer 1 oder 3 Buchstabe a oder c in das Fahreignungsregister einzutragen ist, so hat, auch wenn die Probezeit zwischenzeitlich abgelaufen oder die Fahrerlaubnis nach § 6e Absatz 2 widerrufen worden ist, die Fahrerlaubnisbehörde

1. seine Teilnahme an einem Aufbauseminar anzuordnen und hierfür eine Frist zu setzen, wenn er eine schwerwiegende oder zwei weniger schwerwiegende Zuwiderhandlungen begangen hat,

---

[1)] § 2a Abs. 2 Satz 1 einl. Satzteil, Abs. 5 Satz 1 geänd. mWv 9.12.2010 durch G v. 2.12.2010 (BGBl. I S. 1748); Abs. 2 Satz 1 einl. Satzteil und Nr. 2 geänd., Satz 3 aufgeh., Abs. 5 Satz 1 Nr. 1 und 2 geänd., Abs. 7 angef. mWv 1.5.2014 durch G v. 28.8.2013 (BGBl. I S. 3313); Abs. 2 Satz 1 einl. Satzteil geänd. mWv 5.12.2014 durch G v. 28.11.2014 (BGBl. I S. 1802); Abs. 7 Satz 8 Nr. 3 geänd. mWv 28.7.2021 durch G v. 12.7.2021 (BGBl. I S. 3091).

[2)] Nr. **90**.

2. ihn schriftlich zu verwarnen und ihm nahezulegen, innerhalb von zwei Monaten an einer verkehrspsychologischen Beratung nach Absatz 7 teilzunehmen, wenn er nach Teilnahme an einem Aufbauseminar innerhalb der Probezeit eine weitere schwerwiegende oder zwei weitere weniger schwerwiegende Zuwiderhandlungen begangen hat,
3. ihm die Fahrerlaubnis zu entziehen, wenn er nach Ablauf der in Nummer 2 genannten Frist innerhalb der Probezeit eine weitere schwerwiegende oder zwei weitere weniger schwerwiegende Zuwiderhandlungen begangen hat.

[2] Die Fahrerlaubnisbehörde ist bei den Maßnahmen nach den Nummern 1 bis 3 an die rechtskräftige Entscheidung über die Straftat oder Ordnungswidrigkeit gebunden.

(2a) [1] Die Probezeit verlängert sich um zwei Jahre, wenn die Teilnahme an einem Aufbauseminar nach Absatz 2 Satz 1 Nr. 1 angeordnet worden ist. [2] Die Probezeit verlängert sich außerdem um zwei Jahre, wenn die Anordnung nur deshalb nicht erfolgt ist, weil die Fahrerlaubnis entzogen worden ist oder der Inhaber der Fahrerlaubnis auf sie verzichtet hat.

(3) Ist der Inhaber einer Fahrerlaubnis einer vollziehbaren Anordnung der zuständigen Behörde nach Absatz 2 Satz 1 Nr. 1 in der festgesetzten Frist nicht nachgekommen, so ist die Fahrerlaubnis zu entziehen.

(4) [1] Die Entziehung der Fahrerlaubnis nach § 3 bleibt unberührt; die zuständige Behörde kann insbesondere auch die Beibringung eines Gutachtens einer amtlich anerkannten Begutachtungsstelle für Fahreignung anordnen, wenn der Inhaber einer Fahrerlaubnis innerhalb der Probezeit Zuwiderhandlungen begangen hat, die nach den Umständen des Einzelfalls bereits Anlass zu der Annahme geben, dass er zum Führen von Kraftfahrzeugen ungeeignet ist. [2] Hält die Behörde auf Grund des Gutachtens seine Nichteignung nicht für erwiesen, so hat sie die Teilnahme an einem Aufbauseminar anzuordnen, wenn der Inhaber der Fahrerlaubnis an einem solchen Kurs nicht bereits teilgenommen hatte. [3] Absatz 3 gilt entsprechend.

(5) [1] Ist eine Fahrerlaubnis entzogen worden

1. nach § 3 oder nach § 4 Absatz 5 Satz 1 Nummer 3 dieses Gesetzes, weil innerhalb der Probezeit Zuwiderhandlungen begangen wurden, oder nach § 69 oder § 69b des Strafgesetzbuches[1)],
2. nach Absatz 3, weil einer Anordnung zur Teilnahme an einem Aufbauseminar nicht nachgekommen wurde,

oder wurde die Fahrerlaubnis nach § 6e Absatz 2 widerrufen, so darf eine neue Fahrerlaubnis unbeschadet der übrigen Voraussetzungen nur erteilt werden, wenn der Antragsteller nachweist, dass er an einem Aufbauseminar teilgenommen hat. [2] Das Gleiche gilt, wenn der Antragsteller nur deshalb nicht an einem angeordneten Aufbauseminar teilgenommen hat oder die Anordnung nur deshalb nicht erfolgt ist, weil die Fahrerlaubnis aus anderen Gründen entzogen worden ist oder er zwischenzeitlich auf die Fahrerlaubnis verzichtet hat. [3] Ist die Fahrerlaubnis nach Absatz 2 Satz 1 Nr. 3 entzogen worden, darf eine neue Fahrerlaubnis frühestens drei Monate nach Wirksamkeit der Entziehung erteilt werden; die Frist beginnt mit der Ablieferung des Führerscheins. [4] Auf eine mit der Erteilung einer Fahrerlaubnis nach vorangegangener Entziehung gemäß Absatz 1 Satz 7 beginnende neue Probezeit ist Absatz 2 nicht anzuwenden. [5] Die zuständige Behörde hat in diesem Fall in der Regel die Beibringung eines Gutachtens einer amtlich an-

[1)] Nr. **85**.

erkannten Begutachtungsstelle für Fahreignung anzuordnen, sobald der Inhaber einer Fahrerlaubnis innerhalb der neuen Probezeit erneut eine schwerwiegende oder zwei weniger schwerwiegende Zuwiderhandlungen begangen hat.

(6) Widerspruch und Anfechtungsklage gegen die Anordnung des Aufbauseminars nach Absatz 2 Satz 1 Nr. 1 und Absatz 4 Satz 2 sowie die Entziehung der Fahrerlaubnis nach Absatz 2 Satz 1 Nr. 3 und Absatz 3 haben keine aufschiebende Wirkung.

(7) [1] In der verkehrspsychologischen Beratung soll der Inhaber einer Fahrerlaubnis auf Probe veranlasst werden, Mängel in seiner Einstellung zum Straßenverkehr und im verkehrssicheren Verhalten zu erkennen und die Bereitschaft zu entwickeln, diese Mängel abzubauen. [2] Die Beratung findet in Form eines Einzelgesprächs statt. [3] Sie kann durch eine Fahrprobe ergänzt werden, wenn der Berater dies für erforderlich hält. [4] Der Berater soll die Ursachen der Mängel aufklären und Wege zu ihrer Beseitigung aufzeigen. [5] Erkenntnisse aus der Beratung sind nur für den Inhaber einer Fahrerlaubnis auf Probe bestimmt und nur diesem mitzuteilen. [6] Der Inhaber einer Fahrerlaubnis auf Probe erhält jedoch eine Bescheinigung über die Teilnahme zur Vorlage bei der nach Landesrecht zuständigen Behörde. [7] Die Beratung darf nur von einer Person durchgeführt werden, die hierfür amtlich anerkannt ist. [8] Die amtliche Anerkennung ist zu erteilen, wenn der Bewerber

1. persönlich zuverlässig ist,
2. über den Abschluss eines Hochschulstudiums als Diplom-Psychologe oder eines gleichwertigen Masterabschlusses in Psychologie verfügt und
3. eine Ausbildung und Erfahrungen in der Verkehrspsychologie nach näherer Bestimmung durch Rechtsverordnung nach § 6 Absatz 1 Satz 1 Nummer 1 Buchstabe a und c in Verbindung mit Absatz 3 Nummer 3 nachweist.

**§ 2b[1] Aufbauseminar bei Zuwiderhandlungen innerhalb der Probezeit.**

(1) [1] Die Teilnehmer an Aufbauseminaren sollen durch Mitwirkung an Gruppengesprächen und an einer Fahrprobe veranlasst werden, eine risikobewusstere Einstellung im Straßenverkehr zu entwickeln und sich dort sicher und rücksichtsvoll zu verhalten. [2] Auf Antrag kann die anordnende Behörde der betroffenen Person die Teilnahme an einem Einzelseminar gestatten.

(2) [1] Die Aufbauseminare dürfen nur von Fahrlehrern durchgeführt werden, die Inhaber einer entsprechenden Erlaubnis nach dem Fahrlehrergesetz sind. [2] Besondere Aufbauseminare für Inhaber einer Fahrerlaubnis auf Probe, die unter dem Einfluss von Alkohol oder anderer berauschender Mittel am Verkehr teilgenommen haben, werden nach näherer Bestimmung durch Rechtsverordnung gemäß § 6 Absatz 1 Satz 1 Nummer 1 Buchstabe a und c und Absatz 3 Nummer 3 von hierfür amtlich anerkannten anderen Seminarleitern durchgeführt.

(3) Ist der Teilnehmer an einem Aufbauseminar nicht Inhaber einer Fahrerlaubnis oder unterliegt er einem rechtskräftig angeordneten Fahrverbot, so gilt hinsichtlich der Fahrprobe § 2 Abs. 15 entsprechend.

**§ 2c[2] Unterrichtung der Fahrerlaubnisbehörden durch das Kraftfahrt-Bundesamt.** [1] Das Kraftfahrt-Bundesamt hat die zuständige Behörde zu unterrichten, wenn über den Inhaber einer Fahrerlaubnis Entscheidungen in das Fahr-

[1] § 2b Abs. 3 geänd. mWv 9.12.2010 durch G v. 2.12.2010 (BGBl. I S. 1748); Abs. 1 Satz 2 geänd. mWv 26.11.2019 durch G v. 20.11.2019 (BGBl. I S. 1626); Abs. 2 Satz 2 geänd. mWv 28.7.2021 durch G v. 12.7.2021 (BGBl. I S. 3091).

[2] § 2c Sätze 1 und 2 geänd. mWv 1.5.2014 durch G v. 28.8.2013 (BGBl. I S. 3313).

eignungsregister eingetragen werden, die zu Anordnungen nach § 2a Abs. 2, 4 und 5 führen können. [2]Hierzu übermittelt es die notwendigen Daten aus dem Zentralen Fahrerlaubnisregister sowie den Inhalt der Eintragungen im Fahreignungsregister über die innerhalb der Probezeit begangenen Straftaten und Ordnungswidrigkeiten. [3]Hat bereits eine Unterrichtung nach Satz 1 stattgefunden, so hat das Kraftfahrt-Bundesamt bei weiteren Unterrichtungen auch hierauf hinzuweisen.

**§ 3[1)] Entziehung der Fahrerlaubnis.** (1) [1]Erweist sich jemand als ungeeignet oder nicht befähigt zum Führen von Kraftfahrzeugen, so hat ihm die Fahrerlaubnisbehörde die Fahrerlaubnis zu entziehen. [2]Bei einer ausländischen Fahrerlaubnis hat die Entziehung – auch wenn sie nach anderen Vorschriften erfolgt – die Wirkung einer Aberkennung des Rechts, von der Fahrerlaubnis im Inland Gebrauch zu machen. [3]§ 2 Abs. 7 und 8 gilt entsprechend.

(2) [1]Mit der Entziehung erlischt die Fahrerlaubnis. [2]Bei einer ausländischen Fahrerlaubnis erlischt das Recht zum Führen von Kraftfahrzeugen im Inland. [3]Nach der Entziehung ist der Führerschein der Fahrerlaubnisbehörde abzuliefern oder zur Eintragung der Entscheidung vorzulegen. [4]Die Sätze 1 bis 3 gelten auch, wenn die Fahrerlaubnisbehörde die Fahrerlaubnis auf Grund anderer Vorschriften entzieht.

(3) [1]Solange gegen den Inhaber der Fahrerlaubnis ein Strafverfahren anhängig ist, in dem die Entziehung der Fahrerlaubnis nach § 69 des Strafgesetzbuchs[2)] in Betracht kommt, darf die Fahrerlaubnisbehörde den Sachverhalt, der Gegenstand des Strafverfahrens ist, in einem Entziehungsverfahren nicht berücksichtigen. [2]Dies gilt nicht, wenn die Fahrerlaubnis von einer Dienststelle der Bundeswehr, der Bundespolizei oder der Polizei für Dienstfahrzeuge erteilt worden ist.

(4) [1]Will die Fahrerlaubnisbehörde in einem Entziehungsverfahren einen Sachverhalt berücksichtigen, der Gegenstand der Urteilsfindung in einem Strafverfahren gegen den Inhaber der Fahrerlaubnis gewesen ist, so kann sie zu dessen Nachteil vom Inhalt des Urteils insoweit nicht abweichen, als es sich auf die Feststellung des Sachverhalts oder die Beurteilung der Schuldfrage oder der Eignung zum Führen von Kraftfahrzeugen bezieht. [2]Der Strafbefehl und die gerichtliche Entscheidung, durch welche die Eröffnung des Hauptverfahrens oder der Antrag auf Erlass eines Strafbefehls abgelehnt wird, stehen einem Urteil gleich; dies gilt auch für Bußgeldentscheidungen, soweit sie sich auf die Feststellung des Sachverhalts und die Beurteilung der Schuldfrage beziehen.

(5) Die Fahrerlaubnisbehörde darf der Polizei die verwaltungsbehördliche oder gerichtliche Entziehung der Fahrerlaubnis oder das Bestehen eines Fahrverbots übermitteln, soweit dies im Einzelfall für die polizeiliche Überwachung im Straßenverkehr erforderlich ist.

(6) Für die Erteilung des Rechts, nach vorangegangener Entziehung oder vorangegangenem Verzicht von einer ausländischen Fahrerlaubnis im Inland wieder Gebrauch zu machen, an Personen mit ordentlichem Wohnsitz im Ausland gelten die Vorschriften über die Neuerteilung einer Fahrerlaubnis nach vorangegangener Entziehung oder vorangegangenem Verzicht entsprechend.

---

[1)] § 3 Abs. 3 Satz 2 geänd. mWv 1.7.2005 durch G v. 21.6.2005 (BGBl. I S. 1818); Abs. 6 neu gef., Abs. 7 angef. mWv 7.12.2016 durch G v. 28.11.2016 (BGBl. I S. 2722); Abs. 7 einl. Satzteil geänd. mWv 28.7.2021 durch G v. 12.7.2021 (BGBl. I S. 3091).

[2)] Nr. **85**.

(7) Durch Rechtsverordnung auf Grund des § 6 Absatz 1 Satz 1 Nummer 1 können Fristen und Voraussetzungen

1. für die Erteilung einer neuen Fahrerlaubnis nach vorangegangener Entziehung oder nach vorangegangenem Verzicht oder
2. für die Erteilung des Rechts, nach vorangegangener Entziehung oder vorangegangenem Verzicht von einer ausländischen Fahrerlaubnis im Inland wieder Gebrauch zu machen, an Personen mit ordentlichem Wohnsitz im Ausland

bestimmt werden.

**§ 4[1] Fahreignungs-Bewertungssystem.** (1) [1] Zum Schutz vor Gefahren, die von Inhabern einer Fahrerlaubnis ausgehen, die wiederholt gegen die die Sicherheit des Straßenverkehrs betreffenden straßenverkehrsrechtlichen oder gefahrgutbeförderungsrechtlichen Vorschriften verstoßen, hat die nach Landesrecht zuständige Behörde die in Absatz 5 genannten Maßnahmen (Fahreignungs-Bewertungssystem) zu ergreifen. [2] Den in Satz 1 genannten Vorschriften stehen jeweils Vorschriften gleich, die dem Schutz

1. von Maßnahmen zur Rettung aus Gefahren für Leib und Leben von Menschen oder
2. zivilrechtlicher Ansprüche Unfallbeteiligter

dienen. [3] Das Fahreignungs-Bewertungssystem ist nicht anzuwenden, wenn sich die Notwendigkeit früherer oder anderer die Fahreignung betreffender Maßnahmen nach den Vorschriften über die Entziehung der Fahrerlaubnis nach § 3 Absatz 1 oder einer auf Grund § 6 Absatz 1 Satz 1 Nummer 1 erlassenen Rechtsverordnung ergibt. [4] Das Fahreignungs-Bewertungssystem und die Regelungen über die Fahrerlaubnis auf Probe sind nebeneinander anzuwenden.

(2) [1] Für die Anwendung des Fahreignungs-Bewertungssystems sind die in einer Rechtsverordnung nach § 6 Absatz 1 Satz 1 Nummer 4 Buchstabe b bezeichneten Straftaten und Ordnungswidrigkeiten maßgeblich. [2] Sie werden nach Maßgabe der in Satz 1 genannten Rechtsverordnung wie folgt bewertet:

1. Straftaten mit Bezug auf die Verkehrssicherheit oder gleichgestellte Straftaten, sofern in der Entscheidung über die Straftat die Entziehung der Fahrerlaubnis nach den §§ 69 und 69b des Strafgesetzbuches[2] oder eine Sperre nach § 69a Absatz 1 Satz 3 des Strafgesetzbuches angeordnet worden ist, mit drei Punkten,
2. Straftaten mit Bezug auf die Verkehrssicherheit oder gleichgestellte Straftaten, sofern sie nicht von Nummer 1 erfasst sind, und besonders verkehrssicherheitsbeeinträchtigende oder gleichgestellte Ordnungswidrigkeiten jeweils mit zwei Punkten und
3. verkehrssicherheitsbeeinträchtigende oder gleichgestellte Ordnungswidrigkeiten mit einem Punkt.

[3] Punkte ergeben sich mit der Begehung der Straftat oder Ordnungswidrigkeit, sofern sie rechtskräftig geahndet wird. [4] Soweit in Entscheidungen über Straftaten oder Ordnungswidrigkeiten auf Tateinheit entschieden worden ist, wird nur die Zuwiderhandlung mit der höchsten Punktzahl berücksichtigt.

---

[1] § 4 neu gef. mWv 1.5.2014 durch G v. 28.8.2013 (BGBl. I S. 3313); Abs. 3 Satz 4, Abs. 5 Satz 6 und Abs. 6 neu gef., Abs. 4 und Abs. 10 Satz 2 geänd. mWv 5.12.2014 durch G v. 28.11.2014 (BGBl. I S. 1802); Abs. 1 Satz 3 und Abs. 2 Satz 1 geänd. mWv 28.7.2021 durch G v. 12.7.2021 (BGBl. I S. 3091).

[2] Nr. **85**.

(3) [1] Wird eine Fahrerlaubnis erteilt, dürfen Punkte für vor der Erteilung rechtskräftig gewordene Entscheidungen über Zuwiderhandlungen nicht mehr berücksichtigt werden. [2] Diese Punkte werden gelöscht. [3] Die Sätze 1 und 2 gelten auch, wenn

1. die Fahrerlaubnis entzogen,
2. eine Sperre nach § 69a Absatz 1 Satz 3 des Strafgesetzbuches angeordnet oder
3. auf die Fahrerlaubnis verzichtet

worden ist und die Fahrerlaubnis danach neu erteilt wird. [4] Die Sätze 1 und 2 gelten nicht bei

1. Entziehung der Fahrerlaubnis nach § 2a Absatz 3,
2. Verlängerung einer Fahrerlaubnis,
3. Erteilung nach Erlöschen einer befristet erteilten Fahrerlaubnis,
4. Erweiterung einer Fahrerlaubnis oder
5. vereinfachter Erteilung einer Fahrerlaubnis an Inhaber einer Dienstfahrerlaubnis oder Inhaber einer ausländischen Fahrerlaubnis.

(4) Inhaber einer Fahrerlaubnis mit einem Punktestand von einem Punkt bis zu drei Punkten sind mit der Speicherung der zugrunde liegenden Entscheidungen nach § 28 Absatz 3 Nummer 1 oder 3 Buchstabe a oder c für die Zwecke des Fahreignungs-Bewertungssystems vorgemerkt.

(5) [1] Die nach Landesrecht zuständige Behörde hat gegenüber den Inhabern einer Fahrerlaubnis folgende Maßnahmen stufenweise zu ergreifen, sobald sich in der Summe folgende Punktestände ergeben:

1. Ergeben sich vier oder fünf Punkte, ist der Inhaber einer Fahrerlaubnis beim Erreichen eines dieser Punktestände schriftlich zu ermahnen;
2. ergeben sich sechs oder sieben Punkte, ist der Inhaber einer Fahrerlaubnis beim Erreichen eines dieser Punktestände schriftlich zu verwarnen;
3. ergeben sich acht oder mehr Punkte, gilt der Inhaber einer Fahrerlaubnis als ungeeignet zum Führen von Kraftfahrzeugen und die Fahrerlaubnis ist zu entziehen.

[2] Die Ermahnung nach Satz 1 Nummer 1 und die Verwarnung nach Satz 1 Nummer 2 enthalten daneben den Hinweis, dass ein Fahreignungsseminar nach § 4a freiwillig besucht werden kann, um das Verkehrsverhalten zu verbessern; im Fall der Verwarnung erfolgt zusätzlich der Hinweis, dass hierfür kein Punktabzug gewährt wird. [3] In der Verwarnung nach Satz 1 Nummer 2 ist darüber zu unterrichten, dass bei Erreichen von acht Punkten die Fahrerlaubnis entzogen wird. [4] Die nach Landesrecht zuständige Behörde ist bei den Maßnahmen nach Satz 1 an die rechtskräftige Entscheidung über die Straftat oder die Ordnungswidrigkeit gebunden. [5] Sie hat für das Ergreifen der Maßnahmen nach Satz 1 auf den Punktestand abzustellen, der sich zum Zeitpunkt der Begehung der letzten zur Ergreifung der Maßnahme führenden Straftat oder Ordnungswidrigkeit ergeben hat. [6] Bei der Berechnung des Punktestandes werden Zuwiderhandlungen

1. unabhängig davon berücksichtigt, ob nach deren Begehung bereits Maßnahmen ergriffen worden sind,
2. nur dann berücksichtigt, wenn deren Tilgungsfrist zu dem in Satz 5 genannten Zeitpunkt noch nicht abgelaufen war.

[7] Spätere Verringerungen des Punktestandes auf Grund von Tilgungen bleiben unberücksichtigt.

(6) [1] Die nach Landesrecht zuständige Behörde darf eine Maßnahme nach Absatz 5 Satz 1 Nummer 2 oder 3 erst ergreifen, wenn die Maßnahme der jeweils davor liegenden Stufe nach Absatz 5 Satz 1 Nummer 1 oder 2 bereits ergriffen worden ist. [2] Sofern die Maßnahme der davor liegenden Stufe noch nicht ergriffen worden ist, ist diese zu ergreifen. [3] Im Fall des Satzes 2 verringert sich der Punktestand mit Wirkung vom Tag des Ausstellens der ergriffenen

1. Ermahnung auf fünf Punkte,
2. Verwarnung auf sieben Punkte,

wenn der Punktestand zu diesem Zeitpunkt nicht bereits durch Tilgungen oder Punktabzüge niedriger ist. [4] Punkte für Zuwiderhandlungen, die vor der Verringerung nach Satz 3 begangen worden sind und von denen die nach Landesrecht zuständige Behörde erst nach der Verringerung Kenntnis erhält, erhöhen den sich nach Satz 3 ergebenden Punktestand. [5] Späteren Tilgungen oder Punktabzügen wird der sich nach Anwendung der Sätze 3 und 4 ergebende Punktestand zugrunde gelegt.

(7) [1] Nehmen Inhaber einer Fahrerlaubnis freiwillig an einem Fahreignungsseminar teil und legen sie hierüber der nach Landesrecht zuständigen Behörde innerhalb von zwei Wochen nach Beendigung des Seminars eine Teilnahmebescheinigung vor, wird ihnen bei einem Punktestand von ein bis fünf Punkten ein Punkt abgezogen; maßgeblich ist der Punktestand zum Zeitpunkt der Ausstellung der Teilnahmebescheinigung. [2] Der Besuch eines Fahreignungsseminars führt jeweils nur einmal innerhalb von fünf Jahren zu einem Punktabzug. [3] Für den zu verringernden Punktestand und die Berechnung der Fünfjahresfrist ist jeweils das Ausstellungsdatum der Teilnahmebescheinigung maßgeblich.

(8) [1] Zur Vorbereitung der Maßnahmen nach Absatz 5 hat das Kraftfahrt-Bundesamt bei Erreichen der jeweiligen Punktestände nach Absatz 5, auch in Verbindung mit den Absätzen 6 und 7, der nach Landesrecht zuständigen Behörde die vorhandenen Eintragungen aus dem Fahreignungsregister zu übermitteln. [2] Unabhängig von Satz 1 hat das Kraftfahrt-Bundesamt bei jeder Entscheidung, die wegen einer Zuwiderhandlung nach

1. § 315c Absatz 1 Nummer 1 Buchstabe a des Strafgesetzbuches,
2. den §§ 316 oder 323a des Strafgesetzbuches oder
3. den §§ 24a oder 24c

ergangen ist, der nach Landesrecht zuständigen Behörde die vorhandenen Eintragungen aus dem Fahreignungsregister zu übermitteln.

(9) Widerspruch und Anfechtungsklage gegen die Entziehung nach Absatz 5 Satz 1 Nummer 3 haben keine aufschiebende Wirkung.

(10) [1] Ist die Fahrerlaubnis nach Absatz 5 Satz 1 Nummer 3 entzogen worden, darf eine neue Fahrerlaubnis frühestens sechs Monate nach Wirksamkeit der Entziehung erteilt werden. [2] Das gilt auch bei einem Verzicht auf die Fahrerlaubnis, wenn zum Zeitpunkt der Wirksamkeit des Verzichtes mindestens zwei Entscheidungen nach § 28 Absatz 3 Nummer 1 oder 3 Buchstabe a oder c gespeichert waren. [3] Die Frist nach Satz 1, auch in Verbindung mit Satz 2, beginnt mit der Ablieferung des Führerscheins nach § 3 Absatz 2 Satz 3 in Verbindung mit dessen Satz 4. [4] In den Fällen des Satzes 1, auch in Verbindung mit Satz 2, hat die nach Landesrecht zuständige Behörde unbeschadet der Erfüllung der sonstigen Voraussetzungen für die Erteilung der Fahrerlaubnis zum Nachweis, dass die Eignung zum Führen von Kraftfahrzeugen wiederhergestellt ist, in der Regel die Beibrin-

gung eines Gutachtens einer amtlich anerkannten Begutachtungsstelle für Fahreignung anzuordnen.

**§ 4a[1] Fahreignungsseminar.** (1) [1] Mit dem Fahreignungsseminar soll erreicht werden, dass die Teilnehmer sicherheitsrelevante Mängel in ihrem Verkehrsverhalten und insbesondere in ihrem Fahrverhalten erkennen und abbauen. [2] Hierzu sollen die Teilnehmer durch die Vermittlung von Kenntnissen zum Straßenverkehrsrecht, zu Gefahrenpotenzialen und zu verkehrssicherem Verhalten im Straßenverkehr, durch Analyse und Korrektur verkehrssicherheitsgefährdender Verhaltensweisen sowie durch Aufzeigen der Bedingungen und Zusammenhänge des regelwidrigen Verkehrsverhaltens veranlasst werden.

(2) [1] Das Fahreignungsseminar besteht aus einer verkehrspädagogischen und aus einer verkehrspsychologischen Teilmaßnahme, die aufeinander abzustimmen sind. [2] Zur Durchführung sind berechtigt

1. für die verkehrspädagogische Teilmaßnahme Fahrlehrer, die über eine Seminarerlaubnis Verkehrspädagogik nach § 46 des Fahrlehrergesetzes und
2. für die verkehrspsychologische Teilmaßnahme Personen, die über eine Seminarerlaubnis Verkehrspsychologie nach Absatz 3

verfügen.

(3) [1] Wer die verkehrspsychologische Teilmaßnahme des Fahreignungsseminars im Sinne des Absatzes 2 Satz 2 Nummer 2 durchführt, bedarf der Erlaubnis (Seminarerlaubnis Verkehrspsychologie). [2] Die Seminarerlaubnis Verkehrspsychologie wird durch die nach Landesrecht zuständige Behörde erteilt. [3] Die nach Landesrecht zuständige Behörde kann nachträglich Auflagen anordnen, soweit dies erforderlich ist, um die Einhaltung der Anforderungen an Fahreignungsseminare und deren ordnungsgemäße Durchführung sicherzustellen. [4] § 13 des Fahrlehrergesetzes gilt entsprechend.

(4) [1] Die Seminarerlaubnis Verkehrspsychologie wird auf Antrag erteilt, wenn der Bewerber

1. über einen Abschluss eines Hochschulstudiums als Diplom-Psychologe oder einen gleichwertigen Master-Abschluss in Psychologie verfügt,
2. eine verkehrspsychologische Ausbildung an einer Universität oder gleichgestellten Hochschule oder Stelle, die sich mit der Begutachtung oder Wiederherstellung der Kraftfahreignung befasst, oder eine fachpsychologische Qualifikation nach dem Stand der Wissenschaft durchlaufen hat,
3. über Erfahrungen in der Verkehrspsychologie
   a) durch eine mindestens dreijährige Begutachtung von Kraftfahrern an einer Begutachtungsstelle für Fahreignung oder eine mindestens dreijährige Durchführung von besonderen Aufbauseminaren oder von Kursen zur Wiederherstellung der Kraftfahreignung,
   b) durch eine mindestens fünfjährige freiberufliche verkehrspsychologische Tätigkeit, deren Nachweis durch Bestätigungen von Behörden oder Begutachtungsstellen für Fahreignung oder durch die Dokumentation von zehn Thera-

[1] § 4a eingef. mWv 1.5.2014 durch G v. 28.8.2013 (BGBl. I S. 3313); Abs. 4 Satz 1 Nr. 3 und 4 geänd., Nr. 5 angef., Abs. 8 Satz 8 geänd. mWv 5.12.2014 durch G v. 28.11.2014 (BGBl. I S. 1802); Abs. 2 Satz 2 Nr. 1, Abs. 3 Satz 4 und Abs. 7 geänd. mWv 1.1.2018 durch G v. 30.6.2017 (BGBl. I S. 2162); Abs. 6 Satz 2 Nr. 1 bis 3 und 4 Buchst. a und b geänd. mWv 26.11.2019 durch G v. 20.11.2019 (BGBl. I S. 1626).

piemaßnahmen für verkehrsauffällige Kraftfahrer, die mit einer positiven Begutachtung abgeschlossen wurden, erbracht werden kann, oder

c) durch eine mindestens dreijährige freiberufliche verkehrspsychologische Tätigkeit nach vorherigem Erwerb einer Qualifikation als klinischer Psychologe oder Psychotherapeut nach dem Stand der Wissenschaft

verfügt,

4. im Fahreignungsregister mit nicht mehr als zwei Punkten belastet ist und
5. eine zur Durchführung der verkehrspsychologischen Teilmaßnahme geeignete räumliche und sachliche Ausstattung nachweist.

[2] Die Erlaubnis ist zu versagen, wenn Tatsachen vorliegen, die Bedenken gegen die Zuverlässigkeit des Antragstellers begründen.

(5) [1] Die Seminarerlaubnis Verkehrspsychologie ist zurückzunehmen, wenn bei ihrer Erteilung eine der Voraussetzungen des Absatzes 4 nicht vorgelegen hat. [2] Die nach Landesrecht zuständige Behörde kann von der Rücknahme absehen, wenn der Mangel nicht mehr besteht. [3] Die Seminarerlaubnis Verkehrspsychologie ist zu widerrufen, wenn nachträglich eine der in Absatz 4 genannten Voraussetzungen weggefallen ist. [4] Bedenken gegen die Zuverlässigkeit bestehen insbesondere dann, wenn der Seminarleiter wiederholt die Pflichten grob verletzt hat, die ihm nach diesem Gesetz oder den auf ihm beruhenden Rechtsverordnungen obliegen.

(6) [1] Der Inhaber einer Seminarerlaubnis Verkehrspsychologie hat die personenbezogenen Daten, die ihm als Seminarleiter der verkehrspsychologischen Teilmaßnahme bekannt geworden sind, zu speichern und fünf Jahre nach der Ausstellung einer vorgeschriebenen Teilnahmebescheinigung unverzüglich zu löschen. [2] Die Daten nach Satz 1 dürfen

1. vom Inhaber der Seminarerlaubnis Verkehrspsychologie längstens neun Monate nach der Ausstellung der Teilnahmebescheinigung für die Durchführung des jeweiligen Fahreignungsseminars verwendet werden,
2. vom Inhaber der Seminarerlaubnis Verkehrspsychologie der Bundesanstalt für Straßenwesen übermittelt und von dieser zur Evaluierung nach § 4b verwendet werden,
3. von der Bundesanstalt für Straßenwesen oder in ihrem Auftrag an Dritte, die die Evaluierung nach § 4b im Auftrag der Bundesanstalt für Straßenwesen durchführen oder an ihr beteiligt sind, übermittelt und von den Dritten für die Evaluierung verwendet werden,
4. vom Inhaber der Seminarerlaubnis Verkehrspsychologie ausschließlich in Gestalt von Name, Vorname, Geburtsdatum und Anschrift des Seminarteilnehmers sowie dessen Unterschrift zur Teilnahmebestätigung
   a) der nach Landesrecht zuständigen Behörde übermittelt und von dieser zur Überwachung nach Absatz 8 verwendet werden,
   b) an Dritte, die ein von der zuständigen Behörde genehmigtes Qualitätssicherungssystem nach Absatz 8 Satz 6 betreiben und an dem der Inhaber der Seminarerlaubnis Verkehrspsychologie teilnimmt, übermittelt und im Rahmen dieses Qualitätssicherungssystems verwendet werden.

[3] Die Empfänger nach Satz 2 haben die Daten unverzüglich zu löschen, wenn sie nicht mehr für die in Satz 2 jeweils genannten Zwecke benötigt werden, spätestens jedoch fünf Jahre nach der Ausstellung der Teilnahmebescheinigung nach Satz 1.

(7) Jeder Inhaber einer Seminarerlaubnis Verkehrspsychologie hat alle zwei Jahre an einer insbesondere die Fahreignung betreffenden verkehrspsychologischen Fortbildung von mindestens sechs Stunden teilzunehmen.

(8) [1]Die Durchführung der verkehrspsychologischen Teilmaßnahme des Fahreignungsseminars unterliegt der Überwachung der nach Landesrecht zuständigen Behörde. [2]Die nach Landesrecht zuständige Behörde kann sich bei der Überwachung geeigneter Personen oder Stellen nach Landesrecht bedienen. [3]Die nach Landesrecht zuständige Behörde hat mindestens alle zwei Jahre an Ort und Stelle zu prüfen, ob die gesetzlichen Anforderungen an die Durchführung der verkehrspsychologischen Teilmaßnahme eingehalten werden. [4]Der Inhaber der Seminarerlaubnis Verkehrspsychologie hat die Prüfung zu ermöglichen. [5]Die in Satz 3 genannte Frist kann von der nach Landesrecht zuständigen Behörde auf vier Jahre verlängert werden, wenn in zwei aufeinanderfolgenden Überprüfungen keine oder nur geringfügige Mängel festgestellt worden sind. [6]Die nach Landesrecht zuständige Behörde kann von der wiederkehrenden Überwachung nach den Sätzen 1 bis 5 absehen, wenn der Inhaber einer Seminarerlaubnis Verkehrspsychologie sich einem von der nach Landesrecht zuständigen Behörde anerkannten Qualitätssicherungssystem angeschlossen hat. [7]Im Fall des Satzes 6 bleibt die Befugnis der nach Landesrecht zuständigen Behörde zur Überwachung im Sinne der Sätze 1 bis 5 unberührt. [8]Das Bundesministerium für Verkehr und digitale Infrastruktur soll durch Rechtsverordnung mit Zustimmung des Bundesrates Anforderung an Qualitätssicherungssysteme und Regeln für die Durchführung der Qualitätssicherung bestimmen.

**§ 4b[1)] Evaluierung.** [1]Das Fahreignungsseminar, die Vorschriften hierzu und der Vollzug werden von der Bundesanstalt für Straßenwesen wissenschaftlich begleitet und evaluiert. [2]Die Evaluierung hat insbesondere zu untersuchen, ob das Fahreignungsseminar eine verhaltensverbessernde Wirkung im Hinblick auf die Verkehrssicherheit hat. [3]Die Bundesanstalt für Straßenwesen legt das Ergebnis der Evaluierung bis zum 1. Mai 2019 dem Bundesministerium für Verkehr und digitale Infrastruktur in einem Bericht zur Weiterleitung an den Deutschen Bundestag vor.

**§ 5 Verlust von Dokumenten und Kennzeichen.** [1]Besteht eine Verpflichtung zur Ablieferung oder Vorlage eines Führerscheins, Fahrzeugscheins, Anhängerverzeichnisses, Fahrzeugbriefs, Nachweises über die Zuteilung des amtlichen Kennzeichens oder über die Betriebserlaubnis oder EG-Typgenehmigung, eines ausländischen Führerscheins oder Zulassungsscheins oder eines internationalen Führerscheins oder Zulassungsscheins oder amtlicher Kennzeichen oder Versicherungskennzeichen und behauptet der Verpflichtete, der Ablieferungs- oder Vorlagepflicht deshalb nicht nachkommen zu können, weil ihm der Schein, das Verzeichnis, der Brief, der Nachweis oder die Kennzeichen verloren gegangen oder sonst abhanden gekommen sind, so hat er auf Verlangen der Verwaltungsbehörde eine Versicherung an Eides statt über den Verbleib des Scheins, Verzeichnisses, Briefs, Nachweises oder der Kennzeichen abzugeben. [2]Dies gilt auch, wenn jemand für einen verloren gegangenen oder sonst abhanden gekommenen Schein, Brief oder Nachweis oder ein verloren gegangenes oder sonst abhanden gekommenes Anhängerverzeichnis oder Kennzeichen eine neue Ausfertigung oder ein neues Kennzeichen beantragt.

---

[1)] § 4b eingef. mWv 1.5.2014 durch G v. 28.8.2013 (BGBl. I S. 3313); Satz 3 geänd. mWv 5.12.2014 durch G v. 28.11.2014 (BGBl. I S. 1802).

**§ 5a** (weggefallen)

**§ 5b[1)] Unterhaltung der Verkehrszeichen.** (1) [1]Die Kosten der Beschaffung, Anbringung, Entfernung, Unterhaltung und des Betriebs der amtlichen Verkehrszeichen und -einrichtungen sowie der sonstigen vom Bundesministerium für Verkehr und digitale Infrastruktur zugelassenen Verkehrszeichen und -einrichtungen trägt der Träger der Straßenbaulast für diejenige Straße, in deren Verlauf sie angebracht werden oder angebracht worden sind, bei geteilter Straßenbaulast der für die durchgehende Fahrbahn zuständige Träger der Straßenbaulast. [2]Ist ein Träger der Straßenbaulast nicht vorhanden, so trägt der Eigentümer der Straße die Kosten.

(2) Diese Kosten tragen abweichend vom Absatz 1

a) die Unternehmer der Schienenbahnen für Andreaskreuze, Schranken, Blinklichter mit oder ohne Halbschranken;

b) die Unternehmer im Sinne des Personenbeförderungsgesetzes[2)] für Haltestellenzeichen;

c) die Gemeinden in der Ortsdurchfahrt für Parkuhren und andere Vorrichtungen oder Einrichtungen zur Überwachung der Parkzeit, Straßenschilder, Geländer, Wegweiser zu innerörtlichen Zielen und Verkehrszeichen für Laternen, die nicht die ganze Nacht brennen;

d) die Bauunternehmer und die sonstigen Unternehmer von Arbeiten auf und neben der Straße für Verkehrszeichen und -einrichtungen, die durch diese Arbeiten erforderlich werden;

e) die Unternehmer von Werkstätten, Tankstellen sowie sonstigen Anlagen und Veranstaltungen für die entsprechenden amtlichen oder zugelassenen Hinweiszeichen;

f) die Träger der Straßenbaulast der Straßen, von denen der Verkehr umgeleitet werden soll, für Wegweiser für Bedarfsumleitungen.

(3) Das Bundesministerium für Verkehr und digitale Infrastruktur wird ermächtigt, durch Rechtsverordnung mit Zustimmung des Bundesrates bei der Einführung neuer amtlicher Verkehrszeichen und -einrichtungen zu bestimmen, dass abweichend von Absatz 1 die Kosten entsprechend den Regelungen des Absatzes 2 ein anderer zu tragen hat.

(4) Kostenregelungen auf Grund kreuzungsrechtlicher Vorschriften nach Bundes- und Landesrecht bleiben unberührt.

(5) Diese Kostenregelung umfasst auch die Kosten für Verkehrszählungen, Lärmmessungen, Lärmberechnungen und Abgasmessungen.

(6) [1]Können Verkehrszeichen oder Verkehrseinrichtungen aus technischen Gründen oder wegen der Sicherheit und Leichtigkeit des Straßenverkehrs nicht auf der Straße angebracht werden, haben die Eigentümer der Anliegergrundstücke das Anbringen zu dulden. [2]Schäden, die durch das Anbringen oder Entfernen der Verkehrszeichen oder Verkehrseinrichtungen entstehen, sind zu beseitigen. [3]Wird die Benutzung eines Grundstücks oder sein Wert durch die Verkehrszeichen oder Verkehrseinrichtungen nicht unerheblich beeinträchtigt oder können Schäden, die durch das Anbringen oder Entfernen der Verkehrszeichen oder Verkehrseinrichtungen entstanden sind, nicht beseitigt werden, so ist eine an-

---

[1)] § 5b Abs. 1 Satz 1 und Abs. 3 geänd. mWv 18.8.2006 durch G v. 14.8.2006 (BGBl. I S. 1958); Abs. 1 Satz 1 und Abs. 3 geänd. mWv 5.12.2014 durch G v. 28.11.2014 (BGBl. I S. 1802).

[2)] **Sartorius Nr. 950.**

gemessene Entschädigung in Geld zu leisten. [4]Zur Schadensbeseitigung und zur Entschädigungsleistung ist derjenige verpflichtet, der die Kosten für die Verkehrszeichen und Verkehrseinrichtungen zu tragen hat. [5]Kommt eine Einigung nicht zustande, so entscheidet die höhere Verwaltungsbehörde. [6]Vor der Entscheidung sind die Beteiligten zu hören. [7]Die Landesregierungen werden ermächtigt, durch Rechtsverordnung die zuständige Behörde abweichend von Satz 5 zu bestimmen. [8]Sie können diese Ermächtigung auf oberste Landesbehörden übertragen.

**§ 6[1)] Verordnungsermächtigungen.** (1) [1]Das Bundesministerium für Verkehr und digitale Infrastruktur wird ermächtigt, soweit es zur Abwehr von Gefahren für die Sicherheit oder Leichtigkeit des Verkehrs auf öffentlichen Straßen erforderlich ist, Rechtsverordnungen mit Zustimmung des Bundesrates über Folgendes zu erlassen:

1. dic Zulassung von Personen zum Straßenverkehr, insbesondere über
   a) den Inhalt und die Gültigkeitsdauer von Fahrerlaubnissen, insbesondere unterschieden nach Fahrerlaubnisklassen, über die Probezeit sowie über Auflagen und Beschränkungen zu Fahrerlaubnissen,
   b) die erforderliche Befähigung und Eignung von Personen für ihre Teilnahme am Straßenverkehr, das Mindestalter und die sonstigen Anforderungen und Voraussetzungen zur Teilnahme am Straßenverkehr,
   c) die Ausbildung und die Fortbildung von Personen zur Herstellung und zum Erhalt der Voraussetzungen nach Buchstabe b und die sonstigen Maßnahmen, um die sichere Teilnahme von Personen am Straßenverkehr zu gewährleisten, insbesondere hinsichtlich Personen, die nur bedingt geeignet oder ungeeignet oder nicht befähigt zur Teilnahme am Straßenverkehr sind,
   d) die Prüfung und Beurteilung des Erfüllens der Voraussetzungen nach den Buchstaben b und c,
   e) Ausnahmen von einzelnen Anforderungen und Inhalten der Zulassung von Personen, insbesondere von der Fahrerlaubnispflicht und von einzelnen Erteilungsvoraussetzungen,
2. das Verhalten im Verkehr, auch im ruhenden Verkehr,
3. das Verhalten der Beteiligten nach einem Verkehrsunfall, das geboten ist, um
   a) den Verkehr zu sichern und Verletzten zu helfen,
   b) Feststellungen zu ermöglichen, die zur Geltendmachung oder Abwehr von zivilrechtlichen Schadensersatzansprüchen erforderlich sind, insbesondere Feststellungen zur Person der Beteiligten, zur Art ihrer Beteiligung, zum Unfallhergang und zum Versicherer der unfallbeteiligten Fahrzeuge,
4. die Bezeichnung von im Fahreignungsregister zu speichernden Straftaten und Ordnungswidrigkeiten
   a) für die Maßnahmen nach den Regelungen der Fahrerlaubnis auf Probe nebst der Bewertung dieser Straftaten und Ordnungswidrigkeiten als schwerwiegend oder weniger schwerwiegend,
   b) für die Maßnahmen des Fahreignungsbewertungssystems, wobei
      aa) bei der Bezeichnung von Straftaten deren Bedeutung für die Sicherheit im Straßenverkehr zugrunde zu legen ist,
      bb) Ordnungswidrigkeiten mit Punkten bewertet werden und bei der Bezeichnung und Bewertung von Ordnungswidrigkeiten deren jeweilige

[1)] § 6 neu gef. mWv 28.7.2021 durch G v. 12.7.2021 (BGBl. I S. 3091).

Bedeutung für die Sicherheit des Straßenverkehrs und die Höhe des angedrohten Regelsatzes der Geldbuße oder eines Regelfahrverbotes zugrunde zu legen sind,

5. die Anforderungen an
   a) Bau, Einrichtung, Ausrüstung, Beschaffenheit, Prüfung und Betrieb von Fahrzeugen,
   b) die in oder auf Fahrzeugen einzubauenden oder zu verwendenden Fahrzeugteile, insbesondere Anlagen, Bauteile, Instrumente, Geräte und sonstige Ausrüstungsgegenstände, einschließlich deren Prüfung,
6. die Zulassung von Fahrzeugen zum Straßenverkehr, insbesondere über
   a) die Voraussetzungen für die Zulassung, die Vorgaben für das Inbetriebsetzen zulassungspflichtiger und zulassungsfreier Fahrzeuge, die regelmäßige Untersuchung der Fahrzeuge sowie über die Verantwortung, die Pflichten und die Rechte der Halter,
   b) Ausnahmen von der Pflicht zur Zulassung sowie Ausnahmen von einzelnen Anforderungen nach Buchstabe a,
7. die Einrichtung einer zentralen Stelle zur Erarbeitung und Evaluierung von verbindlichen Prüfvorgaben bei regelmäßigen Fahrzeuguntersuchungen,
8. die zur Verhütung von Belästigungen anderer, zur Verhütung von schädlichen Umwelteinwirkungen im Sinne des Bundes-Immissionsschutzgesetzes oder zur Unterstützung einer geordneten städtebaulichen Entwicklung erforderlichen Maßnahmen,
9. die Maßnahmen
   a) über den Straßenverkehr, die zur Erhaltung der öffentlichen Sicherheit oder zu Verteidigungszwecken erforderlich sind,
   b) zur Durchführung von Großraum- und Schwertransporten,
   c) im Übrigen, die zur Erhaltung der Sicherheit und Ordnung auf öffentlichen Straßen oder zur Verhütung einer über das verkehrsübliche Maß hinausgehenden Abnutzung der Straßen erforderlich sind, insbesondere bei Großveranstaltungen,
10. das Anbieten zum Verkauf, das Veräußern, das Verwenden, das Erwerben oder das sonstige Inverkehrbringen von Fahrzeugen und Fahrzeugteilen,
11. die Kennzeichnung und die Anforderungen an die Kennzeichnung von Fahrzeugen und Fahrzeugteilen,
12. den Nachweis über die Entsorgung oder den sonstigen Verbleib von Fahrzeugen und Fahrzeugteilen, auch nach ihrer Außerbetriebsetzung,
13. die Ermittlung, das Auffinden und die Sicherstellung von gestohlenen, verlorengegangenen oder sonst abhanden gekommenen Fahrzeugen, Fahrzeugkennzeichen sowie Führerscheinen und Fahrzeugpapieren einschließlich ihrer Vordrucke, soweit nicht die Strafverfolgungsbehörden hierfür zuständig sind,
14. die Überwachung der gewerbsmäßigen Vermietung von Kraftfahrzeugen und Anhängern an Selbstfahrer,
15. die Beschränkung des Straßenverkehrs einschließlich des ruhenden Verkehrs
   a) zugunsten schwerbehinderter Menschen mit außergewöhnlicher Gehbehinderung, mit beidseitiger Amelie oder Phokomelie oder vergleichbaren Funktionseinschränkungen sowie zugunsten blinder Menschen,
   b) zugunsten der Bewohner städtischer Quartiere mit erheblichem Parkraummangel,

c) zur Erforschung des Unfallgeschehens, des Verkehrsverhaltens, der Verkehrsabläufe oder zur Erprobung geplanter verkehrssichernder oder verkehrsregelnder Maßnahmen,

16. die Einrichtung von Sonderfahrspuren für Linienomnibusse und Taxen,
17. die Einrichtung und Nutzung von fahrzeugführerlosen Parksystemen im niedrigen Geschwindigkeitsbereich auf Parkflächen,
18. allgemeine Ausnahmen von den Verkehrsvorschriften nach Abschnitt I oder von auf Grund dieser Verkehrsvorschriften erlassener Rechtsverordnungen zur Durchführung von Versuchen, die eine Weiterentwicklung dieser Rechtsnormen zum Gegenstand haben.

[2]Rechtsverordnungen nach Satz 1 Nummer 18 über allgemeine Ausnahmen von Verkehrsvorschriften nach diesem Gesetz sind für die Dauer von längstens fünf Jahren zu befristen; eine einmalige Verlängerung der Geltungsdauer um längstens fünf Jahre ist zulässig. [3]Rechtsverordnungen können nicht nach Satz 1 erlassen werden über solche Regelungsgegenstände, über die Rechtsverordnungen nach Absatz 2 erlassen werden dürfen. [4]Die Abwehr von Gefahren für die Sicherheit oder Leichtigkeit des Verkehrs auf öffentlichen Straßen nach Satz 1 umfasst auch den straßenverkehrsrechtlichen Schutz von Maßnahmen zur Rettung aus Gefahren für Leib und Leben von Menschen oder den Schutz zivilrechtlicher Schadensersatzansprüche Unfallbeteiligter.

(2) Das Bundesministerium für Verkehr und digitale Infrastruktur wird ermächtigt, soweit es zur Abwehr von Gefahren für die Sicherheit oder Leichtigkeit des Verkehrs auf öffentlichen Straßen erforderlich ist, Rechtsverordnungen ohne Zustimmung des Bundesrates über Folgendes zu erlassen:

1. die Typgenehmigung von Fahrzeugen, Systemen, Bauteilen und selbstständigen technischen Einheiten für diese Fahrzeuge, sofern sie unionsrechtlichen Vorgaben unterliegt, über die Fahrzeugeinzelgenehmigung, sofern ihr nach Unionrecht eine Geltung in allen Mitgliedstaaten der Europäischen Union zukommt, sowie über das Anbieten zum Verkauf, das Inverkehrbringen, die Inbetriebnahme, das Veräußern oder die Einfuhr von derart genehmigten oder genehmigungspflichtigen Fahrzeugen, Systemen, Bauteilen und selbstständigen technischen Einheiten für diese Fahrzeuge, insbesondere über
   a) die Systematisierung von Fahrzeugen,
   b) die technischen und baulichen Anforderungen an Fahrzeuge, Systeme, Bauteile und selbstständige technische Einheiten, einschließlich der durchzuführenden Prüfverfahren zur Feststellung der Konformität,
   c) die Sicherstellung der Übereinstimmung von Fahrzeugen, Systemen, Bauteilen und selbstständigen technischen Einheiten für diese Fahrzeuge mit einem genehmigten Typ bei ihrer Herstellung,
   d) den Zugang zu technischen Informationen sowie zu Reparatur- und Wartungsinformationen,
   e) die Bewertung, Benennung und Überwachung von technischen Diensten,
   f) die Kennzeichnung und Verpackung von Systemen, Bauteilen und selbstständigen technischen Einheiten für Fahrzeuge oder
   g) die Zulassung von Teilen und Ausrüstungen, von denen eine ernste Gefahr für das einwandfreie Funktionieren wesentlicher Systeme von Fahrzeugen ausgehen kann,
2. die Marktüberwachung von Fahrzeugen, Systemen, Bauteilen und selbstständigen technischen Einheiten für diese Fahrzeuge,

3. die Pflichten der Hersteller und ihrer Bevollmächtigten, der Einführer sowie der Händler im Rahmen
   a) des Typgenehmigungsverfahrens im Sinne der Nummer 1,
   b) des Fahrzeugeinzelgenehmigungsverfahrens im Sinne der Nummer 1 oder
   c) des Anbietens zum Verkauf, des Inverkehrbringens, der Inbetriebnahme, des Veräußerns, der Einfuhr sowie der Marktüberwachung von Fahrzeugen, Systemen, Bauteilen und selbstständigen technischen Einheiten für diese Fahrzeuge oder
4. die Technologien, Strategien und andere Mittel, für die festgestellt ist, dass
   a) sie die Leistungen der Fahrzeuge, Systeme, Bauteile oder selbstständigen technischen Einheiten für Fahrzeuge bei Prüfverfahren unter ordnungsgemäßen Betriebsbedingungen verfälschen oder
   b) ihre Verwendung im Rahmen des Typgenehmigungsverfahrens oder des Fahrzeugeinzelgenehmigungsverfahrens im Sinne der Nummer 1 aus anderen Gründen nicht zulässig ist.

(3) In Rechtsverordnungen nach Absatz 1 oder Absatz 2 können hinsichtlich der dort genannten Gegenstände jeweils auch geregelt werden:

1. die Erteilung, Beschränkung oder Entziehung von Rechten, die sonstigen Maßnahmen zur Anordnung oder Umsetzung, die Anerkennung ausländischer Berechtigungen oder Maßnahmen, die Verwaltungsverfahren einschließlich der erforderlichen Nachweise sowie die Zuständigkeiten und die Ausnahmebefugnisse der vollziehenden Behörden im Einzelfall,
2. Art, Inhalt, Herstellung, Gestaltung, Lieferung, Ausfertigung, Beschaffenheit und Gültigkeit von Kennzeichen, Plaketten, Urkunden, insbesondere von Führerscheinen, und sonstigen Bescheinigungen,
3. die Anerkennung, Zulassung, Registrierung, Akkreditierung, Begutachtung, Beaufsichtigung oder Überwachung von natürlichen oder juristischen Personen des Privatrechts oder von sonstigen Einrichtungen im Hinblick auf ihre Tätigkeiten
   a) der Prüfung, Untersuchung, Beurteilung und Begutachtung von Personen, Fahrzeugen oder Fahrzeugteilen sowie der Herstellung und Lieferung nach Nummer 2,
   b) des Anbietens von Maßnahmen zur Herstellung oder zum Erhalt der Voraussetzungen nach Absatz 1 Satz 1 Nummer 1 Buchstabe b oder
   c) der Prüfung und Zertifizierung von Qualitätssicherungssystemen,

   einschließlich der jeweiligen Voraussetzungen, insbesondere der Anforderungen an die natürlichen oder juristischen Personen des Privatrechts oder an die Einrichtungen, an ihre Träger und an ihre verantwortlichen oder ausführenden Personen, einschließlich der Vorgabe eines Erfahrungsaustausches sowie einschließlich der Verarbeitung von personenbezogenen Daten über die die Tätigkeiten ausführenden oder hieran teilnehmenden Personen durch die zuständigen Behörden, durch die natürlichen oder juristischen Personen des Privatrechts oder durch die Einrichtungen in dem Umfang, der für ihre jeweilige Tätigkeit und deren Qualitätssicherung erforderlich ist,
4. Emissionsgrenzwerte unter Berücksichtigung der technischen Entwicklung zum Zeitpunkt des Erlasses der jeweiligen Rechtsverordnung,
5. die Mitwirkung natürlicher oder juristischer Personen des Privatrechts bei der Aufgabenwahrnehmung in Form ihrer Beauftragung, bei der Durchführung von bestimmten Aufgaben zu helfen (Verwaltungshilfe), oder in Form der

Übertragung bestimmter Aufgaben nach Absatz 1 Satz 1 Nummer 1, 5, 6, 7 oder 9 Buchstabe b oder Absatz 2 auf diese Personen (Beleihung), insbesondere

a) die Bestimmung der Aufgaben und die Art und Weise der Aufgabenerledigung,

b) die Anforderungen an diese Personen und ihre Überwachung einschließlich des Verfahrens und des Zusammenwirkens der zuständigen Behörden bei der Überwachung oder

c) die Verarbeitung von personenbezogenen Daten durch diese Personen, insbesondere die Übermittlung solcher Daten an die zuständige Behörde,

6. die Übertragung der Wahrnehmung von einzelnen Aufgaben auf die Bundesanstalt für Straßenwesen oder das Kraftfahrt-Bundesamt oder

7. die notwendige Versicherung der natürlichen oder juristischen Personen des Privatrechts oder der sonstigen Einrichtungen in den Fällen der Nummer 3 oder Nummer 5 zur Deckung aller im Zusammenhang mit den dort genannten Tätigkeiten entstehenden Ansprüche sowie die Freistellung der für die Anerkennung, Zulassung, Registrierung, Akkreditierung, Begutachtung, Beaufsichtigung, Überwachung, Beauftragung oder Aufgabenübertragung zuständigen Bundes- oder Landesbehörde von Ansprüchen Dritter wegen Schäden, die diese Personen oder Einrichtungen verursachen.

(4) [1] Rechtsverordnungen nach Absatz 1 Satz 1 Nummer 1, 2, 5 und 8 oder Absatz 2, jeweils auch in Verbindung mit Absatz 3, können auch erlassen werden

1. zur Abwehr von Gefahren, die vom Verkehr auf öffentlichen Straßen ausgehen,
2. zum Schutz vor schädlichen Umwelteinwirkungen, die von Fahrzeugen ausgehen, oder
3. zum Schutz der Verbraucher.

[2] Rechtsverordnungen nach Absatz 1 Satz 1 Nummer 1, 2, 5 und 8, auch in Verbindung mit Absatz 3, können auch erlassen werden

1. zum Schutz der Bevölkerung in Fußgängerbereichen oder verkehrsberuhigten Bereichen, der Wohnbevölkerung oder der Erholungssuchenden vor Emissionen, die vom Verkehr auf öffentlichen Straßen ausgehen, insbesondere zum Schutz vor Lärm oder vor Abgasen,
2. für Sonderregelungen an Sonn- und Feiertagen oder
3. für Sonderregelungen über das Parken in der Zeit von 22 Uhr bis 6 Uhr.

(5) Rechtsverordnungen nach Absatz 1 oder 2 können auch zur Durchführung von Rechtsakten der Europäischen Gemeinschaft oder der Europäischen Union und zur Durchführung von zwischenstaatlichen Vereinbarungen im Anwendungsbereich dieses Gesetzes erlassen werden.

(6) [1] Rechtsverordnungen nach Absatz 1 Satz 1 Nummer 1, 5 oder 8 oder nach Absatz 2, sofern sie jeweils in Verbindung mit Absatz 4 Satz 1 Nummer 2 oder Satz 2 Nummer 1 erlassen werden, oder Rechtsverordnungen nach Absatz 1 Satz 1 Nummer 12 werden vom Bundesministerium für Verkehr und digitale Infrastruktur und vom Bundesministerium für Umwelt, Naturschutz und nukleare Sicherheit gemeinsam erlassen. [2] Rechtsverordnungen nach Absatz 1 Satz 1 Nummer 11, 13 oder 14 oder nach Absatz 3 Nummer 2 in Verbindung mit Absatz 1 Nummer 1 oder 6 können auch zum Zweck der Bekämpfung von Straftaten erlassen werden. [3] Im Fall des Satzes 2 werden diese Rechtsverordnungen vom Bundesministerium für Verkehr und digitale Infrastruktur und vom Bundesministerium des Innern, für Bau und Heimat gemeinsam erlassen. [4] Rechtsverordnungen nach Absatz 1 Satz 1

Nummer 1, 2, 5 oder 8 oder nach Absatz 2, sofern sie jeweils in Verbindung mit Absatz 4 Satz 1 Nummer 3 erlassen werden, werden vom Bundesministerium für Verkehr und digitale Infrastruktur und vom Bundesministerium der Justiz und für Verbraucherschutz gemeinsam erlassen.

(7) [1] Keiner Zustimmung des Bundesrates bedürfen Rechtsverordnungen

1. zur Durchführung der Vorschriften nach Absatz 1 Satz 1 Nummer 5 in Verbindung mit Absatz 3 oder
2. über allgemeine Ausnahmen nach Absatz 1 Satz 1 Nummer 18, auch in Verbindung mit den Absätzen 3 bis 6.

[2] Vor ihrem Erlass sind die zuständigen obersten Landesbehörden zu hören.

(8) Das Bundesministerium für Verkehr und digitale Infrastruktur wird ermächtigt, durch Rechtsverordnung ohne Zustimmung des Bundesrates, jedoch unbeschadet des Absatzes 6,

1. sofern Verordnungen nach diesem Gesetz geändert oder abgelöst werden, Verweisungen in Gesetzen und Rechtsverordnungen auf diese geänderten oder abgelösten Vorschriften durch Verweisungen auf die jeweils inhaltsgleichen neuen Vorschriften zu ersetzen,
2. in den auf Grund des Absatzes 1 oder 2, jeweils auch in Verbindung mit den Absätzen 3 bis 7 erlassenen Rechtsverordnungen enthaltene Verweisungen auf Vorschriften in Rechtsakten der Europäischen Gemeinschaft oder der Europäischen Union zu ändern, soweit es zur Anpassung an Änderungen jener Vorschriften erforderlich ist, oder
3. Vorschriften der auf Grund des Absatzes 1 oder 2, jeweils auch in Verbindung mit den Absätzen 3 bis 7 erlassenen Rechtsverordnungen zu streichen oder in ihrem Wortlaut einem verbleibenden Anwendungsbereich anzupassen, sofern diese Vorschriften durch den Erlass entsprechender Vorschriften in unmittelbar im Anwendungsbereich dieses Gesetzes geltenden Rechtsakten der Europäischen Gemeinschaft oder der Europäischen Union unanwendbar geworden oder in ihrem Anwendungsbereich beschränkt worden sind.

(9) [1] In den Rechtsverordnungen nach Absatz 1, jeweils auch in Verbindung mit den Absätzen 3 bis 6, kann mit Zustimmung des Bundesrates die jeweilige Ermächtigung ganz oder teilweise auf die Landesregierungen übertragen werden, um besonderen regionalen Bedürfnissen angemessen Rechnung zu tragen. [2] Soweit eine nach Satz 1 erlassene Rechtsverordnung die Landesregierungen zum Erlass von Rechtsverordnungen ermächtigt, sind diese befugt, die Ermächtigung durch Rechtsverordnung ganz oder teilweise auf andere Landesbehörden zu übertragen.

**§ 6a[1)] Gebühren.** (1) Kosten (Gebühren und Auslagen) werden erhoben

1. für Amtshandlungen, einschließlich Prüfungen und Überprüfungen im Rahmen der Qualitätssicherung, Abnahmen, Begutachtungen, Untersuchungen, Verwar-

---

[1)] § 6a Abs. 6 neu gef., Abs. 7 geänd. mWv 22.1.2004 durch G v. 14.1.2004 (BGBl. I S. 74); Abs. 1 Nr. 1 Buchst. d und Abs. 8 angef. mWv 1.6.2005 durch G v. 3.5.2005 (BGBl. I S. 1221); Abs. 1 Nr. 1 Buchst. e angef., Abs. 2 Satz 1 geänd. mWv 18.8.2006 durch G v. 14.8.2006 (BGBl. I S. 1958); Abs. 2 Sätze 3–5 angef., Abs. 3 Satz 1 neu gef. mWv 15.8.2013 durch G v. 7.8.2013 (BGBl. I S. 3154); Abs. 1 Nr. 3 geänd. mWv 31.8.2013 durch G v. 28.8.2013 (BGBl. I S. 3310); Abs. 1 Nr. 1, Abs. 2 Sätze 1 und 2 geänd. mWv 31.8.2013 durch G v. 28.8.2013 (BGBl. I S. 3313); Abs. 2 Sätze 1, 3 und 5 geänd. mWv 5.12.2014 durch G v. 28.11.2014 (BGBl. I S. 1802); Abs. 8 neu gef. mWv 7.12.2016 durch G v. 28.11.2016 (BGBl. I S. 2722); Abs. 5a eingef. mWv 4.7.2020 durch G v. 29.6.2020 (BGBl. I S. 1528); Abs. 1 Nr. 1 Buchst. e geänd. mWv 2.12.2020 durch G v. 26.11.2020 (BGBl. I S. 2575); Abs. 1 Nr. 1, Abs. 2 Sätze 1 und 2 sowie Abs. 7 geänd. mWv 28.7.2021 durch G v. 12.7.2021 (BGBl. I S. 3091).

nungen – ausgenommen Verwarnungen im Sinne des Gesetzes über Ordnungwidrigkeiten[1) –, Informationserteilungen und Registerauskünften

a) nach diesem Gesetz und nach den auf diesem Gesetz beruhenden Rechtsvorschriften,

b) nach dem Gesetz zu dem Übereinkommen vom 20. März 1958 über die Annahme einheitlicher Bedingungen für die Genehmigung der Ausrüstungsgegenstände und Teile von Kraftfahrzeugen und über die gegenseitige Anerkennung der Genehmigung vom 12. Juni 1965 (BGBl. 1965 II S. 857) in der Fassung des Gesetzes vom 20. Dezember 1968 (BGBl. 1968 II S. 1224) und nach den auf diesem Gesetz beruhenden Rechtsvorschriften,

c) nach dem Gesetz zu dem Europäischen Übereinkommen vom 30. September 1957 über die internationale Beförderung gefährlicher Güter auf der Straße (ADR) vom 18. August 1969 (BGBl. 1969 II S. 1489) und nach den auf diesem Gesetz beruhenden Rechtsvorschriften,

d) nach dem Fahrpersonalgesetz[2) und den darauf beruhenden Rechtsverordnungen, soweit die Amtshandlungen vom Kraftfahrt-Bundesamt vorgenommen werden,

e) nach dem Berufskraftfahrerqualifikationsgesetz und den darauf beruhenden Rechtsverordnungen,

2. für Untersuchungen von Fahrzeugen nach dem Personenbeförderungsgesetz[3) in der im Bundesgesetzblatt Teil III, Gliederungsnummer 9240–1, veröffentlichten bereinigten Fassung, zuletzt geändert durch Artikel 7 des Gesetzes über die unentgeltliche Beförderung Schwerbehinderter im öffentlichen Personenverkehr vom 9. Juli 1979 (BGBl. I S. 989), und nach den auf diesem Gesetz beruhenden Rechtsvorschriften,

3. für Maßnahmen im Zusammenhang mit der Außerbetriebsetzung von Kraftfahrzeugen und Kraftfahrzeuganhängern.

(2) [1]Das Bundesministerium für Verkehr und digitale Infrastruktur wird ermächtigt, die gebührenpflichtigen Amtshandlungen sowie die Gebührensätze für die einzelnen Amtshandlungen, einschließlich Prüfungen und Überprüfungen im Rahmen der Qualitätssicherung, Abnahmen, Begutachtungen, Untersuchungen, Verwarnungen – ausgenommen Verwarnungen im Sinne des Gesetzes über Ordnungswidrigkeiten –, Informationserteilungen und Registerauskünften im Sinne des Absatzes 1 durch Rechtsverordnung[4) zu bestimmen und dabei feste Sätze, auch in Form von Zeitgebühren, oder Rahmensätze vorzusehen. [2]Die Gebührensätze sind so zu bemessen, dass der mit den Amtshandlungen, einschließlich Prüfungen, Abnahmen, Begutachtungen, Untersuchungen, Verwarnungen – ausgenommen Verwarnungen im Sinne des Gesetzes über Ordnungswidrigkeiten –, Informationserteilungen und Registerauskünften verbundene Personal- und Sachaufwand gedeckt wird; der Sachaufwand kann den Aufwand für eine externe Begutachtung umfassen; bei begünstigenden Amtshandlungen kann daneben die Bedeutung, der wirtschaftliche Wert oder der sonstige Nutzen für den Gebührenschuldner angemessen berücksichtigt werden. [3]Im Bereich der Gebühren der Landesbehörden übt das Bundesministerium für Verkehr und digitale Infrastruktur die Ermächtigung auf der Grundlage eines Antrags oder einer Stellungnahme von

---

[1)] Nr. **94**.

[2)] **Loseblatt-Textsammlung Arbeitsrecht Nr. 356.**

[3)] **Sartorius Nr. 950.**

[4)] Gebührenordnung für Maßnahmen im Straßenverkehr (GebOSt) v. 25.1.2011 (BGBl. I S. 98), zuletzt geänd. durch G v. 10.8.2021 (BGBl. I S. 3436).

mindestens fünf Ländern beim Bundesministerium für Verkehr und digitale Infrastruktur aus. [4]Der Antrag oder die Stellungnahme sind mit einer Schätzung des Personal- und Sachaufwands zu begründen. [5]Das Bundesministerium für Verkehr und digitale Infrastruktur kann die übrigen Länder ebenfalls zur Beibringung einer Schätzung des Personal- und Sachaufwands auffordern.

(3) [1]Im Übrigen findet das Verwaltungskostengesetz in der bis zum 14. August 2013 geltenden Fassung Anwendung. [2]In den Rechtsverordnungen nach Absatz 2 können jedoch die Kostenbefreiung, die Kostengläubigerschaft, die Kostenschuldnerschaft, der Umfang der zu erstattenden Auslagen und die Kostenerhebung abweichend von den Vorschriften des Verwaltungskostengesetzes geregelt werden.

(4) In den Rechtsverordnungen nach Absatz 2 kann bestimmt werden, dass die für die einzelnen Amtshandlungen, einschließlich Prüfungen, Abnahmen, Begutachtungen und Untersuchungen, zulässigen Gebühren auch erhoben werden dürfen, wenn die Amtshandlungen aus Gründen, die nicht von der Stelle, die die Amtshandlungen hätte durchführen sollen, zu vertreten sind, und ohne ausreichende Entschuldigung des Bewerbers oder Antragstellers am festgesetzten Termin nicht stattfinden konnten oder abgebrochen werden mussten.

(5) Rechtsverordnungen über Kosten, deren Gläubiger der Bund ist, bedürfen nicht der Zustimmung des Bundesrates.

(5a) [1]Für das Ausstellen von Parkausweisen für Bewohner städtischer Quartiere mit erheblichem Parkraummangel können die nach Landesrecht zuständigen Behörden Gebühren erheben. [2]Für die Festsetzung der Gebühren werden die Landesregierungen ermächtigt, Gebührenordnungen zu erlassen. [3]In den Gebührenordnungen können auch die Bedeutung der Parkmöglichkeiten, deren wirtschaftlicher Wert oder der sonstige Nutzen der Parkmöglichkeiten für die Bewohner angemessen berücksichtigt werden. [4]In den Gebührenordnungen kann auch ein Höchstsatz festgelegt werden. [5]Die Ermächtigung kann durch Rechtsverordnung weiter übertragen werden.

(6) [1]Für das Parken auf öffentlichen Wegen und Plätzen können in Ortsdurchfahrten die Gemeinden, im Übrigen die Träger der Straßenbaulast, Gebühren erheben. [2]Für die Festsetzung der Gebühren werden die Landesregierungen ermächtigt, Gebührenordnungen zu erlassen. [3]In diesen kann auch ein Höchstsatz festgelegt werden. [4]Die Ermächtigung kann durch Rechtsverordnung weiter übertragen werden.

(7) Die Regelung des Absatzes 6 Satz 2 bis 4 ist auf die Erhebung von Gebühren für die Benutzung von bei Großveranstaltungen im Interesse der Ordnung und Sicherheit des Verkehrs eingerichteter gebührenpflichtiger Parkplätze entsprechend anzuwenden.

(8) [1]Die Zulassung eines Fahrzeugs oder die Zuteilung eines Kennzeichens für ein zulassungsfreies Fahrzeug kann durch Rechtsvorschriften davon abhängig gemacht werden, dass die nach Absatz 1 in Verbindung mit einer Rechtsverordnung nach Absatz 2 für die Zulassung des Fahrzeugs oder Zuteilung des Kennzeichens vorgesehenen Gebühren und Auslagen, einschließlich rückständiger Gebühren und Auslagen aus vorausgegangenen Zulassungsvorgängen, entrichtet sind. [2]Eine solche Regelung darf

1. für den Fall eines in bundesrechtlichen Vorschriften geregelten internetbasierten Zulassungsverfahrens vom Bundesministerium für Verkehr und digitale Infrastruktur durch Rechtsverordnung mit Zustimmung des Bundesrates,

2. von den Ländern in den übrigen Fällen sowie im Fall der Nummer 1, solange und soweit das Bundesministerium für Verkehr und digitale Infrastruktur von seiner Ermächtigung nach Nummer 1 nicht Gebrauch gemacht hat,

getroffen werden.

**§ 6b[1] Herstellung, Vertrieb und Ausgabe von Kennzeichen.** (1) Wer Kennzeichen für Fahrzeuge herstellen, vertreiben oder ausgeben will, hat dies der Zulassungsbehörde vorher anzuzeigen.

(2) (weggefallen)

(3) Über die Herstellung, den Vertrieb und die Ausgabe von Kennzeichen sind nach näherer Bestimmung (§ 6 Absatz 1 Satz 1 Nummer 6 in Verbindung mit Absatz 3 Nummer 2) Einzelnachweise zu führen, aufzubewahren und zuständigen Personen auf Verlangen zur Prüfung auszuhändigen.

(4) Die Herstellung, der Vertrieb oder die Ausgabe von Kennzeichen ist zu untersagen, wenn diese ohne die vorherige Anzeige hergestellt, vertrieben oder ausgegeben werden.

(5) Die Herstellung, der Vertrieb oder die Ausgabe von Kennzeichen kann untersagt werden, wenn

1. Tatsachen vorliegen, aus denen sich die Unzuverlässigkeit des Verantwortlichen oder der von ihm mit Herstellung, Vertrieb oder Ausgabe von Kennzeichen beauftragten Personen ergibt, oder
2. gegen die Vorschriften über die Führung, Aufbewahrung oder Aushändigung von Nachweisen über die Herstellung, den Vertrieb oder die Ausgabe von Kennzeichen verstoßen wird.

**§ 6c[2] Herstellung, Vertrieb und Ausgabe von Kennzeichenvorprodukten.** § 6b Abs. 1, 3, 4 Nr. 1 sowie Abs. 5 gilt entsprechend für die Herstellung, den Vertrieb oder die Ausgabe von bestimmten – nach näherer Bestimmung durch das Bundesministerium für Verkehr und digitale Infrastruktur festzulegenden (§ 6 Absatz 1 Satz 1 Nummer 6 in Verbindung mit Absatz 3 Nummer 2) – Kennzeichenvorprodukten, bei denen nur noch die Beschriftung fehlt.

**§ 6d Auskunft und Prüfung.** (1) Die mit der Herstellung, dem Vertrieb oder der Ausgabe von Kennzeichen befassten Personen haben den zuständigen Behörden oder den von ihnen beauftragten Personen über die Beachtung der in § 6b Abs. 1 bis 3 bezeichneten Pflichten die erforderlichen Auskünfte unverzüglich zu erteilen.

(2) Die mit der Herstellung, dem Vertrieb oder der Ausgabe von Kennzeichenvorprodukten im Sinne des § 6c befassten Personen haben den zuständigen Behörden oder den von ihnen beauftragten Personen über die Beachtung der in § 6b Abs. 1 und 3 bezeichneten Pflichten die erforderlichen Auskünfte unverzüglich zu erteilen.

(3) Die von der zuständigen Behörde beauftragten Personen dürfen im Rahmen der Absätze 1 und 2 Grundstücke, Geschäftsräume, Betriebsräume und Transportmittel der Auskunftspflichtigen während der Betriebs- oder Geschäftszeit zum Zwecke der Prüfung und Besichtigung betreten.

---

[1] § 6b Abs. 3 geänd. mWv 28.7.2021 durch G v. 12.7.2021 (BGBl. I S. 3091).

[2] § 6c geänd. mWv 18.8.2006 durch G v. 14.8.2006 (BGBl. I S. 1958); geänd. mWv 5.12.2014 durch G v. 28.11.2014 (BGBl. I S. 1802); geänd. mWv 28.7.2021 durch G v. 12.7.2021 (BGBl. I S. 3091).

**§ 6e[1)] Führen von Kraftfahrzeugen in Begleitung.** (1) Das Bundesministerium für Verkehr und digitale Infrastruktur wird ermächtigt, durch Rechtsverordnung mit Zustimmung des Bundesrates zur Senkung des Unfallrisikos junger Fahranfänger die erforderlichen Vorschriften zu erlassen, insbesondere über

1. das Herabsetzen des allgemein vorgeschriebenen Mindestalters zum Führen von Kraftfahrzeugen mit einer Fahrerlaubnis der Klassen B und BE,
2. die zur Erhaltung der Sicherheit und Ordnung auf den öffentlichen Straßen notwendigen Auflagen, insbesondere dass der Fahrerlaubnisinhaber während des Führens eines Kraftfahrzeuges von mindestens einer namentlich benannten Person begleitet sein muss,
3. die Aufgaben und Befugnisse der begleitenden Person nach Nummer 2, insbesondere über die Möglichkeit, dem Fahrerlaubnisinhaber als Ansprechpartner beratend zur Verfügung zu stehen,
4. die Anforderungen an die begleitende Person nach Nummer 2, insbesondere über
   a) das Lebensalter,
   b) den Besitz einer Fahrerlaubnis sowie über deren Mitführen und Aushändigung an zur Überwachung zuständige Personen,
   c) ihre Belastung mit Eintragungen im Fahreignungsregister sowie
   d) über Beschränkungen oder das Verbot des Genusses alkoholischer Getränke und berauschender Mittel,
5. die Ausstellung einer Prüfungsbescheinigung, die abweichend von § 2 Abs. 1 Satz 3 ausschließlich im Inland längstens bis drei Monate nach Erreichen des allgemein vorgeschriebenen Mindestalters zum Nachweis der Fahrberechtigung dient, sowie über deren Mitführen und Aushändigung an zur Überwachung des Straßenverkehrs berechtigte Personen,
6. die Kosten in entsprechender Anwendung des § 6a Abs. 2 in Verbindung mit Abs. 4 und
7. das Verfahren.

(2) [1] Eine auf der Grundlage der Rechtsverordnung nach Absatz 1 erteilte Fahrerlaubnis der Klassen B und BE ist zu widerrufen, wenn der Fahrerlaubnisinhaber entgegen einer vollziehbaren Auflage nach Absatz 1 Nummer 2 ein Kraftfahrzeug ohne Begleitung durch eine namentlich benannte Person führt. [2] Die Erteilung einer neuen Fahrerlaubnis erfolgt unbeschadet der übrigen Voraussetzungen nach den Vorschriften des § 2a.

(3) [1] Im Übrigen gelten die allgemeinen Vorschriften über die Fahrerlaubnispflicht, die Erteilung, die Entziehung oder die Neuerteilung der Fahrerlaubnis, die Regelungen für die Fahrerlaubnis auf Probe, das Fahrerlaubnisregister und die Zulassung von Personen zum Straßenverkehr. [2] Für die Prüfungsbescheinigung nach Absatz 1 Nr. 5 gelten im Übrigen die Vorschriften über den Führerschein entsprechend.

---

[1)] § 6e eingef. mWv 18.8.2005 durch G v. 14.8.2005 (BGBl. I S. 2412); Abs. 1 Satz 1 einl. Satzteil geänd. mWv 18.8.2006 durch G v. 14.8.2006 (BGBl. I S. 1958); Abs. 1 Satz 2 aufgeh., bish. Satz 1 einl. Satzteil geänd., Abs. 2 aufgeh., bish. Abs. 3 wird Abs. 2 und neu gef., bish. Abs. 4 wird Abs. 3 mWv 9.12. 2010 durch G v. 2.12.2010 (BGBl. I S. 1748); Abs. 1 Nr. 4 Buchst. c geänd. mWv 1.5.2014 durch G v. 28.8.2013 (BGBl. I S. 3313); Abs. 1 einl. Satzteil geänd. mWv 5.12.2014 durch G v. 28.11.2014 (BGBl. I S. 1802).

**§ 6f[1] Entgelte für Begutachtungsstellen für Fahreignung.** [1]Das Bundesministerium für Verkehr und digitale Infrastruktur kann durch Rechtsverordnung mit Zustimmung des Bundesrates die Entgelte der Begutachtungsstellen für Fahreignung festsetzen, soweit

1. die Begutachtungsstellen aus Anlass von Verwaltungsverfahren nach straßenverkehrsrechtlichen Vorschriften medizinisch-psychologische Untersuchungen durchführen und
2. die Festsetzung erforderlich ist, um die Qualität der Begutachtung zu fördern.

[2]Bei der Festsetzung der Entgelte ist den berechtigten Interessen der Leistungsbringer und der zur Zahlung der Entgelte Verpflichteten Rechnung zu tragen. [3]Soweit der Leistungsumfang nicht einheitlich geregelt ist, sind dabei Mindest- und Höchstsätze festzusetzen.

**§ 6g[2] Internetbasierte Zulassungsverfahren bei Kraftfahrzeugen.**

(1) [1]In Ergänzung der allgemeinen Vorschriften über die Zulassung von Fahrzeugen zum Straßenverkehr, die Zuteilung von Kennzeichen für zulassungsfreie Fahrzeuge und die Außerbetriebsetzung von Fahrzeugen können diese Verwaltungsverfahren nach Maßgabe der nachstehenden Vorschriften internetbasiert durchgeführt werden (internetbasierte Zulassung). [2]Für dieses Verwaltungsverfahren ist das Verwaltungsverfahrensgesetz[3] anzuwenden.

(2) [1]Ein Verwaltungsakt kann nach näherer Bestimmung einer Rechtsverordnung nach Absatz 4 Satz 1 Nummer 1 vollständig durch automatische Einrichtungen erlassen werden, wenn

1. die maschinelle Prüfung der Entscheidungsvoraussetzungen auf der Grundlage eines automatisierten Prüfprogrammes erfolgt, das bei der zuständigen Behörde eingerichtet ist und ausschließlich von ihr betrieben wird, und
2. sichergestellt ist, dass das Ergebnis der Prüfung nur die antragsgemäße Bescheidung oder die Ablehnung des Antrages sein kann.

[2]Ein nach Satz 1 erlassener Verwaltungsakt steht einen Monat, beginnend mit dem Tag, an dem der Verwaltungsakt wirksam wird, unter dem Vorbehalt der Nachprüfung. [3]Solange der Vorbehalt wirksam ist, kann der Verwaltungsakt jederzeit aufgehoben oder geändert werden.

(3) [1]Nach näherer Bestimmung einer Rechtsverordnung nach Absatz 4 Satz 1 Nummer 3 bis 5 können

1. natürlichen oder juristischen Personen des Privatrechts bestimmte Aufgaben eines internetbasierten Zulassungsverfahrens, ausgenommen die Entscheidung über den Antrag, oder bei der Inbetriebnahme derart zugelassener Fahrzeuge übertragen werden (Beleihung) oder
2. natürliche oder juristische Personen des Privatrechts beauftragt werden, an der Durchführung von Aufgaben im Sinne der Nummer 1 mitzuwirken (Verwaltungshilfe).

[2]Personen im Sinne des Satzes 1 müssen fachlich geeignet, zuverlässig, auch hinsichtlich ihrer Finanzen, und unabhängig von den Interessen der sonstigen Beteiligten sein.

---

[1] § 6f neu gef. mWv 1.1.2019 durch G v. 4.12.2018 (BGBl. I S. 2251).

[2] § 6g eingef. mWv 7.12.2016 durch G v. 28.11.2016 (BGBl. I S. 2722); Abs. 4 Satz 1 Nr. 8 Buchst. b, Nr. 9 sowie Satz 2 geänd. mWv 26.11.2019 durch G v. 20.11.2019 (BGBl. I S. 1626).

[3] **Sartorius Nr. 100.**

(4) [1]Das Bundesministerium für Verkehr und digitale Infrastruktur wird ermächtigt, durch Rechtsverordnung mit Zustimmung des Bundesrates

1. die Einzelheiten des Erlasses und der Aufhebung eines Verwaltungsaktes im Sinne des Absatzes 2 zu regeln, insbesondere
   a) die Anforderungen an das Prüfprogramm,
   b) besondere Bestimmungen zur Bekanntgabe, zur Wirksamkeit sowie zur Rücknahme und zum Widerruf des Verwaltungsaktes,
2. das für die Identifizierung von Antragstellern zu wahrende Vertrauensniveau zu regeln,
3. die Aufgaben im Sinne des Absatzes 3 zu bestimmen,
   a) mit denen Personen beliehen oder
   b) an deren Durchführung Verwaltungshelfer beteiligt

   werden können, sowie die Art und Weise der Aufgabenerledigung,
4. die näheren Anforderungen an Personen im Sinne des Absatzes 3 zu bestimmen, einschließlich deren Überwachung, des Verfahrens und des Zusammenwirkens der zuständigen Behörden bei der Überwachung,
5. die notwendige Haftpflichtversicherung der beliehenen oder beauftragten Person zur Deckung aller im Zusammenhang mit der Wahrnehmung der übertragenen Aufgabe oder der Hilfe zur Erfüllung der Aufgabe entstandenen Schäden sowie die Freistellung der für Übertragung oder Beauftragung und Aufsicht zuständigen Bundesbehörde oder Landesbehörde von Ansprüchen Dritter wegen etwaiger Schäden, die die beliehene oder beauftragte Person verursacht, zu regeln,
6. bestimmte Aufgaben eines internetbasierten Zulassungsverfahrens dem Kraftfahrt-Bundesamt zu übertragen, soweit die Aufgaben eine bundeseinheitliche Durchführung erfordern, und das Zusammenwirken mit den für die Zulassung zuständigen Behörden zu regeln,
7. besondere Anforderungen an die Inbetriebnahme von Fahrzeugen, die internetbasiert zugelassen sind, zu regeln, insbesondere hinsichtlich
   a) des Verwendens befristet gültiger Kennzeichenschilder einschließlich deren Herstellung, Ausstellung, Anbringung und Gültigkeitsdauer,
   b) des Versandes von Zulassungsunterlagen und der endgültigen Kennzeichenschilder
8. die Ausstellung befristet gültiger elektronischer Fahrzeugdokumente, insbesondere zum Nachweis der Zulassung, und deren Umwandlung in körperliche Dokumente zu regeln, insbesondere
   a) die Art und Weise der Erstellung, der Verwendung und der Speicherung solcher Dokumente,
   b) die Speicherung der Dokumente in einem Dateisystem, das beim Kraftfahrt-Bundesamt errichtet und von diesem betrieben wird,
9. die Errichtung und den Betrieb eines zentralen Dateisystems beim Kraftfahrt-Bundesamt
   a) mit fahrzeugbezogenen Daten, die für die Prüfung der Zulassungsfähigkeit der Fahrzeuge erforderlich sind, insbesondere mit den Daten der unionsrechtlich vorgeschriebenen Übereinstimmungsbescheinigungen einschließlich der Fahrzeug-Identifizierungsnummer,
   b) mit den Daten der Fahrzeuge, die Auskunft über nach oder auf Grund von Unionsrecht einzuhaltende Fahrzeugeigenschaften geben,

sowie die Pflicht zur Übermittlung dieser Daten durch die Hersteller oder Einführer der Fahrzeuge zu regeln,

10. die Durchführung anderer als straßenverkehrsrechtlicher Rechtsvorschriften bei einer internetbasierten Zulassung zu regeln.

[2] Das in Satz 1 Nummer 9 vorgesehene Dateisystem darf weder mit dem Zentralen Fahrzeugregister des Kraftfahrt-Bundesamtes noch mit den örtlichen Fahrzeugregistern der Zulassungsbehörden verknüpft werden.

(5) [1] Für Vorschriften des Verwaltungsverfahrens in den Absätzen 1 bis 3 und in Rechtsverordnungen auf Grund des Absatzes 4 kann durch Rechtsverordnung des Bundesministeriums für Verkehr und digitale Infrastruktur mit Zustimmung des Bundesrates vorgeschrieben werden, dass von diesen Vorschriften durch Landesrecht nicht abgewichen werden kann. [2] Die Vorschriften, von denen durch Landesrecht nicht abgewichen werden kann, sind dabei zu nennen.

## II. Haftpflicht

**§ 7[1)] Haftung des Halters, Schwarzfahrt.** (1) Wird bei dem Betrieb eines Kraftfahrzeugs ein Mensch getötet, der Körper oder die Gesundheit eines Menschen verletzt oder eine Sache beschädigt, so ist der Halter verpflichtet, dem Verletzten den daraus entstehenden Schaden zu ersetzen.

(2) Die Ersatzpflicht ist ausgeschlossen, wenn der Unfall durch höhere Gewalt verursacht wird.

(3) [1] Benutzt jemand das Kraftfahrzeug ohne Wissen und Willen des Fahrzeughalters, so ist er anstelle des Halters zum Ersatz des Schadens verpflichtet; daneben bleibt der Halter zum Ersatz des Schadens verpflichtet, wenn die Benutzung des Kraftfahrzeugs durch sein Verschulden ermöglicht worden ist. [2] Satz 1 findet keine Anwendung, wenn der Benutzer vom Fahrzeughalter für den Betrieb des Kraftfahrzeugs angestellt ist oder wenn ihm das Kraftfahrzeug vom Halter überlassen worden ist.

**§ 8[2)] Ausnahmen.** Die Vorschriften des § 7 gelten nicht,

1. wenn der Unfall durch ein Kraftfahrzeug verursacht wurde, das auf ebener Bahn mit keiner höheren Geschwindigkeit als zwanzig Kilometer in der Stunde fahren kann, es sei denn, es handelt sich um ein Kraftfahrzeug mit autonomer Fahrfunktion im Sinne des § 1d Absatz 1 und 2, das sich im autonomen Betrieb befindet,
2. wenn der Verletzte bei dem Betrieb des Kraftfahrzeugs tätig war oder
3. wenn eine Sache beschädigt worden ist, die durch das Kraftfahrzeug befördert worden ist, es sei denn, dass eine beförderte Person die Sache an sich trägt oder mit sich führt.

**§ 8a Entgeltliche Personenbeförderung, Verbot des Haftungsausschlusses.** [1] Im Fall einer entgeltlichen, geschäftsmäßigen Personenbeförderung darf die Verpflichtung des Halters, wegen Tötung oder Verletzung beförderter Personen Schadensersatz nach § 7 zu leisten, weder ausgeschlossen noch beschränkt werden.

---

[1)] § 7 Abs. 1 und Abs. 3 Sätze 1 und 2 geänd., Satz 3 aufgeh. mWv 17.7.2020 durch G v. 10.7.2020 (BGBl. I S. 1653).

[2)] § 8 Nr. 1–3 geänd. mWv 17.7.2020 durch G v. 10.7.2020 (BGBl. I S. 1653); Nr. 1 geänd. mWv 28.7.2021 durch G v. 12.7.2021 (BGBl. I S. 3108).

[2]Die Geschäftsmäßigkeit einer Personenbeförderung wird nicht dadurch ausgeschlossen, dass die Beförderung von einer Körperschaft oder Anstalt des öffentlichen Rechts betrieben wird.

**§ 9 Mitverschulden.** Hat bei der Entstehung des Schadens ein Verschulden des Verletzten mitgewirkt, so finden die Vorschriften des § 254 des Bürgerlichen Gesetzbuchs[1)] mit der Maßgabe Anwendung, dass im Fall der Beschädigung einer Sache das Verschulden desjenigen, welcher die tatsächliche Gewalt über die Sache ausübt, dem Verschulden des Verletzten gleichsteht.

**§ 10[2)] Umfang der Ersatzpflicht bei Tötung.** (1) [1]Im Fall der Tötung ist der Schadensersatz durch Ersatz der Kosten einer versuchten Heilung sowie des Vermögensnachteils zu leisten, den der Getötete dadurch erlitten hat, dass während der Krankheit seine Erwerbsfähigkeit aufgehoben oder gemindert oder eine Vermehrung seiner Bedürfnisse eingetreten war. [2]Der Ersatzpflichtige hat außerdem die Kosten der Beerdigung demjenigen zu ersetzen, dem die Verpflichtung obliegt, diese Kosten zu tragen.

(2) [1]Stand der Getötete zur Zeit der Verletzung zu einem Dritten in einem Verhältnis, vermöge dessen er diesem gegenüber kraft Gesetzes unterhaltspflichtig war oder unterhaltspflichtig werden konnte, und ist dem Dritten infolge der Tötung das Recht auf Unterhalt entzogen, so hat der Ersatzpflichtige dem Dritten insoweit Schadensersatz zu leisten, als der Getötete während der mutmaßlichen Dauer seines Lebens zur Gewährung des Unterhalts verpflichtet gewesen sein würde. [2]Die Ersatzpflicht tritt auch dann ein, wenn der Dritte zur Zeit der Verletzung gezeugt, aber noch nicht geboren war.

(3) [1]Der Ersatzpflichtige hat dem Hinterbliebenen, der zur Zeit der Verletzung zu dem Getöteten in einem besonderen persönlichen Näheverhältnis stand, für das dem Hinterbliebenen zugefügte seelische Leid eine angemessene Entschädigung in Geld zu leisten. [2]Ein besonderes persönliches Näheverhältnis wird vermutet, wenn der Hinterbliebene der Ehegatte, der Lebenspartner, ein Elternteil oder ein Kind des Getöteten war.

**§ 11 Umfang der Ersatzpflicht bei Körperverletzung.** [1]Im Fall der Verletzung des Körpers oder der Gesundheit ist der Schadensersatz durch Ersatz der Kosten der Heilung sowie des Vermögensnachteils zu leisten, den der Verletzte dadurch erleidet, dass infolge der Verletzung zeitweise oder dauernd seine Erwerbsfähigkeit aufgehoben oder gemindert oder eine Vermehrung seiner Bedürfnisse eingetreten ist. [2]Wegen des Schadens, der nicht Vermögensschaden ist, kann auch eine billige Entschädigung in Geld gefordert werden.

**§ 12[3)] Höchstbeträge.** (1) [1]Der Ersatzpflichtige haftet

1. im Fall der Tötung oder Verletzung eines oder mehrerer Menschen durch dasselbe Ereignis nur bis zu einem Betrag von insgesamt fünf Millionen Euro, bei Verursachung des Schadens auf Grund der Verwendung einer hoch- oder vollautomatisierten Fahrfunktion gemäß § 1a oder beim Betrieb einer auto-

---

[1)] Nr. **20**.

[2)] § 10 Abs. 3 angef. mWv 22.7.2017 durch G v. 17.7.2017 (BGBl. I S. 2421).

[3)] § 12 Abs. 1 neu gef., Abs. 2 geänd. mWv 18.12.2007 durch G v. 10.12.2007 (BGBl. I S. 2833); Abs. 1 Nr. 1 und 2 geänd. mWv 21.6.2017 durch G v. 16.6.2017 (BGBl. I S. 1648); Abs. 1 Satz 1 Nr. 1 geänd. mWv 17.7.2020 durch G v. 10.7.2020 (BGBl. I S. 1653); Abs. 1 Satz 1 Nr. 1 und 2 geänd. mWv 28.7. 2021 durch G v. 12.7.2021 (BGBl. I S. 3108).

nomen Fahrfunktion gemäß § 1e nur bis zu einem Betrag von insgesamt zehn Millionen Euro; im Fall einer entgeltlichen, geschäftsmäßigen Personenbeförderung erhöht sich für den ersatzpflichtigen Halter des befördernden Kraftfahrzeugs bei der Tötung oder Verletzung von mehr als acht beförderten Personen dieser Betrag um 600 000 Euro für jede weitere getötete oder verletzte beförderte Person;

2. im Fall der Sachbeschädigung, auch wenn durch dasselbe Ereignis mehrere Sachen beschädigt werden, nur bis zu einem Betrag von insgesamt einer Million Euro, bei Verursachung des Schadens auf Grund der Verwendung einer hoch- oder vollautomatisierten Fahrfunktion gemäß § 1a oder beim Betrieb einer autonomen Fahrfunktion gemäß § 1e, nur bis zu einem Betrag von insgesamt zwei Millionen Euro.

[2] Die Höchstbeträge nach Satz 1 Nr. 1 gelten auch für den Kapitalwert einer als Schadensersatz zu leistenden Rente.

(2) Übersteigen die Entschädigungen, die mehreren auf Grund desselben Ereignisses zu leisten sind, insgesamt die in Absatz 1 bezeichneten Höchstbeträge, so verringern sich die einzelnen Entschädigungen in dem Verhältnis, in welchem ihr Gesamtbetrag zu dem Höchstbetrag steht.

**§ 12a[1)] Höchstbeträge bei Beförderung gefährlicher Güter.** (1) [1] Werden gefährliche Güter befördert, haftet der Ersatzpflichtige

1. im Fall der Tötung oder Verletzung eines oder mehrerer Menschen durch dasselbe Ereignis nur bis zu einem Betrag von insgesamt zehn Millionen Euro,
2. im Fall der Sachbeschädigung an unbeweglichen Sachen, auch wenn durch dasselbe Ereignis mehrere Sachen beschädigt werden, nur bis zu einem Betrag von insgesamt zehn Millionen Euro,

sofern der Schaden durch die die Gefährlichkeit der beförderten Güter begründenden Eigenschaften verursacht wird. [2] Im Übrigen bleibt § 12 Abs. 1 unberührt.

(2) Gefährliche Güter im Sinne dieses Gesetzes sind Stoffe und Gegenstände, deren Beförderung auf der Straße nach den Anlagen A und B zu dem Europäischen Übereinkommen vom 30. September 1957 über die internationale Beförderung gefährlicher Güter auf der Straße (ADR) (BGBl. 1969 II S. 1489) in der jeweils geltenden Fassung verboten oder nur unter bestimmten Bedingungen gestattet ist.

(3) Absatz 1 ist nicht anzuwenden, wenn es sich um freigestellte Beförderungen gefährlicher Güter oder um Beförderungen in begrenzten Mengen unterhalb der im Unterabschnitt 1.1.3.6. zu dem in Absatz 2 genannten Übereinkommen festgelegten Grenzen handelt.

(4) Absatz 1 ist nicht anzuwenden, wenn der Schaden bei der Beförderung innerhalb eines Betriebs entstanden ist, in dem gefährliche Güter hergestellt, bearbeitet, verarbeitet, gelagert, verwendet oder vernichtet werden, soweit die Beförderung auf einem abgeschlossenen Gelände stattfindet.

(5) § 12 Abs. 2 gilt entsprechend.

**§ 12b[2)] Nichtanwendbarkeit der Höchstbeträge.** Die §§ 12 und 12a sind nicht anzuwenden, wenn ein Schaden bei dem Betrieb eines gepanzerten Gleiskettenfahrzeugs verursacht wird.

---

[1)] § 12a Überschrift eingef., Abs. 1 neu gef. mWv 18.12.2007 durch G v. 10.12.2007 (BGBl. I S. 2833).
[2)] § 12b Überschrift eingef. mWv 18.12.2007 durch G v. 10.12.2007 (BGBl. I S. 2833).

**§ 13 Geldrente.** (1) Der Schadensersatz wegen Aufhebung oder Minderung der Erwerbsfähigkeit und wegen Vermehrung der Bedürfnisse des Verletzten sowie der nach § 10 Abs. 2 einem Dritten zu gewährende Schadensersatz ist für die Zukunft durch Entrichtung einer Geldrente zu leisten.

(2) Die Vorschriften des § 843 Abs. 2 bis 4 des Bürgerlichen Gesetzbuchs[1] finden entsprechende Anwendung.

(3) Ist bei der Verurteilung des Verpflichteten zur Entrichtung einer Geldrente nicht auf Sicherheitsleistung erkannt worden, so kann der Berechtigte gleichwohl Sicherheitsleistung verlangen, wenn die Vermögensverhältnisse des Verpflichteten sich erheblich verschlechtert haben; unter der gleichen Voraussetzung kann er eine Erhöhung der in dem Urteil bestimmten Sicherheit verlangen.

**§ 14 Verjährung.** Auf die Verjährung finden die für unerlaubte Handlungen geltenden Verjährungsvorschriften des Bürgerlichen Gesetzbuchs[1] [2] entsprechende Anwendung.

**§ 15 Verwirkung.** [1] Der Ersatzberechtigte verliert die ihm auf Grund der Vorschriften dieses Gesetzes zustehenden Rechte, wenn er nicht spätestens innerhalb zweier Monate, nachdem er von dem Schaden und der Person des Ersatzpflichtigen Kenntnis erhalten hat, dem Ersatzpflichtigen den Unfall anzeigt. [2] Der Rechtsverlust tritt nicht ein, wenn die Anzeige infolge eines von dem Ersatzberechtigten nicht zu vertretenden Umstands unterblieben ist oder der Ersatzpflichtige innerhalb der bezeichneten Frist auf andere Weise von dem Unfall Kenntnis erhalten hat.

**§ 16 Sonstige Gesetze.** Unberührt bleiben die bundesrechtlichen Vorschriften, nach welchen der Fahrzeughalter für den durch das Fahrzeug verursachten Schaden in weiterem Umfang als nach den Vorschriften dieses Gesetzes haftet oder nach welchen ein anderer für den Schaden verantwortlich ist.

**§ 17[3] Schadensverursachung durch mehrere Kraftfahrzeuge.** (1) Wird ein Schaden durch mehrere Kraftfahrzeuge verursacht und sind die beteiligten Fahrzeughalter einem Dritten kraft Gesetzes zum Ersatz des Schadens verpflichtet, so hängt im Verhältnis der Fahrzeughalter zueinander die Verpflichtung zum Ersatz sowie der Umfang des zu leistenden Ersatzes von den Umständen, insbesondere davon ab, inwieweit der Schaden vorwiegend von dem einen oder dem anderen Teil verursacht worden ist.

(2) Wenn der Schaden einem der beteiligten Fahrzeughalter entstanden ist, gilt Absatz 1 auch für die Haftung der Fahrzeughalter untereinander.

(3) [1] Die Verpflichtung zum Ersatz nach den Absätzen 1 und 2 ist ausgeschlossen, wenn der Unfall durch ein unabwendbares Ereignis verursacht wird, das weder auf einem Fehler in der Beschaffenheit des Kraftfahrzeugs noch auf einem Versagen seiner Vorrichtungen beruht. [2] Als unabwendbar gilt ein Ereignis nur dann, wenn sowohl der Halter als auch der Führer des Kraftfahrzeugs jede nach den Umständen des Falles gebotene Sorgfalt beobachtet hat. [3] Der Ausschluss gilt auch für die Ersatzpflicht gegenüber dem Eigentümer eines Kraftfahrzeugs, der nicht Halter ist.

---

[1] Nr. **20**.
[2] § 852 BGB (Nr. **20**).
[3] § 17 Abs. 3 Sätze 1 und 2 sowie Abs. 4 geänd. mWv 17.7.2020 durch G v. 10.7.2020 (BGBl. I S. 1653).

(4) Die Vorschriften der Absätze 1 bis 3 sind entsprechend anzuwenden, wenn der Schaden durch ein Kraftfahrzeug und ein Tier oder durch ein Kraftfahrzeug und eine Eisenbahn verursacht wird.

**§ 18**[1] **Ersatzpflicht des Fahrzeugführers.** (1) [1] In den Fällen des § 7 Abs. 1 ist auch der Führer des Kraftfahrzeugs zum Ersatz des Schadens nach den Vorschriften der §§ 8 bis 15 verpflichtet. [2] Die Ersatzpflicht ist ausgeschlossen, wenn der Schaden nicht durch ein Verschulden des Führers verursacht ist.

(2) Die Vorschrift des § 16 findet entsprechende Anwendung.

(3) Ist in den Fällen des § 17 auch der Führer eines Kraftfahrzeugs zum Ersatz des Schadens verpflichtet, so sind auf diese Verpflichtung in seinem Verhältnis zu den Haltern und Führern der anderen beteiligten Kraftfahrzeuge, zu dem Tierhalter oder Eisenbahnunternehmer die Vorschriften des § 17 entsprechend anzuwenden.

**§ 19**[2] **Haftung des Halters bei Unfällen mit Anhängern und Gespannen.**

(1) [1] Wird bei dem Betrieb eines Anhängers, der dazu bestimmt ist, von einem Kraftfahrzeug (Zugfahrzeug) gezogen zu werden, ein Mensch getötet, der Körper oder die Gesundheit eines Menschen verletzt oder eine Sache beschädigt, ist der Halter des Anhängers verpflichtet, dem Verletzten den daraus entstehenden Schaden zu ersetzen. [2] Die Regelungen zur Haftung des Halters eines Kraftfahrzeugs nach § 7 Absatz 2 und 3, § 8 Nummer 2 und 3 sowie den §§ 8a bis 16 gelten entsprechend. [3] Die Sätze 1 und 2 gelten nicht, wenn der Unfall durch einen Anhänger verursacht wurde, der im Unfallzeitpunkt mit einem Kraftfahrzeug verbunden war, das auf ebener Bahn mit keiner höheren Geschwindigkeit als 20 Kilometer in der Stunde fahren kann, es sei denn, es handelt sich um ein Kraftfahrzeug mit autonomer Fahrfunktion im Sinne des § 1d Absatz 1 und 2, das sich im autonomen Betrieb befindet.

(2) [1] Wird der Schaden eines anderen durch ein Zugfahrzeug mit Anhänger (Gespann) verursacht, haftet der Halter jedes dieser Fahrzeuge dem anderen für die Betriebsgefahr des gesamten Gespanns als Gesamtschuldner. [2] Die Ersatzpflicht des gesamtschuldnerisch haftenden Halters ist auf die Höchstbeträge der §§ 12 und 12a beschränkt.

(3) Wird ein Schaden durch ein Gespann und ein weiteres Kraftfahrzeug verursacht und sind die beteiligten Fahrzeughalter einem Dritten kraft Gesetzes zum Ersatz des Schadens verpflichtet oder ist der Schaden einem der beteiligten Fahrzeughalter entstanden, gilt für die Ersatzpflichten im Verhältnis der Halter von Zugfahrzeug und Anhänger zu dem Halter des weiteren beteiligten Kraftfahrzeugs § 17 Absatz 1 bis 3 entsprechend.

(4) [1] Ist in den Fällen der Absätze 2 und 3 der Halter des Zugfahrzeugs oder des Anhängers zum Ersatz des Schadens verpflichtet, kann er nach § 426 des Bürgerlichen Gesetzbuchs[3] von dem Halter des zu dem Gespann verbundenen anderen Fahrzeugs Ausgleich verlangen. [2] Im Verhältnis dieser Halter zueinander ist nur der Halter des Zugfahrzeugs verpflichtet. [3] Satz 2 gilt nicht, soweit sich durch den Anhänger eine höhere Gefahr verwirklicht hat als durch das Zugfahrzeug allein; in diesem Fall hängt die Verpflichtung zum Ausgleich davon ab, inwieweit der

---

[1] § 18 Abs. 1 Satz 1 und Abs. 3 geänd. mWv 17.7.2020 durch G v. 10.7.2020 (BGBl. I S. 1653).

[2] § 19 eingef. mWv 17.7.2020 durch G v. 10.7.2020 (BGBl. I S. 1653); Abs. 1 Satz 3 geänd. mWv 28.7.2021 durch G v. 12.7.2021 (BGBl. I S. 3108).

[3] Nr. **20**.

Schaden vorwiegend von dem Zugfahrzeug oder dem Anhänger verursacht worden ist. [4]Das Ziehen des Anhängers allein verwirklicht im Regelfall keine höhere Gefahr. [5]Der Ersatz für Schäden der Halter des Zugfahrzeugs und des Anhängers richtet sich im Verhältnis zueinander nach den allgemeinen Vorschriften.

(5) Die Absätze 3 und 4 sind entsprechend anzuwenden, wenn der Schaden durch ein Gespann und ein Tier oder durch ein Gespann und eine Eisenbahn verursacht wird.

(6) Wird ein Schaden eines Dritten oder eines beteiligten Kraftfahrzeughalters durch einen Anhänger verursacht, der im Unfallzeitpunkt nicht mit einem Zugfahrzeug verbunden war, oder ist der Schaden an einem solchen Anhänger entstanden, ist § 17 entsprechend anzuwenden.

**§ 19a[1)] Ersatzpflicht des Führers von Anhängern und Gespannen.**

(1) [1]Der Führer eines Gespanns haftet wie der Führer eines Kraftfahrzeugs. [2]§ 18 Absatz 1 und 2 ist entsprechend anzuwenden.

(2) [1]Ist in den Fällen des § 19 Absatz 3 und 5 auch der Führer des Gespanns zum Ersatz des Schadens verpflichtet, ist im Verhältnis zu den Haltern und Führern der weiteren beteiligten Kraftfahrzeuge, zu dem Tierhalter oder zu dem Eisenbahnunternehmer § 17 entsprechend anzuwenden. [2]Ist der Führer des Gespanns in den Fällen des § 19 Absatz 2, 3 und 5 zum Ersatz des Schadens verpflichtet, kann er von den Haltern des Zugfahrzeugs und des Anhängers nach § 426 des Bürgerlichen Gesetzbuchs[2)] Ausgleich verlangen. [3]Der Ersatz für Schäden des Führers des Gespanns richtet sich im Verhältnis zu den Haltern des Zugfahrzeugs und des Anhängers nach den allgemeinen Vorschriften.

(3) Im Fall des § 19 Absatz 6 haftet der Führer eines Anhängers wie der Führer eines Kraftfahrzeugs.

**§ 20 Örtliche Zuständigkeit.** Für Klagen, die auf Grund dieses Gesetzes erhoben werden, ist auch das Gericht zuständig, in dessen Bezirk das schädigende Ereignis stattgefunden hat.

## III. Straf- und Bußgeldvorschriften

**§ 21 Fahren ohne Fahrerlaubnis.** (1) Mit Freiheitsstrafe bis zu einem Jahr oder mit Geldstrafe wird bestraft, wer

1. ein Kraftfahrzeug führt, obwohl er die dazu erforderliche Fahrerlaubnis nicht hat oder ihm das Führen des Fahrzeugs nach § 44 des Strafgesetzbuchs[3)] oder nach § 25 dieses Gesetzes verboten ist, oder
2. als Halter eines Kraftfahrzeugs anordnet oder zulässt, dass jemand das Fahrzeug führt, der die dazu erforderliche Fahrerlaubnis nicht hat oder dem das Führen des Fahrzeugs nach § 44 des Strafgesetzbuchs oder nach § 25 dieses Gesetzes verboten ist.

(2) Mit Freiheitsstrafe bis zu sechs Monaten oder mit Geldstrafe bis zu 180 Tagessätzen wird bestraft, wer

1. eine Tat nach Absatz 1 fahrlässig begeht,

---

[1)] § 19a eingef. mWv 17.7.2020 durch G v. 10.7.2020 (BGBl. I S. 1653).
[2)] Nr. **20**.
[3)] Nr. **85**.

2. vorsätzlich oder fahrlässig ein Kraftfahrzeug führt, obwohl der vorgeschriebene Führerschein nach § 94 der Strafprozessordnung[1)] in Verwahrung genommen, sichergestellt oder beschlagnahmt ist, oder
3. vorsätzlich oder fahrlässig als Halter eines Kraftfahrzeugs anordnet oder zulässt, dass jemand das Fahrzeug führt, obwohl der vorgeschriebene Führerschein nach § 94 der Strafprozessordnung in Verwahrung genommen, sichergestellt oder beschlagnahmt ist.

(3) In den Fällen des Absatzes 1 kann das Kraftfahrzeug, auf das sich die Tat bezieht, eingezogen werden, wenn der Täter

1. das Fahrzeug geführt hat, obwohl ihm die Fahrerlaubnis entzogen oder das Führen des Fahrzeugs nach § 44 des Strafgesetzbuchs oder nach § 25 dieses Gesetzes verboten war oder obwohl eine Sperre nach § 69a Abs. 1 Satz 3 des Strafgesetzbuchs gegen ihn angeordnet war,
2. als Halter des Fahrzeugs angeordnet oder zugelassen hat, dass jemand das Fahrzeug führte, dem die Fahrerlaubnis entzogen oder das Führen des Fahrzeugs nach § 44 des Strafgesetzbuchs oder nach § 25 dieses Gesetzes verboten war oder gegen den eine Sperre nach § 69a Abs. 1 Satz 3 des Strafgesetzbuchs angeordnet war, oder
3. in den letzten drei Jahren vor der Tat schon einmal wegen einer Tat nach Absatz 1 verurteilt worden ist.

**§ 22 Kennzeichenmissbrauch.** (1) Wer in rechtswidriger Absicht

1. ein Kraftfahrzeug oder einen Kraftfahrzeuganhänger, für die ein amtliches Kennzeichen nicht ausgegeben oder zugelassen worden ist, mit einem Zeichen versieht, das geeignet ist, den Anschein amtlicher Kennzeichnung hervorzurufen,
2. ein Kraftfahrzeug oder einen Kraftfahrzeuganhänger mit einer anderen als der amtlich für das Fahrzeug ausgegebenen oder zugelassenen Kennzeichnung versieht,
3. das an einem Kraftfahrzeug oder einem Kraftfahrzeuganhänger angebrachte amtliche Kennzeichen verändert, beseitigt, verdeckt oder sonst in seiner Erkennbarkeit beeinträchtigt,

wird, wenn die Tat nicht in anderen Vorschriften mit schwererer Strafe bedroht ist, mit Freiheitsstrafe bis zu einem Jahr oder mit Geldstrafe bestraft.

(2) Die gleiche Strafe trifft Personen, welche auf öffentlichen Wegen oder Plätzen von einem Kraftfahrzeug oder einem Kraftfahrzeuganhänger Gebrauch machen, von denen sie wissen, dass die Kennzeichnung in der in Absatz 1 Nr. 1 bis 3 bezeichneten Art gefälscht, verfälscht oder unterdrückt worden ist.

**§ 22a Missbräuchliches Herstellen, Vertreiben oder Ausgeben von Kennzeichen.** (1) Mit Freiheitsstrafe bis zu einem Jahr oder mit Geldstrafe wird bestraft, wer

1. Kennzeichen ohne vorherige Anzeige bei der zuständigen Behörde herstellt, vertreibt oder ausgibt oder
2. (weggefallen)
3. Kennzeichen in der Absicht nachmacht, dass sie als amtlich zugelassene Kennzeichen verwendet oder in Verkehr gebracht werden oder dass ein solches

---

[1)] Nr. **90**.

Verwenden oder Inverkehrbringen ermöglicht werde, oder Kennzeichen in dieser Absicht so verfälscht, dass der Anschein der Echtheit hervorgerufen wird, oder

4. nachgemachte oder verfälschte Kennzeichen feilhält oder in den Verkehr bringt.

(2) [1] Nachgemachte oder verfälschte Kennzeichen, auf die sich eine Straftat nach Absatz 1 bezieht, können eingezogen werden. [2] § 74a des Strafgesetzbuchs[1)] ist anzuwenden.

**§ 22b[2)] Missbrauch von Wegstreckenzählern und Geschwindigkeitsbegrenzern.** (1) Mit Freiheitsstrafe bis zu einem Jahr oder mit Geldstrafe wird bestraft, wer

1. die Messung eines Wegstreckenzählers, mit dem ein Kraftfahrzeug ausgerüstet ist, dadurch verfälscht, dass er durch Einwirkung auf das Gerät oder den Messvorgang das Ergebnis der Messung beeinflusst,
2. die bestimmungsgemäße Funktion eines Geschwindigkeitsbegrenzers, mit dem ein Kraftfahrzeug ausgerüstet ist, durch Einwirkung auf diese Einrichtung aufhebt oder beeinträchtigt oder
3. eine Straftat nach Nummer 1 oder 2 vorbereitet, indem er Computerprogramme, deren Zweck die Begehung einer solchen Tat ist, herstellt, sich oder einem anderen verschafft, feilhält oder einem anderen überlässt.

(2) In den Fällen des Absatzes 1 Nr. 3 gilt § 149 Abs. 2 und 3 des Strafgesetzbuches[1)] entsprechend.

(3) [1] Gegenstände, auf die sich die Straftat nach Absatz 1 bezieht, können eingezogen werden. [2] § 74a des Strafgesetzbuches ist anzuwenden.

**§ 23[3)]** *(aufgehoben)*

**§ 24[4)]** (1) Ordnungswidrig handelt, wer vorsätzlich oder fahrlässig einer Rechtsverordnung nach § 1j Absatz 1 Nummer 1, 2, 4, 5 oder 6, § 6 Absatz 1 Satz 1 Nummer 1 Buchstabe a bis c oder d, Nummer 2, 3, 5, 6 Buchstabe a, Nummer 8 bis 16 oder 17, jeweils auch in Verbindung mit § 6 Absatz 3 Nummer 1 bis 5 oder 7, nach § 6e Absatz 1 Nummer 1 bis 5 oder 7 oder nach § 6g Absatz 4 Satz 1 Nummer 3, 5, 7 oder 9 oder einer vollziehbaren Anordnung auf Grund einer solchen Rechtsverordnung zuwiderhandelt, soweit die Rechtsverordnung für einen bestimmten Tatbestand auf diese Bußgeldvorschrift verweist.

(2) [1] Ordnungswidrig handelt, wer vorsätzlich oder fahrlässig

1. einer Rechtsverordnung nach § 6 Absatz 2
   a) Nummer 1 Buchstabe a bis e oder g,
   b) Nummer 1 Buchstabe f, Nummer 2 oder 3 Buchstabe b,
   c) Nummer 3 Buchstabe a oder c oder
   d) Nummer 4,

   jeweils auch in Verbindung mit § 6 Absatz 3 Nummer 1, 2, 3 Buchstabe a oder c, Nummer 4, 5 oder 7 oder einer vollziehbaren Anordnung auf Grund einer

---

[1)] Nr. **85**.

[2)] § 22b eingef. mWv 18.8.2005 durch G v. 14.8.2005 (BGBl. I S. 2412).

[3)] § 23 aufgeh. mWv 28.7.2021 durch G v. 12.7.2021 (BGBl. I S. 3091).

[4)] § 24 neu gef. mWv 28.7.2021 durch G v. 12.7.2021 (BGBl. I S. 3091); Abs. 1 geänd. mWv 28.7.2021 durch G v. 12.7.2021 (BGBl. I S. 3108).

solchen Rechtsverordnung zuwiderhandelt, soweit die Rechtsverordnung für einen bestimmten Tatbestand auf diese Bußgeldvorschrift verweist, oder

2. einer unmittelbar geltenden Vorschrift in Rechtsakten der Europäischen Gemeinschaft oder der Europäischen Union zuwiderhandelt, die inhaltlich einer Regelung entspricht, zu der die in Nummer 1
   a) Buchstabe a,
   b) Buchstabe b,
   c) Buchstabe c oder
   d) Buchstabe d

   genannten Vorschriften ermächtigen, soweit eine Rechtsverordnung nach Satz 2 für einen bestimmten Tatbestand auf diese Bußgeldvorschrift verweist.

[2] Das Bundesministerium für Verkehr und digitale Infrastruktur wird ermächtigt, soweit dies zur Durchsetzung der Rechtsakte der Europäischen Gemeinschaft oder der Europäischen Union erforderlich ist, durch Rechtsverordnung ohne Zustimmung des Bundesrates die Tatbestände zu bezeichnen, die als Ordnungswidrigkeit nach Satz 1 Nummer 2 geahndet werden können.

(3) Die Ordnungswidrigkeit kann in den Fällen

1. des Absatzes 2 Satz 1 Nummer 1 Buchstabe d und Nummer 2 Buchstabe d mit einer Geldbuße bis zu fünfhunderttausend Euro,
2. des Absatzes 2 Satz 1 Nummer 1 Buchstabe c und Nummer 2 Buchstabe c mit einer Geldbuße bis zu dreihunderttausend Euro,
3. des Absatzes 2 Satz 1 Nummer 1 Buchstabe a und Nummer 2 Buchstabe a mit einer Geldbuße bis zu hunderttausend Euro,
4. des Absatzes 2 Satz 1 Nummer 1 Buchstabe b und Nummer 2 Buchstabe b mit einer Geldbuße bis zu fünfzigtausend Euro,
5. des Absatzes 1 mit einer Geldbuße bis zu zweitausend Euro

geahndet werden.

(4) In den Fällen des Absatzes 3 Nummer 1 und 2 ist § 30 Absatz 2 Satz 3 des Gesetzes über Ordnungswidrigkeiten anzuwenden.

(5) Fahrzeuge, Fahrzeugteile und Ausrüstungen, auf die sich eine Ordnungswidrigkeit nach Absatz 1 in Verbindung mit § 6 Absatz 1 Satz 1 Nummer 5 oder 10 oder eine Ordnungswidrigkeit nach Absatz 2 Satz 1 bezieht, können eingezogen werden.

**§ 24a[1) 2)] 0,5 Promille-Grenze.** (1) Ordnungswidrig handelt, wer im Straßenverkehr ein Kraftfahrzeug führt, obwohl er 0,25 mg/l oder mehr Alkohol in der Atemluft oder 0,5 Promille oder mehr Alkohol im Blut oder eine Alkoholmenge im Körper hat, die zu einer solchen Atem- oder Blutalkoholkonzentration führt.

(2) [1] Ordnungswidrig handelt, wer unter der Wirkung eines in der Anlage zu dieser Vorschrift genannten berauschenden Mittels im Straßenverkehr ein Kraftfahrzeug führt. [2] Eine solche Wirkung liegt vor, wenn eine in dieser Anlage genannte Substanz im Blut nachgewiesen wird. [3] Satz 1 gilt nicht, wenn die Substanz aus der bestimmungsgemäßen Einnahme eines für einen konkreten Krankheitsfall verschriebenen Arzneimittels herrührt.

---

1) § 24a Abs. 5 geänd. mWv 18.8.2006 durch G v. 14.8.2006 (BGBl. I S. 1958); Abs. 4 geänd. mWv 30.12.2008 durch G v. 22.12.2008 (BGBl. I S. 2965); Abs. 5 geänd. mWv 5.12.2014 durch G v. 28.11. 2014 (BGBl. I S. 1802).

2) Bußgeldkatalog-Verordnung – BKatV **(Habersack, Deutsche Gesetze ErgBd. Nr. 94a)**.

(3) Ordnungswidrig handelt auch, wer die Tat fahrlässig begeht.

(4) Die Ordnungswidrigkeit kann mit einer Geldbuße bis zu dreitausend Euro geahndet werden.

(5) Das Bundesministerium für Verkehr und digitale Infrastruktur wird ermächtigt, durch Rechtsverordnung im Einvernehmen mit dem Bundesministerium für Gesundheit und Soziale Sicherung und dem Bundesministerium der Justiz und für Verbraucherschutz mit Zustimmung des Bundesrates die Liste der berauschenden Mittel und Substanzen in der Anlage zu dieser Vorschrift zu ändern oder zu ergänzen, wenn dies nach wissenschaftlicher Erkenntnis im Hinblick auf die Sicherheit des Straßenverkehrs erforderlich ist.

**§ 24b**[1] *(aufgehoben)*

**§ 24c**[2] **Alkoholverbot für Fahranfänger und Fahranfängerinnen.**

(1) Ordnungswidrig handelt, wer in der Probezeit nach § 2a oder vor Vollendung des 21. Lebensjahres als Führer eines Kraftfahrzeugs im Straßenverkehr alkoholische Getränke zu sich nimmt oder die Fahrt antritt, obwohl er unter der Wirkung eines solchen Getränks steht.

(2) Ordnungswidrig handelt auch, wer die Tat fahrlässig begeht.

(3) Die Ordnungswidrigkeit kann mit einer Geldbuße geahndet werden.

**§ 25**[3] **Fahrverbot.** (1) [1] Wird gegen die betroffene Person wegen einer Ordnungswidrigkeit nach § 24 Absatz 1, die sie unter grober oder beharrlicher Verletzung der Pflichten eines Kraftfahrzeugführers begangen hat, eine Geldbuße festgesetzt, so kann ihr die Verwaltungsbehörde oder das Gericht in der Bußgeldentscheidung für die Dauer von einem Monat bis zu drei Monaten verbieten, im Straßenverkehr Kraftfahrzeuge jeder oder einer bestimmten Art zu führen. [2] Wird gegen die betroffene Person wegen einer Ordnungswidrigkeit nach § 24a eine Geldbuße festgesetzt, so ist in der Regel auch ein Fahrverbot anzuordnen.

(2) [1] Das Fahrverbot wird mit der Rechtskraft der Bußgeldentscheidung wirksam. [2] Für seine Dauer werden von einer deutschen Behörde ausgestellte nationale und internationale Führerscheine amtlich verwahrt. [3] Dies gilt auch, wenn der Führerschein von einer Behörde eines Mitgliedstaates der Europäischen Union oder eines anderen Vertragsstaates des Abkommens über den Europäischen Wirtschaftsraum ausgestellt worden ist, sofern der Inhaber seinen ordentlichen Wohnsitz im Inland hat. [4] Wird er nicht freiwillig herausgegeben, so ist er zu beschlagnahmen.

(2a) Ist in den zwei Jahren vor der Ordnungswidrigkeit ein Fahrverbot gegen die betroffene Person nicht verhängt worden und wird auch bis zur Bußgeldentscheidung ein Fahrverbot nicht verhängt, so bestimmt die Verwaltungsbehörde oder das Gericht abweichend von Absatz 2 Satz 1, dass das Fahrverbot erst wirksam wird, wenn der Führerschein nach Rechtskraft der Bußgeldentscheidung in amtliche Verwahrung gelangt, spätestens jedoch mit Ablauf von vier Monaten seit Eintritt der Rechtskraft.

---

[1] § 24b aufgeh. mWv 28.7.2021 durch G v. 12.7.2021 (BGBl. I S. 3091).

[2] § 24c eingef. mWv 1.8.2007 durch G v. 19.7.2007 (BGBl. I S. 1460).

[3] § 25 Abs. 4 Satz 2 neu gef. mWv 1.1.2013 durch G v. 29.7.2009 (BGBl. I S. 2258); Abs. 2a Satz 2 aufgeh., Abs. 2b eingef. mWv 24.8.2017 durch G v. 17.8.2017 (BGBl. I S. 3202); Abs. 1 Sätze 1 und 2, Abs. 2a und 2b Satz 1, Abs. 4 Satz 1, Abs. 6 Satz 2, Abs. 7 Satz 1 und Abs. 8 geänd. mWv 26.11.2019 durch G v. 20.11.2019 (BGBl. I S. 1626); Abs. 1 Satz 1 geänd. mWv 28.7.2021 durch G v. 12.7.2021 (BGBl. I S. 3091).

(2b) [1] Werden gegen die betroffene Person mehrere Fahrverbote rechtskräftig verhängt, so sind die Verbotsfristen nacheinander zu berechnen. [2] Die Verbotsfrist auf Grund des früher wirksam gewordenen Fahrverbots läuft zuerst. [3] Werden Fahrverbote gleichzeitig wirksam, so läuft die Verbotsfrist auf Grund des früher angeordneten Fahrverbots zuerst, bei gleichzeitiger Anordnung ist die frühere Tat maßgebend.

(3) [1] In anderen als in Absatz 2 Satz 3 genannten ausländischen Führerscheinen wird das Fahrverbot vermerkt. [2] Zu diesem Zweck kann der Führerschein beschlagnahmt werden.

(4) [1] Wird der Führerschein in den Fällen des Absatzes 2 Satz 4 oder des Absatzes 3 Satz 2 bei der betroffenen Person nicht vorgefunden, so hat sie auf Antrag der Vollstreckungsbehörde (§ 92 des Gesetzes über Ordnungswidrigkeiten[1)]) bei dem Amtsgericht eine eidesstattliche Versicherung über den Verbleib des Führerscheins abzugeben. [2] § 883 Abs. 2 und 3 der Zivilprozessordnung[2)] gilt entsprechend.

(5) [1] Ist ein Führerschein amtlich zu verwahren oder das Fahrverbot in einem ausländischen Führerschein zu vermerken, so wird die Verbotsfrist erst von dem Tag an gerechnet, an dem dies geschieht. [2] In die Verbotsfrist wird die Zeit nicht eingerechnet, in welcher der Täter auf behördliche Anordnung in einer Anstalt verwahrt wird.

(6) [1] Die Dauer einer vorläufigen Entziehung der Fahrerlaubnis (§ 111a der Strafprozessordnung[3)]) wird auf das Fahrverbot angerechnet. [2] Es kann jedoch angeordnet werden, dass die Anrechnung ganz oder zum Teil unterbleibt, wenn sie im Hinblick auf das Verhalten der betroffenen Person nach Begehung der Ordnungswidrigkeit nicht gerechtfertigt ist. [3] Der vorläufigen Entziehung der Fahrerlaubnis steht die Verwahrung, Sicherstellung oder Beschlagnahme des Führerscheins (§ 94 der Strafprozessordnung) gleich.

(7) [1] Wird das Fahrverbot nach Absatz 1 im Strafverfahren angeordnet (§ 82 des Gesetzes über Ordnungswidrigkeiten), so kann die Rückgabe eines in Verwahrung genommenen, sichergestellten oder beschlagnahmten Führerscheins aufgeschoben werden, wenn die betroffene Person nicht widerspricht. [2] In diesem Fall ist die Zeit nach dem Urteil unverkürzt auf das Fahrverbot anzurechnen.

(8) Über den Zeitpunkt der Wirksamkeit des Fahrverbots nach Absatz 2 oder 2a Satz 1 und über den Beginn der Verbotsfrist nach Absatz 5 Satz 1 ist die betroffene Person bei der Zustellung der Bußgeldentscheidung oder im Anschluss an deren Verkündung zu belehren.

**§ 25a[4)] Kostentragungspflicht des Halters.** (1) [1] Kann in einem Bußgeldverfahren wegen eines Halt- oder Parkverstoßes der Führer des Kraftfahrzeugs, der den Verstoß begangen hat, nicht vor Eintritt der Verfolgungsverjährung ermittelt werden oder würde seine Ermittlung einen unangemessenen Aufwand erfordern, so werden dem Halter des Kraftfahrzeugs oder seinem Beauftragten die Kosten des Verfahrens auferlegt; er hat dann auch seine Auslagen zu tragen. [2] Entsprechendes gilt für den Halter eines Kraftfahrzeuganhängers, wenn mit diesem Kraftfahrzeuganhänger, ohne dass dieser an ein Kraftfahrzeug angehängt ist, ein Halt- oder

---

1) Nr. **94**.
2) Nr. **100**.
3) Nr. **90**.
4) § 25a Überschrift neu gef., Abs. 1 Satz 2 eingef., bish. Satz 2 wird Satz 3 und neu gef. mWv 28.7.2021 durch G v. 12.7.2021 (BGBl. I S. 3091).

Parkverstoß begangen wurde und derjenige, der den Verstoß begangen hat, nicht vor Eintritt der Verfolgungsverjährung ermittelt werden kann oder seine Ermittlung einen unangemessenen Aufwand erfordern würde. [3] Von einer Entscheidung nach Satz 1 oder 2 wird abgesehen, wenn es unbillig wäre, den Halter oder seinen Beauftragten mit den Kosten zu belasten.

(2) Die Kostenentscheidung ergeht mit der Entscheidung, die das Verfahren abschließt; vor der Entscheidung ist derjenige zu hören, dem die Kosten auferlegt werden sollen.

(3) [1] Gegen die Kostenentscheidung der Verwaltungsbehörde und der Staatsanwaltschaft kann innerhalb von zwei Wochen nach Zustellung gerichtliche Entscheidung beantragt werden. [2] § 62 Abs. 2 des Gesetzes über Ordnungswidrigkeiten[1)] gilt entsprechend; für die Kostenentscheidung der Staatsanwaltschaft gelten auch § 50 Abs. 2 und § 52 des Gesetzes über Ordnungswidrigkeiten entsprechend. [3] Die Kostenentscheidung des Gerichts ist nicht anfechtbar.

**§ 26[2)] Zuständige Verwaltungsbehörde; Verjährung.** (1) [1] Bei Ordnungswidrigkeiten nach den § 24 Absatz 1, § 24a Absatz 1 bis 3 und § 24c Absatz 1 und 2 ist Verwaltungsbehörde im Sinne des § 36 Abs. 1 Nr. 1 des Gesetzes über Ordnungswidrigkeiten[1)] die Behörde oder Dienststelle der Polizei, die von der Landesregierung durch Rechtsverordnung[3)] näher bestimmt wird. [2] Die Landesregierung kann die Ermächtigung auf die zuständige oberste Landesbehörde übertragen.

---

[1)] Nr. **94**.

[2)] § 26 Abs. 1 Satz 1 geänd. mWv 1.8.2007 durch G v. 19.7.2007 (BGBl. I S. 1460); Abs. 1 Satz 1 geänd. mWv 7.12.2016 durch G v. 28.11.2016 (BGBl. I S. 2722); Abs. 1 geänd., Abs. 2 und 3 neu gef. mWv 28.7.2021 durch G v. 12.7.2021 (BGBl. I S. 3091).

[3)] **Zuständige Verwaltungsbehörden sind:**

in **Baden-Württemberg** die unteren Verwaltungsbehörden, bei Ordnungswidrigkeiten auf Bundesautobahnen das Regierungspräsidium Karlsruhe (VO der Landesregierung über Zuständigkeiten nach dem G über Ordnungswidrigkeiten (OWiZuVO) idF der Bek. v. 2.2.1990 (GBl. S. 75, ber. S. 268), zuletzt geänd. durch VO v. 10.5.2022 (GBl. S. 275));

in **Bayern** das Polizeiverwaltungsamt, die Dienststellen der Landespolizei und der Bereitschaftspolizei (§ 91 ZuständigkeitsVO (ZustV) v. 16.6.2015 (GVBl. S. 184), zuletzt geänd. durch V v. 19.7.2022 (GVBl. S. 397));

in **Berlin** der Polizeipräsident in Berlin (VO über sachliche Zuständigkeiten für die Verfolgung und Ahndung von Ordnungswidrigkeiten (ZustVO-OwiG) v. 29.2.2000 (GVBl. S. 249), zuletzt geänd. durch VO v. 1.3.2022 (GVBl. S. 92));

in **Brandenburg** das Polizeipräsidium und die Kreisordnungsbehörden (VerkehrsordnungswidrigkeitenzuständigkeitsVO – VOWiZustV v. 18.6.1996 (GVBl. II S. 412), zuletzt geänd. durch VO v. 19.11.2020 (GVBl. II Nr. 109));

in **Bremen** die Ortspolizeibehörden (VO über die Zuständigkeit für die Verfolgung und Ahndung von Ordnungswidrigkeiten nach den §§ 23, 24 und 24a des StraßenverkehrsG v. 21.7.1980 (Brem.GBl. S. 229), geänd. durch VO v. 14.7.2009 (Brem.GBl. S. 281));

in **Hamburg** die Behörde für Inneres und Sport (AnO über Zuständigkeiten auf dem Gebiet des Straßenverkehrsrechts v. 5.1.1999 (Amtl. Anz. S. 345), zuletzt geänd. durch AO v. 6.10.2020 (Amtl. Anz. S. 2089));

in **Hessen** in der Stadt Frankfurt der Oberbürgermeister als örtliche Ordnungsbehörde, im Übrigen das Regierungspräsidium Kassel als Bezirksordnungsbehörde (VO zur Bestimmung verkehrsrechtlicher Zuständigkeiten v. 12.11.2007 (GVBl. I S. 800), zuletzt geänd. durch VO v. 5.7.2021 (GVBl. S. 331));

in **Mecklenburg-Vorpommern** die Landräte und die Oberbürgermeister der kreisfreien Städte (Straßenverkehr-ZuständigkeitslandesVO – StVZustLVO M-V v. 12.8.2021 (GVOBl. M-V S. 1221));

in **Niedersachsen** die Landkreise und kreisfreien Städte (VO über sachliche Zuständigkeiten für die Verfolgung und Ahndung von Ordnungswidrigkeiten (ZustVO-OWi) v. 30.6.2021 (Nds. GVBl. S. 442), geänd. durch VO v. 28.6.2022 (Nds. GVBl. S. 421)); →

(2) Verwaltungsbehörde im Sinne des § 36 Absatz 1 Nummer 1 des Gesetzes über Ordnungswidrigkeiten ist das Kraftfahrt-Bundesamt

1. abweichend von Absatz 1 bei Ordnungswidrigkeiten nach § 24 Absatz 1, soweit es für den Vollzug der bewehrten Vorschriften zuständig ist, oder
2. bei Ordnungswidrigkeiten nach § 24 Absatz 2 Satz 1.

(3) [1]Die Frist der Verfolgungsverjährung beträgt bei Ordnungswidrigkeiten nach § 24 Absatz 1 drei Monate, solange wegen der Handlung weder ein Bußgeldbescheid ergangen ist noch öffentliche Klage erhoben worden ist, danach sechs Monate. [2]Abweichend von Satz 1 beträgt die Frist der Verfolgungsverjährung bei Ordnungswidrigkeiten nach § 24 Absatz 1 in Verbindung mit § 6 Absatz 1 Satz 1 Nummer 5 oder 10 zwei Jahre, soweit diese Ordnungswidrigkeiten Zuwiderhandlungen gegen Vorschriften mit Anforderungen an Fahrzeuge oder Fahrzeugteile betreffen, die der Genehmigung ihrer Bauart bedürfen. [3]Die Frist der Verfolgungsverjährung beträgt bei Ordnungswidrigkeiten nach § 24 Absatz 2 Satz 1 Nummer 1 Buchstabe c und d und Nummer 2 Buchstabe c und d[1)] fünf Jahre.

**§ 26a[2)] Bußgeldkatalog.** (1) Das Bundesministerium für Verkehr und digitale Infrastruktur wird ermächtigt, durch Rechtsverordnung mit Zustimmung des Bundesrates Vorschriften zu erlassen über

1. die Erteilung einer Verwarnung (§ 56 des Gesetzes über Ordnungswidrigkeiten[3)]) wegen einer Ordnungswidrigkeit nach § 24 Absatz 1,
2. Regelsätze für Geldbußen wegen einer Ordnungswidrigkeit nach den § 24 Absatz 1, § 24a Absatz 1 bis 3 und § 24c Absatz 1 und 2,
3. die Anordnung des Fahrverbots nach § 25.

---

*(Fortsetzung der Anm. von voriger Seite)*

in **Nordrhein-Westfalen** die Kreisordnungsbehörden (VO zur Bestimmung der für die Verfolgung und Ahndung von Verkehrsordnungswidrigkeiten zuständigen Verwaltungsbehörden v. 25.9.1979 (GV. NRW. S. 652), zuletzt geänd. durch VO v. 6.12.2016 (GV. NRW. S. 1070));

in **Rheinland-Pfalz** das Polizeipräsidium Rheinpfalz (§ 8 LandesVO über Zuständigkeiten auf dem Gebiet des Straßenverkehrsrechts v. 12.3.1987 (GVBl. S. 46), zuletzt geänd. durch VO v. 24.11.2020 (GVBl. S. 147));

im **Saarland** das Landesverwaltungsamt (§ 2 StraßenverkehrszuständigkeitsG (StVZustG) v. 13.6.2001 (Amtsbl. S. 1430), zuletzt geänd. durch G v. 11.11.2020 (Amtsbl. I S. 1262));

in **Sachsen** die Großen Kreisstädte Görlitz, Hoyerswerda, Plauen und Zwickau, bei Ordnungswidrigkeiten auf Bundesautobahnen die Landesdirektion Sachsen (Ordnungswidrigkeiten-ZuständigkeitsVO – OWiZuVO v. 16.6.2014 (SächsGVBl. S. 342), zuletzt geänd. durch VO v. 11.4.2022 (SächsGVBl. S. 285));

in **Sachsen-Anhalt** die Zentrale Bußgeldstelle im Technischen Polizeiamt (VO über sachliche Zuständigkeiten für die Verfolgung und Ahndung von Ordnungswidrigkeiten (ZustVO OWi) v. 2.3.2010 (GVBl. LSA S. 106), zuletzt geänd. durch VO v. 20.11.2019 (GVBl. LSA S. 940));

in **Schleswig-Holstein** die Landräte und die Bürgermeister der kreisfreien Städte (Ordnungswidrigkeiten-ZuständigkeitsVO – OWi-ZustVO v. 22.1.1988 (GVOBl. Schl.-H. S. 32), zuletzt geänd. durch VO v. 24.5.2022 (GVOBl. Schl.-H. S. 676));

in **Thüringen** die Zentrale Bußgeldstelle bei der Landespolizeidirektion, die Dienststellen der Polizei und Einheiten der Bereitschaftspolizei (Thüringer VO über Zuständigkeiten für die Verfolgung und Ahndung von Verkehrsordnungswidrigkeiten (ThürVOWiZustVO) v. 27.10.2021 (GVBl. S. 535), geänd. durch VO v. 18.11.2021 (GVBl. S. 561)).

1) Nr. **35**.

2) § 26a Abs. 1 einl. Satzteil geänd. mWv 18.8.2006 durch G v. 14.8.2006 (BGBl. I S. 1958); Abs. 1 Nr. 2 geänd. mWv 1.8.2007 durch G v. 19.7.2007 (BGBl. I S. 1460); Abs. 1 einl. Satzteil geänd. mWv 5.12.2014 durch G v. 28.11.2014 (BGBl. I S. 1802); Abs. 1 Nr. 1 und 2 geänd. mWv 28.7.2021 durch G v. 12.7.2021 (BGBl. I S. 3091).

3) Nr. **94**.

(2) Die Vorschriften nach Absatz 1 bestimmen unter Berücksichtigung der Bedeutung der Ordnungswidrigkeit, in welchen Fällen, unter welchen Voraussetzungen und in welcher Höhe das Verwarnungsgeld erhoben, die Geldbuße festgesetzt und für welche Dauer das Fahrverbot angeordnet werden soll.

**§ 27[1)] Informationsschreiben.** (1) [1]Hat die Verwaltungsbehörde in einem Bußgeldverfahren den Halter oder Eigentümer eines Kraftfahrzeugs auf Grund einer Abfrage im Sinne des Artikels 4 der Richtlinie (EU) 2015/413 des Europäischen Parlaments und des Rates vom 11. März 2015 zur Erleichterung des grenzüberschreitenden Austauschs von Informationen über die Straßenverkehrssicherheit gefährdende Verkehrsdelikte (ABl. L 68 vom 13.3.2015, S. 9) ermittelt, übersendet sie der ermittelten Person ein Informationsschreiben. [2]In diesem Schreiben werden die Art des Verstoßes, Zeit und Ort seiner Begehung, das gegebenenfalls verwendete Überwachungsgerät, die anwendbaren Bußgeldvorschriften sowie die für einen solchen Verstoß vorgesehene Sanktion angegeben. [3]Das Informationsschreiben ist in der Sprache des Zulassungsdokuments des Kraftfahrzeugs oder in einer der Amtssprachen des Mitgliedstaates zu übermitteln, in dem das Kraftfahrzeug zugelassen ist.

(2) Absatz 1 gilt nicht, wenn die ermittelte Person ihren ordentlichen Wohnsitz im Inland hat.

## IV.[2)] Fahreignungsregister

**§ 28[3)] Führung und Inhalt des Fahreignungsregisters.** (1) Das Kraftfahrt-Bundesamt führt das Fahreignungsregister nach den Vorschriften dieses Abschnitts.

(2) Das Fahreignungsregister wird geführt zur Speicherung von Daten, die erforderlich sind

1. für die Beurteilung der Eignung und der Befähigung von Personen zum Führen von Kraftfahrzeugen oder zum Begleiten eines Kraftfahrzeugführers entsprechend einer nach § 6e Abs. 1 erlassenen Rechtsverordnung,
2. für die Prüfung der Berechtigung zum Führen von Fahrzeugen,
3. für die Ahndung der Verstöße von Personen, die wiederholt Straftaten oder Ordnungswidrigkeiten, die im Zusammenhang mit dem Straßenverkehr stehen, begehen oder
4. für die Beurteilung von Personen im Hinblick auf ihre Zuverlässigkeit bei der Wahrnehmung der ihnen durch Gesetz, Satzung oder Vertrag übertragenen Verantwortung für die Einhaltung der zur Sicherheit im Straßenverkehr bestehenden Vorschriften.

---

1) § 27 neu eingef. mWv 31.8.2013 durch G v. 28.8.2013 (BGBl. I S. 3310); Abs. 1 Satz 1 geänd. mWv 7.12.2016 durch G v. 28.11.2016 (BGBl. I S. 2722).

2) Abschnitt IV Überschrift geänd. mWv 1.5.2014 durch G v. 28.8.2013 (BGBl. I S. 3313).

3) § 28 Abs. 2 Nr. 1 geänd. mWv 18.8.2005 durch G v. 14.8.2005 (BGBl. I S. 2412); Überschrift, Abs. 1, Abs. 2 einl. Satzteil geänd., Abs. 3 einl. Satzteil und Nr. 1–3 neu gef., Nr. 10 aufgeh., Nr. 11 geänd., Nr. 12 und 13 neu gef, bish. Nr. 13 wird Nr. 14 und geänd., Abs. 6 geänd. mWv 1.5.2014 durch G v. 28.8.2013 (BGBl. I S. 3313); Abs. 3 Nr. 6 neu gef., Abs. 4 Satz 2 angef. mWv 7.12.2016 durch G v. 28.11.2016 (BGBl. I S. 2722); Abs. 3 Nr. 3 Buchst. a, Abs. 5 Sätze 1 und 2 sowie Abs. 6 geänd. mWv 26.11.2019 durch G v. 20.11.2019 (BGBl. I S. 1626); Abs. 3 Nr. 1 und Nr. 3 Buchst. a–c geänd. mWv 28.7.2021 durch G v. 12.7.2021 (BGBl. I S. 3091).

(3) Im Fahreignungsregister werden Daten gespeichert über

1. rechtskräftige Entscheidungen der Strafgerichte wegen einer Straftat, die in der Rechtsverordnung nach § 6 Absatz 1 Satz 1 Nummer 4 bezeichnet ist, soweit sie auf Strafe, Verwarnung mit Strafvorbehalt erkennen oder einen Schuldspruch enthalten,
2. rechtskräftige Entscheidungen der Strafgerichte, die die Entziehung der Fahrerlaubnis, eine isolierte Sperre oder ein Fahrverbot anordnen, sofern sie nicht von Nummer 1 erfasst sind, sowie Entscheidungen der Strafgerichte, die die vorläufige Entziehung der Fahrerlaubnis anordnen,
3. rechtskräftige Entscheidungen wegen einer Ordnungswidrigkeit
   a) nach den § 24 Absatz 1, § 24a oder § 24c, soweit sie in der Rechtsverordnung nach § 6 Absatz 1 Satz 1 Nummer 4 bezeichnet ist und gegen die betroffene Person
      aa) ein Fahrverbot nach § 25 angeordnet worden ist oder
      bb) eine Geldbuße von mindestens sechzig Euro festgesetzt worden ist und § 28a nichts anderes bestimmt,
   b) nach den § 24 Absatz 1, § 24a oder § 24c, soweit kein Fall des Buchstaben a vorliegt und ein Fahrverbot angeordnet worden ist,
   c) nach § 10 des Gefahrgutbeförderungsgesetzes, soweit sie in der Rechtsverordnung nach § 6 Absatz 1 Satz 1 Nummer 4 bezeichnet ist,
4. unanfechtbare oder sofort vollziehbare Verbote oder Beschränkungen, ein fahrerlaubnisfreies Fahrzeug zu führen,
5. unanfechtbare Versagungen einer Fahrerlaubnis,
6. unanfechtbare oder sofort vollziehbare
   a) Entziehungen, Widerrufe oder Rücknahmen einer Fahrerlaubnis,
   b) Feststellungen über die fehlende Berechtigung, von einer ausländischen Fahrerlaubnis im Inland Gebrauch zu machen,
7. Verzichte auf die Fahrerlaubnis,
8. unanfechtbare Ablehnungen eines Antrags auf Verlängerung der Geltungsdauer einer Fahrerlaubnis,
9. die Beschlagnahme, Sicherstellung oder Verwahrung von Führerscheinen nach § 94 der Strafprozessordnung,
10. *(aufgehoben)*
11. Maßnahmen der Fahrerlaubnisbehörde nach § 2a Abs. 2 Satz 1 Nr. 1 und 2 und § 4 Absatz 5 Satz 1 Nr. 1 und 2,
12. die Teilnahme an einem Aufbauseminar, an einem besonderen Aufbauseminar und an einer verkehrspsychologischen Beratung, soweit dies für die Anwendung der Regelungen der Fahrerlaubnis auf Probe (§ 2a) erforderlich ist,
13. die Teilnahme an einem Fahreignungsseminar, soweit dies für die Anwendung der Regelungen des Fahreignungs-Bewertungssystems (§ 4) erforderlich ist,
14. Entscheidungen oder Änderungen, die sich auf eine der in den Nummern 1 bis 13 genannten Eintragungen beziehen.

(4) [1] Die Gerichte, Staatsanwaltschaften und anderen Behörden teilen dem Kraftfahrt-Bundesamt unverzüglich die nach Absatz 3 zu speichernden oder zu einer Änderung oder Löschung einer Eintragung führenden Daten mit. [2] Die Datenübermittlung nach Satz 1 kann auch im Wege der Datenfernübertragung durch Direkteinstellung unter Beachtung des § 30a Absatz 2 bis 4 erfolgen.

(5) [1] Bei Zweifeln an der Identität einer eingetragenen Person mit der Person, auf die sich eine Mitteilung nach Absatz 4 bezieht, dürfen die Datenbestände des Zentralen Fahrerlaubnisregisters und des Zentralen Fahrzeugregisters zur Identifizierung dieser Personen verwendet werden. [2] Ist die Feststellung der Identität der betreffenden Personen auf diese Weise nicht möglich, dürfen die auf Anfrage aus den Melderegistern übermittelten Daten zur Behebung der Zweifel verwendet werden. [3] Die Zulässigkeit der Übermittlung durch die Meldebehörden richtet sich nach den Meldegesetzen der Länder. [4] Können die Zweifel an der Identität der betreffenden Personen nicht ausgeräumt werden, werden die Eintragungen über beide Personen mit einem Hinweis auf die Zweifel an deren Identität versehen.

(6) Die regelmäßige Verwendung der auf Grund des § 50 Abs. 1 im Zentralen Fahrerlaubnisregister gespeicherten Daten ist zulässig, um Fehler und Abweichungen bei den Personendaten sowie den Daten über Fahrerlaubnisse und Führerscheine der betreffenden Person im Fahreignungsregister festzustellen und zu beseitigen und um das Fahreignungsregister zu vervollständigen.

**§ 28a[1)] Eintragung beim Abweichen vom Bußgeldkatalog.** [1] Wird die Geldbuße wegen einer Ordnungswidrigkeit nach den § 24 Absatz 1, § 24a und § 24c lediglich mit Rücksicht auf die wirtschaftlichen Verhältnisse der betroffenen Person abweichend von dem Regelsatz der Geldbuße festgesetzt, der für die zugrunde liegende Ordnungswidrigkeit im Bußgeldkatalog (§ 26a) vorgesehen ist, so ist in der Entscheidung dieser Paragraph bei den angewendeten Bußgeldvorschriften aufzuführen, wenn der Regelsatz der Geldbuße

1. sechzig Euro oder mehr beträgt und eine geringere Geldbuße festgesetzt wird oder
2. weniger als sechzig Euro beträgt und eine Geldbuße von sechzig Euro oder mehr festgesetzt wird.

[2] In diesen Fällen ist für die Eintragung in das Fahreignungsregister der im Bußgeldkatalog vorgesehene Regelsatz maßgebend.

**§ 28b** (weggefallen)

**§ 29[2)] Tilgung der Eintragungen.** (1) [1] Die im Register gespeicherten Eintragungen werden nach Ablauf der in Satz 2 bestimmten Fristen getilgt. [2] Die Tilgungsfristen betragen

1. zwei Jahre und sechs Monate
   bei Entscheidungen über eine Ordnungswidrigkeit,

---

[1)] § 28a Satz 1 einl. Satzteil geänd. mWv 1.8.2007 durch G v. 19.7.2007 (BGBl. I S. 1460); Satz 1 Nr. 1, 2 und Satz 2 geänd. mWv 1.5.2014 durch G v. 28.8.2013 (BGBl. I S. 3313); Satz 1 einl. Satzteil geänd. mWv 26.11.2019 durch G v. 20.11.2019 (BGBl. I S. 1626); Satz 1 geänd. mWv 28.7.2021 durch G v. 12.7.2021 (BGBl. I S. 3091).

[2)] § 29 Abs. 4, Abs. 6 Satz 1 geänd., Satz 2 eingef., bish. Sätze 2–5 werden Sätze 3–6, Abs. 7 Satz 1 geänd. mWv 1.2.2005 durch G v. 24.8.2004 (BGBl. I S. 2198); Abs. 8 Satz 4 angef. mWv 30.12.2008 durch G v. 22.12.2008 (BGBl. I S. 2965); Abs. 8 Sätze 1 und 2 neu gef. mWv 21.6.2013 durch G v. 17.6. 2013 (BGBl. I S. 1558); Abs. 1 Sätze 2–4 neu gef., Abs. 4 Nr. 1 und 2 geänd., Nr. 4 neu gef., Abs. 5 Sätze 1 und 2 geänd., Abs. 6 aufgeh., bish. Abs. 7 und 8 werden Abs. 6 und 7 und neu gef. mWv 1.5.2014 durch G v. 28.8.2013 (BGBl. I S. 3313); Abs. 6 Sätze 2 und 4 geänd. mWv 5.12.2014 durch G v. 28.11. 2014 (BGBl. I S. 1802); Abs. 3 Nr. 4, Abs. 6 Satz 3 einl. Satzteil, Nr. 3, Satz 4 und Abs. 7 Sätze 1–3 geänd. mWv 26.11.2019 durch G v. 20.11.2019 (BGBl. I S. 1626); Abs. 1 Satz 2 Nr. 1 Buchst. a und Nr. 2 Buchst. b geänd., Abs. 6 Sätze 3 und 4 neu gef., Abs. 7 Satz 2 eingef., bish. Sätze 2–5 werden Sätze 3–6 und neuer Satz 5 geänd. mWv 28.7.2021 durch G v. 12.7.2021 (BGBl. I S. 3091).

a) die in der Rechtsverordnung nach § 6 Absatz 1 Satz 1 Nummer 4 Buchstabe b als verkehrssicherheitsbeeinträchtigende oder gleichgestellte Ordnungswidrigkeit mit einem Punkt bewertet ist oder

b) soweit weder ein Fall des Buchstaben a noch der Nummer 2 Buchstabe b vorliegt und in der Entscheidung ein Fahrverbot angeordnet worden ist,

2. fünf Jahre

a) bei Entscheidungen über eine Straftat, vorbehaltlich der Nummer 3 Buchstabe a,

b) bei Entscheidungen über eine Ordnungswidrigkeit, die in der Rechtsverordnung nach § 6 Absatz 1 Satz 1 Nummer 4 Buchstabe b als besonders verkehrssicherheitsbeeinträchtigende oder gleichgestellte Ordnungswidrigkeit mit zwei Punkten bewertet ist,

c) bei von der nach Landesrecht zuständigen Behörde verhängten Verboten oder Beschränkungen, ein fahrerlaubnisfreies Fahrzeug zu führen,

d) bei Mitteilungen über die Teilnahme an einem Fahreignungsseminar, einem Aufbauseminar, einem besonderen Aufbauseminar oder einer verkehrspsychologischen Beratung,

3. zehn Jahre

a) bei Entscheidungen über eine Straftat, in denen die Fahrerlaubnis entzogen oder eine isolierte Sperre angeordnet worden ist,

b) bei Entscheidungen über Maßnahmen oder Verzichte nach § 28 Absatz 3 Nummer 5 bis 8.

[3] Eintragungen über Maßnahmen der nach Landesrecht zuständigen Behörde nach § 2a Absatz 2 Satz 1 Nummer 1 und 2 und § 4 Absatz 5 Satz 1 Nummer 1 und 2 werden getilgt, wenn dem Inhaber einer Fahrerlaubnis die Fahrerlaubnis entzogen wird. [4] Sonst erfolgt eine Tilgung bei den Maßnahmen nach § 2a Absatz 2 Satz 1 Nummer 1 und 2 ein Jahr nach Ablauf der Probezeit und bei Maßnahmen nach § 4 Absatz 5 Satz 1 Nummer 1 und 2 dann, wenn die letzte Eintragung wegen einer Straftat oder Ordnungswidrigkeit getilgt ist. [5] Verkürzungen der Tilgungsfristen nach Absatz 1 können durch Rechtsverordnung gemäß § 30c Abs. 1 Nr. 2 zugelassen werden, wenn die eingetragene Entscheidung auf körperlichen oder geistigen Mängeln oder fehlender Befähigung beruht.

(2) Die Tilgungsfristen gelten nicht, wenn die Erteilung einer Fahrerlaubnis oder die Erteilung des Rechts, von einer ausländischen Fahrerlaubnis wieder Gebrauch zu machen, für immer untersagt ist.

(3) Ohne Rücksicht auf den Lauf der Fristen nach Absatz 1 und das Tilgungsverbot nach Absatz 2 werden getilgt

1. Eintragungen über Entscheidungen, wenn ihre Tilgung im Bundeszentralregister angeordnet oder wenn die Entscheidung im Wiederaufnahmeverfahren oder nach den §§ 86, 102 Abs. 2 des Gesetzes über Ordnungswidrigkeiten[1] rechtskräftig aufgehoben wird,

2. Eintragungen, die in das Bundeszentralregister nicht aufzunehmen sind, wenn ihre Tilgung durch die nach Landesrecht zuständige Behörde angeordnet wird, wobei die Anordnung nur ergehen darf, wenn dies zur Vermeidung ungerechtfertigter Härten erforderlich ist und öffentliche Interessen nicht gefährdet werden,

---

[1] Nr. **94**.

3. Eintragungen, bei denen die zugrunde liegende Entscheidung aufgehoben wird oder bei denen nach näherer Bestimmung durch Rechtsverordnung gemäß § 30c Abs. 1 Nr. 2 eine Änderung der zugrunde liegenden Entscheidung Anlass gibt,
4. sämtliche Eintragungen, wenn eine amtliche Mitteilung über den Tod der betroffenen Person eingeht.

(4) Die Tilgungsfrist (Absatz 1) beginnt

1. bei strafgerichtlichen Verurteilungen und bei Strafbefehlen mit dem Tag der Rechtskraft, wobei dieser Tag auch dann maßgebend bleibt, wenn eine Gesamtstrafe oder eine einheitliche Jugendstrafe gebildet oder nach § 30 Abs. 1 des Jugendgerichtsgesetzes[1] auf Jugendstrafe erkannt wird oder eine Entscheidung im Wiederaufnahmeverfahren ergeht, die eine registerpflichtige Verurteilung enthält,
2. bei Entscheidungen der Gerichte nach den §§ 59, 60 des Strafgesetzbuchs[2] und § 27 des Jugendgerichtsgesetzes mit dem Tag der Rechtskraft,
3. bei gerichtlichen und verwaltungsbehördlichen Bußgeldentscheidungen sowie bei anderen Verwaltungsentscheidungen mit dem Tag der Rechtskraft oder Unanfechtbarkeit der beschwerenden Entscheidung,
4. bei Aufbauseminaren nach § 2a Absatz 2 Satz 1 Nummer 1, verkehrspsychologischen Beratungen nach § 2a Absatz 2 Satz 1 Nummer 2 und Fahreignungsseminaren nach § 4 Absatz 7 mit dem Tag der Ausstellung der Teilnahmebescheinigung.

(5) [1]Bei der Versagung oder Entziehung der Fahrerlaubnis wegen mangelnder Eignung, der Anordnung einer Sperre nach § 69a Abs. 1 Satz 3 des Strafgesetzbuchs oder bei einem Verzicht auf die Fahrerlaubnis beginnt die Tilgungsfrist erst mit der Erteilung oder Neuerteilung der Fahrerlaubnis, spätestens jedoch fünf Jahre nach der Rechtskraft der beschwerenden Entscheidung oder dem Tag des Zugangs der Verzichtserklärung bei der zuständigen Behörde. [2]Bei von der nach Landesrecht zuständigen Behörde verhängten Verboten oder Beschränkungen, ein fahrerlaubnisfreies Fahrzeug zu führen, beginnt die Tilgungsfrist fünf Jahre nach Ablauf oder Aufhebung des Verbots oder der Beschränkung.

(6) [1]Nach Eintritt der Tilgungsreife wird eine Eintragung vorbehaltlich der Sätze 2 und 4 gelöscht. [2]Eine Eintragung nach § 28 Absatz 3 Nummer 1 oder 3 Buchstabe a oder c wird nach Eintritt der Tilgungsreife erst nach einer Überliegefrist von einem Jahr gelöscht. [3]Während dieser Überliegefrist darf der Inhalt dieser Eintragung nur noch zu folgenden Zwecken übermittelt, verwendet oder über ihn eine Auskunft erteilt werden:

1. zur Übermittlung an die nach Landesrecht zuständige Behörde zur dortigen Verwendung zur Anordnung von Maßnahmen im Rahmen der Fahrerlaubnis auf Probe nach § 2a,
2. zur Übermittlung an die nach Landesrecht zuständige Behörde zur dortigen Verwendung zum Ergreifen von Maßnahmen nach dem Fahreignungs-Bewertungssystem nach § 4 Absatz 5,
3. zur Auskunftserteilung an die betroffene Person nach § 30 Absatz 8,
4. zur Verwendung für die Durchführung anderer als der in den Nummern 1 oder 2 genannten Verfahren zur Erteilung oder Entziehung einer Fahrerlaubnis, wenn

[1] Nr. **89**.
[2] Nr. **85**.

die Tat als Grundlage in einer noch gespeicherten Maßnahme nach § 28 Absatz 3 Nummer 5, 6 oder 8 genannt ist.

[4] Die Löschung einer Eintragung nach § 28 Absatz 3 Nummer 3 Buchstabe a oder c unterbleibt in jedem Fall so lange, wie die betroffene Person im Zentralen Fahrerlaubnisregister als Inhaber einer Fahrerlaubnis auf Probe gespeichert ist; während dieser Zeit gilt Satz 3 Nummer 1, 3 und 4 nach Ablauf der Überliegefrist entsprechend.

(7) [1] Ist eine Eintragung im Fahreignungsregister gelöscht, dürfen die Tat und die Entscheidung der betroffenen Person für die Zwecke des § 28 Absatz 2 nicht mehr vorgehalten und nicht zu ihrem Nachteil verwertet werden. [2] Abweichend von Satz 1 darf eine Tat und die hierauf bezogene Entscheidung trotz ihrer Löschung aus dem Fahreignungsregister für die Durchführung anderer als der in Absatz 6 Satz 3 Nummer 4 genannten Verfahren zur Erteilung oder Entziehung einer Fahrerlaubnis verwendet werden, solange die Tat als Grundlage in einer noch gespeicherten Maßnahme nach § 28 Absatz 3 Nummer 5, 6 oder 8 genannt ist. [3] Unterliegt eine Eintragung im Fahreignungsregister über eine gerichtliche Entscheidung nach Absatz 1 Satz 2 Nummer 3 Buchstabe a einer zehnjährigen Tilgungsfrist, darf sie nach Ablauf eines Zeitraums, der einer fünfjährigen Tilgungsfrist nach den vorstehenden Vorschriften entspricht, nur noch für folgende Zwecke an die nach Landesrecht zuständige Behörde übermittelt und dort verwendet werden:

1. zur Durchführung von Verfahren, die eine Erteilung oder Entziehung einer Fahrerlaubnis zum Gegenstand haben,
2. zum Ergreifen von Maßnahmen nach dem Fahreignungs-Bewertungssystem nach § 4 Absatz 5.

[4] Außerdem dürfen für die Prüfung der Berechtigung zum Führen von Kraftfahrzeugen Entscheidungen der Gerichte nach den §§ 69 bis 69b des Strafgesetzbuches an die nach Landesrecht zuständige Behörde übermittelt und dort verwendet werden. [5] Die Sätze 1 bis 3 gelten nicht für Eintragungen wegen strafgerichtlicher Entscheidungen, die für die Ahndung von Straftaten herangezogen werden. [6] Insoweit gelten die Regelungen des Bundeszentralregistergesetzes[1].

**§ 30[2] Übermittlung.** (1) Die Eintragungen im Fahreignungsregister dürfen an die Stellen, die

1. für die Verfolgung von Straftaten, zur Vollstreckung oder zum Vollzug von Strafen,
2. für die Verfolgung von Ordnungswidrigkeiten und die Vollstreckung von Bußgeldbescheiden und ihren Nebenfolgen nach diesem Gesetz und dem Gesetz über das Fahrpersonal im Straßenverkehr oder

---

[1] Nr. **92**.

[2] § 30 Abs. 4a eingef. mWv 18.4.2008 durch G v. 8.4.2008 (BGBl. I S. 706); Abs. 10 angef. mWv 9.12.2010 durch G v. 2.12.2010 (BGBl. I S. 1748); Abs. 8 Sätze 3 und 4 angef. mWv 1.8.2013 durch G v. 25.7.2013 (BGBl. I S. 2749); Abs. 1 einl. Satzteil, Abs. 2–4a, Abs. 5 Satz 1, Abs. 7 Satz 1 einl. Satzteil, Abs. 8 Satz 1, Abs. 9 Satz 1 und Abs. 10 Satz 1 geänd., Abs. 4b eingef. mWv 1.5.2014 durch G v. 28.8.2013 (BGBl. I S. 3313); Abs. 4a, Abs. 10 Satz 1 geänd. mWv 7.12.2016 durch G v. 28.11.2016 (BGBl. I S. 2722); Abs. 8 Satz 3 geänd. mWv 1.11.2019 durch G v. 21.6.2019 (BGBl. I S. 846); Abs. 5 Sätze 1 und 2, Abs. 6 Sätze 1, 2 und 4, Abs. 7 Sätze 2 und 3 sowie Abs. 8 Satz 1 geänd. mWv 26.11.2019 durch G v. 20.11.2019 (BGBl. I S. 1626); Abs. 8 Satz 2 geänd., Abs. 9 Satz 5 angef. mWv 28.7.2021 durch G v. 12.7.2021 (BGBl. I S. 3091).

3. für Verwaltungsmaßnahmen auf Grund dieses Gesetzes oder der auf ihm beruhenden Rechtsvorschriften

zuständig sind, übermittelt werden, soweit dies für die Erfüllung der diesen Stellen obliegenden Aufgaben zu den in § 28 Abs. 2 genannten Zwecken jeweils erforderlich ist.

(2) Die Eintragungen im Fahreignungsregister dürfen an die Stellen, die für Verwaltungsmaßnahmen auf Grund des Gesetzes über die Beförderung gefährlicher Güter, des Kraftfahrsachverständigengesetzes, des Fahrlehrergesetzes, des Personenbeförderungsgesetzes[1)], der gesetzlichen Bestimmungen über die Notfallrettung und den Krankentransport, des Güterkraftverkehrsgesetzes einschließlich der Verordnung (EWG) Nr. 881/92 des Rates vom 26. März 1992 über den Zugang zum Güterkraftverkehrsmarkt in der Gemeinschaft für Beförderungen aus oder nach einem Mitgliedstaat oder durch einen oder mehrere Mitgliedstaaten (ABl. EG Nr. L 95 S. 1), des Gesetzes über das Fahrpersonal im Straßenverkehr oder der auf Grund dieser Gesetze erlassenen Rechtsvorschriften zuständig sind, übermittelt werden, soweit dies für die Erfüllung der diesen Stellen obliegenden Aufgaben zu den in § 28 Abs. 2 Nr. 2 und 4 genannten Zwecken jeweils erforderlich ist.

(3) Die Eintragungen im Fahreignungsregister dürfen an die für Verkehrs- und Grenzkontrollen zuständigen Stellen übermittelt werden, soweit dies zu dem in § 28 Abs. 2 Nr. 2 genannten Zweck erforderlich ist.

(4) Die Eintragungen im Fahreignungsregister dürfen außerdem für die Erteilung, Verlängerung, Erneuerung, Rücknahme oder den Widerruf einer Erlaubnis für Luftfahrer oder sonstiges Luftfahrpersonal nach den Vorschriften des Luftverkehrsgesetzes[2)] oder der auf Grund dieses Gesetzes erlassenen Rechtsvorschriften an die hierfür zuständigen Stellen übermittelt werden, soweit dies für die genannten Maßnahmen erforderlich ist.

(4a) Die Eintragungen im Fahreignungsregister dürfen außerdem an die hierfür zuständigen Stellen übermittelt werden für die Erteilung, den Entzug oder das Anordnen des Ruhens von Befähigungszeugnissen und Erlaubnissen für Kapitäne, Schiffsoffiziere oder sonstige Seeleute nach den Vorschriften des Seeaufgabengesetzes und für Schiffs- und Sportbootführer und sonstige Besatzungsmitglieder nach dem Seeaufgabengesetz oder dem Binnenschifffahrtsaufgabengesetz oder der aufgrund dieser Gesetze erlassenen Rechtsvorschriften, soweit dies für die genannten Maßnahmen erforderlich ist.

(4b) Die Eintragungen im Fahreignungsregister dürfen außerdem für die Erteilung, Aussetzung, Einschränkung und Entziehung des Triebfahrzeugführerscheins auf Grund des Allgemeinen Eisenbahngesetzes oder der auf Grund dieses Gesetzes erlassenen Rechtsvorschriften an die hierfür zuständigen Stellen übermittelt werden, soweit die Eintragungen für die dortige Prüfung der Voraussetzungen für die Erteilung, Aussetzung, Einschränkung und Entziehung des Triebfahrzeugführerscheins erforderlich sind.

(5) [1] Die Eintragungen im Fahreignungsregister dürfen für die wissenschaftliche Forschung entsprechend § 38 und für statistische Zwecke entsprechend § 38a übermittelt und verwendet werden. [2] Zur Vorbereitung von Rechts- und allgemeinen Verwaltungsvorschriften auf dem Gebiet des Straßenverkehrs dürfen die Eintragungen entsprechend § 38b übermittelt und verwendet werden.

---

[1)] **Sartorius Nr. 950.**
[2)] **Sartorius ErgBd. Nr. 975.**

(6) [1]Der Empfänger darf die übermittelten Daten nur zu dem Zweck verarbeiten, zu dessen Erfüllung sie ihm übermittelt worden sind. [2]Der Empfänger darf die übermittelten Daten auch für andere Zwecke verarbeiten, soweit sie ihm auch für diese Zwecke hätten übermittelt werden dürfen. [3]Ist der Empfänger eine nichtöffentliche Stelle, hat die übermittelnde Stelle ihn darauf hinzuweisen. [4]Eine Verarbeitung für andere Zwecke durch nichtöffentliche Stellen bedarf der Zustimmung der übermittelnden Stelle.

(7) [1]Die Eintragungen im Fahreignungsregister dürfen an die zuständigen Stellen anderer Staaten übermittelt werden, soweit dies
1. für Verwaltungsmaßnahmen auf dem Gebiet des Straßenverkehrs,
2. zur Verfolgung von Zuwiderhandlungen gegen Rechtsvorschriften auf dem Gebiet des Straßenverkehrs oder
3. zur Verfolgung von Straftaten, die im Zusammenhang mit dem Straßenverkehr oder sonst mit Kraftfahrzeugen, Anhängern oder Fahrzeugpapieren, Fahrerlaubnissen oder Führerscheinen stehen,

erforderlich ist. [2]Der Empfänger ist darauf hinzuweisen, dass die übermittelten Daten nur zu dem Zweck verarbeitet werden dürfen, zu dessen Erfüllung sie ihm übermittelt werden. [3]Die Übermittlung unterbleibt, wenn durch sie schutzwürdige Interessen der betroffenen Person beeinträchtigt würden, insbesondere wenn im Empfängerland ein angemessener Datenschutzstandard nicht gewährleistet ist.

(8) [1]Der betroffenen Person wird auf Antrag schriftlich über den sie betreffenden Inhalt des Fahreignungsregisters und über die Anzahl der Punkte unentgeltlich Auskunft erteilt. [2]Der Antragsteller hat dem Antrag einen Identitätsnachweis beizufügen und den Antrag, wenn er schriftlich gestellt wird, eigenhändig zu unterschreiben. [3]Die Auskunft kann elektronisch erteilt werden, wenn der Antrag unter Nutzung des elektronischen Identitätsnachweises nach § 18 des Personalausweisgesetzes[1)], nach § 12 des eID-Karte-Gesetzes oder nach § 78 Absatz 5 des Aufenthaltsgesetzes[2)] gestellt wird. [4]Hinsichtlich der Protokollierung gilt § 30a Absatz 3 entsprechend.

(9) [1]Übermittlungen von Daten aus dem Fahreignungsregister sind nur auf Ersuchen zulässig, es sei denn, auf Grund besonderer Rechtsvorschrift wird bestimmt, dass die Registerbehörde bestimmte Daten von Amts wegen zu übermitteln hat. [2]Die Verantwortung für die Zulässigkeit der Übermittlung trägt die übermittelnde Stelle. [3]Erfolgt die Übermittlung auf Ersuchen des Empfängers, trägt dieser die Verantwortung. [4]In diesem Fall prüft die übermittelnde Stelle nur, ob das Übermittlungsersuchen im Rahmen der Aufgaben des Empfängers liegt, es sei denn, dass besonderer Anlass zur Prüfung der Zulässigkeit der Übermittlung besteht. [5]Begründet sich der besondere Anlass nach Satz 4 in Zweifeln an der Identität einer Person, auf die sich ein Ersuchen auf Datenübermittlung bezieht, gilt § 28 Absatz 5 Satz 1 bis 3 entsprechend.

(10) [1]Die Eintragungen über rechtskräftige oder unanfechtbare Entscheidungen nach § 28 Absatz 3 Nummer 1 bis 3 und 6, in denen Inhabern ausländischer Fahrerlaubnisse die Fahrerlaubnis entzogen oder ein Fahrverbot angeordnet wird oder die fehlende Berechtigung von der Fahrerlaubnis im Inland Gebrauch zu machen festgestellt wird, werden vom Kraftfahrt-Bundesamt an die zuständigen Stellen der Mitgliedstaaten der Europäischen Union übermittelt, um ihnen die Einleitung eigener Maßnahmen zu ermöglichen. [2]Der Umfang der zu übermit-

---

[1)] **Sartorius Nr. 255.**
[2)] **Sartorius Nr. 565.**

telnden Daten wird durch Rechtsverordnung bestimmt (§ 30c Absatz 1 Nummer 3).

### § 30a[1] Direkteinstellung und Abruf im automatisierten Verfahren.

(1) Den Stellen, denen die Aufgaben nach § 30 Absatz 1 bis 4b obliegen, dürfen die für die Erfüllung dieser Aufgaben jeweils erforderlichen Daten aus dem Fahreignungsregister durch Abruf im automatisierten Verfahren übermittelt werden.

(2) Die Einrichtung von Anlagen zur Datenfernübertragung durch Direkteinstellung oder zum Abruf im automatisierten Verfahren ist nur zulässig, wenn nach näherer Bestimmung durch Rechtsverordnung (§ 30c Absatz 1 Nummer 5) gewährleistet ist, dass

1. die erforderlichen technischen und organisatorischen Maßnahmen nach den Artikeln 24, 25 und 32 der Verordnung (EU) 2016/679 des Europäischen Parlaments und des Rates vom 27. April 2016 zum Schutz natürlicher Personen bei der Verarbeitung personenbezogener Daten, zum freien Datenverkehr und zur Aufhebung der Richtlinie 95/46/EG (Datenschutz-Grundverordnung) (ABl. L 119 vom 4.5.2016, S. 1; L 314 vom 22.11.2016, S. 72; L 127 vom 23.5. 2018, S. 2) in der jeweils geltenden Fassung zur Sicherstellung des Datenschutzes und der Datensicherheit getroffen werden und
2. die Zulässigkeit der Direkteinstellungen oder der Abrufe nach Maßgabe des Absatzes 3 kontrolliert werden kann.

(2a) (weggefallen)

(3) [1]Das Kraftfahrt-Bundesamt fertigt über die Direkteinstellungen und die Abrufe Aufzeichnungen an, die die bei der Durchführung der Direkteinstellungen oder Abrufe verwendeten Daten, den Tag und die Uhrzeit der Direkteinstellungen oder Abrufe, die Kennung der einstellenden oder abrufenden Dienststelle und die eingestellten oder abgerufenen Daten enthalten müssen. [2]Die Zulässigkeit der Direkteinstellungen und Abrufe personenbezogener Daten wird durch Stichproben durch das Kraftfahrt-Bundesamt festgestellt und überprüft. [3]Die Protokolldaten nach Satz 1 dürfen nur für Zwecke der Datenschutzkontrolle, der Datensicherung oder zur Sicherstellung eines ordnungsgemäßen Betriebs der Datenverarbeitungsanlage verwendet werden. [4]Liegen Anhaltspunkte dafür vor, dass ohne ihre Verwendung die Verhinderung oder Verfolgung einer schwerwiegenden Straftat gegen Leib, Leben oder Freiheit einer Person aussichtslos oder wesentlich erschwert wäre, dürfen die Protokolldaten auch für diesen Zweck verwendet werden, sofern das Ersuchen der Strafverfolgungsbehörde unter Verwendung von Personendaten einer bestimmten Person gestellt wird. [5]Die Protokolldaten ind durch geeignete Vorkehrungen gegen zweckfremde Verwendung und gegen sonstigen Missbrauch zu schützen und nach sechs Monaten zu löschen.

(4) [1]Das Kraftfahrt-Bundesamt fertigt weitere Aufzeichnungen, die sich auf den Anlass der Direkteinstellung oder des Abrufs erstrecken und die Feststellung der für die Direkteinstellung oder den Abruf verantwortlichen Person ermöglichen. [2]Das Nähere wird durch Rechtsverordnung (§ 30c Absatz 1 Nummer 5) bestimmt.

---

[1] § 30a Abs. 1 Satz 1 geänd. mWv 18.4.2008 durch G v. 8.4.2008 (BGBl. I S. 706); Abs. 1 neu gef., Abs. 5 Satz 1 geänd. mWv 1.5.2014 durch G v. 28.8.2013 (BGBl. I S. 3313); Überschrift und Abs. 1 geänd., Abs. 2–4 und Abs. 5 Satz 1 Nr. 1 Buchst. b neu gef. mWv 7.12.2016 durch G v. 28.11.2016 (BGBl. I S. 2722); Abs. 2 Nr. 1 sowie Abs. 5 Nr. 2 neu gef., Abs. 5 Satz 2 einl. Satzteil und Nr. 1 geänd. mWv 26.11.2019 durch G v. 20.11.2019 (BGBl. I S. 1626).

(5) [1]Durch Abruf im automatisierten Verfahren dürfen aus dem Fahreignungsregister für die in § 30 Abs. 7 genannten Maßnahmen an die hierfür zuständigen öffentlichen Stellen in einem Mitgliedstaat der Europäischen Union oder einem anderen Vertragsstaat des Abkommens über den Europäischen Wirtschaftsraum übermittelt werden:

1. die Tatsache folgender Entscheidungen der Verwaltungsbehörden:
   a) die unanfechtbare Versagung einer Fahrerlaubnis, einschließlich der Ablehnung der Verlängerung einer befristeten Fahrerlaubnis,
   b) die unanfechtbaren oder sofort vollziehbaren Entziehungen, Widerrufe oder Rücknahmen einer Fahrerlaubnis oder Feststellungen über die fehlende Berechtigung, von einer ausländischen Fahrerlaubnis im Inland Gebrauch zu machen,
   c) die rechtskräftige Anordnung eines Fahrverbots,
2. die Tatsache folgender Entscheidungen der Gerichte:
   a) die rechtskräftige oder vorläufige Entziehung einer Fahrerlaubnis,
   b) die rechtskräftige Anordnung einer Fahrerlaubnissperre,
   c) die rechtskräftige Anordnung eines Fahrverbots,
3. die Tatsache der Beschlagnahme, Sicherstellung oder Verwahrung des Führerscheins nach § 94 der Strafprozessordnung[1)],
4. die Tatsache des Verzichts auf eine Fahrerlaubnis und
5. zusätzlich
   a) Klasse, Art und etwaige Beschränkungen der Fahrerlaubnis, die Gegenstand der Entscheidung nach Nummer 1 oder Nummer 2 oder des Verzichts nach Nummer 4 ist, und
   b) Familiennamen, Geburtsnamen, sonstige frühere Namen, Vornamen, Ordens- oder Künstlernamen, Tag und Ort der Geburt der Person, zu der eine Eintragung nach den Nummern 1 bis 3 vorliegt.

[2]Der Abruf ist nur zulässig, wenn

1. diese Form der Datenübermittlung unter Berücksichtigung der schutzwürdigen Interessen der betroffenen Personen wegen der Vielzahl der Übermittlungen oder wegen ihrer besonderen Eilbedürftigkeit angemessen ist und
2. der Empfängerstaat die Verordnung (EU) 2016/679 anwendet.

[3]Die Absätze 2 und 3 sowie Absatz 4 wegen des Anlasses der Abrufe sind entsprechend anzuwenden.

**§ 30b[2)] Automatisiertes Anfrage- und Auskunftsverfahren beim Kraftfahrt-Bundesamt.** (1) [1]Die Übermittlung von Daten aus dem Fahreignungsregister nach § 30 Abs. 1 bis 4b und 7 darf nach näherer Bestimmung durch Rechtsverordnung gemäß § 30c Abs. 1 Nr. 6 in einem automatisierten Anfrage- und Auskunftsverfahren erfolgen. [2]Die anfragende Stelle hat die Zwecke anzugeben, für die die zu übermittelnden Daten benötigt werden.

(2) Solche Verfahren dürfen nur eingerichtet werden, wenn gewährleistet ist, dass

---

[1)] Nr. **90**.

[2)] § 30b Abs. 1 Satz 1 geänd. mWv 18.4.2008 durch G v. 8.4.2008 (BGBl. I S. 706); Abs. 1 Satz 1 geänd. mWv 1.5.2014 durch G v. 28.8.2013 (BGBl. I S. 3313); Abs. 3 Satz 2 geänd. mWv 1.1.2018 durch G v. 30.6.2017 (BGBl. I S. 2162).

1. die zur Sicherung gegen Missbrauch erforderlichen technischen und organisatorischen Maßnahmen ergriffen werden und
2. die Zulässigkeit der Übermittlung nach Maßgabe des Absatzes 3 kontrolliert werden kann.

(3) [1] Das Kraftfahrt-Bundesamt als übermittelnde Behörde hat Aufzeichnungen zu führen, die die übermittelten Daten, den Zeitpunkt der Übermittlung, den Empfänger der Daten und den vom Empfänger angegebenen Zweck enthalten. [2] § 30a Absatz 3 Satz 3 und 4 gilt entsprechend.

**§ 30c[1)] Verordnungsermächtigungen, Ausführungsvorschriften.** [1] Das Bundesministerium für Verkehr und digitale Infrastruktur wird ermächtigt, Rechtsverordnungen mit Zustimmung des Bundesrates zu erlassen über

1. den Inhalt der Eintragungen einschließlich der Personendaten nach § 28 Abs. 3,
2. Verkürzungen der Tilgungsfristen nach § 29 Abs. 1 Satz 5 und über Tilgungen ohne Rücksicht auf den Lauf der Fristen nach § 29 Abs. 3 Nr. 3,
3. die Art und den Umfang der zu übermittelnden Daten nach § 30 Absatz 1 bis 4b, 7 und 10 sowie die Bestimmung der Empfänger und den Geschäftsweg bei Übermittlungen nach § 30 Abs. 7 und 10,
4. den Identitätsnachweis bei Auskünften nach § 30 Abs. 8,
5. die Art und den Umfang der zu übermittelnden Daten nach § 28 Absatz 4 Satz 2 und § 30a Abs. 1, die Maßnahmen zur Sicherung gegen Missbrauch nach § 30a Abs. 2, die weiteren Aufzeichnungen nach § 30a Abs. 4 beim Abruf im automatisierten Verfahren und die Bestimmung der Empfänger bei Übermittlungen nach § 30a Abs. 5,
6. die Art und den Umfang der zu übermittelnden Daten nach § 30b Abs. 1 und die Maßnahmen zur Sicherung gegen Missbrauch nach § 30b Abs. 2 Nr. 1,
7. die Art und Weise der Durchführung von Datenübermittlungen,
8. die Zusammenarbeit zwischen Bundeszentralregister und Fahreignungsregister.

[2] Die Rechtsverordnungen nach Satz 1 Nummer 7, soweit Justizbehörden betroffen sind, und nach Satz 1 Nummer 8 werden im Einvernehmen mit dem Bundesministerium der Justiz und für Verbraucherschutz erlassen.

## V. Fahrzeugregister

**§ 31[2)] Registerführung und Registerbehörden.** (1) Die Zulassungsbehörden führen ein Register über die Fahrzeuge, für die ein Kennzeichen ihres Bezirks zugeteilt oder ausgegeben wurde (örtliches Fahrzeugregister der Zulassungsbehörden).

(2) Das Kraftfahrt-Bundesamt führt ein Register über die Fahrzeuge, für die im Geltungsbereich dieses Gesetzes ein Kennzeichen zugeteilt oder ausgegeben wurde

---

1) § 30c Abs. 1, Abs. 2 Satz 1 geänd. mWv 18.8.2006 durch G v. 14.8.2006 (BGBl. I S. 1958); Abs. 1 Nr. 3 geänd. mWv 9.12.2010 durch G v. 2.12.2010 (BGBl. I S. 1748); Abs. 2 Satz 1 Nr. 2 geänd. mWv 1.5.2014 durch G v. 28.8.2013 (BGBl. I S. 3313); Abs. 1 einl. Satzteil, Abs. 2 Satz 1 einl. Satzteil und Satz 2 geänd. mWv 5.12.2014 durch G v. 28.11.2014 (BGBl. I S. 1802); Abs. 2 aufgeh., bish. Abs. 1 Satz 1 Nr. 3, 5 und 6 geänd., Nr. 7 und 8 sowie Satz 2 angef. mWv 7.12.2016 durch G v. 28.11.2016 (BGBl. I S. 2722); Überschrift geänd. mWv 28.7.2021 durch G v. 12.7.2021 (BGBl. I S. 3091).

2) § 31 Abs. 3 Satz 1 geänd. mWv 1.6.2016 durch G v. 24.5.2016 (BGBl. I S. 1217); Abs. 2 geänd. mWv 7.12.2016 durch G v. 28.11.2016 (BGBl. I S. 2722); Abs. 2 geänd. mWv 28.7.2021 durch G v. 12.7.2021 (BGBl. I S. 3091).

[2]Fahrzeugbezogene Maßnahmen können insbesondere auf die Verbesserung von Fahrzeugeigenschaften, insbesondere auf die Verbesserung des Abgasverhaltens, des Geräuschverhaltens, des Kraftstoffverbrauchs oder des Fahrverhaltens abzielen.

**§ 33[1)] Inhalt der Fahrzeugregister.** (1) [1]Im örtlichen und im Zentralen Fahrzeugregister werden, soweit dies zur Erfüllung der in § 32 genannten Aufgaben jeweils erforderlich ist, gespeichert

1. nach näherer Bestimmung durch Rechtsverordnung (§ 47 Nummer 1 und 1a) Daten über Beschaffenheit, Ausrüstung, Identifizierungsmerkmale, Zulassungsmerkmale, Prüfung und Untersuchung einschließlich der durchführenden Stelle und einer Kennung für die Feststellung des für die Durchführung der Prüfung oder Untersuchung Verantwortlichen, Kennzeichnung und Papiere des Fahrzeugs sowie über tatsächliche und rechtliche Verhältnisse in Bezug auf das Fahrzeug, insbesondere auch über die Haftpflichtversicherung, die Kraftfahrzeugbesteuerung des Fahrzeugs und die Verwertung oder Nichtentsorgung des Fahrzeugs als Abfall im Inland (Fahrzeugdaten), sowie
2. Daten über denjenigen, dem ein Kennzeichen für das Fahrzeug zugeteilt oder ausgegeben wird (Halterdaten), und zwar
   a) bei natürlichen Personen:
   Familienname, Geburtsname, Vornamen, vom Halter für die Zuteilung oder die Ausgabe des Kennzeichens angegebener Ordens- oder Künstlername, Tag sowie Staat und Ort der Geburt, Geschlecht, Anschrift; bei Fahrzeugen mit Versicherungskennzeichen entfällt die Speicherung von Geburtsnamen, Ort der Geburt und Geschlecht des Halters,
   b) bei juristischen Personen und Behörden:
   Name oder Bezeichnung und Anschrift und
   c) bei Vereinigungen:
   benannter Vertreter mit den Angaben nach Buchstabe a oder b und gegebenenfalls Name der Vereinigung.

[2]Im örtlichen und im Zentralen Fahrzeugregister werden zur Erfüllung der in § 32 genannten Aufgaben außerdem Daten über denjenigen gespeichert, an den ein Fahrzeug mit einem amtlichen Kennzeichen veräußert wurde (Halterdaten), und zwar

a) bei natürlichen Personen:
Familienname, Vornamen und Anschrift,
b) bei juristischen Personen und Behörden:
Name oder Bezeichnung und Anschrift und
c) bei Vereinigungen:
benannter Vertreter mit den Angaben nach Buchstabe a oder b und gegebenenfalls Name der Vereinigung.

(2) Im örtlichen und im Zentralen Fahrzeugregister werden über beruflich Selbständige, denen ein amtliches Kennzeichen für ein Fahrzeug zugeteilt wird, für die Aufgaben nach § 32 Abs. 1 Nr. 4 und 5 Berufsdaten gespeichert, und zwar

---

[1)] § 33 Abs. 1 Satz 1 Nr. 1 geänd. mWv 1.6.2005 durch G v. 3.5.2005 (BGBl. I S. 1221); Abs. 1 Satz 2 geänd. mWv 31.8.2013 durch G v. 28.8.2013 (BGBl. I S. 3310); Abs. 1 Satz 2 wohl irrtümlich nochmal geänd. mWv 1.5.2014 durch G v. 28.8.2013 (BGBl. I S. 3313); Abs. 1 Satz 1 Nr. 1 geänd. mWv 7.12. 2016 durch G v. 28.11.2016 (BGBl. I S. 2722); Abs. 1 Satz 1 Nr. 2 Buchst. a geänd. mWv 28.7.2021; Abs. 1 Satz 1 Nr. 2 Buchst. c und Satz 2 Buchst. c geänd. mWv 1.7.2023 durch G v. 12.7.2021 (BGBl. I S. 3091).

oder die nach Maßgabe von Vorschriften auf Grund des § 6 Absatz 1 Satz 1 Nummer 6 regelmäßig untersucht oder geprüft wurden (Zentrales Fahrzeugregister des Kraftfahrt-Bundesamtes).

(3) [1] Soweit die Dienststellen der Bundeswehr, der Polizeien des Bundes und der Länder, der Wasserstraßen- und Schifffahrtsverwaltung des Bundes eigene Register für die jeweils von ihnen zugelassenen Fahrzeuge führen, finden die Vorschriften dieses Abschnitts keine Anwendung. [2] Satz 1 gilt entsprechend für Fahrzeuge, die von den Nachfolgeunternehmen der Deutschen Bundespost zugelassen sind.

**§ 32[1)] Zweckbestimmung der Fahrzeugregister.** (1) Die Fahrzeugregister werden geführt zur Speicherung von Daten

1. für die Zulassung und Überwachung von Fahrzeugen nach diesem Gesetz oder den darauf beruhenden Rechtsvorschriften,
2. für Maßnahmen zur Gewährleistung des Versicherungsschutzes im Rahmen der Kraftfahrzeughaftpflichtversicherung,
3. für Maßnahmen zur Durchführung des Kraftfahrzeugsteuerrechts,
4. für Maßnahmen nach dem Bundesleistungsgesetz, dem Verkehrssicherstellungsgesetz, dem Verkehrsleistungsgesetz oder den darauf beruhenden Rechtsvorschriften,
5. für Maßnahmen des Katastrophenschutzes nach den hierzu erlassenen Gesetzen der Länder oder den darauf beruhenden Rechtsvorschriften,
6. für Maßnahmen zur Durchführung des Altfahrzeugrechts,
7. für Maßnahmen zur Durchführung des Infrastrukturabgaberechts,
8. für Maßnahmen zur Durchführung der Datenverarbeitung bei Kraftfahrzeugen mit hoch- oder vollautomatisierter Fahrfunktion nach diesem Gesetz oder nach auf diesem Gesetz beruhenden Rechtsvorschriften und
9. für Maßnahmen nach oder zur Umsetzung von unionsrechtlichen Vorschriften, soweit diese die Verwendung von in den Fahrzeugregistern gespeicherten Daten erfordern.

(2) Die Fahrzeugregister werden außerdem geführt zur Speicherung von Daten für die Erteilung von Auskünften, um

1. Personen in ihrer Eigenschaft als Halter von Fahrzeugen,
2. Fahrzeuge eines Halters oder
3. Fahrzeugdaten

festzustellen oder zu bestimmen.

(3) [1] Das Zentrale Fahrzeugregister wird außerdem geführt zur Verwendung und Übermittlung der nach § 33 Absatz 1 gespeicherten Daten, um im Einzelfall Halter von Fahrzeugen zu informieren über fahrzeugbezogene Maßnahmen,

1. die für ihre Fahrzeuge in Betracht kommen und
2. die dem Schutz der Verkehrssicherheit, der Gesundheit von Personen oder der Umwelt dienen.

---

[1)] § 32 Abs. 1 Nr. 4 und 5 geänd., Nr. 6 angef. mWv 1.6.2005 durch G v. 3.5.2005 (BGBl. I S. 1221); Abs. 1 Nr. 5 und 6 geänd., Nr. 7 angef. mWv 12.6.2015 durch G v. 8.6.2015 (BGBl. I S. 904); Abs. 1 Nr. 6 und 7 geänd., Nr. 8 angef. mWv 21.6.2017 durch G v. 16.6.2017 (BGBl. I S. 1648); Abs. 1 Nr. 7 und 8 geänd., Nr. 9 sowie Abs. 3 angef. mWv 28.7.2021 durch G v. 12.7.2021 (BGBl. I S. 3091).

oder die nach Maßgabe von Vorschriften auf Grund des § 6 Absatz 1 Satz 1 Nummer 6 regelmäßig untersucht oder geprüft wurden (Zentrales Fahrzeugregister des Kraftfahrt-Bundesamtes).

(3) [1] Soweit die Dienststellen der Bundeswehr, der Polizeien des Bundes und der Länder, der Wasserstraßen- und Schifffahrtsverwaltung des Bundes eigene Register für die jeweils von ihnen zugelassenen Fahrzeuge führen, finden die Vorschriften dieses Abschnitts keine Anwendung. [2] Satz 1 gilt entsprechend für Fahrzeuge, die von den Nachfolgeunternehmen der Deutschen Bundespost zugelassen sind.

**§ 32[1)] Zweckbestimmung der Fahrzeugregister.** (1) Die Fahrzeugregister werden geführt zur Speicherung von Daten

1. für die Zulassung und Überwachung von Fahrzeugen nach diesem Gesetz oder den darauf beruhenden Rechtsvorschriften,
2. für Maßnahmen zur Gewährleistung des Versicherungsschutzes im Rahmen der Kraftfahrzeughaftpflichtversicherung,
3. für Maßnahmen zur Durchführung des Kraftfahrzeugsteuerrechts,
4. für Maßnahmen nach dem Bundesleistungsgesetz, dem Verkehrssicherstellungsgesetz, dem Verkehrsleistungsgesetz oder den darauf beruhenden Rechtsvorschriften,
5. für Maßnahmen des Katastrophenschutzes nach den hierzu erlassenen Gesetzen der Länder oder den darauf beruhenden Rechtsvorschriften,
6. für Maßnahmen zur Durchführung des Altfahrzeugrechts,
7. für Maßnahmen zur Durchführung des Infrastrukturabgaberechts,
8. für Maßnahmen zur Durchführung der Datenverarbeitung bei Kraftfahrzeugen mit hoch- oder vollautomatisierter Fahrfunktion nach diesem Gesetz oder nach den auf diesem Gesetz beruhenden Rechtsvorschriften und
9. für Maßnahmen nach oder zur Umsetzung von unionsrechtlichen Vorschriften, soweit diese die Verwendung von in den Fahrzeugregistern gespeicherten Daten erfordern.

(2) Die Fahrzeugregister werden außerdem geführt zur Speicherung von Daten für die Erteilung von Auskünften, um

1. Personen in ihrer Eigenschaft als Halter von Fahrzeugen,
2. Fahrzeuge eines Halters oder
3. Fahrzeugdaten

festzustellen oder zu bestimmen.

(3) [1] Das Zentrale Fahrzeugregister wird außerdem geführt zur Verwendung und Übermittlung der nach § 33 Absatz 1 gespeicherten Daten, um im Einzelfall Halter von Fahrzeugen zu informieren über fahrzeugbezogene Maßnahmen,

1. die für ihre Fahrzeuge in Betracht kommen und
2. die dem Schutz der Verkehrssicherheit, der Gesundheit von Personen oder der Umwelt dienen.

---

[1)] § 32 Abs. 1 Nr. 4 und 5 geänd., Nr. 6 angef. mWv 1.6.2005 durch G v. 3.5.2005 (BGBl. I S. 1221); Abs. 1 Nr. 5 und 6 geänd., Nr. 7 angef. mWv 12.6.2015 durch G v. 8.6.2015 (BGBl. I S. 904); Abs. 1 Nr. 6 und 7 geänd., Nr. 8 angef. mWv 21.6.2017 durch G v. 16.6.2017 (BGBl. I S. 1648); Abs. 1 Nr. 7 und 8 geänd., Nr. 9 sowie Abs. 3 angef. mWv 28.7.2021 durch G v. 12.7.2021 (BGBl. I S. 3091).

[2] Fahrzeugbezogene Maßnahmen können insbesondere auf die Verbesserung von Fahrzeugeigenschaften, insbesondere auf die Verbesserung des Abgasverhaltens, des Geräuschverhaltens, des Kraftstoffverbrauchs oder des Fahrverhaltens abzielen.

**§ 33[1)] Inhalt der Fahrzeugregister.** (1) [1] Im örtlichen und im Zentralen Fahrzeugregister werden, soweit dies zur Erfüllung der in § 32 genannten Aufgaben jeweils erforderlich ist, gespeichert

1. nach näherer Bestimmung durch Rechtsverordnung (§ 47 Nummer 1 und 1a) Daten über Beschaffenheit, Ausrüstung, Identifizierungsmerkmale, Zulassungsmerkmale, Prüfung und Untersuchung einschließlich der durchführenden Stelle und einer Kennung für die Feststellung des für die Durchführung der Prüfung oder Untersuchung Verantwortlichen, Kennzeichnung und Papiere des Fahrzeugs sowie über tatsächliche und rechtliche Verhältnisse in Bezug auf das Fahrzeug, insbesondere auch über die Haftpflichtversicherung, die Kraftfahrzeugbesteuerung des Fahrzeugs und die Verwertung oder Nichtentsorgung des Fahrzeugs als Abfall im Inland (Fahrzeugdaten), sowie
2. Daten über denjenigen, dem ein Kennzeichen für das Fahrzeug zugeteilt oder ausgegeben wird (Halterdaten), und zwar
   a) bei natürlichen Personen:
   Familienname, Geburtsname, Vornamen, vom Halter für die Zuteilung oder die Ausgabe des Kennzeichens angegebener Ordens- oder Künstlername, Tag sowie Staat und Ort der Geburt, Geschlecht, Anschrift; bei Fahrzeugen mit Versicherungskennzeichen entfällt die Speicherung von Geburtsnamen, Ort der Geburt und Geschlecht des Halters,
   b) bei juristischen Personen und Behörden:
   Name oder Bezeichnung und Anschrift und
   c) bei Vereinigungen:
   benannter Vertreter mit den Angaben nach Buchstabe a oder b und gegebenenfalls Name der Vereinigung.

[2] Im örtlichen und im Zentralen Fahrzeugregister werden zur Erfüllung der in § 32 genannten Aufgaben außerdem Daten über denjenigen gespeichert, an den ein Fahrzeug mit einem amtlichen Kennzeichen veräußert wurde (Halterdaten), und zwar

a) bei natürlichen Personen:
Familienname, Vornamen und Anschrift,
b) bei juristischen Personen und Behörden:
Name oder Bezeichnung und Anschrift und
c) bei Vereinigungen:
benannter Vertreter mit den Angaben nach Buchstabe a oder b und gegebenenfalls Name der Vereinigung.

(2) Im örtlichen und im Zentralen Fahrzeugregister werden über beruflich Selbständige, denen ein amtliches Kennzeichen für ein Fahrzeug zugeteilt wird, für die Aufgaben nach § 32 Abs. 1 Nr. 4 und 5 Berufsdaten gespeichert, und zwar

---

[1)] § 33 Abs. 1 Satz 1 Nr. 1 geänd. mWv 1.6.2005 durch G v. 3.5.2005 (BGBl. I S. 1221); Abs. 1 Satz 2 geänd. mWv 31.8.2013 durch G v. 28.8.2013 (BGBl. I S. 3310); Abs. 1 Satz 2 wohl irrtümlich nochmal geänd. mWv 1.5.2014 durch G v. 28.8.2013 (BGBl. I S. 3313); Abs. 1 Satz 1 Nr. 1 geänd. mWv 7.12. 2016 durch G v. 28.11.2016 (BGBl. I S. 2722); Abs. 1 Satz 1 Nr. 2 Buchst. a geänd. mWv 28.7.2021; Abs. 1 Satz 1 Nr. 2 Buchst. c und Satz 2 Buchst. c geänd. mWv 1.7.2023 durch G v. 12.7.2021 (BGBl. I S. 3091).

1. bei natürlichen Personen der Beruf oder das Gewerbe (Wirtschaftszweig) und
2. bei juristischen Personen und Vereinigungen gegebenenfalls das Gewerbe (Wirtschaftszweig).

(3) Im örtlichen und im Zentralen Fahrzeugregister darf die Anordnung einer Fahrtenbuchauflage wegen Zuwiderhandlungen gegen Verkehrsvorschriften gespeichert werden.

(4) Ferner werden für Daten, die nicht übermittelt werden dürfen (§ 41), in den Fahrzeugregistern Übermittlungssperren gespeichert.

**§ 34[1] Erhebung der Daten.** (1) [1]Wer die Zuteilung oder die Ausgabe eines Kennzeichens für ein Fahrzeug beantragt, hat der hierfür zuständigen Stelle

1. von den nach § 33 Abs. 1 Satz 1 Nr. 1 zu speichernden Fahrzeugdaten bestimmte Daten nach näherer Regelung durch Rechtsverordnung (§ 47 Nummer 1) und
2. die nach § 33 Abs. 1 Satz 1 Nr. 2 zu speichernden Halterdaten

mitzuteilen und auf Verlangen nachzuweisen. [2]Zur Mitteilung und zum Nachweis der Daten über die Haftpflichtversicherung ist gegenüber der Zulassungsbehörde auch der jeweilige Versicherer befugt. [3]Die Zulassungsbehörde kann durch Einholung von Auskünften aus dem Melderegister die Richtigkeit und Vollständigkeit der vom Antragsteller mitgeteilten Daten überprüfen.

(2) Wer die Zuteilung eines amtlichen Kennzeichens für ein Fahrzeug beantragt, hat der Zulassungsbehörde außerdem die Daten über Beruf oder Gewerbe (Wirtschaftszweig) mitzuteilen, soweit sie nach § 33 Abs. 2 zu speichern sind.

(3) [1]Wird ein Fahrzeug veräußert, für das ein amtliches Kennzeichen zugeteilt ist, so hat der Veräußerer der Zulassungsbehörde, die dieses Kennzeichen zugeteilt hat, die in § 33 Abs. 1 Satz 2 aufgeführten Daten des Erwerbers (Halterdaten) mitzuteilen. [2]Die Mitteilung ist nicht erforderlich, wenn der neue Eigentümer bereits seiner Meldepflicht nach Absatz 4 nachgekommen ist.

(4) Der Halter und der Eigentümer, wenn dieser nicht zugleich Halter ist, haben der Zulassungsbehörde jede Änderung der Daten mitzuteilen, die nach Absatz 1 erhoben wurden; dies gilt nicht für die Fahrzeuge, die ein Versicherungskennzeichen führen müssen.

(5) [1]Die Versicherer dürfen der zuständigen Zulassungsbehörde Folgendes mitteilen:

1. das Nichtbestehen oder die Beendigung des Versicherungsverhältnisses über die vorgeschriebene Haftpflichtversicherung für das betreffende Fahrzeug oder
2. die Halterdaten, sofern die Zulassungsbehörde dem Versicherer gegenüber dargelegt hat, dass sie die Mitteilung dieser Daten zur Erfüllung ihrer gesetzlichen Aufgaben für erforderlich hält.

[2]Die Versicherer haben dem Kraftfahrt-Bundesamt im Rahmen der Zulassung von Fahrzeugen mit Versicherungskennzeichen die erforderlichen Fahrzeugdaten nach näherer Bestimmung durch Rechtsverordnung (§ 47 Nummer 2) und die Halter-

[1] § 34 Abs. 1 Satz 2 eingef., bish. Satz 2 wird Satz 3 mWv 1.6.2005 durch G v. 3.5.2005 (BGBl. I S. 1221); Abs. 3 Satz 2 angef., Abs. 4 geänd. mWv 26.6.2011 durch G v. 20.6.2011 (BGBl. I S. 1124); Abs. 1 Satz 1 Nr. 1 und Abs. 5 Satz 2 geänd., Abs. 6 angef. mWv 7.12.2016 durch G v. 28.11.2016 (BGBl. I S. 2722); Abs. 1 Satz 2 und Abs. 5 Satz 2 geänd., Satz 1 neu gef. mWv 28.7.2021 durch G v. 12.7.2021 (BGBl. I S. 3091).

daten nach § 33 Absatz 1 Satz 1 Nummer 2 sowie jede Änderung dieser Daten mitzuteilen.

(6) [1] Die Technischen Prüfstellen, amtlich anerkannten Überwachungsorganisationen und anerkannten Kraftfahrzeugwerkstätten, soweit diese Werkstätten Sicherheitsprüfungen durchführen, haben dem Kraftfahrt-Bundesamt nach näherer Bestimmung durch Rechtsverordnung auf Grund des § 47 Nummer 1a die nach § 33 Absatz 1 Satz 1 Nummer 1 zu speichernden oder zu einer Änderung oder Löschung einer Eintragung führenden Daten über Prüfungen und Untersuchungen einschließlich der durchführenden Stellen und Kennungen zur Feststellung der für die Durchführung der Prüfung oder Untersuchung Verantwortlichen zu übermitteln. [2] Im Fall der anerkannten Kraftfahrzeugwerkstätte erfolgt die Übermittlung über Kopfstellen; im Fall der Technischen Prüfstellen und anerkannten Überwachungsorganisationen kann die Übermittlung über Kopfstellen erfolgen. [3] Eine Speicherung der nach Satz 2 zur Übermittlung an das Kraftfahrt-Bundesamt erhaltenen Daten bei den Kopfstellen erfolgt ausschließlich zu diesem Zweck. [4] Nach erfolgter Übermittlung haben die Kopfstellen die nach Satz 3 gespeicherten Daten unverzüglich, bei elektronischer Speicherung automatisiert, zu löschen.

**§ 35[1)] Übermittlung von Fahrzeugdaten und Halterdaten.** (1) Die nach § 33 Absatz 1 gespeicherten Fahrzeugdaten und Halterdaten dürfen an Behörden und sonstige öffentliche Stellen im Geltungsbereich dieses Gesetzes sowie im Rahmen einer internetbasierten Zulassung an Personen im Sinne des § 6g Absatz 3 zur Erfüllung der Aufgaben der Zulassungsbehörde, des Kraftfahrt-Bundesamtes oder der Aufgaben des Empfängers nur übermittelt werden, wenn dies für die Zwecke nach § 32 Absatz 2 jeweils erforderlich ist

1. zur Durchführung der in § 32 Abs. 1 angeführten Aufgaben,
2. zur Verfolgung von Straftaten, zur Vollstreckung oder zum Vollzug von Strafen, von Maßnahmen im Sinne des § 11 Abs. 1 Nr. 8 des Strafgesetzbuchs[2)] oder

---

[1)] § 35 Abs. 3 Satz 1 Nr. 1 Buchst. e und Abs. 5 Nr. 6 geänd. mWv 1.1.2005 durch G v. 27.12.2003 (BGBl. I S. 3022); Abs. 3 Satz 1 einl. Satzteil geänd., Abs. 4b eingef. mWv 1.3.2005 durch G v. 26.1.2005 (BGBl. I S. 162); Abs. 3 Satz 1 Nr. 1 Buchst. e, Abs. 5 Nr. 6 geänd. mWv 1.1.2005 durch G v. 21.3.2005 (BGBl. I S. 818); Abs. 1 Nr. 11 und 12, Abs. 2 Nr. 1 und Abs. 5 Nr. 5 geänd., Abs. 1 Nr. 13 und Abs. 2 Nr. 1a angef. mWv 1.6.2005 durch G v. 3.5.2005 (BGBl. I S. 1221); Abs. 1 Nr. 13 geänd. mWv 1.8.2006 durch G v. 20.7.2006 (BGBl. I S. 1706); Abs. 4b geänd. mWv 1.1.2009 durch G v. 17.3.2007 (BGBl. I S. 314) iVm Bek. v. 12.12.2008 (BGBl. 2009 II S. 39); Abs. 5 Nr. 4 geänd. mWv 1.7.2009 durch G v. 29.5.2009 (BGBl. I S. 1170); Abs. 3 Satz 1 geänd., Abs. 4c eingef. mWv 1.1.2013 durch G v. 29.7.2009 (BGBl. I S. 2258, geänd. durch G v. 23.5.2011, BGBl. I S. 898); Abs. 1 Nr. 12 und 13 geänd., Nr. 14 angef., Abs. 4b geänd. mWv 18.6.2011, Abs. 1 Nr. 13 und 14 geänd., Nr. 15 angef. mWv 1.1.2013 durch G v. 23.5.2011 (BGBl. I S. 898); Abs. 1a eingef. mWv 26.6.2011 durch G v. 20.6.2011 (BGBl. I S. 1124); Abs. 1 Nr. 10 neu gef. mWv 19.7.2011 durch G v. 12.7.2011 (BGBl. I S. 1378); Abs. 2a eingef., Abs. 5 Satz 1 einl. Satzteil geänd. mWv 31.8.2013 durch G v. 28.8.2013 (BGBl. I S. 3310); Abs. 1 einl. Satzteil neu gef., Abs. 2 Satz 1 Nr. 1a und 2, Abs. 5 einl. Satzteil und Abs. 6 Satz 3 geänd., Abs. 2 Satz 1 Nr. 3 sowie Sätze 2 und 3 angef. mWv 7.12.2016 durch G v. 28.11.2016 (BGBl. I S. 2722); Abs. 1 Nr. 14 und 15 geänd., Nr. 16 angef. mWv 10.3.2017 durch G v. 6.3.2017 (BGBl. I S. 399); Abs. 4b geänd. mWv 17.6. 2017 durch G v. 11.6.2017 (BGBl. I S. 1607); Abs. 1 Nr. 15 und 16 geänd., Nr. 17 angef., Abs. 4c neu gef. mWv 6.7.2017 durch G v. 30.6.2017 (BGBl. I S. 2094); Abs. 1 Nr. 16 und 17 Buchst. c geänd., Nr. 18 angef. mWv 12.4.2019 durch G v. 8.4.2019 (BGBl. I S. 430); Abs. 1 Nr. 17 und 18 geänd., Nr. 19 angef. mWv 1.10.2020 durch G v. 29.6.2020 (BGBl. I S. 1528); Abs. 4b geänd. mWv 1.5.2022 durch G v. 15.1. 2021 (BGBl. I S. 530); Abs. 1 Nr. 17 einl. Satzteil geänd., Buchst. a–c neu gef. mWv 1.1.2022; Abs. 1 Nr. 18 und 19 geänd., Nr. 20 angef. mWv 1.11.2022 durch G v. 7.5.2021 (BGBl. I S. 850); Abs. 2 Satz 1 neu gef., Abs. 2a Nr. 3 geänd. mWv 28.7.2021 durch G v. 12.7.2021 (BGBl. I S. 3091); Abs. 1 Nr. 19 und 20 geänd., Nr. 21 angef. mWv 28.12.2022 durch G v. 19.12.2022 (BGBl. I S. 2606).

[2)] Nr. **85**.

von Erziehungsmaßregeln oder Zuchtmitteln im Sinne des Jugendgerichtsgesetzes[1)],
3. zur Verfolgung von Ordnungswidrigkeiten,
4. zur Abwehr von Gefahren für die öffentliche Sicherheit oder Ordnung,
5. zur Erfüllung der den Verfassungsschutzbehörden, dem Militärischen Abschirmdienst und dem Bundesnachrichtendienst durch Gesetz übertragenen Aufgaben,
6. für Maßnahmen nach dem Abfallbeseitigungsgesetz oder den darauf beruhenden Rechtsvorschriften,
7. für Maßnahmen nach dem Wirtschaftssicherstellungsgesetz oder den darauf beruhenden Rechtsvorschriften,
8. für Maßnahmen nach dem Energiesicherungsgesetz 1975 oder den darauf beruhenden Rechtsvorschriften,
9. für die Erfüllung der gesetzlichen Mitteilungspflichten zur Sicherung des Steueraufkommens nach § 93 der Abgabenordnung,
10. zur Feststellung der Maut für die Benutzung mautpflichtiger Straßen im Sinne des § 1 des Bundesfernstraßenmautgesetzes und zur Verfolgung von Ansprüchen nach diesem Gesetz,
11. zur Ermittlung der Mautgebühr für die Benutzung von Bundesfernstraßen und zur Verfolgung von Ansprüchen nach dem Fernstraßenbauprivatfinanzierungsgesetz vom 30. August 1994 (BGBl. I S. 2243) in der jeweils geltenden Fassung,
12. zur Ermittlung der Mautgebühr für die Benutzung von Straßen nach Landesrecht und zur Verfolgung von Ansprüchen nach den Gesetzen der Länder über den gebührenfinanzierten Neu- und Ausbau von Straßen,
13. zur Überprüfung von Personen, die Sozialhilfe, Leistungen der Grundsicherung für Arbeitsuchende oder Leistungen nach dem Asylbewerberleistungsgesetz[2)] beziehen, zur Vermeidung rechtswidriger Inanspruchnahme solcher Leistungen,
14. für die in § 17 des Auslandsunterhaltsgesetzes[3)] genannten Zwecke,
15. für die in § 802l der Zivilprozessordnung[4)] genannten Zwecke soweit kein Grund zu der Annahme besteht, dass dadurch schutzwürdige Interessen des Betroffenen beeinträchtigt werden,
16. zur Erfüllung der den Behörden der Zollverwaltung in § 2 Absatz 1 des Schwarzarbeitsbekämpfungsgesetzes[5)] übertragenen Prüfungsaufgaben,
17. zur Durchführung eines Vollstreckungsverfahrens an die für die Vollstreckung nach dem Verwaltungs-Vollstreckungsgesetz[6)] oder nach den Verwaltungsvollstreckungsgesetzen der Länder zuständige Behörde, wenn der Vollstreckungsschuldner als Halter des Fahrzeugs eingetragen ist, kein Grund zu der Annahme besteht, dass dadurch schutzwürdige Interessen des Betroffenen beeinträchtigt werden, und
    a) die Ladung zu dem Termin zur Abgabe der Vermögensauskunft an den Vollstreckungsschuldner nicht zustellbar ist und

---

[1)] Nr. **89**.
[2)] **Sartorius ErgBd. Nr. 418.**
[3)] **Habersack, Deutsche Gesetze ErgBd. Nr. 103o.**
[4)] Nr. **100**.
[5)] **Habersack, Deutsche Gesetze ErgBd. Nr. 94b.**
[6)] **Sartorius Nr. 112.**

aa) die Anschrift, unter der die Zustellung ausgeführt werden sollte, mit der Anschrift übereinstimmt, die von einer der in § 755 Absatz 1 und 2 der Zivilprozessordnung genannten Stellen innerhalb von drei Monaten vor oder nach dem Zustellungsversuch mitgeteilt wurde, oder

bb) die Meldebehörde nach dem Zustellungsversuch die Auskunft erteilt, dass ihr keine derzeitige Anschrift des Vollstreckungsschuldners bekannt ist, oder

cc) die Meldebehörde innerhalb von drei Monaten vor Erlass der Vollstreckungsanordnung die Auskunft erteilt hat, dass ihr keine derzeitige Anschrift des Vollstreckungsschuldners bekannt ist;

b) der Vollstreckungsschuldner seiner Pflicht zur Abgabe der Vermögensauskunft in dem dem Ersuchen zugrundeliegenden Vollstreckungsverfahren nicht nachkommt oder

c) bei einer Vollstreckung in die in der Vermögensauskunft aufgeführten Vermögensgegenstände eine vollständige Befriedigung der Forderung nicht zu erwarten ist,

18. zur Überprüfung der Einhaltung von Verkehrsbeschränkungen und Verkehrsverboten, die aufgrund des § 40 des Bundes-Immissionsschutzgesetzes[1] nach Maßgabe der straßenverkehrsrechtlichen Vorschriften angeordnet worden oder aufgrund straßenverkehrsrechtlicher Vorschriften zum Schutz der Wohnbevölkerung oder der Bevölkerung vor Abgasen ergangen sind,

19. zur Überprüfung und Ergänzung der Angaben in Anträgen und Verwendungsnachweisen zu einer Förderung hinsichtlich der Einhaltung der Regelungen über die Förderung des Absatzes von elektrisch betriebenen Fahrzeugen (Umweltbonus),[2]

20. für die in § 98 Absatz 1a Satz 1 der Insolvenzordnung[3] genannten Zwecke, soweit kein Grund zu der Annahme besteht, dass dadurch schutzwürdige Interessen des Betroffenen beeinträchtigt werden oder

21. für Maßnahmen nach dem Außenwirtschaftsgesetz, dem Sanktionsdurchsetzungsgesetz oder den jeweils auf den genannten Gesetzen beruhenden Rechtsvorschriften.

(1a) Die nach § 33 Absatz 1 Nummer 1 gespeicherten Daten über Beschaffenheit, Ausrüstung und Identifizierungsmerkmale von Fahrzeugen dürfen den Zentralen Leitstellen für Brandschutz, Katastrophenschutz und Rettungsdienst, wenn dies für Zwecke nach § 32 Absatz 2 Nummer 3 erforderlich ist, zur Rettung von Unfallopfern übermittelt werden.

(2) [1]Die nach § 33 Absatz 1 gespeicherten Fahrzeugdaten und Halterdaten dürfen, soweit dies jeweils erforderlich ist, übermittelt werden

1. für die Zwecke des § 32 Absatz 1 Nummer 1 an Inhaber von Betriebserlaubnissen für Fahrzeuge, an Fahrzeughersteller oder an für den Mangel verantwortliche Teilehersteller, Werkstätten oder sonstige Produktverantwortliche, um Folgendes zu ermöglichen:

a) Rückrufmaßnahmen zur Beseitigung von sicherheitsgefährdenden Mängeln an bereits ausgelieferten Fahrzeugen,

---

[1] **Sartorius Nr. 296.**
[2] Komma fehlt im BGBl. I.
[3] Nr. **110**.

b) Rückrufmaßnahmen zur Beseitigung von für die Umwelt erheblichen Mängeln an bereits ausgelieferten Fahrzeugen oder

c) Rückrufmaßnahmen, die die Typgenehmigungsbehörde oder die Marktüberwachungsbehörde zur Beseitigung von sonstigen Unvorschriftsmäßigkeiten an bereits ausgelieferten Fahrzeugen für erforderlich erachtet,

2. für die Zwecke des § 32 Absatz 1 Nummer 6 an Fahrzeughersteller und Importeure von Fahrzeugen sowie an deren Rechtsnachfolger zur Überprüfung der Angaben über die Verwertung des Fahrzeugs nach dem Altfahrzeugrecht,
3. für die Zwecke des § 32 Absatz 1 Nummer 2 an Versicherer zur Gewährleistung des vorgeschriebenen Versicherungsschutzes oder
4. für die Zwecke des § 32 Absatz 1 Nummer 1 unmittelbar oder über Kopfstellen an Technische Prüfstellen und amtlich anerkannte Überwachungsorganisationen sowie über Kopfstellen an anerkannte Kraftfahrzeugwerkstätten, soweit diese Werkstätten Sicherheitsprüfungen durchführen, für die Durchführung der regelmäßigen Untersuchungen und Prüfungen, um die Verkehrssicherheit der Fahrzeuge und den Schutz der Verkehrsteilnehmer zu gewährleisten; § 34 Absatz 6 Satz 3 und 4 gilt entsprechend.

[2] Bei Übermittlungen nach Satz 1 Nummer 3 erfolgt eine Speicherung der Daten bei den Kopfstellen ausschließlich zum Zweck der Übermittlung an Technische Prüfstellen, amtlich anerkannte Überwachungsorganisationen und anerkannte Kraftfahrzeugwerkstätten, soweit diese Werkstätten Sicherheitsprüfungen durchführen. [3] Nach erfolgter Übermittlung haben die Kopfstellen die nach Satz 2 gespeicherten Daten unverzüglich, bei elektronischer Speicherung automatisiert, zu löschen.

(2a) Die nach § 33 Absatz 3 gespeicherten Daten über die Fahrtenbuchauflagen dürfen

1. den Zulassungsbehörden in entsprechender Anwendung des Absatzes 5 Nummer 1 zur Überwachung der Fahrtenbuchauflage,
2. dem Kraftfahrt-Bundesamt in entsprechender Anwendung des Absatzes 5 Nummer 1 für die Unterstützung der Zulassungsbehörden im Rahmen der Überwachung der Fahrtenbuchauflage oder
3. den hierfür zuständigen Behörden oder Gerichten zur Verfolgung von Straftaten oder von Ordnungswidrigkeiten nach § 24 Absatz 1, § 24a oder § 24c

jeweils im Einzelfall übermittelt werden.

(3) [1] Die Übermittlung von Fahrzeugdaten und Halterdaten zu anderen Zwecken als der Feststellung oder Bestimmung von Haltern oder Fahrzeugen (§ 32 Abs. 2) ist, unbeschadet der Absätze 4, 4a bis 4c, unzulässig, es sei denn, die Daten sind

1. unerlässlich zur

a) Verfolgung von Straftaten oder zur Vollstreckung oder zum Vollzug von Strafen,

b) Abwehr einer im Einzelfall bestehenden Gefahr für die öffentliche Sicherheit,

c) Erfüllung der den Verfassungsschutzbehörden, dem Militärischen Abschirmdienst und dem Bundesnachrichtendienst durch Gesetz übertragenen Aufgaben,

d) Erfüllung der gesetzlichen Mitteilungspflichten zur Sicherung des Steueraufkommens nach § 93 der Abgabenordnung, soweit diese Vorschrift unmittelbar anwendbar ist, oder

e) Erfüllung gesetzlicher Mitteilungspflichten nach § 118 Abs. 4 Satz 4 Nr. 6 des Zwölften Buches Sozialgesetzbuch[1)]

und

2. auf andere Weise nicht oder nicht rechtzeitig oder nur mit unverhältnismäßigem Aufwand zu erlangen.

[2] Die ersuchende Behörde hat Aufzeichnungen über das Ersuchen mit einem Hinweis auf dessen Anlass zu führen. [3] Die Aufzeichnungen sind gesondert aufzubewahren, durch technische und organisatorische Maßnahmen zu sichern und am Ende des Kalenderjahres, das dem Jahr der Erstellung der Aufzeichnung folgt, zu vernichten. [4] Die Aufzeichnungen dürfen nur zur Kontrolle der Zulässigkeit der Übermittlungen verwertet werden, es sei denn, es liegen Anhaltspunkte dafür vor, dass ihre Verwertung zur Aufklärung oder Verhütung einer schwerwiegenden Straftat gegen Leib, Leben oder Freiheit einer Person führen kann und die Aufklärung oder Verhütung ohne diese Maßnahme aussichtslos oder wesentlich erschwert wäre.

(4) [1] Auf Ersuchen des Bundeskriminalamtes kann das Kraftfahrt-Bundesamt die im Zentralen Fahrzeugregister gespeicherten Halterdaten mit dem polizeilichen Fahndungsbestand der mit Haftbefehl gesuchten Personen abgleichen. [2] Die dabei ermittelten Daten gesuchter Personen dürfen dem Bundeskriminalamt übermittelt werden. [3] Das Ersuchen des Bundeskriminalamtes erfolgt durch Übersendung eines Datenträgers.

(4a) Auf Ersuchen der Auskunftsstelle nach § 8a des Pflichtversicherungsgesetzes[2)] übermitteln die Zulassungsbehörden und das Kraftfahrt-Bundesamt die nach § 33 Abs. 1 gespeicherten Fahrzeugdaten und Halterdaten zu den in § 8a Abs. 1 des Pflichtversicherungsgesetzes genannten Zwecken.

(4b) Zu den in § 7 Absatz 2 des Internationalen Familienrechtsverfahrensgesetzes[3)], § 4 Abs. 3 Satz 2 des Erwachsenenschutzübereinkommens-Ausführungsgesetzes vom 17. März 2007 (BGBl. I S. 314) und den in den §§ 16 und 17 des Auslandsunterhaltsgesetzes vom 23. Mai 2011 (BGBl. I S. 898) bezeichneten Zwecken übermittelt das Kraftfahrt-Bundesamt der in diesen Vorschriften bezeichneten Zentralen Behörde auf Ersuchen die nach § 33 Abs. 1 Satz 1 Nr. 2 gespeicherten Halterdaten.

(4c) Auf Ersuchen übermittelt das Kraftfahrt-Bundesamt

1. dem Gerichtsvollzieher zu den in § 755 der Zivilprozessordnung genannten Zwecken und
2. der für die Vollstreckung nach dem Verwaltungs-Vollstreckungsgesetz oder nach den Verwaltungsvollstreckungsgesetzen der Länder zuständigen Behörde, soweit diese die Angaben nicht durch Anfrage bei der Meldebehörde ermitteln kann, zur Durchführung eines Vollstreckungsverfahrens

die nach § 33 Absatz 1 Satz 1 Nummer 2 gespeicherten Halterdaten, soweit kein Grund zu der Annahme besteht, dass dadurch schutzwürdige Interessen des Betroffenen beeinträchtigt werden.

(5) Die nach § 33 Absatz 1 oder 3 gespeicherten Fahrzeugdaten und Halterdaten dürfen nach näherer Bestimmung durch Rechtsverordnung (§ 47 Nummer 3) regelmäßig übermittelt werden

---

[1)] **Sartorius ErgBd. Nr. 412.**
[2)] Nr. 63.
[3)] **Habersack, Deutsche Gesetze ErgBd. Nr. 103n.**

1. von den Zulassungsbehörden an das Kraftfahrt-Bundesamt für das Zentrale Fahrzeugregister und vom Kraftfahrt-Bundesamt an die Zulassungsbehörden für die örtlichen Fahrzeugregister,
2. von den Zulassungsbehörden an andere Zulassungsbehörden, wenn diese mit dem betreffenden Fahrzeug befasst sind oder befasst waren,
3. von den Zulassungsbehörden an die Versicherer zur Gewährleistung des vorgeschriebenen Versicherungsschutzes (§ 32 Abs. 1 Nr. 2),
4. von den Zulassungsbehörden an die für die Ausübung der Verwaltung der Kraftfahrzeugsteuer zuständigen Behörden zur Durchführung des Kraftfahrzeugsteuerrechts (§ 32 Abs. 1 Nr. 3),
5. von den Zulassungsbehörden und vom Kraftfahrt-Bundesamt für Maßnahmen nach dem Bundesleistungsgesetz, dem Verkehrssicherstellungsgesetz, dem Verkehrsleistungsgesetz oder des Katastrophenschutzes nach den hierzu erlassenen Gesetzen der Länder oder den darauf beruhenden Rechtsvorschriften an die hierfür zuständigen Behörden (§ 32 Abs. 1 Nr. 4 und 5),
6. von den Zulassungsbehörden für Prüfungen nach § 118 Abs. 4 Satz 4 Nr. 6 des Zwölften Buches Sozialgesetzbuch an die Träger der Sozialhilfe nach dem Zwölften Buch Sozialgesetzbuch.

(6) [1] Das Kraftfahrt-Bundesamt als übermittelnde Behörde hat Aufzeichnungen zu führen, die die übermittelten Daten, den Zeitpunkt der Übermittlung, den Empfänger der Daten und den vom Empfänger angegebenen Zweck enthalten. [2] Die Aufzeichnungen dürfen nur zur Kontrolle der Zulässigkeit der Übermittlungen verwertet werden, sind durch technische und organisatorische Maßnahmen gegen Missbrauch zu sichern und am Ende des Kalenderhalbjahres, das dem Halbjahr der Übermittlung folgt, zu löschen oder zu vernichten. [3] Bei Übermittlung nach Absatz 5 sind besondere Aufzeichnungen entbehrlich, wenn die Angaben nach Satz 1 aus dem Register oder anderen Unterlagen entnommen werden können. [4] Die Sätze 1 und 2 gelten auch für die Übermittlungen durch das Kraftfahrt-Bundesamt nach den §§ 37 bis 40.

**§ 36[1)] Abruf im automatisierten Verfahren.** (1) Die Übermittlung nach § 35 Absatz 1 Nummer 1, soweit es sich um Aufgaben nach § 32 Absatz 1 Nummer 1 handelt, aus dem Zentralen Fahrzeugregister

---

[1)] § 36 Abs. 2 Satz 1 Nr. 2 und Abs. 3 geänd., Abs. 3a eingef. mWv 1.6.2005 durch G v. 3.5.2005 (BGBl. I S. 1221); Abs. 2 Satz 1 einl. Satzteil, Nr. 1a und 2 sowie Abs. 3 geänd., Abs. 2 Satz 1 Nr. 3 angef. mWv 11.1.2007 durch G v. 5.1.2007 (BGBl. I S. 2, geänd. durch G v. 7.12.2011, BGBl. I S. 2576; G v. 3.12.2015, BGBl. I S. 2161 und G v. 3.12.2020, BGBl. I S. 2667); Abs. 2 Nr. 1 Buchst. b, Nr. 1a geänd. mWv 1.8.2007 durch G v. 19.7.2007 (BGBl. I S. 1460); Abs. 3b eingef. mWv 1.7.2009 durch G v. 29.5. 2009 (BGBl. I S. 1170); Abs. 2c eingef. mWv 18.6.2011, Abs. 2d eingef. mWv 1.1.2013 durch G v. 23.5. 2011 (BGBl. I S. 898); Abs. 3c eingef. mWv 26.6.2011 durch G v. 20.6.2011 (BGBl. I S. 1124); Abs. 2b geänd. mWv 19.7.2011 durch G v. 12.7.2011 (BGBl. I S. 1378); Abs. 2a eingef., bish. Abs. 2a–2d werden Abs. 2b–2e, Abs. 2f eingef., Abs. 6 Sätze 3–5 eingef., bish. Sätze 3 und 4 werden Sätze 6 und 7 mWv 31.8.2013 durch G v. 28.8.2013 (BGBl. I S. 3310); Abs. 1 und Abs. 6 Satz 3 neu gef., Abs. 2f eingef., bish. Abs. 2f wird Abs. 2g, Abs. 5 einl. Satzteil und Abs. 7 Satz 2 geänd. mWv 7.12.2016 durch G v. 28.11.2016 (BGBl. I S. 2722); Abs. 2 Satz 1 Nr. 2 geänd., Nr. 2a eingef., Abs. 2a neu gef., Abs. 2h eingef. mWv 10.3. 2017 durch G v. 6.3.2017 (BGBl. I S. 399); Abs. 2 Satz 1 Nr. 2 und Nr. 3 geänd., Nr. 4 angef. mWv 26.6. 2017 durch G v. 23.6.2017 (BGBl. I S. 1822); Abs. 2i eingef. mWv 12.4.2019 durch G v. 8.4.2019 (BGBl. I S. 430); Abs. 5 Nr. 1 geänd., Nr. 2 neu gef. mWv 26.11.2019 durch G v. 20.11.2019 (BGBl. I S. 1626); Abs. 2j eingef. mWv 1.10.2020 durch G v. 29.6.2020 (BGBl. I S. 1528); Abs. 2k eingef. mWv 1.11.2022 durch G v. 7.5.2021 (BGBl. I S. 850); Abs. 2 Satz 1 Nr. 1b und Abs. 2f geänd. mWv 28.7.2021 durch G v. 12.7.2021 (BGBl. I S. 3091); Abs. 2l eingef. mWv 28.12.2022 durch G v. 19.12.2022 (BGBl. I S. 2606); Abs. 2c geänd. mWv 9.3.2023 durch G v. 2.3.2023 (BGBl. 2023 I Nr. 56).

1. an die Zulassungsbehörden oder
2. im Rahmen einer internetbasierten Zulassung an Personen im Sinne des § 6g Absatz 3

darf durch Abruf im automatisierten Verfahren erfolgen.

(2) [1] Die Übermittlung nach § 35 Abs. 1 Nr. 1 bis 5 aus dem Zentralen Fahrzeugregister darf durch Abruf im automatisierten Verfahren erfolgen

1. an die Polizeien des Bundes und der Länder sowie an Dienststellen der Zollverwaltung, soweit sie Befugnisse nach § 10 des Zollverwaltungsgesetzes ausüben oder grenzpolizeiliche Aufgaben wahrnehmen,
   a) zur Kontrolle, ob die Fahrzeuge einschließlich ihrer Ladung und die Fahrzeugpapiere vorschriftsmäßig sind,
   b) zur Verfolgung von Ordnungswidrigkeiten nach § 24 Absatz 1, § 24a oder § 24c,
   c) zur Verfolgung von Straftaten oder zur Vollstreckung oder zum Vollzug von Strafen oder
   d) zur Abwehr von Gefahren für die öffentliche Sicherheit,

1a. an die Verwaltungsbehörden im Sinne des § 26 Abs. 1 für die Verfolgung von Ordnungswidrigkeiten nach §§ 24, 24a oder § 24c,

2. an die Zollfahndungsdienststellen zur Verhütung oder Verfolgung von Steuer- und Wirtschaftsstraftaten sowie an die mit der Steuerfahndung betrauten Dienststellen der Landesfinanzbehörden zur Verhütung oder Verfolgung von Steuerstraftaten,

2a. an die Behörden der Zollverwaltung zur Verfolgung von Straftaten, die mit einem der in § 2 Absatz 1 des Schwarzarbeitsbekämpfungsgesetzes[1] genannten Prüfgegenstände unmittelbar zusammenhängen, und

3. an die Verfassungsschutzbehörden, den Militärischen Abschirmdienst und den Bundesnachrichtendienst zur Erfüllung ihrer durch Gesetz übertragenen Aufgaben und

4. an die Zentralstelle für Finanztransaktionsuntersuchungen zur Erfüllung ihrer Aufgaben nach dem Geldwäschegesetz[2].

[2] Satz 1 gilt entsprechend für den Abruf der örtlich zuständigen Polizeidienststellen der Länder und Verwaltungsbehörden im Sinne des § 26 Abs. 1 aus den jeweiligen örtlichen Fahrzeugregistern.

(2a) Die Übermittlung nach § 35 Absatz 1 Nummer 9 aus dem Zentralen Fahrzeugregister darf durch Abruf im automatisierten Verfahren erfolgen

1. an die mit der Kontrolle und Erhebung der Umsatzsteuer betrauten Dienststellen der Finanzbehörden, soweit ein Abruf im Einzelfall zur Verhinderung einer missbräuchlichen Anwendung der Vorschriften des Umsatzsteuergesetzes beim Handel, Erwerb oder bei der Übertragung von Fahrzeugen erforderlich ist,
2. an die mit der Durchführung einer Außenprüfung nach § 193 der Abgabenordnung betrauten Dienststellen der Finanzbehörden, soweit ein Abruf für die Ermittlung der steuerlichen Verhältnisse im Rahmen einer Außenprüfung erforderlich ist und

---

[1] **Habersack, Deutsche Gesetze ErgBd. Nr. 94b.**
[2] **Habersack, Deutsche Gesetze ErgBd. Nr. 88a.**

3. an die mit der Vollstreckung betrauten Dienststellen der Finanzbehörden nach § 249 der Abgabenordnung, soweit ein Abruf für die Vollstreckung von Ansprüchen aus dem Steuerschuldverhältnis erforderlich ist.

(2b) Die Übermittlung nach § 35 Abs. 1 Nr. 11 und 12 aus dem Zentralen Fahrzeugregister darf durch Abruf im automatisierten Verfahren an den Privaten, der mit der Erhebung der Mautgebühr beliehen worden ist, erfolgen.

(2c) Die Übermittlung nach § 35 Abs. 1 Nr. 10 aus dem Zentralen Fahrzeugregister darf durch Abruf im automatisierten Verfahren an das Bundesamt für Logistik und Mobilität und an eine sonstige öffentliche Stelle, die mit der Erhebung der Maut nach dem Bundesfernstraßenmautgesetz beauftragt ist, erfolgen.

(2d) Die Übermittlung nach § 35 Absatz 1 Nummer 14 aus dem Zentralen Fahrzeugregister darf durch Abruf im automatisierten Verfahren an die zentrale Behörde (§ 4 des Auslandsunterhaltsgesetzes[1]) erfolgen.

(2e) Die Übermittlung nach § 35 Absatz 1 Nr. 15 aus dem Zentralen Fahrzeugregister darf durch Abruf im automatisierten Verfahren an den Gerichtsvollzieher erfolgen.

(2f) Die Übermittlung aus dem Zentralen Fahrzeugregister nach § 35 Absatz 2 Satz 1 Nummer 4 darf durch Abruf im automatisierten Verfahren erfolgen.

(2g) Die Übermittlung nach § 35 Absatz 2a darf durch Abruf im automatisierten Verfahren erfolgen.

(2h) Die Übermittlung nach § 35 Absatz 1 Nummer 16 darf durch Abruf im automatisierten Verfahren an die Behörden der Zollverwaltung zur Erfüllung der ihnen in § 2 Absatz 1 des Schwarzarbeitsbekämpfungsgesetzes übertragenen Prüfungsaufgaben erfolgen.

(2i) [1] In einem solchen Verfahren darf auch die Übermittlung nach § 35 Absatz 1 Nummer 18 aus dem Zentralen Fahrzeugregister an die nach Landesrecht für die Überprüfung der Einhaltung dieser Verkehrsbeschränkungen und Verkehrsverbote zuständigen Behörden erfolgen. [2] Die Einrichtung von Anlagen zum Abruf nach Satz 1 ist für den Abruf der nach § 33 Absatz 1 Satz 1 Nummer 1 gespeicherten und für die Überprüfung der Einhaltung der jeweiligen Verkehrsbeschränkungen und Verkehrsverbote erforderlichen Fahrzeugdaten aus dem Zentralen Fahrzeugregister durch die Behörden nach Satz 1 zulässig; einer Rechtsverordnung nach Absatz 5 bedarf es nicht; die Maßgaben nach Absatz 5 Nummer 2 und 3 gelten unmittelbar.

(2j) Die Übermittlung nach § 35 Absatz 1 Nummer 19 darf durch Abruf im automatisierten Verfahren an das Bundesamt für Wirtschaft und Ausfuhrkontrolle erfolgen.

(2k) Die Übermittlung nach § 35 Absatz 1 Nummer 20 aus dem Zentralen Fahrzeugregister darf durch Abruf im automatisierten Verfahren an das Insolvenzgericht erfolgen.

(2l) Die Übermittlung nach § 35 Absatz 1 Nummer 21 darf durch Abruf im automatisierten Verfahren an die nach dem Außenwirtschaftsgesetz zuständigen Behörden und an die Zentralstelle zur Sanktionsdurchsetzung erfolgen.

(3) Die Übermittlung nach § 35 Abs. 3 Satz 1 aus dem Zentralen Fahrzeugregister darf ferner durch Abruf im automatisierten Verfahren an die Polizeien des Bundes und der Länder zur Verfolgung von Straftaten oder zur Vollstreckung oder zum Vollzug von Strafen oder zur Abwehr einer im Einzelfall bestehenden Gefahr

---

**[1] Habersack, Deutsche Gesetze ErgBd. Nr. 103o.**

für die öffentliche Sicherheit, an die Zollfahndungsdienststellen zur Verhütung oder Verfolgung von Steuer- und Wirtschaftsstraftaten, an die mit der Steuerfahndung betrauten Dienststellen der Landesfinanzbehörden zur Verhütung oder Verfolgung von Steuerstraftaten sowie an die Verfassungsschutzbehörden, den Militärischen Abschirmdienst und den Bundesnachrichtendienst zur Erfüllung ihrer durch Gesetz übertragenen Aufgaben vorgenommen werden.

(3a) Die Übermittlung aus dem Zentralen Fahrzeugregister nach § 35 Abs. 4a darf durch Abruf im automatisierten Verfahren an die Auskunftsstelle nach § 8a des Pflichtversicherungsgesetzes[1)] erfolgen.

(3b) [1] Die Übermittlung aus dem Zentralen Fahrzeugregister nach § 35 Absatz 1 Nummer 1 an die für die Ausübung der Verwaltung der Kraftfahrzeugsteuer zuständigen Behörden darf durch Abruf im automatisierten Verfahren erfolgen. [2] Der Abruf ist nur zulässig, wenn die von den Zulassungsbehörden nach § 35 Absatz 5 Nummer 4 übermittelten Datenbestände unrichtig oder unvollständig sind.

(3c) Die Übermittlung aus dem Zentralen Fahrzeugregister nach § 35 Absatz 1a darf an die Zentralen Leitstellen für Brandschutz, Katastrophenschutz und Rettungsdienst zur Vorbereitung der Rettung von Personen aus Fahrzeugen durch Abruf im automatisierten Verfahren erfolgen.

(4) Der Abruf darf sich nur auf ein bestimmtes Fahrzeug oder einen bestimmten Halter richten und in den Fällen der Absätze 1 und 2 Satz 1 Nr. 1 Buchstabe a und b nur unter Verwendung von Fahrzeugdaten durchgeführt werden.

(5) Die Einrichtung von Anlagen zum Abruf im automatisierten Verfahren ist nur zulässig, wenn nach näherer Bestimmung durch Rechtsverordnung (§ 47 Nummer 4) gewährleistet ist, dass

1. die zum Abruf bereitgehaltenen Daten ihrer Art nach für den Empfänger erforderlich sind und ihre Übermittlung durch automatisierten Abruf unter Berücksichtigung der schutzwürdigen Interessen der betroffenen Person und der Aufgabe des Empfängers angemessen ist,
2. die erforderlichen technischen und organisatorischen Maßnahmen nach den Artikeln 24, 25 und 32 der Verordnung (EU) 2016/679 zur Sicherstellung des Datenschutzes und der Datensicherheit getroffen werden und
3. die Zulässigkeit der Abrufe nach Maßgabe des Absatzes 6 kontrolliert werden kann.

(5a) (weggefallen)

(6) [1] Das Kraftfahrt-Bundesamt oder die Zulassungsbehörde als übermittelnde Stelle hat über die Abrufe Aufzeichnungen zu fertigen, die die bei der Durchführung der Abrufe verwendeten Daten, den Tag und die Uhrzeit der Abrufe, die Kennung der abrufenden Dienststelle und die abgerufenen Daten enthalten müssen. [2] Die protokollierten Daten dürfen nur für Zwecke der Datenschutzkontrolle, der Datensicherung oder zur Sicherstellung eines ordnungsgemäßen Betriebs der Datenverarbeitungsanlage verwendet werden. [3] Die nach Satz 1 protokollierten Daten dürfen auch dazu verwendet werden, der betroffenen Person darüber Auskunft zu erteilen, welche ihrer in Anhang I, Abschnitt I und II der Richtlinie (EU) 2015/413 enthaltenen personenbezogenen Daten an Stellen in anderen Mitgliedstaaten der Europäischen Union zum Zweck der dortigen Verfolgung der in Artikel 2 der Richtlinie (EU) 2015/413 aufgeführten, die Straßenverkehrssicher-

---

[1)] Nr. **63**.

heit gefährdenden Delikte übermittelt wurden. [4]Das Datum des Ersuchens und die zuständige Stelle nach Satz 1, an die die Übermittlung erfolgte, sind der betroffenen Person ebenfalls mitzuteilen. [5]§ 36a gilt für das Verfahren nach den Sätzen 3 und 4 entsprechend. [6]Liegen Anhaltspunkte dafür vor, dass ohne ihre Verwendung die Verhinderung oder Verfolgung einer schwerwiegenden Straftat gegen Leib, Leben oder Freiheit einer Person aussichtslos oder wesentlich erschwert wäre, dürfen die Daten auch für diesen Zweck verwendet werden, sofern das Ersuchen der Strafverfolgungsbehörde unter Verwendung von Halterdaten einer bestimmten Person oder von Fahrzeugdaten eines bestimmten Fahrzeugs gestellt wird. [7]Die Protokolldaten sind durch geeignete Vorkehrungen gegen zweckfremde Verwendung und gegen sonstigen Missbrauch zu schützen und nach sechs Monaten zu löschen.

(7) [1]Bei Abrufen aus dem Zentralen Fahrzeugregister sind vom Kraftfahrt-Bundesamt weitere Aufzeichnungen zu fertigen, die sich auf den Anlass des Abrufs erstrecken und die Feststellung der für den Abruf verantwortlichen Personen ermöglichen. [2]Das Nähere wird durch Rechtsverordnung (§ 47 Nummer 5) bestimmt. [3]Dies gilt entsprechend für Abrufe aus den örtlichen Fahrzeugregistern.

(8) [1]Soweit örtliche Fahrzeugregister nicht im automatisierten Verfahren geführt werden, ist die Übermittlung der nach § 33 Abs. 1 gespeicherten Fahrzeugdaten und Halterdaten durch Einsichtnahme in das örtliche Fahrzeugregister außerhalb der üblichen Dienstzeiten an die für den betreffenden Zulassungsbezirk zuständige Polizeidienststelle zulässig, wenn

1. dies für die Erfüllung der in Absatz 2 Satz 1 Nr. 1 bezeichneten Aufgaben erforderlich ist und
2. ohne die sofortige Einsichtnahme die Erfüllung dieser Aufgaben gefährdet wäre.

[2]Die Polizeidienststelle hat die Tatsache der Einsichtnahme, deren Datum und Anlass sowie den Namen des Einsichtnehmenden aufzuzeichnen; die Aufzeichnungen sind für die Dauer eines Jahres aufzubewahren und nach Ablauf des betreffenden Kalenderjahres zu vernichten. [3]Die Sätze 1 und 2 finden entsprechende Anwendung auf die Einsichtnahme durch die Zollfahndungsämter zur Erfüllung der in Absatz 2 Satz 1 Nr. 2 bezeichneten Aufgaben.

**§ 36a[1)] Automatisiertes Anfrage- und Auskunftsverfahren beim Kraftfahrt-Bundesamt.** [1]Die Übermittlung der Daten aus dem Zentralen Fahrzeugregister nach den §§ 35 und 37 darf nach näherer Bestimmung durch Rechtsver-

*(Fortsetzung nächstes Blatt)*

[1)] § 36a Satz 1 geänd. mWv 7.12.2016 durch G v. 28.11.2016 (BGBl. I S. 2722).

ordnung nach § 47 Nummer 4a auch in einem automatisierten Anfrage- und Auskunftsverfahren erfolgen. [2] Für die Einrichtung und Durchführung des Verfahrens gilt § 30b Abs. 1 Satz 2, Abs. 2 und 3 entsprechend.

**§ 36b Abgleich mit den Sachfahndungsdaten des Bundeskriminalamtes.**

(1) [1] Das Bundeskriminalamt übermittelt regelmäßig dem Kraftfahrt-Bundesamt die im Polizeilichen Informationssystem gespeicherten Daten von Fahrzeugen, Kennzeichen, Fahrzeugpapieren und Führerscheinen, die zur Beweissicherung, Einziehung, Beschlagnahme, Sicherstellung, Eigentumssicherung und Eigentümer- oder Besitzerermittlung ausgeschrieben sind. [2] Die Daten dienen zum Abgleich mit den im Zentralen Fahrzeugregister erfassten Fahrzeugen und Fahrzeugpapieren sowie mit den im Zentralen Fahrerlaubnisregister erfassten Führerscheinen.

(2) Die Übermittlung der Daten nach Absatz 1 darf auch im automatisierten Verfahren erfolgen.

**§ 37[1)] Übermittlung von Fahrzeugdaten und Halterdaten an Stellen außerhalb des Geltungsbereiches dieses Gesetzes.** (1) Die nach § 33 Absatz 1 gespeicherten Fahrzeugdaten und Halterdaten dürfen vom Kraftfahrt-Bundesamt an die zuständigen Stellen anderer Staaten übermittelt werden, soweit dies nach unionsrechtlichen Vorschriften vorgeschrieben ist oder soweit dies

1. für Verwaltungsmaßnahmen auf dem Gebiet des Straßenverkehrs,
2. zur Überwachung des Versicherungsschutzes im Rahmen der Kraftfahrzeughaftpflichtversicherung,
3. zur Verfolgung von Zuwiderhandlungen gegen Rechtsvorschriften auf dem Gebiet des Straßenverkehrs oder
4. zur Verfolgung von Straftaten, die im Zusammenhang mit dem Straßenverkehr oder sonst mit Kraftfahrzeugen, Anhängern, Kennzeichen oder Fahrzeugpapieren, Fahrerlaubnissen oder Führerscheinen stehen,

erforderlich ist und keine Anhaltspunkte für Zweifel an der Gegenseitigkeit einer solchen Auskunftserteilung hinsichtlich des jeweiligen Anfragegrundes nach den Nummern 1 bis 4 und hinsichtlich der den Anfragegrund begründenden Sachverhalte durch den anderen Staat gegeben sind.

(1a) Nach Maßgabe völkerrechtlicher Verträge zwischen Mitgliedstaaten der Europäischen Union oder mit den anderen Vertragsstaaten des Abkommens über den Europäischen Wirtschaftsraum, die der Mitwirkung der gesetzgebenden Körperschaften nach Artikel 59 Absatz 2 des Grundgesetzes bedürfen, sowie nach Artikel 12 des Beschlusses des Rates 2008/615/JI vom 23. Juni 2008 (ABl. L 210 vom 6.8.2008, S. 1) dürfen die nach § 33 Absatz 1 gespeicherten Fahrzeugdaten und Halterdaten vom Kraftfahrt-Bundesamt an die zuständigen Stellen dieser Staaten auch übermittelt werden, soweit dies erforderlich ist

1. zur Verfolgung von Ordnungswidrigkeiten, die nicht von Absatz 1 Nummer 3 erfasst werden,
2. zur Verfolgung von Straftaten, die nicht von Absatz 1 Nummer 4 erfasst werden, oder
3. zur Abwehr von Gefahren für die öffentliche Sicherheit.

---

[1)] § 37 Abs. 2 und 3 geänd. mWv 26.11.2019 durch G v. 20.11.2019 (BGBl. I S. 1626); Abs. 1 und 1a neu gef., Abs. 4 angef. mWv 28.7.2021 durch G v. 12.7.2021 (BGBl. I S. 3091).

(2) Der Empfänger ist darauf hinzuweisen, dass die übermittelten Daten nur zu dem Zweck verwendet werden dürfen, zu dessen Erfüllung sie ihm übermittelt werden.

(3) Die Übermittlung unterbleibt, wenn durch sie schutzwürdige Interessen der betroffenen Person beeinträchtigt würden, insbesondere, wenn im Empfängerland ein angemessener Datenschutzstandard nicht gewährleistet ist.

(4) [1] Die Übermittlung unterbleibt, wenn die Übermittlung bei entsprechender Anfrage auf Grund von § 37a erfolgen könnte. [2] Die Übermittlung kann ferner unterbleiben, wenn das Kraftfahrt-Bundesamt den Aufwand für die Bearbeitung der Anfragen als nicht vertretbar beurteilt.

**§ 37a[1)] Abruf im automatisierten Verfahren durch Stellen außerhalb des Geltungsbereiches dieses Gesetzes.** (1) [1] Durch Abruf im automatisierten Verfahren dürfen aus dem Zentralen Fahrzeugregister für die in § 37 Abs. 1 und 1a genannten Maßnahmen an die hierfür zuständigen öffentlichen Stellen in einem Mitgliedstaat der Europäischen Union oder einem anderen Vertragsstaat des Abkommens über den Europäischen Wirtschaftsraum die zu deren Aufgabenerfüllung erforderlichen Daten nach näherer Bestimmung durch Rechtsverordnung nach § 47 Nummer 5b und 5c durch das Kraftfahrt-Bundesamt übermittelt werden. [2] Dieses automatisierte Verfahren setzt jedoch voraus, dass das Europäische Fahrzeug- und Führerschein-Informationssystem oder ein anderes informationstechnisches Verfahren genutzt wird, das vom Kraftfahrt-Bundesamt als mit vertretbarem Aufwand betreibbar beurteilt wird.

(2) [1] Der Abruf darf nur unter Verwendung von Fahrzeugdaten, bei Abrufen für die in § 37 Abs. 1a genannten Zwecke nur unter Verwendung der vollständigen Fahrzeug-Identifizierungsnummer oder des vollständigen Kennzeichens, erfolgen und sich nur auf ein bestimmtes Fahrzeug oder einen bestimmten Halter richten. [2] Ein unionsrechtlich vorgeschriebener Abruf darf ergänzend zu Satz 1

1. auch unter Verwendung von Halterdaten erfolgen oder
2. sich auf mehrere Fahrzeuge eines bestimmten Halters oder auf alle aktuellen oder früheren Halter eines bestimmten Fahrzeugs richten,

soweit dies unionsrechtlich vorgesehen ist.

(3) [1] Der Abruf ist nur zulässig, wenn

1. diese Form der Datenübermittlung unter Berücksichtigung der schutzwürdigen Interessen der betroffenen Personen wegen der Vielzahl der Übermittlungen oder wegen ihrer besonderen Eilbedürftigkeit angemessen ist,
2. der Empfängerstaat die Verordnung (EU) 2016/679 anwendet und
3. die Gegenseitigkeit der Auskunftserteilung im Sinne von § 37 Absatz 1 durch geeignete Mittel sichergestellt ist.

[2] § 36 Abs. 5 und 6 sowie Abs. 7 wegen des Anlasses der Abrufe ist entsprechend anzuwenden.

---

[1)] § 37a Abs. 1, 2 geänd. mWv 19.7.2006 durch G v. 10.7.2006 (BGBl. I S. 1458); Abs. 1 geänd. mWv 7.12.2016 durch G v. 28.11.2016 (BGBl. I S. 2722); Abs. 3 Satz 1 einl. Satzteil, Nr. 1 und 2 geänd. mWv 26.11.2019 durch G v. 20.11.2019 (BGBl. I S. 1626); Abs. 1 Satz 1 geänd., Satz 2 und Abs. 2 Satz 2 angef., Abs. 3 Satz 1 Nr. 1, 2 geänd., Nr. 3 angef. mWv 28.7.2021 durch G v. 12.7.2021 (BGBl. I S. 3091).

**§ 37b[1) ] Übermittlung von Fahrzeug- und Halterdaten nach der Richtlinie (EU) 2015/413.** (1) Das Kraftfahrt-Bundesamt unterstützt nach Absatz 2 die in Artikel 4 Absatz 3 der Richtlinie (EU) 2015/413 genannten nationalen Kontaktstellen der anderen Mitgliedstaaten der Europäischen Union bei den Ermittlungen in Bezug auf folgende in den jeweiligen Mitgliedstaaten begangenen, die Straßenverkehrssicherheit gefährdenden Verkehrsdelikte:

1. Geschwindigkeitsübertretungen,
2. Nicht-Anlegen des Sicherheitsgurtes,
3. Überfahren eines roten Lichtzeichens,
4. Trunkenheit im Straßenverkehr,
5. Fahren unter Einfluss von berauschenden Mitteln,
6. Nicht-Tragen eines Schutzhelmes,
7. unbefugte Benutzung eines Fahrstreifens,
8. rechtswidrige Benutzung eines Mobiltelefons oder anderer Kommunikationsgeräte beim Fahren.

(2) Auf Anfrage teilt das Kraftfahrt-Bundesamt der nationalen Kontaktstelle eines anderen Mitgliedstaates der Europäischen Union folgende nach § 33 gespeicherten Daten zu Fahrzeug und Halter mit:

1. amtliches Kennzeichen,
2. Fahrzeug-Identifizierungsnummer,
3. Land der Zulassung,
4. Marke des Fahrzeugs,
5. Handelsbezeichnung,
6. EU-Fahrzeugklasse,
7. Name des Halters,
8. Vorname des Halters,
9. Anschrift des Halters,
10. Geschlecht,
11. Geburtsdatum,
12. Rechtsperson,
13. Geburtsort,

wenn dies im Einzelfall für die Erfüllung einer Aufgabe der nationalen Kontaktstelle des anfragenden Mitgliedstaates der Europäischen Union oder der zuständigen Behörde des anfragenden Mitgliedstaates der Europäischen Union erforderlich ist.

**§ 37c[2) ] Übermittlung von Fahrzeugdaten und Halterdaten an die Europäische Kommission.** Das Kraftfahrt-Bundesamt übermittelt zur Erfüllung der Berichtspflicht nach Artikel 5 Absatz 1 Unterabsatz 4 der Richtlinie 2009/103/EG des Europäischen Parlaments und des Rates vom 16. September 2009 über die Kraftfahrzeug-Haftpflichtversicherung und die Kontrolle der entsprechenden Versicherungspflicht (ABl. L 263 vom 7.10.2009, S. 11) bis zum 31. März eines jeden Jahres an die Europäische Kommission die nach § 33 Absatz 1 gespeicherten Namen oder Bezeichnungen und Anschriften der Fahrzeughalter, die nach § 2

---

1) § 37b eingef. mWv 31.8.2013 durch G v. 28.8.2013 (BGBl. I S. 3310); Überschrift, Abs. 1 einl. Satzteil geänd. mWv 7.12.2016 durch G v. 28.11.2016 (BGBl. I S. 2722).

2) § 37c neu gef. mWv 5.12.2014 durch G v. 28.11.2014 (BGBl. I S. 1802).

Absatz 1 Nummer 1 bis 5 des Pflichtversicherungsgesetzes von der Versicherungspflicht befreit sind.

**§ 38**[1)] **Übermittlung an und Verwendung durch den Empfänger für wissenschaftliche Zwecke.** (1) Die nach § 33 Abs. 1 gespeicherten Fahrzeugdaten und Halterdaten dürfen an Hochschulen, andere Einrichtungen, die wissenschaftliche Forschung betreiben, und öffentliche Stellen übermittelt werden, soweit

1. dies für die Durchführung bestimmter wissenschaftlicher Forschungsarbeiten erforderlich ist,
2. eine Nutzung anonymisierter Daten zu diesem Zweck nicht möglich ist und
3. das öffentliche Interesse an der Forschungsarbeit das schutzwürdige Interesse der betroffenen Person an dem Ausschluss der Übermittlung erheblich überwiegt.

(2) Die Übermittlung der Daten erfolgt durch Erteilung von Auskünften, wenn hierdurch der Zweck der Forschungsarbeit erreicht werden kann und die Erteilung keinen unverhältnismäßigen Aufwand erfordert.

(3) [1] Personenbezogene Daten werden nur an solche Personen übermittelt, die Amtsträger oder für den öffentlichen Dienst besonders Verpflichtete sind oder die zur Geheimhaltung verpflichtet worden sind. [2] § 1 Abs. 2, 3 und 4 Nr. 2 des Verpflichtungsgesetzes findet auf die Verpflichtung zur Geheimhaltung entsprechende Anwendung.

(4) [1] Die personenbezogenen Daten dürfen nur für die Forschungsarbeit verwendet werden, für die sie übermittelt worden sind. [2] Die Verwendung für andere Forschungsarbeiten oder die Übermittlung richtet sich nach den Absätzen 1 und 2 und bedarf der Zustimmung der Stelle, die die Daten übermittelt hat.

(5) [1] Die Daten sind gegen unbefugte Kenntnisnahme durch Dritte zu schützen. [2] Die wissenschaftliche Forschung betreibende Stelle hat dafür zu sorgen, dass die Verwendung der personenbezogenen Daten räumlich und organisatorisch getrennt von der Erfüllung solcher Verwaltungsaufgaben oder Geschäftszwecke erfolgt, für die diese Daten gleichfalls von Bedeutung sein können.

(6) [1] Sobald der Forschungszweck es erlaubt, sind die personenbezogenen Daten zu anonymisieren. [2] Solange dies noch nicht möglich ist, sind die Merkmale gesondert aufzubewahren, mit denen Einzelangaben über persönliche oder sachliche Verhältnisse einer bestimmten oder bestimmbaren Person zugeordnet werden können. [3] Sie dürfen mit den Einzelangaben nur zusammengeführt werden, soweit der Forschungszweck dies erfordert.

(7) Wer nach den Absätzen 1 und 2 personenbezogene Daten erhalten hat, darf diese nur veröffentlichen, wenn dies für die Darstellung von Forschungsergebnissen über Ereignisse der Zeitgeschichte unerlässlich ist.

**§ 38a**[1)] **Übermittlung an und Verwendung durch den Empfänger für statistische Zwecke.** (1) Die nach § 33 Abs. 1 gespeicherten Fahrzeug- und Halterdaten dürfen zur Vorbereitung und Durchführung von Statistiken, soweit sie durch Rechtsvorschriften angeordnet sind, übermittelt werden, wenn die Vorbereitung und Durchführung des Vorhabens allein mit anonymisierten Daten (§ 45) nicht möglich ist.

(2) Für die Verwendung der Daten nach Absatz 1 finden die Vorschriften des Bundesstatistikgesetzes und der Statistikgesetze der Länder Anwendung.

---

[1)] § 38 Überschrift neu gef., Abs. 1 Nr. 3, Abs. 4 Sätze 1 und 2, Abs. 5 Satz 2 geänd., Abs. 8 aufgeh., § 38a Überschrift neu gef., Abs. 2 geänd. mWv 26.11.2019 durch G v. 20.11.2019 (BGBl. I S. 1626).

**§ 38b[1)] Übermittlung an und Verwendung durch den Empfänger für planerische Zwecke.** (1) Die nach § 33 Abs. 1 gespeicherten Fahrzeug- und Halterdaten dürfen für im öffentlichen Interesse liegende Verkehrsplanungen an öffentliche Stellen übermittelt werden, wenn die Durchführung des Vorhabens allein mit anonymisierten Daten (§ 45) nicht oder nur mit unverhältnismäßigem Aufwand möglich ist und die betroffene Person eingewilligt hat oder schutzwürdige Interessen der betroffenen Person nicht beeinträchtigt werden.

(2) Der Empfänger der Daten hat sicherzustellen, dass

1. die Kontrolle zur Sicherstellung schutzwürdiger Interessen der betroffenen Person jederzeit gewährleistet wird,
2. die Daten nur für das betreffende Vorhaben verwendet werden,
3. zu den Daten nur die Personen Zugang haben, die mit dem betreffenden Vorhaben befasst sind,
4. diese Personen verpflichtet werden, die Daten gegenüber Unbefugten nicht zu offenbaren, und
5. die Daten anonymisiert oder gelöscht werden, sobald der Zweck des Vorhabens dies gestattet.

**§ 39[2)] Übermittlung von Fahrzeugdaten und Halterdaten zur Verfolgung von Rechtsansprüchen.** (1) Von den nach § 33 Abs. 1 gespeicherten Fahrzeugdaten und Halterdaten sind

1. Familienname (bei juristischen Personen, Behörden oder Vereinigungen: Name oder Bezeichnung),
2. Vornamen,
3. Ordens- und Künstlername,
4. Anschrift,
5. Art, Hersteller und Typ des Fahrzeugs,
6. Name und Anschrift des Versicherers,
7. Nummer des Versicherungsscheins, oder, falls diese noch nicht gespeichert ist, Nummer der Versicherungsbestätigung,
8. gegebenenfalls Zeitpunkt der Beendigung des Versicherungsverhältnisses,
9. gegebenenfalls Befreiung von der gesetzlichen Versicherungspflicht,
10. Zeitpunkt der Zuteilung oder Ausgabe des Kennzeichens für den Halter sowie
11. Kraftfahrzeugkennzeichen

durch die Zulassungsbehörde oder durch das Kraftfahrt-Bundesamt zu übermitteln, wenn der Empfänger unter Angabe des betreffenden Kennzeichens oder der betreffenden Fahrzeug-Identifizierungsnummer darlegt, dass er die Daten zur Geltendmachung, Sicherung oder Vollstreckung oder zur Befriedigung oder Abwehr von Rechtsansprüchen im Zusammenhang mit der Teilnahme am Straßenverkehr oder zur Erhebung einer Privatklage wegen im Straßenverkehr begangener Verstöße benötigt (einfache Registerauskunft).

---

1) § 38b Abs. 1 geänd. mWv 7.12.2016 durch G v. 28.11.2016 (BGBl. I S. 2722); Überschrift neu gef., Abs. 1, Abs. 2 Nr. 1 und 2 geänd. mWv 26.11.2019 durch G v. 20.11.2019 (BGBl. I S. 1626).

2) § 39 Abs. 3 Satz 1 Nr. 1b geänd. mWv 1.1.2005 durch G v. 24.12.2003 (BGBl. I S. 2954); Abs. 3 Satz 1 Nr. 1b geänd. mWv 1.1.2005 durch G v. 27.12.2003 (BGBl. I S. 3022); Abs. 2 Nr. 2 aufgeh. mWv 14.9.2007 durch G v. 7.9.2007 (BGBl. I S. 2246); Abs. 2 Nr. 1 geänd., Abs. 4 angef. mWv 28.7.2021 durch G v. 12.7.2021 (BGBl. I S. 3091).

(2) Weitere Fahrzeugdaten und Halterdaten als die nach Absatz 1 zulässigen sind zu übermitteln, wenn der Empfänger unter Angabe von Fahrzeugdaten oder Personalien des Halters glaubhaft macht, dass er

1. die Daten zur Geltendmachung, Sicherung oder Vollstreckung, zur Befriedigung oder Abwehr von Rechtsansprüchen im Zusammenhang mit der Teilnahme am Straßenverkehr, dem Diebstahl, dem sonstigen Abhandenkommen des Fahrzeugs oder zur Erhebung einer Privatklage wegen im Straßenverkehr begangener Verstöße benötigt und
2. *(aufgehoben)*
3. die Daten auf andere Weise entweder nicht oder nur mit unverhältnismäßigem Aufwand erlangen könnte.

(3) [1]Die in Absatz 1 Nr. 1 bis 5 und 11 angeführten Halterdaten und Fahrzeugdaten dürfen übermittelt werden, wenn der Empfänger unter Angabe von Fahrzeugdaten oder Personalien des Halters glaubhaft macht, dass er

1. die Daten zur Geltendmachung, Sicherung oder Vollstreckung
   a) von nicht mit der Teilnahme am Straßenverkehr im Zusammenhang stehenden öffentlich-rechtlichen Ansprüchen oder
   b) von gemäß § 7 des Unterhaltsvorschussgesetzes[1)], § 33 des Zweiten Buches Sozialgesetzbuch[2)] oder § 94 des Zwölften Buches Sozialgesetzbuch[3)] übergegangenen Ansprüchen

   in Höhe von jeweils mindestens fünfhundert Euro benötigt,
2. ohne Kenntnis der Daten zur Geltendmachung, Sicherung oder Vollstreckung des Rechtsanspruchs nicht in der Lage wäre und
3. die Daten auf andere Weise entweder nicht oder nur mit unverhältnismäßigem Aufwand erlangen könnte.

[2]§ 35 Abs. 3 Satz 2 und 3 gilt entsprechend. [3]Die Aufzeichnungen dürfen nur zur Kontrolle der Zulässigkeit der Übermittlungen verwendet werden.

(4) Ist der Empfänger eine öffentlich-rechtliche Stelle mit Sitz im Ausland oder handelt er im Namen oder im Auftrag einer solchen Stelle, ist für den Antrag und die Auskunft nur das Kraftfahrt-Bundesamt zuständig.

**§ 39a[4)] Auskunft über Daten.** (1) [1]Einer Person wird auf Antrag schriftlich über die zu ihrer Person im örtlichen oder im Zentralen Fahrzeugregister gespeicherten Daten und über die zu ihr als Halter gespeicherten Fahrzeugdaten unentgeltlich Auskunft erteilt. [2]Die Auskunft kann elektronisch erteilt werden, wenn der Antrag unter Nutzung des elektronischen Identitätsnachweises nach § 18 des Personalausweisgesetzes[5)], nach § 12 des eID-Karte-Gesetzes oder nach § 78 Absatz 5 des Aufenthaltsgesetzes[6)] gestellt wird; in diesen Fällen gilt abweichend von § 35 Absatz 6 Satz 4 hinsichtlich der Protokollierung § 36 Absatz 6 entsprechend.

(2) [1]Einer Person darf auf Antrag schriftlich über die zu einem Dritten als Halter im örtlichen oder im Zentralen Fahrzeugregister gespeicherten Fahrzeugdaten unentgeltlich Auskunft erteilt werden, wenn

---

[1)] **Habersack, Deutsche Gesetze ErgBd. Nr. 45d.**
[2)] **Sartorius ErgBd. Nr. 402.**
[3)] **Sartorius ErgBd. Nr. 412.**
[4)] § 39a eingef. mWv 28.7.2021 durch G v. 12.7.2021 (BGBl. I S. 3091).
[5)] **Sartorius Nr. 255.**
[6)] **Sartorius Nr. 565.**

1. der Antragsteller
   a) nachweist, dass die Verfügungsbefugnis des Halters über dessen Fahrzeuge gesetzlich oder in Folge gerichtlicher Anordnung auf den Antragsteller übergegangen ist oder auch vom Antragsteller ausgeübt werden kann, und
   b) glaubhaft macht, dass er die Daten zur Wahrnehmung straßenverkehrsrechtlicher Angelegenheiten des Halters benötigt,
2. der Antragsteller die Daten auf andere Weise entweder nicht oder nur mit unverhältnismäßigem Aufwand erlangen könnte und
3. kein Grund zu der Annahme besteht, dass durch die Auskunft schutzwürdige Interessen des Halters beeinträchtigt werden.

[2] Für die sichere Identifizierung bei der Antragstellung und für die elektronische Auskunftserteilung gilt § 30 Absatz 8 Satz 2 und 3 entsprechend; abweichend von § 35 Absatz 6 Satz 4 gilt hinsichtlich der Protokollierung § 36 Absatz 6 entsprechend.

**§ 40[1)] Übermittlung sonstiger Daten.** [1] Die nach § 33 Abs. 2 gespeicherten Daten über Beruf und Gewerbe (Wirtschaftszweig) dürfen nur für die Zwecke nach § 32 Abs. 1 Nr. 4 und 5 an die hierfür zuständigen Behörden übermittelt werden. [2] Außerdem dürfen diese Daten für Zwecke der Statistik (§ 38a Abs. 1) übermittelt werden; die Zulässigkeit und die Durchführung von statistischen Vorhaben richten sich nach § 38a.

**§ 41[2)] Übermittlungssperren.** (1) Die Anordnung von Übermittlungssperren in den Fahrzeugregistern ist zulässig, wenn erhebliche öffentliche Interessen gegen die Offenbarung der Halterdaten bestehen.

(2) Außerdem sind Übermittlungssperren auf Antrag der betroffenen Person anzuordnen, wenn sie glaubhaft macht, dass durch die Übermittlung ihre schutzwürdigen Interessen beeinträchtigt würden.

(3) [1] Die Übermittlung trotz bestehender Sperre ist im Einzelfall zulässig, wenn an der Kenntnis der gesperrten Daten ein überwiegendes öffentliches Interesse, insbesondere an der Verfolgung von Straftaten besteht. [2] Vor der Übermittlung ist der betroffenen Person Gelegenheit zur Stellungnahme zu geben, es sei denn, die Anhörung würde dem Zweck der Übermittlung zuwiderlaufen.

(4) [1] Die Übermittlung trotz bestehender Sperre ist im Einzelfall außerdem zulässig, wenn die Geltendmachung, Sicherung oder Vollstreckung oder die Befriedigung oder Abwehr von Rechtsansprüchen im Sinne des § 39 Abs. 1 und 2 sonst nicht möglich wäre. [2] Vor der Übermittlung ist der betroffenen Person Gelegenheit zur Stellungnahme zu geben.

(5) [1] Über die Aufhebung im Einzelfall nach den Absätzen 3 und 4 entscheidet die für die Anordnung der Sperre zuständige Behörde (sperrende Behörde). [2] Will diese an der Sperre festhalten, weil sie das die Sperre begründende öffentliche Interesse im Sinne des Absatzes 1 für überwiegend hält oder weil sie die Beeinträchtigung schutzwürdiger Interessen der betroffenen Person im Sinne des Absatzes 2 als vorrangig ansieht, führt sie die Entscheidung der nach Landesrecht hierfür zuständigen Behörde oder, wenn eine solche Regelung nicht getroffen ist, der obersten Landesbehörde herbei. [3] Im Fall der Aufhebung im Einzelfall wird die

---

[1)] § 40 Abs. 2 aufgeh. mWv 31.8.2013 durch G v. 28.8.2013 (BGBl. I S. 3310).

[2)] § 41 Abs. 2, Abs. 3 Satz 4, Abs. 4 Satz 2 geänd. mWv 26.11.2019 durch G v. 20.11.2019 (BGBl. I S. 1626); Abs. 3 Sätze 2 und 3 aufgeh., bish. Satz 4 wird Satz 2, Abs. 4 Satz 3 aufgeh., Abs. 5 angef. mWv 28.7.2021 durch G v. 12.7.2021 (BGBl. I S. 3091).

Übermittlung der für das Ersuchen erforderlichen Fahrzeug- und Halterdaten durch die sperrende Behörde vorgenommen. [4]Hierfür dürfen der sperrenden Behörde bei von ihr festgestellter Erforderlichkeit auf ihr Verlangen die Fahrzeug- und Halterdaten von den Registerbehörden übermittelt werden. [5]Die sperrende Behörde hat diese übermittelten Daten nach Abschluss des Verfahrens unverzüglich zu löschen.

**§ 42[1)] Datenabgleich zur Beseitigung von Fehlern.** (1) [1]Bei Zweifeln an der Identität eines eingetragenen Halters mit dem Halter, auf den sich eine neue Mitteilung bezieht, dürfen die Datenbestände des Fahreignungsregisters und des Zentralen Fahrerlaubnisregisters zur Identifizierung dieser Halter verwendet werden. [2]Ist die Feststellung der Identität der betreffenden Halter auf diese Weise nicht möglich, dürfen die auf Anfrage aus den Melderegistern übermittelten Daten zur Behebung der Zweifel verwendet werden. [3]Die Zulässigkeit der Übermittlung durch die Meldebehörden richtet sich nach den Meldegesetzen der Länder. [4]Können die Zweifel an der Identität der betreffenden Halter nicht ausgeräumt werden, werden die Eintragungen über beide Halter mit einem Hinweis auf die Zweifel an deren Identität versehen.

(2) [1]Die nach § 33 im Zentralen Fahrzeugregister gespeicherten Daten dürfen den Zulassungsbehörden übermittelt werden, soweit dies erforderlich ist, um Fehler und Abweichungen in deren Register festzustellen und zu beseitigen und um diese örtlichen Register zu vervollständigen. [2]Die nach § 33 im örtlichen Fahrzeugregister gespeicherten Daten dürfen dem Kraftfahrt-Bundesamt übermittelt werden, soweit dies erforderlich ist, um Fehler und Abweichungen im Zentralen Fahrzeugregister festzustellen und zu beseitigen sowie das Zentrale Fahrzeugregister zu vervollständigen. [3]Die nach § 33 im örtlichen oder im Zentralen Fahrzeugregister gespeicherten Daten dürfen an die Versicherer im Sinne des § 34 Absatz 5 übermittelt werden, soweit dies erforderlich ist, um Fehler und Abweichungen im örtlichen oder im Zentralen Fahrzeugregister festzustellen und zu beseitigen sowie um diese Register zu vervollständigen. [4]Die nach § 33 im Zentralen Fahrzeugregister gespeicherten Daten dürfen an die Technischen Prüfstellen, die amtlich anerkannten Überwachungsorganisationen und die anerkannten Kraftfahrzeugwerkstätten, soweit diese Werkstätten Sicherheitsprüfungen durchführen, sowie an ihre jeweiligen Kopfstellen im Sinne des § 34 Absatz 6 übermittelt werden, soweit dies erforderlich ist, um Fehler und Abweichungen im Zentralen Fahrzeugregister festzustellen und zu beseitigen sowie um dieses Register zu vervollständigen. [5]Die Übermittlung nach nach den Sätzen 1 bis 4 ist nur zulässig, wenn Anlass zu der Annahme besteht, dass die Register unrichtig oder unvollständig sind.

(3) [1]Die nach § 33 im Zentralen Fahrzeugregister oder im zuständigen örtlichen Fahrzeugregister gespeicherten Halter- und Fahrzeugdaten dürfen der für die Ausübung der Verwaltung der Kraftfahrzeugsteuer zuständigen Behörde übermittelt werden, soweit dies für Maßnahmen zur Durchführung des Kraftfahrzeugsteuerrechts erforderlich ist, um Fehler und Abweichungen in den Datenbeständen der für die Ausübung der Verwaltung der Kraftfahrzeugsteuer zuständigen Behörden festzustellen und zu beseitigen und um diese Datenbestände zu vervollständigen.

---

[1)] § 42 Abs. 3 Satz 1 geänd. mWv 1.7.2009 durch G v. 29.5.2009 (BGBl. I S. 1170); Abs. 1 Satz 1 geänd. mWv 1.5.2014 durch G v. 28.8.2013 (BGBl. I S. 3313); Überschrift neu gef., Abs. 1 Sätze 1 und 2 geänd. mWv 26.11.2019 durch G v. 20.11.2019 (BGBl. I S. 1626); Abs. 2 Sätze 3 und 4 eingef., bish. Satz 3 wird Satz 5 und geänd. mWv 28.7.2021 durch G v. 12.7.2021 (BGBl. I S. 3091).

[2]Die Übermittlung nach Satz 1 ist nur zulässig, wenn Anlass zu der Annahme besteht, dass die Datenbestände unrichtig oder unvollständig sind.

**§ 43[1)] Allgemeine Vorschriften für die Datenübermittlung an und die Verarbeitung der Daten durch den Empfänger.** (1) [1]Übermittlungen von Daten aus den Fahrzeugregistern sind nur auf Ersuchen zulässig, es sei denn, auf Grund besonderer Rechtsvorschrift wird bestimmt, dass die Registerbehörde bestimmte Daten von Amts wegen zu übermitteln hat. [2]Die Verantwortung für die Zulässigkeit der Übermittlung trägt die übermittelnde Stelle. [3]Erfolgt die Übermittlung auf Ersuchen des Empfängers, trägt dieser die Verantwortung. [4]In diesem Fall prüft die übermittelnde Stelle nur, ob das Übermittlungsersuchen im Rahmen der Aufgaben des Empfängers liegt, es sei denn, dass besonderer Anlass zur Prüfung der Zulässigkeit der Übermittlung besteht. [5]Begründet sich der besondere Anlass nach Satz 4 in Zweifeln an der Identität einer Person, auf die sich ein Ersuchen auf Datenübermittlung bezieht, gilt § 42 Absatz 1 Satz 1 bis 3 entsprechend.

(2) [1]Der Empfänger darf die übermittelten Daten nur zu dem Zweck verarbeiten, zu dessen Erfüllung sie ihm übermittelt worden sind. [2]Der Empfänger darf die übermittelten Daten auch für andere Zwecke verarbeiten, soweit sie ihm auch für diese Zwecke hätten übermittelt werden dürfen. [3]Ist der Empfänger eine nichtöffentliche Stelle, hat die übermittelnde Stelle ihn darauf hinzuweisen. [4]Eine Verarbeitung für andere Zwecke durch nichtöffentliche Stellen bedarf der Zustimmung der übermittelnden Stelle.

**§ 44[2)] Löschung der Daten in den Fahrzeugregistern.** (1) Die nach § 33 Abs. 1 und 2 gespeicherten Daten sind in den Fahrzeugregistern spätestens zu löschen, wenn sie für die Aufgaben nach § 32 nicht mehr benötigt werden.

(2) Die Daten über Fahrtenbuchauflagen (§ 33 Abs. 3) sind nach Wegfall der Auflage zu löschen.

**§ 45[3)] Anonymisierte Daten.** [1]Auf die Verarbeitung von Daten, die keinen Bezug zu einer bestimmten oder bestimmbaren Person ermöglichen, finden die Vorschriften dieses Abschnitts keine Anwendung. [2]Zu den Daten, die einen Bezug zu einer bestimmten oder bestimmbaren Person ermöglichen, gehören auch das Kennzeichen eines Fahrzeugs, die Fahrzeug-Identifizierungsnummer und die Fahrzeugbriefnummer.

**§ 46** (weggefallen)

**§ 47[4)] Verordnungsermächtigungen, Ausführungsvorschriften.** Das Bundesministerium für Verkehr und digitale Infrastruktur wird ermächtigt, Rechtsverordnung[5)] mit Zustimmung des Bundesrates zu erlassen

1. darüber,

---

[1)] § 43 Überschrift neu gef., Abs. 2 Sätze 1, 2 und 4 geänd. mWv 26.11.2019 durch G v. 20.11.2019 (BGBl. I S. 1626); Abs. 1 Satz 5 angef. mWv 28.7.2021 durch G v. 12.7.2021 (BGBl. I S. 3091).

[2)] § 44 Abs. 1 Satz 2 aufgeh. mWv 26.11.2019 durch G v. 20.11.2019 (BGBl. I S. 1626).

[3)] § 45 Satz 1 geänd. mWv 26.11.2019 durch G v. 20.11.2019 (BGBl. I S. 1626).

[4)] § 47 Abs. 1 Nr. 5a geänd. mWv 19.7.2006 durch G v. 10.7.2006 (BGBl. I S. 1458); Abs. 2 aufgeh., bish. Abs. 1 einl. Satzteil geänd. mWv 18.8.2006 durch G v. 14.8.2006 (BGBl. I S. 1958); einl. Satzteil geänd. mWv 5.12.2014 durch G v. 28.11.2014 (BGBl. I S. 1802); Nr. 1a eingef. mWv 7.12.2016 durch G v. 28.11.2016 (BGBl. I S. 2722); Überschrift geänd. mWv 28.7.2021 durch G v. 12.7.2021 (BGBl. I S. 3091).

[5)] Fahrzeug-Zulassungsverordnung – FZV v. 3.2.2011 (BGBl. I S. 139), zuletzt geänd. durch G v. 12.7. 2021 (BGBl. I S. 3091).

a) welche im Einzelnen zu bestimmenden Fahrzeugdaten (§ 33 Abs. 1 Satz 1 Nr. 1) und

b) welche Halterdaten nach § 33 Abs. 1 Satz 1 Nr. 2 in welchen Fällen der Zuteilung oder Ausgabe des Kennzeichens unter Berücksichtigung der in § 32 genannten Aufgaben

im örtlichen und im Zentralen Fahrzeugregister jeweils gespeichert (§ 33 Abs. 1) und zur Speicherung erhoben (§ 34 Abs. 1) werden,

1a. darüber, welche im Einzelnen zu bestimmenden Fahrzeugdaten und Daten über Prüfungen und Untersuchungen einschließlich der durchführenden Stellen und Kennungen zur Feststellung der für die Durchführung der Prüfung oder Untersuchung Verantwortlichen die Technischen Prüfstellen, amtlich anerkannten Überwachungsorganisationen und anerkannten Kraftfahrzeugwerkstätten, soweit diese Werkstätten Sicherheitsprüfungen durchführen, zur Speicherung im Zentralen Fahrzeugregister nach § 34 Absatz 6 mitzuteilen haben, und über die Einzelheiten des Mitteilungs- sowie des Auskunftsverfahrens,

2. darüber, welche im Einzelnen zu bestimmenden Fahrzeugdaten die Versicherer zur Speicherung im Zentralen Fahrzeugregister nach § 34 Abs. 5 Satz 2 mitzuteilen haben,

3. über die regelmäßige Übermittlung der Daten nach § 35 Abs. 5, insbesondere über die Art der Übermittlung sowie die Art und den Umfang der zu übermittelnden Daten,

4. über die Art und den Umfang der zu übermittelnden Daten und die Maßnahmen zur Sicherung gegen Missbrauch beim Abruf im automatisierten Verfahren nach § 36 Abs. 5,

4a. über die Art und den Umfang der zu übermittelnden Daten und die Maßnahmen zur Sicherung gegen Mißbrauch nach § 36a,

5. über Einzelheiten des Verfahrens nach § 36 Abs. 7 Satz 2,

5a. über die Art und den Umfang der zu übermittelnden Daten, die Bestimmung der Empfänger und den Geschäftsweg bei Übermittlungen nach § 37 Abs. 1 und 1a,

5b. darüber, welche Daten nach § 37a Abs. 1 durch Abruf im automatisierten Verfahren übermittelt werden dürfen,

5c. über die Bestimmung, welche ausländischen öffentlichen Stellen zum Abruf im automatisierten Verfahren nach § 37a Abs. 1 befugt sind,

6. über das Verfahren bei Übermittlungssperren sowie über die Speicherung, Änderung und die Aufhebung der Sperren nach § 33 Abs. 4 und § 41 und

7. über die Löschung der Daten nach § 44, insbesondere über die Voraussetzungen und Fristen für die Löschung.

## VI. Fahrerlaubnisregister

**§ 48[1)] Registerführung und Registerbehörden.** (1) [1]Die Fahrerlaubnisbehörden (§ 2 Abs. 1) führen im Rahmen ihrer örtlichen Zuständigkeit ein Register (örtliche Fahrerlaubnisregister) über

1. von ihnen erteilte Fahrerlaubnisse sowie die entsprechenden Führerscheine,

---

[1)] § 48 Abs. 1 Satz 1 Nr. 1 geänd., Satz 3 angef., Abs. 2 neu gef. mWv 1.1.2015 durch G v. 28.11.2014 (BGBl. I S. 1802); Abs. 3 Satz 4 geänd. mWv 7.12.2016 durch G v. 28.11.2016 (BGBl. I S. 2722).

2. Entscheidungen, die Bestand, Art und Umfang von Fahrerlaubnissen oder sonstige Berechtigungen, ein Fahrzeug zu führen, betreffen.

[2]Abweichend von Satz 1 Nr. 2 darf die zur Erteilung einer Prüfbescheinigung zuständige Stelle Aufzeichnungen über von ihr ausgegebene Bescheinigungen für die Berechtigung zum Führen fahrerlaubnisfreier Fahrzeuge führen. [3]Sobald ein örtliches Fahrerlaubnisregister nach Maßgabe des § 65 Absatz 2 Satz 1 nicht mehr geführt werden darf, gilt Satz 1 in Verbindung mit Satz 2 nur noch für die in § 65 Absatz 2a bezeichneten Daten.

(2) Das Kraftfahrt-Bundesamt führt ein Register über Fahrerlaubnisse und die entsprechenden Führerscheine (Zentrales Fahrerlaubnisregister), die von den nach Landesrecht für den Vollzug des Fahrerlaubnisrechtes zuständigen Behörden (Fahrerlaubnisbehörden) erteilt sind.

(3) [1]Bei einer zentralen Herstellung der Führscheine übermittelt die Fahrerlaubnisbehörde dem Hersteller die hierfür notwendigen Daten. [2]Der Hersteller darf ausschließlich zum Nachweis des Verbleibs der Führerscheine alle Führerscheinnummern der hergestellten Führerscheine speichern. [3]Die Speicherung der übrigen im Führerschein enthaltenen Angaben beim Hersteller ist unzulässig, soweit sie nicht ausschließlich und vorübergehend der Herstellung des Führerscheins dient; die Angaben sind anschließend zu löschen. [4]Die Daten nach den Sätzen 1 und 2 dürfen nach näherer Bestimmung durch Rechtsverordnung gemäß § 63 Nummer 1 an das Kraftfahrt-Bundesamt zur Speicherung im Zentralen Fahrerlaubnisregister übermittelt werden; sie sind dort spätestens nach Ablauf von zwölf Monaten zu löschen, sofern dem Amt die Erteilung oder Änderung der Fahrerlaubnis innerhalb dieser Frist nicht mitgeteilt wird; beim Hersteller sind die Daten nach der Übermittlung zu löschen. [5]Vor Eingang der Mitteilung beim Kraftfahrt-Bundesamt über die Erteilung oder Änderung der Fahrerlaubnis darf das Amt über die Daten keine Auskunft erteilen.

**§ 49[1)] Zweckbestimmung der Register.** (1) Die örtlichen Fahrerlaubnisregister und das Zentrale Fahrerlaubnisregister werden geführt zur Speicherung von Daten, die erforderlich sind, um feststellen zu können, welche Fahrerlaubnisse und welche Führerscheine eine Person besitzt oder für welche sie die Neuerteilung beantragen kann.

(2) Die örtlichen Fahrerlaubnisregister werden außerdem geführt zur Speicherung von Daten, die erforderlich sind

1. für die Beurteilung der Eignung und Befähigung von Personen zum Führen von Kraftfahrzeugen und
2. für die Prüfung der Berechtigung zum Führen von Fahrzeugen.

**§ 50[2)] Inhalt der Fahrerlaubnisregister.** (1) In den örtlichen Fahrerlaubnisregistern und im Zentralen Fahrerlaubnisregister werden gespeichert

1. Familiennamen, Geburtsnamen, sonstige frühere Namen, Vornamen, Ordens- oder Künstlername, Doktorgrad, Geschlecht, Tag und Ort der Geburt,

---

[1)] § 49 Abs. 1 geänd. mWv 1.1.2015 durch G v. 28.11.2014 (BGBl. I S. 1802).

[2)] § 50 Abs. 1 Nr. 2 und Abs. 2 Nr. 2 Buchst. a geänd. mWv 1.5.2014 durch G v. 28.8.2013 (BGBl. I S. 3313); Abs. 3 und 4 angef. mWv 1.1.2015 durch G v. 28.11.2014 (BGBl. I S. 1802); Abs. 1 Nr. 2, Abs. 2 Nr. 1 und 2 geänd. mWv 7.12.2016 durch G v. 28.11.2016 (BGBl. I S. 2722); Abs. 2 Nr. 1 geänd. mWv 26.11.2019 durch G v. 20.11.2019 (BGBl. I S. 1626); Abs. 2 Nr. 1 geänd. mWv 1.6.2020 durch G v. 5.12.2019 (BGBl. I S. 2008).

2. nach näherer Bestimmung durch Rechtsverordnung gemäß § 63 Nummer 2 Daten über Erteilung und Registrierung (einschließlich des Umtauschs oder der Registrierung einer deutschen Fahrerlaubnis im Ausland), Bestand, Art, Umfang, Gültigkeitsdauer, Verlängerung und Änderung der Fahrerlaubnis, Datum des Beginns und des Ablaufs der Probezeit, Nebenbestimmungen zur Fahrerlaubnis, über Führerscheine und deren Geltung einschließlich der Ausschreibung zur Sachfahndung, sonstige Berechtigungen, ein Kraftfahrzeug zu führen, sowie Hinweise auf Eintragungen im Fahreignungsregister, die die Berechtigung zum Führen von Kraftfahrzeugen berühren.

(2) In den örtlichen Fahrerlaubnisregistern dürfen außerdem gespeichert werden

1. die Anschrift und die E-Mail-Adresse, soweit vom Antragsteller angegeben, der betroffenen Person, Staatsangehörigkeit, Art des Ausweisdokuments sowie
2. nach näherer Bestimmung durch Rechtsverordnung gemäß § 63 Nummer 2 Daten über
   a) Versagung, Entziehung, Widerruf und Rücknahme der Fahrerlaubnis, Verzicht auf die Fahrerlaubnis, isolierte Sperren, Fahrverbote sowie die Beschlagnahme, Sicherstellung und Verwahrung von Führerscheinen sowie Maßnahmen nach § 2a Abs. 2 und § 4 Absatz 5,
   b) Verbote oder Beschränkungen, ein Fahrzeug zu führen.

(3) Im Zentralen Fahrerlaubnisregister dürfen zusätzlich zu Absatz 1 der Grund des Erlöschens der Fahrerlaubnis oder einer Fahrerlaubnisklasse, die Dauer der Probezeit einschließlich der Restdauer nach vorzeitiger Beendigung der Probezeit, Beginn und Ende einer Hemmung der Probezeit und die Behörde, die die Unterlagen im Zusammenhang mit dem Erteilen, dem Entziehen oder dem Erlöschen einer Fahrerlaubnis oder Fahrerlaubnisklasse (Fahrerlaubnisakte) führt, gespeichert werden.

(4) Sobald ein örtliches Fahrerlaubnisregister nach Maßgabe des § 65 Absatz 2 Satz 1 nicht mehr geführt werden darf, gelten die Absätze 1 und 2 im Hinblick auf die örtlichen Fahrerlaubnisregister nur noch für die in § 65 Absatz 2a bezeichneten Daten.

**§ 51[1)] Mitteilung an das Zentrale Fahrerlaubnisregister.** Die Fahrerlaubnisbehörden teilen dem Kraftfahrt-Bundesamt zur Speicherung im Zentralen Fahrerlaubnisregister unverzüglich die auf Grund des § 50 Abs. 1 zu speichernden oder zu einer Änderung oder Löschung einer Eintragung führenden Daten mit.

**§ 52[2)] Übermittlung.** (1) Die in den Fahrerlaubnisregistern gespeicherten Daten dürfen an die Stellen, die

1. für die Verfolgung von Straftaten, zur Vollstreckung oder zum Vollzug von Strafen,
2. für die Verfolgung von Ordnungswidrigkeiten und die Vollstreckung von Bußgeldbescheiden und ihren Nebenfolgen nach diesem Gesetz oder
3. für Verwaltungsmaßnahmen auf Grund dieses Gesetzes oder der auf ihm beruhenden Rechtsvorschriften, soweit es um Fahrerlaubnisse, Führerscheine oder sonstige Berechtigungen, ein Fahrzeug zu führen, geht,

---

[1)] § 51 geänd. mWv 9.12.2010 durch G v. 2.12.2010 (BGBl. I S. 1748).
[2)] § 52 Abs. 2 geänd. mWv 1.1.2009 durch G v. 6.11.2008 (BGBl. I S. 2162).

zuständig sind, übermittelt werden, soweit dies zur Erfüllung der diesen Stellen obliegenden Aufgaben zu den in § 49 genannten Zwecken jeweils erforderlich ist.

(2) Die in den Fahrerlaubnisregistern gespeicherten Daten dürfen zu den in § 49 Abs. 1 und 2 Nr. 2 genannten Zwecken an die für Verkehrs- und Grenzkontrollen zuständigen Stellen sowie an die für Straßenkontrollen zuständigen Stellen übermittelt werden, soweit dies zur Erfüllung ihrer Aufgaben erforderlich ist.

(3) Das Kraftfahrt-Bundesamt hat entsprechend § 35 Abs. 6 Satz 1 und 2 Aufzeichnungen über die Übermittlungen nach den Absätzen 1 und 2 zu führen.

**§ 53[1)] Direkteinstellung und Abruf im automatisierten Verfahren.**

(1) Den Stellen, denen die Aufgaben nach § 52 obliegen, dürfen die hierfür jeweils erforderlichen Daten aus dem Zentralen Fahrerlaubnisregister und den örtlichen Fahrerlaubnisregistern zu den in § 49 genannten Zwecken durch Abruf im automatisierten Verfahren übermittelt werden.

(1a) Die Fahrerlaubnisbehörden dürfen die Daten, die sie nach § 51 dem Kraftfahrt-Bundesamt mitzuteilen haben, im Wege der Datenfernübertragung durch Direkteinstellung übermitteln.

(2) Die Einrichtung von Anlagen zur Direkteinstellung oder zum Abruf im automatisierten Verfahren ist nur zulässig, wenn nach näherer Bestimmung durch Rechtsverordnung gemäß § 63 Nummer 4 gewährleistet ist, dass

1. die erforderlichen technischen und organisatorischen Maßnahmen nach den Artikeln 24, 25 und 32 der Verordnung (EU) 2016/679 zur Sicherstellung des Datenschutzes und der Datensicherheit getroffen werden und
2. die Zulässigkeit der Direkteinstellung oder der Abrufe nach Maßgabe des Absatzes 3 kontrolliert werden kann.

(3) [1] Das Kraftfahrt-Bundesamt oder die Fahrerlaubnisbehörde als übermittelnde Stellen haben über die Direkteinstellungen und die Abrufe Aufzeichnungen zu fertigen, die die bei der Durchführung der Direkteinstellungen oder der Abrufe verwendeten Daten, den Tag und die Uhrzeit der Direkteinstellungen oder der Abrufe, die Kennung der einstellenden oder abrufenden Dienststelle und die eingestellten oder abgerufenen Daten enthalten müssen. [2] Die protokollierten Daten dürfen nur für Zwecke der Datenschutzkontrolle, der Datensicherung oder zur Sicherstellung eines ordnungsgemäßen Betriebs der Datenverarbeitungsanlage verwendet werden, es sei denn, es liegen Anhaltspunkte dafür vor, dass ohne ihre Verwendung die Verhinderung oder Verfolgung einer schwerwiegenden Straftat gegen Leib, Leben oder Freiheit einer Person aussichtslos oder wesentlich erschwert wäre. [3] Die Protokolldaten sind durch geeignete Vorkehrungen gegen zweckfremde Verwendung und gegen sonstigen Missbrauch zu schützen und beim Abruf nach sechs Monaten und bei der Direkteinstellung mit Vollendung des 110. Lebensjahres der betroffenen Person zu löschen.

(4) [1] Bei Direkteinstellungen in das und bei Abrufen aus dem Zentralen Fahrerlaubnisregister sind vom Kraftfahrt-Bundesamt weitere Aufzeichnungen zu fertigen, die sich auf den Anlass der Direkteinstellung oder des Abrufs erstrecken und die Feststellung der für die Direkteinstellung oder den Abruf verantwortlichen

---

[1)] § 53 Überschrift neu gef., Abs. 1a eingef., Abs. 2 einl. Satzteil und Nr. 2 geänd., Abs. 3 Satz 1 neu gef., Satz 3 geänd., Abs. 4 Satz 1 neu gef. mWv 9.12.2010 durch G v. 2.12.2010 (BGBl. I S. 1748); Abs. 2 einl. Satzteil, Abs. 4 Satz 2 geänd. mWv 7.12.2016 durch G v. 28.11.2016 (BGBl. I S. 2722); Abs. 2 Nr. 1 neu gef. mWv 26.11.2019 durch G v. 20.11.2019 (BGBl. I S. 1626).

Person ermöglichen. [2]Das Nähere wird durch Rechtsverordnung (§ 63 Nummer 4) bestimmt. [3]Dies gilt entsprechend für Abrufe aus den örtlichen Fahrerlaubnisregistern.

(5) [1]Aus den örtlichen Fahrerlaubnisregistern ist die Übermittlung der Daten durch Einsichtnahme in das Register außerhalb der üblichen Dienstzeiten an die für den betreffenden Bezirk zuständige Polizeidienststelle zulässig, wenn

1. dies im Rahmen der in § 49 Abs. 1 und 2 Nr. 2 genannten Zwecke für die Erfüllung der der Polizei obliegenden Aufgaben erforderlich ist und
2. ohne die sofortige Einsichtnahme die Erfüllung dieser Aufgaben gefährdet wäre.

[2]Die Polizeidienststelle hat die Tatsache der Einsichtnahme, deren Datum und Anlass sowie den Namen des Einsichtnehmenden aufzuzeichnen; die Aufzeichnungen sind für die Dauer eines Jahres aufzubewahren und nach Ablauf des betreffenden Kalenderjahres zu vernichten.

**§ 54[1)] Automatisiertes Mitteilungs-, Anfrage- und Auskunftsverfahren beim Kraftfahrt-Bundesamt.** [1]Die Übermittlung der Daten an das Zentrale Fahrerlaubnisregister und aus dem Zentralen Fahrerlaubnisregister nach den §§ 51, 52 und 55 darf nach näherer Bestimmung durch Rechtsverordnung gemäß § 63 Nummer 5 auch in einem automatisierten Mitteilungs-, Anfrage- und Auskunftsverfahren erfolgen. [2]Für die Einrichtung und Durchführung des Verfahrens gilt § 30b Abs. 1 Satz 2, Abs. 2 und 3 entsprechend. [3]Die Protokolldaten der Mitteilungen sind mit Vollendung des 110. Lebensjahres der betroffenen Person zu löschen.

**§ 55[2)] Übermittlung von Daten an Stellen außerhalb des Geltungsbereiches dieses Gesetzes.** (1) Die auf Grund des § 50 gespeicherten Daten dürfen von den Registerbehörden an die hierfür zuständigen Stellen anderer Staaten übermittelt werden, soweit dies

1. für Verwaltungsmaßnahmen auf dem Gebiet des Straßenverkehrs,
2. zur Verfolgung von Zuwiderhandlungen gegen Rechtsvorschriften auf dem Gebiet des Straßenverkehrs oder
3. zur Verfolgung von Straftaten, die im Zusammenhang mit dem Straßenverkehr oder sonst mit Kraftfahrzeugen oder Anhängern oder Fahrzeugpapieren, Fahrerlaubnissen oder Führerscheinen stehen,

erforderlich ist.

(2) Der Empfänger ist darauf hinzuweisen, dass die übermittelten Daten nur zu dem Zweck verarbeitet werden dürfen, zu dessen Erfüllung sie ihm übermittelt werden.

(3) Die Übermittlung unterbleibt, wenn durch sie schutzwürdige Interessen der betroffenen Person beeinträchtigt würden, insbesondere wenn im Empfängerland ein angemessener Datenschutzstandard nicht gewährleistet ist.

**§ 56[3)] Abruf im automatisierten Verfahren durch Stellen außerhalb des Geltungsbereiches dieses Gesetzes.** (1) Durch Abruf im automatisierten Ver-

---

1) § 54 Überschrift und Satz 1 neu gef., Satz 3 angef. mWv 9.12.2010 durch G v. 2.12.2010 (BGBl. I S. 1748); Satz 1 geänd. mWv 7.12.2016 durch G v. 28.11.2016 (BGBl. I S. 2722).

2) § 55 Abs. 2 und 3 geänd. mWv 26.11.2019 durch G v. 20.11.2019 (BGBl. I S. 1626).

3) § 56 Abs. 1 geänd. mWv 7.12.2016 durch G v. 28.11.2016 (BGBl. I S. 2722); Abs. 2 Satz 1 einl. Satzteil und Nr. 1 geänd., Nr. 2 neu gef. mWv 26.11.2019 durch G v. 20.11.2019 (BGBl. I S. 1626).

fahren dürfen aus dem Zentralen Fahrerlaubnisregister für die in § 55 Abs. 1 genannten Maßnahmen an die hierfür zuständigen öffentlichen Stellen in einem Mitgliedstaat der Europäischen Union oder einem anderen Vertragsstaat des Abkommens über den Europäischen Wirtschaftsraum die zu deren Aufgabenerfüllung erforderlichen Daten nach näherer Bestimmung durch Rechtsverordnung gemäß § 63 Nummer 6 übermittelt werden.

(2) [1] Der Abruf ist nur zulässig, wenn

1. diese Form der Datenübermittlung unter Berücksichtigung der schutzwürdigen Interessen der betroffenen Personen wegen der Vielzahl der Übermittlungen oder wegen ihrer besonderen Eilbedürftigkeit angemessen ist und
2. der Empfängerstaat die Verordnung (EU) 2016/679 anwendet.

[2] § 53 Abs. 2 und 3 sowie Abs. 4 wegen des Anlasses der Abrufe ist entsprechend anzuwenden.

**§ 57[1)] Übermittlung an und Verwendung durch den Empfänger für wissenschaftliche, statistische und gesetzgeberische Zwecke.** Für die Übermittlung und Verwendung der nach § 50 gespeicherten Daten für wissenschaftliche Zwecke gilt § 38, für statistische Zwecke § 38a und für gesetzgeberische Zwecke § 38b jeweils entsprechend.

**§ 58[2)] Auskunft über eigene Daten aus den Registern.** [1] Einer Privatperson wird auf Antrag schriftlich über den sie betreffenden Inhalt des örtlichen oder des Zentralen Fahrerlaubnisregisters unentgeltlich Auskunft erteilt. [2] Der Antragsteller hat dem Antrag einen Identitätsnachweis beizufügen und den Antrag, wenn er schriftlich gestellt wird, eigenhändig zu unterschreiben. [3] Die Auskunft kann elektronisch erteilt werden, wenn der Antrag unter Nutzung des elektronischen Identitätsnachweises nach § 18 des Personalausweisgesetzes[3)], nach § 12 des eID-Karte-Gesetzes oder nach § 78 Absatz 5 des Aufenthaltsgesetzes[4)] gestellt wird. [4] Hinsichtlich der Protokollierung gilt § 53 Absatz 3 entsprechend.

**§ 59[5)] Datenabgleich zur Beseitigung von Fehlern.** (1) [1] Bei Zweifeln an der Identität einer eingetragenen Person mit der Person, auf die sich eine Mitteilung nach § 51 bezieht, dürfen die Datenbestände des Fahreignungsregisters und des Zentralen Fahrzeugregisters zur Identifizierung dieser Personen verwendet werden. [2] Ist die Feststellung der Identität der betreffenden Personen auf diese Weise nicht möglich, dürfen die auf Anfrage aus den Melderegistern übermittelten Daten zur Behebung der Zweifel verwendet werden. [3] Die Zulässigkeit der Übermittlung durch die Meldebehörden richtet sich nach den Meldegesetzen der Länder. [4] Können die Zweifel an der Identität der betreffenden Personen nicht ausgeräumt werden, werden die Eintragungen über beide Personen mit einem Hinweis auf die Zweifel an deren Identität versehen.

---

1) § 57 Überschrift neu gef. und Wortlaut geänd. mWv 26.11.2019 durch G v. 20.11.2019 (BGBl. I S. 1626).

2) § 58 Sätze 3 und 4 angef. mWv 1.8.2013 durch G v. 25.7.2013 (BGBl. I S. 2749); Satz 3 geänd. mWv 1.11.2019 durch G v. 21.6.2019 (BGBl. I S. 846); Satz 2 geänd. mWv 28.7.2021 durch G v. 12.7.2021 (BGBl. I S. 3091).

3) **Sartorius Nr. 255.**

4) **Sartorius Nr. 565.**

5) § 59 Abs. 1 Satz 1 und Abs. 2 geänd. mWv 1.5.2014 durch G v. 28.8.2013 (BGBl. I S. 3313); Überschrift neu gef., Abs. 1 Sätze 1 und 2 sowie Abs. 2 geänd. mWv 26.11.2019 durch G v. 20.11.2019 (BGBl. I S. 1626).

(2) Die regelmäßige Verwendung der auf Grund des § 28 Abs. 3 im Fahreignungsregister gespeicherten Daten ist zulässig, um Fehler und Abweichungen bei den Personendaten sowie den Daten über Fahrerlaubnisse und Führerscheine der betreffenden Person im Zentralen Fahrerlaubnisregister festzustellen und zu beseitigen und um dieses Register zu vervollständigen.

(3) [1] Die nach § 50 Abs. 1 im Zentralen Fahrerlaubnisregister gespeicherten Daten dürfen den Fahrerlaubnisbehörden übermittelt werden, soweit dies erforderlich ist, um Fehler und Abweichungen in deren Registern festzustellen und zu beseitigen und um diese örtlichen Register zu vervollständigen. [2] Die nach § 50 Abs. 1 im örtlichen Fahrerlaubnisregister gespeicherten Daten dürfen dem Kraftfahrt-Bundesamt übermittelt werden, soweit dies erforderlich ist, um Fehler und Abweichungen im Zentralen Fahrerlaubnisregister festzustellen und zu beseitigen und um dieses Register zu vervollständigen. [3] Die Übermittlungen nach den Sätzen 1 und 2 sind nur zulässig, wenn Anlass zu der Annahme besteht, dass die Register unrichtig oder unvollständig sind.

**§ 60[1)] Allgemeine Vorschriften für die Datenübermittlung an und die Verarbeitung der Daten durch den Empfänger.** (1) [1] Übermittlungen von Daten aus den Fahrerlaubnisregistern sind nur auf Ersuchen zulässig, es sei denn, auf Grund besonderer Rechtsvorschrift wird bestimmt, dass die Registerbehörde bestimmte Daten von Amts wegen zu übermitteln hat. [2] Die Verantwortung für die Zulässigkeit der Übermittlung trägt die übermittelnde Stelle. [3] Erfolgt die Übermittlung auf Ersuchen des Empfängers, trägt dieser die Verantwortung. [4] In diesem Fall prüft die übermittelnde Stelle nur, ob das Übermittlungsersuchen im Rahmen der Aufgaben des Empfängers liegt, es sei denn, dass besonderer Anlass zur Prüfung der Zulässigkeit der Übermittlung besteht. [5] Begründet sich der besondere Anlass nach Satz 4 in Zweifeln an der Identität einer Person, auf die sich ein Ersuchen auf Datenübermittlung bezieht, gilt § 59 Absatz 1 Satz 1 bis 3 entsprechend.

(2) Für die Verarbeitung der Daten durch den Empfänger gilt § 43 Abs. 2.

**§ 61[2)] Löschung der Daten.** (1) [1] Die auf Grund des § 50 im Zentralen Fahrerlaubnisregister gespeicherten Daten sind zu löschen, soweit

1. die zugrunde liegende Fahrerlaubnis vollständig oder hinsichtlich einzelner Fahrerlaubnisklassen erloschen ist oder
2. eine amtliche Mitteilung über den Tod der betroffenen Person eingeht.

[2] Die Angaben zur Probezeit werden ein Jahr nach deren Ablauf gelöscht. [3] Satz 1 Nummer 1 gilt nicht für die nach § 50 Absatz 1 Nummer 1 gespeicherten Daten, eine erloschene Fahrerlaubnis oder Fahrerlaubnisklasse, das Datum der jeweiligen Erteilung, das Datum des jeweiligen Erlöschens, den Grund des Erlöschens einer Fahrerlaubnis oder einer Fahrerlaubnisklasse, den Beginn und das Ende der Probezeit, die Dauer der Probezeit einschließlich der Restdauer nach einer vorzeitigen Beendigung, den Beginn und das Ende der Hemmung der Probezeit, die

---

1) § 60 Überschrift neu gef., Abs. 2 geänd. mWv 26.11.2019 durch G v. 20.11.2019 (BGBl. I S. 1626); Abs. 1 Satz 5 angef. mWv 28.7.2021 durch G v. 12.7.2021 (BGBl. I S. 3091).

2) § 61 Abs. 2 neu gef. mWv 9.12.2010 durch G v. 2.12.2010 (BGBl. I S. 1748); Abs. 3 Satz 1 geänd. mWv 1.5.2014 durch G v. 28.8.2013 (BGBl. I S. 3313); Abs. 1 Satz 1 einl. Satzteil geänd., Nr. 1 neu gef., Satz 3 und Abs. 4 angef. mWv 1.1.2015 durch G v. 28.11.2014 (BGBl. I S. 1802); Abs. 1 Satz 1 Nr. 2 und Abs. 2 Nr. 1 geänd. mWv 26.11.2019 durch G v. 20.11.2019 (BGBl. I S. 1626).

Beschränkungen und Auflagen zur Fahrerlaubnis oder Fahrerlaubnisklasse, die Fahrerlaubnisnummer und die Behörde, die die Fahrerlaubnisakte führt.

(2) Über die in Absatz 1 Satz 1 Nummer 1 genannten Daten darf nach dem Erlöschen der Fahrerlaubnis nur

1. den betroffenen Personen und
2. den Fahrerlaubnisbehörden zur Überprüfung im Verfahren zur Neuerteilung oder Erweiterung einer Fahrerlaubnis

Auskunft erteilt werden.

(3) [1] Soweit die örtlichen Fahrerlaubnisregister Entscheidungen enthalten, die auch im Fahreignungsregister einzutragen sind, gilt für die Löschung § 29 entsprechend. [2] Für die Löschung der übrigen Daten gilt Absatz 1.

(4) Unbeschadet der Absätze 1 bis 3 sind die im Zentralen Fahrerlaubnisregister und den örtlichen Fahrerlaubnisregistern gespeicherten Daten mit Vollendung des 110. Lebensjahres der betroffenen Person zu löschen.

**§ 62[1)] Register über die Dienstfahrerlaubnisse der Bundeswehr.** (1) [1] Die durch das Bundesministerium der Verteidigung bestimmte Dienststelle führt ein zentrales Register über die von den Dienststellen der Bundeswehr erteilten Dienstfahrerlaubnisse und ausgestellten Dienstführerscheine. [2] In dem Register dürfen auch die Daten gespeichert werden, die in den örtlichen Fahrerlaubnisregistern gespeichert werden dürfen.

(2) Im Zentralen Fahrerlaubnisregister beim Kraftfahrt-Bundesamt werden nur die in § 50 Abs. 1 Nr. 1 genannten Daten, die Tatsache des Bestehens einer Dienstfahrerlaubnis mit der jeweiligen Klasse und das Datum von Beginn und Ablauf einer Probezeit sowie die Fahrerlaubnisnummer gespeichert.

(3) Die im zentralen Register gemäß Absatz 1 und die gemäß Absatz 2 im zentralen Fahrerlaubnisregister beim Kraftfahrt-Bundesamt gespeicherten Daten sind nach Ablauf eines Jahres seit Ende der Möglichkeit zur Dienstleistung der betroffenen Person (§ 4 des Reservistinnen- und Reservistengesetzes), bei Grundwehrdienst Leistenden nach Ablauf eines Jahres seit Ende der Wehrpflicht der betroffenen Person (§ 3 Absatz 3 und 4 des Wehrpflichtgesetzes[2)]) zu löschen.

(4) [1] Im Übrigen finden die Vorschriften dieses Abschnitts mit Ausnahme der §§ 53 und 56 sinngemäß Anwendung. [2] Durch Rechtsverordnung gemäß § 63 Nummer 9 können Abweichungen von den Vorschriften dieses Abschnitts zugelassen werden, soweit dies zur Erfüllung der hoheitlichen Aufgaben erforderlich ist.

**§ 63[3)] Verordnungsermächtigungen, Ausführungsvorschriften.** Das Bundesministerium für Verkehr und digitale Infrastruktur wird ermächtigt, Rechtsverordnungen mit Zustimmung des Bundesrates zu erlassen

1. über die Übermittlung der Daten durch den Hersteller von Führerscheinen an das Kraftfahrt-Bundesamt und die dortige Speicherung nach § 48 Abs. 3 Satz 4,

---

[1)] § 62 Abs. 4 Satz 2 geänd. mWv 7.12.2016 durch G v. 28.11.2016 (BGBl. I S. 2722); Abs. 3 geänd. mWv 26.11.2019 durch G v. 20.11.2019 (BGBl. I S. 1626); Abs. 1 Satz 1 geänd., Abs. 3 neu gef. mWv 12.12.2019 durch G v. 5.12.2019 (BGBl. I S. 2008).

[2)] **Sartorius Nr. 620.**

[3)] § 63 Abs. 2 aufgeh., bish. Abs. 1 einl. Satzteil geänd. mWv 18.8.2006 durch G v. 14.8.2006 (BGBl. I S. 1958); einl. Satzteil geänd. mWv 5.12.2014 durch G v. 28.11.2014 (BGBl. I S. 1802); Überschrift geänd. mWv 28.7.2021 durch G v. 12.7.2021 (BGBl. I S. 3091).

2. darüber, welche Daten nach § 50 Abs. 1 Nr. 2 und Abs. 2 Nr. 2 im örtlichen und im Zentralen Fahrerlaubnisregister jeweils gespeichert werden dürfen,
3. über die Art und den Umfang der zu übermittelnden Daten nach den §§ 52 und 55 sowie die Bestimmung der Empfänger und den Geschäftsweg bei Übermittlungen nach § 55,
4. über die Art und den Umfang der zu übermittelnden Daten, die Maßnahmen zur Sicherung gegen Missbrauch und die weiteren Aufzeichnungen beim Abruf im automatisierten Verfahren nach § 53,
5. über die Art und den Umfang der zu übermittelnden Daten und die Maßnahmen zur Sicherung gegen Missbrauch nach § 54,
6. darüber, welche Daten durch Abruf im automatisierten Verfahren nach § 56 übermittelt werden dürfen,
7. über die Bestimmung, welche ausländischen öffentlichen Stellen zum Abruf im automatisierten Verfahren nach § 56 befugt sind,
8. über den Identitätsnachweis bei Auskünften nach § 58 und
9. über Sonderbestimmungen für die Fahrerlaubnisregister der Bundeswehr nach § 62 Abs. 4 Satz 2.

## VIa.[1] Datenverarbeitung

**§ 63a[2] Datenverarbeitung bei Kraftfahrzeugen mit hoch- oder vollautomatisierter Fahrfunktion.** (1) [1]Kraftfahrzeuge gemäß § 1a speichern die durch ein Satellitennavigationssystem ermittelten Positions- und Zeitangaben, wenn ein Wechsel der Fahrzeugsteuerung zwischen Fahrzeugführer und dem hoch- oder vollautomatisierten System erfolgt. [2]Eine derartige Speicherung erfolgt auch, wenn der Fahrzeugführer durch das System aufgefordert wird, die Fahrzeugsteuerung zu übernehmen oder eine technische Störung des Systems auftritt.

(2) [1]Die gemäß Absatz 1 gespeicherten Daten dürfen den nach Landesrecht für die Ahndung von Verkehrsverstößen zuständigen Behörden auf deren Verlangen übermittelt werden. [2]Die übermittelten Daten dürfen durch diese gespeichert und verwendet werden. [3]Der Umfang der Datenübermittlung ist auf das Maß zu beschränken, das für den Zweck der Feststellung des Absatzes 1 im Zusammenhang mit dem durch diese Behörden geführten Verfahren der eingeleiteten Kontrolle notwendig ist. [4]Davon unberührt bleiben die allgemeinen Regelungen zur Verarbeitung personenbezogener Daten.

(3) Der Fahrzeughalter hat die Übermittlung der gemäß Absatz 1 gespeicherten Daten an Dritte zu veranlassen, wenn

1. die Daten zur Geltendmachung, Befriedigung oder Abwehr von Rechtsansprüchen im Zusammenhang mit einem in § 7 Absatz 1 geregelten Ereignis erforderlich sind und
2. das entsprechende Kraftfahrzeug mit automatisierter Fahrfunktion an diesem Ereignis beteiligt war. Absatz 2 Satz 3 findet entsprechend Anwendung.

---

[1] Abschnitt VIa (§§ 63a, 63b) eingef. mWv 21.6.2017 durch G v. 16.6.2017 (BGBl. I S. 1648); Überschrift neu gef. mWv 12.4.2019 durch G v. 8.4.2019 (BGBl. I S. 430).

[2] § 63a eingef. mWv 21.6.2017 durch G v. 16.6.2017 (BGBl. I S. 1648); Abs. 2 Satz 2 geänd. mWv 26.11.2019 durch G v. 20.11.2019 (BGBl. I S. 1626).

(4) Die gemäß Absatz 1 gespeicherten Daten sind nach sechs Monaten zu löschen, es sei denn, das Kraftfahrzeug war an einem in § 7 Absatz 1 geregelten Ereignis beteiligt; in diesem Fall sind die Daten nach drei Jahren zu löschen.

(5) Im Zusammenhang mit einem in § 7 Absatz 1 geregelten Ereignis können die gemäß Absatz 1 gespeicherten Daten in anonymisierter Form zu Zwecken der Unfallforschung an Dritte übermittelt werden.

**§ 63b[1)] Verordnungsermächtigungen.** [1] Das Bundesministerium für Verkehr und digitale Infrastruktur wird ermächtigt, im Benehmen mit der Beauftragten für den Datenschutz und die Informationsfreiheit, zur Durchführung von § 63a Rechtsverordnungen zu erlassen über

1. die technische Ausgestaltung und den Ort des Speichermediums sowie die Art und Weise der Speicherung gemäß § 63a Absatz 1,
2. den Adressaten der Speicherpflicht nach § 63a Absatz 1,
3. Maßnahmen zur Sicherung der gespeicherten Daten gegen unbefugten Zugriff bei Verkauf des Kraftfahrzeugs.

[2] Rechtsverordnungen nach Satz 1 sind vor Verkündung dem Deutschen Bundestag zur Kenntnis zuzuleiten.

**§ 63c[2)] Datenverarbeitung im Rahmen der Überprüfung der Einhaltung von Verkehrsbeschränkungen und Verkehrsverboten aufgrund immissionsschutzrechtlicher Vorschriften oder aufgrund straßenverkehrsrechtlicher Vorschriften zum Schutz vor Abgasen.** (1) [1] Zur Überprüfung der Einhaltung von Verkehrsbeschränkungen und Verkehrsverboten, die aufgrund des § 40 des Bundes-Immissionsschutzgesetzes[3)] nach Maßgabe der straßenverkehrsrechtlichen Vorschriften angeordnet worden sind oder aufgrund straßenverkehrsrechtlicher Vorschriften zum Schutz der Wohnbevölkerung oder der Bevölkerung vor Abgasen zur Abwehr von immissionsbedingten Gefahren ergangen sind, darf die nach Landesrecht zuständige Behörde im Rahmen von stichprobenartigen Überprüfungen mit mobilen Geräten folgende Daten, auch durch selbsttätiges Wirken des von ihr verwendeten Gerätes, erheben, speichern und verwenden:

1. das Kennzeichen des Fahrzeugs oder der Fahrzeugkombination, die in einem Gebiet mit Verkehrsbeschränkungen oder Verkehrsverboten am Verkehr teilnehmen,
2. die für die Berechtigung zur Teilnahme am Verkehr in Gebieten mit Verkehrsbeschränkungen oder Verkehrsverboten erforderlichen Merkmale des Fahrzeugs oder der Fahrzeugkombination,
3. das durch eine Einzelaufnahme hergestellte Bild des Fahrzeugs und des Fahrers,
4. den Ort und die Zeit der Teilnahme am Verkehr im Gebiet mit Verkehrsbeschränkungen oder Verkehrsverboten.

[2] Eine verdeckte Datenerhebung ist unzulässig.

(2) [1] Die nach Landesrecht zuständige Behörde darf anhand der Daten nach Absatz 1 Satz 1 Nummer 1 beim Zentralen Fahrzeugregister die nach § 33 Absatz 1 Satz 1 Nummer 1 für das jeweilige Fahrzeug gespeicherten und für die Überprüfung der Einhaltung der jeweiligen Verkehrsbeschränkungen und Verkehrsver-

[1)] § 63b eingef. mWv 21.6.2017 durch G v. 16.6.2017 (BGBl. I S. 1648); Überschrift geänd. mWv 28.7.2021 durch G v. 12.7.2021 (BGBl. I S. 3091).

[2)] § 63c eingef. mWv 12.4.2019 durch G v. 8.4.2019 (BGBl. I S. 430).

[3)] **Sartorius Nr. 296.**

bote erforderlichen Fahrzeugdaten in dem in § 36 Absatz 2i vorgesehenen Verfahren abrufen, um festzustellen, ob für das Fahrzeug eine Verkehrsbeschränkung oder ein Verkehrsverbot gilt. [2]Der Abruf und die Feststellung haben unverzüglich zu erfolgen.

(3) [1]Die Daten nach Absatz 1 Satz 1 Nummer 1 bis 4 und Absatz 2 dürfen ausschließlich zum Zweck der Verfolgung von diesbezüglichen Ordnungswidrigkeiten an die hierfür zuständige Verwaltungsbehörde übermittelt werden. [2]Diese Datenübermittlung hat unverzüglich nach Abschluss der Prüfung nach Absatz 2 zu erfolgen.

(4) [1]Die Daten nach Absatz 1 Satz 1 Nummer 1 bis 4 und Absatz 2 sind von der in Absatz 1 genannten Behörde unverzüglich zu löschen,

1. sobald die nach Absatz 2 vorzunehmende Prüfung ergibt, dass das Fahrzeug berechtigt ist, am Verkehr im Gebiet mit Verkehrsbeschränkungen oder Verkehrsverboten teilzunehmen, oder
2. nach der Übermittlung an die in Absatz 3 genannte, für die Verfolgung von diesbezüglichen Ordnungswidrigkeiten zuständige Verwaltungsbehörde, wenn die nach Absatz 2 vorzunehmende Prüfung ergibt, dass das Fahrzeug nicht berechtigt ist, am Verkehr im Gebiet mit Verkehrsbeschränkungen oder Verkehrsverboten teilzunehmen.

[2]Alle Daten sind von der in Absatz 1 genannten Behörde, sofern sie nach den vorgenannten Vorschriften nicht vorher zu löschen sind, spätestens zwei Wochen nach ihrer erstmaligen Erhebung zu löschen.

(5) Für die Löschung der Daten nach Absatz 1 Satz 1 Nummer 1 bis 4 und Absatz 2 durch die für die Verfolgung von diesbezüglichen Ordnungswidrigkeiten zuständige Verwaltungsbehörde gelten die Vorschriften für das Bußgeldverfahren.

(6) Sonstige Regelungen über die Überprüfung der Einhaltung des Straßenverkehrsrechts, insbesondere des Landesrechts, bleiben unberührt.

**§ 63d[1)] Informationen an die Halter.** [1]Das Kraftfahrt-Bundesamt darf die nach § 33 Absatz 1 gespeicherten Fahrzeugdaten und Halterdaten im Einvernehmen mit dem Bundesministerium für Verkehr und digitale Infrastruktur zu den in § 32 Absatz 3 genannten Zwecken verwenden und im Einzelfall schriftliche Informationen an die Fahrzeughalter übermitteln, um sie über Maßnahmen im Sinne des § 32 Absatz 3 zu informieren. [2]Das Bundesministerium für Verkehr und digitale Infrastruktur erteilt sein Einvernehmen nach Satz 1, wenn es die jeweilige Maßnahme für geeignet hält, die in § 32 Absatz 3 Nummer 2 genannten Zwecke unter Berücksichtigung der Umstände des Einzelfalls und unter Abwägung dieser Zwecke mit den Interessen der betroffenen Fahrzeughalter angemessen zu fördern. [3]Die Eignung der angemessenen Zweckförderung wird bei staatlich geförderten Maßnahmen vermutet, so dass das Einvernehmen ohne nähere Prüfung erteilt werden darf.

**§ 63e[2)] Datenerhebung, Datenspeicherung und Datenverwendung für das Verkehrsmanagement.** (1) Der jeweils zuständige Straßenbaulastträger oder die abweichend hiervon nach Landesrecht für das Verkehrsmanagement zuständige Behörde darf folgende Daten, soweit sie von Kraftfahrzeugen regelmäßig oder ereignisbezogen auf elektronischem Weg erhoben werden und soweit sie aus

1) § 63d eingef. mWv 28.7.2021 durch G v. 12.7.2021 (BGBl. I S. 3091).
2) § 63e eingef. mWv 28.7.2021 durch G v. 12.7.2021 (BGBl. I S. 3091).

diesen Fahrzeugen an andere Kraftfahrzeuge oder an die informationstechnische Straßeninfrastruktur automatisiert versendet werden, zum Zweck des Verkehrsmanagements erheben, speichern und verwenden:

1. Position des Fahrzeugs,
2. Zeitangabe,
3. Fahrtrichtung,
4. Geschwindigkeit,
5. Beschleunigung oder Verzögerung,
6. Lenkwinkel,
7. Lenkradwinkel,
8. Fahrzeugbreite,
9. Fahrzeuglänge,
10. Status der Fahrzeugbeleuchtungseinrichtungen und der Scheibenwischer,
11. Drehbewegung um die Fahrzeughochachse,
12. Fahrzeugcharakteristik: Pkw, Lkw, Krad, öffentliches Verkehrsmittel, Fahrzeug mit Sonderrechten oder Fahrzeug des öffentlichen Personennahverkehrs,
13. plötzlich eintretende Ereignisse mit Sicherheitsrelevanz, auf Grund derer ereignisbasierte Fahrzeugmeldungen generiert werden: Stauende, Notbremsung, vorübergehend rutschige Fahrbahn, Tiere, Personen, Hindernisse, Gegenstände auf der Fahrbahn, ungesicherte Unfallstellen, Kurzzeitbaustellen, eingeschränkte Sicht, Falschfahrer, nicht ausgeschilderte Straßenblockierungen oder außergewöhnliche Witterungsbedingungen, sowie
14. ZertifikatsID der in den Nummern 1 bis 13 genannten Daten.

(2) [1] Verkehrsmanagement im Sinne dieser Vorschrift ist

1. die Erfassung der Verkehrsstärke und der sonstigen Verkehrssituation einschließlich sicherheitsrelevanter Umfeldsituationen anhand
   a) der Anzahl der Fahrzeuge,
   b) der Fahrzeuggeschwindigkeit,
   c) der Art und Maße des Fahrzeugs,
   d) der Lenkung, des Beleuchtungs- und des Scheibenwischerstatus des Fahrzeugs,
   e) der zum Durchfahren eines bestimmten Abschnitts erforderlichen Zeit (Reisezeit),
   f) abrupter Fahrzeugverzögerungen und
   g) des Liegenbleibens von Fahrzeugen auf der Fahrbahn sowie
2. die unverzügliche statistische Auswertung der erfassten Daten zum Zwecke der Verkehrslenkung sowie der Verbesserung des Verkehrsflusses und der Verkehrssicherheit.

[2] Die Verarbeitung der Daten zu anderen Zwecken ist unzulässig.

(3) Der jeweils für das Verkehrsmanagement zuständige Straßenbaulastträger oder die abweichend hiervon nach Landesrecht für das Verkehrsmanagement zuständige Behörde hat die in Absatz 1 genannten Daten zu dem in Absatz 2 genannten Zweck

1. unverzüglich hinsichtlich Vollständigkeit und Mehrfachempfang zu prüfen und unbrauchbar unvollständige Datensätze oder mehr als einmal empfangene Datensätze bis auf den zuerst empfangenen Datensatz vor Beginn der Auswertung automatisiert zu löschen,

2. vor Beginn der Auswertung durch unverzügliche Löschung des Datums nach Absatz 1 Nummer 14 zu anonymisieren, dies gilt nicht im Fall der Auswertung von Reisezeiten zur Optimierung der Netzsteuerung, und
3. nach vollzogener Anonymisierung gemäß Nummer 2 unverzüglich auszuwerten.

(4) [1] Nach der Auswertung sind die in Absatz 1 genannten Daten unverzüglich zu löschen. [2] Das Erstellen von Verkehrsstatistiken gilt als Auswertung.

**§ 63f[1)] Verkehrsunfallforschung, Verordnungsermächtigung.** (1) Die Bundesanstalt für Straßenwesen darf zum Zweck der Verkehrsunfallforschung die folgenden personenbezogenen Daten der Unfallbeteiligten, der Mitfahrer zum Unfallzeitpunkt und der sonstigen Verletzten nach Maßgabe der Absätze 2 und 3 sowie nach näherer Bestimmung durch Rechtsverordnung nach Absatz 4 Nummer 2 erheben, übermitteln, speichern und verwenden:

1. Vornamen, Name, Anschrift, Telefonnummern, Geburtsdatum, Erreichbarkeit in einer medizinischen Versorgungseinrichtung,
2. Geschlecht, Familienstand, Nationalität,
3. folgende Gesundheitsdaten der Verletzten, soweit sie unfallrelevant sind: Körpergröße, Körpergewicht, Statur und Medikation zum Unfallzeitpunkt, Vorerkrankungen, Art und Schwere der erlittenen Einzelverletzungen und deren Folgen, Art und Durchführung der Behandlung,
4. Einfluss von Medikamenten, Alkohol und anderen berauschenden Mitteln auf Unfallbeteiligte zum Unfallzeitpunkt,
5. Art der Verkehrsbeteiligung, Position im oder auf dem Fahrzeug, Bekleidung, Körpergröße, Körpergewicht und Statur zum Unfallzeitpunkt,
6. amtliches Kennzeichen und Fahrzeugidentifikationsnummer der beteiligten Fahrzeuge,
7. polizeiliche Verkehrsunfallanzeigen, Unfallgutachten von Sachverständigen.

(2) [1] Eine Erhebung, Übermittlung, Speicherung und Verwendung personenbezogener Straßenverkehrs- und Unfalldaten nach Absatz 1 ist nur zulässig,

1. soweit dies zur Erfüllung des in Absatz 1 genannten Zwecks erforderlich ist und
2. soweit eine Einwilligung der betroffenen Person gemäß Artikel 4 Nummer 11 der Verordnung (EU) 2016/679 vorliegt.

[2] Die Bundesanstalt für Straßenwesen darf die personenbezogenen Daten nach Absatz 1 Nummer 1 der jeweils betroffenen Person und die amtlichen Kennzeichen der beteiligten Fahrzeuge zunächst ohne Einwilligung bei der Stelle, die den Unfall aufgenommen hat, erheben sowie die erhobenen Daten speichern und verwenden, um die Einwilligung nach Satz 1 Nummer 2 einzuholen. [3] Wird die Einwilligung nicht innerhalb von drei Monaten erteilt oder wird die Einwilligung verweigert, so hat die Bundesanstalt für Straßenwesen die personenbezogenen Daten der betroffenen Person unverzüglich zu löschen.

(3) [1] Die personenbezogenen Daten nach Absatz 1 dürfen von der Bundesanstalt für Straßenwesen ausschließlich für den in Absatz 1 genannten Zweck verarbeitet werden und nur zum Zweck der Erhebung weiterer Daten nach Absatz 1 übermittelt werden. [2] Sie sind unverzüglich nach Erreichen des Erhebungsumfangs in der Unfallakte oder nach sonstiger Beendigung der Erhebung zu anonymisieren.

---

1) § 63f eingef. mWv 28.7.2021 durch G v. 12.7.2021 (BGBl. I S. 3091).

[3] Eine Verarbeitung der personenbezogenen Daten durch Dritte zu anderen Zwecken oder eine Beschlagnahme dieser Daten bei der Bundesanstalt für Straßenwesen nach anderen Rechtsvorschriften ist unzulässig.

(4) Das Bundesministerium für Verkehr und digitale Infrastruktur wird ermächtigt, Rechtsverordnungen zu erlassen über die Verarbeitung von Straßenverkehrs- und Unfalldaten durch die Bundesanstalt für Straßenwesen zum Zweck der Verkehrsunfallforschung, insbesondere über

1. die Art und den Umfang der zu verarbeitenden nichtpersonenbezogenen Daten und
2. die näheren technischen Bestimmungen der Art und Weise der Erhebung und der sonstigen Verarbeitung der personenbezogenen Daten nach Absatz 1.

## VII. Gemeinsame Vorschriften, Übergangsbestimmungen

**§ 64[1) 2)] Gemeinsame Vorschriften.** (1) [1] Die Meldebehörden haben dem Kraftfahrt-Bundesamt bei der Änderung des Geburtsnamens oder des Vornamens einer Person, die das 14. Lebensjahr vollendet hat, für den in Satz 2 genannten Zweck neben dem bisherigen Namen folgende weitere Daten zu übermitteln:

1. Geburtsname,
2. Familienname,
3. Vornamen,
4. Tag der Geburt,
5. Geburtsort,
6. Geschlecht,
7. Bezeichnung der Behörde, die die Namensänderung im Melderegister veranlasst hat, sowie
8. Datum und Aktenzeichen des zugrunde liegenden Rechtsakts.

[2] Enthält das Fahreignungsregister oder das Zentrale Fahrerlaubnisregister eine Eintragung über diese Person, so ist der neue Name bei der Eintragung zu vermerken. [3] Eine Mitteilung nach Satz 1 darf nur für den in Satz 2 genannten Zweck verwendet werden. [4] Enthalten die Register keine Eintragung über diese Person, ist die Mitteilung vom Kraftfahrt-Bundesamt unverzüglich zu vernichten.

(2) Unbeschadet anderer landesrechtlicher Regelungen können durch Landesrecht Aufgaben der Zulassung von Kraftfahrzeugen auf die für das Meldewesen zuständigen Behörden übertragen werden, sofern kein neues Kennzeichen erteilt werden muss oder sich die technischen Daten des Fahrzeugs nicht ändern.

(3) Die Vorschriften der Abschnitte IV bis VI sind für den Zugang zu amtlichen Informationen abschließend.

---

1) § 64 Abs. 2 angef. mWv 1.8.2013 durch G v. 25.7.2013 (BGBl. I S. 2749); Abs. 1 Satz 2 geänd. mWv 1.5.2014 durch G v. 28.8.2013 (BGBl. I S. 3313); Abs. 3 angef. mWv 28.7.2021 durch G v. 12.7.2021 (BGBl. I S. 3091).

2) Siehe hierzu ua Zweite BundesmeldedatenübermittlungsVO v. 1.12.2014 (BGBl. I S. 1950), zuletzt geänd. durch G v. 9.7.2021 (BGBl. I S. 2467).

**§ 65[1] Übergangsbestimmungen.** (1) [1] Registerauskünfte, Führungszeugnisse, Gutachten und Gesundheitszeugnisse, die sich am 1. Januar 1999 bereits in den Akten befinden, brauchen abweichend von § 2 Abs. 9 Satz 2 bis 4 erst dann vernichtet zu werden, wenn sich die Fahrerlaubnisbehörde aus anderem Anlass mit dem Vorgang befasst. [2] Eine Überprüfung der Akten muss jedoch spätestens bis zum 1. Januar 2014 durchgeführt werden. [3] Anstelle einer Vernichtung der Unterlagen sind die darin enthaltenen Daten zu sperren, wenn die Vernichtung wegen der besonderen Art der Führung der Akten nicht oder nur mit unverhältnismäßigem Aufwand möglich ist.

(2) [1] Ein örtliches Fahrerlaubnisregister (§ 48 Abs. 1) darf nicht mehr geführt werden, sobald

1. sein Datenbestand mit den in § 50 Abs. 1 genannten Daten in das Zentrale Fahrerlaubnisregister übernommen worden ist,
2. die getroffenen Maßnahmen der Fahrerlaubnisbehörde nach § 2a Abs. 2 und § 4 Absatz 5 in das Fahreignungsregister übernommen worden sind und
3. der Fahrerlaubnisbehörde die Daten, die ihr nach § 30 Abs. 1 Nr. 3 und § 52 Abs. 1 Nr. 3 aus den zentralen Registern mitgeteilt werden dürfen, durch Abruf im automatisierten Verfahren mitgeteilt werden können.

[2] Die Fahrerlaubnisbehörden löschen aus ihrem örtlichen Fahrerlaubnisregister spätestens bis zum 31. Dezember 2014 die im Zentralen Fahrerlaubnisregister gespeicherten Daten, nachdem sie sich von der Vollständigkeit und Richtigkeit der in das Zentrale Fahrerlaubnisregister übernommenen Einträge überzeugt haben. [3] Die noch nicht im Zentralen Fahrerlaubnisregister gespeicherten Daten der Fahrerlaubnisbehörden werden bis zur jeweiligen Übernahme im örtlichen Register gespeichert. [4] Maßnahmen der Fahrerlaubnisbehörde nach § 2a Abs. 2 Satz 1 Nr. 1 und 2 und § 4 Absatz 5 Satz 1 Nr. 1 und 2 werden erst dann im Fahreignungsregister gespeichert, wenn eine Speicherung im örtlichen Fahrerlaubnisregister nicht mehr vorgenommen wird.

(2a) Absatz 2 ist nicht auf die Daten anzuwenden, die vor dem 1. Januar 1999 in örtlichen Fahrerlaubnisregistern gespeichert worden sind.

(3) Die Regelungen über das Verkehrszentralregister und das Punktsystem werden in die Regelungen über das Fahreignungsregister und das Fahreignungs-Bewertungssystem nach folgenden Maßgaben überführt:

1. Entscheidungen, die nach § 28 Absatz 3 in der bis zum Ablauf des 30. April 2014 anwendbaren Fassung im Verkehrszentralregister gespeichert worden sind und nach § 28 Absatz 3 in der ab dem 1. Mai 2014 anwendbaren Fassung nicht mehr zu speichern wären, werden am 1. Mai 2014 gelöscht. Für die Feststellung nach Satz 1, ob eine Entscheidung nach § 28 Absatz 3 in der ab dem 1. Mai 2014 anwendbaren Fassung nicht mehr zu speichern wäre, bleibt die Höhe der festgesetzten Geldbuße außer Betracht.

---

[1] § 65 Abs. 10 Satz 2 neu gef. mWv 1.6.2005 durch G v. 3.5.2005 (BGBl. I S. 1221); Abs. 12 angef. mWv 18.8.2005 durch G v. 14.8.2005 (BGBl. I S. 2412); Abs. 10 Satz 2 neu gef., Satz 3 eingef., bish. Satz 3 wird Satz 4 mWv 7.2.2009 durch G v. 3.2.2009 (BGBl. I S. 150); Abs. 12 neu gef. mWv 9.12.2010 durch G v. 2.12.2010 (BGBl. I S. 1748); Abs. 10 Satz 2 geänd. mWv 21.6.2013 durch G v. 17.6.2013 (BGBl. I S. 1558); Abs. 2–9, 11 und 12 aufgeh., bish. Abs. 10 wird Abs. 2 und Satz 1 Nr. 2, Satz 4 geänd., Abs. 3 und 4 angef. mWv 1.5.2014 durch G v. 28.8.2013 (BGBl. I S. 3313); Abs. 3 Nr. 7 angef. mWv 5.12.2014, Abs. 2a eingef. mWv 1.1.2015 durch G v. 28.11.2014 (BGBl. I S. 1802); Abs. 5 angef. mWv 7.12.2016 durch G v. 28.11.2016 (BGBl. I S. 2722); Abs. 4 aufgeh. mWv 12.12.2019 durch G v. 5.12. 2019 (BGBl. I S. 2008); Abs. 6 angef. mWv 17.7.2020 durch G v. 10.7.2020 (BGBl. I S. 1653); Abs. 3 Nr. 3 geänd., Abs. 7 angef. mWv 28.7.2021 durch G v. 12.7.2021 (BGBl. I S. 3091).

2. Entscheidungen, die nach § 28 Absatz 3 in der bis zum Ablauf des 30. April 2014 anwendbaren Fassung im Verkehrszentralregister gespeichert worden und nicht von Nummer 1 erfasst sind, werden bis zum Ablauf des 30. April 2019 nach den Bestimmungen des § 29 in der bis zum Ablauf des 30. April 2014 anwendbaren Fassung getilgt und gelöscht. Dabei kann eine Ablaufhemmung nach § 29 Absatz 6 Satz 2 in der bis zum Ablauf des 30. April 2014 anwendbaren Fassung nicht durch Entscheidungen, die erst ab dem 1. Mai 2014 im Fahreignungsregister gespeichert werden, ausgelöst werden. Für Entscheidungen wegen Ordnungswidrigkeiten nach § 24a gilt Satz 1 mit der Maßgabe, dass sie spätestens fünf Jahre nach Rechtskraft der Entscheidung getilgt werden. Ab dem 1. Mai 2019 gilt
   a) für die Berechnung der Tilgungsfrist § 29 Absatz 1 bis 5 in der ab dem 1. Mai 2014 anwendbaren Fassung mit der Maßgabe, dass die nach Satz 1 bisher abgelaufene Tilgungsfrist angerechnet wird,
   b) für die Löschung § 29 Absatz 6 in der ab dem 1. Mai 2014 anwendbaren Fassung.
3. Auf Entscheidungen, die bis zum Ablauf des 30. April 2014 begangene Zuwiderhandlungen ahnden und erst ab dem 1. Mai 2014 im Fahreignungsregister gespeichert werden, sind dieses Gesetz und die auf Grund des § 6 Absatz 1 Nummer 1 Buchstabe s in der bis zum 27. Juli 2021 geltenden Fassung erlassenen Rechtsverordnungen in der ab dem 1. Mai 2014 geltenden Fassung anzuwenden. Dabei sind § 28 Absatz 3 Nummer 3 Buchstabe a Doppelbuchstabe bb und § 28a in der ab dem 1. Mai 2014 geltenden Fassung mit der Maßgabe anzuwenden, dass jeweils anstelle der dortigen Grenze von sechzig Euro die Grenze von vierzig Euro gilt.
4. Personen, zu denen bis zum Ablauf des 30. April 2014 im Verkehrszentralregister eine oder mehrere Entscheidungen nach § 28 Absatz 3 Satz 1 Nummer 1 bis 3 in der bis zum Ablauf des 30. April 2014 anwendbaren Fassung gespeichert worden sind, sind wie folgt in das Fahreignungs-Bewertungssystem einzuordnen:

| Punktestand vor dem 1. Mai 2014 | Fahreignungs-Bewertungssystem ab dem 1. Mai 2014 | |
|---|---|---|
| | Punktestand | Stufe |
| 1 – 3 | 1 | Vormerkung (§ 4 Absatz 4) |
| 4 – 5 | 2 | |
| 6 – 7 | 3 | |
| 8 – 10 | 4 | **1**: Ermahnung (§ 4 Absatz 5 Satz 1 Nummer 1) |
| 11 – 13 | 5 | |
| 14 – 15 | 6 | **2**: Verwarnung (§ 4 Absatz 5 Satz 1 Nummer 2) |
| 16 – 17 | 7 | |
| > = 18 | 8 | **3**: Entzug (§ 4 Absatz 5 Satz 1 Nummer 3) |

   Die am 1. Mai 2014 erreichte Stufe wird für Maßnahmen nach dem Fahreignungs-Bewertungssystem zugrunde gelegt. Die Einordnung nach Satz 1 führt allein nicht zu einer Maßnahme nach dem Fahreignungs-Bewertungssystem.
5. Die Regelungen über Punkteabzüge und Aufbauseminare werden wie folgt überführt:

a) Punkteabzüge nach § 4 Absatz 4 Satz 1 und 2 in der bis zum Ablauf des 30. April 2014 anwendbaren Fassung sind vorzunehmen, wenn die Bescheinigung über die Teilnahme an einem Aufbauseminar oder einer verkehrspsychologischen Beratung bis zum Ablauf des 30. April 2014 der nach Landesrecht zuständigen Behörde vorgelegt worden ist. Punkteabzüge nach § 4 Absatz 4 Satz 1 und 2 in der bis zum Ablauf des 30. April 2014 anwendbaren Fassung bleiben bis zur Tilgung der letzten Eintragung wegen einer Straftat oder einer Ordnungswidrigkeit nach § 28 Absatz 3 Nummer 1 bis 3 in der bis zum Ablauf des 30. April 2014 anwendbaren Fassung, längstens aber zehn Jahre ab dem 1. Mai 2014 im Fahreignungsregister gespeichert.

b) Bei der Berechnung der Fünfjahresfrist nach § 4 Absatz 7 Satz 2 und 3 sind auch Punkteabzüge zu berücksichtigen, die nach § 4 Absatz 4 Satz 1 und 2 in der bis zum Ablauf des 30. April 2014 anwendbaren Fassung vorgenommen worden sind.

c) Aufbauseminare, die bis zum Ablauf des 30. April 2014 nach § 4 Absatz 3 Satz 1 Nummer 2 in der bis zum Ablauf des 30. April 2014 anwendbaren Fassung angeordnet, aber bis zum Ablauf des 30. April 2014 nicht abgeschlossen worden sind, sind bis zum Ablauf des 30. November 2014 nach dem bis zum Ablauf des 30. April 2014 anwendbaren Recht durchzuführen.

d) Abweichend von Buchstabe c kann anstelle von Aufbauseminaren, die bis zum Ablauf des 30. April 2014 nach § 4 Absatz 3 Satz 1 Nummer 2 in der bis zum Ablauf des 30. April 2014 anwendbaren Fassung angeordnet, aber bis zum Ablauf des 30. April 2014 noch nicht begonnen worden sind, die verkehrspädagogische Teilmaßnahme des Fahreignungsseminars absolviert werden.

e) Die nach Landesrecht zuständige Behörde hat dem Kraftfahrt-Bundesamt unverzüglich die Teilnahme an einem Aufbauseminar oder einer verkehrspsychologischen Beratung mitzuteilen.

6. Nachträgliche Veränderungen des Punktestandes nach den Nummern 2 oder 5 führen zu einer Aktualisierung der nach der Tabelle zu Nummer 4 erreichten Stufe im Fahreignungs-Bewertungssystem.

7. Sofern eine Fahrerlaubnis nach § 4 Absatz 7 in der bis zum 30. April 2014 anwendbaren Fassung entzogen worden ist, ist § 4 Absatz 3 Satz 1 bis 3 auf die Erteilung einer neuen Fahrerlaubnis nicht anwendbar.

(4) *(aufgehoben)*

(5) [1] Bis zum Erlass einer Rechtsverordnung nach § 6f Absatz 2, längstens bis zum Ablauf des 31. Juli 2018, gelten die in den Gebührennummern 451 bis 455 der Anlage der Gebührenordnung für Maßnahmen im Straßenverkehr vom 25. Januar 2011 (BGBl. I S. 98), die zuletzt durch Artikel 3 der Verordnung vom 15. September 2015 (BGBl. I S. 1573) geändert worden ist, in der am 6. Dezember 2016 geltenden Fassung festgesetzten Gebühren als Entgelte im Sinne des § 6f Absatz 1. [2] Die Gebührennummern 403 und 451 bis 455 der Anlage der Gebührenordnung für Maßnahmen im Straßenverkehr sind nicht mehr anzuwenden.

(6) Die durch das Gesetz zur Haftung bei Unfällen mit Anhängern und Gespannen im Straßenverkehr vom 10. Juli 2020 (BGBl. I S. 1653) geänderten Vorschriften des Straßenverkehrsgesetzes sind nicht anzuwenden, sofern der Unfall vor dem 17. Juli 2020 eingetreten ist.

(7) Ordnungswidrigkeiten nach § 23 in der bis zum Ablauf des 27. Juli 2021 geltenden Fassung können abweichend von § 4 Absatz 3 des Gesetzes über

Ordnungswidrigkeiten[1] nach den zum Zeitpunkt der Tat geltenden Bestimmungen geahndet werden.

**§ 66**[2] *(aufgehoben)*

**Anlage**[3]
(zu § 24a)

Liste der berauschenden Mittel und Substanzen

| Berauschende Mittel | Substanzen |
|---|---|
| Cannabis | Tetrahydrocannabinol (THC) |
| Heroin | Morphin |
| Morphin | Morphin |
| Cocain | Cocain |
| Cocain | Benzoylecgonin |
| Amfetamin | Amfetamin |
| Designer-Amfetamin | Methylendioxyamfetamin (MDA) |
| Designer-Amfetamin | Methylendioxyethylamfetamin (MDE) |
| Designer-Amfetamin | Methylendioxymetamfetamin (MDMA) |
| Metamfetamin | Metamfetamin |

[1] Nr. **94**.
[2] § 66 aufgeh. mWv 1.1.2023 durch G v. 20.12.2022 (BGBl. I S. 2752).
[3] Anl. neu gef. mWv 15.6.2007 durch VO v. 6.6.2007 (BGBl. I S. 1045).

# 35a. Straßenverkehrs-Ordnung (StVO)[1) 2)]

Vom 6. März 2013
(BGBl. I S. 367)

FNA 9233-2

| Lfd. Nr. | Änderndes Gesetz | Datum | Fund- stelle | Betroffen | Hinweis |
|---|---|---|---|---|---|
| 1. | Art. 1 49. VO zur Änd. straßenverkehrsrechtlicher Vorschriften | 22.10. 2014 | BGBl. I S. 1635 | §§ 21, 21a, 39, 46, 49 | geänd. mWv 30.10.2014 |
| 2. | Art. 2 50. VO zur Änd. straßenverkehrsrechtlicher Vorschriften[3)] | 15.9.2015 | BGBl. I S. 1573 | §§ 39, 45, 46, Anl. 2, 3 | geänd. mWv 26.9.2015 |
| | | | | § 52 | eingef. mWv 26.9.2015 |
| 3. | Art. 2 51. VO zur Änd. straßenverkehrsrechtlicher Vorschriften | 17.6.2016 | BGBl. I S. 1463 | §§ 21a, 49 | geänd. mWv 30.6.2016 |
| 4. | Erste ÄndVO | 30.11. 2016 | BGBl. I S. 2848 | §§ 2, 11, 39, 45 | geänd. mWv 14.12.2016 |
| 5. | Art. 2 VO zur Änd. der Straßenbahn-Bau- und BetriebsO und der StVO[4)] | 16.12. 2016 | BGBl. I S. 2938 | § 45 | geänd. mWv 23.12.2016 |
| 6. | Art. 1 52. VO zur Änd. straßenverkehrsrechtl. Vorschr. | 18.5.2017 | BGBl. I S. 1282 | §§ 2, 23, 52 | geänd. mWv 1.6.2017 |
| 7. | Art. 4 56. StrafrechtsänderungsG | 30.9.2017 | BGBl. I S. 3532 | §§ 29, 46, 49 | geänd. mWv 13.10.2017 |
| 8. | Art. 1 53. VO zur Änd. straßenverkehrsrechtl. Vorschr. | 6.10.2017 | BGBl. I S. 3549 | §§ 23, 25, 30, 35, 49, 52, Anl. 2 | geänd. mWv 19.10.2017 |
| 9. | Art. 4a VO über die Teilnahme von Elektrokleinstfahrzeugen am Straßenverkehr und zur Änd. weiterer straßenverkehrsrechtlicher Vorschriften | 6.6.2019 | BGBl. I S. 756 | §§ 5, 9 | geänd. mWv 15.6.2019 |
| 10. | Art. 1 54. VO zur Änd. straßenverkehrsrechtlicher Vorschriften | 20.4.2020 | BGBl. I S. 814, geänd. S. 3047 | §§ 2, 5, 9, 12, 13, 16, 21, 23, 30, 35, 37, 39, 44, 45, 46, 49, Anl. 2, 3 | geänd. mWv 28.4.2020 |
| 11. | Art. 1 VO zur Änd. der StVO und der 54. VO zur Änd. straßenverkehrsrechtlicher Vorschriften | 18.12. 2020 | BGBl. I S. 3047 | §§ 45, 46, 47, 52 | geänd. mWv 24.12.2020 |
| | | | | §§ 44a, 51a | eingef. mWv 24.12.2020 |

1) Verkündet durch VO zur Neufassung der Straßenverkehrs-Ordnung (StVO) v. 6.3.2013 (BGBl. I S. 367).

2) Die StVO wurde erlassen auf Grund des § 5b Absatz 3 sowie § 6 Absatz 1 des Straßenverkehrsgesetzes idF der Bek. v. 5.3.2003 (BGBl. I S. 310, ber. S. 919).

3) **Amtl. Anm.:** Notifiziert gemäß der Richtlinie 98/34/EG des Europäischen Parlaments und des Rates vom 22. Juni 1998 über ein Informationsverfahren auf dem Gebiet der Normen und technischen Vorschriften und der Vorschriften für die Dienste der Informationsgesellschaft (ABl. L 204 vom 21.07.1998, S. 37), zuletzt geändert durch Artikel 26 Absatz 2 der Verordnung (EU) Nr. 1025/2012 des Europäischen Parlaments und des Rates vom 25. Oktober 2012 (ABl. L 316 vom 14.11.2012, S. 12).

4) **Amtl. Anm.:** Notifiziert gemäß der Richtlinie (EU) 2015/1535 des Europäischen Parlaments und des Rates vom 9. September 2015 über ein Informationsverfahren auf dem Gebiet der technischen Vorschriften und der Vorschriften für die Dienste der Informationsgesellschaft (ABl. L 241 vom 17.9.2015, S. 1).

| Lfd. Nr. | Änderndes Gesetz | Datum | Fundstelle | Betroffen | Hinweis |
|---|---|---|---|---|---|
| 12. | Art. 13 Viertes G zur Änd. des StraßenverkehrsG und anderer straßenverkehrsrechtlicher Vorschriften | 12.7.2021 | BGBl. I S. 3091 | § 49 | geänd. mWv 28.7.2021 |
| 13. | Art. 11 VO zum Neuerlass der Fahrzeug-ZulassungsVO und zur Änd. weiterer Vorschriften[1)] | 20.7.2023 | BGBl. 2023 I Nr. 199 | §§ 2, 39 | geänd. mWv 1.9.2023 |

[1)] **Amtl. Anm.:** Diese Verordnung dient der Umsetzung der Richtlinie 1999/37/EG des Rates vom 29. April 1999 über Zulassungsdokumente für Fahrzeuge (ABl. L 138 vom 1.6.1999, S. 57).

## Nichtamtliche Inhaltsübersicht

## I. Allgemeine Verkehrsregeln

**§ 1 Grundregeln.** (1) Die Teilnahme am Straßenverkehr erfordert ständige Vorsicht und gegenseitige Rücksicht.

(2) Wer am Verkehr teilnimmt hat sich so zu verhalten, dass kein Anderer geschädigt, gefährdet oder mehr, als nach den Umständen unvermeidbar, behindert oder belästigt wird.

**§ 2[1)] Straßenbenutzung durch Fahrzeuge.** (1) [1] Fahrzeuge müssen die Fahrbahnen benutzen, von zwei Fahrbahnen die rechte. [2] Seitenstreifen sind nicht Bestandteil der Fahrbahn.

(2) Es ist möglichst weit rechts zu fahren, nicht nur bei Gegenverkehr, beim Überholtwerden, an Kuppen, in Kurven oder bei Unübersichtlichkeit.

(3) Fahrzeuge, die in der Längsrichtung einer Schienenbahn verkehren, müssen diese, soweit möglich, durchfahren lassen.

(3a) [1] Der Führer eines Kraftfahrzeuges darf dies bei Glatteis, Schneeglätte, Schneematsch, Eisglätte oder Reifglätte nur fahren, wenn alle Räder mit Reifen ausgerüstet sind, die unbeschadet der allgemeinen Anforderungen an die Bereifung den Anforderungen des § 36 Absatz 4 der Straßenverkehrs-Zulassungs-Ordnung genügen. [2] Satz 1 gilt nicht für

1. Nutzfahrzeuge der Land- und Forstwirtschaft,
2. einspurige Kraftfahrzeuge,
3. Stapler im Sinne des § 2 Nummer 18 der Fahrzeug-Zulassungsverordnung,
4. motorisierte Krankenfahrstühle im Sinne des § 2 Nummer 13 der Fahrzeug-Zulassungsverordnung,
5. Einsatzfahrzeuge der in § 35 Absatz 1 genannten Organisationen, soweit für diese Fahrzeuge bauartbedingt keine Reifen verfügbar sind, die den Anforderungen des § 36 Absatz 4 der Straßenverkehrs-Zulassungs-Ordnung genügen und
6. Spezialfahrzeuge, für die bauartbedingt keine Reifen der Kategorien C1, C2 oder C3 verfügbar sind.

[3] Kraftfahrzeuge der Klassen M2, M3, N2, N3 dürfen bei solchen Wetterbedingungen auch gefahren werden, wenn mindestens die Räder

1. der permanent angetriebenen Achsen und
2. der vorderen Lenkachsen

mit Reifen ausgerüstet sind, die unbeschadet der allgemeinen Anforderungen an die Bereifung den Anforderungen des § 36 Absatz 4 der Straßenverkehrs-Zulassungs-Ordnung genügen. [4] Soweit ein Kraftfahrzeug während einer der in Satz 1 bezeichneten Witterungslagen ohne eine den Anforderungen des § 36 Absatz 4 der Straßenverkehrs-Zulassungs-Ordnung genügende Bereifung geführt werden

---

1) § 2 Abs. 4 Satz 6 geänd., Abs. 5 neu gef. mWv 14.12.2016 durch VO v. 30.11.2016 (BGBl. I S. 2848); Abs. 3a Sätze 1–3 neu gef., Satz 4 eingef., bish. Satz 4 wird Satz 5 mWv 1.6.2017 durch VO v. 18.5.2017 (BGBl. I S. 1282); Abs. 4 Satz 1 und Abs. 5 Satz 7 neu gef. mWv 28.4.2020 durch VO v. 20.4.2020 (BGBl. I S. 814); Abs. 3a Satz 2 Nr. 4 geänd. mWv 1.9.2023 durch VO v. 20.7.2023 (BGBl. 2023 I Nr. 199).

darf, hat der Führer des Kraftfahrzeuges über seine allgemeinen Verpflichtungen hinaus

1. vor Antritt jeder Fahrt zu prüfen, ob es erforderlich ist, die Fahrt durchzuführen, da das Ziel mit anderen Verkehrsmitteln nicht erreichbar ist,
2. während der Fahrt
   a) einen Abstand in Metern zu einem vorausfahrenden Fahrzeug von mindestens der Hälfte des auf dem Geschwindigkeitsmesser in km/h angezeigten Zahlenwertes der gefahrenen Geschwindigkeit einzuhalten,
   b) nicht schneller als 50 km/h zu fahren, wenn nicht eine geringere Geschwindigkeit geboten ist.

[5] Wer ein kennzeichnungspflichtiges Fahrzeug mit gefährlichen Gütern führt, muss bei einer Sichtweite unter 50 m, bei Schneeglätte oder Glatteis jede Gefährdung Anderer ausschließen und wenn nötig den nächsten geeigneten Platz zum Parken aufsuchen.

(4) [1] Mit Fahrrädern darf nebeneinander gefahren werden, wenn dadurch der Verkehr nicht behindert wird; anderenfalls muss einzeln hintereinander gefahren werden. [2] Eine Pflicht, Radwege in der jeweiligen Fahrtrichtung zu benutzen, besteht nur, wenn dies durch Zeichen 237, 240 oder 241 angeordnet ist. [3] Rechte Radwege ohne die Zeichen 237, 240 oder 241 dürfen benutzt werden. [4] Linke Radwege ohne die Zeichen 237, 240 oder 241 dürfen nur benutzt werden, wenn dies durch das allein stehende Zusatzzeichen „Radverkehr frei" angezeigt ist. [5] Wer mit dem Rad fährt, darf ferner rechte Seitenstreifen benutzen, wenn keine Radwege vorhanden sind und zu Fuß Gehende nicht behindert werden. [6] Außerhalb geschlossener Ortschaften darf man mit Mofas und E-Bikes Radwege benutzen.

(5) [1] Kinder bis zum vollendeten achten Lebensjahr müssen, Kinder bis zum vollendeten zehnten Lebensjahr dürfen mit Fahrrädern Gehwege benutzen. [2] Ist ein baulich von der Fahrbahn getrennter Radweg vorhanden, so dürfen abweichend von Satz 1 Kinder bis zum vollendeten achten Lebensjahr auch diesen Radweg benutzen. [3] Soweit ein Kind bis zum vollendeten achten Lebensjahr von einer geeigneten Aufsichtsperson begleitet wird, darf diese Aufsichtsperson für die Dauer der Begleitung den Gehweg ebenfalls mit dem Fahrrad benutzen; eine Aufsichtsperson ist insbesondere geeignet, wenn diese mindestens 16 Jahre alt ist. [4] Auf zu Fuß Gehende ist besondere Rücksicht zu nehmen. [5] Der Fußgängerverkehr darf weder gefährdet noch behindert werden. [6] Soweit erforderlich, muss die Geschwindigkeit an den Fußgängerverkehr angepasst werden. [7] Wird vor dem Überqueren einer Fahrbahn ein Gehweg benutzt, müssen die Kinder und die diese begleitende Aufsichtsperson absteigen.

**§ 3 Geschwindigkeit.** (1) [1] Wer ein Fahrzeug führt, darf nur so schnell fahren, dass das Fahrzeug ständig beherrscht wird. [2] Die Geschwindigkeit ist insbesondere den Straßen-, Verkehrs-, Sicht- und Wetterverhältnissen sowie den persönlichen Fähigkeiten und den Eigenschaften von Fahrzeug und Ladung anzupassen. [3] Beträgt die Sichtweite durch Nebel, Schneefall oder Regen weniger als 50 m, darf nicht schneller als 50 km/h gefahren werden, wenn nicht eine geringere Geschwindigkeit geboten ist. [4] Es darf nur so schnell gefahren werden, dass innerhalb der übersehbaren Strecke gehalten werden kann. [5] Auf Fahrbahnen, die so schmal sind, dass dort entgegenkommende Fahrzeuge gefährdet werden könnten, muss jedoch so langsam gefahren werden, dass mindestens innerhalb der Hälfte der übersehbaren Strecke gehalten werden kann.

(2) Ohne triftigen Grund dürfen Kraftfahrzeuge nicht so langsam fahren, dass sie den Verkehrsfluss behindern.

(2a) Wer ein Fahrzeug führt, muss sich gegenüber Kindern, hilfsbedürftigen und älteren Menschen, insbesondere durch Verminderung der Fahrgeschwindigkeit und durch Bremsbereitschaft, so verhalten, dass eine Gefährdung dieser Verkehrsteilnehmer ausgeschlossen ist.

(3) Die zulässige Höchstgeschwindigkeit beträgt auch unter günstigsten Umständen

1. innerhalb geschlossener Ortschaften für alle Kraftfahrzeuge 50 km/h,
2. außerhalb geschlossener Ortschaften
   a) für
      aa) Kraftfahrzeuge mit einer zulässigen Gesamtmasse über 3,5 t bis 7,5 t, ausgenommen Personenkraftwagen,
      bb) Personenkraftwagen mit Anhänger,
      cc) Lastkraftwagen und Wohnmobile jeweils bis zu einer zulässigen Gesamtmasse von 3,5 t mit Anhänger sowie
      dd) Kraftomnibusse, auch mit Gepäckanhänger,
      80 km/h,
   b) für
      aa) Kraftfahrzeuge mit einer zulässigen Gesamtmasse über 7,5 t,
      bb) alle Kraftfahrzeuge mit Anhänger, ausgenommen Personenkraftwagen, Lastkraftwagen und Wohnmobile jeweils bis zu einer zulässigen Gesamtmasse von 3,5 t, sowie
      cc) Kraftomnibusse mit Fahrgästen, für die keine Sitzplätze mehr zur Verfügung stehen,
      60 km/h,
   c) für Personenkraftwagen sowie für andere Kraftfahrzeuge mit einer zulässigen Gesamtmasse bis 3,5 t
      100 km/h.
      Diese Geschwindigkeitsbeschränkung gilt nicht auf Autobahnen (Zeichen 330.1) sowie auf anderen Straßen mit Fahrbahnen für eine Richtung, die durch Mittelstreifen oder sonstige bauliche Einrichtungen getrennt sind. Sie gilt ferner nicht auf Straßen, die mindestens zwei durch Fahrstreifenbegrenzung (Zeichen 295) oder durch Leitlinien (Zeichen 340) markierte Fahrstreifen für jede Richtung haben.

(4) Die zulässige Höchstgeschwindigkeit beträgt für Kraftfahrzeuge mit Schneeketten auch unter günstigsten Umständen 50 km/h.

**§ 4 Abstand.** (1) [1] Der Abstand zu einem vorausfahrenden Fahrzeug muss in der Regel so groß sein, dass auch dann hinter diesem gehalten werden kann, wenn es plötzlich gebremst wird. [2] Wer vorausfährt, darf nicht ohne zwingenden Grund stark bremsen.

(2) [1] Wer ein Kraftfahrzeug führt, für das eine besondere Geschwindigkeitsbeschränkung gilt, sowie einen Zug führt, der länger als 7 m ist, muss außerhalb geschlossener Ortschaften ständig so großen Abstand von dem vorausfahrenden Kraftfahrzeug halten, dass ein überholendes Kraftfahrzeug einscheren kann. [2] Das gilt nicht,

1. wenn zum Überholen ausgeschert wird und dies angekündigt wurde,

2. wenn in der Fahrtrichtung mehr als ein Fahrstreifen vorhanden ist oder
3. auf Strecken, auf denen das Überholen verboten ist.

(3) Wer einen Lastkraftwagen mit einer zulässigen Gesamtmasse über 3,5 t oder einen Kraftomnibus führt, muss auf Autobahnen, wenn die Geschwindigkeit mehr als 50 km/h beträgt, zu vorausfahrenden Fahrzeugen einen Mindestabstand von 50 m einhalten.

**§ 5[1) ] Überholen.** (1) Es ist links zu überholen.

(2) [1] Überholen darf nur, wer übersehen kann, dass während des ganzen Überholvorgangs jede Behinderung des Gegenverkehrs ausgeschlossen ist. [2] Überholen darf ferner nur, wer mit wesentlich höherer Geschwindigkeit als der zu Überholende fährt.

(3) Das Überholen ist unzulässig:
1. bei unklarer Verkehrslage oder
2. wenn es durch ein angeordnetes Verkehrszeichen (Zeichen 276, 277) untersagt ist.

(3a) Wer ein Kraftfahrzeug mit einer zulässigen Gesamtmasse über 7,5 t führt, darf unbeschadet sonstiger Überholverbote nicht überholen, wenn die Sichtweite durch Nebel, Schneefall oder Regen weniger als 50 m beträgt.

(4) [1] Wer zum Überholen ausscheren will, muss sich so verhalten, dass eine Gefährdung des nachfolgenden Verkehrs ausgeschlossen ist. [2] Beim Überholen muss ein ausreichender Seitenabstand zu den anderen Verkehrsteilnehmern eingehalten werden. [3] Beim Überholen mit Kraftfahrzeugen von zu Fuß Gehenden, Rad Fahrenden und Elektrokleinstfahrzeug Führenden beträgt der ausreichende Seitenabstand innerorts mindestens 1,5 m und außerorts mindestens 2 m. [4] An Kreuzungen und Einmündungen kommt Satz 3 nicht zur Anwendung, sofern Rad Fahrende dort wartende Kraftfahrzeuge nach Absatz 8 rechts überholt haben oder neben ihnen zum Stillstand gekommen sind. [5] Wer überholt, muss sich so bald wie möglich wieder nach rechts einordnen. [6] Wer überholt, darf dabei denjenigen, der überholt wird, nicht behindern.

(4a) Das Ausscheren zum Überholen und das Wiedereinordnen sind rechtzeitig und deutlich anzukündigen; dabei sind die Fahrtrichtungsanzeiger zu benutzen.

(5) [1] Außerhalb geschlossener Ortschaften darf das Überholen durch kurze Schall- oder Leuchtzeichen angekündigt werden. [2] Wird mit Fernlicht geblinkt, dürfen entgegenkommende Fahrzeugführende nicht geblendet werden.

(6) [1] Wer überholt wird, darf seine Geschwindigkeit nicht erhöhen. [2] Wer ein langsameres Fahrzeug führt, muss die Geschwindigkeit an geeigneter Stelle ermäßigen, notfalls warten, wenn nur so mehreren unmittelbar folgenden Fahrzeugen das Überholen möglich ist. [3] Hierzu können auch geeignete Seitenstreifen in Anspruch genommen werden; das gilt nicht auf Autobahnen.

(7) [1] Wer seine Absicht, nach links abzubiegen, ankündigt und sich eingeordnet hat, ist rechts zu überholen. [2] Schienenfahrzeuge sind rechts zu überholen. [3] Nur wer das nicht kann, weil die Schienen zu weit rechts liegen, darf links überholen. [4] Auf Fahrbahnen für eine Richtung dürfen Schienenfahrzeuge auch links überholt werden.

---

[1)] § 5 Abs. 4 Satz 2 neu gef., Sätze 3 und 4 eingef., bish. Sätze 3 und 4 werden Sätze 5 und 6 mWv 28.4.2020 durch VO v. 20.4.2020 (BGBl. I S. 814).

(8) Ist ausreichender Raum vorhanden, dürfen Rad Fahrende und Mofa Fahrende die Fahrzeuge, die auf dem rechten Fahrstreifen warten, mit mäßiger Geschwindigkeit und besonderer Vorsicht rechts überholen.

**§ 6 Vorbeifahren.** [1] Wer an einer Fahrbahnverengung, einem Hindernis auf der Fahrbahn oder einem haltenden Fahrzeug links vorbeifahren will, muss entgegenkommende Fahrzeuge durchfahren lassen. [2] Satz 1 gilt nicht, wenn der Vorrang durch Verkehrszeichen (Zeichen 208, 308) anders geregelt ist. [3] Muss ausgeschert werden, ist auf den nachfolgenden Verkehr zu achten und das Ausscheren sowie das Wiedereinordnen – wie beim Überholen – anzukündigen.

**§ 7 Benutzung von Fahrstreifen durch Kraftfahrzeuge.** (1) [1] Auf Fahrbahnen mit mehreren Fahrstreifen für eine Richtung dürfen Kraftfahrzeuge von dem Gebot möglichst weit rechts zu fahren (§ 2 Absatz 2) abweichen, wenn die Verkehrsdichte das rechtfertigt. [2] Fahrstreifen ist der Teil einer Fahrbahn, den ein mehrspuriges Fahrzeug zum ungehinderten Fahren im Verlauf der Fahrbahn benötigt.

(2) Ist der Verkehr so dicht, dass sich auf den Fahrstreifen für eine Richtung Fahrzeugschlangen gebildet haben, darf rechts schneller als links gefahren werden.

(2a) Wenn auf der Fahrbahn für eine Richtung eine Fahrzeugschlange auf dem jeweils linken Fahrstreifen steht oder langsam fährt, dürfen Fahrzeuge diese mit geringfügig höherer Geschwindigkeit und mit äußerster Vorsicht rechts überholen.

(3) [1] Innerhalb geschlossener Ortschaften – ausgenommen auf Autobahnen (Zeichen 330.1) – dürfen Kraftfahrzeuge mit einer zulässigen Gesamtmasse bis zu 3,5 t auf Fahrbahnen mit mehreren markierten Fahrstreifen für eine Richtung (Zeichen 296 oder 340) den Fahrstreifen frei wählen, auch wenn die Voraussetzungen des Absatzes 1 Satz 1 nicht vorliegen. [2] Dann darf rechts schneller als links gefahren werden.

(3a) [1] Sind auf einer Fahrbahn für beide Richtungen insgesamt drei Fahrstreifen durch Leitlinien (Zeichen 340) markiert, dann dürfen der linke, dem Gegenverkehr vorbehaltene, und der mittlere Fahrstreifen nicht zum Überholen benutzt werden. [2] Dasselbe gilt für Fahrbahnen, wenn insgesamt fünf Fahrstreifen für beide Richtungen durch Leitlinien (Zeichen 340) markiert sind, für die zwei linken, dem Gegenverkehr vorbehaltenen, und den mittleren Fahrstreifen. [3] Wer nach links abbiegen will, darf sich bei insgesamt drei oder fünf Fahrstreifen für beide Richtungen auf dem jeweils mittleren Fahrstreifen in Fahrtrichtung einordnen.

(3b) [1] Auf Fahrbahnen für beide Richtungen mit vier durch Leitlinien (Zeichen 340) markierten Fahrstreifen sind die beiden in Fahrtrichtung linken Fahrstreifen ausschließlich dem Gegenverkehr vorbehalten; sie dürfen nicht zum Überholen benutzt werden. [2] Dasselbe gilt auf sechsstreifigen Fahrbahnen für die drei in Fahrtrichtung linken Fahrstreifen.

(3c) [1] Sind außerhalb geschlossener Ortschaften für eine Richtung drei Fahrstreifen mit Zeichen 340 gekennzeichnet, dürfen Kraftfahrzeuge, abweichend von dem Gebot möglichst weit rechts zu fahren, den mittleren Fahrstreifen dort durchgängig befahren, wo – auch nur hin und wieder – rechts davon ein Fahrzeug hält oder fährt. [2] Dasselbe gilt auf Fahrbahnen mit mehr als drei so markierten Fahrstreifen für eine Richtung für den zweiten Fahrstreifen von rechts. [3] Den linken Fahrstreifen dürfen außerhalb geschlossener Ortschaften Lastkraftwagen mit einer zulässigen Gesamtmasse von mehr als 3,5 t sowie alle Kraftfahrzeuge mit Anhänger nur benutzen, wenn sie sich dort zum Zwecke des Linksabbiegens einordnen.

(4) Ist auf Straßen mit mehreren Fahrstreifen für eine Richtung das durchgehende Befahren eines Fahrstreifens nicht möglich oder endet ein Fahrstreifen, ist den am Weiterfahren gehinderten Fahrzeugen der Übergang auf den benachbarten Fahrstreifen in der Weise zu ermöglichen, dass sich diese Fahrzeuge unmittelbar vor Beginn der Verengung jeweils im Wechsel nach einem auf dem durchgehenden Fahrstreifen fahrenden Fahrzeug einordnen können (Reißverschlussverfahren).

(5) [1] In allen Fällen darf ein Fahrstreifen nur gewechselt werden, wenn eine Gefährdung anderer Verkehrsteilnehmer ausgeschlossen ist. [2] Jeder Fahrstreifenwechsel ist rechtzeitig und deutlich anzukündigen; dabei sind die Fahrtrichtungsanzeiger zu benutzen.

**§ 7a Abgehende Fahrstreifen, Einfädelungs- und Ausfädelungsstreifen.**

(1) Gehen Fahrstreifen, insbesondere auf Autobahnen und Kraftfahrstraßen, von der durchgehenden Fahrbahn ab, darf beim Abbiegen vom Beginn einer breiten Leitlinie (Zeichen 340) rechts von dieser schneller als auf der durchgehenden Fahrbahn gefahren werden.

(2) Auf Autobahnen und anderen Straßen außerhalb geschlossener Ortschaften darf auf Einfädelungsstreifen schneller gefahren werden als auf den durchgehenden Fahrstreifen.

(3) [1] Auf Ausfädelungsstreifen darf nicht schneller gefahren werden als auf den durchgehenden Fahrstreifen. [2] Stockt oder steht der Verkehr auf den durchgehenden Fahrstreifen, darf auf dem Ausfädelungsstreifen mit mäßiger Geschwindigkeit und besonderer Vorsicht überholt werden.

**§ 8 Vorfahrt.** (1) [1] An Kreuzungen und Einmündungen hat die Vorfahrt, wer von rechts kommt. [2] Das gilt nicht,

1. wenn die Vorfahrt durch Verkehrszeichen besonders geregelt ist (Zeichen 205, 206, 301, 306) oder
2. für Fahrzeuge, die aus einem Feld- oder Waldweg auf eine andere Straße kommen.

(1a) [1] Ist an der Einmündung in einen Kreisverkehr Zeichen 215 (Kreisverkehr) unter dem Zeichen 205 (Vorfahrt gewähren) angeordnet, hat der Verkehr auf der Kreisfahrbahn Vorfahrt. [2] Bei der Einfahrt in einen solchen Kreisverkehr ist die Benutzung des Fahrtrichtungsanzeigers unzulässig.

(2) [1] Wer die Vorfahrt zu beachten hat, muss rechtzeitig durch sein Fahrverhalten, insbesondere durch mäßige Geschwindigkeit, erkennen lassen, dass gewartet wird. [2] Es darf nur weitergefahren werden, wenn übersehen werden kann, dass wer die Vorfahrt hat, weder gefährdet noch wesentlich behindert wird. [3] Kann das nicht übersehen werden, weil die Straßenstelle unübersichtlich ist, so darf sich vorsichtig in die Kreuzung oder Einmündung hineingetastet werden, bis die Übersicht gegeben ist. [4] Wer die Vorfahrt hat, darf auch beim Abbiegen in die andere Straße nicht wesentlich durch den Wartepflichtigen behindert werden.

**§ 9[1)] Abbiegen, Wenden und Rückwärtsfahren.** (1) [1] Wer abbiegen will, muss dies rechtzeitig und deutlich ankündigen; dabei sind die Fahrtrichtungsanzeiger zu benutzen. [2] Wer nach rechts abbiegen will, hat sein Fahrzeug möglichst

---

[1)] § 9 Abs. 3 Satz 1 neu gef. mWv 15.6.2019 durch VO v. 6.6.2019 (BGBl. I S. 756); Abs. 6 angef. mWv 28.4.2020 durch VO v. 20.4.2020 (BGBl. I S. 814).

weit rechts, wer nach links abbiegen will, bis zur Mitte, auf Fahrbahnen für eine Richtung möglichst weit links, einzuordnen, und zwar rechtzeitig. [3]Wer nach links abbiegen will, darf sich auf längs verlegten Schienen nur einordnen, wenn kein Schienenfahrzeug behindert wird. [4]Vor dem Einordnen und nochmals vor dem Abbiegen ist auf den nachfolgenden Verkehr zu achten; vor dem Abbiegen ist es dann nicht nötig, wenn eine Gefährdung nachfolgenden Verkehrs ausgeschlossen ist.

(2) [1]Wer mit dem Fahrrad nach links abbiegen will, braucht sich nicht einzuordnen, wenn die Fahrbahn hinter der Kreuzung oder Einmündung vom rechten Fahrbahnrand aus überquert werden soll. [2]Beim Überqueren ist der Fahrzeugverkehr aus beiden Richtungen zu beachten. [3]Wer über eine Radverkehrsführung abbiegt, muss dieser im Kreuzungs- oder Einmündungsbereich folgen.

(3) [1]Wer abbiegen will, muss entgegenkommende Fahrzeuge durchfahren lassen, Schienenfahrzeuge, Fahrräder mit Hilfsmotor, Fahrräder und Elektrokleinstfahrzeuge auch dann, wenn sie auf oder neben der Fahrbahn in der gleichen Richtung fahren. [2]Dies gilt auch gegenüber Linienomnibussen und sonstigen Fahrzeugen, die gekennzeichnete Sonderfahrstreifen benutzen. [3]Auf zu Fuß Gehende ist besondere Rücksicht zu nehmen; wenn nötig, ist zu warten.

(4) [1]Wer nach links abbiegen will, muss entgegenkommende Fahrzeuge, die ihrerseits nach rechts abbiegen wollen, durchfahren lassen. [2]Einander entgegenkommende Fahrzeuge, die jeweils nach links abbiegen wollen, müssen voreinander abbiegen, es sei denn, die Verkehrslage oder die Gestaltung der Kreuzung erfordern, erst dann abzubiegen, wenn die Fahrzeuge aneinander vorbeigefahren sind.

(5) Wer ein Fahrzeug führt, muss sich beim Abbiegen in ein Grundstück, beim Wenden und beim Rückwärtsfahren darüber hinaus so verhalten, dass eine Gefährdung anderer Verkehrsteilnehmer ausgeschlossen ist; erforderlichenfalls muss man sich einweisen lassen.

(6) Wer ein Kraftfahrzeug mit einer zulässigen Gesamtmasse über 3,5 t innerorts führt, muss beim Rechtsabbiegen mit Schrittgeschwindigkeit fahren, wenn auf oder neben der Fahrbahn mit geradeaus fahrendem Radverkehr oder im unmittelbaren Bereich des Einbiegens mit die Fahrbahn überquerendem Fußgängerverkehr zu rechnen ist.

**§ 10 Einfahren und Anfahren.** [1]Wer aus einem Grundstück, aus einer Fußgängerzone (Zeichen 242.1 und 242.2), aus einem verkehrsberuhigten Bereich (Zeichen 325.1 und 325.2) auf die Straße oder von anderen Straßenteilen oder über einen abgesenkten Bordstein hinweg auf die Fahrbahn einfahren oder vom Fahrbahnrand anfahren will, hat sich dabei so zu verhalten, dass eine Gefährdung anderer Verkehrsteilnehmer ausgeschlossen ist; erforderlichenfalls muss man sich einweisen lassen. [2]Die Absicht einzufahren oder anzufahren ist rechtzeitig und deutlich anzukündigen; dabei sind die Fahrtrichtungsanzeiger zu benutzen. [3]Dort, wo eine Klarstellung notwendig ist, kann Zeichen 205 stehen.

**§ 11[1)] Besondere Verkehrslagen.** (1) Stockt der Verkehr, darf trotz Vorfahrt oder grünem Lichtzeichen nicht in die Kreuzung oder Einmündung eingefahren werden, wenn auf ihr gewartet werden müsste.

(2) Sobald Fahrzeuge auf Autobahnen sowie auf Außerortsstraßen mit mindestens zwei Fahrstreifen für eine Richtung mit Schrittgeschwindigkeit fahren oder sich die Fahrzeuge im Stillstand befinden, müssen diese Fahrzeuge für die Durch-

---

[1)] § 11 Abs. 2 neu gef. mWv 14.12.2016 durch VO v. 30.11.2016 (BGBl. I S. 2848).

fahrt von Polizei- und Hilfsfahrzeugen zwischen dem äußerst linken und dem unmittelbar rechts daneben liegenden Fahrstreifen für eine Richtung eine freie Gasse bilden.

(3) Auch wer sonst nach den Verkehrsregeln weiterfahren darf oder anderweitig Vorrang hat, muss darauf verzichten, wenn die Verkehrslage es erfordert; auf einen Verzicht darf man nur vertrauen, wenn man sich mit dem oder der Verzichtenden verständigt hat.

**§ 12[1)] Halten und Parken.** (1) Das Halten ist unzulässig

1. an engen und an unübersichtlichen Straßenstellen,
2. im Bereich von scharfen Kurven,
3. auf Einfädelungs- und auf Ausfädelungsstreifen,
4. auf Bahnübergängen,
5. vor und in amtlich gekennzeichneten Feuerwehrzufahrten.

(2) Wer sein Fahrzeug verlässt oder länger als drei Minuten hält, der parkt.

(3) Das Parken ist unzulässig

1. vor und hinter Kreuzungen und Einmündungen bis zu je 5 m von den Schnittpunkten der Fahrbahnkanten, soweit in Fahrtrichtung rechts neben der Fahrbahn ein Radweg baulich angelegt ist, vor Kreuzungen und Einmündungen bis zu je 8 m von den Schnittpunkten der Fahrbahnkanten,
2. wenn es die Benutzung gekennzeichneter Parkflächen verhindert,
3. vor Grundstücksein- und -ausfahrten, auf schmalen Fahrbahnen auch ihnen gegenüber,
4. über Schachtdeckeln und anderen Verschlüssen, wo durch Zeichen 315 oder eine Parkflächenmarkierung (Anlage 2 Nummer 74) das Parken auf Gehwegen erlaubt ist,
5. vor Bordsteinabsenkungen.

(3a) [1] Mit Kraftfahrzeugen mit einer zulässigen Gesamtmasse über 7,5 t sowie mit Kraftfahrzeuganhängern über 2 t zulässiger Gesamtmasse ist innerhalb geschlossener Ortschaften

1. in reinen und allgemeinen Wohngebieten,
2. in Sondergebieten, die der Erholung dienen,
3. in Kurgebieten und
4. in Klinikgebieten

das regelmäßige Parken in der Zeit von 22.00 bis 06.00 Uhr sowie an Sonn- und Feiertagen unzulässig. [2] Das gilt nicht auf entsprechend gekennzeichneten Parkplätzen sowie für das Parken von Linienomnibussen an Endhaltestellen.

(3b) [1] Mit Kraftfahrzeuganhängern ohne Zugfahrzeug darf nicht länger als zwei Wochen geparkt werden. [2] Das gilt nicht auf entsprechend gekennzeichneten Parkplätzen.

(4) [1] Zum Parken ist der rechte Seitenstreifen, dazu gehören auch entlang der Fahrbahn angelegte Parkstreifen, zu benutzen, wenn er dazu ausreichend befestigt ist, sonst ist an den rechten Fahrbahnrand heranzufahren. [2] Das gilt in der Regel auch, wenn man nur halten will; jedenfalls muss man auch dazu auf der rechten Fahrbahnseite rechts bleiben. [3] Taxen dürfen, wenn die Verkehrslage es zulässt,

---

[1)] § 12 Abs. 3 Nr. 1 geänd. mWv 28.4.2020 durch VO v. 20.4.2020 (BGBl. I S. 814).

neben anderen Fahrzeugen, die auf dem Seitenstreifen oder am rechten Fahrbahnrand halten oder parken, Fahrgäste ein- oder aussteigen lassen. [4]Soweit auf der rechten Seite Schienen liegen sowie in Einbahnstraßen (Zeichen 220) darf links gehalten und geparkt werden. [5]Im Fahrraum von Schienenfahrzeugen darf nicht gehalten werden.

(4a) Ist das Parken auf dem Gehweg erlaubt, ist hierzu nur der rechte Gehweg, in Einbahnstraßen der rechte oder linke Gehweg, zu benutzen.

(5) [1]An einer Parklücke hat Vorrang, wer sie zuerst unmittelbar erreicht; der Vorrang bleibt erhalten, wenn der Berechtigte an der Parklücke vorbeifährt, um rückwärts einzuparken oder wenn sonst zusätzliche Fahrbewegungen ausgeführt werden, um in die Parklücke einzufahren. [2]Satz 1 gilt entsprechend, wenn an einer frei werdenden Parklücke gewartet wird.

(6) Es ist platzsparend zu parken; das gilt in der Regel auch für das Halten.

**§ 13[1)] Einrichtungen zur Überwachung der Parkzeit.** (1) [1]An Parkuhren darf nur während des Laufens der Uhr, an Parkscheinautomaten nur mit einem Parkschein, der am oder im Fahrzeug von außen gut lesbar angebracht sein muss, für die Dauer der zulässigen Parkzeit gehalten werden. [2]Ist eine Parkuhr oder ein Parkscheinautomat nicht funktionsfähig, darf nur bis zur angegebenen Höchstparkdauer geparkt werden. [3]In diesem Fall ist die Parkscheibe zu verwenden (Absatz 2 Satz 1 Nummer 2). [4]Die Parkzeitregelungen können auf bestimmte Stunden oder Tage beschränkt sein.

(2) [1]Wird im Bereich eines eingeschränkten Haltverbots für eine Zone (Zeichen 290.1 und 290.2) oder einer Parkraumbewirtschaftungszone (Zeichen 314.1 und 314.2) oder bei den Zeichen 314 oder 315 durch ein Zusatzzeichen die Benutzung einer Parkscheibe (Bild 318) vorgeschrieben, ist das Halten und Parken nur erlaubt

1. für die Zeit, die auf dem Zusatzzeichen angegeben ist, und,
2. soweit das Fahrzeug eine von außen gut lesbare Parkscheibe hat und der Zeiger der Scheibe auf den Strich der halben Stunde eingestellt ist, die dem Zeitpunkt des Anhaltens folgt.

[2]Sind in einem eingeschränkten Haltverbot für eine Zone oder einer Parkraumbewirtschaftungszone Parkuhren oder Parkscheinautomaten aufgestellt, gelten deren Anordnungen. [3]Im Übrigen bleiben die Vorschriften über die Halt- und Parkverbote unberührt.

(3) [1]Die in den Absätzen 1 und 2 genannten Einrichtungen zur Überwachung der Parkzeit müssen nicht betätigt werden, soweit die Entrichtung der Parkgebühren und die Überwachung der Parkzeit auch durch elektronische Einrichtungen oder Vorrichtungen, insbesondere Taschenparkuhren oder Mobiltelefone, sichergestellt werden kann. [2]Satz 1 gilt nicht, soweit eine dort genannte elektronische Einrichtung oder Vorrichtung nicht funktionsfähig ist.

(4) Einrichtungen und Vorrichtungen zur Überwachung der Parkzeit brauchen nicht betätigt zu werden

1. beim Ein- oder Aussteigen sowie
2. zum Be- oder Entladen.

(5) [1]Wer ein elektrisch betriebenes Fahrzeug im Sinne des Elektromobilitätsgesetzes oder ein Carsharingfahrzeug im Sinne des Carsharinggesetzes und der

---

[1)] § 13 Abs. 5 angef. mWv 28.4.2020 durch VO v. 20.4.2020 (BGBl. I S. 814).

entsprechenden Länderregelungen führt, muss Einrichtungen und Vorrichtungen zur Überwachung der Parkzeit nicht betätigen, soweit dies durch bevorrechtigende Zusatzzeichen zu Zeichen 290.1, 314, 314.1 oder 315 angeordnet ist. [2] Sind im Geltungsbereich einer Anordnung im Sinne des Satzes 1 Parkuhren oder Parkscheinautomaten aufgestellt, gelten deren Anordnungen. [3] Im Übrigen bleiben die Vorschriften über die Halt- und Parkverbote unberührt.

**§ 14 Sorgfaltspflichten beim Ein- und Aussteigen.** (1) Wer ein- oder aussteigt, muss sich so verhalten, dass eine Gefährdung anderer am Verkehr Teilnehmenden ausgeschlossen ist.

(2) [1] Wer ein Fahrzeug führt, muss die nötigen Maßnahmen treffen, um Unfälle oder Verkehrsstörungen zu vermeiden, wenn das Fahrzeug verlassen wird. [2] Kraftfahrzeuge sind auch gegen unbefugte Benutzung zu sichern.

**§ 15 Liegenbleiben von Fahrzeugen.** [1] Bleibt ein mehrspuriges Fahrzeug an einer Stelle liegen, an der es nicht rechtzeitig als stehendes Hindernis erkannt werden kann, ist sofort Warnblinklicht einzuschalten. [2] Danach ist mindestens ein auffällig warnendes Zeichen gut sichtbar in ausreichender Entfernung aufzustellen, und zwar bei schnellem Verkehr in etwa 100 m Entfernung; vorgeschriebene Sicherungsmittel, wie Warndreiecke, sind zu verwenden. [3] Darüber hinaus gelten die Vorschriften über die Beleuchtung haltender Fahrzeuge.

**§ 15a Abschleppen von Fahrzeugen.** (1) Beim Abschleppen eines auf der Autobahn liegen gebliebenen Fahrzeugs ist die Autobahn (Zeichen 330.1) bei der nächsten Ausfahrt zu verlassen.

(2) Beim Abschleppen eines außerhalb der Autobahn liegen gebliebenen Fahrzeugs darf nicht in die Autobahn (Zeichen 330.1) eingefahren werden.

(3) Während des Abschleppens haben beide Fahrzeuge Warnblinklicht einzuschalten.

(4) Krafträder dürfen nicht abgeschleppt werden.

**§ 16[1)] Warnzeichen.** (1) Schall- und Leuchtzeichen darf nur geben,

1. wer außerhalb geschlossener Ortschaften überholt (§ 5 Absatz 5) oder
2. wer sich oder Andere gefährdet sieht.

(2) [1] Wer einen Omnibus des Linienverkehrs oder einen gekennzeichneten Schulbus führt, muss Warnblinklicht einschalten, wenn er sich einer Haltestelle nähert und solange Fahrgäste ein- oder aussteigen, soweit die für den Straßenverkehr nach Landesrecht zuständige Behörde (Straßenverkehrsbehörde) für bestimmte Haltestellen ein solches Verhalten angeordnet hat. [2] Im Übrigen darf außer beim Liegenbleiben (§ 15) und beim Abschleppen von Fahrzeugen (§ 15a) Warnblinklicht nur einschalten, wer Andere durch sein Fahrzeug gefährdet oder Andere vor Gefahren warnen will, zum Beispiel bei Annäherung an einen Stau oder bei besonders langsamer Fahrgeschwindigkeit auf Autobahnen und anderen schnell befahrenen Straßen.

(3) Schallzeichen dürfen nicht aus einer Folge verschieden hoher Töne bestehen.

(4) Keine Schallzeichen im Sinne der Absätze 1 und 3 sind akustische Fahrzeugwarnsysteme im Sinne der Artikel 3 Satz 2 Nummer 22, Artikel 8 und

---

[1)] § 16 Abs. 4 angef. mWv 28.4.2020 durch VO v. 20.4.2020 (BGBl. I S. 814).

Anhang VIII der Verordnung (EU) Nr. 540/2014 des Europäischen Parlaments und des Rates vom 16. April 2014 über den Geräuschpegel von Kraftfahrzeugen und von Austauschschalldämpferanlagen sowie zur Änderung der Richtlinie 2007/46/EG und zur Aufhebung der Richtlinie 70/157/EWG (ABl. L 158 vom 27.5. 2014, S. 131) in der jeweils geltenden Fassung.

**§ 17 Beleuchtung.** (1) [1] Während der Dämmerung, bei Dunkelheit oder wenn die Sichtverhältnisse es sonst erfordern, sind die vorgeschriebenen Beleuchtungseinrichtungen zu benutzen. [2] Die Beleuchtungseinrichtungen dürfen nicht verdeckt oder verschmutzt sein.

(2) [1] Mit Begrenzungsleuchten (Standlicht) allein darf nicht gefahren werden. [2] Auf Straßen mit durchgehender, ausreichender Beleuchtung darf auch nicht mit Fernlicht gefahren werden. [3] Es ist rechtzeitig abzublenden, wenn ein Fahrzeug entgegenkommt oder mit geringem Abstand vorausfährt oder wenn es sonst die Sicherheit des Verkehrs auf oder neben der Straße erfordert. [4] Wenn nötig ist entsprechend langsamer zu fahren.

(2a) [1] Wer ein Kraftrad führt, muss auch am Tag mit Abblendlicht oder eingeschalteten Tagfahrleuchten fahren. [2] Während der Dämmerung, bei Dunkelheit oder wenn die Sichtverhältnisse es sonst erfordern, ist Abblendlicht einzuschalten.

(3) [1] Behindert Nebel, Schneefall oder Regen die Sicht erheblich, dann ist auch am Tage mit Abblendlicht zu fahren. [2] Nur bei solcher Witterung dürfen Nebelscheinwerfer eingeschaltet sein. [3] Bei zwei Nebelscheinwerfern genügt statt des Abblendlichts die zusätzliche Benutzung der Begrenzungsleuchten. [4] An Krafträdern ohne Beiwagen braucht nur der Nebelscheinwerfer benutzt zu werden. [5] Nebelschlussleuchten dürfen nur dann benutzt werden, wenn durch Nebel die Sichtweite weniger als 50 m beträgt.

(4) [1] Haltende Fahrzeuge sind außerhalb geschlossener Ortschaften mit eigener Lichtquelle zu beleuchten. [2] Innerhalb geschlossener Ortschaften genügt es, nur die der Fahrbahn zugewandte Fahrzeugseite durch Parkleuchten oder auf andere zugelassene Weise kenntlich zu machen; eigene Beleuchtung ist entbehrlich, wenn die Straßenbeleuchtung das Fahrzeug auf ausreichende Entfernung deutlich sichtbar macht. [3] Auf der Fahrbahn haltende Fahrzeuge, ausgenommen Personenkraftwagen, mit einer zulässigen Gesamtmasse von mehr als 3,5 t und Anhänger sind innerhalb geschlossener Ortschaften stets mit eigener Lichtquelle zu beleuchten oder durch andere zugelassene lichttechnische Einrichtungen kenntlich zu machen. [4] Fahrzeuge, die ohne Schwierigkeiten von der Fahrbahn entfernt werden können, wie Krafträder, Fahrräder mit Hilfsmotor, Fahrräder, Krankenfahrstühle, einachsige Zugmaschinen, einachsige Anhänger, Handfahrzeuge oder unbespannte Fuhrwerke, dürfen bei Dunkelheit dort nicht unbeleuchtet stehen gelassen werden.

(4a) [1] Soweit bei Militärfahrzeugen von den allgemeinen Beleuchtungsvorschriften abgewichen wird, sind gelb-rote retroreflektierende Warntafeln oder gleichwertige Absicherungsmittel zu verwenden. [2] Im Übrigen können sie an diesen Fahrzeugen zusätzlich verwendet werden.

(5) Wer zu Fuß geht und einachsige Zug- oder Arbeitsmaschinen an Holmen oder Handfahrzeuge mitführt, hat mindestens eine nach vorn und hinten gut sichtbare, nicht blendende Leuchte mit weißem Licht auf der linken Seite anzubringen oder zu tragen.

(6) Suchscheinwerfer dürfen nur kurz und nicht zum Beleuchten der Fahrbahn benutzt werden.

**§ 18 Autobahnen und Kraftfahrstraßen.** (1) [1] Autobahnen (Zeichen 330.1) und Kraftfahrstraßen (Zeichen 331.1) dürfen nur mit Kraftfahrzeugen benutzt werden, deren durch die Bauart bestimmte Höchstgeschwindigkeit mehr als 60 km/h beträgt; werden Anhänger mitgeführt, gilt das Gleiche auch für diese. [2] Fahrzeug und Ladung dürfen zusammen nicht höher als 4 m und nicht breiter als 2,55 m sein. [3] Kühlfahrzeuge dürfen nicht breiter als 2,60 m sein.

(2) Auf Autobahnen darf nur an gekennzeichneten Anschlussstellen (Zeichen 330.1) eingefahren werden, auf Kraftfahrstraßen nur an Kreuzungen oder Einmündungen.

(3) Der Verkehr auf der durchgehenden Fahrbahn hat die Vorfahrt.

(4) (weggefallen)

(5) [1] Auf Autobahnen darf innerhalb geschlossener Ortschaften schneller als 50 km/h gefahren werden. [2] Auf ihnen sowie außerhalb geschlossener Ortschaften auf Kraftfahrstraßen mit Fahrbahnen für eine Richtung, die durch Mittelstreifen oder sonstige bauliche Einrichtungen getrennt sind, beträgt die zulässige Höchstgeschwindigkeit auch unter günstigsten Umständen

1.[1)] für
   a) Kraftfahrzeuge mit einer zulässigen Gesamtmasse von mehr als 3,5 t, ausgenommen Personenkraftwagen,
   b) Personenkraftwagen mit Anhänger, Lastkraftwagen mit Anhänger, Wohnmobile mit Anhänger und Zugmaschinen mit Anhänger sowie
   c) Kraftomnibusse ohne Anhänger oder mit Gepäckanhänger

   80 km/h,

2. für
   a) Krafträder mit Anhänger und selbstfahrende Arbeitsmaschinen mit Anhänger,
   b) Zugmaschinen mit zwei Anhängern sowie
   c) Kraftomnibusse mit Anhänger oder mit Fahrgästen, für die keine Sitzplätze mehr zur Verfügung stehen,

   60 km/h,

3. für Kraftomnibusse ohne Anhänger, die
   a) nach Eintragung in der Zulassungsbescheinigung Teil I für eine Höchstgeschwindigkeit von 100 km/h zugelassen sind,
   b) hauptsächlich für die Beförderung von sitzenden Fahrgästen gebaut und die Fahrgastsitze als Reisebestuhlung ausgeführt sind,
   c) auf allen Sitzen sowie auf Rollstuhlplätzen, wenn auf ihnen Rollstuhlfahrer befördert werden, mit Sicherheitsgurten ausgerüstet sind,
   d) mit einem Geschwindigkeitsbegrenzer ausgerüstet sind, der auf eine Höchstgeschwindigkeit von maximal 100 km/h (Vset) eingestellt ist,
   e) den Vorschriften der Richtlinie 2001/85/EG des Europäischen Parlaments und des Rates vom 20. November 2001 über besondere Vorschriften für Fahrzeuge zur Personenbeförderung mit mehr als acht Sitzplätzen außer dem Fahrersitz und zur Änderung der Richtlinien 70/156/EWG und 97/27/EG (ABl. L 42 vom 13.2.2002, S. 1) in der jeweils zum Zeitpunkt der

---

[1)] Beachte hierzu 12. AusnahmeVO zur StVO v. 18.3.2005 (BGBl. I S. 866), zuletzt geänd. durch VO v. 26.10.2009 (BGBl. I S. 3678).

Erstzulassung des jeweiligen Kraftomnibusses geltenden Fassung entsprechen und

f) auf der vorderen Lenkachse nicht mit nachgeschnittenen Reifen ausgerüstet sind, oder

g) für nicht in Mitgliedstaaten der Europäischen Union oder in Vertragsstaaten des Abkommens über den Europäischen Wirtschaftsraum zugelassene Kraftomnibusse, wenn jeweils eine behördliche Bestätigung des Zulassungsstaates in deutscher Sprache über die Übereinstimmung mit den vorgenannten Bestimmungen und über jährlich stattgefundene Untersuchungen mindestens im Umfang der Richtlinie 96/96/EG des Rates vom 20. Dezember 1996 zur Angleichung der Rechtsvorschriften der Mitgliedstaaten über die technische Überwachung der Kraftfahrzeuge und Kraftfahrzeuganhänger (ABl. L 46 vom 17.2.1997, S. 1) in der jeweils geltenden Fassung vorgelegt werden kann,

100 km/h.

(6) Wer auf der Autobahn mit Abblendlicht fährt, braucht seine Geschwindigkeit nicht der Reichweite des Abblendlichts anzupassen, wenn

1. die Schlussleuchten des vorausfahrenden Kraftfahrzeugs klar erkennbar sind und ein ausreichender Abstand von ihm eingehalten wird oder
2. der Verlauf der Fahrbahn durch Leiteinrichtungen mit Rückstrahlern und, zusammen mit fremdem Licht, Hindernisse rechtzeitig erkennbar sind.

(7) Wenden und Rückwärtsfahren sind verboten.

(8) Halten, auch auf Seitenstreifen, ist verboten.

(9) [1] Zu Fuß Gehende dürfen Autobahnen nicht betreten. [2] Kraftfahrstraßen dürfen sie nur an Kreuzungen, Einmündungen oder sonstigen dafür vorgesehenen Stellen überschreiten; sonst ist jedes Betreten verboten.

(10) [1] Die Ausfahrt von Autobahnen ist nur an Stellen erlaubt, die durch die Ausfahrttafel (Zeichen 332) und durch das Pfeilzeichen (Zeichen 333) oder durch eins dieser Zeichen gekennzeichnet sind. [2] Die Ausfahrt von Kraftfahrstraßen ist nur an Kreuzungen oder Einmündungen erlaubt.

(11) Lastkraftwagen mit einer zulässigen Gesamtmasse über 7,5 t, einschließlich ihrer Anhänger, sowie Zugmaschinen dürfen, wenn die Sichtweite durch erheblichen Schneefall oder Regen auf 50 m oder weniger eingeschränkt ist, sowie bei Schneeglätte oder Glatteis den äußerst linken Fahrstreifen nicht benutzen.

**§ 19 Bahnübergänge.** (1) [1] Schienenfahrzeuge haben Vorrang

1. auf Bahnübergängen mit Andreaskreuz (Zeichen 201),
2. auf Bahnübergängen über Fuß-, Feld-, Wald- oder Radwege und
3. in Hafen- und Industriegebieten, wenn an den Einfahrten das Andreaskreuz mit dem Zusatzzeichen „Hafengebiet, Schienenfahrzeuge haben Vorrang“ oder „Industriegebiet, Schienenfahrzeuge haben Vorrang“ steht.

[2] Der Straßenverkehr darf sich solchen Bahnübergängen nur mit mäßiger Geschwindigkeit nähern. [3] Wer ein Fahrzeug führt, darf an Bahnübergängen vom Zeichen 151, 156 an bis einschließlich des Kreuzungsbereichs von Schiene und Straße Kraftfahrzeuge nicht überholen.

(2) [1] Fahrzeuge haben vor dem Andreaskreuz, zu Fuß Gehende in sicherer Entfernung vor dem Bahnübergang zu warten, wenn

1. sich ein Schienenfahrzeug nähert,

2. rotes Blinklicht oder gelbe oder rote Lichtzeichen gegeben werden,
3. die Schranken sich senken oder geschlossen sind,
4. ein Bahnbediensteter Halt gebietet oder
5. ein hörbares Signal, wie ein Pfeifsignal des herannahenden Zuges, ertönt.

[2] Hat das rote Blinklicht oder das rote Lichtzeichen die Form eines Pfeils, hat nur zu warten, wer in die Richtung des Pfeils fahren will. [3] Das Senken der Schranken kann durch Glockenzeichen angekündigt werden.

(3) Kann der Bahnübergang wegen des Straßenverkehrs nicht zügig und ohne Aufenthalt überquert werden, ist vor dem Andreaskreuz zu warten.

(4) Wer einen Fuß-, Feld-, Wald- oder Radweg benutzt, muss sich an Bahnübergängen ohne Andreaskreuz entsprechend verhalten.

(5) [1] Vor Bahnübergängen ohne Vorrang der Schienenfahrzeuge ist in sicherer Entfernung zu warten, wenn ein Bahnbediensteter mit einer weiß-rot-weißen Fahne oder einer roten Leuchte Halt gebietet. [2] Werden gelbe oder rote Lichtzeichen gegeben, gilt § 37 Absatz 2 Nummer 1 entsprechend.

(6) Die Scheinwerfer wartender Kraftfahrzeuge dürfen niemanden blenden.

**§ 20 Öffentliche Verkehrsmittel und Schulbusse.** (1) An Omnibussen des Linienverkehrs, an Straßenbahnen und an gekennzeichneten Schulbussen, die an Haltestellen (Zeichen 224) halten, darf, auch im Gegenverkehr, nur vorsichtig vorbeigefahren werden.

(2) [1] Wenn Fahrgäste ein- oder aussteigen, darf rechts nur mit Schrittgeschwindigkeit und nur in einem solchen Abstand vorbeigefahren werden, dass eine Gefährdung von Fahrgästen ausgeschlossen ist. [2] Sie dürfen auch nicht behindert werden. [3] Wenn nötig, muss, wer ein Fahrzeug führt, warten.

(3) Omnibusse des Linienverkehrs und gekennzeichnete Schulbusse, die sich einer Haltestelle (Zeichen 224) nähern und Warnblinklicht eingeschaltet haben, dürfen nicht überholt werden.

(4) [1] An Omnibussen des Linienverkehrs und an gekennzeichneten Schulbussen, die an Haltestellen (Zeichen 224) halten und Warnblinklicht eingeschaltet haben, darf nur mit Schrittgeschwindigkeit und nur in einem solchen Abstand vorbeigefahren werden, dass eine Gefährdung von Fahrgästen ausgeschlossen ist. [2] Die Schrittgeschwindigkeit gilt auch für den Gegenverkehr auf derselben Fahrbahn. [3] Die Fahrgäste dürfen auch nicht behindert werden. [4] Wenn nötig, muss, wer ein Fahrzeug führt, warten.

(5) [1] Omnibussen des Linienverkehrs und Schulbussen ist das Abfahren von gekennzeichneten Haltestellen zu ermöglichen. [2] Wenn nötig, müssen andere Fahrzeuge warten.

(6) Personen, die öffentliche Verkehrsmittel benutzen wollen, müssen sie auf den Gehwegen, den Seitenstreifen oder einer Haltestelleninsel, sonst am Rand der Fahrbahn erwarten.

**§ 21[1)] Personenbeförderung.** (1) [1] In Kraftfahrzeugen dürfen nicht mehr Personen befördert werden, als mit Sicherheitsgurten ausgerüstete Sitzplätze vorhanden sind. [2] Abweichend von Satz 1 dürfen in Kraftfahrzeugen, für die Sicherheitsgurte nicht für alle Sitzplätze vorgeschrieben sind, so viele Personen befördert

[1)] § 21 Abs. 1a Satz 1 geänd. mWv 30.10.2014 durch VO v. 22.10.2014 (BGBl. I S. 1635); Abs. 3 Satz 1 neu gef., Satz 2 eingef., bish. Sätze 2 und 3 werden Sätze 3 und 4 mWv 28.4.2020 durch VO v. 20.4.2020 (BGBl. I S. 814).

werden, wie Sitzplätze vorhanden sind. [3] Die Sätze 1 und 2 gelten nicht in Kraftomnibussen, bei denen die Beförderung stehender Fahrgäste zugelassen ist. [4] Es ist verboten, Personen mitzunehmen

1. auf Krafträdern ohne besonderen Sitz,
2. auf Zugmaschinen ohne geeignete Sitzgelegenheit oder
3. in Wohnanhängern hinter Kraftfahrzeugen.

(1a) [1] Kinder bis zum vollendeten 12. Lebensjahr, die kleiner als 150 cm sind, dürfen in Kraftfahrzeugen auf Sitzen, für die Sicherheitsgurte vorgeschrieben sind, nur mitgenommen werden, wenn Rückhalteeinrichtungen für Kinder benutzt werden, die den in Artikel 2 Absatz 1 Buchstabe c der Richtlinie 91/671/EWG des Rates vom 16. Dezember 1991 über die Gurtanlegepflicht und die Pflicht zur Benutzung von Kinderrückhalteeinrichtungen in Kraftfahrzeugen (ABl. L 373 vom 31.12.1991, S. 26), der zuletzt durch Artikel 1 Absatz 2 der Durchführungsrichtlinie 2014/37/EU vom 27. Februar 2014 (ABl. L 59 vom 28.2.2014, S. 32) neu gefasst worden ist, genannten Anforderungen genügen und für das Kind geeignet sind. [2] Abweichend von Satz 1

1. ist in Kraftomnibussen mit einer zulässigen Gesamtmasse von mehr als 3,5 t Satz 1 nicht anzuwenden,
2. dürfen Kinder ab dem vollendeten dritten Lebensjahr auf Rücksitzen mit den vorgeschriebenen Sicherheitsgurten gesichert werden, soweit wegen der Sicherung anderer Kinder mit Kinderrückhalteeinrichtungen für die Befestigung weiterer Rückhalteeinrichtungen für Kinder keine Möglichkeit besteht,
3. ist
   a) beim Verkehr mit Taxen und
   b) bei sonstigen Verkehren mit Personenkraftwagen, wenn eine Beförderungspflicht im Sinne des § 22 des Personenbeförderungsgesetzes[1)] besteht,

   auf Rücksitzen die Verpflichtung zur Sicherung von Kindern mit amtlich genehmigten und geeigneten Rückhalteeinrichtungen auf zwei Kinder mit einem Gewicht ab 9 kg beschränkt, wobei wenigstens für ein Kind mit einem Gewicht zwischen 9 und 18 kg eine Sicherung möglich sein muss; diese Ausnahmeregelung gilt nicht, wenn eine regelmäßige Beförderung von Kindern gegeben ist.

(1b) [1] In Fahrzeugen, die nicht mit Sicherheitsgurten ausgerüstet sind, dürfen Kinder unter drei Jahren nicht befördert werden. [2] Kinder ab dem vollendeten dritten Lebensjahr, die kleiner als 150 cm sind, müssen in solchen Fahrzeugen auf dem Rücksitz befördert werden. [3] Die Sätze 1 und 2 gelten nicht für Kraftomnibusse.

(2) [1] Die Mitnahme von Personen auf der Ladefläche oder in Laderäumen von Kraftfahrzeugen ist verboten. [2] Dies gilt nicht, soweit auf der Ladefläche oder in Laderäumen mitgenommene Personen dort notwendige Arbeiten auszuführen haben. [3] Das Verbot gilt ferner nicht für die Beförderung von Baustellenpersonal innerhalb von Baustellen. [4] Auf der Ladefläche oder in Laderäumen von Anhängern darf niemand mitgenommen werden. [5] Jedoch dürfen auf Anhängern, wenn diese für land- oder forstwirtschaftliche Zwecke eingesetzt werden, Personen auf geeigneten Sitzgelegenheiten mitgenommen werden. [6] Das Stehen während der Fahrt ist verboten, soweit es nicht zur Begleitung der Ladung oder zur Arbeit auf der Ladefläche erforderlich ist.

---

[1)] **Sartorius Nr. 950.**

(3) [1] Auf Fahrrädern dürfen Personen von mindestens 16 Jahre alten Personen nur mitgenommen werden, wenn die Fahrräder auch zur Personenbeförderung gebaut und eingerichtet sind. [2] Kinder bis zum vollendeten siebten Lebensjahr dürfen auf Fahrrädern von mindestens 16 Jahre alten Personen mitgenommen werden, wenn für die Kinder besondere Sitze vorhanden sind und durch Radverkleidungen oder gleich wirksame Vorrichtungen dafür gesorgt ist, dass die Füße der Kinder nicht in die Speichen geraten können. [3] Hinter Fahrrädern dürfen in Anhängern, die zur Beförderung von Kindern eingerichtet sind, bis zu zwei Kinder bis zum vollendeten siebten Lebensjahr von mindestens 16 Jahre alten Personen mitgenommen werden. [4] Die Begrenzung auf das vollendete siebte Lebensjahr gilt nicht für die Beförderung eines behinderten Kindes.

**§ 21a[1)] Sicherheitsgurte, Rollstuhl-Rückhaltesysteme, Rollstuhlnutzer-Rückhaltesysteme, Schutzhelme.** (1) [1] Vorgeschriebene Sicherheitsgurte müssen während der Fahrt angelegt sein; dies gilt ebenfalls für vorgeschriebene Rollstuhl-Rückhaltesysteme und vorgeschriebene Rollstuhlnutzer-Rückhaltesysteme. [2] Das gilt nicht für

1. *(aufgehoben)*
2. Personen beim Haus-zu-Haus-Verkehr, wenn sie im jeweiligen Leistungs- oder Auslieferungsbezirk regelmäßig in kurzen Zeitabständen ihr Fahrzeug verlassen müssen,
3. Fahrten mit Schrittgeschwindigkeit wie Rückwärtsfahren, Fahrten auf Parkplätzen,
4. Fahrten in Kraftomnibussen, bei denen die Beförderung stehender Fahrgäste zugelassen ist,
5. das Betriebspersonal in Kraftomnibussen und das Begleitpersonal von besonders betreuungsbedürftigen Personengruppen während der Dienstleistungen, die ein Verlassen des Sitzplatzes erfordern,
6. Fahrgäste in Kraftomnibussen mit einer zulässigen Gesamtmasse von mehr als 3,5 t beim kurzzeitigen Verlassen des Sitzplatzes.

(2) [1] Wer Krafträder oder offene drei- oder mehrrädrige Kraftfahrzeuge mit einer bauartbedingten Höchstgeschwindigkeit von über 20 km/h führt sowie auf oder in ihnen mitfährt, muss während der Fahrt einen geeigneten Schutzhelm tragen. [2] Dies gilt nicht, wenn vorgeschriebene Sicherheitsgurte angelegt sind.

**§ 22 Ladung.** (1) [1] Die Ladung einschließlich Geräte zur Ladungssicherung sowie Ladeeinrichtungen sind so zu verstauen und zu sichern, dass sie selbst bei Vollbremsung oder plötzlicher Ausweichbewegung nicht verrutschen, umfallen, hin- und herrollen, herabfallen oder vermeidbaren Lärm erzeugen können. [2] Dabei sind die anerkannten Regeln der Technik zu beachten.

(2) [1] Fahrzeug und Ladung dürfen zusammen nicht breiter als 2,55 m und nicht höher als 4 m sein. [2] Fahrzeuge, die für land- oder forstwirtschaftliche Zwecke eingesetzt werden, dürfen, wenn sie mit land- oder forstwirtschaftlichen Erzeugnissen oder Arbeitsgeräten beladen sind, samt Ladung nicht breiter als 3 m sein. [3] Sind sie mit land- oder forstwirtschaftlichen Erzeugnissen beladen, dürfen sie samt Ladung höher als 4 m sein. [4] Kühlfahrzeuge dürfen nicht breiter als 2,60 m sein.

---

[1)] § 21a Abs. 1 Satz 2 Nr. 1 aufgeh. mWv 30.10.2014 durch VO v. 22.10.2014 (BGBl. I S. 1635); Überschrift neu gef., Abs. 1 Satz 1 geänd. mWv 30.6.2016 durch VO v. 17.6.2016 (BGBl. I S. 1463).

(3) [1]Die Ladung darf bis zu einer Höhe von 2,50 m nicht nach vorn über das Fahrzeug, bei Zügen über das ziehende Fahrzeug hinausragen. [2]Im Übrigen darf der Ladungsüberstand nach vorn bis zu 50 cm über das Fahrzeug, bei Zügen bis zu 50 cm über das ziehende Fahrzeug betragen.

(4) [1]Nach hinten darf die Ladung bis zu 1,50 m hinausragen, jedoch bei Beförderung über eine Wegstrecke bis zu einer Entfernung von 100 km bis zu 3 m; die außerhalb des Geltungsbereichs dieser Verordnung zurückgelegten Wegstrecken werden nicht berücksichtigt. [2]Fahrzeug oder Zug samt Ladung darf nicht länger als 20,75 m sein. [3]Ragt das äußerste Ende der Ladung mehr als 1 m über die Rückstrahler des Fahrzeugs nach hinten hinaus, so ist es kenntlich zu machen durch mindestens

1. eine hellrote, nicht unter 30 x 30 cm große, durch eine Querstange auseinandergehaltene Fahne,
2. ein gleich großes, hellrotes, quer zur Fahrtrichtung pendelnd aufgehängtes Schild oder
3. einen senkrecht angebrachten zylindrischen Körper gleicher Farbe und Höhe mit einem Durchmesser von mindestens 35 cm.

[4]Diese Sicherungsmittel dürfen nicht höher als 1,50 m über der Fahrbahn angebracht werden. [5]Wenn nötig (§ 17 Absatz 1), ist mindestens eine Leuchte mit rotem Licht an gleicher Stelle anzubringen, außerdem ein roter Rückstrahler nicht höher als 90 cm.

(5) [1]Ragt die Ladung seitlich mehr als 40 cm über die Fahrzeugleuchten, bei Kraftfahrzeugen über den äußeren Rand der Lichtaustrittsflächen der Begrenzungs- oder Schlussleuchten hinaus, so ist sie, wenn nötig (§ 17 Absatz 1), kenntlich zu machen, und zwar seitlich höchstens 40 cm von ihrem Rand und höchstens 1,50 m über der Fahrbahn nach vorn durch eine Leuchte mit weißem, nach hinten durch eine mit rotem Licht. [2]Einzelne Stangen oder Pfähle, waagerecht liegende Platten und andere schlecht erkennbare Gegenstände dürfen seitlich nicht herausragen.

**§ 23[1)] Sonstige Pflichten von Fahrzeugführenden.** (1) [1]Wer ein Fahrzeug führt, ist dafür verantwortlich, dass seine Sicht und das Gehör nicht durch die Besetzung, Tiere, die Ladung, Geräte oder den Zustand des Fahrzeugs beeinträchtigt werden. [2]Wer ein Fahrzeug führt, hat zudem dafür zu sorgen, dass das Fahrzeug, der Zug, das Gespann sowie die Ladung und die Besetzung vorschriftsmäßig sind und dass die Verkehrssicherheit des Fahrzeugs durch die Ladung oder die Besetzung nicht leidet. [3]Ferner ist dafür zu sorgen, dass die vorgeschriebenen Kennzeichen stets gut lesbar sind. [4]Vorgeschriebene Beleuchtungseinrichtungen müssen an Kraftfahrzeugen und ihren Anhängern auch am Tage vorhanden und betriebsbereit sein.

(1a) [1]Wer ein Fahrzeug führt, darf ein elektronisches Gerät, das der Kommunikation, Information oder Organisation dient oder zu dienen bestimmt ist, nur benutzen, wenn

1. hierfür das Gerät weder aufgenommen noch gehalten wird und
2. entweder
   a) nur eine Sprachsteuerung und Vorlesefunktion genutzt wird oder

[1)] § 23 Abs. 1 Satz 4 geänd. mWv 1.6.2017 durch VO v. 18.5.2017 (BGBl. I S. 1282); Abs. 1a neu gef., Abs. 1b eingef., bish. Abs. 1b wird 1c, Abs. 4 angef. mWv 19.10.2017 durch VO v. 6.10.2017 (BGBl. I S. 3549); Abs. 1c Satz 3 angef. mWv 28.4.2020 durch VO v. 20.4.2020 (BGBl. I S. 814).

b) zur Bedienung und Nutzung des Gerätes nur eine kurze, den Straßen-, Verkehrs-, Sicht- und Wetterverhältnissen angepasste Blickzuwendung zum Gerät bei gleichzeitig entsprechender Blickabwendung vom Verkehrsgeschehen erfolgt oder erforderlich ist.

[2] Geräte im Sinne des Satzes 1 sind auch Geräte der Unterhaltungselektronik oder Geräte zur Ortsbestimmung, insbesondere Mobiltelefone oder Autotelefone, Berührungsbildschirme, tragbare Flachrechner, Navigationsgeräte, Fernseher oder Abspielgeräte mit Videofunktion oder Audiorekorder. [3] Handelt es sich bei dem Gerät im Sinne des Satzes 1, auch in Verbindung mit Satz 2, um ein auf dem Kopf getragenes visuelles Ausgabegerät, insbesondere eine Videobrille, darf dieses nicht benutzt werden. [4] Verfügt das Gerät im Sinne des Satzes 1, auch in Verbindung mit Satz 2, über eine Sichtfeldprojektion, darf diese für fahrzeugbezogene, verkehrszeichenbezogene, fahrtbezogene oder fahrtbegleitende Informationen benutzt werden. [5] Absatz 1c und § 1b des Straßenverkehrsgesetzes[1)] bleiben unberührt.

(1b) [1] Absatz 1a Satz 1 bis 3 gilt nicht für

1. ein stehendes Fahrzeug, im Falle eines Kraftfahrzeuges vorbehaltlich der Nummer 3 nur, wenn der Motor vollständig ausgeschaltet ist,
2. den bestimmungsgemäßen Betrieb einer atemalkoholgesteuerten Wegfahrsperre, soweit ein für den Betrieb bestimmtes Handteil aufgenommen und gehalten werden muss,
3. stehende Straßenbahnen oder Linienbusse an Haltestellen (Zeichen 224).

[2] Das fahrzeugseitige automatische Abschalten des Motors im Verbrennungsbetrieb oder das Ruhen des elektrischen Antriebes ist kein Ausschalten des Motors in diesem Sinne. [3] Absatz 1a Satz 1 Nummer 2 Buchstabe b gilt nicht für

1. die Benutzung eines Bildschirms oder einer Sichtfeldprojektion zur Bewältigung der Fahraufgabe des Rückwärtsfahrens oder Einparkens, soweit das Fahrzeug nur mit Schrittgeschwindigkeit bewegt wird, oder
2. die Benutzung elektronischer Geräte, die vorgeschriebene Spiegel ersetzen oder ergänzen.

(1c) [1] Wer ein Fahrzeug führt, darf ein technisches Gerät nicht betreiben oder betriebsbereit mitführen, das dafür bestimmt ist, Verkehrsüberwachungsmaßnahmen anzuzeigen oder zu stören. [2] Das gilt insbesondere für Geräte zur Störung oder Anzeige von Geschwindigkeitsmessungen (Radarwarn- oder Laserstörgeräte). [3] Bei anderen technischen Geräten, die neben anderen Nutzungszwecken auch zur Anzeige oder Störung von Verkehrsüberwachungsmaßnahmen verwendet werden können, dürfen die entsprechenden Gerätefunktionen nicht verwendet werden.

(2) Wer ein Fahrzeug führt, muss das Fahrzeug, den Zug oder das Gespann auf dem kürzesten Weg aus dem Verkehr ziehen, falls unterwegs auftretende Mängel, welche die Verkehrssicherheit wesentlich beeinträchtigen, nicht alsbald beseitigt werden; dagegen dürfen Krafträder und Fahrräder dann geschoben werden.

(3) [1] Wer ein Fahrrad oder ein Kraftrad fährt, darf sich nicht an Fahrzeuge anhängen. [2] Es darf nicht freihändig gefahren werden. [3] Die Füße dürfen nur dann von den Pedalen oder den Fußrasten genommen werden, wenn der Straßenzustand das erfordert.

---

[1)] Nr. **35**.

(4) [1]Wer ein Kraftfahrzeug führt, darf sein Gesicht nicht so verhüllen oder verdecken, dass er nicht mehr erkennbar ist. [2]Dies gilt nicht in Fällen des § 21a Absatz 2 Satz 1.

**§ 24 Besondere Fortbewegungsmittel.** (1) [1]Schiebe- und Greifreifenrollstühle, Rodelschlitten, Kinderwagen, Roller, Kinderfahrräder, Inline-Skates, Rollschuhe und ähnliche nicht motorbetriebene Fortbewegungsmittel sind nicht Fahrzeuge im Sinne der Verordnung. [2]Für den Verkehr mit diesen Fortbewegungsmitteln gelten die Vorschriften für den Fußgängerverkehr entsprechend.

(2) Mit Krankenfahrstühlen oder mit anderen als in Absatz 1 genannten Rollstühlen darf dort, wo Fußgängerverkehr zulässig ist, gefahren werden, jedoch nur mit Schrittgeschwindigkeit.

**§ 25[1)] Fußgänger.** (1) [1]Wer zu Fuß geht, muss die Gehwege benutzen. [2]Auf der Fahrbahn darf nur gegangen werden, wenn die Straße weder einen Gehweg noch einen Seitenstreifen hat. [3]Wird die Fahrbahn benutzt, muss innerhalb geschlossener Ortschaften am rechten oder linken Fahrbahnrand gegangen werden; außerhalb geschlossener Ortschaften muss am linken Fahrbahnrand gegangen werden, wenn das zumutbar ist. [4]Bei Dunkelheit, bei schlechter Sicht oder wenn die Verkehrslage es erfordert, muss einzeln hintereinander gegangen werden.

(2) [1]Wer zu Fuß geht und Fahrzeuge oder sperrige Gegenstände mitführt, muss die Fahrbahn benutzen, wenn auf dem Gehweg oder auf dem Seitenstreifen andere zu Fuß Gehende erheblich behindert würden. [2]Benutzen zu Fuß Gehende, die Fahrzeuge mitführen, die Fahrbahn, müssen sie am rechten Fahrbahnrand gehen; vor dem Abbiegen nach links dürfen sie sich nicht links einordnen.

(3) [1]Wer zu Fuß geht, hat Fahrbahnen unter Beachtung des Fahrzeugverkehrs zügig auf dem kürzesten Weg quer zur Fahrtrichtung zu überschreiten. [2]Wenn die Verkehrsdichte, Fahrgeschwindigkeit, Sichtverhältnisse oder der Verkehrsablauf es erfordern, ist eine Fahrbahn nur an Kreuzungen oder Einmündungen, an Lichtzeichenanlagen innerhalb von Markierungen, an Fußgängerquerungshilfen oder auf Fußgängerüberwegen (Zeichen 293) zu überschreiten. [3]Wird die Fahrbahn an Kreuzungen oder Einmündungen überschritten, sind dort vorhandene Fußgängerüberwege oder Markierungen an Lichtzeichenanlagen stets zu benutzen.

(4) [1]Wer zu Fuß geht, darf Absperrungen, wie Stangen- oder Kettengeländer, nicht überschreiten. [2]Absperrschranken (Zeichen 600) verbieten das Betreten der abgesperrten Straßenfläche.

(5) Gleisanlagen, die nicht zugleich dem sonstigen öffentlichen Straßenverkehr dienen, dürfen nur an den dafür vorgesehenen Stellen betreten werden.

**§ 26 Fußgängerüberwege.** (1) [1]An Fußgängerüberwegen haben Fahrzeuge mit Ausnahme von Schienenfahrzeugen den zu Fuß Gehenden sowie Fahrenden von Krankenfahrstühlen oder Rollstühlen, welche den Überweg erkennbar benutzen wollen, das Überqueren der Fahrbahn zu ermöglichen. [2]Dann dürfen sie nur mit mäßiger Geschwindigkeit heranfahren; wenn nötig, müssen sie warten.

(2) Stockt der Verkehr, dürfen Fahrzeuge nicht auf den Überweg fahren, wenn sie auf ihm warten müssten.

(3) An Überwegen darf nicht überholt werden.

[1)] § 25 Abs. 3 Satz 1 neu gef., Satz 2 eingef., bish. Satz 2 wird Satz 3 mWv 19.10.2017 durch VO v. 6.10.2017 (BGBl. I S. 3549).

(4) Führt die Markierung über einen Radweg oder einen anderen Straßenteil, gelten diese Vorschriften entsprechend.

**§ 27 Verbände.** (1) [1] Für geschlossene Verbände gelten die für den gesamten Fahrverkehr einheitlich bestehenden Verkehrsregeln und Anordnungen sinngemäß. [2] Mehr als 15 Rad Fahrende dürfen einen geschlossenen Verband bilden. [3] Dann dürfen sie zu zweit nebeneinander auf der Fahrbahn fahren. [4] Kinder- und Jugendgruppen zu Fuß müssen, soweit möglich, die Gehwege benutzen.

(2) Geschlossene Verbände, Leichenzüge und Prozessionen müssen, wenn ihre Länge dies erfordert, in angemessenen Abständen Zwischenräume für den übrigen Verkehr frei lassen; an anderen Stellen darf dieser sie nicht unterbrechen.

(3) [1] Geschlossen ist ein Verband, wenn er für andere am Verkehr Teilnehmende als solcher deutlich erkennbar ist. [2] Bei Kraftfahrzeugverbänden muss dazu jedes einzelne Fahrzeug als zum Verband gehörig gekennzeichnet sein.

(4) [1] Die seitliche Begrenzung geschlossen reitender oder zu Fuß marschierender Verbände muss, wenn nötig (§ 17 Absatz 1), mindestens nach vorn durch nicht blendende Leuchten mit weißem Licht, nach hinten durch Leuchten mit rotem Licht oder gelbem Blinklicht kenntlich gemacht werden. [2] Gliedert sich ein solcher Verband in mehrere deutlich voneinander getrennte Abteilungen, dann ist jede auf diese Weise zu sichern. [3] Eigene Beleuchtung brauchen die Verbände nicht, wenn sie sonst ausreichend beleuchtet sind.

(5) Wer einen Verband führt, hat dafür zu sorgen, dass die für geschlossene Verbände geltenden Vorschriften befolgt werden.

(6) Auf Brücken darf nicht im Gleichschritt marschiert werden.

**§ 28 Tiere.** (1) [1] Haus- und Stalltiere, die den Verkehr gefährden können, sind von der Straße fernzuhalten. [2] Sie sind dort nur zugelassen, wenn sie von geeigneten Personen begleitet sind, die ausreichend auf sie einwirken können. [3] Es ist verboten, Tiere von Kraftfahrzeugen aus zu führen. [4] Von Fahrrädern aus dürfen nur Hunde geführt werden.

(2) [1] Wer reitet, Pferde oder Vieh führt oder Vieh treibt, unterliegt sinngemäß den für den gesamten Fahrverkehr einheitlich bestehenden Verkehrsregeln und Anordnungen. [2] Zur Beleuchtung müssen mindestens verwendet werden:

1. beim Treiben von Vieh vorn eine nicht blendende Leuchte mit weißem Licht und am Ende eine Leuchte mit rotem Licht,
2. beim Führen auch nur eines Großtieres oder von Vieh eine nicht blendende Leuchte mit weißem Licht, die auf der linken Seite nach vorn und hinten gut sichtbar mitzuführen ist.

**§ 29[1)] Übermäßige Straßenbenutzung.** (1) *(aufgehoben)*

(2) [1] Veranstaltungen, für die Straßen mehr als verkehrsüblich in Anspruch genommen werden, insbesondere Kraftfahrzeugrennen, bedürfen der Erlaubnis. [2] Das ist der Fall, wenn die Benutzung der Straße für den Verkehr wegen der Zahl oder des Verhaltens der Teilnehmenden oder der Fahrweise der beteiligten Fahrzeuge eingeschränkt wird; Kraftfahrzeuge in geschlossenem Verband nehmen die Straße stets mehr als verkehrsüblich in Anspruch. [3] Veranstaltende haben dafür zu sorgen, dass die Verkehrsvorschriften sowie etwaige Bedingungen und Auflagen befolgt werden.

---

1) § 29 Abs. 1 aufgeh., Abs. 2 Satz 1 geänd. mWv 13.10.2017 durch G v. 30.9.2017 (BGBl. I S. 3532).

(3) [1]Einer Erlaubnis bedarf der Verkehr mit Fahrzeugen und Zügen, deren Abmessungen, Achslasten oder Gesamtmassen die gesetzlich allgemein zugelassenen Grenzen tatsächlich überschreiten. [2]Das gilt auch für den Verkehr mit Fahrzeugen, deren Bauart den Fahrzeugführenden kein ausreichendes Sichtfeld lässt.

**§ 30[1)] Umweltschutz, Sonn- und Feiertagsfahrverbot.** (1) [1]Bei der Benutzung von Fahrzeugen sind unnötiger Lärm und vermeidbare Abgasbelästigungen verboten. [2]Es ist insbesondere verboten, Fahrzeugmotoren unnötig laufen zu lassen und Fahrzeugtüren übermäßig laut zu schließen. [3]Unnützes Hin- und Herfahren ist innerhalb geschlossener Ortschaften verboten, wenn Andere dadurch belästigt werden.

(2) Veranstaltungen mit Kraftfahrzeugen bedürfen der Erlaubnis, wenn sie die Nachtruhe stören können.

(3) [1]An Sonntagen und Feiertagen dürfen in der Zeit von 0.00 bis 22.00 Uhr zur geschäftsmäßigen oder entgeltlichen Beförderung von Gütern einschließlich damit verbundener Leerfahrten Lastkraftwagen mit einer zulässigen Gesamtmasse über 7,5 t sowie Anhänger hinter Lastkraftwagen nicht geführt werden. [2]Das Verbot gilt nicht für

1. kombinierten Güterverkehr Schiene-Straße vom Versender bis zum nächstgelegenen geeigneten Verladebahnhof oder vom nächstgelegenen geeigneten Entladebahnhof bis zum Empfänger, jedoch nur bis zu einer Entfernung von 200 km,

1a. kombinierten Güterverkehr Hafen-Straße zwischen Belade- oder Entladestelle und einem innerhalb eines Umkreises von höchstens 150 Kilometern gelegenen Hafen (An- oder Abfuhr),

2. die Beförderung von
   a) frischer Milch und frischen Milcherzeugnissen,
   b) frischem Fleisch und frischen Fleischerzeugnissen,
   c) frischen Fischen, lebenden Fischen und frischen Fischerzeugnissen,
   d) leicht verderblichem Obst und Gemüse,

3. die Beförderung von Material der Kategorie 1 nach Artikel 8 und Material der Kategorie 2 nach Artikel 9 Buchstabe f Ziffer i der Verordnung (EG) Nr. 1069/2009 des Europäischen Parlaments und des Rates vom 21. Oktober 2009 mit Hygienevorschriften für nicht für den menschlichen Verzehr bestimmte tierische Nebenprodukte und zur Aufhebung der Verordnung (EG) Nr. 1774/2002 (Verordnung über tierische Nebenprodukte) (ABl. L 300 vom 14.11.2009, S. 1; L 348 vom 4.12.2014, S. 31),

4. den Einsatz von Bergungs-, Abschlepp- und Pannenhilfsfahrzeugen im Falle eines Unfalles oder eines sonstigen Notfalles,

5. den Transport von lebenden Bienen,

6. Leerfahrten, die im Zusammenhang mit Fahrten nach den Nummern 2 bis 5 stehen,

7. Fahrten mit Fahrzeugen, die nach dem Bundesleistungsgesetz herangezogen werden. Dabei ist der Leistungsbescheid mitzuführen und auf Verlangen zuständigen Personen zur Prüfung auszuhändigen.

---

[1)] § 30 Abs. 3 Satz 1 geänd., Satz 2 Nr. 3–5 eingef., bish. Nr. 3 und 4 werden Nr. 6 und 7 und neue Nr. 6 neu gef., Abs. 4 geänd. mWv 19.10.2017 durch VO v. 6.10.2017 (BGBl. I S. 3549); Abs. 4 geänd. mWv 28.4.2020 durch VO v. 20.4.2020 (BGBl. I S. 814).

(4) Feiertage im Sinne des Absatzes 3 sind
Neujahr;
Karfreitag;
Ostermontag;
Tag der Arbeit (1. Mai);
Christi Himmelfahrt;
Pfingstmontag;
Fronleichnam, jedoch nur in Baden-Württemberg, Bayern, Hessen, Nordrhein-Westfalen, Rheinland-Pfalz und im Saarland;
Tag der deutschen Einheit (3. Oktober);
Reformationstag (31. Oktober) in Brandenburg, Bremen, Hamburg, Mecklenburg-Vorpommern, Niedersachsen, Sachsen, Sachsen-Anhalt, Schleswig-Holstein und Thüringen;
Allerheiligen (1. November), jedoch nur in Baden-Württemberg, Bayern, Nordrhein-Westfalen, Rheinland-Pfalz und im Saarland;
1. und 2. Weihnachtstag.

**§ 31 Sport und Spiel.** (1) [1] Sport und Spiel auf der Fahrbahn, den Seitenstreifen und auf Radwegen sind nicht erlaubt. [2] Satz 1 gilt nicht, soweit dies durch ein die zugelassene Sportart oder Spielart kennzeichnendes Zusatzzeichen angezeigt ist.

(2) [1] Durch das Zusatzzeichen

wird das Inline-Skaten und Rollschuhfahren zugelassen. [2] Das Zusatzzeichen kann auch allein angeordnet sein. [3] Wer sich dort mit Inline-Skates oder Rollschuhen fortbewegt, hat sich mit äußerster Vorsicht und unter besonderer Rücksichtnahme auf den übrigen Verkehr am rechten Rand in Fahrtrichtung zu bewegen und Fahrzeugen das Überholen zu ermöglichen.

**§ 32 Verkehrshindernisse.** (1) [1] Es ist verboten, die Straße zu beschmutzen oder zu benetzen oder Gegenstände auf Straßen zu bringen oder dort liegen zu lassen, wenn dadurch der Verkehr gefährdet oder erschwert werden kann. [2] Wer für solche verkehrswidrigen Zustände verantwortlich ist, hat diese unverzüglich zu beseitigen und diese bis dahin ausreichend kenntlich zu machen. [3] Verkehrshindernisse sind, wenn nötig (§ 17 Absatz 1), mit eigener Lichtquelle zu beleuchten oder durch andere zugelassene lichttechnische Einrichtungen kenntlich zu machen.

(2) Sensen, Mähmesser oder ähnlich gefährliche Geräte sind wirksam zu verkleiden.

**§ 33 Verkehrsbeeinträchtigungen.** (1) [1] Verboten ist

1. der Betrieb von Lautsprechern,
2. das Anbieten von Waren und Leistungen aller Art auf der Straße,
3. außerhalb geschlossener Ortschaften jede Werbung und Propaganda durch Bild, Schrift, Licht oder Ton,

wenn dadurch am Verkehr Teilnehmende in einer den Verkehr gefährdenden oder erschwerenden Weise abgelenkt oder belästigt werden können. [2] Auch durch innerörtliche Werbung und Propaganda darf der Verkehr außerhalb geschlossener Ortschaften nicht in solcher Weise gestört werden.

(2) [1] Einrichtungen, die Zeichen oder Verkehrseinrichtungen (§§ 36 bis 43 in Verbindung mit den Anlagen 1 bis 4) gleichen, mit ihnen verwechselt werden können oder deren Wirkung beeinträchtigen können, dürfen dort nicht angebracht oder sonst verwendet werden, wo sie sich auf den Verkehr auswirken können. [2] Werbung und Propaganda in Verbindung mit Verkehrszeichen und Verkehrseinrichtungen sind unzulässig.

(3) Ausgenommen von den Verboten des Absatzes 1 Satz 1 Nummer 3 und des Absatzes 2 Satz 2 sind in der Hinweisbeschilderung für Nebenbetriebe an den Bundesautobahnen und für Autohöfe die Hinweise auf Dienstleistungen, die unmittelbar den Belangen der am Verkehr Teilnehmenden auf den Bundesautobahnen dienen.

**§ 34 Unfall.** (1) Nach einem Verkehrsunfall hat, wer daran beteiligt ist,

1. unverzüglich zu halten,
2. den Verkehr zu sichern und bei geringfügigem Schaden unverzüglich beiseite zu fahren,
3. sich über die Unfallfolgen zu vergewissern,
4. Verletzten zu helfen (§ 323c des Strafgesetzbuchs[1]),
5. anderen am Unfallort anwesenden Beteiligten und Geschädigten
   a) anzugeben, dass man am Unfall beteiligt war und
   b) auf Verlangen den eigenen Namen und die eigene Anschrift anzugeben sowie den eigenen Führerschein und den Fahrzeugschein vorzuweisen und nach bestem Wissen Angaben über die Haftpflichtversicherung zu machen,
6. a) so lange am Unfallort zu bleiben, bis zugunsten der anderen Beteiligten und Geschädigten die Feststellung der Person, des Fahrzeugs und der Art der Beteiligung durch eigene Anwesenheit ermöglicht wurde oder
   b) eine nach den Umständen angemessene Zeit zu warten und am Unfallort den eigenen Namen und die eigene Anschrift zu hinterlassen, wenn niemand bereit war, die Feststellung zu treffen,
7. unverzüglich die Feststellungen nachträglich zu ermöglichen, wenn man sich berechtigt, entschuldigt oder nach Ablauf der Wartefrist (Nummer 6 Buchstabe b) vom Unfallort entfernt hat. Dazu ist mindestens den Berechtigten (Nummer 6 Buchstabe a) oder einer nahe gelegenen Polizeidienststelle mitzuteilen, dass man am Unfall beteiligt gewesen ist, und die eigene Anschrift, den Aufenthalt sowie das Kennzeichen und den Standort des beteiligten Fahrzeugs anzugeben und dieses zu unverzüglichen Feststellungen für eine zumutbare Zeit zur Verfügung zu halten.

(2) Beteiligt an einem Verkehrsunfall ist jede Person, deren Verhalten nach den Umständen zum Unfall beigetragen haben kann.

(3) Unfallspuren dürfen nicht beseitigt werden, bevor die notwendigen Feststellungen getroffen worden sind.

**§ 35[2] Sonderrechte.** (1) Von den Vorschriften dieser Verordnung sind die Bundeswehr, die Bundespolizei, die Feuerwehr, der Katastrophenschutz, die Poli-

---

[1] Nr. **85**.

[2] § 35 Abs. 9 angef. mWv 19.10.2017 durch VO v. 6.10.2017 (BGBl. I S. 3549); Abs. 5 geänd. mWv 28.4.2020 durch VO v. 20.4.2020 (BGBl. I S. 814).

zei und der Zolldienst befreit, soweit das zur Erfüllung hoheitlicher Aufgaben dringend geboten ist.

(1a) Absatz 1 gilt entsprechend für ausländische Beamte, die auf Grund völkerrechtlicher Vereinbarungen zur Nacheile oder Observation im Inland berechtigt sind.

(2) Dagegen bedürfen diese Organisationen auch unter den Voraussetzungen des Absatzes 1 der Erlaubnis,

1. wenn sie mehr als 30 Kraftfahrzeuge im geschlossenen Verband (§ 27) fahren lassen wollen,
2. im Übrigen bei jeder sonstigen übermäßigen Straßenbenutzung mit Ausnahme der nach § 29 Absatz 3 Satz 2.

(3) Die Bundeswehr ist über Absatz 2 hinaus auch zu übermäßiger Straßenbenutzung befugt, soweit Vereinbarungen getroffen sind.

(4) Die Beschränkungen der Sonderrechte durch die Absätze 2 und 3 gelten nicht bei Einsätzen anlässlich von Unglücksfällen, Katastrophen und Störungen der öffentlichen Sicherheit oder Ordnung sowie in den Fällen der Artikel 91 und 87a Absatz 4 des Grundgesetzes[1] sowie im Verteidigungsfall und im Spannungsfall.

(5) Die Truppen der nichtdeutschen Vertragsstaaten des Nordatlantikpaktes sowie der Mitgliedstaaten der Europäischen Union ausgenommen Deutschland sind im Falle dringender militärischer Erfordernisse von den Vorschriften dieser Verordnung befreit, von den Vorschriften des § 29 allerdings nur, soweit für diese Truppen Sonderregelungen oder Vereinbarungen bestehen.

(5a) Fahrzeuge des Rettungsdienstes sind von den Vorschriften dieser Verordnung befreit, wenn höchste Eile geboten ist, um Menschenleben zu retten oder schwere gesundheitliche Schäden abzuwenden.

(6) [1] Fahrzeuge, die dem Bau, der Unterhaltung oder Reinigung der Straßen und Anlagen im Straßenraum oder der Müllabfuhr dienen und durch weiß-rot-weiße Warneinrichtungen gekennzeichnet sind, dürfen auf allen Straßen und Straßenteilen und auf jeder Straßenseite in jeder Richtung zu allen Zeiten fahren und halten, soweit ihr Einsatz dies erfordert, zur Reinigung der Gehwege jedoch nur, wenn die zulässige Gesamtmasse bis zu 2,8 t beträgt. [2] Dasselbe gilt auch für Fahrzeuge zur Reinigung der Gehwege, deren zulässige Gesamtmasse 3,5 t nicht übersteigt und deren Reifeninnendruck nicht mehr als 3 bar beträgt. [3] Dabei ist sicherzustellen, dass keine Beschädigung der Gehwege und der darunter liegenden Versorgungsleitungen erfolgen kann. [4] Personen, die hierbei eingesetzt sind oder Straßen oder in deren Raum befindliche Anlagen zu beaufsichtigen haben, müssen bei ihrer Arbeit außerhalb von Gehwegen und Absperrungen auffällige Warnkleidung tragen.

(7) Messfahrzeuge der Bundesnetzagentur für Elektrizität, Gas, Telekommunikation, Post und Eisenbahn (§ 1 des Gesetzes über die Bundesnetzagentur[2]) dürfen auf allen Straßen und Straßenteilen zu allen Zeiten fahren und halten, soweit ihr hoheitlicher Einsatz dies erfordert.

(7a) [1] Fahrzeuge von Unternehmen, die Universaldienstleistungen nach § 11 des Postgesetzes[3] in Verbindung mit § 1 Nummer 1 der Post-Universaldienstleis-

---

[1] **Schönfelder ErgBd. Nr. 1.**
[2] **Sartorius ErgBd. Nr. 901.**
[3] **Sartorius ErgBd. Nr. 910.**

tungsverordnung[1] erbringen oder Fahrzeuge von Unternehmen, die in deren Auftrag diese Universaldienstleistungen erbringen (Subunternehmer), dürfen abweichend von Anlage 2 Nummer 21 (Zeichen 242.1) Fußgängerzonen auch außerhalb der durch Zusatzzeichen angeordneten Zeiten für Anlieger- und Anlieferverkehr benutzen, soweit dies zur zeitgerechten Leerung von Briefkästen oder zur Abholung von Briefen in stationären Einrichtungen erforderlich ist. ²Ferner dürfen die in Satz 1 genannten Fahrzeuge abweichend von § 12 Absatz 4 Satz 1 und Anlage 2 Nummer 62 (Zeichen 283), Nummer 63 (Zeichen 286) und Nummer 64 (Zeichen 290.1) in einem Bereich von 10 m vor oder hinter einem Briefkasten auf der Fahrbahn auch in zweiter Reihe kurzfristig parken, soweit dies mangels geeigneter anderweitiger Parkmöglichkeiten in diesem Bereich zum Zwecke der Leerung von Briefkästen erforderlich ist. ³Die Sätze 1 und 2 gelten nur, soweit ein Nachweis zum Erbringen der Universaldienstleistung oder zusätzlich ein Nachweis über die Beauftragung als Subunternehmer im Fahrzeug jederzeit gut sichtbar ausgelegt oder angebracht ist. ⁴§ 2 Absatz 3 in Verbindung mit Anhang 3 Nummer 7 der Verordnung zur Kennzeichnung der Kraftfahrzeuge mit geringem Beitrag zur Schadstoffbelastung[2] vom 10. Oktober 2006 (BGBl. I S. 2218), die durch Artikel 1 der Verordnung vom 5. Dezember 2007 (BGBl. I S. 2793) geändert worden ist, ist für die in Satz 1 genannten Fahrzeuge nicht anzuwenden.

(8) Die Sonderrechte dürfen nur unter gebührender Berücksichtigung der öffentlichen Sicherheit und Ordnung ausgeübt werden.

(9) Wer ohne Beifahrer ein Einsatzfahrzeug der Behörden und Organisationen mit Sicherheitsaufgaben (BOS) führt und zur Nutzung des BOS-Funks berechtigt ist, darf unbeschadet der Absätze 1 und 5a abweichend von § 23 Absatz 1a ein Funkgerät oder das Handteil eines Funkgerätes aufnehmen und halten.

## II. Zeichen und Verkehrseinrichtungen

**§ 36 Zeichen und Weisungen der Polizeibeamten.** (1) ¹Die Zeichen und Weisungen der Polizeibeamten sind zu befolgen. ²Sie gehen allen anderen Anordnungen und sonstigen Regeln vor, entbinden den Verkehrsteilnehmer jedoch nicht von seiner Sorgfaltspflicht.

(2) An Kreuzungen ordnet an:

1. Seitliches Ausstrecken eines Armes oder beider Arme quer zur Fahrtrichtung: „Halt vor der Kreuzung".
   Der Querverkehr ist freigegeben.
   Wird dieses Zeichen gegeben, gilt es fort, solange in der gleichen Richtung gewinkt oder nur die Grundstellung beibehalten wird. Der freigegebene Verkehr kann nach den Regeln des § 9 abbiegen, nach links jedoch nur, wenn er Schienenfahrzeuge dadurch nicht behindert.
2. Hochheben eines Arms:
   „Vor der Kreuzung auf das nächste Zeichen warten",
   für Verkehrsteilnehmer in der Kreuzung: „Kreuzung räumen".

(3) Diese Zeichen können durch Weisungen ergänzt oder geändert werden.

(4) An anderen Straßenstellen, wie an Einmündungen und an Fußgängerüberwegen, haben die Zeichen entsprechende Bedeutung.

---

[1] **Sartorius ErgBd. Nr. 910a.**
[2] **Sartorius ErgBd. Nr. 296/35.**

(5) [1]Polizeibeamte dürfen Verkehrsteilnehmer zur Verkehrskontrolle einschließlich der Kontrolle der Verkehrstüchtigkeit und zu Verkehrserhebungen anhalten. [2]Das Zeichen zum Anhalten kann auch durch geeignete technische Einrichtungen am Einsatzfahrzeug, eine Winkerkelle oder eine rote Leuchte gegeben werden. [3]Mit diesen Zeichen kann auch ein vorausfahrender Verkehrsteilnehmer angehalten werden. [4]Die Verkehrsteilnehmer haben die Anweisungen der Polizeibeamten zu befolgen.

**§ 37[1)] Wechsellichtzeichen, Dauerlichtzeichen und Grünpfeil.** (1) [1]Lichtzeichen gehen Vorrangregeln und Vorrang regelnden Verkehrszeichen vor. [2]Wer ein Fahrzeug führt, darf bis zu 10 m vor einem Lichtzeichen nicht halten, wenn es dadurch verdeckt wird.

(2) [1]Wechsellichtzeichen haben die Farbfolge Grün – Gelb – Rot – Rot und Gelb (gleichzeitig) – Grün. [2]Rot ist oben, Gelb in der Mitte und Grün unten.

1. An Kreuzungen bedeuten:
   [1]Grün: „Der Verkehr ist freigegeben".
   [2]Er kann nach den Regeln des § 9 abbiegen, nach links jedoch nur, wenn er Schienenfahrzeuge dadurch nicht behindert.
   [3]Grüner Pfeil: „Nur in Richtung des Pfeils ist der Verkehr freigegeben".
   [4]Ein grüner Pfeil links hinter der Kreuzung zeigt an, dass der Gegenverkehr durch Rotlicht angehalten ist und dass, wer links abbiegt, die Kreuzung in Richtung des grünen Pfeils ungehindert befahren und räumen kann.
   [5]Gelb ordnet an: „Vor der Kreuzung auf das nächste Zeichen warten".
   [6]Keines dieser Zeichen entbindet von der Sorgfaltspflicht.
   [7]Rot ordnet an: „Halt vor der Kreuzung".
   [8]Nach dem Anhalten ist das Abbiegen nach rechts auch bei Rot erlaubt, wenn rechts neben dem Lichtzeichen Rot ein Schild mit grünem Pfeil auf schwarzem Grund (Grünpfeil) angebracht ist.
   [9]Durch das Zeichen

   wird der Grünpfeil auf den Radverkehr beschränkt.
   [10]Wer ein Fahrzeug führt, darf nur aus dem rechten Fahrstreifen abbiegen.
   [11]Soweit der Radverkehr die Lichtzeichen für den Fahrverkehr zu beachten hat, dürfen Rad Fahrende auch aus einem am rechten Fahrbahnrand befindlichen Radfahrstreifen oder aus straßenbegleitenden, nicht abgesetzten, baulich angelegten Radwegen abbiegen.
   [12]Dabei muss man sich so verhalten, dass eine Behinderung oder Gefährdung anderer Verkehrsteilnehmer, insbesondere des Fußgänger- und Fahrzeugverkehrs der freigegebenen Verkehrsrichtung, ausgeschlossen ist.
   [13]Schwarzer Pfeil auf Rot ordnet das Halten, schwarzer Pfeil auf Gelb das

[1)] § 37 Abs. 2 Nr. 1 Satz 9 eingef., bish. Satz 9 wird Satz 10, neuer Satz 11 eingef., bish. Sätze 10 bis 13 werden Sätze 12 bis 14 mWv 28.4.2020 durch VO v. 20.4.2020 (BGBl. I S. 814).

Warten nur für die angegebene Richtung an.
[14] Ein einfeldiger Signalgeber mit Grünpfeil zeigt an, dass bei Rot für die Geradeaus-Richtung nach rechts abgebogen werden darf.

2. An anderen Straßenstellen, wie an Einmündungen und an Markierungen für den Fußgängerverkehr, haben die Lichtzeichen entsprechende Bedeutung.
3. Lichtzeichenanlagen können auf die Farbfolge Gelb – Rot beschränkt sein.
4. Für jeden von mehreren markierten Fahrstreifen (Zeichen 295, 296 oder 340) kann ein eigenes Lichtzeichen gegeben werden. Für Schienenbahnen können besondere Zeichen, auch in abweichenden Phasen, gegeben werden; das gilt auch für Omnibusse des Linienverkehrs und nach dem Personenbeförderungsrecht mit dem Schulbus-Zeichen zu kennzeichnende Fahrzeuge des Schüler- und Behindertenverkehrs, wenn diese einen vom übrigen Verkehr freigehaltenen Verkehrsraum benutzen; dies gilt zudem für Krankenfahrzeuge, Fahrräder, Taxen und Busse im Gelegenheitsverkehr, soweit diese durch Zusatzzeichen dort ebenfalls zugelassen sind.
5. Gelten die Lichtzeichen nur für zu Fuß Gehende oder nur für Rad Fahrende, wird das durch das Sinnbild „Fußgänger" oder „Radverkehr" angezeigt. Für zu Fuß Gehende ist die Farbfolge Grün – Rot – Grün; für Rad Fahrende kann sie so sein. Wechselt Grün auf Rot, während zu Fuß Gehende die Fahrbahn überschreiten, haben sie ihren Weg zügig fortzusetzen.
6. Wer ein Rad fährt, hat die Lichtzeichen für den Fahrverkehr zu beachten. Davon abweichend sind auf Radverkehrsführungen die besonderen Lichtzeichen für den Radverkehr zu beachten. An Lichtzeichenanlagen mit Radverkehrsführungen ohne besondere Lichtzeichen für Rad Fahrende müssen Rad Fahrende bis zum 31. Dezember 2016 weiterhin die Lichtzeichen für zu Fuß Gehende beachten, soweit eine Radfahrerfurt an eine Fußgängerfurt grenzt.

(3) [1] Dauerlichtzeichen über einem Fahrstreifen sperren ihn oder geben ihn zum Befahren frei.
[2] Rote gekreuzte Schrägbalken ordnen an:
„Der Fahrstreifen darf nicht benutzt werden".
[3] Ein grüner, nach unten gerichteter Pfeil bedeutet:
„Der Verkehr auf dem Fahrstreifen ist freigegeben".
[4] Ein gelb blinkender, schräg nach unten gerichteter Pfeil ordnet an:
„Fahrstreifen in Pfeilrichtung wechseln".

(4) Wo Lichtzeichen den Verkehr regeln, darf nebeneinander gefahren werden, auch wenn die Verkehrsdichte das nicht rechtfertigt.

(5) Wer ein Fahrzeug führt, darf auf Fahrstreifen mit Dauerlichtzeichen nicht halten.

**§ 38 Blaues Blinklicht und gelbes Blinklicht.** (1) [1] Blaues Blinklicht zusammen mit dem Einsatzhorn darf nur verwendet werden, wenn höchste Eile geboten ist, um Menschenleben zu retten oder schwere gesundheitliche Schäden abzuwenden, eine Gefahr für die öffentliche Sicherheit oder Ordnung abzuwenden, flüchtige Personen zu verfolgen oder bedeutende Sachwerte zu erhalten.
[2] Es ordnet an:
„Alle übrigen Verkehrsteilnehmer haben sofort freie Bahn zu schaffen".

(2) Blaues Blinklicht allein darf nur von den damit ausgerüsteten Fahrzeugen und nur zur Warnung an Unfall- oder sonstigen Einsatzstellen, bei Einsatzfahrten oder bei der Begleitung von Fahrzeugen oder von geschlossenen Verbänden verwendet werden.

(3) [1] Gelbes Blinklicht warnt vor Gefahren. [2] Es kann ortsfest oder von Fahrzeugen aus verwendet werden. [3] Die Verwendung von Fahrzeugen aus ist nur zulässig, um vor Arbeits- oder Unfallstellen, vor ungewöhnlich langsam fahrenden Fahrzeugen oder vor Fahrzeugen mit ungewöhnlicher Breite oder Länge oder mit ungewöhnlich breiter oder langer Ladung zu warnen.

**§ 39[1)] Verkehrszeichen.** (1) Angesichts der allen Verkehrsteilnehmern obliegenden Verpflichtung, die allgemeinen und besonderen Verhaltensvorschriften dieser Verordnung eigenverantwortlich zu beachten, werden örtliche Anordnungen durch Verkehrszeichen nur dort getroffen, wo dies auf Grund der besonderen Umstände zwingend geboten ist.

(1a) Innerhalb geschlossener Ortschaften ist abseits der Vorfahrtstraßen (Zeichen 306) mit der Anordnung von Tempo 30-Zonen (Zeichen 274 1) zu rechnen.

(1b) Innerhalb geschlossener Ortschaften ist abseits der Vorfahrtstraßen (Zeichen 306) mit der Anordnung von Fahrradzonen (Zeichen 244.3) zu rechnen.

(2) [1] Regelungen durch Verkehrszeichen gehen den allgemeinen Verkehrsregeln vor. [2] Verkehrszeichen sind Gefahrzeichen, Vorschriftzeichen und Richtzeichen. [3] Als Schilder stehen sie regelmäßig rechts. [4] Gelten sie nur für einzelne markierte Fahrstreifen, sind sie in der Regel über diesen angebracht.

(3) [1] Auch Zusatzzeichen sind Verkehrszeichen. [2] Zusatzzeichen zeigen auf weißem Grund mit schwarzem Rand schwarze Sinnbilder, Zeichnungen oder Aufschriften, soweit nichts anderes bestimmt ist. [3] Sie sind unmittelbar, in der Regel unter dem Verkehrszeichen, auf das sie sich beziehen, angebracht.

(4) [1] Verkehrszeichen können auf einer weißen Trägertafel aufgebracht sein. [2] Abweichend von den abgebildeten Verkehrszeichen können in Wechselverkehrszeichen die weißen Flächen schwarz und die schwarzen Sinnbilder und der schwarze Rand weiß sein, wenn diese Zeichen nur durch Leuchten erzeugt werden.

(5) [1] Auch Markierungen und Radverkehrsführungsmarkierungen sind Verkehrszeichen. [2] Sie sind grundsätzlich weiß. [3] Nur als vorübergehend gültige Markierungen sind sie gelb; dann heben sie die weißen Markierungen auf. [4] Gelbe Markierungen können auch in Form von Markierungsknopfreihen, Markierungsleuchtknopfreihen oder als Leitschwellen oder Leitborde ausgeführt sein. [5] Leuchtknopfreihen gelten nur, wenn sie eingeschaltet sind. [6] Alle Linien können durch gleichmäßig dichte Markierungsknopfreihen ersetzt werden. [7] In verkehrsberuhigten Geschäftsbereichen (§ 45 Absatz 1d) können Fahrbahnbegrenzungen auch mit anderen Mitteln, insbesondere durch Pflasterlinien, ausgeführt sein. [8] Schriftzeichen und die Wiedergabe von Verkehrszeichen auf der Fahrbahn dienen dem Hinweis auf ein angebrachtes Verkehrszeichen.

(6) [1] Verkehrszeichen können an einem Fahrzeug angebracht sein. [2] Sie gelten auch während das Fahrzeug sich bewegt. [3] Sie gehen den Anordnungen der ortsfest angebrachten Verkehrszeichen vor.

(7) Werden Sinnbilder auf anderen Verkehrszeichen als den in den Anlagen 1 bis 3 zu den §§ 40 bis 42 dargestellten gezeigt, so bedeuten die Sinnbilder:

---

[1)] § 39 Abs. 9 Satz 2 geänd. mWv 30.10.2014 durch VO v. 22.10.2014 (BGBl. I S. 1635); Abs. 10 angef. mWv 26.9.2015 durch VO v. 15.9.2015 (BGBl. I S. 1573); Abs. 7 geänd. mWv 14.12.2016 durch VO v. 30.11.2016 (BGBl. I S. 2848); Abs. 1b sowie Abs. 10 Satz 2 eingef., bish. Satz 2 wird Satz 3, Abs. 7 geänd., Abs. 11 angef. mWv 28.4.2020 durch VO v. 20.4.2020 (BGBl. I S. 814); Abs. 10 Satz 3 geänd. mWv 1.9. 2023 durch VO v. 20.7.2023 (BGBl. 2023 I Nr. 199).

Kraftwagen und sonstige mehrspurige Kraftfahrzeuge

Kraftfahrzeuge mit einer zulässigen Gesamtmasse über 3,5 t, einschließlich ihrer Anhänger, und Zugmaschinen, ausgenommen Personenkraftwagen und Kraftomnibusse

Radverkehr

Fahrrad zum Transport von Gütern oder Personen – Lastenfahrrad

Fußgänger

Reiter

Viehtrieb

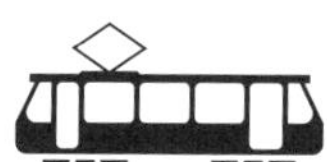

Straßenbahn

Kraftomnibus

Personenkraftwagen

Personenkraftwagen oder Krafträder mit Beiwagen, die mit mindestens drei Personen besetzt sind – mehrfachbesetzte Personenkraftwagen

Personenkraftwagen mit Anhänger

Lastkraftwagen mit Anhänger

Wohnmobil

Kraftfahrzeuge und Züge, die nicht schneller als 25 km/h fahren können oder dürfen

Krafträder, auch mit Beiwagen, Kleinkrafträder und Mofas

Mofas

Einsitzige zweirädrige Kleinkrafträder mit elektrischem Antrieb, der sich auf eine bauartbedingte Geschwindigkeit von nicht mehr als 25 km/h selbsttätig abregelt – E-Bikes –

Elektrokleinstfahrzeug im Sinne der Elektrokleinstfahrzeuge-Verordnung (eKFV)

Gespannfuhrwerke

(8) Bei besonderen Gefahrenlagen können als Gefahrzeichen nach Anlage 1 auch die Sinnbilder „Viehtrieb“ und „Reiter“ und Sinnbilder mit folgender Bedeutung angeordnet sein:

Schnee- oder Eisglätte

Steinschlag

Splitt, Schotter

Bewegliche Brücke

Ufer

Fußgängerüberweg

Amphibienwanderung

Unzureichendes Lichtraumprofil

Flugbetrieb

(9) [1]Die in den Anlagen 1 bis 4 abgebildeten Verkehrszeichen und Verkehrseinrichtungen können auch mit den im Verkehrszeichenkatalog dargestellten Varianten angeordnet sein. [2]Der Verkehrszeichenkatalog wird vom Bundesministerium für Verkehr und digitale Infrastruktur im Verkehrsblatt veröffentlicht.

(10)[1)] [1]Zur Bevorrechtigung elektrisch betriebener Fahrzeuge kann das Sinnbild

als Inhalt eines Zusatzzeichens angeordnet sein. [2]Zur Unterstützung einer Parkflächenvorhaltung für elektrisch betriebene Fahrzeuge kann das Sinnbild zusätzlich auf der Parkfläche aufgebracht sein. [3]Elektrisch betriebene Fahrzeuge sind die nach § 11 Absatz 2 und 4, jeweils auch in Verbindung mit Absatz 5, der Fahrzeug-Zulassungsverordnung gekennzeichneten Fahrzeuge.

(11) [1]Zur Parkbevorrechtigung von Carsharingfahrzeugen kann das Sinnbild

Carsharing

als Inhalt eines Zusatzzeichens zu Zeichen 314 oder 315 angeordnet sein. [2]Carsharingfahrzeuge sind Fahrzeuge im Sinne des § 2 Nummer 1 und des § 4 Absatz 1 und 2 des Carsharinggesetzes, in denen die Plakette

deutlich sichtbar auf der Innenseite der Windschutzscheibe anzubringen ist.

---

[1)] Siehe hierzu die Übergangsbestimmungen in § 52.

**§ 40 Gefahrzeichen.** (1) Gefahrzeichen mahnen zu erhöhter Aufmerksamkeit, insbesondere zur Verringerung der Geschwindigkeit im Hinblick auf eine Gefahrsituation (§ 3 Absatz 1).

(2) [1] Außerhalb geschlossener Ortschaften stehen sie im Allgemeinen 150 bis 250 m vor den Gefahrstellen. [2] Ist die Entfernung erheblich geringer, kann sie auf einem Zusatzzeichen angegeben sein, wie

(3) Innerhalb geschlossener Ortschaften stehen sie im Allgemeinen kurz vor der Gefahrstelle.

(4) Ein Zusatzzeichen wie

kann die Länge der Gefahrstrecke angeben.

(5) Steht ein Gefahrzeichen vor einer Einmündung, weist auf einem Zusatzzeichen ein schwarzer Pfeil in die Richtung der Gefahrstelle, falls diese in der anderen Straße liegt.

(6) Allgemeine Gefahrzeichen ergeben sich aus der Anlage 1 Abschnitt 1.

(7) Besondere Gefahrzeichen vor Übergängen von Schienenbahnen mit Vorrang ergeben sich aus der Anlage 1 Abschnitt 2.

**§ 41 Vorschriftzeichen.** (1) Wer am Verkehr teilnimmt, hat die durch Vorschriftzeichen nach Anlage 2 angeordneten Ge- oder Verbote zu befolgen.

(2) [1] Vorschriftzeichen stehen vorbehaltlich des Satzes 2 dort, wo oder von wo an die Anordnung zu befolgen ist. [2] Soweit die Zeichen aus Gründen der Leichtigkeit oder der Sicherheit des Verkehrs in einer bestimmten Entfernung zum Beginn der Befolgungspflicht stehen, ist die Entfernung zu dem maßgeblichen Ort auf einem Zusatzzeichen angegeben. [3] Andere Zusatzzeichen enthalten nur allgemeine Beschränkungen der Gebote oder Verbote oder allgemeine Ausnahmen von ihnen. [4] Die besonderen Zusatzzeichen zu den Zeichen 283, 286, 277, 290.1 und 290.2 können etwas anderes bestimmen, zum Beispiel den Geltungsbereich erweitern.

**§ 42 Richtzeichen.** (1) [1] Richtzeichen geben besondere Hinweise zur Erleichterung des Verkehrs. [2] Sie können auch Ge- oder Verbote enthalten.

(2) Wer am Verkehr teilnimmt, hat die durch Richtzeichen nach Anlage 3 angeordneten Ge- oder Verbote zu befolgen.

(3) [1] Richtzeichen stehen vorbehaltlich des Satzes 2 dort, wo oder von wo an die Anordnung zu befolgen ist. [2] Soweit die Zeichen aus Gründen der Leichtigkeit oder der Sicherheit des Verkehrs in einer bestimmten Entfernung zum Beginn der Befolgungspflicht stehen, ist die Entfernung zu dem maßgeblichen Ort auf einem Zusatzzeichen angegeben.

**§ 43 Verkehrseinrichtungen.** (1) [1]Verkehrseinrichtungen sind Schranken, Sperrpfosten, Absperrgeräte sowie Leiteinrichtungen, die bis auf Leitpfosten, Leitschwellen und Leitborde rot-weiß gestreift sind. [2]Leitschwellen und Leitborde haben die Funktion einer vorübergehend gültigen Markierung und sind gelb. [3]Verkehrseinrichtungen sind außerdem Absperrgeländer, Parkuhren, Parkscheinautomaten, Blinklicht- und Lichtzeichenanlagen sowie Verkehrsbeeinflussungsanlagen. [4]§ 39 Absatz 1 gilt entsprechend.

(2) Regelungen durch Verkehrseinrichtungen gehen den allgemeinen Verkehrsregeln vor.

(3) [1]Verkehrseinrichtungen nach Absatz 1 Satz 1 ergeben sich aus Anlage 4. [2]Die durch Verkehrseinrichtungen (Anlage 4 Nummer 1 bis 7) gekennzeichneten Straßenflächen darf der Verkehrsteilnehmer nicht befahren.

(4) Zur Kennzeichnung nach § 17 Absatz 4 Satz 2 und 3 von Fahrzeugen und Anhängern, die innerhalb geschlossener Ortschaften auf der Fahrbahn halten, können amtlich geprüfte Park-Warntafeln verwendet werden.

## III. Durchführungs-, Bußgeld- und Schlussvorschriften

**§ 44[1)] Sachliche Zuständigkeit.** (1) [1]Zuständig zur Ausführung dieser Verordnung sind, soweit nichts anderes bestimmt ist, die Straßenverkehrsbehörden. [2]Nach Maßgabe des Landesrechts kann die Zuständigkeit der obersten Landesbehörden und der höheren Verwaltungsbehörden im Einzelfall oder allgemein auf eine andere Stelle übertragen werden.

(2) [1]Die Polizei ist befugt, den Verkehr durch Zeichen und Weisungen (§ 36) und durch Bedienung von Lichtzeichenanlagen zu regeln. [2]Bei Gefahr im Verzug kann zur Aufrechterhaltung der Sicherheit oder Ordnung des Straßenverkehrs die Polizei an Stelle der an sich zuständigen Behörden tätig werden und vorläufige Maßnahmen treffen; sie bestimmt dann die Mittel zur Sicherung und Lenkung des Verkehrs.

(3) [1]Die Erlaubnis nach § 29 Absatz 2 und nach § 30 Absatz 2 erteilt die Straßenverkehrsbehörde, dagegen die höhere Verwaltungsbehörde, wenn die Veranstaltung über den Bezirk einer Straßenverkehrsbehörde hinausgeht, und die oberste Landesbehörde, wenn die Veranstaltung sich über den Verwaltungsbezirk einer höheren Verwaltungsbehörde hinaus erstreckt. [2]Berührt die Veranstaltung mehrere Länder, ist diejenige oberste Landesbehörde zuständig, in deren Land die Veranstaltung beginnt. [3]Nach Maßgabe des Landesrechts kann die Zuständigkeit der obersten Landesbehörden und der höheren Verwaltungsbehörden im Einzelfall oder allgemein auf eine andere Stelle übertragen werden.

(3a) [1]Die Erlaubnis nach § 29 Absatz 3 erteilt die Straßenverkehrsbehörde, dagegen die höhere Verwaltungsbehörde, welche Abweichungen von den Abmessungen, den Achslasten, den zulässigen Gesamtmassen und dem Sichtfeld des Fahrzeugs über eine Ausnahme zulässt, sofern kein Anhörverfahren stattfindet; sie ist dann auch zuständig für Ausnahmen nach § 46 Absatz 1 Nummer 2 und 5 im Rahmen einer solchen Erlaubnis. [2]Dasselbe gilt, wenn eine andere Behörde diese Aufgaben der höheren Verwaltungsbehörde wahrnimmt.

(4) Vereinbarungen über die Benutzung von Straßen durch den Militärverkehr werden von der Bundeswehr oder den Truppen der nichtdeutschen Vertragsstaaten des Nordatlantikpaktes oder der Mitgliedstaaten der Europäischen Union aus-

---

1) § 44 Abs. 4 und 5 geänd. mWv 28.4.2020 durch VO v. 20.4.2020 (BGBl. I S. 814).

genommen Deutschland mit der obersten Landesbehörde oder der von ihr bestimmten Stelle abgeschlossen.

(5) Soweit keine Vereinbarungen oder keine Sonderregelungen für ausländische Streitkräfte bestehen, erteilen die höheren Verwaltungsbehörden oder die nach Landesrecht bestimmten Stellen die Erlaubnis für übermäßige Benutzung der Straße durch die Bundeswehr oder durch die Truppen der nichtdeutschen Vertragsstaaten des Nordatlantikpaktes oder der Mitgliedstaaten der Europäischen Union ausgenommen Deutschland; sie erteilen auch die Erlaubnis für die übermäßige Benutzung der Straße durch die Bundespolizei, die Polizei und den Katastrophenschutz.

**§ 44a[1)] Besondere sachliche Zuständigkeit des Fernstraßen-Bundesamtes.** (1) [1] Zuständig für den Erlass von verkehrsrechtlichen Anordnungen nach dieser Verordnung für die mit Zeichen 330.1 und 330.2 gekennzeichneten Autobahnen in der Baulast des Bundes ist das Fernstraßen-Bundesamt. [2] Die Zuständigkeit der Polizei bleibt unberührt. [3] Abweichend von § 44 Absatz 3 erteilt das Fernstraßen-Bundesamt die Erlaubnis nach § 29 Absatz 2, wenn die Veranstaltung ausschließlich auf den mit Zeichen 330.1 und 330.2 gekennzeichneten Autobahnen in der Baulast des Bundes stattfindet. [4] § 46 Absatz 2a bleibt unberührt. [5] Das Fernstraßen-Bundesamt ist Straßenverkehrsbehörde ausschließlich im Rahmen seiner Zuständigkeit nach dieser Verordnung.

(2) Soweit mit den Zeichen 330.1 und 330.2 gekennzeichnete Autobahnen in der Baulast des Bundes betroffen sind, werden abweichend von § 44 Absatz 4 die dort genannten Vereinbarungen mit dem Fernstraßen-Bundesamt abgeschlossen.

(3) [1] Das Fernstraßen-Bundesamt kann nach § 4 Absatz 2 des Fernstraßen-Bundesamt-Errichtungsgesetzes seine Aufgaben der aufgrund des Infrastrukturgesellschaftserrichtungsgesetzes beliehenen Gesellschaft privaten Rechts ganz oder teilweise übertragen. [2] Soweit das Fernstraßen-Bundesamt von dieser Möglichkeit Gebrauch macht, gelten die Regelungen dieser Verordnung in Bezug auf das Fernstraßen-Bundesamt für die aufgrund des Infrastrukturgesellschaftserrichtungsgesetzes beliehene Gesellschaft privaten Rechts in dem Umfang der erfolgten Aufgabenübertragung. [3] Die Aufgabenübertragung ist im Bundesanzeiger bekannt zu geben.

**§ 45[2)] Verkehrszeichen und Verkehrseinrichtungen.** (1) [1] Die Straßenverkehrsbehörden können die Benutzung bestimmter Straßen oder Straßenstrecken aus Gründen der Sicherheit oder Ordnung des Verkehrs beschränken oder verbieten und den Verkehr umleiten. [2] Das gleiche Recht haben sie

1. zur Durchführung von Arbeiten im Straßenraum,
2. zur Verhütung außerordentlicher Schäden an der Straße,
3. zum Schutz der Wohnbevölkerung vor Lärm und Abgasen,
4. zum Schutz der Gewässer und Heilquellen,
5. hinsichtlich der zur Erhaltung der öffentlichen Sicherheit erforderlichen Maßnahmen sowie

---

[1)] § 44a eingef. mWv 24.12.2020 durch VO v. 18.12.2020 (BGBl. I S. 3047).

[2)] § 45 Abs. 1g eingef. mWv 26.9.2015 durch VO v. 15.9.2015 (BGBl. I S. 1573); Abs. 9 neu gef., Abs. 10 angef. mWv 14.12.2016 durch VO v. 30.11.2016 (BGBl. I S. 2848); Abs. 2 Satz 3 eingef., bish. Satz 3 wird Satz 4 mWv 23.12.2016 durch VO v. 16.12.2016 (BGBl. I S. 2938); Abs. 1h und 1i eingef., Abs. 9 Satz 4 Nr. 6 und Abs. 10 geänd., Abs. 9 Nr. 7 und 8 angef. mWv 28.4.2020 durch VO v. 20.4.2020 (BGBl. I S. 814); Abs. 11 angef. mWv 24.12.2020 durch VO v. 18.12.2020 (BGBl. I S. 3047).

6. zur Erforschung des Unfallgeschehens, des Verkehrsverhaltens, der Verkehrsabläufe sowie zur Erprobung geplanter verkehrssichernder oder verkehrsregelnder Maßnahmen.

(1a) Das gleiche Recht haben sie ferner

1. in Bade- und heilklimatischen Kurorten,
2. in Luftkurorten,
3. in Erholungsorten von besonderer Bedeutung,
4. in Landschaftsgebieten und Ortsteilen, die überwiegend der Erholung dienen,

4a. hinsichtlich örtlich begrenzter Maßnahmen aus Gründen des Arten- oder Biotopschutzes,

4b. hinsichtlich örtlich und zeitlich begrenzter Maßnahmen zum Schutz kultureller Veranstaltungen, die außerhalb des Straßenraums stattfinden und durch den Straßenverkehr, insbesondere durch den von diesem ausgehenden Lärm, erheblich beeinträchtigt werden,

5. in der Nähe von Krankenhäusern und Pflegeanstalten sowie
6. in unmittelbarer Nähe von Erholungsstätten außerhalb geschlossener Ortschaften,

wenn dadurch anders nicht vermeidbare Belästigungen durch den Fahrzeugverkehr verhütet werden können.

(1b) [1] Die Straßenverkehrsbehörden treffen auch die notwendigen Anordnungen

1. im Zusammenhang mit der Einrichtung von gebührenpflichtigen Parkplätzen für Großveranstaltungen,
2. im Zusammenhang mit der Kennzeichnung von Parkmöglichkeiten für schwerbehinderte Menschen mit außergewöhnlicher Gehbehinderung, beidseitiger Amelie oder Phokomelie oder mit vergleichbaren Funktionseinschränkungen sowie für blinde Menschen,

2a. im Zusammenhang mit der Kennzeichnung von Parkmöglichkeiten für Bewohner städtischer Quartiere mit erheblichem Parkraummangel durch vollständige oder zeitlich beschränkte Reservierung des Parkraums für die Berechtigten oder durch Anordnung der Freistellung von angeordneten Parkraumbewirtschaftungsmaßnahmen,

3. zur Kennzeichnung von Fußgängerbereichen und verkehrsberuhigten Bereichen,
4. zur Erhaltung der Sicherheit oder Ordnung in diesen Bereichen sowie
5. zum Schutz der Bevölkerung vor Lärm und Abgasen oder zur Unterstützung einer geordneten städtebaulichen Entwicklung.

[2] Die Straßenverkehrsbehörden ordnen die Parkmöglichkeiten für Bewohner, die Kennzeichnung von Fußgängerbereichen, verkehrsberuhigten Bereichen und Maßnahmen zum Schutze der Bevölkerung vor Lärm und Abgasen oder zur Unterstützung einer geordneten städtebaulichen Entwicklung im Einvernehmen mit der Gemeinde an.

(1c) [1] Die Straßenverkehrsbehörden ordnen ferner innerhalb geschlossener Ortschaften, insbesondere in Wohngebieten und Gebieten mit hoher Fußgänger- und Fahrradverkehrsdichte sowie hohem Querungsbedarf, Tempo 30-Zonen im Einvernehmen mit der Gemeinde an. [2] Die Zonen-Anordnung darf sich weder auf Straßen des überörtlichen Verkehrs (Bundes-, Landes- und Kreisstraßen) noch auf weitere Vorfahrtstraßen (Zeichen 306) erstrecken. [3] Sie darf nur Straßen ohne

Lichtzeichen geregelte Kreuzungen oder Einmündungen, Fahrstreifenbegrenzungen (Zeichen 295), Leitlinien (Zeichen 340) und benutzungspflichtige Radwege (Zeichen 237, 240, 241 oder Zeichen 295 in Verbindung mit Zeichen 237) umfassen. 4 An Kreuzungen und Einmündungen innerhalb der Zone muss grundsätzlich die Vorfahrtregel nach § 8 Absatz 1 Satz 1 („rechts vor links") gelten. 5 Abweichend von Satz 3 bleiben vor dem 1. November 2000 angeordnete Tempo 30-Zonen mit Lichtzeichenanlagen zum Schutz der Fußgänger zulässig.

(1d) In zentralen städtischen Bereichen mit hohem Fußgängeraufkommen und überwiegender Aufenthaltsfunktion (verkehrsberuhigte Geschäftsbereiche) können auch Zonen-Geschwindigkeitsbeschränkungen von weniger als 30 km/h angeordnet werden.

(1e) 1 Die Straßenverkehrsbehörden ordnen die für den Betrieb von mautgebührenpflichtigen Strecken erforderlichen Verkehrszeichen und Verkehrseinrichtungen auf der Grundlage des vom Konzessionsnehmer vorgelegten Verkehrszeichenplans an. 2 Die erforderlichen Anordnungen sind spätestens drei Monate nach Eingang des Verkehrszeichenplans zu treffen.

(1f) Zur Kennzeichnung der in einem Luftreinhalteplan oder einem Plan für kurzfristig zu ergreifende Maßnahmen nach § 47 Absatz 1 oder 2 des Bundes-Immissionsschutzgesetzes[1] festgesetzten Umweltzonen ordnet die Straßenverkehrsbehörde die dafür erforderlichen Verkehrsverbote mittels der Zeichen 270.1 und 270.2 in Verbindung mit dem dazu vorgesehenen Zusatzzeichen an.

(1g)[2] Zur Bevorrechtigung elektrisch betriebener Fahrzeuge ordnet die Straßenverkehrsbehörde unter Beachtung der Anforderungen des § 3 Absatz 1 des Elektromobilitätsgesetzes die dafür erforderlichen Zeichen 314, 314.1 und 315 in Verbindung mit dem dazu vorgesehenen Zusatzzeichen an.

(1h) 1 Zur Parkbevorrechtigung von Carsharingfahrzeugen ordnet die Straßenverkehrsbehörde unter Beachtung der Anforderungen der §§ 2 und 3 des Carsharinggesetzes die dafür erforderlichen Zeichen 314, 314.1 und 315 in Verbindung mit dem dazu vorgesehenen Zusatzzeichen mit dem Carsharingsinnbild nach § 39 Absatz 11 an. 2 Soll die Parkfläche nur für ein bestimmtes Carsharingunternehmen vorgehalten werden, ist auf einem weiteren Zusatzzeichen unterhalb dieses Zusatzzeichens die Firmenbezeichnung des Carsharingunternehmens namentlich in schwarzer Schrift auf weißem Grund anzuordnen.

(1i) 1 Die Straßenverkehrsbehörden ordnen ferner innerhalb geschlossener Ortschaften, insbesondere in Gebieten mit hoher Fahrradverkehrsdichte, Fahrradzonen im Einvernehmen mit der Gemeinde an. 2 Die Zonen-Anordnung darf sich weder auf Straßen des überörtlichen Verkehrs (Bundes-, Landes- und Kreisstraßen) noch auf weitere Vorfahrtstraßen (Zeichen 306) erstrecken. 3 Sie darf nur Straßen ohne Lichtzeichen geregelte Kreuzungen oder Einmündungen, Fahrstreifenbegrenzungen (Zeichen 295), Leitlinien (Zeichen 340) und benutzungspflichtige Radwege (Zeichen 237, 240, 241 oder Zeichen 295 in Verbindung mit Zeichen 237) umfassen. 4 An Kreuzungen und Einmündungen innerhalb der Zone muss grundsätzlich die Vorfahrtregel nach § 8 Absatz 1 Satz 1 („rechts vor links") gelten. 5 Die Anordnung einer Fahrradzone darf sich nicht mit der Anordnung einer Tempo 30-Zone überschneiden. 6 Innerhalb der Fahrradzone ist in regelmäßigen Abständen das Zeichen 244.3 als Sinnbild auf der Fahrbahn aufzubringen.

---

[1] **Sartorius Nr. 296.**
[2] Siehe hierzu die Übergangsbestimmungen in § 52.

(2) [1] Zur Durchführung von Straßenbauarbeiten und zur Verhütung von außerordentlichen Schäden an der Straße, die durch deren baulichen Zustand bedingt sind, können die nach Landesrecht für den Straßenbau bestimmten Behörden (Straßenbaubehörde) – vorbehaltlich anderer Maßnahmen der Straßenverkehrsbehörden – Verkehrsverbote und -beschränkungen anordnen, den Verkehr umleiten und ihn durch Markierungen und Leiteinrichtungen lenken. [2] Für Bahnübergänge von Eisenbahnen des öffentlichen Verkehrs können nur die Bahnunternehmen durch Blinklicht- oder Lichtzeichenanlagen, durch rot-weiß gestreifte Schranken oder durch Aufstellung des Andreaskreuzes ein bestimmtes Verhalten der Verkehrsteilnehmer vorschreiben. [3] Für Bahnübergänge von Straßenbahnen auf unabhängigem Bahnkörper gilt Satz 2 mit der Maßgabe entsprechend, dass die Befugnis zur Anordnung der Maßnahmen der nach personenbeförderungsrechtlichen Vorschriften zuständigen Technischen Aufsichtsbehörde des Straßenbahnunternehmens obliegt. [4] Alle Gebote und Verbote sind durch Zeichen und Verkehrseinrichtungen nach dieser Verordnung anzuordnen.

(3) [1] Im Übrigen bestimmen die Straßenverkehrsbehörden, wo und welche Verkehrszeichen und Verkehrseinrichtungen anzubringen und zu entfernen sind, bei Straßennamensschildern nur darüber, wo diese so anzubringen sind, wie Zeichen 437 zeigt. [2] Die Straßenbaubehörden legen – vorbehaltlich anderer Anordnungen der Straßenverkehrsbehörden – die Art der Anbringung und der Ausgestaltung, wie Übergröße, Beleuchtung fest; ob Leitpfosten anzubringen sind, bestimmen sie allein. [3] Sie können auch – vorbehaltlich anderer Maßnahmen der Straßenverkehrsbehörden – Gefahrzeichen anbringen, wenn die Sicherheit des Verkehrs durch den Zustand der Straße gefährdet wird.

(4) Die genannten Behörden dürfen den Verkehr nur durch Verkehrszeichen und Verkehrseinrichtungen regeln und lenken; in dem Fall des Absatzes 1 Satz 2 Nummer 5 jedoch auch durch Anordnungen, die durch Rundfunk, Fernsehen, Tageszeitungen oder auf andere Weise bekannt gegeben werden, sofern die Aufstellung von Verkehrszeichen und -einrichtungen nach den gegebenen Umständen nicht möglich ist.

(5) [1] Zur Beschaffung, Anbringung, Unterhaltung und Entfernung der Verkehrszeichen und Verkehrseinrichtungen und zu deren Betrieb einschließlich ihrer Beleuchtung ist der Baulastträger verpflichtet, sonst der Eigentümer der Straße. [2] Das gilt auch für die von der Straßenverkehrsbehörde angeordnete Beleuchtung von Fußgängerüberwegen.

(6) [1] Vor dem Beginn von Arbeiten, die sich auf den Straßenverkehr auswirken, müssen die Unternehmer – die Bauunternehmer unter Vorlage eines Verkehrszeichenplans – von der zuständigen Behörde Anordnungen nach den Absätzen 1 bis 3 darüber einholen, wie ihre Arbeitsstellen abzusperren und zu kennzeichnen sind, ob und wie der Verkehr, auch bei teilweiser Straßensperrung, zu beschränken, zu leiten und zu regeln ist, ferner ob und wie sie gesperrte Straßen und Umleitungen zu kennzeichnen haben. [2] Sie haben diese Anordnungen zu befolgen und Lichtzeichenanlagen zu bedienen.

(7) [1] Sind Straßen als Vorfahrtstraßen oder als Verkehrsumleitungen gekennzeichnet, bedürfen Baumaßnahmen, durch welche die Fahrbahn eingeengt wird, der Zustimmung der Straßenverkehrsbehörde; ausgenommen sind die laufende Straßenunterhaltung sowie Notmaßnahmen. [2] Die Zustimmung gilt als erteilt, wenn sich die Behörde nicht innerhalb einer Woche nach Eingang des Antrags zu der Maßnahme geäußert hat.

(7a) Die Besatzung von Fahrzeugen, die im Pannenhilfsdienst, bei Bergungsarbeiten und bei der Vorbereitung von Abschleppmaßnahmen eingesetzt wird, darf bei Gefahr im Verzug zur Eigensicherung, zur Absicherung des havarierten Fahrzeugs und zur Sicherung des übrigen Verkehrs an der Pannenstelle Leitkegel (Zeichen 610) aufstellen.

(8) [1] Die Straßenverkehrsbehörden können innerhalb geschlossener Ortschaften die zulässige Höchstgeschwindigkeit auf bestimmten Straßen durch Zeichen 274 erhöhen. [2] Außerhalb geschlossener Ortschaften können sie mit Zustimmung der zuständigen obersten Landesbehörden die nach § 3 Absatz 3 Nummer 2 Buchstabe c zulässige Höchstgeschwindigkeit durch Zeichen 274 auf 120 km/h anheben.

(9) [1] Verkehrszeichen und Verkehrseinrichtungen sind nur dort anzuordnen, wo dies auf Grund der besonderen Umstände zwingend erforderlich ist. [2] Dabei dürfen Gefahrzeichen nur dort angeordnet werden, wo es für die Sicherheit des Verkehrs erforderlich ist, weil auch ein aufmerksamer Verkehrsteilnehmer die Gefahr nicht oder nicht rechtzeitig erkennen kann und auch nicht mit ihr rechnen muss. [3] Insbesondere Beschränkungen und Verbote des fließenden Verkehrs dürfen nur angeordnet werden, wenn auf Grund der besonderen örtlichen Verhältnisse eine Gefahrenlage besteht, die das allgemeine Risiko einer Beeinträchtigung der in den vorstehenden Absätzen genannten Rechtsgüter erheblich übersteigt. [4] Satz 3 gilt nicht für die Anordnung von

1. Schutzstreifen für den Radverkehr (Zeichen 340),
2. Fahrradstraßen (Zeichen 244.1),
3. Sonderwegen außerhalb geschlossener Ortschaften (Zeichen 237, Zeichen 240, Zeichen 241) oder Radfahrstreifen innerhalb geschlossener Ortschaften (Zeichen 237 in Verbindung mit Zeichen 295),
4. Tempo 30-Zonen nach Absatz 1c,
5. verkehrsberuhigten Geschäftsbereichen nach Absatz 1d,
6. innerörtlichen streckenbezogenen Geschwindigkeitsbeschränkungen von 30 km/h (Zeichen 274) nach Absatz 1 Satz 1 auf Straßen des überörtlichen Verkehrs (Bundes-, Landes- und Kreisstraßen) oder auf weiteren Vorfahrtstraßen (Zeichen 306) im unmittelbaren Bereich von an diesen Straßen gelegenen Kindergärten, Kindertagesstätten, allgemeinbildenden Schulen, Förderschulen, Alten- und Pflegeheimen oder Krankenhäusern,
7. Erprobungsmaßnahmen nach Absatz 1 Satz 2 Nummer 6 zweiter Halbsatz,
8. Fahrradzonen nach Absatz 1i.

[5] Satz 3 gilt ferner nicht für Beschränkungen oder Verbote des fließenden Verkehrs nach Absatz 1 Satz 1 oder 2 Nummer 3 zur Beseitigung oder Abmilderung von erheblichen Auswirkungen veränderter Verkehrsverhältnisse, die durch die Erhebung der Maut nach dem Bundesfernstraßenmautgesetz hervorgerufen worden sind. [6] Satz 3 gilt zudem nicht zur Kennzeichnung der in einem Luftreinhalteplan oder einem Plan für kurzfristig zu ergreifende Maßnahmen nach § 47 Absatz 1 oder 2 des Bundes-Immissionsschutzgesetzes festgesetzten Umweltzonen nach Absatz 1f.

(10) Absatz 9 gilt nicht, soweit Verkehrszeichen angeordnet werden, die zur Förderung der Elektromobilität nach dem Elektromobilitätsgesetz oder zur Förderung des Carsharing nach dem Carsharinggesetz getroffen werden dürfen.

(11) [1] Absatz 1 Satz 1 und 2 Nummer 1 bis 3, 5 und 6, Absatz 1a, 1f, 2 Satz 1 und 4, Absatz 3, 4, 5 Satz 2 in Verbindung mit Satz 1, Absatz 7 sowie Absatz 9 Satz 1 bis 3, 4 Nummer 7 und Satz 6 gelten entsprechend für mit den Zeichen

330.1 und 330.2 gekennzeichnete Autobahnen in der Baulast des Bundes für das Fernstraßen-Bundesamt. [2] Absatz 2 Satz 1 und 4 sowie Absatz 3, 4 und 7 gelten entsprechend für Bundesstraßen in Bundesverwaltung für das Fernstraßen-Bundesamt.

**§ 46[1)] Ausnahmegenehmigung und Erlaubnis.** (1) [1] Die Straßenverkehrsbehörden können in bestimmten Einzelfällen oder allgemein für bestimmte Antragsteller Ausnahmen genehmigen

1. von den Vorschriften über die Straßenbenutzung (§ 2);
2. vorbehaltlich Absatz 2a Satz 1 Nummer 3 vom Verbot, eine Autobahn oder eine Kraftfahrstraße zu betreten oder mit dort nicht zugelassenen Fahrzeugen zu benutzen (§ 18 Absatz 1 und 9);
3. von den Halt- und Parkverboten (§ 12 Absatz 4);
4. vom Verbot des Parkens vor oder gegenüber von Grundstücksein- und -ausfahrten (§ 12 Absatz 3 Nummer 3);

4a. von der Vorschrift, an Parkuhren nur während des Laufens der Uhr, an Parkscheinautomaten nur mit einem Parkschein zu halten (§ 13 Absatz 1);

4b. von der Vorschrift, im Bereich eines Zonenhaltverbots (Zeichen 290.1 und 290.2) nur während der dort vorgeschriebenen Zeit zu parken (§ 13 Absatz 2);

4c. von den Vorschriften über das Abschleppen von Fahrzeugen (§ 15a);

5. von den Vorschriften über Höhe, Länge und Breite von Fahrzeug und Ladung (§ 18 Absatz 1 Satz 2, § 22 Absatz 2 bis 4);

5a. von dem Verbot der unzulässigen Mitnahme von Personen (§ 21);

5b. von den Vorschriften über das Anlegen von Sicherheitsgurten und das Tragen von Schutzhelmen (§ 21a);

6. vom Verbot, Tiere von Kraftfahrzeugen und andere Tiere als Hunde von Fahrrädern aus zu führen (§ 28 Absatz 1 Satz 3 und 4);
7. vom Sonn- und Feiertagsfahrverbot (§ 30 Absatz 3);
8. vom Verbot, Hindernisse auf die Straße zu bringen (§ 32 Absatz 1);
9. von den Verboten, Lautsprecher zu betreiben, Waren oder Leistungen auf der Straße anzubieten (§ 33 Absatz 1 Nummer 1 und 2);
10. vom Verbot der Werbung und Propaganda in Verbindung mit Verkehrszeichen (§ 33 Absatz 2 Satz 2) nur für die Flächen von Leuchtsäulen, an denen Haltestellenschilder öffentlicher Verkehrsmittel angebracht sind;
11. von den Verboten oder Beschränkungen, die durch Vorschriftzeichen (Anlage 2), Richtzeichen (Anlage 3), Verkehrseinrichtungen (Anlage 4) oder Anordnungen (§ 45 Absatz 4) erlassen sind;
12. von dem Nacht- und Sonntagsparkverbot (§ 12 Absatz 3a).

[2] Vom Verbot, Personen auf der Ladefläche oder in Laderäumen mitzunehmen (§ 21 Absatz 2), können für die Dienstbereiche der Bundeswehr, der auf Grund des Nordatlantik-Vertrages errichteten internationalen Hauptquartiere, der Bundespolizei und der Polizei deren Dienststellen, für den Katastrophenschutz die zuständigen Landesbehörden, Ausnahmen genehmigen. [3] Dasselbe gilt für die Vor-

1) § 46 Abs. 2 Satz 3 geänd. mWv 30.10.2014 durch VO v. 22.10.2014 (BGBl. I S. 1635); Abs. 1a eingef. mWv 26.9.2015 durch VO v. 15.9.2015 (BGBl. I S. 1573); Abs. 2 Satz 3 geänd. mWv 13.10.2017 durch G v. 30.9.2017 (BGBl. I S. 3532); Abs. 2 Satz 3 geänd. mWv 28.4.2020 durch VO v. 20.4.2020 (BGBl. I S. 814); Abs. 1 Satz 1 Nr. 2 geänd., Abs. 2a eingef. mWv 24.12.2020 durch VO v. 18.12.2020 (BGBl. I S. 3047).

schrift, dass vorgeschriebene Sicherheitsgurte angelegt sein oder Schutzhelme getragen werden müssen (§ 21a).

(1a)[1] [1]Die Straßenverkehrsbehörden können zur Bevorrechtigung elektrisch betriebener Fahrzeuge allgemein durch Zusatzzeichen Ausnahmen von Verkehrsbeschränkungen, Verkehrsverboten oder Verkehrsumleitungen nach § 45 Absatz 1 Nummer 3, Absatz 1a und 1b Nummer 5 erste Alternative zulassen. [2]Das gleiche Recht haben sie für die Benutzung von Busspuren durch elektrisch betriebene Fahrzeuge. [3]Die Anforderungen des § 3 Absatz 1 des Elektromobilitätsgesetzes sind zu beachten.

(2) [1]Die zuständigen obersten Landesbehörden oder die nach Landesrecht bestimmten Stellen können von allen Vorschriften dieser Verordnung Ausnahmen für bestimmte Einzelfälle oder allgemein für bestimmte Antragsteller genehmigen. [2]Vom Sonn- und Feiertagsfahrverbot (§ 30 Absatz 3) können sie darüber hinaus für bestimmte Straßen oder Straßenstrecken Ausnahmen zulassen, soweit diese im Rahmen unterschiedlicher Feiertagsregelung in den Ländern (§ 30 Absatz 4) notwendig werden. [3]Erstrecken sich die Auswirkungen der Ausnahme über ein Land hinaus und ist eine einheitliche Entscheidung notwendig, ist das Bundesministerium für Verkehr und digitale Infrastruktur zuständig; die Ausnahme erlässt dieses Bundesministerium durch Verordnung.

(2a) [1]Abweichend von Absatz 1 und 2 Satz 1 kann für mit Zeichen 330.1 und 330.2 gekennzeichnete Autobahnen in der Baulast des Bundes das Fernstraßen-Bundesamt in bestimmten Einzelfällen oder allgemein für bestimmte Antragsteller folgende Ausnahmen genehmigen:

1. Ausnahmen vom Verbot, an nicht gekennzeichneten Anschlussstellen ein- oder auszufahren (§ 18 Absatz 2 und 10 Satz 1), im Benehmen mit der nach Landesrecht zuständigen Straßenverkehrsbehörde;
2. Ausnahmen vom Verbot zu halten (§ 18 Absatz 8);
3. Ausnahmen vom Verbot, eine Autobahn zu betreten oder mit dort nicht zugelassenen Fahrzeugen zu benutzen (§ 18 Absatz 1 und 9);
4. Ausnahmen vom Verbot, Werbung und Propaganda durch Bild, Schrift, Licht oder Ton zu betreiben (§ 33 Absatz 1 Satz 1 Nummer 3 und Satz 2);
5. Ausnahmen von der Regelung, dass ein Autohof nur einmal angekündigt werden darf (Zeichen 448.1);
6. Ausnahmen von den Verboten oder Beschränkungen, die durch Vorschriftzeichen (Anlage 2), Richtzeichen (Anlage 3), Verkehrseinrichtungen (Anlage 4) oder Anordnungen (§ 45 Absatz 4) erlassen sind (Absatz 1 Satz 1 Nummer 11).

[2]Wird neben einer Ausnahmegenehmigung nach Satz 1 Nummer 3 auch eine Erlaubnis nach § 29 Absatz 3 oder eine Ausnahmegenehmigung nach Absatz 1 Satz 1 Nummer 5 beantragt, ist die Verwaltungsbehörde zuständig, die die Erlaubnis nach § 29 Absatz 3 oder die Ausnahmegenehmigung nach Absatz 1 Satz 1 Nummer 5 erlässt. [3]Werden Anlagen nach Satz 1 Nummer 4 mit Wirkung auf den mit Zeichen 330.1 und 330.2 gekennzeichneten Autobahnen in der Baulast des Bundes im Widerspruch zum Verbot, Werbung und Propaganda durch Bild, Schrift, Licht oder Ton zu betreiben (§ 33 Absatz 1 Satz 1 Nummer 3 und Satz 2), errichtet oder geändert, wird über deren Zulässigkeit

1. von der Baugenehmigungsbehörde, wenn ein Land hierfür ein bauaufsichtliches Verfahren vorsieht, oder

---

[1] Siehe hierzu die Übergangsbestimmungen in § 52.

2. von der zuständigen Genehmigungsbehörde, wenn ein Land hierfür ein anderes Verfahren vorsieht,

im Benehmen mit dem Fernstraßen-Bundesamt entschieden. [4] Das Fernstraßen-Bundesamt kann verlangen, dass ein Antrag auf Erteilung einer Ausnahmegenehmigung gestellt wird. [5] Sieht ein Land kein eigenes Genehmigungsverfahren für die Zulässigkeit nach Satz 3 vor, entscheidet das Fernstraßen-Bundesamt.

(3) [1] Ausnahmegenehmigung und Erlaubnis können unter dem Vorbehalt des Widerrufs erteilt werden und mit Nebenbestimmungen (Bedingungen, Befristungen, Auflagen) versehen werden. [2] Erforderlichenfalls kann die zuständige Behörde die Beibringung eines Sachverständigengutachtens auf Kosten des Antragstellers verlangen. [3] Die Bescheide sind mitzuführen und auf Verlangen zuständigen Personen auszuhändigen. [4] Bei Erlaubnissen nach § 29 Absatz 3 und Ausnahmegenehmigungen nach § 46 Absatz 1 Nummer 5 genügt das Mitführen fernkopierter Bescheide oder von Ausdrucken elektronisch erteilter und signierter Bescheide sowie deren digitalisierte Form auf einem Speichermedium, wenn diese derart mitgeführt wird, dass sie bei einer Kontrolle auf Verlangen zuständigen Personen lesbar gemacht werden kann.

(4) Ausnahmegenehmigungen und Erlaubnisse der zuständigen Behörde sind für den Geltungsbereich dieser Verordnung wirksam, sofern sie nicht einen anderen Geltungsbereich nennen.

**§ 47[1)] Örtliche Zuständigkeit.** (1) [1] Die Erlaubnisse nach § 29 Absatz 2 und nach § 30 Absatz 2 erteilt für eine Veranstaltung, die im Ausland beginnt, die nach § 44 Absatz 3 sachlich zuständige Behörde, in deren Gebiet die Grenzübergangsstelle liegt. [2] Diese Behörde ist auch zuständig, wenn sonst erlaubnis- und genehmigungspflichtiger Verkehr im Ausland beginnt. [3] Die Erlaubnis nach § 29 Absatz 3 erteilt die Straßenverkehrsbehörde, in deren Bezirk der erlaubnispflichtige Verkehr beginnt, oder die Straßenverkehrsbehörde, in deren Bezirk das den Transport durchführende Unternehmen seinen Sitz oder eine Zweigniederlassung, bei der eine Pflicht zur Eintragung in das Handels-, Genossenschafts- oder Partnerschaftsregister besteht, hat. [4] Befindet sich der Sitz im Ausland, so ist die Behörde zuständig, in deren Bezirk erstmalig von der Erlaubnis Gebrauch gemacht wird.

(2) Zuständig sind für die Erteilung von Ausnahmegenehmigungen

1. nach § 46 Absatz 1 Nummer 2 für eine Ausnahme von § 18 Absatz 1 die Straßenverkehrsbehörde, in deren Bezirk auf die Autobahn oder Kraftfahrstraße eingefahren werden soll. Wird jedoch eine Erlaubnis nach § 29 Absatz 3 oder eine Ausnahmegenehmigung nach § 46 Absatz 1 Nummer 5 erteilt, ist die Verwaltungsbehörde zuständig, die diese Verfügung erlässt;
2. nach § 46 Absatz 1 Nummer 4a für kleinwüchsige Menschen sowie nach § 46 Absatz 1 Nummer 4a und 4b für Ohnhänder die Straßenverkehrsbehörde, in deren Bezirk der Antragsteller seinen Wohnort hat, auch für die Bereiche, die außerhalb ihres Bezirks liegen;
3. nach § 46 Absatz 1 Nummer 4c die Straßenverkehrsbehörde, in deren Bezirk der Antragsteller seinen Wohnort, seinen Sitz oder eine Zweigniederlassung hat;
4. nach § 46 Absatz 1 Nummer 5 die Straßenverkehrsbehörde, in deren Bezirk der zu genehmigende Verkehr beginnt, oder die Straßenverkehrsbehörde, in deren Bezirk das den Transport durchführende Unternehmen seinen Sitz oder eine

---

1) § 47 Abs. 1 Satz 3 sowie Abs. 2 Nr. 4 und 6 neu gef., Abs. 1 Satz 4 angef. mWv 24.12.2020 durch VO v. 18.12.2020 (BGBl. I S. 3047).

Zweigniederlassung, bei der eine Pflicht zur Eintragung in das Handels-, Genossenschafts- oder Partnerschaftsregister besteht, hat. Befindet sich der Sitz im Ausland, so ist die Behörde zuständig, in deren Bezirk erstmalig von der Genehmigung Gebrauch gemacht wird;

5. nach § 46 Absatz 1 Nummer 5b die Straßenverkehrsbehörde, in deren Bezirk der Antragsteller seinen Wohnort hat, auch für die Bereiche, die außerhalb ihres Bezirks liegen;
6. nach § 46 Absatz 1 Nummer 7 die Straßenverkehrsbehörde, in deren Bezirk die Ladung aufgenommen wird, im Falle einer flächendeckenden Ausnahmegenehmigung die Straßenverkehrsbehörde, in deren Bezirk die den Transport durchführende Person ihren Wohnort oder Sitz oder das den Transport durchführende Unternehmen seinen Sitz oder eine Zweigniederlassung, bei der eine Pflicht zur Eintragung in das Handels-, Genossenschafts- oder Partnerschaftsregister besteht, hat. Die Behörde ist dann auch für die Genehmigung der Leerfahrt zum Beladungsort zuständig, ferner, wenn in ihrem Land von der Ausnahmegenehmigung kein Gebrauch gemacht wird oder wenn dort kein Fahrverbot besteht. Befindet sich der Wohnort oder der Sitz im Ausland, so ist die Behörde zuständig, in deren Bezirk erstmalig von der Genehmigung Gebrauch gemacht wird;
7. nach § 46 Absatz 1 Nummer 11 die Straßenverkehrsbehörde, in deren Bezirk die Verbote, Beschränkungen und Anordnungen erlassen sind, für schwerbehinderte Menschen jedoch jede Straßenverkehrsbehörde auch für solche Maßnahmen, die außerhalb ihres Bezirks angeordnet sind;
8. in allen übrigen Fällen die Straßenverkehrsbehörde, in deren Bezirk von der Ausnahmegenehmigung Gebrauch gemacht werden soll.

(3) Die Erlaubnisse für die übermäßige Benutzung der Straße durch die Bundeswehr, die in § 35 Absatz 5 genannten Truppen, die Bundespolizei, die Polizei und den Katastrophenschutz erteilen die höhere Verwaltungsbehörde oder die nach Landesrecht bestimmte Stelle, in deren Bezirk der erlaubnispflichtige Verkehr beginnt.

**§ 48 Verkehrsunterricht.** Wer Verkehrsvorschriften nicht beachtet, ist auf Vorladung der Straßenverkehrsbehörde oder der von ihr beauftragten Beamten verpflichtet, an einem Unterricht über das Verhalten im Straßenverkehr teilzunehmen.

**§ 49[1] Ordnungswidrigkeiten.** (1) Ordnungswidrig im Sinne des § 24 Absatz 1 des Straßenverkehrsgesetzes[2] handelt, wer vorsätzlich oder fahrlässig gegen eine Vorschrift über

1. das allgemeine Verhalten im Straßenverkehr nach § 1 Absatz 2,
2. die Straßenbenutzung durch Fahrzeuge nach § 2 Absatz 1 bis 3a, Absatz 4 Satz 1, 4, 5 oder 6 oder Absatz 5,
3. die Geschwindigkeit nach § 3,
4. den Abstand nach § 4,

---

[1] § 49 Abs. 1 Nr. 2 geänd. mWv 30.10.2014 durch VO v. 22.10.2014 (BGBl. I S. 1635); Abs. 1 Nr. 20a geänd. mWv 30.6.2016 durch VO v. 17.6.2016 (BGBl. I S. 1463); Abs. 2 Nr. 5 aufgeh. mWv 13.10.2017 durch G v. 30.9.2017 (BGBl. I S. 3532); Abs. 1 Nr. 22 neu gef., Nr. 25 geänd. mWv 19.10.2017 durch VO v. 6.10.2017 (BGBl. I S. 3549); Abs. 1 Nr. 9 und 20 geänd. mWv 28.4.2020 durch VO v. 20.4.2020 (BGBl. I S. 814); Abs. 1–4 einl. Satzteile geänd. mWv 28.7.2021 durch G v. 12.7.2021 (BGBl. I S. 3091).

[2] Nr. **35**.

5. das Überholen nach § 5 Absatz 1 oder 2, Absatz 3 Nummer 1, Absatz 3a bis 4a, Absatz 5 Satz 2, Absatz 6 oder 7,
6. das Vorbeifahren nach § 6,
7. das Benutzen linker Fahrstreifen nach § 7 Absatz 3a Satz 1, auch in Verbindung mit Satz 2, Absatz 3b, Absatz 3c Satz 3 oder den Fahrstreifenwechsel nach § 7 Absatz 5,
7a. das Verhalten auf Ausfädelungsstreifen nach § 7a Absatz 3,
8. die Vorfahrt nach § 8,
9. das Abbiegen, Wenden oder Rückwärtsfahren nach § 9 Absatz 1, Absatz 2 Satz 2 oder 3, Absatz 3 bis 6,
10. das Einfahren oder Anfahren nach § 10 Satz 1 oder Satz 2,
11. das Verhalten bei besonderen Verkehrslagen nach § 11 Absatz 1 oder 2,
12. das Halten oder Parken nach § 12 Absatz 1, 3, 3a Satz 1, Absatz 3b Satz 1, Absatz 4 Satz 1, 2 zweiter Halbsatz, Satz 3 oder 5 oder Absatz 4a bis 6,
13. Parkuhren, Parkscheine oder Parkscheiben nach § 13 Absatz 1 oder 2,
14. die Sorgfaltspflichten beim Ein- oder Aussteigen nach § 14,
15. das Liegenbleiben von Fahrzeugen nach § 15,
15a. das Abschleppen nach § 15a,
16. die Abgabe von Warnzeichen nach § 16,
17. die Beleuchtung und das Stehenlassen unbeleuchteter Fahrzeuge nach § 17 Absatz 1 bis 4, Absatz 4a Satz 1, Absatz 5 oder 6,
18. die Benutzung von Autobahnen und Kraftfahrstraßen nach § 18 Absatz 1 bis 3, Absatz 5 Satz 2 oder Absatz 6 bis 11,
19. das Verhalten
    a) an Bahnübergängen nach § 19 Absatz 1 Satz 1 Nummer 2 oder 3, Satz 2, Satz 3 oder Absatz 2 Satz 1, auch in Verbindung mit Satz 2 oder Absatz 3 bis 6 oder
    b) an und vor Haltestellen von öffentlichen Verkehrsmitteln und Schulbussen nach § 20,
20. die Personenbeförderung nach § 21 Absatz 1 Satz 1 oder 4, Absatz 1a Satz 1, auch in Verbindung mit Satz 2 Nummer 2, Absatz 2 Satz 1, 4 oder 6 oder Absatz 3 Satz 1 bis 3,
20a. das Anlegen von Sicherheitsgurten, Rollstuhl-Rückhaltesystemen oder Rollstuhlnutzer-Rückhaltesystemen nach § 21a Absatz 1 Satz 1 oder das Tragen von Schutzhelmen nach § 21a Absatz 2 Satz 1,
21. die Ladung nach § 22,
22. sonstige Pflichten des Fahrzeugführers nach § 23 Absatz 1, Absatz 1a Satz 1, auch in Verbindung mit den Sätzen 2 bis 4, Absatz 1c, Absatz 2 erster Halbsatz, Absatz 3 oder Absatz 4 Satz 1,
23. das Fahren mit Krankenfahrstühlen oder anderen als in § 24 Absatz 1 genannten Rollstühlen nach § 24 Absatz 2,
24. das Verhalten
    a) als zu Fuß Gehender nach § 25 Absatz 1 bis 4,
    b) an Fußgängerüberwegen nach § 26 oder
    c) auf Brücken nach § 27 Absatz 6,
25. den Umweltschutz nach § 30 Absatz 1 oder 2 oder das Sonn- und Feiertagsfahrverbot nach § 30 Absatz 3 Satz 1 oder 2 Nummer 7 Satz 2,

26. das Sporttreiben oder Spielen nach § 31 Absatz 1 Satz 1, Absatz 2 Satz 3,
27. das Bereiten, Beseitigen oder Kenntlichmachen von verkehrswidrigen Zuständen oder die wirksame Verkleidung gefährlicher Geräte nach § 32,
28. Verkehrsbeeinträchtigungen nach § 33 Absatz 1 oder 2 oder
29. das Verhalten nach einem Verkehrsunfall nach § 34 Absatz 1 Nummer 1, Nummer 2, Nummer 5 oder Nummer 6 Buchstabe b – sofern in diesem letzten Fall zwar eine nach den Umständen angemessene Frist gewartet, aber nicht Name und Anschrift am Unfallort hinterlassen wird – oder nach § 34 Absatz 3,

verstößt.

(2) Ordnungswidrig im Sinne des § 24 Absatz 1 des Straßenverkehrsgesetzes handelt auch, wer vorsätzlich oder fahrlässig

1. als Führer eines geschlossenen Verbandes entgegen § 27 Absatz 5 nicht dafür sorgt, dass die für geschlossene Verbände geltenden Vorschriften befolgt werden,

1a. entgegen § 27 Absatz 2 einen geschlossenen Verband unterbricht,

2. als Führer einer Kinder- oder Jugendgruppe entgegen § 27 Absatz 1 Satz 4 diese nicht den Gehweg benutzen lässt,
3. als Tierhalter oder sonst für die Tiere Verantwortlicher einer Vorschrift nach § 28 Absatz 1 oder Absatz 2 Satz 2 zuwiderhandelt,
4. als Reiter, Führer von Pferden, Treiber oder Führer von Vieh entgegen § 28 Absatz 2 einer für den gesamten Fahrverkehr einheitlich bestehenden Verkehrsregel oder Anordnung zuwiderhandelt,
5. *(aufgehoben)*
6. entgegen § 29 Absatz 2 Satz 1 eine Veranstaltung durchführt oder als Veranstaltender entgegen § 29 Absatz 2 Satz 3 nicht dafür sorgt, dass die in Betracht kommenden Verkehrsvorschriften oder Auflagen befolgt werden, oder
7. entgegen § 29 Absatz 3 ein dort genanntes Fahrzeug oder einen Zug führt.

(3) Ordnungswidrig im Sinne des § 24 Absatz 1 des Straßenverkehrsgesetzes handelt ferner, wer vorsätzlich oder fahrlässig

1. entgegen § 36 Absatz 1 bis 4 ein Zeichen oder eine Weisung oder entgegen Absatz 5 Satz 4 ein Haltgebot oder eine Anweisung eines Polizeibeamten nicht befolgt,
2. einer Vorschrift des § 37 über das Verhalten an Wechsellichtzeichen, Dauerlichtzeichen oder beim Rechtsabbiegen mit Grünpfeil zuwiderhandelt,
3. entgegen § 38 Absatz 1, 2 oder 3 Satz 3 blaues Blinklicht zusammen mit dem Einsatzhorn oder allein oder gelbes Blinklicht verwendet oder entgegen § 38 Absatz 1 Satz 2 nicht sofort freie Bahn schafft,
4. entgegen § 41 Absatz 1 ein durch Vorschriftzeichen angeordnetes Ge- oder Verbot der Anlage 2 Spalte 3 nicht befolgt,
5. entgegen § 42 Absatz 2 ein durch Richtzeichen angeordnetes Ge- oder Verbot der Anlage 3 Spalte 3 nicht befolgt,
6. entgegen § 43 Absatz 3 Satz 2 eine abgesperrte Straßenfläche befährt oder
7. einer den Verkehr verbietenden oder beschränkenden Anordnung, die nach § 45 Absatz 4 zweiter Halbsatz bekannt gegeben worden ist, zuwiderhandelt.

(4) Ordnungswidrig im Sinne des § 24 Absatz 1 des Straßenverkehrsgesetzes handelt schließlich, wer vorsätzlich oder fahrlässig

1. dem Verbot des § 35 Absatz 6 Satz 1, 2 oder 3 über die Reinigung von Gehwegen zuwiderhandelt,

1a. entgegen § 35 Absatz 6 Satz 4 keine auffällige Warnkleidung trägt,

2. entgegen § 35 Absatz 8 Sonderrechte ausübt, ohne die öffentliche Sicherheit und Ordnung gebührend zu berücksichtigen,

3. entgegen § 45 Absatz 6 mit Arbeiten beginnt, ohne zuvor Anordnungen eingeholt zu haben, diese Anordnungen nicht befolgt oder Lichtzeichenanlagen nicht bedient,

4. entgegen § 46 Absatz 3 Satz 1 eine vollziehbare Auflage der Ausnahmegenehmigung oder Erlaubnis nicht befolgt,

5. entgegen § 46 Absatz 3 Satz 3, auch in Verbindung mit Satz 4, die Bescheide, Ausdrucke oder deren digitalisierte Form nicht mitführt oder auf Verlangen nicht aushändigt oder sichtbar macht,

6. entgegen § 48 einer Vorladung zum Verkehrsunterricht nicht folgt oder

7. entgegen § 50 auf der Insel Helgoland ein Kraftfahrzeug führt oder mit einem Fahrrad fährt.

**§ 50 Sonderregelung für die Insel Helgoland.** Auf der Insel Helgoland sind der Verkehr mit Kraftfahrzeugen und das Radfahren verboten.

**§ 51 Besondere Kostenregelung.** Die Kosten der Zeichen 386.1, 386.2 und 386.3 trägt abweichend von § 5b Absatz 1 des Straßenverkehrsgesetzes[1)] derjenige, der die Aufstellung dieses Zeichens beantragt.

**§ 51a[2)] Überleitung.** [1]Der Bund, vertreten durch das Bundesministerium für Verkehr und digitale Infrastruktur und das Fernstraßen-Bundesamt, tritt im Rahmen seiner Zuständigkeit nach dieser Verordnung in vor dem 1. Januar 2021 eingeleitete Verwaltungsverfahren ein. [2]Er tritt mit Wirkung zum 1. Januar 2021 im Rahmen seiner Zuständigkeit nach dieser Verordnung in die Rechte und Pflichten aus den zu diesem Zeitpunkt bestehenden verkehrsrechtlichen Anordnungen ein, die von den zuständigen Straßenverkehrsbehörden der Länder bis zum 31. Dezember 2020 im eigenen Namen im Rahmen der Wahrnehmung von straßenverkehrsrechtlichen Aufgaben erlassen wurden. [3]Gleiches gilt für Vereinbarungen oder Stellungnahmen zum künftigen Handeln, wenn die straßenverkehrsrechtlichen Vorschriften beachtet wurden.

**§ 52[3)] Übergangs- und Anwendungsbestimmungen.** (1) Mit Ablauf des 31. Dezember 2026 sind nicht mehr anzuwenden:

1. § 39 Absatz 10,
2. § 45 Absatz 1g,
3. § 46 Absatz 1a,

---

[1)] Nr. **35**.

[2)] § 51a eingef. mWv 24.12.2020 durch VO v. 18.12.2020 (BGBl. I S. 3047).

[3)] § 52 eingef. mWv 26.9.2015 durch VO v. 15.9.2015 (BGBl. I S. 1573); Abs. 2 und 3 angef. mWv 1.6.2017 durch VO v. 18.5.2017 (BGBl. I S. 1282); Abs. 4 angef. mWv 19.10.2017 durch VO v. 6.10. 2017 (BGBl. I S. 3549); Abs. 4 geänd., Abs. 5 angef. mWv 24.12.2020 durch VO v. 18.12.2020 (BGBl. I S. 3047).

4. Anlage 2 Nummer 25 Spalte 3 Nummer 4 sowie Nummer 25.1, 27.1, 63.5 und 64.1,
5. Anlage 3 Nummer 7 Spalte 3 Nummer 3, Nummer 8 Spalte 3 Nummer 4, Nummer 10 Spalte 3 Nummer 3 und Nummer 11 Spalte 3.

(2) [1] Abweichend von § 2 Absatz 3a Satz 1 darf der Führer eines Kraftfahrzeuges dieses bis zum Ablauf des 30. September 2024 bei Glatteis, Schneeglätte, Schneematsch, Eisglätte oder Reifglätte auch fahren, wenn alle Räder mit Reifen ausgerüstet sind, die unbeschadet der allgemeinen Anforderungen an die Bereifung

1. die in Anhang II Nummer 2.2 der Richtlinie 92/23/EWG des Rates vom 31. März 1992 über Reifen von Kraftfahrzeugen und Kraftfahrzeuganhängern und über ihre Montage (ABl. L 129 vom 14.5.1992, S. 95), die zuletzt durch die Richtlinie 2005/11/EG (ABl. L 46 vom 17.2.2005, S. 42) geändert worden ist, beschriebenen Eigenschaften erfüllen (M+S Reifen) und
2. nicht nach dem 31. Dezember 2017 hergestellt worden sind.

[2] Im Falle des Satzes 1 Nummer 2 maßgeblich ist das am Reifen angegebene Herstellungsdatum.

(3) § 2 Absatz 3a Satz 3 Nummer 2 ist erstmals am ersten Tag des sechsten Monats, der auf den Monat folgt, in dem das Bundesministerium für Verkehr und digitale Infrastruktur dem Bundesrat einen Bericht über eine Felduntersuchung der Bundesanstalt für Straßenwesen über die Eignung der Anforderung des § 2 Absatz 3a Satz 3 Nummer 2 vorlegt, spätestens jedoch ab dem 1. Juli 2020, anzuwenden.

(4) § 23 Absatz 1a ist im Falle der Verwendung eines Funkgerätes erst ab dem 1. Juli 2021 anzuwenden.

(5) § 44a sowie die Änderungen des § 45 Absatz 11, § 46 Absatz 1 Satz 1 Nummer 2 und Absatz 2a durch die Verordnung zur Änderung der Straßenverkehrs-Ordnung und der Vierundfünfzigsten Verordnung zur Änderung straßenverkehrsrechtlicher Vorschriften vom 18. Dezember 2020 (BGBl. I S. 3047) sind erst ab dem 1. Januar 2021 anzuwenden.

**§ 53 Inkrafttreten, Außerkrafttreten.** (1) Diese Verordnung tritt am 1. April 2013 in Kraft.

(2) Die Straßenverkehrs-Ordnung vom 16. November 1970 (BGBl. I S. 1565; 1971 I S. 38), die zuletzt durch Artikel 1 der Verordnung vom 1. Dezember 2010 (BGBl. I S. 1737) geändert worden ist, tritt mit folgenden Maßgaben an dem in Absatz 1 bezeichneten Tag außer Kraft:

1. Verkehrszeichen in der Gestaltung nach der bis zum 1. Juli 1992 geltenden Fassung behalten weiterhin ihre Gültigkeit.
2. Für Kraftomnibusse, die vor dem 8. Dezember 2007 erstmals in den Verkehr gekommen sind, ist § 18 Absatz 5 Nummer 3 in der vor dem 8. Dezember 2007 geltenden Fassung weiter anzuwenden.
3. Zusatzzeichen zu Zeichen 220, durch die nach den bis zum 1. April 2013 geltenden Vorschriften der Fahrradverkehr in der Gegenrichtung zugelassen werden konnte, soweit in einer Einbahnstraße mit geringer Verkehrsbelastung die zulässige Höchstgeschwindigkeit durch Verkehrszeichen auf 30 km/h oder weniger beschränkt ist, bleiben bis zum 1. April 2017 gültig.
4. Die bis zum 1. April 2013 angeordneten Zeichen 150, 153, 353, 380, 381, 388 und 389 bleiben bis zum 31. Oktober 2022 gültig.

5. Bereits angeordnete Zeichen 311, die im oberen Teil weiß sind, wenn die Ortschaft, auf die hingewiesen wird, zu derselben Gemeinde wie die zuvor durchfahrene Ortschaft gehört, bleiben weiterhin gültig.

**Anlage 1**
(zu § 40 Absatz 6 und 7)

## Allgemeine und Besondere Gefahrzeichen

| 1 | 2 | 3 |
|---|---|---|
| lfd. Nr. | Zeichen | Erläuterungen |
| **Abschnitt 1 Allgemeine Gefahrzeichen (zu § 40 Absatz 6)** | | |
| 1 | Zeichen 101  Gefahrstelle | Ein Zusatzzeichen kann die Gefahr näher bezeichnen. |
| 2 | Zeichen 102  Kreuzung oder Einmündung | Kreuzung oder Einmündung mit Vorfahrt von rechts |
| 3 | Zeichen 103  Kurve | |
| 4 | Zeichen 105  Doppelkurve | |

| 1 | 2 | 3 |
| --- | --- | --- |
| lfd. Nr. | Zeichen | Erläuterungen |
| 5 | Zeichen 108   Gefälle | |
| 6 | Zeichen 110   Steigung | |
| 7 | Zeichen 112  Unebene Fahrbahn | |
| 8 | Zeichen 114  Schleuder- oder Rutsch- gefahr | Schleuder- oder Rutschgefahr bei Nässe oder Schmutz |
| 9 | Zeichen 117  Seitenwind | |

| 1 | 2 | 3 |
|---|---|---|
| lfd. Nr. | Zeichen | Erläuterungen |
| 10 | Zeichen 120<br><br>Verengte Fahrbahn | |
| 11 | Zeichen 121<br><br>Einseitig verengte Fahrbahn | |
| 12 | Zeichen 123<br><br>Arbeitsstelle | |
| 13 | Zeichen 124<br><br>Stau | |
| 14 | Zeichen 125<br><br>Gegenverkehr | |

| 1 | 2 | 3 |
|---|---|---|
| lfd. Nr. | Zeichen | Erläuterungen |
| 15 | Zeichen 131  Lichtzeichenanlage | |
| 16 | Zeichen 133  Fußgänger | |
| 17 | Zeichen 136  Kinder | |
| 18 | Zeichen 138  Radverkehr | |
| 19 | Zeichen 142  Wildwechsel | |

| 1 | 2 | 3 |
|---|---|---|
| lfd. Nr. | Zeichen | Erläuterungen |
| **Abschnitt 2 Besondere Gefahrzeichen vor Übergängen von Schienenbahnen mit Vorrang (zu § 40 Absatz 7)** | | |
| 20 | Zeichen 151  Bahnübergang | |
| 21 | Zeichen 156  Bahnübergang mit dreistreifiger Bake | Bahnübergang mit dreistreifiger Bake etwa 240 m vor dem Bahnübergang. Die Angabe erheblich abweichender Abstände kann an der dreistreifigen, zweistreifigen und einstreifigen Bake oberhalb der Schrägstreifen in schwarzen Ziffern erfolgen. |
| 22 | Zeichen 159  Zweistreifige Bake | Zweistreifige Bake etwa 160 m vor dem Bahnübergang |
| 23 | Zeichen 162  Einstreifige Bake | Einstreifige Bake etwa 80 m vor dem Bahnübergang |

**Anlage 2**[1)]
(zu § 41 Absatz 1)

## Vorschriftzeichen

| 1 | 2 | 3 |
|---|---|---|
| lfd. Nr. | Zeichen und Zusatzzeichen | Ge- oder Verbote Erläuterungen |
| **Abschnitt 1 Wartegebote und Haltgebote** | | |
| 1 | Zeichen 201<br><br>Andreaskreuz | **Ge- oder Verbot**<br>1. Wer ein Fahrzeug führt, muss dem Schienenverkehr Vorrang gewähren.<br>2. Wer ein Fahrzeug führt, darf bis zu 10 m vor diesem Zeichen nicht halten, wenn es dadurch verdeckt wird.<br>3. Wer ein Fahrzeug führt, darf vor und hinter diesem Zeichen<br>a) innerhalb geschlossener Ortschaften (Zeichen 310 und 311) bis zu je 5 m,<br>b) außerhalb geschlossener Ortschaften bis zu je 50 m<br>nicht parken.<br>4. Ein Zusatzzeichen mit schwarzem Pfeil zeigt an, dass das Andreaskreuz nur für den Straßenverkehr in Richtung dieses Pfeils gilt.<br>**Erläuterung**<br>Das Zeichen (auch liegend) befindet sich vor dem Bahnübergang, in der Regel unmittelbar davor. Ein Blitzpfeil in der Mitte des Andreaskreuzes zeigt an, dass die Bahnstrecke eine Spannung führende Fahrleitung hat. |
| 2 | Zeichen 205<br><br>Vorfahrt gewähren. | **Ge- oder Verbot**<br>1. Wer ein Fahrzeug führt, muss Vorfahrt gewähren.<br>2. Wer ein Fahrzeug führt, darf bis zu 10 m vor diesem Zeichen nicht halten, wenn es dadurch verdeckt wird.<br>**Erläuterung**<br>Das Zeichen steht unmittelbar vor der Kreuzung oder Einmündung. Es kann durch dasselbe Zeichen mit Zusatzzeichen, das die Entfernung angibt, angekündigt sein. |

[1)] Anl. 2 geänd. mWv 26.9.2015 durch VO v. 15.9.2015 (BGBl. I S. 1573); geänd. mWv 19.10.2017 durch VO v. 6.10.2017 (BGBl. I S. 3549); geänd. mWv 28.4.2020 durch VO v. 20.4.2020 (BGBl. I S. 814).

<table>
<tr><th>1</th><th>2</th><th>3</th></tr>
<tr><th>lfd. Nr.</th><th>Zeichen und Zusatzzeichen</th><th>Ge- oder Verbote Erläuterungen</th></tr>
<tr><td>2.1</td><td></td><td>Ge- oder Verbot<br>Ist das Zusatzzeichen zusammen mit dem Zeichen 205 angeordnet, bedeutet es: Wer ein Fahrzeug führt, muss Vorfahrt gewähren und dabei auf Radverkehr und Elektrokleinstfahrzeuge im Sinne der eKFV von links und rechts achten.<br>Erläuterung<br>Das Zusatzzeichen steht über dem Zeichen 205.</td></tr>
<tr><td>2.2</td><td></td><td>Ge- oder Verbot<br>Ist das Zusatzzeichen zusammen mit dem Zeichen 205 angeordnet, bedeutet es: Wer ein Fahrzeug führt, muss der Straßenbahn Vorfahrt gewähren.<br>Erläuterung<br>Das Zusatzzeichen steht über dem Zeichen 205.</td></tr>
<tr><td>3</td><td>Zeichen 206<br><br><br>Halt. Vorfahrt gewähren.</td><td>Ge- oder Verbot<br>1. Wer ein Fahrzeug führt, muss anhalten und Vorfahrt gewähren.<br>2. Wer ein Fahrzeug führt, darf bis zu 10 m vor diesem Zeichen nicht halten, wenn es dadurch verdeckt wird.<br>3. Ist keine Haltlinie (Zeichen 294) vorhanden, ist dort anzuhalten, wo die andere Straße zu übersehen ist.</td></tr>
<tr><td>3.1</td><td><br></td><td>Erläuterung<br>Das Zusatzzeichen kündigt zusammen mit dem Zeichen 205 das Haltgebot in der angegebenen Entfernung an.</td></tr>
<tr><td>3.2</td><td></td><td>Ge- oder Verbot<br>Ist das Zusatzzeichen zusammen mit dem Zeichen 206 angeordnet, bedeutet es: Wer ein Fahrzeug führt, muss anhalten und Vorfahrt gewähren und dabei auf Radverkehr und Elektrokleinstfahrzeuge im Sinne der eKFV von links und rechts achten.<br>Erläuterung<br>Das Zusatzzeichen steht über dem Zeichen 206.</td></tr>
</table>

| 1 | 2 | 3 |
|---|---|---|
| lfd. Nr. | Zeichen und Zusatzzeichen | Ge- oder Verbote Erläuterungen |
| Zu 2 und 3 |  | **Erläuterung**<br>Das Zusatzzeichen gibt zusammen mit den Zeichen 205 oder 206 den Verlauf der Vorfahrtstraße (abknickende Vorfahrt) bekannt. |
| 4 | Zeichen 208<br><br>Vorrang des Gegenverkehrs | **Ge- oder Verbot**<br>Wer ein Fahrzeug führt, hat dem Gegenverkehr Vorrang zu gewähren. |
| **Abschnitt 2 Vorgeschriebene Fahrtrichtungen** | | |
| zu 5 bis 7 | | **Ge- oder Verbot**<br>Wer ein Fahrzeug führt, muss der vorgeschriebenen Fahrtrichtung folgen.<br>**Erläuterung**<br>Andere als die dargestellten Fahrtrichtungen werden entsprechend vorgeschrieben. Auf Anlage 2 laufende Nummer 70 wird hingewiesen. |
| 5 | Zeichen 209<br><br>Rechts | |
| 6 | Zeichen 211<br><br>Hier rechts | |

| 1 | 2 | 3 |
|---|---|---|
| lfd. Nr. | Zeichen und Zusatzzeichen | Ge- oder Verbote Erläuterungen |
| 7 | Zeichen 214<br><br>Geradeaus oder rechts | |
| 8 | Zeichen 215<br><br>Kreisverkehr | **Ge- oder Verbot**<br>1. Wer ein Fahrzeug führt, muss der vorgeschriebenen Fahrtrichtung im Kreisverkehr rechts folgen.<br>2. Wer ein Fahrzeug führt, darf die Mittelinsel des Kreisverkehrs nicht überfahren. Ausgenommen von diesem Verbot sind nur Fahrzeuge, denen wegen ihrer Abmessungen das Befahren sonst nicht möglich wäre. Mit ihnen darf die Mittelinsel und Fahrbahnbegrenzung überfahren werden, wenn eine Gefährdung anderer am Verkehr Teilnehmenden ausgeschlossen ist.<br>3. Es darf innerhalb des Kreisverkehrs auf der Fahrbahn nicht gehalten werden. |
| 9 | Zeichen 220<br><br>Einbahnstraße | **Ge- oder Verbot**<br>Wer ein Fahrzeug führt, darf die Einbahnstraße nur in Richtung des Pfeils befahren.<br>**Erläuterung**<br>Das Zeichen schreibt für den Fahrzeugverkehr auf der Fahrbahn die Fahrtrichtung vor. |
| 9.1 |  | **Ge- oder Verbot**<br>Ist Zeichen 220 mit diesem Zusatzzeichen angeordnet, bedeutet dies:<br>Wer ein Fahrzeug führt, muss beim Einbiegen und im Verlauf einer Einbahnstraße auf Radverkehr und Elektrokleinstfahrzeuge im Sinne der eKFV entgegen der Fahrtrichtung achten.<br>**Erläuterung**<br>Das Zusatzzeichen zeigt an, dass Radverkehr in der Gegenrichtung zugelassen ist. Beim Vorbeifahren an einer für den gegenläufigen Radverkehr freigegebenen Einbahnstraße bleibt gegenüber dem aus- |

| 1 | 2 | 3 |
|---|---|---|
| lfd. Nr. | Zeichen und Zusatzzeichen | Ge- oder Verbote Erläuterungen |
| | | fahrenden Radfahrer der Grundsatz, dass Vorfahrt hat, wer von rechts kommt (§ 8 Absatz 1 Satz 1) unberührt. Dies gilt auch für den ausfahrenden Radverkehr. Mündet eine Einbahnstraße für den gegenläufig zugelassenen Radverkehr in eine Vorfahrtstraße, steht für den aus der Einbahnstraße ausfahrenden Radverkehr das Zeichen 205. |
| **Abschnitt 3 Vorgeschriebene Vorbeifahrt** | | |
| 10 | Zeichen 222  Rechts vorbei | **Ge- oder Verbot** Wer ein Fahrzeug führt, muss der vorgeschriebenen Vorbeifahrt folgen. **Erläuterung** „Links vorbei" wird entsprechend vorgeschrieben. |
| **Abschnitt 4 Seitenstreifen als Fahrstreifen, Haltestellen und Taxenstände** | | |
| Zu 11 bis 13 | | **Erläuterung** Wird das Zeichen 223.1, 223.2 oder 223.3 für eine Fahrbahn mit mehr als zwei Fahrstreifen angeordnet, zeigen die Zeichen die entsprechende Anzahl der Pfeile. |
| 11 | Zeichen 223.1  Seitenstreifen befahren | **Ge- oder Verbot** Das Zeichen gibt den Seitenstreifen als Fahrstreifen frei; dieser ist wie ein rechter Fahrstreifen zu befahren. |
| 11.1 |   | **Erläuterung** Das Zeichen 223.1 mit dem Zusatzzeichen kündigt die Aufhebung der Anordnung an. |

| 1 | 2 | 3 |
|---|---|---|
| lfd. Nr. | Zeichen und Zusatzzeichen | Ge- oder Verbote Erläuterungen |
| 12 | Zeichen 223.2<br><br>Seitenstreifen nicht mehr befahren | **Ge- oder Verbot**<br>Das Zeichen hebt die Freigabe des Seitenstreifens als Fahrstreifen auf. |
| 13 | Zeichen 223.3<br><br>Seitenstreifen räumen | **Ge- oder Verbot**<br>Das Zeichen ordnet die Räumung des Seitenstreifens an. |
| 14 | Zeichen 224<br><br>Haltestelle | **Ge- oder Verbot**<br>Wer ein Fahrzeug führt, darf bis zu 15 m vor und hinter dem Zeichen nicht parken.<br>**Erläuterung**<br>Das Zeichen kennzeichnet eine Haltestelle des Linienverkehrs und für Schulbusse. Das Zeichen mit dem Zusatzzeichen „Schulbus“ (Angabe der tageszeitlichen Benutzung) auf einer gemeinsamen weißen Trägerfläche kennzeichnet eine Haltestelle nur für Schulbusse. |
| 15 | Zeichen 229<br><br>Taxenstand | **Ge- oder Verbot**<br>Wer ein Fahrzeug führt, darf an Taxenständen nicht halten, ausgenommen sind für die Fahrgastbeförderung bereitgehaltene Taxen.<br>**Erläuterung**<br>Die Länge des Taxenstandes wird durch die Angabe der Zahl der vorgesehenen Taxen oder das am Anfang der Strecke aufgestellte Zeichen mit einem zur Fahrbahn weisenden waagerechten weißen Pfeil und durch ein am Ende aufgestelltes Zeichen mit einem solchen von der Fahrbahn wegweisenden Pfeil oder durch eine Grenzmarkierung für Halt- und Parkverbote (Zeichen 299) gekennzeichnet. |

| 1 | 2 | 3 |
|---|---|---|
| lfd. Nr. | Zeichen und Zusatzzeichen | Ge- oder Verbote Erläuterungen |
| **Abschnitt 5 Sonderwege** | | |
| 16 | Zeichen 237<br><br>Radweg | **Ge- oder Verbot**<br>1. Der Radverkehr darf nicht die Fahrbahn, sondern muss den Radweg benutzen (Radwegbenutzungspflicht).<br>2. Anderer Verkehr darf ihn nicht benutzen.<br>3. Ist durch Zusatzzeichen die Benutzung eines Radwegs für eine andere Verkehrsart erlaubt, muss diese auf den Radverkehr Rücksicht nehmen und der andere Fahrzeugverkehr muss erforderlichenfalls die Geschwindigkeit an den Radverkehr anpassen.<br>4. § 2 Absatz 4 Satz 6 bleibt unberührt. |
| 17 | Zeichen 238<br><br>Reitweg | **Ge- oder Verbot**<br>1. Wer reitet, darf nicht die Fahrbahn, sondern muss den Reitweg benutzen. Dies gilt auch für das Führen von Pferden (Reitwegbenutzungspflicht).<br>2. Anderer Verkehr darf ihn nicht benutzen.<br>3. Ist durch Zusatzzeichen die Benutzung eines Reitwegs für eine andere Verkehrsart erlaubt, muss diese auf den Reitverkehr Rücksicht nehmen und der Fahrzeugverkehr muss erforderlichenfalls die Geschwindigkeit an den Reitverkehr anpassen. |
| 18 | Zeichen 239<br><br>Gehweg | **Ge- oder Verbot**<br>1. Anderer als Fußgängerverkehr darf den Gehweg nicht nutzen.<br>2. Ist durch Zusatzzeichen die Benutzung eines Gehwegs für eine andere Verkehrsart erlaubt, muss diese auf den Fußgängerverkehr Rücksicht nehmen. Der Fußgängerverkehr darf weder gefährdet noch behindert werden. Wenn nötig, muss der Fahrverkehr warten; er darf nur mit Schrittgeschwindigkeit fahren.<br>**Erläuterung**<br>Das Zeichen kennzeichnet einen Gehweg (§ 25 Absatz 1 Satz 1), wo eine Klarstellung notwendig ist. |

| 1 | 2 | 3 |
|---|---|---|
| lfd. Nr. | Zeichen und Zusatzzeichen | Ge- oder Verbote<br>Erläuterungen |
| 19 | Zeichen 240<br><br>Gemeinsamer Geh- und Radweg | **Ge- oder Verbot**<br>1. Der Radverkehr darf nicht die Fahrbahn, sondern muss den gemeinsamen Geh- und Radweg benutzen (Radwegbenutzungspflicht).<br>2. Anderer Verkehr darf ihn nicht benutzen.<br>3. Ist durch Zusatzzeichen die Benutzung eines gemeinsamen Geh- und Radwegs für eine andere Verkehrsart erlaubt, muss diese auf den Fußgänger- und Radverkehr Rücksicht nehmen. Erforderlichenfalls muss der Fahrverkehr die Geschwindigkeit an den Fußgängerverkehr anpassen.<br>4. § 2 Absatz 4 Satz 6 bleibt unberührt.<br>**Erläuterung**<br>Das Zeichen kennzeichnet auch den Gehweg (§ 25 Absatz 1 Satz 1). |
| 20 | Zeichen 241<br><br>Getrennter Rad- und Gehweg | **Ge- oder Verbot**<br>1. Der Radverkehr darf nicht die Fahrbahn, sondern muss den Radweg des getrennten Rad- und Gehwegs benutzen (Radwegbenutzungspflicht).<br>2. Anderer Verkehr darf ihn nicht benutzen.<br>3. Ist durch Zusatzzeichen die Benutzung eines getrennten Geh- und Radwegs für eine andere Verkehrsart erlaubt, darf diese nur den für den Radverkehr bestimmten Teil des getrennten Geh- und Radwegs befahren.<br>4. Die andere Verkehrsart muss auf den Radverkehr Rücksicht nehmen. Erforderlichenfalls muss anderer Fahrzeugverkehr die Geschwindigkeit an den Radverkehr anpassen.<br>5. § 2 Absatz 4 Satz 6 bleibt unberührt.<br>**Erläuterung**<br>Das Zeichen kennzeichnet auch den Gehweg (§ 25 Absatz 1 Satz 1). |

| 1 | 2 | 3 |
|---|---|---|
| lfd. Nr. | Zeichen und Zusatzzeichen | Ge- oder Verbote Erläuterungen |
| 21 | Zeichen 242.1<br><br><br>Beginn einer Fußgängerzone | **Ge- oder Verbot**<br>1. Anderer als Fußgängerverkehr darf die Fußgängerzone nicht benutzen.<br>2. Ist durch Zusatzzeichen die Benutzung einer Fußgängerzone für eine andere Verkehrsart erlaubt, dann gilt für den Fahrverkehr Nummer 2 zu Zeichen 239 entsprechend. |
| 22 | Zeichen 242.2<br><br><br>Ende einer Fußgängerzone | |
| 23 | Zeichen 244.1<br><br><br>Beginn einer Fahrradstraße | **Ge- oder Verbot**<br>1. Anderer Fahrzeugverkehr als Radverkehr sowie Elektrokleinstfahrzeuge im Sinne der eKFV darf Fahrradstraßen nicht benutzen, es sei denn, dies ist durch Zusatzzeichen erlaubt. Die freigegebenen Verkehrsarten können auch gemeinsam auf einem Zusatzzeichen abgebildet sein. Das Überqueren einer Fahrradstraße durch anderen Fahrzeugverkehr an einer Kreuzung zum Erreichen der weiterführenden Straße ist gestattet.<br>2. Für den Fahrverkehr gilt eine Höchstgeschwindigkeit von 30 km/h. Der Radverkehr darf weder gefährdet noch behindert werden. Wenn nötig, muss der Kraftfahrzeugverkehr die Geschwindigkeit weiter verringern.<br>3. Das Nebeneinanderfahren mit Fahrrädern ist erlaubt<br>4. Im Übrigen gelten die Vorschriften über die Fahrbahnbenutzung und über die Vorfahrt. |

| 1 | 2 | 3 |
|---|---|---|
| lfd. Nr. | Zeichen und Zusatzzeichen | Ge- oder Verbote Erläuterungen |
| 24 | Zeichen 244.2<br><br>Ende einer Fahrradstraße | |
| 24.1 | Zeichen 244.3<br><br>Beginn einer Fahrradzone | **Ge- oder Verbot**<br>1. Anderer Fahrzeugverkehr als Radverkehr sowie Elektrokleinstfahrzeuge im Sinne der eKFV darf Fahrradzonen nicht benutzen, es sei denn, dies ist durch Zusatzzeichen erlaubt. Die freigegebenen Verkehrsarten können auch gemeinsam auf einem Zusatzzeichen abgebildet sein.<br>2. Für den Fahrverkehr gilt eine Höchstgeschwindigkeit von 30 km/h. Der Radverkehr darf weder gefährdet noch behindert werden. Wenn nötig, muss der Kraftfahrzeugverkehr die Geschwindigkeit weiter verringern.<br>3. Das Nebeneinanderfahren mit Fahrrädern und Elektrokleinstfahrzeugen im Sinne der eKFV ist erlaubt.<br>4. Im Übrigen gelten die Vorschriften über die Fahrbahnbenutzung und über die Vorfahrt. |
| 24.2 | Zeichen 244.4<br><br>Ende einer Fahrradzone | |

| 1 | 2 | 3 |
|---|---|---|
| lfd. Nr. | Zeichen und Zusatzzeichen | Ge- oder Verbote<br>Erläuterungen |
| 25 | Zeichen 245<br><br>Bussonderfahrstreifen | **Ge- oder Verbot**<br>1. Anderer Fahrverkehr als Omnibusse des Linienverkehrs sowie nach dem Personenbeförderungsrecht mit dem Schulbus-Schild zu kennzeichnende Fahrzeuge des Schüler- und Behindertenverkehrs dürfen Bussonderfahrstreifen nicht benutzen.<br>2. Mit Krankenfahrzeugen, Taxen, Fahrrädern und Bussen im Gelegenheitsverkehr darf der Sonderfahrstreifen nur benutzt werden, wenn dies durch Zusatzzeichen angezeigt ist.<br>3. Taxen dürfen an Bushaltestellen (Zeichen 224) zum sofortigen Ein- und Aussteigen von Fahrgästen halten.<br>4.[1] Mit elektrisch betriebenen Fahrzeugen darf der Bussonderfahrstreifen nur benutzt werden, wenn dies durch Zusatzzeichen angezeigt ist. |
| 25.1[1] |  | **Ge- oder Verbot**<br>Mit diesem Zusatzzeichen sind elektrisch betriebene Fahrzeuge auf dem Bussonderfahrstreifen zugelassen. |
| **Abschnitt 6 Verkehrsverbote** | | |
| 26 | | **Ge- oder Verbot**<br>Die nachfolgenden Zeichen 250 bis 261 (Verkehrsverbote) untersagen die Verkehrsteilnahme ganz oder teilweise mit dem angegebenen Inhalt.<br>**Erläuterung**<br>Für die Zeichen 250 bis 259 gilt:<br>1. Durch Verkehrszeichen gleicher Art mit Sinnbildern nach § 39 Absatz 7 können andere Verkehrsarten verboten werden.<br>2. Zwei der nachstehenden Verbote können auf einem Schild vereinigt sein. |

[1] Siehe hierzu die Übergangsbestimmungen in § 52.

| 1 | 2 | 3 |
|---|---|---|
| lfd. Nr. | Zeichen und Zusatzzeichen | Ge- oder Verbote<br>Erläuterungen |
| 27 | 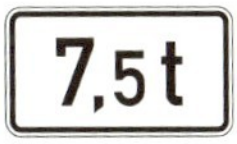 | **Ge- oder Verbot**<br>Ist auf einem Zusatzzeichen eine Masse, wie „7,5 t", angegeben, gilt das Verbot nur, soweit die zulässige Gesamtmasse dieser Verkehrsmittel einschließlich ihrer Anhänger die angegebene Grenze überschreitet. |
| 27.1[1] |  | **Ge- oder Verbot**<br>Mit diesem Zusatzzeichen sind elektrisch betriebene Fahrzeuge von Verkehrsverboten (Zeichen 250, 251, 253, 255, 260) ausgenommen. |
| 28 | Zeichen 250<br><br>Verbot für Fahrzeuge aller Art | **Ge- oder Verbot**<br>1. Verbot für Fahrzeuge aller Art. Das Zeichen gilt nicht für Handfahrzeuge, abweichend von § 28 Absatz 2 auch nicht für Reiter, Führer von Pferden sowie Treiber und Führer von Vieh.<br>2. Krafträder und Fahrräder dürfen geschoben werden. |
| 29 | Zeichen 251<br><br>Verbot für Kraftwagen | **Ge- oder Verbot**<br>Verbot für Kraftwagen und sonstige mehrspurige Kraftfahrzeuge |
| 30 | Zeichen 253<br><br>Verbot für Kraftfahrzeuge über 3,5 t | **Ge- oder Verbot**<br>Verbot für Kraftfahrzeuge mit einer zulässigen Gesamtmasse über 3,5 t, einschließlich ihrer Anhänger, und für Zugmaschinen. Ausgenommen sind Personenkraftwagen und Kraftomnibusse.<br>**Erläuterung**<br>Das Zeichen kann in einer Überleitungstafel oder in einer Verschwenkungstafel oder in einer Fahrstreifentafel integriert sein. Dann bezieht sich das Verbot nur auf den jeweiligen Fahrstreifen, für den das Verbot angeordnet ist. |

[1] Siehe hierzu die Übergangsbestimmungen in § 52.

| 1 | 2 | 3 |
|---|---|---|
| lfd. Nr. | Zeichen und Zusatzzeichen | Ge- oder Verbote Erläuterungen |
| 30.1 | <br>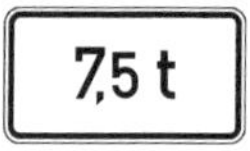 | **Ge- oder Verbot**<br>Wird Zeichen 253 mit diesen Zusatzzeichen angeordnet, bedeutet dies:<br>1. Das Verbot ist auf den Durchgangsverkehr mit Nutzfahrzeugen, einschließlich ihrer Anhänger, mit einer zulässigen Gesamtmasse ab 7,5 t beschränkt.<br>2. Durchgangsverkehr liegt nicht vor, soweit die jeweilige Fahrt<br>a) dazu dient, ein Grundstück an der vom Verkehrsverbot betroffenen Straße oder an einer Straße, die durch die vom Verkehrsverbot betroffene Straße erschlossen wird, zu erreichen oder zu verlassen,<br>b) dem Güterverkehr im Sinne des § 1 Absatz 1 des Güterkraftverkehrsgesetzes in einem Gebiet innerhalb eines Umkreises von 75 km, gerechnet in der Luftlinie vom Mittelpunkt des zu Beginn einer Fahrt ersten Beladeorts des jeweiligen Fahrzeugs (Ortsmittelpunkt), dient; dabei gehören alle Gemeinden, deren Ortsmittelpunkt innerhalb des Gebietes liegt, zu dem Gebiet, oder<br>c) mit im Bundesfernstraßenmautgesetz bezeichneten Fahrzeugen, die nicht der Mautpflicht unterliegen, durchgeführt wird.<br>3. Ausgenommen von dem Verkehrsverbot ist eine Fahrt, die auf ausgewiesenen Umleitungsstrecken (Zeichen 421, 442, 454 bis 457.2 oder Zeichen 460 und 466) durchgeführt wird, um besonderen Verkehrslagen Rechnung zu tragen.<br>**Erläuterung**<br>Diese Kombination ist nur mit Zeichen 253 zulässig. |

| 1 | 2 | 3 |
|---|---|---|
| lfd. Nr. | Zeichen und Zusatzzeichen | Ge- oder Verbote Erläuterungen |
| 31 | Zeichen 254<br><br>Verbot für Radverkehr | **Ge- oder Verbot**<br>Verbot für den Radverkehr und den Verkehr mit Elektrokleinstfahrzeugen im Sinne der eKFV |
| 32 | Zeichen 255<br><br>Verbot für Krafträder | **Ge- oder Verbot**<br>Verbot für Krafträder, auch mit Beiwagen, Kleinkrafträder und Mofas |
| 33 | Zeichen 259<br><br>Verbot für Fußgänger | **Ge- oder Verbot**<br>Verbot für den Fußgängerverkehr |
| 34 | Zeichen 260<br><br>Verbot für Kraftfahrzeuge | **Ge- oder Verbot**<br>Verbot für Krafträder, auch mit Beiwagen, Kleinkrafträder und Mofas sowie für Kraftwagen und sonstige mehrspurige Kraftfahrzeuge |
| 35 | Zeichen 261<br><br>Verbot für kennzeichnungspflichtige Kraftfahrzeuge mit gefährlichen Gütern | **Ge- oder Verbot**<br>Verbot für kennzeichnungspflichtige Kraftfahrzeuge mit gefährlichen Gütern |

| 1 | 2 | 3 |
|---|---|---|
| lfd. Nr. | Zeichen und Zusatzzeichen | Ge- oder Verbote Erläuterungen |
| zu 36 bis 40 | | **Ge- oder Verbot**<br>Die nachfolgenden Zeichen 262 bis 266 verbieten die Verkehrsteilnahme für Fahrzeuge, deren Maße oder Massen, einschließlich Ladung, eine auf dem jeweiligen Zeichen angegebene tatsächliche Grenze überschreiten.<br>**Erläuterung**<br>Die angegebenen Grenzen stellen nur Beispiele dar. |
| 36 | Zeichen 262<br><br>Tatsächliche Masse | **Ge- oder Verbot**<br>Die Beschränkung durch Zeichen 262 gilt bei Fahrzeugkombinationen für das einzelne Fahrzeug, bei Sattelkraftfahrzeugen gesondert für die Sattelzugmaschine einschließlich Sattellast und für die tatsächlich vorhandenen Achslasten des Sattelanhängers.<br>**Erläuterung**<br>Das Zeichen kann in einer Überleitungstafel oder in einer Verschwenkungstafel oder in einer Fahrstreifentafel integriert sein. Dann bezieht sich das Verbot nur auf den jeweiligen Fahrstreifen, für den das Verbot angeordnet ist. |
| 37 | Zeichen 263<br><br>Tatsächliche Achslast | **Erläuterung**<br>Das Zeichen kann in einer Überleitungstafel oder in einer Verschwenkungstafel oder in einer Fahrstreifentafel integriert sein. Dann bezieht sich das Verbot nur auf den jeweiligen Fahrstreifen, für den das Verbot angeordnet ist. |
| 38 | Zeichen 264<br><br>Tatsächliche Breite | **Erläuterung**<br>Die tatsächliche Breite gibt das Maß einschließlich der Fahrzeugaußenspiegel an. Das Zeichen kann in einer Überleitungstafel oder in einer Verschwenkungstafel oder in einer Fahrstreifentafel integriert sein. Dann bezieht sich das Verbot nur auf den jeweiligen Fahrstreifen, für den das Verbot angeordnet ist. |

| 1 | 2 | 3 |
|---|---|---|
| lfd. Nr. | Zeichen und Zusatzzeichen | Ge- oder Verbote Erläuterungen |
| 39 | Zeichen 265  Tatsächliche Höhe | **Erläuterung** Das Zeichen kann in einer Überleitungstafel oder in einer Verschwenkungstafel oder in einer Fahrstreifentafel integriert sein. Dann bezieht sich das Verbot nur auf den jeweiligen Fahrstreifen, für den das Verbot angeordnet ist. |
| 40 | Zeichen 266  Tatsächliche Länge | **Ge- oder Verbot** Das Verbot gilt bei Fahrzeugkombinationen für die Gesamtlänge. |
| 41 | Zeichen 267  Verbot der Einfahrt | **Ge- oder Verbot** Wer ein Fahrzeug führt, darf nicht in die Fahrbahn einfahren, für die das Zeichen angeordnet ist. **Erläuterung** Das Zeichen steht auf der rechten Seite der Fahrbahn, für die es gilt, oder auf beiden Seiten dieser Fahrbahn. |
| 41.1 |  | **Ge- oder Verbot** Durch das Zusatzzeichen zu dem Zeichen 267 ist die Einfahrt für den Radverkehr und Elektrokleinstfahrzeuge im Sinne der eKFV zugelassen. |
| 42 | Zeichen 268  Schneeketten vorgeschrieben | **Ge- oder Verbot** Wer ein Fahrzeug führt, darf die Straße nur mit Schneeketten befahren. |

| 1 | 2 | 3 |
|---|---|---|
| lfd. Nr. | Zeichen und Zusatzzeichen | Ge- oder Verbote Erläuterungen |
| 43 | Zeichen 269<br><br>Verbot für Fahrzeuge mit wassergefährdender Ladung | **Ge- oder Verbot**<br>Wer ein Fahrzeug führt, darf die Straße mit mehr als 20 l wassergefährdender Ladung nicht benutzen. |
| 44 | Zeichen 270.1<br><br><br>Beginn einer Verkehrsverbotszone zur Verminderung schädlicher Luftverunreinigungen in einer Zone | **Ge- oder Verbot**<br>1. Die Teilnahme am Verkehr mit einem Kraftfahrzeug innerhalb einer so gekennzeichneten Zone ist verboten.<br>2. § 1 Absatz 2 sowie § 2 Absatz 3 in Verbindung mit Anhang 3 der Verordnung zur Kennzeichnung der Kraftfahrzeuge mit geringem Beitrag zur Schadstoffbelastung vom 10. Oktober 2006 (BGBl. I S. 2218), die durch Artikel 1 der Verordnung vom 5. Dezember 2007 (BGBl. I S. 2793) geändert worden ist, bleiben unberührt. Die Ausnahmen können im Einzelfall oder allgemein durch Zusatzzeichen oder Allgemeinverfügung zugelassen sein.<br>3. Von dem Verbot der Verkehrsteilnahme sind zudem Kraftfahrzeuge zur Beförderung schwerbehinderter Menschen mit außergewöhnlicher Gehbehinderung, beidseitiger Amelie oder Phokomelie oder mit vergleichbaren Funktionseinschränkungen sowie blinde Menschen ausgenommen.<br>**Erläuterung**<br>Die Umweltzone ist zur Vermeidung von schädlichen Umwelteinwirkungen durch Luftverunreinigungen in einem Luftreinhalteplan oder einem Plan für kurzfristig zu ergreifende Maßnahmen nach § 47 Absatz 1 oder 2 des Bundes-Immissionsschutzgesetzes festgesetzt und auf Grund des § 40 Absatz 1 des Bundes-Immissionsschutzgesetzes angeordnet. Die Kennzeichnung der Umweltzone erfolgt auf Grund von § 45 Absatz 1f. |

| 1 | 2 | 3 |
|---|---|---|
| lfd. Nr. | Zeichen und Zusatzzeichen | Ge- oder Verbote Erläuterungen |
| 45 | Zeichen 270.2   Ende einer Verkehrsverbotszone zur Verminderung schädlicher Luftverunreinigungen in einer Zone | |
| 46 |   Freistellung vom Verkehrsverbot nach § 40 Absatz 1 des Bundes-Immissionsschutzgesetzes | **Ge- oder Verbot** Das Zusatzzeichen zum Zeichen 270.1 nimmt Kraftfahrzeuge vom Verkehrsverbot aus, die mit einer auf dem Zusatzzeichen in der jeweiligen Farbe angezeigten Plakette nach § 3 der Verordnung zur Kennzeichnung der Kraftfahrzeuge mit geringem Beitrag zur Schadstoffbelastung ausgestattet sind. |
| 47 | Zeichen 272  Verbot des Wendens | **Ge- oder Verbot** Wer ein Fahrzeug führt, darf hier nicht wenden. |
| 48 | Zeichen 273   Verbot des Unterschreitens des angegebenen Mindestabstandes | **Ge- oder Verbot** Wer ein Kraftfahrzeug mit einer zulässigen Gesamtmasse über 3,5 t oder eine Zugmaschine führt, darf den angegebenen Mindestabstand zu einem vorausfahrenden Kraftfahrzeug gleicher Art nicht unterschreiten. Personenkraftwagen und Kraftomnibusse sind ausgenommen. |

| 1 | 2 | 3 |
|---|---|---|
| lfd. Nr. | Zeichen und Zusatzzeichen | Ge- oder Verbote Erläuterungen |
| **Abschnitt 7 Geschwindigkeitsbeschränkungen und Überholverbote** | | |
| 49 | Zeichen 274   Zulässige Höchstgeschwindigkeit | **Ge- oder Verbot** 1. Wer ein Fahrzeug führt, darf nicht schneller als mit der jeweils angegebenen Höchstgeschwindigkeit fahren. 2. Sind durch das Zeichen innerhalb geschlossener Ortschaften bestimmte Geschwindigkeiten über 50 km/h zugelassen, gilt das für Fahrzeuge aller Art. 3. Außerhalb geschlossener Ortschaften bleiben die für bestimmte Fahrzeugarten geltenden Höchstgeschwindigkeiten (§ 3 Absatz 3 Nummer 2 Buchstabe a und b und § 18 Absatz 5) unberührt, wenn durch das Zeichen eine höhere Geschwindigkeit zugelassen ist. **Erläuterung** Das Zeichen kann in einer Fahrstreifentafel oder einer Einengungstafel oder einer Aufweitungstafel integriert sein. Dann bezieht sich die zulässige Höchstgeschwindigkeit nur auf den jeweiligen Fahrstreifen, für den die Höchstgeschwindigkeit angeordnet ist. |
| 49.1 |   | **Ge- oder Verbot** Das Zusatzzeichen zu dem Zeichen 274 verbietet Fahrzeugführenden, bei nasser Fahrbahn die angegebene Geschwindigkeit zu überschreiten. |
| 50 | Zeichen 274.1   Beginn einer Tempo 30-Zone | **Ge- oder Verbot** Wer ein Fahrzeug führt, darf innerhalb dieser Zone nicht schneller als mit der angegebenen Höchstgeschwindigkeit fahren. **Erläuterung** Mit dem Zeichen können in verkehrsberuhigten Geschäftsbereichen auch Zonengeschwindigkeitsbeschränkungen von weniger als 30 km/h angeordnet sein. |

| 1 | 2 | 3 |
|---|---|---|
| lfd. Nr. | Zeichen und Zusatzzeichen | Ge- oder Verbote Erläuterungen |
| 51 | Zeichen 274.2   Ende einer Tempo 30-Zone | |
| 52 | Zeichen 275   Vorgeschriebene Mindestgeschwindigkeit | **Ge- oder Verbot** Wer ein Fahrzeug führt, darf nicht langsamer als mit der angegebenen Mindestgeschwindigkeit fahren, sofern nicht Straßen-, Verkehrs-, Sicht- oder Wetterverhältnisse dazu verpflichten. Es verbietet, mit Fahrzeugen, die nicht so schnell fahren können oder dürfen, einen so gekennzeichneten Fahrstreifen zu benutzen. **Erläuterung** Das Zeichen kann in einer Fahrstreifentafel oder einer Aufweitungstafel integriert sein. Dann bezieht sich die vorgeschriebene Mindestgeschwindigkeit nur auf den jeweiligen Fahrstreifen, für den die Mindestgeschwindigkeit angeordnet ist. |
| Zu 53, 54 und 54.4 | | **Ge- oder Verbot** Die nachfolgenden Zeichen 276 und 277 verbieten Kraftfahrzeugen das Überholen von mehrspurigen Kraftfahrzeugen und Krafträdern mit Beiwagen. Ist auf einem Zusatzzeichen eine Masse, wie „7,5 t" angegeben, gilt das Verbot nur, soweit die zulässige Gesamtmasse dieser Kraftfahrzeuge, einschließlich ihrer Anhänger, die angegebene Grenze überschreitet. Soll mehrspurigen Kraftfahrzeugen und Krafträdern mit Beiwagen das Überholen von einspurigen Fahrzeugen verboten werden, ist Zeichen 277.1 angeordnet. |

| 1 | 2 | 3 |
|---|---|---|
| lfd. Nr. | Zeichen und Zusatzzeichen | Ge- oder Verbote Erläuterungen |
| 53 | Zeichen 276<br><br>Überholverbot für Kraftfahrzeuge aller Art | |
| 54 | Zeichen 277<br><br>Überholverbot für Kraftfahrzeuge über 3,5 t | **Ge- oder Verbot**<br>Überholverbot für Kraftfahrzeuge mit einer zulässigen Gesamtmasse über 3,5 t, einschließlich ihrer Anhänger, und für Zugmaschinen. Ausgenommen sind Personenkraftwagen und Kraftomnibusse. |
| 54.1 |  | **Ge- oder Verbot**<br>Mit dem Zusatzzeichen gilt das durch Zeichen 277 angeordnete Überholverbot auch für Kraftfahrzeuge über 2,8 t, einschließlich ihrer Anhänger. |
| 54.2 |  | **Ge- oder Verbot**<br>Mit dem Zusatzzeichen gilt das durch Zeichen 277 angeordnete Überholverbot auch für Kraftomnibusse und Personenkraftwagen mit Anhänger. |
| 54.3 |  | **Erläuterung**<br>Das Zusatzzeichen zu dem Zeichen 274, 276, 277 oder 277.1 gibt die Länge einer Geschwindigkeitsbeschränkung oder eines Überholverbots an. |

| 1 | 2 | 3 |
|---|---|---|
| lfd. Nr. | Zeichen und Zusatzzeichen | Ge- oder Verbote Erläuterungen |
| 54.4 | Zeichen 277.1  Verbot des Überholens von einspurigen Fahrzeugen für mehrspurige Kraftfahrzeuge und Krafträder mit Beiwagen | **Ge- oder Verbot** Wer ein mehrspuriges Kraftfahrzeug führt, darf ein- und mehrspurige Fahrzeuge nicht überholen. |
| 55 | | **Erläuterung** Das Ende einer streckenbezogenen Geschwindigkeitsbeschränkung oder eines Überholverbots ist nicht gekennzeichnet, wenn das Verbot nur für eine kurze Strecke gilt und auf einem Zusatzzeichen die Länge des Verbots angegeben ist. Es ist auch nicht gekennzeichnet, wenn das Verbotszeichen zusammen mit einem Gefahrzeichen angebracht ist und sich aus der Örtlichkeit zweifelsfrei ergibt, von wo an die angezeigte Gefahr nicht mehr besteht. Sonst ist es gekennzeichnet durch die Zeichen 278 bis 282. |
| 56 | Zeichen 278   Ende der zulässigen Höchstgeschwindigkeit | **Erläuterung** Das Zeichen kann in einer Fahrstreifentafel oder einer Einengungstafel oder Aufweitungstafel integriert sein. Dann bezieht sich das Zeichen nur auf den jeweiligen Fahrstreifen, für den die zulässige Höchstgeschwindigkeit vorher angeordnet worden war. |

| 1 | 2 | 3 |
|---|---|---|
| lfd. Nr. | Zeichen und Zusatzzeichen | Ge- oder Verbote Erläuterungen |
| 57 | Zeichen 279   Ende der vorgeschriebenen Mindestgeschwindigkeit | **Erläuterung** Das Zeichen kann in einer Fahrstreifentafel oder einer Einengungstafel integriert sein. Dann bezieht sich das Zeichen nur auf den jeweiligen Fahrstreifen, für den die vorgeschriebene Mindestgeschwindigkeit vorher angeordnet worden war. |
| 58 | Zeichen 280  Ende des Überholverbots für Kraftfahrzeuge aller Art | |
| 59 | Zeichen 281  Ende des Überholverbots für Kraftfahrzeuge über 3,5 t | |
| 59.1 | Zeichen 281.1  Ende des Verbots des Überholens von einspurigen Fahrzeugen für mehrspurige Kraftfahrzeuge und Krafträder mit Beiwagen | |

| 1 | 2 | 3 |
|---|---|---|
| lfd. Nr. | Zeichen und Zusatzzeichen | Ge- oder Verbote Erläuterungen |
| 60 | Zeichen 282<br><br>Ende sämtlicher streckenbezogener Geschwindigkeitsbeschränkungen und Überholverbote | **Erläuterung**<br>Das Zeichen kann in einer Fahrstreifentafel oder einer Aufweitungstafel integriert sein. Dann bezieht sich das Zeichen nur auf den jeweiligen Fahrstreifen, für den die streckenbezogenen Geschwindigkeitsbeschränkungen und Überholverbote vorher angeordnet worden waren. |
| **Abschnitt 8 Halt- und Parkverbote** | | |
| 61 | | **Ge- oder Verbot**<br>1. Die durch die nachfolgenden Zeichen 283 und 286 angeordneten Haltverbote gelten nur auf der Straßenseite, auf der die Zeichen angebracht sind. Sie gelten bis zur nächsten Kreuzung oder Einmündung auf der gleichen Straßenseite oder bis durch Verkehrszeichen für den ruhenden Verkehr eine andere Regelung vorgegeben wird.<br>2. Mobile, vorübergehend angeordnete Haltverbote durch Zeichen 283 und 286 heben Verkehrszeichen auf, die das Parken erlauben.<br>**Erläuterung**<br>Der Anfang der Verbotsstrecke kann durch einen zur Fahrbahn weisenden waagerechten weißen Pfeil im Zeichen, das Ende durch einen solchen von der Fahrbahn wegweisenden Pfeil gekennzeichnet sein. Bei in der Verbotsstrecke wiederholten Zeichen weist eine Pfeilspitze zur Fahrbahn, die zweite Pfeilspitze von ihr weg. |
| 62 | Zeichen 283<br><br>Absolutes Haltverbot | **Ge- oder Verbot**<br>Das Halten auf der Fahrbahn ist verboten. |

| 1 | 2 | 3 |
|---|---|---|
| lfd. Nr. | Zeichen und Zusatzzeichen | Ge- oder Verbote Erläuterungen |
| 62.1 |  | **Ge- oder Verbot**<br>Das mit dem Zeichen 283 angeordnete Zusatzzeichen verbietet das Halten von Fahrzeugen auch auf dem Seitenstreifen. |
| 62.2 |   | **Ge- oder Verbot**<br>Das mit dem Zeichen 283 angeordnete Zusatzzeichen verbietet das Halten von Fahrzeugen nur auf dem Seitenstreifen. |
| 63 | Zeichen 286<br><br>Eingeschränktes Haltverbot | **Ge- oder Verbot**<br>1. Wer ein Fahrzeug führt, darf nicht länger als drei Minuten auf der Fahrbahn halten, ausgenommen zum Ein- oder Aussteigen oder zum Be- oder Entladen.<br>2. Ladegeschäfte müssen ohne Verzögerung durchgeführt werden. |
| 63.1 |  | **Ge- oder Verbot**<br>Mit dem Zusatzzeichen zu Zeichen 286 darf auch auf dem Seitenstreifen nicht länger als drei Minuten gehalten werden, ausgenommen zum Ein- oder Aussteigen oder zum Be- oder Entladen. |
| 63.2 |   | **Ge- oder Verbot**<br>Mit dem Zusatzzeichen zu Zeichen 286 darf nur auf dem Seitenstreifen nicht länger als drei Minuten gehalten werden, ausgenommen zum Ein- oder Aussteigen oder zum Be- oder Entladen. |
| 63.3 |   | **Ge- oder Verbot**<br>1. Das Zusatzzeichen zu Zeichen 286 nimmt schwerbehinderte Menschen mit außergewöhnlicher Gehbehinderung, beidseitiger Amelie oder Phokomelie oder mit vergleichbaren Funktionseinschränkungen sowie blinde Menschen, jeweils mit besonderem Parkausweis Nummer …, vom Haltverbot aus.<br>2. Die Ausnahme gilt nur, soweit der Parkausweis gut lesbar ausgelegt oder angebracht ist. |

| 1<br>lfd. Nr. | 2<br>Zeichen und Zusatzzeichen | 3<br>Ge- oder Verbote<br>Erläuterungen |
|---|---|---|
| 63.4 |  | **Ge- oder Verbot**<br>1. Das Zusatzzeichen zu Zeichen 286 nimmt Bewohner mit besonderem Parkausweis vom Haltverbot aus.<br>2. Die Ausnahme gilt nur, soweit der Parkausweis gut lesbar ausgelegt oder angebracht ist. |
| 63.5[1)] |  | **Ge- oder Verbot**<br>Durch das Zusatzzeichen zu Zeichen 286 wird das Parken für elektrisch betriebene Fahrzeuge innerhalb der gekennzeichneten Flächen erlaubt. |
| 63.6 |  | **Ge- oder Verbot**<br>Durch das Zusatzzeichen zu Zeichen 286 wird das Parken für Carsharingfahrzeuge (§ 39 Absatz 11) innerhalb der gekennzeichneten Flächen erlaubt. |
| 64 | Zeichen 290.1<br><br>Beginn eines Eingeschränkten Haltverbots für eine Zone | **Ge- oder Verbot**<br>1. Wer ein Fahrzeug führt, darf innerhalb der gekennzeichneten Zone nicht länger als drei Minuten halten, ausgenommen zum Ein- oder Aussteigen oder zum Be- oder Entladen.<br>2. Innerhalb der gekennzeichneten Zone gilt das eingeschränkte Haltverbot auf allen öffentlichen Verkehrsflächen, sofern nicht abweichende Regelungen durch Verkehrszeichen oder Verkehrseinrichtungen getroffen sind.<br>3. Durch Zusatzzeichen kann das Parken für Bewohner mit Parkausweis oder mit Parkschein oder Parkscheibe (Bild 318) innerhalb gekennzeichneter Flächen erlaubt sein.<br>4. Durch Zusatzzeichen kann das Parken mit Parkschein oder Parkscheibe (Bild 318) innerhalb gekennzeichneter Flächen erlaubt sein. Dabei ist der Parkausweis, der Parkschein oder die Parkscheibe gut lesbar auszulegen oder anzubringen. |

[1)] Siehe hierzu die Übergangsbestimmungen in § 52.

| 1 | 2 | 3 |
|---|---|---|
| lfd. Nr. | Zeichen und Zusatzzeichen | Ge- oder Verbote Erläuterungen |
| 64.1[1] |   | **Ge- oder Verbot** Durch das Zusatzzeichen zu Zeichen 290.1 wird das Parken für elektrisch betriebene Fahrzeuge innerhalb der gekennzeichneten Flächen erlaubt. |
| 64.2 |   | **Ge- oder Verbot** Durch das Zusatzzeichen zu Zeichen 290.1 wird das Parken für Carsharingfahrzeuge (§ 39 Absatz 11) innerhalb der gekennzeichneten Flächen erlaubt. |
| 65 | Zeichen 290.2   Ende eines eingeschränkten Haltverbots für eine Zone | |
| **Abschnitt 9 Markierungen** | | |
| 66 | Zeichen 293  Fußgängerüberweg | **Ge- oder Verbot** Wer ein Fahrzeug führt, darf auf Fußgängerüberwegen sowie bis zu 5 m davor nicht halten. |
| 67 | Zeichen 294   Haltlinie | **Ge- oder Verbot** Ergänzend zu Halt- oder Wartegeboten, die durch Zeichen 206, durch Polizeibeamte, Lichtzeichen oder Schranken gegeben werden, ordnet sie an: Wer ein Fahrzeug führt, muss hier anhalten. Erforderlichenfalls ist an der Stelle, wo die Straße eingesehen werden kann, in die eingefahren werden soll (Sichtlinie), erneut anzuhalten. |

[1] Siehe hierzu die Übergangsbestimmungen in § 52.

| 1 | 2 | 3 |
|---|---|---|
| lfd. Nr. | Zeichen und Zusatzzeichen | Ge- oder Verbote Erläuterungen |
| 68 | Zeichen 295<br><br>Fahrstreifenbegrenzung, Begrenzung von Fahrbahnen und Sonderwegen | **Ge- oder Verbot**<br>1. a) Wer ein Fahrzeug führt, darf die durchgehende Linie auch nicht teilweise überfahren.<br>b) Trennt die durchgehende Linie den Teil der Fahrbahn oder des Sonderwegs für den Gegenverkehr ab, ist rechts von ihr zu fahren.<br>c) Grenzt sie einen befestigten Seitenstreifen ab, müssen außerorts landwirtschaftliche Zug- und Arbeitsmaschinen, Fuhrwerke und ähnlich langsame Fahrzeuge möglichst rechts von ihr fahren.<br>d) Wer ein Fahrzeug führt, darf auf der Fahrbahn nicht parken, wenn zwischen dem abgestellten Fahrzeug und der Fahrstreifenbegrenzungslinie kein Fahrstreifen von mindestens 3 m mehr verbleibt.<br>2. a) Wer ein Fahrzeug führt, darf links von der durchgehenden Fahrbahnbegrenzungslinie nicht halten, wenn rechts ein Seitenstreifen oder Sonderweg vorhanden ist.<br>b) Wer ein Fahrzeug führt, darf die Fahrbahnbegrenzung der Mittelinsel des Kreisverkehrs nicht überfahren.<br>c) Ausgenommen von dem Verbot zum Überfahren der Fahrbahnbegrenzung der Mittelinsel des Kreisverkehrs sind nur Fahrzeuge, denen wegen ihrer Abmessungen das Befahren sonst nicht möglich wäre. Mit ihnen darf die Mittelinsel überfahren werden, wenn eine Gefährdung anderer am Verkehr Teilnehmenden ausgeschlossen ist.<br>3. a) Wird durch Zeichen 223.1 das Befahren eines Seitenstreifens angeordnet, darf die Fahrbahnbegrenzung wie eine Leitlinie zur Markierung von Fahrstreifen einer durchgehenden Fahrbahn (Zeichen 340) überfahren werden.<br>b) Grenzt sie einen Sonderweg ab, darf sie nur überfahren werden, wenn dahinter anders nicht erreichbare Park- |

| 1 | 2 | 3 |
|---|---|---|
| lfd. Nr. | Zeichen und Zusatzzeichen | Ge- oder Verbote Erläuterungen |
| | | stände angelegt sind oder sich Grundstückszufahrten befinden und das Benutzen von Sonderwegen weder gefährdet noch behindert wird.<br>c) Die Linie zur Begrenzung von Fahrbahnen oder Sonderwegen darf überfahren werden, wenn sich dahinter eine nicht anders erreichbare Grundstückszufahrt befindet.<br>**Erläuterung**<br>1. Als Fahrstreifenbegrenzung trennt das Zeichen den für den Gegenverkehr bestimmten Teil der Fahrbahn oder mehrere Fahrstreifen für den gleichgerichteten Verkehr voneinander ab. Die Fahrstreifenbegrenzung kann zur Abtrennung des Gegenverkehrs aus einer Doppellinie bestehen. Die Doppellinie kann voneinander abgesetzt aufgebracht sein, dann kann der verbleibende Zwischenraum in grüner Farbe ausgefüllt sein, was weder einen Mittelstreifen noch eine bauliche Trennung darstellt.<br>2. Als Fahrbahnbegrenzung kann die durchgehende Linie auch einen Seitenstreifen oder Sonderweg abgrenzen.<br>3. Als Begrenzung eines Sonderwegs kennzeichnet sie den Verlauf des für den Radverkehr bestimmten Teils des Sonderwegs. |
| 69 | Zeichen 296<br>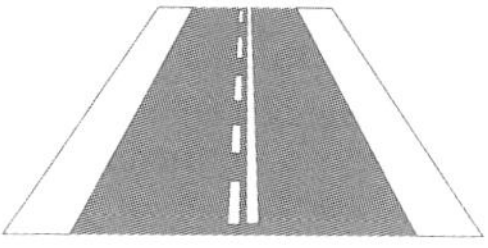<br>Fahrstreifen B Fahrstreifen A<br>Einseitige Fahrstreifenbegrenzung | **Ge- oder Verbot**<br>1. Wer ein Fahrzeug führt, darf die durchgehende Linie nicht überfahren oder auf ihr fahren.<br>2. Wer ein Fahrzeug führt, darf nicht auf der Fahrbahn parken, wenn zwischen dem parkenden Fahrzeug und der durchgehenden Fahrstreifenbegrenzungslinie kein Fahrstreifen von mindestens 3 m mehr verbleibt.<br>3. Für Fahrzeuge auf dem Fahrstreifen B ordnet die Markierung an:<br>Fahrzeuge auf dem Fahrstreifen B dürfen die Markierung überfahren, wenn der Verkehr dadurch nicht gefährdet wird. |

| 1 | 2 | 3 |
|---|---|---|
| lfd. Nr. | Zeichen und Zusatzzeichen | Ge- oder Verbote<br>Erläuterungen |
| 70 | Zeichen 297<br><br>Pfeilmarkierungen | **Ge- oder Verbot**<br>1. Wer ein Fahrzeug führt, muss der Fahrtrichtung auf der folgenden Kreuzung oder Einmündung folgen, wenn zwischen den Pfeilen Leitlinien (Zeichen 340) oder Fahrstreifenbegrenzungen (Zeichen 295) markiert sind.<br>2. Wer ein Fahrzeug führt, darf auf der mit Pfeilen markierten Strecke der Fahrbahn nicht halten (§ 12 Absatz 1).<br>**Erläuterung**<br>Pfeile empfehlen, sich rechtzeitig einzuordnen und in Fahrstreifen nebeneinander zu fahren. Fahrzeuge, die sich eingeordnet haben, dürfen auch rechts überholt werden. |
| 71 | Zeichen 297.1<br>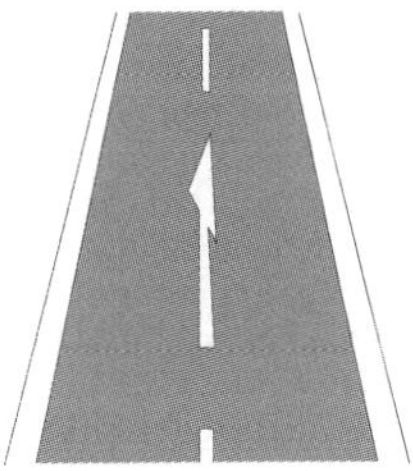<br>Vorankündigungspfeil | **Erläuterung**<br>Mit dem Vorankündigungspfeil wird eine Fahrstreifenbegrenzung angekündigt oder das Ende eines Fahrstreifens angezeigt. Die Ausführung des Pfeils kann von der gezeigten abweichen. |
| 72 | Zeichen 298<br>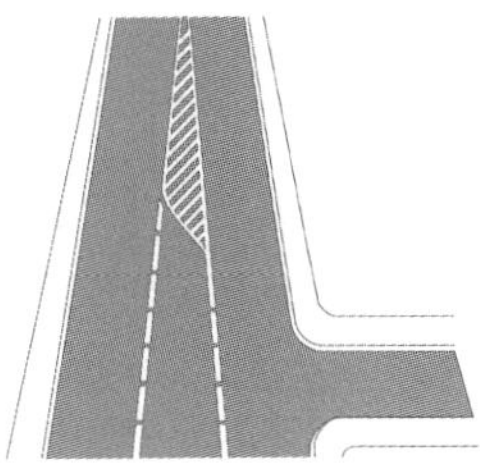<br>Sperrfläche | **Ge- oder Verbot**<br>Wer ein Fahrzeug führt, darf Sperrflächen nicht benutzen. |

| 1 | 2 | 3 |
|---|---|---|
| lfd. Nr. | Zeichen und Zusatzzeichen | Ge- oder Verbote Erläuterungen |
| 73 | Zeichen 299<br>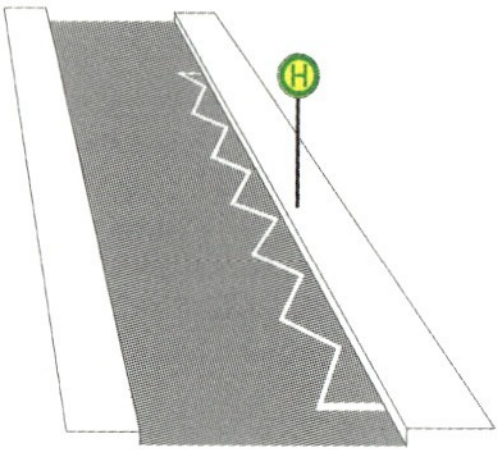<br><br>Grenzmarkierung für Halt- oder Parkverbote | **Ge- oder Verbot**<br>Wer ein Fahrzeug führt, darf innerhalb einer Grenzmarkierung für Halt- oder Parkverbote nicht halten oder parken.<br>**Erläuterung**<br>Grenzmarkierungen bezeichnen, verlängern oder verkürzen ein an anderer Stelle vorgeschriebenes Halt- oder Parkverbot. |
| 74 | Parkflächenmarkierung | **Ge- oder Verbot**<br>Eine Parkflächenmarkierung erlaubt das Parken; auf Gehwegen aber nur Fahrzeugen mit einer zulässigen Gesamtmasse bis zu 2,8 t. Die durch die Parkflächenmarkierung angeordnete Aufstellung ist einzuhalten. Wo sie mit durchgehenden Linien markiert ist, darf diese überfahren werden.<br>**Erläuterung**<br>Sind Parkflächen auf Straßen erkennbar abgegrenzt, wird damit angeordnet, wie Fahrzeuge aufzustellen sind. |

**Anlage 3[1)]**
(zu § 42 Absatz 2)

## Richtzeichen

| 1 | 2 | 3 |
|---|---|---|
| lfd. Nr. | Zeichen und Zusatzzeichen | Ge- oder Verbote Erläuterungen |
| **Abschnitt 1 Vorrangzeichen** | | |
| 1 | Zeichen 301  Vorfahrt | **Ge- oder Verbot** Das Zeichen zeigt an, dass an der nächsten Kreuzung oder Einmündung Vorfahrt besteht. |
| 2 | Zeichen 306  Vorfahrtstraße | **Ge- oder Verbot** Wer ein Fahrzeug führt, darf außerhalb geschlossener Ortschaften auf Fahrbahnen von Vorfahrtstraßen nicht parken.<br>Das Zeichen zeigt an, dass Vorfahrt besteht bis zum nächsten Zeichen 205 „Vorfahrt gewähren.“, 206 „Halt. Vorfahrt gewähren.“ oder 307 „Ende der Vorfahrtstraße“. |
| 2.1 |  | **Ge- oder Verbot**<br>1. Wer ein Fahrzeug führt und dem Verlauf der abknickenden Vorfahrtstraße folgen will, muss dies rechtzeitig und deutlich ankündigen; dabei sind die Fahrtrichtungsanzeiger zu benutzen.<br>2. Auf den Fußgängerverkehr ist besondere Rücksicht zu nehmen. Wenn nötig, muss gewartet werden.<br>**Erläuterung**<br>Das Zusatzzeichen zum Zeichen 306 zeigt den Verlauf der Vorfahrtstraße an. |
| 3 | Zeichen 307  Ende der Vorfahrtstraße | |

[1)] Anl. 3 geänd. mWv 26.9.2015 durch VO v. 15.9.2015 (BGBl. I S. 1573); geänd. mWv 28.4.2020 durch VO v. 20.4.2020 (BGBl. I S. 814).

| 1 | 2 | 3 |
|---|---|---|
| lfd. Nr. | Zeichen und Zusatzzeichen | Ge- oder Verbote<br>Erläuterungen |
| 4 | Zeichen 308<br><br>Vorrang vor dem Gegenverkehr | **Ge- oder Verbot**<br>Wer ein Fahrzeug führt, hat Vorrang vor dem Gegenverkehr. |
| **Abschnitt 2 Ortstafel** | | |
| zu 5 und 6 | | **Erläuterung**<br>Ab der Ortstafel gelten jeweils die für den Verkehr innerhalb oder außerhalb geschlossener Ortschaften bestehenden Vorschriften. |
| 5 | Zeichen 310<br><br><br>Ortstafel Vorderseite | Die Ortstafel bestimmt:<br>Hier beginnt eine geschlossene Ortschaft. |
| 6 | Zeichen 311<br><br><br>Ortstafel Rückseite | Die Ortstafel bestimmt:<br>Hier endet eine geschlossene Ortschaft. |
| **Abschnitt 3 Parken** | | |
| 7 | Zeichen 314<br><br><br>Parken | **Ge- oder Verbot**<br>1. Wer ein Fahrzeug führt, darf hier parken.<br>2. a) Durch ein Zusatzzeichen kann die Parkerlaubnis insbesondere nach der Dauer, nach Fahrzeugarten, zugunsten der mit besonderem Parkausweis versehenen Bewohner oder auf das Parken mit Parkschein oder Parkscheibe beschränkt sein. |

| 1 | 2 | 3 |
|---|---|---|
| lfd. Nr. | Zeichen und Zusatzzeichen | Ge- oder Verbote Erläuterungen |
| | | b) Ein Zusatzzeichen mit Bild 318 (Parkscheibe) und Angabe der Stundenzahl schreibt das Parken mit Parkscheibe und dessen zulässige Höchstdauer vor.<br>c) Durch Zusatzzeichen können Bewohner mit Parkausweis von der Verpflichtung zum Parken mit Parkschein oder Parkscheibe freigestellt sein.<br>d) Durch ein Zusatzzeichen mit Rollstuhlfahrersinnbild kann die Parkerlaubnis beschränkt sein auf schwerbehinderte Menschen mit außergewöhnlicher Gehbehinderung, beidseitiger Amelie oder Phokomelie oder mit vergleichbaren Funktionseinschränkungen sowie auf blinde Menschen.<br>e) Die Parkerlaubnis gilt nur, wenn der Parkschein, die Parkscheibe oder der Parkausweis gut lesbar ausgelegt oder angebracht ist.<br>f) Durch Zusatzzeichen kann ein Parkplatz als gebührenpflichtig ausgewiesen sein.<br>3.[1] a) Durch Zusatzzeichen kann die Parkerlaubnis zugunsten elektrisch betriebener Fahrzeuge beschränkt sein.<br>b) Durch Zusatzzeichen können elektrisch betriebene Fahrzeuge von der Verpflichtung zum Parken mit Parkschein oder Parkscheibe freigestellt sein. Sind Parkscheinautomaten aufgestellt, kann die Freistellung auch allein am Automaten angegeben sein.<br>c) Durch Zusatzzeichen kann die Parkerlaubnis für elektrisch betriebene Fahrzeuge nach der Dauer beschränkt sein. Der Nachweis zur Einhaltung der zeitlichen Dauer erfolgt durch Auslegen der Parkscheibe. Die Parkerlaubnis gilt nur, |

[1] Siehe hierzu die Übergangsbestimmungen in § 52.

| 1 | 2 | 3 |
|---|---|---|
| lfd. Nr. | Zeichen und Zusatzzeichen | Ge- oder Verbote Erläuterungen |
| | | wenn die Parkscheibe gut lesbar ausgelegt oder angebracht ist.<br>4. a) Durch Zusatzzeichen kann die Parkerlaubnis zugunsten von mit einem Carsharingausweis versehenen Carsharingfahrzeugen beschränkt sein. Eine Beschränkung auf Fahrzeuge nur eines Carsharingunternehmens oder auf bestimmte Carsharingunternehmen ist nach Maßgabe des Carsharinggesetzes zulässig. Die Beschränkung erfolgt durch die Angabe der entsprechenden Firmenbezeichnung in schwarzer Schrift auf weißem Grund auf einem weiteren Zusatzzeichen. Die Parkerlaubnis gilt nur, wenn der Carsharingausweis im Fahrzeug gut lesbar ausgelegt oder angebracht ist.<br>b) Durch Zusatzzeichen können Carsharingfahrzeuge von der Verpflichtung zum Parken mit Parkschein oder Parkscheibe freigestellt sein. Sind Parkscheinautomaten aufgestellt, kann die Freistellung auch allein am Automaten angegeben sein.<br>**Erläuterung**<br>1. Der Anfang des erlaubten Parkens kann durch einen zur Fahrbahn weisenden waagerechten weißen Pfeil im Zeichen, das Ende durch einen solchen von der Fahrbahn wegweisenden Pfeil gekennzeichnet sein. Bei in der Strecke wiederholten Zeichen weist eine Pfeilspitze zur Fahrbahn, die zweite Pfeilspitze von ihr weg.<br>2. Das Zeichen mit einem Zusatzzeichen mit schwarzem Pfeil weist auf die Zufahrt zu größeren Parkplätzen oder Parkhäusern hin. Das Zeichen kann auch durch Hinweise ergänzt werden, ob es sich um ein Parkhaus handelt. |

| 1 | 2 | 3 |
|---|---|---|
| lfd. Nr. | Zeichen und Zusatzzeichen | Ge- oder Verbote Erläuterungen |
| 8 | Zeichen 314.1<br><br><br>Beginn einer Parkraumbewirtschaftungszone | **Ge- oder Verbot**<br>1. Wer ein Fahrzeug führt, darf innerhalb der Parkraumbewirtschaftungszone nur mit Parkschein oder mit Parkscheibe (Bild 318) parken, soweit das Halten und Parken nicht gesetzlich oder durch Verkehrszeichen verboten ist.<br>2. Durch Zusatzzeichen können Bewohner mit Parkausweis von der Verpflichtung zum Parken mit Parkschein oder Parkscheibe freigestellt sein.<br>3. Die Parkerlaubnis gilt nur, wenn der Parkschein, die Parkscheibe oder der Parkausweis gut lesbar ausgelegt oder angebracht ist.<br>4.[1] a) Durch Zusatzzeichen kann die Parkerlaubnis zugunsten elektrisch betriebener Fahrzeuge beschränkt sein.<br>b) Durch Zusatzzeichen können elektrisch betriebene Fahrzeuge von der Verpflichtung zum Parken mit Parkschein oder Parkscheibe freigestellt sein. Sind Parkscheinautomaten aufgestellt, kann die Freistellung auch allein am Automaten angegeben sein.<br>c) Durch Zusatzzeichen kann die Parkerlaubnis für elektrisch betriebene Fahrzeuge nach der Dauer beschränkt sein. Der Nachweis zur Einhaltung der zeitlichen Dauer erfolgt durch Auslegen der Parkscheibe. Die Parkerlaubnis gilt nur, wenn die Parkscheibe gut lesbar ausgelegt oder angebracht ist.<br>5. a) Durch Zusatzzeichen kann die Parkerlaubnis zugunsten von mit einem Carsharingausweis versehenen Carsharingfahrzeugen beschränkt sein. Eine Beschränkung auf Fahrzeuge nur eines Carsharingunternehmens oder auf bestimmte Carsharingunternehmen ist nach Maßgabe des Carsharing- |

[1] Siehe hierzu die Übergangsbestimmungen in § 52.

| 1 | 2 | 3 |
|---|---|---|
| lfd. Nr. | Zeichen und Zusatzzeichen | Ge- oder Verbote Erläuterungen |
| | | gesetzes zulässig. Die Beschränkung erfolgt durch eine zusätzliche Angabe der entsprechenden Firmenbezeichnung in schwarzer Schrift auf weißem Grund auf einem weiteren Zusatzzeichen. Die Parkerlaubnis gilt nur, wenn der Carsharingausweis gut lesbar im Fahrzeug ausgelegt oder angebracht ist.<br>b) Durch Zusatzzeichen können Carsharingfahrzeuge von der Verpflichtung zum Parken mit Parkschein oder Parkscheibe freigestellt sein. Sind Parkscheinautomaten aufgestellt, kann die Freistellung auch allein am Automaten angegeben sein.<br>**Erläuterung**<br>Die Art der Parkbeschränkung wird durch Zusatzzeichen angezeigt. |
| 9 | Zeichen 314.2<br><br><br>Ende einer Parkraumbewirtschaftungszone | |
| 10 | Zeichen 315<br><br><br>Parken auf Gehwegen | **Ge- oder Verbot**<br>1. Wer ein Fahrzeug führt, darf auf Gehwegen mit Fahrzeugen mit einer zulässigen Gesamtmasse über 2,8 t nicht parken. Dann darf auch nicht entgegen der angeordneten Aufstellungsart des Zeichens oder entgegen Beschränkungen durch Zusatzzeichen geparkt werden.<br>2. a) Durch ein Zusatzzeichen kann die Parkerlaubnis insbesondere nach der Dauer, nach Fahrzeugarten, zugunsten der mit besonderem Parkausweis versehenen Bewohner oder auf das Parken mit Parkschein oder Parkscheibe beschränkt sein. |

| 1 | 2 | 3 |
|---|---|---|
| lfd. Nr. | Zeichen und Zusatzzeichen | Ge- oder Verbote Erläuterungen |
| | | b) Ein Zusatzzeichen mit Bild 318 (Parkscheibe) und Angabe der Stundenzahl schreibt das Parken mit Parkscheibe und dessen zulässige Höchstdauer vor.<br>c) Durch Zusatzzeichen können Bewohner mit Parkausweis von der Verpflichtung zum Parken mit Parkschein oder Parkscheibe freigestellt sein.<br>d) Durch ein Zusatzzeichen mit Rollstuhlfahrersinnbild kann die Parkerlaubnis beschränkt sein für schwerbehinderte Menschen mit außergewöhnlicher Gehbehinderung, beidseitiger Amelie oder Phokomelie oder mit vergleichbaren Funktionseinschränkungen sowie für blinde Menschen.<br>e) Die Parkerlaubnis gilt nur, wenn der Parkschein, die Parkscheibe oder der Parkausweis gut lesbar ausgelegt oder angebracht ist.<br>3.[1] a) Durch Zusatzzeichen kann die Parkerlaubnis zugunsten elektrisch betriebener Fahrzeuge beschränkt sein.<br>b) Durch Zusatzzeichen können elektrisch betriebene Fahrzeuge von der Verpflichtung zum Parken mit Parkschein oder Parkscheibe freigestellt sein. Sind Parkscheinautomaten aufgestellt, kann die Freistellung auch allein am Automaten angegeben sein.<br>c) Durch Zusatzzeichen kann die Parkerlaubnis für elektrisch betriebene Fahrzeuge nach der Dauer beschränkt sein. Der Nachweis zur Einhaltung der zeitlichen Dauer erfolgt durch Auslegen der Parkscheibe. Die Parkerlaubnis gilt nur, wenn die Parkscheibe gut lesbar ausgelegt oder angebracht ist.<br>4. a) Durch Zusatzzeichen kann die Parkerlaubnis zugunsten von mit |

[1] Siehe hierzu die Übergangsbestimmungen in § 52.

| 1 | 2 | 3 |
|---|---|---|
| lfd. Nr. | Zeichen und Zusatzzeichen | Ge- oder Verbote Erläuterungen |
| | | einem Carsharingausweis versehenen Carsharingfahrzeugen beschränkt sein. Eine Beschränkung auf Fahrzeuge nur eines Carsharingunternehmens oder auf bestimmte Carsharingunternehmen ist nach Maßgabe des Carsharinggesetzes zulässig. Die Beschränkung erfolgt durch eine zusätzliche Angabe der entsprechenden Firmenbezeichnung in schwarzer Schrift auf weißem Grund auf einem weiteren Zusatzzeichen. Die Parkerlaubnis gilt nur, wenn der Carsharingausweis gut lesbar im Fahrzeug ausgelegt oder angebracht ist.<br>b) Durch Zusatzzeichen können Carsharingfahrzeuge von der Verpflichtung zum Parken mit Parkschein oder Parkscheibe freigestellt sein. Sind Parkscheinautomaten aufgestellt, kann die Freistellung auch allein am Automaten angegeben sein.<br>**Erläuterung**<br>1. Der Anfang des erlaubten Parkens kann durch einen zur Fahrbahn weisenden waagerechten weißen Pfeil im Zeichen, das Ende durch einen solchen von der Fahrbahn wegweisenden Pfeil gekennzeichnet sein. Bei in der Strecke wiederholten Zeichen weist eine Pfeilspitze zur Fahrbahn, die zweite Pfeilspitze von ihr weg.<br>2. Im Zeichen ist bildlich dargestellt, wie die Fahrzeuge aufzustellen sind. |
| 11 | Bild 318<br>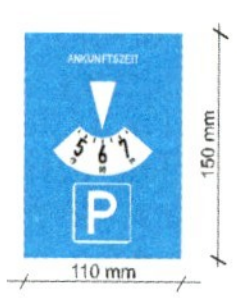<br>Parkscheibe | **Ge- oder Verbot**[1)]<br>Ist die Parkzeit bei elektrisch betriebenen Fahrzeugen beschränkt, so ist der Nachweis durch Auslegen der Parkscheibe zu erbringen. |

[1)] Siehe hierzu die Übergangsbestimmungen in § 52.

| 1 | 2 | 3 |
|---|---|---|
| lfd. Nr. | Zeichen und Zusatzzeichen | Ge- oder Verbote<br>Erläuterungen |
| **Abschnitt 4 Verkehrsberuhigter Bereich** | | |
| 12 | Zeichen 325.1<br><br>Beginn eines verkehrsberuhigten Bereichs | **Ge- oder Verbot**<br>1. Wer ein Fahrzeug führt, muss mit Schrittgeschwindigkeit fahren.<br>2. Wer ein Fahrzeug führt, darf den Fußgängerverkehr weder gefährden noch behindern; wenn nötig, muss gewartet werden.<br>3. Wer zu Fuß geht, darf den Fahrverkehr nicht unnötig behindern.<br>4. Wer ein Fahrzeug führt, darf außerhalb der dafür gekennzeichneten Flächen nicht parken, ausgenommen zum Ein- oder Aussteigen und zum Be- oder Entladen.<br>5. Wer zu Fuß geht, darf die Straße in ihrer ganzen Breite benutzen; Kinderspiele sind überall erlaubt. |
| 13 | Zeichen 325.2<br><br>Ende eines verkehrsberuhigten Bereichs | **Erläuterung**<br>Beim Ausfahren ist § 10 zu beachten. |
| **Abschnitt 5 Tunnel** | | |
| 14 | Zeichen 327<br><br>Tunnel | **Ge- oder Verbote**<br>1. Wer ein Fahrzeug führt, muss beim Durchfahren des Tunnels Abblendlicht benutzen und darf im Tunnel nicht wenden.<br>2. Im Falle eines Notfalls oder einer Panne sollen nur vorhandene Nothalte- und Pannenbuchten genutzt werden. |

| 1 | 2 | 3 |
|---|---|---|
| lfd. Nr. | Zeichen und Zusatzzeichen | Ge- oder Verbote Erläuterungen |
| **Abschnitt 6 Nothalte- und Pannenbucht** | | |
| 15 | Zeichen 328  Nothalte- und Pannenbucht | **Ge- oder Verbot** Wer ein Fahrzeug führt, darf nur im Notfall oder bei einer Panne in einer Nothalte- und Pannenbucht halten. |
| **Abschnitt 7 Autobahnen und Kraftfahrstraßen** | | |
| 16 | Zeichen 330.1  Autobahn | **Erläuterung** Ab diesem Zeichen gelten die Regeln für den Verkehr auf Autobahnen. |
| 17 | Zeichen 330.2  Ende der Autobahn | |
| 18 | Zeichen 331.1  Kraftfahrstraße | **Erläuterung** Ab diesem Zeichen gelten die Regeln für den Verkehr auf Kraftfahrstraßen. |
| 19 | Zeichen 331.2  Ende der Kraftfahrstraße | |

| 1 | 2 | 3 |
|---|---|---|
| lfd. Nr. | Zeichen und Zusatzzeichen | Ge- oder Verbote<br>Erläuterungen |
| 20 | Zeichen 333<br><br>Ausfahrt von der Autobahn | **Erläuterung**<br>Auf Kraftfahrstraßen oder autobahnähnlich ausgebauten Straßen weist das entsprechende Zeichen mit schwarzer Schrift auf gelbem Grund auf die Ausfahrt hin. Das Zeichen kann auch auf weißem Grund ausgeführt sein. |
| 21 | Zeichen 450<br><br>Ankündigungsbake | **Erläuterung**<br>Das Zeichen steht 300 m, 200 m (wie abgebildet) und 100 m vor einem Autobahnknotenpunkt (Autobahnanschlussstelle, Autobahnkreuz oder Autobahndreieck). Es steht auch vor einer bewirtschafteten Rastanlage. Vor einem Knotenpunkt kann auf der 300 m-Bake die Nummer des Knotenpunktes angezeigt sein. |
| **Abschnitt 8 Markierungen** | | |
| 22 | Zeichen 340<br><br>Leitlinie | **Ge- oder Verbot**<br>1. Wer ein Fahrzeug führt, darf Leitlinien nicht überfahren, wenn dadurch der Verkehr gefährdet wird.<br>2. Wer ein Fahrzeug führt, darf auf der Fahrbahn durch Leitlinien markierte Schutzstreifen für den Radverkehr nur bei Bedarf überfahren, insbesondere um dem Gegenverkehr auszuweichen. Der Radverkehr darf dabei nicht gefährdet werden.<br>3. Auf durch Leitlinien markierten Schutzstreifen für den Radverkehr darf nicht gehalten werden. Satz 1 gilt nicht für Fahrräder und Elektrokleinstfahrzeuge im Sinne der eKFV.<br>**Erläuterung**<br>Der Schutzstreifen für den Radverkehr ist in regelmäßigen Abständen mit dem Sinnbild „Radverkehr" auf der Fahrbahn gekennzeichnet. |

| 1 | 2 | 3 |
|---|---|---|
| lfd. Nr. | Zeichen und Zusatzzeichen | Ge- oder Verbote Erläuterungen |
| 23 | Zeichen 341 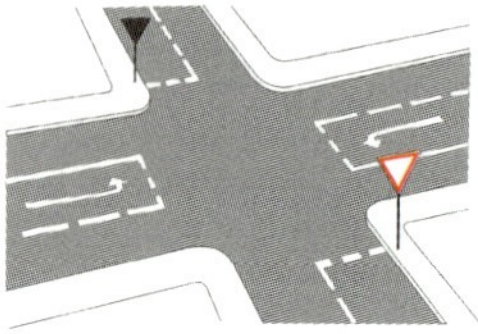 Wartelinie | **Erläuterung** Die Wartelinie empfiehlt dem Wartepflichtigen, an dieser Stelle zu warten. |
| 23.1 | Zeichen 342 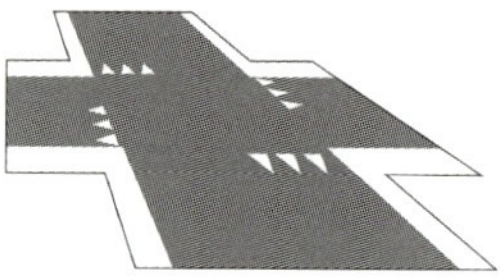 Haifischzähne | **Erläuterung** Die Markierung hebt eine Wartepflicht infolge einer bestehenden Rechts-vor-links-Regelung abseits der Bundes-, Landes- und Kreisstraßen sowie weiterer Hauptverkehrsstraßen und eine durch Zeichen 205 oder 206 angeordnete Vorfahrtberechtigung des Radverkehrs im Zuge von Kreuzungen oder Einmündungen von Radschnellwegen hervor. Im Fall dieser Vorfahrtberechtigung des Radverkehrs sind die Markierungen auf beiden Seiten entlang der Fahrbahnkanten des Radschnellwegs mit den Spitzen in Richtung des wartepflichtigen Verkehrs anzuordnen. |
| **Abschnitt 9 Hinweise** | | |
| 24 | Zeichen 350  Fußgängerüberweg | |
| 24.1 | Zeichen 350.1  Radschnellweg | **Erläuterung** Das Zeichen steht an Radschnellwegen. Es dient der Unterrichtung über den Beginn von Radschnellwegen und der Führung von Radschnellwegen an Knotenpunkten. |

| 1 | 2 | 3 |
|---|---|---|
| lfd. Nr. | Zeichen und Zusatzzeichen | Ge- oder Verbote Erläuterungen |
| 24.2 | Zeichen 350.2  Ende des Radschnellwegs | |
| 25 | Zeichen 354   Wasserschutzgebiet | |
| 26 | Zeichen 356   Verkehrshelfer | |
| 27 | Zeichen 357  Sackgasse | **Erläuterung** Im oberen Teil des Verkehrszeichens kann die Durchlässigkeit der Sackgasse für den Radverkehr und/oder Fußgängerverkehr durch Piktogramme angezeigt sein. |
| zu 28 und 29 | | **Erläuterung** 1. Durch solche Zeichen mit entsprechenden Sinnbildern können auch andere Hinweise gegeben werden, wie auf Fußgängerunter- oder -überführung, Fernsprecher, Notrufsäule, Pannenhilfe, Tankstellen, Zelt- und Wohn- |

| 1 | 2 | 3 |
|---|---|---|
| lfd. Nr. | Zeichen und Zusatzzeichen | Ge- oder Verbote Erläuterungen |
| | | wagenplätze, Autobahnhotel, Autobahngasthaus, Autobahnkiosk.<br>2. Auf Hotels, Gasthäuser und Kioske wird nur auf Autobahnen und nur dann hingewiesen, wenn es sich um Autobahnanlagen oder Autohöfe handelt. |
| 28 | Zeichen 358<br><br>Erste Hilfe | |
| 29 | Zeichen 363<br><br>Polizei | |
| 30 | Zeichen 385<br><br>Ortshinweistafel | |
| zu 31 und 32 | | **Erläuterung**<br>Die Zeichen stehen außerhalb von Autobahnen. Sie dienen dem Hinweis auf touristisch bedeutsame Ziele und der Kennzeichnung des Verlaufs touristischer Routen. Sie können auch als Wegweiser ausgeführt sein. |

| 1 | 2 | 3 |
|---|---|---|
| lfd. Nr. | Zeichen und Zusatzzeichen | Ge- oder Verbote Erläuterungen |
| 31 | Zeichen 386.1   Touristischer Hinweis | |
| 32 | Zeichen 386.2   Touristische Route | |
| 33 | Zeichen 386.3   Touristische Unterrichtungs- tafel | **Erläuterung** Das Zeichen steht an der Autobahn. Es dient der Unterrichtung über touristisch bedeutsame Ziele. |
| 34 | Zeichen 390   Mautpflicht nach dem Bundesfernstraßenmautgesetz | |
| 35 | Zeichen 391   Mautpflichtige Strecke | |

| 1 | 2 | 3 |
|---|---|---|
| lfd. Nr. | Zeichen und Zusatzzeichen | Ge- oder Verbote Erläuterungen |
| 36 | Zeichen 392   Zollstelle | |
| 37 | Zeichen 393   Informationstafel an Grenzübergangsstellen | |
| 38 | Zeichen 394  Laternenring | **Erläuterung** Das Zeichen kennzeichnet innerhalb geschlossener Ortschaften Laternen, die nicht die ganze Nacht leuchten. In dem roten Feld kann in weißer Schrift angegeben sein, wann die Laterne erlischt. |
| **Abschnitt 10 Wegweisung** | | |
| | | 1. Nummernschilder |
| 39 | Zeichen 401   Bundesstraßen | |
| 40 | Zeichen 405   Autobahnen | |

| 1 | 2 | 3 |
|---|---|---|
| lfd. Nr. | Zeichen und Zusatzzeichen | Ge- oder Verbote Erläuterungen |
| 41 | Zeichen 406   Knotenpunkte der Autobahnen | **Erläuterung** So sind Knotenpunkte der Autobahnen (Autobahnausfahrten, Autobahnkreuze und Autobahndreiecke) beziffert. |
| 42 | Zeichen 410   Europastraßen | |
| | | 2. Wegweiser außerhalb von Autobahnen |
| | | a) Vorwegweiser |
| 43 | Zeichen 438   | |
| 44 | Zeichen 439 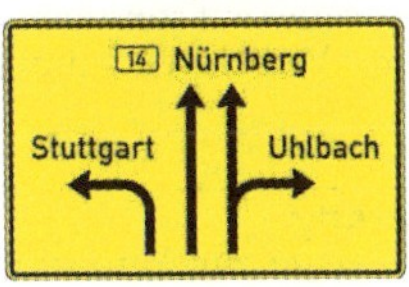  | |
| 45 | Zeichen 440   | |

<table>
<tr><th>1</th><th>2</th><th>3</th></tr>
<tr><th>lfd. Nr.</th><th>Zeichen und Zusatzzeichen</th><th>Ge- oder Verbote Erläuterungen</th></tr>
<tr><td>46</td><td>Zeichen 441<br>
</td><td></td></tr>
<tr><td></td><td></td><td>b) Pfeilwegweiser</td></tr>
<tr><td>zu 47 bis 49</td><td></td><td>Erläuterung<br>Das Zusatzzeichen „Nebenstrecke“ oder der Zusatz „Nebenstrecke“ im Wegweiser weist auf eine Straßenverbindung von untergeordneter Bedeutung hin.</td></tr>
<tr><td>47</td><td>Zeichen 415<br>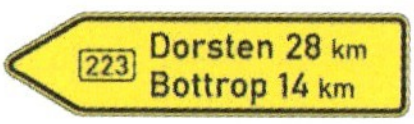
</td><td>Erläuterung<br>Pfeilwegweiser auf Bundesstraßen</td></tr>
<tr><td>48</td><td>Zeichen 418<br>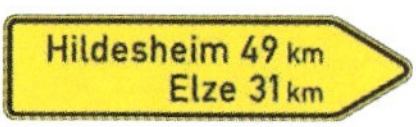
</td><td>Erläuterung<br>Pfeilwegweiser auf sonstigen Straßen</td></tr>
<tr><td>49</td><td>Zeichen 419<br>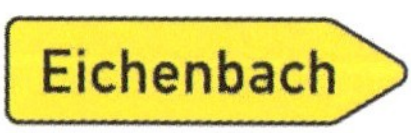
</td><td>Erläuterung<br>Pfeilwegweiser auf sonstigen Straßen mit geringerer Verkehrsbedeutung</td></tr>
<tr><td>50</td><td>Zeichen 430<br>
</td><td>Erläuterung<br>Pfeilwegweiser zur Autobahn</td></tr>
<tr><td>51</td><td>Zeichen 432<br>
</td><td>Erläuterung<br>Pfeilwegweiser zu Zielen mit erheblicher Verkehrsbedeutung.</td></tr>
</table>

<table>
<tr><th>1</th><th>2</th><th>3</th></tr>
<tr><th>lfd. Nr.</th><th>Zeichen und Zusatzzeichen</th><th>Ge- oder Verbote Erläuterungen</th></tr>
<tr><td></td><td></td><td>c) Tabellenwegweiser</td></tr>
<tr><td>52</td><td>Zeichen 434

</td><td>Erläuterung<br>Der Tabellenwegweiser kann auch auf einer Tafel zusammengefasst sein. Die Zielangaben in einer Richtung können auch auf separaten Tafeln gezeigt werden.</td></tr>
<tr><td></td><td></td><td>d) Ausfahrttafel</td></tr>
<tr><td>53</td><td>Zeichen 332.1

</td><td>Erläuterung<br>Ausfahrt von der Kraftfahrstraße oder einer autobahnähnlich ausgebauten Straße. Das Zeichen kann innerhalb geschlossener Ortschaften auch mit weißem Grund ausgeführt sein.</td></tr>
<tr><td></td><td></td><td>e) Straßennamensschilder</td></tr>
<tr><td>54</td><td>Zeichen 437
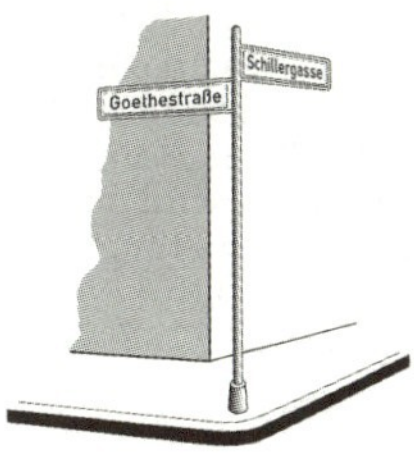
</td><td>Erläuterung<br>Das Zeichen hat entweder weiße Schrift auf dunklem Grund oder schwarze Schrift auf hellem Grund. Es kann auch an Bauwerken angebracht sein.</td></tr>
<tr><td></td><td></td><td>3. Wegweiser auf Autobahnen</td></tr>
<tr><td></td><td></td><td>a) Ankündigungstafeln</td></tr>
<tr><td>zu 55 und 58</td><td></td><td>Erläuterung<br>Die Nummer (Zeichen 406) ist die laufende Nummer der Autobahnausfahrten, Autobahnkreuze und Autobahndreiecke der gerade befahrenen Autobahn. Sie dient der besseren Orientierung.</td></tr>
</table>

| 1 | 2 | 3 |
|---|---|---|
| lfd. Nr. | Zeichen und Zusatzzeichen | Ge- oder Verbote Erläuterungen |
| 55 | Zeichen 448<br> | **Erläuterung**<br>Das Zeichen weist auf eine Autobahnausfahrt, ein Autobahnkreuz oder Autobahndreieck hin. Es schließt Zeichen 406 ein. |
| 56 |  | **Erläuterung**<br>Das Sinnbild weist auf eine Ausfahrt hin. |
| 57 |  | **Erläuterung**<br>Das Sinnbild weist auf ein Autobahnkreuz oder Autobahndreieck hin; es weist auch auf Kreuze und Dreiecke von Autobahnen mit autobahnähnlich ausgebauten Straßen des nachgeordneten Netzes hin. |
| 58 | Zeichen 448.1<br> | **Erläuterung**<br>1. Mit dem Zeichen wird ein Autohof in unmittelbarer Nähe einer Autobahnausfahrt angekündigt.<br>2. Der Autohof wird einmal am rechten Fahrbahnrand 500 bis 1 000 m vor dem Zeichen 448 angekündigt. Auf einem Zusatzzeichen wird durch grafische Symbole der Leistungsumfang des Autohofs dargestellt. |
| | | b) Vorwegweiser |
| 59 | Zeichen 449<br> | |

| 1 | 2 | 3 |
|---|---|---|
| lfd. Nr. | Zeichen und Zusatzzeichen | Ge- oder Verbote Erläuterungen |
| | | c) Ausfahrttafel |
| 60 | Zeichen 332   | |
| | | d) Entfernungstafel |
| 61 | Zeichen 453 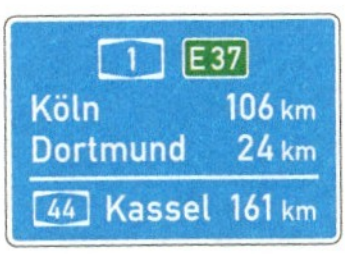  | **Erläuterung**<br>Die Entfernungstafel gibt Fernziele und die Entfernung zur jeweiligen Ortsmitte an. Ziele, die über eine andere als die gerade befahrene Autobahn zu erreichen sind, werden unterhalb des waagerechten Striches angegeben. |
| **Abschnitt 11 Umleitungsbeschilderung** | | |
| | | 1. Umleitung außerhalb von Autobahnen |
| | | a) Umleitungen für bestimmte Verkehrsarten |
| 62 | Zeichen 442  Vorwegweiser | **Erläuterung**<br>Vorwegweiser für bestimmte Verkehrsarten |
| 63 | Zeichen 421  | **Erläuterung**<br>Pfeilwegweiser für bestimmte Verkehrsarten |
| 64 | Zeichen 422  | **Erläuterung**<br>Wegweiser für bestimmte Verkehrsarten |

| 1 | 2 | 3 |
|---|---|---|
| lfd. Nr. | Zeichen und Zusatzzeichen | Ge- oder Verbote Erläuterungen |
| | | b) Temporäre Umleitungen (z.B. infolge von Baumaßnahmen) |
| 65 | | **Erläuterung** Der Verlauf der Umleitungsstrecke kann gekennzeichnet werden durch |
| 66 | Zeichen 454   | **Erläuterung** Umleitungswegweiser oder |
| 67 | Zeichen 455.1   | **Erläuterung** Fortsetzung der Umleitung |
| zu 66 und 67 | | **Erläuterung** Die Zeichen 454 und 455.1 können durch eine Zielangabe auf einem Schild über den Zeichen ergänzt sein. Werden nur bestimmte Verkehrsarten umgeleitet, sind diese auf einem Zusatzzeichen über dem Zeichen angegeben. |
| 68 | | **Erläuterung** Die temporäre Umleitung kann angekündigt sein durch Zeichen 455.1 oder |
| 69 | Zeichen 457.1   | **Erläuterung** Umleitungsankündigung |
| 70 | | **Erläuterung** jedoch nur mit Entfernungsangabe auf einem Zusatzzeichen und bei Bedarf mit Zielangabe auf einem zusätzlichen Schild über dem Zeichen. Soll die Ankündigung nur für bestimmte Verkehrsarten gelten, sind diese auf einem Zusatzzeichen über dem Zeichen angegeben. |
| 71 | | **Erläuterung** Die Ankündigung kann auch erfolgen durch |

| 1 | 2 | 3 |
|---|---|---|
| lfd. Nr. | Zeichen und Zusatzzeichen | Ge- oder Verbote Erläuterungen |
| 72 | Zeichen 458 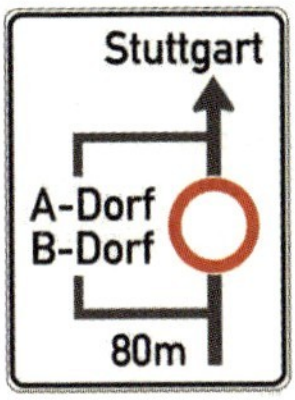  | **Erläuterung**<br>eine Planskizze |
| 73 | | **Erläuterung**<br>Das Ende der Umleitung kann angezeigt werden durch |
| 74 | Zeichen 457.2   | **Erläuterung**<br>Ende der Umleitung oder |
| 75 | Zeichen 455.2   | **Erläuterung**<br>Ende der Umleitung |
| | | 2. Bedarfsumleitung für den Autobahnverkehr |
| 76 | Zeichen 460   Bedarfsumleitung | **Erläuterung**<br>Das Zeichen kennzeichnet eine alternative Streckenführung im nachgeordneten Straßennetz zwischen Autobahnanschlussstellen. |

| 1 | 2 | 3 |
|---|---|---|
| lfd. Nr. | Zeichen und Zusatzzeichen | Ge- oder Verbote Erläuterungen |
| 77 | Zeichen 466 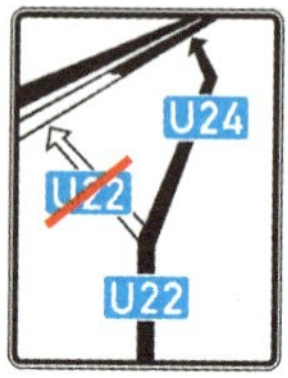  Weiterführende Bedarfsumleitung | **Erläuterung** Kann der umgeleitete Verkehr an der nach Zeichen 460 vorgesehenen Anschlussstelle noch nicht auf die Autobahn zurückgeleitet werden, wird er durch dieses Zeichen über die nächste Bedarfsumleitung weitergeführt. |
| **Abschnitt 12 Sonstige Verkehrsführung** | | |
| | | 1. Umlenkungspfeil |
| 78 | Zeichen 467.1 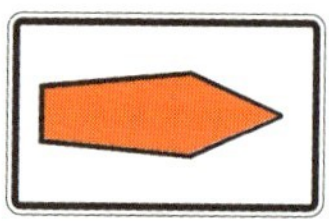 Umlenkungspfeil | **Erläuterung** Das Zeichen kennzeichnet Alternativstrecken auf Autobahnen, deren Benutzung im Bedarfsfall empfohlen wird (Streckenempfehlung). |
| 79 | Zeichen 467.2  | **Erläuterung** Das Zeichen kennzeichnet das Ende einer Streckenempfehlung. |
| | | 2. Verkehrslenkungstafeln |
| 80 | | **Erläuterung** Verkehrslenkungstafeln geben den Verlauf und die Anzahl der Fahrstreifen an, wie beispielsweise: |

| 1 | 2 | 3 |
|---|---|---|
| lfd. Nr. | Zeichen und Zusatzzeichen | Ge- oder Verbote Erläuterungen |
| 81 | Zeichen 501 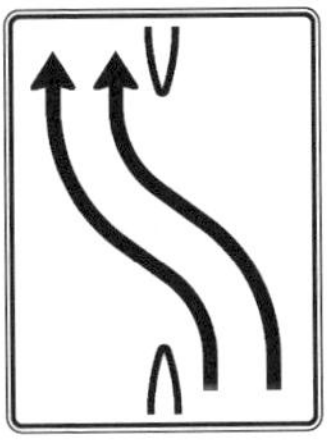 Überleitungstafel | **Erläuterung** Das Zeichen kündigt die Überleitung des Verkehrs auf die Gegenfahrbahn an. |
| 82 | Zeichen 531  Einengungstafel | |
| 82.1 |   | **Erläuterung** Bei Einengungstafeln wird mit dem Zusatzzeichen der Ort angekündigt, an dem der Fahrstreifenwechsel nach dem Reißverschlussverfahren (§ 7 Absatz 4) erfolgen soll. |
| | | 3. Blockumfahrung |
| 83 | Zeichen 590 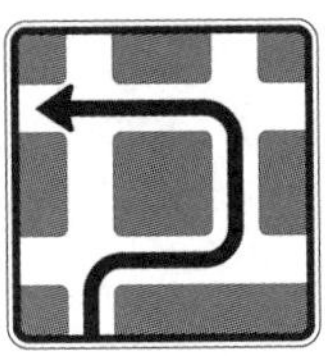 Blockumfahrung | **Erläuterung** Das Zeichen kündigt eine durch die Zeichen „Vorgeschriebene Fahrtrichtung“ (Zeichen 209 bis 214) vorgegebene Verkehrsführung an. |

**Anlage 4**
(zu § 43 Absatz 3)

## Verkehrseinrichtungen

| 1 | 2 | 3 |
|---|---|---|
| lfd. Nr. | Zeichen | Ge- oder Verbot<br>Erläuterungen |
| **Abschnitt 1 Einrichtungen zur Kennzeichnung von Arbeits- und Unfallstellen oder sonstigen vorübergehenden Hindernissen** | | |
| 1 | Zeichen 600<br><br>Absperrschranke | |
| 2 | Zeichen 605<br><br>Leitbake<br>Pfeilbake Schraffenbake | |
| 3 | Zeichen 628<br><br>Leitschwelle<br>mit Pfeilbake mit Schraffen-bake | |

| 1 | 2 | 3 |
|---|---|---|
| lfd. Nr. | Zeichen | Ge- oder Verbot Erläuterungen |
| 4 | Zeichen 629   Leitbord mit Pfeilbake mit Schraffen-bake | |
| 5 | Zeichen 610  Leitkegel | |
| 6 | Zeichen 615  Fahrbare Absperrtafel | |
| 7 | Zeichen 616  Fahrbare Absperrtafel mit Blinkpfeil | |

| 1 | 2 | 3 |
|---|---|---|
| lfd. Nr. | Zeichen | Ge- oder Verbot Erläuterungen |
| zu 1 bis 7 | | **Ge- oder Verbot** Die Einrichtungen verbieten das Befahren der so gekennzeichneten Straßenfläche und leiten den Verkehr an dieser Fläche vorbei. **Erläuterung** 1. Warnleuchten an diesen Einrichtungen zeigen rotes Licht, wenn die ganze Fahrbahn gesperrt ist, sonst gelbes Licht oder gelbes Blinklicht. 2. Zusammen mit der Absperrtafel können überfahrbare Warnschwellen verwendet sein, die quer zur Fahrtrichtung vor der Absperrtafel ausgelegt sind. |
| **Abschnitt 2 Einrichtungen zur Kennzeichnung von dauerhaften Hindernissen oder sonstigen gefährlichen Stellen** | | |
| 8 | Zeichen 625  Richtungstafel in Kurven | Die Richtungstafel in Kurven kann auch in aufgelöster Form angebracht sein. |
| 9 | Zeichen 626  Leitplatte | |
| 10 | Zeichen 627 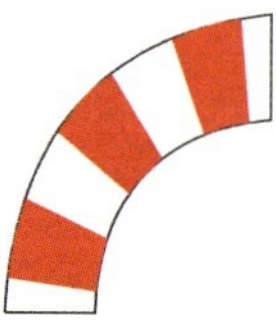 Leitmal | Leitmale kennzeichnen in der Regel den Verkehr einschränkende Gegenstände. Ihre Ausführung richtet sich nach der senkrechten, waagerechten oder gewölbten Anbringung beispielsweise an Bauwerken, Bauteilen und Gerüsten. |

| 1 | 2 | 3 |
|---|---|---|
| lfd. Nr. | Zeichen | Ge- oder Verbot Erläuterungen |
| **Abschnitt 3 Einrichtung zur Kennzeichnung des Straßenverlaufs** | | |
| 11 | Zeichen 620 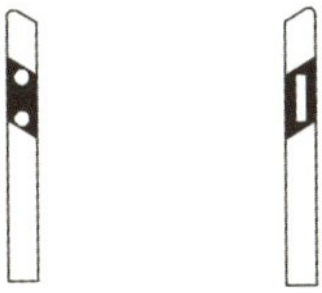 Leitpfosten (links) (rechts) | Um den Verlauf der Straße kenntlich zu machen, können an den Straßenseiten Leitpfosten in der Regel im Abstand von 50 m und in Kurven verdichtet stehen. |
| **Abschnitt 4 Warntafel zur Kennzeichnung von Fahrzeugen und Anhängern bei Dunkelheit** | | |
| 12 | Zeichen 630  Parkwarntafel | |

# 37. Gesetz über das Wohnungseigentum und das Dauerwohnrecht (Wohnungseigentumsgesetz – WEG)

In der Fassung der Bekanntmachung vom 12. Januar 2021[1]
(BGBl. I S. 34)

**FNA 403-1**

| Lfd. Nr. | Änderndes Gesetz | Datum | Fundstelle | Betroffen | Hinweis |
|---|---|---|---|---|---|
| 1. | Art. 7 G zur Durchführung des Haager Übereinkommens über die Anerkennung und Vollstreckung ausländischer Entscheidungen in Zivil- und Handelssachen sowie zur Änd. der ZPO, des BGB, des WohnungseigentumsG und des G zur Modernisierung des Strafverfahrens | 7.11.2022 | BGBl. I S. 1982 | § 48 | geänd. mWv 12.11.2022 |

## Teil 1. Wohnungseigentum

### Abschnitt 1. Begriffsbestimmungen

**§ 1 Begriffsbestimmungen.** (1) Nach Maßgabe dieses Gesetzes kann an Wohnungen das Wohnungseigentum, an nicht zu Wohnzwecken dienenden Räumen eines Gebäudes das Teileigentum begründet werden.

(2) Wohnungseigentum ist das Sondereigentum an einer Wohnung in Verbindung mit dem Miteigentumsanteil an dem gemeinschaftlichen Eigentum, zu dem es gehört.

(3) Teileigentum ist das Sondereigentum an nicht zu Wohnzwecken dienenden Räumen eines Gebäudes in Verbindung mit dem Miteigentumsanteil an dem gemeinschaftlichen Eigentum, zu dem es gehört.

(4) Wohnungseigentum und Teileigentum können nicht in der Weise begründet werden, dass das Sondereigentum mit Miteigentum an mehreren Grundstücken verbunden wird.

(5) Gemeinschaftliches Eigentum im Sinne dieses Gesetzes sind das Grundstück und das Gebäude, soweit sie nicht im Sondereigentum oder im Eigentum eines Dritten stehen.

(6) Für das Teileigentum gelten die Vorschriften über das Wohnungseigentum entsprechend.

### Abschnitt 2. Begründung des Wohnungseigentums

**§ 2 Arten der Begründung.** Wohnungseigentum wird durch die vertragliche Einräumung von Sondereigentum (§ 3) oder durch Teilung (§ 8) begründet.

---

[1] Neubekanntmachung des WohnungseigentumsG in der im BGBl. Teil III, Gliederungsnr. 403-1, veröffentlichten bereinigten Fassung in der ab 1.12.2020 geltenden Fassung.

**§ 3 Vertragliche Einräumung von Sondereigentum.** (1) [1]Das Miteigentum (§ 1008 des Bürgerlichen Gesetzbuchs[1)]) an einem Grundstück kann durch Vertrag der Miteigentümer in der Weise beschränkt werden, dass jedem der Miteigentümer abweichend von § 93 des Bürgerlichen Gesetzbuchs das Eigentum an einer bestimmten Wohnung oder an nicht zu Wohnzwecken dienenden bestimmten Räumen in einem auf dem Grundstück errichteten oder zu errichtenden Gebäude (Sondereigentum) eingeräumt wird. [2]Stellplätze gelten als Räume im Sinne des Satzes 1.

(2) Das Sondereigentum kann auf einen außerhalb des Gebäudes liegenden Teil des Grundstücks erstreckt werden, es sei denn, die Wohnung oder die nicht zu Wohnzwecken dienenden Räume bleiben dadurch wirtschaftlich nicht die Hauptsache.

(3) Sondereigentum soll nur eingeräumt werden, wenn die Wohnungen oder sonstigen Räume in sich abgeschlossen sind und Stellplätze sowie außerhalb des Gebäudes liegende Teile des Grundstücks durch Maßangaben im Aufteilungsplan bestimmt sind.

**§ 4 Formvorschriften.** (1) Zur Einräumung und zur Aufhebung des Sondereigentums ist die Einigung der Beteiligten über den Eintritt der Rechtsänderung und die Eintragung in das Grundbuch erforderlich.

(2) [1]Die Einigung bedarf der für die Auflassung vorgeschriebenen Form. [2]Sondereigentum kann nicht unter einer Bedingung oder Zeitbestimmung eingeräumt oder aufgehoben werden.

(3) Für einen Vertrag, durch den sich ein Teil verpflichtet, Sondereigentum einzuräumen, zu erwerben oder aufzuheben, gilt § 311b Absatz 1 des Bürgerlichen Gesetzbuchs[1)] entsprechend.

**§ 5 Gegenstand und Inhalt des Sondereigentums.** (1) [1]Gegenstand des Sondereigentums sind die gemäß § 3 Absatz 1 Satz 1 bestimmten Räume sowie die zu diesen Räumen gehörenden Bestandteile des Gebäudes, die verändert, beseitigt oder eingefügt werden können, ohne dass dadurch das gemeinschaftliche Eigentum oder ein auf Sondereigentum beruhendes Recht eines anderen Wohnungseigentümers über das bei einem geordneten Zusammenleben unvermeidliche Maß hinaus beeinträchtigt oder die äußere Gestaltung des Gebäudes verändert wird. [2]Soweit sich das Sondereigentum auf außerhalb des Gebäudes liegende Teile des Grundstücks erstreckt, gilt § 94 des Bürgerlichen Gesetzbuchs[1)] entsprechend.

(2) Teile des Gebäudes, die für dessen Bestand oder Sicherheit erforderlich sind, sowie Anlagen und Einrichtungen, die dem gemeinschaftlichen Gebrauch der Wohnungseigentümer dienen, sind nicht Gegenstand des Sondereigentums, selbst wenn sie sich im Bereich der im Sondereigentum stehenden Räume oder Teile des Grundstücks befinden.

(3) Die Wohnungseigentümer können vereinbaren, dass Bestandteile des Gebäudes, die Gegenstand des Sondereigentums sein können, zum gemeinschaftlichen Eigentum gehören.

(4) [1]Vereinbarungen über das Verhältnis der Wohnungseigentümer untereinander und Beschlüsse aufgrund einer solchen Vereinbarung können nach den Vorschriften des Abschnitts 4 zum Inhalt des Sondereigentums gemacht werden. [2]Ist das Wohnungseigentum mit der Hypothek, Grund- oder Rentenschuld oder

---

[1)] Nr. **20**.

der Reallast eines Dritten belastet, so ist dessen nach anderen Rechtsvorschriften notwendige Zustimmung nur erforderlich, wenn ein Sondernutzungsrecht begründet oder ein mit dem Wohnungseigentum verbundenes Sondernutzungsrecht aufgehoben, geändert oder übertragen wird.

**§ 6 Unselbständigkeit des Sondereigentums.** (1) Das Sondereigentum kann ohne den Miteigentumsanteil, zu dem es gehört, nicht veräußert oder belastet werden.

(2) Rechte an dem Miteigentumsanteil erstrecken sich auf das zu ihm gehörende Sondereigentum.

**§ 7[1] Grundbuchvorschriften.** (1) [1]Im Fall des § 3 Absatz 1 wird für jeden Miteigentumsanteil von Amts wegen ein besonderes Grundbuchblatt (Wohnungsgrundbuch, Teileigentumsgrundbuch) angelegt. [2]Auf diesem ist das zu dem Miteigentumsanteil gehörende Sondereigentum und als Beschränkung des Miteigentums die Einräumung der zu den anderen Miteigentumsanteilen gehörenden Sondereigentumsrechte einzutragen. [3]Das Grundbuchblatt des Grundstücks wird von Amts wegen geschlossen.

(2) [1]Zur Eintragung eines Beschlusses im Sinne des § 5 Absatz 4 Satz 1 bedarf es der Bewilligungen der Wohnungseigentümer nicht, wenn der Beschluss durch eine Niederschrift, bei der die Unterschriften der in § 24 Absatz 6 bezeichneten Personen öffentlich beglaubigt sind, oder durch ein Urteil in einem Verfahren nach § 44 Absatz 1 Satz 2 nachgewiesen ist. [2]Antragsberechtigt ist auch die Gemeinschaft der Wohnungseigentümer.

(3) [1]Zur näheren Bezeichnung des Gegenstands und des Inhalts des Sondereigentums kann auf die Eintragungsbewilligung oder einen Nachweis gemäß Absatz 2 Satz 1 Bezug genommen werden. [2]Veräußerungsbeschränkungen (§ 12) und die Haftung von Sondernachfolgern für Geldschulden sind jedoch ausdrücklich einzutragen.

(4) [1]Der Eintragungsbewilligung sind als Anlagen beizufügen:

1. eine von der Baubehörde mit Unterschrift und Siegel oder Stempel versehene Bauzeichnung, aus der die Aufteilung des Gebäudes und des Grundstücks sowie die Lage und Größe der im Sondereigentum und der im gemeinschaftlichen Eigentum stehenden Teile des Gebäudes und des Grundstücks ersichtlich ist (Aufteilungsplan); alle zu demselben Wohnungseigentum gehörenden Einzelräume und Teile des Grundstücks sind mit der jeweils gleichen Nummer zu kennzeichnen;
2. eine Bescheinigung der Baubehörde, dass die Voraussetzungen des § 3 Absatz 3 vorliegen.

[2]Wenn in der Eintragungsbewilligung für die einzelnen Sondereigentumsrechte Nummern angegeben werden, sollen sie mit denen des Aufteilungsplans übereinstimmen.

(5) Für Teileigentumsgrundbücher gelten die Vorschriften über Wohnungsgrundbücher entsprechend.

**§ 8 Teilung durch den Eigentümer.** (1) Der Eigentümer eines Grundstücks kann durch Erklärung gegenüber dem Grundbuchamt das Eigentum an dem

---

[1] Vgl. hierzu die Wohnungsgrundbuchverfügung (WGV) idF der Bek. v. 24.1.1995 (BGBl. I S. 134), zuletzt geänd. durch G v. 16.10.2020 (BGBl. I S. 2187).

Grundstück in Miteigentumsanteile in der Weise teilen, dass mit jedem Anteil Sondereigentum verbunden ist.

(2) Im Fall des Absatzes 1 gelten § 3 Absatz 1 Satz 2, Absatz 2 und 3, § 4 Absatz 2 Satz 2 sowie die §§ 5 bis 7 entsprechend.

(3) Wer einen Anspruch auf Übertragung von Wohnungseigentum gegen den teilenden Eigentümer hat, der durch Vormerkung im Grundbuch gesichert ist, gilt gegenüber der Gemeinschaft der Wohnungseigentümer und den anderen Wohnungseigentümern anstelle des teilenden Eigentümers als Wohnungseigentümer, sobald ihm der Besitz an den zum Sondereigentum gehörenden Räumen übergeben wurde.

**§ 9 Schließung der Wohnungsgrundbücher.** (1) Die Wohnungsgrundbücher werden geschlossen:

1. von Amts wegen, wenn die Sondereigentumsrechte gemäß § 4 aufgehoben werden;
2. auf Antrag des Eigentümers, wenn sich sämtliche Wohnungseigentumsrechte in einer Person vereinigen.

(2) Ist ein Wohnungseigentum selbständig mit dem Recht eines Dritten belastet, so werden die allgemeinen Vorschriften, nach denen zur Aufhebung des Sondereigentums die Zustimmung des Dritten erforderlich ist, durch Absatz 1 nicht berührt.

(3) Werden die Wohnungsgrundbücher geschlossen, so wird für das Grundstück ein Grundbuchblatt nach den allgemeinen Vorschriften angelegt; die Sondereigentumsrechte erlöschen, soweit sie nicht bereits aufgehoben sind, mit der Anlegung des Grundbuchblatts.

### Abschnitt 3. Rechtsfähige Gemeinschaft der Wohnungseigentümer

**§ 9a Gemeinschaft der Wohnungseigentümer.** (1) [1] Die Gemeinschaft der Wohnungseigentümer kann Rechte erwerben und Verbindlichkeiten eingehen, vor Gericht klagen und verklagt werden. [2] Die Gemeinschaft der Wohnungseigentümer entsteht mit Anlegung der Wohnungsgrundbücher; dies gilt auch im Fall des § 8. [3] Sie führt die Bezeichnung „Gemeinschaft der Wohnungseigentümer“ oder „Wohnungseigentümergemeinschaft” gefolgt von der bestimmten Angabe des gemeinschaftlichen Grundstücks.

(2) Die Gemeinschaft der Wohnungseigentümer übt die sich aus dem gemeinschaftlichen Eigentum ergebenden Rechte sowie solche Rechte der Wohnungseigentümer aus, die eine einheitliche Rechtsverfolgung erfordern, und nimmt die entsprechenden Pflichten der Wohnungseigentümer wahr.

(3) Für das Vermögen der Gemeinschaft der Wohnungseigentümer (Gemeinschaftsvermögen) gelten § 18, § 19 Absatz 1 und § 27 entsprechend.

(4) [1] Jeder Wohnungseigentümer haftet einem Gläubiger nach dem Verhältnis seines Miteigentumsanteils (§ 16 Absatz 1 Satz 2) für Verbindlichkeiten der Gemeinschaft der Wohnungseigentümer, die während seiner Zugehörigkeit entstanden oder während dieses Zeitraums fällig geworden sind; für die Haftung nach Veräußerung des Wohnungseigentums ist § 160 des Handelsgesetzbuchs[1)] entsprechend anzuwenden. [2] Er kann gegenüber einem Gläubiger neben den in seiner Person begründeten auch die der Gemeinschaft der Wohnungseigentümer zuste-

[1)] Nr. **50**.

henden Einwendungen und Einreden geltend machen, nicht aber seine Einwendungen und Einreden gegenüber der Gemeinschaft der Wohnungseigentümer. [3] Für die Einrede der Anfechtbarkeit und Aufrechenbarkeit ist § 770 des Bürgerlichen Gesetzbuchs[1)] entsprechend anzuwenden.

(5) Ein Insolvenzverfahren über das Gemeinschaftsvermögen findet nicht statt.

**§ 9b Vertretung.** (1) [1] Die Gemeinschaft der Wohnungseigentümer wird durch den Verwalter gerichtlich und außergerichtlich vertreten, beim Abschluss eines Grundstückskauf- oder Darlehensvertrags aber nur aufgrund eines Beschlusses der Wohnungseigentümer. [2] Hat die Gemeinschaft der Wohnungseigentümer keinen Verwalter, wird sie durch die Wohnungseigentümer gemeinschaftlich vertreten. [3] Eine Beschränkung des Umfangs der Vertretungsmacht ist Dritten gegenüber unwirksam.

(2) Dem Verwalter gegenüber vertritt der Vorsitzende des Verwaltungsbeirats oder ein durch Beschluss dazu ermächtigter Wohnungseigentümer die Gemeinschaft der Wohnungseigentümer.

## Abschnitt 4. Rechtsverhältnis der Wohnungseigentümer untereinander und zur Gemeinschaft der Wohnungseigentümer

**§ 10 Allgemeine Grundsätze.** (1) [1] Das Verhältnis der Wohnungseigentümer untereinander und zur Gemeinschaft der Wohnungseigentümer bestimmt sich nach den Vorschriften dieses Gesetzes und, soweit dieses Gesetz keine besonderen Bestimmungen enthält, nach den Vorschriften des Bürgerlichen Gesetzbuchs[1)] über die Gemeinschaft. [2] Die Wohnungseigentümer können von den Vorschriften dieses Gesetzes abweichende Vereinbarungen treffen, soweit nicht etwas anderes ausdrücklich bestimmt ist.

(2) Jeder Wohnungseigentümer kann eine vom Gesetz abweichende Vereinbarung oder die Anpassung einer Vereinbarung verlangen, soweit ein Festhalten an der geltenden Regelung aus schwerwiegenden Gründen unter Berücksichtigung aller Umstände des Einzelfalls, insbesondere der Rechte und Interessen der anderen Wohnungseigentümer, unbillig erscheint.

(3) [1] Vereinbarungen, durch die die Wohnungseigentümer ihr Verhältnis untereinander in Ergänzung oder Abweichung von Vorschriften dieses Gesetzes regeln, die Abänderung oder Aufhebung solcher Vereinbarungen sowie Beschlüsse, die aufgrund einer Vereinbarung gefasst werden, wirken gegen den Sondernachfolger eines Wohnungseigentümers nur, wenn sie als Inhalt des Sondereigentums im Grundbuch eingetragen sind. [2] Im Übrigen bedürfen Beschlüsse zu ihrer Wirksamkeit gegen den Sondernachfolger eines Wohnungseigentümers nicht der Eintragung in das Grundbuch.

**§ 11 Aufhebung der Gemeinschaft.** (1) [1] Kein Wohnungseigentümer kann die Aufhebung der Gemeinschaft verlangen. [2] Dies gilt auch für eine Aufhebung aus wichtigem Grund. [3] Eine abweichende Vereinbarung ist nur für den Fall zulässig, dass das Gebäude ganz oder teilweise zerstört wird und eine Verpflichtung zum Wiederaufbau nicht besteht.

(2) Das Recht eines Pfändungsgläubigers (§ 751 des Bürgerlichen Gesetzbuchs[1)]) sowie das im Insolvenzverfahren bestehende Recht (§ 84 Absatz 2 der

[1)] Nr. **20**.

Insolvenzordnung[1]), die Aufhebung der Gemeinschaft zu verlangen, ist ausgeschlossen.

(3) [1] Im Fall der Aufhebung der Gemeinschaft bestimmt sich der Anteil der Miteigentümer nach dem Verhältnis des Wertes ihrer Wohnungseigentumsrechte zur Zeit der Aufhebung der Gemeinschaft. [2] Hat sich der Wert eines Miteigentumsanteils durch Maßnahmen verändert, deren Kosten der Wohnungseigentümer nicht getragen hat, so bleibt eine solche Veränderung bei der Berechnung des Wertes dieses Anteils außer Betracht.

**§ 12 Veräußerungsbeschränkung.** (1) Als Inhalt des Sondereigentums kann vereinbart werden, dass ein Wohnungseigentümer zur Veräußerung seines Wohnungseigentums der Zustimmung anderer Wohnungseigentümer oder eines Dritten bedarf.

(2) [1] Die Zustimmung darf nur aus einem wichtigen Grund versagt werden. [2] Durch Vereinbarung gemäß Absatz 1 kann dem Wohnungseigentümer darüber hinaus für bestimmte Fälle ein Anspruch auf Erteilung der Zustimmung eingeräumt werden.

(3) [1] Ist eine Vereinbarung gemäß Absatz 1 getroffen, so ist eine Veräußerung des Wohnungseigentums und ein Vertrag, durch den sich der Wohnungseigentümer zu einer solchen Veräußerung verpflichtet, unwirksam, solange nicht die erforderliche Zustimmung erteilt ist. [2] Einer rechtsgeschäftlichen Veräußerung steht eine Veräußerung im Wege der Zwangsvollstreckung oder durch den Insolvenzverwalter gleich.

(4) [1] Die Wohnungseigentümer können beschließen, dass eine Veräußerungsbeschränkung gemäß Absatz 1 aufgehoben wird. [2] Ist ein Beschluss gemäß Satz 1 gefasst, kann die Veräußerungsbeschränkung im Grundbuch gelöscht werden. [3] § 7 Absatz 2 gilt entsprechend.

**§ 13 Rechte des Wohnungseigentümers aus dem Sondereigentum.**

(1) Jeder Wohnungseigentümer kann, soweit nicht das Gesetz entgegensteht, mit seinem Sondereigentum nach Belieben verfahren, insbesondere dieses bewohnen, vermieten, verpachten oder in sonstiger Weise nutzen, und andere von Einwirkungen ausschließen.

(2) Für Maßnahmen, die über die ordnungsmäßige Instandhaltung und Instandsetzung (Erhaltung) des Sondereigentums hinausgehen, gilt § 20 mit der Maßgabe entsprechend, dass es keiner Gestattung bedarf, soweit keinem der anderen Wohnungseigentümer über das bei einem geordneten Zusammenleben unvermeidliche Maß hinaus ein Nachteil erwächst.

**§ 14 Pflichten des Wohnungseigentümers.** (1) Jeder Wohnungseigentümer ist gegenüber der Gemeinschaft der Wohnungseigentümer verpflichtet,

1. die gesetzlichen Regelungen, Vereinbarungen und Beschlüsse einzuhalten und
2. das Betreten seines Sondereigentums und andere Einwirkungen auf dieses und das gemeinschaftliche Eigentum zu dulden, die den Vereinbarungen oder Beschlüssen entsprechen oder, wenn keine entsprechenden Vereinbarungen oder Beschlüsse bestehen, aus denen ihm über das bei einem geordneten Zusammenleben unvermeidliche Maß hinaus kein Nachteil erwächst.

---

[1] Nr. **110**.

(2) Jeder Wohnungseigentümer ist gegenüber den übrigen Wohnungseigentümern verpflichtet,

1. deren Sondereigentum nicht über das in Absatz 1 Nummer 2 bestimmte Maß hinaus zu beeinträchtigen und
2. Einwirkungen nach Maßgabe des Absatzes 1 Nummer 2 zu dulden.

(3) Hat der Wohnungseigentümer eine Einwirkung zu dulden, die über das zumutbare Maß hinausgeht, kann er einen angemessenen Ausgleich in Geld verlangen.

**§ 15 Pflichten Dritter.** Wer Wohnungseigentum gebraucht, ohne Wohnungseigentümer zu sein, hat gegenüber der Gemeinschaft der Wohnungseigentümer und anderen Wohnungseigentümern zu dulden:

1. die Erhaltung des gemeinschaftlichen Eigentums und des Sondereigentums, die ihm rechtzeitig angekündigt wurde; § 555a Absatz 2 des Bürgerlichen Gesetzbuchs[1)] gilt entsprechend;
2. Maßnahmen, die über die Erhaltung hinausgehen, die spätestens drei Monate vor ihrem Beginn in Textform angekündigt wurden; § 555c Absatz 1 Satz 2 Nummer 1 und 2, Absatz 2 bis 4 und § 555d Absatz 2 bis 5 des Bürgerlichen Gesetzbuchs gelten entsprechend.

**§ 16 Nutzungen und Kosten.** (1) [1]Jedem Wohnungseigentümer gebührt ein seinem Anteil entsprechender Bruchteil der Früchte des gemeinschaftlichen Eigentums und des Gemeinschaftsvermögens. [2]Der Anteil bestimmt sich nach dem gemäß § 47 der Grundbuchordnung[2)] im Grundbuch eingetragenen Verhältnis der Miteigentumsanteile. [3]Jeder Wohnungseigentümer ist zum Mitgebrauch des gemeinschaftlichen Eigentums nach Maßgabe des § 14 berechtigt.

(2) [1]Die Kosten der Gemeinschaft der Wohnungseigentümer, insbesondere der Verwaltung und des gemeinschaftlichen Gebrauchs des gemeinschaftlichen Eigentums, hat jeder Wohnungseigentümer nach dem Verhältnis seines Anteils (Absatz 1 Satz 2) zu tragen. [2]Die Wohnungseigentümer können für einzelne Kosten oder bestimmte Arten von Kosten eine von Satz 1 oder von einer Vereinbarung abweichende Verteilung beschließen.

(3) Für die Kosten und Nutzungen bei baulichen Veränderungen gilt § 21.

**§ 17 Entziehung des Wohnungseigentums.** (1) Hat ein Wohnungseigentümer sich einer so schweren Verletzung der ihm gegenüber anderen Wohnungseigentümern oder der Gemeinschaft der Wohnungseigentümer obliegenden Verpflichtungen schuldig gemacht, dass diesen die Fortsetzung der Gemeinschaft mit ihm nicht mehr zugemutet werden kann, so kann die Gemeinschaft der Wohnungseigentümer von ihm die Veräußerung seines Wohnungseigentums verlangen.

(2) Die Voraussetzungen des Absatzes 1 liegen insbesondere vor, wenn der Wohnungseigentümer trotz Abmahnung wiederholt gröblich gegen die ihm nach § 14 Absatz 1 und 2 obliegenden Pflichten verstößt.

(3) Der in Absatz 1 bestimmte Anspruch kann durch Vereinbarung der Wohnungseigentümer nicht eingeschränkt oder ausgeschlossen werden.

(4) [1]Das Urteil, durch das ein Wohnungseigentümer zur Veräußerung seines Wohnungseigentums verurteilt wird, berechtigt zur Zwangsvollstreckung entspre-

---

1) Nr. **20**.
2) Nr. **114**.

chend den Vorschriften des Ersten Abschnitts des Gesetzes über die Zwangsversteigerung und die Zwangsverwaltung[1]. [2] Das Gleiche gilt für Schuldtitel im Sinne des § 794 der Zivilprozessordnung[2], durch die sich der Wohnungseigentümer zur Veräußerung seines Wohnungseigentums verpflichtet.

**§ 18 Verwaltung und Benutzung.** (1) Die Verwaltung des gemeinschaftlichen Eigentums obliegt der Gemeinschaft der Wohnungseigentümer.

(2) Jeder Wohnungseigentümer kann von der Gemeinschaft der Wohnungseigentümer

1. eine Verwaltung des gemeinschaftlichen Eigentums sowie
2. eine Benutzung des gemeinschaftlichen Eigentums und des Sondereigentums

verlangen, die dem Interesse der Gesamtheit der Wohnungseigentümer nach billigem Ermessen (ordnungsmäßige Verwaltung und Benutzung) und, soweit solche bestehen, den gesetzlichen Regelungen, Vereinbarungen und Beschlüssen entsprechen.

(3) Jeder Wohnungseigentümer ist berechtigt, ohne Zustimmung der anderen Wohnungseigentümer die Maßnahmen zu treffen, die zur Abwendung eines dem gemeinschaftlichen Eigentum unmittelbar drohenden Schadens notwendig sind.

(4) Jeder Wohnungseigentümer kann von der Gemeinschaft der Wohnungseigentümer Einsicht in die Verwaltungsunterlagen verlangen.

**§ 19 Regelung der Verwaltung und Benutzung durch Beschluss.** (1) Soweit die Verwaltung des gemeinschaftlichen Eigentums und die Benutzung des gemeinschaftlichen Eigentums und des Sondereigentums nicht durch Vereinbarung der Wohnungseigentümer geregelt sind, beschließen die Wohnungseigentümer eine ordnungsmäßige Verwaltung und Benutzung.

(2) Zur ordnungsmäßigen Verwaltung und Benutzung gehören insbesondere

1. die Aufstellung einer Hausordnung,
2. die ordnungsmäßige Erhaltung des gemeinschaftlichen Eigentums,
3. die angemessene Versicherung des gemeinschaftlichen Eigentums zum Neuwert sowie der Wohnungseigentümer gegen Haus- und Grundbesitzerhaftpflicht,
4. die Ansammlung einer angemessenen Erhaltungsrücklage,
5. die Festsetzung von Vorschüssen nach § 28 Absatz 1 Satz 1 sowie
6.[3] die Bestellung eines zertifizierten Verwalters nach § 26a, es sei denn, es bestehen weniger als neun Sondereigentumsrechte, ein Wohnungseigentümer wurde zum Verwalter bestellt und weniger als ein Drittel der Wohnungseigentümer (§ 25 Absatz 2) verlangt die Bestellung eines zertifizierten Verwalters.

**§ 20 Bauliche Veränderungen.** (1) Maßnahmen, die über die ordnungsmäßige Erhaltung des gemeinschaftlichen Eigentums hinausgehen (bauliche Veränderungen), können beschlossen oder einem Wohnungseigentümer durch Beschluss gestattet werden.

---

[1] Nr. **108**.
[2] Nr. **100**.
[3] Anwendbar ab 1.12.2023, beachte hierzu § 48 Abs. 4.

(2) [1]Jeder Wohnungseigentümer kann angemessene bauliche Veränderungen verlangen, die

1. dem Gebrauch durch Menschen mit Behinderungen,
2. dem Laden elektrisch betriebener Fahrzeuge,
3. dem Einbruchsschutz und
4. dem Anschluss an ein Telekommunikationsnetz mit sehr hoher Kapazität

dienen. [2]Über die Durchführung ist im Rahmen ordnungsmäßiger Verwaltung zu beschließen.

(3) Unbeschadet des Absatzes 2 kann jeder Wohnungseigentümer verlangen, dass ihm eine bauliche Veränderung gestattet wird, wenn alle Wohnungseigentümer, deren Rechte durch die bauliche Veränderung über das bei einem geordneten Zusammenleben unvermeidliche Maß hinaus beeinträchtigt werden, einverstanden sind.

(4) Bauliche Veränderungen, die die Wohnanlage grundlegend umgestalten oder einen Wohnungseigentümer ohne sein Einverständnis gegenüber anderen unbillig benachteiligen, dürfen nicht beschlossen und gestattet werden; sie können auch nicht verlangt werden.

**§ 21 Nutzungen und Kosten bei baulichen Veränderungen.** (1) [1]Die Kosten einer baulichen Veränderung, die einem Wohnungseigentümer gestattet oder die auf sein Verlangen nach § 20 Absatz 2 durch die Gemeinschaft der Wohnungseigentümer durchgeführt wurde, hat dieser Wohnungseigentümer zu tragen. [2]Nur ihm gebühren die Nutzungen.

(2) [1]Vorbehaltlich des Absatzes 1 haben alle Wohnungseigentümer die Kosten einer baulichen Veränderung nach dem Verhältnis ihrer Anteile (§ 16 Absatz 1 Satz 2) zu tragen,

1. die mit mehr als zwei Dritteln der abgegebenen Stimmen und der Hälfte aller Miteigentumsanteile beschlossen wurde, es sei denn, die bauliche Veränderung ist mit unverhältnismäßigen Kosten verbunden, oder
2. deren Kosten sich innerhalb eines angemessenen Zeitraums amortisieren.

[2]Für die Nutzungen gilt § 16 Absatz 1.

(3) [1]Die Kosten anderer als der in den Absätzen 1 und 2 bezeichneten baulichen Veränderungen haben die Wohnungseigentümer, die sie beschlossen haben, nach dem Verhältnis ihrer Anteile (§ 16 Absatz 1 Satz 2) zu tragen. [2]Ihnen gebühren die Nutzungen entsprechend § 16 Absatz 1.

(4) [1]Ein Wohnungseigentümer, der nicht berechtigt ist, Nutzungen zu ziehen, kann verlangen, dass ihm dies nach billigem Ermessen gegen angemessenen Ausgleich gestattet wird. [2]Für seine Beteiligung an den Nutzungen und Kosten gilt Absatz 3 entsprechend.

(5) [1]Die Wohnungseigentümer können eine abweichende Verteilung der Kosten und Nutzungen beschließen. [2]Durch einen solchen Beschluss dürfen einem Wohnungseigentümer, der nach den vorstehenden Absätzen Kosten nicht zu tragen hat, keine Kosten auferlegt werden.

**§ 22 Wiederaufbau.** Ist das Gebäude zu mehr als der Hälfte seines Wertes zerstört und ist der Schaden nicht durch eine Versicherung oder in anderer Weise gedeckt, so kann der Wiederaufbau nicht beschlossen oder verlangt werden.

**§ 23 Wohnungseigentümerversammlung.** (1) [1]Angelegenheiten, über die nach diesem Gesetz oder nach einer Vereinbarung der Wohnungseigentümer die Wohnungseigentümer durch Beschluss entscheiden können, werden durch Beschlussfassung in einer Versammlung der Wohnungseigentümer geordnet. [2]Die Wohnungseigentümer können beschließen, dass Wohnungseigentümer an der Versammlung auch ohne Anwesenheit an deren Ort teilnehmen und sämtliche oder einzelne ihrer Rechte ganz oder teilweise im Wege elektronischer Kommunikation ausüben können.

(2) Zur Gültigkeit eines Beschlusses ist erforderlich, dass der Gegenstand bei der Einberufung bezeichnet ist.

(3) [1]Auch ohne Versammlung ist ein Beschluss gültig, wenn alle Wohnungseigentümer ihre Zustimmung zu diesem Beschluss in Textform erklären. [2]Die Wohnungseigentümer können beschließen, dass für einen einzelnen Gegenstand die Mehrheit der abgegebenen Stimmen genügt.

(4) [1]Ein Beschluss, der gegen eine Rechtsvorschrift verstößt, auf deren Einhaltung rechtswirksam nicht verzichtet werden kann, ist nichtig. [2]Im Übrigen ist ein Beschluss gültig, solange er nicht durch rechtskräftiges Urteil für ungültig erklärt ist.

**§ 24 Einberufung, Vorsitz, Niederschrift.** (1) Die Versammlung der Wohnungseigentümer wird von dem Verwalter mindestens einmal im Jahr einberufen.

(2) Die Versammlung der Wohnungseigentümer muss von dem Verwalter in den durch Vereinbarung der Wohnungseigentümer bestimmten Fällen, im Übrigen dann einberufen werden, wenn dies in Textform unter Angabe des Zwecks und der Gründe von mehr als einem Viertel der Wohnungseigentümer verlangt wird.

(3) Fehlt ein Verwalter oder weigert er sich pflichtwidrig, die Versammlung der Wohnungseigentümer einzuberufen, so kann die Versammlung auch durch den Vorsitzenden des Verwaltungsbeirats, dessen Vertreter oder einen durch Beschluss ermächtigten Wohnungseigentümer einberufen werden.

(4) [1]Die Einberufung erfolgt in Textform. [2]Die Frist der Einberufung soll, sofern nicht ein Fall besonderer Dringlichkeit vorliegt, mindestens drei Wochen betragen.

(5) Den Vorsitz in der Wohnungseigentümerversammlung führt, sofern diese nichts anderes beschließt, der Verwalter.

(6) [1]Über die in der Versammlung gefassten Beschlüsse ist unverzüglich eine Niederschrift aufzunehmen. [2]Die Niederschrift ist von dem Vorsitzenden und einem Wohnungseigentümer und, falls ein Verwaltungsbeirat bestellt ist, auch von dessen Vorsitzenden oder seinem Vertreter zu unterschreiben.

(7) [1]Es ist eine Beschluss-Sammlung zu führen. [2]Die Beschluss-Sammlung enthält nur den Wortlaut

1. der in der Versammlung der Wohnungseigentümer verkündeten Beschlüsse mit Angabe von Ort und Datum der Versammlung,
2. der schriftlichen Beschlüsse mit Angabe von Ort und Datum der Verkündung und
3. der Urteilsformeln der gerichtlichen Entscheidungen in einem Rechtsstreit gemäß § 43 mit Angabe ihres Datums, des Gerichts und der Parteien,

soweit diese Beschlüsse und gerichtlichen Entscheidungen nach dem 1. Juli 2007 ergangen sind. [3]Die Beschlüsse und gerichtlichen Entscheidungen sind fortlaufend einzutragen und zu nummerieren. [4] Sind sie angefochten oder aufgehoben worden, so ist dies anzumerken. [5] Im Fall einer Aufhebung kann von einer Anmerkung abgesehen und die Eintragung gelöscht werden. [6] Eine Eintragung kann auch gelöscht werden, wenn sie aus einem anderen Grund für die Wohnungseigentümer keine Bedeutung mehr hat. [7] Die Eintragungen, Vermerke und Löschungen gemäß den Sätzen 3 bis 6 sind unverzüglich zu erledigen und mit Datum zu versehen. [8] Einem Wohnungseigentümer oder einem Dritten, den ein Wohnungseigentümer ermächtigt hat, ist auf sein Verlangen Einsicht in die Beschluss-Sammlung zu geben.

(8) [1] Die Beschluss-Sammlung ist von dem Verwalter zu führen. [2] Fehlt ein Verwalter, so ist der Vorsitzende der Wohnungseigentümerversammlung verpflichtet, die Beschluss-Sammlung zu führen, sofern die Wohnungseigentümer durch Stimmenmehrheit keinen anderen für diese Aufgabe bestellt haben.

**§ 25 Beschlussfassung.** (1) Bei der Beschlussfassung entscheidet die Mehrheit der abgegebenen Stimmen.

(2) [1] Jeder Wohnungseigentümer hat eine Stimme. [2] Steht ein Wohnungseigentum mehreren gemeinschaftlich zu, so können sie das Stimmrecht nur einheitlich ausüben.

(3) Vollmachten bedürfen zu ihrer Gültigkeit der Textform.

(4) Ein Wohnungseigentümer ist nicht stimmberechtigt, wenn die Beschlussfassung die Vornahme eines auf die Verwaltung des gemeinschaftlichen Eigentums bezüglichen Rechtsgeschäfts mit ihm oder die Einleitung oder Erledigung eines Rechtsstreits gegen ihn betrifft oder wenn er nach § 17 rechtskräftig verurteilt ist.

**§ 26 Bestellung und Abberufung des Verwalters.** (1) Über die Bestellung und Abberufung des Verwalters beschließen die Wohnungseigentümer.

(2) [1] Die Bestellung kann auf höchstens fünf Jahre vorgenommen werden, im Fall der ersten Bestellung nach der Begründung von Wohnungseigentum aber auf höchstens drei Jahre. [2] Die wiederholte Bestellung ist zulässig; sie bedarf eines erneuten Beschlusses der Wohnungseigentümer, der frühestens ein Jahr vor Ablauf der Bestellungszeit gefasst werden kann.

(3) [1] Der Verwalter kann jederzeit abberufen werden. [2] Ein Vertrag mit dem Verwalter endet spätestens sechs Monate nach dessen Abberufung.

(4) Soweit die Verwaltereigenschaft durch eine öffentlich beglaubigte Urkunde nachgewiesen werden muss, genügt die Vorlage einer Niederschrift über den Bestellungsbeschluss, bei der die Unterschriften der in § 24 Absatz 6 bezeichneten Personen öffentlich beglaubigt sind.

(5) Abweichungen von den Absätzen 1 bis 3 sind nicht zulässig.

**§ 26a Zertifizierter Verwalter.** (1) Als zertifizierter Verwalter darf sich bezeichnen, wer vor einer Industrie- und Handelskammer durch eine Prüfung nachgewiesen hat, dass er über die für die Tätigkeit als Verwalter notwendigen rechtlichen, kaufmännischen und technischen Kenntnisse verfügt.

(2) [1] Das Bundesministerium der Justiz und für Verbraucherschutz wird ermächtigt, durch Rechtsverordnung nähere Bestimmungen über die Prüfung zum zertifizierten Verwalter zu erlassen. [2] In der Rechtsverordnung nach Satz 1 können insbesondere festgelegt werden:

1. nähere Bestimmungen zu Inhalt und Verfahren der Prüfung;
2. Bestimmungen über das zu erteilende Zertifikat;

3. Voraussetzungen, unter denen sich juristische Personen und Personengesellschaften als zertifizierte Verwalter bezeichnen dürfen;
4. Bestimmungen, wonach Personen aufgrund anderweitiger Qualifikationen von der Prüfung befreit sind, insbesondere weil sie die Befähigung zum Richteramt, einen Hochschulabschluss mit immobilienwirtschaftlichem Schwerpunkt, eine abgeschlossene Berufsausbildung zum Immobilienkaufmann oder zur Immobilienkauffrau oder einen vergleichbaren Berufsabschluss besitzen.

**§ 27 Aufgaben und Befugnisse des Verwalters.** (1) Der Verwalter ist gegenüber der Gemeinschaft der Wohnungseigentümer berechtigt und verpflichtet, die Maßnahmen ordnungsmäßiger Verwaltung zu treffen, die

1. untergeordnete Bedeutung haben und nicht zu erheblichen Verpflichtungen führen oder
2. zur Wahrung einer Frist oder zur Abwendung eines Nachteils erforderlich sind.

(2) Die Wohnungseigentümer können die Rechte und Pflichten nach Absatz 1 durch Beschluss einschränken oder erweitern.

**§ 28 Wirtschaftsplan, Jahresabrechnung, Vermögensbericht.** (1) [1] Die Wohnungseigentümer beschließen über die Vorschüsse zur Kostentragung und zu den nach § 19 Absatz 2 Nummer 4 oder durch Beschluss vorgesehenen Rücklagen. [2] Zu diesem Zweck hat der Verwalter jeweils für ein Kalenderjahr einen Wirtschaftsplan aufzustellen, der darüber hinaus die voraussichtlichen Einnahmen und Ausgaben enthält.

(2) [1] Nach Ablauf des Kalenderjahres beschließen die Wohnungseigentümer über die Einforderung von Nachschüssen oder die Anpassung der beschlossenen Vorschüsse. [2] Zu diesem Zweck hat der Verwalter eine Abrechnung über den Wirtschaftsplan (Jahresabrechnung) aufzustellen, die darüber hinaus die Einnahmen und Ausgaben enthält.

(3) Die Wohnungseigentümer können beschließen, wann Forderungen fällig werden und wie sie zu erfüllen sind.

(4) [1] Der Verwalter hat nach Ablauf eines Kalenderjahres einen Vermögensbericht zu erstellen, der den Stand der in Absatz 1 Satz 1 bezeichneten Rücklagen und eine Aufstellung des wesentlichen Gemeinschaftsvermögens enthält. [2] Der Vermögensbericht ist jedem Wohnungseigentümer zur Verfügung zu stellen.

**§ 29 Verwaltungsbeirat.** (1) [1] Wohnungseigentümer können durch Beschluss zum Mitglied des Verwaltungsbeirats bestellt werden. [2] Hat der Verwaltungsbeirat mehrere Mitglieder, ist ein Vorsitzender und ein Stellvertreter zu bestimmen. [3] Der Verwaltungsbeirat wird von dem Vorsitzenden nach Bedarf einberufen.

(2) [1] Der Verwaltungsbeirat unterstützt und überwacht den Verwalter bei der Durchführung seiner Aufgaben. [2] Der Wirtschaftsplan und die Jahresabrechnung sollen, bevor die Beschlüsse nach § 28 Absatz 1 Satz 1 und Absatz 2 Satz 1 gefasst werden, vom Verwaltungsbeirat geprüft und mit dessen Stellungnahme versehen werden.

(3) Sind Mitglieder des Verwaltungsbeirats unentgeltlich tätig, haben sie nur Vorsatz und grobe Fahrlässigkeit zu vertreten.

### Abschnitt 5. Wohnungserbbaurecht

**§ 30 Wohnungserbbaurecht.** (1) Steht ein Erbbaurecht mehreren gemeinschaftlich nach Bruchteilen zu, so können die Anteile in der Weise beschränkt werden, dass jedem der Mitberechtigten das Sondereigentum an einer bestimmten Wohnung oder an nicht zu Wohnzwecken dienenden bestimmten Räumen in einem auf Grund des Erbbaurechts errichteten oder zu errichtenden Gebäude eingeräumt wird (Wohnungserbbaurecht, Teilerbbaurecht).

(2) Ein Erbbauberechtigter kann das Erbbaurecht in entsprechender Anwendung des § 8 teilen.

(3) [1] Für jeden Anteil wird von Amts wegen ein besonderes Erbbaugrundbuchblatt angelegt (Wohnungserbbaugrundbuch, Teilerbbaugrundbuch).[1)] [2] Im Übrigen gelten für das Wohnungserbbaurecht (Teilerbbaurecht) die Vorschriften über das Wohnungseigentum (Teileigentum) entsprechend.

## Teil 2. Dauerwohnrecht

**§ 31 Begriffsbestimmungen.** (1) [1] Ein Grundstück kann in der Weise belastet werden, dass derjenige, zu dessen Gunsten die Belastung erfolgt, berechtigt ist, unter Ausschluss des Eigentümers eine bestimmte Wohnung in einem auf dem Grundstück errichteten oder zu errichtenden Gebäude zu bewohnen oder in anderer Weise zu nutzen (Dauerwohnrecht). [2] Das Dauerwohnrecht kann auf einen außerhalb des Gebäudes liegenden Teil des Grundstücks erstreckt werden, sofern die Wohnung wirtschaftlich die Hauptsache bleibt.

(2) Ein Grundstück kann in der Weise belastet werden, dass derjenige, zu dessen Gunsten die Belastung erfolgt, berechtigt ist, unter Ausschluss des Eigentümers nicht zu Wohnzwecken dienende bestimmte Räume in einem auf dem Grundstück errichteten oder zu errichtenden Gebäude zu nutzen (Dauernutzungsrecht).

(3) Für das Dauernutzungsrecht gelten die Vorschriften über das Dauerwohnrecht entsprechend.

**§ 32 Voraussetzungen der Eintragung.** (1) Das Dauerwohnrecht soll nur bestellt werden, wenn die Wohnung in sich abgeschlossen ist.

(2) [1] Zur näheren Bezeichnung des Gegenstands und des Inhalts des Dauerwohnrechts kann auf die Eintragungsbewilligung Bezug genommen werden. [2] Der Eintragungsbewilligung sind als Anlagen beizufügen:

1. eine von der Baubehörde mit Unterschrift und Siegel oder Stempel versehene Bauzeichnung, aus der die Aufteilung des Gebäudes sowie die Lage und Größe der dem Dauerwohnrecht unterliegenden Gebäude- und Grundstücksteile ersichtlich ist (Aufteilungsplan); alle zu demselben Dauerwohnrecht gehörenden Einzelräume sind mit der jeweils gleichen Nummer zu kennzeichnen;
2. eine Bescheinigung der Baubehörde, dass die Voraussetzungen des Absatzes 1 vorliegen.

[3] Wenn in der Eintragungsbewilligung für die einzelnen Dauerwohnrechte Nummern angegeben werden, sollen sie mit denen des Aufteilungsplans übereinstimmen.

(3) Das Grundbuchamt soll die Eintragung des Dauerwohnrechts ablehnen, wenn über die in § 33 Absatz 4 Nummer 1 bis 4 bezeichneten Angelegenheiten, über die Voraussetzungen des Heimfallanspruchs (§ 36 Absatz 1) und über die Entschädigung beim Heimfall (§ 36 Absatz 4) keine Vereinbarungen getroffen sind.

---

1) Vgl. hierzu die Wohnungsgrundbuchverfügung (WGV) idF der Bek. v. 24.1.1995 (BGBl. I S. 134), zuletzt geänd. durch G v. 16.10.2020 (BGBl. I S. 2187).

**§ 33 Inhalt des Dauerwohnrechts.** (1) [1] Das Dauerwohnrecht ist veräußerlich und vererblich. [2] Es kann nicht unter einer Bedingung bestellt werden.

(2) Auf das Dauerwohnrecht sind, soweit nicht etwas anderes vereinbart ist, die Vorschriften des § 14 entsprechend anzuwenden.

(3) Der Berechtigte kann die zum gemeinschaftlichen Gebrauch bestimmten Teile, Anlagen und Einrichtungen des Gebäudes und Grundstücks mitbenutzen, soweit nichts anderes vereinbart ist.

(4) Als Inhalt des Dauerwohnrechts können Vereinbarungen getroffen werden über:

1. Art und Umfang der Nutzungen;
2. Instandhaltung und Instandsetzung der dem Dauerwohnrecht unterliegenden Gebäudeteile;
3. die Pflicht des Berechtigten zur Tragung öffentlicher oder privatrechtlicher Lasten des Grundstücks;
4. die Versicherung des Gebäudes und seinen Wiederaufbau im Fall der Zerstörung;
5. das Recht des Eigentümers, bei Vorliegen bestimmter Voraussetzungen Sicherheitsleistung zu verlangen.

**§ 34 Ansprüche des Eigentümers und der Dauerwohnberechtigten.** (1) Auf die Ersatzansprüche des Eigentümers wegen Veränderungen oder Verschlechterungen sowie auf die Ansprüche der Dauerwohnberechtigten auf Ersatz von Verwendungen oder auf Gestattung der Wegnahme einer Einrichtung sind die §§ 1049, 1057 des Bürgerlichen Gesetzbuchs[1)] entsprechend anzuwenden.

(2) Wird das Dauerwohnrecht beeinträchtigt, so sind auf die Ansprüche des Berechtigten die für die Ansprüche aus dem Eigentum geltenden Vorschriften entsprechend anzuwenden.

**§ 35 Veräußerungsbeschränkung.** [1] Als Inhalt des Dauerwohnrechts kann vereinbart werden, dass der Berechtigte zur Veräußerung des Dauerwohnrechts der Zustimmung des Eigentümers oder eines Dritten bedarf. [2] Die Vorschriften des § 12 gelten in diesem Fall entsprechend.

**§ 36 Heimfallanspruch.** (1) [1] Als Inhalt des Dauerwohnrechts kann vereinbart werden, dass der Berechtigte verpflichtet ist, das Dauerwohnrecht beim Eintritt bestimmter Voraussetzungen auf den Grundstückseigentümer oder einen von diesem zu bezeichnenden Dritten zu übertragen (Heimfallanspruch). [2] Der Heimfallanspruch kann nicht von dem Eigentum an dem Grundstück getrennt werden.

(2) Bezieht sich das Dauerwohnrecht auf Räume, die dem Mieterschutz unterliegen, so kann der Eigentümer von dem Heimfallanspruch nur Gebrauch machen, wenn ein Grund vorliegt, aus dem ein Vermieter die Aufhebung des Mietverhältnisses verlangen oder kündigen kann.

(3) Der Heimfallanspruch verjährt in sechs Monaten von dem Zeitpunkt an, in dem der Eigentümer von dem Eintritt der Voraussetzungen Kenntnis erlangt, ohne Rücksicht auf diese Kenntnis in zwei Jahren von dem Eintritt der Voraussetzungen an.

---

[1)] Nr. **20**.

(4) [1] Als Inhalt des Dauerwohnrechts kann vereinbart werden, dass der Eigentümer dem Berechtigten eine Entschädigung zu gewähren hat, wenn er von dem Heimfallanspruch Gebrauch macht. [2] Als Inhalt des Dauerwohnrechts können Vereinbarungen über die Berechnung oder Höhe der Entschädigung oder die Art ihrer Zahlung getroffen werden.

**§ 37 Vermietung.** (1) Hat der Dauerwohnberechtigte die dem Dauerwohnrecht unterliegenden Gebäude- oder Grundstücksteile vermietet oder verpachtet, so erlischt das Miet- oder Pachtverhältnis, wenn das Dauerwohnrecht erlischt.

(2) Macht der Eigentümer von seinem Heimfallanspruch Gebrauch, so tritt er oder derjenige, auf den das Dauerwohnrecht zu übertragen ist, in das Miet- oder Pachtverhältnis ein; die Vorschriften der §§ 566 bis 566e des Bürgerlichen Gesetzbuchs[1)] gelten entsprechend.

(3) [1] Absatz 2 gilt entsprechend, wenn das Dauerwohnrecht veräußert wird. [2] Wird das Dauerwohnrecht im Wege der Zwangsvollstreckung veräußert, so steht dem Erwerber ein Kündigungsrecht in entsprechender Anwendung des § 57a des Gesetzes über die Zwangsversteigerung und die Zwangsverwaltung[2)] zu.

**§ 38 Eintritt in das Rechtsverhältnis.** (1) Wird das Dauerwohnrecht veräußert, so tritt der Erwerber an Stelle des Veräußerers in die sich während der Dauer seiner Berechtigung aus dem Rechtsverhältnis zu dem Eigentümer ergebenden Verpflichtungen ein.

(2) [1] Wird das Grundstück veräußert, so tritt der Erwerber an Stelle des Veräußerers in die sich während der Dauer seines Eigentums aus dem Rechtsverhältnis zu dem Dauerwohnberechtigten ergebenden Rechte ein. [2] Das Gleiche gilt für den Erwerb auf Grund Zuschlags in der Zwangsversteigerung, wenn das Dauerwohnrecht durch den Zuschlag nicht erlischt.

**§ 39 Zwangsversteigerung.** (1) Als Inhalt des Dauerwohnrechts kann vereinbart werden, dass das Dauerwohnrecht im Fall der Zwangsversteigerung des Grundstücks abweichend von § 44 des Gesetzes über die Zwangsversteigerung und die Zwangsverwaltung[2)] auch dann bestehen bleiben soll, wenn der Gläubiger einer dem Dauerwohnrecht im Rang vorgehenden oder gleichstehenden Hypothek, Grundschuld, Rentenschuld oder Reallast die Zwangsversteigerung in das Grundstück betreibt.

(2) Eine Vereinbarung gemäß Absatz 1 bedarf zu ihrer Wirksamkeit der Zustimmung derjenigen, denen eine dem Dauerwohnrecht im Rang vorgehende oder gleichstehende Hypothek, Grundschuld, Rentenschuld oder Reallast zusteht.

(3) Eine Vereinbarung gemäß Absatz 1 ist nur wirksam für den Fall, dass der Dauerwohnberechtigte im Zeitpunkt der Feststellung der Versteigerungsbedingungen seine fälligen Zahlungsverpflichtungen gegenüber dem Eigentümer erfüllt hat; in Ergänzung einer Vereinbarung nach Absatz 1 kann vereinbart werden, dass das Fortbestehen des Dauerwohnrechts vom Vorliegen weiterer Voraussetzungen abhängig ist.

**§ 40 Haftung des Entgelts.** (1) [1] Hypotheken, Grundschulden, Rentenschulden und Reallasten, die dem Dauerwohnrecht im Rang vorgehen oder gleichstehen, sowie öffentliche Lasten, die in wiederkehrenden Leistungen bestehen, erstrecken sich auf den Anspruch auf das Entgelt für das Dauerwohnrecht in

---

[1)] Nr. **20**.
[2)] Nr. **108**.

gleicher Weise wie auf eine Mietforderung, soweit nicht in Absatz 2 etwas Abweichendes bestimmt ist. [2] Im Übrigen sind die für Mietforderungen geltenden Vorschriften nicht entsprechend anzuwenden.

(2) [1] Als Inhalt des Dauerwohnrechts kann vereinbart werden, dass Verfügungen über den Anspruch auf das Entgelt, wenn es in wiederkehrenden Leistungen ausbedungen ist, gegenüber dem Gläubiger einer dem Dauerwohnrecht im Rang vorgehenden oder gleichstehenden Hypothek, Grundschuld, Rentenschuld oder Reallast wirksam sind. [2] Für eine solche Vereinbarung gilt § 39 Absatz 2 entsprechend.

**§ 41 Besondere Vorschriften für langfristige Dauerwohnrechte.**

(1) Für Dauerwohnrechte, die zeitlich unbegrenzt oder für einen Zeitraum von mehr als zehn Jahren eingeräumt sind, gelten die besonderen Vorschriften der Absätze 2 und 3.

(2) Der Eigentümer ist, sofern nicht etwas anderes vereinbart ist, dem Dauerwohnberechtigten gegenüber verpflichtet, eine dem Dauerwohnrecht im Rang vorgehende oder gleichstehende Hypothek löschen zu lassen für den Fall, dass sie sich mit dem Eigentum in einer Person vereinigt, und die Eintragung einer entsprechenden Löschungsvormerkung in das Grundbuch zu bewilligen.

(3) Der Eigentümer ist verpflichtet, dem Dauerwohnberechtigten eine angemessene Entschädigung zu gewähren, wenn er von dem Heimfallanspruch Gebrauch macht.

**§ 42 Belastung eines Erbbaurechts.** (1) Die Vorschriften der §§ 31 bis 41 gelten für die Belastung eines Erbbaurechts mit einem Dauerwohnrecht entsprechend.

(2) Beim Heimfall des Erbbaurechts bleibt das Dauerwohnrecht bestehen.

## Teil 3. Verfahrensvorschriften

**§ 43 Zuständigkeit.** (1) [1] Die Gemeinschaft der Wohnungseigentümer hat ihren allgemeinen Gerichtsstand bei dem Gericht, in dessen Bezirk das Grundstück liegt. [2] Bei diesem Gericht kann auch die Klage gegen Wohnungseigentümer im Fall des § 9a Absatz 4 Satz 1 erhoben werden.

(2) Das Gericht, in dessen Bezirk das Grundstück liegt, ist ausschließlich zuständig für

1. Streitigkeiten über die Rechte und Pflichten der Wohnungseigentümer untereinander,
2. Streitigkeiten über die Rechte und Pflichten zwischen der Gemeinschaft der Wohnungseigentümer und Wohnungseigentümern,
3. Streitigkeiten über die Rechte und Pflichten des Verwalters einschließlich solcher über Ansprüche eines Wohnungseigentümers gegen den Verwalter sowie
4. Beschlussklagen gemäß § 44.

**§ 44 Beschlussklagen.** (1) [1] Das Gericht kann auf Klage eines Wohnungseigentümers einen Beschluss für ungültig erklären (Anfechtungsklage) oder seine Nichtigkeit feststellen (Nichtigkeitsklage). [2] Unterbleibt eine notwendige Beschlussfassung, kann das Gericht auf Klage eines Wohnungseigentümers den Beschluss fassen (Beschlussersetzungsklage).

(2) [1]Die Klagen sind gegen die Gemeinschaft der Wohnungseigentümer zu richten. [2]Der Verwalter hat den Wohnungseigentümern die Erhebung einer Klage unverzüglich bekannt zu machen. [3]Mehrere Prozesse sind zur gleichzeitigen Verhandlung und Entscheidung zu verbinden.

(3) Das Urteil wirkt für und gegen alle Wohnungseigentümer, auch wenn sie nicht Partei sind.

(4) Die durch eine Nebenintervention verursachten Kosten gelten nur dann als notwendig zur zweckentsprechenden Rechtsverteidigung im Sinne des § 91 der Zivilprozessordnung[1)], wenn die Nebenintervention geboten war.

**§ 45 Fristen der Anfechtungsklage.** [1]Die Anfechtungsklage muss innerhalb eines Monats nach der Beschlussfassung erhoben und innerhalb zweier Monate nach der Beschlussfassung begründet werden. [2]Die §§ 233 bis 238 der Zivilprozessordnung[1)] gelten entsprechend.

## Teil 4. Ergänzende Bestimmungen

**§ 46 Veräußerung ohne erforderliche Zustimmung.** [1]Fehlt eine nach § 12 erforderliche Zustimmung, so sind die Veräußerung und das zugrundeliegende Verpflichtungsgeschäft unbeschadet der sonstigen Voraussetzungen wirksam, wenn die Eintragung der Veräußerung oder einer Auflassungsvormerkung in das Grundbuch vor dem 15. Januar 1994 erfolgt ist und es sich um die erstmalige Veräußerung dieses Wohnungseigentums nach seiner Begründung handelt, es sei denn, dass eine rechtskräftige gerichtliche Entscheidung entgegensteht. [2]Das Fehlen der Zustimmung steht in diesen Fällen dem Eintritt der Rechtsfolgen des § 878 Bürgerlichen Gesetzbuchs[2)] nicht entgegen. [3]Die Sätze 1 und 2 gelten entsprechend in den Fällen der §§ 30 und 35 des Wohnungseigentumsgesetzes.

**§ 47 Auslegung von Altvereinbarungen.** [1]Vereinbarungen, die vor dem 1. Dezember 2020 getroffen wurden und die von solchen Vorschriften dieses Gesetzes abweichen, die durch das Wohnungseigentumsmodernisierungsgesetz vom 16. Oktober 2020 (BGBl. I S. 2187) geändert wurden, stehen der Anwendung dieser Vorschriften in der vom 1. Dezember 2020 an geltenden Fassung nicht entgegen, soweit sich aus der Vereinbarung nicht ein anderer Wille ergibt. [2]Ein solcher Wille ist in der Regel nicht anzunehmen.

**§ 48[3)] Übergangsvorschriften.** (1) [1]§ 5 Absatz 4, § 7 Absatz 2 und § 10 Absatz 3 in der vom 1. Dezember 2020 an geltenden Fassung gelten auch für solche Beschlüsse, die vor diesem Zeitpunkt gefasst oder durch gerichtliche Entscheidung ersetzt wurden. [2]Abweichend davon bestimmt sich die Wirksamkeit eines Beschlusses im Sinne des Satzes 1 gegen den Sondernachfolger eines Wohnungseigentümers nach § 10 Absatz 4 in der vor dem 1. Dezember 2020 geltenden Fassung, wenn die Sondernachfolge bis zum 31. Dezember 2025 eintritt. [3]Jeder Wohnungseigentümer kann bis zum 31. Dezember 2025 verlangen, dass ein Beschluss im Sinne des Satzes 1 erneut gefasst wird; § 204 Absatz 1 Nummer 1 des Bürgerlichen Gesetzbuchs[2)] gilt entsprechend.

(2) § 5 Absatz 4 Satz 3 gilt in der vor dem 1. Dezember 2020 geltenden Fassung weiter für Vereinbarungen und Beschlüsse, die vor diesem Zeitpunkt getroffen

---

[1)] Nr. **100**.
[2)] Nr. **20**.
[3)] § 48 Abs. 4 Satz 1 geänd. mWv 12.11.2022 durch G v. 7.11.2022 (BGBl. I S. 1982).

oder gefasst wurden, und zu denen vor dem 1. Dezember 2020 alle Zustimmungen erteilt wurden, die nach den vor diesem Zeitpunkt geltenden Vorschriften erforderlich waren.

(3) [1] § 7 Absatz 3 Satz 2 gilt auch für Vereinbarungen und Beschlüsse, die vor dem 1. Dezember 2020 getroffen oder gefasst wurden. [2] Ist eine Vereinbarung oder ein Beschluss im Sinne des Satzes 1 entgegen der Vorgabe des § 7 Absatz 3 Satz 2 nicht ausdrücklich im Grundbuch eingetragen, erfolgt die ausdrückliche Eintragung in allen Wohnungsgrundbüchern nur auf Antrag eines Wohnungseigentümers oder der Gemeinschaft der Wohnungseigentümer. [3] Ist die Haftung von Sondernachfolgern für Geldschulden entgegen der Vorgabe des § 7 Absatz 3 Satz 2 nicht ausdrücklich im Grundbuch eingetragen, lässt dies die Wirkung gegen den Sondernachfolger eines Wohnungseigentümers unberührt, wenn die Sondernachfolge bis zum 31. Dezember 2025 eintritt.

(4) [1] § 19 Absatz 2 Nummer 6 ist ab dem 1. Dezember 2023 anwendbar. [2] Eine Person, die am 1. Dezember 2020 Verwalter einer Gemeinschaft der Wohnungseigentümer war, gilt gegenüber den Wohnungseigentümern dieser Gemeinschaft der Wohnungseigentümer bis zum 1. Juni 2024 als zertifizierter Verwalter.

(5) Für die bereits vor dem 1. Dezember 2020 bei Gericht anhängigen Verfahren sind die Vorschriften des dritten Teils dieses Gesetzes in ihrer bis dahin geltenden Fassung weiter anzuwenden.

**§ 49 Überleitung bestehender Rechtsverhältnisse.** (1) Werden Rechtsverhältnisse, mit denen ein Rechtserfolg bezweckt wird, der den durch dieses Gesetz geschaffenen Rechtsformen entspricht, in solche Rechtsformen umgewandelt, so ist als Geschäftswert für die Berechnung der hierdurch veranlassten Gebühren der Gerichte und Notare im Fall des Wohnungseigentums ein Fünfundzwanzigstel des Einheitswerts des Grundstückes, im Falle des Dauerwohnrechtes ein Fünfundzwanzigstel des Wertes des Rechts anzunehmen.

(2) Durch Landesgesetz können Vorschriften zur Überleitung bestehender, auf Landesrecht beruhender Rechtsverhältnisse in die durch dieses Gesetz geschaffenen Rechtsformen getroffen werden.

# 41. Gesetz über das Erbbaurecht (Erbbaurechtsgesetz – ErbbauRG)[1]

Vom 15. Januar 1919 (RGBl. S. 72, ber. S. 122)

**BGBl. III/FNA 403-6**

**Änderungen der Verordnung**

| Lfd. Nr. | Änderndes Gesetz | Datum | Fundstelle | Geänderte Paragraphen | Art der Änderg. |
|---|---|---|---|---|---|
| 1. | Gesetz über die Bereinigung der Grundbücher | 18. 7. 1930 | RGBl. I 305 | 14 Abs. 1 Satz 3 | eingef. |
| 2. | Gesetz zur Änderung des Bürgerlichen Gesetzbuchs und anderer Gesetze | 30. 5. 1973 | BGBl. I 501 | 11 Abs. 2 | geänd. |
| 3. | Gesetz zur Änderung des Wohnungseigentumsgesetzes und der Verordnung über das Erbbaurecht | 30. 7. 1973 | BGBl. I 910 | 14 Abs. 3 Satz 3 | eingef. |
| 4. | Gesetz zur Änderung der Verordnung über das Erbbaurecht | 8. 1. 1974 | BGBl. I 41 | 21 Abs. 1 Nr. 2<br>9 a | geänd.<br>eingef. |
| 5. | Vierzehntes Gesetz zur Änderung des Versicherungsaufsichtsgesetzes | 29. 3. 1983 | BGBl. I 377 | 21 Abs. 1 | geänd. |
| 6. | Gesetz zur Änderung des Hypothekenbankgesetzes und anderer Vorschriften für Hypothekenbanken | 8. 6. 1988 | BGBl. I 710 | 21 Abs. 1x | geänd. |
| 7. | Gesetz zur Vereinfachung und Beschleunigung registerrechtlicher und anderer Verfahren (Registerverfahrenbeschleunigungsgesetz – RegVBG) | 20. 12. 1993 | BGBl. I 2182 | 14 Abs. 4, 17 Abs. 1 Satz 2 | eingef. |
| 8. | Gesetz zur Änderung sachenrechtlicher Bestimmungen (Sachenrechtsänderungsgesetz – SachenRÄndG) | 21. 9. 1994 | BGBl. I 2457 | 9 Abs. 2 Satz 1<br>9 Abs. 2 Sätze 2 und 3, Abs. 3, 19 Abs. 2 Satz 2<br>Bisheriger § 9 Abs. 2 Satz 2 wird Satz 4, Abs. 3 wird Abs. 4 | geänd.<br>eingef. |
| 9. | Einführungsgesetz zur Insolvenzordnung (EGInsO) | 5. 10. 1994 | BGBl. I 2911 | 8 | geänd. |
| 10. | Gesetz zur Einführung des Euro (Euro-Einführungsgesetz – EuroEG) | 9. 6. 1998 | BGBl. I 1242 | 9 Abs. 2 | geänd. |
| 11. | Gesetz zur Änderung des Rechts der Vertretung durch Rechtsanwälte vor den Oberlandesgerichten (OLG-Vertretungsänderungsgesetz – OLGVertrÄndG) | 23. 7. 2002 | BGBl. I 2850 | 11 Abs. 2 | geänd. |

[1] Gesetzestitel neugef. durch Art. 25 G v. 23. 11. 2007 (BGBl. I S. 2614).

| Lfd. Nr. | Änderndes Gesetz | Datum | Fundstelle | Geänderte Paragraphen | Art der Änderg. |
|---|---|---|---|---|---|
| 12. | Gesetz zur Neuordnung des Pfandbriefrechts | 22. 5. 2005 | BGBl. I 1373 | Überschr. vor 21, 21 Abs. 1 | geänd. |
| 13. | Erstes Gesetz über die Bereinigung von Bundesrecht im Zuständigkeitsbereich des Bundesministerium der Justiz | 19. 4. 2006 | BGBl. I 866 | 7 Abs. 3 Satz 2, 24, 33 Abs. 1 Satz 2, 35, 39<br>36 | geänd.<br>aufgeh. |
| 14. | Gesetz zur Änderung des W ohnungseigentumsgesetzes und anderer Gesetze | 26. 3. 2007 | BGBl. I 370 | 9 Abs. 3 Satz 1 Nr. 1, 31 Abs. 3 | geänd. |
| 15. | Zweites Gesetz über die Bereinigung von Bundesrecht im Zuständigkeitsbereich des Bundesministeriums der Justiz | 23. 11. 2007 | BGBl. I 2614 | Gesetzestitel | geänd. |
| 16. | Gesetz zur Reform des Verfahrens in Familiensachen und in den Angelegenheiten der freiwilligen Gerichtsbarkeit (FGG-Reformgesetz – FGG-RG)[1] | 17. 12. 2008 | BGBl. I 2586 | 7 Abs. 3 Satz 2 | geänd. |
| 17. | Gesetz über die weitere Bereinigung von Bundesrecht | 8. 12. 2010 | BGBl. I 1864 | 10 Abs. 2, 11 Abs. 1 Satz 1, Überschr. vor § 22, 38<br>Überschr. vor § 21, 21 | geänd.<br>aufgeh. |
| 18. | Gesetz zur Einführung eines Datenbankgrundbuchs (DaBaGG) | 1. 10. 2013 | BGBl. I 3719 | 14 Abs. 1 Satz 2, Abs. 3 Satz 3, Abs. 4 | geänd. |

[1] Beachte hierzu Übergangsvorschr. in Art. 111 FGG-RG; Nr. **112 a**.

**Inhaltsübersicht**



# I. Begriff und Inhalt des Erbbaurechts

## 1. Gesetzlicher Inhalt

**§ 1.** (1) Ein Grundstück kann in der Weise belastet werden, daß demjenigen, zu dessen Gunsten die Belastung erfolgt, das veräußerliche und vererbliche Recht zusteht, auf oder unter der Oberfläche des Grundstücks ein Bauwerk zu haben (Erbbaurecht).

(2) Das Erbbaurecht kann auf einen für das Bauwerk nicht erforderlichen Teil des Grundstücks erstreckt werden, sofern das Bauwerk wirtschaftlich die Hauptsache bleibt.

(3) Die Beschränkung des Erbbaurechts auf einen Teil eines Gebäudes, insbesondere ein Stockwerk ist unzulässig.

(4) [1]Das Erbbaurecht kann nicht durch auflösende Bedingungen beschränkt werden. [2]Auf eine Vereinbarung, durch die sich der Erbbauberechtigte verpflichtet, beim Eintreten bestimmter Voraussetzungen das Erbbaurecht aufzugeben und seine Löschung im Grundbuch zu bewilligen, kann sich der Grundstückseigentümer nicht berufen.

## 2. Vertragsmäßiger Inhalt

**§ 2. [Vertragsmäßiger Inhalt des Erbbaurechts]** Zum Inhalt des Erbbaurechts gehören auch Vereinbarungen des Grundstückseigentümers und des Erbbauberechtigten über:

1. die Errichtung, die Instandhaltung und die Verwendung des Bauwerkes;
2. die Versicherung des Bauwerkes und seinen Wiederaufbau im Falle der Zerstörung;
3. die Tragung der öffentlichen und privatrechtlichen Lasten und Abgaben;
4. eine Verpflichtung des Erbbauberechtigten, das Erbbaurecht beim Eintreten bestimmter Voraussetzungen auf den Grundstückseigentümer zu übertragen (Heimfall);
5. eine Verpflichtung des Erbbauberechtigten zur Zahlung von Vertragsstrafen;
6. die Einräumung eines Vorrechts für den Erbbauberechtigten auf Erneuerung des Erbbaurechts nach dessen Ablauf;
7. eine Verpflichtung des Grundstückseigentümers, das Grundstück an den jeweiligen Erbbauberechtigten zu verkaufen.

**§ 3. [Heimfallanspruch]** Der Heimfallanspruch des Grundstückseigentümers kann nicht von dem Eigentum an dem Grundstück getrennt werden; der Eigentümer kann verlangen, daß das Erbbaurecht einem von ihm zu bezeichnenden Dritten übertragen wird.

**§ 4. [Verjährung]** Der Heimfallanspruch sowie der Anspruch auf eine Vertragsstrafe (§ 2 Nr. 4 und 5) verjährt in sechs Monaten von dem Zeitpunkt an, in dem der Grundstückseigentümer von dem Vorhandensein der Voraussetzungen Kenntnis erlangt, ohne Rücksicht auf diese Kenntnis in zwei Jahren vom Eintreten der Voraussetzungen an.

**§ 5. [Zustimmung des Grundstückseigentümers]** (1) Als Inhalt des Erbbaurechts kann auch vereinbart werden, daß der Erbbauberechtigte zur Veräußerung des Erbbaurechts der Zustimmung des Grundstückseigentümers bedarf.

(2) [1] Als Inhalt des Erbbaurechts kann ferner vereinbart werden, daß der Erbbauberechtigte zur Belastung des Erbbaurechts mit einer Hypothek, Grund- oder Rentenschuld oder einer Reallast der Zustimmung des Grundstückseigentümers bedarf. [2] Ist eine solche Vereinbarung getroffen, so kann auch eine Änderung des Inhalts der Hypothek, Grund- oder Rentenschuld oder der Reallast, die eine weitere Belastung des Erbbaurechts enthält, nicht ohne die Zustimmung des Grundstückseigentümers erfolgen.

**§ 6. [Rechtsfolgen des Fehlens der Zustimmung]** (1) Ist eine Vereinbarung gemäß § 5 getroffen, so ist eine Verfügung des Erbbauberechtigten über das Erbbaurecht und ein Vertrag, durch den er sich zu einer solchen Verfügung verpflichtet, unwirksam, solange nicht der Grundstückseigentümer die erforderliche Zustimmung erteilt hat.

(2) Auf eine Vereinbarung, daß ein Zuwiderhandeln des Erbbauberechtigten gegen eine nach § 5 übernommene Beschränkung einen Heimfallanspruch begründen soll, kann sich der Grundstückseigentümer nicht berufen.

**§ 7.[1)] [Anspruch auf Erteilung der Zustimmung]** (1) [1] Ist anzunehmen, daß durch die Veräußerung (§ 5 Abs. 1) der mit der Bestellung des Erbbau-

[1)] § 7 Abs. 3 Satz 2 neugef. mWv 1. 9. 2009 durch Art. 57 FGG-RG v. 17. 12. 2008 (BGBl. I S. 2586).

rechts verfolgte Zweck nicht wesentlich beeinträchtigt oder gefährdet wird, und daß die Persönlichkeit des Erwerbers Gewähr für eine ordnungsmäßige Erfüllung der sich aus dem Erbbaurechtsinhalt ergebenden Verpflichtungen bietet, so kann der Erbbauberechtigte verlangen, daß der Grundstückseigentümer die Zustimmung zur Veräußerung erteilt. 2 Dem Erbbauberechtigten kann auch für weitere Fälle ein Anspruch auf Erteilung der Zustimmung eingeräumt werden.

(2) Ist eine Belastung (§ 5 Abs. 2) mit den Regeln einer ordnungsmäßigen Wirtschaft vereinbar, und wird der mit der Bestellung des Erbbaurechts verfolgte Zweck nicht wesentlich beeinträchtigt oder gefährdet, so kann der Erbbauberechtigte verlangen, daß der Grundstückseigentümer die Zustimmung zu der Belastung erteilt.

(3) 1 Wird die Zustimmung des Grundstückseigentümers ohne ausreichenden Grund verweigert, so kann sie auf Antrag des Erbbauberechtigten durch das Amtsgericht ersetzt werden, in dessen Bezirk das Grundstück belegen ist. 2 § 40 Abs. 2 Satz 2 und Abs. 3 Satz 1, 3 und 4 und § 63 Abs. 2 Nr. 2 des Gesetzes über das Verfahren in Familiensachen und in den Angelegenheiten der freiwilligen Gerichtsbarkeit gelten entsprechend.

**§ 8.**[1] **[Zwangsvollstreckung in das Erbbaurecht]** Verfügungen, die im Wege der Zwangsvollstreckung oder der Arrestvollziehung oder durch den Insolvenzverwalter erfolgen, sind insoweit unwirksam, als sie die Rechte des Grundstückseigentümers aus einer Vereinbarung gemäß § 5 vereiteln oder beeinträchtigen würden.

### 3. Erbbauzins

**§ 9.**[2] (1) 1 Wird für die Bestellung des Erbbaurechts ein Entgelt in wiederkehrenden Leistungen (Erbbauzins) ausbedungen, so finden die Vorschriften des Bürgerlichen Gesetzbuchs über die Reallasten entsprechende Anwendung. 2 Die zugunsten der Landesgesetze bestehenden Vorbehalte über Reallasten finden keine Anwendung.

(2) Der Anspruch des Grundstückseigentümers auf Entrichtung des Erbbauzinses kann in Ansehung noch nicht fälliger Leistungen nicht von dem Eigentum an dem Grundstück getrennt werden.

(3) 1 Als Inhalt des Erbbauzinses kann vereinbart werden, daß

1. die Reallast abweichend von § 52 Abs. 1 des Gesetzes über die Zwangsversteigerung und die Zwangsverwaltung[3] mit ihrem Hauptanspruch bestehenbleibt, wenn der Grundstückseigentümer aus der Reallast oder der Inhaber eines im Range vorgehenden oder gleichstehenden dinglichen Rechts oder der Inhaber der in § 10 Abs. 1 Nr. 2 des Gesetzes über die Zwangsversteigerung und die Zwangsverwaltung genannten Ansprüche auf Zahlung der Beiträge zu den Lasten und Kosten des Wohnungserbbaurechts die Zwangsversteigerung des Erbbaurechts betreibt, und

---

[1] § 8 geänd. durch Art. 37 EGInsO v. 5. 10. 1994 (BGBl. I S. 2911).

[2] § 9 Abs. 3 eingef., bish. Abs. 3 wird Abs. 4 durch Art. 2 § 1 SachenRÄndG v. 21. 9. 1994 (BGBl. I S. 2457), Abs. 2 neugef. durch Art. 11 a Abs. 1 EuroEG v. 9. 6. 1998 (BGBl. I S. 1242), Abs. 3 Satz 1 Nr. 1 geänd. mWv 1. 7. 2007 durch Art. 3 Abs. 4 G v. 26. 3. 2007 (BGBl. I S. 370).

[3] Nr. **108**.

2. der jeweilige Erbbauberechtigte dem jeweiligen Inhaber der Reallast gegenüber berechtigt ist, das Erbbaurecht in einem bestimmten Umfang mit einer der Reallast im Rang vorgehenden Grundschuld, Hypothek oder Rentenschuld im Erbbaugrundbuch zu belasten.

2 Ist das Erbbaurecht mit dinglichen Rechten belastet, ist für die Wirksamkeit der Vereinbarung die Zustimmung der Inhaber der der Erbbauzinsreallast im Rang vorgehenden oder gleichstehenden dinglichen Rechte erforderlich.

(4) Zahlungsverzug des Erbbauberechtigten kann den Heimfallanspruch nur dann begründen, wenn der Erbbauberechtigte mit dem Erbbauzinse mindestens in Höhe zweier Jahresbeträge im Rückstand ist.

**§ 9a.**[1] **[Anspruch auf Erhöhung des Erbbauzinses]** (1) 1 Dient das auf Grund eines Erbbaurechts errichtete Bauwerk Wohnzwecken, so begründet eine Vereinbarung, daß eine Änderung des Erbbauzinses verlangt werden kann, einen Anspruch auf Erhöhung des Erbbauzinses nur, soweit diese unter Berücksichtigung aller Umstände des Einzelfalles nicht unbillig ist. 2 Ein Erhöhungsanspruch ist regelmäßig als unbillig anzusehen, wenn und soweit die nach der vereinbarten Bemessungsgrundlage zu errechnende Erhöhung über die seit Vertragsabschluß eingetretene Änderung der allgemeinen wirtschaftlichen Verhältnisse hinausgeht. 3 Änderungen der Grundstückswertverhältnisse bleiben außer den in Satz 4 genannten Fällen außer Betracht. 4 Im Einzelfall kann bei Berücksichtigung aller Umstände, insbesondere

1. einer Änderung des Grundstückswertes infolge eigener zulässigerweise bewirkter Aufwendungen des Grundstückseigentümers oder
2. der Vorteile, welche eine Änderung des Grundstückswertes oder die ihr zugrunde liegenden Umstände für den Erbbauberechtigten mit sich bringen,

ein über diese Grenze hinausgehender Erhöhungsanspruch billig sein. 5 Ein Anspruch auf Erhöhung des Erbbauzinses darf frühestens nach Ablauf von drei Jahren seit Vertragsabschluß und, wenn eine Erhöhung des Erbbauzinses bereits erfolgt ist, frühestens nach Ablauf von drei Jahren seit der jeweils letzten Erhöhung des Erbbauzinses geltend gemacht werden.

(2) Dient ein Teil des auf Grund des Erbbaurechts errichteten Bauwerks Wohnzwecken, so gilt Absatz 1 nur für den Anspruch auf Änderung eines angemessenen Teilbetrages des Erbbauzinses.

(3) Die Zulässigkeit einer Vormerkung zur Sicherung eines Anspruchs auf Erhöhung des Erbbauzinses wird durch die vorstehenden Vorschriften nicht berührt.

## 4. Rangstelle

**§ 10.**[2] (1) 1 Das Erbbaurecht kann nur zur ausschließlich ersten Rangstelle bestellt werden; der Rang kann nicht geändert werden. 2 Rechte, die zur Erhaltung der Wirksamkeit gegenüber dem öffentlichen Glauben des Grundbuchs der Eintragung nicht bedürfen, bleiben außer Betracht.

(2) Die Landesregierungen werden ermächtigt, durch Rechtsverordnung zu bestimmen, dass bei der Bestellung des Erbbaurechts von dem Erfordernis der

[1] § 9a eingef. durch Art. I Nr. 1 G v. 8. 1. 1974 (BGBl. I S. 41).
[2] § 10 Abs. 2 neugef. durch Art. 31 G v. 8. 12. 2010 (BGBl. I S. 1864).

ersten Rangstelle abgewichen werden kann, wenn dies für die vorhergehenden Berechtigten und den Bestand des Erbbaurechts unschädlich ist.

### 5. Anwendung des Grundstücksrechts

**§ 11.**[1)] (1) [1]Auf das Erbbaurecht finden die sich auf Grundstücke beziehenden Vorschriften mit Ausnahme der §§ 925, 927, 928 des Bürgerlichen Gesetzbuchs[2)] sowie die Vorschriften über Ansprüche aus dem Eigentum entsprechende Anwendung, soweit sich nicht aus diesem Gesetz ein anderes ergibt. [2]Eine Übertragung des Erbbaurechts, die unter einer Bedingung oder einer Zeitbestimmung erfolgt, ist unwirksam.

(2) Auf einen Vertrag, durch den sich der eine Teil verpflichtet, ein Erbbaurecht zu bestellen oder zu erwerben, findet der § 311 b Abs. 1 des Bürgerlichen Gesetzbuchs entsprechende Anwendung.

### 6. Bauwerk. Bestandteile

**§ 12. [Bauwerk als wesentlicher Bestandteil]** (1) [1]Das auf Grund des Erbbaurechts errichtete Bauwerk gilt als wesentlicher Bestandteil des Erbbaurechts. [2]Das gleiche gilt für ein Bauwerk, das bei der Bestellung des Erbbaurechts schon vorhanden ist. [3]Die Haftung des Bauwerkes für die Belastungen des Grundstücks erlischt mit der Eintragung des Erbbaurechts im Grundbuch.

(2) Die §§ 94 und 95 des Bürgerlichen Gesetzbuchs finden auf das Erbbaurecht entsprechende Anwendung; die Bestandteile des Erbbaurechts sind nicht zugleich Bestandteile des Grundstücks.

(3) Erlischt das Erbbaurecht, so werden die Bestandteile des Erbbaurechts Bestandteile des Grundstücks.

**§ 13. [Untergang des Bauwerkes]** Das Erbbaurecht erlischt nicht dadurch, daß das Bauwerk untergeht.

## II. Grundbuchvorschriften

**§ 14.**[3)] **[Erbbaugrundbuch]** (1) [1]Für das Erbbaurecht wird bei der Eintragung in das Grundbuch von Amts wegen ein besonderes Grundbuchblatt (Erbbaugrundbuch) angelegt. [2]Im Erbbaugrundbuch sind auch der Eigentümer und jeder spätere Erwerber des Grundstücks zu vermerken. [3]Zur näheren Bezeichnung des Inhalts des Erbbaurechts kann auf die Eintragungsbewilligung Bezug genommen werden.

(2) Bei der Eintragung im Grundbuch des Grundstücks ist zur näheren Bezeichnung des Inhalts des Erbbaurechts auf das Erbbaugrundbuch Bezug zu nehmen.

---

[1)] § 11 Abs. 2 neugef. durch G v. 30. 5. 1973 (BGBl. I S. 501) und geänd. mWv 1. 8. 2002 durch Art. 25 Abs. 9 OLGVertrÄndG v. 23. 7. 2002 (BGBl. I S. 2850), Abs. 1 Satz 1 geänd. durch Art. 31 G v. 8. 12. 2010 (BGBl. I S. 1864).

[2)] Nr. **20**.

[3)] § 14 Abs. 1 Satz 3 eingef. durch G v. 18. 7. 1930 (RGBl. I S. 305), Abs. 3 Satz 3 eingef. durch G v. 30. 7. 1973 (BGBl. I S. 910), Abs. 4 angef. durch Art. 3 RegVBG v. 20. 12. 1993 (BGBl. I S. 2182), Abs. 1 Satz 2 geänd., Abs. 3 Satz 3, Abs. 4 neugef. durch Art. 4 Abs. 7 DaBaGG v. 1. 10. 2013 (BGBl. I S. 3719).

(3) [1]Das Erbbaugrundbuch ist für das Erbbaurecht das Grundbuch im Sinne des Bürgerlichen Gesetzbuchs. [2]Die Eintragung eines neuen Erbbauberechtigten ist unverzüglich auf dem Blatte des Grundstücks zu vermerken. [3]Bei Wohnungs- und Teilerbbauberechtigten wird der Vermerk durch Bezugnahme auf die Wohnungs- und Teilerbbaugrundbücher ersetzt.

(4) [1]Die Landesregierungen werden ermächtigt, durch Rechtsverordnung zu bestimmen, dass die Vermerke nach Absatz 1 Satz 2 und Absatz 3 Satz 2 automatisiert angebracht werden, wenn das Grundbuch und das Erbbaugrundbuch als Datenbankgrundbuch geführt werden. [2]Die Anordnung kann auf einzelne Grundbuchämter sowie auf einzelne Grundbuchblätter beschränkt werden. [3]Die Landesregierungen können die Ermächtigung durch Rechtsverordnung auf die Landesjustizverwaltungen übertragen.

**§ 15. [Zustimmung des Grundstückseigentümers]** In den Fällen des § 5 darf der Rechtsübergang und die Belastung erst eingetragen werden, wenn dem Grundbuchamte die Zustimmung des Grundstückseigentümers nachgewiesen ist.

**§ 16. [Löschung des Erbbaurechts]** Bei der Löschung des Erbbaurechts wird das Erbbaugrundbuch von Amts wegen geschlossen.

**§ 17.[1)] [Bekanntmachungen]** (1) [1]Jede Eintragung in das Erbbaugrundbuch soll auch dem Grundstückseigentümer, die Eintragung von Verfügungsbeschränkungen des Erbbauberechtigten den im Erbbaugrundbuch eingetragenen dinglich Berechtigten bekanntgemacht werden. [2]Im übrigen sind § 44 Abs. 2, 3, § 55 Abs. 1 bis 3, 5 bis 8, §§ 55a und 55b der Grundbuchordnung entsprechend anzuwenden.

(2) Dem Erbbauberechtigten soll die Eintragung eines Grundstückseigentümers, die Eintragung von Verfügungsbeschränkungen des Grundstückseigentümers sowie die Eintragung eines Widerspruchs gegen die Eintragung des Eigentümers in das Grundbuch des Grundstücks bekanntgemacht werden.

(3) Auf die Bekanntmachung kann verzichtet werden.

## III. Beleihung

### 1. Mündelhypothek

**§ 18. [Mündelsicherheit]** Eine Hypothek an einem Erbbaurecht auf einem inländischen Grundstück ist für die Anlegung von Mündelgeld als sicher anzusehen, wenn sie eine Tilgungshypothek ist und den Erfordernissen der §§ 19, 20 entspricht.

**§ 19.[2)] [Höhe der Hypothek]** (1) [1]Die Hypothek darf die Hälfte des Wertes des Erbbaurechts nicht übersteigen. [2]Dieser ist anzunehmen gleich der halben Summe des Bauwerts und des kapitalisierten, durch sorgfältige Ermittlung festgestellten jährlichen Mietreinertrags, den das Bauwerk nebst den Bestandteilen des Erbbaurechts unter Berücksichtigung seiner Beschaffenheit bei ord-

[1)] § 17 Abs. 1 Satz 2 angef. durch Art. 3 RegVBG v. 20. 12. 1993 (BGBl. I S. 2182).
[2)] § 19 Abs. 2 Satz 2 angef. durch Art. 2 § 1 SachenRÄndG v. 21. 9. 1994 (BGBl. I S. 2457).

nungsmäßiger Wirtschaft jedem Besitzer nachhaltig gewähren kann. [3]Der angenommene Wert darf jedoch den kapitalisierten Mietreinertrag nicht übersteigen.

(2) [1]Ein der Hypothek im Range vorgehender Erbbauzins ist zu kapitalisieren und von ihr in Abzug zu bringen. [2]Dies gilt nicht, wenn eine Vereinbarung nach § 9 Abs. 3 Satz 1 getroffen worden ist.

**§ 20. [Tilgung der Hypothek]** (1) Die planmäßige Tilgung der Hypothek muß

1. unter Zuwachs der ersparten Zinsen erfolgen,
2. spätestens mit dem Anfang des vierten auf die Gewährung des Hypothekenkapitals folgenden Kalenderjahrs beginnen,
3. spätestens zehn Jahre vor Ablauf des Erbbaurechts endigen und darf
4. nicht länger dauern, als zur buchmäßigen Abschreibung des Bauwerkes nach wirtschaftlichen Grundsätzen erforderlich ist.

(2) Das Erbbaurecht muß mindestens noch so lange laufen, daß eine den Vorschriften des Absatzes 1 entsprechende Tilgung der Hypothek für jeden Erbbauberechtigten oder seine Rechtsnachfolger aus den Erträgen des Erbbaurechts möglich ist.

**§ 21.**[1] *(aufgehoben)*

### 2.[2] Landesrechtliche Vorschriften

**§ 22.** Die Landesgesetzgebung kann für die innerhalb ihres Geltungsbereichs belegenen Grundstücke

1. die Mündelsicherheit der Erbbaurechtshypotheken abweichend von den Vorschriften der §§ 18 bis 20 regeln,
2. bestimmen, in welcher Weise festzustellen ist, ob die Voraussetzungen für die Mündelsicherheit (§§ 19, 20) vorliegen.

## IV. Feuerversicherung. Zwangsversteigerung

### 1. Feuerversicherung

**§ 23.** Ist das Bauwerk gegen Feuer versichert, so hat der Versicherer den Grundstückseigentümer unverzüglich zu benachrichtigen, wenn ihm der Eintritt des Versicherungsfalls angezeigt wird.

### 2. Zwangsversteigerung

#### a) des Erbbaurechts

**§ 24.**[3] Bei einer Zwangsvollstreckung in das Erbbaurecht gilt auch der Grundstückseigentümer als Beteiligter im Sinne des § 9 des Gesetzes über die Zwangsversteigerung und die Zwangsverwaltung.

---

[1] Überschr. vor § 21 und § 21 aufgeh. durch Art. 31 G v. 8. 12. 2010 (BGBl. I S. 1864).
[2] Überschr. vor § 22 geänd. durch Art. 31 G v. 8. 12. 2010 (BGBl. I S. 1864).
[3] § 24 neugef. durch Art. 138 G v. 19. 4. 2006 (BGBl. I S. 866).

#### b) des Grundstücks

**§ 25.** Wird das Grundstück zwangsweise versteigert, so bleibt das Erbbaurecht auch dann bestehen, wenn es bei der Feststellung des geringsten Gebots nicht berücksichtigt ist.

## V. Beendigung, Erneuerung, Heimfall

### 1. Beendigung

#### a) Aufhebung

**§ 26.** [1]Das Erbbaurecht kann nur mit Zustimmung des Grundstückseigentümers aufgehoben werden. [2]Die Zustimmung ist dem Grundbuchamt oder dem Erbbauberechtigten gegenüber zu erklären; sie ist unwiderruflich.

#### b) Zeitablauf

**§ 27. [Entschädigung für das Bauwerk]** (1) [1]Erlischt das Erbbaurecht durch Zeitablauf, so hat der Grundstückseigentümer dem Erbbauberechtigten eine Entschädigung für das Bauwerk zu leisten. [2]Als Inhalt des Erbbaurechts können Vereinbarungen über die Höhe der Entschädigung und die Art ihrer Zahlung sowie über ihre Ausschließung getroffen werden.

(2) [1]Ist das Erbbaurecht zur Befriedigung des Wohnbedürfnisses minderbemittelter Bevölkerungskreise bestellt, so muß die Entschädigung mindestens zwei Dritteile des gemeinen Wertes betragen, den das Bauwerk bei Ablauf des Erbbaurechts hat. [2]Auf eine abweichende Vereinbarung kann sich der Grundstückseigentümer nicht berufen.

(3) [1]Der Grundstückseigentümer kann seine Verpflichtung zur Zahlung der Entschädigung dadurch abwenden, daß er dem Erbbauberechtigten das Erbbaurecht vor dessen Ablauf für die voraussichtliche Standdauer des Bauwerkes verlängert; lehnt der Erbbauberechtigte die Verlängerung ab, so erlischt der Anspruch auf Entschädigung. [2]Das Erbbaurecht kann zur Abwendung der Entschädigungspflicht wiederholt verlängert werden.

(4) Vor Eintritt der Fälligkeit kann der Anspruch auf Entschädigung nicht abgetreten werden.

**§ 28. [Haftung der Entschädigungsforderung]** Die Entschädigungsforderung haftet auf dem Grundstück an Stelle des Erbbaurechts und mit dessen Range.

**§ 29. [Hypotheken, Grund- und Rentenschulden, Reallasten]** Ist das Erbbaurecht bei Ablauf der Zeit, für die es bestellt war, noch mit einer Hypothek oder Grundschuld oder mit Rückständen aus Rentenschulden oder Reallasten belastet, so hat der Gläubiger der Hypothek, Grund- oder Rentenschuld oder Reallast an dem Entschädigungsanspruch dieselben Rechte, die ihm im Falle des Erlöschens seines Rechtes durch Zwangsversteigerung an dem Erlöse zustehen.

**§ 30. [Miete, Pacht]** (1) Erlischt das Erbbaurecht, so finden auf Miet- und Pachtverträge, die der Erbbauberechtigte abgeschlossen hat, die im Falle der Übertragung des Eigentums geltenden Vorschriften entsprechende Anwendung.

(2) [1]Erlischt das Erbbaurecht durch Zeitablauf, so ist der Grundstückseigentümer berechtigt, das Miet- oder Pachtverhältnis unter Einhaltung der gesetzlichen Frist zu kündigen. [2]Die Kündigung kann nur für einen der beiden ersten Termine erfolgen, für die sie zulässig ist. [3]Erlischt das Erbbaurecht vorzeitig, so kann der Grundstückseigentümer das Kündigungsrecht erst ausüben, wenn das Erbbaurecht auch durch Zeitablauf erlöschen würde.

(3) [1]Der Mieter oder Pächter kann den Grundstückseigentümer unter Bestimmung einer angemessenen Frist zur Erklärung darüber auffordern, ob er von dem Kündigungsrechte Gebrauch mache. [2]Die Kündigung kann nur bis zum Ablauf der Frist erfolgen.

## 2. Erneuerung

**§ 31.**[1)] (1) [1]Ist dem Erbbauberechtigten ein Vorrecht auf Erneuerung des Erbbaurechts eingeräumt (§ 2 Nr. 6), so kann er das Vorrecht ausüben, sobald der Eigentümer mit einem Dritten einen Vertrag über Bestellung eines Erbbaurechts an dem Grundstück geschlossen hat. [2]Die Ausübung des Vorrechts ist ausgeschlossen, wenn das für den Dritten zu bestellende Erbbaurecht einem anderen wirtschaftlichen Zwecke zu dienen bestimmt ist.

(2) Das Vorrecht erlischt drei Jahre nach Ablauf der Zeit, für die das Erbbaurecht bestellt war.

(3) Die Vorschriften der §§ 464 bis 469, 472, 473 des Bürgerlichen Gesetzbuches finden entsprechende Anwendung.

(4) [1]Dritten gegenüber hat das Vorrecht die Wirkung einer Vormerkung zur Sicherung eines Anspruchs auf Einräumung des Erbbaurechts. [2]Die §§ 1099 bis 1102 des Bürgerlichen Gesetzbuchs gelten entsprechend. [3]Wird das Erbbaurecht vor Ablauf der drei Jahre (Absatz 2) im Grundbuch gelöscht, so ist zur Erhaltung des Vorrechts eine Vormerkung mit dem bisherigen Range des Erbbaurechts von Amts wegen einzutragen.

(5) [1]Soweit im Falle des § 29 die Tilgung noch nicht erfolgt ist, hat der Gläubiger bei der Erneuerung an dem Erbbaurechte dieselben Rechte, die er zur Zeit des Ablaufs hatte. [2]Die Rechte an der Entschädigungsforderung erlöschen.

## 3. Heimfall

**§ 32. [Vergütung für das Erbbaurecht]** (1) [1]Macht der Grundstückseigentümer von seinem Heimfallanspruche Gebrauch, so hat er dem Erbbauberechtigten eine angemessene Vergütung für das Erbbaurecht zu gewähren. [2]Als Inhalt des Erbbaurechts können Vereinbarungen über die Höhe dieser Vergütung und die Art ihrer Zahlung sowie ihre Ausschließung getroffen werden.

---

1) § 31 Abs. 3 geänd. durch Art. 3 Abs. 4 G v. 26. 3. 2007 (BGBl. I S. 370).

(2) [1]Ist das Erbbaurecht zur Befriedigung des Wohnbedürfnisses minderbemittelter Bevölkerungskreise bestellt, so darf die Zahlung einer angemessenen Vergütung für das Erbbaurecht nicht ausgeschlossen werden. [2]Auf eine abweichende Vereinbarung kann sich der Grundstückseigentümer nicht berufen. [3]Die Vergütung ist nicht angemessen, wenn sie nicht mindestens zwei Dritteile des gemeinen Wertes des Erbbaurechts zur Zeit der Übertragung beträgt.

**§ 33.**[1)] **[Belastungen]** (1) [1]Beim Heimfall des Erbbaurechts bleiben die Hypotheken, Grund- und Rentenschulden und Reallasten bestehen, soweit sie nicht dem Erbbauberechtigten selbst zustehen. [2]Dasselbe gilt für die Vormerkung eines gesetzlichen Anspruchs auf Eintragung einer Sicherungshypothek. [3]Andere auf dem Erbbaurechte lastende Rechte erlöschen.

(2) [1]Haftet bei einer Hypothek, die bestehen bleibt, der Erbbauberechtigte zugleich persönlich, so übernimmt der Grundstückseigentümer die Schuld in Höhe der Hypothek. [2]Die Vorschriften des § 416 des Bürgerlichen Gesetzbuchs finden entsprechende Anwendung. [3]Das gleiche gilt, wenn bei einer bestehenbleibenden Grundschuld oder bei Rückständen aus Rentenschulden oder Reallasten der Erbbauberechtigte zugleich persönlich haftet.

(3) Die Forderungen, die der Grundstückseigentümer nach Absatz 2 übernimmt, werden auf die Vergütung (§ 32) angerechnet.

### 4. Bauwerk

**§ 34.** Der Erbbauberechtigte ist nicht berechtigt, beim Heimfall oder beim Erlöschen des Erbbaurechts das Bauwerk wegzunehmen oder sich Bestandteile des Bauwerkes anzueignen.

## VI. Schlußbestimmungen

**§ 35.**[2)] (1) Für nach dem Inkrafttreten des Gesetzes zur Änderung der Verordnung über das Erbbaurecht vom 8. Januar 1974 (BGBl. I S. 41) am 23. Januar 1974 fällig werdende Erbbauzinsen ist § 9a auch bei Vereinbarungen des dort bezeichneten Inhalts anzuwenden, die vor dem 23. Januar 1974 geschlossen worden sind.

(2) [1]Ist der Erbbauzins auf Grund einer Vereinbarung nach Absatz 1 vor dem 23. Januar 1974 erhöht worden, so behält es hierbei sein Bewenden. [2]Der Erbbauberechtigte kann jedoch für die Zukunft eine bei entsprechender Anwendung der in Absatz 1 genannten Vorschrift gerechtfertigte Herabsetzung dann verlangen, wenn das Bestehenbleiben der Erhöhung für ihn angesichts der Umstände des Einzelfalles eine besondere Härte wäre.

**§ 36.**[2)] *(aufgehoben)*

**§ 37.** *(gegenstandslos)*

---

[1)] § 33 Abs. 1 Satz 2 geänd. durch Art. 138 G v. 19. 4. 2006 (BGBl. I S. 866).
[2)] § 35 neugef., § 36 aufgeh. durch Art. 138 G v. 19. 4. 2006 (BGBl. I S. 866).

**§ 38.**[1] **[Vor dem 21. Januar 1919 begründete Erbbaurechte]** Für ein Erbbaurecht, mit dem ein Grundstück am 21. Januar 1919 belastet war, bleiben die bis dahin geltenden Gesetze maßgebend.

**§ 39.**[2] Erwirbt ein Erbbauberechtigter auf Grund eines Vorkaufsrechts oder einer Kaufberechtigung im Sinne des § 2 Nr. 7 das mit dem Erbbaurechte belastete Grundstück oder wird ein bestehendes Erbbaurecht erneuert, sind die Kosten und sonstigen Abgaben nicht noch einmal zu erheben, die schon bei Begründung des Erbbaurechts entrichtet worden sind.

---

1) § 38 neugef. durch Art. 31 G v. 8. 12. 2010 (BGBl. I S. 1864).
2) § 39 geänd. durch Art. 138 G v. 19. 4. 2006 (BGBl. I S. 866).

# 48. Gesetz über den Versorgungsausgleich (Versorgungsausgleichsgesetz – VersAusglG)[1)]

Vom 3. April 2009

(BGBl. I S. 700)

**FNA 404-31**

| Lfd. Nr. | Änderndes Gesetz | Datum | Fundstelle | Betroffen | Hinweis |
|---|---|---|---|---|---|
| 1. | Art. 9d G zur Änd. des SGB IV, zur Errichtung einer Versorgungsausgleichskasse und anderer Gesetze | 15.7.2009 | BGBl. I S. 1939 iVm Bek v. 26.3. 2010, BGBl. I S. 340 | § 15<br>§ 15 | geänd. mWv 1.9.2009<br>geänd. mWv 1.4.2010 |
| 2. | Art. 25 JahressteuerG 2010 | 8.12.2010 | BGBl. I S. 1768 | § 15 | geänd. mWv 1.9.2009 |
| 3. | Art. 9 Rentenüberleitungs-AbschlussG | 17.7.2017 | BGBl. I S. 2575 | §§ 16, 43 | geänd. mWv 1.7.2024 |
| 4. | Art. 12 Besoldungsstrukturenmodernisierungs G | 9.12.2019 | BGBl. I S. 2053 | Inhaltsübersicht<br>Teil 2a (§ 47a) | geänd. mWv 1.1.2020<br>eingef. mWv 1.1.2020 |
| 5. | Art. 1 G zur Änd. des Versorgungsausgleichsrechts | 12.5.2021 | BGBl. I S. 1085 | §§ 14, 19, 30 | geänd. mWv 1.8.2021 |

## Inhaltsübersicht[2)]



---

[1)] Verkündet als Art. 1 G zur Strukturreform des Versorgungsausgleichs (VAStrRefG) v. 3.4.2009 (BGBl. I S. 700); Inkrafttreten gem. Art. 23 Satz 1 dieses G am 1.9.2009.

[2)] Inhaltsübersicht geänd. mWv 1.1.2020 durch G v. 9.12.2019 (BGBl. I S. 2053).

## Teil 1. Der Versorgungsausgleich

### Kapitel 1. Allgemeiner Teil

**§ 1 Halbteilung der Anrechte.** (1) Im Versorgungsausgleich sind die in der Ehezeit erworbenen Anteile von Anrechten (Ehezeitanteile) jeweils zur Hälfte zwischen den geschiedenen Ehegatten zu teilen.

(2) [1] Ausgleichspflichtige Person im Sinne dieses Gesetzes ist diejenige, die einen Ehezeitanteil erworben hat. [2] Der ausgleichsberechtigten Person steht die Hälfte des Werts des jeweiligen Ehezeitanteils (Ausgleichswert) zu.

**§ 2 Auszugleichende Anrechte.** (1) Anrechte im Sinne dieses Gesetzes sind im In- oder Ausland bestehende Anwartschaften auf Versorgungen und Ansprüche auf laufende Versorgungen, insbesondere aus der gesetzlichen Rentenversicherung, aus anderen Regelsicherungssystemen wie der Beamtenversorgung oder der berufsständischen Versorgung, aus der betrieblichen Altersversorgung oder aus der privaten Alters- und Invaliditätsvorsorge.

(2) Ein Anrecht ist auszugleichen, sofern es

1. durch Arbeit oder Vermögen geschaffen oder aufrechterhalten worden ist,
2. der Absicherung im Alter oder bei Invalidität, insbesondere wegen verminderter Erwerbsfähigkeit, Berufsunfähigkeit oder Dienstunfähigkeit, dient und
3. auf eine Rente gerichtet ist; ein Anrecht im Sinne des Betriebsrentengesetzes[1)] oder des Altersvorsorgeverträge-Zertifizierungsgesetzes[2)] ist unabhängig von der Leistungsform auszugleichen.

(3) Eine Anwartschaft im Sinne dieses Gesetzes liegt auch vor, wenn am Ende der Ehezeit eine für das Anrecht maßgebliche Wartezeit, Mindestbeschäftigungszeit, Mindestversicherungszeit oder ähnliche zeitliche Voraussetzung noch nicht erfüllt ist.

(4) Ein güterrechtlicher Ausgleich für Anrechte im Sinne dieses Gesetzes findet nicht statt.

**§ 3 Ehezeit, Ausschluss bei kurzer Ehezeit.** (1) Die Ehezeit im Sinne dieses Gesetzes beginnt mit dem ersten Tag des Monats, in dem die Ehe geschlossen worden ist; sie endet am letzten Tag des Monats vor Zustellung des Scheidungsantrags.

(2) In den Versorgungsausgleich sind alle Anrechte einzubeziehen, die in der Ehezeit erworben wurden.

(3) Bei einer Ehezeit von bis zu drei Jahren findet ein Versorgungsausgleich nur statt, wenn ein Ehegatte dies beantragt.

---

[1)] **Nipperdey I, Arbeitsrecht Nr. 180.**
[2)] **Aichberger, SGB Nr. 6/80.**

**§ 4 Auskunftsansprüche.** (1) Die Ehegatten, ihre Hinterbliebenen und Erben sind verpflichtet, einander die für den Versorgungsausgleich erforderlichen Auskünfte zu erteilen.

(2) Sofern ein Ehegatte, seine Hinterbliebenen oder Erben die erforderlichen Auskünfte von dem anderen Ehegatten, dessen Hinterbliebenen oder Erben nicht erhalten können, haben sie einen entsprechenden Auskunftsanspruch gegen die betroffenen Versorgungsträger.

(3) Versorgungsträger können die erforderlichen Auskünfte von den Ehegatten, deren Hinterbliebenen und Erben sowie von den anderen Versorgungsträgern verlangen.

(4) Für die Erteilung der Auskunft gilt § 1605 Abs. 1 Satz 2 und 3 des Bürgerlichen Gesetzbuchs[1)] entsprechend.

**§ 5 Bestimmung von Ehezeitanteil und Ausgleichswert.** (1) Der Versorgungsträger berechnet den Ehezeitanteil des Anrechts in Form der für das jeweilige Versorgungssystem maßgeblichen Bezugsgröße, insbesondere also in Form von Entgeltpunkten, eines Rentenbetrags oder eines Kapitalwerts.

(2) [1] Maßgeblicher Zeitpunkt für die Bewertung ist das Ende der Ehezeit. [2] Rechtliche oder tatsächliche Veränderungen nach dem Ende der Ehezeit, die auf den Ehezeitanteil zurückwirken, sind zu berücksichtigen.

(3) Der Versorgungsträger unterbreitet dem Familiengericht einen Vorschlag für die Bestimmung des Ausgleichswerts und, falls es sich dabei nicht um einen Kapitalwert handelt, für einen korrespondierenden Kapitalwert nach § 47.

(4) [1] In Verfahren über Ausgleichsansprüche nach der Scheidung nach den §§ 20 und 21 oder den §§ 25 und 26 ist grundsätzlich nur der Rentenbetrag zu berechnen. [2] Allgemeine Wertanpassungen des Anrechts sind zu berücksichtigen.

(5) Die Einzelheiten der Wertermittlung ergeben sich aus den §§ 39 bis 47.

## Kapitel 2. Ausgleich

### Abschnitt 1. Vereinbarungen über den Versorgungsausgleich

**§ 6 Regelungsbefugnisse der Ehegatten.** (1) [1] Die Ehegatten können Vereinbarungen über den Versorgungsausgleich schließen. [2] Sie können ihn insbesondere ganz oder teilweise

1. in die Regelung der ehelichen Vermögensverhältnisse einbeziehen,
2. ausschließen sowie
3. Ausgleichsansprüchen nach der Scheidung gemäß den §§ 20 bis 24 vorbehalten.

(2) Bestehen keine Wirksamkeits- und Durchsetzungshindernisse, ist das Familiengericht an die Vereinbarung gebunden.

**§ 7 Besondere formelle Wirksamkeitsvoraussetzungen.** (1) Eine Vereinbarung über den Versorgungsausgleich, die vor Rechtskraft der Entscheidung über den Wertausgleich bei der Scheidung geschlossen wird, bedarf der notariellen Beurkundung.

(2) § 127a des Bürgerlichen Gesetzbuchs[1)] gilt entsprechend.

(3) Für eine Vereinbarung über den Versorgungsausgleich im Rahmen eines Ehevertrags gilt die in § 1410 des Bürgerlichen Gesetzbuchs bestimmte Form.

---

[1)] Nr. **20**.

**§ 8 Besondere materielle Wirksamkeitsvoraussetzungen.** (1) Die Vereinbarung über den Versorgungsausgleich muss einer Inhalts- und Ausübungskontrolle standhalten.

(2) Durch die Vereinbarung können Anrechte nur übertragen oder begründet werden, wenn die maßgeblichen Regelungen dies zulassen und die betroffenen Versorgungsträger zustimmen.

### Abschnitt 2. Wertausgleich bei der Scheidung

#### Unterabschnitt 1. Grundsätze des Wertausgleichs bei der Scheidung

**§ 9 Rangfolge der Ausgleichsformen, Ausnahmen.** (1) Dem Wertausgleich bei der Scheidung unterfallen alle Anrechte, es sei denn, die Ehegatten haben den Ausgleich nach den §§ 6 bis 8 geregelt oder die Ausgleichsreife der Anrechte nach § 19 fehlt.

(2) Anrechte sind in der Regel nach den §§ 10 bis 13 intern zu teilen.

(3) Ein Anrecht ist nur dann nach den §§ 14 bis 17 extern zu teilen, wenn ein Fall des § 14 Abs. 2 oder des § 16 Abs. 1 oder Abs. 2 vorliegt.

(4) Ist die Differenz beiderseitiger Ausgleichswerte von Anrechten gleicher Art gering oder haben einzelne Anrechte einen geringen Ausgleichswert, ist § 18 anzuwenden.

#### Unterabschnitt 2. Interne Teilung

**§ 10 Interne Teilung.** (1) Das Familiengericht überträgt für die ausgleichsberechtigte Person zulasten des Anrechts der ausgleichspflichtigen Person ein Anrecht in Höhe des Ausgleichswerts bei dem Versorgungsträger, bei dem das Anrecht der ausgleichspflichtigen Person besteht (interne Teilung).

(2) [1] Sofern nach der internen Teilung durch das Familiengericht für beide Ehegatten Anrechte gleicher Art bei demselben Versorgungsträger auszugleichen sind, vollzieht dieser den Ausgleich nur in Höhe des Wertunterschieds nach Verrechnung. [2] Satz 1 gilt entsprechend, wenn verschiedene Versorgungsträger zuständig sind und Vereinbarungen zwischen ihnen eine Verrechnung vorsehen.

(3) Maßgeblich sind die Regelungen über das auszugleichende und das zu übertragende Anrecht.

**§ 11 Anforderungen an die interne Teilung.** (1) [1] Die interne Teilung muss die gleichwertige Teilhabe der Ehegatten an den in der Ehezeit erworbenen Anrechten sicherstellen. [2] Dies ist gewährleistet, wenn im Vergleich zum Anrecht der ausgleichspflichtigen Person

1. für die ausgleichsberechtigte Person ein eigenständiges und entsprechend gesichertes Anrecht übertragen wird,
2. ein Anrecht in Höhe des Ausgleichswerts mit vergleichbarer Wertentwicklung entsteht und
3. der gleiche Risikoschutz gewährt wird; der Versorgungsträger kann den Risikoschutz auf eine Altersversorgung beschränken, wenn er für das nicht abgesicherte Risiko einen zusätzlichen Ausgleich bei der Altersversorgung schafft.

(2) Für das Anrecht der ausgleichsberechtigten Person gelten die Regelungen über das Anrecht der ausgleichspflichtigen Person entsprechend, soweit nicht besondere Regelungen für den Versorgungsausgleich bestehen.

**§ 12 Rechtsfolge der internen Teilung von Betriebsrenten.** Gilt für das auszugleichende Anrecht das Betriebsrentengesetz[1)], so erlangt die ausgleichsberechtigte Person mit der Übertragung des Anrechts die Stellung eines ausgeschiedenen Arbeitnehmers im Sinne des Betriebsrentengesetzes.

**§ 13 Teilungskosten des Versorgungsträgers.** Der Versorgungsträger kann die bei der internen Teilung entstehenden Kosten jeweils hälftig mit den Anrechten beider Ehegatten verrechnen, soweit sie angemessen sind.

**Unterabschnitt 3. Externe Teilung**

**§ 14[2)] Externe Teilung.** (1) Das Familiengericht begründet für die ausgleichsberechtigte Person zulasten des Anrechts der ausgleichspflichtigen Person ein Anrecht in Höhe des Ausgleichswerts bei einem anderen Versorgungsträger als demjenigen, bei dem das Anrecht der ausgleichspflichtigen Person besteht (externe Teilung).

(2) Eine externe Teilung ist nur durchzuführen, wenn

1. die ausgleichsberechtigte Person und der Versorgungsträger der ausgleichspflichtigen Person eine externe Teilung vereinbaren oder
2. der Versorgungsträger der ausgleichspflichtigen Person eine externe Teilung verlangt und der Ausgleichswert am Ende der Ehezeit bei einem Rentenbetrag als maßgeblicher Bezugsgröße höchstens 2 Prozent, in allen anderen Fällen als Kapitalwert höchstens 240 Prozent der monatlichen Bezugsgröße nach § 18 Abs. 1 des Vierten Buches Sozialgesetzbuch[3)] beträgt ***[bis 31.7.2021: .] [ab 1.8. 2021: ; sind mehrere Anrechte im Sinne des Betriebsrentengesetzes bei einem Versorgungsträger auszugleichen, so ist die Summe der Ausgleichswerte der Anrechte maßgeblich, deren externe Teilung der Versorgungsträger verlangt.]***

(3) § 10 Abs. 3 gilt entsprechend.

(4) Der Versorgungsträger der ausgleichspflichtigen Person hat den Ausgleichswert als Kapitalbetrag an den Versorgungsträger der ausgleichsberechtigten Person zu zahlen.

(5) Eine externe Teilung ist unzulässig, wenn ein Anrecht durch Beitragszahlung nicht mehr begründet werden kann.

**§ 15[4)] Wahlrecht hinsichtlich der Zielversorgung.** (1) Die ausgleichsberechtigte Person kann bei der externen Teilung wählen, ob ein für sie bestehendes Anrecht ausgebaut oder ein neues Anrecht begründet werden soll.

(2) Die gewählte Zielversorgung muss eine angemessene Versorgung gewährleisten.

(3) Die Zahlung des Kapitalbetrags nach § 14 Abs. 4 an die gewählte Zielversorgung darf nicht zu steuerpflichtigen Einnahmen oder zu einer schädlichen Verwendung bei der ausgleichspflichtigen Person führen, es sei denn, sie stimmt der Wahl der Zielversorgung zu.

(4) Ein Anrecht in der gesetzlichen Rentenversicherung, bei einem Pensionsfonds, einer Pensionskasse oder einer Direktversicherung oder aus einem Vertrag,

---

[1)] **Nipperdey I, Arbeitsrecht Nr. 180.**

[2)] § 14 Abs. 2 Nr. 2 geänd. **mWv 1.8.2021** durch G v. 12.5.2021 (BGBl. I S. 1085).

[3)] **Aichberger, SGB Nr. 4.**

[4)] § 15 Abs. 3 geänd. mWv 1.9.2009 durch G v. 15.7.2009 (BGBl. I S. 1939).; Abs. 5 Satz 2 angef. mWv 1.4.2010 durch G v. 15.7.2009 (BGBl. I S. 1939) iVm Bek. v. 26.3.2010 (BGBl. I S. 340); Abs. 4 geänd. mWv 1.9.2009 durch G v. 8.12.2010 (BGBl. I S. 1768).

der nach § 5 des Altersvorsorgeverträge-Zertifizierungsgesetzes[1)] zertifiziert ist, erfüllt stets die Anforderungen der Absätze 2 und 3.

(5) [1] Übt die ausgleichsberechtigte Person ihr Wahlrecht nicht aus, so erfolgt die externe Teilung durch Begründung eines Anrechts in der gesetzlichen Rentenversicherung. [2] Ist ein Anrecht im Sinne des Betriebsrentengesetzes[2)] auszugleichen, ist abweichend von Satz 1 ein Anrecht bei der Versorgungsausgleichskasse zu begründen.

**§ 16[3)] Externe Teilung von Anrechten aus einem öffentlich-rechtlichen Dienst- oder Amtsverhältnis.** (1) Solange der Träger einer Versorgung aus einem öffentlich-rechtlichen Dienst- oder Amtsverhältnis keine interne Teilung vorsieht, ist ein dort bestehendes Anrecht zu dessen Lasten durch Begründung eines Anrechts bei einem Träger der gesetzlichen Rentenversicherung auszugleichen.

(2) Anrechte aus einem Beamtenverhältnis auf Widerruf sowie aus einem Dienstverhältnis einer Soldatin oder eines Soldaten auf Zeit sind stets durch Begründung eines Anrechts in der gesetzlichen Rentenversicherung auszugleichen.

(3) [1] Das Familiengericht ordnet an, den Ausgleichswert in Entgeltpunkte umzurechnen. ***[Satz 2 bis 30.6.2024:]*** [2] Wurde das Anrecht im Beitrittsgebiet erworben, ist die Umrechnung in Entgeltpunkte (Ost) anzuordnen.

**§ 17 Besondere Fälle der externen Teilung von Betriebsrenten.** Ist ein Anrecht im Sinne des Betriebsrentengesetzes[2)] aus einer Direktzusage oder einer Unterstützungskasse auszugleichen, so darf im Fall des § 14 Abs. 2 Nr. 2 der Ausgleichswert als Kapitalwert am Ende der Ehezeit höchstens die Beitragsbemessungsgrenze in der allgemeinen Rentenversicherung nach den §§ 159 und 160 des Sechsten Buches Sozialgesetzbuch[4)] erreichen.

### Unterabschnitt 4. Ausnahmen

**§ 18 Geringfügigkeit.** (1) Das Familiengericht soll beiderseitige Anrechte gleicher Art nicht ausgleichen, wenn die Differenz ihrer Ausgleichswerte gering ist.

(2) Einzelne Anrechte mit einem geringen Ausgleichswert soll das Familiengericht nicht ausgleichen.

(3) Ein Wertunterschied nach Absatz 1 oder ein Ausgleichswert nach Absatz 2 ist gering, wenn er am Ende der Ehezeit bei einem Rentenbetrag als maßgeblicher Bezugsgröße höchstens 1 Prozent, in allen anderen Fällen als Kapitalwert höchstens 120 Prozent der monatlichen Bezugsgröße nach § 18 Abs. 1 des Vierten Buches Sozialgesetzbuch[5)] beträgt.

**§ 19[6)] Fehlende Ausgleichsreife.** (1) [1] Ist ein Anrecht nicht ausgleichsreif, so findet insoweit ein Wertausgleich bei der Scheidung nicht statt. [2] § 5 Abs. 2 gilt entsprechend.

(2) Ein Anrecht ist nicht ausgleichsreif,

---

1) **Aichberger, SGB Nr. 6/80.**
2) **Nipperdey I, Arbeitsrecht Nr. 180.**
3) § 16 Abs. 3 Satz 2 aufgeh. **mWv 1.7.2024** durch G v. 17.7.2017 (BGBl. I S. 2575).
4) **Aichberger, SGB Nr. 6.**
5) **Aichberger, SGB Nr. 4.**
6) § 19 Abs. 2 Nr. 3 und 4 geänd., Nr. 5 angef. **mWv 1.8.2021** durch G v. 12.5.2021 (BGBl. I S. 1085).

1. wenn es dem Grund oder der Höhe nach nicht hinreichend verfestigt ist, insbesondere als noch verfallbares Anrecht im Sinne des Betriebsrentengesetzes[1)],
2. soweit es auf eine abzuschmelzende Leistung gerichtet ist,
3. soweit sein Ausgleich für die ausgleichsberechtigte Person unwirtschaftlich wäre ***[bis 31.7.2021:*** oder***] [ab 1.8.2021:*** ,***]***
4. wenn es bei einem ausländischen, zwischenstaatlichen oder überstaatlichen Versorgungsträger besteht ***[bis 31.7.2021:*** .***] [ab 1.8.2021:*** oder***]***

***[Nr. 5 ab 1.8.2021:]***

5. *wenn sich bei einem Anrecht aus der betrieblichen Altersversorgung oder der privaten Altersvorsorge nach dem Ende der Ehezeit der Kapitalwert als maßgebliche Bezugsgröße und damit der Ausgleichswert verändert hat, weil die ausgleichspflichtige Person innerhalb der bisher bestehenden Leistungspflicht eine Versorgung aus dem Anrecht bezogen hat, und die ausgleichsberechtigte Person verlangt, dass das Anrecht vom Wertausgleich bei der Scheidung ausgenommen wird.*

(3) Hat ein Ehegatte nicht ausgleichsreife Anrechte nach Absatz 2 Nr. 4 erworben, so findet ein Wertausgleich bei der Scheidung auch in Bezug auf die sonstigen Anrechte der Ehegatten nicht statt, soweit dies für den anderen Ehegatten unbillig wäre.

(4) Ausgleichsansprüche nach der Scheidung gemäß den §§ 20 bis 26 bleiben unberührt.

### Abschnitt 3. Ausgleichsansprüche nach der Scheidung

#### Unterabschnitt 1. Schuldrechtliche Ausgleichszahlungen

**§ 20 Anspruch auf schuldrechtliche Ausgleichsrente.** (1) [1]Bezieht die ausgleichspflichtige Person eine laufende Versorgung aus einem noch nicht ausgeglichenen Anrecht, so kann die ausgleichsberechtigte Person von ihr den Ausgleichswert als Rente (schuldrechtliche Ausgleichsrente) verlangen. [2]Die auf den Ausgleichswert entfallenden Sozialversicherungsbeiträge oder vergleichbaren Aufwendungen sind abzuziehen. [3]§ 18 gilt entsprechend.

(2) Der Anspruch ist fällig, sobald die ausgleichsberechtigte Person
1. eine eigene laufende Versorgung im Sinne des § 2 bezieht,
2. die Regelaltersgrenze der gesetzlichen Rentenversicherung erreicht hat oder
3. die gesundheitlichen Voraussetzungen für eine laufende Versorgung wegen Invalidität erfüllt.

(3) Für die schuldrechtliche Ausgleichsrente gelten § 1585 Abs. 1 Satz 2 und 3 sowie § 1585b Abs. 2 und 3 des Bürgerlichen Gesetzbuchs[2)] entsprechend.

**§ 21 Abtretung von Versorgungsansprüchen.** (1) Die ausgleichsberechtigte Person kann von der ausgleichspflichtigen Person verlangen, ihr den Anspruch gegen den Versorgungsträger in Höhe der Ausgleichsrente abzutreten.

(2) Für rückständige Ansprüche auf eine schuldrechtliche Ausgleichsrente kann keine Abtretung verlangt werden.

(3) Eine Abtretung nach Absatz 1 ist auch dann wirksam, wenn andere Vorschriften die Übertragung oder Pfändung des Versorgungsanspruchs ausschließen.

---

[1)] **Nipperdey I, Arbeitsrecht Nr. 180.**
[2)] Nr. **20.**

(4) Verstirbt die ausgleichsberechtigte Person, so geht der nach Absatz 1 abgetretene Anspruch gegen den Versorgungsträger wieder auf die ausgleichspflichtige Person über.

**§ 22 Anspruch auf Ausgleich von Kapitalzahlungen.** [1] Erhält die ausgleichspflichtige Person Kapitalzahlungen aus einem noch nicht ausgeglichenen Anrecht, so kann die ausgleichsberechtigte Person von ihr die Zahlung des Ausgleichswerts verlangen. [2] Im Übrigen sind die §§ 20 und 21 entsprechend anzuwenden.

### Unterabschnitt 2. Abfindung

**§ 23 Anspruch auf Abfindung, Zumutbarkeit.** (1) [1] Die ausgleichsberechtigte Person kann für ein noch nicht ausgeglichenes Anrecht von der ausgleichspflichtigen Person eine zweckgebundene Abfindung verlangen. [2] Die Abfindung ist an den Versorgungsträger zu zahlen, bei dem ein bestehendes Anrecht ausgebaut oder ein neues Anrecht begründet werden soll.

(2) Der Anspruch nach Absatz 1 besteht nur, wenn die Zahlung der Abfindung für die ausgleichspflichtige Person zumutbar ist.

(3) Würde eine Einmalzahlung die ausgleichspflichtige Person unbillig belasten, so kann sie Ratenzahlung verlangen.

**§ 24 Höhe der Abfindung, Zweckbindung.** (1) [1] Für die Höhe der Abfindung ist der Zeitwert des Ausgleichswerts maßgeblich. [2] § 18 gilt entsprechend.

(2) Für das Wahlrecht hinsichtlich der Zielversorgung gilt § 15 entsprechend.

### Unterabschnitt 3. Teilhabe an der Hinterbliebenenversorgung

**§ 25 Anspruch gegen den Versorgungsträger.** (1) Stirbt die ausgleichspflichtige Person und besteht ein noch nicht ausgeglichenes Anrecht, so kann die ausgleichsberechtigte Person vom Versorgungsträger die Hinterbliebenenversorgung verlangen, die sie erhielte, wenn die Ehe bis zum Tod der ausgleichspflichtigen Person fortbestanden hätte.

(2) Der Anspruch ist ausgeschlossen, wenn das Anrecht wegen einer Vereinbarung der Ehegatten nach den §§ 6 bis 8 oder wegen fehlender Ausgleichsreife nach § 19 Abs. 2 Nr. 2 oder Nr. 3 oder Abs. 3 vom Wertausgleich bei der Scheidung ausgenommen worden war.

(3) [1] Die Höhe des Anspruchs ist auf den Betrag beschränkt, den die ausgleichsberechtigte Person als schuldrechtliche Ausgleichsrente verlangen könnte. [2] Leistungen, die sie von dem Versorgungsträger als Hinterbliebene erhält, sind anzurechnen.

(4) § 20 Abs. 2 und 3 gilt entsprechend.

(5) Eine Hinterbliebenenversorgung, die der Versorgungsträger an die Witwe oder den Witwer der ausgleichspflichtigen Person zahlt, ist um den nach den Absätzen 1 und 3 Satz 1 errechneten Betrag zu kürzen.

**§ 26 Anspruch gegen die Witwe oder den Witwer.** (1) Besteht ein noch nicht ausgeglichenes Anrecht bei einem ausländischen, zwischenstaatlichen oder überstaatlichen Versorgungsträger, so richtet sich der Anspruch nach § 25 Abs. 1 gegen die Witwe oder den Witwer der ausgleichspflichtigen Person, soweit der Versorgungsträger an die Witwe oder den Witwer eine Hinterbliebenenversorgung leistet.

(2) § 25 Abs. 2 bis 4 gilt entsprechend.

### Abschnitt 4. Härtefälle

**§ 27 Beschränkung oder Wegfall des Versorgungsausgleichs.** [1] Ein Versorgungsausgleich findet ausnahmsweise nicht statt, soweit er grob unbillig wäre. [2] Dies ist nur der Fall, wenn die gesamten Umstände des Einzelfalls es rechtfertigen, von der Halbteilung abzuweichen.

## Kapitel 3. Ergänzende Vorschriften

**§ 28 Ausgleich eines Anrechts der Privatvorsorge wegen Invalidität.**

(1) Ein Anrecht der Privatvorsorge wegen Invalidität ist nur auszugleichen, wenn der Versicherungsfall in der Ehezeit eingetreten ist und die ausgleichsberechtigte Person am Ende der Ehezeit eine laufende Versorgung wegen Invalidität bezieht oder die gesundheitlichen Voraussetzungen dafür erfüllt.

(2) Das Anrecht gilt in vollem Umfang als in der Ehezeit erworben.

(3) Für die Durchführung des Ausgleichs gelten die §§ 20 bis 22 entsprechend.

**§ 29 Leistungsverbot bis zum Abschluss des Verfahrens.** Bis zum wirksamen Abschluss eines Verfahrens über den Versorgungsausgleich ist der Versorgungsträger verpflichtet, Zahlungen an die ausgleichspflichtige Person zu unterlassen, die sich auf die Höhe des Ausgleichswerts auswirken können.

**§ 30[1] Schutz des Versorgungsträgers.** (1) [1] Entscheidet das Familiengericht rechtskräftig über den Ausgleich und leistet der Versorgungsträger innerhalb einer bisher bestehenden Leistungspflicht an die bisher berechtigte Person, so ist er für eine Übergangszeit gegenüber der nunmehr auch berechtigten Person ***[ab 1.8. 2021:** im Umfang der Überzahlung]* von der Leistungspflicht befreit. [2] Satz 1 gilt für Leistungen des Versorgungsträgers an die Witwe oder den Witwer entsprechend.

(2) Die Übergangszeit dauert bis zum letzten Tag des Monats, der dem Monat folgt, in dem der Versorgungsträger von der Rechtskraft der Entscheidung Kenntnis erlangt hat.

(3) Bereicherungsansprüche zwischen der nunmehr auch berechtigten Person und der bisher berechtigten Person sowie der Witwe oder dem Witwer bleiben unberührt.

**§ 31 Tod eines Ehegatten.** (1) [1] Stirbt ein Ehegatte nach Rechtskraft der Scheidung, aber vor Rechtskraft der Entscheidung über den Wertausgleich nach den §§ 9 bis 19, so ist das Recht des überlebenden Ehegatten auf Wertausgleich gegen die Erben geltend zu machen. [2] Die Erben haben kein Recht auf Wertausgleich.

(2) [1] Der überlebende Ehegatte darf durch den Wertausgleich nicht bessergestellt werden, als wenn der Versorgungsausgleich durchgeführt worden wäre. [2] Sind mehrere Anrechte auszugleichen, ist nach billigem Ermessen zu entscheiden, welche Anrechte zum Ausgleich herangezogen werden.

*(Fortsetzung nächstes Blatt)*

[1] § 30 Abs. 1 Satz 1 geänd. **mWv 1.8.2021** durch G v. 12.5.2021 (BGBl. I S. 1085).

(3) [1]Ausgleichsansprüche nach der Scheidung gemäß den §§ 20 bis 24 erlöschen mit dem Tod eines Ehegatten. [2]Ansprüche auf Teilhabe an der Hinterbliebenenversorgung nach den §§ 25 und 26 bleiben unberührt. [3]§ 1586 Abs. 2 Satz 1 des Bürgerlichen Gesetzbuchs[1)] gilt entsprechend.

## Kapitel 4. Anpassung nach Rechtskraft

**§ 32 Anpassungsfähige Anrechte.** Die §§ 33 bis 38 gelten für Anrechte aus

1. der gesetzlichen Rentenversicherung einschließlich der Höherversicherung,
2. der Beamtenversorgung oder einer anderen Versorgung, die zur Versicherungsfreiheit nach § 5 Abs. 1 des Sechsten Buches Sozialgesetzbuch[2)] führt,
3. einer berufsständischen oder einer anderen Versorgung, die nach § 6 Abs. 1 Nr. 1 oder Nr. 2 des Sechsten Buches Sozialgesetzbuch zu einer Befreiung von der Sozialversicherungspflicht führen kann,
4. der Alterssicherung der Landwirte,
5. den Versorgungssystemen der Abgeordneten und der Regierungsmitglieder im Bund und in den Ländern.

**§ 33 Anpassung wegen Unterhalt.** (1) Solange die ausgleichsberechtigte Person aus einem im Versorgungsausgleich erworbenen Anrecht keine laufende Versorgung erhalten kann und sie gegen die ausgleichspflichtige Person ohne die Kürzung durch den Versorgungsausgleich einen gesetzlichen Unterhaltsanspruch hätte, wird die Kürzung der laufenden Versorgung der ausgleichspflichtigen Person auf Antrag ausgesetzt.

(2) Die Anpassung nach Absatz 1 findet nur statt, wenn die Kürzung am Ende der Ehezeit bei einem Rentenbetrag als maßgeblicher Bezugsgröße mindestens 2 Prozent, in allen anderen Fällen als Kapitalwert mindestens 240 Prozent der monatlichen Bezugsgröße nach § 18 Abs. 1 des Vierten Buches Sozialgesetzbuch[3)] betragen hat.

(3) Die Kürzung ist in Höhe des Unterhaltsanspruchs auszusetzen, höchstens jedoch in Höhe der Differenz der beiderseitigen Ausgleichswerte aus denjenigen Anrechten im Sinne des § 32, aus denen die ausgleichspflichtige Person eine laufende Versorgung bezieht.

(4) Fließen der ausgleichspflichtigen Person mehrere Versorgungen zu, ist nach billigem Ermessen zu entscheiden, welche Kürzung ausgesetzt wird.

**§ 34 Durchführung einer Anpassung wegen Unterhalt.** (1) Über die Anpassung und deren Abänderung entscheidet das Familiengericht.

(2) [1]Antragsberechtigt sind die ausgleichspflichtige und die ausgleichsberechtigte Person. [2]Die Abänderung einer Anpassung kann auch von dem Versorgungsträger verlangt werden.

(3) Die Anpassung wirkt ab dem ersten Tag des Monats, der auf den Monat der Antragstellung folgt.

(4) Der Anspruch auf Anpassung geht auf die Erben über, wenn der Erblasser den Antrag nach § 33 Abs. 1 gestellt hatte.

---

[1)] Nr. **20**.
[2)] **Aichberger, SGB Nr. 6.**
[3)] **Aichberger, SGB Nr. 4.**

(5) Die ausgleichspflichtige Person hat den Versorgungsträger, bei dem die Kürzung ausgesetzt ist, unverzüglich über den Wegfall oder Änderungen seiner Unterhaltszahlungen, über den Bezug einer laufenden Versorgung aus einem Anrecht nach § 32 sowie über den Rentenbezug, die Wiederheirat oder den Tod der ausgleichsberechtigten Person zu unterrichten.

(6) [1] Über die Beendigung der Aussetzung aus den in Absatz 5 genannten Gründen entscheidet der Versorgungsträger. [2] Dies gilt nicht für den Fall der Änderung von Unterhaltszahlungen.

**§ 35 Anpassung wegen Invalidität der ausgleichspflichtigen Person oder einer für sie geltenden besonderen Altersgrenze.** (1) Solange die ausgleichspflichtige Person eine laufende Versorgung wegen Invalidität oder Erreichens einer besonderen Altersgrenze erhält und sie aus einem im Versorgungsausgleich erworbenen Anrecht keine Leistung beziehen kann, wird die Kürzung der laufenden Versorgung auf Grund des Versorgungsausgleichs auf Antrag ausgesetzt.

(2) § 33 Abs. 2 gilt entsprechend.

(3) Die Kürzung ist höchstens in Höhe der Ausgleichswerte aus denjenigen Anrechten im Sinne des § 32 auszusetzen, aus denen die ausgleichspflichtige Person keine Leistung bezieht.

(4) Fließen der ausgleichspflichtigen Person mehrere Versorgungen zu, so ist jede Versorgung nur insoweit nicht zu kürzen, als dies dem Verhältnis ihrer Ausgleichswerte entspricht.

**§ 36 Durchführung einer Anpassung wegen Invalidität der ausgleichspflichtigen Person oder einer für sie geltenden besonderen Altersgrenze.** (1) Über die Anpassung, deren Abänderung und Aufhebung entscheidet der Versorgungsträger, bei dem das auf Grund des Versorgungsausgleichs gekürzte Anrecht besteht.

(2) Antragsberechtigt ist die ausgleichspflichtige Person.

(3) § 34 Abs. 3 und 4 gilt entsprechend.

(4) Sobald die ausgleichspflichtige Person aus einem im Versorgungsausgleich erworbenen Anrecht eine Leistung im Sinne des § 35 Abs. 1 beziehen kann, hat sie den Versorgungsträger, der die Kürzung ausgesetzt hat, unverzüglich darüber zu unterrichten.

**§ 37 Anpassung wegen Tod der ausgleichsberechtigten Person.** (1) [1] Ist die ausgleichsberechtigte Person gestorben, so wird ein Anrecht der ausgleichspflichtigen Person auf Antrag nicht länger auf Grund des Versorgungsausgleichs gekürzt. [2] Beiträge, die zur Abwendung der Kürzung oder zur Begründung von Anrechten zugunsten der ausgleichsberechtigten Person gezahlt wurden, sind unter Anrechnung der gewährten Leistungen an die ausgleichspflichtige Person zurückzuzahlen.

(2) Die Anpassung nach Absatz 1 findet nur statt, wenn die ausgleichsberechtigte Person die Versorgung aus dem im Versorgungsausgleich erworbenen Anrecht nicht länger als 36 Monate bezogen hat.

(3) Hat die ausgleichspflichtige Person im Versorgungsausgleich Anrechte im Sinne des § 32 von der verstorbenen ausgleichsberechtigten Person erworben, so erlöschen diese, sobald die Anpassung wirksam wird.

**§ 38 Durchführung einer Anpassung wegen Tod der ausgleichsberechtigten Person.** (1) [1] Über die Anpassung entscheidet der Versorgungsträger, bei dem das auf Grund eines Versorgungsausgleichs gekürzte Anrecht besteht. [2] Antragsberechtigt ist die ausgleichspflichtige Person.

(2) § 34 Abs. 3 und 4 gilt entsprechend.

(3) [1] Die ausgleichspflichtige Person hat die anderen Versorgungsträger, bei denen sie Anrechte der verstorbenen ausgleichsberechtigten Person auf Grund des Versorgungsausgleichs erworben hat, unverzüglich über die Antragstellung zu unterrichten. [2] Der zuständige Versorgungsträger unterrichtet die anderen Versorgungsträger über den Eingang des Antrags und seine Entscheidung.

## Teil 2. Wertermittlung

### Kapitel 1. Allgemeine Wertermittlungsvorschriften

**§ 39 Unmittelbare Bewertung einer Anwartschaft.** (1) Befindet sich ein Anrecht in der Anwartschaftsphase und richtet sich sein Wert nach einer Bezugsgröße, die unmittelbar bestimmten Zeitabschnitten zugeordnet werden kann, so entspricht der Wert des Ehezeitanteils dem Umfang der auf die Ehezeit entfallenden Bezugsgröße (unmittelbare Bewertung).

(2) Die unmittelbare Bewertung ist insbesondere bei Anrechten anzuwenden, bei denen für die Höhe der laufenden Versorgung Folgendes bestimmend ist:

1. die Summe der Entgeltpunkte oder vergleichbarer Rechengrößen wie Versorgungspunkten oder Leistungszahlen,
2. die Höhe eines Deckungskapitals,
3. die Summe der Rentenbausteine,
4. die Summe der entrichteten Beiträge oder
5. die Dauer der Zugehörigkeit zum Versorgungssystem.

**§ 40 Zeitratierliche Bewertung einer Anwartschaft.** (1) Befindet sich ein Anrecht in der Anwartschaftsphase und richtet sich der Wert des Anrechts nicht nach den Grundsätzen der unmittelbaren Bewertung gemäß § 39, so ist der Wert des Ehezeitanteils auf der Grundlage eines Zeit-Zeit-Verhältnisses zu berechnen (zeitratierliche Bewertung).

(2) [1] Zu ermitteln ist die Zeitdauer, die bis zu der für das Anrecht maßgeblichen Altersgrenze höchstens erreicht werden kann (n). [2] Zudem ist der Teil dieser Zeitdauer zu ermitteln, der mit der Ehezeit übereinstimmt (m). [3] Der Wert des Ehezeitanteils ergibt sich, wenn das Verhältnis der in die Ehezeit fallenden Zeitdauer und der höchstens erreichbaren Zeitdauer (m/n) mit der zu erwartenden Versorgung (R) multipliziert wird (m/n x R).

(3) [1] Bei der Ermittlung der zu erwartenden Versorgung ist von den zum Ende der Ehezeit geltenden Bemessungsgrundlagen auszugehen. [2] § 5 Abs. 2 Satz 2 bleibt unberührt.

(4) Die zeitratierliche Bewertung ist insbesondere bei Anrechten anzuwenden, bei denen die Höhe der Versorgung von dem Entgelt abhängt, das bei Eintritt des Versorgungsfalls gezahlt werden würde.

(5) Familienbezogene Bestandteile des Ehezeitanteils, die die Ehegatten nur auf Grund einer bestehenden Ehe oder für Kinder erhalten, dürfen nicht berücksichtigt werden.

**§ 41 Bewertung einer laufenden Versorgung.** (1) Befindet sich ein Anrecht in der Leistungsphase und wäre für die Anwartschaftsphase die unmittelbare Bewertung maßgeblich, so gilt § 39 Abs. 1 entsprechend.

(2) [1] Befindet sich ein Anrecht in der Leistungsphase und wäre für die Anwartschaftsphase die zeitratierliche Bewertung maßgeblich, so gilt § 40 Abs. 1 bis 3 entsprechend. [2] Hierbei sind die Annahmen für die höchstens erreichbare Zeitdauer und für die zu erwartende Versorgung durch die tatsächlichen Werte zu ersetzen.

**§ 42 Bewertung nach Billigkeit.** Führt weder die unmittelbare Bewertung noch die zeitratierliche Bewertung zu einem Ergebnis, das dem Grundsatz der Halbteilung entspricht, so ist der Wert nach billigem Ermessen zu ermitteln.

### Kapitel 2. Sondervorschriften für bestimmte Versorgungsträger

**§ 43[1)] Sondervorschriften für Anrechte aus der gesetzlichen Rentenversicherung.** (1) Für Anrechte aus der gesetzlichen Rentenversicherung gelten die Grundsätze der unmittelbaren Bewertung.

(2) Soweit das Anrecht auf eine abzuschmelzende Leistung nach § 19 Abs. 2 Nr. 2 gerichtet ist, ist der Ehezeitanteil für Ausgleichsansprüche nach der Scheidung nach dem Verhältnis der auf die Ehezeit entfallenden Entgeltpunkte ***[bis 30.6.2024:*** (Ost)***]*** zu den gesamten Entgeltpunkten ***[bis 30.6.2024:*** (Ost)***]*** zu bestimmen.

(3) Besondere Wartezeiten sind nur dann werterhöhend zu berücksichtigen, wenn die hierfür erforderlichen Zeiten bereits erfüllt sind.

**§ 44 Sondervorschriften für Anrechte aus einem öffentlich-rechtlichen Dienstverhältnis.** (1) Für Anrechte

1. aus einem Beamtenverhältnis oder einem anderen öffentlich-rechtlichen Dienstverhältnis und
2. aus einem Arbeitsverhältnis, bei dem ein Anspruch auf eine Versorgung nach beamtenrechtlichen Vorschriften oder Grundsätzen besteht,

sind die Grundsätze der zeitratierlichen Bewertung anzuwenden.

(2) Stehen der ausgleichspflichtigen Person mehrere Anrechte im Sinne des Absatzes 1 zu, so ist für die Wertberechnung von den gesamten Versorgungsbezügen, die sich nach Anwendung der Ruhensvorschriften ergeben, und von der gesamten in die Ehezeit fallenden ruhegehaltfähigen Dienstzeit auszugehen.

(3) [1] Stehen der ausgleichspflichtigen Person neben einem Anrecht im Sinne des Absatzes 1 weitere Anrechte aus anderen Versorgungssystemen zu, die Ruhens- oder Anrechnungsvorschriften unterliegen, so gilt Absatz 2 sinngemäß. [2] Dabei sind die Ruhens- oder Anrechnungsbeträge nur insoweit zu berücksichtigen, als das nach Satz 1 berücksichtigte Anrecht in der Ehezeit erworben wurde und die ausgleichsberechtigte Person an diesem Anrecht im Versorgungsausgleich teilhat.

---

[1)] § 43 Abs. 2 geänd. **mWv 1.7.2024** durch G v. 17.7.2017 (BGBl. I S. 2575).

(4) Bei einem Anrecht aus einem Beamtenverhältnis auf Widerruf oder aus einem Dienstverhältnis einer Soldatin oder eines Soldaten auf Zeit ist der Wert maßgeblich, der sich bei einer Nachversicherung in der gesetzlichen Rentenversicherung ergäbe.

**§ 45 Sondervorschriften für Anrechte nach dem Betriebsrentengesetz.**

(1) [1] Bei einem Anrecht im Sinne des Betriebsrentengesetzes[1)] ist der Wert des Anrechts als Rentenbetrag nach § 2 des Betriebsrentengesetzes oder der Kapitalwert nach § 4 Abs. 5 des Betriebsrentengesetzes maßgeblich. [2] Hierbei ist anzunehmen, dass die Betriebszugehörigkeit der ausgleichspflichtigen Person spätestens zum Ehezeitende beendet ist.

(2) [1] Der Wert des Ehezeitanteils ist nach den Grundsätzen der unmittelbaren Bewertung zu ermitteln. [2] Ist dies nicht möglich, so ist eine zeitratierliche Bewertung durchzuführen. [3] Hierzu ist der nach Absatz 1 ermittelte Wert des Anrechts mit dem Quotienten zu multiplizieren, der aus der ehezeitlichen Betriebszugehörigkeit und der gesamten Betriebszugehörigkeit bis zum Ehezeitende zu bilden ist.

(3) Die Absätze 1 und 2 gelten nicht für ein Anrecht, das bei einem Träger einer Zusatzversorgung des öffentlichen oder kirchlichen Dienstes besteht.

**§ 46 Sondervorschriften für Anrechte aus Privatversicherungen.** [1] Für die Bewertung eines Anrechts aus einem privaten Versicherungsvertrag sind die Bestimmungen des Versicherungsvertragsgesetzes[2)] über Rückkaufswerte anzuwenden. [2] Stornokosten sind nicht abzuziehen.

## Kapitel 3. Korrespondierender Kapitalwert als Hilfsgröße

**§ 47 Berechnung des korrespondierenden Kapitalwerts.** (1) Der korrespondierende Kapitalwert ist eine Hilfsgröße für ein Anrecht, dessen Ausgleichswert nach § 5 Abs. 3 nicht bereits als Kapitalwert bestimmt ist.

(2) Der korrespondierende Kapitalwert entspricht dem Betrag, der zum Ende der Ehezeit aufzubringen wäre, um beim Versorgungsträger der ausgleichspflichtigen Person für sie ein Anrecht in Höhe des Ausgleichswerts zu begründen.

(3) Für Anrechte im Sinne des § 44 Abs. 1 sind bei der Ermittlung des korrespondierenden Kapitalwerts die Berechnungsgrundlagen der gesetzlichen Rentenversicherung entsprechend anzuwenden.

(4) [1] Für ein Anrecht im Sinne des Betriebsrentengesetzes[1)] gilt der Übertragungswert nach § 4 Abs. 5 des Betriebsrentengesetzes als korrespondierender Kapitalwert. [2] Für ein Anrecht, das bei einem Träger einer Zusatzversorgung des öffentlichen oder kirchlichen Dienstes besteht, ist als korrespondierender Kapitalwert der Barwert im Sinne des Absatzes 5 zu ermitteln.

(5) Kann ein korrespondierender Kapitalwert nach den Absätzen 2 bis 4 nicht ermittelt werden, so ist ein nach versicherungsmathematischen Grundsätzen ermittelter Barwert maßgeblich.

(6) Bei einem Wertvergleich in den Fällen der §§ 6 bis 8, 18 Abs. 1 und § 27 sind nicht nur die Kapitalwerte und korrespondierenden Kapitalwerte, sondern

---

[1)] **Nipperdey I, Arbeitsrecht Nr. 180.**
[2)] Nr. **62.**

auch die weiteren Faktoren der Anrechte zu berücksichtigen, die sich auf die Versorgung auswirken.

## Teil 2a.[1] Ergänzende Vorschriften

**§ 47a[1] Erstattung nach interner Teilung von Anrechten aus einem öffentlich-rechtlichen Dienst- oder Amtsverhältnis.** (1) Ist ein Anrecht aus einem öffentlich-rechtlichen Dienst- oder Amtsverhältnis intern geteilt worden und wechselt die ausgleichspflichtige Person danach den Dienstherrn oder scheidet aus dem Dienst- oder Amtsverhältnis aus, ohne dass ein Anrecht bei dem bisherigen Versorgungsträger für sie fortbesteht, so hat der bisherige Versorgungsträger einen Anspruch auf Erstattung der Zahlungen, die er nach dem Dienstherrenwechsel oder Ausscheiden aus dem Dienst- oder Amtsverhältnis an die ausgleichsberechtigte Person geleistet hat.

(2) [1] Der Erstattungsanspruch richtet sich bei einem Dienstherrenwechsel gegen den nunmehr zuständigen Träger der Versorgungslast und bei einer Nachversicherung in der gesetzlichen Rentenversicherung gegen den zuständigen Träger der gesetzlichen Rentenversicherung. [2] § 2 der Versorgungsausgleichs-Erstattungsverordnung[2] gilt entsprechend.

## Teil 3. Übergangsvorschriften

**§ 48 Allgemeine Übergangsvorschrift.** (1) In Verfahren über den Versorgungsausgleich, die vor dem 1. September 2009 eingeleitet worden sind, ist das bis dahin geltende materielle Recht und Verfahrensrecht weiterhin anzuwenden.

(2) Abweichend von Absatz 1 ist das ab dem 1. September 2009 geltende materielle Recht und Verfahrensrecht anzuwenden in Verfahren, die

1. am 1. September 2009 abgetrennt oder ausgesetzt sind oder deren Ruhen angeordnet ist oder
2. nach dem 1. September 2009 abgetrennt oder ausgesetzt werden oder deren Ruhen angeordnet wird.

(3) Abweichend von Absatz 1 ist in Verfahren, in denen am 31. August 2010 im ersten Rechtszug noch keine Endentscheidung erlassen wurde, ab dem 1. September 2010 das ab dem 1. September 2009 geltende materielle Recht und Verfahrensrecht anzuwenden.

**§ 49 Übergangsvorschrift für Auswirkungen des Versorgungsausgleichs in besonderen Fällen.** Für Verfahren nach den §§ 4 bis 10 des Gesetzes zur Regelung von Härten im Versorgungsausgleich, in denen der Antrag beim Versorgungsträger vor dem 1. September 2009 eingegangen ist, ist das bis dahin geltende Recht weiterhin anzuwenden.

**§ 50 Wiederaufnahme von ausgesetzten Verfahren nach dem Versorgungsausgleichs-Überleitungsgesetz.** (1) Ein nach § 2 Abs. 1 Satz 2 des Versorgungsausgleichs-Überleitungsgesetzes[3] ausgesetzter Versorgungsausgleich

---

[1] Teil 2a (§ 47a) eingef. mWv 1.1.2020 durch G v. 9.12.2019 (BGBl. I S. 2053).

[2] **Aichberger, SGB Nr. 6/41.**

[3] **Schönfelder II Nr. 37.**

1. ist auf Antrag eines Ehegatten oder eines Versorgungsträgers wieder aufzunehmen, wenn aus einem im Versorgungsausgleich zu berücksichtigenden Anrecht Leistungen zu erbringen oder zu kürzen wären;
2. soll von Amts wegen spätestens bis zum 1. September 2014 wieder aufgenommen werden.

(2) Der Antrag nach Absatz 1 Nr. 1 ist frühestens sechs Monate vor dem Zeitpunkt zulässig, ab dem auf Grund des Versorgungsausgleichs voraussichtlich Leistungen zu erbringen oder zu kürzen wären.

**§ 51 Zulässigkeit einer Abänderung des öffentlich-rechtlichen Versorgungsausgleichs.** (1) Eine Entscheidung über einen öffentlich-rechtlichen Versorgungsausgleich, die nach dem Recht getroffen worden ist, das bis zum 31. August 2009 gegolten hat, ändert das Gericht bei einer wesentlichen Wertänderung auf Antrag ab, indem es die in den Ausgleich einbezogenen Anrechte nach den §§ 9 bis 19 teilt.

(2) Die Wertänderung ist wesentlich, wenn die Voraussetzungen des § 225 Abs. 2 und 3 des Gesetzes über das Verfahren in Familiensachen und in den Angelegenheiten der freiwilligen Gerichtsbarkeit[1)] vorliegen, wobei es genügt, dass sich der Ausgleichswert nur eines Anrechts geändert hat.

(3) [1]Eine Abänderung nach Absatz 1 ist auch dann zulässig, wenn sich bei Anrechten der berufsständischen, betrieblichen oder privaten Altersvorsorge (§ 1587a Abs. 3 oder 4 des Bürgerlichen Gesetzbuchs[2)] in der bis zum 31. August 2009 geltenden Fassung) der vor der Umrechnung ermittelte Wert des Ehezeitanteils wesentlich von dem dynamisierten und aktualisierten Wert unterscheidet. [2]Die Aktualisierung erfolgt mithilfe der aktuellen Rentenwerte der gesetzlichen Rentenversicherung. [3]Der Wertunterschied nach Satz 1 ist wesentlich, wenn er mindestens 2 Prozent der zum Zeitpunkt der Antragstellung maßgeblichen monatlichen Bezugsgröße nach § 18 Abs. 1 des Vierten Buches Sozialgesetzbuch[3)] beträgt.

(4) Eine Abänderung nach Absatz 3 ist ausgeschlossen, wenn für das Anrecht nach einem Teilausgleich gemäß § 3b Abs. 1 Nr. 1 des Gesetzes zur Regelung von Härten im Versorgungsausgleich noch Ausgleichsansprüche nach der Scheidung gemäß den §§ 20 bis 26 geltend gemacht werden können.

(5) § 225 Abs. 4 und 5 des Gesetzes über das Verfahren in Familiensachen und in den Angelegenheiten der freiwilligen Gerichtsbarkeit gilt entsprechend.

**§ 52 Durchführung einer Abänderung des öffentlich-rechtlichen Versorgungsausgleichs.** (1) Für die Durchführung des Abänderungsverfahrens nach § 51 ist § 226 des Gesetzes über das Verfahren in Familiensachen und in den Angelegenheiten der freiwilligen Gerichtsbarkeit[1)] anzuwenden.

(2) Der Versorgungsträger berechnet in den Fällen des § 51 Abs. 2 den Ehezeitanteil zusätzlich als Rentenbetrag.

(3) Beiträge zur Begründung von Anrechten zugunsten der ausgleichsberechtigten Person sind unter Anrechnung der gewährten Leistungen zurückzuzahlen.

---

[1)] Nr. **112**.
[2)] Nr. **20**.
[3)] **Aichberger, SGB Nr. 4.**

**§ 53 Bewertung eines Teilausgleichs bei Ausgleichsansprüchen nach der Scheidung.** Ist bei Ausgleichsansprüchen nach der Scheidung gemäß den §§ 20 bis 26 ein bereits erfolgter Teilausgleich anzurechnen, so ist dessen Wert mithilfe der aktuellen Rentenwerte der gesetzlichen Rentenversicherung zu bestimmen.

**§ 54 Weiter anwendbare Übergangsvorschriften des Ersten Gesetzes zur Reform des Ehe- und Familienrechts und des Gesetzes über weitere Maßnahmen auf dem Gebiet des Versorgungsausgleichs für Sachverhalte vor dem 1. Juli 1977.** Artikel 12 Nr. 3 Satz 1, 4 und 5 des Ersten Gesetzes zur Reform des Ehe- und Familienrechts vom 14. Juni 1976 (BGBl. I S. 1421), das zuletzt durch Artikel 142 des Gesetzes vom 19. April 2006 (BGBl. I S. 866) geändert worden ist, und Artikel 4 § 4 des Gesetzes über weitere Maßnahmen auf dem Gebiet des Versorgungsausgleichs vom 8. Dezember 1986 (BGBl. I S. 2317), das zuletzt durch Artikel 143 des Gesetzes vom 19. April 2006 (BGBl. I S. 866) geändert worden ist, sind in der bis zum 31. August 2009 geltenden Fassung weiterhin anzuwenden.

# 50. Handelsgesetzbuch

## (ohne Seehandel)[1)]

Vom 10. Mai 1897*

Reichsgesetzbl. S. 219[2)]

**BGBl. III/FNA 4100-1**

| Lfd. Nr. | Änderndes Gesetz | Datum | Fundstelle | Betroffen | Hinweis |
|---|---|---|---|---|---|
| 1.–99. | Änderungsgesetze bis einschl. G v. 31.7.2009 (BGBl. I S. 2512) nur noch in den Anmerkungen nachgewiesen | | | | |
| 100. | Art. 5 G zur Ums. der geänd. BankenRL u. der geänd. KapitaladäquanzRL | 19.11.2010 | BGBl. I S. 1592 | § 341c | geänd. mWv 25.11.2010 |
| 101. | Art. 18 JahressteuerG 2010 | 8.12.2010 | BGBl. I S. 1768 | § 341 | geänd. mWv 14.12.2010 |
| 102. | Art. 8 G zur Umsetzung der Zweiten E-Geld-Richtlinie[3)] | 1.3.2011 | BGBl. I S. 288 | § 330 | geänd. mWv 9.3.2011 |
| | | | | §§ 340, 340k, 6. UAbschnitt und 8. Titel Überschriften, §§ 340n, 340o, 341m | geänd. mWv 30.4.2011 |
| | | | | § 340m | neu gef. mWv 30.4.2011 |
| 103. | Art. 23 G zur Novellierung des Finanzanlagenvermittler- u. VermögensanlagenR | 6.12.2011 | BGBl. I S. 2481 | § 8b | geänd. mWv 1.6.2012 |
| 104. | Art. 7 G zur Optimierung der Geldwäscheprävention | 22.12.2011 | BGBl. I S. 2959 | § 330, 340 | geänd. mWv 29.12.2011 |
| 105. | Art. 2 Abs. 39 G zur Änd. von Vorschr. über Verkündung u. Bek. sowie der ZPO, EGZPO, AO | 22.12.2011 | BGBl. I S. 3044 | §§ 8b, 264, 264b, 3. Buch 2. Abschnitt 4. UAbschnitt Überschrift, §§ 325, 327, 328, 329, 341l, 342b, 367 | geänd. mWv 1.4.2012 |
| 106. | Art. 1 Kleinstkapitalgesellschaften-BilanzrechtsänderungsG[4)] | 20.12.2012 | BGBl. I S. 2751 | §§ 8b, 9, 253, 264, 264c, 266, 275, 276, 290, 325a, 326, 328, 334, 335, 336 | geänd. mWv 28.12.2012 |
| | | | | § 267a | eingef. mWv 28.12.2012 |

[1)] Seehandelsrecht vollständig abgedruckt in Beck'sche Textausgaben **HGB**.

* **[Amtl. Anm. im BGBl. III:]** Datum: In Kraft getreten am 1.1.1900 gem. Art. 1 Abs. 1 EGHGB 4101-1 u. Art. 1 EGBGB 400-1; §§ 59 bis 64 u. 66 bis 83 in Kraft getreten am 1.1.1898 gem. Art. 1 Abs. 2 EGHGB 4101-1

[2)] Maßgebliche amtliche Quelle ist das BGBl. III. Die im BGBl. III abgedruckten amtlichen Änderungsnachweise und Verweise auf die Gliederungsnummern anderer Vorschriften sind nur in der online-Version wiedergegeben.

[3)] **Amtl. Anm.:** Dieses Gesetz dient der Umsetzung der Richtlinie 2009/110/EG des Europäischen Parlaments und des Rates vom 16. September 2009 über die Aufnahme, Ausübung und Beaufsichtigung der Tätigkeit von E-Geld-Instituten, zur Änderung der Richtlinien 2005/60/EG und 2006/48/EG sowie zur Aufhebung der Richtlinie 2000/46/EG (ABl. L 267 vom 10.10.2009, S. 7).

[4)] **Amtl. Anm.:** Artikel 1 dieses Gesetzes dient der Umsetzung der Richtlinie 2012/6/EU des Europäischen Parlaments und des Rates vom 14. März 2012 zur Änderung der Richtlinie 78/660/EWG des Rates über den Jahresabschluss von Gesellschaften bestimmter Rechtsformen hinsichtlich Kleinstbetrieben (ABl. L 81 vom 21.3.2012, S. 3).

| Lfd. Nr. | Änderndes Gesetz | Datum | Fundstelle | Betroffen | Hinweis |
|---|---|---|---|---|---|
| 107. | Art. 1 G zur Reform des Seehandelsrechts | 20.4.2013 | BGBl. I S. 831 | §§ 366, 368, 408, 411–414, 416–421, 431, 434, 437–439, 441–444, 451h, 452, 455, 465, 468, 475b, 475c, 475e, 475h | geänd. mWv 25.4.2013 |
| | | | | § 444 | eingef. mWv 25.4.2013 |
| | | | | §§ 397, 445–449, 464, 466, 475d, 475f, 5. Buch (§§ 476 –619) | neu gef. mWv 25.4.2013 |
| | | | | §§ 440, 451c, Anl. | aufgeh. mWv 25.4.2013 |
| | | | | § 450 | geänd. mit noch nicht best. Inkrafttreten |
| 108. | Art. 11 G zur Übertr. von Aufg. im Bereich der freiw. Gerichtsbark. auf Notare | 26.6.2013 | BGBl. I S. 1800 | § 12 | geänd. mWv 1.9.2013 |
| 109. | Art. 6 AIFM-UmsetzungsG[1] | 4.7.2013 | BGBl. I S. 1981 | §§ 8b, 285, 290, 314, 341b | geänd. mWv 22.7.2013 |
| 110. | Art. 6 Abs. 2 CRD IV-UmsetzungsG[2] | 28.8.2013 | BGBl. I S. 3395 | §§ 340, 340a, 340c, 340i | geänd. mWv 1.1.2014 |
| 111. | Art. 1 ÄndG | 4.10.2013 | BGBl. I S. 3746 | §§ 264, 335, 335b, 340o, 341o | geänd. mWv 10.10.2013 |
| | | | | § 335a | neu gef. mWv 10.10.2013 |
| 112. | Art. 13 G zur Anpassung von G auf dem Gebiet des Finanzmarktes | 15.7.2014 | BGBl. I S. 934 | § 340e | geänd. mWv 19.7.2014 |
| 113. | Art. 1 G zur Ums. der RL 2012/17/EU in Bezug auf die Verknüpfung von Zentral-, Handels- und Gesellschaftsregistern in der EU[3] | 22.12. 2014 | BGBl. I S. 2409 | § 13e | geänd. mWv 31.12.2014 |
| | | | | § 9b | eingef. mWv 31.12.2014 |

[1] **Amtl. Anm.:** Dieses Gesetz dient der Umsetzung der Richtlinie 2009/65/EG des Europäischen Parlaments und des Rates vom 13. Juli 2009 zur Koordinierung der Rechts- und Verwaltungsvorschriften betreffend bestimmte Organismen für gemeinsame Anlagen in Wertpapieren (OGAW) (ABl. L 302 vom 17.11.2009, S. 1), der Richtlinie 2011/61/EU des Europäischen Parlaments und des Rates vom 8. Juni 2011 über die Verwalter alternativer Investmentfonds und zur Änderung der Richtlinien 2003/41/EG und 2009/65/EG und der Verordnungen (EG) Nr. 1060/2009 und (EU) Nr. 1095/2010 (ABl. L 174 vom 1.7.2011, S. 1) sowie der Anpassung an die Verordnung (EU) Nr. 345/2013 des Europäischen Parlaments und des Rates vom 17. April 2013 über Europäische Risikokapitalfonds (ABl. L 115 vom 25.4.2013, S. 1) und die Verordnung (EU) Nr. 346/2013 des Europäischen Parlaments und des Rates vom 17. April 2013 über Europäische Fonds für soziales Unternehmertum (ABl. L 115 vom 25.4.2013, S. 18).

[2] **Amtl. Anm.:** Dieses Gesetz dient der Umsetzung der Richtlinie 2013/36/EU des Europäischen Parlaments und des Rates vom 26. Juni 2013 über den Zugang zur Tätigkeit von Kreditinstituten und die Beaufsichtigung von Kreditinstituten und Wertpapierfirmen, zur Änderung der Richtlinie 2002/87/EG und zur Aufhebung der Richtlinien 2006/48/EG und 2006/49/EG (ABl. L 176 vom 27.6.2013, S. 338) sowie der Anpassung des Aufsichtsrechts an die Verordnung (EU) Nr. 575/2013 des Europäischen Parlaments und des Rates vom 26. Juni 2013 über Aufsichtsanforderungen an Kreditinstitute und Wertpapierfirmen und zur Änderung der Verordnung (EU) Nr. 646/2012 (ABl. L 176 vom 27.6.2013, S. 1).

[3] **Amtl. Anm.:** Dieses Gesetz dient der Umsetzung der Richtlinie 2012/17/EU des Europäischen Parlaments und des Rates vom 13. Juni 2012 zur Änderung der Richtlinie 89/666/EWG des Rates sowie der Richtlinien 2005/56/EG und 2009/101/EG des Europäischen Parlaments und des Rates in Bezug auf die Verknüpfung von Zentral-, Handels- und Gesellschaftsregistern (ABl. L 156 vom 16.6.2012, S. 1).

| Lfd. Nr. | Änderndes Gesetz | Datum | Fundstelle | Betroffen | Hinweis |
|---|---|---|---|---|---|
| 114. | Art. 2 Abs. 1 G zur Modernisierung der Finanzaufsicht über Versicherungen | 1.4.2015 | BGBl. I S. 434 | §§ 330, 341, 341d, 341e, 341m, 341n, 341o | geänd. mWv 1.1.2016 |
| 115. | Art. 10 und 11 G für die gleichberechtigte Teilhabe von Frauen und Männern an Führungspositionen in der Privatwirtschaft und im öffentlichen Dienst | 24.4.2015 | BGBl. I S. 642 | §§ 289a, 336 | geänd. mWv 1.5.2015 |
| | | | | § 289a | geänd. mWv 1.1.2016 |
| 116. | Art. 8 KleinanlegerschutzG | 3.7.2015 | BGBl. I S. 1114 | § 335 | geänd. mWv 10.7.2015 |
| 117. | Art. 1 Bilanzrichtlinie-UmsetzungsG | 17.7.2015 | BGBl. I S. 1245 | §§ 8b, 241a, 253, 255, 264, 264d–268, 271, 272, 274a 277, 284–286, 289, 290–294, 296–298, 301, 307, 309, 310, 312–315a, 317, 322, 324, 325, 326, 327a, 328, 329, 331, 334, 335b, 336–340a, 340e, 340i, 340l, 340n, 341–341b, 341j, 341l, 341n, 341o, 342b | geänd. mWv 23.7.2015 |
| | | | | 3. Buch 4. Abschnitt 3. UAbschnitt (§§ 341q–341y) | eingef. mWv 23.7.2015 |
| | | | | §§ 264b, 288 | neu gef. mWv 23.7.2015 |
| | | | | § 278 | aufgeh. mWv 23.7.2015 |
| 118. | Art. 1 BürokratieentlastungsG | 28.7.2015 | BGBl. I S. 1400 | § 241a | geänd. mWv 1.1.2016 |
| 119. | Art. 190 Zehnte ZuständigkeitsanpassungsVO | 31.8.2015 | BGBl. I S. 1474 | §§ 8a, 8b, 9a, 92a, 253, 317, 330, 335, 342–342b, 342d, 408, 412, 443, 475c, 516, 526 | geänd. mWv 8.9.2015 |
| 120. | Art. 8 G zur Umsetzung der TransparenzRL-ÄndRL | 20.11. 2015 | BGBl. I S. 2029 | §§ 8b, 285, 292, 312, 314, 327a, 328, 335, 341r, 341w, 342b, 342d | geänd. mWv 26.11.2015 |
| 121. | Art. 3 Aktienrechtsnovelle 2016 | 22.12. 2015 | BGBl. I S. 2565 | §§ 13f, 108, 130a, 272 | geänd. mWv 31.12.2015 |
| 122. | Art. 7 G zur Umsetzung der WohnimmobilienkreditRL und zur Änd. handelsrechtlicher Vorschriften[1] | 11.3.2016 | BGBl. I S. 396 | § 253 | geänd. mWv 17.3.2016 |
| 123. | Art. 4 AbschlussprüferaufsichtsreformG[2] | 31.3.2016 | BGBl. I S. 518 | §§ 292, 319, 340k, 340l, 342b | geänd. mWv 17.6.2016 |

[1] **Amtl. Anm.:** Dieses Gesetz dient der Umsetzung der Richtlinie 2014/17/EU des Europäischen Parlaments und des Rates vom 4. Februar 2014 über Wohnimmobilienkreditverträge für Verbraucher und zur Änderung der Richtlinien 2008/48/EG und 2013/36/EU und der Verordnung (EU) Nr. 1093/2010 (ABl. L 60 vom 28.2.2014, S. 34).

[2] **Amtl. Anm.:** Dieses Gesetz dient der Umsetzung der Richtlinie 2014/56/EU des Europäischen Parlaments und des Rates vom 16. April 2014 zur Änderung der Richtlinie 2006/43/EG über Abschlussprüfungen von Jahresabschlüssen und konsolidierten Abschlüssen (ABl. L 158 vom 27.5.2014, S. 196) sowie der Ausführung der Verordnung (EU) Nr. 537/2014 des Europäischen Parlaments und des Rates vom 16. April 2014 über spezifische Anforderungen an die Abschlussprüfung bei Unternehmen von öffentlichem Interesse und zur Aufhebung des Beschlusses 2005/909/EG der Kommission (ABl. L 158 vom 27.5.2014, S. 77).

| Lfd. Nr. | Änderndes Gesetz | Datum | Fundstelle | Betroffen | Hinweis |
|---|---|---|---|---|---|
| 124. | Art. 1 Abschlussprüfungs-reformG (AReG) | 10.5.2016 | BGBl. I S. 1142 | §§ 317–322, 324, 330, 334, 335b, 339, 340, 340k, 340m, 340n, 341k, 341m, 341n, 341p, 342b | geänd. mWv 17.6.2016 |
| | | | | §§ 333a, 335c | eingef. mWv 17.6.2016 |
| | | | | § 342b | geänd. mWv 18.5.2016 |
| 125. | Art. 16 Abs. 3 Erstes FinanzmarktnovellierungsG | 30.6.2016 | BGBl. I S. 1514 | § 8b | geänd. mWv 2.7.2016 |
| 126. | Art. 5 Zweites G zur Änd. der Haftungsbeschränkung in der Binnenschifffahrt | 5.7.2016 | BGBl. I S. 1578 iVm 2019, S. 196 | § 536 | geänd. mWv 1.7.2019 |
| 127. | Art. 1, 2 CSR-Richtlinie-UmsetzungsG[1] | 11.4.2017 | BGBl. I S. 802 | §§ 264, 285, 289, 289f, 291, 292, 294, 314, 315, 315e, 317, 320, 325, 331, 334, 335, 336, 340a, 340i, 340n, 341a, 341j, 341n, 342 | geänd. mWv 19.4.2017 |
| | | | | §§ 289a–289e, 315a–315d, 3. Buch 2. Abschnitt 6. UAbschnitt Überschriften 1.–3. Titel | eingef. mWv 19.4.2017 |
| | | | | §§ 289b, 315b | geänd. mWv 1.1.2019 |
| 128. | Art. 5 G zur Erleichterung der Bewältigung von Konzerninsolvenzen | 13.4.2017 | BGBl. I S. 866 | § 8b | geänd. mWv 21.4.2018 |
| 129. | Art. 17a, 24 Abs. 6 Zweites FinanzmarktnovellierungsG | 23.6.2017 | BGBl. I S. 1693 | § 342b | geänd. mWv 25.6.2017 |
| | | | | §§ 8b, 264, 264d, 289a, 291, 297, 315a, 324 | geänd. mWv 3.1.2018 |
| 130. | Art. 10 G zur Einf. der elektron. Akte in der Justiz u. zur weiteren Förder. des elektron. Rechtsverkehrs | 5.7.2017 | BGBl. I S. 2208 | § 335 | geänd. mWv 13.7.2017 |
| | | | | §§ 335, 335a | geänd. mWv 1.1.2018 |
| 131. | Art. 3 G zum Bürokratieabbau und zur Förderung der Transparenz bei Genossenschaften | 17.7.2017 | BGBl. I S. 2434 | § 339 | geänd. mWv 22.7.2017 |
| 132. | Art. 8, 14 Abs. 1 G zur Umsetzung der Zweiten ZahlungsdiensteRL[2] | 17.7.2017 | BGBl. I S. 2446 | § 341n | geänd. mWv 22.7.2017 |
| | | | | §§ 330, 340 | geänd. mWv 13.1.2018 |

[1] **Amtl. Anm.:** Dieses Gesetz dient der Umsetzung der Richtlinie 2014/95/EU des Europäischen Parlaments und des Rates vom 22. Oktober 2014 zur Änderung der Richtlinie 2013/34/EU im Hinblick auf die Angabe nichtfinanzieller und die Diversität betreffender Informationen durch bestimmte große Unternehmen und Gruppen (ABl. L 330 vom 15.11.2014, S. 1; L 369 vom 24.12.2014, S. 79).

[2] **Amtl. Anm.:** Dieses Gesetz dient der Umsetzung der Richtlinie (EU) 2015/2366 des Europäischen Parlaments und des Rates vom 25. November 2015 über Zahlungsdienste im Binnenmarkt, zur Änderung der Richtlinien 2002/65/EG, 2009/110/EG und 2013/36/EU und der Verordnung (EU) Nr. 1093/2010 sowie zur Aufhebung der Richtlinie 2007/64/EG (ABl. L 337 vom 23.12.2015, S. 35; L 169 vom 28.6.2016, S. 18).

| Lfd. Nr. | Änderndes Gesetz | Datum | Fundstelle | Betroffen | Hinweis |
|---|---|---|---|---|---|
| 133. | Art. 7 G zur Änd. des BundesversorgungsG und anderer Vorschriften | 17.7.2017 | BGBl. I S. 2541 | § 320 | geänd. mWv 25.5.2018 |
| | | | | § 10a | eingef. mWv 25.5.2018 |
| 134. | Art. 11 Abs. 28 eIDAS-DurchführungsG[1) 2)] | 18.7.2017 | BGBl. I S. 2745 | § 9 | geänd. mWv 29.7.2017 |
| 135. | Art. 3 G zur Ausübung von Optionen der EU-ProspektVO und zur Anpassung weiterer Finanzmarktgesetze | 10.7.2018 | BGBl. I S. 1102 | §§ 289f, 315e | geänd. mWv 14.7.2018 |
| 136. | Art. 5 Abs. 13 G zur Einführung einer Karte für Unionsbürger und Angehörige des Europäischen Wirtschaftsraums mit Funktion zum elektronischen Identitätsnachweis sowie zur Änd. des PersonalausweisG und weiterer Vorschriften[2) 3)] | 21.6.2019 | BGBl. I S. 846 | § 335 | geänd. mWv 1.11.2019 |
| 137. | Art. 8 Abs. 4 G zur weiteren Ausführung der EU-ProspektVO und zur Änd. von Finanzmarktgesetzen | 8.7.2019 | BGBl. I S. 1002 | § 324 | geänd. mWv 21.7.2019 |
| 138. | Art. 3 G zur Umsetzung der zweiten AktionärsrechteRL[4)] | 12.12. 2019 | BGBl. I S. 2637 | §§ 285, 286, 289a, 289f, 291, 292, 314, 315a, 324, 325, 325a, 329, 340i, 341j, 341s | geänd. mWv 1.1.2020 |
| 139. | Art. 184 Elfte ZuständigkeitsanpassungsVO | 19.6.2020 | BGBl. I S. 1328 | §§ 408, 443, 475c, 516, 526 | geänd. mWv 27.6.2020 |
| 140. | Art. 1 G zur weiteren Umsetzung der TransparenzRL-ÄnderungsRL im Hinblick auf ein einheitliches elektronisches Format für Jahresfinanzberichte[5)] | 12.8.2020 | BGBl. I S. 1874 | §§ 264, 289, 297, 315, 316, 317, 320, 322, 325, 328, 334, 335a, 336, 339, 340l, 340n, 341n, 341w, 342b | geänd. mWv 19.8.2020 |

[1)] **Amtl. Anm.:** Dieses Gesetz dient der Durchführung der Verordnung (EU) Nr. 910/2014 des Europäischen Parlaments und des Rates vom 23. Juli 2014 über elektronische Identifizierung und Vertrauensdienste für elektronische Transaktionen im Binnenmarkt und zur Aufhebung der Richtlinie 1999/93/EG.

[2)] **Amtl. Anm.:** Notifiziert gemäß der Richtlinie (EU) 2015/1535 des Europäischen Parlaments und des Rates vom 9. September 2015 über ein Informationsverfahren auf dem Gebiet der technischen Vorschriften und der Vorschriften für die Dienste der Informationsgesellschaft (ABl. L 241 vom 17.9.2015, S. 1).

[3)] Die Änd. des Inkrafttretens dieses G durch Art. 154a G v. 20.11.2019 (BGBl. I S. 1626) ist unbeachtlich, da das G bei Erlass des ÄndG bereits in Kraft getreten war.

[4)] **Amtl. Anm.:** Dieses Gesetz dient der Umsetzung der Richtlinie (EU) 2017/828 des Europäischen Parlaments und des Rates vom 17. Mai 2017 zur Änderung der Richtlinie 2007/36/EG im Hinblick auf die Förderung der langfristigen Mitwirkung der Aktionäre (ABl. L 132 vom 20.5.2017, S. 1).

[5)] **Amtl. Anm.:** Dieses Gesetz dient der weiteren Umsetzung der Richtlinie 2013/50/EU des Europäischen Parlaments und des Rates vom 22. Oktober 2013 zur Änderung der Richtlinie 2004/109/EG des Europäischen Parlaments und des Rates zur Harmonisierung der Transparenzanforderungen in Bezug auf Informationen über Emittenten, deren Wertpapiere zum Handel auf einem geregelten Markt zugelassen sind, der Richtlinie 2003/71/EG des Europäischen Parlaments und des Rates betreffend den Prospekt, der beim öffentlichen Angebot von Wertpapieren oder bei deren Zulassung zum Handel zu veröffentlichen ist, sowie der Richtlinie 2007/14/EG der Kommission mit Durchführungsbestimmungen zu bestimmten Vorschriften der Richtlinie 2004/109/EG (ABl. L 294 vom 6.11.2013, S. 13; L 14 vom 18.1.2014, S. 35).

| Lfd. Nr. | Änderndes Gesetz | Datum | Fundstelle | Betroffen | Hinweis |
|---|---|---|---|---|---|
| 141. | Art. 14 Sanierungs- und Insolvenzrechtsfortentwicklungs G[1] | 22.12. 2020 | BGBl. I S. 3256 | § 177a | neu gef. mWv 1.1.2021 |
| | | | | § 130a | aufgeh. mit Ablauf des 31.12. 2020 |
| 142. | Art. 7 Abs. 2 G zur Umsetzung der RL (EU) 2019/ 2034 über die Beaufsichtigung von Wertpapierinstituten[2] | 12.5.2021 | BGBl. I S. 990 | §§ 330, 335, 340, 340m, 340n, 340o | geänd. mWv 26.6.2021 |
| | | | | 3. Buch Abschnitt 4 UAbschnitt 1 Überschrift | neu gef. mWv 26.6.2021 |
| 143. | Art. 10 FondsstandortG[3] | 3.6.2021 | BGBl. I S. 1498 | §§ 285, 290, 314 | geänd. mWv 2.8.2021 |
| 144. | Art. 11 Finanzmarktintegritätsstärkungs G | 3.6.2021 | BGBl. I S. 1534 | §§ 264, 264b, 317, 318, 319b, 321, 322, 323, 324, 331, 332, 334, 335c, 340a, 340k, 340m, 340n, 341a, 341k, 341m, 341n | geänd. mWv 1.7.2021 |
| | | | | §§ 316a, 331a | eingef. mWv 1.7.2021 |
| | | | | § 319a | aufgeh. mit Ablauf des 30.6. 2021 |
| | | | | § 333 | geänd. mWv 1.1.2022 |
| | | | | 3. Buch Abschnitt 6 (§§ 342b, 342c, 342d, 342e) | aufgeh. mit Ablauf des 31.12. 2021 |
| 145. | Art. 4 G zur Ausf. des HNS-Übk 2010 u. zur Änd. des ÖlschadenG, der Schifffahrtsrechtl. VerteilungsO, des SeeaufgabenG u. des HGB | 16.7.2021 | BGBl. I S. 3079 | §§ 611, 616, 617 | geänd. mit noch nicht bestimmtem Inkrafttreten |
| 146. | Art. 5 G zur Ergänz. u. Änd. der Regelungen für die gleichberechtigte Teilhabe von Frauen an Führungspositionen in der Privatwirtschaft u. im öffentl. Dienst | 7.8.2021 | BGBl. I S. 3311 | §§ 289f, 334, 340a, 340n, 341n | geänd. mWv 12.8.2021 |

[1] **Amtl. Anm.:** Dieses Gesetz dient der weiteren Umsetzung der Richtlinie (EU) 2019/1023 des Europäischen Parlaments und des Rates vom 20. Juni 2019 über präventive Restrukturierungsrahmen, über Entschuldung und über Tätigkeitsverbote sowie über Maßnahmen zur Steigerung der Effizienz von Restrukturierungs-, Insolvenz- und Entschuldungsverfahren und zur Änderung der Richtlinie (EU) 2017/1132 (Richtlinie über Restrukturierung und Insolvenz) (ABl. L 172 vom 26.6.2019, S. 18).

[2] **Amtl. Anm.:** Dieses Gesetz dient der Umsetzung der Richtlinie (EU) 2019/2034 des Europäischen Parlaments und des Rates vom 27. November 2019 über die Beaufsichtigung von Wertpapierfirmen und zur Änderung der Richtlinien 2002/87/EG, 2009/65/EG, 2011/61/EU, 2013/36/EU, 2014/59/EU und 2014/65/EU (ABl. L 314 vom 5.12.2019, S. 64) sowie der Anpassung der nationalen Gesetze und Verordnungen an die Verordnung (EU) 2019/2033 des Europäischen Parlaments und des Rates vom 27. November 2019 über die Aufsichtsanforderungen an Wertpapierfirmen und zur Änderung der Verordnungen (EU) Nr. 1093/2010, (EU) Nr. 575/2013, (EU) Nr. 600/2014 und (EU) Nr. 806/2014 (ABl. L 314 vom 5.12.2019, S. 1; L 20 vom 24.1.2020, S. 26).

[3] **Amtlicher Hinweis:** Im Internet abrufbar unter https://portal.mvp.bafin.de/MvpPortalWeb/app/login.html

| Lfd. Nr. | Änderndes Gesetz | Datum | Fund-stelle | Betroffen | Hinweis |
|---|---|---|---|---|---|
| 147. | Art. 1 G zur Umsetzung der Digitalisierungsrichtlinie (DiRUG)[1] | 5.7.2021 | BGBl. I S. 3338 | §§ 8b–9b, 10a, 12, 13e–13g, 15, 32, 162, 175, 264, 325–329, 339, 340l–340o, 341l, 341w | geänd. mWv 1.8.2022 |
| | | | | §§ 10, 13a, 3. Buch 2. Abschnitt 4. UAbschnitt Überschrift | neu gef. mWv 1.8.2022 |
| | | | | § 9c | eingef. mWv 1.8.2022 |
| 148. | Art. 51 PersonengesellschaftsrechtsmodernisierungsG (MoPeG) | 10.8.2021 | BGBl. I S. 3436 | §§ 8b, 30, 161, 162, 165, 169, 171, 172, 174, 177a, 234, 264c | geänd. mWv 1.1.2024 |
| | | | | 2. Buch 1. Abschnitt (§§ 105–152), §§ 164, 166, 167, 170, 175, 176, 178, 179, 233 | neu gef. mWv 1.1.2024 |
| | | | | §§ 125a, 129a, 130a, 130b, 153–160, 168 | aufgeh. bzw. nicht mehr belegt mit Ablauf des 31.12.2023 |
| 149. | Art. 1 G zur Ergänzung der Regelungen zur Umsetzung der DigitalisierungsRL und zur Änd. weiterer Vorschriften[2] | 15.7.2022 | BGBl. I S. 1146 | § 12 | geänd. mWv 1.8.2022 |
| 150. | Art. 6 G zur Umsetzung der UmwandlungsRL und zur Änd. weiterer Gesetze | 22.2.2023 | BGBl. 2023 I Nr. 51 | §§ 9b, 365 | geänd. mWv 1.3.2023 |
| | | | | § 365a | eingef. mWv 1.3.2023 |
| 151. | Art. 13 Abs. 4 G zur Stärk. der Aufsicht bei Rechtsdienstleistungen u. zur Änd. weiterer Vorschriften | 10.3.2023 | BGBl. 2023 I Nr. 64 | § 335 | geänd. mWv 16.3.2023 |
| 152. | Art. 1 G zur Umsetzung der RL (EU) 2021/2101 im Hinblick auf die Offenlegung von Ertragsteuerinformationen durch bestimmte Unternehmen und Zweigniederlassungen sowie zur Änd. des VerbraucherstreitbeilegungsG und des PflichtversicherungsG[3] | 19.6.2023 | BGBl. 2023 I Nr. 154 | §§ 8a, 8b, 9a, 92a, 253, 264, 271, 291, 292, 315e, 317, 318, 322, 325, 325a, 326, 327, 328, 330, 334, 335, 335a, 340, 340n, 340o, 341n, 341o, 342q, 342r, 408, 412, 443, 475c, 516, 526 | geänd. mWv 22.6.2023 |
| | | | | 3. Buch 4. Abschnitt Überschrift | neu gef. mWv 22.6.2023 |

[1] **Amtl. Anm.:** Dieses Gesetz dient der Umsetzung der Richtlinie (EU) 2019/1151 des Europäischen Parlaments und des Rates vom 20. Juni 2019 zur Änderung der Richtlinie (EU) 2017/1132 im Hinblick auf den Einsatz digitaler Werkzeuge und Verfahren im Gesellschaftsrecht (ABl. L 186 vom 11.7.2019, S. 80).

[2] **Amtl. Anm.:** Notifiziert gemäß der Richtlinie (EU) 2015/1535 des Europäischen Parlaments und des Rates vom 9. September 2015 über ein Informationsverfahren auf dem Gebiet der technischen Vorschriften und der Vorschriften für die Dienste der Informationsgesellschaft (ABl. L 241 vom 17.9.2015, S. 1).

[3] **Amtl. Anm.:** Die Artikel 1 bis 9 dieses Gesetzes dienen der Umsetzung der Richtlinie (EU) 2021/2101 des Europäischen Parlaments und des Rates vom 24. November 2021 zur Änderung der Richtlinie 2013/34/EU im Hinblick auf die Offenlegung von Ertragsteuerinformationen durch bestimmte Unternehmen und Zweigniederlassungen (ABl. L 429 vom 1.12.2021, S. 1). […]

| Lfd. Nr. | Änderndes Gesetz | Datum | Fund-stelle | Betroffen | Hinweis |
|---|---|---|---|---|---|
| | | | | 3. Buch 4. Abschnitt 4. UAbschnitt (§§ 342–342p) | eingef. mWv 22.6.2023 |

**Vorbemerkung:**
**Die Änderungen durch G v. 10.8.2021 (BGBl. I S. 3436) treten erst mWv 1.1.2024 in Kraft und sind im Text noch nicht berücksichtigt.**

## Nichtamtliche Inhaltsübersicht

## Erstes Buch. Handelsstand

### Erster Abschnitt. Kaufleute

**§ 1**[1] **[Istkaufmann]** (1) Kaufmann im Sinne dieses Gesetzbuchs ist, wer ein Handelsgewerbe betreibt.

(2) Handelsgewerbe ist jeder Gewerbebetrieb, es sei denn, daß das Unternehmen nach Art oder Umfang einen in kaufmännischer Weise eingerichteten Geschäftsbetrieb nicht erfordert.

**§ 2**[2] **[Kannkaufmann]** [1] Ein gewerbliches Unternehmen, dessen Gewerbebetrieb nicht schon nach § 1 Abs. 2 Handelsgewerbe ist, gilt als Handelsgewerbe im Sinne dieses Gesetzbuchs, wenn die Firma des Unternehmens in das Handelsregister eingetragen ist. [2] Der Unternehmer ist berechtigt, aber nicht verpflichtet, die Eintragung nach den für die Eintragung kaufmännischer Firmen geltenden Vorschriften herbeizuführen. [3] Ist die Eintragung erfolgt, so findet eine Löschung der Firma auch auf Antrag des Unternehmers statt, sofern nicht die Voraussetzung des § 1 Abs. 2 eingetreten ist.

**§ 3**[3] **[Land- und Forstwirtschaft; Kannkaufmann]** (1) Auf den Betrieb der Land- und Forstwirtschaft finden die Vorschriften des § 1 keine Anwendung.

(2) Für ein land- oder forstwirtschaftliches Unternehmen, das nach Art und Umfang einen in kaufmännischer Weise eingerichteten Geschäftsbetrieb erfordert, gilt § 2 mit der Maßgabe, daß nach Eintragung in das Handelsregister eine Löschung der Firma nur nach den allgemeinen Vorschriften stattfindet, welche für die Löschung kaufmännischer Firmen gelten.

(3) Ist mit dem Betrieb der Land- oder Forstwirtschaft ein Unternehmen verbunden, das nur ein Nebengewerbe des land- oder forstwirtschaftlichen Unternehmens darstellt, so finden auf das im Nebengewerbe betriebene Unternehmen die Vorschriften der Absätze 1 und 2 entsprechende Anwendung.

**§ 4**[4] *(aufgehoben)*

**§ 5**[5] **[Kaufmann kraft Eintragung]** Ist eine Firma im Handelsregister eingetragen, so kann gegenüber demjenigen, welcher sich auf die Eintragung beruft, nicht geltend gemacht werden, daß das unter der Firma betriebene Gewerbe kein Handelsgewerbe sei.

**§ 6**[6] **[Handelsgesellschaften; Formkaufmann]** (1) Die in betreff der Kaufleute gegebenen Vorschriften finden auch auf die Handelsgesellschaften Anwendung.

(2) Die Rechte und Pflichten eines Vereins, dem das Gesetz ohne Rücksicht auf den Gegenstand des Unternehmens die Eigenschaft eines Kaufmanns beilegt, bleiben unberührt, auch wenn die Voraussetzungen des § 1 Abs. 2 nicht vorliegen.

---

[1] § 1 Abs. 2 neu gef. durch G v. 22.6.1998 (BGBl. I S. 1474).

[2] § 2 neu gef. durch G v. 22.6.1998 (BGBl. I S. 1474).

[3] § 3 neu gef. durch G v. 13.5.1976 (BGBl. I S. 1197); Abs. 2 neu gef. durch G v. 22.6.1998 (BGBl. I S. 1474).

[4] § 4 aufgeh. durch G v. 22.6.1998 (BGBl. I S. 1474).

[5] § 5 geänd. durch G v. 22.6.1998 (BGBl. I S. 1474).

[6] § 6 Abs. 2 geänd. durch G v. 22.6.1998 (BGBl. I S. 1474).

**§ 7 [Kaufmannseigenschaft und öffentliches Recht]** Durch die Vorschriften des öffentlichen Rechtes, nach welchen die Befugnis zum Gewerbebetrieb ausgeschlossen oder von gewissen Voraussetzungen abhängig gemacht ist, wird die Anwendung der die Kaufleute betreffenden Vorschriften dieses Gesetzbuchs nicht berührt.

### Zweiter Abschnitt.[1] Handelsregister; Unternehmensregister

**§ 8[2] Handelsregister.** (1) Das Handelsregister wird von den Gerichten elektronisch geführt.

(2) Andere Datensammlungen dürfen nicht unter Verwendung oder Beifügung der Bezeichnung „Handelsregister" in den Verkehr gebracht werden.

**§ 8a[3] Eintragungen in das Handelsregister; Verordnungsermächtigung.**

(1) Eine Eintragung in das Handelsregister wird wirksam, sobald sie in den für die Handelsregistereintragungen bestimmten Datenspeicher aufgenommen ist und auf Dauer inhaltlich unverändert in lesbarer Form wiedergegeben werden kann.

(2) [1]Die Landesregierungen werden ermächtigt, durch Rechtsverordnung nähere Bestimmungen über die elektronische Führung des Handelsregisters, die elektronische Anmeldung, die elektronische Einreichung von Dokumenten sowie deren Aufbewahrung zu treffen, soweit nicht durch das Bundesministerium der Justiz nach § 387 Abs. 2 des Gesetzes über das Verfahren in Familiensachen und in den Angelegenheiten der freiwilligen Gerichtsbarkeit[4] entsprechende Vorschriften erlassen werden. [2]Dabei können sie auch Einzelheiten der Datenübermittlung regeln sowie die Form zu übermittelnder elektronischer Dokumente festlegen, um die Eignung für die Bearbeitung durch das Gericht sicherzustellen. [3]Die Landesregierungen können die Ermächtigung durch Rechtsverordnung auf die Landesjustizverwaltungen übertragen.

**§ 8b[5] [6] Unternehmensregister.** (1) Das Unternehmensregister wird vorbehaltlich einer Regelung nach § 9a Abs. 1 vom Bundesministerium der Justiz elektronisch geführt.

---

[1] 2. Abschnitt Überschrift geänd. mWv 1.1.2007 durch G v. 10.11.2006 (BGBl. I S. 2553).

[2] § 8 neu gef. mWv 1.1.2007 durch G v. 10.11.2006 (BGBl. I S. 2553).

[3] § 8a neu gef. mWv 1.1.2007 durch G v. 10.11.2006 (BGBl. I S. 2553), Abs. 2 tritt bereits mWv 16.11.2006 in Kraft; Abs. 2 Satz 1 geänd. mWv 1.9.2009 durch G v. 17.12.2008 (BGBl. I S. 2586); Abs. 2 Satz 1 geänd. mWv 8.9.2015 durch VO v. 31.8.2015 (BGBl. I S. 1474); Abs. 2 Satz 1 geänd. mWv 22.6.2023 durch G v. 19.6.2023 (BGBl. 2023 I Nr. 154).

[4] Nr. **112**.

[5] § 8b eingef. mWv 1.1.2007 durch G v. 10.11.2006 (BGBl. I S. 2553); Abs. 2 Nr. 9 neu gef., Abs. 3 Sätze 3–5 angef. mWv 20.1.2007 durch G v. 5.1.2007 (BGBl. I S. 10); Abs. 2 Nr. 7 geänd. mWv 1.6.2012 durch G v. 6.12.2011 (BGBl. I S. 2481); Abs. 2 Nr. 5, 7 und 8, Abs. 3 Satz 1 Nr. 1 geänd. mWv 1.4.2012 durch G v. 22.12.2011 (BGBl. I S. 3044); Abs. 2 Nr. 4 und Abs. 3 Satz 1 Nr. 1 geänd. mWv 28.12.2012 durch G v. 20.12.2012 (BGBl. I S. 2751); Abs. 2 Nr. 8 geänd. mWv 22.7.2013 durch G v. 4.7.2013 (BGBl. I S. 1981); Abs. 2 Nr. 4 geänd. mWv 23.7.2015 durch G v. 17.7.2015 (BGBl. I S. 1245); Abs. 1 geänd. mWv 8.9.2015 durch VO v. 31.8.2015 (BGBl. I S. 1474); Abs. 2 Nr. 9 und Abs. 3 Satz 3 geänd. mWv 26.11.2015 durch G v. 20.11.2015 (BGBl. I S. 2029); Abs. 2 Nr. 9 und Abs. 3 Satz 3 geänd. mWv 2.7.2016 durch G v. 30.6.2016 (BGBl. I S. 1514); Abs. 2 Nr. 11 geänd. mWv 21.4.2018 durch G v. 13.4.2017 (BGBl. I S. 866); Abs. 2 Nr. 9, Abs. 3 Sätze 3 und 5 geänd. mWv 3.1.2018 durch G v. 23.6.2017 (BGBl. I S. 1693); Abs. 2 Nr. 1–3 geänd., Nr. 4 neu gef., Nr. 9 und 11 geänd., Nr. 12 und 13 angef., Abs. 3 Satz 1 Nr. 1 und 2 neu gef., Nr. 3 angef., Satz 2 geänd., Sätze 3 und 4 eingef., bish. Sätze 3–5 werden Sätze 5–7, neue Sätze 5 und 6 geänd., Abs. 4 bish. Satz 1 geänd., Satz 2 aufgeh., Abs. 5 angef. mWv 1.8.2022 durch G v. 5.7.2021 (BGBl. I S. 3338); Abs. 1 geänd. mWv 22.6.2023 durch G v. 19.6.2023 (BGBl. 2023 I Nr. 154).

[6] Beachte hierzu Übergangsvorschriften in Art. 75 und 88 EGHGB (Nr. **50a**).

(2) Über die Internetseite des Unternehmensregisters sind zugänglich:

1. Eintragungen im Handelsregister und zum Handelsregister eingereichte Dokumente;
2. Eintragungen im Genossenschaftsregister und zum Genossenschaftsregister eingereichte Dokumente;
3. Eintragungen im Partnerschaftsregister und zum Partnerschaftsregister eingereichte Dokumente;
4. Unterlagen der Rechnungslegung und Unternehmensberichte, die nach diesem Gesetz, dem Publizitätsgesetz[1)], dem Eisenbahnregulierungsgesetz, dem Energiewirtschaftsgesetz[2)], dem Entgelttransparenzgesetz[3)], dem Kapitalanlagegesetzbuch, dem Telekommunikationsgesetz, dem Vermögensanlagengesetz oder dem Wertpapierhandelsgesetz[4)] offengelegt wurden, mit Ausnahme der zur dauerhaften Hinterlegung eingestellten Unterlagen;
5. gesellschaftsrechtliche Bekanntmachungen im Bundesanzeiger;
6. im Aktionärsforum veröffentlichte Eintragungen nach § 127a des Aktiengesetzes[5)];
7. Veröffentlichungen von Unternehmen nach dem Wertpapierhandelsgesetz oder dem Vermögensanlagengesetz im Bundesanzeiger, von Bietern, Gesellschaften, Vorständen und Aufsichtsräten nach dem Wertpapiererwerbs- und Übernahmegesetz im Bundesanzeiger sowie Veröffentlichungen nach der Börsenzulassungs-Verordnung im Bundesanzeiger;
8. Bekanntmachungen und Veröffentlichungen von Kapitalverwaltungsgesellschaften und extern verwalteten Investmentgesellschaften nach dem Kapitalanlagegesetzbuch, dem Investmentgesetz und dem Investmentsteuergesetz im Bundesanzeiger;
9. Veröffentlichungen und sonstige der Öffentlichkeit zur Verfügung gestellte Informationen nach den §§ 5, 26 Absatz 1 und 2, § 40 Absatz 1, den §§ 41, 46 Absatz 2, den §§ 50, 51 Absatz 2 und § 127 des Wertpapierhandelsgesetzes, sofern die Veröffentlichung nicht bereits über Nummer 7 in das Unternehmensregister eingestellt wird,
10. Mitteilungen über kapitalmarktrechtliche Veröffentlichungen an die Bundesanstalt für Finanzdienstleistungsaufsicht, sofern die Veröffentlichung selbst nicht bereits über Nummer 7 oder Nummer 9 in das Unternehmensregister eingestellt wird;
11. Bekanntmachungen der Insolvenzgerichte nach § 9 der Insolvenzordnung[6)], ausgenommen Verfahren nach dem Zehnten Teil der Insolvenzordnung;
12. Registerbekanntmachungen aus dem Handels-, Genossenschafts- und Partnerschaftsregister;
13. Bekanntmachungen der Bundesanstalt für Finanzdienstleistungsaufsicht nach § 107 Absatz 1 Satz 6, § 109 Absatz 2 Satz 1 und 5, Absatz 3 Satz 2 des Wertpapierhandelsgesetzes und nach § 31 Absatz 4 des Vermögensanlagengesetzes.

---

[1)] Nr. **52b**.
[2)] **Sartorius Nr. 830.**
[3)] **Loseblatt-Textsammlung Arbeitsrecht Nr. 93.**
[4)] **Habersack, Deutsche Gesetze ErgBd. Nr. 58.**
[5)] Nr. **51**.
[6)] Nr. **110**.

(3) [1] Zur Einstellung in das Unternehmensregister sind dem Unternehmensregister zu übermitteln:

1. die Daten nach Absatz 2 Nummer 5 bis 8 durch den Betreiber des Bundesanzeigers,
2. die Daten nach Absatz 2 Nummer 4, 9 und 10 sowie diejenigen Unterlagen, die dauerhaft hinterlegt werden sollen, durch den jeweils Offenlegungs- oder Veröffentlichungspflichtigen oder den von ihm mit der Veranlassung der Offenlegung oder Veröffentlichung beauftragten Dritten,
3. die Daten nach Absatz 2 Nummer 13 durch die Bundesanstalt für Finanzdienstleistungsaufsicht.

[2] Die Landesjustizverwaltungen übermitteln die Daten nach Absatz 2 Nummer 1 bis 3, 11 und 12 zum Unternehmensregister, soweit die Übermittlung für die Eröffnung eines Zugangs zu den Originaldaten über die Internetseite des Unternehmensregisters erforderlich ist. [3] Die das Unternehmensregister führende Stelle stellt dem Betreiber des Bundesanzeigers die nach Satz 2 von den Landesjustizverwaltungen übermittelten Daten zur Verfügung, soweit dies für die Erfüllung der Aufgabe der Zuordnung von Einreichungen beim Betreiber des Bundesanzeigers nach Absatz 2 Nummer 5 bis 8 erforderlich ist. [4] Die Daten dürfen vom Betreiber des Bundesanzeigers nur für diese Zwecke verwendet werden. [5] Die Bundesanstalt für Finanzdienstleistungsaufsicht überwacht die Übermittlung der Veröffentlichungen und der sonstigen der Öffentlichkeit zur Verfügung gestellten Informationen nach den §§ 5, 26 Absatz 1 und 2, § 40 Absatz 1, den §§ 41, 46 Absatz 2, den §§ 50, 51 Absatz 2, § 114 Absatz 1 bis § 116 Absatz 2, den §§ 117, 118 Absatz 4 und § 127 des Wertpapierhandelsgesetzes an das Unternehmensregister zur Einstellung und kann Anordnungen treffen, die zu ihrer Durchsetzung geeignet und erforderlich sind. [6] Die Bundesanstalt kann die gebotene Übermittlung der in Satz 5 genannten Veröffentlichungen, der Öffentlichkeit zur Verfügung gestellten Informationen und Mitteilung auf Kosten des Pflichtigen vornehmen, wenn die Übermittlungspflicht nicht, nicht richtig, nicht vollständig oder nicht in der vorgeschriebenen Weise erfüllt wird. [7] Für die Überwachungstätigkeit der Bundesanstalt gelten § 6 Absatz 3 Satz 1 und 3, Absatz 15 und 16, die §§ 13, 18 und 21 des Wertpapierhandelsgesetzes entsprechend.

(4) Die Führung des Unternehmensregisters schließt die Erteilung von Ausdrucken sowie die Beglaubigung entsprechend § 9 Abs. 3 und 4 hinsichtlich der im Unternehmensregister eingestellten Unterlagen der Rechnungslegung und Unternehmensberichte im Sinn des Absatzes 2 Nr. 4 ein.

(5) Die Führung des Unternehmensregisters schließt auch den Informationsaustausch nach § 9c ein.

**§ 9[1) 2)] Einsichtnahme in das Handelsregister und das Unternehmensregister.** (1) [1] Die Einsichtnahme in das Handelsregister sowie in die zum Handelsregister eingereichten Dokumente ist jedem zu Informationszwecken durch einzelne Abrufe gestattet. [2] Die Landesjustizverwaltungen bestimmen das elektronische Informations- und Kommunikationssystem, über das die Daten aus den Handelsregistern abrufbar sind, und sind für die Abwicklung des elektronischen

---

[1)] § 9 neu gef. mWv 1.1.2007 durch G v. 10.11.2006 (BGBl. I S. 2553); Abs. 6 Satz 3 angef. mWv 28.12.2012 durch G v. 20.12.2012 (BGBl. I S. 2751); Abs. 3 Satz 2 geänd. mWv 29.7.2017 durch G v. 18.7.2017 (BGBl. I S. 2745); Abs. 1 Satz 1 geänd., Abs. 3 Satz 2 und Abs. 6 Satz 3 neu gef. mWv 1.8.2022 durch G v. 5.7.2021 (BGBl. I S. 3338).

[2)] Beachte hierzu Übergangsvorschrift in Art. 88 EGHGB (Nr. **50a**).

Abrufverfahrens zuständig. [3]Die Landesregierung kann die Zuständigkeit durch Rechtsverordnung abweichend regeln; sie kann diese Ermächtigung durch Rechtsverordnung auf die Landesjustizverwaltung übertragen. [4]Die Länder können ein länderübergreifendes, zentrales elektronisches Informations- und Kommunikationssystem bestimmen. [5]Sie können auch eine Übertragung der Abwicklungsaufgaben auf die zuständige Stelle eines anderen Landes sowie mit dem Betreiber des Unternehmensregisters eine Übertragung der Abwicklungsaufgaben auf das Unternehmensregister vereinbaren.

(2) Sind Dokumente nur in Papierform vorhanden, kann die elektronische Übermittlung nur für solche Schriftstücke verlangt werden, die weniger als zehn Jahre vor dem Zeitpunkt der Antragstellung zum Handelsregister eingereicht wurden.

(3) [1]Die Übereinstimmung der übermittelten Daten mit dem Inhalt des Handelsregisters und den zum Handelsregister eingereichten Dokumenten wird auf Antrag durch das Gericht beglaubigt. [2]Dafür hat eine Authentifizierung durch einen Vertrauensdienst nach der Verordnung (EU) Nr. 910/2014 des Europäischen Parlaments und des Rates vom 23. Juli 2014 über elektronische Identifizierung und Vertrauensdienste für elektronische Transaktionen im Binnenmarkt und zur Aufhebung der Richtlinie 1999/93/EG (ABl. L 257 vom 28.8.2014, S. 73; L 23 vom 29.1.2015, S. 19; L 155 vom 14.6.2016, S. 44) zu erfolgen.

(4) [1]Von den Eintragungen und den eingereichten Dokumenten kann ein Ausdruck verlangt werden. [2]Von den zum Handelsregister eingereichten Schriftstücken, die nur in Papierform vorliegen, kann eine Abschrift gefordert werden. [3]Die Abschrift ist von der Geschäftsstelle zu beglaubigen und der Ausdruck als amtlicher Ausdruck zu fertigen, wenn nicht auf die Beglaubigung verzichtet wird.

(5) Das Gericht hat auf Verlangen eine Bescheinigung darüber zu erteilen, dass bezüglich des Gegenstandes einer Eintragung weitere Eintragungen nicht vorhanden sind oder dass eine bestimmte Eintragung nicht erfolgt ist.

(6) [1]Für die Einsichtnahme in das Unternehmensregister gilt Absatz 1 Satz 1 entsprechend. [2]Anträge nach den Absätzen 2 bis 5 können auch über das Unternehmensregister an das Gericht vermittelt werden. [3]Die Einsichtnahme in die beim Unternehmensregister zur dauerhaften Hinterlegung eingestellten Daten erfolgt nur auf Antrag durch Übermittlung einer Kopie.

**§ 9a[1)] Übertragung der Führung des Unternehmensregisters; Verordnungsermächtigung.** (1) [1]Das Bundesministerium der Justiz wird ermächtigt, durch Rechtsverordnung mit Zustimmung des Bundesrates einer juristischen Person des Privatrechts die Aufgaben nach § 8b Abs. 1 zu übertragen. [2]Der Beliehene erlangt die Stellung einer Justizbehörde des Bundes. [3]Zur Erstellung von Beglaubigungen führt der Beliehene ein Dienstsiegel; nähere Einzelheiten hierzu können in der Rechtsverordnung nach Satz 1 geregelt werden. [4]Die Dauer der Beleihung ist zu befristen; sie soll fünf Jahre nicht unterschreiten; Kündigungsrechte aus wichtigem Grund sind vorzusehen. [5]Eine juristische Person des Privatrechts darf nur beliehen werden, wenn sie grundlegende Erfahrungen mit der Veröffentlichung von kapitalmarktrechtlichen Informationen und gerichtlichen Mitteilungen, insbesondere Handelsregisterdaten, hat und ihr eine ausreichende

---

1) § 9a neu gef. mWv 16.11.2006 durch G v. 10.11.2006 (BGBl. I S. 2553); Abs. 1 Satz 1, Abs. 2 Satz 1 und Abs. 3 Satz 1 geänd. mWv 8.9.2015 durch VO v. 31.8.2015 (BGBl. I S. 1474); Abs. 3 Satz 1 geänd. mWv 1.8.2022 durch G v. 5.7.2021 (BGBl. I S. 3338); Abs. 1 Satz 1, Abs. 2 Satz 1, Abs. 3 Satz 1 geänd. mWv 22.6.2023 durch G v. 19.6.2023 (BGBl. 2023 I Nr. 154).

technische und finanzielle Ausstattung zur Verfügung steht, die die Gewähr für den langfristigen und sicheren Betrieb des Unternehmensregisters bietet.

(2) [1] Das Bundesministerium der Justiz wird ermächtigt, durch Rechtsverordnung mit Zustimmung des Bundesrates Einzelheiten der Datenübermittlung zwischen den Behörden der Länder und dem Unternehmensregister einschließlich Vorgaben über Datenformate zu regeln. [2] Abweichungen von den Verfahrensregelungen durch Landesrecht sind ausgeschlossen.

(3) [1] Das Bundesministerium der Justiz wird ermächtigt, durch Rechtsverordnung ohne Zustimmung des Bundesrates die technischen Einzelheiten zu Aufbau und Führung des Unternehmensregisters,die technischen Einzelheiten zur Anmeldung und Identifikation von Nutzern des Unternehmensregisters, Einzelheiten der Datenübermittlung einschließlich Vorgaben über Datenformate, die nicht unter Absatz 2 fallen, Einzelheiten der Prüfung der übermittelten Daten, Löschungsfristen für die im Unternehmensregister gespeicherten Daten, Überwachungsrechte der Bundesanstalt für Finanzdienstleistungsaufsicht gegenüber dem Unternehmensregister hinsichtlich der Übermittlung, Einstellung, Verwaltung, Verarbeitung und des Abrufs kapitalmarktrechtlicher Daten einschließlich der Zusammenarbeit mit amtlich bestellten Speicherungssystemen anderer Mitgliedstaaten der Europäischen Union oder anderer Vertragsstaaten des Abkommens über den Europäischen Wirtschaftsraum im Rahmen des Aufbaus eines europaweiten Netzwerks zwischen den Speicherungssystemen, die Zulässigkeit sowie Art und Umfang von Auskunftsdienstleistungen mit den im Unternehmensregister gespeicherten Daten, die über die mit der Führung des Unternehmensregisters verbundenen Aufgaben nach diesem Gesetz hinausgehen, zu regeln. [2] Soweit Regelungen getroffen werden, die kapitalmarktrechtliche Daten berühren, ist die Rechtsverordnung nach Satz 1 im Einvernehmen mit dem Bundesministerium der Finanzen zu erlassen. [3] Die Rechtsverordnung nach Satz 1 hat dem schutzwürdigen Interesse der Unternehmen am Ausschluss einer zweckändernden Verwendung der im Register gespeicherten Daten angemessen Rechnung zu tragen.

**§ 9b[1)] Europäisches System der Registervernetzung.** (1) [1] Folgende Informationen und Unterlagen, soweit sie Kapitalgesellschaften betreffen oder Zweigniederlassungen von Kapitalgesellschaften, die dem Recht eines anderen Mitgliedstaates der Europäischen Union oder eines anderen Vertragsstaates des Abkommens über den Europäischen Wirtschaftsraum unterliegen, sind auch über das Europäische Justizportal zugänglich:

1. Eintragungen im Handelsregister,
2. Registerbekanntmachungen,
3. zum Handelsregister eingereichte Dokumente,
4. Unterlagen der Rechnungslegung nach § 325 sowie
5. eine Verschmelzungs-, Spaltungs- oder Formwechselbescheinigung nach § 316 Absatz 1 Satz 4, § 329 Satz 3 oder § 343 Absatz 1 Satz 4 des Umwandlungsgesetzes[2)].

---

[1)] § 9b eingef. mWv 31.12.2014 durch G v. 22.12.2014 (BGBl. I S. 2409); Überschrift, Abs. 1 Satz 2, Abs. 2 Satz 3 Nr. 3, 4 geänd., Nr. 5, 6 und Satz 4 angef., Abs. 3 Satz 1 geänd., Abs. 4 neu gef. mWv 1.8. 2022 durch G v. 5.7.2021 (BGBl. I S. 3338); Abs. 1 Satz 1 neu gef., Satz 3 angef., Abs. 2 Satz 3 einl. Satzteil geänd., Nr. 4 und Satz 4 neu gef., Abs. 4 Satz 1 geänd. mWv 1.3.2023 durch G v. 22.2.2023 (BGBl. 2023 I Nr. 51).

[2)] Nr. **52a**.

[2] Hierzu übermitteln die Landesjustizverwaltungen die Daten des Handelsregisters und die das Unternehmensregister führende Stelle übermittelt die Daten der Rechnungslegungsunterlagen jeweils an die zentrale Europäische Plattform nach Artikel 22 Absatz 1 der Richtlinie (EU) 2017/1132 des Europäischen Parlaments und des Rates vom 14. Juni 2017 über bestimmte Aspekte des Gesellschaftsrechts (ABl. L 169 vom 30.6.2017, S. 46), die zuletzt durch die Richtlinie (EU) 2019/2121 (ABl. L 321 vom 12.12.2019, S. 1; L 20 vom 24.1.2020, S. 24) geändert worden ist, soweit die Übermittlung für die Eröffnung eines Zugangs zu den Originaldaten über den Suchdienst auf der Internetseite des Europäischen Justizportals erforderlich ist. [3] Die Zugänglichmachung der Informationen und Unterlagen über das Europäische Justizportal erfolgt nach Maßgabe der Bestimmungen der Durchführungsverordnung (EU) 2021/1042 der Kommission vom 18. Juni 2021 mit Durchführungsbestimmungen zur Richtlinie (EU) 2017/1132 des Europäischen Parlaments und des Rates in Bezug auf technische Spezifikationen und Verfahren für das System der Registervernetzung und zur Aufhebung der Durchführungsverordnung (EU) 2020/2244 der Kommission (ABl. L 225 vom 25.6.2021, S. 7).

(2) [1] Das Registergericht, bei dem das Registerblatt einer Kapitalgesellschaft oder Zweigniederlassung einer Kapitalgesellschaft im Sinne des Absatzes 1 Satz 1 geführt wird, nimmt am Informationsaustausch zwischen den Registern über die zentrale Europäische Plattform teil. [2] Den Kapitalgesellschaften und Zweigniederlassungen von Kapitalgesellschaften im Sinne des Absatzes 1 Satz 1 ist zu diesem Zweck eine einheitliche europäische Kennung zuzuordnen. [3] Das Registergericht übermittelt nach Maßgabe der folgenden Absätze an die zentrale Europäische Plattform die Informationen und Unterlagen über

1. die Eintragung der Eröffnung, Einstellung oder Aufhebung eines Insolvenzverfahrens über das Vermögen der Gesellschaft,
2. die Eintragung der Auflösung der Gesellschaft und die Eintragung über den Schluss der Liquidation oder Abwicklung oder über die Fortsetzung der Gesellschaft,
3. die Löschung der Gesellschaft,
4. die Verschmelzungs-, Spaltungs- oder Formwechselbescheinigung nach § 316 Absatz 1 Satz 4, § 329 Satz 3 oder § 343 Absatz 1 Satz 4 des Umwandlungsgesetzes, das Wirksamwerden einer grenzüberschreitenden Umwandlung sowie die Eintragung der aus einer grenzüberschreitenden Spaltung hervorgehenden, neuen Gesellschaft oder die Eintragung der grenzüberschreitenden Spaltung zur Aufnahme im Register der übernehmenden Gesellschaft,
5. die Eintragung der Errichtung der Zweigniederlassung und die Eintragung der Aufhebung der Zweigniederlassung sowie
6. die Änderung folgender Daten der Gesellschaft oder der Zweigniederlassung:
   a) der Firma der Gesellschaft oder der Zweigniederlassung,
   b) des Sitzes der Gesellschaft oder der Geschäftsanschrift der Zweigniederlassung,
   c) der Rechtsform der Gesellschaft,
   d) der Eintragungsnummer der Gesellschaft oder der Zweigniederlassung,
   e) der Personen, die als gesetzlich vorgesehenes Gesellschaftsorgan oder als Mitglieder eines solchen Organs befugt sind, die Gesellschaft gerichtlich und außergerichtlich zu vertreten, oder die an der Verwaltung, Beaufsichtigung oder Kontrolle der Gesellschaft teilnehmen.

[4] Die Übermittlung der Informationen und Unterlagen erfolgt nach Maßgabe der Bestimmungen der Durchführungsverordnung (EU) 2021/1042.

(3) [1] Die Landesjustizverwaltungen bestimmen das elektronische Informations- und Kommunikationssystem, über das die Daten aus dem Handelsregister zugänglich gemacht (Absatz 1) und im Rahmen des Informationsaustauschs zwischen den Registern übermittelt und empfangen werden (Absatz 2), und sie sind, vorbehaltlich der Zuständigkeit der das Unternehmensregister führenden Stelle nach Absatz 1 Satz 2, für die Abwicklung des Datenverkehrs nach den Absätzen 1 und 2 zuständig. [2] § 9 Absatz 1 Satz 3 bis 5 gilt entsprechend.

(4) [1] Die das Unternehmensregister führende Stelle übermittelt nach den Vorgaben der Durchführungsverordnung (EU) 2021/1042 eine Änderung der Unterlagen der Rechnungslegung, die eine Kapitalgesellschaft mit Sitz im Inland offengelegt hat (§ 325 Absatz 1b Satz 1), unverzüglich an die zentrale Europäische Plattform, wenn die Kapitalgesellschaft eine Zweigniederlassung errichtet hat, die dem Recht eines anderen Mitgliedstaates der Europäischen Union oder eines anderen Vertragsstaates des Abkommens über den Europäischen Wirtschaftsraum unterliegt. [2] Empfängt die das Unternehmensregister führende Stelle über das Europäische System der Registervernetzung Daten zu einer Änderung der Unterlagen der Rechnungslegung einer Kapitalgesellschaft, die dem Recht eines anderen Mitgliedstaates der Europäischen Union oder eines anderen Vertragsstaates des Abkommens über den Europäischen Wirtschaftsraum unterliegt und die eine inländische Zweigniederlassung errichtet hat, so bestätigt die registerführende Stelle den Eingang der Daten über das Europäische System der Registervernetzung.

**§ 9c[1) 2)] Informationsaustausch über disqualifizierte Personen über das Europäische System der Registervernetzung.** (1) [1] Die das Unternehmensregister führende Stelle ist die zuständige Stelle für die Beantwortung eines über die zentrale Europäische Plattform gemäß § 9b Absatz 1 Satz 2 eingehenden Ersuchens eines anderen Mitgliedstaates der Europäischen Union oder eines anderen Vertragsstaates des Abkommens über den Europäischen Wirtschaftsraum nach Artikel 13i der Richtlinie (EU) 2017/1132 um Informationen, die relevant sind für die Disqualifikation einer Person

1. als Geschäftsführer einer Gesellschaft mit beschränkter Haftung gemäß § 6 Absatz 2 Satz 2 Nummer 2 und 3 des Gesetzes über die Gesellschaften mit beschränkter Haftung[3)] oder
2. als Mitglied des Vorstands einer Aktiengesellschaft gemäß § 76 Absatz 3 Satz 2 Nummer 2 und 3 des Aktiengesetzes[4)].

[2] Auf Anfrage eines Registergerichts führt die zuständige Stelle ein Ersuchen nach Artikel 13i der Richtlinie (EU) 2017/1132 gegenüber anderen Mitgliedstaaten der Europäischen Union oder anderen Vertragsstaaten des Abkommens über den Europäischen Wirtschaftsraum durch und leitet die erhaltenen Antworten an das anfragende Registergericht weiter.

(2) Die zuständige Stelle erhält zum Zweck der Beantwortung eines Ersuchens die für die Beantwortung erforderliche Auskunft aus dem Bundeszentralregister

---

[1)] § 9c eingef. mWv 1.8.2022 durch G v. 5.7.2021 (BGBl. I S. 3338).
[2)] Beachte hierzu Übergangsvorschrift in Art. 88 EGHGB (Nr. **50a**).
[3)] Nr. **52**.
[4)] Nr. **51**.

nach § 57a Absatz 4 des Bundeszentralregistergesetzes[1)] und aus dem Gewerbezentralregister nach § 150c Absatz 3 der Gewerbeordnung[2)].

(3) Die Beantwortung und die Durchführung eines Ersuchens erfolgen gemäß den Bestimmungen der Durchführungsverordnung (EU) 2020/2244 sowie einer nach Absatz 6 erlassenen Verordnung.

(4) [1] Die Beantwortung eines Ersuchens ist beschränkt auf die Angabe gemäß Artikel 13i Absatz 4 Satz 1 der Richtlinie (EU) 2017/1132,

1. ob die betroffene Person disqualifiziert ist
   a) gemäß § 6 Absatz 2 Satz 2 Nummer 2 und 3 des Gesetzes über die Gesellschaften mit beschränkter Haftung als Geschäftsführer einer Gesellschaft mit beschränkter Haftung oder
   b) gemäß § 76 Absatz 3 Satz 2 Nummer 2 und 3 des Aktiengesetzes als Mitglied des Vorstands einer Aktiengesellschaft oder
2. ob entsprechende Informationen im Bundeszentralregister oder Gewerbezentralregister enthalten sind.

[2] Weitergehende Informationen über eine Disqualifikation der betroffenen Person werden durch die das Unternehmensregister führende Stelle über die zentrale Europäische Plattform nicht übermittelt.

(5) [1] Die zuständige Stelle darf die von einem ersuchenden Mitgliedstaat, von einem Registergericht oder nach Absatz 2 übermittelten personenbezogenen Daten der betroffenen Personen für die Zwecke der Beantwortung und der Durchführung eines Ersuchens verarbeiten. [2] Die personenbezogenen Daten der betroffenen Personen sind von der zuständigen Stelle unverzüglich zu löschen, sobald und soweit diese nicht mehr für die Beantwortung oder die Durchführung des Ersuchens erforderlich sind.

(6) Durch Rechtsverordnung nach § 9a Absatz 3 können auch die erforderlichen Bestimmungen in Bezug auf die Beantwortung und die Durchführung der Ersuchen durch die zuständige Stelle getroffen werden, einschließlich der Bestimmungen über

*(Fortsetzung nächstes Blatt)*

---

1) Nr. **92**.
2) **Sartorius Nr. 800.**

1. Inhalt, Frist, Form und Umfang der Beantwortung der Ersuchen,
2. die technischen Einzelheiten zum Empfang, zur Verarbeitung und zur Weitergabe der erforderlichen Daten für die Beantwortung und die Durchführung der Ersuchen,
3. die technischen Vorgaben zur Speicherung, Löschung, Berichtigung und Verarbeitung von Daten über die betroffenen Personen durch die zuständige Stelle,
4. die Prüfung der vom Bundeszentralregister oder vom Gewerbezentralregister erhaltenen Daten im Hinblick auf die Erfüllung der Voraussetzungen einer Disqualifikation gemäß § 6 Absatz 2 Satz 2 Nummer 2 und 3 des Gesetzes über die Gesellschaften mit beschränkter Haftung oder gemäß § 76 Absatz 3 Satz 2 Nummer 2 und 3 des Aktiengesetzes,
5. die Voraussetzungen, Formalien, Fristen und Inhalte der Durchführung der Ersuchen.

**§ 10[1)] Bekanntmachung der Eintragungen; Registerbekanntmachungen.**

(1) [1] Die Eintragungen in das Handelsregister sowie Registerbekanntmachungen nach Absatz 3 werden durch ihre erstmalige Abrufbarkeit über das nach § 9 Absatz 1 bestimmte elektronische Informations- und Kommunikationssystem bekannt gemacht. [2] § 9 Absatz 1 Satz 4 und 5 gilt entsprechend.

(2) Die Eintragungen in das Handelsregister und die eingereichten Dokumente, die gemäß § 9 der unbeschränkten Einsichtnahme unterliegen, sind unverzüglich nach der Eintragung in das Handelsregister zum Abruf über das nach § 9 Absatz 1 bestimmte elektronische Informations- und Kommunikationssystem bereitzustellen.

(3) Das Registergericht kann in den gesetzlich bestimmten Fällen in dem nach § 9 Absatz 1 bestimmten elektronischen Informations- und Kommunikationssystem sonstige oder zusätzliche Tatsachen bekannt machen (Registerbekanntmachungen).

(4) [1] Eine Eintragung gilt mit dem Ablauf des Tages der Eintragung und eine Registerbekanntmachung gilt mit dem Ablauf des Tages der Registerbekanntmachung als bekannt gemacht. [2] Dies gilt nicht, wenn der Nachweis erbracht wird, dass der Abruf der Eintragung oder der Registerbekanntmachung
1. bereits zu einem früheren Zeitpunkt möglich war oder
2. erstmalig erst zu einem späteren Zeitpunkt möglich war.

**§ 10a[2)] Anwendung der Verordnung (EU) 2016/679.** (1) [1] Das Auskunftsrecht nach Artikel 15 Absatz 1 und das Recht auf Erhalt einer Kopie nach Artikel 15 Absatz 3 der Verordnung (EU) 2016/679[3)] des Europäischen Parlaments und des Rates vom 27. April 2016 zum Schutz natürlicher Personen bei der Verarbeitung personenbezogener Daten, zum freien Datenverkehr und zur Aufhebung der Richtlinie 95/46/EG (Datenschutz-Grundverordnung) (ABl. L 119 vom 4.5.2016, S. 1; L 314 vom 22.11.2016, S. 72) wird dadurch erfüllt, dass die betroffene Person Einsicht in das Handelsregister und in die zum Handelsregister eingereichten Dokumente nehmen kann. [2] Eine Information der betroffenen Person über konkrete Empfänger, gegenüber denen die im Register, in Registerbe-

---

[1)] § 10 neu gef. mWv 1.8.2022 durch G v. 5.7.2021 (BGBl. I S. 3338).

[2)] § 10a eingef. mWv 25.5.2018 durch G v. 17.7.2017 (BGBl. I S. 2541); Abs. 1 Sätze 1 und 2, Abs. 2 und 3 geänd. mWv 1.8.2022 durch G v. 5.7.2021 (BGBl. I S. 3338).

[3)] **Sartorius Nr. 246.**

kanntmachungen oder in zum Register einzureichenden Dokumenten enthaltenen personenbezogenen Daten offengelegt werden, erfolgt nicht.

(2) Hinsichtlich der im Handelsregister, in Registerbekanntmachungen oder in zum Handelsregister einzureichenden Dokumenten enthaltenen personenbezogenen Daten kann das Recht auf Berichtigung nach Artikel 16 der Verordnung (EU) 2016/679 nur unter den Voraussetzungen ausgeübt werden, die in den §§ 393 bis 395 und §§ 397 bis 399 des Gesetzes über das Verfahren in Familiensachen und in den Angelegenheiten der Freiwilligen Gerichtsbarkeit[1)] sowie der Rechtsverordnung nach § 387 Absatz 2 des Gesetzes über das Verfahren in Familiensachen und in den Angelegenheiten der Freiwilligen Gerichtsbarkeit für eine Löschung oder Berichtigung vorgesehen sind.

(3) Das Widerspruchsrecht gemäß Artikel 21 der Verordnung (EU) 2016/679 findet in Bezug auf die im Handelsregister, in Registerbekanntmachungen oder in zum Handelsregister einzureichenden Dokumenten enthaltenen personenbezogenen Daten keine Anwendung.

**§ 11[2)] Offenlegung in der Amtssprache eines Mitgliedstaats der Europäischen Union.** (1) [1]Die zum Handelsregister einzureichenden Dokumente sowie der Inhalt einer Eintragung können zusätzlich in jeder Amtssprache eines Mitgliedstaats der Europäischen Union übermittelt werden. [2]Auf die Übersetzungen ist in geeigneter Weise hinzuweisen. [3]§ 9 ist entsprechend anwendbar.

(2) Im Fall der Abweichung der Originalfassung von einer eingereichten Übersetzung kann letztere einem Dritten nicht entgegengehalten werden; dieser kann sich jedoch auf die eingereichte Übersetzung berufen, es sei denn, der Eingetragene weist nach, dass dem Dritten die Originalfassung bekannt war.

**§ 12[3)] Anmeldungen zur Eintragung und Einreichungen.** (1) [1]Anmeldungen zur Eintragung in das Handelsregister sind elektronisch in öffentlich beglaubigter Form einzureichen. [2]Die öffentliche Beglaubigung mittels Videokommunikation gemäß § 40a des Beurkundungsgesetzes[4)] ist zulässig. [3]Die gleiche Form ist für eine Vollmacht zur Anmeldung erforderlich. [4]Anstelle der Vollmacht kann die Bescheinigung eines Notars nach § 21 Absatz 3 der Bundesnotarordnung[5)] eingereicht werden. [5]Rechtsnachfolger eines Beteiligten haben die Rechtsnachfolge soweit tunlich durch öffentliche Urkunden nachzuweisen.

(2) [1]Dokumente sind elektronisch in einem maschinenlesbaren und durchsuchbaren Datenformat einzureichen. [2]Ist eine Urschrift oder eine einfache Abschrift einzureichen oder ist für das Dokument die Schriftform bestimmt, genügt die Übermittlung einer elektronischen Aufzeichnung; ist ein notariell beurkundetes Dokument oder eine öffentlich beglaubigte Abschrift einzureichen, so ist ein mit einem einfachen elektronischen Zeugnis (§ 39a des Beurkundungsgesetzes) versehenes Dokument zu übermitteln.

---

[1)] Nr. **112.**

[2)] § 11 neu gef. mWv 1.1.2007 durch G v. 10.11.2006 (BGBl. I S. 2553).

[3)] § 12 neu gef. mWv 1.1.2007 durch G v. 10.11.2006 (BGBl. I S. 2553); Abs. 1 Satz 3 eingef. mWv 1.9.2013 durch G v. 26.6.2013 (BGBl. I S. 1800); Abs. 1 Satz 2 eingef., bish. Sätze 2–4 werden Sätze 3–5, Abs. 2 Satz 1 geänd. mWv 1.8.2022 durch G v. 5.7.2021 (BGBl. I S. 3338); Abs. 1 Satz 2 neu gef. mWv 1.8.2022 durch G v. 15.7.2022 (BGBl. I S. 1146).

[4)] Nr. **23.**

[5)] **Habersack, Deutsche Gesetze ErgBd. Nr. 98a.**

**§ 13[1)] Zweigniederlassungen von Unternehmen mit Sitz im Inland.**

(1) [1]Die Errichtung einer Zweigniederlassung ist von einem Einzelkaufmann oder einer juristischen Person beim Gericht der Hauptniederlassung, von einer Handelsgesellschaft beim Gericht des Sitzes der Gesellschaft, unter Angabe des Ortes und der inländischen Geschäftsanschrift der Zweigniederlassung und des Zusatzes, falls der Firma der Zweigniederlassung ein solcher beigefügt wird, zur Eintragung anzumelden. [2]In gleicher Weise sind spätere Änderungen der die Zweigniederlassung betreffenden einzutragenden Tatsachen anzumelden.

(2) Das zuständige Gericht trägt die Zweigniederlassung auf dem Registerblatt der Hauptniederlassung oder des Sitzes unter Angabe des Ortes sowie der inländischen Geschäftsanschrift der Zweigniederlassung und des Zusatzes, falls der Firma der Zweigniederlassung ein solcher beigefügt ist, ein, es sei denn, die Zweigniederlassung ist offensichtlich nicht errichtet worden.

(3) Die Absätze 1 und 2 gelten entsprechend für die Aufhebung der Zweigniederlassung.

**§ 13a[2)] Europäische Zweigniederlassungen von Kapitalgesellschaften mit Sitz im Inland.** (1) In Bezug auf Zweigniederlassungen, die dem Recht eines anderen Mitgliedstaates der Europäischen Union oder eines anderen Vertragsstaates des Abkommens über den Europäischen Wirtschaftsraum unterliegen und die von einer Kapitalgesellschaft mit Sitz im Inland errichtet wurden, gelten die folgenden Vorschriften.

(2) Die Landesjustizverwaltungen stellen sicher, dass die Daten der Zweigniederlassungen, die im Rahmen des Europäischen Systems der Registervernetzung gemäß § 9b empfangen werden, an dasjenige Registergericht weitergeleitet werden, das für die Gesellschaft zuständig ist.

(3) Das zuständige Registergericht bestätigt den Eingang der Daten über das Europäische System der Registervernetzung gemäß § 9b und trägt unverzüglich von Amts wegen die folgenden gemäß Absatz 2 erhaltenen Daten zu der Zweigniederlassung oder deren Änderung in das Registerblatt der Gesellschaft ein:

1. Errichtung, Aufhebung oder Löschung der Zweigniederlassung,
2. Firma der Zweigniederlassung,
3. Geschäftsanschrift der Zweigniederlassung einschließlich des Staates,
4. Eintragungsnummer und einheitliche europäische Kennung der Zweigniederlassung.

**§§ 13b, 13c[3)]** *(aufgehoben)*

**§ 13d[4)] Sitz oder Hauptniederlassung im Ausland.** (1) Befindet sich die Hauptniederlassung eines Einzelkaufmanns oder einer juristischen Person oder der Sitz einer Handelsgesellschaft im Ausland, so haben alle eine inländische Zweigniederlassung betreffenden Anmeldungen, Einreichungen und Eintragungen bei dem Gericht zu erfolgen, in dessen Bezirk die Zweigniederlassung besteht.

---

[1)] § 13 neu gef. mWv 1.1.2007 durch G v. 10.11.2006 (BGBl. I S. 2553); Abs. 1 Satz 1 und Abs. 2 geänd. mWv 1.11.2008 durch G v. 23.10.2008 (BGBl. I S. 2026).

[2)] § 13a neu gef. mWv 1.8.2022 durch G v. 5.7.2021 (BGBl. I S. 3338).

[3)] §§ 13b und 13c aufgeh. mWv 1.1.2007 durch G v. 10.11.2006 (BGBl. I S. 2553).

[4)] § 13d eingef. durch G v. 22.7.1993 (BGBl. I S. 1282); Überschrift geänd. durch G v. 22.6.1998 (BGBl. I S. 1474); Abs. 1 und 3 geänd. mWv 1.1.2007 durch G v. 10.11.2006 (BGBl. I S. 2553); Abs. 2 und 3 geänd. mWv 1.11.2008 durch G v. 23.10.2008 (BGBl. I S. 2026).

(2) Die Eintragung der Errichtung der Zweigniederlassung hat auch den Ort und die inländische Geschäftsanschrift der Zweigniederlassung zu enthalten; ist der Firma der Zweigniederlassung ein Zusatz beigefügt, so ist auch dieser einzutragen.

(3) Im übrigen gelten für die Anmeldungen, Einreichungen, Eintragungen, Bekanntmachungen und Änderungen einzutragender Tatsachen, die die Zweigniederlassung eines Einzelkaufmanns, einer Handelsgesellschaft oder einer juristischen Person mit Ausnahme von Aktiengesellschaften, Kommanditgesellschaften auf Aktien und Gesellschaften mit beschränkter Haftung betreffen, die Vorschriften für Hauptniederlassungen oder Niederlassungen am Sitz der Gesellschaft sinngemäß, soweit nicht das ausländische Recht Abweichungen nötig macht.

**§ 13e[1] Zweigniederlassungen von Kapitalgesellschaften mit Sitz im Ausland.** (1) Für Zweigniederlassungen von Aktiengesellschaften und Gesellschaften mit beschränkter Haftung mit Sitz im Ausland gelten ergänzend zu § 13d die folgenden Vorschriften.

(2) [1] Die Errichtung einer Zweigniederlassung einer Aktiengesellschaft ist durch den Vorstand, die Errichtung einer Zweigniederlassung einer Gesellschaft mit beschränkter Haftung ist durch die Geschäftsführer zur Eintragung in das Handelsregister anzumelden. [2] Bei der Anmeldung ist das Bestehen der Gesellschaft als solcher nachzuweisen. [3] Die Anmeldung hat auch eine inländische Geschäftsanschrift und den Gegenstand der Zweigniederlassung zu enthalten. [4] Daneben kann eine Person, die für Willenserklärungen und Zustellungen an die Gesellschaft empfangsberechtigt ist, mit einer inländischen Anschrift zur Eintragung in das Handelsregister angemeldet werden; Dritten gegenüber gilt die Empfangsberechtigung als fortbestehend, bis sie im Handelsregister gelöscht und die Löschung bekannt gemacht worden ist, es sei denn, dass die fehlende Empfangsberechtigung dem Dritten bekannt war. [5] In der Anmeldung sind ferner anzugeben

1. das Register, bei dem die Gesellschaft geführt wird, und die Nummer des Registereintrags, sofern das Recht des Staates, in dem die Gesellschaft ihren Sitz hat, eine Registereintragung vorsieht;
2. die Rechtsform der Gesellschaft;
3. die Personen, die befugt sind, als ständige Vertreter für die Tätigkeit der Zweigniederlassung die Gesellschaft gerichtlich und außergerichtlich zu vertreten, unter Angabe ihrer Befugnisse;
4. wenn die Gesellschaft nicht dem Recht eines Mitgliedstaates der Europäischen Union oder eines anderen Vertragsstaates des Abkommens über den Europäischen Wirtschaftsraum unterliegt, das Recht des Staates, dem die Gesellschaft unterliegt.

(3) [1] Die in Absatz 2 Satz 5 Nr. 3 genannten Personen haben jede Änderung dieser Personen oder der Vertretungsbefugnis einer dieser Personen zur Eintragung in das Handelsregister anzumelden. [2] Wenn die Gesellschaft nicht dem Recht eines Mitgliedstaates der Europäischen Union oder eines anderen Vertragsstaates des Abkommens über den Europäischen Wirtschaftsraum unterliegt, gelten für die gesetzlichen Vertreter der Gesellschaft in Bezug auf die Zweigniederlassung § 76

---

[1] § 13e eingef. durch G v. 22.7.1993 (BGBl. I S. 1282); Abs. 2 Satz 2 Nr. 4 geänd. durch G v. 27.9. 1993 (BGBl. I S. 1666); Abs. 4 geänd. durch G v. 5.10.1994 (BGBl. I S. 2911); Abs. 2 Sätze 2 und 3 geänd., Satz 4 eingef., bish. Satz 4 wird Satz 5 und Nr. 4 geänd., Abs. 3 Satz 1 geänd., Satz 2 angef., Abs. 3a eingef., Abs. 4 geänd. mWv 1.11.2008 durch G v. 23.10.2008 (BGBl. I S. 2026); Abs. 6 angef. mWv 31.12.2014 durch G v. 22.12.2014 (BGBl. I S. 2409); Abs. 3 Satz 2 neu gef., Abs. 7 angef. mWv 1.8.2022 durch G v. 5.7.2021 (BGBl. I S. 3338).

Absatz 3 Satz 2 bis 4 des Aktiengesetzes[1] sowie § 6 Absatz 2 Satz 2 bis 4 des Gesetzes betreffend die Gesellschaften mit beschränkter Haftung[2] entsprechend.

(3a) [1] An die in Absatz 2 Satz 5 Nr. 3 genannten Personen als Vertreter der Gesellschaft können unter der im Handelsregister eingetragenen inländischen Geschäftsanschrift der Zweigniederlassung Willenserklärungen abgegeben und Schriftstücke zugestellt werden. [2] Unabhängig hiervon können die Abgabe und die Zustellung auch unter der eingetragenen Anschrift der empfangsberechtigten Person nach Absatz 2 Satz 4 erfolgen.

(4) Die in Absatz 2 Satz 5 Nr. 3 genannten Personen oder, wenn solche nicht angemeldet sind, die gesetzlichen Vertreter der Gesellschaft haben die Eröffnung oder die Ablehnung der Eröffnung eines Insolvenzverfahrens oder ähnlichen Verfahrens über das Vermögen der Gesellschaft zur Eintragung in das Handelsregister anzumelden.

(5) [1] Errichtet eine Gesellschaft mehrere Zweigniederlassungen im Inland, so brauchen die Satzung oder der Gesellschaftsvertrag sowie deren Änderungen nach Wahl der Gesellschaft nur zum Handelsregister einer dieser Zweigniederlassungen eingereicht zu werden. [2] In diesem Fall haben die nach Absatz 2 Satz 1 Anmeldepflichtigen zur Eintragung in den Handelsregistern der übrigen Zweigniederlassungen anzumelden, welches Register die Gesellschaft gewählt hat und unter welcher Nummer die Zweigniederlassung eingetragen ist.

(6) Die Landesjustizverwaltungen stellen sicher, dass die Daten einer Kapitalgesellschaft mit Sitz im Ausland, die im Rahmen des Europäischen Systems der Registervernetzung (§ 9b) empfangen werden, an das Registergericht weitergeleitet werden, das für eine inländische Zweigniederlassung dieser Gesellschaft zuständig ist.

(7) [1] Das zuständige Registergericht bestätigt den Eingang der Daten über das Europäische System der Registervernetzung. [2] Sofern zum Zeitpunkt des Dateneingangs bei dem Registergericht keine Anmeldung in Bezug auf die mitgeteilten Tatsachen vorliegt, fordert es die Gesellschaft zur unverzüglichen Anmeldung der geänderten Tatsachen auf.

**§ 13f[3] Zweigniederlassungen von Aktiengesellschaften mit Sitz im Ausland.** (1) Für Zweigniederlassungen von Aktiengesellschaften mit Sitz im Ausland gelten ergänzend die folgenden Vorschriften.

(2) [1] Der Anmeldung ist die Satzung in öffentlich beglaubigter Abschrift und, sofern die Satzung nicht in deutscher Sprache erstellt ist, eine beglaubigte Übersetzung in deutscher Sprache beizufügen. [2] Die Vorschriften des § 37 Abs. 2 und 3 des Aktiengesetzes[1] finden Anwendung. [3] § 37 Absatz 2 des Aktiengesetzes ist nicht anzuwenden auf Aktiengesellschaften, die dem Recht eines Mitgliedstaates der Europäischen Union oder eines anderen Vertragsstaates des Abkommens über den Europäischen Wirtschaftsraum unterliegen. [4] Soweit nicht das ausländische Recht eine Abweichung nötig macht, sind in die Anmeldung die in § 23 Abs. 3 und 4 des Aktiengesetzes vorgesehenen Bestimmungen und Bestimmungen der

---

[1] Nr. **51**.

[2] Nr. **52**.

[3] § 13f eingef. durch G v. 22.7.1993 (BGBl. I S. 1282); Abs. 2 Satz 2 geänd., Satz 3 neu gef., Abs. 4 aufgeh., bish. Abs. 5–8 werden Abs. 4–7, neuer Abs. 5 geänd. mWv 1.1.2007 durch G v. 10.11.2006 (BGBl. I S. 2553); Abs. 2 Satz 2, Abs. 3, 5 geänd. mWv 1.11.2008 durch G v. 23.10.2008 (BGBl. I S. 2026); Abs. 2 Satz 3 geänd. mWv 31.12.2015 durch G v. 22.12.2015 (BGBl. I S. 2565); Abs. 2 Satz 3 eingef., bish. Sätze 3 und 4 werden Sätze 4 und 5, Abs. 5 Satz 2 angef. mWv 1.8.2022 durch G v. 5.7.2021 (BGBl. I S. 3338).

Satzung über die Zusammensetzung des Vorstandes aufzunehmen; erfolgt die Anmeldung in den ersten zwei Jahren nach der Eintragung der Gesellschaft in das Handelsregister ihres Sitzes, sind auch die Angaben über Festsetzungen nach den §§ 26 und 27 des Aktiengesetzes und der Ausgabebetrag der Aktien sowie Name und Wohnort der Gründer aufzunehmen. [5] Der Anmeldung ist die für den Sitz der Gesellschaft ergangene gerichtliche Bekanntmachung beizufügen.

(3) Die Eintragung der Errichtung der Zweigniederlassung hat auch die Angaben nach § 39 des Aktiengesetzes sowie die Angaben nach § 13e Abs. 2 Satz 3 bis 5 zu enthalten.

(4) [1] Änderungen der Satzung der ausländischen Gesellschaft sind durch den Vorstand zur Eintragung in das Handelsregister anzumelden. [2] Für die Anmeldung gelten die Vorschriften des § 181 Abs. 1 und 2 des Aktiengesetzes sinngemäß, soweit nicht das ausländische Recht Abweichungen nötig macht.

(5) [1] Im übrigen gelten die Vorschriften der §§ 81, 263 Satz 1, § 266 Abs. 1 und 2, § 273 Abs. 1 Satz 1 des Aktiengesetzes sinngemäß, soweit nicht das ausländische Recht Abweichungen nötig macht. [2] § 81 Absatz 3 des Aktiengesetzes ist nicht anzuwenden auf Aktiengesellschaften, die dem Recht eines Mitgliedstaates der Europäischen Union oder eines anderen Vertragsstaates des Abkommens über den Europäischen Wirtschaftsraum unterliegen.

(6) Für die Aufhebung einer Zweigniederlassung gelten die Vorschriften über ihre Errichtung sinngemäß.

(7) Die Vorschriften über Zweigniederlassungen von Aktiengesellschaften mit Sitz im Ausland gelten sinngemäß für Zweigniederlassungen von Kommanditgesellschaften auf Aktien mit Sitz im Ausland, soweit sich aus den Vorschriften der §§ 278 bis 290 des Aktiengesetzes oder aus dem Fehlen eines Vorstands nichts anderes ergibt.

**§ 13g[1)] Zweigniederlassungen von Gesellschaften mit beschränkter Haftung mit Sitz im Ausland.** (1) Für Zweigniederlassungen von Gesellschaften mit beschränkter Haftung mit Sitz im Ausland gelten ergänzend die folgenden Vorschriften.

(2) [1] Der Anmeldung ist der Gesellschaftsvertrag in öffentlich beglaubigter Abschrift und, sofern der Gesellschaftsvertrag nicht in deutscher Sprache erstellt ist, eine beglaubigte Übersetzung in deutscher Sprache beizufügen. [2] Die Vorschriften des § 8 Abs. 1 Nr. 2 und Abs. 3 und 4 des Gesetzes betreffend die Gesellschaften mit beschränkter Haftung[2)] sind anzuwenden. [3] § 8 Absatz 3 des Gesetzes betreffend die Gesellschaften mit beschränkter Haftung ist nicht anzuwenden auf Gesellschaften, die dem Recht eines Mitgliedstaates der Europäischen Union oder eines anderen Vertragsstaates des Abkommens über den Europäischen Wirtschaftsraum unterliegen. [4] Wird die Errichtung der Zweigniederlassung in den ersten zwei Jahren nach der Eintragung der Gesellschaft in das Handelsregister ihres Sitzes angemeldet, so sind in die Anmeldung auch die nach § 5 Abs. 4 des Gesetzes betreffend die Gesellschaften mit beschränkter Haftung getroffenen Festsetzungen aufzunehmen, soweit nicht das ausländische Recht Abweichungen nötig macht.

---

[1)] § 13g eingef. durch G v. 22.7.1993 (BGBl. I S. 1282); Abs. 2 Satz 2, Abs. 3 geänd., Abs. 4 aufgeh., bish. Abs. 5–7 werden Abs. 4–6, neuer Abs. 5 geänd. mWv 1.1.2007 durch G v. 10.11.2006 (BGBl. I S. 2553); Abs. 2 Satz 2, Abs. 3, 5 geänd. mWv 1.11.2008 durch G v. 23.10.2008 (BGBl. I S. 2026); Abs. 2 Satz 3 eingef., bish. Satz 3 wird Satz 4, Abs. 5 Satz 2 angef. mWv 1.8.2022 durch G v. 5.7.2021 (BGBl. I S. 3338).

[2)] Nr. **52**.

(3) Die Eintragung der Errichtung der Zweigniederlassung hat auch die Angaben nach § 10 des Gesetzes betreffend die Gesellschaften mit beschränkter Haftung sowie die Angaben nach § 13e Abs. 2 Satz 3 bis 5 zu enthalten.

(4) [1] Änderungen des Gesellschaftsvertrages der ausländischen Gesellschaft sind durch die Geschäftsführer zur Eintragung in das Handelsregister anzumelden. [2] Für die Anmeldung gelten die Vorschriften des § 54 Abs. 1 und 2 des Gesetzes betreffend die Gesellschaften mit beschränkter Haftung sinngemäß, soweit nicht das ausländische Recht Abweichungen nötig macht.

(5) [1] Im übrigen gelten die Vorschriften der §§ 39, 65 Abs. 1 Satz 1, § 67 Abs. 1 und 2, § 74 Abs. 1 Satz 1 des Gesetzes betreffend die Gesellschaften mit beschränkter Haftung sinngemäß, soweit nicht das ausländische Recht Abweichungen nötig macht. [2] § 39 Absatz 3 des Gesetzes betreffend die Gesellschaften mit beschränkter Haftung ist nicht anzuwenden auf Gesellschaften, die dem Recht eines Mitgliedstaates der Europäischen Union oder eines anderen Vertragsstaates des Abkommens über den Europäischen Wirtschaftsraum unterliegen.

(6) Für die Aufhebung einer Zweigniederlassung gelten die Vorschriften über ihre Errichtung sinngemäß.

### § 13h[1)] Verlegung des Sitzes einer Hauptniederlassung im Inland.

(1) Wird die Hauptniederlassung eines Einzelkaufmanns oder einer juristischen Person oder der Sitz einer Handelsgesellschaft im Inland verlegt, so ist die Verlegung beim Gericht der bisherigen Hauptniederlassung oder des bisherigen Sitzes anzumelden.

(2) [1] Wird die Hauptniederlassung oder der Sitz aus dem Bezirk des Gerichts der bisherigen Hauptniederlassung oder des bisherigen Sitzes verlegt, so hat dieses unverzüglich von Amts wegen die Verlegung dem Gericht der neuen Hauptniederlassung oder des neuen Sitzes mitzuteilen. [2] Der Mitteilung sind die Eintragungen für die bisherige Hauptniederlassung oder den bisherigen Sitz sowie die bei dem bisher zuständigen Gericht aufbewahrten Urkunden beizufügen. [3] Das Gericht der neuen Hauptniederlassung oder des neuen Sitzes hat zu prüfen, ob die Hauptniederlassung oder der Sitz ordnungsgemäß verlegt und § 30 beachtet ist. [4] Ist dies der Fall, so hat es die Verlegung einzutragen und dabei die ihm mitgeteilten Eintragungen ohne weitere Nachprüfung in sein Handelsregister zu übernehmen. [5] Die Eintragung ist dem Gericht der bisherigen Hauptniederlassung oder des bisherigen Sitzes mitzuteilen. [6] Dieses hat die erforderlichen Eintragungen von Amts wegen vorzunehmen.

(3) [1] Wird die Hauptniederlassung oder der Sitz an einen anderen Ort innerhalb des Bezirks des Gerichts der bisherigen Hauptniederlassung oder des bisherigen Sitzes verlegt, so hat das Gericht zu prüfen, ob die Hauptniederlassung oder der Sitz ordnungsgemäß verlegt und § 30 beachtet ist. [2] Ist dies der Fall, so hat es die Verlegung einzutragen.

**§ 14[2)] [Festsetzung von Zwangsgeld]** [1] Wer seiner Pflicht zur Anmeldung oder zur Einreichung von Dokumenten zum Handelsregister nicht nachkommt, ist hierzu von dem Registergericht durch Festsetzung von Zwangsgeld anzuhalten.

---

1) Bish. § 13c wird § 13h und Überschrift eingef. durch G v. 22.7.1993 (BGBl. I S. 1282); ursprünglich eingef. durch G v. 10.8.1937 (RGBl. I S. 897) und neu gef. durch G v. 6.9.1965 (BGBl. I S. 1185).

2) § 14 neu gef. durch G v. 6.9.1965 (BGBl. I S. 1185); geänd. durch G v. 2.3.1974 (BGBl. I S. 496); Satz 2 geänd. mWv 25.1.2001 durch G v. 18.1.2001 (BGBl. I S. 123); Satz 1 geänd. mWv 1.1.2007 durch G v. 10.11.2006 (BGBl. I S. 2553).

[2]Das einzelne Zwangsgeld darf den Betrag von fünftausend Euro nicht übersteigen.

**§ 15[1)] [Publizität des Handelsregisters]** (1) Solange eine in das Handelsregister einzutragende Tatsache nicht eingetragen und bekanntgemacht ist, kann sie von demjenigen, in dessen Angelegenheiten sie einzutragen war, einem Dritten nicht entgegengesetzt werden, es sei denn, daß sie diesem bekannt war.

(2) [1]Ist die Tatsache eingetragen und bekanntgemacht worden, so muß ein Dritter sie gegen sich gelten lassen. [2]Dies gilt nicht bei Rechtshandlungen, die innerhalb von fünfzehn Tagen nach der Bekanntmachung vorgenommen werden, sofern der Dritte beweist, daß er die Tatsache weder kannte noch kennen mußte.

(3) Ist eine einzutragende und bekannt gemachte Tatsache unrichtig eingetragen, so kann sich ein Dritter demjenigen gegenüber, in dessen Angelegenheit die Tatsache einzutragen war, auf die eingetragene Tatsache berufen, es sei denn, dass er die Unrichtigkeit kannte.

(4) Für den Geschäftsverkehr mit einer in das Handelsregister eingetragenen Zweigniederlassung eines Unternehmens mit Sitz oder Hauptniederlassung im Ausland ist im Sinne dieser Vorschriften die Eintragung und Bekanntmachung durch das Gericht der Zweigniederlassung entscheidend.

(5) Die Absätze 1 bis 3 sind nicht anzuwenden im Hinblick auf die im Registerblatt einer Kapitalgesellschaft eingetragenen Informationen über eine Zweigniederlassung der Gesellschaft im Ausland.

**§ 15a[2)] Öffentliche Zustellung.** [1]Ist bei einer juristischen Person, die zur Anmeldung einer inländischen Geschäftsanschrift zum Handelsregister verpflichtet ist, der Zugang einer Willenserklärung nicht unter der eingetragenen Anschrift oder einer im Handelsregister eingetragenen Anschrift einer für Zustellungen empfangsberechtigten Person oder einer ohne Ermittlungen bekannten anderen inländischen Anschrift möglich, kann die Zustellung nach den für die öffentliche Zustellung geltenden Vorschriften der Zivilprozessordnung erfolgen. [2]Zuständig ist das Amtsgericht, in dessen Bezirk sich die eingetragene inländische Geschäftsanschrift der Gesellschaft befindet. [3]§ 132 des Bürgerlichen Gesetzbuchs[3)] bleibt unberührt.

**§ 16 [Entscheidung des Prozessgerichts]** (1) [1]Ist durch eine rechtskräftige oder vollstreckbare Entscheidung des Prozeßgerichts die Verpflichtung zur Mitwirkung bei einer Anmeldung zum Handelsregister oder ein Rechtsverhältnis, bezüglich dessen eine Eintragung zu erfolgen hat, gegen einen von mehreren bei der Vornahme der Anmeldung Beteiligten festgestellt, so genügt zur Eintragung die Anmeldung der übrigen Beteiligten. [2]Wird die Entscheidung, auf Grund deren die Eintragung erfolgt ist, aufgehoben, so ist dies auf Antrag eines der Beteiligten in das Handelsregister einzutragen.

(2) Ist durch eine rechtskräftige oder vollstreckbare Entscheidung des Prozeßgerichts die Vornahme einer Eintragung für unzulässig erklärt, so darf die Ein-

[1)] § 15 Abs. 2 neu gef., Abs. 3 eingef., bish. Abs. 3 wird Abs. 4 durch G v. 15.8.1969 (BGBl. I S. 1146); Abs. 4 Satz 2 angef. mWv 25.1.2001 durch G v. 18.1.2001 (BGBl. I S. 123); Abs. 4 Satz 2 aufgeh., bish. Satz 1 geänd. mWv 1.1.2007 durch G v. 10.11.2006 (BGBl. I S. 2553); Abs. 3 neu gef., Abs. 5 angef. mWv 1.8.2022 durch G v. 5.7.2021 (BGBl. I S. 3338).

[2)] § 15a eingef. mWv 1.11.2008 durch G v. 23.10.2008 (BGBl. I S. 2026).

[3)] Nr. **20**.

tragung nicht gegen den Widerspruch desjenigen erfolgen, welcher die Entscheidung erwirkt hat.

## Dritter Abschnitt. Handelsfirma

**§ 17**[1] **[Begriff]** (1) Die Firma eines Kaufmanns ist der Name, unter dem er seine Geschäfte betreibt und die Unterschrift abgibt.

(2) Ein Kaufmann kann unter seiner Firma klagen und verklagt werden.

**§ 18**[2] **[Firma des Kaufmanns]** (1) Die Firma muß zur Kennzeichnung des Kaufmanns geeignet sein und Unterscheidungskraft besitzen.

(2) [1] Die Firma darf keine Angaben enthalten, die geeignet sind, über geschäftliche Verhältnisse, die für die angesprochenen Verkehrskreise wesentlich sind, irrezuführen. [2] Im Verfahren vor dem Registergericht wird die Eignung zur Irreführung nur berücksichtigt, wenn sie ersichtlich ist.

**§ 19**[3] **[Bezeichnung der Firma bei Einzelkaufleuten, einer OHG oder KG]** (1) Die Firma muß, auch wenn sie nach den §§ 21, 22, 24 oder nach anderen gesetzlichen Vorschriften fortgeführt wird, enthalten:

1. bei Einzelkaufleuten die Bezeichnung „eingetragener Kaufmann", „eingetragene Kauffrau" oder eine allgemein verständliche Abkürzung dieser Bezeichnung, insbesondere „e.K.", „e.Kfm." oder „e.Kfr.";
2. bei einer offenen Handelsgesellschaft die Bezeichnung „offene Handelsgesellschaft" oder eine allgemein verständliche Abkürzung dieser Bezeichnung;
3. bei einer Kommanditgesellschaft die Bezeichnung „Kommanditgesellschaft" oder eine allgemein verständliche Abkürzung dieser Bezeichnung.

(2) Wenn in einer offenen Handelsgesellschaft oder Kommanditgesellschaft keine natürliche Person persönlich haftet, muß die Firma, auch wenn sie nach den §§ 21, 22, 24 oder nach anderen gesetzlichen Vorschriften fortgeführt wird, eine Bezeichnung enthalten, welche die Haftungsbeschränkung kennzeichnet.

**§ 20**[4] *(aufgehoben)*

**§ 21**[5] **[Fortführung bei Namensänderung]** Wird ohne eine Änderung der Person der in der Firma enthaltene Name des Geschäftsinhabers oder eines Gesellschafters geändert, so kann die bisherige Firma fortgeführt werden.

**§ 22**[6] **[Fortführung bei Erwerb des Handelsgeschäfts]** (1) Wer ein bestehendes Handelsgeschäft unter Lebenden oder von Todes wegen erwirbt, darf für das Geschäft die bisherige Firma, auch wenn sie den Namen des bisherigen Geschäftsinhabers enthält, mit oder ohne Beifügung eines das Nachfolgeverhältnis andeutenden Zusatzes fortführen, wenn der bisherige Geschäftsinhaber oder dessen Erben in die Fortführung der Firma ausdrücklich willigen.

---

[1] § 17 Abs. 1 geänd. durch G v. 22.6.1998 (BGBl. I S. 1474).
[2] § 18 neu gef. durch G v. 22.6.1998 (BGBl. I S. 1474).
[3] § 19 neu gef. durch G v. 22.6.1998 (BGBl. I S. 1474).
[4] § 20 aufgeh. durch G v. 30.1.1937 (RGBl. I S. 166).
[5] § 21 geänd. durch G v. 22.6.1998 (BGBl. I S. 1474).
[6] § 22 Abs. 1 Satz 2 aufgeh. durch VO v. 29.9.1937 (RGBl. I S. 1026); Abs. 1 geänd. durch G v. 22.6.1998 (BGBl. I S. 1474).

(2) Wird ein Handelsgeschäft auf Grund eines Nießbrauchs, eines Pachtvertrags oder eines ähnlichen Verhältnisses übernommen, so finden diese Vorschriften entsprechende Anwendung.

**§ 23 [Veräußerungsverbot]** Die Firma kann nicht ohne das Handelsgeschäft, für welches sie geführt wird, veräußert werden.

**§ 24[1)] [Fortführung bei Änderungen im Gesellschafterbestand]**

(1) Wird jemand in ein bestehendes Handelsgeschäft als Gesellschafter aufgenommen oder tritt ein neuer Gesellschafter in eine Handelsgesellschaft ein oder scheidet aus einer solchen ein Gesellschafter aus, so kann ungeachtet dieser Veränderung die bisherige Firma fortgeführt werden, auch wenn sie den Namen des bisherigen Geschäftsinhabers oder Namen von Gesellschaftern enthält.

(2) Bei dem Ausscheiden eines Gesellschafters, dessen Name in der Firma enthalten ist, bedarf es zur Fortführung der Firma der ausdrücklichen Einwilligung des Gesellschafters oder seiner Erben.

**§ 25 [Haftung des Erwerbers bei Firmenfortführung]** (1) [1] Wer ein unter Lebenden erworbenes Handelsgeschäft unter der bisherigen Firma mit oder ohne Beifügung eines das Nachfolgeverhältnis andeutenden Zusatzes fortführt, haftet für alle im Betriebe des Geschäfts begründeten Verbindlichkeiten des früheren Inhabers. [2] Die in dem Betriebe begründeten Forderungen gelten den Schuldnern gegenüber als auf den Erwerber übergegangen, falls der bisherige Inhaber oder seine Erben in die Fortführung der Firma gewilligt haben.

(2) Eine abweichende Vereinbarung ist einem Dritten gegenüber nur wirksam, wenn sie in das Handelsregister eingetragen und bekanntgemacht oder von dem Erwerber oder dem Veräußerer dem Dritten mitgeteilt worden ist.

(3) Wird die Firma nicht fortgeführt, so haftet der Erwerber eines Handelsgeschäfts für die früheren Geschäftsverbindlichkeiten nur, wenn ein besonderer Verpflichtungsgrund vorliegt, insbesondere wenn die Übernahme der Verbindlichkeiten in handelsüblicher Weise von dem Erwerber bekanntgemacht worden ist.

**§ 26[2)] [Fristen bei Haftung nach § 25]** (1) [1] Ist der Erwerber des Handelsgeschäfts auf Grund der Fortführung der Firma oder auf Grund der in § 25 Abs. 3 bezeichneten Kundmachung für die früheren Geschäftsverbindlichkeiten haftbar, so haftet der frühere Geschäftsinhaber für diese Verbindlichkeiten nur, wenn sie vor Ablauf von fünf Jahren fällig und daraus Ansprüche gegen ihn in einer in § 197 Abs. 1 Nr. 3 bis 5 des Bürgerlichen Gesetzbuchs[3)] bezeichneten Art festgestellt sind oder eine gerichtliche oder behördliche Vollstreckungshandlung vorgenommen oder beantragt wird; bei öffentlich-rechtlichen Verbindlichkeiten genügt der Erlass eines Verwaltungsakts. [2] Die Frist beginnt im Falle des § 25 Abs. 1 mit dem Ende des Tages, an dem der neue Inhaber der Firma in das Handelsregister des Gerichts der Hauptniederlassung eingetragen wird, im Falle des § 25 Abs. 3 mit dem Ende des Tages, an dem die Übernahme kundgemacht wird. [3] Die für die Verjährung geltenden §§ 204, 206, 210, 211 und 212 Abs. 2 und 3 des Bürgerlichen Gesetzbuches sind entsprechend anzuwenden.

---

[1)] § 24 Abs. 1 geänd. durch G v. 22.6.1998 (BGBl. I S. 1474).

[2)] § 26 neu gef. durch G v. 18.3.1994 (BGBl. I S. 560); Abs. 1 Sätze 1 und 3, Abs. 2 geänd. mWv 1.1. 2002 durch G v. 26.11.2001 (BGBl. I S. 3138).

[3)] Nr. **20**.

(2) Einer Feststellung in einer in § 197 Abs. 1 Nr. 3 bis 5 des Bürgerlichen Gesetzbuchs bezeichneten Art bedarf es nicht, soweit der frühere Geschäftsinhaber den Anspruch schriftlich anerkannt hat.

**§ 27**[1] **[Haftung des Erben bei Geschäftsfortführung]** (1) Wird ein zu einem Nachlasse gehörendes Handelsgeschäft von dem Erben fortgeführt, so finden auf die Haftung des Erben für die früheren Geschäftsverbindlichkeiten die Vorschriften des § 25 entsprechende Anwendung.

(2) [1] Die unbeschränkte Haftung nach § 25 Abs. 1 tritt nicht ein, wenn die Fortführung des Geschäfts vor dem Ablaufe von drei Monaten nach dem Zeitpunkt, in welchem der Erbe von dem Anfalle der Erbschaft Kenntnis erlangt hat, eingestellt wird. [2] Auf den Lauf der Frist finden die für die Verjährung geltenden Vorschriften des § 210 des Bürgerlichen Gesetzbuchs[2] entsprechende Anwendung. [3] Ist bei dem Ablaufe der drei Monate das Recht zur Ausschlagung der Erbschaft noch nicht verloren, so endigt die Frist nicht vor dem Ablaufe der Ausschlagungsfrist.

**§ 28**[3] **[Eintritt in das Geschäft eines Einzelkaufmanns]** (1) [1] Tritt jemand als persönlich haftender Gesellschafter oder als Kommanditist in das Geschäft eines Einzelkaufmanns ein, so haftet die Gesellschaft, auch wenn sie die frühere Firma nicht fortführt, für alle im Betriebe des Geschäfts entstandenen Verbindlichkeiten des früheren Geschäftsinhabers. [2] Die in dem Betriebe begründeten Forderungen gelten den Schuldnern gegenüber als auf die Gesellschaft übergegangen.

(2) Eine abweichende Vereinbarung ist einem Dritten gegenüber nur wirksam, wenn sie in das Handelsregister eingetragen und bekanntgemacht oder von einem Gesellschafter dem Dritten mitgeteilt worden ist.

(3) [1] Wird der frühere Geschäftsinhaber Kommanditist und haftet die Gesellschaft für die im Betrieb seines Geschäfts entstandenen Verbindlichkeiten, so ist für die Begrenzung seiner Haftung § 26 entsprechend mit der Maßgabe anzuwenden, daß die in § 26 Abs. 1 bestimmte Frist mit dem Ende des Tages beginnt, an dem die Gesellschaft in das Handelsregister eingetragen wird. [2] Dies gilt auch, wenn er in der Gesellschaft oder einem ihr als Gesellschafter angehörenden Unternehmen geschäftsführend tätig wird. [3] Seine Haftung als Kommanditist bleibt unberührt.

**§ 29**[4] **[Anmeldung der Firma]** Jeder Kaufmann ist verpflichtet, seine Firma, den Ort und die inländische Geschäftsanschrift seiner Handelsniederlassung bei dem Gericht, in dessen Bezirke sich die Niederlassung befindet, zur Eintragung in das Handelsregister anzumelden.

**§ 30**[5] **[Unterscheidbarkeit]** (1) Jede neue Firma muß sich von allen an demselben Ort oder in derselben Gemeinde bereits bestehenden und in das Handelsregister oder in das Genossenschaftsregister eingetragenen Firmen deutlich unterscheiden.

(2) Hat ein Kaufmann mit einem bereits eingetragenen Kaufmanne die gleichen Vornamen und den gleichen Familiennamen und will auch er sich dieser Namen

[1] § 27 Abs. 2 Satz 2 geänd. mWv 1.1.2002 durch G v. 26.11.2001 (BGBl. I S. 3138).
[2] Nr. **20**.
[3] § 28 Abs. 3 angef. durch G v. 18.3.1994 (BGBl. I S. 560).
[4] § 29 geänd. durch G v. 22.6.1998 (BGBl. I S. 1474); geänd. mWv 1.1.2007 durch G v. 10.11.2006 (BGBl. I S. 2553); geänd. mWv 1.11.2008 durch G v. 23.10.2008 (BGBl. I S. 2026).
[5] § 30 Abs. 1 neu gef. durch G v. 9.10.1973 (BGBl. I S. 1451).

als seiner Firma bedienen, so muß er der Firma einen Zusatz beifügen, durch den sie sich von der bereits eingetragenen Firma deutlich unterscheidet.

(3) Besteht an dem Orte oder in der Gemeinde, wo eine Zweigniederlassung errichtet wird, bereits eine gleiche eingetragene Firma, so muß der Firma für die Zweigniederlassung ein der Vorschrift des Absatzes 2 entsprechender Zusatz beigefügt werden.

(4) Durch die Landesregierungen kann bestimmt werden, daß benachbarte Orte oder Gemeinden als ein Ort oder als eine Gemeinde im Sinne dieser Vorschriften anzusehen sind.

**§ 31[1)] [Änderung der Firma; Erlöschen]** (1) Eine Änderung der Firma oder ihrer Inhaber, die Verlegung der Niederlassung an einen anderen Ort sowie die Änderung der inländischen Geschäftsanschrift ist nach den Vorschriften des § 29 zur Eintragung in das Handelsregister anzumelden.

(2) [1]Das gleiche gilt, wenn die Firma erlischt. [2]Kann die Anmeldung des Erlöschens einer eingetragenen Firma durch die hierzu Verpflichteten nicht auf dem in § 14 bezeichneten Wege herbeigeführt werden, so hat das Gericht das Erlöschen von Amts wegen einzutragen.

**§ 32[2)] [Insolvenzverfahren]** (1) [1]Wird über das Vermögen eines Kaufmanns das Insolvenzverfahren eröffnet, so ist dies von Amts wegen in das Handelsregister einzutragen. [2]Das gleiche gilt für

1. die Aufhebung des Eröffnungsbeschlusses,
2. die Bestellung eines vorläufigen Insolvenzverwalters, wenn zusätzlich dem Schuldner ein allgemeines Verfügungsverbot auferlegt oder angeordnet wird, daß Verfügungen des Schuldners nur mit Zustimmung des vorläufigen Insolvenzverwalters wirksam sind, und die Aufhebung einer derartigen Sicherungsmaßnahme,
3. die Anordnung der Eigenverwaltung durch den Schuldner und deren Aufhebung sowie die Anordnung der Zustimmungsbedürftigkeit bestimmter Rechtsgeschäfte des Schuldners,
4. die Einstellung und die Aufhebung des Verfahrens und
5. die Überwachung der Erfüllung eines Insolvenzplans und die Aufhebung der Überwachung.

(2) Die Vorschriften des § 15 sind nicht anzuwenden.

**§ 33[3)] [Juristische Person]** (1) Eine juristische Person, deren Eintragung in das Handelsregister mit Rücksicht auf den Gegenstand oder auf die Art und den Umfang ihres Gewerbebetriebes zu erfolgen hat, ist von sämtlichen Mitgliedern des Vorstandes zur Eintragung anzumelden.

(2) [1]Der Anmeldung sind die Satzung der juristischen Person und die Urkunden über die Bestellung des Vorstandes in Urschrift oder in öffentlich beglaubigter Abschrift beizufügen; ferner ist anzugeben, welche Vertretungsmacht die Vor-

---

[1)] § 31 Abs. 1 geänd. mWv 1.11.2008 durch G v. 23.10.2008 (BGBl. I S. 2026).

[2)] § 32 neu gef. durch G v. 5.10.1994 (BGBl. I S. 2911); Abs. 1 Satz 2 Nr. 3 eingef., bish. Nr. 3 und 4 werden Nr. 4 und 5 durch G v. 19.12.1998 (BGBl. I S. 3836); Abs. 2 Satz 1 aufgeh. mWv 1.8.2022 durch G v. 5.7.2021 (BGBl. I S. 3338).

[3)] § 33 neu gef. durch G v. 10.8.1937 (RGBl. I S. 897); Abs. 2 Sätze 1, 2 und 3 geänd., Abs. 4 angef. mWv 15.12.2001 durch G v. 10.12.2001 (BGBl. I S. 3422); Abs. 3 geänd. mWv 1.1.2007 durch G v. 10.11.2006 (BGBl. I S. 2553).

standsmitglieder haben. [2]Bei der Eintragung sind die Firma und der Sitz der juristischen Person, der Gegenstand des Unternehmens, die Mitglieder des Vorstandes und ihre Vertretungsmacht anzugeben. [3]Besondere Bestimmungen der Satzung über die Zeitdauer des Unternehmens sind gleichfalls einzutragen.

(3) Die Errichtung einer Zweigniederlassung ist durch den Vorstand anzumelden.

(4) Für juristische Personen im Sinne von Absatz 1 gilt die Bestimmung des § 37a entsprechend.

**§ 34[1)] [Anmeldung und Eintragung von Änderungen]** (1) Jede Änderung der nach § 33 Abs. 2 Satz 2 und 3 einzutragenden Tatsachen oder der Satzung, die Auflösung der juristischen Person, falls sie nicht die Folge der Eröffnung des Insolvenzverfahrens ist, sowie die Personen der Liquidatoren, ihre Vertretungsmacht, jeder Wechsel der Liquidatoren und jede Änderung ihrer Vertretungsmacht sind zur Eintragung in das Handelsregister anzumelden.

(2) Bei der Eintragung einer Änderung der Satzung genügt, soweit nicht die Änderung die in § 33 Abs. 2 Satz 2 und 3 bezeichneten Angaben betrifft, die Bezugnahme auf die bei dem Gericht eingereichten Urkunden über die Änderung.

(3) Die Anmeldung hat durch den Vorstand oder, sofern die Eintragung erst nach der Anmeldung der ersten Liquidatoren geschehen soll, durch die Liquidatoren zu erfolgen.

(4) Die Eintragung gerichtlich bestellter Vorstandsmitglieder oder Liquidatoren geschieht von Amts wegen.

(5) Im Falle des Insolvenzverfahrens finden die Vorschriften des § 32 Anwendung.

**§ 35[2)]** *(aufgehoben)*

**§ 36[3)]** *(aufgehoben)*

**§ 37[4)] [Unzulässiger Firmengebrauch]** (1) Wer eine nach den Vorschriften dieses Abschnitts ihm nicht zustehende Firma gebraucht, ist von dem Registergerichte zur Unterlassung des Gebrauchs der Firma durch Festsetzung von Ordnungsgeld anzuhalten.

(2) [1]Wer in seinen Rechten dadurch verletzt wird, daß ein anderer eine Firma unbefugt gebraucht, kann von diesem die Unterlassung des Gebrauchs der Firma verlangen. [2]Ein nach sonstigen Vorschriften begründeter Anspruch auf Schadensersatz bleibt unberührt.

*(Fortsetzung nächstes Blatt)*

---

[1)] § 34 Abs. 1 und 5 geänd. mWv 1.1.1999 durch G v. 5.10.1994 (BGBl. I S. 2911, geänd. durch G v. 22.6.1998, BGBl. I S. 1474); Abs. 1 und 2 geänd. durch G v. 22.6.1998 (BGBl. I S. 1474); Abs. 1 geänd. mWv 15.12.2001 durch G v. 10.12.2001 (BGBl. I S. 3422).

[2)] § 35 aufgeh. mWv 1.1.2007 durch G v. 10.11.2006 (BGBl. I S. 2553).

[3)] § 36 aufgeh. durch G v. 22.6.1998 (BGBl. I S. 1474).

[4)] § 37 Abs. 1 geänd. durch G v. 2.3.1974 (BGBl. I S. 469); Abs. 1 bish. Satz 2 aufgeh. durch Nichtaufnahme in das BGBl. Teil III; vgl. § 3 Abs. 1 G v. 10.7.1958 (BGBl. I S. 437) iVm § 3 Abs. 2 Nr. 1 G v. 28.12.1968 (BGBl. I S. 1451).

**§ 37a**[1] **[Angaben auf Geschäftsbriefen]** (1) Auf allen Geschäftsbriefen des Kaufmanns gleichviel welcher Form, die an einen bestimmten Empfänger gerichtet werden, müssen seine Firma, die Bezeichnung nach § 19 Abs. 1 Nr. 1, der Ort seiner Handelsniederlassung, das Registergericht und die Nummer, unter der die Firma in das Handelsregister eingetragen ist, angegeben werden.

(2) Der Angaben nach Absatz 1 bedarf es nicht bei Mitteilungen oder Berichten, die im Rahmen einer bestehenden Geschäftsverbindung ergehen und für die üblicherweise Vordrucke verwendet werden, in denen lediglich die im Einzelfall erforderlichen besonderen Angaben eingefügt zu werden brauchen.

(3) [1] Bestellscheine gelten als Geschäftsbriefe im Sinne des Absatzes 1. [2] Absatz 2 ist auf sie nicht anzuwenden.

(4) [1] Wer seiner Pflicht nach Absatz 1 nicht nachkommt, ist hierzu von dem Registergericht durch Festsetzung von Zwangsgeld anzuhalten. [2] § 14 Satz 2 gilt entsprechend.

## Vierter Abschnitt. Handelsbücher

**§§ 38–47b**[2] *(aufgehoben)*

## Fünfter Abschnitt. Prokura und Handlungsvollmacht[3]

**§ 48 [Erteilung der Prokura; Gesamtprokura]** (1) Die Prokura kann nur von dem Inhaber des Handelsgeschäfts oder seinem gesetzlichen Vertreter und nur mittels ausdrücklicher Erklärung erteilt werden.

(2) Die Erteilung kann an mehrere Personen gemeinschaftlich erfolgen (Gesamtprokura).

**§ 49 [Umfang der Prokura]** (1) Die Prokura ermächtigt zu allen Arten von gerichtlichen und außergerichtlichen Geschäften und Rechtshandlungen, die der Betrieb eines Handelsgewerbes mit sich bringt.

(2) Zur Veräußerung und Belastung von Grundstücken ist der Prokurist nur ermächtigt, wenn ihm diese Befugnis besonders erteilt ist.

**§ 50 [Beschränkung des Umfanges]** (1) Eine Beschränkung des Umfanges der Prokura ist Dritten gegenüber unwirksam.

(2) Dies gilt insbesondere von der Beschränkung, daß die Prokura nur für gewisse Geschäfte oder gewisse Arten von Geschäften oder nur unter gewissen Umständen oder für eine gewisse Zeit oder an einzelnen Orten ausgeübt werden soll.

(3) [1] Eine Beschränkung der Prokura auf den Betrieb einer von mehreren Niederlassungen des Geschäftsinhabers ist Dritten gegenüber nur wirksam, wenn die Niederlassungen unter verschiedenen Firmen betrieben werden. [2] Eine Verschiedenheit der Firmen im Sinne dieser Vorschrift wird auch dadurch begründet, daß für eine Zweigniederlassung der Firma ein Zusatz beigefügt wird, der sie als Firma der Zweigniederlassung bezeichnet.

---

[1] § 37a eingef. durch G v. 22.6.1998 (BGBl. I S. 1474); Abs. 1 geänd. mWv 1.1.2007 durch G v. 10.11.2006 (BGBl. I S. 2553).

[2] §§ 38–47b aufgeh. durch G v. 19.12.1985 (BGBl. I S. 2355).

[3] Beachte hierzu auch §§ 164ff. BGB (Nr. **20**).

**§ 51 [Zeichnung des Prokuristen]** Der Prokurist hat in der Weise zu zeichnen, daß er der Firma seinen Namen mit einem die Prokura andeutenden Zusatze beifügt.

**§ 52 [Widerruflichkeit; Unübertragbarkeit; Tod des Inhabers]** (1) Die Prokura ist ohne Rücksicht auf das der Erteilung zugrunde liegende Rechtsverhältnis jederzeit widerruflich, unbeschadet des Anspruchs auf die vertragsmäßige Vergütung.

(2) Die Prokura ist nicht übertragbar.

(3) Die Prokura erlischt nicht durch den Tod des Inhabers des Handelsgeschäfts.

**§ 53[1)] [Anmeldung der Erteilung und des Erlöschens]** (1) [1] Die Erteilung der Prokura ist von dem Inhaber des Handelsgeschäfts zur Eintragung in das Handelsregister anzumelden. [2] Ist die Prokura als Gesamtprokura erteilt, so muß auch dies zur Eintragung angemeldet werden.

(2) Das Erlöschen der Prokura ist in gleicher Weise wie die Erteilung zur Eintragung anzumelden.

**§ 54 [Handlungsvollmacht]** (1) Ist jemand ohne Erteilung der Prokura zum Betrieb eines Handelsgewerbes oder zur Vornahme einer bestimmten zu einem Handelsgewerbe gehörigen Art von Geschäften oder zur Vornahme einzelner zu einem Handelsgewerbe gehöriger Geschäfte ermächtigt, so er-

*(Fortsetzung nächstes Blatt)*

1) § 53 Abs. 2 neu gef. durch G v. 22.6.1998 (BGBl. I S. 1474); Abs. 2 aufgeh., bish. Abs. 3 wird Abs. 2 mWv 1.1.2007 durch G v. 10.11.2006 (BGBl. I S. 2553).

streckt sich die Vollmacht (Handlungsvollmacht) auf alle Geschäfte und Rechtshandlungen, die der Betrieb eines derartigen Handelsgewerbes oder die Vornahme derartiger Geschäfte gewöhnlich mit sich bringt.

(2) Zur Veräußerung oder Belastung von Grundstücken, zur Eingehung von Wechselverbindlichkeiten, zur Aufnahme von Darlehen und zur Prozeßführung ist der Handlungsbevollmächtigte nur ermächtigt, wenn ihm eine solche Befugnis besonders erteilt ist.

(3) Sonstige Beschränkungen der Handlungsvollmacht braucht ein Dritter nur dann gegen sich gelten zu lassen, wenn er sie kannte oder kennen mußte.

**§ 55.**[1] **[Abschlußvertreter]** (1) Die Vorschriften des § 54 finden auch Anwendung auf Handlungsbevollmächtigte, die Handelsvertreter sind oder die als Handlungsgehilfen damit betraut sind, außerhalb des Betriebes des Prinzipals Geschäfte in dessen Namen abzuschließen.

(2) Die ihnen erteilte Vollmacht zum Abschluß von Geschäften bevollmächtigt sie nicht, abgeschlossene Verträge zu ändern, insbesondere Zahlungsfristen zu gewähren.

(3) Zur Annahme von Zahlungen sind sie nur berechtigt, wenn sie dazu bevollmächtigt sind.

(4) Sie gelten als ermächtigt, die Anzeige von Mängeln einer Ware, die Erklärung, daß eine Ware zur Verfügung gestellt werde, sowie ähnliche Erklärungen, durch die ein Dritter seine Rechte aus mangelhafter Leistung geltend macht oder sie vorbehält, entgegenzunehmen; sie können die dem Unternehmer (Prinzipal) zustehenden Rechte auf Sicherung des Beweises geltend machen.

**§ 56. [Angestellte in Laden oder Warenlager]** Wer in einem Laden oder in einem offenen Warenlager angestellt ist, gilt als ermächtigt zu Verkäufen und Empfangnahmen, die in einem derartigen Laden oder Warenlager gewöhnlich geschehen.

**§ 57. [Zeichnung des Handlungsbevollmächtigten]** Der Handlungsbevollmächtigte hat sich bei der Zeichnung jedes eine Prokura andeutenden Zusatzes zu enthalten; er hat mit einem das Vollmachtsverhältnis ausdrückenden Zusatze zu zeichnen.

**§ 58. [Unübertragbarkeit der Handlungsvollmacht]** Der Handlungsbevollmächtigte kann ohne Zustimmung des Inhabers des Handelsgeschäfts seine Handlungsvollmacht auf einen anderen nicht übertragen.

## Sechster Abschnitt. Handlungsgehilfen und Handlungslehrlinge

**§ 59. [Handlungsgehilfe]** [1] Wer in einem Handelsgewerbe zur Leistung kaufmännischer Dienste gegen Entgelt angestellt ist (Handlungsgehilfe), hat, soweit nicht besondere Vereinbarungen über die Art und den Umfang seiner Dienstleistungen oder über die ihm zukommende Vergütung getroffen sind, die dem Ortsgebrauch entsprechenden Dienste zu leisten sowie die dem Ortsgebrauch entsprechende Vergütung zu beanspruchen. [2] In Ermangelung eines

[1] § 55 neugef. durch Gesetz vom 6. 8. 1953 (BGBl. I S. 771).

Ortsgebrauchs gelten die den Umständen nach angemessenen Leistungen als vereinbart.

**§ 60. [Gesetzliches Wettbewerbsverbot]** (1) Der Handlungsgehilfe darf ohne Einwilligung des Prinzipals weder ein Handelsgewerbe betreiben noch in dem Handelszweige des Prinzipals für eigene oder fremde Rechnung Geschäfte machen.

(2) Die Einwilligung zum Betrieb eines Handelsgewerbes gilt als erteilt, wenn dem Prinzipal bei der Anstellung des Gehilfen bekannt ist, daß er das Gewerbe betreibt, und der Prinzipal die Aufgabe des Betriebs nicht ausdrücklich vereinbart.

**§ 61.**[1] **[Verletzung des Wettbewerbsverbots]** (1) Verletzt der Handlungsgehilfe die ihm nach § 60 obliegende Verpflichtung, so kann der Prinzipal Schadensersatz fordern; er kann statt dessen verlangen, daß der Handlungsgehilfe die für eigene Rechnung gemachten Geschäfte als für Rechnung des Prinzipals eingegangen gelten lasse und die aus Geschäften für fremde Rechnung bezogene Vergütung herausgebe oder seinen Anspruch auf die Vergütung abtrete.

(2) Die Ansprüche verjähren in drei Monaten von dem Zeitpunkt an, in welchem der Prinzipal Kenntnis von dem Abschluss des Geschäfts erlangt oder ohne grobe Fahrlässigkeit erlangen müsste; sie verjähren ohne Rücksicht auf diese Kenntnis oder grob fahrlässige Unkenntnis in fünf Jahren von dem Abschluss des Geschäfts an.

**§ 62.**[2] **[Fürsorgepflicht des Arbeitgebers]** (1) Der Prinzipal ist verpflichtet, die Geschäftsräume und die für den Geschäftsbetrieb bestimmten Vorrichtungen und Gerätschaften so einzurichten und zu unterhalten, auch den Geschäftsbetrieb und die Arbeitszeit so zu regeln, daß der Handlungsgehilfe gegen eine Gefährdung seiner Gesundheit, soweit die Natur des Betriebs es gestattet, geschützt und die Aufrechterhaltung der guten Sitten und des Anstandes gesichert ist.

(2) Ist der Handlungsgehilfe in die häusliche Gemeinschaft aufgenommen, so hat der Prinzipal in Ansehung des Wohn- und Schlafraums, der Verpflegung sowie der Arbeits- und Erholungszeit diejenigen Einrichtungen und Anordnungen zu treffen, welche mit Rücksicht auf die Gesundheit, die Sittlichkeit und die Religion des Handlungsgehilfen erforderlich sind.

(3) Erfüllt der Prinzipal die ihm in Ansehung des Lebens und der Gesundheit des Handlungsgehilfen obliegenden Verpflichtungen nicht, so finden auf seine Verpflichtung zum Schadensersatze die für unerlaubte Handlungen geltenden Vorschriften der §§ 842 bis 846 des Bürgerlichen Gesetzbuchs entsprechende Anwendung.

(4) Die dem Prinzipal hiernach obliegenden Verpflichtungen können nicht im voraus durch Vertrag aufgehoben oder beschränkt werden.

**§ 63.**[3] *(aufgehoben)*

---

[1] § 61 Abs. 2 neugef. durch Art. 9 G v. 9. 12. 2004 (BGBl. I S. 3214).

[2] Für das Gebiet der ehem. DDR ist § 62 Abs. 2 bis 4 aufgrund des EVertr. v. 31. 8. 1990 (BGBl. II S. 889, 959, 1020) nicht anzuwenden.

[3] § 63 aufgeh. durch Art. 59 PflegeVG v. 26. 5. 1994 (BGBl. I S. 1014).

**§ 64.**[1] **[Gehaltszahlung]** [1] Die Zahlung des dem Handlungsgehilfen zukommenden Gehalts hat am Schlusse jedes Monats zu erfolgen. [2] Eine Vereinbarung, nach der die Zahlung des Gehalts später erfolgen soll, ist nichtig.

**§ 65.**[2] **[Provision]** Ist bedungen, daß der Handlungsgehilfe für Geschäfte, die von ihm geschlossen oder vermittelt werden, Provision erhalten solle, so sind die für die Handelsvertreter geltenden Vorschriften des § 87 Abs. 1 und 3 sowie der §§ 87 a bis 87 c anzuwenden.

**§§ 66–72.**[3] *(aufgehoben)*

***§ 73.***[4] ***[Anspruch auf Zeugnis]*** *[1] Bei der Beendigung des Dienstverhältnisses kann der Handlungsgehilfe ein schriftliches Zeugnis über die Art und Dauer der Beschäftigung fordern. [2] Das Zeugnis ist auf Verlangen des Handlungsgehilfen auch auf die Führung und die Leistungen auszudehnen. [3] Die Erteilung des Zeugnisses in elektronischer Form ist ausgeschlossen.*

**§ 74.**[5] **[Vertragliches Wettbewerbsverbot; bezahlte Karenz]** (1) Eine Vereinbarung zwischen dem Prinzipal und dem Handlungsgehilfen, die den Gehilfen für die Zeit nach Beendigung des Dienstverhältnisses in seiner gewerblichen Tätigkeit beschränkt (Wettbewerbverbot), bedarf der Schriftform und der Aushändigung einer vom Prinzipal unterzeichneten, die vereinbarten Bestimmungen enthaltenden Urkunde an den Gehilfen.

(2) Das Wettbewerbverbot ist nur verbindlich, wenn sich der Prinzipal verpflichtet, für die Dauer des Verbots eine Entschädigung zu zahlen, die für jedes Jahr des Verbots mindestens die Hälfte der von dem Handlungsgehilfen zuletzt bezogenen vertragsmäßigen Leistungen erreicht.

**§ 74 a.**[5] **[Unverbindliches oder nichtiges Verbot]** (1) [1] Das Wettbewerbverbot ist insoweit unverbindlich, als es nicht zum Schutze eines berechtigten geschäftlichen Interesses des Prinzipals dient. [2] Es ist ferner unverbindlich, soweit es unter Berücksichtigung der gewährten Entschädigung nach Ort, Zeit oder Gegenstand eine unbillige Erschwerung des Fortkommens des Gehilfen enthält. [3] Das Verbot kann nicht auf einen Zeitraum von mehr als zwei Jahren von der Beendigung des Dienstverhältnisses an erstreckt werden.

(2) [1] Das Verbot ist nichtig, wenn der Gehilfe zur Zeit des Abschlusses minderjährig ist oder wenn sich der Prinzipal die Erfüllung auf Ehrenwort oder

---

[1] Für das Gebiet der ehem. DDR ist § 64 aufgrund EVertr. v. 31. 8. 1990 (BGBl. II S. 889, 959, 1020) nicht anzuwenden.

[2] § 65 geänd. durch G v. 6. 8. 1953 (BGBl. I S. 771).

[3] §§ 66 bis 72 aufgeh. durch G v. 14. 8. 1969 (BGBl. I S. 1106).

[4] § 73 aufgeh. **mWv 1. 1. 2003** durch Art. 5 G v. 24. 8. 2002 (BGBl. I S. 3412).

[5] § 74 neugef., § 74a eingef. durch G v. 10. 6. 1914 (RGBl. S. 209), § 74 a Abs. 2 Satz 1 aufgeh., bish. Satz 2 wird Satz 1 und geänd., bish. Satz 3 wird Satz 2 durch Art. 24 G v. 21. 12. 2000 (BGBl. I S. 1983).

unter ähnlichen Versicherungen versprechen läßt. [2]Nichtig ist auch die Vereinbarung, durch die ein Dritter an Stelle des Gehilfen die Verpflichtung übernimmt, daß sich der Gehilfe nach der Beendigung des Dienstverhältnisses in seiner gewerblichen Tätigkeit beschränken werde.

(3) Unberührt bleiben die Vorschriften des § 138 des Bürgerlichen Gesetzbuchs über die Nichtigkeit von Rechtsgeschäften, die gegen die guten Sitten verstoßen.

**§ 74b.**[1)] **[Zahlung und Berechnung der Entschädigung]** (1) Die nach § 74 Abs. 2 dem Handlungsgehilfen zu gewährende Entschädigung ist am Schlusse jedes Monats zu zahlen.

(2) [1]Soweit die dem Gehilfen zustehenden vertragsmäßigen Leistungen in einer Provision oder in anderen wechselnden Bezügen bestehen, sind sie bei der Berechnung der Entschädigung nach dem Durchschnitt der letzten drei Jahre in Ansatz zu bringen. [2]Hat die für die Bezüge bei der Beendigung des Dienstverhältnisses maßgebende Vertragsbestimmung noch nicht drei Jahre bestanden, so erfolgt der Ansatz nach dem Durchschnitt des Zeitraums, für den die Bestimmung in Kraft war.

(3) Soweit Bezüge zum Ersatze besonderer Auslagen dienen sollen, die infolge der Dienstleistung entstehen, bleiben sie außer Ansatz.

**§ 74c.**[1)] **[Anrechnung anderweitigen Erwerbs]** (1) [1]Der Handlungsgehilfe muß sich auf die fällige Entschädigung anrechnen lassen, was er während des Zeitraums, für den die Entschädigung gezahlt wird, durch anderweite Verwertung seiner Arbeitskraft erwirbt oder zu erwerben böswillig unterläßt, soweit die Entschädigung unter Hinzurechnung dieses Betrags den Betrag der zuletzt von ihm bezogenen vertragsmäßigen Leistungen um mehr als ein Zehntel übersteigen würde. [2]Ist der Gehilfe durch das Wettbewerbverbot gezwungen worden, seinen Wohnsitz zu verlegen, so tritt an die Stelle des Betrags von einem Zehntel der Betrag von einem Viertel. [3]Für die Dauer der Verbüßung einer Freiheitsstrafe kann der Gehilfe eine Entschädigung nicht verlangen.

(2) Der Gehilfe ist verpflichtet, dem Prinzipal auf Erfordern über die Höhe seines Erwerbes Auskunft zu erteilen.

**§ 75.**[1)] **[Unwirksamwerden des Wettbewerbsverbots]** (1) Löst der Gehilfe das Dienstverhältnis gemäß den Vorschriften der *§§ 70 und 71*[2)] wegen vertragswidrigen Verhaltens des Prinzipals auf, so wird das Wettbewerbverbot unwirksam, wenn der Gehilfe vor Ablauf eines Monats nach der Kündigung schriftlich erklärt, daß er sich an die Vereinbarung nicht gebunden erachte.

---

[1)] §§ 74b, 74c eingef., § 75 neugef. durch G v. 10. 6. 1914 (RGBl. S. 209).

[2)] §§ 70 und 71 aufgeh. durch G v. 14. 8. 1969 (BGBl. I S. 1106); vgl. jetzt § 626 BGB; Nr. **20**.

(2) [1]In gleicher Weise wird das Wettbewerbverbot unwirksam, wenn der Prinzipal das Dienstverhältnis kündigt, es sei denn, daß für die Kündigung ein erheblicher Anlaß in der Person des Gehilfen vorliegt oder daß sich der Prinzipal bei der Kündigung bereit erklärt, während der Dauer der Beschränkung dem Gehilfen die vollen zuletzt von ihm bezogenen vertragsmäßigen Leistungen zu gewähren. [2]Im letzteren Falle finden die Vorschriften des § 74b entsprechende Anwendung.

(3)[1)] *Löst der Prinzipal das Dienstverhältnis gemäß den Vorschriften der §§ 70 und 72 wegen vertragswidrigen Verhaltens des Gehilfen auf, so hat der Gehilfe keinen Anspruch auf die Entschädigung.*

**§ 75 a.**[2)] **[Verzicht des Prinzipals auf Wettbewerbsverbot]** Der Prinzipal kann vor der Beendigung des Dienstverhältnisses durch schriftliche Erklärung auf das Wettbewerbverbot mit der Wirkung verzichten, daß er mit dem Ablauf eines Jahres seit der Erklärung von der Verpflichtung zur Zahlung der Entschädigung frei wird.

**§ 75 b.**[2)] *(aufgehoben)*

**§ 75 c.**[2)] **[Vertragsstrafe]** (1) [1]Hat der Handlungsgehilfe für den Fall, daß er die in der Vereinbarung übernommene Verpflichtung nicht erfüllt, eine Strafe versprochen, so kann der Prinzipal Ansprüche nur nach Maßgabe der Vorschriften des § 340 des Bürgerlichen Gesetzbuchs geltend machen. [2]Die Vorschriften des Bürgerlichen Gesetzbuchs über die Herabsetzung einer unverhältnismäßig hohen Vertragsstrafe bleiben unberührt.

(2) Ist die Verbindlichkeit der Vereinbarung nicht davon abhängig, daß sich der Prinzipal zur Zahlung einer Entschädigung an den Gehilfen verpflichtet, so kann der Prinzipal, wenn sich der Gehilfe einer Vertragsstrafe der in Absatz 1 bezeichneten Art unterworfen hat, nur die verwirkte Strafe verlangen; der Anspruch auf Erfüllung oder auf Ersatz eines weiteren Schadens ist ausgeschlossen.

**§ 75 d.**[3)] **[Abweichende Vereinbarungen]** [1]Auf eine Vereinbarung, durch die von den Vorschriften der §§ 74 bis 75 c zum Nachteil des Handlungsgehilfen abgewichen wird, kann sich der Prinzipal nicht berufen. [2]Das gilt auch von Vereinbarungen, die bezwecken, die gesetzlichen Vorschriften über das Mindestmaß der Entschädigung durch Verrechnungen oder auf sonstige Weise zu umgehen.

**§ 75 e.**[3)] *(aufgehoben)*

---

[1)] Nach dem Urteil des Bundesarbeitsgerichts v. 23. 2. 1977 – 3 AZR 620/75 – (AP Nr. 6 zu § 75 HGB = NJW 1977, 1357) verstößt § 75 Abs. 3 HGB gegen Art. 3 GG und ist daher nichtig.

[2)] §§ 75 a, 75 b und 75 c eingef. durch G v. 10. 6. 1914 (RGBl. S. 209), § 75 b aufgeh. mWv 1. 1. 2002 durch Art. 24 G v. 21. 12. 2000 (BGBl. I S. 1983).

[3)] §§ 75 d, 75 e eingef. durch G v. 10. 6 1914 (RGBl. S. 209) und § 75 e aufgeh. durch G v. 17. 7. 1974 (BGBl. I S. 1481).

**§ 75 f.**[1] **[Sperrabrede unter Arbeitgebern]** [1]Im Falle einer Vereinbarung, durch die sich ein Prinzipal einem anderen Prinzipal gegenüber verpflichtet, einen Handlungsgehilfen, der bei diesem im Dienst ist oder gewesen ist, nicht oder nur unter bestimmten Voraussetzungen anzustellen, steht beiden Teilen der Rücktritt frei. [2]Aus der Vereinbarung findet weder Klage noch Einrede statt.

**§ 75 g.**[2] **[Vermittlungsgehilfe]** [1]§ 55 Abs. 4 gilt auch für einen Handlungsgehilfen, der damit betraut ist, außerhalb des Betriebes des Prinzipals für diesen Geschäfte zu vermitteln. [2]Eine Beschränkung dieser Rechte braucht ein Dritter gegen sich nur gelten zu lassen, wenn er sie kannte oder kennen mußte.

**§ 75 h.**[2] **[Unkenntnis des Mangels der Vertretungsmacht]** (1) Hat ein Handlungsgehilfe, der nur mit der Vermittlung von Geschäften außerhalb des Betriebes des Prinzipals betraut ist, ein Geschäft im Namen des Prinzipals abgeschlossen, und war dem Dritten der Mangel der Vertretungsmacht nicht bekannt, so gilt das Geschäft als von dem Prinzipal genehmigt, wenn dieser dem Dritten gegenüber nicht unverzüglich das Geschäft ablehnt, nachdem er von dem Handlungsgehilfen oder dem Dritten über Abschluß und wesentlichen Inhalt benachrichtigt worden ist.

(2) Das gleiche gilt, wenn ein Handlungsgehilfe, der mit dem Abschluß von Geschäften betraut ist, ein Geschäft im Namen des Prinzipals abgeschlossen hat, zu dessen Abschluß er nicht bevollmächtigt ist.

**§§ 76–82.**[3] *(aufgehoben)*

**§ 82 a.**[4] **[Wettbewerbsverbot des Volontärs]** *Auf Wettbewerbsverbote gegenüber Personen, die, ohne als Lehrlinge angenommen zu sein, zum Zwecke ihrer Ausbildung unentgeltlich mit kaufmännischen Diensten beschäftigt werden (Volontäre), finden die für Handlungsgehilfen geltenden Vorschriften insoweit Anwendung, als sie nicht auf das dem Gehilfen zustehende Entgelt Bezug nehmen.*

**§ 83. [Andere Arbeitnehmer]** Hinsichtlich der Personen, welche in dem Betrieb eines Handelsgewerbes andere als kaufmännische Dienste leisten, bewendet es bei den für das Arbeitsverhältnis dieser Personen geltenden Vorschriften.

## Siebenter Abschnitt[5] Handelsvertreter

**§ 84.**[5), 6] **[Begriff des Handelsvertreters]** (1) [1]Handelsvertreter ist, wer als selbständiger Gewerbetreibender ständig damit betraut ist, für einen ande-

---

[1] § 75 f eingef. durch G vom 10. 6. 1914 (RGBl. S. 209) und neugef. durch G v. 20. 1. 1934 (RGBl. I S. 45).

[2] §§ 75 g und 75 h eingef. durch G v. 6. 8. 1953 (BGBl. I S. 771).

[3] §§ 76 bis 82 aufgeh. durch G v. 14. 8. 1969 (BGBl. I S. 1112).

[4] § 82 a eingef. durch G v. 10. 6. 1914 (RGBl. S. 209). – § 82 a gegenstandslos durch § 19 in Verbindung mit § 5 Abs. 1 Satz 1 G v. 14. 8. 1969 (BGBl. I S. 1112).

[5] Siebenter Abschnitt (§§ 84 bis 92 c) neugef. durch G v. 6. 8. 1953 (BGBl. I S. 771), § 86 Abs. 4 angef. durch G v. 23. 10. 1989 (BGBl. I S. 1910).

[6] § 84 Abs. 4 angef. durch Art. 3 HRefG v. 22. 6. 1998 (BGBl. I S. 1474).

ren Unternehmer (Unternehmer) Geschäfte zu vermitteln oder in dessen Namen abzuschließen. [2] Selbständig ist, wer im wesentlichen frei seine Tätigkeit gestalten und seine Arbeitszeit bestimmen kann.

(2) Wer, ohne selbständig im Sinne des Absatzes 1 zu sein, ständig damit betraut ist, für einen Unternehmer Geschäfte zu vermitteln oder in dessen Namen abzuschließen, gilt als Angestellter.

(3) Der Unternehmer kann auch ein Handelsvertreter sein.

(4) Die Vorschriften dieses Abschnittes finden auch Anwendung, wenn das Unternehmen des Handelsvertreters nach Art oder Umfang einen in kaufmännischer Weise eingerichteten Geschäftsbetrieb nicht erfordert.

**§ 85**[1)] **[Vertragsurkunde]** [1] Jeder Teil kann verlangen, daß der Inhalt des Vertrages sowie spätere Vereinbarungen zu dem Vertrag in eine vom anderen Teil unterzeichnete Urkunde aufgenommen werden. [2] Dieser Anspruch kann nicht ausgeschlossen werden.

**§ 86**[1)] **[Pflichten des Handelsvertreters]** (1) Der Handelsvertreter hat sich um die Vermittlung oder den Abschluß von Geschäften zu bemühen; er hat hierbei das Interesse des Unternehmers wahrzunehmen.

(2) Er hat dem Unternehmer die erforderlichen Nachrichten zu geben, namentlich ihm von jeder Geschäftsvermittlung und von jedem Geschäftsabschluß unverzüglich Mitteilung zu machen.

(3) Er hat seine Pflichten mit der Sorgfalt eines ordentlichen Kaufmanns wahrzunehmen.

(4) Von den Absätzen 1 und 2 abweichende Vereinbarungen sind unwirksam.

**§ 86a**[2)] **[Pflichten des Unternehmers]** (1) Der Unternehmer hat dem Handelsvertreter die zur Ausübung seiner Tätigkeit erforderlichen Unterlagen, wie Muster, Zeichnungen, Preislisten, Werbedrucksachen, Geschäftsbedingungen, zur Verfügung zu stellen.

(2) [1] Der Unternehmer hat dem Handelsvertreter die erforderlichen Nachrichten zu geben. [2] Er hat ihm unverzüglich die Annahme oder Ablehnung eines vom Handelsvertreter vermittelten oder ohne Vertretungsmacht abgeschlossenen Geschäfts und die Nichtausführung eines von ihm vermittelten oder abgeschlossenen Geschäfts mitzuteilen. [3] Er hat ihn unverzüglich zu unterrichten, wenn er Geschäfte voraussichtlich nur in erheblich geringerem Umfange abschließen kann oder will, als der Handelsvertreter unter gewöhnlichen Umständen erwarten konnte.

(3) Von den Absätzen 1 und 2 abweichende Vereinbarungen sind unwirksam.

**§ 86b**[2)] **[Delkredereprovision]** (1) [1] Verpflichtet sich ein Handelsvertreter, für die Erfüllung der Verbindlichkeit aus einem Geschäft einzustehen, so kann er eine besondere Vergütung (Delkredereprovision) beanspruchen; der Anspruch kann im voraus nicht ausgeschlossen werden. [2] Die Verpflichtung kann nur für ein bestimmtes Geschäft oder für solche Geschäfte mit bestimmten Dritten über-

[1)] §§ 85, 86 neu gef. durch G v. 6.8.1953 (BGBl. I S. 771); § 86 Abs. 4 angef. durch G v. 23.10.1989 (BGBl. I S. 1910).

[2)] §§ 86a, 86b eingef. durch G v. 6.8.1953 (BGBl. I S. 771); § 86a Abs. 2 Sätze 2 und 3 neu gef., Abs. 3 angef. durch G v. 23.10.1989 (BGBl. I S. 1910).

nommen werden, die der Handelsvertreter vermittelt oder abschließt. [3] Die Übernahme bedarf der Schriftform.

(2) Der Anspruch auf die Delkredereprovision entsteht mit dem Abschluß des Geschäfts.

(3) [1] Absatz 1 gilt nicht, wenn der Unternehmer oder der Dritte seine Niederlassung oder beim Fehlen einer solchen seinen Wohnsitz im Ausland hat. [2] Er gilt ferner nicht für Geschäfte, zu deren Abschluß und Ausführung der Handelsvertreter unbeschränkt bevollmächtigt ist.

**§ 87[1)] [Provisionspflichtige Geschäfte]** (1) [1] Der Handelsvertreter hat Anspruch auf Provision für alle während des Vertragsverhältnisses abgeschlossenen Geschäfte, die auf seine Tätigkeit zurückzuführen sind oder mit Dritten abgeschlossen werden, die er als Kunden für Geschäfte der gleichen Art geworben hat. [2] Ein Anspruch auf Provision besteht für ihn nicht, wenn und soweit die Provision nach Absatz 3 dem ausgeschiedenen Handelsvertreter zusteht.

(2) [1] Ist dem Handelsvertreter ein bestimmter Bezirk oder ein bestimmter Kundenkreis zugewiesen, so hat er Anspruch auf Provision auch für die Geschäfte, die ohne seine Mitwirkung mit Personen seines Bezirkes oder seines Kundenkreises während des Vertragsverhältnisses abgeschlossen sind. [2] Dies gilt nicht, wenn und soweit die Provision nach Absatz 3 dem ausgeschiedenen Handelsvertreter zusteht.

(3) [1] Für ein Geschäft, das erst nach Beendigung des Vertragsverhältnisses abgeschlossen ist, hat der Handelsvertreter Anspruch auf Provision nur, wenn

1. er das Geschäft vermittelt hat oder es eingeleitet und so vorbereitet hat, daß der Abschluß überwiegend auf seine Tätigkeit zurückzuführen ist, und das Geschäft innerhalb einer angemessenen Frist nach Beendigung des Vertragsverhältnisses abgeschlossen worden ist oder
2. vor Beendigung des Vertragsverhältnisses das Angebot des Dritten zum Abschluß eines Geschäfts, für das der Handelsvertreter nach Absatz 1 Satz 1 oder Absatz 2 Satz 1 Anspruch auf Provision hat, dem Handelsvertreter oder dem Unternehmer zugegangen ist.

[2] Der Anspruch auf Provision nach Satz 1 steht dem nachfolgenden Handelsvertreter anteilig zu, wenn wegen besonderer Umstände eine Teilung der Provision der Billigkeit entspricht.

(4) Neben dem Anspruch auf Provision für abgeschlossene Geschäfte hat der Handelsvertreter Anspruch auf Inkassoprovision für die von ihm auftragsgemäß eingezogenen Beträge.

**§ 87a[2)] [Fälligkeit der Provision]** (1) [1] Der Handelsvertreter hat Anspruch auf Provision, sobald und soweit der Unternehmer das Geschäft ausgeführt hat. [2] Eine abweichende Vereinbarung kann getroffen werden, jedoch hat der Handelsvertreter mit der Ausführung des Geschäfts durch den Unternehmer Anspruch auf einen angemessenen Vorschuß, der spätestens am letzten Tag des folgenden Monats fällig ist. [3] Unabhängig von einer Vereinbarung hat jedoch der

---

[1)] § 87 neu gef. durch G v. 6.8.1953 (BGBl. I S. 771); Abs. 1 Satz 2 und Abs. 2 Satz 2 geänd., Abs. 3 neu gef. durch G v. 23.10.1989 (BGBl. I S. 1910).

[2)] § 87a eingef. durch G v. 6.8.1953 (BGBl. I S. 771); Abs. 1 Satz 4 aufgeh., Abs. 3 Satz 2 und Abs. 5 neu gef. durch G v. 23.10.1989 (BGBl. I S. 1910).

Handelsvertreter Anspruch auf Provision, sobald und soweit der Dritte das Geschäft ausgeführt hat.

(2) Steht fest, daß der Dritte nicht leistet, so entfällt der Anspruch auf Provision; bereits empfangene Beträge sind zurückzugewähren.

(3) [1] Der Handelsvertreter hat auch dann einen Anspruch auf Provision, wenn feststeht, daß der Unternehmer das Geschäft ganz oder teilweise nicht oder nicht so ausführt, wie es abgeschlossen worden ist. [2] Der Anspruch entfällt im Falle der Nichtausführung, wenn und soweit diese auf Umständen beruht, die vom Unternehmer nicht zu vertreten sind.

(4) Der Anspruch auf Provision wird am letzten Tag des Monats fällig, in dem nach § 87c Abs. 1 über den Anspruch abzurechnen ist.

(5) Von Absatz 2 erster Halbsatz, Absätze 3 und 4 abweichende, für den Handelsvertreter nachteilige Vereinbarungen sind unwirksam.

**§ 87b**[1)] **[Höhe der Provision]** (1) Ist die Höhe der Provision nicht bestimmt, so ist der übliche Satz als vereinbart anzusehen.

(2) [1] Die Provision ist von dem Entgelt zu berechnen, das der Dritte oder der Unternehmer zu leisten hat. [2] Nachlässe bei Barzahlung sind nicht abzuziehen; dasselbe gilt für Nebenkosten, namentlich für Fracht, Verpackung, Zoll, Steuern, es sei denn, daß die Nebenkosten dem Dritten besonders in Rechnung gestellt sind. [3] Die Umsatzsteuer, die lediglich auf Grund der steuerrechtlichen Vorschriften in der Rechnung gesondert ausgewiesen ist, gilt nicht als besonders in Rechnung gestellt.

(3) [1] Bei Gebrauchsüberlassungs- und Nutzungsverträgen von bestimmter Dauer ist die Provision vom Entgelt für die Vertragsdauer zu berechnen. [2] Bei unbestimmter Dauer ist die Provision vom Entgelt bis zu dem Zeitpunkt zu berechnen, zu dem erstmals von dem Dritten gekündigt werden kann; der Handelsvertreter hat Anspruch auf weitere entsprechend berechnete Provisionen, wenn der Vertrag fortbesteht.

**§ 87c**[1)] **[Abrechnung über die Provision]** (1) [1] Der Unternehmer hat über die Provision, auf die der Handelsvertreter Anspruch hat, monatlich abzurechnen; der Abrechnungszeitraum kann auf höchstens drei Monate erstreckt werden. [2] Die Abrechnung hat unverzüglich, spätestens bis zum Ende des nächsten Monats, zu erfolgen.

(2) Der Handelsvertreter kann bei der Abrechnung einen Buchauszug über alle Geschäfte verlangen, für die ihm nach § 87 Provision gebührt.

(3) Der Handelsvertreter kann außerdem Mitteilung über alle Umstände verlangen, die für den Provisionsanspruch, seine Fälligkeit und seine Berechnung wesentlich sind.

(4) Wird der Buchauszug verweigert oder bestehen begründete Zweifel an der Richtigkeit oder Vollständigkeit der Abrechnung oder des Buchauszuges, so kann der Handelsvertreter verlangen, daß nach Wahl des Unternehmers entweder ihm oder einem von ihm zu bestimmenden Wirtschaftsprüfer oder vereidigten Buchsachverständigen Einsicht in die Geschäftsbücher oder die sons-

---

[1)] §§ 87b, 87c eingef. durch G v. 6.8.1953 (BGBl. I S. 771); § 87b Abs. 2 Satz 3 angef. durch G v. 29.5.1967 (BGBl. I S. 545).

tigen Urkunden so weit gewährt wird, wie dies zur Feststellung der Richtigkeit oder Vollständigkeit der Abrechnung oder des Buchauszuges erforderlich ist.

(5) Diese Rechte des Handelsvertreters können nicht ausgeschlossen oder beschränkt werden.

**§ 87d[1]) [Ersatz von Aufwendungen]** Der Handelsvertreter kann den Ersatz seiner im regelmäßigen Geschäftsbetrieb entstandenen Aufwendungen nur verlangen, wenn dies handelsüblich ist.

**§ 88[2])** *(aufgehoben)*

**§ 88a[3]) [Zurückbehaltungsrecht]** (1) Der Handelsvertreter kann nicht im voraus auf gesetzliche Zurückbehaltungsrechte verzichten.

(2) Nach Beendigung des Vertragsverhältnisses hat der Handelsvertreter ein nach allgemeinen Vorschriften bestehendes Zurückbehaltungsrecht an ihm zur Verfügung gestellten Unterlagen (§ 86a Abs. 1) nur wegen seiner fälligen Ansprüche auf Provision und Ersatz von Aufwendungen.

**§ 89[4]) [Kündigung des Vertrages]** (1) [1] Ist das Vertragsverhältnis auf unbestimmte Zeit eingegangen, so kann es im ersten Jahr der Vertragsdauer mit einer Frist von einem Monat, im zweiten Jahr mit einer Frist von zwei Monaten und im dritten bis fünften Jahr mit einer Frist von drei Monaten gekündigt werden. [2] Nach einer Vertragsdauer von fünf Jahren kann das Vertragsverhältnis mit einer Frist von sechs Monaten gekündigt werden. [3] Die Kündigung ist nur für den Schluß eines Kalendermonats zulässig, sofern keine abweichende Vereinbarung getroffen ist.

(2) [1] Die Kündigungsfristen nach Absatz 1 Satz 1 und 2 können durch Vereinbarung verlängert werden; die Frist darf für den Unternehmer nicht kürzer sein als für den Handelsvertreter. [2] Bei Vereinbarung einer kürzeren Frist für den Unternehmer gilt die für den Handelsvertreter vereinbarte Frist.

(3) [1] Ein für eine bestimmte Zeit eingegangenes Vertragsverhältnis, das nach Ablauf der vereinbarten Laufzeit von beiden Teilen fortgesetzt wird, gilt als auf unbestimmte Zeit verlängert. [2] Für die Bestimmung der Kündigungsfristen nach Absatz 1 Satz 1 und 2 ist die Gesamtdauer des Vertragsverhältnisses maßgeblich.

**§ 89a[5]) [Fristlose Kündigung]** (1) [1] Das Vertragsverhältnis kann von jedem Teil aus wichtigem Grunde ohne Einhaltung einer Kündigungsfrist gekündigt werden. [2] Dieses Recht kann nicht ausgeschlossen oder beschränkt werden.

(2) Wird die Kündigung durch ein Verhalten veranlaßt, das der andere Teil zu vertreten hat, so ist dieser zum Ersatz des durch die Aufhebung des Vertragsverhältnisses entstehenden Schadens verpflichtet.

---

1) § 87d eingef. durch G v. 6.8.1953 (BGBl. I S. 771).
2) § 88 aufgeh. mWv 15.12.2004 durch G v. 9.12.2004 (BGBl. I S. 3214).
3) § 88a eingef. durch G v. 6.8.1953 (BGBl. I S. 771).
4) § 89 neu gef. durch G v. 23.10.1989 (BGBl. I S. 1910).
5) § 89a eingef. durch G v. 6.8.1953 (BGBl. I S. 771).

**§ 89b[1)] [Ausgleichsanspruch]** (1) [1] Der Handelsvertreter kann von dem Unternehmer nach Beendigung des Vertragsverhältnisses einen angemessenen Ausgleich verlangen, wenn und soweit

1. der Unternehmer aus der Geschäftsverbindung mit neuen Kunden, die der Handelsvertreter geworben hat, auch nach Beendigung des Vertragsverhältnisses erhebliche Vorteile hat und
2. die Zahlung eines Ausgleichs unter Berücksichtigung aller Umstände, insbesondere der dem Handelsvertreter aus Geschäften mit diesen Kunden entgehenden Provisionen, der Billigkeit entspricht.

[2] Der Werbung eines neuen Kunden steht es gleich, wenn der Handelsvertreter die Geschäftsverbindung mit einem Kunden so wesentlich erweitert hat, daß dies wirtschaftlich der Werbung eines neuen Kunden entspricht.

(2) Der Ausgleich beträgt höchstens eine nach dem Durchschnitt der letzten fünf Jahre der Tätigkeit des Handelsvertreters berechnete Jahresprovision oder sonstige Jahresvergütung; bei kürzerer Dauer des Vertragsverhältnisses ist der Durchschnitt während der Dauer der Tätigkeit maßgebend.

(3) Der Anspruch besteht nicht, wenn

1. der Handelsvertreter das Vertragsverhältnis gekündigt hat, es sei denn, daß ein Verhalten des Unternehmers hierzu begründeten Anlaß gegeben hat oder dem Handelsvertreter eine Fortsetzung seiner Tätigkeit wegen seines Alters oder wegen Krankheit nicht zugemutet werden kann, oder
2. der Unternehmer das Vertragsverhältnis gekündigt hat und für die Kündigung ein wichtiger Grund wegen schuldhaften Verhaltens des Handelsvertreters vorlag oder
3. auf Grund einer Vereinbarung zwischen dem Unternehmer und dem Handelsvertreter ein Dritter anstelle des Handelsvertreters in das Vertragsverhältnis eintritt; die Vereinbarung kann nicht vor Beendigung des Vertragsverhältnisses getroffen werden.

(4) [1] Der Anspruch kann im voraus nicht ausgeschlossen werden. [2] Er ist innerhalb eines Jahres nach Beendigung des Vertragsverhältnisses geltend zu machen.

(5) [1] Die Absätze 1, 3 und 4 gelten für Versicherungsvertreter mit der Maßgabe, daß an die Stelle der Geschäftsverbindung mit neuen Kunden, die der Handelsvertreter geworben hat, die Vermittlung neuer Versicherungsverträge durch den Versicherungsvertreter tritt und der Vermittlung eines Versicherungsvertrages es gleichsteht, wenn der Versicherungsvertreter einen bestehenden Versicherungsvertrag so wesentlich erweitert hat, daß dies wirtschaftlich der Vermittlung eines neuen Versicherungsvertrages entspricht. [2] Der Ausgleich des Versicherungsvertreters beträgt abweichend von Absatz 2 höchstens drei Jahresprovisionen oder Jahresvergütungen. [3] Die Vorschriften der Sätze 1 und 2 gelten sinngemäß für Bausparkassenvertreter.

**§ 90[2)] [Geschäfts- und Betriebsgeheimnisse]** Der Handelsvertreter darf Geschäfts- und Betriebsgeheimnisse, die ihm anvertraut oder als solche durch seine Tätigkeit für den Unternehmer bekanntgeworden sind, auch nach Beendigung

---

[1)] § 89b eingef. durch G v. 6.8.1953 (BGBl. I S. 771); Abs. 3, Abs. 4 Satz 2 und Abs. 5 neu gef. durch G v. 23.10.1989 (BGBl. I S. 1910); Abs. 1 Satz 1 Nr. 1 geänd., Nr. 2 aufgeh., bish. Nr. 3 wird Nr. 2 und geänd. mWv 5.8.2009 durch G v. 31.7.2009 (BGBl. I S. 2512).

[2)] § 90 neu gef. durch G v. 6.8.1953 (BGBl. I S. 771).

des Vertragsverhältnisses nicht verwerten oder anderen mitteilen, soweit dies nach den gesamten Umständen der Berufsauffassung eines ordentlichen Kaufmannes widersprechen würde.

**§ 90a**[1)] **[Wettbewerbsabrede]** (1) [1] Eine Vereinbarung, die den Handelsvertreter nach Beendigung des Vertragsverhältnisses in seiner gewerblichen Tätigkeit beschränkt (Wettbewerbsabrede), bedarf der Schriftform und der Aushändigung einer vom Unternehmer unterzeichneten, die vereinbarten Bestimmungen enthaltenden Urkunde an den Handelsvertreter. [2] Die Abrede kann nur für längstens zwei Jahre von der Beendigung des Vertragsverhältnisses an getroffen werden; sie darf sich nur auf den dem Handelsvertreter zugewiesenen Bezirk oder Kundenkreis und nur auf die Gegenstände erstrecken, hinsichtlich deren sich der Handelsvertreter um die Vermittlung oder den Abschluß von Geschäften für den Unternehmer zu bemühen hat. [3] Der Unternehmer ist verpflichtet, dem Handelsvertreter für die Dauer der Wettbewerbsbeschränkung eine angemessene Entschädigung zu zahlen.

(2) Der Unternehmer kann bis zum Ende des Vertragsverhältnisses schriftlich auf die Wettbewerbsbeschränkung mit der Wirkung verzichten, daß er mit dem Ablauf von sechs Monaten seit der Erklärung von der Verpflichtung zur Zahlung der Entschädigung frei wird.

(3) Kündigt ein Teil das Vertragsverhältnis aus wichtigem Grund wegen schuldhaften Verhaltens des anderen Teils, kann er sich durch schriftliche Erklärung binnen einem Monat nach der Kündigung von der Wettbewerbsabrede lossagen.

(4) Abweichende für den Handelsvertreter nachteilige Vereinbarungen können nicht getroffen werden.

**§ 91**[2)] **[Vollmachten des Handelsvertreters]** (1) § 55 gilt auch für einen Handelsvertreter, der zum Abschluß von Geschäften von einem Unternehmer bevollmächtigt ist, der nicht Kaufmann ist.

(2) [1] Ein Handelsvertreter gilt, auch wenn ihm keine Vollmacht zum Abschluß von Geschäften erteilt ist, als ermächtigt, die Anzeige von Mängeln einer Ware, die Erklärung, daß eine Ware zur Verfügung gestellt werde, sowie ähnliche Erklärungen, durch die ein Dritter seine Rechte aus mangelhafter Leistung geltend macht oder sich vorbehält, entgegenzunehmen; er kann die dem Unternehmer zustehenden Rechte auf Sicherung des Beweises geltend machen. [2] Eine Beschränkung dieser Rechte braucht ein Dritter gegen sich nur gelten zu lassen, wenn er sie kannte oder kennen mußte.

**§ 91a**[3)] **[Mangel der Vertretungsmacht]** (1) Hat ein Handelsvertreter, der nur mit der Vermittlung von Geschäften betraut ist, ein Geschäft im Namen des Unternehmers abgeschlossen, und war dem Dritten der Mangel an Vertretungsmacht nicht bekannt, so gilt das Geschäft als von dem Unternehmer genehmigt, wenn dieser nicht unverzüglich, nachdem er von dem Handelsvertreter oder dem Dritten über Abschluß und wesentlichen Inhalt benachrichtigt worden ist, dem Dritten gegenüber das Geschäft ablehnt.

---

1) § 90a eingef. durch G v. 6.8.1953 (BGBl. I S. 771); Abs. 1 Satz 2 geänd. durch G v. 23.10.1989 (BGBl. I S. 1910); Abs. 2 Satz 2 aufgeh., Abs. 3 neu gef. durch G v. 22.6.1998 (BGBl. I S. 1474).

2) § 91 neu gef. durch G v. 6.8.1953 (BGBl. I S. 771).

3) § 91a eingef. durch G v. 6.8.1953 (BGBl. I S. 771).

(2) Das gleiche gilt, wenn ein Handelsvertreter, der mit dem Abschluß von Geschäften betraut ist, ein Geschäft im Namen des Unternehmers abgeschlossen hat, zu dessen Abschluß er nicht bevollmächtigt ist.

**§ 92 [Versicherungs- und Bausparkassenvertreter]** (1) Versicherungsvertreter ist, wer als Handelsvertreter damit betraut ist, Versicherungsverträge zu vermitteln oder abzuschließen.

(2) Für das Vertragsverhältnis zwischen dem Versicherungsvertreter und dem Versicherer gelten die Vorschriften für das Vertragsverhältnis zwischen dem Handelsvertreter und dem Unternehmer vorbehaltlich der Absätze 3 und 4.

(3) [1] In Abweichung von § 87 Abs. 1 Satz 1 hat ein Versicherungsvertreter Anspruch auf Provision nur für Geschäfte, die auf seine Tätigkeit zurückzuführen sind. [2] § 87 Abs. 2 gilt nicht für Versicherungsvertreter.

(4) Der Versicherungsvertreter hat Anspruch auf Provision (§ 87a Abs. 1), sobald der Versicherungsnehmer die Prämie gezahlt hat, aus der sich die Provision nach dem Vertragsverhältnis berechnet.

(5) Die Vorschriften der Absätze 1 bis 4 gelten sinngemäß für Bausparkassenvertreter.

**§ 92a[1)] [Mindestarbeitsbedingungen]** (1) [1] Für das Vertragsverhältnis eines Handelsvertreters, der vertraglich nicht für weitere Unternehmer tätig werden darf oder dem dies nach Art und Umfang der von ihm verlangten Tätigkeit nicht möglich ist, kann das Bundesministerium der Justiz im Einvernehmen mit dem Bundesministerium für Wirtschaft und Klimaschutz nach Anhörung von Verbänden der Handelsvertreter und der Unternehmer durch Rechtsverordnung, die nicht der Zustimmung des Bundesrates bedarf, die untere Grenze der vertraglichen Leistungen des Unternehmers festsetzen, um die notwendigen sozialen und wirtschaftlichen Bedürfnisse dieser Handelsvertreter oder einer bestimmten Gruppe von ihnen sicherzustellen. [2] Die festgesetzten Leistungen können vertraglich nicht ausgeschlossen oder beschränkt werden.

(2) [1] Absatz 1 gilt auch für das Vertragsverhältnis eines Versicherungsvertreters, der auf Grund eines Vertrages oder mehrerer Verträge damit betraut ist, Geschäfte für mehrere Versicherer zu vermitteln oder abzuschließen, die zu einem Versicherungskonzern oder zu einer zwischen ihnen bestehenden Organisationsgemeinschaft gehören, sofern die Beendigung des Vertragsverhältnisses mit einem dieser Versicherer im Zweifel auch die Beendigung des Vertragsverhältnisses mit den anderen Versicherern zur Folge haben würde. [2] In diesem Falle kann durch Rechtsverordnung, die nicht der Zustimmung des Bundesrates bedarf, außerdem bestimmt werden, ob die festgesetzten Leistungen von allen Versicherern als Gesamtschuldnern oder anteilig oder nur von einem der Versicherer geschuldet werden und wie der Ausgleich unter ihnen zu erfolgen hat.

**§ 92b [Handelsvertreter im Nebenberuf]** (1) [1] Auf einen Handelsvertreter im Nebenberuf sind §§ 89 und 89b nicht anzuwenden. [2] Ist das Vertragsverhältnis auf unbestimmte Zeit eingegangen, so kann es mit einer Frist von einem Monat für den Schluß eines Kalendermonats gekündigt werden; wird eine andere Kündigungsfrist vereinbart, so muß sie für beide Teile gleich sein. [3] Der Anspruch auf

---

1) § 92a Abs. 1 Satz 1 geänd. mWv 7.11.2001 durch VO v. 29.10.2001 (BGBl. I S. 2785); Abs. 1 Satz 1 geänd. mWv 28.11.2003 durch VO v. 25.11.2003 (BGBl. I S. 2304); Abs. 1 Satz 1 geänd. mWv 8.11.2006 durch VO v. 31.10.2006 (BGBl. I S. 2407); Abs. 1 Satz 1 geänd. mWv 8.9.2015 durch VO v. 31.8.2015 (BGBl. I S. 1474); Abs. 1 Satz 1 geänd. mWv 22.6.2023 durch G v. 19.6.2023 (BGBl. 2023 I Nr. 154).

einen angemessenen Vorschuß nach § 87a Abs. 1 Satz 2 kann ausgeschlossen werden.

(2) Auf Absatz 1 kann sich nur der Unternehmer berufen, der den Handelsvertreter ausdrücklich als Handelsvertreter im Nebenberuf mit der Vermittlung oder dem Abschluß von Geschäften betraut hat.

(3) Ob ein Handelsvertreter nur als Handelsvertreter im Nebenberuf tätig ist, bestimmt sich nach der Verkehrsauffassung.

(4) Die Vorschriften der Absätze 1 bis 3 gelten sinngemäß für Versicherungsvertreter und für Bausparkassenvertreter.

**§ 92c**[1] **[Handelsvertreter außerhalb der EG; Schifffahrtsvertreter]**

(1) Hat der Handelsvertreter seine Tätigkeit für den Unternehmer nach dem Vertrag nicht innerhalb des Gebietes der Europäischen Gemeinschaft oder der anderen Vertragsstaaten des Abkommens über den Europäischen Wirtschaftsraum auszuüben, so kann hinsichtlich aller Vorschriften dieses Abschnittes etwas anderes vereinbart werden.

(2) Das gleiche gilt, wenn der Handelsvertreter mit der Vermittlung oder dem Abschluß von Geschäften betraut wird, die die Befrachtung, Abfertigung oder Ausrüstung von Schiffen oder die Buchung von Passagen auf Schiffen zum Gegenstand haben.

## Achter Abschnitt. Handelsmakler

**§ 93**[2] **[Begriff]** (1) Wer gewerbsmäßig für andere Personen, ohne von ihnen auf Grund eines Vertragsverhältnisses ständig damit betraut zu sein, die Vermittlung von Verträgen über Anschaffung oder Veräußerung von Waren oder Wertpapieren, über Versicherungen, Güterbeförderungen, Schiffsmiete oder sonstige Gegenstände des Handelsverkehrs übernimmt, hat die Rechte und Pflichten eines Handelsmaklers.

(2) Auf die Vermittlung anderer als der bezeichneten Geschäfte, insbesondere auf die Vermittlung von Geschäften über unbewegliche Sachen, finden, auch wenn die Vermittlung durch einen Handelsmakler erfolgt, die Vorschriften dieses Abschnitts keine Anwendung.

(3) Die Vorschriften dieses Abschnittes finden auch Anwendung, wenn das Unternehmen des Handelsmaklers nach Art oder Umfang einen in kaufmännischer Weise eingerichteten Geschäftsbetrieb nicht erfordert.

**§ 94 [Schlussnote]** (1) Der Handelsmakler hat, sofern nicht die Parteien ihm dies erlassen oder der Ortsgebrauch mit Rücksicht auf die Gattung der Ware davon entbindet, unverzüglich nach dem Abschlusse des Geschäfts jeder Partei eine von ihm unterzeichnete Schlußnote zuzustellen, welche die Parteien, den Gegenstand und die Bedingungen des Geschäfts, insbesondere bei Verkäufen von

*(Fortsetzung nächstes Blatt)*

---

[1] § 92c Abs. 1 neu gef. durch G v. 23.10.1989 (BGBl. I S. 1910); Abs. 1 geänd. durch G v. 27.4.1993 (BGBl. I S. 512) iVm Bek. v. 16.12.1993 (BGBl. I S. 2436).

[2] § 93 Abs. 1 geänd. durch G v. 21.6.1972 (BGBl. I S. 966); Abs. 3 angef. durch G v. 22.6.1998 (BGBl. I S. 1474).

Waren oder Wertpapieren deren Gattung und Menge sowie den Preis und die Zeit der Lieferung, enthält.

(2) Bei Geschäften, die nicht sofort erfüllt werden sollen, ist die Schlußnote den Parteien zu ihrer Unterschrift zuzustellen und jeder Partei die von der anderen unterschriebene Schlußnote zu übersenden.

(3) Verweigert eine Partei die Annahme oder Unterschrift der Schlußnote, so hat der Handelsmakler davon der anderen Partei unverzüglich Anzeige zu machen.

**§ 95 [Vorbehaltene Aufgabe]** (1) Nimmt eine Partei eine Schlußnote an, in der sich der Handelsmakler die Bezeichnung der anderen Partei vorbehalten hat, so ist sie an das Geschäft mit der Partei, welche ihr nachträglich bezeichnet wird, gebunden, es sei denn, daß gegen diese begründete Einwendungen zu erheben sind.

(2) Die Bezeichnung der anderen Partei hat innerhalb der ortsüblichen Frist, in Ermangelung einer solchen innerhalb einer den Umständen nach angemessenen Frist zu erfolgen.

(3) [1] Unterbleibt die Bezeichnung oder sind gegen die bezeichnete Person oder Firma begründete Einwendungen zu erheben, so ist die Partei befugt, den Handelsmakler auf die Erfüllung des Geschäfts in Anspruch zu nehmen. [2] Der Anspruch ist ausgeschlossen, wenn sich die Partei auf die Aufforderung des Handelsmaklers nicht unverzüglich darüber erklärt, ob sie Erfüllung verlange.

**§ 96 [Aufbewahrung von Proben]** [1] Der Handelsmakler hat, sofern nicht die Parteien ihm dies erlassen oder der Ortsgebrauch mit Rücksicht auf die Gattung der Ware davon entbindet, von jeder durch seine Vermittlung nach Probe verkauften Ware die Probe, falls sie ihm übergeben ist, so lange aufzubewahren, bis die Ware ohne Einwendung gegen ihre Beschaffenheit angenommen oder das Geschäft in anderer Weise erledigt wird. [2] Er hat die Probe durch ein Zeichen kenntlich zu machen.

**§ 97 [Keine Inkassovollmacht]** Der Handelsmakler gilt nicht als ermächtigt, eine Zahlung oder eine andere im Vertrage bedungene Leistung in Empfang zu nehmen.

**§ 98 [Haftung gegenüber beiden Parteien]** Der Handelsmakler haftet jeder der beiden Parteien für den durch sein Verschulden entstehenden Schaden.

**§ 99 [Lohnanspruch gegen beide Parteien]** Ist unter den Parteien nichts darüber vereinbart, wer den Maklerlohn bezahlen soll, so ist er in Ermangelung eines abweichenden Ortsgebrauchs von jeder Partei zur Hälfte zu entrichten.

**§ 100[1)] [Tagebuch]** (1) [1] Der Handelsmakler ist verpflichtet, ein Tagebuch zu führen und in dieses alle abgeschlossenen Geschäfte täglich einzutragen. [2] Die Eintragungen sind nach der Zeitfolge zu bewirken; sie haben die in § 94 Abs. 1 bezeichneten Angaben zu enthalten. [3] Das Eingetragene ist von dem Handels-

---

1) § 100 Abs. 2 geänd. durch G v. 19.12.1985 (BGBl. I S. 2355); Abs. 1 Satz 3 neu gef. mWv 1.8. 2001 durch G v. 13.7.2001 (BGBl. I S. 1542).

makler täglich zu unterzeichnen oder gemäß § 126a Abs. 1 des Bürgerlichen Gesetzbuchs[1] elektronisch zu signieren.

(2) Die Vorschriften der §§ 239 und 257 über die Einrichtung und Aufbewahrung der Handelsbücher finden auf das Tagebuch des Handelsmaklers Anwendung.

**§ 101 [Auszüge aus dem Tagebuch]** Der Handelsmakler ist verpflichtet, den Parteien jederzeit auf Verlangen Auszüge aus dem Tagebuche zu geben, die von ihm unterzeichnet sind und alles enthalten, was von ihm in Ansehung des vermittelten Geschäfts eingetragen ist.

**§ 102 [Vorlegung im Rechtsstreit]** Im Laufe eines Rechtsstreits kann das Gericht auch ohne Antrag einer Partei die Vorlegung des Tagebuchs anordnen, um es mit der Schlußnote, den Auszügen oder anderen Beweismitteln zu vergleichen.

**§ 103[2] [Ordnungswidrigkeiten]** (1) Ordnungswidrig handelt, wer als Handelsmakler

1. vorsätzlich oder fahrlässig ein Tagebuch über die abgeschlossenen Geschäfte zu führen unterläßt oder das Tagebuch in einer Weise führt, die dem § 100 Abs. 1 widerspricht oder
2. ein solches Tagebuch vor Ablauf der gesetzlichen Aufbewahrungsfrist vernichtet.

(2) Die Ordnungswidrigkeit kann mit einer Geldbuße bis zu fünftausend Euro geahndet werden.

**§ 104[3] [Krämermakler]** [1] Auf Personen, welche die Vermittlung von Warengeschäften im Kleinverkehre besorgen, finden die Vorschriften über Schlußnoten und Tagebücher keine Anwendung. [2] Auf Personen, welche die Vermittlung von Versicherungs- oder Bausparverträgen übernehmen, sind die Vorschriften über Tagebücher nicht anzuwenden.

## Neunter Abschnitt.[4] Bußgeldvorschriften

**§ 104a Bußgeldvorschrift.** (1) [1] Ordnungswidrig handelt, wer vorsätzlich oder leichtfertig entgegen § 8b Abs. 3 Satz 1 Nr. 2 dort genannte Daten nicht, nicht richtig oder nicht vollständig übermittelt. [2] Die Ordnungswidrigkeit kann mit einer Geldbuße bis zu zweihunderttausend Euro geahndet werden.

(2) Verwaltungsbehörde im Sinne des § 36 Abs. 1 Nr. 1 des Gesetzes über Ordnungswidrigkeiten[5] ist die Bundesanstalt für Finanzdienstleistungsaufsicht.

---

[1] Nr. **20**.
[2] § 103 neu gef. durch G v. 2.3.1974 (BGBl. I S. 469); Abs. 2 geänd. mWv 25.1.2001 durch G v. 18.1.2001 (BGBl. I S. 123).
[3] § 104 Satz 2 angef. durch G v. 23.10.1989 (BGBl. I S. 1910).
[4] 9. Abschnitt (§ 104a) eingef. mWv 20.1.2007 durch G v. 5.1.2007 (BGBl. I S. 10).
[5] Nr. **94**.

## Zweites Buch. Handelsgesellschaften und stille Gesellschaft

### Erster Abschnitt. Offene Handelsgesellschaft

#### Erster Titel. Errichtung der Gesellschaft

**§ 105**[1] **[Begriff der OHG; Anwendbarkeit des BGB]** (1) Eine Gesellschaft, deren Zweck auf den Betrieb eines Handelsgewerbes unter gemeinschaftlicher Firma gerichtet ist, ist eine offene Handelsgesellschaft, wenn bei keinem der Gesellschafter die Haftung gegenüber den Gesellschaftsgläubigern beschränkt ist.

(2) [1] Eine Gesellschaft, deren Gewerbebetrieb nicht schon nach § 1 Abs. 2 Handelsgewerbe ist oder die nur eigenes Vermögen verwaltet, ist offene Handelsgesellschaft, wenn die Firma des Unternehmens in das Handelsregister eingetragen ist. [2] § 2 Satz 2 und 3 gilt entsprechend.

(3) Auf die offene Handelsgesellschaft finden, soweit nicht in diesem Abschnitt ein anderes vorgeschrieben ist, die Vorschriften des Bürgerlichen Gesetzbuchs[2] über die Gesellschaft Anwendung.

**§ 106**[3] **[Anmeldung zum Handelsregister]** (1) Die Gesellschaft ist bei dem Gericht, in dessen Bezirke sie ihren Sitz hat, zur Eintragung in das Handelsregister anzumelden.

(2) Die Anmeldung hat zu enthalten:

1. den Namen, Vornamen, Geburtsdatum und Wohnort jedes Gesellschafters;
2. die Firma der Gesellschaft, den Ort, an dem sie ihren Sitz hat, und die inländische Geschäftsanschrift;
3. *(aufgehoben)*
4. die Vertretungsmacht der Gesellschafter.

**§ 107**[4] **[Anzumeldende Änderungen]** Wird die Firma einer Gesellschaft geändert, der Sitz der Gesellschaft an einen anderen Ort verlegt, die inländische Geschäftsanschrift geändert, tritt ein neuer Gesellschafter in die Gesellschaft ein oder ändert sich die Vertretungsmacht eines Gesellschafters, so ist dies ebenfalls zur Eintragung in das Handelsregister anzumelden.

**§ 108**[5] **[Anmeldung durch alle Gesellschafter]** [1] Die Anmeldungen sind von sämtlichen Gesellschaftern zu bewirken. [2] Das gilt nicht, wenn sich nur die inländische Geschäftsanschrift ändert.

---

[1] § 105 Abs. 2 eingef., bish. Abs. 2 wird Abs. 3 durch G v. 22. 6. 1998 (BGBl. I S. 1474).

[2] Nr. **20**.

[3] § 106 Abs. 2 Nr. 1 geänd. durch G v. 22. 6. 1998 (BGBl. I S. 1474); Abs. 2 Nr. 4 angef. mWv 15. 12. 2001 durch G v. 10. 12. 2001 (BGBl. I S. 3422); Abs. 2 Nr. 3 aufgeh. mWv 1. 9. 2004 durch G v. 24. 8. 2004 (BGBl. I S. 2198); Abs. 2 Nr. 2 neu gef. mWv 1. 11. 2008 durch G v. 23. 10. 2008 (BGBl. I S. 2026).

[4] § 107 geänd. mWv 15. 12. 2001 durch G v. 10. 12. 2001 (BGBl. I S. 3422); geänd. mWv 1. 11. 2008 durch G v. 23. 10. 2008 (BGBl. I S. 2026).

[5] § 108 Abs. 2 aufgeh. mWv 1. 1. 2007 durch G v. 10. 11. 2006 (BGBl. I S. 2553); Satz 2 angef. mWv 31. 12. 2015 durch G v. 22. 12. 2015 (BGBl. I S. 2565).

### Zweiter Titel. Rechtsverhältnis der Gesellschafter untereinander

**§ 109 [Gesellschaftsvertrag]** Das Rechtsverhältnis der Gesellschafter untereinander richtet sich zunächst nach dem Gesellschaftsvertrage; die Vorschriften der §§ 110 bis 122 finden nur insoweit Anwendung, als nicht durch den Gesellschaftsvertrag ein anderes bestimmt ist.

**§ 110 [Ersatz für Aufwendungen und Verluste]** (1) Macht der Gesellschafter in den Gesellschaftsangelegenheiten Aufwendungen, die er den Umständen nach für erforderlich halten darf, oder erleidet er unmittelbar durch seine Geschäftsführung oder aus Gefahren, die mit ihr untrennbar verbunden sind, Verluste, so ist ihm die Gesellschaft zum Ersatze verpflichtet.

(2) Aufgewendetes Geld hat die Gesellschaft von der Zeit der Aufwendung an zu verzinsen.

**§ 111 [Verzinsungspflicht]** (1) Ein Gesellschafter, der seine Geldeinlage nicht zur rechten Zeit einzahlt oder eingenommenes Gesellschaftsgeld nicht zur rechten Zeit an die Gesellschaftskasse abliefert oder unbefugt Geld aus der Gesellschaftskasse für sich entnimmt, hat Zinsen von dem Tage an zu entrichten, an welchem die Zahlung oder die Ablieferung hätte geschehen sollen oder die Herausnahme des Geldes erfolgt ist.

(2) Die Geltendmachung eines weiteren Schadens ist nicht ausgeschlossen.

**§ 112 [Wettbewerbsverbot]** (1) Ein Gesellschafter darf ohne Einwilligung der anderen Gesellschafter weder in dem Handelszweig der Gesellschaft Geschäfte machen noch an einer anderen gleichartigen Handelsgesellschaft als persönlich haftender Gesellschafter teilnehmen.

(2) Die Einwilligung zur Teilnahme an einer anderen Gesellschaft gilt als erteilt, wenn den übrigen Gesellschaftern bei Eingehung der Gesellschaft bekannt ist, daß der Gesellschafter an einer anderen Gesellschaft als persönlich haftender Gesellschafter teilnimmt, und gleichwohl die Aufgabe dieser Beteiligung nicht ausdrücklich bedungen wird.

**§ 113[1] [Verletzung des Wettbewerbsverbots]** (1) Verletzt ein Gesellschafter die ihm nach § 112 obliegende Verpflichtung, so kann die Gesellschaft Schadensersatz fordern; sie kann statt dessen von dem Gesellschafter verlangen, daß er die für eigene Rechnung gemachten Geschäfte als für Rechnung der Gesellschaft eingegangen gelten lasse und die aus Geschäften für fremde Rechnung bezogene Vergütung herausgebe oder seinen Anspruch auf die Vergütung abtrete.

(2) Über die Geltendmachung dieser Ansprüche beschließen die übrigen Gesellschafter.

(3) Die Ansprüche verjähren in drei Monaten von dem Zeitpunkt an, in welchem die übrigen Gesellschafter von dem Abschluss des Geschäfts oder von der Teilnahme des Gesellschafters an der anderen Gesellschaft Kenntnis erlangen oder ohne grobe Fahrlässigkeit erlangen müssten; sie verjähren ohne Rücksicht auf diese Kenntnis oder grob fahrlässige Unkenntnis in fünf Jahren von ihrer Entstehung an.

(4) Das Recht der Gesellschafter, die Auflösung der Gesellschaft zu verlangen, wird durch diese Vorschriften nicht berührt.

---

[1] § 113 Abs. 3 neu gef. mWv 15. 12. 2004 durch G v. 9. 12. 2004 (BGBl. I S. 3214).

**§ 114 [Geschäftsführung]** (1) Zur Führung der Geschäfte der Gesellschaft sind alle Gesellschafter berechtigt und verpflichtet.

(2) Ist im Gesellschaftsvertrage die Geschäftsführung einem Gesellschafter oder mehreren Gesellschaftern übertragen, so sind die übrigen Gesellschafter von der Geschäftsführung ausgeschlossen.

**§ 115 [Geschäftsführung durch mehrere Gesellschafter]** (1) Steht die Geschäftsführung allen oder mehreren Gesellschaftern zu, so ist jeder von ihnen allein zu handeln berechtigt; widerspricht jedoch ein anderer geschäftsführender Gesellschafter der Vornahme einer Handlung, so muß diese unterbleiben.

(2) Ist im Gesellschaftsvertrage bestimmt, daß die Gesellschafter, denen die Geschäftsführung zusteht, nur zusammen handeln können, so bedarf es für jedes Geschäft der Zustimmung aller geschäftsführenden Gesellschafter, es sei denn, daß Gefahr im Verzug ist.

**§ 116 [Umfang der Geschäftsführungsbefugnis]** (1) Die Befugnis zur Geschäftsführung erstreckt sich auf alle Handlungen, die der gewöhnliche Betrieb des Handelsgewerbes der Gesellschaft mit sich bringt.

(2) Zur Vornahme von Handlungen, die darüber hinausgehen, ist ein Beschluß sämtlicher Gesellschafter erforderlich.

(3) [1] Zur Bestellung eines Prokuristen bedarf es der Zustimmung aller geschäftsführenden Gesellschafter, es sei denn, daß Gefahr im Verzug ist. [2] Der Widerruf der Prokura kann von jedem der zur Erteilung oder zur Mitwirkung bei der Erteilung befugten Gesellschafter erfolgen.

**§ 117 [Entziehung der Geschäftsführungsbefugnis]** Die Befugnis zur Geschäftsführung kann einem Gesellschafter auf Antrag der übrigen Gesellschafter durch gerichtliche Entscheidung entzogen werden, wenn ein wichtiger Grund vorliegt; ein solcher Grund ist insbesondere grobe Pflichtverletzung oder Unfähigkeit zur ordnungsmäßigen Geschäftsführung.

**§ 118[1)] [Kontrollrecht der Gesellschafter]** (1) Ein Gesellschafter kann, auch wenn er von der Geschäftsführung ausgeschlossen ist, sich von den Angelegenheiten der Gesellschaft persönlich unterrichten, die Handelsbücher und die Papiere der Gesellschaft einsehen und sich aus ihnen eine Bilanz und einen Jahresabschluß anfertigen.

(2) Eine dieses Recht ausschließende oder beschränkende Vereinbarung steht der Geltendmachung des Rechtes nicht entgegen, wenn Grund zu der Annahme unredlicher Geschäftsführung besteht.

**§ 119 [Beschlussfassung]** (1) Für die von den Gesellschaftern zu fassenden Beschlüsse bedarf es der Zustimmung aller zur Mitwirkung bei der Beschlußfassung berufenen Gesellschafter.

(2) Hat nach dem Gesellschaftsvertrage die Mehrheit der Stimmen zu entscheiden, so ist die Mehrheit im Zweifel nach der Zahl der Gesellschafter zu berechnen.

---

1) § 118 Abs. 1 geänd. durch G v. 19. 12. 1985 (BGBl. I S. 2355).

**§ 120 [Gewinn und Verlust]** (1) Am Schlusse jedes Geschäftsjahrs wird auf Grund der Bilanz der Gewinn oder der Verlust des Jahres ermittelt und für jeden Gesellschafter sein Anteil daran berechnet.

(2) Der einem Gesellschafter zukommende Gewinn wird dem Kapitalanteile des Gesellschafters zugeschrieben; der auf einen Gesellschafter entfallende Verlust sowie das während des Geschäftsjahrs auf den Kapitalanteil entnommene Geld wird davon abgeschrieben.

**§ 121 [Verteilung von Gewinn und Verlust]** (1) [1] Von dem Jahresgewinne gebührt jedem Gesellschafter zunächst ein Anteil in Höhe von vier vom Hundert seines Kapitalanteils. [2] Reicht der Jahresgewinn hierzu nicht aus, so bestimmen sich die Anteile nach einem entsprechend niedrigeren Satze.

(2) [1] Bei der Berechnung des nach Absatz 1 einem Gesellschafter zukommenden Gewinnanteils werden Leistungen, die der Gesellschafter im Laufe des Geschäftsjahrs als Einlage gemacht hat, nach dem Verhältnisse der seit der Leistung abgelaufenen Zeit berücksichtigt. [2] Hat der Gesellschafter im Laufe des Geschäftsjahrs Geld aus seinem Kapitalanteil entnommen, so werden die entnommenen Beträge nach dem Verhältnisse der bis zur Entnahme abgelaufenen Zeit berücksichtigt.

(3) Derjenige Teil des Jahresgewinns, welcher die nach den Absätzen 1 und 2 zu berechnenden Gewinnanteile übersteigt, sowie der Verlust eines Geschäftsjahrs wird unter die Gesellschafter nach Köpfen verteilt.

**§ 122 [Entnahmen]** (1) Jeder Gesellschafter ist berechtigt, aus der Gesellschaftskasse Geld bis zum Betrage von vier vom Hundert seines für das letzte Geschäftsjahr festgestellten Kapitalanteils zu seinen Lasten zu erheben und, soweit es nicht zum offenbaren Schaden der Gesellschaft gereicht, auch die Auszahlung seines den bezeichneten Betrag übersteigenden Anteils am Gewinne des letzten Jahres zu verlangen.

(2) Im übrigen ist ein Gesellschafter nicht befugt, ohne Einwilligung der anderen Gesellschafter seinen Kapitalanteil zu vermindern.

### Dritter Titel. Rechtsverhältnis der Gesellschafter zu Dritten

**§ 123[1] [Wirksamkeit im Verhältnis zu Dritten]** (1) Die Wirksamkeit der offenen Handelsgesellschaft tritt im Verhältnisse zu Dritten mit dem Zeitpunkt ein, in welchem die Gesellschaft in das Handelsregister eingetragen wird.

(2) Beginnt die Gesellschaft ihre Geschäfte schon vor der Eintragung, so tritt die Wirksamkeit mit dem Zeitpunkte des Geschäftsbeginns ein, soweit nicht aus § 2 oder § 105 Abs. 2 sich ein anderes ergibt.

(3) Eine Vereinbarung, daß die Gesellschaft erst mit einem späteren Zeitpunkt ihren Anfang nehmen soll, ist Dritten gegenüber unwirksam.

**§ 124 [Rechtliche Selbständigkeit; Zwangsvollstreckung in Gesellschaftsvermögen]** (1) Die offene Handelsgesellschaft kann unter ihrer Firma Rechte erwerben und Verbindlichkeiten eingehen, Eigentum und andere dingliche Rechte an Grundstücken erwerben, vor Gericht klagen und verklagt werden.

---

[1] § 123 Abs. 2 geänd. durch G v. 22. 6. 1998 (BGBl. I S. 1474).

(2) Zur Zwangsvollstreckung in das Gesellschaftsvermögen ist ein gegen die Gesellschaft gerichteter vollstreckbarer Schuldtitel erforderlich.

**§ 125**[1] **[Vertretung der Gesellschaft]** (1) Zur Vertretung der Gesellschaft ist jeder Gesellschafter ermächtigt, wenn er nicht durch den Gesellschaftsvertrag von der Vertretung ausgeschlossen ist.

(2) [1] Im Gesellschaftsvertrage kann bestimmt werden, daß alle oder mehrere Gesellschafter nur in Gemeinschaft zur Vertretung der Gesellschaft ermächtigt sein sollen (Gesamtvertretung). [2] Die zur Gesamtvertretung berechtigten Gesellschafter können einzelne von ihnen zur Vornahme bestimmter Geschäfte oder bestimmter Arten von Geschäften ermächtigen. [3] Ist der Gesellschaft gegenüber eine Willenserklärung abzugeben, so genügt die Abgabe gegenüber einem der zur Mitwirkung bei der Vertretung befugten Gesellschafter.

(3) [1] Im Gesellschaftsvertrage kann bestimmt werden, daß die Gesellschafter, wenn nicht mehrere zusammen handeln, nur in Gemeinschaft mit einem Prokuristen zur Vertretung der Gesellschaft ermächtigt sein sollen. [2] Die Vorschriften des Absatzes 2 Satz 2 und 3 finden in diesem Falle entsprechende Anwendung.

**§ 125a**[2] **[Angaben auf Geschäftsbriefen]** (1) [1] Auf allen Geschäftsbriefen der Gesellschaft gleichviel welcher Form, die an einen bestimmten Empfänger gerichtet werden, müssen die Rechtsform und der Sitz der Gesellschaft, das Registergericht und die Nummer, unter der die Gesellschaft in das Handelsregister eingetragen ist, angegeben werden. [2] Bei einer Gesellschaft, bei der kein Gesellschafter eine natürliche Person ist, sind auf den Geschäftsbriefen der Gesellschaft ferner die Firmen der Gesellschafter anzugeben sowie für die Gesellschafter die nach § 35a des Gesetzes betreffend die Gesellschaften mit beschränkter Haftung[3] oder § 80 des Aktiengesetzes[4] für Geschäftsbriefe vorgeschriebenen Angaben zu machen. [3] Die Angaben nach Satz 2 sind nicht erforderlich, wenn zu den Gesellschaftern der Gesellschaft eine offene Handelsgesellschaft oder Kommanditgesellschaft gehört, bei der ein persönlich haftender Gesellschafter eine natürliche Person ist.

(2) Für Vordrucke und Bestellscheine ist § 37a Abs. 2 und 3, für Zwangsgelder gegen die zur Vertretung der Gesellschaft ermächtigten Gesellschafter oder deren organschaftliche Vertreter und die Liquidatoren ist § 37a Abs. 4 entsprechend anzuwenden.

**§ 126 [Umfang der Vertretungsmacht]** (1) Die Vertretungsmacht der Gesellschafter erstreckt sich auf alle gerichtlichen und außergerichtlichen Geschäfte und Rechtshandlungen einschließlich der Veräußerung und Belastung von Grundstücken sowie der Erteilung und des Widerrufs einer Prokura.

(2) Eine Beschränkung des Umfanges der Vertretungsmacht ist Dritten gegenüber unwirksam; dies gilt insbesondere von der Beschränkung, daß sich die Vertretung nur auf gewisse Geschäfte oder Arten von Geschäften erstrecken oder daß sie nur unter gewissen Umständen oder für eine gewisse Zeit oder an einzelnen Orten stattfinden soll.

---

[1] § 125 Abs. 4 aufgeh. mWv 15.12.2001 durch G v. 10.12.2001 (BGBl. I S. 3422); Abs. 1 und 3 geänd. mWv 1.1.2007 durch G v. 10.11.2006 (BGBl. I S. 2553).

[2] § 125a eingef. durch G v. 4.7.1980 (BGBl. I S. 836); Abs. 1 Sätze 1 und 2 neu gef., Satz 3 geänd., Abs. 2 neu gef. durch G v. 22.6.1998 (BGBl. I S. 1474); Abs. 1 Satz 1 geänd. mWv 1.1.2007 durch G v. 10.11.2006 (BGBl. I S. 2553).

[3] Nr. **52**.

[4] Nr. **51**.

(3) In betreff der Beschränkung auf den Betrieb einer von mehreren Niederlassungen der Gesellschaft finden die Vorschriften des § 50 Abs. 3 entsprechende Anwendung.

**§ 127 [Entziehung der Vertretungsmacht]** Die Vertretungsmacht kann einem Gesellschafter auf Antrag der übrigen Gesellschafter durch gerichtliche Entscheidung entzogen werden, wenn ein wichtiger Grund vorliegt; ein solcher Grund ist insbesondere grobe Pflichtverletzung oder Unfähigkeit zur ordnungsgemäßen Vertretung der Gesellschaft.

**§ 128 [Persönliche Haftung der Gesellschafter]** [1] Die Gesellschafter haften für die Verbindlichkeiten der Gesellschaft den Gläubigern als Gesamtschuldner persönlich. [2] Eine entgegenstehende Vereinbarung ist Dritten gegenüber unwirksam.

**§ 129 [Einwendungen des Gesellschafters]** (1) Wird ein Gesellschafter wegen einer Verbindlichkeit der Gesellschaft in Anspruch genommen, so kann er Einwendungen, die nicht in seiner Person begründet sind, nur insoweit geltend machen, als sie von der Gesellschaft erhoben werden können.

(2) Der Gesellschafter kann die Befriedigung des Gläubigers verweigern, solange der Gesellschaft das Recht zusteht, das ihrer Verbindlichkeit zugrunde liegende Rechtsgeschäft anzufechten.

(3) Die gleiche Befugnis hat der Gesellschafter, solange sich der Gläubiger durch Aufrechnung gegen eine fällige Forderung der Gesellschaft befriedigen kann.

(4) Aus einem gegen die Gesellschaft gerichteten vollstreckbaren Schuldtitel findet die Zwangsvollstreckung gegen die Gesellschafter nicht statt.

**§ 129a**[1] *(aufgehoben)*

**§ 130 [Haftung des eintretenden Gesellschafters]** (1) Wer in eine bestehende Gesellschaft eintritt, haftet gleich den anderen Gesellschaftern nach Maßgabe der §§ 128 und 129 für die vor seinem Eintritte begründeten Verbindlichkeiten der Gesellschaft, ohne Unterschied, ob die Firma eine Änderung erleidet oder nicht.

(2) Eine entgegenstehende Vereinbarung ist Dritten gegenüber unwirksam.

**§ 130a**[2] *(aufgehoben)*

**§ 130b**[3] *(aufgehoben)*

### Vierter Titel. Auflösung der Gesellschaft und Ausscheiden von Gesellschaftern

**§ 131**[4] **[Auflösungsgründe]** (1) Die offene Handelsgesellschaft wird aufgelöst:
1. durch den Ablauf der Zeit, für welche sie eingegangen ist;
2. durch Beschluß der Gesellschafter;

---

[1] § 129a aufgeh. mWv 1.11.2008 durch G v. 23.10.2008 (BGBl. I S. 2026).

[2] § 130a aufgeh. mWv 1.1.2021 durch G v. 22.12.2020 (BGBl. I S. 3256).

[3] § 130b aufgeh. mWv 1.11.2008 durch G v. 23.10.2008 (BGBl. I S. 2026).

[4] § 131 Abs. 1 Nr. 4 und 5 aufgeh., bish. Nr. 6 wird Nr. 4 und geänd., Abs. 2 angef. durch G v. 22.6. 1998 (BGBl. I S. 1474); Abs. 1 Nr. 3 geänd., Abs. 2 eingef., bish. Abs. 2 wird Abs. 3 und Nr. 2 geänd. mWv 1.1.1999 durch G v. 5.10.1994 (BGBl. I S. 2911, geänd. durch G v. 22.6.1998, BGBl. I S. 1474); Abs. 2 Satz 1 Nr. 2 geänd. mWv 1.9.2009 durch G v. 17.12.2008 (BGBl. I S. 2586).

3. durch die Eröffnung des Insolvenzverfahrens über das Vermögen der Gesellschaft;
4. durch gerichtliche Entscheidung.

(2) [1] Eine offene Handelsgesellschaft, bei der kein persönlich haftender Gesellschafter eine natürliche Person ist, wird ferner aufgelöst:

1. mit der Rechtskraft des Beschlusses, durch den die Eröffnung des Insolvenzverfahrens mangels Masse abgelehnt worden ist;
2. durch die Löschung wegen Vermögenslosigkeit nach § 394 des Gesetzes über das Verfahren in Familiensachen und in den Angelegenheiten der freiwilligen Gerichtsbarkeit[1)].

[2] Dies gilt nicht, wenn zu den persönlich haftenden Gesellschaftern eine andere offene Handelsgesellschaft oder Kommanditgesellschaft gehört, bei der ein persönlich haftender Gesellschafter eine natürliche Person ist.

(3) [1] Folgende Gründe führen mangels abweichender vertraglicher Bestimmung zum Ausscheiden eines Gesellschafters:

1. Tod des Gesellschafters,
2. Eröffnung des Insolvenzverfahrens über das Vermögen des Gesellschafters,
3. Kündigung des Gesellschafters,
4. Kündigung durch den Privatgläubiger des Gesellschafters,
5. Eintritt von weiteren im Gesellschaftsvertrag vorgesehenen Fällen,
6. Beschluß der Gesellschafter.

[2] Der Gesellschafter scheidet mit dem Eintritt des ihn betreffenden Ereignisses aus, im Falle der Kündigung aber nicht vor Ablauf der Kündigungsfrist.

**§ 132 [Kündigung eines Gesellschafters]** Die Kündigung eines Gesellschafters kann, wenn die Gesellschaft für unbestimmte Zeit eingegangen ist, nur für den Schluß eines Geschäftsjahrs erfolgen; sie muß mindestens sechs Monate vor diesem Zeitpunkte stattfinden.

**§ 133 [Auflösung durch gerichtliche Entscheidung]** (1) Auf Antrag eines Gesellschafters kann die Auflösung der Gesellschaft vor dem Ablaufe der für ihre Dauer bestimmten Zeit oder bei einer für unbestimmte Zeit eingegangenen Gesellschaft ohne Kündigung durch gerichtliche Entscheidung ausgesprochen werden, wenn ein wichtiger Grund vorliegt.

(2) Ein solcher Grund ist insbesondere vorhanden, wenn ein anderer Gesellschafter eine ihm nach dem Gesellschaftsvertrag obliegende wesentliche Verpflichtung vorsätzlich oder aus grober Fahrlässigkeit verletzt oder wenn die Erfüllung einer solchen Verpflichtung unmöglich wird.

*(Fortsetzung nächstes Blatt)*

---

1) Nr. **112**.

3. durch die Eröffnung des Insolvenzverfahrens über das Vermögen der Gesellschaft;
4. durch gerichtliche Entscheidung.

(2) ¹Eine offene Handelsgesellschaft, bei der kein Gesellschafter eine natürliche Person ist, wird ferner aufgelöst

1. mit der Rechtskraft des Beschlusses, durch den die Eröffnung des Insolvenzverfahrens mangels Masse abgelehnt worden ist;
2. durch die Löschung wegen Vermögenslosigkeit nach § 394 des Gesetzes über das Verfahren in Familiensachen und in den Angelegenheiten der freiwilligen Gerichtsbarkeit.

²Dies gilt nicht, wenn zu den persönlich haftenden Gesellschaftern eine andere offene Handelsgesellschaft oder Kommanditgesellschaft gehört, bei der ein persönlich haftender Gesellschafter eine natürliche Person ist.

(3) ¹Folgende Gründe führen mangels abweichender vertraglicher Bestimmung zum Ausscheiden eines Gesellschafters:

1. Tod des Gesellschafters,
2. Eröffnung des Insolvenzverfahrens über das Vermögen des Gesellschafters,
3. Kündigung des Gesellschafters,
4. Kündigung durch den Privatgläubiger des Gesellschafters,
5. Eintritt von weiteren im Gesellschaftsvertrag vorgesehenen Fällen,
6. Beschluß der Gesellschafter.

²Der Gesellschafter scheidet mit dem Eintritt des ihn betreffenden Ereignisses aus, im Falle der Kündigung aber nicht vor Ablauf der Kündigungsfrist.

**§ 132 [Kündigung eines Gesellschafters]** Die Kündigung eines Gesellschafters kann, wenn die Gesellschaft für unbestimmte Zeit eingegangen ist, nur für den Schluß eines Geschäftsjahrs erfolgen; sie muß mindestens sechs Monate vor diesem Zeitpunkte stattfinden.

**§ 133 Auflösung durch gerichtliche Entscheidung** (1) Auf Antrag eines Gesellschafters kann die Auflösung der Gesellschaft vor dem Ablaufe der für ihre Dauer bestimmten Zeit oder bei einer für unbestimmte Zeit eingegangenen Gesellschaft ohne Kündigung durch gerichtliche Entscheidung ausgesprochen werden, wenn ein wichtiger Grund vorliegt.

(2) Ein solcher Grund ist insbesondere vorhanden, wenn ein anderer Gesellschafter eine ihm nach dem Gesellschaftsvertrag obliegende wesentliche Verpflichtung vorsätzlich oder aus grober Fahrlässigkeit verletzt oder wenn die Erfüllung einer solchen Verpflichtung unmöglich wird.

*(Fortsetzung nächstes Blatt)*

(3) Eine Vereinbarung, durch welche das Recht des Gesellschafters, die Auflösung der Gesellschaft zu verlangen, ausgeschlossen oder diesen Vorschriften zuwider beschränkt wird, ist nichtig.

**§ 134. [Gesellschaft auf Lebenszeit; fortgesetzte Gesellschaft]** Eine Gesellschaft, die für die Lebenszeit eines Gesellschafters eingegangen ist oder nach dem Ablaufe der für ihre Dauer bestimmten Zeit stillschweigend fortgesetzt wird, steht im Sinne der Vorschriften der §§ 132 und 133 einer für unbestimmte Zeit eingegangenen Gesellschaft gleich.

**§ 135. [Kündigung durch den Privatgläubiger]** Hat ein Privatgläubiger eines Gesellschafters, nachdem innerhalb der letzten sechs Monate eine Zwangsvollstreckung in das bewegliche Vermögen des Gesellschafters ohne Erfolg versucht ist, auf Grund eines nicht bloß vorläufig vollstreckbaren Schuldtitels die Pfändung und Überweisung des Anspruchs auf dasjenige erwirkt, was dem Gesellschafter bei der Auseinandersetzung zukommt, so kann er die Gesellschaft ohne Rücksicht darauf, ob sie für bestimmte oder unbestimmte Zeit eingegangen ist, sechs Monate vor dem Ende des Geschäftsjahrs für diesen Zeitpunkt kündigen.

**§§ 136–138.**[1] *(aufgehoben)*

**§ 139.**[2] **[Fortsetzung mit den Erben]** (1) Ist im Gesellschaftsvertrage bestimmt, daß im Falle des Todes eines Gesellschafters die Gesellschaft mit dessen Erben fortgesetzt werden soll, so kann jeder Erbe sein Verbleiben in der Gesellschaft davon abhängig machen, daß ihm unter Belassung des bisherigen Gewinnanteils die Stellung eines Kommanditisten eingeräumt und der auf ihn fallende Teil der Einlage des Erblassers als seine Kommanditeinlage anerkannt wird.

(2) Nehmen die übrigen Gesellschafter einen dahingehenden Antrag des Erben nicht an, so ist dieser befugt, ohne Einhaltung einer Kündigungsfrist sein Ausscheiden aus der Gesellschaft zu erklären.

(3) [1]Die bezeichneten Rechte können von dem Erben nur innerhalb einer Frist von drei Monaten nach dem Zeitpunkt, in welchem er von dem Anfalle der Erbschaft Kenntnis erlangt hat, geltend gemacht werden. [2]Auf den Lauf der Frist finden die für die Verjährung geltenden Vorschriften des § 210 des Bürgerlichen Gesetzbuchs entsprechende Anwendung. [3]Ist bei dem Ablaufe der drei Monate das Recht zur Ausschlagung der Erbschaft noch nicht verloren, so endigt die Frist nicht vor dem Ablaufe der Ausschlagungsfrist.

(4) Scheidet innerhalb der Frist des Absatzes 3 der Erbe aus der Gesellschaft aus oder wird innerhalb der Frist die Gesellschaft aufgelöst oder dem Erben die Stellung eines Kommanditisten eingeräumt, so haftet er für die bis dahin entstandenen Gesellschaftsschulden nur nach Maßgabe der die Haftung des Erben für die Nachlaßverbindlichkeiten betreffenden Vorschriften des bürgerlichen Rechtes.

(5) Der Gesellschaftsvertrag kann die Anwendung der Vorschriften der Absätze 1 bis 4 nicht ausschließen; es kann jedoch für den Fall, daß der Erbe sein Verbleiben in der Gesellschaft von der Einräumung der Stellung eines Kom-

---

[1] §§ 136 bis 138 aufgeh. durch Art. 3 HRefG v. 22. 6. 1998 (BGBl. I S. 1474).

[2] § 139 Abs. 3 Satz 2 geänd. durch Art. 5 Abs. 16 SchuModG v. 26. 11. 2001 (BGBl. I S. 3138).

manditisten abhängig macht, sein Gewinnanteil anders als der des Erblassers bestimmt werden.

**§ 140.**[1] **[Ausschließung eines Gesellschafters]** (1) [1]Tritt in der Person eines Gesellschafters ein Umstand ein, der nach § 133 für die übrigen Gesellschafter das Recht begründet, die Auflösung der Gesellschaft zu verlangen, so kann vom Gericht anstatt der Auflösung die Ausschließung dieses Gesellschafters aus der Gesellschaft ausgesprochen werden, sofern die übrigen Gesellschafter dies beantragen. [2]Der Ausschließungsklage steht nicht entgegen, daß nach der Ausschließung nur ein Gesellschafter verbleibt.

(2) Für die Auseinandersetzung zwischen der Gesellschaft und dem ausgeschlossenen Gesellschafter ist die Vermögenslage der Gesellschaft in dem Zeitpunkte maßgebend, in welchem die Klage auf Ausschließung erhoben ist.

**§§ 141, 142.**[1] *(aufgehoben)*

**§ 143.**[2] **[Anmeldung von Auflösung und Ausscheiden]** (1) [1]Die Auflösung der Gesellschaft ist von sämtlichen Gesellschaftern zur Eintragung in das Handelsregister anzumelden. [2]Dies gilt nicht in den Fällen der Eröffnung oder der Ablehnung der Eröffnung des Insolvenzverfahrens über das Vermögen der Gesellschaft (§ 131 Abs. 1 Nr. 3 und Abs. 2 Nr. 1). [3]In diesen Fällen hat das Gericht die Auflösung und ihren Grund von Amts wegen einzutragen. [4]Im Falle der Löschung der Gesellschaft (§ 131 Abs. 2 Nr. 2) entfällt die Eintragung der Auflösung.

(2) Absatz 1 Satz 1 gilt entsprechend für das Ausscheiden eines Gesellschafters aus der Gesellschaft.

(3) Ist anzunehmen, daß der Tod eines Gesellschafters die Auflösung oder das Ausscheiden zur Folge gehabt hat, so kann, auch ohne daß die Erben bei der Anmeldung mitwirken, die Eintragung erfolgen, soweit einer solchen Mitwirkung besondere Hindernisse entgegenstehen.

**§ 144.**[2] **[Fortsetzung nach Insolvenz der Gesellschaft]** (1) Ist die Gesellschaft durch die Eröffnung des Insolvenzverfahrens über ihr Vermögen aufgelöst, das Verfahren aber auf Antrag des Schuldners eingestellt oder nach der Bestätigung eines Insolvenzplans, der den Fortbestand der Gesellschaft vorsieht, aufgehoben, so können die Gesellschafter die Fortsetzung der Gesellschaft beschließen.

(2) Die Fortsetzung ist von sämtlichen Gesellschaftern zur Eintragung in das Handelsregister anzumelden.

## Fünfter Titel. Liquidation der Gesellschaft

**§ 145.**[2] **[Notwendigkeit der Liquidation]** (1) Nach der Auflösung der Gesellschaft findet die Liquidation statt, sofern nicht eine andere Art der Auseinandersetzung von den Gesellschaftern vereinbart oder über das Vermögen der Gesellschaft das Insolvenzverfahren eröffnet ist.

---

[1] § 140 Abs. 1 Satz 2 angef., §§ 141 und 142 aufgeh. durch Art. 3 HRefG v. 22. 6. 1998 (BGBl. I S. 1474).

[2] § 143 Abs. 1 und 2, § 144 Abs. 1 neugef., § 145 Abs. 1 geänd., Abs. 2 neugef., Abs. 3 angef. durch Art. 40 EGInsO v. 5. 10. 1994 (BGBl. I S. 2911).

(2) Ist die Gesellschaft durch Kündigung des Gläubigers eines Gesellschafters oder durch die Eröffnung des Insolvenzverfahrens über das Vermögen eines Gesellschafters aufgelöst, so kann die Liquidation nur mit Zustimmung des Gläubigers oder des Insolvenzverwalters unterbleiben; ist im Insolvenzverfahren Eigenverwaltung angeordnet, so tritt an die Stelle der Zustimmung des Insolvenzverwalters die Zustimmung des Schuldners.

(3) Ist die Gesellschaft durch Löschung wegen Vermögenslosigkeit aufgelöst, so findet eine Liquidation nur statt, wenn sich nach der Löschung herausstellt, daß Vermögen vorhanden ist, das der Verteilung unterliegt.

**§ 146.**[1] **[Bestellung der Liquidatoren]** (1) [1]Die Liquidation erfolgt, sofern sie nicht durch Beschluß der Gesellschafter oder durch den Gesellschaftsvertrag einzelnen Gesellschaftern oder anderen Personen übertragen ist, durch sämtliche Gesellschafter als Liquidatoren. [2]Mehrere Erben eines Gesellschafters haben einen gemeinsamen Vertreter zu bestellen.

(2) [1]Auf Antrag eines Beteiligten kann aus wichtigen Gründen die Ernennung von Liquidatoren durch das Gericht erfolgen, in dessen Bezirke die Gesellschaft ihren Sitz hat; das Gericht kann in einem solchen Falle Personen zu Liquidatoren ernennen, die nicht zu den Gesellschaftern gehören. [2]Als Beteiligter gilt außer den Gesellschaftern im Falle des § 135 auch der Gläubiger, durch den die Kündigung erfolgt ist. [3]Im Falle des § 145 Abs. 3 sind die Liquidatoren auf Antrag eines Beteiligten durch das Gericht zu ernennen.

(3) Ist über das Vermögen eines Gesellschafters das Insolvenzverfahren eröffnet und ist ein Insolvenzverwalter bestellt, so tritt dieser an die Stelle des Gesellschafters.

**§ 147.** **[Abberufung von Liquidatoren]** Die Abberufung von Liquidatoren geschieht durch einstimmigen Beschluß der nach § 146 Abs. 2 und 3 Beteiligten; sie kann auf Antrag eines Beteiligten aus wichtigen Gründen auch durch das Gericht erfolgen.

**§ 148.**[2] **[Anmeldung der Liquidatoren]** (1) [1]Die Liquidatoren und ihre Vertretungsmacht sind von sämtlichen Gesellschaftern zur Eintragung in das Handelsregister anzumelden. [2]Das gleiche gilt von jeder Änderung in den Personen der Liquidatoren oder in ihrer Vertretungsmacht. [3]Im Falle des Todes eines Gesellschafters kann, wenn anzunehmen ist, daß die Anmeldung den Tatsachen entspricht, die Eintragung erfolgen, auch ohne daß die Erben bei der Anmeldung mitwirken, soweit einer solchen Mitwirkung besondere Hindernisse entgegenstehen.

(2) Die Eintragung gerichtlich bestellter Liquidatoren sowie die Eintragung der gerichtlichen Abberufung von Liquidatoren geschieht von Amts wegen.

**§ 149.** **[Rechte und Pflichten der Liquidatoren]** [1]Die Liquidatoren haben die laufenden Geschäfte zu beendigen, die Forderungen einzuziehen, das übrige Vermögen in Geld umzusetzen und die Gläubiger zu befriedigen; zur Beendigung schwebender Geschäfte können sie auch neue Geschäfte einge-

---

[1] § 146 Abs. 2 Satz 3 angef., Abs. 3 neugef. durch Art. 40 EGInsO v. 5. 10. 1994 (BGBl. I S. 2911).

[2] § 148 Abs. 1 Satz 1 geänd. durch Art. 1 ERJuKoG v. 10. 12. 2001 (BGBl. I S. 3422), Abs. 3 aufgeh. mWv 1. 1. 2007 durch Art. 1 EHUG v. 10. 11. 2006 (BGBl. I S. 2553).

hen. [2]Die Liquidatoren vertreten innerhalb ihres Geschäftskreises die Gesellschaft gerichtlich und außergerichtlich.

**§ 150.**[1)] **[Mehrere Liquidatoren]** (1) Sind mehrere Liquidatoren vorhanden, so können sie die zur Liquidation gehörenden Handlungen nur in Gemeinschaft vornehmen, sofern nicht bestimmt ist, daß sie einzeln handeln können.

(2) [1]Durch die Vorschrift des Absatzes 1 wird nicht ausgeschlossen, daß die Liquidatoren einzelne von ihnen zur Vornahme bestimmter Geschäfte oder bestimmter Arten von Geschäften ermächtigen. [2]Ist der Gesellschaft gegenüber eine Willenserklärung abzugeben, so findet die Vorschrift des § 125 Abs. 2 Satz 3 entsprechende Anwendung.

**§ 151. [Unbeschränkbarkeit der Befugnisse]** Eine Beschränkung des Umfanges der Befugnisse der Liquidatoren ist Dritten gegenüber unwirksam.

**§ 152. [Bindung an Weisungen]** Gegenüber den nach § 146 Abs. 2 und 3 Beteiligten haben die Liquidatoren, auch wenn sie vom Gerichte bestellt sind, den Anordnungen Folge zu leisten, welche die Beteiligten in betreff der Geschäftsführung einstimmig beschließen.

**§ 153. [Unterschrift]** Die Liquidatoren haben ihre Unterschrift in der Weise abzugeben, daß sie der bisherigen, als Liquidationsfirma zu bezeichnenden Firma ihren Namen beifügen.

**§ 154. [Bilanzen]** Die Liquidatoren haben bei dem Beginne sowie bei der Beendigung der Liquidation eine Bilanz aufzustellen.

**§ 155. [Verteilung des Gesellschaftsvermögens]** (1) Das nach Berichtigung der Schulden verbleibende Vermögen der Gesellschaft ist von den Liquidatoren nach dem Verhältnisse der Kapitalanteile, wie sie sich auf Grund der Schlußbilanz ergeben, unter die Gesellschafter zu verteilen.

(2) [1]Das während der Liquidation entbehrliche Geld wird vorläufig verteilt. [2]Zur Deckung noch nicht fälliger oder streitiger Verbindlichkeiten sowie zur Sicherung der den Gesellschaftern bei der Schlußverteilung zukommenden Beträge ist das Erforderliche zurückzubehalten. [3]Die Vorschriften des § 122 Abs. 1 finden während der Liquidation keine Anwendung.

(3) Entsteht über die Verteilung des Gesellschaftsvermögens Streit unter den Gesellschaftern, so haben die Liquidatoren die Verteilung bis zur Entscheidung des Streites auszusetzen.

**§ 156. [Rechtsverhältnisse der Gesellschafter]** Bis zur Beendigung der Liquidation kommen in bezug auf das Rechtsverhältnis der bisherigen Gesellschafter untereinander sowie der Gesellschaft zu Dritten die Vorschriften des zweiten und dritten Titels zur Anwendung, soweit sich nicht aus dem gegenwärtigen Titel oder aus dem Zwecke der Liquidation ein anderes ergibt.

**§ 157. [Anmeldung des Erlöschens; Geschäftsbücher]** (1) Nach der Beendigung der Liquidation ist das Erlöschen der Firma von den Liquidatoren zur Eintragung in das Handelsregister anzumelden.

---

1) § 150 Abs. 1 geänd. durch Art. 1 ERJuKoG v. 10. 12. 2001 (BGBl. I S. 3422).

(2) [1]Die Bücher und Papiere der aufgelösten Gesellschaft werden einem der Gesellschafter oder einem Dritten in Verwahrung gegeben. [2]Der Gesellschafter oder der Dritte wird in Ermangelung einer Verständigung durch das Gericht bestimmt, in dessen Bezirke die Gesellschaft ihren Sitz hat.

(3) Die Gesellschafter und deren Erben behalten das Recht auf Einsicht und Benutzung der Bücher und Papiere.

**§ 158 [Andere Art der Auseinandersetzung]** Vereinbaren die Gesellschafter statt der Liquidation eine andere Art der Auseinandersetzung, so finden, solange noch ungeteiltes Gesellschaftsvermögen vorhanden ist, im Verhältnisse zu Dritten die für die Liquidation geltenden Vorschriften entsprechende Anwendung.

## Sechster Titel.[1] Verjährung. Zeitliche Begrenzung der Haftung

**§ 159[2] [Ansprüche gegen einen Gesellschafter]** (1) Die Ansprüche gegen einen Gesellschafter aus Verbindlichkeiten der Gesellschaft verjähren in fünf Jahren nach der Auflösung der Gesellschaft, sofern nicht der Anspruch gegen die Gesellschaft einer kürzeren Verjährung unterliegt.

(2) Die Verjährung beginnt mit dem Ende des Tages, an welchem die Auflösung der Gesellschaft in das Handelsregister des für den Sitz der Gesellschaft zuständigen Gerichts eingetragen wird.

(3) Wird der Anspruch des Gläubigers gegen die Gesellschaft erst nach der Eintragung fällig, so beginnt die Verjährung mit dem Zeitpunkte der Fälligkeit.

(4) Der Neubeginn der Verjährung und ihre Hemmung nach § 204 des Bürgerlichen Gesetzbuchs[3] gegenüber der aufgelösten Gesellschaft wirken auch gegenüber den Gesellschaftern, die der Gesellschaft zur Zeit der Auflösung angehört haben.

**§ 160[4] [Haftung des ausscheidenden Gesellschafters; Fristen; Haftung als Kommanditist]** (1) [1]Scheidet ein Gesellschafter aus der Gesellschaft aus, so haftet er für ihre bis dahin begründeten Verbindlichkeiten, wenn sie vor Ablauf von fünf Jahren nach dem Ausscheiden fällig und daraus Ansprüche gegen ihn in einer in § 197 Abs. 1 Nr. 3 bis 5 des Bürgerlichen Gesetzbuchs[3] bezeichneten Art festgestellt sind oder eine gerichtliche oder behördliche Vollstreckungshandlung vorgenommen oder beantragt wird; bei öffentlich-rechtlichen Verbindlichkeiten genügt der Erlass eines Verwaltungsakts. [2]Die Frist beginnt mit dem Ende des Tages, an dem das Ausscheiden in das Handelsregister des für den Sitz der Gesellschaft zuständigen Gerichts eingetragen wird. [3]Die für die Verjährung geltenden §§ 204, 206, 210, 211 und 212 Abs. 2 und 3 des Bürgerlichen Gesetzbuches sind entsprechend anzuwenden.

(2) Einer Feststellung in einer in § 197 Abs. 1 Nr. 3 bis 5 des Bürgerlichen Gesetzbuchs bezeichneten Art bedarf es nicht, soweit der Gesellschafter den Anspruch schriftlich anerkannt hat.

(3) [1]Wird ein Gesellschafter Kommanditist, so sind für die Begrenzung seiner Haftung für die im Zeitpunkt der Eintragung der Änderung in das Handelsregister

[1] Überschrift vor § 159 neu gef. durch G v. 18.3.1994 (BGBl. I S. 560).

[2] § 159 Abs. 1 und 2 geänd., Abs. 4 angef. durch G v. 18.3.1994 (BGBl. I S. 560); Abs. 4 neu gef. mWv 1.1.2002 durch G v. 26.11.2001 (BGBl. I S. 3138).

[3] Nr. **20**.

[4] § 160 neu gef. durch G v. 18.3.1994 (BGBl. I S. 560); Abs. 1 Sätze 1 und 3 sowie Abs. 2 geänd. mWv 1.1.2002 durch G v. 26.11.2001 (BGBl. I S. 3138).

begründeten Verbindlichkeiten die Absätze 1 und 2 entsprechend anzuwenden. [2]Dies gilt auch, wenn er in der Gesellschaft oder einem ihr als Gesellschafter angehörenden Unternehmen geschäftsführend tätig wird. [3]Seine Haftung als Kommanditist bleibt unberührt.

## Zweiter Abschnitt. Kommanditgesellschaft

**§ 161 [Begriff der KG; Anwendbarkeit der OHG-Vorschriften]** (1) Eine Gesellschaft, deren Zweck auf den Betrieb eines Handelsgewerbes unter gemeinschaftlicher Firma gerichtet ist, ist eine Kommanditgesellschaft, wenn bei einem oder bei einigen von den Gesellschaftern die Haftung gegenüber den Gesellschaftsgläubigern auf den Betrag einer bestimmten Vermögenseinlage beschränkt ist (Kommanditisten), während bei dem anderen Teile der Gesellschafter eine Beschränkung der Haftung nicht stattfindet (persönlich haftende Gesellschafter).

(2) Soweit nicht in diesem Abschnitt ein anderes vorgeschrieben ist, finden auf die Kommanditgesellschaft die für die offene Handelsgesellschaft geltenden Vorschriften Anwendung.

**§ 162[1)] [Anmeldung zum Handelsregister]** (1) [1]Die Anmeldung der Gesellschaft hat außer den in § 106 Abs. 2 vorgesehenen Angaben die Bezeichnung der Kommanditisten und den Betrag der Einlage eines jeden von ihnen zu enthalten. [2]Ist eine Gesellschaft bürgerlichen Rechts Kommanditist, so sind auch deren Gesellschafter entsprechend § 106 Abs. 2 und spätere Änderungen in der Zusammensetzung der Gesellschafter zur Eintragung anzumelden.

(2) Diese Vorschriften finden im Falle des Eintritts eines Kommanditisten in eine bestehende Handelsgesellschaft und im Falle des Ausscheidens eines Kommanditisten aus einer Kommanditgesellschaft entsprechende Anwendung.

**§ 163 [Rechtsverhältnis der Gesellschafter untereinander]** Für das Verhältnis der Gesellschafter untereinander gelten in Ermangelung abweichender Bestimmungen des Gesellschaftsvertrags die besonderen Vorschriften der §§ 164 bis 169.

**§ 164 [Geschäftsführung]** [1]Die Kommanditisten sind von der Führung der Geschäfte der Gesellschaft ausgeschlossen; sie können einer Handlung der persönlich haftenden Gesellschafter nicht widersprechen, es sei denn, daß die Handlung über den gewöhnlichen Betrieb des Handelsgewerbes der Gesellschaft hinausgeht. [2]Die Vorschriften des § 116 Abs. 3 bleiben unberührt.

**§ 165 [Wettbewerbsverbot]** Die §§ 112 und 113 finden auf die Kommanditisten keine Anwendung.

**§ 166[2)] [Kontrollrecht]** (1) Der Kommanditist ist berechtigt, die abschriftliche Mitteilung des Jahresabschlusses zu verlangen und dessen Richtigkeit unter Einsicht der Bücher und Papiere zu prüfen.

(2) Die in § 118 dem von der Geschäftsführung ausgeschlossenen Gesellschafter eingeräumten weiteren Rechte stehen dem Kommanditisten nicht zu.

---

1) § 162 Abs. 1 Satz 2 angef. mWv 15.12.2001 durch G v. 10.12.2001 (BGBl. I S. 3422); Abs. 2 aufgeh., bish. Abs. 3 wird Abs. 2 mWv 1.8.2022 durch G v. 5.7.2021 (BGBl. I S. 3338).

2) § 166 Abs. 1 und 3 geänd. durch G v. 19.12.1985 (BGBl. I S. 2355).

(3) Auf Antrag eines Kommanditisten kann das Gericht, wenn wichtige Gründe vorliegen, die Mitteilung einer Bilanz und eines Jahresabschlusses oder sonstiger Aufklärungen sowie die Vorlegung der Bücher und Papiere jederzeit anordnen.

**§ 167 [Gewinn und Verlust]** (1) Die Vorschriften des § 120 über die Berechnung des Gewinns oder Verlustes gelten auch für den Kommanditisten.

(2) Jedoch wird der einem Kommanditisten zukommende Gewinn seinem Kapitalanteil nur so lange zugeschrieben, als dieser den Betrag der bedungenen Einlage nicht erreicht.

(3) An dem Verluste nimmt der Kommanditist nur bis zum Betrage seines Kapitalanteils und seiner noch rückständigen Einlage teil.

**§ 168 [Verteilung von Gewinn und Verlust]** (1) Die Anteile der Gesellschafter am Gewinne bestimmen sich, soweit der Gewinn den Betrag von vier vom Hundert der Kapitalanteile nicht übersteigt, nach den Vorschriften des § 121 Abs. 1 und 2.

(2) In Ansehung des Gewinns, welcher diesen Betrag übersteigt, sowie in Ansehung des Verlustes gilt, soweit nicht ein anderes vereinbart ist, ein den Umständen nach angemessenes Verhältnis der Anteile als bedungen.

**§ 169 [Gewinnauszahlung]** (1) [1] § 122 findet auf den Kommanditisten keine Anwendung. [2] Dieser hat nur Anspruch auf Auszahlung des ihm zukommenden Gewinns; er kann auch die Auszahlung des Gewinns nicht fordern, solange sein Kapitalanteil durch Verlust unter den auf die bedungene Einlage geleisteten Betrag herabgemindert ist oder durch die Auszahlung unter diesen Betrag herabgemindert werden würde.

(2) Der Kommanditist ist nicht verpflichtet, den bezogenen Gewinn wegen späterer Verluste zurückzuzahlen.

**§ 170 [Vertretung der KG]** Der Kommanditist ist zur Vertretung der Gesellschaft nicht ermächtigt.

**§ 171[1)] [Haftung des Kommanditisten]** (1) Der Kommanditist haftet den Gläubigern der Gesellschaft bis zur Höhe seiner Einlage unmittelbar; die Haftung ist ausgeschlossen, soweit die Einlage geleistet ist.

(2) Ist über das Vermögen der Gesellschaft das Insolvenzverfahren eröffnet, so wird während der Dauer des Verfahrens das den Gesellschaftsgläubigern nach Absatz 1 zustehende Recht durch den Insolvenzverwalter oder den Sachwalter ausgeübt.

**§ 172[2)] [Umfang der Haftung]** (1) Im Verhältnisse zu den Gläubigern der Gesellschaft wird nach der Eintragung in das Handelsregister die Einlage eines Kommanditisten durch den in der Eintragung angegebenen Betrag bestimmt.

(2) Auf eine nicht eingetragene Erhöhung der aus dem Handelsregister ersichtlichen Einlage können sich die Gläubiger nur berufen, wenn die Erhöhung in handelsüblicher Weise kundgemacht oder ihnen in anderer Weise von der Gesellschaft mitgeteilt worden ist.

---

[1)] § 171 Abs. 2 neu gef. durch G v. 5.10.1994 (BGBl. I S. 2911).

[2)] § 172 Abs. 6 angef. durch G v. 4.7.1980 (BGBl. I S. 836); Abs. 4 Satz 3 angef. mWv 29.5.2009 durch G v. 25.5.2009 (BGBl. I S. 1102).

(3) Eine Vereinbarung der Gesellschafter, durch die einem Kommanditisten die Einlage erlassen oder gestundet wird, ist den Gläubigern gegenüber unwirksam.

(4) [1] Soweit die Einlage eines Kommanditisten zurückbezahlt wird, gilt sie den Gläubigern gegenüber als nicht geleistet. [2] Das gleiche gilt, soweit ein Kommanditist Gewinnanteile entnimmt, während sein Kapitalanteil durch Verlust unter den Betrag der geleisteten Einlage herabgemindert ist, oder soweit durch die Entnahme der Kapitalanteil unter den bezeichneten Betrag herabgemindert wird. [3] Bei der Berechnung des Kapitalanteils nach Satz 2 sind Beträge im Sinn des § 268 Abs. 8 nicht zu berücksichtigen.

(5) Was ein Kommanditist auf Grund einer in gutem Glauben errichteten Bilanz in gutem Glauben als Gewinn bezieht, ist er in keinem Falle zurückzuzahlen verpflichtet.

(6) [1] Gegenüber den Gläubigern einer Gesellschaft, bei der kein persönlich haftender Gesellschafter eine natürliche Person ist, gilt die Einlage eines Kommanditisten als nicht geleistet, soweit sie in Anteilen an den persönlich haftenden Gesellschaftern bewirkt ist. [2] Dies gilt nicht, wenn zu den persönlich haftenden Gesellschaftern eine offene Handelsgesellschaft oder Kommanditgesellschaft gehört, bei der ein persönlich haftender Gesellschafter eine natürliche Person ist.

**§ 172a**[1)] *(aufgehoben)*

**§ 173 [Haftung bei Eintritt als Kommanditist]** (1) Wer in eine bestehende Handelsgesellschaft als Kommanditist eintritt, haftet nach Maßgabe der §§ 171 und 172 für die vor seinem Eintritte begründeten Verbindlichkeiten der Gesellschaft, ohne Unterschied, ob die Firma eine Änderung erleidet oder nicht.

(2) Eine entgegenstehende Vereinbarung ist Dritten gegenüber unwirksam.

**§ 174 [Herabsetzung der Einlage]** Eine Herabsetzung der Einlage eines Kommanditisten ist, solange sie nicht in das Handelsregister des Gerichts, in dessen Bezirke die Gesellschaft ihren Sitz hat, eingetragen ist, den Gläubigern gegenüber unwirksam; Gläubiger, deren Forderungen zur Zeit der Eintragung begründet waren, brauchen die Herabsetzung nicht gegen sich gelten zu lassen.

**§ 175**[2)] **[Anmeldung der Änderung einer Einlage]** [1] Die Erhöhung sowie die Herabsetzung einer Einlage ist durch die sämtlichen Gesellschafter zur Eintragung in das Handelsregister anzumelden. [2] Auf die Eintragung in das Handelsregister des Sitzes der Gesellschaft finden die Vorschriften des § 14 keine Anwendung.

*(Fortsetzung nächstes Blatt)*

[1)] § 172a aufgeh. mWv 1.11.2008 durch G v. 23.10.2008 (BGBl. I S. 2026).

[2)] § 175 Satz 2 neu gef. mWv 25.1.2001 durch G v. 18.1.2001 (BGBl. I S. 123); Satz 2 aufgeh., bish. Satz 3 wird Satz 2 mWv 1.8.2022 durch G v. 5.7.2021 (BGBl. I S. 3338).

**§ 176**[1] **[Haftung vor Eintragung]** (1) [1]Hat die Gesellschaft ihre Geschäfte begonnen, bevor sie in das Handelsregister des Gerichts, in dessen Bezirke sie ihren Sitz hat, eingetragen ist, so haftet jeder Kommanditist, der dem Geschäftsbeginne zugestimmt hat, für die bis zur Eintragung begründeten Verbindlichkeiten der Gesellschaft gleich einem persönlich haftenden Gesellschafter, es sei denn, daß seine Beteiligung als Kommanditist dem Gläubiger bekannt war. [2]Diese Vorschrift kommt nicht zur Anwendung, soweit sich aus § 2 oder § 105 Abs. 2 ein anderes ergibt.

(2) Tritt ein Kommanditist in eine bestehende Handelsgesellschaft ein, so findet die Vorschrift des Absatzes 1 Satz 1 für die in der Zeit zwischen seinem Eintritt und dessen Eintragung in das Handelsregister begründeten Verbindlichkeiten der Gesellschaft entsprechende Anwendung.

**§ 177**[2] **[Tod des Kommanditisten]** Beim Tod eines Kommanditisten wird die Gesellschaft mangels abweichender vertraglicher Bestimmung mit den Erben fortgesetzt.

**§ 177a**[3] **[Angaben auf Geschäftsbriefen]** [1]§ 125a gilt auch für die Gesellschaft, bei der ein Kommanditist eine natürliche Person ist. [2]Der in § 125a Absatz 1 Satz 2 für die Gesellschafter vorgeschriebenen Angaben bedarf es nur für die persönlich haftenden Gesellschafter der Gesellschaft.

**§§ 178–229**[4] *(aufgehoben)*

## Dritter Abschnitt.[5] Stille Gesellschaft

**§ 230**[6] **[Begriff und Wesen der stillen Gesellschaft]** (1) Wer sich als stiller Gesellschafter an dem Handelsgewerbe, das ein anderer betreibt, mit einer Vermögenseinlage beteiligt, hat die Einlage so zu leisten, daß sie in das Vermögen des Inhabers des Handelsgeschäfts übergeht.

(2) Der Inhaber wird aus den in dem Betriebe geschlossenen Geschäften allein berechtigt und verpflichtet.

**§ 231**[6] **[Gewinn und Verlust]** (1) Ist der Anteil des stillen Gesellschafters am Gewinn und Verluste nicht bestimmt, so gilt ein den Umständen nach angemessener Anteil als bedungen.

(2) Im Gesellschaftsvertrage kann bestimmt werden, daß der stille Gesellschafter nicht am Verluste beteiligt sein soll; seine Beteiligung am Gewinne kann nicht ausgeschlossen werden.

**§ 232**[6] **[Gewinn- und Verlustrechnung]** (1) Am Schlusse jedes Geschäftsjahrs wird der Gewinn und Verlust berechnet und der auf den stillen Gesellschafter fallende Gewinn ihm ausbezahlt.

---

[1] § 176 Abs. 1 Satz 2 geänd. durch G v. 22.6.1998 (BGBl. I S. 1474).

[2] § 177 neu gef. durch G v. 22.6.1998 (BGBl. I S. 1474).

[3] § 177a neu gef. mWv 1.1.2021 durch G v. 22.12.2020 (BGBl. I S. 3256).

[4] §§ 178–229 aufgeh. durch G v. 30.1.1937 (RGBl. I S. 166); Überschrift des 3.–5. Abschnitts aufgeh. durch G v. 19.12.1985 (BGBl. I S. 2355)..

[5] Bish. §§ 335–342 werden §§ 230–237, Überschrift 3. Abschnitt eingef. durch G v. 19.12.1985 (BGBl. I S. 2355).

[6] Bish. §§ 335–342 werden §§ 230–237 durch G v. 19.12.1985 (BGBl. I S. 2355).

(2) [1]Der stille Gesellschafter nimmt an dem Verluste nur bis zum Betrage seiner eingezahlten oder rückständigen Einlage teil. [2]Er ist nicht verpflichtet, den bezogenen Gewinn wegen späterer Verluste zurückzuzahlen; jedoch wird, solange seine Einlage durch Verlust vermindert ist, der jährliche Gewinn zur Deckung des Verlustes verwendet.

(3) Der Gewinn, welcher von dem stillen Gesellschafter nicht erhoben wird, vermehrt dessen Einlage nicht, sofern nicht ein anderes vereinbart ist.

**§ 233[1)] [Kontrollrecht des stillen Gesellschafters]** (1) Der stille Gesellschafter ist berechtigt, die abschriftliche Mitteilung des Jahresabschlusses zu verlangen und dessen Richtigkeit unter Einsicht der Bücher und Papiere zu prüfen.

(2) Die in § 716 des Bürgerlichen Gesetzbuchs[2)] dem von der Geschäftsführung ausgeschlossenen Gesellschafter eingeräumten weiteren Rechte stehen dem stillen Gesellschafter nicht zu.

(3) Auf Antrag des stillen Gesellschafters kann das Gericht, wenn wichtige Gründe vorliegen, die Mitteilung einer Bilanz und eines Jahresabschlusses oder sonstiger Aufklärungen sowie die Vorlegung der Bücher und Papiere jederzeit anordnen.

**§ 234[1)] [Kündigung der Gesellschaft; Tod des stillen Gesellschafters]**

(1) [1]Auf die Kündigung der Gesellschaft durch einen der Gesellschafter oder durch einen Gläubiger des stillen Gesellschafters finden die Vorschriften der §§ 132, 134 und 135 entsprechende Anwendung. [2]Die Vorschriften des § 723 des Bürgerlichen Gesetzbuchs[2)] über das Recht, die Gesellschaft aus wichtigen Gründen ohne Einhaltung einer Frist zu kündigen, bleiben unberührt.

(2) Durch den Tod des stillen Gesellschafters wird die Gesellschaft nicht aufgelöst.

**§ 235[1)] [Auseinandersetzung]** (1) Nach der Auflösung der Gesellschaft hat sich der Inhaber des Handelsgeschäfts mit dem stillen Gesellschafter auseinanderzusetzen und dessen Guthaben in Geld zu berichtigen.

(2) [1]Die zur Zeit der Auflösung schwebenden Geschäfte werden von dem Inhaber des Handelsgeschäfts abgewickelt. [2]Der stille Gesellschafter nimmt teil an dem Gewinn und Verluste, der sich aus diesen Geschäften ergibt.

*(Fortsetzung nächstes Blatt)*

[1)] Bish. §§ 335–342 werden §§ 230–237 durch G v. 19.12.1985 (BGBl. I S. 2355).
[2)] Nr. **20**.

(3) In dem Inventar für den Schluß eines Geschäftsjahrs brauchen Vermögensgegenstände nicht verzeichnet zu werden, wenn

1. der Kaufmann ihren Bestand auf Grund einer körperlichen Bestandsaufnahme oder auf Grund eines nach Absatz 2 zulässigen anderen Verfahrens nach Art, Menge und Wert in einem besonderen Inventar verzeichnet hat, das für einen Tag innerhalb der letzten drei Monate vor oder der ersten beiden Monate nach dem Schluß des Geschäftsjahrs aufgestellt ist, und
2. auf Grund des besonderen Inventars durch Anwendung eines den Grundsätzen ordnungsmäßiger Buchführung entsprechenden Fortschreibungs- oder Rückrechnungsverfahrens gesichert ist, daß der am Schluß des Geschäftsjahrs vorhandene Bestand der Vermögensgegenstände für diesen Zeitpunkt ordnungsgemäß bewertet werden kann.

**§ 241 a[1)] Befreiung von der Pflicht zur Buchführung und Erstellung eines Inventars.** [1] Einzelkaufleute, die an den Abschlussstichtagen von zwei aufeinander folgenden Geschäftsjahren nicht mehr als jeweils 600 000 Euro Umsatzerlöse und jeweils 60 000 Euro Jahresüberschuss aufweisen, brauchen die §§ 238 bis 241 nicht anzuwenden. [2] Im Fall der Neugründung treten die Rechtsfolgen schon ein, wenn die Werte des Satzes 1 am ersten Abschlussstichtag nach der Neugründung nicht überschritten werden.

## Zweiter Unterabschnitt. Eröffnungsbilanz. Jahresabschluß

### Erster Titel. Allgemeine Vorschriften

**§ 242[2)] Pflicht zur Aufstellung.** (1) [1] Der Kaufmann hat zu Beginn seines Handelsgewerbes und für den Schluß eines jeden Geschäftsjahrs einen das Verhältnis seines Vermögens und seiner Schulden darstellenden Abschluß (Eröffnungsbilanz, Bilanz) aufzustellen. [2] Auf die Eröffnungsbilanz sind die für den Jahresabschluß geltenden Vorschriften entsprechend anzuwenden, soweit sie sich auf die Bilanz beziehen.

(2) Er hat für den Schluß eines jeden Geschäftsjahrs eine Gegenüberstellung der Aufwendungen und Erträge des Geschäftsjahrs (Gewinn- und Verlustrechnung) aufzustellen.

(3) Die Bilanz und die Gewinn- und Verlustrechnung bilden den Jahresabschluß.

(4) [1] Die Absätze 1 bis 3 sind auf Einzelkaufleute im Sinn des § 241 a nicht anzuwenden. [2] Im Fall der Neugründung treten die Rechtsfolgen nach Satz 1 schon ein, wenn die Werte des § 241 a Satz 1 am ersten Abschlussstichtag nach der Neugründung nicht überschritten werden.

**§ 243[3)] Aufstellungsgrundsatz.** (1) Der Jahresabschluß ist nach den Grundsätzen ordnungsmäßiger Buchführung aufzustellen.

(2) Er muß klar und übersichtlich sein.

(3) Der Jahresabschluß ist innerhalb der einem ordnungsmäßigen Geschäftsgang entsprechenden Zeit aufzustellen.

---

[1)] § 241 a eingef. mWv 29. 5. 2009 durch G v. 25. 5. 2009 (BGBl. I S. 1102); Satz 1 geänd. mWv 23. 7. 2015 durch G v. 17. 7. 2015 (BGBl. I S. 1245); Satz 1 geänd. mWv 1. 1. 2016 durch G v. 28. 7. 2015 (BGBl. I S. 1400).

[2)] § 242 eingef. durch G v. 19. 12. 1985 (BGBl. I S. 2355); Abs. 4 angef. mWv 29. 5. 2009 durch G v. 25. 5. 2009 (BGBl. I S. 1102).

[3)] § 243 eingef. durch G v. 19. 12. 1985 (BGBl. I S. 2355).

**§ 244[1)] Sprache. Währungseinheit.** Der Jahresabschluß ist in deutscher Sprache und in Euro aufzustellen.

**§ 245[2)] Unterzeichnung.** [1] Der Jahresabschluß ist vom Kaufmann unter Angabe des Datums zu unterzeichnen. [2] Sind mehrere persönlich haftende Gesellschafter vorhanden, so haben sie alle zu unterzeichnen.

### Zweiter Titel. Ansatzvorschriften

**§ 246[3)] Vollständigkeit. Verrechnungsverbot.** (1) [1] Der Jahresabschluss hat sämtliche Vermögensgegenstände, Schulden, Rechnungsabgrenzungsposten sowie Aufwendungen und Erträge zu enthalten, soweit gesetzlich nichts anderes bestimmt ist. [2] Vermögensgegenstände sind in der Bilanz des Eigentümers aufzunehmen; ist ein Vermögensgegenstand nicht dem Eigentümer, sondern einem anderen wirtschaftlich zuzurechnen, hat dieser ihn in seiner Bilanz auszuweisen. [3] Schulden sind in die Bilanz des Schuldners aufzunehmen. [4] Der Unterschiedsbetrag, um den die für die Übernahme eines Unternehmens bewirkte Gegenleistung den Wert der einzelnen Vermögensgegenstände des Unternehmens abzüglich der Schulden im Zeitpunkt der Übernahme übersteigt (entgeltlich erworbener Geschäfts- oder Firmenwert), gilt als zeitlich begrenzt nutzbarer Vermögensgegenstand.

(2) [1] Posten der Aktivseite dürfen nicht mit Posten der Passivseite, Aufwendungen nicht mit Erträgen, Grundstücksrechte nicht mit Grundstückslasten verrechnet werden. [2] Vermögensgegenstände, die dem Zugriff aller übrigen Gläubiger entzogen sind und ausschließlich der Erfüllung von Schulden aus Altersversorgungsverpflichtungen oder vergleichbaren langfristig fälligen Verpflichtungen dienen, sind mit diesen Schulden zu verrechnen; entsprechend ist mit den zugehörigen Aufwendungen und Erträgen aus der Abzinsung und aus dem zu verrechnenden Vermögen zu verfahren. [3] Übersteigt der beizulegende Zeitwert der Vermögensgegenstände den Betrag der Schulden, ist der übersteigende Betrag unter einem gesonderten Posten zu aktivieren.

(3) [1] Die auf den vorhergehenden Jahresabschluss angewandten Ansatzmethoden sind beizubehalten. [2] § 252 Abs. 2 ist entsprechend anzuwenden.

**§ 247[4)] Inhalt der Bilanz.** (1) In der Bilanz sind das Anlage- und das Umlaufvermögen, das Eigenkapital, die Schulden sowie die Rechnungsabgrenzungsposten gesondert auszuweisen und hinreichend aufzugliedern.

(2) Beim Anlagevermögen sind nur die Gegenstände auszuweisen, die bestimmt sind, dauernd dem Geschäftsbetrieb zu dienen.

**§ 248[5)] Bilanzierungsverbote und -wahlrechte.** (1) In die Bilanz dürfen nicht als Aktivposten aufgenommen werden

1. Aufwendungen für die Gründung eines Unternehmens,
2. Aufwendungen für die Beschaffung des Eigenkapitals und

---

1) § 244 eingef. durch G v. 19. 12. 1985 (BGBl. I S. 2355); geänd. durch G v. 9. 6. 1998 (BGBl. I S. 1242).

2) § 245 eingef. durch G v. 19. 12. 1985 (BGBl. I S. 2355).

3) § 246 eingef. durch G v. 19. 12. 1985 (BGBl. I S. 2355); Abs. 1 Sätze 2 und 3 angef. durch G v. 30. 11. 1990 (BGBl. I S. 2570); Abs. 1 neu gef., Abs. 2 Sätze 2 und 3, Abs. 3 angef. mWv 29. 5. 2009 durch G v. 25. 5. 2009 (BGBl. I S. 1102).

4) § 247 eingef. durch G v. 19. 12. 1985 (BGBl. I S. 2355); Abs. 3 aufgeh. mWv 29. 5. 2009 durch G v. 25. 5. 2009 (BGBl. I S. 1102).

5) § 248 neu gef. mWv 29. 5. 2009 durch G v. 25. 5. 2009 (BGBl. I S. 1102).

3. Aufwendungen für den Abschluss von Versicherungsverträgen.

(2) [1]Selbst geschaffene immaterielle Vermögensgegenstände des Anlagevermögens können als Aktivposten in die Bilanz aufgenommen werden. [2]Nicht aufgenommen werden dürfen selbst geschaffene Marken, Drucktitel, Verlagsrechte, Kundenlisten oder vergleichbare immaterielle Vermögensgegenstände des Anlagevermögens.

**§ 249[1)] Rückstellungen.** (1) [1]Rückstellungen sind für ungewisse Verbindlichkeiten und für drohende Verluste aus schwebenden Geschäften zu bilden. [2]Ferner sind Rückstellungen zu bilden für

1. im Geschäftsjahr unterlassene Aufwendungen für Instandhaltung, die im folgenden Geschäftsjahr innerhalb von drei Monaten, oder für Abraumbeseitigung, die im folgenden Geschäftsjahr nachgeholt werden,
2. Gewährleistungen, die ohne rechtliche Verpflichtung erbracht werden.

(2) [1]Für andere als die in Absatz 1 bezeichneten Zwecke dürfen Rückstellungen nicht gebildet werden. [2]Rückstellungen dürfen nur aufgelöst werden, soweit der Grund hierfür entfallen ist.

**§ 250[2)] Rechnungsabgrenzungsposten.** (1) Als Rechnungsabgrenzungsposten sind auf der Aktivseite Ausgaben vor dem Abschlußstichtag auszuweisen, soweit sie Aufwand für eine bestimmte Zeit nach diesem Tag darstellen.

(2) Auf der Passivseite sind als Rechnungsabgrenzungsposten Einnahmen vor dem Abschlußstichtag auszuweisen, soweit sie Ertrag für eine bestimmte Zeit nach diesem Tag darstellen.

(3) [1]Ist der Erfüllungsbetrag einer Verbindlichkeit höher als der Ausgabebetrag, so darf der Unterschiedsbetrag in den Rechnungsabgrenzungsposten auf der Aktivseite aufgenommen werden. [2]Der Unterschiedsbetrag ist durch planmäßige jährliche Abschreibungen zu tilgen, die auf die gesamte Laufzeit der Verbindlichkeit verteilt werden können.

**§ 251[3)] Haftungsverhältnisse.** [1]Unter der Bilanz sind, sofern sie nicht auf der Passivseite auszuweisen sind, Verbindlichkeiten aus der Begebung und Übertragung von Wechseln, aus Bürgschaften, Wechsel- und Scheckbürgschaften und aus Gewährleistungsverträgen sowie Haftungsverhältnisse aus der Bestellung von Sicherheiten für fremde Verbindlichkeiten zu vermerken; sie dürfen in einem Betrag angegeben werden. [2]Haftungsverhältnisse sind auch anzugeben, wenn ihnen gleichwertige Rückgriffsforderungen gegenüberstehen.

### Dritter Titel. Bewertungsvorschriften

**§ 252[4)] Allgemeine Bewertungsgrundsätze.** (1) Bei der Bewertung der im Jahresabschluß ausgewiesenen Vermögensgegenstände und Schulden gilt insbesondere folgendes:

---

[1)] § 249 eingef. durch G v. 19.12.1985 (BGBl. I S. 2355); Abs. 1 Satz 3, Abs. 2 aufgeh., bish. Abs. 3 wird Abs. 2 und Satz 1 neu gef. mWv 29.5.2009 durch G v. 25.5.2009 (BGBl. I S. 1102).

[2)] § 250 eingef. durch G v. 19.12.1985 (BGBl. I S. 2355); Abs. 1 Satz 2 aufgeh., Abs. 3 Satz 1 geänd. mWv 29.5.2009 durch G v. 25.5.2009 (BGBl. I S. 1102).

[3)] § 251 eingef. durch G v. 19.12.1985 (BGBl. I S. 2355).

[4)] § 252 eingef. durch G v. 19.12.1985 (BGBl. I S. 2355); Abs. 1 Nr. 6 neu gef. mWv 29.5.2009 durch G v. 25.5.2009 (BGBl. I S. 1102).

1. Die Wertansätze in der Eröffnungsbilanz des Geschäftsjahrs müssen mit denen der Schlußbilanz des vorhergehenden Geschäftsjahrs übereinstimmen.
2. Bei der Bewertung ist von der Fortführung der Unternehmenstätigkeit auszugehen, sofern dem nicht tatsächliche oder rechtliche Gegebenheiten entgegenstehen.
3. Die Vermögensgegenstände und Schulden sind zum Abschlußstichtag einzeln zu bewerten.
4. Es ist vorsichtig zu bewerten, namentlich sind alle vorhersehbaren Risiken und Verluste, die bis zum Abschlußstichtag entstanden sind, zu berücksichtigen, selbst wenn diese erst zwischen dem Abschlußstichtag und dem Tag der Aufstellung des Jahresabschlusses bekanntgeworden sind; Gewinne sind nur zu berücksichtigen, wenn sie am Abschlußstichtag realisiert sind.
5. Aufwendungen und Erträge des Geschäftsjahrs sind unabhängig von den Zeitpunkten der entsprechenden Zahlungen im Jahresabschluß zu berücksichtigen.
6. Die auf den vorhergehenden Jahresabschluss angewandten Bewertungsmethoden sind beizubehalten.

(2) Von den Grundsätzen des Absatzes 1 darf nur in begründeten Ausnahmefällen abgewichen werden.

**§ 253[1) 2)] Zugangs- und Folgebewertung.** (1) [1] Vermögensgegenstände sind höchstens mit den Anschaffungs- oder Herstellungskosten, vermindert um die Abschreibungen nach den Absätzen 3 bis 5, anzusetzen. [2] Verbindlichkeiten sind zu ihrem Erfüllungsbetrag und Rückstellungen in Höhe des nach vernünftiger kaufmännischer Beurteilung notwendigen Erfüllungsbetrages anzusetzen. [3] Soweit sich die Höhe von Altersversorgungsverpflichtungen ausschließlich nach dem beizulegenden Zeitwert von Wertpapieren im Sinn des § 266 Abs. 2 A. III. 5 bestimmt, sind Rückstellungen hierfür zum beizulegenden Zeitwert dieser Wertpapiere anzusetzen, soweit er einen garantierten Mindestbetrag übersteigt. [4] Nach § 246 Abs. 2 Satz 2 zu verrechnende Vermögensgegenstände sind mit ihrem beizulegenden Zeitwert zu bewerten. [5] Kleinstkapitalgesellschaften (§ 267a) dürfen eine Bewertung zum beizulegenden Zeitwert nur vornehmen, wenn sie von keiner der in § 264 Absatz 1 Satz 5, § 266 Absatz 1 Satz 4, § 275 Absatz 5 und § 326 Absatz 2 vorgesehenen Erleichterungen Gebrauch machen. [6] Macht eine Kleinstkapitalgesellschaft von mindestens einer der in Satz 5 genannten Erleichterungen Gebrauch, erfolgt die Bewertung der Vermögensgegenstände nach Satz 1, auch soweit eine Verrechnung nach § 246 Absatz 2 Satz 2 vorgesehen ist.

(2) [1] Rückstellungen mit einer Restlaufzeit von mehr als einem Jahr sind abzuzinsen mit dem ihrer Restlaufzeit entsprechenden durchschnittlichen Marktzinssatz, der sich im Falle von Rückstellungen für Altersversorgungsverpflichtungen aus den vergangenen zehn Geschäftsjahren und im Falle sonstiger Rückstellungen aus den vergangenen sieben Geschäftsjahren ergibt. [2] Abweichend von Satz 1 dürfen Rückstellungen für Altersversorgungsverpflichtungen oder vergleichbare langfristig fällige Verpflichtungen pauschal mit dem durchschnittlichen Marktzins-

---

[1)] § 253 neu gef. mWv 29.5.2009 durch G v. 25.5.2009 (BGBl. I S. 1102); Abs. 1 Sätze 5 und 6 angef. mWv 28.12.2012 durch G v. 20.12.2012 (BGBl. I S. 2751); Abs. 1 Satz 6 und Abs. 5 Satz 1 geänd., Abs. 3 Sätze 3 und 4 eingef., bish. Sätze 3 und 4 werden Sätze 5 und 6 mWv 23.7.2015 durch G v. 17.7.2015 (BGBl. I S. 1245); Abs. 2 Satz 5 geänd. mWv 8.9.2015 durch VO v. 31.8.2015 (BGBl. I S. 1474); Abs. 2 Satz 1 neu gef., Abs. 6 angef. mWv 17.3.2016 durch G v. 11.3.2016 (BGBl. I S. 396); Abs. 2 Satz 5 geänd. mWv 22.6.2023 durch G v. 19.6.2023 (BGBl. 2023 I Nr. 154).

[2)] Beachte hierzu Übergangsvorschrift in Art. 75 EGHGB (Nr. **50a**).

satz abgezinst werden, der sich bei einer angenommenen Restlaufzeit von 15 Jahren ergibt. [3]Die Sätze 1 und 2 gelten entsprechend für auf Rentenverpflichtungen beruhende Verbindlichkeiten, für die eine Gegenleistung nicht mehr zu erwarten ist. [4]Der nach den Sätzen 1 und 2 anzuwendende Abzinsungszinssatz wird von der Deutschen Bundesbank nach Maßgabe einer Rechtsverordnung ermittelt und monatlich bekannt gegeben. [5]In der Rechtsverordnung nach Satz 4, die nicht der Zustimmung des Bundesrates bedarf, bestimmt das Bundesministerium der Justiz im Benehmen mit der Deutschen Bundesbank das Nähere zur Ermittlung der Abzinsungszinssätze, insbesondere die Ermittlungsmethodik und deren Grundlagen, sowie die Form der Bekanntgabe.

(3) [1]Bei Vermögensgegenständen des Anlagevermögens, deren Nutzung zeitlich begrenzt ist, sind die Anschaffungs- oder die Herstellungskosten um planmäßige Abschreibungen zu vermindern. [2]Der Plan muss die Anschaffungs- oder Herstellungskosten auf die Geschäftsjahre verteilen, in denen der Vermögensgegenstand voraussichtlich genutzt werden kann. [3]Kann in Ausnahmefällen die voraussichtliche Nutzungsdauer eines selbst geschaffenen immateriellen Vermögensgegenstands des Anlagevermögens nicht verlässlich geschätzt werden, sind planmäßige Abschreibungen auf die Herstellungskosten über einen Zeitraum von zehn Jahren vorzunehmen. [4]Satz 3 findet auf einen entgeltlich erworbenen Geschäfts- oder Firmenwert entsprechende Anwendung. [5]Ohne Rücksicht darauf, ob ihre Nutzung zeitlich begrenzt ist, sind bei Vermögensgegenständen des Anlagevermögens bei voraussichtlich dauernder Wertminderung außerplanmäßige Abschreibungen vorzunehmen, um diese mit dem niedrigeren Wert anzusetzen, der ihnen am Abschlussstichtag beizulegen ist. [6]Bei Finanzanlagen können außerplanmäßige Abschreibungen auch bei voraussichtlich nicht dauernder Wertminderung vorgenommen werden.

(4) [1]Bei Vermögensgegenständen des Umlaufvermögens sind Abschreibungen vorzunehmen, um diese mit einem niedrigeren Wert anzusetzen, der sich aus einem Börsen- oder Marktpreis am Abschlussstichtag ergibt. [2]Ist ein Börsen- oder Marktpreis nicht festzustellen und übersteigen die Anschaffungs- oder Herstellungskosten den Wert, der den Vermögensgegenständen am Abschlussstichtag beizulegen ist, so ist auf diesen Wert abzuschreiben.

(5) [1]Ein niedrigerer Wertansatz nach Absatz 3 Satz 5 oder 6 und Absatz 4 darf nicht beibehalten werden, wenn die Gründe dafür nicht mehr bestehen. [2]Ein niedrigerer Wertansatz eines entgeltlich erworbenen Geschäfts- oder Firmenwertes ist beizubehalten.

(6) [1]Im Falle von Rückstellungen für Altersversorgungsverpflichtungen ist der Unterschiedsbetrag zwischen dem Ansatz der Rückstellungen nach Maßgabe des entsprechenden durchschnittlichen Marktzinssatzes aus den vergangenen zehn Geschäftsjahren und dem Ansatz der Rückstellungen nach Maßgabe des entsprechenden durchschnittlichen Marktzinssatzes aus den vergangenen sieben Geschäftsjahren in jedem Geschäftsjahr zu ermitteln. [2]Gewinne dürfen nur ausgeschüttet werden, wenn die nach der Ausschüttung verbleibenden frei verfügbaren Rücklagen zuzüglich eines Gewinnvortrags und abzüglich eines Verlustvortrags mindestens dem Unterschiedsbetrag nach Satz 1 entsprechen. [3]Der Unterschiedsbetrag nach Satz 1 ist in jedem Geschäftsjahr im Anhang oder unter der Bilanz darzustellen.

**§ 254[1)] Bildung von Bewertungseinheiten.** [1]Werden Vermögensgegenstände, Schulden, schwebende Geschäfte oder mit hoher Wahrscheinlichkeit erwartete Transaktionen zum Ausgleich gegenläufiger Wertänderungen oder Zahlungsströme aus dem Eintritt vergleichbarer Risiken mit Finanzinstrumenten zusammengefasst (Bewertungseinheit), sind § 249 Abs. 1, § 252 Abs. 1 Nr. 3 und 4, § 253 Abs. 1 Satz 1 und § 256a in dem Umfang und für den Zeitraum nicht anzuwenden, in dem die gegenläufigen Wertänderungen oder Zahlungsströme sich ausgleichen. [2]Als Finanzinstrumente im Sinn des Satzes 1 gelten auch Termingeschäfte über den Erwerb oder die Veräußerung von Waren.

**§ 255[2) 3)] Bewertungsmaßstäbe.** (1) [1]Anschaffungskosten sind die Aufwendungen, die geleistet werden, um einen Vermögensgegenstand zu erwerben und ihn in einen betriebsbereiten Zustand zu versetzen, soweit sie dem Vermögensgegenstand einzeln zugeordnet werden können. [2]Zu den Anschaffungskosten gehören auch die Nebenkosten sowie die nachträglichen Anschaffungskosten. [3]Anschaffungspreisminderungen, die dem Vermögensgegenstand einzeln zugeordnet werden können, sind abzusetzen.

(2) [1]Herstellungskosten sind die Aufwendungen, die durch den Verbrauch von Gütern und die Inanspruchnahme von Diensten für die Herstellung eines Vermögensgegenstands, seine Erweiterung oder für eine über seinen ursprünglichen Zustand hinausgehende wesentliche Verbesserung entstehen. [2]Dazu gehören die Materialkosten, die Fertigungskosten und die Sonderkosten der Fertigung sowie angemessene Teile der Materialgemeinkosten, der Fertigungsgemeinkosten und des Werteverzehrs des Anlagevermögens, soweit dieser durch die Fertigung veranlasst ist. [3]Bei der Berechnung der Herstellungskosten dürfen angemessene Teile der Kosten der allgemeinen Verwaltung sowie angemessene Aufwendungen für soziale Einrichtungen des Betriebs, für freiwillige soziale Leistungen und für die betriebliche Altersversorgung einbezogen werden, soweit diese auf den Zeitraum der Herstellung entfallen. [4]Forschungs- und Vertriebskosten dürfen nicht einbezogen werden.

(2a) [1]Herstellungskosten eines selbst geschaffenen immateriellen Vermögensgegenstands des Anlagevermögens sind die bei dessen Entwicklung anfallenden Aufwendungen nach Absatz 2. [2]Entwicklung ist die Anwendung von Forschungsergebnissen oder von anderem Wissen für die Neuentwicklung von Gütern oder Verfahren oder die Weiterentwicklung von Gütern oder Verfahren mittels wesentlicher Änderungen. [3]Forschung ist die eigenständige und planmäßige Suche nach neuen wissenschaftlichen oder technischen Erkenntnissen oder Erfahrungen allgemeiner Art, über deren technische Verwertbarkeit und wirtschaftliche Erfolgsaussichten grundsätzlich keine Aussagen gemacht werden können. [4]Können Forschung und Entwicklung nicht verlässlich voneinander unterschieden werden, ist eine Aktivierung ausgeschlossen.

(3) [1]Zinsen für Fremdkapital gehören nicht zu den Herstellungskosten. [2]Zinsen für Fremdkapital, das zur Finanzierung der Herstellung eines Vermögensgegenstands verwendet wird, dürfen angesetzt werden, soweit sie auf den Zeitraum der Herstellung entfallen; in diesem Falle gelten sie als Herstellungskosten des Vermögensgegenstands.

---

1) § 254 neu gef. mWv 29.5.2009 durch G v. 25.5.2009 (BGBl. I S. 1102).

2) § 255 eingef. durch G v. 19.12.1985 (BGBl. I S. 2355); Überschrift, Abs. 2, Abs. 4 neu gef., Abs. 2a eingef. mWv 29.5.2009 durch G v. 25.5.2009 (BGBl. I S. 1102); Abs. 1 Satz 3 neu gef. mWv 23.7.2015 durch G v. 17.7.2015 (BGBl. I S. 1245).

3) Beachte hierzu Übergangsvorschrift in Art. 75 EGHGB (Nr. **50a**).

(4) [1]Der beizulegende Zeitwert entspricht dem Marktpreis. [2]Soweit kein aktiver Markt besteht, anhand dessen sich der Marktpreis ermitteln lässt, ist der beizulegende Zeitwert mit Hilfe allgemein anerkannter Bewertungsmethoden zu bestimmen. [3]Lässt sich der beizulegende Zeitwert weder nach Satz 1 noch nach Satz 2 ermitteln, sind die Anschaffungs- oder Herstellungskosten gemäß § 253 Abs. 4 fortzuführen. [4]Der zuletzt nach Satz 1 oder 2 ermittelte beizulegende Zeitwert gilt als Anschaffungs- oder Herstellungskosten im Sinn des Satzes 3.

**§ 256[1)] Bewertungsvereinfachungsverfahren.** [1]Soweit es den Grundsätzen ordnungsmäßiger Buchführung entspricht, kann für den Wertansatz gleichartiger Vermögensgegenstände des Vorratsvermögens unterstellt werden, daß die zuerst oder daß die zuletzt angeschafften oder hergestellten Vermögensgegenstände zuerst verbraucht oder veräußert worden sind. [2]§ 240 Abs. 3 und 4 ist auch auf den Jahresabschluß anwendbar.

**§ 256a[2)] Währungsumrechnung.** [1]Auf fremde Währung lautende Vermögensgegenstände und Verbindlichkeiten sind zum Devisenkassamittelkurs am Abschlussstichtag umzurechnen. [2]Bei einer Restlaufzeit von einem Jahr oder weniger sind § 253 Abs. 1 Satz 1 und § 252 Abs. 1 Nr. 4 Halbsatz 2 nicht anzuwenden.

### Dritter Unterabschnitt. Aufbewahrung und Vorlage

**§ 257[3)] Aufbewahrung von Unterlagen. Aufbewahrungsfristen.** (1) Jeder Kaufmann ist verpflichtet, die folgenden Unterlagen geordnet aufzubewahren:

1. Handelsbücher, Inventare, Eröffnungsbilanzen, Jahresabschlüsse, Einzelabschlüsse nach § 325 Abs. 2a, Lageberichte, Konzernabschlüsse, Konzernlageberichte sowie die zu ihrem Verständnis erforderlichen Arbeitsanweisungen und sonstigen Organisationsunterlagen,
2. die empfangenen Handelsbriefe,
3. Wiedergaben der abgesandten Handelsbriefe,
4. Belege für Buchungen in den von ihm nach § 238 Abs. 1 zu führenden Büchern (Buchungsbelege).

(2) Handelsbriefe sind nur Schriftstücke, die ein Handelsgeschäft betreffen.

(3) [1]Mit Ausnahme der Eröffnungsbilanzen und Abschlüsse können die in Absatz 1 aufgeführten Unterlagen auch als Wiedergabe auf einem Bildträger oder auf anderen Datenträgern aufbewahrt werden, wenn dies den Grundsätzen ordnungsmäßiger Buchführung entspricht und sichergestellt ist, daß die Wiedergabe oder die Daten

1. mit den empfangenen Handelsbriefen und den Buchungsbelegen bildlich und mit den anderen Unterlagen inhaltlich übereinstimmen, wenn sie lesbar gemacht werden,
2. während der Dauer der Aufbewahrungsfrist verfügbar sind und jederzeit innerhalb angemessener Frist lesbar gemacht werden können.

---

[1)] § 256 eingef. durch G v. 19.12.1985 (BGBl. I S. 2355); Satz 1 geänd. mWv 29.5.2009 durch G v. 25.5.2009 (BGBl. I S. 1102).

[2)] § 256a eingef. mWv 29.5.2009 durch G v. 25.5.2009 (BGBl. I S. 1102).

[3)] § 257 eingef. durch G v. 19.12.1985 (BGBl. I S. 2355); Abs. 4 neu gef. durch G v. 19.12.1998 (BGBl. I S. 3816); Abs. 1 Nr. 1, Abs. 3 Satz 1, Abs. 5 geänd. mWv 10.12.2004 durch G v. 4.12.2004 (BGBl. I S. 3166).

[2]Sind Unterlagen auf Grund des § 239 Abs. 4 Satz 1 auf Datenträgern hergestellt worden, können statt des Datenträgers die Daten auch ausgedruckt aufbewahrt werden; die ausgedruckten Unterlagen können auch nach Satz 1 aufbewahrt werden.

(4) Die in Absatz 1 Nr. 1 und 4 aufgeführten Unterlagen sind zehn Jahre, die sonstigen in Absatz 1 aufgeführten Unterlagen sechs Jahre aufzubewahren.

(5) Die Aufbewahrungsfrist beginnt mit dem Schluß des Kalenderjahrs, in dem die letzte Eintragung in das Handelsbuch gemacht, das Inventar aufgestellt, die Eröffnungsbilanz oder der Jahresabschluß festgestellt, der Einzelabschluss nach § 325 Abs. 2a oder der Konzernabschluß aufgestellt, der Handelsbrief empfangen oder abgesandt worden oder der Buchungsbeleg entstanden ist.

**§ 258[1)] Vorlegung im *Rechsstreit*[2)].** (1) Im Laufe eines Rechtsstreits kann das Gericht auf Antrag oder von Amts wegen die Vorlegung der Handelsbücher einer Partei anordnen.

(2) Die Vorschriften der Zivilprozeßordnung[3)] über die Verpflichtung des Prozeßgegners zur Vorlegung von Urkunden bleiben unberührt.

**§ 259[1)] Auszug bei Vorlegung im Rechtsstreit.** [1]Werden in einem Rechtsstreit Handelsbücher vorgelegt, so ist von ihrem Inhalt, soweit er den Streitpunkt betrifft, unter Zuziehung der Parteien Einsicht zu nehmen und geeignetenfalls ein Auszug zu fertigen. [2]Der übrige Inhalt der Bücher ist dem Gericht insoweit offenzulegen, als es zur Prüfung ihrer ordnungsmäßigen Führung notwendig ist.

**§ 260[1)] Vorlegung bei Auseinandersetzungen.** Bei Vermögensauseinandersetzungen, insbesondere in Erbschafts-, Gütergemeinschafts- und Gesellschaftsteilungssachen, kann das Gericht die Vorlegung der Handelsbücher zur Kenntnisnahme von ihrem ganzen Inhalt anordnen.

**§ 261[1)] Vorlegung von Unterlagen auf Bild- oder Datenträgern.** Wer aufzubewahrende Unterlagen nur in der Form einer Wiedergabe auf einem Bildträger oder auf anderen Datenträgern vorlegen kann, ist verpflichtet, auf seine Kosten diejenigen Hilfsmittel zur Verfügung zu stellen, die erforderlich sind, um die Unterlagen lesbar zu machen; soweit erforderlich, hat er die Unterlagen auf seine Kosten auszudrucken oder ohne Hilfsmittel lesbare Reproduktionen beizubringen.

### Vierter Unterabschnitt.[4)] Landesrecht

**§ 262[5)]** *(aufgehoben)*

**§ 263[1)] Vorbehalt landesrechtlicher Vorschriften.** Unberührt bleiben bei Unternehmen ohne eigene Rechtspersönlichkeit einer Gemeinde, eines Gemeindeverbands oder eines Zweckverbands landesrechtliche Vorschriften, die von den Vorschriften dieses Abschnitts abweichen.

---

[1)] §§ 258–263 eingef. durch G v. 19.12.1985 (BGBl. I S. 2355).

[2)] Richtig wohl: „Rechtsstreit".

[3)] Nr. **100**.

[4)] 4. UAbschnitt Überschrift neu gef. durch G v. 22.6.1998 (BGBl. I S. 1474).

[5)] § 262 eingef. durch G v. 19.12.1985 (BGBl. I S. 2355); aufgeh. durch G v. 22.6.1998 (BGBl. I S. 1474).

## Zweiter Abschnitt.[1] Ergänzende Vorschriften für Kapitalgesellschaften (Aktiengesellschaften, Kommanditgesellschaften auf Aktien und Gesellschaften mit beschränkter Haftung) sowie bestimmte Personenhandelsgesellschaften

### Erster Unterabschnitt. Jahresabschluß der Kapitalgesellschaft und Lagebericht

#### Erster Titel. Allgemeine Vorschriften

**§ 264**[2) 3)] **Pflicht zur Aufstellung; Befreiung.** (1) [1]Die gesetzlichen Vertreter einer Kapitalgesellschaft haben den Jahresabschluß (§ 242) um einen Anhang zu erweitern, der mit der Bilanz und der Gewinn- und Verlustrechnung eine Einheit bildet, sowie einen Lagebericht aufzustellen. [2]Die gesetzlichen Vertreter einer kapitalmarktorientierten Kapitalgesellschaft, die nicht zur Aufstellung eines Konzernabschlusses verpflichtet ist, haben den Jahresabschluss um eine Kapitalflussrechnung und einen Eigenkapitalspiegel zu erweitern, die mit der Bilanz, Gewinn- und Verlustrechnung und dem Anhang eine Einheit bilden; sie können den Jahresabschluss um eine Segmentberichterstattung erweitern. [3]Der Jahresabschluß und der Lagebericht sind von den gesetzlichen Vertretern in den ersten drei Monaten des Geschäftsjahrs für das vergangene Geschäftsjahr aufzustellen. [4]Kleine Kapitalgesellschaften (§ 267 Abs. 1) brauchen den Lagebericht nicht aufzustellen; sie dürfen den Jahresabschluß auch später aufstellen, wenn dies einem ordnungsgemäßen Geschäftsgang entspricht, jedoch innerhalb der ersten sechs Monate des Geschäftsjahres. [5]Kleinstkapitalgesellschaften (§ 267a) brauchen den Jahresabschluss nicht um einen Anhang zu erweitern, wenn sie

1. die in § 268 Absatz 7 genannten Angaben,
2. die in § 285 Nummer 9 Buchstabe c genannten Angaben und
3. im Falle einer Aktiengesellschaft die in § 160 Absatz 3 Satz 2 des Aktiengesetzes genannten Angaben

unter der Bilanz angeben.

(1a) [1]In dem Jahresabschluss sind die Firma, der Sitz, das Registergericht und die Nummer, unter der die Gesellschaft in das Handelsregister eingetragen ist, anzugeben. [2]Befindet sich die Gesellschaft in Liquidation oder Abwicklung, ist auch diese Tatsache anzugeben.

(2) [1]Der Jahresabschluß der Kapitalgesellschaft hat unter Beachtung der Grundsätze ordnungsmäßiger Buchführung ein den tatsächlichen Verhältnissen entsprechendes Bild der Vermögens-, Finanz- und Ertragslage der Kapitalgesellschaft zu

---

[1] 2. Abschnitt Überschrift geänd. mWv 9.3.2000 durch G v. 24.2.2000 (BGBl. I S. 154).

[2] § 264 eingef. durch G v. 19.12.1985 (BGBl. I S. 2355); Abs. 1 Satz 3 neu gef. durch G v. 25.7.1994 (BGBl. I S. 1682); Abs. 3 angef. durch G v. 20.4.1998 (BGBl. I S. 707); Abs. 4 angef. mWv 9.3.2000 durch G v. 24.2.2000 (BGBl. I S. 154); Abs. 2 Satz 3 angef. mWv 20.1.2007 durch G v. 5.1.2007 (BGBl. I S. 10); Abs. 2 Satz 3 geänd. mWv 28.12.2007 durch G v. 21.12.2007 (BGBl. I S. 3089); Abs. 1 Satz 2 eingef., bish. Sätze 2 und 3 werden Sätze 3 und 4 mWv 29.5.2009 durch G v. 25.5.2009 (BGBl. I S. 1102); Abs. 1 Satz 5 angef., Abs. 2 Sätze 3 und 4 eingef., bish. Satz 3 wird Satz 5 mWv 28.12.2012 durch G v. 20.12.2012 (BGBl. I S. 2751); Abs. 2 Satz 3 eingef., bish. Sätze 3 und 4 werden Sätze 4 und 5, bish. Satz 5 aufgeh. mWv 10.10.2013 durch G v. 4.10.2013 (BGBl. I S. 3746); Überschrift neu gef., Abs. 1 Satz 5 Nr. 1 und 3 geänd., Abs. 1a eingef., Abs. 3 und 4 neu gef. mWv 23.7.2015 durch G v. 17.7.2015 (BGBl. I S. 1245); Abs. 3 Satz 1 Nr. 3 Buchst. a geänd. mWv 19.4.2017 durch G v. 11.4.2017 (BGBl. I S. 802); Abs. 2 Satz 3 neu gef. mWv 19.8.2020 durch G v. 12.8.2020 (BGBl. I S. 1874); Abs. 3 Satz 1 geänd. mWv 1.7.2021 durch G v. 3.6.2021 (BGBl. I S. 1534); Abs. 3 Satz 2 geänd. mWv 1.8.2022 durch G v. 5.7.2021 (BGBl. I S. 3338); Abs. 3 Satz 1 einl. Satzteil, Nr. 3 Buchst. a und b geänd. mWv 22.6.2023 durch G v. 19.6.2023 (BGBl. 2023 I Nr. 154).

[3] Beachte hierzu Übergangsvorschriften in Art. 61 Abs. 5, Art. 62, 70, 75, 80, 84, 86 und 88 EGHGB (Nr. **50a**).

vermitteln. [2]Führen besondere Umstände dazu, daß der Jahresabschluß ein den tatsächlichen Verhältnissen entsprechendes Bild im Sinne des Satzes 1 nicht vermittelt, so sind im Anhang zusätzliche Angaben zu machen. [3]Die Mitglieder des vertretungsberechtigten Organs einer Kapitalgesellschaft, die als Inlandsemittent (§ 2 Absatz 14 des Wertpapierhandelsgesetzes[1)]) Wertpapiere (§ 2 Absatz 1 des Wertpapierhandelsgesetzes) begibt und keine Kapitalgesellschaft im Sinne des § 327a ist, haben in einer dem Jahresabschluss beizufügenden schriftlichen Erklärung zu versichern, dass der Jahresabschluss nach bestem Wissen ein den tatsächlichen Verhältnissen entsprechendes Bild im Sinne des Satzes 1 vermittelt oder der Anhang Angaben nach Satz 2 enthält. [4]Macht eine Kleinstkapitalgesellschaft von der Erleichterung nach Absatz 1 Satz 5 Gebrauch, sind nach Satz 2 erforderliche zusätzliche Angaben unter der Bilanz zu machen. [5]Es wird vermutet, dass ein unter Berücksichtigung der Erleichterungen für Kleinstkapitalgesellschaften aufgestellter Jahresabschluss den Erfordernissen des Satzes 1 entspricht.

(3) [1]Eine Kapitalgesellschaft, die nicht im Sinne des § 264d kapitalmarktorientiert ist und die als Tochterunternehmen in den Konzernabschluss eines Mutterunternehmens mit Sitz in einem Mitgliedstaat der Europäischen Union oder einem anderen Vertragsstaat des Abkommens über den Europäischen Wirtschaftsraum einbezogen ist, braucht die Vorschriften dieses Unterabschnitts und des Dritten und Vierten Unterabschnitts dieses Abschnitts nicht anzuwenden, wenn alle folgenden Voraussetzungen erfüllt sind:

1. alle Gesellschafter des Tochterunternehmens haben der Befreiung für das jeweilige Geschäftsjahr zugestimmt;
2. das Mutterunternehmen hat sich bereit erklärt, für die von dem Tochterunternehmen bis zum Abschlussstichtag eingegangenen Verpflichtungen im folgenden Geschäftsjahr einzustehen;
3. der Konzernabschluss und der Konzernlagebericht des Mutterunternehmens sind nach den Rechtsvorschriften des Staates, in dem das Mutterunternehmen seinen Sitz hat, und im Einklang mit folgenden Richtlinien aufgestellt und geprüft worden:
   a) Richtlinie 2013/34/EU des Europäischen Parlaments und des Rates vom 26. Juni 2013 über den Jahresabschluss, den konsolidierten Abschluss und damit verbundene Berichte von Unternehmen bestimmter Rechtsformen und zur Änderung der Richtlinie 2006/43/EG des Europäischen Parlaments und des Rates und zur Aufhebung der Richtlinien 78/660/EWG und 83/349/EWG des Rates (ABl. L 182 vom 29.6.2013, S. 19), die zuletzt durch die Richtlinie (EU) 2021/2101 (ABl. L 429 vom 1.12.2021, S. 1) geändert worden ist,
   b) Richtlinie 2006/43/EG des Europäischen Parlaments und des Rates vom 17. Mai 2006 über Abschlussprüfungen von Jahresabschlüssen und konsolidierten Abschlüssen, zur Änderung der Richtlinien 78/660/EWG und 83/349/EWG des Rates und zur Aufhebung der Richtlinie 84/253/EWG des Rates (ABl. L 157 vom 9.6.2006, S. 87), die zuletzt durch die Richtlinie 2014/56/EU (ABl. L 158 vom 27.5.2014, S. 196) geändert worden ist;
4. die Befreiung des Tochterunternehmens ist im Anhang des Konzernabschlusses des Mutterunternehmens angegeben und
5. für das Tochterunternehmen sind nach § 325 Absatz 1 bis 1b offengelegt worden:

---

[1)] **Habersack, Deutsche Gesetze ErgBd. Nr. 58.**

a) der Beschluss nach Nummer 1,
b) die Erklärung nach Nummer 2,
c) der Konzernabschluss,
d) der Konzernlagebericht und
e) der Bestätigungsvermerk zum Konzernabschluss und Konzernlagebericht des Mutterunternehmens nach Nummer 3.

[2] Hat bereits das Mutterunternehmen einzelne oder alle der in Satz 1 Nummer 5 bezeichneten Unterlagen offengelegt, braucht das Tochterunternehmen die betreffenden Unterlagen nicht erneut offenzulegen, wenn sie im Unternehmensregister unter dem Tochterunternehmen auffindbar sind; § 326 Absatz 2 ist auf diese Offenlegung nicht anzuwenden. [3] Satz 2 gilt nur dann, wenn das Mutterunternehmen die betreffende Unterlage in deutscher oder in englischer Sprache offengelegt hat oder das Tochterunternehmen zusätzlich eine beglaubigte Übersetzung dieser Unterlage in deutscher Sprache nach § 325 Absatz 1 bis 1b offenlegt.

(4) Absatz 3 ist nicht anzuwenden, wenn eine Kapitalgesellschaft das Tochterunternehmen eines Mutterunternehmens ist, das einen Konzernabschluss nach den Vorschriften des Publizitätsgesetzes aufgestellt hat, und wenn in diesem Konzernabschluss von dem Wahlrecht des § 13 Absatz 3 Satz 1 des Publizitätsgesetzes[1)] Gebrauch gemacht worden ist; § 314 Absatz 3 bleibt unberührt.

**§ 264a[2)] Anwendung auf bestimmte offene Handelsgesellschaften und Kommanditgesellschaften.** (1) Die Vorschriften des Ersten bis Fünften Unterabschnitts des Zweiten Abschnitts sind auch anzuwenden auf offene Handelsgesellschaften und Kommanditgesellschaften, bei denen nicht wenigstens ein persönlich haftender Gesellschafter

1. eine natürliche Person oder
2. eine offene Handelsgesellschaft, Kommanditgesellschaft oder andere Personengesellschaft mit einer natürlichen Person als persönlich haftendem Gesellschafter

ist oder sich die Verbindung von Gesellschaften in dieser Art fortsetzt.

(2) In den Vorschriften dieses Abschnitts gelten als gesetzliche Vertreter einer offenen Handelsgesellschaft und Kommanditgesellschaft nach Absatz 1 die Mitglieder des vertretungsberechtigten Organs der vertretungsberechtigten Gesellschaften.

**§ 264b[3) 4)] Befreiung der offenen Handelsgesellschaften und Kommanditgesellschaften im Sinne des § 264a von der Anwendung der Vorschriften dieses Abschnitts.** Eine Personenhandelsgesellschaft im Sinne des § 264a Absatz 1, die nicht im Sinne des § 264d kapitalmarktorientiert ist, ist von der Verpflichtung befreit, einen Jahresabschluss und einen Lagebericht nach den Vorschriften dieses Abschnitts aufzustellen, prüfen zu lassen und offenzulegen, wenn alle folgenden Voraussetzungen erfüllt sind:

1. die betreffende Gesellschaft ist einbezogen in den Konzernabschluss und in den Konzernlagebericht
   a) eines persönlich haftenden Gesellschafters der betreffenden Gesellschaft oder

---

[1)] Nr. **52b**.
[2)] § 264a eingef. mWv 9.3.2000 durch G v. 24.2.2000 (BGBl. I S. 154).
[3)] § 264b neu gef. mWv 23.7.2015 durch G v. 17.7.2015 (BGBl. I S. 1245); einl. Satzteil geänd. mWv 1.7.2021 durch G v. 3.6.2021 (BGBl. I S. 1534).
[4)] Beachte hierzu Übergangsvorschriften in Art. 61 Abs. 5, Art. 75 und 86 EGHGB (Nr. **50a**).

b) eines Mutterunternehmens mit Sitz in einem Mitgliedstaat der Europäischen Union oder einem anderen Vertragsstaat des Abkommens über den Europäischen Wirtschaftsraum, wenn in diesen Konzernabschluss eine größere Gesamtheit von Unternehmen einbezogen ist;
2. die in § 264 Absatz 3 Satz 1 Nummer 3 genannte Voraussetzung ist erfüllt;
3. die Befreiung der Personenhandelsgesellschaft ist im Anhang des Konzernabschlusses angegeben und
4. für die Personenhandelsgesellschaft sind der Konzernabschluss, der Konzernlagebericht und der Bestätigungsvermerk nach § 325 Absatz 1 bis 1b offengelegt worden; § 264 Absatz 3 Satz 2 und 3 ist entsprechend anzuwenden.

**§ 264c[1)] Besondere Bestimmungen für offene Handelsgesellschaften und Kommanditgesellschaften im Sinne des § 264a.** (1) [1] Ausleihungen, Forderungen und Verbindlichkeiten gegenüber Gesellschaftern sind in der Regel als solche jeweils gesondert auszuweisen oder im Anhang anzugeben. [2] Werden sie unter anderen Posten ausgewiesen, so muss diese Eigenschaft vermerkt werden.

(2) [1] § 266 Abs. 3 Buchstabe A ist mit der Maßgabe anzuwenden, dass als Eigenkapital die folgenden Posten gesondert auszuweisen sind:

I. Kapitalanteile
II. Rücklagen
III. Gewinnvortrag/Verlustvortrag
IV. Jahresüberschuss/Jahresfehlbetrag.

[2] Anstelle des Postens „Gezeichnetes Kapital" sind die Kapitalanteile der persönlich haftenden Gesellschafter auszuweisen; sie dürfen auch zusammengefasst ausgewiesen werden. [3] Der auf den Kapitalanteil eines persönlich haftenden Gesellschafters für das Geschäftsjahr entfallende Verlust ist von dem Kapitalanteil abzuschreiben. [4] Soweit der Verlust den Kapitalanteil übersteigt, ist er auf der Aktivseite unter der Bezeichnung „Einzahlungsverpflichtungen persönlich haftender Gesellschafter" unter den Forderungen gesondert auszuweisen, soweit eine Zahlungsverpflichtung besteht. [5] Besteht keine Zahlungsverpflichtung, so ist der Betrag als „Nicht durch Vermögenseinlagen gedeckter Verlustanteil persönlich haftender Gesellschafter" zu bezeichnen und gemäß § 268 Abs. 3 auszuweisen. [6] Die Sätze 2 bis 5 sind auf die Einlagen von Kommanditisten entsprechend anzuwenden, wobei diese insgesamt gesondert gegenüber den Kapitalanteilen der persönlich haftenden Gesellschafter auszuweisen sind. [7] Eine Forderung darf jedoch nur ausgewiesen werden, soweit eine Einzahlungsverpflichtung besteht; dasselbe gilt, wenn ein Kommanditist Gewinnanteile entnimmt, während sein Kapitalanteil durch Verlust unter den Betrag der geleisteten Einlage herabgemindert ist, oder soweit durch die Entnahme der Kapitalanteil unter den bezeichneten Betrag herabgemindert wird. [8] Als Rücklagen sind nur solche Beträge auszuweisen, die auf Grund einer gesellschaftsrechtlichen Vereinbarung gebildet worden sind. [9] Im Anhang ist der Betrag der im Handelsregister gemäß § 172 Abs. 1 eingetragenen Einlagen anzugeben, soweit diese nicht geleistet sind.

(3) [1] Das sonstige Vermögen der Gesellschafter (Privatvermögen) darf nicht in die Bilanz und die auf das Privatvermögen entfallenden Aufwendungen und Erträge dürfen nicht in die Gewinn- und Verlustrechnung aufgenommen werden.

---

[1)] § 264c eingef. mWv 9.3.2000 durch G v. 24.2.2000 (BGBl. I S. 154); Abs. 4 Satz 3 aufgeh. mWv 29.5.2009 durch G v. 25.5.2009 (BGBl. I S. 1102); Abs. 5 angef. mWv 28.12.2012 durch G v. 20.12.2012 (BGBl. I S. 2751).

[2] In der Gewinn- und Verlustrechnung darf jedoch nach dem Posten „Jahresüberschuss/Jahresfehlbetrag“ ein dem Steuersatz der Komplementärgesellschaft entsprechender Steueraufwand der Gesellschafter offen abgesetzt oder hinzugerechnet werden.

(4) [1] Anteile an Komplementärgesellschaften sind in der Bilanz auf der Aktivseite unter den Posten A.III.1 oder A.III.3 auszuweisen. [2] § 272 Abs. 4 ist mit der Maßgabe anzuwenden, dass für diese Anteile in Höhe des aktivierten Betrags nach dem Posten „Eigenkapital“ ein Sonderposten unter der Bezeichnung „Ausgleichsposten für aktivierte eigene Anteile“ zu bilden ist.

(5) [1] Macht die Gesellschaft von einem Wahlrecht nach § 266 Absatz 1 Satz 3 oder Satz 4 Gebrauch, richtet sich die Gliederung der verkürzten Bilanz nach der Ausübung dieses Wahlrechts. [2] Die Ermittlung der Bilanzposten nach den vorstehenden Absätzen bleibt unberührt.

**§ 264d[1)] Kapitalmarktorientierte Kapitalgesellschaft.** Eine Kapitalgesellschaft ist kapitalmarktorientiert, wenn sie einen organisierten Markt im Sinn des § 2 Absatz 11 des Wertpapierhandelsgesetzes[2)] durch von ihr ausgegebene Wertpapiere im Sinn des § 2 Absatz 1 des Wertpapierhandelsgesetzes in Anspruch nimmt oder die Zulassung solcher Wertpapiere zum Handel an einem organisierten Markt beantragt hat.

**§ 265[3)] [4)] Allgemeine Grundsätze für die Gliederung.** (1) [1] Die Form der Darstellung, insbesondere die Gliederung der aufeinanderfolgenden Bilanzen und Gewinn- und Verlustrechnungen, ist beizubehalten, soweit nicht in Ausnahmefällen wegen besonderer Umstände Abweichungen erforderlich sind. [2] Die Abweichungen sind im Anhang anzugeben und zu begründen.

(2) [1] In der Bilanz sowie in der Gewinn- und Verlustrechnung ist zu jedem Posten der entsprechende Betrag des vorhergehenden Geschäftsjahrs anzugeben. [2] Sind die Beträge nicht vergleichbar, so ist dies im Anhang anzugeben und zu erläutern. [3] Wird der Vorjahresbetrag angepaßt, so ist auch dies im Anhang anzugeben und zu erläutern.

(3) Fällt ein Vermögensgegenstand oder eine Schuld unter mehrere Posten der Bilanz, so ist die Mitzugehörigkeit zu anderen Posten bei dem Posten, unter dem der Ausweis erfolgt ist, zu vermerken oder im Anhang anzugeben, wenn dies zur Aufstellung eines klaren und übersichtlichen Jahresabschlusses erforderlich ist.

(4) [1] Sind mehrere Geschäftszweige vorhanden und bedingt dies die Gliederung des Jahresabschlusses nach verschiedenen Gliederungsvorschriften, so ist der Jahresabschluß nach der für einen Geschäftszweig vorgeschriebenen Gliederung aufzustellen und nach der für die anderen Geschäftszweige vorgeschriebenen Gliederung zu ergänzen. [2] Die Ergänzung ist im Anhang anzugeben und zu begründen.

(5) [1] Eine weitere Untergliederung der Posten ist zulässig; dabei ist jedoch die vorgeschriebene Gliederung zu beachten. [2] Neue Posten und Zwischensummen

---

[1)] § 264d eingef. mWv 29.5.2009 durch G v. 25.5.2009 (BGBl. I S. 1102); geänd. mWv 23.7.2015 durch G v. 17.7.2015 (BGBl. I S. 1245); geänd. mWv 3.1.2018 durch G v. 23.6.2017 (BGBl. I S. 1693).

[2)] **Habersack, Deutsche Gesetze ErgBd. Nr. 58.**

[3)] § 265 eingef. durch G v. 19.12.1985 (BGBl. I S. 2355); Abs. 3 Satz 2 aufgeh. mWv 29.5.2009 durch G v. 25.5.2009 (BGBl. I S. 1102); Abs. 5 Satz 2 geänd. mWv 23.7.2015 durch G v. 17.7.2015 (BGBl. I S. 1245).

[4)] Beachte hierzu Übergangsvorschrift in Art. 75 EGHGB (Nr. **50a**).

dürfen hinzugefügt werden, wenn ihr Inhalt nicht von einem vorgeschriebenen Posten gedeckt wird.

(6) Gliederung und Bezeichnung der mit arabischen Zahlen versehenen Posten der Bilanz und der Gewinn- und Verlustrechnung sind zu ändern, wenn dies wegen Besonderheiten der Kapitalgesellschaft zur Aufstellung eines klaren und übersichtlichen Jahresabschlusses erforderlich ist.

(7) Die mit arabischen Zahlen versehenen Posten der Bilanz und der Gewinn- und Verlustrechnung können, wenn nicht besondere Formblätter vorgeschrieben sind, zusammengefaßt ausgewiesen werden, wenn

1. sie einen Betrag enthalten, der für die Vermittlung eines den tatsächlichen Verhältnissen entsprechenden Bildes im Sinne des § 264 Abs. 2 nicht erheblich ist,
   oder
2. dadurch die Klarheit der Darstellung vergrößert wird; in diesem Falle müssen die zusammengefaßten Posten jedoch im Anhang gesondert ausgewiesen werden.

(8) Ein Posten der Bilanz oder der Gewinn- und Verlustrechnung, der keinen Betrag ausweist, braucht nicht aufgeführt zu werden, es sei denn, daß im vorhergehenden Geschäftsjahr unter diesem Posten ein Betrag ausgewiesen wurde.

### Zweiter Titel. Bilanz

**§ 266[1)] Gliederung der Bilanz.** (1) [1]Die Bilanz ist in Kontoform aufzustellen. [2]Dabei haben mittelgroße und große Kapitalgesellschaften (§ 267 Absatz 2 und 3) auf der Aktivseite die in Absatz 2 und auf der Passivseite die in Absatz 3 bezeichneten Posten gesondert und in der vorgeschriebenen Reihenfolge auszuweisen. [3]Kleine Kapitalgesellschaften (§ 267 Abs. 1) brauchen nur eine verkürzte Bilanz aufzustellen, in die nur die in den Absätzen 2 und 3 mit Buchstaben und römischen Zahlen bezeichneten Posten gesondert und in der vorgeschriebenen Reihenfolge aufgenommen werden. [4]Kleinstkapitalgesellschaften (§ 267a) brauchen nur eine verkürzte Bilanz aufzustellen, in die nur die in den Absätzen 2 und 3 mit Buchstaben bezeichneten Posten gesondert und in der vorgeschriebenen Reihenfolge aufgenommen werden.

(2) Aktivseite

A. Anlagevermögen:
   I. Immaterielle Vermögensgegenstände:
      1. Selbst geschaffene gewerbliche Schutzrechte und ähnliche Rechte und Werte;
      2. entgeltlich erworbene Konzessionen, gewerbliche Schutzrechte und ähnliche Rechte und Werte sowie Lizenzen an solchen Rechten und Werten;
      3. Geschäfts- oder Firmenwert;
      4. geleistete Anzahlungen;

---

[1)] § 266 eingef. durch G v. 19.12.1985 (BGBl. I S. 2355); Abs. 2 geänd. mWv 9.3.2000 durch G v. 24.2.2000 (BGBl. I S. 154); Abs. 2 Posten A.I und B.III neu gef., Posten D und E angef., Abs. 3 Posten A III.2 neu gef., Posten E angef. mWv 29.5.2009 durch G v. 25.5.2009 (BGBl. I S. 1102); Abs. 1 Satz 4 angef. mWv 28.12.2012 durch G v. 20.12.2012 (BGBl. I S. 2751); Abs. 1 Satz 2 geänd. mWv 23.7.2015 durch G v. 17.7.2015 (BGBl. I S. 1245).

II. Sachanlagen:
1. Grundstücke, grundstücksgleiche Rechte und Bauten einschließlich der Bauten auf fremden Grundstücken;
2. technische Anlagen und Maschinen;
3. andere Anlagen, Betriebs- und Geschäftsausstattung;
4. geleistete Anzahlungen und Anlagen im Bau;

III. Finanzanlagen:
1. Anteile an verbundenen Unternehmen;
2. Ausleihungen an verbundene Unternehmen;
3. Beteiligungen;
4. Ausleihungen an Unternehmen, mit denen ein Beteiligungsverhältnis besteht;
5. Wertpapiere des Anlagevermögens;
6. sonstige Ausleihungen.

B. Umlaufvermögen:

I. Vorräte:
1. Roh-, Hilfs- und Betriebsstoffe;
2. unfertige Erzeugnisse, unfertige Leistungen;
3. fertige Erzeugnisse und Waren;
4. geleistete Anzahlungen;

II. Forderungen und sonstige Vermögensgegenstände:
1. Forderungen aus Lieferungen und Leistungen;
2. Forderungen gegen verbundene Unternehmen;
3. Forderungen gegen Unternehmen, mit denen ein Beteiligungsverhältnis besteht;
4. sonstige Vermögensgegenstände;

III. Wertpapiere:
1. Anteile an verbundenen Unternehmen;
2. sonstige Wertpapiere;

IV. Kassenbestand, Bundesbankguthaben, Guthaben bei Kreditinstituten und Schecks.

C. Rechnungsabgrenzungsposten.

D. Aktive latente Steuern.

E. Aktiver Unterschiedsbetrag aus der Vermögensverrechnung.

(3) Passivseite

A. Eigenkapital:

I. Gezeichnetes Kapital;

II. Kapitalrücklage;

III. Gewinnrücklagen:
1. gesetzliche Rücklage;
2. Rücklage für Anteile an einem herrschenden oder mehrheitlich beteiligten Unternehmen;
3. satzungsmäßige Rücklagen;
4. andere Gewinnrücklagen;

IV. Gewinnvortrag/Verlustvortrag;
V. Jahresüberschuß/Jahresfehlbetrag.

B. Rückstellungen:
1. Rückstellungen für Pensionen und ähnliche Verpflichtungen;
2. Steuerrückstellungen;
3. sonstige Rückstellungen.

C. Verbindlichkeiten:
1. Anleihen,
davon konvertibel;
2. Verbindlichkeiten gegenüber Kreditinstituten;
3. erhaltene Anzahlungen auf Bestellungen;
4. Verbindlichkeiten aus Lieferungen und Leistungen;
5. Verbindlichkeiten aus der Annahme gezogener Wechsel und der Ausstellung eigener Wechsel;
6. Verbindlichkeiten gegenüber verbundenen Unternehmen;
7. Verbindlichkeiten gegenüber Unternehmen, mit denen ein Beteiligungsverhältnis besteht;
8. sonstige Verbindlichkeiten,
davon aus Steuern,
davon im Rahmen der sozialen Sicherheit.

D. Rechnungsabgrenzungsposten.

E. Passive latente Steuern.

**§ 267**[1) 2)] **Umschreibung der Größenklassen.** (1) Kleine Kapitalgesellschaften sind solche, die mindestens zwei der drei nachstehenden Merkmale nicht überschreiten:

1. 6 000 000 Euro Bilanzsumme.
2. 12 000 000 Euro Umsatzerlöse in den zwölf Monaten vor dem Abschlußstichtag.
3. Im Jahresdurchschnitt fünfzig Arbeitnehmer.

(2) Mittelgroße Kapitalgesellschaften sind solche, die mindestens zwei der drei in Absatz 1 bezeichneten Merkmale überschreiten und jeweils mindestens zwei der drei nachstehenden Merkmale nicht überschreiten:

1. 20 000 000 Euro Bilanzsumme.
2. 40 000 000 Euro Umsatzerlöse in den zwölf Monaten vor dem Abschlußstichtag.
3. Im Jahresdurchschnitt zweihundertfünfzig Arbeitnehmer.

---

[1)] § 267 eingef. durch G v. 19.12.1985 (BGBl. I S. 2355); Abs. 1 Nr. 2, Abs. 2 Nr. 2 geänd. durch G v. 25.7.1994 (BGBl. I S. 1682); Abs. 4 Satz 2 geänd. durch G v. 28.10.1994 (BGBl. I S. 3210); Abs. 1 Nr. 2, Abs. 2 Nr. 2 geänd. mWv 9.3.2000 durch G v. 24.2.2000 (BGBl. I S. 154); Abs. 1 Nr. 2, Abs. 2 Nr. 2 geänd. mWv 1.1.2002 durch G v. 10.12.2001 (BGBl. I S. 3414); Abs. 1 Nr. 2, Abs. 2 Nr. 2 geänd. mWv 10.12.2004 durch G v. 4.12.2004 (BGBl. I S. 3166); Abs. 1 Nr. 2, Abs. 2 Nr. 2 geänd., Abs. 3 Satz 2 neu gef. mWv 29.5.2009 durch G v. 25.5.2009 (BGBl. I S. 1102); Abs. 1 Nr. 1 neu gef., Nr. 2 geänd., Abs. 2 Nr. 1 neu gef., Nr. 2 geänd., Abs. 4 Satz 3 angef., Abs. 4a eingef. mWv 23.7.2015 durch G v. 17.7.2015 (BGBl. I S. 1245).

[2)] Beachte hierzu Übergangsvorschrift in Art. 75 EGHGB (Nr. **50a**).

(3) [1] Große Kapitalgesellschaften sind solche, die mindestens zwei der drei in Absatz 2 bezeichneten Merkmale überschreiten. [2] Eine Kapitalgesellschaft im Sinn des § 264d gilt stets als große.

(4) [1] Die Rechtsfolgen der Merkmale nach den Absätzen 1 bis 3 Satz 1 treten nur ein, wenn sie an den Abschlußstichtagen von zwei aufeinanderfolgenden Geschäftsjahren über- oder unterschritten werden. [2] Im Falle der Umwandlung oder Neugründung treten die Rechtsfolgen schon ein, wenn die Voraussetzungen des Absatzes 1, 2 oder 3 am ersten Abschlußstichtag nach der Umwandlung oder Neugründung vorliegen. [3] Satz 2 findet im Falle des Formwechsels keine Anwendung, sofern der formwechselnde Rechtsträger eine Kapitalgesellschaft oder eine Personenhandelsgesellschaft im Sinne des § 264a Absatz 1 ist.

(4a) [1] Die Bilanzsumme setzt sich aus den Posten zusammen, die in den Buchstaben A bis E des § 266 Absatz 2 aufgeführt sind. [2] Ein auf der Aktivseite ausgewiesener Fehlbetrag (§ 268 Absatz 3) wird nicht in die Bilanzsumme einbezogen.

(5) Als durchschnittliche Zahl der Arbeitnehmer gilt der vierte Teil der Summe aus den Zahlen der jeweils am 31. März, 30. Juni, 30. September und 31. Dezember beschäftigten Arbeitnehmer einschließlich der im Ausland beschäftigten Arbeitnehmer, jedoch ohne die zu ihrer Berufsausbildung Beschäftigten.

(6) Informations- und Auskunftsrechte der Arbeitnehmervertretungen nach anderen Gesetzen bleiben unberührt.

**§ 267a[1) 2)] Kleinstkapitalgesellschaften.** (1) [1] Kleinstkapitalgesellschaften sind kleine Kapitalgesellschaften, die mindestens zwei der drei nachstehenden Merkmale nicht überschreiten:

1. 350 000 Euro Bilanzsumme;
2. 700 000 Euro Umsatzerlöse in den zwölf Monaten vor dem Abschlussstichtag;
3. im Jahresdurchschnitt zehn Arbeitnehmer.

[2] § 267 Absatz 4 bis 6 gilt entsprechend.

(2) Die in diesem Gesetz für kleine Kapitalgesellschaften (§ 267 Absatz 1) vorgesehenen besonderen Regelungen gelten für Kleinstkapitalgesellschaften entsprechend, soweit nichts anderes geregelt ist.

(3) Keine Kleinstkapitalgesellschaften sind:

1. Investmentgesellschaften im Sinne des § 1 Absatz 11 des Kapitalanlagegesetzbuchs,
2. Unternehmensbeteiligungsgesellschaften im Sinne des § 1a Absatz 1 des Gesetzes über Unternehmensbeteiligungsgesellschaften oder
3. Unternehmen, deren einziger Zweck darin besteht, Beteiligungen an anderen Unternehmen zu erwerben sowie die Verwaltung und Verwertung dieser Beteiligungen wahrzunehmen, ohne dass sie unmittelbar oder mittelbar in die Verwaltung dieser Unternehmen eingreifen, wobei die Ausübung der ihnen als Aktionär oder Gesellschafter zustehenden Rechte außer Betracht bleibt.

---

1) § 267a eingef. mWv 28.12.2012 durch G v. 20.12.2012 (BGBl. I S. 2751); Abs. 1 Satz 1 Nr. 1 geänd., Satz 2 aufgeh., bish. Satz 3 wird Satz 2, Abs. 3 angef. mWv 23.7.2015 durch G v. 17.7.2015 (BGBl. I S. 1245).

2) Beachte hierzu Übergangsvorschriften in Art. 70 und 75 EGHGB (Nr. **50a**).

**§ 268[1) 2)] Vorschriften zu einzelnen Posten der Bilanz. Bilanzvermerke.**

(1) [1]Die Bilanz darf auch unter Berücksichtigung der vollständigen oder teilweisen Verwendung des Jahresergebnisses aufgestellt werden. [2]Wird die Bilanz unter Berücksichtigung der teilweisen Verwendung des Jahresergebnisses aufgestellt, so tritt an die Stelle der Posten „Jahresüberschuß/Jahresfehlbetrag" und „Gewinnvortrag/Verlustvortrag" der Posten „Bilanzgewinn/Bilanzverlust"; ein vorhandener Gewinn- oder Verlustvortrag ist in den Posten „Bilanzgewinn/Bilanzverlust" einzubeziehen und in der Bilanz gesondert anzugeben. [3]Die Angabe kann auch im Anhang gemacht werden.

(2) *(aufgehoben)*

(3) Ist das Eigenkapital durch Verluste aufgebraucht und ergibt sich ein Überschuß der Passivposten über die Aktivposten, so ist dieser Betrag am Schluß der Bilanz auf der Aktivseite gesondert unter der Bezeichnung „Nicht durch Eigenkapital gedeckter Fehlbetrag" auszuweisen.

(4) [1]Der Betrag der Forderungen mit einer Restlaufzeit von mehr als einem Jahr ist bei jedem gesondert ausgewiesenen Posten zu vermerken. [2]Werden unter dem Posten „sonstige Vermögensgegenstände" Beträge für Vermögensgegenstände ausgewiesen, die erst nach dem Abschlußstichtag rechtlich entstehen, so müssen Beträge, die einen größeren Umfang haben, im Anhang erläutert werden.

(5) [1]Der Betrag der Verbindlichkeiten mit einer Restlaufzeit bis zu einem Jahr und der Betrag der Verbindlichkeiten mit einer Restlaufzeit von mehr als einem Jahr sind bei jedem gesondert ausgewiesenen Posten zu vermerken. [2]Erhaltene Anzahlungen auf Bestellungen sind, soweit Anzahlungen auf Vorräte nicht von dem Posten „Vorräte" offen abgesetzt werden, unter den Verbindlichkeiten gesondert auszuweisen. [3]Sind unter dem Posten „Verbindlichkeiten" Beträge für Verbindlichkeiten ausgewiesen, die erst nach dem Abschlußstichtag rechtlich entstehen, so müssen Beträge, die einen größeren Umfang haben, im Anhang erläutert werden.

(6) Ein nach § 250 Abs. 3 in den Rechnungsabgrenzungsposten auf der Aktivseite aufgenommener Unterschiedsbetrag ist in der Bilanz gesondert auszuweisen oder im Anhang anzugeben.

(7) Für die in § 251 bezeichneten Haftungsverhältnisse sind

1. die Angaben zu nicht auf der Passivseite auszuweisenden Verbindlichkeiten und Haftungsverhältnissen im Anhang zu machen,
2. dabei die Haftungsverhältnisse jeweils gesondert unter Angabe der gewährten Pfandrechte und sonstigen Sicherheiten anzugeben und
3. dabei Verpflichtungen betreffend die Altersversorgung und Verpflichtungen gegenüber verbundenen oder assoziierten Unternehmen jeweils gesondert zu vermerken.

(8) [1]Werden selbst geschaffene immaterielle Vermögensgegenstände des Anlagevermögens in der Bilanz ausgewiesen, so dürfen Gewinne nur ausgeschüttet werden, wenn die nach der Ausschüttung verbleibenden frei verfügbaren Rücklagen zuzüglich eines Gewinnvortrags und abzüglich eines Verlustvortrags mindestens den insgesamt angesetzten Beträgen abzüglich der hierfür gebildeten passiven latenten Steuern entsprechen. [2]Werden aktive latente Steuern in der Bilanz aus-

[1)] § 268 eingef. durch G v. 19.12.1985 (BGBl. I S. 2355); Abs. 2 Satz 1 geänd., Abs. 8 angef. mWv 29.5.2009 durch G v. 25.5.2009 (BGBl. I S. 1102); Abs. 1 Satz 2 geänd., Satz 3 angef., Abs. 2 aufgeh., Abs. 5 Satz 1 geänd. und Abs. 7 neu gef. mWv 23.7.2015 durch G v. 17.7.2015 (BGBl. I S. 1245).

[2)] Beachte hierzu Übergangsvorschrift in Art. 75 EGHGB (Nr. **50a**).

gewiesen, ist Satz 1 auf den Betrag anzuwenden, um den die aktiven latenten Steuern die passiven latenten Steuern übersteigen. [3]Bei Vermögensgegenständen im Sinn des § 246 Abs. 2 Satz 2 ist Satz 1 auf den Betrag abzüglich der hierfür gebildeten passiven latenten Steuern anzuwenden, der die Anschaffungskosten übersteigt.

**§ 269**[1)] *(aufgehoben)*

**§ 270**[2)] **Bildung bestimmter Posten.** (1) Einstellungen in die Kapitalrücklage und deren Auflösung sind bereits bei der Aufstellung der Bilanz vorzunehmen.

(2) Wird die Bilanz unter Berücksichtigung der vollständigen oder teilweisen Verwendung des Jahresergebnisses aufgestellt, so sind Entnahmen aus Gewinnrücklagen sowie Einstellungen in Gewinnrücklagen, die nach Gesetz, Gesellschaftsvertrag oder Satzung vorzunehmen sind oder auf Grund solcher Vorschriften beschlossen worden sind, bereits bei der Aufstellung der Bilanz zu berücksichtigen.

**§ 271**[3) 4)] **Beteiligungen. Verbundene Unternehmen.** (1) [1]Beteiligungen sind Anteile an anderen Unternehmen, die bestimmt sind, dem eigenen Geschäftsbetrieb durch Herstellung einer dauernden Verbindung zu jenen Unternehmen zu dienen. [2]Dabei ist es unerheblich, ob die Anteile in Wertpapieren verbrieft sind oder nicht. [3]Eine Beteiligung wird vermutet, wenn die Anteile an einem Unternehmen insgesamt den fünften Teil des Nennkapitals dieses Unternehmens oder, falls ein Nennkapital nicht vorhanden ist, den fünften Teil der Summe aller Kapitalanteile an diesem Unternehmen überschreiten. [4]Auf die Berechnung ist § 16 Abs. 2 und 4 des Aktiengesetzes[5)] entsprechend anzuwenden. [5]Die Mitgliedschaft in einer eingetragenen Genossenschaft gilt nicht als Beteiligung im Sinne dieses Buches.

(2) Verbundene Unternehmen im Sinne dieses Buches sind unabhängig von ihrer Rechtsform und ihrem Sitz solche, die im Verhältnis zueinander Mutterunternehmen und Tochterunternehmen gemäß § 290 Absatz 1 Satz 1 und Absatz 2 bis 4 sind; alle mit demselben Mutterunternehmen verbundenen Tochterunternehmen sind auch untereinander verbundene Unternehmen.

**§ 272**[6) 7)] **Eigenkapital.** (1) [1]Gezeichnetes Kapital ist mit dem Nennbetrag anzusetzen. [2]Die nicht eingeforderten ausstehenden Einlagen auf das gezeichnete Kapital sind von dem Posten „Gezeichnetes Kapital" offen abzusetzen; der verbleibende Betrag ist als Posten „Eingefordertes Kapital" in der Hauptspalte der Passivseite auszuweisen; der eingeforderte, aber noch nicht eingezahlte Betrag ist unter den Forderungen gesondert auszuweisen und entsprechend zu bezeichnen.

---

1) § 269 aufgeh. mWv 29.5.2009 durch G v. 25.5.2009 (BGBl. I S. 1102).

2) § 270 eingef. durch G v. 19.12.1985 (BGBl. I S. 2355); Abs. 1 Satz 2 aufgeh. mWv 29.5.2009 durch G v. 25.5.2009 (BGBl. I S. 1102).

3) § 271 eingef. durch G v. 19.12.1985 (BGBl. I S. 2355); Abs. 1 Satz 3 neu gef. mWv 23.7.2015 durch G v. 17.7.2015 (BGBl. I S. 1245); Abs. 2 neu gef. mWv 22.6.2023 durch G v. 19.6.2023 (BGBl. 2023 I Nr. 154).

4) Beachte hierzu Übergangsvorschriften in Art. 75 und 90 EGHGB (Nr. **50a**).

5) Nr. **51**.

6) § 272 eingef. durch G v. 19.12.1985 (BGBl. I S. 2355); Abs. 2 Nr. 1 geänd. durch G v. 25.3.1998 (BGBl. I S. 590); Abs. 1 Sätze 4, 5 und 6 angef. durch G v. 27.4.1998 (BGBl. I S. 786); Abs. 1 und 4 neu gef., Abs. 1a und 1b eingef. mWv 29.5.2009 durch G v. 25.5.2009 (BGBl. I S. 1102); Abs. 5 angef. mWv 23.7.2015 durch G v. 17.7.2015 (BGBl. I S. 1245); Abs. 1 Satz 1 neu gef., Satz 2 aufgeh., bish. Satz 3 wird Satz 2 mWv 31.12.2015 durch G v. 22.12.2015 (BGBl. I S. 2565).

7) Beachte hierzu Übergangsvorschrift in Art. 75 EGHGB (Nr. **50a**).

(1a) [1]Der Nennbetrag oder, falls ein solcher nicht vorhanden ist, der rechnerische Wert von erworbenen eigenen Anteilen ist in der Vorspalte offen von dem Posten „Gezeichnetes Kapital“ abzusetzen. [2]Der Unterschiedsbetrag zwischen dem Nennbetrag oder dem rechnerischen Wert und den Anschaffungskosten der eigenen Anteile ist mit den frei verfügbaren Rücklagen zu verrechnen. [3]Aufwendungen, die Anschaffungsnebenkosten sind, sind Aufwand des Geschäftsjahrs.

(1b) [1]Nach der Veräußerung der eigenen Anteile entfällt der Ausweis nach Absatz 1a Satz 1. [2]Ein den Nennbetrag oder den rechnerischen Wert übersteigender Differenzbetrag aus dem Veräußerungserlös ist bis zur Höhe des mit den frei verfügbaren Rücklagen verrechneten Betrages in die jeweiligen Rücklagen einzustellen. [3]Ein darüber hinausgehender Differenzbetrag ist in die Kapitalrücklage gemäß Absatz 2 Nr. 1 einzustellen. [4]Die Nebenkosten der Veräußerung sind Aufwand des Geschäftsjahrs.

(2) Als Kapitalrücklage sind auszuweisen

1. der Betrag, der bei der Ausgabe von Anteilen einschließlich von Bezugsanteilen über den Nennbetrag oder, falls ein Nennbetrag nicht vorhanden ist, über den rechnerischen Wert hinaus erzielt wird;
2. der Betrag, der bei der Ausgabe von Schuldverschreibungen für Wandlungsrechte und Optionsrechte zum Erwerb von Anteilen erzielt wird;
3. der Betrag von Zuzahlungen, die Gesellschafter gegen Gewährung eines Vorzugs für ihre Anteile leisten;
4. der Betrag von anderen Zuzahlungen, die Gesellschafter in das Eigenkapital leisten.

(3) [1]Als Gewinnrücklagen dürfen nur Beträge ausgewiesen werden, die im Geschäftsjahr oder in einem früheren Geschäftsjahr aus dem Ergebnis gebildet worden sind. [2]Dazu gehören aus dem Ergebnis zu bildende gesetzliche oder auf Gesellschaftsvertrag oder Satzung beruhende Rücklagen und andere Gewinnrücklagen.

(4) [1]Für Anteile an einem herrschenden oder mit Mehrheit beteiligten Unternehmen ist eine Rücklage zu bilden. [2]In die Rücklage ist ein Betrag einzustellen, der dem auf der Aktivseite der Bilanz für die Anteile an dem herrschenden oder mit Mehrheit beteiligten Unternehmen angesetzten Betrag entspricht. [3]Die Rücklage, die bereits bei der Aufstellung der Bilanz zu bilden ist, darf aus vorhandenen frei verfügbaren Rücklagen gebildet werden. [4]Die Rücklage ist aufzulösen, soweit die Anteile an dem herrschenden oder mit Mehrheit beteiligten Unternehmen veräußert, ausgegeben oder eingezogen werden oder auf der Aktivseite ein niedrigerer Betrag angesetzt wird.

(5) [1]Übersteigt der auf eine Beteiligung entfallende Teil des Jahresüberschusses in der Gewinn- und Verlustrechnung die Beträge, die als Dividende oder Gewinnanteil eingegangen sind oder auf deren Zahlung die Kapitalgesellschaft einen Anspruch hat, ist der Unterschiedsbetrag in eine Rücklage einzustellen, die nicht ausgeschüttet werden darf. [2]Die Rücklage ist aufzulösen, soweit die Kapitalgesellschaft die Beträge vereinnahmt oder einen Anspruch auf ihre Zahlung erwirbt.

## § 273[1)] *(aufgehoben)*

[1)] § 273 aufgeh. mWv 29.5.2009 durch G v. 25.5.2009 (BGBl. I S. 1102).

**§ 274[1)] Latente Steuern.** (1) [1]Bestehen zwischen den handelsrechtlichen Wertansätzen von Vermögensgegenständen, Schulden und Rechnungsabgrenzungsposten und ihren steuerlichen Wertansätzen Differenzen, die sich in späteren Geschäftsjahren voraussichtlich abbauen, so ist eine sich daraus insgesamt ergebende Steuerbelastung als passive latente Steuern (§ 266 Abs. 3 E.) in der Bilanz anzusetzen. [2]Eine sich daraus insgesamt ergebende Steuerentlastung kann als aktive latente Steuern (§ 266 Abs. 2 D.) in der Bilanz angesetzt werden. [3]Die sich ergebende Steuerbe- und die sich ergebende Steuerentlastung können auch unverrechnet angesetzt werden. [4]Steuerliche Verlustvorträge sind bei der Berechnung aktiver latenter Steuern in Höhe der innerhalb der nächsten fünf Jahre zu erwartenden Verlustverrechnung zu berücksichtigen.

(2) [1]Die Beträge der sich ergebenden Steuerbe- und -entlastung sind mit den unternehmensindividuellen Steuersätzen im Zeitpunkt des Abbaus der Differenzen zu bewerten und nicht abzuzinsen. [2]Die ausgewiesenen Posten sind aufzulösen, sobald die Steuerbe- oder -entlastung eintritt oder mit ihr nicht mehr zu rechnen ist. [3]Der Aufwand oder Ertrag aus der Veränderung bilanzierter latenter Steuern ist in der Gewinn- und Verlustrechnung gesondert unter dem Posten „Steuern vom Einkommen und vom Ertrag" auszuweisen.

**§ 274a[2) 3)] Größenabhängige Erleichterungen.** Kleine Kapitalgesellschaften sind von der Anwendung der folgenden Vorschriften befreit:

1. § 268 Abs. 4 Satz 2 über die Pflicht zur Erläuterung bestimmter Forderungen im Anhang,
2. § 268 Abs. 5 Satz 3 über die Erläuterung bestimmter Verbindlichkeiten im Anhang,
3. § 268 Abs. 6 über den Rechnungsabgrenzungsposten nach § 250 Abs. 3,
4. § 274 über die Abgrenzung latenter Steuern.

**Dritter Titel. Gewinn- und Verlustrechnung**

**§ 275[4) 3)] Gliederung.** (1) [1]Die Gewinn- und Verlustrechnung ist in Staffelform nach dem Gesamtkostenverfahren oder dem Umsatzkostenverfahren aufzustellen. [2]Dabei sind die in Absatz 2 oder 3 bezeichneten Posten in der angegebenen Reihenfolge gesondert auszuweisen.

(2) Bei Anwendung des Gesamtkostenverfahrens sind auszuweisen:

1. Umsatzerlöse
2. Erhöhung oder Verminderung des Bestands an fertigen und unfertigen Erzeugnissen
3. andere aktivierte Eigenleistungen
4. sonstige betriebliche Erträge
5. Materialaufwand:
   a) Aufwendungen für Roh-, Hilfs- und Betriebsstoffe und für bezogene Waren
   b) Aufwendungen für bezogene Leistungen

---

1) § 274 neu gef. mWv 29.5.2009 durch G v. 25.5.2009 (BGBl. I S. 1102).

2) § 274a eingef. durch G v. 25.7.1994 (BGBl. I S. 1682); Nr. 5 neu gef. mWv 29.5.2009 durch G v. 25.5.2009 (BGBl. I S. 1102); Nr. 5 geänd. mWv 1.9.2009 durch G v. 30.7.2009 (BGBl. I S. 2479); Nr. 1 aufgeh., bish. Nr. 2–5 werden Nr. 1–4 mWv 23.7.2015 durch G v. 17.7.2015 (BGBl. I S. 1245).

3) Beachte hierzu Übergangsvorschrift in Art. 75 EGHGB (Nr. **50a**).

4) § 275 eingef. durch G v. 19.12.1985 (BGBl. I S. 2355); Abs. 2 Nr. 7 Buchst. a geänd. mWv 29.5.2009 durch G v. 25.5.2009 (BGBl. I S. 1102); Abs. 5 angef. mWv 28.12.2012 durch G v. 20.12.2012 (BGBl. I S. 2751); Abs. 2 Nr. 14–17 neu gef., Nr. 18–20 aufgeh., Abs. 3 Nr. 13–16 neu gef., Nr. 17–19 aufgeh. mWv 23.7.2015 durch G v. 17.7.2015 (BGBl. I S. 1245).

6. Personalaufwand:
   a) Löhne und Gehälter
   b) soziale Abgaben und Aufwendungen für Altersversorgung und für Unterstützung, davon für Altersversorgung
7. Abschreibungen:
   a) auf immaterielle Vermögensgegenstände des Anlagevermögens und Sachanlagen
   b) auf Vermögensgegenstände des Umlaufvermögens, soweit diese die in der Kapitalgesellschaft üblichen Abschreibungen überschreiten
8. sonstige betriebliche Aufwendungen
9. Erträge aus Beteiligungen, davon aus verbundenen Unternehmen
10. Erträge aus anderen Wertpapieren und Ausleihungen des Finanzanlagevermögens, davon aus verbundenen Unternehmen
11. sonstige Zinsen und ähnliche Erträge, davon aus verbundenen Unternehmen
12. Abschreibungen auf Finanzanlagen und auf Wertpapiere des Umlaufvermögens
13. Zinsen und ähnliche Aufwendungen, davon an verbundene Unternehmen
14. Steuern vom Einkommen und vom Ertrag
15. Ergebnis nach Steuern
16. sonstige Steuern
17. Jahresüberschuss/Jahresfehlbetrag.

(3) Bei Anwendung des Umsatzkostenverfahrens sind auszuweisen:

1. Umsatzerlöse
2. Herstellungskosten der zur Erzielung der Umsatzerlöse erbrachten Leistungen
3. Bruttoergebnis vom Umsatz
4. Vertriebskosten
5. allgemeine Verwaltungskosten
6. sonstige betriebliche Erträge
7. sonstige betriebliche Aufwendungen
8. Erträge aus Beteiligungen, davon aus verbundenen Unternehmen
9. Erträge aus anderen Wertpapieren und Ausleihungen des Finanzanlagevermögens, davon aus verbundenen Unternehmen
10. sonstige Zinsen und ähnliche Erträge, davon aus verbundenen Unternehmen
11. Abschreibungen auf Finanzanlagen und auf Wertpapiere des Umlaufvermögens
12. Zinsen und ähnliche Aufwendungen, davon an verbundene Unternehmen
13. Steuern vom Einkommen und vom Ertrag
14. Ergebnis nach Steuern
15. sonstige Steuern
16. Jahresüberschuss/Jahresfehlbetrag.

(4) Veränderungen der Kapital- und Gewinnrücklagen dürfen in der Gewinn- und Verlustrechnung erst nach dem Posten „Jahresüberschuß/Jahresfehlbetrag“ ausgewiesen werden.

(5) Kleinstkapitalgesellschaften (§ 267a) können anstelle der Staffelungen nach den Absätzen 2 und 3 die Gewinn- und Verlustrechnung wie folgt darstellen:

1. Umsatzerlöse,
2. sonstige Erträge,
3. Materialaufwand,
4. Personalaufwand,
5. Abschreibungen,
6. sonstige Aufwendungen,
7. Steuern,
8. Jahresüberschuss/Jahresfehlbetrag.

**§ 276**[1)] [2)] **Größenabhängige Erleichterungen.** [1] Kleine und mittelgroße Kapitalgesellschaften (§ 267 Abs. 1, 2) dürfen die Posten § 275 Abs. 2 Nr. 1 bis 5 oder Abs. 3 Nr. 1 bis 3 und 6 zu einem Posten unter der Bezeichnung „Rohergebnis“ zusammenfassen. [2] Die Erleichterungen nach Satz 1 gelten nicht für Kleinstkapitalgesellschaften (§ 267a), die von der Regelung des § 275 Absatz 5 Gebrauch machen.

**§ 277**[3)] [2)] **Vorschriften zu einzelnen Posten der Gewinn- und Verlustrechnung.** (1) Als Umsatzerlöse sind die Erlöse aus dem Verkauf und der Vermietung oder Verpachtung von Produkten sowie aus der Erbringung von Dienstleistungen der Kapitalgesellschaft nach Abzug von Erlösschmälerungen und der Umsatzsteuer sowie sonstiger direkt mit dem Umsatz verbundener Steuern auszuweisen.

(2) Als Bestandsveränderungen sind sowohl Änderungen der Menge als auch solche des Wertes zu berücksichtigen; Abschreibungen jedoch nur, soweit diese die in der Kapitalgesellschaft sonst üblichen Abschreibungen nicht überschreiten.

(3) [1] Außerplanmäßige Abschreibungen nach § 253 Absatz 3 Satz 5 und 6 sind jeweils gesondert auszuweisen oder im Anhang anzugeben. [2] Erträge und Aufwendungen aus Verlustübernahme und auf Grund einer Gewinngemeinschaft, eines Gewinnabführungs- oder eines Teilgewinnabführungsvertrags erhaltene oder abgeführte Gewinne sind jeweils gesondert unter entsprechender Bezeichnung auszuweisen.

(4) *(aufgehoben)*

(5) [1] Erträge aus der Abzinsung sind in der Gewinn- und Verlustrechnung gesondert unter dem Posten „Sonstige Zinsen und ähnliche Erträge“ und Aufwendungen gesondert unter dem Posten „Zinsen und ähnliche Aufwendungen“ auszuweisen. [2] Erträge aus der Währungsumrechnung sind in der Gewinn- und Verlustrechnung gesondert unter dem Posten „Sonstige betriebliche Erträge“ und

---

[1)] § 276 eingef. durch G v. 19.12.1985 (BGBl. I S. 2355); Satz 2 angef. durch G v. 25.7.1994 (BGBl. I S. 1682); Satz 3 angef. mWv 28.12.2012 durch G v. 20.12.2012 (BGBl. I S. 2751); Satz 2 aufgeh., bish. Satz 3 wird Satz 2 und geänd. mWv 23.7.2015 durch G v. 17.7.2015 (BGBl. I S. 1245).

[2)] Beachte hierzu Übergangsvorschrift in Art. 75 EGHGB (Nr. **50a**).

[3)] § 277 eingef. durch G v. 19.12.1985 (BGBl. I S. 2355); Abs. 3 Satz 1, Abs. 4 Satz 3 neu gef., Abs. 5 angef. mWv 29.5.2009 durch G v. 25.5.2009 (BGBl. I S. 1102); Abs. 1 neu gef., Abs. 3 Satz 1 geänd. und Abs. 4 aufgeh. mWv 23.7.2015 durch G v. 17.7.2015 (BGBl. I S. 1245).

Aufwendungen aus der Währungsumrechnung gesondert unter dem Posten „Sonstige betriebliche Aufwendungen“ auszuweisen.

### § 278[1)] *(aufgehoben)*

**Vierter Titel.[2)]** *(aufgehoben)*

### §§ 279–283[2)] *(aufgehoben)*

**Fünfter Titel. Anhang**

### § 284[3) 4)] Erläuterung der Bilanz und der Gewinn- und Verlustrechnung.

(1) [1] In den Anhang sind diejenigen Angaben aufzunehmen, die zu den einzelnen Posten der Bilanz oder der Gewinn- und Verlustrechnung vorgeschrieben sind; sie sind in der Reihenfolge der einzelnen Posten der Bilanz und der Gewinn- und Verlustrechnung darzustellen. [2] Im Anhang sind auch die Angaben zu machen, die in Ausübung eines Wahlrechts nicht in die Bilanz oder in die Gewinn- und Verlustrechnung aufgenommen wurden.

(2) Im Anhang müssen

1. die auf die Posten der Bilanz und der Gewinn- und Verlustrechnung angewandten Bilanzierungs- und Bewertungsmethoden angegeben werden;
2. Abweichungen von Bilanzierungs- und Bewertungsmethoden angegeben und begründet werden; deren Einfluß auf die Vermögens-, Finanz- und Ertragslage ist gesondert darzustellen;
3. bei Anwendung einer Bewertungsmethode nach § 240 Abs. 4, § 256 Satz 1 die Unterschiedsbeträge pauschal für die jeweilige Gruppe ausgewiesen werden, wenn die Bewertung im Vergleich zu einer Bewertung auf der Grundlage des letzten vor dem Abschlußstichtag bekannten Börsenkurses oder Marktpreises einen erheblichen Unterschied aufweist;
4. Angaben über die Einbeziehung von Zinsen für Fremdkapital in die Herstellungskosten gemacht werden.

(3) [1] Im Anhang ist die Entwicklung der einzelnen Posten des Anlagevermögens in einer gesonderten Aufgliederung darzustellen. [2] Dabei sind, ausgehend von den gesamten Anschaffungs- und Herstellungskosten, die Zugänge, Abgänge, Umbuchungen und Zuschreibungen des Geschäftsjahrs sowie die Abschreibungen gesondert aufzuführen. [3] Zu den Abschreibungen sind gesondert folgende Angaben zu machen:

1. die Abschreibungen in ihrer gesamten Höhe zu Beginn und Ende des Geschäftsjahrs,
2. die im Laufe des Geschäftsjahrs vorgenommenen Abschreibungen und
3. Änderungen in den Abschreibungen in ihrer gesamten Höhe im Zusammenhang mit Zu- und Abgängen sowie Umbuchungen im Laufe des Geschäftsjahrs.

[4] Sind in die Herstellungskosten Zinsen für Fremdkapital einbezogen worden, ist für jeden Posten des Anlagevermögens anzugeben, welcher Betrag an Zinsen im Geschäftsjahr aktiviert worden ist.

---

[1)] § 278 aufgeh. mWv 23.7.2015 durch G v. 17.7.2015 (BGBl. I S. 1245).

[2)] 4. Titel (§§ 279–283) aufgeh. mWv 29.5.2009 durch G v. 25.5.2009 (BGBl. I S. 1102).

[3)] § 284 eingef. durch G v. 19.12.1985 (BGBl. I S. 2355); Abs. 2 Nr. 2 geänd. durch G v. 9.6.1998 (BGBl. I S. 1242); Abs. 1 neu gef., Abs. 2 Nr. 2 aufgeh., bish. Nr. 3–5 werden Nr. 2–4, Abs. 3 angef. mWv 23.7.2015 durch G v. 17.7.2015 (BGBl. I S. 1245).

[4)] Beachte hierzu Übergangsvorschrift in Art. 75 EGHGB (Nr. **50a**).

**§ 285**[1) 2)] **Sonstige Pflichtangaben.** Ferner sind im Anhang anzugeben:

1. zu den in der Bilanz ausgewiesenen Verbindlichkeiten
   a) der Gesamtbetrag der Verbindlichkeiten mit einer Restlaufzeit von mehr als fünf Jahren,
   b) der Gesamtbetrag der Verbindlichkeiten, die durch Pfandrechte oder ähnliche Rechte gesichert sind, unter Angabe von Art und Form der Sicherheiten;
2. die Aufgliederung der in Nummer 1 verlangten Angaben für jeden Posten der Verbindlichkeiten nach dem vorgeschriebenen Gliederungsschema;
3. Art und Zweck sowie Risiken, Vorteile und finanzielle Auswirkungen von nicht in der Bilanz enthaltenen Geschäften, soweit die Risiken und Vorteile wesentlich sind und die Offenlegung für die Beurteilung der Finanzlage des Unternehmens erforderlich ist;

3a. der Gesamtbetrag der sonstigen finanziellen Verpflichtungen, die nicht in der Bilanz enthalten sind und die nicht nach § 268 Absatz 7 oder Nummer 3 anzugeben sind, sofern diese Angabe für die Beurteilung der Finanzlage von Bedeutung ist; davon sind Verpflichtungen betreffend die Altersversorgung und Verpflichtungen gegenüber verbundenen oder assoziierten Unternehmen jeweils gesondert anzugeben;

4. die Aufgliederung der Umsatzerlöse nach Tätigkeitsbereichen sowie nach geografisch bestimmten Märkten, soweit sich unter Berücksichtigung der Organisation des Verkaufs, der Vermietung oder Verpachtung von Produkten und der Erbringung von Dienstleistungen der Kapitalgesellschaft die Tätigkeitsbereiche und geografisch bestimmten Märkte untereinander erheblich unterscheiden;
5. *(aufgehoben)*
6. *(aufgehoben)*
7. die durchschnittliche Zahl der während des Geschäftsjahrs beschäftigten Arbeitnehmer getrennt nach Gruppen;
8. bei Anwendung des Umsatzkostenverfahrens (§ 275 Abs. 3)
   a) der Materialaufwand des Geschäftsjahrs, gegliedert nach § 275 Abs. 2 Nr. 5,
   b) der Personalaufwand des Geschäftsjahrs, gegliedert nach § 275 Abs. 2 Nr. 6;

---

[1)] § 285 eingef. durch G v. 19.12.1985 (BGBl. I S. 2355); Nr. 9 Buchst. a, Nr. 10 und 11 geänd. durch G v. 27.4.1998 (BGBl. I S. 786); Nr. 11a und 15 eingef., Nr. 14 geänd. mWv 9.3.2000 durch G v. 24.2. 2000 (BGBl. I S. 154); Nr. 9 Buchst. a, Nr. 15 geänd., Nr. 16 angef. mWv 26.7.2002 durch G v. 19.7. 2002 (BGBl. I S. 2681); Satz 1 Nr. 16 geänd., Nr. 17–19 und Sätze 2–6 angef. mWv 10.12.2004 durch G v. 4.12.2004 (BGBl. I S. 3166); Satz 1 Nr. 9 Buchst. a neu gef. mWv 11.8.2005 durch G v. 3.8.2005 (BGBl. I S. 2267); Nr. 2 geänd., Nr. 3 neu gef., Nr. 3a eingef., Nr. 5 aufgeh., Nr. 13 neu gef., Nr. 16–19 neu gef., Nr. 20–29 angef., Sätze 2–6 aufgeh. mWv 29.5.2009 durch G v. 25.5.2009 (BGBl. I S. 1102); Nr. 10 und 23 Buchst. a geänd. mWv 1.9.2009 durch G v. 30.7.2009 (BGBl. I S. 2479); Nr. 9 Buchst. a geänd. mWv 5.8.2009 durch G v. 31.7.2009 (BGBl. I S. 2509); Nr. 26 geänd. mWv 22.7.2013 durch G v. 4.7.2013 (BGBl. I S. 1981); Nr. 3, 3a, 4, 11, 13 und 14 neu gef., Nr. 6 aufgeh., Nr. 11b, 14a und 15a eingef., Nr. 9, 18, 26, 27 und 29 geänd. und Nr. 30–34 angef. mWv 23.7.2015 durch G v. 17.7.2015 (BGBl. I S. 1245); Nr. 27 geänd. mWv 26.11.2015 durch G v. 20.11.2015 (BGBl. I S. 2029); Nr. 20 geänd. mWv 19.4.2017 durch G v. 11.4.2017 (BGBl. I S. 802); Nr. 9 Buchst. a geänd. mWv 1.1.2020 durch G v. 12.12.2019 (BGBl. I S. 2637); Nr. 26 geänd. mWv 2.8.2021 durch G v. 3.6.2021 (BGBl. I S. 1498).

[2)] Beachte hierzu Übergangsvorschriften in Art. 75, 80, 83 Abs. 1 und 85 EGHGB (Nr. **50a**).

9. für die Mitglieder des Geschäftsführungsorgans, eines Aufsichtsrats, eines Beirats oder einer ähnlichen Einrichtung jeweils für jede Personengruppe
   a) die für die Tätigkeit im Geschäftsjahr gewährten Gesamtbezüge (Gehälter, Gewinnbeteiligungen, Bezugsrechte und sonstige aktienbasierte Vergütungen, Aufwandsentschädigungen, Versicherungsentgelte, Provisionen und Nebenleistungen jeder Art). In die Gesamtbezüge sind auch Bezüge einzurechnen, die nicht ausgezahlt, sondern in Ansprüche anderer Art umgewandelt oder zur Erhöhung anderer Ansprüche verwendet werden. Außer den Bezügen für das Geschäftsjahr sind die weiteren Bezüge anzugeben, die im Geschäftsjahr gewährt, bisher aber in keinem Jahresabschluss angegeben worden sind. Bezugsrechte und sonstige aktienbasierte Vergütungen sind mit ihrer Anzahl und dem beizulegenden Zeitwert zum Zeitpunkt ihrer Gewährung anzugeben; spätere Wertveränderungen, die auf einer Änderung der Ausübungsbedingungen beruhen, sind zu berücksichtigen;
   b) die Gesamtbezüge (Abfindungen, Ruhegehälter, Hinterbliebenenbezüge und Leistungen verwandter Art) der früheren Mitglieder der bezeichneten Organe und ihrer Hinterbliebenen. Buchstabe a Satz 2 und 3 ist entsprechend anzuwenden. Ferner ist der Betrag der für diese Personengruppe gebildeten Rückstellungen für laufende Pensionen und Anwartschaften auf Pensionen und der Betrag der für diese Verpflichtungen nicht gebildeten Rückstellungen anzugeben;
   c) die gewährten Vorschüsse und Kredite unter Angabe der Zinssätze, der wesentlichen Bedingungen und der gegebenenfalls im Geschäftsjahr zurückgezahlten oder erlassenen Beträge sowie die zugunsten dieser Personen eingegangenen Haftungsverhältnisse;
10. alle Mitglieder des Geschäftsführungsorgans und eines Aufsichtsrats, auch wenn sie im Geschäftsjahr oder später ausgeschieden sind, mit dem Familiennamen und mindestens einem ausgeschriebenen Vornamen, einschließlich des ausgeübten Berufs und bei börsennotierten Gesellschaften auch der Mitgliedschaft in Aufsichtsräten und anderen Kontrollgremien im Sinne des § 125 Abs. 1 Satz 5 des Aktiengesetzes[1]. Der Vorsitzende eines Aufsichtsrats, seine Stellvertreter und ein etwaiger Vorsitzender des Geschäftsführungsorgans sind als solche zu bezeichnen;
11. Name und Sitz anderer Unternehmen, die Höhe des Anteils am Kapital, das Eigenkapital und das Ergebnis des letzten Geschäftsjahrs dieser Unternehmen, für das ein Jahresabschluss vorliegt, soweit es sich um Beteiligungen im Sinne des § 271 Absatz 1 handelt oder ein solcher Anteil von einer Person für Rechnung der Kapitalgesellschaft gehalten wird;

11a. Name, Sitz und Rechtsform der Unternehmen, deren unbeschränkt haftender Gesellschafter die Kapitalgesellschaft ist;

11b. von börsennotierten Kapitalgesellschaften sind alle Beteiligungen an großen Kapitalgesellschaften anzugeben, die 5 Prozent der Stimmrechte überschreiten;

12. Rückstellungen, die in der Bilanz unter dem Posten „sonstige Rückstellungen" nicht gesondert ausgewiesen werden, sind zu erläutern, wenn sie einen nicht unerheblichen Umfang haben;
13. jeweils eine Erläuterung des Zeitraums, über den ein entgeltlich erworbener Geschäfts- oder Firmenwert abgeschrieben wird;

[1] Nr. **51**.

14. Name und Sitz des Mutterunternehmens der Kapitalgesellschaft, das den Konzernabschluss für den größten Kreis von Unternehmen aufstellt, sowie der Ort, wo der von diesem Mutterunternehmen aufgestellte Konzernabschluss erhältlich ist;
14a. Name und Sitz des Mutterunternehmens der Kapitalgesellschaft, das den Konzernabschluss für den kleinsten Kreis von Unternehmen aufstellt, sowie der Ort, wo der von diesem Mutterunternehmen aufgestellte Konzernabschluss erhältlich ist;
15. soweit es sich um den Anhang des Jahresabschlusses einer Personenhandelsgesellschaft im Sinne des § 264a Abs. 1 handelt, Name und Sitz der Gesellschaften, die persönlich haftende Gesellschafter sind, sowie deren gezeichnetes Kapital;
15a. das Bestehen von Genussscheinen, Genussrechten, Wandelschuldverschreibungen, Optionsscheinen, Optionen, Besserungsscheinen oder vergleichbaren Wertpapieren oder Rechten, unter Angabe der Anzahl und der Rechte, die sie verbriefen;
16. dass die nach § 161 des Aktiengesetzes vorgeschriebene Erklärung abgegeben und wo sie öffentlich zugänglich gemacht worden ist;
17. das von dem Abschlussprüfer für das Geschäftsjahr berechnete Gesamthonorar, aufgeschlüsselt in das Honorar für
   a) die Abschlussprüfungsleistungen,
   b) andere Bestätigungsleistungen,
   c) Steuerberatungsleistungen,
   d) sonstige Leistungen,

   soweit die Angaben nicht in einem das Unternehmen einbeziehenden Konzernabschluss enthalten sind;
18. für zu den Finanzanlagen (§ 266 Abs. 2 A. III.) gehörende Finanzinstrumente, die über ihrem beizulegenden Zeitwert ausgewiesen werden, da eine außerplanmäßige Abschreibung nach § 253 Absatz 3 Satz 6 unterblieben ist,
   a) der Buchwert und der beizulegende Zeitwert der einzelnen Vermögensgegenstände oder angemessener Gruppierungen sowie
   b) die Gründe für das Unterlassen der Abschreibung einschließlich der Anhaltspunkte, die darauf hindeuten, dass die Wertminderung voraussichtlich nicht von Dauer ist;
19. für jede Kategorie nicht zum beizulegenden Zeitwert bilanzierter derivativer Finanzinstrumente
   a) deren Art und Umfang,
   b) deren beizulegender Zeitwert, soweit er sich nach § 255 Abs. 4 verlässlich ermitteln lässt, unter Angabe der angewandten Bewertungsmethode,
   c) deren Buchwert und der Bilanzposten, in welchem der Buchwert, soweit vorhanden, erfasst ist, sowie
   d) die Gründe dafür, warum der beizulegende Zeitwert nicht bestimmt werden kann;
20. für mit dem beizulegenden Zeitwert bewertete Finanzinstrumente
   a) die grundlegenden Annahmen, die der Bestimmung des beizulegenden Zeitwertes mit Hilfe allgemein anerkannter Bewertungsmethoden zugrunde gelegt wurden, sowie

b) Umfang und Art jeder Kategorie derivativer Finanzinstrumente einschließlich der wesentlichen Bedingungen, welche die Höhe, den Zeitpunkt und die Sicherheit künftiger Zahlungsströme beeinflussen können;

21. zumindest die nicht zu marktüblichen Bedingungen zustande gekommenen Geschäfte, soweit sie wesentlich sind, mit nahe stehenden Unternehmen und Personen, einschließlich Angaben zur Art der Beziehung, zum Wert der Geschäfte sowie weiterer Angaben, die für die Beurteilung der Finanzlage notwendig sind; ausgenommen sind Geschäfte mit und zwischen mittel- oder unmittelbar in 100-prozentigem Anteilsbesitz stehenden in einen Konzernabschluss einbezogenen Unternehmen; Angaben über Geschäfte können nach Geschäftsarten zusammengefasst werden, sofern die getrennte Angabe für die Beurteilung der Auswirkungen auf die Finanzlage nicht notwendig ist;

22. im Fall der Aktivierung nach § 248 Abs. 2 der Gesamtbetrag der Forschungs- und Entwicklungskosten des Geschäftsjahrs sowie der davon auf die selbst geschaffenen immateriellen Vermögensgegenstände des Anlagevermögens entfallende Betrag;

23. bei Anwendung des § 254,

a) mit welchem Betrag jeweils Vermögensgegenstände, Schulden, schwebende Geschäfte und mit hoher Wahrscheinlichkeit erwartete Transaktionen zur Absicherung welcher Risiken in welche Arten von Bewertungseinheiten einbezogen sind sowie die Höhe der mit Bewertungseinheiten abgesicherten Risiken,

b) für die jeweils abgesicherten Risiken, warum, in welchem Umfang und für welchen Zeitraum sich die gegenläufigen Wertänderungen oder Zahlungsströme künftig voraussichtlich ausgleichen einschließlich der Methode der Ermittlung,

c) eine Erläuterung der mit hoher Wahrscheinlichkeit erwarteten Transaktionen, die in Bewertungseinheiten einbezogen wurden,

soweit die Angaben nicht im Lagebericht gemacht werden;

24. zu den Rückstellungen für Pensionen und ähnliche Verpflichtungen das angewandte versicherungsmathematische Berechnungsverfahren sowie die grundlegenden Annahmen der Berechnung, wie Zinssatz, erwartete Lohn- und Gehaltssteigerungen und zugrunde gelegte Sterbetafeln;

25. im Fall der Verrechnung von Vermögensgegenständen und Schulden nach § 246 Abs. 2 Satz 2 die Anschaffungskosten und der beizulegende Zeitwert der verrechneten Vermögensgegenstände, der Erfüllungsbetrag der verrechneten Schulden sowie die verrechneten Aufwendungen und Erträge; Nummer 20 Buchstabe a ist entsprechend anzuwenden;

26. zu Anteilen an Sondervermögen im Sinn des § 1 Absatz 10 des Kapitalanlagegesetzbuchs oder Anlageaktien an Investmentaktiengesellschaften mit veränderlichem Kapital im Sinn der §§ 108 bis 123 des Kapitalanlagegesetzbuchs oder vergleichbaren EU-Investmentvermögen oder vergleichbaren ausländischen Investmentvermögen von mehr als dem zehnten Teil, aufgegliedert nach Anlagezielen, deren Wert im Sinne der §§ 168, 278 oder 286 Absatz 1 des Kapitalanlagegesetzbuchs oder vergleichbarer ausländischer Vorschriften über die Ermittlung des Marktwertes, die Differenz zum Buchwert und die für das Geschäftsjahr erfolgte Ausschüttung sowie Beschränkungen in der Möglichkeit der täglichen Rückgabe; darüber hinaus die Gründe dafür, dass eine Abschreibung gemäß § 253 Absatz 3 Satz 6 unterblieben ist, einschließ-

lich der Anhaltspunkte, die darauf hindeuten, dass die Wertminderung voraussichtlich nicht von Dauer ist; Nummer 18 ist insoweit nicht anzuwenden;
27. für nach § 268 Abs. 7 im Anhang ausgewiesene Verbindlichkeiten und Haftungsverhältnisse die Gründe der Einschätzung des Risikos der Inanspruchnahme;
28. der Gesamtbetrag der Beträge im Sinn des § 268 Abs. 8, aufgegliedert in Beträge aus der Aktivierung selbst geschaffener immaterieller Vermögensgegenstände des Anlagevermögens, Beträge aus der Aktivierung latenter Steuern und aus der Aktivierung von Vermögensgegenständen zum beizulegenden Zeitwert;
29. auf welchen Differenzen oder steuerlichen Verlustvorträgen die latenten Steuern beruhen und mit welchen Steuersätzen die Bewertung erfolgt ist;
30. wenn latente Steuerschulden in der Bilanz angesetzt werden, die latenten Steuersalden am Ende des Geschäftsjahrs und die im Laufe des Geschäftsjahrs erfolgten Änderungen dieser Salden;
31. jeweils der Betrag und die Art der einzelnen Erträge und Aufwendungen von außergewöhnlicher Größenordnung oder außergewöhnlicher Bedeutung, soweit die Beträge nicht von untergeordneter Bedeutung sind;
32. eine Erläuterung der einzelnen Erträge und Aufwendungen hinsichtlich ihres Betrags und ihrer Art, die einem anderen Geschäftsjahr zuzurechnen sind, soweit die Beträge nicht von untergeordneter Bedeutung sind;
33. Vorgänge von besonderer Bedeutung, die nach dem Schluss des Geschäftsjahrs eingetreten und weder in der Gewinn- und Verlustrechnung noch in der Bilanz berücksichtigt sind, unter Angabe ihrer Art und ihrer finanziellen Auswirkungen;
34. der Vorschlag für die Verwendung des Ergebnisses oder der Beschluss über seine Verwendung.

**§ 286**[1)] [2)] **Unterlassen von Angaben.** (1) Die Berichterstattung hat insoweit zu unterbleiben, als es für das Wohl der Bundesrepublik Deutschland oder eines ihrer Länder erforderlich ist.

(2) Die Aufgliederung der Umsatzerlöse nach § 285 Nr. 4 kann unterbleiben, soweit die Aufgliederung nach vernünftiger kaufmännischer Beurteilung geeignet ist, der Kapitalgesellschaft einen erheblichen Nachteil zuzufügen; die Anwendung der Ausnahmeregelung ist im Anhang anzugeben.

(3) [1] Die Angaben nach § 285 Nr. 11 und 11b können unterbleiben, soweit sie
1. für die Darstellung der Vermögens-, Finanz- und Ertragslage der Kapitalgesellschaft nach § 264 Abs. 2 von untergeordneter Bedeutung sind oder
2. nach vernünftiger kaufmännischer Beurteilung geeignet sind, der Kapitalgesellschaft oder dem anderen Unternehmen einen erheblichen Nachteil zuzufügen.

---

1) § 286 eingef. durch G v. 19.12.1985 (BGBl. I S. 2355); Abs. 4 angef. durch G v. 25.7.1994 (BGBl. I S. 1682); Abs. 3 Satz 1 geänd. mWv 9.3.2000 durch G v. 24.2.2000 (BGBl. I S. 154); Abs. 3 Satz 3 neu gef., Satz 4 angef. mWv 26.7.2002 durch G v. 19.7.2002 (BGBl. I S. 2681); Abs. 2, Abs. 3 Satz 1 geänd. mWv 10.12.2004 durch G v. 4.12.2004 (BGBl. I S. 3166); Abs. 4 neu gef., Abs. 5 angef. mWv 11.8.2005 durch G v. 3.8.2005 (BGBl. I S. 2267); Abs. 2, 3 Satz 1, Abs. 4 und 5 Satz 1 geänd., Abs. 3 Satz 3 neu gef. mWv 29.5.2009 durch G v. 25.5.2009 (BGBl. I S. 1102); Abs. 5 Satz 1 geänd. mWv 5.8.2009 durch G v. 31.7.2009 (BGBl. I S. 2509); Abs. 2, Abs. 3 Satz 1 einl. Satzteil und Satz 2 geänd. mWv 23.7.2015 durch G v. 17.7.2015 (BGBl. I S. 1245); Abs. 5 aufgeh. mWv 1.1.2020 durch G v. 12.12.2019 (BGBl. I S. 2637).

2) Beachte hierzu Übergangsvorschriften in Art. 75 und 83 Abs. 1 EGHGB (Nr. **50a**).

[2] Die Angabe des Eigenkapitals und des Jahresergebnisses kann unterbleiben, wenn das Unternehmen, über das zu berichten ist, seinen Jahresabschluß nicht offenzulegen hat und die berichtende Kapitalgesellschaft keinen beherrschenden Einfluss auf das betreffende Unternehmen ausüben kann. [3] Satz 1 Nr. 2 ist nicht anzuwenden, wenn die Kapitalgesellschaft oder eines ihrer Tochterunternehmen (§ 290 Abs. 1 und 2) am Abschlussstichtag kapitalmarktorientiert im Sinn des § 264d ist. [4] Im Übrigen ist die Anwendung der Ausnahmeregelung nach Satz 1 Nr. 2 im Anhang anzugeben.

(4) Bei Gesellschaften, die keine börsennotierten Aktiengesellschaften sind, können die in § 285 Nr. 9 Buchstabe a und b verlangten Angaben über die Gesamtbezüge der dort bezeichneten Personen unterbleiben, wenn sich anhand dieser Angaben die Bezüge eines Mitglieds dieser Organe feststellen lassen.

**§ 287**[1)] *(aufgehoben)*

**§ 288**[2) 3)] **Größenabhängige Erleichterungen.** (1) Kleine Kapitalgesellschaften (§ 267 Absatz 1) brauchen nicht

1. die Angaben nach § 264c Absatz 2 Satz 9, § 265 Absatz 4 Satz 2, § 284 Absatz 2 Nummer 3, Absatz 3, § 285 Nummer 2, 3, 4, 8, 9 Buchstabe a und b, Nummer 10 bis 12, 14, 15, 15a, 17 bis 19, 21, 22, 24, 26 bis 30, 32 bis 34 zu machen;
2. eine Trennung nach Gruppen bei der Angabe nach § 285 Nummer 7 vorzunehmen;
3. bei der Angabe nach § 285 Nummer 14a den Ort anzugeben, wo der vom Mutterunternehmen aufgestellte Konzernabschluss erhältlich ist.

(2) [1] Mittelgroße Kapitalgesellschaften (§ 267 Absatz 2) brauchen die Angabe nach § 285 Nummer 4, 29 und 32 nicht zu machen. [2] Wenn sie die Angabe nach § 285 Nummer 17 nicht machen, sind sie verpflichtet, diese der Wirtschaftsprüferkammer auf deren schriftliche Anforderung zu übermitteln. [3] Sie brauchen die Angaben nach § 285 Nummer 21 nur zu machen, sofern die Geschäfte direkt oder indirekt mit einem Gesellschafter, Unternehmen, an denen die Gesellschaft selbst eine Beteiligung hält, oder Mitgliedern des Geschäftsführungs-, Aufsichts- oder Verwaltungsorgans abgeschlossen wurden.

### Sechster Titel. Lagebericht

**§ 289**[4) 5)] **Inhalt des Lageberichts.** (1) [1] Im Lagebericht sind der Geschäftsverlauf einschließlich des Geschäftsergebnisses und die Lage der Kapitalgesellschaft so

---

1) § 287 aufgeh. mWv 29.5.2009 durch G v. 25.5.2009 (BGBl. I S. 1102).

2) § 288 neu gef. mWv 23.7.2015 durch G v. 17.7.2015 (BGBl. I S. 1245).

3) Beachte hierzu Übergangsvorschrift in Art. 75 EGHGB (Nr. **50a**).

4) § 289 eingef. durch G v. 19.12.1985 (BGBl. I S. 2355); Abs. 2 Nr. 4 angef. durch G v. 22.7.1993 (BGBl. I S. 1282); Abs. 1, Abs. 2 Nr. 2 neu gef., Abs. 3 angef. mWv 10.12.2004 durch G v. 4.12.2004 (BGBl. I S. 3166); Abs. 2 Nr. 4 geänd., Nr. 5 angef. mWv 11.8.2005 durch G v. 3.8.2005 (BGBl. I S. 2267); Abs. 4 angef. mWv 14.7.2006 durch G v. 8.7.2006 (BGBl. I S. 1426); Abs. 1 Satz 5 angef. mWv 20.1.2007 durch G v. 5.1.2007 (BGBl. I S. 10); Abs. 2 Nr. 5, Abs. 4 Satz 1 Nr. 1, 3 und 9 geänd., Satz 2 und Abs. 5 angef., mWv 29.5.2009 durch G v. 25.5.2009 (BGBl. I S. 1102); Abs. 2 Nr. 5 geänd. mWv 5.8.2009 durch G v. 31.7.2009 (BGBl. I S. 2509); Überschrift neu gef., Abs. 2 Satz 1 einl. Satzteil geänd., Nr. 1 aufgeh., bish. Nr. 2–5 werden Nr. 1–4, Satz 2 angef. mWv 23.7.2015 durch G v. 17.7.2015 (BGBl. I S. 1245); Abs. 1 Satz 5, Abs. 2 Satz 1 Nr. 2 und 3 geänd., Nr. 4 und Abs. 4 aufgeh., bish. Abs. 5 wird Abs. 4 mWv 19.4.2017 durch G v. 11.4.2017 (BGBl. I S. 802); Abs. 1 Satz 5 neu gef. mWv 19.8.2020 durch G v. 12.8.2020 (BGBl. I S. 1874).

5) Beachte hierzu Übergangsvorschriften in Art. 75, 80 und 84 EGHGB (Nr. **50a**).

darzustellen, dass ein den tatsächlichen Verhältnissen entsprechendes Bild vermittelt wird. [2]Er hat eine ausgewogene und umfassende, dem Umfang und der Komplexität der Geschäftstätigkeit entsprechende Analyse des Geschäftsverlaufs und der Lage der Gesellschaft zu enthalten. [3]In die Analyse sind die für die Geschäftstätigkeit bedeutsamsten finanziellen Leistungsindikatoren einzubeziehen und unter Bezugnahme auf die im Jahresabschluss ausgewiesenen Beträge und Angaben zu erläutern. [4]Ferner ist im Lagebericht die voraussichtliche Entwicklung mit ihren wesentlichen Chancen und Risiken zu beurteilen und zu erläutern; zugrunde liegende Annahmen sind anzugeben. [5]Die Mitglieder des vertretungsberechtigten Organs einer Kapitalgesellschaft, die als Inlandsemittent (§ 2 Absatz 14 des Wertpapierhandelsgesetzes[1)]) Wertpapiere (§ 2 Absatz 1 des Wertpapierhandelsgesetzes) begibt und keine Kapitalgesellschaft im Sinne des § 327a ist, haben in einer dem Lagebericht beizufügenden schriftlichen Erklärung zu versichern, dass im Lagebericht nach bestem Wissen der Geschäftsverlauf einschließlich des Geschäftsergebnisses und die Lage der Kapitalgesellschaft so dargestellt sind, dass ein den tatsächlichen Verhältnissen entsprechendes Bild vermittelt wird und dass die wesentlichen Chancen und Risiken im Sinne des Satzes 4 beschrieben sind.

(2) [1]Im Lagebericht ist auch einzugehen auf:

1. a) die Risikomanagementziele und -methoden der Gesellschaft einschließlich ihrer Methoden zur Absicherung aller wichtigen Arten von Transaktionen, die im Rahmen der Bilanzierung von Sicherungsgeschäften erfasst werden, sowie
   b) die Preisänderungs-, Ausfall- und Liquiditätsrisiken sowie die Risiken aus Zahlungsstromschwankungen, denen die Gesellschaft ausgesetzt ist,

   jeweils in Bezug auf die Verwendung von Finanzinstrumenten durch die Gesellschaft und sofern dies für die Beurteilung der Lage oder der voraussichtlichen Entwicklung von Belang ist;
2. den Bereich Forschung und Entwicklung sowie
3. bestehende Zweigniederlassungen der Gesellschaft.

[2]Sind im Anhang Angaben nach § 160 Absatz 1 Nummer 2 des Aktiengesetzes[2)] zu machen, ist im Lagebericht darauf zu verweisen.

(3) Bei einer großen Kapitalgesellschaft (§ 267 Abs. 3) gilt Absatz 1 Satz 3 entsprechend für nichtfinanzielle Leistungsindikatoren, wie Informationen über Umwelt- und Arbeitnehmerbelange, soweit sie für das Verständnis des Geschäftsverlaufs oder der Lage von Bedeutung sind.

(4) Kapitalgesellschaften im Sinn des § 264d haben im Lagebericht die wesentlichen Merkmale des internen Kontroll- und des Risikomanagementsystems im Hinblick auf den Rechnungslegungsprozess zu beschreiben.

**§ 289a[3)] [4)] Ergänzende Vorgaben für bestimmte Aktiengesellschaften und Kommanditgesellschaften auf Aktien.** [1]Aktiengesellschaften und Kommanditgesellschaften auf Aktien, die einen organisierten Markt im Sinne des § 2 Absatz 7 des Wertpapiererwerbs- und Übernahmegesetzes durch von ihnen aus-

---

[1)] **Habersack, Deutsche Gesetze ErgBd. Nr. 58.**

[2)] Nr. **51**.

[3)] § 289a eingef. mWv 19.4.2017 durch G v. 11.4.2017 (BGBl. I S. 802); Änd. durch G v. 23.6.2017 (BGBl. I S. 1693) nicht ausführbar; Abs. 2 aufgeh. mWv 1.1.2020 durch G v. 12.12.2019 (BGBl. I S. 2637).

[4)] Beachte hierzu Übergangsvorschriften in Art. 80 und 83 Abs. 1 EGHGB (Nr. **50a**).

gegebene stimmberechtigte Aktien in Anspruch nehmen, haben im Lagebericht außerdem anzugeben:

1. die Zusammensetzung des gezeichneten Kapitals unter gesondertem Ausweis der mit jeder Gattung verbundenen Rechte und Pflichten und des Anteils am Gesellschaftskapital;
2. Beschränkungen, die Stimmrechte oder die Übertragung von Aktien betreffen, auch wenn sie sich aus Vereinbarungen zwischen Gesellschaftern ergeben können, soweit sie dem Vorstand der Gesellschaft bekannt sind;
3. direkte oder indirekte Beteiligungen am Kapital, die 10 Prozent der Stimmrechte überschreiten;
4. die Inhaber von Aktien mit Sonderrechten, die Kontrollbefugnisse verleihen, und eine Beschreibung dieser Sonderrechte;
5. die Art der Stimmrechtskontrolle, wenn Arbeitnehmer am Kapital beteiligt sind und ihre Kontrollrechte nicht unmittelbar ausüben;
6. die gesetzlichen Vorschriften und Bestimmungen der Satzung über die Ernennung und Abberufung der Mitglieder des Vorstands und über die Änderung der Satzung;
7. die Befugnisse des Vorstands insbesondere hinsichtlich der Möglichkeit, Aktien auszugeben oder zurückzukaufen;
8. wesentliche Vereinbarungen der Gesellschaft, die unter der Bedingung eines Kontrollwechsels infolge eines Übernahmeangebots stehen, und die hieraus folgenden Wirkungen;
9. Entschädigungsvereinbarungen der Gesellschaft, die für den Fall eines Übernahmeangebots mit den Mitgliedern des Vorstands oder mit Arbeitnehmern getroffen sind.

[2]Die Angaben nach Satz 1 Nummer 1, 3 und 9 können unterbleiben, soweit sie im Anhang zu machen sind. [3]Sind Angaben nach Satz 1 im Anhang zu machen, ist im Lagebericht darauf zu verweisen. [4]Die Angaben nach Satz 1 Nummer 8 können unterbleiben, soweit sie geeignet sind, der Gesellschaft einen erheblichen Nachteil zuzufügen; die Angabepflicht nach anderen gesetzlichen Vorschriften bleibt unberührt.

## § 289b[1) 2)] Pflicht zur nichtfinanziellen Erklärung; Befreiungen.

(1) [1]Eine Kapitalgesellschaft hat ihren Lagebericht um eine nichtfinanzielle Erklärung zu erweitern, wenn sie die folgenden Merkmale erfüllt:

1. die Kapitalgesellschaft erfüllt die Voraussetzungen des § 267 Absatz 3 Satz 1,
2. die Kapitalgesellschaft ist kapitalmarktorientiert im Sinne des § 264d und
3. die Kapitalgesellschaft hat im Jahresdurchschnitt mehr als 500 Arbeitnehmer beschäftigt.

[2]§ 267 Absatz 4 bis 5 ist entsprechend anzuwenden. [3]Wenn die nichtfinanzielle Erklärung einen besonderen Abschnitt des Lageberichts bildet, darf die Kapitalgesellschaft auf die an anderer Stelle im Lagebericht enthaltenen nichtfinanziellen Angaben verweisen.

---

1) § 289b eingef. mWv 19.4.2017, Abs. 4 angef. mWv 1.1.2019 durch G v. 11.4.2017 (BGBl. I S. 802).
2) Beachte hierzu Übergangsvorschriften in Art. 80 und 81 EGHGB (Nr. **50a**).

(2) [1] Eine Kapitalgesellschaft im Sinne des Absatzes 1 ist unbeschadet anderer Befreiungsvorschriften von der Pflicht zur Erweiterung des Lageberichts um eine nichtfinanzielle Erklärung befreit, wenn

1. die Kapitalgesellschaft in den Konzernlagebericht eines Mutterunternehmens einbezogen ist und
2. der Konzernlagebericht nach Nummer 1 nach Maßgabe des nationalen Rechts eines Mitgliedstaats der Europäischen Union oder eines anderen Vertragsstaats des Abkommens über den Europäischen Wirtschaftsraum im Einklang mit der Richtlinie 2013/34/EU aufgestellt wird und eine nichtfinanzielle Konzernerklärung enthält.

[2] Satz 1 gilt entsprechend, wenn das Mutterunternehmen im Sinne von Satz 1 einen gesonderten nichtfinanziellen Konzernbericht nach § 315b Absatz 3 oder nach Maßgabe des nationalen Rechts eines Mitgliedstaats der Europäischen Union oder eines anderen Vertragsstaats des Abkommens über den Europäischen Wirtschaftsraum im Einklang mit der Richtlinie 2013/34/EU erstellt und öffentlich zugänglich macht. [3] Ist eine Kapitalgesellschaft nach Satz 1 oder 2 von der Pflicht zur Erstellung einer nichtfinanziellen Erklärung befreit, hat sie dies in ihrem Lagebericht mit einer Erläuterung anzugeben, welches Mutterunternehmen den Konzernlagebericht oder den gesonderten nichtfinanziellen Konzernbericht öffentlich zugänglich macht und wo der Bericht in deutscher oder englischer Sprache offengelegt oder veröffentlicht ist.

(3) [1] Eine Kapitalgesellschaft im Sinne des Absatzes 1 ist auch dann von der Pflicht zur Erweiterung des Lageberichts um eine nichtfinanzielle Erklärung befreit, wenn die Kapitalgesellschaft für dasselbe Geschäftsjahr einen gesonderten nichtfinanziellen Bericht außerhalb des Lageberichts erstellt und folgende Voraussetzungen erfüllt sind:

1. der gesonderte nichtfinanzielle Bericht erfüllt zumindest die inhaltlichen Vorgaben nach § 289c und
2. die Kapitalgesellschaft macht den gesonderten nichtfinanziellen Bericht öffentlich zugänglich durch
   a) Offenlegung zusammen mit dem Lagebericht nach § 325 oder
   b) Veröffentlichung auf der Internetseite der Kapitalgesellschaft spätestens vier Monate nach dem Abschlussstichtag und mindestens für zehn Jahre, sofern der Lagebericht auf diese Veröffentlichung unter Angabe der Internetseite Bezug nimmt.

[2] Absatz 1 Satz 3 und die §§ 289d und 289e sind auf den gesonderten nichtfinanziellen Bericht entsprechend anzuwenden.

(4) Ist die nichtfinanzielle Erklärung oder der gesonderte nichtfinanzielle Bericht inhaltlich überprüft worden, ist auch die Beurteilung des Prüfungsergebnisses in gleicher Weise wie die nichtfinanzielle Erklärung oder der gesonderte nichtfinanzielle Bericht öffentlich zugänglich zu machen.

**§ 289c**[1) 2)] **Inhalt der nichtfinanziellen Erklärung.** (1) In der nichtfinanziellen Erklärung im Sinne des § 289b ist das Geschäftsmodell der Kapitalgesellschaft kurz zu beschreiben.

---

[1)] § 289c eingef. mWv 19.4.2017 durch G v. 11.4.2017 (BGBl. I S. 802).
[2)] Beachte hierzu Übergangsvorschrift in Art. 80 EGHGB (Nr. **50a**).

(2) Die nichtfinanzielle Erklärung bezieht sich darüber hinaus zumindest auf folgende Aspekte:

1. Umweltbelange, wobei sich die Angaben beispielsweise auf Treibhausgasemissionen, den Wasserverbrauch, die Luftverschmutzung, die Nutzung von erneuerbaren und nicht erneuerbaren Energien oder den Schutz der biologischen Vielfalt beziehen können,
2. Arbeitnehmerbelange, wobei sich die Angaben beispielsweise auf die Maßnahmen, die zur Gewährleistung der Geschlechtergleichstellung ergriffen wurden, die Arbeitsbedingungen, die Umsetzung der grundlegenden Übereinkommen der Internationalen Arbeitsorganisation, die Achtung der Rechte der Arbeitnehmerinnen und Arbeitnehmer, informiert und konsultiert zu werden, den sozialen Dialog, die Achtung der Rechte der Gewerkschaften, den Gesundheitsschutz oder die Sicherheit am Arbeitsplatz beziehen können,
3. Sozialbelange, wobei sich die Angaben beispielsweise auf den Dialog auf kommunaler oder regionaler Ebene oder auf die zur Sicherstellung des Schutzes und der Entwicklung lokaler Gemeinschaften ergriffenen Maßnahmen beziehen können,
4. die Achtung der Menschenrechte, wobei sich die Angaben beispielsweise auf die Vermeidung von Menschenrechtsverletzungen beziehen können, und
5. die Bekämpfung von Korruption und Bestechung, wobei sich die Angaben beispielsweise auf die bestehenden Instrumente zur Bekämpfung von Korruption und Bestechung beziehen können.

(3) Zu den in Absatz 2 genannten Aspekten sind in der nichtfinanziellen Erklärung jeweils diejenigen Angaben zu machen, die für das Verständnis des Geschäftsverlaufs, des Geschäftsergebnisses, der Lage der Kapitalgesellschaft sowie der Auswirkungen ihrer Tätigkeit auf die in Absatz 2 genannten Aspekte erforderlich sind, einschließlich

1. einer Beschreibung der von der Kapitalgesellschaft verfolgten Konzepte, einschließlich der von der Kapitalgesellschaft angewandten Due-Diligence-Prozesse,
2. der Ergebnisse der Konzepte nach Nummer 1,
3. der wesentlichen Risiken, die mit der eigenen Geschäftstätigkeit der Kapitalgesellschaft verknüpft sind und die sehr wahrscheinlich schwerwiegende negative Auswirkungen auf die in Absatz 2 genannten Aspekte haben oder haben werden, sowie die Handhabung dieser Risiken durch die Kapitalgesellschaft,
4. der wesentlichen Risiken, die mit den Geschäftsbeziehungen der Kapitalgesellschaft, ihren Produkten und Dienstleistungen verknüpft sind und die sehr wahrscheinlich schwerwiegende negative Auswirkungen auf die in Absatz 2 genannten Aspekte haben oder haben werden, soweit die Angaben von Bedeutung sind und die Berichterstattung über diese Risiken verhältnismäßig ist, sowie die Handhabung dieser Risiken durch die Kapitalgesellschaft,
5. der bedeutsamsten nichtfinanziellen Leistungsindikatoren, die für die Geschäftstätigkeit der Kapitalgesellschaft von Bedeutung sind,
6. soweit es für das Verständnis erforderlich ist, Hinweisen auf im Jahresabschluss ausgewiesene Beträge und zusätzliche Erläuterungen dazu.

(4) Wenn die Kapitalgesellschaft in Bezug auf einen oder mehrere der in Absatz 2 genannten Aspekte kein Konzept verfolgt, hat sie dies anstelle der auf den jeweiligen Aspekt bezogenen Angaben nach Absatz 3 Nummer 1 und 2 in der nichtfinanziellen Erklärung klar und begründet zu erläutern.

**§ 289d**[1) 2)] **Nutzung von Rahmenwerken.** [1] Die Kapitalgesellschaft kann für die Erstellung der nichtfinanziellen Erklärung nationale, europäische oder internationale Rahmenwerke nutzen. [2] In der Erklärung ist anzugeben, ob die Kapitalgesellschaft für die Erstellung der nichtfinanziellen Erklärung ein Rahmenwerk genutzt hat und, wenn dies der Fall ist, welches Rahmenwerk genutzt wurde, sowie andernfalls, warum kein Rahmenwerk genutzt wurde.

**§ 289e**[3) 2)] **Weglassen nachteiliger Angaben.** (1) Die Kapitalgesellschaft muss in die nichtfinanzielle Erklärung ausnahmsweise keine Angaben zu künftigen Entwicklungen oder Belangen, über die Verhandlungen geführt werden, aufnehmen, wenn

1. die Angaben nach vernünftiger kaufmännischer Beurteilung der Mitglieder des vertretungsberechtigten Organs der Kapitalgesellschaft geeignet sind, der Kapitalgesellschaft einen erheblichen Nachteil zuzufügen, und
2. das Weglassen der Angaben ein den tatsächlichen Verhältnissen entsprechendes und ausgewogenes Verständnis des Geschäftsverlaufs, des Geschäftsergebnisses, der Lage der Kapitalgesellschaft und der Auswirkungen ihrer Tätigkeit nicht verhindert.

(2) Macht eine Kapitalgesellschaft von Absatz 1 Gebrauch und entfallen die Gründe für die Nichtaufnahme der Angaben nach der Veröffentlichung der nichtfinanziellen Erklärung, sind die Angaben in die darauf folgende nichtfinanzielle Erklärung aufzunehmen.

**§ 289f**[4) 5)] **Erklärung zur Unternehmensführung.** (1) [1] Börsennotierte Aktiengesellschaften sowie Aktiengesellschaften, die ausschließlich andere Wertpapiere als Aktien zum Handel an einem organisierten Markt im Sinn des § 2 Absatz 11 des Wertpapierhandelsgesetzes[6)] ausgegeben haben und deren ausgegebene Aktien auf eigene Veranlassung über ein multilaterales Handelssystem im Sinn des § 2 Absatz 8 Satz 1 Nummer 8 des Wertpapierhandelsgesetzes gehandelt werden, haben eine Erklärung zur Unternehmensführung in ihren Lagebericht aufzunehmen, die dort einen gesonderten Abschnitt bildet. [2] Sie kann auch auf der Internetseite der Gesellschaft öffentlich zugänglich gemacht werden. [3] In diesem Fall ist in den Lagebericht eine Bezugnahme aufzunehmen, welche die Angabe der Internetseite enthält.

(2) In die Erklärung zur Unternehmensführung sind aufzunehmen

1. die Erklärung gemäß § 161 des Aktiengesetzes[7)];

1a. eine Bezugnahme auf die Internetseite der Gesellschaft, auf der der Vergütungsbericht über das letzte Geschäftsjahr und der Vermerk des Abschlussprüfers gemäß § 162 des Aktiengesetzes, das geltende Vergütungssystem gemäß § 87a Absatz 1 und 2 Satz 1 des Aktiengesetzes und der letzte Vergütungsbeschluss gemäß § 113 Absatz 3 des Aktiengesetzes öffentlich zugänglich gemacht werden;

---

1) § 289d eingef. mWv 19.4.2017 durch G v. 11.4.2017 (BGBl. I S. 802).

2) Beachte hierzu Übergangsvorschrift in Art. 80 EGHGB (Nr. **50a**).

3) § 289e eingef. mWv 19.4.2017 durch G v. 11.4.2017 (BGBl. I S. 802).

4) § 289f als § 289a eingef. mWv 29.5.2009 durch G v. 25.5.2009 (BGBl. I S. 1102); Abs. 2 Nr. 3 geänd., Nr. 4 angef., Abs. 3 und 4 angef. mWv 1.5.2015, Abs. 2 Nr. 4 geänd., Nr. 5 angef. mWv 1.1.2016 durch G v. 24.4.2015 (BGBl. I S. 642); bish. § 289a wird § 289f und Abs. 2 Nr. 5 Buchst. b geänd., Nr. 6 und Abs. 5 angef. mWv 19.4.2017 durch G v. 11.4.2017 (BGBl. I S. 802); Abs. 1 Satz 1 geänd. mWv 14.7.2018 durch G v. 10.7.2018 (BGBl. I S. 1102); Abs. 2 Nr. 1a eingef., Abs. 4 Satz 1 geänd. mWv 1.1.2020 durch G v. 12.12. 2019 (BGBl. I S. 2637); Abs. 2 Nr. 4 und Nr. 5 neu gef., Nr. 5a eingef., Abs. 4 neu gef. mWv 12.8.2021 durch G v. 7.8.2021 (BGBl. I S. 3311).

5) Beachte hierzu Übergangsvorschriften in Art. 80, 83 Abs. 1 und Art. 87 EGHGB (Nr. **50a**).

6) **Habersack, Deutsche Gesetze ErgBd. Nr. 58.**

7) Nr. **51**.

2. relevante Angaben zu Unternehmensführungspraktiken, die über die gesetzlichen Anforderungen hinaus angewandt werden, nebst Hinweis, wo sie öffentlich zugänglich sind;
3. eine Beschreibung der Arbeitsweise von Vorstand und Aufsichtsrat sowie der Zusammensetzung und Arbeitsweise von deren Ausschüssen; sind die Informationen auf der Internetseite der Gesellschaft öffentlich zugänglich, kann darauf verwiesen werden;
4. bei Aktiengesellschaften im Sinne des Absatzes 1, die nach § 76 Absatz 4 und § 111 Absatz 5 des Aktiengesetzes verpflichtet sind, Zielgrößen für den Frauenanteil und Fristen für deren Erreichung festzulegen und die Festlegung der Zielgröße Null zu begründen, die vorgeschriebenen Festlegungen und Begründungen und die Angabe, ob die festgelegten Zielgrößen während des Bezugszeitraums erreicht worden sind, und, wenn nicht, Angaben zu den Gründen;
5. bei börsennotierten Aktiengesellschaften, die nach § 96 Absatz 2 und 3 des Aktiengesetzes bei der Besetzung des Aufsichtsrats jeweils einen Mindestanteil an Frauen und Männern einzuhalten haben, die Angabe, ob die Gesellschaft im Bezugszeitraum den Mindestanteil eingehalten hat, und, wenn nicht, Angaben zu den Gründen; bei börsennotierten Europäischen Gesellschaften (SE) tritt an die Stelle des § 96 Absatz 2 und 3 des Aktiengesetzes § 17 Absatz 2 oder § 24 Absatz 3 des SE-Ausführungsgesetzes;

5a. bei börsennotierten Aktiengesellschaften, die nach § 76 Absatz 3a des Aktiengesetzes mindestens eine Frau und mindestens einen Mann als Vorstandsmitglied bestellen müssen, die Angabe, ob die Gesellschaft im Bezugszeitraum diese Vorgabe eingehalten hat, und, wenn nicht, Angaben zu den Gründen; bei börsennotierten Europäischen Gesellschaften (SE) tritt an die Stelle des § 76 Absatz 3a des Aktiengesetzes § 16 Absatz 2 oder § 40 Absatz 1a des SE-Ausführungsgesetzes;

6. bei Aktiengesellschaften im Sinne des Absatzes 1, die nach § 267 Absatz 3 Satz 1 und Absatz 4 bis 5 große Kapitalgesellschaften sind, eine Beschreibung des Diversitätskonzepts, das im Hinblick auf die Zusammensetzung des vertretungsberechtigten Organs und des Aufsichtsrats in Bezug auf Aspekte wie beispielsweise Alter, Geschlecht, Bildungs- oder Berufshintergrund verfolgt wird, sowie der Ziele dieses Diversitätskonzepts, der Art und Weise seiner Umsetzung und der im Geschäftsjahr erreichten Ergebnisse.

(3) Auf börsennotierte Kommanditgesellschaften auf Aktien sind die Absätze 1 und 2 entsprechend anzuwenden.

(4) [1] Andere Kapitalgesellschaften haben in ihren Lagebericht als gesonderten Abschnitt eine Erklärung zur Unternehmensführung mit den Festlegungen, Begründungen und Angaben nach Absatz 2 Nummer 4 aufzunehmen, wenn sie nach § 76 Absatz 4 oder § 111 Absatz 5 des Aktiengesetzes oder nach § 36 oder § 52 Absatz 2 des Gesetzes betreffend die Gesellschaften mit beschränkter Haftung[1)] verpflichtet sind, Zielgrößen für den Frauenanteil und Fristen für deren Erreichung festzulegen und die Festlegung der Zielgröße Null zu begründen. [2] Absatz 1 Satz 2 und 3 gilt entsprechend. [3] Kapitalgesellschaften, die nicht zur Aufstellung eines Lageberichts verpflichtet sind, haben eine Erklärung mit den Festlegungen, Begründungen und Angaben des Satzes 1 zu erstellen und auf der Internetseite der Gesellschaft zu veröffentlichen. [4] Sie können diese Pflicht auch durch Offenlegung eines unter Berücksichtigung von Satz 1 aufgestellten Lageberichts erfüllen.

---

1) Nr. **52**.

(5) Wenn eine Gesellschaft nach Absatz 2 Nummer 6, auch in Verbindung mit Absatz 3, kein Diversitätskonzept verfolgt, hat sie dies in der Erklärung zur Unternehmensführung zu erläutern.

### Zweiter Unterabschnitt. Konzernabschluß und Konzernlagebericht

#### Erster Titel. Anwendungsbereich

**§ 290**[1) 2)] **Pflicht zur Aufstellung.** (1) [1] Die gesetzlichen Vertreter einer Kapitalgesellschaft (Mutterunternehmen) mit Sitz im Inland haben in den ersten fünf Monaten des Konzerngeschäftsjahrs für das vergangene Konzerngeschäftsjahr einen Konzernabschluss und einen Konzernlagebericht aufzustellen, wenn diese auf ein anderes Unternehmen (Tochterunternehmen) unmittel- oder mittelbar einen beherrschenden Einfluss ausüben kann. [2] Ist das Mutterunternehmen eine Kapitalgesellschaft im Sinn des § 325 Abs. 4 Satz 1, sind der Konzernabschluss sowie der Konzernlagebericht in den ersten vier Monaten des Konzerngeschäftsjahrs für das vergangene Konzerngeschäftsjahr aufzustellen.

(2) Beherrschender Einfluss eines Mutterunternehmens besteht stets, wenn

1. ihm bei einem anderen Unternehmen die Mehrheit der Stimmrechte der Gesellschafter zusteht;
2. ihm bei einem anderen Unternehmen das Recht zusteht, die Mehrheit der Mitglieder des die Finanz- und Geschäftspolitik bestimmenden Verwaltungs-, Leitungs- oder Aufsichtsorgans zu bestellen oder abzuberufen, und es gleichzeitig Gesellschafter ist;
3. ihm das Recht zusteht, die Finanz- und Geschäftspolitik auf Grund eines mit einem anderen Unternehmen geschlossenen Beherrschungsvertrages oder auf Grund einer Bestimmung in der Satzung des anderen Unternehmens zu bestimmen oder
4. es bei wirtschaftlicher Betrachtung die Mehrheit der Risiken und Chancen eines Unternehmens trägt, das zur Erreichung eines eng begrenzten und genau definierten Ziels des Mutterunternehmens dient (Zweckgesellschaft). Neben Unternehmen können Zweckgesellschaften auch sonstige juristische Personen des Privatrechts oder unselbständige Sondervermögen des Privatrechts sein, ausgenommen als Sondervermögen aufgelegte offene inländische Spezial-AIF mit festen Anlagebedingungen im Sinn des § 284 des Kapitalanlagegesetzbuchs oder vergleichbare EU-Investmentvermögen oder ausländische Investmentvermögen, die den als Sondervermögen aufgelegten offenen inländischen Spezial-AIF mit festen Anlagebedingungen im Sinn des § 284 des Kapitalanlagegesetzbuchs vergleichbar sind, oder als Sondervermögen aufgelegte geschlossene inländische Spezial-AIF oder vergleichbare EU-Investmentvermögen oder ausländische Investmentvermögen, die den als Sondervermögen aufgelegten geschlossenen inländischen Spezial-AIF vergleichbar sind.

(3) [1] Als Rechte, die einem Mutterunternehmen nach Absatz 2 zustehen, gelten auch die einem anderen Tochterunternehmen zustehenden Rechte und die den

---

[1)] § 290 eingef. durch G v. 19.12.1985 (BGBl. I S. 2355); Abs. 1 Satz 2 angef. mWv 1.1.2007 durch G v. 10.11.2006 (BGBl. I S. 2553); Abs. 1 und 2 neu gef., Abs. 5 angef. mWv 29.5.2009 durch G v. 25.5. 2009 (BGBl. I S. 1102); Abs. 2 Nr. 4 geänd. mWv 28.12.2012 durch G v. 20.12.2012 (BGBl. I S. 2751); Abs. 2 Nr. 4 geänd. mWv 22.7.2013 durch G v. 4.7.2013 (BGBl. I S. 1981); Abs. 3 Sätze 1, 2 und 3 Nr. 1 geänd. mWv 23.7.2015 durch G v. 17.7.2015 (BGBl. I S. 1245); Abs. 2 Nr. 4 geänd. mWv 2.8.2021 durch G v. 3.6.2021 (BGBl. I S. 1498).

[2)] Beachte hierzu Übergangsvorschrift in Art. 85 EGHGB (Nr. **50a**).

für Rechnung des Mutterunternehmens oder von Tochterunternehmen handelnden Personen zustehenden Rechte. [2] Den einem Mutterunternehmen an einem anderen Unternehmen zustehenden Rechten werden die Rechte hinzugerechnet, über die es selbst oder eines seiner Tochterunternehmen auf Grund einer Vereinbarung mit anderen Gesellschaftern dieses Unternehmens verfügen kann. [3] Abzuziehen sind Rechte, die

1. mit Anteilen verbunden sind, die von dem Mutterunternehmen oder von dessen Tochterunternehmen für Rechnung einer anderen Person gehalten werden, oder
2. mit Anteilen verbunden sind, die als Sicherheit gehalten werden, sofern diese Rechte nach Weisung des Sicherungsgebers oder, wenn ein Kreditinstitut die Anteile als Sicherheit für ein Darlehen hält, im Interesse des Sicherungsgebers ausgeübt werden.

(4) [1] Welcher Teil der Stimmrechte einem Unternehmen zusteht, bestimmt sich für die Berechnung der Mehrheit nach Absatz 2 Nr. 1 nach dem Verhältnis der Zahl der Stimmrechte, die es aus den ihm gehörenden Anteilen ausüben kann, zur Gesamtzahl aller Stimmrechte. [2] Von der Gesamtzahl aller Stimmrechte sind die Stimmrechte aus eigenen Anteilen abzuziehen, die dem Tochterunternehmen selbst, einem seiner Tochterunternehmen oder einer anderen Person für Rechnung dieser Unternehmen gehören.

(5) Ein Mutterunternehmen ist von der Pflicht, einen Konzernabschluss und einen Konzernlagebericht aufzustellen befreit, wenn es nur Tochterunternehmen hat, die gemäß § 296 nicht in den Konzernabschluss einbezogen werden brauchen.

### § 291 [1) 2)] Befreiende Wirkung von EU/EWR-Konzernabschlüssen.

(1) [1] Ein Mutterunternehmen, das zugleich Tochterunternehmen eines Mutterunternehmens mit Sitz in einem Mitgliedstaat der Europäischen Union oder in einem anderen Vertragsstaat des Abkommens über den Europäischen Wirtschaftsraum ist, braucht einen Konzernabschluß und einen Konzernlagebericht nicht aufzustellen, wenn ein den Anforderungen des Absatzes 2 entsprechender Konzernabschluß und Konzernlagebericht seines Mutterunternehmens einschließlich des Bestätigungsvermerks oder des Vermerks über dessen Versagung nach den für den entfallenden Konzernabschluß und Konzernlagebericht maßgeblichen Vorschriften in deutscher oder englischer Sprache offengelegt wird. [2] Ein befreiender Konzernabschluß und ein befreiender Konzernlagebericht können von jedem Unternehmen unabhängig von seiner Rechtsform und Größe aufgestellt werden, wenn das Unternehmen als Kapitalgesellschaft mit Sitz in einem Mitgliedstaat der Europäischen Union oder in einem anderen Vertragsstaat des Abkommens über

---

[1)] § 291 eingef. durch G v. 19.12.1985 (BGBl. I S. 2355); Abs. 1 und 2 geänd. durch G v. 27.4.1993 (BGBl. I S. 512) iVm Bek. v. 16.12.1993 (BGBl. I S. 2436); Überschrift neu gef., Abs. 1 Sätze 1 und 2, Abs. 2 Satz 1 einl. Satzteil geänd., Nr. 2 neu gef., Nr. 3 Buchst. c und Satz 2 angef. durch G v. 20.4.1998 (BGBl. I S. 707); Abs. 3 neu gef. mWv 26.7.2002 durch G v. 19.7.2002 (BGBl. I S. 2681); Abs. 2 Satz 1 Nr. 1 und 2, Satz 2 geänd., Abs. 3 Nr. 1 neu gef. mWv 10.12.2004 durch G v. 4.12.2004 (BGBl. I S. 3166); Abs. 3 Nr. 1 neu gef., Nr. 2 geänd. mWv 29.5.2009 durch G v. 25.5.2009 (BGBl. I S. 1102); Abs. 2 Satz 1 Nr. 2 neu gef., Nr. 3 eingef., bish. Nr. 3 wird Nr. 4, Abs. 3 Nr. 1 geänd. mWv 23.7.2015 durch G v. 17.7.2015 (BGBl. I S. 1245); Abs. 2 Satz 1 Nr. 2 geänd. mWv 19.4.2017 durch G v. 11.4.2017 (BGBl. I S. 802); Abs. 3 Nr. 1 geänd. mWv 3.1.2018 durch G v. 23.6.2017 (BGBl. I S. 1693); Abs. 1 Satz 1 geänd. mWv 1.1.2020 durch G v. 12.12.2019 (BGBl. I S. 2637); Abs. 2 Satz 2 geänd. mWv 22.6.2023 durch G v. 19.6.2023 (BGBl. 2023 I Nr. 154).

[2)] Beachte hierzu Übergangsvorschriften in Art. 75, 80 und 83 Abs. 1 EGHGB (Nr. **50a**).

den Europäischen Wirtschaftsraum zur Aufstellung eines Konzernabschlusses unter Einbeziehung des zu befreienden Mutterunternehmens und seiner Tochterunternehmen verpflichtet wäre.

(2) [1] Der Konzernabschluß und Konzernlagebericht eines Mutterunternehmens mit Sitz in einem Mitgliedstaat der Europäischen Union oder in einem anderen Vertragsstaat des Abkommens über den Europäischen Wirtschaftsraum haben befreiende Wirkung, wenn

1. das zu befreiende Mutterunternehmen und seine Tochterunternehmen in den befreienden Konzernabschluß unbeschadet des § 296 einbezogen worden sind,
2. der befreiende Konzernabschluss nach dem auf das Mutterunternehmen anwendbaren Recht im Einklang mit der Richtlinie 2013/34/EU oder im Einklang mit den in § 315e Absatz 1 bezeichneten internationalen Rechnungslegungsstandards aufgestellt und im Einklang mit der Richtlinie 2006/43/EG geprüft worden ist,
3. der befreiende Konzernlagebericht nach dem auf das Mutterunternehmen anwendbaren Recht im Einklang mit der Richtlinie 2013/34/EU aufgestellt und im Einklang mit der Richtlinie 2006/43/EG geprüft worden ist,
4. der Anhang des Jahresabschlusses des zu befreienden Unternehmens folgende Angaben enthält:
   a) Name und Sitz des Mutterunternehmens, das den befreienden Konzernabschluß und Konzernlagebericht aufstellt,
   b) einen Hinweis auf die Befreiung von der Verpflichtung, einen Konzernabschluß und einen Konzernlagebericht aufzustellen, und
   c) eine Erläuterung der im befreienden Konzernabschluß vom deutschen Recht abweichend angewandten Bilanzierungs-, Bewertungs- und Konsolidierungsmethoden.

[2] Satz 1 gilt für Kreditinstitute und Versicherungsunternehmen entsprechend; unbeschadet der übrigen Voraussetzungen in Satz 1 hat die Aufstellung des befreienden Konzernabschlusses und des befreienden Konzernlageberichts bei Kreditinstituten im Einklang mit der Richtlinie 86/635/EWG des Rates vom 8. Dezember 1986 über den Jahresabschluß und den konsolidierten Abschluß von Banken und anderen Finanzinstituten (ABl. L 372 vom 31.12.1986, S. 1; L 316 vom 23.11.1988, S. 51), die zuletzt durch die Richtlinie 2006/46/EG (ABl. L 224 vom 16.8.2006, S. 1) geändert worden ist, und bei Versicherungsunternehmen im Einklang mit der Richtlinie 91/674/EWG des Rates vom 19. Dezember 1991 über den Jahresabschluß und den konsolidierten Abschluß von Versicherungsunternehmen (ABl. L 374 vom 31.12.1991, S. 7), die zuletzt durch die Richtlinie 2006/46/EG (ABl. L 224 vom 16.8.2006, S. 1) geändert worden ist, zu erfolgen.

(3) Die Befreiung nach Absatz 1 kann trotz Vorliegens der Voraussetzungen nach Absatz 2 von einem Mutterunternehmen nicht in Anspruch genommen werden, wenn

1. das zu befreiende Mutterunternehmen einen organisierten Markt im Sinn des § 2 Absatz 11 des Wertpapierhandelsgesetzes[1] durch von ihm ausgegebene Wertpapiere im Sinn des § 2 Absatz 1 des Wertpapierhandelsgesetzes in Anspruch nimmt,
2. Gesellschafter, denen bei Aktiengesellschaften und Kommanditgesellschaften auf Aktien mindestens 10 vom Hundert und bei Gesellschaften mit beschränkter

[1] **Habersack, Deutsche Gesetze ErgBd. Nr. 58.**

Haftung mindestens 20 vom Hundert der Anteile an dem zu befreienden Mutterunternehmen gehören, spätestens sechs Monate vor dem Ablauf des Konzerngeschäftsjahrs die Aufstellung eines Konzernabschlusses und eines Konzernlageberichts beantragt haben.

**§ 292[1)] [2)] Befreiende Wirkung von Konzernabschlüssen aus Drittstaaten.**

(1) Ein Mutterunternehmen, das zugleich Tochterunternehmen eines Mutterunternehmens mit Sitz in einem Staat ist, der nicht Mitglied der Europäischen Union und auch nicht Vertragsstaat des Abkommens über den Europäischen Wirtschaftsraum ist, braucht einen Konzernabschluss und einen Konzernlagebericht nicht aufzustellen, wenn dieses andere Mutterunternehmen einen dem § 291 Absatz 2 Nummer 1 entsprechenden Konzernabschluss (befreiender Konzernabschluss) und Konzernlagebericht (befreiender Konzernlagebericht) aufstellt sowie außerdem alle folgenden Voraussetzungen erfüllt sind:

1. der befreiende Konzernabschluss wird wie folgt aufgestellt:
   a) nach Maßgabe des Rechts eines Mitgliedstaats der Europäischen Union oder eines anderen Vertragsstaats des Abkommens über den Europäischen Wirtschaftsraum im Einklang mit der Richtlinie 2013/34/EU,
   b) im Einklang mit den in § 315e Absatz 1 bezeichneten internationalen Rechnungslegungsstandards,
   c) derart, dass er einem nach den in Buchstabe a bezeichneten Vorgaben erstellten Konzernabschluss gleichwertig ist, oder
   d) derart, dass er internationalen Rechnungslegungsstandards entspricht, die gemäß der Verordnung (EG) Nr. 1569/2007 der Kommission vom 21. Dezember 2007 über die Einrichtung eines Mechanismus zur Festlegung der Gleichwertigkeit der von Drittstaatemittenten angewandten Rechnungslegungsgrundsätze gemäß den Richtlinien 2003/71/EG und 2004/109/EG des Europäischen Parlaments und des Rates (ABl. L 340 vom 22.12.2007, S. 66), die durch die Delegierte Verordnung (EU) Nr. 310/2012 (ABl. L 103 vom 13.4.2012, S. 11) geändert worden ist, in ihrer jeweils geltenden Fassung festgelegt wurden;
2. der befreiende Konzernlagebericht wird nach Maßgabe der in Nummer 1 Buchstabe a genannten Vorgaben aufgestellt oder ist einem nach diesen Vorgaben aufgestellten Konzernlagebericht gleichwertig;
3. der befreiende Konzernabschluss ist von einem oder mehreren Abschlussprüfern oder einer oder mehreren Prüfungsgesellschaften geprüft worden, die auf Grund der einzelstaatlichen Rechtsvorschriften, denen das Unternehmen unterliegt,

---

[1)] § 292 eingef. durch G v. 19.12.1985 (BGBl. I S. 2355); Abs. 1 Sätze 1 und 2, Abs. 3 geänd. durch G v. 27.4.1993 (BGBl. I S. 512) iVm Bek. v. 16.12.1993 (BGBl. I S. 2436); Abs. 1 Sätze 1 und 2, Abs. 3, Abs. 4 Sätze 3–5 geänd. durch G v. 20.4.1998 (BGBl. I S. 707); Abs. 1 Satz 1 geänd. mWv 7.11.2001 durch VO v. 29.10.2001 (BGBl. I S. 2785); Abs. 1 Satz 1 geänd. mWv 28.11.2003 durch VO v. 25.11. 2003 (BGBl. I S. 2304); Abs. 1 Satz 1 geänd. mWv 8.11.2006 durch VO v. 31.10.2006 (BGBl. I S. 2407); Abs. 2 Sätze 2 und 3 angef. mWv 29.5.2009 durch G v. 25.5.2009 (BGBl. I S. 1102); Überschrift und Abs. 1 neu gef., Abs. 2 eingef., bish. Abs. 2 wird Abs. 3 und Sätze 2 und 3 geänd., Satz 4 angef., bish. Abs. 3 und 4 aufgeh. mWv 23.7.2015 durch G v. 17.7.2015 (BGBl. I S. 1245); Abs. 1 Nr. 1 Buchst. d und Abs. 3 Satz 3 geänd. mWv 26.11.2015 durch G v. 20.11.2015 (BGBl. I S. 2029); Abs. 3 Satz 3 neu gef. mWv 17.6.2016 durch G v. 31.3.2016 (BGBl. I S. 518); Abs. 1 Nr. 1 Buchst. b geänd. mWv 19.4.2017 durch G v. 11.4.2017 (BGBl. I S. 802); Abs. 1 Nr. 4, Abs. 3 Satz 3 Nr. 1 geänd. mWv 1.1.2020 durch G v. 12.12.2019 (BGBl. I S. 2637); Abs. 1 einl. Satzteil geänd. mWv 22.6.2023 durch G v. 19.6.2023 (BGBl. 2023 I Nr. 154).

[2)] Beachte hierzu Übergangsvorschriften in Art. 75 und 80 EGHGB (Nr. **50a**).

das diesen Abschluss aufgestellt hat, zur Prüfung von Jahresabschlüssen zugelassen sind;

4. der befreiende Konzernabschluss, der befreiende Konzernlagebericht und der Bestätigungsvermerk sind nach den für den entfallenden Konzernabschluss und Konzernlagebericht maßgeblichen Vorschriften in deutscher oder englischer Sprache offengelegt worden.

(2) [1] Die befreiende Wirkung tritt nur ein, wenn im Anhang des Jahresabschlusses des zu befreienden Unternehmens die in § 291 Absatz 2 Satz 1 Nummer 4 genannten Angaben gemacht werden und zusätzlich angegeben wird, nach welchen der in Absatz 1 Nummer 1 genannten Vorgaben sowie gegebenenfalls nach dem Recht welchen Staates der befreiende Konzernabschluss und der befreiende Konzernlagebericht aufgestellt worden sind. [2] Im Übrigen ist § 291 Absatz 2 Satz 2 und Absatz 3 entsprechend anzuwenden.

(3) [1] Ist ein nach Absatz 1 zugelassener Konzernabschluß nicht von einem in Übereinstimmung mit den Vorschriften der Richtlinie 2006/43/EG zugelassenen Abschlußprüfer geprüft worden, so kommt ihm befreiende Wirkung nur zu, wenn der Abschlußprüfer eine den Anforderungen dieser Richtlinie gleichwertige Befähigung hat und der Konzernabschluß in einer den Anforderungen des Dritten Unterabschnitts entsprechenden Weise geprüft worden ist. [2] Nicht in Übereinstimmung mit den Vorschriften der Richtlinie 2006/43/EG zugelassene Abschlussprüfer von Unternehmen mit Sitz in einem Drittstaat im Sinn des § 3 Abs. 1 Satz 1 der Wirtschaftsprüferordnung, deren Wertpapiere im Sinn des § 2 Absatz 1 des Wertpapierhandelsgesetzes[1)] an einer inländischen Börse zum Handel am regulierten Markt zugelassen sind, haben nur dann eine den Anforderungen der Richtlinie gleichwertige Befähigung, wenn sie bei der Wirtschaftsprüferkammer gemäß § 134 Abs. 1 der Wirtschaftsprüferordnung eingetragen sind oder die Gleichwertigkeit gemäß § 134 Abs. 4 der Wirtschaftsprüferordnung anerkannt ist. [3] Satz 2 ist nicht anzuwenden, soweit ausschließlich Schuldtitel im Sinne des § 2 Absatz 1 Nummer 3 des Wertpapierhandelsgesetzes

1. mit einer Mindeststückelung zu je 100 000 Euro oder einem entsprechenden Betrag anderer Währung an einer inländischen Börse zum Handel am regulierten Markt zugelassen sind oder
2. mit einer Mindeststückelung zu je 50 000 Euro oder einem entsprechenden Betrag anderer Währung an einer inländischen Börse zum Handel am regulierten Markt zugelassen sind und diese Schuldtitel vor dem 31. Dezember 2010 begeben worden sind.

[4] Im Falle des Satzes 2 ist mit dem Bestätigungsvermerk nach Absatz 1 Nummer 4 auch eine Bescheinigung der Wirtschaftsprüferkammer gemäß § 134 Absatz 2a der Wirtschaftsprüferordnung über die Eintragung des Abschlussprüfers oder eine Bestätigung der Wirtschaftsprüferkammer gemäß § 134 Absatz 4 Satz 8 der Wirtschaftsprüferordnung über die Befreiung von der Eintragungsverpflichtung offenzulegen.

## § 292a[2)] *(aufgehoben)*

---

[1)] **Habersack, Deutsche Gesetze ErgBd. Nr. 58.**

[2)] § 292a aufgeh. mWv 10.12.2004 durch G v. 4.12.2004 (BGBl. I S. 3166).

**§ 293**[1) 2)] **Größenabhängige Befreiungen.** (1) [1]Ein Mutterunternehmen ist von der Pflicht, einen Konzernabschluß und einen Konzernlagebericht aufzustellen, befreit, wenn

1. am Abschlußstichtag seines Jahresabschlusses und am vorhergehenden Abschlußstichtag mindestens zwei der drei nachstehenden Merkmale zutreffen:
   a) Die Bilanzsummen in den Bilanzen des Mutterunternehmens und der Tochterunternehmen, die in den Konzernabschluß einzubeziehen wären, übersteigen insgesamt nicht 24 000 000 Euro.
   b) Die Umsatzerlöse des Mutterunternehmens und der Tochterunternehmen, die in den Konzernabschluß einzubeziehen wären, übersteigen in den zwölf Monaten vor dem Abschlußstichtag insgesamt nicht 48 000 000 Euro.
   c) Das Mutterunternehmen und die Tochterunternehmen, die in den Konzernabschluß einzubeziehen wären, haben in den zwölf Monaten vor dem Abschlußstichtag im Jahresdurchschnitt nicht mehr als 250 Arbeitnehmer beschäftigt;
   oder
2. am Abschlußstichtag eines von ihm aufzustellenden Konzernabschlusses und am vorhergehenden Abschlußstichtag mindestens zwei der drei nachstehenden Merkmale zutreffen:
   a) Die Bilanzsumme übersteigt nicht 20 000 000 Euro.
   b) Die Umsatzerlöse in den zwölf Monaten vor dem Abschlußstichtag übersteigen nicht 40 000 000 Euro.
   c) Das Mutterunternehmen und die in den Konzernabschluß einbezogenen Tochterunternehmen haben in den zwölf Monaten vor dem Abschlußstichtag im Jahresdurchschnitt nicht mehr als 250 Arbeitnehmer beschäftigt.

[2]Auf die Ermittlung der durchschnittlichen Zahl der Arbeitnehmer ist § 267 Abs. 5 anzuwenden.

(2) Auf die Ermittlung der Bilanzsumme ist § 267 Absatz 4a entsprechend anzuwenden.

(3) *(aufgehoben)*

*(Fortsetzung nächstes Blatt)*

---

[1)] § 293 eingef. durch G v. 19.12.1985 (BGBl. I S. 2355); Abs. 2 aufgeh. durch G v. 30.11.1990 (BGBl. I S. 2570); Abs. 5 geänd. durch G v. 27.4.1993 (BGBl. I S. 512) iVm Bek. v. 16.12.1993 (BGBl. I S. 2436); Abs. 3 aufgeh., Abs. 4 und 5 geänd. durch G v. 24.6.1994 (BGBl. I S. 1377); Abs. 1 Nr. 1 Buchst. a und b, Nr. 2 Buchst. a und b geänd. durch G v. 25.7.1994 (BGBl. I S. 1682); Abs. 5 geänd. durch G v. 24.3.1998 (BGBl. I S. 529); Abs. 1 Satz 1 Nr. 1 Buchst. a, b und c, Nr. 2 Buchst. a, b und c geänd., Abs. 5 neu gef. mWv 9.3.2000 durch G v. 24.2.2000 (BGBl. I S. 154); Abs. 1 Satz 1 Nr. 1 Buchst. a und b, Nr. 2 Buchst. a und b geänd. mWv 1.1.2002 durch G v. 10.12.2001 (BGBl. I S. 3414); Abs. 1 Satz 1 Nr. 1 Buchst. a und b, Nr. 2 Buchst. a und b geänd. mWv 10.12.2004 durch G v. 4.12.2004 (BGBl. I S. 3166); Abs. 1 Nr. 1 Buchst. a und b, Nr. 2 Buchst. a und b geänd., Abs. 4 Satz 2 angef., Abs. 5 neu gef. mWv 29.5.2009 durch G v. 25.5.2009 (BGBl. I S. 1102); Abs. 1 Satz 1 Nr. 1 Buchst. a und b geänd., Nr. 2 Buchst. a neu gef., Buchst. b geänd., Abs. 2 neu gef., Abs. 4 Satz 2 und Abs. 5 geänd. mWv 23.7.2015 durch G v. 17.7.2015 (BGBl. I S. 1245).

[2)] Beachte hierzu Übergangsvorschrift in Art. 75 EGHGB (Nr. **50a**).

(4) [1] Außer in den Fällen des Absatzes 1 ist ein Mutterunternehmen von der Pflicht zur Aufstellung des Konzernabschlusses und des Konzernlageberichts befreit, wenn die Voraussetzungen des Absatzes 1 nur am Abschlußstichtag oder nur am vorhergehenden Abschlußstichtag erfüllt sind und das Mutterunternehmen am vorhergehenden Abschlußstichtag von der Pflicht zur Aufstellung des Konzernabschlusses und des Konzernlageberichts befreit war. [2] § 267 Abs. 4 Satz 2 und 3 ist entsprechend anzuwenden.

(5) Die Absätze 1 und 4 sind nicht anzuwenden, wenn das Mutterunternehmen oder ein in dessen Konzernabschluss einbezogenes Tochterunternehmen am Abschlussstichtag kapitalmarktorientiert im Sinn des § 264d ist oder es den Vorschriften des Ersten oder Zweiten Unterabschnitts des Vierten Abschnitts unterworfen ist.

### Zweiter Titel. Konsolidierungskreis

**§ 294** [1)2)] **Einzubeziehende Unternehmen. Vorlage- und Auskunftspflichten.** (1) In den Konzernabschluß sind das Mutterunternehmen und alle Tochterunternehmen ohne Rücksicht auf den Sitz und die Rechtsform der Tochterunternehmen einzubeziehen, sofern die Einbeziehung nicht nach § 296 unterbleibt.

(2) Hat sich die Zusammensetzung der in den Konzernabschluß einbezogenen Unternehmen im Laufe des Geschäftsjahrs wesentlich geändert, so sind in den Konzernabschluß Angaben aufzunehmen, die es ermöglichen, die aufeinanderfolgenden Konzernabschlüsse sinnvoll zu vergleichen.

(3) [1] Die Tochterunternehmen haben dem Mutterunternehmen ihre Jahresabschlüsse, Einzelabschlüsse nach § 325 Abs. 2a, Lageberichte, gesonderten nichtfinanziellen Berichte, Konzernabschlüsse, Konzernlageberichte, gesonderten nichtfinanziellen Konzernberichte und, wenn eine Abschlussprüfung stattgefunden hat, die Prüfungsberichte sowie, wenn ein Zwischenabschluß aufzustellen ist, einen auf den Stichtag des Konzernabschlusses aufgestellten Abschluß unverzüglich einzureichen. [2] Das Mutterunternehmen kann von jedem Tochterunternehmen alle Aufklärungen und Nachweise verlangen, welche die Aufstellung des Konzernabschlusses, des Konzernlageberichts und des gesonderten nichtfinanziellen Konzernberichts erfordert.

**§ 295** [3)] *(aufgehoben)*

**§ 296** [4)5)] **Verzicht auf die Einbeziehung.** (1) Ein Tochterunternehmen braucht in den Konzernabschluß nicht einbezogen zu werden, wenn

1. erhebliche und andauernde Beschränkungen die Ausübung der Rechte des Mutterunternehmens in bezug auf das Vermögen oder die Geschäftsführung dieses Unternehmens nachhaltig beeinträchtigen,
2. die für die Aufstellung des Konzernabschlusses erforderlichen Angaben nicht ohne unverhältnismäßig hohe Kosten oder unangemessene Verzögerungen zu erhalten sind oder

---

1) § 294 eingef. durch G v. 19.12.1985 (BGBl. I S. 2355); Abs. 1, Abs. 3 Satz 1 geänd. mWv 10.12.2004 durch G v. 4.12.2004 (BGBl. I S. 3166); Abs. 2 Satz 2 aufgeh. mWv 29.5.2009 durch G v. 25.5.2009 (BGBl. I S. 1102); Abs. 1 geänd. mWv 23.7.2015 durch G v. 17.7.2015 (BGBl. I S. 1245); Abs. 3 Sätze 1 und 2 geänd. mWv 19.4.2017 durch G v. 11.4.2017 (BGBl. I S. 802).

2) Beachte hierzu Übergangsvorschriften in Art. 75 und 80 EGHGB (Nr. **50a**).

3) § 295 aufgeh. mWv 10.12.2004 durch G v. 4.12.2004 (BGBl. I S. 3166).

4) § 296 eingef. durch G v. 19.12.1985 (BGBl. I S. 2355); Abs. 1 Nr. 2 geänd. mWv 23.7.2015 durch G v. 17.7.2015 (BGBl. I S. 1245).

5) Beachte hierzu Übergangsvorschrift in Art. 75 EGHGB (Nr. **50a**).

3. die Anteile des Tochterunternehmens ausschließlich zum Zwecke ihrer Weiterveräußerung gehalten werden.

(2) [1] Ein Tochterunternehmen braucht in den Konzernabschluß nicht einbezogen zu werden, wenn es für die Verpflichtung, ein den tatsächlichen Verhältnissen entsprechendes Bild der Vermögens-, Finanz- und Ertragslage des Konzerns zu vermitteln, von untergeordneter Bedeutung ist. [2] Entsprechen mehrere Tochterunternehmen der Voraussetzung des Satzes 1, so sind diese Unternehmen in den Konzernabschluß einzubeziehen, wenn sie zusammen nicht von untergeordneter Bedeutung sind.

(3) Die Anwendung der Absätze 1 und 2 ist im Konzernanhang zu begründen.

### Dritter Titel. Inhalt und Form des Konzernabschlusses

**§ 297** [1)2)] **Inhalt.** (1) [1] Der Konzernabschluss besteht aus der Konzernbilanz, der Konzern-Gewinn- und Verlustrechnung, dem Konzernanhang, der Kapitalflussrechnung und dem Eigenkapitalspiegel. [2] Er kann um eine Segmentberichterstattung erweitert werden.

(1a) [1] Im Konzernabschluss sind die Firma, der Sitz, das Registergericht und die Nummer, unter der das Mutterunternehmen in das Handelsregister eingetragen ist, anzugeben. [2] Befindet sich das Mutterunternehmen in Liquidation oder Abwicklung, ist auch diese Tatsache anzugeben.

(2) [1] Der Konzernabschluß ist klar und übersichtlich aufzustellen. [2] Er hat unter Beachtung der Grundsätze ordnungsmäßiger Buchführung ein den tatsächlichen Verhältnissen entsprechendes Bild der Vermögens-, Finanz- und Ertragslage des Konzerns zu vermitteln. [3] Führen besondere Umstände dazu, daß der Konzernabschluß ein den tatsächlichen Verhältnissen entsprechendes Bild im Sinne des Satzes 2 nicht vermittelt, so sind im Konzernanhang zusätzliche Angaben zu machen. [4] Die Mitglieder des vertretungsberechtigten Organs eines Mutterunternehmens, das als Inlandsemittent (§ 2 Absatz 14 des Wertpapierhandelsgesetzes[3)]) Wertpapiere (§ 2 Absatz 1 des Wertpapierhandelsgesetzes) begibt und keine Kapitalgesellschaft im Sinne des § 327a ist, haben in einer dem Konzernabschluss beizufügenden schriftlichen Erklärung zu versichern, dass der Konzernabschluss nach bestem Wissen ein den tatsächlichen Verhältnissen entsprechendes Bild im Sinne des Satzes 2 vermittelt oder der Konzernanhang Angaben nach Satz 3 enthält.

(3) [1] Im Konzernabschluß ist die Vermögens-, Finanz- und Ertragslage der einbezogenen Unternehmen so darzustellen, als ob diese Unternehmen insgesamt ein einziges Unternehmen wären. [2] Die auf den vorhergehenden Konzernabschluß angewandten Konsolidierungsmethoden sind beizubehalten. [3] Abweichungen von Satz 2 sind in Ausnahmefällen zulässig. [4] Sie sind im Konzernanhang anzugeben

*(Fortsetzung nächstes Blatt)*

---

[1)] § 297 eingef. durch G v. 19.12.1985 (BGBl. I S. 2355); Abs. 1 Satz 2 angef. durch G v. 27.4.1998 (BGBl. I S. 786); Abs. 1 Satz 2 neu gef. mWv 26.7.2002 durch G v. 19.7.2002 (BGBl. I S. 2681); Abs. 1 neu gef. mWv 10.12.2004 durch G v. 4.12.2004 (BGBl. I S. 3166); Abs. 2 Satz 4 angef. mWv 20.1.2007 durch G v. 5.1.2007 (BGBl. I S. 10); geänd. mWv 28.12.2007 durch G v. 21.12.2007 (BGBl. I S. 3089); Abs. 3 Satz 2 geänd. mWv 29.5.2009 durch G v. 25.5.2009 (BGBl. I S. 1102); Abs. 1a eingef. mWv 23.7.2015 durch G v. 17.7.2015 (BGBl. I S. 1245); Abs. 2 Satz 4 geänd. mWv 3.1.2018 durch G v. 23.6.2017 (BGBl. I S. 1693); Abs. 2 Satz 4 neu gef. mWv 19.8.2020 durch G v. 12.8.2020 (BGBl. I S. 1874).

[2)] Beachte hierzu Übergangsvorschriften in Art. 75 und 84 EGHGB (Nr. **50a**).

[3)] **Schönfelder ErgBd. Nr. 58.**

und zu begründen. [5] Ihr Einfluß auf die Vermögens-, Finanz- und Ertragslage des Konzerns ist anzugeben.

**§ 298** [1)2)] **Anzuwendende Vorschriften. Erleichterungen.** (1) Auf den Konzernabschluß sind, soweit seine Eigenart keine Abweichung bedingt oder in den folgenden Vorschriften nichts anderes bestimmt ist, die §§ 244 bis 256a, 264c, 265, 266, 268 Absatz 1 bis 7, die §§ 270, 271, 272 Absatz 1 bis 4, die §§ 274, 275 und 277 über den Jahresabschluß und die für die Rechtsform und den Geschäftszweig der in den Konzernabschluß einbezogenen Unternehmen mit Sitz im Geltungsbereich dieses Gesetzes geltenden Vorschriften, soweit sie für große Kapitalgesellschaften gelten, entsprechend anzuwenden.

(2) [1] Der Konzernanhang und der Anhang des Jahresabschlusses des Mutterunternehmens dürfen zusammengefaßt werden. [2] In diesem Falle müssen der Konzernabschluß und der Jahresabschluß des Mutterunternehmens gemeinsam offengelegt werden. [3] Aus dem zusammengefassten Anhang muss hervorgehen, welche Angaben sich auf den Konzern und welche Angaben sich nur auf das Mutterunternehmen beziehen.

**§ 299** [3)] **Stichtag für die Aufstellung.** (1) Der Konzernabschluss ist auf den Stichtag des Jahresabschlusses des Mutterunternehmens aufzustellen.

(2) [1] Die Jahresabschlüsse der in den Konzernabschluß einbezogenen Unternehmen sollen auf den Stichtag des Konzernabschlusses aufgestellt werden. [2] Liegt der Abschlußstichtag eines Unternehmens um mehr als drei Monate vor dem Stichtag des Konzernabschlusses, so ist dieses Unternehmen auf Grund eines auf den Stichtag und den Zeitraum des Konzernabschlusses aufgestellten Zwischenabschlusses in den Konzernabschluß einzubeziehen.

(3) Wird bei abweichenden Abschlußstichtagen ein Unternehmen nicht auf der Grundlage eines auf den Stichtag und den Zeitraum des Konzernabschlusses aufgestellten Zwischenabschlusses in den Konzernabschluß einbezogen, so sind Vorgänge von besonderer Bedeutung für die Vermögens-, Finanz- und Ertragslage eines in den Konzernabschluß einbezogenen Unternehmens, die zwischen dem Abschlußstichtag dieses Unternehmens und dem Abschlußstichtag des Konzernabschlusses eingetreten sind, in der Konzernbilanz und der Konzern-Gewinn- und Verlustrechnung zu berücksichtigen oder im Konzernanhang anzugeben.

### Vierter Titel. Vollkonsolidierung

**§ 300** [4)] **Konsolidierungsgrundsätze. Vollständigkeitsgebot.** (1) [1] In dem Konzernabschluß ist der Jahresabschluß des Mutterunternehmens mit den Jahresabschlüssen der Tochterunternehmen zusammenzufassen. [2] An die Stelle der dem Mutterunternehmen gehörenden Anteile an den einbezogenen Tochterunternehmen treten die Vermögensgegenstände, Schulden, Rechnungsabgrenzungsposten und Sonderposten der Tochterunternehmen, soweit sie nach dem Recht des

---

1) § 298 eingef. durch G v. 19.12.1985 (BGBl. I S. 2355); Abs. 1 geänd. mWv 26.7.2002 durch G v. 19.7.2002 (BGBl. I S. 2681); Abs. 3 Satz 3 neu gef. mWv 10.12.2004 durch G v. 4.12.2004 (BGBl. I S. 3166); Abs. 1 geänd. mWv 29.5.2009 durch G v. 25.5.2009 (BGBl. I S. 1102); Abs. 1 geänd., Abs. 2 aufgeh., bish. Abs. 3 wird Abs. 2 mWv 23.7.2015 durch G v. 17.7.2015 (BGBl. I S. 1245).

2) Beachte hierzu Übergangsvorschrift in Art. 75 EGHGB (Nr. **50a**).

3) § 299 eingef. durch G v. 19.12.1985 (BGBl. I S. 2355); Abs. 1 neu gef. mWv 26.7.2002 durch G v. 19.7.2002 (BGBl. I S. 2681).

4) § 300 eingef. durch G v. 19.12.1985 (BGBl. I S. 2355); Abs. 2 Satz 3 angef. durch G v. 24.6.1994 (BGBl. I S. 1377); Abs. 1 Satz 2 geänd. mWv 29.5.2009 durch G v. 25.5.2009 (BGBl. I S. 1102).

Mutterunternehmens bilanzierungsfähig sind und die Eigenart des Konzernabschlusses keine Abweichungen bedingt oder in den folgenden Vorschriften nichts anderes bestimmt ist.

(2) [1]Die Vermögensgegenstände, Schulden und Rechnungsabgrenzungsposten sowie die Erträge und Aufwendungen der in den Konzernabschluß einbezogenen Unternehmen sind unabhängig von ihrer Berücksichtigung in den Jahresabschlüssen dieser Unternehmen vollständig aufzunehmen, soweit nach dem Recht des Mutterunternehmens nicht ein Bilanzierungsverbot oder ein Bilanzierungswahlrecht besteht. [2]Nach dem Recht des Mutterunternehmens zulässige Bilanzierungswahlrechte dürfen im Konzernabschluß unabhängig von ihrer Ausübung in den Jahresabschlüssen der in den Konzernabschluß einbezogenen Unternehmen ausgeübt werden. [3]Ansätze, die auf der Anwendung von für Kreditinstitute oder Versicherungsunternehmen wegen der Besonderheiten des Geschäftszweigs geltenden Vorschriften beruhen, dürfen beibehalten werden; auf die Anwendung dieser Ausnahme ist im Konzernanhang hinzuweisen.

**§ 301** [1)2)] **Kapitalkonsolidierung.** (1) [1]Der Wertansatz der dem Mutterunternehmen gehörenden Anteile an einem in den Konzernabschluß einbezogenen Tochterunternehmen wird mit dem auf diese Anteile entfallenden Betrag des Eigenkapitals des Tochterunternehmens verrechnet. [2]Das Eigenkapital ist mit dem Betrag anzusetzen, der dem Zeitwert der in den Konzernabschluss aufzunehmenden Vermögensgegenstände, Schulden, Rechnungsabgrenzungsposten und Sonderposten entspricht, der diesen an dem für die Verrechnung nach Absatz 2 maßgeblichen Zeitpunkt beizulegen ist. [3]Rückstellungen sind nach § 253 Abs. 1 Satz 2 und 3, Abs. 2 und latente Steuern nach § 274 Abs. 2 zu bewerten.

(2) [1]Die Verrechnung nach Absatz 1 ist auf Grundlage der Wertansätze zu dem Zeitpunkt durchzuführen, zu dem das Unternehmen Tochterunternehmen geworden ist. [2]Können die Wertansätze zu diesem Zeitpunkt nicht endgültig ermittelt werden, sind sie innerhalb der darauf folgenden zwölf Monate anzupassen. [3]Stellt ein Mutterunternehmen erstmalig einen Konzernabschluss auf, sind die Wertansätze zum Zeitpunkt der Einbeziehung des Tochterunternehmens in den Konzernabschluss zugrunde zu legen, soweit das Tochterunternehmen nicht in dem Jahr Tochterunternehmen geworden ist, für das der Konzernabschluss aufgestellt wird. [4]Das Gleiche gilt für die erstmalige Einbeziehung eines Tochterunternehmens, auf die bisher gemäß § 296 verzichtet wurde. [5]In Ausnahmefällen dürfen die Wertansätze nach Satz 1 auch in den Fällen der Sätze 3 und 4 zugrunde gelegt werden; dies ist im Konzernanhang anzugeben und zu begründen.

(3) [1]Ein nach der Verrechnung verbleibender Unterschiedsbetrag ist in der Konzernbilanz, wenn er auf der Aktivseite entsteht, als Geschäfts- oder Firmenwert und, wenn er auf der Passivseite entsteht, unter dem Posten „Unterschiedsbetrag aus der Kapitalkonsolidierung" nach dem Eigenkapital auszuweisen. [2]Der Posten und wesentliche Änderungen gegenüber dem Vorjahr sind im Konzernanhang zu erläutern.

---

[1)] § 301 eingef. durch G v. 19.12.1985 (BGBl. I S. 2355); Abs. 1 Satz 4 aufgeh., bish. Satz 5 wird Satz 4 mWv 26.7.2002 durch G v. 19.7.2002 (BGBl. I S. 2681); Abs. 1 Sätze 2 und 3 neu gef., Satz 4 aufgeh., Abs. 2, Abs. 3 Satz 1, Abs. 4 neu gef., Abs. 3 Satz 3 aufgeh. mWv 29.5.2009 durch G v. 25.5.2009 (BGBl. I S. 1102); Abs. 2 Sätze 3 und 4 neu gef., Satz 5 angef., Abs. 3 Satz 2 geänd. mWv 23.7.2015 durch G v. 17.7.2015 (BGBl. I S. 1245).

[2)] Beachte hierzu Übergangsvorschrift in Art. 75 EGHGB (Nr. **50a**).

(4) Anteile an dem Mutterunternehmen, die einem in den Konzernabschluss einbezogenen Tochterunternehmen gehören, sind in der Konzernbilanz als eigene Anteile des Mutterunternehmens mit ihrem Nennwert oder, falls ein solcher nicht vorhanden ist, mit ihrem rechnerischen Wert, in der Vorspalte offen von dem Posten „Gezeichnetes Kapital" abzusetzen.

**§ 302**[1)] *(aufgehoben)*

**§ 303**[2)] **Schuldenkonsolidierung.** (1) Ausleihungen und andere Forderungen, Rückstellungen und Verbindlichkeiten zwischen den in den Konzernabschluß einbezogenen Unternehmen sowie entsprechende Rechnungsabgrenzungsposten sind wegzulassen.

(2) Absatz 1 braucht nicht angewendet zu werden, wenn die wegzulassenden Beträge für die Vermittlung eines den tatsächlichen Verhältnissen entsprechenden Bildes der Vermögens-, Finanz- und Ertragslage des Konzerns nur von untergeordneter Bedeutung sind.

**§ 304**[3)] **Behandlung der Zwischenergebnisse.** (1) In den Konzernabschluß zu übernehmende Vermögensgegenstände, die ganz oder teilweise auf Lieferungen oder Leistungen zwischen in den Konzernabschluß einbezogenen Unternehmen beruhen, sind in der Konzernbilanz mit einem Betrag anzusetzen, zu dem sie in der auf den Stichtag des Konzernabschlusses aufgestellten Jahresbilanz dieses Unternehmens angesetzt werden könnten, wenn die in den Konzernabschluß einbezogenen Unternehmen auch rechtlich ein einziges Unternehmen bilden würden.

(2) Absatz 1 braucht nicht angewendet zu werden, wenn die Behandlung der Zwischenergebnisse nach Absatz 1 für die Vermittlung eines den tatsächlichen Verhältnissen entsprechenden Bildes der Vermögens-, Finanz- und Ertragslage des Konzerns nur von untergeordneter Bedeutung ist.

**§ 305**[4)] **Aufwands- und Ertragskonsolidierung.** (1) In der Konzern-Gewinn- und Verlustrechnung sind

1. bei den Umsatzerlösen die Erlöse aus Lieferungen und Leistungen zwischen den in den Konzernabschluß einbezogenen Unternehmen mit den auf sie entfallenden Aufwendungen zu verrechnen, soweit sie nicht als Erhöhung des Bestands an fertigen und unfertigen Erzeugnissen oder als andere aktivierte Eigenleistungen auszuweisen sind,
2. andere Erträge aus Lieferungen und Leistungen zwischen den in den Konzernabschluß einbezogenen Unternehmen mit den auf sie entfallenden Aufwendungen zu verrechnen, soweit sie nicht als andere aktivierte Eigenleistungen auszuweisen sind.

(2) Aufwendungen und Erträge brauchen nach Absatz 1 nicht weggelassen zu werden, wenn die wegzulassenden Beträge für die Vermittlung eines den tatsächlichen Verhältnissen entsprechenden Bildes der Vermögens-, Finanz- und Ertragslage des Konzerns nur von untergeordneter Bedeutung sind.

---

1) § 302 aufgeh. mWv 29.5.2009 durch G v. 25.5.2009 (BGBl. I S. 1102).

2) § 303 eingef. durch G v. 19.12.1985 (BGBl. I S. 2355).

3) § 304 eingef. durch G v. 19.12.1985 (BGBl. I S. 2355); Abs. 2 aufgeh., bish. Abs. 3 wird Abs. 2 und geänd. mWv 26.7.2002 durch G v. 19.7.2002 (BGBl. I S. 2681).

4) § 305 eingef. durch G v. 19.12.1985 (BGBl. I S. 2355).

**§ 306[1)] Latente Steuern.** [1]Führen Maßnahmen, die nach den Vorschriften dieses Titels durchgeführt worden sind, zu Differenzen zwischen den handelsrechtlichen Wertansätzen der Vermögensgegenstände, Schulden oder Rechnungsabgrenzungsposten und deren steuerlichen Wertansätzen und bauen sich diese Differenzen in späteren Geschäftsjahren voraussichtlich wieder ab, so ist eine sich insgesamt ergebende Steuerbelastung als passive latente Steuern und eine sich insgesamt ergebende Steuerentlastung als aktive latente Steuern in der Konzernbilanz anzusetzen. [2]Die sich ergebende Steuerbe- und die sich ergebende Steuerentlastung können auch unverrechnet angesetzt werden. [3]Differenzen aus dem erstmaligen Ansatz eines nach § 301 Abs. 3 verbleibenden Unterschiedsbetrages bleiben unberücksichtigt. [4]Das Gleiche gilt für Differenzen, die sich zwischen dem steuerlichen Wertansatz einer Beteiligung an einem Tochterunternehmen, assoziierten Unternehmen oder einem Gemeinschaftsunternehmen im Sinn des § 310 Abs. 1 und dem handelsrechtlichen Wertansatz des im Konzernabschluss angesetzten Nettovermögens ergeben. [5]§ 274 Abs. 2 ist entsprechend anzuwenden. [6]Die Posten dürfen mit den Posten nach § 274 zusammengefasst werden.

**§ 307[2)3)] Anteile anderer Gesellschafter.** (1) In der Konzernbilanz ist für nicht dem Mutterunternehmen gehörende Anteile an in den Konzernabschluß einbezogenen Tochterunternehmen ein Ausgleichsposten für die Anteile der anderen Gesellschafter in Höhe ihres Anteils am Eigenkapital unter dem Posten „nicht beherrschende Anteile" innerhalb des Eigenkapitals gesondert auszuweisen.

(2) In der Konzern-Gewinn- und Verlustrechnung ist der im Jahresergebnis enthaltene, anderen Gesellschaftern zustehende Gewinn und der auf sie entfallende Verlust nach dem Posten „Jahresüberschuß/Jahresfehlbetrag" unter dem Posten „nicht beherrschende Anteile" gesondert auszuweisen.

### Fünfter Titel. Bewertungsvorschriften

**§ 308[4)] Einheitliche Bewertung.** (1) [1]Die in den Konzernabschluß nach § 300 Abs. 2 übernommenen Vermögensgegenstände und Schulden der in den Konzernabschluß einbezogenen Unternehmen sind nach den auf den Jahresabschluß des Mutterunternehmens anwendbaren Bewertungsmethoden einheitlich zu bewerten. [2]Nach dem Recht des Mutterunternehmens zulässige Bewertungswahlrechte können im Konzernabschluß unabhängig von ihrer Ausübung in den Jahresabschlüssen der in den Konzernabschluß einbezogenen Unternehmen ausgeübt werden. [3]Abweichungen von den auf den Jahresabschluß des Mutterunternehmens angewandten Bewertungsmethoden sind im Konzernanhang anzugeben und zu begründen.

(2) [1]Sind in den Konzernabschluß aufzunehmende Vermögensgegenstände oder Schulden des Mutterunternehmens oder der Tochterunternehmen in den Jahresabschlüssen dieser Unternehmen nach Methoden bewertet worden, die sich von denen unterscheiden, die auf den Konzernabschluß anzuwenden sind oder die von den gesetzlichen Vertretern des Mutterunternehmens in Ausübung von Bewer-

---

[1)] § 306 neu gef. mWv 29.5.2009 durch G v. 25.5.2009 (BGBl. I S. 1102).

[2)] § 307 eingef. durch G v. 19.12.1985 (BGBl. I S. 2355); Abs. 1 Satz 2 aufgeh. mWv 29.5.2009 durch G v. 25.5.2009 (BGBl. I S. 1102); Abs. 1 und 2 geänd. mWv 23.7.2015 durch G v. 17.7.2015 (BGBl. I S. 1245).

[3)] Beachte hierzu Übergangsvorschrift in Art. 75 EGHGB (Nr. **50a**).

[4)] § 308 eingef. durch G v. 19.12.1985 (BGBl. I S. 2355); Abs. 3 aufgeh. mWv 26.7.2002 durch G v. 19.7.2002 (BGBl. I S. 2681).

tungswahlrechten auf den Konzernabschluß angewendet werden, so sind die abweichend bewerteten Vermögensgegenstände oder Schulden nach den auf den Konzernabschluß angewandten Bewertungsmethoden neu zu bewerten und mit den neuen Wertansätzen in den Konzernabschluß zu übernehmen. [2] Wertansätze, die auf der Anwendung von für Kreditinstitute oder Versicherungsunternehmen wegen der Besonderheiten des Geschäftszweigs geltenden Vorschriften beruhen, dürfen beibehalten werden; auf die Anwendung dieser Ausnahme ist im Konzernanhang hinzuweisen. [3] Eine einheitliche Bewertung nach Satz 1 braucht nicht vorgenommen zu werden, wenn ihre Auswirkungen für die Vermittlung eines den tatsächlichen Verhältnissen entsprechenden Bildes der Vermögens-, Finanz- und Ertragslage des Konzerns nur von untergeordneter Bedeutung sind. [4] Darüber hinaus sind Abweichungen in Ausnahmefällen zulässig; sie sind im Konzernanhang anzugeben und zu begründen.

**§ 308a[1)] Umrechnung von auf fremde Währung lautenden Abschlüssen.**

[1] Die Aktiv- und Passivposten einer auf fremde Währung lautenden Bilanz sind, mit Ausnahme des Eigenkapitals, das zum historischen Kurs in Euro umzurechnen ist, zum Devisenkassamittelkurs am Abschlussstichtag in Euro umzurechnen. [2] Die Posten der Gewinn- und Verlustrechnung sind zum Durchschnittskurs in Euro umzurechnen. [3] Eine sich ergebende Umrechnungsdifferenz ist innerhalb des Konzerneigenkapitals nach den Rücklagen unter dem Posten „Eigenkapitaldifferenz aus Währungsumrechnung" auszuweisen. [4] Bei teilweisem oder vollständigem Ausscheiden des Tochterunternehmens ist der Posten in entsprechender Höhe erfolgswirksam aufzulösen.

**§ 309[2)3)] Behandlung des Unterschiedsbetrags.** (1) Die Abschreibung eines nach § 301 Abs. 3 auszuweisenden Geschäfts- oder Firmenwertes bestimmt sich nach den Vorschriften des Ersten Abschnitts.

(2) Ein nach § 301 Absatz 3 auf der Passivseite auszuweisender Unterschiedsbetrag kann ergebniswirksam aufgelöst werden, soweit ein solches Vorgehen den Grundsätzen der §§ 297 und 298 in Verbindung mit den Vorschriften des Ersten Abschnitts entspricht.

### Sechster Titel. Anteilmäßige Konsolidierung

**§ 310[4)3)] Anteilmäßige Konsolidierung.** (1) Führt ein in einen Konzernabschluß einbezogenes Mutter- oder Tochterunternehmen ein anderes Unternehmen gemeinsam mit einem oder mehreren nicht in den Konzernabschluß einbezogenen Unternehmen, so darf das andere Unternehmen in den Konzernabschluß entsprechend den Anteilen am Kapital einbezogen werden, die dem Mutterunternehmen gehören.

(2) Auf die anteilmäßige Konsolidierung sind die §§ 297 bis 301, §§ 303 bis 306, 308, 308a, 309 entsprechend anzuwenden.

---

1) § 308a eingef. mWv 29.5.2009 durch G v. 25.5.2009 (BGBl. I S. 1102).

2) § 309 eingef. durch G v. 19.12.1985 (BGBl. I S. 2355); Abs. 1 neu gef. mWv 29.5.2009 durch G v. 25.5.2009 (BGBl. I S. 1102); Abs. 2 neu gef. mWv 23.7.2015 durch G v. 17.7.2015 (BGBl. I S. 1245).

3) Beachte hierzu Übergangsvorschrift in Art. 75 EGHGB (Nr. **50a**).

4) § 310 eingef. durch G v. 19.12.1985 (BGBl. I S. 2355); Abs. 2 geänd. mWv 29.5.2009 durch G v. 25.5.2009 (BGBl. I S. 1102); Überschrift neu gef. mWv 23.7.2015 durch G v. 17.7.2015 (BGBl. I S. 1245).

### Siebenter Titel. Assoziierte Unternehmen

**§ 311**[1] **Definition. Befreiung.** (1) [1]Wird von einem in den Konzernabschluß einbezogenen Unternehmen ein maßgeblicher Einfluß auf die Geschäfts- und Finanzpolitik eines nicht einbezogenen Unternehmens, an dem das Unternehmen nach § 271 Abs. 1 beteiligt ist, ausgeübt (assoziiertes Unternehmen), so ist diese Beteiligung in der Konzernbilanz unter einem besonderen Posten mit entsprechender Bezeichnung auszuweisen. [2]Ein maßgeblicher Einfluß wird vermutet, wenn ein Unternehmen bei einem anderen Unternehmen mindestens den fünften Teil der Stimmrechte der Gesellschafter innehat.

(2) Auf eine Beteiligung an einem assoziierten Unternehmen brauchen Absatz 1 und § 312 nicht angewendet zu werden, wenn die Beteiligung für die Vermittlung eines den tatsächlichen Verhältnissen entsprechenden Bildes der Vermögens-, Finanz- und Ertragslage des Konzerns von untergeordneter Bedeutung ist.

**§ 312**[2)3)] **Wertansatz der Beteiligung und Behandlung des Unterschiedsbetrags.** (1) [1]Eine Beteiligung an einem assoziierten Unternehmen ist in der Konzernbilanz mit dem Buchwert anzusetzen. [2]Der Unterschiedsbetrag zwischen dem Buchwert und dem anteiligen Eigenkapital des assoziierten Unternehmens sowie ein darin enthaltener Geschäfts- oder Firmenwert oder passiver Unterschiedsbetrag sind im Konzernanhang anzugeben.

(2) [1]Der Unterschiedsbetrag nach Absatz 1 Satz 2 ist den Wertansätzen der Vermögensgegenstände, Schulden, Rechnungsabgrenzungsposten und Sonderposten des assoziierten Unternehmens insoweit zuzuordnen, als deren beizulegender Zeitwert höher oder niedriger ist als ihr Buchwert. [2]Der nach Satz 1 zugeordnete Unterschiedsbetrag ist entsprechend der Behandlung der Wertansätze dieser Vermögensgegenstände, Schulden, Rechnungsabgrenzungsposten und Sonderposten im Jahresabschluss des assoziierten Unternehmens im Konzernabschluss fortzuführen, abzuschreiben oder aufzulösen. [3]Auf einen nach Zuordnung nach Satz 1 verbleibenden Geschäfts- oder Firmenwert oder passiven Unterschiedsbetrag ist § 309 entsprechend anzuwenden. [4]§ 301 Abs. 1 Satz 3 ist entsprechend anzuwenden.

(3) [1]Der Wertansatz der Beteiligung und der Unterschiedsbetrag sind auf der Grundlage der Wertansätze zu dem Zeitpunkt zu ermitteln, zu dem das Unternehmen assoziiertes Unternehmen geworden ist. [2]Können die Wertansätze zu diesem Zeitpunkt nicht endgültig ermittelt werden, sind sie innerhalb der darauf folgenden zwölf Monate anzupassen. [3]§ 301 Absatz 2 Satz 3 bis 5 gilt entsprechend.

(4) [1]Der nach Absatz 1 ermittelte Wertansatz einer Beteiligung ist in den Folgejahren um den Betrag der Eigenkapitalveränderungen, die den dem Mutterunternehmen gehörenden Anteilen am Kapital des assoziierten Unternehmens entsprechen, zu erhöhen oder zu vermindern; auf die Beteiligung entfallende Gewinnausschüttungen sind abzusetzen. [2]In der Konzern-Gewinn- und Verlustrechnung ist das auf assoziierte Beteiligungen entfallende Ergebnis unter einem gesonderten Posten auszuweisen.

---

[1] § 311 eingef. durch G v. 19.12.1985 (BGBl. I S. 2355).

[2] § 312 eingef. durch G v. 19.12.1985 (BGBl. I S. 2355); Abs. 1–3 neu gef. mWv 29.5.2009 durch G v. 25.5.2009 (BGBl. I S. 1102); Abs. 3 Satz 3 angef., Abs. 5 Satz 3 neu gef., Satz 4 aufgeh. mWv 23.7.2015 durch G v. 17.7.2015 (BGBl. I S. 1245); Abs. 3 Satz 3 geänd. mWv 26.11.2015 durch G v. 20.11.2015 (BGBl. I S. 2029).

[3] Beachte hierzu Übergangsvorschrift in Art. 75 EGHGB (Nr. **50a**).

(5) [1]Wendet das assoziierte Unternehmen in seinem Jahresabschluß vom Konzernabschluß abweichende Bewertungsmethoden an, so können abweichend bewertete Vermögensgegenstände oder Schulden für die Zwecke der Absätze 1 bis 4 nach den auf den Konzernabschluß angewandten Bewertungsmethoden bewertet werden. [2]Wird die Bewertung nicht angepaßt, so ist dies im Konzernanhang anzugeben. [3]Die §§ 304 und 306 sind entsprechend anzuwenden, soweit die für die Beurteilung maßgeblichen Sachverhalte bekannt oder zugänglich sind.

(6) [1]Es ist jeweils der letzte Jahresabschluß des assoziierten Unternehmens zugrunde zu legen. [2]Stellt das assoziierte Unternehmen einen Konzernabschluß auf, so ist von diesem und nicht vom Jahresabschluß des assoziierten Unternehmens auszugehen.

### Achter Titel. Konzernanhang

**§ 313** [1)2)] **Erläuterung der Konzernbilanz und der Konzern-Gewinn- und Verlustrechnung. Angaben zum Beteiligungsbesitz.** (1) [1]In den Konzernanhang sind diejenigen Angaben aufzunehmen, die zu einzelnen Posten der Konzernbilanz oder der Konzern-Gewinn- und Verlustrechnung vorgeschrieben sind; diese Angaben sind in der Reihenfolge der einzelnen Posten der Konzernbilanz und der Konzern-Gewinn- und Verlustrechnung darzustellen. [2]Im Konzernanhang sind auch die Angaben zu machen, die in Ausübung eines Wahlrechts nicht in die Konzernbilanz oder in die Konzern-Gewinn- und Verlustrechnung aufgenommen wurden. [3]Im Konzernanhang müssen

1. die auf die Posten der Konzernbilanz und der Konzern-Gewinn- und Verlustrechnung angewandten Bilanzierungs- und Bewertungsmethoden angegeben werden;
2. Abweichungen von Bilanzierungs-, Bewertungs- und Konsolidierungsmethoden angegeben und begründet werden; deren Einfluß auf die Vermögens-, Finanz- und Ertragslage des Konzerns ist gesondert darzustellen.

(2) Im Konzernanhang sind außerdem anzugeben:

1. [1]Name und Sitz der in den Konzernabschluß einbezogenen Unternehmen, der Anteil am Kapital der Tochterunternehmen, der dem Mutterunternehmen und den in den Konzernabschluß einbezogenen Tochterunternehmen gehört oder von einer für Rechnung dieser Unternehmen handelnden Person gehalten wird, sowie der zur Einbeziehung in den Konzernabschluß verpflichtende Sachverhalt, sofern die Einbeziehung nicht auf einer der Kapitalbeteiligung entsprechenden Mehrheit der Sitmmrechte beruht. [2]Diese Angaben sind auch für Tochterunternehmen zu machen, die nach § 296 nicht einbezogen worden sind;
2. [1]Name und Sitz der assoziierten Unternehmen, der Anteil am Kapital der assoziierten Unternehmen, der dem Mutterunternehmen und den in den Konzernabschluß einbezogenen Tochterunternehmen gehört oder von einer für

---

[1)] § 313 eingef. durch G v. 19.12.1985 (BGBl. I S. 2355); Abs. 1 Nr. 2 geänd. durch G v. 9.6.1998 (BGBl. I S. 1242); Abs. 2 Nr. 4 geänd. mWv 9.3.2000 durch G v. 24.2.2000 (BGBl. I S. 154) und mWv 15.12.2001 durch G v. 10.12.2001 (BGBl. I S. 3414); Abs. 3 Satz 3 angef. mWv 26.7.2002 durch G v. 19.7.2002 (BGBl. I S. 2681); Abs. 2 Nr. 1 geänd. mWv 10.12.2004 durch G v. 4.12.2004 (BGBl. I S. 3166); Abs. 4 Satz 3 geänd. mWv 1.1.2007 durch G v. 10.11.2006 (BGBl. I S. 2553); Abs. 3 Satz 3 neu gef., Abs. 4 aufgeh. mWv 29.5.2009 durch G v. 25.5.2009 (BGBl. I S. 1102); Abs. 1 Satz 1 neu gef., Satz 2 eingef., bish. Satz 2 wird Satz 3 und Nr. 2 aufgeh., bish. Nr. 3 wird Nr. 2, Abs. 2 Nr. 4 neu gef., Nr. 5–8, Abs. 3 Sätze 4 und 5 sowie Abs. 4 angef. mWv 23.7.2015 durch G v. 17.7.2015 (BGBl. I S. 1245).

[2)] Beachte hierzu Übergangsvorschrift in Art. 75 EGHGB (Nr. **50a**).

Rechnung dieser Unternehmen handelnden Person gehalten wird. [2]Die Anwendung des § 311 Abs. 2 ist jeweils anzugeben und zu begründen;

3. Name und Sitz der Unternehmen, die nach § 310 nur anteilmäßig in den Konzernabschluß einbezogen worden sind, der Tatbestand, aus dem sich die Anwendung dieser Vorschrift ergibt, sowie der Anteil am Kapital dieser Unternehmen, der dem Mutterunternehmen und den in den Konzernabschluß einbezogenen Tochterunternehmen gehört oder von einer für Rechnung dieser Unternehmen handelnden Person gehalten wird;
4. Name und Sitz anderer Unternehmen, die Höhe des Anteils am Kapital, das Eigenkapital und das Ergebnis des letzten Geschäftsjahrs dieser Unternehmen, für das ein Jahresabschluss vorliegt, soweit es sich um Beteiligungen im Sinne des § 271 Absatz 1 handelt oder ein solcher Anteil von einer Person für Rechnung des Mutterunternehmens oder eines anderen in den Konzernabschluss einbezogenen Unternehmens gehalten wird;
5. alle nicht nach den Nummern 1 bis 4 aufzuführenden Beteiligungen an großen Kapitalgesellschaften, die 5 Prozent der Stimmrechte überschreiten, wenn sie von einem börsennotierten Mutterunternehmen, börsennotierten Tochterunternehmen oder von einer für Rechnung eines dieser Unternehmen handelnden Person gehalten werden;
6. Name, Sitz und Rechtsform der Unternehmen, deren unbeschränkt haftender Gesellschafter das Mutterunternehmen oder ein anderes in den Konzernabschluss einbezogenes Unternehmen ist;
7. Name und Sitz des Unternehmens, das den Konzernabschluss für den größten Kreis von Unternehmen aufstellt, dem das Mutterunternehmen als Tochterunternehmen angehört, und im Falle der Offenlegung des von diesem anderen Mutterunternehmen aufgestellten Konzernabschlusses der Ort, wo dieser erhältlich ist;
8. Name und Sitz des Unternehmens, das den Konzernabschluss für den kleinsten Kreis von Unternehmen aufstellt, dem das Mutterunternehmen als Tochterunternehmen angehört, und im Falle der Offenlegung des von diesem anderen Mutterunternehmen aufgestellten Konzernabschlusses der Ort, wo dieser erhältlich ist.

(3) [1]Die in Absatz 2 verlangten Angaben brauchen insoweit nicht gemacht zu werden, als nach vernünftiger kaufmännischer Beurteilung damit gerechnet werden muß, daß durch die Angaben dem Mutterunternehmen, einem Tochterunternehmen oder einem anderen in Absatz 2 bezeichneten Unternehmen erhebliche Nachteile entstehen können. [2]Die Anwendung der Ausnahmeregelung ist im Konzernanhang anzugeben. [3]Satz 1 gilt nicht, wenn ein Mutterunternehmen oder eines seiner Tochterunternehmen kapitalmarktorientiert im Sinn des § 264d ist. [4]Die Angaben nach Absatz 2 Nummer 4 und 5 brauchen nicht gemacht zu werden, wenn sie für die Vermittlung eines den tatsächlichen Verhältnissen entsprechenden Bilds der Vermögens-, Finanz- und Ertragslage des Konzerns von untergeordneter Bedeutung sind. [5]Die Pflicht zur Angabe von Eigenkapital und Ergebnis nach Absatz 2 Nummer 4 braucht auch dann nicht erfüllt zu werden, wenn das in Anteilsbesitz stehende Unternehmen seinen Jahresabschluss nicht offenlegt.

(4) § 284 Absatz 2 Nummer 4 und Absatz 3 ist entsprechend anzuwenden.

**§ 314[1) 2)] Sonstige Pflichtangaben.** (1) Im Konzernanhang sind ferner anzugeben:

1. der Gesamtbetrag der in der Konzernbilanz ausgewiesenen Verbindlichkeiten mit einer Restlaufzeit von mehr als fünf Jahren sowie der Gesamtbetrag der in der Konzernbilanz ausgewiesenen Verbindlichkeiten, die von in den Konzernabschluß einbezogenen Unternehmen durch Pfandrechte oder ähnliche Rechte gesichert sind, unter Angabe von Art und Form der Sicherheiten;
2. Art und Zweck sowie Risiken, Vorteile und finanzielle Auswirkungen von nicht in der Konzernbilanz enthaltenen Geschäften des Mutterunternehmens und der in den Konzernabschluss einbezogenen Tochterunternehmen, soweit die Risiken und Vorteile wesentlich sind und die Offenlegung für die Beurteilung der Finanzlage des Konzerns erforderlich ist;

2a. der Gesamtbetrag der sonstigen finanziellen Verpflichtungen, die nicht in der Konzernbilanz enthalten sind und die nicht nach § 298 Absatz 1 in Verbindung mit § 268 Absatz 7 oder nach Nummer 2 anzugeben sind, sofern diese Angabe für die Beurteilung der Finanzlage des Konzerns von Bedeutung ist; davon sind Verpflichtungen betreffend die Altersversorgung sowie Verpflichtungen gegenüber Tochterunternehmen, die nicht in den Konzernabschluss einbezogen werden, oder gegenüber assoziierten Unternehmen jeweils gesondert anzugeben;

3. die Aufgliederung der Umsatzerlöse des Konzerns nach Tätigkeitsbereichen sowie nach geografisch bestimmten Märkten, soweit sich unter Berücksichtigung der Organisation des Verkaufs, der Vermietung oder Verpachtung von Produkten und der Erbringung von Dienstleistungen des Konzerns die Tätigkeitsbereiche und geografisch bestimmten Märkte untereinander erheblich unterscheiden;
4. die durchschnittliche Zahl der Arbeitnehmer der in den Konzernabschluss einbezogenen Unternehmen während des Geschäftsjahrs, getrennt nach Gruppen und gesondert für die nach § 310 nur anteilmäßig konsolidierten Unternehmen, sowie, falls er nicht gesondert in der Konzern-Gewinn- und Verlustrechnung ausgewiesen ist, der in dem Geschäftsjahr entstandene gesamte Personalaufwand, aufgeschlüsselt nach Löhnen und Gehältern, Kosten der sozialen Sicherheit und Kosten der Altersversorgung;
5. *(aufgehoben)*
6. für die Mitglieder des Geschäftsführungsorgans, eines Aufsichtsrats, eines Beirats oder einer ähnlichen Einrichtung des Mutterunternehmens, jeweils für jede Personengruppe:

---

1) § 314 eingef. durch G v. 19.12.1985 (BGBl. I S. 2355); Abs. 1 Nr. 7 geänd. durch G v. 25.3.1998 (BGBl. I S. 590); Abs. 1 Nr. 5 aufgeh., Nr. 7 geänd., Nr. 8 angef. mWv 26.7.2002 durch G v. 19.7.2002 (BGBl. I S. 2681); Abs. 1 Nr. 8 geänd., Nr. 9–11 angef., Abs. 2 neu gef. mWv 10.12.2004 durch G v. 4.12.2004 (BGBl. I S. 3166); Abs. 1 Nr. 6 Buchst. a neu gef., Abs. 2 Satz 2 angef. mWv 11.8.2005 durch G v. 3.8.2005 (BGBl. I S. 2267); Abs. 1 Nr. 2 neu gef., Nr. 2a eingef., Nr. 8–11 neu gef., Nr. 12–21 angef. mWv 29.5.2009 durch G v. 25.5.2009 (BGBl. I S. 1102); Abs. 1 Nr. 15 Buchst. a geänd. mWv 1.9.2009 durch G v. 30.7.2009 (BGBl. I S. 2479); Abs. 1 Nr. 6 Buchst. a, Abs. 2 Satz 2 geänd. mWv 5.8.2009 durch G v. 31.7.2009 (BGBl. I S. 2509); Abs. 1 Nr. 18 geänd. mWv 22.7.2013 durch G v. 4.7.2013 (BGBl. I S. 1981); Abs. 1 Nr. 2–4 und Nr. 6 Buchst. c neu gef., Nr. 7a und 7b eingef., Nr. 10, 13, 18 und 19 geänd., Nr. 20 neu gef., Nr. 21 geänd., Nr. 22–26 angef., Abs. 2 Satz 2 wird Abs. 3 Satz 1, Abs. 3 Satz 2 angef. mWv 23.7.2015 durch G v. 17.7.2015 (BGBl. I S. 1245); Abs. 1 Nr. 19 geänd. mWv 26.11.2015 durch G v. 20.11.2015 (BGBl. I S. 2029); Abs. 1 Nr. 12 geänd. mWv 19.4.2017 durch G v. 11.4.2017 (BGBl. I S. 802); Abs. 1 Nr. 6 Buchst. a geänd., Abs. 3 Satz 1 aufgeh. mWv 1.1.2020 durch G v. 12.12. 2019 (BGBl. I S. 2637); Abs. 1 Nr. 18 geänd. mWv 2.8.2021 durch G v. 3.6.2021 (BGBl. I S. 1498).

2) Beachte hierzu Übergangsvorschriften in Art. 75, 80, 83 Abs. 1 und 85 EGHGB (Nr. **50a**).

a) die für die Wahrnehmung ihrer Aufgaben im Mutterunternehmen und den Tochterunternehmen im Geschäftsjahr gewährten Gesamtbezüge (Gehälter, Gewinnbeteiligungen, Bezugsrechte und sonstige aktienbasierte Vergütungen, Aufwandsentschädigungen, Versicherungsentgelte, Provisionen und Nebenleistungen jeder Art). In die Gesamtbezüge sind auch Bezüge einzurechnen, die nicht ausgezahlt, sondern in Ansprüche anderer Art umgewandelt oder zur Erhöhung anderer Ansprüche verwendet werden. Außer den Bezügen für das Geschäftsjahr sind die weiteren Bezüge anzugeben, die im Geschäftsjahr gewährt, bisher aber in keinem Konzernabschluss angegeben worden sind. Bezugsrechte und sonstige aktienbasierte Vergütungen sind mit ihrer Anzahl und dem beizulegenden Zeitwert zum Zeitpunkt ihrer Gewährung anzugeben; spätere Wertveränderungen, die auf einer Änderung der Ausübungsbedingungen beruhen, sind zu berücksichtigen;

b) die für die Wahrnehmung ihrer Aufgaben im Mutterunternehmen und den Tochterunternehmen gewährten Gesamtbezüge (Abfindungen, Ruhegehälter, Hinterbliebenenbezüge und Leistungen verwandter Art) der früheren Mitglieder der bezeichneten Organe und ihrer Hinterbliebenen; Buchstabe a Satz 2 und 3 ist entsprechend anzuwenden. Ferner ist der Betrag der für diese Personengruppe gebildeten Rückstellungen für laufende Pensionen und Anwartschaften auf Pensionen und der Betrag der für diese Verpflichtungen nicht gebildeten Rückstellungen anzugeben;

c) die vom Mutterunternehmen und den Tochterunternehmen gewährten Vorschüsse und Kredite unter Angabe der gegebenenfalls im Geschäftsjahr zurückgezahlten oder erlassenen Beträge sowie die zugunsten dieser Personen eingegangenen Haftungsverhältnisse;

7. der Bestand an Anteilen an dem Mutterunternehmen, die das Mutterunternehmen oder ein Tochterunternehmen oder ein anderer für Rechnung eines in den Konzernabschluß einbezogenen Unternehmens erworben oder als Pfand genommen hat; dabei sind die Zahl und der Nennbetrag oder rechnerische Wert dieser Anteile sowie deren Anteil am Kapital anzugeben;

7a. die Zahl der Aktien jeder Gattung der während des Geschäftsjahrs im Rahmen des genehmigten Kapitals gezeichneten Aktien des Mutterunternehmens, wobei zu Nennbetragsaktien der Nennbetrag und zu Stückaktien der rechnerische Wert für jede von ihnen anzugeben ist;

7b. das Bestehen von Genussscheinen, Wandelschuldverschreibungen, Optionsscheinen, Optionen oder vergleichbaren Wertpapieren oder Rechten, aus denen das Mutterunternehmen verpflichtet ist, unter Angabe der Anzahl und der Rechte, die sie verbriefen;

8. für jedes in den Konzernabschluss einbezogene börsennotierte Unternehmen, dass die nach § 161 des Aktiengesetzes[1)] vorgeschriebene Erklärung abgegeben und wo sie öffentlich zugänglich gemacht worden ist;

9. das von dem Abschlussprüfer des Konzernabschlusses für das Geschäftsjahr berechnete Gesamthonorar, aufgeschlüsselt in das Honorar für

a) die Abschlussprüfungsleistungen,

b) andere Bestätigungsleistungen,

c) Steuerberatungsleistungen,

d) sonstige Leistungen;

---

[1)] Nr. **51**.

10. für zu den Finanzanlagen (§ 266 Abs. 2 A. III.) gehörende Finanzinstrumente, die in der Konzernbilanz über ihrem beizulegenden Zeitwert ausgewiesen werden, da eine außerplanmäßige Abschreibung gemäß § 253 Absatz 3 Satz 6 unterblieben ist,
    a) der Buchwert und der beizulegende Zeitwert der einzelnen Vermögensgegenstände oder angemessener Gruppierungen sowie
    b) die Gründe für das Unterlassen der Abschreibung einschließlich der Anhaltspunkte, die darauf hindeuten, dass die Wertminderung voraussichtlich nicht von Dauer ist;
11. für jede Kategorie nicht zum beizulegenden Zeitwert bilanzierter derivativer Finanzinstrumente
    a) deren Art und Umfang,
    b) deren beizulegender Zeitwert, soweit er sich nach § 255 Abs. 4 verlasslich ermitteln lässt, unter Angabe der angewandten Bewertungsmethode,
    c) deren Buchwert und der Bilanzposten, in welchem der Buchwert, soweit vorhanden, erfasst ist, sowie
    d) die Gründe dafür, warum der beizulegende Zeitwert nicht bestimmt werden kann;
12. für mit dem beizulegenden Zeitwert bewertete Finanzinstrumente
    a) die grundlegenden Annahmen, die der Bestimmung des beizulegenden Zeitwertes mit Hilfe allgemein anerkannter Bewertungsmethoden zugrunde gelegt wurden, sowie
    b) Umfang und Art jeder Kategorie derivativer Finanzinstrumente einschließlich der wesentlichen Bedingungen, welche die Höhe, den Zeitpunkt und die Sicherheit künftiger Zahlungsströme beeinflussen können;
13. zumindest die nicht zu marktüblichen Bedingungen zustande gekommenen Geschäfte des Mutterunternehmens und seiner Tochterunternehmen, soweit sie wesentlich sind, mit nahe stehenden Unternehmen und Personen, einschließlich Angaben zur Art der Beziehung, zum Wert der Geschäfte sowie weiterer Angaben, die für die Beurteilung der Finanzlage des Konzerns notwendig sind; ausgenommen sind Geschäfte zwischen in einen Konzernabschluss einbezogenen nahestehenden Unternehmen, wenn diese Geschäfte bei der Konsolidierung weggelassen werden; Angaben über Geschäfte können nach Geschäftsarten zusammengefasst werden, sofern die getrennte Angabe für die Beurteilung der Auswirkungen auf die Finanzlage des Konzerns nicht notwendig ist;
14. im Fall der Aktivierung nach § 248 Abs. 2 der Gesamtbetrag der Forschungs- und Entwicklungskosten des Geschäftsjahres der in den Konzernabschluss einbezogenen Unternehmen sowie der davon auf die selbst geschaffenen immateriellen Vermögensgegenstände des Anlagevermögens entfallende Betrag;
15. bei Anwendung des § 254 im Konzernabschluss,
    a) mit welchem Betrag jeweils Vermögensgegenstände, Schulden, schwebende Geschäfte und mit hoher Wahrscheinlichkeit erwartete Transaktionen zur Absicherung welcher Risiken in welche Arten von Bewertungseinheiten einbezogen sind sowie die Höhe der mit Bewertungseinheiten abgesicherten Risiken;
    b) für die jeweils abgesicherten Risiken, warum, in welchem Umfang und für welchen Zeitraum sich die gegenläufigen Wertänderungen oder Zahlungs-

ströme künftig voraussichtlich ausgleichen einschließlich der Methode der Ermittlung;

c) eine Erläuterung der mit hoher Wahrscheinlichkeit erwarteten Transaktionen, die in Bewertungseinheiten einbezogen wurden,

soweit die Angaben nicht im Konzernlagebericht gemacht werden;

16. zu den in der Konzernbilanz ausgewiesenen Rückstellungen für Pensionen und ähnliche Verpflichtungen das angewandte versicherungsmathematische Berechnungsverfahren sowie die grundlegenden Annahmen der Berechnung, wie Zinssatz, erwartete Lohn- und Gehaltssteigerungen und zugrunde gelegte Sterbetafeln;
17. im Fall der Verrechnung von in der Konzernbilanz ausgewiesenen Vermögensgegenständen und Schulden nach § 246 Abs. 2 Satz 2 die Anschaffungskosten und der beizulegende Zeitwert der verrechneten Vermögensgegenstände, der Erfüllungsbetrag der verrechneten Schulden sowie die verrechneten Aufwendungen und Erträge; Nummer 12 Buchstabe a ist entsprechend anzuwenden;
18. zu den in der Konzernbilanz ausgewiesenen Anteilen an Sondervermögen im Sinn des § 1 Absatz 10 des Kapitalanlagegesetzbuchs oder Anlageaktien an Investmentaktiengesellschaften mit veränderlichem Kapital im Sinn der §§ 108 bis 123 des Kapitalanlagegesetzbuchs oder vergleichbaren EU-Investmentvermögen oder vergleichbaren ausländischen Investmentvermögen von mehr als dem zehnten Teil, aufgegliedert nach Anlagezielen, deren Wert im Sinne der §§ 168, 278 oder 286 Absatz 1 des Kapitalanlagegesetzbuchs oder vergleichbarer ausländischer Vorschriften über die Ermittlung des Marktwertes, die Differenz zum Buchwert und die für das Geschäftsjahr erfolgte Ausschüttung sowie Beschränkungen in der Möglichkeit der täglichen Rückgabe; darüber hinaus die Gründe dafür, dass eine Abschreibung gemäß § 253 Absatz 3 Satz 6 unterblieben ist, einschließlich der Anhaltspunkte, die darauf hindeuten, dass die Wertminderung voraussichtlich nicht von Dauer ist; Nummer 10 ist insoweit nicht anzuwenden;
19. für nach § 268 Abs. 7 im Konzernanhang ausgewiesene Verbindlichkeiten und Haftungsverhältnisse die Gründe der Einschätzung des Risikos der Inanspruchnahme;
20. jeweils eine Erläuterung des Zeitraums, über den ein entgeltlich erworbener Geschäfts- oder Firmenwert abgeschrieben wird;
21. auf welchen Differenzen oder steuerlichen Verlustvorträgen die latenten Steuern beruhen und mit welchen Steuersätzen die Bewertung erfolgt ist;
22. wenn latente Steuerschulden in der Konzernbilanz angesetzt werden, die latenten Steuersalden am Ende des Geschäftsjahrs und die im Laufe des Geschäftsjahrs erfolgten Änderungen dieser Salden;
23. jeweils den Betrag und die Art der einzelnen Erträge und Aufwendungen von außergewöhnlicher Größenordnung oder außergewöhnlicher Bedeutung, soweit die Beträge nicht von untergeordneter Bedeutung sind;
24. eine Erläuterung der einzelnen Erträge und Aufwendungen hinsichtlich ihres Betrages und ihrer Art, die einem anderen Konzerngeschäftsjahr zuzurechnen sind, soweit die Beträge für die Beurteilung der Vermögens-, Finanz- und Ertragslage des Konzerns nicht von untergeordneter Bedeutung sind;
25. Vorgänge von besonderer Bedeutung, die nach dem Schluss des Konzerngeschäftsjahrs eingetreten und weder in der Konzern-Gewinn- und Verlustrechnung noch in der Konzernbilanz berücksichtigt sind, unter Angabe ihrer Art und ihrer finanziellen Auswirkungen;

26. der Vorschlag für die Verwendung des Ergebnisses des Mutterunternehmens oder gegebenenfalls der Beschluss über die Verwendung des Ergebnisses des Mutterunternehmens.

(2) Mutterunternehmen, die den Konzernabschluss um eine Segmentberichterstattung erweitern (§ 297 Abs. 1 Satz 2), sind von der Angabepflicht gemäß Absatz 1 Nr. 3 befreit.

(3) Für die Angabepflicht gemäß Absatz 1 Nummer 6 Buchstabe a und b gilt § 286 Absatz 4 entsprechend.

### Neunter Titel. Konzernlagebericht

**§ 315[1) 2)] Inhalt des Konzernlageberichts.** (1) [1] Im Konzernlagebericht sind der Geschäftsverlauf einschließlich des Geschäftsergebnisses und die Lage des Konzerns so darzustellen, dass ein den tatsächlichen Verhältnissen entsprechendes Bild vermittelt wird. [2] Er hat eine ausgewogene und umfassende, dem Umfang und der Komplexität der Geschäftstätigkeit entsprechende Analyse des Geschäftsverlaufs und der Lage des Konzerns zu enthalten. [3] In die Analyse sind die für die Geschäftstätigkeit bedeutsamsten finanziellen Leistungsindikatoren einzubeziehen und unter Bezugnahme auf die im Konzernabschluss ausgewiesenen Beträge und Angaben zu erläutern. [4] Ferner ist im Konzernlagebericht die voraussichtliche Entwicklung mit ihren wesentlichen Chancen und Risiken zu beurteilen und zu erläutern; zugrunde liegende Annahmen sind anzugeben. [5] Die Mitglieder des vertretungsberechtigten Organs eines Mutterunternehmens, das als Inlandsemittent (§ 2 Absatz 14 des Wertpapierhandelsgesetzes[3)]) Wertpapiere (§ 2 Absatz 1 des Wertpapierhandelsgesetzes) begibt und keine Kapitalgesellschaft im Sinne des § 327a ist, haben in einer dem Konzernlagebericht beizufügenden schriftlichen Erklärung zu versichern, dass im Konzernlagebericht nach bestem Wissen der Geschäftsverlauf einschließlich des Geschäftsergebnisses und die Lage des Konzerns so dargestellt sind, dass ein den tatsächlichen Verhältnissen entsprechendes Bild vermittelt wird und dass die wesentlichen Chancen und Risiken im Sinne des Satzes 4 beschrieben sind.

(2) [1] Im Konzernlagebericht ist auch einzugehen auf:

1. a) die Risikomanagementziele und -methoden des Konzerns einschließlich seiner Methoden zur Absicherung aller wichtigen Arten von Transaktionen, die im Rahmen der Bilanzierung von Sicherungsgeschäften erfasst werden, sowie
   b) die Preisänderungs-, Ausfall- und Liquiditätsrisiken sowie die Risiken aus Zahlungsstromschwankungen, denen der Konzern ausgesetzt ist,

   jeweils in Bezug auf die Verwendung von Finanzinstrumenten durch den Konzern und sofern dies für die Beurteilung der Lage oder der voraussichtlichen Entwicklung von Belang ist;

---

1) § 315 eingef. durch G v. 19.12.1985 (BGBl. I S. 2355); Abs. 1, Abs. 2 Nr. 2 neu gef. mWv 10.12. 2004 durch G v. 4.12.2004 (BGBl. I S. 3166); Abs. 2 Nr. 3 geänd., Nr. 4 angef. mWv 11.8.2005 durch G v. 3.8.2005 (BGBl. I S. 2267); Abs. 4 angef. mWv 14.7.2006 durch G v. 8.7.2006 (BGBl. I S. 1426); Abs. 1 Satz 6 angef. mWv 20.1.2007 durch G v. 5.1.2007 (BGBl. I S. 10); Abs. 2 Nr. 5 angef. mWv 29.5.2009 durch G v. 25.5.2009 (BGBl. I S. 1102); Überschrift neu gef., Abs. 2 einl. Satzteil geänd., Nr. 1 aufgeh., Nr. 2, 3 werden Nr. 1, 2, Nr. 3 eingef., Abs. 3 geänd., Abs. 5 angef. mWv 23.7.2015 durch G v. 17.7. 2015 (BGBl. I S. 1245); Abs. 1 Satz 4 aufgeh., bish. Sätze 5, 6 werden Sätze 4, 5, Abs. 2 Satz 1 Nr. 2, 3 geänd., Nr. 4, 5 aufgeh., Satz 2 angef., Abs. 3, 4 eingef., bish. Abs. 3 wird Abs. 5, bish. Abs. 4 und 5 aufgeh. mWv 19.4.2017 durch G v. 11.4.2017 (BGBl. I S. 802); Abs. 1 Satz 5 neu gef. mWv 19.8.2020 durch G v. 12.8.2020 (BGBl. I S. 1874).

2) Beachte hierzu Übergangsvorschriften in Art. 75, 80 und 84 EGHGB (Nr. **50a**).

3) **Habersack, Deutsche Gesetze ErgBd. Nr. 58.**

2. den Bereich Forschung und Entwicklung des Konzerns und
3. für das Verständnis der Lage des Konzerns wesentliche Zweigniederlassungen der insgesamt in den Konzernabschluss einbezogenen Unternehmen.

[2] Ist das Mutterunternehmen eine Aktiengesellschaft, hat es im Konzernlagebericht auf die nach § 160 Absatz 1 Nummer 2 des Aktiengesetzes[1)] im Anhang zu machenden Angaben zu verweisen.

(3) Absatz 1 Satz 3 gilt entsprechend für nichtfinanzielle Leistungsindikatoren, wie Informationen über Umwelt- und Arbeitnehmerbelange, soweit sie für das Verständnis des Geschäftsverlaufs oder der Lage des Konzerns von Bedeutung sind.

(4) Ist das Mutterunternehmen oder ein in den Konzernabschluss einbezogenes Tochterunternehmen kapitalmarktorientiert im Sinne des § 264d, ist im Konzernlagebericht auch auf die wesentlichen Merkmale des internen Kontroll- und Risikomanagementsystems im Hinblick auf den Konzernrechnungslegungsprozess einzugehen.

(5) § 298 Absatz 2 über die Zusammenfassung von Konzernanhang und Anhang ist entsprechend anzuwenden.

**§ 315a[2) 3)] Ergänzende Vorschriften für bestimmte Aktiengesellschaften und Kommanditgesellschaften auf Aktien.** [1] Mutterunternehmen (§ 290), die einen organisierten Markt im Sinne des § 2 Absatz 7 des Wertpapiererwerbs- und Übernahmegesetzes[4)] durch von ihnen ausgegebene stimmberechtigte Aktien in Anspruch nehmen, haben im Konzernlagebericht außerdem anzugeben:

1. die Zusammensetzung des gezeichneten Kapitals unter gesondertem Ausweis der mit jeder Gattung verbundenen Rechte und Pflichten und des Anteils am Gesellschaftskapital;
2. Beschränkungen, die Stimmrechte oder die Übertragung von Aktien betreffen, auch wenn sie sich aus Vereinbarungen zwischen Gesellschaftern ergeben können, soweit die Beschränkungen dem Vorstand der Gesellschaft bekannt sind;
3. direkte oder indirekte Beteiligungen am Kapital, die 10 Prozent der Stimmrechte überschreiten;
4. die Inhaber von Aktien mit Sonderrechten, die Kontrollbefugnisse verleihen, und eine Beschreibung dieser Sonderrechte;
5. die Art der Stimmrechtskontrolle, wenn Arbeitnehmer am Kapital beteiligt sind und ihre Kontrollrechte nicht unmittelbar ausüben;
6. die gesetzlichen Vorschriften und Bestimmungen der Satzung über die Ernennung und Abberufung der Mitglieder des Vorstands und über die Änderung der Satzung;
7. die Befugnisse des Vorstands insbesondere hinsichtlich der Möglichkeit, Aktien auszugeben oder zurückzukaufen;
8. wesentliche Vereinbarungen des Mutterunternehmens, die unter der Bedingung eines Kontrollwechsels infolge eines Übernahmeangebots stehen, und die hieraus folgenden Wirkungen;

---

1) Nr. **51**.

2) § 315a eingef. mWv 19.4.2017 durch G v. 11.4.2017 (BGBl. I S. 802); Änd. durch G v. 23.6.2017 (BGBl. I S. 1693) nicht ausführbar; Abs. 2 aufgeh. mWv 1.1.2020 durch G v. 12.12.2019 (BGBl. I S. 2637).

3) Beachte hierzu Übergangsvorschriften in Art. 80 und 83 Abs. 1 EGHGB (Nr. **50a**).

4) **Habersack, Deutsche Gesetze ErgBd. Nr. 58a.**

9. Entschädigungsvereinbarungen des Mutterunternehmens, die für den Fall eines Übernahmeangebots mit den Mitgliedern des Vorstands oder mit Arbeitnehmern getroffen sind.

[2] Die Angaben nach Satz 1 Nummer 1, 3 und 9 können unterbleiben, soweit sie im Konzernanhang zu machen sind. [3] Sind Angaben nach Satz 1 im Konzernanhang zu machen, ist im Konzernlagebericht darauf zu verweisen. [4] Die Angaben nach Satz 1 Nummer 8 können unterbleiben, soweit sie geeignet sind, dem Mutterunternehmen einen erheblichen Nachteil zuzufügen; die Angabepflicht nach anderen gesetzlichen Vorschriften bleibt unberührt.

### § 315b[1) 2)] Pflicht zur nichtfinanziellen Konzernerklärung; Befreiungen.

(1) [1] Eine Kapitalgesellschaft, die Mutterunternehmen (§ 290) ist, hat ihren Konzernlagebericht um eine nichtfinanzielle Konzernerklärung zu erweitern, wenn die folgenden Merkmale erfüllt sind:

1. die Kapitalgesellschaft ist kapitalmarktorientiert im Sinne des § 264d,
2. für die in den Konzernabschluss einzubeziehenden Unternehmen gilt:
   a) sie erfüllen die in § 293 Absatz 1 Satz 1 Nummer 1 oder 2 geregelten Voraussetzungen für eine größenabhängige Befreiung nicht und
   b) bei ihnen sind insgesamt im Jahresdurchschnitt mehr als 500 Arbeitnehmer beschäftigt.

[2] § 267 Absatz 4 bis 5 sowie § 298 Absatz 2 sind entsprechend anzuwenden. [3] Wenn die nichtfinanzielle Konzernerklärung einen besonderen Abschnitt des Konzernlageberichts bildet, darf die Kapitalgesellschaft auf die an anderer Stelle im Konzernlagebericht enthaltenen nichtfinanziellen Angaben verweisen.

(2) [1] Ein Mutterunternehmen im Sinne des Absatzes 1 ist unbeschadet anderer Befreiungsvorschriften von der Pflicht zur Erweiterung des Konzernlageberichts um eine nichtfinanzielle Konzernerklärung befreit, wenn

1. das Mutterunternehmen zugleich ein Tochterunternehmen ist, das in den Konzernlagebericht eines anderen Mutterunternehmens einbezogen ist, und
2. der Konzernlagebericht nach Nummer 1 nach Maßgabe des nationalen Rechts eines Mitgliedstaats der Europäischen Union oder eines anderen Vertragsstaats des Abkommens über den Europäischen Wirtschaftsraum im Einklang mit der Richtlinie 2013/34/EU aufgestellt wird und eine nichtfinanzielle Konzernerklärung enthält.

[2] Satz 1 gilt entsprechend, wenn das andere Mutterunternehmen im Sinne des Satzes 1 einen gesonderten nichtfinanziellen Konzernbericht nach Absatz 3 oder nach Maßgabe des nationalen Rechts eines Mitgliedstaats der Europäischen Union oder eines anderen Vertragsstaats des Abkommens über den Europäischen Wirtschaftsraum im Einklang mit der Richtlinie 2013/34/EU erstellt und öffentlich zugänglich macht. [3] Ist ein Mutterunternehmen nach Satz 1 oder 2 von der Pflicht zur Erstellung einer nichtfinanziellen Konzernerklärung befreit, hat es dies in seinem Konzernlagebericht mit der Erläuterung anzugeben, welches andere Mutterunternehmen den Konzernlagebericht oder den gesonderten nichtfinanziellen Konzernbericht öffentlich zugänglich macht und wo der Bericht in deutscher oder englischer Sprache offengelegt oder veröffentlicht ist.

---

[1)] § 315b eingef. mWv 19.4.2017, Abs. 4 angef. mWv 1.1.2019 durch G v. 11.4.2017 (BGBl. I S. 802).
[2)] Beachte hierzu Übergangsvorschriften in Art. 80 und 81 EGHGB (Nr. **50a**).

(3) [1]Ein Mutterunternehmen im Sinne des Absatzes 1 ist auch dann von der Pflicht zur Erweiterung des Konzernlageberichts um eine nichtfinanzielle Konzernerklärung befreit, wenn das Mutterunternehmen für dasselbe Geschäftsjahr einen gesonderten nichtfinanziellen Konzernbericht außerhalb des Konzernlageberichts erstellt und folgende Voraussetzungen erfüllt:

1. der gesonderte nichtfinanzielle Konzernbericht erfüllt zumindest die inhaltlichen Vorgaben nach § 315c in Verbindung mit § 289c und
2. das Mutterunternehmen macht den gesonderten nichtfinanziellen Konzernbericht öffentlich zugänglich durch
   a) Offenlegung zusammen mit dem Konzernlagebericht nach § 325 oder
   b) Veröffentlichung auf der Internetseite des Mutterunternehmens spätestens vier Monate nach dem Abschlussstichtag und mindestens für zehn Jahre, sofern der Konzernlagebericht auf diese Veröffentlichung unter Angabe der Internetseite Bezug nimmt.

[2]Absatz 1 Satz 3, die §§ 289d und 289e sowie § 298 Absatz 2 sind auf den gesonderten nichtfinanziellen Konzernbericht entsprechend anzuwenden.

(4) Ist die nichtfinanzielle Konzernerklärung oder der gesonderte nichtfinanzielle Konzernbericht inhaltlich überprüft worden, ist auch die Beurteilung des Prüfungsergebnisses in gleicher Weise wie die nichtfinanzielle Konzernerklärung oder der gesonderte nichtfinanzielle Konzernbericht öffentlich zugänglich zu machen.

**§ 315c[1) 2)] Inhalt der nichtfinanziellen Konzernerklärung.** (1) Auf den Inhalt der nichtfinanziellen Konzernerklärung ist § 289c entsprechend anzuwenden.

(2) § 289c Absatz 3 gilt mit der Maßgabe, dass diejenigen Angaben zu machen sind, die für das Verständnis des Geschäftsverlaufs, des Geschäftsergebnisses, der Lage des Konzerns sowie der Auswirkungen seiner Tätigkeit auf die in § 289c Absatz 2 genannten Aspekte erforderlich sind.

(3) Die §§ 289d und 289e sind entsprechend anzuwenden.

**§ 315d[1) 2)] Konzernerklärung zur Unternehmensführung.** [1]Ein Mutterunternehmen, das eine Gesellschaft im Sinne des § 289f Absatz 1 oder Absatz 3 ist, hat für den Konzern eine Erklärung zur Unternehmensführung zu erstellen und als gesonderten Abschnitt in den Konzernlagebericht aufzunehmen. [2]§ 289f ist entsprechend anzuwenden.

### Zehnter Titel.[3)] Konzernabschluss nach internationalen Rechnungslegungsstandards

**§ 315e[4) 5)] [Konzernabschluss nach internationalen Rechnungslegungsstandards]** (1) Ist ein Mutterunternehmen, das nach den Vorschriften des Ersten Titels einen Konzernabschluss aufzustellen hat, nach Artikel 4 der Verordnung

---

[1)] §§ 315c, 315d eingef. mWv 19.4.2017 durch G v. 11.4.2017 (BGBl. I S. 802).

[2)] Beachte hierzu Übergangsvorschrift in Art. 80 EGHGB (Nr. **50a**).

[3)] 10. Titel (früherer § 315a) eingef. mWv 10.12.2004 durch G v. 4.12.2004 (BGBl. I S. 3166).

[4)] Früherer § 315a eingef. mWv 10.12.2004 durch G v. 4.12.2004 (BGBl. I S. 3166); Abs. 1 geänd. mWv 25.4.2006 durch G v. 19.4.2006 (BGBl. I S. 866), mWv 20.1.2007 durch G v. 5.1.2007 (BGBl. I S. 10) und mWv 29.5.2009 durch G v. 25.5.2009 (BGBl. I S. 1102); Abs. 1 und 2 geänd. mWv 23.7.2015 durch G v. 17.7.2015 (BGBl. I S. 1245); bish. § 315a wird § 315e mWv 19.4.2017 durch G v. 11.4.2017 (BGBl. I S. 802); Abs. 2 geänd. mWv 14.7.2018 durch G v. 10.7.2018 (BGBl. I S. 1102); Abs. 1 geänd. mWv 22.6.2023 durch G v. 19.6.2023 (BGBl. 2023 I Nr. 154).

[5)] Beachte hierzu Übergangsvorschriften in Art. 75 und 80 EGHGB (Nr. **50a**).

(EG) Nr. 1606/2002 des Europäischen Parlaments und des Rates vom 19. Juli 2002 betreffend die Anwendung internationaler Rechnungslegungsstandards (ABl. L 243 vom 11.9.2002, S. 1), die zuletzt durch die Verordnung (EG) Nr. 297/2008 (ABl. L 97 vom 9.4.2008, S. 62) geändert worden ist, verpflichtet, die nach den Artikeln 2, 3 und 6 der genannten Verordnung übernommenen internationalen Rechnungslegungsstandards anzuwenden, so sind von den Vorschriften des Zweiten bis Achten Titels nur § 294 Abs. 3, § 297 Absatz 1a, 2 Satz 4, § 298 Abs. 1, dieser jedoch nur in Verbindung mit den §§ 244 und 245, ferner § 313 Abs. 2 und 3, § 314 Abs. 1 Nr. 4, 6, 8 und 9, Absatz 3 sowie die Bestimmungen des Neunten Titels und die Vorschriften außerhalb dieses Unterabschnitts, die den Konzernabschluss oder den Konzernlagebericht betreffen, entsprechend anzuwenden.

(2) Mutterunternehmen, die nicht unter Absatz 1 fallen, haben ihren Konzernabschluss nach den dort genannten internationalen Rechnungslegungsstandards und Vorschriften aufzustellen, wenn für sie bis zum jeweiligen Bilanzstichtag die Zulassung eines Wertpapiers im Sinne des § 2 Absatz 1 des Wertpapierhandelsgesetzes zum Handel an einem organisierten Markt im Sinne des § 2 Absatz 11 des Wertpapierhandelsgesetzes im Inland beantragt worden ist.

(3) [1] Mutterunternehmen, die nicht unter Absatz 1 oder 2 fallen, dürfen ihren Konzernabschluss nach den in Absatz 1 genannten internationalen Rechnungslegungsstandards und Vorschriften aufstellen. [2] Ein Unternehmen, das von diesem Wahlrecht Gebrauch macht, hat die in Absatz 1 genannten Standards und Vorschriften vollständig zu befolgen.

### Dritter Unterabschnitt. Prüfung

**§ 316[1)] [2)] Pflicht zur Prüfung.** (1) [1] Der Jahresabschluß und der Lagebericht von Kapitalgesellschaften, die nicht kleine im Sinne des § 267 Abs. 1 sind, sind durch einen Abschlußprüfer zu prüfen. [2] Hat keine Prüfung stattgefunden, so kann der Jahresabschluß nicht festgestellt werden.

(2) [1] Der Konzernabschluß und der Konzernlagebericht von Kapitalgesellschaften sind durch einen Abschlußprüfer zu prüfen. [2] Hat keine Prüfung stattgefunden, so kann der Konzernabschluss nicht gebilligt werden.

(3) [1] Werden der Jahresabschluß, der Konzernabschluß, der Lagebericht oder der Konzernlagebericht nach Vorlage des Prüfungsberichts geändert, so hat der Abschlußprüfer diese Unterlagen erneut zu prüfen, soweit es die Änderung erfordert. [2] Über das Ergebnis der Prüfung ist zu berichten; der Bestätigungsvermerk ist entsprechend zu ergänzen. [3] Die Sätze 1 und 2 gelten entsprechend für diejenige Wiedergabe des Jahresabschlusses, des Lageberichts, des Konzernabschlusses und des Konzernlageberichts, welche eine Kapitalgesellschaft, die als Inlandsemittent (§ 2 Absatz 14 des Wertpapierhandelsgesetzes) Wertpapiere (§ 2 Absatz 1 des Wertpapierhandelsgesetzes) begibt und keine Kapitalgesellschaft im Sinne des § 327a ist, für Zwecke der Offenlegung erstellt hat.

**§ 316a[3)] Abschlussprüfung bei Unternehmen von öffentlichem Interesse.** [1] Auf die Abschlussprüfung bei Kapitalgesellschaften, die Unternehmen von

---

[1)] § 316 eingef. durch G v. 19.12.1985 (BGBl. I S. 2355); Abs. 2 Satz 2 angef. mWv 26.7.2002 durch G v. 19.7.2002 (BGBl. I S. 2681); Abs. 3 Satz 3 angef. mWv 19.8.2020 durch G v. 12.8.2020 (BGBl. I S. 1874).

[2)] Beachte hierzu Übergangsvorschrift in Art. 84 EGHGB (Nr. **50a**).

[3)] § 316a eingef. mWv 1.7.2021 durch G v. 3.6.2021 (BGBl. I S. 1534).

öffentlichem Interesse sind, sind die Vorschriften dieses Unterabschnitts nur insoweit anzuwenden, als nicht die Verordnung (EU) Nr. 537/2014 des Europäischen Parlaments und des Rates vom 16. April 2014 über spezifische Anforderungen an die Abschlussprüfung bei Unternehmen von öffentlichem Interesse und zur Aufhebung des Beschlusses 2005/909/EG der Kommission (ABl. L 158 vom 27.5. 2014, S. 77; L 170 vom 11.6.2014, S. 66) anzuwenden ist. [2]Unternehmen von öffentlichem Interesse sind Unternehmen, die

1. kapitalmarktorientiert sind im Sinne des § 264d,
2. CRR-Kreditinstitute sind im Sinne des § 1 Absatz 3d Satz 1 des Kreditwesengesetzes, mit Ausnahme derjenigen Institute, die in § 2 Absatz 1 Nummer 1 und 2 des Kreditwesengesetzes und in Artikel 2 Absatz 5 Nummer 5 der Richtlinie 2013/36/EU des Europäischen Parlaments und des Rates vom 26. Juni 2013 über den Zugang zur Tätigkeit von Kreditinstituten und die Beaufsichtigung von Kreditinstituten und Wertpapierfirmen, zur Änderung der Richtlinie 2002/87/EG und zur Aufhebung der Richtlinien 2006/48/EG und 2006/49/EG (ABl. L 176 vom 27.6.2013, S. 338; L 208 vom 2.8.2013, S. 73; L 20 vom 25.1. 2017, S. 1; L 203 vom 26.6.2020, S. 95), die zuletzt durch die Richtlinie (EU) 2019/2034 (ABl. L 314 vom 5.12.2019, S. 64) geändert worden ist, genannt sind, oder
3. Versicherungsunternehmen sind im Sinne des Artikels 2 Absatz 1 der Richtlinie 91/674/EWG.

**§ 317[1) 2)] Gegenstand und Umfang der Prüfung.** (1) [1]In die Prüfung des Jahresabschlusses ist die Buchführung einzubeziehen. [2]Die Prüfung des Jahresabschlusses und des Konzernabschlusses hat sich darauf zu erstrecken, ob die gesetzlichen Vorschriften und sie ergänzende Bestimmungen des Gesellschaftsvertrags oder der Satzung beachtet worden sind. [3]Die Prüfung ist so anzulegen, daß Unrichtigkeiten und Verstöße gegen die in Satz 2 aufgeführten Bestimmungen, die sich auf die Darstellung des sich nach § 264 Abs. 2 ergebenden Bildes der Vermögens-, Finanz- und Ertragslage der Kapitalgesellschaft wesentlich auswirken, bei gewissenhafter Berufsausübung erkannt werden.

(2) [1]Der Lagebericht und der Konzernlagebericht sind darauf zu prüfen, ob der Lagebericht mit dem Jahresabschluß, gegebenenfalls auch mit dem Einzelabschluss nach § 325 Abs. 2a, und der Konzernlagebericht mit dem Konzernabschluß sowie mit den bei der Prüfung gewonnenen Erkenntnissen des Abschlußprüfers in Einklang stehen und ob der Lagebericht insgesamt ein zutreffendes Bild von der Lage der Kapitalgesellschaft und der Konzernlagebericht insgesamt ein zutreffendes Bild von der Lage des Konzerns vermittelt. [2]Dabei ist auch zu prüfen, ob die Chancen und Risiken der künftigen Entwicklung zutreffend dargestellt sind. [3]Die Prüfung

[1)] § 317 eingef. durch G v. 19.12.1985 (BGBl. I S. 2355) und neu gef. durch G v. 27.4.1998 (BGBl. I S. 786); Abs. 4 geänd. mWv 1.7.2002 durch G v. 21.6.2002 (BGBl. I S. 2010); Abs. 4 geänd. mWv 26.7. 2002 durch G v. 19.7.2002 (BGBl. I S. 2681); Abs. 2 Sätze 1 und 2 geänd. mWv 10.12.2004 durch G v. 4.12.2004 (BGBl. I S. 3166); Abs. 2 Satz 3 angef., Abs. 3 Satz 2 neu gef., Satz 3 aufgeh., Abs. 5 und 6 angef. mWv 29.5.2009 durch G v. 25.5.2009 (BGBl. I S. 1102); Abs. 2 Satz 1 geänd., Satz 3 neu gef., Satz 4 angef. mWv 23.7.2015 durch G v. 17.7.2015 (BGBl. I S. 1245); Abs. 6 geänd. mWv 8.9.2015 durch VO v. 31.8.2015 (BGBl. I S. 1474); Abs. 3a und 4a eingef., Abs. 5 und 6 geänd. mWv 17.6.2016 durch G v. 10.5.2016 (BGBl. I S. 1142); Abs. 2 Satz 4 neu gef., Sätze 5 und 6 angef. mWv 19.4.2017 durch G v. 11.4.2017 (BGBl. I S. 802); Abs. 3b eingef. mWv 19.8.2020 durch G v. 12.8.2020 (BGBl. I S. 1874); Abs. 1 Satz 3, Abs. 2 Satz 1 geänd., Abs. 3a aufgeh., bish. Abs. 3b wird Abs. 3a, Abs. 4a geänd. mWv 1.7.2021 durch G v. 3.6.2021 (BGBl. I S. 1534); Abs. 3b eingef., Abs. 6 geänd. mWv 22.6.2023 durch G v. 19.6.2023 (BGBl. 2023 I Nr. 154).

[2)] Beachte hierzu Übergangsvorschriften in Art. 75, 80, 84 und 90 EGHGB (Nr. **50a**).

des Lageberichts und des Konzernlageberichts hat sich auch darauf zu erstrecken, ob die gesetzlichen Vorschriften zur Aufstellung des Lage- oder Konzernlageberichts beachtet worden sind. [4] Im Hinblick auf die Vorgaben nach den §§ 289b bis 289e und den §§ 315b und 315c ist nur zu prüfen, ob die nichtfinanzielle Erklärung oder der gesonderte nichtfinanzielle Bericht, die nichtfinanzielle Konzernerklärung oder der gesonderte nichtfinanzielle Konzernbericht vorgelegt wurde. [5] Im Fall des § 289b Absatz 3 Satz 1 Nummer 2 Buchstabe b ist vier Monate nach dem Abschlussstichtag eine ergänzende Prüfung durch denselben Abschlussprüfer durchzuführen, ob der gesonderte nichtfinanzielle Bericht oder der gesonderte nichtfinanzielle Konzernbericht vorgelegt wurde; § 316 Absatz 3 Satz 2 gilt entsprechend mit der Maßgabe, dass der Bestätigungsvermerk nur dann zu ergänzen ist, wenn der gesonderte nichtfinanzielle Bericht oder der gesonderte nichtfinanzielle Konzernbericht nicht innerhalb von vier Monaten nach dem Abschlussstichtag vorgelegt worden ist. [6] Die Prüfung der Angaben nach § 289f Absatz 2 und 5 sowie § 315d ist darauf zu beschränken, ob die Angaben gemacht wurden.

(3) [1] Der Abschlußprüfer des Konzernabschlusses hat auch die im Konzernabschluß zusammengefaßten Jahresabschlüsse, insbesondere die konsolidierungsbedingten Anpassungen, in entsprechender Anwendung des Absatzes 1 zu prüfen. [2] Sind diese Jahresabschlüsse von einem anderen Abschlussprüfer geprüft worden, hat der Konzernabschlussprüfer dessen Arbeit zu überprüfen und dies zu dokumentieren.

(3a) [1] Bei einer Kapitalgesellschaft, die als Inlandsemittent (§ 2 Absatz 14 des Wertpapierhandelsgesetzes) Wertpapiere (§ 2 Absatz 1 des Wertpapierhandelsgesetzes) begibt und keine Kapitalgesellschaft im Sinne des § 327a ist, hat der Abschlussprüfer im Rahmen der Prüfung auch zu beurteilen, ob die für Zwecke der Offenlegung erstellte Wiedergabe des Jahresabschlusses und die für Zwecke der Offenlegung erstellte Wiedergabe des Lageberichts den Vorgaben des § 328 Absatz 1 entsprechen. [2] Bei einer Kapitalgesellschaft im Sinne des Satzes 1 hat der Abschlussprüfer des Konzernabschlusses im Rahmen der Prüfung auch zu beurteilen, ob die für Zwecke der Offenlegung erstellte Wiedergabe des Konzernabschlusses und die für Zwecke der Offenlegung erstellte Wiedergabe des Konzernlageberichts den Vorgaben des § 328 Absatz 1 entsprechen.

(3b) Der Abschlussprüfer des Jahresabschlusses hat im Rahmen der Prüfung auch zu beurteilen, ob die Kapitalgesellschaft

1. für das Geschäftsjahr, das demjenigen Geschäftsjahr vorausging, für dessen Schluss der zu prüfende Jahresabschluss aufgestellt wird, zur Offenlegung eines Ertragsteuerinformationsberichts gemäß § 342m Absatz 1 oder 2 verpflichtet war und
2. im Falle der Nummer 1 ihre dort genannte Verpflichtung zur Offenlegung erfüllt hat.

(4) Bei einer börsennotierten Aktiengesellschaft ist außerdem im Rahmen der Prüfung zu beurteilen, ob der Vorstand die ihm nach § 91 Abs. 2 des Aktiengesetzes obliegenden Maßnahmen in einer geeigneten Form getroffen hat und ob das danach einzurichtende Überwachungssystem seine Aufgaben erfüllen kann.

(4a) Soweit nichts anderes bestimmt ist, hat die Prüfung sich nicht darauf zu erstrecken, ob der Fortbestand der geprüften Kapitalgesellschaft oder die Wirksamkeit und Wirtschaftlichkeit der Geschäftsführung zugesichert werden kann.

(5) Bei der Durchführung einer Prüfung hat der Abschlussprüfer die internationalen Prüfungsstandards anzuwenden, die von der Europäischen Kommission in dem Verfahren nach Artikel 26 Absatz 3 der Richtlinie 2006/43/EG des Europäi-

schen Parlaments und des Rates vom 17. Mai 2006 über Abschlussprüfungen von Jahresabschlüssen und konsolidierten Abschlüssen, zur Änderung der Richtlinien 78/660/EWG und 83/349/EWG des Rates und zur Aufhebung der Richtlinie 84/253/EWG des Rates (ABl. EU Nr. L 157 S. 87), die zuletzt durch die Richtlinie 2014/56/EU (ABl. L 158 vom 27.5.2014, S. 196) geändert worden ist, angenommen worden sind.

(6) Das Bundesministerium der Justiz wird ermächtigt, im Einvernehmen mit dem Bundesministerium für Wirtschaft und Klimaschutz durch Rechtsverordnung, die nicht der Zustimmung des Bundesrates bedarf, zusätzlich zu den bei der Durchführung der Abschlussprüfung nach Absatz 5 anzuwendenden internationalen Prüfungsstandards weitere Abschlussprüfungsanforderungen vorzuschreiben, wenn dies durch den Umfang der Abschlussprüfung bedingt ist und den in den Absätzen 1 bis 4 genannten Prüfungszielen dient.

**§ 318[1) 2)] Bestellung und Abberufung des Abschlußprüfers.** (1) [1]Der Abschlußprüfer des Jahresabschlusses wird von den Gesellschaftern gewählt; den Abschlußprüfer des Konzernabschlusses wählen die Gesellschafter des Mutterunternehmens. [2]Bei Gesellschaften mit beschränkter Haftung und bei offenen Handelsgesellschaften und Kommanditgesellschaften im Sinne des § 264a Abs. 1 kann der Gesellschaftsvertrag etwas anderes bestimmen. [3]Der Abschlußprüfer soll jeweils vor Ablauf des *Geschäfsjahrs*[3)] gewählt werden, auf das sich seine Prüfungstätigkeit erstreckt. [4]Die gesetzlichen Vertreter, bei Zuständigkeit des Aufsichtsrats dieser, haben unverzüglich nach der Wahl den Prüfungsauftrag zu erteilen. [5]Der Prüfungsauftrag kann nur widerrufen werden, wenn nach Absatz 3 ein anderer Prüfer bestellt worden ist.

(1a) Eine Vereinbarung, die die Wahlmöglichkeiten nach Absatz 1 auf bestimmte Kategorien oder Listen von Prüfern oder Prüfungsgesellschaften beschränkt, ist nichtig.

(2) [1]Als Abschlußprüfer des Konzernabschlusses gilt, wenn kein anderer Prüfer bestellt wird, der Prüfer als bestellt, der für die Prüfung des in den Konzernabschluß einbezogenen Jahresabschlusses des Mutterunternehmens bestellt worden ist. [2]Erfolgt die Einbeziehung auf Grund eines Zwischenabschlusses, so gilt, wenn kein anderer Prüfer bestellt wird, der Prüfer als bestellt, der für die Prüfung des letzten vor dem Konzernabschlußstichtag aufgestellten Jahresabschlusses des Mutterunternehmens bestellt worden ist.

(3) [1]Auf Antrag der gesetzlichen Vertreter, des Aufsichtsrats oder von Gesellschaftern, deren Anteile bei Antragstellung zusammen den zwanzigsten Teil der Stimmrechte oder des gezeichneten Kapitals oder einen Börsenwert von 500 000 Euro erreichen, hat das Gericht nach Anhörung der Beteiligten und des gewählten Prüfers einen anderen Abschlussprüfer zu bestellen, wenn

---

1) § 318 eingef. durch G v. 19.12.1985 (BGBl. I S. 2355); Abs. 1 Satz 4, Abs. 7 Satz 4 neu gef., Satz 5 angef. durch G v. 27.4.1998 (BGBl. I S. 786); Abs. 1 Satz 2 neu gef. mWv 9.3.2000 durch G v. 24.2.2000 (BGBl. I S. 154); Abs. 3 neu gef. mWv 10.12.2004 durch G v. 4.12.2004 (BGBl. I S. 3166); Abs. 3 Satz 8 und Abs. 4 Satz 4 geänd., Abs. 5 Satz 3 neu gef., Satz 4 aufgeh., bish. Satz 5 wird Satz 4 mWv 1.9.2009 durch G v. 17.12.2008 (BGBl. I S. 2586); Abs. 8 angef. mWv 29.5.2009 durch G v. 25.5.2009 (BGBl. I S. 1102); Abs. 1a und 1b eingef., Abs. 3 Satz 1 neu gef. mWv 17.6.2016 durch G v. 10.5.2016 (BGBl. I S. 1142); Abs. 1a aufgeh., bish. Abs. 1b wird Abs. 1a, Abs. 3 Satz 1 einl. Satzteil geänd., Nr. 1 und Satz 3 neu gef. mWv 1.7.2021 durch G v. 3.6.2021 (BGBl. I S. 1534); Abs. 3 Satz 1 Nr. 2 geänd. mWv 22.6. 2023 durch G v. 19.6.2023 (BGBl. 2023 I Nr. 154).

2) Beachte hierzu Übergangsvorschrift in Art. 86 EGHGB (Nr. **50a**).

3) Richtig wohl: „Geschäftsjahrs".

1. dies aus einem in der Person des gewählten Prüfers liegenden Grund geboten erscheint, insbesondere, wenn ein Ausschlussgrund nach § 319 Absatz 2 bis 5 oder nach § 319b besteht oder ein Verstoß gegen Artikel 5 Absatz 4 Unterabsatz 1 Satz 1 oder Absatz 5 Unterabsatz 2 Satz 2 der Verordnung (EU) Nr. 537/2014 vorliegt, oder
2. die Vorschriften zur Bestellung des Prüfers nach Artikel 16 der Verordnung (EU) Nr. 537/2014 oder die Vorschriften zur Laufzeit des Prüfungsmandats nach Artikel 17 der Verordnung (EU) Nr. 537/2014 nicht eingehalten worden sind.

[2]Der Antrag ist binnen zwei Wochen nach dem Tag der Wahl des Abschlussprüfers zu stellen; Aktionäre können den Antrag nur stellen, wenn sie gegen die Wahl des Abschlussprüfers bei der Beschlussfassung Widerspruch erklärt haben. [3]Wird ein Grund zur Bestellung eines anderen Abschlussprüfers als des gewählten Prüfers erst nach dessen Wahl bekannt oder tritt ein solcher Grund erst nach dessen Wahl ein, ist der Antrag binnen zwei Wochen nach dem Tag zu stellen, an dem der Antragsberechtigte Kenntnis von den antragsbegründenden Umständen erlangt hat oder ohne grobe Fahrlässigkeit hätte erlangen müssen. [4]Stellen Aktionäre den Antrag, so haben sie glaubhaft zu machen, dass sie seit mindestens drei Monaten vor dem Tag der Wahl des Abschlussprüfers Inhaber der Aktien sind. [5]Zur Glaubhaftmachung genügt eine eidesstattliche Versicherung vor einem Notar. [6]Unterliegt die Gesellschaft einer staatlichen Aufsicht, so kann auch die Aufsichtsbehörde den Antrag stellen. [7]Der Antrag kann nach Erteilung des Bestätigungsvermerks, im Fall einer Nachtragsprüfung nach § 316 Abs. 3 nach Ergänzung des Bestätigungsvermerks nicht mehr gestellt werden. [8]Gegen die Entscheidung ist die Beschwerde zulässig.

(4) [1]Ist der Abschlußprüfer bis zum Ablauf des Geschäftsjahrs nicht gewählt worden, so hat das Gericht auf Antrag der gesetzlichen Vertreter, des Aufsichtsrats oder eines Gesellschafters den Abschlußprüfer zu bestellen. [2]Gleiches gilt, wenn ein gewählter Abschlußprüfer die Annahme des Prüfungsauftrags abgelehnt hat, weggefallen ist oder am rechtzeitigen Abschluß der Prüfung verhindert ist und ein anderer Abschlußprüfer nicht gewählt worden ist. [3]Die gesetzlichen Vertreter sind verpflichtet, den Antrag zu stellen. [4]Gegen die Entscheidung des Gerichts findet die Beschwerde statt; die Bestellung des Abschlußprüfers ist unanfechtbar.

(5) [1]Der vom Gericht bestellte Abschlußprüfer hat Anspruch auf Ersatz angemessener barer Auslagen und auf Vergütung für seine Tätigkeit. [2]Die Auslagen und die Vergütung setzt das Gericht fest. [3]Gegen die Entscheidung findet die Beschwerde statt; die Rechtsbeschwerde ist ausgeschlossen. [4]Aus der rechtskräftigen Entscheidung findet die Zwangsvollstreckung nach der Zivilprozeßordnung statt.

(6) [1]Ein von dem Abschlußprüfer angenommener Prüfungsauftrag kann von dem Abschlußprüfer nur aus wichtigem Grund gekündigt werden. [2]Als wichtiger Grund ist es nicht anzusehen, wenn Meinungsverschiedenheiten über den Inhalt des Bestätigungsvermerks, seine Einschränkung oder Versagung bestehen. [3]Die Kündigung ist schriftlich zu begründen. [4]Der Abschlußprüfer hat über das Ergebnis seiner bisherigen Prüfung zu berichten; § 321 ist entsprechend anzuwenden.

(7) [1]Kündigt der Abschlußprüfer den Prüfungsauftrag nach Absatz 6, so haben die gesetzlichen Vertreter die Kündigung dem Aufsichtsrat, der nächsten Hauptversammlung oder bei Gesellschaften mit beschränkter Haftung den Gesellschaftern mitzuteilen. [2]Den Bericht des bisherigen Abschlußprüfers haben die gesetzlichen Vertreter unverzüglich dem Aufsichtsrat vorzulegen. [3]Jedes Aufsichtsratsmitglied hat das Recht, von dem Bericht Kenntnis zu nehmen. [4]Der Bericht ist auch

jedem Aufsichtsratsmitglied oder, soweit der Aufsichtsrat dies beschlossen hat, den Mitgliedern eines Ausschusses auszuhändigen. [5] Ist der Prüfungsauftrag vom Aufsichtsrat erteilt worden, obliegen die Pflichten der gesetzlichen Vertreter dem Aufsichtsrat einschließlich der Unterrichtung der gesetzlichen Vertreter.

(8) Die Wirtschaftsprüferkammer ist unverzüglich und schriftlich begründet durch den Abschlussprüfer und die gesetzlichen Vertreter der geprüften Gesellschaft von der Kündigung oder dem Widerruf des Prüfungsauftrages zu unterrichten.

**§ 319[1)] [2)] Auswahl der Abschlussprüfer und Ausschlussgründe.** (1) [1] Abschlussprüfer können Wirtschaftsprüfer und Wirtschaftsprüfungsgesellschaften sein. [2] Abschlussprüfer von Jahresabschlüssen und Lageberichten mittelgroßer Gesellschaften mit beschränkter Haftung (§ 267 Abs. 2) oder von mittelgroßen Personenhandelsgesellschaften im Sinne des § 264a Abs. 1 können auch vereidigte Buchprüfer und Buchprüfungsgesellschaften sein. [3] Die Abschlussprüfer nach den Sätzen 1 und 2 müssen über einen Auszug aus dem Berufsregister verfügen[3)], aus dem sich ergibt, dass die Eintragung nach § 38 Nummer 1 Buchstabe h oder Nummer 2 Buchstabe f der Wirtschaftsprüferordnung vorgenommen worden ist; Abschlussprüfer, die erstmalig eine gesetzlich vorgeschriebene Abschlussprüfung nach § 316 des Handelsgesetzbuchs durchführen, müssen spätestens sechs Wochen nach Annahme eines Prüfungsauftrages über den Auszug aus dem Berufsregister verfügen. [4] Die Abschlussprüfer sind während einer laufenden Abschlussprüfung verpflichtet, eine Löschung der Eintragung unverzüglich gegenüber der Gesellschaft anzuzeigen.

(2) Ein Wirtschaftsprüfer oder vereidigter Buchprüfer ist als Abschlussprüfer ausgeschlossen, wenn während des Geschäftsjahres, für dessen Schluss der zu prüfende Jahresabschluss aufgestellt wird, oder während der Abschlussprüfung Gründe, insbesondere Beziehungen geschäftlicher, finanzieller oder persönlicher Art, vorliegen, nach denen die Besorgnis der Befangenheit besteht.

(3) [1] Ein Wirtschaftsprüfer oder vereidigter Buchprüfer ist insbesondere von der Abschlussprüfung ausgeschlossen, wenn er oder eine Person, mit der er seinen Beruf gemeinsam ausübt,

1. Anteile oder andere nicht nur unwesentliche finanzielle Interessen an der zu prüfenden Kapitalgesellschaft oder eine Beteiligung an einem Unternehmen besitzt, das mit der zu prüfenden Kapitalgesellschaft verbunden ist oder von dieser mehr als zwanzig vom Hundert der Anteile besitzt;
2. gesetzlicher Vertreter, Mitglied des Aufsichtsrats oder Arbeitnehmer der zu prüfenden Kapitalgesellschaft oder eines Unternehmens ist, das mit der zu prüfenden Kapitalgesellschaft verbunden ist oder von dieser mehr als zwanzig vom Hundert der Anteile besitzt;
3. über die Prüfungstätigkeit hinaus bei der zu prüfenden oder für die zu prüfende Kapitalgesellschaft in dem zu prüfenden Geschäftsjahr oder bis zur Erteilung des Bestätigungsvermerks
   a) bei der Führung der Bücher oder der Aufstellung des zu prüfenden Jahresabschlusses mitgewirkt hat,

---

1) § 319 eingef. durch G v. 19.12.1985 (BGBl. I S. 2355); neu gef. mWv 10.12.2004 durch G v. 4.12. 2004 (BGBl. I S. 3166); Abs. 1 Satz 3 neu gef., Satz 4 angef. mWv 17.6.2016 durch G v. 31.3.2016 (BGBl. I S. 518); Abs. 2 geänd. mWv 17.6.2016 durch G v. 10.5.2016 (BGBl. I S. 1142).

2) Beachte hierzu Übergangsvorschrift in Art. 78 EGHGB (Nr. **50a**).

3) Siehe hierzu Maßgabe in Art. 25 Abs. 1 Satz 3 EGHGB (Nr. **50a**).

b) bei der Durchführung der internen Revision in verantwortlicher Position mitgewirkt hat,
c) Unternehmensleitungs- oder Finanzdienstleistungen erbracht hat oder
d) eigenständige versicherungsmathematische oder Bewertungsleistungen erbracht hat, die sich auf den zu prüfenden Jahresabschluss nicht nur unwesentlich auswirken,

sofern diese Tätigkeiten nicht von untergeordneter Bedeutung sind; dies gilt auch, wenn eine dieser Tätigkeiten von einem Unternehmen für die zu prüfende Kapitalgesellschaft ausgeübt wird, bei dem der Wirtschaftsprüfer oder vereidigte Buchprüfer gesetzlicher Vertreter, Arbeitnehmer, Mitglied des Aufsichtsrats oder Gesellschafter, der mehr als zwanzig vom Hundert der den Gesellschaftern zustehenden Stimmrechte besitzt, ist;

4. bei der Prüfung eine Person beschäftigt, die nach den Nummern 1 bis 3 nicht Abschlussprüfer sein darf;
5. in den letzten fünf Jahren jeweils mehr als dreißig vom Hundert der Gesamteinnahmen aus seiner beruflichen Tätigkeit von der zu prüfenden Kapitalgesellschaft und von Unternehmen, an denen die zu prüfende Kapitalgesellschaft mehr als zwanzig vom Hundert der Anteile besitzt, bezogen hat und dies auch im laufenden Geschäftsjahr zu erwarten ist; zur Vermeidung von Härtefällen kann die Wirtschaftsprüferkammer befristete Ausnahmegenehmigungen erteilen.

2 Dies gilt auch, wenn der Ehegatte oder der Lebenspartner einen Ausschlussgrund nach Satz 1 Nr. 1, 2 oder 3 erfüllt.

(4) 1 Wirtschaftsprüfungsgesellschaften und Buchprüfungsgesellschaften sind von der Abschlussprüfung ausgeschlossen, wenn sie selbst, einer ihrer gesetzlichen Vertreter, ein Gesellschafter, der mehr als zwanzig vom Hundert der den Gesellschaftern zustehenden Stimmrechte besitzt, ein verbundenes Unternehmen, ein bei der Prüfung in verantwortlicher Position beschäftigter Gesellschafter oder eine andere von ihr beschäftigte Person, die das Ergebnis der Prüfung beeinflussen kann, nach Absatz 2 oder Absatz 3 ausgeschlossen sind. 2 Satz 1 gilt auch, wenn ein Mitglied des Aufsichtsrats nach Absatz 3 Satz 1 Nr. 2 ausgeschlossen ist oder wenn mehrere Gesellschafter, die zusammen mehr als zwanzig vom Hundert der den Gesellschaftern zustehenden Stimmrechte besitzen, jeweils einzeln oder zusammen nach Absatz 2 oder Absatz 3 ausgeschlossen sind.

(5) Absatz 1 Satz 3 sowie die Absätze 2 bis 4 sind auf den Abschlussprüfer des Konzernabschlusses entsprechend anzuwenden.

**§ 319a**[1] *(aufgehoben)*

**§ 319b**[2] [3] **Netzwerk.** (1) 1 Ein Abschlussprüfer ist von der Abschlussprüfung ausgeschlossen, wenn ein Mitglied seines Netzwerks einen Ausschlussgrund nach § 319 Abs. 2, 3 Satz 1 Nr. 1, 2 oder Nr. 4, Abs. 3 Satz 2 oder Abs. 4 erfüllt, es sei denn, dass das Netzwerkmitglied auf das Ergebnis der Abschlussprüfung keinen Einfluss nehmen kann. 2 Er ist ausgeschlossen, wenn ein Mitglied seines Netzwerks einen Ausschlussgrund nach § 319 Abs. 3 Satz 1 Nr. 3 erfüllt. 3 Ein Netzwerk liegt

[1] § 319a aufgeh. mWv 1.7.2021 durch G v. 3.6.2021 (BGBl. I S. 1534).

[2] § 319b eingef. mWv 29.5.2009 durch G v. 25.5.2009 (BGBl. I S. 1102); Abs. 1 Satz 2 geänd. mWv 1.7.2021 durch G v. 3.6.2021 (BGBl. I S. 1534).

[3] Beachte hierzu Übergangsvorschrift in Art. 86 EGHGB (Nr. **50a**).

vor, wenn Personen bei ihrer Berufsausübung zur Verfolgung gemeinsamer wirtschaftlicher Interessen für eine gewisse Dauer zusammenwirken.

(2) Absatz 1 ist auf den Abschlussprüfer des Konzernabschlusses entsprechend anzuwenden.

**§ 320[1) 2)] Vorlagepflicht. Auskunftsrecht.** (1) [1]Die gesetzlichen Vertreter der Kapitalgesellschaft haben dem Abschlußprüfer den Jahresabschluß, den Lagebericht und den gesonderten nichtfinanziellen Bericht unverzüglich nach der Aufstellung vorzulegen. [2]Sie haben ihm zu gestatten, die Bücher und Schriften der Kapitalgesellschaft sowie die Vermögensgegenstände und Schulden, namentlich die Kasse und die Bestände an Wertpapieren und Waren, zu prüfen. [3]Die gesetzlichen Vertreter einer Kapitalgesellschaft, die als Inlandsemittent (§ 2 Absatz 14 des Wertpapierhandelsgesetzes[3)]) Wertpapiere (§ 2 Absatz 1 des Wertpapierhandelsgesetzes) begibt und keine Kapitalgesellschaft im Sinne des § 327a ist, haben dem Abschlussprüfer auch die für Zwecke der Offenlegung nach den Vorgaben des § 328 Absatz 1 erstellte Wiedergabe des Jahresabschlusses und die nach diesen Vorgaben erstellte Wiedergabe des Lageberichts vorzulegen.

(2) [1]Der Abschlußprüfer kann von den gesetzlichen Vertretern alle Aufklärungen und Nachweise verlangen, die für eine sorgfältige Prüfung notwendig sind. [2]Soweit es die Vorbereitung der Abschlußprüfung erfordert, hat der Abschlußprüfer die Rechte nach Absatz 1 Satz 2 und nach Satz 1 auch schon vor Aufstellung des Jahresabschlusses. [3]Soweit es für eine sorgfältige Prüfung notwendig ist, hat der Abschlußprüfer die Rechte nach den Sätzen 1 und 2 auch gegenüber Mutter- und Tochterunternehmen.

(3) [1]Die gesetzlichen Vertreter einer Kapitalgesellschaft, die einen Konzernabschluß aufzustellen hat, haben dem Abschlußprüfer des Konzernabschlusses den Konzernabschluß, den Konzernlagebericht, den gesonderten nichtfinanziellen Konzernbericht, die Jahresabschlüsse, Lageberichte, die gesonderten nichtfinanziellen Berichte und, wenn eine Prüfung stattgefunden hat, die Prüfungsberichte des Mutterunternehmens und der Tochterunternehmen vorzulegen. [2]Der Abschlußprüfer hat die Rechte nach Absatz 1 Satz 2 und nach Absatz 2 bei dem Mutterunternehmen und den Tochterunternehmen, die Rechte nach Absatz 2 auch gegenüber den Abschlußprüfern des Mutterunternehmens und der Tochterunternehmen. [3]Die gesetzlichen Vertreter einer Kapitalgesellschaft, die als Inlandsemittent (§ 2 Absatz 14 des Wertpapierhandelsgesetzes) Wertpapiere (§ 2 Absatz 1 des Wertpapierhandelsgesetzes) begibt und keine Kapitalgesellschaft im Sinne des § 327a ist, haben dem Abschlussprüfer auch die für Zwecke der Offenlegung nach den Vorgaben des § 328 Absatz 1 erstellte Wiedergabe des Konzernabschlusses und die nach diesen Vorgaben erstellte Wiedergabe des Konzernlageberichts vorzulegen.

(4) Der bisherige Abschlussprüfer hat dem neuen Abschlussprüfer auf schriftliche Anfrage über das Ergebnis der bisherigen Prüfung zu berichten; § 321 ist entsprechend anzuwenden.

---

[1)] § 320 eingef. durch G v. 19.12.1985 (BGBl. I S. 2355); Abs. 4 angef. mWv 29.5.2009 durch G v. 25.5.2009 (BGBl. I S. 1102); Abs. 5 angef. mWv 17.6.2016 durch G v. 10.5.2016 (BGBl. I S. 1142); Abs. 1 Satz 1, Abs. 3 Satz 1 geänd. mWv 19.4.2017 durch G v. 11.4.2017 (BGBl. I S. 802); Abs. 5 Satz 2 neu gef. mWv 25.5.2018 durch G v. 17.7.2017 (BGBl. I S. 2541); Abs. 1 Satz 3, Abs. 3 Satz 3 angef. mWv 19.8.2020 durch G v. 12.8.2020 (BGBl. I S. 1874).

[2)] Beachte hierzu Übergangsvorschriften in Art. 80 und 84 EGHGB (Nr. **50a**).

[3)] **Habersack, Deutsche Gesetze ErgBd. Nr. 58.**

(5) [1]Ist die Kapitalgesellschaft als Tochterunternehmen in den Konzernabschluss eines Mutterunternehmens einbezogen, das seinen Sitz nicht in einem Mitgliedstaat der Europäischen Union oder einem anderen Vertragsstaat des Abkommens über den Europäischen Wirtschaftsraum hat, kann der Prüfer nach Absatz 2 zur Verfügung gestellte Unterlagen an den Abschlussprüfer des Konzernabschlusses weitergeben, soweit diese für die Prüfung des Konzernabschlusses des Mutterunternehmens erforderlich sind. [2]Die Übermittlung personenbezogener Daten muss im Einklang mit den Vorgaben der Verordnung (EU) 2016/679[1)] und den allgemeinen datenschutzrechtlichen Vorschriften stehen.

**§ 321**[2)] [3)] **Prüfungsbericht.** (1) [1]Der Abschlußprüfer hat über Art und Umfang sowie über das Ergebnis der Prüfung zu berichten; auf den Bericht sind die Sätze 2 und 3 sowie die Absätze 2 bis 4a anzuwenden. [2]Der Bericht ist schriftlich und mit der gebotenen Klarheit abzufassen; in ihm ist vorweg zu der Beurteilung der Lage der Kapitalgesellschaft oder Konzerns durch die gesetzlichen Vertreter Stellung zu nehmen, wobei insbesondere auf die Beurteilung des Fortbestandes und der künftigen Entwicklung der Kapitalgesellschaft unter Berücksichtigung des Lageberichts und bei der Prüfung des Konzernabschlusses von Mutterunternehmen auch des Konzerns unter Berücksichtigung des Konzernlageberichts einzugehen ist, soweit die geprüften Unterlagen und der Lagebericht oder der Konzernlagebericht eine solche Beurteilung erlauben. [3]Außerdem hat der Abschlussprüfer über bei Durchführung der Prüfung festgestellte Unrichtigkeiten oder Verstöße gegen gesetzliche Vorschriften sowie Tatsachen zu berichten, die den Bestand der geprüften Kapitalgesellschaft oder des Konzerns gefährden oder seine Entwicklung wesentlich beeinträchtigen können oder die schwerwiegende Verstöße der gesetzlichen Vertreter oder von Arbeitnehmern gegen Gesetz, Gesellschaftsvertrag oder die Satzung erkennen lassen.

(2) [1]Im Hauptteil des Prüfungsberichts ist festzustellen, ob die Buchführung und die weiteren geprüften Unterlagen, der Jahresabschluss, der Lagebericht, der Konzernabschluss und der Konzernlagebericht den gesetzlichen Vorschriften und den ergänzenden Bestimmungen des Gesellschaftsvertrags oder der Satzung entsprechen. [2]In diesem Rahmen ist auch über Beanstandungen zu berichten, die nicht zur Einschränkung oder Versagung des Bestätigungsvermerks geführt haben, soweit dies für die Überwachung der Geschäftsführung und der geprüften Kapitalgesellschaft von Bedeutung ist. [3]Es ist auch darauf einzugehen, ob der Abschluss insgesamt unter Beachtung der Grundsätze ordnungsmäßiger Buchführung oder sonstiger maßgeblicher Rechnungslegungsgrundsätze ein den tatsächlichen Verhältnissen entsprechendes Bild der Vermögens-, Finanz- und Ertragslage der Kapitalgesellschaft oder des Konzerns vermittelt. [4]Dazu ist auch auf wesentliche Bewertungsgrundlagen sowie darauf einzugehen, welchen Einfluss Änderungen in den Bewertungsgrundlagen einschließlich der Ausübung von Bilanzierungs- und Bewertungswahlrechten und der Ausnutzung von Ermessensspielräumen sowie sachverhaltsgestaltende Maßnahmen insgesamt auf die Darstellung der Vermögens-, Finanz- und Ertragslage haben. [5]Hierzu sind die Posten des Jahres- und

---

[1)] **Sartorius Nr. 246.**

[2)] § 321 eingef. durch G v. 19.12.1985 (BGBl. I S. 2355); neu gef. durch G v. 27.4.1998 (BGBl. I S. 786); Abs. 1 Satz 3, Abs. 2 neu gef. mWv 26.7.2002 durch G v. 19.7.2002 (BGBl. I S. 2681); Abs. 2 Satz 3 geänd., Abs. 3 Satz 2 angef. mWv 10.12.2004 durch G v. 4.12.2004 (BGBl. I S. 3166); Abs. 4a eingef. mWv 29.5.2009 durch G v. 25.5.2009 (BGBl. I S. 1102); Abs. 1 Sätze 1 und 2, Abs. 5 Sätze 1 und 2 geänd., Satz 3 angef. mWv 17.6.2016 durch G v. 10.5.2016 (BGBl. I S. 1142); Abs. 1 Sätze 2 und 3, Abs. 2 Satz 2 geänd. mWv 1.7.2021 durch G v. 3.6.2021 (BGBl. I S. 1534).

[3)] Beachte hierzu Übergangsvorschrift in Art. 79 EGHGB (Nr. **50a**).

des Konzernabschlusses aufzugliedern und ausreichend zu erläutern, soweit diese Angaben nicht im Anhang enthalten sind. [6]Es ist darzustellen, ob die gesetzlichen Vertreter die verlangten Aufklärungen und Nachweise erbracht haben.

(3) [1]In einem besonderen Abschnitt des Prüfungsberichts sind Gegenstand, Art und Umfang der Prüfung zu erläutern. [2]Dabei ist auch auf die angewandten Rechnungslegungs- und Prüfungsgrundsätze einzugehen.

(4) [1]Ist im Rahmen der Prüfung eine Beurteilung nach § 317 Abs. 4 abgegeben worden, so ist deren Ergebnis in einem besonderen Teil des Prüfungsberichts darzustellen. [2]Es ist darauf einzugehen, ob Maßnahmen erforderlich sind, um das interne Überwachungssystem zu verbessern.

(4a) Der Abschlussprüfer hat im Prüfungsbericht seine Unabhängigkeit zu bestätigen.

(5) [1]Der Abschlußprüfer hat den Bericht unter Angabe des Datums zu unterzeichnen und den gesetzlichen Vertretern vorzulegen; § 322 Absatz 7 Satz 3 und 4 gilt entsprechend. [2]Hat der Aufsichtsrat den Auftrag erteilt, so ist der Bericht ihm und gleichzeitig einem eingerichteten Prüfungsausschuss vorzulegen. [3]Im Fall des Satzes 2 ist der Bericht unverzüglich nach Vorlage dem Geschäftsführungsorgan mit Gelegenheit zur Stellungnahme zuzuleiten.

## § 321a[1)] Offenlegung des Prüfungsberichts in besonderen Fällen.

(1) [1]Wird über das Vermögen der Gesellschaft ein Insolvenzverfahren eröffnet oder wird der Antrag auf Eröffnung des *Insolvenzverfahren*[2)] mangels Masse abgewiesen, so hat ein Gläubiger oder Gesellschafter die Wahl, selbst oder durch einen von ihm zu bestimmenden Wirtschaftsprüfer oder im Falle des § 319 Abs. 1 Satz 2 durch einen vereidigten Buchprüfer Einsicht in die Prüfungsberichte des Abschlussprüfers über die aufgrund gesetzlicher Vorschriften durchzuführende Prüfung des Jahresabschlusses der letzten drei Geschäftsjahre zu nehmen, soweit sich diese auf die nach § 321 geforderte Berichterstattung beziehen. [2]Der Anspruch richtet sich gegen denjenigen, der die Prüfungsberichte in seinem Besitz hat.

(2) [1]Bei einer Aktiengesellschaft oder einer Kommanditgesellschaft auf Aktien stehen den Gesellschaftern die Rechte nach Absatz 1 Satz 1 nur zu, wenn ihre Anteile bei Geltendmachung des Anspruchs zusammen den einhundertsten Teil des Grundkapitals oder einen Börsenwert von 100 000 Euro erreichen. [2]Dem Abschlussprüfer ist die Erläuterung des Prüfungsberichts gegenüber den in Absatz 1 Satz 1 aufgeführten Personen gestattet.

(3) [1]Der Insolvenzverwalter oder ein gesetzlicher Vertreter des Schuldners kann einer Offenlegung von Geheimnissen, namentlich Betriebs- oder Geschäftsgeheimnissen, widersprechen, wenn die Offenlegung geeignet ist, der Gesellschaft einen erheblichen Nachteil zuzufügen. [2]§ 323 Abs. 1 und 3 bleibt im Übrigen unberührt. [3]Unbeschadet des Satzes 1 sind die Berechtigten nach Absatz 1 Satz 1 zur Verschwiegenheit über den Inhalt der von ihnen eingesehenen Unterlagen nach Absatz 1 Satz 1 verpflichtet.

(4) Die Absätze 1 bis 3 gelten entsprechend, wenn der Schuldner zur Aufstellung eines Konzernabschlusses und Konzernlageberichts verpflichtet ist.

---

[1)] § 321a eingef. mWv 10.12.2004 durch G v. 4.12.2004 (BGBl. I S. 3166).
[2)] Richtig wohl: „Insolvenzverfahrens".

**§ 322**[1) 2)] **Bestätigungsvermerk.** (1) [1] Der Abschlussprüfer hat das Ergebnis der Prüfung schriftlich in einem Bestätigungsvermerk zum Jahresabschluss oder zum Konzernabschluss zusammenzufassen. [2] Der Bestätigungsvermerk hat Gegenstand, Art und Umfang der Prüfung zu beschreiben und dabei die angewandten Rechnungslegungs- und Prüfungsgrundsätze anzugeben; er hat ferner eine Beurteilung des Prüfungsergebnisses zu enthalten. [3] In einem einleitenden Abschnitt haben zumindest die Beschreibung des Gegenstands der Prüfung und die Angabe zu den angewandten Rechnungslegungsgrundsätzen zu erfolgen. [4] Über das Ergebnis der Prüfungen nach § 317 Absatz 3a und 3b ist jeweils in einem besonderen Abschnitt zu berichten.

(1a) Bei der Erstellung des Bestätigungsvermerks hat der Abschlussprüfer die internationalen Prüfungsstandards anzuwenden, die von der Europäischen Kommission in dem Verfahren nach Artikel 26 Absatz 3 der Richtlinie 2006/43/EG angenommen worden sind.

(2) [1] Die Beurteilung des Prüfungsergebnisses muss zweifelsfrei ergeben, ob
1. ein uneingeschränkter Bestätigungsvermerk erteilt,
2. ein eingeschränkter Bestätigungsvermerk erteilt,
3. der Bestätigungsvermerk aufgrund von Einwendungen versagt oder
4. der Bestätigungsvermerk deshalb versagt wird, weil der Abschlussprüfer nicht in der Lage ist, ein Prüfungsurteil abzugeben.

[2] Die Beurteilung des Prüfungsergebnisses soll allgemein verständlich und problemorientiert unter Berücksichtigung des Umstandes erfolgen, dass die gesetzlichen Vertreter den Abschluss zu verantworten haben. [3] Auf Risiken, die den Fortbestand der Kapitalgesellschaft oder eines Konzernunternehmens gefährden, ist gesondert einzugehen. [4] Auf Risiken, die den Fortbestand eines Tochterunternehmens gefährden, braucht im Bestätigungsvermerk zum Konzernabschluss des Mutterunternehmens nicht eingegangen zu werden, wenn das Tochterunternehmen für die Vermittlung eines den tatsächlichen Verhältnissen entsprechenden Bildes der Vermögens-, Finanz- und Ertragslage des Konzerns nur von untergeordneter Bedeutung ist.

(3) [1] In einem uneingeschränkten Bestätigungsvermerk (Absatz 2 Satz 1 Nr. 1) hat der Abschlussprüfer zu erklären, dass die von ihm nach § 317 durchgeführte Prüfung zu keinen Einwendungen geführt hat und dass der von den gesetzlichen Vertretern der Gesellschaft aufgestellte Jahres- oder Konzernabschluss aufgrund der bei der Prüfung gewonnenen Erkenntnisse des Abschlussprüfers nach seiner Beurteilung den gesetzlichen Vorschriften entspricht und unter Beachtung der Grundsätze ordnungsmäßiger Buchführung oder sonstiger maßgeblicher Rechnungslegungsgrundsätze ein den tatsächlichen Verhältnissen entsprechendes Bild der Vermögens-, Finanz- und Ertragslage der Kapitalgesellschaft oder des Konzerns vermittelt. [2] Der Abschlussprüfer kann zusätzlich einen Hinweis auf Umstände aufnehmen, auf die er in besonderer Weise aufmerksam macht, ohne den Bestätigungsvermerk einzuschränken.

---

[1)] § 322 eingef. durch G v. 19.12.1985 (BGBl. I S. 2355); neu gef. mWv 10.12.2004 durch G v. 4.12. 2004 (BGBl. I S. 3166); Abs. 1 Satz 3 angef., Abs. 6 Satz 1 geänd., Abs. 7 Sätze 3 und 4 angef. mWv 23.7. 2015 durch G v. 17.7.2015 (BGBl. I S. 1245); Abs. 1 Satz 1 geänd., Abs. 1a eingef., Abs. 4 Satz 3 geänd., Abs. 6a eingef., Abs. 7 Satz 1 geänd. mWv 17.6.2016 durch G v. 10.5.2016 (BGBl. I S. 1142); Abs. 2 Satz 3, Abs. 3 Satz 1, Abs. 6 Satz 1 geänd. mWv 1.7.2021 durch G v. 3.6.2021 (BGBl. I S. 1534); Abs. 1 Satz 4 neu gef. mWv 22.6.2023 durch G v. 19.6.2023 (BGBl. 2023 I Nr. 154).

[2)] Beachte hierzu Übergangsvorschriften in Art. 75, 79, 84 und 90 EGHGB (Nr. **50a**).

(4) [1] Sind Einwendungen zu erheben, so hat der Abschlussprüfer seine Erklärung nach Absatz 3 Satz 1 einzuschränken (Absatz 2 Satz 1 Nr. 2) oder zu versagen (Absatz 2 Satz 1 Nr. 3). [2] Die Versagung ist in den Vermerk, der nicht mehr als Bestätigungsvermerk zu bezeichnen ist, aufzunehmen. [3] Die Einschränkung oder Versagung ist zu begründen; Absatz 3 Satz 2 findet Anwendung. [4] Ein eingeschränkter Bestätigungsvermerk darf nur erteilt werden, wenn der geprüfte Abschluss unter Beachtung der vom Abschlussprüfer vorgenommenen, in ihrer Tragweite erkennbaren Einschränkung ein den tatsächlichen Verhältnissen im Wesentlichen entsprechendes Bild der Vermögens-, Finanz- und Ertragslage vermittelt.

(5) [1] Der Bestätigungsvermerk ist auch dann zu versagen, wenn der Abschlussprüfer nach Ausschöpfung aller angemessenen Möglichkeiten zur Klärung des Sachverhalts nicht in der Lage ist, ein Prüfungsurteil abzugeben (Absatz 2 Satz 1 Nr. 4). [2] Absatz 4 Satz 2 und 3 gilt entsprechend.

(6) [1] Die Beurteilung des Prüfungsergebnisses hat sich auch darauf zu erstrecken, ob der Lagebericht oder der Konzernlagebericht nach dem Urteil des Abschlussprüfers mit dem Jahresabschluss und gegebenenfalls mit dem Einzelabschluss nach § 325 Abs. 2a oder mit dem Konzernabschluss in Einklang steht, die gesetzlichen Vorschriften zur Aufstellung des Lage- oder Konzernlageberichts beachtet worden sind und der Lage- oder Konzernlagebericht insgesamt ein zutreffendes Bild von der Lage der Kapitalgesellschaft oder des Konzerns vermittelt. [2] Dabei ist auch darauf einzugehen, ob die Chancen und Risiken der zukünftigen Entwicklung zutreffend dargestellt sind.

(6a) [1] Wurden mehrere Prüfer oder Prüfungsgesellschaften gemeinsam zum Abschlussprüfer bestellt, soll die Beurteilung des Prüfungsergebnisses einheitlich erfolgen. [2] Ist eine einheitliche Beurteilung ausnahmsweise nicht möglich, sind die Gründe hierfür darzulegen; die Beurteilung ist jeweils in einem gesonderten Absatz vorzunehmen. [3] Die Sätze 1 und 2 gelten im Fall der gemeinsamen Bestellung von

1. Wirtschaftsprüfern oder Wirtschaftsprüfungsgesellschaften,
2. vereidigten Buchprüfern oder Buchprüfungsgesellschaften sowie
3. Prüfern oder Prüfungsgesellschaften nach den Nummern 1 und 2.

(7) [1] Der Abschlussprüfer hat den Bestätigungsvermerk oder den Vermerk über seine Versagung unter Angabe des Ortes der Niederlassung des Abschlussprüfers und des Tages der Unterzeichnung zu unterzeichnen; im Fall des Absatzes 6a hat die Unterzeichnung durch alle bestellten Personen zu erfolgen. [2] Der Bestätigungsvermerk oder der Vermerk über seine Versagung ist auch in den Prüfungsbericht aufzunehmen. [3] Ist der Abschlussprüfer eine Wirtschaftsprüfungsgesellschaft, so hat die Unterzeichnung zumindest durch den Wirtschaftsprüfer zu erfolgen, welcher die Abschlussprüfung für die Prüfungsgesellschaft durchgeführt hat. [4] Satz 3 ist auf Buchprüfungsgesellschaften entsprechend anzuwenden.

**§ 323[1) 2)] Verantwortlichkeit des Abschlußprüfers.** (1) [1] Der Abschlußprüfer, seine Gehilfen und die bei der Prüfung mitwirkenden gesetzlichen Vertreter einer Prüfungsgesellschaft sind zur gewissenhaften und unparteiischen Prüfung und zur Verschwiegenheit verpflichtet; gesetzliche Mitteilungspflichten bleiben unberührt.

---

[1)] § 323 eingef. durch G v. 19.12.1985 (BGBl. I S. 2355); Abs. 2 Satz 2 eingef., bish. Satz 2 wird Satz 3 durch G v. 27.4.1998 (BGBl. I S. 786); Abs. 1 Satz 1 geänd. mWv 1.1.2001 durch G v. 19.12.2000 (BGBl. I S. 1769); Abs. 1 Satz 1 geänd., Abs. 2 Sätze 1 und 2 neu gef., Sätze 3 und 4 eingef., bish. Satz 3 wird Satz 5 und geänd., Abs. 5 neu gef. mWv 1.7.2021 durch G v. 3.6.2021 (BGBl. I S. 1534).

[2)] Beachte hierzu Übergangsvorschrift in Art. 86 EGHGB (Nr. **50a**).

[2]Sie dürfen nicht unbefugt Geschäfts- und Betriebsgeheimnisse verwerten, die sie bei ihrer Tätigkeit erfahren haben. [3]Wer vorsätzlich oder fahrlässig seine Pflichten verletzt, ist der Kapitalgesellschaft und, wenn ein verbundenes Unternehmen geschädigt worden ist, auch diesem zum Ersatz des daraus entstehenden Schadens verpflichtet. [4]Mehrere Personen haften als Gesamtschuldner.

(2) [1]Die Ersatzpflicht der in Absatz 1 Satz 1 genannten Personen für eine Prüfung ist vorbehaltlich der Sätze 2 bis 4 wie folgt beschränkt:

1. bei Kapitalgesellschaften, die ein Unternehmen von öffentlichem Interesse nach § 316a Satz 2 Nummer 1 sind: auf sechzehn Millionen Euro;
2. bei Kapitalgesellschaften, die ein Unternehmen von öffentlichem Interesse nach § 316a Satz 2 Nummer 2 oder 3, aber nicht nach § 316a Satz 2 Nummer 1 sind: auf vier Millionen Euro;
3. bei Kapitalgesellschaften, die nicht in den Nummern 1 und 2 genannt sind: auf eine Million fünfhunderttausend Euro.

[2]Dies gilt nicht für Personen, die vorsätzlich gehandelt haben, und für den Abschlussprüfer einer Kapitalgesellschaft nach Satz 1 Nummer 1, der grob fahrlässig gehandelt hat. [3]Die Ersatzpflicht des Abschlussprüfers einer Kapitalgesellschaft nach Satz 1 Nummer 2, der grob fahrlässig gehandelt hat, ist abweichend von Satz 1 Nummer 2 auf zweiunddreißig Millionen Euro für eine Prüfung beschränkt. [4]Die Ersatzpflicht des Abschlussprüfers einer Kapitalgesellschaft nach Satz 1 Nummer 3, der grob fahrlässig gehandelt hat, ist abweichend von Satz 1 Nummer 3 auf zwölf Millionen Euro für eine Prüfung beschränkt. [5]Die Haftungshöchstgrenzen nach den Sätzen 1, 3 und 4 gelten auch, wenn an der Prüfung mehrere Personen beteiligt gewesen oder mehrere zum Ersatz verpflichtende Handlungen begangen worden sind, und ohne Rücksicht darauf, ob andere Beteiligte vorsätzlich oder grob fahrlässig gehandelt haben.

(3) Die Verpflichtung zur Verschwiegenheit besteht, wenn eine Prüfungsgesellschaft Abschlußprüfer ist, auch gegenüber dem Aufsichtsrat und den Mitgliedern des Aufsichtsrats der Prüfungsgesellschaft.

(4) Die Ersatzpflicht nach diesen Vorschriften kann durch Vertrag weder ausgeschlossen noch beschränkt werden.

(5) Die Mitteilung nach Artikel 7 Unterabsatz 2 der Verordnung (EU) Nr. 537/2014 ist an die Bundesanstalt für Finanzdienstleistungsaufsicht zu richten, bei dem Verdacht einer Straftat oder Ordnungswidrigkeit auch an die für die Verfolgung jeweils zuständige Behörde.

**§ 324**[1) 2)] **Prüfungsausschuss.** (1) [1]Kapitalgesellschaften, die Unternehmen von öffentlichem Interesse (§ 316a Satz 2) sind und keinen Aufsichts- oder Verwaltungsrat haben, der die Voraussetzungen des § 100 Absatz 5 des Aktiengesetzes[3)] erfüllen muss, sind verpflichtet, einen Prüfungsausschuss nach Absatz 2 einzurichten, der sich insbesondere mit den in § 107 Absatz 3 Satz 2 und 3 des Aktiengesetzes beschriebenen Aufgaben befasst. [2]Dies gilt nicht für Kapitalgesellschaften im Sinne des Satzes 1,

---

[1)] § 324 neu gef. mWv 29.5.2009 durch G v. 25.5.2009 (BGBl. I S. 1102); Abs. 2 Satz 4 geänd., Abs. 3 angef. mWv 17.6.2016 durch G v. 10.5.2016 (BGBl. I S. 1142); Abs. 2 Satz 4 geänd. mWv 1.1.2020 durch G v. 12.12.2019 (BGBl. I S. 2637); Abs. 1, Abs. 2 Satz 2 neu gef., Satz 5 angef., Abs. 3 Satz 1 geänd., Satz 3 aufgeh. mWv 1.7.2021 durch G v. 3.6.2021 (BGBl. I S. 1534).

[2)] Beachte hierzu Übergangsvorschriften in Art. 83 Abs. 1 und Art. 86 EGHGB (Nr. **50a**).

[3)] Nr. **51**.

1. deren ausschließlicher Zweck in der Ausgabe von Wertpapieren im Sinne des § 2 Absatz 1 des Wertpapierhandelsgesetzes[1] besteht, die durch Vermögensgegenstände besichert sind;
2. die Kreditinstitute im Sinne des § 340 Absatz 1 sind und einen organisierten Markt im Sinne des § 2 Absatz 11 des Wertpapierhandelsgesetzes nur durch die Ausgabe von Schuldtiteln im Sinne des § 2 Absatz 1 Nummer 3 Buchstabe a des Wertpapierhandelsgesetzes in Anspruch nehmen, wenn deren Nominalwert 100 Millionen Euro nicht übersteigt und keine Verpflichtung zur Veröffentlichung eines Prospekts nach der Verordnung (EU) 2017/1129 des Europäischen Parlaments und des Rates vom 14. Juni 2017 über den Prospekt, der beim öffentlichen Angebot von Wertpapieren oder bei deren Zulassung zum Handel an einem geregelten Markt zu veröffentlichen ist und zur Aufhebung der Richtlinie 2003/71/EG (ABl. L 168 vom 30.6.2017, S. 12), die zuletzt durch die Verordnung (EU) 2019/2146 (ABl. L 325 vom 16.12.2019, S. 43) geändert worden ist, besteht;
3. die Investmentvermögen im Sinne des § 1 Absatz 1 des Kapitalanlagegesetzbuchs sind.

[3] Im Fall des Satzes 2 Nummer 1 ist im Anhang darzulegen, weshalb ein Prüfungsausschuss nicht eingerichtet wird.

(2) [1] Die Mitglieder des Prüfungsausschusses sind von den Gesellschaftern zu wählen. [2] Die Mehrheit der Mitglieder, darunter der Vorsitzende, muss unabhängig sein; im Übrigen ist § 100 Absatz 5 des Aktiengesetzes entsprechend anzuwenden. [3] Der Vorsitzende des Prüfungsausschusses darf nicht mit der Geschäftsführung betraut sein. [4] § 107 Absatz 3 Satz 8, § 124 Abs. 3 Satz 2 und § 171 Abs. 1 Satz 2 und 3 des Aktiengesetzes sind entsprechend anzuwenden. [5] Der Prüfungsausschuss hat den Gesellschaftern einen Vorschlag für die Wahl des Abschlussprüfers zu machen, wenn die Kapitalgesellschaft keinen Aufsichts- oder Verwaltungsrat hat oder wenn der Aufsichts- oder Verwaltungsrat für den Vorschlag nicht zuständig ist.

(3) [1] Die Abschlussprüferaufsichtsstelle beim Bundesamt für Wirtschaft und Ausfuhrkontrolle kann zur Erfüllung ihrer Aufgaben gemäß Artikel 27 Absatz 1 Buchstabe c der Verordnung (EU) Nr. 537/2014 von einer Kapitalgesellschaft, die ein Unternehmen von öffentlichem Interesse (§ 316a Satz 2) ist, eine Darstellung und Erläuterung des Ergebnisses sowie der Durchführung der Tätigkeit seines Prüfungsausschusses verlangen. [2] Die Abschlussprüferaufsichtsstelle soll zunächst auf Informationen aus öffentlich zugänglichen Quellen zurückgreifen.

## § 324a[2] Anwendung auf den Einzelabschluss nach § 325 Abs. 2a.

(1) [1] Die Bestimmungen dieses Unterabschnitts, die sich auf den Jahresabschluss beziehen, sind auf einen Einzelabschluss nach § 325 Abs. 2a entsprechend anzuwenden. [2] An Stelle des § 316 Abs. 1 Satz 2 gilt § 316 Abs. 2 Satz 2 entsprechend.

(2) [1] Als Abschlussprüfer des Einzelabschlusses nach § 325 Abs. 2a gilt der für die Prüfung des Jahresabschlusses bestellte Prüfer als bestellt. [2] Der Prüfungsbericht zum Einzelabschluss nach § 325 Abs. 2a kann mit dem Prüfungsbericht zum Jahresabschluss zusammengefasst werden.

---

[1] **Habersack, Deutsche Gesetze ErgBd. Nr. 58.**
[2] § 324a eingef. mWv 10.12.2004 durch G v. 4.12.2004 (BGBl. I S. 3166).

## Vierter Unterabschnitt.[1] Offenlegung. Prüfung durch die das Unternehmensregister führende Stelle

**§ 325**[2) 3)] **Offenlegung.** (1) [1]Die Mitglieder des vertretungsberechtigten Organs einer Kapitalgesellschaft haben für die Gesellschaft folgende Unterlagen, sofern sie aufzustellen oder zu erstellen sind, in deutscher Sprache offenzulegen:

1. den festgestellten Jahresabschluss, den Lagebericht, den Bestätigungsvermerk oder den Vermerk über dessen Versagung und die Erklärungen nach § 264 Absatz 2 Satz 3 und § 289 Absatz 1 Satz 5 sowie
2. den Bericht des Aufsichtsrats und die nach § 161 des Aktiengesetzes[4)] vorgeschriebene Erklärung.

[2]Die Unterlagen sind der das Unternehmensregister führenden Stelle elektronisch zur Einstellung in das Unternehmensregister zu übermitteln.

(1a) [1]Die Unterlagen nach Absatz 1 Satz 1 sind spätestens ein Jahr nach dem Abschlussstichtag des Geschäftsjahrs zu übermitteln, auf das sie sich beziehen. [2]Liegen die Unterlagen nach Absatz 1 Satz 1 Nummer 2 nicht innerhalb der Frist vor, sind sie unverzüglich nach ihrem Vorliegen nach Absatz 1 offenzulegen.

(1b) [1]Wird der Jahresabschluss oder der Lagebericht geändert, so ist auch die Änderung nach Absatz 1 Satz 1 offenzulegen. [2]Ist im Jahresabschluss nur der Vorschlag für die Ergebnisverwendung enthalten, ist der Beschluss über die Ergebnisverwendung nach seinem Vorliegen nach Absatz 1 Satz 1 offenzulegen.

(2) *(aufgehoben)*

(2a) [1]Bei der Offenlegung nach Absatz 1 in Verbindung mit § 8b Absatz 2 Nummer 4 kann bei großen Kapitalgesellschaften (§ 267 Absatz 3) an die Stelle des Jahresabschlusses ein Einzelabschluss treten, der nach den in § 315e Absatz 1 bezeichneten internationalen Rechnungslegungsstandards aufgestellt worden ist. [2]Ein Unternehmen, das von diesem Wahlrecht Gebrauch macht, hat die dort genannten Standards vollständig zu befolgen. [3]Auf einen solchen Abschluss sind § 243 Abs. 2, die §§ 244, 245, 257, § 264 Absatz 1a, 2 Satz 3, § 285 Nr. 7, 8 Buchstabe b, Nr. 9 bis 11a, 14 bis 17, § 286 Absatz 1 und 3 anzuwenden. [4]Die Verpflichtung, einen Lagebericht offenzulegen, bleibt unberührt; der Lagebericht nach § 289 muss in dem erforderlichen Umfang auch auf den Einzelabschluss nach Satz 1 Bezug nehmen. [5]Die übrigen Vorschriften des Zweiten Unterabschnitts des Ersten Abschnitts und des Ersten Unterabschnitts des Zweiten Abschnitts gelten insoweit nicht. [6]Kann wegen der Anwendung des § 286 Abs. 1 auf den Anhang die in Satz 2 genannte Voraussetzung nicht eingehalten werden, entfällt das Wahlrecht nach Satz 1.

---

[1)] 4. UAbschnitt Überschrift neu gef. mWv 1.8.2022 durch G v. 5.7.2021 (BGBl. I S. 3338).

[2)] § 325 neu gef. mWv 1.1.2007 durch G v. 10.11.2006 (BGBl. I S. 2553); Abs. 2a Satz 3 geänd. mWv 20.1.2007 durch G v. 5.1.2007 (BGBl. I S. 10); Abs. 2a Satz 3 geänd., Abs. 4 Satz 1 neu gef. mWv 29.5.2009 durch G v. 25.5.2009 (BGBl. I S. 1102); Abs. 1 neu gef., Abs. 1a und 1b eingef., Abs. 2a Satz 3, Abs. 3, 4 Sätze 1 und 2 und Abs. 6 geänd. mWv 23.7.2015 durch G v. 17.7.2015 (BGBl. I S. 1245); Abs. 1 Satz 1 einl. Satzteil, Abs. 2a Satz 1 geänd., Satz 4 neu gef., Abs. 2b Nr. 3 und Abs. 3 geänd. mWv 19.4.2017 durch G v. 11.4.2017 (BGBl. I S. 802); Abs. 2a Satz 3, Abs. 6 geänd. mWv 1.1.2020 durch G v. 12.12.2019 (BGBl. I S. 2637); Abs. 1 Satz 1 einl. Satzteil geänd., Nr. 1 und Satz 2 neu gef., Abs. 1a Satz 1 geänd., Abs. 2 aufgeh., Abs. 2a Satz 1, Abs. 2b Nr. 1–3, Abs. 3a, Abs. 4 Sätze 1 und 2 geänd., Abs. 6 neu gef. mWv 1.8.2022 durch G v. 5.7.2021 (BGBl. I S. 3338); Abs. 3 geänd. mWv 22.6.2023 durch G v. 19.6.2023 (BGBl. 2023 I Nr. 154).

[3)] Beachte hierzu Übergangsvorschriften in Art. 75, 80, 83 Abs. 1, 84 und 88 EGHGB (Nr. **50a**).

[4)] Nr. **51**.

(2b) Die befreiende Wirkung der Offenlegung des Einzelabschlusses nach Absatz 2a tritt ein, wenn

1. statt des vom Abschlussprüfer zum Jahresabschluss erteilten Bestätigungsvermerks oder des Vermerks über dessen Versagung der entsprechende Vermerk zum Abschluss nach Absatz 2a in die Offenlegung nach Absatz 1 einbezogen wird,
2. der Vorschlag für die Verwendung des Ergebnisses und gegebenenfalls der Beschluss über seine Verwendung unter Angabe des Jahresüberschusses oder Jahresfehlbetrags in die Offenlegung nach Absatz 1 einbezogen werden und
3. der Jahresabschluss mit dem Bestätigungsvermerk oder dem Vermerk über dessen Versagung in deutscher Sprache nach Maßgabe des Absatzes 1a Satz 1 und des Absatzes 4 der das Unternehmensregister führenden Stelle elektronisch zur Einstellung in das Unternehmensregister durch dauerhafte Hinterlegung übermittelt wird.

(3) Die Absätze 1 bis 1b Satz 1 und Absatz 4 Satz 1 gelten entsprechend für die Mitglieder des vertretungsberechtigten Organs einer Kapitalgesellschaft, die einen Konzernabschluss und einen Konzernlagebericht aufzustellen haben.

(3a) Wird der Konzernabschluss zusammen mit dem Jahresabschluss des Mutterunternehmens oder mit einem von diesem aufgestellten Einzelabschluss nach Absatz 2a offengelegt, können die Vermerke des Abschlussprüfers nach § 322 zu beiden Abschlüssen zusammengefasst werden; in diesem Fall können auch die jeweiligen Prüfungsberichte zusammengefasst werden.

(4) [1] Bei einer Kapitalgesellschaft im Sinn des § 264d beträgt die Frist nach Absatz 1a Satz 1 längstens vier Monate. [2] Für die Wahrung der Fristen nach Satz 1 und Absatz 1a Satz 1 ist der Zeitpunkt der Übermittlung der Unterlagen maßgebend.

(5) Auf Gesetz, Gesellschaftsvertrag oder Satzung beruhende Pflichten der Gesellschaft, den Jahresabschluss, den Einzelabschluss nach Absatz 2a, den Lagebericht, den Konzernabschluss oder den Konzernlagebericht in anderer Weise bekannt zu machen, einzureichen oder Personen zugänglich zu machen, bleiben unberührt.

(6) Die §§ 11 und 12 Absatz 2 gelten entsprechend für die Unterlagen, die an die das Unternehmensregister führende Stelle zur Einstellung in das Unternehmensregister zu übermitteln sind; § 325a Absatz 1 Satz 5 und § 340l Absatz 2 Satz 6 bleiben unberührt.

**§ 325a[1)] [2)] Zweigniederlassungen von Kapitalgesellschaften mit Sitz im Ausland.** (1) [1] Bei inländischen Zweigniederlassungen von Kapitalgesellschaften mit Sitz in einem anderen Staat haben die in § 13e Absatz 2 Satz 5 Nummer 3 genannten angemeldeten Personen oder, wenn solche nicht vorhanden sind, die Mitglieder des vertretungsberechtigten Organs der Gesellschaft für diese die Un-

[1)] § 325a eingef. durch G v. 22.7.1993 (BGBl. I S. 1282); Abs. 2 geänd. durch G v. 24.6.1994 (BGBl. I S. 1377); Abs. 1 Sätze 3 und 4 neu gef., Satz 5 angef. mWv 15.12.2001 durch G v. 10.12.2001 (BGBl. I S. 3414); Abs. 1 Satz 2 aufgeh., bish. Sätze 3 und 4 werden Sätze 2 und 3 und neuer Satz 3 neu gef., bish. Satz 5 aufgeh. mWv 1.1.2007 durch G v. 10.11.2006 (BGBl. I S. 2553); Abs. 3 angef. mWv 28.12.2012 durch G v. 20.12.2012 (BGBl. I S. 2751); Abs. 1 Sätze 2 und 3 eingef., bish. Sätze 2 und 3 werden Sätze 4 und 5 mWv 1.1.2020 durch G v. 12.12.2019 (BGBl. I S. 2637); Abs. 1 Sätze 4 und 5 abschl. Satzteil geänd., Abs. 4 angef. mWv 1.8.2022 durch G v. 5.7.2021 (BGBl. I S. 3338); Abs. 1 Satz 1 neu gef., Abs. 3 Satz 1 geänd. mWv 22.6.2023 durch G v. 19.6.2023 (BGBl. 2023 I Nr. 154).

[2)] Beachte hierzu Übergangsvorschriften in Art. 83, 88 und 90 EGHGB (Nr. **50a**).

terlagen der Rechnungslegung der Hauptniederlassung, die nach dem für die Hauptniederlassung maßgeblichen Recht aufgestellt, geprüft und offengelegt worden sind, nach den §§ 325, 327a und 328 offenzulegen; § 329 ist anzuwenden. [2]Bestehen mehrere inländische Zweigniederlassungen derselben Gesellschaft, brauchen die Unterlagen der Rechnungslegung der Hauptniederlassung nur von den nach Satz 1 verpflichteten Personen einer dieser Zweigniederlassungen offengelegt zu werden. [3]In diesem Fall beschränkt sich die Offenlegungspflicht der übrigen Zweigniederlassungen auf die Angabe des Namens der Zweigniederlassung, des Registers sowie der Registernummer der Zweigniederlassung, für die die Offenlegung gemäß Satz 2 bewirkt worden ist. [4]Die Unterlagen sind in deutscher Sprache zu übermitteln. [5]Soweit dies nicht die Amtssprache am Sitz der Hauptniederlassung ist, können die Unterlagen der Hauptniederlassung auch

1. in englischer Sprache oder
2. in einer von dem Register der Hauptniederlassung beglaubigten Abschrift oder,
3. wenn eine dem Register vergleichbare Einrichtung nicht vorhanden oder diese nicht zur Beglaubigung befugt ist, in einer von einem Wirtschaftsprüfer bescheinigten Abschrift, verbunden mit der Erklärung, dass entweder eine dem Register vergleichbare Einrichtung nicht vorhanden oder diese nicht zur Beglaubigung befugt ist,

übermittelt werden; von der Beglaubigung des Registers ist eine beglaubigte Übersetzung in deutscher Sprache zu übermitteln.

(2) Diese Vorschrift gilt nicht für Zweigniederlassungen, die von Kreditinstituten im Sinne des § 340 oder von Versicherungsunternehmen im Sinne des § 341 errichtet werden.

(3) [1]Bei der Anwendung von Absatz 1 ist für die Einstufung einer Kapitalgesellschaft als Kleinstkapitalgesellschaft (§ 267a) und für die Geltung von Erleichterungen bei der Rechnungslegung das Recht des anderen Staates maßgeblich. [2]Darf eine Kleinstkapitalgesellschaft nach dem für sie maßgeblichen Recht die Offenlegungspflicht durch die Hinterlegung der Bilanz erfüllen, darf sie die Offenlegung nach Absatz 1 ebenfalls durch Hinterlegung bewirken. [3]§ 326 Absatz 2 gilt entsprechend.

(4) Die das Unternehmensregister führende Stelle fordert die Kapitalgesellschaft zur unverzüglichen Offenlegung der Änderung der Unterlagen der Rechnungslegung gemäß Absatz 1 auf, wenn zum Zeitpunkt eines Dateneingangs nach § 9b Absatz 4 Satz 2 die Änderung noch nicht offengelegt worden ist.

**§ 326[1) 2)] Größenabhängige Erleichterungen für kleine Kapitalgesellschaften und Kleinstkapitalgesellschaften bei der Offenlegung.** (1) [1]Auf kleine Kapitalgesellschaften (§ 267 Abs. 1) ist § 325 Abs. 1 mit der Maßgabe anzuwenden, daß die Mitglieder des vertretungsberechtigten Organs nur die Bilanz und den Anhang zu übermitteln haben. [2]Der Anhang braucht die die Gewinn- und Verlustrechnung betreffenden Angaben nicht zu enthalten.

---

[1)] § 326 eingef. durch G v. 19.12.1985 (BGBl. I S. 2355); Satz 2 aufgeh., bish. Satz 3 wird Satz 2 durch G v. 25.7.1994 (BGBl. I S. 1682); Satz 1 geänd. mWv 9.3.2000 durch G v. 24.2.2000 (BGBl. I S. 154); Überschrift geänd., Abs. 2 angef. mWv 28.12.2012 durch G v. 20.12.2012 (BGBl. I S. 2751); Abs. 2 Sätze 1 und 2 geänd. mWv 23.7.2015 durch G v. 17.7.2015 (BGBl. I S. 1245); Abs. 1 Satz 1 geänd., Abs. 2 Satz 1 neu gef., Satz 2 aufgeh., bish. Satz 3 wird Satz 2 und geänd. mWv 1.8.2022 durch G v. 5.7.2021 (BGBl. I S. 3338); Abs. 1 Satz 1, Abs. 2 Satz 1 geänd. mWv 22.6.2023 durch G v. 19.6.2023 (BGBl. 2023 I Nr. 154).

[2)] Beachte hierzu Übergangsvorschriften in Art. 75 und 88 EGHGB (Nr. **50a**).

(2) [1] Auf Kleinstkapitalgesellschaften (§ 267a) ist § 325 Absatz 1 mit der Maßgabe anzuwenden, dass die Mitglieder des vertretungsberechtigten Organs nur die Bilanz zu übermitteln haben und dabei die Einstellung in das Unternehmensregister durch dauerhafte Hinterlegung verlangen können. [2] Kleinstkapitalgesellschaften dürfen von dem in Satz 1 geregelten Recht nur Gebrauch machen, wenn sie gegenüber der das Unternehmensregister führenden Stelle mitteilen, dass sie zwei der drei in § 267a Absatz 1 genannten Merkmale für die nach § 267 Absatz 4 maßgeblichen Abschlussstichtage nicht überschreiten.

**§ 327[1) 2)] Größenabhängige Erleichterungen für mittelgroße Kapitalgesellschaften bei der Offenlegung.** Auf mittelgroße Kapitalgesellschaften (§ 267 Abs. 2) ist § 325 Abs. 1 mit der Maßgabe anzuwenden, daß die Mitglieder des vertretungsberechtigten Organs

1. die Bilanz nur in der für kleine Kapitalgesellschaften nach § 266 Abs. 1 Satz 3 vorgeschriebenen Form der das Unternehmensregister führenden Stelle übermitteln müssen. In der Bilanz oder im Anhang sind jedoch die folgenden Posten des § 266 Abs. 2 und 3 zusätzlich gesondert anzugeben:

   Auf der Aktivseite

   | | |
   |---|---|
   | A I 1 | Selbst geschaffene gewerbliche Schutzrechte und ähnliche Rechte und Werte; |
   | A I 2 | Geschäfts- oder Firmenwert; |
   | A II 1 | Grundstücke, grundstücksgleiche Rechte und Bauten einschließlich der Bauten auf fremden Grundstücken; |
   | A II 2 | technische Anlagen und Maschinen; |
   | A II 3 | andere Anlagen, Betriebs- und Geschäftsausstattung; |
   | A II 4 | geleistete Anzahlungen und Anlagen im Bau; |
   | A III 1 | Anteile an verbundenen Unternehmen; |
   | A III 2 | Ausleihungen an verbundene Unternehmen; |
   | A III 3 | Beteiligungen; |
   | A III 4 | Ausleihungen an Unternehmen, mit denen ein Beteiligungsverhältnis besteht; |
   | B II 2 | Forderungen gegen verbundene Unternehmen; |
   | B II 3 | Forderungen gegen Unternehmen, mit denen ein Beteiligungsverhältnis besteht; |
   | B III 1 | Anteile an verbundenen Unternehmen. |

   Auf der Passivseite

   | | |
   |---|---|
   | C 1 | Anleihen, davon konvertibel; |
   | C 2 | Verbindlichkeiten gegenüber Kreditinstituten; |
   | C 6 | Verbindlichkeiten gegenüber verbundenen Unternehmen; |

---

1) § 327 eingef. durch G v. 19.12.1985 (BGBl. I S. 2355); Nr. 2 geänd. mWv 10.12.2004 durch G v. 4.12.2004 (BGBl. I S. 3166); Nr. 1 und 2 geänd. mWv 1.1.2007 durch G v. 10.11.2006 (BGBl. I S. 2553); Nr. 1 Satz 2 und Nr. 2 geänd. mWv 29.5.2009 durch G v. 25.5.2009 (BGBl. I S. 1102); Nr. 1 und 2 geänd. mWv 1.4.2012 durch G v. 22.12.2011 (BGBl. I S. 3044); Nr. 1 und 2 geänd. mWv 1.8.2022 durch G v. 5.7.2021 (BGBl. I S. 3338); einl. Satzteil geänd. mWv 22.6.2023 durch G v. 19.6.2023 (BGBl. 2023 I Nr. 154).

2) Beachte hierzu Übergangsvorschrift in Art. 88 EGHGB (Nr. **50a**).

C 7 Verbindlichkeiten gegenüber Unternehmen, mit denen ein Beteiligungsverhältnis besteht;

2. den Anhang ohne die Angaben nach § 285 Nr. 2 und 8 Buchstabe a, Nr. 12 der das Unternehmensregister führenden Stelle übermitteln dürfen.

**§ 327a[1)] Erleichterung für bestimmte kapitalmarktorientierte Kapitalgesellschaften.** § 325 Abs. 4 Satz 1 ist auf eine Kapitalgesellschaft nicht anzuwenden, wenn sie ausschließlich zum Handel an einem organisierten Markt zugelassene Schuldtitel im Sinn des § 2 Absatz 1 Nummer 3 des Wertpapierhandelsgesetzes[2)] mit einer Mindeststückelung von 100 000 Euro oder dem am Ausgabetag entsprechenden Gegenwert einer anderen Währung begibt.

**§ 328[3) 4)] Form, Format und Inhalt der Unterlagen bei der Offenlegung, Veröffentlichung und Vervielfältigung.** (1) [1] Bei der Offenlegung des Jahresabschlusses, des Einzelabschlusses nach § 325 Absatz 2a, des Konzernabschlusses, des Lage- oder Konzernlageberichts oder der Erklärungen nach § 264 Absatz 2 Satz 3, § 289 Absatz 1 Satz 5, § 297 Absatz 2 Satz 4 oder § 315 Absatz 1 Satz 5 sind diese Abschlüsse, Lageberichte und Erklärungen so wiederzugeben, dass sie den für ihre Aufstellung maßgeblichen Vorschriften entsprechen, soweit nicht Erleichterungen nach den §§ 326 und 327 in Anspruch genommen werden oder eine Rechtsverordnung des Bundesministeriums der Justiz nach Absatz 4 hiervon Abweichungen ermöglicht. [2] Sie haben in diesem Rahmen vollständig und richtig zu sein. [3] Die Sätze 1 und 2 gelten auch für die teilweise Offenlegung sowie für die Veröffentlichung oder Vervielfältigung in anderer Form auf Grund des Gesellschaftsvertrages oder der Satzung. [4] Eine Kapitalgesellschaft, die als Inlandsemittent (§ 2 Absatz 14 des Wertpapierhandelsgesetzes[2)]) Wertpapiere (§ 2 Absatz 1 des Wertpapierhandelsgesetzes) begibt und keine Kapitalgesellschaft im Sinne des § 327a ist, hat offenzulegen:

1. die in Absatz 1 Satz 1 bezeichneten Unterlagen in dem einheitlichen elektronischen Berichtsformat nach Maßgabe des Artikels 3 der Delegierten Verordnung (EU) 2019/815 der Kommission vom 17. Dezember 2018 zur Ergänzung der Richtlinie 2004/109/EG des Europäischen Parlaments und des Rates im Hinblick auf technische Regulierungsstandards für die Spezifikation eines einheitlichen elektronischen Berichtsformats (ABl. L 143 vom 29.5.2019, S. 1; L 145 vom 4.6.2019, S. 85) in der jeweils geltenden Fassung;
2. den Konzernabschluss mit Auszeichnungen nach Maßgabe der Artikel 4 und 6 der Delegierten Verordnung (EU) 2019/815.

---

[1)] § 327a eingef. mWv 1.1.2007 durch G v. 10.11.2006 (BGBl. I S. 2553); geänd. mWv 20.1.2007 durch G v. 5.1.2007 (BGBl. I S. 10); geänd. mWv 23.7.2015 durch G v. 17.7.2015 (BGBl. I S. 1245); geänd. mWv 26.11.2015 durch G v. 20.11.2015 (BGBl. I S. 2029).

[2)] **Habersack, Deutsche Gesetze ErgBd. Nr. 58.**

[3)] § 328 eingef. durch G v. 19.12.1985 (BGBl. I S. 2355); Abs. 4 angef. durch G v. 25.7.1994 (BGBl. I S. 1682); Abs. 4 aufgeh. durch G v. 9.6.1998 (BGBl. I S. 1242); Abs. 4 angef. mWv 16.11.2006, Abs. 2 Satz 4 neu gef. mWv 1.1.2007 durch G v. 10.11.2006 (BGBl. I S. 2553); Abs. 2 Satz 4 und Abs. 4 geänd. mWv 1.4.2012 durch G v. 22.12.2011 (BGBl. I S. 3044); Abs. 5 angef. mWv 28.12.2012 durch G v. 20.12.2012 (BGBl. I S. 2751); Abs. 1 neu gef., Abs. 1a eingef. mWv 23.7.2015 durch G v. 17.7.2015 (BGBl. I S. 1245); Überschrift, Abs. 1 Satz 1 geänd., Satz 4 angef., Abs. 2 Sätze 1 und 2 geänd., Abs. 3 Satz 1 neu gef., Satz 2 und Abs. 5 geänd. mWv 19.8.2020 durch G v. 12.8.2020 (BGBl. I S. 1874); Abs. 2 Satz 4, Abs. 4 geänd. mWv 1.8.2022 durch G v. 5.7.2021 (BGBl. I S. 3338); Abs. 1 Satz 1 geänd. mWv 22.6.2023 durch G v. 19.6.2023 (BGBl. 2023 I Nr. 154).

[4)] Beachte hierzu Übergangsvorschriften in Art. 75, 84 und 88 EGHGB (Nr. **50a**).

(1a) [1] Das Datum der Feststellung oder der Billigung der in Absatz 1 Satz 1 bezeichneten Abschlüsse ist anzugeben. [2] Wurde der Abschluss auf Grund gesetzlicher Vorschriften durch einen Abschlussprüfer geprüft, so ist jeweils der vollständige Wortlaut des Bestätigungsvermerks oder des Vermerks über dessen Versagung wiederzugeben; wird der Jahresabschluss wegen der Inanspruchnahme von Erleichterungen nur teilweise offengelegt und bezieht sich der Bestätigungsvermerk auf den vollständigen Jahresabschluss, ist hierauf hinzuweisen. [3] Bei der Offenlegung von Jahresabschluss, Einzelabschluss nach § 325 Absatz 2a oder Konzernabschluss ist gegebenenfalls darauf hinzuweisen, dass die Offenlegung nicht gleichzeitig mit allen anderen nach § 325 offenzulegenden Unterlagen erfolgt.

(2) [1] Werden Abschlüsse in Veröffentlichungen und Vervielfältigungen, die nicht durch Gesetz, Gesellschaftsvertrag oder Satzung vorgeschrieben sind, nicht in der nach Absatz 1 vorgeschriebenen Form oder dem vorgeschriebenen Format wiedergegeben, so ist jeweils in einer Überschrift darauf hinzuweisen, daß es sich nicht um eine der gesetzlichen Form oder dem gesetzlichen Format entsprechende Veröffentlichung handelt. [2] Ein Bestätigungsvermerk darf nicht beigefügt werden, wenn die Abschlüsse nicht in der nach Absatz 1 vorgeschriebenen Form wiedergegeben werden. [3] Ist jedoch auf Grund gesetzlicher Vorschriften eine Prüfung durch einen Abschlußprüfer erfolgt, so ist anzugeben, zu welcher der in § 322 Abs. 2 Satz 1 genannten zusammenfassenden Beurteilungen des Prüfungsergebnisses der Abschlussprüfer in Bezug auf den in gesetzlicher Form erstellten Abschluss gelangt ist und ob der Bestätigungsvermerk einen Hinweis nach § 322 Abs. 3 Satz 2 enthält. [4] Ferner ist anzugeben, ob die Unterlagen der das Unternehmensregister führenden Stelle übermittelt worden sind.

(3) [1] Absatz 1 Satz 1 bis 3 ist auf den Vorschlag für die Verwendung des Ergebnisses und den Beschluss über seine Verwendung entsprechend anzuwenden. [2] Werden die in Satz 1 bezeichneten Unterlagen oder der Lage- oder Konzernlagebericht nicht gleichzeitig mit dem Jahresabschluß oder dem Konzernabschluß offengelegt, so ist bei ihrer nachträglichen Offenlegung jeweils anzugeben, auf welchen Abschluß sie sich beziehen und wo dieser offengelegt worden ist; dies gilt auch für die nachträgliche Offenlegung des Bestätigungsvermerks oder des Vermerks über seine Versagung.

(4) Die Rechtsverordnung nach § 330 Abs. 1 Satz 1, 4 und 5 kann der das Unternehmensregister führenden Stelle Abweichungen von der Kontoform nach § 266 Abs. 1 Satz 1 gestatten.

(5) Für die Hinterlegung der Bilanz einer Kleinstkapitalgesellschaft (§ 326 Absatz 2) gelten Absatz 1 Satz 1 bis 3 und Absatz 1a Satz 1 entsprechend.

**§ 329[1) 2)] Prüfungs- und Unterrichtungspflicht der das Unternehmensregister führenden Stelle.** (1) [1] Die das Unternehmensregister führende Stelle prüft, ob die zu übermittelnden Unterlagen fristgemäß und vollzählig übermittelt worden sind. [2] Soweit dies für die Erfüllung der Aufgaben nach Satz 1 erforderlich ist, darf die das Unternehmensregister führende Stelle die von den Landesjustizverwaltungen nach § 8b Absatz 3 Satz 2 übermittelten Daten verwenden.

---

1) § 329 neu gef. mWv 1.1.2007 durch G v. 10.11.2006 (BGBl. I S. 2553); Überschrift, Abs. 1 Sätze 1–3, Abs. 2 Satz 1 geänd. mWv 1.4.2012 durch G v. 22.12.2011 (BGBl. I S. 3044); Abs. 3 geänd. mWv 23.7.2015 durch G v. 17.7.2015 (BGBl. I S. 1245); Abs. 3 geänd. mWv 1.1.2020 durch G v. 12.12.2019 (BGBl. I S. 2637); Überschrift geänd., Abs. 1 neu gef., Abs. 2 Satz 1, Abs. 4 geänd. mWv 1.8.2022 durch G v. 5.7.2021 (BGBl. I S. 3338).

2) Beachte hierzu Übergangsvorschriften in Art. 83 und 88 EGHGB (Nr. **50a**).

(2) [1] Gibt die Prüfung Anlass zu der Annahme, dass von der Größe der Kapitalgesellschaft abhängige Erleichterungen oder die Erleichterung nach § 327a nicht hätten in Anspruch genommen werden dürfen, kann die das Unternehmensregister führende Stelle von der Kapitalgesellschaft innerhalb einer angemessenen Frist die Mitteilung der Umsatzerlöse (§ 277 Abs. 1) und der durchschnittlichen Zahl der Arbeitnehmer (§ 267 Abs. 5) oder Angaben zur Eigenschaft als Kapitalgesellschaft im Sinn des § 327a verlangen. [2] Unterlässt die Kapitalgesellschaft die fristgemäße Mitteilung, gelten die Erleichterungen als zu Unrecht in Anspruch genommen.

(3) In den Fällen des § 325a Absatz 1 Satz 5 und des § 340l Absatz 2 Satz 6 kann im Einzelfall die Vorlage einer Übersetzung in die deutsche Sprache verlangt werden.

(4) Ergibt die Prüfung nach Absatz 1 Satz 1, dass die offen zu legenden Unterlagen nicht oder unvollständig übermittelt wurden, wird die jeweils für die Durchführung von Ordnungsgeldverfahren nach den §§ 335, 340o und 341o zuständige Verwaltungsbehörde unterrichtet.

### Fünfter Unterabschnitt. Verordnungsermächtigung für Formblätter und andere Vorschriften

**§ 330[1)] [Verordnungsermächtigung für Formblätter und andere Vorschriften]** (1) [1] Das Bundesministerium der Justiz wird ermächtigt, im Einvernehmen mit dem Bundesministerium der Finanzen und dem Bundesministerium für Wirtschaft und Klimaschutz durch Rechtsverordnung[2)], die nicht der Zustimmung des Bundesrates bedarf, für Kapitalgesellschaften Formblätter vorzuschreiben oder andere Vorschriften für die Gliederung des Jahresabschlusses oder des Konzernabschlusses oder den Inhalt des Anhangs, des Konzernanhangs, des Lageberichts oder des Konzernlageberichts zu erlassen, wenn der Geschäftszweig eine von den §§ 266, 275 abweichende Gliederung des Jahresabschlusses oder des Konzernabschlusses oder von den Vorschriften des Ersten Abschnitts und des Ersten und

---

[1)] § 330 eingef. durch G v. 19.12.1985 (BGBl. I S. 2355); Abs. 2 angef. durch G v. 30.11.1990 (BGBl. I S. 2570); Abs. 2 Satz 4 geänd. durch G v. 21.12.1992 (BGBl. I S. 2211); Abs. 2 Satz 2 geänd. durch G v. 27.4.1993 (BGBl. I S. 512) iVm Bek. v. 16.12.1993 (BGBl. I S. 2436); Abs. 1 Satz 1, Abs. 2 Satz 3 geänd., Abs. 3 und 4 angef. durch G v. 24.6.1994 (BGBl. I S. 1377); Abs. 1 Satz 3 geänd., Abs. 2 Sätze 2 und 4 geänd. durch G v. 22.10.1997 (BGBl. I S. 2567); Abs. 2 Satz 4 geänd. durch G v. 24.3.1998 (BGBl. I S. 529); Abs. 5 angef. mWv 30.6.2001 durch G v. 26.6.2001 (BGBl. I S. 1310); Abs. 1 Satz 1 geänd. mWv 7.11.2001 durch VO v. 29.10.2001 (BGBl. I S. 2785); Abs. 1 Satz 1 geänd. mWv 28.11.2003 durch VO v. 25.11.2003 (BGBl. I S. 2304); Abs. 1 Satz 1 geänd., Sätze 4 und 5 angef., Abs. 3 Satz 5 angef. mWv 16.11.2006 durch G v. 10.11.2006 (BGBl. I S. 2553); Abs. 2 Satz 4 geänd. mWv 29.5.2009 durch G v. 25.5.2009 (BGBl. I S. 1102); Abs. 4 Satz 1 und Abs. 5 geänd. mWv 1.1.2016 durch G v. 1.4.2015 (BGBl. I S. 434); Abs. 1 Satz 1 geänd. mWv 8.9.2015 durch VO v. 31.8.2015 (BGBl. I S. 1474); Abs. 4 Satz 1 geänd. mWv 17.6.2016 durch G v. 10.5.2016 (BGBl. I S. 1142); Abs. 2 Satz 1 neu gef., Satz 4 geänd. mWv 26.6.2021 durch G v. 12.5.2021 (BGBl. I S. 990); Abs. 1 Satz 1 geänd. mWv 22.6.2023 durch G v. 19.6.2023 (BGBl. 2023 I Nr. 154).

[2)] Siehe ua die
- Kreditinstituts-RechnungslegungsVO idF der Bek. v. 11.12.1998 (BGBl. I S. 3658), zuletzt geänd. durch G v. 7.8.2021 (BGBl. I S. 3311);
- Versicherungsunternehmens-RechnungslegungsVO v. 8.11.1994 (BGBl. I S. 3378), zuletzt geänd. durch G v. 10.8.2021 (BGBl. I S. 3436);
- Pensionsfonds-RechnungslegungsVO v. 25.2.2003 (BGBl. I S. 246), zuletzt geänd. durch G v. 10.8.2021 (BGBl. I S. 3436);
- VO über die Gliederung des Jahresabschlusses von Wohnungsunternehmen v. 14.6.2023 (BGBl. 2023 I Nr. 152);
- VO über die Gliederung des Jahresabschlusses von Verkehrsunternehmen v. 27.2.1968 (BGBl. I S. 193), zuletzt geänd. durch G v. 7.8.2021 (BGBl. I S. 3311).

Zweiten Unterabschnitts des Zweiten Abschnitts abweichende Regelungen erfordert. [2]Die sich aus den abweichenden Vorschriften ergebenden Anforderungen an die in Satz 1 bezeichneten Unterlagen sollen den Anforderungen gleichwertig sein, die sich für große Kapitalgesellschaften (§ 267 Abs. 3) aus den Vorschriften des Ersten Abschnitts und des Ersten und Zweiten Unterabschnitts des Zweiten Abschnitts sowie den für den Geschäftszweig geltenden Vorschriften ergeben. [3]Über das geltende Recht hinausgehende Anforderungen dürfen nur gestellt werden, soweit sie auf Rechtsakten des Rates der Europäischen Union beruhen. [4]Die Rechtsverordnung nach Satz 1 kann auch Abweichungen von der Kontoform nach § 266 Abs. 1 Satz 1 gestatten. [5]Satz 4 gilt auch in den Fällen, in denen ein Geschäftszweig eine von den §§ 266 und 275 abweichende Gliederung nicht erfordert.

(2) [1]Absatz 1 ist auf folgende Institute ungeachtet ihrer Rechtsform nach Maßgabe der Sätze 3 und 4 anzuwenden:

1. auf Kreditinstitute im Sinne des § 1 Absatz 1 des Kreditwesengesetzes[1)], soweit sie nach dessen § 2 Absatz 1, 4 oder 5 von der Anwendung nicht ausgenommen sind,
2. auf Finanzdienstleistungsinstitute im Sinne des § 1 Absatz 1a des Kreditwesengesetzes, soweit sie nach dessen § 2 Absatz 6 oder 10 von der Anwendung nicht ausgenommen sind,
3. auf Wertpapierinstitute im Sinne des § 2 Absatz 1 des Wertpapierinstitutsgesetzes, soweit sie nach dessen § 3 von der Anwendung nicht ausgenommen sind, sowie
4. auf Institute im Sinne des § 1 Absatz 3 des Zahlungsdiensteaufsichtsgesetzes.

[2]Satz 1 ist auch auf Zweigstellen von Unternehmen mit Sitz in einem Staat anzuwenden, der nicht Mitglied der Europäischen Gemeinschaft und auch nicht Vertragsstaat des Abkommens über den Europäischen Wirtschaftsraum ist, sofern die Zweigstelle nach § 53 Abs. 1 des Gesetzes über das Kreditwesen als Kreditinstitut oder als Finanzinstitut gilt. [3]Die Rechtsverordnung bedarf nicht der Zustimmung des Bundesrates; sie ist im Einvernehmen mit dem Bundesministerium der Finanzen und im Benehmen mit der Deutschen Bundesbank zu erlassen. [4]In die Rechtsverordnung nach Satz 1 können auch nähere Bestimmungen über die Aufstellung des Jahresabschlusses und des Konzernabschlusses im Rahmen der vorgeschriebenen Formblätter für die Gliederung des Jahresabschlusses und des Konzernabschlusses sowie des Zwischenabschlusses gemäß § 340a Abs. 3 und des Konzernzwischenabschlusses gemäß § 340i Abs. 4 aufgenommen werden, soweit dies zur Erfüllung der Aufgaben der Bundesanstalt für Finanzdienstleistungsaufsicht oder der Deutschen Bundesbank erforderlich ist, insbesondere um einheitliche Unterlagen zur Beurteilung der von den Kreditinstituten und Finanzdienstleistungsinstituten durchgeführten Bankgeschäfte und erbrachten Finanzdienstleistungen sowie der von Wertpapierinstituten erbrachten Wertpapierdienstleistungen zu erhalten.

(3) [1]Absatz 1 ist auf Versicherungsunternehmen nach Maßgabe der Sätze 3 und 4 ungeachtet ihrer Rechtsform anzuwenden. [2]Satz 1 ist auch auf Niederlassungen im Geltungsbereich dieses Gesetzes von Versicherungsunternehmen mit Sitz in einem anderen Staat anzuwenden, wenn sie zum Betrieb des Direktversicherungsgeschäfts der Erlaubnis durch die deutsche Versicherungsaufsichtsbehörde bedürfen. [3]Die Rechtsverordnung bedarf der Zustimmung des Bundesrates und ist im

---

[1)] **Sartorius ErgBd. Nr. 856.**

Einvernehmen mit dem Bundesministerium der Finanzen zu erlassen. [4] In die Rechtsverordnung nach Satz 1 können auch nähere Bestimmungen über die Aufstellung des Jahresabschlusses und des Konzernabschlusses im Rahmen der vorgeschriebenen Formblätter für die Gliederung des Jahresabschlusses und des Konzernabschlusses sowie Vorschriften über den Ansatz und die Bewertung von versicherungstechnischen Rückstellungen, insbesondere die Näherungsverfahren, aufgenommen werden. [5] Die Zustimmung des Bundesrates ist nicht erforderlich, soweit die Verordnung ausschließlich dem Zweck dient, Abweichungen nach Absatz 1 Satz 4 und 5 zu gestatten.

(4) [1] In der Rechtsverordnung nach Absatz 1 in Verbindung mit Absatz 3 kann bestimmt werden, daß Versicherungsunternehmen, auf die die Richtlinie 91/674/EWG nach deren Artikel 2 in Verbindung mit den Artikeln 4, 7 und 9 Nummer 1 und 2 sowie Artikel 10 Nummer 1 der Richtlinie 2009/138/EG des Europäischen Parlaments und des Rates vom 25. November 2009 betreffend die Aufnahme und Ausübung der Versicherungs- und der Rückversicherungstätigkeit (Solvabilität II) (ABl. L 335 vom 17.12.2009, S. 1) nicht anzuwenden ist, von den Regelungen des Zweiten Unterabschnitts des Vierten Abschnitts ganz oder teilweise befreit werden, soweit dies erforderlich ist, um eine im Verhältnis zur Größe der Versicherungsunternehmen unangemessene Belastung zu vermeiden; Absatz 1 Satz 2 ist insoweit nicht anzuwenden. [2] In der Rechtsverordnung dürfen diesen Versicherungsunternehmen auch für die Gliederung des Jahresabschlusses und des Konzernabschlusses, für die Erstellung von Anhang und Lagebericht und Konzernanhang und Konzernlagebericht sowie für die Offenlegung ihrer Größe angemessene Vereinfachungen gewährt werden.

(5) Die Absätze 3 und 4 sind auf Pensionsfonds (§ 236 Absatz 1 des Versicherungsaufsichtsgesetzes) entsprechend anzuwenden.

## Sechster Unterabschnitt.[1] Straf- und Bußgeldvorschriften. Ordnungsgelder

### Erster Titel.[2] Straf- und Bußgeldvorschriften

**§ 331**[3] [4] **Unrichtige Darstellung.** (1) Mit Freiheitsstrafe bis zu drei Jahren oder mit Geldstrafe wird bestraft, wer

1. als Mitglied des vertretungsberechtigten Organs oder des Aufsichtsrats einer Kapitalgesellschaft die Verhältnisse der Kapitalgesellschaft in der Eröffnungsbilanz, im Jahresabschluß, im Lagebericht einschließlich der nichtfinanziellen Erklärung, im gesonderten nichtfinanziellen Bericht oder im Zwischenabschluß nach § 340a Abs. 3 unrichtig wiedergibt oder verschleiert,

1a. als Mitglied des vertretungsberechtigten Organs einer Kapitalgesellschaft zum Zwecke der Befreiung nach § 325 Abs. 2a Satz 1, Abs. 2b einen Einzelabschluss nach den in § 315e Absatz 1 genannten internationalen Rechnungslegungsstandards, in dem die Verhältnisse der Kapitalgesellschaft unrichtig wiedergegeben oder verschleiert worden sind, offen legt,

---

[1] 6. UAbschnitt Überschrift geänd. mWv 30.4.2011 durch G v. 1.3.2011 (BGBl. I S. 288).

[2] Überschrift 1. Titel eingef. mWv 19.4.2017 durch G v. 11.4.2017 (BGBl. I S. 802).

[3] § 331 eingef. durch G v. 19.12.1985 (BGBl. I S. 2355); Nr. 1 und 2 geänd. durch G v. 21.12.1992 (BGBl. I S. 2211); Nr. 3 geänd. durch G v. 20.4.1998 (BGBl. I S. 707); Nr. 1a eingef., Nr. 3 geänd. mWv 10.12.2004 durch G v. 4.12.2004 (BGBl. I S. 3166); Nr. 3 geänd, Nr. 3a eingef. mWv 20.1.2007 durch G v. 5.1.2007 (BGBl. I S. 10); Nr. 3 geänd. mWv 23.7.2015 durch G v. 17.7.2015 (BGBl. I S. 1245); Nr. 1, 1a, 2 und 3a geänd. mWv 19.4.2017 durch G v. 11.4.2017 (BGBl. I S. 802); Abs. 1 Nr. 1a und 3 geänd., Nr. 3a aufgeh., Abs. 2 angef. mWv 1.7.2021 durch G v. 3.6.2021 (BGBl. I S. 1534).

[4] Beachte hierzu Übergangsvorschriften in Art. 75 und 80 EGHGB (Nr. **50a**).

2. als Mitglied des vertretungsberechtigten Organs oder des Aufsichtsrats einer Kapitalgesellschaft die Verhältnisse des Konzerns im Konzernabschluß, im Konzernlagebericht einschließlich der nichtfinanziellen Konzernerklärung, im gesonderten nichtfinanziellen Konzernbericht oder im Konzernzwischenabschluß nach § 340i Abs. 4 unrichtig wiedergibt oder verschleiert,
3. als Mitglied des vertretungsberechtigten Organs einer Kapitalgesellschaft zum Zwecke der Befreiung nach § 291 Abs. 1 und 2 oder nach § 292 einen Konzernabschluß oder Konzernlagebericht, in dem die Verhältnisse des Konzerns unrichtig wiedergegeben oder verschleiert worden sind, offenlegt oder
4. als Mitglied des vertretungsberechtigten Organs einer Kapitalgesellschaft oder als Mitglied des vertretungsberechtigten Organs oder als vertretungsberechtigter Gesellschafter eines ihrer Tochterunternehmen (§ 290 Abs. 1, 2) in Aufklärungen oder Nachweisen, die nach § 320 einem Abschlußprüfer der Kapitalgesellschaft, eines verbundenen Unternehmens oder des Konzerns zu geben sind, unrichtige Angaben macht oder die Verhältnisse der Kapitalgesellschaft, eines Tochterunternehmens oder des Konzerns unrichtig wiedergibt oder verschleiert.

(2) Handelt der Täter in den Fällen des Absatzes 1 Nummer 1a oder 3 leichtfertig, so ist die Strafe Freiheitsstrafe bis zu einem Jahr oder Geldstrafe.

**§ 331a**[1] **Unrichtige Versicherung.** (1) Mit Freiheitsstrafe bis zu fünf Jahren oder mit Geldstrafe wird bestraft, wer entgegen § 264 Absatz 2 Satz 3, auch in Verbindung mit § 325 Absatz 2a Satz 3, entgegen § 289 Absatz 1 Satz 5, auch in Verbindung mit § 325 Absatz 2a Satz 4, oder entgegen § 297 Absatz 2 Satz 4 oder § 315 Absatz 1 Satz 5, jeweils auch in Verbindung mit § 315e Absatz 1, eine unrichtige Versicherung abgibt.

(2) Handelt der Täter leichtfertig, so ist die Strafe Freiheitsstrafe bis zu zwei Jahren oder Geldstrafe.

**§ 332**[2] **Verletzung der Berichtspflicht.** (1) Mit Freiheitsstrafe bis zu drei Jahren oder mit Geldstrafe wird bestraft, wer als Abschlußprüfer oder Gehilfe eines Abschlußprüfers über das Ergebnis der Prüfung eines Jahresabschlusses, eines Einzelabschlusses nach § 325 Abs. 2a, eines Lageberichts, eines Konzernabschlusses, eines Konzernlageberichts einer Kapitalgesellschaft oder eines Zwischenabschlusses nach § 340a Abs. 3 oder eines Konzernzwischenabschlusses gemäß § 340i Abs. 4 unrichtig berichtet, im Prüfungsbericht (§ 321) erhebliche Umstände verschweigt oder einen inhaltlich unrichtigen Bestätigungsvermerk (§ 322) erteilt.

(2) [1] Handelt der Täter gegen Entgelt oder in der Absicht, sich oder einen anderen zu bereichern oder einen anderen zu schädigen, so ist die Strafe Freiheitsstrafe bis zu fünf Jahren oder Geldstrafe. [2] Ebenso wird bestraft, wer einen inhaltlich unrichtigen Bestätigungsvermerk erteilt zu dem Jahresabschluss, zu dem Einzelabschluss nach § 325 Absatz 2a oder zu dem Konzernabschluss einer Kapitalgesellschaft, die ein Unternehmen von öffentlichem Interesse nach § 316a Satz 2 ist.

(3) Handelt der Täter in den Fällen des Absatzes 2 Satz 2 leichtfertig, so ist die Strafe Freiheitsstrafe bis zu zwei Jahren oder Geldstrafe.

---

[1] § 331a eingef. mWv 1.7.2021 durch G v. 3.6.2021 (BGBl. I S. 1534).

[2] § 332 eingef. durch G v. 19.12.1985 (BGBl. I S. 2355); Abs. 1 geänd. durch G v. 21.12.1992 (BGBl. I S. 2211); Abs. 1 geänd. mWv 10.12.2004 durch G v. 4.12.2004 (BGBl. I S. 3166); Abs. 2 Satz 2, Abs. 3 angef. mWv 1.7.2021 durch G v. 3.6.2021 (BGBl. I S. 1534).

**§ 333[1) 2)] Verletzung der Geheimhaltungspflicht.** (1) Mit Freiheitsstrafe bis zu einem Jahr oder mit Geldstrafe wird bestraft, wer ein Geheimnis der Kapitalgesellschaft, eines Tochterunternehmens (§ 290 Abs. 1, 2), eines gemeinsam geführten Unternehmens (§ 310) oder eines assoziierten Unternehmens (§ 311), namentlich ein Betriebs- oder Geschäftsgeheimnis, das ihm in seiner Eigenschaft als Abschlußprüfer oder Gehilfe eines Abschlußprüfers bei Prüfung des Jahresabschlusses, eines Einzelabschlusses nach § 325 Abs. 2a oder des Konzernabschlusses bekannt geworden ist, unbefugt offenbart.

(2) [1] Handelt der Täter gegen Entgelt oder in der Absicht, sich oder einen anderen zu bereichern oder einen anderen zu schädigen, so ist die Strafe Freiheitsstrafe bis zu zwei Jahren oder Geldstrafe. [2] Ebenso wird bestraft, wer ein Geheimnis der in Absatz 1 bezeichneten Art, namentlich ein Betriebs- oder Geschäftsgeheimnis, das ihm unter den Voraussetzungen des Absatzes 1 bekannt geworden ist, unbefugt verwertet.

(3) Die Tat wird nur auf Antrag der Kapitalgesellschaft verfolgt.

**§ 333a[3)] Verletzung der Pflichten bei Abschlussprüfungen.** Mit Freiheitsstrafe bis zu einem Jahr oder mit Geldstrafe wird bestraft, wer als Mitglied eines nach § 324 Absatz 1 Satz 1 eingerichteten Prüfungsausschusses

1. eine in § 334 Absatz 2a bezeichnete Handlung begeht und dafür einen Vermögensvorteil erhält oder sich versprechen lässt oder
2. eine in § 334 Absatz 2a bezeichnete Handlung beharrlich wiederholt.

**§ 334[4) 5)] Bußgeldvorschriften.** (1) [1] Ordnungswidrig handelt, wer als Mitglied des vertretungsberechtigten Organs oder des Aufsichtsrats einer Kapitalgesellschaft

1. bei der Aufstellung oder Feststellung des Jahresabschlusses einer Vorschrift
   a) des § 243 Abs. 1 oder 2, der §§ 244, 245, 246, 247, 248, 249 Abs. 1 Satz 1 oder Abs. 2, des § 250 Abs. 1 oder 2, des § 251 oder des § 264 Absatz 1a oder Absatz 2 über Form oder Inhalt,
   b) des § 253 Absatz 1 Satz 1, 2, 3, 4, 5 oder Satz 6, Abs. 2 Satz 1, auch in Verbindung mit Satz 2, Absatz 3 Satz 1, 2, 3, 4 oder Satz 5, Abs. 4 oder 5, des § 254 oder des § 256a über die Bewertung,
   c) des § 265 Abs. 2, 3, 4 oder 6, der §§ 266, 268 Absatz 3, 4, 5, 6 oder Absatz 7, der §§ 272, 274, 275 oder des § 277 über die Gliederung oder

---

1) § 333 eingef. durch G v. 19.12.1985 (BGBl. I S. 2355); Abs. 1 geänd. mWv 10.12.2004 durch G v. 4.12.2004 (BGBl. I S. 3166); Abs. 1 geänd. mWv 21.12.2004 durch G v. 15.12.2004 (BGBl. I S. 3408); Abs. 1 geänd. mWv 1.1.2022 durch G v. 3.6.2021 (BGBl. I S. 1534).

2) Beachte hierzu Übergangsvorschrift in Art. 86 EGHGB (Nr. **50a**).

3) § 333a eingef. mWv 17.6.2016 durch G v. 10.5.2016 (BGBl. I S. 1142).

4) § 334 eingef. durch G v. 19.12.1985 (BGBl. I S. 2355); Abs. 1 Nr. 6 geänd., Abs. 4 angef. durch G v. 30.11.1990 (BGBl. I S. 2570); Abs. 1 Nr. 1 Buchst. a, c und d geänd., Buchst. b neu gef., Nr. 2 Buchst. b und d geänd. mWv 29.5.2009 durch G v. 25.5.2009 (BGBl. I S. 1102); Abs. 1 Nr. 1 Buchst. b und d, Nr. 5 geänd. mWv 28.12.2012 durch G v. 20.12.2012 (BGBl. I S. 2751); Abs. 1 Nr. 1 Buchst. a, b und c, Nr. 2 Buchst. b und f geänd. mWv 23.7.2015 durch G v. 17.7.2015 (BGBl. I S. 1245); Abs. 2a eingef. mWv 17.6.2016 durch G v. 10.5.2016 (BGBl. I S. 1142); Abs. 1 Nr. 3 und 4, Abs. 3 neu gef., Abs. 3a und 3b eingef. mWv 19.4.2017 durch G v. 11.4.2017 (BGBl. I S. 802); Abs. 1 Nr. 5 geänd. mWv 19.8.2020 durch G v. 12.8.2020 (BGBl. I S. 1874); Abs. 2 neu gef., Abs. 2a einl. Satzteil und Nr. 1, Abs. 3 Satz 1 geänd., Abs. 3a Satz 2 angef., Abs. 3b Satz 1 geänd., Abs. 4 und 5 neu gef. mWv 1.7.2021 durch G v. 3.6.2021 (BGBl. I S. 1534); Abs. 1 Satz 1 Nr. 3a eingef., Sätze 2 und 3 angef. mWv 12.8.2021 durch G v. 7.8.2021 (BGBl. I S. 3311); Abs. 1 Satz 1 Nr. 5 geänd., Abs. 3b Satz 1 neu gef., Satz 3 aufgeh., bish. Satz 4 wird Satz 3, Abs. 4 einl. Satzteil geänd. mWv 22.6.2023 durch G v. 19.6.2023 (BGBl. 2023 I Nr. 154).

5) Beachte hierzu Übergangsvorschriften in Art. 75, 80, 84, 86, 87 und 90 EGHGB (Nr. **50a**).

d) des § 284 oder des § 285 über die in der Bilanz, unter der Bilanz oder im Anhang zu machenden Angaben,

2. bei der Aufstellung des Konzernabschlusses einer Vorschrift
   a) des § 294 Abs. 1 über den Konsolidierungskreis,
   b) des § 297 Absatz 1a, 2 oder 3 oder des § 298 Abs. 1 in Verbindung mit den §§ 244, 245, 246, 247, 248, 249 Abs. 1 Satz 1 oder Abs. 2, dem § 250 Abs. 1 oder dem § 251 über Inhalt oder Form,
   c) des § 300 über die Konsolidierungsgrundsätze oder das Vollständigkeitsgebot,
   d) des § 308 Abs. 1 Satz 1 in Verbindung mit den in Nummer 1 Buchstabe b bezeichneten Vorschriften, des § 308 Abs. 2 oder des § 308a über die Bewertung,
   e) des § 311 Abs. 1 Satz 1 in Verbindung mit § 312 über die Behandlung assoziierter Unternehmen oder
   f) des § 308 Abs. 1 Satz 3, des § 313 oder des § 314 über die im Konzernanhang zu machenden Angaben,

3. bei der Aufstellung des Lageberichts oder der Erstellung eines gesonderten nichtfinanziellen Berichts einer Vorschrift der §§ 289 bis 289b Absatz 1, §§ 289c, 289d, 289e Absatz 2, auch in Verbindung mit § 289b Absatz 2 oder 3, oder des § 289f über den Inhalt des Lageberichts oder des gesonderten nichtfinanziellen Berichts,

3a. bei der Erstellung einer Erklärung zur Unternehmensführung einer Vorschrift des § 289f Absatz 4 Satz 3 in Verbindung mit Satz 1 und Absatz 2 Nummer 4 über den Inhalt,

4. bei der Aufstellung des Konzernlageberichts oder der Erstellung eines gesonderten nichtfinanziellen Konzernberichts einer Vorschrift der §§ 315 bis 315b Absatz 1, des § 315c, auch in Verbindung mit § 315b Absatz 2 oder 3, oder des § 315d über den Inhalt des Konzernlageberichts oder des gesonderten nichtfinanziellen Konzernberichts,

5. oder als in § 13e Absatz 2 Satz 5 Nummer 3 genannte angemeldete Person einer Kapitalgesellschaft bei der Offenlegung, Hinterlegung, Veröffentlichung oder Vervielfältigung einer Vorschrift des § 328, auch in Verbindung mit § 325a Absatz 1 Satz 1 erster Halbsatz, über Form, Format oder Inhalt oder

6. einer auf Grund des § 330 Abs. 1 Satz 1 erlassenen Rechtsverordnung, soweit sie für einen bestimmten Tatbestand auf diese Bußgeldvorschrift verweist,

zuwiderhandelt. [2] In den Fällen des Satzes 1 Nummer 3 und 3a wird eine Zuwiderhandlung gegen eine Vorschrift des § 289f Absatz 2 Nummer 4, auch in Verbindung mit Absatz 3 oder 4, nicht dadurch ausgeschlossen, dass die Festlegungen oder Begründungen nach § 76 Absatz 4 oder § 111 Absatz 5 des Aktiengesetzes[1)] oder nach § 36 oder § 52 Absatz 2 des Gesetzes betreffend die Gesellschaften mit beschränkter Haftung[2)] ganz oder zum Teil unterblieben sind. [3] In den Fällen des Satzes 1 Nummer 4 wird eine Zuwiderhandlung gegen eine Vorschrift des § 315d in Verbindung mit § 289f Absatz 2 Nummer 4 nicht dadurch ausgeschlossen, dass die Festlegungen oder Begründungen nach § 76 Absatz 4 oder § 111 Absatz 5 des Aktiengesetzes ganz oder zum Teil unterblieben sind.

---

[1)] Nr. **51**.
[2)] Nr. **52**.

(2) [1] Ordnungswidrig handelt, wer einen Bestätigungsvermerk nach § 322 Absatz 1 erteilt zu dem Abschluss

1. einer Kapitalgesellschaft, die ein Unternehmen von öffentlichem Interesse nach § 316a Satz 2 Nummer 1 ist, oder
2. einer Kapitalgesellschaft, die nicht in Nummer 1 genannt ist,

obwohl nach § 319 Absatz 2 oder 3, jeweils auch in Verbindung mit Absatz 5, oder nach § 319b Absatz 1 Satz 1 oder 2, jeweils auch in Verbindung mit Absatz 2, er oder nach § 319 Absatz 4 Satz 1 oder 2, jeweils auch in Verbindung mit Absatz 5, oder nach § 319b Absatz 1 Satz 1 oder 2, jeweils auch in Verbindung mit Absatz 2, die Wirtschaftsprüfungsgesellschaft oder die Buchführungsgesellschaft, für die er tätig wird, nicht Abschlussprüfer sein darf. [2] Ordnungswidrig handelt auch, wer einen Bestätigungsvermerk nach § 322 Absatz 1 erteilt zu dem Abschluss einer Kapitalgesellschaft, die ein Unternehmen von öffentlichem Interesse nach § 316a Satz 2 Nummer 1 ist, obwohl

1. er oder die Prüfungsgesellschaft, für die er tätig wird, oder ein Mitglied des Netzwerks, dem er oder die Prüfungsgesellschaft, für die er tätig wird, angehört, einer Vorschrift des Artikels 5 Absatz 4 Unterabsatz 1 Satz 1 oder Absatz 5 Unterabsatz 2 Satz 2 der Verordnung (EU) Nr. 537/2014 des Europäischen Parlaments und des Rates vom 16. April 2014 über spezifische Anforderungen an die Abschlussprüfung bei Unternehmen von öffentlichem Interesse und zur Aufhebung des Beschlusses 2005/909/EG der Kommission (ABl. L 158 vom 27.5.2014, S. 77; L 170 vom 11.6.2014, S. 66) zuwiderhandelt oder
2. er oder die Prüfungsgesellschaft, für die er tätig wird, nach Artikel 17 Absatz 3 der Verordnung (EU) Nr. 537/2014 die Abschlussprüfung nicht durchführen darf.

[3] Abschluss im Sinne der Sätze 1 und 2 ist ein Jahresabschluss, ein Einzelabschluss nach § 325 Absatz 2a oder ein Konzernabschluss, der aufgrund gesetzlicher Vorschriften zu prüfen ist.

(2a) Ordnungswidrig handelt, wer als Mitglied eines nach § 324 Absatz 1 Satz 1 eingerichteten Prüfungsausschusses einer Kapitalgesellschaft

1. die Unabhängigkeit des Abschlussprüfers oder der Prüfungsgesellschaft nicht nach Maßgabe des Artikels 4 Absatz 3 Unterabsatz 2, des Artikels 5 Absatz 4 Unterabsatz 1 Satz 1 oder des Artikels 6 Absatz 2 der Verordnung (EU) Nr. 537/2014 überwacht,
2. eine Empfehlung für die Bestellung eines Abschlussprüfers oder einer Prüfungsgesellschaft vorlegt, die den Anforderungen nach Artikel 16 Absatz 2 Unterabsatz 2 oder 3 der Verordnung (EU) Nr. 537/2014 nicht entspricht oder der ein Auswahlverfahren nach Artikel 16 Absatz 3 Unterabsatz 1 der Verordnung (EU) Nr. 537/2014 nicht vorangegangen ist, oder
3. den Gesellschaftern einen Vorschlag für die Bestellung eines Abschlussprüfers oder einer Prüfungsgesellschaft vorlegt, der den Anforderungen nach Artikel 16 Absatz 5 Unterabsatz 1 der Verordnung (EU) Nr. 537/2014 nicht entspricht.

(3) [1] Die Ordnungswidrigkeit kann in den Fällen des Absatzes 2 Satz 1 Nummer 1 und Satz 2 sowie des Absatzes 2a mit einer Geldbuße bis zu fünfhunderttausend Euro, in den Fällen der Absätze 1 und 2 Satz 1 Nummer 2 mit einer Geldbuße bis zu fünfzigtausend Euro geahndet werden. [2] Ist die Kapitalgesellschaft kapitalmarktorientiert im Sinne des § 264d, beträgt die Geldbuße in den Fällen des Absatzes 1 höchstens den höheren der folgenden Beträge:

1. zwei Millionen Euro oder

2. das Zweifache des aus der Ordnungswidrigkeit gezogenen wirtschaftlichen Vorteils, wobei der wirtschaftliche Vorteil erzielte Gewinne und vermiedene Verluste umfasst und geschätzt werden kann.

(3a) [1] Wird gegen eine kapitalmarktorientierte Kapitalgesellschaft im Sinne des § 264d in den Fällen des Absatzes 1 eine Geldbuße nach § 30 des Gesetzes über Ordnungswidrigkeiten[1)] verhängt, beträgt diese Geldbuße höchstens den höchsten der folgenden Beträge:

1. zehn Millionen Euro,
2. 5 Prozent des jährlichen Gesamtumsatzes, den die Kapitalgesellschaft in dem der Behördenentscheidung vorausgegangenen Geschäftsjahr erzielt hat oder
3. das Zweifache des aus der Ordnungswidrigkeit gezogenen wirtschaftlichen Vorteils, wobei der wirtschaftliche Vorteil erzielte Gewinne und vermiedene Verluste umfasst und geschätzt werden kann.

[2] In den Fällen des Absatzes 3 Satz 1 in Verbindung mit Absatz 2 Satz 1 Nummer 1 oder Satz 2 ist § 30 Absatz 2 Satz 3 des Gesetzes über Ordnungswidrigkeiten anzuwenden.

(3b) [1] Gesamtumsatz im Sinne des Absatzes 3a Satz 1 Nummer 2 ist

1. im Falle von Kapitalgesellschaften, die ihren Jahresabschluss nach den handelsrechtlichen Vorschriften oder dem Recht eines anderen Mitgliedstaats der Europäischen Union oder eines anderen Vertragsstaats des Abkommens über den Europäischen Wirtschaftsraum im Einklang mit der Richtlinie 2013/34/EU aufstellen, der Betrag der Umsatzerlöse nach § 277 Absatz 1 oder der Betrag der Nettoumsatzerlöse nach Maßgabe des auf die Gesellschaft anwendbaren nationalen Rechts im Einklang mit Artikel 2 Nummer 5 der Richtlinie 2013/34/EU,
2. in allen Fällen, die nicht in Nummer 1 genannt sind, der Betrag der Umsatzerlöse, der sich bei Anwendung der Rechnungslegungsgrundsätze ergibt, die nach dem jeweiligen nationalen Recht für die Aufstellung des Jahresabschlusses der Kapitalgesellschaft gelten.

[2] Handelt es sich bei der Kapitalgesellschaft um ein Mutterunternehmen oder um ein Tochterunternehmen im Sinne des § 290, ist anstelle des Gesamtumsatzes der Kapitalgesellschaft der Gesamtumsatz im Konzernabschluss des Mutterunternehmens maßgeblich, der für den größten Kreis von Unternehmen aufgestellt wird. [3] Ist ein Jahres- oder Konzernabschluss für das maßgebliche Geschäftsjahr nicht verfügbar, ist der Jahres- oder Konzernabschluss für das unmittelbar vorausgehende Geschäftsjahr maßgeblich; ist auch dieser nicht verfügbar, kann der Gesamtumsatz geschätzt werden.

(4) Verwaltungsbehörde im Sinne des § 36 Absatz 1 Nummer 1 des Gesetzes über Ordnungswidrigkeiten ist

1. die Bundesanstalt für Finanzdienstleistungsaufsicht in den Fällen des Absatzes 1 bei Kapitalgesellschaften, die kapitalmarktorientiert im Sinne des § 264d sind,
2. das Bundesamt für Justiz
   a) in den Fällen des Absatzes 1, in denen nicht die Bundesanstalt für Finanzdienstleistungsaufsicht nach Nummer 1 Verwaltungsbehörde ist, und
   b) in den Fällen des Absatzes 2a,
3. die Abschlussprüferaufsichtsstelle beim Bundesamt für Wirtschaft und Ausfuhrkontrolle in den Fällen des Absatzes 2.

---

1) Nr. **94**.

(5) Die Absätze 1 bis 4 sind nicht anzuwenden auf:
1. Kreditinstitute im Sinne des § 340 Absatz 1 Satz 1,
2. Finanzdienstleistungsinstitute im Sinne des § 340 Absatz 4 Satz 1,
3. Wertpapierinstitute im Sinne des § 340 Absatz 4a Satz 1,[1]
4. Institute im Sinne des § 1 Absatz 3 des Zahlungsdiensteaufsichtsgesetzes,
5. Versicherungsunternehmen im Sinne des § 341 Absatz 1 und
6. Pensionsfonds im Sinne des § 341 Absatz 4 Satz 1.

### Zweiter Titel.[2] Ordnungsgelder

## § 335[3) 4)] Festsetzung von Ordnungsgeld; Verordnungsermächtigungen.

(1) [1] Gegen die Mitglieder des vertretungsberechtigten Organs einer Kapitalgesellschaft, die
1. § 325 über die Pflicht zur Offenlegung des Jahresabschlusses, des Lageberichts, des Konzernabschlusses, des Konzernlageberichts und anderer Unterlagen der Rechnungslegung oder
2. § 325a über die Pflicht zur Offenlegung der Rechnungslegungsunterlagen der Hauptniederlassung

nicht befolgen, ist wegen des pflichtwidrigen Unterlassens der rechtzeitigen Offenlegung vom Bundesamt für Justiz (Bundesamt) ein Ordnungsgeldverfahren nach den Absätzen 2 bis 6 durchzuführen; im Fall der Nummer 2 treten die in § 13e Absatz 2 Satz 5 Nummer 3 genannten angemeldeten Personen, sobald sie angemeldet sind, an die Stelle der Mitglieder des vertretungsberechtigten Organs der Kapitalgesellschaft. [2] Das Ordnungsgeldverfahren kann auch gegen die Kapitalgesellschaft durchgeführt werden, für die die Mitglieder des vertretungsberechtigten Organs die in Satz 1 Nr. 1 und 2 genannten Pflichten zu erfüllen haben. [3] Dem Verfahren steht nicht entgegen, dass eine der Offenlegung vorausgehende Pflicht, insbesondere die Aufstellung des Jahres- oder Konzernabschlusses oder die unverzügliche Erteilung des Prüfauftrags, noch nicht erfüllt ist. [4] Das Ordnungsgeld beträgt mindestens zweitausendfünfhundert und höchstens fünfundzwanzigtausend Euro. [5] Eingenommene Ordnungsgelder fließen dem Bundesamt zu.

---

[1] Komma fehlt im BGBl. I.

[2] Überschrift 2. Titel eingef. mWv 19.4.2017 durch G v. 11.4.2017 (BGBl. I S. 802).

[3] § 335 neu gef. mWv 1.1.2007 durch G v. 10.11.2006 (BGBl. I S. 2553); Abs. 2a eingef. mWv 18.12.2007 durch G v. 10.12.2007 (BGBl. I S. 2833); Abs. 2 Satz 1, Abs. 4 und 5 Sätze 5 und 6 geänd., Abs. 5 Satz 1 neu gef. mWv 1.9.2009 durch G v. 17.12.2008 (BGBl. I S. 2586, geänd. durch G v. 25.5.2009, BGBl. I S. 1102); Abs. 5 Sätze 2 und 3 eingef., bish. Sätze 2–5 werden Sätze 4–7, Satz 8 eingef., bish. Sätze 6 und 7 werden Sätze 9 und 10, Sätze 11 und 12 angef., Abs. 5a eingef. mWv 29.5.2009 durch G v. 25.5.2009 (BGBl. I S. 1102); Abs. 6 Satz 1 geänd. mWv 28.12.2012 durch G v. 20.12.2012 (BGBl. I S. 2751); Abs. 3 Sätze 4 und 5 aufgeh., bish. Sätze 6 und 7 werden Sätze 4 und 5, Abs. 4 und 5 neu gef., Abs. 5a aufgeh., Abs. 6 Satz 1 neu gef. mWv 10.10.2013 durch G v. 4.10.2013 (BGBl. I S. 3746); Abs. 1 Satz 4 geänd. mWv 10.7.2015 durch G v. 3.7.2015 (BGBl. I S. 1114); Abs. 2a Satz 2 geänd. mWv 8.9.2015 durch VO v. 31.8.2015 (BGBl. I S. 1474); Abs. 1 Satz 4 geänd., Abs. 1a–1d eingef. mWv 26.11.2015 durch G v. 20.11.2015 (BGBl. I S. 2029); Abs. 1 Satz 1 abschl. Satzteil, Abs. 1a Satz 1 Nr. 2 geänd., Abs. 1b Satz 2 neu gef. mWv 19.4.2017 durch G v. 11.4.2017 (BGBl. I S. 802); Abs. 7 angef. mWv 13.7.2017, Überschrift geänd., Abs. 2a neu gef. mWv 1.1.2018 durch G v. 5.7.2017 (BGBl. I S. 2208); Abs. 7 Satz 1 Nr. 5 Buchst. c geänd. mWv 1.11.2019 durch G v. 21.6.2019 (BGBl. I S. 846); Abs. 1b Satz 1 Nr. 1 geänd. mWv 26.6.2021 durch G v. 12.5.2021 (BGBl. I S. 990); Abs. 2 Satz 3 neu gef. mWv 16.3.2023 durch G v. 10.3.2023 (BGBl. 2023 I Nr. 64); Abs. 1 Satz 1 abschl. Satzteil geänd., Abs. 1b Satz 1 neu gef., Satz 3 aufgeh., bish. Satz 4 wird Satz 3, Abs. 2 Satz 1, Abs. 5 Satz 8, Abs. 7 Satz 1 einl. Satzteil, Satz 2 geänd. mWv 22.6.2023 durch G v. 19.6.2023 (BGBl. 2023 I Nr. 154).

[4] Beachte hierzu Übergangsvorschriften in Art. 75, 80 und 90 EGHGB (Nr. **50a**).

(1a) [1] Ist die Kapitalgesellschaft kapitalmarktorientiert im Sinne des § 264d, beträgt das Ordnungsgeld höchstens den höheren der folgenden Beträge:

1. zehn Millionen Euro,
2. 5 Prozent des jährlichen Gesamtumsatzes, den die Kapitalgesellschaft im der Behördenentscheidung vorausgegangenen Geschäftsjahr erzielt hat, oder
3. das Zweifache des aus der unterlassenen Offenlegung gezogenen wirtschaftlichen Vorteils; der wirtschaftliche Vorteil umfasst erzielte Gewinne und vermiedene Verluste und kann geschätzt werden.

[2] Wird das Ordnungsgeld einem Mitglied des gesetzlichen Vertretungsorgans der Kapitalgesellschaft angedroht, beträgt das Ordnungsgeld abweichend von Satz 1 höchstens den höheren der folgenden Beträge:

1. zwei Millionen Euro oder
2. das Zweifache des aus der unterlassenen Offenlegung gezogenen Vorteils; der wirtschaftliche Vorteil umfasst erzielte Gewinne und vermiedene Verluste und kann geschätzt werden.

(1b) [1] Gesamtumsatz im Sinne des Absatzes 1a Satz 1 Nummer 2 ist

1. im Falle von Kapitalgesellschaften, die ihren Jahresabschluss nach den handelsrechtlichen Vorschriften oder dem Recht eines anderen Mitgliedstaats der Europäischen Union oder eines anderen Vertragsstaats des Abkommens über den Europäischen Wirtschaftsraum im Einklang mit der Richtlinie 2013/34/EU aufstellen, der Betrag der Umsatzerlöse nach § 277 Absatz 1 oder der Betrag der Nettoumsatzerlöse nach Maßgabe des auf die Gesellschaft anwendbaren nationalen Rechts im Einklang mit Artikel 2 Nummer 5 der Richtlinie 2013/34/EU,
2. in allen Fällen, die nicht in Nummer 1 genannt sind, der Betrag der Umsatzerlöse, der sich bei Anwendung der Rechnungslegungsgrundsätze ergibt, die nach dem jeweiligen nationalen Recht für die Aufstellung des Jahresabschlusses der Kapitalgesellschaft gelten.

[2] Handelt es sich bei der Kapitalgesellschaft um ein Mutterunternehmen oder um ein Tochterunternehmen im Sinne von § 290, ist anstelle des Gesamtumsatzes der Kapitalgesellschaft der Gesamtumsatz im Konzernabschluss des Mutterunternehmens maßgeblich, der für den größten Kreis von Unternehmen aufgestellt wird. [3] Ist ein Jahresabschluss oder Konzernabschluss für das maßgebliche Geschäftsjahr nicht verfügbar, ist der Jahres- oder Konzernabschluss für das unmittelbar vorausgehende Geschäftsjahr maßgeblich; ist auch dieser nicht verfügbar, kann der Gesamtumsatz geschätzt werden.

(1c) Soweit dem Bundesamt Ermessen bei der Höhe eines Ordnungsgeldes zusteht, hat es auch frühere Verstöße der betroffenen Person zu berücksichtigen.

(1d) [1] Das Bundesamt unterrichtet die Bundesanstalt für Finanzdienstleistungsaufsicht unverzüglich über jedes Ordnungsgeld, das gemäß Absatz 1 gegen eine Kapitalgesellschaft im Sinne des § 264d oder gegen ein Mitglied ihrer Vertretungsorgane festgesetzt wird. [2] Wird gegen eine solche Ordnungsgeldfestsetzung Beschwerde eingelegt, unterrichtet das Bundesamt die Bundesanstalt für Finanzdienstleistungsaufsicht über diesen Umstand sowie über den Ausgang des Beschwerdeverfahrens.

(2) [1] Auf das Verfahren sind die §§ 15 bis 19 Absatz 1 und 3, § 40 Abs. 1, § 388 Abs. 1, § 389 Abs. 3, § 390 Abs. 2 bis 6 des Gesetzes über das Verfahren in

Familiensachen und in den Angelegenheiten der freiwilligen Gerichtsbarkeit[1)] sowie im Übrigen § 11 Nr. 1 und 2, § 12 Abs. 1 Nr. 1 bis 3, Abs. 2 und 3, §§ 14, 15, 20 Abs. 1 und 3, § 21 Abs. 1, §§ 23 und 26 des Verwaltungsverfahrensgesetzes[2)] nach Maßgabe der nachfolgenden Absätze entsprechend anzuwenden. [2] Das Ordnungsgeldverfahren ist ein Justizverwaltungsverfahren. [3] Zur Vertretung der Beteiligten sind auch befugt

1. Wirtschaftsprüfer und vereidigte Buchprüfer,
2. Steuerberater und Steuerbevollmächtigte,
3. Personen und Vereinigungen im Sinne der §§ 3a und 3c des Steuerberatungsgesetzes im Rahmen ihrer Befugnisse nach § 3a des Steuerberatungsgesetzes,
4. zu beschränkter geschäftsmäßiger Hilfeleistung in Steuersachen nach den §§ 3d und 3e des Steuerberatungsgesetzes berechtigte Personen im Rahmen dieser Befugnisse sowie
5. Gesellschaften im Sinne des § 3 Satz 1 Nummer 2 und 3 des Steuerberatungsgesetzes, die durch Personen im Sinne des § 3 Satz 2 des Steuerberatungsgesetzes handeln.

(2a) [1] Die Akten einschließlich der Verfahrensakten in der Zwangsvollstreckung werden elektronisch geführt. [2] Auf die elektronische Aktenführung und die elektronische Kommunikation ist § 110c des Gesetzes über Ordnungswidrigkeiten[3)] entsprechend anzuwenden, jedoch dessen Satz 1

1. nicht in Verbindung mit dessen Satz 2 und § 32b der Strafprozessordnung[4)] auf
   a) die Androhung eines Ordnungsgeldes nach Absatz 3 Satz 1,
   b) die Kostenentscheidung nach Absatz 3 Satz 2 und
   c) den Erlass von Zwischenverfügungen;
2. nicht in Verbindung mit den §§ 32d und 32e Absatz 3 Satz 1 und 2 der Strafprozessordnung auf das Verfahren insgesamt sowie
3. einschließlich dessen Sätze 2 und 3 nicht auf die Beitreibung nach dem Justizbeitreibungsgesetz[5)].

[3] Satz 2 gilt entsprechend auch für Verfügungen im Sinne der Absätze 3 und 4, die automatisiert erlassen werden können.

(3) [1] Den in Absatz 1 Satz 1 und 2 bezeichneten Beteiligten ist unter Androhung eines Ordnungsgeldes in bestimmter Höhe aufzugeben, innerhalb einer Frist von sechs Wochen vom Zugang der Androhung an ihrer gesetzlichen Verpflichtung nachzukommen oder die Unterlassung mittels Einspruchs gegen die Verfügung zu rechtfertigen. [2] Mit der Androhung des Ordnungsgeldes sind den Beteiligten zugleich die Kosten des Verfahrens aufzuerlegen. [3] Der Einspruch kann auf Einwendungen gegen die Entscheidung über die Kosten beschränkt werden. [4] Der Einspruch gegen die Androhung des Ordnungsgeldes und gegen die Entscheidung über die Kosten hat keine aufschiebende Wirkung. [5] Führt der Einspruch zu einer Einstellung des Verfahrens, ist zugleich auch die Kostenentscheidung nach Satz 2 aufzuheben.

(4) [1] Wenn die Beteiligten nicht spätestens sechs Wochen nach dem Zugang der Androhung der gesetzlichen Pflicht entsprochen oder die Unterlassung mittels

---

1) Nr. **112**.
2) **Sartorius Nr. 100.**
3) Nr. **94**.
4) Nr. **90**.
5) Nr. **122**.

Einspruchs gerechtfertigt haben, ist das Ordnungsgeld festzusetzen und zugleich die frühere Verfügung unter Androhung eines erneuten Ordnungsgeldes zu wiederholen. [2]Haben die Beteiligten die gesetzliche Pflicht erst nach Ablauf der Sechswochenfrist erfüllt, hat das Bundesamt das Ordnungsgeld wie folgt herabzusetzen:

1. auf einen Betrag von 500 Euro, wenn die Beteiligten von dem Recht einer Kleinstkapitalgesellschaft nach § 326 Absatz 2 Gebrauch gemacht haben;
2. auf einen Betrag von 1 000 Euro, wenn es sich um eine kleine Kapitalgesellschaft im Sinne des § 267 Absatz 1 handelt;
3. auf einen Betrag von 2 500 Euro, wenn ein höheres Ordnungsgeld angedroht worden ist und die Voraussetzungen der Nummern 1 und 2 nicht vorliegen, oder
4. jeweils auf einen geringeren Betrag, wenn die Beteiligten die Sechswochenfrist nur geringfügig überschritten haben.

[3]Bei der Herabsetzung sind nur Umstände zu berücksichtigen, die vor der Entscheidung des Bundesamtes eingetreten sind.

(5) [1]Waren die Beteiligten unverschuldet gehindert, in der Sechswochenfrist nach Absatz 4 Einspruch einzulegen oder ihrer gesetzlichen Verpflichtung nachzukommen, hat ihnen das Bundesamt auf Antrag Wiedereinsetzung in den vorigen Stand zu gewähren. [2]Das Verschulden eines Vertreters ist der vertretenen Person zuzurechnen. [3]Ein Fehlen des Verschuldens wird vermutet, wenn eine Rechtsbehelfsbelehrung unterblieben ist oder fehlerhaft ist. [4]Der Antrag auf Wiedereinsetzung ist binnen zwei Wochen nach Wegfall des Hindernisses schriftlich beim Bundesamt zu stellen. [5]Die Tatsachen zur Begründung des Antrags sind bei der Antragstellung oder im Verfahren über den Antrag glaubhaft zu machen. [6]Die versäumte Handlung ist spätestens sechs Wochen nach Wegfall des Hindernisses nachzuholen. [7]Ist innerhalb eines Jahres seit dem Ablauf der Sechswochenfrist nach Absatz 4 weder Wiedereinsetzung beantragt noch die versäumte Handlung nachgeholt worden, kann Wiedereinsetzung nicht mehr gewährt werden. [8]Die Wiedereinsetzung ist nicht anfechtbar; § 335a Absatz 3 Satz 4 bleibt unberührt. [9]Haben die Beteiligten Wiedereinsetzung nicht beantragt oder ist die Ablehnung des Wiedereinsetzungsantrags bestandskräftig geworden, können sich die Beteiligten mit der Beschwerde nicht mehr darauf berufen, dass sie unverschuldet gehindert waren, in der Sechswochenfrist Einspruch einzulegen oder ihrer gesetzlichen Verpflichtung nachzukommen.

(6) [1]Liegen dem Bundesamt in einem Verfahren nach den Absätzen 1 bis 5 keine Anhaltspunkte über die Einstufung einer Gesellschaft im Sinne des § 267 Absatz 1 bis 3 oder des § 267a vor, kann es den in Absatz 1 Satz 1 und 2 bezeichneten Beteiligten aufgeben, die Bilanzsumme nach Abzug eines auf der Aktivseite ausgewiesenen Fehlbetrags (§ 268 Absatz 3), die Umsatzerlöse (§ 277 Absatz 1) und die durchschnittliche Zahl der Arbeitnehmer (§ 267 Absatz 5) für das betreffende Geschäftsjahr und für diejenigen Geschäftsjahre, die für die Einstufung erforderlich sind, anzugeben. [2]Unterbleiben die Angaben nach Satz 1, so wird für das weitere Verfahren vermutet, dass die Erleichterungen der §§ 326 und 327 nicht in Anspruch genommen werden können. [3]Die Sätze 1 und 2 gelten für den Konzernabschluss und den Konzernlagebericht entsprechend mit der Maßgabe, dass an die Stelle der §§ 267, 326 und 327 der § 293 tritt.

(7) [1]Das Bundesministerium der Justiz kann zur näheren Ausgestaltung der elektronischen Aktenführung und elektronischen Kommunikation nach Absatz 2a

in der ab dem 1. Januar 2018 geltenden Fassung durch Rechtsverordnung, die nicht der Zustimmung des Bundesrates bedarf,

1. die Weiterführung von Akten in Papierform gestatten, die bereits vor Einführung der elektronischen Aktenführung in Papierform angelegt wurden,
2. die organisatorischen und dem Stand der Technik entsprechenden technischen Rahmenbedingungen für die elektronische Aktenführung einschließlich der einzuhaltenden Anforderungen des Datenschutzes, der Datensicherheit und der Barrierefreiheit festlegen,
3. die Standards für die Übermittlung elektronischer Akten zwischen dem Bundesamt und einer anderen Behörde oder einem Gericht näher bestimmen,
4. die Standards für die Einsicht in elektronische Akten vorgeben,
5. elektronische Formulare einführen und
   a) bestimmen, dass die in den Formularen enthaltenen Angaben ganz oder teilweise in strukturierter maschinenlesbarer Form zu übermitteln sind,
   b) eine Kommunikationsplattform vorgeben, auf der die Formulare im Internet zur Nutzung bereitzustellen sind, und
   c) bestimmen, dass eine Identifikation des Formularverwenders abweichend von Absatz 2a in Verbindung mit § 110c des Gesetzes über Ordnungswidrigkeiten und § 32a Absatz 3 der Strafprozessordnung durch Nutzung des elektronischen Identitätsnachweises nach § 18 des Personalausweisgesetzes[1], § 12 des eIDKarte-Gesetzes oder § 78 Absatz 5 des Aufenthaltsgesetzes[2] erfolgen kann,
6. Formanforderungen und weitere Einzelheiten für den automatisierten Erlass von Entscheidungen festlegen,
7. die Einreichung elektronischer Dokumente, abweichend von Absatz 2a in Verbindung mit § 110c des Gesetzes über Ordnungswidrigkeiten und § 32a der Strafprozessordnung, erst zum 1. Januar des Jahres 2019 oder 2020 zulassen und
8. die Weiterführung der Akten in der bisherigen elektronischen Form bis zu einem bestimmten Zeitpunkt vor dem 1. Januar 2026 gestatten.

[2] Das Bundesministerium der Justiz kann die Ermächtigungen des Satzes 1 durch Rechtsverordnung ohne Zustimmung des Bundesrates auf das Bundesamt für Justiz übertragen.

**§ 335a[3)] [4)] Beschwerde gegen die Festsetzung von Ordnungsgeld; Rechtsbeschwerde; Verordnungsermächtigung.** (1) [1] Gegen die Entscheidung, durch die das Ordnungsgeld festgesetzt oder der Einspruch oder der Antrag auf Wiedereinsetzung in den vorigen Stand verworfen wird, sowie gegen die Entscheidung nach § 335 Absatz 3 Satz 5 findet die Beschwerde nach den Vorschriften des Gesetzes über das Verfahren in Familiensachen und in den Angelegenheiten der freiwilligen Gerichtsbarkeit[5)] statt, soweit sich aus Satz 2 oder den nachstehenden Absätzen nichts anderes ergibt. [2] Die Beschwerde hat aufschiebende Wirkung, wenn sie die Festsetzung eines Ordnungsgeldes zum Gegenstand hat.

---

1) **Sartorius Nr. 255.**
2) **Sartorius Nr. 565.**
3) § 335a neu gef. mWv 10.10.2013 durch G v. 4.10.2013 (BGBl. I S. 3746); Abs. 4 neu gef. mWv 1.1. 2018 durch G v. 5.7.2017 (BGBl. I S. 2208); Abs. 1 Satz 1 geänd., Satz 2 angef., Abs. 3 Satz 6 neu gef. mWv 19.8.2020 durch G v. 12.8.2020 (BGBl. I S. 1874); Abs. 3 Satz 4 neu gef. mWv 22.6.2023 durch G v. 19.6.2023 (BGBl. 2023 I Nr. 154).
4) Beachte hierzu Übergangsvorschrift in Art. 90 EGHGB (Nr. **50a**).
5) Nr. **112**.

(2) [1] Die Beschwerde ist binnen einer Frist von zwei Wochen einzulegen; über sie entscheidet das für den Sitz des Bundesamtes zuständige Landgericht. [2] Zur Vermeidung von erheblichen Verfahrensrückständen oder zum Ausgleich einer übermäßigen Geschäftsbelastung wird die Landesregierung des Landes, in dem das Bundesamt seinen Sitz unterhält, ermächtigt, durch Rechtsverordnung die Entscheidung über die Rechtsmittel nach Satz 1 einem anderen Landgericht oder weiteren Landgerichten zu übertragen. [3] Die Landesregierung kann diese Ermächtigung auf die Landesjustizverwaltung übertragen. [4] Ist bei dem Landgericht eine Kammer für Handelssachen gebildet, so tritt diese Kammer an die Stelle der Zivilkammer. [5] Entscheidet über die Beschwerde die Zivilkammer, so sind die §§ 348 und 348a der Zivilprozessordnung[1)] entsprechend anzuwenden; über eine bei der Kammer für Handelssachen anhängige Beschwerde entscheidet der Vorsitzende. [6] Das Landgericht kann nach billigem Ermessen bestimmen, dass den Beteiligten die außergerichtlichen Kosten, die zur zweckentsprechenden Rechtsverfolgung notwendig waren, ganz oder teilweise aus der Staatskasse zu erstatten sind. [7] Satz 6 gilt entsprechend, wenn das Bundesamt der Beschwerde abhilft. [8] § 91 Absatz 1 Satz 2 und die §§ 103 bis 107 der Zivilprozessordnung gelten entsprechend. [9] § 335 Absatz 2 Satz 3 ist anzuwenden.

(3) [1] Gegen die Beschwerdeentscheidung ist die Rechtsbeschwerde statthaft, wenn das Landgericht sie zugelassen hat. [2] Für die Rechtsbeschwerde gelten die Vorschriften des Gesetzes über das Verfahren in Familiensachen und in den Angelegenheiten der freiwilligen Gerichtsbarkeit entsprechend, soweit sich aus diesem Absatz nichts anderes ergibt. [3] Über die Rechtsbeschwerde entscheidet das für den Sitz des Landgerichts zuständige Oberlandesgericht. [4] Die Rechtsbeschwerde steht auch dem Bundesamt zu und kann auch gegen eine vom Landgericht gewährte Wiedereinsetzung in die Sechswochenfrist nach § 335 Absatz 4 Satz 1 zur Erfüllung der gesetzlichen Offenlegungspflicht zugelassen werden. [5] Vor dem Oberlandesgericht müssen sich die Beteiligten durch einen Rechtsanwalt vertreten lassen; dies gilt nicht für das Bundesamt. [6] Absatz 1 Satz 2 und Absatz 2 Satz 6 und 8 gelten entsprechend.

(4) Auf die elektronische Aktenführung des Gerichts und die Kommunikation mit dem Gericht nach den Absätzen 1 bis 3 sind die folgenden Vorschriften entsprechend anzuwenden:

1. § 110a Absatz 1 Satz 1 und § 110c des Gesetzes über Ordnungswidrigkeiten[2)] sowie
2. § 110a Absatz 1 Satz 2 und 3, Absatz 2 Satz 1 und § 134 Satz 1 des Gesetzes über Ordnungswidrigkeiten mit der Maßgabe, dass die Landesregierung des Landes, in dem das Bundesamt seinen Sitz hat, die Rechtsverordnung erlässt und die Ermächtigungen durch Rechtsverordnung auf die Landesjustizverwaltung übertragen kann.

---

[1)] Nr. **100**.
[2)] Nr. **94**.

### Dritter Titel.[1] Gemeinsame Vorschriften für Straf-, Bußgeld- und Ordnungsgeldverfahren

**§ 335b[2] Anwendung der Straf- und Bußgeld- sowie der Ordnungsgeldvorschriften auf bestimmte offene Handelsgesellschaften und Kommanditgesellschaften.** [1] Die Strafvorschriften der §§ 331 bis 333a, die Bußgeldvorschrift des § 334 sowie die Ordnungsgeldvorschrift des § 335 gelten auch für offene Handelsgesellschaften und Kommanditgesellschaften im Sinn des § 264a Abs. 1. [2] Das Verfahren nach § 335 ist in diesem Fall gegen die persönlich haftenden Gesellschafter oder gegen die Mitglieder der vertretungsberechtigten Organe der persönlich haftenden Gesellschafter zu richten. [3] Es kann auch gegen die offene Handelsgesellschaft oder gegen die Kommanditgesellschaft gerichtet werden. [4] § 335a ist entsprechend anzuwenden.

**§ 335c[3] Mitteilungen an die Abschlussprüferaufsichtsstelle.** (1) Das Bundesamt für Justiz übermittelt der Abschlussprüferaufsichtsstelle beim Bundesamt für Wirtschaft und Ausfuhrkontrolle alle Bußgeldentscheidungen nach § 334 Absatz 2a.

(2) [1] In Strafverfahren, die eine Straftat nach den §§ 332, 333 oder § 333a zum Gegenstand haben, übermittelt die Staatsanwaltschaft im Falle der Erhebung der öffentlichen Klage der Abschlussprüferaufsichtsstelle die das Verfahren abschließende Entscheidung. [2] Ist gegen die Entscheidung ein Rechtsmittel eingelegt worden, ist die Entscheidung unter Hinweis auf das eingelegte Rechtsmittel zu übermitteln.

## Dritter Abschnitt. Ergänzende Vorschriften für eingetragene Genossenschaften

**§ 336[4] [5] Pflicht zur Aufstellung von Jahresabschluß und Lagebericht.** (1) [1] Der Vorstand einer Genossenschaft hat den Jahresabschluß (§ 242) um einen Anhang zu erweitern, der mit der Bilanz und der Gewinn- und Verlustrechnung eine Einheit bildet, sowie einen Lagebericht aufzustellen. [2] Der Jahresabschluß und der Lagebericht sind in den ersten fünf Monaten des Geschäftsjahrs für das vergangene Geschäftsjahr aufzustellen. [3] Ist die Genossenschaft kapitalmarktorientiert im Sinne des § 264d und begibt sie nicht ausschließlich die von § 327a erfassten Schuldtitel, beträgt die Frist nach Satz 2 vier Monate.

(2) [1] Auf den Jahresabschluss und den Lagebericht sind, soweit in diesem Abschnitt nichts anderes bestimmt ist, die folgenden Vorschriften entsprechend anzuwenden:

1. § 264 Absatz 1 Satz 4 erster Halbsatz und Absatz 1a, 2,

---

[1] Überschrift 3. Titel eingef. mWv 19.4.2017 durch G v. 11.4.2017 (BGBl. I S. 802).

[2] § 335b neu gef. mWv 1.1.2007 durch G v. 10.11.2006 (BGBl. I S. 2553); Sätze 2 und 3 angef. mWv 10.10.2013 durch G v. 4.10.2013 (BGBl. I S. 3746); Satz 4 angef. mWv 23.7.2015 durch G v. 17.7.2015 (BGBl. I S. 1245); Satz 1 geänd. mWv 17.6.2016 durch G v. 10.5.2016 (BGBl. I S. 1142).

[3] § 335c eingef. mWv 17.6.2016 durch G v. 10.5.2016 (BGBl. I S. 1142); Abs. 2 Satz 1 geänd. mWv 1.7.2021 durch G v. 3.6.2021 (BGBl. I S. 1534).

[4] § 336 eingef. durch G v. 19.12.1985 (BGBl. I S. 2355); Abs. 3 geänd. durch G v. 30.11.1990 (BGBl. I S. 2570); Abs. 2 Satz 3 angef. mWv 28.12.2012 durch G v. 20.12.2012 (BGBl. I S. 2751); Abs. 2 Satz 1 neu gef. mWv 1.5.2015 durch G v. 24.4.2015 (BGBl. I S. 642); Abs. 2 Satz 1 Nr. 1 und 2 geänd., Satz 3 neu gef. mWv 23.7.2015 durch G v. 17.7.2015 (BGBl. I S. 1245); Abs. 2 Satz 1 Nr. 2 und 3 geänd. mWv 19.4.2017 durch G v. 11.4.2017 (BGBl. I S. 802); Abs. 1 Satz 3 angef. mWv 19.8.2020 durch G v. 12.8.2020 (BGBl. I S. 1874).

[5] Beachte hierzu Übergangsvorschriften in Art. 75, 80 und 84 EGHGB (Nr. **50a**).

2. die §§ 265 bis 289e, mit Ausnahme von § 277 Absatz 3 Satz 1 und § 285 Nummer 17,
3. § 289f Absatz 4 nach Maßgabe des § 9 Absatz 3 und 4 des Genossenschaftsgesetzes[1)].

[2]Sonstige Vorschriften, die durch den Geschäftszweig bedingt sind, bleiben unberührt. [3]Genossenschaften, die die Merkmale für Kleinstkapitalgesellschaften nach § 267a Absatz 1 erfüllen (Kleinstgenossenschaften), dürfen auch die Erleichterungen für Kleinstkapitalgesellschaften nach näherer Maßgabe des § 337 Absatz 4 und § 338 Absatz 4 anwenden.

(3) § 330 Abs. 1 über den Erlaß von Rechtsverordnungen ist entsprechend anzuwenden.

**§ 337[2)] [3)] Vorschriften zur Bilanz.** (1) [1]An Stelle des gezeichneten Kapitals ist der Betrag der Geschäftsguthaben der Mitglieder auszuweisen. [2]Dabei ist der Betrag der Geschäftsguthaben der mit Ablauf des Geschäftsjahrs ausgeschiedenen Mitglieder gesondert anzugeben. [3]Werden rückständige fällige Einzahlungen auf Geschäftsanteile in der Bilanz als Geschäftsguthaben ausgewiesen, so ist der entsprechende Betrag auf der Aktivseite unter der Bezeichnung „Rückständige fällige Einzahlungen auf Geschäftsanteile" einzustellen. [4]Werden rückständige fällige Einzahlungen nicht als Geschäftsguthaben ausgewiesen, so ist der Betrag bei dem Posten „Geschäftsguthaben" zu vermerken. [5]In beiden Fällen ist der Betrag mit dem Nennwert anzusetzen. [6]Ein in der Satzung bestimmtes Mindestkapital ist gesondert anzugeben.

(2) An Stelle der Gewinnrücklagen sind die Ergebnisrücklagen auszuweisen und wie folgt aufzugliedern:
1. Gesetzliche Rücklage;
2. andere Ergebnisrücklagen; die Ergebnisrücklage nach § 73 Abs. 3 des Genossenschaftsgesetzes[1)] und die Beträge, die aus dieser Ergebnisrücklage an ausgeschiedene Mitglieder auszuzahlen sind, müssen vermerkt werden.

(3) Bei den Ergebnisrücklagen sind in der Bilanz oder im Anhang gesondert aufzuführen:
1. Die Beträge, welche die Generalversammlung aus dem Bilanzgewinn des Vorjahrs eingestellt hat;
2. die Beträge, die aus dem Jahresüberschuß des Geschäftsjahrs eingestellt werden;
3. die Beträge, die für das Geschäftsjahr entnommen werden.

(4) Kleinstgenossenschaften, die von der Erleichterung für Kleinstkapitalgesellschaften nach § 266 Absatz 1 Satz 4 Gebrauch machen, haben den Betrag der Geschäftsguthaben der Mitglieder sowie die gesetzliche Rücklage in der Bilanz im Passivposten A Eigenkapital wie folgt auszuweisen:
Davon:
Geschäftsguthaben der Mitglieder
gesetzliche Rücklage.

---

[1)] Nr. **53**.

[2)] § 337 eingef. durch G v. 19.12.1985 (BGBl. I S. 2355); Abs. 3 geänd. mWv 9.3.2000 durch G v. 24.2.2000 (BGBl. I S. 154); Abs. 2 Sätze 1 und 2, Abs. 2 Nr. 2 geänd., Abs. 1 Satz 6 angef. mWv 18.8. 2006 durch G v. 14.8.2006 (BGBl. I S. 1911); Abs. 4 angef. mWv 23.7.2015 durch G v. 17.7.2015 (BGBl. I S. 1245).

[3)] Beachte hierzu Übergangsvorschrift in Art. 75 EGHGB (Nr. **50a**).

**§ 338**[1) 2)] **Vorschriften zum Anhang.** (1) [1]Im Anhang sind auch Angaben zu machen über die Zahl der im Laufe des Geschäftsjahrs eingetretenen oder ausgeschiedenen sowie die Zahl der am Schluß des Geschäftsjahrs der Genossenschaft angehörenden Mitglieder. [2]Ferner sind der Gesamtbetrag, um welchen in diesem Jahr die Geschäftsguthaben sowie die Haftsummen der Mitglieder sich vermehrt oder vermindert haben, und der Betrag der Haftsummen anzugeben, für welche am Jahresschluß alle Mitglieder zusammen aufzukommen haben.

(2) Im Anhang sind ferner anzugeben:

1. Name und Anschrift des zuständigen Prüfungsverbandes, dem die Genossenschaft angehört;
2. alle Mitglieder des Vorstands und des Aufsichtsrats, auch wenn sie im Geschäftsjahr oder später ausgeschieden sind, mit dem Familiennamen und mindestens einem ausgeschriebenen Vornamen; ein etwaiger Vorsitzender des Aufsichtsrats ist als solcher zu bezeichnen.

(3) [1]An Stelle der in § 285 Nr. 9 vorgeschriebenen Angaben über die an Mitglieder von Organen geleisteten Bezüge, Vorschüsse und Kredite sind lediglich die Forderungen anzugeben, die der Genossenschaft gegen Mitglieder des Vorstands oder Aufsichtsrats zustehen. [2]Die Beträge dieser Forderungen können für jedes Organ in einer Summe zusammengefaßt werden.

(4) Kleinstgenossenschaften brauchen den Jahresabschluss nicht um einen Anhang zu erweitern, wenn sie unter der Bilanz angeben:

1. die in den §§ 251 und 268 Absatz 7 genannten Angaben und
2. die in den Absätzen 1, 2 Nummer 1 und Absatz 3 genannten Angaben.

**§ 339**[3) 4)] **Offenlegung.** (1) [1]Der Vorstand hat unverzüglich nach der Generalversammlung über den Jahresabschluß, jedoch spätestens vor Ablauf des zwölften Monats des dem Abschlussstichtag nachfolgenden Geschäftsjahrs, den festgestellten Jahresabschluß, den Lagebericht, die Erklärungen nach § 264 Absatz 2 Satz 3 und § 289 Absatz 1 Satz 5 und den Bericht des Aufsichtsrats in deutscher Sprache der das Unternehmensregister führenden Stelle elektronisch zur Einstellung in das Unternehmensregister zu übermitteln. [2]Ist die Erteilung eines Bestätigungsvermerks nach § 58 Abs. 2 des Genossenschaftsgesetzes oder nach Artikel 10 Absatz 1 der Verordnung (EU) Nr. 537/2014 vorgeschrieben, so ist dieser mit dem Jahresabschluß zu übermitteln; hat der Prüfungsverband die Bestätigung des Jahresabschlusses versagt, so muß dies auf dem übermittelten Jahresabschluß vermerkt und der Vermerk vom Prüfungsverband unterschrieben sein. [3]Ist die Prüfung des Jahresabschlusses im Zeitpunkt der Übermittlung der Unterlagen nach Satz 1 nicht

---

[1)] § 338 eingef. durch G v. 19.12.1985 (BGBl. I S. 2355); Abs. 3 Satz 1 geänd. mWv 10.12.2004 durch G v. 4.12.2004 (BGBl. I S. 3166); Abs. 1 Sätze 1 und 2 geänd. mWv 18.8.2006 durch G v. 14.8.2006 (BGBl. I S. 1911); Abs. 3 Satz 1 geänd. mWv 29.5.2009 durch G v. 25.5.2009 (BGBl. I S. 1102); Abs. 4 angef. mWv 23.7.2015 durch G v. 17.7.2015 (BGBl. I S. 1245).

[2)] Beachte hierzu Übergangsvorschrift in Art. 75 EGHGB (Nr. **50a**).

[3)] § 339 eingef. durch G v. 19.12.1985 (BGBl. I S. 2355); Abs. 1 Satz 1 geänd. mWv 9.3.2000 durch G v. 24.2.2000 (BGBl. I S. 154); Abs. 3 geänd. mWv 10.12.2004 durch G v. 4.12.2004 (BGBl. I S. 3166); Abs. 1 Satz 2 geänd. mWv 18.8.2006 durch G v. 14.8.2006 (BGBl. I S. 1911); Abs. 1 Satz 1 geänd., Abs. 2 aufgeh., bish. Abs. 3 wird Abs. 2 und neu gef. mWv 1.1.2007 durch G v. 10.11.2006 (BGBl. I S. 2553); Abs. 1 Satz 1 geänd. mWv 1.4.2012 durch G v. 22.12.2011 (BGBl. I S. 3044); Abs. 1 Satz 2 geänd. mWv 17.6.2016 durch G v. 10.5.2016 (BGBl. I S. 1142); Abs. 3 angef. mWv 22.7.2017 durch G v. 17.7.2017 (BGBl. I S. 2434); Abs. 1 Satz 1 geänd. mWv 19.8.2020 durch G v. 12.8.2020 (BGBl. I S. 1874); Abs. 1 Sätze 1–4 geänd., Abs. 2 neu gef. mWv 1.8.2022 durch G v. 5.7.2021 (BGBl. I S. 3338).

[4)] Beachte hierzu Übergangsvorschriften in Art. 75, 82, 84 und 88 EGHGB (Nr. **50a**).

abgeschlossen, so ist der Bestätigungsvermerk oder der Vermerk über seine Versagung unverzüglich nach Abschluß der Prüfung zu übermitteln. [4] Wird der Jahresabschluß oder der Lagebericht nach der Übermittlung geändert, so ist auch die geänderte Fassung zu übermitteln.

(2) § 325 Absatz 2a, 2b, 4 und 6 sowie die §§ 326 bis 329 sind entsprechend anzuwenden.

(3) [1] Die §§ 335 und 335a finden mit den Maßgaben entsprechende Anwendung, dass sich das Ordnungsgeldverfahren gegen die Mitglieder des Vorstands der Genossenschaft richtet und nur auf Antrag des Prüfungsverbandes, dem die Genossenschaft angehört, oder eines Mitglieds, Gläubigers oder Arbeitnehmers der Genossenschaft durchzuführen ist. [2] Das Ordnungsgeldverfahren kann auch gegen die Genossenschaft durchgeführt werden, für die die Mitglieder des Vorstands die in Absatz 1 genannten Pflichten zu erfüllen haben.

## Vierter Abschnitt.[1)] Ergänzende Vorschriften für bestimmte Unternehmen

### Erster Unterabschnitt.[2)] Ergänzende Vorschriften für Kreditinstitute, Finanzdienstleistungsinstitute, Wertpapierinstitute, Zahlungsinstitute und E-Geld-Institute

#### Erster Titel. Anwendungsbereich

**§ 340**[3) 4)] **[Anwendungsbereich]** (1) [1] Dieser Unterabschnitt ist auf Kreditinstitute im Sinne des § 1 Abs. 1 des Gesetzes über das Kreditwesen anzuwenden, soweit sie nach dessen § 2 Abs. 1, 4 oder 5 von der Anwendung nicht ausgenommen sind, sowie auf Zweigniederlassungen von Unternehmen mit Sitz in einem Staat, der nicht Mitglied der Europäischen Gemeinschaft und auch nicht Vertragsstaat des Abkommens über den Europäischen Wirtschaftsraum ist, sofern die Zweigniederlassung nach § 53 Abs. 1 des Gesetzes über das Kreditwesen als Kreditinstitut gilt. [2] § 340l Abs. 2 und 3 ist außerdem auf Zweigniederlassungen im Sinne des § 53b Abs. 1 Satz 1 und Abs. 7 des Gesetzes über das Kreditwesen, auch in Verbindung mit einer Rechtsverordnung nach § 53c Nr. 1 dieses Gesetzes, anzuwenden, sofern diese Zweigniederlassungen Bankgeschäfte im Sinne des § 1

---

1) 4. Abschnitt (§§ 340–340o) eingef. durch G v. 30.11.1990 (BGBl. I S. 2570); Überschrift neu gef. durch G v. 24.6.1994 (BGBl. I S. 1377); Überschrift neu gef. mWv 22.6.2023 durch G v. 19.6.2023 (BGBl. 2023 I Nr. 154).

2) 1. UAbschnitt Überschrift eingef. durch G v. 24.6.1994 (BGBl. I S. 1377); Überschrift neu gef. durch G v. 28.10.1997 (BGBl. I S. 2567) und mWv 26.6.2021 durch G v. 12.5.2021 (BGBl. I S. 990).

3) § 340 eingef. durch G v. 30.11.1990 (BGBl. I S. 2570); Abs. 1 Satz 2 neu gef. durch G v. 21.12.1992 (BGBl. I S. 2211); Abs. 1 Satz 1 geänd. durch G v. 27.4.1993 (BGBl. I S. 512) iVm Bek. v. 16.12.1993 (BGBl. I S. 2436); Abs. 1 Satz 1, Abs. 2 und 3 geänd. durch G v. 24.6.1994 (BGBl. I S. 1377); Abs. 1 Sätze 1 und 2, Abs. 2 Satz 2 geänd., Abs. 4 angef. durch G v. 22.10.1997 (BGBl. I S. 2567); Abs. 4 Satz 2 geänd. durch G v. 24.3.1998 (BGBl. I S. 529) und mWv 1.7.2002 durch G v. 21.6.2002 (BGBl. I S. 2010); Abs. 1 Sätze 1–3, Abs. 4 Sätze 1 und 4 geänd. mWv 1.1.2007 durch G v. 10.11.2006 (BGBl. I S. 2553); Abs. 4 Satz 2 geänd. mWv 1.11.2007 durch G v. 16.7.2007 (BGBl. I S. 1330, geänd. durch G v. 21.12. 2007, BGBl. I S. 3089); Abs. 5 angef. mWv 31.10.2009 durch G v. 25.6.2009 (BGBl. I S. 1506); Abs. 5 Sätze 1 und 2 geänd. mWv 30.4.2011 durch G v. 1.3.2011 (BGBl. I S. 288); Abs. 5 Satz 1 geänd. mWv 29.12.2011 durch G v. 22.12.2011 (BGBl. I S. 2959); Abs. 4 Satz 2 geänd. mWv 1.1.2014 durch G v. 28.8.2013 (BGBl. I S. 3395); Abs. 4 Satz 3 aufgeh., bish. Satz 4 wird Satz 3, Abs. 5 Satz 2 aufgeh., bish. Satz 3 wird Satz 2 mWv 23.7.2015 durch G v. 17.7.2015 (BGBl. I S. 1245); Abs. 1 Satz 1 geänd. mWv 17.6.2016 durch G v. 10.5.2016 (BGBl. I S. 1142); Abs. 5 Satz 1 geänd. mWv 13.1.2018 durch G v. 17.7. 2017 (BGBl. I S. 2446); Abs. 1 Satz 1 geänd., Abs. 4a eingef. mWv 26.6.2021 durch G v. 12.5.2021 (BGBl. I S. 990); Abs. 4a Satz 3 geänd. mWv 22.6.2023 durch G v. 19.6.2023 (BGBl. 2023 I Nr. 154).

4) Beachte hierzu Übergangsvorschrift in Art. 75 EGHGB (Nr. **50a**).

Abs. 1 Satz 2 Nr. 1 bis 5 und 7 bis 12 dieses Gesetzes betreiben. [3]Zusätzliche Anforderungen auf Grund von Vorschriften, die wegen der Rechtsform oder für Zweigniederlassungen bestehen, bleiben unberührt.

(2) Dieser Unterabschnitt ist auf Unternehmen der in § 2 Abs. 1 Nr. 4 und 5 des Gesetzes über das Kreditwesen bezeichneten Art insoweit ergänzend anzuwenden, als sie Bankgeschäfte betreiben, die nicht zu den ihnen eigentümlichen Geschäften gehören.

(3) Dieser Unterabschnitt ist auf Wohnungsunternehmen mit Spareinrichtung nicht anzuwenden.

(4) [1]Dieser Unterabschnitt ist auch auf Finanzdienstleistungsinstitute im Sinne des § 1 Abs. 1a des Gesetzes über das Kreditwesen anzuwenden, soweit sie nicht nach dessen § 2 Abs. 6 oder 10 von der Anwendung ausgenommen sind, sowie auf Zweigniederlassungen von Unternehmen mit Sitz in einem anderen Staat, der nicht Mitglied der Europäischen Gemeinschaft und auch nicht Vertragsstaat des Abkommens über den Europäischen Wirtschaftsraum ist, sofern die Zweigniederlassung nach § 53 Abs. 1 des Gesetzes über das Kreditwesen als Finanzdienstleistungsinstitut gilt. [2]§ 340c Abs. 1 ist nicht anzuwenden auf Finanzdienstleistungsinstitute und Kreditinstitute, soweit letztere Skontroführer im Sinne des § 27 Abs. 1 Satz 1 des Börsengesetzes und nicht CRR-Kreditinstitute im Sinne des § 1 Abs. 3d Satz 1 des Gesetzes über das Kreditwesen sind. [3]Zusätzliche Anforderungen auf Grund von Vorschriften, die wegen der Rechtsform oder für Zweigniederlassungen bestehen, bleiben unberührt.

(4a) [1]Dieser Unterabschnitt ist auch auf Wertpapierinstitute im Sinne des § 2 Absatz 1 des Wertpapierinstitutsgesetzes anzuwenden, soweit sie nicht nach dessen § 3 von der Anwendung ausgenommen sind. [2]§ 340c Absatz 1 ist nicht anzuwenden auf Wertpapierinstitute, wenn diese Skontroführer im Sinne des § 27 Absatz 1 Satz 1 des Börsengesetzes sind. [3]Zusätzliche Anforderungen auf Grund von Vorschriften, die wegen der Rechtsform bestehen, bleiben unberührt.

(5) [1]Dieser Unterabschnitt ist auch auf Institute im Sinne des § 1 Absatz 3 des Zahlungsdiensteaufsichtsgesetzes anzuwenden. [2]Zusätzliche Anforderungen auf Grund von Vorschriften, die wegen der Rechtsform oder für Zweigniederlassungen bestehen, bleiben unberührt.

### Zweiter Titel.[1] Jahresabschluß, Lagebericht, Zwischenabschluß

**§ 340a**[2] [3] [4] **Anzuwendende Vorschriften.** (1) [1]Kreditinstitute, auch wenn sie nicht in der Rechtsform einer Kapitalgesellschaft betrieben werden, haben auf ihren Jahresabschluß die für große Kapitalgesellschaften geltenden Vorschriften des

---

[1] 2. Titel Überschrift geänd. durch G v. 24.6.1994 (BGBl. I S. 1377).

[2] § 340a eingef. durch G v. 30.11.1990 (BGBl. I S. 2570); Abs. 1 geänd. durch G v. 24.6.1994 (BGBl. I S. 1377); Abs. 3 angef. durch G v. 21.12.1992 (BGBl. I S. 2211); Abs. 2 Satz 4 angef. durch G v. 20.4. 1998 (BGBl. I S. 707); Abs. 4 angef. durch G v. 27.4.1998 (BGBl. I S. 786); Abs. 2 Satz 4 geänd. mWv 9.3.2000 durch G v. 24.2.2000 (BGBl. I S. 154); Abs. 1, Abs. 2 Sätze 1 und 2 geänd. mWv 10.12.2004 durch G v. 4.12.2004 (BGBl. I S. 3166); Abs. 3 neu gef. mWv 20.1.2007 durch G v. 5.1.2007 (BGBl. I S. 10); Abs. 2 Sätze 1 und 2 geänd. mWv 29.5.2009 durch G v. 25.5.2009 (BGBl. I S. 1102); Abs. 3 Satz 1 geänd. mWv 1.1.2014 durch G v. 28.8.2013 (BGBl. I S. 3395); Abs. 1 Satz 1 geänd., Satz 2 angef., Abs. 2 Sätze 1 und 2 geänd., Sätze 5 und 6 angef. mWv 23.7.2015 durch G v. 17.7.2015 (BGBl. I S. 1245); Abs. 1a und 1b eingef. mWv 19.4.2017 durch G v. 11.4.2017 (BGBl. I S. 802); Abs. 2 Satz 1 geänd., Satz 4 aufgeh., bish. Sätze 5 und 6 werden Sätze 4 und 5 mWv 1.7.2021 durch G v. 3.6.2021 (BGBl. I S. 1534); Abs. 1b Satz 2 angef. mWv 12.8.2021 durch G v. 7.8.2021 (BGBl. I S. 3311).

[3] Beachte hierzu Übergangsvorschriften in Art. 75, 80 und 86 EGHGB (Nr. **50a**).

[4] Siehe hierzu die Kreditinstituts-RechnungslegungsVO idF der Bek. v. 11.12.1998 (BGBl. I S. 3658), zuletzt geänd. durch G v. 7.8.2021 (BGBl. I S. 3311).

Ersten Unterabschnitts des Zweiten Abschnitts anzuwenden, soweit in den Vorschriften dieses Unterabschnitts nichts anderes bestimmt ist. [2] Kreditinstitute haben außerdem einen Lagebericht nach den für große Kapitalgesellschaften geltenden Bestimmungen aufzustellen.

(1a) [1] Ein Kreditinstitut hat seinen Lagebericht um eine nichtfinanzielle Erklärung zu erweitern, wenn es in entsprechender Anwendung des § 267 Absatz 3 Satz 1 und Absatz 4 bis 5 als groß gilt und im Jahresdurchschnitt mehr als 500 Arbeitnehmer beschäftigt. [2] Wenn die nichtfinanzielle Erklärung einen besonderen Abschnitt des Lageberichts bildet, darf das Kreditinstitut auf die an anderer Stelle im Lagebericht enthaltenen nichtfinanziellen Angaben verweisen. [3] § 289b Absatz 2 bis 4 und die §§ 289c bis 289e sind entsprechend anzuwenden.

(1b) [1] Ein Kreditinstitut, das nach Absatz 1 in Verbindung mit § 289f Absatz 1 eine Erklärung zur Unternehmensführung zu erstellen hat, hat darin Angaben nach § 289f Absatz 2 Nummer 6 aufzunehmen, wenn es in entsprechender Anwendung des § 267 Absatz 3 Satz 1 und Absatz 4 bis 5 als groß gilt. [2] Ein Kreditinstitut, das eine Genossenschaft ist, hat § 289f Absatz 4 nach Maßgabe des § 9 Absatz 3 und 4 des Genossenschaftsgesetzes[1)] anzuwenden.

(2) [1] § 264 Absatz 3, §§ 264b, 265 Absatz 6 und 7, §§ 267, 268 Abs. 4 Satz 1, Abs. 5 Satz 1 und 2, §§ 276, 277 Abs. 1, 2, 3 Satz 1, § 284 Absatz 2 Nummer 3, § 285 Nr. 8 und 12, § 288 sind nicht anzuwenden. [2] An Stelle von § 247 Abs. 1, §§ 251, 266, 268 Absatz 7, §§ 275, 284 Absatz 3, § 285 Nummer 1, 2, 4, 9 Buchstabe c und Nummer 27 sind die durch Rechtsverordnung erlassenen Formblätter und anderen Vorschriften anzuwenden. [3] § 246 Abs. 2 ist nicht anzuwenden, soweit abweichende Vorschriften bestehen. [4] § 285 Nummer 31 ist nicht anzuwenden; unter den Posten „außerordentliche Erträge" und „außerordentliche Aufwendungen" sind Erträge und Aufwendungen auszuweisen, die außerhalb der gewöhnlichen Geschäftstätigkeit anfallen. [5] Im Anhang sind diese Posten hinsichtlich ihres Betrags und ihrer Art zu erläutern, soweit die ausgewiesenen Beträge für die Beurteilung der Ertragslage nicht von untergeordneter Bedeutung sind.

(3) [1] Sofern Kreditinstitute einer prüferischen Durchsicht zu unterziehende Zwischenabschlüsse zur Ermittlung von Zwischenergebnissen im Sinne des Artikels 26 Absatz 2 der Verordnung (EU) Nr. 575/2013 des Europäischen Parlaments und des Rates vom 26. Juni 2013 über Aufsichtsanforderungen an Kreditinstitute und Wertpapierfirmen und zur Änderung der Verordnung (EU) Nr. 646/2012 (ABl. L 176 vom 27.6.2013, S. 1) aufstellen, sind auf diese die für den Jahresabschluss geltenden Rechnungslegungsgrundsätze anzuwenden. [2] Die Vorschriften über die Bestellung des Abschlussprüfers sind auf die prüferische Durchsicht entsprechend anzuwenden. [3] Die prüferische Durchsicht ist so anzulegen, dass bei gewissenhafter Berufsausübung ausgeschlossen werden kann, dass der Zwischenabschluss in wesentlichen Belangen den anzuwendenden Rechnungslegungsgrundsätzen widerspricht. [4] Der Abschlussprüfer hat das Ergebnis der prüferischen Durchsicht in einer Bescheinigung zusammenzufassen. [5] § 320 und § 323 gelten entsprechend.

(4) Zusätzlich haben Kreditinstitute im Anhang zum Jahresabschluß anzugeben:

1. alle Mandate in gesetzlich zu bildenden Aufsichtsgremien von großen Kapitalgesellschaften (§ 267 Abs. 3), die von gesetzlichen Vertretern oder anderen Mitarbeitern wahrgenommen werden;

---

[1)] Nr. **53**.

2. alle Beteiligungen an großen Kapitalgesellschaften, die fünf vom Hundert der Stimmrechte überschreiten.

**§ 340b[1] Pensionsgeschäfte.** (1) Pensionsgeschäfte sind Verträge, durch die ein Kreditinstitut oder der Kunde eines Kreditinstituts (Pensionsgeber) ihm gehörende Vermögensgegenstände einem anderen Kreditinstitut oder einem seiner Kunden (Pensionsnehmer) gegen Zahlung eines Betrags überträgt und in denen gleichzeitig vereinbart wird, daß die Vermögensgegenstände später gegen Entrichtung des empfangenen oder eines im voraus vereinbarten anderen Betrags an den Pensionsgeber zurückübertragen werden müssen oder können.

(2) Übernimmt der Pensionsnehmer die Verpflichtung, die Vermögensgegenstände zu einem bestimmten oder vom Pensionsgeber zu bestimmenden Zeitpunkt zurückzuübertragen, so handelt es sich um ein echtes Pensionsgeschäft.

(3) Ist der Pensionsnehmer lediglich berechtigt, die Vermögensgegenstände zu einem vorher bestimmten oder von ihm noch zu bestimmenden Zeitpunkt zurückzuübertragen, so handelt es sich um ein unechtes Pensionsgeschäft.

(4) [1] Im Falle von echten Pensionsgeschäften sind die übertragenen Vermögensgegenstände in der Bilanz des Pensionsgebers weiterhin auszuweisen. [2] Der Pensionsgeber hat in Höhe des für die Übertragung erhaltenen Betrags eine Verbindlichkeit gegenüber dem Pensionsnehmer auszuweisen. [3] Ist für die Rückübertragung ein höherer oder ein niedrigerer Betrag vereinbart, so ist der Unterschiedsbetrag über die Laufzeit des Pensionsgeschäfts zu verteilen. [4] Außerdem hat der Pensionsgeber den Buchwert der in Pension gegebenen Vermögensgegenstände im Anhang anzugeben. [5] Der Pensionsnehmer darf die ihm in Pension gegebenen Vermögensgegenstände nicht in seiner Bilanz ausweisen; er hat in Höhe des für die Übertragung gezahlten Betrags eine Forderung an den Pensionsgeber in seiner Bilanz auszuweisen. [6] Ist für die Rückübertragung ein höherer oder ein niedrigerer Betrag vereinbart, so ist der Unterschiedsbetrag über die Laufzeit des Pensionsgeschäfts zu verteilen.

(5) [1] Im Falle von unechten Pensionsgeschäften sind die Vermögensgegenstände nicht in der Bilanz des Pensionsgebers, sondern in der Bilanz des Pensionsnehmers auszuweisen. [2] Der Pensionsgeber hat unter der Bilanz den für den Fall der Rückübertragung vereinbarten Betrag anzugeben.

(6) Devisentermingeschäfte, Finanztermingeschäfte und ähnliche Geschäfte sowie die Ausgabe eigener Schuldverschreibungen auf abgekürzte Zeit gelten nicht als Pensionsgeschäfte im Sinne dieser Vorschrift.

**§ 340c[2] Vorschriften zur Gewinn- und Verlustrechnung und zum Anhang.** (1) [1] Als Ertrag oder Aufwand des Handelsbestands ist der Unterschiedsbetrag aller Erträge und Aufwendungen aus Geschäften mit Finanzinstrumenten des Handelsbestands und dem Handel mit Edelmetallen sowie der zugehörigen Erträge aus Zuschreibungen und Aufwendungen aus Abschreibungen auszuweisen. [2] In die Verrechnung sind außerdem die Aufwendungen für die Bildung von Rückstellungen für drohende Verluste aus den in Satz 1 bezeichneten Geschäften und die Erträge aus der Auflösung dieser Rückstellungen einzubeziehen.

---

[1] § 340b eingef. durch G v. 30.11.1990 (BGBl. I S. 2570); Abs. 6 geänd. mWv 1.7.2002 durch G v. 21.6.2002 (BGBl. I S. 2010).

[2] § 340c eingef. durch G v. 30.11.1990 (BGBl. I S. 2570); Überschrift geänd., Abs. 3 angef. durch G v. 21.12.1992 (BGBl. I S. 2211); Abs. 3 geänd. durch G v. 22.10.1997 (BGBl. I S. 2567); Abs. 1 Satz 1 neu gef. mWv 29.5.2009 durch G v. 25.5.2009 (BGBl. I S. 1102); Abs. 3 geänd. mWv 1.1.2014 durch G v. 28.8.2013 (BGBl. I S. 3395).

(2) [1]Die Aufwendungen aus Abschreibungen auf Beteiligungen, Anteile an verbundenen Unternehmen und wie Anlagevermögen behandelte Wertpapiere dürfen mit den Erträgen aus Zuschreibungen zu solchen Vermögensgegenständen verrechnet und in einem Aufwand- oder Ertragsposten ausgewiesen werden. [2]In die Verrechnung nach Satz 1 dürfen auch die Aufwendungen und Erträge aus Geschäften mit solchen Vermögensgegenständen einbezogen werden.

(3) Kreditinstitute, die dem haftenden Eigenkapital nicht realisierte Reserven nach § 10 Abs. 2b Satz 1 Nr. 6 oder 7 des Gesetzes über das Kreditwesen[1)] in der bis zum 31. Dezember 2013 geltenden Fassung zurechnen, haben den Betrag, mit dem diese Reserven dem haftenden Eigenkapital zugerechnet werden, im Anhang zur Bilanz und zur Gewinn- und Verlustrechnung anzugeben.

**§ 340d[2)] Fristengliederung.** [1]Die Forderungen und Verbindlichkeiten sind im Anhang nach der Fristigkeit zu gliedern. [2]Für die Gliederung nach der Fristigkeit ist die Restlaufzeit am Bilanzstichtag maßgebend.

### Dritter Titel. Bewertungsvorschriften

**§ 340e[3) 4)] Bewertung von Vermögensgegenständen.** (1) [1]Kreditinstitute haben Beteiligungen einschließlich der Anteile an verbundenen Unternehmen, Konzessionen, gewerbliche Schutzrechte und ähnliche Rechte und Werte sowie Lizenzen an solchen Rechten und Werten, Grundstücke, grundstücksgleiche Rechte und Bauten einschließlich der Bauten auf fremden Grundstücken, technische Anlagen und Maschinen, andere Anlagen, Betriebs- und Geschäftsausstattung sowie Anlagen im Bau nach den für das Anlagevermögen geltenden Vorschriften zu bewerten, es sei denn, daß sie nicht dazu bestimmt sind, dauernd dem Geschäftsbetrieb zu dienen; in diesem Falle sind sie nach Satz 2 zu bewerten. [2]Andere Vermögensgegenstände, insbesondere Forderungen und Wertpapiere, sind nach den für das Umlaufvermögen geltenden Vorschriften zu bewerten, es sei denn, daß sie dazu bestimmt werden, dauernd dem Geschäftsbetrieb zu dienen; in diesem Falle sind sie nach Satz 1 zu bewerten. [3]§ 253 Absatz 3 Satz 6 ist nur auf Beteiligungen und Anteile an verbundenen Unternehmen im Sinn des Satzes 1 sowie Wertpapiere und Forderungen im Sinn des Satzes 2, die dauernd dem Geschäftsbetrieb zu dienen bestimmt sind, anzuwenden.

(2) [1]Abweichend von § 253 Abs. 1 Satz 1 dürfen Hypothekendarlehen und andere Forderungen mit ihrem Nennbetrag angesetzt werden, soweit der Unterschiedsbetrag zwischen dem Nennbetrag und dem Auszahlungsbetrag oder den Anschaffungskosten Zinscharakter hat. [2]Ist der Nennbetrag höher als der Auszahlungsbetrag oder die Anschaffungskosten, so ist der Unterschiedsbetrag in den Rechnungsabgrenzungsposten auf der Passivseite aufzunehmen; er ist planmäßig aufzulösen und in seiner jeweiligen Höhe in der Bilanz oder im Anhang gesondert anzugeben. [3]Ist der Nennbetrag niedriger als der Auszahlungsbetrag oder die Anschaffungskosten, so darf der Unterschiedsbetrag in den Rechnungsabgrenzungsposten auf der Aktivseite aufgenommen werden; er ist planmäßig aufzulösen

---

[1)] **Sartorius ErgBd. Nr. 856.**

[2)] § 340d eingef. mWv 1.1.1998 durch G v. 30.11.1990 (BGBl. I S. 2570).

[3)] § 340e eingef. mWv 1.1.1998 durch G v. 30.11.1990 (BGBl. I S. 2570); Abs. 1 Satz 3 neu gef., Abs. 3 und 4 angef. mWv 29.5.2009 durch G v. 25.5.2009 (BGBl. I S. 1102); Abs. 4 Satz 2 Nr. 1 geänd., Nr. 2 und 3 eingef., bish. Nr. 2 wird Nr. 4, Satz 3 angef. mWv 19.7.2014 durch G v. 15.7.2014 (BGBl. I S. 934); Abs. 1 Satz 3 geänd. mWv 23.7.2015 durch G v. 17.7.2015 (BGBl. I S. 1245).

[4)] Beachte hierzu Übergangsvorschrift in Art. 75 EGHGB (Nr. **50a**).

und in seiner jeweiligen Höhe in der Bilanz oder im Anhang gesondert anzugeben.

(3) [1] Finanzinstrumente des Handelsbestands sind zum beizulegenden Zeitwert abzüglich eines Risikoabschlags zu bewerten. [2] Eine Umgliederung in den Handelsbestand ist ausgeschlossen. [3] Das Gleiche gilt für eine Umgliederung aus dem Handelsbestand, es sei denn, außergewöhnliche Umstände, insbesondere schwerwiegende Beeinträchtigungen der Handelbarkeit der Finanzinstrumente, führen zu einer Aufgabe der Handelsabsicht durch das Kreditinstitut. [4] Finanzinstrumente des Handelsbestands können nachträglich in eine Bewertungseinheit einbezogen werden; sie sind bei Beendigung der Bewertungseinheit wieder in den Handelsbestand umzugliedern.

(4) [1] In der Bilanz ist dem Sonderposten „Fonds für allgemeine Bankrisiken" nach § 340g in jedem Geschäftsjahr ein Betrag, der mindestens 10 vom Hundert der Nettoerträge des Handelsbestands entspricht, zuzuführen und dort gesondert auszuweisen. [2] Dieser Posten darf nur aufgelöst werden

1. zum Ausgleich von Nettoaufwendungen des Handelsbestands sowie
2. zum Ausgleich eines Jahresfehlbetrags, soweit er nicht durch einen Gewinnvortrag aus dem Vorjahr gedeckt ist,
3. zum Ausgleich eines Verlustvortrags aus dem Vorjahr, soweit er nicht durch einen Jahresüberschuss gedeckt ist, oder
4. soweit er 50 vom Hundert des Durchschnitts der letzten fünf jährlichen Nettoerträge des Handelsbestands übersteigt.

[3] Auflösungen, die nach Satz 2 erfolgen, sind im Anhang anzugeben und zu erläutern.

**§ 340f[1)] Vorsorge für allgemeine Bankrisiken.** (1) [1] Kreditinstitute dürfen Forderungen an Kreditinstitute und Kunden, Schuldverschreibungen und andere festverzinsliche Wertpapiere sowie Aktien und andere nicht festverzinsliche Wertpapiere, die weder wie Anlagevermögen behandelt werden noch Teil des Handelsbestands sind, mit einem niedrigeren als dem nach § 253 Abs. 1 Satz 1, Abs. 4 vorgeschriebenen oder zugelassenen Wert ansetzen, soweit dies nach vernünftiger kaufmännischer Beurteilung zur Sicherung gegen die besonderen Risiken des Geschäftszweigs der Kreditinstitute notwendig ist. [2] Der Betrag der auf diese Weise gebildeten Vorsorgereserven darf vier vom Hundert des Gesamtbetrags der in Satz 1 bezeichneten Vermögensgegenstände, der sich bei deren Bewertung nach § 253 Abs. 1 Satz 1, Abs. 4 ergibt, nicht übersteigen. [3] Ein niedrigerer Wertansatz darf beibehalten werden.

(2) *(aufgehoben)*

(3) Aufwendungen und Erträge aus der Anwendung von Absatz 1 und aus Geschäften mit in Absatz 1 bezeichneten Wertpapieren und Aufwendungen aus Abschreibungen sowie Erträge aus Zuschreibungen zu diesen Wertpapieren dürfen mit den Aufwendungen aus Abschreibungen auf Forderungen, Zuführungen zu Rückstellungen für Eventualverbindlichkeiten und für Kreditrisiken sowie mit den Erträgen aus Zuschreibungen zu Forderungen oder aus deren Eingang nach teilweiser oder vollständiger Abschreibung und aus Auflösungen von Rückstellungen für Eventualverbindlichkeiten und für Kreditrisiken verrechnet und in der Ge-

[1)] § 340f eingef. durch G v. 30.11.1990 (BGBl. I S. 2570); Abs. 1 Sätze 1 und 2 geänd., Satz 3 angef., Abs. 2 aufgeh. mWv 29.5.2009 durch G v. 25.5.2009 (BGBl. I S. 1102).

winn- und Verlustrechnung in einem Aufwand- oder Ertragsposten ausgewiesen werden.

(4) Angaben über die Bildung und Auflösung von Vorsorgereserven nach Absatz 1 sowie über vorgenommene Verrechnungen nach Absatz 3 brauchen im Jahresabschluß, Lagebericht, Konzernabschluß und Konzernlagebericht nicht gemacht zu werden.

**§ 340g[1] Sonderposten für allgemeine Bankrisiken.** (1) Kreditinstitute dürfen auf der Passivseite ihrer Bilanz zur Sicherung gegen allgemeine Bankrisiken einen Sonderposten „Fonds für allgemeine Bankrisiken" bilden, soweit dies nach vernünftiger kaufmännischer Beurteilung wegen der besonderen Risiken des Geschäftszweigs der Kreditinstitute notwendig ist.

(2) Die Zuführungen zum Sonderposten oder die Erträge aus der Auflösung des Sonderpostens sind in der Gewinn- und Verlustrechnung gesondert auszuweisen.

### Vierter Titel. Währungsumrechnung

**§ 340h[2] Währungsumrechnung.** § 256a gilt mit der Maßgabe, dass Erträge, die sich aus der Währungsumrechnung ergeben, in der Gewinn- und Verlustrechnung zu berücksichtigen sind, soweit die Vermögensgegenstände, Schulden oder Termingeschäfte durch Vermögensgegenstände, Schulden oder andere Termingeschäfte in derselben Währung besonders gedeckt sind.

### Fünfter Titel.[3] Konzernabschluß, Konzernlagebericht, Konzernzwischenabschluß

**§ 340i[4] [5] Pflicht zur Aufstellung.** (1) [1]Kreditinstitute, auch wenn sie nicht in der Rechtsform einer Kapitalgesellschaft betrieben werden, haben unabhängig von ihrer Größe einen Konzernabschluß und einen Konzernlagebericht nach den Vorschriften des Zweiten Unterabschnitts des Zweiten Abschnitts über den Konzernabschluß und Konzernlagebericht aufzustellen, soweit in den Vorschriften dieses Unterabschnitts nichts anderes bestimmt ist. [2]Zusätzliche Anforderungen auf Grund von Vorschriften, die wegen der Rechtsform bestehen, bleiben unberührt.

(2) [1]Auf den Konzernabschluß sind, soweit seine Eigenart keine Abweichung bedingt, die §§ 340a bis 340g über den Jahresabschluß und die für die Rechtsform und den Geschäftszweig der in den Konzernabschluß einbezogenen Unternehmen mit Sitz im Geltungsbereich dieses Gesetzes geltenden Vorschriften entsprechend anzuwenden, soweit sie für große Kapitalgesellschaften gelten. [2]Die §§ 293, 298 Absatz 1, § 314 Abs. 1 Nr. 1, 3, 6 Buchstabe c und Nummer 23 sind nicht anzuwenden. [3]In den Fällen des § 315e Abs. 1 finden von den in Absatz 1 genannten Vorschriften nur die §§ 290 bis 292, 315e Anwendung; die Sätze 1 und 2 dieses Absatzes sowie § 340j sind nicht anzuwenden. [4]Soweit § 315e Absatz 1 auf § 314 Absatz 1 Nummer 6 Buchstabe c verweist, tritt an dessen Stelle § 34 Absatz 2 Nummer 2 in Verbindung mit § 37 der Kreditinstituts-Rechnungs-

---

[1] § 340g eingef. durch G v. 30.11.1990 (BGBl. I S. 2570).

[2] § 340h neu gef. mWv 29.5.2009 durch G v. 25.5.2009 (BGBl. I S. 1102).

[3] 5. Titel Überschrift geänd. durch G v. 24.6.1994 (BGBl. I S. 1377).

[4] § 340i eingef. durch G v. 30.11.1990 (BGBl. I S. 2570); Abs. 4 angef. durch G v. 21.12.1992 (BGBl. I S. 2211); Abs. 1 Satz 1 geänd. durch G v. 24.6.1994 (BGBl. I S. 1377); Abs. 2 Sätze 3–5 angef. mWv 10.12.2004 durch G v. 4.12.2004 (BGBl. I S. 3166); Abs. 4 neu gef. mWv 20.1.2007 durch G v. 5.1.2007 (BGBl. I S. 10); Abs. 4 Satz 1 geänd. mWv 1.1.2014 durch G v. 28.8.2013 (BGBl. I S. 3395); Abs. 2 Satz 2 geänd. mWv 23.7.2015 durch G v. 17.7.2015 (BGBl. I S. 1245); Abs. 2 Satz 3 geänd., Satz 4 neu gef., Satz 5 geänd., Abs. 5 und 6 angef. mWv 19.4.2017 durch G v. 11.4.2017 (BGBl. I S. 802); Abs. 6 neu gef. mWv 1.1.2020 durch G v. 12.12.2019 (BGBl. I S. 2637).

[5] Beachte hierzu Übergangsvorschriften in Art. 75, 80 und 83 Abs. 2 EGHGB (Nr. **50a**).

legungsverordnung in der Fassung der Bekanntmachung vom 11. Dezember 1998 (BGBl. I S. 3658), die zuletzt durch Artikel 8 Absatz 13 des Gesetzes vom 17. Juli 2015 (BGBl. I S. 1245) geändert worden ist, in der jeweils geltenden Fassung. [5] Im Übrigen findet die Kreditinstituts-Rechnungslegungsverordnung in den Fällen des § 315e Absatz 1 keine Anwendung.

(3) Als Kreditinstitute im Sinne dieses Titels gelten auch Mutterunternehmen, deren einziger Zweck darin besteht, Beteiligungen an Tochterunternehmen zu erwerben sowie die Verwaltung und Verwertung dieser Beteiligungen wahrzunehmen, sofern diese Tochterunternehmen ausschließlich oder überwiegend Kreditinstitute sind.

(4) [1] Sofern Kreditinstitute einer prüferischen Durchsicht zu unterziehende Konzernzwischenabschlüsse zur Ermittlung von Konzernzwischenergebnissen im Sinne des Artikels 26 Absatz 2 in Verbindung mit Artikel 11 der Verordnung (EU) Nr. 575/2013 aufstellen, sind auf diese die für den Konzernabschluss geltenden Rechnungslegungsgrundsätze anzuwenden. [2] Die Vorschriften über die Bestellung des Abschlussprüfers sind auf die prüferische Durchsicht entsprechend anzuwenden. [3] Die prüferische Durchsicht ist so anzulegen, dass bei gewissenhafter Berufsausübung ausgeschlossen werden kann, dass der Zwischenabschluss in wesentlichen Belangen den anzuwendenden Rechnungslegungsgrundsätzen widerspricht. [4] Der Abschlussprüfer hat das Ergebnis der prüferischen Durchsicht in einer Bescheinigung zusammenzufassen. [5] § 320 und § 323 gelten entsprechend.

(5) [1] Ein Kreditinstitut, das ein Mutterunternehmen (§ 290) ist, hat den Konzernlagebericht um eine nichtfinanzielle Konzernerklärung zu erweitern, wenn auf die in den Konzernabschluss einzubeziehenden Unternehmen die folgenden Merkmale zutreffen:

1. sie erfüllen die in § 293 Absatz 1 Satz 1 Nummer 1 oder 2 geregelten Voraussetzungen für eine größenabhängige Befreiung nicht und
2. bei ihnen sind insgesamt im Jahresdurchschnitt mehr als 500 Arbeitnehmer beschäftigt.

[2] § 267 Absatz 4 bis 5, § 298 Absatz 2, § 315b Absatz 2 bis 4 und § 315c sind entsprechend anzuwenden. [3] Wenn die nichtfinanzielle Konzernerklärung einen besonderen Abschnitt des Konzernlageberichts bildet, darf das Kreditinstitut auf die an anderer Stelle im Konzernlagebericht enthaltenen nichtfinanziellen Angaben verweisen.

(6) Ein Kreditinstitut, das nach Absatz 1 in Verbindung mit § 315d eine Konzernerklärung zur Unternehmensführung zu erstellen hat, hat darin Angaben nach § 315d in Verbindung mit § 289f Absatz 2 Nummer 6 aufzunehmen, wenn die in den Konzernabschluss einzubeziehenden Unternehmen die in § 293 Absatz 1 Satz 1 Nummer 1 oder 2 geregelten Voraussetzungen für eine Befreiung nicht erfüllen.

**§ 340j[1)] Einzubeziehende Unternehmen.** Bezieht ein Kreditinstitut ein Tochterunternehmen, das Kreditinstitut ist, nach § 296 Abs. 1 Nr. 3 in seinen Konzernabschluß nicht ein und ist der vorübergehende Besitz von Aktien oder Anteilen dieses Unternehmens auf eine finanzielle Stützungsaktion zur Sanierung oder Rettung des genannten Unternehmens zurückzuführen, so hat es den Jahresabschluß dieses Unternehmens seinem Konzernabschluß beizufügen und im Kon-

[1)] § 340j eingef. durch G v. 30.11.1990 (BGBl. I S. 2570); Abs. 1 aufgeh. mWv 10.12.2004 durch G v. 4.12.2004 (BGBl. I S. 3166).

zernanhang zusätzliche Angaben über die Art und die Bedingungen der finanziellen Stützungsaktion zu machen.

### Sechster Titel. Prüfung

**§ 340k**[1) 2)] **[Prüfung]** (1) [1]Kreditinstitute haben unabhängig von ihrer Größe ihren Jahresabschluß und Lagebericht sowie ihren Konzernabschluß und Konzernlagebericht unbeschadet der Vorschriften der §§ 28 und 29 des Gesetzes über das Kreditwesen[3)] nach den Vorschriften des Dritten Unterabschnitts des Zweiten Abschnitts über die Prüfung prüfen zu lassen; § 319 Absatz 1 Satz 2 ist nicht anzuwenden. [2]Die Prüfung ist spätestens vor Ablauf des fünften Monats des dem Abschlußstichtag nachfolgenden Geschäftsjahrs vorzunehmen. [3]Der Jahresabschluß ist nach der Prüfung unverzüglich festzustellen. [4]Die Vorschriften des Dritten Unterabschnitts des Zweiten Abschnitts sind auf Kreditinstitute, die Unternehmen von öffentlichem Interesse nach § 316a Satz 2 Nummer 1 oder 2 sind, nur insoweit anzuwenden, als nicht die Verordnung (EU) Nr. 537/2014 anzuwenden ist.

(2) [1]Ist das Kreditinstitut eine Genossenschaft oder ein rechtsfähiger wirtschaftlicher Verein, so ist die Prüfung abweichend von § 319 Abs. 1 Satz 1 von dem Prüfungsverband durchzuführen, dem das Kreditinstitut als Mitglied angehört, sofern mehr als die Hälfte der geschäftsführenden Mitglieder des Vorstands dieses Prüfungsverbands Wirtschaftsprüfer sind. [2]Hat der Prüfungsverband nur zwei Vorstandsmitglieder, so muß einer von ihnen Wirtschaftsprüfer sein. [3]§ 319 Abs. 2 und 3 ist auf die gesetzlichen Vertreter des Prüfungsverbandes und auf alle vom Prüfungsverband beschäftigten Personen, die das Ergebnis der Prüfung beeinflussen können, entsprechend anzuwenden; § 319 Abs. 3 Satz 1 Nr. 2 ist auf Mitglieder des Aufsichtsorgans des Prüfungsverbandes nicht anzuwenden, sofern sichergestellt ist, dass der Abschlussprüfer die Prüfung unabhängig von den Weisungen durch das Aufsichtsorgan durchführen kann. [4]§ 319 Absatz 1 Satz 3 und 4 gilt entsprechend mit der Maßgabe, dass der Prüfungsverband über einen Auszug hinsichtlich seiner Eintragung nach § 40a der Wirtschaftsprüferordnung verfügen muss, bei erstmaliger Durchführung einer Prüfung nach Absatz 1 Satz 1 spätestens sechs Wochen nach deren Beginn. [5]Ist das Mutterunternehmen eine Genossenschaft, so ist der Prüfungsverband, dem die Genossenschaft angehört, unter den Voraussetzungen der Sätze 1 bis 4 auch Abschlußprüfer des Konzernabschlusses und des Konzernlageberichts.

(2a) [1]Bei der Prüfung des Jahresabschlusses der in Absatz 2 bezeichneten Kreditinstitute durch einen Prüfungsverband darf der gesetzlich vorgeschriebene Bestätigungsvermerk nur von Wirtschaftsprüfern unterzeichnet werden. [2]Die im Prüfungsverband tätigen Wirtschaftsprüfer haben ihre Prüfungstätigkeit unabhängig, gewissenhaft, verschwiegen und eigenverantwortlich auszuüben. [3]Sie haben sich insbesondere bei der Erstattung von Prüfungsberichten unparteiisch zu verhalten.

---

[1)] § 340k eingef. durch G v. 30.11.1990 (BGBl. I S. 2570); Abs. 1 Satz 1 geänd, Abs. 4 angef. durch G v. 22.10.1997 (BGBl. I S. 2567); Abs. 2 Satz 1 geänd. mWv 9.3.2000 durch G v. 24.2.2000 (BGBl. I S. 154); Abs. 3 Satz 4 angef. mWv 1.1.2001 durch G v. 19.12.2000 (BGBl. I S. 1769); Abs. 2 Satz 3, Abs. 3 Satz 2 neu gef., Satz 4 geänd. mWv 10.12.2004 durch G v. 4.12.2004 (BGBl. I S. 3166); Abs. 2a eingef., Abs. 5 angef. mWv 29.5.2009 durch G v. 25.5.2009 (BGBl. I S. 1102); Abs. 2 Satz 4 eingef., bish. Satz 4 wird Satz 5 und geänd., Abs. 3 Satz 4 geänd. mWv 17.6.2016 durch G v. 31.3.2016 (BGBl. I S. 518); Abs. 1 Satz 1 geänd., Satz 4 angef., Abs. 3 Satz 2 geänd., Satz 3 eingef., bish. Sätze 3 und 4 werden Sätze 4 und 5, Abs. 4, Abs. 5 Satz 1 neu gef. mWv 17.6.2016 durch G v. 10.5.2016 (BGBl. I S. 1142); Abs. 1 Satz 1 geänd., Satz 4 neu gef., Abs. 2 Satz 3, Abs. 3 Satz 2 geänd., Abs. 5 Satz 1 neu gef., Sätze 3 und 4 angef. mWv 1.7.2021 durch G v. 3.6.2021 (BGBl. I S. 1534).

[2)] Beachte hierzu Übergangsvorschrift in Art. 86 EGHGB (Nr. **50a**).

[3)] **Sartorius ErgBd. Nr. 856.**

[4]Weisungen dürfen ihnen hinsichtlich ihrer Prüfungstätigkeit von Personen, die nicht Wirtschaftsprüfer sind, nicht erteilt werden. [5]Die Zahl der im Verband tätigen Wirtschaftsprüfer muss so bemessen sein, dass die den Bestätigungsvermerk unterschreibenden Wirtschaftsprüfer die Prüfung verantwortlich durchführen können.

(3) [1]Ist das Kreditinstitut eine Sparkasse, so dürfen die nach Absatz 1 vorgeschriebenen Prüfungen abweichend von § 319 Abs. 1 Satz 1 von der Prüfungsstelle eines Sparkassen- und Giroverbands durchgeführt werden. [2]Die Prüfung darf von der Prüfungsstelle jedoch nur durchgeführt werden, wenn der Leiter der Prüfungsstelle die Voraussetzungen des § 319 Abs. 1 Satz 1 und 2 erfüllt; § 319 Absatz 2, 3 und 5 sowie Artikel 5 Absatz 1, 4 Unterabsatz 1 und Absatz 5 der Verordnung (EU) Nr. 537/2014 sind auf alle vom Sparkassen- und Giroverband beschäftigten Personen, die das Ergebnis der Prüfung beeinflussen können, entsprechend anzuwenden. [3]Auf die Prüfungsstellen findet Artikel 5 der Verordnung (EU) Nr. 537/2014 keine Anwendung. [4]Außerdem muß sichergestellt sein, daß der Abschlußprüfer die Prüfung unabhängig von den Weisungen der Organe des Sparkassen- und Giroverbands durchführen kann. [5]Soweit das Landesrecht nichts anderes vorsieht, findet § 319 Absatz 1 Satz 3 und 4 mit der Maßgabe Anwendung, dass die Prüfungsstelle über einen Auszug hinsichtlich ihrer Eintragung nach § 40a der Wirtschaftsprüferordnung verfügen muss, bei erstmaliger Durchführung einer Prüfung nach Absatz 1 Satz 1 spätestens sechs Wochen nach deren Beginn.

(4) [1]Ist das Kreditinstitut eine Sparkasse, finden Artikel 4 Absatz 3 Unterabsatz 2 sowie die Artikel 16, 17 und 19 der Verordnung (EU) Nr. 537/2014 keine Anwendung. [2]Artikel 4 Absatz 3 Unterabsatz 1 sowie Artikel 10 Absatz 2 Buchstabe g der Verordnung (EU) Nr. 537/2014 finden auf alle vom Sparkassen- und Giroverband beschäftigten Personen, die das Ergebnis der Prüfung beeinflussen können, entsprechende Anwendung. [3]Auf die Prüfungsstellen finden Artikel 4 Absatz 2 und 3 Unterabsatz 1 sowie Artikel 10 Absatz 2 Buchstabe g der Verordnung (EU) Nr. 537/2014 keine Anwendung.

(5) [1]Kreditinstitute, die Unternehmen von öffentlichem Interesse nach § 316a Satz 2 Nummer 1 oder 2 sind und keinen Aufsichts- oder Verwaltungsrat haben, der die Voraussetzungen des § 100 Absatz 5 des Aktiengesetzes erfüllen muss, haben § 324 anzuwenden, auch wenn sie nicht in der Rechtsform einer Kapitalgesellschaft oder einer Personenhandelsgesellschaft im Sinne des § 264a Absatz 1 betrieben werden. [2]Dies gilt für Sparkassen im Sinn des Absatzes 3 sowie sonstige landesrechtliche öffentlich-rechtliche Kreditinstitute nur, soweit das Landesrecht nichts anderes vorsieht. [3]§ 36 Absatz 4 und § 53 Absatz 3 des Genossenschaftsgesetzes bleiben unberührt. [4]§ 324 Absatz 3 Satz 1 ist nicht anwendbar auf Kreditinstitute in der Rechtsform der Genossenschaft, auf Sparkassen und auf sonstige landesrechtliche öffentlich-rechtliche Kreditinstitute.

### Siebenter Titel. Offenlegung

**§ 340l[1) 2)] [Offenlegung]** (1) [1]Kreditinstitute haben den Jahresabschluß und den Lagebericht sowie den Konzernabschluß und den Konzernlagebericht und die

---

1) § 340l eingef. durch G v. 30.11.1990 (BGBl. I S. 2570); Abs. 1 Sätze 2, 3, Abs. 2 Satz 2 geänd. durch G v. 27.4.1993 (BGBl. I S. 512) iVm Bek. v. 16.12.1993 (BGBl. I S. 2436); Abs. 1 Satz 2, Abs. 2 Satz 2 geänd. durch G v. 22.10.1997 (BGBl. I S. 2567); Abs. 2 Satz 4 angef. mWv 9.3.2000 durch G v. 24.2.2000 (BGBl. I S. 154); Abs. 2 Satz 3 neu gef. mWv 15.12.2001 durch G v. 10.12.2001 (BGBl. I S. 3414); Abs. 5 angef. mWv 10.12.2004 durch G v. 4.12.2004 (BGBl. I S. 3166); Abs. 1 Sätze 2, 3, Abs. 2 Sätze 1, 2 geänd., Satz 4 neu gef., Abs. 3 Satz 1 aufgeh., Abs. 4 aufgeh., bish. Abs. 5 wird Abs. 4 mWv 1.1.2007 durch G v. 10.11.2006 (BGBl. I S. 2553); Abs. 1 Satz 1, Abs. 2 Satz 1 geänd., Sätze 2, 3 eingef., bish. Sätze →

anderen in § 325 bezeichneten Unterlagen, sofern sie zu erstellen sind, in deutscher Sprache nach § 325 Absatz 1 Satz 2 und Absatz 1a bis 5 sowie den §§ 327a und 328 offenzulegen; § 329 Absatz 1, 2 und 4 ist entsprechend anzuwenden. [2] Kreditinstitute, die nicht Zweigniederlassungen sind, haben die in Satz 1 bezeichneten Unterlagen außerdem in jedem anderen Mitgliedstaat der Europäischen Gemeinschaft und in jedem anderen Vertragsstaat des Abkommens über den Europäischen Wirtschaftsraum offenzulegen, in dem sie eine Zweigniederlassung errichtet haben. [3] Die Offenlegung nach Satz 2 richtet sich nach dem Recht des jeweiligen Mitgliedstaats oder Vertragsstaats.

(2) [1] Zweigniederlassungen im Geltungsbereich dieses Gesetzes von Unternehmen mit Sitz in einem anderen Staat haben die in Absatz 1 Satz 1 bezeichneten Unterlagen ihrer Hauptniederlassung, die nach deren Recht aufgestellt und geprüft worden sind, nach § 325 Absatz 1 Satz 2 und Absatz 1a bis 5 sowie den §§ 327a und 328 offenzulegen; § 329 ist entsprechend anzuwenden. [2] Unternehmen mit Sitz in einem Drittstaat im Sinn des § 3 Abs. 1 Satz 1 der Wirtschaftsprüferordnung, deren Wertpapiere im Sinn des § 2 Absatz 1 des Wertpapierhandelsgesetzes an einer inländischen Börse zum Handel am regulierten Markt zugelassen sind, haben zudem eine Bescheinigung der Wirtschaftsprüferkammer gemäß § 134 Abs. 2a der Wirtschaftsprüferordnung über die Eintragung des Abschlussprüfers oder eine Bestätigung der Wirtschaftsprüferkammer gemäß § 134 Abs. 4 Satz 8 der Wirtschaftsprüferordnung über die Befreiung von der Eintragungsverpflichtung offenzulegen. [3] Satz 2 ist nicht anzuwenden, soweit ausschließlich Schuldtitel im Sinne des § 2 Absatz 1 Nummer 3 des Wertpapierhandelsgesetzes

1. mit einer Mindeststückelung zu je 100 000 Euro oder einem entsprechenden Betrag anderer Währung an einer inländischen Börse zum Handel am regulierten Markt zugelassen sind oder
2. mit einer Mindeststückelung zu je 50 000 Euro oder einem entsprechenden Betrag anderer Währung an einer inländischen Börse zum Handel am regulierten Markt zugelassen sind und diese Schuldtitel vor dem 31. Dezember 2010 begeben worden sind.

[4] Zweigniederlassungen im Geltungsbereich dieses Gesetzes von Unternehmen mit Sitz in einem Staat, der nicht Mitglied der Europäischen Gemeinschaft und auch nicht Vertragsstaat des Abkommens über den Europäischen Wirtschaftsraum ist, brauchen auf ihre eigene Geschäftstätigkeit bezogene gesonderte Rechnungslegungsunterlagen nach Absatz 1 Satz 1 nicht offenzulegen, sofern die nach den Sätzen 1 und 2 offenzulegenden Unterlagen nach einem an die Richtlinie 86/635/EWG angepaßten Recht aufgestellt und geprüft worden oder den nach einem dieser Rechte aufgestellten Unterlagen gleichwertig sind. [5] Die Unterlagen sind in deutscher Sprache zu übermitteln. [6] Soweit dies nicht die Amtssprache am Sitz der Hauptniederlassung ist, können die Unterlagen der Hauptniederlassung auch

1. in englischer Sprache oder
2. in einer von dem Register der Hauptniederlassung beglaubigten Abschrift oder,

*(Fortsetzung der Anm. von voriger Seite)*
2–4 werden Sätze 4–6, neuer Satz 4 geänd., Abs. 4 Nr. 3 geänd. mWv 29.5.2009 durch G v. 25.5.2009 (BGBl. I S. 1102); Abs. 1 Satz 3, Abs. 2 Sätze 2 und 6 Nr. 2 geänd., Abs. 4 einl. Satzteil und Nr. 2 neu gef., Nr. 3 geänd. mWv 23.7.2015 durch G v. 17.7.2015 (BGBl. I S. 1245); Abs. 2 Satz 3 neu gef. mWv 17.6.2016 durch G v. 31.3.2016 (BGBl. I S. 518); Abs. 2 Satz 3 Nr. 1 geänd. mWv 19.8.2020 durch G v. 12.8.2020 (BGBl. I S. 1874); Abs. 1 Satz 1, Abs. 2 Sätze 1, 5 und 6 abschl. Satzteil geänd. mWv 1.8.2022 durch G v. 5.7.2021 (BGBl. I S. 3338).

[2)] Beachte hierzu Übergangsvorschrift in Art. 88 EGHGB (Nr. **50a**).

3. wenn eine dem Register vergleichbare Einrichtung nicht vorhanden oder diese nicht zur Beglaubigung befugt ist, in einer von einem Wirtschaftsprüfer bescheinigten Abschrift, verbunden mit der Erklärung, dass entweder eine dem Register vergleichbare Einrichtung nicht vorhanden oder diese nicht zur Beglaubigung befugt ist,

übermittelt werden; von der Beglaubigung des Registers ist eine beglaubigte Übersetzung in deutscher Sprache zu übermitteln.

(3) § 339 ist auf Kreditinstitute, die Genossenschaften sind, nicht anzuwenden.

(4) Macht ein Kreditinstitut von dem Wahlrecht nach § 325 Absatz 2a Satz 1 Gebrauch, sind § 325 Absatz 2a Satz 3 und 5 mit folgenden Maßgaben anzuwenden:

1. Die in § 325 Abs. 2a Satz 3 genannten Vorschriften des Ersten Unterabschnitts des Zweiten Abschnitts des Dritten Buchs sind auch auf Kreditinstitute anzuwenden, die nicht in der Rechtsform einer Kapitalgesellschaft betrieben werden.
2. § 285 Nummer 8 Buchstabe b findet keine Anwendung; der Personalaufwand des Geschäftsjahres ist jedoch im Anhang zum Einzelabschluss nach § 325 Absatz 2a gemäß der Gliederung nach Formblatt 3 im Posten Allgemeine Verwaltungsaufwendungen Unterposten Buchstabe a Personalaufwand der Kreditinstituts-Rechnungslegungsverordnung in der Fassung der Bekanntmachung vom 11. Dezember 1998 (BGBl. I S. 3658) in der jeweils geltenden Fassung anzugeben, sofern diese Angaben nicht gesondert in der Gewinn- und Verlustrechnung erscheinen.
3. An Stelle des § 285 Nr. 9 Buchstabe c gilt § 34 Abs. 2 Nr. 2 der Kreditinstituts-Rechnungslegungsverordnung in der Fassung der Bekanntmachung vom 11. Dezember 1998 (BGBl. I S. 3658) in der jeweils geltenden Fassung.
4. Für den Anhang gilt zusätzlich die Vorschrift des § 340a Abs. 4.
5. Im Übrigen finden die Bestimmungen des Zweiten bis Vierten Titels dieses Unterabschnitts sowie der Kreditinstituts-Rechnungslegungsverordnung keine Anwendung.

### Achter Titel.[1] Straf- und Bußgeldvorschriften, Ordnungsgelder

**§ 340m**[2)][3)] **Strafvorschriften.** (1) [1]Die Strafvorschriften der §§ 331 bis 333 sind auch auf nicht in der Rechtsform einer Kapitalgesellschaft betriebene Kreditinstitute, auf Finanzdienstleistungsinstitute im Sinne des § 340 Absatz 4, auf Wertpapierinstitute im Sinne des § 340 Absatz 4a Satz 1 sowie auf Institute im Sinne des § 340 Absatz 5 anzuwenden. [2]§ 331 ist darüber hinaus auch anzuwenden auf die Verletzung von Pflichten durch

1. den Geschäftsleiter (§ 1 Absatz 2 des Kreditwesengesetzes[4)]) eines nicht in der Rechtsform der Kapitalgesellschaft betriebenen Kreditinstituts oder Finanzdienstleistungsinstituts im Sinne des § 340 Absatz 4 Satz 1,

---

[1)] 8. Titel Überschrift geänd. mWv 30.4.2011 durch G v. 1.3.2011 (BGBl. I S. 288).

[2)] § 340m neu gef. mWv 30.4.2011 durch G v. 1.3.2011 (BGBl. I S. 288); Abs. 2 und 3 angef. mWv 17.6.2016 durch G v. 10.5.2016 (BGBl. I S. 1142); Abs. 1 Satz 1 geänd., Satz 2 Nr. 1a eingef., Nr. 3 geänd. mWv 26.6.2021 durch G v. 12.5.2021 (BGBl. I S. 990); Abs. 2 einl. Satzteil, Abs. 3 geänd. mWv 1.7.2021 durch G v. 3.6.2021 (BGBl. I S. 1534); Abs. 1 Satz 2 Nr. 1, Abs. 2 einl. Satzteil geänd. mWv 1.8. 2022 durch G v. 5.7.2021 (BGBl. I S. 3338).

[3)] Beachte hierzu Übergangsvorschrift in Art. 86 EGHGB (Nr. **50a**).

[4)] **Sartorius ErgBd. Nr. 856.**

1a. den Geschäftsleiter (§ 2 Absatz 36 des Wertpapierinstitutsgesetzes) eines nicht in der Rechtsform der Kapitalgesellschaft betriebenen Wertpapierinstituts im Sinne des § 340 Absatz 4a Satz 1,
2. den Geschäftsleiter (§ 1 Absatz 8 Satz 1 und 2 des Zahlungsdiensteaufsichtsgesetzes) eines nicht in der Rechtsform der Kapitalgesellschaft betriebenen Instituts im Sinne des § 340 Absatz 5,
3. den Inhaber eines in der Rechtsform des Einzelkaufmanns betriebenen Finanzdienstleistungsinstituts im Sinne des § 340 Absatz 4 Satz 1 oder Wertpapierinstituts im Sinne des § 340 Absatz 4a Satz 1 und
4. den Geschäftsleiter im Sinne des § 53 Absatz 2 Nummer 1 des Kreditwesengesetzes.

(2) Mit Freiheitsstrafe bis zu einem Jahr oder mit Geldstrafe wird bestraft, wer als Mitglied eines nach § 340k Absatz 5 Satz 1 in Verbindung mit § 324 Absatz 1 Satz 1 eingerichteten Prüfungsausschusses eines Kreditinstituts im Sinne des § 340 Absatz 1 Satz 1, eines Finanzdienstleistungsinstituts im Sinne des § 340 Absatz 4 Satz 1, eines Wertpapierinstituts im Sinne des § 340 Absatz 4a Satz 1 oder eines Instituts im Sinne des § 1 Absatz 3 des Zahlungsdiensteaufsichtsgesetzes
1. eine in § 340n Absatz 2a bezeichnete Handlung begeht und dafür einen Vermögensvorteil erhält oder sich versprechen lässt oder
2. eine in § 340n Absatz 2a bezeichnete Handlung beharrlich wiederholt.

(3) § 335c Absatz 2 gilt in den Fällen des Absatzes 1 Satz 1 in Verbindung mit § 332 oder § 333 und des Absatzes 2 entsprechend.

**§ 340n[1) 2)] Bußgeldvorschriften.** (1) [1] Ordnungswidrig handelt, wer als Geschäftsleiter im Sinne des § 1 Absatz 2 oder des § 53 Absatz 2 Nummer 1 des Kreditwesengesetzes[3)] eines Kreditinstituts oder Finanzdienstleistungsinstituts im Sinne des § 340 Absatz 4 Satz 1 oder als Geschäftsleiter im Sinne des § 2 Absatz 36 des Wertpapierinstitutsgesetzes eines Wertpapierinstituts im Sinne des § 340 Absatz 4a Satz 1 oder als Geschäftsleiter im Sinne des § 1 Absatz 8 Satz 1 und 2 des Zahlungsdiensteaufsichtsgesetzes eines Instituts im Sinne des § 1 Absatz 3 des Zahlungsdiensteaufsichtsgesetzes oder als Inhaber eines in der Rechtsform des Einzelkaufmanns betriebenen Finanzdienstleistungsinstituts im Sinne des § 340 Absatz 4 Satz 1 oder Wertpapierinstituts im Sinne des § 340 Absatz 4a Satz 1 oder als Mitglied des Aufsichtsrats eines der vorgenannten Unternehmen

---

[1)] § 340n eingef. durch G v. 30.11.1990 (BGBl. I S. 2570); Abs. 1 Nr. 1 und 2 geänd. durch G v. 21.12. 1992 (BGBl. I S. 2211); Abs. 1 geänd. durch G v. 22.10.1997 (BGBl. I S. 2567); Abs. 1 einl. Satzteil, Nr. 1 Buchst. d geänd. mWv 10.12.2004 durch G v. 4.12.2004 (BGBl. I S. 3166); Abs. 4 angef. mWv 1.1.2007 durch G v. 10.11.2006 (BGBl. I S. 2553); Abs. 1 Nr. 1 Buchst. a und c geänd., Buchst. b und d neu gef., Nr. 2 Buchst. d geänd. mWv 29.5.2009 durch G v. 25.5.2009 (BGBl. I S. 1102); Abs. 1 Satz 1 einl. Satzteil geänd. mWv 30.4.2011 durch G v. 1.3.2011 (BGBl. I S. 288); Abs. 1 Nr. 1 Buchst. a–c geänd., Buchst. d neu gef., Nr. 2 Buchst. b und f geänd. mWv 23.7.2015 durch G v. 17.7.2015 (BGBl. I S. 1245); Abs. 2 und 4 geänd., Abs. 2a eingef., Abs. 5 angef. mWv 17.6.2016 durch G v. 10.5.2016 (BGBl. I S. 1142); Abs. 3 neu gef., Abs. 3a und 3b eingef. mWv 19.4.2017 durch G v. 11.4.2017 (BGBl. I S. 802); Abs. 1 Nr. 5 geänd. mWv 19.8.2020 durch G v. 12.8.2020 (BGBl. I S. 1874); Abs. 1 einl. Satzteil geänd. mWv 26.6.2021 durch G v. 12.5.2021 (BGBl. I S. 990); Abs. 2 neu gef., Abs. 2a Nr. 1 einl. Satzteil und Buchst. a, Nr. 2, Abs. 3 Satz 1 geänd., Abs. 3a Satz 2 angef. mWv 1.7.2021 durch G v. 3.6.2021 (BGBl. I S. 1534); Abs. 1 Satz 1 Nr. 3 und 4 neu gef., Sätze 2 und 3 angef. mWv 12.8.2021 durch G v. 7.8.2021 (BGBl. I S. 3311); Abs. 1 Satz 1 einl. Satzteil neu gef. mWv 1.8.2022 durch G v. 5.7.2021 (BGBl. I S. 3338); Abs. 1 Satz 1 einl. Satzteil geänd., Abs. 3b Satz 1 neu gef., Satz 3 aufgeh., bish. Satz 4 wird Satz 3 mWv 22.6. 2023 durch G v. 19.6.2023 (BGBl. 2023 I Nr. 154).

[2)] Beachte hierzu Übergangsvorschriften in Art. 75, 80, 84, 86, 87 und 90 EGHGB (Nr. **50a**).

[3)] **Sartorius ErgBd. Nr. 856.**

1. bei der Aufstellung oder Feststellung des Jahresabschlusses oder bei der Aufstellung des Zwischenabschlusses gemäß § 340a Abs. 3 einer Vorschrift
   a) des § 243 Abs. 1 oder 2, der §§ 244, 245, 246 Abs. 1 oder 2, dieser in Verbindung mit § 340a Abs. 2 Satz 3, des § 246 Abs. 3 Satz 1, des § 247 Abs. 2 oder 3, der §§ 248, 249 Abs. 1 Satz 1 oder Abs. 2, des § 250 Abs. 1 oder Abs. 2, des § 264 Absatz 1a oder Absatz 2, des § 340b Abs. 4 oder 5 oder des § 340c Abs. 1 über Form oder Inhalt,
   b) des § 253 Abs. 1 Satz 1, 2, 3 oder 4, Abs. 2 Satz 1, auch in Verbindung mit Satz 2, Absatz 3 Satz 1, 2, 3, 4 oder Satz 5, Abs. 4 oder 5, der §§ 254, 256a, 340e Abs. 1 Satz 1 oder 2, Abs. 3 Satz 1, 2, 3 oder 4 Halbsatz 2, Abs. 4 Satz 1 oder 2, des § 340f Abs. 1 Satz 2 oder des § 340g Abs. 2 über die Bewertung,
   c) des § 265 Abs. 2, 3 oder 4, des § 268 Abs. 3 oder 6, der §§ 272, 274 oder des § 277 Abs. 3 Satz 2 über die Gliederung,
   d) des § 284 Absatz 1, 2 Nummer 1, 2 oder Nummer 4, Absatz 3 oder des § 285 Nummer 3, 3a, 7, 9 Buchstabe a oder Buchstabe b, Nummer 10 bis 11b, 13 bis 15a, 16 bis 26, 28 bis 33 oder Nummer 34 über die im Anhang zu machenden Angaben,
2. bei der Aufstellung des Konzernabschlusses oder des Konzernzwischenabschlusses gemäß § 340i Abs. 4 einer Vorschrift
   a) des § 294 Abs. 1 über den Konsolidierungskreis,
   b) des § 297 Absatz 1a, 2 oder Absatz 3 oder des § 340i Abs. 2 Satz 1 in Verbindung mit einer der in Nummer 1 Buchstabe a bezeichneten Vorschriften über Form oder Inhalt,
   c) des § 300 über die Konsolidierungsgrundsätze oder das Vollständigkeitsgebot,
   d) des § 308 Abs. 1 Satz 1 in Verbindung mit den in Nummer 1 Buchstabe b bezeichneten Vorschriften, des § 308 Abs. 2 oder des § 308a über die Bewertung,
   e) des § 311 Abs. 1 Satz 1 in Verbindung mit § 312 über die Behandlung assoziierter Unternehmen oder
   f) des § 308 Abs. 1 Satz 3, des § 313 oder des § 314 über die im Konzernanhang zu machenden Angaben,
3. bei der Aufstellung des Lageberichts oder der Erstellung eines gesonderten nichtfinanziellen Berichts einer Vorschrift des § 289 oder des § 289a, des § 289f, auch in Verbindung mit § 340a Absatz 1b, oder des § 340a Absatz 1a, auch in Verbindung mit § 289b Absatz 2 oder 3 oder mit den §§ 289c, 289d oder § 289e Absatz 2, über den Inhalt des Lageberichts oder des gesonderten nichtfinanziellen Berichts,
4. bei der Aufstellung des Konzernlageberichts oder der Erstellung eines gesonderten nichtfinanziellen Konzernberichts einer Vorschrift des § 315 oder des § 315a, des § 315d, auch in Verbindung mit § 340i Absatz 6, oder des § 340i Absatz 5, auch in Verbindung mit § 315b Absatz 2 oder 3 oder § 315c, über den Inhalt des Konzernlageberichts oder des gesonderten nichtfinanziellen Konzernberichts,
5. bei der Offenlegung, Veröffentlichung oder Vervielfältigung einer Vorschrift des § 328 über Form, Format oder Inhalt oder
6. einer auf Grund des § 330 Abs. 2 in Verbindung mit Abs. 1 Satz 1 erlassenen Rechtsverordnung, soweit sie für einen bestimmten Tatbestand auf diese Bußgeldvorschrift verweist,

zuwiderhandelt. [2] In den Fällen des Satzes 1 Nummer 3 wird eine Zuwiderhandlung gegen eine Vorschrift des § 289f Absatz 2 Nummer 4, auch in Verbindung mit Absatz 3 oder 4 Satz 1, nicht dadurch ausgeschlossen, dass die Festlegungen oder Begründungen nach § 76 Absatz 4 oder § 111 Absatz 5 des Aktiengesetzes[1)], nach § 36 oder § 52 Absatz 2 des Gesetzes betreffend die Gesellschaften mit beschränkter Haftung[2)] oder nach § 9 Absatz 3 oder 4 des Genossenschaftsgesetzes[3)] ganz oder zum Teil unterblieben sind. [3] In den Fällen des Satzes 1 Nummer 4 wird eine Zuwiderhandlung gegen eine Vorschrift des § 315d in Verbindung mit § 289f Absatz 2 Nummer 4 nicht dadurch ausgeschlossen, dass die Festlegungen oder Begründungen nach § 76 Absatz 4 oder § 111 Absatz 5 des Aktiengesetzes ganz oder zum Teil unterblieben sind.

(2) [1] Ordnungswidrig handelt, wer einen Bestätigungsvermerk nach § 322 Absatz 1 erteilt zu dem Abschluss

1. eines Instituts, das ein Unternehmen von öffentlichem Interesse nach § 316a Satz 2 Nummer 1 oder 2 ist, oder
2. eines Instituts, das nicht in Nummer 1 genannt ist,

obwohl nach § 319 Absatz 2 oder 3, jeweils auch in Verbindung mit Absatz 5, oder nach § 319b Absatz 1 Satz 1 oder 2, jeweils auch in Verbindung mit Absatz 2, er, nach § 319 Absatz 4 Satz 1 oder 2, jeweils auch in Verbindung mit Absatz 5, oder nach § 319b Absatz 1 Satz 1 oder 2, jeweils auch in Verbindung mit Absatz 2, die Wirtschaftsprüfungsgesellschaft oder die Buchführungsgesellschaft, für die er tätig wird, oder nach § 340k Absatz 2 Satz 1 und 2 oder Absatz 3 Satz 2 erster Halbsatz der Prüfungsverband oder die Prüfungsstelle, für den oder für die er tätig wird, nicht Abschlussprüfer sein darf. [2] Ordnungswidrig handelt auch, wer einen Bestätigungsvermerk nach § 322 Absatz 1 erteilt zu dem Abschluss eines Instituts, das ein Unternehmen von öffentlichem Interesse nach § 316a Satz 2 Nummer 1 oder 2 ist, obwohl

1. er oder die Prüfungsgesellschaft, für die er tätig wird, oder ein Mitglied des Netzwerks, dem er oder die Prüfungsgesellschaft, für die er tätig wird, angehört, einer Vorschrift des Artikels 5 Absatz 4 Unterabsatz 1 Satz 1 oder Absatz 5 Unterabsatz 2 Satz 2 der Verordnung (EU) Nr. 537/2014 zuwiderhandelt oder
2. er oder die Prüfungsgesellschaft, für die er tätig wird, nach Artikel 17 Absatz 3 der Verordnung (EU) Nr. 537/2014 die Abschlussprüfung nicht durchführen darf.

[3] Abschluss im Sinne der Sätze 1 und 2 ist ein Jahresabschluss, ein Einzelabschluss nach § 325 Absatz 2a oder ein Konzernabschluss, der aufgrund gesetzlicher Vorschriften zu prüfen ist. [4] Institut im Sinne der Sätze 1 und 2 ist ein Kreditinstitut im Sinne des § 340 Absatz 1 Satz 1, ein Finanzdienstleistungsinstitut im Sinne des § 340 Absatz 4 Satz 1, ein Wertpapierinstitut im Sinne des § 340 Absatz 4a Satz 1 oder ein Institut im Sinne des § 1 Absatz 3 des Zahlungsdiensteaufsichtsgesetzes.

(2a) Ordnungswidrig handelt, wer

1. als Mitglied eines nach § 324 Absatz 1 Satz 1, auch in Verbindung mit § 340k Absatz 5 Satz 1, eingerichteten Prüfungsausschusses eines Instituts im Sinne des Absatzes 2 Satz 4, das keine Sparkasse ist,

---

1) Nr. **51**.
2) Nr. **52**.
3) Nr. **53**.

a) die Unabhängigkeit des Abschlussprüfers oder der Prüfungsgesellschaft nicht nach Maßgabe des Artikels 4 Absatz 3 Unterabsatz 2, des Artikels 5 Absatz 4 Unterabsatz 1 Satz 1 oder des Artikels 6 Absatz 2 der Verordnung (EU) Nr. 537/2014 überwacht,

b) eine Empfehlung für die Bestellung eines Abschlussprüfers oder einer Prüfungsgesellschaft vorlegt, die den Anforderungen nach Artikel 16 Absatz 2 Unterabsatz 2 oder 3 der Verordnung (EU) Nr. 537/2014 nicht entspricht oder der ein Auswahlverfahren nach Artikel 16 Absatz 3 Unterabsatz 1 der Verordnung (EU) Nr. 537/2014 nicht vorangegangen ist, oder

c) den Gesellschaftern oder der sonst für die Bestellung des Abschlussprüfers zuständigen Stelle einen Vorschlag für die Bestellung eines Abschlussprüfers oder einer Prüfungsgesellschaft vorlegt, der den Anforderungen nach Artikel 16 Absatz 5 Unterabsatz 1 der Verordnung (EU) Nr. 537/2014 nicht entspricht, oder

2. als Mitglied eines nach § 340k Absatz 5 in Verbindung mit § 324 Absatz 1 Satz 1 eingerichteten Prüfungsausschusses eines Instituts im Sinne des Absatzes 2 Satz 4, das eine Sparkasse ist, die Unabhängigkeit der in § 340k Absatz 3 Satz 2 zweiter Halbsatz genannten Personen nicht nach Maßgabe des Artikels 5 Absatz 4 Unterabsatz 1 Satz 1 der Verordnung (EU) Nr. 537/2014 in Verbindung mit § 340k Absatz 3 Satz 2 oder nach Maßgabe des Artikels 6 Absatz 2 der Verordnung (EU) Nr. 537/2014 überwacht.

(3) [1] Die Ordnungswidrigkeit kann in den Fällen des Absatzes 2 Satz 1 Nummer 1 und Satz 2 sowie des Absatzes 2a mit einer Geldbuße bis zu fünfhunderttausend Euro, in den Fällen der Absätze 1 und 2 Satz 1 Nummer 2 mit einer Geldbuße bis zu fünfzigtausend Euro geahndet werden. [2] Ist das Kreditinstitut kapitalmarktorientiert im Sinne des § 264d, beträgt die Geldbuße in den Fällen des Absatzes 1 höchstens den höheren der folgenden Beträge:

1. zwei Millionen Euro oder
2. das Zweifache des aus der Ordnungswidrigkeit gezogenen wirtschaftlichen Vorteils, wobei der wirtschaftliche Vorteil erzielte Gewinne und vermiedene Verluste umfasst und geschätzt werden kann.

(3a) [1] Wird gegen ein Kreditinstitut, das kapitalmarktorientiert im Sinne des § 264d ist, in den Fällen des Absatzes 1 eine Geldbuße nach § 30 des Gesetzes über Ordnungswidrigkeiten[1] verhängt, beträgt diese Geldbuße höchstens den höchsten der folgenden Beträge:

1. zehn Millionen Euro,
2. 5 Prozent des jährlichen Gesamtumsatzes, den das Kreditinstitut im der Behördenentscheidung vorausgegangenen Geschäftsjahr erzielt hat oder
3. das Zweifache des aus der Ordnungswidrigkeit gezogenen wirtschaftlichen Vorteils, wobei der wirtschaftliche Vorteil erzielte Gewinne und vermiedene Verluste umfasst und geschätzt werden kann.

[2] In den Fällen des Absatzes 3 Satz 1 in Verbindung mit Absatz 2 Satz 1 Nummer 1 oder Satz 2 ist § 30 Absatz 2 Satz 3 des Gesetzes über Ordnungswidrigkeiten anzuwenden.

---

[1] Nr. **94**.

(3b) [1] Gesamtumsatz im Sinne des Absatzes 3a Satz 1 Nummer 2 ist

1. im Falle von Kreditinstituten, die ihren Jahresabschluss nach den handelsrechtlichen Vorschriften oder dem Recht eines anderen Mitgliedstaats der Europäischen Union oder eines anderen Vertragsstaats des Abkommens über den Europäischen Wirtschaftsraum im Einklang mit der Richtlinie 86/635/EWG des Rates vom 8. Dezember 1986 über den Jahresabschluß und den konsolidierten Abschluß von Banken und anderen Finanzinstituten (ABl. L 372 vom 31.12. 1986, S. 1; L 316 vom 23.11.1988, S. 51), die zuletzt durch die Richtlinie 2006/46/EG (ABl. L 224 vom 16.8.2006, S. 1) geändert worden ist, aufstellen, der Gesamtbetrag derjenigen Posten, die nach den auf das Kreditinstitut anwendbaren handelsrechtlichen Vorschriften oder nach dem auf das Kreditinstitut anwendbaren nationalen Recht den in Artikel 27 Nummer 1, 3, 4, 6 und 7 oder Artikel 28 Buchstabe B Nummer 1 bis 4 und 7 der Richtlinie 86/635/EWG genannten Posten entsprechen,
2. in Fällen, die nicht in Nummer 1 genannt sind, der Betrag der Umsatzerlöse, der sich bei Anwendung der Rechnungslegungsgrundsätze ergibt, die nach dem jeweiligen nationalen Recht für die Aufstellung des Jahresabschlusses des Unternehmens gelten.

[2] Handelt es sich bei dem Kreditinstitut um ein Mutterunternehmen oder um ein Tochterunternehmen im Sinne des § 290, ist anstelle des Gesamtumsatzes des Kreditinstituts der jeweilige Gesamtbetrag im Konzernabschluss des Mutterunternehmens maßgeblich, der für den größten Kreis von Unternehmen aufgestellt wird. [3] Ist ein Jahres- oder Konzernabschluss für das maßgebliche Geschäftsjahr nicht verfügbar, ist der Jahres- oder Konzernabschluss für das unmittelbar vorausgehende Geschäftsjahr maßgeblich; ist auch dieser nicht verfügbar, kann der Gesamtumsatz geschätzt werden.

(4) Verwaltungsbehörde im Sinn des § 36 Abs. 1 Nr. 1 des Gesetzes über Ordnungswidrigkeiten ist in den Fällen der Absätze 1 und 2a die Bundesanstalt für Finanzdienstleistungsaufsicht, in den Fällen des Absatzes 2 die Abschlussprüferaufsichtsstelle beim Bundesamt für Wirtschaft und Ausfuhrkontrolle.

(5) Die Bundesanstalt für Finanzdienstleistungsaufsicht übermittelt der Abschlussprüferaufsichtsstelle beim Bundesamt für Wirtschaft und Ausfuhrkontrolle alle Bußgeldentscheidungen nach Absatz 2a.

**§ 340o[1)] [2)] Festsetzung von Ordnungsgeld.** (1) Personen, die

1. als Geschäftsleiter im Sinne des § 1 Absatz 2 des Kreditwesengesetzes[3)] eines Kreditinstituts oder Finanzdienstleistungsinstituts im Sinne des § 340 Absatz 4 Satz 1 oder als Geschäftsleiter im Sinne des § 2 Absatz 36 des Wertpapierinstitutsgesetzes eines Wertpapierinstituts im Sinne des § 340 Absatz 4a Satz 1 oder als Geschäftsleiter im Sinne des § 1 Absatz 8 Satz 1 und 2 des Zahlungsdiensteaufsichtsgesetzes eines Instituts im Sinne des § 1 Absatz 3 des Zahlungsdiensteaufsichtsgesetzes oder als Inhaber eines in der Rechtsform des Einzelkaufmanns betriebenen Finanzdienstleistungsinstituts im Sinne des § 340 Absatz 4

---

[1)] § 340o neu gef. mWv 1.1.2007 durch G v. 10.11.2006 (BGBl. I S. 2553); Satz 1 Nr. 1 neu gef. mWv 30.4.2011 durch G v. 1.3.2011 (BGBl. I S. 288); Satz 1 abschl. Satzteil geänd. mWv 10.10.2013 durch G v. 4.10.2013 (BGBl. I S. 3746); Satz 1 Nr. 1 geänd. mWv 26.6.2021 durch G v. 12.5.2021 (BGBl. I S. 990); Satz 1 Nr. 1 geänd. mWv 1.8.2022 durch G v. 5.7.2021 (BGBl. I S. 3338); Abs. 1 Satz 2 aufgeh., Nr. 1 geänd., Abs. 2 angef. mWv 22.6.2023 durch G v. 19.6.2023 (BGBl. 2023 I Nr. 154).

[2)] Beachte hierzu Übergangsvorschrift in Art. 88 und 90 EGHGB (Nr. **50a**).

[3)] **Sartorius ErgBd. Nr. 856.**

Satz 1 oder Wertpapierinstituts im Sinne des § 340 Absatz 4a Satz 1 den § 340l Absatz 1 Satz 1 in Verbindung mit § 325 Absatz 1 Satz 2 und Absatz 1a bis 5 über die Pflicht zur Offenlegung des Jahresabschlusses, des Lageberichts, des Konzernabschlusses, des Konzernlageberichts und anderer Unterlagen der Rechnungslegung oder

2. als Geschäftsleiter von Zweigniederlassungen im Sinn des § 53 Abs. 1 des Kreditwesengesetzes § 340l Abs. 1 oder Abs. 2 über die Offenlegung der Rechnungslegungsunterlagen

nicht befolgen, sind hierzu vom Bundesamt für Justiz durch Festsetzung von Ordnungsgeld anzuhalten.

(2) Die §§ 335 bis 335b sind mit der Maßgabe entsprechend anzuwenden, dass Gesamtumsatz im Sinne des § 335 Absatz 1a Satz 1 Nummer 2 Folgendes ist:

1. im Falle von Unternehmen, die ihren Jahresabschluss nach den handelsrechtlichen Vorschriften oder dem Recht eines anderen Mitgliedstaats der Europäischen Union oder eines anderen Vertragsstaats des Abkommens über den Europäischen Wirtschaftsraum im Einklang mit der Richtlinie 86/635/EWG aufstellen, der Gesamtbetrag derjenigen Posten, die nach den auf das Unternehmen anwendbaren handelsrechtlichen Vorschriften oder nach dem auf das Unternehmen anwendbaren nationalen Recht den in Artikel 27 Nummer 1, 3, 4, 6 und 7 oder Artikel 28 Buchstabe B Nummer 1 bis 4 und 7 der Richtlinie 86/635/EWG genannten Posten entsprechen,
2. in Fällen, die nicht in Nummer 1 genannt sind, der Betrag der Umsatzerlöse, der sich bei Anwendung der Rechnungslegungsgrundsätze ergibt, die nach dem jeweiligen nationalen Recht für die Aufstellung des Jahresabschlusses des Unternehmens gelten.

## Zweiter Unterabschnitt.[1] Ergänzende Vorschriften für Versicherungsunternehmen und Pensionsfonds

### Erster Titel. Anwendungsbereich

**§ 341[2] [Anwendungsbereich]** (1) [1] Dieser Unterabschnitt ist, soweit nichts anderes bestimmt ist, auf Unternehmen, die den Betrieb von Versicherungsgeschäften zum Gegenstand haben und nicht Träger der Sozialversicherung sind (Versicherungsunternehmen), anzuwenden. [2] Dies gilt nicht für solche Versicherungsunternehmen, die auf Grund von Gesetz, Tarifvertrag oder Satzung ausschließlich für ihre Mitglieder oder die durch Gesetz oder Satzung begünstigten Personen Leistungen erbringen oder als nicht rechtsfähige Einrichtungen ihre Aufwendungen im Umlageverfahren decken, es sei denn, sie sind Aktiengesellschaften, Versicherungsvereine auf Gegenseitigkeit oder rechtsfähige kommunale Schadenversicherungsunternehmen.

(2) [1] Versicherungsunternehmen im Sinne des Absatzes 1 sind auch Niederlassungen im Geltungsbereich dieses Gesetzes von Versicherungsunternehmen mit Sitz in einem anderen Staat, wenn sie zum Betrieb des Direktversicherungs-

---

[1] 2. UAbschnitt (§§ 341–341o) eingef. durch G v. 24.6.1994 (BGBl. I S. 1377); Überschrift neu gef. mWv 1.1.2002 durch G v. 26.6.2001 (BGBl. I S. 1310).

[2] § 341 eingef. durch G v. 24.6.1994 (BGBl. I S. 1377); Abs. 4 angef. mWv 1.1.2002 durch G v. 26.6.2001 (BGBl. I S. 1310); Abs. 4 Satz 2 geänd. mWv 26.7.2002 durch G v. 19.7.2002 (BGBl. I S. 2681); Abs. 2 Satz 2 angef. mWv 14.12.2010 durch G v. 8.12.2010 (BGBl. I S. 1768); Abs. 4 Satz 1 geänd. mWv 1.1.2016 durch G v. 1.4.2015 (BGBl. I S. 434); Abs. 2 Satz 2 neu gef. mWv 23.7.2015 durch G v. 17.7.2015 (BGBl. I S. 1245).

geschäfts der Erlaubnis durch die deutsche Versicherungsaufsichtsbehörde bedürfen. [2] Niederlassungen von Versicherungsunternehmen mit Sitz in einem Mitgliedstaat der Europäischen Union oder einem anderen Vertragsstaat des Abkommens über den Europäischen Wirtschaftsraum, die keiner Erlaubnis zum Betrieb des Direktversicherungsgeschäfts durch die deutsche Versicherungsaufsichtsbehörde bedürfen, haben die ergänzenden Vorschriften über den Ansatz und die Bewertung von Vermögensgegenständen und Schulden des Ersten bis Vierten Titels dieses Unterabschnitts und der Versicherungsunternehmens-Rechnungslegungsverordnung in ihrer jeweils geltenden Fassung anzuwenden.

(3) Zusätzliche Anforderungen auf Grund von Vorschriften, die wegen der Rechtsform oder für Niederlassungen bestehen, bleiben unberührt.

(4) [1] Die Vorschriften des Ersten bis Siebenten Titels dieses Unterabschnitts sind mit Ausnahme von Absatz 1 Satz 2 auf Pensionsfonds (§ 236 Absatz 1 des Versicherungsaufsichtsgesetzes) entsprechend anzuwenden. [2] § 341d ist mit der Maßgabe anzuwenden, dass Kapitalanlagen für Rechnung und Risiko von Arbeitnehmern und Arbeitgebern mit dem Zeitwert unter Berücksichtigung des Grundsatzes der Vorsicht zu bewerten sind; §§ 341b, 341c sind insoweit nicht anzuwenden.

### Zweiter Titel. Jahresabschluß, Lagebericht

**§ 341a**[1) 2)] **Anzuwendende Vorschriften.** (1) [1] Versicherungsunternehmen haben einen Jahresabschluß und einen Lagebericht nach den für große Kapitalgesellschaften geltenden Vorschriften des Ersten Unterabschnitts des Zweiten Abschnitts in den ersten vier Monaten des Geschäftsjahres für das vergangene Geschäftsjahr aufzustellen und dem Abschlußprüfer zur Durchführung der Prüfung vorzulegen; die Frist des § 264 Abs. 1 Satz 3 gilt nicht. [2] Ist das Versicherungsunternehmen eine Kapitalgesellschaft im Sinn des § 325 Abs. 4 Satz 1 und nicht zugleich im Sinn des § 327a, beträgt die Frist nach Satz 1 vier Monate.

(1a) [1] Ein Versicherungsunternehmen hat seinen Lagebericht um eine nichtfinanzielle Erklärung zu erweitern, wenn es in entsprechender Anwendung des § 267 Absatz 3 Satz 1 und Absatz 4 bis 5 als groß gilt und im Jahresdurchschnitt mehr als 500 Arbeitnehmer beschäftigt. [2] Wenn die nichtfinanzielle Erklärung einen besonderen Abschnitt des Lageberichts bildet, darf das Versicherungsunternehmen auf die an anderer Stelle im Lagebericht enthaltenen nichtfinanziellen Angaben verweisen. [3] § 289b Absatz 2 bis 4 und die §§ 289c bis 289e sind entsprechend anzuwenden.

(1b) Ein Versicherungsunternehmen, das nach Absatz 1 in Verbindung mit § 289f Absatz 1 eine Erklärung zur Unternehmensführung zu erstellen hat, hat darin Angaben nach § 289f Absatz 2 Nummer 6 aufzunehmen, wenn es in entsprechender Anwendung des § 267 Absatz 3 Satz 1 und Absatz 4 bis 5 als groß gilt.

---

1) § 341a eingef. durch G v. 24.6.1994 (BGBl. I S. 1377); Abs. 2 Satz 4 eingef., bish. Satz 4 wird Satz 5 durch G v. 20.4.1998 (BGBl. I S. 707); Abs. 2 Sätze 1 und 2 geänd. mWv 10.12.2004 durch G v. 4.12. 2004 (BGBl. I S. 3166); Abs. 1 Satz 2, Abs. 2 Satz 5 angef., Abs. 5 Satz 2 angef. und geänd. mWv 1.1. 2007 durch G v. 10.11.2006 (BGBl. I S. 2553); Abs. 1 Satz 1, Abs. 2 Sätze 1, 2 und 5 geänd. mWv 29.5. 2009 durch G v. 25.5.2009 (BGBl. I S. 1102); Abs. 2 Satz 2 geänd., Sätze 6 und 7 angef., Abs. 4 geänd. mWv 23.7.2015 durch G v. 17.7.2015 (BGBl. I S. 1245); Abs. 1a und 1b eingef. mWv 19.4.2017 durch G v. 11.4.2017 (BGBl. I S. 802); Abs. 2 Satz 1 geänd., Satz 4 aufgeh., bish. Sätze 5–7 werden Sätze 4–6 mWv 1.7.2021 durch G v. 3.6.2021 (BGBl. I S. 1534).

2) Beachte hierzu Übergangsvorschriften in Art. 75, 80 und 86 EGHGB (Nr. **50a**).

(2) [1] § 264 Absatz 3, § 265 Absatz 6, §§ 267, 268 Abs. 4 Satz 1, Abs. 5 Satz 1 und 2, §§ 276, 277 Abs. 1 und 2, § 285 Nr. 8 Buchstabe a und § 288 sind nicht anzuwenden. [2] Anstelle von § 247 Abs. 1, §§ 251, 265 Abs. 7, §§ 266, 268 Absatz 7, §§ 275, 284 Absatz 3, § 285 Nummer 4 und 8 Buchstabe b sowie § 286 Abs. 2 sind die durch Rechtsverordnung erlassenen Formblätter und anderen Vorschriften anzuwenden. [3] § 246 Abs. 2 ist nicht anzuwenden, soweit abweichende Vorschriften bestehen. [4] § 285 Nr. 3a gilt mit der Maßgabe, daß die Angaben für solche finanzielle Verpflichtungen nicht zu machen sind, die im Rahmen des Versicherungsgeschäfts entstehen. [5] § 285 Nummer 31 ist nicht anzuwenden; unter den Posten „außerordentliche Erträge" und „außerordentliche Aufwendungen" sind Erträge und Aufwendungen auszuweisen, die außerhalb der gewöhnlichen Geschäftstätigkeit anfallen. [6] Im Anhang sind diese Posten hinsichtlich ihres Betrags und ihrer Art zu erläutern, soweit die ausgewiesenen Beträge für die Beurteilung der Ertragslage nicht von untergeordneter Bedeutung sind.

(3) Auf Krankenversicherungsunternehmen, die das Krankenversicherungsgeschäft ausschließlich oder überwiegend nach Art der Lebensversicherung betreiben, sind die für die Rechnungslegung der Lebensversicherungsunternehmen geltenden Vorschriften entsprechend anzuwenden.

(4) Auf Versicherungsunternehmen, die nicht Aktiengesellschaften, Kommanditgesellschaften auf Aktien oder kleinere Vereine sind, sind § 152 Abs. 2 und 3 sowie die §§ 170 bis 176 des Aktiengesetzes entsprechend anzuwenden.

(5) [1] Bei Versicherungsunternehmen, die ausschließlich die Rückversicherung betreiben oder deren Beiträge aus in Rückdeckung übernommenen Versicherungen die übrigen Beiträge übersteigen, verlängert sich die in Absatz 1 Satz 1 erster Halbsatz genannte Frist von vier Monaten auf zehn Monate, sofern das Geschäftsjahr mit dem Kalenderjahr übereinstimmt; die Hauptversammlung oder die Versammlung der obersten Vertretung, die den Jahresabschluß entgegennimmt oder festzustellen hat, muß abweichend von § 175 Abs. 1 Satz 2 des Aktiengesetzes spätestens 14 Monate nach dem Ende des vergangenen Geschäftsjahres stattfinden. [2] Die Frist von vier Monaten nach Absatz 1 Satz 2 verlängert sich in den Fällen des Satzes 1 nicht.

### Dritter Titel. Bewertungsvorschriften

**§ 341b**[1) 2)] **Bewertung von Vermögensgegenständen.** (1) [1] Versicherungsunternehmen haben immaterielle Vermögensgegenstände, soweit sie entgeltlich erworben wurden, Grundstücke, grundstücksgleiche Rechte und Bauten einschließlich der Bauten auf fremden Grundstücken, technische Anlagen und Maschinen, andere Anlagen, Betriebs- und Geschäftsausstattung, Anlagen im Bau und Vorräte nach den für das Anlagevermögen geltenden Vorschriften zu bewerten. [2] Satz 1 ist vorbehaltlich Absatz 2 und § 341c auch auf Kapitalanlagen anzuwenden, soweit es sich hierbei um Beteiligungen, Anteile an verbundenen Unternehmen, Ausleihungen an verbundene Unternehmen oder an Unternehmen, mit denen ein Beteiligungsverhältnis besteht, Namensschuldverschreibungen, Hypothekendarlehen und andere Forderungen und Rechte, sonstige Ausleihungen und Depotforderungen aus dem in Rückdeckung übernommenen Versicherungsgeschäft

---

[1)] § 341b eingef. durch G v. 24.6.1994 (BGBl. I S. 1377); Abs. 2 Satz 1 neu gef., Satz 2 aufgeh., bish. Satz 3 wird Satz 2 mWv 4.4.2002 durch G v. 26.3.2002 (BGBl. I S. 1219); Abs. 1 Satz 3 neu gef., Abs. 2 Satz 1 geänd., Satz 2 aufgeh., Abs. 4 angef. mWv 29.5.2009 durch G v. 25.5.2009 (BGBl. I S. 1102); Abs. 2 geänd. mWv 22.7.2013 durch G v. 4.7.2013 (BGBl. I S. 1981); Abs. 1 Satz 3 geänd. mWv 23.7.2015 durch G v. 17.7.2015 (BGBl. I S. 1245).

[2)] Beachte hierzu Übergangsvorschrift in Art. 75 EGHGB (Nr. **50a**).

handelt. [3] § 253 Absatz 3 Satz 6 ist nur auf die in Satz 2 bezeichneten Vermögensgegenstände anzuwenden.

(2) Auf Kapitalanlagen, soweit es sich hierbei um Aktien einschließlich der eigenen Anteile, Anteile oder Aktien an Investmentvermögen sowie sonstige festverzinsliche und nicht festverzinsliche Wertpapiere handelt, sind die für das Umlaufvermögen geltenden § 253 Abs. 1 Satz 1, Abs. 4 und 5, § 256 anzuwenden, es sei denn, dass sie dazu bestimmt werden, dauernd dem Geschäftsbetrieb zu dienen; in diesem Fall sind sie nach den für das Anlagevermögen geltenden Vorschriften zu bewerten.

(3) § 256 Satz 2 in Verbindung mit § 240 Abs. 3 über die Bewertung zum Festwert ist auf Grundstücke, Bauten und im Bau befindliche Anlagen nicht anzuwenden.

(4) Verträge, die von Pensionsfonds bei Lebensversicherungsunternehmen zur Deckung von Verpflichtungen gegenüber Versorgungsberechtigten eingegangen werden, sind mit dem Zeitwert unter Berücksichtigung des Grundsatzes der Vorsicht zu bewerten; die Absätze 1 bis 3 sind insoweit nicht anzuwenden.

**§ 341c[1)] Namensschuldverschreibungen, Hypothekendarlehen und andere Forderungen.** (1) Abweichend von § 253 Abs. 1 Satz 1 dürfen Namensschuldverschreibungen mit ihrem Nennbetrag angesetzt werden.

(2) [1] Ist der Nennbetrag höher als die Anschaffungskosten, so ist der Unterschiedsbetrag in den Rechnungsabgrenzungsposten auf der Passivseite aufzunehmen, planmäßig aufzulösen und in seiner jeweiligen Höhe in der Bilanz oder im Anhang gesondert anzugeben. [2] Ist der Nennbetrag niedriger als die Anschaffungskosten, darf der Unterschiedsbetrag in den Rechnungsabgrenzungsposten auf der Aktivseite aufgenommen werden; er ist planmäßig aufzulösen und in seiner jeweiligen Höhe in der Bilanz oder im Anhang gesondert anzugeben.

(3) Bei Hypothekendarlehen und anderen Forderungen dürfen die Anschaffungskosten zuzüglich oder abzüglich der kumulierten Amortisation einer Differenz zwischen den Anschaffungskosten und dem Rückzahlungsbetrag unter Anwendung der Effektivzinsmethode angesetzt werden.

**§ 341d[2)] Anlagestock der fondsgebundenen Lebensversicherung.** Kapitalanlagen für Rechnung und Risiko von Inhabern von Lebensversicherungsverträgen, bei denen das Anlagerisiko vom Versicherungsnehmer getragen wird, sind mit dem Zeitwert unter Berücksichtigung des Grundsatzes der Vorsicht zu bewerten; die §§ 341b, 341c sind nicht anzuwenden.

### Vierter Titel. Versicherungstechnische Rückstellungen

**§ 341e[3)] Allgemeine Bilanzierungsgrundsätze.** (1) [1] Versicherungsunternehmen haben versicherungstechnische Rückstellungen auch insoweit zu bilden, wie dies nach vernünftiger kaufmännischer Beurteilung notwendig ist, um die dauernde Erfüllbarkeit der Verpflichtungen aus den Versicherungsverträgen sicherzustellen. [2] Dabei sind mit Ausnahme der Vorschriften der §§ 74 bis 87 des Versicherungsaufsichtsgesetzes die im Interesse der Versicherten erlassenen auf-

---

[1)] § 341c eingef. durch G v. 24.6.1994 (BGBl. I S. 1377); Abs. 1 geänd., Abs. 3 angef. mWv 25.11.2010 durch G v. 19.11.2010 (BGBl. I S. 1592).

[2)] § 341d eingef. durch G v. 24.6.1994 (BGBl. I S. 1377); geänd. mWv 1.1.2016 durch G v. 1.4.2015 (BGBl. I S. 434).

[3)] § 341e eingef. durch G v. 24.6.1994 (BGBl. I S. 1377); Abs. 1 Satz 3 angef. mWv 29.5.2009 durch G v. 25.5.2009 (BGBl. I S. 1102); Abs. 1 Satz 2 geänd. mWv 1.1.2016 durch G v. 1.4.2015 (BGBl. I S. 434).

sichtsrechtlichen Vorschriften über die bei der Berechnung der Rückstellungen zu verwendenden Rechnungsgrundlagen einschließlich des dafür anzusetzenden Rechnungszinsfußes und über die Zuweisung bestimmter Kapitalerträge zu den Rückstellungen zu berücksichtigen. [3] Die Rückstellungen sind nach den Wertverhältnissen am Abschlussstichtag zu bewerten und nicht nach § 253 Abs. 2 abzuzinsen.

(2) Versicherungstechnische Rückstellungen sind außer in den Fällen der §§ 341f bis 341h insbesondere zu bilden

1. für den Teil der Beiträge, der Ertrag für eine bestimmte Zeit nach dem Abschlußstichtag darstellt (Beitragsüberträge);
2. für erfolgsabhängige und erfolgsunabhängige Beitragsrückerstattungen, soweit die ausschließliche Verwendung der Rückstellung zu diesem Zweck durch Gesetz, Satzung, geschäftsplanmäßige Erklärung oder vertragliche Vereinbarung gesichert ist (Rückstellung für Beitragsrückerstattung);
3. für Verluste, mit denen nach dem Abschlußstichtag aus bis zum Ende des Geschäftsjahres geschlossenen Verträgen zu rechnen ist (Rückstellung für drohende Verluste aus dem Versicherungsgeschäft).

(3) Soweit eine Bewertung nach § 252 Abs. 1 Nr. 3 oder § 240 Abs. 4 nicht möglich ist oder der damit verbundene Aufwand unverhältnismäßig wäre, können die Rückstellungen auf Grund von Näherungsverfahren geschätzt werden, wenn anzunehmen ist, daß diese zu annähernd gleichen Ergebnissen wie Einzelberechnungen führen.

**§ 341f[1)] Deckungsrückstellung.** (1) [1] Deckungsrückstellungen sind für die Verpflichtungen aus dem Lebensversicherungs- und dem nach Art der Lebensversicherung betriebenen Versicherungsgeschäft in Höhe ihres versicherungsmathematisch errechneten Wertes einschließlich bereits zugeteilter Überschußanteile mit Ausnahme der verzinslich angesammelten Überschußanteile und nach Abzug des versicherungsmathematisch ermittelten Barwerts der künftigen Beiträge zu bilden (prospektive Methode). [2] Ist eine Ermittlung des Wertes der künftigen Verpflichtungen und der künftigen Beiträge nicht möglich, hat die Berechnung auf Grund der aufgezinsten Einnahmen und Ausgaben der vorangegangenen Geschäftsjahre zu erfolgen (retrospektive Methode).

(2) Bei der Bildung der Deckungsrückstellung sind auch gegenüber den Versicherten eingegangene Zinssatzverpflichtungen zu berücksichtigen, sofern die derzeitigen oder zu erwartenden Erträge der Vermögenswerte des Unternehmens für die Deckung dieser Verpflichtungen nicht ausreichen.

(3) [1] In der Krankenversicherung, die nach Art der Lebensversicherung betrieben wird, ist als Deckungsrückstellung eine Alterungsrückstellung zu bilden; hierunter fallen auch der Rückstellung bereits zugeführte Beträge aus der Rückstellung für Beitragsrückerstattung sowie Zuschreibungen, die dem Aufbau einer Anwartschaft auf Beitragsermäßigung im Alter dienen. [2] Bei der Berechnung sind die für die Berechnung der Prämien geltenden aufsichtsrechtlichen Bestimmungen zu berücksichtigen.

**§ 341g[1)] Rückstellung für noch nicht abgewickelte Versicherungsfälle.** (1) [1] Rückstellungen für noch nicht abgewickelte Versicherungsfälle sind für die Verpflichtungen aus den bis zum Ende des Geschäftsjahres eingetretenen, aber

---

[1)] §§ 341f, 341g eingef. durch G v. 24.6.1994 (BGBl. I S. 1377).

noch nicht abgewickelten Versicherungsfällen zu bilden. [2] Hierbei sind die gesamten Schadenregulierungsaufwendungen zu berücksichtigen.

(2) [1] Für bis zum Abschlußstichtag eingetretene, aber bis zur inventurmäßigen Erfassung noch nicht gemeldete Versicherungsfälle ist die Rückstellung pauschal zu bewerten. [2] Dabei sind die bisherigen Erfahrungen in bezug auf die Anzahl der nach dem Abschlußstichtag gemeldeten Versicherungsfälle und die Höhe der damit verbundenen Aufwendungen zu berücksichtigen.

(3) [1] Bei Krankenversicherungsunternehmen ist die Rückstellung anhand eines statistischen Näherungsverfahrens zu ermitteln. [2] Dabei ist von den in den ersten Monaten des nach dem Abschlußstichtag folgenden Geschäftsjahres erfolgten Zahlungen für die bis zum Abschlußstichtag eingetretenen Versicherungsfälle auszugehen.

(4) Bei Mitversicherungen muß die Rückstellung der Höhe nach anteilig zumindest derjenigen entsprechen, die der führende Versicherer nach den Vorschriften oder der Übung in dem Land bilden muß, von dem aus er tätig wird.

(5) Sind die Versicherungsleistungen auf Grund rechtskräftigen Urteils, Vergleichs oder Anerkenntnisses in Form einer Rente zu erbringen, so müssen die Rückstellungsbeträge nach anerkannten versicherungsmathematischen Methoden berechnet werden.

**§ 341h[1)] Schwankungsrückstellung und ähnliche Rückstellungen.**

(1) Schwankungsrückstellungen sind zum Ausgleich der Schwankungen im Schadenverlauf künftiger Jahre zu bilden, wenn insbesondere

1. nach den Erfahrungen in dem betreffenden Versicherungszweig mit erheblichen Schwankungen der jährlichen Aufwendungen für Versicherungsfälle zu rechnen ist,
2. die Schwankungen nicht jeweils durch Beiträge ausgeglichen werden und
3. die Schwankungen nicht durch Rückversicherungen gedeckt sind.

(2) Für Risiken gleicher Art, bei denen der Ausgleich von Leistung und Gegenleistung wegen des hohen Schadenrisikos im Einzelfall nach versicherungsmathematischen Grundsätzen nicht im Geschäftsjahr, sondern nur in einem am Abschlußstichtag nicht bestimmbaren Zeitraum gefunden werden kann, ist eine Rückstellung zu bilden und in der Bilanz als „ähnliche Rückstellung" unter den Schwankungsrückstellungen auszuweisen.

### Fünfter Titel. Konzernabschluß, Konzernlagebericht

**§ 341i[2)] Aufstellung, Fristen.** (1) [1] Versicherungsunternehmen, auch wenn sie nicht in der Rechtsform einer Kapitalgesellschaft betrieben werden, haben unabhängig von ihrer Größe einen Konzernabschluß und einen Konzernlagebericht aufzustellen. [2] Zusätzliche Anforderungen auf Grund von Vorschriften, die wegen der Rechtsform bestehen, bleiben unberührt.

(2) Als Versicherungsunternehmen im Sinne dieses Titels gelten auch Mutterunternehmen, deren einziger oder hauptsächlicher Zweck darin besteht, Beteiligungen an Tochterunternehmen zu erwerben, diese Beteiligungen zu verwalten

[1)] § 341h eingef. durch G v. 24.6.1994 (BGBl. I S. 1377).

[2)] § 341i eingef. durch G v. 24.6.1994 (BGBl. I S. 1377); Abs. 4 geänd. mWv 10.12.2004 durch G v. 4.12.2004 (BGBl. I S. 3166); Abs. 3 Satz 1 geänd. mWv 1.1.2007 durch G v. 10.11.2006 (BGBl. I S. 2553).

und rentabel zu machen, sofern diese Tochterunternehmen ausschließlich oder überwiegend Versicherungsunternehmen sind.

(3) [1] Die gesetzlichen Vertreter eines Mutterunternehmens haben den Konzernabschluß und den Konzernlagebericht abweichend von § 290 Abs. 1 innerhalb von zwei Monaten nach Ablauf der Aufstellungsfrist für den zuletzt aufzustellenden und in den Konzernabschluß einzubeziehenden Abschluß, spätestens jedoch innerhalb von zwölf Monaten nach dem Stichtag des Konzernabschlusses, für das vergangene Konzerngeschäftsjahr aufzustellen und dem Abschlußprüfer des Konzernabschlusses vorzulegen; ist das Mutterunternehmen eine Kapitalgesellschaft im Sinn des § 325 Abs. 4 Satz 1 und nicht zugleich im Sinn des § 327a, tritt an die Stelle der Frist von längstens zwölf eine Frist von längstens vier Monaten. [2] § 299 Abs. 2 Satz 2 ist mit der Maßgabe anzuwenden, daß der Stichtag des Jahresabschlusses eines Unternehmens nicht länger als sechs Monate vor dem Stichtag des Konzernabschlusses liegen darf.

(4) Der Konzernabschluß und der Konzernlagebericht sind abweichend von § 175 Abs. 1 Satz 1 des Aktiengesetzes[1)] spätestens der nächsten nach Ablauf der Aufstellungsfrist für den Konzernabschluß und Konzernlagebericht einzuberufenden Hauptversammlung, die einen Jahresabschluß des Mutterunternehmens entgegennimmt oder festzustellen hat, vorzulegen.

**§ 341j[2)] [3)] Anzuwendende Vorschriften.** (1) [1] Auf den Konzernabschluß und den Konzernlagebericht sind die Vorschriften des Zweiten Unterabschnitts des Zweiten Abschnitts über den Konzernabschluß und den Konzernlagebericht und, soweit die Eigenart des Konzernabschlusses keine Abweichungen bedingt, die §§ 341a bis 341h über den Jahresabschluß sowie die für die Rechtsform und den Geschäftszweig der in den Konzernabschluß einbezogenen Unternehmen mit Sitz im Geltungsbereich dieses Gesetzes geltenden Vorschriften entsprechend anzuwenden, soweit sie für große Kapitalgesellschaften gelten. [2] Die §§ 293, 298 Absatz 1 sowie § 314 Absatz 1 Nummer 3 und 23 sind nicht anzuwenden. [3] § 314 Abs. 1 Nr. 2a gilt mit der Maßgabe, daß die Angaben für solche finanzielle Verpflichtungen nicht zu machen sind, die im Rahmen des Versicherungsgeschäfts entstehen. [4] In den Fällen des § 315e Abs. 1 finden abweichend von Satz 1 nur die §§ 290 bis 292, 315e Anwendung; die Sätze 2 und 3 dieses Absatzes und Absatz 2, § 341i Abs. 3 Satz 2 sowie die Bestimmungen der Versicherungsunternehmens-Rechnungslegungsverordnung vom 8. November 1994 (BGBl. I S. 3378) und der Pensionsfonds-Rechnungslegungsverordnung vom 25. Februar 2003 (BGBl. I S. 246) in ihren jeweils geltenden Fassungen sind nicht anzuwenden.

(2) § 304 Abs. 1 braucht nicht angewendet zu werden, wenn die Lieferungen oder Leistungen zu üblichen Marktbedingungen vorgenommen worden sind und Rechtsansprüche der Versicherungsnehmer begründet haben.

(3) Auf Versicherungsunternehmen, die nicht Aktiengesellschaften, Kommanditgesellschaften auf Aktien oder kleinere Vereine sind, ist § 170 Abs. 1 und 3 des Aktiengesetzes[1)] entsprechend anzuwenden.

---

[1)] Nr. **51**.

[2)] § 341j eingef. durch G v. 24.6.1994 (BGBl. I S. 1377); Abs. 2 neu gef. mWv 26.7.2002 durch G v. 19.7.2002 (BGBl. I S. 2681); Abs. 1 Satz 4 angef., Abs. 3 geänd. mWv 10.12.2004 durch G v. 4.12.2004 (BGBl. I S. 3166); Abs. 1 Satz 3 geänd. mWv 29.5.2009 durch G v. 25.5.2009 (BGBl. I S. 1102); Abs. 1 Satz 2 geänd. mWv 23.7.2015 durch G v. 17.7.2015 (BGBl. I S. 1245); Abs. 1 Satz 4 geänd., Abs. 4 und 5 angef. mWv 19.4.2017 durch G v. 11.4.2017 (BGBl I S. 802); Abs. 5 neu gef. mWv 1.1.2020 durch G v. 12.12.2019 (BGBl. I S. 2637).

[3)] Beachte hierzu Übergangsvorschriften in Art. 75, 80 und 83 Abs. 2 EGHGB (Nr. **50a**).

(4) [1] Ein Versicherungsunternehmen, das ein Mutterunternehmen (§ 290) ist, hat den Konzernlagebericht um eine nichtfinanzielle Konzernerklärung zu erweitern, wenn auf die in den Konzernabschluss einzubeziehenden Unternehmen die folgenden Merkmale zutreffen:

1. sie erfüllen die in § 293 Absatz 1 Satz 1 Nummer 1 oder 2 geregelten Voraussetzungen für eine größenabhängige Befreiung nicht und
2. bei ihnen sind insgesamt im Jahresdurchschnitt mehr als 500 Arbeitnehmer beschäftigt.

[2] § 267 Absatz 4 bis 5, § 298 Absatz 2, § 315b Absatz 2 bis 4 und § 315c sind entsprechend anzuwenden. [3] Wenn die nichtfinanzielle Erklärung einen besonderen Abschnitt des Konzernlageberichts bildet, darf das Versicherungsunternehmen auf die an anderer Stelle im Konzernlagebericht enthaltenen nichtfinanziellen Angaben verweisen.

(5) Ein Versicherungsunternehmen, das nach Absatz 1 in Verbindung mit § 315d eine Konzernerklärung zur Unternehmensführung zu erstellen hat, hat darin Angaben nach § 315d in Verbindung mit § 289f Absatz 2 Nummer 6 aufzunehmen, wenn die in den Konzernabschluss einzubeziehenden Unternehmen die in § 293 Absatz 1 Satz 1 Nummer 1 oder 2 geregelten Voraussetzungen für eine Befreiung nicht erfüllen.

### Sechster Titel. Prüfung

**§ 341k**[1) 2)] **[Prüfung]** (1) [1] Versicherungsunternehmen haben unabhängig von ihrer Größe ihren Jahresabschluß und Lagebericht sowie ihren Konzernabschluß und Konzernlagebericht nach den Vorschriften des Dritten Unterabschnitts des Zweiten Abschnitts prüfen zu lassen. [2] § 319 Absatz 1 Satz 2 ist nicht anzuwenden. [3] Hat keine Prüfung stattgefunden, so kann der Jahresabschluß nicht festgestellt werden. [4] Die Vorschriften des Dritten Unterabschnitts des Zweiten Abschnitts sind auf Versicherungsunternehmen, die Unternehmen von öffentlichem Interesse nach § 316a Satz 2 Nummer 1 oder 3 sind, nur insoweit anzuwenden, als nicht die Verordnung (EU) Nr. 537/2014 anzuwenden ist.

(2) In den Fällen des § 321 Abs. 1 Satz 3 hat der Abschlußprüfer die Aufsichtsbehörde unverzüglich zu unterrichten.

(3) [1] Versicherungsunternehmen, die Unternehmen von öffentlichem Interesse nach § 316a Satz 2 Nummer 1 oder 3 sind und keinen Aufsichts- oder Verwaltungsrat haben, der die Voraussetzungen des § 100 Absatz 5 des Aktiengesetzes[3)] erfüllen muss, haben § 324 anzuwenden, auch wenn sie nicht in der Rechtsform einer Kapitalgesellschaft betrieben werden. [2] Dies gilt für landesrechtliche öffentlich-rechtliche Versicherungsunternehmen nur, soweit das Landesrecht nichts anderes vorsieht. [3] § 324 Absatz 3 ist auf Versicherungsunternehmen anzuwenden, auch wenn sie nicht in der Rechtsform einer Kapitalgesellschaft betrieben werden.

---

[1)] § 341k eingef. durch G v. 24.6.1994 (BGBl. I S. 1377); Abs. 3 geänd. durch G v. 27.4.1998 (BGBl. I S. 786); Abs. 4 angef. mWv 29.5.2009 durch G v. 25.5.2009 (BGBl. I S. 1102); Abs. 1 Satz 2 neu gef., Satz 4 angef., Abs. 4 Satz 1 neu gef. mWv 17.6.2016 durch G v. 10.5.2016 (BGBl. I S. 1142); Abs. 1 Sätze 2 und 4 neu gef., Abs. 2 aufgeh., bish. Abs. 3 wird Abs. 2, bish. Abs. 4 wird Abs. 3 und Satz 1 neu gef., Satz 3 angef. mWv 1.7.2021 durch G v. 3.6.2021 (BGBl. I S. 1534).

[2)] Beachte hierzu Übergangsvorschrift in Art. 86 EGHGB (Nr. **50a**).

[3)] Nr. **51**.

### Siebenter Titel. Offenlegung

**§ 341l**[1) 2)] **[Offenlegung]** (1) [1]Versicherungsunternehmen haben den Jahresabschluß und den Lagebericht sowie den Konzernabschluß und den Konzernlagebericht und die anderen in § 325 bezeichneten Unterlagen, sofern sie zu erstellen sind, in deutscher Sprache nach § 325 Absatz 1 Satz 2 und Absatz 1a bis 5 sowie den §§ 327a und 328 offenzulegen; § 329 Absatz 1, 2 und 4 ist entsprechend anzuwenden. [2]Von einem in § 341a Absatz 5 Satz 1 genannten Versicherungsunternehmen ist Satz 1 mit der Maßgabe anzuwenden, dass die Frist zur Offenlegung 15 Monate beträgt, es sei denn, das Versicherungsunternehmen ist kapitalmarktorientiert im Sinne des § 264d und begibt nicht ausschließlich die von § 327a erfassten Schuldtitel; in diesem Fall beträgt die Frist zur Offenlegung gemäß Satz 1 in Verbindung mit § 325 Absatz 4 Satz 1 vier Monate.

(2) Soweit Absatz 1 Satz 1 auf § 325 Abs. 2a Satz 3 und 5 verweist, gelten die folgenden Maßgaben und ergänzenden Bestimmungen:

1. Die in § 325 Abs. 2a Satz 3 genannten Vorschriften des Ersten Unterabschnitts des Zweiten Abschnitts des Dritten Buchs sind auch auf Versicherungsunternehmen anzuwenden, die nicht in der Rechtsform einer Kapitalgesellschaft betrieben werden.
2. An Stelle des § 285 Nr. 8 Buchstabe b gilt die Vorschrift des § 51 Abs. 5 in Verbindung mit Muster 2 der Versicherungsunternehmens-Rechnungslegungsverordnung vom 8. November 1994 (BGBl. I S. 3378) in der jeweils geltenden Fassung.
3. § 341a Abs. 4 ist anzuwenden, soweit er auf die Bestimmungen der §§ 170, 171 und 175 des Aktiengesetzes[3)] über den Einzelabschluss nach § 325 Abs. 2a dieses Gesetzes verweist.
4. Im Übrigen finden die Bestimmungen des Zweiten bis Vierten Titels dieses Unterabschnitts sowie der Versicherungsunternehmens-Rechnungslegungsverordnung keine Anwendung.

### Achter Titel.[4)] Straf- und Bußgeldvorschriften, Ordnungsgelder

**§ 341m**[5) 6)] **Strafvorschriften.** (1) [1]Die Strafvorschriften der §§ 331 bis 333 sind auch auf nicht in der Rechtsform einer Kapitalgesellschaft betriebene Versicherungsunternehmen und Pensionsfonds anzuwenden. [2]§ 331 ist darüber hinaus auch anzuwenden auf die Verletzung von Pflichten durch den Hauptbevollmächtigten (§ 68 Absatz 2 des Versicherungsaufsichtsgesetzes).

---

[1)] § 341l eingef. durch G v. 24.6.1994 (BGBl. I S. 1377); Abs. 4 angef. mWv 10.12.2004 durch G v. 4.12.2004 (BGBl. I S. 3166); Abs. 2 aufgeh., bish. Abs. 3 und 4 werden Abs. 2 und 3 mWv 1.1.2007 durch G v. 10.11.2006 (BGBl. I S. 2553); Abs. 1 Satz 1 und Abs. 3 Nr. 2 geänd. mWv 29.5.2009 durch G v. 25.5.2009 (BGBl. I S. 1102); Abs. 3 Nr. 2 geänd. mWv 23.7.2015 durch G v. 17.7.2015 (BGBl. I S. 1245); Abs. 1 Satz 1 geänd., Satz 2 neu gef., Abs. 2 aufgeh., bish. Abs. 3 wird Abs. 2 mWv 1.8.2022 durch G v. 5.7.2021 (BGBl. I S. 3338).

[2)] Beachte hierzu Übergangsvorschrift in Art. 88 EGHGB (Nr. **50a**).

[3)] Nr. **51**.

[4)] 8. Titel Überschrift geänd. mWv 30.4.2011 durch G v. 1.3.2011 (BGBl. I S. 288).

[5)] § 341m eingef. durch G v. 24.6.1994 (BGBl. I S. 1377); Satz 1 geänd. mWv 1.1.2002 durch G v. 26.6.2001 (BGBl. I S. 1310); Satz 2 geänd. mWv 1.1.2016 durch G v. 1.4.2015 (BGBl. I S. 434); Abs. 2 und 3 angef. mWv 17.6.2016 durch G v. 10.5.2016 (BGBl. I S. 1142); Abs. 2 einl. Satzteil, Abs. 3 geänd. mWv 1.7.2021 durch G v. 3.6.2021 (BGBl. I S. 1534).

[6)] Beachte hierzu Übergangsvorschrift in Art. 86 EGHGB (Nr. **50a**).

(2) Mit Freiheitsstrafe bis zu einem Jahr oder mit Geldstrafe wird bestraft, wer als Mitglied eines nach § 341k Absatz 3 Satz 1 in Verbindung mit § 324 Absatz 1 Satz 1 eingerichteten Prüfungsausschusses eines Versicherungsunternehmens

1. eine in § 341n Absatz 2a bezeichnete Handlung begeht und dafür einen Vermögensvorteil erhält oder sich versprechen lässt oder
2. eine in § 341n Absatz 2a bezeichnete Handlung beharrlich wiederholt.

(3) § 335c Absatz 2 gilt in den Fällen des Absatzes 1 Satz 1 in Verbindung mit § 332 oder § 333 und des Absatzes 2 entsprechend.

**§ 341n[1) 2)] Bußgeldvorschriften.** (1) [1] Ordnungswidrig handelt, wer als Mitglied des vertretungsberechtigten Organs oder des Aufsichtsrats eines Versicherungsunternehmens oder eines Pensionsfonds oder als Hauptbevollmächtigter (§ 68 Absatz 2 des Versicherungsaufsichtsgesetzes)

1. bei der Aufstellung oder Feststellung des Jahresabschlusses einer Vorschrift
   a) des § 243 Abs. 1 oder 2, der §§ 244, 245, 246 Abs. 1 oder 2, dieser in Verbindung mit § 341a Abs. 2 Satz 3, des § 246 Abs. 3 Satz 1, des § 247 Abs. 3, der §§ 248, 249 Abs. 1 Satz 1 oder Abs. 2, des § 250 Abs. 1 oder Abs. 2, des § 264 Absatz 1a oder Absatz 2, des § 341e Abs. 1 oder 2 oder der §§ 341f, 341g oder 341h über Form oder Inhalt,
   b) des § 253 Abs. 1 Satz 1, 2, 3 oder Satz 4, Abs. 2 Satz 1, auch in Verbindung mit Satz 2, Absatz 3 Satz 1, 2, 3, 4 oder Satz 5, Abs. 4, 5, der §§ 254, 256a, 341b Abs. 1 Satz 1 oder des § 341d über die Bewertung,
   c) des § 265 Abs. 2, 3 oder 4, des § 268 Abs. 3 oder 6, der §§ 272, 274 oder des § 277 Abs. 3 Satz 2 über die Gliederung,
   d) der §§ 284, 285 Nr. 1, 2 oder Nr. 3, auch in Verbindung mit § 341a Absatz 2 Satz 4, oder des § 285 Nummer 3a, 7, 9 bis 14a, 15a, 16 bis 33 oder Nummer 34 über die im Anhang zu machenden Angaben,
2. bei der Aufstellung des Konzernabschlusses einer Vorschrift
   a) des § 294 Abs. 1 über den Konsolidierungskreis,
   b) des § 297 Absatz 1a, 2 oder Absatz 3 oder des § 341j Abs. 1 Satz 1 in Verbindung mit einer der in Nummer 1 Buchstabe a bezeichneten Vorschriften über Form oder Inhalt,
   c) des § 300 über die Konsolidierungsgrundsätze oder das Vollständigkeitsgebot,
   d) des § 308 Abs. 1 Satz 1 in Verbindung mit den in Nummer 1 Buchstabe b bezeichneten Vorschriften, des § 308 Abs. 2 oder des § 308a über die Bewertung,

---

[1)] § 341n eingef. durch G v. 24.6.1994 (BGBl. I S. 1377); Abs. 1, Abs. 4 Sätze 1, 2 geänd. mWv 1.1. 2002 durch G v. 26.6.2001 (BGBl. I S. 1310); Abs. 1 Nr. 1 Buchst. d, Abs. 4 Satz 1 geänd. mWv 10.12. 2004 durch G v. 4.12.2004 (BGBl. I S. 3166) und mWv 1.1.2007 durch G v. 10.11.2006 (BGBl. I S. 2553); Abs. 1 Nr. 1 Buchst. a, c geänd., Buchst. b, d neu gef., Nr. 2 Buchst. d geänd. mWv 29.5.2009 durch G v. 25.5.2009 (BGBl. I S. 1102); Abs. 1 einl. Satzteil geänd. mWv 1.1.2016 durch G v. 1.4.2015 (BGBl. I S. 434); Abs. 1 Nr. 1 Buchst. a–d, Nr. 2 Buchst. b und f geänd. mWv 23.7.2015 durch G v. 17.7.2015 (BGBl. I S. 1245); Abs. 2a eingef., Abs. 4 Sätze 1, 2 geänd., Satz 3 angef., Abs. 5 angef. mWv 17.6.2016 durch G v. 10.5.2016 (BGBl. I S. 1142); Abs. 3 neu gef., Abs. 3a, 3b eingef. mWv 19.4.2017 durch G v. 11.4.2017 (BGBl. I S. 802); Abs. 1 Nr. 5 geänd. mWv 19.8.2020 durch G v. 12.8.2020 (BGBl. I S. 1874); Abs. 1 Nr. 1 Buchst. d geänd., Abs. 2 und 2a neu gef., Abs. 3 Satz 1 geänd., Abs. 3a Satz 2 angef. mWv 1.7.2021 durch G v. 3.6.2021 (BGBl. I S. 1534); Abs. 1 Satz 1 Nr. 3 und 4 neu gef., Sätze 2 und 3 angef. mWv 12.8.2021 durch G v. 7.8.2021 (BGBl. I S. 3311); Abs. 3b Satz 1 neu gef., Satz 3 aufgeh., bish. Satz 4 wird Satz 3 mWv 22.6.2023 durch G v. 19.6.2023 (BGBl. 2023 I Nr. 154).

[2)] Beachte hierzu Übergangsvorschriften in Art. 75, 80, 84, 86, 87 und 90 EGHGB (Nr. **50a**).

e) des § 311 Abs. 1 Satz 1 in Verbindung mit § 312 über die Behandlung assoziierter Unternehmen oder

f) des § 308 Abs. 1 Satz 3, des § 313 oder des § 314 in Verbindung mit § 341j Abs. 1 Satz 2 oder 3 über die im Konzernanhang zu machenden Angaben,

3. bei der Aufstellung des Lageberichts oder der Erstellung eines gesonderten nichtfinanziellen Berichts einer Vorschrift des § 289 oder des § 289a, des § 289f, auch in Verbindung mit § 341a Absatz 1b, oder des § 341a Absatz 1a, auch in Verbindung mit § 289b Absatz 2 oder 3 oder mit den §§ 289c, 289d oder § 289e Absatz 2, über den Inhalt des Lageberichts oder des gesonderten nichtfinanziellen Berichts,

4. bei der Aufstellung des Konzernlageberichts oder der Erstellung eines gesonderten nichtfinanziellen Konzernberichts einer Vorschrift des § 315 oder des § 315a, des § 315d, auch in Verbindung mit § 341j Absatz 5, oder des § 341j Absatz 4, auch in Verbindung mit § 315b Absatz 2 oder 3 oder § 315c, über den Inhalt des Konzernlageberichts oder des gesonderten nichtfinanziellen Konzernberichts,

5. bei der Offenlegung, Veröffentlichung oder Vervielfältigung einer Vorschrift des § 328 über Form, Format oder Inhalt oder

6. einer auf Grund des § 330 Abs. 3 und 4 in Verbindung mit Abs. 1 Satz 1 erlassenen Rechtsverordnung, soweit sie für einen bestimmten Tatbestand auf diese Bußgeldvorschrift verweist,

zuwiderhandelt. [2] In den Fällen des Satzes 1 Nummer 3 wird eine Zuwiderhandlung gegen eine Vorschrift des § 289f Absatz 2 Nummer 4, auch in Verbindung mit Absatz 4 Satz 1, nicht dadurch ausgeschlossen, dass die Festlegungen oder Begründungen nach § 76 Absatz 4 des Aktiengesetzes, auch in Verbindung mit § 188 Absatz 1 Satz 2 des Versicherungsaufsichtsgesetzes, oder nach § 111 Absatz 5 des Aktiengesetzes, auch in Verbindung mit § 189 Absatz 3 Satz 1 des Versicherungsaufsichtsgesetzes, ganz oder zum Teil unterblieben sind. [3] In den Fällen des Satzes 1 Nummer 4 wird eine Zuwiderhandlung gegen eine Vorschrift des § 315d in Verbindung mit § 289f Absatz 2 Nummer 4 nicht dadurch ausgeschlossen, dass die Festlegungen oder Begründungen nach § 76 Absatz 4 oder § 111 Absatz 5 des Aktiengesetzes ganz oder zum Teil unterblieben sind.

(2) [1] Ordnungswidrig handelt, wer einen Bestätigungsvermerk nach § 322 Absatz 1 erteilt zu dem Abschluss

1. eines Versicherungsunternehmens, das ein Unternehmen von öffentlichem Interesse nach § 316a Satz 2 Nummer 1 oder 3 ist, oder

2. eines Versicherungsunternehmens, das nicht in Nummer 1 genannt ist,

obwohl nach § 319 Absatz 2 oder 3, jeweils auch in Verbindung mit Absatz 5, oder nach § 319b Absatz 1 Satz 1 oder 2, jeweils auch in Verbindung mit Absatz 2, er oder nach § 319 Absatz 4 Satz 1 oder 2, jeweils auch in Verbindung mit Absatz 5, oder nach § 319b Absatz 1 Satz 1 oder 2, jeweils auch in Verbindung mit Absatz 2, die Wirtschaftsprüfungsgesellschaft oder die Buchführungsgesellschaft, für die er tätig wird, nicht Abschlussprüfer sein darf. [2] Ordnungswidrig handelt auch, wer einen Bestätigungsvermerk nach § 322 Absatz 1 erteilt zu dem Abschluss eines Versicherungsunternehmens, das ein Unternehmen von öffentlichem Interesse nach § 316a Satz 2 Nummer 1 oder 3 ist, obwohl

1. er oder die Prüfungsgesellschaft, für die er tätig wird, oder ein Mitglied des Netzwerks, dem er oder die Prüfungsgesellschaft, für die er tätig wird, angehört,

einer Vorschrift des Artikels 5 Absatz 4 Unterabsatz 1 Satz 1 oder Absatz 5 Unterabsatz 2 Satz 2 der Verordnung (EU) Nr. 537/2014 zuwiderhandelt oder

2. er oder die Prüfungsgesellschaft, für die er tätig wird, nach Artikel 17 Absatz 3 der Verordnung (EU) Nr. 537/2014 die Abschlussprüfung nicht durchführen darf.

[3] Abschluss im Sinne der Sätze 1 und 2 ist ein Jahresabschluss, ein Einzelabschluss nach § 325 Absatz 2a oder ein Konzernabschluss, der aufgrund gesetzlicher Vorschriften zu prüfen ist.

(2a) Ordnungswidrig handelt, wer als Mitglied eines nach § 324 Absatz 1 Satz 1, auch in Verbindung mit § 341k Absatz 3 Satz 1, eingerichteten Prüfungsausschusses eines Versicherungsunternehmens

1. die Unabhängigkeit des Abschlussprüfers oder der Prüfungsgesellschaft nicht nach Maßgabe des Artikels 4 Absatz 3 Unterabsatz 2, des Artikels 5 Absatz 4 Unterabsatz 1 Satz 1 oder des Artikels 6 Absatz 2 der Verordnung (EU) Nr. 537/2014 überwacht,
2. dem Verwaltungs- oder Aufsichtsorgan eine Empfehlung für die Bestellung eines Abschlussprüfers oder einer Prüfungsgesellschaft vorlegt, die den Anforderungen nach Artikel 16 Absatz 2 Unterabsatz 2 oder 3 der Verordnung (EU) Nr. 537/2014 nicht entspricht oder der ein Auswahlverfahren nach Artikel 16 Absatz 3 Unterabsatz 1 der Verordnung (EU) Nr. 537/2014 nicht vorangegangen ist, oder
3. den Gesellschaftern oder der sonst für die Bestellung des Abschlussprüfers zuständigen Stelle einen Vorschlag für die Bestellung eines Abschlussprüfers oder einer Prüfungsgesellschaft vorlegt, der den Anforderungen nach Artikel 16 Absatz 5 Unterabsatz 1 der Verordnung (EU) Nr. 537/2014 nicht entspricht.

(3) [1] Die Ordnungswidrigkeit kann in den Fällen des Absatzes 2 Satz 1 Nummer 1 und Satz 2 sowie des Absatzes 2a mit einer Geldbuße bis zu fünfhunderttausend Euro, in den Fällen der Absätze 1 und 2 Satz 1 Nummer 2 mit einer Geldbuße bis zu fünfzigtausend Euro geahndet werden. [2] Ist das Versicherungsunternehmen kapitalmarktorientiert im Sinne des § 264d, beträgt die Geldbuße in den Fällen des Absatzes 1 höchstens den höheren der folgenden Beträge:

1. zwei Millionen Euro oder
2. das Zweifache des aus der Ordnungswidrigkeit gezogenen wirtschaftlichen Vorteils, wobei der wirtschaftliche Vorteil erzielte Gewinne und vermiedene Verluste umfasst und geschätzt werden kann.

(3a) [1] Wird gegen ein Versicherungsunternehmen, das kapitalmarktorientiert im Sinne des § 264d ist, in den Fällen des Absatzes 1 eine Geldbuße nach § 30 des Gesetzes über Ordnungswidrigkeiten[1)] verhängt, beträgt diese Geldbuße höchstens den höchsten der folgenden Beträge:

1. zehn Millionen Euro,
2. 5 Prozent des jährlichen Gesamtumsatzes, den das Versicherungsunternehmen im der Behördenentscheidung vorausgegangenen Geschäftsjahr erzielt hat oder
3. das Zweifache des aus der Ordnungswidrigkeit gezogenen wirtschaftlichen Vorteils, wobei der wirtschaftliche Vorteil erzielte Gewinne und vermiedene Verluste umfasst und geschätzt werden kann.

---

[1)] Nr. **94**.

[2] In den Fällen des Absatzes 3 Satz 1 in Verbindung mit Absatz 2 Satz 1 Nummer 1 oder Satz 2 ist § 30 Absatz 2 Satz 3 des Gesetzes über Ordnungswidrigkeiten anzuwenden.

(3b) [1] Gesamtumsatz im Sinne des Absatzes 3a Satz 1 Nummer 2 ist

1. im Falle von Versicherungsunternehmen, die ihren Jahresabschluss nach den handelsrechtlichen Vorschriften oder dem Recht eines anderen Mitgliedstaats der Europäischen Union oder eines anderen Vertragsstaats des Abkommens über den Europäischen Wirtschaftsraum im Einklang mit der Richtlinie 91/674/EWG des Rates vom 19. Dezember 1991 über den Jahresabschluß und den konsolidierten Abschluß von Versicherungsunternehmen (ABl. L 374 vom 31.12.1991, S. 7), die zuletzt durch die Richtlinie 2006/46/EG (ABl. L 224 vom 16.8.2006, S. 1) geändert worden ist, aufstellen, der Betrag der gebuchten Bruttobeiträge nach Maßgabe der handelsrechtlichen Vorschriften oder des auf das Versicherungsunternehmen anwendbaren nationalen Rechts im Einklang mit Artikel 35 der Richtlinie 91/674/EWG,
2. in Fällen, die nicht in Nummer 1 genannt sind, der Betrag der Umsatzerlöse, der sich bei Anwendung der Rechnungslegungsgrundsätze ergibt, die nach dem jeweiligen nationalen Recht für die Aufstellung des Jahresabschlusses des Versicherungsunternehmens gelten.

[2] Handelt es sich bei dem Versicherungsunternehmen um ein Mutterunternehmen oder um ein Tochterunternehmen im Sinne des § 290, ist anstelle des Gesamtumsatzes des Versicherungsunternehmens der jeweilige Gesamtbetrag im Konzernabschluss des Mutterunternehmens maßgeblich, der für den größten Kreis von Unternehmen aufgestellt wird. [3] Ist ein Jahres- oder Konzernabschluss für das maßgebliche Geschäftsjahr nicht verfügbar, ist der Jahres- oder Konzernabschluss für das unmittelbar vorausgehende Geschäftsjahr maßgeblich; ist auch dieser nicht verfügbar, kann der Gesamtumsatz geschätzt werden.

(4) [1] Verwaltungsbehörde im Sinne des § 36 Abs. 1 Nr. 1 des Gesetzes über Ordnungswidrigkeiten ist in den Fällen der Absätze 1 und 2a die Bundesanstalt für Finanzdienstleistungsaufsicht für die ihrer Aufsicht unterliegenden Versicherungsunternehmen und Pensionsfonds. [2] Unterliegt ein Versicherungsunternehmen und Pensionsfonds der Aufsicht einer Landesbehörde, so ist diese in den Fällen der Absätze 1 und 2a zuständig. [3] In den Fällen des Absatzes 2 ist die Abschlussprüferaufsichtsstelle beim Bundesamt für Wirtschaft und Ausfuhrkontrolle zuständig.

(5) Die nach Absatz 4 Satz 1 oder 2 zuständige Verwaltungsbehörde übermittelt der Abschlussprüferaufsichtsstelle beim Bundesamt für Wirtschaft und Ausfuhrkontrolle alle Bußgeldentscheidungen nach Absatz 2a.

**§ 341o[1) 2)] Festsetzung von Ordnungsgeld.** (1) Personen, die

1. als Mitglieder des vertretungsberechtigten Organs eines Versicherungsunternehmens oder eines Pensionsfonds § 341l in Verbindung mit § 325 über die Pflicht zur Offenlegung des Jahresabschlusses, des Lageberichts, des Konzernabschlusses, des Konzernlageberichts und anderer Unterlagen der Rechnungslegung oder

---

[1)] § 341o neu gef. mWv 1.1.2007 durch G v. 10.11.2006 (BGBl. I S. 2553); Satz 1 letzter Satzteil geänd., Satz 2 neu gef. mWv 10.10.2013 durch G v. 4.10.2013 (BGBl. I S. 3746); Satz 1 Nr. 2 geänd. mWv 1.1.2016 durch G v. 1.4.2015 (BGBl. I S. 434); Satz 1 Nr. 1 geänd. mWv 23.7.2015 durch G v. 17.7.2015 (BGBl. I S. 1245); Abs. 1 Satz 2 aufgeh., Abs. 2 angef. mWv 22.6.2023 durch G v. 19.6.2023 (BGBl. 2023 I Nr. 154).

[2)] Beachte hierzu Übergangsvorschrift in Art. 90 EGHGB (Nr. **50a**).

2. als Hauptbevollmächtigter (§ 68 Absatz 2 des Versicherungsaufsichtsgesetzes) § 341l Abs. 1 über die Offenlegung der Rechnungslegungsunterlagen

nicht befolgen, sind hierzu vom Bundesamt für Justiz durch Festsetzung von Ordnungsgeld anzuhalten.

(2) Die §§ 335 bis 335b sind mit der Maßgabe entsprechend anzuwenden, dass Gesamtumsatz im Sinne des § 335 Absatz 1a Satz 1 Nummer 2 Folgendes ist:

1. im Falle von Versicherungsunternehmen, die ihren Jahresabschluss nach den handelsrechtlichen Vorschriften oder dem Recht eines anderen Mitgliedstaats der Europäischen Union oder eines anderen Vertragsstaats des Abkommens über den Europäischen Wirtschaftsraum im Einklang mit der Richtlinie 91/674/EWG aufstellen, der Betrag der gebuchten Bruttobeiträge nach Maßgabe der handelsrechtlichen Vorschriften oder des auf das Versicherungsunternehmen anwendbaren nationalen Rechts im Einklang mit Artikel 35 der Richtlinie 91/674/EWG,
2. in Fällen, die nicht in Nummer 1 genannt sind, der Betrag der Umsatzerlöse, der sich bei Anwendung der Rechnungslegungsgrundsätze ergibt, die nach dem jeweiligen nationalen Recht für die Aufstellung des Jahresabschlusses des Versicherungsunternehmens gelten.

**§ 341p[1)] Anwendung der Straf- und Bußgeld- sowie der Ordnungsgeldvorschriften auf Pensionsfonds.** Die Strafvorschriften des § 341m Absatz 1, die Bußgeldvorschrift des § 341n Absatz 1 und 2 sowie die Ordnungsgeldvorschrift des § 341o gelten auch für Pensionsfonds im Sinn des § 341 Abs. 4 Satz 1.

### Dritter Unterabschnitt.[2) 3)] Ergänzende Vorschriften für bestimmte Unternehmen des Rohstoffsektors

#### Erster Titel. Anwendungsbereich; Begriffsbestimmungen

**§ 341q[2)] Anwendungsbereich.** [1] Dieser Unterabschnitt gilt für Kapitalgesellschaften mit Sitz im Inland, die in der mineralgewinnenden Industrie tätig sind oder Holzeinschlag in Primärwäldern betreiben, wenn auf sie nach den Vorschriften des Dritten Buchs die für große Kapitalgesellschaften geltenden Vorschriften des Zweiten Abschnitts anzuwenden sind. [2] Satz 1 gilt entsprechend für Personenhandelsgesellschaften im Sinne des § 264a Absatz 1.

**§ 341r[4)] Begriffsbestimmungen.** Im Sinne dieses Unterabschnitts sind

1. Tätigkeiten in der mineralgewinnenden Industrie: Tätigkeiten auf dem Gebiet der Exploration, Prospektion, Entdeckung, Weiterentwicklung und Gewinnung von Mineralien, Erdöl-, Erdgasvorkommen oder anderen Stoffen in den Wirtschaftszweigen, die in Anhang I Abschnitt B Abteilung 05 bis 08 der Verordnung (EG) Nr. 1893/2006 des Europäischen Parlaments und des Rates vom 20. Dezember 2006 zur Aufstellung der statistischen Systematik der Wirtschaftszweige NACE Revision 2 und zur Änderung der Verordnung (EWG) Nr. 3037/90 des Rates sowie einiger Verordnungen der EG über bestimmte Bereiche der Statistik (ABl. L 393 vom 30.12.2006, S. 1) aufgeführt sind;

---

1) § 341p neu gef. mWv 1.1.2007 durch G v. 10.11.2006 (BGBl. I S. 2553); geänd. mWv 17.6.2016 durch G v. 10.5.2016 (BGBl. I S. 1142).

2) 3. UAbschnitt (§§ 341q-341y) eingef. mWv 23.7.2015 durch G v. 17.7.2015 (BGBl. I S. 1245).

3) Beachte hierzu Übergangsvorschrift in Art. 75 EGHGB (Nr. **50a**).

4) § 341r eingef. mWv 23.7.2015 durch G v. 17.7.2015 (BGBl. I S. 1245); Nr. 3 Buchst. b geänd. mWv 26.11.2015 durch G v. 20.11.2015 (BGBl. I S. 2029).

2. Kapitalgesellschaften, die Holzeinschlag in Primärwäldern betreiben: Kapitalgesellschaften, die auf den in Anhang I Abschnitt A Abteilung 02 Gruppe 02.2 der Verordnung (EG) Nr. 1893/2006 aufgeführten Gebieten in natürlich regenerierten Wäldern mit einheimischen Arten, in denen es keine deutlich sichtbaren Anzeichen für menschliche Eingriffe gibt und die ökologischen Prozesse nicht wesentlich gestört sind, tätig sind;
3. Zahlungen: als Geldleistung oder Sachleistung entrichtete Beträge im Zusammenhang mit Tätigkeiten in der mineralgewinnenden Industrie oder dem Betrieb des Holzeinschlags in Primärwäldern, wenn sie auf einem der nachfolgend bezeichneten Gründe beruhen:
   a) Produktionszahlungsansprüche,
   b) Steuern, die auf die Erträge, die Produktion oder die Gewinne von Kapitalgesellschaften erhoben werden; ausgenommen sind Verbrauchsteuern, Umsatzsteuern, Mehrwertsteuern sowie Lohnsteuern der in Kapitalgesellschaften beschäftigten Arbeitnehmer und vergleichbare Steuern,
   c) Nutzungsentgelte,
   d) Dividenden und andere Gewinnausschüttungen aus Gesellschaftsanteilen,
   e) Unterzeichnungs-, Entdeckungs- und Produktionsboni,
   f) Lizenz-, Miet- und Zugangsgebühren sowie sonstige Gegenleistungen für Lizenzen oder Konzessionen sowie
   g) Zahlungen für die Verbesserung der Infrastruktur;
4. staatliche Stellen: nationale, regionale oder lokale Behörden eines Mitgliedstaats der Europäischen Union, eines anderen Vertragsstaats des Abkommens über den Europäischen Wirtschaftsraum oder eines Drittstaats einschließlich der von einer Behörde kontrollierten Abteilungen oder Agenturen sowie Unternehmen, auf die eine dieser Behörden im Sinne von § 290 beherrschenden Einfluss ausüben kann;
5. Projekte: die Zusammenfassung operativer Tätigkeiten, die die Grundlage für Zahlungsverpflichtungen gegenüber einer staatlichen Stelle bilden und sich richten nach
   a) einem Vertrag, einer Lizenz, einem Mietvertrag, einer Konzession oder einer ähnlichen rechtlichen Vereinbarung oder
   b) einer Gesamtheit von operativ und geografisch verbundenen Verträgen, Lizenzen, Mietverträgen oder Konzessionen oder damit verbundenen Vereinbarungen mit einer staatlichen Stelle, die im Wesentlichen ähnliche Bedingungen vorsehen;
6. Zahlungsberichte: Berichte über Zahlungen von Kapitalgesellschaften an staatliche Stellen im Zusammenhang mit ihrer Tätigkeit in der mineralgewinnenden Industrie oder mit dem Betrieb des Holzeinschlags in Primärwäldern;
7. Konzernzahlungsberichte: Zahlungsberichte von Mutterunternehmen über Zahlungen aller einbezogenen Unternehmen an staatliche Stellen auf konsolidierter Ebene, die in Zusammenhang mit ihrer Tätigkeit in der mineralgewinnenden Industrie oder mit dem Betrieb des Holzeinschlags in Primärwäldern stehen;
8. Berichtszeitraum: das Geschäftsjahr der Kapitalgesellschaft oder des Mutterunternehmens, das den Zahlungsbericht oder Konzernzahlungsbericht zu erstellen hat.

### Zweiter Titel. Zahlungsbericht, Konzernzahlungsbericht und Offenlegung

**§ 341s[1) 2)] Pflicht zur Erstellung des Zahlungsberichts; Befreiungen.**

(1) Kapitalgesellschaften im Sinne des § 341q haben jährlich einen Zahlungsbericht zu erstellen.

(2) [1] Ist die Kapitalgesellschaft in den von ihr oder einem anderen Unternehmen mit Sitz in einem Mitgliedstaat der Europäischen Union oder einem anderen Vertragsstaat des Abkommens über den Europäischen Wirtschaftsraum erstellten Konzernzahlungsbericht einbezogen, braucht sie keinen Zahlungsbericht zu erstellen. [2] In diesem Fall hat die Kapitalgesellschaft im Anhang des Jahresabschlusses anzugeben, bei welchem Unternehmen sie in den Konzernzahlungsbericht einbezogen ist und wo dieser erhältlich ist.

(3) [1] Hat die Kapitalgesellschaft einen Bericht im Einklang mit den Rechtsvorschriften eines Drittstaats, dessen Berichtspflichten die Europäische Kommission im Verfahren nach Artikel 47 der Richtlinie 2013/34/EU als gleichwertig bewertet hat, erstellt und diesen Bericht nach § 341w offengelegt, braucht sie den Zahlungsbericht nicht zu erstellen. [2] Auf die Offenlegung dieses Berichts ist § 325a Absatz 1 Satz 5 entsprechend anzuwenden.

**§ 341t[3)] Inhalt des Zahlungsberichts.** (1) [1] In dem Zahlungsbericht hat die Kapitalgesellschaft anzugeben, welche Zahlungen sie im Berichtszeitraum an staatliche Stellen im Zusammenhang mit ihrer Geschäftstätigkeit in der mineralgewinnenden Industrie oder mit dem Betrieb des Holzeinschlags in Primärwäldern geleistet hat. [2] Andere Zahlungen dürfen in den Zahlungsbericht nicht einbezogen werden. [3] Hat eine zur Erstellung eines Zahlungsberichts verpflichtete Kapitalgesellschaft in einem Berichtszeitraum an keine staatliche Stelle berichtspflichtige Zahlungen geleistet, hat sie im Zahlungsbericht für den betreffenden Berichtszeitraum nur anzugeben, dass eine Geschäftstätigkeit in der mineralgewinnenden Industrie ausgeübt oder Holzeinschlag in Primärwäldern betrieben wurde, ohne dass Zahlungen geleistet wurden.

(2) Die Kapitalgesellschaft hat nur über staatliche Stellen zu berichten, an die sie Zahlungen unmittelbar erbracht hat; das gilt auch dann, wenn eine staatliche Stelle die Zahlung für mehrere verschiedene staatliche Stellen einzieht.

(3) Ist eine staatliche Stelle stimmberechtigter Gesellschafter oder Aktionär der Kapitalgesellschaft, so müssen gezahlte Dividenden oder Gewinnanteile nur berücksichtigt werden, wenn sie

1. nicht unter denselben Bedingungen wie an andere Gesellschafter oder Aktionäre mit vergleichbaren Anteilen oder Aktien gleicher Gattung gezahlt wurden oder
2. anstelle von Produktionsrechten oder Nutzungsentgelten gezahlt wurden.

(4) [1] Die Kapitalgesellschaft braucht Zahlungen unabhängig davon, ob sie als eine Einmalzahlung oder als eine Reihe verbundener Zahlungen geleistet werden, nicht in dem Zahlungsbericht zu berücksichtigen, wenn sie im Berichtszeitraum 100 000 Euro unterschreiten. [2] Im Falle einer bestehenden Vereinbarung über regelmäßige Zahlungen ist der Gesamtbetrag der verbundenen regelmäßigen Zahlungen oder Raten im Berichtszeitraum zu betrachten. [3] Eine staatliche Stelle, an

---

1) § 341s eingef. mWv 23.7.2015 durch G v. 17.7.2015 (BGBl. I S. 1245); Abs. 3 Satz 2 geänd. mWv 1.1.2020 durch G v. 12.12.2019 (BGBl. I S. 2637).

2) Beachte hierzu Übergangsvorschrift in Art. 83 Abs. 1 EGHGB (Nr. **50a**).

3) 3. UAbschnitt (§§ 341q–341y) eingef. mWv 23.7.2015 durch G v. 17.7.2015 (BGBl. I S. 1245).

die im Berichtszeitraum insgesamt weniger als 100 000 Euro gezahlt worden sind, braucht im Zahlungsbericht nicht berücksichtigt zu werden.

(5) [1] Werden Zahlungen als Sachleistungen getätigt, werden sie ihrem Wert und gegebenenfalls ihrem Umfang nach berücksichtigt. [2] Im Zahlungsbericht ist gegebenenfalls zu erläutern, wie der Wert festgelegt worden ist.

(6) [1] Bei der Angabe von Zahlungen wird auf den Inhalt der betreffenden Zahlung oder Tätigkeit und nicht auf deren Form Bezug genommen. [2] Zahlungen und Tätigkeiten dürfen nicht künstlich mit dem Ziel aufgeteilt oder zusammengefasst werden, die Anwendung dieses Unterabschnitts zu umgehen.

**§ 341u[1)] Gliederung des Zahlungsberichts.** (1) [1] Der Zahlungsbericht ist nach Staaten zu gliedern. [2] Für jeden Staat hat die Kapitalgesellschaft diejenigen staatlichen Stellen zu bezeichnen, an die sie innerhalb des Berichtszeitraums Zahlungen geleistet hat. [3] Die Bezeichnung der staatlichen Stelle muss eine eindeutige Zuordnung ermöglichen. [4] Dazu genügt es in der Regel, die amtliche Bezeichnung der staatlichen Stelle zu verwenden und zusätzlich anzugeben, an welchem Ort und in welcher Region des Staates die Stelle ansässig ist. [5] Die Kapitalgesellschaft braucht die Zahlungen nicht danach aufzugliedern, auf welche Rohstoffe sie sich beziehen.

(2) Zu jeder staatlichen Stelle hat die Kapitalgesellschaft folgende Angaben zu machen:

1. den Gesamtbetrag aller an diese staatliche Stelle geleisteten Zahlungen und
2. die Gesamtbeträge getrennt nach den in § 341r Nummer 3 Buchstabe a bis g benannten Zahlungsgründen; zur Bezeichnung der Zahlungsgründe genügt die Angabe des nach § 341r Nummer 3 maßgeblichen Buchstabens.

(3) Wenn Zahlungen an eine staatliche Stelle für mehr als ein Projekt geleistet wurden, sind für jedes Projekt ergänzend folgende Angaben zu machen:

1. eine eindeutige Bezeichnung des Projekts,
2. den Gesamtbetrag aller in Bezug auf das Projekt an diese staatliche Stelle geleisteten Zahlungen und
3. die Gesamtbeträge getrennt nach den in § 341r Nummer 3 Buchstabe a bis g benannten Zahlungsgründen, die an diese staatliche Stelle in Bezug auf das Projekt geleistet wurden; zur Bezeichnung der Zahlungsgründe genügt die Angabe des nach § 341r Nummer 3 maßgeblichen Buchstabens.

(4) Angaben nach Absatz 3 sind nicht erforderlich für Zahlungen zur Erfüllung von Verpflichtungen, die der Kapitalgesellschaft ohne Zuordnung zu einem bestimmten Projekt auferlegt werden.

**§ 341v[1)] Konzernzahlungsbericht; Befreiung.** (1) [1] Kapitalgesellschaften im Sinne des § 341q, die Mutterunternehmen (§ 290) sind, haben jährlich einen Konzernzahlungsbericht zu erstellen. [2] Mutterunternehmen sind auch dann in der mineralgewinnenden Industrie tätig oder betreiben Holzeinschlag in Primärwäldern, wenn diese Voraussetzungen nur auf eines ihrer Tochterunternehmen zutreffen.

(2) Ein Mutterunternehmen ist nicht zur Erstellung eines Konzernzahlungsberichts verpflichtet, wenn es zugleich ein Tochterunternehmen eines anderen Mutterunternehmens mit Sitz in einem Mitgliedstaat der Europäischen Union

---

1) 3. UAbschnitt (§§ 341q-341y) eingef. mWv 23.7.2015 durch G v. 17.7.2015 (BGBl. I S. 1245).

oder in einem anderen Vertragsstaat des Abkommens über den Europäischen Wirtschaftsraum ist.

(3) In den Konzernzahlungsbericht sind das Mutterunternehmen und alle Tochterunternehmen unabhängig von deren Sitz einzubeziehen; die auf den Konzernabschluss angewandten Vorschriften sind entsprechend anzuwenden, soweit in den nachstehenden Absätzen nichts anderes bestimmt ist.

(4) [1] Unternehmen, die nicht in der mineralgewinnenden Industrie tätig sind und keinen Holzeinschlag in Primärwäldern betreiben, sind nicht nach Absatz 3 einzubeziehen. [2] Ein Unternehmen braucht nicht in den Konzernzahlungsbericht einbezogen zu werden, wenn es

1. nach § 296 Absatz 1 Nummer 1 oder 3 nicht in den Konzernabschluss einbezogen wurde,
2. nach § 296 Absatz 1 Nummer 2 nicht in den Konzernabschluss einbezogen wurde und die für die Erstellung des Konzernzahlungsberichts erforderlichen Angaben ebenfalls nur mit unverhältnismäßig hohen Kosten oder ungebührlichen Verzögerungen zu erhalten sind.

(5) [1] Auf den Konzernzahlungsbericht sind die §§ 341s bis 341u entsprechend anzuwenden. [2] Im Konzernzahlungsbericht sind konsolidierte Angaben über alle Zahlungen an staatliche Stellen zu machen, die von den einbezogenen Unternehmen im Zusammenhang mit ihrer Tätigkeit in der mineralgewinnenden Industrie oder mit dem Holzeinschlag in Primärwäldern geleistet worden sind. [3] Das Mutterunternehmen braucht die Zahlungen nicht danach aufzugliedern, auf welche Rohstoffe sie sich beziehen.

**§ 341w[1) 2)] Offenlegung.** (1) [1] Die Mitglieder des vertretungsberechtigten Organs einer Kapitalgesellschaft im Sinne des § 341q haben für diese den Zahlungsbericht spätestens ein Jahr nach dem Abschlussstichtag in deutscher Sprache der das Unternehmensregister führenden Stelle elektronisch zur Einstellung in das Unternehmensregister zu übermitteln. [2] Im Falle einer Kapitalgesellschaft im Sinne des § 264d beträgt die Frist abweichend von Satz 1 sechs Monate nach dem Abschlussstichtag.

(2) Absatz 1 gilt entsprechend für die Mitglieder des vertretungsberechtigten Organs eines Mutterunternehmens im Sinne des § 341v, das einen Konzernzahlungsbericht zu erstellen hat.

(3) § 325 Absatz 6 sowie § 328 Absatz 1 Satz 1 bis 3, Absatz 1a bis 4 und § 329 Absatz 1, 3 und 4 gelten entsprechend.

### Dritter Titel. Bußgeldvorschriften, Ordnungsgelder

**§ 341x[3)] Bußgeldvorschriften.** (1) Ordnungswidrig handelt, wer als Mitglied des vertretungsberechtigten Organs oder des Aufsichtsrats einer Kapitalgesellschaft

1. bei der Erstellung eines Zahlungsberichts einer Vorschrift des § 341t Absatz 1, 2, 3, 5 oder Absatz 6 oder des § 341u Absatz 1, 2 oder Absatz 3 über den Inhalt oder die Gliederung des Zahlungsberichts zuwiderhandelt oder

---

[1)] § 341w eingef. mWv 23.7.2015 durch G v. 17.7.2015 (BGBl. I S. 1245); Abs. 1 Satz 2 angef. mWv 26.11.2015 durch G v. 20.11.2015 (BGBl. I S. 2029); Abs. 3 geänd. mWv 19.8.2020 durch G v. 12.8.2020 (BGBl. I S. 1874); Abs. 1 Satz 1 neu gef., Satz 2 geänd., Abs. 2 neu gef., Abs. 3 geänd. mWv 1.8.2022 durch G v. 5.7.2021 (BGBl. I S. 3338).

[2)] Beachte hierzu Übergangsvorschrift in Art. 84 und 88 EGHGB (Nr. **50a**).

[3)] 3. UAbschnitt (§§ 341q-341y) eingef. mWv 23.7.2015 durch G v. 17.7.2015 (BGBl. I S. 1245).

2. bei der Erstellung eines Konzernzahlungsberichts einer Vorschrift des § 341v Absatz 4 Satz 1 in Verbindung mit § 341t Absatz 1, 2, 3, 5 oder Absatz 6 oder mit § 341u Absatz 1, 2 oder Absatz 3 über den Inhalt oder die Gliederung des Konzernzahlungsberichts zuwiderhandelt.

(2) Die Ordnungswidrigkeit kann mit einer Geldbuße bis fünfzigtausend Euro geahndet werden.

(3) Verwaltungsbehörde im Sinne des § 36 Absatz 1 Nummer 1 des Gesetzes über Ordnungswidrigkeiten[1] ist in den Fällen des Absatzes 1 das Bundesamt für Justiz.

(4) Die Bestimmungen der Absätze 1 bis 3 gelten auch für die Mitglieder der gesetzlichen Vertretungsorgane von Personenhandelsgesellschaften im Sinne des § 341q Satz 2.

**§ 341y[2] Ordnungsgeldvorschriften.** (1) [1]Gegen die Mitglieder des vertretungsberechtigten Organs einer Kapitalgesellschaft im Sinne des § 341q oder eines Mutterunternehmens im Sinne des § 341v, die § 341w hinsichtlich der Pflicht zur Offenlegung des Zahlungsberichts oder Konzernzahlungsberichts nicht befolgen, hat das Bundesamt für Justiz in entsprechender Anwendung der §§ 335 bis 335b ein Ordnungsgeldverfahren durchzuführen. [2]Das Verfahren kann auch gegen die Kapitalgesellschaft gerichtet werden.

(2) [1]Das Bundesamt für Justiz kann eine Kapitalgesellschaft zur Erklärung auffordern, ob sie im Sinne des § 341q in der mineralgewinnenden Industrie tätig ist oder Holzeinschlag in Primärwäldern betreibt, und eine angemessene Frist setzen. [2]Die Aufforderung ist zu begründen. [3]Gibt die Kapitalgesellschaft innerhalb der Frist keine Erklärung ab, wird für die Einleitung des Verfahrens nach Absatz 1 vermutet, dass die Gesellschaft in den Anwendungsbereich des § 341q fällt. [4]Die Sätze 1 bis 3 sind entsprechend anzuwenden, wenn das Bundesamt für Justiz Anlass für die Annahme hat, dass eine Kapitalgesellschaft ein Mutterunternehmen im Sinne des § 341v Absatz 1 ist.

(3) Die vorstehenden Absätze gelten entsprechend für Personenhandelsgesellschaften im Sinne des § 341q Satz 2.

### Vierter Unterabschnitt.[3] Ergänzende Vorschriften für bestimmte umsatzstarke multinationale Unternehmen und Konzerne

#### Erster Titel. Anwendungsbereich; Begriffsbestimmungen

**§ 342[3] Anwendungsbereich.** (1) Dieser Unterabschnitt ist anzuwenden auf Kapitalgesellschaften mit Sitz im Inland und auf Personenhandelsgesellschaften im Sinne des § 264a Absatz 1 mit Sitz im Inland, wenn diese Kapitalgesellschaften und Personenhandelsgesellschaften

1. unverbundene Unternehmen sind und eine Niederlassung, eine feste Geschäftseinrichtung oder eine dauerhafte Geschäftstätigkeit in mindestens einem anderen Staat haben,
2. oberste Mutterunternehmen sind und sie oder ein verbundenes Unternehmen eine Niederlassung, eine feste Geschäftseinrichtung oder eine dauerhafte Geschäftstätigkeit in mindestens einem anderen Staat haben oder

---

[1] Nr. **94**.
[2] 3. UAbschnitt (§§ 341q–341y) eingef. mWv 23.7.2015 durch G v. 17.7.2015 (BGBl. I S. 1245).
[3] 4. UAbschnitt (§§ 342–342p) eingef. mWv 22.6.2023 durch G v. 19.6.2023 (BGBl. 2023 I Nr. 154).

3. Tochterunternehmen von obersten Mutterunternehmen mit Sitz in einem Drittstaat sind und
   a) mittelgroß oder groß im Sinne des § 267 Absatz 2 bis 4 sind oder
   b) ausschließlich dem Zweck dienen, die Berichtspflichten nach diesem Unterabschnitt zu umgehen.

(2) Dieser Unterabschnitt ist ferner anzuwenden auf Kapitalgesellschaften mit Sitz in einem Drittstaat, die
1. unverbundene Unternehmen sind oder verbundene Unternehmen sind, wenn das oberste Mutterunternehmen seinen Sitz in einem Drittstaat hat, und
2. eine Zweigniederlassung im Inland haben,
   a) deren Umsatzerlöse im Sinne des § 342b Absatz 4 in mindestens zwei aufeinander folgenden Geschäftsjahren jeweils 12 Millionen Euro übersteigen und diesen Betrag danach in zwei aufeinander folgenden Geschäftsjahren jeweils nicht unterschreiten oder
   b) die ausschließlich dem Zweck dient, die Berichtspflichten nach diesem Unterabschnitt zu umgehen.

**§ 342a[1)] Begriffsbestimmungen.** Im Sinne dieses Unterabschnitts sind
1. unverbundene Unternehmen: Unternehmen, die nicht verbundene Unternehmen nach § 271 Absatz 2 sind;
2. oberste Mutterunternehmen: Mutterunternehmen, die den Konzernabschluss für den größten Kreis von Unternehmen aufstellen;
3. Drittstaaten: Staaten, die weder Mitgliedstaat der Europäischen Union noch Vertragsstaat des Abkommens über den Europäischen Wirtschaftsraum sind;
4. Steuerhoheitsgebiete: Staaten oder nichtstaatliche Rechtsräume, die in Bezug auf die Ertragsteuer über Fiskalautonomie verfügen;
5. Mitglieder des vertretungsberechtigten Organs bei Personenhandelsgesellschaften im Sinne des § 264a Absatz 1: die Mitglieder des vertretungsberechtigten Organs der vertretungsberechtigten Gesellschaften;
6. Berichtszeitraum: das Geschäftsjahr, für das der Ertragsteuerinformationsbericht zu erstellen ist.

#### Zweiter Titel. Pflicht zur Ertragsteuerinformationsberichterstattung

**§ 342b[1)] Unverbundene Unternehmen mit Sitz im Inland.** (1) Die Mitglieder des vertretungsberechtigten Organs einer Gesellschaft im Sinne des § 342 Absatz 1 Nummer 1 haben für diese für das vergangene Geschäftsjahr einen Ertragsteuerinformationsbericht gemäß
1. § 342g Nummer 1, § 342h Absatz 1 Nummer 1 bis 3 und Absatz 2 bis 5, den §§ 342i, 342j Absatz 1 und § 342k Absatz 2 sowie
2. § 342k Absatz 1 und § 342l

zu erstellen, wenn die in den Jahresabschlüssen der Gesellschaft ausgewiesenen Umsatzerlöse in mindestens zwei aufeinander folgenden Geschäftsjahren jeweils 750 Millionen Euro übersteigen.

(2) Die Mitglieder des vertretungsberechtigten Organs einer Gesellschaft im Sinne des § 342 Absatz 1 Nummer 1 sind von der Pflicht nach Absatz 1 befreit, wenn die Gesellschaft ein CRR-Kreditinstitut im Sinne des § 1 Absatz 3d Satz 1

[1)] 4. UAbschnitt (§§ 342–342p) eingef. mWv 22.6.2023 durch G v. 19.6.2023 (BGBl. 2023 I Nr. 154).

des Kreditwesengesetzes[1)] oder ein Großes Wertpapierinstitut im Sinne des § 2 Absatz 18 des Wertpapierinstitutsgesetzes ist und für den Berichtszeitraum die nach § 26a Absatz 1 Satz 2 des Kreditwesengesetzes erforderlichen Angaben offengelegt hat.

(3) Die Pflicht nach Absatz 1 erlischt, wenn die in den Jahresabschlüssen ausgewiesenen Umsatzerlöse in zwei aufeinander folgenden Geschäftsjahren jeweils 750 Millionen Euro unterschreiten.

(4) Umsatzerlöse nach den Absätzen 1 und 3 sind

1. bei Kreditinstituten im Sinne des § 340 Absatz 1, Finanzdienstleistungsinstituten im Sinne des § 340 Absatz 4, Wertpapierinstituten im Sinne des § 340 Absatz 4a oder Instituten im Sinne des § 1 Absatz 3 des Zahlungsdiensteaufsichtsgesetzes: der Gesamtbetrag derjenigen Posten, die nach den jeweils anwendbaren handelsrechtlichen Vorschriften den in Artikel 27 Nummer 1, 3, 4, 6 und 7 oder Artikel 28 Buchstabe B Nummer 1 bis 4 und 7 der Richtlinie 86/635/EWG genannten Posten entsprechen,
2. bei Versicherungsunternehmen im Sinne des § 341 Absatz 1 oder Pensionsfonds im Sinne des § 341 Absatz 4: der Betrag der gebuchten Bruttobeiträge nach Maßgabe der jeweils anwendbaren handelsrechtlichen Vorschriften,
3. in Fällen, die nicht von den Nummern 1 und 2 erfasst werden: der Betrag der Umsatzerlöse nach § 277 Absatz 1.

**§ 342c[2)] Oberste Mutterunternehmen mit Sitz im Inland.** (1) Die Mitglieder des vertretungsberechtigten Organs einer Gesellschaft im Sinne des § 342 Absatz 1 Nummer 2 haben für diese für das vergangene Geschäftsjahr einen Ertragsteuerinformationsbericht gemäß

1. § 342g Nummer 2, den §§ 342h, 342i, 342j Absatz 1 und § 342k Absatz 2 sowie
2. § 342k Absatz 1 und § 342l

zu erstellen, wenn die in den Konzernabschlüssen der Gesellschaft ausgewiesenen Konzernumsatzerlöse in mindestens zwei aufeinander folgenden Geschäftsjahren jeweils 750 Millionen Euro übersteigen.

(2) Die Mitglieder des vertretungsberechtigten Organs einer Gesellschaft im Sinne des § 342 Absatz 1 Nummer 2 sind von der Pflicht nach Absatz 1 befreit, wenn die Gesellschaft ein CRR-Kreditinstitut im Sinne des § 1 Absatz 3d Satz 1 des Kreditwesengesetzes[1)] oder ein Großes Wertpapierinstitut im Sinne des § 2 Absatz 18 des Wertpapierinstitutsgesetzes ist und für den Berichtszeitraum unter Einbeziehung sämtlicher in den Konzernabschluss der Gesellschaft einbezogenen Unternehmen die nach § 26a Absatz 1 Satz 2 des Kreditwesengesetzes erforderlichen Angaben offengelegt hat.

(3) Die Pflicht nach Absatz 1 erlischt, wenn die in den Konzernabschlüssen ausgewiesenen Konzernumsatzerlöse in zwei aufeinander folgenden Geschäftsjahren jeweils 750 Millionen Euro unterschreiten.

(4) Konzernumsatzerlöse nach den Absätzen 1 und 3 sind

1. bei Gesellschaften, die den Konzernabschluss nach den auf der Grundlage der Verordnung (EG) Nr. 1606/ 2002 übernommenen internationalen Rechnungs-

---

[1)] **Sartorius ErgBd. Nr. 856.**

[2)] 4. UAbschnitt (§§ 342–342p) eingef. mWv 22.6.2023 durch G v. 19.6.2023 (BGBl. 2023 I Nr. 154).

legungsstandards aufstellen: der Betrag der Konzernumsatzerlöse, der sich bei Anwendung dieser Rechnungslegungsstandards ergibt,

2. in Fällen, die nicht von Nummer 1 erfasst werden: der sich bei entsprechender Anwendung des § 342b Absatz 4 ergebende Betrag.

**§ 342d[1)] Tochterunternehmen mit Sitz im Inland von obersten Mutterunternehmen mit Sitz in einem Drittstaat.** (1) Die Mitglieder des vertretungsberechtigten Organs einer Gesellschaft im Sinne des § 342 Absatz 1 Nummer 3 haben das oberste Mutterunternehmen der Gesellschaft aufzufordern, ihr für das vergangene Geschäftsjahr einen Ertragsteuerinformationsbericht zur Verfügung zu stellen, der gemäß § 342g Nummer 2, den §§ 342h, 342i und 342j Absatz 3 sowie den §§ 342k und 342l erstellt worden ist, wenn die in den Konzernabschlüssen des obersten Mutterunternehmens ausgewiesenen Konzernumsatzerlöse in mindestens zwei aufeinander folgenden Geschäftsjahren jeweils einen Betrag übersteigen, der zum Wechselkurs vom 21. Dezember 2021 bei Rundung auf das nächste Tausend einem Betrag von 750 Millionen Euro entspricht.

(2) Wenn das oberste Mutterunternehmen einen Ertragsteuerinformationsbericht nicht zur Verfügung stellt oder der zur Verfügung gestellte Bericht nicht den gesetzlichen Vorgaben entspricht, haben die Mitglieder des vertretungsberechtigten Organs der Gesellschaft für diese Folgendes zu erstellen:

1. eine Erklärung darüber, dass das oberste Mutterunternehmen einen Ertragsteuerinformationsbericht nicht zur Verfügung gestellt hat oder dass der zur Verfügung gestellte Bericht nicht den gesetzlichen Vorgaben entspricht, sowie
2. einen Ertragsteuerinformationsbericht gemäß
   a) § 342g Nummer 2, den §§ 342h, 342i, 342j Absatz 1 und § 342k Absatz 2 sowie
   b) § 342k Absatz 1 und § 342l

   mit denjenigen Angaben, über die die Gesellschaft verfügt und die sie beschaffen kann.

(3) Die Mitglieder des vertretungsberechtigten Organs einer Gesellschaft im Sinne des § 342 Absatz 1 Nummer 3 sind von den Pflichten nach den Absätzen 1 und 2 befreit, wenn das oberste Mutterunternehmen einen Ertragsteuerinformationsbericht gemäß § 342g Nummer 2, den §§ 342h, 342i und 342j Absatz 3 sowie den §§ 342k und 342l erstellt hat, der

1. spätestens ein Jahr nach dem Ende des Berichtszeitraums in mindestens einer Amtssprache der Europäischen Union kostenlos auf der Internetseite des obersten Mutterunternehmens veröffentlicht worden ist,
2. von einem anderen Tochterunternehmen mit Sitz im Inland spätestens ein Jahr nach dem Ende des Berichtszeitraums in deutscher Sprache der das Unternehmensregister führenden Stelle zur Einstellung in das Unternehmensregister übermittelt oder von einem Tochterunternehmen mit Sitz in einem anderen Mitgliedstaat der Europäischen Union oder einem anderen Vertragsstaat des Abkommens über den Europäischen Wirtschaftsraum nach Maßgabe des jeweiligen nationalen Rechts im Einklang mit Artikel 48d Absatz 1 der Richtlinie 2013/34/EU offengelegt worden ist und

[1)] 4. UAbschnitt (§§ 342–342p) eingef. mWv 22.6.2023 durch G v. 19.6.2023 (BGBl. 2023 I Nr. 154).

3. den Namen und den Sitz desjenigen Tochterunternehmens angibt, das den Bericht gemäß Nummer 2 offengelegt hat.

(4) Die Pflichten nach den Absätzen 1 und 2 erlöschen, wenn die in den Konzernabschlüssen des obersten Mutterunternehmens ausgewiesenen Konzernumsatzerlöse in zwei aufeinander folgenden Geschäftsjahren jeweils einen Betrag unterschreiten, der zum Wechselkurs vom 21. Dezember 2021 bei Rundung auf das nächste Tausend einem Betrag von 750 Millionen Euro entspricht.

(5) Konzernumsatzerlöse nach den Absätzen 1 und 4 sind der Betrag der Konzernumsatzerlöse, der sich bei Anwendung der Rechnungslegungsgrundsätze ergibt, die nach dem jeweiligen nationalen Recht für die Aufstellung des Konzernabschlusses des obersten Mutterunternehmens gelten.

**§ 342e[1] Inländische Zweigniederlassungen unverbundener Unternehmen mit Sitz in einem Drittstaat.** (1) Bei Zweigniederlassungen im Sinne des § 342 Absatz 2 Nummer 2 einer Kapitalgesellschaft im Sinne des § 342 Absatz 2 Nummer 1 erste Alternative haben die in § 13e Absatz 2 Satz 5 Nummer 3 genannten angemeldeten Personen oder, wenn solche nicht vorhanden sind, die Mitglieder des vertretungsberechtigten Organs der Kapitalgesellschaft die Hauptniederlassung aufzufordern, ihnen für das vergangene Geschäftsjahr einen Ertragsteuerinformationsbericht zur Verfügung zu stellen, der gemäß § 342g Nummer 1, § 342h Absatz 1 Nummer 1 bis 3 und Absatz 2 bis 5, den §§ 342i und 342j Absatz 2 sowie den §§ 342k und 342l erstellt worden ist, wenn die in den Jahresabschlüssen der Kapitalgesellschaft ausgewiesenen Umsatzerlöse in mindestens zwei aufeinander folgenden Geschäftsjahren jeweils einen Betrag übersteigen, der zum Wechselkurs vom 21. Dezember 2021 bei Rundung auf das nächste Tausend einem Betrag von 750 Millionen Euro entspricht.

(2) Wenn die Hauptniederlassung einen Ertragsteuerinformationsbericht nicht zur Verfügung stellt oder der zur Verfügung gestellte Bericht nicht den gesetzlichen Vorgaben entspricht, haben die nach Absatz 1 Verpflichteten für die Kapitalgesellschaft Folgendes zu erstellen:

1. eine Erklärung darüber, dass die Hauptniederlassung einen Ertragsteuerinformationsbericht nicht zur Verfügung gestellt hat oder dass der zur Verfügung gestellte Bericht nicht den gesetzlichen Vorgaben entspricht, sowie
2. einen Ertragsteuerinformationsbericht gemäß
   a) § 342g Nummer 1, § 342h Absatz 1 Nummer 1 bis 3 und Absatz 2 bis 5, den §§ 342i, 342j Absatz 2 und § 342k Absatz 2 sowie
   b) § 342k Absatz 1 und § 342l

   mit denjenigen Angaben, über die sie verfügen und die sie beschaffen können.

(3) Die nach den Absätzen 1 und 2 Verpflichteten sind von den dort genannten Pflichten befreit, wenn das oberste Mutterunternehmen einen Ertragsteuerinformationsbericht gemäß § 342g Nummer 2, den §§ 342h, 342i, 342j Absatz 3 sowie den §§ 342k und 342l erstellt hat, der

1. spätestens ein Jahr nach dem Ende des Berichtszeitraums in mindestens einer Amtssprache der Europäischen Union kostenlos auf der Internetseite des obersten Mutterunternehmens veröffentlicht worden ist,
2. von einer anderen inländischen Zweigniederlassung spätestens ein Jahr nach dem Ende des Berichtszeitraums in deutscher Sprache der das Unternehmens-

[1] 4. UAbschnitt (§§ 342–342p) eingef. mWv 22.6.2023 durch G v. 19.6.2023 (BGBl. 2023 I Nr. 154).

register führenden Stelle zur Einstellung in das Unternehmensregister übermittelt oder von einer Zweigniederlassung in einem anderen Mitgliedstaat der Europäischen Union oder einem anderen Vertragsstaat des Abkommens über den Europäischen Wirtschaftsraum nach Maßgabe des jeweiligen nationalen Rechts im Einklang mit Artikel 48d Absatz 1 der Richtlinie 2013/34/EU offengelegt worden ist und

3. den Namen und die Geschäftsanschrift derjenigen Zweigniederlassung angibt, für die die Offenlegung gemäß Nummer 2 bewirkt worden ist.

(4) Die Pflichten nach den Absätzen 1 und 2 erlöschen, wenn die in den Jahresabschlüssen der Kapitalgesellschaft ausgewiesenen Umsatzerlöse in zwei aufeinander folgenden Geschäftsjahren jeweils einen Betrag unterschreiten, der zum Wechselkurs vom 21. Dezember 2021 bei Rundung auf das nächste Tausend einem Betrag von 750 Millionen Euro entspricht.

(5) Umsatzerlöse nach den Absätzen 1 und 4 sind der Betrag der Umsatzerlöse, der sich bei Anwendung der Rechnungslegungsgrundsätze ergibt, die nach dem jeweiligen nationalen Recht für die Aufstellung des Jahresabschlusses der Kapitalgesellschaft gelten.

**§ 342f[1] Inländische Zweigniederlassungen verbundener Unternehmen mit Sitz in einem Drittstaat.** (1) Bei Zweigniederlassungen im Sinne des § 342 Absatz 2 Nummer 2 einer Kapitalgesellschaft im Sinne des § 342 Absatz 2 Nummer 1 zweite Alternative haben die in § 13e Absatz 2 Satz 5 Nummer 3 genannten angemeldeten Personen oder, wenn solche nicht vorhanden sind, die Mitglieder des vertretungsberechtigten Organs der Kapitalgesellschaft das oberste Mutterunternehmen aufzufordern, ihnen für das vergangene Geschäftsjahr einen Ertragsteuerinformationsbericht zur Verfügung zu stellen, der gemäß § 342g Nummer 2, den §§ 342h, 342i, 342j Absatz 3 sowie den §§ 342k und 342l erstellt worden ist, wenn

1. die in den Konzernabschlüssen des obersten Mutterunternehmens ausgewiesenen Konzernumsatzerlöse in mindestens zwei aufeinander folgenden Geschäftsjahren jeweils einen Betrag übersteigen, der zum Wechselkurs vom 21. Dezember 2021 bei Rundung auf das nächste Tausend einem Betrag von 750 Millionen Euro entspricht, und
2. das oberste Mutterunternehmen kein Tochterunternehmen hat, das den Pflichten nach § 342d Absatz 1 und 2 oder vergleichbaren Pflichten nach Maßgabe des Rechts eines anderen Mitgliedstaats der Europäischen Union oder eines anderen Vertragsstaats des Abkommens über den Europäischen Wirtschaftsraum im Einklang mit Artikel 48b Absatz 4 der Richtlinie 2013/34/EU unterliegt.

(2) Wenn das oberste Mutterunternehmen einen Ertragsteuerinformationsbericht nicht zur Verfügung stellt oder der zur Verfügung gestellte Bericht nicht den gesetzlichen Vorgaben entspricht, haben die nach Absatz 1 Verpflichteten für die Kapitalgesellschaft Folgendes zu erstellen:

1. eine Erklärung darüber, dass das oberste Mutterunternehmen einen Ertragsteuerinformationsbericht nicht zur Verfügung gestellt hat oder dass der zur Verfügung gestellte Bericht nicht den gesetzlichen Vorgaben entspricht, sowie
2. einen Ertragsteuerinformationsbericht gemäß

---

[1] 4. UAbschnitt (§§ 342–342p) eingef. mWv 22.6.2023 durch G v. 19.6.2023 (BGBl. 2023 I Nr. 154).

a) § 342g Nummer 2, den §§ 342h, 342i, 342j Absatz 3 und § 342k Absatz 2 sowie

b) § 342k Absatz 1 und § 342l

mit denjenigen Angaben, über die sie verfügen und die sie beschaffen können.

(3) Die nach den Absätzen 1 und 2 Verpflichteten sind von den dort genannten Pflichten befreit, wenn das oberste Mutterunternehmen einen Ertragsteuerinformationsbericht gemäß § 342g Nummer 2, den §§ 342h, 342i, 342j Absatz 3 sowie den §§ 342k und 342l erstellt hat, der

1. spätestens ein Jahr nach dem Ende des Berichtszeitraums in mindestens einer Amtssprache der Europäischen Union kostenlos auf der Internetseite des obersten Mutterunternehmens veröffentlicht worden ist,
2. von einer anderen inländischen Zweigniederlassung spätestens ein Jahr nach dem Ende des Berichtszeitraums in deutscher Sprache der das Unternehmensregister führenden Stelle zur Einstellung in das Unternehmensregister übermittelt oder von einer Zweigniederlassung in einem anderen Mitgliedstaat der Europäischen Union oder einem anderen Vertragsstaat des Abkommens über den Europäischen Wirtschaftsraum nach Maßgabe des jeweiligen nationalen Rechts im Einklang mit Artikel 48d Absatz 1 der Richtlinie 2013/34/EU offengelegt worden ist und
3. den Namen und die Geschäftsanschrift derjenigen Zweigniederlassung angibt, für die die Offenlegung gemäß Nummer 2 bewirkt worden ist.

(4) Die Pflichten nach den Absätzen 1 und 2 erlöschen, wenn die in den Konzernabschlüssen des obersten Mutterunternehmens ausgewiesenen Konzernumsatzerlöse in zwei aufeinander folgenden Geschäftsjahren jeweils einen Betrag unterschreiten, der zum Wechselkurs vom 21. Dezember 2021 bei Rundung auf das nächste Tausend einem Betrag von 750 Millionen Euro entspricht.

(5) Konzernumsatzerlöse nach den Absätzen 1 und 4 sind der Betrag der Konzernumsatzerlöse, der sich bei Anwendung der Rechnungslegungsgrundsätze ergibt, die nach dem jeweiligen nationalen Recht für die Aufstellung des Konzernabschlusses des obersten Mutterunternehmens gelten.

### Dritter Titel. Einzubeziehende Unternehmen; Inhalt und Form des Ertragsteuerinformationsberichts

**§ 342g[1] Einzubeziehende Unternehmen.** In den Ertragsteuerinformationsbericht sind einzubeziehen:

1. in den Fällen der §§ 342b und 342e das unverbundene Unternehmen;
2. in den Fällen der §§ 342c, 342d und 342f das oberste Mutterunternehmen und alle Tochterunternehmen, die in den für den Berichtszeitraum aufgestellten Konzernabschluss des obersten Mutterunternehmens einbezogen sind.

**§ 342h[1] Pflichtangaben.** (1) Im Ertragsteuerinformationsbericht sind anzugeben:

1. in den Fällen der §§ 342b und 342e der Name des unverbundenen Unternehmens oder in den Fällen der §§ 342c, 342d und 342f der Name des obersten Mutterunternehmens;
2. der Berichtszeitraum;

---

[1] 4. UAbschnitt (§§ 342–342p) eingef. mWv 22.6.2023 durch G v. 19.6.2023 (BGBl. 2023 I Nr. 154).

3. die verwendete Währung;
4. in den Fällen der §§ 342c, 342d und 342f die Namen aller Tochterunternehmen, die in den für den Berichtszeitraum aufgestellten Konzernabschluss des obersten Mutterunternehmens einbezogen sind und ihren Sitz in folgenden Gebieten haben:
   a) in einem Mitgliedstaat der Europäischen Union oder einem anderen Vertragsstaat des Abkommens über den Europäischen Wirtschaftsraum oder
   b) in Steuerhoheitsgebieten, die am 1. März des Berichtszeitraums in den Anhängen I und II der Schlussfolgerungen des Rates zur überarbeiteten EU-Liste nicht kooperativer Länder und Gebiete für Steuerzwecke (ABl. C 103 vom 3.3.2022, S. 1) in der jeweils geltenden Fassung aufgeführt sind.

(2) Im Ertragsteuerinformationsbericht sind ferner zu dem oder den einzubeziehenden Unternehmen nach Maßgabe des § 342i anzugeben:
1. eine kurze Beschreibung der Art der Geschäftstätigkeiten im Berichtszeitraum;
2. die Zahl der Arbeitnehmer im Berichtszeitraum;
3. die Erträge im Berichtszeitraum, einschließlich der Erträge aus Geschäften mit nahestehenden Unternehmen und Personen;
4. der Gewinn oder Verlust vor Ertragsteuern im Berichtszeitraum;
5. die für den Berichtszeitraum zu zahlende Ertragsteuer;
6. die im Berichtszeitraum gezahlte Ertragsteuer auf Kassenbasis und
7. die einbehaltenen Gewinne am Ende des Berichtszeitraums.

(3) Für die Angaben nach Absatz 2 gelten vorbehaltlich des Absatzes 4 die folgenden Vorgaben:
1. die Zahl der Arbeitnehmer nach Absatz 2 Nummer 2 ist in Vollzeitäquivalenten anzugeben;
2. die Erträge nach Absatz 2 Nummer 3 umfassen
   a) bei Unternehmen, die ihren Jahresabschluss für den Berichtszeitraum nach Maßgabe des jeweiligen nationalen Rechts im Einklang mit der Richtlinie 2013/34/EU aufstellen, diejenigen Posten nach nationalem Recht, die den Posten 1, 4, 9 bis 11 in Anhang V oder den Posten 1, 6 bis 9 in Anhang VI der Richtlinie 2013/34/EU entsprechen, wobei jeweils von verbundenen Unternehmen erhaltene Dividenden nicht berücksichtigt werden dürfen, oder
   b) bei allen anderen Unternehmen diejenigen Erträge, welche sich bei Anwendung der Rechnungslegungsgrundsätze ergeben, auf deren Grundlage der Jahresabschluss für den Berichtszeitraum aufgestellt wird, wobei Erträge aus Wertanpassungen und von verbundenen Unternehmen erhaltene Dividenden nicht berücksichtigt werden dürfen;
3. der Gewinn oder Verlust vor Ertragsteuern nach Absatz 2 Nummer 4 ist in Anwendung der Rechnungslegungsgrundsätze zu bestimmen, auf deren Grundlage der Jahresabschluss für den Berichtszeitraum aufgestellt wird;
4. die zu zahlende Ertragsteuer nach Absatz 2 Nummer 5 entspricht dem laufenden Steueraufwand auf zu versteuernde Gewinne oder Verluste des Berichtszeitraums ohne latente Steuern und Rückstellungen für ungewisse Steuerverbindlichkeiten;
5. die gezahlte Ertragsteuer auf Kassenbasis nach Absatz 2 Nummer 6 umfasst alle im Berichtszeitraum entrichteten Ertragsteuern und schließt Quellensteuern

ein, die von anderen Unternehmen in Bezug auf Zahlungen an das einzubeziehende Unternehmen entrichtet wurden;
6. die einbehaltenen Gewinne nach Absatz 2 Nummer 7 umfassen die Gewinne vergangener Geschäftsjahre und des Berichtszeitraums, für die am Ende des Berichtszeitraums keine Gewinnausschüttung beschlossen ist.

(4) Die Angaben nach Absatz 2 können insgesamt auch gemäß den Vorgaben in Anhang III Abschnitt III Teil B und C der Richtlinie 2011/16/EU des Rates vom 15. Februar 2011 über die Zusammenarbeit der Verwaltungsbehörden im Bereich der Besteuerung und zur Aufhebung der Richtlinie 77/799/EWG (ABl. L 64 vom 11.3.2011, S. 1), die zuletzt durch die Richtlinie (EU) 2021/514 (ABl. L 104 vom 25.3.2021, S. 1) geändert worden ist, gemacht werden.

(5) Im Ertragsteuerinformationsbericht ist anzugeben, ob die nach Absatz 2 erforderlichen Angaben gemäß den Vorgaben des Absatzes 3 oder 4 gemacht wurden.

**§ 342i[1)] Länderbezogener Ausweis der Angaben.** (1) [1] Die Angaben nach § 342h Absatz 2 sind wie folgt getrennt auszuweisen:
1. für jeden Mitgliedstaat der Europäischen Union und jeden anderen Vertragsstaat des Abkommens über den Europäischen Wirtschaftsraum, wobei die Angaben auf der Ebene des Mitgliedstaats oder Vertragsstaats zusammenzufassen sind, wenn ein Mitgliedstaat oder Vertragsstaat mehrere Steuerhoheitsgebiete umfasst;
2. für jedes Steuerhoheitsgebiet, das im Berichtszeitraum am 1. März in Anhang I der Schlussfolgerungen des Rates zur überarbeiteten EU-Liste nicht kooperativer Länder und Gebiete für Steuerzwecke aufgeführt war;
3. für jedes Steuerhoheitsgebiet, das im Berichtszeitraum und in dem diesem unmittelbar vorausgehenden Geschäftsjahr jeweils am 1. März in Anhang II der Schlussfolgerungen des Rates zur überarbeiteten EU- Liste nicht kooperativer Länder und Gebiete für Steuerzwecke aufgeführt war.

[2] Für andere Steuerhoheitsgebiete sind die Angaben nach § 342h Absatz 2 zusammengefasst auszuweisen.

(2) [1] Die Angaben sind demjenigen Steuerhoheitsgebiet zuzuordnen, in dem die Niederlassung oder feste Geschäftseinrichtung belegen ist oder die dauerhafte Geschäftstätigkeit besteht, auf die sich die Angaben jeweils beziehen, vorausgesetzt, die Niederlassung, feste Geschäftseinrichtung oder dauerhafte Geschäftstätigkeit kann im betreffenden Steuerhoheitsgebiet der Ertragsteuer unterliegen. [2] Angaben zu einbehaltenen Gewinnen sind stets dem Steuerhoheitsgebiet zuzuordnen, in dem die Hauptniederlassung belegen ist. [3] Unterliegen mehrere verbundene Unternehmen in einem Steuerhoheitsgebiet der Ertragsteuer, so sind die nach den Sätzen 1 und 2 diesem Steuerhoheitsgebiet jeweils zuzuordnenden Angaben für das Steuerhoheitsgebiet zusammenzufassen. [4] Angaben zu einer Niederlassung, festen Geschäftseinrichtung oder dauerhaften Geschäftstätigkeit dürfen nicht mehr als einem Steuerhoheitsgebiet zugeordnet werden.

**§ 342j[1)] Währung.** (1) Der Ertragsteuerinformationsbericht ist in den Fällen der §§ 342b, 342c und 342d Absatz 2 Nummer 2 in Euro zu erstellen.

(2) In den Fällen des § 342e ist der Bericht in derjenigen Währung zu erstellen, in der der Jahresabschluss des unverbundenen Unternehmens für den Berichtszeitraum aufgestellt wird.

---

[1)] 4. UAbschnitt (§§ 342–342p) eingef. mWv 22.6.2023 durch G v. 19.6.2023 (BGBl. 2023 I Nr. 154).

(3) In den Fällen des § 342d, die nicht von Absatz 1 erfasst sind, und in den Fällen des § 342f ist der Bericht in derjenigen Währung zu erstellen, in der der Konzernabschluss des obersten Mutterunternehmens für den Berichtszeitraum aufgestellt wird.

**§ 342k[1)] Weglassen nachteiliger Angaben.** (1) [1] Angaben nach § 342h Absatz 1 und 2 müssen nicht in den Ertragsteuerinformationsbericht aufgenommen werden, wenn ihre Offenlegung den Unternehmen, auf die sie sich beziehen, einen erheblichen Nachteil zufügen würde. [2] Satz 1 gilt nicht für Angaben, die sich auf die in § 342i Absatz 1 Satz 1 Nummer 2 oder 3 genannten Steuerhoheitsgebiete beziehen.

(2) [1] Wenn Absatz 1 Satz 1 angewendet wird, so ist dies im Ertragsteuerinformationsbericht anzugeben und gebührend zu begründen. [2] Die nicht aufgenommenen Angaben sind spätestens in den Ertragsteuerinformationsbericht aufzunehmen, der für das vierte Geschäftsjahr nach dem Berichtszeitraum erstellt wird.

**§ 342l[1)] Formblatt; maschinenlesbares elektronisches Format.** (1) Der Ertragsteuerinformationsbericht ist unter Verwendung des von der Europäischen Kommission auf der Grundlage des Artikels 48c Absatz 4 Satz 2 der Richtlinie 2013/34/EU festzulegenden Formblatts zu erstellen.

(2) Der Ertragsteuerinformationsbericht ist in einem von der Europäischen Kommission auf der Grundlage des Artikels 48c Absatz 4 Satz 2 der Richtlinie 2013/34/EU festzulegenden maschinenlesbaren elektronischen Format zu erstellen.

### Vierter Titel. Offenlegung und Veröffentlichung

**§ 342m[1)] Offenlegung im Unternehmensregister.** (1) Die Mitglieder des vertretungsberechtigten Organs einer Gesellschaft im Sinne des § 342 Absatz 1 Nummer 1 oder 2, die der Pflicht nach § 342b Absatz 1 oder § 342c Absatz 1 unterliegen, haben für die Gesellschaft den Ertragsteuerinformationsbericht spätestens ein Jahr nach dem Ende des Berichtszeitraums in deutscher Sprache der das Unternehmensregister führenden Stelle zur Einstellung in das Unternehmensregister zu übermitteln.

(2) [1] Die Mitglieder des vertretungsberechtigten Organs einer Gesellschaft im Sinne des § 342 Absatz 1 Nummer 3, die der Pflicht nach § 342d Absatz 1 unterliegen, haben für die Gesellschaft den Ertragsteuerinformationsbericht, den das oberste Mutterunternehmen zur Verfügung gestellt hat, spätestens ein Jahr nach dem Ende des Berichtszeitraums in deutscher Sprache der das Unternehmensregister führenden Stelle zur Einstellung in das Unternehmensregister zu übermitteln. [2] Wenn das oberste Mutterunternehmen einen Ertragsteuerinformationsbericht nicht zur Verfügung stellt oder der zur Verfügung gestellte Bericht nicht den gesetzlichen Vorgaben entspricht, haben die Mitglieder des vertretungsberechtigten Organs der Gesellschaft für diese anstelle des Berichts Folgendes nach Maßgabe des Satzes 1 zu übermitteln:

1. die Erklärung nach § 342d Absatz 2 Nummer 1 und
2. den Ertragsteuerinformationsbericht nach § 342d Absatz 2 Nummer 2.

(3) [1] *Die in* § 13e Absatz 2 Satz 5 Nummer 3 genannten angemeldeten Personen oder, wenn solche nicht vorhanden sind, die Mitglieder des vertretungsberechtig-

---

[1)] 4. UAbschnitt (§§ 342–342p) eingef. mWv 22.6.2023 durch G v. 19.6.2023 (BGBl. 2023 I Nr. 154).

ten Organs einer Kapitalgesellschaft im Sinne des § 342 Absatz 2, die der Pflicht nach § 342e Absatz 1 oder § 342f Absatz 1 unterliegen, haben für die Kapitalgesellschaft den Ertragsteuerinformationsbericht, den die Hauptniederlassung oder das oberste Mutterunternehmen zur Verfügung gestellt hat, spätestens ein Jahr nach dem Ende des Berichtszeitraums in deutscher Sprache der das Unternehmensregister führenden Stelle zur Einstellung in das Unternehmensregister zu übermitteln. [2] Wenn die Hauptniederlassung oder das oberste Mutterunternehmen einen Ertragsteuerinformationsbericht nicht zur Verfügung stellt oder der zur Verfügung gestellte Bericht nicht den gesetzlichen Vorgaben entspricht, haben die nach Satz 1 Verpflichteten für die Kapitalgesellschaft anstelle des Berichts Folgendes nach Maßgabe des Satzes 1 zu übermitteln:

1. die Erklärung nach § 342e Absatz 2 Nummer 1 oder § 342f Absatz 2 Nummer 1 und
2. den Ertragsteuerinformationsbericht nach § 342e Absatz 2 Nummer 2 oder § 342f Absatz 2 Nummer 2.

(4) [1] Die §§ 11 und 328 Absatz 1 Satz 1 bis 3, Absatz 2 Satz 1 und 4 sowie § 329 Absatz 1 und 4 sind entsprechend anzuwenden. [2] Bei inländischen Zweigniederlassungen von Kapitalgesellschaften im Sinne des § 342 Absatz 2 Nummer 1 kann die das Unternehmensregister führende Stelle von den in § 13e Absatz 2 Satz 5 Nummer 3 genannten angemeldeten Personen oder, wenn solche nicht vorhanden sind, von den Mitgliedern des vertretungsberechtigten Organs der Kapitalgesellschaft verlangen, ihr innerhalb einer angemessenen Frist die Umsatzerlöse der Zweigniederlassung für die letzten beiden Geschäftsjahre mitzuteilen. [3] Bei Zweigniederlassungen im Sinne des § 342 Absatz 2 Nummer 2 von Kapitalgesellschaften im Sinne des § 342 Absatz 2 Nummer 1 zweite Alternative und bei Vorliegen der Voraussetzungen des § 342f Absatz 1 Nummer 1 kann die das Unternehmensregister führende Stelle von den in § 13e Absatz 2 Satz 5 Nummer 3 genannten angemeldeten Personen oder, wenn solche nicht vorhanden sind, von den Mitgliedern des vertretungsberechtigten Organs der Kapitalgesellschaft verlangen, ihr innerhalb einer angemessenen Frist Namen und Sitz eines Tochterunternehmens mitzuteilen, das für den Konzern den Pflichten nach § 342d Absatz 1 und 2 oder vergleichbaren Pflichten nach Maßgabe des Rechts eines anderen Mitgliedstaats der Europäischen Union oder eines anderen Vertragsstaats des Abkommens über den Europäischen Wirtschaftsraum im Einklang mit Artikel 48b Absatz 4 der Richtlinie 2013/34/EU unterliegt. [4] Wird die fristgemäße Mitteilung nach Satz 2 unterlassen, so wird vermutet, dass die Voraussetzungen des § 342 Absatz 2 Nummer 2 Buchstabe a erfüllt sind. [5] Wird die fristgemäße Mitteilung nach Satz 3 unterlassen, so wird vermutet, dass es kein dort genanntes Tochterunternehmen gibt.

**§ 342n[1)] Veröffentlichung auf der Internetseite der Gesellschaft.** (1) [1] Die Mitglieder des vertretungsberechtigten Organs einer Gesellschaft im Sinne des § 342 Absatz 1 Nummer 1 oder 2, die der Pflicht nach § 342b Absatz 1 oder § 342c Absatz 1 unterliegen, haben für die Gesellschaft den Ertragsteuerinformationsbericht spätestens ein Jahr nach dem Ende des Berichtszeitraums für mindestens fünf Jahre kostenlos und in deutscher Sprache auf der Internetseite der Gesellschaft zu veröffentlichen. [2] Die Pflicht nach Satz 1 entfällt, wenn die Mitglieder des vertretungsberechtigten Organs der Gesellschaft

[1)] 4. UAbschnitt (§§ 342–342p) eingef. mWv 22.6.2023 durch G v. 19.6.2023 (BGBl. 2023 I Nr. 154).

1. ihre Pflicht zur Offenlegung gemäß § 342m Absatz 1 erfüllt haben und
2. auf der Internetseite der Gesellschaft für mindestens fünf Jahre den Hinweis veröffentlichen, dass
   a) der Ertragsteuerinformationsbericht über die Internetseite des Unternehmensregisters kostenlos zugänglich ist und
   b) die Pflicht zur Veröffentlichung des Ertragsteuerinformationsberichts auf der Internetseite der Gesellschaft deshalb entfällt.

(2) [1] Die Mitglieder des vertretungsberechtigten Organs einer Gesellschaft im Sinne des § 342 Absatz 1 Nummer 3, die der Pflicht nach § 342d Absatz 1 unterliegen, haben für die Gesellschaft spätestens ein Jahr nach dem Ende des Berichtszeitraums für mindestens fünf Jahre Folgendes kostenlos und in deutscher Sprache auf der Internetseite der Gesellschaft oder der eines verbundenen Unternehmens zu veröffentlichen:
1. im Falle des § 342m Absatz 2 Satz 1 den Ertragsteuerinformationsbericht, den das oberste Mutterunternehmen zur Verfügung gestellt hat, oder
2. im Falle des § 342m Absatz 2 Satz 2 die Erklärung und den Ertragsteuerinformationsbericht, die beziehungsweise den die Gesellschaft erstellt hat.

[2] Absatz 1 Satz 2 ist entsprechend anzuwenden.

(3) [1] Die in § 13e Absatz 2 Satz 5 Nummer 3 genannten angemeldeten Personen oder, wenn solche nicht vorhanden sind, die Mitglieder des vertretungsberechtigten Organs einer Kapitalgesellschaft im Sinne des § 342 Absatz 2, die der Pflicht nach § 342e Absatz 1 oder § 342f Absatz 1 unterliegen, haben für die Kapitalgesellschaft spätestens ein Jahr nach dem Ende des Berichtszeitraums für mindestens fünf Jahre Folgendes kostenlos und in deutscher Sprache auf der Internetseite der Kapitalgesellschaft oder gegebenenfalls derjenigen eines verbundenen Unternehmens zu veröffentlichen:
1. im Falle des § 342m Absatz 3 Satz 1 den Ertragsteuerinformationsbericht, den die Hauptniederlassung oder das oberste Mutterunternehmen zur Verfügung gestellt hat, oder
2. im Falle des § 342m Absatz 3 Satz 2 die Erklärung und den Ertragsteuerinformationsbericht, die beziehungsweise den sie für die Kapitalgesellschaft erstellt haben.

[2] Absatz 1 Satz 2 ist entsprechend anzuwenden.

### Fünfter Titel. Bußgeldvorschriften; Ordnungsgelder

**§ 342o[1)] Bußgeldvorschriften.** (1) Ordnungswidrig handelt, wer
1. entgegen § 342b Absatz 1 Nummer 1, § 342c Absatz 1 Nummer 1, § 342d Absatz 2 Nummer 2 Buchstabe a, § 342e Absatz 2 Nummer 2 Buchstabe a oder § 342f Absatz 2 Nummer 2 Buchstabe a einen Ertragsteuerinformationsbericht nicht richtig oder nicht vollständig erstellt oder
2. entgegen § 342n Absatz 1 Satz 1, Absatz 2 Satz 1 oder Absatz 3 Satz 1 einen Ertragsteuerinformationsbericht oder eine Erklärung nicht, nicht richtig, nicht rechtzeitig oder nicht mindestens fünf Jahre veröffentlicht.

(2) Die Ordnungswidrigkeit kann mit einer Geldbuße bis zu zweihundertfünfzigtausend Euro geahndet werden.

---

[1)] 4. UAbschnitt (§§ 342–342p) eingef. mWv 22.6.2023 durch G v. 19.6.2023 (BGBl. 2023 I Nr. 154).

(3) Verwaltungsbehörde im Sinne des § 36 Absatz 1 Nummer 1 des Gesetzes über Ordnungswidrigkeiten[1)] ist das Bundesamt für Justiz.

**§ 342p[2)] Ordnungsgelder.** [1]Das Bundesamt für Justiz hat ein Ordnungsgeldverfahren durchzuführen gegen

1. die Mitglieder des vertretungsberechtigten Organs einer Gesellschaft im Sinne des § 342 Absatz 1, die § 342m Absatz 1 oder 2 hinsichtlich der Pflicht zur Offenlegung des Ertragsteuerinformationsberichts oder der Erklärung nach § 342d Absatz 2 Nummer 1 nicht befolgen,
2. die Mitglieder des vertretungsberechtigten Organs einer Kapitalgesellschaft im Sinne des § 342 Absatz 2, die § 342m Absatz 3 hinsichtlich der Pflicht zur Offenlegung des Ertragsteuerinformationsberichts oder der Erklärung nach § 342e Absatz 2 Nummer 1 oder § 342f Absatz 2 Nummer 1 nicht befolgen.

[2]Im Falle des Satzes 1 Nummer 2 treten die in § 13e Absatz 2 Satz 5 Nummer 3 genannten angemeldeten Personen, sobald sie angemeldet sind, an die Stelle der Mitglieder des vertretungsberechtigten Organs der Kapitalgesellschaft. [3]Das Ordnungsgeldverfahren kann im Falle des Satzes 1 Nummer 1 auch gegen die Gesellschaft im Sinne des § 342 Absatz 1 und im Falle des Satzes 1 Nummer 2 auch gegen die Kapitalgesellschaft im Sinne des § 342 Absatz 2 durchgeführt werden. [4]§ 335 Absatz 1 Satz 3 bis 5 und Absatz 1c bis 7 sowie die §§ 335a und 335b sind mit der Maßgabe entsprechend anzuwenden, dass das Ordnungsgeld höchstens zweihundertfünfzigtausend Euro beträgt.

## Fünfter Abschnitt.[3)] Privates Rechnungslegungsgremium; Rechnungslegungsbeirat

**§ 342q[4)] Privates Rechnungslegungsgremium.** (1) [1]Das Bundesministerium der Justiz kann eine privatrechtlich organisierte Einrichtung durch Vertrag anerkennen und ihr folgende Aufgaben übertragen:

1. Entwicklung von Empfehlungen zur Anwendung der Grundsätze über die Konzernrechnungslegung,
2. Beratung des Bundesministeriums der Justiz bei Gesetzgebungsvorhaben zu Rechnungslegungsvorschriften,
3. Vertretung der Bundesrepublik Deutschland in internationalen Standardisierungsgremien und
4. Erarbeitung von Interpretationen der internationalen Rechnungslegungsstandards im Sinn des § 315e Absatz 1.

[2]Es darf jedoch nur eine solche Einrichtung anerkannt werden, die aufgrund ihrer Satzung gewährleistet, daß die Empfehlungen und Interpretationen unabhängig und ausschließlich von Rechnungslegern in einem Verfahren entwickelt und beschlossen werden, das die fachlich interessierte Öffentlichkeit einbezieht. [3]So-

---

1) Nr. **94**.

2) 4. UAbschnitt (§§ 342–342p) eingef. mWv 22.6.2023 durch G v. 19.6.2023 (BGBl. 2023 I Nr. 154).

3) 5. Abschnitt (§§ 342 und 342a, nach Änd. durch G v. 19.6.2023, BGBl. 2023 I Nr. 154, nunmehr §§ 342q und 342r) eingef. durch G v. 27.4.1998 (BGBl. I S. 786).

4) Früherer § 342 eingef. durch G v. 27.4.1998 (BGBl. I S. 786); Abs. 1 Satz 1 Nr. 2 und 3 geänd., Nr. 4 angef., Satz 2 geänd. mWv 29.5.2009 durch G v. 25.5.2009 (BGBl. I S. 1102); Abs. 1 Satz 1 einl. Satzteil, Nr. 2 und Abs. 2 geänd. mWv 8.9.2015 durch VO v. 31.8.2015 (BGBl. I S. 1474); Abs. 1 Satz 1 Nr. 4 geänd. mWv 19.4.2017 durch G v. 11.4.2017 (BGBl. I S. 802); bish. § 342 wird § 342q, Abs. 1 Satz 1 einl. Satzteil, Nr. 2 und Abs. 2 geänd. mWv 22.6.2023 durch G v. 19.6.2023 (BGBl. 2023 I Nr. 154).

weit Unternehmen oder Organisationen von Rechnungslegern Mitglied einer solchen Einrichtung sind, dürfen die Mitgliedschaftsrechte nur von Rechnungslegern ausgeübt werden.

(2) Die Beachtung der die Konzernrechnungslegung betreffenden Grundsätze ordnungsmäßiger Buchführung wird vermutet, soweit vom Bundesministerium der Justiz bekanntgemachte Empfehlungen einer nach Absatz 1 Satz 1 anerkannten Einrichtung beachtet worden sind.[1)]

**§ 342r[2)] Rechnungslegungsbeirat.** (1) Beim Bundesministerium der Justiz wird vorbehaltlich Absatz 9 ein Rechnungslegungsbeirat mit den Aufgaben nach § 342q Absatz 1 Satz 1 gebildet.

(2) Der Rechnungslegungsbeirat setzt sich zusammen aus

1. einem Vertreter des Bundesministeriums der Justiz als Vorsitzendem sowie je einem Vertreter des Bundesministeriums der Finanzen und des Bundesministeriums für Wirtschaft und Klimaschutz,
2. vier Vertretern von Unternehmen,
3. vier Vertretern der wirtschaftsprüfenden Berufe,
4. zwei Vertretern der Hochschulen.

(3) [1]Die Mitglieder des Rechnungslegungsbeirats werden durch das Bundesministerium der Justiz berufen. [2]Als Mitglieder sollen nur Rechnungsleger berufen werden.

(4) [1]Die Mitglieder des Rechnungslegungsbeirats sind unabhängig und nicht weisungsgebunden. [2]Ihre Tätigkeit im Beirat ist ehrenamtlich.

(5) Das Bundesministerium der Justiz kann eine Geschäftsordnung für den Beirat erlassen.

(6) Der Beirat kann für bestimmte Sachgebiete Fachausschüsse und Arbeitskreise einsetzen.

(7) [1]Der Beirat, seine Fachausschüsse und Arbeitskreise sind beschlußfähig, wenn mindestens zwei Drittel der Mitglieder anwesend sind. [2]Bei Abstimmungen entscheidet die Stimmenmehrheit, bei Stimmengleichheit die Stimme des Vorsitzenden.

(8) Für die Empfehlungen des Rechnungslegungsbeirats gilt § 342q Absatz 2 entsprechend.

(9) Die Bildung eines Rechnungslegungsbeirats nach Absatz 1 unterbleibt, soweit das Bundesministerium der Justiz eine Einrichtung nach § 342q Absatz 1 anerkennt.

---

[1)] Siehe hierzu ua Rechnungslegungs Standard Nr. 21 v. 4.2.2014 (BAnz AT 08.04.2014 B2), zuletzt geänd. durch VwV v. 16.6.2023 (BAnz AT 27.07.2023 B3, S. 2).

[2)] Früherer § 342a eingef. durch G v. 27.4.1998 (BGBl. I S. 786); Abs. 2 Nr. 1 geänd. mWv 7.11.2001 durch VO v. 29.10.2001 (BGBl. I S. 2785); Abs. 2 Nr. 1 geänd. mWv 28.11.2003 durch VO v. 25.11. 2003 (BGBl. I S. 2304); Abs. 2 Nr. 1 geänd. mWv 8.11.2006 durch VO v. 31.10.2006 (BGBl. I S. 2407); Abs. 1 Satz 1, Abs. 2 Nr. 1, Abs. 3 Satz 1, Abs. 5 und 9 geänd. mWv 8.9.2015 durch VO v. 31.8.2015 (BGBl. I S. 1474); bish. § 342a wird § 342r, Abs. 1, 2 Nr. 1, Abs. 3 Satz 1, Abs. 5, Abs. 8 und 9 geänd. mWv 22.6.2023 durch G v. 19.6.2023 (BGBl. 2023 I Nr. 154).

## Viertes Buch.[1] Handelsgeschäfte

### Erster Abschnitt. Allgemeine Vorschriften

**§ 343[2] [Begriff der Handelsgeschäfte]** (1) Handelsgeschäfte sind alle Geschäfte eines Kaufmanns, die zum Betriebe seines Handelsgewerbes gehören.

(2) *(aufgehoben)*

**§ 344 [Vermutung für das Handelsgeschäft]** (1) Die von einem Kaufmanne vorgenommenen Rechtsgeschäfte gelten im Zweifel als zum Betriebe seines Handelsgewerbes gehörig.

(2) Die von einem Kaufmanne gezeichneten Schuldscheine gelten als im Betriebe seines Handelsgewerbes gezeichnet, sofern nicht aus der Urkunde sich das Gegenteil ergibt.

**§ 345 [Einseitige Handelsgeschäfte]** Auf ein Rechtsgeschäft, das für einen der beiden Teile ein Handelsgeschäft ist, kommen die Vorschriften über Handelsgeschäfte für beide Teile gleichmäßig zur Anwendung, soweit nicht aus diesen Vorschriften sich ein anderes ergibt.

**§ 346 [Handelsbräuche]** Unter Kaufleuten ist in Ansehung der Bedeutung und Wirkung von Handlungen und Unterlassungen auf die im Handelsverkehre geltenden Gewohnheiten und Gebräuche Rücksicht zu nehmen.

**§ 347 [Sorgfaltspflicht]** (1) Wer aus einem Geschäfte, das auf seiner Seite ein Handelsgeschäft ist, einem anderen zur Sorgfalt verpflichtet ist, hat für die Sorgfalt eines ordentlichen Kaufmanns einzustehen.

(2) Unberührt bleiben die Vorschriften des Bürgerlichen Gesetzbuchs[3], nach welchen der Schuldner in bestimmten Fällen nur grobe Fahrlässigkeit zu vertreten oder nur für diejenige Sorgfalt einzustehen hat, welche er in eigenen Angelegenheiten anzuwenden pflegt.

**§ 348 [Vertragsstrafe]** Eine Vertragsstrafe, die von einem Kaufmann im Betriebe seines Handelsgewerbes versprochen ist, kann nicht auf Grund der Vorschriften des § 343 des Bürgerlichen Gesetzbuchs[3] herabgesetzt werden.

**§ 349 [Keine Einrede der Vorausklage]** [1] Dem Bürgen steht, wenn die Bürgschaft für ihn ein Handelsgeschäft ist, die Einrede der Vorausklage nicht zu. [2] Das gleiche gilt unter der bezeichneten Voraussetzung für denjenigen, welcher aus einem Kreditauftrag als Bürge haftet.

**§ 350[4] [Formfreiheit]** Auf eine Bürgschaft, ein Schuldversprechen oder ein Schuldanerkenntnis finden, sofern die Bürgschaft auf der Seite des Bürgen, das Versprechen oder das Anerkenntnis auf der Seite des Schuldners ein Handelsgeschäft ist, die Formvorschriften des § 766 Satz 1 und 2, des § 780 und des § 781 Satz 1 und 2 des Bürgerlichen Gesetzbuchs[3] keine Anwendung.

---

[1] Bish. 3. Buch wird 4. Buch durch G v. 19.12.1985 (BGBl. I S. 2355).
[2] § 343 Abs. 2 aufgeh. durch G v. 22.6.1998 (BGBl. I S. 1474).
[3] Nr. **20**.
[4] § 350 geänd. mWv 1.8.2001 durch G v. 13.7.2001 (BGBl. I S. 1542).

**§ 351**[1] *(aufgehoben)*

**§ 352**[2] **[Gesetzlicher Zinssatz]** (1) [1]Die Höhe der gesetzlichen Zinsen, mit Ausnahme der Verzugszinsen, ist bei beiderseitigen Handelsgeschäften fünf vom Hundert für das Jahr. [2]Das gleiche gilt, wenn für eine Schuld aus einem solchen Handelsgeschäfte Zinsen ohne Bestimmung des Zinsfußes versprochen sind.

(2) Ist in diesem Gesetzbuche die Verpflichtung zur Zahlung von Zinsen ohne Bestimmung der Höhe ausgesprochen, so sind darunter Zinsen zu fünf vom Hundert für das Jahr zu verstehen.

**§ 353 [Fälligkeitszinsen]** [1]Kaufleute untereinander sind berechtigt, für ihre Forderungen aus beiderseitigen Handelsgeschäften vom Tage der Fälligkeit an Zinsen zu fordern. [2]Zinsen von Zinsen können auf Grund dieser Vorschrift nicht gefordert werden.

**§ 354 [Provision; Lagergeld; Zinsen]** (1) Wer in Ausübung seines Handelsgewerbes einem anderen Geschäfte besorgt oder Dienste leistet, kann dafür auch ohne Verabredung Provision und, wenn es sich um Aufbewahrung handelt, Lagergeld nach den an dem Orte üblichen Sätzen fordern.

(2) Für Darlehen, Vorschüsse, Auslagen und andere Verwendungen kann er vom Tage der Leistung an Zinsen berechnen.

**§ 354a**[3] **[Wirksamkeit der Abtretung einer Geldforderung]** (1) [1]Ist die Abtretung einer Geldforderung durch Vereinbarung mit dem Schuldner gemäß § 399 des Bürgerlichen Gesetzbuchs[4] ausgeschlossen und ist das Rechtsgeschäft, das diese Forderung begründet hat, für beide Teile ein Handelsgeschäft, oder ist der Schuldner eine juristische Person des öffentlichen Rechts oder ein öffentlich-rechtliches Sondervermögen, so ist die Abtretung gleichwohl wirksam. [2]Der Schuldner kann jedoch mit befreiender Wirkung an den bisherigen Gläubiger leisten. [3]Abweichende Vereinbarungen sind unwirksam.

(2) Absatz 1 ist nicht auf eine Forderung aus einem Darlehensvertrag anzuwenden, deren Gläubiger ein Kreditinstitut im Sinne des Kreditwesengesetzes[5] ist.

**§ 355 [Laufende Rechnung, Kontokorrent]** (1) Steht jemand mit einem Kaufmanne derart in Geschäftsverbindung, daß die aus der Verbindung entspringenden beiderseitigen Ansprüche und Leistungen nebst Zinsen in Rechnung gestellt und in regelmäßigen Zeitabschnitten durch Verrechnung und Feststellung des für den einen oder anderen Teil sich ergebenden Überschusses ausgeglichen werden (laufende Rechnung, Kontokorrent), so kann derjenige, welchem bei dem Rechnungsabschluß ein Überschuß gebührt, von dem Tage des Abschlusses an Zinsen von dem Überschusse verlangen, auch soweit in der Rechnung Zinsen enthalten sind.

(2) Der Rechnungsabschluß geschieht jährlich einmal, sofern nicht ein anderes bestimmt ist.

---

[1] § 351 aufgeh. durch G v. 22.6.1998 (BGBl. I S. 1474).
[2] § 352 Abs. 1 Satz 1 geänd. mWv 1.5.2000 durch G v. 30.3.2000 (BGBl. I S. 330).
[3] § 354a eingef. durch G v. 25.7.1994 (BGBl. I S. 1682); Abs. 2 angef. mWv 19.8.2008 durch G v. 12.8.2008 (BGBl. I S. 1666).
[4] Nr. **20**.
[5] **Sartorius ErgBd. Nr. 856.**

(3) Die laufende Rechnung kann im Zweifel auch während der Dauer einer Rechnungsperiode jederzeit mit der Wirkung gekündigt werden, daß derjenige, welchem nach der Rechnung ein Überschuß gebührt, dessen Zahlung beanspruchen kann.

**§ 356 [Sicherheiten]** (1) Wird eine Forderung, die durch Pfand, Bürgschaft oder in anderer Weise gesichert ist, in die laufende Rechnung aufgenommen, so wird der Gläubiger durch die Anerkennung des Rechnungsabschlusses nicht gehindert, aus der Sicherheit insoweit Befriedigung zu suchen, als sein Guthaben aus der laufenden Rechnung und die Forderung sich decken.

(2) Haftet ein Dritter für eine in die laufende Rechnung aufgenommene Forderung als Gesamtschuldner, so findet auf die Geltendmachung der Forderung gegen ihn die Vorschrift des Absatzes 1 entsprechende Anwendung.

**§ 357 [Pfändung des Saldos]** [1] Hat der Gläubiger eines Beteiligten die Pfändung und Überweisung des Anspruchs auf dasjenige erwirkt, was seinem Schuldner als Überschuß aus der laufenden Rechnung zukommt, so können dem Gläubiger gegenüber Schuldposten, die nach der Pfändung durch neue Geschäfte entstehen, nicht in Rechnung gestellt werden. [2] Geschäfte, die auf Grund eines schon vor der Pfändung bestehenden Rechtes oder einer schon vor diesem Zeitpunkte bestehenden Verpflichtung des Drittschuldners vorgenommen werden, gelten nicht als neue Geschäfte im Sinne dieser Vorschrift.

**§ 358 [Zeit der Leistung]** Bei Handelsgeschäften kann die Leistung nur während der gewöhnlichen Geschäftszeit bewirkt und gefordert werden.

**§ 359 [Vereinbarte Zeit der Leistung; „acht Tage"]** (1) Ist als Zeit der Leistung das Frühjahr oder der Herbst oder ein in ähnlicher Weise bestimmter Zeitpunkt vereinbart, so entscheidet im Zweifel der Handelsgebrauch des Ortes der Leistung.

(2) Ist eine Frist von acht Tagen vereinbart, so sind hierunter im Zweifel volle acht Tage zu verstehen.

**§ 360 [Gattungsschuld]** Wird eine nur der Gattung nach bestimmte Ware geschuldet, so ist Handelsgut mittlerer Art und Güte zu leisten.

**§ 361 [Maß, Gewicht, Währung, Zeitrechnung und Entfernungen]** Maß, Gewicht, Währung, Zeitrechnung und Entfernungen, die an dem Orte gelten, wo der Vertrag erfüllt werden soll, sind im Zweifel als die vertragsmäßigen zu betrachten.

**§ 362 [Schweigen des Kaufmanns auf Anträge]** (1) [1] Geht einem Kaufmanne, dessen Gewerbebetrieb die Besorgung von Geschäften für andere mit sich bringt, ein Antrag über die Besorgung solcher Geschäfte von jemand zu, mit dem er in Geschäftsverbindung steht, so ist er verpflichtet, unverzüglich zu antworten; sein Schweigen gilt als Annahme des Antrags. [2] Das gleiche gilt, wenn einem Kaufmann ein Antrag über die Besorgung von Geschäften von jemand zugeht, dem gegenüber er sich zur Besorgung solcher Geschäfte erboten hat.

(2) Auch wenn der Kaufmann den Antrag ablehnt, hat er die mitgesendeten Waren auf Kosten des Antragstellers, soweit er für diese Kosten gedeckt ist und soweit es ohne Nachteil für ihn geschehen kann, einstweilen vor Schaden zu bewahren.

**§ 363**[1)] **[Kaufmännische Orderpapiere]** (1) [1] Anweisungen, die auf einen Kaufmann über die Leistung von Geld, Wertpapieren oder anderen vertretbaren Sachen ausgestellt sind, ohne daß darin die Leistung von einer Gegenleistung abhängig gemacht ist, können durch Indossament übertragen werden, wenn sie an Order lauten. [2] Dasselbe gilt von Verpflichtungsscheinen, die von einem Kaufmann über Gegenstände der bezeichneten Art an Order ausgestellt sind, ohne daß darin die Leistung von einer Gegenleistung abhängig gemacht ist.

(2) Ferner können *Konossemente*[2)] der Verfrachter, Ladescheine der Frachtführer, Lagerscheine sowie Transportversicherungspolicen durch Indossament übertragen werden, wenn sie an Order lauten.

**§ 364 [Indossament]** (1) Durch das Indossament gehen alle Rechte aus dem indossierten Papier auf den Indossatar über.

(2) Dem legitimierten Besitzer der Urkunde kann der Schuldner nur solche Einwendungen entgegensetzen, welche die Gültigkeit seiner Erklärung in der Urkunde betreffen oder sich aus dem Inhalte der Urkunde ergeben oder ihm unmittelbar gegen den Besitzer zustehen.

(3) Der Schuldner ist nur gegen Aushändigung der quittierten Urkunde zur Leistung verpflichtet.

**§ 365**[3)] **[Anwendung des Wechselrechts; Aufgebotsverfahren]** (1) In betreff der Form des Indossaments, in betreff der Legitimation des Besitzers und der Prüfung der Legitimation sowie in betreff der Verpflichtung des Besitzers zur Herausgabe, finden die Vorschriften der Artikel 13, 14 Absatz 2, Artikel 16 und 40 Absatz 3 Satz 2 des Wechselgesetzes[4)] entsprechende Anwendung.

(2) [1] Ist die Urkunde vernichtet oder abhanden gekommen, so unterliegt sie der Kraftloserklärung im Wege des Aufgebotsverfahrens. [2] Ist das Aufgebotsverfahren eingeleitet, so kann der Berechtigte, wenn er bis zur Kraftloserklärung Sicherheit bestellt, Leistung nach Maßgabe der Urkunde von dem Schuldner verlangen.

**§ 365a**[5)] **[Elektronische Transportversicherungspolice]** [1] Der Transportversicherungspolice nach § 363 Absatz 2 gleichgestellt ist eine elektronische Aufzeichnung, die dieselben Funktionen erfüllt wie die Transportversicherungspolice, sofern sichergestellt ist, dass die Authentizität und Integrität der Aufzeichnung gewahrt bleiben (elektronische Transportversicherungspolice). [2] Das Bundesministerium der Justiz wird ermächtigt, im Einvernehmen mit dem Bundesministerium des Innern und für Heimat durch Rechtsverordnung, die nicht der Zustimmung des Bundesrates bedarf, die Einzelheiten der Ausstellung, Vorlage, Rückgabe und Übertragung einer elektronischen Transportversicherungspolice sowie die Einzelheiten des Verfahrens einer nachträglichen Eintragung in eine elektronische Transportversicherungspolice zu regeln.

**§ 366**[6)] **[Gutgläubiger Erwerb von beweglichen Sachen]** (1) Veräußert oder verpfändet ein Kaufmann im Betriebe seines Handelsgewerbes eine ihm nicht

[1)] § 363 Abs. 2 geänd. durch G v. 21.6.1972 (BGBl. I S. 966); Abs. 2 geänd. durch G v. 25.6.1998 (BGBl. I S. 1588).

[2)] Richtig wohl: „Konnossemente".

[3)] § 365 Abs. 1 geänd. mWv 1.3.2023 durch G v. 22.2.2023 (BGBl. 2023 I Nr. 51).

[4)] **Habersack, Deutsche Gesetze ErgBd. Nr. 54.**

[5)] § 365a eingef. mWv 1.3.2023 durch G v. 22.2.2023 (BGBl. 2023 I Nr. 51).

[6)] § 366 Abs. 3 neu gef. durch G v. 25.6.1998 (BGBl. I S. 1588); Abs. 3 neu gef. mWv 25.4.2013 durch G v. 20.4.2013 (BGBl. I S. 831).

gehörige bewegliche Sache, so finden die Vorschriften des Bürgerlichen Gesetzbuchs[1)] zugunsten derjenigen, welche Rechte von einem Nichtberechtigten herleiten, auch dann Anwendung, wenn der gute Glaube des Erwerbers die Befugnis des Veräußerers oder Verpfänders, über die Sache für den Eigentümer zu verfügen, betrifft.

(2) Ist die Sache mit dem Rechte eines Dritten belastet, so finden die Vorschriften des Bürgerlichen Gesetzbuchs zugunsten derjenigen, welche Rechte von einem Nichtberechtigen herleiten, auch dann Anwendung, wenn der gute Glaube die Befugnis des Veräußerers oder Verpfänders, ohne Vorbehalt des Rechtes über die Sache zu verfügen, betrifft.

(3) [1] Das gesetzliche Pfandrecht des Kommissionärs, des Frachtführers oder Verfrachters, des Spediteurs und des Lagerhalters steht hinsichtlich des Schutzes des guten Glaubens einem gemäß Absatz 1 durch Vertrag erworbenen Pfandrecht gleich. [2] Satz 1 gilt jedoch nicht für das gesetzliche Pfandrecht an Gut, das nicht Gegenstand des Vertrages ist, aus dem die durch das Pfandrecht zu sichernde Forderung herrührt.

**§ 367[2)] [Gutgläubiger Erwerb gewisser Wertpapiere]** (1) [1] Wird ein Inhaberpapier, das dem Eigentümer gestohlen worden, verlorengegangen oder sonst abhanden gekommen ist, an einen Kaufmann, der Bankier- oder Geldwechslergeschäfte betreibt, veräußert oder verpfändet, so gilt dessen guter Glaube als ausgeschlossen, wenn zur Zeit der Veräußerung oder Verpfändung der Verlust des Papiers im Bundesanzeiger bekanntgemacht und seit dem Ablauf des Jahres, in dem die Veröffentlichung erfolgt ist, nicht mehr als ein Jahr verstrichen war. [2] Für Veröffentlichungen vor dem 1. Januar 2007 tritt an die Stelle des Bundesanzeigers der Bundesanzeiger in Papierform. [3] Inhaberpapieren stehen an Order lautende Anleiheschuldverschreibungen sowie Namensaktien und Zwischenscheine gleich, falls sie mit einem Blankoindossament versehen sind.

(2) Der gute Glaube des Erwerbers wird durch die Veröffentlichung nach Absatz 1 nicht ausgeschlossen, wenn der Erwerber die Veröffentlichung infolge besonderer Umstände nicht kannte und seine Unkenntnis nicht auf grober Fahrlässigkeit beruht.

(3) Auf Zins-, Renten- und Gewinnanteilscheine, die nicht später als in dem nächsten auf die Veräußerung oder Verpfändung folgenden Einlösungstermin fällig werden, auf unverzinsliche Inhaberpapiere, die auf Sicht zahlbar sind, und auf Banknoten sind diese Vorschriften nicht anzuwenden.

**§ 368[3)] [Pfandverkauf]** (1) Bei dem Verkauf eines Pfandes tritt, wenn die Verpfändung auf der Seite des Pfandgläubigers und des Verpfänders ein Handelsgeschäft ist, an die Stelle der in § 1234 des Bürgerlichen Gesetzbuchs[1)] bestimmten Frist von einem Monat eine solche von einer Woche.

(2) Diese Vorschrift ist auf das gesetzliche Pfandrecht des Kommissionärs, des Frachtführers oder Verfrachters, des Spediteurs und des Lagerhalters entsprechend anzuwenden, auf das Pfandrecht des Frachtführers, Verfrachters und Spediteurs auch dann, wenn nur auf ihrer Seite der Vertrag ein Handelsgeschäft ist.

---

[1)] Nr. **20**.

[2)] § 367 Abs. 1 Satz 1, Abs. 2 geänd., Abs. 1 Satz 2 eingef., bish. Satz 2 wird Satz 3 mWv 1.1.2007 durch G v. 10.11.2006 (BGBl. I S. 2553); Abs. 1 Satz 3 geänd. mWv 30.11.2007 durch G v. 23.11.2007 (BGBl. I S. 2614); Abs. 1 Sätze 1 und 2 geänd. mWv 1.4.2012 durch G v. 22.12.2011 (BGBl. I S. 3044).

[3)] § 368 Abs. 2 neu gef. mWv 25.4.2013 durch G v. 20.4.2013 (BGBl. I S. 831).

**§ 369**[1)] **[Kaufmännisches Zurückbehaltungsrecht]** (1) [1] Ein Kaufmann hat wegen der fälligen Forderungen, welche ihm gegen einen anderen Kaufmann aus den zwischen ihnen geschlossenen beiderseitigen Handelsgeschäften zustehen, ein Zurückbehaltungsrecht an den beweglichen Sachen und Wertpapieren des Schuldners, welche mit dessen Willen auf Grund von Handelsgeschäften in seinen Besitz gelangt sind, sofern er sie noch im Besitze hat, insbesondere mittels Konnossements, Ladescheins oder Lagerscheins darüber verfügen kann. [2] Das Zurückbehaltungsrecht ist auch dann begründet, wenn das Eigentum an dem Gegenstande von dem Schuldner auf den Gläubiger übergegangen oder von einem Dritten für den Schuldner auf den Gläubiger übertragen, aber auf den Schuldner zurückzuübertragen ist.

(2) Einem Dritten gegenüber besteht das Zurückbehaltungsrecht insoweit, als dem Dritten die Einwendungen gegen den Anspruch des Schuldners auf Herausgabe des Gegenstandes entgegengesetzt werden können.

(3) Das Zurückbehaltungsrecht ist ausgeschlossen, wenn die Zurückbehaltung des Gegenstandes der von dem Schuldner vor oder bei der Übergabe erteilten Anweisung oder der von dem Gläubiger übernommenen Verpflichtung, in einer bestimmten Weise mit dem Gegenstande zu verfahren, widerstreitet.

(4) [1] Der Schuldner kann die Ausübung des Zurückbehaltungsrechts durch Sicherheitsleistung abwenden. [2] Die Sicherheitsleistung durch Bürgen ist ausgeschlossen.

**§ 370**[2)] *(aufgehoben)*

**§ 371 [Befriedigungsrecht]** (1) [1] Der Gläubiger ist kraft des Zurückbehaltungsrechts befugt, sich aus dem zurückbehaltenen Gegenstande für seine Forderung zu befriedigen. [2] Steht einem Dritten ein Recht an dem Gegenstande zu, gegen welches das Zurückbehaltungsrecht nach § 369 Abs. 2 geltend gemacht werden kann, so hat der Gläubiger in Ansehung der Befriedigung aus dem Gegenstande den Vorrang.

(2) [1] Die Befriedigung erfolgt nach den für das Pfandrecht geltenden Vorschriften des Bürgerlichen Gesetzbuchs[3)]. [2] An die Stelle der in § 1234 des Bürgerlichen Gesetzbuchs bestimmten Frist von einem Monate tritt eine solche von einer Woche.

(3) [1] Sofern die Befriedigung nicht im Wege der Zwangsvollstreckung stattfindet, ist sie erst zulässig, nachdem der Gläubiger einen vollstreckbaren Titel für sein Recht auf Befriedigung gegen den Eigentümer oder, wenn der Gegenstand ihm selbst gehört, gegen den Schuldner erlangt hat; in dem letzteren Falle finden die den Eigentümer betreffenden Vorschriften des Bürgerlichen Gesetzbuchs über die Befriedigung auf den Schuldner entsprechende Anwendung. [2] In Ermangelung des vollstreckbaren Titels ist der Verkauf des Gegenstandes nicht rechtmäßig.

(4) Die Klage auf Gestattung der Befriedigung kann bei dem Gericht, in dessen Bezirke der Gläubiger seinen allgemeinen Gerichtsstand oder den Gerichtsstand der Niederlassung hat, erhoben werden.

**§ 372 [Eigentumsfiktion und Rechtskraftwirkung bei Befriedigungsrecht]** (1) In Ansehung der Befriedigung aus dem zurückbehaltenen Gegenstande

---

[1)] Vgl. auch das Zurückbehaltungsrecht nach § 273 BGB (Nr. **20**).
[2)] § 370 aufgeh. durch G v. 5.10.1994 (BGBl. I S. 2911).
[3)] Nr. **20**.

gilt zugunsten des Gläubigers der Schuldner, sofern er bei dem Besitzerwerbe des Gläubigers der Eigentümer des Gegenstandes war, auch weiter als Eigentümer, sofern nicht der Gläubiger weiß, daß der Schuldner nicht mehr Eigentümer ist.

(2) Erwirbt ein Dritter nach dem Besitzerwerbe des Gläubigers von dem Schuldner das Eigentum, so muß er ein rechtskräftiges Urteil, das in einem zwischen dem Gläubiger und dem Schuldner wegen Gestattung der Befriedigung geführten Rechtsstreit ergangen ist, gegen sich gelten lassen, sofern nicht der Gläubiger bei dem Eintritte der Rechtshängigkeit gewußt hat, daß der Schuldner nicht mehr Eigentümer war.

## Zweiter Abschnitt. Handelskauf

**§ 373 [Annahmeverzug des Käufers]** (1) Ist der Käufer mit der Annahme der Ware im Verzuge, so kann der Verkäufer die Ware auf Gefahr und Kosten des Käufers in einem öffentlichen Lagerhaus oder sonst in sicherer Weise hinterlegen.

(2) [1] Er ist ferner befugt, nach vorgängiger Androhung die Ware öffentlich versteigern zu lassen; er kann, wenn die Ware einen Börsen- oder Marktpreis hat, nach vorgängiger Androhung den Verkauf auch aus freier Hand durch einen zu solchen Verkäufen öffentlich ermächtigten Handelsmakler oder durch eine zur öffentlichen Versteigerung befugte Person zum laufenden Preise bewirken. [2] Ist die Ware dem Verderb ausgesetzt und Gefahr im Verzuge, so bedarf es der vorgängigen Androhung nicht; dasselbe gilt, wenn die Androhung aus anderen Gründen untunlich ist.

(3) Der Selbsthilfeverkauf erfolgt für Rechnung des säumigen Käufers.

(4) Der Verkäufer und der Käufer können bei der öffentlichen Versteigerung mitbieten.

(5) [1] Im Falle der öffentlichen Versteigerung hat der Verkäufer den Käufer von der Zeit und dem Orte der Versteigerung vorher zu benachrichtigen; von dem vollzogenen Verkaufe hat er bei jeder Art des Verkaufs dem Käufer unverzüglich Nachricht zu geben. [2] Im Falle der Unterlassung ist er zum Schadensersatze verpflichtet. [3] Die Benachrichtigungen dürfen unterbleiben, wenn sie untunlich sind.

**§ 374 [Vorschriften des BGB über Annahmeverzug]** Durch die Vorschriften des § 373 werden die Befugnisse nicht berührt, welche dem Verkäufer nach dem Bürgerlichen Gesetzbuche[1)] zustehen, wenn der Käufer im Verzuge der Annahme ist.

**§ 375[2)] [Bestimmungskauf]** (1) Ist bei dem Kaufe einer beweglichen Sache dem Käufer die nähere Bestimmung über Form, Maß oder ähnliche Verhältnisse vorbehalten, so ist der Käufer verpflichtet, die vorbehaltene Bestimmung zu treffen.

(2) [1] Ist der Käufer mit der Erfüllug dieser Verpflichtung in Verzug, so kann der Verkäufer die Bestimmung statt des Käufers vornehmen oder gemäß den §§ 280, 281 des Bürgerlichen Gesetzbuchs[1)] Schadensersatz statt der Leistung verlangen oder gemäß § 323 des Bürgerlichen Gesetzbuchs vom Vertrag zurücktreten. [2] Im ersteren Falle hat der Verkäufer die von ihm getroffene Bestimmung dem Käufer mitzuteilen und ihm zugleich eine angemessene Frist zur Vornahme einer anderweitigen Bestimmung zu setzen. [3] Wird eine solche innerhalb der Frist von dem

---

[1)] Nr. **20**.

[2)] § 375 Abs. 2 Satz 1 neu gef. mWv 1.1.2002 durch G v. 26.11.2001 (BGBl. I S. 3138).

Käufer nicht vorgenommen, so ist die von dem Verkäufer getroffene Bestimmung maßgebend.

**§ 376 [Fixhandelskauf]** (1) [1] Ist bedungen, daß die Leistung des einen Teiles genau zu einer festbestimmten Zeit oder innerhalb einer festbestimmten Frist bewirkt werden soll, so kann der andere Teil, wenn die Leistung nicht zu der bestimmten Zeit oder nicht innerhalb der bestimmten Frist erfolgt, von dem Vertrage zurücktreten oder, falls der Schuldner im Verzug ist, statt der Erfüllung Schadensersatz wegen Nichterfüllung verlangen. [2] Erfüllung kann er nur beanspruchen, wenn er sofort nach dem Ablaufe der Zeit oder der Frist dem Gegner anzeigt, daß er auf Erfüllung bestehe.

(2) Wird Schadensersatz wegen Nichterfüllung verlangt und hat die Ware einen Börsen- oder Marktpreis, so kann der Unterschied des Kaufpreises und des Börsen- oder Marktpreises zur Zeit und am Orte der geschuldeten Leistung gefordert werden.

(3) [1] Das Ergebnis eines anderweit vorgenommenen Verkaufs oder Kaufes kann, falls die Ware einen Börsen- oder Marktpreis hat, dem Ersatzanspruche nur zugrunde gelegt werden, wenn der Verkauf oder Kauf sofort nach dem Ablaufe der bedungenen Leistungszeit oder Leistungsfrist bewirkt ist. [2] Der Verkauf oder Kauf muß, wenn er nicht in öffentlicher Versteigerung geschieht, durch einen zu solchen Verkäufen oder Käufen öffentlich ermächtigten Handelsmakler oder eine zur öffentlichen Versteigerung befugte Person zum laufenden Preise erfolgen.

(4) [1] Auf den Verkauf mittels öffentlicher Versteigerung findet die Vorschrift des § 373 Abs. 4 Anwendung. [2] Von dem Verkauf oder Kaufe hat der Gläubiger den Schuldner unverzüglich zu benachrichtigen; im Falle der Unterlassung ist er zum Schadensersatze verpflichtet.

**§ 377 [Untersuchungs- und Rügepflicht]** (1) Ist der Kauf für beide Teile ein Handelsgeschäft, so hat der Käufer die Ware unverzüglich nach der Ablieferung durch den Verkäufer, soweit dies nach ordnungsmäßigem Geschäftsgange tunlich ist, zu untersuchen und, wenn sich ein Mangel zeigt, dem Verkäufer unverzüglich Anzeige zu machen.

(2) Unterläßt der Käufer die Anzeige, so gilt die Ware als genehmigt, es sei denn, daß es sich um einen Mangel handelt, der bei der Untersuchung nicht erkennbar war.

(3) Zeigt sich später ein solcher Mangel, so muß die Anzeige unverzüglich nach der Entdeckung gemacht werden; anderenfalls gilt die Ware auch in Ansehung dieses Mangels als genehmigt.

(4) Zur Erhaltung der Rechte des Käufers genügt die rechtzeitige Absendung der Anzeige.

(5) Hat der Verkäufer den Mangel arglistig verschwiegen, so kann er sich auf diese Vorschriften nicht berufen.

**§ 378**[1] *(aufgehoben)*

**§ 379 [Einstweilige Aufbewahrung; Notverkauf]** (1) Ist der Kauf für beide Teile ein Handelsgeschäft, so ist der Käufer, wenn er die ihm von einem anderen Orte übersendete Ware beanstandet, verpflichtet, für ihre einstweilige Aufbewahrung zu sorgen.

---

[1] § 378 aufgeh. mWv 1.1.2002 durch G v. 26.11.2001 (BGBl. I S. 3138).

(2) Er kann die Ware, wenn sie dem Verderb ausgesetzt und Gefahr im Verzug ist, unter Beobachtung der Vorschriften des § 373 verkaufen lassen.

**§ 380 [Taragewicht]** (1) Ist der Kaufpreis nach dem Gewichte der Ware zu berechnen, so kommt das Gewicht der Verpackung (Taragewicht) in Abzug, wenn nicht aus dem Vertrag oder dem Handelsgebrauche des Ortes, an welchem der Verkäufer zu erfüllen hat, sich ein anderes ergibt.

(2) Ob und in welcher Höhe das Taragewicht nach einem bestimmten Ansatz oder Verhältnisse statt nach genauer Ausmittelung abzuziehen ist, sowie, ob und wieviel als Gutgewicht zugunsten des Käufers zu berechnen ist oder als Vergütung für schadhafte oder unbrauchbare Teile (Refaktie) gefordert werden kann, bestimmt sich nach dem Vertrag oder dem Handelsgebrauche des Ortes, an welchem der Verkäufer zu erfüllen hat.

**§ 381[1] [Kauf von Wertpapieren; Werklieferungsvertrag]** (1) Die in diesem Abschnitte für den Kauf von Waren getroffenen Vorschriften gelten auch für den Kauf von Wertpapieren.

(2) Sie finden auch auf einen Vertrag Anwendung, der die Lieferung herzustellender oder zu erzeugender beweglicher Sachen zum Gegenstand hat.

**§ 382[2]** *(aufgehoben)*

## Dritter Abschnitt. Kommissionsgeschäft

**§ 383[3] [Kommissionär; Kommissionsvertrag]** (1) Kommissionär ist, wer es gewerbsmäßig übernimmt, Waren oder Wertpapiere für Rechnung eines anderen (des Kommittenten) in eigenem Namen zu kaufen oder zu verkaufen.

(2) [1] Die Vorschriften dieses Abschnittes finden auch Anwendung, wenn das Unternehmen des Kommissionärs nach Art oder Umfang einen in kaufmännischer Weise eingerichteten Geschäftsbetrieb nicht erfordert und die Firma des Unternehmens nicht nach § 2 in das Handelsregister eingetragen ist. [2] In diesem Fall finden in Ansehung des Kommissionsgeschäfts auch die Vorschriften des Ersten Abschnittes des Vierten Buches mit Ausnahme der §§ 348 bis 350 Anwendung.

**§ 384 [Pflichten des Kommissionärs]** (1) Der Kommissionär ist verpflichtet, das übernommene Geschäft mit der Sorgfalt eines ordentlichen Kaufmanns auszuführen; er hat hierbei das Interesses des Kommittenten wahrzunehmen und dessen Weisungen zu befolgen.

(2) Er hat dem Kommittenten die erforderlichen Nachrichten zu geben, insbesondere von der Ausführung der Kommission unverzüglich Anzeige zu machen; er ist verpflichtet, dem Kommittenten über das Geschäft Rechenschaft abzulegen und ihm dasjenige herauszugeben, was er aus der Geschäftsbesorgung erlangt hat.

(3) Der Kommissionär haftet dem Kommittenten für die Erfüllung des Geschäfts, wenn er ihm nicht zugleich mit der Anzeige von der Ausführung der Kommission den Dritten namhaft macht, mit dem er das Geschäft abgeschlossen hat.

---

[1] § 381 Abs. 2 neu gef. mWv 1.1.2002 durch G v. 26.11.2001 (BGBl. I S. 3138).
[2] § 382 aufgeh. mWv 1.1.2002 durch G v. 26.11.2001 (BGBl. I S. 3138).
[3] § 383 Abs. 2 angef. durch G v. 22.6.1998 (BGBl. I S. 1474).

**§ 385 [Weisungen des Kommittenten]** (1) Handelt der Kommissionär nicht gemäß den Weisungen des Kommittenten, so ist er diesem zum Ersatze des Schadens verpflichtet; der Kommittent braucht das Geschäft nicht für seine Rechnung gelten zu lassen.

(2) Die Vorschriften des § 665 des Bürgerlichen Gesetzbuchs[1] bleiben unberührt.

**§ 386 [Preisgrenzen]** (1) Hat der Kommissionär unter dem ihm gesetzten Preise verkauft oder hat er den ihm für den Einkauf gesetzten Preis überschritten, so muß der Kommittent, falls er das Geschäft als nicht für seine Rechnung abgeschlossen zurückweisen will, dies unverzüglich auf die Anzeige von der Ausführung des Geschäfts erklären; anderenfalls gilt die Abweichung von der Preisbestimmung als genehmigt.

(2) [1] Erbietet sich der Kommissionär zugleich mit der Anzeige von der Ausführung des Geschäfts zur Deckung des Preisunterschieds, so ist der Kommittent zur Zurückweisung nicht berechtigt. [2] Der Anspruch des Kommittenten auf den Ersatz eines den Preisunterschied übersteigenden Schadens bleibt unberührt.

**§ 387 [Vorteilhafterer Abschluss]** (1) Schließt der Kommissionär zu vorteilhafteren Bedingungen ab, als sie ihm von dem Kommittenten gesetzt worden sind, so kommt dies dem Kommittenten zustatten.

(2) Dies gilt insbesondere, wenn der Preis, für welchen der Kommissionär verkauft, den von dem Kommittenten bestimmten niedrigsten Preis übersteigt oder wenn der Preis, für welchen er einkauft, den von dem Kommittenten bestimmten höchsten Preis nicht erreicht.

**§ 388 [Beschädigtes oder mangelhaftes Kommissionsgut]** (1) Befindet sich das Gut, welches dem Kommissionär zugesendet ist, bei der Ablieferung in einem beschädigten oder mangelhaften Zustande, der äußerlich erkennbar ist, so hat der Kommissionär die Rechte gegen den Frachtführer oder Schiffer zu wahren, für den Beweis des Zustandes zu sorgen und dem Kommittenten unverzüglich Nachricht zu geben; im Falle der Unterlassung ist er zum Schadensersatze verpflichtet.

(2) Ist das Gut dem Verderb ausgesetzt oder treten später Veränderungen an dem Gute ein, die dessen Entwertung befürchten lassen, und ist keine Zeit vorhanden, die Verfügung des Kommittenten einzuholen, oder ist der Kommittent in der Erteilung der Verfügung säumig, so kann der Kommissionär den Verkauf des Gutes nach Maßgabe der Vorschriften des § 373 bewirken.

**§ 389 [Hinterlegung; Selbsthilfeverkauf]** Unterläßt der Kommittent über das Gut zu verfügen, obwohl er dazu nach Lage der Sache verpflichtet ist, so hat der Kommissionär die nach § 373 dem Verkäufer zustehenden Rechte.

**§ 390 [Haftung des Kommissionärs für das Gut]** (1) Der Kommissionär ist für den Verlust und die Beschädigung des in seiner Verwahrung befindlichen Gutes verantwortlich, es sei denn, daß der Verlust oder die Beschädigung auf Umständen beruht, die durch die Sorgfalt eines ordentlichen Kaufmanns nicht abgewendet werden konnten.

---

[1] Nr. **20**.

(2) Der Kommissionär ist wegen der Unterlassung der Versicherung des Gutes nur verantwortlich, wenn er von dem Kommittenten angewiesen war, die Versicherung zu bewirken.

**§ 391 [Untersuchungs- und Rügepflicht; Aufbewahrung; Notverkauf]**
[1] Ist eine Einkaufskommission erteilt, die für beide Teile ein Handelsgeschäft ist, so finden in bezug auf die Verpflichtung des Kommittenten, das Gut zu untersuchen und dem Kommissionär von den entdeckten Mängeln Anzeige zu machen, sowie in bezug auf die Sorge für die Aufbewahrung des beanstandeten Gutes und auf den Verkauf bei drohendem Verderbe die für den Käufer geltenden Vorschriften der §§ 377 bis 379 entsprechende Anwendung. [2] Der Anspruch des Kommittenten auf Abtretung der Rechte, die dem Kommissionär gegen den Dritten zustehen, von welchem er das Gut für Rechnung des Kommittenten gekauft hat, wird durch eine verspätete Anzeige des Mangels nicht berührt.

**§ 392 [Forderungen aus dem Kommissionsgeschäft]** (1) Forderungen aus einem Geschäfte, das der Kommissionär abgeschlossen hat, kann der Kommittent dem Schuldner gegenüber erst nach der Abtretung geltend machen.

(2) Jedoch gelten solche Forderungen, auch wenn sie nicht abgetreten sind, im Verhältnisse zwischen dem Kommittenten und dem Kommissionär oder dessen Gläubigern als Forderungen des Kommittenten.

**§ 393 [Vorschuss; Kredit]** (1) Wird von dem Kommissionär ohne Zustimmung des Kommittenten einem Dritten ein Vorschuß geleistet oder Kredit gewährt, so handelt der Kommissionär auf eigene Gefahr.

(2) Insoweit jedoch der Handelsgebrauch am Orte des Geschäfts die Stundung des Kaufpreises mit sich bringt, ist in Ermangelung einer anderen Bestimmung des Kommittenten auch der Kommissionär dazu berechtigt.

(3) [1] Verkauft der Kommissionär unbefugt auf Kredit, so ist er verpflichtet, dem Kommittenten sofort als Schuldner des Kaufpreises die Zahlung zu leisten. [2] Wäre beim Verkaufe gegen bar der Preis geringer gewesen, so hat der Kommissionär nur den geringeren Preis und, wenn dieser niedriger ist als der ihm gesetzte Preis, auch den Unterschied nach § 386 zu vergüten.

**§ 394 [Delkredere]** (1) Der Kommissionär hat für die Erfüllung der Verbindlichkeit des Dritten, mit dem er das Geschäft für Rechnung des Kommittenten abschließt, einzustehen, wenn dies von ihm übernommen oder am Orte seiner Niederlassung Handelsgebrauch ist.

(2) [1] Der Kommissionär, der für den Dritten einzustehen hat, ist dem Kommittenten für die Erfüllung im Zeitpunkte des Verfalls unmittelbar insoweit verhaftet, als die Erfüllung aus dem Vertragsverhältnisse gefordert werden kann. [2] Er kann eine besondere Vergütung (Delkredereprovision) beanspruchen.

**§ 395 [Wechselindossament]** Ein Kommissionär, der den Ankauf eines Wechsels übernimmt, ist verpflichtet, den Wechsel, wenn er ihn indossiert, in üblicher Weise und ohne Vorbehalt zu indossieren.

**§ 396 [Provision des Kommissionärs; Ersatz von Aufwendungen]**
(1) [1] Der Kommissionär kann die Provision fordern, wenn das Geschäft zur Ausführung gekommen ist. [2] Ist das Geschäft nicht zur Ausführung gekommen, so hat er gleichwohl den Anspruch auf die Auslieferungsprovision, sofern eine solche ortsgebräuchlich ist; auch kann er die Provision verlangen, wenn die Ausführung

des von ihm abgeschlossenen Geschäfts nur aus einem in der Person des Kommittenten liegenden Grunde unterblieben ist.

(2) Zu dem von dem Kommittenten für Aufwendungen des Kommissionärs nach den §§ 670 und 675 des Bürgerlichen Gesetzbuchs[1] zu leistenden Ersatze gehört auch die Vergütung für die Benutzung der Lagerräume und der Beförderungsmittel des Kommissionärs.

**§ 397[2] Pfandrecht des Kommissionärs.** [1] Der Kommissionär hat wegen der auf das Gut verwendeten Kosten, der Provision, der auf das Gut gegebenen Vorschüsse und Darlehen sowie der mit Rücksicht auf das Gut gezeichneten Wechsel oder in anderer Weise eingegangenen Verbindlichkeiten ein Pfandrecht an dem Kommissionsgut des Kommittenten oder eines Dritten, der dem Kauf oder Verkauf des Gutes zugestimmt hat. [2] An dem Gut des Kommittenten hat der Kommissionär auch ein Pfandrecht wegen aller Forderungen aus laufender Rechnung in Kommissionsgeschäften. [3] Das Pfandrecht nach den Sätzen 1 und 2 besteht jedoch nur an Kommissionsgut, das der Kommissionär im Besitz hat oder über das er mittels Konnossements, Ladescheins oder Lagerscheins verfügen kann.

**§ 398 [Befriedigung aus eigenem Kommissionsgut]** Der Kommissionär kann sich, auch wenn er Eigentümer des Kommissionsguts ist, für die in § 397 bezeichneten Ansprüche nach Maßgabe der für das Pfandrecht geltenden Vorschriften aus dem Gute befriedigen.

**§ 399 [Befriedigung aus Forderungen]** Aus den Forderungen, welche durch das für Rechnung des Kommittenten geschlossene Geschäft begründet sind, kann sich der Kommissionär für die in § 397 bezeichneten Ansprüche vor dem Kommittenten und dessen Gläubigern befriedigen.

**§ 400 [Selbsteintritt des Kommissionärs]** (1) Die Kommission zum Einkauf oder zum Verkaufe von Waren, die einen Börsen- oder Marktpreis haben, sowie von Wertpapieren, bei denen ein Börsen- oder Marktpreis amtlich festgestellt wird, kann, wenn der Kommittent nicht ein anderes bestimmt hat, von dem Kommissionär dadurch ausgeführt werden, daß er das Gut, welches er einkaufen soll, selbst als Verkäufer liefert oder das Gut, welches er verkaufen soll, selbst als Käufer übernimmt.

(2) [1] Im Falle einer solchen Ausführung der Kommission beschränkt sich die Pflicht des Kommissionärs, Rechenschaft über die Abschließung des Kaufes oder Verkaufs abzulegen, auf den Nachweis, daß bei dem berechneten Preise der zur Zeit der Ausführung der Kommission bestehende Börsen- oder Marktpreis eingehalten ist. [2] Als Zeit der Ausführung gilt der Zeitpunkt, in welchem der Kommissionär die Anzeige von der Ausführung zur Absendung an den Kommittenten abgegeben hat.

(3) Ist bei einer Kommission, die während der Börsen- oder Marktzeit auszuführen war, die Ausführungsanzeige erst nach dem Schlusse der Börse oder des Marktes zur Absendung abgegeben, so darf der berechnete Preis für den Kommittenten nicht ungünstiger sein als der Preis, der am Schlusse der Börse oder des Marktes bestand.

(4) Bei einer Kommission, die zu einem bestimmten Kurse (ersten Kurs, Mittel*kurs, letzter Kurs) ausgeführt* werden soll, ist der Kommissionär ohne Rücksicht

---

[1] Nr. **20**.

[2] § 397 neu gef. mWv 25.4.2013 durch G v. 20.4.2013 (BGBl. I S. 831).

auf den Zeitpunkt der Absendung der Ausführungsanzeige berechtigt und verpflichtet, diesen Kurs dem Kommittenten in Rechnung zu stellen.

(5) Bei Wertpapieren und Waren, für welche der Börsen- oder Marktpreis amtlich festgestellt wird, kann der Kommissionär im Falle der Ausführung der Kommission durch Selbsteintritt dem Kommittenten keinen ungünstigeren Preis als den amtlich festgestellten in Rechnung stellen.

**§ 401 [Deckungsgeschäft]** (1) Auch im Falle der Ausführung der Kommission durch Selbsteintritt hat der Kommissionär, wenn er bei Anwendung pflichtmäßiger Sorgfalt die Kommission zu einem günstigeren als dem nach § 400 sich ergebenden Preise ausführen konnte, dem Kommittenten den günstigeren Preis zu berechnen.

(2) Hat der Kommissionär vor der Absendung der Ausführungsanzeige aus Anlaß der erteilten Kommission an der Börse oder am Markte ein Geschäft mit einem Dritten abgeschlossen, so darf er dem Kommittenten keinen ungünstigeren als den hierbei vereinbarten Preis berechnen.

**§ 402 [Unabdingbarkeit]** Die Vorschriften des § 400 Abs. 2 bis 5 und des § 401 können nicht durch Vertrag zum Nachteile des Kommittenten abgeändert werden.

**§ 403 [Provision bei Selbsteintritt]** Der Kommissionär, der das Gut selbst als Verkäufer liefert oder als Käufer übernimmt, ist zu der gewöhnlichen Provision berechtigt und kann die bei Kommissionsgeschäften sonst regelmäßig vorkommenden Kosten berechnen.

**§ 404 [Gesetzliches Pfandrecht]** Die Vorschriften der §§ 397 und 398 finden auch im Falle der Ausführung der Kommission durch Selbsteintritt Anwendung.

**§ 405 [Ausführungsanzeige und Selbsteintritt; Widerruf der Kommission]** (1) Zeigt der Kommissionär die Ausführung der Kommission an, ohne ausdrücklich zu bemerken, daß er selbst eintreten wolle, so gilt dies als Erklärung, daß die Ausführung durch Abschluß des Geschäfts mit einem Dritten für Rechnung des Kommittenten erfolgt sei.

(2) Eine Vereinbarung zwischen dem Kommittenten und dem Kommissionär, daß die Erklärung darüber, ob die Kommission durch Selbsteintritt oder durch Abschluß mit einem Dritten ausgeführt sei, später als am Tage der Ausführungsanzeige abgegeben werden dürfe, ist nichtig.

(3) Widerruft der Kommittent die Kommission und geht der Widerruf dem Kommissionär zu, bevor die Ausführungsanzeige zur Absendung abgegeben ist, so steht dem Kommissionär das Recht des Selbsteintritts nicht mehr zu.

**§ 406 [Ähnliche Geschäfte]** (1) [1] Die Vorschriften dieses Abschnitts kommen auch zur Anwendung, wenn ein Kommissionär im Betriebe seines Handelsgewerbes ein Geschäft anderer als der in § 383 bezeichneten Art für Rechnung eines anderen in eigenem Namen zu schließen übernimmt. [2] Das gleiche gilt, wenn ein Kaufmann, der nicht Kommissionär ist, im Betriebe seines Handelsgewerbes ein Geschäft in der bezeichneten Weise zu schließen übernimmt.

(2) Als Einkaufs- und Verkaufskommission im Sinne dieses Abschnitts gilt auch eine Kommission, welche die Lieferung einer nicht vertretbaren beweglichen Sache, die aus einem von dem Unternehmer zu beschaffenden Stoffe herzustellen ist, zum Gegenstande hat.

## Vierter Abschnitt.[1] Frachtgeschäft

### Erster Unterabschnitt.[1] Allgemeine Vorschriften

**§ 407[1] Frachtvertrag.** (1) Durch den Frachtvertrag wird der Frachtführer verpflichtet, das Gut zum Bestimmungsort zu befördern und dort an den Empfänger abzuliefern.

(2) Der Absender wird verpflichtet, die vereinbarte Fracht zu zahlen.

(3) [1] Die Vorschriften dieses Unterabschnitts gelten, wenn

1. das Gut zu Lande, auf Binnengewässern oder mit Luftfahrzeugen befördert werden soll und
2. die Beförderung zum Betrieb eines gewerblichen Unternehmens gehört.

[2] Erfordert das Unternehmen nach Art oder Umfang einen in kaufmännischer Weise eingerichteten Geschäftsbetrieb nicht und ist die Firma des Unternehmens auch nicht nach § 2 in das Handelsregister eingetragen, so sind in Ansehung des Frachtgeschäfts auch insoweit die Vorschriften des Ersten Abschnitts des Vierten Buches ergänzend anzuwenden; dies gilt jedoch nicht für die §§ 348 bis 350.

**§ 408[2] Frachtbrief. Verordnungsermächtigung.** (1) [1] Der Frachtführer kann die Ausstellung eines Frachtbriefs mit folgenden Angaben verlangen:

1. Ort und Tag der Ausstellung;
2. Name und Anschrift des Absenders;
3. Name und Anschrift des Frachtführers;
4. Stelle und Tag der Übernahme des Gutes sowie die für die Ablieferung vorgesehene Stelle;
5. Name und Anschrift des Empfängers und eine etwaige Meldeadresse;
6. die übliche Bezeichnung der Art des Gutes und die Art der Verpackung, bei gefährlichen Gütern ihre nach den Gefahrgutvorschriften vorgesehene, sonst ihre allgemein anerkannte Bezeichnung;
7. Anzahl, Zeichen und Nummern der Frachtstücke;
8. das Rohgewicht oder die anders angegebene Menge des Gutes;
9. die bei Ablieferung geschuldete Fracht und die bis zur Ablieferung anfallenden Kosten sowie einen Vermerk über die Frachtzahlung;
10. den Betrag einer bei der Ablieferung des Gutes einzuziehenden Nachnahme;
11. Weisungen für die Zoll- und sonstige amtliche Behandlung des Gutes;
12. eine Vereinbarung über die Beförderung in offenem, nicht mit Planen gedecktem Fahrzeug oder auf Deck.

[2] In den Frachtbrief können weitere Angaben eingetragen werden, die die Parteien für zweckmäßig halten.

(2) [1] Der Frachtbrief wird in drei Originalausfertigungen ausgestellt, die vom Absender unterzeichnet werden. [2] Der Absender kann verlangen, daß auch der Frachtführer den Frachtbrief unterzeichnet. [3] Nachbildungen der eigenhändigen

---

[1] 4. Abschnitt (§§ 407–452d) neu gef. durch G v. 25.6.1998 (BGBl. I S. 1588).

[2] § 408 neu gef. durch G v. 25.6.1998 (BGBl. I S. 1588); Überschrift neu gef., Abs. 1 Satz 1 Nr. 9 geänd., Abs. 3 angef. mWv 25.4.2013 durch G v. 20.4.2013 (BGBl. I S. 831); Abs. 3 Satz 2 geänd. mWv 8.9.2015 durch VO v. 31.8.2015 (BGBl. I S. 1474); Abs. 3 Satz 2 geänd. mWv 27.6.2020 durch VO v. 19.6.2020 (BGBl. I S. 1328); Abs. 3 Satz 2 geänd. mWv 22.6.2023 durch G v. 19.6.2023 (BGBl. 2023 I Nr. 154).

Unterschriften durch Druck oder Stempel genügen. [4]Eine Ausfertigung ist für den Absender bestimmt, eine begleitet das Gut, eine behält der Frachtführer.

(3) [1]Dem Frachtbrief gleichgestellt ist eine elektronische Aufzeichnung, die dieselben Funktionen erfüllt wie der Frachtbrief, sofern sichergestellt ist, dass die Authentizität und die Integrität der Aufzeichnung gewahrt bleiben (elektronischer Frachtbrief). [2]Das Bundesministerium der Justiz wird ermächtigt, im Einvernehmen mit dem Bundesministerium des Innern und für Heimat durch Rechtsverordnung, die nicht der Zustimmung des Bundesrates bedarf, die Einzelheiten der Ausstellung, des Mitführens und der Vorlage eines elektronischen Frachtbriefs sowie des Verfahrens einer nachträglichen Eintragung in einen elektronischen Frachtbrief zu regeln.

**§ 409[1)] Beweiskraft des Frachtbriefs.** (1) Der von beiden Parteien unterzeichnete Frachtbrief dient bis zum Beweis des Gegenteils als Nachweis für Abschluß und Inhalt des Frachtvertrages sowie für die Übernahme des Gutes durch den Frachtführer.

(2) [1]Der von beiden Parteien unterzeichnete Frachtbrief begründet ferner die Vermutung, daß das Gut und seine Verpackung bei der Übernahme durch den Frachtführer in äußerlich gutem Zustand waren und daß die Anzahl der Frachtstücke und ihre Zeichen und Nummern mit den Angaben im Frachtbrief übereinstimmen. [2]Der Frachtbrief begründet diese Vermutung jedoch nicht, wenn der Frachtführer einen begründeten Vorbehalt in den Frachtbrief eingetragen hat; der Vorbehalt kann auch damit begründet werden, daß dem Frachtführer keine angemessenen Mittel zur Verfügung standen, die Richtigkeit der Angaben zu überprüfen.

(3) [1]Ist das Rohgewicht oder die anders angegebene Menge des Gutes oder der Inhalt der Frachtstücke vom Frachtführer überprüft und das Ergebnis der Überprüfung in den von beiden Parteien unterzeichneten Frachtbrief eingetragen worden, so begründet dieser auch die Vermutung, daß Gewicht, Menge oder Inhalt mit den Angaben im Frachtbrief übereinstimmt. [2]Der Frachtführer ist verpflichtet, Gewicht, Menge oder Inhalt zu überprüfen, wenn der Absender dies verlangt und dem Frachtführer angemessene Mittel zur Überprüfung zur Verfügung stehen; der Frachtführer hat Anspruch auf Ersatz seiner Aufwendungen für die Überprüfung.

**§ 410[2)] Gefährliches Gut.** (1) Soll gefährliches Gut befördert werden, so hat der Absender dem Frachtführer rechtzeitig in Textform die genaue Art der Gefahr und, soweit erforderlich, zu ergreifende Vorsichtsmaßnahmen mitzuteilen.

(2) Der Frachtführer kann, sofern ihm nicht bei Übernahme des Gutes die Art der Gefahr bekannt war oder jedenfalls mitgeteilt worden ist,

1. gefährliches Gut ausladen, einlagern, zurückbefördern oder, soweit erforderlich, vernichten oder unschädlich machen, ohne dem Absender deshalb ersatzpflichtig zu werden, und
2. vom Absender wegen dieser Maßnahmen Ersatz der erforderlichen Aufwendungen verlangen.

---

[1)] 4. Abschnitt (§§ 407–452d) neu gef. durch G v. 25.6.1998 (BGBl. I S. 1588).

[2)] § 410 neu gef. durch G v. 25.6.1998 (BGBl. I S. 1588); Abs. 1 geänd. mWv 1.8.2001 durch G v. 13.7.2001 (BGBl. I S. 1542).

**§ 411[1)] Verpackung, Kennzeichnung.** [1]Der Absender hat das Gut, soweit dessen Natur unter Berücksichtigung der vereinbarten Beförderung eine Verpackung erfordert, so zu verpacken, daß es vor Verlust und Beschädigung geschützt ist und daß auch dem Frachtführer keine Schäden entstehen. [2]Soll das Gut in einem Container, auf einer Palette oder in oder auf einem sonstigen Lademittel, das zur Zusammenfassung von Frachtstücken verwendet wird, zur Beförderung übergeben werden, hat der Absender das Gut auch in oder auf dem Lademittel beförderungssicher zu stauen und zu sichern. [3]Der Absender hat das Gut ferner, soweit dessen vertragsgemäße Behandlung dies erfordert, zu kennzeichnen.

**§ 412[2)] Verladen und Entladen. Verordnungsermächtigung.** (1) [1]Soweit sich aus den Umständen oder der Verkehrssitte nicht etwas anderes ergibt, hat der Absender das Gut beförderungssicher zu laden, zu stauen und zu befestigen (verladen) sowie zu entladen. [2]Der Frachtführer hat für die betriebssichere Verladung zu sorgen.

(2) Für die Lade- und Entladezeit, die sich mangels abweichender Vereinbarung nach einer den Umständen des Falles angemessenen Frist bemißt, kann keine besondere Vergütung verlangt werden.

(3) Wartet der Frachtführer auf Grund vertraglicher Vereinbarung oder aus Gründen, die nicht seinem Risikobereich zuzurechnen sind, über die Lade- oder Entladezeit hinaus, so hat er Anspruch auf eine angemessene Vergütung (Standgeld).

(4) Das Bundesministerium der Justiz wird ermächtigt, im Einvernehmen mit dem Bundesministerium für Digitales und Verkehr durch Rechtsverordnung, die nicht der Zustimmung des Bundesrates bedarf, für die Binnenschiffahrt unter Berücksichtigung der Art der zur Beförderung bestimmten Fahrzeuge, der Art und Menge der umzuschlagenden Güter, der beim Güterumschlag zur Verfügung stehenden technischen Mittel und der Erfordernisse eines beschleunigten Verkehrsablaufs die Voraussetzungen für den Beginn der Lade- und Entladezeit, deren Dauer sowie die Höhe des Standgeldes zu bestimmen.

**§ 413[3)] Begleitpapiere.** (1) Der Absender hat dem Frachtführer alle Urkunden zur Verfügung zu stellen und Auskünfte zu erteilen, die für eine amtliche Behandlung, insbesondere eine Zollabfertigung, vor der Ablieferung des Gutes erforderlich sind.

(2) [1]Der Frachtführer ist für den Schaden verantwortlich, der durch Verlust oder Beschädigung der ihm übergebenen Urkunden oder durch deren unrichtige Verwendung verursacht worden ist, es sei denn, daß der Verlust, die Beschädigung oder die unrichtige Verwendung auf Umständen beruht, die der Frachtführer nicht vermeiden und deren Folgen er nicht abwenden konnte. [2]Seine Haftung ist jedoch auf den Betrag begrenzt, der bei Verlust des Gutes zu zahlen wäre.

---

[1)] § 411 neu gef. durch G v. 25.6.1998 (BGBl. I S. 1588); Satz 2 eingef., bish. Satz 2 wird Satz 3. mWv 25.4.2013 durch G v. 20.4.2013 (BGBl. I S. 831).

[2)] § 412 neu gef. durch G v. 25.6.1998 (BGBl. I S. 1588); Abs. 4 geänd. mWv 7.11.2001 durch VO v. 29.10.2001 (BGBl. I S. 2785); Abs. 4 geänd. mWv 8.11.2006 durch VO v. 31.10.2006 (BGBl. I S. 2407); Überschrift neu gef. mWv 25.4.2013 durch G v. 20.4.2013 (BGBl. I S. 831); Abs. 4 geänd. mWv 8.9. 2015 durch VO v. 31.8.2015 (BGBl. I S. 1474); Abs. 4 geänd. mWv 22.6.2023 durch G v. 19.6.2023 (BGBl. 2023 I Nr. 154).

[3)] § 413 neu gef. durch G v. 25.6.1998 (BGBl. I S. 1588); Abs. 1 geänd. mWv 25.4.2013 durch G v. 20.4.2013 (BGBl. I S. 831).

**§ 414[1)] Verschuldensunabhängige Haftung des Absenders in besonderen Fällen.** (1) Der Absender hat, auch wenn ihn kein Verschulden trifft, dem Frachtführer Schäden und Aufwendungen zu ersetzen, die verursacht werden durch

1. ungenügende Verpackung oder Kennzeichnung,
2. Unrichtigkeit oder Unvollständigkeit der in den Frachtbrief aufgenommenen Angaben,
3. Unterlassen der Mitteilung über die Gefährlichkeit des Gutes oder
4. Fehlen, Unvollständigkeit oder Unrichtigkeit der in § 413 Abs. 1 genannten Urkunden oder Auskünfte.

(2) Hat bei der Verursachung der Schäden oder Aufwendungen ein Verhalten des Frachtführers mitgewirkt, so hängen die Verpflichtung zum Ersatz sowie der Umfang des zu leistenden Ersatzes davon ab, inwieweit dieses Verhalten zu den Schäden und Aufwendungen beigetragen hat.

(3) Ist der Absender ein Verbraucher, so hat er dem Frachtführer Schäden und Aufwendungen nach den Absätzen 1 und 2 nur zu ersetzen, soweit ihn ein Verschulden trifft.

**§ 415[2)] Kündigung durch den Absender.** (1) Der Absender kann den Frachtvertrag jederzeit kündigen.

(2) [1] Kündigt der Absender, so kann der Frachtführer entweder

1. die vereinbarte Fracht, das etwaige Standgeld sowie zu ersetzende Aufwendungen unter Anrechnung dessen, was er infolge der Aufhebung des Vertrages an Aufwendungen erspart oder anderweitig erwirbt oder zu erwerben böswillig unterläßt, oder
2. ein Drittel der vereinbarten Fracht (Fautfracht)

verlangen. [2] Beruht die Kündigung auf Gründen, die dem Risikobereich des Frachtführers zuzurechnen sind, so entfällt der Anspruch auf Fautfracht nach Satz 1 Nr. 2; in diesem Falle entfällt auch der Anspruch nach Satz 1 Nr. 1, soweit die Beförderung für den Absender nicht von Interesse ist.

(3) [1] Wurde vor der Kündigung bereits Gut verladen, so kann der Frachtführer auf Kosten des Absenders Maßnahmen entsprechend § 419 Abs. 3 Satz 2 bis 4 ergreifen oder vom Absender verlangen, daß dieser das Gut unverzüglich entlädt. [2] Der Frachtführer braucht das Entladen des Gutes nur zu dulden, soweit dies ohne Nachteile für seinen Betrieb und ohne Schäden für die Absender oder Empfänger anderer Sendungen möglich ist. [3] Beruht die Kündigung auf Gründen, die dem Risikobereich des Frachtführers zuzurechnen sind, so ist abweichend von den Sätzen 1 und 2 der Frachtführer verpflichtet, das Gut, das bereits verladen wurde, unverzüglich auf eigene Kosten zu entladen.

**§ 416[3)] Anspruch auf Teilbeförderung.** [1] Wird das Gut nur teilweise verladen, so kann der Absender jederzeit verlangen, dass der Frachtführer mit der Beförderung des bereits verladenen Teils des Gutes beginnt. [2] In diesem Fall gebührt dem Frachtführer die volle Fracht, das etwaige Standgeld sowie Ersatz der Aufwendungen, die ihm durch das Fehlen eines Teils des Gutes entstehen; von der

---

[1)] § 414 neu gef. durch G v. 25.6.1998 (BGBl. I S. 1588); Abs. 4 aufgeh. mWv 30.6.2000 durch G v. 27.6.2000 (BGBl. I S. 897); Abs. 1 Satz 2 aufgeh. mWv 25.4.2013 durch G v. 20.4.2013 (BGBl. I S. 831).

[2)] 4. Abschnitt (§§ 407–452d) neu gef. durch G v. 25.6.1998 (BGBl. I S. 1588).

[3)] § 416 neu gef. durch G v. 25.6.1998 (BGBl. I S. 1588); Satz 1 neu gef., Sätze 2–4 geänd. mWv 25.4.2013 durch G v. 20.4.2013 (BGBl. I S. 831).

vollen Fracht kommt jedoch die Fracht für dasjenige Gut in Abzug, welches der Frachtführer mit demselben Beförderungsmittel anstelle des nicht verladenen Gutes befördert. [3] Der Frachtführer ist außerdem berechtigt, soweit ihm durch das Fehlen eines Teils des Gutes die Sicherheit für die volle Fracht entgeht, die Bestellung einer anderweitigen Sicherheit zu fordern. [4] Beruht die Unvollständigkeit der Verladung auf Gründen, die dem Risikobereich des Frachtführers zuzurechnen sind, so steht diesem der Anspruch nach den Sätzen 2 und 3 nur insoweit zu, als tatsächlich Gut befördert wird.

### § 417[1)] Rechte des Frachtführers bei Nichteinhaltung der Ladezeit.

(1) Verlädt der Absender das Gut nicht innerhalb der Ladezeit oder stellt er, wenn ihm das Verladen nicht obliegt, das Gut nicht innerhalb der Ladezeit zur Verfügung, so kann ihm der Frachtführer eine angemessene Frist setzen, innerhalb derer das Gut verladen oder zur Verfügung gestellt werden soll.

(2) Wird bis zum Ablauf der nach Absatz 1 gesetzten Frist kein Gut verladen oder zur Verfügung gestellt oder ist offensichtlich, dass innerhalb dieser Frist kein Gut verladen oder zur Verfügung gestellt wird, so kann der Frachtführer den Vertrag kündigen und die Ansprüche nach § 415 Abs. 2 geltend machen.

(3) Wird das Gut bis zum Ablauf der nach Absatz 1 gesetzten Frist nur teilweise verladen oder zur Verfügung gestellt, so kann der Frachtführer mit der Beförderung des bereits verladenen Teils des Gutes beginnen und die Ansprüche nach § 416 Satz 2 und 3 geltend machen.

(4) [1] Der Frachtführer kann die Rechte nach Absatz 2 oder 3 auch ohne Fristsetzung ausüben, wenn der Absender sich ernsthaft und endgültig weigert, das Gut zu verladen oder zur Verfügung zu stellen. [2] Er kann ferner den Vertrag nach Absatz 2 auch ohne Fristsetzung kündigen, wenn besondere Umstände vorliegen, die ihm unter Abwägung der beiderseitigen Interessen die Fortsetzung des Vertragsverhältnisses unzumutbar machen.

(5) Dem Frachtführer stehen die Rechte nicht zu, wenn die Nichteinhaltung der Ladezeit auf Gründen beruht, die seinem Risikobereich zuzurechnen sind.

**§ 418[2)] Nachträgliche Weisungen.** (1) [1] Der Absender ist berechtigt, über das Gut zu verfügen. [2] Er kann insbesondere verlangen, daß der Frachtführer das Gut nicht weiterbefördert oder es an einem anderen Bestimmungsort, an einer anderen Ablieferungsstelle oder an einen anderen Empfänger abliefert. [3] Der Frachtführer ist nur insoweit zur Befolgung solcher Weisungen verpflichtet, als deren Ausführung weder Nachteile für den Betrieb seines Unternehmens noch Schäden für die Absender oder Empfänger anderer Sendungen mit sich zu bringen droht. [4] Er kann vom Absender Ersatz seiner durch die Ausführung der Weisung entstehenden Aufwendungen sowie eine angemessene Vergütung verlangen; der Frachtführer kann die Befolgung der Weisung von einem Vorschuß abhängig machen.

(2) [1] Das Verfügungsrecht des Absenders erlischt nach Ankunft des Gutes an der Ablieferungsstelle. [2] Von diesem Zeitpunkt an steht das Verfügungsrecht nach Absatz 1 dem Empfänger zu. [3] Macht der Empfänger von diesem Recht Gebrauch, so hat er dem Frachtführer die entstehenden Mehraufwendungen zu ersetzen

---

[1)] § 417 neu gef. durch G v. 25.6.1998 (BGBl. I S. 1588); Abs. 1 neu gef. mWv 1.1.2002 durch G v. 26.11.2001 (BGBl. I S. 3138); Abs. 1 und 2 geänd., Abs. 3 neu gef., Abs. 4 eingef., bish. Abs. 4 wird Abs. 5 mWv 25.4.2013 durch G v. 20.4.2013 (BGBl. I S. 831).

[2)] § 418 neu gef. durch G v. 25.6.1998 (BGBl. I S. 1588); Abs. 6 Satz 2 neu gef. mWv 25.4.2013 durch G v. 20.4.2013 (BGBl. I S. 831).

sowie eine angemessene Vergütung zu zahlen; der Frachtführer kann die Befolgung der Weisung von einem Vorschuß abhängig machen.

(3) Hat der Empfänger in Ausübung seines Verfügungsrechts die Ablieferung des Gutes an einen Dritten angeordnet, so ist dieser nicht berechtigt, seinerseits einen anderen Empfänger zu bestimmen.

(4) Ist ein Frachtbrief ausgestellt und von beiden Parteien unterzeichnet worden, so kann der Absender sein Verfügungsrecht nur gegen Vorlage der Absenderausfertigung des Frachtbriefs ausüben, sofern dies im Frachtbrief vorgeschrieben ist.

(5) Beabsichtigt der Frachtführer, eine ihm erteilte Weisung nicht zu befolgen, so hat er denjenigen, der die Weisung gegeben hat, unverzüglich zu benachrichtigen.

(6) [1] Ist die Ausübung des Verfügungsrechts von der Vorlage des Frachtbriefs abhängig gemacht worden und führt der Frachtführer eine Weisung aus, ohne sich die Absenderausfertigung des Frachtbriefs vorlegen zu lassen, so haftet er dem Berechtigten für den daraus entstehenden Schaden. [2] Die Haftung ist auf den Betrag begrenzt, der bei Verlust des Gutes zu zahlen wäre.

**§ 419[1)] Beförderungs- und Ablieferungshindernisse.** (1) [1] Wird nach Übernahme des Gutes erkennbar, dass die Beförderung oder Ablieferung nicht vertragsgemäß durchgeführt werden kann, so hat der Frachtführer Weisungen des nach § 418 oder § 446 Verfügungsberechtigten einzuholen. [2] Ist der Empfänger verfügungsberechtigt und ist er nicht zu ermitteln oder verweigert er die Annahme des Gutes, so ist, wenn ein Ladeschein nicht ausgestellt ist, Verfügungsberechtigter nach Satz 1 der Absender; ist die Ausübung des Verfügungsrechts von der Vorlage eines Frachtbriefs abhängig gemacht worden, so bedarf es in diesem Fall der Vorlage des Frachtbriefs nicht. [3] Der Frachtführer ist, wenn ihm Weisungen erteilt worden sind und das Hindernis nicht seinem Risikobereich zuzurechnen ist, berechtigt, Ansprüche nach § 418 Abs. 1 Satz 4 geltend zu machen.

(2) Tritt das Beförderungs- oder Ablieferungshindernis ein, nachdem der Empfänger auf Grund seiner Verfügungsbefugnis nach § 418 die Weisung erteilt hat, das Gut an einen Dritten abzuliefern, so nimmt bei der Anwendung des Absatzes 1 der Empfänger die Stelle des Absenders und der Dritte die des Empfängers ein.

(3) [1] Kann der Frachtführer Weisungen, die er nach § 418 Abs. 1 Satz 3 befolgen müßte, innerhalb angemessener Zeit nicht erlangen, so hat er die Maßnahmen zu ergreifen, die im Interesse des Verfügungsberechtigten die besten zu sein scheinen. [2] Er kann etwa das Gut entladen und verwahren, für Rechnung des nach § 418 oder § 446 Verfügungsberechtigten einem Dritten zur Verwahrung anvertrauen oder zurückbefördern; vertraut der Frachtführer das Gut einem Dritten an, so haftet er nur für die sorgfältige Auswahl des Dritten. [3] Der Frachtführer kann das Gut auch gemäß § 373 Abs. 2 bis 4 verkaufen lassen, wenn es sich um verderbliche Ware handelt oder der Zustand des Gutes eine solche Maßnahme rechtfertigt oder wenn die andernfalls entstehenden Kosten in keinem angemessenen Verhältnis zum Wert des Gutes stehen. [4] Unverwertbares Gut darf der Frachtführer vernichten. [5] Nach dem Entladen des Gutes gilt die Beförderung als beendet.

---

[1)] § 419 neu gef. durch G v. 25.6.1998 (BGBl. I S. 1588); Abs. 1 Satz 1 neu gef., Satz 2 und Abs. 3 Satz 2 geänd. mWv 25.4.2013 durch G v. 20.4.2013 (BGBl. I S. 831).

(4) Der Frachtführer hat wegen der nach Absatz 3 ergriffenen Maßnahmen Anspruch auf Ersatz der erforderlichen Aufwendungen und auf angemessene Vergütung, es sei denn, daß das Hindernis seinem Risikobereich zuzurechnen ist.

**§ 420[1)] Zahlung. Frachtberechnung.** (1) [1]Die Fracht ist bei Ablieferung des Gutes zu zahlen. [2]Der Frachtführer hat über die Fracht hinaus einen Anspruch auf Ersatz von Aufwendungen, soweit diese für das Gut gemacht wurden und er sie den Umständen nach für erforderlich halten durfte.

(2) [1]Der Anspruch auf die Fracht entfällt, soweit die Beförderung unmöglich ist. [2]Wird die Beförderung infolge eines Beförderungs- oder Ablieferungshindernisses vorzeitig beendet, so gebührt dem Frachtführer die anteilige Fracht für den zurückgelegten Teil der Beförderung, wenn diese für den Absender von Interesse ist.

(3) [1]Abweichend von Absatz 2 behält der Frachtführer den Anspruch auf die Fracht, wenn die Beförderung aus Gründen unmöglich ist, die dem Risikobereich des Absenders zuzurechnen sind oder die zu einer Zeit eintreten, zu welcher der Absender im Verzug der Annahme ist. [2]Der Frachtführer muss sich jedoch das, was er an Aufwendungen erspart oder anderweitig erwirbt oder zu erwerben böswillig unterlässt, anrechnen lassen.

(4) Tritt nach Beginn der Beförderung und vor Ankunft an der Ablieferungsstelle eine Verzögerung ein und beruht die Verzögerung auf Gründen, die dem Risikobereich des Absenders zuzurechnen sind, so gebührt dem Frachtführer neben der Fracht eine angemessene Vergütung.

(5) Ist die Fracht nach Zahl, Gewicht oder anders angegebener Menge des Gutes vereinbart, so wird für die Berechnung der Fracht vermutet, daß Angaben hierzu im Frachtbrief oder Ladeschein zutreffen; dies gilt auch dann, wenn zu diesen Angaben ein Vorbehalt eingetragen ist, der damit begründet ist, daß keine angemessenen Mittel zur Verfügung standen, die Richtigkeit der Angaben zu überprüfen.

**§ 421[2)] Rechte des Empfängers. Zahlungspflicht.** (1) [1]Nach Ankunft des Gutes an der Ablieferungsstelle ist der Empfänger berechtigt, vom Frachtführer zu verlangen, ihm das Gut gegen Erfüllung der Verpflichtungen aus dem Frachtvertrag abzuliefern. [2]Ist das Gut beschädigt oder verspätet abgeliefert worden oder verlorengegangen, so kann der Empfänger die Ansprüche aus dem Frachtvertrag im eigenen Namen gegen den Frachtführer geltend machen; der Absender bleibt zur Geltendmachung dieser Ansprüche befugt. [3]Dabei macht es keinen Unterschied, ob Empfänger oder Absender im eigenen oder fremden Interesse handeln.

(2) [1]Der Empfänger, der sein Recht nach Absatz 1 Satz 1 geltend macht, hat die noch geschuldete Fracht bis zu dem Betrag zu zahlen, der aus dem Frachtbrief hervorgeht. [2]Ist ein Frachtbrief nicht ausgestellt oder dem Empfänger nicht vorgelegt worden oder ergibt sich aus dem Frachtbrief nicht die Höhe der zu zahlenden Fracht, so hat der Empfänger die mit dem Absender vereinbarte Fracht zu zahlen, soweit diese nicht unangemessen ist.

(3) Der Empfänger, der sein Recht nach Absatz 1 Satz 1 geltend macht, hat ferner ein Standgeld oder eine Vergütung nach § 420 Abs. 4 zu zahlen, ein

---

[1)] § 420 neu gef. durch G v. 25.6.1998 (BGBl. I S. 1588); Abs. 2 neu gef., Abs. 3 eingef., bish. Abs. 3 und 4 werden Abs. 4 und 5 mWv 25.4.2013 durch G v. 20.4.2013 (BGBl. I S. 831).

[2)] § 421 neu gef. durch G v. 25.6.1998 (BGBl. I S. 1588); Abs. 3 geänd. mWv 25.4.2013 durch G v. 20.4.2013 (BGBl. I S. 831).

Standgeld wegen Überschreitung der Ladezeit und eine Vergütung nach § 420 Abs. 4 jedoch nur, wenn ihm der geschuldete Betrag bei Ablieferung des Gutes mitgeteilt worden ist.

(4) Der Absender bleibt zur Zahlung der nach dem Vertrag geschuldeten Beträge verpflichtet.

**§ 422[1)] Nachnahme.** (1) Haben die Parteien vereinbart, daß das Gut nur gegen Einziehung einer Nachnahme an den Empfänger abgeliefert werden darf, so ist anzunehmen, daß der Betrag in bar oder in Form eines gleichwertigen Zahlungsmittels einzuziehen ist.

(2) Das auf Grund der Einziehung Erlangte gilt im Verhältnis zu den Gläubigern des Frachtführers als auf den Absender übertragen.

(3) Wird das Gut dem Empfänger ohne Einziehung der Nachnahme abgeliefert, so haftet der Frachtführer, auch wenn ihn kein Verschulden trifft, dem Absender für den daraus entstehenden Schaden, jedoch nur bis zur Höhe des Betrages der Nachnahme.

**§ 423[1)] Lieferfrist.** Der Frachtführer ist verpflichtet, das Gut innerhalb der vereinbarten Frist oder mangels Vereinbarung innerhalb der Frist abzuliefern, die einem sorgfältigen Frachtführer unter Berücksichtigung der Umstände vernünftigerweise zuzubilligen ist (Lieferfrist).

**§ 424[1)] Verlustvermutung.** (1) Der Anspruchsberechtigte kann das Gut als verloren betrachten, wenn es weder innerhalb der Lieferfrist noch innerhalb eines weiteren Zeitraums abgeliefert wird, der der Lieferfrist entspricht, mindestens aber zwanzig Tage, bei einer grenzüberschreitenden Beförderung dreißig Tage beträgt.

(2) Erhält der Anspruchsberechtigte eine Entschädigung für den Verlust des Gutes, so kann er bei deren Empfang verlangen, daß er unverzüglich benachrichtigt wird, wenn das Gut wiederaufgefunden wird.

(3) [1] Der Anspruchsberechtigte kann innerhalb eines Monats nach Empfang der Benachrichtigung von dem Wiederauffinden des Gutes verlangen, daß ihm das Gut Zug um Zug gegen Erstattung der Entschädigung, gegebenenfalls abzüglich der in der Entschädigung enthaltenen Kosten, abgeliefert wird. [2] Eine etwaige Pflicht zur Zahlung der Fracht sowie Ansprüche auf Schadenersatz bleiben unberührt.

(4) Wird das Gut nach Zahlung einer Entschädigung wiederaufgefunden und hat der Anspruchsberechtigte eine Benachrichtigung nicht verlangt oder macht er nach Benachrichtigung seinen Anspruch auf Ablieferung nicht geltend, so kann der Frachtführer über das Gut frei verfügen.

**§ 425[1)] Haftung für Güter- und Verspätungsschäden. Schadensteilung.**
(1) Der Frachtführer haftet für den Schaden, der durch Verlust oder Beschädigung des Gutes in der Zeit von der Übernahme zur Beförderung bis zur Ablieferung oder durch Überschreitung der Lieferfrist entsteht.

(2) Hat bei der Entstehung des Schadens ein Verhalten des Absenders oder des Empfängers oder ein besonderer Mangel des Gutes mitgewirkt, so hängen die Verpflichtung zum Ersatz sowie der Umfang des zu leistenden Ersatzes davon ab, inwieweit diese Umstände zu dem Schaden beigetragen haben.

---

[1)] 4. Abschnitt (§§ 407–452d) neu gef. durch G v. 25.6.1998 (BGBl. I S. 1588).

**§ 426[1)] Haftungsausschluß.** Der Frachtführer ist von der Haftung befreit, soweit der Verlust, die Beschädigung oder die Überschreitung der Lieferfrist auf Umständen beruht, die der Frachtführer auch bei größter Sorgfalt nicht vermeiden und deren Folgen er nicht abwenden konnte.

**§ 427[1)] Besondere Haftungsausschlußgründe.** (1) Der Frachtführer ist von seiner Haftung befreit, soweit der Verlust, die Beschädigung oder die Überschreitung der Lieferfrist auf eine der folgenden Gefahren zurückzuführen ist:

1. vereinbarte oder der Übung entsprechende Verwendung von offenen, nicht mit Planen gedeckten Fahrzeugen oder Verladung auf Deck;
2. ungenügende Verpackung durch den Absender;
3. Behandeln, Verladen oder Entladen des Gutes durch den Absender oder den Empfänger;
4. natürliche Beschaffenheit des Gutes, die besonders leicht zu Schäden, insbesondere durch Bruch, Rost, inneren Verderb, Austrocknen, Auslaufen, normalen Schwund, führt;
5. ungenügende Kennzeichnung der Frachtstücke durch den Absender;
6. Beförderung lebender Tiere.

(2) [1] Ist ein Schaden eingetreten, der nach den Umständen des Falles aus einer der in Absatz 1 bezeichneten Gefahren entstehen konnte, so wird vermutet, daß der Schaden aus dieser Gefahr entstanden ist. [2] Diese Vermutung gilt im Falle des Absatzes 1 Nr. 1 nicht bei außergewöhnlich großem Verlust.

(3) Der Frachtführer kann sich auf Absatz 1 Nr. 1 nur berufen, soweit der Verlust, die Beschädigung oder die Überschreitung der Lieferfrist nicht darauf zurückzuführen ist, daß der Frachtführer besondere Weisungen des Absenders im Hinblick auf die Beförderung des Gutes nicht beachtet hat.

(4) Ist der Frachtführer nach dem Frachtvertrag verpflichtet, das Gut gegen die Einwirkung von Hitze, Kälte, Temperaturschwankungen, Luftfeuchtigkeit, Erschütterungen oder ähnlichen Einflüssen besonders zu schützen, so kann er sich auf Absatz 1 Nr. 4 nur berufen, wenn er alle ihm nach den Umständen obliegenden Maßnahmen, insbesondere hinsichtlich der Auswahl, Instandhaltung und Verwendung besonderer Einrichtungen, getroffen und besondere Weisungen beachtet hat.

(5) Der Frachtführer kann sich auf Absatz 1 Nr. 6 nur berufen, wenn er alle ihm nach den Umständen obliegenden Maßnahmen getroffen und besondere Weisungen beachtet hat.

**§ 428[1)] Haftung für andere.** [1] Der Frachtführer hat Handlungen und Unterlassungen seiner Leute in gleichem Umfange zu vertreten wie eigene Handlungen und Unterlassungen, wenn die Leute in Ausübung ihrer Verrichtungen handeln. [2] Gleiches gilt für Handlungen und Unterlassungen anderer Personen, deren er sich bei Ausführung der Beförderung bedient.

**§ 429[1)] Wertersatz.** (1) Hat der Frachtführer für gänzlichen oder teilweisen Verlust des Gutes Schadenersatz zu leisten, so ist der Wert am Ort und zur Zeit der Übernahme zur Beförderung zu ersetzen.

(2) [1] Bei Beschädigung des Gutes ist der Unterschied zwischen dem Wert des unbeschädigten Gutes am Ort und zur Zeit der Übernahme zur Beförderung und

[1)] 4. Abschnitt (§§ 407–452d) neu gef. durch G v. 25.6.1998 (BGBl. I S. 1588).

dem Wert zu ersetzen, den das beschädigte Gut am Ort und zur Zeit der Übernahme gehabt hätte. [2]Es wird vermutet, daß die zur Schadensminderung und Schadensbehebung aufzuwendenden Kosten dem nach Satz 1 zu ermittelnden Unterschiedsbetrag entsprechen.

(3) [1]Der Wert des Gutes bestimmt sich nach dem Marktpreis, sonst nach dem gemeinen Wert von Gütern gleicher Art und Beschaffenheit. [2]Ist das Gut unmittelbar vor Übernahme zur Beförderung verkauft worden, so wird vermutet, daß der in der Rechnung des Verkäufers ausgewiesene Kaufpreis abzüglich darin enthaltener Beförderungskosten der Marktpreis ist.

**§ 430[1)] Schadensfeststellungskosten.** Bei Verlust oder Beschädigung des Gutes hat der Frachtführer über den nach § 429 zu leistenden Ersatz hinaus die Kosten der Feststellung des Schadens zu tragen.

**§ 431[2)] Haftungshöchstbetrag.** (1) Die nach den §§ 429 und 430 zu leistende Entschädigung wegen Verlust oder Beschädigung ist auf einen Betrag von 8,33 Rechnungseinheiten für jedes Kilogramm des Rohgewichts des Gutes begrenzt.

(2) Besteht das Gut aus mehreren Frachtstücken (Sendung) und sind nur einzelne Frachtstücke verloren oder beschädigt worden, so ist der Berechnung nach Absatz 1

1. die gesamte Sendung zu Grunde zu legen, wenn die gesamte Sendung entwertet ist, oder
2. der entwertete Teil der Sendung zu Grunde zu legen, wenn nur ein Teil der Sendung entwertet ist.

(3) Die Haftung des Frachtführers wegen Überschreitung der Lieferfrist ist auf den dreifachen Betrag der Fracht begrenzt.

(4) [1]Die in den Absätzen 1 und 2 genannte Rechnungseinheit ist das Sonderziehungsrecht des Internationalen Währungsfonds. [2]Der Betrag wird in Euro entsprechend dem Wert des Euro gegenüber dem Sonderziehungsrecht am Tag der Übernahme des Gutes zur Beförderung oder an dem von den Parteien vereinbarten Tag umgerechnet. [3]Der Wert des Euro gegenüber dem Sonderziehungsrecht wird nach der Berechnungsmethode ermittelt, die der Internationale Währungsfonds an dem betreffenden Tag für seine Operationen und Transaktionen anwendet.

**§ 432[1)] Ersatz sonstiger Kosten.** [1]Haftet der Frachtführer wegen Verlust oder Beschädigung, so hat er über den nach den §§ 429 bis 431 zu leistenden Ersatz hinaus die Fracht, öffentliche Abgaben und sonstige Kosten aus Anlaß der Beförderung des Gutes zu erstatten, im Fall der Beschädigung jedoch nur in dem nach § 429 Abs. 2 zu ermittelnden Wertverhältnis. [2]Weiteren Schaden hat er nicht zu ersetzen.

**§ 433[1)] Haftungshöchstbetrag bei sonstigen Vermögensschäden.** Haftet der Frachtführer wegen der Verletzung einer mit der Ausführung der Beförderung des Gutes zusammenhängenden vertraglichen Pflicht für Schäden, die nicht durch Verlust oder Beschädigung des Gutes oder durch Überschreitung der Lieferfrist

---

[1)] 4. Abschnitt (§§ 407–452d) neu gef. durch G v. 25.6.1998 (BGBl. I S. 1588).

[2)] § 431 neu gef. durch G v. 25.6.1998 (BGBl. I S. 1588); Abs. 4 Sätze 2 und 3 geänd. mWv 16.4.2004 durch G v. 6.4.2004 (BGBl. I S. 550); Abs. 1 geänd., Abs. 2 neu gef. mWv 25.4.2013 durch G v. 20.4. 2013 (BGBl. I S. 831).

entstehen, und handelt es sich um andere Schäden als Sach- oder Personenschäden, so ist auch in diesem Falle die Haftung begrenzt, und zwar auf das Dreifache des Betrages, der bei Verlust des Gutes zu zahlen wäre.

**§ 434[1)] Außervertragliche Ansprüche.** (1) Die in diesem Unterabschnitt und im Frachtvertrag vorgesehenen Haftungsbefreiungen und Haftungsbegrenzungen gelten auch für einen außervertraglichen Anspruch des Absenders oder des Empfängers gegen den Frachtführer wegen Verlust oder Beschädigung des Gutes oder wegen Überschreitung der Lieferfrist.

(2) [1] Der Frachtführer kann auch gegenüber außervertraglichen Ansprüchen Dritter wegen Verlust oder Beschädigung des Gutes die Einwendungen nach Absatz 1 geltend machen. [2] Die Einwendungen können jedoch nicht geltend gemacht werden, wenn

1. sie auf eine Vereinbarung gestützt werden, die von den in § 449 Absatz 1 Satz 1 genannten Vorschriften zu Lasten des Absenders abweicht,
2. der Dritte der Beförderung nicht zugestimmt hat und der Frachtführer die fehlende Befugnis des Absenders, das Gut zu versenden, kannte oder infolge grober Fahrlässigkeit nicht kannte oder
3. das Gut vor Übernahme zur Beförderung dem Dritten oder einer Person, die von diesem ihr Recht zum Besitz ableitet, abhanden gekommen ist.

[3] Satz 2 Nummer 1 gilt jedoch nicht für eine nach § 449 zulässige Vereinbarung über die Begrenzung der vom Frachtführer zu leistenden Entschädigung wegen Verlust oder Beschädigung des Gutes auf einen niedrigeren als den gesetzlich vorgesehenen Betrag, wenn dieser den Betrag von 2 Rechnungseinheiten nicht unterschreitet.

**§ 435[2)] Wegfall der Haftungsbefreiungen und -begrenzungen.** Die in diesem Unterabschnitt und im Frachtvertrag vorgesehenen Haftungsbefreiungen und Haftungsbegrenzungen gelten nicht, wenn der Schaden auf eine Handlung oder Unterlassung zurückzuführen ist, die der Frachtführer oder eine in § 428 genannte Person vorsätzlich oder leichtfertig und in dem Bewußtsein, daß ein Schaden mit Wahrscheinlichkeit eintreten werde, begangen hat.

**§ 436[3)] Haftung der Leute.** [1] Werden Ansprüche aus außervertraglicher Haftung wegen Verlust oder Beschädigung des Gutes oder wegen Überschreitung der Lieferfrist gegen einen der Leute des Frachtführers erhoben, so kann sich auch jener auf die in diesem Unterabschnitt und im Frachtvertrag vorgesehenen Haftungsbefreiungen und -begrenzungen berufen. [2] Dies gilt nicht, wenn er vorsätzlich oder leichtfertig und in dem Bewußtsein, daß ein Schaden mit Wahrscheinlichkeit eintreten werde, gehandelt hat.

**§ 437[4)] Ausführender Frachtführer.** (1) [1] Wird die Beförderung ganz oder teilweise durch einen Dritten ausgeführt (ausführender Frachtführer), so haftet dieser für den Schaden, der durch Verlust oder Beschädigung des Gutes oder durch Überschreitung der Lieferfrist während der durch ihn ausgeführten Beförderung

---

[1)] § 434 neu gef. durch G v. 25.6.1998 (BGBl. I S. 1588); Abs. 2 Satz 2 neu gef., Satz 3 angef. mWv 25.4.2013 durch G v. 20.4.2013 (BGBl. I S. 831).

[2)] 4. Abschnitt (§§ 407–452d) neu gef. durch G v. 25.6.1998 (BGBl. I S. 1588).

[3)] § 436 neu gef. durch G v. 25.6.1998 (BGBl. I S. 1588, ber. 1999 I S. 42).

[4)] § 437 neu gef. durch G v. 25.6.1998 (BGBl. I S. 1588); Abs. 1 Satz 1 und Abs. 2 geänd. mWv 25.4. 2013 durch G v. 20.4.2013 (BGBl. I S. 831).

entsteht, so, als wäre er der Frachtführer. [2] Vertragliche Vereinbarungen mit dem Absender oder Empfänger, durch die der Frachtführer seine Haftung erweitert, wirken gegen den ausführenden Frachtführer nur, soweit er ihnen schriftlich zugestimmt hat.

(2) Der ausführende Frachtführer kann alle Einwendungen und Einreden geltend machen, die dem Frachtführer aus dem Frachtvertrag zustehen.

(3) Frachtführer und ausführender Frachtführer haften als Gesamtschuldner.

(4) Werden die Leute des ausführenden Frachtführers in Anspruch genommen, so gilt für diese § 436 entsprechend.

**§ 438[1)] Schadensanzeige.** (1) [1] Ist ein Verlust oder eine Beschädigung des Gutes äußerlich erkennbar und zeigt der Empfänger oder der Absender dem Frachtführer Verlust oder Beschädigung nicht spätestens bei Ablieferung des Gutes an, so wird vermutet, daß das Gut vollständig und unbeschädigt abgeliefert worden ist. [2] Die Anzeige muß den Verlust oder die Beschädigung hinreichend deutlich kennzeichnen.

(2) Die Vermutung nach Absatz 1 gilt auch, wenn der Verlust oder die Beschädigung äußerlich nicht erkennbar war und nicht innerhalb von sieben Tagen nach Ablieferung angezeigt worden ist.

(3) Ansprüche wegen Überschreitung der Lieferfrist erlöschen, wenn der Empfänger dem Frachtführer die Überschreitung der Lieferfrist nicht innerhalb von einundzwanzig Tagen nach Ablieferung anzeigt.

(4) [1] Eine Schadensanzeige nach Ablieferung ist in Textform zu erstatten. [2] Zur Wahrung der Frist genügt die rechtzeitige Absendung.

(5) Werden Verlust, Beschädigung oder Überschreitung der Lieferfrist bei Ablieferung angezeigt, so genügt die Anzeige gegenüber demjenigen, der das Gut abliefert.

**§ 439[2)] Verjährung.** (1) [1] Ansprüche aus einer Beförderung, die den Vorschriften dieses Unterabschnitts unterliegt, verjähren in einem Jahr. [2] Bei Vorsatz oder bei einem dem Vorsatz nach § 435 gleichstehenden Verschulden beträgt die Verjährungsfrist drei Jahre.

(2) [1] Die Verjährung beginnt mit Ablauf des Tages, an dem das Gut abgeliefert wurde. [2] Ist das Gut nicht abgeliefert worden, beginnt die Verjährung mit dem Ablauf des Tages, an dem das Gut hätte abgeliefert werden müssen. [3] Abweichend von den Sätzen 1 und 2 beginnt die Verjährung von Rückgriffsansprüchen mit dem Tag des Eintritts der Rechtskraft des Urteils gegen den Rückgriffsgläubiger oder, wenn kein rechtskräftiges Urteil vorliegt, mit dem Tag, an dem der Rückgriffsgläubiger den Anspruch befriedigt hat, es sei denn, der Rückgriffsschuldner wurde nicht innerhalb von drei Monaten, nachdem der Rückgriffsgläubiger Kenntnis von dem Schaden und der Person des Rückgriffsschuldners erlangt hat, über diesen Schaden unterrichtet.

(3) [1] Die Verjährung eines Anspruchs gegen den Frachtführer wird auch durch eine Erklärung des Absenders oder Empfängers, mit der dieser Ersatzansprüche erhebt, bis zu dem Zeitpunkt gehemmt, in dem der Frachtführer die Erfüllung des

---

1) § 438 neu gef. durch G v. 25.6.1998 (BGBl. I S. 1588, ber. 1999 I S. 42); Abs. 4 neu gef. mWv 1.8. 2001 durch G v. 13.7.2001 (BGBl. I S. 1542); Abs. 1 Sätze 1 und 2 geänd. mWv 25.4.2013 durch G v. 20.4.2013 (BGBl. I S. 831).

2) § 439 neu gef. durch G v. 25.6.1998 (BGBl. I S. 1588); Abs. 3 Satz 1 neu gef., Satz 2 eingef., bish. Satz 2 wird Satz 3, Abs. 4 geänd. mWv 25.4.2013 durch G v. 20.4.2013 (BGBl. I S. 831).

Anspruchs ablehnt. [2]Die Erhebung der Ansprüche sowie die Ablehnung bedürfen der Textform. [3]Eine weitere Erklärung, die denselben Ersatzanspruch zum Gegenstand hat, hemmt die Verjährung nicht erneut.

(4) Die Verjährung von Schadensersatzansprüchen wegen Verlust oder Beschädigung des Gutes oder wegen Überschreitung der Lieferfrist kann nur durch Vereinbarung, die im einzelnen ausgehandelt ist, auch wenn sie für eine Mehrzahl von gleichartigen Verträgen zwischen denselben Vertragsparteien getroffen ist, erleichtert oder erschwert werden.

**§ 440[1)] Pfandrecht des Frachtführers.** (1) [1]Der Frachtführer hat für alle Forderungen aus dem Frachtvertrag ein Pfandrecht an dem ihm zur Beförderung übergebenen Gut des Absenders oder eines Dritten, der der Beförderung des Gutes zugestimmt hat. [2]An dem Gut des Absenders hat der Frachtführer auch ein Pfandrecht für alle unbestrittenen Forderungen aus anderen mit dem Absender abgeschlossenen Fracht-, Seefracht-, Speditions- und Lagerverträgen. [3]Das Pfandrecht nach den Sätzen 1 und 2 erstreckt sich auf die Begleitpapiere.

(2) Das Pfandrecht besteht, solange der Frachtführer das Gut in seinem Besitz hat, insbesondere solange er mittels Konnossements, Ladescheins oder Lagerscheins darüber verfügen kann.

(3) Das Pfandrecht besteht auch nach der Ablieferung fort, wenn der Frachtführer es innerhalb von drei Tagen nach der Ablieferung gerichtlich geltend macht und das Gut noch im Besitz des Empfängers ist.

(4) [1]Die in § 1234 Abs. 1 des Bürgerlichen Gesetzbuchs[2)] bezeichnete Androhung des Pfandverkaufs sowie die in den §§ 1237 und 1241 des Bürgerlichen Gesetzbuchs vorgesehenen Benachrichtigungen sind an den nach § 418 oder § 446 verfügungsberechtigten Empfänger zu richten. [2]Ist dieser nicht zu ermitteln oder verweigert er die Annahme des Gutes, so haben die Androhung und die Benachrichtigung gegenüber dem Absender zu erfolgen.

**§ 441[3)] Nachfolgender Frachtführer.** (1) [1]Hat im Falle der Beförderung durch mehrere Frachtführer der letzte bei der Ablieferung die Forderungen der vorhergehenden Frachtführer einzuziehen, so hat er die Rechte der vorhergehenden Frachtführer, insbesondere auch das Pfandrecht, auszuüben. [2]Das Pfandrecht jedes vorhergehenden Frachtführers bleibt so lange bestehen wie das Pfandrecht des letzten Frachtführers.

(2) Wird ein vorhergehender Frachtführer von einem nachgehenden befriedigt, so gehen Forderung und Pfandrecht des ersteren auf den letzteren über.

(3) Die Absätze 1 und 2 gelten auch für die Forderungen und Rechte eines Spediteurs, der an der Beförderung mitgewirkt hat.

**§ 442[4)] Rang mehrerer Pfandrechte.** (1) Bestehen an demselben Gut mehrere nach den §§ 397, 440, 464, 475b und 495 begründete Pfandrechte, so geht unter

---

1) Früherer § 441 neu gef. durch G v. 25.6.1998 (BGBl. I S. 1588); § 440 aufgeh., bish. § 441 wird § 440 und Überschrift geänd., Abs. 1 neu gef., Abs. 4 Satz 1 geänd. mWv 25.4.2013 durch G v. 20.4.2013 (BGBl. I S. 831).

2) Nr. **20**.

3) Früherer § 442 neu gef. durch G v. 25.6.1998 (BGBl. I S. 1588); bish. § 442 wird § 441 mWv 25.4. 2013 durch G v. 20.4.2013 (BGBl. I S. 831).

4) Früherer § 443 neu gef. durch G v. 25.6.1998 (BGBl. I S. 1588); bish. § 443 wird § 442, Abs. 1 geänd. mWv 25.4.2013 durch G v. 20.4.2013 (BGBl. I S. 831).

denjenigen Pfandrechten, die durch die Versendung oder durch die Beförderung des Gutes entstanden sind, das später entstandene dem früher entstandenen vor.

(2) Diese Pfandrechte haben Vorrang vor dem nicht aus der Versendung entstandenen Pfandrecht des Kommissionärs und des Lagerhalters sowie vor dem Pfandrecht des Spediteurs, des Frachtführers und des Verfrachters für Vorschüsse.

**§ 443[1)] Ladeschein. Verordnungsermächtigung.** (1) [1] Über die Verpflichtung zur Ablieferung des Gutes kann von dem Frachtführer ein Ladeschein ausgestellt werden, der die in § 408 Abs. 1 genannten Angaben enthalten soll. [2] Der Ladeschein ist vom Frachtführer zu unterzeichnen; eine Nachbildung der eigenhändigen Unterschrift durch Druck oder Stempel genügt.

(2) [1] Ist der Ladeschein an Order gestellt, so soll er den Namen desjenigen enthalten, an dessen Order das Gut abgeliefert werden soll. [2] Wird der Name nicht angegeben, so ist der Ladeschein als an Order des Absenders gestellt anzusehen.

(3) [1] Dem Ladeschein gleichgestellt ist eine elektronische Aufzeichnung, die dieselben Funktionen erfüllt wie der Ladeschein, sofern sichergestellt ist, dass die Authentizität und die Integrität der Aufzeichnung gewahrt bleiben (elektronischer Ladeschein). [2] Das Bundesministerium der Justiz wird ermächtigt, im Einvernehmen mit dem Bundesministerium des Innern und für Heimat durch Rechtsverordnung, die nicht der Zustimmung des Bundesrates bedarf, die Einzelheiten der Ausstellung, Vorlage, Rückgabe und Übertragung eines elektronischen Ladescheins sowie die Einzelheiten des Verfahrens einer nachträglichen Eintragung in einen elektronischen Ladeschein zu regeln.

**§ 444[2)] Wirkung des Ladescheins. Legitimation.** (1) Der Ladeschein begründet die Vermutung, dass der Frachtführer das Gut so übernommen hat, wie es im Ladeschein beschrieben ist; § 409 Absatz 2 und 3 Satz 1 gilt entsprechend.

(2) [1] Gegenüber einem im Ladeschein benannten Empfänger, an den der Ladeschein begeben wurde, kann der Frachtführer die Vermutung nach Absatz 1 nicht widerlegen, es sei denn, dem Empfänger war im Zeitpunkt der Begebung des Ladescheins bekannt oder infolge grober Fahrlässigkeit unbekannt, dass die Angaben im Ladeschein unrichtig sind. [2] Gleiches gilt gegenüber einem Dritten, dem der Ladeschein übertragen wurde. [3] Die Sätze 1 und 2 gelten nicht, wenn der aus dem Ladeschein Berechtigte den ausführenden Frachtführer nach § 437 in Anspruch nimmt und der Ladeschein weder vom ausführenden Frachtführer noch von einem für ihn zur Zeichnung von Ladescheinen Befugten ausgestellt wurde.

(3) [1] Die im Ladeschein verbrieften frachtvertraglichen Ansprüche können nur von dem aus dem Ladeschein Berechtigten geltend gemacht werden. [2] Zugunsten des legitimierten Besitzers des Ladescheins wird vermutet, dass er der aus dem Ladeschein Berechtigte ist. [3] Legitimierter Besitzer des Ladescheins ist, wer einen Ladeschein besitzt, der

1. auf den Inhaber lautet,
2. an Order lautet und den Besitzer als Empfänger benennt oder durch eine ununterbrochene Reihe von Indossamenten ausweist oder
3. auf den Namen des Besitzers lautet.

---

1) Früherer § 444 neu gef. durch G v. 25.6.1998 (BGBl. I S. 1588); bish. § 444 wird § 443, Überschrift, Abs. 3 neu gef., Abs. 4 aufgeh. mWv 25.4.2013 durch G v. 20.4.2013 (BGBl. I S. 831); Abs. 3 Satz 2 geänd. mWv 8.9.2015 durch VO v. 31.8.2015 (BGBl. I S. 1474), mWv 27.6.2020 durch VO v. 19.6.2020 (BGBl. I S. 1328) und mWv 22.6.2023 durch G v. 19.6.2023 (BGBl. 2023 I Nr. 154).

2) § 444 eingef. mWv 25.4.2013 durch G v. 20.4.2013 (BGBl. I S. 831).

**§ 445[1)] Ablieferung gegen Rückgabe des Ladescheins.** (1) [1] Nach Ankunft des Gutes an der Ablieferungsstelle ist der legitimierte Besitzer des Ladescheins berechtigt, vom Frachtführer die Ablieferung des Gutes zu verlangen. [2] Macht er von diesem Recht Gebrauch, ist er entsprechend § 421 Absatz 2 und 3 zur Zahlung der Fracht und einer sonstigen Vergütung verpflichtet.

(2) [1] Der Frachtführer ist zur Ablieferung des Gutes nur gegen Rückgabe des Ladescheins, auf dem die Ablieferung bescheinigt ist, und gegen Leistung der noch ausstehenden, nach § 421 Absatz 2 und 3 geschuldeten Zahlungen verpflichtet. [2] Er darf das Gut jedoch nicht dem legitimierten Besitzer des Ladescheins abliefern, wenn ihm bekannt oder infolge grober Fahrlässigkeit unbekannt ist, dass der legitimierte Besitzer des Ladescheins nicht der aus dem Ladeschein Berechtigte ist.

(3) [1] Liefert der Frachtführer das Gut einem anderen als dem legitimierten Besitzer des Ladescheins oder, im Falle des Absatzes 2 Satz 2, einem anderen als dem aus dem Ladeschein Berechtigten ab, haftet er für den Schaden, der dem aus dem Ladeschein Berechtigten daraus entsteht. [2] Die Haftung ist auf den Betrag begrenzt, der bei Verlust des Gutes zu zahlen wäre.

**§ 446[1)] Befolgung von Weisungen.** (1) [1] Das Verfügungsrecht nach den §§ 418 und 419 steht, wenn ein Ladeschein ausgestellt worden ist, ausschließlich dem legitimierten Besitzer des Ladescheins zu. [2] Der Frachtführer darf Weisungen nur gegen Vorlage des Ladescheins ausführen. [3] Weisungen des legitimierten Besitzers des Ladescheins darf er jedoch nicht ausführen, wenn ihm bekannt oder infolge grober Fahrlässigkeit unbekannt ist, dass der legitimierte Besitzer des Ladescheins nicht der aus dem Ladeschein Berechtigte ist.

(2) [1] Befolgt der Frachtführer Weisungen, ohne sich den Ladeschein vorlegen zu lassen, haftet er dem aus dem Ladeschein Berechtigten für den Schaden, der diesem daraus entsteht. [2] Die Haftung ist auf den Betrag begrenzt, der bei Verlust des Gutes zu zahlen wäre.

**§ 447[1)] Einwendungen.** (1) [1] Dem aus dem Ladeschein Berechtigten kann der Frachtführer nur solche Einwendungen entgegensetzen, die die Gültigkeit der Erklärungen im Ladeschein betreffen oder sich aus dem Inhalt des Ladescheins ergeben oder dem Frachtführer unmittelbar gegenüber dem aus dem Ladeschein Berechtigten zustehen. [2] Eine Vereinbarung, auf die im Ladeschein lediglich verwiesen wird, ist nicht Inhalt des Ladescheins.

(2) Wird ein ausführender Frachtführer nach § 437 von dem aus dem Ladeschein Berechtigten in Anspruch genommen, kann auch der ausführende Frachtführer die Einwendungen nach Absatz 1 geltend machen.

**§ 448[1)] Traditionswirkung des Ladescheins.** [1] Die Begebung des Ladescheins an den darin benannten Empfänger hat, sofern der Frachtführer das Gut im Besitz hat, für den Erwerb von Rechten an dem Gut dieselben Wirkungen wie die Übergabe des Gutes. [2] Gleiches gilt für die Übertragung des Ladescheins an Dritte.

**§ 449[1)] Abweichende Vereinbarungen über die Haftung.** (1) [1] Soweit der Frachtvertrag nicht die Beförderung von Briefen oder briefähnlichen Sendungen zum Gegenstand hat, kann von den Haftungsvorschriften in § 413 Absatz 2, den §§ 414, 418 Absatz 6, § 422 Absatz 3, den §§ 425 bis 438, 445 Absatz 3 und § 446 Absatz 2 nur durch Vereinbarung abgewichen werden, die im Einzelnen ausgehandelt wird, auch wenn sie für eine Mehrzahl von gleichartigen Verträgen

---

[1)] §§ 445–449 neu gef. mWv 25.4.2013 durch G v. 20.4.2013 (BGBl. I S. 831).

zwischen denselben Vertragsparteien getroffen wird. [2]Der Frachtführer kann sich jedoch auf eine Bestimmung im Ladeschein, die von den in Satz 1 genannten Vorschriften zu Lasten des aus dem Ladeschein Berechtigten abweicht, nicht gegenüber einem im Ladeschein benannten Empfänger, an den der Ladeschein begeben wurde, sowie gegenüber einem Dritten, dem der Ladeschein übertragen wurde, berufen.

(2) [1]Abweichend von Absatz 1 kann die vom Frachtführer zu leistende Entschädigung wegen Verlust oder Beschädigung des Gutes auch durch vorformulierte Vertragsbedingungen auf einen anderen als den in § 431 Absatz 1 und 2 vorgesehenen Betrag begrenzt werden, wenn dieser Betrag

1. zwischen 2 und 40 Rechnungseinheiten liegt und der Verwender der vorformulierten Vertragsbedingungen seinen Vertragspartner in geeigneter Weise darauf hinweist, dass diese einen anderen als den gesetzlich vorgesehenen Betrag vorsehen, oder
2. für den Verwender der vorformulierten Vertragsbedingungen ungünstiger ist als der in § 431 Absatz 1 und 2 vorgesehene Betrag.

[2]Ferner kann abweichend von Absatz 1 durch vorformulierte Vertragsbedingungen die vom Absender nach § 414 zu leistende Entschädigung der Höhe nach beschränkt werden.

(3) Ist der Absender ein Verbraucher, so kann in keinem Fall zu seinem Nachteil von den in Absatz 1 Satz 1 genannten Vorschriften abgewichen werden, es sei denn, der Frachtvertrag hat die Beförderung von Briefen oder briefähnlichen Sendungen zum Gegenstand.

(4) Unterliegt der Frachtvertrag ausländischem Recht, so sind die Absätze 1 bis 3 gleichwohl anzuwenden, wenn nach dem Vertrag sowohl der Ort der Übernahme als auch der Ort der Ablieferung des Gutes im Inland liegen.

**§ 450[1)] Anwendung von Seefrachtrecht.** Hat der Frachtvertrag die Beförderung des Gutes ohne Umladung sowohl auf Binnen- als auch auf Seegewässern zum Gegenstand, so ist auf den Vertrag Seefrachtrecht anzuwenden, wenn

*1. ein Konnossement ausgestellt ist oder*

*2.*[2)] die auf Seegewässern zurückzulegende Strecke die größere ist.

### Zweiter Unterabschnitt.[3)] Beförderung von Umzugsgut

**§ 451[3)] Umzugsvertrag.** Hat der Frachtvertrag die Beförderung von Umzugsgut zum Gegenstand, so sind auf den Vertrag die Vorschriften des Ersten Unterabschnitts anzuwenden, soweit die folgenden besonderen Vorschriften oder anzuwendende internationale Übereinkommen nichts anderes bestimmen.

[1)] § 450 neu gef. durch G v. 25.6.1998 (BGBl. I S. 1588); geänd. mit noch nicht bestimmtem Inkrafttreten durch G v. 20.4.2013 (BGBl. I S. 831).

[2)] Die Wörter „1. ein Konnossement ausgestellt ist oder 2." werden aufgehoben. Die Änderung tritt gem. Art. 15 Abs. 2 G v. 20.4.2013 (BGBl. I S. 831) an dem Tag in Kraft, an dem das Internationale Abkommen vom 25. August 1924 zur Vereinheitlichung von Regeln über Konnossemente (RGBl. 1939 II S. 1049) für die Bundesrepublik Deutschland außer Kraft tritt. Das Bundesministerium der Justiz gibt diesen Tag im Bundesgesetzblatt bekannt.

[3)] 4. Abschnitt (§§ 407–452d) neu gef. durch G v. 25.6.1998 (BGBl. I S. 1588).

**§ 451a[1)] Pflichten des Frachtführers.** (1) Die Pflichten des Frachtführers umfassen auch das Ab- und Aufbauen der Möbel sowie das Ver- und Entladen des Umzugsguts.

(2) Ist der Absender ein Verbraucher, so zählt zu den Pflichten des Frachtführers ferner die Ausführung sonstiger auf den Umzug bezogener Leistungen wie die Verpackung und Kennzeichnung des Umzugsgutes.

**§ 451b[2)] Frachtbrief. Gefährliches Gut. Begleitpapiere. Mitteilungs- und Auskunftspflichten.** (1) Abweichend von § 408 ist der Absender nicht verpflichtet, einen Frachtbrief auszustellen.

(2) [1] Zählt zu dem Umzugsgut gefährliches Gut und ist der Absender ein Verbraucher, so ist er abweichend von § 410 lediglich verpflichtet, den Frachtführer über die von dem Gut ausgehende Gefahr allgemein zu unterrichten; die Unterrichtung bedarf keiner Form. [2] Der Frachtführer hat den Absender über dessen Pflicht nach Satz 1 zu unterrichten.

(3) [1] Der Frachtführer hat den Absender, wenn dieser ein Verbraucher ist, über die zu beachtenden Zoll- und sonstigen Verwaltungsvorschriften zu unterrichten. [2] Er ist jedoch nicht verpflichtet zu prüfen, ob vom Absender zur Verfügung gestellte Urkunden und erteilte Auskünfte richtig und vollständig sind.

**§ 451c[3)]** *(aufgehoben)*

**§ 451d[4)] Besondere Haftungsausschlußgründe.** (1) Abweichend von § 427 ist der Frachtführer von seiner Haftung befreit, soweit der Verlust oder die Beschädigung auf eine der folgenden Gefahren zurückzuführen ist:

1. Beförderung von Edelmetallen, Juwelen, Edelsteinen, Geld, Briefmarken, Münzen, Wertpapieren oder Urkunden;
2. ungenügende Verpackung oder Kennzeichnung durch den Absender;
3. Behandeln, Verladen oder Entladen des Gutes durch den Absender;
4. Beförderung von nicht vom Frachtführer verpacktem Gut in Behältern;
5. Verladen oder Entladen von Gut, dessen Größe oder Gewicht den Raumverhältnissen an der Ladestelle oder Entladestelle nicht entspricht, sofern der Frachtführer den Absender auf die Gefahr einer Beschädigung vorher hingewiesen und der Absender auf der Durchführung der Leistung bestanden hat;
6. Beförderung lebender Tiere oder von Pflanzen;
7. natürliche oder mangelhafte Beschaffenheit des Gutes, der zufolge es besonders leicht Schäden, insbesondere durch Bruch, Funktionsstörungen, Rost, inneren Verderb oder Auslaufen, erleidet.

(2) Ist ein Schaden eingetreten, der nach den Umständen des Falles aus einer der in Absatz 1 bezeichneten Gefahren entstehen konnte, so wird vermutet, daß der Schaden aus dieser Gefahr entstanden ist.

(3) Der Frachtführer kann sich auf Absatz 1 nur berufen, wenn er alle ihm nach den Umständen obliegenden Maßnahmen getroffen und besondere Weisungen beachtet hat.

---

1) § 451a neu gef. durch G v. 25.6.1998 (BGBl. I S. 1588); Abs. 2 geänd. mWv 30.6.2000 durch G v. 27.6.2000 (BGBl. I S. 897).

2) § 451b neu gef. durch G v. 25.6.1998 (BGBl. I S. 1588); Abs. 2 Satz 1, Abs. 3 Satz 1 geänd. mWv 30.6.2000 durch G v. 27.6.2000 (BGBl. I S. 897).

3) § 451c aufgeh. mWv 25.4.2013 durch G v. 20.4.2013 (BGBl. I S. 831).

4) 4. Abschnitt (§§ 407–452d) neu gef. durch G v. 25.6.1998 (BGBl. I S. 1588).

**§ 451e[1)] Haftungshöchstbetrag.** Abweichend von § 431 Abs. 1 und 2 ist die Haftung des Frachtführers wegen Verlust oder Beschädigung auf einen Betrag von 620 Euro je Kubikmeter Laderaum, der zur Erfüllung des Vertrages benötigt wird, beschränkt.

**§ 451f[2)] Schadensanzeige.** Abweichend von § 438 Abs. 1 und 2 erlöschen Ansprüche wegen Verlust oder Beschädigung des Gutes,

1. wenn der Verlust oder die Beschädigung des Gutes äußerlich erkennbar war und dem Frachtführer nicht spätestens am Tag nach der Ablieferung angezeigt worden ist,
2. wenn der Verlust oder die Beschädigung äußerlich nicht erkennbar war und dem Frachtführer nicht innerhalb von vierzehn Tagen nach Ablieferung angezeigt worden ist.

**§ 451g[3)] Wegfall der Haftungsbefreiungen und -begrenzungen.** [1]Ist der Absender ein Verbraucher, so kann sich der Frachtführer oder eine in § 428 genannte Person

1. auf die in den §§ 451d und 451e sowie in dem Ersten Unterabschnitt vorgesehenen Haftungsbefreiungen und Haftungsbegrenzungen nicht berufen, soweit der Frachtführer es unterläßt, den Absender bei Abschluß des Vertrages über die Haftungsbestimmung zu unterrichten und auf die Möglichkeiten hinzuweisen, eine weitergehende Haftung zu vereinbaren oder das Gut zu versichern,
2. auf § 451f in Verbindung mit § 438 nicht berufen, soweit der Frachtführer es unterläßt, den Empfänger spätestens bei der Ablieferung des Gutes über die Form und Frist der Schadensanzeige sowie die Rechtsfolgen bei Unterlassen der Schadensanzeige zu unterrichten.

[2]Die Unterrichtung nach Satz 1 Nr. 1 muß in drucktechnisch deutlicher Gestaltung besonders hervorgehoben sein.

**§ 451h[4)] Abweichende Vereinbarungen.** (1) Ist der Absender ein Verbraucher, so kann von den die Haftung des Frachtführers und des Absenders regelnden Vorschriften dieses Unterabschnitts sowie den danach auf den Umzugsvertrag anzuwendenden Vorschriften des Ersten Unterabschnitts nicht zum Nachteil des Absenders abgewichen werden.

(2) [1]In allen anderen als den in Absatz 1 genannten Fällen kann von den darin genannten Vorschriften nur durch Vereinbarung abgewichen werden, die im einzelnen ausgehandelt ist, auch wenn sie für eine Mehrzahl von gleichartigen Verträgen zwischen denselben Vertragsparteien getroffen ist. [2]Die vom Frachtführer zu leistende Entschädigung wegen Verlust oder Beschädigung des Gutes kann jedoch auch durch vorformulierte Vertragsbedingungen auf einen anderen als den in § 451e vorgesehenen Betrag begrenzt werden, wenn der Verwender der vorformulierten Vertragsbedingungen seinen Vertragspartner in geeigneter Weise

---

1) § 451e neu gef. durch G v. 25.6.1998 (BGBl. I S. 1588); geänd. mWv 1.8.2002 durch G v. 19.7.2002 (BGBl. I S. 2674).

2) 4. Abschnitt (§§ 407–452d) neu gef. durch G v. 25.6.1998 (BGBl. I S. 1588).

3) § 451g neu gef. durch G v. 25.6.1998 (BGBl. I S. 1588); Satz 1 geänd. mWv 30.6.2000 durch G v. 27.6.2000 (BGBl. I S. 897).

4) § 451h neu gef. durch G v. 25.6.1998 (BGBl. I S. 1588); Abs. 1 geänd. mWv 30.6.2000 durch G v. 27.6.2000 (BGBl. I S. 897); Abs. 2 Satz 2 geänd., Satz 3 neu gef., Satz 4 aufgeh. mWv 25.4.2013 durch G v. 20.4.2013 (BGBl. I S. 831).

darauf hinweist, dass diese einen anderen als den gesetzlich vorgesehenen Betrag vorsehen. [3] Ferner kann durch vorformulierte Vertragsbedingungen die vom Absender nach § 414 zu leistende Entschädigung der Höhe nach beschränkt werden.

(3) Unterliegt der Umzugsvertrag ausländischem Recht, so sind die Absätze 1 und 2 gleichwohl anzuwenden, wenn nach dem Vertrag der Ort der Übernahme und der Ort der Ablieferung des Gutes im Inland liegen.

### Dritter Unterabschnitt.[1)] Beförderung mit verschiedenartigen Beförderungsmitteln

**§ 452[2)] Frachtvertrag über eine Beförderung mit verschiedenartigen Beförderungsmitteln.** [1] Wird die Beförderung des Gutes auf Grund eines einheitlichen Frachtvertrags mit verschiedenartigen Beförderungsmitteln durchgeführt und wären, wenn über jeden Teil der Beförderung mit jeweils einem Beförderungsmittel (Teilstrecke) zwischen den Vertragsparteien ein gesonderter Vertrag abgeschlossen worden wäre, mindestens zwei dieser Verträge verschiedenen Rechtsvorschriften unterworfen, so sind auf den Vertrag die Vorschriften des Ersten Unterabschnitts anzuwenden, soweit die folgenden besonderen Vorschriften oder anzuwendende internationale Übereinkommen nichts anderes bestimmen. [2] Dies gilt auch dann, wenn ein Teil der Beförderung über See durchgeführt wird.

**§ 452a[1)] Bekannter Schadensort.** [1] Steht fest, daß der Verlust, die Beschädigung oder das Ereignis, das zu einer Überschreitung der Lieferfrist geführt hat, auf einer bestimmten Teilstrecke eingetreten ist, so bestimmt sich die Haftung des Frachtführers abweichend von den Vorschriften des Ersten Unterabschnitts nach den Rechtsvorschriften, die auf einen Vertrag über eine Beförderung auf dieser Teilstrecke anzuwenden wären. [2] Der Beweis dafür, daß der Verlust, die Beschädigung oder das zu einer Überschreitung der Lieferfrist führende Ereignis auf einer bestimmten Teilstrecke eingetreten ist, obliegt demjenigen, der dies behauptet.

**§ 452b[1)] Schadensanzeige. Verjährung.** (1) [1] § 438 ist unabhängig davon anzuwenden, ob der Schadensort unbekannt ist, bekannt ist oder später bekannt wird. [2] Die für die Schadensanzeige vorgeschriebene Form und Frist ist auch gewahrt, wenn die Vorschriften eingehalten werden, die auf einen Vertrag über eine Beförderung auf der letzten Teilstrecke anzuwenden wären.

(2) [1] Für den Beginn der Verjährung des Anspruchs wegen Verlust, Beschädigung oder Überschreitung der Lieferfrist ist, wenn auf den Ablieferungszeitpunkt abzustellen ist, der Zeitpunkt der Ablieferung an den Empfänger maßgebend. [2] Der Anspruch verjährt auch bei bekanntem Schadensort frühestens nach Maßgabe des § 439.

**§ 452c[1)] Umzugsvertrag über eine Beförderung mit verschiedenartigen Beförderungsmitteln.** [1] Hat der Frachtvertrag die Beförderung von Umzugsgut mit verschiedenartigen Beförderungsmitteln zum Gegenstand, so sind auf den Vertrag die Vorschriften des Zweiten Unterabschnitts anzuwenden. [2] § 452a ist nur anzuwenden, soweit für die Teilstrecke, auf der der Schaden eingetreten ist, Bestimmungen eines für die Bundesrepublik Deutschland verbindlichen internationalen Übereinkommens gelten.

---

[1)] 4. Abschnitt (§§ 407–452d) neu gef. durch G v. 25.6.1998 (BGBl. I S. 1588).

[2)] § 452 neu gef. durch G v. 25.6.1998 (BGBl. I S. 1588); Satz 2 geänd. mWv 25.4.2013 durch G v. 20.4.2013 (BGBl. I S. 831).

**§ 452d[1] Abweichende Vereinbarungen.** (1) [1] Von der Regelung des § 452b Abs. 2 Satz 1 kann nur durch Vereinbarung abgewichen werden, die im einzelnen ausgehandelt ist, auch wenn diese für eine Mehrzahl von gleichartigen Verträgen zwischen denselben Vertragsparteien getroffen ist. [2] Von den übrigen Regelungen dieses Unterabschnitts kann nur insoweit durch vertragliche Vereinbarung abgewichen werden, als die darin in Bezug genommenen Vorschriften abweichende Vereinbarungen zulassen.

(2) Abweichend von Absatz 1 kann jedoch auch durch vorformulierte Vertragsbedingungen vereinbart werden, daß sich die Haftung bei bekanntem Schadensort (§ 452a)

1. unabhängig davon, auf welcher Teilstrecke der Schaden eintreten wird, oder
2. für den Fall des Schadenseintritts auf einer in der Vereinbarung genannten Teilstrecke

nach den Vorschriften des Ersten Unterabschnitts bestimmt.

(3) Vereinbarungen, die die Anwendung der für eine Teilstrecke zwingend geltenden Bestimmungen eines für die Bundesrepublik Deutschland verbindlichen internationalen Übereinkommens ausschließen, sind unwirksam.

## Fünfter Abschnitt.[2] Speditionsgeschäft

**§ 453[2] Speditionsvertrag.** (1) Durch den Speditionsvertrag wird der Spediteur verpflichtet, die Versendung des Gutes zu besorgen.

(2) Der Versender wird verpflichtet, die vereinbarte Vergütung zu zahlen.

(3) [1] Die Vorschriften dieses Abschnitts gelten nur, wenn die Besorgung der Versendung zum Betrieb eines gewerblichen Unternehmens gehört. [2] Erfordert das Unternehmen nach Art oder Umfang einen in kaufmännischer Weise eingerichteten Geschäftsbetrieb nicht und ist die Firma des Unternehmens auch nicht nach § 2 in das Handelsregister eingetragen, so sind in Ansehung des Speditionsgeschäfts auch insoweit die Vorschriften des Ersten Abschnitts des Vierten Buches ergänzend anzuwenden; dies gilt jedoch nicht für die §§ 348 bis 350.

**§ 454[2] Besorgung der Versendung.** (1) Die Pflicht, die Versendung zu besorgen, umfaßt die Organisation der Beförderung, insbesondere

1. die Bestimmung des Beförderungsmittels und des Beförderungsweges,
2. die Auswahl ausführender Unternehmer, den Abschluß der für die Versendung erforderlichen Fracht-, Lager- und Speditionsverträge sowie die Erteilung von Informationen und Weisungen an die ausführenden Unternehmer und
3. die Sicherung von Schadenersatzansprüchen des Versenders.

(2) [1] Zu den Pflichten des Spediteurs zählt ferner die Ausführung sonstiger vereinbarter auf die Beförderung bezogener Leistungen wie die Versicherung und Verpackung des Gutes, seine Kennzeichnung und die Zollbehandlung. [2] Der Spediteur schuldet jedoch nur den Abschluß der zur Erbringung dieser Leistungen erforderlichen Verträge, wenn sich dies aus der Vereinbarung ergibt.

(3) Der Spediteur schließt die erforderlichen Verträge im eigenen Namen oder, sofern er hierzu bevollmächtigt ist, im Namen des Versenders ab.

---

[1] 4. Abschnitt (§§ 407–452d) neu gef. durch G v. 25.6.1998 (BGBl. I S. 1588).
[2] 5. Abschnitt (§§ 453–466) neu gef. durch G v. 25.6.1998 (BGBl. I S. 1588).

(4) Der Spediteur hat bei Erfüllung seiner Pflichten das Interesse des Versenders wahrzunehmen und dessen Weisungen zu befolgen.

**§ 455[1)] Behandlung des Gutes. Begleitpapiere. Mitteilungs- und Auskunftspflichten.** (1) [1] Der Versender ist verpflichtet, das Gut, soweit erforderlich, zu verpacken und zu kennzeichnen und Urkunden zur Verfügung zu stellen sowie alle Auskünfte zu erteilen, deren der Spediteur zur Erfüllung seiner Pflichten bedarf. [2] Soll gefährliches Gut versendet werden, so hat der Versender dem Spediteur rechtzeitig in Textform die genaue Art der Gefahr und, soweit erforderlich, zu ergreifende Vorsichtsmaßnahmen mitzuteilen.

(2) [1] Der Versender hat, auch wenn ihn kein Verschulden trifft, dem Spediteur Schäden und Aufwendungen zu ersetzen, die verursacht werden durch
1. ungenügende Verpackung oder Kennzeichnung,
2. Unterlassen der Mitteilung über die Gefährlichkeit des Gutes oder
3. Fehlen, Unvollständigkeit oder Unrichtigkeit der Urkunden oder Auskünfte, die für eine amtliche Behandlung des Gutes erforderlich sind.

[2] § 414 Absatz 2 ist entsprechend anzuwenden.

(3) Ist der Versender ein Verbraucher, so hat er dem Spediteur Schäden und Aufwendungen nach Absatz 2 nur zu ersetzen, soweit ihn ein Verschulden trifft.

**§ 456[2)] Fälligkeit der Vergütung.** Die Vergütung ist zu zahlen, wenn das Gut dem Frachtführer oder Verfrachter übergeben worden ist.

**§ 457[2)] Forderungen des Versenders.** [1] Der Versender kann Forderungen aus einem Vertrag, den der Spediteur für Rechnung des Versenders im eigenen Namen abgeschlossen hat, erst nach der Abtretung geltend machen. [2] Solche Forderungen sowie das in Erfüllung solcher Forderungen Erlangte gelten jedoch im Verhältnis zu den Gläubigern des Spediteurs als auf den Versender übertragen.

**§ 458[2)] Selbsteintritt.** [1] Der Spediteur ist befugt, die Beförderung des Gutes durch Selbsteintritt auszuführen. [2] Macht er von dieser Befugnis Gebrauch, so hat er hinsichtlich der Beförderung die Rechte und Pflichten eines Frachtführers oder Verfrachters. [3] In diesem Fall kann er neben der Vergütung für seine Tätigkeit als Spediteur die gewöhnliche Fracht verlangen.

**§ 459[2)] Spedition zu festen Kosten.** [1] Soweit als Vergütung ein bestimmter Betrag vereinbart ist, der Kosten für die Beförderung einschließt, hat der Spediteur hinsichtlich der Beförderung die Rechte und Pflichten eines Frachtführers oder Verfrachters. [2] In diesem Fall hat er Anspruch auf Ersatz seiner Aufwendungen nur, soweit dies üblich ist.

**§ 460[2)] Sammelladung.** (1) Der Spediteur ist befugt, die Versendung des Gutes zusammen mit Gut eines anderen Versenders auf Grund eines für seine Rechnung über eine Sammelladung geschlossenen Frachtvertrages zu bewirken.

(2) [1] Macht der Spediteur von dieser Befugnis Gebrauch, so hat er hinsichtlich der Beförderung in Sammelladung die Rechte und Pflichten eines Frachtführers oder Verfrachters. [2] In diesem Fall kann der Spediteur eine den Umständen nach

[1)] § 455 neu gef. durch G v. 25.6.1998 (BGBl. I S. 1588); Abs. 3 geänd. mWv 30.6.2000 durch G v. 27.6.2000 (BGBl. I S. 897); Abs. 1 Satz 2 geänd. mWv 1.8.2001 durch G v. 13.7.2001 (BGBl. I S. 1542); Abs. 2 Satz 2 geänd. mWv 25.4.2013 durch G v. 20.4.2013 (BGBl. I S. 831).

[2)] 5. Abschnitt (§§ 453–466) neu gef. durch G v. 25.6.1998 (BGBl. I S. 1588).

angemessene Vergütung verlangen, höchstens aber die für die Beförderung des einzelnen Gutes gewöhnliche Fracht.

**§ 461[1)] Haftung des Spediteurs.** (1) [1] Der Spediteur haftet für den Schaden, der durch Verlust oder Beschädigung des in seiner Obhut befindlichen Gutes entsteht. [2] Die §§ 426, 427, 429, 430, 431 Abs. 1, 2 und 4, die §§ 432, 434 bis 436 sind entsprechend anzuwenden.

(2) [1] Für Schaden, der nicht durch Verlust oder Beschädigung des in der Obhut des Spediteurs befindlichen Gutes entstanden ist, haftet der Spediteur, wenn er eine ihm nach § 454 obliegende Pflicht verletzt. [2] Von dieser Haftung ist er befreit, wenn der Schaden durch die Sorgfalt eines ordentlichen Kaufmanns nicht abgewendet werden konnte.

(3) Hat bei der Entstehung des Schadens ein Verhalten des Versenders oder ein besonderer Mangel des Gutes mitgewirkt, so hängen die Verpflichtung zum Ersatz sowie der Umfang des zu leistenden Ersatzes davon ab, inwieweit diese Umstände zu dem Schaden beigetragen haben.

**§ 462[1)] Haftung für andere.** [1] Der Spediteur hat Handlungen und Unterlassungen seiner Leute in gleichem Umfang zu vertreten wie eigene Handlungen und Unterlassungen, wenn die Leute in Ausübung ihrer Verrichtungen handeln. [2] Gleiches gilt für Handlungen und Unterlassungen anderer Personen, deren er sich bei Erfüllung seiner Pflicht, die Versendung zu besorgen, bedient.

**§ 463[1)] Verjährung.** Auf die Verjährung der Ansprüche aus einer Leistung, die den Vorschriften dieses Abschnitts unterliegt, ist § 439 entsprechend anzuwenden.

**§ 464[2)] Pfandrecht des Spediteurs.** [1] Der Spediteur hat für alle Forderungen aus dem Speditionsvertrag ein Pfandrecht an dem ihm zur Versendung übergebenen Gut des Versenders oder eines Dritten, der der Versendung des Gutes zugestimmt hat. [2] An dem Gut des Versenders hat der Spediteur auch ein Pfandrecht für alle unbestrittenen Forderungen aus anderen mit dem Versender abgeschlossenen Speditions-, Fracht-, Seefracht- und Lagerverträgen. [3] § 440 Absatz 1 Satz 3 und Absatz 2 bis 4 ist entsprechend anzuwenden.

**§ 465[3)] Nachfolgender Spediteur.** (1) Wirkt an einer Beförderung neben dem Frachtführer auch ein Spediteur mit und hat dieser die Ablieferung zu bewirken, so ist auf den Spediteur § 441 Absatz 1 entsprechend anzuwenden.

(2) Wird ein vorhergehender Frachtführer oder Spediteur von einem nachfolgenden Spediteur befriedigt, so gehen Forderung und Pfandrecht des ersteren auf den letzteren über.

**§ 466[4)] Abweichende Vereinbarungen über die Haftung.** (1) Soweit der Speditionsvertrag nicht die Versendung von Briefen oder briefähnlichen Sendungen zum Gegenstand hat, kann von den Haftungsvorschriften in § 455 Absatz 2 und 3, § 461 Absatz 1 sowie in den §§ 462 und 463 nur durch Vereinbarung abgewichen werden, die im Einzelnen ausgehandelt wird, auch wenn sie für eine

---

[1)] 5. Abschnitt (§§ 453–466) neu gef. durch G v. 25.6.1998 (BGBl. I S. 1588).

[2)] § 464 neu gef. mWv 25.4.2013 durch G v. 20.4.2013 (BGBl. I S. 831).

[3)] § 465 neu gef. durch G v. 25.6.1998 (BGBl. I S. 1588); Abs. 1 geänd. mWv 25.4.2013 durch G v. 20.4.2013 (BGBl. I S. 831).

[4)] § 466 neu gef. mWv 25.4.2013 durch G v. 20.4.2013 (BGBl. I S. 831).

Mehrzahl von gleichartigen Verträgen zwischen denselben Vertragsparteien getroffen wird.

(2) [1] Abweichend von Absatz 1 kann die vom Spediteur zu leistende Entschädigung wegen Verlust oder Beschädigung des Gutes auch durch vorformulierte Vertragsbedingungen auf einen anderen als den in § 431 Absatz 1 und 2 vorgesehenen Betrag begrenzt werden, wenn dieser Betrag

1. zwischen 2 und 40 Rechnungseinheiten liegt und der Verwender der vorformulierten Vertragsbedingungen seinen Vertragspartner in geeigneter Weise darauf hinweist, dass diese einen anderen als den gesetzlich vorgesehenen Betrag vorsehen, oder
2. für den Verwender der vorformulierten Vertragsbedingungen ungünstiger ist als der in § 431 Absatz 1 und 2 vorgesehene Betrag.

[2] Ferner kann durch vorformulierte Vertragsbedingungen die vom Versender nach § 455 Absatz 2 oder 3 zu leistende Entschädigung der Höhe nach beschränkt werden.

(3) Von § 458 Satz 2, § 459 Satz 1 und § 460 Absatz 2 Satz 1 kann nur insoweit durch vertragliche Vereinbarung abgewichen werden, als die darin in Bezug genommenen Vorschriften abweichende Vereinbarungen zulassen.

(4) Ist der Versender ein Verbraucher, so kann in keinem Fall zu seinem Nachteil von den in Absatz 1 genannten Vorschriften abgewichen werden, es sei denn, der Speditionsvertrag hat die Beförderung von Briefen oder briefähnlichen Sendungen zum Gegenstand.

(5) Unterliegt der Speditionsvertrag ausländischem Recht, so sind die Absätze 1 bis 4 gleichwohl anzuwenden, wenn nach dem Vertrag sowohl der Ort der Übernahme als auch der Ort der Ablieferung des Gutes im Inland liegen.

### Sechster Abschnitt.[1] Lagergeschäft

**§ 467[1] Lagervertrag.** (1) Durch den Lagervertrag wird der Lagerhalter verpflichtet, das Gut zu lagern und aufzubewahren.

(2) Der Einlagerer wird verpflichtet, die vereinbarte Vergütung zu zahlen.

(3) [1] Die *Vorschritten*[2] dieses Abschnitts gelten nur, wenn die Lagerung und Aufbewahrung zum Betrieb eines gewerblichen Unternehmens gehören. [2] Erfordert das Unternehmen nach Art oder Umfang einen in kaufmännischer Weise eingerichteten Geschäftsbetrieb nicht und ist die Firma des Unternehmens auch nicht nach § 2 in das Handelsregister eingetragen, so sind in Ansehung des Lagergeschäfts auch insoweit die Vorschriften des Ersten Abschnitts des Vierten Buches ergänzend anzuwenden; dies gilt jedoch nicht für die §§ 348 bis 350.

**§ 468[3] Behandlung des Gutes. Begleitpapiere. Mitteilungs- und Auskunftspflichten.** (1) [1] Der Einlagerer ist verpflichtet, dem Lagerhalter, wenn gefährliches Gut eingelagert werden soll, rechtzeitig in Textform die genaue Art der Gefahr und, soweit erforderlich, zu ergreifende Vorsichtsmaßnahmen mitzuteilen. [2] Er hat ferner das Gut, soweit erforderlich, zu verpacken und zu kenn-

---

[1] 6. Abschnitt (§§ 467–475h) neu gef. durch G v. 25.6.1998 (BGBl. I S. 1588).

[2] Richtig wohl: „Vorschriften".

[3] § 468 neu gef. durch G v. 25.6.1998 (BGBl. I S. 1588); Abs. 2 Satz 1 und Abs. 4 geänd. mWv 30.6. 2000 durch G v. 27.6.2000 (BGBl. I S. 897); Abs. 1 Satz 1 geänd. mWv 1.8.2001 durch G v. 13.7.2001 (BGBl. I S. 1542); Abs. 3 Satz 2 geänd. mWv 25.4.2013 durch G v. 20.4.2013 (BGBl. I S. 831).

zeichnen und Urkunden zur Verfügung zu stellen sowie alle Auskünfte zu erteilen, die der Lagerhalter zur Erfüllung seiner Pflichten benötigt.

(2) [1] Ist der Einlagerer ein Verbraucher, so ist abweichend von Absatz 1

1. der Lagerhalter verpflichtet, das Gut, soweit erforderlich, zu verpacken und zu kennzeichnen,
2. der Einlagerer lediglich verpflichtet, den Lagerhalter über die von dem Gut ausgehende Gefahr allgemein zu unterrichten; die Unterrichtung bedarf keiner Form.

[2] Der Lagerhalter hat in diesem Falle den Einlagerer über dessen Pflicht nach Satz 1 Nr. 2 sowie über die von ihm zu beachtenden Verwaltungsvorschriften über eine amtliche Behandlung des Gutes zu unterrichten.

(3) [1] Der Einlagerer hat, auch wenn ihn kein Verschulden trifft, dem Lagerhalter Schäden und Aufwendungen zu ersetzen, die verursacht werden durch

1. ungenügende Verpackung oder Kennzeichnung,
2. Unterlassen der Mitteilung über die Gefährlichkeit des Gutes oder
3. Fehlen, Unvollständigkeit oder Unrichtigkeit der in § 413 Abs. 1 genannten Urkunden oder Auskünfte.

[2] § 414 Absatz 2 ist entsprechend anzuwenden.

(4) Ist der Einlagerer ein Verbraucher, so hat er dem Lagerhalter Schäden und Aufwendungen nach Absatz 3 nur zu ersetzen, soweit ihn ein Verschulden trifft.

**§ 469[1)] Sammellagerung.** (1) Der Lagerhalter ist nur berechtigt, vertretbare Sachen mit anderen Sachen gleicher Art und Güte zu vermischen, wenn die beteiligten Einlagerer ausdrücklich einverstanden sind.

(2) Ist der Lagerhalter berechtigt, Gut zu vermischen, so steht vom Zeitpunkt der Einlagerung ab den Eigentümern der eingelagerten Sachen Miteigentum nach Bruchteilen zu.

(3) Der Lagerhalter kann jedem Einlagerer den ihm gebührenden Anteil ausliefern, ohne daß er hierzu der Genehmigung der übrigen Beteiligten bedarf.

**§ 470[1)] Empfang des Gutes.** Befindet sich Gut, das dem Lagerhalter zugesandt ist, beim Empfang in einem beschädigten oder mangelhaften Zustand, der äußerlich erkennbar ist, so hat der Lagerhalter Schadenersatzansprüche des Einlagerers zu sichern und dem Einlagerer unverzüglich Nachricht zu geben.

**§ 471[1)] Erhaltung des Gutes.** (1) [1] Der Lagerhalter hat dem Einlagerer die Besichtigung des Gutes, die Entnahme von Proben und die zur Erhaltung des Gutes notwendigen Handlungen während der Geschäftsstunden zu gestatten. [2] Er ist jedoch berechtigt und im Falle der Sammellagerung auch verpflichtet, die zur Erhaltung des Gutes erforderlichen Arbeiten selbst vorzunehmen.

(2) [1] Sind nach dem Empfang Veränderungen an dem Gut entstanden oder zu befürchten, die den Verlust oder die Beschädigung des Gutes oder Schäden des Lagerhalters erwarten lassen, so hat der Lagerhalter dies dem Einlagerer oder, wenn ein Lagerschein ausgestellt ist, dem letzten ihm bekannt gewordenen legitimierten Besitzer des Scheins unverzüglich anzuzeigen und dessen Weisungen einzuholen. [2] Kann der Lagerhalter innerhalb angemessener Zeit Weisungen nicht erlangen, so hat er die angemessen erscheinenden Maßnahmen zu ergreifen. [3] Er kann ins-

[1)] 6. Abschnitt (§§ 467–475h) neu gef. durch G v. 25.6.1998 (BGBl. I S. 1588).

besondere das Gut gemäß § 373 verkaufen lassen; macht er von dieser Befugnis Gebrauch, so hat der Lagerhalter, wenn ein Lagerschein ausgestellt ist, die in § 373 Abs. 3 vorgesehene Androhung des Verkaufs sowie die in Absatz 5 derselben Vorschriften vorgesehenen Benachrichtigungen an den letzten ihm bekannt gewordenen legitimierten Besitzer des Lagerscheins zu richten.

**§ 472[1)] Versicherung. Einlagerung bei einem Dritten.** (1) [1] Der Lagerhalter ist verpflichtet, das Gut auf Verlangen des Einlagerers zu versichern. [2] Ist der Einlagerer ein Verbraucher, so hat ihn der Lagerhalter auf die Möglichkeit hinzuweisen, das Gut zu versichern.

(2) Der Lagerhalter ist nur berechtigt, das Gut bei einem Dritten einzulagern, wenn der Einlagerer ihm dies ausdrücklich gestattet hat.

**§ 473[2)] Dauer der Lagerung.** (1) [1] Der Einlagerer kann das Gut jederzeit herausverlangen. [2] Ist der Lagervertrag auf unbestimmte Zeit geschlossen, so kann er den Vertrag jedoch nur unter Einhaltung einer Kündigungsfrist von einem Monat kündigen, es sei denn, es liegt ein wichtiger Grund vor, der zur Kündigung des Vertrags ohne Einhaltung der Kündigungsfrist berechtigt.

(2) [1] Der Lagerhalter kann die Rücknahme des Gutes nach Ablauf der vereinbarten Lagerzeit oder bei Einlagerung auf unbestimmte Zeit nach Kündigung des Vertrags unter Einhaltung einer Kündigungsfrist von einem Monat verlangen. [2] Liegt ein wichtiger Grund vor, so kann der Lagerhalter auch vor Ablauf der Lagerzeit und ohne Einhaltung einer Kündigungsfrist die Rücknahme des Gutes verlangen.

(3) Ist ein Lagerschein ausgestellt, so sind die Kündigung und das Rücknahmeverlangen an den letzten dem Lagerhalter bekannt gewordenen legitimierten Besitzer des Lagerscheins zu richten.

**§ 474[2)] Aufwendungsersatz.** Der Lagerhalter hat Anspruch auf Ersatz seiner für das Gut gemachten Aufwendungen, soweit er sie den Umständen nach für erforderlich halten durfte.

**§ 475[2)] Haftung für Verlust oder Beschädigung.** [1] Der Lagerhalter haftet für den Schaden, der durch Verlust oder Beschädigung des Gutes in der Zeit von der Übernahme zur Lagerung bis zur Auslieferung entsteht, es sei denn, daß der Schaden durch die Sorgfalt eines ordentlichen Kaufmanns nicht abgewendet werden konnte. [2] Dies gilt auch dann, wenn der Lagerhalter gemäß § 472 Abs. 2 das Gut bei einem Dritten einlagert.

**475a[3) 2)] Verjährung.** [1] Auf die Verjährung von Ansprüchen aus einer Lagerung, die den Vorschriften dieses Abschnitts unterliegt, findet § 439 entsprechende Anwendung. [2] Im Falle des gänzlichen Verlusts beginnt die Verjährung mit Ablauf des Tages, an dem der Lagerhalter dem Einlagerer oder, wenn ein Lagerschein ausgestellt ist, dem letzten ihm bekannt gewordenen legitimierten Besitzer des Lagerscheins den Verlust anzeigt.

---

[1)] § 472 neu gef. durch G v. 25.6.1998 (BGBl. I S. 1588); Abs. 1 Satz 2 geänd. mWv 30.6.2000 durch G v. 27.6.2000 (BGBl. I S. 897).

[2)] 6. Abschnitt (§§ 467–475h) neu gef. durch G v. 25.6.1998 (BGBl. I S. 1588).

[3)] Richtig wohl: „§ 475a".

**§ 475b[1] Pfandrecht des Lagerhalters.** (1) [1]Der Lagerhalter hat für alle Forderungen aus dem Lagervertrag ein Pfandrecht an dem ihm zur Lagerung übergebenen Gut des Einlagerers oder eines Dritten, der der Lagerung zugestimmt hat. [2]An dem Gut des Einlagerers hat der Lagerhalter auch ein Pfandrecht für alle unbestrittenen Forderungen aus anderen mit dem Einlagerer abgeschlossenen Lager-, Fracht-, Seefracht- und Speditionsverträgen. [3]Das Pfandrecht erstreckt sich auch auf die Forderung aus einer Versicherung sowie auf die Begleitpapiere.

(2) Ist ein Orderlagerschein durch Indossament übertragen worden, so besteht das Pfandrecht dem legitimierten Besitzer des Lagerscheins gegenüber nur wegen der Vergütungen und Aufwendungen, die aus dem Lagerschein ersichtlich sind oder ihm bei Erwerb des Lagerscheins bekannt oder infolge grober Fahrlässigkeit unbekannt waren.

(3) Das Pfandrecht besteht, solange der Lagerhalter das Gut in seinem Besitz hat, insbesondere solange er mittels Konnossements, Ladescheins oder Lagerscheins darüber verfügen kann.

**§ 475c[2] Lagerschein. Verordnungsermächtigung.** (1) Über die Verpflichtung zur Auslieferung des Gutes kann von dem Lagerhalter, nachdem er das Gut erhalten hat, ein Lagerschein ausgestellt werden, der die folgenden Angaben enthalten soll:

1. Ort und Tag der Ausstellung des Lagerscheins;
2. Name und Anschrift des Einlagerers;
3. Name und Anschrift des Lagerhalters;
4. Ort und Tag der Einlagerung;
5. die übliche Bezeichnung der Art des Gutes und die Art der Verpackung, bei gefährlichen Gütern ihre nach den Gefahrgutvorschriften vorgesehene, sonst ihre allgemein anerkannte Bezeichnung;
6. Anzahl, Zeichen und Nummern der Packstücke;
7. Rohgewicht oder die anders angegebene Menge des Gutes;
8. im Falle der Sammellagerung einen Vermerk hierüber.

(2) In den Lagerschein können weitere Angaben eingetragen werden, die der Lagerhalter für zweckmäßig hält.

(3) [1]Der Lagerschein ist vom Lagerhalter zu unterzeichnen. [2]Eine Nachbildung der eigenhändigen Unterschrift durch Druck oder Stempel genügt.

(4) [1]Dem Lagerschein gleichgestellt ist eine elektronische Aufzeichnung, die dieselben Funktionen erfüllt wie der Lagerschein, sofern sichergestellt ist, dass die Authentizität und die Integrität der Aufzeichnung gewahrt bleiben (elektronischer Lagerschein). [2]Das Bundesministerium der Justiz wird ermächtigt, im Einvernehmen mit dem Bundesministerium des Innern und Heimat durch Rechtsverordnung, die nicht der Zustimmung des Bundesrates bedarf, die Einzelheiten der Ausstellung, Vorlage, Rückgabe und Übertragung eines elektronischen Lagerscheins sowie die Einzelheiten des Verfahrens über nachträgliche Eintragungen in einen elektronischen Lagerschein zu regeln.

---

[1] § 475b neu gef. durch G v. 25.6.1998 (BGBl. I S. 1588); Überschrift geänd., Abs. 1 Satz 1 neu gef., Satz 2 eingef., bish. Satz 2 wird Satz 3 mWv 25.4.2013 durch G v. 20.4.2013 (BGBl. I S. 831).

[2] § 475c neu gef. durch G v. 25.6.1998 (BGBl. I S. 1588); Überschrift neu gef., Abs. 4 angef. mWv 25.4.2013 durch G v. 20.4.2013 (BGBl. I S. 831); Abs. 4 Satz 2 geänd. mWv 8.9.2015 durch VO v. 31.8.2015 (BGBl. I S. 1474); Abs. 4 Satz 2 geänd. mWv 27.6.2020 durch VO v. 19.6.2020 (BGBl. I S. 1328); Abs. 4 Satz 2 geänd. mWv 22.6.2023 durch G v. 19.6.2023 (BGBl. 2023 I Nr. 154).

**§ 475d[1] Wirkung des Lagerscheins. Legitimation.** (1) [1] Der Lagerschein begründet die Vermutung, dass das Gut und seine Verpackung in Bezug auf den äußerlich erkennbaren Zustand sowie auf Anzahl, Zeichen und Nummern der Packstücke wie im Lagerschein beschrieben übernommen worden sind. [2] Ist das Rohgewicht oder die anders angegebene Menge des Gutes oder der Inhalt vom Lagerhalter überprüft und das Ergebnis der Überprüfung in den Lagerschein eingetragen worden, so begründet dieser auch die Vermutung, dass Gewicht, Menge oder Inhalt mit den Angaben im Lagerschein übereinstimmt.

(2) [1] Wird der Lagerschein an eine Person begeben, die darin als zum Empfang des Gutes berechtigt benannt ist, kann der Lagerhalter ihr gegenüber die Vermutung nach Absatz 1 nicht widerlegen, es sei denn, der Person war im Zeitpunkt der Begebung des Lagerscheins bekannt oder infolge grober Fahrlässigkeit unbekannt, dass die Angaben im Lagerschein unrichtig sind. [2] Gleiches gilt gegenüber einem Dritten, dem der Lagerschein übertragen wird.

(3) [1] Die im Lagerschein verbrieften lagervertraglichen Ansprüche können nur von dem aus dem Lagerschein Berechtigten geltend gemacht werden. [2] Zugunsten des legitimierten Besitzers des Lagerscheins wird vermutet, dass er der aus dem Lagerschein Berechtigte ist. [3] Legitimierter Besitzer des Lagerscheins ist, wer einen Lagerschein besitzt, der

1. auf den Inhaber lautet,
2. an Order lautet und den Besitzer als denjenigen, der zum Empfang des Gutes berechtigt ist, benennt oder durch eine ununterbrochene Reihe von Indossamenten ausweist oder
3. auf den Namen des Besitzers lautet.

**§ 475e[2] Auslieferung gegen Rückgabe des Lagerscheins.** (1) Der legitimierte Besitzer des Lagerscheins ist berechtigt, vom Lagerhalter die Auslieferung des Gutes zu verlangen.

(2) [1] Ist ein Lagerschein ausgestellt, so ist der Lagerhalter zur Auslieferung des Gutes nur gegen Rückgabe des Lagerscheins, auf dem die Auslieferung bescheinigt ist, verpflichtet. [2] Der Lagerhalter ist nicht verpflichtet, die Echtheit der Indossamente zu prüfen. [3] Er darf das Gut jedoch nicht dem legitimierten Besitzer des Lagerscheins ausliefern, wenn ihm bekannt oder infolge grober Fahrlässigkeit unbekannt ist, dass der legitimierte Besitzer des Lagerscheins nicht der aus dem Lagerschein Berechtigte ist.

(3) [1] Die Auslieferung eines Teils des Gutes erfolgt gegen Abschreibung auf dem Lagerschein. [2] Der Abschreibungsvermerk ist vom Lagerhalter zu unterschreiben.

(4) Der Lagerhalter haftet dem aus dem Lagerschein Berechtigten für den Schaden, der daraus entsteht, daß er das Gut ausgeliefert hat, ohne sich den Lagerschein zurückgeben zu lassen oder ohne einen Abschreibungsvermerk einzutragen.

**§ 475f[3] Einwendungen.** [1] Dem aus dem Lagerschein Berechtigten kann der Lagerhalter nur solche Einwendungen entgegensetzen, die die Gültigkeit der Erklärungen im Lagerschein betreffen oder sich aus dem Inhalt des Lagerscheins ergeben oder dem Lagerhalter unmittelbar gegenüber dem aus dem Lagerschein

[1] § 475d neu gef. mWv 25.4.2013 durch G v. 20.4.2013 (BGBl. I S. 831).

[2] § 475e neu gef. durch G v. 25.6.1998 (BGBl. I S. 1588); Abs. 1 eingef., bish. Abs. 1–3 werden Abs. 2–4, neuer Abs. 2 Sätze 2 und 3 angef., neuer Abs. 4 geänd. mWv 25.4.2013 durch G v. 20.4.2013 (BGBl. I S. 831).

[3] § 475f neu gef. mWv 25.4.2013 durch G v. 20.4.2013 (BGBl. I S. 831).

Berechtigten zustehen. [2] Eine Vereinbarung, auf die im Lagerschein lediglich verwiesen wird, ist nicht Inhalt des Lagerscheins.

**§ 475g[1)] Traditionswirkung des Lagerscheins.** [1] Die Begebung des Lagerscheins an denjenigen, der darin als der zum Empfang des Gutes Berechtigte benannt ist, hat, sofern der Lagerhalter das Gut im Besitz hat, für den Erwerb von Rechten an dem Gut dieselben Wirkungen wie die Übergabe des Gutes. [2] Gleiches gilt für die Übertragung des Lagerscheins an Dritte.

**§ 475h[2)] Abweichende Vereinbarungen.** Ist der Einlagerer ein Verbraucher so kann nicht zu dessen Nachteil von den §§ 475a und 475e Absatz 4 abgewichen werden.

## Fünftes Buch.[3)] Seehandel

### Erster Abschnitt. Personen der Schifffahrt

**§§ 476–480** *(vom Abdruck wurde abgesehen)*

### Zweiter Abschnitt. Beförderungsverträge

**§§ 481–552** *(vom Abdruck wurde abgesehen)*

### Dritter Abschnitt. Schiffsüberlassungsverträge

**§§ 553–569** *(vom Abdruck wurde abgesehen)*

### Vierter Abschnitt. Schiffsnotlagen

**§§ 570–595** *(vom Abdruck wurde abgesehen)*

### Fünfter Abschnitt. Schiffsgläubiger

**§§ 596–604** *(vom Abdruck wurde abgesehen)*

### Sechster Abschnitt. Verjährung

**§§ 605–610** *(vom Abdruck wurde abgesehen)*

### Siebter Abschnitt. Allgemeine Haftungsbeschränkung

**§§ 611–617** *(vom Abdruck wurde abgesehen)*

### Achter Abschnitt. Verfahrensvorschriften

**§§ 618, 619** *(vom Abdruck wurde abgesehen)*

**Anlage[4)]**
*(aufgehoben)*

---

[1)] § 475g neu gef. mWv 25.4.2013 durch G v. 20.4.2013 (BGBl. I S. 831).

[2)] § 475h neu gef. durch G v. 25.6.1998 (BGBl. I S. 1588); geänd. mWv 30.6.2000 durch G v. 27.6. 2000 (BGBl. I S. 897); geänd. mWv 25.4.2013 durch G v. 20.4.2013 (BGBl. I S. 831).

[3)] 5. Buch (§§ 476–619) neu gef. mWv 25.4.2013 durch G v. 20.4.2013 (BGBl. I S. 831).

Das Fünfte Buch Seehandel (§§ 476 bis 619) ist nicht mit abgedruckt. Es ist in der Roten Textausgabe „Handelsgesetzbuch einschließlich Seehandelsrecht" des Verlages C.H. Beck enthalten.

[4)] Anl. aufgeh. mWv 25.4.2013 durch G v. 20.4.2013 (BGBl. I S. 831).

# 50a. Einführungsgesetz zum Handelsgesetzbuch[1)]

Vom 10. Mai 1897
(RGBl. S. 437)

**BGBl. III/FNA 4101-1**

| Lfd. Nr. | Änderndes Gesetz | Datum | Fundstelle | Betroffen | Hinweis |
|---|---|---|---|---|---|
| 1.–35. | Änderungsgesetze bis einschl. G v. 23.11.2007 (BGBl. I S. 2631) nur noch in den Anmerkungen nachgewiesen | | | | |
| 36. | Art. 11 RisikobegrenzungsG | 12.8.2008 | BGBl. I S. 1666 | 27. Abschnitt (Art. 64) | eingef. mWv 19.8.2008 |
| 37. | Art. 4 G zur Modernisierung des GmbH-Rechts u. zur Bekämpfung von Missbräuchen | 23.10. 2008 | BGBl. I S. 2026 | 27. Abschnitt (Art. 64) | eingef. mWv 1.11.2008 |
| 38. | Art. 2 BilanzrechtsmodernisierungsG | 25.5.2009 | BGBl. I S. 1102 | Art. 25 | geänd. mWv 29.5.2009 |
| | | | | 27. Abschnitt Überschrift, Art. 64, 28. Abschnitt (Art. 65), 29. Abschnitt (Art. 66, 67) | eingef. mWv 29.5.2009 |
| 39. | Art. 14a G zur Umsetzung der AktionärsrechteRL (ARUG)[2)] | 30.7.2009 | BGBl. I S. 2479 | Art. 66 | geänd. mWv 1.9.2009 |
| 40. | Art. 4 G zur Angemessenheit der Vorstandsvergütung (VorstAG) | 31.7.2009 | BGBl. I S. 2509 | 30. Abschnitt (Art. 68) | eingef. mWv 5.8.2009 |
| 41. | Art. 6 G zur Umsetzung der geänderten BankenRL und der geänderten KapitaladäquanzRL | 19.11. 2010 | BGBl. I S. 1592 | 31. Abschnitt (Art. 69) | eingef. mWv 25.11.2010 |
| 42. | Art. 40 Bundesrecht-BereinigungsG | 8.12.2010 | BGBl. I S. 1864 | Art. 2 | geänd. mWv 15.12.2010 |
| 43. | Art. 2 Abs. 40 G zur Änd. von Vorschriften über Verkündung und Bekanntmachungen sowie der ZPO, des EGZPO und der AO | 22.12. 2011 | BGBl. I S. 3044 | Art. 61 | geänd. mWv 1.4.2012 |
| 44. | Art. 2 Kleinstkapitalgesellschaften-Bilanzrechtsänderungsg | 20.12. 2012 | BGBl. I S. 2751 | Art. 24, 31, 66 | geänd. mWv 28.12.2012 |
| | | | | 32. Abschnitt (Art. 70) | eingef. mWv 28.12.2012 |

[1)] Überschrift geänd. mWv 10.12.2004 durch G v. 4.12.2004 (BGBl. I S. 3166).

[2)] **Amtl. Anm.:** Dieses Gesetz dient der Umsetzung
- der Richtlinie 2006/68/EG des Europäischen Parlaments und des Rates vom 6. September 2006 zur Änderung der Richtlinie 77/91/EWG des Rates in Bezug auf die Gründung von Aktiengesellschaften und die Erhaltung und Änderung ihres Kapitals (ABl. L 264 vom 25.9.2006, S. 32) und
- der Richtlinie 2007/36/EG des Europäischen Parlaments und des Rates vom 11. Juli 2007 über die Ausübung bestimmter Rechte von Aktionären in börsennotierten Gesellschaften (ABl. L 184 vom 14.7. 2007, S. 17).

| Lfd. Nr. | Änderndes Gesetz | Datum | Fundstelle | Betroffen | Hinweis |
|---|---|---|---|---|---|
| 45. | Art. 2 und 15 Abs. 2 Satz 1 G zur Reform des Seehandelsrechts | 20.4.2013 | BGBl. I S. 831 | Art. 7, 8 | geänd. mWv 25.4.2013 |
| | | | | Art. 6 | neu gef. mWv 25.4.2013 |
| | | | | 33. Abschnitt (Art. 71) | eingef. mWv 25.4.2013 |
| | | | | Art. 6 | aufgeh. mit noch nicht best. Inkrafttreten |
| 46. | Art. 7 AIFM-UmsetzungsG | 4.7.2013 | BGBl. I S. 1981 | [weiterer] 33. Abschnitt (Art. 71) | eingef. mWv 22.7.2013 |
| 47. | Art. 24 2. Kostenrechtsmodernisierungs G | 23.7.2013 | BGBl. I S. 2586 | Art. 45 | geänd. mWv 1.8.2013 |
| 48. | Art. 2 G zur Änd. des HGB | 4.10.2013 | BGBl. I S. 3746 | Art. 70 | geänd. mWv 10.10.2013 |
| 49. | Art. 4 G zur Anpassung von Gesetzen auf dem Gebiet des Finanzmarktes | 15.7.2014 | BGBl. I S. 934 | 34. Abschnitt (Art. 72) | eingef. mWv 19.7.2014 |
| | | | | [weiterer] 33. Abschnitt (Art. 71) | aufgeh. mWv 19.7.2014 |
| 50. | Art. 12, 13 G für die gleichberecht. Teilhabe v. Frauen u. Männern an Führungspositionen in der Privatwirtsch. u. öffentl. Dienst | 24.4.2015 | BGBl. I S. 642 | 35. Abschnitt (Art. 73) | eingef. mWv 1.5.2015 |
| | | | | Art. 73 | geänd. mWv 1.1.2016 |
| 51. | Art. 9 KleinanlegerschutzG | 3.7.2015 | BGBl. I S. 1114 | 36. Abschnitt (Art. 74) | eingef. mWv 10.7.2015 |
| 52. | Art. 2 Bilanzrichtlinie-UmsetzungsG | 17.7.2015 | BGBl. I S. 1245 | Art. 67 | geänd. mWv 23.7.2015 |
| | | | | 37. Abschnitt (Art. 75) | eingef. mWv 23.7.2015 |
| 53. | Art. 2 Bürokratieentlastungs G | 28.7.2015 | BGBl. I S. 1400 | 38. Abschnitt (Art. 76) | eingef. mWv 1.1.2016 |
| 54. | Art. 9 G zur Umsetzung der TransparenzRL-ÄndRL | 20.11.2015 | BGBl. I S. 2029 | Art. 75 | geänd. mWv 26.11.2015 |
| | | | | 39. Abschnitt (Art. 77) | eingef. mWv 26.11.2015 |
| 55. | Art. 8 G zur Ums. d. WohnimmobilienkreditRL u. zur Änd. handelsrechtl. Vorschr.[1] | 11.3.2016 | BGBl. I S. 396 | Art. 75 | geänd. mWv 17.3.2016 |
| 56. | Art. 5 AbschlussprüferaufsichtsreformG[2] | 31.3.2016 | BGBl. I S. 518 | Art. 25 | geänd. mWv 17.6.2016 |

[1] **Amtl. Anm.:** Dieses Gesetz dient der Umsetzung der Richtlinie 2014/17/EU des Europäischen Parlaments und des Rates vom 4. Februar 2014 über Wohnimmobilienkreditverträge für Verbraucher und zur Änderung der Richtlinien 2008/48/EG und 2013/36/EU und der Verordnung (EU) Nr. 1093/2010 (ABl. L 60 vom 28.2.2014, S. 34).

[2] **Amtl. Anm.:** Dieses Gesetz dient der Umsetzung der Richtlinie 2014/56/EU des Europäischen Parlaments und des Rates vom 16. April 2014 zur Änderung der Richtlinie 2006/43/EG über Abschlussprüfungen von Jahresabschlüssen und konsolidierten Abschlüssen (ABl. L 158 vom 27.5.2014, S. 196) sowie der Ausführung der Verordnung (EU) Nr. 537/2014 des Europäischen Parlaments und des Rates vom 16. April 2014 über spezifische Anforderungen an die Abschlussprüfung bei Unternehmen von öffentlichem Interesse und zur Aufhebung des Beschlusses 2005/909/EG der Kommission (ABl. L 158 vom 27.5.2014, S. 77).

| Lfd. Nr. | Änderndes Gesetz | Datum | Fundstelle | Betroffen | Hinweis |
|---|---|---|---|---|---|
| | | | | 40. Abschnitt (Art. 78) | eingef. mWv 17.6.2016 |
| 57. | Art. 2 AbschlussprüfungsreformG (AReG) | 10.5.2016 | BGBl. I S. 1142 | Art. 25, 78 | geänd. mWv 17.6.2016 |
| | | | | 41. Abschnitt (Art. 79) | eingef. mWv 17.6.2016 |
| 58. | Art. 57 Zweites G über die weitere Bereinigung von Bundesrecht | 8.7.2016 | BGBl. I S. 1594 | Art. 61 | geänd. mWv 15.7.2016 |
| 59. | Art. 3, 4 CSR-Richtlinie-UmsetzungsG[1] | 11.4.2017 | BGBl. I S. 802 | Art. 75 | geänd. mWv 19.4.2017 |
| | | | | 42. Abschnitt (Art. 80) | eingef. mWv 19.4.2017 |
| | | | | 42. Abschnitt Überschrift | geänd. mWv 1.1.2019 |
| | | | | Art. 81 | eingef. mWv 1.1.2019 |
| 60. | Art. 4 G zum Bürokratieabbau und zur Förderung der Transparenz bei Genossenschaften | 17.7.2017 | BGBl. I S. 2434 | 43. Abschnitt (Art. 82) | eingef. mWv 22.7.2017 |
| 61. | Art. 4 G zur Umsetzung der zweiten AktionärsrechteRL (ARUG II)[2] | 12.12. 2019 | BGBl. I S. 2637 | Art. 73 | geänd. mWv 1.1.2020 |
| | | | | 44. Abschnitt (Art. 83) | eingef. mWv 1.1.2020 |
| 62. | Art. 2 G zur weiteren Umsetzung der TransparenzRL-ÄnderungsRL im Hinblick auf ein einheitliches elektronisches Format für Jahresfinanzberichte[3] | 12.8.2020 | BGBl. I S. 1874 | Art. 83 | geänd. mWv 19.8.2020 |
| | | | | 45. Abschnitt (Art. 84) | eingef. mWv 19.8.2020 |
| 63. | Art. 7 Abs 27 G zur Umsetzung der RL (EU) 2019/2034 über die Beaufsichtigung von Wertpapierinstituten[4] | 12.5.2021 | BGBl. I S. 990 | Art. 67 | geänd. mWv 26.6.2021 |

[1] **Amtl. Anm.:** Dieses Gesetz dient der Umsetzung der Richtlinie 2014/95/EU des Europäischen Parlaments und des Rates vom 22. Oktober 2014 zur Änderung der Richtlinie 2013/34/EU im Hinblick auf die Angabe nichtfinanzieller und die Diversität betreffender Informationen durch bestimmte große Unternehmen und Gruppen (ABl. L 330 vom 15.11.2014, S. 1; L 369 vom 24.12.2014, S. 79).

[2] **Amtl. Anm.:** Dieses Gesetz dient der Umsetzung der Richtlinie (EU) 2017/828 des Europäischen Parlaments und des Rates vom 17. Mai 2017 zur Änderung der Richtlinie 2007/36/EG im Hinblick auf die Förderung der langfristigen Mitwirkung der Aktionäre (ABl. L 132 vom 20.5.2017, S. 1)

[3] **Amtl. Anm.:** Dieses Gesetz dient der weiteren Umsetzung der Richtlinie 2013/50/EU des Europäischen Parlaments und des Rates vom 22. Oktober 2013 zur Änderung der Richtlinie 2004/109/EG des Europäischen Parlaments und des Rates zur Harmonisierung der Transparenzanforderungen in Bezug auf Informationen über Emittenten, deren Wertpapiere zum Handel auf einem geregelten Markt zugelassen sind, der Richtlinie 2003/71/EG des Europäischen Parlaments und des Rates betreffend den Prospekt, der beim öffentlichen Angebot von Wertpapieren oder bei deren Zulassung zum Handel zu veröffentlichen ist, sowie der Richtlinie 2007/14/EG der Kommission mit Durchführungsbestimmungen zu bestimmten Vorschriften der Richtlinie 2004/109/EG (ABl. L 294 vom 6.11.2013, S. 13; L 14 vom 18.1.2014, S. 35).

[4] **Amtl. Anm.:** Dieses Gesetz dient der Umsetzung der Richtlinie (EU) 2019/2034 des Europäischen Parlaments und des Rates vom 27. November 2019 über die Beaufsichtigung von Wertpapierfirmen und zur Änderung der Richtlinien 2002/87/EG, 2009/65/EG, 2011/61/EU, 2013/36/EU, 2014/59/EU und 2014/65/EU (ABl. L 314 vom 5.12.2019, S. 64) sowie der Anpassung der nationalen Gesetze und →

| Lfd. Nr. | Änderndes Gesetz | Datum | Fundstelle | Betroffen | Hinweis |
|---|---|---|---|---|---|
| 64. | Art. 11 FondsstandortG[1] | 3.6.2021 | BGBl. I S. 1498 | 46. Abschnitt (Art. 85) | eingef. mWv 2.8.2021 |
| 65. | Art. 12 Finanzmarktintegritätsstärkungs G | 3.6.2021 | BGBl. I S. 1534 | Art. 25 | geänd. mWv 1.7.2021 |
| | | | | 47. Abschnitt (Art. 86) | eingef. mWv 1.7.2021 |
| 66. | Art. 6 G zur Ergänzung und Änd. der Regelungen für die gleichberechtigte Teilhabe von Frauen an Führungspositionen in der Privatwirtschaft und im öffentlichen Dienst | 7.8.2021 | BGBl. I S. 3311 | 48. Abschnitt (Art. 87) | eingef. mWv 12.8.2021 |
| 67. | Art. 2 G zur Umsetzung der DigitalisierungsRL | 5.7.2021 | BGBl. I S. 3338 | 49. Abschnitt (Art. 88) | eingef. mWv 1.8.2022 |
| 68. | Art. 52 Personengesellschaftsrechtsmodernisierungs G (MoPeG) | 10.8.2021 | BGBl. I S. 3436 | 50. Abschnitt (Art. 89) | eingef. mWv 1.1.2024 |
| 69. | Art. 7 Abs. 7 G zur Abschaffung des Güterrechtsregisters und zur Änd. des COVID-19-Insolvenzaussetzungs G | 31.10.2022 | BGBl. I S. 1966 | Art. 4 | aufgeh. mit Ablauf des 31.12.2022 |
| 70. | Art. 2 G zur Umsetzung der RL (EU) 2021/2101 im Hinblick auf die Offenlegung von Ertragsteuerinformationen durch bestimmte Unternehmen und Zweigniederlassungen sowie zur Änd. des Verbraucherstreitbeilegungs G und des PflichtversicherungsG[2] | 19.6.2023 | BGBl. 2023 I Nr. 154 | 51. Abschnitt (Art. 90) | eingef. mWv 22.6.2023 |

**Vorbemerkung:**
**Die Änderung durch G v. 10.8.2021 (BGBl. I S. 3436) tritt erst mWv 1.1. 2024 in Kraft und ist im Text noch nicht berücksichtigt.**

---

*(Fortsetzung der Anm. von voriger Seite)*
Verordnungen an die Verordnung (EU) 2019/2033 des Europäischen Parlaments und des Rates vom 27. November 2019 über die Aufsichtsanforderungen an Wertpapierfirmen und zur Änderung der Verordnungen (EU) Nr. 1093/2010, (EU) Nr. 575/2013, (EU) Nr. 600/2014 und (EU) Nr. 806/2014 (ABl. L 314 vom 5.12.2019, S. 1; L 20 vom 24.1.2020, S. 26).

[1] **Amtlicher Hinweis:** Im Internet abrufbar unter https://portal.mvp.bafin.de/MvpPortalWeb/app/login.html

[2] ***Amtl. Anm.:*** Die Artikel 1 bis 9 dieses Gesetzes dienen der Umsetzung der Richtlinie (EU) 2021/2101 des Europäischen Parlaments und des Rates vom 24. November 2021 zur Änderung der Richtlinie 2013/34/EU im Hinblick auf die Offenlegung von Ertragsteuerinformationen durch bestimmte Unternehmen und Zweigniederlassungen (ABl. L 429 vom 1.12.2021, S. 1). […]

## Erster Abschnitt.[1] Einführung des Handelsgesetzbuchs

**Art. 1 [Inkrafttreten]** (1) Das Handelsgesetzbuch[2] tritt gleichzeitig mit dem Bürgerlichen Gesetzbuch[3] in Kraft.

(2) Der sechste Abschnitt des ersten Buches des Handelsgesetzbuchs tritt mit Ausnahme des § 65 am 1. Januar 1898 in Kraft.

(3) *(gegenstandslos)*

**Art. 2[4] [Verhältnis zum BGB und zu Bundesgesetzen]** (1)[5] In Handelssachen kommen die Vorschriften des Bürgerlichen Gesetzbuchs[3] nur insoweit zur Anwendung, als nicht im Handelsgesetzbuch[2] oder in diesem Gesetz ein anderes bestimmt ist.

**Art. 3** *(nicht wiedergegebene Änderungsvorschrift)*

**Art. 4[6]** *(aufgehoben)*

**Art. 5[7] [Bergwerksgesellschaften]** Auf Bergwerksgesellschaften, die nach den Vorschriften der Landesgesetze nicht die Rechte einer juristischen Person besitzen, findet § 1 des Handelsgesetzbuchs[2] keine Anwendung.

**Art. 6–8[8]** *(betreffen Seehandelsrecht; vom Abdruck wurde abgesehen)*

**Art. 9–14** *(nicht wiedergegebene Änderungsvorschriften)*

**Art. 15 [Verhältnis zu den Landesgesetzen]** (1) Die privatrechtlichen Vorschriften der Landesgesetze bleiben insoweit unberührt, als es in diesem Gesetze bestimmt oder als im Handelsgesetzbuch[2] auf die Landesgesetze verwiesen ist.

(2) Soweit die Landesgesetze unberührt bleiben, können auch neue landesgesetzliche Vorschriften erlassen werden.

**Art. 16[9]** *(aufgehoben)*

**Art. 17** *(gegenstandslos)*

**Art. 18 [Landesrecht über Bierlieferungsvertrag]** Unberührt bleiben die landesgesetzlichen Vorschriften über den Vertrag zwischen dem Brauer und dem Wirte über die Lieferung von Bier, soweit sie das aus dem Vertrage sich ergebende Schuldverhältnis für den Fall regeln, daß nicht besondere Vereinbarungen getroffen werden.

**Art. 19–21** *(gegenstandslos)*

---

[1] 1. Abschnitt Überschrift eingef. durch G v. 19.12.1985 (BGBl. I S. 2355).
[2] Nr. **50**.
[3] Nr. **20**.
[4] Art. 2 Abs. 2 aufgeh. mWv 15.12.2010 durch G v. 8.12.2010 (BGBl. I S. 1864).
[5] Absatzzähler amtlich.
[6] Art. 4 aufgeh. mWv 1.1.2023 durch G v. 31.10.2022 (BGBl. I S. 1966).
[7] Art. 5 geänd. durch G v. 22.6.1998 (BGBl. I S. 1474).
[8] Abgedruckt in Beck'sche Textausgaben „HGB".
[9] Art. 16 aufgeh. durch VO v. 16.12.1931 (RGBl. I S. 763).

**Art. 22 [Weiterführung von eingetragenen Firmen]** (1) Die zur Zeit des Inkrafttretens des Handelsgesetzbuchs[1] im Handelsregister eingetragenen Firmen können weitergeführt werden, soweit sie nach den bisherigen Vorschriften geführt werden durften.

(2) *(gegenstandslos)*

## Zweiter Abschnitt.[2] Übergangsvorschriften zum Bilanzrichtlinien-Gesetz

**Art. 23** *(gegenstandslos)*

**Art. 24**[3] **[Bewertungsvorschriften]** (1) [1] Waren Vermögensgegenstände des Anlagevermögens im Jahresabschluß für das am 31. Dezember 1986 endende oder laufende Geschäftsjahr mit einem niedrigeren Wert angesetzt, als er nach § 240 Abs. 3 und 4, §§ 252, 253 Abs. 1, 2 und 4, §§ 254, 255, 279 und 280 Abs. 1 und 2 des Handelsgesetzbuchs[1] zulässig ist, so darf der niedrigere Wertansatz beibehalten werden. [2] § 253 Abs. 2 des Handelsgesetzbuchs ist in diesem Falle mit der Maßgabe anzuwenden, daß der niedrigere Wertansatz um planmäßige Abschreibungen entsprechend der voraussichtlichen Restnutzungsdauer zu vermindern ist.

(2) Waren Vermögensgegenstände des Umlaufvermögens im Jahresabschluß für das am 31. Dezember 1986 endende oder laufende Geschäftsjahr mit einem niedrigeren Wert angesetzt als er nach §§ 252, 253 Abs. 1, 3 und 4, §§ 254, 255 Abs. 1 und 2, §§ 256, 279 Abs. 1 Satz 1, Abs. 2, § 280 Abs. 1 und 2 des Handelsgesetzbuchs zulässig ist, so darf der niedrigere Wertansatz insoweit beibehalten werden, als

1. er aus den Gründen des § 253 Abs. 3, §§ 254, 279 Abs. 2, § 280 Abs. 2 des Handelsgesetzbuchs angesetzt worden ist oder
2. es sich um einen niedrigeren Wertansatz im Sinne des § 253 Abs. 4 des Handelsgesetzbuchs handelt.

(3) *(gegenstandslos)*

*(Fortsetzung nächstes Blatt)*

[1] Nr. **50**.
[2] 2. Abschnitt Überschrift eingef. durch G v. 19.12.1985 (BGBl. I S. 2355).
[3] Art. 24 neu gef. durch G v. 19.12.1985 (BGBl I S. 2355); Abs. 3, 4 und 5 aufgeh., bish. Abs. 6 wird Abs. 3 mWv 28.12.2012 durch G v. 20.12.2012 (BGBl. I S. 2751).

**Art. 25**[1) 2)] **[Abschlussprüfer und Konzernabschlussprüfer bei gemeinnützigen Wohnungsunternehmen, AG, KGaA und GmbH]** (1) [1] Auf die Prüfung des Jahresabschlusses

1. von Aktiengesellschaften, Gesellschaften mit beschränkter Haftung und Gesellschaften, bei denen kein persönlich haftender Gesellschafter eine natürliche Person ist, wenn die Mehrheit der Anteile und die Mehrheit der Stimmrechte an diesen Gesellschaften Genossenschaften oder zur Prüfung von Genossenschaften zugelassenen Prüfungsverbänden zusteht, oder
2. von Unternehmen, die am 31. Dezember 1989 als gemeinnützige Wohnungsunternehmen oder als Organe der staatlichen Wohnungspolitik anerkannt waren und die nicht eingetragene Genossenschaften sind,

ist § 319 Abs. 1 des Handelsgesetzbuchs[3)] mit der Maßgabe anzuwenden, daß diese Gesellschaften oder Unternehmen sich auch von dem Prüfungsverband prüfen lassen dürfen, dem sie als Mitglied angehören, sofern mehr als die Hälfte der geschäftsführenden Mitglieder des Vorstands dieses Prüfungsverbands Wirtschaftsprüfer sind und dem Prüfungsverband vor dem 29. Mai 2009 das Prüfungsrecht verliehen worden ist. [2] Hat der Prüfungsverband nur zwei Vorstandsmitglieder, so muß einer von ihnen Wirtschaftsprüfer sein. [3] § 319 Absatz 1 Satz 3 des Handelsgesetzbuchs gilt mit der Maßgabe, dass der Prüfungsverband über einen Auszug hinsichtlich seiner Eintragung nach § 40a der Wirtschaftsprüferordnung verfügen muss. [4] § 319 Absatz 2 und 3 des Handelsgesetzbuchs ist auf die gesetzlichen Vertreter des Prüfungsverbandes und auf alle vom Prüfungsverband beschäftigten Personen, die das Ergebnis der Prüfung beeinflussen können, entsprechend anzuwenden; § 319 Abs. 3 Satz 1 Nr. 2 ist auf Mitglieder des Aufsichtsorgans des Prüfungsverbandes nicht anzuwenden, wenn sichergestellt ist, dass der Abschlussprüfer die Prüfung unabhängig von den Weisungen durch das Aufsichtsorgan durchführen kann.

(2) [1] Bei der Prüfung des Jahresabschlusses der in Absatz 1 bezeichneten Gesellschaften oder Unternehmen durch einen Prüfungsverband darf der gesetzlich vorgeschriebene Bestätigungsvermerk nur von Wirtschaftsprüfern unterzeichnet werden. [2] Die im Prüfungsverband tätigen Wirtschaftsprüfer haben ihre Prüfungstätigkeit unabhängig, gewissenhaft, verschwiegen und eigenverantwortlich auszuüben. [3] Sie haben sich insbesondere bei der Erstattung von Prüfungsberichten unparteiisch zu verhalten. [4] Weisungen dürfen ihnen hinsichtlich ihrer Prüfungstätigkeit von Personen, die nicht Wirtschaftsprüfer sind, nicht erteilt werden. [5] Die Zahl der im Verband tätigen Wirtschaftsprüfer muß so bemessen sein, daß die den Bestätigungsvermerk unterschreibenden Wirtschaftsprüfer die Prüfung verantwortlich durchführen können.

(3) Ist ein am 31. Dezember 1989 als gemeinnütziges Wohnungsunternehmen oder als Organ der staatlichen Wohnungspolitik anerkanntes Unternehmen als Aktiengesellschaft, Kommanditgesellschaft auf Aktien oder als Gesellschaft mit beschränkter Haftung zur Aufstellung eines Konzernabschlusses und eines Kon-

---

[1)] Art. 25 neu gef. durch G v. 25.7.1988 (BGBl. I S. 1093); Abs. 1 Satz 1 Nr. 1 geänd. mWv 9.3.2000 durch G v. 24.2.2000 (BGBl. I S. 154); Abs. 1 Satz 3 neu gef. mWv 10.12.2004 durch G v. 4.12.2004 (BGBl. I S. 3166); Abs. 1 Satz 1 geänd. mWv 29.5.2009 durch G v. 25.5.2009 (BGBl. I S. 1102); Abs. 1 Satz 3 eingef., bish. Satz 3 wird Satz 4 mWv 17.6.2016 durch G v. 31.3.2016 (BGBl. I S. 518); Abs. 1 Satz 3 geänd. mWv 17.6.2016 durch G v. 10.5.2016 (BGBl. I S. 1142); Abs. 1 Satz 4 geänd. mWv 1.7.2021 durch G v. 3.6.2021 (BGBl. I S. 1534).

[2)] Beachte die Übergangsvorschrift in Art. 86 Abs. 1.

[3)] Nr. **50**.

zernlageberichts nach dem Zweiten Unterabschnitt des Zweiten Abschnitts des Dritten Buchs des Handelsgesetzbuchs verpflichtet, so ist der Prüfungsverband, dem das Unternehmen angehört, auch Abschlußprüfer des Konzernabschlusses.

**Art. 26**[1] **[Abschlussprüfer nach § 319 HGB]** (1) [1] Abschlußprüfer nach § 319 Abs. 1 Satz 1 des Handelsgesetzbuchs[2] kann auch eine nach § 131f Abs. 2 der Wirtschaftsprüferordnung bestellte Person sein. [2] Abschlußprüfer nach § 319 Abs. 1 Satz 2 des Handelsgesetzbuchs kann auch eine nach § 131b Abs. 2 der Wirtschaftsprüferordnung bestellte Person sein. [3] Für die Durchführung der Prüfung von Jahresabschlüssen und Lageberichten haben diese Personen die Rechte und Pflichten von Abschlußprüfern.

(2) Für die Anwendung des § 319 Abs. 2 und 3 des Handelsgesetzbuchs in der Fassung des Bilanzrichtlinien-Gesetzes bleibt eine Mitgliedschaft im Aufsichtsrat des zu prüfenden Unternehmens außer Betracht, wenn sie spätestens mit der Beendigung der ersten Versammlung der Aktionäre oder Gesellschafter der zu prüfenden Gesellschaft, die nach Inkrafttreten des Bilanzrichtlinien-Gesetzes stattfindet, endet.

**Art. 27**[3] **[Kapitalkonsolidierung]** (1) [1] Hat ein Mutterunternehmen ein Tochterunternehmen schon vor der erstmaligen Anwendung des § 301 des Handelsgesetzbuchs[2] in seinen Konzernabschluß auf Grund gesetzlicher Verpflichtung oder freiwillig nach einer den Grundsätzen ordnungsmäßiger Buchführung entsprechenden Methode einbezogen, so braucht es diese Vorschrift auf dieses Tochterunternehmen nicht anzuwenden. [2] Auf einen noch vorhandenen Unterschiedsbetrag aus der früheren Kapitalkonsolidierung ist § 309 des Handelsgesetzbuchs anzuwenden, soweit das Mutterunternehmen den Unterschiedsbetrag nicht in entsprechender Anwendung des § 301 Abs. 1 Satz 3 des Handelsgesetzbuchs den in den Konzernabschluß übernommenen Vermögensgegenständen und Schulden des Tochterunternehmens zuschreibt oder mit diesen verrechnet.

(2) Ist ein Mutterunternehmen verpflichtet, § 301 des Handelsgesetzbuchs auf ein schon bisher in seinen Konzernabschluß einbezogenes Tochterunternehmen anzuwenden oder wendet es diese Vorschrift freiwillig an, so kann als Zeitpunkt für die Verrechnung auch der Zeitpunkt der erstmaligen Anwendung dieser Vorschrift gewählt werden.

(3) Die Absätze 1 und 2 sind entsprechend auf die Behandlung von Beteiligungen an assoziierten Unternehmen nach §§ 311, 312 des Handelsgesetzbuchs anzuwenden.

(4) Ergibt sich bei der erstmaligen Anwendung der §§ 303, 304, 306 oder 308 des Handelsgesetzbuchs eine Erhöhung oder Verminderung des Ergebnisses, so

*(Fortsetzung nächstes Blatt)*

[1] Art. 26 neu gef. durch G v. 19.12.1985 (BGBl. I S. 2355); Abs. 2 geänd. mWv 10.12.2004 durch G v. 4.12.2004 (BGBl. I S. 3166).

[2] Nr. **50**.

[3] Art. 27 neu gef. durch G v. 19.12.1985 (BGBl. I S. 2355).

kann der Unterschiedsbetrag in die Gewinnrücklagen eingestellt oder mit diesen offen verrechnet werden; dieser Betrag ist nicht Bestandteil des Jahresergebnisses.

**Art. 28**[1) 2)] **[Pensionsrückstellungen]** (1) [1] Für eine laufende Pension oder eine Anwartschaft auf eine Pension auf Grund einer unmittelbaren Zusage braucht eine Rückstellung nach § 249 Abs. 1 Satz 1 des Handelsgesetzbuchs nicht gebildet zu werden, wenn der Pensionsberechtigte seinen Rechtsanspruch vor dem 1. Januar 1987 erworben hat oder sich ein vor diesem Zeitpunkt erworbener Rechtsanspruch nach dem 31. Dezember 1986 erhöht. [2] Für eine mittelbare Verpflichtung aus einer Zusage für eine laufende Pension oder eine Anwartschaft auf eine Pension sowie für eine ähnliche unmittelbare oder mittelbare Verpflichtung braucht eine Rückstellung in keinem Fall gebildet zu werden.

(2) Bei Anwendung des Absatzes 1 müssen Kapitalgesellschaften die in der Bilanz nicht ausgewiesenen Rückstellungen für laufende Pensionen, Anwartschaften auf Pensionen und ähnliche Verpflichtungen jeweils im Anhang und im Konzernanhang in einem Betrag angeben.

## Dritter Abschnitt.[3)] Übergangsvorschrift zum Gesetz zur Durchführung der EG-Richtlinie zur Koordinierung des Rechts der Handelsvertreter vom 23. Oktober 1989 (BGBl. I S. 1910)

**Art. 29**[3)] **[Handelsvertreterverträge]** Auf Handelsvertretervertragsverhältnisse, die vor dem 1. Januar 1990 begründet sind und an diesem Tag noch bestehen, sind die §§ 86, 86a, 87, 87a, 89, 89b, 90a und 92c des Handelsgesetzbuchs in der am 31. Dezember 1989 geltenden Fassung bis zum Ablauf des Jahres 1993 weiterhin anzuwenden.

**Art. 29a**[4)] **[Wettbewerbsabrede]** § 90a Abs. 2 und 3 des Handelsgesetzbuchs in der ab dem 1. Juli 1998 geltenden Fassung ist auch auf Ansprüche aus vor dem 1. Juli 1998 begründeten Handelsvertretervertragsverhältnissen anzuwenden, über die noch nicht rechtskräftig entschieden worden ist.

## Vierter Abschnitt.[5)] Übergangsvorschriften zum Bankbilanzrichtlinie-Gesetz

**Art. 30**[5)] **[Vorschriften der Art. 1 bis 10]** (1) Die vom Inkrafttreten der Artikel 1 bis 10 des Bankbilanzrichtlinie-Gesetzes vom 30. November 1990 (BGBl. I S. 2570) an geltende Fassung der Vorschriften über den Jahresabschluß, den Lagebericht und deren Prüfung sowie über die Pflicht zur Offenlegung dieser und der dazu gehörenden Unterlagen ist erstmals auf das nach dem 31. Dezember 1992 beginnende Geschäftsjahr anzuwenden.

---

1) Art. 28 neu gef. durch G v. 19.12.1985 (BGBl I S. 2355).

2) Beachte für Personenhandelsgesellschaften Übergangsvorschrift in Art. 48 Abs. 6.

3) 3. Abschnitt (Art. 29) angef. durch G v. 23.10.1989 (BGBl I S. 1910).

4) Art. 29a angef. durch G v. 25.6.1990 (BGBl. II S. 518); neu gef. durch G v. 22.6.1998 (BGBl. I S. 1474).

5) 4. Abschnitt (Art. 30, 31) angef. durch G v. 30.11.1990 (BGBl. I S. 2570).

(2) [1] Die vom Inkrafttreten der Artikel 1 bis 10 des Bankbilanzrichtlinie-Gesetzes an geltende Fassung der Vorschriften über den Konzernabschluß, den Konzernlagebericht und deren Prüfung sowie über die Pflicht zur Offenlegung dieser und der dazu gehörenden Unterlagen ist erstmals auf das nach dem 31. Dezember 1992 beginnende Geschäftsjahr anzuwenden; dies gilt für Kreditinstitute auch für die erstmalige Anwendung der in Artikel 23 Abs. 2 Satz 1 bezeichneten Vorschriften. [2] Die neuen Vorschriften einschließlich derjenigen über den Jahresabschluß können auf den Konzernabschluß eines früheren Geschäftsjahrs angewendet werden, jedoch nur insgesamt; Artikel 23 Abs. 2 Satz 3 ist entsprechend anzuwenden.

(3) Auf Geschäftsjahre, die vor dem 1. Januar 1993 beginnen, sind die Vorschriften über den Jahresabschluß, den Lagebericht und deren Prüfung sowie über die Pflicht zur Offenlegung dieser und der dazu gehörenden Unterlagen in der am 1. Januar 1986 geltenden Fassung und die Vorschriften der Verordnung über Formblätter für die Gliederung des Jahresabschlusses von Kreditinstituten in der Fassung der Bekanntmachung vom 14. September 1987 (BGBl. I S. 2169) anzuwenden.

(4) [1] Auf Geschäftsjahre, die vor dem 1. Januar 1993 beginnen, sind die Vorschriften über den Konzernabschluß, den Konzernlagebericht und deren Prüfung sowie über die Pflicht zur Offenlegung dieser und der dazu gehörenden Unterlagen in der am 31. Dezember 1985 geltenden Fassung anzuwenden, sofern die neuen Vorschriften nicht freiwillig angewendet werden. [2] Werden nach Artikel 23 Abs. 2 die Vorschriften in der am 1. Januar 1986 geltenden Fassung freiwillig angewendet, so gilt Satz 1 mit der Maßgabe, daß diese Vorschriften anzuwenden sind. [3] Sind auf den Konzernabschluß Vorschriften über den Jahresabschluß anzuwenden, ist Absatz 3 entsprechend anzuwenden.

**Art. 31[1)] [Vermögensgegenstände im Jahresabschluss]** (1) [1] Waren wie Anlagevermögen behandelte Vermögensgegenstände im Jahresabschluß für das am 31. Dezember 1992 endende oder laufende Geschäftsjahr mit einem niedrigeren Wert angesetzt, als er nach § 240 Abs. 3 und 4, §§ 252, 253 Abs. 1 und 2, §§ 254, 255, 279, 280 Abs. 1 und 2 sowie § 340e des Handelsgesetzbuchs zulässig ist, so darf der niedrigere Wertansatz beibehalten werden. [2] § 253 Abs. 2 des Handelsgesetzbuchs ist in diesem Falle mit der Maßgabe anzuwenden, daß der niedrigere Wertansatz um planmäßige Abschreibungen entsprechend der voraussichtlichen Restnutzungsdauer zu vermindern ist.

(2) [1] Waren nicht wie Anlagevermögen behandelte Vermögensgegenstände im Jahresabschluß für das am 31. Dezember 1992 endende oder laufende Geschäftsjahr mit einem niedrigeren Wert angesetzt, als er nach §§ 252, 253 Abs. 1 und 3, §§ 254, 255 Abs. 1 und 2, §§ 256, 279 Abs. 1 Satz 1, Abs. 2, § 280 Abs. 1 und 2 sowie § 340f Abs. 1 Satz 1 des Handelsgesetzbuchs zulässig ist, so darf der niedrigere Wertansatz insoweit beibehalten werden, als

1. er aus den Gründen des § 253 Abs. 3, §§ 254, 279 Abs. 2, § 280 Abs. 2 des Handelsgesetzbuchs angesetzt worden ist oder
2. es sich um einen niedrigeren Wertansatz im Sinne des § 340f Abs. 1 Satz 1 des Handelsgesetzbuchs handelt.

---

1) Art. 31 angef. durch G v. 30.11.1990 (BGBl. I S. 2570); Abs. 3, 4 und 5 aufgeh., bish. Abs. 6 wird Abs. 3 mWv 28.12.2012 durch G v. 20.12.2012 (BGBl. I S. 2751).

[2] Nach § 26a Abs. 1 des Gesetzes über das Kreditwesen gebildete Vorsorgen können fortgeführt werden.

(3) [1] Sind bei der erstmaligen Anwendung des § 340a in Verbindung mit § 268 Abs. 2 des Handelsgesetzbuchs über die Darstellung der Entwicklung der wie Anlagevermögen behandelten Vermögensgegenstände die Anschaffungs- oder Herstellungskosten eines Vermögensgegenstands nicht ohne unverhältnismäßige Kosten oder Verzögerungen feststellbar, so dürfen die Buchwerte dieser Vermögensgegenstände aus dem Jahresabschluß des vorhergehenden Geschäftsjahrs als ursprüngliche Anschaffungs- oder Herstellungskosten übernommen und fortgeführt werden. [2] Satz 1 darf entsprechend auf die Darstellung des Postens „Aufwendungen für die Ingangsetzung und Erweiterung des Geschäftsbetriebs" angewendet werden. [3] Die Anwendung der Sätze 1 und 2 ist im Anhang anzugeben.

## Fünfter Abschnitt.[1] Übergangsvorschriften zum Versicherungsbilanzrichtlinie-Gesetz

**Art. 32[1] [Abschlüsse und Lageberichte]** (1) [1] Die vom Inkrafttreten der Artikel 1 bis 5 des Versicherungsbilanzrichtlinie-Gesetzes vom 24. Juni 1994 an geltende Fassung der Vorschriften über den Jahresabschluß, den Lagebericht, den Konzernabschluß, den Konzernlagebericht und deren Prüfung sowie über die Pflicht zur Offenlegung dieser und der dazugehörenden Unterlagen ist erstmals auf das nach dem 31. Dezember 1994 beginnende Geschäftsjahr anzuwenden. [2] In der nach Artikel 1 des Versicherungsbilanzrichtlinie-Gesetzes (§ 330 Abs. 1 in Verbindung mit Abs. 3 und 4 des Handelsgesetzbuchs) zu erlassenden Verordnung kann bestimmt werden, daß der Zeitwert der Grundstücke und Bauten im Anhang erstmals für das nach dem 31. Dezember 1998 beginnende Geschäftsjahr und der Zeitwert für die in § 341b Abs. 1 Satz 2, Abs. 2 des Handelsgesetzbuchs genannten Vermögensgegenstände erstmals für das nach dem 31. Dezember 1996 beginnende Geschäftsjahr anzugeben ist.

(2) Auf Geschäftsjahre, die vor dem 1. Januar 1995 beginnen, sind die Vorschriften über den Jahresabschluß, den Lagebericht, den Konzernabschluß, den Konzernlagebericht und deren Prüfung sowie über die Pflicht zur Offenlegung dieser und der dazugehörenden Unterlagen in der am 1. Januar 1986 geltenden Fassung und die Vorschriften der Verordnung über die Rechnungslegung von Versicherungsunternehmen vom 11. Juli 1973 (BGBl. I S. 1209), zuletzt geändert durch Verordnung vom 23. Dezember 1986 (BGBl. 1987 I S. 2), anzuwenden.

(3) Niederlassungen im Geltungsbereich dieses Gesetzes von Versicherungsunternehmen mit Sitz in einem anderen Mitgliedstaat der Europäischen Gemeinschaft brauchen die Vorschriften über den Jahresabschluß, den Lagebericht und deren Prüfung sowie über die Pflicht zur Offenlegung dieser und der dazugehörenden Unterlagen in der bis zum Inkrafttreten der Artikel 1 bis 5 des Versicherungsbilanzrichtlinie-Gesetzes vom 24. Juni 1994 geltenden Fassung bereits auf Geschäftsjahre, die nach dem 31. Dezember 1993 enden, nicht mehr anzuwenden, wenn sie die Vorschriften über die Pflicht zur Offenlegung des Jahresabschlusses, des Lageberichts, des Konzernabschlusses, des Konzernlageberichts sowie der dazu gehörenden Unterlagen in der vom Inkrafttreten der

[1] 5. Abschnitt (Art. 32, 33) eingef. durch G v. 24.6.1994 (BGBl. I S. 1377); Art. 32 Abs. 4 angef. mWv 4.4.2002 durch G v. 26.3.2002 (BGBl. I S. 1219).

Artikel 1 bis 5 des Versicherungsbilanzrichtlinie-Gesetzes vom 24. Juni 1994 an geltenden Fassung anwenden.

(4) [1] § 341b Abs. 2 des Handelsgesetzbuchs in der vom 4. April 2002 an geltenden Fassung ist erstmals auf den Jahres- und Konzernabschluss für das am 30. September 2001 oder später endende Geschäftsjahr anzuwenden. [2] § 341b Abs. 2 des Handelsgesetzbuchs in der am 3. April 2002 geltenden Fassung ist letztmals auf den Jahres- und Konzernabschluss für das vor dem 30. September 2001 endende Geschäftsjahr anzuwenden.

### Art. 33[1)] [Wie Anlagevermögen behandelte Vermögensgegenstände]

(1) [1] Waren wie Anlagevermögen behandelte Vermögensgegenstände im Abschluß für das am 31. Dezember 1994 endende oder laufende Geschäftsjahr mit einem niedrigeren Wert angesetzt, als er nach § 240 Abs. 3 und 4, §§ 252, 253 Abs. 1 und 2, §§ 254, 255, 279, 280 Abs. 1 und 2 sowie §§ 341b bis 341d des Handelsgesetzbuchs zulässig ist, so darf der niedrigere Wertansatz beibehalten werden. [2] § 253 Abs. 2 des Handelsgesetzbuchs ist in diesem Fall mit der Maßgabe anzuwenden, daß der niedrigere Wertansatz um planmäßige Abschreibungen entsprechend der voraussichtlichen Restnutzungsdauer zu vermindern ist.

(2) Waren nicht wie Anlagevermögen behandelte Vermögensgegenstände im Jahresabschluß für das am 31. Dezember 1994 endende oder laufende Geschäftsjahr mit einem niedrigeren Wert angesetzt, als er nach §§ 252, 253 Abs. 1, 3 und 4, §§ 254, 255 Abs. 1 und 2, §§ 256, 279 Abs. 1 Satz 1, Abs. 2, § 280 Abs. 1 und 2 zulässig sowie §§ 341b bis 341d des Handelsgesetzbuchs zulässig ist, so darf der niedrigere Wertansatz insoweit beibehalten werden, als er aus den Gründen des § 253 Abs. 3, §§ 254, 279 Abs. 2, § 280 Abs. 2 des Handelsgesetzbuchs angesetzt worden ist.

*(Fortsetzung nächstes Blatt)*

[1)] Art. 33 eingef. durch G v. 24.6.1994 (BGBl. I S. 1377); Abs. 3, 4 und 5 aufgeh. mWv 28.12.2012 durch G v. 20.12.2012 (BGBl. I S. 2751).

## Sechster Abschnitt.[1] Übergangsvorschriften zum Gesetz zur Durchführung der Elften gesellschaftsrechtlichen Richtlinie vom 22. Juli 1993

**Art. 34.**[1] (1) [1]Bei inländischen Zweigniederlassungen von Aktiengesellschaften, Kommanditgesellschaften auf Aktien und Gesellschaften mit beschränkter Haftung mit Sitz im Ausland, die vor dem 1. November 1993 in das Handelsregister eingetragen worden sind, haben die gesetzlichen Vertreter der Gesellschaft die in § 13e Abs. 2 Satz 4 des Handelsgesetzbuchs[2] vorgeschriebenen Angaben bis zum 1. Mai 1994 zur Eintragung in das Handelsregister anzumelden. [2]Die gesetzlichen Vertreter haben innerhalb dieses Zeitraums auch die Anschrift und den Gegenstand der Zweigniederlassung anzumelden, sofern nicht bereits die Anmeldung der Errichtung der Zweigniederlassung diese Angaben enthalten hat.

(2) Hat eine Aktiengesellschaft, Kommanditgesellschaft auf Aktien oder Gesellschaft mit beschränkter Haftung mit Sitz im Ausland am 1. November 1993 mehrere inländische Zweigniederlassungen oder errichtet sie neben einer oder mehreren bereits bestehenden inländischen Zweigniederlassungen weitere inländische Zweigniederlassungen, so ist § 13e Abs. 5 des Handelsgesetzbuchs[2] sinngemäß anzuwenden.

(3) Die §§ 289, 325a und § 335 des Handelsgesetzbuchs in der ab 1. November 1993 geltenden Fassung sind erstmals auf das nach dem 31. Dezember 1992 beginnende Geschäftsjahr anzuwenden.

## Siebenter Abschnitt.[3] Übergangsvorschriften zum Nachhaftungsbegrenzungsgesetz

**Art. 35.**[3] [1]§ 160 des Handelsgesetzbuches[2] in der ab dem 26. März 1994 geltenden Fassung ist auf vor diesem Datum entstandene Verbindlichkeiten anzuwenden, wenn

1. das Ausscheiden des Gesellschafters oder sein Wechsel in die Rechtsstellung eines Kommanditisten nach dem 26. März 1994 in das Handelsregister eingetragen wird und
2. die Verbindlichkeiten nicht später als vier Jahre nach der Eintragung fällig werden.

[2]Auf später fällig werdende Verbindlichkeiten im Sinne des Satzes 1 ist das bisher geltende Recht mit der Maßgabe anwendbar, daß die Verjährungsfrist ein Jahr beträgt.

**Art. 36.**[3] (1) [1]Abweichend von Artikel 35 gilt § 160 Abs. 3 Satz 2 des Handelsgesetzbuches[2] auch für Verbindlichkeiten im Sinne des Artikels 35 Satz 2,

---

[1] Sechster Abschnitt (Art. 34) eingef. durch Art. 5 G v. 22. 7. 1993 (BGBl. I S. 1282).
[2] Nr. **50**.
[3] Siebenter Abschnitt (Art. 35 bis 37) eingef. durch Art. 3 NachhBG v. 18. 3. 1994 (BGBl. I S. 560). Art. 36 Abs. 2 Satz 1 geänd. durch Art. 6 EGInsOÄndG v. 19. 12. 1998 (BGBl. I S. 3836).

wenn diese aus fortbestehenden Arbeitsverhältnissen entstanden sind. 2 Dies gilt auch dann, wenn der Wechsel in der Rechtsstellung des Gesellschafters bereits vor dem 26. März 1994 stattgefunden hat, mit der Maßgabe, daß dieser Wechsel mit dem 26. März 1994 als in das Handelsregister eingetragen gilt.

(2) 1 Die Enthaftung nach Absatz 1 gilt nicht für Ansprüche auf Arbeitsentgelt, für die der Arbeitnehmer bei Zahlungsunfähigkeit der Gesellschaft keinen Anspruch auf Insolvenzgeld hat. 2 Insoweit bleibt es bei dem bisher anwendbaren Recht.

**Art. 37.**[1] (1) 1 Die §§ 26 und 28 Abs. 3 des Handelsgesetzbuches in der ab dem 26. März 1994 geltenden Fassung sind auf vor diesem Datum entstandene Verbindlichkeiten anzuwenden, wenn

1. nach dem 26. März 1994 der neue Inhaber oder die Gesellschaft eingetragen wird oder die Kundmachung der Übernahme stattfindet und
2. die Verbindlichkeiten nicht später als vier Jahre nach der Eintragung oder der Kundmachung fällig werden.

2 Auf später fällig werdende Verbindlichkeiten im Sinne des Satzes 1 ist das bisher geltende Recht mit der Maßgabe anwendbar, daß die Verjährungsfrist ein Jahr beträgt.

(2) 1 Abweichend von Absatz 1 gilt § 28 Abs. 3 des Handelsgesetzbuches auch für Verbindlichkeiten im Sinne des Absatzes 1 Satz 2, wenn diese aus fortbestehenden Arbeitsverhältnissen entstanden sind. 2 Dies gilt auch dann, wenn die Gesellschaft bereits vor dem 26. März 1994 ins Handelsregister eingetragen wurde, mit der Maßgabe, daß der 26. März 1994 als Tag der Eintragung gilt.

(3) 1 Die Enthaftung nach Absatz 2 gilt nicht für Ansprüche auf Arbeitsentgelt, für die der Arbeitnehmer bei Zahlungsunfähigkeit der Gesellschaft keinen Anspruch auf Insolvenzgeld hat. 2 Insoweit bleibt es bei dem bisher anwendbaren Recht.

## Achter Abschnitt.[2] Übergangsvorschrift zum Handelsrechtsreformgesetz

**Art. 38.**[2] Hat die Änderung der Firma eines Einzelkaufmanns oder einer Personenhandelsgesellschaft ausschließlich die Aufnahme der nach § 19 Abs. 1 des Handelsgesetzbuchs in der ab dem 1. Juli 1998 geltenden Fassung vorgeschriebenen Bezeichnung zum Gegenstand, bedarf diese Änderung nicht der Anmeldung zur Eintragung in das Handelsregister.

**Art. 39–41.**[2] *(aufgehoben)*

---

[1] Siebenter Abschn. (Art. 35 bis 37) eingef. durch Art. 3 NachhBG v. 18. 3. 1994 (BGBl. I S. 560), Art. 37 Abs. 3 Satz 1 geänd. durch Art. 6 EGInsOÄndG v. 19. 12. 1998 (BGBl. I S. 3836).

[2] Achter Abschn. (Art. 38 bis 41) eingef. durch HRefG v. 22. 6. 1998 (BGBl. I S. 1474), aufgeh. durch Art. 209 Abs. 6 G v. 19. 4. 2006 (BGBl. I S. 866), Achter Abschn. (Art. 38) erneut eingef. mWv 25. 4. 2006 durch Art. 5 G v. 23. 11. 2007 (BGBl. I S. 2631).

## Neunter Abschnitt.[1] Übergangsvorschriften zur Einführung des Euro

**Art. 42.**[1] (1) [1]Die §§ 244, 284 Abs. 2 Nr. 2, § 292a Abs. 1 Satz 1, § 313 Abs. 1 Nr. 2 und § 340h Abs. 1 Satz 1 und 2 des Handelsgesetzbuchs in der ab 1. Januar 1999 geltenden Fassung sind erstmals auf das nach dem 31. Dezember 1998 endende Geschäftsjahr anzuwenden. [2]Der Jahres- und Konzernabschluß darf auch in Deutscher Mark aufgestellt werden, letztmals für das im Jahre 2001 endende Geschäftsjahr. [3]Sofern der Jahresabschluß und der Konzernabschluß nach Satz 2 in Deutscher Mark aufgestellt werden, sind auch die nach § 284 Abs. 2 Nr. 2, § 292a Abs. 1 Satz 1, § 313 Abs. 1 Nr. 2 sowie § 340h Abs. 1 Satz 1 und 2 vorgeschriebenen Angaben weiterhin in Deutscher Mark zu machen. [4]§ 328 Abs. 4 des Handelsgesetzbuchs ist letztmals auf das spätestens am 31. Dezember 1998 endende Geschäftsjahr anzuwenden.

(2) [1]Werden der Jahresabschluß und der Konzernabschluß in Euro aufgestellt, ist § 265 Abs. 2 des Handelsgesetzbuchs mit der Maßgabe anzuwenden, daß zu jedem Posten der entsprechende Betrag des vorhergehenden Geschäftsjahres in Euro anzugeben ist. [2]Die Umrechnung hat insoweit auch für ein Geschäftsjahr, das vor dem 1. Januar 1999 endet, zu dem vom Rat der Europäischen Union gemäß Artikel 1091 Abs. 4 Satz 1 des EG-Vertrages unwiderruflich festgelegten Umrechnungskurs zu erfolgen. [3]Satz 2 gilt entsprechend für die Darstellung der Entwicklung der einzelnen Posten des Anlagevermögens und des Postens „Aufwendungen für die Ingangsetzung und Erweiterung des Geschäftsbetriebs" in der Bilanz oder im Anhang nach § 268 Abs. 2 des Handelsgesetzbuchs.

(3) [1]Stellen Unternehmen vor Umstellung ihres gezeichneten Kapitals auf Euro den Jahres- und Konzernabschluß in Euro auf, darf das gezeichnete Kapital in der Vorspalte der Bilanz weiterhin in Deutscher Mark ausgewiesen werden, sofern der sich in Euro ergebende Betrag in der Hauptspalte ausgewiesen wird. [2]Stellen Unternehmen den Jahres- und Konzernabschluß nach Umstellung ihres gezeichneten Kapitals auf Euro in Deutscher Mark auf, darf das gezeichnete Kapital in der Vorspalte in Euro ausgewiesen werden, sofern der sich in Deutscher Mark ergebende Betrag in der Hauptspalte ausgewiesen wird. [3]Statt des Ausweises in der Vorspalte darf das gezeichnete Kapital auch im Anhang angegeben werden.

**Art. 43.**[1] (1) [1]Ausleihungen, Forderungen und Verbindlichkeiten, die auf Währungseinheiten der an der Wirtschafts- und Währungsunion teilnehmenden anderen Mitgliedstaaten oder auf die ECU im Sinne des Artikels 2 der Verordnung (EG) Nr. 1103/97 des Rates vom 17. Juni 1997 (ABl. EG Nr. L 162 S. 1) lauten, sind zum nächsten auf den 31. Dezember 1998 folgenden Stichtag im Jahresabschluß und im Konzernabschluß mit dem vom Rat der Europäischen Union gemäß Artikel 1091 Abs. 4 Satz 1 des EG-Vertrages unwiderruflich festgelegten Umrechnungskurs umzurechnen und anzusetzen. [2]Erträge, die sich aus der Umrechnung und dem entsprechenden Bilanzansatz ergeben, dürfen auf der Passivseite in einen gesonderten Posten unter der Be-

[1] Neunter Abschn. (Art. 42 bis 45) eingef. durch Art. 4 § 2 EuroEG v. 9. 6. 1998 (BGBl. I S. 1242).

zeichnung „Sonderposten aus der Währungsumstellung auf den Euro“ nach dem Eigenkapital eingestellt werden. [3]Der Posten ist insoweit aufzulösen, als die Ausleihungen, Forderungen und Verbindlichkeiten, für die er gebildet worden ist, aus dem Vermögen des Unternehmens ausscheiden, spätestens jedoch am Schluß des fünften nach dem 31. Dezember 1998 endenden Geschäftsjahres.

(2) [1]In den Sonderposten gemäß Absatz 1 Satz 2 dürfen auch Erträge eingestellt werden, die sich aus der Aktivierung von Vermögensgegenständen aufgrund der unwiderruflichen Festlegung der Wechselkurse ergeben. [2]Absatz 1 Satz 3 gilt entsprechend.

**Art. 44.**[1)] (1) [1]Die Aufwendungen für die Währungsumstellung auf den Euro dürfen als Bilanzierungshilfe aktiviert werden, soweit es sich um selbstgeschaffene immaterielle Vermögensgegenstände des Anlagevermögens handelt. [2]Der Posten ist in der Bilanz unter der Bezeichnung „Aufwendungen für die Währungsumstellung auf den Euro“ vor dem Anlagevermögen auszuwei-

*(Fortsetzung nächste Seite)*

[1)] Neunter Abschn. (Art. 42 bis 45) eingef. durch Art. 4 § 2 EuroEG v. 9. 6. 1998 (BGBl. I S. 1242).

sen. [3]Die als Bilanzierungshilfe ausgewiesenen Beträge sind in jedem folgenden Geschäftsjahr zu mindestens einem Viertel durch Abschreibung zu tilgen. [4]Im Jahresabschluß von Kapitalgesellschaften ist der Posten im Anhang zu erläutern. [5]Werden solche Aufwendungen in der Bilanz von Kapitalgesellschaften ausgewiesen, so dürfen Gewinne nur ausgeschüttet werden, wenn die nach der Ausschüttung verbleibenden jederzeit auflösbaren Gewinnrücklagen zuzüglich eines Gewinnvortrags und abzüglich eines Verlustvortrags dem angesetzten Betrag mindestens entsprechen.

(2) Absatz 1 ist erstmals auf das nach dem 31. Dezember 1997 endende Geschäftsjahr anzuwenden.

**Art. 45.**[1)] (1) [1]Anmeldungen zur Eintragung in das Handelsregister, die nur die Ersetzung von auf Deutsche Mark lautenden Beträgen durch den zu dem vom Rat der Europäischen Union gemäß Artikel 1091 Abs. 4 Satz 1 des EG-Vertrages unwiderruflich festgelegten Umrechnungskurs ermittelten Betrag in Euro zum Gegenstand haben, bedürfen nicht der in § 12 des Handelsgesetzbuchs vorgeschriebenen Form. [2]Entsprechende Eintragungen werden abweichend von § 10 des Handelsgesetzbuchs nicht bekannt gemacht.

(2) Für die Anmeldung der Erhöhung des Grund- oder Stammkapitals aus Gesellschaftsmitteln oder der Herabsetzung des Kapitals auf den nächsthöheren oder nächstniedrigeren Betrag, mit dem die Nennbeträge der Aktien auf volle Euro oder die Nennbeträge der Geschäftsanteile auf einen durch zehn teilbaren Betrag in Euro gestellt werden können, zum Handelsregister ist die Hälfte des sich aus § 105 Absatz 1 Nummer 3 oder 4 des Gerichts- und Notarkostengesetzes[2)] ergebenden Wertes als Geschäftswert zugrunde zu legen.

## Zehnter Abschnitt.[3)] Übergangsvorschriften zum Gesetz zur Kontrolle und Transparenz im Unternehmensbereich

**Art. 46.**[3)] (1) [1]Die §§ 285, 289, 297, 315, 317, 321, 322, 340a und 341k des Handelsgesetzbuchs in der Fassung des Gesetzes zur Kontrolle und Transparenz im Unternehmensbereich sind spätestens auf das nach dem 31. Dezember 1998 beginnende Geschäftsjahr anzuwenden. [2]§ 323 des Handelsgesetzbuchs in der Fassung des in Satz 1 genannten Gesetzes ist erstmals auf die Prüfung des Abschlusses für das nach dem 31. Dezember 1998 beginnende Geschäftsjahr anzuwenden.

(2) § 319 des Handelsgesetzbuchs in der Fassung des in Absatz 1 Satz 1 genannten Gesetzes ist erstmals auf das nach dem 31. Dezember 2001 beginnende Geschäftsjahr anzuwenden.

(3) Sind die neuen Vorschriften nach den Absätzen 1 und 2 auf ein früheres Geschäftsjahr nicht anzuwenden und werden die neuen Vorschriften nach Absatz 1 Satz 1 nicht freiwillig angewendet, so ist für das Geschäftsjahr die am 30. April 1998 geltende Fassung der geänderten Vorschriften anzuwenden.

---

[1)] Neunter Abschn. (Art. 42 bis 45) eingef. durch Art. 4 § 2 EuroEG v. 9. 6. 1998 (BGBl. I S. 1242), Art. 45 Abs. 2 aufgeh., bish. Abs. 3 wird Abs. 2 und geänd. mWv 1. 12. 2004 durch Art. 2 HRegGebNeuOG v. 3. 7. 2004 (BGBl. I S. 1410), Abs. 2 geänd. mWv 1. 8. 2013 durch Art. 24 2. KostRMoG v. 23. 7. 2013 (BGBl. I S. 2586).

[2)] Nr. **119**.

[3)] Zehnter Abschn. (Art. 46) eingef. durch Art. 12 KonTraG v. 27. 4. 1998 (BGBl. I S. 786).

## Elfter Abschnitt.[1] Übergangsvorschrift zum Gesetz zur Verlängerung der steuerlichen und handelsrechtlichen Aufbewahrungsfristen

**Art. 47.**[1] § 257 Abs. 4 des Handelsgesetzbuchs in der Fassung des Artikels 4 des Gesetzes vom 19. Dezember 1998 (BGBl. I S. 3816) gilt erstmals für Unterlagen, deren Aufbewahrungsfrist nach § 257 Abs. 4 des Handelsgesetzbuches in der bis zum 23. Dezember 1998 geltenden Fassung noch nicht abgelaufen ist.

## Zwölfter Abschnitt.[2] Übergangsvorschriften zum Kapitalgesellschaften- und Co-Richtlinie-Gesetz

**Art. 48.**[2] (1) [1] Die Bestimmungen des Zweiten Abschnitts des Dritten Buchs des Handelsgesetzbuchs in der vom 9. März 2000 an geltenden Fassung sind von offenen Handelsgesellschaften und Kommanditgesellschaften im Sinne des § 264 a des Handelsgesetzbuchs erstmals auf Jahresabschlüsse und Lageberichte sowie auf Konzernabschlüsse und Konzernlageberichte für das nach dem 31. Dezember 1999 beginnende Geschäftsjahr anzuwenden; sie können auf ein früheres Geschäftsjahr angewendet werden, jedoch nur insgesamt. [2] § 264 Abs. 4, §§ 267, 292 a Abs. 1, § 313 Abs. 2 Nr. 4 Satz 2, § 314 Abs. 1 Nr. 6 Buchstabe a Satz 1, § 325 Abs. 1 Satz 1, Abs. 3 Satz 1, § 326 Satz 1, §§ 335 a, 335 b, 339 Abs. 1 Satz 1, Abs. 2, §§ 340 o und 341 o des Handelsgesetzbuchs in der vom 9. März 2000 an geltenden Fassung sind vorbehaltlich des Satzes 1 erstmals auf Jahres- und Konzernabschlüsse für das nach dem 31. Dezember 1998 beginnende Geschäftsjahr anzuwenden. [3] § 335 des Handelsgesetzbuchs in der bis zum 8. März 2000 geltenden Fassung ist letztmals zur Durchsetzung der in Satz 1 dieser Vorschrift bezeichneten Pflichten anzuwenden, soweit sie ein Geschäftsjahr betreffen, das vor dem 1. Januar 1999 begonnen hat.

(2) [1] Waren Vermögensgegenstände des Anlagevermögens im Jahresabschluss für das am 31. Dezember 1999 endende oder laufende Geschäftsjahr mit einem niedrigeren Wert angesetzt, als er nach § 240 Abs. 3 und 4, §§ 252, 253 Abs. 1, 2 und 4, §§ 254, 255, 279 und 280 Abs. 1 und 2 des Handelsgesetzbuchs zulässig ist, so darf der niedrigere Wertansatz beibehalten werden. [2] § 253 Abs. 2 des Handelsgesetzbuchs ist in diesen Fällen mit der Maßgabe anzuwenden, dass der niedrigere Wertansatz um planmäßige Abschreibungen entsprechend der voraussichtlichen Restnutzungsdauer zu vermindern ist.

*(Fortsetzung nächste Seite)*

---

[1] Elfter Abschn. (Art. 47) eingef. durch Art. 5 G v. 19. 12. 1998 (BGBl. I S. 3816).

[2] Zwölfter Abschn. (Art. 48) eingef. durch Art. 5 KapCoRiLiG v. 24. 2. 2000 (BGBl. I S. 154).

(3) Waren Vermögensgegenstände des Umlaufvermögens im Jahresabschluss für das am 31. Dezember 1999 endende oder laufende Geschäftsjahr mit einem niedrigeren Wert angesetzt, als er nach §§ 252, 253 Abs. 1, 3 und 4, §§ 254, 255 Abs. 1 und 2, §§ 256, 279 Abs. 1 Satz 1, Abs. 2, § 280 Abs. 1 und 2 des Handelsgesetzbuchs zulässig ist, so darf der niedrigere Wertansatz insoweit beibehalten werden, als er aus den Gründen des § 253 Abs. 3, §§ 254, 279 Abs. 2, § 280 Abs. 2 des Handelsgesetzbuchs angesetzt worden ist.

(4) [1] Ändern sich bei der erstmaligen Anwendung der durch die Artikel 1 und 5 des Kapitalgesellschaften- und Co-Richtlinie-Gesetzes geänderten Vorschriften auf eine Personenhandelsgesellschaft im Sinne des § 264a des Handelsgesetzbuchs die bisherige Form der Darstellung oder die bisher angewandten Bewertungsmethoden, so sind § 252 Abs. 1 Nr. 6, § 265 Abs. 1, § 284 Abs. 2 Nr. 3 des Handelsgesetzbuchs bei der erstmaligen Aufstellung eines Jahresabschlusses nach den geänderten Vorschriften nicht anzuwenden. [2] Außerdem brauchen die Vorjahreszahlen bei der erstmaligen Anwendung nicht angegeben zu werden.

(5) [1] Sind bei der erstmaligen Anwendung des § 268 Abs. 2 des Handelsgesetzbuchs über die Darstellung der Entwicklung des Anlagevermögens die Anschaffungs- oder Herstellungskosten eines Vermögensgegenstandes des Anlagevermögens nicht ohne unverhältnismäßige Kosten oder Verzögerungen feststellbar, so dürfen die Buchwerte dieser Vermögensgegenstände aus dem Jahresabschluss des vorhergehenden Geschäftsjahrs als ursprüngliche Anschaffungs- oder Herstellungskosten übernommen und fortgeführt werden. [2] Satz 1 darf entsprechend auf die Darstellung des Postens „Aufwendungen für die Ingangsetzung und Erweiterung des Geschäftsbetriebs" angewendet werden. [3] Die Anwendung der Sätze 1 und 2 ist im Anhang anzugeben. [4] Die Sätze 1 und 2 sind nicht anzuwenden, soweit aus Gründen des Steuerrechts die Anschaffungs- oder Herstellungskosten ermittelt werden müssen.

(6) Personenhandelsgesellschaften im Sinne des § 264a des Handelsgesetzbuchs haben bei Anwendung des Artikels 28 Abs. 1 die in Artikel 28 Abs. 2 vorgeschriebenen Angaben erstmals für das nach dem 31. Dezember 1999 beginnende Geschäftsjahr zu machen.

## Dreizehnter Abschnitt.[1] Übergangsvorschrift zur Anpassung der Abgrenzungsmerkmale für größenabhängige Befreiungen bei der Aufstellung des Konzernabschlusses nach den §§ 290 bis 293 des Handelsgesetzbuchs

**Art. 49.**[1] § 293 Abs. 1 des Handelsgesetzbuchs ist für Geschäftsjahre, die nach dem 31. Dezember 1998 beginnen und die spätestens am 31. Dezember 1999 enden, mit folgenden Maßgaben anzuwenden:

1. In Nummer 1 treten
   a) in Buchstabe a an die Stelle des Geldbetrages „32 270 000 Deutsche Mark" der Geldbetrag von „80 670 000 Deutsche Mark",

[1] Dreizehnter Abschn. (Art. 49) angef. durch Art. 5 KapCoRiLiG v. 24. 2. 2000 (BGBl. I S. 154).

b) in Buchstabe b an die Stelle des Geldbetrages „64 540 000 Deutsche Mark“ der Geldbetrag von „161 330 000 Deutsche Mark“ und

c) in Buchstabe c an die Stelle der Arbeitnehmerzahl „250“ die Arbeitnehmerzahl „500“.

2. In Nummer 2 treten

a) in Buchstabe a an die Stelle des Geldbetrages „26 890 000 Deutsche Mark“ der Geldbetrag von „67 230 000 Deutsche Mark“,

b) in Buchstabe b an die Stelle des Geldbetrages „53 780 000 Deutsche Mark“ der Geldbetrag von „134 460 000 Deutsche Mark“ und

c) in Buchstabe c an die Stelle der Arbeitnehmerzahl „250“ die Arbeitnehmerzahl „500“.

## Vierzehnter Abschnitt.[1)] Übergangsvorschrift zum Gesetz zur Änderung von Vorschriften über die Tätigkeit der Wirtschaftsprüfer

**Art. 50.**[1)] § 319 Abs. 2 Satz 2 Nr. 2 und Abs. 3 Nr. 7 des Handels-gesetzbuchs in der am 1. Januar 2001 geltenden Fassung sind für die Prüfung einer Aktiengesellschaft, die Aktien mit amtlicher Notierung ausgegeben hat, erstmals auf die Prüfung des Abschlusses für das nach dem 31. Dezember 2002 beginnende Geschäftsjahr anzuwenden.

## Fünfzehnter Abschnitt.[2)] Übergangsvorschriften zum Euro-Bilanzgesetz

**Art. 51.**[2)] (1) [1] § 323 Abs. 2 und § 340k Abs. 4 des Handelsgesetzbuchs in der vom 1. Januar 2002 an geltenden Fassung sind erstmals auf die Prüfung des Abschlusses für ein nach dem 31. Dezember 2001 endendes Geschäftsjahr anzuwenden. [2] § 323 Abs. 2 und § 340k Abs. 4 des Handelsgesetzbuchs in der bis zum 31. Dezember 2001 geltenden Fassung sind letztmals auf die Prüfung des Abschlusses für ein spätestens am 31. Dezember 2001 endendes Geschäftsjahr anzuwenden.

(2) [1] § 325 a Abs. 1 Satz 3 bis 5, § 340l Abs. 2 Satz 3 und 4, Abs. 4 des Handelsgesetzbuchs in der am 15. Dezember 2001 geltenden Fassung sind erstmals auf die Offenlegung des Jahres- und Konzernabschlusses, des Lageberichts und Konzernlageberichts sowie der dazugehörenden Unterlagen für das am 31. Dezember 2000 oder später endende Geschäftsjahr anzuwenden. [2] § 325 a Abs. 1 Satz 3 und 4, § 340l Abs. 2 Satz 3 und 4, Abs. 4 des Handelsgesetzbuchs in der am 14. Dezember 2001 geltenden Fassung sind letztmals

---

[1)] Vierzehnter Abschn. (Art. 50) angef. durch Art. 4 WPOÄG vom 19. 12. 2000 (BGBl. I S. 1769), Art. 50 Abs. 2 aufgeh., bish. Art. 50 Abs. 1 wird Art. 50 durch Art. 2 EuroBilG v. *10. 12. 2001 (BGBl. I S. 3414)*, Satz 2 aufgeh. durch Art. 2 BilReG v. 4. 12. 2004 (BGBl. I S. 3166).

[2)] Fünfzehnter Abschn. (Art. 51) angef. durch Art. 2 EuroBilG v. 10. 12. 2001 (BGBl. I S. 3414).

auf die Offenlegung des Jahres- und Konzernabschlusses, des Lageberichts und Konzernlageberichts sowie der dazugehörenden Unterlagen für das vor dem 31. Dezember 2000 endende Geschäftsjahr anzuwenden. [3]Sofern die Offenlegung des Jahres- und Konzernabschlusses, des Lageberichts und Konzernlageberichts sowie der dazugehörenden Unterlagen eines Geschäftsjahres, das vor dem 31. Dezember 2000 endet, bisher nicht erfolgt ist und das Unternehmen diesen Umstand nicht zu vertreten hat, können auf die Offenlegung die Vorschriften des Satzes 1 angewendet werden.

## Sechzehnter Abschnitt.[1)] Übergangsvorschrift zum Gesetz über elektronische Register und Justizkosten für Telekommunikation

**Art. 52.**[1)] [1]Bei nach § 33 des Handelsgesetzbuchs eingetragenen juristischen Personen, Offenen Handelsgesellschaften und Kommanditgesellschaften muss die Anmeldung und Eintragung einer dem gesetzlichen Regelfall entsprechenden Vertretungsmacht der persönlich haftenden Gesellschafter, des Vorstandes und der Liquidatoren erst erfolgen, wenn eine vom gesetzlichen Regelfall abweichende Bestimmung des Gesellschaftsvertrages oder der Satzung über die Vertretungsmacht angemeldet und eingetragen wird oder wenn erstmals die Liquidatoren zur Eintragung angemeldet und eingetragen werden. [2]Das Registergericht kann die Eintragung einer dem gesetzlichen Regelfall entsprechenden Vertretungsmacht auch von Amts wegen vornehmen.

## Siebzehnter Abschnitt.[2)] Übergangsvorschriften zum Altfahrzeug-Gesetz

**Art. 53.**[2)] (1) Für Verpflichtungen zur Rücknahme und Verwertung von Altfahrzeugen nach den §§ 3 bis 5 der Altfahrzeug-Verordnung in der Fassung der Bekanntmachung vom 21. Juni 2002 (BGBl. I S. 2214) sind Rückstellungen hinsichtlich der bis zum jeweiligen Abschlussstichtag in Verkehr gebrachten Fahrzeuge erstmals im Jahresabschluss für das nach dem 26. April 2002 endende Geschäftsjahr zu bilden.

(2) [1]Soweit sich die in Absatz 1 genannten Verpflichtungen auf Fahrzeuge beziehen, die vor dem 1. Juli 2002 in Verkehr gebracht wurden, darf als Bilanzierungshilfe jeweils der Unterschiedsbetrag zwischen den hierfür nach Absatz 1 anzusetzenden Rückstellungen und dem Rückstellungsbetrag aktiviert werden, der sich bei Ansammlung dieser Rückstellungen in gleichmäßig bemessenen Jahresraten ergäbe. [2]Dabei ist ein Ansammlungszeitraum zugrunde zu legen, der mit dem in Absatz 1 bezeichneten Geschäftsjahr beginnt und mit dem letzten vor dem 1. Januar 2007 endenden Geschäftsjahr endet. [3]Der Posten ist in der Bilanz unter der Bezeichnung „Ausgleichsbetrag nach dem Altfahrzeug-Gesetz“ vor dem Anlagevermögen auszuweisen. Artikel 44 Abs. 1 Satz 4 und 5 gilt entsprechend.

---

1) Sechzehnter Abschn. (Art. 52) angef. durch Art. 3 ERJuKoG v. 10. 12. 2001 (BGBl. I S. 3422).

2) Siebzehnter Abschn. (Art. 53) angef. durch Art. 1 G v. 21. 6. 2002 (BGBl. I S. 2199).

## Achtzehnter Abschnitt.[1] Übergangsvorschriften zum Transparenz- und Publizitätsgesetz

**Art. 54.**[1] (1) [1]Die vom Inkrafttreten des Artikels 2 des Transparenz- und Publizitätsgesetzes an geltende Fassung des § 285 Nr. 9, § 286 Abs. 3, § 291 Abs. 3, § 297 Abs. 1 Satz 2, § 298 Abs. 1, § 299 Abs. 1, § 301 Abs. 1, der §§ 304, 308, 313 Abs. 3, des § 314 Abs. 1 Nr. 6 sowie des § 341 j Abs. 2 des Handelsgesetzbuchs ist erstmals auf das nach dem 31. Dezember 2002 beginnende Geschäftsjahr anzuwenden. [2]Die Vorschriften können auf ein früheres Geschäftsjahr angewendet werden. [3]Die vom Inkrafttreten des Artikels 2 des Transparenz- und Publizitätsgesetzes an geltende Fassung des § 285 Nr. 16, § 314 Abs. 1 Nr. 8, Abs. 2, § 316 Abs. 2 Satz 2, § 317 Abs. 4, § 321 Abs. 1 Satz 3, Abs. 2, § 325 Abs. 1 Satz 1, Abs. 3 Satz 1 und 2 sowie des § 341 Abs. 4 Satz 2 des Handelsgesetzbuchs ist erstmals auf das nach dem 31. Dezember 2001 beginnende Geschäftsjahr anzuwenden.

(2) Ergibt sich bei der erstmaligen Anwendung der in Absatz 1 genannten Bestimmungen eine Erhöhung oder Verminderung des Ergebnisses, so ist der Unterschiedsbetrag in die Gewinnrücklagen einzustellen oder offen mit diesen zu verrechnen; dieser Betrag ist nicht Bestandteil des Jahresergebnisses.

## Neunzehnter Abschnitt.[2] Übergangsvorschrift zum Wirtschaftsprüfungsexamens-Reformgesetz

**Art. 55.**[2] (1) Die regelmäßige Verjährungsfrist nach § 195 des Bürgerlichen Gesetzbuchs findet auf die am 1. Januar 2004 bestehenden und noch nicht verjährten Ansprüche nach § 323 des Handelsgesetzbuchs Anwendung.

(2) [1]Die regelmäßige Verjährungsfrist nach § 195 des Bürgerlichen Gesetzbuchs wird vom 1. Januar 2004 an berechnet. [2]Läuft jedoch die Verjährungsfrist nach dem bis zum 31. Dezember 2003 geltenden § 323 Abs. 5 des Handelsgesetzbuchs früher als die Verjährungsfrist nach § 195 des Bürgerlichen Gesetzbuchs ab, so ist die Verjährung mit Ablauf der in § 323 Abs. 5 des Handelsgesetzbuchs in der bis zum 31. Dezember 2003 geltenden Fassung bestimmten Verjährungsfrist vollendet.

## Zwanzigster Abschnitt.[3] Übergangsvorschriften zum Bilanzkontrollgesetz

**Art. 56.**[3] (1) [1]Die Bestimmungen des Sechsten Abschnitts des Dritten Buchs des Handelsgesetzbuchs in der Fassung des Bilanzkontrollgesetzes vom 15. Dezember 2004 finden erstmals auf Abschlüsse des Geschäftsjahres Anwen-

[1] Achtzehnter Abschn. (Art. 54) angef. durch Art. 3 Abs. 1 TrPublG v. 19. 7. 2002 *(BGBl. I S. 2681)*.

[2] Neunzehnter Abschn. (Art. 55) angef. durch Art. 7 G v. 1. 12. 2003 (BGBl. I S. 2446).

[3] Zwanzigster Abschn. (Art. 56) angef. durch Art. 2 BilKoG v. 15. 12. 2004 (BGBl. I S. 3408).

dung, das am 31. Dezember 2004 oder später endet. [2]Prüfungen durch eine anerkannte Prüfstelle im Sinne von § 342b Abs. 1 des Handelsgesetzbuchs finden frühestens ab dem 1. Juli 2005 statt.

(2) In dem ersten nach Anerkennung einer Prüfstelle gemäß § 342d des Handelsgesetzbuchs aufzustellenden Wirtschaftsplan sind auch die Kosten zu berücksichtigen, die zur Errichtung der Prüfstelle erforderlich waren, auch wenn sie bereits vor Anerkennung der Prüfstelle entstanden sind.

## Einundzwanzigster Abschnitt.[1] Übergangsvorschriften zur Verordnung (EG) Nr. 1606/2002 sowie zum Bilanzrechtsreformgesetz

**Art. 57.**[1] [1]Auf Gesellschaften, von denen

1. lediglich Schuldtitel zum Handel in einem geregelten Markt eines Mitgliedstaats der Europäischen Union oder eines anderen Vertragsstaats des Abkommens über den Europäischen Wirtschaftsraum im Sinne des Artikels 1 Nr. 13 der Richtlinie 93/22/EWG des Rates vom 10. Mai 1993 über Wertpapierdienstleistungen (ABl. EG Nr. L 141 S. 27), die zuletzt durch die Richtlinie 2002/87/EG des Europäischen Parlaments und des Rates vom 16. Dezember 2002 (ABl. EU 2003 Nr. L 35 S. 1) geändert worden ist, zugelassen sind, oder
2. Wertpapiere zum öffentlichen Handel in einem Drittstaat zugelassen sind und die zu diesem Zweck seit dem Geschäftsjahr, das vor dem 11. September 2002 begann, international anerkannte Rechnungslegungsstandards anwenden,

findet Artikel 4 der Verordnung (EG) Nr. 1606/2002 des Europäischen Parlaments und des Rates vom 19. Juli 2002 betreffend die Anwendung internationaler Rechnungslegungsstandards (ABl. EG Nr. L 243 S. 1) in der jeweils geltenden Fassung erst von dem Geschäftsjahr an Anwendung, das nach dem 31. Dezember 2006 beginnt. [2]Drittstaat im Sinne des Satzes 1 Nr. 2 ist ein Staat, der weder Mitgliedstaat der Europäischen Union noch Vertragsstaat des Abkommens über den Europäischen Wirtschaftsraum ist.

**Art. 58.**[1] (1) § 267 Abs. 1 und 2, § 293 Abs. 1 des Handelsgesetzbuchs in der Fassung des Bilanzrechtsreformgesetzes vom 4. Dezember 2004 (BGBl. I S. 3166) sind erstmals auf Jahres- und Konzernabschlüsse für das nach dem 31. Dezember 2003 beginnende Geschäftsjahr anzuwenden.

(2) [1]§ 285 Satz 1 Nr. 18, 19, Satz 2 bis 6, §§ 286 bis 288, 289 Abs. 2 Nr. 2, § 314 Abs. 1 Nr. 10, 11, § 315 Abs. 2 Nr. 2, §§ 327, 336, 338, 340a Abs. 2, § 341a Abs. 2 des Handelsgesetzbuchs in der Fassung des Bilanzrechtsreformgesetzes sind erstmals auf Jahres- und Konzernabschlüsse für das nach dem 31. Dezember 2003 beginnende Geschäftsjahr anzuwenden. [2]Im Lagebericht und im Konzernlagebericht ist für Geschäftsjahre, die nach dem 31. Dezember 2003 beginnen und die spätestens am 31. Dezember 2004 enden, auch auf die voraussichtliche Entwicklung der Kapitalgesellschaft und des Konzerns einzugehen.

---

[1] Einundzwanzigster Abschn. (Art. 57 und 58) angef. durch Art. 2 BilReG v. 4. 12. 2004 (BGBl. I S. 3166).

(3) [1]Die §§ 257, 285 Satz 1 Nr. 17, § 289 Abs. 1, 3, § 291 Abs. 3, § 294 Abs. 3 Satz 1, § 297 Abs. 1, § 298 Abs. 3, § 313 Abs. 2 Nr. 1, § 314 Abs. 1 Nr. 9, § 315 Abs. 1, § 315a Abs. 1 und 3, § 317 Abs. 2, §§ 321, 321a, 322, 324a, 325, 328, 339, 340a Abs. 1, §§ 340i, 340j, 340l Abs. 5, § 341j Abs. 1, § 341l Abs. 4 des Handelsgesetzbuchs in der Fassung des Bilanzrechtsreformgesetzes finden erstmals auf das nach dem 31. Dezember 2004 beginnende Geschäftsjahr Anwendung. [2]§ 315a Abs. 2 des Handelsgesetzbuchs in der Fassung des Bilanzrechtsreformgesetzes findet erstmals auf das nach dem 31. Dezember 2006 beginnende Geschäftsjahr Anwendung. [3]§ 318 Abs. 3 des Handelsgesetzbuchs in der Fassung des Bilanzrechtsreformgesetzes ist erstmals anzuwenden auf Ersetzungsverfahren, die nach dem 31. Dezember 2004 beantragt werden. [4]Die bis zum 9. Dezember 2004 geltenden Fassungen der §§ 257, 289 Abs. 1, § 291 Abs. 3, §§ 292a, 294 Abs. 3 Satz 1, §§ 295, 297 Abs. 1, § 298 Abs. 3, § 313 Abs. 2 Nr. 1, § 315 Abs. 1, § 317 Abs. 2, §§ 321, 322, 325, 328, 339, 340a Abs. 1, §§ 340i, 340j, 341j Abs. 1 des Handelsgesetzbuchs sind letztmals auf das vor dem 1. Januar 2005 beginnende Geschäftsjahr anzuwenden. [5]§ 292a des Handelsgesetzbuchs gilt entsprechend für nach dem 31. Dezember 2002 und vor dem 1. Januar 2005 beginnende Geschäftsjahre auch für Mutterunternehmen, die keinen organisierten Markt im Sinne des § 2 Abs. 5 des Wertpapierhandelsgesetzes in Anspruch nehmen.

(4) [1]Die §§ 319 und 319a des Handelsgesetzbuchs in der Fassung des Bilanzrechtsreformgesetzes finden vorbehaltlich der Sätze 3, 4 und 6 erstmals auf alle gesetzlich vorgeschriebenen Abschlussprüfungen für das nach dem 31. Dezember 2004 beginnende Geschäftsjahr Anwendung. [2]Die bis zum 9. Dezember 2004 geltende Fassung des § 319 des Handelsgesetzbuchs ist letztmals auf alle gesetzlich vorgeschriebenen Abschlussprüfungen für das vor dem 1. Januar 2005 beginnende Geschäftsjahr anzuwenden. [3]§ 319 Abs. 1 Satz 3 des Handelsgesetzbuchs in der Fassung des Bilanzrechtsreformgesetzes ist auf alle gesetzlich vorgeschriebenen Abschlussprüfungen mit Ausnahme der Prüfung einer Aktiengesellschaft, die Aktien mit amtlicher Notierung ausgegeben hat, erstmals für das nach dem 31. Dezember 2005 beginnende Geschäftsjahr anzuwenden. [4]§ 319a Abs. 1 Satz 1 Nr. 1, 4 und Satz 4 des Handelsgesetzbuchs in der Fassung des Bilanzrechtsreformgesetzes ist erstmals auf Abschlussprüfungen für das nach dem 31. Dezember 2006 beginnende Geschäftsjahr anzuwenden. [5]Auf Abschlussprüfungen für vor dem 1. Januar 2007 beginnende Geschäftsjahre findet § 319 Abs. 3 Nr. 6 des Handelsgsetzbuchs in der bis zum 9. Dezember 2004 geltenden Fassung Anwendung. [6]§ 319 Abs. 3 Satz 1 Nr. 3 und § 319a Abs. 1 Satz 1 Nr. 2 des Handelsgesetzbuchs in der Fassung des Bilanzrechtsreformgesetzes sind auf Abschlussprüfungen für vor dem 1. Januar 2006 beginnende Geschäftsjahre nicht anzuwenden, wenn der Auftrag zur Erbringung der dort genannten Leistungen vor dem 29. Oktober 2004 erteilt worden ist und die Tätigkeit nach der bis zum 9. Dezember 2004 geltenden Fassung des Handelsgesetzbuchs zulässig war.

(5) [1]Erfüllt ein Mutterunternehmen (§ 290 des Handelsgesetzbuchs) die Voraussetzungen des Artikels 57 Satz 1 Nr. 1 dieses Gesetzes, so ist die bis zum 9. Dezember 2004 geltende Fassung des § 297 Abs. 1 des Handelsgesetzbuchs abweichend von Absatz 3 Satz 4 letztmals auf das vor dem 1. Januar 2007 beginnende Geschäftsjahr anzuwenden; dies gilt nicht, wenn ein Konzernabschluss nach § 315a Abs. 3 des Handelsgesetzbuchs aufgestellt wird. [2]In den Fällen des Artikels 57 Satz 1 dürfen die in dieser Vorschrift bezeichneten

Rechnungslegungsstandards nach Maßgabe des § 292 a des Handelsgesetzbuchs in der bis zum 9. Dezember 2004 geltenden Fassung noch auf Geschäftsjahre angewendet werden, die vor dem 1. Januar 2007 beginnen.

(6) Soweit § 292 a des Handelsgesetzbuchs in der bis zum 9. Dezember 2004 geltenden Fassung nach Absatz 3 Satz 4 oder 5 oder nach Absatz 5 Satz 2 weiterhin Anwendung findet, ist auch § 331 Nr. 3 des Handelsgesetzbuchs in der bis zum 9. Dezember 2004 geltenden Fassung weiter anzuwenden.

## Zweiundzwanzigster Abschnitt.[1] Übergangsvorschriften zum Vorstandsvergütungs-Offenlegungsgesetz

**Art. 59[1) ] [Übergangsvorschriften zum VorstOG und zum Rechtsbereinigungs G BMJ]** [1] § 285 Satz 1 Nr. 9 Buchstabe a, § 286 Abs. 4, 5, § 289 Abs. 2 Nr. 5, § 314 Abs. 1 Nr. 6 Buchstabe a, Abs. 2 Satz 2, § 315 Abs. 2 Nr. 4, § 334 Abs. 3, § 340 n Abs. 3 und § 341 n Abs. 3 des Handelsgesetzbuchs in der Fassung des Gesetzes vom 3. August 2005 (BGBl. I S. 2267) sowie § 315 a Abs. 1 und § 325 Abs. 2 a des Handelsgesetzbuchs in der Fassung des Artikels 145 des Gesetzes vom 19. April 2006 (BGBl. I S. 866) sind erstmals auf Jahres- und Konzernabschlüsse für das nach dem 31. Dezember 2005 beginnende Geschäftsjahr anzuwenden. [2] Die in Satz 1 genannten Bestimmungen sind auch auf Gesellschaften im Sinne des Artikels 57 Satz 1 Nr. 2 anzuwenden.

## Dreiundzwanzigster Abschnitt.[2] Übergangsvorschriften zum Übernahmerichtlinie-Umsetzungsgesetz

**Art. 60[2] [Übergangsvorschriften zum Übernahmerichtlinie-Umsetzungsgesetz]** § 289 Abs. 4, § 315 Abs. 4, § 334 Abs. 1 Nr. 3 und 4, § 340 n Abs. 1 Nr. 3 und 4 sowie § 341 n Abs. 1 Nr. 3 und 4 in der Fassung des Übernahmerichtlinie-Umsetzungsgesetzes sind erstmals auf Jahres- und Konzernabschlüsse für das nach dem 31. Dezember 2005 beginnende Geschäftsjahr anzuwenden.

## Vierundzwanzigster Abschnitt.[3] Übergangsvorschriften zum Gesetz über elektronische Handelsregister und Genossenschaftsregister sowie das Unternehmensregister

**Art. 61[3] [Übergangsvorschriften zum Gesetz über elektronische Handelsregister und Genossenschaftsregister sowie das Unternehmensregister]** (1)–(4) *(aufgehoben)*

---

[1] 22. Abschnitt (Art. 59) angef. mWv 11. 8. 2005 durch G v. 3. 8. 2005 (BGBl. I S. 2267); Art. 59 Satz 2 angef., Satz 1 geänd. mWv 25. 4. 2006 durch G v. 19. 4. 2006 (BGBl. I S. 866).

[2] 23. Abschnitt (Art. 60) angef. mWv 14. 7. 2006 durch G v. 8. 7. 2006 (BGBl. I S. 1426).

[3] 24. Abschnitt (Art. 61) angef. mWv 16. 11. 2006 (Abs. 1, 2, 6 und 8) und mWv 1. 1. 2007 (Abs. 3, 4, 5 und 7) sowie Abs. 8 aufgeh. mWv 1. 1. 2007 durch G v. 10. 11. 2006 (BGBl. I S. 2553); Art. 61 Abs. 5 Sätze 3 und 4 geänd. mWv 1. 4. 2012 durch G v. 22. 12. 2011 (BGBl. I S. 3044); Abs. 1–4, 6 und 7 aufgeh. mWv 15. 7. 2016 durch G v. 8. 7. 2016 (BGBl. I S. 1594).

(5) [1] § 264 Abs. 3, § 264 b Nr. 3, § 287 Satz 3, § 290 Abs. 1, § 313 Abs. 4 Satz 3, die §§ 325, 325 a, 327 a und 328 Abs. 2, die §§ 329, 334, 335, 335 b, 339, 340 l, 340 n, 340 o, 341 i Abs. 3 Satz 1, die §§ 341 a, 341 l, 341 n, 341 o und 341 p des Handelsgesetzbuchs in der Fassung des Gesetzes über elektronische Handelsregister und Genossenschaftsregister sowie das Unternehmensregister sind erstmals auf Jahres- und Konzernabschlüsse sowie Lageberichte und Konzernlageberichte für das nach dem 31. Dezember 2005 beginnende Geschäftsjahr anzuwenden. [2] § 264 Abs. 3, § 264 b Nr. 3 und 4, § 287 Satz 3, § 290 Abs. 1, § 313 Abs. 4 Satz 3, die §§ 325, 325 a, 327 und 328 Abs. 2, die §§ 329, 334, 335, 335 a, 335 b, 339, 340 l, 340 n, 340 o, 341 a, 341 i Abs. 3 Satz 1, die §§ 341 l, 341 n, 341 o und § 341 p des Handelsgesetzbuchs in der bis zum Inkrafttreten des Gesetzes über elektronische Handelsregister und Genossenschaftsregister sowie das Unternehmensregister am 1. Januar 2007 geltenden Fassung sind letztmals auf Jahres- und Konzernabschlüsse für das vor dem 1. Januar 2006 beginnende Geschäftsjahr anzuwenden. [3] Jahres- und Konzernabschlussunterlagen nach Satz 2, die ab dem 1. Januar 2007 beim Betreiber des Bundesanzeigers eingereicht werden, leitet dieser an das bis dahin zuständige Amtsgericht weiter, das nach den bis zum 31. Dezember 2006 geltenden Bestimmungen verfährt. [4] In den Fällen des Satzes 3 werden die Jahres- und Konzernabschlussunterlagen sowie Lageberichte und Konzernlageberichte nach § 325 Abs. 2 oder Abs. 3 sowie die Hinweisbekanntmachung nach § 325 Abs. 1 Satz 2 des Handelsgesetzbuchs, jeweils in der bis zum Inkrafttreten des Gesetzes über elektronische Handelsregister und Genossenschaftsregister sowie das Unternehmensregister am 1. Januar 2007 geltenden Fassung, im Bundesanzeiger bekannt gemacht.

(6), (7) *(aufgehoben)*

## Fünfundzwanzigster Abschnitt.[1)] Übergangsvorschriften zum Transparenzrichtlinie-Umsetzungsgesetz

**Art. 62**[1)] **[Übergangsvorschriften zum Transparenzrichtlinie-Umsetzungsgesetz]** § 264 Abs. 2 Satz 3, § 289 Abs. 1 Satz 5, § 297 Abs. 2 Satz 4, § 315 Abs. 1 Satz 6, § 315 a Abs. 1, § 325 Abs. 2 a Satz 3, § 331 Nr. 3 und 3 a, § 340 a Abs. 3, § 340 i Abs. 4 sowie § 342 b Abs. 2 Satz 1 des Handelsgesetzbuchs in der Fassung des Transparenzrichtlinie-Umsetzungsgesetzes sind erstmals auf Jahres- und Konzernabschlüsse sowie Lageberichte und Konzernlageberichte und Halbjahresfinanzberichte sowie Zwischenabschlüsse und Konzernzwischenabschlüsse für das nach dem 31. Dezember 2006 beginnende Geschäftsjahr anzuwenden.

## Sechsundzwanzigster Abschnitt.[2)] Übergangsvorschrift zum Gesetz zur Reform des Versicherungsvertragsrechts

**Art. 63**[2)] **[Übergangsvorschrift]** Der Zehnte Abschnitt des Fünften Buchs und § 905 des Handelsgesetzbuchs sind auf Versicherungsverhältnisse, die bis zum Inkrafttreten des Versicherungsvertragsgesetzes vom 23. November 2007

---

[1)] 25. Abschnitt (Art. 62) angef. mWv 20. 1. 2007 durch G v. 5. 12. 2007 (BGBl. I S. 10).

[2)] 26. Abschnitt (Art. 63) angef. mWv 1. 1. 2008 durch G v. 23. 11. 2007 (BGBl. I S. 2631).

(BGBl. I S. 2631) am 1. Januar 2008 entstanden sind, bis zum 31. Dezember 2008 anzuwenden.

## Siebenundzwanzigster Abschnitt.[1] Übergangsvorschrift zum Risikobegrenzungsgesetz

**Art. 64[1] [Übergangsvorschrift zum Risikobegrenzungsgesetz]** § 354 a des Handelsgesetzbuchs ist in seiner seit dem 19. August 2008 geltenden Fassung nur auf Vereinbarungen anzuwenden, die *nach 18.*[2] August 2008 geschlossen werden.

## Achtundzwanzigster Abschnitt.[3] Übergangsvorschriften zum Gesetz zur Modernisierung des GmbH-Rechts und zur Bekämpfung von Missbräuchen

**Art. 65[3] [Übergangsvorschriften zum Gesetz zur Modernisierung des GmbH-Rechts und zur Bekämpfung von Missbräuchen]** [1] Die Pflicht, die inländische Geschäftsanschrift bei dem Gericht nach den §§ 13, 13 d, 13 e, 29 und 106 des Handelsgesetzbuchs in der ab dem Inkrafttreten des Gesetzes vom 23. Oktober 2008 (BGBl. I S. 2026) am 1. November 2008 geltenden Fassung zur Eintragung in das Handelsregister anzumelden, gilt auch für diejenigen, die zu diesem Zeitpunkt bereits in das Handelsregister eingetragen sind, es sei denn, die inländische Geschäftsanschrift ist dem Gericht bereits nach § 24 Abs. 2 oder Abs. 3 der Handelsregisterverordnung[4] mitgeteilt worden und hat sich anschließend nicht geändert. [2] In diesen Fällen ist die inländische Geschäftsanschrift mit der ersten das eingetragene Unternehmen betreffenden Anmeldung zum Handelsregister ab dem 1. November 2008, spätestens aber bis zum 31. Oktober 2009 anzumelden. [3] Wenn bis zum 31. Oktober 2009 keine inländische Geschäftsanschrift zur Eintragung in das Handelsregister angemeldet worden ist, trägt das Gericht von Amts wegen und ohne Überprüfung kostenfrei die ihm nach § 24 Abs. 2, bei Zweigniederlassungen die nach § 24 Abs. 3 der Handelsregisterverordnung bekannte inländische Anschrift als Geschäftsanschrift in das Handelsregister ein; in diesem Fall gilt bei Zweigniederlassungen nach § 13 e Abs. 1 des Handelsgesetzbuchs die mitgeteilte Anschrift zudem unabhängig von dem Zeitpunkt ihrer tatsächlichen Eintragung ab dem 31. Oktober 2009 als eingetragene inländische Geschäftsanschrift, wenn sie im elektronischen Informations- und Kommunikationssystem nach § 9 Abs. 1 des Handelsgesetzbuchs abrufbar ist. [4] Ist dem Gericht keine Mitteilung im Sinne des § 24 Abs. 2 oder Abs. 3 der Handelsregisterverordnung gemacht worden, ist ihm aber in sonstiger Weise eine inländische Geschäftsanschrift bekannt geworden, so gilt Satz 3 mit der Maßgabe, dass diese Anschrift einzutragen ist, wenn sie im elektronischen Informations- und Kommunikationssystem nach § 9 Abs. 1 des Handelsgesetzbuchs abrufbar ist. [5] Dasselbe gilt, wenn eine in sonstiger Weise bekanntgewordene inländische An-

[1] 27. Abschnitt (Art. 64) angef. mWv 19. 8. 2008 durch G v. 12. 8. 2008 (BGBl. I S. 1666).

[2] Richtig wohl: „nach dem 18.“.

[3] 27. Abschnitt (Art. 64) angef. mWv 1. 11. 2008 durch G v. 23. 10. 2008 (BGBl. I S. 2026); 27. Abschnitt (Art. 64) wird 28. Abschnitt (Art. 65) mWv 29. 5. 2009 durch G v. 25. 5. 2009 (BGBl. I S. 1102).

[4] **Schönfelder ErgBd. Nr. 50 d.**

schrift von einer früher nach § 24 Abs. 2 oder Abs. 3 der Handelsregisterverordnung mitgeteilten Anschrift abweicht. [6] Eintragungen nach den Sätzen 3 bis 5 werden abweichend von § 10 des Handelsgesetzbuchs nicht bekannt gemacht.

## Neunundzwanzigster Abschnitt.[1)] Übergangsvorschriften zum Bilanzrechtsmodernisierungsgesetz

**Art. 66[1)] [Übergangsvorschriften zum Bilanzrechtsmodernisierungsgesetz]** (1) Die §§ 241 a, 242 Abs. 4, § 267 Abs. 1 und 2 sowie § 293 Abs. 1 des Handelsgesetzbuchs in der Fassung des Bilanzrechtsmodernisierungsgesetzes vom 25. Mai 2009 (BGBl. I S. 1102) sind erstmals auf Jahres- und Konzernabschlüsse für das nach dem 31. Dezember 2007 beginnende Geschäftsjahr anzuwenden.

(2) [1] § 285 Nr. 3, 3 a, 16, 17 und 21, § 288 soweit auf § 285 Nr. 3, 3 a, 17 und 21 Bezug genommen wird, § 289 Abs. 4 und 5, die §§ 289 a, 292 Abs. 2, § 314 Abs. 1 Nr. 2, 2 a, 8, 9 und 13, § 315 Abs. 2 und 4, § 317 Abs. 2 Satz 2, Abs. 3 Satz 2, Abs. 5 und 6, § 318 Abs. 3 und 8, § 319 a Abs. 1 Satz 1 Nr. 4, Satz 4 und 5, Abs. 2 Satz 2, die §§ 319 b, 320 Abs. 4, § 321 Abs. 4 a, § 340 k Abs. 2 a, § 340 l Abs. 2 Satz 2 bis 4, § 341 a Abs. 2 Satz 5 und § 341 j Abs. 1 Satz 3 des Handelsgesetzbuchs in der Fassung des Bilanzrechtsmodernisierungsgesetzes vom 25. Mai 2009 (BGBl. I S. 1102) sind erstmals auf Jahres- und Konzernabschlüsse für das nach dem 31. Dezember 2008 beginnende Geschäftsjahr anzuwenden. [2] § 285 Satz 1 Nr. 3, 16 und 17, § 288 soweit auf § 285 Nr. 3 und 17 Bezug genommen wird, § 289 Abs. 4, § 292 Abs. 2, § 314 Abs. 1 Nr. 2, 8 und 9, § 315 Abs. 4, § 317 Abs. 3 Satz 2 und 3, § 318 Abs. 3, § 319 a Abs. 1 Satz 1 Nr. 4, Satz 4, § 341 a Abs. 2 Satz 5 sowie § 341 j Abs. 1 Satz 3 des Handelsgesetzbuchs in der bis zum 28. Mai 2009 geltenden Fassung sind letztmals auf Jahres- und Konzernabschlüsse für vor dem 1. Januar 2009 beginnende Geschäftsjahre anzuwenden.

(3) [1] § 172 Abs. 4 Satz 3, die §§ 246, 248 bis 250, § 252 Abs. 1 Nr. 6 , die §§ 253 bis 255 Abs. 2 a und 4, § 256 Satz 1, die §§ 256 a, 264 Abs. 1 Satz 2, die §§ 264 d, 266, 267 Abs. 3 Satz 2, § 268 Abs. 2 und 8, § 272 Abs. 1, 1 a, 1 b und 4, die §§ 274, 274 a Nr. 5, § 277 Abs. 3 Satz 1, Abs. 4 Satz 3, Abs. 5, § 285 Nr. 13, 18 bis 20, 22 bis 29, § 286 Abs. 3 Satz 3, § 288 soweit auf § 285 Nr. 19, 22 und 29 Bezug genommen wird, die §§ 290, 291 Abs. 3, § 293 Abs. 4 Satz 2, Abs. 5, § 297 Abs. 3 Satz 2, § 298 Abs. 1, § 300 Abs. 1 Satz 2, § 301 Abs. 3 Satz 1, Abs. 4, die §§ 306, 308 a, 310 Abs. 2, § 313 Abs. 3 Satz 3, § 314 Abs. 1 Nr. 10 bis 12, 14 bis 21, § 315 a Abs. 1, § 319 a Abs. 1 Halbsatz 1, § 325 Abs. 4, § 325 a Abs. 1 Satz 1, § 327 Nr. 1 Satz 2, die §§ 334, 336 Abs. 2, die §§ 340 a, 340 c, 340 e, 340 f, 340 h, 340 n, 341 a Abs. 1 Satz 1, Abs. 2 Satz 1 und 2, die §§ 341 b, 341 e, 341 l und 341 n des Handelsgesetzbuchs in der Fassung des Bilanzrechtsmodernisierungsgesetzes vom 25. Mai 2009 (BGBl. I S. 1102) sind erstmals auf Jahres- und Konzernabschlüsse für das nach dem 31. Dezember 2009 beginnende Geschäftsjahr anzuwenden. [2] § 253 des Handelsgesetzbuchs in der Fassung des Bilanzrechtsmodernisierungsgesetzes findet erstmals auf Geschäfts- oder Firmenwerte im Sinn des § 246 Abs. 1 Satz 4 des Handelsgesetzbuchs in der Fassung des Bilanzrechtsmodernisierungsgesetzes Anwendung, die aus Erwerbs-

---

[1)] 29. Abschnitt (Art. 66 und 67) angef. mWv 29. 5. 2009 durch G v. 25. 5. 2009 (BGBl. I S. 1102); Art. 66 Abs. 5 geänd. mWv 1. 9. 2009 durch G v. 30. 7. 2009 (BGBl. I S. 2479); Abs. 6 aufgeh, bish. Abs. 7 wird Abs. 6 mWv 28. 12. 2012 durch G v. 20. 12. 2012 (BGBl. I S. 2751).

vorgängen herrühren, die in Geschäftsjahren erfolgt sind, die nach dem 31. Dezember 2009 begonnen haben. [3] § 255 Abs. 2 des Handelsgesetzbuchs in der Fassung des Bilanzrechtsmodernisierungsgesetzes findet erstmals auf Herstellungsvorgänge Anwendung, die in dem in Satz 1 bezeichneten Geschäftsjahr begonnen wurden. [4] § 294 Abs. 2, § 301 Abs. 1 Satz 2 und 3, Abs. 2, § 309 Abs. 1 und § 312 in der Fassung des Bilanzrechtsmodernisierungsgesetzes finden erstmals auf Erwerbsvorgänge Anwendung, die in Geschäftsjahren erfolgt sind, die nach dem 31. Dezember 2009 begonnen haben. [5] Für nach § 290 Abs. 1 und 2 des Handelsgesetzbuchs in der Fassung des Bilanzrechtsmodernisierungsgesetzes erstmals zu konsolidierende Tochterunternehmen oder bei erstmaliger Aufstellung eines Konzernabschlusses für nach dem 31. Dezember 2009 beginnende Geschäftsjahre finden § 301 Abs. 1 Satz 2 und 3, Abs. 2 und § 309 Abs. 1 des Handelsgesetzbuchs in der Fassung des Bilanzrechtsmodernisierungsgesetzes auf Konzernabschlüsse für nach dem 31. Dezember 2009 beginnende Geschäftsjahre Anwendung. [6] Die neuen Vorschriften können bereits auf nach dem 31. Dezember 2008 beginnende Geschäftsjahre angewandt werden, dies jedoch nur insgesamt; dies ist im Anhang und Konzernanhang anzugeben.

(4) Die §§ 324, 340k Abs. 5 sowie § 341k Abs. 4 des Handelsgesetzbuchs in der Fassung des Bilanzrechtsmodernisierungsgesetzes vom 25. Mai 2009 (BGBl. I S. 1102) sind erstmals ab dem 1. Januar 2010 anzuwenden; § 12 Abs. 4 des Einführungsgesetzes zum Aktiengesetz[1)] ist entsprechend anzuwenden.

(5) § 246 Abs. 1 und 2, § 247 Abs. 3, die §§ 248 bis 250, § 252 Abs. 1 Nr. 6, die §§ 253, 254, 255 Abs. 2 und 4, § 256 Satz 1, § 264c Abs. 4 Satz 3, § 265 Abs. 3 Satz 2, die §§ 266, 267 Abs. 3 Satz 2, § 268 Abs. 2, die §§ 269, 270 Abs. 1 Satz 2, § 272 Abs. 1 und 4, die §§ 273, 274, 274a Nr. 5, § 275 Abs. 2 Nr. 7 Buchstabe a, § 277 Abs. 3 Satz 1, Abs. 4 Satz 3, die §§ 279 bis 283, 285 Satz 1 Nr. 2, 5, 13, 18 und 19, Sätze 2 bis 6, § 286 Abs. 3 Satz 3, die §§ 287, 288 soweit auf § 285 Satz 1 Nr. 2, 5 und 18 Bezug genommen wird, die §§ 290, 291 Abs. 3 Nr. 1 und 2 Satz 2, § 293 Abs. 4 Satz 2, Abs. 5, § 294 Abs. 2 Satz 2, § 297 Abs. 3 Satz 2, § 298 Abs. 1, § 300 Abs. 1 Satz 2, § 301 Abs. 1 Satz 2 bis 4, Abs. 2, 3 Satz 1 und 3, Abs. 4, die §§ 302, 306, 307 Abs. 1 Satz 2, § 309 Abs. 1, § 310 Abs. 2, § 312 Abs. 1 bis 3, § 313 Abs. 3 Satz 3, Abs. 4, § 314 Abs. 1 Nr. 10 und 11, § 315a Abs. 1, § 319a Abs. 1 Satz 1 Halbsatz 1, § 325 Abs. 4, § 325a Abs. 1 Satz 1, § 327 Nr. 1 Satz 2, die §§ 334, 336 Abs. 2, § 340a Abs. 2 Satz 1, die §§ 340c, 340e, 340f, 340h, 340n, 341a Abs. 1 und 2 Satz 1 und 2, § 341b Abs. 1 und 2, § 341e Abs. 1, § 341l Abs. 1 und 3 und § 341n des Handelsgesetzbuchs in der bis zum 28. Mai 2009 geltenden Fassung sind letztmals auf Jahres- und Konzernabschlüsse für das vor dem 1. Januar 2010 beginnende Geschäftsjahr anzuwenden.

(6) § 248 Abs. 2 und § 255 Abs. 2a des Handelsgesetzbuchs in der Fassung des Bilanzrechtsmodernisierungsgesetzes vom 25. Mai 2009 (BGBl. I S. 1102) finden nur auf die selbst geschaffenen immateriellen Vermögensgegenstände des Anlagevermögens Anwendung, mit deren Entwicklung in Geschäftsjahren begonnen wird, die nach dem 31. Dezember 2009 beginnen.

**Art. 67[2)] [Übergangsvorschriften zum Bilanzrechtsmodernisierungsgesetz]** (1) [1] Soweit auf Grund der geänderten Bewertung der laufenden Pensionen oder Anwartschaften auf Pensionen eine Zuführung zu den Rückstellungen erforderlich ist, ist dieser Betrag bis spätestens zum 31. Dezember 2024 in jedem Geschäftsjahr

---

[1)] Nr. **51a**.

[2)] Art. 67 angef. mWv 29.5.2009 durch G v. 25.5.2009 (BGBl. I S. 1102); Abs. 7 aufgeh. mWv 23.7.2015 durch G v. 17.7.2015 (BGBl. I S. 1245); Abs. 2 geänd. mWv 26.6.2021 durch G v. 12.5.2021 (BGBl. I S. 990).

zu mindestens einem Fünfzehntel anzusammeln. [2] Ist auf Grund der geänderten Bewertung von Verpflichtungen, die die Bildung einer Rückstellung erfordern, eine Auflösung der Rückstellungen erforderlich, dürfen diese beibehalten werden, soweit der aufzulösende Betrag bis spätestens zum 31. Dezember 2024 wieder zugeführt werden müsste. [3] Wird von dem Wahlrecht nach Satz 2 kein Gebrauch gemacht, sind die aus der Auflösung resultierenden Beträge unmittelbar in die Gewinnrücklagen einzustellen. [4] Wird von dem Wahlrecht nach Satz 2 Gebrauch gemacht, ist der Betrag der Überdeckung jeweils im Anhang und im Konzernanhang anzugeben.

(2) Bei Anwendung des Absatzes 1 müssen Kapitalgesellschaften, Kreditinstitute, Finanzdienstleistungsinstitute und Wertpapierinstitute im Sinn des § 340 des Handelsgesetzbuchs[1)], Versicherungsunternehmen und Pensionsfonds im Sinn des § 341 des Handelsgesetzbuchs, eingetragene Genossenschaften und Personenhandelsgesellschaften im Sinn des § 264a des Handelsgesetzbuchs die in der Bilanz nicht ausgewiesenen Rückstellungen für laufende Pensionen, Anwartschaften auf Pensionen und ähnliche Verpflichtungen jeweils im Anhang und im Konzernanhang angeben.

(3) [1] Waren im Jahresabschluss für das letzte vor dem 1. Januar 2010 beginnende Geschäftsjahr Rückstellungen nach § 249 Abs. 1 Satz 3, Abs. 2 des Handelsgesetzbuchs, Sonderposten mit Rücklageanteil nach § 247 Abs. 3, § 273 des Handelsgesetzbuchs oder Rechnungsabgrenzungsposten nach § 250 Abs. 1 Satz 2 des Handelsgesetzbuchs in der bis zum 28. Mai 2009 geltenden Fassung enthalten, können diese Posten unter Anwendung der für sie geltenden Vorschriften in der bis zum 28. Mai 2009 geltenden Fassung, Rückstellungen nach § 249 Abs. 1 Satz 3, Abs. 2 des Handelsgesetzbuchs auch teilweise, beibehalten werden. [2] Wird von dem Wahlrecht nach Satz 1 kein Gebrauch gemacht, ist der Betrag unmittelbar in die Gewinnrücklagen einzustellen; dies gilt nicht für Beträge, die der Rückstellung nach § 249 Abs. 1 Satz 3, Abs. 2 des Handelsgesetzbuchs in der bis zum 28. Mai 2009 geltenden Fassung im letzten vor dem 1. Januar 2010 beginnenden Geschäftsjahr zugeführt wurden.

(4) [1] Niedrigere Wertansätze von Vermögensgegenständen, die auf Abschreibungen nach § 253 Abs. 3 Satz 3, § 253 Abs. 4 des Handelsgesetzbuchs oder nach den §§ 254, 279 Abs. 2 des Handelsgesetzbuchs in der bis zum 28. Mai 2009 geltenden Fassung beruhen, die in Geschäftsjahren vorgenommen wurden, die vor dem 1. Januar 2010 begonnen haben, können unter Anwendung der für sie geltenden Vorschriften in der bis zum 28. Mai 2009 geltenden Fassung fortgeführt werden. [2] Wird von dem Wahlrecht nach Satz 1 kein Gebrauch gemacht, sind die aus der Zuschreibung resultierenden Beträge unmittelbar in die Gewinnrücklagen einzustellen; dies gilt nicht für Abschreibungen, die im letzten vor dem 1. Januar 2010 beginnenden Geschäftsjahr vorgenommen worden sind.

(5) [1] Ist im Jahresabschluss für ein vor dem 1. Januar 2010 beginnendes Geschäftsjahr eine Bilanzierungshilfe für Aufwendungen für die Ingangsetzung und Erweiterung des Geschäftsbetriebs nach § 269 des Handelsgesetzbuchs in der bis zum 28. Mai 2009 geltenden Fassung gebildet worden, so darf diese unter Anwendung der für sie geltenden Vorschriften in der bis zum 28. Mai 2009 geltenden Fassung fortgeführt werden. [2] Ist im Konzernabschluss für ein vor dem 1. Januar 2010 beginnendes Geschäftsjahr eine Kapitalkonsolidierung gemäß § 302 des Handelsgesetzbuchs in der bis zum 28. Mai 2009 geltenden Fassung vorgenommen worden, so darf diese unter Anwendung der für sie geltenden Vorschriften in der bis zum 28. Mai 2009 geltenden Fassung beibehalten werden.

---

[1)] Nr. **50**.

(6) [1] Aufwendungen oder Erträge aus der erstmaligen Anwendung der §§ 274, 306 des Handelsgesetzbuchs in der Fassung des Bilanzrechtsmodernisierungsgesetzes vom 25. Mai 2009 (BGBl. I S. 1102) sind unmittelbar mit den Gewinnrücklagen zu verrechnen. [2] Werden Beträge nach Absatz 1 Satz 3, nach Absatz 3 Satz 2 oder nach Absatz 4 Satz 2 unmittelbar mit den Gewinnrücklagen verrechnet, sind daraus nach den §§ 274, 306 des Handelsgesetzbuchs in der Fassung des Bilanzrechtsmodernisierungsgesetzes entstehende Aufwendungen und Erträge ebenfalls unmittelbar mit den Gewinnrücklagen zu verrechnen.

(7) *(aufgehoben)*

(8) [1] Ändern sich bei der erstmaligen Anwendung der durch die Artikel 1 bis 11 des Bilanzrechtsmodernisierungsgesetzes vom 25. Mai 2009 (BGBl. I S. 1102) geänderten Vorschriften die bisherige Form der Darstellung oder die bisher angewandten Bewertungsmethoden, so sind § 252 Abs. 1 Nr. 6, § 265 Abs. 1, § 284 Abs. 2 Nr. 3 und § 313 Abs. 1 Nr. 3 des Handelsgesetzbuchs bei der erstmaligen Aufstellung eines Jahres- oder Konzernabschlusses nach den geänderten Vorschriften nicht anzuwenden. [2] Außerdem brauchen die Vorjahreszahlen bei erstmaliger Anwendung nicht angepasst zu werden; hierauf ist im Anhang und Konzernanhang hinzuweisen.

## Dreißigster Abschnitt.[1)] Übergangsvorschriften zum Gesetz zur Angemessenheit der Vorstandsvergütung

**Art. 68[1)] [Übergangsvorschriften zum Gesetz zur Angemessenheit der Vorstandsvergütung]** [1] § 285 Nummer 9, § 286 Absatz 5 Satz 1, § 289 Absatz 2 Nummer 5, § 314 Absatz 1 Nummer 6, Absatz 2 und § 315 Absatz 2 Nummer 4 des Handelsgesetzbuchs in der Fassung des Gesetzes zur Angemessenheit der Vorstandsvergütung vom 31. Juli 2009 (BGBl. I S. 2509) sind erstmals auf Jahres- und Konzernabschlüsse für das nach dem 31. Dezember 2009 beginnende Geschäftsjahr anzuwenden. [2] Die bis zum 4. August 2009 geltenden Fassungen der § 285 Nummer 9, § 286 Absatz 5 Satz 1, § 289 Absatz 2 Nummer 5, § 314 Absatz 1 Nummer 6, Absatz 2 und § 315 Absatz 2 Nummer 4 des Handelsgesetzbuchs sind letztmals auf Jahres- und Konzernabschlüsse für das vor dem 1. Januar 2010 beginnende Geschäftsjahr anzuwenden.

## Einunddreißigster Abschnitt.[2)] Übergangsvorschrift zum Gesetz zur Umsetzung der geänderten Bankenrichtlinie und der geänderten Kapitaladäquanzrichtlinie

**Art. 69[2)] [Übergangsvorschrift zum Gesetz zur Umsetzung der geänderten Bankenrichtlinie und der geänderten Kapitaladäquanzrichtlinie]**

(1) § 341 c des Handelsgesetzbuchs in der Fassung des Gesetzes zur Umsetzung der geänderten Bankenrichtlinie und der geänderten Kapitaladäquanzrichtlinie ist erstmals auf Jahres- und Konzernabschlüsse für nach dem 31. Dezember 2010 beginnende Geschäftsjahre anzuwenden.

---

1) 30. Abschnitt (Art. 68) angef. mWv 5. 8. 2009 durch G v. 31. 7. 2009 (BGBl. I S. 2509).
2) 31. Abschnitt (Art. 69) angef. mWv 25. 11. 2010 durch G v. 19. 11. 2010 (BGBl. I S. 1592).

(2) § 341 c des Handelsgesetzbuchs in der bis zum 24. November 2010 geltenden Fassung ist letztmals auf Jahres- und Konzernabschlüsse für vor dem 1. Januar 2011 beginnende Geschäftsjahre anzuwenden.

## Zweiunddreißigster Abschnitt.[1] Übergangsvorschrift zum Kleinstkapitalgesellschaften-Bilanzrechtsänderungsgesetz

**Art. 70**[1] **[Übergangsvorschrift zum Kleinstkapitalgesellschaften-Bilanzrechtsänderungsgesetz und zum HGB-ÄnderungsG vom 4. 10. 2013]** (1) [1] Die Erleichterungen für Kleinstkapitalgesellschaften bei der Rechnungslegung nach § 264 Absatz 1, § 266 Absatz 1, den §§ 267 a, 275 Absatz 5, § 325 a Absatz 2, § 326 Absatz 2 und die Änderungen der §§ 8 b, 9, 253, 264 Absatz 2, der §§ 264 c, 276, 328, 334 und 335 des Handelsgesetzbuchs in der Fassung des Kleinstkapitalgesellschaften-Bilanzrechtsänderungsgesetzes vom 20. Dezember 2012 (BGBl. I S. 2751) gelten erstmals für Jahres- und Konzernabschlüsse, die sich auf einen nach dem 30. Dezember 2012 liegenden Abschlussstichtag beziehen. [2] Für Jahres- und Konzernabschlüsse, die sich auf einen vor dem 31. Dezember 2012 liegenden Abschlussstichtag beziehen, bleiben die in Satz 1 genannten Vorschriften des Handelsgesetzbuchs in der bis zum 27. Dezember 2012 geltenden Fassung weiterhin anwendbar.

(2) [1] § 264 Absatz 3 und § 290 des Handelsgesetzbuchs in der Fassung des Kleinstkapitalgesellschaften-Bilanzrechtsänderungsgesetzes sind erstmals auf Jahres- und Konzernabschlüsse für Geschäftsjahre anzuwenden, die nach dem 31. Dezember 2012 beginnen. [2] Für Jahres- und Konzernabschlüsse für Geschäftsjahre, die vor dem 1. Januar 2013 beginnen, bleiben die Vorschriften des Handelsgesetzbuchs in der bis zum 27. Dezember 2012 geltenden Fassung weiterhin anwendbar.

(3) [1] Für die §§ 264, 335, 335 a Absatz 1, 2 und 4, die §§ 340 o und 341 o des Handelsgesetzbuchs in der Fassung des Gesetzes zur Änderung des Handelsgesetzbuchs vom 4. Oktober 2013 (BGBl. I S. 3746) gilt Absatz 1 entsprechend. [2] § 335 a Absatz 3 des Handelsgesetzbuchs in der Fassung des Gesetzes zur Änderung des Handelsgesetzbuchs vom 4. Oktober 2013 (BGBl. I S. 3746) ist erstmals auf Ordnungsgeldverfahren anzuwenden, die nach dem 31. Dezember 2013 eingeleitet werden.

## Dreiunddreißigster Abschnitt.[2] Übergangsvorschrift zum Gesetz zur Reform des Seehandelsrechts

**Art. 71**[2] **[Übergangsvorschrift zum Gesetz zur Reform des Seehandelsrechts]** (1) Für Partenreedereien und Baureedereien, die vor dem 25. April 2013 entstanden sind, bleiben die §§ 489 bis 509 des Handelsgesetzbuchs in der bis zu diesem Tag geltenden Fassung maßgebend.

(2) [1] Auf ein im Fünften Buch des Handelsgesetzbuchs geregeltes Schuldverhältnis, das vor dem 25. April 2013 entstanden ist, sind die bis zu diesem Tag

---

[1] 32. Abschnitt (Art. 70) angef. mWv 28. 12. 2012 durch G v. 20. 12. 2012 (BGBl. I S. 2751); Art. 70 Abs. 3 angef. mWv 10. 10. 2013 durch G v. 4. 10. 2013 (BGBl. I S. 3746).

[2] 33. Abschnitt (Art. 71) angef. mWv 25. 4. 2013 durch G v. 20. 4. 2013 (BGBl. I S. 831).

geltenden Gesetze weiter anzuwenden. ²Dies gilt auch für die Verjährung der aus einem solchen Schuldverhältnis vor dem 25. April 2013 entstandenen Ansprüche.

## Vierunddreißigster Abschnitt.[1] Übergangsvorschriften zum AIFM-Umsetzungsgesetz

**Art. 72**[1] (1) Die in § 8b Absatz 2 Nummer 8, § 285 Nummer 26, § 290 Absatz 2 Nummer 4 Satz 2 und § 314 Absatz 1 Nummer 18 des Handelsgesetzbuchs[2] jeweils in Bezug genommenen Bestimmungen des Investmentgesetzes sind die bis zum 21. Juli 2013 geltenden Fassungen dieser Bestimmungen.

(2) ¹§ 285 Nummer 26, § 290 Absatz 2 Nummer 4 Satz 2, § 314 Absatz 1 Nummer 18 und § 341b Absatz 2 des Handelsgesetzbuchs in der Fassung des AIFM-Umsetzungsgesetzes sind erstmals auf Jahres- und Konzernabschlüsse für nach dem 21. Juli 2013 beginnende Geschäftsjahre anzuwenden. ²Für Jahres- und Konzernabschlüsse für Geschäftsjahre, die vor dem 22. Juli 2013 beginnen, bleiben die Vorschriften des Handelsgesetzbuchs in der bis zum 21. Juli 2013 geltenden Fassung weiterhin anwendbar.

## Fünfunddreißigster Abschnitt.[3] Übergangsvorschrift zum Gesetz für die gleichberechtigte Teilhabe von Frauen und Männern an Führungspositionen in der Privatwirtschaft und im öffentlichen Dienst

**Art. 73**[3] ¹§ 289a Absatz 2 Nummer 4, auch in Verbindung mit Absatz 3, und § 289a Absatz 4, auch in Verbindung mit § 336 Absatz 2 Satz 1, des Handelsgesetzbuchs[2] in der Fassung des Gesetzes für die gleichberechtigte Teilhabe von Frauen und Männern an Führungspositionen in der Privatwirtschaft und im öffentlichen Dienst vom 24. April 2015 (BGBl. I S. 642) sind erstmals anzuwenden auf Lageberichte, die sich auf Geschäftsjahre mit einem nach dem 30. September 2015 liegenden Abschlussstichtag beziehen. ²§ 289a Absatz 2 Nummer 5, auch in Verbindung mit Absatz 3, des Handelsgesetzbuchs in der Fassung des Gesetzes für die gleichberechtigte Teilhabe von Frauen und Männern an Führungspositionen in der Privatwirtschaft und im öffentlichen Dienst vom 24. April 2015 (BGBl. I S. 642) ist erstmals anzuwenden auf Lageberichte, die sich auf Geschäftsjahre mit einem nach dem 31. Dezember 2015 liegenden Abschlussstichtag beziehen.

## Sechsunddreißigster Abschnitt.[4] Übergangsvorschriften zum Kleinanlegerschutzgesetz

**Art. 74**[4] § 335 Absatz 1 Satz 4 des Handelsgesetzbuchs[2] in der Fassung des Kleinanlegerschutzgesetzes vom 3. Juli 2015 (BGBl. I S. 1114) ist erstmals auf Jahres- und Konzernabschlüsse für Geschäftsjahre anzuwenden, die nach dem 31. Dezember 2014 beginnen.

---

[1] 34. Abschnitt (Art. 72) angef. mWv 19.7.2014 durch G v. 15.7.2014 (BGBl. I S. 934).
[2] Nr. **50**.
[3] 35. Abschnitt (Art. 73) angef. mWv 1.5.2015, Art. 73 Satz 2 angef. mWv 1.1.2016 durch G v. 24.4. 2015 (BGBl. I S. 642); Sätze 1 und 2 geänd. mWv 1.1.2020 durch G v. 12.12.2019 (BGBl. I S. 2637).
[4] 36. Abschnitt (Art. 74) angef. mWv 10.7.2015 durch G v. 3.7.2015 (BGBl. I S. 1114).

## Siebenunddreißigster Abschnitt.[1] Übergangsvorschriften zum Bilanzrichtlinie-Umsetzungsgesetz

**Art. 75**[1] (1) [1]Die §§ 255, 264, 264b, 265, 267a Absatz 3, die §§ 268, 271, 272, 274a, 275, 276, 277 Absatz 3, die §§ 284, 285, 286, 288, 289, 291, 292, 294, 296 bis 298, 301, 307, 309, 310, 312 bis 315a, 317, 322, 325, 326, 328, 331, 334, 336 bis 340a, 340e, 340i, 340n, 341a, 341b, 341j sowie 341n des Handelsgesetzbuchs[2] in der Fassung des Bilanzrichtlinie-Umsetzungsgesetzes vom 17. Juli 2015 (BGBl. I S. 1245) sind erstmals auf Jahres- und Konzernabschlüsse sowie Lage- und Konzernlageberichte für das nach dem 31. Dezember 2015 beginnende Geschäftsjahr anzuwenden. [2]Die in Satz 1 bezeichneten Vorschriften sowie § 277 Absatz 4 und § 278 des Handelsgesetzbuchs in der bis zum 22. Juli 2015 geltenden Fassung sind letztmals anzuwenden auf Jahres- und Konzernabschlüsse sowie Lage- und Konzernlageberichte für ein vor dem 1. Januar 2016 beginnendes Geschäftsjahr.

(2) [1]Die §§ 267, 267a Absatz 1, § 277 Absatz 1 sowie § 293 des Handelsgesetzbuchs in der Fassung des Bilanzrichtlinie-Umsetzungsgesetzes vom 17. Juli 2015 (BGBl. I S. 1245) dürfen erstmals auf Jahres- und Konzernabschlüsse, Lageberichte und Konzernlageberichte für das nach dem 31. Dezember 2013 beginnende Geschäftsjahr angewendet werden, jedoch nur insgesamt. [2]Wird von der vorgezogenen Anwendung der §§ 267, 267a Absatz 1, von § 277 Absatz 1 oder § 293 in der Fassung des Bilanzrichtlinie-Umsetzungsgesetzes kein Gebrauch gemacht, sind die in Satz 1 genannten Vorschriften erstmals auf Jahres- und Konzernabschlüsse, Lage- und Konzernlageberichte für das nach dem 31. Dezember 2015 beginnende Geschäftsjahr anzuwenden; in diesem Fall sind die §§ 267, 267a Absatz 1, § 277 Absatz 1 und § 293 des Handelsgesetzbuchs in der bis zum 22. Juli 2015 geltenden Fassung letztmals auf das vor dem 1. Januar 2016 beginnende Geschäftsjahr anzuwenden. [3]Bei der erstmaligen Anwendung der in Satz 1 bezeichneten Vorschriften ist im Anhang oder Konzernanhang auf die fehlende Vergleichbarkeit der Umsatzerlöse hinzuweisen und unter nachrichtlicher Darstellung des Betrags der Umsatzerlöse des Vorjahres, der sich aus der Anwendung von § 277 Absatz 1 in der Fassung des Bilanzrichtlinie-Umsetzungsgesetzes ergeben haben würde, zu erläutern.

(3) § 8b und die Vorschriften des Dritten Unterabschnitts des Vierten Abschnitts des Dritten Buchs des Handelsgesetzbuchs in der Fassung des Bilanzrichtlinie-Umsetzungsgesetzes sind erstmals auf Zahlungsberichte und Konzernzahlungsberichte für ein nach dem 23. Juli 2015 beginnendes Geschäftsjahr anzuwenden.

(4) [1]§ 253 Absatz 3 Satz 3 des Handelsgesetzbuchs in der Fassung des Bilanzrichtlinie-Umsetzungsgesetzes findet erstmals auf immaterielle Vermögensgegenstände des Anlagevermögens Anwendung, die nach dem 31. Dezember 2015 aktiviert werden. [2]§ 253 Absatz 3 Satz 4 des Handelsgesetzbuchs in der Fassung des Bilanzrichtlinie-Umsetzungsgesetzes findet erstmals auf Geschäfts- oder Firmenwerte Anwendung, die aus Erwerbsvorgängen herrühren, die in Geschäftsjahren erfolgt sind, die nach dem 31. Dezember 2015 begonnen haben.

---

[1] 37. Abschnitt (Art. 75) angef. mWv 23.7.2015 durch G v. 17.7.2015 (BGBl. I S. 1245); Art. 75 Abs. 4 Satz 2 geänd., Sätze 3, 4 aufgeh. mWv 26.11.2015 durch G v. 20.11.2015 (BGBl. I S. 2029); Abs. 6 und 7 angef. mWv 17.3.2016 durch G v. 11.3.2016 (BGBl. I S. 396); Abs. 1 Satz 2, Abs. 2 Satz 2 geänd. mWv 19.4.2017 durch G v. 11.4.2017 (BGBl. I S. 802).

[2] Nr. **50**.

(5) Aufwendungen aus der Anwendung des Artikels 67 Absatz 1 und 2 sind in der Gewinn- und Verlustrechnung innerhalb der sonstigen betrieblichen Aufwendungen als „Aufwendungen nach Artikel 67 Absatz 1 und 2 EGHGB" und Erträge hieraus innerhalb der sonstigen betrieblichen Erträge als „Erträge nach Artikel 67 Absatz 1 und 2 EGHGB" gesondert anzugeben.

(6) [1] § 253 Absatz 2 und 6 des Handelsgesetzbuchs in der Fassung des Gesetzes zur Umsetzung der Wohnimmobilienkreditrichtlinie und zur Änderung handelsrechtlicher Vorschriften vom 11. März 2016 (BGBl. I S. 396) ist erstmals auf Jahresabschlüsse für das nach dem 31. Dezember 2015 endende Geschäftsjahr anzuwenden. [2] Für Geschäftsjahre, die vor dem 1. Januar 2016 enden, ist § 253 Absatz 2 des Handelsgesetzbuchs in der bis zum 16. März 2016 geltenden Fassung weiter anzuwenden. [3] Auf den Konzernabschluss sind die Sätze 1 und 2 hinsichtlich des § 253 Absatz 2 des Handelsgesetzbuchs entsprechend anzuwenden.

(7) [1] Unternehmen dürfen für einen Jahresabschluss, der sich auf ein Geschäftsjahr bezieht, das nach dem 31. Dezember 2014 beginnt und vor dem 1. Januar 2016 endet, auch die ab dem 17. März 2016 geltende Fassung des § 253 Absatz 2 des Handelsgesetzbuchs anwenden. [2] In diesem Fall gilt § 253 Absatz 6 entsprechend. [3] Auf den Konzernabschluss ist Satz 1 entsprechend anzuwenden. [4] Mittelgroße und große Kapitalgesellschaften haben zur Erläuterung der Ausübung der Anwendung des Wahlrechts Angaben im Anhang zu machen.

## Achtunddreißigster Abschnitt.[1] Übergangsvorschrift zum Bürokratieentlastungsgesetz

**Art. 76**[1] [1] § 241a Satz 1 des Handelsgesetzbuchs[2] in der Fassung des Bürokratieentlastungsgesetzes vom 28. Juli 2015 (BGBl. I S. 1400) ist erstmals auf das nach dem 31. Dezember 2015 beginnende Geschäftsjahr anzuwenden. [2] § 241a Satz 1 des Handelsgesetzbuchs in der bis zum 31. Dezember 2015 geltenden Fassung ist letztmals auf das vor dem 1. Januar 2016 beginnende Geschäftsjahr anzuwenden.

## Neununddreißigster Abschnitt.[3] Übergangsvorschriften zum Transparenzrichtlinie-Umsetzungsgesetz

**Art. 77**[3] § 342b des Handelsgesetzbuchs[2] in der vom 26. November 2015 geltenden Fassung findet ab dem 1. Januar 2016 Anwendung.

## Vierzigster Abschnitt.[4] Übergangsvorschrift zum Abschlussprüferaufsichtsreformgesetz

**Art. 78**[5] Für die Anwendung des § 319 Absatz 1 Satz 3 des Handelsgesetzbuchs[2] in der ab dem 17. Juni 2016 geltenden Fassung gilt eine für den Abschlussprüfer geltende Teilnahmebescheinigung oder Ausnahmegenehmigung nach dem bis zum 16. Juni 2016 geltenden § 57a Absatz 1 der Wirtschaftsprüferordnung als Nachweis der Eintragung gemäß § 319 Absatz 1 Satz 3 des Handelsgesetzbuchs in

---

[1] 38. Abschnitt (Art. 76) angef. mWv 1.1.2016 durch G v. 28.7.2015 (BGBl. I S. 1400).
[2] Nr. **50**.
[3] 39. Abschnitt (Art. 77) angef. mWv 26.11.2015 durch G v. 20.11.2015 (BGBl. I S. 2029).
[4] 40. Abschnitt (Art. 78) angef. mWv 17.6.2016 durch G v. 31.3.2016 (BGBl. I S. 518).
[5] Art. 78 angef. mWv 17.6.2016 durch G v. 31.3.2016 (BGBl. I S. 518); geänd. mWv 17.6.2016 durch G v. 10.5.2016 (BGBl. I S. 1142).

der ab dem 17. Juni 2016 geltenden Fassung, solange der Registerauszug über die Eintragung nach § 40 Absatz 3 oder § 40a Absatz 1 Satz 3 der Wirtschaftsprüferordnung noch nicht erteilt worden ist.

## Einundvierzigster Abschnitt.[1] Übergangsvorschrift zum Abschlussprüfungsreformgesetz

**Art. 79**[1] (1) [1] § 319a Absatz 1, 2 und 3 sowie die §§ 321 und 322 des Handelsgesetzbuchs[2] jeweils in der Fassung des Abschlussprüfungsreformgesetzes vom 10. Mai 2016 (BGBl. I S. 1142) sind erstmals auf Jahres- und Konzernabschlüsse für das nach dem 16. Juni 2016 beginnende Geschäftsjahr anzuwenden. [2] § 319a Absatz 1 und 2 sowie die §§ 321 und 322 des Handelsgesetzbuchs in der bis zum 16. Juni 2016 geltenden Fassung sind letztmals auf Jahres- und Konzernabschlüsse für vor dem 17. Juni 2016 beginnende Geschäftsjahre anzuwenden.

(2) § 324 Absatz 2 Satz 2 des Handelsgesetzbuchs in der Fassung des Abschlussprüfungsreformgesetzes vom 10. Mai 2016 (BGBl. I S. 1142) muss so lange nicht angewandt werden, wie alle Mitglieder des Prüfungsausschusses vor dem 17. Juni 2016 bestellt worden sind.

(3) [1] Prüfungsmandate können entsprechend § 318 Absatz 1a Satz 1 des Handelsgesetzbuchs auch verlängert werden, wenn die Wahl des Abschlussprüfers für das zwölfte oder dreizehnte Geschäftsjahr erfolgt, auf das sich die Prüfungstätigkeit des Abschlussprüfers erstreckt, und die Wahl des Abschlussprüfers für das nächste nach dem 16. Juni 2016 beginnende Geschäftsjahr erfolgt. [2] Prüfungsmandate entsprechend § 318 Absatz 1a Satz 2 des Handelsgesetzbuchs können auch verlängert werden, wenn mehrere Wirtschaftsprüfer oder Wirtschaftsprüfungsgesellschaften gemeinsam im zwölften oder dreizehnten Geschäftsjahr, auf das sich die Prüfungstätigkeit des Abschlussprüfers erstreckt, zum Abschlussprüfer bestellt werden und die gemeinsame Bestellung für das nächste nach dem 16. Juni 2016 beginnende Geschäftsjahr erfolgt.

## Zweiundvierzigster Abschnitt.[3] Übergangsvorschriften zum CSR-Richtlinie-Umsetzungsgesetz

**Art. 80**[3] [1] Die §§ 264, 285, 289 bis 289f, 291, 292, 294, 314 bis 315e, 317, 320, 325, 331, 334, 335, 336, 340a, 340i, 340n, 341a, 341j, 341n und 342 des Handelsgesetzbuchs[2] in der Fassung des CSR-Richtlinie-Umsetzungsgesetzes vom 11. April 2017 (BGBl. I S. 802) sind erstmals auf Jahres- und Konzernabschlüsse, Lage- und Konzernlageberichte für das nach dem 31. Dezember 2016 beginnende Geschäftsjahr anzuwenden. [2] Die in Satz 1 bezeichneten Vorschriften in der bis zum 18. April 2017 geltenden Fassung sind letztmals anzuwenden auf Lage- und Konzernlageberichte für das vor dem 1. Januar 2017 beginnende Geschäftsjahr.

**Art. 81**[4] § 289b Absatz 4 und § 315b Absatz 4 des Handelsgesetzbuchs[2] in der ab dem 1. Januar 2019 geltenden Fassung sind erstmals auf Jahres- und Konzern-

[1] 41. Abschnitt (Art. 79) angef. mWv 17.6.2016 durch G v. 10.5.2016 (BGBl. I S. 1142).
[2] Nr. **50**.
[3] 42. Abschnitt (Art. 80) angef. mWv 19.4.2017, Überschrift geänd. mWv 1.1.2019 durch G v. 11.4.2017 (BGBl. I S. 802).
[4] Art. 81 angef. mWv 1.1.2019 durch G v. 11.4.2017 (BGBl. I S. 802).

abschlüsse, Lage- und Konzernlageberichte für das nach dem 31. Dezember 2018 beginnende Geschäftsjahr anzuwenden.

## Dreiundvierzigster Abschnitt.[1] Übergangsvorschriften zum Gesetz zum Bürokratieabbau und zur Förderung der Transparenz bei Genossenschaften

**Art. 82[1] [Übergangsvorschriften zum Gesetz zum Bürokratieabbau und zur Förderung der Transparenz bei Genossenschaften]** [1] § 339 Absatz 3 des Handelsgesetzbuchs[2] in der Fassung des Gesetzes zum Bürokratieabbau und zur Förderung der Transparenz bei Genossenschaften vom 17. Juli 2017 (BGBl. I S. 2434) ist erstmals anzuwenden auf Jahresabschlüsse für nach dem 31. Dezember 2016 beginnende Geschäftsjahre. [2] Ein Prüfungsverband kann einen Antrag im Sinne des § 339 Absatz 3 Satz 1 auch im Hinblick auf vor dem 31. Dezember 2016 begonnene Geschäftsjahre stellen.

## Vierundvierzigster Abschnitt.[3] Übergangsvorschrift zum Gesetz zur Umsetzung der zweiten Aktionärsrechterichtlinie

**Art. 83[4] [Übergangsvorschrift zum Gesetz zur Umsetzung der zweiten Aktionärsrechterichtlinie]** (1) [1] Die §§ 285, 286, 289a, 289f, 314, 315a, 324 und 325 Absatz 2a des Handelsgesetzbuchs[2] in der ab dem 1. Januar 2020 geltenden Fassung sind erstmals auf Jahres- und Konzernabschlüsse sowie Lage- und Konzernlageberichte für das nach dem 31. Dezember 2020 beginnende Geschäftsjahr anzuwenden. [2] Die in Satz 1 bezeichneten Vorschriften in der bis einschließlich 31. Dezember 2019 geltenden Fassung sind letztmals anzuwenden auf Jahres- und Konzernabschlüsse sowie Lage- und Konzernlageberichte für das vor dem 1. Januar 2021 beginnende Geschäftsjahr. [3] Wurde für das in Satz 2 bezeichnete Geschäftsjahr oder für ein diesem vorausgehendes Geschäftsjahr bereits ein Vergütungsbericht nach § 162 des Aktiengesetzes[5] erstellt, so sind für dieses Geschäftsjahr nicht die in Satz 2 bezeichneten Vorschriften, sondern die in Satz 1 bezeichneten Vorschriften anzuwenden.

(2) [1] § 340i Absatz 6 und § 341j Absatz 5 des Handelsgesetzbuchs in der ab dem 1. Januar 2020 geltenden Fassung sind erstmals auf Konzernerklärungen zur Unternehmensführung für das nach dem 31. Dezember 2018 beginnende Geschäftsjahr anzuwenden. [2] Die in Satz 1 bezeichneten Vorschriften können bereits auf Konzernerklärungen zur Unternehmensführung für die nach dem 31. Dezember 2016 beginnenden Geschäftsjahre angewendet werden.

---

[1] 43. Abschnitt (Art. 82) angef. mWv 22.7.2017 durch G v. 17.7.2017 (BGBl. I S. 2434).
[2] Nr. **50**.
[3] 44. Abschnitt (Art. 83) angef. mWv 1.1.2020 durch G v. 12.12.2019 (BGBl. I S. 2637).
[4] Art. 83 angef. mWv 1.1.2020 durch G v. 12.12.2019 (BGBl. I S. 2637); Abs. 1 Satz 1 geänd. mWv 19.8.2020 durch G v. 12.8.2020 (BGBl. I S. 1874).
[5] Nr. **51**.

## Fünfundvierzigster Abschnitt.[1] Übergangsvorschrift zum Gesetz zur weiteren Umsetzung der Transparenzrichtlinie-Änderungsrichtlinie im Hinblick auf ein einheitliches elektronisches Format für Jahresfinanzberichte

**Art. 84[1] [Übergangsvorschrift zum Gesetz zur weiteren Umsetzung der Transparenzrichtlinie-Änderungsrichtlinie im Hinblick auf ein einheitliches elektronisches Format für Jahresfinanzberichte]** [1] Die §§ 264, 289, 297, 315, 316, 317, 320, 322, 325, 328, 334, 336, 339, 340n, 341n, 341w und 342b des Handelsgesetzbuchs[2] in der ab dem 19. August 2020 geltenden Fassung sind erstmals auf Jahres-, Einzel- und Konzernabschlüsse, Lage- und Konzernlageberichte sowie Erklärungen nach § 264 Absatz 2 Satz 3, § 289 Absatz 1 Satz 5, § 297 Absatz 2 Satz 4 und § 315 Absatz 1 Satz 5 des Handelsgesetzbuchs für das nach dem 31. Dezember 2019 beginnende Geschäftsjahr anzuwenden. [2] Die in Satz 1 bezeichneten Vorschriften in der bis einschließlich 18. August 2020 geltenden Fassung sind letztmals anzuwenden auf Jahres-, Einzel- und Konzernabschlüsse, Lage- und Konzernlageberichte sowie Erklärungen nach § 264 Absatz 2 Satz 3, § 289 Absatz 1 Satz 5, § 297 Absatz 2 Satz 4 und § 315 Absatz 1 Satz 5 des Handelsgesetzbuchs für das vor dem 1. Januar 2020 beginnende Geschäftsjahr.

## Sechsundvierzigster Abschnitt.[3] Übergangsvorschrift zum Fondsstandortgesetz

**Art. 85[3] [Übergangsvorschrift zum Fondsstandortgesetz]** [1] § 285 Nummer 26, § 290 Absatz 2 Nummer 4 Satz 2 und § 314 Absatz 1 Nummer 18 des Handelsgesetzbuchs[2] in der ab dem 2. August 2021 geltenden Fassung sind erstmals auf Jahres- und Konzernabschlüsse für das nach dem 31. Dezember 2020 beginnende Geschäftsjahr anzuwenden. [2] Die in Satz 1 genannten Vorschriften in der bis einschließlich 1. August 2021 geltenden Fassung sind letztmals anzuwenden auf Jahres- und Konzernabschlüsse für das vor dem 1. Januar 2021 beginnende Geschäftsjahr.

## Siebenundvierzigster Abschnitt.[4] Übergangsvorschrift zum Finanzmarktintegritätsstärkungsgesetz

**Art. 86[4] [Übergangsvorschrift zum Finanzmarktintegritätsstärkungsgesetz]** (1) [1] Artikel 25 dieses Gesetzes und § 318 Absatz 3, die §§ 319b, 323 Absatz 2, § 334 Absatz 2 bis 3a, § 340k Absatz 1 Satz 1, Absatz 2 Satz 3, Absatz 3 Satz 2, § 340m Absatz 2, die §§ 340n, 341k Absatz 1 Satz 2 sowie § 341m Absatz 2 und § 341n Absatz 2 bis 3a des Handelsgesetzbuchs[2] in der ab dem 1. Juli 2021 geltenden Fassung sind erstmals auf alle gesetzlich vorgeschriebenen Abschlussprüfungen für das nach dem 31. Dezember 2021 beginnende Geschäftsjahr anzuwenden. [2] Artikel 25 dieses Gesetzes und § 318 Absatz 3, die §§ 319a, 319b, 323 Absatz 2, § 334 Absatz 2 bis 3a, § 340k Absatz 1 Satz 1, Absatz 2 Satz 3, Absatz 3 Satz 2, § 340m Absatz 2, die §§ 340n, 341k Absatz 1 Satz 2, Absatz 2 sowie § 341m Absatz 2 und § 341n Absatz 2 bis 3a des Handelsgesetzbuchs in der bis einschließ-

---

[1] 45. Abschnitt (Art. 84) angef. mWv 19.8.2020 durch G v. 12.8.2020 (BGBl. I S. 1874).
[2] Nr. **50**.
[3] 46. Abschnitt (Art. 85) angef. mWv 2.8.2021 durch G v. 3.6.2021 (BGBl. I S. 1498).
[4] 47. Abschnitt (Art. 86) angef. mWv 1.7.2021 durch G v. 3.6.2021 (BGBl. I S. 1534).

lich 30. Juni 2021 geltenden Fassung sind letztmals anzuwenden auf alle gesetzlich vorgeschriebenen Abschlussprüfungen für das vor dem 1. Januar 2022 beginnende Geschäftsjahr.

(2) Wenn die Voraussetzungen des § 318 Absatz 1a des Handelsgesetzbuchs, auch in Verbindung mit Artikel 79 Absatz 3 dieses Gesetzes, bis zum Ablauf des 30. Juni 2021 vorliegen, kann ein Prüfungsmandat noch für das nach dem 30. Juni 2021 beginnende Geschäftsjahr und das unmittelbar auf dieses folgende Geschäftsjahr verlängert werden.

(3) [1] § 324 Absatz 1 und 3, § 340k Absatz 5 sowie § 341k Absatz 3 des Handelsgesetzbuchs in der ab dem 1. Juli 2021 geltenden Fassung sind erstmals ab dem 1. Januar 2022 anzuwenden. [2] Soweit § 324 Absatz 2 Satz 2 des Handelsgesetzbuchs in der ab dem 1. Juli 2021 geltenden Fassung auf § 100 Absatz 5 des Aktiengesetzes[1)] verweist, ist die hierauf bezogene Übergangsregelung des § 12 Absatz 6 des Einführungsgesetzes zum Aktiengesetz[2)] entsprechend anzuwenden.

(4) [1] Die §§ 333 und 342c des Handelsgesetzbuchs in der bis einschließlich 31. Dezember 2021 geltenden Fassung sind auf die bei der Prüfstelle im Sinne von § 342b Absatz 1 des Handelsgesetzbuchs Beschäftigten weiter anzuwenden. [2] Auf die Finanzierung der Prüfstelle ist § 342d Satz 4 und 5 des Handelsgesetzbuchs in der bis einschließlich 31. Dezember 2021 geltenden Fassung für das Haushaltsjahr 2021 weiter anzuwenden. [3] Die nach § 342b Absatz 1 des Handelsgesetzbuchs in der bis zum 31. Dezember 2021 geltenden Fassung als Prüfstelle anerkannte Einrichtung hat

1. Unterlagen zu nach § 141 Absatz 1 des Wertpapierhandelsgesetzes[3)] fortgeführten Prüfungen spätestens am 31. Dezember 2051 zu vernichten;
2. Unterlagen zu bis zum 31. Dezember 2021 abgeschlossenen Prüfungen spätestens 30 Jahre nach dem jeweiligen Abschluss der Prüfung zu vernichten.

(5) § 264 Absatz 3, §§ 264b, 340a Absatz 2, § 341a Absatz 2 und § 341n Absatz 1 des Handelsgesetzbuchs in der ab dem 1. Juli 2021 geltenden Fassung sind erstmals auf Jahresabschlüsse und Lageberichte für das nach dem 31. Dezember 2020 beginnende Geschäftsjahr anzuwenden.

## Achtundvierzigster Abschnitt.[4)] Übergangsvorschrift zum Gesetz zur Ergänzung und Änderung der Regelungen für die gleichberechtigte Teilhabe von Frauen an Führungspositionen in der Privatwirtschaft und im öffentlichen Dienst

### Art. 87[4)] [Übergangsvorschrift zum Gesetz zur Ergänzung und Änderung der Regelungen für die gleichberechtigte Teilhabe von Frauen an Führungspositionen in der Privatwirtschaft und im öffentlichen Dienst]

Die §§ 289f, 334 Absatz 1, § 340n Absatz 1 und § 341n Absatz 1 des Handelsgesetzbuchs[5)] in der ab dem 12. August 2021 geltenden Fassung sind erstmals auf Lage- und Konzernlageberichte sowie Erklärungen zur Unternehmensführung nach § 289f Absatz 4 Satz 3 des Handelsgesetzbuchs für das nach dem 31. Dezember 2020 beginnende Geschäftsjahr anzuwenden.

---

1) Nr. **51**.
2) Nr. **51a**.
3) **Habersack, Deutsche Gesetze ErgBd. Nr. 58.**
4) 48. Abschnitt (Art. 87) angef. mWv 12.8.2021 durch G v. 7.8.2021 (BGBl. I S. 3311).
5) Nr. **50**.

## Neunundvierzigster Abschnitt.[1] Übergangsvorschrift zum Gesetz zur Umsetzung der Digitalisierungsrichtlinie

**Art. 88[1] [Übergangsvorschrift zum Gesetz zur Umsetzung der Digitalisierungsrichtlinie]** (1) § 9c Absatz 1 bis 5 des Handelsgesetzbuchs[2] in der ab dem 1. August 2022 geltenden Fassung ist erst ab dem 1. August 2023 anzuwenden.

(2) [1] § 8b Absatz 2 Nummer 4, 9 und 13, Absatz 3 Satz 1, Absatz 4, § 9 Absatz 6 Satz 3 sowie die §§ 264, 325, 325a, 326, 327, 328, 329, 339, 340l, 340o, 341l und 341w des Handelsgesetzbuchs in der ab dem 1. August 2022 geltenden Fassung sind erstmals auf Rechnungslegungsunterlagen sowie Unternehmensberichte für das nach dem 31. Dezember 2021 beginnende Geschäftsjahr anzuwenden. [2] Die in Satz 1 bezeichneten Vorschriften in der bis einschließlich 31. Juli 2022 geltenden Fassung sind letztmals anzuwenden auf Rechnungslegungsunterlagen sowie Unternehmensberichte für das vor dem 1. Januar 2022 beginnende Geschäftsjahr.

## Fünfzigster Abschnitt.[3] Übergangsvorschriften zum Personengesellschaftsrechtsmodernisierungsgesetz *(noch nicht in Kraft)*

**Art. 89** *(noch nicht in Kraft)*

## Einundfünfzigster Abschnitt.[4] Übergangsvorschrift zum Gesetz zur Umsetzung der Richtlinie (EU) 2021/2101 im Hinblick auf die Offenlegung von Ertragsteuerinformationen durch bestimmte Unternehmen und Zweigniederlassungen sowie zur Änderung des Verbraucherstreitbeilegungsgesetzes und des Pflichtversicherungsgesetzes

**Art. 90[4] [Übergangsvorschrift zum Gesetz zur Umsetzung der Richtlinie (EU) 2021/2101 im Hinblick auf die Offenlegung von Ertragsteuerinformationen durch bestimmte Unternehmen und Zweigniederlassungen sowie zur Änderung des Verbraucherstreitbeilegungsgesetzes und des Pflichtversicherungsgesetzes]** (1) [1] § 271 Absatz 2, die §§ 325a, 334 Absatz 1 und 3b, § 335 Absatz 1 und 1b, § 340n Absatz 3b sowie die §§ 340o, 341n Absatz 3b und § 341o des Handelsgesetzbuchs[2] in der jeweils ab dem 22. Juni 2023 geltenden Fassung sind erstmals auf Rechnungslegungsunterlagen für ein nach dem 31. Dezember 2023 beginnendes Geschäftsjahr anzuwenden. [2] Die Vorschriften des Vierten Unterabschnitts des Dritten Buchs des Handelsgesetzbuchs in der jeweils ab dem 22. Juni 2023 geltenden Fassung sind erstmals auf Ertragsteuerinformationsberichte sowie auf Erklärungen nach § 342d Absatz 2 Nummer 1, § 342e Absatz 2 Nummer 1 und § 342f Absatz 2 Nummer 1 des Handelsgesetzbuchs für ein nach dem 21. Juni 2024 beginnendes Geschäftsjahr anzuwenden. [3] § 317 Absatz 3b und § 322 Absatz 1 des Handelsgesetzbuchs in der jeweils ab dem 22. Juni 2023 geltenden Fassung sind erstmals anzuwenden auf gesetzliche Abschlussprüfungen für das Geschäftsjahr, das dem Geschäftsjahr nach Satz 2 folgt.

---

[1] 49. Abschnitt (Art. 88) angef. mWv 1.8.2022 durch G v. 5.7.2021 (BGBl. I S. 3338).
[2] Nr. **50**.
[3] 50. Abschnitt (Art. 89) angef. **mWv 1.1.2024** durch G v. 10.8.2021 (BGBl. I S. 3436).
[4] 51. Abschnitt (Art. 90) angef. mWv 22.6.2023 durch G v. 19.6.2023 (BGBl. 2023 I Nr. 154).

[4] § 335 Absatz 2 Satz 1 und Absatz 5 Satz 8 sowie § 335a Absatz 3 Satz 4 des Handelsgesetzbuchs in der jeweils ab dem 22. Juni 2023 geltenden Fassung sind erstmals anzuwenden auf Wiedereinsetzungen in den vorigen Stand, die am 22. Juni 2023 gewährt werden.

(2) [1] § 271 Absatz 2, die §§ 325a, 334 Absatz 1 und 3b, § 335 Absatz 1 und 1b, § 340n Absatz 3b, die §§ 340o, 341n Absatz 3b und § 341o des Handelsgesetzbuchs in der bis einschließlich 21. Juni 2023 geltenden Fassung sind letztmals anzuwenden auf Rechnungslegungsunterlagen für das vor dem 1. Januar 2024 beginnende Geschäftsjahr. [2] § 335 Absatz 2 Satz 1 und Absatz 5 Satz 8 sowie § 335a Absatz 3 Satz 4 des Handelsgesetzbuchs in der bis einschließlich 21. Juni 2023 geltenden Fassung sind letztmals anzuwenden auf Wiedereinsetzungen in den vorigen Stand, die vor dem 22. Juni 2023 gewährt werden.

# 50b. Gesetz über Partnerschaftsgesellschaften Angehöriger Freier Berufe (Partnerschaftsgesellschaftsgesetz – PartGG)[1)]

Vom 25. Juli 1994
(BGBl. I S. 1744)

**FNA 4127-1**

| Lfd. Nr. | Änderndes Gesetz | Datum | Fundstelle | Betroffen | Hinweis |
|---|---|---|---|---|---|
| 1. | Art. 11 HandelsrechtsreformG | 22.6.1998 | BGBl. I S. 1474 | §§ 2, 7, 9 | geänd. mWv 1.7.1998 |
| 2. | Art. 1a G zur Änd. des UmwandlungsG, des PartGG und anderer G | 22.7.1998 | BGBl. I S. 1878 | §§ 1, 8 | geänd. mWv 1.8.1998 |
| 3. | Art. 2 Zweites G zur Änd. der FGO und anderer G | 19.12. 2000 | BGBl. I S. 1757 | § 7 | geänd. mWv 1.1.2001 |
| 4. | Art. 4 Elektronische Register- und JustizkostenG | 10.12. 2001 | BGBl. I S. 3422 | §§ 4, 5, 7, 11 | geänd. mWv 15.12.2001 |
| 5. | Art. 12 Abs. 12 G über elektronische Handelsregister und Genossenschaftsregister sowie das Unternehmensregister | 10.11. 2006 | BGBl. I S. 2553 | §§ 5, 11 | geänd. mWv 1.1.2007 |
| 6. | Art. 22 G zur Modernisierung des GmbH-Rechts und zur Bekämpfung von Missbräuchen | 23.10. 2008 | BGBl. I S. 2026 | § 5 | geänd. mWv 1.11.2008 |
| 7. | Art. 1 G zur Einführung einer Partnerschaftsgesellschaft mit beschränkter Berufshaftung und zur Änd. des Berufsrechts der Rechtsanwälte, Patentanwälte, Steuerberater und Wirtschaftsprüfer | 15.7.2013 | BGBl. I S. 2386 | §§ 4, 7, 8 | geänd. mWv 19.7.2013 |
| 8. | Art. 7 Aktienrechtsnovelle 2016 | 22.12. 2015 | BGBl. I S. 2565 | § 4 | geänd. mWv 31.12.2015 |
| 9. | Art. 33 G zur Neuregelung des Berufsrechts der anwaltlichen und steuerberatenden Berufsausübungsgesellschaften sowie zur Änd. weiterer Vorschriften im Bereich der rechtsberatenden Berufe | 7.7.2021 | BGBl. I S. 2363 | §§ 1, 7 | geänd. mWv 1.8.2022 |
| 10. | Art. 68 PersonengesellschaftsrechtsmodernisierungsG (MoPeG) | 10.8.2021 | BGBl. I S. 3436 | §§ 1, 2, 4, 5, 6, 7, 8, 9, 10, 11<br>§ 3 | geänd. mWv 1.1.2024<br>aufgeh. mit Ablauf des 31.12. 2023 |

[1)] Verkündet als Art. 1 G zur Schaffung von Partnerschaftsgesellschaften und zur Änd. anderer G v. 25.7. 1994 (BGBl I S. 1744); Inkrafttreten gem. Art. 9 dieses G am 1.7.1995 mit Ausnahme des § 5 Abs. 2, der bereits am 1.5.1995 in Kraft getreten ist.

**Vorbemerkung:**
**Die Änderungen durch G v. 10.8.2021 (BGBl. I S. 3436) treten erst mWv 1.1.2024 in Kraft und sind im Text noch nicht berücksichtigt.**

**§ 1[1] Voraussetzungen der Partnerschaft.** (1) [1]Die Partnerschaft ist eine Gesellschaft, in der sich Angehörige Freier Berufe zur Ausübung ihrer Berufe zusammenschließen. [2]Sie übt kein Handelsgewerbe aus. [3]Angehörige einer Partnerschaft können nur natürliche Personen sein.

(2) [1]Die Freien Berufe haben im allgemeinen auf der Grundlage besonderer beruflicher Qualifikation oder schöpferischer Begabung die persönliche, eigenverantwortliche und fachlich unabhängige Erbringung von Dienstleistungen höherer Art im Interesse der Auftraggeber und der Allgemeinheit zum Inhalt. [2]Ausübung eines Freien Berufs im Sinne dieses Gesetzes ist die selbständige Berufstätigkeit der Ärzte, Zahnärzte, Tierärzte, Heilpraktiker, Krankengymnasten, Hebammen, Heilmasseure, Diplom-Psychologen, Rechtsanwälte, Patentanwälte, Wirtschaftsprüfer, Steuerberater, beratenden Volks- und Betriebswirte, vereidigten Buchprüfer (vereidigte Buchrevisoren), Steuerbevollmächtigten, Ingenieure, Architekten, Handelschemiker, Lotsen, hauptberuflichen Sachverständigen, Journalisten, Bildberichterstatter, Dolmetscher, Übersetzer und ähnlicher Berufe sowie der Wissenschaftler, Künstler, Schriftsteller, Lehrer und Erzieher.

(3) Die Berufsausübung in der Partnerschaft kann in Vorschriften über einzelne Berufe ausgeschlossen oder von weiteren Voraussetzungen abhängig gemacht werden.

(4) Auf die Partnerschaft finden, soweit in diesem Gesetz nichts anderes bestimmt ist, die Vorschriften des Bürgerlichen Gesetzbuchs[2] über die Gesellschaft Anwendung.

**§ 2[3] Name der Partnerschaft.** (1) [1]Der Name der Partnerschaft muß den Namen mindestens eines Partners, den Zusatz „und Partner" oder „Partnerschaft" sowie die Berufsbezeichnungen aller in der Partnerschaft vertretenen Berufe enthalten. [2]Die Beifügung von Vornamen ist nicht erforderlich. [3]Die Namen anderer Personen als der Partner dürfen nicht in den Namen der Partnerschaft aufgenommen werden.

(2) § 18 Abs. 2, §§ 21, 22 Abs. 1, §§ 23, 24, 30, 31 Abs. 2, §§ 32 und 37 des Handelsgesetzbuchs[4] sind entsprechend anzuwenden; § 24 Abs. 2 des Handelsgesetzbuchs gilt auch bei Umwandlung einer Gesellschaft bürgerlichen Rechts in eine Partnerschaft.

**§ 3 Partnerschaftsvertrag.** (1) Der Partnerschaftsvertrag bedarf der Schriftform.

(2) Der Partnerschaftsvertrag muß enthalten

1. den Namen und den Sitz der Partnerschaft;
2. den Namen und den Vornamen sowie den in der Partnerschaft ausgeübten Beruf und den Wohnort jedes Partners;
3. den Gegenstand der Partnerschaft.

---

[1] § 1 Abs. 2 Satz 1 eingef. durch G v. 22.7.1998 (BGBl. I S. 1878); Abs. 2 Satz 2 geänd. mWv 1.8.2022 durch G v. 7.7.2021 (BGBl. I S. 2363).

[2] Nr. **20**.

[3] § 2 Abs. 1 Sätze 2 und 3 angef., Abs. 2 geänd. durch G v. 22.6.1998 (BGBl. I S. 1474).

[4] Nr. **50**.

**§ 4[1] Anmeldung der Partnerschaft.** (1) [1]Auf die Anmeldung der Partnerschaft in das Partnerschaftsregister sind § 106 Abs. 1 und § 108 Satz 1 des Handelsgesetzbuchs[2] entsprechend anzuwenden. [2]Die Anmeldung hat die in § 3 Abs. 2 vorgeschriebenen Angaben, das Geburtsdatum jedes Partners und die Vertretungsmacht der Partner zu enthalten. [3]Änderungen dieser Angaben sind gleichfalls zur Eintragung in das Partnerschaftsregister anzumelden.

(2) [1]In der Anmeldung ist die Zugehörigkeit jedes Partners zu dem Freien Beruf, den er in der Partnerschaft ausübt, anzugeben. [2]Das Registergericht legt bei der Eintragung die Angaben der Partner zugrunde, es sei denn, ihm ist deren Unrichtigkeit bekannt.

(3) Der Anmeldung einer Partnerschaft mit beschränkter Berufshaftung nach § 8 Absatz 4 muss eine Versicherungsbescheinigung gemäß § 113 Absatz 2 des Gesetzes über den Versicherungsvertrag[3] beigefügt sein.

**§ 5[4] Inhalt der Eintragung; anzuwendende Vorschriften.** (1) Die Eintragung hat die in § 3 Abs. 2 genannten Angaben, das Geburtsdatum jedes Partners und die Vertretungsmacht der Partner zu enthalten.

(2) Auf das Partnerschaftsregister und die registerrechtliche Behandlung von Zweigniederlassungen sind die §§ 8, 8a, 9, 10 bis 12, 13, 13d, 13h und 14 bis 16 des Handelsgesetzbuchs[2] über das Handelsregister entsprechend anzuwenden; eine Pflicht zur Anmeldung einer inländischen Geschäftsanschrift besteht nicht.

**§ 6 Rechtsverhältnis der Partner untereinander.** (1) Die Partner erbringen ihre beruflichen Leistungen unter Beachtung des für sie geltenden Berufsrechts.

(2) Einzelne Partner können im Partnerschaftsvertrag nur von der Führung der sonstigen Geschäfte ausgeschlossen werden.

(3) [1]Im übrigen richtet sich das Rechtsverhältnis der Partner untereinander nach dem Partnerschaftsvertrag. [2]Soweit der Partnerschaftsvertrag keine Bestimmungen enthält, sind die §§ 110 bis 116 Abs. 2, §§ 117 bis 119 des Handelsgesetzbuchs[2] entsprechend anzuwenden.

**§ 7[5] Wirksamkeit im Verhältnis zu Dritten; rechtliche Selbständigkeit; Vertretung.** (1) Die Partnerschaft wird im Verhältnis zu Dritten mit ihrer Eintragung in das Partnerschaftsregister wirksam.

(2) § 124 des Handelsgesetzbuchs[2] ist entsprechend anzuwenden.

(3) Auf die Vertretung der Partnerschaft sind die Vorschriften des § 125 Abs. 1 und 2 sowie der §§ 126 und 127 des Handelsgesetzbuchs entsprechend anzuwenden.

---

[1] § 4 Abs. 1 Satz 2 geänd. mWv 15.12.2001 durch G v. 10.12.2001 (BGBl. I S. 3422); Abs. 3 angef. mWv 19.7.2013 durch G v. 15.7.2013 (BGBl. I S. 2386); Abs. 1 Satz 1 geänd. mWv 31.12.2015 durch G v. 22.12.2015 (BGBl. I S. 2565).

[2] Nr. **50**.

[3] Nr. **62**.

[4] § 5 Abs. 1 geänd. mWv 15.12.2001 durch G v. 10.12.2001 (BGBl. I S. 3422); Abs. 2 geänd. mWv 1.1.2007 durch G v. 10.11.2006 (BGBl. I S. 2553); Abs. 2 geänd. mWv 1.11.2008 durch G v. 23.10.2008 (BGBl. I S. 2026).

[5] § 7 Abs. 4 angef. durch G v. 22.6.1998 (BGBl. I S. 1474), Abs. 4 eingef., bish. Abs. 4 wird Abs. 5 mWv 1.1.2001 durch G v. 19.12.2000 (BGBl. I S. 1757); Abs. 3 geänd. mWv 15.12.2001 durch G v. 10.12.2001 (BGBl. I S. 3422); Abs. 5 neu gef. mWv 19.7.2013 durch G v. 15.7.2013 (BGBl. I S. 2386); Abs. 4 aufgeh., bish. Abs. 5 wird Abs. 4 mWv 1.8.2022 durch G v. 7.7.2021 (BGBl. I S. 2363).

(4) Für die Angabe auf Geschäftsbriefen der Partnerschaft ist § 125a Absatz 1 Satz 1, Absatz 2 des Handelsgesetzbuchs mit der Maßgabe entsprechend anzuwenden, dass bei einer Partnerschaft mit beschränkter Berufshaftung auch der von dieser gewählte Namenszusatz im Sinne des § 8 Absatz 4 Satz 3 anzugeben ist.

**§ 8[1)] Haftung für Verbindlichkeiten der Partnerschaft.** (1) [1] Für Verbindlichkeiten der Partnerschaft haften den Gläubigern neben dem Vermögen der Partnerschaft die Partner als Gesamtschuldner. [2] Die §§ 129 und 130 des Handelsgesetzbuchs[2)] sind entsprechend anzuwenden.

(2) Waren nur einzelne Partner mit der Bearbeitung eines Auftrags befaßt, so haften nur sie gemäß Absatz 1 für berufliche Fehler neben der Partnerschaft; ausgenommen sind Bearbeitungsbeiträge von untergeordneter Bedeutung.

(3) Durch Gesetz kann für einzelne Berufe eine Beschränkung der Haftung für Ansprüche aus Schäden wegen fehlerhafter Berufsausübung auf einen bestimmten Höchstbetrag zugelassen werden, wenn zugleich eine Pflicht zum Abschluß einer Berufshaftpflichtversicherung der Partner oder der Partnerschaft begründet wird.

(4) [1] Für Verbindlichkeiten der Partnerschaft aus Schäden wegen fehlerhafter Berufsausübung haftet den Gläubigern nur das Gesellschaftsvermögen, wenn die Partnerschaft eine zu diesem Zweck durch Gesetz vorgegebene Berufshaftpflichtversicherung unterhält. [2] Für die Berufshaftpflichtversicherung gelten § 113 Absatz 3 und die §§ 114 bis 124 des Versicherungsvertragsgesetzes[3)] entsprechend. [3] Der Name der Partnerschaft muss den Zusatz „mit beschränkter Berufshaftung" oder die Abkürzung „mbB" oder eine andere allgemein verständliche Abkürzung dieser Bezeichnung enthalten; anstelle der Namenszusätze nach § 2 Absatz 1 Satz 1 kann der Name der Partnerschaft mit beschränkter Berufshaftung den Zusatz „Part" oder „PartG" enthalten.

**§ 9[4)] Ausscheiden eines Partners; Auflösung der Partnerschaft.** (1) Auf das Ausscheiden eines Partners und die Auflösung der Partnerschaft sind, soweit im folgenden nichts anderes bestimmt ist, die §§ 131 bis 144 des Handelsgesetzbuchs[2)] entsprechend anzuwenden.

(2) *(aufgehoben)*

(3) Verliert ein Partner eine erforderliche Zulassung zu dem Freien Beruf, den er in der Partnerschaft ausübt, so scheidet er mit deren Verlust aus der Partnerschaft aus.

(4) [1] Die Beteiligung an einer Partnerschaft ist nicht vererblich. [2] Der Partnerschaftsvertrag kann jedoch bestimmen, daß sie an Dritte vererblich ist, die Partner im Sinne des § 1 Abs. 1 und 2 sein können. [3] § 139 des Handelsgesetzbuchs ist nur insoweit anzuwenden, als der Erbe der Beteiligung befugt ist, seinen Austritt aus der Partnerschaft zu erklären.

**§ 10 Liquidation der Partnerschaft; Nachhaftung.** (1) Für die Liquidation der Partnerschaft sind die Vorschriften über die Liquidation der offenen Handelsgesellschaft entsprechend anwendbar.

---

[1)] § 8 Abs. 2 neu gef. durch G v. 22.7.1998 (BGBl. I S. 1878); Abs. 4 angef. mWv 19.7.2013 durch G v. 15.7.2013 (BGBl. I S. 2386).

[2)] Nr. **50**.

[3)] Nr. **62**.

[4)] § 9 Abs. 2 aufgeh. durch G v. 22.6.1998 (BGBl. I S. 1474).

(2) Nach der Auflösung der Partnerschaft oder nach dem Ausscheiden des Partners bestimmt sich die Haftung der Partner aus Verbindlichkeiten der Partnerschaft nach den §§ 159, 160 des Handelsgesetzbuchs[1)].

**§ 11[2)] Übergangsvorschriften.** (1) [1]Den Zusatz „Partnerschaft" oder „und Partner" dürfen nur Partnerschaften nach diesem Gesetz führen. [2]Gesellschaften, die eine solche Bezeichnung bei Inkrafttreten dieses Gesetzes in ihrem Namen führen, ohne Partnerschaft im Sinne dieses Gesetzes zu sein, dürfen diese Bezeichnung noch bis zum Ablauf von zwei Jahren nach Inkrafttreten dieses Gesetzes weiterverwenden. [3]Nach Ablauf dieser Frist dürfen sie eine solche Bezeichnung nur noch weiterführen, wenn sie in ihrem Namen der Bezeichnung „Partnerschaft" oder „und Partner" einen Hinweis auf die andere Rechtsform hinzufügen.

(2) [1]Die Anmeldung und Eintragung einer dem gesetzlichen Regelfall entsprechenden Vertretungsmacht der Partner und der Abwickler muss erst erfolgen, wenn eine vom gesetzlichen Regelfall abweichende Bestimmung des Partnerschaftsvertrages über die Vertretungsmacht angemeldet und eingetragen wird oder wenn erstmals die Abwickler zur Eintragung angemeldet und eingetragen werden. [2]Das Registergericht kann die Eintragung einer dem gesetzlichen Regelfall entsprechenden Vertretungsmacht auch von Amts wegen vornehmen. [3]Die Anmeldung und Eintragung des Geburtsdatums bereits eingetragener Partner muss erst bei einer Anmeldung und Eintragung bezüglich eines der Partner erfolgen.

(3) [1]Die Landesregierungen können durch Rechtsverordnung bestimmen, dass Anmeldungen und alle oder einzelne Dokumente bis zum 31. Dezember 2009 auch in Papierform zum Partnerschaftsregister eingereicht werden können. [2]Soweit eine Rechtsverordnung nach Satz 1 erlassen wird, gelten die Vorschriften über die Anmeldung und die Einreichung von Dokumenten zum Partnerschaftsregister in ihrer bis zum Inkrafttreten des Gesetzes über elektronische Handelsregister und Genossenschaftsregister sowie das Unternehmensregister vom 10. November 2006 (BGBl. I S. 2553) am 1. Januar 2007 geltenden Fassung. [3]Die Landesregierungen können durch Rechtsverordnung die Ermächtigung nach Satz 1 auf die Landesjustizverwaltungen übertragen.

---

1) Nr. **50**.

2) § 11 Überschrift neu gef., Abs. 2 angef. mWv 15.12.2001 durch G v. 10.12.2001 (BGBl. I S. 3422); Abs. 3 angef. mWv 1.1.2007 durch G v. 10.11.2006 (BGBl. I S. 2553).

# 51. Aktiengesetz

Vom 6. September 1965
(BGBl. I S. 1089)

**FNA 4121-1**

| Lfd. Nr. | Änderndes Gesetz | Datum | Fundstelle | Betroffen | Hinweis |
|---|---|---|---|---|---|
| 1.–66. | Änderungsgesetze bis einschl. G v. 25.5.2009 (BGBl. I S. 1102) nur noch in den Anmerkungen nachgewiesen | | | | |
| 67. | Art. 1 G zur Umsetzung der AktionärsrechteRL (ARUG)[1] | 30.7.2009 | BGBl. I S. 2479 | §§ 27, 34, 38, 52, 71, 118, 120, 121, 122, 123, 124, 125, 126, 127, 128, 129, 130, 134, 175, 176, 179a, 181, 183, 186, 188, 193, 194, 195, 205, 206, 209, 217, 228, 234, 235, 241, 242, 243, 246, 246a, 249, 256, 267, 272, 293f, 293g, 305, 319, 320, 320b, 327b, 327c, 327d, 399, 405, 407 | geänd. mWv 1.9.2009 |
| | | | | §§ 33a, 37a, 124a, 183a | eingef. mWv 1.9.2009 |
| | | | | §§ 135, 184 | neu gef. mWv 1.9.2009 |
| | | | | § 406 | aufgeh. mWv 1.9.2009 |
| 68. | Art. 1 G zur Angemessenheit der Vorstandsvergütung | 31.7.2009 | BGBl. I S. 2509 | §§ 87, 93, 100, 107, 116, 120, 193, 288 | geänd. mWv 5.8.2009 |
| 69. | Art. 6 RestrukturierungsG | 9.12.2010 | BGBl. I S. 1900 | §§ 93, 142 | geänd. mWv 15.12.2010 |
| 70. | Art. 2 Abs. 49 G zur Änd. von Vorschriften über Verkündung und Bekanntmachungen sowie der ZPO, des EGZPO und der AO | 22.12.2011 | BGBl. I S. 3044 | §§ 25, 97, 99, 127a, 161, 260, 305 | geänd. mWv 1.4.2012 |
| 71. | Art. 3 Kleinstkapitalgesellschaften-BilanzrechtsänderungsG | 20.12.2012 | BGBl. I S. 2751 | §§ 152, 158, 160 | geänd. mWv 28.12.2012 |
| 72. | Art. 12 AIFM-Umsetzungsgesetz[2] | 4.7.2013 | BGBl. I S. 1981 | §§ 67, 256, 258 | geänd. mWv 22.7.2013 |

[1] **Amtl. Anm.:** *Dieses Gesetz dient der Umsetzung*
- der Richtlinie 2006/68/EG des Europäischen Parlaments und des Rates vom 6. September 2006 zur Änderung der Richtlinie 77/91/EWG des Rates in Bezug auf die Gründung von Aktiengesellschaften und die Erhaltung und Änderung ihres Kapitals (ABl. L 264 vom 25.9.2006, S. 32) und
- der Richtlinie 2007/36/EG des Europäischen Parlaments und des Rates vom 11. Juli 2007 über die Ausübung bestimmter Rechte von Aktionären in börsennotierten Gesellschaften (ABl. L 184 vom 14.7.2007, S. 17).

[2] **Amtl. Anm.:** Dieses Gesetz dient der Umsetzung der Richtlinie 2009/65/EG des Europäischen Parlaments und des Rates vom 13. Juli 2009 zur Koordinierung der Rechts- und Verwaltungsvorschriften betreffend bestimmte Organismen für gemeinsame Anlagen in Wertpapieren (OGAW) (ABl. L 302 vom 17.11.2009, S. 1), der Richtlinie 2011/61/EU des Europäischen Parlaments und des Rates vom 8. Juni 2011 über die Verwalter alternativer Investmentfonds und zur Änderung der Richtlinien 2003/41/EG →

| Lfd. Nr. | Änderndes Gesetz | Datum | Fundstelle | Betroffen | Hinweis |
|---|---|---|---|---|---|
| 73. | Art. 26 2. Kostenrechtsmodernisierungs G | 23.7.2013 | BGBl. I S. 2586 | §§ 99, 132, 260 | geänd. mWv 1.8.2013 |
| 74. | Art. 2 Abs. 53 G zur Modernisierung der Finanzaufsicht über Versicherungen | 1.4.2015 | BGBl. I S. 434 | § 70 | geänd. mWv 1.1.2016 |
| 75. | Art. 3 G für die gleichberechtigte Teilhabe von Frauen und Männern an Führungspositionen in der Privatwirtschaft und im öffentlichen Dienst | 24.4.2015 | BGBl. I S. 642 | §§ 76, 84, 95, 96, 104, 111, 124, 127, 250 | geänd. mWv 1.5.2015 |
| 76. | Art. 4 Bilanzrichtlinie-Umsetzungsgesetz | 17.7.2015 | BGBl. I S. 1245 | §§ 58, 152, 160, 209, 240, 256, 261 | geänd. mWv 23.7.2015 |
| 77. | Art. 198 Zehnte ZuständigkeitsanpassungsVO | 31.8.2015 | BGBl. I S. 1474 | §§ 127a, 128, 161 | geänd. mWv 8.9.2015 |
| 78. | Art. 7 G zur Umsetzung der TransparenzRL-ÄndRL | 20.11. 2015 | BGBl. I S. 2029 | § 135 | geänd. mWv 26.11.2015 |
| 79. | Art. 1 Aktienrechtsnovelle 2016 | 22.12. 2015 | BGBl. I S. 2565 | §§ 10, 25, 33a, 67, 90, 95, 121, 122, 123, 124, 127, 130, 131, 139, 140, 142, 175, 192, 194, 195, 201, 221, 246, 256, 261a, 394, 399 | geänd. mWv 31.12.2015 |
| | | | | § 24 | aufgeh. mWv 31.12.2015 |
| | | | | § 58 | geänd. mWv 1.1.2017 |
| 80. | Art. 5 AbschlussprüfungsreformG | 10.5.2016 | BGBl. I S. 1142 | §§ 100, 107, 124, 256, 405 | geänd. mWv 17.6.2016 |
| | | | | §§ 404a, 407a | eingef. mWv 17.6.2016 |
| 81. | Art. 8 CSR-Richtlinie-Umsetzungsgesetz[1] | 11.4.2017 | BGBl. I S. 802 | §§ 111, 170, 171, 176, 237, 283 | geänd. mWv 19.4.2017 |
| 82. | Art. 24 Abs. 16 Zweites FinanzmarktnovellierungsG | 23.6.2017 | BGBl. I S. 1693 | §§ 20, 21, 33a, 135, 160, 161 | geänd. mWv 3.1.2018 |
| 83. | Art. 9 G zur Umsetzung der Zweiten ZahlungsdiensteRL[2] | 17.7.2017 | BGBl. I S. 2446 | §§ 404a, 405 | geänd. mWv 22.7.2017 |

*(Fortsetzung der Anm. von voriger Seite)*
und 2009/65/EG und der Verordnungen (EG) Nr. 1060/2009 und (EU) Nr. 1095/2010 (ABl. L 174 vom 1.7.2011, S. 1) sowie der Anpassung an die Verordnung (EU) Nr. 345/2013 des Europäischen Parlaments und des Rates vom 17. April 2013 über Europäische Risikokapitalfonds (ABl. L 115 vom 25.4.2013, S. 1) und die Verordnung (EU) Nr. 346/2013 des Europäischen Parlaments und des Rates vom 17. April 2013 über Europäische Fonds für soziales Unternehmertum (ABl. L 115 vom 25.4.2013, S. 18).

[1] **Amtl. Anm.:** Dieses Gesetz dient der Umsetzung der Richtlinie 2014/95/EU des Europäischen Parlaments und des Rates vom 22. Oktober 2014 zur Änderung der Richtlinie 2013/34/EU im Hinblick auf die Angabe nichtfinanzieller und die Diversität betreffender Informationen durch bestimmte große Unternehmen und Gruppen (ABl. L 330 vom 15.11.2014, S. 1; L 369 vom 24.12.2014, S. 79).

[2] ***Amtl. Anm.:*** Dieses Gesetz dient der Umsetzung der Richtlinie (EU) 2015/2366 des Europäischen Parlaments und des Rates vom 25. November 2015 über Zahlungsdienste im Binnenmarkt, zur Änderung der Richtlinien 2002/65/EG, 2009/110/EG und 2013/36/EU und der Verordnung (EU) Nr. 1093/2010 sowie zur Aufhebung der Richtlinie 2007/64/EG (ABl. L 337 vom 23.12.2015, S. 35; L 169 vom 28.6. 2016, S. 18).

| Lfd. Nr. | Änderndes Gesetz | Datum | Fundstelle | Betroffen | Hinweis |
|---|---|---|---|---|---|
| 84. | Art. 1 G zur Umsetzung der zweiten AktionärsrechteRL (ARUG II)[1] | 12.12. 2019 | BGBl. I S. 2637 | §§ 67, 87, 107, 113, 118, 119, 120, 121, 123, 124, 125, 129, 135, 142, 176, 186, 214, 243, 246a, 256, 261a, 311, 400, 405 | geänd. mWv 1.1.2020 |
| | | | | 5. Teil 1. Abschnitt Überschrift | neu gef. mWv 1.1.2020 |
| | | | | §§ 67a, 67b, 67c, 67d, 67e, 67f, 87a, 111a, 111b, 111c, 120a, 134a, 134b, 134c, 134d, 162 | eingef. mWv 1.1.2020 |
| | | | | § 128 | aufgeh. mit Ablauf des 31.12. 2019 |
| 85. | Art. 15 Sanierungs- und Insolvenzrechtsfortentwicklungs G[2] | 22.12. 2020 | BGBl. I S. 3256 | §§ 92, 93, 116, 302 | geänd. mWv 1.1.2021 |
| 86. | Art. 15 Abs. 22 G zur Reform des Vormundschafts- und Betreuungsrechts | 4.5.2021 | BGBl. I S. 882 | §§ 76, 100 | geänd. mWv 1.1.2023 |
| 87. | Art. 7 Abs. 6 G zur Umsetzung der RL (EU) 2019/2034 über die Beaufsichtigung von Wertpapierinstituten[3] | 12.5.2021 | BGBl. I S. 990 | §§ 70, 71, 71a, 71e, 131, 134a, 256, 258 | geänd. mWv 26.6.2021 |
| 88. | Art. 15 FinanzmarktintegritätsstärkungsG | 3.6.2021 | BGBl. I S. 1534 | §§ 91, 100, 107, 109, 124, 143, 209, 256, 258, 293d, 404a, 405, 407, 407a | geänd. mWv 1.7.2021 |
| | | | | § 93 | geänd. mWv 1.1.2022 |
| 89. | Art. 7 G zur Ergänzung und Änd. der Regelungen für die gleichberechtigte Teilhabe von Frauen an Führungspositionen in der Privatwirtschaft und im öffentlichen Dienst | 7.8.2021 | BGBl. I S. 3311 | §§ 76, 84, 85, 95, 107, 111 | geänd. mWv 12.8.2021 |
| | | | | § 393a | eingef. mWv 12.8.2021 |

[1] **Amtl. Anm.:** Dieses Gesetz dient der Umsetzung der Richtlinie (EU) 2017/828 des Europäischen Parlaments und des Rates vom 17. Mai 2017 zur Änderung der Richtlinie 2007/36/EG im Hinblick auf die Förderung der langfristigen Mitwirkung der Aktionäre (ABl. L 132 vom 20.5.2017, S. 1).

[2] **Amtl. Anm.:** Dieses Gesetz dient der weiteren Umsetzung der Richtlinie (EU) 2019/1023 des Europäischen Parlaments und des Rates vom 20. Juni 2019 über präventive Restrukturierungsrahmen, über Entschuldung und über Tätigkeitsverbote sowie über Maßnahmen zur Steigerung der Effizienz von Restrukturierungs-, Insolvenz- und Entschuldungsverfahren und zur Änderung der Richtlinie (EU) 2017/1132 (Richtlinie über Restrukturierung und Insolvenz) (ABl. L 172 vom 26.6.2019, S. 18).

[3] **Amtl. Anm.:** Dieses Gesetz dient der Umsetzung der Richtlinie (EU) 2019/2034 des Europäischen Parlaments und des Rates vom 27. November 2019 über die Beaufsichtigung von Wertpapierfirmen und zur Änderung der Richtlinien 2002/87/EG, 2009/65/EG, 2011/61/EU, 2013/36/EU, 2014/59/EU und 2014/65/EU (ABl. L 314 vom 5.12.2019, S. 64) sowie der Anpassung der nationalen Gesetze und Verordnungen an die Verordnung (EU) 2019/2033 des Europäischen Parlaments und des Rates vom 27. November 2019 über die Aufsichtsanforderungen an Wertpapierfirmen und zur Änderung der Verordnungen (EU) Nr. 1093/2010, (EU) Nr. 575/2013, (EU) Nr. 600/2014 und (EU) Nr. 806/2014 (ABl. L 314 vom 5.12.2019, S. 1; L 20 vom 24.1.2020, S. 26).

| Lfd. Nr. | Änderndes Gesetz | Datum | Fundstelle | Betroffen | Hinweis |
|---|---|---|---|---|---|
| 90. | Art. 18 G zur Ums. der DigitalisierungsRL (DiRUG)[1] | 5.7.2021 | BGBl. I S. 3338 | §§ 37, 76, 81, 225, 233, 256, 265, 303, 321 | geänd. mWv 1.8.2022 |
| 91. | Art. 61 PersonengesellschaftsrechtsmodernisierungsG (MoPeG) | 10.8.2021 | BGBl. I S. 3436 | §§ 67, 289 | geänd. mWv 1.1.2024 |
| 92. | Art. 2 G zur Einführung virtueller Hauptversammlungen von Aktiengesellschaften und Änderung genossenschafts- sowie insolvenz- und restrukturierungsrechtlicher Vorschriften | 20.7.2022 | BGBl. I S. 1166 | §§ 67f, 71, 111a, 121, 126, 129, 130, 131, 132, 176, 186, 241, 242, 243, 245, 246a, 251 | geänd. mWv 27.7.2022 |
| | | | | §§ 118a, 130a | eingef. mWv 27.7.2022 |
| 93. | Art. 3 Abs. 3 G zur Umsetzung der Bestimmungen der UmwandlungsRL über die Mitbestimmung der Arbeitnehmer bei grenzüberschreitenden Umwandlungen, Verschmelzungen und Spaltungen[2] | 4.1.2023 | BGBl. 2023 I Nr. 10 | §§ 96, 100, 101, 103, 119 | geänd. mWv 31.1.2023 |
| 94. | Art. 7 G zur Umsetzung der UmwandlungsRL und zur Änd. weiterer Gesetze[3] | 22.2.2023 | BGBl. 2023 I Nr. 51 | §§ 71, 76 | geänd. mWv 1.3.2023 |
| 95. | Art. 6 G zur Umsetzung der RL (EU) 2021/2101 im Hinblick auf die Offenlegung von Ertragsteuerinformationen durch bestimmte Unternehmen und Zweigniederlassungen sowie zur Änd. des VerbraucherstreitbeilegungsG und des PflichtversicherungsG[4] | 19.6.2023 | BGBl. 2023 I Nr. 154 | §§ 170, 171, 283 | geänd. mWv 22.6.2023 |

## Vorbemerkung:
## Die Änderungen durch G v. 10.8.2021 (BGBl. I S. 3436) treten erst mWv 1.1.2024 in Kraft und sind im Text noch nicht berücksichtigt.

[1] **Amtl. Anm.:** Dieses Gesetz dient der Umsetzung der Richtlinie (EU) 2019/1151 des Europäischen Parlaments und des Rates vom 20. Juni 2019 zur Änderung der Richtlinie (EU) 2017/1132 im Hinblick auf den Einsatz digitaler Werkzeuge und Verfahren im Gesellschaftsrecht (ABl. L 186 vom 11.7.2019, S. 80).

[2] **Amtl. Anm.:** Dieses Gesetz dient der Umsetzung der Richtlinie (EU) 2019/2121 des Europäischen Parlaments und des Rates vom 27. November 2019 zur Änderung der Richtlinie (EU) 2017/1132 in Bezug auf grenzüberschreitende Umwandlungen, Verschmelzungen und Spaltungen (ABl. L 321 vom 12.12.2019, S. 1; L 20 vom 24.1.2020, S. 24).

[3] **Amtl. Anm.:** Die Artikel 1, 2, 3, 7, 8 und 9 dieses Gesetzes dienen der Umsetzung der Richtlinie (EU) 2019/2121 des Europäischen Parlaments und des Rates vom 27. November 2019 zur Änderung der Richtlinie (EU) 2017/1132 in Bezug auf grenzüberschreitende Umwandlungen, Verschmelzungen und Spaltungen (ABl. L 321 vom 12.12.2019, S. 1; L 20 vom 24.1.2020, S. 24).

[4] **Amtl. Anm.:** Die Artikel 1 bis 9 dieses Gesetzes dienen der Umsetzung der Richtlinie (EU) 2021/2101 des Europäischen Parlaments und des Rates vom 24. November 2021 zur Änderung der Richtlinie 2013/34/EU im Hinblick auf die Offenlegung von Ertragsteuerinformationen durch bestimmte Unternehmen und Zweigniederlassungen (ABl. L 429 vom 1.12.2021, S. 1). […]

**Inhaltsübersicht**[1)]



[1)] Inhaltsübersicht geänd. mWv 1.1.2002 durch G v. 20.12.2001 (BGBl. I S. 3822); sie wurde nichtamtlich an die nachträglichen Änderungen mWv 1.1.2003 durch G v. 19.7.2002 (BGBl. I S. 2681); mWv 21.12.2004 durch G v. 15.12.2004 (BGBl. I S. 3408); mWv 1.11.2005 durch G v. 22.9.2005 (BGBl. I S. 2802) und mWv 1.1.2020 durch G v. 12.12.2019 (BGBl. I S. 2637) angepasst.

Der Bundestag hat mit Zustimmung des Bundesrates das folgende Gesetz beschlossen:

## Erstes Buch. Aktiengesellschaft

### Erster Teil. Allgemeine Vorschriften

**§ 1 Wesen der Aktiengesellschaft** (1) [1]Die Aktiengesellschaft ist eine Gesellschaft mit eigener Rechtspersönlichkeit. [2]Für die Verbindlichkeiten der Gesellschaft haftet den Gläubigern nur das Gesellschaftsvermögen.

(2) Die Aktiengesellschaft hat ein in Aktien zerlegtes Grundkapital.

**§ 2[1)] Gründerzahl.** An der Feststellung des Gesellschaftsvertrags (der Satzung) müssen sich eine oder mehrere Personen beteiligen, welche die Aktien gegen Einlagen übernehmen.

**§ 3[2)] Formkaufmann; Börsennotierung.** (1) Die Aktiengesellschaft gilt als Handelsgesellschaft, auch wenn der Gegenstand des Unternehmens nicht im Betrieb eines Handelsgewerbes besteht.

(2) Börsennotiert im Sinne dieses Gesetzes sind Gesellschaften, deren Aktien zu einem Markt zugelassen sind, der von staatlich anerkannten Stellen geregelt und überwacht wird, regelmäßig stattfindet und für das Publikum mittelbar oder unmittelbar zugänglich ist.

---

[1)] § 2 geänd. durch G v. 2.8.1994 (BGBl. I S. 1961).

[2)] § 3 Überschrift neu gef., Abs. 2 angef., bish. Wortlaut wird Abs. 1 durch G v. 27.4.1998 (BGBl. I S. 786); Abs. 2 geänd. durch G v. 16.7.1998 (BGBl. I S. 1842).

**§ 4**[1)] **Firma.** Die Firma der Aktiengesellschaft muß, auch wenn sie nach § 22 des Handelsgesetzbuchs oder nach anderen gesetzlichen Vorschriften fortgeführt wird, die Bezeichnung „Aktiengesellschaft" oder eine allgemein verständliche Abkürzung dieser Bezeichnung enthalten.

**§ 5**[2)] **Sitz.** Sitz der Gesellschaft ist der Ort im Inland, den die Satzung bestimmt.

**§ 6**[3)] **Grundkapital.** Das Grundkapital muß auf einen Nennbetrag in Euro lauten.

**§ 7**[4)] **Mindestnennbetrag des Grundkapitals.** Der Mindestnennbetrag des Grundkapitals ist fünfzigtausend Euro.

**§ 8**[5)] **Form und Mindestbeträge der Aktien.** (1) Die Aktien können entweder als Nennbetragsaktien oder als Stückaktien begründet werden.

(2) [1] Nennbetragsaktien müssen auf mindestens einen Euro lauten. [2] Aktien über einen geringeren Nennbetrag sind nichtig. [3] Für den Schaden aus der Ausgabe sind die Ausgeber den Inhabern als Gesamtschuldner verantwortlich. [4] Höhere Aktiennennbeträge müssen auf volle Euro lauten.

(3) [1] Stückaktien lauten auf keinen Nennbetrag. [2] Die Stückaktien einer Gesellschaft sind am Grundkapital in gleichem Umfang beteiligt. [3] Der auf die einzelne Aktie entfallende anteilige Betrag des Grundkapitals darf einen Euro nicht unterschreiten. [4] Absatz 2 Satz 2 und 3 findet entsprechende Anwendung.

(4) Der Anteil am Grundkapital bestimmt sich bei Nennbetragsaktien nach dem Verhältnis ihres Nennbetrags zum Grundkapital, bei Stückaktien nach der Zahl der Aktien.

(5) Die Aktien sind unteilbar.

(6) Diese Vorschriften gelten auch für Anteilscheine, die den Aktionären vor der Ausgabe der Aktien erteilt werden (Zwischenscheine).

**§ 9**[6)] **Ausgabebetrag der Aktien.** (1) Für einen geringeren Betrag als den Nennbetrag oder den auf die einzelne Stückaktie entfallenden anteiligen Betrag des Grundkapitals dürfen Aktien nicht ausgegeben werden (geringster Ausgabebetrag).

(2) Für einen höheren Betrag ist die Ausgabe zulässig.

**§ 10**[7)8)] **Aktien und Zwischenscheine.** (1) [1] Die Aktien lauten auf Namen. [2] Sie können auf den Inhaber lauten, wenn

1. die Gesellschaft börsennotiert ist oder

---

[1)] § 4 neu gef. durch G v. 22.6.1998 (BGBl. I S. 1474).

[2)] § 5 Abs. 2 aufgeh. und Wortlaut geänd. mWv 1.11.2008 durch G v. 23.10.2008 (BGBl. I S. 2026).

[3)] § 6 geänd. durch G v. 25.3.1998 (BGBl. I S. 590); geänd. durch G v. 9.6.1998 (BGBl. I S. 1242).

[4)] § 7 geänd. durch G v. 9.6.1998 (BGBl. I S. 1242).

[5)] § 8 Überschrift, Abs. 1 und 2 neu gef., Abs. 3 und 4 eingef., bish. Abs. 3 und 4 werden Abs. 5 und 6 durch G v. 25.3.1998 (BGBl. I S. 590); Abs. 2 Sätze 1 und 4 geänd. durch G v. 9.6.1998 (BGBl. I S. 1242); Abs. 3 Satz 3 geänd. durch G v. 16.7.1998 (BGBl. I S. 1842).

[6)] § 9 Abs. 1 neu gef. durch G v. 25.3.1998 (BGBl. I S. 590).

[7)] § 10 Abs. 5 angef. durch G v. 2.8.1994 (BGBl. I S. 1961); Abs. 2 Satz 1 geänd. durch G v. 25.3.1998 (BGBl. I S. 590); Abs. 5 geänd. durch G v. 27.4.1998 (BGBl. I S. 786); Abs. 1 neu gef., Abs. 2 Satz 1 geänd. mWv 31.12.2015 durch G v. 22.12.2015 (BGBl. I S. 2565).

[8)] Siehe hierzu Übergangsvorschrift in § 26h Abs. 1 EGAktG (Nr. **51a**).

2. der Anspruch auf Einzelverbriefung ausgeschlossen ist und die Sammelurkunde bei einer der folgenden Stellen hinterlegt wird:
   a) einer Wertpapiersammelbank im Sinne des § 1 Absatz 3 Satz 1 des Depotgesetzes[1)],
   b) einem zugelassenen Zentralverwahrer oder einem anerkannten Drittland-Zentralverwahrer gemäß der Verordnung (EU) Nr. 909/2014 des Europäischen Parlaments und des Rates vom 23. Juli 2014 zur Verbesserung der Wertpapierlieferungen und -abrechnungen in der Europäischen Union und über Zentralverwahrer sowie zur Änderung der Richtlinien 98/26/EG und 2014/65/EU und der Verordnung (EU) Nr. 236/2012 (ABl. L 257 vom 28.8.2014, S. 1) oder
   c) einem sonstigen ausländischen Verwahrer, der die Voraussetzungen des § 5 Absatz 4 Satz 1 des Depotgesetzes erfüllt.

[3] Solange im Fall des Satzes 2 Nummer 2 die Sammelurkunde nicht hinterlegt ist, ist § 67 entsprechend anzuwenden.

(2) [1] Die Aktien müssen auf Namen lauten, wenn sie vor der vollen Leistung des Ausgabebetrags ausgegeben werden. [2] Der Betrag der Teilleistungen ist in der Aktie anzugeben.

(3) Zwischenscheine müssen auf Namen lauten.

(4) [1] Zwischenscheine auf den Inhaber sind nichtig. [2] Für den Schaden aus der Ausgabe sind die Ausgeber den Inhabern als Gesamtschuldner verantwortlich.

(5) In der Satzung kann der Anspruch des Aktionärs auf Verbriefung seines Anteils ausgeschlossen oder eingeschränkt werden.

**§ 11 Aktien besonderer Gattung.** [1] Die Aktien können verschiedene Rechte gewähren, namentlich bei der Verteilung des Gewinns und des Gesellschaftsvermögens. [2] Aktien mit gleichen Rechten bilden eine Gattung.

**§ 12[2)] Stimmrecht. Keine Mehrstimmrechte.** (1) [1] Jede Aktie gewährt das Stimmrecht. [2] Vorzugsaktien können nach den Vorschriften dieses Gesetzes als Aktien ohne Stimmrecht ausgegeben werden.

(2) Mehrstimmrechte sind unzulässig.

**§ 13 Unterzeichnung der Aktien.** [1] Zur Unterzeichnung von Aktien und Zwischenscheinen genügt eine vervielfältigte Unterschrift. [2] Die Gültigkeit der Unterzeichnung kann von der Beachtung einer besonderen Form abhängig gemacht werden. [3] Die Formvorschrift muß in der Urkunde enthalten sein.

**§ 14 Zuständigkeit.** Gericht im Sinne dieses Gesetzes ist, wenn nichts anderes bestimmt ist, das Gericht des Sitzes der Gesellschaft.

**§ 15 Verbundene Unternehmen.** Verbundene Unternehmen sind rechtlich selbständige Unternehmen, die im Verhältnis zueinander in Mehrheitsbesitz stehende Unternehmen und mit Mehrheit beteiligte Unternehmen (§ 16), abhängige und herrschende Unternehmen (§ 17), Konzernunternehmen (§ 18), wechselseitig

---

[1)] **Schönfelder ErgBd. Nr. 59.**

[2)] § 12 Abs. 2 Satz 2 aufgeh. durch G v. 27.4.1998 (BGBl. I S. 786).

beteiligte Unternehmen (§ 19) oder Vertragsteile eines Unternehmensvertrags (§§ 291, 292) sind.

**§ 16[1)] In Mehrheitsbesitz stehende Unternehmen und mit Mehrheit beteiligte Unternehmen.** (1) Gehört die Mehrheit der Anteile eines rechtlich selbständigen Unternehmens einem anderen Unternehmen oder steht einem anderen Unternehmen die Mehrheit der Stimmrechte zu (Mehrheitsbeteiligung), so ist das Unternehmen ein in Mehrheitsbesitz stehendes Unternehmen, das andere Unternehmen ein an ihm mit Mehrheit beteiligtes Unternehmen.

(2) [1] Welcher Teil der Anteile einem Unternehmen gehört, bestimmt sich bei Kapitalgesellschaften nach dem Verhältnis des Gesamtnennbetrags der ihm gehörenden Anteile zum Nennkapital, bei Gesellschaften mit Stückaktien nach der Zahl der Aktien. [2] Eigene Anteile sind bei Kapitalgesellschaften vom Nennkapital, bei Gesellschaften mit Stückaktien von der Zahl der Aktien abzusetzen. [3] Eigenen Anteilen des Unternehmens stehen Anteile gleich, die einem anderen für Rechnung des Unternehmens gehören.

(3) [1] Welcher Teil der Stimmrechte einem Unternehmen zusteht, bestimmt sich nach dem Verhältnis der Zahl der Stimmrechte, die es aus den ihm gehörenden Anteilen ausüben kann, zur Gesamtzahl aller Stimmrechte. [2] Von der Gesamtzahl aller Stimmrechte sind die Stimmrechte aus eigenen Anteilen sowie aus Anteilen, die nach Absatz 2 Satz 3 eigenen Anteilen gleichstehen, abzusetzen.

(4) Als Anteile, die einem Unternehmen gehören, gelten auch die Anteile, die einem von ihm abhängigen Unternehmen oder einem anderen für Rechnung des Unternehmens oder eines von diesem abhängigen Unternehmens gehören und, wenn der Inhaber des Unternehmens ein Einzelkaufmann ist, auch die Anteile, die sonstiges Vermögen des Inhabers sind.

**§ 17 Abhängige und herrschende Unternehmen.** (1) Abhängige Unternehmen sind rechtlich selbständige Unternehmen, auf die ein anderes Unternehmen (herrschendes Unternehmen) unmittelbar oder mittelbar einen beherrschenden Einfluß ausüben kann.

(2) Von einem in Mehrheitsbesitz stehenden Unternehmen wird vermutet, daß es von dem an ihm mit Mehrheit beteiligten Unternehmen abhängig ist.

**§ 18 Konzern und Konzernunternehmen.** (1) [1] Sind ein herrschendes und ein oder mehrere abhängige Unternehmen unter der einheitlichen Leitung des herrschenden Unternehmens zusammengefaßt, so bilden sie einen Konzern; die einzelnen Unternehmen sind Konzernunternehmen. [2] Unternehmen, zwischen denen ein Beherrschungsvertrag (§ 291) besteht oder von denen das eine in das andere eingegliedert ist (§ 319), sind als unter einheitlicher Leitung zusammengefaßt anzusehen. [3] Von einem abhängigen Unternehmen wird vermutet, daß es mit dem herrschenden Unternehmen einen Konzern bildet.

(2) Sind rechtlich selbständige Unternehmen, ohne daß das eine Unternehmen von dem anderen abhängig ist, unter einheitlicher Leitung zusammengefaßt, so bilden sie auch einen Konzern; die einzelnen Unternehmen sind Konzernunternehmen.

---

[1)] § 16 Abs. 2 Sätze 1 und 2 geänd. durch G v. 25.3.1998 (BGBl. I S. 590).

**§ 19**[1] **Wechselseitig beteiligte Unternehmen.** (1) [1]Wechselseitig beteiligte Unternehmen sind Unternehmen mit Sitz im Inland in der Rechtsform einer Kapitalgesellschaft, die dadurch verbunden sind, daß jedem Unternehmen mehr als der vierte Teil der Anteile des anderen Unternehmens gehört. [2]Für die Feststellung, ob einem Unternehmen mehr als der vierte Teil der Anteile des anderen Unternehmens gehört, gilt § 16 Abs. 2 Satz 1, Abs. 4.

(2) Gehört einem wechselseitig beteiligten Unternehmen an dem anderen Unternehmen eine Mehrheitsbeteiligung oder kann das eine auf das andere Unternehmen unmittelbar oder mittelbar einen beherrschenden Einfluß ausüben, so ist das eine als herrschendes, das andere als abhängiges Unternehmen anzusehen.

(3) Gehört jedem der wechselseitig beteiligten Unternehmen an dem anderen Unternehmen eine Mehrheitsbeteiligung oder kann jedes auf das andere unmittelbar oder mittelbar einen beherrschenden Einfluß ausüben, so gelten beide Unternehmen als herrschend und als abhängig.

(4) § 328 ist auf Unternehmen, die nach Absatz 2 oder 3 herrschende oder abhängige Unternehmen sind, nicht anzuwenden.

**§ 20**[2] **Mitteilungspflichten.** (1) [1]Sobald einem Unternehmen mehr als der vierte Teil der Aktien einer Aktiengesellschaft mit Sitz im Inland gehört, hat es dies der Gesellschaft unverzüglich schriftlich mitzuteilen. [2]Für die Feststellung, ob dem Unternehmen mehr als der vierte Teil der Aktien gehört, gilt § 16 Abs. 2 Satz 1, Abs. 4.

(2) Für die Mitteilungspflicht nach Absatz 1 rechnen zu den Aktien, die dem Unternehmen gehören, auch Aktien,

1. deren Übereignung das Unternehmen, ein von ihm abhängiges Unternehmen oder ein anderer für Rechnung des Unternehmens oder eines von diesem abhängigen Unternehmens verlangen kann;
2. zu deren Abnahme das Unternehmen, ein von ihm abhängiges Unternehmen oder ein anderer für Rechnung des Unternehmens oder eines von diesem abhängigen Unternehmens verpflichtet ist.

(3) Ist das Unternehmen eine Kapitalgesellschaft, so hat es, sobald ihm ohne Hinzurechnung der Aktien nach Absatz 2 mehr als der vierte Teil der Aktien gehört, auch dies der Gesellschaft unverzüglich schriftlich mitzuteilen.

(4) Sobald dem Unternehmen eine Mehrheitsbeteiligung (§ 16 Abs. 1) gehört, hat es auch dies der Gesellschaft unverzüglich schriftlich mitzuteilen.

(5) Besteht die Beteiligung in der nach Absatz 1, 3 oder 4 mitteilungspflichtigen Höhe nicht mehr, so ist dies der Gesellschaft unverzüglich schriftlich mitzuteilen.

(6) [1]Die Gesellschaft hat das Bestehen einer Beteiligung, die ihr nach Absatz 1 oder 4 mitgeteilt worden ist, unverzüglich in den Gesellschaftsblättern bekanntzumachen; dabei ist das Unternehmen anzugeben, dem die Beteiligung gehört. [2]Wird der Gesellschaft mitgeteilt, daß die Beteiligung in der nach Absatz 1 oder 4 mitteilungspflichtigen Höhe nicht mehr besteht, so ist auch dies unverzüglich in den Gesellschaftsblättern bekanntzumachen.

---

[1] § 19 Abs. 1 Satz 1 geänd. durch G v. 25.3.1998 (BGBl. I S. 590).

[2] § 20 Abs. 7 neu gef., Abs. 8 angef. durch G v. 24.3.1998 (BGBl. I S. 529); Abs. 3 geänd. durch G v. 25.3.1998 (BGBl. I S. 590); Abs. 8 geänd. mWv 20.1.2007 durch G v. 5.1.2007 (BGBl. I S. 10); Abs. 8 geänd. mWv 3.1.2018 durch G v. 23.6.2017 (BGBl. I S. 1693).

(7) [1] Rechte aus Aktien, die einem nach Absatz 1 oder 4 mitteilungspflichtigen Unternehmen gehören, bestehen für die Zeit, für die das Unternehmen die Mitteilungspflicht nicht erfüllt, weder für das Unternehmen noch für ein von ihm abhängiges Unternehmen oder für einen anderen, der für Rechnung des Unternehmens oder eines von diesem abhängigen Unternehmens handelt. [2] Dies gilt nicht für Ansprüche nach § 58 Abs. 4 und § 271, wenn die Mitteilung nicht vorsätzlich unterlassen wurde und nachgeholt worden ist.

(8) Die Absätze 1 bis 7 gelten nicht für Aktien eines Emittenten im Sinne des § 33 Absatz 4 des Wertpapierhandelsgesetzes[1)].

**§ 21[2)] Mitteilungspflichten der Gesellschaft.** (1) [1] Sobald der Gesellschaft mehr als der vierte Teil der Anteile einer anderen Kapitalgesellschaft mit Sitz im Inland gehört, hat sie dies dem Unternehmen, an dem die Beteiligung besteht, unverzüglich schriftlich mitzuteilen. [2] Für die Feststellung, ob der Gesellschaft mehr als der vierte Teil der Anteile gehört, gilt § 16 Abs. 2 Satz 1, Abs. 4 sinngemäß.

(2) Sobald der Gesellschaft eine Mehrheitsbeteiligung (§ 16 Abs. 1) an einem anderen Unternehmen gehört, hat sie dies dem Unternehmen, an dem die Mehrheitsbeteiligung besteht, unverzüglich schriftlich mitzuteilen.

(3) Besteht die Beteiligung in der nach Absatz 1 oder 2 mitteilungspflichtigen Höhe nicht mehr, hat die Gesellschaft dies dem anderen Unternehmen unverzüglich schriftlich mitzuteilen.

(4) [1] Rechte aus Anteilen, die einer nach Absatz 1 oder 2 mitteilungspflichtigen Gesellschaft gehören, bestehen nicht für die Zeit, für die sie die Mitteilungspflicht nicht erfüllt. [2] § 20 Abs. 7 Satz 2 gilt entsprechend.

(5) Die Absätze 1 bis 4 gelten nicht für Aktien eines Emittenten im Sinne des § 33 Absatz 4 des Wertpapierhandelsgesetzes[1)].

**§ 22 Nachweis mitgeteilter Beteiligungen.** Ein Unternehmen, dem eine Mitteilung nach § 20 Abs. 1, 3 oder 4, § 21 Abs. 1 oder 2 gemacht worden ist, kann jederzeit verlangen, daß ihm das Bestehen der Beteiligung nachgewiesen wird.

## Zweiter Teil. Gründung der Gesellschaft

**§ 23[3)] Feststellung der Satzung.** (1) [1] Die Satzung muß durch notarielle Beurkundung festgestellt werden. [2] Bevollmächtigte bedürfen einer notariell beglaubigten Vollmacht.

(2) In der Urkunde sind anzugeben
1. die Gründer;

---

[1)] **Schönfelder ErgBd. Nr. 58.**

[2)] § 21 Abs. 4 neu gef., Abs. 5 angef. durch G v. 24.3.1998 (BGBl. I S. 529); Abs. 1 Satz 1 geänd. durch G v. 25.3.1998 (BGBl. I S. 590); Abs. 5 geänd. mWv 20.1.2007 durch G v. 5.1.2007 (BGBl. I S. 10); Abs. 5 geänd. mWv 3.1.2018 durch G v. 23.6.2017 (BGBl. I S. 1693).

[3)] § 23 Abs. 1 Sätze 1 und 2 geänd. durch G v. 28.8.1969 (BGBl. I S. 1513); Abs. 3 Nr. 5 und 6 aufgeh., Abs. 4 eingef., bish. Abs. 4 wird Abs. 5 durch G v. 15.8.1969 (BGBl. I S. 1146); Abs. 2 und Abs. 3 Nr. 4 neu gef., Abs. 3 Nr. 5 und 6 angef. durch G v. 13.12.1978 (BGBl. I S. 1959); Abs. 2 Nr. 2 geänd., Abs. 3 Nr. 4 neu gef. durch G v. 25.3.1998 (BGBl. I S. 590).

2. bei Nennbetragsaktien der Nennbetrag, bei Stückaktien die Zahl, der Ausgabebetrag und, wenn mehrere Gattungen bestehen, die Gattung der Aktien, die jeder Gründer übernimmt;
3. der eingezahlte Betrag des Grundkapitals.

(3) Die Satzung muß bestimmen

1. die Firma und den Sitz der Gesellschaft;
2. den Gegenstand des Unternehmens; namentlich ist bei Industrie- und Handelsunternehmen die Art der Erzeugnisse und Waren, die hergestellt und gehandelt werden sollen, näher anzugeben;
3. die Höhe des Grundkapitals;
4. die Zerlegung des Grundkapitals entweder in Nennbetragsaktien oder in Stückaktien, bei Nennbetragsaktien deren Nennbeträge und die Zahl der Aktien jeden Nennbetrags, bei Stückaktien deren Zahl, außerdem, wenn mehrere Gattungen bestehen, die Gattung der Aktien und die Zahl der Aktien jeder Gattung;
5. ob die Aktien auf den Inhaber oder auf den Namen ausgestellt werden;
6. die Zahl der Mitglieder des Vorstands oder die Regeln, nach denen diese Zahl festgelegt wird.

(4) Die Satzung muß ferner Bestimmungen über die Form der Bekanntmachungen der Gesellschaft enthalten.

(5) [1] Die Satzung kann von den Vorschriften dieses Gesetzes nur abweichen, wenn es ausdrücklich zugelassen ist. [2] Ergänzende Bestimmungen der Satzung sind zulässig, es sei denn, daß dieses Gesetz eine abschließende Regelung enthält.

**§ 24** [1)2)] *(aufgehoben)*

**§ 25** [3)4)] **Bekanntmachungen der Gesellschaft.** Bestimmt das Gesetz oder die Satzung, daß eine Bekanntmachung der Gesellschaft durch die Gesellschaftsblätter erfolgen soll, so ist sie in den Bundesanzeiger einzurücken.

**§ 26** [5)] **Sondervorteile. Gründungsaufwand.** (1) Jeder einem einzelnen Aktionär oder einem Dritten eingeräumte besondere Vorteil muß in der Satzung unter Bezeichnung des Berechtigten festgesetzt werden.

(2) Der Gesamtaufwand, der zu Lasten der Gesellschaft an Aktionäre oder an andere Personen als Entschädigung oder als Belohnung für die Gründung oder ihre Vorbereitung gewährt wird, ist in der Satzung gesondert festzusetzen.

(3) [1] Ohne diese Festsetzung sind die Verträge und die Rechtshandlungen zu ihrer Ausführung der Gesellschaft gegenüber unwirksam. [2] Nach der Eintragung der Gesellschaft in das Handelsregister kann die Unwirksamkeit nicht durch Satzungsänderung geheilt werden.

---

1) § 24 aufgeh. mWv 31.12.2015 durch G v. 22.12.2015 (BGBl. I S. 2565).

2) Siehe hierzu Übergangsvorschrift in § 26h Abs. 2 EGAktG (Nr. **51a**).

3) § 25 Satz 1 geänd. mWv 1.1.2003 durch G v. 19.7.2002 (BGBl. I S. 2681); Satz 1 geänd. mWv 1.4.2012 durch G v. 22.12.2011 (BGBl. I S. 3044); Satz 2 aufgeh. mWv 31.12.2015 durch G v. 22.12.2015 (BGBl. I S. 2565).

4) Siehe hierzu Übergangsvorschrift in § 26h Abs. 3 EGAktG (Nr. **51a**).

5) § 26 Abs. 1 geänd. durch G v. 13.12.1978 (BGBl. I S. 1959).

(4) Die Festsetzungen können erst geändert werden, wenn die Gesellschaft fünf Jahre im Handelsregister eingetragen ist.

(5) Die Satzungsbestimmungen über die Festsetzungen können durch Satzungsänderung erst beseitigt werden, wenn die Gesellschaft dreißig Jahre im Handelsregister eingetragen ist und wenn die Rechtsverhältnisse, die den Festsetzungen zugrunde liegen, seit mindestens fünf Jahren abgewickelt sind.

**§ 27[1)] Sacheinlagen. Sachübernahmen; Rückzahlung von Einlagen.**

(1) [1] Sollen Aktionäre Einlagen machen, die nicht durch Einzahlung des Ausgabebetrags der Aktien zu leisten sind (Sacheinlagen), oder soll die Gesellschaft vorhandene oder herzustellende Anlagen oder andere Vermögensgegenstände übernehmen (Sachübernahmen), so müssen in der Satzung festgesetzt werden der Gegenstand der Sacheinlage oder der Sachübernahme, die Person, von der die Gesellschaft den Gegenstand erwirbt, und der Nennbetrag, bei Stückaktien die Zahl der bei der Sacheinlage zu gewährenden Aktien oder die bei der Sachübernahme zu gewährende Vergütung. [2] Soll die Gesellschaft einen Vermögensgegenstand übernehmen, für den eine Vergütung gewährt wird, die auf die Einlage eines Aktionärs angerechnet werden soll, so gilt dies als Sacheinlage.

(2) Sacheinlagen oder Sachübernahmen können nur Vermögensgegenstände sein, deren wirtschaftlicher Wert feststellbar ist; Verpflichtungen zu Dienstleistungen können nicht Sacheinlagen oder Sachübernahmen sein.

(3) [1] Ist eine Geldeinlage eines Aktionärs bei wirtschaftlicher Betrachtung und auf Grund einer im Zusammenhang mit der Übernahme der Geldeinlage getroffenen Abrede vollständig oder teilweise als Sacheinlage zu bewerten (verdeckte Sacheinlage), so befreit dies den Aktionär nicht von seiner Einlageverpflichtung. [2] Jedoch sind die Verträge über die Sacheinlage und die Rechtshandlungen zu ihrer Ausführung nicht unwirksam. [3] Auf die fortbestehende Geldeinlagepflicht des Aktionärs wird der Wert des Vermögensgegenstandes im Zeitpunkt der Anmeldung der Gesellschaft zur Eintragung in das Handelsregister oder im Zeitpunkt seiner Überlassung an die Gesellschaft, falls diese später erfolgt, angerechnet. [4] Die Anrechnung erfolgt nicht vor Eintragung der Gesellschaft in das Handelsregister. [5] Die Beweislast für die Werthaltigkeit des Vermögensgegenstandes trägt der Aktionär.

(4) [1] Ist vor der Einlage eine Leistung an den Aktionär vereinbart worden, die wirtschaftlich einer Rückzahlung der Einlage entspricht und die nicht als verdeckte Sacheinlage im Sinne von Absatz 3 zu beurteilen ist, so befreit dies den Aktionär von seiner Einlageverpflichtung nur dann, wenn die Leistung durch einen vollwertigen Rückgewähranspruch gedeckt ist, der jederzeit fällig ist oder durch fristlose Kündigung durch die Gesellschaft fällig werden kann. [2] Eine solche Leistung oder die Vereinbarung einer solchen Leistung ist in der Anmeldung nach § 37 anzugeben.

(5) Für die Änderung rechtswirksam getroffener Festsetzungen gilt § 26 Abs. 4, für die Beseitigung der Satzungsbestimmungen § 26 Abs. 5.

**§ 28 Gründer.** Die Aktionäre, die die Satzung festgestellt haben, sind die Gründer der Gesellschaft.

---

[1)] § 27 Abs. 1 Satz 2 angef., Abs. 2 eingef., bish. Abs. 2–4 werden Abs. 3–5 durch G v. 13.12.1978 (BGBl. I S. 1959); Abs. 1 Satz 1 geänd. durch G v. 25.3.1998 (BGBl. I S. 590); Überschrift geänd., Abs. 3 und 4 neu gef. mWv 1.9.2009 durch G v. 30.7.2009 (BGBl. I S. 2479).

**§ 29 Errichtung der Gesellschaft.** Mit der Übernahme aller Aktien durch die Gründer ist die Gesellschaft errichtet.

**§ 30**[1)] **Bestellung des Aufsichtsrats, des Vorstands und des Abschlußprüfers.** (1) [1]Die Gründer haben den ersten Aufsichtsrat der Gesellschaft und den Abschlußprüfer für das erste Voll- oder Rumpfgeschäftsjahr zu bestellen. [2]Die Bestellung bedarf notarieller Beurkundung.

(2) Auf die Zusammensetzung und die Bestellung des ersten Aufsichtsrats sind die Vorschriften über die Bestellung von Aufsichtsratsmitgliedern der Arbeitnehmer nicht anzuwenden.

(3) [1]Die Mitglieder des ersten Aufsichtsrats können nicht für längere Zeit als bis zur Beendigung der Hauptversammlung bestellt werden, die über die Entlastung für das erste Voll- oder Rumpfgeschäftsjahr beschließt. [2]Der Vorstand hat rechtzeitig vor Ablauf der Amtszeit des ersten Aufsichtsrats bekanntzumachen, nach welchen gesetzlichen Vorschriften der nächste Aufsichtsrat nach seiner Ansicht zusammenzusetzen ist; §§ 96 bis 99 sind anzuwenden.

(4) Der Aufsichtsrat bestellt den ersten Vorstand.

**§ 31**[2)] **Bestellung des Aufsichtsrats bei Sachgründung.** (1) [1]Ist in der Satzung als Gegenstand einer Sacheinlage oder Sachübernahme die Einbringung oder Übernahme eines Unternehmens oder eines Teils eines Unternehmens festgesetzt worden, so haben die Gründer nur so viele Aufsichtsratsmitglieder zu bestellen, wie nach den gesetzlichen Vorschriften, die nach ihrer Ansicht nach der Einbringung oder Übernahme für die Zusammensetzung des Aufsichtsrats maßgebend sind, von der Hauptversammlung ohne Bindung an Wahlvorschläge zu wählen sind. [2]Sie haben jedoch, wenn dies nur zwei Aufsichtsratsmitglieder sind, drei Aufsichtsratsmitglieder zu bestellen.

(2) Der nach Absatz 1 Satz 1 bestellte Aufsichtsrat ist, soweit die Satzung nichts anderes bestimmt, beschlußfähig, wenn die Hälfte, mindestens jedoch drei seiner Mitglieder an der Beschlußfassung teilnehmen.

(3) [1]Unverzüglich nach der Einbringung oder Übernahme des Unternehmens oder des Unternehmensteils hat der Vorstand bekanntzumachen, nach welchen gesetzlichen Vorschriften nach seiner Ansicht der Aufsichtsrat zusammengesetzt sein muß. [2]§§ 97 bis 99 gelten sinngemäß. [3]Das Amt der bisherigen Aufsichtsratsmitglieder erlischt nur, wenn der Aufsichtsrat nach anderen als den von den Gründern für maßgebend gehaltenen Vorschriften zusammenzusetzen ist oder wenn die Gründer drei Aufsichtsratsmitglieder bestellt haben, der Aufsichtsrat aber auch aus Aufsichtsratsmitgliedern der Arbeitnehmer zu bestehen hat.

(4) Absatz 3 gilt nicht, wenn das Unternehmen oder der Unternehmensteil erst nach der Bekanntmachung des Vorstands nach § 30 Abs. 3 Satz 2 eingebracht oder übernommen wird.

(5) § 30 Abs. 3 Satz 1 gilt nicht für die nach Absatz 3 bestellten Aufsichtsratsmitglieder der Arbeitnehmer.

**§ 32 Gründungsbericht.** (1) Die Gründer haben einen schriftlichen Bericht über den Hergang der Gründung zu erstatten (Gründungsbericht).

[1)] § 30 Überschrift und Abs. 1 Satz 1 geänd. durch G v. 19.12.1985 (BGBl. I S. 2355); Abs. 1 Satz 2 geänd. durch G v. 28.8.1969 (BGBl. I S. 1513).

[2)] § 31 Abs. 5 neu gef. durch G v. 2.8.1994 (BGBl. I S. 1961).

(2) [1] Im Gründungsbericht sind die wesentlichen Umstände darzulegen, von denen die Angemessenheit der Leistungen für Sacheinlagen oder Sachübernahmen abhängt. [2] Dabei sind anzugeben

1. die vorausgegangenen Rechtsgeschäfte, die auf den Erwerb durch die Gesellschaft hingezielt haben;
2. die Anschaffungs- und Herstellungskosten aus den letzten beiden Jahren;
3. beim Übergang eines Unternehmens auf die Gesellschaft die Betriebserträge aus den letzten beiden Geschäftsjahren.

(3) Im Gründungsbericht ist ferner anzugeben, ob und in welchem Umfang bei der Gründung für Rechnung eines Mitglieds des Vorstands oder des Aufsichtsrats Aktien übernommen worden sind und ob und in welcher Weise ein Mitglied des Vorstands oder des Aufsichtsrats sich einen besonderen Vorteil oder für die Gründung oder ihre Vorbereitung eine Entschädigung oder Belohnung ausbedungen hat.

**§ 33[1)] Gründungsprüfung. Allgemeines.** (1) Die Mitglieder des Vorstands und des Aufsichtsrats haben den Hergang der Gründung zu prüfen.

(2) Außerdem hat eine Prüfung durch einen oder mehrere Prüfer (Gründungsprüfer) stattzufinden, wenn

1. ein Mitglied des Vorstands oder des Aufsichtsrats zu den Gründern gehört oder
2. bei der Gründung für Rechnung eines Mitglieds des Vorstands oder des Aufsichtsrats Aktien übernommen worden sind oder
3. ein Mitglied des Vorstands oder des Aufsichtsrats sich einen besonderen Vorteil oder für die Gründung oder ihre Vorbereitung eine Entschädigung oder Belohnung ausbedungen hat oder
4. eine Gründung mit Sacheinlagen oder Sachübernahmen vorliegt.

(3) [1] In den Fällen des Absatzes 2 Nr. 1 und 2 kann der beurkundende Notar (§ 23 Abs. 1 Satz 1) anstelle eines Gründungsprüfers die Prüfung im Auftrag der Gründer vornehmen; die Bestimmungen über die Gründungsprüfung finden sinngemäße Anwendung. [2] Nimmt nicht der Notar die Prüfung vor, so bestellt das Gericht die Gründungsprüfer. [3] Gegen die Entscheidung ist die Beschwerde zulässig.

(4) Als Gründungsprüfer sollen, wenn die Prüfung keine anderen Kenntnisse fordert, nur bestellt werden

1. Personen, die in der Buchführung ausreichend vorgebildet und erfahren sind;
2. Prüfungsgesellschaften, von deren gesetzlichen Vertretern mindestens einer in der Buchführung ausreichend vorgebildet und erfahren ist.

(5) [1] Als Gründungsprüfer darf nicht bestellt werden, wer nach § 143 Abs. 2 nicht Sonderprüfer sein kann. [2] Gleiches gilt für Personen und Prüfungsgesellschaften, auf deren Geschäftsführung die Gründer oder Personen, für deren Rechnung die Gründer Aktien übernommen haben, maßgebenden Einfluß haben.

---

[1)] § 33 Abs. 5 Satz 1 geänd. durch G v. 19.12.1985 (BGBl. I S. 2355); Abs. 3 neu gef. mWv 26.7.2002 durch G v. 19.7.2002 (BGBl. I S. 2681); Abs. 3 Satz 3 geänd. mWv 1.9.2009 durch G v. 17.12.2008 (BGBl. I S. 2586).

**§ 33a[1] Sachgründung ohne externe Gründungsprüfung.** (1) Von einer Prüfung durch Gründungsprüfer kann bei einer Gründung mit Sacheinlagen oder Sachübernahmen (§ 33 Abs. 2 Nr. 4) abgesehen werden, soweit eingebracht werden sollen:

1. übertragbare Wertpapiere oder Geldmarktinstrumente im Sinne des § 2 Absatz 1 und 2 des Wertpapierhandelsgesetzes[2], wenn sie mit dem gewichteten Durchschnittspreis bewertet werden, zu dem sie während der letzten drei Monate vor dem Tag ihrer tatsächlichen Einbringung auf einem oder mehreren organisierten Märkten im Sinne von § 2 Absatz 11 des Wertpapierhandelsgesetzes gehandelt worden sind,
2. andere als die in Nummer 1 genannten Vermögensgegenstände, wenn eine Bewertung zu Grunde gelegt wird, die ein unabhängiger, ausreichend vorgebildeter und erfahrener Sachverständiger nach den allgemein anerkannten Bewertungsgrundsätzen mit dem beizulegenden Zeitwert ermittelt hat und wenn der Bewertungsstichtag nicht mehr als sechs Monate vor dem Tag der tatsächlichen Einbringung liegt.

(2) Absatz 1 ist nicht anzuwenden, wenn der gewichtete Durchschnittspreis der Wertpapiere oder Geldmarktinstrumente (Absatz 1 Nr. 1) durch außergewöhnliche Umstände erheblich beeinflusst worden ist oder wenn anzunehmen ist, dass der beizulegende Zeitwert der anderen Vermögensgegenstände (Absatz 1 Nr. 2) am Tag ihrer tatsächlichen Einbringung auf Grund neuer oder neu bekannt gewordener Umstände erheblich niedriger ist als der von dem Sachverständigen angenommene Wert.

**§ 34[3] Umfang der Gründungsprüfung.** (1) Die Prüfung durch die Mitglieder des Vorstands und des Aufsichtsrats sowie die Prüfung durch die Gründungsprüfer haben sich namentlich darauf zu erstrecken,

1. ob die Angaben der Gründer über die Übernahme der Aktien, über die Einlagen auf das Grundkapital und über die Festsetzungen nach §§ 26 und 27 richtig und vollständig sind;
2. ob der Wert der Sacheinlagen oder Sachübernahmen den geringsten Ausgabebetrag der dafür zu gewährenden Aktien oder den Wert der dafür zu gewährenden Leistungen erreicht.

(2) [1] Über jede Prüfung ist unter Darlegung dieser Umstände schriftlich zu berichten. [2] In dem Bericht ist der Gegenstand jeder Sacheinlage oder Sachübernahme zu beschreiben sowie anzugeben, welche Bewertungsmethoden bei der Ermittlung des Wertes angewandt worden sind. [3] In dem Prüfungsbericht der Mitglieder des Vorstands und des Aufsichtsrats kann davon sowie von Ausführungen zu Absatz 1 Nr. 2 abgesehen werden, soweit nach § 33a von einer externen Gründungsprüfung abgesehen wird.

(3) [1] Je ein Stück des Berichts der Gründungsprüfer ist dem Gericht und dem Vorstand einzureichen. [2] Jedermann kann den Bericht bei dem Gericht einsehen.

---

[1] § 33a eingef. mWv 1.9.2009 durch G v. 30.7.2009 (BGBl. I S. 2479); Abs. 1 Nr. 1 geänd. mWv 31.12.2015 durch G v. 22.12.2015 (BGBl. I S. 2565); Abs. 1 Nr. 1 geänd. mWv 3.1.2018 durch G v. 23.6. *2017 (BGBl. I S. 1693).*

[2] **Schönfelder ErgBd. Nr. 58.**

[3] § 34 Abs. 2 Satz 2 angef. durch G v. 13.12.1978 (BGBl. I S. 1959); Abs. 3 neu gef. durch G v. 2.8. 1994 (BGBl. I S. 1961); Abs. 1 Nr. 2 geänd. durch G v. 25.3.1998 (BGBl. I S. 590); Abs. 2 Satz 3 angef. mWv 1.9.2009 durch G v. 30.7.2009 (BGBl. I S. 2479).

**§ 35**[1] **Meinungsverschiedenheiten zwischen Gründern und Gründungsprüfern. Vergütung und Auslagen der Gründungsprüfer.** (1) Die Gründungsprüfer können von den Gründern alle Aufklärungen und Nachweise verlangen, die für eine sorgfältige Prüfung notwendig sind.

(2) [1] Bei Meinungsverschiedenheiten zwischen den Gründern und den Gründungsprüfern über den Umfang der Aufklärungen und Nachweise, die von den Gründern zu gewähren sind, entscheidet das Gericht. [2] Die Entscheidung ist unanfechtbar. [3] Solange sich die Gründer weigern, der Entscheidung nachzukommen, wird der Prüfungsbericht nicht erstattet.

(3) [1] Die Gründungsprüfer haben Anspruch auf Ersatz angemessener barer Auslagen und auf Vergütung für ihre Tätigkeit. [2] Die Auslagen und die Vergütung setzt das Gericht fest. [3] Gegen die Entscheidung ist die Beschwerde zulässig; die Rechtsbeschwerde ist ausgeschlossen. [4] Aus der rechtskräftigen Entscheidung findet die Zwangsvollstreckung nach der Zivilprozeßordnung[2] statt.

**§ 36**[3] **Anmeldung der Gesellschaft.** (1) Die Gesellschaft ist bei dem Gericht von allen Gründern und Mitgliedern des Vorstands und des Aufsichtsrats zur Eintragung in das Handelsregister anzumelden.

(2) Die Anmeldung darf erst erfolgen, wenn auf jede Aktie, soweit nicht Sacheinlagen vereinbart sind, der eingeforderte Betrag ordnungsgemäß eingezahlt worden ist (§ 54 Abs. 3) und, soweit er nicht bereits zur Bezahlung der bei der Gründung angefallenen Steuern und Gebühren verwandt wurde, endgültig zur freien Verfügung des Vorstands steht.

**§ 36a**[4] **Leistung der Einlagen.** (1) Bei Bareinlagen muß der eingeforderte Betrag (§ 36 Abs. 2) mindestens ein Viertel des geringsten Ausgabebetrags und bei Ausgabe der Aktien für einen höheren als diesen auch den Mehrbetrag umfassen.

(2) [1] Sacheinlagen sind vollständig zu leisten. [2] Besteht die Sacheinlage in der Verpflichtung, einen Vermögensgegenstand auf die Gesellschaft zu übertragen, so muß diese Leistung innerhalb von fünf Jahren nach der Eintragung der Gesellschaft in das Handelsregister zu bewirken sein. [3] Der Wert muß dem geringsten Ausgabebetrag und bei Ausgabe der Aktien für einen höheren als diesen auch dem Mehrbetrag entsprechen.

**§ 37**[5] [6] **Inhalt der Anmeldung.** (1) [1] In der Anmeldung ist zu erklären, daß die Voraussetzungen des § 36 Abs. 2 und des § 36a erfüllt sind; dabei sind der Betrag, zu dem die Aktien ausgegeben werden, und der darauf eingezahlte Betrag anzugeben. [2] Es ist nachzuweisen, daß der eingezahlte Betrag endgültig zur freien Ver-

---

[1] § 35 Abs. 1 eingef., bish. Abs. 1 und 2 werden Abs. 2 und 3 durch G v. 4.7.1980 (BGBl. I S. 836); Abs. 3 Satz 3 neu gef., Satz 4 aufgeh., bish. Satz 5 wird Satz 4 mWv 1.9.2009 durch G v. 17.12.2008 (BGBl. I S. 2586).

[2] Nr. **100**.

[3] § 36 Abs. 2 Satz 2 aufgeh. durch G v. 13.12.1978 (BGBl. I S. 1959); Abs. 2 Satz 2 angef. durch G v. 2.8.1994 (BGBl. I S. 1961); Abs. 2 Satz 2 aufgeh. mWv 1.11.2008 durch G v. 23.10.2008 (BGBl. I S. 2026).

[4] § 36a eingef. durch G v. 13.12.1978 (BGBl. I S. 1959); Abs. 1 und Abs. 2 Satz 3 geänd. durch G v. 25.3.1998 (BGBl. I S. 590).

[5] § 37 Abs. 2 eingef., bish. Abs. 2–4 werden Abs. 3–5 durch G v. 15.8.1969 (BGBl. I S. 1146); Abs. 1 Satz 1 geänd. durch G v. 13.12.1978 (BGBl. I S. 1959); Abs. 2 eingef., bish. Abs. 2–5 werden Abs. 3–6 durch G v. 4.7.1980 (BGBl. I S. 836); Abs. 2 Satz 1 geänd. durch G v. 12.9.1990 (BGBl. I S. 2002); Abs. 4 Nr. 4 geänd. durch G v. 2.8.1994 (BGBl. I S. 1961); Abs. 1 Satz 3 neu gef. mWv 25.1.2001 durch G v. 18.1.2001 (BGBl. I S. 123); Abs. 4 Nr. 3a eingef., Abs. 5 neu gef., Abs. 6 aufgeh. mWv 1.1.2007 durch G v. 10.11.2006 (BGBl. I S. 2553); Abs. 2 Satz 1 geänd., Satz 2 neu gef., Abs. 3 neu gef., Abs. 4 Nr. 4 →

fügung des Vorstands steht. [3]Ist der Betrag gemäß § 54 Abs. 3 durch Gutschrift auf ein Konto eingezahlt worden, so ist der Nachweis durch eine Bestätigung des kontoführenden Instituts zu führen. [4]Für die Richtigkeit der Bestätigung ist das Institut der Gesellschaft verantwortlich. [5]Sind von dem eingezahlten Betrag Steuern und Gebühren bezahlt worden, so ist dies nach Art und Höhe der Beträge nachzuweisen.

(2) [1]In der Anmeldung haben die Vorstandsmitglieder zu versichern, daß keine Umstände vorliegen, die ihrer Bestellung nach § 76 Absatz 3 Satz 2 Nummer 2 und 3 sowie Satz 3 und 4 entgegenstehen, und daß sie über ihre unbeschränkte Auskunftspflicht gegenüber dem Gericht belehrt worden sind. [2]Die Belehrung nach § 53 Abs. 2 des Bundeszentralregistergesetzes[1)] kann schriftlich vorgenommen werden; sie kann auch durch einen Notar oder einen im Ausland bestellten Notar, durch einen Vertreter eines vergleichbaren rechtsberatenden Berufs oder einen Konsularbeamten erfolgen.

(3) In der Anmeldung sind ferner anzugeben:

1. eine inländische Geschäftsanschrift,
2. Art und Umfang der Vertretungsbefugnis der Vorstandsmitglieder.

(4) Der Anmeldung sind beizufügen

1. die Satzung und die Urkunden, in denen die Satzung festgestellt worden ist und die Aktien von den Gründern übernommen worden sind;
2. im Fall der §§ 26 und 27 die Verträge, die den Festsetzungen zugrunde liegen oder zu ihrer Ausführung geschlossen worden sind, und eine Berechnung des der Gesellschaft zur Last fallenden Gründungsaufwands; in der Berechnung sind die Vergütungen nach Art und Höhe und die Empfänger einzeln anzuführen;
3. die Urkunden über die Bestellung des Vorstands und des Aufsichtsrats;

3a. eine Liste der Mitglieder des Aufsichtsrats, aus welcher Name, Vorname, ausgeübter Beruf und Wohnort der Mitglieder ersichtlich ist;

4. der Gründungsbericht und die Prüfungsberichte der Mitglieder des Vorstands und des Aufsichtsrats sowie der Gründungsprüfer nebst ihren urkundlichen Unterlagen.

(5) Für die Einreichung von Unterlagen nach diesem Gesetz gilt § 12 Abs. 2 des Handelsgesetzbuchs[2)] entsprechend.

**§ 37a[3)] Anmeldung bei Sachgründung ohne externe Gründungsprüfung.**

(1) [1]Wird nach § 33a von einer externen Gründungsprüfung abgesehen, ist dies in der Anmeldung zu erklären. [2]Der Gegenstand jeder Sacheinlage oder Sachübernahme ist zu beschreiben. [3]Die Anmeldung muss die Erklärung enthalten, dass der Wert der Sacheinlagen oder Sachübernahmen den geringsten Ausgabebetrag der dafür zu gewährenden Aktien oder den Wert der dafür zu gewährenden Leistungen erreicht. [4]Der Wert, die Quelle der Bewertung sowie die angewandte Bewertungsmethode sind anzugeben.

---

*(Fortsetzung der Anm. von voriger Seite)*
geänd., Nr. 5 aufgeh. mWv 1.11.2008 durch G v. 23.10.2008 (BGBl. I S. 2026); Abs. 2 Satz 1 geänd. *mWv 1.8.2022 durch G v. 5.7.2021 (BGBl. I S. 3338).*

[6)] Beachte hierzu Übergangsvorschrift in § 26m EGAktG (Nr. **51a**).

[1)] Nr. **92**.

[2)] Nr. **50**.

[3)] § 37a eingef. mWv 1.9.2009 durch G v. 30.7.2009 (BGBl. I S. 2479).

(2) In der Anmeldung haben die Anmeldenden außerdem zu versichern, dass ihnen außergewöhnliche Umstände, die den gewichteten Durchschnittspreis der einzubringenden Wertpapiere oder Geldmarktinstrumente im Sinne von § 33a Abs. 1 Nr. 1 während der letzten drei Monate vor dem Tag ihrer tatsächlichen Einbringung erheblich beeinflusst haben könnten, oder Umstände, die darauf hindeuten, dass der beizulegende Zeitwert der Vermögensgegenstände im Sinne von § 33a Abs. 1 Nr. 2 am Tag ihrer tatsächlichen Einbringung auf Grund neuer oder neu bekannt gewordener Umstände erheblich niedriger ist als der von dem Sachverständigen angenommene Wert, nicht bekannt geworden sind.

(3) Der Anmeldung sind beizufügen:

1. Unterlagen über die Ermittlung des gewichteten Durchschnittspreises, zu dem die einzubringenden Wertpapiere oder Geldmarktinstrumente während der letzten drei Monate vor dem Tag ihrer tatsächlichen Einbringung auf einem organisierten Markt gehandelt worden sind,
2. jedes Sachverständigengutachten, auf das sich die Bewertung in den Fällen des § 33a Abs. 1 Nr. 2 stützt.

**§ 38[1] Prüfung durch das Gericht.** (1) [1] Das Gericht hat zu prüfen, ob die Gesellschaft ordnungsgemäß errichtet und angemeldet ist. [2] Ist dies nicht der Fall, so hat es die Eintragung abzulehnen.

(2) [1] Das Gericht kann die Eintragung auch ablehnen, wenn die Gründungsprüfer erklären oder es offensichtlich ist, daß der Gründungsbericht oder der Prüfungsbericht der Mitglieder des Vorstands und des Aufsichtsrats unrichtig oder unvollständig ist oder den gesetzlichen Vorschriften nicht entspricht. [2] Gleiches gilt, wenn die Gründungsprüfer erklären oder das Gericht der Auffassung ist, daß der Wert der Sacheinlagen oder Sachübernahmen nicht unwesentlich hinter dem geringsten Ausgabebetrag der dafür zu gewährenden Aktien oder dem Wert der dafür zu gewährenden Leistungen zurückbleibt.

(3) [1] Enthält die Anmeldung die Erklärung nach § 37a Abs. 1 Satz 1, hat das Gericht hinsichtlich der Werthaltigkeit der Sacheinlagen oder Sachübernahmen ausschließlich zu prüfen, ob die Voraussetzungen des § 37a erfüllt sind. [2] Lediglich bei einer offenkundigen und erheblichen Überbewertung kann das Gericht die Eintragung ablehnen.

(4) Wegen einer mangelhaften, fehlenden oder nichtigen Bestimmung der Satzung darf das Gericht die Eintragung nach Absatz 1 nur ablehnen, soweit diese Bestimmung, ihr Fehlen oder ihre Nichtigkeit

1. Tatsachen oder Rechtsverhältnisse betrifft, die nach § 23 Abs. 3 oder auf Grund anderer zwingender gesetzlicher Vorschriften in der Satzung bestimmt sein müssen oder die in das Handelsregister einzutragen oder von dem Gericht bekanntzumachen sind,
2. Vorschriften verletzt, die ausschließlich oder überwiegend zum Schutze der Gläubiger der Gesellschaft oder sonst im öffentlichen Interesse gegeben sind, oder
3. die Nichtigkeit der Satzung zur Folge hat.

---

[1] § 38 Abs. 2 Satz 2 geänd. durch G v. 25.3.1998 (BGBl. I S. 590); Abs. 3 angef. durch G v. 22.6.1998 (BGBl. I S. 1474); Abs. 3 eingef., bish. Abs. 3 wird Abs. 4 mWv 1.9.2009 durch G v. 30.7.2009 (BGBl. I S. 2479).

**§ 39**[1] **Inhalt der Eintragung.** (1) [1] Bei der Eintragung der Gesellschaft sind die Firma und der Sitz der Gesellschaft, eine inländische Geschäftsanschrift, der Gegenstand des Unternehmens, die Höhe des Grundkapitals, der Tag der Feststellung der Satzung und die Vorstandsmitglieder anzugeben. [2] Wenn eine Person, die für Willenserklärungen und Zustellungen an die Gesellschaft empfangsberechtigt ist, mit einer inländischen Anschrift zur Eintragung in das Handelsregister angemeldet wird, sind auch diese Angaben einzutragen; Dritten gegenüber gilt die Empfangsberechtigung als fortbestehend, bis sie im Handelsregister gelöscht und die Löschung bekannt gemacht worden ist, es sei denn, dass die fehlende Empfangsberechtigung dem Dritten bekannt war. [3] Ferner ist einzutragen, welche Vertretungsbefugnis die Vorstandsmitglieder haben.

(2) Enthält die Satzung Bestimmungen über die Dauer der Gesellschaft oder über das genehmigte Kapital, so sind auch diese Bestimmungen einzutragen.

**§ 40**[2] *(aufgehoben)*

**§ 41 Handeln im Namen der Gesellschaft vor der Eintragung. Verbotene Aktienausgabe.** (1) [1] Vor der Eintragung in das Handelsregister besteht die Aktiengesellschaft als solche nicht. [2] Wer vor der Eintragung der Gesellschaft in ihrem Namen handelt, haftet persönlich; handeln mehrere, so haften sie als Gesamtschuldner.

(2) Übernimmt die Gesellschaft eine vor ihrer Eintragung in ihrem Namen eingegangene Verpflichtung durch Vertrag mit dem Schuldner in der Weise, daß sie an die Stelle des bisherigen Schuldners tritt, so bedarf es zur Wirksamkeit der Schuldübernahme der Zustimmung des Gläubigers nicht, wenn die Schuldübernahme binnen drei Monaten nach der Eintragung der Gesellschaft vereinbart und dem Gläubiger von der Gesellschaft oder dem Schuldner mitgeteilt wird.

(3) Verpflichtungen aus nicht in der Satzung festgesetzten Verträgen über Sondervorteile, Gründungsaufwand, Sacheinlagen oder Sachübernahmen kann die Gesellschaft nicht übernehmen.

(4) [1] Vor der Eintragung der Gesellschaft können Anteilsrechte nicht übertragen, Aktien oder Zwischenscheine nicht ausgegeben werden. [2] Die vorher ausgegebenen Aktien oder Zwischenscheine sind nichtig. [3] Für den Schaden aus der Ausgabe sind die Ausgeber den Inhabern als Gesamtschuldner verantwortlich.

**§ 42**[3] **Einpersonen-Gesellschaft.** Gehören alle Aktien allein oder neben der Gesellschaft einem Aktionär, ist unverzüglich eine entsprechende Mitteilung unter Angabe von Name, Vorname, Geburtsdatum und Wohnort des alleinigen Aktionärs zum Handelsregister einzureichen.

**§§ 43, 44**[4] *(aufgehoben)*

---

[1] § 39 Abs. 1 Satz 2 angef., Abs. 2 geänd. durch G v. 15.8.1969 (BGBl. I S. 1146); Abs. 1 Satz 1 geänd., *Satz 2 eingef., bish. Satz 2 wird* Satz 3 mWv 1.11.2008 durch G v. 23.10.2008 (BGBl. I S. 2026).

[2] § 40 aufgeh. mWv 1.1.2007 durch G v. 10.11.2006 (BGBl. I S. 2553).

[3] § 42 aufgeh. durch G v. 22.7.1993 (BGBl. I S. 1282); eingef. durch G v. 2.8.1994 (BGBl. I S. 1961) und geänd. durch G v. 22.6.1998 (BGBl. I S. 1474).

[4] §§ 43 und 44 aufgeh. durch G v. 22.7.1993 (BGBl. I S. 1282).

**§ 45**[1] **Sitzverlegung.** (1) Wird der Sitz der Gesellschaft im Inland verlegt, so ist die Verlegung beim Gericht des bisherigen Sitzes anzumelden.

(2) [1] Wird der Sitz aus dem Bezirk des Gerichts des bisherigen Sitzes verlegt, so hat dieses unverzüglich von Amts wegen die Verlegung dem Gericht des neuen Sitzes mitzuteilen. [2] Der Mitteilung sind die Eintragungen für den bisherigen Sitz sowie die bei dem bisher zuständigen Gericht aufbewahrten Urkunden beizufügen; bei elektronischer Registerführung sind die Eintragungen und die Dokumente elektronisch zu übermitteln. [3] Das Gericht des neuen Sitzes hat zu prüfen, ob die Verlegung ordnungsgemäß beschlossen und § 30 des Handelsgesetzbuchs[2] beachtet ist. [4] Ist dies der Fall, so hat es die Sitzverlegung einzutragen und hierbei die ihm mitgeteilten Eintragungen ohne weitere Nachprüfung in sein Handelsregister zu übernehmen. [5] Mit der Eintragung wird die Sitzverlegung wirksam. [6] Die Eintragung ist dem Gericht des bisherigen Sitzes mitzuteilen. [7] Dieses hat die erforderlichen Löschungen von Amts wegen vorzunehmen.

(3) [1] Wird der Sitz an einen anderen Ort innerhalb des Bezirks des Gerichts des bisherigen Sitzes verlegt, so hat das Gericht zu prüfen, ob die Sitzverlegung ordnungsgemäß beschlossen und § 30 des Handelsgesetzbuchs beachtet ist. [2] Ist dies der Fall, so hat es die Sitzverlegung einzutragen. [3] Mit der Eintragung wird die Sitzverlegung wirksam.

**§ 46 Verantwortlichkeit der Gründer.** (1) [1] Die Gründer sind der Gesellschaft als Gesamtschuldner verantwortlich für die Richtigkeit und Vollständigkeit der Angaben, die zum Zwecke der Gründung der Gesellschaft über Übernahme der Aktien, Einzahlung auf die Aktien, Verwendung eingezahlter Beträge, Sondervorteile, Gründungsaufwand, Sacheinlagen und Sachübernahmen gemacht worden sind. [2] Sie sind ferner dafür verantwortlich, daß eine zur Annahme von Einzahlungen auf das Grundkapital bestimmte Stelle (§ 54 Abs. 3) hierzu geeignet ist und daß die eingezahlten Beträge zur freien Verfügung des Vorstands stehen. [3] Sie haben, unbeschadet der Verpflichtung zum Ersatz des sonst entstehenden Schadens, fehlende Einzahlungen zu leisten und eine Vergütung, die nicht unter den Gründungsaufwand aufgenommen ist, zu ersetzen.

(2) Wird die Gesellschaft von Gründern durch Einlagen, Sachübernahmen oder Gründungsaufwand vorsätzlich oder aus grober Fahrlässigkeit geschädigt, so sind ihr alle Gründer als Gesamtschuldner zum Ersatz verpflichtet.

(3) Von diesen Verpflichtungen ist ein Gründer befreit, wenn er die die Ersatzpflicht begründenden Tatsachen weder kannte noch bei Anwendung der Sorgfalt eines ordentlichen Geschäftsmannes kennen mußte.

(4) Entsteht der Gesellschaft ein Ausfall, weil ein Aktionär zahlungsunfähig oder unfähig ist, eine Sacheinlage zu leisten, so sind ihr zum Ersatz als Gesamtschuldner die Gründer verpflichtet, welche die Beteiligung des Aktionärs in Kenntnis seiner Zahlungsunfähigkeit oder Leistungsunfähigkeit angenommen haben.

(5) [1] Neben den Gründern sind in gleicher Weise Personen verantwortlich, für deren Rechnung die Gründer Aktien übernommen haben. [2] Sie können sich auf ihre eigene Unkenntnis nicht wegen solcher Umstände berufen, die ein für ihre Rechnung handelnder Gründer kannte oder kennen mußte.

---

[1] § 45 Abs. 2 Satz 2 geänd., Abs. 3 aufgeh., bish. Abs. 4 wird Abs. 3 mWv 1.1.2007 durch G v. 10.11. 2006 (BGBl. I S. 2553).

[2] Nr. **50**.

**§ 47 Verantwortlichkeit anderer Personen neben den Gründern.** Neben den Gründern und den Personen, für deren Rechnung die Gründer Aktien übernommen haben, ist als Gesamtschuldner der Gesellschaft zum Schadenersatz verpflichtet,

1. wer bei Empfang einer Vergütung, die entgegen den Vorschriften nicht in den Gründungsaufwand aufgenommen ist, wußte oder nach den Umständen annehmen mußte, daß die Verheimlichung beabsichtigt oder erfolgt war, oder wer zur Verheimlichung wissentlich mitgewirkt hat;
2. wer im Fall einer vorsätzlichen oder grobfahrlässigen Schädigung der Gesellschaft durch Einlagen oder Sachübernahmen an der Schädigung wissentlich mitgewirkt hat;
3. wer vor Eintragung der Gesellschaft in das Handelsregister oder in den ersten zwei Jahren nach der Eintragung die Aktien öffentlich ankündigt, um sie in den Verkehr einzuführen, wenn er die Unrichtigkeit oder Unvollständigkeit der Angaben, die zum Zwecke der Gründung der Gesellschaft gemacht worden sind (§ 46 Abs. 1), oder die Schädigung der Gesellschaft durch Einlagen oder Sachübernahmen kannte oder bei Anwendung der Sorgfalt eines ordentlichen Geschäftsmannes kennen mußte.

**§ 48 Verantwortlichkeit des Vorstands und des Aufsichtsrats.** [1] Mitglieder des Vorstands und des Aufsichtsrats, die bei der Gründung ihre Pflichten verletzen, sind der Gesellschaft zum Ersatz des daraus entstehenden Schadens als Gesamtschuldner verpflichtet; sie sind namentlich dafür verantwortlich, daß eine zur Annahme von Einzahlungen auf die Aktien bestimmte Stelle (§ 54 Abs. 3) hierzu geeignet ist, und daß die eingezahlten Beträge zur freien Verfügung des Vorstands stehen. [2] Für die Sorgfaltspflicht und Verantwortlichkeit der Mitglieder des Vorstands und des Aufsichtsrats bei der Gründung gelten im übrigen §§ 93 und 116 mit Ausnahme von § 93 Abs. 4 Satz 3 und 4 und Abs. 6.

**§ 49[1] Verantwortlichkeit der Gründungsprüfer.** § 323 Abs. 1 bis 4 des Handelsgesetzbuchs[2] über die Verantwortlichkeit des Abschlußprüfers gilt sinngemäß.

**§ 50[3] Verzicht und Vergleich.** [1] Die Gesellschaft kann auf Ersatzansprüche gegen die Gründer, die neben diesen haftenden Personen und gegen die Mitglieder des Vorstands und des Aufsichtsrats (§§ 46 bis 48) erst drei Jahre nach der Eintragung der Gesellschaft in das Handelsregister und nur dann verzichten oder sich über sie vergleichen, wenn die Hauptversammlung zustimmt und nicht eine Minderheit, deren Anteile zusammen den zehnten Teil des Grundkapitals erreichen, zur Niederschrift Widerspruch erhebt. [2] Die zeitliche Beschränkung gilt nicht, wenn der Ersatzpflichtige zahlungsunfähig ist und sich zur Abwendung des Insolvenzverfahrens mit seinen Gläubigern vergleicht oder wenn die Ersatzpflicht in einem Insolvenzplan geregelt wird.

**§ 51[4] Verjährung der Ersatzansprüche.** [1] Ersatzansprüche der Gesellschaft nach den §§ 46 bis 48 verjähren in fünf Jahren. [2] Die Verjährung beginnt mit der

[1] § 49 geänd. durch G v. 19.12.1985 (BGBl. I S. 2355).
[2] Nr. **50**.
[3] § 50 Satz 2 neu gef. durch G v. 5.10.1994 (BGBl. I S. 2911).
[4] § 51 Satz 1 geänd. mWv 15.12.2004 durch G v. 9.12.2004 (BGBl. I S. 3214).

Eintragung der Gesellschaft in das Handelsregister oder, wenn die zum Ersatz verpflichtende Handlung später begangen worden ist, mit der Vornahme der Handlung.

**§ 52[1)] Nachgründung.** (1) [1]Verträge der Gesellschaft mit Gründern oder mit mehr als 10 vom Hundert des Grundkapitals an der Gesellschaft beteiligten Aktionären, nach denen sie vorhandene oder herzustellende Anlagen oder andere Vermögensgegenstände für eine den zehnten Teil des Grundkapitals übersteigende Vergütung erwerben soll, und die in den ersten zwei Jahren seit der Eintragung der Gesellschaft in das Handelsregister geschlossen werden, werden nur mit Zustimmung der Hauptversammlung und durch Eintragung in das Handelsregister wirksam. [2]Ohne die Zustimmung der Hauptversammlung oder die Eintragung im Handelsregister sind auch die Rechtshandlungen zu ihrer Ausführung unwirksam.

(2) [1]Ein Vertrag nach Absatz 1 bedarf der schriftlichen Form, soweit nicht eine andere Form vorgeschrieben ist. [2]Er ist von der Einberufung der Hauptversammlung an, die über die Zustimmung beschließen soll, in dem Geschäftsraum der Gesellschaft zur Einsicht der Aktionäre auszulegen. [3]Auf Verlangen ist jedem Aktionär unverzüglich eine Abschrift zu erteilen. [4]Die Verpflichtungen nach den Sätzen 2 und 3 entfallen, wenn der Vertrag für denselben Zeitraum über die Internetseite der Gesellschaft zugänglich ist. [5]In der Hauptversammlung ist der Vertrag zugänglich zu machen. [6]Der Vorstand hat ihn zu Beginn der Verhandlung zu erläutern. [7]Der Niederschrift ist er als Anlage beizufügen.

(3) [1]Vor der Beschlußfassung der Hauptversammlung hat der Aufsichtsrat den Vertrag zu prüfen und einen schriftlichen Bericht zu erstatten (Nachgründungsbericht). [2]Für den Nachgründungsbericht gilt sinngemäß § 32 Abs. 2 und 3 über den Gründungsbericht.

(4) [1]Außerdem hat vor der Beschlußfassung eine Prüfung durch einen oder mehrere Gründungsprüfer stattzufinden. [2]§ 33 Abs. 3 bis 5, §§ 34, 35 über die Gründungsprüfung gelten sinngemäß. [3]Unter den Voraussetzungen des § 33a kann von einer Prüfung durch Gründungsprüfer abgesehen werden.

(5) [1]Der Beschluß der Hauptversammlung bedarf einer Mehrheit, die mindestens drei Viertel des bei der Beschlußfassung vertretenen Grundkapitals umfaßt. [2]Wird der Vertrag im ersten Jahre nach der Eintragung der Gesellschaft in das Handelsregister geschlossen, so müssen außerdem die Anteile der zustimmenden Mehrheit mindestens ein Viertel des gesamten Grundkapitals erreichen. [3]Die Satzung kann an Stelle dieser Mehrheiten größere Kapitalmehrheiten und weitere Erfordernisse bestimmen.

(6) [1]Nach Zustimmung der Hauptversammlung hat der Vorstand den Vertrag zur Eintragung in das Handelsregister anzumelden. [2]Der Anmeldung ist der Vertrag mit dem Nachgründungsbericht und dem Bericht der Gründungsprüfer mit den urkundlichen Unterlagen beizufügen. [3]Wird nach Absatz 4 Satz 3 von einer externen Gründungsprüfung abgesehen, gilt § 37a entsprechend.

(7) [1]Bestehen gegen die Eintragung Bedenken, weil die Gründungsprüfer erklären oder weil es offensichtlich ist, daß der Nachgründungsbericht unrichtig oder unvollständig ist oder den gesetzlichen Vorschriften nicht entspricht oder daß die

---

[1)] § 52 Abs. 1 Satz 1 geänd., Abs. 9 neu gef. mWv 1.1.2000 durch G v. 18.1.2001 (BGBl. I S. 123); Abs. 6 Satz 2 geänd., Abs. 8 neu gef. mWv 1.1.2007 durch G v. 10.11.2006 (BGBl. I S. 2553); Abs. 2 Satz 4 eingef., bish Sätze 4–6 werden Sätze 5–7 und neuer Satz 5 geänd., Abs. 4 Satz 3, Abs. 6 Satz 3 und Abs. 7 Satz 2 angef , Abs. 10 aufgeh. mWv 1.9.2009 durch G v. 30.7.2009 (BGBl. I S. 2479).

für die zu erwerbenden Vermögensgegenstände gewährte Vergütung unangemessen hoch ist, so kann das Gericht die Eintragung ablehnen. [2] Enthält die Anmeldung die Erklärung nach § 37a Abs. 1 Satz 1, gilt § 38 Abs. 3 entsprechend.

(8) Einzutragen sind der Tag des Vertragsschlusses und der Zustimmung der Hauptversammlung sowie der oder die Vertragspartner der Gesellschaft.

(9) Vorstehende Vorschriften gelten nicht, wenn der Erwerb der Vermögensgegenstände im Rahmen der laufenden Geschäfte der Gesellschaft, in der Zwangsvollstreckung oder an der Börse erfolgt.

**§ 53 Ersatzansprüche bei der Nachgründung.** [1] Für die Nachgründung gelten die §§ 46, 47, 49 bis 51 über die Ersatzansprüche der Gesellschaft sinngemäß. [2] An die Stelle der Gründer treten die Mitglieder des Vorstands und des Aufsichtsrats. [3] Sie haben die Sorgfalt eines ordentlichen und gewissenhaften Geschäftsleiters anzuwenden. [4] Soweit Fristen mit der Eintragung der Gesellschaft in das Handelsregister beginnen, tritt an deren Stelle die Eintragung des Vertrags über die Nachgründung.

## Dritter Teil. Rechtsverhältnisse der Gesellschaft und der Gesellschafter

**§ 53a[1)] Gleichbehandlung der Aktionäre.** Aktionäre sind unter gleichen Voraussetzungen gleich zu behandeln.

**§ 54[2)] Hauptverpflichtung der Aktionäre.** (1) Die Verpflichtung der Aktionäre zur Leistung der Einlagen wird durch den Ausgabebetrag der Aktien begrenzt.

(2) Soweit nicht in der Satzung Sacheinlagen festgesetzt sind, haben die Aktionäre den Ausgabebetrag der Aktien einzuzahlen.

(3) [1] Der vor der Anmeldung der Gesellschaft eingeforderte Betrag kann nur in gesetzlichen Zahlungsmitteln oder durch Gutschrift auf ein Konto bei einem Kreditinstitut oder einem nach § 53 Abs. 1 Satz 1 oder § 53b Abs. 1 Satz 1 oder Abs. 7 des Gesetzes über das Kreditwesen[3)] tätigen Unternehmen der Gesellschaft oder des Vorstands zu seiner freien Verfügung eingezahlt werden. [2] Forderungen des Vorstands aus diesen Einzahlungen gelten als Forderungen der Gesellschaft.

(4) [1] Der Anspruch der Gesellschaft auf Leistung der Einlagen verjährt in zehn Jahren von seiner Entstehung an. [2] Wird das Insolvenzverfahren über das Vermögen der Gesellschaft eröffnet, so tritt die Verjährung nicht vor Ablauf von sechs Monaten ab dem Zeitpunkt der Eröffnung ein.

**§ 55 Nebenverpflichtungen der Aktionäre.** (1) [1] Ist die Übertragung der Aktien an die Zustimmung der Gesellschaft gebunden, so kann die Satzung Aktionären die Verpflichtung auferlegen, neben den Einlagen auf das Grundkapital wiederkehrende, nicht in Geld bestehende Leistungen zu erbringen. [2] Dabei hat sie zu bestimmen, ob die Leistungen entgeltlich oder unentgeltlich zu erbringen sind. [3] Die Verpflichtung und der Umfang der Leistungen sind in den Aktien und Zwischenscheinen anzugeben.

---

[1)] § 53a eingef. durch G v. 13.12.1978 (BGBl. I S. 1959).

[2)] § 54 Abs. 3 Satz 1 neu gef. durch G v. 22.10.1997 (BGBl. I S. 2567); Abs. 1 und 2 geänd. durch G v. 25.3.1998 (BGBl. I S. 590); Abs. 4 angef. mWv 15.12.2004 durch G v. 9.12.2004 (BGBl. I S. 3214).

[3)] **Sartorius ErgBd. Nr. 856.**

(2) Die Satzung kann Vertragsstrafen für den Fall festsetzen, daß die Verpflichtung nicht oder nicht gehörig erfüllt wird.

**§ 56[1)] Keine Zeichnung eigener Aktien; Aktienübernahme für Rechnung der Gesellschaft oder durch ein abhängiges oder in Mehrheitsbesitz stehendes Unternehmen.** (1) Die Gesellschaft darf keine eigenen Aktien zeichnen.

(2) [1] Ein abhängiges Unternehmen darf keine Aktien der herrschenden Gesellschaft, ein in Mehrheitsbesitz stehendes Unternehmen keine Aktien der an ihm mit Mehrheit beteiligten Gesellschaft als Gründer oder Zeichner oder in Ausübung eines bei einer bedingten Kapitalerhöhung eingeräumten Umtausch- oder Bezugsrechts übernehmen. [2] Ein Verstoß gegen diese Vorschrift macht die Übernahme nicht unwirksam.

(3) [1] Wer als Gründer oder Zeichner oder in Ausübung eines bei einer bedingten Kapitalerhöhung eingeräumten Umtausch- oder Bezugsrechts eine Aktie für Rechnung der Gesellschaft oder eines abhängigen oder in Mehrheitsbesitz stehenden Unternehmens übernommen hat, kann sich nicht darauf berufen, daß er die Aktie nicht für eigene Rechnung übernommen hat. [2] Er haftet ohne Rücksicht auf Vereinbarungen mit der Gesellschaft oder dem abhängigen oder in Mehrheitsbesitz stehenden Unternehmen auf die volle Einlage. [3] Bevor er die Aktie für eigene Rechnung übernommen hat, stehen ihm keine Rechte aus der Aktie zu.

(4) [1] Werden bei einer Kapitalerhöhung Aktien unter Verletzung der Absätze 1 oder 2 gezeichnet, so haftet auch jedes Vorstandsmitglied der Gesellschaft auf die volle Einlage. [2] Dies gilt nicht, wenn das Vorstandsmitglied beweist, daß es kein Verschulden trifft.

**§ 57[2)] Keine Rückgewähr, keine Verzinsung der Einlagen.** (1) [1] Den Aktionären dürfen die Einlagen nicht zurückgewährt werden. [2] Als Rückgewähr gilt nicht die Zahlung des Erwerbspreises beim zulässigen Erwerb eigener Aktien. [3] Satz 1 gilt nicht bei Leistungen, die bei Bestehen eines Beherrschungs- oder Gewinnabführungsvertrags (§ 291) erfolgen oder durch einen vollwertigen Gegenleistungs- oder Rückgewähranspruch gegen den Aktionär gedeckt sind. [4] Satz 1 ist zudem nicht anzuwenden auf die Rückgewähr eines Aktionärsdarlehens und Leistungen auf Forderungen aus Rechtshandlungen, die einem Aktionärsdarlehen wirtschaftlich entsprechen.

(2) Den Aktionären dürfen Zinsen weder zugesagt noch ausgezahlt werden.

(3) Vor Auflösung der Gesellschaft darf unter die Aktionäre nur der Bilanzgewinn verteilt werden.

**§ 58[3)] Verwendung des Jahresüberschusses.** (1) [1] Die Satzung kann nur für den Fall, daß die Hauptversammlung den Jahresabschluß feststellt, bestimmen, daß Beträge aus dem Jahresüberschuß in andere Gewinnrücklagen einzustellen sind. [2] Auf Grund einer solchen Satzungsbestimmung kann höchstens die Hälfte des

---

[1)] § 56 neu gef. durch G v. 13.12.1978 (BGBl. I S. 1959).

[2)] § 57 Abs. 3 aufgeh. durch G v. 13.12.1978 (BGBl. I S. 1959); Abs. 3 eingef. durch G v. 2.8.1994 (BGBl. I S. 1961); Abs. 1 neu gef. mWv 1.11.2008 durch G v. 23.10.2008 (BGBl. I S. 2026).

[3)] § 58 Abs. 1 Sätze 1 und 2, Abs. 2 Sätze 1 und 3, Abs. 3 Satz 1 geänd., Abs. 2a eingef. durch G v. 19.12.1985 (BGBl. I S. 2355); Abs. 2 Satz 2 neu gef., Abs. 5 aufgeh. durch G v. 2.8.1994 (BGBl. I S. 1961); Abs. 2 Satz 2 geänd. durch G v. 27.4.1998 (BGBl. I S. 786); Abs. 2 Satz 2 geänd., Abs. 5 angef. mWv 26.7.2002 durch G v. 19.7.2002 (BGBl. I S. 2681); Abs. 2a Satz 1 geänd., Satz 2 neu gef. mWv 23.7.2015 durch G v. 17.7.2015 (BGBl. I S. 1245); Abs. 4 Sätze 2 und 3 angef. mWv 1.1.2017 durch G v. 22.12. 2015 (BGBl. I S. 2565).

Jahresüberschusses in andere Gewinnrücklagen eingestellt werden. [3]Dabei sind Beträge, die in die gesetzliche Rücklage einzustellen sind, und ein Verlustvortrag vorab vom Jahresüberschuß abzuziehen.

(2) [1]Stellen Vorstand und Aufsichtsrat den Jahresabschluß fest, so können sie einen Teil des Jahresüberschusses, höchstens jedoch die Hälfte, in andere Gewinnrücklagen einstellen. [2]Die Satzung kann Vorstand und Aufsichtsrat zur Einstellung eines größeren oder kleineren Teils des Jahresüberschusses ermächtigen. [3]Auf Grund einer solchen Satzungsbestimmung dürfen Vorstand und Aufsichtsrat keine Beträge in andere Gewinnrücklagen einstellen, wenn die anderen Gewinnrücklagen die Hälfte des Grundkapitals übersteigen oder soweit sie nach der Einstellung die Hälfte übersteigen würden. [4]Absatz 1 Satz 3 gilt sinngemäß.

(2a) [1]Unbeschadet der Absätze 1 und 2 können Vorstand und Aufsichtsrat den Eigenkapitalanteil von Wertaufholungen bei Vermögensgegenständen des Anlage- und Umlaufvermögens in andere Gewinnrücklagen einstellen. [2]Der Betrag dieser Rücklagen ist in der Bilanz gesondert auszuweisen; er kann auch im Anhang angegeben werden.

(3) [1]Die Hauptversammlung kann im Beschluß über die Verwendung des Bilanzgewinns weitere Beträge in Gewinnrücklagen einstellen oder als Gewinn vortragen. [2]Sie kann ferner, wenn die Satzung sie hierzu ermächtigt, auch eine andere Verwendung als nach Satz 1 oder als die Verteilung unter die Aktionäre beschließen.

(4) [1]Die Aktionäre haben Anspruch auf den Bilanzgewinn, soweit er nicht nach Gesetz oder Satzung, durch Hauptversammlungsbeschluß nach Absatz 3 oder als zusätzlicher Aufwand auf Grund des Gewinnverwendungsbeschlusses von der Verteilung unter die Aktionäre ausgeschlossen ist. [2]Der Anspruch ist am dritten auf den Hauptversammlungsbeschluss folgenden Geschäftstag fällig. [3]In dem Hauptversammlungsbeschluss oder in der Satzung kann eine spätere Fälligkeit festgelegt werden.

(5) Sofern die Satzung dies vorsieht, kann die Hauptversammlung auch eine Sachausschüttung beschließen.

**§ 59[1)] Abschlagszahlung auf den Bilanzgewinn.** (1) Die Satzung kann den Vorstand ermächtigen, nach Ablauf des Geschäftsjahrs auf den voraussichtlichen Bilanzgewinn einen Abschlag an die Aktionäre zu zahlen.

(2) [1]Der Vorstand darf einen Abschlag nur zahlen, wenn ein vorläufiger Abschluß für das vergangene Geschäftsjahr einen Jahresüberschuß ergibt. [2]Als Abschlag darf höchstens die Hälfte des Betrags gezahlt werden, der von dem Jahresüberschuß nach Abzug der Beträge verbleibt, die nach Gesetz oder Satzung in Gewinnrücklagen einzustellen sind. [3]Außerdem darf der Abschlag nicht die Hälfte des vorjährigen Bilanzgewinns übersteigen.

(3) Die Zahlung eines Abschlags bedarf der Zustimmung des Aufsichtsrats.

**§ 60[2)] Gewinnverteilung.** (1) Die Anteile der Aktionäre am Gewinn bestimmen sich nach ihren Anteilen am Grundkapital.

(2) [1]Sind die Einlagen auf das Grundkapital nicht auf alle Aktien in demselben Verhältnis geleistet, so erhalten die Aktionäre aus dem verteilbaren Gewinn vorweg

---

[1)] § 59 Abs. 2 Satz 2 geänd. durch G v. 19.12.1985 (BGBl. I S. 2355).
[2)] § 60 Abs. 1 geänd. durch G v. 25.3.1998 (BGBl. I S. 590).

einen Betrag von vier vom Hundert der geleisteten Einlagen. [2] Reicht der Gewinn dazu nicht aus, so bestimmt sich der Betrag nach einem entsprechend niedrigeren Satz. [3] Einlagen, die im Laufe des Geschäftsjahrs geleistet wurden, werden nach dem Verhältnis der Zeit berücksichtigt, die seit der Leistung verstrichen ist.

(3) Die Satzung kann eine andere Art der Gewinnverteilung bestimmen.

**§ 61 Vergütung von Nebenleistungen.** Für wiederkehrende Leistungen, zu denen Aktionäre nach der Satzung neben den Einlagen auf das Grundkapital verpflichtet sind, darf eine den Wert der Leistungen nicht übersteigende Vergütung ohne Rücksicht darauf gezahlt werden, ob ein Bilanzgewinn ausgewiesen wird.

**§ 62**[1)] **Haftung der Aktionäre beim Empfang verbotener Leistungen.**

(1) [1] Die Aktionäre haben der Gesellschaft Leistungen, die sie entgegen den Vorschriften dieses Gesetzes von ihr empfangen haben, zurückzugewähren. [2] Haben sie Beträge als Gewinnanteile bezogen, so besteht die Verpflichtung nur, wenn sie wußten oder infolge von Fahrlässigkeit nicht wußten, daß sie zum Bezuge nicht berechtigt waren.

(2) [1] Der Anspruch der Gesellschaft kann auch von den Gläubigern der Gesellschaft geltend gemacht werden, soweit sie von dieser keine Befriedigung erlangen können. [2] Ist über das Vermögen der Gesellschaft das Insolvenzverfahren eröffnet, so übt während dessen Dauer der Insolvenzverwalter oder der Sachwalter das Recht der Gesellschaftsgläubiger gegen die Aktionäre aus.

(3) [1] Die Ansprüche nach diesen Vorschriften verjähren in zehn Jahren seit dem Empfang der Leistung. [2] § 54 Abs. 4 Satz 2 findet entsprechende Anwendung.

**§ 63 Folgen nicht rechtzeitiger Einzahlung.** (1) [1] Die Aktionäre haben die Einlagen nach Aufforderung durch den Vorstand einzuzahlen. [2] Die Aufforderung ist, wenn die Satzung nichts anderes bestimmt, in den Gesellschaftsblättern bekanntzumachen.

(2) [1] Aktionäre, die den eingeforderten Betrag nicht rechtzeitig einzahlen, haben ihn vom Eintritt der Fälligkeit an mit fünf vom Hundert für das Jahr zu verzinsen. [2] Die Geltendmachung eines weiteren Schadens ist nicht ausgeschlossen.

(3) Für den Fall nicht rechtzeitiger Einzahlung kann die Satzung Vertragsstrafen festsetzen.

**§ 64 Ausschluß säumiger Aktionäre.** (1) Aktionären, die den eingeforderten Betrag nicht rechtzeitig einzahlen, kann eine Nachfrist mit der Androhung gesetzt werden, daß sie nach Fristablauf ihrer Aktien und der geleisteten Einzahlungen für verlustig erklärt werden.

(2) [1] Die Nachfrist muß dreimal in den Gesellschaftsblättern bekanntgemacht werden. [2] Die erste Bekanntmachung muß mindestens drei Monate, die letzte mindestens einen Monat vor Fristablauf ergehen. [3] Zwischen den einzelnen Bekanntmachungen muß ein Zeitraum von mindestens drei Wochen liegen. [4] Ist die Übertragung der Aktien an die Zustimmung der Gesellschaft gebunden, so genügt an Stelle der öffentlichen Bekanntmachungen die einmalige Einzelaufforderung an

---

[1)] § 62 Abs. 1 Satz 2 geänd., Satz 3 aufgeh. durch G v. 13.12.1978 (BGBl. I S. 1959); Abs. 1 Satz 2 geänd. durch G v. 25.10.1982 (BGBl. I S. 1425); Abs. 2 Satz 2 neu gef. durch G v. 5.10.1994 (BGBl. I S. 2911); Abs. 3 neu gef. mWv 15.12.2004 durch G v. 9.12.2004 (BGBl. I S. 3214).

die säumigen Aktionäre; dabei muß eine Nachfrist gewährt werden, die mindestens einen Monat seit dem Empfang der Aufforderung beträgt.

(3) [1] Aktionäre, die den eingeforderten Betrag trotzdem nicht zahlen, werden durch Bekanntmachung in den Gesellschaftsblättern ihrer Aktien und der geleisteten Einzahlungen zugunsten der Gesellschaft für verlustig erklärt. [2] In der Bekanntmachung sind die für verlustig erklärten Aktien mit ihren Unterscheidungsmerkmalen anzugeben.

(4) [1] An Stelle der alten Urkunden werden neue ausgegeben; diese haben außer den geleisteten Teilzahlungen den rückständigen Betrag anzugeben. [2] Für den Ausfall der Gesellschaft an diesem Betrag oder an den später eingeforderten Beträgen haftet ihr der ausgeschlossene Aktionär.

**§ 65[1)] Zahlungspflicht der Vormänner.** (1) [1] Jeder im Aktienregister verzeichnete Vormann des ausgeschlossenen Aktionärs ist der Gesellschaft zur Zahlung des rückständigen Betrags verpflichtet, soweit dieser von seinen Nachmännern nicht zu erlangen ist. [2] Von der Zahlungsaufforderung an einen früheren Aktionär hat die Gesellschaft seinen unmittelbaren Vormann zu benachrichtigen. [3] Daß die Zahlung nicht zu erlangen ist, wird vermutet, wenn sie nicht innerhalb eines Monats seit der Zahlungsaufforderung und der Benachrichtigung des Vormanns eingegangen ist. [4] Gegen Zahlung des rückständigen Betrags wird die neue Urkunde ausgehändigt.

(2) [1] Jeder Vormann ist nur zur Zahlung der Beträge verpflichtet, die binnen zwei Jahren eingefordert werden. [2] Die Frist beginnt mit dem Tage, an dem die Übertragung der Aktie zum Aktienregister der Gesellschaft angemeldet wird.

(3) [1] Ist die Zahlung des rückständigen Betrags von Vormännern nicht zu erlangen, so hat die Gesellschaft die Aktie unverzüglich zum Börsenpreis und beim Fehlen eines Börsenpreises durch öffentliche Versteigerung zu verkaufen. [2] Ist von der Versteigerung am Sitz der Gesellschaft kein angemessener Erfolg zu erwarten, so ist die Aktie an einem geeigneten Ort zu verkaufen. [3] Zeit, Ort und Gegenstand der Versteigerung sind öffentlich bekanntzumachen. [4] Der ausgeschlossene Aktionär und seine Vormänner sind besonders zu benachrichtigen; die Benachrichtigung kann unterbleiben, wenn sie untunlich ist. [5] Bekanntmachung und Benachrichtigung müssen mindestens zwei Wochen vor der Versteigerung ergehen.

**§ 66 Keine Befreiung der Aktionäre von ihren Leistungspflichten.**

(1) [1] Die Aktionäre und ihre Vormänner können von ihren Leistungspflichten nach den §§ 54 und 65 nicht befreit werden. [2] Gegen eine Forderung der Gesellschaft nach den §§ 54 und 65 ist die Aufrechnung nicht zulässig.

(2) Absatz 1 gilt entsprechend für die Verpflichtung zur Rückgewähr von Leistungen, die entgegen den Vorschriften dieses Gesetzes empfangen sind, für die Ausfallhaftung des ausgeschlossenen Aktionärs sowie für die Schadenersatzpflicht des Aktionärs wegen nicht gehöriger Leistung einer Sacheinlage.

(3) Durch eine ordentliche Kapitalherabsetzung oder durch eine Kapitalherabsetzung durch Einziehung von Aktien können die Aktionäre von der Verpflichtung zur Leistung von Einlagen befreit werden, durch eine ordentliche Kapitalherabsetzung jedoch höchstens in Höhe des Betrags, um den das Grundkapital *herabgesetzt worden ist.*

---

[1)] § 65 Abs. 1 Satz 1 und Abs. 2 Satz 2 geänd. mWv 25.1.2001 durch G v. 18.1.2001 (BGBl. I S. 123); Abs. 3 Satz 1 geänd. mWv 1.7.2002 durch G v. 21.6.2002 (BGBl. I S. 2010).

**§ 67** [1)2)] **Eintragung im Aktienregister.** (1) [1] Namensaktien sind unabhängig von einer Verbriefung unter Angabe des Namens, Geburtsdatums und einer Postanschrift sowie einer elektronischen Adresse des Aktionärs sowie der Stückzahl oder der Aktiennummer und bei Nennbetragsaktien des Betrags in das Aktienregister der Gesellschaft einzutragen. [2] Der Aktionär ist verpflichtet, der Gesellschaft die Angaben nach Satz 1 mitzuteilen. [3] Die Satzung kann Näheres dazu bestimmen, unter welchen Voraussetzungen Eintragungen im eigenen Namen für Aktien, die einem anderen gehören, zulässig sind. [4] Aktien, die zu einem inländischen, EU- oder ausländischen Investmentvermögen nach dem Kapitalanlagegesetzbuch gehören, dessen Anteile oder Aktien nicht ausschließlich von professionellen und semiprofessionellen Anlegern gehalten werden, gelten als Aktien des inländischen, EU- oder ausländischen Investmentvermögens, auch wenn sie im Miteigentum der Anleger stehen; verfügt das Investmentvermögen über keine eigene Rechtspersönlichkeit, gelten sie als Aktien der Verwaltungsgesellschaft des Investmentvermögens.

(2) [1] Im Verhältnis zur Gesellschaft bestehen Rechte und Pflichten aus Aktien nur für und gegen den im Aktienregister Eingetragenen. [2] Jedoch bestehen Stimmrechte aus Eintragungen nicht, die eine nach Absatz 1 Satz 3 bestimmte satzungsmäßige Höchstgrenze überschreiten oder hinsichtlich derer eine satzungsmäßige Pflicht zur Offenlegung, dass die Aktien einem anderen gehören, nicht erfüllt wird. [3] Ferner bestehen Stimmrechte aus Aktien nicht, solange ein Auskunftsverlangen gemäß Absatz 4 Satz 2 nach Fristablauf und Androhung des Stimmrechtsverlustes nicht erfüllt ist.

(3) [1] Löschung und Neueintragung im Aktienregister erfolgen auf Mitteilung und Nachweis. [2] Die Gesellschaft kann eine Eintragung auch auf Mitteilung nach § 67d Absatz 4 vornehmen.

(4) [1] Die bei Übertragung oder Verwahrung von Namensaktien mitwirkenden Intermediäre sind verpflichtet, der Gesellschaft die für die Führung des Aktienregisters erforderlichen Angaben gegen Erstattung der notwendigen Kosten zu übermitteln. [2] Der Eingetragene hat der Gesellschaft auf ihr Verlangen unverzüglich mitzuteilen, inwieweit ihm die Aktien, für die er im Aktienregister eingetragen ist, auch gehören; soweit dies nicht der Fall ist, hat er die in Absatz 1 Satz 1 genannten Angaben zu demjenigen zu übermitteln, für den er die Aktien hält. [3] Dies gilt entsprechend für denjenigen, dessen Daten nach Satz 2 oder diesem Satz übermittelt werden. [4] Absatz 1 Satz 4 gilt entsprechend; für die Kostentragung gilt Satz 1. [5] Wird der Inhaber von Namensaktien nicht in das Aktienregister eingetragen, so ist der depotführende Intermediär auf Verlangen der Gesellschaft verpflichtet, sich gegen Erstattung der notwendigen Kosten durch die Gesellschaft an dessen Stelle gesondert in das Aktienregister eintragen zu lassen. [6] Wird ein Intermediär im Rahmen eines Übertragungsvorgangs von Namensaktien nur vorübergehend gesondert in das Aktienregister eingetragen, so löst diese Eintragung keine

---

1) § 67 neu gef. mWv 25.1.2001 durch G v. 18.1.2001 (BGBl. I S. 123); Abs. 4 Satz 2 eingef., bish. Satz 2 wird Satz 3 mWv 1.11.2005 durch G v. 22.9.2005 (BGBl. I S. 2802); Abs. 4 Satz 4 angef. mWv 1.1.2007 durch G v. 10.11.2006 (BGBl. I S. 2553); Abs. 1 Sätze 2–4, Abs. 2 Sätze 2, 3 angef., Abs. 4 Sätze 2–4 eingef., bish. Sätze 2–4 werden Sätze 5–7, neuer Satz 7 geänd., Abs. 6 Satz 3 geänd. mWv 19.8.2008 durch G v. 12.8.2008 (BGBl. I S. 1666); Abs. 1 Satz 4 neu gef. mWv 22.7.2013 durch G v. 4.7.2013 (BGBl. I S. 1981) Abs. 1 Sätze 1, 2 geänd. mWv 31.12.2015 durch G v. 22.12.2015 (BGBl. I S. 2565); Abs. 1 Satz 1 geänd., Abs. 2 Satz 1, Abs. 3 neu gef., Abs. 2 Satz 3, Abs. 4 Sätze 1, 2, 5 geänd., Abs. 4 Satz 6 aufgeh., bish. Satz 7 wird Satz 6 und geänd., Satz 7 angef. mWv 1.1.2020 durch G v. 12.12.2019 (BGBl. I S. 2637).

2) Siehe hierzu Übergangsvorschrift in § 26j EGAktG (Nr. **51a**).

Pflichten infolge des Absatzes 2 aus und führt nicht zur Anwendung von satzungsmäßigen Beschränkungen nach Absatz 1 Satz 3. [7] § 67d bleibt unberührt.

(5) [1] Ist jemand nach Ansicht der Gesellschaft zu Unrecht als Aktionär in das Aktienregister eingetragen worden, so kann die Gesellschaft die Eintragung nur löschen, wenn sie vorher die Beteiligten von der beabsichtigten Löschung benachrichtigt und ihnen eine angemessene Frist zur Geltendmachung eines Widerspruchs gesetzt hat. [2] Widerspricht ein Beteiligter innerhalb der Frist, so hat die Löschung zu unterbleiben.

(6) [1] Der Aktionär kann von der Gesellschaft Auskunft über die zu seiner Person in das Aktienregister eingetragenen Daten verlangen. [2] Bei nichtbörsennotierten Gesellschaften kann die Satzung Weiteres bestimmen. [3] Die Gesellschaft darf die Registerdaten sowie die nach Absatz 4 Satz 2 und 3 mitgeteilten Daten für ihre Aufgaben im Verhältnis zu den Aktionären verwenden. [4] Zur Werbung für das Unternehmen darf sie die Daten nur verwenden, soweit der Aktionär nicht widerspricht. [5] Die Aktionäre sind in angemessener Weise über ihr Widerspruchsrecht zu informieren.

(7) Diese Vorschriften gelten sinngemäß für Zwischenscheine.

**§ 67a [1)2)] Übermittlung von Informationen über Unternehmensereignisse; Begriffsbestimmungen.** (1) [1] Börsennotierte Gesellschaften haben Informationen über Unternehmensereignisse gemäß Absatz 6, die den Aktionären nicht direkt oder von anderer Seite mitgeteilt werden, zur Weiterleitung an die Aktionäre wie folgt zu übermitteln:

1. an die im Aktienregister Eingetragenen, soweit die Gesellschaft Namensaktien ausgegeben hat,
2. im Übrigen an die Intermediäre, die Aktien der Gesellschaft verwahren.

[2] Für Informationen zur Einberufung der Hauptversammlung gilt § 125.

(2) [1] Die Informationen können durch beauftragte Dritte übermittelt werden. [2] Die Informationen sind den Intermediären elektronisch zu übermitteln. [3] Format, Inhalt und Frist der Informationsübermittlung nach Absatz 1 richten sich nach der Durchführungsverordnung (EU) 2018/1212 der Kommission vom 3. September 2018 zur Festlegung von Mindestanforderungen zur Umsetzung der Bestimmungen der Richtlinie 2007/36/EG des Europäischen Parlaments und des Rates in Bezug auf die Identifizierung der Aktionäre, die Informationsübermittlung und die Erleichterung der Ausübung der Aktionärsrechte (ABl. L 223 vom 4.9.2018, S. 1) in der jeweils geltenden Fassung. [4] Die Übermittlung der Informationen kann gemäß den Anforderungen nach Artikel 8 Absatz 4 in Verbindung mit Tabelle 8 der Durchführungsverordnung (EU) 2018/1212 beschränkt werden.

(3) [1] Ein Intermediär in der Kette hat Informationen nach Absatz 1 Satz 1, die er von einem anderen Intermediär oder der Gesellschaft erhält, innerhalb der Fristen nach Artikel 9 Absatz 2 Unterabsatz 2 oder 3 und Absatz 7 der Durchführungsverordnung (EU) 2018/1212 dem nächsten Intermediär weiterzuleiten, es sei denn, ihm ist bekannt, dass der nächste Intermediär sie von anderer Seite erhält. [2] Dies gilt auch für Informationen einer börsennotierten Gesellschaft mit Sitz in einem anderen Mitgliedstaat der Europäischen Union. [3] Absatz 2 Satz 1 gilt entsprechend.

---

[1)] §§ 67a–67f eingef. mWv 1.1.2020 durch G v. 12.12.2019 (BGBl. I S. 2637).
[2)] Siehe hierzu Übergangsvorschrift in § 26j EGAktG (Nr. **51a**).

(4) Intermediär ist eine Person, die Dienstleistungen der Verwahrung oder der Verwaltung von Wertpapieren oder der Führung von Depotkonten für Aktionäre oder andere Personen erbringt, wenn die Dienstleistungen im Zusammenhang mit Aktien von Gesellschaften stehen, die ihren Sitz in einem Mitgliedstaat der Europäischen Union oder in einem anderen Vertragsstaat des Abkommens über den Europäischen Wirtschaftsraum haben.

(5) [1] Intermediär in der Kette ist ein Intermediär, der Aktien der Gesellschaft für einen anderen Intermediär verwahrt. [2] Letztintermediär ist, wer als Intermediär für einen Aktionär Aktien einer Gesellschaft verwahrt.

(6) Unternehmensereignisse sind Ereignisse gemäß Artikel 1 Nummer 3 der Durchführungsverordnung (EU) 2018/1212.

**§ 67b**[1) 2)] **Übermittlung von Informationen durch Intermediäre an die Aktionäre.** (1) [1] Der Letztintermediär hat dem Aktionär die nach § 67a Absatz 1 Satz 1 erhaltenen Informationen nach Artikel 2 Absatz 1 und 4, Artikel 9 Absatz 2 Unterabsatz 1 sowie Absatz 3 und 4 Unterabsatz 3 sowie Artikel 10 der Durchführungsverordnung (EU) 2018/1212 zu übermitteln. [2] § 67a Absatz 2 Satz 1 und 4 gilt entsprechend.

(2) Absatz 1 gilt auch für Informationen einer börsennotierten Gesellschaft mit Sitz in einem anderen Mitgliedstaat der Europäischen Union.

**§ 67c**[1) 2)] **Übermittlung von Informationen durch Intermediäre an die Gesellschaft; Nachweis des Anteilsbesitzes.** (1) [1] Der Letztintermediär hat die vom Aktionär einer börsennotierten Gesellschaft erhaltenen Informationen über die Ausübung seiner Rechte als Aktionär entweder direkt an die Gesellschaft oder an einen Intermediär in der Kette zu übermitteln. [2] Intermediäre haben die nach Satz 1 erhaltenen Informationen entweder direkt an die Gesellschaft oder an den jeweils nächsten Intermediär weiterzuleiten. [3] Die Sätze 1 und 2 gelten entsprechend für die Weiterleitung von Weisungen des Aktionärs zur Ausübung von Rechten aus Namensaktien börsennotierter Gesellschaften an den im Aktienregister eingetragenen Intermediär.

(2) [1] Der Aktionär kann Anweisungen zur Informationsübermittlung nach Absatz 1 erteilen. [2] § 67a Absatz 2 Satz 1 gilt entsprechend. [3] Format, Inhalt und Frist der Informationsübermittlung nach Absatz 1 richten sich nach den Anforderungen in Artikel 2 Absatz 1 und 3, Artikel 8 und 9 Absatz 4 der Durchführungsverordnung (EU) 2018/1212. [4] Eine rechtzeitige gesammelte Informationsübermittlung und -weiterleitung ist möglich. [5] Die Absätze 1 und 2 gelten auch für Informationen einer börsennotierten Gesellschaft mit Sitz in einem anderen Mitgliedstaat der Europäischen Union.

(3) Der Letztintermediär hat dem Aktionär für die Ausübung seiner Rechte in der Hauptversammlung auf Verlangen über dessen Anteilsbesitz unverzüglich einen Nachweis in Textform gemäß den Anforderungen nach Artikel 5 der Durchführungsverordnung (EU) 2018/1212 auszustellen oder diesen nach Absatz 1 der Gesellschaft zu übermitteln.

**§ 67d**[1) 2)] **Informationsanspruch der Gesellschaft gegenüber Intermediären.** (1) [1] Die börsennotierte Gesellschaft kann von einem Intermediär, der Aktien der Gesellschaft verwahrt, Informationen über die Identität der Aktionäre und

---

1) §§ 67b–67d eingef. mWv 1.1.2020 durch G v. 12.12.2019 (BGBl. I S. 2637).
2) Beachte hierzu Übergangsvorschrift in § 26j EGAktG (Nr. **51a**).

über den nächsten Intermediär verlangen. [2]Format und Inhalt dieses Verlangens richten sich nach der Durchführungsverordnung (EU) 2018/1212.

(2) [1]Informationen über die Identität der Aktionäre sind die Daten nach Artikel 3 Absatz 2 in Verbindung mit Tabelle 2 Buchstabe C der Durchführungsverordnung (EU) 2018/1212. [2]Bei nicht eingetragenen Gesellschaften sind deren Gesellschafter mit den Informationen nach Satz 1 zu nennen. [3]Steht eine Aktie mehreren Berechtigten zu, sind diese mit den Informationen nach Satz 1 zu nennen.

(3) Das Informationsverlangen der Gesellschaft ist von einem Intermediär innerhalb der Frist nach Artikel 9 Absatz 6 Unterabsatz 1, 2 oder 3 Satz 3 und Absatz 7 der Durchführungsverordnung (EU) 2018/1212 an den jeweils nächsten Intermediär weiterzuleiten, bis der Letztintermediär erreicht ist.

(4) [1]Der Letztintermediär hat die Informationen zur Beantwortung des Informationsverlangens der Gesellschaft zu übermitteln. [2]Das gilt nicht, wenn die Gesellschaft die Übermittlung von einem anderen Intermediär in der Kette verlangt; in diesem Fall sind Intermediäre verpflichtet, die Informationen unverzüglich diesem Intermediär oder dem jeweils nächsten Intermediär weiterzuleiten. [3]Der Intermediär, von dem die Gesellschaft die Übermittlung verlangt, ist verpflichtet, der Gesellschaft die erhaltenen Informationen unverzüglich zu übermitteln. [4]Format, Inhalt und Frist der Antwort auf das Informationsverlangen richten sich nach den Artikeln 2, 3, 9 Absatz 6 Unterabsatz 2 und 3 und Absatz 7 der Durchführungsverordnung (EU) 2018/1212.

(5) [1]Die Absätze 1 bis 4 gelten auch für das Informationsverlangen einer börsennotierten Gesellschaft mit Sitz in einem anderen Mitgliedstaat der Europäischen Union. [2]§ 67a Absatz 2 Satz 1 gilt für die Absätze 1 bis 5 Satz 1 entsprechend.

**§ 67e[1)] [2)] Verarbeitung und Berichtigung personenbezogener Daten der Aktionäre.** (1) Gesellschaften und Intermediäre dürfen personenbezogene Daten der Aktionäre für die Zwecke der Identifikation, der Kommunikation mit den Aktionären, den Gesellschaften und den Intermediären, der Ausübung der Rechte der Aktionäre, der Führung des Aktienregisters und für die Zusammenarbeit mit den Aktionären verarbeiten.

(2) [1]Erlangen Gesellschaften oder Intermediäre Kenntnis davon, dass ein Aktionär nicht mehr Aktionär der Gesellschaft ist, dürfen sie dessen personenbezogene Daten vorbehaltlich anderer gesetzlicher Regelungen nur noch für höchstens zwölf Monate speichern. [2]Eine längere Speicherung durch die Gesellschaft ist zudem zulässig, solange dies für Rechtsverfahren erforderlich ist.

(3) Mit der Offenlegung von Informationen über die Identität von Aktionären gegenüber der Gesellschaft oder weiterleitungspflichtigen Intermediären nach § 67d verstoßen Intermediäre nicht gegen vertragliche oder gesetzliche Verbote.

(4) Wer mit unvollständigen oder unrichtigen Informationen als Aktionär identifiziert wurde, kann von der Gesellschaft und von dem Intermediär, der diese Informationen erteilt hat, die unverzügliche Berichtigung verlangen.

---

1) § 67e eingef. mWv 1.1.2020 durch G v. 12.12.2019 (BGBl. I S. 2637).

2) Beachte hierzu Übergangsvorschrift in § 26j EGAktG (Nr. **51a**).

**§ 67f**[1)] [2)] **Kosten; Verordnungsermächtigung.** (1) [1] Vorbehaltlich der Regelungen in Satz 2 trägt die Gesellschaft die Kosten für die nach den §§ 67a bis 67d, auch in Verbindung mit § 125 Absatz 1, 2 und 5, und nach § 118 Absatz 1 Satz 3 bis 5 sowie Absatz 2 Satz 2 und § 118a Absatz 1 Satz 4 notwendigen Aufwendungen der Intermediäre, soweit diese auf Methoden beruhen, die dem jeweiligen Stand der Technik entsprechen. [2] Die folgenden Kosten sind hiervon ausgenommen:

1. die Kosten für die notwendigen Aufwendungen der Letztintermediäre für die nichtelektronische Übermittlung von Informationen an den Aktionär gemäß § 67b Absatz 1 Satz 1 und
2. bei der Gesellschaft, die Namensaktien ausgegeben hat, die Kosten für die notwendigen Aufwendungen der Intermediäre für die Übermittlung und Weiterleitung von Informationen vom im Aktienregister eingetragenen Intermediär an den Aktionär nach § 125 Absatz 2 und 5 in Verbindung mit den §§ 67a und 67b.

[3] Die Intermediäre legen die Entgelte für die Aufwendungen für jede Dienstleistung, die nach den §§ 67a bis 67e, § 118 Absatz 1 Satz 3 bis 5 sowie Absatz 2 Satz 2, § 118a Absatz 1 Satz 4, § 125 Absatz 1 Satz 1, Absatz 2 und 5 und § 129 Absatz 5 erbracht wird, offen. [4] Die Offenlegung erfolgt getrennt gegenüber der Gesellschaft und denjenigen Aktionären, für die sie die Dienstleistung erbringen. [5] Unterschiede zwischen den Entgelten für die Ausübung von Rechten im Inland und in grenzüberschreitenden Fällen sind nur zulässig, wenn sie gerechtfertigt sind und den Unterschieden bei den tatsächlichen Kosten, die für die Erbringung der Dienstleistungen entstanden sind, entsprechen.

(2) Unbeschadet sonstiger Regelungen nach diesem Gesetz sind für die Pflichten nach den §§ 67a bis 67e, 125 Absatz 1 Satz 1, Absatz 2 und 5 sowie für die Bestätigungen nach § 118 Absatz 1 Satz 3 bis 5 sowie Absatz 2 Satz 2, § 118a Absatz 1 Satz 4 und § 129 Absatz 5 die Anforderungen der Durchführungsverordnung (EU) 2018/1212 zu beachten.

(3) [1] Das Bundesministerium der Justiz und für Verbraucherschutz wird ermächtigt, im Einvernehmen mit dem Bundesministerium für Wirtschaft und Energie und dem Bundesministerium der Finanzen durch Rechtsverordnung die Einzelheiten für den Ersatz von Aufwendungen der Intermediäre durch die Gesellschaft für die folgenden Handlungen zu regeln:

1. die Übermittlung der Angaben gemäß § 67 Absatz 4,
2. die Übermittlung und Weiterleitung von Informationen und Mitteilungen gemäß den §§ 67a bis 67d, 118 Absatz 1 Satz 3 bis 5 sowie Absatz 2 Satz 2, § 118a Absatz 1 Satz 4 und § 129 Absatz 5 und
3. die Vervielfältigung, Übermittlung und Weiterleitung der Mitteilungen gemäß § 125 Absatz 1, 2 und 5 in Verbindung mit den §§ 67a und 67b.

[2] Es können Pauschbeträge festgesetzt werden. [3] Die Rechtsverordnung bedarf nicht der Zustimmung des Bundesrates.

**§ 68**[3)] **Übertragung von Namensaktien. Vinkulierung.** (1) [1] Namensaktien können auch durch Indossament übertragen werden. [2] Für die Form des Indos-

---

[1)] § 67f eingef. mWv 1.1.2020 durch G v. 12.12.2019 (BGBl. I S. 2637); Abs. 1 Sätze 1 und 3, Abs. 2 und 3 Satz 1 Nr. 2 geänd. mWv 27.7.2022 durch G v. 20.7.2022 (BGBl. I S. 1166).

[2)] Beachte hierzu Übergangsvorschrift in § 26j EGAktG (Nr. **51a**).

[3)] § 68 Überschrift und Abs. 1 Satz 1 geänd., Abs. 3 aufgeh., bish. Abs. 4 wird Abs. 3 und neu gef., bish. Abs. 5 wird Abs. 4 mWv 25.1.2001 durch G v. 18.1.2001 (BGBl. I S. 123).

saments, den Rechtsausweis des Inhabers und seine Verpflichtung zur Herausgabe gelten sinngemäß Artikel 12, 13 und 16 des Wechselgesetzes[1)].

(2) [1] Die Satzung kann die Übertragung an die Zustimmung der Gesellschaft binden. [2] Die Zustimmung erteilt der Vorstand. [3] Die Satzung kann jedoch bestimmen, daß der Aufsichtsrat oder die Hauptversammlung über die Erteilung der Zustimmung beschließt. [4] Die Satzung kann die Gründe bestimmen, aus denen die Zustimmung verweigert werden darf.

(3) Bei Übertragung durch Indossament ist die Gesellschaft verpflichtet, die Ordnungsmäßigkeit der Reihe der Indossamente, nicht aber die Unterschriften zu prüfen.

(4) Diese Vorschriften gelten sinngemäß für Zwischenscheine.

**§ 69 Rechtsgemeinschaft an einer Aktie.** (1) Steht eine Aktie mehreren Berechtigten zu, so können sie die Rechte aus der Aktie nur durch einen gemeinschaftlichen Vertreter ausüben.

(2) Für die Leistungen auf die Aktie haften sie als Gesamtschuldner.

(3) [1] Hat die Gesellschaft eine Willenserklärung dem Aktionär gegenüber abzugeben, so genügt, wenn die Berechtigten der Gesellschaft keinen gemeinschaftlichen Vertreter benannt haben, die Abgabe der Erklärung gegenüber einem Berechtigten. [2] Bei mehreren Erben eines Aktionärs gilt dies nur für Willenserklärungen, die nach Ablauf eines Monats seit dem Anfall der Erbschaft abgegeben werden.

**§ 70[2)] Berechnung der Aktienbesitzzeit.** [1] Ist die Ausübung von Rechten aus der Aktie davon abhängig, dass der Aktionär während eines bestimmten Zeitraums Inhaber der Aktie gewesen ist, so steht dem Eigentum ein Anspruch auf Übereignung gegen ein Kreditinstitut, ein Finanzdienstleistungsinstitut, ein Wertpapierinstitut oder ein nach § 53 Absatz 1 Satz 1 oder § 53b Absatz 1 Satz 1 oder Absatz 7 des Kreditwesengesetzes tätiges Unternehmen gleich. [2] Die Eigentumszeit eines Rechtsvorgängers wird dem Aktionär zugerechnet, wenn er die Aktie unentgeltlich, von seinem Treuhänder, als Gesamtrechtsnachfolger, bei Auseinandersetzung einer Gemeinschaft oder bei einer Bestandsübertragung nach § 13 des Versicherungsaufsichtsgesetzes oder § 14 des Gesetzes über Bausparkassen erworben hat.

**§ 71[3)] Erwerb eigener Aktien.** (1) Die Gesellschaft darf eigene Aktien nur erwerben,

1. wenn der Erwerb notwendig ist, um einen schweren, unmittelbar bevorstehenden Schaden von der Gesellschaft abzuwenden,

---

[1)] **Habersack, Deutsche Gesetze ErgBd. Nr. 54.**

[2)] § 70 Satz 2 geänd. durch G v. 29.3.1983 (BGBl. I S. 377); Satz 2 geänd. mWv 1.1.2016 durch G v. 1.4. 2015 (BGBl. I S. 434); Satz 1 neu gef. mWv 26.6.2021 durch G v. 12.5.2021 (BGBl. I S. 990).

[3)] § 71 neu gef. durch G v. 13.12.1978 (BGBl. I S. 1959); Abs. 2 Satz 2 geänd. durch G v. 19.12.1985 (BGBl. I S. 2355); Abs. 1 Nr. 2, 5 und 6 geänd., Nr. 7 angef., Abs. 2 Satz 3 geänd. durch G v. 26.7.1994 (BGBl. I S. 1749); Abs. 1 Nr. 3 neu gef. durch G v. 28.10.1994 (BGBl. I S. 3210); Abs. 1 Nr. 7 geänd. durch G v. 22.10.1997 (BGBl. I S. 2567); Abs. 2 Satz 1 neu gef., Abs. 2 Satz 3 und Abs. 3 Satz 1 geänd. durch G v. 25.3.1998 (BGBl. I S. 590); Abs. 1 Nr. 6 und 7 geänd., Nr. 8 angef., Abs. 2 Sätze 1 und 3, Abs. 3 Satz 1 geänd., Abs. 3 Satz 3 angef. durch G v. 27.4.1998 (BGBl. I S. 786); Abs. 3 Satz 3 geänd. mWv 1.5.2002 *durch G v. 22.4.2002 (BGBl. I S. 1310)*; Abs. 2 Satz 2 neu gef. mWv 29.5.2009 durch G v. 25.5.2009 (BGBl. I S. 1102); Abs. 1 Nr. 7 und 8 geänd., Abs. 3 Satz 3 aufgeh. mWv 1.9.2009 durch G v. 30.7.2009 (BGBl. I S. 2479); Abs. 1 Nr. 7 geänd. mWv 26.6.2021 durch G v. 12.5.2021 (BGBl. I S. 990); Abs. 1 Nr. 4 geänd. mWv 27.7.2022 durch G v. 20.7.2022 (BGBl. I S. 1166); Abs. 1 Nr. 3 geänd. mWv 1.3.2023 durch G v. 22.2.2023 (BGBl. 2023 I Nr. 51).

2. wenn die Aktien Personen, die im Arbeitsverhältnis zu der Gesellschaft oder einem mit ihr verbundenen Unternehmen stehen oder standen, zum Erwerb angeboten werden sollen,
3. wenn der Erwerb geschieht, um Aktionäre nach § 305 Abs. 2, § 320b oder nach § 29 Abs. 1, § 125 Satz 1 in Verbindung mit § 29 Abs. 1, § 207 Abs. 1 Satz 1, § 313 Absatz 1, auch in Verbindung mit § 327, oder § 340 Absatz 1 des Umwandlungsgesetzes[1] abzufinden,
4. wenn der Erwerb unentgeltlich geschieht oder ein Kreditinstitut oder Wertpapierinstitut mit dem Erwerb eine Einkaufskommission ausführt,
5. durch Gesamtrechtsnachfolge,
6. auf Grund eines Beschlusses der Hauptversammlung zur Einziehung nach den Vorschriften über die Herabsetzung des Grundkapitals,
7. wenn sie ein Kreditinstitut, ein Finanzdienstleistungsinstitut, ein Wertpapierinstitut oder ein Finanzunternehmen ist, aufgrund eines Beschlusses der Hauptversammlung zum Zwecke des Wertpapierhandels. Der Beschluß muß bestimmen, daß der Handelsbestand der zu diesem Zweck zu erwerbenden Aktien fünf vom Hundert des Grundkapitals am Ende jeden Tages nicht übersteigen darf; er muß den niedrigsten und höchsten Gegenwert festlegen. Die Ermächtigung darf höchstens fünf Jahre gelten; oder
8. aufgrund einer höchstens fünf Jahre geltenden Ermächtigung der Hauptversammlung, die den niedrigsten und höchsten Gegenwert sowie den Anteil am Grundkapital, der zehn vom Hundert nicht übersteigen darf, festlegt. Als Zweck ist der Handel in eigenen Aktien ausgeschlossen. § 53a ist auf Erwerb und Veräußerung anzuwenden. Erwerb und Veräußerung über die Börse genügen dem. Eine andere Veräußerung kann die Hauptversammlung beschließen; § 186 Abs. 3, 4 und § 193 Abs. 2 Nr. 4 sind in diesem Fall entsprechend anzuwenden. Die Hauptversammlung kann den Vorstand ermächtigen, die eigenen Aktien ohne weiteren Hauptversammlungsbeschluß einzuziehen.

(2) [1] Auf die zu den Zwecken nach Absatz 1 Nr. 1 bis 3, 7 und 8 erworbenen Aktien dürfen zusammen mit anderen Aktien der Gesellschaft, welche die Gesellschaft bereits erworben hat und noch besitzt, nicht mehr als zehn vom Hundert des Grundkapitals entfallen. [2] Dieser Erwerb ist ferner nur zulässig, wenn die Gesellschaft im Zeitpunkt des Erwerbs eine Rücklage in Höhe der Aufwendungen für den Erwerb bilden könnte, ohne das Grundkapital oder eine nach Gesetz oder Satzung zu bildende Rücklage zu mindern, die nicht zur Zahlung an die Aktionäre verwandt werden darf. [3] In den Fällen des Absatzes 1 Nr. 1, 2, 4, 7 und 8 ist der Erwerb nur zulässig, wenn auf die Aktien der Ausgabebetrag voll geleistet ist.

(3) [1] In den Fällen des Absatzes 1 Nr. 1 und 8 hat der Vorstand die nächste Hauptversammlung über die Gründe und den Zweck des Erwerbs, über die Zahl der erworbenen Aktien und den auf sie entfallenden Betrag des Grundkapitals, über deren Anteil am Grundkapital sowie über den Gegenwert der Aktien zu unterrichten. [2] Im Falle des Absatzes 1 Nr. 2 sind die Aktien innerhalb eines Jahres nach ihrem Erwerb an die Arbeitnehmer auszugeben.

(4) [1] Ein Verstoß gegen die Absätze 1 oder 2 macht den Erwerb eigener Aktien nicht unwirksam. [2] Ein schuldrechtliches Geschäft über den Erwerb eigener Aktien ist jedoch nichtig, soweit der Erwerb gegen die Absätze 1 oder 2 verstößt.

---

[1] Nr. **52a**.

**§ 71a[1)] Umgehungsgeschäfte.** (1) [1] Ein Rechtsgeschäft, das die Gewährung eines Vorschusses oder eines Darlehens oder die Leistung einer Sicherheit durch die Gesellschaft an einen anderen zum Zweck des Erwerbs von Aktien dieser Gesellschaft zum Gegenstand hat, ist nichtig. [2] Dies gilt nicht für Rechtsgeschäfte im Rahmen der laufenden Geschäfte von Kreditinstituten, von Finanzdienstleistungsinstituten oder von Wertpapierinstituten sowie für die Gewährung eines Vorschusses oder eines Darlehens oder für die Leistung einer Sicherheit zum Zweck des Erwerbs von Aktien durch Arbeitnehmer der Gesellschaft oder eines mit ihr verbundenen Unternehmens; auch in diesen Fällen ist das Rechtsgeschäft jedoch nichtig, wenn die Gesellschaft im Zeitpunkt des Erwerbs eine Rücklage in Höhe der Aufwendungen für den Erwerb nicht bilden könnte, ohne das Grundkapital oder eine nach Gesetz oder Satzung zu bildende Rücklage zu mindern, die nicht zur Zahlung an die Aktionäre verwandt werden darf. [3] Satz 1 gilt zudem nicht für Rechtsgeschäfte bei Bestehen eines Beherrschungs- oder Gewinnabführungsvertrags (§ 291).

(2) Nichtig ist ferner ein Rechtsgeschäft zwischen der Gesellschaft und einem anderen, nach dem dieser berechtigt oder verpflichtet sein soll, Aktien der Gesellschaft für Rechnung der Gesellschaft oder eines abhängigen oder eines in ihrem Mehrheitsbesitz stehenden Unternehmens zu erwerben, soweit der Erwerb durch die Gesellschaft gegen § 71 Abs. 1 oder 2 verstoßen würde.

**§ 71b[2)] Rechte aus eigenen Aktien.** Aus eigenen Aktien stehen der Gesellschaft keine Rechte zu.

**§ 71c[3)] Veräußerung und Einziehung eigener Aktien.** (1) Hat die Gesellschaft eigene Aktien unter Verstoß gegen § 71 Abs. 1 oder 2 erworben, so müssen sie innerhalb eines Jahres nach ihrem Erwerb veräußert werden.

(2) Entfallen auf die Aktien, welche die Gesellschaft nach § 71 Abs. 1 in zulässiger Weise erworben hat und noch besitzt, mehr als zehn vom Hundert des Grundkapitals, so muß der Teil der Aktien, der diesen Satz übersteigt, innerhalb von drei Jahren nach dem Erwerb der Aktien veräußert werden.

(3) Sind eigene Aktien innerhalb der in den Absätzen 1 und 2 vorgesehenen Fristen nicht veräußert worden, so sind sie nach § 237 einzuziehen.

**§ 71d[4)] Erwerb eigener Aktien durch Dritte.** [1] Ein im eigenen Namen, jedoch für Rechnung der Gesellschaft handelnder Dritter darf Aktien der Gesellschaft nur erwerben oder besitzen, soweit dies der Gesellschaft nach § 71 Abs. 1 Nr. 1 bis 5, 7 und 8 und Abs. 2 gestattet wäre. [2] Gleiches gilt für den Erwerb oder den Besitz von Aktien der Gesellschaft durch ein abhängiges oder ein im Mehrheitsbesitz der Gesellschaft stehendes Unternehmen sowie für den Erwerb oder den Besitz durch einen Dritten, der im eigenen Namen, jedoch für Rechnung eines abhängigen oder eines im Mehrheitsbesitz der Gesellschaft stehenden Unternehmens handelt. [3] Bei der Berechnung des Anteils am Grundkapital nach § 71 Abs. 2 Satz 1 und § 71c

---

[1)] § 71a eingef. durch G v. 13.12.1978 (BGBl. I S. 1959); Abs. 1 Satz 2 geänd. durch G v. 19.12.1985 (BGBl. I S. 2355); Abs. 1 Satz 2 geänd. durch G v. 22.10.1997 (BGBl. I S. 2567); Abs. 1 Satz 3 angef. mWv 1.11.2008 durch G v. 23.10.2008 (BGBl. I S. 2026); Abs. 1 Satz 2 geänd. mWv 29.5.2009 durch G v. 25.5. 2009 (BGBl. I S. 1102); Abs. 1 Satz 2 geänd. mWv 26.6.2021 durch G v. 12.5.2021 (BGBl. I S. 990).

[2)] § 71b eingef. durch G v. 13.12.1978 (BGBl. I S. 1959).

[3)] *§ 71c eingef. durch* G v. 13.12.1978 (BGBl. I S. 1959); Abs. 2 geänd. durch G v. 25.3.1998 (BGBl. I S. 590).

[4)] § 71d eingef. durch G v. 13.12.1978 (BGBl. I S. 1959); Satz 1 geänd. durch G v. 26.7.1994 (BGBl. I S. 1749); Satz 3 geänd. durch G v. 25.3.1998 (BGBl. I S. 590); Satz 1 geänd. durch G v. 27.4.1998 (BGBl. I S. 786).

Abs. 2 gelten diese Aktien als Aktien der Gesellschaft. [4] Im übrigen gelten § 71 Abs. 3 und 4, §§ 71a bis 71c sinngemäß. [5] Der Dritte oder das Unternehmen hat der Gesellschaft auf ihr Verlangen das Eigentum an den Aktien zu verschaffen. [6] Die Gesellschaft hat den Gegenwert der Aktien zu erstatten.

**§ 71e[1)] Inpfandnahme eigener Aktien.** (1) [1] Dem Erwerb eigener Aktien nach § 71 Abs. 1 und 2, § 71d steht es gleich, wenn eigene Aktien als Pfand genommen werden. [2] Jedoch darf ein Kreditinstitut, ein Finanzdienstleistungsinstitut oder ein Wertpapierinstitut im Rahmen der laufenden Geschäfte eigene Aktien bis zu dem in § 71 Abs. 2 Satz 1 bestimmten Anteil am Grundkapital als Pfand nehmen. [3] § 71a gilt sinngemäß.

(2) [1] Ein Verstoß gegen Absatz 1 macht die Inpfandnahme eigener Aktien unwirksam, wenn auf sie der Ausgabebetrag noch nicht voll geleistet ist. [2] Ein schuldrechtliches Geschäft über die Inpfandnahme eigener Aktien ist nichtig, soweit der Erwerb gegen Absatz 1 verstößt.

**§ 72[2)] Kraftloserklärung von Aktien im Aufgebotsverfahren.** (1) [1] Ist eine Aktie oder ein Zwischenschein abhanden gekommen oder vernichtet, so kann die Urkunde im Aufgebotsverfahren nach dem Gesetz über das Verfahren in Familiensachen und in den Angelegenheiten der freiwilligen Gerichtsbarkeit[3)] für kraftlos erklärt werden [2] § 799 Abs. 2 und § 800 des Bürgerlichen Gesetzbuchs[4)] gelten sinngemäß.

(2) Sind Gewinnanteilscheine auf den Inhaber ausgegeben, so erlischt mit der Kraftloserklärung der Aktie oder des Zwischenscheins auch der Anspruch aus den noch nicht fälligen Gewinnanteilscheinen.

(3) Die Kraftloserklärung einer Aktie nach §§ 73 oder 226 steht der Kraftloserklärung der Urkunde nach Absatz 1 nicht entgegen.

**§ 73[5)] Kraftloserklärung von Aktien durch die Gesellschaft.** (1) [1] Ist der Inhalt von Aktienurkunden durch eine Veränderung der rechtlichen Verhältnisse unrichtig geworden, so kann die Gesellschaft die Aktien, die trotz Aufforderung nicht zur Berichtigung oder zum Umtausch bei ihr eingereicht sind, mit Genehmigung des Gerichts für kraftlos erklären. [2] Beruht die Unrichtigkeit auf einer Änderung des Nennbetrags der Aktien, so können sie nur dann für kraftlos erklärt werden, wenn der Nennbetrag zur Herabsetzung des Grundkapitals herabgesetzt ist. [3] Namensaktien können nicht deshalb für kraftlos erklärt werden, weil die Bezeichnung des Aktionärs unrichtig geworden ist. [4] Gegen die Entscheidung des Gerichts ist die Beschwerde zulässig; eine Anfechtung der Entscheidung, durch die die Genehmigung erteilt wird, ist ausgeschlossen.

(2) [1] Die Aufforderung, die Aktien einzureichen, hat die Kraftloserklärung anzudrohen und auf die Genehmigung des Gerichts hinzuweisen. [2] Die Kraftloserklärung kann nur erfolgen, wenn die Aufforderung in der in § 64 Abs. 2 für die Nachfrist vorgeschriebenen Weise bekanntgemacht worden ist. [3] Die Kraftloserklärung geschieht durch Bekanntmachung in den Gesellschaftsblättern. [4] In der Be-

---

1) § 71e eingef. durch G v. 13.12.1978 (BGBl. I S. 1959); Abs. 1 Satz 2 geänd. durch G v. 22.10.1997 (BGBl. I S. 2567); Abs. 1 Satz 2, Abs. 2 Satz 1 geänd. durch G v. 25.3.1998 (BGBl. I S. 590); Abs. 1 Satz 2 geänd. mWv 26.6.2021 durch G v. 12.5.2021 (BGBl. I S. 990).

2) § 72 Abs. 1 Satz 1 geänd. mWv 1.9.2009 durch G v. 17.12.2008 (BGBl. I S. 2586).

3) Nr. **112**.

4) Nr. **20**.

5) § 73 Abs. 3 Satz 1 geänd. durch G v. 27.4.1998 (BGBl. I S. 786); Abs. 1 Satz 4 geänd. mWv 1.9.2009 durch G v. 17.12.2008 (BGBl. I S. 2586).

kanntmachung sind die für kraftlos erklärten Aktien so zu bezeichnen, daß sich aus der Bekanntmachung ohne weiteres ergibt, ob eine Aktie für kraftlos erklärt ist.

(3) [1] An Stelle der für kraftlos erklärten Aktien sind, vorbehaltlich einer Satzungsregelung nach § 10 Abs. 5, neue Aktien auszugeben und dem Berechtigten auszuhändigen oder, wenn ein Recht zur Hinterlegung besteht, zu hinterlegen. [2] Die Aushändigung oder Hinterlegung ist dem Gericht anzuzeigen.

(4) Soweit zur Herabsetzung des Grundkapitals Aktien zusammengelegt werden, gilt § 226.

**§ 74 Neue Urkunden an Stelle beschädigter oder verunstalteter Aktien oder Zwischenscheine.** [1] Ist eine Aktie oder ein Zwischenschein so beschädigt oder verunstaltet, daß die Urkunde zum Umlauf nicht mehr geeignet ist, so kann der Berechtigte, wenn der wesentliche Inhalt und die Unterscheidungsmerkmale der Urkunde noch sicher zu erkennen sind, von der Gesellschaft die Erteilung einer neuen Urkunde gegen Aushändigung der alten verlangen. [2] Die Kosten hat er zu tragen und vorzuschießen.

**§ 75 Neue Gewinnanteilscheine.** Neue Gewinnanteilscheine dürfen an den Inhaber des Erneuerungsscheins nicht ausgegeben werden, wenn der Besitzer der Aktie oder des Zwischenscheins der Ausgabe widerspricht; sie sind dem Besitzer der Aktie oder des Zwischenscheins auszuhändigen, wenn er die Haupturkunde vorlegt.

## Vierter Teil. Verfassung der Aktiengesellschaft

### Erster Abschnitt. Vorstand

**§ 76[1) 2)] Leitung der Aktiengesellschaft.** (1) Der Vorstand hat unter eigener Verantwortung die Gesellschaft zu leiten.

(2) [1] Der Vorstand kann aus einer oder mehreren Personen bestehen. [2] Bei Gesellschaften mit einem Grundkapital von mehr als drei Millionen Euro hat er aus mindestens zwei Personen zu bestehen, es sei denn, die Satzung bestimmt, daß er aus einer Person besteht. [3] Die Vorschriften über die Bestellung eines Arbeitsdirektors bleiben unberührt.[3)]

---

[1)] § 76 Abs. 3 Sätze 2 und 3 angef. durch G v. 4.7.1980 (BGBl. I S. 836); Abs. 3 Satz 2 eingef., bish. Sätze 2 und 3 werden Sätze 3 und 4 durch G v. 12.9.1990 (BGBl. I S. 2002); Abs. 2 Satz 2 geänd. durch G v. 9.6. 1998 (BGBl. I S. 1242); Abs. 3 Sätze 2 und 3 neu gef., Satz 4 aufgeh. mWv 1.11.2008 durch G v. 23.10.2008 (BGBl. I S. 2026); Abs. 4 angef. mWv 1.5.2015 durch G v. 24.4.2015 (BGBl. I S. 642); Abs. 3 Satz 2 Nr. 1 geänd. mWv 1.1.2023 durch G v. 4.5.2021 (BGBl. I S. 882); Abs. 3a, Abs. 4 Sätze 2–4 eingef., bish. Sätze 2–4 werden Sätze 5–7 mWv 12.8.2021 durch G v. 7.8.2021 (BGBl. I S. 3311); Abs. 3 Satz 3 eingef., bish. Satz 3 wird Satz 4 mWv 1.8.2022 durch G v. 5.7.2021 (BGBl. I S. 3338); Abs. 3 Satz 2 Nr. 3 Buchst. d geänd. mWv 1.3.2023 durch G v. 22.2.2023 (BGBl. 2023 I Nr. 51).

[2)] Beachte hierzu Übergangsvorschriften in §§ 26l und 26m EGAktG (Nr. **51a**).

[3)] Siehe das

– G über die Mitbestimmung der Arbeitnehmer (MitbestimmungsG – MitbestG) **(Habersack, Deutsche Gesetze ErgBd. Nr. 82a)**

– G über die Mitbestimmung der Arbeitnehmer in den Aufsichtsräten und Vorständen der Unternehmen des Bergbaus und der Eisen und Stahl erzeugenden Industrie (sog. Montan-MitbestimmungsG) **(Habersack, Deutsche Gesetze ErgBd. Nr. 82b)**

– G zur Ergänzung des Gesetzes über die Mitbestimmung der Arbeitnehmer in den Aufsichtsräten und Vorständen der Unternehmen des Bergbaus und der Eisen und Stahl erzeugenden Industrie (sog. Montan-MitbestimmungsergänzungsG) **(Habersack, Deutsche Gesetze ErgBd. Nr. 82c)**

(3) [1] Mitglied des Vorstands kann nur eine natürliche, unbeschränkt geschäftsfähige Person sein. [2] Mitglied des Vorstands kann nicht sein, wer

1. als Betreuter bei der Besorgung seiner Vermögensangelegenheiten ganz oder teilweise einem Einwilligungsvorbehalt (§ 1825 des Bürgerlichen Gesetzbuchs[1)]) unterliegt,
2. aufgrund eines gerichtlichen Urteils oder einer vollziehbaren Entscheidung einer Verwaltungsbehörde einen Beruf, einen Berufszweig, ein Gewerbe oder einen Gewerbezweig nicht ausüben darf, sofern der Unternehmensgegenstand ganz oder teilweise mit dem Gegenstand des Verbots übereinstimmt,
3. wegen einer oder mehrerer vorsätzlich begangener Straftaten
   a) des Unterlassens der Stellung des Antrags auf Eröffnung des Insolvenzverfahrens (Insolvenzverschleppung),
   b) nach den §§ 283 bis 283d des Strafgesetzbuchs[2)] (Insolvenzstraftaten),
   c) der falschen Angaben nach § 399 dieses Gesetzes oder § 82 des Gesetzes betreffend die Gesellschaften mit beschränkter Haftung[3)],
   d) der unrichtigen Darstellung nach § 400 dieses Gesetzes, § 331 des Handelsgesetzbuchs[4)], § 346 des Umwandlungsgesetzes[5)] oder § 17 des Publizitätsgesetzes[6)],
   e) nach den §§ 263 bis 264a oder den §§ 265b bis 266a des Strafgesetzbuchs zu einer Freiheitsstrafe von mindestens einem Jahr

   verurteilt worden ist; dieser Ausschluss gilt für die Dauer von fünf Jahren seit der Rechtskraft des Urteils, wobei die Zeit nicht eingerechnet wird, in welcher der Täter auf behördliche Anordnung in einer Anstalt verwahrt worden ist.

[3] Satz 2 Nummer 2 gilt entsprechend, wenn die Person in einem anderen Mitgliedstaat der Europäischen Union oder einem anderen Vertragsstaat des Abkommens über den Europäischen Wirtschaftsraum einem vergleichbaren Verbot unterliegt. [4] Satz 2 Nr. 3 gilt entsprechend bei einer Verurteilung im Ausland wegen einer Tat, die mit den in Satz 2 Nr. 3 genannten Taten vergleichbar ist.

(3a) [1] Besteht der Vorstand bei börsennotierten Gesellschaften, für die das Mitbestimmungsgesetz[7)], das Gesetz über die Mitbestimmung der Arbeitnehmer in den Aufsichtsräten und Vorständen der Unternehmen des Bergbaus und der Eisen und Stahl erzeugenden Industrie[8)] in der im Bundesgesetzblatt Teil III, Gliederungsnummer 801-2, veröffentlichten bereinigten Fassung – Montan-Mitbestimmungsgesetz – oder das Gesetz zur Ergänzung des Gesetzes über die Mitbestimmung der Arbeitnehmer in den Aufsichtsräten und Vorständen der Unternehmen des Bergbaus und der Eisen und Stahl erzeugenden Industrie[9)] in der im Bundesgesetzblatt Teil III, Gliederungsnummer 801-3, veröffentlichten bereinigten Fassung – Mitbestimmungsergänzungsgesetz – gilt, aus mehr als drei Personen, so muss mindestens eine Frau und mindestens ein Mann Mitglied des Vorstands sein. [2] Eine Bestellung eines Vorstandsmitglieds unter Verstoß gegen dieses Beteiligungsgebot ist nichtig.

---

[1)] Nr. **20**.
[2)] Nr. **85**.
[3)] Nr. **52**.
[4)] Nr. **50**.
[5)] Nr. **52a**.
[6)] Nr. **52b**.
[7)] **Habersack, Deutsche Gesetze ErgBd. Nr. 82a.**
[8)] **Habersack, Deutsche Gesetze ErgBd. Nr. 82b.**
[9)] **Habersack, Deutsche Gesetze ErgBd. Nr. 82c.**

(4) [1] Der Vorstand von Gesellschaften, die börsennotiert sind oder der Mitbestimmung unterliegen, legt für den Frauenanteil in den beiden Führungsebenen unterhalb des Vorstands Zielgrößen fest. [2] Die Zielgrößen müssen den angestrebten Frauenanteil an der jeweiligen Führungsebene beschreiben und bei Angaben in Prozent vollen Personenzahlen entsprechen. [3] Legt der Vorstand für den Frauenanteil auf einer der Führungsebenen die Zielgröße Null fest, so hat er diesen Beschluss klar und verständlich zu begründen. [4] Die Begründung muss ausführlich die Erwägungen darlegen, die der Entscheidung zugrunde liegen. [5] Liegt der Frauenanteil bei Festlegung der Zielgrößen unter 30 Prozent, so dürfen die Zielgrößen den jeweils erreichten Anteil nicht mehr unterschreiten. [6] Gleichzeitig sind Fristen zur Erreichung der Zielgrößen festzulegen. [7] Die Fristen dürfen jeweils nicht länger als fünf Jahre sein.

**§ 77 Geschäftsführung.** (1) [1] Besteht der Vorstand aus mehreren Personen, so sind sämtliche Vorstandsmitglieder nur gemeinschaftlich zur Geschäftsführung befugt. [2] Die Satzung oder die Geschäftsordnung des Vorstands kann Abweichendes bestimmen; es kann jedoch nicht bestimmt werden, daß ein oder mehrere Vorstandsmitglieder Meinungsverschiedenheiten im Vorstand gegen die Mehrheit seiner Mitglieder entscheiden.

(2) [1] Der Vorstand kann sich eine Geschäftsordnung geben, wenn nicht die Satzung den Erlaß der Geschäftsordnung dem Aufsichtsrat übertragen hat oder der Aufsichtsrat eine Geschäftsordnung für den Vorstand erläßt. [2] Die Satzung kann Einzelfragen der Geschäftsordnung bindend regeln. [3] Beschlüsse des Vorstands über die Geschäftsordnung müssen einstimmig gefaßt werden.

**§ 78[1] Vertretung.** (1) [1] Der Vorstand vertritt die Gesellschaft gerichtlich und außergerichtlich. [2] Hat eine Gesellschaft keinen Vorstand (Führungslosigkeit), wird die Gesellschaft für den Fall, dass ihr gegenüber Willenserklärungen abgegeben oder Schriftstücke zugestellt werden, durch den Aufsichtsrat vertreten.

(2) [1] Besteht der Vorstand aus mehreren Personen, so sind, wenn die Satzung nichts anderes bestimmt, sämtliche Vorstandsmitglieder nur gemeinschaftlich zur Vertretung der Gesellschaft befugt. [2] Ist eine Willenserklärung gegenüber der Gesellschaft abzugeben, so genügt die Abgabe gegenüber einem Vorstandsmitglied oder im Fall des Absatzes 1 Satz 2 gegenüber einem Aufsichtsratsmitglied. [3] An die Vertreter der Gesellschaft nach Absatz 1 können unter der im Handelsregister eingetragenen Geschäftsanschrift Willenserklärungen gegenüber der Gesellschaft abgegeben und Schriftstücke für die Gesellschaft zugestellt werden. [4] Unabhängig hiervon können die Abgabe und die Zustellung auch unter der eingetragenen Anschrift der empfangsberechtigten Person nach § 39 Abs. 1 Satz 2 erfolgen.

(3) [1] Die Satzung kann auch bestimmen, daß einzelne Vorstandsmitglieder allein oder in Gemeinschaft mit einem Prokuristen zur Vertretung der Gesellschaft befugt sind. [2] Dasselbe kann der Aufsichtsrat bestimmen, wenn die Satzung ihn hierzu ermächtigt hat. [3] Absatz 2 Satz 2 gilt in diesen Fällen sinngemäß.

(4) [1] Zur Gesamtvertretung befugte Vorstandsmitglieder können einzelne von ihnen zur Vornahme bestimmter Geschäfte oder bestimmter Arten von Geschäften ermächtigen. [2] Dies gilt sinngemäß, wenn ein einzelnes Vorstandsmitglied in Gemeinschaft mit einem Prokuristen zur Vertretung der Gesellschaft befugt ist.

---

[1] § 78 Abs. 1 Satz 2 angef., Abs. 2 Satz 2 geänd., Sätze 3 und 4 angef. mWv 1.11.2008 durch G v. 23.10. 2008 (BGBl. I S. 2026).

**§ 79**[1)] *(aufgehoben)*

**§ 80**[2)] **Angaben auf Geschäftsbriefen.** (1) [1] Auf allen Geschäftsbriefen gleichviel welcher Form, die an einen bestimmten Empfänger gerichtet werden, müssen die Rechtsform und der Sitz der Gesellschaft, das Registergericht des Sitzes der Gesellschaft und die Nummer, unter der die Gesellschaft in das Handelsregister eingetragen ist, sowie alle Vorstandsmitglieder und der Vorsitzende des Aufsichtsrats mit dem Familiennamen und mindestens einem ausgeschriebenen Vornamen angegeben werden. [2] Der Vorsitzende des Vorstands ist als solcher zu bezeichnen. [3] Werden Angaben über das Kapital der Gesellschaft gemacht, so müssen in jedem Falle das Grundkapital sowie, wenn auf die Aktien der Ausgabebetrag nicht vollständig eingezahlt ist, der Gesamtbetrag der ausstehenden Einlagen angegeben werden.

(2) Der Angaben nach Absatz 1 Satz 1 und 2 bedarf es nicht bei Mitteilungen oder Berichten, die im Rahmen einer bestehenden Geschäftsverbindung ergehen und für die üblicherweise Vordrucke verwendet werden, in denen lediglich die im Einzelfall erforderlichen besonderen Angaben eingefügt zu werden brauchen.

(3) [1] Bestellscheine gelten als Geschäftsbriefe im Sinne des Absatzes 1. [2] Absatz 2 ist auf sie nicht anzuwenden.

(4) [1] Auf allen Geschäftsbriefen und Bestellscheinen, die von einer Zweigniederlassung einer Aktiengesellschaft mit Sitz im Ausland verwendet werden, müssen das Register, bei dem die Zweigniederlassung geführt wird, und die Nummer des Registereintrags angegeben werden; im übrigen gelten die Vorschriften der Absätze 1 bis 3 für die Angaben bezüglich der Haupt- und der Zweigniederlassung, soweit nicht das ausländische Recht Abweichungen nötig macht. [2] Befindet sich die ausländische Gesellschaft in Abwicklung, so sind auch diese Tatsache sowie alle Abwickler anzugeben.

**§ 81**[3) 4)] **Änderung des Vorstands und der Vertretungsbefugnis seiner Mitglieder.** (1) Jede Änderung des Vorstands oder der Vertretungsbefugnis eines Vorstandsmitglieds hat der Vorstand zur Eintragung in das Handelsregister anzumelden.

(2) Der Anmeldung sind die Urkunden über die Änderung in Urschrift oder öffentlich beglaubigter Abschrift beizufügen.

(3) [1] Die neuen Vorstandsmitglieder haben in der Anmeldung zu versichern, daß keine Umstände vorliegen, die ihrer Bestellung nach § 76 Abs. 3 Satz 2 Nr. 2 und 3 sowie Satz 3 und 4 entgegenstehen, und daß sie über ihre unbeschränkte Auskunftspflicht gegenüber dem Gericht belehrt worden sind. [2] § 37 Abs. 2 Satz 2 ist anzuwenden.

---

[1)] § 79 aufgeh. mWv 1.11.2008 durch G v. 23.10.2008 (BGBl. I S. 2026).

[2)] § 80 neu gef. durch G v. 15.8.1969 (BGBl. I S. 1146); Abs. 4 angef. durch G v. 22.7.1993 (BGBl. I S. 1282); Abs. 1 Satz 3 geänd. durch G v. 25.3.1998 (BGBl. I S. 590); Abs. 1 Satz 1 geänd. mWv 1.1.2007 durch G v. 10.11.2006 (BGBl. I S. 2553); Abs. 4 Satz 1 geänd. mWv 1.11.2008 durch G v. 23.10.2008 (BGBl. I S. 2026).

[3)] § 81 Abs. 1 und 2 geänd. durch G v. 15.8.1969 (BGBl. I S. 1146); Abs. 3 eingef., bish. Abs. 3 wird Abs. 4 durch G v. 4.7.1980 (BGBl. I S. 836); Abs. 3 Satz 1 geänd. durch G v. 12.9.1990 (BGBl. I S. 2002); Abs. 2 geänd., Abs. 4 aufgeh. mWv 1.1.2007 durch G v. 10.11.2006 (BGBl. I S. 2553); Abs. 3 Satz 1 geänd. mWv 1.11.2008 durch G v. 23.10.2008 (BGBl. I S. 2026); Abs. 3 Satz 1 geänd. mWv 1.8.2022 durch G v. 5.7.2021 (BGBl. I S. 3338).

[4)] Beachte hierzu Übergangsvorschrift in § 26m EGAktG (Nr. **51a**).

**§ 82 Beschränkungen der Vertretungs- und Geschäftsführungsbefugnis.**

(1) Die Vertretungsbefugnis des Vorstands kann nicht beschränkt werden.

(2) Im Verhältnis der Vorstandsmitglieder zur Gesellschaft sind diese verpflichtet, die Beschränkungen einzuhalten, die im Rahmen der Vorschriften über die Aktiengesellschaft die Satzung, der Aufsichtsrat, die Hauptversammlung und die Geschäftsordnungen des Vorstands und des Aufsichtsrats für die Geschäftsführungsbefugnis getroffen haben.

**§ 83 Vorbereitung und Ausführung von Hauptversammlungsbeschlüssen.** (1) [1]Der Vorstand ist auf Verlangen der Hauptversammlung verpflichtet, Maßnahmen, die in die Zuständigkeit der Hauptversammlung fallen, vorzubereiten. [2]Das gleiche gilt für die Vorbereitung und den Abschluß von Verträgen, die nur mit Zustimmung der Hauptversammlung wirksam werden. [3]Der Beschluß der Hauptversammlung bedarf der Mehrheiten, die für die Maßnahmen oder für die Zustimmung zu dem Vertrag erforderlich sind.

(2) Der Vorstand ist verpflichtet, die von der Hauptversammlung im Rahmen ihrer Zuständigkeit beschlossenen Maßnahmen auszuführen.

**§ 84[1)] Bestellung und Abberufung des Vorstands.** (1) [1]Vorstandsmitglieder bestellt der Aufsichtsrat auf höchstens fünf Jahre. [2]Eine wiederholte Bestellung oder Verlängerung der Amtszeit, jeweils für höchstens fünf Jahre, ist zulässig. [3]Sie bedarf eines erneuten Aufsichtsratsbeschlusses, der frühestens ein Jahr vor Ablauf der bisherigen Amtszeit gefaßt werden kann. [4]Nur bei einer Bestellung auf weniger als fünf Jahre kann eine Verlängerung der Amtszeit ohne neuen Aufsichtsratsbeschluß vorgesehen werden, sofern dadurch die gesamte Amtszeit nicht mehr als fünf Jahre beträgt. [5]Dies gilt sinngemäß für den Anstellungsvertrag; er kann jedoch vorsehen, daß er für den Fall einer Verlängerung der Amtszeit bis zu deren Ablauf weitergilt.

(2) Werden mehrere Personen zu Vorstandsmitgliedern bestellt, so kann der Aufsichtsrat ein Mitglied zum Vorsitzenden des Vorstands ernennen.

(3) [1]Ein Mitglied eines Vorstands, der aus mehreren Personen besteht, hat das Recht, den Aufsichtsrat um den Widerruf seiner Bestellung zu ersuchen, wenn es wegen Mutterschutz, Elternzeit, der Pflege eines Familienangehörigen oder Krankheit seinen mit der Bestellung verbundenen Pflichten vorübergehend nicht nachkommen kann. [2]Macht ein Vorstandsmitglied von diesem Recht Gebrauch, muss der Aufsichtsrat die Bestellung dieses Vorstandsmitglieds

1. im Fall des Mutterschutzes widerrufen und dabei die Wiederbestellung nach Ablauf des Zeitraums der in § 3 Absatz 1 und 2 des Mutterschutzgesetzes[2)] genannten Schutzfristen zusichern,
2. in den Fällen der Elternzeit, der Pflege eines Familienangehörigen oder der Krankheit widerrufen und dabei die Wiederbestellung nach einem Zeitraum von bis zu drei Monaten entsprechend dem Verlangen des Vorstandsmitglieds zusichern; der Aufsichtsrat kann von dem Widerruf der Bestellung absehen, wenn ein wichtiger Grund vorliegt.

---

[1)] § 84 Abs. 4 geänd. durch G v. 4.5.1976 (BGBl. I S. 1153); Abs. 4 geänd. mWv 1.5.2015 durch G v. 24.4.2015 (BGBl. I S. 642); Abs. 3 eingef., bish. Abs. 3 wird Abs. 4, bish. Abs. 4 wird Abs. 5 und geänd. mWv 12.8.2021 durch G v. 7.8.2021 (BGBl. I S. 3311).

[2)] **Habersack, Deutsche Gesetze ErgBd. Nr. 79.**

[3] In den in Satz 2 Nummer 2 genannten Fällen kann der Aufsichtsrat die Bestellung des Vorstandsmitglieds auf dessen Verlangen mit Zusicherung der Wiederbestellung nach einem Zeitraum von bis zu zwölf Monaten widerrufen. [4] Das vorgesehene Ende der vorherigen Amtszeit bleibt auch als Ende der Amtszeit nach der Wiederbestellung bestehen. [5] Im Übrigen bleiben die Regelungen des Absatzes 1 unberührt. [6] Die Vorgabe des § 76 Absatz 2 Satz 2, dass der Vorstand aus mindestens zwei Personen zu bestehen hat, gilt während des Zeitraums nach den Sätzen 2 oder 3 auch dann als erfüllt, wenn diese Vorgabe ohne den Widerruf eingehalten wäre. [7] Ein Unterschreiten der in der Satzung festgelegten Mindestzahl an Vorstandsmitgliedern ist während des Zeitraums nach den Sätzen 2 oder 3 unbeachtlich. [8] § 76 Absatz 3a und § 393a Absatz 2 Nummer 1 finden auf Bestellungen während des Zeitraums nach den Sätzen 2 oder 3 keine Anwendung, wenn das Beteiligungsgebot ohne den Widerruf eingehalten wäre. [9] § 88 ist während des Zeitraums nach den Sätzen 2 oder 3 entsprechend anzuwenden.

(4) [1] Der Aufsichtsrat kann die Bestellung zum Vorstandsmitglied und die Ernennung zum Vorsitzenden des Vorstands widerrufen, wenn ein wichtiger Grund vorliegt. [2] Ein solcher Grund ist namentlich grobe Pflichtverletzung, Unfähigkeit zur ordnungsmäßigen Geschäftsführung oder Vertrauensentzug durch die Hauptversammlung, es sei denn, daß das Vertrauen aus offenbar unsachlichen Gründen entzogen worden ist. [3] Dies gilt auch für den vom ersten Aufsichtsrat bestellten Vorstand. [4] Der Widerruf ist wirksam, bis seine Unwirksamkeit rechtskräftig festgestellt ist. [5] Für die Ansprüche aus dem Anstellungsvertrag gelten die allgemeinen Vorschriften.

(5) Die Vorschriften des Montan-Mitbestimmungsgesetzes[1)] über die besonderen Mehrheitserfordernisse für einen Aufsichtsratsbeschluß über die Bestellung eines Arbeitsdirektors oder den Widerruf seiner Bestellung bleiben unberührt.

**§ 85[2)] Bestellung durch das Gericht.** (1) [1] Fehlt ein erforderliches Vorstandsmitglied, so hat in dringenden Fällen das Gericht auf Antrag eines Beteiligten das Mitglied zu bestellen. [2] Gegen die Entscheidung ist die Beschwerde zulässig.

(1a) § 76 Absatz 3a gilt auch für die gerichtliche Bestellung.

(2) Das Amt des gerichtlich bestellten Vorstandsmitglieds erlischt in jedem Fall, sobald der Mangel behoben ist.

(3) [1] Das gerichtlich bestellte Vorstandsmitglied hat Anspruch auf Ersatz angemessener barer Auslagen und auf Vergütung für seine Tätigkeit. [2] Einigen sich das gerichtlich bestellte Vorstandsmitglied und die Gesellschaft nicht, so setzt das Gericht die Auslagen und die Vergütung fest. [3] Gegen die Entscheidung ist die Beschwerde zulässig; die Rechtsbeschwerde ist ausgeschlossen. [4] Aus der rechtskräftigen Entscheidung findet die Zwangsvollstreckung nach der Zivilprozeßordnung[3)] statt.

**§ 86[4)]** *(aufgehoben)*

---

[1)] **Habersack, Deutsche Gesetze ErgBd. Nr. 82b.**

[2)] § 85 Abs. 1 Satz 2 geänd., Abs. 3 Satz 3 neu gef., Satz 4 aufgeh., bish. Satz 5 wird Satz 4 mWv 1.9. 2009 durch G v. 17.12.2008 (BGBl. I S. 2586); Abs. 1a eingef. mWv 12.8.2021 durch G v. 7.8.2021 (BGBl. I S. 3311).

[3)] Nr. **100**.

[4)] § 86 aufgeh. mWv 26.7.2002 durch G v. 19.7.2002 (BGBl. I S. 2681).

**§ 87[1)] Grundsätze für die Bezüge der Vorstandsmitglieder.** (1) [1] Der Aufsichtsrat hat bei der Festsetzung der Gesamtbezüge des einzelnen Vorstandsmitglieds (Gehalt, Gewinnbeteiligungen, Aufwandsentschädigungen, Versicherungsentgelte, Provisionen, anreizorientierte Vergütungszusagen wie zum Beispiel Aktienbezugsrechte und Nebenleistungen jeder Art) dafür zu sorgen, dass diese in einem angemessenen Verhältnis zu den Aufgaben und Leistungen des Vorstandsmitglieds sowie zur Lage der Gesellschaft stehen und die übliche Vergütung nicht ohne besondere Gründe übersteigen. [2] Die Vergütungsstruktur ist bei börsennotierten Gesellschaften auf eine nachhaltige und langfristige Entwicklung der Gesellschaft auszurichten. [3] Variable Vergütungsbestandteile sollen daher eine mehrjährige Bemessungsgrundlage haben; für außerordentliche Entwicklungen soll der Aufsichtsrat eine Begrenzungsmöglichkeit vereinbaren. [4] Satz 1 gilt sinngemäß für Ruhegehalt, Hinterbliebenenbezüge und Leistungen verwandter Art.

(2) [1] Verschlechtert sich die Lage der Gesellschaft nach der Festsetzung so, dass die Weitergewährung der Bezüge nach Absatz 1 unbillig für die Gesellschaft wäre, so soll der Aufsichtsrat oder im Falle des § 85 Absatz 3 das Gericht auf Antrag des Aufsichtsrats die Bezüge auf die angemessene Höhe herabsetzen. [2] Ruhegehalt, Hinterbliebenenbezüge und Leistungen verwandter Art können nur in den ersten drei Jahren nach Ausscheiden aus der Gesellschaft nach Satz 1 herabgesetzt werden. [3] Durch eine Herabsetzung wird der Anstellungsvertrag im übrigen nicht berührt. [4] Das Vorstandsmitglied kann jedoch seinen Anstellungsvertrag für den Schluß des nächsten Kalendervierteljahrs mit einer Kündigungsfrist von sechs Wochen kündigen.

(3) Wird über das Vermögen der Gesellschaft das Insolvenzverfahren eröffnet und kündigt der Insolvenzverwalter den Anstellungsvertrag eines Vorstandsmitglieds, so kann es Ersatz für den Schaden, der ihm durch die Aufhebung des Dienstverhältnisses entsteht, nur für zwei Jahre seit dem Ablauf des Dienstverhältnisses verlangen.

(4) Die Hauptversammlung kann auf Antrag nach § 122 Absatz 2 Satz 1 die nach § 87a Absatz 1 Satz 2 Nummer 1 festgelegte Maximalvergütung herabsetzen.

**§ 87a[2) 3)] Vergütungssystem börsennotierter Gesellschaften.** (1) [1] Der Aufsichtsrat der börsennotierten Gesellschaft beschließt ein klares und verständliches System zur Vergütung der Vorstandsmitglieder. [2] Dieses Vergütungssystem enthält mindestens die folgenden Angaben, in Bezug auf Vergütungsbestandteile jedoch nur, soweit diese tatsächlich vorgesehen sind:

1. die Festlegung einer Maximalvergütung der Vorstandsmitglieder;
2. den Beitrag der Vergütung zur Förderung der Geschäftsstrategie und zur langfristigen Entwicklung der Gesellschaft;
3. alle festen und variablen Vergütungsbestandteile und ihren jeweiligen relativen Anteil an der Vergütung;
4. alle finanziellen und nichtfinanziellen Leistungskriterien für die Gewährung variabler Vergütungsbestandteile einschließlich
   a) einer Erläuterung, wie diese Kriterien zur Förderung der Ziele gemäß Nummer 2 beitragen, und

---

[1)] § 87 Abs. 3 neu gef. durch G v. 5.10.1994 (BGBl. I S. 2911); Abs. 1 und Abs. 2 Satz 1 neu gef., Abs. 2 Satz 2 eingef., bish. Sätze 2 und 3 werden Sätze 3 und 4 mWv 5.8.2009 durch G v. 31.7.2009 (BGBl. I S. 2509); Abs. 1 Satz 2 geänd., Abs. 4 angef. mWv 1.1.2020 durch G v. 12.12.2019 (BGBl. I S. 2637).

[2)] § 87a eingef. mWv 1.1.2020 durch G v. 12.12.2019 (BGBl. I S. 2637).

[3)] Beachte hierzu Übergangsvorschrift in § 26j EGAktG (Nr. **51a**).

   b) einer Darstellung der Methoden, mit denen die Erreichung der Leistungskriterien festgestellt wird;
5. Aufschubzeiten für die Auszahlung von Vergütungsbestandteilen;
6. Möglichkeiten der Gesellschaft, variable Vergütungsbestandteile zurückzufordern;
7. im Falle aktienbasierter Vergütung:
   a) Fristen,
   b) die Bedingungen für das Halten von Aktien nach dem Erwerb und
   c) eine Erläuterung, wie diese Vergütung zur Förderung der Ziele gemäß Nummer 2 beiträgt;
8. hinsichtlich vergütungsbezogener Rechtsgeschäfte:
   a) die Laufzeiten und die Voraussetzungen ihrer Beendigung, einschließlich der jeweiligen Kündigungsfristen,
   b) etwaige Zusagen von Entlassungsentschädigungen und
   c) die Hauptmerkmale der Ruhegehalts- und Vorruhestandsregelungen;
9. eine Erläuterung, wie die Vergütungs- und Beschäftigungsbedingungen der Arbeitnehmer bei der Festsetzung des Vergütungssystems berücksichtigt wurden, einschließlich einer Erläuterung, welcher Kreis von Arbeitnehmern einbezogen wurde;
10. eine Darstellung des Verfahrens zur Fest- und zur Umsetzung sowie zur Überprüfung des Vergütungssystems, einschließlich der Rolle eventuell betroffener Ausschüsse und der Maßnahmen zur Vermeidung und zur Behandlung von Interessenkonflikten;
11. im Fall der Vorlage eines gemäß § 120a Absatz 3 überprüften Vergütungssystems:
    a) eine Erläuterung aller wesentlichen Änderungen und
    b) eine Übersicht, inwieweit Abstimmung und Äußerungen der Aktionäre in Bezug auf das Vergütungssystem und die Vergütungsberichte berücksichtigt wurden.

(2) [1] Der Aufsichtsrat der börsennotierten Gesellschaft hat die Vergütung der Vorstandsmitglieder in Übereinstimmung mit einem der Hauptversammlung nach § 120a Absatz 1 zur Billigung vorgelegten Vergütungssystem festzusetzen. [2] Der Aufsichtsrat kann vorübergehend von dem Vergütungssystem abweichen, wenn dies im Interesse des langfristigen Wohlergehens der Gesellschaft notwendig ist und das Vergütungssystem das Verfahren des Abweichens sowie die Bestandteile des Vergütungssystems, von denen abgewichen werden kann, benennt.

**§ 88[1)] Wettbewerbsverbot.** (1) [1] Die Vorstandsmitglieder dürfen ohne Einwilligung des Aufsichtsrats weder ein Handelsgewerbe betreiben noch im Geschäftszweig der Gesellschaft für eigene oder fremde Rechnung Geschäfte machen. [2] Sie dürfen ohne Einwilligung auch nicht Mitglied des Vorstands oder Geschäftsführer oder persönlich haftender Gesellschafter einer anderen Handelsgesellschaft sein. [3] Die Einwilligung des Aufsichtsrats kann nur für bestimmte Handelsgewerbe oder Handelsgesellschaften oder für bestimmte Arten von Geschäften erteilt werden.

(2) [1] Verstößt ein Vorstandsmitglied gegen dieses Verbot, so kann die Gesellschaft Schadenersatz fordern. [2] Sie kann statt dessen von dem Mitglied verlangen,

[1)] § 88 Abs. 3 neu gef. mWv 15.12.2004 durch G v. 9.12.2004 (BGBl. I S. 3214).

daß es die für eigene Rechnung gemachten Geschäfte als für Rechnung der Gesellschaft eingegangen gelten läßt und die aus Geschäften für fremde Rechnung bezogene Vergütung herausgibt oder seinen Anspruch auf die Vergütung abtritt.

(3) [1] Die Ansprüche der Gesellschaft verjähren in drei Monaten seit dem Zeitpunkt, in dem die übrigen Vorstandsmitglieder und die Aufsichtsratsmitglieder von der zum Schadensersatz verpflichtenden Handlung Kenntnis erlangen oder ohne grobe Fahrlässigkeit erlangen müssten. [2] Sie verjähren ohne Rücksicht auf diese Kenntnis oder grob fahrlässige Unkenntnis in fünf Jahren von ihrer Entstehung an.

**§ 89[1)] Kreditgewährung an Vorstandsmitglieder.** (1) [1] Die Gesellschaft darf ihren Vorstandsmitgliedern Kredit nur auf Grund eines Beschlusses des Aufsichtsrats gewähren. [2] Der Beschluß kann nur für bestimmte Kreditgeschäfte oder Arten von Kreditgeschäften und nicht für länger als drei Monate im voraus gefaßt werden. [3] Er hat die Verzinsung und Rückzahlung des Kredits zu regeln. [4] Der Gewährung eines Kredits steht die Gestattung einer Entnahme gleich, die über die dem Vorstandsmitglied zustehenden Bezüge hinausgeht, namentlich auch die Gestattung der Entnahme von Vorschüssen auf Bezüge. [5] Dies gilt nicht für Kredite, die ein Monatsgehalt nicht übersteigen.

(2) [1] Die Gesellschaft darf ihren Prokuristen und zum gesamten Geschäftsbetrieb ermächtigten Handlungsbevollmächtigten Kredit nur mit Einwilligung des Aufsichtsrats gewähren. [2] Eine herrschende Gesellschaft darf Kredite an gesetzliche Vertreter, Prokuristen oder zum gesamten Geschäftsbetrieb ermächtigte Handlungsbevollmächtigte eines abhängigen Unternehmens nur mit Einwilligung ihres Aufsichtsrats, eine abhängige Gesellschaft darf Kredite an gesetzliche Vertreter, Prokuristen oder zum gesamten Geschäftsbetrieb ermächtigte Handlungsbevollmächtigte des herrschenden Unternehmens nur mit Einwilligung des Aufsichtsrats des herrschenden Unternehmens gewähren. [3] Absatz 1 Satz 2 bis 5 gilt sinngemäß.

(3) [1] Absatz 2 gilt auch für Kredite an den Ehegatten, Lebenspartner oder an ein minderjähriges Kind eines Vorstandsmitglieds, eines anderen gesetzlichen Vertreters, eines Prokuristen oder eines zum gesamten Geschäftsbetrieb ermächtigten Handlungsbevollmächtigten. [2] Er gilt ferner für Kredite an einen Dritten, der für Rechnung dieser Personen oder für Rechnung eines Vorstandsmitglieds, eines anderen gesetzlichen Vertreters, eines Prokuristen oder eines zum gesamten Geschäftsbetrieb ermächtigten Handlungsbevollmächtigten handelt.

(4) [1] Ist ein Vorstandsmitglied, ein Prokurist oder ein zum gesamten Geschäftsbetrieb ermächtigter Handlungsbevollmächtigter zugleich gesetzlicher Vertreter oder Mitglied des Aufsichtsrats einer anderen juristischen Person oder Gesellschafter einer Personenhandelsgesellschaft, so darf die Gesellschaft der juristischen Person oder der Personenhandelsgesellschaft Kredit nur mit Einwilligung des Aufsichtsrats gewähren; Absatz 1 Satz 2 und 3 gilt sinngemäß. [2] Dies gilt nicht, wenn die juristische Person oder die Personenhandelsgesellschaft mit der Gesellschaft verbunden ist oder wenn der Kredit für die Bezahlung von Waren gewährt wird, welche die Gesellschaft der juristischen Person oder der Personenhandelsgesellschaft liefert.

(5) Wird entgegen den Absätzen 1 bis 4 Kredit gewährt, so ist der Kredit ohne Rücksicht auf entgegenstehende Vereinbarungen sofort zurückzugewähren, wenn *nicht der Aufsichtsrat* nachträglich zustimmt.

---

[1)] § 89 Abs. 6 neu gef. durch G v. 22.10.1997 (BGBl. I S. 2567); Abs. 3 Satz 1 geänd. mWv 1.8.2001 durch G v. 16.2.2001 (BGBl. I S. 266).

(6) Ist die Gesellschaft ein Kreditinstitut oder Finanzdienstleistungsinstitut, auf das § 15 des Gesetzes über das Kreditwesen[1)] anzuwenden ist, gelten anstelle der Absätze 1 bis 5 die Vorschriften des Gesetzes über das Kreditwesen.

**§ 90[2)] Berichte an den Aufsichtsrat.** (1) [1]Der Vorstand hat dem Aufsichtsrat zu berichten über

1. die beabsichtigte Geschäftspolitik und andere grundsätzliche Fragen der Unternehmensplanung (insbesondere die Finanz-, Investitions- und Personalplanung), wobei auf Abweichungen der tatsächlichen Entwicklung von früher berichteten Zielen unter Angabe von Gründen einzugehen ist;
2. die Rentabilität der Gesellschaft, insbesondere die Rentabilität des Eigenkapitals;
3. den Gang der Geschäfte, insbesondere den Umsatz, und die Lage der Gesellschaft;
4. Geschäfte, die für die Rentabilität oder Liquidität der Gesellschaft von erheblicher Bedeutung sein können.

[2]Ist die Gesellschaft Mutterunternehmen (§ 290 Abs. 1, 2 des Handelsgesetzbuchs[3)]), so hat der Bericht auch auf Tochterunternehmen und auf Gemeinschaftsunternehmen (§ 310 Abs. 1 des Handelsgesetzbuchs) einzugehen. [3]Außerdem ist dem Vorsitzenden des Aufsichtsrats aus sonstigen wichtigen Anlässen zu berichten; als wichtiger Anlaß ist auch ein dem Vorstand bekanntgewordener geschäftlicher Vorgang bei einem verbundenen Unternehmen anzusehen, der auf die Lage der Gesellschaft von erheblichem Einfluß sein kann.

(2) Die Berichte nach Absatz 1 Satz 1 Nr. 1 bis 4 sind wie folgt zu erstatten:

1. die Berichte nach Nummer 1 mindestens einmal jährlich, wenn nicht Änderungen der Lage oder neue Fragen eine unverzügliche Berichterstattung gebieten;
2. die Berichte nach Nummer 2 in der Sitzung des Aufsichtsrats, in der über den Jahresabschluß verhandelt wird;
3. die Berichte nach Nummer 3 regelmäßig, mindestens vierteljährlich;
4. die Berichte nach Nummer 4 möglichst so rechtzeitig, daß der Aufsichtsrat vor Vornahme der Geschäfte Gelegenheit hat, zu ihnen Stellung zu nehmen.

(3) [1]Der Aufsichtsrat kann vom Vorstand jederzeit einen Bericht verlangen über Angelegenheiten der Gesellschaft, über ihre rechtlichen und geschäftlichen Beziehungen zu verbundenen Unternehmen sowie über geschäftliche Vorgänge bei diesen Unternehmen, die auf die Lage der Gesellschaft von erheblichem Einfluß sein können. [2]Auch ein einzelnes Mitglied kann einen Bericht, jedoch nur an den Aufsichtsrat, verlangen.

(4) [1]Die Berichte haben den Grundsätzen einer gewissenhaften und getreuen Rechenschaft zu entsprechen. [2]Sie sind möglichst rechtzeitig und, mit Ausnahme des Berichts nach Absatz 1 Satz 3, in der Regel in Textform zu erstatten.

(5) [1]Jedes Aufsichtsratsmitglied hat das Recht, von den Berichten Kenntnis zu nehmen. [2]Soweit die Berichte in Textform erstattet worden sind, sind sie auch jedem Aufsichtsratsmitglied auf Verlangen zu übermitteln, soweit der Aufsichtsrat

---

[1)] **Sartorius ErgBd. Nr. 856.**

[2)] § 90 Abs. 1 Satz 1 Nr. 1 neu gef. durch G v. 27.4.1998 (BGBl. I S. 786); Abs. 1 Satz 1 Nr. 1, Abs. 3 Satz 2, Abs. 5 Satz 2 geänd., Abs. 1 Satz 2 eingef., bish. Satz 2 wird Satz 3, Abs. 4 Satz 2 angef. mWv 26.7.2002 durch G v. 19.7.2002 (BGBl. I S. 2681); Abs. 5 Satz 3 geänd. mWv 31.12.2015 durch G v. 22.12.2015 (BGBl. I S. 2565).

[3)] Nr. **50**.

nichts anderes beschlossen hat. [3] Der Vorsitzende des Aufsichtsrats hat die Aufsichtsratsmitglieder über die Berichte nach Absatz 1 Satz 3 spätestens in der nächsten Aufsichtsratssitzung zu unterrichten.

**§ 91[1)] Organisation; Buchführung.** (1) Der Vorstand hat dafür zu sorgen, daß die erforderlichen Handelsbücher geführt werden.

(2) Der Vorstand hat geeignete Maßnahmen zu treffen, insbesondere ein Überwachungssystem einzurichten, damit den Fortbestand der Gesellschaft gefährdende Entwicklungen früh erkannt werden.

(3) Der Vorstand einer börsennotierten Gesellschaft hat darüber hinaus ein im Hinblick auf den Umfang der Geschäftstätigkeit und die Risikolage des Unternehmens angemessenes und wirksames internes Kontrollsystem und Risikomanagementsystem einzurichten.

**§ 92[2)] Vorstandspflichten bei Verlust, Überschuldung oder Zahlungsunfähigkeit.** Ergibt sich bei Aufstellung der Jahresbilanz oder einer Zwischenbilanz oder ist bei pflichtmäßigem Ermessen anzunehmen, daß ein Verlust in Höhe der Hälfte des Grundkapitals besteht, so hat der Vorstand unverzüglich die Hauptversammlung einzuberufen und ihr dies anzuzeigen.

**§ 93[3)] Sorgfaltspflicht und Verantwortlichkeit der Vorstandsmitglieder.** (1) [1] Die Vorstandsmitglieder haben bei ihrer Geschäftsführung die Sorgfalt eines ordentlichen und gewissenhaften Geschäftsleiters anzuwenden. [2] Eine Pflichtverletzung liegt nicht vor, wenn das Vorstandsmitglied bei einer unternehmerischen Entscheidung vernünftigerweise annehmen durfte, auf der Grundlage angemessener Information zum Wohle der Gesellschaft zu handeln. [3] Über vertrauliche Angaben und Geheimnisse der Gesellschaft, namentlich Betriebs- oder Geschäftsgeheimnisse, die den Vorstandsmitgliedern durch ihre Tätigkeit im Vorstand bekanntgeworden sind, haben sie Stillschweigen zu bewahren.

(2) [1] Vorstandsmitglieder, die ihre Pflichten verletzen, sind der Gesellschaft zum Ersatz des daraus entstehenden Schadens als Gesamtschuldner verpflichtet. [2] Ist streitig, ob sie die Sorgfalt eines ordentlichen und gewissenhaften Geschäftsleiters angewandt haben, so trifft sie die Beweislast. [3] Schließt die Gesellschaft eine Versicherung zur Absicherung eines Vorstandsmitglieds gegen Risiken aus dessen beruflicher Tätigkeit für die Gesellschaft ab, ist ein Selbstbehalt von mindestens 10 Prozent des Schadens bis mindestens zur Höhe des Eineinhalbfachen der festen jährlichen Vergütung des Vorstandsmitglieds vorzusehen.

(3) Die Vorstandsmitglieder sind namentlich zum Ersatz verpflichtet, wenn entgegen diesem Gesetz

1. Einlagen an die Aktionäre zurückgewährt werden,

---

[1)] § 91 Überschrift neu gef., Abs. 2 angef. durch G v. 27.4.1998 (BGBl. I S. 786); Abs. 3 angef. mWv 1.7.2021 durch G v. 3.6.2021 (BGBl. I S. 1534).

[2)] § 92 Abs. 2 aufgeh., bish. Abs. 3 wird Abs. 2 mWv 1.11.2008 durch G v. 23.10.2008 (BGBl. I S. 2026); Abs. 2 aufgeh. mWv 1.1.2021 durch G v. 22.12.2020 (BGBl. I S. 3256).

[3)] § 93 Abs. 3 Nr. 4 geänd. durch G v. 25.3.1998 (BGBl. I S. 590); Abs. 4 Satz 4 und Abs. 5 Satz 4 neu gef. durch G v. 5.10.1994 (BGBl. I S. 2911); Abs. 1 Satz 3 angef. mWv 21.12.2004 durch G v. 15.12.2004 (BGBl. I S. 3408); Abs. 1 Satz 2 eingef., bish. Sätze 2 und 3 werden Sätze 3 und 4, neuer Satz 3 geänd. mWv 1.11.2005 durch G v. 22.9.2005 (BGBl. I S. 2802); Abs. 2 Satz 3 angef. mWv 5.8.2009 durch G v. 31.7.2009 (BGBl. I S. 2509); Abs. 6 neu gef. mWv 15.12.2010 durch G v. 9.12.2010 (BGBl. I S. 1900); Abs. 3 Nr. 6 aufgeh. mWv 1.1.2021 durch G v. 22.12.2020 (BGBl. I S. 3256); Abs. 1 Satz 4 aufgeh. mWv 1.1.2022 durch G v. 3.6.2021 (BGBl. I S. 1534).

2. den Aktionären Zinsen oder Gewinnanteile gezahlt werden,
3. eigene Aktien der Gesellschaft oder einer anderen Gesellschaft gezeichnet, erworben, als Pfand genommen oder eingezogen werden,
4. Aktien vor der vollen Leistung des Ausgabebetrags ausgegeben werden,
5. Gesellschaftsvermögen verteilt wird,
6. *(aufgehoben)*
7. Vergütungen an Aufsichtsratsmitglieder gewährt werden,
8. Kredit gewährt wird,
9. bei der bedingten Kapitalerhöhung außerhalb des festgesetzten Zwecks oder vor der vollen Leistung des Gegenwerts Bezugsaktien ausgegeben werden.

(4) [1]Der Gesellschaft gegenüber tritt die Ersatzpflicht nicht ein, wenn die Handlung auf einem gesetzmäßigen Beschluß der Hauptversammlung beruht. [2]Dadurch, daß der Aufsichtsrat die Handlung gebilligt hat, wird die Ersatzpflicht nicht ausgeschlossen. [3]Die Gesellschaft kann erst drei Jahre nach der Entstehung des Anspruchs und nur dann auf Ersatzansprüche verzichten oder sich über sie vergleichen, wenn die Hauptversammlung zustimmt und nicht eine Minderheit, deren Anteile zusammen den zehnten Teil des Grundkapitals erreichen, zur Niederschrift Widerspruch erhebt. [4]Die zeitliche Beschränkung gilt nicht, wenn der Ersatzpflichtige zahlungsunfähig ist und sich zur Abwendung des Insolvenzverfahrens mit seinen Gläubigern vergleicht oder wenn die Ersatzpflicht in einem Insolvenzplan geregelt wird.

(5) [1]Der Ersatzanspruch der Gesellschaft kann auch von den Gläubigern der Gesellschaft geltend gemacht werden, soweit sie von dieser keine Befriedigung erlangen können. [2]Dies gilt jedoch in anderen Fällen als denen des Absatzes 3 nur dann, wenn die Vorstandsmitglieder die Sorgfalt eines ordentlichen und gewissenhaften Geschäftsleiters gröblich verletzt haben; Absatz 2 Satz 2 gilt sinngemäß. [3]Den Gläubigern gegenüber wird die Ersatzpflicht weder durch einen Verzicht oder Vergleich der Gesellschaft noch dadurch aufgehoben, daß die Handlung auf einem Beschluß der Hauptversammlung beruht. [4]Ist über das Vermögen der Gesellschaft das Insolvenzverfahren eröffnet, so übt während dessen Dauer der Insolvenzverwalter oder der Sachwalter das Recht der Gläubiger gegen die Vorstandsmitglieder aus.

(6) Die Ansprüche aus diesen Vorschriften verjähren bei Gesellschaften, die zum Zeitpunkt der Pflichtverletzung börsennotiert sind, in zehn Jahren, bei anderen Gesellschaften in fünf Jahren.

**§ 94 Stellvertreter von Vorstandsmitgliedern.** Die Vorschriften für die Vorstandsmitglieder gelten auch für ihre Stellvertreter.

### Zweiter Abschnitt. Aufsichtsrat

**§ 95[1)] *Zahl der Aufsichtsratsmitglieder.*** [1]Der Aufsichtsrat besteht aus drei Mitgliedern. [2]Die Satzung kann eine bestimmte höhere Zahl festsetzen. [3]Die Zahl muß durch drei teilbar sein, wenn dies zur Erfüllung mitbestimmungsrechtlicher Vorgaben erforderlich ist. [4]Die Höchstzahl der Aufsichtsratsmitglieder beträgt bei Gesellschaften mit einem Grundkapital

---

[1)] § 95 Satz 5 neu gef. durch G v. 4.5.1976 (BGBl. I S. 1153); Satz 4 geänd. durch G v. 9.6.1998 (BGBl. I S. 1242); Satz 5 geänd. mWv 1.5.2015 durch G v. 24.4.2015 (BGBl. I S. 642); Satz 3 geänd. mWv 31.12. 2015 durch G v. 22.12.2015 (BGBl. I S. 2565); Satz 5 geänd. mWv 12.8.2021 durch G v. 7.8.2021 (BGBl. I S. 3311).

| | | |
|---|---|---|
| bis zu | 1 500 000 Euro | neun, |
| von mehr als | 1 500 000 Euro | fünfzehn, |
| von mehr als | 10 000 000 Euro | einundzwanzig. |

[5] Durch die vorstehenden Vorschriften werden hiervon abweichende Vorschriften des Mitbestimmungsgesetzes, des Montan-Mitbestimmungsgesetzes[1)] und des Mitbestimmungsergänzungsgesetzes[2)] nicht berührt.

**§ 96[3)] Zusammensetzung des Aufsichtsrats.** (1) Der Aufsichtsrat setzt sich zusammen
bei Gesellschaften, für die das Mitbestimmungsgesetz[4)] gilt, aus Aufsichtsratsmitgliedern der Aktionäre und der Arbeitnehmer,[5)]
bei Gesellschaften, für die das Montan-Mitbestimmungsgesetz[1)] gilt, aus Aufsichtsratsmitgliedern der Aktionäre und der Arbeitnehmer und aus weiteren Mitgliedern,
bei Gesellschaften, für die die §§ 5 bis 13 des Mitbestimmungsergänzungsgesetzes[2)] gelten, aus Aufsichtsratsmitgliedern der Aktionäre und der Arbeitnehmer und aus einem weiteren Mitglied,
bei Gesellschaften, für die das Drittelbeteiligungsgesetz[6)] gilt, aus Aufsichtsratsmitgliedern der Aktionäre und der Arbeitnehmer,
bei Gesellschaften, für die das Gesetz über die Mitbestimmung der Arbeitnehmer bei einer grenzüberschreitenden Verschmelzung[7)] vom 21. Dezember 2006 (BGBl. I S. 3332) in der jeweils geltenden Fassung gilt, aus Aufsichtsratsmitgliedern der Aktionäre und der Arbeitnehmer, bei Gesellschaften, für die das Gesetz über die Mitbestimmung der Arbeitnehmer bei grenzüberschreitendem Formwechsel und grenzüberschreitender Spaltung[8)] vom 4. Januar 2023 (BGBl. 2023 I Nr. 10) in der jeweils geltenden Fassung gilt, aus Aufsichtsratsmitgliedern der Aktionäre und der Arbeitnehmer,
bei den übrigen Gesellschaften nur aus Aufsichtsratsmitgliedern der Aktionäre.

(2) [1] Bei börsennotierten Gesellschaften, für die das Mitbestimmungsgesetz, das Montan-Mitbestimmungsgesetz oder das Mitbestimmungsergänzungsgesetz gilt, setzt sich der Aufsichtsrat zu mindestens 30 Prozent aus Frauen und zu mindestens 30 Prozent aus Männern zusammen. [2] Der Mindestanteil ist vom Aufsichtsrat insgesamt zu erfüllen. [3] Widerspricht die Seite der Anteilseigner- oder Arbeitnehmervertreter auf Grund eines mit Mehrheit gefassten Beschlusses vor der Wahl der Gesamterfüllung gegenüber dem Aufsichtsratsvorsitzenden, so ist der Mindestanteil für diese Wahl von der Seite der Anteilseigner und der Seite der Arbeitnehmer getrennt zu erfüllen. [4] Es ist in allen Fällen auf volle Personenzahlen mathematisch auf- beziehungsweise abzurunden. [5] Verringert sich bei Gesamterfüllung der höhere Frauenanteil einer Seite nachträglich und widerspricht sie nun der Gesamt-

[1)] **Habersack, Deutsche Gesetze ErgBd. Nr. 82b.**
[2)] **Habersack, Deutsche Gesetze ErgBd. Nr. 82c.**
[3)] § 96 Abs. 1 neu gef. durch G v. 4.5.1976 (BGBl. I S. 1153); Abs. 1 geänd. mWv 1.7.2004 durch G v. 18.5.2004 (BGBl. I S. 974, ber. 2769) und mWv 29.12.2006 durch G v. 21.12.2006 (BGBl. I S. 3332); Abs. 1 geänd., Abs. 2, 3 eingef., bish. Abs. 2 wird Abs. 4 mWv 1.5.2015 durch G v. 24.4.2015 (BGBl. I S. 642); Abs. 1 geänd., Abs. 3 neu gef. mWv 31.1.2023 durch G v. 4.1.2023 (BGBl. I Nr. 10).
[4)] **Habersack, Deutsche Gesetze ErgBd. Nr. 82a.**
[5)] Beachte hierzu §§ 1–7 MitbestimmungsG **(Habersack, Deutsche Gesetze ErgBd. Nr. 82a)**.
[6)] **Habersack, Deutsche Gesetze ErgBd. Nr. 82d.**
[7)] **Loseblatt-Textsammlung Arbeitsrecht Nr. 568a.**
[8)] **Loseblatt-Textsammlung Arbeitsrecht Nr. 568b.**

erfüllung, so wird dadurch die Besetzung auf der anderen Seite nicht unwirksam. [6]Eine Wahl der Mitglieder des Aufsichtsrats durch die Hauptversammlung und eine Entsendung in den Aufsichtsrat unter Verstoß gegen das Mindestanteilsgebot ist nichtig. [7]Ist eine Wahl aus anderen Gründen für nichtig erklärt, so verstoßen zwischenzeitlich erfolgte Wahlen insoweit nicht gegen das Mindestanteilsgebot. [8]Auf die Wahl der Aufsichtsratsmitglieder der Arbeitnehmer sind die in Satz 1 genannten Gesetze zur Mitbestimmung anzuwenden.

(3) [1]Bei börsennotierten Gesellschaften, die aus einer grenzüberschreitenden Verschmelzung, einem grenzüberschreitenden Formwechsel oder einer grenzüberschreitenden Spaltung hervorgegangen sind und bei denen nach dem Gesetz über die Mitbestimmung der Arbeitnehmer bei einer grenzüberschreitenden Verschmelzung oder nach dem Gesetz über die Mitbestimmung der Arbeitnehmer bei grenzüberschreitendem Formwechsel und grenzüberschreitender Spaltung das Aufsichts- oder Verwaltungsorgan aus derselben Zahl von Anteilseigner- und Arbeitnehmervertretern besteht, müssen in dem Aufsichts- oder Verwaltungsorgan Frauen und Männer jeweils mit einem Anteil von mindestens 30 Prozent vertreten sein. [2]Absatz 2 Satz 2, 4, 6 und 7 gilt entsprechend.

(4) Nach anderen als den zuletzt angewandten gesetzlichen Vorschriften kann der Aufsichtsrat nur zusammengesetzt werden[1)], wenn nach § 97 oder nach § 98 die in der Bekanntmachung des Vorstands oder in der gerichtlichen Entscheidung angegebenen gesetzlichen Vorschriften anzuwenden sind.

## § 97[2)] [1)] Bekanntmachung über die Zusammensetzung des Aufsichtsrats.

(1) [1]Ist der Vorstand der Ansicht, daß der Aufsichtsrat nicht nach den für ihn maßgebenden gesetzlichen Vorschriften zusammengesetzt ist, so hat er dies unverzüglich in den Gesellschaftsblättern und gleichzeitig durch Aushang in sämtlichen Betrieben der Gesellschaft und ihrer Konzernunternehmen bekanntzumachen. [2]In der Bekanntmachung sind die nach Ansicht des Vorstands maßgebenden gesetzlichen Vorschriften anzugeben. [3]Es ist darauf hinzuweisen, daß der Aufsichtsrat nach diesen Vorschriften zusammengesetzt wird, wenn nicht Antragsberechtigte nach § 98 Abs. 2 innerhalb eines Monats nach der Bekanntmachung im Bundesanzeiger das nach § 98 Abs. 1 zuständige Gericht anrufen.

(2) [1]Wird das nach § 98 Abs. 1 zuständige Gericht nicht innerhalb eines Monats nach der Bekanntmachung im Bundesanzeiger angerufen, so ist der neue Aufsichtsrat nach den in der Bekanntmachung des Vorstands angegebenen gesetzlichen Vorschriften zusammenzusetzen. [2]Die Bestimmungen der Satzung über die Zusammensetzung des Aufsichtsrats, über die Zahl der Aufsichtsratsmitglieder sowie über die Wahl, Abberufung und Entsendung von Aufsichtsratsmitgliedern treten mit der Beendigung der ersten Hauptversammlung, die nach Ablauf der Anrufungsfrist einberufen wird, spätestens sechs Monate nach Ablauf dieser Frist insoweit außer Kraft, als sie den nunmehr anzuwendenden gesetzlichen Vorschriften widersprechen. [3]Mit demselben Zeitpunkt erlischt das Amt der bisherigen Aufsichtsratsmitglieder. [4]Eine Hauptversammlung, die innerhalb der Frist von sechs Monaten stattfindet, kann an Stelle der außer Kraft tretenden Satzungsbestimmungen mit einfacher Stimmenmehrheit neue Satzungsbestimmungen beschließen.

(3) Solange ein gerichtliches Verfahren nach §§ 98, 99 anhängig ist, kann eine Bekanntmachung über die Zusammensetzung des Aufsichtsrats nicht erfolgen.

---

[1)] Beachte hierzu auch § 27 EGAktG (Nr. **51a**).

[2)] § 97 Abs. 1 Satz 3, Abs. 2 Satz 1 geänd. mWv 1.7.2004 durch G v. 18.5.2004 (BGBl. I S. 974); Abs. 1 Satz 3, Abs. 2 Satz 1 geänd. mWv 1.4.2012 durch G v. 22.12.2011 (BGBl. I S. 3044).

**§ 98[1) 2)] Gerichtliche Entscheidung über die Zusammensetzung des Aufsichtsrats.** (1) Ist streitig oder ungewiss, nach welchen gesetzlichen Vorschriften der Aufsichtsrat zusammenzusetzen ist, so entscheidet darüber auf Antrag ausschließlich das Landgericht, in dessen Bezirk die Gesellschaft ihren Sitz hat.

(2) [1] Antragsberechtigt sind

1. der Vorstand,
2. jedes Aufsichtsratsmitglied,
3. jeder Aktionär,
4. der Gesamtbetriebsrat der Gesellschaft oder, wenn in der Gesellschaft nur ein Betriebsrat besteht, der Betriebsrat,
5. der Gesamt- oder Unternehmenssprecherausschuss der Gesellschaft oder, wenn in der Gesellschaft nur ein Sprecherausschuss besteht, der Sprecherausschuss,
6. der Gesamtbetriebsrat eines anderen Unternehmens, dessen Arbeitnehmer nach den gesetzlichen Vorschriften, deren Anwendung streitig oder ungewiß ist, selbst oder durch Delegierte an der Wahl von Aufsichtsratsmitgliedern der Gesellschaft teilnehmen, oder, wenn in dem anderen Unternehmen nur ein Betriebsrat besteht, der Betriebsrat,
7. der Gesamt- oder Unternehmenssprecherausschuss eines anderen Unternehmens, dessen Arbeitnehmer nach den gesetzlichen Vorschriften, deren Anwendung streitig oder ungewiss ist, selbst oder durch Delegierte an der Wahl von Aufsichtsratsmitgliedern der Gesellschaft teilnehmen, oder, wenn in dem anderen Unternehmen nur ein Sprecherausschuss besteht, der Sprecherausschuss,
8. mindestens ein Zehntel oder einhundert der Arbeitnehmer, die nach den gesetzlichen Vorschriften, deren Anwendung streitig oder ungewiß ist, selbst oder durch Delegierte an der Wahl von Aufsichtsratsmitgliedern der Gesellschaft teilnehmen,
9. Spitzenorganisationen der Gewerkschaften, die nach den gesetzlichen Vorschriften, deren Anwendung streitig oder ungewiß ist, ein Vorschlagsrecht hätten,
10. Gewerkschaften, die nach den gesetzlichen Vorschriften, deren Anwendung streitig oder ungewiß ist, ein Vorschlagsrecht hätten.

[2] Ist die Anwendung des Mitbestimmungsgesetzes[3)] oder die Anwendung von Vorschriften des Mitbestimmungsgesetzes streitig oder ungewiß, so sind außer den nach Satz 1 Antragsberechtigten auch je ein Zehntel der wahlberechtigten in § 3 Abs. 1 Nr. 1 des Mitbestimmungsgesetzes bezeichneten Arbeitnehmer oder der wahlberechtigten leitenden Angestellten im Sinne des Mitbestimmungsgesetzes antragsberechtigt.

(3) Die Absätze 1 und 2 gelten sinngemäß, wenn streitig ist, ob der Abschlußprüfer das nach § 3 oder § 16 des Mitbestimmungsergänzungsgesetzes[4)] maßgebliche Umsatzverhältnis richtig ermittelt hat.

---

[1)] § 98 Abs. 2 Satz 1 Nr. 4, 5 neu gef., Nr. 8 und Satz 2 angef. durch G v. 4.5.1976 (BGBl. I S. 1153); Abs. 2 Satz 1 Nr. 7 geänd. durch G v. 19.12.1985 (BGBl. I S. 2355); Abs. 2 Satz 1 Nr. 5, 6 sowie Abs. 3 geänd. durch G v. 20.12.1988 (BGBl. I S. 2312); Abs. 2 Satz 1 Nr. 5, 6 geänd. durch G v. 26.6.1990 (BGBl. I S. 1206); Abs. 2 Satz 1 Nr. 5 und 7 eingef., bish. Nr. 5 wird Nr. 6, bish. Nr. 6–8 werden Nr. 8–10, Satz 2 geänd. mWv 27.3.2002 durch G v. 23.3.2002 (BGBl. I S. 1130); Abs. 1 neu gef. mWv 1.9.2009 durch G v. *17.12.2008* (BGBl. I S. 2586).

[2)] Beachte hierzu auch § 27 EGAktG (Nr. **51a**).

[3)] **Habersack, Deutsche Gesetze ErgBd. Nr. 82a.**

[4)] **Habersack, Deutsche Gesetze ErgBd. Nr. 82c.**

(4) [1]Entspricht die Zusammensetzung des Aufsichtsrats nicht der gerichtlichen Entscheidung, so ist der neue Aufsichtsrat nach den in der Entscheidung angegebenen gesetzlichen Vorschriften zusammenzusetzen. [2]§ 97 Abs. 2 gilt sinngemäß mit der Maßgabe, daß die Frist von sechs Monaten mit dem Eintritt der Rechtskraft beginnt.

**§ 99**[1)][2)] **Verfahren.** (1) Auf das Verfahren ist das Gesetz über das Verfahren in Familiensachen und in den Angelegenheiten der freiwilligen Gerichtsbarkeit[3)] anzuwenden, soweit in den Absätzen 2 bis 5 nichts anderes bestimmt ist.

(2) [1]Das Landgericht hat den Antrag in den Gesellschaftsblättern bekanntzumachen. [2]Der Vorstand und jedes Aufsichtsratsmitglied sowie die nach § 98 Abs. 2 antragsberechtigten Betriebsräte, Sprecherausschüsse, Spitzenorganisationen und Gewerkschaften sind zu hören.

(3) [1]Das Landgericht entscheidet durch einen mit Gründen versehenen Beschluss. [2]Gegen die Entscheidung des Landgerichts findet die Beschwerde statt. [3]Sie kann nur auf eine Verletzung des Rechts gestützt werden; § 72 Abs. 1 Satz 2 und § 74 Abs. 2 und 3 des Gesetzes über das Verfahren in Familiensachen und in den Angelegenheiten der freiwilligen Gerichtsbarkeit sowie § 547 der Zivilprozessordnung[4)] gelten sinngemäß. [4]Die Beschwerde kann nur durch die Einreichung einer von einem Rechtsanwalt unterzeichneten Beschwerdeschrift eingelegt werden. [5]Die Landesregierung kann durch Rechtsverordnung die Entscheidung über die Beschwerde für die Bezirke mehrerer Oberlandesgerichte einem der Oberlandesgerichte oder dem Obersten Landesgericht übertragen, wenn dies der Sicherung einer einheitlichen Rechtsprechung dient. [6]Die Landesregierung kann die Ermächtigung auf die Landesjustizverwaltung übertragen.

(4) [1]Das Gericht hat seine Entscheidung dem Antragsteller und der Gesellschaft zuzustellen. [2]Es hat sie ferner ohne Gründe in den Gesellschaftsblättern bekanntzumachen. [3]Die Beschwerde steht jedem nach § 98 Abs. 2 Antragsberechtigten zu. [4]Die Beschwerdefrist beginnt mit der Bekanntmachung der Entscheidung im Bundesanzeiger, für den Antragsteller und die Gesellschaft jedoch nicht vor der Zustellung der Entscheidung.

(5) [1]Die Entscheidung wird erst mit der Rechtskraft wirksam. [2]Sie wirkt für und gegen alle. [3]Der Vorstand hat die rechtskräftige Entscheidung unverzüglich zum Handelsregister einzureichen.

(6) [1]Die Kosten können ganz oder zum Teil dem Antragsteller auferlegt werden, wenn dies der Billigkeit entspricht. [2]Kosten der Beteiligten werden nicht erstattet.

---

[1)] § 99 Abs. 1 und Abs. 3 Satz 6 geänd. durch G v. 19.12.1985 (BGBl. I S. 2355); Abs. 2 geänd. durch G v. 20.12.1988 (BGBl. I S. 2312); Abs. 6 Satz 7 aufgeh., bish. Sätze 8–10 werden Sätze 7–9 durch G v. 28.10.1994 (BGBl. I S. 3210); Abs. 2 Satz 2 geänd. mWv 27.3.2002 durch G v. 23.3.2002 (BGBl. I S. 1130); Abs. 4 Satz 4 geänd. mWv 1.7.2004 durch G v. 18.5.2004 (BGBl. I S. 974); Abs. 1 geänd., Abs. 3 Sätze 1–4 neu gef., Sätze 5–7 aufgeh., bish. Sätze 8 und 9 werden Sätze 5 und 6 mWv 1.9.2009 durch G v. 17.12.2008 (BGBl. I S. 2586); Abs. 4 Satz 4 geänd. mWv 1.4.2012 durch G v. 22.12.2011 (BGBl. I S. 3044); Abs. 6 Sätze 1–7 aufgeh., bish. Sätze 8 und 9 werden Sätze 1 und 2, neuer Satz 1 geänd. mWv 1.8.2013 durch G v. 23.7.2013 (BGBl. I S. 2586).

[2)] Beachte hierzu auch § 27 EGAktG (Nr. **51a**).

[3)] Nr. **112**.

[4)] Nr. **100**.

## § 100[1)] Persönliche Voraussetzungen für Aufsichtsratsmitglieder.

(1) [1] Mitglied des Aufsichtsrats kann nur eine natürliche, unbeschränkt geschäftsfähige Person sein. [2] Ein Betreuter, der bei der Besorgung seiner Vermögensangelegenheiten ganz oder teilweise einem Einwilligungsvorbehalt (§ 1825 des Bürgerlichen Gesetzbuchs[2)]) unterliegt, kann nicht Mitglied des Aufsichtsrats sein.

(2) [1] Mitglied des Aufsichtsrats kann nicht sein, wer

1. bereits in zehn Handelsgesellschaften, die gesetzlich einen Aufsichtsrat zu bilden haben, Aufsichtsratsmitglied ist,
2. gesetzlicher Vertreter eines von der Gesellschaft abhängigen Unternehmens ist,
3. gesetzlicher Vertreter einer anderen Kapitalgesellschaft ist, deren Aufsichtsrat ein Vorstandsmitglied der Gesellschaft angehört, oder
4. in den letzten zwei Jahren Vorstandsmitglied derselben börsennotierten Gesellschaft war, es sei denn, seine Wahl erfolgt auf Vorschlag von Aktionären, die mehr als 25 Prozent der Stimmrechte an der Gesellschaft halten.

[2] Auf die Höchstzahl nach Satz 1 Nr. 1 sind bis zu fünf Aufsichtsratssitze nicht anzurechnen, die ein gesetzlicher Vertreter (beim Einzelkaufmann der Inhaber) des herrschenden Unternehmens eines Konzerns in zum Konzern gehörenden Handelsgesellschaften, die gesetzlich einen Aufsichtsrat zu bilden haben, inne hat. [3] Auf die Höchstzahl nach Satz 1 Nr. 1 sind Aufsichtsratsämter im Sinne der Nummer 1 doppelt anzurechnen, für die das Mitglied zum Vorsitzenden gewählt worden ist.

(3) Die anderen persönlichen Voraussetzungen der Aufsichtsratsmitglieder der Arbeitnehmer sowie der weiteren Mitglieder bestimmen sich nach dem Mitbestimmungsgesetz[3)], dem Montan-Mitbestimmungsgesetz[4)], dem Mitbestimmungsergänzungsgesetz[5)], dem Drittelbeteiligungsgesetz[6)], dem Gesetz über die Mitbestimmung der Arbeitnehmer bei einer grenzüberschreitenden Verschmelzung und dem Gesetz über die Mitbestimmung der Arbeitnehmer bei grenzüberschreitendem Formwechsel und grenzüberschreitender Spaltung[7)].

(4) Die Satzung kann persönliche Voraussetzungen nur für Aufsichtsratsmitglieder fordern, die von der Hauptversammlung ohne Bindung an Wahlvorschläge gewählt oder auf Grund der Satzung in den Aufsichtsrat entsandt werden.

(5)[8)] Bei Gesellschaften, die Unternehmen von öffentlichem Interesse nach § 316a Satz 2 des Handelsgesetzbuchs[9)] sind, muss mindestens ein Mitglied des Aufsichtsrats über Sachverstand auf dem Gebiet Rechnungslegung und mindestens ein weiteres Mitglied des Aufsichtsrats über Sachverstand auf dem Gebiet Ab-

---

[1)] § 100 Abs. 3 geänd. durch G v. 4.5.1976 (BGBl. I S. 1153); Abs. 1 Satz 2 angef. durch G v. 12.9.1990 (BGBl. I S. 2002); Abs. 2 Satz 1 Nr. 1, 3 sowie Satz 2 geänd., Satz 3 angef. durch G v. 27.4.1998 (BGBl. I S. 786); Abs. 3 geänd. mWv 1.7.2004 durch G v. 18.5.2004 (BGBl. I S. 974); Abs. 3 geänd. mWv 29.12.2006 durch G v. 21.12.2006 (BGBl. I S. 3332); Abs. 5 angef. mWv 29.5.2009 durch G v. 25.5.2009 (BGBl. I S. 1102); Abs. 2 Satz 1 Nr. 2 und 3 geänd., Nr. 4 angef. mWv 5.8.2009 durch G v. 31.7.2009 (BGBl. I S. 2509); Abs. 1 Satz 2 geänd. mWv 1.1.2023 durch G v. 4.5.2021 (BGBl. I S. 882); Abs. 5 neu gef. mWv 1.7.2021 durch G v. 3.6.2021 (BGBl. I S. 1534); Abs. 3 geänd. mWv 31.1.2023 durch G v. 4.1.2023 (BGBl. I Nr. 10).

[2)] Nr. **20**.

[3)] **Habersack, Deutsche Gesetze ErgBd. Nr. 82a.**

[4)] **Habersack, Deutsche Gesetze ErgBd. Nr. 82b.**

[5)] **Habersack, Deutsche Gesetze ErgBd. Nr. 82c.**

[6)] ***Habersack, Deutsche Gesetze* ErgBd. Nr. 82d.**

[7)] **Loseblatt-Textsammlung Arbeitsrecht Nr. 568b.**

[8)] Beachte hierzu § 12 Abs. 6 EGAktG (Nr. **51a**).

[9)] Nr. **50**.

schlussprüfung verfügen; die Mitglieder müssen in ihrer Gesamtheit mit dem Sektor, in dem die Gesellschaft tätig ist, vertraut sein.

**§ 101**[1] **Bestellung der Aufsichtsratsmitglieder.** (1) [1] Die Mitglieder des Aufsichtsrats werden von der Hauptversammlung gewählt, soweit sie nicht in den Aufsichtsrat zu entsenden oder als Aufsichtsratsmitglieder der Arbeitnehmer nach dem Mitbestimmungsgesetz[2], dem Mitbestimmungsergänzungsgesetz[3], dem Drittelbeteiligungsgesetz[4], dem Gesetz über die Mitbestimmung der Arbeitnehmer bei einer grenzüberschreitenden Verschmelzung oder dem Gesetz über die Mitbestimmung der Arbeitnehmer bei grenzüberschreitendem Formwechsel und grenzüberschreitender Spaltung[5] zu wählen sind. [2] An Wahlvorschläge ist die Hauptversammlung nur gemäß §§ 6 und 8 des Montan-Mitbestimmungsgesetzes[6] gebunden.

(2) [1] Ein Recht, Mitglieder in den Aufsichtsrat zu entsenden, kann nur durch die Satzung und nur für bestimmte Aktionäre oder für die jeweiligen Inhaber bestimmter Aktien begründet werden. [2] Inhabern bestimmter Aktien kann das Entsendungsrecht nur eingeräumt werden, wenn die Aktien auf Namen lauten und ihre Übertragung an die Zustimmung der Gesellschaft gebunden ist. [3] Die Aktien der Entsendungsberechtigten gelten nicht als eine besondere Gattung. [4] Die Entsendungsrechte können insgesamt höchstens für ein Drittel der sich aus dem Gesetz oder der Satzung ergebenden Zahl der Aufsichtsratsmitglieder der Aktionäre eingeräumt werden.

(3) [1] Stellvertreter von Aufsichtsratsmitgliedern können nicht bestellt werden. [2] Jedoch kann für jedes Aufsichtsratsmitglied mit Ausnahme des weiteren Mitglieds, das nach dem Montan-Mitbestimmungsgesetz oder dem Mitbestimmungsergänzungsgesetz auf Vorschlag der übrigen Aufsichtsratsmitglieder gewählt wird, ein Ersatzmitglied bestellt werden, das Mitglied des Aufsichtsrats wird, wenn das Aufsichtsratsmitglied vor Ablauf seiner Amtszeit wegfällt. [3] Das Ersatzmitglied kann nur gleichzeitig mit dem Aufsichtsratsmitglied bestellt werden. [4] Auf seine Bestellung sowie die Nichtigkeit und Anfechtung seiner Bestellung sind die für das Aufsichtsratsmitglied geltenden Vorschriften anzuwenden.

**§ 102 Amtszeit der Aufsichtsratsmitglieder.** (1) [1] Aufsichtsratsmitglieder können nicht für längere Zeit als bis zur Beendigung der Hauptversammlung bestellt werden, die über die Entlastung für das vierte Geschäftsjahr nach dem Beginn der Amtszeit beschließt. [2] Das Geschäftsjahr, in dem die Amtszeit beginnt, wird nicht mitgerechnet.

(2) Das Amt des Ersatzmitglieds erlischt spätestens mit Ablauf der Amtszeit des weggefallenen Aufsichtsratsmitglieds.

---

[1] § 101 Abs. 1 Sätze 1 und 2 geänd., Abs. 2 Satz 5 angef., Abs. 3 Satz 2 geänd. durch G v. 4.5.1976 (BGBl. I S. 1153); Abs. 2 Satz 1 geänd. durch G v. 19.12.1985 (BGBl. I S. 2355); Abs. 1 geänd. mWv 1.7. 2004 durch G v. 18.5.2004 (BGBl. I S. 974); Abs. 1 Satz 1 geänd. mWv 29.12.2006 durch G v. 21.12. 2006 (BGBl. I S. 3332); Abs. 2 Satz 5 aufgeh. mWv 11.12.2008 durch G v. 8.12.2008 (BGBl. I S. 2369); Abs. 1 Satz 1 geänd. mWv 31.1.2023 durch G v. 4.1.2023 (BGBl. I Nr. 10).

[2] **Habersack, Deutsche Gesetze ErgBd. Nr. 82a.**

[3] **Habersack, Deutsche Gesetze ErgBd. Nr. 82c.**

[4] **Habersack, Deutsche Gesetze ErgBd. Nr. 82d.**

[5] **Loseblatt-Textsammlung Arbeitsrecht Nr. 568b.**

[6] **Habersack, Deutsche Gesetze ErgBd. Nr. 82b.**

**§ 103[1] Abberufung der Aufsichtsratsmitglieder.** (1) [1] Aufsichtsratsmitglieder, die von der Hauptversammlung ohne Bindung an einen Wahlvorschlag gewählt worden sind, können von ihr vor Ablauf der Amtszeit abberufen werden. [2] Der Beschluß bedarf einer Mehrheit, die mindestens drei Viertel der abgegebenen Stimmen umfaßt. [3] Die Satzung kann eine andere Mehrheit und weitere Erfordernisse bestimmen.

(2) [1] Ein Aufsichtsratsmitglied, das auf Grund der Satzung in den Aufsichtsrat entsandt ist, kann von dem Entsendungsberechtigten jederzeit abberufen und durch ein anderes ersetzt werden. [2] Sind die in der Satzung bestimmten Voraussetzungen des Entsendungsrechts weggefallen, so kann die Hauptversammlung das entsandte Mitglied mit einfacher Stimmenmehrheit abberufen.

(3) [1] Das Gericht hat auf Antrag des Aufsichtsrats ein Aufsichtsratsmitglied abzuberufen, wenn in dessen Person ein wichtiger Grund vorliegt. [2] Der Aufsichtsrat beschließt über die Antragstellung mit einfacher Mehrheit. [3] Ist das Aufsichtsratsmitglied auf Grund der Satzung in den Aufsichtsrat entsandt worden, so können auch Aktionäre, deren Anteile zusammen den zehnten Teil des Grundkapitals oder den anteiligen Betrag von einer Million Euro erreichen, den Antrag stellen. [4] Gegen die Entscheidung ist die Beschwerde zulässig.

(4) Für die Abberufung der Aufsichtsratsmitglieder, die weder von der Hauptversammlung ohne Bindung an einen Wahlvorschlag gewählt worden sind noch auf Grund der Satzung in den Aufsichtsrat entsandt sind, gelten außer Absatz 3 das Mitbestimmungsgesetz[2], das Montan-Mitbestimmungsgesetz[3], das Mitbestimmungsergänzungsgesetz[4], das Drittelbeteiligungsgesetz[5], das SE-Beteiligungsgesetz[6], das Gesetz über die Mitbestimmung der Arbeitnehmer bei einer grenzüberschreitenden Verschmelzung und das Gesetz über die Mitbestimmung der Arbeitnehmer bei grenzüberschreitendem Formwechsel und grenzüberschreitender Spaltung[7].

(5) Für die Abberufung eines Ersatzmitglieds gelten die Vorschriften über die Abberufung des Aufsichtsratsmitglieds, für das es bestellt ist.

**§ 104[8] Bestellung durch das Gericht.** (1) [1] Gehört dem Aufsichtsrat die zur Beschlußfähigkeit nötige Zahl von Mitgliedern nicht an, so hat ihn das Gericht auf Antrag des Vorstands, eines Aufsichtsratsmitglieds oder eines Aktionärs auf diese

---

[1] § 103 Abs. 4 geänd. durch G v. 4.5.1976 (BGBl. I S. 1153); Abs. 3 Satz 3 geänd. durch G v. 25.3.1998 (BGBl. I S. 590); Abs. 3 Satz 3 geänd. durch G v. 9.6.1998 (BGBl. I S. 1242); Abs. 4 geänd. mWv 1.7. 2004 durch G v. 18.5.2004 (BGBl. I S. 974); Abs. 4 geänd. mWv 29.12.2006 durch G v. 21.12.2006 (BGBl. I S. 3332); Abs. 3 Satz 4 geänd. mWv 1.9.2009 durch G v. 17.12.2008 (BGBl. I S. 2586); Abs. 4 geänd. mWv 31.1.2023 durch G v. 4.1.2023 (BGBl. I Nr. 10).

[2] **Habersack, Deutsche Gesetze ErgBd. Nr. 82a.**

[3] **Habersack, Deutsche Gesetze ErgBd. Nr. 82b.**

[4] **Habersack, Deutsche Gesetze ErgBd. Nr. 82c.**

[5] **Habersack, Deutsche Gesetze ErgBd. Nr. 82d.**

[6] **Loseblatt-Textsammlung Arbeitsrecht Nr. 569a.**

[7] **Loseblatt-Textsammlung Arbeitsrecht Nr. 568b.**

[8] § 104 Abs. 1 Satz 3 Nr. 1 und 2 neu gef., Nr. 5 angef., Abs. 1 Satz 4 eingef., bish. Satz 4 wird Satz 5, Abs. 3 und Abs. 4 Satz 4 geänd. durch G v. 4.5.1976 (BGBl. I S. 1153); Abs. 1 Satz 3 Nr. 4 geänd. durch G v. 19.12.1985 (BGBl. I S. 2355); Abs. 1 Satz 3 Nr. 2 und 3 sowie Abs. 4 Satz 4 geänd. durch G v. 20.12. 1988 (BGBl. I S. 2312); Abs. 1 Satz 3 Nr. 2 und 3 sowie Abs. 4 Satz 4 geänd. durch G v. 26.6.1990 (BGBl. I S. 1206); Abs. 1 Satz 3 Nr. 2 und 4 eingef., bish. Nr. 2 wird Nr. 3, Nr. 3–5 werden Nr. 5–7, *Abs. 1 Satz 4* geänd. mWv 27.3.2002 durch G v. 23.3.2002 (BGBl. I S. 1130); Abs. 1 Satz 5 und Abs. 2 Satz 4 geänd., Abs. 6 Satz 3 neu gef., Satz 4 aufgeh., bish. Satz 5 wird Satz 4 mWv 1.9.2009 durch G v. 17.12.2008 (BGBl. I S. 2586); Abs. 5 eingef., bish. Abs. 5 und 6 werden Abs. 6 und 7 mWv 1.5.2015 durch G v. 24.4.2015 (BGBl. I S. 642).

Zahl zu ergänzen. [2]Der Vorstand ist verpflichtet, den Antrag unverzüglich zu stellen, es sei denn, daß die rechtzeitige Ergänzung vor der nächsten Aufsichtsratssitzung zu erwarten ist. [3]Hat der Aufsichtsrat auch aus Aufsichtsratsmitgliedern der Arbeitnehmer zu bestehen, so können auch den Antrag stellen

1. der Gesamtbetriebsrat der Gesellschaft oder, wenn in der Gesellschaft nur ein Betriebsrat besteht, der Betriebsrat, sowie, wenn die Gesellschaft herrschendes Unternehmen eines Konzerns ist, der Konzernbetriebsrat,
2. der Gesamt- oder Unternehmenssprecherausschuss der Gesellschaft oder, wenn in der Gesellschaft nur ein Sprecherausschuss besteht, der Sprecherausschuss sowie, wenn die Gesellschaft herrschendes Unternehmen eines Konzerns ist, der Konzernsprecherausschuss,
3. der Gesamtbetriebsrat eines anderen Unternehmens, dessen Arbeitnehmer selbst oder durch Delegierte an der Wahl teilnehmen, oder, wenn in dem anderen Unternehmen nur ein Betriebsrat besteht, der Betriebsrat,
4. der Gesamt- oder Unternehmenssprecherausschuss eines anderen Unternehmens, dessen Arbeitnehmer selbst oder durch Delegierte an der Wahl teilnehmen, oder, wenn in dem anderen Unternehmen nur ein Sprecherausschuss besteht, der Sprecherausschuss,
5. mindestens ein Zehntel oder einhundert der Arbeitnehmer, die selbst oder durch Delegierte an der Wahl teilnehmen,
6. Spitzenorganisationen der Gewerkschaften, die das Recht haben, Aufsichtsratsmitglieder der Arbeitnehmer vorzuschlagen,
7. Gewerkschaften, die das Recht haben, Aufsichtsratsmitglieder der Arbeitnehmer vorzuschlagen.

[4]Hat der Aufsichtsrat nach dem Mitbestimmungsgesetz[1)] auch aus Aufsichtsratsmitgliedern der Arbeitnehmer zu bestehen, so sind außer den nach Satz 3 Antragsberechtigten auch je ein Zehntel der wahlberechtigten in § 3 Abs. 1 Nr. 1 des Mitbestimmungsgesetzes bezeichneten Arbeitnehmer oder der wahlberechtigten leitenden Angestellten im Sinne des Mitbestimmungsgesetzes antragsberechtigt. [5]Gegen die Entscheidung ist die Beschwerde zulässig.

(2) [1]Gehören dem Aufsichtsrat länger als drei Monate weniger Mitglieder als die durch Gesetz oder Satzung festgesetzte Zahl an, so hat ihn das Gericht auf Antrag auf diese Zahl zu ergänzen. [2]In dringenden Fällen hat das Gericht auf Antrag den Aufsichtsrat auch vor Ablauf der Frist zu ergänzen. [3]Das Antragsrecht bestimmt sich nach Absatz 1. [4]Gegen die Entscheidung ist die Beschwerde zulässig.

(3) Absatz 2 ist auf einen Aufsichtsrat, in dem die Arbeitnehmer ein Mitbestimmungsrecht nach dem Mitbestimmungsgesetz, dem Montan-Mitbestimmungsgesetz[2)] oder dem Mitbestimmungsergänzungsgesetz[3)] haben, mit der Maßgabe anzuwenden,

1. daß das Gericht den Aufsichtsrat hinsichtlich des weiteren Mitglieds, das nach dem Montan-Mitbestimmungsgesetz oder dem Mitbestimmungsergänzungsgesetz auf Vorschlag der übrigen Aufsichtsratsmitglieder gewählt wird, nicht ergänzen kann,

---

[1)] **Habersack, Deutsche Gesetze ErgBd. Nr. 82a.**
[2)] **Habersack, Deutsche Gesetze ErgBd. Nr. 82b.**
[3)] **Habersack, Deutsche Gesetze ErgBd. Nr. 82c.**

2. daß es stets ein dringender Fall ist, wenn dem Aufsichtsrat, abgesehen von dem in Nummer 1 genannten weiteren Mitglied, nicht alle Mitglieder angehören, aus denen er nach Gesetz oder Satzung zu bestehen hat.

(4) [1] Hat der Aufsichtsrat auch aus Aufsichtsratsmitgliedern der Arbeitnehmer zu bestehen, so hat das Gericht ihn so zu ergänzen, daß das für seine Zusammensetzung maßgebende zahlenmäßige Verhältnis hergestellt wird. [2] Wenn der Aufsichtsrat zur Herstellung seiner Beschlußfähigkeit ergänzt wird, gilt dies nur, soweit die zur Beschlußfähigkeit nötige Zahl der Aufsichtsratsmitglieder die Wahrung dieses Verhältnisses möglich macht. [3] Ist ein Aufsichtsratsmitglied zu ersetzen, das nach Gesetz oder Satzung in persönlicher Hinsicht besonderen Voraussetzungen entsprechen muß, so muß auch das vom Gericht bestellte Aufsichtsratsmitglied diesen Voraussetzungen entsprechen. [4] Ist ein Aufsichtsratsmitglied zu ersetzen, bei dessen Wahl eine Spitzenorganisation der Gewerkschaften, eine Gewerkschaft oder die Betriebsräte ein Vorschlagsrecht hätten, so soll das Gericht Vorschläge dieser Stellen berücksichtigen, soweit nicht überwiegende Belange der Gesellschaft oder der Allgemeinheit der Bestellung des Vorgeschlagenen entgegenstehen; das gleiche gilt, wenn das Aufsichtsratsmitglied durch Delegierte zu wählen wäre, für gemeinsame Vorschläge der Betriebsräte der Unternehmen, in denen Delegierte zu wählen sind.

(5) Die Ergänzung durch das Gericht ist bei börsennotierten Gesellschaften, für die das Mitbestimmungsgesetz, das Montan-Mitbestimmungsgesetz oder das Mitbestimmungsergänzungsgesetz gilt, nach Maßgabe des § 96 Absatz 2 Satz 1 bis 5 vorzunehmen.

(6) Das Amt des gerichtlich bestellten Aufsichtsratsmitglieds erlischt in jedem Fall, sobald der Mangel behoben ist.

(7) [1] Das gerichtlich bestellte Aufsichtsratsmitglied hat Anspruch auf Ersatz angemessener barer Auslagen und, wenn den Aufsichtsratsmitgliedern der Gesellschaft eine Vergütung gewährt wird, auf Vergütung für seine Tätigkeit. [2] Auf Antrag des Aufsichtsratsmitglieds setzt das Gericht die Auslagen und die Vergütung fest. [3] Gegen die Entscheidung ist die Beschwerde zulässig; die Rechtsbeschwerde ist ausgeschlossen. [4] Aus der rechtskräftigen Entscheidung findet die Zwangsvollstreckung nach der Zivilprozeßordnung[1)] statt.

**§ 105[2)] Unvereinbarkeit der Zugehörigkeit zum Vorstand und zum Aufsichtsrat.** (1) Ein Aufsichtsratsmitglied kann nicht zugleich Vorstandsmitglied, dauernd Stellvertreter von Vorstandsmitgliedern, Prokurist oder zum gesamten Geschäftsbetrieb ermächtigter Handlungsbevollmächtigter der Gesellschaft sein.

(2) [1] Nur für einen im voraus begrenzten Zeitraum, höchstens für ein Jahr, kann der Aufsichtsrat einzelne seiner Mitglieder zu Stellvertretern von fehlenden oder verhinderten Vorstandsmitgliedern bestellen. [2] Eine wiederholte Bestellung oder Verlängerung der Amtszeit ist zulässig, wenn dadurch die Amtszeit insgesamt ein Jahr nicht übersteigt. [3] Während ihrer Amtszeit als Stellvertreter von Vorstandsmitgliedern können die Aufsichtsratsmitglieder keine Tätigkeit als Aufsichtsratsmitglied ausüben. [4] Das Wettbewerbsverbot des § 88 gilt für sie nicht.

**§ 106[3)] Bekanntmachung der Änderungen im Aufsichtsrat.** Der Vorstand hat bei jeder Änderung in den Personen der Aufsichtsratsmitglieder unverzüglich

---

[1)] Nr. **100**.
[2)] § 105 Abs. 2 Satz 1 geänd. mWv 1.11.2008 durch G v. 23.10.2008 (BGBl. I S. 2026).
[3)] § 106 neu gef. mWv 1.1.2007 durch G v. 10.11.2006 (BGBl. I S. 2553).

eine Liste der Mitglieder des Aufsichtsrats, aus welcher Name, Vorname, ausgeübter Beruf und Wohnort der Mitglieder ersichtlich ist, zum Handelsregister einzureichen; das Gericht hat nach § 10 des Handelsgesetzbuchs[1)] einen Hinweis darauf bekannt zu machen, dass die Liste zum Handelsregister eingereicht worden ist.

**§ 107[2)] Innere Ordnung des Aufsichtsrats.** (1) [1]Der Aufsichtsrat hat nach näherer Bestimmung der Satzung aus seiner Mitte einen Vorsitzenden und mindestens einen Stellvertreter zu wählen. [2]Der Vorstand hat zum Handelsregister anzumelden, wer gewählt ist. [3]Der Stellvertreter hat nur dann die Rechte und Pflichten des Vorsitzenden, wenn dieser verhindert ist.

(2) [1]Über die Sitzungen des Aufsichtsrats ist eine Niederschrift anzufertigen, die der Vorsitzende zu unterzeichnen hat. [2]In der Niederschrift sind der Ort und der Tag der Sitzung, die Teilnehmer, die Gegenstände der Tagesordnung, der wesentliche Inhalt der Verhandlungen und die Beschlüsse des Aufsichtsrats anzugeben. [3]Ein Verstoß gegen Satz 1 oder Satz 2 macht einen Beschluß nicht unwirksam. [4]Jedem Mitglied des Aufsichtsrats ist auf Verlangen eine Abschrift der Sitzungsniederschrift auszuhändigen.

(3) [1]Der Aufsichtsrat kann aus seiner Mitte einen oder mehrere Ausschüsse bestellen, namentlich, um seine Verhandlungen und Beschlüsse vorzubereiten oder die Ausführung seiner Beschlüsse zu überwachen. [2]Er kann insbesondere einen Prüfungsausschuss bestellen, der sich mit der Überwachung des Rechnungslegungsprozesses, der Wirksamkeit des internen Kontrollsystems, des Risikomanagementsystems und des internen Revisionssystems sowie der Abschlussprüfung, hier insbesondere der Auswahl und der Unabhängigkeit des Abschlussprüfers, der Qualität der Abschlussprüfung und der vom Abschlussprüfer zusätzlich erbrachten Leistungen, befasst. [3]Der Prüfungsausschuss kann Empfehlungen oder Vorschläge zur Gewährleistung der Integrität des Rechnungslegungsprozesses unterbreiten. [4]Der Aufsichtsrat der börsennotierten Gesellschaft kann außerdem einen Ausschuss bestellen, der über die Zustimmung nach § 111b Absatz 1 beschließt. [5]An dem Geschäft beteiligte nahestehende Personen im Sinne des § 111a Absatz 1 Satz 2 können nicht Mitglieder des Ausschusses sein. [6]Er muss mehrheitlich aus Mitgliedern zusammengesetzt sein, bei denen keine Besorgnis eines Interessenkonfliktes auf Grund ihrer Beziehungen zu einer nahestehenden Person besteht. [7]Die Aufgaben nach Absatz 1 Satz 1, § 59 Abs. 3, § 77 Abs. 2 Satz 1, § 84 Abs. 1 Satz 1 und 3, Absatz 2, 3 Satz 2 und 3 sowie Absatz 4 Satz 1, § 87 Abs. 1 und Abs. 2 Satz 1 und 2, § 111 Abs. 3, §§ 171, 314 Abs. 2 und 3, sowie Beschlüsse, daß bestimmte Arten von Geschäften nur mit Zustimmung des Aufsichtsrats vorgenommen werden dürfen, können einem Ausschuß nicht an Stelle des Aufsichtsrats zur Beschlußfassung überwiesen werden. [8]Dem Aufsichtsrat ist regelmäßig über die Arbeit der Ausschüsse zu berichten.

---

[1)] Nr. **50**.

[2)] § 107 Abs. 3 Satz 2 geänd. durch G v. 19.12.1985 (BGBl. I S. 2355); Abs. 3 Satz 3 angef. mWv 26.7. 2002 durch G v. 19.7.2002 (BGBl. I S. 2681); Abs. 1 Satz 3 geänd. mWv 1.11.2008 durch G v. 23.10. 2008 (BGBl. I S. 2026); Abs. 3 Satz 2 eingef., bish. Sätze 2 und 3 werden Sätze 3 und 4, Abs. 4 angef. mWv 29.5.2009 durch G v. 25.5.2009 (BGBl. I S. 1102); Abs. 3 Satz 3 geänd. mWv 5.8.2009 durch G v. 31.7.2009 (BGBl. I S. 2509); Abs. 3 Satz 2 geänd., Satz 3 eingef., bish. Sätze 3 und 4 werden Sätze 4 und 5 mWv 17.6.2016 durch G v. 10.5.2016 (BGBl. I S. 1142); Abs. 3 Sätze 4–6 eingef., bish. Sätze 4 und 5 werden Sätze 7 und 8 mWv 1.1.2020 durch G v. 12.12.2019 (BGBl. I S. 2637); Abs. 3 Satz 2 geänd., Abs. 4 neu gef. mWv 1.7.2021 durch G v. 3.6.2021 (BGBl. I S. 1534); Abs. 3 Satz 7 geänd. mWv 12.8. 2021 durch G v. 7.8.2021 (BGBl. I S. 3311).

(4)[1] [1]Der Aufsichtsrat einer Gesellschaft, die Unternehmen von öffentlichem Interesse nach § 316a Satz 2 des Handelsgesetzbuchs[2] ist, hat einen Prüfungsausschuss im Sinne des Absatzes 3 Satz 2 einzurichten. [2]Besteht der Aufsichtsrat nur aus drei Mitgliedern, ist dieser auch der Prüfungsausschuss. [3]Der Prüfungsausschuss muss die Voraussetzungen des § 100 Absatz 5 erfüllen. [4]Jedes Mitglied des Prüfungsausschusses kann über den Ausschussvorsitzenden unmittelbar bei den Leitern derjenigen Zentralbereiche der Gesellschaft, die in der Gesellschaft für die Aufgaben zuständig sind, die den Prüfungsausschuss nach Absatz 3 Satz 2 betreffen, Auskünfte einholen. [5]Der Ausschussvorsitzende hat die eingeholte Auskunft allen Mitgliedern des Prüfungsausschusses mitzuteilen. [6]Werden Auskünfte nach Satz 4 eingeholt, ist der Vorstand hierüber unverzüglich zu unterrichten.

**§ 108[3] Beschlußfassung des Aufsichtsrats.** (1) Der Aufsichtsrat entscheidet durch Beschluß.

(2) [1]Die Beschlußfähigkeit des Aufsichtsrats kann, soweit sie nicht gesetzlich geregelt ist, durch die Satzung bestimmt werden. [2]Ist sie weder gesetzlich noch durch die Satzung geregelt, so ist der Aufsichtsrat nur beschlußfähig, wenn mindestens die Hälfte der Mitglieder, aus denen er nach Gesetz oder Satzung insgesamt zu bestehen hat, an der Beschlußfassung teilnimmt. [3]In jedem Fall müssen mindestens drei Mitglieder an der Beschlußfassung teilnehmen. [4]Der Beschlußfähigkeit steht nicht entgegen, daß dem Aufsichtsrat weniger Mitglieder als die durch Gesetz oder Satzung festgesetzte Zahl angehören, auch wenn das für seine Zusammensetzung maßgebende zahlenmäßige Verhältnis nicht gewahrt ist.

(3) [1]Abwesende Aufsichtsratsmitglieder können dadurch an der Beschlußfassung des Aufsichtsrats und seiner Ausschüsse teilnehmen, daß sie schriftliche Stimmabgaben überreichen lassen. [2]Die schriftlichen Stimmabgaben können durch andere Aufsichtsratsmitglieder überreicht werden. [3]Sie können auch durch Personen, die nicht dem Aufsichtsrat angehören, übergeben werden, wenn diese nach § 109 Abs. 3 zur Teilnahme an der Sitzung berechtigt sind.

(4) Schriftliche, fernmündliche oder andere vergleichbare Formen der Beschlussfassung des Aufsichtsrats und seiner Ausschüsse sind vorbehaltlich einer näheren Regelung durch die Satzung oder eine Geschäftsordnung des Aufsichtsrats nur zulässig, wenn kein Mitglied diesem Verfahren widerspricht.

**§ 109[4] Teilnahme an Sitzungen des Aufsichtsrats und seiner Ausschüsse.**

(1) [1]An den Sitzungen des Aufsichtsrats und seiner Ausschüsse sollen Personen, die weder dem Aufsichtsrat noch dem Vorstand angehören, nicht teilnehmen. [2]Sachverständige und Auskunftspersonen können zur Beratung über einzelne Gegenstände zugezogen werden. [3]Wird der Abschlussprüfer als Sachverständiger zugezogen, nimmt der Vorstand an dieser Sitzung nicht teil, es sei denn, der Aufsichtsrat oder der Ausschuss erachtet seine Teilnahme für erforderlich.

(2) Aufsichtsratsmitglieder, die dem Ausschuß nicht angehören, können an den Ausschußsitzungen teilnehmen, wenn der Vorsitzende des Aufsichtsrats nichts anderes bestimmt.

---

[1] Beachte hierzu § 12 Abs. 6 und § 26k Abs. 2 EGAktG (Nr. **51a**).
[2] Nr. **50**.
[3] § 108 Abs. 4 neu gef. mWv 25.1.2001 durch G v. 18.1.2001 (BGBl. I S. 123).
[4] § 109 Abs. 3 geänd. mWv 1.8.2001 durch G v. 13.7.2001 (BGBl. I S. 1542); Abs. 1 Satz 3 angef. mWv 1.7.2021 durch G v. 3.6.2021 (BGBl. I S. 1534).

(3) Die Satzung kann zulassen, daß an den Sitzungen des Aufsichtsrats und seiner Ausschüsse Personen, die dem Aufsichtsrat nicht angehören, an Stelle von verhinderten Aufsichtsratsmitgliedern teilnehmen können, wenn diese sie hierzu in Textform ermächtigt haben.

(4) Abweichende gesetzliche Vorschriften bleiben unberührt.

**§ 110**[1] **Einberufung des Aufsichtsrats.** (1) [1]Jedes Aufsichtsratsmitglied oder der Vorstand kann unter Angabe des Zwecks und der Gründe verlangen, daß der Vorsitzende des Aufsichtsrats unverzüglich den Aufsichtsrat einberuft. [2]Die Sitzung muß binnen zwei Wochen nach der Einberufung stattfinden.

(2) Wird dem Verlangen nicht entsprochen, so kann das Aufsichtsratsmitglied oder der Vorstand unter Mitteilung des Sachverhalts und der Angabe einer Tagesordnung selbst den Aufsichtsrat einberufen.

(3) [1]Der Aufsichtsrat muss zwei Sitzungen im Kalenderhalbjahr abhalten. [2]In nichtbörsennotierten Gesellschaften kann der Aufsichtsrat beschließen, dass eine Sitzung im Kalenderhalbjahr abzuhalten ist.

**§ 111**[2] [3] **Aufgaben und Rechte des Aufsichtsrats.** (1) Der Aufsichtsrat hat die Geschäftsführung zu überwachen.

(2) [1]Der Aufsichtsrat kann die Bücher und Schriften der Gesellschaft sowie die Vermögensgegenstände, namentlich die Gesellschaftskasse und die Bestände an Wertpapieren und Waren, einsehen und prüfen. [2]Er kann damit auch einzelne Mitglieder oder für bestimmte Aufgaben besondere Sachverständige beauftragen. [3]Er erteilt dem Abschlußprüfer den Prüfungsauftrag für den Jahres- und den Konzernabschluß gemäß § 290 des Handelsgesetzbuchs[4]. [4]Er kann darüber hinaus eine externe inhaltliche Überprüfung der nichtfinanziellen Erklärung oder des gesonderten nichtfinanziellen Berichts (§ 289b des Handelsgesetzbuchs), der nichtfinanziellen Konzernerklärung oder des gesonderten nichtfinanziellen Konzernberichts (§ 315b des Handelsgesetzbuchs) beauftragen.

(3) [1]Der Aufsichtsrat hat eine Hauptversammlung einzuberufen, wenn das Wohl der Gesellschaft es fordert. [2]Für den Beschluß genügt die einfache Mehrheit.

(4) [1]Maßnahmen der Geschäftsführung können dem Aufsichtsrat nicht übertragen werden. [2]Die Satzung oder der Aufsichtsrat hat jedoch zu bestimmen, daß bestimmte Arten von Geschäften nur mit seiner Zustimmung vorgenommen werden dürfen. [3]Verweigert der Aufsichtsrat seine Zustimmung, so kann der Vorstand verlangen, daß die Hauptversammlung über die Zustimmung beschließt. [4]Der Beschluß, durch den die Hauptversammlung zustimmt, bedarf einer Mehrheit, die mindestens drei Viertel der abgegebenen Stimmen umfaßt. [5]Die Satzung kann weder eine andere Mehrheit noch weitere Erfordernisse bestimmen.

(5) [1]Der Aufsichtsrat von Gesellschaften, die börsennotiert sind oder der Mitbestimmung unterliegen, legt für den Frauenanteil im Aufsichtsrat und im Vorstand Zielgrößen fest. [2]Die Zielgrößen müssen den angestrebten Frauenanteil am jeweiligen Gesamtgremium beschreiben und bei Angaben in Prozent vollen Personenzahlen entsprechen. [3]Legt der Aufsichtsrat für den Aufsichtsrat oder den

[1] § 110 Abs. 2 und 3 neu gef. mWv 26.7.2002 durch G v. 19.7.2002 (BGBl. I S. 2681).

[2] § 111 Abs. 2 Satz 3 angef. durch G v. 27.4.1998 (BGBl. I S. 786); Abs. 4 Satz 2 geänd. mWv 26.7. 2002 durch G v. 19.7.2002 (BGBl. I S. 2681); Abs. 5 eingef., bish. Abs. 5 wird Abs. 6 mWv 1.5.2015 durch G v. 24.4.2015 (BGBl. I S. 642); Abs. 2 Satz 4 angef. mWv 19.4.2017 durch G v. 11.4.2017 (BGBl. I S. 802); Abs. 5 neu gef. mWv 12.8.2021 durch G v. 7.8.2021 (BGBl. I S. 3311).

[3] Beachte hierzu Übergangsvorschriften in §§ 26i und 26l EGAktG (Nr. **51a**).

[4] Nr. **50**.

Vorstand die Zielgröße Null fest, so hat er diesen Beschluss klar und verständlich zu begründen. [4] Die Begründung muss ausführlich die Erwägungen darlegen, die der Entscheidung zugrunde liegen. [5] Liegt der Frauenanteil bei Festlegung der Zielgrößen unter 30 Prozent, so dürfen die Zielgrößen den jeweils erreichten Anteil nicht mehr unterschreiten. [6] Gleichzeitig sind Fristen zur Erreichung der Zielgrößen festzulegen. [7] Die Fristen dürfen jeweils nicht länger als fünf Jahre sein. [8] Wenn für den Aufsichtsrat bereits das Mindestanteilsgebot nach § 96 Absatz 2 oder 3 gilt, sind die Festlegungen nur für den Vorstand vorzunehmen. [9] Gilt für den Vorstand das Beteiligungsgebot nach § 76 Absatz 3a, entfällt auch die Pflicht zur Zielgrößensetzung für den Vorstand.

(6) Die Aufsichtsratsmitglieder können ihre Aufgaben nicht durch andere wahrnehmen lassen.

**§ 111a[1)] Geschäfte mit nahestehenden Personen.** (1) [1] Geschäfte mit nahestehenden Personen sind Rechtsgeschäfte oder Maßnahmen,

1. durch die ein Gegenstand oder ein anderer Vermögenswert entgeltlich oder unentgeltlich übertragen oder zur Nutzung überlassen wird und
2. die mit nahestehenden Personen gemäß Satz 2 getätigt werden.

[2] Nahestehende Personen sind nahestehende Unternehmen oder Personen im Sinne der internationalen Rechnungslegungsstandards, die durch die Verordnung (EG) Nr. 1126/2008 der Kommission vom 3. November 2008 zur Übernahme bestimmter internationaler Rechnungslegungsstandards gemäß der Verordnung (EG) Nr. 1606/2002 des Europäischen Parlaments und des Rates (ABl. L 320 vom 29.11.2008, S. 1; L 29 vom 2.2.2010, S. 34), die zuletzt durch die Verordnung (EU) 2019/412 (ABl. L 73 vom 15.3.2019, S. 93) geändert worden ist, in der jeweils geltenden Fassung übernommen wurden. [3] Ein Unterlassen ist kein Geschäft im Sinne des Satzes 1.

(2) [1] Geschäfte, die im ordentlichen Geschäftsgang und zu marktüblichen Bedingungen mit nahestehenden Personen getätigt werden, gelten nicht als Geschäfte mit nahestehenden Personen im Sinne der §§ 107 und 111a bis 111c. [2] Um regelmäßig zu bewerten, ob die Voraussetzungen nach Satz 1 vorliegen, richtet die börsennotierte Gesellschaft ein internes Verfahren ein, von dem die an dem Geschäft beteiligten nahestehenden Personen ausgeschlossen sind. [3] Die Satzung kann jedoch bestimmen, dass Satz 1 nicht anzuwenden ist.

(3) Nicht als Geschäfte mit nahestehenden Personen im Sinne der §§ 107 und 111a bis 111c gelten ferner

1. Geschäfte mit Tochterunternehmen im Sinne der internationalen Rechnungslegungsstandards, die durch die Verordnung (EG) Nr. 1126/2008 übernommen wurden, die unmittelbar oder mittelbar in 100-prozentigem Anteilsbesitz der Gesellschaft stehen oder an denen keine andere der Gesellschaft nahestehende Person beteiligt ist oder die ihren Sitz in einem Mitgliedstaat der Europäischen Union haben und deren Aktien zum Handel an einem in einem Mitgliedstaat gelegenen oder dort betriebenen geregelten Markt im Sinne des Artikels 4 Absatz 1 Nummer 21 der Richtlinie 2014/65/EU des Europäischen Parlaments und des Rates vom 15. Mai 2014 über Märkte für Finanzinstrumente sowie zur Änderung der Richtlinien 2002/92/EG und 2011/61/EU (ABl. L 173 vom 12.6.2014, S. 349; L 74 vom 18.3.2015, S. 38; L 188 vom 13.7.2016, S. 28; L

---

[1)] § 111a eingef. mWv 1.1.2020 durch G v. 12.12.2019 (BGBl. I S. 2637); Abs. 3 Nr. 5 geänd. mWv 27.7.2022 durch G v. 20.7.2022 (BGBl. I S. 1166).

273 vom 8.10.2016, S. 35; L 64 vom 10.3.2017, S. 116; L 278 vom 27.10.2017, S. 56), die zuletzt durch die Richtlinie (EU) 2016/1034 (ABl. L 175 vom 30.6. 2016, S. 8) geändert worden ist, zugelassen sind;

2. Geschäfte, die einer Zustimmung oder Ermächtigung der Hauptversammlung bedürfen;
3. alle in Umsetzung der Hauptversammlungszustimmung oder -ermächtigung vorgenommenen Geschäfte und Maßnahmen, insbesondere
   a) Maßnahmen der Kapitalbeschaffung oder Kapitalherabsetzung (§§ 182 bis 240), Unternehmensverträge (§§ 291 bis 307) und Geschäfte auf Grundlage eines solchen Vertrages,
   b) die Übertragung des ganzen Gesellschaftsvermögens gemäß § 179a,
   c) der Erwerb eigener Aktien nach § 71 Absatz 1 Nummer 7 und 8 Satzteil vor Satz 2,
   d) Verträge der Gesellschaft mit Gründern im Sinne des § 52 Absatz 1 Satz 1,
   e) der Ausschluss von Minderheitsaktionären nach den §§ 327a bis 327f sowie
   f) Geschäfte im Rahmen einer Umwandlung im Sinne des Umwandlungsgesetzes;
4. Geschäfte, die die Vergütung betreffen, die den Mitgliedern des Vorstands oder Aufsichtsrats im Einklang mit § 113 Absatz 3 oder § 87a Absatz 2 gewährt oder geschuldet wird;
5. Geschäfte von Kreditinstituten oder Wertpapierinstituten, die zur Sicherung ihrer Stabilität durch die zuständige Behörde angeordnet oder gebilligt wurden;
6. Geschäfte, die allen Aktionären unter den gleichen Bedingungen angeboten werden.

**§ 111b[1] Zustimmungsvorbehalt des Aufsichtsrats bei Geschäften mit nahestehenden Personen.** (1) Ein Geschäft der börsennotierten Gesellschaft mit nahestehenden Personen, dessen wirtschaftlicher Wert allein oder zusammen mit den innerhalb des laufenden Geschäftsjahres vor Abschluss des Geschäfts mit derselben Person getätigten Geschäften 1,5 Prozent der Summe aus dem Anlage- und Umlaufvermögen der Gesellschaft gemäß § 266 Absatz 2 Buchstabe A und B des Handelsgesetzbuchs[2] nach Maßgabe des zuletzt festgestellten Jahresabschlusses übersteigt, bedarf der vorherigen Zustimmung des Aufsichtsrats oder eines gemäß § 107 Absatz 3 Satz 4 bis 6 bestellten Ausschusses.

(2) Bei der Beschlussfassung des Aufsichtsrats nach Absatz 1 können diejenigen Mitglieder des Aufsichtsrats ihr Stimmrecht nicht ausüben, die an dem Geschäft als nahestehende Personen beteiligt sind oder bei denen die Besorgnis eines Interessenkonfliktes auf Grund ihrer Beziehungen zu der nahestehenden Person besteht.

(3) Ist die Gesellschaft Mutterunternehmen (§ 290 Absatz 1 und 2 des Handelsgesetzbuchs) und nicht gemäß § 290 Absatz 5 oder den §§ 291 bis 293 des Handelsgesetzbuchs von der Konzernrechnungslegungspflicht befreit, so tritt an die Stelle der Summe des Anlage- und Umlaufvermögens der Gesellschaft die Summe aus dem Anlage- und Umlaufvermögen des Konzerns gemäß § 298 Absatz 1 in Verbindung mit § 266 Absatz 2 Buchstabe A und B des Handelsgesetzbuchs nach Maßgabe des zuletzt gebilligten Konzernabschlusses oder in den Fällen des § 315e des Handelsgesetzbuchs die Summe aus den entsprechenden Ver-

[1] § 111b eingef. mWv 1.1.2020 durch G v. 12.12.2019 (BGBl. I S. 2637).
[2] Nr. **50**.

mögenswerten des Konzernabschlusses nach den internationalen Rechnungslegungsstandards.

(4) [1] Verweigert der Aufsichtsrat seine Zustimmung, so kann der Vorstand verlangen, dass die Hauptversammlung über die Zustimmung beschließt. [2] Die an dem Geschäft beteiligten nahestehenden Personen dürfen ihr Stimmrecht bei der Beschlussfassung der Hauptversammlung weder für sich noch für einen anderen ausüben.

### § 111c[1)] Veröffentlichung von Geschäften mit nahestehenden Personen.

(1) [1] Die börsennotierte Gesellschaft hat Angaben zu solchen Geschäften mit nahestehenden Personen, die gemäß § 111b Absatz 1 der Zustimmung bedürfen, unverzüglich gemäß Absatz 2 zu veröffentlichen. [2] Ist die Zustimmungsbedürftigkeit eines Geschäfts nach § 111b Absatz 1 durch Zusammenrechnung mehrerer Geschäfte ausgelöst worden, so sind auch diese Geschäfte zu veröffentlichen.

(2) [1] Die Veröffentlichung hat in einer Art und Weise zu erfolgen, die der Öffentlichkeit einen leichten Zugang zu den Angaben ermöglicht. [2] Die Veröffentlichung hat entsprechend den Regelungen in § 3a Absatz 1 bis 4 der Wertpapierhandelsanzeigeverordnung vom 13. Dezember 2004 (BGBl. I S. 3376), die zuletzt durch Artikel 1 der Verordnung vom 19. Oktober 2018 (BGBl. I S. 1758) geändert worden ist, zu erfolgen. [3] Die Veröffentlichung muss alle wesentlichen Informationen enthalten, die erforderlich sind, um zu bewerten, ob das Geschäft aus Sicht der Gesellschaft und der Aktionäre, die keine nahestehenden Personen sind, angemessen ist. [4] Dies umfasst mindestens Informationen zur Art des Verhältnisses zu den nahestehenden Personen, die Namen der nahestehenden Personen sowie das Datum und den Wert des Geschäfts. [5] Die Angaben sind zudem auf der Internetseite der Gesellschaft für einen Zeitraum von mindestens fünf Jahren öffentlich zugänglich zu machen.

(3) [1] Handelt es sich bei dem Geschäft mit einer nahestehenden Person um eine Insiderinformation gemäß Artikel 17 der Verordnung (EU) Nr. 596/2014[2)] des Europäischen Parlaments und des Rates vom 16. April 2014 über Marktmissbrauch (Marktmissbrauchsverordnung) und zur Aufhebung der Richtlinie 2003/6/EG des Europäischen Parlaments und des Rates und der Richtlinien 2003/124/EG, 2003/125/EG und 2004/72/EG der Kommission (ABl. L 173 vom 12.6.2014, S. 1; L 287 vom 21.10.2016, S. 320; L 348 vom 21.12.2016, S. 83), die zuletzt durch die Verordnung (EU) 2016/1033 (ABl. L 175 vom 30.6.2016, S. 1) geändert worden ist, sind die nach Absatz 2 erforderlichen Angaben in die Mitteilung gemäß Artikel 17 der Verordnung (EU) Nr. 596/2014 aufzunehmen. [2] In diesem Fall entfällt die Verpflichtung nach Absatz 1. [3] Artikel 17 Absatz 4 und 5 der Verordnung (EU) Nr. 596/2014 gilt sinngemäß.

(4) Ist die Gesellschaft Mutterunternehmen im Sinne der internationalen Rechnungslegungsstandards, die durch die Verordnung (EG) Nr. 1126/2008 übernommen wurden, gelten Absatz 1 Satz 1 sowie die Absätze 2 und 3 entsprechend für ein Geschäft eines Tochterunternehmens mit der Gesellschaft nahestehenden Personen, sofern dieses Geschäft, wenn es von der Gesellschaft vorgenommen worden wäre, nach § 111b Absatz 1 und 3 einer Zustimmung bedürfte.

---

1) § 111c eingef. mWv 1.1.2020 durch G v. 12.12.2019 (BGBl. I S. 2637).
2) **Habersack, Deutsche Gesetze ErgBd. Nr. 60.**

**§ 112[1)] Vertretung der Gesellschaft gegenüber Vorstandsmitgliedern.** [1] Vorstandsmitgliedern gegenüber vertritt der Aufsichtsrat die Gesellschaft gerichtlich und außergerichtlich. [2] § 78 Abs. 2 Satz 2 gilt entsprechend.

**§ 113[2)] [3)] Vergütung der Aufsichtsratsmitglieder.** (1) [1] Den Aufsichtsratsmitgliedern kann für ihre Tätigkeit eine Vergütung gewährt werden. [2] Sie kann in der Satzung festgesetzt oder von der Hauptversammlung bewilligt werden. [3] Sie soll in einem angemessenen Verhältnis zu den Aufgaben der Aufsichtsratsmitglieder und zur Lage der Gesellschaft stehen.

(2) [1] Den Mitgliedern des ersten Aufsichtsrats kann nur die Hauptversammlung eine Vergütung für ihre Tätigkeit bewilligen. [2] Der Beschluß kann erst in der Hauptversammlung gefaßt werden, die über die Entlastung der Mitglieder des ersten Aufsichtsrats beschließt.

(3) [1] Bei börsennotierten Gesellschaften ist mindestens alle vier Jahre über die Vergütung der Aufsichtsratsmitglieder Beschluss zu fassen. [2] Ein die Vergütung bestätigender Beschluss ist zulässig; im Übrigen gilt Absatz 1 Satz 2. [3] In dem Beschluss sind die nach § 87a Absatz 1 Satz 2 erforderlichen Angaben sinngemäß und in klarer und verständlicher Form zu machen oder in Bezug zu nehmen. [4] Die Angaben können in der Satzung unterbleiben, wenn die Vergütung in der Satzung festgesetzt wird. [5] Der Beschluss ist wegen eines Verstoßes gegen Satz 3 nicht anfechtbar. [6] § 120a Absatz 2 und 3 ist sinngemäß anzuwenden.

**§ 114 Verträge mit Aufsichtsratsmitgliedern.** (1) Verpflichtet sich ein Aufsichtsratsmitglied außerhalb seiner Tätigkeit im Aufsichtsrat durch einen Dienstvertrag, durch den ein Arbeitsverhältnis nicht begründet wird, oder durch einen Werkvertrag gegenüber der Gesellschaft zu einer Tätigkeit höherer Art, so hängt die Wirksamkeit des Vertrags von der Zustimmung des Aufsichtsrats ab.

(2) [1] Gewährt die Gesellschaft auf Grund eines solchen Vertrags dem Aufsichtsratsmitglied eine Vergütung, ohne daß der Aufsichtsrat dem Vertrag zugestimmt hat, so hat das Aufsichtsratsmitglied die Vergütung zurückzugewähren, es sei denn, daß der Aufsichtsrat den Vertrag genehmigt. [2] Ein Anspruch des Aufsichtsratsmitglieds gegen die Gesellschaft auf Herausgabe der durch die geleistete Tätigkeit erlangten Bereicherung bleibt unberührt; der Anspruch kann jedoch nicht gegen den Rückgewähranspruch aufgerechnet werden.

**§ 115[4)] Kreditgewährung an Aufsichtsratsmitglieder.** (1) [1] Die Gesellschaft darf ihren Aufsichtsratsmitgliedern Kredit nur mit Einwilligung des Aufsichtsrats gewähren. [2] Eine herrschende Gesellschaft darf Kredite an Aufsichtsratsmitglieder eines abhängigen Unternehmens nur mit Einwilligung ihres Aufsichtsrats, eine abhängige Gesellschaft darf Kredite an Aufsichtsratsmitglieder des herrschenden Unternehmens nur mit Einwilligung des Aufsichtsrats des herrschenden Unternehmens gewähren. [3] Die Einwilligung kann nur für bestimmte Kreditgeschäfte oder Arten von Kreditgeschäften und nicht für länger als drei Monate im voraus erteilt werden. [4] Der Beschluß über die Einwilligung hat die Verzinsung und Rückzahlung des Kredits zu regeln. [5] Betreibt das Aufsichtsratsmitglied ein Han-

---

[1)] § 112 Satz 2 angef. mWv 1.11.2008 durch G v. 23.10.2008 (BGBl. I S. 2026).

[2)] § 113 Abs. 3 Satz 1 geänd. durch G v. 25.3.1998 (BGBl. I S. 590); Abs. 1 Satz 4 aufgeh., Abs. 3 neu gef. mWv 1.1.2020 durch G v. 12.12.2019 (BGBl. I S. 2637).

[3)] Beachte hierzu Übergangsvorschrift in § 26j EGAktG (Nr. **51a**).

[4)] § 115 Abs. 5 neu gef. durch G v. 22.10.1997 (BGBl. I S. 2567); Abs. 2 geänd. mWv 1.8.2001 durch G v. 16.2.2001 (BGBl. I S. 266).

delsgewerbe als Einzelkaufmann, so ist die Einwilligung nicht erforderlich, wenn der Kredit für die Bezahlung von Waren gewährt wird, welche die Gesellschaft seinem Handelsgeschäft liefert.

(2) Absatz 1 gilt auch für Kredite an den Ehegatten, Lebenspartner oder an ein minderjähriges Kind eines Aufsichtsratsmitglieds und für Kredite an einen Dritten, der für Rechnung dieser Personen oder für Rechnung eines Aufsichtsratsmitglieds handelt.

(3) [1] Ist ein Aufsichtsratsmitglied zugleich gesetzlicher Vertreter einer anderen juristischen Person oder Gesellschafter einer Personenhandelsgesellschaft, so darf die Gesellschaft der juristischen Person oder der Personenhandelsgesellschaft Kredit nur mit Einwilligung des Aufsichtsrats gewähren; Absatz 1 Satz 3 und 4 gilt sinngemäß. [2] Dies gilt nicht, wenn die juristische Person oder die Personenhandelsgesellschaft mit der Gesellschaft verbunden ist oder wenn der Kredit für die Bezahlung von Waren gewährt wird, welche die Gesellschaft der juristischen Person oder der Personenhandelsgesellschaft liefert.

(4) Wird entgegen den Absätzen 1 bis 3 Kredit gewährt, so ist der Kredit ohne Rücksicht auf entgegenstehende Vereinbarungen sofort zurückzugewähren, wenn nicht der Aufsichtsrat nachträglich zustimmt.

(5) Ist die Gesellschaft ein Kreditinstitut oder Finanzdienstleistungsinstitut, auf das § 15 des Gesetzes über das Kreditwesen[1)] anzuwenden ist, gelten anstelle der Absätze 1 bis 4 die Vorschriften des Gesetzes über das Kreditwesen.

**§ 116[2)] Sorgfaltspflicht und Verantwortlichkeit der Aufsichtsratsmitglieder.** [1] Für die Sorgfaltspflicht und Verantwortlichkeit der Aufsichtsratsmitglieder gelten § 93 mit Ausnahme des Absatzes 2 Satz 3 über die Sorgfaltspflicht und Verantwortlichkeit der Vorstandsmitglieder und § 15b der Insolvenzordnung[3)] sinngemäß. [2] Die Aufsichtsratsmitglieder sind insbesondere zur Verschwiegenheit über erhaltene vertrauliche Berichte und vertrauliche Beratungen verpflichtet. [3] Sie sind namentlich zum Ersatz verpflichtet, wenn sie eine unangemessene Vergütung festsetzen (§ 87 Absatz 1).

## Dritter Abschnitt. Benutzung des Einflusses auf die Gesellschaft

**§ 117[4)] Schadenersatzpflicht.** (1) [1] Wer vorsätzlich unter Benutzung seines Einflusses auf die Gesellschaft ein Mitglied des Vorstands oder des Aufsichtsrats, einen Prokuristen oder einen Handlungsbevollmächtigten dazu bestimmt, zum Schaden der Gesellschaft oder ihrer Aktionäre zu handeln, ist der Gesellschaft zum Ersatz des ihr daraus entstehenden Schadens verpflichtet. [2] Er ist auch den Aktionären zum Ersatz des ihnen daraus entstehenden Schadens verpflichtet, soweit sie, abgesehen von einem Schaden, der ihnen durch Schädigung der Gesellschaft zugefügt worden ist, geschädigt worden sind.

(2) [1] Neben ihm haften als Gesamtschuldner die Mitglieder des Vorstands und des Aufsichtsrats, wenn sie unter Verletzung ihrer Pflichten gehandelt haben. [2] Ist streitig, ob sie die Sorgfalt eines ordentlichen und gewissenhaften Geschäftsleiters

---

[1)] **Sartorius ErgBd. Nr. 856.**

[2)] § 116 Satz 2 angef. mWv 26.7.2002 durch G v. 19.7.2002 (BGBl. I S. 2681); Satz 3 angef. mWv 5.8. 2009 durch G v. 31.7.2009 (BGBl. I S. 2509); Satz 1 neu gef. mWv 1.1.2021 durch G v. 22.12.2020 (BGBl. I S. 3256).

[3)] Nr. **110**.

[4)] § 117 Abs. 5 Satz 3 neu gef. durch G v. 5.10.1994 (BGBl. I S. 2911); Abs. 7 Nr. 1 aufgeh., bish. Nr. 2 und 3 werden Nr. 1 und 2 mWv 1.11.2005 durch G v. 22.9.2005 (BGBl. I S. 2802).

angewandt haben, so trifft sie die Beweislast. [3]Der Gesellschaft und auch den Aktionären gegenüber tritt die Ersatzpflicht der Mitglieder des Vorstands und des Aufsichtsrats nicht ein, wenn die Handlung auf einem gesetzmäßigen Beschluß der Hauptversammlung beruht. [4]Dadurch, daß der Aufsichtsrat die Handlung gebilligt hat, wird die Ersatzpflicht nicht ausgeschlossen.

(3) Neben ihm haftet ferner als Gesamtschuldner, wer durch die schädigende Handlung einen Vorteil erlangt hat, sofern er die Beeinflussung vorsätzlich veranlaßt hat.

(4) Für die Aufhebung der Ersatzpflicht gegenüber der Gesellschaft gilt sinngemäß § 93 Abs. 4 Satz 3 und 4.

(5) [1]Der Ersatzanspruch der Gesellschaft kann auch von den Gläubigern der Gesellschaft geltend gemacht werden, soweit sie von dieser keine Befriedigung erlangen können. [2]Den Gläubigern gegenüber wird die Ersatzpflicht weder durch einen Verzicht oder Vergleich der Gesellschaft noch dadurch aufgehoben, daß die Handlung auf einem Beschluß der Hauptversammlung beruht. [3]Ist über das Vermögen der Gesellschaft das Insolvenzverfahren eröffnet, so übt während dessen Dauer der Insolvenzverwalter oder der Sachwalter das Recht der Gläubiger aus.

(6) Die Ansprüche aus diesen Vorschriften verjähren in fünf Jahren.

(7) Diese Vorschriften gelten nicht, wenn das Mitglied des Vorstands oder des Aufsichtsrats, der Prokurist oder der Handlungsbevollmächtigte durch Ausübung

1. der Leitungsmacht auf Grund eines Beherrschungsvertrags oder
2. der Leitungsmacht einer Hauptgesellschaft (§ 319), in die die Gesellschaft eingegliedert ist,

zu der schädigenden Handlung bestimmt worden ist.

## Vierter Abschnitt. Hauptversammlung

### Erster Unterabschnitt. Rechte der Hauptversammlung

**§ 118[1)] [2)] Allgemeines.** (1) [1]Die Aktionäre üben ihre Rechte in den Angelegenheiten der Gesellschaft in der Hauptversammlung aus, soweit das Gesetz nichts anderes bestimmt. [2]Die Satzung kann vorsehen oder den Vorstand dazu ermächtigen vorzusehen, dass die Aktionäre an der Hauptversammlung auch ohne Anwesenheit an deren Ort und ohne einen Bevollmächtigten teilnehmen und sämtliche oder einzelne ihrer Rechte ganz oder teilweise im Wege elektronischer Kommunikation ausüben können. [3]Bei elektronischer Ausübung des Stimmrechts ist dem Abgebenden der Zugang der elektronisch abgegebenen Stimme nach den Anforderungen gemäß Artikel 7 Absatz 1 und Artikel 9 Absatz 5 Unterabsatz 1 der Durchführungsverordnung (EU) 2018/1212 von der Gesellschaft elektronisch zu bestätigen. [4]Sofern die Bestätigung einem Intermediär erteilt wird, hat dieser die Bestätigung unverzüglich dem Aktionär zu übermitteln. [5]§ 67a Absatz 2 Satz 1 und Absatz 3 gilt entsprechend.

(2) [1]Die Satzung kann vorsehen oder den Vorstand dazu ermächtigen vorzusehen, dass Aktionäre ihre Stimmen, auch ohne an der Versammlung teilzunehmen, schriftlich oder im Wege elektronischer Kommunikation abgeben dürfen (Briefwahl). [2]Absatz 1 Satz 3 bis 5 gilt entsprechend.

---

[1)] § 118 Abs. 2 Satz 2 und Abs. 3 angef. mWv 26.7.2002 durch G v. 19.7.2002 (BGBl. I S. 2681); Abs. 1 Satz 2 angef., Abs. 2 eingef., bish. Abs. 2 und 3 werden Abs. 3 und 4 und Abs 4. neu gef. mWv 1.9.2009 durch G v. 30.7.2009 (BGBl. I S. 2479); Abs. 1 Sätze 3–5 und Abs. 2 Satz 2 angef. mWv 1.1.2020 durch G v. 12.12.2019 (BGBl. I S. 2637).

[2)] Beachte hierzu Übergangsvorschrift in § 26j EGAktG (Nr. **51a**).

(3) [1] Die Mitglieder des Vorstands und des Aufsichtsrats sollen an der Hauptversammlung teilnehmen. [2] Die Satzung kann jedoch bestimmte Fälle vorsehen, in denen die Teilnahme von Mitgliedern des Aufsichtsrats im Wege der Bild- und Tonübertragung erfolgen darf.

(4) Die Satzung oder die Geschäftsordnung gemäß § 129 Abs. 1 kann vorsehen oder den Vorstand oder den Versammlungsleiter dazu ermächtigen vorzusehen, die Bild- und Tonübertragung der Versammlung zuzulassen.

**§ 118a[1] Virtuelle Hauptversammlung.** (1) [1] Die Satzung kann vorsehen oder den Vorstand dazu ermächtigen, vorzusehen, dass die Versammlung ohne physische Präsenz der Aktionäre oder ihrer Bevollmächtigten am Ort der Hauptversammlung abgehalten wird (virtuelle Hauptversammlung). [2] Wird eine virtuelle Hauptversammlung abgehalten, sind die folgenden Voraussetzungen einzuhalten:

1. die gesamte Versammlung wird mit Bild und Ton übertragen,
2. die Stimmrechtsausübung der Aktionäre ist im Wege elektronischer Kommunikation, namentlich über elektronische Teilnahme oder elektronische Briefwahl, sowie über Vollmachtserteilung möglich,
3. den elektronisch zu der Versammlung zugeschalteten Aktionären wird das Recht eingeräumt, Anträge und Wahlvorschläge im Wege der Videokommunikation in der Versammlung zu stellen,
4. den Aktionären wird ein Auskunftsrecht nach § 131 im Wege elektronischer Kommunikation eingeräumt,
5. den Aktionären wird, sofern der Vorstand von der Möglichkeit des § 131 Absatz 1a Satz 1 Gebrauch macht, der Bericht des Vorstands oder dessen wesentlicher Inhalt bis spätestens sieben Tage vor der Versammlung zugänglich gemacht,
6. den Aktionären wird das Recht eingeräumt, Stellungnahmen nach § 130a Absatz 1 bis 4 im Wege elektronischer Kommunikation einzureichen,
7. den elektronisch zu der Versammlung zugeschalteten Aktionären wird ein Rederecht in der Versammlung im Wege der Videokommunikation nach § 130a Absatz 5 und 6 eingeräumt,
8. den elektronisch zu der Versammlung zugeschalteten Aktionären wird ein Recht zum Widerspruch gegen einen Beschluss der Hauptversammlung im Wege elektronischer Kommunikation eingeräumt.

[3] Für die Fristberechnung nach Satz 2 Nummer 5 gilt § 121 Absatz 7; bei börsennotierten Gesellschaften hat das Zugänglichmachen über die Internetseite der Gesellschaft zu erfolgen. [4] § 118 Absatz 1 Satz 3 und 4 sowie § 67a Absatz 2 Satz 1 und Absatz 3 gelten entsprechend.

(2) [1] Die Mitglieder des Vorstands sollen am Ort der Hauptversammlung teilnehmen. [2] Gleiches gilt für die Mitglieder des Aufsichtsrats, sofern deren Teilnahme nicht nach § 118 Absatz 3 Satz 2 im Wege der Bild- und Tonübertragung erfolgen darf. [3] Der Versammlungsleiter und in den Fällen des § 176 Absatz 2 Satz 1 und 2 der Abschlussprüfer haben am Ort der Hauptversammlung teilzunehmen. [4] Ein von der Gesellschaft nach § 134 Absatz 3 Satz 5 benannter Stimmrechtsvertreter kann am Ort der Hauptversammlung teilnehmen.

(3) [1] Eine Bestimmung in der Satzung nach Absatz 1 Satz 1, die die Abhaltung virtueller Hauptversammlungen vorsieht, muss befristet werden. [2] Die Abhaltung

[1] § 118a eingef. mWv 27.7.2022 durch G v. 20.7.2022 (BGBl. I S. 1166).

virtueller Hauptversammlungen darf in einer solchen Bestimmung für einen Zeitraum von längstens fünf Jahren nach Eintragung der Gesellschaft vorgesehen werden.

(4) [1] Eine Ermächtigung des Vorstands durch die Satzung nach Absatz 1 Satz 1, die Abhaltung virtueller Hauptversammlungen vorzusehen, muss befristet werden. [2] Sie kann für einen Zeitraum von längstens fünf Jahren nach Eintragung der Gesellschaft erteilt werden.

(5) Werden nach Absatz 1 Satz 1 getroffene Bestimmungen oder Ermächtigungen durch Satzungsänderung geschaffen,

1. darf die Bestimmung die Abhaltung virtueller Hauptversammlungen bis zu einem Zeitraum von längstens fünf Jahren nach Eintragung der Satzungsänderung vorsehen und
2. kann die Ermächtigung des Vorstands für einen Zeitraum von längstens fünf Jahren nach Eintragung der Satzungsänderung erteilt werden.

(6) Bestimmt dieses oder ein anderes Gesetz, dass Unterlagen in der Hauptversammlung zugänglich zu machen sind, so sind die Unterlagen den der Hauptversammlung elektronisch zugeschalteten Aktionären während des Zeitraums der Versammlung über die Internetseite der Gesellschaft oder eine über diese zugängliche Internetseite eines Dritten zugänglich zu machen.

**§ 119[1)] Rechte der Hauptversammlung.** (1) Die Hauptversammlung beschließt in den im Gesetz und in der Satzung ausdrücklich bestimmten Fällen, namentlich über

1. die Bestellung der Mitglieder des Aufsichtsrats, soweit sie nicht in den Aufsichtsrat zu entsenden oder als Aufsichtsratsmitglieder der Arbeitnehmer nach dem Mitbestimmungsgesetz[2)], dem Mitbestimmungsergänzungsgesetz[3)], dem Drittelbeteiligungsgesetz[4)], dem Gesetz über die Mitbestimmung der Arbeitnehmer bei einer grenzüberschreitenden Verschmelzung oder dem Gesetz über die Mitbestimmung der Arbeitnehmer bei grenzüberschreitendem Formwechsel und grenzüberschreitender Spaltung[5)] zu wählen sind;
2. die Verwendung des Bilanzgewinns;

*(Fortsetzung nächstes Blatt)*

---

[1)] § 119 Abs. 1 Nr. 1 geänd. durch G v. 4.5.1976 (BGBl. I S. 1153); Abs. 1 Nr. 4 geänd. durch G v. 19.12.1985 (BGBl. I S. 2355); Abs. 1 Nr. 1 geänd. mWv 1.7.2004 durch G v. 18.5.2004 (BGBl. I S. 974); Abs. 1 Nr. 1 geänd. mWv 29.12.2006 durch G v. 21.12.2006 (BGBl. I S. 3332); Abs. 1 Nr. 3 eingef., bish. Nr. 3–8 wird Nr. 4–9 mWv 1.1.2020 durch G v. 12.12.2019 (BGBl. I S. 2637); Abs. 1 Nr. 1 geänd. mWv 31.1.2023 durch G v. 4.1.2023 (BGBl. I Nr. 10).

[2)] **Habersack, Deutsche Gesetze ErgBd. Nr. 82a.**

[3)] **Habersack, Deutsche Gesetze ErgBd. Nr. 82c.**

[4)] **Habersack, Deutsche Gesetze ErgBd. Nr. 82d.**

[5)] **Loseblatt-Textsammlung Arbeitsrecht Nr. 568b.**

3. das Vergütungssystem und den Vergütungsbericht für Mitglieder des Vorstands und des Aufsichtsrats der börsennotierten Gesellschaft;
4. die Entlastung der Mitglieder des Vorstands und des Aufsichtsrats;
5. die Bestellung des Abschlußprüfers;
6. Satzungsänderungen;
7. Maßnahmen der Kapitalbeschaffung und der Kapitalherabsetzung;
8. die Bestellung von Prüfern zur Prüfung von Vorgängen bei der Gründung oder der Geschäftsführung;
9. die Auflösung der Gesellschaft.

(2) Über Fragen der Geschäftsführung kann die Hauptversammlung nur entscheiden, wenn der Vorstand es verlangt.

**§ 120**[1] **Entlastung.** (1) [1]Die Hauptversammlung beschließt alljährlich in den ersten acht Monaten des Geschäftsjahrs über die Entlastung der Mitglieder des Vorstands und über die Entlastung der Mitglieder des Aufsichtsrats. [2]Über die Entlastung eines einzelnen Mitglieds ist gesondert abzustimmen, wenn die Hauptversammlung es beschließt oder eine Minderheit es verlangt, deren Anteile zusammen den zehnten Teil des Grundkapitals oder den anteiligen Betrag von einer Million Euro erreichen.

(2) [1]Durch die Entlastung billigt die Hauptversammlung die Verwaltung der Gesellschaft durch die Mitglieder des Vorstands und des Aufsichtsrats. [2]Die Entlastung enthält keinen Verzicht auf Ersatzansprüche.

(3) Die Verhandlung über die Entlastung soll mit der Verhandlung über die Verwendung des Bilanzgewinns verbunden werden.

**§ 120a**[2][3] **Votum zum Vergütungssystem und zum Vergütungsbericht.** (1) [1]Die Hauptversammlung der börsennotierten Gesellschaft beschließt über die Billigung des vom Aufsichtsrat vorgelegten Vergütungssystems für die Vorstandsmitglieder bei jeder wesentlichen Änderung des Vergütungssystems, mindestens jedoch alle vier Jahre. [2]Der Beschluss begründet weder Rechte noch Pflichten. [3]Er ist nicht nach § 243 anfechtbar. [4]Ein das Vergütungssystem bestätigender Beschluss ist zulässig.

(2) Beschluss und Vergütungssystem sind unverzüglich auf der Internetseite der Gesellschaft zu veröffentlichen und für die Dauer der Gültigkeit des Vergütungssystems, mindestens jedoch für zehn Jahre, kostenfrei öffentlich zugänglich zu halten.

(3) Hat die Hauptversammlung das Vergütungssystem nicht gebilligt, so ist spätestens in der darauf folgenden ordentlichen Hauptversammlung ein überprüftes Vergütungssystem zum Beschluss vorzulegen.

(4) [1]Die Hauptversammlung der börsennotierten Gesellschaft beschließt über die Billigung des nach § 162 erstellten und geprüften Vergütungsberichts für das vorausgegangene Geschäftsjahr. [2]Absatz 1 Satz 2 und 3 ist anzuwenden.

---

[1] § 120 Abs. 1 Satz 2 geänd. durch G v. 25.3.1998 (BGBl. I S. 590); Abs. 1 Satz 2 geänd. durch G v. 9.6.1998 (BGBl. I S. 1242); Abs. 3 Sätze 2 und 3 aufgeh. mWv 1.9.2009 durch G v. 30.7.2009 (BGBl. I S. 2479); Abs. 4 angef. mWv 5.8.2009 durch G v. 31.7.2009 (BGBl. I S. 2509); Überschrift neu gef., Abs. 4 aufgeh. mWv 1.1.2020 durch G v. 12.12.2019 (BGBl. I S. 2637).

[2] § 120a eingef. mWv 1.1.2020 durch G v. 12.12.2019 (BGBl. I S. 2637).

[3] Beachte hierzu Übergangsvorschrift in § 26j EGAktG (Nr. **51a**).

(5) Bei börsennotierten kleinen und mittelgroßen Gesellschaften im Sinne des § 267 Absatz 1 und 2 des Handelsgesetzbuchs[1)] bedarf es keiner Beschlussfassung nach Absatz 4, wenn der Vergütungsbericht des letzten Geschäftsjahres als eigener Tagesordnungspunkt in der Hauptversammlung zur Erörterung vorgelegt wird.

### Zweiter Unterabschnitt. Einberufung der Hauptversammlung

**§ 121[2)] [3)] Allgemeines.** (1) Die Hauptversammlung ist in den durch Gesetz oder Satzung bestimmten Fällen sowie dann einzuberufen, wenn das Wohl der Gesellschaft es fordert.

(2) [1] Die Hauptversammlung wird durch den Vorstand einberufen, der darüber mit einfacher Mehrheit beschließt. [2] Personen, die in das Handelsregister als Vorstand eingetragen sind, gelten als befugt. [3] Das auf Gesetz oder Satzung beruhende Recht anderer Personen, die Hauptversammlung einzuberufen, bleibt unberührt.

(3) [1] Die Einberufung muss die Firma, den Sitz der Gesellschaft sowie Zeit und Ort der Hauptversammlung enthalten. [2] Zudem ist die Tagesordnung anzugeben. [3] Bei börsennotierten Gesellschaften hat der Vorstand oder, wenn der Aufsichtsrat die Versammlung einberuft, der Aufsichtsrat in der Einberufung ferner anzugeben:

1. die Voraussetzungen für die Teilnahme an der Versammlung und die Ausübung des Stimmrechts sowie gegebenenfalls den Nachweisstichtag nach § 123 Absatz 4 Satz 2 und dessen Bedeutung;
2. das Verfahren für die Stimmabgabe
   a) durch einen Bevollmächtigten unter Hinweis auf die Formulare, die für die Erteilung einer Stimmrechtsvollmacht zu verwenden sind, und auf die Art und Weise, wie der Gesellschaft ein Nachweis über die Bestellung eines Bevollmächtigten elektronisch übermittelt werden kann sowie
   b) durch Briefwahl oder im Wege der elektronischen Kommunikation gemäß § 118 Abs. 1 Satz 2, soweit die Satzung eine entsprechende Form der Stimmrechtsausübung vorsieht;
3. die Rechte der Aktionäre nach § 122 Abs. 2, § 126 Abs. 1, den §§ 127, 131 Abs. 1; die Angaben können sich auf die Fristen für die Ausübung der Rechte beschränken, wenn in der Einberufung im Übrigen auf weitergehende Erläuterungen auf der Internetseite der Gesellschaft hingewiesen wird;
4. die Internetseite der Gesellschaft, über die die Informationen nach § 124a zugänglich sind.

(4) [1] Die Einberufung ist in den Gesellschaftsblättern bekannt zu machen. [2] Sind die Aktionäre der Gesellschaft namentlich bekannt, so kann die Hauptversammlung mit eingeschriebenem Brief einberufen werden, wenn die Satzung nichts anderes bestimmt; der Tag der Absendung gilt als Tag der Bekanntmachung. [3] Die Mitteilung an die im Aktienregister Eingetragenen genügt.

---

[1)] Nr. **50**.

[2)] § 121 Abs. 4 eingef., bish. Abs. 4 wird Abs. 5, Abs. 6 angef. durch G v. 2.8.1994 (BGBl. I S. 1961); Abs. 4 Satz 1 geänd. mWv 1.8.2001 durch G v. 13.7.2001 (BGBl. I S. 1542); Abs. 5 Satz 2 geänd. mWv 1.7.2002 durch G v. 21.6.2002 (BGBl. I S. 2010); Abs. 5 Satz 2 geänd. mWv 1.11.2007 durch G v. 16.7.2007 (BGBl. I S. 1330); Abs. 3 neu gef., Abs. 4 Satz 1 eingef., bish. Sätze 1 und 2 werden Sätze 2 und 3, Abs. 4a eingef., Abs. 7 angef. mWv 1.9.2009 durch G v. 30.7.2009 (BGBl. I S. 2479); Abs. 3 Satz 3 Nr. 1 und Abs. 4a geänd., Abs. 4 Satz 3 aufgeh. mWv 31.12.2015 durch G v. 22.12.2015 (BGBl. I S. 2565); Abs. 4 Satz 3 angef. mWv 1.1.2020 durch G v. 12.12.2019 (BGBl. I S. 2637); Abs. 4b eingef., Abs. 5 Satz 3 angef. mWv 27.7.2022 durch G v. 20.7.2022 (BGBl. I S. 1166).

[3)] Beachte hierzu Übergangsvorschrift in § 26j EGAktG (Nr. **51a**).

(4a) Bei börsennotierten Gesellschaften, die nicht ausschließlich Namensaktien ausgegeben haben oder welche die Einberufung den Aktionären nicht unmittelbar nach Absatz 4 Satz 2 übersenden, ist die Einberufung spätestens zum Zeitpunkt der Bekanntmachung solchen Medien zur Veröffentlichung zuzuleiten, bei denen davon ausgegangen werden kann, dass sie die Information in der gesamten Europäischen Union verbreiten.

(4b) [1] Im Fall der virtuellen Hauptversammlung muss die Einberufung auch angeben, wie sich Aktionäre und ihre Bevollmächtigten elektronisch zur Versammlung zuschalten können. [2] Zusätzlich ist in der Einberufung darauf hinzuweisen, dass eine physische Präsenz der Aktionäre und ihrer Bevollmächtigten am Ort der Hauptversammlung ausgeschlossen ist. [3] Bei börsennotierten Gesellschaften ist im Fall der virtuellen Hauptversammlung abweichend von Absatz 3 Satz 3 Nummer 2 Buchstabe b das Verfahren für die Stimmabgabe im Wege elektronischer Kommunikation anzugeben. [4] Zudem ist bei diesen Gesellschaften zusätzlich auf § 126 Absatz 4 und, falls der Vorstand von der Möglichkeit des § 131 Absatz 1a Satz 1 Gebrauch macht, auf § 131 Absatz 1a bis 1f hinzuweisen sowie darauf, dass der Bericht des Vorstands oder dessen wesentlicher Inhalt nach § 118a Absatz 1 Satz 2 Nummer 5 zugänglich gemacht wird.

(5) [1] Wenn die Satzung nichts anderes bestimmt, soll die Hauptversammlung am Sitz der Gesellschaft stattfinden. [2] Sind die Aktien der Gesellschaft an einer deutschen Börse zum Handel im regulierten Markt zugelassen, so kann, wenn die Satzung nichts anderes bestimmt, die Hauptversammlung auch am Sitz der Börse stattfinden. [3] Im Fall der virtuellen Hauptversammlung finden die Sätze 1 und 2 keine Anwendung.

(6) Sind alle Aktionäre erschienen oder vertreten, kann die Hauptversammlung Beschlüsse ohne Einhaltung der Bestimmungen dieses Unterabschnitts fassen, soweit kein Aktionär der Beschlußfassung widerspricht.

(7) [1] Bei Fristen und Terminen, die von der Versammlung zurückberechnet werden, ist der Tag der Versammlung nicht mitzurechnen. [2] Eine Verlegung von einem Sonntag, einem Sonnabend oder einem Feiertag auf einen zeitlich vorausgehenden oder nachfolgenden Werktag kommt nicht in Betracht. [3] Die §§ 187 bis 193 des Bürgerlichen Gesetzbuchs[1)] sind nicht entsprechend anzuwenden. [4] Bei nichtbörsennotierten Gesellschaften kann die Satzung eine andere Berechnung der Frist bestimmen.

**§ 122[2) 3)] Einberufung auf Verlangen einer Minderheit.** (1) [1] Die Hauptversammlung ist einzuberufen, wenn Aktionäre, deren Anteile zusammen den zwanzigsten Teil des Grundkapitals erreichen, die Einberufung schriftlich unter Angabe des Zwecks und der Gründe verlangen; das Verlangen ist an den Vorstand zu richten. [2] Die Satzung kann das Recht, die Einberufung der Hauptversammlung zu verlangen, an eine andere Form und an den Besitz eines geringeren Anteils am Grundkapital knüpfen. [3] Die Antragsteller haben nachzuweisen, dass sie seit mindestens 90 Tagen vor dem Tag des Zugangs des Verlangens Inhaber der Aktien sind

---

[1)] Nr. **20**.

[2)] § 122 Abs. 2 geänd. durch G v. 25.3.1998 (BGBl. I S. 590); Abs. 1 Satz 3 angef. durch G v. 27.4.1998 (BGBl. I S. 786); Abs. 2 geänd. durch G v. 9.6.1998 (BGBl. I S. 1242); Abs. 1 Satz 2 neu gef. mWv 1.8. 2001 durch G v. 13.7.2001 (BGBl. I S. 1542); Abs. 3 Satz 4 geänd. mWv 1.9.2009 durch G v. 17.12.2008 (BGBl. I S. 2586); Abs. 2 Satz 1 geänd., Sätze 2 und 3 angef. mWv 1.9.2009 durch G v. 30.7.2009 (BGBl. I S. 2479); Abs. 1 Satz 3 neu gef., Abs. 1 Satz 4 und Abs. 3 Satz 5 angef. mWv 31.12.2015 durch G v. 22.12.2015 (BGBl. I S. 2565).

[3)] Beachte hierzu Übergangsvorschrift in § 26h Abs. 4 EGAktG (Nr. **51a**).

und dass sie die Aktien bis zur Entscheidung des Vorstands über den Antrag halten. [4] § 121 Absatz 7 ist entsprechend anzuwenden.

(2) [1] In gleicher Weise können Aktionäre, deren Anteile zusammen den zwanzigsten Teil des Grundkapitals oder den anteiligen Betrag von 500 000 Euro erreichen, verlangen, daß Gegenstände auf die Tagesordnung gesetzt und bekanntgemacht werden. [2] Jedem neuen Gegenstand muss eine Begründung oder eine Beschlussvorlage beiliegen. [3] Das Verlangen im Sinne des Satzes 1 muss der Gesellschaft mindestens 24 Tage, bei börsennotierten Gesellschaften mindestens 30 Tage vor der Versammlung zugehen; der Tag des Zugangs ist nicht mitzurechnen.

(3) [1] Wird dem Verlangen nicht entsprochen, so kann das Gericht die Aktionäre, die das Verlangen gestellt haben, ermächtigen, die Hauptversammlung einzuberufen oder den Gegenstand bekanntzumachen. [2] Zugleich kann das Gericht den Vorsitzenden der Versammlung bestimmen. [3] Auf die Ermächtigung muß bei der Einberufung oder Bekanntmachung hingewiesen werden. [4] Gegen die Entscheidung ist die Beschwerde zulässig. [5] Die Antragsteller haben nachzuweisen, dass sie die Aktien bis zur Entscheidung des Gerichts halten.

(4) Die Gesellschaft trägt die Kosten der Hauptversammlung und im Fall des Absatzes 3 auch die Gerichtskosten, wenn das Gericht dem Antrag stattgegeben hat.

**§ 123[1)] [2)] Frist, Anmeldung zur Hauptversammlung, Nachweis.** (1) [1] Die Hauptversammlung ist mindestens dreißig Tage vor dem Tage der Versammlung einzuberufen. [2] Der Tag der Einberufung ist nicht mitzurechnen.

(2) [1] Die Satzung kann die Teilnahme an der Hauptversammlung oder die Ausübung des Stimmrechts davon abhängig machen, dass die Aktionäre sich vor der Versammlung anmelden. [2] Die Anmeldung muss der Gesellschaft unter der in der Einberufung hierfür mitgeteilten Adresse mindestens sechs Tage vor der Versammlung zugehen. [3] In der Satzung oder in der Einberufung auf Grund einer Ermächtigung durch die Satzung kann eine kürzere, in Tagen zu bemessende Frist vorgesehen werden. [4] Der Tag des Zugangs ist nicht mitzurechnen. [5] Die Mindestfrist des Absatzes 1 verlängert sich um die Tage der Anmeldefrist.

(3) Die Satzung kann bestimmen, wie die Berechtigung zur Teilnahme an der Versammlung oder zur Ausübung des Stimmrechts nachzuweisen ist; Absatz 2 Satz 5 gilt in diesem Fall entsprechend.

(4) [1] Bei Inhaberaktien börsennotierter Gesellschaften reicht ein Nachweis gemäß § 67c Absatz 3 aus. [2] Der Nachweis des Anteilsbesitzes nach § 67c Absatz 3 hat sich bei börsennotierten Gesellschaften auf den Beginn des 21. Tages vor der Versammlung zu beziehen und muss der Gesellschaft unter der in der Einberufung hierfür mitgeteilten Adresse mindestens sechs Tage vor der Versammlung zugehen. [3] In der Satzung oder in der Einberufung auf Grund einer Ermächtigung durch die Satzung kann eine kürzere, in Tagen zu bemessende Frist vorgesehen werden. [4] Der Tag des Zugangs ist nicht mitzurechnen. [5] Im Verhältnis zur Gesellschaft gilt für die Teilnahme an der Versammlung oder für die Ausübung des Stimmrechts als Aktionär nur, wer den Nachweis erbracht hat.

---

1) § 123 neu gef. mWv 1.11.2005 durch G v. 22.9.2005 (BGBl. I S. 2802); Abs. 1 Satz 2 angef., Abs. 2 neu gef., Abs. 4 aufgeh. mWv 1.9.2009 durch G v. 30.7.2009 (BGBl. I S. 2479); Abs. 2 Satz 5 geänd., Abs. 3 neu gef., Abs. 4 und 5 angef. mWv 31.12.2015 durch G v. 22.12.2015 (BGBl. I S. 2565); Abs. 4 Satz 1 neu gef., Satz 2 geänd. mWv 1.1.2020 durch G v. 12.12.2019 (BGBl. I S. 2637).

2) Beachte hierzu Übergangsvorschrift in § 26j EGAktG (Nr. **51a**).

(5) Bei Namensaktien börsennotierter Gesellschaften folgt die Berechtigung zur Teilnahme an der Versammlung oder zur Ausübung des Stimmrechts gemäß § 67 Absatz 2 Satz 1 aus der Eintragung im Aktienregister.

**§ 124[1)] Bekanntmachung von Ergänzungsverlangen; Vorschläge zur Beschlussfassung.** (1) [1] Hat die Minderheit nach § 122 Abs. 2 verlangt, dass Gegenstände auf die Tagesordnung gesetzt werden, so sind diese entweder bereits mit der Einberufung oder andernfalls unverzüglich nach Zugang des Verlangens bekannt zu machen. [2] § 121 Abs. 4 gilt sinngemäß; zudem gilt bei börsennotierten Gesellschaften § 121 Abs. 4a entsprechend. [3] Bekanntmachung und Zuleitung haben dabei in gleicher Weise wie bei der Einberufung zu erfolgen.

(2) [1] Steht die Wahl von Aufsichtsratsmitgliedern auf der Tagesordnung, so ist in der Bekanntmachung anzugeben, nach welchen gesetzlichen Vorschriften sich der Aufsichtsrat zusammensetzt; ist die Hauptversammlung an Wahlvorschläge gebunden, so ist auch dies anzugeben. [2] Die Bekanntmachung muss bei einer Wahl von Aufsichtsratsmitgliedern börsennotierter Gesellschaften, für die das Mitbestimmungsgesetz[2)], das Montan-Mitbestimmungsgesetz[3)] oder das Mitbestimmungsergänzungsgesetz[4)] gilt, ferner enthalten:

1. Angabe, ob der Gesamterfüllung nach § 96 Absatz 2 Satz 3 widersprochen wurde, und
2. Angabe, wie viele der Sitze im Aufsichtsrat mindestens jeweils von Frauen und Männern besetzt sein müssen, um das Mindestanteilsgebot nach § 96 Absatz 2 Satz 1 zu erfüllen.

[3] Soll die Hauptversammlung über eine Satzungsänderung, das Vergütungssystem für die Vorstandsmitglieder, die Vergütung des Aufsichtsrats nach § 113 Absatz 3, den Vergütungsbericht oder über einen Vertrag beschließen, der nur mit Zustimmung der Hauptversammlung wirksam wird, so ist bei einer Satzungsänderung der Wortlaut der Satzungsänderung, bei einem vorbezeichneten Vertrag dessen wesentlicher Inhalt, im Übrigen der vollständige Inhalt der Unterlagen zu den jeweiligen Beschlussgegenständen bekanntzumachen. [4] Satz 3 gilt auch im Fall des § 120a Absatz 5.

(3) [1] Zu jedem Gegenstand der Tagesordnung, über den die Hauptversammlung beschließen soll, haben der Vorstand und der Aufsichtsrat, zur Beschlussfassung nach § 120a Absatz 1 Satz 1 und zur Wahl von Aufsichtsratsmitgliedern und Prüfern nur der Aufsichtsrat, in der Bekanntmachung Vorschläge zur Beschlußfassung zu machen. [2] Bei Gesellschaften, die Unternehmen von öffentlichem Interesse nach § 316a Satz 2 des Handelsgesetzbuchs[5)] sind, ist der Vorschlag des Aufsichtsrats zur Wahl des Abschlussprüfers auf die Empfehlung des Prüfungsaus-

---

[1)] § 124 Abs. 3 Satz 2 geänd., Satz 4 angef. durch G v. 4.5.1976 (BGBl. I S. 1153); Abs. 3 Satz 3 geänd. durch G v. 27.4.1998 (BGBl. I S. 786); Abs. 3 Satz 2 eingef., bish. Sätze 2–4 werden Sätze 3–5, neuer Satz 3 geänd. mWv 29.5.2009 durch G v. 25.5.2009 (BGBl. I S. 1102); Überschrift und Abs. 1 neu gef., Abs. 3 Satz 1 geänd. mWv 1.9.2009 durch G v. 30.7.2009 (BGBl. I S. 2479); Abs. 2 Satz 2 eingef., bish. Satz 2 wird Satz 3 mWv 1.5.2015 durch G v. 24.4.2015 (BGBl. I S. 642); Abs. 2 Satz 1 geänd. mWv 31.12.2015 durch G v. 22.12.2015 (BGBl. I S. 2565); Abs. 3 Satz 2 geänd. mWv 17.6.2016 durch G v. 10.5.2016 (BGBl. I S. 1142); Abs. 2 Satz 3 neu gef., Satz 4 angef., Abs. 3 Satz 1 geänd. mWv 1.1.2020 durch G v. 12.12.2019 (BGBl. I S. 2637); Abs. 3 Satz 2 geänd. mWv 1.7.2021 durch G v. 3.6.2021 (BGBl. I S. 1534).

[2)] **Habersack, Deutsche Gesetze ErgBd. Nr. 82a.**

[3)] **Habersack, Deutsche Gesetze ErgBd. Nr. 82b.**

[4)] **Habersack, Deutsche Gesetze ErgBd. Nr. 82c.**

[5)] Nr. **50**.

schusses zu stützen. [3]Satz 1 findet keine Anwendung, wenn die Hauptversammlung bei der Wahl von Aufsichtsratsmitgliedern nach § 6 des Montan-Mitbestimmungsgesetzes an Wahlvorschläge gebunden ist, oder wenn der Gegenstand der Beschlußfassung auf Verlangen einer Minderheit auf die Tagesordnung gesetzt worden ist. [4]Der Vorschlag zur Wahl von Aufsichtsratsmitgliedern oder Prüfern hat deren Namen, ausgeübten Beruf und Wohnort anzugeben. [5]Hat der Aufsichtsrat auch aus Aufsichtsratsmitgliedern der Arbeitnehmer zu bestehen, so bedürfen Beschlüsse des Aufsichtsrats über Vorschläge zur Wahl von Aufsichtsratsmitgliedern nur der Mehrheit der Stimmen der Aufsichtsratsmitglieder der Aktionäre; § 8 des Montan-Mitbestimmungsgesetzes bleibt unberührt.

(4) [1]Über Gegenstände der Tagesordnung, die nicht ordnungsgemäß bekanntgemacht sind, dürfen keine Beschlüsse gefaßt werden. [2]Zur Beschlußfassung über den in der Versammlung gestellten Antrag auf Einberufung einer Hauptversammlung, zu Anträgen, die zu Gegenständen der Tagesordnung gestellt werden, und zu Verhandlungen ohne Beschlußfassung bedarf es keiner Bekanntmachung.

## § 124a[1)] [2)] Veröffentlichungen auf der Internetseite der Gesellschaft.

[1]Bei börsennotierten Gesellschaften müssen alsbald nach der Einberufung der Hauptversammlung über die Internetseite der Gesellschaft zugänglich sein:

1. der Inhalt der Einberufung;
2. eine Erläuterung, wenn zu einem Gegenstand der Tagesordnung kein Beschluss gefasst werden soll;
3. die der Versammlung zugänglich zu machenden Unterlagen;
4. die Gesamtzahl der Aktien und der Stimmrechte im Zeitpunkt der Einberufung, einschließlich getrennter Angaben zur Gesamtzahl für jede Aktiengattung;
5. gegebenenfalls die Formulare, die bei Stimmabgabe durch Vertretung oder bei Stimmabgabe mittels Briefwahl zu verwenden sind, sofern diese Formulare den Aktionären nicht direkt übermittelt werden.

[2]Ein nach Einberufung der Versammlung bei der Gesellschaft eingegangenes Verlangen von Aktionären im Sinne von § 122 Abs. 2 ist unverzüglich nach seinem Eingang bei der Gesellschaft in gleicher Weise zugänglich zu machen.

## § 125[3)] [2)] Mitteilungen für die Aktionäre und an Aufsichtsratsmitglieder.

(1) [1]Der Vorstand einer Gesellschaft, die nicht ausschließlich Namensaktien ausgegeben hat, hat die Einberufung der Hauptversammlung mindestens 21 Tage vor derselben wie folgt mitzuteilen:

1. den Intermediären, die Aktien der Gesellschaft verwahren,
2. den Aktionären und Intermediären, die die Mitteilung verlangt haben, und
3. den Vereinigungen von Aktionären, die die Mitteilung verlangt haben oder die in der letzten Hauptversammlung Stimmrechte ausgeübt haben.

[2]Der Tag der Mitteilung ist nicht mitzurechnen. [3]Ist die Tagesordnung nach § 122 Abs. 2 zu ändern, so ist bei börsennotierten Gesellschaften die geänderte Tagesordnung mitzuteilen. [4]In der Mitteilung ist auf die Möglichkeiten der Ausübung

---

[1)] § 124a eingef. mWv 1.9.2009 durch G v. 30.7.2009 (BGBl. I S. 2479).

[2)] Beachte hierzu Übergangsvorschrift in § 26j EGAktG (Nr. **51a**).

[3)] *§ 125 Abs.* 5 angef. durch G v. 22.10.1997 (BGBl. I S. 2567); Abs. 1 Sätze 2 und 3 angef. durch G v. 27.4.1998 (BGBl. I S. 786); Abs. 1 Sätze 2 und 3 eingef., bish. Sätze 2 und 3 werden Sätze 4 und 5 mWv 1.9.2009 durch G v. 30.7.2009 (BGBl. I S. 2479); Abs. 1 Satz 1, Abs. 2 und 5 neu gef. mWv 1.1.2020 durch G v. 12.12.2019 (BGBl. I S. 2637).

des Stimmrechts durch einen Bevollmächtigten, auch durch eine Vereinigung von Aktionären, hinzuweisen. [5]Bei börsennotierten Gesellschaften sind einem Vorschlag zur Wahl von Aufsichtsratsmitgliedern Angaben zu deren Mitgliedschaft in anderen gesetzlich zu bildenden Aufsichtsräten beizufügen; Angaben zu ihrer Mitgliedschaft in vergleichbaren in- und ausländischen Kontrollgremien von Wirtschaftsunternehmen sollen beigefügt werden.

(2) Die gleiche Mitteilung hat der Vorstand einer Gesellschaft, die Namensaktien ausgegeben hat, den zu Beginn des 21. Tages vor der Hauptversammlung im Aktienregister Eingetragenen zu machen sowie den Aktionären und Intermediären, die die Mitteilung verlangt haben, und den Vereinigungen von Aktionären, die die Mitteilung verlangt oder die in der letzten Hauptversammlung Stimmrechte ausgeübt haben.

(3) Jedes Aufsichtsratsmitglied kann verlangen, daß ihm der Vorstand die gleichen Mitteilungen übersendet.

(4) Jedem Aufsichtsratmitglied und jedem Aktionär sind auf Verlangen die in der Hauptversammlung gefassten Beschlüsse mitzuteilen.

(5) [1]Für Inhalt und Format eines Mindestgehaltes an Informationen in den Mitteilungen gemäß Absatz 1 Satz 1 und Absatz 2 gelten die Anforderungen der Durchführungsverordnung (EU) 2018/1212. [2]§ 67a Absatz 2 Satz 1 gilt für die Absätze 1 und 2 entsprechend. [3]Bei börsennotierten Gesellschaften sind die Intermediäre, die Aktien der Gesellschaft verwahren, entsprechend den §§ 67a und 67b zur Weiterleitung und Übermittlung der Informationen nach den Absätzen 1 und 2 verpflichtet, es sei denn, dem Intermediär ist bekannt, dass der Aktionär sie von anderer Seite erhält. [4]Das Gleiche gilt für nichtbörsennotierte Gesellschaften mit der Maßgabe, dass die Bestimmungen der Durchführungsverordnung (EU) 2018/1212 nicht anzuwenden sind.

**§ 126[1)] Anträge von Aktionären.** (1) [1]Anträge von Aktionären einschließlich des Namens des Aktionärs, der Begründung und einer etwaigen Stellungnahme der Verwaltung sind den in § 125 Abs. 1 bis 3 genannten Berechtigten unter den dortigen Voraussetzungen zugänglich zu machen, wenn der Aktionär mindestens 14 Tage vor der Versammlung der Gesellschaft einen Gegenantrag gegen einen Vorschlag von Vorstand und Aufsichtsrat zu einem bestimmten Punkt der Tagesordnung mit Begründung an die in der Einberufung hierfür mitgeteilte Adresse übersandt hat. [2]Der Tag des Zugangs ist nicht mitzurechnen. [3]Bei börsennotierten Gesellschaften hat das Zugänglichmachen über die Internetseite der Gesellschaft zu erfolgen. [4]§ 125 Abs. 3 gilt entsprechend.

(2) [1]Ein Gegenantrag und dessen Begründung brauchen nicht zugänglich gemacht zu werden,

1. soweit sich der Vorstand durch das Zugänglichmachen strafbar machen würde,
2. wenn der Gegenantrag zu einem gesetz- oder satzungswidrigen Beschluß der Hauptversammlung führen würde,
3. wenn die Begründung in wesentlichen Punkten offensichtlich falsche oder irreführende Angaben oder wenn sie Beleidigungen enthält,

---

1) § 126 Abs. 1 neu gef., Abs. 2 Sätze 1 und 2 geänd. mWv 1.1.2003 durch G v. 19.7.2002 (BGBl. I S. 2681); Abs. 1 Satz 1 geänd., Sätze 2 und 3 eingef., bish. Satz 2 wird Satz 4 mWv 1.9.2009 durch G v. 30.7.2009 (BGBl. I S. 2479); Abs. 4 angef. mWv 27.7.2022 durch G v. 20.7.2022 (BGBl. I S. 1166).

4. wenn ein auf denselben Sachverhalt gestützter Gegenantrag des Aktionärs bereits zu einer Hauptversammlung der Gesellschaft nach § 125 zugänglich gemacht worden ist,
5. wenn derselbe Gegenantrag des Aktionärs mit wesentlich gleicher Begründung in den letzten fünf Jahren bereits zu mindestens zwei Hauptversammlungen der Gesellschaft nach § 125 zugänglich gemacht worden ist und in der Hauptversammlung weniger als der zwanzigste Teil des vertretenen Grundkapitals für ihn gestimmt hat,
6. wenn der Aktionär zu erkennen gibt, daß er an der Hauptversammlung nicht teilnehmen und sich nicht vertreten lassen wird, oder
7. wenn der Aktionär in den letzten zwei Jahren in zwei Hauptversammlungen einen von ihm mitgeteilten Gegenantrag nicht gestellt hat oder nicht hat stellen lassen.

[2] Die Begründung braucht nicht zugänglich gemacht zu werden, wenn sie insgesamt mehr als 5000 Zeichen beträgt.

(3) Stellen mehrere Aktionäre zu demselben Gegenstand der Beschlußfassung Gegenanträge, so kann der Vorstand die Gegenanträge und ihre Begründungen zusammenfassen.

(4) [1] Im Fall der virtuellen Hauptversammlung gelten Anträge, die nach den Absätzen 1 bis 3 zugänglich zu machen sind, als im Zeitpunkt der Zugänglichmachung gestellt. [2] Die Gesellschaft hat zu ermöglichen, dass das Stimmrecht zu diesen Anträgen ausgeübt werden kann, sobald die Aktionäre die gesetzlichen oder satzungsmäßigen Voraussetzungen für die Ausübung des Stimmrechts nachweisen können. [3] Sofern der Aktionär, der den Antrag gestellt hat, nicht ordnungsgemäß legitimiert und, sofern eine Anmeldung erforderlich ist, nicht ordnungsgemäß zur Hauptversammlung angemeldet ist, muss der Antrag in der Versammlung nicht behandelt werden.

**§ 127[1)] Wahlvorschläge von Aktionären.** [1] Für den Vorschlag eines Aktionärs zur Wahl von Aufsichtsratsmitgliedern oder von Abschlußprüfern gilt § 126 sinngemäß. [2] Der Wahlvorschlag braucht nicht begründet zu werden. [3] Der Vorstand braucht den Wahlvorschlag auch dann nicht zugänglich zu machen, wenn der Vorschlag nicht die Angaben nach § 124 Absatz 3 Satz 4 und § 125 Abs. 1 Satz 5 enthält. [4] Der Vorstand hat den Vorschlag eines Aktionärs zur Wahl von Aufsichtsratsmitgliedern börsennotierter Gesellschaften, für die das Mitbestimmungsgesetz[2)], das Montan-Mitbestimmungsgesetz[3)] oder das Mitbestimmungsergänzungsgesetz[4)] gilt, mit folgenden Inhalten zu versehen:
1. Hinweis auf die Anforderungen des § 96 Absatz 2,
2. Angabe, ob der Gesamterfüllung nach § 96 Absatz 2 Satz 3 widersprochen wurde und
3. Angabe, wie viele der Sitze im Aufsichtsrat mindestens jeweils von Frauen und Männern besetzt sein müssen, um das Mindestanteilsgebot nach § 96 Absatz 2 Satz 1 zu erfüllen.

---

[1)] § 127 Satz 3 geänd. durch G v. 27.4.1998 (BGBl. I S. 786); Satz 3 geänd. mWv 1.1.2003 durch G v. 19.7.2002 (BGBl. I S. 2681); Satz 3 geänd. mWv 1.9.2009 durch G v. 30.7.2009 (BGBl. I S. 2479); Satz 4 angef. mWv 1.5.2015 durch G v. 24.4.2015 (BGBl. I S. 642); Satz 3 geänd. mWv 31.12.2015 durch G v. 22.12.2015 (BGBl. I S. 2565).

[2)] **Habersack, Deutsche Gesetze ErgBd. Nr. 82a.**

[3)] **Habersack, Deutsche Gesetze ErgBd. Nr. 82b.**

[4)] **Habersack, Deutsche Gesetze ErgBd. Nr. 82c.**

**§ 127a[1)] Aktionärsforum.** (1) Aktionäre oder Aktionärsvereinigungen können im Aktionärsforum des Bundesanzeigers andere Aktionäre auffordern, gemeinsam oder in Vertretung einen Antrag oder ein Verlangen nach diesem Gesetz zu stellen oder in einer Hauptversammlung das Stimmrecht auszuüben.

(2) Die Aufforderung hat folgende Angaben zu enthalten:

1. den Namen und eine Anschrift des Aktionärs oder der Aktionärsvereinigung,
2. die Firma der Gesellschaft,
3. den Antrag, das Verlangen oder einen Vorschlag für die Ausübung des Stimmrechts zu einem Tagesordnungspunkt,
4. den Tag der betroffenen Hauptversammlung.

(3) Die Aufforderung kann auf eine Begründung auf der Internetseite des Auffordernden und dessen elektronische Adresse hinweisen.

(4) Die Gesellschaft kann im Bundesanzeiger auf eine Stellungnahme zu der Aufforderung auf ihrer Internetseite hinweisen.

(5) Das Bundesministerium der Justiz und für Verbraucherschutz wird ermächtigt, durch Rechtsverordnung[2)] die äußere Gestaltung des Aktionärsforums und weitere Einzelheiten insbesondere zu der Aufforderung, dem Hinweis, den Entgelten, zu Löschungsfristen, Löschungsanspruch, zu Missbrauchsfällen und zur Einsichtnahme zu regeln.

**§ 128[3) 4)]** *(aufgehoben)*

**Dritter Unterabschnitt. Verhandlungsniederschrift. Auskunftsrecht**

**§ 129[5) 4)] Geschäftsordnung; Verzeichnis der Teilnehmer; Nachweis der Stimmzählung.** (1) [1] Die Hauptversammlung kann sich mit einer Mehrheit, die mindestens drei Viertel des bei der Beschlußfassung vertretenen Grundkapitals umfaßt, eine Geschäftsordnung mit Regeln für die Vorbereitung und Durchführung der Hauptversammlung geben. [2] In der Hauptversammlung ist ein Verzeichnis der erschienenen oder vertretenen Aktionäre und der Vertreter von Aktionären mit Angabe ihres Namens und Wohnorts sowie bei Nennbetragsaktien des Betrags, bei Stückaktien der Zahl der von jedem vertretenen Aktien unter Angabe ihrer Gattung aufzustellen. [3] Im Fall der virtuellen Hauptversammlung sind die elektronisch zu der Versammlung zugeschalteten oder vertretenen Aktionäre und die elektronisch zu der Versammlung zugeschalteten Vertreter von Aktionären in das Verzeichnis nach Satz 2 aufzunehmen.

(2) [1] Sind einem Intermediär oder einer in § 135 Abs. 8 bezeichneten Person Vollmachten zur Ausübung des Stimmrechts erteilt worden und übt der Bevollmächtigte das Stimmrecht im Namen dessen, den es angeht, aus, so sind bei

---

[1)] § 127a eingef. mWv 1.11.2005 durch G v. 22.9.2005 (BGBl. I S. 2802); Abs. 1 und 4 geänd. mWv 1.4.2012 durch G v. 22.12.2011 (BGBl. I S. 3044); Abs. 5 geänd. mWv 8.9.2015 durch VO v. 31.8.2015 (BGBl. I S. 1474).

[2)] Siehe die VO über das Aktionärsforum nach § 127a des Aktiengesetzes (Aktionärsforumsverordnung – AktFoV) v. 22.11.2005 (BGBl. I S. 3193), zuletzt geänd. durch G v. 12.12.2019 (BGBl. I S. 2637).

[3)] § 128 aufgeh. mWv 1.1.2020 durch G v. 12.12.2019 (BGBl. I S. 2637).

[4)] Beachte hierzu Übergangsvorschrift in § 26j EGAktG (Nr. **51a**).

[5)] § 129 Abs. 5 angef. durch G v. 22.10.1997 (BGBl. I S. 2567); Abs. 1 Satz 1 eingef. durch G v. 27.4. 1998 (BGBl. I S. 786); Abs. 1 Satz 2, Abs. 2 Satz 1, Abs. 3 Sätze 1 und 2 geänd., Abs. 4 neu gef. mWv 25.1.2001 durch G v. 18.1.2001 (BGBl. I S. 123); Abs. 2 Satz 1 geänd. mWv 1.9.2009 durch G v. 30.7. 2009 (BGBl. I S. 2479); Überschrift neu gef., Abs. 2 Satz 1 geänd., Abs. 5 neu gef. mWv 1.1.2020 durch G v. 12.12.2019 (BGBl. I S. 2637); Abs. 1 Satz 3 angef., Abs. 4 Satz 1 geänd. mWv 27.7.2022 durch G v. 20.7.2022 (BGBl. I S. 1166).

Nennbetragsaktien der Betrag, bei Stückaktien die Zahl und die Gattung der Aktien, für die ihm Vollmachten erteilt worden sind, zur Aufnahme in das Verzeichnis gesondert anzugeben. 2 Die Namen der Aktionäre, welche Vollmachten erteilt haben, brauchen nicht angegeben zu werden.

(3) 1 Wer von einem Aktionär ermächtigt ist, im eigenen Namen das Stimmrecht für Aktien auszuüben, die ihm nicht gehören, hat bei Nennbetragsaktien den Betrag, bei Stückaktien die Zahl und die Gattung dieser Aktien zur Aufnahme in das Verzeichnis gesondert anzugeben. 2 Dies gilt auch für Namensaktien, als deren Aktionär der Ermächtigte im Aktienregister eingetragen ist.

(4) 1 Das Verzeichnis ist vor der ersten Abstimmung allen Teilnehmern, im Fall der virtuellen Hauptversammlung allen elektronisch zu der Versammlung zugeschalteten Aktionären und Vertretern von Aktionären zugänglich zu machen. 2 Jedem Aktionär ist auf Verlangen bis zu zwei Jahren nach der Hauptversammlung Einsicht in das Teilnehmerverzeichnis zu gewähren.

(5) 1 Der Abstimmende kann von der Gesellschaft innerhalb eines Monats nach dem Tag der Hauptversammlung eine Bestätigung darüber verlangen, ob und wie seine Stimme gezählt wurde. 2 Die Gesellschaft hat die Bestätigung gemäß den Anforderungen in Artikel 7 Absatz 2 und Artikel 9 Absatz 5 Unterabsatz 2 der Durchführungsverordnung (EU) 2018/1212 zu erteilen. 3 Sofern die Bestätigung einem Intermediär erteilt wird, hat dieser die Bestätigung unverzüglich dem Aktionär zu übermitteln. 4 § 67a Absatz 2 Satz 1 und Absatz 3 gilt entsprechend.

**§ 130[1)] Niederschrift.** (1) 1 Jeder Beschluß der Hauptversammlung ist durch eine über die Verhandlung notariell aufgenommene Niederschrift zu beurkunden. 2 Gleiches gilt für jedes Verlangen einer Minderheit nach § 120 Abs. 1 Satz 2, § 137. 3 Bei nichtbörsennotierten Gesellschaften reicht eine vom Vorsitzenden des Aufsichtsrats zu unterzeichnende Niederschrift aus, soweit keine Beschlüsse gefaßt werden, für die das Gesetz eine Dreiviertel- oder größere Mehrheit bestimmt.

(1a) Der Notar hat seine Wahrnehmungen über den Gang der Hauptversammlung unter Anwesenheit am Ort der Hauptversammlung zu machen.

(2) 1 In der Niederschrift sind der Ort und der Tag der Verhandlung, der Name des Notars sowie die Art und das Ergebnis der Abstimmung und die Feststellung des Vorsitzenden über die Beschlußfassung anzugeben. 2 Bei börsennotierten Gesellschaften umfasst die Feststellung über die Beschlussfassung für jeden Beschluss auch

1. die Zahl der Aktien, für die gültige Stimmen abgegeben wurden,
2. den Anteil des durch die gültigen Stimmen vertretenen Grundkapitals am eingetragenen Grundkapital,
3. die Zahl der für einen Beschluss abgegebenen Stimmen, Gegenstimmen und gegebenenfalls die Zahl der Enthaltungen.

3 Abweichend von Satz 2 kann der Versammlungsleiter die Feststellung über die Beschlussfassung für jeden Beschluss darauf beschränken, dass die erforderliche

---

1) § 130 Abs. 1 Satz 1, Abs. 2, Abs. 4 Satz 1 geänd. durch G v. 28.8.1969 (BGBl. I S. 1513); Abs. 1 Satz 3 angef., Abs. 5 geänd. durch G v. 2.8.1994 (BGBl. I S. 1961); Abs. 1 Satz 3 geänd. durch G v. 27.4.1998 (BGBl. I S. 786); Abs. 3 neu gef. mWv 25.1.2001 durch G v. 18.1.2001 (BGBl. I S. 123); Abs. 1 Satz 2 geänd. mWv 1.11.2005 durch G v. 22.9.2005 (BGBl. I S. 2802); Abs. 2 Sätze 2, 3 und Abs. 6 angef. mWv 1.9.2009 durch G v. 30.7.2009 (BGBl. I S. 2479); Abs. 2 Satz 2 Nr. 2 geänd. mWv 31.12.2015 durch G v. 22.12.2015 (BGBl. I S. 2565); Abs. 1a eingef. mWv 27.7.2022 durch G v. 20.7.2022 (BGBl. I S. 1166).

Mehrheit erreicht wurde, falls kein Aktionär eine umfassende Feststellung gemäß Satz 2 verlangt.

(3) Die Belege über die Einberufung der Versammlung sind der Niederschrift als Anlage beizufügen, wenn sie nicht unter Angabe ihres Inhalts in der Niederschrift aufgeführt sind.

(4) [1]Die Niederschrift ist von dem Notar zu unterschreiben. [2]Die Zuziehung von Zeugen ist nicht nötig.

(5) Unverzüglich nach der Versammlung hat der Vorstand eine öffentlich beglaubigte, im Falle des Absatzes 1 Satz 3 eine vom Vorsitzenden des Aufsichtsrats unterzeichnete Abschrift der Niederschrift und ihrer Anlagen zum Handelsregister einzureichen.

(6) Börsennotierte Gesellschaften müssen innerhalb von sieben Tagen nach der Versammlung die festgestellten Abstimmungsergebnisse einschließlich der Angaben nach Absatz 2 Satz 2 auf ihrer Internetseite veröffentlichen.

**§ 130a[1)] Stellungnahme- und Rederecht bei virtuellen Hauptversammlungen.** (1) [1]Im Fall der virtuellen Hauptversammlung haben die Aktionäre das Recht, vor der Versammlung Stellungnahmen zu den Gegenständen der Tagesordnung im Wege elektronischer Kommunikation unter Verwendung der in der Einberufung hierfür mitgeteilten Adresse einzureichen. [2]Das Recht kann auf ordnungsgemäß zu der Versammlung angemeldete Aktionäre beschränkt werden. [3]Der Umfang der Stellungnahmen kann in der Einberufung angemessen beschränkt werden.

(2) Stellungnahmen sind bis spätestens fünf Tage vor der Versammlung einzureichen.

(3) [1]Die eingereichten Stellungnahmen sind allen Aktionären bis spätestens vier Tage vor der Versammlung zugänglich zu machen. [2]Das Zugänglichmachen kann auf ordnungsgemäß zu der Versammlung angemeldete Aktionäre beschränkt werden. [3]Bei börsennotierten Gesellschaften hat das Zugänglichmachen über die Internetseite der Gesellschaft zu erfolgen; im Fall des Satzes 2 kann das Zugänglichmachen auch über die Internetseite eines Dritten erfolgen. [4]§ 126 Absatz 2 Satz 1 Nummer 1, 3 und 6 gilt entsprechend.

(4) Für die Berechnung der in den Absätzen 2 und 3 Satz 1 genannten Fristen gilt § 121 Absatz 7.

(5) [1]Den elektronisch zu der Versammlung zugeschalteten Aktionären ist in der Versammlung ein Rederecht im Wege der Videokommunikation zu gewähren. [2]Für die Redebeiträge ist die von der Gesellschaft angebotene Form der Videokommunikation zu verwenden. [3]Anträge und Wahlvorschläge nach § 118a Absatz 1 Satz 2 Nummer 3, das Auskunftsverlangen nach § 131 Absatz 1, Nachfragen nach § 131 Absatz 1d sowie weitere Fragen nach § 131 Absatz 1e dürfen Bestandteil des Redebeitrags sein. [4]§ 131 Absatz 2 Satz 2 gilt entsprechend.

(6) Die Gesellschaft kann sich in der Einberufung vorbehalten, die Funktionsfähigkeit der Videokommunikation zwischen Aktionär und Gesellschaft in der Versammlung und vor dem Redebeitrag zu überprüfen und diesen zurückzuweisen, sofern die Funktionsfähigkeit nicht sichergestellt ist.

---

[1)] § 130a eingef. mWv 27.7.2022 durch G v. 20.7.2022 (BGBl. I S. 1166).

**§ 131[1] Auskunftsrecht des Aktionärs.** (1) [1]Jedem Aktionär ist auf Verlangen in der Hauptversammlung vom Vorstand Auskunft über Angelegenheiten der Gesellschaft zu geben, soweit sie zur sachgemäßen Beurteilung des Gegenstands der Tagesordnung erforderlich ist. [2]Die Auskunftspflicht erstreckt sich auch auf die rechtlichen und geschäftlichen Beziehungen der Gesellschaft zu einem verbundenen Unternehmen. [3]Macht eine Gesellschaft von den Erleichterungen nach § 266 Absatz 1 Satz 3, § 276 oder § 288 des Handelsgesetzbuchs[2] Gebrauch, so kann jeder Aktionär verlangen, dass ihm in der Hauptversammlung über den Jahresabschluss der Jahresabschluss in der Form vorgelegt wird, die er ohne diese Erleichterungen hätte. [4]Die Auskunftspflicht des Vorstands eines Mutterunternehmens (§ 290 Abs. 1, 2 des Handelsgesetzbuchs) in der Hauptversammlung, der der Konzernabschluss und der Konzernlagebericht vorgelegt werden, erstreckt sich auch auf die Lage des Konzerns und der in den Konzernabschluss einbezogenen Unternehmen.

(1a) [1]Im Fall der virtuellen Hauptversammlung ist Absatz 1 Satz 1 mit der Maßgabe anzuwenden, dass der Vorstand vorgeben kann, dass Fragen der Aktionäre bis spätestens drei Tage vor der Versammlung im Wege der elektronischen Kommunikation einzureichen sind. [2]Für die Berechnung der Frist gilt § 121 Absatz 7. [3]Nicht fristgerecht eingereichte Fragen müssen nicht berücksichtigt werden.

(1b) [1]Der Umfang der Einreichung von Fragen kann in der Einberufung angemessen beschränkt werden. [2]Das Recht zur Einreichung von Fragen kann auf ordnungsgemäß zu der Versammlung angemeldete Aktionäre beschränkt werden.

(1c) [1]Die Gesellschaft hat ordnungsgemäß eingereichte Fragen vor der Versammlung allen Aktionären zugänglich zu machen und bis spätestens einen Tag vor der Versammlung zu beantworten; für die Berechnung der Frist gilt § 121 Absatz 7. [2]Bei börsennotierten Gesellschaften haben das Zugänglichmachen der Fragen und deren Beantwortung über die Internetseite der Gesellschaft zu erfolgen. [3]§ 126 Absatz 2 Satz 1 Nummer 1, 3 und 6 gilt für das Zugänglichmachen der Fragen entsprechend. [4]Sind die Antworten einen Tag vor Beginn und in der Versammlung durchgängig zugänglich, darf der Vorstand in der Versammlung die Auskunft zu diesen Fragen verweigern.

(1d) [1]Jedem elektronisch zu der Versammlung zugeschalteten Aktionär ist in der Versammlung im Wege der elektronischen Kommunikation ein Nachfragerecht zu allen vor und in der Versammlung gegebenen Antworten des Vorstands einzuräumen. [2]Absatz 2 Satz 2 gilt auch für das Nachfragerecht.

(1e) [1]Zudem ist jedem elektronisch zu der Versammlung zugeschalteten Aktionär in der Versammlung im Wege der elektronischen Kommunikation das Recht einzuräumen, Fragen zu Sachverhalten zu stellen, die sich erst nach Ablauf der Frist nach Absatz 1a Satz 1 ergeben haben. [2]Absatz 2 Satz 2 gilt auch für dieses Fragerecht.

---

[1] § 131 Abs. 1 Satz 3 angef., Abs. 3 Satz 1 Nr. 4 neu gef. durch G v. 19.12.1985 (BGBl. I S. 2355); Abs. 3 Satz 1 Nr. 6, Abs. 4 Satz 3 angef. durch G v. 30.11.1990 (BGBl. I S. 2570); Abs. 3 Satz 1 Nr. 6 geänd. durch G v. 22.10.1997 (BGBl. I S. 2567); Abs. 1 Satz 4 angef. mWv 26.7.2002 durch G v. 19.7. 2002 (BGBl. I S. 2681); Abs. 2 Satz 2 angef., Abs. 3 Satz 1 Nr. 6 geänd., Nr. 7 angef. mWv 1.11.2005 durch G v. 22.9.2005 (BGBl. I S. 2802); Abs. 1 Satz 3 neu gef. mWv 31.12.2015 durch G v. 22.12.2015 (BGBl. I S. 2565); Abs. 3 Satz 1 Nr. 6 geänd. mWv 26.6.2021 durch G v. 12.5.2021 (BGBl. I S. 990); Abs. 1a–1f eingef., Abs. 4 Satz 2 eingef., bish. Sätze 2 und 3 werden Sätze 3 und 4, neuer Satz 4 geänd., Abs. 5 Satz 2 angef. mWv 27.7.2022 durch G v. 20.7.2022 (BGBl. I S. 1166).

[2] Nr. **50**.

(1f) Der Versammlungsleiter kann festlegen, dass das Auskunftsrecht nach Absatz 1, das Nachfragerecht nach Absatz 1d und das Fragerecht nach Absatz 1e in der Hauptversammlung ausschließlich im Wege der Videokommunikation ausgeübt werden dürfen.

(2) [1] Die Auskunft hat den Grundsätzen einer gewissenhaften und getreuen Rechenschaft zu entsprechen. [2] Die Satzung oder die Geschäftsordnung gemäß § 129 kann den Versammlungsleiter ermächtigen, das Frage- und Rederecht des Aktionärs zeitlich angemessen zu beschränken, und Näheres dazu bestimmen.

(3) [1] Der Vorstand darf die Auskunft verweigern,

1. soweit die Erteilung der Auskunft nach vernünftiger kaufmännischer Beurteilung geeignet ist, der Gesellschaft oder einem verbundenen Unternehmen einen nicht unerheblichen Nachteil zuzufügen;
2. soweit sie sich auf steuerliche Wertansätze oder die Höhe einzelner Steuern bezieht;
3. über den Unterschied zwischen dem Wert, mit dem Gegenstände in der Jahresbilanz angesetzt worden sind, und einem höheren Wert dieser Gegenstände, es sei denn, daß die Hauptversammlung den Jahresabschluß feststellt;
4. über die Bilanzierungs- und Bewertungsmethoden, soweit die Angabe dieser Methoden im Anhang ausreicht, um ein den tatsächlichen Verhältnissen entsprechendes Bild der Vermögens-, Finanz- und Ertragslage der Gesellschaft im Sinne des § 264 Abs. 2 des Handelsgesetzbuchs zu vermitteln; dies gilt nicht, wenn die Hauptversammlung den Jahresabschluß feststellt;
5. soweit sich der Vorstand durch die Erteilung der Auskunft strafbar machen würde;
6. soweit bei einem Kreditinstitut, einem Finanzdienstleistungsinstitut oder einem Wertpapierinstitut Angaben über angewandte Bilanzierungs- und Bewertungsmethoden sowie vorgenommene Verrechnungen im Jahresabschluß, Lagebericht, Konzernabschluß oder Konzernlagebericht nicht gemacht zu werden brauchen;
7. soweit die Auskunft auf der Internetseite der Gesellschaft über mindestens sieben Tage vor Beginn und in der Hauptversammlung durchgängig zugänglich ist.

[2] Aus anderen Gründen darf die Auskunft nicht verweigert werden.

(4) [1] Ist einem Aktionär wegen seiner Eigenschaft als Aktionär eine Auskunft außerhalb der Hauptversammlung gegeben worden, so ist sie jedem anderen Aktionär auf dessen Verlangen in der Hauptversammlung zu geben, auch wenn sie zur sachgemäßen Beurteilung des Gegenstands der Tagesordnung nicht erforderlich ist. [2] Im Fall der virtuellen Hauptversammlung ist zu gewährleisten, dass jeder elektronisch zu der Versammlung zugeschaltete Aktionär sein Verlangen nach Satz 1 im Wege der elektronischen Kommunikation übermitteln kann. [3] Der Vorstand darf die Auskunft nicht nach Absatz 3 Satz 1 Nr. 1 bis 4 verweigern. [4] Die Sätze 1 bis 3 gelten nicht, wenn ein Tochterunternehmen (§ 290 Abs. 1, 2 des Handelsgesetzbuchs), ein Gemeinschaftsunternehmen (§ 310 Abs. 1 des Handelsgesetzbuchs) oder ein assoziiertes Unternehmen (§ 311 Abs. 1 des Handelsgesetzbuchs) die Auskunft einem Mutterunternehmen (§ 290 Abs. 1, 2 des Handelsgesetzbuchs) zum Zwecke der Einbeziehung der Gesellschaft in den Konzernabschluß des Mutterunternehmens erteilt und die Auskunft für diesen Zweck benötigt wird.

(5) [1] Wird einem Aktionär eine Auskunft verweigert, so kann er verlangen, daß seine Frage und der Grund, aus dem die Auskunft verweigert worden ist, in die Niederschrift über die Verhandlung aufgenommen werden. [2] Im Fall der virtuellen Hauptversammlung ist zu gewährleisten, dass jeder elektronisch zu der Versammlung zugeschaltete Aktionär sein Verlangen nach Satz 1 im Wege der elektronischen Kommunikation übermitteln kann.

**§ 132[1)] Gerichtliche Entscheidung über das Auskunftsrecht.** (1) Ob der Vorstand die Auskunft zu geben hat, entscheidet auf Antrag ausschließlich das Landgericht, in dessen Bezirk die Gesellschaft ihren Sitz hat.

(2) [1] Antragsberechtigt ist jeder Aktionär, dem die verlangte Auskunft nicht gegeben worden ist, und, wenn über den Gegenstand der Tagesordnung, auf den sich die Auskunft bezog, Beschluß gefaßt worden ist, jeder in der Hauptversammlung erschienene Aktionär, der in der Hauptversammlung Widerspruch zur Niederschrift erklärt hat. [2] Im Fall der virtuellen Hauptversammlung sind folgende elektronisch zugeschaltete Aktionäre antragsberechtigt:

1. jeder Aktionär, dem die verlangte Auskunft nicht gegeben worden ist,
2. jeder Aktionär, der Widerspruch im Wege elektronischer Kommunikation erklärt hat, wenn über den Gegenstand der Tagesordnung, auf den sich die Auskunft bezog, Beschluss gefasst worden ist.

[3] Der Antrag ist binnen zwei Wochen nach der Hauptversammlung zu stellen, in der die Auskunft abgelehnt worden ist.

(3) [1] § 99 Abs. 1, 3 Satz 1, 2 und 4 bis 6 sowie Abs. 5 Satz 1 und 3 gilt entsprechend. [2] Die Beschwerde findet nur statt, wenn das Landgericht sie in der Entscheidung für zulässig erklärt. [3] § 70 Abs. 2 des Gesetzes über das Verfahren in Familiensachen und in den Angelegenheiten der freiwilligen Gerichtsbarkeit[2)] ist entsprechend anzuwenden.

(4) [1] Wird dem Antrag stattgegeben, so ist die Auskunft auch außerhalb der Hauptversammlung zu geben. [2] Aus der Entscheidung findet die Zwangsvollstreckung nach den Vorschriften der Zivilprozeßordnung[3)] statt.

(5) Das mit dem Verfahren befaßte Gericht bestimmt nach billigem Ermessen, welchem Beteiligten die Kosten des Verfahrens aufzuerlegen sind.

### Vierter Unterabschnitt. Stimmrecht

**§ 133 Grundsatz der einfachen Stimmenmehrheit.** (1) Die Beschlüsse der Hauptversammlung bedürfen der Mehrheit der abgegebenen Stimmen (einfache Stimmenmehrheit), soweit nicht Gesetz oder Satzung eine größere Mehrheit oder weitere Erfordernisse bestimmen.

(2) Für Wahlen kann die Satzung andere Bestimmungen treffen.

---

[1)] § 132 Abs. 1 Sätze 2–4 aufgeh., Abs. 3 neu gef., Abs. 5 Sätze 3 und 4 geänd. mWv 1.9.2009 durch G v. 17.12.2008 (BGBl. I S. 2586); Abs. 5 Sätze 1–6 aufgeh. mWv 1.8.2013 durch G v. 23.7.2013 (BGBl. I S. 2586); Abs. 2 Satz 2 eingef., bish. Satz 2 wird Satz 3 mWv 27.7.2022 durch G v. 20.7.2022 (BGBl. I S. 1166).

[2)] Nr. **112**.

[3)] Nr. **100**.

**§ 134**[1)] **Stimmrecht.** (1) [1]Das Stimmrecht wird nach Aktiennennbeträgen, bei Stückaktien nach deren Zahl ausgeübt. [2]Für den Fall, daß einem Aktionär mehrere Aktien gehören, kann bei einer nichtbörsennotierten Gesellschaft die Satzung das Stimmrecht durch Festsetzung eines Höchstbetrags oder von Abstufungen beschränken. [3]Die Satzung kann außerdem bestimmen, daß zu den Aktien, die dem Aktionär gehören, auch die Aktien rechnen, die einem anderen für seine Rechnung gehören. [4]Für den Fall, daß der Aktionär ein Unternehmen ist, kann sie ferner bestimmen, daß zu den Aktien, die ihm gehören, auch die Aktien rechnen, die einem von ihm abhängigen oder ihn beherrschenden oder einem mit ihm konzernverbundenen Unternehmen oder für Rechnung solcher Unternehmen einem Dritten gehören. [5]Die Beschränkungen können nicht für einzelne Aktionäre angeordnet werden. [6]Bei der Berechnung einer nach Gesetz oder Satzung erforderlichen Kapitalmehrheit bleiben die Beschränkungen außer Betracht.

(2) [1]Das Stimmrecht beginnt mit der vollständigen Leistung der Einlage. [2]Entspricht der Wert einer verdeckten Sacheinlage nicht dem in § 36a Abs. 2 Satz 3 genannten Wert, so steht dies dem Beginn des Stimmrechts nicht entgegen; das gilt nicht, wenn der Wertunterschied offensichtlich ist. [3]Die Satzung kann bestimmen, daß das Stimmrecht beginnt, wenn auf die Aktie die gesetzliche oder höhere satzungsmäßige Mindesteinlage geleistet ist. [4]In diesem Fall gewährt die Leistung der Mindesteinlage eine Stimme; bei höheren Einlagen richtet sich das Stimmenverhältnis nach der Höhe der geleisteten Einlagen. [5]Bestimmt die Satzung nicht, daß das Stimmrecht vor der vollständigen Leistung der Einlage beginnt, und ist noch auf keine Aktie die Einlage vollständig geleistet, so richtet sich das Stimmenverhältnis nach der Höhe der geleisteten Einlagen; dabei gewährt die Leistung der Mindesteinlage eine Stimme. [6]Bruchteile von Stimmen werden in diesen Fällen nur berücksichtigt, soweit sie für den stimmberechtigten Aktionär volle Stimmen ergeben. [7]Die Satzung kann Bestimmungen nach diesem Absatz nicht für einzelne Aktionäre oder für einzelne Aktiengattungen treffen.

(3) [1]Das Stimmrecht kann durch einen Bevollmächtigten ausgeübt werden. [2]Bevollmächtigt der Aktionär mehr als eine Person, so kann die Gesellschaft eine oder mehrere von diesen zurückweisen. [3]Die Erteilung der Vollmacht, ihr Widerruf und der Nachweis der Bevollmächtigung gegenüber der Gesellschaft bedürfen der Textform, wenn in der Satzung oder in der Einberufung auf Grund einer Ermächtigung durch die Satzung nichts Abweichendes und bei börsennotierten Gesellschaften nicht eine Erleichterung bestimmt wird. [4]Die börsennotierte Gesellschaft hat zumindest einen Weg elektronischer Kommunikation für die Übermittlung des Nachweises anzubieten. [5]Werden von der Gesellschaft benannte Stimmrechtsvertreter bevollmächtigt, so ist die Vollmachtserklärung von der Gesellschaft drei Jahre nachprüfbar festzuhalten; § 135 Abs. 5 gilt entsprechend.

(4) Die Form der Ausübung des Stimmrechts richtet sich nach der Satzung.

**§ 134a**[2)] **Begriffsbestimmungen; Anwendungsbereich.** (1) Im Sinne der §§ 134b bis 135 ist

---

[1)] § 134 Abs. 1 Satz 1 geänd. durch G v. 25.3.1998 (BGBl. I S. 590); Abs. 1 Satz 2 geänd. durch G v. 27.4.1998 (BGBl. I S. 786); Abs. 3 Sätze 2 und 3 neu gef. mWv 25.1.2001 durch G v. 18.1.2001 (BGBl. I S. 123); Abs. 2 Satz 2 eingef., bish. Sätze 2–6 werden Sätze 3–7, Abs. 3 Satz 2 neu gef., Sätze 3 und 4 eingef., bish. Satz 3 wird Satz 5 und geänd. mWv 1.9.2009 durch G v. 30.7.2009 (BGBl. I S. 2479).

[2)] § 134a eingef. mWv 1.1.2020 durch G v. 12.12.2019 (BGBl. I S. 2637); Abs. 1 Nr. 2 Buchst. b eingef., bish. Buchst. b wird Buchst. c mWv 26.6.2021 durch G v. 12.5.2021 (BGBl. I S. 990).

1. institutioneller Anleger:
   a) ein Unternehmen mit Erlaubnis zum Betrieb der Lebensversicherung im Sinne des § 8 Absatz 1 in Verbindung mit Anlage 1 Nummer 19 bis 24 des Versicherungsaufsichtsgesetzes,
   b) ein Unternehmen mit Erlaubnis zum Betrieb der Rückversicherung im Sinne des § 8 Absatz 1 und 4 des Versicherungsaufsichtsgesetzes, sofern sich diese Tätigkeiten auf Lebensversicherungsverpflichtungen beziehen,
   c) eine Einrichtung der betrieblichen Altersversorgung gemäß den §§ 232 bis 244d des Versicherungsaufsichtsgesetzes;
2. Vermögensverwalter:
   a) ein Finanzdienstleistungsinstitut mit Erlaubnis zur Erbringung der Finanzportfolioverwaltung im Sinne des § 1 Absatz 1a Satz 2 Nummer 3 des Kreditwesengesetzes[1],
   b) ein Wertpapierinstitut mit Erlaubnis zur Erbringung der Finanzportfolioverwaltung im Sinne des § 2 Absatz 2 Nummer 9 des Wertpapierinstitutsgesetzes,
   c) eine Kapitalverwaltungsgesellschaft mit Erlaubnis gemäß § 20 Absatz 1 des Kapitalanlagegesetzbuchs;
3. Stimmrechtsberater:
   ein Unternehmen, das gewerbsmäßig und entgeltlich Offenlegungen und andere Informationen von börsennotierten Gesellschaften analysiert, um Anleger zu Zwecken der Stimmausübung durch Recherchen, Beratungen oder Stimmempfehlungen zu informieren.

(2) Für institutionelle Anleger, Vermögensverwalter und Stimmrechtsberater sind die §§ 134b bis 135 nur anwendbar, soweit sie den folgenden Bestimmungen der Richtlinie 2007/36/EG des Europäischen Parlaments und des Rates vom 11. Juli 2007 über die Ausübung bestimmter Rechte von Aktionären in börsennotierten Gesellschaften (ABl. L 184 vom 14.7.2007, S. 17), die zuletzt durch die Richtlinie (EU) 2017/828 (ABl. L 132 vom 20.5.2017, S. 1) geändert worden ist, unterfallen:
1. für institutionelle Anleger: Artikel 1 Absatz 2 Buchstabe a und Absatz 6 Buchstabe a,
2. für Vermögensverwalter: Artikel 1 Absatz 2 Buchstabe a und Absatz 6 Buchstabe b, und
3. für Stimmrechtsberater: Artikel 1 Absatz 2 Buchstabe b und Absatz 6 Buchstabe c sowie Artikel 3j Absatz 4.

**§ 134b[2] Mitwirkungspolitik, Mitwirkungsbericht, Abstimmungsverhalten.** (1) Institutionelle Anleger und Vermögensverwalter haben eine Politik, in der sie ihre Mitwirkung in den Portfoliogesellschaften beschreiben (Mitwirkungspolitik), und in der insbesondere folgende Punkte behandelt werden, zu veröffentlichen:
1. die Ausübung von Aktionärsrechten, insbesondere im Rahmen ihrer Anlagestrategie,
2. die Überwachung wichtiger Angelegenheiten der Portfoliogesellschaften,

---

[1] **Sartorius ErgBd. Nr. 856.**
[2] § 134b eingef. mWv 1.1.2020 durch G v. 12.12.2019 (BGBl. I S. 2637).

3. der Meinungsaustauch[1] mit den Gesellschaftsorganen und den Interessenträgern der Gesellschaft,
4. die Zusammenarbeit mit anderen Aktionären sowie
5. der Umgang mit Interessenkonflikten.

(2) [1] Institutionelle Anleger und Vermögensverwalter haben jährlich über die Umsetzung der Mitwirkungspolitik zu berichten. [2] Der Bericht enthält Erläuterungen allgemeiner Art zum Abstimmungsverhalten, zu den wichtigsten Abstimmungen und zum Einsatz von Stimmrechtsberatern.

(3) Institutionelle Anleger und Vermögensverwalter haben ihr Abstimmungsverhalten zu veröffentlichen, es sei denn, die Stimmabgabe war wegen des Gegenstands der Abstimmung oder des Umfangs der Beteiligung unbedeutend.

(4) Erfüllen institutionelle Anleger und Vermögensverwalter eine oder mehrere der Vorgaben der Absätze 1 bis 3 nicht oder nicht vollständig, haben sie zu erklären, warum sie dies nicht tun.

(5) [1] Die Informationen nach den Absätzen 1 bis 4 sind für mindestens drei Jahre auf der Internetseite der institutionellen Anleger und der Vermögensverwalter öffentlich zugänglich zu machen und mindestens jährlich zu aktualisieren. [2] Davon abweichend können institutionelle Anleger auf die Internetseite der Vermögensverwalter oder andere kostenfrei und öffentlich zugängliche Internetseiten verweisen, wenn dort die Informationen nach den Absätzen 1 bis 4 verfügbar sind.

**§ 134c[2] Offenlegungspflichten von institutionellen Anlegern und Vermögensverwaltern.** (1) Institutionelle Anleger haben offenzulegen, inwieweit die Hauptelemente ihrer Anlagestrategie dem Profil und der Laufzeit ihrer Verbindlichkeiten entsprechen und wie sie zur mittel- bis langfristigen Wertentwicklung ihrer Vermögenswerte beitragen.

(2) [1] Handelt ein Vermögensverwalter für einen institutionellen Anleger, hat der institutionelle Anleger solche Angaben über die Vereinbarungen mit dem Vermögensverwalter offenzulegen, die erläutern, wie der Vermögensverwalter seine Anlagestrategie und Anlageentscheidungen auf das Profil und die Laufzeit der Verbindlichkeiten des institutionellen Anlegers abstimmt. [2] Die Offenlegung umfasst insbesondere Angaben

1. zur Berücksichtigung der mittel- bis langfristigen Entwicklung der Gesellschaft bei der Anlageentscheidung,
2. zur Mitwirkung in der Gesellschaft, insbesondere durch Ausübung der Aktionärsrechte, einschließlich der Wertpapierleihe,
3. zu Methode, Leistungsbewertung und Vergütung des Vermögensverwalters,
4. zur Überwachung des vereinbarten Portfolioumsatzes und der angestrebten Portfolioumsatzkosten durch den institutionellen Anleger,
5. zur Laufzeit der Vereinbarung mit dem Vermögensverwalter.

[3] Wurde zu einzelnen Angaben keine Vereinbarung getroffen, hat der institutionelle Anleger zu erklären, warum dies nicht geschehen ist.

(3) [1] Institutionelle Anleger haben die Informationen nach den Absätzen 1 und 2 im Bundesanzeiger oder auf ihrer Internetseite für einen Zeitraum von mindestens drei Jahren öffentlich zugänglich zu machen und mindestens jährlich zu aktualisieren. [2] Die Veröffentlichung kann auch durch den Vermögensverwalter auf dessen

---

[1] Richtig wohl: „Meinungsaustausch".
[2] § 134c eingef. mWv 1.1.2020 durch G v. 12.12.2019 (BGBl. I S. 2637).

Internetseite oder auf einer anderen kostenfrei und öffentlich zugänglichen Internetseite erfolgen; in diesem Fall genügt die Angabe der Internetseite, auf der die Informationen zu finden sind.

(4) [1] Vermögensverwalter, die eine Vereinbarung nach Absatz 2 geschlossen haben, haben den institutionellen Anlegern jährlich zu berichten, wie ihre Anlagestrategie und deren Umsetzung mit dieser Vereinbarung im Einklang stehen und zur mittel- bis langfristigen Wertentwicklung der Vermögenswerte beitragen. [2] Statt des Berichts an den institutionellen Anleger kann auch eine Veröffentlichung des Berichts entsprechend Absatz 3 Satz 2 erfolgen. [3] Der Bericht enthält Angaben

1. über die wesentlichen mittel- bis langfristigen Risiken,
2. über die Zusammensetzung des Portfolios, die Portfolioumsätze und die Portfolioumsatzkosten,
3. zur Berücksichtigung der mittel- bis langfristigen Entwicklung der Gesellschaft bei der Anlageentscheidung,
4. zum Einsatz von Stimmrechtsberatern,
5. zur Handhabung der Wertpapierleihe und zum Umgang mit Interessenkonflikten im Rahmen der Mitwirkung in den Gesellschaften, insbesondere durch Ausübung von Aktionärsrechten.

**§ 134d[1)] Offenlegungspflichten der Stimmrechtsberater.** (1) [1] Stimmrechtsberater haben jährlich zu erklären, dass sie den Vorgaben eines näher bezeichneten Verhaltenskodex entsprochen haben und entsprechen oder welche Vorgaben des Verhaltenskodex sie nicht eingehalten haben und einhalten und welche Maßnahmen sie stattdessen getroffen haben. [2] Wenn Stimmrechtsberater keinen Verhaltenskodex einhalten, haben sie zu erklären, warum nicht.

(2) Stimmrechtsberater veröffentlichen jährlich Informationen

1. zu den wesentlichen Merkmalen der eingesetzten Methoden und Modelle sowie ihren Hauptinformationsquellen,
2. zu den zur Qualitätssicherung sowie zur Vermeidung und zur Behandlung von potentiellen Interessenkonflikten eingesetzten Verfahren,
3. zur Qualifikation der an der Stimmrechtsberatung beteiligten Mitarbeiter,
4. zur Art und Weise, wie nationale Marktbedingungen sowie rechtliche, regulatorische und unternehmensspezifische Bedingungen berücksichtigt werden,
5. zu den wesentlichen Merkmalen der verfolgten Stimmrechtspolitik für die einzelnen Märkte,
6. dazu, wie und wie oft das Gespräch mit den betroffenen Gesellschaften und deren Interessenträgern gesucht wird.

(3) Die Informationen nach den Absätzen 1 und 2 sind gesondert oder gebündelt auf der Internetseite des Stimmrechtsberaters für mindestens drei Jahre öffentlich zugänglich zu machen und jährlich zu aktualisieren.

(4) Stimmrechtsberater haben ihre Kunden unverzüglich über Interessenkonflikte sowie über diesbezügliche Gegenmaßnahmen zu informieren.

---

[1)] § 134d eingef. mWv 1.1.2020 durch G v. 12.12.2019 (BGBl. I S. 2637).

**§ 135[1)] Ausübung des Stimmrechts durch Intermediäre und geschäftsmäßig Handelnde.** (1) [1] Ein Intermediär darf das Stimmrecht für Aktien, die ihm nicht gehören und als deren Inhaber er nicht im Aktienregister eingetragen ist, nur ausüben, wenn er bevollmächtigt ist. [2] Die Vollmacht darf nur einem bestimmten Intermediär erteilt werden und ist von diesem nachprüfbar festzuhalten. [3] Die Vollmachtserklärung muss vollständig sein und darf nur mit der Stimmrechtsausübung verbundene Erklärungen enthalten. [4] Erteilt der Aktionär keine ausdrücklichen Weisungen, so kann eine generelle Vollmacht nur die Berechtigung des Intermediärs zur Stimmrechtsausübung

1. entsprechend eigenen Abstimmungsvorschlägen (Absätze 2 und 3) oder
2. entsprechend den Vorschlägen des Vorstands oder des Aufsichtsrats oder für den Fall voneinander abweichender Vorschläge den Vorschlägen des Aufsichtsrats (Absatz 4)

vorsehen. [5] Bietet der Intermediär die Stimmrechtsausübung gemäß Satz 4 Nr. 1 oder Nr. 2 an, so hat er sich zugleich zu erbieten, im Rahmen des Zumutbaren und bis auf Widerruf einer Aktionärsvereinigung oder einem sonstigen Vertreter nach Wahl des Aktionärs die zur Stimmrechtsausübung erforderlichen Unterlagen zuzuleiten. [6] Der Intermediär hat den Aktionär jährlich und deutlich hervorgehoben auf die Möglichkeiten des jederzeitigen Widerrufs der Vollmacht und der Änderung des Bevollmächtigten hinzuweisen. [7] Die Erteilung von Weisungen zu den einzelnen Tagesordnungspunkten, die Erteilung und der Widerruf einer generellen Vollmacht nach Satz 4 und eines Auftrags nach Satz 5 einschließlich seiner Änderung sind dem Aktionär durch ein Formblatt oder Bildschirmformular zu erleichtern.

(2) [1] Ein Intermediär, der das Stimmrecht auf Grund einer Vollmacht nach Absatz 1 Satz 4 Nr. 1 ausüben will, hat dem Aktionär rechtzeitig eigene Vorschläge für die Ausübung des Stimmrechts zu den einzelnen Gegenständen der Tagesordnung zugänglich zu machen. [2] Bei diesen Vorschlägen hat sich der Intermediär vom Interesse des Aktionärs leiten zu lassen und organisatorische Vorkehrungen dafür zu treffen, dass Eigeninteressen aus anderen Geschäftsbereichen nicht einfließen; er hat ein Mitglied der Geschäftsleitung zu benennen, das die Einhaltung dieser Pflichten sowie die ordnungsgemäße Ausübung des Stimmrechts und deren Dokumentation zu überwachen hat. [3] Zusammen mit seinen Vorschlägen hat der Intermediär darauf hinzuweisen, dass er das Stimmrecht entsprechend den eigenen Vorschlägen ausüben werde, wenn der Aktionär nicht rechtzeitig eine andere Weisung erteilt. [4] Gehört ein Vorstandsmitglied oder ein Mitarbeiter des Intermediärs dem Aufsichtsrat der Gesellschaft oder ein Vorstandsmitglied oder ein Mitarbeiter der Gesellschaft dem Aufsichtsrat des Intermediärs an, so hat der Intermediär hierauf hinzuweisen. [5] Gleiches gilt, wenn der Intermediär an der Gesellschaft eine Beteiligung hält, die nach § 33 des Wertpapierhandelsgesetzes[2)] meldepflichtig ist, oder einem Konsortium angehörte, das die innerhalb von fünf Jahren zeitlich letzte Emission von Wertpapieren der Gesellschaft übernommen hat.

(3) [1] Hat der Aktionär dem Intermediär keine Weisung für die Ausübung des Stimmrechts erteilt, so hat der Intermediär im Falle des Absatzes 1 Satz 4 Nr. 1 das

---

[1)] § 135 neu gef. mWv 1.9.2009 durch G v. 30.7.2009 (BGBl. I S. 2479); Abs. 3 Satz 4 geänd. mWv 26.11.2015 durch G v. 20.11.2015 (BGBl. I S. 2029); Abs. 2 Satz 5 und Abs. 3 Satz 4 geänd. mWv 3.1. 2018 durch G v. 23.6.2017 (BGBl. I S. 1693); Überschrift, Abs. 1 Sätze 1, 2, 4–6, Abs. 2 Sätze 1–5, Abs. 3 Sätze 1–4, Abs. 4 Satz 1, Abs. 5 Sätze 1–3, Abs. 6 Satz 1, Abs. 8 und 9 geänd., Abs. 10 aufgeh. mWv 1.1. 2020 durch G v. 12.12.2019 (BGBl. I S. 2637).

[2)] **Schönfelder ErgBd. Nr. 58.**

Stimmrecht entsprechend seinen eigenen Vorschlägen auszuüben, es sei denn, dass er den Umständen nach annehmen darf, dass der Aktionär bei Kenntnis der Sachlage die abweichende Ausübung des Stimmrechts billigen würde. [2] Ist der Intermediär bei der Ausübung des Stimmrechts von einer Weisung des Aktionärs oder, wenn der Aktionär keine Weisung erteilt hat, von seinem eigenen Vorschlag abgewichen, so hat es dies dem Aktionär mitzuteilen und die Gründe anzugeben. [3] In der eigenen Hauptversammlung darf der bevollmächtigte Intermediär das Stimmrecht auf Grund der Vollmacht nur ausüben, soweit der Aktionär eine ausdrückliche Weisung zu den einzelnen Gegenständen der Tagesordnung erteilt hat. [4] Gleiches gilt in der Versammlung einer Gesellschaft, an der er mit mehr als 20 Prozent des Grundkapitals unmittelbar oder mittelbar beteiligt ist; für die Berechnung der Beteiligungsschwelle bleiben mittelbare Beteiligungen im Sinne des § 35 Absatz 3 bis 6 des Wertpapierhandelsgesetzes außer Betracht.

(4) [1] Ein Intermediär, der in der Hauptversammlung das Stimmrecht auf Grund einer Vollmacht nach Absatz 1 Satz 4 Nr. 2 ausüben will, hat den Aktionären die Vorschläge des Vorstands und des Aufsichtsrats zugänglich zu machen, sofern dies nicht anderweitig erfolgt. [2] Absatz 2 Satz 3 sowie Absatz 3 Satz 1 bis 3 gelten entsprechend.

(5) [1] Wenn die Vollmacht dies gestattet, darf der Intermediär Personen, die nicht seine Angestellten sind, unterbevollmächtigen. [2] Wenn es die Vollmacht nicht anders bestimmt, übt der Intermediär das Stimmrecht im Namen dessen aus, den es angeht. [3] Ist die Briefwahl bei der Gesellschaft zugelassen, so darf der bevollmächtigte Intermediär sich ihrer bedienen. [4] Zum Nachweis seiner Stimmberechtigung gegenüber der Gesellschaft genügt bei börsennotierten Gesellschaften die Vorlegung eines Berechtigungsnachweises gemäß § 123 Abs. 3; im Übrigen sind die in der Satzung für die Ausübung des Stimmrechts vorgesehenen Erfordernisse zu erfüllen.

(6) [1] Ein Intermediär darf das Stimmrecht für Namensaktien, die ihm nicht gehören, als deren Inhaber er aber im Aktienregister eingetragen ist, nur auf Grund einer Ermächtigung ausüben. [2] Auf die Ermächtigung sind die Absätze 1 bis 5 entsprechend anzuwenden.

(7) Die Wirksamkeit der Stimmabgabe wird durch einen Verstoß gegen Absatz 1 Satz 2 bis 7, die Absätze 2 bis 6 nicht beeinträchtigt.

(8) Die Absätze 1 bis 7 gelten sinngemäß für Aktionärsvereinigungen, für Stimmrechtsberater sowie für Personen, die sich geschäftsmäßig gegenüber Aktionären zur Ausübung des Stimmrechts in der Hauptversammlung erbieten; dies gilt nicht, wenn derjenige, der das Stimmrecht ausüben will, gesetzlicher Vertreter, Ehegatte oder Lebenspartner des Aktionärs oder mit ihm bis zum vierten Grad verwandt oder verschwägert ist.

(9) Die Verpflichtung des Intermediärs, der Stimmrechtsberater sowie der Personen, die sich geschäftsmäßig gegenüber Aktionären zur Ausübung des Stimmrechts in der Hauptversammlung erbieten, zum Ersatz eines aus der Verletzung der Absätze 1 bis 6 entstehenden Schadens kann im Voraus weder ausgeschlossen noch beschränkt werden.

**§ 136[1)] Ausschluß des Stimmrechts.** (1) [1] Niemand kann für sich oder für einen anderen das Stimmrecht ausüben, wenn darüber Beschluß gefaßt wird, ob er zu entlasten oder von einer Verbindlichkeit zu befreien ist oder ob die Gesellschaft

[1)] § 136 Abs. 2 aufgeh., bish. Abs. 3 wird Abs. 2 durch G v. 25.10.1982 (BGBl. I S. 1425).

gegen ihn einen Anspruch geltend machen soll. [2] Für Aktien, aus denen der Aktionär nach Satz 1 das Stimmrecht nicht ausüben kann, kann das Stimmrecht auch nicht durch einen anderen ausgeübt werden.

(2) [1] Ein Vertrag, durch den sich ein Aktionär verpflichtet, nach Weisung der Gesellschaft, des Vorstands oder des Aufsichtsrats der Gesellschaft oder nach Weisung eines abhängigen Unternehmens das Stimmrecht auszuüben, ist nichtig. [2] Ebenso ist ein Vertrag nichtig, durch den sich ein Aktionär verpflichtet, für die jeweiligen Vorschläge des Vorstands oder des Aufsichtsrats der Gesellschaft zu stimmen.

**§ 137 Abstimmung über Wahlvorschläge von Aktionären.** Hat ein Aktionär einen Vorschlag zur Wahl von Aufsichtsratsmitgliedern nach § 127 gemacht und beantragt er in der Hauptversammlung die Wahl des von ihm Vorgeschlagenen, so ist über seinen Antrag vor dem Vorschlag des Aufsichtsrats zu beschließen, wenn es eine Minderheit der Aktionäre verlangt, deren Anteile zusammen den zehnten Teil des vertretenen Grundkapitals erreichen.

### Fünfter Unterabschnitt. Sonderbeschluß

**§ 138 Gesonderte Versammlung. Gesonderte Abstimmung.** [1] In diesem Gesetz oder in der Satzung vorgeschriebene Sonderbeschlüsse gewisser Aktionäre sind entweder in einer gesonderten Versammlung dieser Aktionäre oder in einer gesonderten Abstimmung zu fassen, soweit das Gesetz nichts anderes bestimmt. [2] Für die Einberufung der gesonderten Versammlung und die Teilnahme an ihr sowie für das Auskunftsrecht gelten die Bestimmungen über die Hauptversammlung, für die Sonderbeschlüsse die Bestimmungen über Hauptversammlungsbeschlüsse sinngemäß. [3] Verlangen Aktionäre, die an der Abstimmung über den Sonderbeschluß teilnehmen können, die Einberufung einer gesonderten Versammlung oder die Bekanntmachung eines Gegenstands zur gesonderten Abstimmung, so genügt es, wenn ihre Anteile, mit denen sie an der Abstimmung über den Sonderbeschluß teilnehmen können, zusammen den zehnten Teil der Anteile erreichen, aus denen bei der Abstimmung über den Sonderbeschluß das Stimmrecht ausgeübt werden kann.

### Sechster Unterabschnitt. Vorzugsaktien ohne Stimmrecht

**§ 139[1)] Wesen.** (1) [1] Für Aktien, die mit einem Vorzug bei der Verteilung des Gewinns ausgestattet sind, kann das Stimmrecht ausgeschlossen werden (Vorzugsaktien ohne Stimmrecht). [2] Der Vorzug kann insbesondere in einem auf die Aktie vorweg entfallenden Gewinnanteil (Vorabdividende) oder einem erhöhten Gewinnanteil (Mehrdividende) bestehen. [3] Wenn die Satzung nichts anderes bestimmt, ist eine Vorabdividende nachzuzahlen.

(2) Vorzugsaktien ohne Stimmrecht dürfen nur bis zur Hälfte des Grundkapitals ausgegeben werden.

**§ 140[2)] Rechte der Vorzugsaktionäre.** (1) Die Vorzugsaktien ohne Stimmrecht gewähren mit Ausnahme des Stimmrechts die jedem Aktionär aus der Aktie zustehenden Rechte.

---

[1)] § 139 Abs. 2 geänd. durch G v. 25.3.1998 (BGBl. I S. 590); Abs. 1 Satz 1 geänd., Sätze 2 und 3 angef. mWv 31.12.2015 durch G v. 22.12.2015 (BGBl. I S. 2565).

[2)] § 140 Abs 2 neu gef., Abs. 3 geänd. mWv 31.12.2015 durch G v. 22.12.2015 (BGBl. I S. 2565).

(2) [1] Ist der Vorzug nachzuzahlen und wird der Vorzugsbetrag in einem Jahr nicht oder nicht vollständig gezahlt und im nächsten Jahr nicht neben dem vollen Vorzug für dieses Jahr nachgezahlt, so haben die Aktionäre das Stimmrecht, bis die Rückstände gezahlt sind. [2] Ist der Vorzug nicht nachzuzahlen und wird der Vorzugsbetrag in einem Jahr nicht oder nicht vollständig gezahlt, so haben die Vorzugsaktionäre das Stimmrecht, bis der Vorzug in einem Jahr vollständig gezahlt ist. [3] Solange das Stimmrecht besteht, sind die Vorzugsaktien auch bei der Berechnung einer nach Gesetz oder Satzung erforderlichen Kapitalmehrheit zu berücksichtigen.

(3) Soweit die Satzung nichts anderes bestimmt, entsteht dadurch, dass der nachzuzahlende Vorzugsbetrag in einem Jahr nicht oder nicht vollständig gezahlt wird, noch kein durch spätere Beschlüsse über die Gewinnverteilung bedingter Anspruch auf den rückständigen Vorzugsbetrag.

**§ 141 Aufhebung oder Beschränkung des Vorzugs.** (1) Ein Beschluß, durch den der Vorzug aufgehoben oder beschränkt wird, bedarf zu seiner Wirksamkeit der Zustimmung der Vorzugsaktionäre.

(2) [1] Ein Beschluß über die Ausgabe von Vorzugsaktien, die bei der Verteilung des Gewinns oder des Gesellschaftsvermögens den Vorzugsaktien ohne Stimmrecht vorgehen oder gleichstehen, bedarf gleichfalls der Zustimmung der Vorzugsaktionäre. [2] Der Zustimmung bedarf es nicht, wenn die Ausgabe bei Einräumung des Vorzugs oder, falls das Stimmrecht später ausgeschlossen wurde, bei der Ausschließung ausdrücklich vorbehalten worden war und das Bezugsrecht der Vorzugsaktionäre nicht ausgeschlossen wird.

(3) [1] Über die Zustimmung haben die Vorzugsaktionäre in einer gesonderten Versammlung einen Sonderbeschluß zu fassen. [2] Er bedarf einer Mehrheit, die mindestens drei Viertel der abgegebenen Stimmen umfaßt. [3] Die Satzung kann weder eine andere Mehrheit noch weitere Erfordernisse bestimmen. [4] Wird in dem Beschluß über die Ausgabe von Vorzugsaktien, die bei der Verteilung des Gewinns oder des Gesellschaftsvermögens den Vorzugsaktien ohne Stimmrecht vorgehen oder gleichstehen, das Bezugsrecht der Vorzugsaktionäre auf den Bezug solcher Aktien ganz oder zum Teil ausgeschlossen, so gilt für den Sonderbeschluß § 186 Abs. 3 bis 5 sinngemäß.

(4) Ist der Vorzug aufgehoben, so gewähren die Aktien das Stimmrecht.

### Siebenter Unterabschnitt. Sonderprüfung. Geltendmachung von Ersatzansprüchen

**§ 142[1] Bestellung der Sonderprüfer.** (1) [1] Zur Prüfung von Vorgängen bei der Gründung oder der Geschäftsführung, namentlich auch bei Maßnahmen der Kapitalbeschaffung und Kapitalherabsetzung, kann die Hauptversammlung mit einfacher Stimmenmehrheit Prüfer (Sonderprüfer) bestellen. [2] Bei der Beschluß-

---

[1] § 142 Abs. 2 Satz 3 geänd. durch G v. 28.8.1969 (BGBl. I S. 1513); Abs. 2 Satz 1 und Abs. 4 Satz 1 geänd. durch G v. 25.3.1998 (BGBl. I S. 590); Abs. 2 Satz 1 und Abs. 4 Satz 1 geänd. durch G v. 9.6.1998 (BGBl. I S. 1242); Abs. 7 angef. mWv 21.12.2004 durch G v. 15.12.2004 (BGBl. I S. 3408); Abs. 2 und Abs. 4 Satz 1 neu gef., Abs. 8 angef. mWv 1.11.2005, Abs. 5 Sätze 3 und 4 angef. mWv 1.11.2005, Sätze 5 und 6 angef. mWv 28.9.2005 durch G v. 22.9.2005 (BGBl. I S. 2802); Abs. 7 geänd. mWv 1.11.2007 durch G v. 16.7.2007 (BGBl. I S. 1330); Abs. 5 Satz 2 geänd., Sätze 4–6 aufgeh., Abs. 6 Satz 3 neu *gef., Satz 4 aufgeh., bish.* Satz 5 wird Satz 4, Abs. 8 geänd. mWv 1.9.2009 durch G v. 17.12.2008 (BGBl. I S. 2586); Abs. 2 Satz 1 Halbs. 2 angef. mWv 15.12.2010 durch G v. 9.12.2010 (BGBl. I S. 1900); Abs. 7 geänd. mWv 31.12.2015 durch G v. 22.12.2015 (BGBl. I S. 2565); Abs. 7 geänd. mWv 1.1.2020 durch G v. 12.12.2019 (BGBl. I S. 2637).

fassung kann ein Mitglied des Vorstands oder des Aufsichtsrats weder für sich noch für einen anderen mitstimmen, wenn die Prüfung sich auf Vorgänge erstrecken soll, die mit der Entlastung eines Mitglieds des Vorstands oder des Aufsichtsrats oder der Einleitung eines Rechtsstreits zwischen der Gesellschaft und einem Mitglied des Vorstands oder des Aufsichtsrats zusammenhängen. [3] Für ein Mitglied des Vorstands oder des Aufsichtsrats, das nach Satz 2 nicht mitstimmen kann, kann das Stimmrecht auch nicht durch einen anderen ausgeübt werden.

(2) [1] Lehnt die Hauptversammlung einen Antrag auf Bestellung von Sonderprüfern zur Prüfung eines Vorgangs bei der Gründung oder eines nicht über fünf Jahre zurückliegenden Vorgangs bei der Geschäftsführung ab, so hat das Gericht auf Antrag von Aktionären, deren Anteile bei Antragstellung zusammen den hundertsten Teil des Grundkapitals oder einen anteiligen Betrag von 100 000 Euro erreichen, Sonderprüfer zu bestellen, wenn Tatsachen vorliegen, die den Verdacht rechtfertigen, dass bei dem Vorgang Unredlichkeiten oder grobe Verletzungen des Gesetzes oder der Satzung vorgekommen sind; dies gilt auch für nicht über zehn Jahre zurückliegende Vorgänge, sofern die Gesellschaft zur Zeit des Vorgangs börsennotiert war. [2] Die Antragsteller haben nachzuweisen, dass sie seit mindestens drei Monaten vor dem Tag der Hauptversammlung Inhaber der Aktien sind und dass sie die Aktien bis zur Entscheidung über den Antrag halten. [3] Für eine Vereinbarung zur Vermeidung einer solchen Sonderprüfung gilt § 149 entsprechend.

(3) Die Absätze 1 und 2 gelten nicht für Vorgänge, die Gegenstand einer Sonderprüfung nach § 258 sein können.

(4) [1] Hat die Hauptversammlung Sonderprüfer bestellt, so hat das Gericht auf Antrag von Aktionären, deren Anteile bei Antragstellung zusammen den hundertsten Teil des Grundkapitals oder einen anteiligen Betrag von 100 000 Euro erreichen, einen anderen Sonderprüfer zu bestellen, wenn dies aus einem in der Person des bestellten Sonderprüfers liegenden Grund geboten erscheint, insbesondere, wenn der bestellte Sonderprüfer nicht die für den Gegenstand der Sonderprüfung erforderlichen Kenntnisse hat, seine Befangenheit zu besorgen ist oder Bedenken wegen seiner Zuverlässigkeit bestehen. [2] Der Antrag ist binnen zwei Wochen seit dem Tage der Hauptversammlung zu stellen.

(5) [1] Das Gericht hat außer den Beteiligten auch den Aufsichtsrat und im Fall des Absatzes 4 den von der Hauptversammlung bestellten Sonderprüfer zu hören. [2] Gegen die Entscheidung ist die Beschwerde zulässig. [3] Über den Antrag gemäß den Absätzen 2 und 4 entscheidet das Landgericht, in dessen Bezirk die Gesellschaft ihren Sitz hat.

(6) [1] Die vom Gericht bestellten Sonderprüfer haben Anspruch auf Ersatz angemessener barer Auslagen und auf Vergütung für ihre Tätigkeit. [2] Die Auslagen und die Vergütung setzt das Gericht fest. [3] Gegen die Entscheidung ist die Beschwerde zulässig; die Rechtsbeschwerde ist ausgeschlossen. [4] Aus der rechtskräftigen Entscheidung findet die Zwangsvollstreckung nach der Zivilprozeßordnung statt.

(7) Ist für die Gesellschaft als Emittentin von zugelassenen Wertpapieren im Sinne des § 2 Absatz 1 des Wertpapierhandelsgesetzes mit Ausnahme von Anteilen und Aktien an offenen Investmentvermögen im Sinne des § 1 Absatz 4 des Kapitalanlagegesetzbuchs die Bundesrepublik Deutschland der Herkunftsstaat (§ 2 Absatz 13 des Wertpapierhandelsgesetzes), so hat im Falle des Absatzes 1 Satz 1 der Vorstand und im Falle des Absatzes 2 Satz 1 das Gericht der Bundesanstalt für Finanzdienstleistungsaufsicht die Bestellung des Sonderprüfers und dessen Prüfungsbericht mitzuteilen; darüber hinaus hat das Gericht den Eingang eines Antrags auf Bestellung eines Sonderprüfers mitzuteilen.

(8) Auf das gerichtliche Verfahren nach den Absätzen 2 bis 6 sind die Vorschriften des Gesetzes über das Verfahren in Familiensachen und in den Angelegenheiten der freiwilligen Gerichtsbarkeit anzuwenden, soweit in diesem Gesetz nichts anderes bestimmt ist.

**§ 143**[1) 2)] **Auswahl der Sonderprüfer.** (1) Als Sonderprüfer sollen, wenn der Gegenstand der Sonderprüfung keine anderen Kenntnisse fordert, nur bestellt werden

1. Personen, die in der Buchführung ausreichend vorgebildet und erfahren sind;
2. Prüfungsgesellschaften, von deren gesetzlichen Vertretern mindestens einer in der Buchführung ausreichend vorgebildet und erfahren ist.

(2) [1] Sonderprüfer darf nicht sein, wer nach § 319 Absatz 2, 3, § 319b des Handelsgesetzbuchs[3)] nicht Abschlussprüfer sein darf oder während der Zeit, in der sich der zu prüfende Vorgang ereignet hat, hätte sein dürfen. [2] Eine Prüfungsgesellschaft darf nicht Sonderprüfer sein, wenn sie nach § 319 Absatz 2, 4, § 319b des Handelsgesetzbuchs nicht Abschlussprüfer sein darf oder während der Zeit, in der sich der zu prüfende Vorgang ereignet hat, hätte sein dürfen. [3] Bei einer Gesellschaft, die Unternehmen von öffentlichem Interesse nach § 316a Satz 2 des Handelsgesetzbuchs ist, darf Sonderprüfer auch nicht sein, wer Nichtprüfungsleistungen nach Artikel 5 Absatz 1 der Verordnung (EU) Nr. 537/2014 des Europäischen Parlaments und des Rates vom 16. April 2014 über spezifische Anforderungen an die Abschlussprüfung bei Unternehmen von öffentlichem Interesse und zur Aufhebung des Beschlusses 2005/909/EG der Kommission (ABl. L 158 vom 27.5.2014, S. 77; L 170 vom 11.6.2014, S. 66) erbringt oder während der Zeit, in der sich der zu prüfende Vorgang ereignet hat, erbracht hat.

**§ 144**[4)] **Verantwortlichkeit der Sonderprüfer.** § 323 des Handelsgesetzbuchs[3)] über die Verantwortlichkeit des Abschlußprüfers gilt sinngemäß.

**§ 145**[5)] **Rechte der Sonderprüfer. Prüfungsbericht.** (1) Der Vorstand hat den Sonderprüfern zu gestatten, die Bücher und Schriften der Gesellschaft sowie die Vermögensgegenstände, namentlich die Gesellschaftskasse und die Bestände an Wertpapieren und Waren, zu prüfen.

(2) Die Sonderprüfer können von den Mitgliedern des Vorstands und des Aufsichtsrats alle Aufklärungen und Nachweise verlangen, welche die sorgfältige Prüfung der Vorgänge notwendig macht.

(3) Die Sonderprüfer haben die Rechte nach Absatz 2 auch gegenüber einem Konzernunternehmen sowie gegenüber einem abhängigen oder herrschenden Unternehmen.

(4) Auf Antrag des Vorstands hat das Gericht zu gestatten, dass bestimmte Tatsachen nicht in den Bericht aufgenommen werden, wenn überwiegende Belange der Gesellschaft dies gebieten und sie zur Darlegung der Unredlichkeiten oder groben Verletzungen gemäß § 142 Abs. 2 nicht unerlässlich sind.

---

1) § 143 Abs. 3 aufgeh. durch G v. 19.12.1985 (BGBl. I S. 2355); Abs. 2 neu gef. mWv 1.7.2021 durch G v. 3.6.2021 (BGBl. I S. 1534).

2) Siehe hierzu Übergangsvorschrift in § 26k EGAktG (Nr. **51a**).

3) Nr. **50**.

4) § 144 geänd. durch G v. 19.12.1985 (BGBl. I S. 2355).

5) § 145 Abs. 5 Sätze 1 und 2 angef. mWv 1.11.2005, Satz 3 angef. mWv 28.9.2005, Abs. 4 neu gef., bish. Abs. 4 wird Abs. 6 mWv 1.11.2005 durch G v. 22.9.2005 (BGBl. I S. 2802); Abs. 5 Satz 2 aufgeh., bish. Satz 3 wird Satz 2 und geänd. mWv 1.9.2009 durch G v. 17.12.2008 (BGBl. I S. 2586).

(5) [1]Über den Antrag gemäß Absatz 4 entscheidet das Landgericht, in dessen Bezirk die Gesellschaft ihren Sitz hat. [2]§ 142 Abs. 5 Satz 2, Abs. 8 gilt entsprechend.

(6) [1]Die Sonderprüfer haben über das Ergebnis der Prüfung schriftlich zu berichten. [2]Auch Tatsachen, deren Bekanntwerden geeignet ist, der Gesellschaft oder einem verbundenen Unternehmen einen nicht unerheblichen Nachteil zuzufügen, müssen in den Prüfungsbericht aufgenommen werden, wenn ihre Kenntnis zur Beurteilung des zu prüfenden Vorgangs durch die Hauptversammlung erforderlich ist. [3]Die Sonderprüfer haben den Bericht zu unterzeichnen und unverzüglich dem Vorstand und zum Handelsregister des Sitzes der Gesellschaft einzureichen. [4]Auf Verlangen hat der Vorstand jedem Aktionär eine Abschrift des Prüfungsberichts zu erteilen. [5]Der Vorstand hat den Bericht dem Aufsichtsrat vorzulegen und bei der Einberufung der nächsten Hauptversammlung als Gegenstand der Tagesordnung bekanntzumachen.

**§ 146**[1)] **Kosten.** [1]Bestellt das Gericht Sonderprüfer, so trägt die Gesellschaft die Gerichtskosten und die Kosten der Prüfung. [2]Hat der Antragsteller die Bestellung durch vorsätzlich oder grob fahrlässig unrichtigen Vortrag erwirkt, so hat der Antragsteller der Gesellschaft die Kosten zu erstatten.

**§ 147**[2)] **Geltendmachung von Ersatzansprüchen.** (1) [1]Die Ersatzansprüche der Gesellschaft aus der Gründung gegen die nach den §§ 46 bis 48, 53 verpflichteten Personen oder aus der Geschäftsführung gegen die Mitglieder des Vorstands und des Aufsichtsrats oder aus § 117 müssen geltend gemacht werden, wenn es die Hauptversammlung mit einfacher Stimmenmehrheit beschließt. [2]Der Ersatzanspruch soll binnen sechs Monaten seit dem Tage der Hauptversammlung geltend gemacht werden.

(2) [1]Zur Geltendmachung des Ersatzanspruchs kann die Hauptversammlung besondere Vertreter bestellen. [2]Das Gericht (§ 14) hat auf Antrag von Aktionären, deren Anteile zusammen den zehnten Teil des Grundkapitals oder den anteiligen Betrag von einer Million Euro erreichen, als Vertreter der Gesellschaft zur Geltendmachung des Ersatzanspruchs andere als die nach den §§ 78, 112 oder nach Satz 1 zur Vertretung der Gesellschaft berufenen Personen zu bestellen, wenn ihm dies für eine gehörige Geltendmachung zweckmäßig erscheint. [3]Gibt das Gericht dem Antrag statt, so trägt die Gesellschaft die Gerichtskosten. [4]Gegen die Entscheidung ist die Beschwerde zulässig. [5]Die gerichtlich bestellten Vertreter können von der Gesellschaft den Ersatz angemessener barer Auslagen und eine Vergütung für ihre Tätigkeit verlangen. [6]Die Auslagen und die Vergütung setzt das Gericht fest. [7]Gegen die Entscheidung ist die Beschwerde zulässig; die Rechtsbeschwerde ist ausgeschlossen. [8]Aus der rechtskräftigen Entscheidung findet die Zwangsvollstreckung nach der Zivilprozeßordnung[3)] statt.

---

[1)] § 146 neu gef. mWv 1.11.2005 durch G v. 22.9.2005 (BGBl. I S. 2802).

[2)] § 147 Abs. 1 Satz 3 geänd. durch G v. 28.8.1969 (BGBl. I S. 1513); Abs. 3 Satz 3 eingef., bish. Sätze 3–8 werden Sätze 4–9, Abs. 4 Satz 2 geänd. durch G v. 15.8.1969 (BGBl. I S. 1171); Abs. 3 Satz 2 geänd. durch G v. 25.3.1998 (BGBl. I S. 590); bish. Abs. 2 wird Satz 4 von Abs. 1, Abs. 3 wird Abs. 2, neuer Abs. 3 eingef., Abs. 4 Sätze 1 und 2 geänd. durch G v. 27.4.1998 (BGBl. I S. 786); Abs. 2 Satz 2 und Abs. 3 Satz 1 geänd. durch G v. 9.6.1998 (BGBl. I S. 1242); Abs. 1 und Abs. 2 Satz 2 neu gef., Abs. 3 und 4 aufgeh. mWv 1.11.2005 durch G v. 22.9.2005 (BGBl. I S. 2802); Abs. 2 Satz 4 geänd., Satz 7 neu gef., Satz 8 aufgeh., bish. Satz 9 wird Satz 8 mWv 1.9.2009 durch G v. 17.12.2008 (BGBl. I S. 2586).

[3)] Nr. **100**.

**§ 148[1)] Klagezulassungsverfahren.** (1) [1]Aktionäre, deren Anteile im Zeitpunkt der Antragstellung zusammen den einhundertsten Teil des Grundkapitals oder einen anteiligen Betrag von 100 000 Euro erreichen, können die Zulassung beantragen, im eigenen Namen die in § 147 Abs. 1 Satz 1 bezeichneten Ersatzansprüche der Gesellschaft geltend zu machen. [2]Das Gericht lässt die Klage zu, wenn

1. die Aktionäre nachweisen, dass sie die Aktien vor dem Zeitpunkt erworben haben, in dem sie oder im Falle der Gesamtrechtsnachfolge ihre Rechtsvorgänger von den behaupteten Pflichtverstößen oder dem behaupteten Schaden auf Grund einer Veröffentlichung Kenntnis erlangen mussten,
2. die Aktionäre nachweisen, dass sie die Gesellschaft unter Setzung einer angemessenen Frist vergeblich aufgefordert haben, selbst Klage zu erheben,
3. Tatsachen vorliegen, die den Verdacht rechtfertigen, dass der Gesellschaft durch Unredlichkeit oder grobe Verletzung des Gesetzes oder der Satzung ein Schaden entstanden ist, und
4. der Geltendmachung des Ersatzanspruchs keine überwiegenden Gründe des Gesellschaftswohls entgegenstehen.

(2) [1]Über den Antrag auf Klagezulassung entscheidet das Landgericht, in dessen Bezirk die Gesellschaft ihren Sitz hat, durch Beschluss. [2]Ist bei dem Landgericht eine Kammer für Handelssachen gebildet, so entscheidet diese anstelle der Zivilkammer. [3]Die Landesregierung kann die Entscheidung durch Rechtsverordnung für die Bezirke mehrerer Landgerichte einem der Landgerichte übertragen, wenn dies der Sicherung einer einheitlichen Rechtsprechung dient. [4]Die Landesregierung kann die Ermächtigung auf die Landesjustizverwaltung übertragen. [5]Die Antragstellung hemmt die Verjährung des streitgegenständlichen Anspruchs bis zur rechtskräftigen Antragsabweisung oder bis zum Ablauf der Frist für die Klageerhebung. [6]Vor der Entscheidung hat das Gericht dem Antragsgegner Gelegenheit zur Stellungnahme zu geben. [7]Gegen die Entscheidung findet die sofortige Beschwerde statt. [8]Die Rechtsbeschwerde ist ausgeschlossen. [9]Die Gesellschaft ist im Zulassungsverfahren und im Klageverfahren beizuladen.

(3) [1]Die Gesellschaft ist jederzeit berechtigt, ihren Ersatzanspruch selbst gerichtlich geltend zu machen; mit Klageerhebung durch die Gesellschaft wird ein anhängiges Zulassungs- oder Klageverfahren von Aktionären über diesen Ersatzanspruch unzulässig. [2]Die Gesellschaft ist nach ihrer Wahl berechtigt, ein anhängiges Klageverfahren über ihren Ersatzanspruch in der Lage zu übernehmen, in der sich das Verfahren zur Zeit der Übernahme befindet. [3]Die bisherigen Antragsteller oder Kläger sind in den Fällen der Sätze 1 und 2 beizuladen.

(4) [1]Hat das Gericht dem Antrag stattgegeben, kann die Klage nur binnen drei Monaten nach Eintritt der Rechtskraft der Entscheidung und sofern die Aktionäre die Gesellschaft nochmals unter Setzung einer angemessenen Frist vergeblich aufgefordert haben, selbst Klage zu erheben, vor dem nach Absatz 2 zuständigen Gericht erhoben werden. [2]Sie ist gegen die in § 147 Abs. 1 Satz 1 genannten Personen und auf Leistung an die Gesellschaft zu richten. [3]Eine Nebenintervention durch Aktionäre ist nach Zulassung der Klage nicht mehr möglich. [4]Mehrere Klagen sind zur gleichzeitigen Verhandlung und Entscheidung zu verbinden.

---

[1)] § 148 aufgeh. durch G v. 19.12.1985 (BGBl. I S. 2355); eingef. mWv 1.11.2005 (Satz 2 mWv 28.9.2005) durch G v. 22.9.2005 (BGBl. I S. 2802); Abs. 2 Satz 2 neu gef., Sätze 3 und 4 eingef., bish. Sätze 3–7 werden Sätze 5–9 mWv 1.9.2009 durch G v. 17.12.2008 (BGBl. I S. 2586).

(5) [1]Das Urteil wirkt, auch wenn es auf Klageabweisung lautet, für und gegen die Gesellschaft und die übrigen Aktionäre. [2]Entsprechendes gilt für einen nach § 149 bekannt zu machenden Vergleich; für und gegen die Gesellschaft wirkt dieser aber nur nach Klagezulassung.

(6) [1]Die Kosten des Zulassungsverfahrens hat der Antragsteller zu tragen, soweit sein Antrag abgewiesen wird. [2]Beruht die Abweisung auf entgegenstehenden Gründen des Gesellschaftswohls, die die Gesellschaft vor Antragstellung hätte mitteilen können, aber nicht mitgeteilt hat, so hat sie dem Antragsteller die Kosten zu erstatten. [3]Im Übrigen ist über die Kostentragung im Endurteil zu entscheiden. [4]Erhebt die Gesellschaft selbst Klage oder übernimmt sie ein anhängiges Klageverfahren von Aktionären, so trägt sie etwaige bis zum Zeitpunkt ihrer Klageerhebung oder Übernahme des Verfahrens entstandene Kosten des Antragstellers und kann die Klage nur unter den Voraussetzungen des § 93 Abs. 4 Satz 3 und 4 mit Ausnahme der Sperrfrist zurücknehmen. [5]Wird die Klage ganz oder teilweise abgewiesen, hat die Gesellschaft den Klägern die von diesen zu tragenden Kosten zu erstatten, sofern nicht die Kläger die Zulassung durch vorsätzlich oder grob fahrlässig unrichtigen Vortrag erwirkt haben. [6]Gemeinsam als Antragsteller oder als Streitgenossen handelnde Aktionäre erhalten insgesamt nur die Kosten eines Bevollmächtigten erstattet, soweit nicht ein weiterer Bevollmächtigter zur Rechtsverfolgung unerlässlich war.

**§ 149**[1)] **Bekanntmachungen zur Haftungsklage.** (1) Nach rechtskräftiger Zulassung der Klage gemäß § 148 sind der Antrag auf Zulassung und die Verfahrensbeendigung von der börsennotierten Gesellschaft unverzüglich in den Gesellschaftsblättern bekannt zu machen.

(2) [1]Die Bekanntmachung der Verfahrensbeendigung hat deren Art, alle mit ihr im Zusammenhang stehenden Vereinbarungen einschließlich Nebenabreden im vollständigen Wortlaut sowie die Namen der Beteiligten zu enthalten. [2]Etwaige Leistungen der Gesellschaft und ihr zurechenbare Leistungen Dritter sind gesondert zu beschreiben und hervorzuheben. [3]Die vollständige Bekanntmachung ist Wirksamkeitsvoraussetzung für alle Leistungspflichten. [4]Die Wirksamkeit von verfahrensbeendigenden Prozesshandlungen bleibt hiervon unberührt. [5]Trotz Unwirksamkeit bewirkte Leistungen können zurückgefordert werden.

(3) Die vorstehenden Bestimmungen gelten entsprechend für Vereinbarungen, die zur Vermeidung eines Prozesses geschlossen werden.

## Fünfter Teil. Rechnungslegung[2)]. Gewinnverwendung

### Erster Abschnitt.[3)] Jahresabschluss und Lagebericht; Entsprechenserklärung und Vergütungsbericht

**§ 150**[4)] **Gesetzliche Rücklage. Kapitalrücklage.** (1) In der Bilanz des nach den §§ 242, 264 des Handelsgesetzbuchs[5)] aufzustellenden Jahresabschlusses ist eine gesetzliche Rücklage zu bilden.

---

[1)] § 149 aufgeh. durch G v. 19.12.1985 (BGBl. I S. 2355); eingef. mWv 1.11.2005 durch G v. 22.9.2005 (BGBl. I S. 2802).

[2)] Beachte hierzu das G über die Rechnungslegung von bestimmten Unternehmen und Konzernen (Publizitätsgesetz – PublG) (Nr. **52b**).

[3)] Überschrift neu gef. mWv 1.1.2020 durch G v. 12.12.2019 (BGBl. I S. 2637).

[4)] § 150 neu gef. durch G v. 19.12.1985 (BGBl. I S. 2355).

[5)] Nr. **50**.

(2) In diese ist der zwanzigste Teil des um einen Verlustvortrag aus dem Vorjahr geminderten Jahresüberschusses einzustellen, bis die gesetzliche Rücklage und die Kapitalrücklagen nach § 272 Abs. 2 Nr. 1 bis 3 des Handelsgesetzbuchs zusammen den zehnten oder den in der Satzung bestimmten höheren Teil des Grundkapitals erreichen.

(3) Übersteigen die gesetzliche Rücklage und die Kapitalrücklagen nach § 272 Abs. 2 Nr. 1 bis 3 des Handelsgesetzbuchs zusammen nicht den zehnten oder den in der Satzung bestimmten höheren Teil des Grundkapitals, so dürfen sie nur verwandt werden

1. zum Ausgleich eines Jahresfehlbetrags, soweit er nicht durch einen Gewinnvortrag aus dem Vorjahr gedeckt ist und nicht durch Auflösung anderer Gewinnrücklagen ausgeglichen werden kann;
2. zum Ausgleich eines Verlustvortrags aus dem Vorjahr, soweit er nicht durch einen Jahresüberschuß gedeckt ist und nicht durch Auflösung anderer Gewinnrücklagen ausgeglichen werden kann.

(4) [1] Übersteigen die gesetzliche Rücklage und die Kapitalrücklagen nach § 272 Abs. 2 Nr. 1 bis 3 des Handelsgesetzbuchs zusammen den zehnten oder den in der Satzung bestimmten höheren Teil des Grundkapitals, so darf der übersteigende Betrag verwandt werden

1. zum Ausgleich eines Jahresfehlbetrags, soweit er nicht durch einen Gewinnvortrag aus dem Vorjahr gedeckt ist;
2. zum Ausgleich eines Verlustvortrags aus dem Vorjahr, soweit er nicht durch einen Jahresüberschuß gedeckt ist;
3. zur Kapitalerhöhung aus Gesellschaftsmitteln nach den §§ 207 bis 220.

[2] Die Verwendung nach den Nummern 1 und 2 ist nicht zulässig, wenn gleichzeitig Gewinnrücklagen zur Gewinnausschüttung aufgelöst werden.

## §§ 150a, 151[1)] *(aufgehoben)*

**§ 152[2)] Vorschriften zur Bilanz.** (1) [1] Das Grundkapital ist in der Bilanz als gezeichnetes Kapital auszuweisen. [2] Dabei ist der auf jede Aktiengattung entfallende Betrag des Grundkapitals gesondert anzugeben. [3] Bedingtes Kapital ist mit dem Nennbetrag zu vermerken. [4] Bestehen Mehrstimmrechtsaktien, so sind beim gezeichneten Kapital die Gesamtstimmenzahl der Mehrstimmrechtsaktien und die der übrigen Aktien zu vermerken.

(2) Zu dem Posten „Kapitalrücklage" sind in der Bilanz oder im Anhang gesondert anzugeben

1. der Betrag, der während des Geschäftsjahrs eingestellt wurde;
2. der Betrag, der für das Geschäftsjahr entnommen wird.

(3) Zu den einzelnen Posten der Gewinnrücklagen sind in der Bilanz oder im Anhang jeweils gesondert anzugeben

1. die Beträge, die die Hauptversammlung aus dem Bilanzgewinn des Vorjahrs eingestellt hat;

---

[1)] *§§ 150a und 151* aufgeh. durch G v. 19.12.1985 (BGBl. I S. 2355).

[2)] § 152 neu gef. durch G v. 19.12.1985 (BGBl. I S. 2355); Abs. 1 Satz 2 neu gef. durch G v. 25.3.1998 (BGBl. I S. 590); Abs. 4 angef. mWv 28.12.2012 durch G v. 20.12.2012 (BGBl. I S. 2751); Abs. 4 Satz 2 angef. mWv 23.7.2015 durch G v. 17.7.2015 (BGBl. I S. 1245).

2. die Beträge, die aus dem Jahresüberschuß des Geschäftsjahrs eingestellt werden;
3. die Beträge, die für das Geschäftsjahr entnommen werden.

(4) [1]Die Absätze 1 bis 3 sind nicht anzuwenden auf Aktiengesellschaften, die Kleinstkapitalgesellschaften im Sinne des § 267a des Handelsgesetzbuchs[1)] sind, wenn sie von der Erleichterung nach § 266 Absatz 1 Satz 4 des Handelsgesetzbuchs Gebrauch machen. [2]Kleine Aktiengesellschaften im Sinne des § 267 Absatz 1 des Handelsgesetzbuchs haben die Absätze 2 und 3 mit der Maßgabe anzuwenden, dass die Angaben in der Bilanz zu machen sind.

## §§ 153–157[2)] *(aufgehoben)*

**§ 158[3)] Vorschriften zur Gewinn- und Verlustrechnung.** (1) [1]Die Gewinn- und Verlustrechnung ist nach dem Posten „Jahresüberschuß/Jahresfehlbetrag" in Fortführung der Numerierung um die folgenden Posten zu ergänzen:

1. Gewinnvortrag/Verlustvortrag aus dem Vorjahr
2. Entnahmen aus der Kapitalrücklage
3. Entnahmen aus Gewinnrücklagen
   a) aus der gesetzlichen Rücklage
   b) aus der Rücklage für Anteile an einem herrschenden oder mehrheitlich beteiligten Unternehmen
   c) aus satzungsmäßigen Rücklagen
   d) aus anderen Gewinnrücklagen
4. Einstellungen in Gewinnrücklagen
   a) in die gesetzliche Rücklage
   b) in die Rücklage für Anteile an einem herrschenden oder mehrheitlich beteiligten Unternehmen
   c) in satzungsmäßige Rücklagen
   d) in andere Gewinnrücklagen
5. Bilanzgewinn/Bilanzverlust.

[2]Die Angaben nach Satz 1 können auch im Anhang gemacht werden.

(2) [1]Von dem Ertrag aus einem Gewinnabführungs- oder Teilgewinnabführungsvertrag ist ein vertraglich zu leistender Ausgleich für außenstehende Gesellschafter abzusetzen; übersteigt dieser den Ertrag, so ist der übersteigende Betrag unter den Aufwendungen aus Verlustübernahme auszuweisen. [2]Andere Beträge dürfen nicht abgesetzt werden.

(3) Die Absätze 1 und 2 sind nicht anzuwenden auf Aktiengesellschaften, die Kleinstkapitalgesellschaften im Sinne des § 267a des Handelsgesetzbuchs[1)] sind, wenn sie von der Erleichterung nach § 275 Absatz 5 des Handelsgesetzbuchs Gebrauch machen.

---

[1)] Nr. **50**.
[2)] §§ 153–157 aufgeh. durch G v. 19.12.1985 (BGBl. I S. 2355).
[3)] §158 neu gef. durch G v. 19.12.1985 (BGBl. I S. 2355); Abs. 1 Nr. 3 Buchst. b und Nr. 4 Buchst. b geänd. mWv 29.5.2009 durch G v. 25.5.2009 (BGBl. I S. 1102); Abs. 3 angef. mWv 28.12.2012 durch G v. 20.12.2012 (BGBl. I S. 2751).

**§ 159**[1] *(aufgehoben)*

**§ 160**[2] **Vorschriften zum Anhang.** (1) In jedem Anhang sind auch Angaben zu machen über

1. den Bestand und den Zugang an Aktien, die ein Aktionär für Rechnung der Gesellschaft oder eines abhängigen oder eines im Mehrheitsbesitz der Gesellschaft stehenden Unternehmens oder ein abhängiges oder im Mehrheitsbesitz der Gesellschaft stehendes Unternehmen als Gründer oder Zeichner oder in Ausübung eines bei einer bedingten Kapitalerhöhung eingeräumten Umtausch- oder Bezugsrechts übernommen hat; sind solche Aktien im Geschäftsjahr verwertet worden, so ist auch über die Verwertung unter Angabe des Erlöses und die Verwendung des Erlöses zu berichten;
2. den Bestand an eigenen Aktien der Gesellschaft, die sie, ein abhängiges oder im Mehrheitsbesitz der Gesellschaft stehendes Unternehmen oder ein anderer für Rechnung der Gesellschaft oder eines abhängigen oder eines im Mehrheitsbesitz der Gesellschaft stehenden Unternehmens erworben oder als Pfand genommen hat; dabei sind die Zahl dieser Aktien und der auf sie entfallende Betrag des Grundkapitals sowie deren Anteil am Grundkapital, für erworbene Aktien ferner der Zeitpunkt des Erwerbs und die Gründe für den Erwerb anzugeben. Sind solche Aktien im Geschäftsjahr erworben oder veräußert worden, so ist auch über den Erwerb oder die Veräußerung unter Angabe der Zahl dieser Aktien, des auf sie entfallenden Betrags des Grundkapitals, des Anteils am Grundkapital und des Erwerbs- oder Veräußerungspreises, sowie über die Verwendung des Erlöses zu berichten;
3. die Zahl der Aktien jeder Gattung, wobei zu Nennbetragsaktien der Nennbetrag und zu Stückaktien der rechnerische Wert für jede von ihnen anzugeben ist, sofern sich diese Angaben nicht aus der Bilanz ergeben; davon sind Aktien, die bei einer bedingten Kapitalerhöhung oder einem genehmigten Kapital im Geschäftsjahr gezeichnet wurden, jeweils gesondert anzugeben;
4. das genehmigte Kapital;
5. die Zahl der Bezugsrechte gemäß § 192 Absatz 2 Nummer 3;
6. *(aufgehoben)*
7. das Bestehen einer wechselseitigen Beteiligung unter Angabe des Unternehmens;
8. das Bestehen einer Beteiligung, die nach § 20 Abs. 1 oder Abs. 4 dieses Gesetzes oder nach § 33 Absatz 1 oder Absatz 2 des Wertpapierhandelsgesetzes[3] mitgeteilt worden ist; dabei ist der nach § 20 Abs. 6 dieses Gesetzes oder der nach § 40 Absatz 1 des Wertpapierhandelsgesetzes veröffentlichte Inhalt der Mitteilung anzugeben.

(2) Die Berichterstattung hat insoweit zu unterbleiben, als es für das Wohl der Bundesrepublik Deutschland oder eines ihrer Länder erforderlich ist.

---

[1] § 159 aufgeh. durch G v. 19.12.1985 (BGBl. I S. 2355).

[2] § 160 neu gef. durch G v. 19.12.1985 (BGBl. I S. 2355) Abs. 1 Nr. 2 und 3 geänd. durch G v. 25.3. 1998 (BGBl. I S. 590); Abs. 1 Nr. 5 geänd. durch G v. 27.4.1998 (BGBl. I S. 786); Abs. 1 Nr. 8 neu gef. mWv 9.3.2000 durch G v. 24.2.2000 (BGBl. I S. 154); Abs. 1 Nr. 8 geänd. mWv 20.1.2007 durch G v. *5.1.2007 (BGBl. I S. 10)*; Abs. 3 angef. mWv 28.12.2012 durch G v. 20.12.2012 (BGBl. I S. 2751); Abs. 1 Nr. 3 und 5 neu gef., Nr. 6 aufgeh., Abs. 3 neu gef. mWv 23.7.2015 durch G v. 17.7.2015 (BGBl. I S. 1245); Abs. 1 Nr. 8 geänd. mWv 3.1.2018 durch G v. 23.6.2017 (BGBl. I S. 1693).

[3] **Schönfelder ErgBd. Nr. 58.**

(3) [1] Absatz 1 Nummer 1 und 3 bis 8 ist nicht anzuwenden auf Aktiengesellschaften, die kleine Kapitalgesellschaften im Sinne des § 267 Absatz 1 des Handelsgesetzbuchs[1)] sind. [2] Absatz 1 Nummer 2 ist auf diese Aktiengesellschaften mit der Maßgabe anzuwenden, dass die Gesellschaft nur Angaben zu von ihr selbst oder durch eine andere Person für Rechnung der Gesellschaft erworbenen und gehaltenen eigenen Aktien machen muss und über die Verwendung des Erlöses aus der Veräußerung eigener Aktien nicht zu berichten braucht.

**§ 161**[2)] **Erklärung zum Corporate Governance Kodex.** (1) [1] Vorstand und Aufsichtsrat der börsennotierten Gesellschaft erklären jährlich, dass den vom Bundesministerium der Justiz und für Verbraucherschutz im amtlichen Teil des Bundesanzeigers bekannt gemachten Empfehlungen der „Regierungskommission Deutscher Corporate Governance Kodex" entsprochen wurde und wird oder welche Empfehlungen nicht angewendet wurden oder werden und warum nicht. [2] Gleiches gilt für Vorstand und Aufsichtsrat einer Gesellschaft, die ausschließlich andere Wertpapiere als Aktien zum Handel an einem organisierten Markt im Sinn des § 2 Absatz 11 des Wertpapierhandelsgesetzes[3)] ausgegeben hat und deren ausgegebene Aktien auf eigene Veranlassung über ein multilaterales Handelssystem im Sinn des § 2 Absatz 8 Satz 1 Nummer 8 des Wertpapierhandelsgesetzes gehandelt werden.

(2) Die Erklärung ist auf der Internetseite der Gesellschaft dauerhaft öffentlich zugänglich zu machen.

**§ 162**[4)5)] **Vergütungsbericht.** (1) Vorstand und Aufsichtsrat der börsennotierten Gesellschaft erstellen jährlich einen klaren und verständlichen Bericht über die im letzten Geschäftsjahr jedem einzelnen gegenwärtigen oder früheren Mitglied des Vorstands und des Aufsichtsrats von der Gesellschaft und von Unternehmen desselben Konzerns (§ 290 des Handelsgesetzbuchs) gewährte und geschuldete Vergütung. Der Vergütungsbericht hat unter Namensnennung der in Satz 1 genannten Personen die folgenden Angaben zu enthalten, soweit sie inhaltlich tatsächlich vorliegen:

1. alle festen und variablen Vergütungsbestandteile, deren jeweiliger relativer Anteil sowie eine Erläuterung, wie sie dem maßgeblichen Vergütungssystem entsprechen, wie die Vergütung die langfristige Entwicklung der Gesellschaft fördert und wie die Leistungskriterien angewendet wurden;
2. eine vergleichende Darstellung der jährlichen Veränderung der Vergütung, der Ertragsentwicklung der Gesellschaft sowie der über die letzten fünf Geschäftsjahre betrachteten durchschnittlichen Vergütung von Arbeitnehmern auf Vollzeitäquivalenzbasis, einschließlich einer Erläuterung, welcher Kreis von Arbeitnehmern einbezogen wurde;
3. die Anzahl der gewährten oder zugesagten Aktien und Aktienoptionen und die wichtigsten Bedingungen für die Ausübung der Rechte, einschließlich Ausübungspreis, Ausübungsdatum und etwaiger Änderungen dieser Bedingungen;

---

[1)] Nr. **50**.

[2)] § 161 neu gef. mWv 29.5.2009 durch G v. 25.5.2009 (BGBl. I S. 1102); Satz 1 geänd. mWv 1.4.2012 durch G v. 22.12.2011 (BGBl. I S. 3044); Abs. 1 Satz 1 geänd. mWv 8.9.2015 durch VO v. 31.8.2015 (BGBl. I S. 1474); Abs. 1 Satz 2 geänd. mWv 3.1.2018 durch G v. 23.6.2017 (BGBl. I S. 1693).

[3)] **Schönfelder ErgBd. Nr. 58.**

[4)] § 162 eingef. mWv 1.1.2020 durch G v. 12.12.2019 (BGBl. I S. 2637).

[5)] Siehe hierzu Übergangsvorschrift in § 26j EGAktG (Nr. **51a**).

4. Angaben dazu, ob und wie von der Möglichkeit Gebrauch gemacht wurde, variable Vergütungsbestandteile zurückzufordern;
5. Angaben zu etwaigen Abweichungen vom Vergütungssystem des Vorstands, einschließlich einer Erläuterung der Notwendigkeit der Abweichungen, und der Angabe der konkreten Bestandteile des Vergütungssystems, von denen abgewichen wurde;
6. eine Erläuterung, wie der Beschluss der Hauptversammlung nach § 120a Absatz 4 oder die Erörterung nach § 120a Absatz 5 berücksichtigt wurde;
7. eine Erläuterung, wie die festgelegte Maximalvergütung der Vorstandsmitglieder eingehalten wurde.

(2) Hinsichtlich der Vergütung jedes einzelnen Mitglieds des Vorstands hat der Vergütungsbericht ferner Angaben zu solchen Leistungen zu enthalten, die
1. einem Vorstandsmitglied von einem Dritten im Hinblick auf seine Tätigkeit als Vorstandsmitglied zugesagt oder im Geschäftsjahr gewährt worden sind,
2. einem Vorstandsmitglied für den Fall der vorzeitigen Beendigung seiner Tätigkeit zugesagt worden sind, einschließlich während des letzten Geschäftsjahres vereinbarter Änderungen dieser Zusagen,
3. einem Vorstandsmitglied für den Fall der regulären Beendigung seiner Tätigkeit zugesagt worden sind, mit ihrem Barwert und dem von der Gesellschaft während des letzten Geschäftsjahres hierfür aufgewandten oder zurückgestellten Betrag, einschließlich während des letzten Geschäftsjahres vereinbarter Änderungen dieser Zusagen,
4. einem früheren Vorstandsmitglied, das seine Tätigkeit im Laufe des letzten Geschäftsjahres beendet hat, in diesem Zusammenhang zugesagt und im Laufe des letzten Geschäftsjahres gewährt worden sind.

(3) [1] Der Vergütungsbericht ist durch den Abschlussprüfer zu prüfen. [2] Er hat zu prüfen, ob die Angaben nach den Absätzen 1 und 2 gemacht wurden. [3] Er hat einen Vermerk über die Prüfung des Vergütungsberichts zu erstellen. [4] Dieser ist dem Vergütungsbericht beizufügen. [5] § 323 des Handelsgesetzbuchs[1)] gilt entsprechend.

(4) Der Vergütungsbericht und der Vermerk nach Absatz 3 Satz 3 sind nach dem Beschluss gemäß § 120a Absatz 4 Satz 1 oder nach der Vorlage gemäß § 120a Absatz 5 von der Gesellschaft zehn Jahre lang auf ihrer Internetseite kostenfrei öffentlich zugänglich zu machen.

(5) [1] Der Vergütungsbericht darf keine Daten enthalten, die sich auf die Familiensituation einzelner Mitglieder des Vorstands oder des Aufsichtsrats beziehen. Personenbezogene Angaben zu früheren Mitgliedern des Vorstands oder des Aufsichtsrats sind in allen Vergütungsberichten, die nach Ablauf von zehn Jahren nach Ablauf des Geschäftsjahres, in dem das jeweilige Mitglied seine Tätigkeit beendet hat, zu erstellen sind, zu unterlassen. [2] Im Übrigen sind personenbezogene Daten nach Ablauf der Frist des Absatzes 4 aus Vergütungsberichten zu entfernen, die über die Internetseite zugänglich sind.

(6) [1] In den Vergütungsbericht brauchen keine Angaben aufgenommen zu werden, die nach vernünftiger kaufmännischer Beurteilung geeignet sind, der Gesellschaft einen nicht unerheblichen Nachteil zuzufügen. [2] Macht die Gesellschaft von

---

1) Nr. **50**.

der Möglichkeit nach Satz 1 Gebrauch und entfallen die Gründe für die Nichtaufnahme der Angaben nach der Veröffentlichung des Vergütungsberichts, sind die Angaben in den darauf folgenden Vergütungsbericht aufzunehmen.

### Zweiter Abschnitt. Prüfung des Jahresabschlusses

#### Erster Unterabschnitt. Prüfung durch Abschlußprüfer

**§§ 163–169**[1)] *(aufgehoben)*

#### Zweiter Unterabschnitt. Prüfung durch den Aufsichtsrat

**§ 170**[2)] [3)] **Vorlage an den Aufsichtsrat.** (1) [1] Der Vorstand hat den Jahresabschluß und den Lagebericht unverzüglich nach ihrer Aufstellung dem Aufsichtsrat vorzulegen. [2] Satz 1 gilt entsprechend für einen Einzelabschluss nach § 325 Abs. 2a des Handelsgesetzbuchs[4)] sowie bei Mutterunternehmen (§ 290 Abs. 1, 2 des Handelsgesetzbuchs) für den Konzernabschluss und den Konzernlagebericht. [3] Nach Satz 1 vorzulegen sind auch der gesonderte nichtfinanzielle Bericht (§ 289b des Handelsgesetzbuchs), der gesonderte nichtfinanzielle Konzernbericht (§ 315b des Handelsgesetzbuchs), der Ertragsteuerinformationsbericht (§§ 342b, 342c, 342d Absatz 2 Nummer 2 des Handelsgesetzbuchs) und die Erklärung nach § 342d Absatz 2 Nummer 1 des Handelsgesetzbuchs, sofern sie erstellt wurden.

(2) [1] Zugleich hat der Vorstand dem Aufsichtsrat den Vorschlag vorzulegen, den er der Hauptversammlung für die Verwendung des Bilanzgewinns machen will. [2] Der Vorschlag ist, sofern er keine abweichende Gliederung bedingt, wie folgt zu gliedern:

1. Verteilung an die Aktionäre ......................
2. Einstellung in Gewinnrücklagen ......................
3. Gewinnvortrag ......................
4. Bilanzgewinn ......................

(3) [1] Jedes Aufsichtsratsmitglied hat das Recht, von den Vorlagen und Prüfungsberichten Kenntnis zu nehmen. [2] Die Vorlagen und Prüfungsberichte sind auch jedem Aufsichtsratsmitglied oder, soweit der Aufsichtsrat dies beschlossen hat, den Mitgliedern eines Ausschusses zu übermitteln.

**§ 171**[5)] [3)] **Prüfung durch den Aufsichtsrat.** (1) [1] Der Aufsichtsrat hat den Jahresabschluß, den Lagebericht und den Vorschlag für die Verwendung des Bilanzgewinns zu prüfen, bei Mutterunternehmen (§ 290 Abs. 1, 2 des Handelsgesetzbuchs[4)]) auch den Konzernabschluß und den Konzernlagebericht. [2] Ist der Jahresabschluss oder der

---

[1)] §§ 163–169 aufgeh. durch G v. 19.12.1985 (BGBl. I S. 2355).

[2)] § 170 Abs. 1 neu gef., Abs. 2 Satz 2 Nr. 2 geänd., Nr. 4 aufgeh., bish. Nr. 5 wird Nr. 4 durch G v. 19.12. 1985 (BGBl. I S. 2355); Abs. 3 Satz 1 geänd., Satz 2 neu gef. durch G v. 27.4.1998 (BGBl. I S. 786); Abs. 3 Satz 2 geänd. mWv 26.7.2002 durch G v. 19.7.2002 (BGBl. I S. 2681); Abs. 1 Satz 2 neu gef. mWv 10.12. 2004 durch G v. 4.12.2004 (BGBl. I S. 3166); Abs. 1 Satz 3 angef. mWv 19.4.2017 durch G v. 11.4.2017 (BGBl. I S. 802); Abs. 1 Satz 3 geänd. mWv 22.6.2023 durch G v. 19.6.2023 (BGBl. 2023 I Nr. 154).

[3)] Beachte hierzu Übergangsvorschriften in §§ 26i und 26o EGAktG (Nr. **51a**).

[4)] Nr. **50**.

[5)] § 171 Abs. 1 und Abs. 2 Satz 3 neu gef. durch G v. 19.12.1985 (BGBl. I S. 2355); Abs. 1 Satz 1 geänd., Abs. 2 Satz 2 zweiter Halbsatz angef. durch G v. 27.4.1998 (BGBl. I S. 786); Abs. 1 Satz 1, Abs. 3 Satz 3 geänd., Abs. 2 Satz 5 angef. mWv 26.7.2002 durch G v. 19.7.2002 (BGBl. I S. 2681); Abs. 4 angef. mWv 10.12.2004 durch G v. 4.12.2004 (BGBl. I S. 3166); Abs. 2 Satz 2 geänd. mWv 14.7.2006 durch G v. 8.7.2006 (BGBl. I S. 1426); Abs. 2 Satz 2 geänd. mWv 25.4.2007 durch G v. 19.4.2007 (BGBl. I S. 542); Abs. 1 Satz 2 neu gef., Satz 3 angef. mWv 29.5.2009 durch G v. 25.5.2009 (BGBl. I S. 1102); Abs. 1 Satz 4 angef. mWv 19.4.2017 durch G v. 11.4.2017 (BGBl. I S. 802); Abs. 1 Satz 4 geänd. mWv 22.6.2023 durch G v. 19.6.2023 (BGBl. 2023 I Nr. 154).

Konzernabschluss durch einen Abschlussprüfer zu prüfen, so hat dieser an den Verhandlungen des Aufsichtsrats oder des Prüfungsausschusses über diese Vorlagen teilzunehmen und über die wesentlichen Ergebnisse seiner Prüfung, insbesondere wesentliche Schwächen des internen Kontroll- und des Risikomanagementsystems bezogen auf den Rechnungslegungsprozess, zu berichten. [3] Er informiert über Umstände, die seine Befangenheit besorgen lassen und über Leistungen, die er zusätzlich zu den Abschlussprüfungsleistungen erbracht hat. [4] Der Aufsichtsrat hat auch den gesonderten nichtfinanziellen Bericht (§ 289b des Handelsgesetzbuchs), den gesonderten nichtfinanziellen Konzernbericht (§ 315b des Handelsgesetzbuchs), den Ertragsteuerinformationsbericht (§§ 342b, 342c, 342d Absatz 2 Nummer 2 des Handelsgesetzbuchs) und die Erklärung nach § 342d Absatz 2 Nummer 1 des Handelsgesetzbuchs zu prüfen, sofern sie erstellt wurden.

(2) [1] Der Aufsichtsrat hat über das Ergebnis der Prüfung schriftlich an die Hauptversammlung zu berichten. [2] In dem Bericht hat der Aufsichtsrat auch mitzuteilen, in welcher Art und in welchem Umfang er die Geschäftsführung der Gesellschaft während des Geschäftsjahrs geprüft hat; bei börsennotierten Gesellschaften hat er insbesondere anzugeben, welche Ausschüsse gebildet worden sind, sowie die Zahl seiner Sitzungen und die der Ausschüsse mitzuteilen. [3] Ist der Jahresabschluß durch einen Abschlußprüfer zu prüfen, so hat der Aufsichtsrat ferner zu dem Ergebnis der Prüfung des Jahresabschlusses durch den Abschlußprüfer Stellung zu nehmen. [4] Am Schluß des Berichts hat der Aufsichtsrat zu erklären, ob nach dem abschließenden Ergebnis seiner Prüfung Einwendungen zu erheben sind und ob er den vom Vorstand aufgestellten Jahresabschluß billigt. [5] Bei Mutterunternehmen (§ 290 Abs. 1, 2 des Handelsgesetzbuchs) finden die Sätze 3 und 4 entsprechende Anwendung auf den Konzernabschluss.

(3) [1] Der Aufsichtsrat hat seinen Bericht innerhalb eines Monats, nachdem ihm die Vorlagen zugegangen sind, dem Vorstand zuzuleiten. [2] Wird der Bericht dem Vorstand nicht innerhalb der Frist zugeleitet, hat der Vorstand dem Aufsichtsrat unverzüglich eine weitere Frist von nicht mehr als einem Monat zu setzen. [3] Wird der Bericht dem Vorstand nicht vor Ablauf der weiteren Frist zugeleitet, gilt der Jahresabschluß als vom Aufsichtsrat nicht gebilligt; bei Mutterunternehmen (§ 290 Abs. 1, 2 des Handelsgesetzbuchs) gilt das Gleiche hinsichtlich des Konzernabschlusses.

(4) [1] Die Absätze 1 bis 3 gelten auch hinsichtlich eines Einzelabschlusses nach § 325 Abs. 2a des Handelsgesetzbuchs. [2] Der Vorstand darf den in Satz 1 genannten Abschluss erst nach dessen Billigung durch den Aufsichtsrat offen legen.

## Dritter Abschnitt. Feststellung des Jahresabschlusses. Gewinnverwendung

### Erster Unterabschnitt. Feststellung des Jahresabschlusses

**§ 172 Feststellung durch Vorstand und Aufsichtsrat.** [1] Billigt der Aufsichtsrat den Jahresabschluß, so ist dieser festgestellt, sofern nicht Vorstand und Aufsichtsrat beschließen, die Feststellung des Jahresabschlusses der Hauptversammlung zu überlassen. [2] Die Beschlüsse des Vorstands und des Aufsichtsrats sind in den Bericht des Aufsichtsrats an die Hauptversammlung aufzunehmen.

**§ 173[1)] Feststellung durch die Hauptversammlung.** (1) [1] Haben Vorstand und Aufsichtsrat beschlossen, die Feststellung des Jahresabschlusses der Hauptversammlung zu überlassen, oder hat der Aufsichtsrat den Jahresabschluß nicht gebilligt, so stellt die Hauptversammlung den Jahresabschluß fest. [2] Hat der Aufsichtsrat

[1)] § 173 Abs. 2 und 3 neu gef. durch G v. 19.12.1985 (BGBl. I S. 2355); Abs. 1 Satz 2 angef. mWv 26.7.2002 durch G v. 19.7.2002 (BGBl. I S. 2681).

eines Mutterunternehmens (§ 290 Abs. 1, 2 des Handelsgesetzbuchs[1]) den Konzernabschluss nicht gebilligt, so entscheidet die Hauptversammlung über die Billigung.

(2) [1] Auf den Jahresabschluß sind bei der Feststellung die für seine Aufstellung geltenden Vorschriften anzuwenden. [2] Die Hauptversammlung darf bei der Feststellung des Jahresabschlusses nur die Beträge in Gewinnrücklagen einstellen, die nach Gesetz oder Satzung einzustellen sind.

(3) [1] Ändert die Hauptversammlung einen von einem Abschlußprüfer auf Grund gesetzlicher Verpflichtung geprüften Jahresabschluß, so werden vor der erneuten Prüfung nach § 316 Abs. 3 des Handelsgesetzbuchs von der Hauptversammlung gefaßte Beschlüsse über die Feststellung des Jahresabschlusses und die Gewinnverwendung erst wirksam, wenn auf Grund der erneuten Prüfung ein hinsichtlich der Änderungen uneingeschränkter Bestätigungsvermerk erteilt worden ist. [2] Sie werden nichtig, wenn nicht binnen zwei Wochen seit der Beschlußfassung ein hinsichtlich der Änderungen uneingeschränkter Bestätigungsvermerk erteilt wird.

### Zweiter Unterabschnitt. Gewinnverwendung

**§ 174[2] [Beschluss über Gewinnverwendung]** (1) [1] Die Hauptversammlung beschließt über die Verwendung des Bilanzgewinns. [2] Sie ist hierbei an den festgestellten Jahresabschluß gebunden.

(2) In dem Beschluß ist die Verwendung des Bilanzgewinns im einzelnen darzulegen, namentlich sind anzugeben

1. der Bilanzgewinn;
2. der an die Aktionäre auszuschüttende Betrag oder Sachwert;
3. die in Gewinnrücklagen einzustellenden Beträge;
4. ein Gewinnvortrag;
5. der zusätzliche Aufwand auf Grund des Beschlusses.

(3) Der Beschluß führt nicht zu einer Änderung des festgestellten Jahresabschlusses.

### Dritter Unterabschnitt. Ordentliche Hauptversammlung

**§ 175[3] Einberufung.** (1) [1] Unverzüglich nach Eingang des Berichts des Aufsichtsrats hat der Vorstand die Hauptversammlung zur Entgegennahme des festgestellten Jahresabschlusses und des Lageberichts, eines vom Aufsichtsrat gebilligten Einzelabschlusses nach § 325 Abs. 2a des Handelsgesetzbuchs[1] sowie zur Beschlußfassung über die Verwendung eines Bilanzgewinns, bei einem Mutterunternehmen (§ 290 Abs. 1, 2 des Handelsgesetzbuchs) auch zur Entgegennahme des vom Aufsichtsrat gebilligten Konzernabschlusses und des Konzernlageberichts, einzuberufen. [2] Die Hauptversammlung hat in den ersten acht Monaten des Geschäftsjahrs stattzufinden.

---

[1] Nr. **50**.

[2] § 174 Abs. 2 Nr. 3 geänd. durch G v. 19.12.1985 (BGBl. I S. 2355); Abs. 2 Nr. 2 geänd. mWv 26.7.2002 durch G v. 19.7.2002 (BGBl. I S. 2681).

[3] § 175 Abs. 1 Satz 1 geänd. durch G v. 19.12.1985 (BGBl. I S. 2355); Abs. 1 Satz 1 geänd., Abs. 2 Satz 3 und Abs. 4 Satz 2 angef., Abs. 3 Satz 1 neu gef. mWv 26.7.2002 durch G v. 19.7.2002 (BGBl. I S. 2681); Abs. 1 Satz 1 geänd. mWv 10.12.2004 durch G v. 4.12.2004 (BGBl. I S. 3166); Abs. 2 Satz 4 angef. mWv 1.1.2007 durch G v. 10.11.2006 (BGBl. I S. 2553); Abs. 3 Satz 1 geänd. mWv 1.9.2009 durch G v. 30.7.2009 (BGBl. I S. 2479); Abs. 2 Satz 1 neu gef. mWv 31.12.2015 durch G v. 22.12.2015 (BGBl. I S. 2565).

(2) [1] Der Jahresabschluss, ein vom Aufsichtsrat gebilligter Einzelabschluss nach § 325 Absatz 2a des Handelsgesetzbuchs, der Lagebericht, der Bericht des Aufsichtsrats und der Vorschlag des Vorstands für die Verwendung des Bilanzgewinns sind von der Einberufung an in dem Geschäftsraum der Gesellschaft zur Einsicht durch die Aktionäre auszulegen. [2] Auf Verlangen ist jedem Aktionär unverzüglich eine Abschrift der Vorlagen zu erteilen. [3] Bei einem Mutterunternehmen (§ 290 Abs. 1, 2 des Handelsgesetzbuchs) gelten die Sätze 1 und 2 auch für den Konzernabschluss, den Konzernlagebericht und den Bericht des Aufsichtsrats hierüber. [4] Die Verpflichtungen nach den Sätzen 1 bis 3 entfallen, wenn die dort bezeichneten Dokumente für denselben Zeitraum über die Internetseite der Gesellschaft zugänglich sind.

(3) [1] Hat die Hauptversammlung den Jahresabschluss festzustellen oder hat sie über die Billigung des Konzernabschlusses zu entscheiden, so gelten für die Einberufung der Hauptversammlung zur Feststellung des Jahresabschlusses oder zur Billigung des Konzernabschlusses und für das Zugänglichmachen der Vorlagen und die Erteilung von Abschriften die Absätze 1 und 2 sinngemäß. [2] Die Verhandlungen über die Feststellung des Jahresabschlusses und über die Verwendung des Bilanzgewinns sollen verbunden werden.

(4) [1] Mit der Einberufung der Hauptversammlung zur Entgegennahme des festgestellten Jahresabschlusses oder, wenn die Hauptversammlung den Jahresabschluß festzustellen hat, der Hauptversammlung zur Feststellung des Jahresabschlusses sind Vorstand und Aufsichtsrat an die in dem Bericht des Aufsichtsrats enthaltenen Erklärungen über den Jahresabschluß (§§ 172, 173 Abs. 1) gebunden. [2] Bei einem Mutterunternehmen (§ 290 Abs. 1, 2 des Handelsgesetzbuchs) gilt Satz 1 für die Erklärung des Aufsichtsrats über die Billigung des Konzernabschlusses entsprechend.

**§ 176[1) 2)] Vorlagen. Anwesenheit des Abschlußprüfers.** (1) [1] Der Vorstand hat der Hauptversammlung die in § 175 Abs. 2 genannten Vorlagen sowie bei börsennotierten Gesellschaften einen erläuternden Bericht zu den Angaben nach den §§ 289a und 315a des Handelsgesetzbuchs[3)] zugänglich zu machen. [2] Zu Beginn der Verhandlung soll der Vorstand seine Vorlagen, der Vorsitzende des Aufsichtsrats den Bericht des Aufsichtsrats erläutern. [3] Der Vorstand soll dabei auch zu einem Jahresfehlbetrag oder einem Verlust Stellung nehmen, der das Jahresergebnis wesentlich beeinträchtigt hat. [4] Satz 3 ist auf Kreditinstitute oder Wertpapierinstitute nicht anzuwenden.

(2) [1] Ist der Jahresabschluß von einem Abschlußprüfer zu prüfen, so hat der Abschlußprüfer an den Verhandlungen über die Feststellung des Jahresabschlusses teilzunehmen. [2] Satz 1 gilt entsprechend für die Verhandlungen über die Billigung eines Konzernabschlusses. [3] Der Abschlußprüfer ist nicht verpflichtet, einem Aktionär Auskunft zu erteilen.

---

[1)] § 176 Überschrift geänd., Abs. 1 Satz 3 und Abs. 2 neu gef. durch G v. 19.12.1985 (BGBl. I S. 2355); Abs. 1 Satz 4 angef. durch G v. 30.11.1990 (BGBl. I S. 2570); Abs. 2 Satz 2 eingef., bish. Satz 2 wird Satz 3 mWv 10.12.2004 durch G v. 4.12.2004 (BGBl. I S. 3166); Abs. 1 Satz 1 neu gef. mWv 1.9.2009 durch G v. 30.7.2009 (BGBl. I S. 2479); Abs. 1 Satz 1 geänd. mWv 19.4.2017 durch G v. 11.4.2017 (BGBl. I S. 802); Abs. 1 Satz 1 geänd. mWv 1.1.2020 durch G v. 12.12.2019 (BGBl. I S. 2637); Abs. 1 Satz 4 geänd. mWv 27.7.2022 durch G v. 20.7.2022 (BGBl. I S. 1166).

[2)] Beachte hierzu Übergangsregelung in § 26i EGAktG (Nr. **51a**).

[3)] Nr. **50**.

### Vierter Abschnitt. Bekanntmachung des Jahresabschlusses

**§§ 177, 178**[1] *(aufgehoben)*

## Sechster Teil. Satzungsänderung. Maßnahmen der Kapitalbeschaffung und Kapitalherabsetzung

### Erster Abschnitt. Satzungsänderung

**§ 179 Beschluß der Hauptversammlung.** (1) [1]Jede Satzungsänderung bedarf eines Beschlusses der Hauptversammlung. [2]Die Befugnis zu Änderungen, die nur die Fassung betreffen, kann die Hauptversammlung dem Aufsichtsrat übertragen.

(2) [1]Der Beschluß der Hauptversammlung bedarf einer Mehrheit, die mindestens drei Viertel des bei der Beschlußfassung vertretenen Grundkapitals umfaßt. [2]Die Satzung kann eine andere Kapitalmehrheit, für eine Änderung des Gegenstands des Unternehmens jedoch nur eine größere Kapitalmehrheit bestimmen. [3]Sie kann weitere Erfordernisse aufstellen.

(3) [1]Soll das bisherige Verhältnis mehrerer Gattungen von Aktien zum Nachteil einer Gattung geändert werden, so bedarf der Beschluß der Hauptversammlung zu seiner Wirksamkeit der Zustimmung der benachteiligten Aktionäre. [2]Über die Zustimmung haben die benachteiligten Aktionäre einen Sonderbeschluß zu fassen. [3]Für diesen gilt Absatz 2.

**§ 179a**[2] **Verpflichtung zur Übertragung des ganzen Gesellschaftsvermögens.** (1) [1]Ein Vertrag, durch den sich eine Aktiengesellschaft zur Übertragung des ganzen Gesellschaftsvermögens verpflichtet, ohne daß die Übertragung unter die Vorschriften des Umwandlungsgesetzes[3] fällt, bedarf auch dann eines Beschlusses der Hauptversammlung nach § 179, wenn damit nicht eine Änderung des Unternehmensgegenstandes verbunden ist. [2]Die Satzung kann nur eine größere Kapitalmehrheit bestimmen.

(2) [1]Der Vertrag ist von der Einberufung der Hauptversammlung an, die über die Zustimmung beschließen soll, in dem Geschäftsraum der Gesellschaft zur Einsicht der Aktionäre auszulegen. [2]Auf Verlangen ist jedem Aktionär unverzüglich eine Abschrift zu erteilen. [3]Die Verpflichtungen nach den Sätzen 1 und 2 entfallen, wenn der Vertrag für denselben Zeitraum über die Internetseite der Gesellschaft zugänglich ist. [4]In der Hauptversammlung ist der Vertrag zugänglich zu machen. [5]Der Vorstand hat ihn zu Beginn der Verhandlung zu erläutern. [6]Der Niederschrift ist er als Anlage beizufügen.

(3) Wird aus Anlaß der Übertragung des Gesellschaftsvermögens die Gesellschaft aufgelöst, so ist der Anmeldung der Auflösung der Vertrag in Ausfertigung oder öffentlich beglaubigter Abschrift beizufügen.

**§ 180 Zustimmung der betroffenen Aktionäre.** (1) Ein Beschluß, der Aktionären Nebenverpflichtungen auferlegt, bedarf zu seiner Wirksamkeit der Zustimmung aller betroffenen Aktionäre.

(2) Gleiches gilt für einen Beschluß, durch den die Übertragung von Namensaktien oder Zwischenscheinen an die Zustimmung der Gesellschaft gebunden wird.

---

[1] §§ 177 und 178 aufgeh. durch G v. 19.12.1985 (BGBl. I S. 2355).

[2] § 179a eingef. durch G v. 28.10.1994 (BGBl. I S. 3210); Abs. 2 Satz 3 eingef., bish. Sätze 3–5 werden Sätze 4–6 und neuer Satz 4 geänd. mWv 1.9.2009 durch G v. 30.7.2009 (BGBl. I S. 2479).

[3] Nr. **52a**.

**§ 181[1] Eintragung der Satzungsänderung.** (1) [1]Der Vorstand hat die Satzungsänderung zur Eintragung in das Handelsregister anzumelden. [2]Der Anmeldung ist der vollständige Wortlaut der Satzung beizufügen; er muß mit der Bescheinigung eines Notars versehen sein, daß die geänderten Bestimmungen der Satzung mit dem Beschluß über die Satzungsänderung und die unveränderten Bestimmungen mit dem zuletzt zum Handelsregister eingereichten vollständigen Wortlaut der Satzung übereinstimmen.

(2) Soweit nicht die Änderung Angaben nach § 39 betrifft, genügt bei der Eintragung die Bezugnahme auf die beim Gericht eingereichten Urkunden.

(3) Die Änderung wird erst wirksam, wenn sie in das Handelsregister des Sitzes der Gesellschaft eingetragen worden ist.

## Zweiter Abschnitt. Maßnahmen der Kapitalbeschaffung

### Erster Unterabschnitt. Kapitalerhöhung gegen Einlagen

**§ 182[2] Voraussetzungen.** (1) [1]Eine Erhöhung des Grundkapitals gegen Einlagen kann nur mit einer Mehrheit beschlossen werden, die mindestens drei Viertel des bei der Beschlußfassung vertretenen Grundkapitals umfaßt. [2]Die Satzung kann eine andere Kapitalmehrheit, für die Ausgabe von Vorzugsaktien ohne Stimmrecht jedoch nur eine größere Kapitalmehrheit bestimmen. [3]Sie kann weitere Erfordernisse aufstellen. [4]Die Kapitalerhöhung kann nur durch Ausgabe neuer Aktien ausgeführt werden. [5]Bei Gesellschaften mit Stückaktien muß sich die Zahl der Aktien in demselben Verhältnis wie das Grundkapital erhöhen.

(2) [1]Sind mehrere Gattungen von stimmberechtigten Aktien vorhanden, so bedarf der Beschluß der Hauptversammlung zu seiner Wirksamkeit der Zustimmung der Aktionäre jeder Gattung. [2]Über die Zustimmung haben die Aktionäre jeder Gattung einen Sonderbeschluß zu fassen. [3]Für diesen gilt Absatz 1.

(3) Sollen die neuen Aktien für einen höheren Betrag als den geringsten Ausgabebetrag ausgegeben werden, so ist der Mindestbetrag, unter dem sie nicht ausgegeben werden sollen, im Beschluß über die Erhöhung des Grundkapitals festzusetzen.

(4) [1]Das Grundkapital soll nicht erhöht werden, solange ausstehende Einlagen auf das bisherige Grundkapital noch erlangt werden können. [2]Für Versicherungsgesellschaften kann die Satzung etwas anderes bestimmen. [3]Stehen Einlagen in verhältnismäßig unerheblichem Umfang aus, so hindert dies die Erhöhung des Grundkapitals nicht.

**§ 183[3] Kapitalerhöhung mit Sacheinlagen; Rückzahlung von Einlagen.** (1) [1]Wird eine Sacheinlage (§ 27 Abs. 1 und 2) gemacht, so müssen ihr Gegenstand, die Person, von der die Gesellschaft den Gegenstand erwirbt, und der Nennbetrag, bei Stückaktien die Zahl der bei der Sacheinlage zu gewährenden Aktien im Beschluß über die Erhöhung des Grundkapitals festgesetzt werden. [2]Der Beschluß darf nur gefaßt werden, wenn die Einbringung von Sacheinlagen

[1] § 181 Abs. 1 Satz 2 eingef., bish. Satz 2 wird Satz 3 durch G v. 15.8.1969 (BGBl. I S. 1146); Abs. 2 Satz 2 aufgeh. mWv 1.11.2008 durch G v. 23.10.2008 (BGBl. I S. 2026); Abs. 1 Satz 3 aufgeh. mWv 1.9.2009 durch G v. 30.7.2009 (BGBl. I S. 2479).

[2] § 182 Abs. 2 Satz 1 geänd. durch G v. 2.8.1994 (BGBl. I S. 1961); Abs. 1 Satz 5 angef., Abs. 3 geänd. durch G v. 25.3.1998 (BGBl. I S. 590).

[3] § 183 Abs. 1 Satz 1 geänd., Abs. 3 angef. durch G v. 13.12.1978 (BGBl. I S. 1959); Abs. 1 Satz 1 geänd. durch G v. 25.3.1998 (BGBl. I S. 590); Überschrift und Abs. 1 Satz 2 geänd., Abs. 2 und Abs. 3 Satz 2 neu gef., Abs. 3 Satz 3 aufgeh. mWv 1.9.2009 durch G v. 30.7.2009 (BGBl. I S. 2479).

und die Festsetzungen nach Satz 1 ausdrücklich und ordnungsgemäß bekanntgemacht worden sind.

(2) § 27 Abs. 3 und 4 gilt entsprechend.

(3) [1] Bei der Kapitalerhöhung mit Sacheinlagen hat eine Prüfung durch einen oder mehrere Prüfer stattzufinden. [2] § 33 Abs. 3 bis 5, die §§ 34, 35 gelten sinngemäß.

**§ 183a[1)] Kapitalerhöhung mit Sacheinlagen ohne Prüfung.** (1) [1] Von einer Prüfung der Sacheinlage (§ 183 Abs. 3) kann unter den Voraussetzungen des § 33a abgesehen werden. [2] Wird hiervon Gebrauch gemacht, so gelten die folgenden Absätze.

(2) [1] Der Vorstand hat das Datum des Beschlusses über die Kapitalerhöhung sowie die Angaben nach § 37a Abs. 1 und 2 in den Gesellschaftsblättern bekannt zu machen. [2] Die Durchführung der Erhöhung des Grundkapitals darf nicht in das Handelsregister eingetragen werden vor Ablauf von vier Wochen seit der Bekanntmachung.

(3) [1] Liegen die Voraussetzungen des § 33a Abs. 2 vor, hat das Amtsgericht auf Antrag von Aktionären, die am Tag der Beschlussfassung über die Kapitalerhöhung gemeinsam fünf vom Hundert des Grundkapitals hielten und am Tag der Antragstellung noch halten, einen oder mehrere Prüfer zu bestellen. [2] Der Antrag kann bis zum Tag der Eintragung der Durchführung der Erhöhung des Grundkapitals (§ 189) gestellt werden. [3] Das Gericht hat vor der Entscheidung über den Antrag den Vorstand zu hören. [4] Gegen die Entscheidung ist die Beschwerde gegeben.

(4) Für das weitere Verfahren gelten § 33 Abs. 4 und 5, die §§ 34, 35 entsprechend.

**§ 184[2)] Anmeldung des Beschlusses.** (1) [1] Der Vorstand und der Vorsitzende des Aufsichtsrats haben den Beschluss über die Erhöhung des Grundkapitals zur Eintragung in das Handelsregister anzumelden. [2] In der Anmeldung ist anzugeben, welche Einlagen auf das bisherige Grundkapital noch nicht geleistet sind und warum sie nicht erlangt werden können. [3] Soll von einer Prüfung der Sacheinlage abgesehen werden und ist das Datum des Beschlusses der Kapitalerhöhung vorab bekannt gemacht worden (§ 183a Abs. 2), müssen die Anmeldenden in der Anmeldung nur noch versichern, dass ihnen seit der Bekanntmachung keine Umstände im Sinne von § 37a Abs. 2 bekannt geworden sind.

(2) Der Anmeldung sind der Bericht über die Prüfung von Sacheinlagen (§ 183 Abs. 3) oder die in § 37a Abs. 3 bezeichneten Anlagen beizufügen.

(3) [1] Das Gericht kann die Eintragung ablehnen, wenn der Wert der Sacheinlage nicht unwesentlich hinter dem geringsten Ausgabebetrag der dafür zu gewährenden Aktien zurückbleibt. [2] Wird von einer Prüfung der Sacheinlage nach § 183a Abs. 1 abgesehen, gilt § 38 Abs. 3 entsprechend.

**§ 185[3)] Zeichnung der neuen Aktien.** (1) [1] Die Zeichnung der neuen Aktien geschieht durch schriftliche Erklärung (Zeichnungsschein), aus der die Beteiligung nach der Zahl und bei Nennbetragsaktien dem Nennbetrag und, wenn mehrere Gattungen ausgegeben werden, der Gattung der Aktien hervorgehen muß. [2] Der Zeichnungsschein soll doppelt ausgestellt werden. [3] Er hat zu enthalten

---

[1)] § 183a eingef. mWv 1.9.2009 durch G v. 30.7.2009 (BGBl. I S. 2479).

[2)] § 184 neu gef. mWv 1.9.2009 durch G v. 30.7.2009 (BGBl. I S. 2479).

[3)] § 185 Abs. 1 Satz 1 und Satz 3 Nr. 3 geänd. durch G v. 25.3.1998 (BGBl. I S. 590).

1. den Tag, an dem die Erhöhung des Grundkapitals beschlossen worden ist;
2. den Ausgabebetrag der Aktien, den Betrag der festgesetzten Einzahlungen sowie den Umfang von Nebenverpflichtungen;
3. die bei einer Kapitalerhöhung mit Sacheinlagen vorgesehenen Festsetzungen und, wenn mehrere Gattungen ausgegeben werden, den auf jede Aktiengattung entfallenden Betrag des Grundkapitals;
4. den Zeitpunkt, an dem die Zeichnung unverbindlich wird, wenn nicht bis dahin die Durchführung der Erhöhung des Grundkapitals eingetragen ist.

(2) Zeichnungsscheine, die diese Angaben nicht vollständig oder die außer dem Vorbehalt in Absatz 1 Nr. 4 Beschränkungen der Verpflichtung des Zeichners enthalten, sind nichtig.

(3) Ist die Durchführung der Erhöhung des Grundkapitals eingetragen, so kann sich der Zeichner auf die Nichtigkeit oder Unverbindlichkeit des Zeichnungsscheins nicht berufen, wenn er auf Grund des Zeichnungsscheins als Aktionär Rechte ausgeübt oder Verpflichtungen erfüllt hat.

(4) Jede nicht im Zeichnungsschein enthaltene Beschränkung ist der Gesellschaft gegenüber unwirksam.

**§ 186[1) 2)] Bezugsrecht.** (1) [1] Jedem Aktionär muß auf sein Verlangen ein seinem Anteil an dem bisherigen Grundkapital entsprechender Teil der neuen Aktien zugeteilt werden. [2] Für die Ausübung des Bezugsrechts ist eine Frist von mindestens zwei Wochen zu bestimmen.

(2) [1] Der Vorstand hat den Ausgabebetrag oder die Grundlagen für seine Festlegung und zugleich eine Bezugsfrist gemäß Absatz 1 in den Gesellschaftsblättern bekannt zu machen und gemäß § 67a zu übermitteln. [2] Sind nur die Grundlagen der Festlegung angegeben, so hat er spätestens drei Tage vor Ablauf der Bezugsfrist den Ausgabebetrag in den Gesellschaftsblättern und über ein elektronisches Informationsmedium bekannt zu machen.

(3) [1] Das Bezugsrecht kann ganz oder zum Teil nur im Beschluß über die Erhöhung des Grundkapitals ausgeschlossen werden. [2] In diesem Fall bedarf der Beschluß neben den in Gesetz oder Satzung für die Kapitalerhöhung aufgestellten Erfordernissen einer Mehrheit, die mindestens drei Viertel des bei der Beschlußfassung vertretenen Grundkapitals umfaßt. [3] Die Satzung kann eine größere Kapitalmehrheit und weitere Erfordernisse bestimmen. [4] Ein Ausschluß des Bezugsrechts ist insbesondere dann zulässig, wenn die Kapitalerhöhung gegen Bareinlagen zehn vom Hundert des Grundkapitals nicht übersteigt und der Ausgabebetrag den Börsenpreis nicht wesentlich unterschreitet.

(4) [1] Ein Beschluß, durch den das Bezugsrecht ganz oder zum Teil ausgeschlossen wird, darf nur gefaßt werden, wenn die Ausschließung ausdrücklich und ordnungsgemäß bekanntgemacht worden ist. [2] Der Vorstand hat der Hauptversammlung einen schriftlichen Bericht über den Grund für den teilweisen oder vollständigen Ausschluß des Bezugsrechts zugänglich zu machen; in dem Bericht ist der vorgeschlagene Ausgabebetrag zu begründen.

---

1) § 186 Abs. 1 Satz 2 neu gef., Abs. 4 Satz 2 angef. durch G v. 13.12.1978 (BGBl. I S. 1959); Abs. 3 Satz 4 angef. durch G v. 2.8.1994 (BGBl. I S. 1961); Abs. 5 Sätze 1 und 2 geänd. durch G v. 22.10.1997 (BGBl. I S. 2567); Abs. 2 neu gef., Abs. 5 Satz 2 geänd. mWv 26.7.2002 durch G v. 19.7.2002 (BGBl. I S. 2681); Abs. 4 Sätze 1 und 2 geänd. mWv 1.9.2009 durch G v. 30.7.2009 (BGBl. I S. 2479); Abs. 2 Satz 1 geänd. mWv 1.1.2020 durch G v. 12.12.2019 (BGBl. I S. 2637); Abs. 5 Sätze 1 und 2 geänd. mWv 27.7.2022 durch G v. 20.7.2022 (BGBl. I S. 1166).

2) Beachte hierzu Übergangsvorschrift in § 26j EGAktG (Nr. **51a**).

(5) [1] Als Ausschluß des Bezugsrechts ist es nicht anzusehen, wenn nach dem Beschluß die neuen Aktien von einem Kreditinstitut, einem Wertpapierinstitut oder einem nach § 53 Abs. 1 Satz 1 oder § 53b Abs. 1 Satz 1 oder Abs. 7 des Gesetzes über das Kreditwesen[1)] tätigen Unternehmen mit der Verpflichtung übernommen werden sollen, sie den Aktionären zum Bezug anzubieten. [2] Der Vorstand hat dieses Bezugsangebot mit den Angaben gemäß Absatz 2 Satz 1 und einen endgültigen Ausgabebetrag gemäß Absatz 2 Satz 2 bekannt zu machen; gleiches gilt, wenn die neuen Aktien von einem anderen als einem Kreditinstitut, Wertpapierinstitut oder Unternehmen im Sinne des Satzes 1 mit der Verpflichtung übernommen werden sollen, sie den Aktionären zum Bezug anzubieten.

**§ 187 Zusicherung von Rechten auf den Bezug neuer Aktien.** (1) Rechte auf den Bezug neuer Aktien können nur unter Vorbehalt des Bezugsrechts der Aktionäre zugesichert werden.

(2) Zusicherungen vor dem Beschluß über die Erhöhung des Grundkapitals sind der Gesellschaft gegenüber unwirksam.

**§ 188[2)] Anmeldung und Eintragung der Durchführung.** (1) Der Vorstand und der Vorsitzende des Aufsichtsrats haben die Durchführung der Erhöhung des Grundkapitals zur Eintragung in das Handelsregister anzumelden.

(2) [1] Für die Anmeldung gelten sinngemäß § 36 Abs. 2, § 36a und § 37 Abs. 1. [2] Durch Gutschrift auf ein Konto des Vorstands kann die Einzahlung nicht geleistet werden.

(3) Der Anmeldung sind beizufügen

1. die Zweitschriften der Zeichnungsscheine und ein vom Vorstand unterschriebenes Verzeichnis der Zeichner, das die auf jeden entfallenden Aktien und die auf sie geleisteten Einzahlungen angibt;
2. bei einer Kapitalerhöhung mit Sacheinlagen die Verträge, die den Festsetzungen nach § 183 zugrunde liegen oder zu ihrer Ausführung geschlossen worden sind;
3. eine Berechnung der Kosten, die für die Gesellschaft durch die Ausgabe der neuen Aktien entstehen werden.

(4) Anmeldung und Eintragung der Durchführung der Erhöhung des Grundkapitals können mit Anmeldung und Eintragung des Beschlusses über die Erhöhung verbunden werden.

**§ 189 Wirksamwerden der Kapitalerhöhung.** Mit der Eintragung der Durchführung der Erhöhung des Grundkapitals ist das Grundkapital erhöht.

**§ 190[3)]** *(aufgehoben)*

**§ 191 Verbotene Ausgabe von Aktien und Zwischenscheinen.** [1] Vor der Eintragung der Durchführung der Erhöhung des Grundkapitals können die neuen Anteilsrechte nicht übertragen, neue Aktien und Zwischenscheine nicht ausgegeben werden. [2] Die vorher ausgegebenen neuen Aktien und Zwischenscheine sind

---

[1)] **Sartorius ErgBd. Nr. 856.**

[2)] § 188 Abs. 2 Satz 1 geänd., Abs. 4 aufgeh., bish. Abs. 5 und 6 werden Abs. 4 und 5 durch G v. 13.12. 1978 (BGBl. I S. 1959); Abs. 3 Nr. 2 geänd. durch G v. 2.8.1994 (BGBl. I S. 1961); Abs. 3 einl. Satzteil geänd., Abs. 5 aufgeh. mWv 1.1.2007 durch G v. 10.11.2006 (BGBl. I S. 2553); Abs. 3 Nr. 3 geänd., Nr. 4 aufgeh. mWv 1.9.2009 durch G v. 30.7.2009 (BGBl. I S. 2479).

[3)] § 190 aufgeh. mWv 1.1.2007 durch G v. 10.11.2006 (BGBl. I S. 2553).

nichtig. [3]Für den Schaden aus der Ausgabe sind die Ausgeber den Inhabern als Gesamtschuldner verantwortlich.

**Zweiter Unterabschnitt. Bedingte Kapitalerhöhung**

**§ 192**[1)] **Voraussetzungen.** (1) Die Hauptversammlung kann eine Erhöhung des Grundkapitals beschließen, die nur so weit durchgeführt werden soll, wie von einem Umtausch- oder Bezugsrecht Gebrauch gemacht wird, das die Gesellschaft hat oder auf die neuen Aktien (Bezugsaktien) einräumt (bedingte Kapitalerhöhung).

(2) Die bedingte Kapitalerhöhung soll nur zu folgenden Zwecken beschlossen werden:

1. zur Gewährung von Umtausch- oder Bezugsrechten auf Grund von Wandelschuldverschreibungen;
2. zur Vorbereitung des Zusammenschlusses mehrerer Unternehmen;
3. zur Gewährung von Bezugsrechten an Arbeitnehmer und Mitglieder der Geschäftsführung der Gesellschaft oder eines verbundenen Unternehmens im Wege des Zustimmungs- oder Ermächtigungsbeschlusses.

(3) [1]Der Nennbetrag des bedingten Kapitals darf die Hälfte und der Nennbetrag des nach Absatz 2 Nr. 3 beschlossenen Kapitals den zehnten Teil des Grundkapitals, das zur Zeit der Beschlußfassung über die bedingte Kapitalerhöhung vorhanden ist, nicht übersteigen. [2]§ 182 Abs. 1 Satz 5 gilt sinngemäß. [3]Satz 1 gilt nicht für eine bedingte Kapitalerhöhung nach Absatz 2 Nummer 1, die nur zu dem Zweck beschlossen wird, der Gesellschaft einen Umtausch zu ermöglichen, zu dem sie für den Fall ihrer drohenden Zahlungsunfähigkeit oder zum Zweck der Abwendung einer Überschuldung berechtigt ist. [4]Ist die Gesellschaft ein Institut im Sinne des § 1 Absatz 1b des Kreditwesengesetzes[2)], gilt Satz 1 ferner nicht für eine bedingte Kapitalerhöhung nach Absatz 2 Nummer 1, die zu dem Zweck beschlossen wird, der Gesellschaft einen Umtausch zur Erfüllung bankaufsichtsrechtlicher oder zum Zweck der Restrukturierung oder Abwicklung erlassener Anforderungen zu ermöglichen. [5]Eine Anrechnung von bedingtem Kapital, auf das Satz 3 oder Satz 4 Anwendung findet, auf sonstiges bedingtes Kapital erfolgt nicht.

(4) Ein Beschluß der Hauptversammlung, der dem Beschluß über die bedingte Kapitalerhöhung entgegensteht, ist nichtig.

(5) Die folgenden Vorschriften über das Bezugsrecht gelten sinngemäß für das Umtauschrecht.

**§ 193**[3)] **Erfordernisse des Beschlusses.** (1) [1]Der Beschluß über die bedingte Kapitalerhöhung bedarf einer Mehrheit, die mindestens drei Viertel des bei der Beschlußfassung vertretenen Grundkapitals umfaßt. [2]Die Satzung kann eine größere Kapitalmehrheit und weitere Erfordernisse bestimmen. [3]§ 182 Abs. 2 und § 187 Abs. 2 gelten.

(2) Im Beschluß müssen auch festgestellt werden

1. der Zweck der bedingten Kapitalerhöhung;

---

[1)] § 192 Abs. 3 Satz 2 angef. durch G v. 25.3.1998 (BGBl. I S. 590); Abs. 2 Nr. 3 neu gef., Abs. 3 geänd. durch G v. 27.4.1998 (BGBl. I S. 786); Abs. 1 und Abs. 2 Nr. 1 geänd., Abs. 3 Sätze 3–5 angef. mWv 31.12.2015 durch G v. 22.12.2015 (BGBl. I S. 2565).

[2)] ***Sartorius ErgBd. Nr. 856.***

[3)] § 193 Abs. 2 Nr. 4 angef. durch G v. 27.4.1998 (BGBl. I S. 786); Abs. 2 Nr. 3 neu gef. mWv 1.9. 2009 durch G v. 30.7.2009 (BGBl. I S. 2479); Abs. 2 Nr. 4 geänd. mWv 5.8.2009 durch G v. 31.7.2009 (BGBl. I S. 2509).

2. der Kreis der Bezugsberechtigten;
3. der Ausgabebetrag oder die Grundlagen, nach denen dieser Betrag errechnet wird; bei einer bedingten Kapitalerhöhung für die Zwecke des § 192 Abs. 2 Nr. 1 genügt es, wenn in dem Beschluss oder in dem damit verbundenen Beschluss nach § 221 der Mindestausgabebetrag oder die Grundlagen für die Festlegung des Ausgabebetrags oder des Mindestausgabebetrags bestimmt werden; sowie
4. bei Beschlüssen nach § 192 Abs. 2 Nr. 3 auch die Aufteilung der Bezugsrechte auf Mitglieder der Geschäftsführungen und Arbeitnehmer, Erfolgsziele, Erwerbs- und Ausübungszeiträume und Wartezeit für die erstmalige Ausübung (mindestens vier Jahre).

**§ 194[1)] Bedingte Kapitalerhöhung mit Sacheinlagen; Rückzahlung von Einlagen.** (1) [1] Wird eine Sacheinlage gemacht, so müssen ihr Gegenstand, die Person, von der die Gesellschaft den Gegenstand erwirbt, und der Nennbetrag, bei Stückaktien die Zahl der bei der Sacheinlage zu gewährenden Aktien im Beschluß über die bedingte Kapitalerhöhung festgesetzt werden. [2] Als Sacheinlage gilt nicht der Umtausch von Schuldverschreibungen gegen Bezugsaktien. [3] Der Beschluß darf nur gefaßt werden, wenn die Einbringung von Sacheinlagen ausdrücklich und ordnungsgemäß bekanntgemacht worden ist.

(2) § 27 Abs. 3 und 4 gilt entsprechend; an die Stelle des Zeitpunkts der Anmeldung nach § 27 Abs. 3 Satz 3 und der Eintragung nach § 27 Abs. 3 Satz 4 tritt jeweils der Zeitpunkt der Ausgabe der Bezugsaktien.

(3) Die Absätze 1 und 2 gelten nicht für die Einlage von Geldforderungen, die Arbeitnehmern der Gesellschaft aus einer ihnen von der Gesellschaft eingeräumten Gewinnbeteiligung zustehen.

(4) [1] Bei der Kapitalerhöhung mit Sacheinlagen hat eine Prüfung durch einen oder mehrere Prüfer stattzufinden. [2] § 33 Abs. 3 bis 5, die §§ 34, 35 gelten sinngemäß.

(5) § 183a gilt entsprechend.

**§ 195[2)] Anmeldung des Beschlusses.** (1) [1] Der Vorstand und der Vorsitzende des Aufsichtsrats haben den Beschluß über die bedingte Kapitalerhöhung zur Eintragung in das Handelsregister anzumelden. [2] § 184 Abs. 1 Satz 3 gilt entsprechend.

(2) Der Anmeldung sind beizufügen
1. bei einer bedingten Kapitalerhöhung mit Sacheinlagen die Verträge, die den Festsetzungen nach § 194 zugrunde liegen oder zu ihrer Ausführung geschlossen worden sind, und der Bericht über die Prüfung von Sacheinlagen (§ 194 Abs. 4) oder die in § 37a Abs. 3 bezeichneten Anlagen;

---

[1)] § 194 Abs. 4 angef. durch G v. 13.12.1978 (BGBl. I S. 1959); Abs. 1 Satz 1, Abs. 2 Satz 3 geänd. durch G v. 25.3.1998 (BGBl. I S. 590); Überschrift und Abs. 1 Satz 3 geänd., Abs. 2 und Abs. 4 Satz 2 neu gef., Abs. 4 Satz 3 aufgeh., Abs. 5 angef. mWv 1.9.2009 durch G v. 30.7.2009 (BGBl. I S. 2479); Abs. 1 Satz 2 neu gef. mWv 31.12.2015 durch G v. 22.12.2015 (BGBl. I S. 2565).

[2)] § 195 Abs. 2 Nr. 1 neu gef., Abs. 3 aufgeh., bish. Abs. 4 wird Abs. 3 durch G v. 13.12.1978 (BGBl. I S. 1959); Abs. 2 einl. Satzteil geänd., Abs. 3 aufgeh. mWv 1.1.2007 durch G v. 10.11.2006 (BGBl. I S. 2553); Abs. 1 Satz 2 angef., Abs. 2 Nr. 1 und 2 geänd., Nr. 3 aufgeh., Abs. 3 angef. mWv 1.9.2009 durch G v. 30.7.2009 (BGBl. I S. 2479); Abs. 1 Satz 2 geänd. mWv 31.12.2015 durch G v. 22.12.2015 (BGBl. I S. 2565).

2. eine Berechnung der Kosten, die für die Gesellschaft durch die Ausgabe der Bezugsaktien entstehen werden.

(3) [1] Das Gericht kann die Eintragung ablehnen, wenn der Wert der Sacheinlage nicht unwesentlich hinter dem geringsten Ausgabebetrag der dafür zu gewährenden Aktien zurückbleibt. [2] Wird von einer Prüfung der Sacheinlage nach § 183a Abs. 1 abgesehen, gilt § 38 Abs. 3 entsprechend.

**§ 196**[1)] *(aufgehoben)*

**§ 197 Verbotene Aktienausgabe.** [1] Vor der Eintragung des Beschlusses über die bedingte Kapitalerhöhung können die Bezugsaktien nicht ausgegeben werden. [2] Ein Anspruch des Bezugsberechtigten entsteht vor diesem Zeitpunkt nicht. [3] Die vorher ausgegebenen Bezugsaktien sind nichtig. [4] Für den Schaden aus der Ausgabe sind die Ausgeber den Inhabern als Gesamtschuldner verantwortlich.

**§ 198**[2)] **Bezugserklärung.** (1) [1] Das Bezugsrecht wird durch schriftliche Erklärung ausgeübt. [2] Die Erklärung (Bezugserklärung) soll doppelt ausgestellt werden. [3] Sie hat die Beteiligung nach der Zahl und bei Nennbetragsaktien dem Nennbetrag und, wenn mehrere Gattungen ausgegeben werden, der Gattung der Aktien, die Feststellungen nach § 193 Abs. 2, die nach § 194 bei der Einbringung von Sacheinlagen vorgesehenen Festsetzungen sowie den Tag anzugeben, an dem der Beschluß über die bedingte Kapitalerhöhung gefaßt worden ist.

(2) [1] Die Bezugserklärung hat die gleiche Wirkung wie eine Zeichnungserklärung. [2] Bezugserklärungen, deren Inhalt nicht dem Absatz 1 entspricht oder die Beschränkungen der Verpflichtung des Erklärenden enthalten, sind nichtig.

(3) Werden Bezugsaktien ungeachtet der Nichtigkeit einer Bezugserklärung ausgegeben, so kann sich der Erklärende auf die Nichtigkeit nicht berufen, wenn er auf Grund der Bezugserklärung als Aktionär Rechte ausgeübt oder Verpflichtungen erfüllt hat.

(4) Jede nicht in der Bezugserklärung enthaltene Beschränkung ist der Gesellschaft gegenüber unwirksam.

**§ 199**[3)] **Ausgabe der Bezugsaktien.** (1) Der Vorstand darf die Bezugsaktien nur in Erfüllung des im Beschluß über die bedingte Kapitalerhöhung festgesetzten Zwecks und nicht vor der vollen Leistung des Gegenwerts ausgeben, der sich aus dem Beschluß ergibt.

(2) [1] Der Vorstand darf Bezugsaktien gegen Wandelschuldverschreibungen nur ausgeben, wenn der Unterschied zwischen dem Ausgabebetrag der zum Umtausch eingereichten Schuldverschreibungen und dem höheren geringsten Ausgabebetrag der für sie zu gewährenden Bezugsaktien aus einer anderen Gewinnrücklage, soweit sie zu diesem Zweck verwandt werden kann, oder durch Zuzahlung des Umtauschberechtigten gedeckt ist. [2] Dies gilt nicht, wenn der Gesamtbetrag, zu dem die Schuldverschreibungen ausgegeben sind, den geringsten Ausgabebetrag der Bezugsaktien insgesamt erreicht oder übersteigt.

**§ 200 Wirksamwerden der bedingten Kapitalerhöhung.** Mit der Ausgabe der Bezugsaktien ist das Grundkapital erhöht.

---

[1)] § 196 aufgeh. mWv 1.1.2007 durch G v. 10.11.2006 (BGBl. I S. 2553).

[2)] § 198 Abs. 1 Satz 3 geänd. durch G v. 25.3.1998 (BGBl. I S. 590).

[3)] § 199 Abs. 2 Satz 1 geänd. durch G v. 19.12.1985 (BGBl. I S. 2355); Abs. 2 Sätze 1 und 2 geänd.durch G v. 25.3.1998 (BGBl. I S. 590).

**§ 201[1] Anmeldung der Ausgabe von Bezugsaktien.** (1) Der Vorstand meldet ausgegebene Bezugsaktien zur Eintragung in das Handelsregister mindestens einmal jährlich bis spätestens zum Ende des auf den Ablauf des Geschäftsjahrs folgenden Kalendermonats an.

(2) [1] Der Anmeldung sind die Zweitschriften der Bezugserklärungen und ein vom Vorstand unterschriebenes Verzeichnis der Personen, die das Bezugsrecht ausgeübt haben, beizufügen. [2] Das Verzeichnis hat die auf jeden Aktionär entfallenden Aktien und die auf sie gemachten Einlagen anzugeben.

(3) In der Anmeldung hat der Vorstand zu erklären, daß die Bezugsaktien nur in Erfüllung des im Beschluß über die bedingte Kapitalerhöhung festgesetzten Zwecks und nicht vor der vollen Leistung des Gegenwerts ausgegeben worden sind, der sich aus dem Beschluß ergibt.

### Dritter Unterabschnitt. Genehmigtes Kapital

**§ 202[2] Voraussetzungen.** (1) Die Satzung kann den Vorstand für höchstens fünf Jahre nach Eintragung der Gesellschaft ermächtigen, das Grundkapital bis zu einem bestimmten Nennbetrag (genehmigtes Kapital) durch Ausgabe neuer Aktien gegen Einlagen zu erhöhen.

(2) [1] Die Ermächtigung kann auch durch Satzungsänderung für höchstens fünf Jahre nach Eintragung der Satzungsänderung erteilt werden. [2] Der Beschluß der Hauptversammlung bedarf einer Mehrheit, die mindestens drei Viertel des bei der Beschlußfassung vertretenen Grundkapitals umfaßt. [3] Die Satzung kann eine größere Kapitalmehrheit und weitere Erfordernisse bestimmen. [4] § 182 Abs. 2 gilt.

(3) [1] Der Nennbetrag des genehmigten Kapitals darf die Hälfte des Grundkapitals, das zur Zeit der Ermächtigung vorhanden ist, nicht übersteigen. [2] Die neuen Aktien sollen nur mit Zustimmung des Aufsichtsrats ausgegeben werden. [3] § 182 Abs. 1 Satz 5 gilt sinngemäß.

(4) Die Satzung kann auch vorsehen, daß die neuen Aktien an Arbeitnehmer der Gesellschaft ausgegeben werden.

**§ 203 Ausgabe der neuen Aktien.** (1) [1] Für die Ausgabe der neuen Aktien gelten sinngemäß, soweit sich aus den folgenden Vorschriften nichts anderes ergibt, §§ 185 bis 191 über die Kapitalerhöhung gegen Einlagen. [2] An die Stelle des Beschlusses über die Erhöhung des Grundkapitals tritt die Ermächtigung der Satzung zur Ausgabe neuer Aktien.

(2) [1] Die Ermächtigung kann vorsehen, daß der Vorstand über den Ausschluß des Bezugsrechts entscheidet. [2] Wird eine Ermächtigung, die dies vorsieht, durch Satzungsänderung erteilt, so gilt § 186 Abs. 4 sinngemäß.

(3) [1] Die neuen Aktien sollen nicht ausgegeben werden, solange ausstehende Einlagen auf das bisherige Grundkapital noch erlangt werden können. [2] Für Versicherungsgesellschaften kann die Satzung etwas anderes bestimmen. [3] Stehen Einlagen in verhältnismäßig unerheblichem Umfang aus, so hindert dies die Ausgabe der neuen Aktien nicht. [4] In der ersten Anmeldung der Durchführung der Erhöhung des Grundkapitals ist anzugeben, welche Einlagen auf das bisherige Grundkapital noch nicht geleistet sind und warum sie nicht erlangt werden können.

---

[1] § 201 Abs. 2 Satz 1 geänd., Abs. 4 aufgeh. mWv 1.1.2007 durch G v. 10.11.2006 (BGBl. I S. 2553); Abs. 1 neu gef. mWv 31.12.2015 durch G v. 22.12.2015 (BGBl. I S. 2565).

[2] § 202 Abs. 3 Satz 3 angef. durch G v. 25.3.1998 (BGBl. I S. 590).

(4) Absatz 3 Satz 1 und 4 gilt nicht, wenn die Aktien an Arbeitnehmer der Gesellschaft ausgegeben werden.

**§ 204[1)] Bedingungen der Aktienausgabe.** (1) [1] Über den Inhalt der Aktienrechte und die Bedingungen der Aktienausgabe entscheidet der Vorstand, soweit die Ermächtigung keine Bestimmungen enthält. [2] Die Entscheidung des Vorstands bedarf der Zustimmung des Aufsichtsrats; gleiches gilt für die Entscheidung des Vorstands nach § 203 Abs. 2 über den Ausschluß des Bezugsrechts.

(2) Sind Vorzugsaktien ohne Stimmrecht vorhanden, so können Vorzugsaktien, die bei der Verteilung des Gewinns oder des Gesellschaftsvermögens ihnen vorgehen oder gleichstehen, nur ausgegeben werden, wenn die Ermächtigung es vorsieht.

(3) [1] Weist ein Jahresabschluß, der mit einem uneingeschränkten Bestätigungsvermerk versehen ist, einen Jahresüberschuß aus, so können Aktien an Arbeitnehmer der Gesellschaft auch in der Weise ausgegeben werden, daß die auf sie zu leistende Einlage aus dem Teil des Jahresüberschusses gedeckt wird, den nach § 58 Abs. 2 Vorstand und Aufsichtsrat in andere Gewinnrücklagen einstellen könnten. [2] Für die Ausgabe der neuen Aktien gelten die Vorschriften über eine Kapitalerhöhung gegen Bareinlagen, ausgenommen § 188 Abs. 2. [3] Der Anmeldung der Durchführung der Erhöhung des Grundkapitals ist außerdem der festgestellte Jahresabschluß mit Bestätigungsvermerk beizufügen. [4] Die Anmeldenden haben ferner die Erklärung nach § 210 Abs. 1 Satz 2 abzugeben.

**§ 205[2)] Ausgabe gegen Sacheinlagen; Rückzahlung von Einlagen.**

(1) Gegen Sacheinlagen dürfen Aktien nur ausgegeben werden, wenn die Ermächtigung es vorsieht.

(2) [1] Der Gegenstand der Sacheinlage, die Person, von der die Gesellschaft den Gegenstand erwirbt, und der Nennbetrag, bei Stückaktien die Zahl der bei der Sacheinlage zu gewährenden Aktien sind, wenn sie nicht in der Ermächtigung festgesetzt sind, vom Vorstand festzusetzen und in den Zeichnungsschein aufzunehmen. [2] Der Vorstand soll die Entscheidung nur mit Zustimmung des Aufsichtsrats treffen.

(3) § 27 Abs. 3 und 4 gilt entsprechend.

(4) Die Absätze 2 und 3 gelten nicht für die Einlage von Geldforderungen, die Arbeitnehmern der Gesellschaft aus einer ihnen von der Gesellschaft eingeräumten Gewinnbeteiligung zustehen.

(5) [1] Bei Ausgabe der Aktien gegen Sacheinlagen hat eine Prüfung durch einen oder mehrere Prüfer stattzufinden; § 33 Abs. 3 bis 5, die §§ 34, 35 gelten sinngemäß. [2] § 183a ist entsprechend anzuwenden. [3] Anstelle des Datums des Beschlusses über die Kapitalerhöhung hat der Vorstand seine Entscheidung über die Ausgabe neuer Aktien gegen Sacheinlagen sowie die Angaben nach § 37a Abs. 1 und 2 in den Gesellschaftsblättern bekannt zu machen.

(6) Soweit eine Prüfung der Sacheinlage nicht stattfindet, gilt für die Anmeldung der Durchführung der Kapitalerhöhung zur Eintragung in das Handelsregister (§ 203 Abs. 1 Satz 1, § 188) auch § 184 Abs. 1 Satz 3 und Abs. 2 entsprechend.

---

[1)] § 204 Abs. 3 Satz 1 geänd. durch G v. 19.12.1985 (BGBl. I S. 2355).

[2)] § 205 Abs. 3 eingef., bish. Abs. 3 und 4 werden Abs. 4 und 5 durch G v. 13.12.1978 (BGBl. I S. 1959); Abs. 2 Satz 1 geänd. durch G v. 25.3.1998 (BGBl. I S. 590); Überschrift geänd., Abs. 3 neu gef., Abs. 4 aufgeh., bish. Abs. 5 wird Abs. 4, Abs. 5–7 angef. mWv 1.9.2009 durch G v. 30.7.2009 (BGBl. I S. 2479).

(7) [1] Das Gericht kann die Eintragung ablehnen, wenn der Wert der Sacheinlage nicht unwesentlich hinter dem geringsten Ausgabebetrag der dafür zu gewährenden Aktien zurückbleibt. [2] Wird von einer Prüfung der Sacheinlage nach § 183a Abs. 1 abgesehen, gilt § 38 Abs. 3 entsprechend.

**§ 206[1)] Verträge über Sacheinlagen vor Eintragung der Gesellschaft.** [1] Sind vor Eintragung der Gesellschaft Verträge geschlossen worden, nach denen auf das genehmigte Kapital eine Sacheinlage zu leisten ist, so muß die Satzung die Festsetzungen enthalten, die für eine Ausgabe gegen Sacheinlagen vorgeschrieben sind. [2] Dabei gelten sinngemäß § 27 Abs. 3 und 5, die §§ 32 bis 35, 37 Abs. 4 Nr. 2, 4 und 5, die §§ 37a, 38 Abs. 2 und 3 sowie § 49 über die Gründung der Gesellschaft. [3] An die Stelle der Gründer tritt der Vorstand und an die Stelle der Anmeldung und Eintragung der Gesellschaft die Anmeldung und Eintragung der Durchführung der Erhöhung des Grundkapitals.

### Vierter Unterabschnitt. Kapitalerhöhung aus Gesellschaftsmitteln

**§ 207[2)] Voraussetzungen.** (1) Die Hauptversammlung kann eine Erhöhung des Grundkapitals durch Umwandlung der Kapitalrücklage und von Gewinnrücklagen in Grundkapital beschließen.

(2) [1] Für den Beschluß und für die Anmeldung des Beschlusses gelten § 182 Abs. 1, § 184 Abs. 1 sinngemäß. [2] Gesellschaften mit Stückaktien können ihr Grundkapital auch ohne Ausgabe neuer Aktien erhöhen; der Beschluß über die Kapitalerhöhung muß die Art der Erhöhung angeben.

(3) Dem Beschluß ist eine Bilanz zugrunde zu legen.

**§ 208[3)] Umwandlungsfähigkeit von Kapital- und Gewinnrücklagen.** (1) [1] Die Kapitalrücklage und die Gewinnrücklagen, die in Grundkapital umgewandelt werden sollen, müssen in der letzten Jahresbilanz und, wenn dem Beschluß eine andere Bilanz zugrunde gelegt wird, auch in dieser Bilanz unter „Kapitalrücklage" oder „Gewinnrücklagen" oder im letzten Beschluß über die Verwendung des Jahresüberschusses oder des Bilanzgewinns als Zuführung zu diesen Rücklagen ausgewiesen sein. [2] Vorbehaltlich des Absatzes 2 können andere Gewinnrücklagen und deren Zuführungen in voller Höhe, die Kapitalrücklage und die gesetzliche Rücklage sowie deren Zuführungen nur, soweit sie zusammen den zehnten oder den in der Satzung bestimmten höheren Teil des bisherigen Grundkapitals übersteigen, in Grundkapital umgewandelt werden.

(2) [1] Die Kapitalrücklage und die Gewinnrücklagen sowie deren Zuführungen können nicht umgewandelt werden, soweit in der zugrunde gelegten Bilanz ein Verlust einschließlich eines Verlustvortrags ausgewiesen ist. [2] Gewinnrücklagen und deren Zuführungen, die für einen bestimmten Zweck bestimmt sind, dürfen nur umgewandelt werden, soweit dies mit ihrer Zweckbestimmung vereinbar ist.

**§ 209[4) 5)] Zugrunde gelegte Bilanz.** (1) Dem Beschluß kann die letzte Jahresbilanz zugrunde gelegt werden, wenn die Jahresbilanz geprüft und die festgestellte

---

1) § 206 Satz 2 neu gef. mWv 1.9.2009 durch G v. 30.7.2009 (BGBl. I S. 2479).

2) § 207 Abs. 1 geänd. durch G v. 19.12.1985 (BGBl. I S. 2355); Abs. 2 Satz 1 geänd., Satz 2 angef. durch G v. 25.3.1998 (BGBl. I S. 590); Abs. 3 aufgeh., bish. Abs. 4 wird Abs. 3 mWv 26.7.2002 durch G v. 19.7.2002 (BGBl. I S. 2681).

3) § 208 neu gef. durch G v. 19.12.1985 (BGBl. I S. 2355).

4) § 209 Abs. 1, Abs. 2 Satz 1 und Abs. 3 Satz 1 geänd., Abs. 4 Satz 1 neu gef., Abs. 4 Satz 2 geänd. durch G v. 19.12.1985 (BGBl. I S. 2355); Abs. 4 Satz 2 geänd. durch G v. 27.4.1998 (BGBl. I S. 786); →

Jahresbilanz mit dem uneingeschränkten Bestätigungsvermerk des Abschlußprüfers versehen ist und wenn ihr Stichtag höchstens acht Monate vor der Anmeldung des Beschlusses zur Eintragung in das Handelsregister liegt.

(2) [1] Wird dem Beschluß nicht die letzte Jahresbilanz zugrunde gelegt, so muß die Bilanz §§ 150, 152 dieses Gesetzes, §§ 242 bis 256a, 264 bis 274a des Handelsgesetzbuchs[1)] entsprechen. [2] Der Stichtag der Bilanz darf höchstens acht Monate vor der Anmeldung des Beschlusses zur Eintragung in das Handelsregister liegen.

(3) [1] Die Bilanz muß durch einen Abschlußprüfer darauf geprüft werden, ob sie §§ 150, 152 dieses Gesetzes, §§ 242 bis 256a, 264 bis 274a des Handelsgesetzbuchs entspricht. [2] Sie muß mit einem uneingeschränkten Bestätigungsvermerk versehen sein.

(4) [1] Wenn die Hauptversammlung keinen anderen Prüfer wählt, gilt der Prüfer als gewählt, der für die Prüfung des letzten Jahresabschlusses von der Hauptversammlung gewählt oder vom Gericht bestellt worden ist. [2] Soweit sich aus der Besonderheit des Prüfungsauftrags nichts anderes ergibt, sind auf die Prüfung § 318 Abs. 1 Satz 3 und 4, § 319 Abs. 1 bis 4, § 319b Abs. 1, § 320 Abs. 1, 2, §§ 321, 322 Abs. 7 und § 323 des Handelsgesetzbuchs sowie bei einer Gesellschaft, die Unternehmen von öffentlichem Interesse nach § 316a Satz 2 des Handelsgesetzbuchs ist, auch Artikel 5 Absatz 1 der Verordnung (EU) Nr. 537/2014 entsprechend anzuwenden.

(5) Soweit sich aus der Besonderheit des Prüfungsauftrags nichts anderes ergibt, ist auf die Prüfung der Bilanz von Versicherungsgesellschaften § 341k des Handelsgesetzbuchs anzuwenden.

(6) Im Fall der Absätze 2 bis 5 gilt für das Zugänglichmachen der Bilanz und für die Erteilung von Abschriften § 175 Abs. 2 sinngemäß.

**§ 210[2)] Anmeldung und Eintragung des Beschlusses.** (1) [1] Der Anmeldung des Beschlusses zur Eintragung in das Handelsregister ist die der Kapitalerhöhung zugrunde gelegte Bilanz mit Bestätigungsvermerk, im Fall des § 209 Abs. 2 bis 6 außerdem die letzte Jahresbilanz, sofern sie noch nicht nach § 325 Abs. 1 des Handelsgesetzbuchs[1)] eingereicht ist, beizufügen. [2] Die Anmeldenden haben dem Gericht gegenüber zu erklären, daß nach ihrer Kenntnis seit dem Stichtag der zugrunde gelegten Bilanz bis zum Tag der Anmeldung keine Vermögensminderung eingetreten ist, die der Kapitalerhöhung entgegenstünde, wenn sie am Tag der Anmeldung beschlossen worden wäre.

(2) Das Gericht darf den Beschluß nur eintragen, wenn die der Kapitalerhöhung zugrunde gelegte Bilanz auf einen höchstens acht Monate vor der Anmeldung liegenden Stichtag aufgestellt und eine Erklärung nach Absatz 1 Satz 2 abgegeben worden ist.

(3) Das Gericht braucht nicht zu prüfen, ob die Bilanzen den gesetzlichen Vorschriften entsprechen.

---

*(Fortsetzung der Anm. von voriger Seite)*
Abs. 4 Satz 2 geänd. mWv 10.12.2004 durch G v. 4.12.2004 (BGBl. I S. 3166); Abs. 2 Satz 1, Abs. 3 Satz 1 und Abs. 4 Satz 2 geänd. mWv 29.5.2009 durch G v. 25.5.2009 (BGBl. I S. 1102); Abs. 6 geänd. mWv 1.9.2009 durch G v. 30.7.2009 (BGBl. I S. 2479); Abs. 2 Satz 1 und Abs. 3 Satz 1 geänd. mWv 23.7.2015 durch G v. 17.7.2015 (BGBl. I S. 1245); Abs. 4 Satz 2 geänd., Abs. 5 neu gef. mWv 1.7.2021 durch G v. 3.6.2021 (BGBl. I S. 1534).

[5)] Beachte hierzu Übergangsvorschrift in § 26k EGAktG (Nr. **51a**).

[1)] Nr. **50**.

[2)] § 210 Abs. 1 Satz 1 geänd., Abs. 5 aufgeh. mWv 1.1.2007 durch G v. 10.11.2006 (BGBl. I S. 2553).

(4) Bei der Eintragung des Beschlusses ist anzugeben, daß es sich um eine Kapitalerhöhung aus Gesellschaftsmitteln handelt.

**§ 211[1)] Wirksamwerden der Kapitalerhöhung.** (1) Mit der Eintragung des Beschlusses über die Erhöhung des Grundkapitals ist das Grundkapital erhöht.

(2) *(aufgehoben)*

**§ 212[2)] Aus der Kapitalerhöhung Berechtigte.** [1] Neue Aktien stehen den Aktionären im Verhältnis ihrer Anteile am bisherigen Grundkapital zu. [2] Ein entgegenstehender Beschluß der Hauptversammlung ist nichtig.

**§ 213 Teilrechte.** (1) Führt die Kapitalerhöhung dazu, daß auf einen Anteil am bisherigen Grundkapital nur ein Teil einer neuen Aktie entfällt, so ist dieses Teilrecht selbständig veräußerlich und vererblich.

(2) Die Rechte aus einer neuen Aktie einschließlich des Anspruchs auf Ausstellung einer Aktienurkunde können nur ausgeübt werden, wenn Teilrechte, die zusammen eine volle Aktie ergeben, in einer Hand vereinigt sind oder wenn sich mehrere Berechtigte, deren Teilrechte zusammen eine volle Aktie ergeben, zur Ausübung der Rechte zusammenschließen.

**§ 214[3) 4)] Aufforderung an die Aktionäre.** (1) [1] Nach der Eintragung des Beschlusses über die Erhöhung des Grundkapitals durch Ausgabe neuer Aktien hat der Vorstand unverzüglich die Aktionäre aufzufordern, die neuen Aktien abzuholen. [2] Die Aufforderung ist in den Gesellschaftsblättern bekanntzumachen und gemäß § 67a zu übermitteln. [3] In der Bekanntmachung ist anzugeben,

1. um welchen Betrag das Grundkapital erhöht worden ist,
2. in welchem Verhältnis auf die alten Aktien neue Aktien entfallen.

[4] In der Bekanntmachung ist ferner darauf hinzuweisen, daß die Gesellschaft berechtigt ist, Aktien, die nicht innerhalb eines Jahres seit der Bekanntmachung der Aufforderung abgeholt werden, nach dreimaliger Androhung für Rechnung der Beteiligten zu verkaufen.

(2) [1] Nach Ablauf eines Jahres seit der Bekanntmachung der Aufforderung hat die Gesellschaft den Verkauf der nicht abgeholten Aktien anzudrohen. [2] Die Androhung ist dreimal in Abständen von mindestens einem Monat in den Gesellschaftsblättern bekanntzumachen. [3] Die letzte Bekanntmachung muß vor dem Ablauf von achtzehn Monaten seit der Bekanntmachung der Aufforderung ergehen.

(3) [1] Nach Ablauf eines Jahres seit der letzten Bekanntmachung der Androhung hat die Gesellschaft die nicht abgeholten Aktien für Rechnung der Beteiligten zum Börsenpreis und beim Fehlen eines Börsenpreises durch öffentliche Versteigerung zu verkaufen. [2] § 226 Abs. 3 Satz 2 bis 6 gilt sinngemäß.

(4) [1] Die Absätze 1 bis 3 gelten sinngemäß für Gesellschaften, die keine Aktienurkunden ausgegeben haben. [2] Die Gesellschaften haben die Aktionäre aufzufordern, sich die neuen Aktien zuteilen zu lassen.

---

1) § 211 Abs. 2 aufgeh. durch G v. 28.10.1994 (BGBl. I S. 3210).

2) § 212 Satz 1 geänd. durch G v. 25.3.1998 (BGBl. I S. 590).

3) § 214 Abs. 1 Satz 1 geänd. durch G v. 25.3.1998 (BGBl. I S. 590); Abs. 3 Satz 1 geänd. mWv 1.7.2002 durch G v. 21.6.2002 (BGBl. I S. 2010); Abs. 1 Satz 2 geänd. mWv 1.1.2020 durch G v. 12.12.2019 (BGBl. I S. 2637).

4) Beachte hierzu Übergangsvorschrift in § 26j EGAktG (Nr. **51a**).

**§ 215[1)] Eigene Aktien. Teileingezahlte Aktien.** (1) Eigene Aktien nehmen an der Erhöhung des Grundkapitals teil.

(2) [1] Teileingezahlte Aktien nehmen entsprechend ihrem Anteil am Grundkapital an der Erhöhung des Grundkapitals teil. [2] Bei ihnen kann die Kapitalerhöhung nicht durch Ausgabe neuer Aktien ausgeführt werden, bei Nennbetragsaktien wird deren Nennbetrag erhöht. [3] Sind neben teileingezahlten Aktien volleingezahlte Aktien vorhanden, so kann bei volleingezahlten Nennbetragsaktien die Kapitalerhöhung durch Erhöhung des Nennbetrags der Aktien und durch Ausgabe neuer Aktien ausgeführt werden; der Beschluß über die Erhöhung des Grundkapitals muß die Art der Erhöhung angeben. [4] Soweit die Kapitalerhöhung durch Erhöhung des Nennbetrags der Aktien ausgeführt wird, ist sie so zu bemessen, daß durch sie auf keine Aktie Beträge entfallen, die durch eine Erhöhung des Nennbetrags der Aktien nicht gedeckt werden können.

**§ 216[2)] Wahrung der Rechte der Aktionäre und Dritter.** (1) Das Verhältnis der mit den Aktien verbundenen Rechte zueinander wird durch die Kapitalerhöhung nicht berührt.

(2) [1] Soweit sich einzelne Rechte teileingezahlter Aktien, insbesondere die Beteiligung am Gewinn oder das Stimmrecht, nach der auf die Aktie geleisteten Einlage bestimmen, stehen diese Rechte den Aktionären bis zur Leistung der noch ausstehenden Einlagen nur nach der Höhe der geleisteten Einlage, erhöht um den auf den Nennbetrag des Grundkapitals berechneten Hundertsatz der Erhöhung des Grundkapitals zu. [2] Werden weitere Einzahlungen geleistet, so erweitern sich diese Rechte entsprechend. [3] Im Fall des § 271 Abs. 3 gelten die Erhöhungsbeträge als voll eingezahlt.

(3) [1] Der wirtschaftliche Inhalt vertraglicher Beziehungen der Gesellschaft zu Dritten, die von der Gewinnausschüttung der Gesellschaft, dem Nennbetrag oder Wert ihrer Aktien oder ihres Grundkapitals oder sonst von den bisherigen Kapital- oder Gewinnverhältnissen abhängen, wird durch die Kapitalerhöhung nicht berührt. [2] Gleiches gilt für Nebenverpflichtungen der Aktionäre.

**§ 217[3)] Beginn der Gewinnbeteiligung.** (1) Neue Aktien nehmen, wenn nichts anderes bestimmt ist, am Gewinn des ganzen Geschäftsjahrs teil, in dem die Erhöhung des Grundkapitals beschlossen worden ist.

(2) [1] Im Beschluß über die Erhöhung des Grundkapitals kann bestimmt werden, daß die neuen Aktien bereits am Gewinn des letzten vor der Beschlußfassung über die Kapitalerhöhung abgelaufenen Geschäftsjahrs teilnehmen. [2] In diesem Fall ist die Erhöhung des Grundkapitals zu beschließen, bevor über die Verwendung des Bilanzgewinns des letzten vor der Beschlußfassung abgelaufenen Geschäftsjahrs Beschluß gefaßt ist. [3] Der Beschluß über die Verwendung des Bilanzgewinns des letzten vor der Beschlußfassung über die Kapitalerhöhung abgelaufenen Geschäftsjahrs wird erst wirksam, wenn das Grundkapital erhöht ist. [4] Der Beschluß über die Erhöhung des Grundkapitals und der Beschluß über die Verwendung des Bilanzgewinns des letzten vor der Beschlußfassung über die Kapitalerhöhung abgelaufenen Geschäftsjahrs sind nichtig, wenn der Beschluß über die Kapitalerhöhung nicht binnen drei Monaten nach der Beschlußfassung in das Handelsregister einge-

---

1) § 215 Abs. 2 Sätze 1 und 3 geänd., Satz 2 neu gef. durch G v. 25.3.1998 (BGBl. I S. 590).

2) § 216 Abs. 1 Satz 2 aufgeh. mWv 1.11.2008 durch G v. 23.10.2008 (BGBl. I S. 2026).

3) § 217 Abs. 1 geänd. durch G v. 25.3.1998 (BGBl. I S. 590); Abs. 2 Satz 5 geänd. mWv 1.9.2009 durch G v. 30.7.2009 (BGBl. I S. 2479).

tragen worden ist. [5]Der Lauf der Frist ist gehemmt, solange eine Anfechtungs- oder Nichtigkeitsklage rechtshängig ist.

**§ 218**[1)] **Bedingtes Kapital.** [1]Bedingtes Kapital erhöht sich im gleichen Verhältnis wie das Grundkapital. [2]Ist das bedingte Kapital zur Gewährung von Umtauschrechten an Gläubiger von Wandelschuldverschreibungen beschlossen worden, so ist zur Deckung des Unterschieds zwischen dem Ausgabebetrag der Schuldverschreibungen und dem höheren geringsten Ausgabebetrag der für sie zu gewährenden Bezugsaktien insgesamt eine Sonderrücklage zu bilden, soweit nicht Zuzahlungen der Umtauschberechtigten vereinbart sind.

**§ 219 Verbotene Ausgabe von Aktien und Zwischenscheinen.** Vor der Eintragung des Beschlusses über die Erhöhung des Grundkapitals in das Handelsregister dürfen neue Aktien und Zwischenscheine nicht ausgegeben werden.

**§ 220**[2)] **Wertansätze.** [1]Als Anschaffungskosten der vor der Erhöhung des Grundkapitals erworbenen Aktien und der auf sie entfallenen neuen Aktien gelten die Beträge, die sich für die einzelnen Aktien ergeben, wenn die Anschaffungskosten der vor der Erhöhung des Grundkapitals erworbenen Aktien auf diese und auf die auf sie entfallenen neuen Aktien nach dem Verhältnis der Anteile am Grundkapital verteilt werden. [2]Der Zuwachs an Aktien ist nicht als Zugang auszuweisen.

### Fünfter Unterabschnitt. Wandelschuldverschreibungen. Gewinnschuldverschreibungen

**§ 221**[3)] **[Wandel-, Gewinnschuldverschreibungen]** (1) [1]Schuldverschreibungen, bei denen den Gläubigern oder der Gesellschaft ein Umtausch- oder Bezugsrecht auf Aktien eingeräumt wird (Wandelschuldverschreibungen), und Schuldverschreibungen, bei denen die Rechte der Gläubiger mit Gewinnanteilen von Aktionären in Verbindung gebracht werden (Gewinnschuldverschreibungen), dürfen nur auf Grund eines Beschlusses der Hauptversammlung ausgegeben werden. [2]Der Beschluß bedarf einer Mehrheit, die mindestens drei Viertel des bei der Beschlußfassung vertretenen Grundkapitals umfaßt. [3]Die Satzung kann eine andere Kapitalmehrheit und weitere Erfordernisse bestimmen. [4]§ 182 Abs. 2 gilt.

(2) [1]Eine Ermächtigung des Vorstandes zur Ausgabe von Wandelschuldverschreibungen kann höchstens für fünf Jahre erteilt werden. [2]Der Vorstand und der Vorsitzende des Aufsichtsrats haben den Beschluß über die Ausgabe der Wandelschuldverschreibungen sowie eine Erklärung über deren Ausgabe beim Handelsregister zu hinterlegen. [3]Ein Hinweis auf den Beschluß und die Erklärung ist in den Gesellschaftsblättern bekanntzumachen.

(3) Absatz 1 gilt sinngemäß für die Gewährung von Genußrechten.

(4) [1]Auf Wandelschuldverschreibungen, Gewinnschuldverschreibungen und Genußrechte haben die Aktionäre ein Bezugsrecht. [2]Die §§ 186 und 193 Abs. 2 Nr. 4 gelten sinngemäß.

---

[1)] § 218 Satz 2 geänd. durch G v. 25.3.1998 (BGBl. I S. 590).

[2)] § 220 Satz 1 geänd. durch G v. 25.3.1998 (BGBl. I S. 590).

[3)] § 221 Abs. 2 eingef., bish. Abs. 2 und 3 werden Abs. 3 und 4 durch G v. 13.12.1978 (BGBl. I S. 1959); Abs. 4 Satz 2 neu gef. mWv 1.11.2005 durch G v. 22.9.2005 (BGBl. I S. 2802); Abs. 1 Satz 1 geänd. mWv 31.12.2015 durch G v. 22.12.2015 (BGBl. I S. 2565).

## Dritter Abschnitt. Maßnahmen der Kapitalherabsetzung

### Erster Unterabschnitt. Ordentliche Kapitalherabsetzung

**§ 222[1] Voraussetzungen.** (1) [1] Eine Herabsetzung des Grundkapitals kann nur mit einer Mehrheit beschlossen werden, die mindestens drei Viertel des bei der Beschlußfassung vertretenen Grundkapitals umfaßt. [2] Die Satzung kann eine größere Kapitalmehrheit und weitere Erfordernisse bestimmen.

(2) [1] Sind mehrere Gattungen von stimmberechtigten Aktien vorhanden, so bedarf der Beschluß der Hauptversammlung zu seiner Wirksamkeit der Zustimmung der Aktionäre jeder Gattung. [2] Über die Zustimmung haben die Aktionäre jeder Gattung einen Sonderbeschluß zu fassen. [3] Für diesen gilt Absatz 1.

(3) In dem Beschluß ist festzusetzen, zu welchem Zweck die Herabsetzung stattfindet, namentlich ob Teile des Grundkapitals zurückgezahlt werden sollen.

(4) [1] Die Herabsetzung des Grundkapitals erfordert bei Gesellschaften mit Nennbetragsaktien die Herabsetzung des Nennbetrags der Aktien. [2] Soweit der auf die einzelne Aktie entfallende anteilige Betrag des herabgesetzten Grundkapitals den Mindestbetrag nach § 8 Abs. 2 Satz 1 oder Abs. 3 Satz 3 unterschreiten würde, erfolgt die Herabsetzung durch Zusammenlegung der Aktien. [3] Der Beschluß muß die Art der Herabsetzung angeben.

**§ 223 Anmeldung des Beschlusses.** Der Vorstand und der Vorsitzende des Aufsichtsrats haben den Beschluß über die Herabsetzung des Grundkapitals zur Eintragung in das Handelsregister anzumelden.

**§ 224 Wirksamwerden der Kapitalherabsetzung.** Mit der Eintragung des Beschlusses über die Herabsetzung des Grundkapitals ist das Grundkapital herabgesetzt.

**§ 225[2] Gläubigerschutz.** (1) [1] Den Gläubigern, deren Forderungen begründet worden sind, bevor die Eintragung des Beschlusses bekanntgemacht worden ist, ist, wenn sie sich binnen sechs Monaten nach der Bekanntmachung zu diesem Zweck melden, Sicherheit zu leisten, soweit sie nicht Befriedigung verlangen können. [2] Die Gläubiger sind in einer Bekanntmachung zu der Eintragung auf dieses Recht hinzuweisen. [3] Das Recht, Sicherheitsleistung zu verlangen, steht Gläubigern nicht zu, die im Fall des Insolvenzverfahrens ein Recht auf vorzugsweise Befriedigung aus einer Deckungsmasse haben, die nach gesetzlicher Vorschrift zu ihrem Schutz errichtet und staatlich überwacht ist.

(2) [1] Zahlungen an die Aktionäre dürfen auf Grund der Herabsetzung des Grundkapitals erst geleistet werden, nachdem seit der Bekanntmachung der Eintragung sechs Monate verstrichen sind und nachdem den Gläubigern, die sich rechtzeitig gemeldet haben, Befriedigung oder Sicherheit gewährt worden ist. [2] Auch eine Befreiung der Aktionäre von der Verpflichtung zur Leistung von Einlagen wird nicht vor dem bezeichneten Zeitpunkt und nicht vor Befriedigung oder Sicherstellung der Gläubiger wirksam, die sich rechtzeitig gemeldet haben.

(3) Das Recht der Gläubiger, Sicherheitsleistung zu verlangen, ist unabhängig davon, ob Zahlungen an die Aktionäre auf Grund der Herabsetzung des Grundkapitals geleistet werden.

---

[1] § 222 Abs. 2 Satz 1 geänd. durch G v. 2.8.1994 (BGBl. I S. 1961); Abs. 4 neu gef. durch G v. 25.3. 1998 (BGBl. I S. 590).

[2] § 225 Abs. 1 Satz 3 geänd. durch G v. 5.10.1994 (BGBl. I S. 2911); Abs. 1 Satz 2 neu gef. mWv 1.8. 2022 durch G v. 5.7.2021 (BGBl. I S. 3338).

**§ 226 Kraftloserklärung von Aktien**[1]**.** (1) [1]Sollen zur Durchführung der Herabsetzung des Grundkapitals Aktien durch Umtausch, Abstempelung oder durch ein ähnliches Verfahren zusammengelegt werden, so kann die Gesellschaft die Aktien für kraftlos erklären, die trotz Aufforderung nicht bei ihr eingereicht worden sind. [2]Gleiches gilt für eingereichte Aktien, welche die zum Ersatz durch neue Aktien nötige Zahl nicht erreichen und der Gesellschaft nicht zur Verwertung für Rechnung der Beteiligten zur Verfügung gestellt sind.

(2) [1]Die Aufforderung, die Aktien einzureichen, hat die Kraftloserklärung anzudrohen. [2]Die Kraftloserklärung kann nur erfolgen, wenn die Aufforderung in der in § 64 Abs. 2 für die Nachfrist vorgeschriebenen Weise bekanntgemacht worden ist. [3]Die Kraftloserklärung geschieht durch Bekanntmachung in den Gesellschaftsblättern. [4]In der Bekanntmachung sind die für kraftlos erklärten Aktien so zu bezeichnen, daß sich aus der Bekanntmachung ohne weiteres ergibt, ob eine Aktie für kraftlos erklärt ist.

(3) [1]Die neuen Aktien, die an Stelle der für kraftlos erklärten Aktien auszugeben sind, hat die Gesellschaft unverzüglich für Rechnung der Beteiligten zum Börsenpreis und beim Fehlen eines Börsenpreises durch öffentliche Versteigerung zu verkaufen. [2]Ist von der Versteigerung am Sitz der Gesellschaft kein angemessener Erfolg zu erwarten, so sind die Aktien an einem geeigneten Ort zu verkaufen. [3]Zeit, Ort und Gegenstand der Versteigerung sind öffentlich bekanntzumachen. [4]Die Beteiligten sind besonders zu benachrichtigen; die Benachrichtigung kann unterbleiben, wenn sie untunlich ist. [5]Bekanntmachung und Benachrichtigung müssen mindestens zwei Wochen vor der Versteigerung ergehen. [6]Der Erlös ist den Beteiligten auszuzahlen oder, wenn ein Recht zur Hinterlegung besteht, zu hinterlegen.

**§ 227 Anmeldung der Durchführung.** (1) Der Vorstand hat die Durchführung der Herabsetzung des Grundkapitals zur Eintragung in das Handelsregister anzumelden.

(2) Anmeldung und Eintragung der Durchführung der Herabsetzung des Grundkapitals können mit Anmeldung und Eintragung des Beschlusses über die Herabsetzung verbunden werden.

**§ 228**[2] **Herabsetzung unter den Mindestnennbetrag.** (1) Das Grundkapital kann unter den in § 7 bestimmten Mindestnennbetrag herabgesetzt werden, wenn dieser durch eine Kapitalerhöhung wieder erreicht wird, die zugleich mit der Kapitalherabsetzung beschlossen ist und bei der Sacheinlagen nicht festgesetzt sind.

(2) [1]Die Beschlüsse sind nichtig, wenn sie und die Durchführung der Erhöhung nicht binnen sechs Monaten nach der Beschlußfassung in das Handelsregister eingetragen worden sind. [2]Der Lauf der Frist ist gehemmt, solange eine Anfechtungs- oder Nichtigkeitsklage rechtshängig ist. [3]Die Beschlüsse und die Durchführung der Erhöhung des Grundkapitals sollen nur zusammen in das Handelsregister eingetragen werden.

### Zweiter Unterabschnitt. Vereinfachte Kapitalherabsetzung

**§ 229**[3] **Voraussetzungen.** (1) [1]Eine Herabsetzung des Grundkapitals, die dazu dienen soll, Wertminderungen auszugleichen, sonstige Verluste zu decken oder

[1] § 226 Abs. 3 Satz 1 geänd. mWv 1.7.2002 durch G v. 21.6.2002 (BGBl. I S. 2010).
[2] § 228 Abs. 2 Satz 2 geänd. mWv 1.9.2009 durch G v. 30.7.2009 (BGBl. I S. 2479).
[3] § 229 Abs. 1 Satz 1 geänd. und Abs. 2 Satz 1 neu gef. durch G v. 19.12.1985 (BGBl. I S. 2355).

Beträge in die Kapitalrücklage einzustellen, kann in vereinfachter Form vorgenommen werden. [2] Im Beschluß ist festzusetzen, daß die Herabsetzung zu diesen Zwecken stattfindet.

(2) [1] Die vereinfachte Kapitalherabsetzung ist nur zulässig, nachdem der Teil der gesetzlichen Rücklage und der Kapitalrücklage, um den diese zusammen über zehn vom Hundert des nach der Herabsetzung verbleibenden Grundkapitals hinausgehen, sowie die Gewinnrücklagen vorweg aufgelöst sind. [2] Sie ist nicht zulässig, solange ein Gewinnvortrag vorhanden ist.

(3) § 222 Abs. 1, 2 und 4, §§ 223, 224, 226 bis 228 über die ordentliche Kapitalherabsetzung gelten sinngemäß.

**§ 230[1)] Verbot von Zahlungen an die Aktionäre.** [1] Die Beträge, die aus der Auflösung der Kapital- oder Gewinnrücklagen und aus der Kapitalherabsetzung gewonnen werden, dürfen nicht zu Zahlungen an die Aktionäre und nicht dazu verwandt werden, die Aktionäre von der Verpflichtung zur Leistung von Einlagen zu befreien. [2] Sie dürfen nur verwandt werden, um Wertminderungen auszugleichen, sonstige Verluste zu decken und Beträge in die Kapitalrücklage oder in die gesetzliche Rücklage einzustellen. [3] Auch eine Verwendung zu einem dieser Zwecke ist nur zulässig, soweit sie im Beschluß als Zweck der Herabsetzung angegeben ist.

**§ 231[2)] Beschränkte Einstellung in die Kapitalrücklage und in die gesetzliche Rücklage.** [1] Die Einstellung der Beträge, die aus der Auflösung von anderen Gewinnrücklagen gewonnen werden, in die gesetzliche Rücklage und der Beträge, die aus der Kapitalherabsetzung gewonnen werden, in die Kapitalrücklage ist nur zulässig, soweit die Kapitalrücklage und die gesetzliche Rücklage zusammen zehn vom Hundert des Grundkapitals nicht übersteigen. [2] Als Grundkapital gilt dabei der Nennbetrag, der sich durch die Herabsetzung ergibt, mindestens aber der in § 7 bestimmte Mindestnennbetrag. [3] Bei der Bemessung der zulässigen Höhe bleiben Beträge, die in der Zeit nach der Beschlußfassung über die Kapitalherabsetzung in die Kapitalrücklage einzustellen sind, auch dann außer Betracht, wenn ihre Zahlung auf einem Beschluß beruht, der zugleich mit dem Beschluß über die Kapitalherabsetzung gefaßt wird.

**§ 232[3)] Einstellung von Beträgen in die Kapitalrücklage bei zu hoch angenommenen Verlusten.** Ergibt sich bei Aufstellung der Jahresbilanz für das Geschäftsjahr, in dem der Beschluß über die Kapitalherabsetzung gefaßt wurde, oder für eines der beiden folgenden Geschäftsjahre, daß Wertminderungen und sonstige Verluste in der bei der Beschlußfassung angenommenen Höhe tatsächlich nicht eingetreten oder ausgeglichen waren, so ist der Unterschiedsbetrag in die Kapitalrücklage einzustellen.

**§ 233[4) 5)] Gewinnausschüttung. Gläubigerschutz.** (1) [1] Gewinn darf nicht ausgeschüttet werden, bevor die gesetzliche Rücklage und die Kapitalrücklage

---

[1)] § 230 Sätze 1 und 2 geänd. durch G v. 19.12.1985 (BGBl. I S. 2355).

[2)] § 231 neu gef. durch G v. 19.12.1985 (BGBl. I S. 2355).

[3)] § 232 Überschrift und Wortlaut geänd. durch G v. 19.12.1985 (BGBl. I S. 2355).

[4)] § 233 Abs. 1 Satz 1 neu gef., Abs. 2 Satz 4 und Abs. 3 geänd. durch G v. 19.12.1985 (BGBl. I S. 2355); Abs. 2 Satz 3 geänd. durch G v. 5.10.1994 (BGBl. I S. 2911); Abs. 2 Satz 4 geänd. mWv 1.1.2007 durch G v. 10.11.2006 (BGBl. I S. 2553); Abs. 2 Satz 2 geänd., Satz 4 neu gef. mWv 1.8.2022 durch G v. 5.7.2021 (BGBl. I S. 3338).

[5)] Beachte hierzu Übergangsvorschrift in § 26m EGAktG (Nr. **51a**).

zusammen zehn vom Hundert des Grundkapitals erreicht haben. [2]Als Grundkapital gilt dabei der Nennbetrag, der sich durch die Herabsetzung ergibt, mindestens aber der in § 7 bestimmte Mindestnennbetrag.

(2) [1]Die Zahlung eines Gewinnanteils von mehr als vier vom Hundert ist erst für ein Geschäftsjahr zulässig, das später als zwei Jahre nach der Beschlußfassung über die Kapitalherabsetzung beginnt. [2]Dies gilt nicht, wenn die Gläubiger, deren Forderungen vor der Bekanntmachung der Eintragung des Beschlusses begründet worden waren, befriedigt oder sichergestellt sind, soweit sie sich binnen sechs Monaten, nachdem der der Gewinnverteilung zugrundeliegende Jahresabschluss in das Unternehmensregister eingestellt worden ist, zu diesem Zweck gemeldet haben. [3]Einer Sicherstellung der Gläubiger bedarf es nicht, die im Fall des Insolvenzverfahrens ein Recht auf vorzugsweise Befriedigung aus einer Deckungsmasse haben, die nach gesetzlicher Vorschrift zu ihrem Schutz errichtet und staatlich überwacht ist. [4]Die Gläubiger sind auf die Befriedigung und Sicherstellung durch eine gesonderte Erklärung hinzuweisen, die der das Unternehmensregister führenden Stelle gemeinsam mit dem Jahresabschluss elektronisch zur Einstellung in das Unternehmensregister zu übermitteln ist.

(3) Die Beträge, die aus der Auflösung von Kapital- und Gewinnrücklagen und aus der Kapitalherabsetzung gewonnen sind, dürfen auch nach diesen Vorschriften nicht als Gewinn ausgeschüttet werden.

**§ 234[1)] Rückwirkung der Kapitalherabsetzung.** (1) Im Jahresabschluß für das letzte vor der Beschlußfassung über die Kapitalherabsetzung abgelaufene Geschäftsjahr können das gezeichnete Kapital sowie die Kapital- und Gewinnrücklagen in der Höhe ausgewiesen werden, in der sie nach der Kapitalherabsetzung bestehen sollen.

(2) [1]In diesem Fall beschließt die Hauptversammlung über die Feststellung des Jahresabschlusses. [2]Der Beschluß soll zugleich mit dem Beschluß über die Kapitalherabsetzung gefaßt werden.

(3) [1]Die Beschlüsse sind nichtig, wenn der Beschluß über die Kapitalherabsetzung nicht binnen drei Monaten nach der Beschlußfassung in das Handelsregister eingetragen worden ist. [2]Der Lauf der Frist ist gehemmt, solange eine Anfechtungs- oder Nichtigkeitsklage rechtshängig ist.

**§ 235[2)] Rückwirkung einer gleichzeitigen Kapitalerhöhung.** (1) [1]Wird im Fall des § 234 zugleich mit der Kapitalherabsetzung eine Erhöhung des Grundkapitals beschlossen, so kann auch die Kapitalerhöhung in dem Jahresabschluß als vollzogen berücksichtigt werden. [2]Die Beschlußfassung ist nur zulässig, wenn die neuen Aktien gezeichnet, keine Sacheinlagen festgesetzt sind und wenn auf jede Aktie die Einzahlung geleistet ist, die nach § 188 Abs. 2 zur Zeit der Anmeldung der Durchführung der Kapitalerhöhung bewirkt sein muß. [3]Die Zeichnung und die Einzahlung sind dem Notar nachzuweisen, der den Beschluß über die Erhöhung des Grundkapitals beurkundet.

(2) [1]Sämtliche Beschlüsse sind nichtig, wenn die Beschlüsse über die Kapitalherabsetzung und die Kapitalerhöhung und die Durchführung der Erhöhung nicht binnen drei Monaten nach der Beschlußfassung in das Handelsregister eingetragen

---

[1)] § 234 Abs. 1 neu gef. durch G v. 19.12.1985 (BGBl. I S. 2355); Abs. 3 Satz 2 geänd. mWv 1.9.2009 durch G v. 30.7.2009 (BGBl. I S. 2479).

[2)] § 235 Abs. 1 Satz 3 geänd. durch G v. 28.8.1969 (BGBl. I S. 1513); Abs. 2 Satz 2 geänd. mWv 1.9.2009 durch G v. 30.7.2009 (BGBl. I S. 2479).

worden sind. [2]Der Lauf der Frist ist gehemmt, solange eine Anfechtungs- oder Nichtigkeitsklage rechtshängig ist. [3]Die Beschlüsse und die Durchführung der Erhöhung des Grundkapitals sollen nur zusammen in das Handelsregister eingetragen werden.

**§ 236[1]) Offenlegung.** Die Offenlegung des Jahresabschlusses nach § 325 des Handelsgesetzbuchs[2]) darf im Fall des § 234 erst nach Eintragung des Beschlusses über die Kapitalherabsetzung, im Fall des § 235 erst ergehen, nachdem die Beschlüsse über die Kapitalherabsetzung und Kapitalerhöhung und die Durchführung der Kapitalerhöhung eingetragen worden sind.

**Dritter Unterabschnitt.[3]) Kapitalherabsetzung durch Einziehung von Aktien. Ausnahme für Stückaktien**

**§ 237[4]) [5]) Voraussetzungen.** (1) [1]Aktien können zwangsweise oder nach Erwerb durch die Gesellschaft eingezogen werden. [2]Eine Zwangseinziehung ist nur zulässig, wenn sie in der ursprünglichen Satzung oder durch eine Satzungsänderung vor Übernahme oder Zeichnung der Aktien angeordnet oder gestattet war.

(2) [1]Bei der Einziehung sind die Vorschriften über die ordentliche Kapitalherabsetzung zu befolgen. [2]In der Satzung oder in dem Beschluß der Hauptversammlung sind die Voraussetzungen für eine Zwangseinziehung und die Einzelheiten ihrer Durchführung festzulegen. [3]Für die Zahlung des Entgelts, das Aktionären bei einer Zwangseinziehung oder bei einem Erwerb von Aktien zum Zwecke der Einziehung gewährt wird, und für die Befreiung dieser Aktionäre von der Verpflichtung zur Leistung von Einlagen gilt § 225 Abs. 2 sinngemäß.

(3) Die Vorschriften über die ordentliche Kapitalherabsetzung brauchen nicht befolgt zu werden, wenn Aktien, auf die der Ausgabebetrag voll geleistet ist,

1. der Gesellschaft unentgeltlich zur Verfügung gestellt oder
2. zu Lasten des Bilanzgewinns oder einer frei verfügbaren Rücklage, soweit sie zu diesem Zweck verwandt werden können, eingezogen werden oder
3. Stückaktien sind und der Beschluss der Hauptversammlung bestimmt, dass sich durch die Einziehung der Anteil der übrigen Aktien am Grundkapital gemäß § 8 Abs. 3 erhöht; wird der Vorstand zur Einziehung ermächtigt, so kann er auch zur Anpassung der Angabe der Zahl in der Satzung ermächtigt werden.

(4) [1]Auch in den Fällen des Absatzes 3 kann die Kapitalherabsetzung durch Einziehung nur von der Hauptversammlung beschlossen werden. [2]Für den Beschluß genügt die einfache Stimmenmehrheit. [3]Die Satzung kann eine größere Mehrheit und weitere Erfordernisse bestimmen. [4]Im Beschluß ist der Zweck der Kapitalherabsetzung festzusetzen. [5]Der Vorstand und der Vorsitzende des Aufsichtsrats haben den Beschluß zur Eintragung in das Handelsregister anzumelden.

---

[1]) § 236 Überschrift und Wortlaut geänd. durch G v. 19.12.1985 (BGBl. I S. 2355).

[2]) Nr. **50**.

[3]) 3. UAbschnitt Überschrift neu gef. mWv 26.7.2002 durch G v. 19.7.2002 (BGBl. I S. 2681).

[4]) § 237 Abs. 2 Satz 2 eingef., bish. Satz 2 wird Satz 3 durch G v. 13.12.1978 (BGBl. I S. 1959); Abs. 3 Nr. 2 und Abs. 5 geänd. durch G v. 19.12.1985 (BGBl. I S. 2355); Abs. 3 und 5 geänd. durch Art. 1 G v. 25.3.1998 (BGBl. I S. 590); Abs. 3 Nr. 2 geänd., Nr. 3 angef. mWv 26.7.2002 durch G v. 19.7.2002 (BGBl. I S. 2681); Abs. 5 geänd. mWv 1.11.2005 durch G v. 22.9.2005 (BGBl. I S. 2802); Abs. 3 Nr. 2 geänd. mWv 19.4.2017 durch G v. 11.4.2017 (BGBl. I S. 802).

[5]) Beachte hierzu Übergangsregelung in § 26i EGAktG (Nr. **51a**).

(5) In den Fällen des Absatzes 3 Nr. 1 und 2 ist in die Kapitalrücklage ein Betrag einzustellen, der dem auf die eingezogenen Aktien entfallenden Betrag des Grundkapitals gleichkommt.

(6) [1] Soweit es sich um eine durch die Satzung angeordnete Zwangseinziehung handelt, bedarf es eines Beschlusses der Hauptversammlung nicht. [2] In diesem Fall tritt für die Anwendung der Vorschriften über die ordentliche Kapitalherabsetzung an die Stelle des Hauptversammlungsbeschlusses die Entscheidung des Vorstands über die Einziehung.

**§ 238**[1)] **Wirksamwerden der Kapitalherabsetzung.** [1] Mit der Eintragung des Beschlusses oder, wenn die Einziehung nachfolgt, mit der Einziehung ist das Grundkapital um den auf die eingezogenen Aktien entfallenden Betrag herabgesetzt. [2] Handelt es sich um eine durch die Satzung angeordnete Zwangseinziehung, so ist, wenn die Hauptversammlung nicht über die Kapitalherabsetzung beschließt, das Grundkapital mit der Zwangseinziehung herabgesetzt. [3] Zur Einziehung bedarf es einer Handlung der Gesellschaft, die auf Vernichtung der Rechte aus bestimmten Aktien gerichtet ist.

**§ 239 Anmeldung der Durchführung.** (1) [1] Der Vorstand hat die Durchführung der Herabsetzung des Grundkapitals zur Eintragung in das Handelsregister anzumelden. [2] Dies gilt auch dann, wenn es sich um eine durch die Satzung angeordnete Zwangseinziehung handelt.

(2) Anmeldung und Eintragung der Durchführung der Herabsetzung können mit Anmeldung und Eintragung des Beschlusses über die Herabsetzung verbunden werden.

### Vierter Unterabschnitt. Ausweis der Kapitalherabsetzung

**§ 240**[2)] **[Gesonderte Ausweisung]** [1] Der aus der Kapitalherabsetzung gewonnene Betrag ist in der Gewinn- und Verlustrechnung als „Ertrag aus der Kapitalherabsetzung" gesondert, und zwar hinter dem Posten „Entnahmen aus Gewinnrücklagen", auszuweisen. [2] Eine Einstellung in die Kapitalrücklage nach § 229 Abs. 1 und § 232 ist als „Einstellung in die Kapitalrücklage nach den Vorschriften über die vereinfachte Kapitalherabsetzung" gesondert auszuweisen. [3] Im Anhang ist zu erläutern, ob und in welcher Höhe die aus der Kapitalherabsetzung und aus der Auflösung von Gewinnrücklagen gewonnenen Beträge

1. zum Ausgleich von Wertminderungen,
2. zur Deckung von sonstigen Verlusten oder
3. zur Einstellung in die Kapitalrücklage

verwandt werden. [4] Ist die Gesellschaft eine kleine Kapitalgesellschaft (§ 267 Absatz 1 des Handelsgesetzbuchs[3)]), braucht sie Satz 3 nicht anzuwenden.

---

[1)] § 238 Satz 1 geänd. durch G v. 25.3.1998 (BGBl. I S. 590).

[2)] § 240 geänd. durch G v. 19.12.1985 (BGBl. I S. 2355); Satz 4 angef. mWv 23.7.2015 durch G v. 17.7.2015 (BGBl. I S. 1245).

[3)] Nr. **50**.

## Siebenter Teil. Nichtigkeit von Hauptversammlungsbeschlüssen und des festgestellten Jahresabschlusses. Sonderprüfung wegen unzulässiger Unterbewertung

### Erster Abschnitt. Nichtigkeit von Hauptversammlungsbeschlüssen

#### Erster Unterabschnitt. Allgemeines

**§ 241**[1) 2)] **Nichtigkeitsgründe.** Ein Beschluß der Hauptversammlung ist außer in den Fällen des § 192 Abs. 4, §§ 212, 217 Abs. 2, § 228 Abs. 2, § 234 Abs. 3 und § 235 Abs. 2 nur dann nichtig, wenn er

1. in einer Hauptversammlung gefaßt worden ist, die unter Verstoß gegen § 121 Abs. 2 und 3 Satz 1 oder Abs. 4 und 4b Satz 1 einberufen war,
2. nicht nach § 130 Absatz 1 bis 2 Satz 1 und Absatz 4 beurkundet ist,
3. mit dem Wesen der Aktiengesellschaft nicht zu vereinbaren ist oder durch seinen Inhalt Vorschriften verletzt, die ausschließlich oder überwiegend zum Schutze der Gläubiger der Gesellschaft oder sonst im öffentlichen Interesse gegeben sind,
4. durch seinen Inhalt gegen die guten Sitten verstößt,
5. auf Anfechtungsklage durch Urteil rechtskräftig für nichtig erklärt worden ist,
6. nach § 398 des Gesetzes über das Verfahren in Familiensachen und in den Angelegenheiten der freiwilligen Gerichtsbarkeit[3)] auf Grund rechtskräftiger Entscheidung als nichtig gelöscht worden ist.

**§ 242**[4) 2)] **Heilung der Nichtigkeit.** (1) Die Nichtigkeit eines Hauptversammlungsbeschlusses, der entgegen § § 130 Absatz 1 bis 2 Satz 1 und Absatz 4 nicht oder nicht gehörig beurkundet worden ist, kann nicht mehr geltend gemacht werden, wenn der Beschluß in das Handelsregister eingetragen worden ist.

(2) [1] Ist ein Hauptversammlungsbeschluß nach § 241 Nr. 1, 3 oder 4 nichtig, so kann die Nichtigkeit nicht mehr geltend gemacht werden, wenn der Beschluß in das Handelsregister eingetragen worden ist und seitdem drei Jahre verstrichen sind. [2] Ist bei Ablauf der Frist eine Klage auf Feststellung der Nichtigkeit des Hauptversammlungsbeschlusses rechtshängig, so verlängert sich die Frist, bis über die Klage rechtskräftig entschieden ist oder sie sich auf andere Weise endgültig erledigt hat. [3] Eine Löschung des Beschlusses von Amts wegen nach § 398 des Gesetzes über das Verfahren in Familiensachen und in den Angelegenheiten der freiwilligen Gerichtsbarkeit[3)] wird durch den Zeitablauf nicht ausgeschlossen. [4] Ist ein Hauptversammlungsbeschluß wegen Verstoßes gegen § 121 Abs. 4 Satz 2 nach § 241 Nr. 1 nichtig, so kann die Nichtigkeit auch dann nicht mehr geltend gemacht werden, wenn der nicht geladene Aktionär den Beschluß genehmigt. [5] Ist ein Hauptversammlungsbeschluss nach § 241 Nr. 5 oder § 249 nichtig, so kann das Urteil nach § 248 Abs. 1 Satz 3 nicht mehr eingetragen werden, wenn gemäß § 246a Abs. 1 rechtskräftig festgestellt wurde, dass Mängel des Hauptversamm-

---

1) § 241 Nr. 6 geänd. durch G v. 19.12.1985 (BGBl. I S. 2355); Nr. 1 neu gef. durch G v. 2.8.1994 (BGBl. I S. 1961); Nr. 6 geänd. mWv 1.9.2009 durch G v. 17.12.2008 (BGBl. I S. 2586); Nr. 1 und 2 geänd. mWv 1.9.2009 durch G v. 30.7.2009 (BGBl. I S. 2479); Nr. 1 und 2 geänd. mWv 27.7.2022 durch G v. 20.7.2022 (BGBl. I S. 1166).

2) Beachte hierzu Übergangsvorschrift in § 26n EGAktG (Nr. **51a**).

3) Nr. **112**.

4) § 242 Abs. 2 Satz 3 geänd. durch G v. 19.12.1985 (BGBl. I S. 2355); Abs. 2 Satz 4 angef. durch G v. 2.8.1994 (BGBl. I S. 1961); Abs. 2 Satz 5 angef. mWv 1.11.2005 durch G v. 22.9.2005 (BGBl. I S. 2802); Abs. 2 Sätze 3 und 5 geänd. mWv 1.9.2009 durch G v. 17.12.2008 (BGBl. I S. 2586); Abs. 1 und Abs. 2 Satz 4 geänd. mWv 1.9.2009 durch G v. 30.7.2009 (BGBl. I S. 2479); Abs. 1 geänd. mWv 27.7.2022 durch G v. 20.7.2022 (BGBl. I S. 1166).

lungsbeschlusses die Wirkung der Eintragung unberührt lassen; § 398 des Gesetzes über das Verfahren in Familiensachen und in den Angelegenheiten der freiwilligen Gerichtsbarkeit findet keine Anwendung.

(3) Absatz 2 gilt entsprechend, wenn in den Fällen des § 217 Abs. 2, § 228 Abs. 2, § 234 Abs. 3 und § 235 Abs. 2 die erforderlichen Eintragungen nicht fristgemäß vorgenommen worden sind.

**§ 243**[1)] [2)] **Anfechtungsgründe.** (1) Ein Beschluß der Hauptversammlung kann wegen Verletzung des Gesetzes oder der Satzung durch Klage angefochten werden.

(2) [1] Die Anfechtung kann auch darauf gestützt werden, daß ein Aktionär mit der Ausübung des Stimmrechts für sich oder einen Dritten Sondervorteile zum Schaden der Gesellschaft oder der anderen Aktionäre zu erlangen suchte und der Beschluß geeignet ist, diesem Zweck zu dienen. [2] Dies gilt nicht, wenn der Beschluß den anderen Aktionären einen angemessenen Ausgleich für ihren Schaden gewährt.

(3) [1] Die Anfechtung kann nicht gestützt werden

1. auf die durch eine technische Störung verursachte Verletzung von Rechten, die nach § 118 Absatz 1 Satz 2 und Absatz 2 Satz 1 sowie § 134 Absatz 3 auf elektronischem Wege wahrgenommen worden sind,
2. auf die durch eine technische Störung verursachte Verletzung von Rechten, die nach § 118a Absatz 1 Satz 2 Nummer 2, 3, 4 in Verbindung mit § 131, nach § 118a Absatz 1 Satz 2 Nummer 6 in Verbindung mit § 130a Absatz 1 bis 4, nach § 118a Absatz 1 Satz 2 Nummer 7 in Verbindung mit § 130a Absatz 5 und 6 sowie nach § 118a Absatz 1 Satz 2 Nummer 8 auf elektronischem Wege wahrgenommen worden sind,
3. auf die durch eine technische Störung verursachte Verletzung von § 118a Absatz 1 Satz 2 Nummer 1 und 5 sowie Absatz 6,
4. auf eine Verletzung der §§ 67a, 67b, 118 Absatz 1 Satz 3 bis 5 und Absatz 2 Satz 2, von § 118a Absatz 1 Satz 4, § 121 Absatz 4a oder des § 124a,
5. auf Gründe, die ein Verfahren nach § 318 Absatz 3 des Handelsgesetzbuchs[3)] rechtfertigen.

[2] Eine Anfechtung kann auf die durch eine technische Störung verursachte Verletzung von Rechten aus Satz 1 Nummer 1 und 2 sowie Vorschriften aus Satz 1 Nummer 3 nur gestützt werden, wenn der Gesellschaft grobe Fahrlässigkeit oder Vorsatz vorzuwerfen ist; in der Satzung kann ein strengerer Verschuldensmaßstab bestimmt werden.

(4) [1] Wegen unrichtiger, unvollständiger oder verweigerter Erteilung von Informationen kann nur angefochten werden, wenn ein objektiv urteilender Aktionär die Erteilung der Information als wesentliche Voraussetzung für die sachgerechte Wahrnehmung seiner Teilnahme- und Mitgliedschaftsrechte angesehen hätte. [2] Auf unrichtige, unvollständige oder unzureichende Informationen in der Hauptversammlung über die Ermittlung, Höhe oder Angemessenheit von Ausgleich, Abfindung, Zuzahlung oder über sonstige Kompensationen kann eine Anfech-

---

[1)] § 243 Abs. 4 neu gef. mWv 1.11.2005 durch G v. 22.9.2005 (BGBl. I S. 2802); Abs. 3 neu gef. mWv 27.7.2022 durch G v. 20.7.2022 (BGBl. I S. 1166).

[2)] Beachte hierzu Übergangsvorschriften in §§ 26j und 26n EGAktG (Nr. **51a**).

[3)] Nr. **50**.

tungsklage nicht gestützt werden, wenn das Gesetz für Bewertungsrügen ein Spruchverfahren vorsieht.

**§ 244 Bestätigung anfechtbarer Hauptversammlungsbeschlüsse.** [1] Die Anfechtung kann nicht mehr geltend gemacht werden, wenn die Hauptversammlung den anfechtbaren Beschluß durch einen neuen Beschluß bestätigt hat und dieser Beschluß innerhalb der Anfechtungsfrist nicht angefochten oder die Anfechtung rechtskräftig zurückgewiesen worden ist. [2] Hat der Kläger ein rechtliches Interesse, daß der anfechtbare Beschluß für die Zeit bis zum Bestätigungsbeschluß für nichtig erklärt wird, so kann er die Anfechtung weiterhin mit dem Ziel geltend machen, den anfechtbaren Beschluß für diese Zeit für nichtig zu erklären.

**§ 245[1)] Anfechtungsbefugnis.** [1] Zur Anfechtung ist befugt

1. jeder in der Hauptversammlung erschienene Aktionär, wenn er die Aktien schon vor der Bekanntmachung der Tagesordnung erworben hatte und gegen den Beschluß Widerspruch zur Niederschrift erklärt hat;
2. jeder in der Hauptversammlung nicht erschienene Aktionär, wenn er zu der Hauptversammlung zu Unrecht nicht zugelassen worden ist oder die Versammlung nicht ordnungsgemäß einberufen oder der Gegenstand der Beschlußfassung nicht ordnungsgemäß bekanntgemacht worden ist;
3. im Fall des § 243 Abs. 2 jeder Aktionär, wenn er die Aktien schon vor der Bekanntmachung der Tagesordnung erworben hatte;
4. der Vorstand;
5. jedes Mitglied des Vorstands und des Aufsichtsrats, wenn durch die Ausführung des Beschlusses Mitglieder des Vorstands oder des Aufsichtsrats eine strafbare Handlung oder eine Ordnungswidrigkeit begehen oder wenn sie ersatzpflichtig werden würden.

[2] Im Fall der virtuellen Hauptversammlung gelten alle zu der Versammlung elektronisch zugeschalteten Aktionäre als erschienen im Sinne des Satzes 1 Nummer 1.

**§ 246[2)] Anfechtungsklage.** (1) Die Klage muß innerhalb eines Monats nach der Beschlußfassung erhoben werden.

(2) [1] Die Klage ist gegen die Gesellschaft zu richten. [2] Die Gesellschaft wird durch Vorstand und Aufsichtsrat vertreten. [3] Klagt der Vorstand oder ein Vorstandsmitglied, wird die Gesellschaft durch den Aufsichtsrat, klagt ein Aufsichtsratsmitglied, wird sie durch den Vorstand vertreten.

(3) [1] Zuständig für die Klage ist ausschließlich das Landgericht, in dessen Bezirk die Gesellschaft ihren Sitz hat. [2] Ist bei dem Landgericht eine Kammer für Handelssachen gebildet, so entscheidet diese an Stelle der Zivilkammer. [3] § 148 Abs. 2 Satz 3 und 4 gilt entsprechend. [4] Die mündliche Verhandlung findet nicht vor Ablauf der Monatsfrist des Absatzes 1 statt. [5] Die Gesellschaft kann unmittelbar nach Ablauf der Monatsfrist des Absatzes 1 eine eingereichte Klage bereits vor Zustellung einsehen und sich von der Geschäftsstelle Auszüge und Abschriften

---

1) § 245 Nr. 1 und 3 geänd. mWv 1.11.2005 durch G v. 22.9.2005 (BGBl. I S. 2802); Satz 2 angef. mWv 27.7.2022 durch G v. 20.7.2022 (BGBl. I S. 1166).

2) § 246 Abs. 3 Satz 2 eingef. mWv 1.11.2005, Satz 3 eingef., bish. Sätze 2 und 3 werden Sätze 4 und 5 mWv *28.9.2005*, Abs. 4 Satz 2 angef. mWv 1.11.2005 durch G v. 22.9.2005 (BGBl. I S. 2802); Abs. 3 Satz 3 geänd. mWv 1.9.2009 durch G v. 17.12.2008 (BGBl. I S. 2586); Abs. 3 Satz 5 eingef., bish. Satz 5 wird Satz 6 mWv 1.9.2009 durch G v. 30.7.2009 (BGBl. I S. 2479); Abs. 4 Satz 1 geänd. mWv 31.12. 2015 durch G v. 22.12.2015 (BGBl. I S. 2565).

erteilen lassen. [5] Mehrere Anfechtungsprozesse sind zur gleichzeitigen Verhandlung und Entscheidung zu verbinden.

(4) [1] Der Vorstand hat die Erhebung der Klage unverzüglich in den Gesellschaftsblättern bekanntzumachen. [2] Ein Aktionär kann sich als Nebenintervenient nur innerhalb eines Monats nach der Bekanntmachung an der Klage beteiligen.

**§ 246a[1)] [2)] Freigabeverfahren.** (1) [1] Wird gegen einen Hauptversammlungsbeschluss zur Änderung der Satzung nach § 118a Absatz 1 Satz 1, über eine Maßnahme der Kapitalbeschaffung, der Kapitalherabsetzung (§§ 182 bis 240) oder einen Unternehmensvertrag (§§ 291 bis 307) Klage erhoben, so kann das Gericht auf Antrag der Gesellschaft durch Beschluss feststellen, dass die Erhebung der Klage der Eintragung nicht entgegensteht und Mängel des Hauptversammlungsbeschlusses die Wirkung der Eintragung unberührt lassen. [2] Auf das Verfahren sind § 247, die §§ 82, 83 Abs. 1 und § 84 der Zivilprozessordnung[3)] sowie die im ersten Rechtszug für das Verfahren vor den Landgerichten geltenden Vorschriften der Zivilprozessordnung entsprechend anzuwenden, soweit nichts Abweichendes bestimmt ist. [3] Über den Antrag entscheidet ein Senat des Oberlandesgerichts, in dessen Bezirk die Gesellschaft ihren Sitz hat.

(2) Ein Beschluss nach Absatz 1 ergeht, wenn

1. die Klage unzulässig oder offensichtlich unbegründet ist,
2. der Kläger nicht binnen einer Woche nach Zustellung des Antrags durch Urkunden oder durch einen Nachweis nach § 67c Absatz 3 belegt hat, dass er seit Bekanntmachung der Einberufung einen anteiligen Betrag von mindestens 1 000 Euro hält oder
3. das alsbaldige Wirksamwerden des Hauptversammlungsbeschlusses vorrangig erscheint, weil die vom Antragsteller dargelegten wesentlichen Nachteile für die Gesellschaft und ihre Aktionäre nach freier Überzeugung des Gerichts die Nachteile für den Antragsgegner überwiegen, es sei denn, es liegt eine besondere Schwere des Rechtsverstoßes vor.

(3) [1] Eine Übertragung auf den Einzelrichter ist ausgeschlossen; einer Güteverhandlung bedarf es nicht. [2] In dringenden Fällen kann auf eine mündliche Verhandlung verzichtet werden. [3] Die vorgebrachten Tatsachen, auf Grund deren der Beschluss ergehen kann, sind glaubhaft zu machen. [4] Der Beschluss ist unanfechtbar. [5] Er ist für das Registergericht bindend; die Feststellung der Bestandskraft der Eintragung wirkt für und gegen jedermann. [6] Der Beschluss soll spätestens drei Monate nach Antragstellung ergehen; Verzögerungen der Entscheidung sind durch unanfechtbaren Beschluss zu begründen.

(4) [1] Erweist sich die Klage als begründet, so ist die Gesellschaft, die den Beschluss erwirkt hat, verpflichtet, dem Antragsgegner den Schaden zu ersetzen, der ihm aus einer auf dem Beschluss beruhenden Eintragung des Hauptversammlungsbeschlusses entstanden ist. [2] Nach der Eintragung lassen Mängel des Beschlus-

---

[1)] § 246a eingef. mWv 1.11.2005 durch G v. 22.9.2005 (BGBl. I S. 2802); Abs. 3 Satz 4 eingef., bish. Sätze 4 und 5 werden Sätze 5 und 6 mWv 25.4.2007 durch G v. 19.4.2007 (BGBl. I S. 542); Abs. 1 Satz 1 geänd., Sätze 2 und 3 angef., Abs. 2 neu gef., Abs. 3 Satz 1 eingef., bish. Sätze 1 und 2 werden Sätze 2 und 3, bish. Satz 3 wird Satz 4 und neu gef., bish. Satz 4 aufgeh., Satz 5 geänd. mWv 1.9.2009 durch G v. 30.7.2009 (BGBl. I S. 2479); Abs. 2 Nr. 2 geänd. mWv 1.1.2020 durch G v. 12.12.2019 (BGBl. I S. 2637); Abs. 1 Satz 1 geänd. mWv 27.7.2022 durch G v. 20.7.2022 (BGBl. I S. 1166).

[2)] Beachte hierzu Übergangsvorschrift in § 26j EGAktG (Nr. **51a**).

[3)] Nr. **100**.

ses seine Durchführung unberührt; die Beseitigung dieser Wirkung der Eintragung kann auch nicht als Schadensersatz verlangt werden.

**§ 247[1)] Streitwert.** (1) [1]Den Streitwert bestimmt das Prozeßgericht unter Berücksichtigung aller Umstände des einzelnen Falles, insbesondere der Bedeutung der Sache für die Parteien, nach billigem Ermessen. [2]Er darf jedoch ein Zehntel des Grundkapitals oder, wenn dieses Zehntel mehr als 500 000 Euro beträgt, 500 000 Euro nur insoweit übersteigen, als die Bedeutung der Sache für den Kläger höher zu bewerten ist.

(2) [1]Macht eine Partei glaubhaft, daß die Belastung mit den Prozeßkosten nach dem gemäß Absatz 1 bestimmten Streitwert ihre wirtschaftliche Lage erheblich gefährden würde, so kann das Prozeßgericht auf ihren Antrag anordnen, daß ihre Verpflichtung zur Zahlung von Gerichtskosten sich nach einem ihrer Wirtschaftslage angepaßten Teil des Streitwerts bemißt. [2]Die Anordnung hat zur Folge, daß die begünstigte Partei die Gebühren ihres Rechtsanwalts ebenfalls nur nach diesem Teil des Streitwerts zu entrichten hat. [3]Soweit ihr Kosten des Rechtsstreits auferlegt werden oder soweit sie diese übernimmt, hat sie die von dem Gegner entrichteten Gerichtsgebühren und die Gebühren seines Rechtsanwalts nur nach dem Teil des Streitwerts zu erstatten. [4]Soweit die außergerichtlichen Kosten dem Gegner auferlegt oder von ihm übernommen werden, kann der Rechtsanwalt der begünstigten Partei seine Gebühren von dem Gegner nach dem für diesen geltenden Streitwert beitreiben.

(3) [1]Der Antrag nach Absatz 2 kann vor der Geschäftsstelle des Prozeßgerichts zur Niederschrift erklärt werden. [2]Er ist vor der Verhandlung zur Hauptsache anzubringen. [3]Später ist er nur zulässig, wenn der angenommene oder festgesetzte Streitwert durch das Prozeßgericht heraufgesetzt wird. [4]Vor der Entscheidung über den Antrag ist der Gegner zu hören.

**§ 248[2)] Urteilswirkung.** (1) [1]Soweit der Beschluß durch rechtskräftiges Urteil für nichtig erklärt ist, wirkt das Urteil für und gegen alle Aktionäre sowie die Mitglieder des Vorstands und des Aufsichtsrats, auch wenn sie nicht Partei sind. [2]Der Vorstand hat das Urteil unverzüglich zum Handelsregister einzureichen. [3]War der Beschluß in das Handelsregister eingetragen, so ist auch das Urteil einzutragen. [4]Die Eintragung des Urteils ist in gleicher Weise wie die des Beschlusses bekanntzumachen.

(2) Hatte der Beschluß eine Satzungsänderung zum Inhalt, so ist mit dem Urteil der vollständige Wortlaut der Satzung, wie er sich unter Berücksichtigung des Urteils und aller bisherigen Satzungsänderungen ergibt, mit der Bescheinigung eines Notars über diese Tatsache zum Handelsregister einzureichen.

**§ 248a[3)] Bekanntmachungen zur Anfechtungsklage.** [1]Wird der Anfechtungsprozess beendet, hat die börsennotierte Gesellschaft die Verfahrensbeendigung unverzüglich in den Gesellschaftsblättern bekannt zu machen. [2]§ 149 Abs. 2 und 3 ist entsprechend anzuwenden.

---

[1)] § 247 Abs. 1 Satz 2 geänd. mWv 1.1.2002 durch G v. 27.4.2001 (BGBl. I S. 751).
[2)] § 248 Abs. 2 angef. durch G v. 15.8.1969 (BGBl. I S. 1146).
[3)] § 248a eingef. mWv 1.11.2005 durch G v. 22.9.2005 (BGBl. I S. 2802).

**§ 249[1] Nichtigkeitsklage.** (1) [1]Erhebt ein Aktionär, der Vorstand oder ein Mitglied des Vorstands oder des Aufsichtsrats Klage auf Feststellung der Nichtigkeit eines Hauptversammlungsbeschlusses gegen die Gesellschaft, so finden § 246 Abs. 2, Abs. 3 Satz 1 bis 5, Abs. 4, §§ 246a, 247, 248 und 248a entsprechende Anwendung. [2]Es ist nicht ausgeschlossen, die Nichtigkeit auf andere Weise als durch Erhebung der Klage geltend zu machen. [3]Schafft der Hauptversammlungsbeschluss Voraussetzungen für eine Umwandlung nach § 1 des Umwandlungsgesetzes[2] und ist der Umwandlungsbeschluss eingetragen, so gilt § 20 Abs. 2 des Umwandlungsgesetzes für den Hauptversammlungsbeschluss entsprechend.

(2) [1]Mehrere Nichtigkeitsprozesse sind zur gleichzeitigen Verhandlung und Entscheidung zu verbinden. [2]Nichtigkeits- und Anfechtungsprozesse können verbunden werden.

### Zweiter Unterabschnitt. Nichtigkeit bestimmter Hauptversammlungsbeschlüsse

**§ 250[3] Nichtigkeit der Wahl von Aufsichtsratsmitgliedern.** (1) Die Wahl eines Aufsichtsratsmitglieds durch die Hauptversammlung ist außer im Falle des § 241 Nr. 1, 2 und 5 nur dann nichtig, wenn

1. der Aufsichtsrat unter Verstoß gegen § 96 Absatz 4, § 97 Abs. 2 Satz 1 oder § 98 Abs. 4 zusammengesetzt wird;
2. die Hauptversammlung, obwohl sie an Wahlvorschläge gebunden ist (§§ 6 und 8 des Montan-Mitbestimmungsgesetzes[4]), eine nicht vorgeschlagene Person wählt;
3. durch die Wahl die gesetzliche Höchstzahl der Aufsichtsratsmitglieder überschritten wird (§ 95);
4. die gewählte Person nach § 100 Abs. 1 und 2 bei Beginn ihrer Amtszeit nicht Aufsichtsratsmitglied sein kann;
5. die Wahl gegen § 96 Absatz 2 verstößt.

(2) Für die Klage auf Feststellung, daß die Wahl eines Aufsichtsratsmitglieds nichtig ist, sind parteifähig

1. der Gesamtbetriebsrat der Gesellschaft oder, wenn in der Gesellschaft nur ein Betriebsrat besteht, der Betriebsrat, sowie, wenn die Gesellschaft herrschendes Unternehmen eines Konzerns ist, der Konzernbetriebsrat,
2. der Gesamt- oder Unternehmenssprecherausschuss der Gesellschaft oder, wenn in der Gesellschaft nur ein Sprecherausschuss besteht, der Sprecherausschuss sowie, wenn die Gesellschaft herrschendes Unternehmen eines Konzerns ist, der Konzernsprecherausschuss,
3. der Gesamtbetriebsrat eines anderen Unternehmens, dessen Arbeitnehmer selbst oder durch Delegierte an der Wahl von Aufsichtsratsmitgliedern der Gesellschaft teilnehmen, oder, wenn in dem anderen Unternehmen nur ein Betriebsrat besteht, der Betriebsrat,

---

[1] § 249 Abs. 1 Satz 1 neu gef., Satz 3 angef. mWv 1.11.2005 durch G v. 22.9.2005 (BGBl. I S. 2802); Abs. 1 Satz 1 geänd. mWv 1.9.2009 durch G v. 30.7.2009 (BGBl. I S. 2479).

[2] Nr. **52a**.

[3] § 250 Abs. 1 Nr. 2 geänd., Abs. 2 neu gef. durch G v. 4.5.1976 (BGBl. I S. 1153); Abs. 2 Nr. 2 und 3 geänd. durch G v. 20.12.1988 (BGBl. I S. 2312); Abs. 2 Nr. 2 und 3 geänd. durch G v. 26.6.1990 (BGBl. I S. 1206); Abs. 2 Nr. 2 und 4 eingef., bish. Nr. 2 und 3 werden Nr. 3 und 5 mWv 27.3.2002 durch G v. 23.3.2002 (BGBl. I S. 1130); Abs. 3 Satz 1 neu gef. mWv 1.11.2005 durch G v. 22.9.2005 (BGBl. I S. 2802); Abs. 1 Nr. 1 und 4 geänd., Nr. 5 angef. mWv 1.5.2015 durch G v. 24.4.2015 (BGBl. I S. 642).

[4] **Habersack, Deutsche Gesetze ErgBd. Nr. 82b.**

4. der Gesamt- oder Unternehmenssprecherausschuss eines anderen Unternehmens, dessen Arbeitnehmer selbst oder durch Delegierte an der Wahl von Aufsichtsratsmitgliedern der Gesellschaft teilnehmen, oder, wenn in dem anderen Unternehmen nur ein Sprecherausschuss besteht, der Sprecherausschuss,
5. jede in der Gesellschaft oder in einem Unternehmen, dessen Arbeitnehmer selbst oder durch Delegierte an der Wahl von Aufsichtsratsmitgliedern der Gesellschaft teilnehmen, vertretene Gewerkschaft sowie deren Spitzenorganisation.

(3) [1] Erhebt ein Aktionär, der Vorstand, ein Mitglied des Vorstands oder des Aufsichtsrats oder eine in Absatz 2 bezeichnete Organisation oder Vertretung der Arbeitnehmer gegen die Gesellschaft Klage auf Feststellung, dass die Wahl eines Aufsichtsratsmitglieds nichtig ist, so gelten § 246 Abs. 2, Abs. 3 Satz 1 bis 4, Abs. 4, §§ 247, 248 Abs. 1 Satz 2, §§ 248a und 249 Abs. 2 sinngemäß. [2] Es ist nicht ausgeschlossen, die Nichtigkeit auf andere Weise als durch Erhebung der Klage geltend zu machen.

**§ 251[1)] Anfechtung der Wahl von Aufsichtsratsmitgliedern.** (1) [1] Die Wahl eines Aufsichtsratsmitglieds durch die Hauptversammlung kann wegen Verletzung des Gesetzes oder der Satzung durch Klage angefochten werden. [2] Ist die Hauptversammlung an Wahlvorschläge gebunden, so kann die Anfechtung auch darauf gestützt werden, daß der Wahlvorschlag gesetzwidrig zustande gekommen ist. [3] § 243 Abs. 4 und § 244 gelten.

(2) [1] Für die Anfechtungsbefugnis gilt § 245 Satz 1 Nummer 1, 2 und 4 sowie Satz 2. [2] Die Wahl eines Aufsichtsratsmitglieds, das nach dem Montan-Mitbestimmungsgesetz[2)] auf Vorschlag der Betriebsräte gewählt worden ist, kann auch von jedem Betriebsrat eines Betriebs der Gesellschaft, jeder in den Betrieben der Gesellschaft vertretenen Gewerkschaft oder deren Spitzenorganisation angefochten werden. [3] Die Wahl eines weiteren Mitglieds, das nach dem Montan-Mitbestimmungsgesetz oder dem Mitbestimmungsergänzungsgesetz[3)] auf Vorschlag der übrigen Aufsichtsratsmitglieder gewählt worden ist, kann auch von jedem Aufsichtsratsmitglied angefochten werden.

(3) Für das Anfechtungsverfahren gelten die §§ 246, 247, 248 Abs. 1 Satz 2 und § 248a.

**§ 252[4)] Urteilswirkung.** (1) Erhebt ein Aktionär, der Vorstand, ein Mitglied des Vorstands oder des Aufsichtsrats oder eine in § 250 Abs. 2 bezeichnete Organisation oder Vertretung der Arbeitnehmer gegen die Gesellschaft Klage auf Feststellung, daß die Wahl eines Aufsichtsratsmitglieds durch die Hauptversammlung nichtig ist, so wirkt ein Urteil, das die Nichtigkeit der Wahl rechtskräftig feststellt, für und gegen alle Aktionäre und Arbeitnehmer der Gesellschaft, alle Arbeitnehmer von anderen Unternehmen, deren Arbeitnehmer selbst oder durch Delegierte an der Wahl von Aufsichtsratsmitgliedern der Gesellschaft teilnehmen, die Mitglieder des Vorstands und des Aufsichtsrats sowie die in § 250 Abs. 2

---

[1)] § 251 Abs. 2 Sätze 2 und 3 geänd. durch G v. 4.5.1976 (BGBl. I S. 1153); Abs. 2 Satz 2 geänd. durch G v. 19.12.1985 (BGBl. I S. 2355); Abs. 3 neu gef. mWv 1.11.2005 durch G v. 22.9.2005 (BGBl. I S. 2802); Abs. 2 Satz 1 geänd. mWv 27.7.2022 durch G v. 20.7.2022 (BGBl. I S. 1166).

[2)] **Habersack, Deutsche Gesetze ErgBd. Nr. 82b.**

[3)] **Habersack, Deutsche Gesetze ErgBd. Nr. 82c.**

[4)] § 252 Abs. 1 neu gef. durch G v. 4.5.1976 (BGBl. I S. 1153); Abs. 1 geänd. durch G v. 20.12.1988 (BGBl. I S. 2312); Abs. 1 geänd. durch G v. 26.6.1990 (BGBl. I S. 1206).

bezeichneten Organisationen und Vertretungen der Arbeitnehmer, auch wenn sie nicht Partei sind.

(2) [1] Wird die Wahl eines Aufsichtsratsmitglieds durch die Hauptversammlung durch rechtskräftiges Urteil für nichtig erklärt, so wirkt das Urteil für und gegen alle Aktionäre sowie die Mitglieder des Vorstands und Aufsichtsrats, auch wenn sie nicht Partei sind. [2] Im Fall des § 251 Abs. 2 Satz 2 wirkt das Urteil auch für und gegen die nach dieser Vorschrift anfechtungsberechtigten Betriebsräte, Gewerkschaften und Spitzenorganisationen, auch wenn sie nicht Partei sind.

**§ 253 Nichtigkeit des Beschlusses über die Verwendung des Bilanzgewinns.** (1) [1] Der Beschluß über die Verwendung des Bilanzgewinns ist außer in den Fällen des § 173 Abs. 3, des § 217 Abs. 2 und des § 241 nur dann nichtig, wenn die Feststellung des Jahresabschlusses, auf dem er beruht, nichtig ist. [2] Die Nichtigkeit des Beschlusses aus diesem Grunde kann nicht mehr geltend gemacht werden, wenn die Nichtigkeit der Feststellung des Jahresabschlusses nicht mehr geltend gemacht werden kann.

(2) Für die Klage auf Feststellung der Nichtigkeit gegen die Gesellschaft gilt § 249.

**§ 254[1] Anfechtung des Beschlusses über die Verwendung des Bilanzgewinns.** (1) Der Beschluß über die Verwendung des Bilanzgewinns kann außer nach § 243 auch angefochten werden, wenn die Hauptversammlung aus dem Bilanzgewinn Beträge in Gewinnrücklagen einstellt oder als Gewinn vorträgt, die nicht nach Gesetz oder Satzung von der Verteilung unter die Aktionäre ausgeschlossen sind, obwohl die Einstellung oder der Gewinnvortrag bei vernünftiger kaufmännischer Beurteilung nicht notwendig ist, um die Lebens- und Widerstandsfähigkeit der Gesellschaft für einen hinsichtlich der wirtschaftlichen und finanziellen Notwendigkeiten übersehbaren Zeitraum zu sichern und dadurch unter die Aktionäre kein Gewinn in Höhe von mindestens vier vom Hundert des Grundkapitals abzüglich von noch nicht eingeforderten Einlagen verteilt werden kann.

(2) [1] Für die Anfechtung gelten die §§ 244 bis 246, 247 bis 248a. [2] Die Anfechtungsfrist beginnt auch dann mit der Beschlußfassung, wenn der Jahresabschluß nach § 316 Abs. 3 des Handelsgesetzbuchs[2] erneut zu prüfen ist. [3] Zu einer Anfechtung nach Absatz 1 sind Aktionäre nur befugt, wenn ihre Anteile zusammen den zwanzigsten Teil des Grundkapitals oder den anteiligen Betrag von 500 000 Euro erreichen.

**§ 255[3] Anfechtung der Kapitalerhöhung gegen Einlagen.** (1) Der Beschluß über eine Kapitalerhöhung gegen Einlagen kann nach § 243 angefochten werden.

(2) [1] Die Anfechtung kann, wenn das Bezugsrecht der Aktionäre ganz oder zum Teil ausgeschlossen worden ist, auch darauf gestützt werden, daß der sich aus dem Erhöhungsbeschluß ergebende Ausgabebetrag oder der Mindestbetrag, unter dem die neuen Aktien nicht ausgegeben werden sollen, unangemessen niedrig ist.

---

[1] § 254 Abs. 1 und Abs. 2 Sätze 2 und 3 geänd. durch G v. 19.12.1985 (BGBl. I S. 2355); Abs. 2 Satz 3 geänd. durch G v. 25.3.1998 (BGBl. I S. 590); Abs. 2 Satz 3 geänd. durch G v. 9.6.1998 (BGBl. I S. 1242); Abs. 2 Satz 1 neu gef. mWv 1.11.2005 durch G v. 22.9.2005 (BGBl. I S. 2802).

[2] Nr. **50**.

[3] § 255 Abs. 3 neu gef. mWv 1.11.2005 durch G v. 22.9.2005 (BGBl. I S. 2802).

[2] Dies gilt nicht, wenn die neuen Aktien von einem Dritten mit der Verpflichtung übernommen werden sollen, sie den Aktionären zum Bezug anzubieten.

(3) Für die Anfechtung gelten die §§ 244 bis 248a.

### Zweiter Abschnitt. Nichtigkeit des festgestellten Jahresabschlusses

**§ 256**[1)] [2)] **Nichtigkeit.** (1) Ein festgestellter Jahresabschluß ist außer in den Fällen des § 173 Abs. 3, § 234 Abs. 3 und § 235 Abs. 2 nichtig, wenn

1. er durch seinen Inhalt Vorschriften verletzt, die ausschließlich oder überwiegend zum Schutze der Gläubiger der Gesellschaft gegeben sind,
2. er im Falle einer gesetzlichen Prüfungspflicht nicht nach § 316 Abs. 1 und 3 des Handelsgesetzbuchs[3)] geprüft worden ist,
3. er im Falle einer gesetzlichen Prüfungspflicht von Personen geprüft worden ist, die nach § 319 Absatz 1 des Handelsgesetzbuchs oder nach Artikel 25 des Einführungsgesetzes zum Handelsgesetzbuch[4)] nicht Abschlussprüfer sind oder aus anderen Gründen als den folgenden nicht zum Abschlussprüfer bestellt sind:
   a) Verstoß gegen § 319 Absatz 2, 3 oder 4 des Handelsgesetzbuchs,
   b) Verstoß gegen § 319b Absatz 1 des Handelsgesetzbuchs,
   c) Verstoß gegen die Verordnung (EU) Nr. 537/2014 des Europäischen Parlaments und des Rates vom 16. April 2014 über spezifische Anforderungen an die Abschlussprüfung bei Unternehmen von öffentlichem Interesse und zur Aufhebung des Beschlusses 2005/909/EG der Kommission (ABl. L 158 vom 27.5.2014, S. 77, L 170 vom 11.6.2014, S. 66),
4. bei seiner Feststellung die Bestimmungen des Gesetzes oder der Satzung über die Einstellung von Beträgen in Kapital- oder Gewinnrücklagen oder über die Entnahme von Beträgen aus Kapital- oder Gewinnrücklagen verletzt worden sind.

(2) Ein von Vorstand und Aufsichtsrat festgestellter Jahresabschluß ist außer nach Absatz 1 nur nichtig, wenn der Vorstand oder der Aufsichtsrat bei seiner Feststellung nicht ordnungsgemäß mitgewirkt hat.

(3) Ein von der Hauptversammlung festgestellter Jahresabschluß ist außer nach Absatz 1 nur nichtig, wenn die Feststellung

1. in einer Hauptversammlung beschlossen worden ist, die unter Verstoß gegen § 121 Abs. 2 und 3 Satz 1 oder Abs. 4 einberufen war,

---

[1)] § 256 Abs. 1 Nr. 2–4 neu gef., Abs. 4 Satz 1 geänd., Satz 2 aufgeh., Abs. 5 Sätze 2 und 3 sowie Abs. 6 Satz 1 geänd. durch G v. 19.12.1985 (BGBl. I S. 2355); Abs. 1 Nr. 1 geänd. durch G v. 30.11.1990 (BGBl. I S. 2570); Abs. 3 Nr. 1 neu gef. durch G v. 2.8.1994 (BGBl. I S. 1961); Abs. 5 Satz 4 neu gef. durch G v. 22.10.1997 (BGBl. I S. 2567); Abs. 7 Satz 2 angef. mWv 21.12.2004 durch G v. 15.12.2004 (BGBl. I S. 3408); Abs. 6 Satz 1 geänd. mWv 1.1.2007 durch G v. 10.11.2006 (BGBl. I S. 2553); Abs. 7 Satz 2 geänd. mWv 1.11.2007 durch G v. 16.7.2007 (BGBl. I S. 1330); Abs. 5 Sätze 2–4 geänd. mWv 29.5.2009 durch G v. 25.5.2009 (BGBl. I S. 1102); Abs. 3 Nr. 1 und 2 geänd. mWv 1.9.2009 durch G v. 30.7.2009 (BGBl. I S. 2479); Abs. 5 Satz 4 geänd. mWv 22.7.2013 durch G v. 4.7.2013 (BGBl. I S. 1981); Abs. 5 Sätze 2 und 3 geänd. mWv 23.7.2015 durch G v. 17.7.2015 (BGBl. I S. 1245); Abs. 7 Satz 2 geänd. mWv 31.12.2015 durch G v. 22.12.2015 (BGBl. I S. 2565); Abs. 1 Nr. 3 neu gef. mWv 17.6.2016 durch G v. 10.5.2016 (BGBl. I S. 1142); Abs. 7 Satz 2 geänd. mWv 1.1.2020 durch G v. 12.12.2019 (BGBl. I S. 2637); Abs. 5 Satz 4 geänd. mWv 26.6.2021 durch G v. 12.5.2021 (BGBl. I S. 990); Abs. 1 Nr. 3 Buchst. b aufgeh., bish. Buchst. c und d werden Buchst. b und c mWv 1.7.2021 durch G v. 3.6.2021 (BGBl. I S. 1534); Abs. 6 Satz 1 geänd. mWv 1.8.2022 durch G v. 5.7.2021 (BGBl. I S. 3338).

[2)] Beachte hierzu Übergangsvorschriften in §§ 26k und 26m EGAktG (Nr. **51a**).

[3)] Nr. **50**.

[4)] Nr. **50a**.

2. nicht nach § 130 Abs. 1 und 2 Satz 1 und Abs. 4 beurkundet ist,
3. auf Anfechtungsklage durch Urteil rechtskräftig für nichtig erklärt worden ist.

(4) Wegen Verstoßes gegen die Vorschriften über die Gliederung des Jahresabschlusses sowie wegen der Nichtbeachtung von Formblättern, nach denen der Jahresabschluß zu gliedern ist, ist der Jahresabschluß nur nichtig, wenn seine Klarheit und Übersichtlichkeit dadurch wesentlich beeinträchtigt sind.

(5) [1] Wegen Verstoßes gegen die Bewertungsvorschriften ist der Jahresabschluß nur nichtig, wenn

1. Posten überbewertet oder
2. Posten unterbewertet sind und dadurch die Vermögens- und Ertragslage der Gesellschaft vorsätzlich unrichtig wiedergegeben oder verschleiert wird.

[2] Überbewertet sind Aktivposten, wenn sie mit einem höheren Wert, Passivposten, wenn sie mit einem niedrigeren Betrag angesetzt sind, als nach §§ 253 bis 256a des Handelsgesetzbuchs zulässig ist. [3] Unterbewertet sind Aktivposten, wenn sie mit einem niedrigeren Wert, Passivposten, wenn sie mit einem höheren Betrag angesetzt sind, als nach §§ 253 bis 256a des Handelsgesetzbuchs zulässig ist. [4] Bei Kreditinstituten, Finanzdienstleistungsinstituten oder bei Wertpapierinstituten sowie bei Kapitalverwaltungsgesellschaften im Sinn des § 17 des Kapitalanlagegesetzbuchs liegt ein Verstoß gegen die Bewertungsvorschriften nicht vor, soweit die Abweichung nach den für sie geltenden Vorschriften, insbesondere den §§ 340e bis 340g des Handelsgesetzbuchs, zulässig ist; dies gilt entsprechend für Versicherungsunternehmen nach Maßgabe der für sie geltenden Vorschriften, insbesondere der §§ 341b bis 341h des Handelsgesetzbuchs.

(6) [1] Die Nichtigkeit nach Absatz 1 Nr. 1, 3 und 4, Absatz 2, Absatz 3 Nr. 1 und 2, Absatz 4 und 5 kann nicht mehr geltend gemacht werden, wenn seit der Einstellung des Jahresabschlusses in das Unternehmensregister in den Fällen des Absatzes 1 Nr. 3 und 4, des Absatzes 2 und des Absatzes 3 Nr. 1 und 2 sechs Monate, in den anderen Fällen drei Jahre verstrichen sind. [2] Ist bei Ablauf der Frist eine Klage auf Feststellung der Nichtigkeit des Jahresabschlusses rechtshängig, so verlängert sich die Frist, bis über die Klage rechtskräftig entschieden ist oder sie sich auf andere Weise endgültig erledigt hat.

(7) [1] Für die Klage auf Feststellung der Nichtigkeit gegen die Gesellschaft gilt § 249 sinngemäß. [2] Ist für die Gesellschaft als Emittentin von zugelassenen Wertpapieren im Sinne des § 2 Absatz 1 des Wertpapierhandelsgesetzes[1)] mit Ausnahme von Anteilen und Aktien an offenen Investmentvermögen im Sinne des § 1 Absatz 4 des Kapitalanlagegesetzbuchs die Bundesrepublik Deutschland der Herkunftsstaat (§ 2 Absatz 13 des Wertpapierhandelsgesetzes), so hat das Gericht der Bundesanstalt für Finanzdienstleistungsaufsicht den Eingang einer Klage auf Feststellung der Nichtigkeit sowie jede rechtskräftige Entscheidung über diese Klage mitzuteilen.

**§ 257[2)] Anfechtung der Feststellung des Jahresabschlusses durch die Hauptversammlung.** (1) [1] Die Feststellung des Jahresabschlusses durch die Hauptversammlung kann nach § 243 angefochten werden. [2] Die Anfechtung kann jedoch nicht darauf gestützt werden, daß der Inhalt des Jahresabschlusses gegen Gesetz oder Satzung verstößt.

---

[1)] **Habersack, Deutsche Gesetze ErgBd. Nr. 58.**

[2)] § 257 Abs. 2 Satz 2 geänd. durch G v. 19.12.1985 (BGBl. I S. 2355); Abs. 2 Satz 1 neu gef. mWv 1.11.2005 durch G v. 22.9.2005 (BGBl. I S. 2802).

(2) [1] Für die Anfechtung gelten die §§ 244 bis 246, 247 bis 248a. [2] Die Anfechtungsfrist beginnt auch dann mit der Beschlußfassung, wenn der Jahresabschluß nach § 316 Abs. 3 des Handelsgesetzbuchs[1)] erneut zu prüfen ist.

### Dritter Abschnitt. Sonderprüfung wegen unzulässiger Unterbewertung

**§ 258**[2) 3)] **Bestellung der Sonderprüfer.** (1) [1] Besteht Anlaß für die Annahme, daß

1. in einem festgestellten Jahresabschluß bestimmte Posten nicht unwesentlich unterbewertet sind (§ 256 Abs. 5 Satz 3) oder
2. der Anhang die vorgeschriebenen Angaben nicht oder nicht vollständig enthält und der Vorstand in der Hauptversammlung die fehlenden Angaben, obwohl nach ihnen gefragt worden ist, nicht gemacht hat und die Aufnahme der Frage in die Niederschrift verlangt worden ist,

so hat das Gericht auf Antrag Sonderprüfer zu bestellen. [2] Die Sonderprüfer haben die bemängelten Posten darauf zu prüfen, ob sie nicht unwesentlich unterbewertet sind. [3] Sie haben den Anhang darauf zu prüfen, ob die vorgeschriebenen Angaben nicht oder nicht vollständig gemacht worden sind und der Vorstand in der Hauptversammlung die fehlenden Angaben, obwohl nach ihnen gefragt worden ist, nicht gemacht hat und die Aufnahme der Frage in die Niederschrift verlangt worden ist.

(1a) Bei Kreditinstituten, Finanzdienstleistungsinstituten oder bei Wertpapierinstituten sowie bei Kapitalverwaltungsgesellschaften im Sinn des § 17 des Kapitalanlagegesetzbuchs kann ein Sonderprüfer nach Absatz 1 nicht bestellt werden, soweit die Unterbewertung oder die fehlenden Angaben im Anhang auf der Anwendung des § 340f des Handelsgesetzbuchs[1)] beruhen.

(2) [1] Der Antrag muß innerhalb eines Monats nach der Hauptversammlung über den Jahresabschluß gestellt werden. [2] Dies gilt auch, wenn der Jahresabschluß nach § 316 Abs. 3 des Handelsgesetzbuchs erneut zu prüfen ist. [3] Er kann nur von Aktionären gestellt werden, deren Anteile zusammen den Schwellenwert des § 142 Abs. 2 erreichen. [4] Die Antragsteller haben die Aktien bis zur Entscheidung über den Antrag zu hinterlegen oder eine Versicherung des depotführenden Instituts vorzulegen, dass die Aktien so lange nicht veräußert werden, und glaubhaft zu machen, daß sie seit mindestens drei Monaten vor dem Tage der Hauptversammlung Inhaber der Aktien sind. [5] Zur Glaubhaftmachung genügt eine eidesstattliche Versicherung vor einem Notar.

(3) [1] Vor der Bestellung hat das Gericht den Vorstand, den Aufsichtsrat und den Abschlußprüfer zu hören. [2] Gegen die Entscheidung ist die Beschwerde zulässig. [3] Über den Antrag gemäß Absatz 1 entscheidet das Landgericht, in dessen Bezirk die Gesellschaft ihren Sitz hat.

---

[1)] Nr. **50**.

[2)] § 258 Abs. 1 Satz 1 Nr. 2 und Satz 3, Abs. 2 Satz 2, Abs. 3 Satz 1, Abs. 4 Satz 3, Abs. 5 geänd. durch G v. 19.12.1985 (BGBl. I S. 2355); Abs. 2 Satz 5 geänd. durch G v. 28.8.1969 (BGBl. I S. 1513); Abs. 1a eingef. durch G v. 30.11.1990 (BGBl. I S. 2570); Abs. 1a geänd. durch G v. 22.10.1997 (BGBl. I S. 2567); Abs. 2 Satz 3 neu gef., Satz 4 geänd. mWv 1.11.2005 durch G v. 22.9.2005 (BGBl. I S. 2802); Abs. 3 Satz 2 geänd., Satz 3 angef. mWv 1.9.2009 durch G v. 17.12.2008 (BGBl. I S. 2586); Abs. 1a geänd. mWv 29.5. 2009 durch G v. 25.5.2009 (BGBl. I S. 1102); Abs. 1a geänd. mWv 22.7.2013 durch G v. 4.7.2013 (BGBl. I S. 1981); Abs. 1a geänd. mWv 26.6.2021 durch G v. 12.5.2021 (BGBl. I S. 990); Abs. 4 Satz 2 neu gef. mWv 1.7.2021 durch G v. 3.6.2021 (BGBl. I S. 1534).

[3)] Beachte hierzu Übergangsvorschrift in § 26k EGAktG (Nr. **51a**).

(4) [1] Sonderprüfer nach Absatz 1 können nur Wirtschaftsprüfer und Wirtschaftsprüfungsgesellschaften sein. [2] Für die Auswahl gelten § 319 Absatz 2 bis 4 und § 319b Absatz 1 des Handelsgesetzbuchs und bei Gesellschaften, die Unternehmen von öffentlichem Interesse nach § 316a Satz 2 des Handelsgesetzbuchs sind, auch Artikel 5 Absatz 1 der Verordnung (EU) Nr. 537/2014 sinngemäß. [3] Der Abschlußprüfer der Gesellschaft und Personen, die in den letzten drei Jahren vor der Bestellung Abschlußprüfer der Gesellschaft waren, können nicht Sonderprüfer nach Absatz 1 sein.

(5) [1] § 142 Abs. 6 über den Ersatz angemessener barer Auslagen und die Vergütung gerichtlich bestellter Sonderprüfer, § 145 Abs. 1 bis 3 über die Rechte der Sonderprüfer, § 146 über die Kosten der Sonderprüfung und § 323 des Handelsgesetzbuchs über die Verantwortlichkeit des Abschlußprüfers gelten sinngemäß. [2] Die Sonderprüfer nach Absatz 1 haben die Rechte nach § 145 Abs. 2 auch gegenüber dem Abschlußprüfer der Gesellschaft.

**§ 259[1)] Prüfungsbericht. Abschließende Feststellungen.** (1) [1] Die Sonderprüfer haben über das Ergebnis der Prüfung schriftlich zu berichten. [2] Stellen die Sonderprüfer bei Wahrnehmung ihrer Aufgaben fest, daß Posten überbewertet sind (§ 256 Abs. 5 Satz 2), oder daß gegen die Vorschriften über die Gliederung des Jahresabschlusses verstoßen ist oder Formblätter nicht beachtet sind, so haben sie auch darüber zu berichten. [3] Für den Bericht gilt § 145 Abs. 4 bis 6 sinngemäß.

(2) [1] Sind nach dem Ergebnis der Prüfung die bemängelten Posten nicht unwesentlich unterbewertet (§ 256 Abs. 5 Satz 3), so haben die Sonderprüfer am Schluß ihres Berichts in einer abschließenden Feststellung zu erklären,

1. zu welchem Wert die einzelnen Aktivposten mindestens und mit welchem Betrag die einzelnen Passivposten höchstens anzusetzen waren;
2. um welchen Betrag der Jahresüberschuß sich beim Ansatz dieser Werte oder Beträge erhöht oder der Jahresfehlbetrag sich ermäßigt hätte.

[2] Die Sonderprüfer haben ihrer Beurteilung die Verhältnisse am Stichtag des Jahresabschlusses zugrunde zu legen. [3] Sie haben für den Ansatz der Werte und Beträge nach Nummer 1 diejenige Bewertungs- und Abschreibungsmethode zugrunde zu legen, nach der die Gesellschaft die zu bewertenden Gegenstände oder vergleichbare Gegenstände zuletzt in zulässiger Weise bewertet hat.

(3) Sind nach dem Ergebnis der Prüfung die bemängelten Posten nicht oder nur unwesentlich unterbewertet (§ 256 Abs. 5 Satz 3), so haben die Sonderprüfer am Schluß ihres Berichts in einer abschließenden Feststellung zu erklären, daß nach ihrer pflichtmäßigen Prüfung und Beurteilung die bemängelten Posten nicht unzulässig unterbewertet sind.

(4) [1] Hat nach dem Ergebnis der Prüfung der Anhang die vorgeschriebenen Angaben nicht oder nicht vollständig enthalten und der Vorstand in der Hauptversammlung die fehlenden Angaben, obwohl nach ihnen gefragt worden ist, nicht gemacht und ist die Aufnahme der Frage in die Niederschrift verlangt worden, so haben die Sonderprüfer am Schluß ihres Berichts in einer abschließenden Feststellung die fehlenden Angaben zu machen. [2] Ist die Angabe von Abweichungen von Bewertungs- oder Abschreibungsmethoden unterlassen worden, so ist in der abschließenden Feststellung auch der Betrag anzugeben, um den der Jahresüberschuß oder Jahresfehlbetrag ohne die Abweichung, deren Angabe unterlassen

---

[1)] § 259 Abs. 1 Satz 2 und Abs. 4 geänd., Abs. 2 Satz 1 Nr. 2 neu gef. durch G v. 19.12.1985 (BGBl. I S. 2355); Abs. 1 Satz 3 geänd. mWv 1.11.2005 durch G v. 22.9.2005 (BGBl. I S. 2802).

wurde, höher oder niedriger gewesen wäre. [3] Sind nach dem Ergebnis der Prüfung keine Angaben nach Satz 1 unterlassen worden, so haben die Sonderprüfer in einer abschließenden Feststellung zu erklären, daß nach ihrer pflichtmäßigen Prüfung und Beurteilung im Anhang keine der vorgeschriebenen Angaben unterlassen worden ist.

(5) Der Vorstand hat die abschließenden Feststellungen der Sonderprüfer nach den Absätzen 2 bis 4 unverzüglich in den Gesellschaftsblättern bekanntzumachen.

**§ 260[1)] Gerichtliche Entscheidung über die abschließenden Feststellungen der Sonderprüfer.** (1) [1] Gegen abschließende Feststellungen der Sonderprüfer nach § 259 Abs. 2 und 3 können die Gesellschaft oder Aktionäre, deren Anteile zusammen den zwanzigsten Teil des Grundkapitals oder den anteiligen Betrag von 500 000 Euro erreichen, innerhalb eines Monats nach der Veröffentlichung im Bundesanzeiger den Antrag auf Entscheidung durch das nach § 132 Abs. 1 zuständige Gericht stellen. [2] § 258 Abs. 2 Satz 4 und 5 gilt sinngemäß. [3] Der Antrag muß auf Feststellung des Betrags gerichtet sein, mit dem die im Antrag zu bezeichnenden Aktivposten mindestens oder die im Antrag zu bezeichnenden Passivposten höchstens anzusetzen waren. [4] Der Antrag der Gesellschaft kann auch auf Feststellung gerichtet sein, daß der Jahresabschluß die in der abschließenden Feststellung der Sonderprüfer festgestellten Unterbewertungen nicht enthielt.

(2) [1] Über den Antrag entscheidet das Gericht unter Würdigung aller Umstände nach freier Überzeugung. [2] § 259 Abs. 2 Satz 2 und 3 ist anzuwenden. [3] Soweit die volle Aufklärung aller maßgebenden Umstände mit erheblichen Schwierigkeiten verbunden ist, hat das Gericht die anzusetzenden Werte oder Beträge zu schätzen.

(3) [1] § 99 Abs. 1, Abs. 2 Satz 1, Abs. 3 und 5 gilt sinngemäß. [2] Das Gericht hat seine Entscheidung der Gesellschaft und, wenn Aktionäre den Antrag nach Absatz 1 gestellt haben, auch diesen zuzustellen. [3] Es hat sie ferner ohne Gründe in den Gesellschaftsblättern bekanntzumachen. [4] Die Beschwerde steht der Gesellschaft und Aktionären zu, deren Anteile zusammen den zwanzigsten Teil des Grundkapitals oder den anteiligen Betrag von 500 000 Euro erreichen. [5] § 258 Abs. 2 Satz 4 und 5 gilt sinngemäß. [6] Die Beschwerdefrist beginnt mit der Bekanntmachung der Entscheidung im Bundesanzeiger, jedoch für die Gesellschaft und, wenn Aktionäre den Antrag nach Absatz 1 gestellt haben, auch für diese nicht vor der Zustellung der Entscheidung.

(4) [1] Die Kosten sind, wenn dem Antrag stattgegeben wird, der Gesellschaft, sonst dem Antragsteller aufzuerlegen. [2] § 247 gilt sinngemäß.

**§ 261[2)] Entscheidung über den Ertrag auf Grund höherer Bewertung.**

(1) [1] Haben die Sonderprüfer in ihrer abschließenden Feststellung erklärt, daß Posten unterbewertet sind, und ist gegen diese Feststellung nicht innerhalb der in § 260 Abs. 1 bestimmten Frist der Antrag auf gerichtliche Entscheidung gestellt worden, so sind die Posten in dem ersten Jahresabschluß, der nach Ablauf dieser Frist aufgestellt wird, mit den von den Sonderprüfern festgestellten Werten oder

[1)] § 260 Abs. 1 Satz 1 und Abs. 3 Satz 4 geänd. durch G v. 25.3.1998 (BGBl. I S. 590); Abs. 1 Satz 1 und Abs. 3 Satz 4 geänd. durch G v. 9.6.1998 (BGBl. I S. 1242); Abs. 1 Satz 1, Abs. 3 Satz 6 geänd. mWv 1.7.2004 durch G v. 18.5.2004 (BGBl. I S. 974); Abs. 1 Satz 1, Abs. 3 Satz 6 geänd. mWv 1.4.2012 durch G v. 22.12.2011 (BGBl. I S. 3044); Abs. 4 Sätze 1–5 aufgeh., bish. Sätze 6 und 7 werden Sätze 1 und 2 mWv *1.8.2013 durch G v. 23.7.2013* (BGBl. I S. 2586).

[2)] § 261 Abs. 1 Sätze 2–4 und 6 sowie Abs. 3 Satz 2 geänd. durch G v. 19.12.1985 (BGBl. I S. 2355); Abs. 1 Satz 2 und Abs. 3 Satz 1 geänd. mWv 29.5.2009 durch G v. 25.5.2009 (BGBl. I S. 1102); Abs. 1 Satz 2 geänd., Satz 7 angef. mWv 23.7.2015 durch G v. 17.7.2015 (BGBl. I S. 1245).

Beträgen anzusetzen. [2]Dies gilt nicht, soweit auf Grund veränderter Verhältnisse, namentlich bei Gegenständen, die der Abnutzung unterliegen, auf Grund der Abnutzung, nach §§ 253 bis 256a des Handelsgesetzbuchs oder nach den Grundsätzen ordnungsmäßiger Buchführung für Aktivposten ein niedrigerer Wert oder für Passivposten ein höherer Betrag anzusetzen ist. [3]In diesem Fall sind im Anhang die Gründe anzugeben und in einer Sonderrechnung die Entwicklung des von den Sonderprüfern festgestellten Wertes oder Betrags auf den nach Satz 2 angesetzten Wert oder Betrag darzustellen. [4]Sind die Gegenstände nicht mehr vorhanden, so ist darüber und über die Verwendung des Ertrags aus dem Abgang der Gegenstände im Anhang zu berichten. [5]Bei den einzelnen Posten der Jahresbilanz sind die Unterschiedsbeträge zu vermerken, um die auf Grund von Satz 1 und 2 Aktivposten zu einem höheren Wert oder Passivposten mit einem niedrigeren Betrag angesetzt worden sind. [6]Die Summe der Unterschiedsbeträge ist auf der Passivseite der Bilanz und in der Gewinn- und Verlustrechnung als „Ertrag auf Grund höherer Bewertung gemäß dem Ergebnis der Sonderprüfung" gesondert auszuweisen. [7]Ist die Gesellschaft eine kleine Kapitalgesellschaft (§ 267 Absatz 1 des Handelsgesetzbuchs[1)]), hat sie die Sätze 3 und 4 nur anzuwenden, wenn die Voraussetzungen des § 264 Absatz 2 Satz 2 des Handelsgesetzbuchs unter Berücksichtigung der nach diesem Abschnitt durchgeführten Sonderprüfung vorliegen.

(2) [1]Hat das gemäß § 260 angerufene Gericht festgestellt, daß Posten unterbewertet sind, so gilt für den Ansatz der Posten in dem ersten Jahresabschluß, der nach Rechtskraft der gerichtlichen Entscheidung aufgestellt wird, Absatz 1 sinngemäß. [2]Die Summe der Unterschiedsbeträge ist als „Ertrag auf Grund höherer Bewertung gemäß gerichtlicher Entscheidung" gesondert auszuweisen.

(3) [1]Der Ertrag aus höherer Bewertung nach Absätzen 1 und 2 rechnet für die Anwendung des § 58 nicht zum Jahresüberschuß. [2]Über die Verwendung des Ertrags abzüglich der auf ihn zu entrichtenden Steuern entscheidet die Hauptversammlung, soweit nicht in dem Jahresabschluß ein Bilanzverlust ausgewiesen wird, der nicht durch Kapital- oder Gewinnrücklagen gedeckt ist.

**§ 261a[2)] Mitteilungen an die Bundesanstalt für Finanzdienstleistungsaufsicht.** Das Gericht hat der Bundesanstalt für Finanzdienstleistungsaufsicht den Eingang eines Antrags auf Bestellung eines Sonderprüfers, jede rechtskräftige Entscheidung über die Bestellung von Sonderprüfern, den Prüfungsbericht sowie eine rechtskräftige gerichtliche Entscheidung über abschließende Feststellungen der Sonderprüfer nach § 260 mitzuteilen, wenn für die Gesellschaft als Emittentin von zugelassenen Wertpapieren im Sinne des § 2 Absatz 1 des Wertpapierhandelsgesetzes[3)] mit Ausnahme von Anteilen und Aktien an offenen Investmentvermögen im Sinne des § 1 Absatz 4 des Kapitalanlagegesetzbuchs die Bundesrepublik Deutschland der Herkunftsstaat (§ 2 Absatz 13 des Wertpapierhandelsgesetzes) ist.

---

[1)] Nr. **50**.

[2)] § 261a eingef. mWv 21.12.2004 durch G v. 15.12.2004 (BGBl. I S. 3408); geänd. mWv 1.11.2007 durch G v. 16.7.2007 (BGBl. I S. 1330); geänd. mWv 31.12.2015 durch G v. 22.12.2015 (BGBl. I S. 2565); geänd. mWv 1.1.2020 durch G v. 12.12.2019 (BGBl. I S. 2637).

[3)] **Habersack, Deutsche Gesetze ErgBd. Nr. 58.**

## Achter Teil. Auflösung und Nichtigerklärung der Gesellschaft

### Erster Abschnitt. Auflösung

#### Erster Unterabschnitt. Auflösungsgründe und Anmeldung

**§ 262[1)] Auflösungsgründe.** (1) Die Aktiengesellschaft wird aufgelöst

1. durch Ablauf der in der Satzung bestimmten Zeit;
2. durch Beschluß der Hauptversammlung; dieser bedarf einer Mehrheit, die mindestens drei Viertel des bei der Beschlußfassung vertretenen Grundkapitals umfaßt; die Satzung kann eine größere Kapitalmehrheit und weitere Erfordernisse bestimmen;
3. durch die Eröffnung des Insolvenzverfahrens über das Vermögen der Gesellschaft;
4. mit der Rechtskraft des Beschlusses, durch den die Eröffnung des Insolvenzverfahrens mangels Masse abgelehnt wird;
5. mit der Rechtskraft einer Verfügung des Registergerichts, durch welche nach § 399 des Gesetzes über das Verfahren in Familiensachen und in den Angelegenheiten der freiwilligen Gerichtsbarkeit[2)] ein Mangel der Satzung festgestellt worden ist;
6. durch Löschung der Gesellschaft wegen Vermögenslosigkeit nach § 394 des Gesetzes über das Verfahren in Familiensachen und in den Angelegenheiten der freiwilligen Gerichtsbarkeit.

(2) Dieser Abschnitt gilt auch, wenn die Aktiengesellschaft aus anderen Gründen aufgelöst wird.

**§ 263[3)] Anmeldung und Eintragung der Auflösung.** [1]Der Vorstand hat die Auflösung der Gesellschaft zur Eintragung in das Handelsregister anzumelden. [2]Dies gilt nicht in den Fällen der Eröffnung und der Ablehnung der Eröffnung des Insolvenzverfahrens (§ 262 Abs. 1 Nr. 3 und 4) sowie im Falle der gerichtlichen Feststellung eines Mangels der Satzung (§ 262 Abs. 1 Nr. 5). [3]In diesen Fällen hat das Gericht die Auflösung und ihren Grund von Amts wegen einzutragen. [4]Im Falle der Löschung der Gesellschaft (§ 262 Abs. 1 Nr. 6) entfällt die Eintragung der Auflösung.

#### Zweiter Unterabschnitt. Abwicklung

**§ 264[4)] Notwendigkeit der Abwicklung.** (1) Nach der Auflösung der Gesellschaft findet die Abwicklung statt, wenn nicht über das Vermögen der Gesellschaft das Insolvenzverfahren eröffnet worden ist.

(2) [1]Ist die Gesellschaft durch Löschung wegen Vermögenslosigkeit aufgelöst, so findet eine Abwicklung nur statt, wenn sich nach der Löschung herausstellt, daß Vermögen vorhanden ist, das der Verteilung unterliegt. [2]Die Abwickler sind auf Antrag eines Beteiligten durch das Gericht zu ernennen.

---

[1)] § 262 Abs. 1 Nr. 5 eingef. durch G v. 15.8.1969 (BGBl. I S. 1146); Abs. 1 Nr. 3 geänd., Nr. 4 und 5 geänd., Nr. 6 eingef. durch G v. 5.10.1994 (BGBl. I S. 2911); Abs. 1 Nr. 5 und 6 geänd. mWv 1.9.2009 durch G v. 17.12.2008 (BGBl. I S. 2586).

[2)] Nr. **112**.

[3)] § 263 Satz 2 neu gef. durch G v. 15.8.1969 (BGBl. I S. 1146); Satz 2 geänd., Satz 4 eingef. durch G v. 5.10.1994 (BGBl. I S. 2911).

[4)] § 264 Abs. 1 geänd., Abs. 2 eingef., bish. Abs. 2 wird Abs. 3 durch G v. 5.10.1994 (BGBl. I S. 2911).

(3) Soweit sich aus diesem Unterabschnitt oder aus dem Zweck der Abwicklung nichts anderes ergibt, sind auf die Gesellschaft bis zum Schluß der Abwicklung die Vorschriften weiterhin anzuwenden, die für nicht aufgelöste Gesellschaften gelten.

**§ 265**[1) 2)] **Abwickler.** (1) Die Abwicklung besorgen die Vorstandsmitglieder als Abwickler.

(2) [1] Die Satzung oder ein Beschluß der Hauptversammlung kann andere Personen als Abwickler bestellen. [2] Für die Auswahl der Abwickler gilt § 76 Abs. 3 Satz 2 bis 4 sinngemäß. [3] Auch eine juristische Person kann Abwickler sein.

(3) [1] Auf Antrag des Aufsichtsrats oder einer Minderheit von Aktionären, deren Anteile zusammen den zwanzigsten Teil des Grundkapitals oder den anteiligen Betrag von 500 000 Euro erreichen, hat das Gericht bei Vorliegen eines wichtigen Grundes die Abwickler zu bestellen und abzuberufen. [2] Die Aktionäre haben glaubhaft zu machen, daß sie seit mindestens drei Monaten Inhaber der Aktien sind. [3] Zur Glaubhaftmachung genügt eine eidesstattliche Versicherung vor einem Gericht oder Notar. [4] Gegen die Entscheidung ist die Beschwerde zulässig.

(4) [1] Die gerichtlich bestellten Abwickler haben Anspruch auf Ersatz angemessener barer Auslagen und auf Vergütung für ihre Tätigkeit. [2] Einigen sich der gerichtlich bestellte Abwickler und die Gesellschaft nicht, so setzt das Gericht die Auslagen und die Vergütung fest. [3] Gegen die Entscheidung ist die Beschwerde zulässig; die Rechtsbeschwerde ist ausgeschlossen. [4] Aus der rechtskräftigen Entscheidung findet die Zwangsvollstreckung nach der Zivilprozeßordnung[3)] statt.

*(Fortsetzung nächstes Blatt)*

---

[1)] § 265 Abs. 6 Satz 1 geänd. und Satz 2 aufgeh. durch G v. 4.5.1976 (BGBl. I S. 1153); Abs. 2 Satz 2 eingef., bish. Satz 2 wird Satz 3 durch G v. 4.7.1980 (BGBl. I S. 836); Abs. 2 Satz 2 geänd. durch G v. 12.9.1990 (BGBl. I S. 2002); Abs. 3 Satz 1 geänd. durch G v. 25.3.1998 (BGBl. I S. 590); Abs. 3 Satz 1 geänd. durch G v. 9.6.1998 (BGBl. I S. 1242); Abs. 2 Satz 2 geänd. mWv 1.11.2008 durch G v. 23.10.2008 (BGBl. I S. 2026); Abs. 3 Satz 4 geänd., Abs. 4 Satz 3 neu gef., Satz 4 aufgeh., bish. Satz 5 wird Satz 4 mWv 1.9.2009 durch G v. 17.12.2008 (BGBl. I S. 2586); Abs. 2 Satz 2 geänd. mWv 1.8.2022 durch G v. 5.7.2021 (BGBl. I S. 3338).

[2)] Beachte hierzu Übergangsvorschrift in § 26m EGAktG (Nr. **51a**).

[3)] Nr. **100**.

(5) [1]Abwickler, die nicht vom Gericht bestellt sind, kann die Hauptversammlung jederzeit abberufen. [2]Für die Ansprüche aus dem Anstellungsvertrag gelten die allgemeinen Vorschriften.

(6) Die Absätze 2 bis 5 gelten nicht für den Arbeitsdirektor, soweit sich seine Bestellung und Abberufung nach den Vorschriften des Montan-Mitbestimmungsgesetzes bestimmen.

**§ 266.**[1)] **Anmeldung der Abwickler.** (1) Die ersten Abwickler sowie ihre Vertretungsbefugnis hat der Vorstand, jeden Wechsel der Abwickler und jede Änderung ihrer Vertretungsbefugnis haben die Abwickler zur Eintragung in das Handelsregister anzumelden.

(2) Der Anmeldung sind die Urkunden über die Bestellung oder Abberufung sowie über die Vertretungsbefugnis in Urschrift oder öffentlich beglaubigter Abschrift beizufügen.

(3) [1]In der Anmeldung haben die Abwickler zu versichern, daß keine Umstände vorliegen, die ihrer Bestellung nach § 265 Abs. 2 Satz 2 entgegenstehen, und daß sie über ihre unbeschränkte Auskunftspflicht gegenüber dem Gericht belehrt worden sind. [2]§ 37 Abs. 2 Satz 2 ist anzuwenden.

(4) Die Bestellung oder Abberufung von Abwicklern durch das Gericht wird von Amts wegen eingetragen.

**§ 267.**[2)] **Aufruf der Gläubiger.** [1]Die Abwickler haben unter Hinweis auf die Auflösung der Gesellschaft die Gläubiger der Gesellschaft aufzufordern, ihre Ansprüche anzumelden. [2]Die Aufforderung ist in den Gesellschaftsblättern bekanntzumachen.

**§ 268.**[3)] **Pflichten der Abwickler.** (1) [1]Die Abwickler haben die laufenden Geschäfte zu beenden, die Forderungen einzuziehen, das übrige Vermögen in Geld umzusetzen und die Gläubiger zu befriedigen. [2]Soweit es die Abwicklung erfordert, dürfen sie auch neue Geschäfte eingehen.

(2) [1]Im übrigen haben die Abwickler innerhalb ihres Geschäftskreises die Rechte und Pflichten des Vorstands. [2]Sie unterliegen wie dieser der Überwachung durch den Aufsichtsrat.

(3) Das Wettbewerbsverbot des § 88 gilt für sie nicht.

(4) [1]Auf allen Geschäftsbriefen, die an einen bestimmten Empfänger gerichtet werden, müssen die Rechtsform und der Sitz der Gesellschaft, die Tatsache, daß die Gesellschaft sich in Abwicklung befindet, das Registergericht des Sitzes der Gesellschaft und die Nummer, unter der die Gesellschaft in das Handelsregister eingetragen ist, sowie alle Abwickler und der Vorsitzende des Aufsichtsrats mit dem Familiennamen und mindestens einem ausgeschriebenen Vornamen angegeben werden. [2]Werden Angaben über das Kapital der Gesellschaft gemacht, so müssen in jedem Falle das Grundkapital sowie, wenn auf

---

1) § 266 Abs. 1 neugef. durch G v. 15. 8. 1969 (BGBl. I S. 1146), Abs. 3 eingef., bish. Abs. 3 und 4 werden Abs. 4 und 5 durch G v. 4. 7. 1980 (BGBl. I S. 836), Abs. 2 geänd., Abs. 5 aufgeh. mWv 1. 1. 2007 durch Art. 9 EHUG v. 10. 11. 2006 (BGBl. I S. 2553).

2) § 267 Satz 2 geänd. mWv 1. 9. 2009 durch Art. 1 ARUG v. 30. 7. 2009 (BGBl. I S. 2479).

3) § 268 Abs. 4 neugef. durch G v. 15. 8. 1969 (BGBl. I S. 1146), Abs. 4 Satz 2 geänd. durch StückAG v. 25. 3. 1998 (BGBl. I S. 590).

die Aktien der Ausgabebetrag nicht vollständig eingezahlt ist, der Gesamtbetrag der ausstehenden Einlagen angegeben werden. [3]Der Angaben nach Satz 1 bedarf es nicht bei Mitteilungen oder Berichten, die im Rahmen einer bestehenden Geschäftsverbindung ergehen und für die üblicherweise Vordrucke verwendet werden, in denen lediglich die im Einzelfall erforderlichen besonderen Angaben eingefügt zu werden brauchen. [4]Bestellscheine gelten als Geschäftsbriefe im Sinne des Satzes 1; Satz 3 ist auf sie nicht anzuwenden.

**§ 269. Vertretung durch die Abwickler.** (1) Die Abwickler vertreten die Gesellschaft gerichtlich und außergerichtlich.

(2) [1]Sind mehrere Abwickler bestellt, so sind, wenn die Satzung oder die sonst zuständige Stelle nichts anderes bestimmt, sämtliche Abwickler nur gemeinschaftlich zur Vertretung der Gesellschaft befugt. [2]Ist eine Willenserklärung gegenüber der Gesellschaft abzugeben, so genügt die Abgabe gegenüber einem Abwickler.

(3) [1]Die Satzung oder die sonst zuständige Stelle kann auch bestimmen, daß einzelne Abwickler allein oder in Gemeinschaft mit einem Prokuristen zur Vertretung der Gesellschaft befugt sind. [2]Dasselbe kann der Aufsichtsrat bestimmen, wenn die Satzung oder ein Beschluß der Hauptversammlung ihn hierzu ermächtigt hat. [3]Absatz 2 Satz 2 gilt in diesen Fällen sinngemäß.

(4) [1]Zur Gesamtvertretung befugte Abwickler können einzelne von ihnen zur Vornahme bestimmter Geschäfte oder bestimmter Arten von Geschäften ermächtigen. [2]Dies gilt sinngemäß, wenn ein einzelner Abwickler in Gemeinschaft mit einem Prokuristen zur Vertretung der Gesellschaft befugt ist.

(5) Die Vertretungsbefugnis der Abwickler kann nicht beschränkt werden.

(6) Abwickler zeichnen für die Gesellschaft, indem sie der Firma einen die Abwicklung andeutenden Zusatz und ihre Namensunterschrift hinzufügen.

**§ 270.**[1] **Eröffnungsbilanz. Jahresabschluß und Lagebericht.** (1) Die Abwickler haben für den Beginn der Abwicklung eine Bilanz (Eröffnungsbilanz) und einen die Eröffnungsbilanz erläuternden Bericht sowie für den Schluß eines jeden Jahres einen Jahresabschluß und einen Lagebericht aufzustellen.

(2) [1]Die Hauptversammlung beschließt über die Feststellung der Eröffnungsbilanz und des Jahresabschlusses sowie über die Entlastung der Abwickler und der Mitglieder des Aufsichtsrats. [2]Auf die Eröffnungsbilanz und den erläuternden Bericht sind die Vorschriften über den Jahresabschluß entsprechend anzuwenden. [3]Vermögensgegenstände des Anlagevermögens sind jedoch wie Umlaufvermögen zu bewerten, soweit ihre Veräußerung innerhalb eines übersehbaren Zeitraums beabsichtigt ist oder diese Vermögensgegenstände nicht mehr dem Geschäftsbetrieb dienen; dies gilt auch für den Jahresabschluß.

(3) [1]Das Gericht kann von der Prüfung des Jahresabschlusses und des Lageberichts durch einen Abschlußprüfer befreien, wenn die Verhältnisse der Gesellschaft so überschaubar sind, daß eine Prüfung im Interesse der Gläubiger und Aktionäre nicht geboten erscheint. [2]Gegen die Entscheidung ist die Beschwerde zulässig.

---

[1] § 270 neugef. durch BiRiLiG v. 19. 12. 1985 (BGBl. I S. 2355), Abs. 3 Satz 2 geänd. mWv 1. 9. 2009 durch Art. 74 FGG-RG v. 17. 12. 2008 (BGBl. I S. 2586).

**§ 271.**[1] **Verteilung des Vermögens.** (1) Das nach der Berichtigung der Verbindlichkeiten verbleibende Vermögen der Gesellschaft wird unter die Aktionäre verteilt.

(2) Das Vermögen ist nach den Anteilen am Grundkapital zu verteilen, wenn nicht Aktien mit verschiedenen Rechten bei der Verteilung des Gesellschaftsvermögens vorhanden sind.

(3) [1] Sind die Einlagen auf das Grundkapital nicht auf alle Aktien in demselben Verhältnis geleistet, so werden die geleisteten Einlagen erstattet und ein Überschuß nach den Anteilen am Grundkapital verteilt. [2] Reicht das Vermögen zur Erstattung der Einlagen nicht aus, so haben die Aktionäre den Verlust nach ihren Anteilen am Grundkapital zu tragen; die noch ausstehenden Einlagen sind, soweit nötig, einzuziehen.

**§ 272.**[2] **Gläubigerschutz.** (1) Das Vermögen darf nur verteilt werden, wenn ein Jahr seit dem Tage verstrichen ist, an dem der Aufruf der Gläubiger bekanntgemacht worden ist.

(2) Meldet sich ein bekannter Gläubiger nicht, so ist der geschuldete Betrag für ihn zu hinterlegen, wenn ein Recht zur Hinterlegung besteht.

(3) Kann eine Verbindlichkeit zur Zeit nicht berichtigt werden oder ist sie streitig, so darf das Vermögen nur verteilt werden, wenn dem Gläubiger Sicherheit geleistet ist.

**§ 273.**[3] **Schluß der Abwicklung.** (1) [1] Ist die Abwicklung beendet und die Schlußrechnung gelegt, so haben die Abwickler den Schluß der Abwicklung zur Eintragung in das Handelsregister anzumelden. [2] Die Gesellschaft ist zu löschen.

(2) Die Bücher und Schriften der Gesellschaft sind an einen vom Gericht bestimmten sicheren Ort zur Aufbewahrung auf zehn Jahre zu hinterlegen.

(3) Das Gericht kann den Aktionären und den Gläubigern die Einsicht der Bücher und Schriften gestatten.

(4) [1] Stellt sich nachträglich heraus, daß weitere Abwicklungsmaßnahmen nötig sind, so hat auf Antrag eines Beteiligten das Gericht die bisherigen Abwickler neu zu bestellen oder andere Abwickler zu berufen. [2] § 265 Abs. 4 gilt.

(5) Gegen die Entscheidungen nach den Absätzen 2, 3 und 4 Satz 1 ist die Beschwerde zulässig.

**§ 274.**[4] **Fortsetzung einer aufgelösten Gesellschaft.** (1) [1] Ist eine Aktiengesellschaft durch Zeitablauf oder durch Beschluß der Hauptversammlung aufgelöst worden, so kann die Hauptversammlung, solange noch nicht mit der Verteilung des Vermögens unter die Aktionäre begonnen ist, die Fortsetzung der Gesellschaft beschließen. [2] Der Beschluß bedarf einer Mehrheit, die mindestens drei Viertel des bei der Beschlußfassung vertretenen Grundkapitals

---

[1] § 271 Abs. 2 und 3 geänd. durch StückAG v. 25. 3. 1998 (BGBl. I S. 590).

[2] § 272 Abs. 1 geänd. mWv 1. 9. 2009 durch Art. 1 ARUG v. 30. 7. 2009 (BGBl. I S. 2479).

[3] § 273 Abs. 5 geänd. mWv 1. 9. 2009 durch Art. 74 FGG-RG v. 17. 12. 2008 (BGBl. I S. 2586).

[4] § 274 Abs. 2 neugef., Abs. 4 Satz 2 eingef. durch G v. 15. 8. 1969 (BGBl. I S. 1146), Abs. 2 Nr. 1 neugef. durch Art. 47 EGInsO v. 5. 10. 1994 (BGBl. I S. 2911).

umfaßt. [3]Die Satzung kann eine größere Kapitalmehrheit und weitere Erfordernisse bestimmen.

(2) Gleiches gilt, wenn die Gesellschaft

1. durch die Eröffnung des Insolvenzverfahrens aufgelöst, das Verfahren aber auf Antrag des Schuldners eingestellt oder nach der Bestätigung eines Insolvenzplans, der den Fortbestand der Gesellschaft vorsieht, aufgehoben worden ist;
2. durch die gerichtliche Feststellung eines Mangels der Satzung nach § 262 Abs. 1 Nr. 5 aufgelöst worden ist, eine den Mangel behebende Satzungsänderung aber spätestens zugleich mit der Fortsetzung der Gesellschaft beschlossen wird.

(3) [1]Die Abwickler haben die Fortsetzung der Gesellschaft zur Eintragung in das Handelsregister anzumelden. [2]Sie haben bei der Anmeldung nachzuweisen, daß noch nicht mit der Verteilung des Vermögens der Gesellschaft unter die Aktionäre begonnen worden ist.

(4) [1]Der Fortsetzungsbeschluß wird erst wirksam, wenn er in das Handelsregister des Sitzes der Gesellschaft eingetragen worden ist. [2]Im Falle des Absatzes 2 Nr. 2 hat der Fortsetzungsbeschluß keine Wirkung, solange er und der Beschluß über die Satzungsänderung nicht in das Handelsregister des Sitzes der Gesellschaft eingetragen worden sind; die beiden Beschlüsse sollen nur zusammen in das Handelsregister eingetragen werden.

## Zweiter Abschnitt. Nichtigerklärung der Gesellschaft

**§ 275.**[1)] **Klage auf Nichtigerklärung.** (1) [1]Enthält die Satzung keine Bestimmungen über die Höhe des Grundkapitals oder über den Gegenstand des Unternehmens oder sind die Bestimmungen der Satzung über den Gegenstand des Unternehmens nichtig, so kann jeder Aktionär und jedes Mitglied des Vorstands und des Aufsichtsrats darauf klagen, daß die Gesellschaft für nichtig erklärt werde. [2]Auf andere Gründe kann die Klage nicht gestützt werden.

(2) Kann der Mangel nach § 276 geheilt werden, so kann die Klage erst erhoben werden, nachdem ein Klageberechtigter die Gesellschaft aufgefordert hat, den Mangel zu beseitigen, und sie binnen drei Monaten dieser Aufforderung nicht nachgekommen ist.

(3) [1]Die Klage muß binnen drei Jahren nach Eintragung der Gesellschaft erhoben werden. [2]Eine Löschung der Gesellschaft von Amts wegen nach § 397 Abs. 1 des Gesetzes über das Verfahren in Familiensachen und in den Angelegenheiten der freiwilligen Gerichtsbarkeit[2)] wird durch den Zeitablauf nicht ausgeschlossen.

(4) [1]Für die Anfechtung gelten § 246 Abs. 2 bis 4, §§ 247, 248 Abs. 1 Satz 1, §§ 248a, 249 Abs. 2 sinngemäß. [2]Der Vorstand hat eine beglaubigte Abschrift der Klage und das rechtskräftige Urteil zum Handelsregister einzureichen. [3]Die Nichtigkeit der Gesellschaft auf Grund rechtskräftigen Urteils ist einzutragen.

---

[1)] § 275 Abs. 1 Satz 1 neugef. durch G v. 15. 8. 1969 (BGBl. I S. 1146), Abs. 3 Satz 2 geänd. durch BiRiLiG v. 19. 12. 1985 (BGBl. I S. 2355), Abs. 4 Satz 1 neugef. mWv 1. 11. 2005 durch Art. 1 UMAG v. 22. 9. 2005 (BGBl. I S. 2802), Abs. 3 Satz 2 geänd. mWv 1. 9. 2009 durch Art. 74 FGG-RG v. 17. 12. 2008 (BGBl. I S. 2586).

[2)] Nr. **112**.

**§ 276**[1] **Heilung von Mängeln.** Ein Mangel, der die Bestimmungen über den Gegenstand des Unternehmens betrifft, kann unter Beachtung der Bestimmungen des Gesetzes und der Satzung über Satzungsänderungen geheilt werden.

**§ 277 Wirkung der Eintragung der Nichtigkeit.** (1) Ist die Nichtigkeit einer Gesellschaft auf Grund rechtskräftigen Urteils oder einer Entscheidung des Registergerichts in das Handelsregister eingetragen, so findet die Abwicklung nach den Vorschriften über die Abwicklung bei Auflösung statt.

(2) Die Wirksamkeit der im Namen der Gesellschaft vorgenommenen Rechtsgeschäfte wird durch die Nichtigkeit nicht berührt.

(3) Die Gesellschafter haben die Einlagen zu leisten, soweit es zur Erfüllung der eingegangenen Verbindlichkeiten nötig ist.

## Zweites Buch. Kommanditgesellschaft auf Aktien

**§ 278 Wesen der Kommanditgesellschaft auf Aktien.** (1) Die Kommanditgesellschaft auf Aktien ist eine Gesellschaft mit eigener Rechtspersönlichkeit, bei der mindestens ein Gesellschafter den Gesellschaftsgläubigern unbeschränkt haftet (persönlich haftender Gesellschafter) und die übrigen an dem in Aktien zerlegten Grundkapital beteiligt sind, ohne persönlich für die Verbindlichkeiten der Gesellschaft zu haften (Kommanditaktionäre).

(2) Das Rechtsverhältnis der persönlich haftenden Gesellschafter untereinander und gegenüber der Gesamtheit der Kommanditaktionäre sowie gegenüber Dritten, namentlich die Befugnis der persönlich haftenden Gesellschafter zur Geschäftsführung und zur Vertretung der Gesellschaft, bestimmt sich nach den Vorschriften des Handelsgesetzbuchs[2] über die Kommanditgesellschaft.[3]

(3) Im übrigen gelten für die Kommanditgesellschaft auf Aktien, soweit sich aus den folgenden Vorschriften oder aus dem Fehlen eines Vorstands nichts anderes ergibt, die Vorschriften des Ersten Buchs über die Aktiengesellschaft sinngemäß.

**§ 279**[4] **Firma.** (1) Die Firma der Kommanditgesellschaft auf Aktien muß, auch wenn sie nach § 22 des Handelsgesetzbuchs[2] oder nach anderen gesetzlichen Vorschriften fortgeführt wird, die Bezeichnung „Kommanditgesellschaft auf Aktien" oder eine allgemein verständliche Abkürzung dieser Bezeichnung enthalten.

(2) Wenn in der Gesellschaft keine natürliche Person persönlich haftet, muß die Firma, auch wenn sie nach § 22 des Handelsgesetzbuchs oder nach anderen gesetzlichen Vorschriften fortgeführt wird, eine Bezeichnung enthalten, welche die Haftungsbeschränkung kennzeichnet.

**§ 280**[5] **Feststellung der Satzung. Gründer.** (1) [1]Die Satzung muß durch notarielle Beurkundung festgestellt werden. [2]In der Urkunde sind bei Nennbetragsaktien der Nennbetrag, bei Stückaktien die Zahl, der Ausgabebetrag und, wenn mehrere Gattungen bestehen, die Gattung der Aktien anzugeben, die jeder

[1] § 276 neu gef. durch G v. 15.8.1969 (BGBl. I S. 1146).
[2] Nr. **50**.
[3] §§ 161–177a HGB (Nr. **50**).
[4] § 279 neu gef. durch G v. 22.6.1998 (BGBl. I S. 1474).
[5] § 280 Abs. 1 Sätze 1 und 3 geänd. durch G v. 28.8.1969 (BGBl. I S. 1513); Abs. 1 Satz 2 geänd. durch G v. 25.3.1998 (BGBl. I S. 590); Abs. 1 Satz 1 geänd. mWv 1.11.2005 durch G v. 22.9.2005 (BGBl. I S. 2802).

Beteiligte übernimmt. [3] Bevollmächtigte bedürfen einer notariell beglaubigten Vollmacht.

(2) [1] Alle persönlich haftenden Gesellschafter müssen sich bei der Feststellung der Satzung beteiligen. [2] Außer ihnen müssen die Personen mitwirken, die als Kommanditaktionäre Aktien gegen Einlagen übernehmen.

(3) Die Gesellschafter, die die Satzung festgestellt haben, sind die Gründer der Gesellschaft.

**§ 281**[1)] **Inhalt der Satzung.** (1) Die Satzung muß außer den Festsetzungen nach § 23 Abs. 3 und 4 den Namen, Vornamen und Wohnort jedes persönlich haftenden Gesellschafters enthalten.

(2) Vermögenseinlagen der persönlich haftenden Gesellschafter müssen, wenn sie nicht auf das Grundkapital geleistet werden, nach Höhe und Art in der Satzung festgesetzt werden.

**§ 282**[2)] **Eintragung der persönlich haftenden Gesellschafter.** [1] Bei der Eintragung der Gesellschaft in das Handelsregister sind statt der Vorstandsmitglieder die persönlich haftenden Gesellschafter anzugeben. [2] Ferner ist einzutragen, welche Vertretungsbefugnis die persönlich haftenden Gesellschafter haben.

**§ 283**[3) 4)] **Persönlich haftende Gesellschafter.** Für die persönlich haftenden Gesellschafter gelten sinngemäß die für den Vorstand der Aktiengesellschaft geltenden Vorschriften über

1. die Anmeldungen, Einreichungen, Erklärungen und Nachweise zum Handelsregister sowie über Bekanntmachungen;
2. die Gründungsprüfung;
3. die Sorgfaltspflicht und Verantwortlichkeit;
4. die Pflichten gegenüber dem Aufsichtsrat;
5. die Zulässigkeit einer Kreditgewährung;
6. die Einberufung der Hauptversammlung;
7. die Sonderprüfung;
8. die Geltendmachung von Ersatzansprüchen wegen der Geschäftsführung;
9. die Aufstellung, Vorlegung und Prüfung des Jahresabschlusses und des Vorschlags für die Verwendung des Bilanzgewinns;
10. die Vorlage und Prüfung des Lageberichts, eines gesonderten nichtfinanziellen Berichts sowie eines Konzernabschlusses, eines Konzernlageberichts und eines gesonderten nichtfinanziellen Konzernberichts;
11. die Vorlegung, Prüfung und Offenlegung eines Einzelabschlusses nach § 325 Abs. 2a des Handelsgesetzbuchs[5)];

---

[1)] § 281 Abs. 1 geänd. durch G v. 15.8.1969 (BGBl. I S. 1146); Abs. 3 aufgeh. durch G v. 13.12.1978 (BGBl. I S. 1959); Abs. 1 geänd. durch G v. 22.6.1998 (BGBl. I S. 1474).

[2)] § 282 Satz 2 neu gef. durch G v. 15.8.1969 (BGBl. I S. 1146).

[3)] § 283 Nr. 9 geänd. durch G v. 19.12.1985 (BGBl. I S. 2355); Nr. 14 neu gef. durch G v. 5.10.1994 (BGBl. I S. 2911); Nr. 9–11 neu gef. mWv 10.12.2004 durch G v. 4.12.2004 (BGBl. I S. 3166); Nr. 10 *neu gef. mWv 19.4.2017* durch G v. 11.4.2017 (BGBl. I S. 802); Nr. 11a eingef. mWv 22.6.2023 durch G v. 19.6.2023 (BGBl. 2023 I Nr. 154).

[4)] Beachte hierzu Übergangsvorschriften in §§ 26i und 26o EGAktG (Nr. **51a**).

[5)] Nr. **50**.

11a. die Vorlage eines Ertragsteuerinformationsberichts (§§ 342b, 342c, 342d Absatz 2 Nummer 2 des Handelsgesetzbuchs) und einer Erklärung nach § 342d Absatz 2 Nummer 1 des Handelsgesetzbuchs;
12. die Ausgabe von Aktien bei bedingter Kapitalerhöhung, bei genehmigtem Kapital und bei Kapitalerhöhung aus Gesellschaftsmitteln;
13. die Nichtigkeit und Anfechtung von Hauptversammlungsbeschlüssen;
14. den Antrag auf Eröffnung des Insolvenzverfahrens.

**§ 284[1)] Wettbewerbsverbot.** (1) [1]Ein persönlich haftender Gesellschafter darf ohne ausdrückliche Einwilligung der übrigen persönlich haftenden Gesellschafter und des Aufsichtsrats weder im Geschäftszweig der Gesellschaft für eigene oder fremde Rechnung Geschäfte machen noch Mitglied des Vorstands oder Geschäftsführer oder persönlich haftender Gesellschafter einer anderen gleichartigen Handelsgesellschaft sein. [2]Die Einwilligung kann nur für bestimmte Arten von Geschäften oder für bestimmte Handelsgesellschaften erteilt werden.

(2) [1]Verstößt ein persönlich haftender Gesellschafter gegen dieses Verbot, so kann die Gesellschaft Schadenersatz fordern. [2]Sie kann statt dessen von dem Gesellschafter verlangen, daß er die für eigene Rechnung gemachten Geschäfte als für Rechnung der Gesellschaft eingegangen gelten läßt und die aus Geschäften für fremde Rechnung bezogene Vergütung herausgibt oder seinen Anspruch auf die Vergütung abtritt.

(3) [1]Die Ansprüche der Gesellschaft verjähren in drei Monaten seit dem Zeitpunkt, in dem die übrigen persönlich haftenden Gesellschafter und die Aufsichtsratsmitglieder von der zum Schadensersatz verpflichtenden Handlung Kenntnis erlangen oder ohne grobe Fahrlässigkeit erlangen müssten. [2]Sie verjähren ohne Rücksicht auf diese Kenntnis oder grob fahrlässige Unkenntnis in fünf Jahren von ihrer Entstehung an.

**§ 285 Hauptversammlung.** (1) [1]In der Hauptversammlung haben die persönlich haftenden Gesellschafter nur ein Stimmrecht für ihre Aktien. [2]Sie können das Stimmrecht weder für sich noch für einen anderen ausüben bei Beschlußfassungen über

1. die Wahl und Abberufung des Aufsichtsrats;
2. die Entlastung der persönlich haftenden Gesellschafter und der Mitglieder des Aufsichtsrats;
3. die Bestellung von Sonderprüfern;
4. die Geltendmachung von Ersatzansprüchen;
5. den Verzicht auf Ersatzansprüche;
6. die Wahl von Abschlußprüfern.

[3]Bei diesen Beschlußfassungen kann ihr Stimmrecht auch nicht durch einen anderen ausgeübt werden.

(2) [1]Die Beschlüsse der Hauptversammlung bedürfen der Zustimmung der persönlich haftenden Gesellschafter, soweit sie Angelegenheiten betreffen, für die bei einer Kommanditgesellschaft das Einverständnis der persönlich haftenden Gesellschafter und der Kommanditisten erforderlich ist. [2]Die Ausübung der Befugnisse, die der Hauptversammlung oder einer Minderheit von Kommanditaktionären bei der Bestellung von Prüfern und der Geltendmachung von Ansprüchen der

[1)] § 284 Abs. 3 neu gef. mWv 15.12.2004 durch G v. 9.12.2004 (BGBl. I S. 3214).

Gesellschaft aus der Gründung oder der Geschäftsführung zustehen, bedarf nicht der Zustimmung der persönlich haftenden Gesellschafter.

(3) [1]Beschlüsse der Hauptversammlung, die der Zustimmung der persönlich haftenden Gesellschafter bedürfen, sind zum Handelsregister erst einzureichen, wenn die Zustimmung vorliegt. [2]Bei Beschlüssen, die in das Handelsregister einzutragen sind, ist die Zustimmung in der Verhandlungsniederschrift oder in einem Anhang zur Niederschrift zu beurkunden.

**§ 286[1)] Jahresabschluß. Lagebericht.** (1) [1]Die Hauptversammlung beschließt über die Feststellung des Jahresabschlusses. [2]Der Beschluß bedarf der Zustimmung der persönlich haftenden Gesellschafter.

(2) [1]In der Jahresbilanz sind die Kapitalanteile der persönlich haftenden Gesellschafter nach dem Posten „Gezeichnetes Kapital“ gesondert auszuweisen. [2]Der auf den Kapitalanteil eines persönlich haftenden Gesellschafters für das Geschäftsjahr entfallende Verlust ist von dem Kapitalanteil abzuschreiben. [3]Soweit der Verlust den Kapitalanteil übersteigt, ist er auf der Aktivseite unter der Bezeichnung „Einzahlungsverpflichtungen persönlich haftender Gesellschafter“ unter den Forderungen gesondert auszuweisen, soweit eine Zahlungsverpflichtung besteht; besteht keine Zahlungsverpflichtung, so ist der Betrag als „Nicht durch Vermögenseinlagen gedeckter Verlustanteil persönlich haftender Gesellschafter“ zu bezeichnen und gemäß § 268 Abs. 3 des Handelsgesetzbuchs[2)] auszuweisen. [4]Unter § 89 fallende Kredite, die die Gesellschaft persönlich haftenden Gesellschaftern, deren Ehegatten, Lebenspartnern oder minderjährigen Kindern oder Dritten, die für Rechnung dieser Personen handeln, gewährt hat, sind auf der Aktivseite bei den entsprechenden Posten unter der Bezeichnung „davon an persönlich haftende Gesellschafter und deren Angehörige“ zu vermerken.

(3) In der Gewinn- und Verlustrechnung braucht der auf die Kapitalanteile der persönlich haftenden Gesellschafter entfallende Gewinn oder Verlust nicht gesondert ausgewiesen zu werden.

(4) § 285 Nr. 9 Buchstabe a und b des Handelsgesetzbuchs gilt für die persönlich haftenden Gesellschafter mit der Maßgabe, daß der auf den Kapitalanteil eines persönlich haftenden Gesellschafters entfallende Gewinn nicht angegeben zu werden braucht.

**§ 287 Aufsichtsrat.** (1) Die Beschlüsse der Kommanditaktionäre führt der Aufsichtsrat aus, wenn die Satzung nichts anderes bestimmt.

*(Fortsetzung nächstes Blatt)*

---

[1)] § 286 Überschrift, Abs. 2 Satz 1 und Abs. 4 geänd. sowie Abs. 2 Sätze 3 und 4 neu gef. durch G v. *19.12.1985 (BGBl. I S. 2355)*; Abs. 2 Satz 4 geänd. mWv 1.8.2001 durch G v. 16.2.2001 (BGBl. I S. 266); Abs. 4 geänd. mWv 10.12.2004 durch G v. 4.12.2004 (BGBl. I S. 3166); Abs. 4 geänd. mWv 29.5.2009 durch G v. 25.5.2009 (BGBl. I S. 1102).

[2)] Nr. **50**.

(2) [1]In Rechtsstreitigkeiten, die die Gesamtheit der Kommanditaktionäre gegen die persönlich haftenden Gesellschafter oder diese gegen die Gesamtheit der Kommanditaktionäre führen, vertritt der Aufsichtsrat die Kommanditaktionäre, wenn die Hauptversammlung keine besonderen Vertreter gewählt hat. [2]Für die Kosten des Rechtsstreits, die den Kommanditaktionären zur Last fallen, haftet die Gesellschaft unbeschadet ihres Rückgriffs gegen die Kommanditaktionäre.

(3) Persönlich haftende Gesellschafter können nicht Aufsichtsratsmitglieder sein.

**§ 288.**[1)] **Entnahmen der persönlich haftenden Gesellschafter. Kreditgewährung.** (1) [1]Entfällt auf einen persönlich haftenden Gesellschafter ein Verlust, der seinen Kapitalanteil übersteigt, so darf er keinen Gewinn auf seinen Kapitalanteil entnehmen. [2]Er darf ferner keinen solchen Gewinnanteil und kein Geld auf seinen Kapitalanteil entnehmen, solange die Summe aus Bilanzverlust, Einzahlungsverpflichtungen, Verlustanteilen persönlich haftender Gesellschafter und Forderungen aus Krediten an persönlich haftende Gesellschafter und deren Angehörige die Summe aus Gewinnvortrag, Kapital- und Gewinnrücklagen sowie Kapitalanteilen der persönlich haftenden Gesellschafter übersteigt.

(2) [1]Solange die Voraussetzung von Absatz 1 Satz 2 vorliegt, darf die Gesellschaft keinen unter § 286 Abs. 2 Satz 4 fallenden Kredit gewähren. [2]Ein trotzdem gewährter Kredit ist ohne Rücksicht auf entgegenstehende Vereinbarungen sofort zurückzugewähren.

(3) [1]Ansprüche persönlich haftender Gesellschafter auf nicht vom Gewinn abhängige Tätigkeitsvergütungen werden durch diese Vorschriften nicht berührt. [2]Für eine Herabsetzung solcher Vergütungen gilt § 87 Abs. 2 Satz 1 und 2 sinngemäß.

**§ 289.**[2)] **Auflösung.** (1) Die Gründe für die Auflösung der Kommanditgesellschaft auf Aktien und das Ausscheiden eines von mehreren persönlich haftenden Gesellschaftern aus der Gesellschaft richten sich, soweit in den Absätzen 2 bis 6 nichts anderes bestimmt ist, nach den Vorschriften des Handelsgesetzbuchs über die Kommanditgesellschaft.[3)]

(2) Die Kommanditgesellschaft auf Aktien wird auch aufgelöst

1. mit der Rechtskraft des Beschlusses, durch den die Eröffnung des Insolvenzverfahrens mangels Masse abgelehnt wird;
2. mit der Rechtskraft einer Verfügung des Registergerichts, durch welche nach § 399 des Gesetzes über das Verfahren in Familiensachen und in den Angelegenheiten der freiwilligen Gerichtsbarkeit ein Mangel der Satzung festgestellt worden ist;

---

[1)] § 288 Abs. 1 Satz 2 neugef. durch BiRiLiG v. 19. 12. 1985 (BGBl. I S. 2355), Abs. 3 Satz 2 geänd. durch Art. 1 VorstAG v. 31. 7. 2009 (BGBl. I S. 2509).

[2)] § 289 Abs. 2 neugef. durch G v. 15. 8. 1969 (BGBl. I S. 1146), Abs. 2 Nr. 1 neugef., Nr. 3 angef., Abs. 3 Satz 1 geänd., Abs. 6 Sätze 3 und 4 angef. durch Art. 47 EGInsO v. 5. 10. 1994 (BGBl. I S. 2911), Abs. 2 Nrn. 2 und 3 geänd. mWv 1. 9. 2009 durch Art. 74 FGG-RG v. 17. 12. 2008 (BGBl. I S. 2586).

[3)] §§ 161 bis 177 a HGB; Nr. **50**.

3. durch die Löschung der Gesellschaft wegen Vermögenslosigkeit nach § 394 des Gesetzes über das Verfahren in Familiensachen und in den Angelegenheiten der freiwilligen Gerichtsbarkeit.

(3) [1]Durch die Eröffnung des Insolvenzverfahrens über das Vermögen eines Kommanditaktionärs wird die Gesellschaft nicht aufgelöst. [2]Die Gläubiger eines Kommanditaktionärs sind nicht berechtigt, die Gesellschaft zu kündigen.

(4) [1]Für die Kündigung der Gesellschaft durch die Kommanditaktionäre und für ihre Zustimmung zur Auflösung der Gesellschaft ist ein Beschluß der Hauptversammlung nötig. [2]Gleiches gilt für den Antrag auf Auflösung der Gesellschaft durch gerichtliche Entscheidung. [3]Der Beschluß bedarf einer Mehrheit, die mindestens drei Viertel des bei der Beschlußfassung vertretenen Grundkapitals umfaßt. [4]Die Satzung kann eine größere Kapitalmehrheit und weitere Erfordernisse bestimmen.

(5) Persönlich haftende Gesellschafter können außer durch Ausschließung nur ausscheiden, wenn es die Satzung für zulässig erklärt.

(6) [1]Die Auflösung der Gesellschaft und das Ausscheiden eines persönlich haftenden Gesellschafters ist von allen persönlich haftenden Gesellschaftern zur Eintragung in das Handelsregister anzumelden. [2]§ 143 Abs. 3 des Handelsgesetzbuchs gilt sinngemäß. [3]In den Fällen des Absatzes 2 hat das Gericht die Auflösung und ihren Grund von Amts wegen einzutragen. [4]Im Falle des Absatzes 2 Nr. 3 entfällt die Eintragung der Auflösung.

**§ 290.**[1)] **Abwicklung.** (1) Die Abwicklung besorgen alle persönlich haftenden Gesellschafter und eine oder mehrere von der Hauptversammlung gewählte Personen als Abwickler, wenn die Satzung nichts anderes bestimmt.

(2) Die Bestellung oder Abberufung von Abwicklern durch das Gericht kann auch jeder persönlich haftende Gesellschafter beantragen.

(3) [1]Ist die Gesellschaft durch Löschung wegen Vermögenslosigkeit aufgelöst, so findet eine Abwicklung nur statt, wenn sich nach der Löschung herausstellt, daß Vermögen vorhanden ist, das der Verteilung unterliegt. [2]Die Abwickler sind auf Antrag eines Beteiligten durch das Gericht zu ernennen.

## Drittes Buch. Verbundene Unternehmen

### Erster Teil. Unternehmensverträge

#### Erster Abschnitt. Arten von Unternehmensverträgen

**§ 291.**[2)] **Beherrschungsvertrag. Gewinnabführungsvertrag.** (1) [1]Unternehmensverträge sind Verträge, durch die eine Aktiengesellschaft oder Kommanditgesellschaft auf Aktien die Leitung ihrer Gesellschaft einem anderen Unternehmen unterstellt (Beherrschungsvertrag) oder sich verpflichtet, ihren ganzen Gewinn an ein anderes Unternehmen abzuführen (Gewinnabführungsvertrag). [2]Als Vertrag über die Abführung des ganzen Gewinns gilt auch ein Vertrag, durch den eine Aktiengesellschaft oder Kommanditgesellschaft auf

---

[1)] § 290 Abs. 3 angef. durch Art. 47 EGInsO v. 5. 10. 1994 (BGBl. I S. 2911).

[2)] § 291 Abs. 3 geänd. mWv 1. 11. 2008 durch Art. 5 MoMiG v. 23. 10. 2008 (BGBl. I S. 2026).

Aktien es übernimmt, ihr Unternehmen für Rechnung eines anderen Unternehmens zu führen.

(2) Stellen sich Unternehmen, die voneinander nicht abhängig sind, durch Vertrag unter einheitliche Leitung, ohne daß dadurch eines von ihnen von einem anderen vertragschließenden Unternehmen abhängig wird, so ist dieser Vertrag kein Beherrschungsvertrag.

(3) Leistungen der Gesellschaft bei Bestehen eines Beherrschungs- oder eines Gewinnabführungsvertrags gelten nicht als Verstoß gegen die §§ 57, 58 und 60.

**§ 292. Andere Unternehmensverträge.** (1) Unternehmensverträge sind ferner Verträge, durch die eine Aktiengesellschaft oder Kommanditgesellschaft auf Aktien

1. sich verpflichtet, ihren Gewinn oder den Gewinn einzelner ihrer Betriebe ganz oder zum Teil mit dem Gewinn anderer Unternehmen oder einzelner Betriebe anderer Unternehmen zur Aufteilung eines gemeinschaftlichen Gewinns zusammenzulegen (Gewinngemeinschaft),
2. sich verpflichtet, einen Teil ihres Gewinns oder den Gewinn einzelner ihrer Betriebe ganz oder zum Teil an einen anderen abzuführen (Teilgewinnabführungsvertrag),
3. den Betrieb ihres Unternehmens einem anderen verpachtet oder sonst überläßt (Betriebspachtvertrag, Betriebsüberlassungsvertrag).

(2) Ein Vertrag über eine Gewinnbeteiligung mit Mitgliedern von Vorstand und Aufsichtsrat oder mit einzelnen Arbeitnehmern der Gesellschaft sowie eine Abrede über eine Gewinnbeteiligung im Rahmen von Verträgen des laufenden Geschäftsverkehrs oder Lizenzverträgen ist kein Teilgewinnabführungsvertrag.

(3) [1] Ein Betriebspacht- oder Betriebsüberlassungsvertrag und der Beschluß, durch den die Hauptversammlung dem Vertrag zugestimmt hat, sind nicht deshalb nichtig, weil der Vertrag gegen die §§ 57, 58 und 60 verstößt. [2] Satz 1 schließt die Anfechtung des Beschlusses wegen dieses Verstoßes nicht aus.

## Zweiter Abschnitt. Abschluß, Änderung und Beendigung von Unternehmensverträgen

**§ 293.**[1)] **Zustimmung der Hauptversammlung.** (1) [1] Ein Unternehmensvertrag wird nur mit Zustimmung der Hauptversammlung wirksam. [2] Der Beschluß bedarf einer Mehrheit, die mindestens drei Viertel des bei der Beschlußfassung vertretenen Grundkapitals umfaßt. [3] Die Satzung kann eine größere Kapitalmehrheit und weitere Erfordernisse bestimmen. [4] Auf den Beschluß sind die Bestimmungen des Gesetzes und der Satzung über Satzungsänderungen nicht anzuwenden.

(2) [1] Ein Beherrschungs- oder ein Gewinnabführungsvertrag wird, wenn der andere Vertragsteil eine Aktiengesellschaft oder Kommanditgesellschaft auf

---

1) § 293 Abs. 3 Sätze 2 bis 6 sowie Abs. 4 aufgeh. durch Art. 6 UmwBerG v. 28. 10. 1994 (BGBl. I S. 3210).

Aktien ist, nur wirksam, wenn auch die Hauptversammlung dieser Gesellschaft zustimmt. 2 Für den Beschluß gilt Absatz 1 Satz 2 bis 4 sinngemäß.

(3) Der Vertrag bedarf der schriftlichen Form.

**§ 293 a.[1] Bericht über den Unternehmensvertrag.** (1) 1 Der Vorstand jeder an einem Unternehmensvertrag beteiligten Aktiengesellschaft oder Kommanditgesellschaft auf Aktien hat, soweit die Zustimmung der Hauptversammlung nach § 293 erforderlich ist, einen ausführlichen schriftlichen Bericht zu erstatten, in dem der Abschluß des Unternehmensvertrags, der Vertrag im einzelnen und insbesondere Art und Höhe des Ausgleichs nach § 304 und der Abfindung nach § 305 rechtlich und wirtschaftlich erläutert und begründet werden; der Bericht kann von den Vorständen auch gemeinsam erstattet werden. 2 Auf besondere Schwierigkeiten bei der Bewertung der vertragschließenden Unternehmen sowie auf die Folgen für die Beteiligungen der Aktionäre ist hinzuweisen.

(2) 1 In den Bericht brauchen Tatsachen nicht aufgenommen zu werden, deren Bekanntwerden geeignet ist, einem der vertragschließenden Unternehmen oder einem verbundenen Unternehmen einen nicht unerheblichen Nachteil zuzufügen. 2 In diesem Falle sind in dem Bericht die Gründe, aus denen die Tatsachen nicht aufgenommen worden sind, darzulegen.

(3) Der Bericht ist nicht erforderlich, wenn alle Anteilsinhaber aller beteiligten Unternehmen auf seine Erstattung durch öffentlich beglaubigte Erklärung verzichten.

**§ 293 b.[1] Prüfung des Unternehmensvertrags.** (1) Der Unternehmensvertrag ist für jede vertragschließende Aktiengesellschaft oder Kommanditgesellschaft auf Aktien durch einen oder mehrere sachverständige Prüfer (Vertragsprüfer) zu prüfen, es sei denn, daß sich alle Aktien der abhängigen Gesellschaft in der Hand des herrschenden Unternehmens befinden.

(2) § 293 a Abs. 3 ist entsprechend anzuwenden.

**§ 293 c.[1, 2] Bestellung der Vertragsprüfer.** (1) 1 Die Vertragsprüfer werden jeweils auf Antrag der Vorstände der vertragschließenden Gesellschaften vom Gericht ausgewählt und bestellt. 2 Sie können auf gemeinsamen Antrag der Vorstände für alle vertragschließenden Gesellschaften gemeinsam bestellt werden. 3 Zuständig ist das Landgericht, in dessen Bezirk die abhängigige Gesellschaft ihren Sitz hat. 4 Ist bei dem Landgericht eine Kammer für Handelssachen gebildet, so entscheidet deren Vorsitzender an Stelle der Zivilkammer. 5 Für den Ersatz von Auslagen und für die Vergütung der vom Gericht bestellten Prüfer gilt § 318 Abs. 5 des Handelsgesetzbuchs.

(2) § 10 Abs. 3 bis 5 des Umwandlungsgesetzes gilt entsprechend.

---

[1] §§ 293 a bis 293 c eingef. durch Art. 6 UmwBerG v. 28. 10. 1994 (BGBl. I S. 3210), § 293 b Abs. 1 geänd. durch KonTraG v. 27. 4. 1998 (BGBl. I S. 786).

[2] § 293 c Abs. 1 Satz 2 eingef., bish. Sätze 2 bis 4 werden Sätze 3 bis 5, neuer Satz 4 geänd. durch KonTraG v. 27. 4. 1998 (BGBl. I S. 786), Abs. 1 Sätze 1 und 2 und Abs. 2 neugef. mWv 1. 9. 2003 durch Art. 2 G v. 12. 6. 2003 (BGBl. I S. 838), Abs. 2 geänd. mWv 1. 9. 2009 durch Art. 74 FGG-RG v. 17. 12. 2008 (BGBl. I S. 2586).

**§ 293d[1) 2)] Auswahl, Stellung und Verantwortlichkeit der Vertragsprüfer.**

(1) [1] Für die Auswahl und das Auskunftsrecht der Vertragsprüfer gelten § 319 Abs. 1 bis 4, § 319b Abs. 1, § 320 Abs. 1 Satz 2 und Abs. 2 Satz 1 und 2 des Handelsgesetzbuchs entsprechend. [2] Bei einer Gesellschaft, die Unternehmen von öffentlichem Interesse nach § 316a Satz 2 des Handelsgesetzbuchs ist, gilt für die Auswahl des Vertragsprüfers neben Satz 1 auch Artikel 5 Absatz 1 der Verordnung (EU) Nr. 537/2014 entsprechend mit der Maßgabe, dass an die Stelle der in Artikel 5 Absatz 1 Unterabsatz 1 Buchstabe a und b der Verordnung (EU) Nr. 537/2014 genannten Zeiträume der Zeitraum zwischen dem Beginn des Geschäftsjahres, welches dem Geschäftsjahr vorausgeht, in dem der Unternehmensvertrag geschlossen wurde, und dem Zeitpunkt, in dem der Vertragsprüfer den Prüfungsbericht nach § 293e erstattet hat, tritt. [3] Das Auskunftsrecht besteht gegenüber den vertragschließenden Unternehmen und gegenüber einem Konzernunternehmen sowie einem abhängigen und einem herrschenden Unternehmen.

(2) [1] Für die Verantwortlichkeit der Vertragsprüfer, ihrer Gehilfen und der bei der Prüfung mitwirkenden gesetzlichen Vertreter einer Prüfungsgesellschaft gilt § 323 des Handelsgesetzbuchs entsprechend. [2] Die Verantwortlichkeit besteht gegenüber den vertragschließenden Unternehmen und deren Anteilsinhabern.

**§ 293e[3)] Prüfungsbericht.** (1) [1] Die Vertragsprüfer haben über das Ergebnis der Prüfung schriftlich zu berichten. [2] Der Prüfungsbericht ist mit einer Erklärung darüber abzuschließen, ob der vorgeschlagene Ausgleich oder die vorgeschlagene Abfindung angemessen ist. [3] Dabei ist anzugeben,

1. nach welchen Methoden Ausgleich und Abfindung ermittelt worden sind;
2. aus welchen Gründen die Anwendung dieser Methoden angemessen ist;
3. welcher Ausgleich oder welche Abfindung sich bei der Anwendung verschiedener Methoden, sofern mehrere angewandt worden sind, jeweils ergeben würde; zugleich ist darzulegen, welches Gewicht den verschiedenen Methoden bei der Bestimmung des vorgeschlagenen Ausgleichs oder der vorgeschlagenen Abfindung und der ihnen zugrunde liegenden Werte beigemessen worden ist und welche besonderen Schwierigkeiten bei der Bewertung der vertragschließenden Unternehmen aufgetreten sind.

(2) § 293a Abs. 2 und 3 ist entsprechend anzuwenden.

**§ 293f[3)] Vorbereitung der Hauptversammlung.** (1) Von der Einberufung der Hauptversammlung an, die über die Zustimmung zu dem Unternehmensvertrag beschließen soll, sind in dem Geschäftsraum jeder der beteiligten Aktiengesellschaften oder Kommanditgesellschaften auf Aktien zur Einsicht der Aktionäre auszulegen

1. der Unternehmensvertrag;
2. die Jahresabschlüsse und die Lageberichte der vertragschließenden Unternehmen für die letzten drei Geschäftsjahre;
3. die nach § 293a erstatteten Berichte der Vorstände und die nach § 293e erstatteten Berichte der Vertragsprüfer.

---

1) § 293d eingef. durch G. 28.10.1994 (BGBl. I S. 3210); Abs. 1 Satz 1 geänd. mWv 10.12.2004 durch G v. 4.12.2004 (BGBl. I S. 3166) und mWv 29.5.2009 durch G v. 25.5.2009 (BGBl. I S. 1102); Abs. 1 Satz 1 geänd., Satz 2 eingef., bish. Satz 2 wird Satz 3 mWv 1.7.2021 durch G v. 3.6.2021 (BGBl. I S. 1534).

2) Siehe hierzu Übergangsvorschrift in § 26k EGAktG (Nr. **51a**).

3) §§ 293e, 293f eingef. durch G. 28.10.1994 (BGBl. I S. 3210); § 293f Abs. 3 angef. mWv 1.9.2009 durch G v. 30.7.2009 (BGBl. I S. 2479).

(2) Auf Verlangen ist jedem Aktionär unverzüglich und kostenlos eine Abschrift der in Absatz 1 bezeichneten Unterlagen zu erteilen.

(3) Die Verpflichtungen nach den Absätzen 1 und 2 entfallen, wenn die in Absatz 1 bezeichneten Unterlagen für denselben Zeitraum über die Internetseite der Gesellschaft zugänglich sind.

**§ 293g[1] Durchführung der Hauptversammlung.** (1) In der Hauptversammlung sind die in § 293f Abs. 1 bezeichneten Unterlagen zugänglich zu machen.

(2) [1] Der Vorstand hat den Unternehmensvertrag zu Beginn der Verhandlung mündlich zu erläutern. [2] Er ist der Niederschrift als Anlage beizufügen.

(3) Jedem Aktionär ist auf Verlangen in der Hauptversammlung Auskunft auch über alle für den Vertragschluß wesentlichen Angelegenheiten des anderen Vertragsteils zu geben.

**§ 294[2] Eintragung. Wirksamwerden.** (1) [1] Der Vorstand der Gesellschaft hat das Bestehen und die Art des Unternehmensvertrages sowie den Namen des anderen Vertragsteils zur Eintragung in das Handelsregister anzumelden; beim Bestehen einer Vielzahl von Teilgewinnabführungsverträgen kann anstelle des Namens des anderen Vertragsteils auch eine andere Bezeichnung eingetragen werden, die den jeweiligen Teilgewinnabführungsvertrag konkret bestimmt. [2] Der Anmeldung sind der Vertrag sowie, wenn er nur mit Zustimmung der Hauptversammlung des anderen Vertragsteils wirksam wird, die Niederschrift dieses Beschlusses und ihre Anlagen in Urschrift, Ausfertigung oder öffentlich beglaubigter Abschrift beizufügen.

(2) Der Vertrag wird erst wirksam, wenn sein Bestehen in das Handelsregister des Sitzes der Gesellschaft eingetragen worden ist.

**§ 295[3] Änderung.** (1) [1] Ein Unternehmensvertrag kann nur mit Zustimmung der Hauptversammlung geändert werden. [2] §§ 293 bis 294 gelten sinngemäß.

(2) [1] Die Zustimmung der Hauptversammlung der Gesellschaft zu einer Änderung der Bestimmungen des Vertrags, die zur Leistung eines Ausgleichs an die außenstehenden Aktionäre der Gesellschaft oder zum Erwerb ihrer Aktien verpflichten, bedarf, um wirksam zu werden, eines Sonderbeschlusses der außenstehenden Aktionäre. [2] Für den Sonderbeschluß gilt § 293 Abs. 1 Satz 2 und 3. [3] Jedem außenstehenden Aktionär ist auf Verlangen in der Versammlung, die über die Zustimmung beschließt, Auskunft auch über alle für die Änderung wesentlichen Angelegenheiten des anderen Vertragsteils zu geben.

**§ 296 Aufhebung.** (1) [1] Ein Unternehmensvertrag kann nur zum Ende des Geschäftsjahrs oder des sonst vertraglich bestimmten Abrechnungszeitraums aufgehoben werden. [2] Eine rückwirkende Aufhebung ist unzulässig. [3] Die Aufhebung bedarf der schriftlichen Form.

(2) [1] Ein Vertrag, der zur Leistung eines Ausgleichs an die außenstehenden Aktionäre oder zum Erwerb ihrer Aktien verpflichtet, kann nur aufgehoben werden, wenn die außenstehenden Aktionäre durch Sonderbeschluß zustimmen. [2] Für den Sonderbeschluß gilt § 293 Abs. 1 Satz 2 und 3, § 295 Abs. 2 Satz 3 sinngemäß.

---

[1] § 293g *eingef. durch* G v. 28.10.1994 (BGBl. I S. 3210); Abs. 1 geänd. mWv 1.9.2009 durch G v. 30.7. 2009 (BGBl. I S. 2479).

[2] § 294 Abs. 1 Satz 1 neu gef. mWv 15.12.2001 durch G v. 10.12.2001 (BGBl. I S. 3422).

[3] § 295 Abs. 1 Satz 2 geänd. durch G v. 28.10.1994 (BGBl. I S. 3210).

**§ 297 Kündigung.** (1) [1]Ein Unternehmensvertrag kann aus wichtigem Grunde ohne Einhaltung einer Kündigungsfrist gekündigt werden. [2]Ein wichtiger Grund liegt namentlich vor, wenn der andere Vertragsteil voraussichtlich nicht in der Lage sein wird, seine auf Grund des Vertrags bestehenden Verpflichtungen zu erfüllen.

(2) [1]Der Vorstand der Gesellschaft kann einen Vertrag, der zur Leistung eines Ausgleichs an die außenstehenden Aktionäre der Gesellschaft oder zum Erwerb ihrer Aktien verpflichtet, ohne wichtigen Grund nur kündigen, wenn die außenstehenden Aktionäre durch Sonderbeschluß zustimmen. [2]Für den Sonderbeschluß gilt § 293 Abs. 1 Satz 2 und 3, § 295 Abs. 2 Satz 3 sinngemäß.

(3) Die Kündigung bedarf der schriftlichen Form.

**§ 298 Anmeldung und Eintragung.** Der Vorstand der Gesellschaft hat die Beendigung eines Unternehmensvertrags, den Grund und den Zeitpunkt der Beendigung unverzüglich zur Eintragung in das Handelsregister anzumelden.

**§ 299 Ausschluß von Weisungen.** Auf Grund eines Unternehmensvertrags kann der Gesellschaft nicht die Weisung erteilt werden, den Vertrag zu ändern, aufrechtzuerhalten oder zu beendigen.

### Dritter Abschnitt. Sicherung der Gesellschaft und der Gläubiger

**§ 300[1)] Gesetzliche Rücklage.** In die gesetzliche Rücklage sind an Stelle des in § 150 Abs. 2 bestimmten Betrags einzustellen,

1. wenn ein Gewinnabführungsvertrag besteht, aus dem ohne die Gewinnabführung entstehenden, um einen Verlustvortrag aus dem Vorjahr geminderten Jahresüberschuß der Betrag, der erforderlich ist, um die gesetzliche Rücklage unter Hinzurechnung einer Kapitalrücklage innerhalb der ersten fünf Geschäftsjahre, die während des Bestehens des Vertrags oder nach Durchführung einer Kapitalerhöhung beginnen, gleichmäßig auf den zehnten oder den in der Satzung bestimmten höheren Teil des Grundkapitals aufzufüllen, mindestens aber der in Nummer 2 bestimmte Betrag;
2. wenn ein Teilgewinnabführungsvertrag besteht, der Betrag, der nach § 150 Abs. 2 aus dem ohne die Gewinnabführung entstehenden, um einen Verlustvortrag aus dem Vorjahr geminderten Jahresüberschuß in die gesetzliche Rücklage einzustellen wäre;
3. wenn ein Beherrschungsvertrag besteht, ohne daß die Gesellschaft auch zur Abführung ihres ganzen Gewinns verpflichtet ist, der zur Auffüllung der gesetzlichen Rücklage nach Nummer 1 erforderliche Betrag, mindestens aber der in § 150 Abs. 2 oder, wenn die Gesellschaft verpflichtet ist, ihren Gewinn zum Teil abzuführen, der in Nummer 2 bestimmte Betrag.

**§ 301[2)] Höchstbetrag der Gewinnabführung.** [1]Eine Gesellschaft kann, gleichgültig welche Vereinbarungen über die Berechnung des abzuführenden Gewinns getroffen worden sind, als ihren Gewinn höchstens den ohne die Gewinnabführung entstehenden Jahresüberschuss, vermindert um einen Verlustvortrag aus dem Vorjahr, um den Betrag, der nach § 300 in die gesetzlichen Rücklagen einzustellen ist, und den nach § 268 Abs. 8 des Handelsgesetzbuchs[3)]

---

[1)] § 300 geänd. durch G v. 19.12.1985 (BGBl. I S. 2355).

[2)] § 301 Satz 2 geänd. durch G v. 19.12.1985 (BGBl. I S. 2355); Satz 1 neu gef. mWv 29.5.2009 durch G v. 25.5.2009 (BGBl. I S. 1102).

[3)] Nr. **50**.

ausschüttungsgesperrten Betrag, abführen. [2]Sind während der Dauer des Vertrags Beträge in andere Gewinnrücklagen eingestellt worden, so können diese Beträge den anderen Gewinnrücklagen entnommen und als Gewinn abgeführt werden.

**§ 302[1)] Verlustübernahme.** (1) Besteht ein Beherrschungs- oder ein Gewinnabführungsvertrag, so hat der andere Vertragsteil jeden während der Vertragsdauer sonst entstehenden Jahresfehlbetrag auszugleichen, soweit dieser nicht dadurch ausgeglichen wird, daß den anderen Gewinnrücklagen Beträge entnommen werden, die während der Vertragsdauer in sie eingestellt worden sind.

(2) Hat eine abhängige Gesellschaft den Betrieb ihres Unternehmens dem herrschenden Unternehmen verpachtet oder sonst überlassen, so hat das herrschende Unternehmen jeden während der Vertragsdauer sonst entstehenden Jahresfehlbetrag auszugleichen, soweit die vereinbarte Gegenleistung das angemessene Entgelt nicht erreicht.

(3) [1]Die Gesellschaft kann auf den Anspruch auf Ausgleich erst drei Jahre nach dem Tage, an dem die Eintragung der Beendigung des Vertrags in das Handelsregister nach § 10 des Handelsgesetzbuchs[2)] bekannt gemacht worden ist, verzichten oder sich über ihn vergleichen. [2]Dies gilt nicht, wenn der Ausgleichspflichtige zahlungsunfähig ist und sich zur Abwendung des Insolvenzverfahrens mit seinen Gläubigern vergleicht oder wenn die Ersatzpflicht in einem Insolvenzplan oder Restrukturierungsplan geregelt wird. [3]Der Verzicht oder Vergleich wird nur wirksam, wenn die außenstehenden Aktionäre durch Sonderbeschluß zustimmen und nicht eine Minderheit, deren Anteile zusammen den zehnten Teil des bei der Beschlußfassung vertretenen Grundkapitals erreichen, zur Niederschrift Widerspruch erhebt.

(4) Die Ansprüche aus diesen Vorschriften verjähren in zehn Jahren seit dem Tag, an dem die Eintragung der Beendigung des Vertrags in das Handelsregister nach § 10 des Handelsgesetzbuchs bekannt gemacht worden ist.

**§ 303[3)] Gläubigerschutz.** (1) [1]Endet ein Beherrschungs- oder ein Gewinnabführungsvertrag, so hat der andere Vertragsteil den Gläubigern der Gesellschaft, deren Forderungen begründet worden sind, bevor die Eintragung der Beendigung des Vertrags in das Handelsregister nach § 10 des Handelsgesetzbuchs[2)] bekannt gemacht worden ist, Sicherheit zu leisten, wenn sie sich binnen sechs Monaten nach der Bekanntmachung der Eintragung zu diesem Zweck bei ihm melden. [2]Die Gläubiger sind in einer Bekanntmachung zu der Eintragung auf dieses Recht hinzuweisen.

(2) Das Recht, Sicherheitsleistung zu verlangen, steht Gläubigern nicht zu, die im Fall des Insolvenzverfahrens ein Recht auf vorzugsweise Befriedigung aus einer Deckungsmasse haben, die nach gesetzlicher Vorschrift zu ihrem Schutz errichtet und staatlich überwacht ist.

---

[1)] § 302 Abs. 1 geänd. durch G v. 19.12.1985 (BGBl. I S. 2355); Abs. 3 Satz 2 neu gef. durch G v. 5.10. 1994 (BGBl. I S. 2911); Abs. 4 angef. mWv 15.12.2004 durch G v. 9.12.2004 (BGBl. I S. 3214); Abs. 3 Satz 1, Abs. 4 geänd. mWv 1.1.2007 durch G v. 10.11.2006 (BGBl. I S. 2553); Abs. 3 Satz 2 geänd. mWv 1.1.2021 durch G v. 22.12.2020 (BGBl. I S. 3256).

[2)] Nr. **50**.

[3)] § 303 Abs. 2 geänd. durch G v. 5.10.1994 (BGBl. I S. 2911); Abs. 1 Satz 1 geänd. mWv 1.1.2007 durch G v. 10.11.2006 (BGBl. I S. 2553); Abs. 1 Satz 2 neu gef. mWv 1.8.2022 durch G v. 5.7.2021 (BGBl. I S. 3338).

(3) [1]Statt Sicherheit zu leisten, kann der andere Vertragsteil sich für die Forderung verbürgen. [2]§ 349 des Handelsgesetzbuchs über den Ausschluß der Einrede der Vorausklage ist nicht anzuwenden.

### Vierter Abschnitt. Sicherung der außenstehenden Aktionäre bei Beherrschungs- und Gewinnabführungsverträgen

**§ 304[1)] Angemessener Ausgleich.** (1) [1]Ein Gewinnabführungsvertrag muß einen angemessenen Ausgleich für die außenstehenden Aktionäre durch eine auf die Anteile am Grundkapital bezogene wiederkehrende Geldleistung (Ausgleichszahlung) vorsehen. [2]Ein Beherrschungsvertrag muß, wenn die Gesellschaft nicht auch zur Abführung ihres ganzen Gewinns verpflichtet ist, den außenstehenden Aktionären als angemessenen Ausgleich einen bestimmten jährlichen Gewinnanteil nach der für die Ausgleichszahlung bestimmten Höhe garantieren. [3]Von der Bestimmung eines angemessenen Ausgleichs kann nur abgesehen werden, wenn die Gesellschaft im Zeitpunkt der Beschlußfassung ihrer Hauptversammlung über den Vertrag keinen außenstehenden Aktionär hat.

(2) [1]Als Ausgleichszahlung ist mindestens die jährliche Zahlung des Betrags zuzusichern, der nach der bisherigen Ertragslage der Gesellschaft und ihren künftigen Ertragsaussichten unter Berücksichtigung angemessener Abschreibungen und Wertberichtigungen, jedoch ohne Bildung anderer Gewinnrücklagen, voraussichtlich als durchschnittlicher Gewinnanteil auf die einzelne Aktie verteilt werden könnte. [2]Ist der andere Vertragsteil eine Aktiengesellschaft oder Kommanditgesellschaft auf Aktien, so kann als Ausgleichszahlung auch die Zahlung des Betrags zugesichert werden, der unter Herstellung eines angemessenen Umrechnungsverhältnisses auf Aktien der anderen Gesellschaft jeweils als Gewinnanteil entfällt. [3]Die Angemessenheit der Umrechnung bestimmt sich nach dem Verhältnis, in dem bei einer Verschmelzung auf eine Aktie der Gesellschaft Aktien der anderen Gesellschaft zu gewähren wären.

(3) [1]Ein Vertrag, der entgegen Absatz 1 überhaupt keinen Ausgleich vorsieht, ist nichtig. [2]Die Anfechtung des Beschlusses, durch den die Hauptversammlung der Gesellschaft dem Vertrag oder einer unter § 295 Abs. 2 fallenden Änderung des Vertrags zugestimmt hat, kann nicht auf § 243 Abs. 2 oder darauf gestützt werden, daß der im Vertrag bestimmte Ausgleich nicht angemessen ist. [3]Ist der im Vertrag bestimmte Ausgleich nicht angemessen, so hat das in § 2 des Spruchverfahrensgesetzes[2)] bestimmte Gericht auf Antrag den vertraglich geschuldeten Ausgleich zu bestimmen, wobei es, wenn der Vertrag einen nach Absatz 2 Satz 2 berechneten Ausgleich vorsieht, den Ausgleich nach dieser Vorschrift zu bestimmen hat.

(4) Bestimmt das Gericht den Ausgleich, so kann der andere Vertragsteil den Vertrag binnen zwei Monaten nach Rechtskraft der Entscheidung ohne Einhaltung einer Kündigungsfrist kündigen.

**§ 305[3)] Abfindung.** (1) Außer der Verpflichtung zum Ausgleich nach § 304 muß ein Beherrschungs- oder ein Gewinnabführungsvertrag die Verpflichtung des

---

[1)] § 304 Abs. 2 Satz 1 geänd. durch G v. 19.12.1985 (BGBl. I S. 2355); Abs. 1 Satz 1, Abs. 2 Sätze 2 und 3 geänd. durch G v. 25.3.1998 (BGBl. I S. 590); Abs. 3 Satz 3 geänd., Abs. 4 aufgeh., Abs. 5 wird Abs. 4 mWv 1.9.2003 durch G v. 12.6.2003 (BGBl. I S. 838).

[2)] **Habersack, Deutsche Gesetze ErgBd. Nr. 51b.**

[3)] § 305 Abs. 3 Satz 2 geänd., Satz 3 angef. durch G v. 28.10.1994 (BGBl. I S. 3210); Abs. 3. Satz 3 geänd. mWv 12.4.2002 durch VO v. 5.4.2002 (BGBl. I S. 1250); Abs. 4 Satz 3, Abs. 5 Sätze 2 und 4 geänd. mWv 1.9.2003 durch G v. 12.6.2003 (BGBl. I S. 838); Abs. 4 Satz 3 geänd. mWv 1.7.2004 durch G v. 18.5.2004 (BGBl. I S. 974); Abs. 2 Nr. 1 und 2 geänd. mWv 28.9.2005 durch G v. 22.9.2005 (BGBl. I →

anderen Vertragsteils enthalten, auf Verlangen eines außenstehenden Aktionärs dessen Aktien gegen eine im Vertrag bestimmte angemessene Abfindung zu erwerben.

(2) Als Abfindung muß der Vertrag,

1. wenn der andere Vertragsteil eine nicht abhängige und nicht in Mehrheitsbesitz stehende Aktiengesellschaft oder Kommanditgesellschaft auf Aktien mit Sitz in einem Mitgliedstaat der Europäischen Union oder in einem anderen Vertragsstaat des Abkommens über den Europäischen Wirtschaftsraum ist, die Gewährung eigener Aktien dieser Gesellschaft,
2. wenn der andere Vertragsteil eine abhängige oder in Mehrheitsbesitz stehende Aktiengesellschaft oder Kommanditgesellschaft auf Aktien und das herrschende Unternehmen eine Aktiengesellschaft oder Kommanditgesellschaft auf Aktien mit Sitz in einem Mitgliedstaat der Europäischen Union oder in einem anderen Vertragsstaat des Abkommens über den Europäischen Wirtschaftsraum ist, entweder die Gewährung von Aktien der herrschenden oder mit Mehrheit beteiligten Gesellschaft oder eine Barabfindung,
3. in allen anderen Fällen eine Barabfindung

vorsehen.

(3) [1] Werden als Abfindung Aktien einer anderen Gesellschaft gewährt, so ist die Abfindung als angemessen anzusehen, wenn die Aktien in dem Verhältnis gewährt werden, in dem bei einer Verschmelzung auf eine Aktie der Gesellschaft Aktien der anderen Gesellschaft zu gewähren wären, wobei Spitzenbeträge durch bare Zuzahlungen ausgeglichen werden können. [2] Die angemessene Barabfindung muß die Verhältnisse der Gesellschaft im Zeitpunkt der Beschlußfassung ihrer Hauptversammlung über den Vertrag berücksichtigen. [3] Sie ist nach Ablauf des Tages, an dem der Beherrschungs- oder Gewinnabführungsvertrag wirksam geworden ist, mit jährlich 5 Prozentpunkten über dem jeweiligen Basiszinssatz nach § 247 des Bürgerlichen Gesetzbuchs[1)] zu verzinsen; die Geltendmachung eines weiteren Schadens ist nicht ausgeschlossen.

(4) [1] Die Verpflichtung zum Erwerb der Aktien kann befristet werden. [2] Die Frist endet frühestens zwei Monate nach dem Tage, an dem die Eintragung des Bestehens des Vertrags im Handelsregister nach § 10 des Handelsgesetzbuchs[2)] bekannt gemacht worden ist. [3] Ist ein Antrag auf Bestimmung des Ausgleichs oder der Abfindung durch das in § 2 des Spruchverfahrensgesetzes[3)] bestimmte Gericht gestellt worden, so endet die Frist frühestens zwei Monate nach dem Tage, an dem die Entscheidung über den zuletzt beschiedenen Antrag im Bundesanzeiger bekanntgemacht worden ist.

(5) [1] Die Anfechtung des Beschlusses, durch den die Hauptversammlung der Gesellschaft dem Vertrag oder einer unter § 295 Abs. 2 fallenden Änderung des Vertrags zugestimmt hat, kann nicht darauf gestützt werden, daß der Vertrag keine angemessene Abfindung vorsieht. [2] Sieht der Vertrag überhaupt keine oder eine den Absätzen 1 bis 3 nicht entsprechende Abfindung vor, so hat das in § 2 des

*(Fortsetzung der Anm. von voriger Seite)*
S. 2802); Abs. 4 Satz 2 geänd. mWv 1.1.2007 durch G v. 10.11.2006 (BGBl. I S. 2553); Abs. 3 Satz 3 geänd. mWv 1.9.2009 durch G v. 30.7.2009 (BGBl. I S. 2479); Abs. 4 Satz 3 geänd. mWv 1.4.2012 durch G v. 22.12.2011 (BGBl. I S. 3044).

[1)] Nr. **20**.

[2)] Nr. **50**.

[3)] **Habersack, Deutsche Gesetze ErgBd. Nr. 51b.**

Spruchverfahrensgesetzes bestimmte Gericht auf Antrag die vertraglich zu gewährende Abfindung zu bestimmen. [3]Dabei hat es in den Fällen des Absatzes 2 Nr. 2, wenn der Vertrag die Gewährung von Aktien der herrschenden oder mit Mehrheit beteiligten Gesellschaft vorsieht, das Verhältnis, in dem diese Aktien zu gewähren sind, wenn der Vertrag nicht die Gewährung von Aktien der herrschenden oder mit Mehrheit beteiligten Gesellschaft vorsieht, die angemessene Barabfindung zu bestimmen. [4]§ 304 Abs. 4 gilt sinngemäß.

**§ 306**[1)] *(aufgehoben)*

**§ 307 Vertragsbeendigung zur Sicherung außenstehender Aktionäre.**
Hat die Gesellschaft im Zeitpunkt der Beschlußfassung ihrer Hauptversammlung über einen Beherrschungs- oder Gewinnabführungsvertrag keinen außenstehenden Aktionär, so endet der Vertrag spätestens zum Ende des Geschäftsjahrs, in dem ein außenstehender Aktionär beteiligt ist.

## Zweiter Teil. Leitungsmacht und Verantwortlichkeit bei Abhängigkeit von Unternehmen

### Erster Abschnitt. Leitungsmacht und Verantwortlichkeit bei Bestehen eines Beherrschungsvertrags

**§ 308 Leitungsmacht.** (1) [1]Besteht ein Beherrschungsvertrag, so ist das herrschende Unternehmen berechtigt, dem Vorstand der Gesellschaft hinsichtlich der Leitung der Gesellschaft Weisungen zu erteilen. [2]Bestimmt der Vertrag nichts anderes, so können auch Weisungen erteilt werden, die für die Gesellschaft nachteilig sind, wenn sie den Belangen des herrschenden Unternehmens oder der mit ihm und der Gesellschaft konzernverbundenen Unternehmen dienen.

(2) [1]Der Vorstand ist verpflichtet, die Weisungen des herrschenden Unternehmens zu befolgen. [2]Er ist nicht berechtigt, die Befolgung einer Weisung zu verweigern, weil sie nach seiner Ansicht nicht den Belangen des herrschenden Unternehmens oder der mit ihm und der Gesellschaft konzernverbundenen Unternehmen dient, es sei denn, daß sie offensichtlich nicht diesen Belangen dient.

(3) [1]Wird der Vorstand angewiesen, ein Geschäft vorzunehmen, das nur mit Zustimmung des Aufsichtsrats der Gesellschaft vorgenommen werden darf, und wird diese Zustimmung nicht innerhalb einer angemessenen Frist erteilt, so hat der Vorstand dies dem herrschenden Unternehmen mitzuteilen. [2]Wiederholt das herrschende Unternehmen nach dieser Mitteilung die Weisung, so ist die Zustimmung des Aufsichtsrats nicht mehr erforderlich; die Weisung darf, wenn das herrschende Unternehmen einen Aufsichtsrat hat, nur mit dessen Zustimmung wiederholt werden.

**§ 309**[2)] **Verantwortlichkeit der gesetzlichen Vertreter des herrschenden Unternehmens.** (1) Besteht ein Beherrschungsvertrag, so haben die gesetzlichen Vertreter (beim Einzelkaufmann der Inhaber) des herrschenden Unternehmens gegenüber der Gesellschaft bei der Erteilung von Weisungen an diese die Sorgfalt eines ordentlichen und gewissenhaften Geschäftsleiters anzuwenden.

(2) [1]Verletzen sie ihre Pflichten, so sind sie der Gesellschaft zum Ersatz des daraus entstehenden Schadens als Gesamtschuldner verpflichtet. [2]Ist streitig, ob sie

---

1) § 306 aufgeh. mWv 1.9.2003 durch G v. 12.6.2003 (BGBl. I S. 838).
2) § 309 Abs. 3 Satz 2, Abs. 4 Satz 5 neu gef. durch G v. 5.10.1994 (BGBl. I S. 2911).

die Sorgfalt eines ordentlichen und gewissenhaften Geschäftsleiters angewandt haben, so trifft sie die Beweislast.

(3) [1] Die Gesellschaft kann erst drei Jahre nach der Entstehung des Anspruchs und nur dann auf Ersatzansprüche verzichten oder sich über sie vergleichen, wenn die außenstehenden Aktionäre durch Sonderbeschluß zustimmen und nicht eine Minderheit, deren Anteile zusammen den zehnten Teil des bei der Beschlußfassung vertretenen Grundkapitals erreichen, zur Niederschrift Widerspruch erhebt. [2] Die zeitliche Beschränkung gilt nicht, wenn der Ersatzpflichtige zahlungsunfähig ist und sich zur Abwendung des Insolvenzverfahrens mit seinen Gläubigern vergleicht oder wenn die Ersatzpflicht in einem Insolvenzplan geregelt wird.

(4) [1] Der Ersatzanspruch der Gesellschaft kann auch von jedem Aktionär geltend gemacht werden. [2] Der Aktionär kann jedoch nur Leistung an die Gesellschaft fordern. [3] Der Ersatzanspruch kann ferner von den Gläubigern der Gesellschaft geltend gemacht werden, soweit sie von dieser keine Befriedigung erlangen können. [4] Den Gläubigern gegenüber wird die Ersatzpflicht durch einen Verzicht oder Vergleich der Gesellschaft nicht ausgeschlossen. [5] Ist über das Vermögen der Gesellschaft das Insolvenzverfahren eröffnet, so übt während dessen Dauer der Insolvenzverwalter oder der Sachwalter das Recht der Aktionäre und Gläubiger, den Ersatzanspruch der Gesellschaft geltend zu machen, aus.

(5) Die Ansprüche aus diesen Vorschriften verjähren in fünf Jahren.

### § 310 Verantwortlichkeit der Verwaltungsmitglieder der Gesellschaft.

(1) [1] Die Mitglieder des Vorstands und des Aufsichtsrats der Gesellschaft haften neben dem Ersatzpflichtigen nach § 309 als Gesamtschuldner, wenn sie unter Verletzung ihrer Pflichten gehandelt haben. [2] Ist streitig, ob sie die Sorgfalt eines ordentlichen und gewissenhaften Geschäftsleiters angewandt haben, so trifft sie die Beweislast.

(2) Dadurch, daß der Aufsichtsrat die Handlung gebilligt hat, wird die Ersatzpflicht nicht ausgeschlossen.

(3) Eine Ersatzpflicht der Verwaltungsmitglieder der Gesellschaft besteht nicht, wenn die schädigende Handlung auf einer Weisung beruht, die nach § 308 Abs. 2 zu befolgen war.

(4) § 309 Abs. 3 bis 5 ist anzuwenden.

## Zweiter Abschnitt. Verantwortlichkeit bei Fehlen eines Beherrschungsvertrags

**§ 311[1)] Schranken des Einflusses.** (1) Besteht kein Beherrschungsvertrag, so darf ein herrschendes Unternehmen seinen Einfluß nicht dazu benutzen, eine abhängige Aktiengesellschaft oder Kommanditgesellschaft auf Aktien zu veranlassen, ein für sie nachteiliges Rechtsgeschäft vorzunehmen oder Maßnahmen zu ihrem Nachteil zu treffen oder zu unterlassen, es sei denn, daß die Nachteile ausgeglichen werden.

(2) [1] Ist der Ausgleich nicht während des Geschäftsjahrs tatsächlich erfolgt, so muß spätestens am Ende des Geschäftsjahrs, in dem der abhängigen Gesellschaft der Nachteil zugefügt worden ist, bestimmt werden, wann und durch welche Vorteile der Nachteil ausgeglichen werden soll. [2] Auf die zum Ausgleich bestimmten Vorteile ist der abhängigen Gesellschaft ein Rechtsanspruch zu gewähren.

(3) Die §§ 111a bis 111c bleiben unberührt.

---

[1)] § 311 Abs. 3 angef. mWv 1.1.2020 durch G v. 12.12.2019 (BGBl. I S. 2637).

**§ 312[1)] Bericht des Vorstands über Beziehungen zu verbundenen Unternehmen.** (1) [1]Besteht kein Beherrschungsvertrag, so hat der Vorstand einer abhängigen Gesellschaft in den ersten drei Monaten des Geschäftsjahrs einen Bericht über die Beziehungen der Gesellschaft zu verbundenen Unternehmen aufzustellen. [2]In dem Bericht sind alle Rechtsgeschäfte, welche die Gesellschaft im vergangenen Geschäftsjahr mit dem herrschenden Unternehmen oder einem mit ihm verbundenen Unternehmen oder auf Veranlassung oder im Interesse dieser Unternehmen vorgenommen hat, und alle anderen Maßnahmen, die sie auf Veranlassung oder im Interesse dieser Unternehmen im vergangenen Geschäftsjahr getroffen oder unterlassen hat, aufzuführen. [3]Bei den Rechtsgeschäften sind Leistung und Gegenleistung, bei den Maßnahmen die Gründe der Maßnahme und deren Vorteile und Nachteile für die Gesellschaft anzugeben. [4]Bei einem Ausgleich von Nachteilen ist im einzelnen anzugeben, wie der Ausgleich während des Geschäftsjahrs tatsächlich erfolgt ist, oder auf welche Vorteile der Gesellschaft ein Rechtsanspruch gewährt worden ist.

(2) Der Bericht hat den Grundsätzen einer gewissenhaften und getreuen Rechenschaft zu entsprechen.

(3) [1]Am Schluß des Berichts hat der Vorstand zu erklären, ob die Gesellschaft nach den Umständen, die ihm in dem Zeitpunkt bekannt waren, in dem das Rechtsgeschäft vorgenommen oder die Maßnahme getroffen oder unterlassen wurde, bei jedem Rechtsgeschäft eine angemessene Gegenleistung erhielt und dadurch, daß die Maßnahme getroffen oder unterlassen wurde, nicht benachteiligt wurde. [2]Wurde die Gesellschaft benachteiligt, so hat er außerdem zu erklären, ob die Nachteile ausgeglichen worden sind. [3]Die Erklärung ist auch in den Lagebericht aufzunehmen.

**§ 313[2)] Prüfung durch den Abschlußprüfer.** (1) [1]Ist der Jahresabschluß durch einen Abschlußprüfer zu prüfen, so ist gleichzeitig mit dem Jahresabschluß und dem Lagebericht auch der Bericht über die Beziehungen zu verbundenen Unternehmen dem Abschlußprüfer vorzulegen. [2]Er hat zu prüfen, ob

1. die tatsächlichen Angaben des Berichts richtig sind,
2. bei den im Bericht aufgeführten Rechtsgeschäften nach den Umständen, die im Zeitpunkt ihrer Vornahme bekannt waren, die Leistung der Gesellschaft nicht unangemessen hoch war; soweit sie dies war, ob die Nachteile ausgeglichen worden sind,
3. bei den im Bericht aufgeführten Maßnahmen keine Umstände für eine wesentlich andere Beurteilung als die durch den Vorstand sprechen.

[3]§ 320 Abs. 1 Satz 2 und Abs. 2 Satz 1 und 2 des Handelsgesetzbuchs[3)] gilt sinngemäß. [4]Die Rechte nach dieser Vorschrift hat der Abschlußprüfer auch gegenüber einem Konzernunternehmen sowie gegenüber einem abhängigen oder herrschenden Unternehmen.

(2) [1]Der Abschlußprüfer hat über das Ergebnis der Prüfung schriftlich zu berichten. [2]Stellt er bei der Prüfung des Jahresabschlusses, des Lageberichts und des Berichts über die Beziehungen zu verbundenen Unternehmen fest, daß dieser Bericht unvollständig ist, so hat er auch hierüber zu berichten. [3]Der Abschluss-

---

1) § 312 Abs. 3 Satz 3 geänd. durch G v. 19.12.1985 (BGBl. I S. 2355).

2) § 313 Überschrift, Abs. 1 Satz 2, Abs. 3 Sätze 1 und 4, Abs. 4 Satz 1 und Abs. 5 Satz 1 geänd., Abs. 1 Sätze 1 und 3 sowie Abs. 2 neu gef., Abs. 1 Satz 4 angef. durch G v. 19.12.1985 (BGBl. I S. 2355); Abs. 2 Satz 3 neu gef. mWv 9.3.2000 durch G v. 24.2.2000 (BGBl. I S. 154).

3) Nr. **50**.

prüfer hat seinen Bericht zu unterzeichnen und dem Aufsichtsrat vorzulegen; dem Vorstand ist vor der Zuleitung Gelegenheit zur Stellungnahme zu geben.

(3) [1] Sind nach dem abschließenden Ergebnis der Prüfung keine Einwendungen zu erheben, so hat der Abschlußprüfer dies durch folgenden Vermerk zum Bericht über die Beziehungen zu verbundenen Unternehmen zu bestätigen:

Nach meiner/unserer pflichtmäßigen Prüfung und Beurteilung bestätige ich/bestätigen wir, daß

1. die tatsächlichen Angaben des Berichts richtig sind,
2. bei den im Bericht aufgeführten Rechtsgeschäften die Leistung der Gesellschaft nicht unangemessen hoch war oder Nachteile ausgeglichen worden sind,
3. bei den im Bericht aufgeführten Maßnahmen keine Umstände für eine wesentlich andere Beurteilung als die durch den Vorstand sprechen.

[2] Führt der Bericht kein Rechtsgeschäft auf, so ist Nummer 2, führt er keine Maßnahme auf, so ist Nummer 3 des Vermerks fortzulassen. [3] Hat der Abschlußprüfer bei keinem im Bericht aufgeführten Rechtsgeschäft festgestellt, daß die Leistung der Gesellschaft unangemessen hoch war, so ist Nummer 2 des Vermerks auf diese Bestätigung zu beschränken.

(4) [1] Sind Einwendungen zu erheben oder hat der Abschlußprüfer festgestellt, daß der Bericht über die Beziehungen zu verbundenen Unternehmen unvollständig ist, so hat er die Bestätigung einzuschränken oder zu versagen. [2] Hat der Vorstand selbst erklärt, daß die Gesellschaft durch bestimmte Rechtsgeschäfte oder Maßnahmen benachteiligt worden ist, ohne daß die Nachteile ausgeglichen worden sind, so ist dies in dem Vermerk anzugeben und der Vermerk auf die übrigen Rechtsgeschäfte oder Maßnahmen zu beschränken.

(5) [1] Der Abschlußprüfer hat den Bestätigungsvermerk mit Angabe von Ort und Tag zu unterzeichnen. [2] Der Bestätigungsvermerk ist auch in den Prüfungsbericht aufzunehmen.

**§ 314[1)] Prüfung durch den Aufsichtsrat.** (1) [1] Der Vorstand hat den Bericht über die Beziehungen zu verbundenen Unternehmen unverzüglich nach dessen Aufstellung dem Aufsichtsrat vorzulegen. [2] Dieser Bericht und, wenn der Jahresabschluss durch einen Abschlussprüfer zu prüfen ist, der Prüfungsbericht des Abschlussprüfers sind auch jedem Aufsichtsratsmitglied oder, wenn der Aufsichtsrat dies beschlossen hat, den Mitgliedern eines Ausschusses zu übermitteln.

(2) [1] Der Aufsichtsrat hat den Bericht über die Beziehungen zu verbundenen Unternehmen zu prüfen und in seinem Bericht an die Hauptversammlung (§ 171 Abs. 2) über das Ergebnis der Prüfung zu berichten. [2] Ist der Jahresabschluß durch einen Abschlußprüfer zu prüfen, so hat der Aufsichtsrat in diesem Bericht ferner zu dem Ergebnis der Prüfung des Berichts über die Beziehungen zu verbundenen Unternehmen durch den Abschlußprüfer Stellung zu nehmen. [3] Ein von dem Abschlußprüfer erteilter Bestätigungsvermerk ist in den Bericht aufzunehmen, eine Versagung des Bestätigungsvermerks ausdrücklich mitzuteilen.

(3) Am Schluß des Berichts hat der Aufsichtsrat zu erklären, ob nach dem abschließenden Ergebnis seiner Prüfung Einwendungen gegen die Erklärung des Vorstands am Schluß des Berichts über die Beziehungen zu verbundenen Unternehmen zu erheben sind.

---

[1)] § 314 Abs. 1 Satz 1, Abs. 2 Satz 3 geänd., Abs. 2 Satz 2 und Abs. 4 neu gef. durch G v. 19.12.1985 (BGBl. I S. 2355); Abs. 1 und 4 neu gef. mWv 9.3.2000 durch G v. 24.2.2000 (BGBl. I S. 154); Abs. 1 Satz 2 geänd. mWv 26.7.2002 durch G v. 19.7.2002 (BGBl. I S. 2681).

(4) Ist der Jahresabschluss durch einen Abschlussprüfer zu prüfen, so hat dieser an den Verhandlungen des Aufsichtsrats oder eines Ausschusses über den Bericht über die Beziehungen zu verbundenen Unternehmen teilzunehmen und über die wesentlichen Ergebnisse seiner Prüfung zu berichten.

**§ 315[1)] Sonderprüfung.** [1] Auf Antrag eines Aktionärs hat das Gericht Sonderprüfer zur Prüfung der geschäftlichen Beziehungen der Gesellschaft zu dem herrschenden Unternehmen oder einem mit ihm verbundenen Unternehmen zu bestellen, wenn

1. der Abschlußprüfer den Bestätigungsvermerk zum Bericht über die Beziehungen zu verbundenen Unternehmen eingeschränkt oder versagt hat,
2. der Aufsichtsrat erklärt hat, daß Einwendungen gegen die Erklärung des Vorstands am Schluß des Berichts über die Beziehungen zu verbundenen Unternehmen zu erheben sind,
3. der Vorstand selbst erklärt hat, daß die Gesellschaft durch bestimmte Rechtsgeschäfte oder Maßnahmen benachteiligt worden ist, ohne daß die Nachteile ausgeglichen worden sind.

[2] Liegen sonstige Tatsachen vor, die den Verdacht einer pflichtwidrigen Nachteilszufügung rechtfertigen, kann der Antrag auch von Aktionären gestellt werden, deren Anteile zusammen den Schwellenwert des § 142 Abs. 2 erreichen, wenn sie glaubhaft machen, dass sie seit mindestens drei Monaten vor dem Tage der Antragstellung Inhaber der Aktien sind. [3] Über den Antrag entscheidet das Landgericht, in dessen Bezirk die Gesellschaft ihren Sitz hat. [4] § 142 Abs. 8 gilt entsprechend. [5] Gegen die Entscheidung ist die Beschwerde zulässig. [6] Hat die Hauptversammlung zur Prüfung derselben Vorgänge Sonderprüfer bestellt, so kann jeder Aktionär den Antrag nach § 142 Abs. 4 stellen.

**§ 316 Kein Bericht über Beziehungen zu verbundenen Unternehmen bei Gewinnabführungsvertrag.** §§ 312 bis 315 gelten nicht, wenn zwischen der abhängigen Gesellschaft und dem herrschenden Unternehmen ein Gewinnabführungsvertrag besteht.

**§ 317 Verantwortlichkeit des herrschenden Unternehmens und seiner gesetzlichen Vertreter.** (1) [1] Veranlaßt ein herrschendes Unternehmen eine abhängige Gesellschaft, mit der kein Beherrschungsvertrag besteht, ein für sie nachteiliges Rechtsgeschäft vorzunehmen oder zu ihrem Nachteil eine Maßnahme zu treffen oder zu unterlassen, ohne daß es den Nachteil bis zum Ende des Geschäftsjahrs tatsächlich ausgleicht oder der abhängigen Gesellschaft einen Rechtsanspruch auf einen zum Ausgleich bestimmten Vorteil gewährt, so ist es der Gesellschaft zum Ersatz des ihr daraus entstehenden Schadens verpflichtet. [2] Es ist auch den Aktionären zum Ersatz des ihnen daraus entstehenden Schadens verpflichtet, soweit sie, abgesehen von einem Schaden, der ihnen durch Schädigung der Gesellschaft zugefügt worden ist, geschädigt worden sind.

(2) Die Ersatzpflicht tritt nicht ein, wenn auch ein ordentlicher und gewissenhafter Geschäftsleiter einer unabhängigen Gesellschaft das Rechtsgeschäft vorgenommen oder die Maßnahme getroffen oder unterlassen hätte.

---

[1)] § 315 Satz 1 Nr. 1 geänd. durch G v. 19.12.1985 (BGBl. I S. 2355); Satz 2 eingef. durch G v. 27.4.1998 (BGBl. I S. 786); Satz 2 geänd. durch G v. 9.6.1998 (BGBl. I S. 1242); Satz 2 neu gef., Sätze 3 und 4 eingef. mWv 1.11.2005, Satz 5 eingef., bish. Sätze 3 und 4 werden Sätze 6 und 7 mWv 28.9.2005 durch G v. 22.9.2005 (BGBl. I S. 2802); Satz 4 aufgeh., bish. Sätze 5–7 werden Sätze 4–6 und neue Sätze 4 und 5 geänd. mWv 1.9.2009 durch G v. 17.12.2008 (BGBl. I S. 2586).

(3) Neben dem herrschenden Unternehmen haften als Gesamtschuldner die gesetzlichen Vertreter des Unternehmens, die die Gesellschaft zu dem Rechtsgeschäft oder der Maßnahme veranlaßt haben.

(4) § 309 Abs. 3 bis 5 gilt sinngemäß.

### § 318 Verantwortlichkeit der Verwaltungsmitglieder der Gesellschaft.

(1) [1]Die Mitglieder des Vorstands der Gesellschaft haften neben den nach § 317 Ersatzpflichtigen als Gesamtschuldner, wenn sie es unter Verletzung ihrer Pflichten unterlassen haben, das nachteilige Rechtsgeschäft oder die nachteilige Maßnahme in dem Bericht über die Beziehungen der Gesellschaft zu verbundenen Unternehmen aufzuführen oder anzugeben, daß die Gesellschaft durch das Rechtsgeschäft oder die Maßnahme benachteiligt wurde und der Nachteil nicht ausgeglichen worden war. [2]Ist streitig, ob sie die Sorgfalt eines ordentlichen und gewissenhaften Geschäftsleiters angewandt haben, so trifft sie die Beweislast.

(2) Die Mitglieder des Aufsichtsrats der Gesellschaft haften neben den nach § 317 Ersatzpflichtigen als Gesamtschuldner, wenn sie hinsichtlich des nachteiligen Rechtsgeschäfts oder der nachteiligen Maßnahme ihre Pflicht, den Bericht über die Beziehungen zu verbundenen Unternehmen zu prüfen und über das Ergebnis der Prüfung an die Hauptversammlung zu berichten (§ 314), verletzt haben; Absatz 1 Satz 2 gilt sinngemäß.

(3) Der Gesellschaft und auch den Aktionären gegenüber tritt die Ersatzpflicht nicht ein, wenn die Handlung auf einem gesetzmäßigen Beschluß der Hauptversammlung beruht.

(4) § 309 Abs. 3 bis 5 gilt sinngemäß.

## Dritter Teil. Eingegliederte Gesellschaften

**§ 319[1)] Eingliederung.** (1) [1]Die Hauptversammlung einer Aktiengesellschaft kann die Eingliederung der Gesellschaft in eine andere Aktiengesellschaft mit Sitz im Inland (Hauptgesellschaft) beschließen, wenn sich alle Aktien der Gesellschaft in der Hand der zukünftigen Hauptgesellschaft befinden. [2]Auf den Beschluß sind die Bestimmungen des Gesetzes und der Satzung über Satzungsänderungen nicht anzuwenden.

(2) [1]Der Beschluß über die Eingliederung wird nur wirksam, wenn die Hauptversammlung der zukünftigen Hauptgesellschaft zustimmt. [2]Der Beschluß über die Zustimmung bedarf einer Mehrheit, die mindestens drei Viertel des bei der Beschlußfassung vertretenen Grundkapitals umfaßt. [3]Die Satzung kann eine größere Kapitalmehrheit und weitere Erfordernisse bestimmen. [4]Absatz 1 Satz 2 ist anzuwenden.

(3) [1]Von der Einberufung der Hauptversammlung der zukünftigen Hauptgesellschaft an, die über die Zustimmung zur Eingliederung beschließen soll, sind in dem Geschäftsraum dieser Gesellschaft zur Einsicht der Aktionäre auszulegen

1. der Entwurf des Eingliederungsbeschlusses;

---

[1)] § 319 Abs. 2 Satz 5 aufgeh., Abs. 3 neu gef., Abs. 4–6 eingef., bish. Abs. 4 wird Abs. 7 durch G v. 28.10.1994 (BGBl. I S. 3210); Abs. 6 Satz 4 eingef., bish. Sätze 4 und 5 werden Sätze 5 und 6, Satz 7 eingef., bish. Satz 6 wird Satz 8 mWv 25.4.2007 durch G v. 19.4.2007 (BGBl. I S. 542); Abs. 3 Satz 3 eingef., bish. Sätze 3 und 4 werden Sätze 4 und 5 und neuer Satz 4 geänd., Abs. 6 Satz 1 geänd., Satz 2 neu gef., Satz 3 eingef., bish. Sätze 3–7 werden Sätze 4–8 und neuer Satz 6 geänd., neue Sätze 7 und 8 neu gef., Satz 9 eingef., bish. Satz 8 wird Satz 10 , Satz 11 angef. mWv 1.9.2009 durch G v. 30.7.2009 (BGBl. I S. 2479).

2. die Jahresabschlüsse und die Lageberichte der beteiligten Gesellschaften für die letzten drei Geschäftsjahre;
3. ein ausführlicher schriftlicher Bericht des Vorstands der zukünftigen Hauptgesellschaft, in dem die Eingliederung rechtlich und wirtschaftlich erläutert und begründet wird (Eingliederungsbericht).

[2] Auf Verlangen ist jedem Aktionär der zukünftigen Hauptgesellschaft unverzüglich und kostenlos eine Abschrift der in Satz 1 bezeichneten Unterlagen zu erteilen. [3] Die Verpflichtungen nach den Sätzen 1 und 2 entfallen, wenn die in Satz 1 bezeichneten Unterlagen für denselben Zeitraum über die Internetseite der zukünftigen Hauptgesellschaft zugänglich sind. [4] In der Hauptversammlung sind diese Unterlagen zugänglich zu machen. [5] Jedem Aktionär ist in der Hauptversammlung auf Verlangen Auskunft auch über alle im Zusammenhang mit der Eingliederung wesentlichen Angelegenheiten der einzugliedernden Gesellschaft zu geben.

(4) [1] Der Vorstand der einzugliedernden Gesellschaft hat die Eingliederung und die Firma der Hauptgesellschaft zur Eintragung in das Handelsregister anzumelden. [2] Der Anmeldung sind die Niederschriften der Hauptversammlungsbeschlüsse und ihre Anlagen in Ausfertigung oder öffentlich beglaubigter Abschrift beizufügen.

(5) [1] Bei der Anmeldung nach Absatz 4 hat der Vorstand zu erklären, daß eine Klage gegen die Wirksamkeit eines Hauptversammlungsbeschlusses nicht oder nicht fristgemäß erhoben oder eine solche Klage rechtskräftig abgewiesen oder zurückgenommen worden ist; hierüber hat der Vorstand dem Registergericht auch nach der Anmeldung Mitteilung zu machen. [2] Liegt die Erklärung nicht vor, so darf die Eingliederung nicht eingetragen werden, es sei denn, daß die klageberechtigten Aktionäre durch notariell beurkundete Verzichtserklärung auf die Klage gegen die Wirksamkeit des Hauptversammlungsbeschlusses verzichten.

(6) [1] Der Erklärung nach Absatz 5 Satz 1 steht es gleich, wenn nach Erhebung einer Klage gegen die Wirksamkeit eines Hauptversammlungsbeschlusses das Gericht auf Antrag der Gesellschaft, gegen deren Hauptversammlungsbeschluß sich die Klage richtet, durch Beschluß festgestellt hat, daß die Erhebung der Klage der Eintragung nicht entgegensteht. [2] Auf das Verfahren sind § 247, die §§ 82, 83 Abs. 1 und § 84 der Zivilprozessordnung[1)] sowie die im ersten Rechtszug für das Verfahren vor den Landgerichten geltenden Vorschriften der Zivilprozessordnung entsprechend anzuwenden, soweit nichts Abweichendes bestimmt ist. [3] Ein Beschluss nach Satz 1 ergeht, wenn

1. die Klage unzulässig oder offensichtlich unbegründet ist,
2. der Kläger nicht binnen einer Woche nach Zustellung des Antrags durch Urkunden nachgewiesen hat, dass er seit Bekanntmachung der Einberufung einen anteiligen Betrag von mindestens 1 000 Euro hält oder
3. das alsbaldige Wirksamwerden des Hauptversammlungsbeschlusses vorrangig erscheint, weil die vom Antragsteller dargelegten wesentlichen Nachteile für die Gesellschaft und ihre Aktionäre nach freier Überzeugung des Gerichts die Nachteile für den Antragsgegner überwiegen, es sei denn, es liegt eine besondere Schwere des Rechtsverstoßes vor.

[4] Der Beschluß kann in dringenden Fällen ohne mündliche Verhandlung ergehen. [5] Der Beschluss soll spätestens drei Monate nach Antragstellung ergehen; Verzögerungen der Entscheidung sind durch unanfechtbaren Beschluss zu begründen.

---

[1)] Nr. **100**.

[6]Die vorgebrachten Tatsachen, aufgrund derer der Beschluß nach Satz 3 ergehen kann, sind glaubhaft zu machen. [7]Über den Antrag entscheidet ein Senat des Oberlandesgerichts, in dessen Bezirk die Gesellschaft ihren Sitz hat. [8]Eine Übertragung auf den Einzelrichter ist ausgeschlossen; einer Güteverhandlung bedarf es nicht. [9]Der Beschluss ist unanfechtbar. [10]Erweist sich die Klage als begründet, so ist die Gesellschaft, die den Beschluß erwirkt hat, verpflichtet, dem Antragsgegner den Schaden zu ersetzen, der ihm aus einer auf dem Beschluß beruhenden Eintragung der Eingliederung entstanden ist. [11]Nach der Eintragung lassen Mängel des Beschlusses seine Durchführung unberührt; die Beseitigung dieser Wirkung der Eintragung kann auch nicht als Schadenersatz verlangt werden.

(7) Mit der Eintragung der Eingliederung in das Handelsregister des Sitzes der Gesellschaft wird die Gesellschaft in die Hauptgesellschaft eingegliedert.

**§ 320[1)] Eingliederung durch Mehrheitsbeschluß.** (1) [1]Die Hauptversammlung einer Aktiengesellschaft kann die Eingliederung der Gesellschaft in eine andere Aktiengesellschaft mit Sitz im Inland auch dann beschließen, wenn sich Aktien der Gesellschaft, auf die zusammen fünfundneunzig vom Hundert des Grundkapitals entfallen, in der Hand der zukünftigen Hauptgesellschaft befinden. [2]Eigene Aktien und Aktien, die einem anderen für Rechnung der Gesellschaft gehören, sind vom Grundkapital abzusetzen. [3]Für die Eingliederung gelten außer § 319 Abs. 1 Satz 2, Abs. 2 bis 7 die Absätze 2 bis 4.

(2) [1]Die Bekanntmachung der Eingliederung als Gegenstand der Tagesordnung ist nur ordnungsgemäß, wenn

1. sie die Firma und den Sitz der zukünftigen Hauptgesellschaft enthält,
2. ihr eine Erklärung der zukünftigen Hauptgesellschaft beigefügt ist, in der diese den ausscheidenden Aktionären als Abfindung für ihre Aktien eigene Aktien, im Falle des § 320b Abs. 1 Satz 3 außerdem eine Barabfindung anbietet.

[2]Satz 1 Nr. 2 gilt auch für die Bekanntmachung der zukünftigen Hauptgesellschaft.

(3) [1]Die Eingliederung ist durch einen oder mehrere sachverständige Prüfer (Eingliederungsprüfer) zu prüfen. [2]Diese werden auf Antrag des Vorstands der zukünftigen Hauptgesellschaft vom Gericht ausgewählt und bestellt. [3]§ 293a Abs. 3, §§ 293c bis 293e sind sinngemäß anzuwenden.

(4) [1]Die in § 319 Abs. 3 Satz 1 bezeichneten Unterlagen sowie der Prüfungsbericht nach Absatz 3 sind jeweils von der Einberufung der Hauptversammlung an, die über die Zustimmung zur Eingliederung beschließen soll, in dem Geschäftsraum der einzugliedernden Gesellschaft und der Hauptgesellschaft zur Einsicht der Aktionäre auszulegen. [2]In dem Eingliederungsbericht sind auch Art und Höhe der Abfindung nach § 320b rechtlich und wirtschaftlich zu erläutern und zu begründen; auf besondere Schwierigkeiten bei der Bewertung der beteiligten Gesellschaften sowie auf die Folgen für die Beteiligungen der Aktionäre ist hinzuweisen. [3]§ 319 Abs. 3 Satz 2 bis 5 gilt sinngemäß für die Aktionäre beider Gesellschaften.

---

[1)] § 320 Abs. 1 Satz 3, Abs. 2 Nr. 2 geänd., Abs. 3 und 4 neu gef., Abs. 5–7 aufgeh. durch G v. 28.10. 1994 (BGBl. I S. 3210); Abs. 1 Satz 1 geänd. durch G v. 25.3.1998 (BGBl. I S. 590); Abs. 3 Satz 1 geänd. durch G v. 27.4.1998 (BGBl. I S. 786); Abs. 3 Satz 2 neu gef. mWv 1.9.2003 durch G v. 12.6.2003 (BGBl. I S. 838); Abs. 4 Satz 3 geänd. mWv 1.9.2009 durch G v. 30.7.2009 (BGBl. I S. 2479).

**§ 320a**[1] **Wirkungen der Eingliederung.** [1] Mit der Eintragung der Eingliederung in das Handelsregister gehen alle Aktien, die sich nicht in der Hand der Hauptgesellschaft befinden, auf diese über. [2] Sind über diese Aktien Aktienurkunden ausgegeben, so verbriefen sie bis zu ihrer Aushändigung an die Hauptgesellschaft nur den Anspruch auf Abfindung.

**§ 320b**[2] **Abfindung der ausgeschiedenen Aktionäre.** (1) [1] Die ausgeschiedenen Aktionäre der eingegliederten Gesellschaft haben Anspruch auf angemessene Abfindung. [2] Als Abfindung sind ihnen eigene Aktien der Hauptgesellschaft zu gewähren. [3] Ist die Hauptgesellschaft eine abhängige Gesellschaft, so sind den ausgeschiedenen Aktionären nach deren Wahl eigene Aktien der Hauptgesellschaft oder eine angemessene Barabfindung zu gewähren. [4] Werden als Abfindung Aktien der Hauptgesellschaft gewährt, so ist die Abfindung als angemessen anzusehen, wenn die Aktien in dem Verhältnis gewährt werden, in dem bei einer Verschmelzung auf eine Aktie der Gesellschaft Aktien der Hauptgesellschaft zu gewähren wären, wobei Spitzenbeträge durch bare Zuzahlungen ausgeglichen werden können. [5] Die Barabfindung muß die Verhältnisse der Gesellschaft im Zeitpunkt der Beschlußfassung ihrer Hauptversammlung über die Eingliederung berücksichtigen. [6] Die Barabfindung sowie bare Zuzahlungen sind von der Bekanntmachung der Eintragung der Eingliederung an mit jährlich 5 Prozentpunkten über dem jeweiligen Basiszinssatz nach § 247 des Bürgerlichen Gesetzbuchs[3] zu verzinsen; die Geltendmachung eines weiteren Schadens ist nicht ausgeschlossen.

(2) [1] Die Anfechtung des Beschlusses, durch den die Hauptversammlung der eingegliederten Gesellschaft die Eingliederung der Gesellschaft beschlossen hat, kann nicht auf § 243 Abs. 2 oder darauf gestützt werden, daß die von der Hauptgesellschaft nach § 320 Abs. 2 Nr. 2 angebotene Abfindung nicht angemessen ist. [2] Ist die angebotene Abfindung nicht angemessen, so hat das in § 2 des Spruchverfahrensgesetzes[4] bestimmte Gericht auf Antrag die angemessene Abfindung zu bestimmen. [3] Das gleiche gilt, wenn die Hauptgesellschaft eine Abfindung nicht oder nicht ordnungsgemäß angeboten hat und eine hierauf gestützte Anfechtungsklage innerhalb der Anfechtungsfrist nicht erhoben oder zurückgenommen oder rechtskräftig abgewiesen worden ist.

**§ 321**[5] **Gläubigerschutz.** (1) [1] Den Gläubigern der eingegliederten Gesellschaft, deren Forderungen begründet worden sind, bevor die Eintragung der Eingliederung in das Handelsregister bekanntgemacht worden ist, ist, wenn sie sich binnen sechs Monaten nach der Bekanntmachung zu diesem Zweck melden, Sicherheit zu leisten, soweit sie nicht Befriedigung verlangen können. [2] Die Gläubiger sind in einer Bekanntmachung zu der Eintragung auf dieses Recht hinzuweisen.

(2) Das Recht, Sicherheitsleistung zu verlangen, steht Gläubigern nicht zu, die im Falle des Insolvenzverfahrens ein Recht auf vorzugsweise Befriedigung aus einer Deckungsmasse haben, die nach gesetzlicher Vorschrift zu ihrem Schutz errichtet und staatlich überwacht ist.

---

[1] § 320a eingef. durch G v. 28.10.1994 (BGBl. I S. 3210).

[2] § 320b eingef. durch G v. 28.10.1994 (BGBl. I S. 3210); Abs. 1 Satz 6 geänd. mWv 12.4.2002 durch VO v. 5.4.2002 (BGBl. I S. 1250); Abs. 2 Satz 2 geänd., Abs. 3 aufgeh. mWv 1.9.2003 durch G v. 12.6. 2003 (BGBl. I S. 838); Abs. 1 Satz 6 geänd. mWv 1.9.2009 durch G v. 30.7.2009 (BGBl. I S. 2479).

[3] Nr. **20**.

[4] **Habersack, Deutsche Gesetze ErgBd. Nr. 51b.**

[5] § 321 Abs. 2 geänd. durch G v. 5.10.1994 (BGBl. I S. 2911); Abs. 1 Satz 2 neu gef. mWv 1.8.2022 durch G v. 5.7.2021 (BGBl. I S. 3338).

**§ 322 Haftung der Hauptgesellschaft.** (1) [1]Von der Eingliederung an haftet die Hauptgesellschaft für die vor diesem Zeitpunkt begründeten Ver-

*(Fortsetzung nächstes Blatt)*

bindlichkeiten der eingegliederten Gesellschaft den Gläubigern dieser Gesellschaft als Gesamtschuldner. [2]Die gleiche Haftung trifft sie für alle Verbindlichkeiten der eingegliederten Gesellschaft, die nach der Eingliederung begründet werden. [3]Eine entgegenstehende Vereinbarung ist Dritten gegenüber unwirksam.

(2) Wird die Hauptgesellschaft wegen einer Verbindlichkeit der eingegliederten Gesellschaft in Anspruch genommen, so kann sie Einwendungen, die nicht in ihrer Person begründet sind, nur insoweit geltend machen, als sie von der eingegliederten Gesellschaft erhoben werden können.

(3) [1]Die Hauptgesellschaft kann die Befriedigung des Gläubigers verweigern, solange der eingegliederten Gesellschaft das Recht zusteht, das ihrer Verbindlichkeit zugrunde liegende Rechtsgeschäft anzufechten. [2]Die gleiche Befugnis hat die Hauptgesellschaft, solange sich der Gläubiger durch Aufrechnung gegen eine fällige Forderung der eingegliederten Gesellschaft befriedigen kann.

(4) Aus einem gegen die eingegliederte Gesellschaft gerichteten vollstreckbaren Schuldtitel findet die Zwangsvollstreckung gegen die Hauptgesellschaft nicht statt.

**§ 323. Leitungsmacht der Hauptgesellschaft und Verantwortlichkeit der Vorstandsmitglieder.** (1) [1]Die Hauptgesellschaft ist berechtigt, dem Vorstand der eingegliederten Gesellschaft hinsichtlich der Leitung der Gesellschaft Weisungen zu erteilen. [2]§ 308 Abs. 2 Satz 1, Abs. 3, §§ 309, 310 gelten sinngemäß. [3]§§ 311 bis 318 sind nicht anzuwenden.

(2) Leistungen der eingegliederten Gesellschaft an die Hauptgesellschaft gelten nicht als Verstoß gegen die §§ 57, 58 und 60.

**§ 324.**[1] **Gesetzliche Rücklage. Gewinnabführung. Verlustübernahme.** (1) Die gesetzlichen Vorschriften über die Bildung einer gesetzlichen Rücklage, über ihre Verwendung und über die Einstellung von Beträgen in die gesetzliche Rücklage sind auf eingegliederte Gesellschaften nicht anzuwenden.

(2) [1]Auf einen Gewinnabführungsvertrag, eine Gewinngemeinschaft oder einen Teilgewinnabführungsvertrag zwischen der eingegliederten Gesellschaft und der Hauptgesellschaft sind die §§ 293 bis 296, 298 bis 303 nicht anzuwenden. [2]Der Vertrag, seine Änderung und seine Aufhebung bedürfen der schriftlichen Form. [3]Als Gewinn kann höchstens der ohne die Gewinnabführung entstehende Bilanzgewinn abgeführt werden. [4]Der Vertrag endet spätestens zum Ende des Geschäftsjahrs, in dem die Eingliederung endet.

(3) Die Hauptgesellschaft ist verpflichtet, jeden bei der eingegliederten Gesellschaft sonst entstehenden Bilanzverlust auszugleichen, soweit dieser den Betrag der Kapitalrücklagen und der Gewinnrücklagen übersteigt.

**§ 325.**[2] *(aufgehoben)*

**§ 326. Auskunftsrecht der Aktionäre der Hauptgesellschaft.** Jedem Aktionär der Hauptgesellschaft ist über Angelegenheiten der eingegliederten Gesellschaft ebenso Auskunft zu erteilen wie über Angelegenheiten der Hauptgesellschaft.

---

[1] § 324 Abs. 3 geänd. durch BiRiLiG v. 19. 12. 1985 (BGBl. I S. 2355).

[2] § 325 aufgeh. durch BiRiLiG v. 19. 12. 1985 (BGBl. I S. 2355).

**§ 327.[1] Ende der Eingliederung.** (1) Die Eingliederung endet
1. durch Beschluß der Hauptversammlung der eingegliederten Gesellschaft,
2. wenn die Hauptgesellschaft nicht mehr eine Aktiengesellschaft mit Sitz im Inland ist,
3. wenn sich nicht mehr alle Aktien der eingegliederten Gesellschaft in der Hand der Hauptgesellschaft befinden,
4. durch Auflösung der Hauptgesellschaft.

(2) Befinden sich nicht mehr alle Aktien der eingegliederten Gesellschaft in der Hand der Hauptgesellschaft, so hat die Hauptgesellschaft dies der eingegliederten Gesellschaft unverzüglich schriftlich mitzuteilen.

(3) Der Vorstand der bisher eingegliederten Gesellschaft hat das Ende der Eingliederung, seinen Grund und seinen Zeitpunkt unverzüglich zur Eintragung in das Handelsregister des Sitzes der Gesellschaft anzumelden.

(4) [1]Endet die Eingliederung, so haftet die frühere Hauptgesellschaft für die bis dahin begründeten Verbindlichkeiten der bisher eingegliederten Gesellschaft, wenn sie vor Ablauf von fünf Jahren nach dem Ende der Eingliederung fällig und daraus Ansprüche gegen die frühere Hauptgesellschaft in einer in § 197 Abs. 1 Nr. 3 bis 5 des Bürgerlichen Gesetzbuchs bezeichneten Art festgestellt sind oder eine gerichtliche oder behördliche Vollstreckungshandlung vorgenommen oder beantragt wird; bei öffentlich-rechtlichen Verbindlichkeiten genügt der Erlass eines Verwaltungsakts. [2]Die Frist beginnt mit dem Tag, an dem die Eintragung des Endes der Eingliederung in das Handelsregister nach § 10 des Handelsgesetzbuchs bekannt gemacht worden ist. [3]Die für die Verjährung geltenden §§ 204, 206, 210, 211 und 212 Abs. 2 und 3 des Bürgerlichen Gesetzbuchs sind entsprechend anzuwenden. [4]Einer Feststellung in einer in § 197 Abs. 1 Nr. 3 bis 5 des bürgerlichen Gesetzbuchs bezeichneten Art bedarf es nicht, soweit die frühere Hauptgesellschaft den Anspruch schriftlich anerkannt hat.

## Vierter Teil.[2] Ausschluss von Minderheitsaktionären

**§ 327 a.[2] Übertragung von Aktien gegen Barabfindung.** (1) [1]Die Hauptversammlung einer Aktiengesellschaft oder einer Kommanditgesellschaft auf Aktien kann auf Verlangen eines Aktionärs, dem Aktien der Gesellschaft in Höhe von 95 vom Hundert des Grundkapitals gehören (Hauptaktionär), die Übertragung der Aktien der übrigen Aktionäre (Minderheitsaktionäre) auf den Hauptaktionär gegen Gewährung einer angemessenen Barabfindung beschließen. [2]§ 285 Abs. 2 Satz 1 findet keine Anwendung.

(2) Für die Feststellung, ob dem Hauptaktionär 95 vom Hundert der Aktien gehören, gilt § 16 Abs. 2 und 4.

**§ 327 b.[2] Barabfindung.** (1) [1]Der Hauptaktionär legt die Höhe der Barabfindung fest; sie muss die Verhältnisse der Gesellschaft im Zeitpunkt der

---

[1] § 327 Abs. 4 neugef. durch Art. 11 G v. 9. 12. 2004 (BGBl. I S. 3214). Beachte hierzu Übergangsvorschr. in § 26 e EGAktG; Nr. **51 a**. § 327 Abs. 4 Satz 2 geänd. mWv 1. 1. 2007 durch Art. 9 EHUG v. 10. 11. 2006 (BGBl. I S. 2553).

[2] Vierter Teil (§§ 327 a bis 327 f) eingef. durch Art. 7 G v. 20. 12. 2001 (BGBl. I S. 3822), § 327 b Abs. 2 geänd. durch Art. 5 Abs. 1 VO v. 5. 4. 2002 (BGBl. I S. 1250) und mWv 1. 9. 2009 durch Art. 1 ARUG v. 30. 7. 2009 (BGBl. I S. 2479); beachte hierzu Übergangsvorschr. in § 20 Abs. 5 EGAktG; Nr. **51 a**.

Beschlussfassung ihrer Hauptversammlung berücksichtigen. ²Der Vorstand hat dem Hauptaktionär alle dafür notwendigen Unterlagen zur Verfügung zu stellen und Auskünfte zu erteilen.

(2) Die Barabfindung ist von der Bekanntmachung der Eintragung des Übertragungsbeschlusses in das Handelsregister an mit jährlich 5 Prozentpunkten über dem jeweiligen Basiszinssatz nach § 247 des Bürgerlichen Gesetzbuchs[1] zu verzinsen; die Geltendmachung eines weiteren Schadens ist nicht ausgeschlossen.

(3) Vor Einberufung der Hauptversammlung hat der Hauptaktionär dem Vorstand die Erklärung eines im Geltungsbereich dieses Gesetzes zum Geschäftsbetrieb befugten Kreditinstituts zu übermitteln, durch die das Kreditinstitut die Gewährleistung für die Erfüllung der Verpflichtung des Hauptaktionärs übernimmt, den Minderheitsaktionären nach Eintragung des Übertragungsbeschlusses unverzüglich die festgelegte Barabfindung für die übergegangenen Aktien zu zahlen.

**§ 327 c.**[2] **Vorbereitung der Hauptversammlung.** (1) Die Bekanntmachung der Übertragung als Gegenstand der Tagesordnung hat folgende Angaben zu enthalten:

1. Firma und Sitz des Hauptaktionärs, bei natürlichen Personen Name und Adresse;
2. die vom Hauptaktionär festgelegte Barabfindung.

(2) ¹Der Hauptaktionär hat der Hauptversammlung einen schriftlichen Bericht zu erstatten, in dem die Voraussetzungen für die Übertragung dargelegt und die Angemessenheit der Barabfindung erläutert und begründet werden. ²Die Angemessenheit der Barabfindung ist durch einen oder mehrere sachverständige Prüfer zu prüfen. ³Diese werden auf Antrag des Hauptaktionärs vom Gericht ausgewählt und bestellt. ⁴§ 293 a Abs. 2 und 3, § 293 c Abs. 1 Satz 3 bis 5, Abs. 2 sowie die §§ 293 d und 293 e sind sinngemäß anzuwenden.

(3) Von der Einberufung der Hauptversammlung an sind in dem Geschäftsraum der Gesellschaft zur Einsicht der Aktionäre auszulegen

1. der Entwurf des Übertragungsbeschlusses;
2. die Jahresabschlüsse und Lageberichte für die letzten drei Geschäftsjahre;
3. der nach Absatz 2 Satz 1 erstattete Bericht des Hauptaktionärs;
4. der nach Absatz 2 Satz 2 bis 4 erstattete Prüfungsbericht.

(4) Auf Verlangen ist jedem Aktionär unverzüglich und kostenlos eine Abschrift der in Absatz 3 bezeichneten Unterlagen zu erteilen.

(5) Die Verpflichtungen nach den Absätzen 3 und 4 entfallen, wenn die in Absatz 3 bezeichneten Unterlagen für denselben Zeitraum über die Internetseite der Gesellschaft zugänglich sind.

**§ 327 d.**[3] ***Durchführung der Hauptversammlung.*** ¹In der Hauptversammlung sind die in § 327 c Abs. 3 bezeichneten Unterlagen zugänglich zu

---

[1] Nr. **20**.

[2] Vierter Teil (§§ 327 a bis 327 f) eingef. durch Art. 7 G v. 20. 12. 2001 (BGBl. I S. 3822), § 327 c Abs. 2 Satz 4 geänd., Satz 5 aufgeh. durch Art. 3 G v. 19. 4. 2007 (BGBl. I S. 542), Abs. 5 angef. mWv 1. 9. 2009 durch Art. 1 ARUG v. 30. 7. 2009 (BGBl. I S. 2479).

[3] Vierter Teil (§§ 327 a bis 327 f) eingef. durch Art. 7 G v. 20. 12. 2001 (BGBl. I S. 3822), § 327 d Satz 1 geänd. mWv 1. 9. 2009 durch Art. 1 ARUG v. 30. 7. 2009 (BGBl. I S. 2479).

machen. 2Der Vorstand kann dem Hauptaktionär Gelegenheit geben, den Entwurf des Übertragungsbeschlusses und die Bemessung der Höhe der Barabfindung zu Beginn der Verhandlung mündlich zu erläutern.

**§ 327 e.[1] Eintragung des Übertragungsbeschlusses.** (1) 1Der Vorstand hat den Übertragungsbeschluss zur Eintragung in das Handelsregister anzumelden. 2Der Anmeldung sind die Niederschrift des Übertragungsbeschlusses und seine Anlagen in Ausfertigung oder öffentlich beglaubigter Abschrift beizufügen.

(2) § 319 Abs. 5 und 6 gilt sinngemäß.

(3) 1Mit der Eintragung des Übertragungsbeschlusses in das Handelsregister gehen alle Aktien der Minderheitsaktionäre auf den Hauptaktionär über. 2Sind über diese Aktien Aktienurkunden ausgegeben, so verbriefen sie bis zu ihrer Aushändigung an den Hauptaktionär nur den Anspruch auf Barabfindung.

**§ 327 f.[2] Gerichtliche Nachprüfung der Abfindung.** 1Die Anfechtung des Übertragungsbeschlusses kann nicht auf § 243 Abs. 2 oder darauf gestützt werden, dass die durch den Hauptaktionär festgelegte Barabfindung nicht angemessen ist. 2Ist die Barabfindung nicht angemessen, so hat das in § 2 des Spruchverfahrensgesetzes bestimmte Gericht auf Antrag die angemessene Barabfindung zu bestimmen. 3Das Gleiche gilt, wenn der Hauptaktionär eine Barabfindung nicht oder nicht ordnungsgemäß angeboten hat und eine hierauf gestützte Anfechtungsklage innerhalb der Anfechtungsfrist nicht erhoben, zurückgenommen oder rechtskräftig abgewiesen worden ist.

## Fünfter Teil.[3] Wechselseitig beteiligte Unternehmen

**§ 328.[3, 4] Beschränkung der Rechte.** (1) 1Sind eine Aktiengesellschaft oder Kommanditgesellschaft auf Aktien und ein anderes Unternehmen wechselseitig beteiligte Unternehmen, so können, sobald dem einen Unternehmen das Bestehen der wechselseitigen Beteiligung bekannt geworden ist oder ihm das andere Unternehmen eine Mitteilung nach § 20 Abs. 3 oder § 21 Abs. 1 gemacht hat, Rechte aus den Anteilen, die ihm an dem anderen Unternehmen gehören, nur für höchstens den vierten Teil aller Anteile des anderen Unternehmens ausgeübt werden. 2Dies gilt nicht für das Recht auf neue Aktien bei einer Kapitalerhöhung aus Gesellschaftsmitteln. 3§ 16 Abs. 4 ist anzuwenden.

(2) Die Beschränkung des Absatzes 1 gilt nicht, wenn das Unternehmen seinerseits dem anderen Unternehmen eine Mitteilung nach § 20 Abs. 3 oder § 21 Abs. 1 gemacht hatte, bevor es von dem anderen Unternehmen eine sol-

[1] Vierter Teil (§§ 327 a bis 327 f) eingef. durch Art. 7 G v. 20. 12. 2001 (BGBl. I S. 3822).

[2] Vierter Teil (§§ 327 a bis 327 f) eingef. durch Art. 7 G v. 20. 12. 2001 (BGBl. I S. 3822), § 327 f Abs. 1 geänd., Abs. 2 aufgeh. mWv 1. 9. 2003 durch Art. 2 G v. 12. 6. 2003 (BGBl. I S. 838).

[3] Bish. Vierter Teil wird Fünfter Teil durch Art. 7 G v. 20. 12. 2001 (BGBl. I S. 3822).

[4] § 328 Abs. 3 eingef., bish. Abs. 3 wird Abs. 4 durch KonTraG v. 27. 4. 1998 (BGBl. I S. 786).

che Mitteilung erhalten hat und bevor ihm das Bestehen der wechselseitigen Beteiligung bekannt geworden ist.

(3) In der Hauptversammlung einer börsennotierten Gesellschaft kann ein Unternehmen, dem die wechselseitige Beteiligung gemäß Absatz 1 bekannt ist, sein Stimmrecht zur Wahl von Mitgliedern in den Aufsichtsrat nicht ausüben.

(4) Sind eine Aktiengesellschaft oder Kommanditgesellschaft auf Aktien und ein anderes Unternehmen wechselseitig beteiligte Unternehmen, so haben die Unternehmen einander unverzüglich die Höhe ihrer Beteiligung und jede Änderung schriftlich mitzuteilen.

## Sechster Teil.[1) 2)] Rechnungslegung im Konzern

**§§ 329–393**[3)] *(aufgehoben)*

# Viertes Buch.[4)] Sonder-, Straf- und Schlußvorschriften

## Erster Teil. Sondervorschriften bei Beteiligung von Gebietskörperschaften

**§ 393a**[5) 6)] **Besetzung von Organen bei Aktiengesellschaften mit Mehrheitsbeteiligung des Bundes.** (1) [1]Aktiengesellschaften mit Mehrheitsbeteiligung des Bundes sind Aktiengesellschaften mit Sitz im Inland,

1. deren Anteile zur Mehrheit vom Bund gehalten werden oder
2. die große Kapitalgesellschaften (§ 267 Absatz 3 des Handelsgesetzbuchs[7)]) sind und deren Anteile zur Mehrheit von Gesellschaften gehalten werden, deren Anteile ihrerseits zur Mehrheit vom Bund gehalten werden, oder
3. die in der Regel mehr als 500 Arbeitnehmerinnen und Arbeitnehmer haben und deren Anteile zur Mehrheit von Gesellschaften gehalten werden, deren Anteile ihrerseits zur Mehrheit
   a) vom Bund gehalten werden oder
   b) von Gesellschaften gehalten werden, bei denen sich die Inhaberschaften an den Anteilen in dieser Weise bis zu Gesellschaften fortsetzen, deren Anteile zur Mehrheit vom Bund gehalten werden.

[2]Anteile, die über ein Sondervermögen des Bundes gehalten werden, bleiben außer Betracht. [3]Dem Bund stehen öffentlich-rechtliche Anstalten des Bundes, die unternehmerisch tätig sind, gleich.

(2) Für Aktiengesellschaften mit Mehrheitsbeteiligung des Bundes gelten

---

[1)] Bish. Fünfter Teil wird Sechster Teil mWv 1.1.2002 durch G v. 20.12.2001 (BGBl. I S. 3822).

[2)] Beachte hierzu das G über die Rechnungslegung von bestimmten Unternehmen und Konzernen (Publizitätsgesetz – PublG) (Nr. **52b**).

[3)] §§ 329–336 und § 338 aufgeh. durch G v. 19.12.1985 (BGBl. I S. 2355); §§ 339–393 aufgeh. durch G v. 28.10.1994 (BGBl. I S. 3210); § 337 aufgeh. mWv 26.7.2002 durch G v. 19.7.2002 (BGBl. I S. 2681).

[4)] Viertes Buch (§§ 339–393) aufgeh., bish. Fünftes Buch wird Viertes Buch durch G v. 28.10.1994 (BGBl. I S. 3210).

[5)] § 393a eingef. mWv 12.8.2021 durch G v. 7.8.2021 (BGBl. I S. 3311).

[6)] Siehe hierzu Übergangsvorschrift in § 26l EGAktG (Nr. **51a**).

[7)] Nr. **50**.

1. § 76 Absatz 3a unabhängig von einer Börsennotierung und einer Geltung des Mitbestimmungsgesetzes[1], des Montan-Mitbestimmungsgesetzes[2] oder des Mitbestimmungsergänzungsgesetzes[3], wenn der Vorstand aus mehr als zwei Personen besteht, sowie
2. § 96 Absatz 2 unabhängig von einer Börsennotierung und einer Geltung des Mitbestimmungsgesetzes, des Montan-Mitbestimmungsgesetzes oder des Mitbestimmungsergänzungsgesetzes.

(3) [1] Die Länder können die Vorgaben des Absatzes 2 durch Landesgesetz auf Aktiengesellschaften erstrecken, an denen eine Mehrheitsbeteiligung eines Landes entsprechend Absatz 1 besteht. [2] In diesem Fall gelten für Gesellschaften mit Mehrheitsbeteiligung eines Landes, die der Mitbestimmung unterliegen, die gesetzlichen Regelungen und Wahlordnungen zur Mitbestimmung in Unternehmen mit Mehrheitsbeteiligung des Bundes entsprechend.

**§ 394[4] Berichte der Aufsichtsratsmitglieder.** [1] Aufsichtsratsmitglieder, die auf Veranlassung einer Gebietskörperschaft in den Aufsichtsrat gewählt oder entsandt worden sind, unterliegen hinsichtlich der Berichte, die sie der Gebietskörperschaft zu erstatten haben, keiner Verschwiegenheitspflicht. [2] Für vertrauliche Angaben und Geheimnisse der Gesellschaft, namentlich Betriebs- oder Geschäftsgeheimnisse, gilt dies nicht, wenn ihre Kenntnis für die Zwecke der Berichte nicht von Bedeutung ist. [3] Die Berichtspflicht nach Satz 1 kann auf Gesetz, auf Satzung oder auf dem Aufsichtsrat in Textform mitgeteiltem Rechtsgeschäft beruhen.

**§ 395 Verschwiegenheitspflicht.** (1) Personen, die damit betraut sind, die Beteiligungen einer Gebietskörperschaft zu verwalten oder für eine Gebietskörperschaft die Gesellschaft, die Betätigung der Gebietskörperschaft als Aktionär oder die Tätigkeit der auf Veranlassung der Gebietskörperschaft gewählten oder entsandten Aufsichtsratsmitglieder zu prüfen, haben über vertrauliche Angaben und Geheimnisse der Gesellschaft, namentlich Betriebs- oder Geschäftsgeheimnisse, die ihnen aus Berichten nach § 394 bekanntgeworden sind, Stillschweigen zu bewahren; dies gilt nicht für Mitteilungen im dienstlichen Verkehr.

(2) Bei der Veröffentlichung von Prüfungsergebnissen dürfen vertrauliche Angaben und Geheimnisse der Gesellschaft, namentlich Betriebs- oder Geschäftsgeheimnisse, nicht veröffentlicht werden.

### Zweiter Teil. Gerichtliche Auflösung

**§ 396 Voraussetzungen.** (1) [1] Gefährdet eine Aktiengesellschaft oder Kommanditgesellschaft auf Aktien durch gesetzwidriges Verhalten ihrer Verwaltungsträger das Gemeinwohl und sorgen der Aufsichtsrat und die Hauptversammlung nicht für eine Abberufung der Verwaltungsträger, so kann die Gesellschaft auf Antrag der zuständigen obersten Landesbehörde des Landes, in dem die Gesellschaft ihren Sitz hat, durch Urteil aufgelöst werden. [2] Ausschließlich zuständig für die Klage ist das Landgericht, in dessen Bezirk die Gesellschaft ihren Sitz hat.

(2) [1] Nach der Auflösung findet die Abwicklung nach den §§ 264 bis 273 statt. [2] Den Antrag auf Abberufung oder Bestellung der Abwickler aus einem wichtigen Grund kann auch die in Absatz 1 Satz 1 bestimmte Behörde stellen.

---

[1] **Habersack, Deutsche Gesetze ErgBd. Nr. 82a.**
[2] **Habersack, Deutsche Gesetze ErgBd. Nr. 82b.**
[3] **Habersack, Deutsche Gesetze ErgBd. Nr. 82c.**
[4] § 394 Satz 3 angef. mWv 31.12.2015 durch G v. 22.12.2015 (BGBl. I S. 2565).

**§ 397 Anordnungen bei der Auflösung.** Ist die Auflösungsklage erhoben, so kann das Gericht auf Antrag der in § 396 Abs. 1 Satz 1 bestimmten Behörde durch einstweilige Verfügung die nötigen Anordnungen treffen.

**§ 398 Eintragung.** [1] Die Entscheidungen des Gerichts sind dem Registergericht mitzuteilen. [2] Dieses trägt sie, soweit sie eintragungspflichtige Rechtsverhältnisse betreffen, in das Handelsregister ein.

## Dritter Teil. Straf- und Bußgeldvorschriften. Schlußvorschriften

**§ 399[1)] Falsche Angaben.** (1) Mit Freiheitsstrafe bis zu drei Jahren oder mit Geldstrafe wird bestraft, wer

1. als Gründer oder als Mitglied des Vorstands oder des Aufsichtsrats zum Zweck der Eintragung der Gesellschaft oder eines Vertrags nach § 52 Absatz 1 Satz 1 über die Übernahme der Aktien, die Einzahlung auf Aktien, die Verwendung eingezahlter Beträge, den Ausgabebetrag der Aktien, über Sondervorteile, Gründungsaufwand, Sacheinlagen und Sachübernahmen oder in der nach § 37a Absatz 2, auch in Verbindung mit § 52 Absatz 6 Satz 3, abzugebenden Versicherung,
2. als Gründer oder als Mitglied des Vorstands oder des Aufsichtsrats im Gründungsbericht, im Nachgründungsbericht oder im Prüfungsbericht,
3. in der öffentlichen Ankündigung nach § 47 Nr. 3,
4. als Mitglied des Vorstands oder des Aufsichtsrats zum Zweck der Eintragung einer Erhöhung des Grundkapitals (§§ 182 bis 206) über die Einbringung des bisherigen, die Zeichnung oder Einbringung des neuen Kapitals, den Ausgabebetrag der Aktien, die Ausgabe der Bezugsaktien, über Sacheinlagen, in der Bekanntmachung nach § 183a Abs. 2 Satz 1 in Verbindung mit § 37a Abs. 2 oder in der nach § 184 Abs. 1 Satz 3 abzugebenden Versicherung,
5. als Abwickler zum Zweck der Eintragung der Fortsetzung der Gesellschaft in dem nach § 274 Abs. 3 zu führenden Nachweis oder
6. als Mitglied des Vorstands einer Aktiengesellschaft oder des Leitungsorgans einer ausländischen juristischen Person in der nach § 37 Abs. 2 Satz 1 oder § 81 Abs. 3 Satz 1 abzugebenden Versicherung oder als Abwickler in der nach § 266 Abs. 3 Satz 1 abzugebenden Versicherung

falsche Angaben macht oder erhebliche Umstände verschweigt.

*(Fortsetzung nächstes Blatt)*

---

[1)] § 399 Abs. 1 geänd. durch G v. 25.6.1969 (BGBl. I S. 645) und G v. 2.3.1974 (BGBl. I S. 469); Abs. 1 Nr. 4 und 5 geänd., Nr. 6 angef. durch G v. 4.7.1980 (BGBl. I S. 836); Abs. 1 Nr. 1 geänd. durch G v. 2.8.1994 (BGBl. I S. 1961); Abs. 2 geänd. durch G v. 28.10.1994 (BGBl. I S. 3210); Abs. 1 Nr. 1 und 6 geänd. mWv 1.11.2008 durch G v. 23.10.2008 (BGBl. I S. 2026); Abs. 1 Nr. 1 und 4 geänd. mWv 1.9. 2009 durch G v. 30.7.2009 (BGBl. I S. 2479); Abs. 1 Nr. 1 geänd. mWv 31.12.2015 durch G v. 22.12. 2015 (BGBl. I S. 2565).

(2) Ebenso wird bestraft, wer als Mitglied des Vorstands oder des Aufsichtsrats zum Zweck der Eintragung einer Erhöhung des Grundkapitals die in § 210 Abs. 1 Satz 2 vorgeschriebene Erklärung der Wahrheit zuwider abgibt.

**§ 400**[1] **Unrichtige Darstellung.** (1) Mit Freiheitsstrafe bis zu drei Jahren oder mit Geldstrafe wird bestraft, wer als Mitglied des Vorstands oder des Aufsichtsrats oder als Abwickler

1. die Verhältnisse der Gesellschaft einschließlich ihrer Beziehungen zu verbundenen Unternehmen im Vergütungsbericht nach § 162 Absatz 1 oder 2, in Darstellungen oder Übersichten über den Vermögensstand oder in Vorträgen oder Auskünften in der Hauptversammlung unrichtig wiedergibt oder verschleiert, wenn die Tat nicht in § 331 Nr. 1 oder 1a des Handelsgesetzbuchs[2] mit Strafe bedroht ist, oder
2. in Aufklärungen oder Nachweisen, die nach den Vorschriften dieses Gesetzes einem Prüfer der Gesellschaft oder eines verbundenen Unternehmens zu geben sind, falsche Angaben macht oder die Verhältnisse der Gesellschaft unrichtig wiedergibt oder verschleiert, wenn die Tat nicht in § 331 Nr. 4 des Handelsgesetzbuchs mit Strafe bedroht ist.

(2) Ebenso wird bestraft, wer als Gründer oder Aktionär in Aufklärungen oder Nachweisen, die nach den Vorschriften dieses Gesetzes einem Gründungsprüfer oder sonstigen Prüfer zu geben sind, falsche Angaben macht oder erhebliche Umstände verschweigt.

**§ 401**[3] **Pflichtverletzung bei Verlust, Überschuldung oder Zahlungsunfähigkeit.** (1) Mit Freiheitsstrafe bis zu drei Jahren oder mit Geldstrafe wird bestraft, wer es als Mitglied des Vorstands entgegen § 92 Abs. 1 unterläßt, bei einem Verlust in Höhe der Hälfte des Grundkapitals die Hauptversammlung einzuberufen und ihr dies anzuzeigen.

(2) Handelt der Täter fahrlässig, so ist die Strafe Freiheitsstrafe bis zu einem Jahr oder Geldstrafe.

**§ 402**[4] **Falsche Ausstellung von Berechtigungsnachweisen.** (1) Wer Bescheinigungen, die zum Nachweis des Stimmrechts in einer Hauptversammlung oder in einer gesonderten Versammlung dienen sollen, falsch ausstellt oder verfälscht, wird mit Freiheitsstrafe bis zu drei Jahren oder mit Geldstrafe bestraft, wenn die Tat nicht in anderen Vorschriften über Urkundenstraftaten mit schwererer Strafe bedroht ist.

(2) Ebenso wird bestraft, wer von einer falschen oder verfälschten Bescheinigung der in Absatz 1 bezeichneten Art zur Ausübung des Stimmrechts Gebrauch macht.

(3) Der Versuch ist strafbar.

---

[1] § 400 geänd. durch G v. 25.6.1969 (BGBl. I S. 645) und G v. 2.3.1974 (BGBl. I S. 469); Abs. 1 Nr. 1 geänd., Nr. 2 aufgeh., bish. Nr. 3 wird Nr. 2 und geänd., Nr. 4 aufgeh. durch G v. 19.12.1985 (BGBl. I S. 2355); Abs. 2 angef. durch G v. 4.7.1980 (BGBl. I S. 836); Abs. 1 Nr. 1 geänd. mWv 10.12.2004 durch G v. 4.12.2004 (BGBl. I S. 3166) und mWv 1.1.2020 durch G v. 12.12.2019 (BGBl. I S. 2637).

[2] Nr. **50**.

[3] § 401 geänd. durch G v. 25.6.1969 (BGBl. I S. 645) und G v. 2.3.1974 (BGBl. I S. 469); Abs. 1 geänd. mWv 1.11.2008 durch G v. 23.10.2008 (BGBl. I S. 2026).

[4] § 402 Abs. 1 geänd. durch G v. 25.6.1969 (BGBl. I S. 645); Abs. 2 geänd. durch G v. 2.3.1974 (BGBl. I S. 469); Überschrift neu gef., Abs. 1 geänd. mWv 1.11.2005 durch G v. 22.9.2005 (BGBl. I S. 2802).

**§ 403**[1] **Verletzung der Berichtspflicht.** (1) Mit Freiheitsstrafe bis zu drei Jahren oder mit Geldstrafe wird bestraft, wer als Prüfer oder als Gehilfe eines Prüfers über das Ergebnis der Prüfung falsch berichtet oder erhebliche Umstände im Bericht verschweigt.

(2) Handelt der Täter gegen Entgelt oder in der Absicht, sich oder einen anderen zu bereichern oder einen anderen zu schädigen, so ist die Strafe Freiheitsstrafe bis zu fünf Jahren oder Geldstrafe.

**§ 404**[2] **Verletzung der Geheimhaltungspflicht.** (1) Mit Freiheitsstrafe bis zu einem Jahr, bei börsennotierten Gesellschaften bis zu zwei Jahren, oder mit Geldstrafe wird bestraft, wer ein Geheimnis der Gesellschaft, namentlich ein Betriebs- oder Geschäftsgeheimnis, das ihm in seiner Eigenschaft als

1. Mitglied des Vorstands oder des Aufsichtsrats oder Abwickler,
2. Prüfer oder Gehilfe eines Prüfers

bekanntgeworden ist, unbefugt offenbart; im Falle der Nummer 2 jedoch nur, wenn die Tat nicht in § 333 des Handelsgesetzbuchs mit Strafe bedroht ist.

(2) [1] Handelt der Täter gegen Entgelt oder in der Absicht, sich oder einen anderen zu bereichern oder einen anderen zu schädigen, so ist die Strafe Freiheitsstrafe bis zu zwei Jahren, bei börsennotierten Gesellschaften bis zu drei Jahren, oder Geldstrafe. [2] Ebenso wird bestraft, wer ein Geheimnis der in Absatz 1 bezeichneten Art, namentlich ein Betriebs- oder Geschäftsgeheimnis, das ihm unter den Voraussetzungen des Absatzes 1 bekanntgeworden ist, unbefugt verwertet.

(3) [1] Die Tat wird nur auf Antrag der Gesellschaft verfolgt. [2] Hat ein Mitglied des Vorstands oder ein Abwickler die Tat begangen, so ist der Aufsichtsrat, hat ein Mitglied des Aufsichtsrats die Tat begangen, so sind der Vorstand oder die Abwickler antragsberechtigt.

**§ 404a**[3] [4] **Verletzung der Pflichten bei Abschlussprüfungen.** (1) Mit Freiheitsstrafe bis zu einem Jahr oder mit Geldstrafe wird bestraft, wer als Mitglied des Prüfungsausschusses einer Gesellschaft, die Unternehmen von öffentlichem Interesse nach § 316a Satz 2 des Handelsgesetzbuchs ist,

1. eine in § 405 Absatz 3b bezeichnete Handlung begeht und dafür einen Vermögensvorteil erhält oder sich versprechen lässt oder
2. eine in § 405 Absatz 3b bezeichnete Handlung beharrlich wiederholt.

(2) Ebenso wird bestraft, wer als Mitglied des Aufsichtsrats einer Gesellschaft, die Unternehmen von öffentlichem Interesse nach § 316a Satz 2 des Handelsgesetzbuchs ist,

1. eine in § 405 Absatz 3c bezeichnete Handlung begeht und dafür einen Vermögensvorteil erhält oder sich versprechen lässt oder
2. eine in § 405 Absatz 3c bezeichnete Handlung beharrlich wiederholt.

---

[1] § 403 geänd. durch G v. 25.6.1969 (BGBl. I S. 645) und G v. 2.3.1974 (BGBl. I S. 469); Abs. 2 Satz 2 aufgeh. durch G v. 2.3.1974 (BGBl. I S. 469).

[2] § 404 Abs. 1 neu gef. durch G v. 19.12.1985 (BGBl. I S. 2355); Abs. 2 geänd. durch G v. 25.6.1969 (BGBl. I S. 645); Abs. 2 geänd. durch G v. 2.3.1974 (BGBl. I S. 469); Abs. 2 Satz 1 Halbsatz 2 und Abs. 3 Satz 2 aufgeh. durch G v. 2.3.1974 (BGBl. I S. 469); Abs. 1 und Abs. 2 Satz 1 geänd. mWv 26.7.2002 durch G v. 19.7.2002 (BGBl. I S. 2681).

[3] § 404a eingef. mWv 17.6.2016 durch G v. 10.5.2016 (BGBl. I S. 1142); Abs. 1 Nr. 1 und 2 geänd., Abs. 2 angef. mWv 22.7.2017 durch G v. 17.7.2017 (BGBl. I S. 2446); Abs. 1 einl. Satzteil, Abs. 2 einl. Satzteil, Nr. 1, Nr. 2 geänd. mWv 1.7.2021 durch G v. 3.6.2021 (BGBl. I S. 1534).

[4] Siehe hierzu Übergangsvorschrift in § 26k EGAktG (Nr. **51a**).

**§ 405**[1) 2)] **Ordnungswidrigkeiten.** (1) Ordnungswidrig handelt, wer als Mitglied des Vorstands oder des Aufsichtsrats oder als Abwickler

1. Namensaktien ausgibt, in denen der Betrag der Teilleistung nicht angegeben ist, oder Inhaberaktien ausgibt, bevor auf sie der Ausgabebetrag voll geleistet ist,
2. Aktien oder Zwischenscheine ausgibt, bevor die Gesellschaft oder im Fall einer Kapitalerhöhung die Durchführung der Erhöhung des Grundkapitals oder im Fall einer bedingten Kapitalerhöhung oder einer Kapitalerhöhung aus Gesellschaftsmitteln der Beschluß über die bedingte Kapitalerhöhung oder die Kapitalerhöhung aus Gesellschaftsmitteln eingetragen ist,
3. Aktien oder Zwischenscheine ausgibt, die auf einen geringeren als den nach § 8 Abs. 2 Satz 1 zulässigen Mindestnennbetrag lauten oder auf die bei einer Gesellschaft mit Stückaktien ein geringerer anteiliger Betrag des Grundkapitals als der nach § 8 Abs. 3 Satz 3 zulässige Mindesbetrag entfällt,
4. a) entgegen § 71 Abs. 1 Nr. 1 bis 4 oder Abs. 2 eigene Aktien der Gesellschaft erwirbt oder, in Verbindung mit § 71e Abs. 1, als Pfand nimmt,
   b) zu veräußernde eigene Aktien (§ 71c Abs. 1 und 2) nicht anbietet oder
   c) die zur Vorbereitung der Beschlußfassung über die Einziehung eigener Aktien (§ 71c Abs. 3) erforderlichen Maßnahmen nicht trifft,
5. entgegen § 120a Absatz 2 eine Veröffentlichung nicht, nicht richtig, nicht vollständig oder nicht rechtzeitig vornimmt oder
6. entgegen § 162 Absatz 4 einen dort genannten Bericht oder Vermerk nicht oder nicht mindestens zehn Jahre zugänglich macht.

(2) Ordnungswidrig handelt auch, wer als Aktionär oder als Vertreter eines Aktionärs die nach § 129 in das Verzeichnis aufzunehmenden Angaben nicht oder nicht richtig macht.

(2a) Ordnungswidrig handelt, wer

1. entgegen § 67 Absatz 4 Satz 2 erster Halbsatz, auch in Verbindung mit Satz 3, eine Mitteilung nicht, nicht richtig, nicht vollständig oder nicht rechtzeitig macht,
2. entgegen § 67a Absatz 3 Satz 1, auch in Verbindung mit Satz 2, jeweils auch in Verbindung mit § 125 Absatz 5 Satz 3, oder entgegen § 67c Absatz 1 Satz 2 oder § 67d Absatz 4 Satz 2 zweiter Halbsatz eine dort genannte Information nicht, nicht richtig, nicht vollständig oder nicht rechtzeitig weiterleitet,
3. entgegen § 67b Absatz 1 Satz 1, auch in Verbindung mit Absatz 2, jeweils auch in Verbindung mit § 125 Absatz 5 Satz 3, oder entgegen § 67c Absatz 1 Satz 1 oder § 67d Absatz 4 Satz 1 oder 3 eine dort genannte Information nicht, nicht richtig, nicht vollständig oder nicht rechtzeitig übermittelt,

---

[1)] § 405 Abs. 1 Nr. 3 geänd., Nr. 4 eingef., bish. Nr. 4 wird Nr. 5 durch G v. 13.12.1978 (BGBl. I S. 1959); Nr. 3 und 4 geänd., Nr. 5 aufgeh. durch G v. 19.12.1985 (BGBl. I S. 2355); Abs. 3 Nr. 5 geänd. durch G v. 25.10.1982 (BGBl. I S. 1425); Abs. 4 neu gef. durch G v. 24.5.1968 (BGBl. I S. 503); Abs. 1 Nr. 1 und 3 geänd. durch G v. 25.3.1998 (BGBl. I S. 590); Abs. 4 geänd. mWv 25.1.2001 durch G v. 18.1.2001 (BGBl. I S. 123); Abs. 2a eingef. mWv 19.8.2008 durch G v. 12.8.2008 (BGBl. I S. 1666); Abs. 3a eingef. mWv 1.9.2009 durch G v. 30.7.2009 (BGBl. I S. 2479); Abs. 3b–3d eingef., Abs. 4 geänd., Abs. 5 angef. mWv 17.6.2016 durch G v. 10.5.2016 (BGBl. I S. 1142); Abs. 3b Nr. 2 neu gef., Abs. 3c und 3d geänd. mWv 22.7.2017 durch G v. 17.7.2017 (BGBl. I S. 2446); Abs. 1 Nr. 3 und 4 geänd., Nr. 5 und 6 angef., Abs. 2a neu gef., Abs. 4 geänd., Abs. 5 neu gef. mWv 1.1.2020 durch G v. 12.12.2019 (BGBl. I S. 2637); Abs. 3b einl. Satzteil geänd., Nr. 2 neu gef., Abs. 3c aufgeh., bish. Abs. 3d wird Abs. 3c und neu gef., Abs. 4 und 5 neu gef. mWv 1.7.2021 durch G v. 3.6.2021 (BGBl. I S. 1534).

[2)] Siehe hierzu Übergangsvorschriften in §§ 26j und 26k EGAktG (Nr. **51a**).

4. entgegen § 67c Absatz 3 einen dort genannten Nachweis nicht, nicht richtig, nicht vollständig oder nicht rechtzeitig ausstellt,
5. entgegen § 67d Absatz 3 ein dort genanntes Informationsverlangen nicht, nicht richtig, nicht vollständig oder nicht rechtzeitig weiterleitet,
6. entgegen § 111c Absatz 1 Satz 1 eine Veröffentlichung nicht, nicht richtig, nicht vollständig oder nicht rechtzeitig vornimmt,
7. entgegen § 118 Absatz 1 Satz 3 oder 4, jeweils auch in Verbindung mit Absatz 2 Satz 2, oder entgegen § 129 Absatz 5 Satz 2 oder 3 eine dort genannte Bestätigung nicht, nicht richtig, nicht vollständig, nicht in der vorgeschriebenen Weise oder nicht rechtzeitig erteilt oder nicht, nicht richtig, nicht vollständig oder nicht rechtzeitig übermittelt,
8. entgegen § 134b Absatz 5 Satz 1 eine Information nach § 134b Absatz 1, 2 oder 4 nicht oder nicht mindestens drei Jahre zugänglich macht,
9. entgegen § 134c Absatz 3 Satz 1 eine Information nach § 134c Absatz 1 oder 2 Satz 1 oder 3 nicht oder nicht mindestens drei Jahre zugänglich macht,
10. entgegen § 134d Absatz 3 eine dort genannte Information nicht oder nicht mindestens drei Jahre zugänglich macht,
11. entgegen § 134d Absatz 4 eine Information nicht, nicht richtig, nicht vollständig oder nicht rechtzeitig gibt oder
12. entgegen § 135 Absatz 9 eine dort genannte Verpflichtung ausschließt oder beschränkt.

(3) Ordnungswidrig handelt ferner, wer

1. Aktien eines anderen, zu dessen Vertretung er nicht befugt ist, ohne dessen Einwilligung zur Ausübung von Rechten in der Hauptversammlung oder in einer gesonderten Versammlung benutzt,
2. zur Ausübung von Rechten in der Hauptversammlung oder in einer gesonderten Versammlung Aktien eines anderen benutzt, die er sich zu diesem Zweck durch Gewähren oder Versprechen besonderer Vorteile verschafft hat,
3. Aktien zu dem in Nummer 2 bezeichneten Zweck gegen Gewähren oder Versprechen besonderer Vorteile einem anderen überläßt,
4. Aktien eines anderen, für die er oder der von ihm Vertretene das Stimmrecht nach § 135 nicht ausüben darf, zur Ausübung des Stimmrechts benutzt,
5. Aktien, für die er oder der von ihm Vertretene das Stimmrecht nach § 20 Abs. 7, § 21 Abs. 4, §§ 71b, 71d Satz 4, § 134 Abs. 1, §§ 135, 136, 142 Abs. 1 Satz 2, § 285 Abs. 1 nicht ausüben darf, einem anderen zum Zweck der Ausübung des Stimmrechts überläßt oder solche ihm überlassene Aktien zur Ausübung des Stimmrechts benutzt,
6. besondere Vorteile als Gegenleistung dafür fordert, sich versprechen läßt oder annimmt, daß er bei einer Abstimmung in der Hauptversammlung oder in einer gesonderten Versammlung nicht oder in einem bestimmten Sinne stimme oder
7. besondere Vorteile als Gegenleistung dafür anbietet, verspricht oder gewährt, daß jemand bei einer Abstimmung in der Hauptversammlung oder in einer gesonderten Versammlung nicht oder in einem bestimmten Sinne stimme.

(3a) Ordnungswidrig handelt, wer vorsätzlich oder leichtfertig

1. entgegen § 121 Abs. 4a Satz 1, auch in Verbindung mit § 124 Abs. 1 Satz 3, die Einberufung nicht, nicht richtig, nicht vollständig oder nicht rechtzeitig zuleitet oder

2. entgegen § 124a Angaben nicht, nicht richtig oder nicht vollständig zugänglich macht.

(3b) Ordnungswidrig handelt, wer als Mitglied des Prüfungsausschusses einer Gesellschaft, die Unternehmen von öffentlichem Interesse nach § 316a Satz 2 des Handelsgesetzbuchs[1] ist,

1. die Unabhängigkeit des Abschlussprüfers oder der Prüfungsgesellschaft nicht nach Maßgabe des Artikels 4 Absatz 3 Unterabsatz 2, des Artikels 5 Absatz 4 Unterabsatz 1 Satz 1 oder des Artikels 6 Absatz 2 der Verordnung (EU) Nr. 537/2014 des Europäischen Parlaments und des Rates vom 16. April 2014 über spezifische Anforderungen an die Abschlussprüfung bei Unternehmen von öffentlichem Interesse und zur Aufhebung des Beschlusses 2005/909/EG der Kommission (ABl. L 158 vom 27.5.2014, S. 77, L 170 vom 11.6.2014, S. 66) überwacht oder
2. dem Aufsichtsrat eine Empfehlung für die Bestellung eines Abschlussprüfers oder einer Prüfungsgesellschaft vorlegt, die den Anforderungen nach Artikel 16 Absatz 2 Unterabsatz 2 oder 3 der Verordnung (EU) Nr. 537/2014 nicht entspricht oder der ein Auswahlverfahren nach Artikel 16 Absatz 3 Unterabsatz 1 der Verordnung (EU) Nr. 537/2014 nicht vorangegangen ist.

(3c) Ordnungswidrig handelt, wer als Mitglied des Aufsichtsrats einer Gesellschaft, die Unternehmen von öffentlichem Interesse nach § 316a Satz 2 des Handelsgesetzbuchs ist, der Hauptversammlung einen Vorschlag für die Bestellung eines Abschlussprüfers oder einer Prüfungsgesellschaft vorlegt, der den Anforderungen nach Artikel 16 Absatz 5 Unterabsatz 1 oder Unterabsatz 2 Satz 1 oder Satz 2 der Verordnung (EU) Nr. 537/2014 nicht entspricht.

(4) Die Ordnungswidrigkeit kann in den Fällen des Absatzes 2a Nummer 6 sowie der Absätze 3b und 3c mit einer Geldbuße bis zu fünfhunderttausend Euro, in den übrigen Fällen mit einer Geldbuße bis zu fünfundzwanzigtausend Euro geahndet werden.

(5) Verwaltungsbehörde im Sinne des § 36 Absatz 1 Satz 1 des Gesetzes über Ordnungswidrigkeiten[2] ist

1. die Bundesanstalt für Finanzdienstleistungsaufsicht
   a) in den Fällen des Absatzes 2a Nummer 6, soweit die Handlung ein Geschäft nach § 111c Absatz 1 Satz 1 in Verbindung mit Absatz 3 Satz 1 betrifft, und
   b) in den Fällen der Absätze 3b und 3c bei Gesellschaften, die Unternehmen von öffentlichem Interesse nach § 316a Satz 2 Nummer 2 und 3 des Handelsgesetzbuchs sind,
2. das Bundesamt für Justiz in den Fällen der Absätze 3b und 3c, in denen nicht die Bundesanstalt für Finanzdienstleistungsaufsicht nach Nummer 1 Buchstabe b Verwaltungsbehörde ist.

## § 406[3] *(aufgehoben)*

---

[1] Nr. **50**.
[2] Nr. **94**.
[3] § 406 aufgeh. mWv 1.9.2009 durch G v. 30.7.2009 (BGBl. I S. 2479).

**§ 407**[1) 2)] **Zwangsgelder.** (1) [1]Vorstandsmitglieder oder Abwickler, die § 52 Abs. 2 Satz 2 bis 4, § 71c, § 73 Abs. 3 Satz 2, §§ 80, 90, 104 Abs. 1, § 111 Abs. 2, § 145, §§ 170, 171 Abs. 3 oder Abs. 4 Satz 1 in Verbindung mit Abs. 3, §§ 175, 179a Abs. 2 Satz 1 bis 3, 214 Abs. 1, § 246 Abs. 4, §§ 248a, 259 Abs. 5, § 268 Abs. 4, § 270 Abs. 1, § 273 Abs. 2, §§ 293f, 293g Abs. 1, § 312 Abs. 1, § 313 Abs. 1, § 314 Abs. 1 nicht befolgen, sowie Aufsichtsratsmitglieder, die § 107 Absatz 4 Satz 1 nicht befolgen, sind hierzu vom Registergericht durch Festsetzung von Zwangsgeld anzuhalten; § 14 des Handelsgesetzbuchs[3)] bleibt unberührt. [2]Das einzelne Zwangsgeld darf den Betrag von fünftausend Euro nicht übersteigen.

(2) Die Anmeldungen zum Handelsregister nach den §§ 36, 45, 52, 181 Abs. 1, §§ 184, 188, 195, 210, 223, 237 Abs. 4, §§ 274, 294 Abs. 1, § 319 Abs. 3 werden durch Festsetzung von Zwangsgeld nicht erzwungen.

**§ 407a**[4) 2)] **Mitteilungen an die Abschlussprüferaufsichtsstelle.** (1) Die nach § 405 Absatz 5 zuständige Verwaltungsbehörde übermittelt der Abschlussprüferaufsichtsstelle beim Bundesamt für Wirtschaft und Ausfuhrkontrolle alle Bußgeldentscheidungen nach § 405 Absatz 3b und 3c.

(2) [1]In Strafverfahren, die eine Straftat nach § 404a zum Gegenstand haben, übermittelt die Staatsanwaltschaft im Falle der Erhebung der öffentlichen Klage der Abschlussprüferaufsichtsstelle die das Verfahren abschließende Entscheidung. [2]Ist gegen die Entscheidung ein Rechtsmittel eingelegt worden, ist die Entscheidung unter Hinweis auf das eingelegte Rechtsmittel zu übermitteln.

**§ 408 Strafbarkeit persönlich haftender Gesellschafter einer Kommanditgesellschaft auf Aktien.** [1]Die §§ 399 bis 407 gelten sinngemäß für die Kommanditgesellschaft auf Aktien. [2]Soweit sie Vorstandsmitglieder betreffen, gelten sie bei der Kommanditgesellschaft auf Aktien für die persönlich haftenden Gesellschafter.

**§ 409 Geltung in Berlin.** *(gegenstandslos)*

**§ 410 Inkrafttreten.** Dieses Gesetz tritt am 1. Januar 1966 in Kraft.

---

[1)] § 407 Überschrift, Abs. 1 Satz 1 Halbs. 1, Abs. 1 Satz 2 und Abs. 2 Satz 1 geänd. durch G v. 2.3.1974 (BGBl. I S. 469); Abs. 1 Satz 1 geänd. durch G v. 13.12.1978 (BGBl. I S. 1959), G v. 25.10.1982 (BGBl. I S. 1425) und G v. 19.12.1985 (BGBl. I S. 2355); Abs. 1 Satz 1, Abs. 2 Satz 1 geänd. durch G v. 28.10.1994 (BGBl. I S. 3210); Abs. 1 Satz 2 geänd. mWv 25.1.2001 durch G v. 18.1.2001 (BGBl. I S. 123); Abs. 1 Satz 1 geänd. mWv 1.9.2003 durch G v. 12.6.2003 (BGBl. I S. 838); Abs. 1 Satz 1 geänd. mWv 10.12.2004 durch G v. 4.12.2004 (BGBl. I S. 3166); Abs. 1 Satz 1 geänd. mWv 1.11.2005 durch G v. 22.9.2005 (BGBl. I S. 2802); Abs. 2 Satz 2 aufgeh. mWv 1.1.2007 durch G v. 10.11.2006 (BGBl. I S. 2553); Abs. 1 Satz 1 geänd. mWv 1.9.2009 durch G v. 30.7.2009 (BGBl. I S. 2479); Abs. 1 Satz 1 geänd. mWv 1.7.2021 durch G v. 3.6.2021 (BGBl. I S. 1534).

[2)] Siehe hierzu Übergangsvorschrift in § 26k EGAktG (Nr. **51a**).

[3)] Nr. **50**.

[4)] § 407a eingef. mWv 17.6.2016 durch G v. 10.5.2016 (BGBl. I S. 1142); Abs. 1 geänd. mWv 1.7.2021 durch G v. 3.6.2021 (BGBl. I S. 1534).

# 51a. Einführungsgesetz zum Aktiengesetz

Vom 6. September 1965
(BGBl. I S. 1185)

**FNA 4121-2**

| Lfd. Nr. | Änderndes Gesetz | Datum | Fundstelle | Betroffen | Hinweis |
|---|---|---|---|---|---|
| 1.–19. | Änderungsgesetze bis einschl. G v. 25.5.2009 (BGBl. I S. 1102) nur noch in den Anmerkungen nachgewiesen | | | | |
| 20. | Art. 2 G zur Umsetzung der AktionärsrechteRL (ARUG)[1] | 30.7.2009 | BGBl. I S. 2479 | § 20 | neu gef. mWv 1.9.2009 |
| 21. | Art. 2 G zur Angemessenheit der Vorstandsvergütung (VorstAG) | 31.7.2009 | BGBl. I S. 2509 | § 23 | neu gef. mWv 5.8.2009 |
| 22. | Art. 42 Bundesrecht-BereinigungsG | 8.12.2010 | BGBl. I S. 1864 | §§ 25, 29 | aufgeh. mWv 15.12.2010 |
| 23. | Art. 7 RestrukturierungsG | 9.12.2010 | BGBl. I S. 1900 | § 24 | neu gef. mWv 15.12.2010 |
| 24. | Art. 4 Kleinstkapitalgesellschaften-BilanzrechtsänderungsG | 20.12.2012 | BGBl. I S. 2751 | § 26f | eingef. mWv 28.12.2012 |
| 25. | Art. 4 G für die gleichberechtigte Teilhabe von Frauen und Männern an Führungspositionen in der Privatwirtschaft und im öffentlichen Dienst | 24.4.2015 | BGBl. I S. 642 | § 27 | geänd. mWv 1.5.2015 |
| | | | | § 25 | neu gef. mWv 1.5.2015 |
| 26. | Art. 5 Bilanzrichtlinie-UmsetzungsG | 17.7.2015 | BGBl. I S. 1245 | § 26g | eingef. mWv 23.7.2015 |
| 27. | Art. 2 Aktienrechtsnovelle 2016 | 22.12.2015 | BGBl. I S. 2565 | § 26h | eingef. mWv 31.12.2015 |
| 28. | Art. 6 AbschlussprüfungsreformG (AReG) | 10.5.2016 | BGBl. I S. 1142 | § 12 | geänd. mWv 17.6.2016 |
| 29. | Art. 9 CSR-Richtlinie-UmsetzungsG[2] | 11.4.2017 | BGBl. I S. 802 | § 26i | eingef. mWv 19.4.2017 |

[1] **Amtl. Anm.:** Dieses Gesetz dient der Umsetzung
- der Richtlinie 2006/68/EG des Europäischen Parlaments und des Rates vom 6. September 2006 zur Änderung der Richtlinie 77/91/EWG des Rates in Bezug auf die Gründung von Aktiengesellschaften und die Erhaltung und Änderung ihres Kapitals (ABl. L 264 vom 25.9.2006, S. 32) und
- der Richtlinie 2007/36/EG des Europäischen Parlaments und des Rates vom 11. Juli 2007 über die Ausübung bestimmter Rechte von Aktionären in börsennotierten Gesellschaften (ABl. L 184 vom 14.7.2007, S. 17).

[2] **Amtl. Anm.:** Dieses Gesetz dient der Umsetzung der Richtlinie 2014/95/EU des Europäischen Parlaments und des Rates vom 22. Oktober 2014 zur Änderung der Richtlinie 2013/34/EU im Hinblick auf die Angabe nichtfinanzieller und die Diversität betreffender Informationen durch bestimmte große Unternehmen und Gruppen (ABl. L 330 vom 15.11.2014, S. 1; L 369 vom 24.12.2014, S. 79).

| Lfd. Nr. | Änderndes Gesetz | Datum | Fund-stelle | Betroffen | Hinweis |
|---|---|---|---|---|---|
| 30. | Art. 2 G zur Umsetzung der zweiten AktionärsrechteRL (ARUG II)[1] | 12.12. 2019 | BGBl. I S. 2637 | § 26j | eingef. mWv 1.1.2020 |
| 31. | Art. 16 FinanzmarktintegritätsstärkungsG | 3.6.2021 | BGBl. I S. 1534 | § 12 | geänd. mWv 1.7.2021 |
| | | | | § 26k | eingef. mWv 1.7.2021 |
| 32. | Art. 8 G zur Ergänzung und Änd. der Regelungen für die gleichberechtigte Teilhabe von Frauen an Führungspositionen in der Privatwirtschaft und im öffentlichen Dienst | 7.8.2021 | BGBl. I S. 3311 | § 25 | geänd. mWv 12.8.2021 |
| | | | | § 26l | eingef. mWv 12.8.2021 |
| 33. | Art. 19 G zur Umsetzung der Digitalisierungsrichtlinie (DiRUG)[2] | 5.7.2021 | BGBl. I S. 3338 | § 26m | eingef. mWv 1.8.2022 |
| 34. | Art. 3 G zur Einführung virtueller Hauptversammlungen von Aktiengesellschaften und Änderung genossenschafts- sowie insolvenz- und restrukturierungsrechtlicher Vorschriften | 20.7.2022 | BGBl. I S. 1166 | § 26n | eingef. mWv 27.7.2022 |
| 35. | Art. 7 G zur Umsetzung der RL (EU) 2021/2101 im Hinblick auf die Offenlegung von Ertragsteuerinformationen durch bestimmte Unternehmen und Zweigniederlassungen sowie zur Änd. des VerbraucherstreitbeilegungsG und des PflichtversicherungsG[3] | 19.6.2023 | BGBl. 2023 I Nr. 154 | § 26o | eingef. mWv 22.6.2023 |

[1] **Amtl. Anm.:** Dieses Gesetz dient der Umsetzung der Richtlinie (EU) 2017/828 des Europäischen Parlaments und des Rates vom 17. Mai 2017 zur Änderung der Richtlinie 2007/36/EG im Hinblick auf die Förderung der langfristigen Mitwirkung der Aktionäre (ABl. L 132 vom 20.5.2017, S. 1).

[2] **Amtl. Anm.:** Dieses Gesetz dient der Umsetzung der Richtlinie (EU) 2019/1151 des Europäischen Parlaments und des Rates vom 20. Juni 2019 zur Änderung der Richtlinie (EU) 2017/1132 im Hinblick auf den Einsatz digitaler Werkzeuge und Verfahren im Gesellschaftsrecht (ABl. L 186 vom 11.7.2019, S. 80).

[3] **Amtl. Anm.:** Die Artikel 1 bis 9 dieses Gesetzes dienen der Umsetzung der Richtlinie (EU) 2021/2101 des Europäischen Parlaments und des Rates vom 24. November 2021 zur Änderung der Richtlinie 2013/34/EU im Hinblick auf die Offenlegung von Ertragsteuerinformationen durch bestimmte Unternehmen und Zweigniederlassungen (ABl. L 429 vom 1.12.2021, S. 1). […]

## Erster Abschnitt. Übergangsvorschriften

**§ 1[1)] Grundkapital.** (1) [1] § 6 des Aktiengesetzes[2)] gilt nicht für Aktiengesellschaften, deren Grundkapital und Aktien beim Inkrafttreten des Aktiengesetzes nicht auf einen Nennbetrag in Deutscher Mark lauten, sowie für Aktiengesellschaften, die nach dem Inkrafttreten des Aktiengesetzes nach Maßgabe des § 2 des D-Markbilanzergänzungsgesetzes vom 28. Dezember 1950 (Bundesgesetzbl. S. 811) ihren Sitz in den Geltungsbereich des Aktiengesetzes verlegen. [2] Die Währung, auf die ihr Grundkapital und ihre Aktien lauten müssen, bestimmt sich nach den für sie geltenden besonderen Vorschriften.

(2) [1] Aktiengesellschaften, die vor dem 1. Januar 1999 in das Handelsregister eingetragen worden sind, dürfen die Nennbeträge ihres Grundkapitals und ihrer Aktien weiter in Deutscher Mark bezeichnen. [2] Bis zum 31. Dezember 2001 dürfen Aktiengesellschaften neu eingetragen werden, deren Grundkapital und Aktien auf Deutsche Mark lauten. [3] Danach dürfen Aktiengesellschaften nur eingetragen werden, wenn die Nennbeträge von Grundkapital und Aktien in Euro bezeichnet sind; das gleiche gilt für Beschlüsse über die Änderung des Grundkapitals.

**§ 2[3)] Mindestnennbetrag des Grundkapitals.** [1] Für Aktiengesellschaften, die vor dem 1. Januar 1999 in das Handelsregister eingetragen oder zur Eintragung in das Handelsregister angemeldet worden sind, bleibt der bis dahin gültige Mindestbetrag des Grundkapitals maßgeblich, bis die Aktiennennbeträge an die seit diesem Zeitpunkt geltenden Beträge des § 8 des Aktiengesetzes[2)] angepaßt werden. [2] Für spätere Gründungen gilt der Mindestbetrag des Grundkapitals nach § 7 des Aktiengesetzes in der ab dem 1. Januar 1999 geltenden Fassung, der bei Gründungen in Deutscher Mark zu dem vom Rat der Europäischen Union gemäß Artikel 109l Abs. 4 Satz 1 des EG-Vertrages unwiderruflich festgelegten Umrechnungskurs in Deutsche Mark umzurechnen ist.

**§ 3[4)] Mindestnennbetrag der Aktien.** (1) Aktien dürfen nur noch nach § 8 des Aktiengesetzes[2)] ausgegeben werden.

(2) [1] Aktien einer Gesellschaft, die vor dem 1. Januar 1999 in das Handelsregister eingetragen oder zur Eintragung in das Handelsregister angemeldet und bis zum 31. Dezember 2001 eingetragen worden ist, dürfen weiterhin auf einen nach den bis dahin geltenden Vorschriften zulässigen Nennbetrag lauten, Aktien, die auf Grund eines Kapitalerhöhungsbeschlusses ausgegeben werden, jedoch nur, wenn dieser bis zum 31. Dezember 2001 in das Handelsregister eingetragen worden ist. [2] Dies gilt nur einheitlich für sämtliche Aktien einer Gesellschaft. [3] Die Nennbeträge können auch zu dem vom Rat der Europäischen Union gemäß Artikel 109l Abs. 4 Satz 1 des EG-Vertrages unwiderruflich festgelegten Umrechnungskurs in Euro ausgedrückt werden.

(3) Für Aktiengesellschaften, die auf Grund einer nach dem 31. Dezember 1998 erfolgten Anmeldung zum Handelsregister bis zum 31. Dezember 2001 eingetragen werden und deren Grundkapital und Aktien nach § 1 Abs. 2 Satz 2 auf

---

[1)] § 1 Abs. 2 angef., bish. Wortlaut wird Abs. 1 durch G v. 9.6.1998 (BGBl. I S. 1242).
[2)] Nr. **51**.
[3)] § 2 neu gef. durch G v. 9.6.1998 (BGBl. I S. 1242).
[4)] § 3 Abs. 2, 4 und 5 aufgeh., bish. Abs. 3 wird Abs. 2, neuer Abs. 2 Satz 2 aufgeh. durch G v. 26.7. 1994 (BGBl. I S. 1749); Abs. 2 neu gef., Abs. 3–5 angef. durch G v. 9.6.1998 (BGBl. I S. 1242).

Deutsche Mark lauten, gelten die zu dem vom Rat der Europäischen Union gemäß Artikel 109l Abs. 4 Satz 1 des EG-Vertrages unwiderruflich festgelegten Umrechnungskurs in Deutsche Mark umzurechnenden Beträge nach § 8 des Aktiengesetzes in der ab dem 1. Januar 1999 geltenden Fassung.

(4) [1] Das Verhältnis der mit den Aktien verbundenen Rechte zueinander und das Verhältnis ihrer Nennbeträge zum Nennkapital wird durch Umrechnung zwischen Deutscher Mark und Euro nicht berührt. [2] Nach Umrechnung gebrochene Aktiennennbeträge können auf mindestens zwei Stellen hinter dem Komma gerundet dargestellt werden; diese Rundung hat keine Rechtswirkung. [3] Auf sie ist in Beschlüssen und Satzung hinzuweisen; der jeweilige Anteil der Aktie am Grundkapital soll erkennbar bleiben.

(5) Beschließt eine Gesellschaft, die die Nennbeträge ihrer Aktien nicht an § 8 des Aktiengesetzes in der ab dem 1. Januar 1999 geltenden Fassung angepaßt hat, die Änderung ihres Grundkapitals, darf dieser Beschluß nach dem 31. Dezember 2001 in das Handelsregister nur eingetragen werden, wenn zugleich eine Satzungsänderung über die Anpassung der Aktiennennbeträge an § 8 des Aktiengesetzes eingetragen wird.

**§ 4[1)] Verfahren der Umstellung auf den Euro.** (1) [1] Über die Umstellung des Grundkapitals und der Aktiennennbeträge sowie weiterer satzungsmäßiger Betragsangaben auf Euro zu dem gemäß Artikel 109l Abs. 4 Satz 1 des EG-Vertrages unwiderruflich festgelegten Umrechnungskurs beschließt die Hauptversammlung abweichend von § 179 Abs. 2 des Aktiengesetzes[2)] mit der einfachen Mehrheit des bei der Beschlußfassung vertretenen Grundkapitals. [2] Ab dem 1. Januar 2002 ist der Aufsichtsrat zu den entsprechenden Fassungsänderungen der Satzung ermächtigt. [3] Auf die Anmeldung und Eintragung der Umstellung in das Handelsregister ist § 181 Abs. 1 Satz 2 und 3 *und*[3)] des Aktiengesetzes nicht anzuwenden.

(2) [1] Für eine Erhöhung des Grundkapitals aus Gesellschaftsmitteln oder eine Herabsetzung des Kapitals auf den nächsthöheren oder nächstniedrigeren Betrag, mit dem die Nennbeträge der Aktien auf volle Euro gestellt werden können, genügt abweichend von § 207 Abs. 2, § 182 Abs. 1 und § 222 Abs. 1 des Aktiengesetzes die einfache Mehrheit des bei der Beschlußfassung vertretenen Grundkapitals, bei der Herabsetzung jedoch nur, wenn zumindest die Hälfte des Grundkapitals vertreten ist. [2] Diese Mehrheit gilt auch für Beschlüsse über die entsprechende Anpassung eines genehmigten Kapitals oder über die Teilung der auf volle Euro gestellten Aktien sowie für Änderungen der Satzungsfassung, wenn diese Beschlüsse mit der Kapitaländerung verbunden sind. [3] § 130 Abs. 1 Satz 3 des Aktiengesetzes findet keine Anwendung.

(3) [1] Eine Kapitalerhöhung aus Gesellschaftsmitteln oder eine Kapitalherabsetzung bei Umstellung auf Euro kann durch Erhöhung oder Herabsetzung des Nennbetrags der Aktien oder durch Neueinteilung der Aktiennennbeträge ausgeführt werden. [2] Die Neueinteilung der Nennbeträge bedarf der Zustimmung aller betroffenen Aktionäre, auf die nicht ihrem Anteil entsprechend volle Aktien oder eine geringere Zahl an Aktien als zuvor entfallen; bei teileingezahlten Aktien ist sie ausgeschlossen.

---

1) § 4 eingef. durch G v. 9.6.1998 (BGBl. I S. 1242); Abs. 1 Satz 3 geänd. mWv 1.11.2008 durch G v. 23.10.2008 (BGBl. I S. 2026).

2) Nr. **51**.

3) Wortlaut amtlich.

(4) [1]Sofern Aktien aus einem bedingten Kapital nach dem Beschluß über eine Kapitalerhöhung aus Gesellschaftsmitteln oder über eine andere Satzungsänderung zur Umstellung auf Euro, die mit der Zahl der Aktien verbunden ist, ausgegeben worden sind, gelten sie für den Beschluß erst nach dessen Eintragung in das Handelsregister als ausgegeben. [2]Diese aus einem bedingten Kapital ausgegebenen und die noch auszugebenden Aktien nehmen an der Änderung der Nennbeträge teil.

(5) [1]Für eine Kapitalerhöhung aus Gesellschaftsmitteln nach Absatz 2 können abweichend von § 208 Abs. 1 Satz 2 und § 150 Abs. 3 des Aktiengesetzes die Kapitalrücklage und die gesetzliche Rücklage sowie deren Zuführungen, auch soweit sie zusammen den zehnten Teil oder den in der Satzung bestimmten höheren Teil des bisherigen Grundkapitals nicht übersteigen, in Grundkapital umgewandelt werden. [2]Auf eine Kapitalherabsetzung nach Absatz 2, die in vereinfachter Form vorgenommen werden soll, findet § 229 Abs. 2 des Aktiengesetzes keine Anwendung.

(6) [1]§ 73 Abs. 1 Satz 2 des Aktiengesetzes findet keine Anwendung. [2]Im übrigen bleiben die aktienrechtlichen Vorschriften unberührt.

**§ 5[1)] Mehrstimmrechte; Höchststimmrechte.** (1) [1]Mehrstimmrechte erlöschen am 1. Juni 2003, wenn nicht zuvor die Hauptversammlung mit einer Mehrheit, die mindestens drei Viertel des bei der Beschlußfassung vertretenen Grundkapitals umfaßt, ihre Fortgeltung beschlossen hat. [2]Inhaber von Mehrstimmrechtsaktien sind bei diesem Beschluß von der Ausübung des Stimmrechts insgesamt ausgeschlossen.

(2) [1]Unabhängig von Absatz 1 kann die Hauptversammlung die Beseitigung der Mehrstimmrechte beschließen. [2]Der Beschluß nach Satz 1 bedarf einer Mehrheit, die mindestens die Hälfte des bei der Beschlußfassung vertretenen Grundkapitals umfaßt, aber nicht der Mehrheit der abgegebenen Stimmen. [3]Eines Sonderbeschlusses der Aktionäre mit Mehrstimmrechten bedarf es nicht. [4]Abweichend von § 122 Abs 2 des Aktiengesetzes[2)] kann jeder Aktionär verlangen, daß die Beseitigung der Mehrstimmrechte auf die Tagesordnung der Hauptversammlung gesetzt wird.

(3) [1]Die Gesellschaft hat einem Inhaber von Mehrstimmrechtsaktien im Falle des Erlöschens nach Absatz 1 und der Beseitigung nach Absatz 2 einen Ausgleich zu gewähren, der den besonderen Wert der Mehrstimmrechte angemessen berücksichtigt. [2]Im Falle des Absatzes 1 kann der Anspruch auf den Ausgleich nur bis zum Ablauf von zwei Monaten seit dem Erlöschen der Mehrstimmrechte gerichtlich geltend gemacht werden. [3]Im Falle des Absatzes 2 hat die Hauptversammlung den Ausgleich mitzubeschließen; Absatz 2 Satz 2 und 3 ist anzuwenden.

(4) [1]Die Anfechtung des Beschlusses nach Absatz 2 kann nicht auf § 243 Abs. 2 des Aktiengesetzes oder darauf gestützt werden, daß die Beseitigung der Mehrstimmrechte oder der festgesetzte Ausgleich unangemessen sind. [2]Statt dessen kann jeder in der Hauptversammlung erschienene Aktionär, der gegen den Beschluß Widerspruch zur Niederschrift erklärt hat, einen Antrag auf gerichtliche Bestimmung des angemessenen Ausgleichs stellen. [3]Der Antrag kann nur binnen zwei

[1)] § 5 neu gef. durch G v. 27.4.1998 (BGBl. I S. 786); Abs. 5 geänd. mWv 1.9.2003 durch G v. 12.6.2003 (BGBl. I S. 838); Abs. 4 Satz 3 und Abs. 6 Satz 2 geänd. mWv 1.1.2007 durch G v. 10.11.2006 (BGBl. I S. 2553)

[2)] Nr. **51**.

Monaten seit dem Tage gestellt werden, an dem die Satzungsänderung im Handelsregister nach § 10 des Handelsgesetzbuchs[1] bekannt gemacht worden ist.

(5) Für das Verfahren in den Fällen des Absatzes 3 Satz 2 und des Absatzes 4 Satz 2 gilt das Spruchverfahrensgesetz[2] sinngemäß.

(6) [1] Der durch Beschluß der Hauptversammlung festgesetzte Ausgleich wird erst zur Leistung fällig, wenn ein Antrag auf gerichtliche Bestimmung nicht oder nicht fristgemäß gestellt oder das Verfahren durch rechtskräftige Entscheidung oder Antragsrücknahme abgeschlossen ist. [2] Der Ausgleich ist seit dem Tage, an dem die Satzungsänderung im Handelsregister nach § 10 des Handelsgesetzbuchs bekannt gemacht worden ist, mit fünf vom Hundert für das Jahr zu verzinsen.

(7) Für Höchststimmrechte bei börsennotierten Gesellschaften, die vor dem 1. Mai 1998 von der Satzung bestimmt sind, gelten die Sätze 2 bis 5 des § 134 Abs. 1 des Aktiengesetzes in der vor dem 1. Mai 1998 geltenden Fassung bis zum 1. Juni 2000 fort.

**§ 6 Wechselseitig beteiligte Unternehmen.** (1) Sind eine Aktiengesellschaft und ein anderes Unternehmen bereits beim Inkrafttreten des Aktiengesetzes[3] wechselseitig beteiligte Unternehmen, ohne daß die Voraussetzungen des § 19 Abs. 2 oder 3 des Aktiengesetzes vorliegen, und haben beide Unternehmen fristgemäß (§ 7) die Mitteilung nach § 20 Abs. 3 oder § 21 Abs. 1 des Aktiengesetzes gemacht, so gilt § 328 Abs. 1 und 2 des Aktiengesetzes für sie nicht.

(2) Solange die Unternehmen wechselseitig beteiligt sind und nicht die Voraussetzungen des § 19 Abs. 2 oder 3 des Aktiengesetzes vorliegen, gilt für die Ausübung der Rechte aus den Anteilen an dem anderen Unternehmen statt dessen folgendes:

1. Aus den Anteilen, die den Unternehmen beim Inkrafttreten des Aktiengesetzes gehört haben oder die auf diese Anteile bei einer Kapitalerhöhung aus Gesellschaftsmitteln entfallen, können alle Rechte ausgeübt werden.
2. Aus Anteilen, die bei einer Kapitalerhöhung gegen Einlagen auf Grund eines nach Nummer 1 bestehenden Bezugsrechts übernommen werden, können alle Rechte mit Ausnahme des Stimmrechts ausgeübt werden; das gleiche gilt für Anteile, die auf diese Anteile bei einer Kapitalerhöhung aus Gesellschaftsmitteln entfallen.
3. Aus anderen Anteilen können mit Ausnahme des Rechts auf neue Aktien bei einer Kapitalerhöhung aus Gesellschaftsmitteln keine Rechte ausgeübt werden.

(3) Hat nur eines der wechselseitig beteiligten Unternehmen fristgemäß (§ 7) die Mitteilung nach § 20 Abs. 3 oder § 21 Abs. 1 des Aktiengesetzes gemacht, so gilt § 328 Abs. 1 und 2 nicht für dieses Unternehmen.

**§ 7 Mitteilungspflicht von Beteiligungen.** [1] Die Mitteilungspflichten nach §§ 20, 21 und 328 Abs. 3 des Aktiengesetzes[3] gelten auch für Beteiligungen, die beim Inkrafttreten des Aktiengesetzes bestehen. [2] Die Beteiligungen sind binnen eines Monats nach dem Inkrafttreten des Aktiengesetzes mitzuteilen.

**§ 8 Gegenstand des Unternehmens.** Entspricht bei Aktiengesellschaften, die beim Inkrafttreten des Aktiengesetzes[3] in das Handelsregister eingetragen sind, die Satzungsbestimmung über den Gegenstand des Unternehmens nicht dem § 23

[1] Nr. **50**.
[2] **Habersack, Deutsche Gesetze ErgBd. Nr. 51b.**
[3] Nr. **51**.

Abs. 3 Nr. 2 des Aktiengesetzes, so sind Änderungen der Satzung durch die Hauptversammlung nur einzutragen, wenn zugleich die Satzungsbestimmung über den Gegenstand des Unternehmens an § 23 Abs. 3 Nr. 2 des Aktiengesetzes angepaßt wird.

**§ 9**[1)] *(aufgehoben)*

**§ 10 Nebenverpflichtungen der Aktionäre.** [1] § 55 Abs. 1 Satz 2 des Aktiengesetzes gilt nicht für Aktiengesellschaften, die bereits beim Inkrafttreten des Aktiengesetzes in ihrer Satzung Nebenverpflichtungen der Aktionäre vorgesehen haben. [2] Ändern jedoch solche Gesellschaften den Gegenstand des Unternehmens oder die Satzungsbestimmungen über die Nebenverpflichtungen, so sind diese Änderungen nur einzutragen, wenn zugleich bestimmt wird, ob die Leistungen entgeltlich oder unentgeltlich zu erbringen sind.

**§ 11**[1)] **Nachgründungsgeschäfte.** Die Unwirksamkeit gemäß § 52 Aktiengesetz eines vor dem 1. Januar 2000 geschlossenen Nachgründungsgeschäfts kann nach dem 1. Januar 2002 nur noch auf Grund der zum 1. Januar 2000 geänderten Fassung der Vorschrift geltend gemacht werden.

**§ 12**[2)] **Aufsichtsrat.** (1) [1] Bestimmungen der Satzung über die Zahl der Aufsichtsratsmitglieder und über Stellvertreter von Aufsichtsratsmitgliedern treten, soweit sie mit den Vorschriften des Aktiengesetzes nicht vereinbar sind, mit Beendigung der Hauptversammlung außer Kraft, die über die Entlastung der Mitglieder des Aufsichtsrats für das am 31. Dezember 1965 endende oder laufende Geschäftsjahr abgehalten wird, spätestens mit Ablauf der in § 120 Abs. 1 des Aktiengesetzes für die Beschlußfassung über die Entlastung bestimmten Frist. [2] Eine Hauptversammlung, die innerhalb dieser Frist stattfindet, kann an Stelle der außer Kraft tretenden Satzungsbestimmungen mit einfacher Stimmenmehrheit neue Satzungsbestimmungen beschließen.

(2) Treten Satzungsbestimmungen nach Absatz 1 Satz 1 außer Kraft, erlischt das Amt der Aufsichtsratsmitglieder oder der Stellvertreter von Aufsichtsratsmitgliedern mit dem in Absatz 1 genannten Zeitpunkt.

(3) Hat ein Aufsichtsratsmitglied am 1. Mai 1998 eine höhere Zahl von Aufsichtsratsmandaten, als nach § 100 Abs. 2 Satz 1 Nr. 1 in Verbindung mit Satz 3 des Aktiengesetzes in der ab dem 1. Mai 1998 geltenden Fassung zulässig ist, so gilt für diese Mandate § 100 Abs. 2 Aktiengesetz in der bis zum 30. April 1998 geltenden Fassung bis zum Ablauf der jeweils für das Mandat geltenden Amtszeit fort.

(4) § 100 Abs. 5 und § 107 Abs. 4 des Aktiengesetzes in der Fassung des Bilanzrechtsmodernisierungsgesetzes vom 25. Mai 2009 (BGBl. I S. 1102) finden keine Anwendung, solange alle Mitglieder des Aufsichtsrats und des Prüfungsausschusses vor dem 29. Mai 2009 bestellt worden sind.

(5) § 100 Absatz 5 und § 107 Absatz 4 des Aktiengesetzes jeweils in der Fassung des Abschlussprüfungsreformgesetzes vom 10. Mai 2016 (BGBl. I S. 1142) müssen so lange nicht angewandt werden, wie alle Mitglieder des Aufsichtsrats und des Prüfungsausschusses vor dem 17. Juni 2016 bestellt worden sind.

---

[1)] § 9 aufgeh., § 11 neu gef. mWv 25.1.2001 durch G v. 18.1.2001 (BGBl. I S. 123).

[2)] § 12 Abs. 3 neu gef. durch G v. 27.4.1998 (BGBl. I S. 786); Abs. 4 angef. mWv 29.5.2009 durch G v. 25.5.2009 (BGBl. I S. 1102); Abs. 5 angef. mWv 17.6.2016 durch G v. 10.5.2016 (BGBl. I S. 1142); Abs. 6 angef. mWv 1.7.2021 durch G v. 3.6.2021 (BGBl. I S. 1534).

(6) § 100 Absatz 5 und § 107 Absatz 4 Satz 3 des Aktiengesetzes in der jeweils ab dem 1. Juli 2021 geltenden Fassung müssen so lange nicht angewandt werden, wie alle Mitglieder des Aufsichtsrats und des Prüfungsausschusses vor dem 1. Juli 2021 bestellt worden sind.

**§ 13[1)] Übergangsvorschrift zu § 175 und § 337 Abs. 2 und 3 des Aktiengesetzes.** [1] § 175 des Aktiengesetzes in der Fassung des Artikels 1 Nr. 21 des Transparenz- und Publizitätsgesetzes vom 19. Juli 2002 (BGBl. I S. 2681) ist erstmals auf den Konzernabschluss und den Konzernlagebericht für das nach dem 31. Dezember 2001 beginnende Geschäftsjahr anzuwenden. [2] Auf den Konzernabschluss und den Konzernlagebericht für ein vorangehendes Geschäftsjahr sind die §§ 175, 337 Abs. 3 des Aktiengesetzes in der bis zum 25. Juli 2002 geltenden Fassung weiterhin anzuwenden. [3] § 337 Abs. 2 des Aktiengesetzes in der bis zum 25. Juli 2002 geltenden Fassung ist letztmals auf den Konzernabschluss und den Konzernlagebericht für das nach dem 31. Dezember 2001 beginnende Geschäftsjahr anzuwenden.

**§ 14[1)] Übergangsvorschrift zu § 171 Abs. 2, 3 und § 173 Abs. 1 des Aktiengesetzes.** § 171 Abs. 2 Satz 5, Abs. 3 Satz 3 zweiter Halbsatz und § 173 Abs. 1 Satz 2 des Aktiengesetzes in der Fassung des Artikels 1 Nr. 18, 19 des Transparenz- und Publizitätsgesetzes vom 19. Juli 2002 (BGBl. I S. 2681) ist erstmals auf den Konzernabschluss für das nach dem 31. Dezember 2001 beginnende Geschäftsjahr anzuwenden.

**§ 15[1)] Übergangsvorschrift zu § 161 des Aktiengesetzes.** [1] Die Erklärung nach § 161 des Aktiengesetzes ist erstmals im Jahr 2002 abzugeben. [2] Sie kann in diesem Jahr aber darauf beschränkt werden, dass den Empfehlungen der „Regierungskommission Deutscher Corporate Governance Kodex" entsprochen wird oder welche Empfehlungen nicht angewendet werden.

**§ 16[2)] Übergangsvorschrift zu § 123 Abs. 2, 3 und § 125 Abs. 2 des Aktiengesetzes.** [1] § 123 Abs. 2 und 3 und § 125 Abs. 2 des Aktiengesetzes in der Fassung des Gesetzes zur Unternehmensintegrität und Modernisierung des Anfechtungsrechts gelten für Hauptversammlungen, zu denen nach dem 1. November 2005 einberufen wird. [2] Solange eine börsennotierte Gesellschaft ihre Satzung noch nicht an § 123 in der Fassung des Gesetzes zur Unternehmensintegrität und Modernisierung des Anfechtungsrechts angepasst hat, gilt die bisherige Satzungsregelung für die Teilnahme an der Hauptversammlung oder die Ausübung des Stimmrechts mit der Maßgabe fort, dass für den Zeitpunkt der Hinterlegung oder der Ausstellung eines sonstigen Legitimationsnachweises auf den Beginn des einundzwanzigsten Tages vor der Versammlung abzustellen ist. [3] Hat eine Gesellschaft auf Grund des Entwurfs des Gesetzes zur Unternehmensintegrität und Modernisierung des Anfechtungsrechts einen Vorratsbeschluss gefasst, ist der Vorstand mit Zustimmung des Aufsichtsrats ermächtigt, den Beschluss hinsichtlich des Zeitpunkts der Ausstellung des Legitimationsnachweises zu ändern.

---

[1)] §§ 13–15 neu gef. mWv 26.7.2002 durch G v. 19.7.2002 (BGBl. I S. 2681).
[2)] § 16 neu gef. mWv 1.11.2005 durch G v. 22.9.2005 (BGBl. I S. 2802).

**§ 17[1] Übergangsvorschrift zu § 243 Abs. 3 Nr. 2 und § 249 Abs. 1 Satz 1 des Aktiengesetzes.** § 243 Abs. 3 Nr. 2 und § 249 Abs. 1 Satz 1 des Aktiengesetzes in der Fassung des Bilanzrechtsreformgesetzes vom 4. Dezember 2004 (BGBl. I S. 3166) sind erstmals auf Anfechtungsklagen und Nichtigkeitsklagen anzuwenden, die nach dem 31. Dezember 2004 erhoben worden sind.

**§ 18[2] Übergangsvorschrift zu den §§ 37 und 39 des Aktiengesetzes.** [1] Die Pflicht, die inländische Geschäftsanschrift bei dem Gericht nach § 37 des Aktiengesetzes[3] in der ab dem Inkrafttreten des Gesetzes vom 23. Oktober 2008 (BGBl. I S. 2026) am 1. November 2008 geltenden Fassung zur Eintragung in das Handelsregister anzumelden, gilt auch für Gesellschaften, die zu diesem Zeitpunkt bereits in das Handelsregister eingetragen sind, es sei denn, die inländische Geschäftsanschrift ist dem Gericht bereits nach § 24 Abs. 2 der Handelsregisterverordnung[4] mitgeteilt worden und hat sich anschließend nicht geändert. [2] In diesen Fällen ist die inländische Geschäftsanschrift mit der ersten die eingetragene Gesellschaft betreffenden Anmeldung zum Handelsregister ab dem 1. November 2008, spätestens aber bis zum 31. Oktober 2009 anzumelden. [3] Wenn bis zum 31. Oktober 2009 keine inländische Geschäftsanschrift zur Eintragung in das Handelsregister angemeldet worden ist, trägt das Gericht von Amts wegen und ohne Überprüfung kostenfrei die ihm nach § 24 Abs. 2 der Handelsregisterverordnung bekannte inländische Anschrift als Geschäftsanschrift in das Handelsregister ein; in diesem Fall gilt die mitgeteilte Anschrift zudem unabhängig von dem Zeitpunkt ihrer tatsächlichen Eintragung ab dem 31. Oktober 2009 als eingetragene inländische Geschäftsanschrift der Gesellschaft, wenn sie im elektronischen Informations- und Kommunikationssystem nach § 9 Abs. 1 des Handelsgesetzbuchs[5] abrufbar ist. [4] Ist dem Gericht keine Mitteilung im Sinne des § 24 Abs. 2 der Handelsregisterverordnung gemacht worden, ist ihm aber in sonstiger Weise eine inländische Geschäftsanschrift bekannt geworden, so gilt Satz 3 mit der Maßgabe, dass diese Anschrift einzutragen ist, wenn sie im elektronischen Informations- und Kommunikationssystem nach § 9 Abs. 1 des Handelsgesetzbuchs abrufbar ist. [5] Dasselbe gilt, wenn eine in sonstiger Weise bekannt gewordene inländische Anschrift von einer früher nach § 24 Abs. 2 der Handelsregisterverordnung mitgeteilten Anschrift abweicht. [6] Eintragungen nach den Sätzen 3 bis 5 werden abweichend von § 10 des Handelsgesetzbuchs nicht bekannt gemacht.

**§ 19[2] Übergangsvorschrift zu § 76 Abs. 3 Satz 2 Nr. 3 und Satz 3 des Aktiengesetzes.** [1] § 76 Abs. 3 Satz 2 Nr. 3 Buchstabe a, c, d und e des Aktiengesetzes[3] in der ab dem Inkrafttreten des Gesetzes vom 23. Oktober 2008 (BGBl. I S. 2026) am 1 November 2008 geltenden Fassung ist auf Personen, die vor diesem Tag zum Vorstandsmitglied bestellt worden sind, nicht anzuwenden, wenn die Verurteilung vor dem 1. November 2008 rechtskräftig geworden ist. [2] Entsprechendes gilt für § 76 Abs. 3 Satz 3 des Aktiengesetzes in der ab dem 1. November 2008 geltenden Fassung, soweit die Verurteilung wegen einer Tat erfolgte, die den Straftaten im Sinne des Satzes 1 vergleichbar ist.

---

[1] § 17 aufgeh. durch G v. 19.12.1985 (BGBl. I S. 2355); eingef. mWv 10.12.2004 durch G v. 4.12.2004 (BGBl. I S. 3166).

[2] §§ 18, 19 aufgeh. durch G v. 19.12.1985 (BGBl. I S. 2355); eingef. mWv 1.11.2008 durch G v. 23.10.2008 (BGBl. I S. 2026).

[3] Nr. **51**.

[4] **Habersack, Deutsche Gesetze ErgBd. Nr. 50d.**

[5] Nr. **50**.

**§ 20**[1] **Übergangsvorschrift zum Gesetz zur Umsetzung der Aktionärsrechterichtlinie.** (1) Die §§ 121, 122, 123, 124, 124a, 125, 126, 127, 130, 134, 175, 176, 241 bis 243 des Aktiengesetzes[2] in der Fassung des Gesetzes zur Umsetzung der Aktionärsrechterichtlinie vom 30. Juli 2009 (BGBl. I S. 2479) sind erstmals auf Hauptversammlungen anzuwenden, zu denen nach dem 31. Oktober 2009 einberufen wird.

(2) Die §§ 128, 129 und 135 des Aktiengesetzes in der Fassung des Gesetzes zur Umsetzung der Aktionärsrechterichtlinie sind ab dem 1. November 2009 anzuwenden.

(3) [1] Enthält die Satzung einer Aktiengesellschaft eine Frist, die abweichend von § 123 Abs. 2 Satz 2 und 3 oder Abs. 3 Satz 3 und 4 des Aktiengesetzes in der Fassung des Gesetzes zur Umsetzung der Aktionärsrechterichtlinie nicht in Tagen ausgedrückt ist, so bleibt diese bis zur ersten ordentlichen Hauptversammlung nach Inkrafttreten des Gesetzes zur Umsetzung der Aktionärsrechterichtlinie am 1. September 2009 wirksam. [2] § 123 Abs. 4 des Aktiengesetzes in der vor Inkrafttreten des Gesetzes zur Umsetzung der Aktionärsrechterichtlinie geltenden Fassung bleibt für diese Frist anwendbar.

(4) § 246a Abs. 2 Nr. 2 und § 319 Abs. 6 Satz 3 Nr. 2 des Aktiengesetzes in der Fassung des Gesetzes zur Umsetzung der Aktionärsrechterichtlinie sind nicht auf Freigabeverfahren und Beschwerdeverfahren anzuwenden, die vor dem 1. September 2009 anhängig waren.

(5) In Fällen des § 305 Abs. 3 Satz 3, des § 320b Abs. 1 Satz 6 und des § 327b Abs. 2 des Aktiengesetzes bleibt es für die Zeit vor dem 1. September 2009 bei dem bis dahin geltenden Zinssatz.

(6) § 319 Abs. 6 Satz 11 des Aktiengesetzes in der Fassung des Gesetzes zur Umsetzung der Aktionärsrechterichtlinie ist nicht anzuwenden, wenn die Klage gegen die Wirksamkeit des Hauptversammlungsbeschlusses vor dem 1. September 2009 rechtshängig war.

(7) [1] § 27 Abs. 3 und 4 des Aktiengesetzes in der ab dem 1. September 2009 geltenden Fassung gilt auch für Einlagenleistungen, die vor diesem Zeitpunkt bewirkt worden sind, soweit sie nach der vor dem 1. September 2009 geltenden Rechtslage wegen der Vereinbarung einer Einlagenrückgewähr oder wegen einer verdeckten Sacheinlage keine Erfüllung der Einlagenverpflichtung bewirkt haben. [2] Dies gilt nicht, soweit über die aus der Unwirksamkeit folgenden Ansprüche zwischen der Gesellschaft und dem Gesellschafter bereits vor dem 1. September 2009 ein rechtskräftiges Urteil ergangen oder eine wirksame Vereinbarung zwischen der Gesellschaft und dem Gesellschafter getroffen worden ist; in diesem Fall beurteilt sich die Rechtslage nach den bis zum 1. September 2009 geltenden Vorschriften.

**§ 21 Heilung der Nichtigkeit von Jahresabschlüssen.** [1] § 256 Abs. 6 des Aktiengesetzes[2] über die Heilung der Nichtigkeit von Jahresabschlüssen gilt auch für Jahresabschlüsse, die vor dem Inkrafttreten des Aktiengesetzes festgestellt worden sind; jedoch bleibt es für die Heilung der Nichtigkeit nach § 256 Abs. 2 des Aktiengesetzes bei den bisherigen Vorschriften. [2] Die in § 256 Abs. 6 des Aktiengesetzes bestimmten Fristen beginnen für Jahresabschlüsse, die vor dem Inkrafttreten des Aktiengesetzes festgestellt worden sind, nicht vor dem Inkrafttreten des Aktiengesetzes.

---

[1] § 20 neu gef. mWv 1.9.2009 durch G v. 30.7.2009 (BGBl. I S. 2479).
[2] Nr. **51**.

**§ 22 Unternehmensverträge.** (1) [1] Für Unternehmensverträge (§§ 291, 292 des Aktiengesetzes[1)]), die vor dem Inkrafttreten des Aktiengesetzes geschlossen worden sind, gelten §§ 295 bis 303, 307 bis 310, 316 des Aktiengesetzes mit Wirkung vom Inkrafttreten des Aktiengesetzes. [2] Die in § 300 Nr. 1 des Aktiengesetzes bestimmte Frist für die Auffüllung der gesetzlichen Rücklage läuft vom Beginn des nach dem 31. Dezember 1965 beginnenden Geschäftsjahrs an. [3] § 300 Nr. 1 und 3 des Aktiengesetzes gilt jedoch nicht, wenn der andere Vertragsteil beim Inkrafttreten des Aktiengesetzes auf Grund der Satzung oder von Verträgen verpflichtet ist, seine Erträge für öffentliche Zwecke zu verwenden. [4] In die gesetzliche Rücklage ist im Falle des Satzes 3 spätestens bei Beendigung des Unternehmensvertrags oder der Verpflichtung nach Satz 3 der Betrag einzustellen, der nach § 300 des Aktiengesetzes in Verbindung mit Satz 2 in die gesetzliche Rücklage einzustellen gewesen wäre, wenn diese Vorschriften für die Gesellschaft gegolten hätten. [5] Reichen die während der Dauer des Vertrags in freie Rücklagen eingestellten Beträge hierzu nicht aus, hat der andere Vertragsteil den Fehlbetrag auszugleichen.

(2) [1] Der Vorstand der Gesellschaft hat das Bestehen und die Art des Unternehmensvertrags sowie den Namen des anderen Vertragsteils unverzüglich nach dem Inkrafttreten des Aktiengesetzes zur Eintragung in das Handelsregister anzumelden. [2] Bei der Anmeldung ist das Datum des Beschlusses anzugeben, durch den die Hauptversammlung dem Vertrag zugestimmt hat. [3] Bei Teilgewinnabführungsverträgen ist außerdem die Vereinbarung über die Höhe des abzuführenden Gewinns anzumelden.

**§ 23[2)] Übergangsvorschrift zum Gesetz zur Angemessenheit der Vorstandsvergütung.** (1) [1] § 93 Absatz 2 Satz 3 des Aktiengesetzes[1)] in der ab dem 5. August 2009 geltenden Fassung ist ab dem 1. Juli 2010 auch auf Versicherungsverträge anzuwenden, die vor dem 5. August 2009 geschlossen wurden. [2] Ist die Gesellschaft gegenüber dem Vorstand aus einer vor dem 5. August 2009 geschlossenen Vereinbarung zur Gewährung einer Versicherung ohne Selbstbehalt im Sinne des § 93 Absatz 2 Satz 3 des Aktiengesetzes verpflichtet, so darf sie diese Verpflichtung erfüllen.

(2) § 100 Absatz 2 Satz 1 Nummer 4 des Aktiengesetzes in der ab dem 5. August 2009 geltenden Fassung ist nicht auf Aufsichtsratsmitglieder anzuwenden, die ihr Mandat am 5. August 2009 bereits innehatten.

(3) § 120 Absatz 4 und § 193 des Aktiengesetzes in der ab dem 5. August 2009 geltenden Fassung ist erstmals auf Beschlüsse anzuwenden, die in Hauptversammlungen gefasst werden, die nach dem 5. August 2009 einberufen werden.

**§ 24[3)] Übergangsvorschrift zu dem Gesetz zur Restrukturierung und geordneten Abwicklung von Kreditinstituten, zur Errichtung eines Restrukturierungsfonds für Kreditinstitute und zur Verlängerung der Verjährungsfrist der aktienrechtlichen Organhaftung.** § 93 Absatz 6 des Aktiengesetzes[1)] in der seit dem 15. Dezember 2010 geltenden Fassung ist auch auf die vor dem 15. Dezember 2010 entstandenen und noch nicht verjährten Ansprüche anzuwenden.

---

[1)] Nr. **51**.
[2)] § 23 neu gef. mWv 5.8.2009 durch G v. 31.7.2009 (BGBl. I S. 2509).
[3)] § 24 neu gef. mWv 15.12.2010 durch G v. 9.12.2010 (BGBl. I S. 1900).

**§ 25[1)] Übergangsvorschrift zu dem Gesetz für die gleichberechtigte Teilhabe von Frauen und Männern an Führungspositionen in der Privatwirtschaft und im öffentlichen Dienst.** (1) [1] Die Festlegungen nach § 76 Absatz 4 Satz 1 und 3 sowie nach § 111 Absatz 5 Satz 1 und 3 des Aktiengesetzes[2)] in der am 1. Mai 2015 geltenden Fassung haben erstmals bis spätestens 30. September 2015 zu erfolgen. [2] Die nach § 76 Absatz 4 Satz 3 und die nach § 111 Absatz 5 Satz 3 des Aktiengesetzes in der am 1. Mai 2015 geltenden Fassung erstmals festzulegende Frist darf nicht länger als bis zum 30. Juni 2017 dauern.

(2) [1] Der Mindestanteil von jeweils 30 Prozent an Frauen und Männern im Aufsichtsrat nach § 96 Absatz 2 des Aktiengesetzes ist bei erforderlich werdenden Neuwahlen und Entsendungen ab dem 1. Januar 2016 zur Besetzung einzelner oder mehrerer Aufsichtsratssitze zu beachten. [2] Reicht die Anzahl der neu zu besetzenden Aufsichtsratssitze nicht aus, um den Mindestanteil zu erreichen, sind die Sitze mit Personen des unterrepräsentierten Geschlechts zu besetzen, um dessen Anteil sukzessive zu steigern. [3] Bestehende Mandate können bis zu ihrem regulären Ende wahrgenommen werden.

(3) Für die Fälle des § 96 Absatz 3 des Aktiengesetzes gilt Absatz 2 entsprechend.

**§ 26 Kommanditgesellschaften auf Aktien.** Die Vorschriften dieses Abschnitts gelten sinngemäß für Kommanditgesellschaften auf Aktien.

**§ 26a[3)] Ergänzung fortgeführter Firmen.** [1] Führt eine Aktiengesellschaft gemäß § 22 Abs. 1 des Einführungsgesetzes zum Handelsgesetzbuch[4)] ihre Firma fort, ohne daß diese die Bezeichnung „Aktiengesellschaft" enthält, so muß die Gesellschaft bis zum 16. Juni 1980 diese Bezeichnung in ihre Firma aufnehmen. [2] Findet bis zu diesem Tage eine Hauptversammlung nicht statt und soll die Firma nur um die Bezeichnung „Aktiengesellschaft" ergänzt werden, so ist der Aufsichtsrat zu dieser Änderung befugt.

**§ 26b[5)] Änderung der Satzung.** Eine Änderung der Satzung, die nach § 23 des Aktiengesetzes[2)] wegen der vom 1. Juli 1979 an geltenden Fassung erforderlich wird, ist bis zum 16. Juni 1980 zur Eintragung in das Handelsregister anzumelden.

**§ 26c[6)] Übergangsfristen.** [1] Die Vorschriften des Aktiengesetzes[2)] über Sacheinlagen und Sachübernahmen sowie über deren Prüfung in der vom 1. Juli 1979 an geltenden Fassung gelten nur für Gründungen und Kapitalerhöhungen, die nach dem 16. Juni 1980 zur Eintragung in das Handelsregister angemeldet werden. [2] Die Fristen, die in § 71 Abs. 3 Satz 2 und § 71c des Aktiengesetzes in der vom 1. Juli 1979 an geltenden Fassung vorgesehen sind, beginnen nicht vor dem 16. Juni 1980. [3] Die nach § 150a des Aktiengesetzes vorgeschriebene Rücklage für eigene Aktien braucht nicht vor dem 16. Juni 1980 gebildet zu werden.

---

[1)] § 25 neu gef. mWv 1.5.2015 durch G v. 24.4.2015 (BGBl. I S. 642); Abs. 1 Sätze 1 und 2 geänd. mWv 12.8.2021 durch G v. 7.8.2021 (BGBl. I S. 3311).

[2)] Nr. **51**.

[3)] § 26a eingef. durch G v. 13.12.1978 (BGBl. I S. 1959).

[4)] Nr. **50a**.

[5)] § 26b eingef. durch G v. 13.12.1978 (BGBl. I S. 1959).

[6)] § 26c eingef. durch G v. 13.12.1978 (BGBl. I S. 1959).

**§ 26d[1] Übergangsregelung für Verschmelzungen.** Die Vorschriften des Aktiengesetzes[2] über Verschmelzungen und Vermögensübertragungen in der vom 1. Januar 1983 an geltenden Fassung sind nicht auf Vorgänge anzuwenden, zu deren Vorbereitung bereits vor diesem Tage der Verschmelzungs- oder Übertragungsvertrag beurkundet oder eine Haupt-, Gesellschafter- oder Gewerkenversammlung oder eine oberste Vertretung einberufen worden ist.

**§ 26e[3] Übergangsregelung zum Gesetz zur Anpassung von Verjährungsvorschriften an das Gesetz zur Modernisierung des Schuldrechts.** [1] § 327 Abs. 4 des Aktiengesetzes[2] in der ab dem 15. Dezember 2004 geltenden Fassung ist auf vor diesem Datum entstandene Verbindlichkeiten anzuwenden, wenn

1. die Eintragung des Endes der Eingliederung in das Handelsregister nach § 10 des Handelsgesetzbuchs[4] nach diesem Datum bekannt gemacht worden ist und
2. die Verbindlichkeiten nicht später als vier Jahre nach dem Tag, an dem die Eintragung des Endes der Eingliederung in das Handelsregister nach § 10 des Handelsgesetzbuchs bekannt gemacht worden ist, fällig werden.

[2] Auf später fällig werdende Verbindlichkeiten im Sinne des Satzes 1 ist das bisher geltende Recht mit der Maßgabe anwendbar, dass die Verjährungsfrist ein Jahr beträgt.

**§ 26f[5] Übergangsregelungen zum Kleinstkapitalgesellschaften-Bilanzrechtsänderungsgesetz.** [1] Die §§ 152, 158 und 160 des Aktiengesetzes[2] in der Fassung des Kleinstkapitalgesellschaften-Bilanzrechtsänderungsgesetzes vom 20. Dezember 2012 (BGBl. I S. 2751) sind erstmals auf Jahres- und Konzernabschlüsse anzuwenden, die sich auf einen nach dem 30. Dezember 2012 liegenden Abschlussstichtag beziehen. [2] Auf Jahres- und Konzernabschlüsse, die sich auf einen vor dem 31. Dezember 2012 liegenden Abschlussstichtag beziehen, bleiben die §§ 152, 158 und 160 des Aktiengesetzes vom 6. September 1965 (BGBl. I S. 1089) in der bis zum 27. Dezember 2012 geltenden Fassung anwendbar.

**§ 26g[6] Übergangsregelungen zum Bilanzrichtlinie-Umsetzungsgesetz.** [1] Die §§ 58, 152, 160, 209, 240, 256 und 261 des Aktiengesetzes[2] in der Fassung des Bilanzrichtlinie-Umsetzungsgesetzes vom 17. Juli 2015 (BGBl. I S. 1245) sind erstmals auf Jahres- und Konzernabschlüsse anzuwenden, die sich auf ein nach dem 31. Dezember 2015 beginnendes Geschäftsjahr beziehen. [2] Auf Jahres- und Konzernabschlüsse, die sich auf ein vor dem 1. Januar 2016 beginnendes Geschäftsjahr beziehen, bleiben die §§ 58, 152, 160, 209, 240, 256 und 261 des Aktiengesetzes in der bis zum 22. Juli 2015 geltenden Fassung anwendbar.

**§ 26h[7] Übergangsvorschrift zur Aktienrechtsnovelle 2016.** (1) [1] § 10 Absatz 1 des Aktiengesetzes[2] in der seit dem 31. Dezember 2015 geltenden Fassung ist *nicht* auf Gesellschaften anzuwenden, deren Satzung vor dem 31. Dezember 2015 durch notarielle Beurkundung festgestellt wurde und deren Aktien auf

---

[1] § 26d eingef. durch G v. 25.10.1982 (BGBl. I S. 1425).
[2] Nr. **51**.
[3] § 26e eingef. mWv 15.12.2004 durch G v. 9.12.2004 (BGBl. I S. 3214); Satz 1 Nr. 1 und 2 geänd. mWv 1.1.2007 durch G v. 10.11.2006 (BGBl. I S. 2553).
[4] Nr. **50**.
[5] § 26f eingef. mWv 28.12.2012 durch G v. 20.12.2012 (BGBl. I S. 2751).
[6] § 26g eingef. mWv 23.7.2015 durch G v. 17.7.2015 (BGBl. I S. 1245).
[7] § 26h eingef. mWv 31.12.2015 durch G v. 22.12.2015 (BGBl. I S. 2565).

Inhaber lauten. [2]Für diese Gesellschaften ist § 10 Absatz 1 des Aktiengesetzes in der am 30. Dezember 2015 geltenden Fassung weiter anzuwenden.

(2) Sieht die Satzung einer Gesellschaft einen Umwandlungsanspruch gemäß § 24 des Aktiengesetzes in der bis zum 30. Dezember 2015 geltenden Fassung vor, so bleibt diese Satzungsbestimmung wirksam.

(3) [1]Bezeichnet die Satzung gemäß § 25 Satz 2 des Aktiengesetzes in der bis zum 30. Dezember 2015 geltenden Fassung neben dem Bundesanzeiger andere Informationsmedien als Gesellschaftsblätter, so bleibt diese Satzungsbestimmung auch ab dem 31. Dezember 2015 wirksam. [2]Für einen Fristbeginn oder das sonstige Eintreten von Rechtsfolgen ist ab dem 1. Februar 2016 ausschließlich die Bekanntmachung im Bundesanzeiger maßgeblich.

(4) [1]§ 122 des Aktiengesetzes in der Fassung der Aktienrechtsnovelle 2016 vom 22. Dezember 2015 (BGBl. I S. 2565) ist erstmals auf Einberufungs- und Ergänzungsverlangen anzuwenden, die der Gesellschaft am 1. Juni 2016 zugehen. [2]Auf Ergänzungsverlangen, die der Gesellschaft vor dem 1. Juni 2016 zugehen, ist § 122 in der bis zum 30. Dezember 2015 geltenden Fassung weiter anzuwenden.

**§ 26i[1)] Übergangsregelung zum CSR-Richtlinie-Umsetzungsgesetz.**

[1]Die §§ 111, 170, 171, 176, 237 und 283 des Aktiengesetzes[2)] in der Fassung des CSR-Richtlinie-Umsetzungsgesetzes vom 11. April 2017 (BGBl. I S. 802) sind erstmals auf Lage- und Konzernlageberichte anzuwenden, die sich auf ein nach dem 31. Dezember 2016 beginnendes Geschäftsjahr beziehen. [2]Auf Lage- und Konzernlageberichte, die sich auf vor dem 1. Januar 2017 beginnende Geschäftsjahre beziehen, bleiben die in Satz 1 bezeichneten Vorschriften in der bis zum 18. April 2017 geltenden Fassung anwendbar.

**§ 26j[3)] Übergangsvorschrift zum Gesetz zur Umsetzung der zweiten Aktionärsrechterichtlinie.** (1) [1]Die erstmalige Beschlussfassung nach § 87a Absatz 1, § 113 Absatz 3 und § 120a Absatz 1 des Aktiengesetzes[2)] in der ab dem 1. Januar 2020 geltenden Fassung hat bis zum Ablauf der ersten ordentlichen Hauptversammlung, die auf den 31. Dezember 2020 folgt, zu erfolgen. [2]Die erstmalige Beschlussfassung nach § 87a Absatz 2 Satz 1 des Aktiengesetzes in der ab dem 1. Januar 2020 geltenden Fassung hat bis zum Ablauf von zwei Monaten nach erstmaliger Billigung des Vergütungssystems durch die Hauptversammlung zu erfolgen. [3]Den gegenwärtigen und hinzutretenden Vorstands- oder Aufsichtsratsmitgliedern kann bis zu dem in Satz 2 zuletzt geregelten Zeitpunkt eine Vergütung nach der bestehenden Vergütungspraxis gewährt werden; die vor diesem Zeitpunkt mit ihnen geschlossenen Verträge bleiben unberührt.

(2) [1]§ 162 des Aktiengesetzes in der ab dem 1. Januar 2020 geltenden Fassung ist erstmals für das nach dem 31. Dezember 2020 beginnende Geschäftsjahr anzuwenden. [2]§ 162 Absatz 1 Satz 2 Nummer 2 ist bis zum Ablauf des fünften Geschäftsjahres, gerechnet ab dem Geschäftsjahr nach Satz 1, mit der Maßgabe anzuwenden, dass nicht die durchschnittliche Vergütung der letzten fünf Geschäftsjahre in die vergleichende Betrachtung einbezogen wird, sondern lediglich die durchschnittliche Vergütung über den Zeitraum seit dem Geschäftsjahr nach Satz 1. [3]Die erstmalige Beschlussfassung nach § 120a Absatz 4 des Aktiengesetzes in der ab dem 1. Januar 2020 geltenden Fassung hat bis zum Ablauf der ersten

---

1) § 26i eingef. mWv 19.4.2017 durch G v. 11.4.2017 (BGBl. I S. 802).
2) Nr. **51**.
3) § 26j eingef. mWv 1.1.2020 durch G v. 12.12.2019 (BGBl. I S. 2637).

ordentlichen Hauptversammlung, gerechnet ab Beginn des zweiten Geschäftsjahres, das auf den 31. Dezember 2020 folgt, zu erfolgen.

(3) § 124 des Aktiengesetzes in der ab dem 1. Januar 2020 geltenden Fassung ist erst ab dem 1. März 2020 und erstmals auf Hauptversammlungen anzuwenden, die nach dem 1. März 2020 einberufen werden.

(4) Die §§ 67, 67a bis 67f, 118, 121, 123, 125, 128, 129, 186 Absatz 2 Satz 1, § 214 Absatz 1 Satz 2, § 243 Absatz 3, § 246a Absatz 2 Nummer 2 und § 405 Absatz 2a Nummer 1 bis 5 und 7 des Aktiengesetzes in der ab dem 1. Januar 2020 geltenden Fassung sind erst ab dem 3. September 2020 anzuwenden und sind erstmals auf Hauptversammlungen anzuwenden, die nach dem 3. September 2020 einberufen werden.

(5) [1] Die Verordnung über den Ersatz von Aufwendungen der Kreditinstitute vom 17. Juni 2003 (BGBl. I S. 885), die durch Artikel 15 des Gesetzes vom 30. Juli 2009 (BGBl. I S. 2479) geändert worden ist, ist in der bis einschließlich 2. September 2020 geltenden Fassung bis zum Inkrafttreten einer Verordnung auf Grundlage der Ermächtigung in § 67f Absatz 3 des Aktiengesetzes, jedoch längstens bis einschließlich 3. September 2025 weiterhin sinngemäß anzuwenden. [2] Die Verordnung über den Ersatz von Aufwendungen der Kreditinstitute ist wie folgt sinngemäß anzuwenden:

1. auf Mitteilungen nach § 67 Absatz 4 Satz 1 bis 5 des Aktiengesetzes und bei börsennotierten Gesellschaften nach § 67d des Aktiengesetzes ist § 3 der Verordnung über den Ersatz von Aufwendungen der Kreditinstitute sinngemäß anzuwenden, und
2. auf Mitteilungen nach den §§ 67a bis 67c, auch in Verbindung mit § 125 Absatz 1, 2 und 5 des Aktiengesetzes ist § 1 der Verordnung über den Ersatz von Aufwendungen der Kreditinstitute sinngemäß anzuwenden.

**§ 26k[1)] Übergangsvorschrift zum Finanzmarktintegritätsstärkungsgesetz.** (1) [1] Die §§ 404a, 405 und 407a des Aktiengesetzes[2)] in der ab dem 1. Juli 2021 geltenden Fassung sind erstmals auf alle gesetzlich vorgeschriebenen Abschlussprüfungen für das nach dem 31. Dezember 2021 beginnende Geschäftsjahr anzuwenden. [2] Die in Satz 1 bezeichneten Vorschriften in der bis einschließlich 30. Juni 2021 geltenden Fassung sind letztmals anzuwenden auf alle gesetzlich vorgeschriebenen Abschlussprüfungen für das vor dem 1. Januar 2022 beginnende Geschäftsjahr.

(2) § 107 Absatz 4 Satz 1, 2, 4 bis 6, § 209 Absatz 5 und § 407 Absatz 1 des Aktiengesetzes in der ab dem 1. Juli 2021 geltenden Fassung sind erstmals ab dem 1. Januar 2022 anzuwenden.

(3) § 256 des Aktiengesetzes in der ab dem 1. Juli 2021 geltenden Fassung ist erstmals auf Jahresabschlüsse für das nach dem 31. Dezember 2021 beginnende Geschäftsjahr anzuwenden.

(4) § 143 Absatz 2, § 209 Absatz 4 und § 258 Absatz 4 des Aktiengesetzes in der ab dem 1. Juli 2021 geltenden Fassung sind erstmals auf Sonderprüfer, die für das nach dem 31. Dezember 2021 beginnende Geschäftsjahr bestellt, oder Prüfer, die für das nach dem 31. Dezember 2021 beginnende Geschäftsjahr gewählt werden, anzuwenden.

---

[1)] § 26k eingef. mWv 1.7.2021 durch G v. 3.6.2021 (BGBl. I S. 1534).
[2)] Nr. **51**.

(5) [1] § 293d in der ab dem 1. Juli 2021 geltenden Fassung ist erstmals auf die Prüfung von Unternehmensverträgen anzuwenden, die nach dem 31. Dezember 2021 geschlossen wurden. [2] § 293d in der bis einschließlich 30. Juni 2021 geltenden Fassung ist letztmals auf die Prüfung von Unternehmensverträgen anzuwenden, die vor dem 1. Januar 2022 geschlossen wurden.

**§ 26l[1)] Übergangsvorschrift zum Gesetz zur Ergänzung und Änderung der Regelungen für die gleichberechtigte Teilhabe von Frauen an Führungspositionen in der Privatwirtschaft und im öffentlichen Dienst.**

(1) [1] Das Beteiligungsgebot für den Vorstand nach § 76 Absatz 3a Satz 1 des Aktiengesetzes[2)] in der vom 12. August 2021 an geltenden Fassung ist ab dem 1. August 2022 bei der Bestellung einzelner oder mehrerer Vorstandsmitglieder einzuhalten. [2] Bestehende Mandate können bis zu ihrem vorgesehenen Ende wahrgenommen werden. [3] Gleiches gilt im Fall des § 393a Absatz 2 Nummer 1 des Aktiengesetzes.

(2) § 76 Absatz 4 und § 111 Absatz 5 des Aktiengesetzes in der vom 12. August 2021 an geltenden Fassung finden erstmals auf die Festlegung von Zielgrößen ab dem 12. August 2021 Anwendung.

(3) [1] Der jeweilige Mindestanteil von Frauen und Männern im Aufsichtsrat nach § 393a Absatz 2 Nummer 2 des Aktiengesetzes ist bei erforderlich werdenden Besetzungen einzelner oder mehrerer Sitze ab dem 1. April 2022 zu beachten. [2] Reicht die Anzahl der zu besetzenden Sitze nicht aus, um den Mindestanteil zu erreichen, sind diese Sitze mit Personen des unterrepräsentierten Geschlechts zu besetzen, um dessen Anteil sukzessive zu steigern. [3] Bestehende Mandate können bis zu ihrem vorgesehenen Ende wahrgenommen werden.

**§ 26m[3)] Übergangsvorschrift zum Gesetz zur Umsetzung der Digitalisierungsrichtlinie.** (1) § 37 Absatz 2 Satz 1, § 76 Absatz 3 Satz 3, § 81 Absatz 3 Satz 1 und § 265 Absatz 2 Satz 2 des Aktiengesetzes[2)] in der ab dem 1. August 2022 geltenden Fassung sind erstmals ab dem 1. August 2023 anzuwenden.

(2) [1] § 233 Absatz 2 Satz 2 und 4 und § 256 Absatz 6 Satz 1 des Aktiengesetzes in der ab dem 1. August 2022 geltenden Fassung sind erstmals auf Jahresabschlüsse für das nach dem 31. Dezember 2021 beginnende Geschäftsjahr anzuwenden. [2] Die in Satz 1 bezeichneten Vorschriften in der bis einschließlich 31. Juli 2022 geltenden Fassung sind letztmals anzuwenden auf Jahresabschlüsse für das vor dem 1. Januar 2022 beginnende Geschäftsjahr.

**§ 26n[4)] Übergangsvorschrift zum Gesetz zur Einführung virtueller Hauptversammlungen von Aktiengesellschaften und Änderung genossenschafts- sowie insolvenz- und restrukturierungsrechtlicher Vorschriften.**

(1) Für Hauptversammlungen, die bis einschließlich 31. August 2023 einberufen werden, kann der Vorstand mit Zustimmung des Aufsichtsrats entscheiden, dass die Versammlung als virtuelle Hauptversammlung nach § 118a des Aktiengesetzes[2)] abgehalten wird.

---

[1)] § *26l* eingef. mWv 12.8.2021 durch G v. 7.8.2021 (BGBl. I S. 3311).
[2)] Nr. **51**.
[3)] § 26m eingef. mWv 1.8.2022 durch G v. 5.7.2021 (BGBl. I S. 3338).
[4)] § 26n eingef. mWv 27.7.2022 durch G v. 20.7.2022 (BGBl. I S. 1166).

(2) § 241 Nummer 2, § 242 Absatz 1 und § 243 Absatz 3 Satz 1 Nummer 4 des Aktiengesetzes in der ab dem 27. Juli 2022 geltenden Fassung sind erstmals auf Hauptversammlungen anzuwenden, die ab dem 27. Juli 2022 einberufen werden.

**§ 26o[1] Übergangsvorschrift zum Gesetz zur Umsetzung der Richtlinie (EU) 2021/2101 im Hinblick auf die Offenlegung von Ertragsteuerinformationen durch bestimmte Unternehmen und Zweigniederlassungen sowie zur Änderung des Verbraucherstreitbeilegungsgesetzes und des Pflichtversicherungsgesetzes.** § 170 Absatz 1 Satz 3, § 171 Absatz 1 Satz 4 und § 283 Nummer 11a des Aktiengesetzes[2] in der jeweils ab dem 22. Juni 2023 geltenden Fassung sind erstmals auf Ertragsteuerinformationsberichte und Erklärungen nach § 342d Absatz 2 Nummer 1 des Handelsgesetzbuchs[3] für ein nach dem 21. Juni 2024 beginnendes Geschäftsjahr anzuwenden.

## Zweiter Abschnitt. Anwendung aktienrechtlicher Vorschriften auf Unternehmen mit anderer Rechtsform

**§ 27[4] Entscheidung über die Zusammensetzung des Aufsichtsrats.** § 96 Absatz 4, §§ 97 bis 99 des Aktiengesetzes[2] gelten sinngemäß für Gesellschaften mit beschränkter Haftung und bergrechtliche Gewerkschaften.

**§ 28[5]** *(aufgehoben)*

**§ 28a[6] Treuhandanstalt.** [1] Die Vorschriften des Aktiengesetzes[2] über herrschende Unternehmen sind auf die Treuhandanstalt nicht anzuwenden. [2] Dies gilt nicht für die Anwendung von Vorschriften über die Vertretung der Arbeitnehmer im Aufsichtsrat eines von der Treuhandanstalt verwalteten Unternehmens.

## Dritter Abschnitt. Aufhebung und Änderung von Gesetzen

**§ 29[7]** *(aufgehoben)*

**§§ 30–32** *(nicht wiedergegebene Änderungsvorschriften)*

**§ 33 Gesetz über die Kapitalerhöhung aus Gesellschaftsmitteln und über die Gewinn- und Verlustrechnung.** (1) Die Vorschriften des *Ersten Abschnitts des Gesetzes über die Kapitalerhöhung aus Gesellschaftsmitteln und über die Gewinn- und Verlustrechnung*[8] vom 23. Dezember 1959 (Bundesgesetzbl. I S. 789) sind auf Aktiengesellschaften und Kommanditgesellschaften auf Aktien nicht mehr anzuwenden.

(2) [1] Haben Kreditinstitute auf Grund einer Aufforderung nach § 11 Abs. 1 des Gesetzes über die Kapitalerhöhung aus Gesellschaftsmitteln und über die Gewinn- und Verlustrechnung auf in ihre Sammelverwahrung genommene alte Aktien neue Aktien abgeholt und entfallen neue Aktien noch nach Ablauf eines Jahres seit der

---

[1] § 26o eingef. mWv 22.6.2023 durch G v. 19.6.2023 (BGBl. 2023 I Nr. 154).
[2] Nr. **51**.
[3] Nr. **50**.
[4] § 27 geänd. mWv 1.5.2015 durch G v. 24.4.2015 (BGBl. I S. 642).
[5] § 28 aufgeh. durch G v. 9.6.1998 (BGBl. I S. 1242).
[6] § 28a eingef. durch G v. 14.7.1992 (BGBl. I S. 1257).
[7] § 29 aufgeh. mWv 15.12.2010 durch G v. 8.12.2010 (BGBl. I S. 1864).
[8] Aufgeh. mit Ablauf des 31.12.1994 durch Art. 5 G v. 28.10.1994 (BGBl. I S. 3210).

Bekanntmachung der Aufforderung zur Abholung oder, wenn diese Frist vor dem Inkrafttreten des Aktiengesetzes[1)] abgelaufen ist, noch beim Inkrafttreten des Aktiengesetzes auf Teilrechte, die nicht in einer Hand vereinigt sind und deren Berechtigte sich auch nicht zur Ausübung der Rechte zusammengeschlossen haben, so gelten diese neuen Aktien als nicht abgeholt. [2] Sie sind der Gesellschaft nach Ablauf dieser Frist und, wenn die Frist beim Inkrafttreten des Aktiengesetzes bereits abgelaufen ist, unverzüglich zurückzugeben. [3] Hat die Gesellschaft den Verkauf der nicht abgeholten Aktien noch nicht angedroht, so hat sie ihn unverzüglich nach der Rückgabe der Aktien anzudrohen. [4] Für die Androhung gilt § 214 Abs. 2 Satz 2 und 3 des Aktiengesetzes. [5] § 214 Abs. 3 des Aktiengesetzes gilt sinngemäß; ist die Frist von einem Jahr seit der letzten Bekanntmachung der Androhung beim Inkrafttreten des Aktiengesetzes bereits abgelaufen, so tritt an ihre Stelle eine Frist von drei Monaten seit dem Inkrafttreten des Aktiengesetzes.

(3) *(nicht wiedergegebene Änderungsvorschrift)*

(4) Sind Aktien einer Gesellschaft an einer deutschen Börse zum amtlichen Handel zugelassen, so gilt die Zulassung auch für die neuen Aktien, die bei einer Kapitalerhöhung aus Gesellschaftsmitteln auf sie entfallen.

**§§ 34–44** *(nicht wiedergegebene Änderungsvorschriften)*

## Vierter Abschnitt. Schlußvorschriften

**§ 45 Geltung in Berlin.** *(gegenstandslos)*

**§ 46 Inkrafttreten.** Dieses Gesetz tritt am 1. Januar 1966 in Kraft.

[1)] Nr. **51**.

# 52. Gesetz betreffend die Gesellschaften mit beschränkter Haftung (GmbHG)[1]

in der Fassung der Bekanntmachung vom 20. Mai 1898[2]
(RGBl. S. 846)[3]

**BGBl. III/FNA 4123-1**

| Lfd. Nr. | Änderndes Gesetz | Datum | Fundstelle | Betroffen | Hinweis |
|---|---|---|---|---|---|
| 1.–9. | Änderungsgesetze bis einschließlich G v. 25.10.1982 nur noch in den Anmerkungen nachgewiesen | | | | |
| 10. | Art. 3 BilanzrichtlinienG | 19.12. 1985 | BGBl. I S. 2355 | §§ 29, 33, 40–42a, 46, 52, 71, 79, 82 | geänd. mWv 1.1.1986 |
| 11. | Art. 8 Nr. 4 Zweites G zur Bekämpfung der Wirtschaftskriminalität | 15.5.1986 | BGBl. I S. 721 | § 64 | geänd. mWv 1.8.1996 |
| 12. | Art. 7 § 33 BetreuungsG | 12.9.1990 | BGBl. I S. 2002 | §§ 6, 8, 39, 66 | geänd. mWv 1.1.1992 |
| 13. | Art. 1 G zur Durchführ. der Zwölften RL des Rates der Europ. Gemeinsch. auf dem Gebiet des GesellschaftsR betreffend GmbH mit einem einzigen Gesellschafter | 18.12. 1991 | BGBl. I S. 2206 | §§ 19, 35, 40, 60, 65 | geänd. mWv 1.1.1992 |
| 14. | Art. 2 G zur Durchführ. der Elften gesellschaftsrechtl. RL des Rates der Europ. Gemeinschaften und über Gebäudeversicherungsverhältnisse | 22.7.1993 | BGBl. I S. 1282 | §§ 35a, 54, 74<br>§ 12 | geänd. mWv 1.11.1993<br>aufgeh. mWv 1.11.1993 |
| 15. | Art. 3 G zur Änd. des D-MarkbilanzG und and. handelsrechtl. Bestimmungen | 25.7.1994 | BGBl. I S. 1682 | § 84 | geänd. mWv 30.7.1994 |
| 16. | Art. 48 EinführungsG zur Insolvenzordnung | 5.10.1994 | BGBl. I S. 2911, geänd. 1998, S. 3836 | §§ 9b, 32a, 32b, 60, 64, 65, 66, 84<br>§§ 58a–58f<br>§ 63 | geänd. mWv 1.1.1999<br>eingef. mWv 19.10.1994<br>aufgeh. mWv 1.1.1999 |
| 17. | Art. 4 G zur Bereinigung des Umwandlungsrechts | 28.10. 1994 | BGBl. I S. 3210, ber. 1995 I S. 428 | §§ 33, 78, 82<br>§§ 57c–57o | geänd. mWv 1.1.1995<br>eingef. mWv 1.1.1995 |
| 18. | Art. 2 Kapitalaufnahmeerleichterungsg | 20.4.1998 | BGBl. I S. 707 | §§ 32a, 57f | geänd. mWv 24.4.1998 |

[1] Überschrift geänd., Gliederungs- und Paragraphenüberschriften neu gef. mWv 1.11.2008 G v. 23.10. 2008 (BGBl. I S. 2026); die Neufassung aller Gliederungs- und Paragraphenüberschriften ist nicht einzeln in Fußnoten nachgewiesen.

[2] Neubekanntmachung des GmbHG v. 20.4.1892 (RGBl. S. 477) in der ab 1.1.1900 geltenden Fassung.

[3] Maßgebliche amtliche Quelle ist das BGBl. III.

Die im BGBl. III abgedruckten amtlichen Änderungsnachweise und Verweise auf die Gliederungsnummern anderer Vorschriften sind nur in der online-Version wiedergegeben.

| Lfd. Nr. | Änderndes Gesetz | Datum | Fundstelle | Betroffen | Hinweis |
|---|---|---|---|---|---|
| 19. | Art. 10 G zur Kontrolle und Transparenz im Unternehmensbereich | 27.4.1998 | BGBl. I S. 786 | § 32a | geänd. mWv 1.5.1998 |
| 20. | Art. 3 § 3 Euro-EinführungsG | 9.6.1998 | BGBl. I S. 1242 | §§ 5, 7, 47, 57h, 58a | geänd. mWv 1.1.1999 |
| | | | | § 86 | eingef. mWv 1.1.1999 |
| 21. | Art. 9 HandelsrechtsreformG | 22.6.1998 | BGBl. I S. 1474 | §§ 4, 9c, 57a | geänd. mWv 1.7.1998 |
| | | | | §§ 8, 40 | geänd. mWv 1.1.1999 |
| | | | | § 4a | eingef. mWv 1.1.1999 |
| 22. | Art. 3 NamensaktienG | 18.1.2001 | BGBl. I S. 123 | § 79 | geänd. mWv 25.1.2001 |
| 23. | Art. 28 G zur Anpassung der Formvorschriften des Privatrechts und anderer Vorschriften an den modernen Rechtsgeschäftsverkehr | 13.7.2001 | BGBl. I S. 1542 | §§ 47, 48 | geänd. mWv 1.8.2001 |
| 24. | Art. 3 Abs. 3 Transparenz- und PublizitätsG | 19.7.2002 | BGBl. I S. 2681 | § 42a | geänd. mWv 26.7.2002 |
| | | | | § 87 | eingef. mWv 26.7.2002 |
| 25. | Art. 6 BilanzrechtsreformG | 4.12.2004 | BGBl. I S. 3166 | §§ 42a, 46, 52, 57f, 82 | geänd. mWv 10.12.2004 |
| 26. | Art. 13 G zur Anpassung von Verjährungsvorschriften an das G zur Modernisierung des Schuldrechts | 9.12.2004 | BGBl. I S. 3214 | §§ 9, 19, 31, 55 | geänd. mWv 15.12.2004 |
| 27. | Art. 12 JustizkommunikationsG | 22.3.2005 | BGBl. I S. 837 | §§ 30, 52, 58, 65, 75 | geänd. mWv 1.4.2005 |
| | | | | § 12 | eingef. mWv 1.4.2005 |
| 28. | Art. 10 G über elektron. Handelsregister u. Genossenschaftsregister sowie das Unternehmensregister[1)] | 10.11.2006 | BGBl. I S. 2553 | §§ 8, 10, 12, 35a, 39, 52, 54, 57i, 58d, 67, 73, 86 | geänd. mWv 1.1.2007 |
| | | | | § 59 | aufgeh. mWv 1.1.2007 |
| 29. | Art. 4 Zweites G zur Änderung des UmwandlungsG | 19.4.2007 | BGBl. I S. 542 | § 33 | geänd. mWv 25.4.2007 |
| 30. | Art. 1 G zur Modernisierung des GmbH-Rechts und zur Bekämpfung von Missbräuchen | 23.10.2008 | BGBl. I S. 2026 | Überschrift, §§ 2, 3, 4a, 5, 6, 7, 8, 9, 9a, 9c, 10, 14, 16, 19, 22, 26, 30, 35, 35a, 39, 40, 41, 46, 47, 55, 56, 56a, 57, 57h, 57l, 58, 58a, 58f, 60, 64, 65, 66, 71, 82, 84 | geänd. mWv 1.11.2008 |
| | | | | Gliederungs-, Paragraphenüberschriften | neu gef. mWv 1.11.2008 |
| | | | | Inhaltsübersicht, §§ 5a, 55a, Anl. | eingef. mWv 1.11.2008 |
| | | | | §§ 17, 32a, 32b, 36, 57b, 86, 87 | aufgeh. mWv 1.11.2008 |

[1)] **Amtl. Anm.:** *(abgedruckt in Änderungstabelle Nr.* **50***)*

| Lfd. Nr. | Änderndes Gesetz | Datum | Fundstelle | Betroffen | Hinweis |
|---|---|---|---|---|---|
| 31. | Art. 76 FGG-ReformG | 17.12. 2008 | BGBl. I S. 2586 | §§ 60, 66, 71, 74 | geänd. mWv 1.9.2009 |
| 32. | Art. 8 BilanzrechtsmodernisierungsG[1] | 25.5.2009 | BGBl. I S. 1102 | §§ 33, 52, 57f | geänd. mWv 29.5.2009 |
| 33. | Art. 14b G zur Ums. der AktionärsrechteRL (ARUG)[2] | 30.7.2009 | BGBl. I S. 2479 | §§ 10, 57n, 58, 58a, 58e, 58f, 65, 67, 73 | geänd. mWv 1.9.2009 |
| 34. | Art. 5 G zur Angemessenheit der Vorstandsvergütung (VorstAG) | 31.7.2009 | BGBl. I S. 2509 | § 52 | geänd. mWv 5.8.2009 |
| 35. | Art. 2 Abs. 51 G zur Änd. von Vorschr. über Verkünd. u. Bekanntm. sowie der ZPO, des EGZPO u. d. AO | 22.12. 2011 | BGBl. I S. 3044 | § 12 | geänd. mWv 1.4.2012 |
| 36. | Art. 7 EhrenamtsstärkungsG | 21.3.2013 | BGBl. I S. 556 | § 4 | geänd. mWv 29.3.2013 |
| 37. | Art. 27 2. KostenrechtsmodernisierungsG | 23.7.2013 | BGBl. I S. 2586 | § 51b | geänd. mWv 1.8.2013 |
| 38. | Art. 15 G für die gleichber. Teilhabe von Frauen und Männern an Führungspositionen in der Privatwirtschaft u. im öffentl. Dienst | 24.4.2015 | BGBl. I S. 642 | Inhaltsübersicht, § 52 | geänd. mWv 1.5.2015 |
| | | | | § 36 | neu gef. mWv 1.5.2015 |
| 39. | Art. 6 Bilanzrichtlinie-UmsetzungsG | 17.7.2015 | BGBl. I S. 1245 | § 29 | geänd. mWv 23.7.2015 |
| 40. | Art. 5 Aktienrechtsnovelle 2016 | 22.12. 2015 | BGBl. I S. 2565 | § 52 | geänd. mWv 31.12.2015 |
| 41. | Art. 8 AbschlussprüfungsreformG | 10.5.2016 | BGBl. I S. 1142 | Inhaltsübersicht, § 52 | geänd. mWv 17.6.2016 |
| | | | | §§ 86, 87, 88 | eingef. mWv 17.6.2016 |
| 42. | Art. 14 G zur Ums. der 4. EU-GeldwäscheRL, zur Ausf. d. EU-Geldtransfer-VO u. zur Neuorg. der Zentralstelle für Finanztransaktionsunters.[3] | 23.6.2017 | BGBl. I S. 1822 | Inhaltsübersicht, §§ 8, 40 | geänd. mWv 26.6.2017 |
| 43. | Art. 10 G zur Ums. der 2. ZahlungsdiensteRL[4] | 17.7.2017 | BGBl. I S. 2446 | §§ 86, 87 | geänd. mWv 22.7.2017 |

[1] **Amtl. Anm.:** *(abgedruckt in Änderungstabelle Nr.* ***50****)*

[2] **Amtl. Anm.:** *(abgedruckt in Änderungstabelle Nr.* ***51****)*

[3] **Amtl. Anm.:** Dieses Gesetz dient der Umsetzung der Richtlinie (EU) 2015/849 des Europäischen Parlaments und des Rates vom 20. Mai 2015 zur Verhinderung der Nutzung des Finanzsystems zum Zwecke der Geldwäsche und der Terrorismusfinanzierung, zur Änderung der Verordnung (EU) Nr. 648/2012 des Europäischen Parlaments und des Rates und zur Aufhebung der Richtlinie 2005/60/EG des Europäischen Parlaments und des Rates und der Richtlinie 2006/70/EG der Kommission (ABl. L 141 vom 5.6.2015, S. 73).

[4] **Amtl. Anm.:** Dieses Gesetz dient der Umsetzung der Richtlinie (EU) 2015/2366 des Europäischen Parlaments und des Rates vom 25. November 2015 über Zahlungsdienste im Binnenmarkt, zur Änderung der Richtlinien 2002/65/EG, 2009/110/EG und 2013/36/EU und der Verordnung (EU) Nr. 1093/2010 sowie zur Aufhebung der Richtlinie 2007/64/EG (ABl. L 337 vom 23.12.2015, S. 35; L 169 vom 28.6. 2016, S. 18).

| Lfd. Nr. | Änderndes Gesetz | Datum | Fundstelle | Betroffen | Hinweis |
|---|---|---|---|---|---|
| 44. | Art. 16 Sanierungs- und Insolvenzrechtsfortentwicklungs G[1] | 22.12. 2020 | BGBl. I S. 3256 | Inhaltsübersicht, § 71 | geänd. mWv 1.1.2021 |
| | | | | § 64 | aufgeh. mit Ablauf des 31.12. 2020 |
| 45. | Art. 15 Abs. 23 G zur Reform des Vormundschafts- und Betreuungsrechts | 4.5.2021 | BGBl. I S. 882 | § 6 | geänd. mWv 1.1.2023 |
| 46. | Art. 18 Finanzmarktintegritätsstärkungs G | 3.6.2021 | BGBl. I S. 1534 | §§ 57f, 87 | geänd. mWv 1.7.2021 |
| | | | | § 86 | neu gef. mWv 1.7.2021 |
| 47. | Art. 10 G zur Ergänzung und Änd. der Regelungen für die gleichberechtigte Teilhabe von Frauen an Führungspositionen in der Privatwirtschaft und im öffentlichen Dienst | 7.8.2021 | BGBl. I S. 3311 | Inhaltsübersicht, §§ 36, 38, 52, Abschnitt 7 | geänd. mWv 12.8.2021 |
| | | | | Abschnitt 6 (§ 77a) | eingef. mWv 12.8.2021 |
| 48. | Art. 20 G zur Umsetzung der Digitalisierungsrichtlinie (DiRUG)[2] | 5.7.2021 | BGBl. I S. 3338 | Inhaltsübersicht, §§ 2, 6, 8, 39, 40, 58d, 66, 67, Anl. 1 | geänd. mWv 1.8.2022 |
| | | | | Anl. 2 | eingef. mWv 1.8.2022 |
| 49. | Art. 64 Personengesellschaftsrechtsmodernisierungs G (MoPeG) | 10.8.2021 | BGBl. I S. 3436 | § 40 | geänd. mWv 1.1.2024 |
| 50. | Art. 5, 6 G zur Ergänzung der Regelungen zur Umsetzung der Digitalisierungs RL und zur Änd. weiterer Vorschriften[3] | 15.7.2022 | BGBl. I S. 1146 | §§ 2, 48 | geänd. mWv 1.8.2022 |
| | | | | §§ 2, 53, 55, 57 | geänd. mWv 1.8.2023 |
| 51. | Art. 9 G zur Umsetzung der Umwandlungs RL und zur Änd. weiterer Gesetze[4] | 22.2.2023 | BGBl. 2023 I Nr. 51 | §§ 6, 33 | geänd. mWv 1.3.2023 |

**Vorbemerkung:**

**Die Änderung durch G v. 10.8.2021 (BGBl. I S. 3436) tritt erst mWv 1.1. 2024 in Kraft und ist im Text noch nicht berücksichtigt.**

[1] **Amtl. Anm.:** Dieses Gesetz dient der weiteren Umsetzung der Richtlinie (EU) 2019/1023 des Europäischen Parlaments und des Rates vom 20. Juni 2019 über präventive Restrukturierungsrahmen, über Entschuldung und über Tätigkeitsverbote sowie über Maßnahmen zur Steigerung der Effizienz von Restrukturierungs-, Insolvenz- und Entschuldungsverfahren und zur Änderung der Richtlinie (EU) 2017/1132 (Richtlinie über Restrukturierung und Insolvenz) (ABl. L 172 vom 26.6.2019, S. 18).

[2] **Amtl. Anm.:** Dieses Gesetz dient der Umsetzung der Richtlinie (EU) 2019/1151 des Europäischen Parlaments und des Rates vom 20. Juni 2019 zur Änderung der Richtlinie (EU) 2017/1132 im Hinblick auf den Einsatz digitaler Werkzeuge und Verfahren im Gesellschaftsrecht (ABl. L 186 vom 11.7.2019, S. 80).

[3] **Amtl. Anm.:** Notifiziert gemäß der Richtlinie (EU) 2015/1535 des Europäischen Parlaments und des Rates vom 9. September 2015 über ein Informationsverfahren auf dem Gebiet der technischen Vorschriften und der Vorschriften für die Dienste der Informationsgesellschaft (ABl. L 241 vom 17.9.2015, S. 1).

[4] **Amtl. Anm.:** Die Artikel 1, 2, 3, 7, 8 und 9 dieses Gesetzes dienen der Umsetzung der Richtlinie (EU) 2019/2121 des Europäischen Parlaments und des Rates vom 27. November 2019 zur Änderung der Richtlinie (EU) 2017/1132 in Bezug auf grenzüberschreitende Umwandlungen, Verschmelzungen und Spaltungen (ABl. L 321 vom 12.12.2019, S. 1; L 20 vom 24.1.2020, S. 24).

## Inhaltsübersicht[1)]



[1)] Inhaltsübersicht eingef. mWv 1.11.2008 durch G v. 23.10.2008 (BGBl. I S. 2026); geänd. mWv 1.5.2015 durch G v. 24.4.2015 (BGBl. I S. 642); mWv 17.6.2016 durch G v. 10.5.2016 (BGBl. I S. 1142); mWv 26.6. 2017 durch G v. 23.6.2017 (BGBl. I S. 1822); mWv 1.1.2021 durch G v. 22.12.2020 (BGBl. I S. 3256); mWv 12.8.2021 durch G v. 7.8.2021 (BGBl. I S. 3311); mWv 1.8.2022 durch G v. 5.7.2021 (BGBl. I S. 3338).

## Abschnitt 1.[1] Errichtung der Gesellschaft

**§ 1[2] Zweck; Gründerzahl.** Gesellschaften mit beschränkter Haftung können nach Maßgabe der Bestimmungen dieses Gesetzes zu jedem gesetzlich zulässigen Zweck durch eine oder mehrere Personen errichtet werden.

**§ 2[3] Form des Gesellschaftsvertrags.** (1) [1] Der Gesellschaftsvertrag bedarf notarieller Form. [2] Er ist von sämtlichen Gesellschaftern zu unterzeichnen.

(1a) [1] Die Gesellschaft kann in einem vereinfachten Verfahren gegründet werden, wenn sie höchstens drei Gesellschafter und einen Geschäftsführer hat. [2] Für die Gründung im vereinfachten Verfahren ist das in Anlage 1 bestimmte Musterprotokoll zu verwenden. [3] Darüber hinaus dürfen keine vom Gesetz abweichenden Bestimmungen getroffen werden. [4] Das Musterprotokoll gilt zugleich als Gesellschafterliste. [5] Im Übrigen finden auf das Musterprotokoll die Vorschriften dieses Gesetzes über den Gesellschaftsvertrag entsprechende Anwendung.

(2) [1] Die Unterzeichnung durch Bevollmächtigte ist nur auf Grund einer notariell errichteten oder beglaubigten Vollmacht zulässig. [2] Die notarielle Errichtung der Vollmacht kann auch mittels Videokommunikation gemäß den §§ 16a bis 16e des Beurkundungsgesetzes[4] erfolgen.

(3) [1] Die notarielle Beurkundung des Gesellschaftsvertrags kann auch mittels Videokommunikation gemäß den §§ 16a bis 16e des Beurkundungsgesetzes erfolgen, sofern andere Formvorschriften nicht entgegenstehen; dabei dürfen in den Gesellschaftsvertrag auch Verpflichtungen zur Abtretung von Geschäftsanteilen an der Gesellschaft aufgenommen werden. [2] Im Fall der Beurkundung mittels Videokommunikation genü-

[1] Siehe hierzu auch das MitbestimmungsG **(Habersack, Deutsche Gesetze ErgBd. Nr. 82a)**, das Montan-MitbestimmungsG **(Habersack, Deutsche Gesetze ErgBd. Nr. 82b)** und das MitbestimmungsergänzungsG **(Habersack, Deutsche Gesetze ErgBd. Nr. 82c)**.

[2] § 1 neu gef. durch G v. 4.7.1980 (BGBl. I S. 836).

[3] § 2 Abs. 1 Satz 1 neu gef. durch G v. 4.7.1980 (BGBl. I S. 836); Abs. 2 geänd. durch G v. 28.8.1969 (BGBl. I S. 1513); Abs. 1a eingef. mWv 1.11.2008 durch G v. 23.10.2008 (BGBl. I S. 2026); Abs. 1a Satz 2 geänd., Abs. 3 angef. mWv 1.8.2022 durch G v. 5.7.2021 (BGBl. I S. 3338); Abs. 2 Satz 2 angef., Abs. 3 Satz 1 geänd., Sätze 3 und 4 eingef., bish. Sätze 3 und 4 werden Sätze 5 und 6 mWv 1.8.2022, Abs. 3 Satz 1 neu gef., Satz 2 geänd. mWv 1.8.2023 durch G v. 15.7.2022 (BGBl. I S. 1146).

[4] Nr. **23**.

gen abweichend von Absatz 1 Satz 2 für die Unterzeichnung die qualifizierten elektronischen Signaturen der mittels Videokommunikation an der Beurkundung teilnehmenden Gesellschafter. [3] Sonstige Willenserklärungen, welche nicht der notariellen Form bedürfen, können mittels Videokommunikation gemäß den §§ 16a bis 16e des Beurkundungsgesetzes beurkundet werden; sie müssen in die nach Satz 1 errichtete elektronische Niederschrift aufgenommen werden. [4] Satz 3 ist auf einstimmig gefasste Beschlüsse entsprechend anzuwenden. [5] Die Gründung mittels Videokommunikation kann auch im Wege des vereinfachten Verfahrens nach Absatz 1a oder unter Verwendung der in Anlage 2 bestimmten Musterprotokolle erfolgen. [6] Bei Verwendung der in Anlage 2 bestimmten Musterprotokolle gilt Absatz 1a Satz 3 bis 5 entsprechend.

**§ 3[1)] Inhalt des Gesellschaftsvertrags.** (1) Der Gesellschaftsvertrag muß enthalten:
1. die Firma und den Sitz der Gesellschaft,
2. den Gegenstand des Unternehmens,
3. den Betrag des Stammkapitals,
4. die Zahl und die Nennbeträge der Geschäftsanteile, die jeder Gesellschafter gegen Einlage auf das Stammkapital (Stammeinlage) übernimmt.

(2) Soll das Unternehmen auf eine gewisse Zeit beschränkt sein oder sollen den Gesellschaftern außer der Leistung von Kapitaleinlagen noch andere Verpflichtungen gegenüber der Gesellschaft auferlegt werden, so bedürfen auch diese Bestimmungen der Aufnahme in den Gesellschaftsvertrag.

**§ 4[2)] Firma.** [1] Die Firma der Gesellschaft muß, auch wenn sie nach § 22 des Handelsgesetzbuchs[3)] oder nach anderen gesetzlichen Vorschriften fortgeführt wird, die Bezeichnung „Gesellschaft mit beschränkter Haftung“ oder eine allgemein verständliche Abkürzung dieser Bezeichnung enthalten. [2] Verfolgt die Gesellschaft ausschließlich und unmittelbar steuerbegünstigte Zwecke nach den §§ 51 bis 68 der Abgabenordnung kann die Abkürzung „gGmbH“ lauten.

**§ 4a[4)] Sitz der Gesellschaft.** Sitz der Gesellschaft ist der Ort im Inland, den der Gesellschaftsvertrag bestimmt.

**§ 5[5)] Stammkapital; Geschäftsanteil.** (1) Das Stammkapital der Gesellschaft muß mindestens fünfundzwanzigtausend Euro betragen.

(2) [1] Der Nennbetrag jedes Geschäftsanteils muss auf volle Euro lauten. [2] Ein Gesellschafter kann bei Errichtung der Gesellschaft mehrere Geschäftsanteile übernehmen.

(3) [1] Die Höhe der Nennbeträge der einzelnen Geschäftsanteile kann verschieden bestimmt werden. [2] Die Summe der Nennbeträge aller Geschäftsanteile muss mit dem Stammkapital übereinstimmen.

(4) [1] Sollen Sacheinlagen geleistet werden, so müssen der Gegenstand der Sacheinlage und der Nennbetrag des Geschäftsanteils, auf den sich die Sacheinlage

---

1) § 3 Abs. 1 Nr. 4 neu gef. mWv 1.11.2008 durch G v. 23.10.2008 (BGBl. I S. 2026).

2) § 4 neu gef. durch G v. 22.6.1998 (BGBl. I S. 1474); Satz 2 angef. mWv 29.3.2013 durch G v. 21.3.2013 (BGBl. I S. 556).

3) Nr. **50**.

4) § 4a eingef. durch G v. 22.6.1998 (BGBl. I S. 1474); bish. Abs. 1 geänd., Abs. 2 aufgeh. mWv 1.11.2008 *durch G v. 23.10.2008 (BGBl. I S. 2026).*

5) § 5 Abs. 1 geänd., Abs. 4 neu gef. durch G v. 4.7.1980 (BGBl. I S. 836); Abs. 1 geänd. durch G v. 9.6.1998 (BGBl. I S. 1242); Abs. 1 und 4 Satz 1 geänd., Abs. 2 und 3 neu gef. mWv 1.11.2008 durch G v. 23.10.2008 (BGBl. I S. 2026).

bezieht, im Gesellschaftsvertrag festgesetzt werden. [2]Die Gesellschafter haben in einem Sachgründungsbericht die für die Angemessenheit der Leistungen für Sacheinlagen wesentlichen Umstände darzulegen und beim Übergang eines Unternehmens auf die Gesellschaft die Jahresergebnisse der beiden letzten Geschäftsjahre anzugeben.

**§ 5a[1)] Unternehmergesellschaft.** (1) Eine Gesellschaft, die mit einem Stammkapital gegründet wird, das den Betrag des Mindeststammkapitals nach § 5 Abs. 1 unterschreitet, muss in der Firma abweichend von § 4 die Bezeichnung „Unternehmergesellschaft (haftungsbeschränkt)" oder „UG (haftungsbeschränkt)" führen.

(2) [1]Abweichend von § 7 Abs. 2 darf die Anmeldung erst erfolgen, wenn das Stammkapital in voller Höhe eingezahlt ist. [2]Sacheinlagen sind ausgeschlossen.

(3) [1]In der Bilanz des nach den §§ 242, 264 des Handelsgesetzbuchs[2)] aufzustellenden Jahresabschlusses ist eine gesetzliche Rücklage zu bilden, in die ein Viertel des um einen Verlustvortrag aus dem Vorjahr geminderten Jahresüberschusses einzustellen ist. [2]Die Rücklage darf nur verwandt werden

1. für Zwecke des § 57c;
2. zum Ausgleich eines Jahresfehlbetrags, soweit er nicht durch einen Gewinnvortrag aus dem Vorjahr gedeckt ist;
3. zum Ausgleich eines Verlustvortrags aus dem Vorjahr, soweit er nicht durch einen Jahresüberschuss gedeckt ist.

(4) Abweichend von § 49 Abs. 3 muss die Versammlung der Gesellschafter bei drohender Zahlungsunfähigkeit unverzüglich einberufen werden.

(5) Erhöht die Gesellschaft ihr Stammkapital so, dass es den Betrag des Mindeststammkapitals nach § 5 Abs. 1 erreicht oder übersteigt, finden die Absätze 1 bis 4 keine Anwendung mehr; die Firma nach Absatz 1 darf beibehalten werden.

**§ 6[3) 4)] Geschäftsführer.** (1) Die Gesellschaft muß einen oder mehrere Geschäftsführer haben.

(2) [1]Geschäftsführer kann nur eine natürliche, unbeschränkt geschäftsfähige Person sein. [2]Geschäftsführer kann nicht sein, wer

1. als Betreuter bei der Besorgung seiner Vermögensangelegenheiten ganz oder teilweise einem Einwilligungsvorbehalt (§ 1825 des Bürgerlichen Gesetzbuchs[5)]) unterliegt,
2. aufgrund eines gerichtlichen Urteils oder einer vollziehbaren Entscheidung einer Verwaltungsbehörde einen Beruf, einen Berufszweig, ein Gewerbe oder einen Gewerbezweig nicht ausüben darf, sofern der Unternehmensgegenstand ganz oder teilweise mit dem Gegenstand des Verbots übereinstimmt,

---

[1)] § 5a eingef. mWv 1.11.2008 durch G v. 23.10.2008 (BGBl. I S. 2026).

[2)] Nr. **50**.

[3)] § 6 Abs. 2 eingef., bish. Abs. 2 und 3 werden Abs. 3 und 4 durch G v. 4.7.1980 (BGBl. I S. 836); Abs. 2 Satz 2 eingef., bish. Sätze 2 und 3 werden Sätze 3 und 4 durch G v. 12.9.1990 (BGBl. I S. 2002); Abs. 2 Sätze 2 und 3 neu gef., Satz 4 aufgeh., Abs. 5 angef. mWv 1.11.2008 durch G v. 23.10.2008 (BGBl. I S. 2026); Abs. 2 Satz 2 Nr. 1 geänd. mWv 1.1.2023 durch G v. 4.5.2021 (BGBl. I S. 882); Abs. 2 Satz 3 eingef., bish. Satz 3 wird Satz 4 mWv 1.8.2022 durch G v. 5.7.2021 (BGBl. I S. 3338); Abs. 2 Satz 2 Nr. 3 Buchst. d geänd. mWv 1.3.2023 durch G v. 22.2.2023 (BGBl. 2023 I Nr. 51).

[4)] Beachte hierzu Übergangsvorschrift in § 11 EGGmbHG (Nr. **52/1**).

[5)] Nr. **20**.

3. wegen einer oder mehrerer vorsätzlich begangener Straftaten
   a) des Unterlassens der Stellung des Antrags auf Eröffnung des Insolvenzverfahrens (Insolvenzverschleppung),
   b) nach den §§ 283 bis 283d des Strafgesetzbuchs[1] (Insolvenzstraftaten),
   c) der falschen Angaben nach § 82 dieses Gesetzes oder § 399 des Aktiengesetzes[2],
   d) der unrichtigen Darstellung nach § 400 des Aktiengesetzes, § 331 des Handelsgesetzbuchs[3], § 346 des Umwandlungsgesetzes[4] oder § 17 des Publizitätsgesetzes[5] oder
   e) nach den §§ 263 bis 264a oder den §§ 265b bis 266a des Strafgesetzbuchs zu einer Freiheitsstrafe von mindestens einem Jahr

verurteilt worden ist; dieser Ausschluss gilt für die Dauer von fünf Jahren seit der Rechtskraft des Urteils, wobei die Zeit nicht eingerechnet wird, in welcher der Täter auf behördliche Anordnung in einer Anstalt verwahrt worden ist.

³ Satz 2 Nummer 2 gilt entsprechend, wenn die Person in einem anderen Mitgliedstaat der Europäischen Union oder einem anderen Vertragsstaat des Abkommens über den Europäischen Wirtschaftsraum einem vergleichbaren Verbot unterliegt. ⁴ Satz 2 Nr. 3 gilt entsprechend bei einer Verurteilung im Ausland wegen einer Tat, die mit den in Satz 2 Nr. 3 genannten Taten vergleichbar ist.

(3) ¹ Zu Geschäftsführern können Gesellschafter oder andere Personen bestellt werden. ² Die Bestellung erfolgt entweder im Gesellschaftsvertrag oder nach Maßgabe der Bestimmungen des dritten Abschnitts.

(4) Ist im Gesellschaftsvertrag bestimmt, daß sämtliche Gesellschafter zur Geschäftsführung berechtigt sein sollen, so gelten nur die der Gesellschaft bei Festsetzung dieser Bestimmung angehörenden Personen als die bestellten Geschäftsführer.

(5) Gesellschafter, die vorsätzlich oder grob fahrlässig einer Person, die nicht Geschäftsführer sein kann, die Führung der Geschäfte überlassen, haften der Gesellschaft solidarisch für den Schaden, der dadurch entsteht, dass diese Person die ihr gegenüber der Gesellschaft bestehenden Obliegenheiten verletzt.

**§ 7[6] Anmeldung der Gesellschaft.** (1) Die Gesellschaft ist bei dem Gericht, in dessen Bezirk sie ihren Sitz hat, zur Eintragung in das Handelsregister anzumelden.

(2) ¹ Die Anmeldung darf erst erfolgen, wenn auf jeden Geschäftsanteil, soweit nicht Sacheinlagen vereinbart sind, ein Viertel des Nennbetrags eingezahlt ist. ² Insgesamt muß auf das Stammkapital mindestens soviel eingezahlt sein, daß der Gesamtbetrag der eingezahlten Geldeinlagen zuzüglich des Gesamtnennbetrags der Geschäftsanteile, für die Sacheinlagen zu leisten sind, die Hälfte des Mindeststammkapitals gemäß § 5 Abs. 1 erreicht.

(3) Die Sacheinlagen sind vor der Anmeldung der Gesellschaft zur Eintragung in das Handelsregister so an die Gesellschaft zu bewirken, daß sie endgültig zur freien Verfügung der Geschäftsführer stehen.

---

[1] Nr. **85**.
[2] Nr. **51**.
[3] Nr. **50**.
[4] Nr. **52a**.
[5] Nr. **52b**.
[6] § 7 Abs. 2 neu gef., Abs. 3 angef. durch G v. 4.7.1980 (BGBl. I S. 836); Abs. 2 Satz 2 geänd. durch G v. 9.6.1998 (BGBl. I S. 1242); Abs. 2 Sätze 1 und 2 geänd., Satz 3 aufgeh. mWv 1.11.2008 durch G v. 23.10.2008 (BGBl. I S. 2026).

**§ 8[1) 2)] Inhalt der Anmeldung.** (1) Der Anmeldung müssen beigefügt sein:

1. der Gesellschaftsvertrag und im Fall des § 2 Abs. 2 die Vollmachten der Vertreter, welche den Gesellschaftsvertrag unterzeichnet haben, oder eine beglaubigte Abschrift dieser Urkunden,
2. die Legitimation der Geschäftsführer, sofern dieselben nicht im Gesellschaftsvertrag bestellt sind,
3. eine von den Anmeldenden unterschriebene oder mit den qualifizierten elektronischen Signaturen der Anmeldenden versehene Liste der Gesellschafter nach den Vorgaben des § 40,
4. im Fall des § 5 Abs. 4 die Verträge, die den Festsetzungen zugrunde liegen oder zu ihrer Ausführung geschlossen worden sind, und der Sachgründungsbericht,
5. wenn Sacheinlagen vereinbart sind, Unterlagen darüber, daß der Wert der Sacheinlagen den Nennbetrag der dafür übernommenen Geschäftsanteile erreicht.

(2) [1] In der Anmeldung ist die Versicherung abzugeben, daß die in § 7 Abs. 2 und 3 bezeichneten Leistungen auf die Geschäftsanteile bewirkt sind und daß der Gegenstand der Leistungen sich endgültig in der freien Verfügung der Geschäftsführer befindet. [2] Das Gericht kann bei erheblichen Zweifeln an der Richtigkeit der Versicherung Nachweise wie insbesondere die Vorlage von Einzahlungsbelegen eines in der Europäischen Union niedergelassenen Finanzinstituts oder Zahlungsdienstleisters verlangen.

(3) [1] In der Anmeldung haben die Geschäftsführer zu versichern, daß keine Umstände vorliegen, die ihrer Bestellung nach § 6 Abs. 2 Satz 2 Nr. 2 und 3 sowie Satz 3 und 4 entgegenstehen, und daß sie über ihre unbeschränkte Auskunftspflicht gegenüber dem Gericht belehrt worden sind. [2] Die Belehrung nach § 53 Abs. 2 des Bundeszentralregistergesetzes[3)] kann schriftlich vorgenommen werden; sie kann auch durch einen Notar oder einen im Ausland bestellten Notar, durch einen Vertreter eines vergleichbaren rechtsberatenden Berufs oder einen Konsularbeamten erfolgen.

(4) In der Anmeldung sind ferner anzugeben:

1. eine inländische Geschäftsanschrift,
2. Art und Umfang der Vertretungsbefugnis der Geschäftsführer.

(5) Für die Einreichung von Unterlagen nach diesem Gesetz gilt § 12 Abs. 2 des Handelsgesetzbuchs[4)] entsprechend.

**§ 9[5)] Überbewertung der Sacheinlagen.** (1) [1] Erreicht der Wert einer Sacheinlage im Zeitpunkt der Anmeldung der Gesellschaft zur Eintragung in das

---

[1)] § 8 Abs. 1 Nr. 4 und 5 eingef., bish. Nr. 4 wird Nr. 6, Abs. 2 neu gef. durch G v. 4.7.1980 (BGBl. I S. 836); Abs. 3 eingef., bish. Abs. 3 wird Abs. 4 durch G v. 15.8.1969 (BGBl. I S. 1146); Abs. 3 eingef., bish. Abs. 3 und 4 werden Abs. 4 und 5 durch G v. 4.7.1980 (BGBl. I S. 836); Abs. 3 Satz 1 geänd. durch G v. 12.9.1990 (BGBl. I S. 2002); Abs. 5 neu gef. mWv 1.1.2007 durch G v. 10.11.2006 (BGBl. I S. 2553); Abs. 1 Nr. 5 geänd., Nr. 6 aufgeh., Abs. 2 Satz 1, Abs. 3 Satz 1 geänd., Satz 2 neu gef., Abs. 4 neu gef. mWv 1.11.2008 durch G v. 23.10.2008 (BGBl. I S. 2026); Abs. 1 Nr. 3 neu gef. mWv 26.6.2017 durch G v. 23.6.2017 (BGBl. I S. 1822); Abs. 1 Nr. 3 geänd., Abs. 2 Satz 2 neu gef., Abs. 3 Satz 1 geänd. mWv 1.8.2022 durch G v. 5.7.2021 (BGBl. I S. 3338).

[2)] Beachte hierzu Übergangsvorschriften in §§ 8 und 11 EGGmbHG (Nr. **52/1**).

[3)] Nr. **92**.

[4)] Nr. **50**.

[5)] § 9 neu gef. durch G v. 4.7.1980 (BGBl. I S. 836); Abs. 2 geänd. mWv 15.12.2004 durch G v. 9.12.2004 (BGBl. I S. 3214); Abs. 1 Satz 1 geänd., Satz 2 angef., Abs. 2 geänd. mWv 1.11.2008 durch G v. 23.10.2008 (BGBl. I S. 2026).

Handelsregister nicht den Nennbetrag des dafür übernommenen Geschäftsanteils, hat der Gesellschafter in Höhe des Fehlbetrags eine Einlage in Geld zu leisten. [2] Sonstige Ansprüche bleiben unberührt.

(2) Der Anspruch der Gesellschaft nach Absatz 1 Satz 1 verjährt in zehn Jahren seit der Eintragung der Gesellschaft in das Handelsregister.

**§ 9a[1)] Ersatzansprüche der Gesellschaft.** (1) Werden zum Zweck der Errichtung der Gesellschaft falsche Angaben gemacht, so haben die Gesellschafter und Geschäftsführer der Gesellschaft als Gesamtschuldner fehlende Einzahlungen zu leisten, eine Vergütung, die nicht unter den Gründungsaufwand aufgenommen ist, zu ersetzen und für den sonst entstehenden Schaden Ersatz zu leisten.

(2) Wird die Gesellschaft von Gesellschaftern durch Einlagen oder Gründungsaufwand vorsätzlich oder aus grober Fahrlässigkeit geschädigt, so sind ihr alle Gesellschafter als Gesamtschuldner zum Ersatz verpflichtet.

(3) Von diesen Verpflichtungen ist ein Gesellschafter oder ein Geschäftsführer befreit, wenn er die die Ersatzpflicht begründenden Tatsachen weder kannte noch bei Anwendung der Sorgfalt eines ordentlichen Geschäftsmannes kennen mußte.

(4) [1] Neben den Gesellschaftern sind in gleicher Weise Personen verantwortlich, für deren Rechnung die Gesellschafter Geschäftsanteile übernommen haben. [2] Sie können sich auf ihre eigene Unkenntnis nicht wegen solcher Umstände berufen, die ein für ihre Rechnung handelnder Gesellschafter kannte oder bei Anwendung der Sorgfalt eines ordentlichen Geschäftsmannes kennen mußte.

**§ 9b[2)] Verzicht auf Ersatzansprüche.** (1) [1] Ein Verzicht der Gesellschaft auf Ersatzansprüche nach § 9a oder ein Vergleich der Gesellschaft über diese Ansprüche ist unwirksam, soweit der Ersatz zur Befriedigung der Gläubiger der Gesellschaft erforderlich ist. [2] Dies gilt nicht, wenn der Ersatzpflichtige zahlungsunfähig ist und sich zur Abwendung des Insolvenzverfahrens mit seinen Gläubigern vergleicht oder wenn die Ersatzpflicht in einem Insolvenzplan geregelt wird.

(2) [1] Ersatzansprüche der Gesellschaft nach § 9a verjähren in fünf Jahren. [2] Die Verjährung beginnt mit der Eintragung der Gesellschaft in das Handelsregister oder, wenn die zum Ersatz verpflichtende Handlung später begangen worden ist, mit der Vornahme der Handlung.

**§ 9c[3)] Ablehnung der Eintragung.** (1) [1] Ist die Gesellschaft nicht ordnungsgemäß errichtet und angemeldet, so hat das Gericht die Eintragung abzulehnen. [2] Dies gilt auch, wenn Sacheinlagen nicht unwesentlich überbewertet worden sind.

(2) Wegen einer mangelhaften, fehlenden oder nichtigen Bestimmung des Gesellschaftsvertrages darf das Gericht die Eintragung nach Absatz 1 nur ablehnen, soweit diese Bestimmung, ihr Fehlen oder ihre Nichtigkeit

1. Tatsachen oder Rechtsverhältnisse betrifft, die nach § 3 Abs. 1 oder auf Grund anderer zwingender gesetzlicher Vorschriften in dem Gesellschaftsvertrag bestimmt sein müssen oder die in das Handelsregister einzutragen oder von dem Gericht bekanntzumachen sind,

---

[1)] § 9a eingef. durch G v. 4.7.1980 (BGBl. I S. 836); Abs. 4 Satz 1 geänd. mWv 1.11.2008 durch G v. 23.10.2008 (BGBl. I S. 2026).

[2)] § 9b eingef. durch G v. 4.7.1980 (BGBl. I S. 836); Abs. 1 Satz 2 neu gef. durch G v. 5.10.1994 (BGBl. I S. 2911).

[3)] § 9c eingef. durch G v. 4.7.1980 (BGBl. I S. 836); Abs. 2 angef. durch G v. 22.6.1998 (BGBl. I S. 1474); Abs. 1 Satz 2 geänd. mWv 1.11.2008 durch G v. 23.10.2008 (BGBl. I S. 2026).

2. Vorschriften verletzt, die ausschließlich oder überwiegend zum Schutze der Gläubiger der Gesellschaft oder sonst im öffentlichen Interesse gegeben sind, oder
3. die Nichtigkeit des Gesellschaftsvertrages zur Folge hat.

**§ 10[1)] Inhalt der Eintragung.** (1) [1] Bei der Eintragung in das Handelsregister sind die Firma und der Sitz der Gesellschaft, eine inländische Geschäftsanschrift, der Gegenstand des Unternehmens, die Höhe des Stammkapitals, der Tag des Abschlusses des Gesellschaftsvertrages und die Personen der Geschäftsführer anzugeben. [2] Ferner ist einzutragen, welche Vertretungsbefugnis die Geschäftsführer haben.

(2) [1] Enthält der Gesellschaftsvertrag Bestimmungen über die Zeitdauer der Gesellschaft oder über das genehmigte Kapital, so sind auch diese Bestimmungen einzutragen. [2] Wenn eine Person, die für Willenserklärungen und Zustellungen an die Gesellschaft empfangsberechtigt ist, mit einer inländischen Anschrift zur Eintragung in das Handelsregister angemeldet wird, sind auch diese Angaben einzutragen; Dritten gegenüber gilt die Empfangsberechtigung als fortbestehend, bis sie im Handelsregister gelöscht und die Löschung bekannt gemacht worden ist, es sei denn, dass die fehlende Empfangsberechtigung dem Dritten bekannt war.

**§ 11 Rechtszustand vor der Eintragung.** (1) Vor der Eintragung in das Handelsregister des Sitzes der Gesellschaft besteht die Gesellschaft mit beschränkter Haftung als solche nicht.

(2) Ist vor der Eintragung im Namen der Gesellschaft gehandelt worden, so haften die Handelnden persönlich und solidarisch.

**§ 12[2)] Bekanntmachungen der Gesellschaft.** [1] Bestimmt das Gesetz oder der Gesellschaftsvertrag, dass von der Gesellschaft etwas bekannt zu machen ist, so erfolgt die Bekanntmachung im Bundesanzeiger (Gesellschaftsblatt). [2] Daneben kann der Gesellschaftsvertrag andere öffentliche Blätter oder elektronische Informationsmedien als Gesellschaftsblätter bezeichnen.

## Abschnitt 2. Rechtsverhältnisse der Gesellschaft und der Gesellschafter

**§ 13 Juristische Person; Handelsgesellschaft.** (1) Die Gesellschaft mit beschränkter Haftung als solche hat selbständig ihre Rechte und Pflichten; sie kann Eigentum und andere dingliche Rechte an Grundstücken erwerben, vor Gericht klagen und verklagt werden.

(2) Für die Verbindlichkeiten der Gesellschaft haftet den Gläubigern derselben nur das Gesellschaftsvermögen.

(3) Die Gesellschaft gilt als Handelsgesellschaft im Sinne des Handelsgesetzbuchs[3)].

---

[1)] § 10 Abs. 1 Satz 2 angef., Abs. 2 neu gef. durch G v. 15.8.1969 (BGBl. I S. 1146); Abs. 3 aufgeh. mWv 1.1.2007 durch G v. 10.11.2006 (BGBl. I S. 2553); Abs. 1 Satz 1 geänd., Abs. 2 Satz 2 angef. mWv 1.11.2008 durch G v. 23.10.2008 (BGBl. I S. 2026); Abs. 2 Satz 1 neu gef. mWv 1.9.2009 durch G v. 30.7.2009 (BGBl. I S. 2479).

[2)] § 12 eingef. mWv 1.4.2005 durch G v. 22.3.2005 (BGBl. I S. 837); Satz 3 angef. mWv 1.1.2007 durch G v. 10.11.2006 (BGBl. I S. 2553); Satz 1 geänd., Satz 3 aufgeh. mWv 1.4.2012 durch G v. 22.12.2011 (BGBl. I S. 3044).

[3)] Nr. **50**.

**§ 14[1] Einlagepflicht.** [1]Auf jeden Geschäftsanteil ist eine Einlage zu leisten. [2]Die Höhe der zu leistenden Einlage richtet sich nach dem bei der Errichtung der Gesellschaft im Gesellschaftsvertrag festgesetzten Nennbetrag des Geschäftsanteils. [3]Im Fall der Kapitalerhöhung bestimmt sich die Höhe der zu leistenden Einlage nach dem in der Übernahmeerklärung festgesetzten Nennbetrag des Geschäftsanteils.

**§ 15[2] Übertragung von Geschäftsanteilen.** (1) Die Geschäftsanteile sind veräußerlich und vererblich.

(2) Erwirbt ein Gesellschafter zu seinem ursprünglichen Geschäftsanteil weitere Geschäftsanteile, so behalten dieselben ihre Selbständigkeit.

(3) Zur Abtretung von Geschäftsanteilen durch Gesellschafter bedarf es eines in notarieller Form geschlossenen Vertrages.

(4) [1]Der notariellen Form bedarf auch eine Vereinbarung, durch welche die Verpflichtung eines Gesellschafters zur Abtretung eines Geschäftsanteils begründet wird. [2]Eine ohne diese Form getroffene Vereinbarung wird jedoch durch den nach Maßgabe des vorigen Absatzes geschlossenen Abtretungsvertrag gültig.

(5) Durch den Gesellschaftsvertrag kann die Abtretung der Geschäftsanteile an weitere Voraussetzungen geknüpft, insbesondere von der Genehmigung der Gesellschaft abhängig gemacht werden.

**§ 16[3] [4] Rechtsstellung bei Wechsel der Gesellschafter oder Veränderung des Umfangs ihrer Beteiligung; Erwerb vom Nichtberechtigten.** (1) [1]Im Verhältnis zur Gesellschaft gilt im Fall einer Veränderung in den Personen der Gesellschafter oder des Umfangs ihrer Beteiligung als Inhaber eines Geschäftsanteils nur, wer als solcher in der im Handelsregister aufgenommenen Gesellschafterliste (§ 40) eingetragen ist. [2]Eine vom Erwerber in Bezug auf das Gesellschaftsverhältnis vorgenommene Rechtshandlung gilt als von Anfang an wirksam, wenn die Liste unverzüglich nach Vornahme der Rechtshandlung in das Handelsregister aufgenommen wird.

(2) Für Einlageverpflichtungen, die in dem Zeitpunkt rückständig sind, ab dem der Erwerber gemäß Absatz 1 Satz 1 im Verhältnis zur Gesellschaft als Inhaber des Geschäftsanteils gilt, haftet der Erwerber neben dem Veräußerer.

(3) [1]Der Erwerber kann einen Geschäftsanteil oder ein Recht daran durch Rechtsgeschäft wirksam vom Nichtberechtigten erwerben, wenn der Veräußerer als Inhaber des Geschäftsanteils in der im Handelsregister aufgenommenen Gesellschafterliste eingetragen ist. [2]Dies gilt nicht, wenn die Liste zum Zeitpunkt des Erwerbs hinsichtlich des Geschäftsanteils weniger als drei Jahre unrichtig und die Unrichtigkeit dem Berechtigten nicht zuzurechnen ist. [3]Ein gutgläubiger Erwerb ist ferner nicht möglich, wenn dem Erwerber die mangelnde Berechtigung bekannt oder infolge grober Fahrlässigkeit unbekannt ist oder der Liste ein Widerspruch zugeordnet ist. [4]Die Zuordnung eines Widerspruchs erfolgt aufgrund einer einstweiligen Verfügung oder aufgrund einer Bewilligung desjenigen, gegen dessen Berechtigung sich der Widerspruch richtet. [5]Eine Gefährdung des Rechts des Widersprechenden muss nicht glaubhaft gemacht werden.

---

[1] § 14 neu gef. mWv 1.11.2008 durch G v. 23.10.2008 (BGBl. I S. 2026).
[2] § 15 Abs. 3 und Abs. 4 Satz 1 geänd. durch G v. 28.8.1969 (BGBl. I S. 1513).
[3] § 16 neu gef. mWv 1.11.2008 durch G v. 23.10.2008 (BGBl. I S. 2026).
[4] Beachte hierzu Übergangsvorschrift in § 3 EGGmbHG (Nr. **52/1**).

**§ 17**[1] (weggefallen)

**§ 18 Mitberechtigung am Geschäftsanteil.** (1) Steht ein Geschäftsanteil mehreren Mitberechtigten ungeteilt zu, so können sie die Rechte aus demselben nur gemeinschaftlich ausüben.

(2) Für die auf den Geschäftsanteil zu bewirkenden Leistungen haften sie der Gesellschaft solidarisch.

(3) [1] Rechtshandlungen, welche die Gesellschaft gegenüber dem Inhaber des Anteils vorzunehmen hat, sind, sofern nicht ein gemeinsamer Vertreter der Mitberechtigten vorhanden ist, wirksam, wenn sie auch nur gegenüber einem Mitberechtigten vorgenommen werden. [2] Gegenüber mehreren Erben eines Gesellschafters findet diese Bestimmung nur in bezug auf Rechtshandlungen Anwendung, welche nach Ablauf eines Monats seit dem Anfall der Erbschaft vorgenommen werden.

**§ 19**[2] [3] **Leistung der Einlagen.** (1) Die Einzahlungen auf die Geschäftsanteile sind nach dem Verhältnis der Geldeinlagen zu leisten.

(2) [1] Von der Verpflichtung zur Leistung der Einlagen können die Gesellschafter nicht befreit werden. [2] Gegen den Anspruch der Gesellschaft ist die Aufrechnung nur zulässig mit einer Forderung aus der Überlassung von Vermögensgegenständen, deren Anrechnung auf die Einlageverpflichtung nach § 5 Abs. 4 Satz 1 vereinbart worden ist. [3] An dem Gegenstand einer Sacheinlage kann wegen Forderungen, welche sich nicht auf den Gegenstand beziehen, kein Zurückbehaltungsrecht geltend gemacht werden.

(3) Durch eine Kapitalherabsetzung können die Gesellschafter von der Verpflichtung zur Leistung von Einlagen höchstens in Höhe des Betrags befreit werden, um den das Stammkapital herabgesetzt worden ist.

---

[1] § 17 aufgeh. mWv 1.11.2008 durch G v. 23.10.2008 (BGBl. I S. 2026).

[2] § 19 neu gef. durch G v. 4.7.1980 (BGBl. I S. 836); Abs. 4 Satz 2 aufgeh. durch G v. 18.12.1991 (BGBl. I S. 2206); Abs. 6 angef. mWv 15.12.2004 durch G v. 9.12.2004 (BGBl. I S. 3214); Abs. 1 und Abs. 2 Satz 2 geänd., Abs. 4 und 5 neu gef. mWv 1.11.2008 durch G v. 23.10.2008 (BGBl. I S. 2026).

[3] Beachte hierzu Übergangsvorschrift in § 3 Abs. 4 EGGmbHG (Nr. **52/1**). § 19 in der bis zum 31.10. 2008 geltenden Fassung lautete:

„**§ 19 [Einzahlungen auf die Stammeinlage]** (1) Die Einzahlungen auf die Stammeinlagen sind nach dem Verhältnis der Geldeinlagen zu leisten.

(2) [1] Von der Verpflichtung zur Leistung der Einlagen können die Gesellschafter nicht befreit werden. [2] Gegen den Anspruch der Gesellschaft ist die Aufrechnung nicht zulässig. [3] An dem Gegenstand einer Sacheinlage kann wegen Forderungen, welche sich nicht auf den Gegenstand beziehen, kein Zurückbehaltungsrecht geltend gemacht werden.

(3) Durch eine Kapitalherabsetzung können die Gesellschafter von der Verpflichtung zur Leistung von Einlagen höchstens in Höhe des Betrags befreit werden, um den das Stammkapital herabgesetzt worden ist.

(4) Vereinigen sich innerhalb von drei Jahren nach der Eintragung der Gesellschaft in das Handelsregister alle Geschäftsanteile in der Hand eines Gesellschafters oder daneben in der Hand der Gesellschaft, so hat der Gesellschafter innerhalb von drei Monaten seit der Vereinigung der Geschäftsanteile alle Geldeinlagen voll einzuzahlen oder der Gesellschaft für die Zahlung der noch ausstehenden Beträge eine Sicherung zu bestellen oder einen Teil der Geschäftsanteile an einen Dritten zu übertragen.

(5) Eine Leistung auf die Stammeinlage, welche nicht in Geld besteht oder welche durch Aufrechnung einer für die Überlassung von Vermögensgegenständen zu gewährenden Vergütung bewirkt wird, befreit den Gesellschafter von seiner Verpflichtung nur, soweit sie in Ausführung einer nach § 5 Abs. 4 Satz 1 getroffenen Bestimmung erfolgt.

(6) [1] Der Anspruch der Gesellschaft auf Leistung der Einlagen verjährt in zehn Jahren von seiner Entstehung an. [2] Wird das Insolvenzverfahren über das Vermögen der Gesellschaft eröffnet, so tritt die Verjährung nicht vor Ablauf von sechs Monaten ab dem Zeitpunkt der Eröffnung ein."

(4) [1] Ist eine Geldeinlage eines Gesellschafters bei wirtschaftlicher Betrachtung und aufgrund einer im Zusammenhang mit der Übernahme der Geldeinlage getroffenen Abrede vollständig oder teilweise als Sacheinlage zu bewerten (verdeckte Sacheinlage), so befreit dies den Gesellschafter nicht von seiner Einlageverpflichtung. [2] Jedoch sind die Verträge über die Sacheinlage und die Rechtshandlungen zu ihrer Ausführung nicht unwirksam. [3] Auf die fortbestehende Geldeinlagepflicht des Gesellschafters wird der Wert des Vermögensgegenstandes im Zeitpunkt der Anmeldung der Gesellschaft zur Eintragung in das Handelsregister oder im Zeitpunkt seiner Überlassung an die Gesellschaft, falls diese später erfolgt, angerechnet. [4] Die Anrechnung erfolgt nicht vor Eintragung der Gesellschaft in das Handelsregister. [5] Die Beweislast für die Werthaltigkeit des Vermögensgegenstandes trägt der Gesellschafter.

(5) [1] Ist vor der Einlage eine Leistung an den Gesellschafter vereinbart worden, die wirtschaftlich einer Rückzahlung der Einlage entspricht und die nicht als verdeckte Sacheinlage im Sinne von Absatz 4 zu beurteilen ist, so befreit dies den Gesellschafter von seiner Einlageverpflichtung nur dann, wenn die Leistung durch einen vollwertigen Rückgewähranspruch gedeckt ist, der jederzeit fällig ist oder durch fristlose Kündigung durch die Gesellschaft fällig werden kann. [2] Eine solche Leistung oder die Vereinbarung einer solchen Leistung ist in der Anmeldung nach § 8 anzugeben.

(6) [1] Der Anspruch der Gesellschaft auf Leistung der Einlagen verjährt in zehn Jahren von seiner Entstehung an. [2] Wird das Insolvenzverfahren über das Vermögen der Gesellschaft eröffnet, so tritt die Verjährung nicht vor Ablauf von sechs Monaten ab dem Zeitpunkt der Eröffnung ein.

**§ 20 Verzugszinsen.** Ein Gesellschafter, welcher den auf die Stammeinlage eingeforderten Betrag nicht zur rechten Zeit einzahlt, ist zur Entrichtung von Verzugszinsen von Rechts wegen verpflichtet.

**§ 21 Kaduzierung.** (1) [1] Im Fall verzögerter Einzahlung kann an den säumigen Gesellschafter eine erneute Aufforderung zur Zahlung binnen einer zu bestimmenden Nachfrist unter Androhung seines Ausschlusses mit dem Geschäftsanteil, auf welchen die Zahlung zu erfolgen hat, erlassen werden. [2] Die Aufforderung erfolgt mittels eingeschriebenen Briefes. [3] Die Nachfrist muß mindestens einen Monat betragen.

(2) [1] Nach fruchtlosem Ablauf der Frist ist der säumige Gesellschafter seines Geschäftsanteils und der geleisteten Teilzahlungen zugunsten der Gesellschaft verlustig zu erklären. [2] Die Erklärung erfolgt mittels eingeschriebenen Briefes.

(3) Wegen des Ausfalls, welchen die Gesellschaft an dem rückständigen Betrag oder den später auf den Geschäftsanteil eingeforderten Beträgen der Stammeinlage erleidet, bleibt ihr der ausgeschlossene Gesellschafter verhaftet.

**§ 22[1)] Haftung der Rechtsvorgänger.** (1) Für eine von dem ausgeschlossenen Gesellschafter nicht erfüllte Einlageverpflichtung haftet der Gesellschaft auch der letzte und jeder frühere Rechtsvorgänger des Ausgeschlossenen, der im Verhältnis zu ihr als Inhaber des Geschäftsanteils gilt.

(2) Ein früherer Rechtsvorgänger haftet nur, soweit die Zahlung von dessen Rechtsnachfolger nicht zu erlangen ist; dies ist bis zum Beweis des Gegenteils anzunehmen, wenn der letztere die Zahlung nicht bis zum Ablauf eines Monats

---

[1)] § 22 Abs. 1 und 3 neu gef. mWv 1.11.2008 durch G v. 23.10.2008 (BGBl. I S. 2026).

geleistet hat, nachdem an ihn die Zahlungsaufforderung und an den Rechtsvorgänger die Benachrichtigung von derselben erfolgt ist.

(3) [1] Die Haftung des Rechtsvorgängers ist auf die innerhalb der Frist von fünf Jahren auf die Einlageverpflichtung eingeforderten Leistungen beschränkt. [2] Die Frist beginnt mit dem Tag, ab welchem der Rechtsnachfolger im Verhältnis zur Gesellschaft als Inhaber des Geschäftsanteils gilt.

(4) Der Rechtsvorgänger erwirbt gegen Zahlung des rückständigen Betrages den Geschäftsanteil des ausgeschlossenen Gesellschafters.

**§ 23 Versteigerung des Geschäftsanteils.** [1] Ist die Zahlung des rückständigen Betrages von Rechtsvorgängern nicht zu erlangen, so kann die Gesellschaft den Geschäftsanteil im Wege öffentlicher Versteigerung verkaufen lassen. [2] Eine andere Art des Verkaufs ist nur mit Zustimmung des ausgeschlossenen Gesellschafters zulässig.

**§ 24 Aufbringung von Fehlbeträgen.** [1] Soweit eine Stammeinlage weder von den Zahlungspflichtigen eingezogen, noch durch Verkauf des Geschäftsanteils gedeckt werden kann, haben die übrigen Gesellschafter den Fehlbetrag nach Verhältnis ihrer Geschäftsanteile aufzubringen. [2] Beiträge, welche von einzelnen Gesellschaftern nicht zu erlangen sind, werden nach dem bezeichneten Verhältnis auf die übrigen verteilt.

**§ 25 Zwingende Vorschriften.** Von den in den §§ 21 bis 24 bezeichneten Rechtsfolgen können die Gesellschafter nicht befreit werden.

**§ 26[1)] Nachschusspflicht.** (1) Im Gesellschaftsvertrag kann bestimmt werden, daß die Gesellschafter über die Nennbeträge der Geschäftsanteile hinaus die Einforderung von weiteren Einzahlungen (Nachschüssen) beschließen können.

(2) Die Einzahlung der Nachschüsse hat nach Verhältnis der Geschäftsanteile zu erfolgen.

(3) Die Nachschußpflicht kann im Gesellschaftsvertrag auf einen bestimmten, nach Verhältnis der Geschäftsanteile festzusetzenden Betrag beschränkt werden.

**§ 27 Unbeschränkte Nachschusspflicht.** (1) [1] Ist die Nachschußpflicht nicht auf einen bestimmten Betrag beschränkt, so hat jeder Gesellschafter, falls er die Stammeinlage vollständig eingezahlt hat, das Recht, sich von der Zahlung des auf den Geschäftsanteil eingeforderten Nachschusses dadurch zu befreien, daß er innerhalb eines Monats nach der Aufforderung zur Einzahlung den Geschäftsanteil der Gesellschaft zur Befriedigung aus demselben zur Verfügung stellt. [2] Ebenso kann die Gesellschaft, wenn der Gesellschafter binnen der angegebenen Frist weder von der bezeichneten Befugnis Gebrauch macht, noch die Einzahlung leistet, demselben mittels eingeschriebenen Briefes erklären, daß sie den Geschäftsanteil als zur Verfügung gestellt betrachte.

(2) [1] Die Gesellschaft hat den Geschäftsanteil innerhalb eines Monats nach der Erklärung des Gesellschafters oder der Gesellschaft im Wege öffentlicher Versteigerung verkaufen zu lassen. [2] Eine andere Art des Verkaufs ist nur mit Zustimmung des Gesellschafters zulässig. [3] Ein nach Deckung der Verkaufskosten und des rückständigen Nachschusses verbleibender Überschuß gebührt dem Gesellschafter.

---

1) § 26 Abs. 1 geänd. mWv 1.11.2008 durch G v. 23.10.2008 (BGBl. I S. 2026).

(3) [1] Ist die Befriedigung der Gesellschaft durch den Verkauf nicht zu erlangen, so fällt der Geschäftsanteil der Gesellschaft zu. [2] Dieselbe ist befugt, den Anteil für eigene Rechnung zu veräußern.

(4) Im Gesellschaftsvertrag kann die Anwendung der vorstehenden Bestimmungen auf den Fall beschränkt werden, daß die auf den Geschäftsanteil eingeforderten Nachschüsse einen bestimmten Betrag überschreiten.

**§ 28 Beschränkte Nachschusspflicht.** (1) [1] Ist die Nachschußpflicht auf einen bestimmten Betrag beschränkt, so finden, wenn im Gesellschaftsvertrag nicht ein anderes festgesetzt ist, im Fall verzögerter Einzahlung von Nachschüssen die auf die Einzahlung der Stammeinlagen bezüglichen Vorschriften der §§ 21 bis 23 entsprechende Anwendung. [2] Das gleiche gilt im Fall des § 27 Abs. 4 auch bei unbeschränkter Nachschußpflicht, soweit die Nachschüsse den im Gesellschaftsvertrag festgesetzten Betrag nicht überschreiten.

(2) Im Gesellschaftsvertrag kann bestimmt werden, daß die Einforderung von Nachschüssen, auf deren Zahlung die Vorschriften der §§ 21 bis 23 Anwendung finden, schon vor vollständiger Einforderung der Stammeinlagen zulässig ist.

**§ 29[1] Ergebnisverwendung.** (1) [1] Die Gesellschafter haben Anspruch auf den Jahresüberschuß zuzüglich eines Gewinnvortrags und abzüglich eines Verlustvortrags, soweit der sich ergebende Betrag nicht nach Gesetz oder Gesellschaftsvertrag, durch Beschluß nach Absatz 2 oder als zusätzlicher Aufwand auf Grund des Beschlusses über die Verwendung des Ergebnisses von der Verteilung unter die Gesellschafter ausgeschlossen ist. [2] Wird die Bilanz unter Berücksichtigung der teilweisen Ergebnisverwendung aufgestellt oder werden Rücklagen aufgelöst, so haben die Gesellschafter abweichend von Satz 1 Anspruch auf den Bilanzgewinn.

(2) Im Beschluß über die Verwendung des Ergebnisses können die Gesellschafter, wenn der Gesellschaftsvertrag nichts anderes bestimmt, Beträge in Gewinnrücklagen einstellen oder als Gewinn vortragen.

(3) [1] Die Verteilung erfolgt nach Verhältnis der Geschäftsanteile. [2] Im Gesellschaftsvertrag kann ein anderer Maßstab der Verteilung festgesetzt werden.

(4) [1] Unbeschadet der Absätze 1 und 2 und abweichender Gewinnverteilungsabreden nach Absatz 3 Satz 2 können die Geschäftsführer mit Zustimmung des Aufsichtsrats oder der Gesellschafter den Eigenkapitalanteil von Wertaufholungen bei Vermögensgegenständen des Anlage- und Umlaufvermögens in andere Gewinnrücklagen einstellen. [2] Der Betrag dieser Rücklagen ist in der Bilanz gesondert auszuweisen; er kann auch im Anhang angegeben werden.

**§ 30[2] Kapitalerhaltung.** (1) [1] Das zur Erhaltung des Stammkapitals erforderliche Vermögen der Gesellschaft darf an die Gesellschafter nicht ausgezahlt werden. [2] Satz 1 gilt nicht bei Leistungen, die bei Bestehen eines Beherrschungs- oder Gewinnabführungsvertrags (§ 291 des Aktiengesetzes[3]) erfolgen, oder durch einen vollwertigen Gegenleistungs- oder Rückgewähranspruch gegen den Gesellschafter gedeckt sind. [3] Satz 1 ist zudem nicht anzuwenden auf die Rückgewähr eines

---

[1] § 29 Abs. 1 neu gef., Abs. 2 eingef., bish. Abs. 2 wird Abs. 3, Abs. 4 angef. durch G v. 19.12.1985 (BGBl. I S. 2355); Abs. 4 Satz 1 geänd., Satz 2 neu gef. mWv 23.7.2015 durch G v. 17.7.2015 (BGBl. I S. 1245).

[2] § 30 Abs. 2 Satz 2 geänd. mWv 1.4.2005 durch G v. 22.3.2005 (BGBl. I S. 837); Abs. 1 neu gef. mWv 1.11.2008 durch G v. 23.10.2008 (BGBl. I S. 2026).

[3] Nr. **51**.

Gesellschafterdarlehens und Leistungen auf Forderungen aus Rechtshandlungen, die einem Gesellschafterdarlehen wirtschaftlich entsprechen.

(2) [1] Eingezahlte Nachschüsse können, soweit sie nicht zur Deckung eines Verlustes am Stammkapital erforderlich sind, an die Gesellschafter zurückgezahlt werden. [2] Die Zurückzahlung darf nicht vor Ablauf von drei Monaten erfolgen, nachdem der Rückzahlungsbeschluß nach § 12 bekanntgemacht ist. [3] Im Fall des § 28 Abs. 2 ist die Zurückzahlung von Nachschüssen vor der Volleinzahlung des Stammkapitals unzulässig. [4] Zurückgezahlte Nachschüsse gelten als nicht eingezogen.

**§ 31[1)] Erstattung verbotener Rückzahlungen.** (1) Zahlungen, welche den Vorschriften des § 30 zuwider geleistet sind, müssen der Gesellschaft erstattet werden.

(2) War der Empfänger in gutem Glauben, so kann die Erstattung nur insoweit verlangt werden, als sie zur Befriedigung der Gesellschaftsgläubiger erforderlich ist.

(3) [1] Ist die Erstattung von dem Empfänger nicht zu erlangen, so haften für den zu erstattenden Betrag, soweit er zur Befriedigung der Gesellschaftsgläubiger erforderlich ist, die übrigen Gesellschafter nach Verhältnis ihrer Geschäftsanteile. [2] Beiträge, welche von einzelnen Gesellschaftern nicht zu erlangen sind, werden nach dem bezeichneten Verhältnis auf die übrigen verteilt.

(4) Zahlungen, welche auf Grund der vorstehenden Bestimmungen zu leisten sind, können den Verpflichteten nicht erlassen werden.

(5) [1] Die Ansprüche der Gesellschaft verjähren in den Fällen des Absatzes 1 in zehn Jahren sowie in den Fällen des Absatzes 3 in fünf Jahren. [2] Die Verjährung beginnt mit dem Ablauf des Tages, an welchem die Zahlung, deren Erstattung beansprucht wird, geleistet ist. [3] In den Fällen des Absatzes 1 findet § 19 Abs. 6 Satz 2 entsprechende Anwendung.

(6) [1] Für die in den Fällen des Absatzes 3 geleistete Erstattung einer Zahlung sind den Gesellschaftern die Geschäftsführer, welchen in betreff der geleisteten Zahlung ein Verschulden zur Last fällt, solidarisch zum Ersatz verpflichtet. [2] Die Bestimmungen in § 43 Abs. 1 und 4 finden entsprechende Anwendung.

**§ 32 Rückzahlung von Gewinn.** Liegt die in § 31 Abs. 1 bezeichnete Voraussetzung nicht vor, so sind die Gesellschafter in keinem Fall verpflichtet, Beträge, welche sie in gutem Glauben als Gewinnanteile bezogen haben, zurückzuzahlen.

**§§ 32a, 32b[2) 3)]** (weggefallen)

---

[1)] § 31 Abs. 5 neu gef., Abs. 6 Satz 2 angef. mWv 15.12.2004 durch G v. 9.12.2004 (BGBl. I S. 3214).

[2)] §§ 32a und 32b aufgeh. mWv 1.11.2008 durch G v. 23.10.2008 (BGBl. I S. 2026).

[3)] Beachte hierzu Übergangsvorschrift in § 3 EGGmbHG (Nr. **52/1**). §§ 32a und 32b in der bis zum 31.10.2008 geltenden Fassung lauteten:

„**§ 32a [Rückgewähr von Darlehen]** (1) Hat ein Gesellschafter der Gesellschaft in einem Zeitpunkt, in dem ihr die Gesellschafter als ordentliche Kaufleute Eigenkapital zugeführt hätten (Krise der Gesellschaft), statt dessen ein Darlehen gewährt, so kann er den Anspruch auf Rückgewähr des Darlehens im Insolvenzverfahren über das Vermögen der Gesellschaft nur als nachrangiger Insolvenzgläubiger geltend machen.

(2) Hat ein Dritter der Gesellschaft in einem Zeitpunkt, in dem ihr die Gesellschafter als ordentliche Kaufleute Eigenkapital zugeführt hätten, statt dessen ein Darlehen gewährt und hat ihm ein Gesellschafter für die Rückgewähr des Darlehens eine Sicherung bestellt oder hat er sich dafür verbürgt, so kann der Dritte im Insolvenzverfahren über das Vermögen der Gesellschaft nur für den Betrag verhältnismäßige Befriedigung verlangen, mit dem er bei der Inanspruchnahme der Sicherung oder des Bürgen ausgefallen ist.

→

**§ 33[1)] Erwerb eigener Geschäftsanteile.** (1) Die Gesellschaft kann eigene Geschäftsanteile, auf welche die Einlagen noch nicht vollständig geleistet sind, nicht erwerben oder als Pfand nehmen.

(2) [1] Eigene Geschäftsanteile, auf welche die Einlage vollständig geleistet ist, darf sie nur erwerben, sofern sie im Zeitpunkt des Erwerbs eine Rücklage in Höhe der Aufwendungen für den Erwerb bilden könnte, ohne das Stammkapital oder eine nach dem Gesellschaftsvertrag zu bildende Rücklage zu mindern, die nicht zur Zahlung an die Gesellschafter verwandt werden darf. [2] Als Pfand nehmen darf sie solche Geschäftsanteile nur, soweit der Gesamtbetrag der durch Inpfandnahme eigener Geschäftsanteile gesicherten Forderungen oder, wenn der Wert der als Pfand genommenen Geschäftsanteile niedriger ist, dieser Betrag nicht höher ist als das über das Stammkapital hinaus vorhandene Vermögen. [3] Ein Verstoß gegen die Sätze 1 und 2 macht den Erwerb oder die Inpfandnahme der Geschäftsanteile nicht unwirksam; jedoch ist das schuldrechtliche Geschäft über einen verbotswidrigen Erwerb oder eine verbotswidrige Inpfandnahme nichtig.

(3) Der Erwerb eigener Geschäftsanteile ist ferner zulässig zur Abfindung von Gesellschaftern nach § 29 Absatz 1, nach § 125 Satz 1 in Verbindung mit § 29 Absatz 1, nach § 207 Absatz 1, nach § 313 Absatz 1, nach § 327 in Verbindung mit § 313 Absatz 1 und nach § 340 Absatz 1 des Umwandlungsgesetzes[2)], sofern der Erwerb binnen sechs Monaten nach dem Wirksamwerden der Umwandlung oder nach der Rechtskraft der gerichtlichen Entscheidung erfolgt und die Gesellschaft im Zeitpunkt des Erwerbs eine Rücklage in Höhe der Aufwendungen für

*(Fortsetzung nächstes Blatt)*

---

*(Fortsetzung der Anm. von voriger Seite)*

(3) [1] Diese Vorschriften gelten sinngemäß für andere Rechtshandlungen eines Gesellschafters oder eines Dritten, die der Darlehensgewährung nach Absatz 1 oder 2 wirtschaftlich entsprechen. [2] Die Regeln über den Eigenkapitalersatz gelten nicht für den nicht geschäftsführenden Gesellschafter, der mit zehn vom Hundert oder weniger am Stammkapital beteiligt ist. [3] Erwirbt ein Darlehensgeber in der Krise der Gesellschaft Geschäftsanteile zum Zweck der Überwindung der Krise, führt dies für seine bestehenden oder neugewährten Kredite nicht zur Anwendung der Regeln über den Eigenkapitalersatz.

**§ 32b [Haftung für zurückgezahlte Darlehen]** [1] Hat die Gesellschaft im Fall des § 32a Abs. 2, 3 das Darlehen im letzten Jahr vor dem Antrag auf Eröffnung des Insolvenzverfahrens oder nach diesem Antrag zurückgezahlt, so hat der Gesellschafter, der die Sicherung bestellt hatte oder als Bürge haftete, der Gesellschaft den zurückgezahlten Betrag zu erstatten; § 146 der Insolvenzordnung gilt entsprechend. [2] Die Verpflichtung besteht nur bis zur Höhe des Betrags, mit dem der Gesellschafter als Bürge haftete oder der dem Wert der von ihm bestellten Sicherung im Zeitpunkt der Rückzahlung des Darlehens entspricht. [3] Der Gesellschafter wird von der Verpflichtung frei, wenn er die Gegenstände, die dem Gläubiger als Sicherung gedient hatten, der Gesellschaft zu ihrer Befriedigung zur Verfügung stellt. [4] Diese Vorschriften gelten sinngemäß für andere Rechtshandlungen, die der Darlehensgewährung wirtschaftlich entsprechen."

[1)] § 33 neu gef. durch G v. 4.7.1980 (BGBl. I S. 836); Abs. 2 Satz 1 geänd. durch G v. 19.12.1985 (BGBl. I S. 2355); Abs. 3 angef. durch G v. 28.10.1994 (BGBl. I S. 3210); Abs. 2 Satz 1 und Abs. 3 neu gef. mWv 29.5.2009 durch G v. 25.5.2009 (BGBl. I S. 1102); Abs. 3 geänd. mWv 1.3.2023 durch G v. 22.2.2023 (BGBl. 2023 I Nr. 51).

[2)] Nr. **52a**.

den Erwerb bilden könnte, ohne das Stammkapital oder eine nach dem Gesellschaftsvertrag zu bildende Rücklage zu mindern, die nicht zur Zahlung an die Gesellschafter verwandt werden darf.

**§ 34 Einziehung von Geschäftsanteilen.** (1) Die Einziehung (Amortisation) von Geschäftsanteilen darf nur erfolgen, soweit sie im Gesellschaftsvertrag zugelassen ist.

(2) Ohne die Zustimmung des Anteilsberechtigten findet die Einziehung nur statt, wenn die Voraussetzungen derselben vor dem Zeitpunkt, in welchem der Berechtigte den Geschäftsanteil erworben hat, im Gesellschaftsvertrag festgesetzt waren.

(3) Die Bestimmung in § 30 Abs. 1 bleibt unberührt.

## Abschnitt 3. Vertretung und Geschäftsführung

**§ 35[1)] Vertretung der Gesellschaft.** (1) [1] Die Gesellschaft wird durch die Geschäftsführer gerichtlich und außergerichtlich vertreten. [2] Hat eine Gesellschaft keinen Geschäftsführer (Führungslosigkeit), wird die Gesellschaft für den Fall, dass ihr gegenüber Willenserklärungen abgegeben oder Schriftstücke zugestellt werden, durch die Gesellschafter vertreten.

(2) [1] Sind mehrere Geschäftsführer bestellt, sind sie alle nur gemeinschaftlich zur Vertretung der Gesellschaft befugt, es sei denn, dass der Gesellschaftsvertrag etwas anderes bestimmt. [2] Ist der Gesellschaft gegenüber eine Willenserklärung abzugeben, genügt die Abgabe gegenüber einem Vertreter der Gesellschaft nach Absatz 1. [3] An die Vertreter der Gesellschaft nach Absatz 1 können unter der im Handelsregister eingetragenen Geschäftsanschrift Willenserklärungen abgegeben und Schriftstücke für die Gesellschaft zugestellt werden. [4] Unabhängig hiervon können die Abgabe und die Zustellung auch unter der eingetragenen Anschrift der empfangsberechtigten Person nach § 10 Abs. 2 Satz 2 erfolgen.

(3) [1] Befinden sich alle Geschäftsanteile der Gesellschaft in der Hand eines Gesellschafters oder daneben in der Hand der Gesellschaft und ist er zugleich deren alleiniger Geschäftsführer, so ist auf seine Rechtsgeschäfte mit der Gesellschaft § 181 des Bürgerlichen Gesetzbuchs[2)] anzuwenden. [2] Rechtsgeschäfte zwischen ihm und der von ihm vertretenen Gesellschaft sind, auch wenn er nicht alleiniger Geschäftsführer ist, unverzüglich nach ihrer Vornahme in eine Niederschrift aufzunehmen.

**§ 35a[3)] Angaben auf Geschäftsbriefen.** (1) [1] Auf allen Geschäftsbriefen gleichviel welcher Form, die an einen bestimmten Empfänger gerichtet werden, müssen die Rechtsform und der Sitz der Gesellschaft, das Registergericht des Sitzes der Gesellschaft und die Nummer, unter der die Gesellschaft in das Handelsregister eingetragen ist, sowie alle Geschäftsführer und, sofern die Gesellschaft einen Aufsichtsrat gebildet und dieser einen Vorsitzenden hat, der Vorsitzende des Aufsichtsrats mit dem Familiennamen und mindestens einem ausgeschriebenen

---

[1)] § 35 Abs. 4 angef. durch G v. 4.7.1980 (BGBl. I S. 836); Abs. 4 Satz 2 angef. durch G v. 18.12.1991 (BGBl. I S. 2206); Abs. 1 Satz 2 angef., Abs. 2 neu gef., Abs. 3 aufgeh., bish. Abs. 4 wird Abs. 3 mWv 1.11.2008 durch G v. 23.10.2008 (BGBl. I S. 2026).

[2)] Nr. **20**.

[3)] § 35a eingef. durch G v. 15.8.1969 (BGBl. I S. 1146); Abs. 4 angef. durch G v. 22.7.1993 (BGBl. I S. 1282); Abs. 1 Satz 1 geänd. mWv 1.1.2007 durch G v. 10.11.2006 (BGBl. I S. 2553); Abs. 4 Satz 1 geänd. mWv 1.11 2008 durch G v. 23.10.2008 (BGBl. I S. 2026).

Vornamen angegeben werden. [2] Werden Angaben über das Kapital der Gesellschaft gemacht, so müssen in jedem Falle das Stammkapital sowie, wenn nicht alle in Geld zu leistenden Einlagen eingezahlt sind, der Gesamtbetrag der ausstehenden Einlagen angegeben werden.

(2) Der Angaben nach Absatz 1 Satz 1 bedarf es nicht bei Mitteilungen oder Berichten, die im Rahmen einer bestehenden Geschäftsverbindung ergehen und für die üblicherweise Vordrucke verwendet werden, in denen lediglich die im Einzelfall erforderlichen besonderen Angaben eingefügt zu werden brauchen.

(3) [1] Bestellscheine gelten als Geschäftsbriefe im Sinne des Absatzes 1. [2] Absatz 2 ist auf sie nicht anzuwenden.

(4) [1] Auf allen Geschäftsbriefen und Bestellscheinen, die von einer Zweigniederlassung einer Gesellschaft mit beschränkter Haftung mit Sitz im Ausland verwendet werden, müssen das Register, bei dem die Zweigniederlassung geführt wird, und die Nummer des Registereintrags angegeben werden; im übrigen gelten die Vorschriften der Absätze 1 bis 3 für die Angaben bezüglich der Haupt- und der Zweigniederlassung, soweit nicht das ausländische Recht Abweichungen nötig macht. [2] Befindet sich die ausländische Gesellschaft in Liquidation, so sind auch diese Tatsache sowie alle Liquidatoren anzugeben.

**§ 36[1)] Zielgrößen und Fristen zur gleichberechtigten Teilhabe von Frauen und Männern.** [1] Die Geschäftsführer einer Gesellschaft, die der Mitbestimmung unterliegt, legen für den Frauenanteil in den beiden Führungsebenen unterhalb der Geschäftsführer Zielgrößen fest. [2] Die Zielgrößen müssen den angestrebten Frauenanteil an der jeweiligen Führungsebene beschreiben und bei Angaben in Prozent vollen Personenzahlen entsprechen. [3] Legen die Geschäftsführer für den Frauenanteil auf einer der Führungsebenen die Zielgröße Null fest, so haben sie diesen Beschluss klar und verständlich zu begründen. [4] Die Begründung muss ausführlich die Erwägungen darlegen, die der Entscheidung zugrunde liegen. [5] Liegt der Frauenanteil bei Festlegung der Zielgrößen unter 30 Prozent, so dürfen die Zielgrößen den jeweils erreichten Anteil nicht mehr unterschreiten. [6] Gleichzeitig sind Fristen zur Erreichung der Zielgrößen festzulegen. [7] Die Fristen dürfen jeweils nicht länger als fünf Jahre sein.

**§ 37 Beschränkungen der Vertretungsbefugnis.** (1) Die Geschäftsführer sind der Gesellschaft gegenüber verpflichtet, die Beschränkungen einzuhalten, welche für den Umfang ihrer Befugnis, die Gesellschaft zu vertreten, durch den Gesellschaftsvertrag oder, soweit dieser nicht ein anderes bestimmt, durch die Beschlüsse der Gesellschafter festgesetzt sind.

(2) [1] Gegen dritte Personen hat eine Beschränkung der Befugnis der Geschäftsführer, die Gesellschaft zu vertreten, keine rechtliche Wirkung. [2] Dies gilt insbesondere für den Fall, daß die Vertretung sich nur auf gewisse Geschäfte oder Arten von Geschäften erstrecken oder nur unter gewissen Umständen oder für eine gewisse Zeit oder an einzelnen Orten stattfinden soll, oder daß die Zustimmung der Gesellschafter oder eines Organs der Gesellschaft für einzelne Geschäfte erfordert ist.

---

[1)] § 36 neu eingef. mWv 1.5.2015 durch G v. 24.4.2015 (BGBl. I S. 642); Sätze 2–4 eingef., bish. Sätze 2–4 werden Sätze 5–7 mWv 12.8.2021 durch G v. 7.8.2021 (BGBl. I S. 3311).

**§ 38[1] Widerruf der Bestellung.** (1) Die Bestellung der Geschäftsführer ist zu jeder Zeit widerruflich, unbeschadet der Entschädigungsansprüche aus bestehenden Verträgen.

(2) [1]Im Gesellschaftsvertrag kann die Zulässigkeit des Widerrufs auf den Fall beschränkt werden, daß wichtige Gründe denselben notwendig machen. [2]Als solche Gründe sind insbesondere grobe Pflichtverletzung oder Unfähigkeit zur ordnungsmäßigen Geschäftsführung anzusehen.

(3) [1]Der Geschäftsführer hat das Recht, um den Widerruf seiner Bestellung zu ersuchen, wenn er wegen Mutterschutz, Elternzeit, der Pflege eines Familienangehörigen oder Krankheit seinen mit der Bestellung verbundenen Pflichten vorübergehend nicht nachkommen kann und mindestens ein weiterer Geschäftsführer bestellt ist. [2]Macht ein Geschäftsführer von diesem Recht Gebrauch, muss die Bestellung dieses Geschäftsführers

1. widerrufen und dabei die Wiederbestellung nach Ablauf des Zeitraums der in § 3 Absatz 1 und 2 des Mutterschutzgesetzes[2] genannten Schutzfristen zugesichert werden,
2. in den Fällen der Elternzeit, der Pflege eines Familienangehörigen oder der Krankheit widerrufen und dabei die Wiederbestellung nach einem Zeitraum von bis zu drei Monaten entsprechend dem Verlangen des Geschäftsführers zugesichert werden; von dem Widerruf der Bestellung kann abgesehen werden, wenn ein wichtiger Grund vorliegt.

[3]In den in Satz 2 Nummer 2 genannten Fällen kann die Bestellung des Geschäftsführers auf dessen Verlangen für einen Zeitraum von bis zu zwölf Monaten widerrufen werden. [4]§ 77a Absatz 2 findet auf Bestellungen während des Zeitraums nach den Sätzen 2 oder 3 keine Anwendung, wenn das Beteiligungsgebot ohne den Widerruf eingehalten wäre.

**§ 39[3] [4] Anmeldung der Geschäftsführer.** (1) Jede Änderung in den Personen der Geschäftsführer sowie die Beendigung der Vertretungsbefugnis eines Geschäftsführers ist zur Eintragung in das Handelsregister anzumelden.

(2) Der Anmeldung sind die Urkunden über die Bestellung der Geschäftsführer oder über die Beendigung der Vertretungsbefugnis in Urschrift oder öffentlich beglaubigter Abschrift beizufügen.

(3) [1]Die neuen Geschäftsführer haben in der Anmeldung zu versichern, daß keine Umstände vorliegen, die ihrer Bestellung nach § 6 Abs. 2 Satz 2 Nr. 2 und 3 sowie Satz 3 und 4 entgegenstehen und daß sie über ihre unbeschränkte Auskunftspflicht gegenüber dem Gericht belehrt worden sind. [2]§ 8 Abs. 3 Satz 2 ist anzuwenden.

**§ 40[5] [6] Liste der Gesellschafter, Verordnungsermächtigung.** (1) [1]Die Geschäftsführer haben unverzüglich nach Wirksamwerden jeder Veränderung in den

---

[1] § 38 Abs. 3 angef. mWv 12.8.2021 durch G v. 7.8.2021 (BGBl. I S. 3311).

[2] **Habersack, Deutsche Gesetze ErgBd. Nr. 79.**

[3] § 39 neu gef. durch G v. 10.8.1937 (RGBl. I S. 897); Abs. 3 eingef., bish. Abs. 3 wird Abs. 4 durch G v. 4.7.1980 (BGBl. I S. 836); Abs. 3 Satz 1 geänd. durch G v. 12.9.1990 (BGBl. I S. 2002); Abs. 2 geänd., Abs. 4 aufgeh. mWv 1.1.2007 durch G v. 10.11.2006 (BGBl. I S. 2553); Abs. 3 Satz 1 geänd. mWv 1.11. 2008 durch G v. 23.10.2008 (BGBl. I S. 2026); Abs. 3 Satz 1 geänd. mWv 1.8.2022 durch G v. 5.7.2021 (BGBl. I S. 3338).

[4] Beachte hierzu Übergangsvorschrift in § 11 EGGmbHG (Nr. **52/1**).

[5] § 40 neu gef. durch G v. 22.6.1998 (BGBl. I S. 1474); Abs. 1 neu gef., Abs. 2 eingef., bish. Abs. 2 wird Abs. 3 und geänd. mWv 1.11.2008 durch G v. 23.10.2008 (BGBl. I S. 2026); Überschrift, Abs. 1 →

Personen der Gesellschafter oder des Umfangs ihrer Beteiligung eine von ihnen unterschriebene oder mit ihrer qualifizierten elektronischen Signatur versehene Liste der Gesellschafter zum Handelsregister einzureichen, aus welcher Name, Vorname, Geburtsdatum und Wohnort derselben sowie die Nennbeträge und die laufenden Nummern der von einem jeden derselben übernommenen Geschäftsanteile sowie die durch den jeweiligen Nennbetrag eines Geschäftsanteils vermittelte jeweilige prozentuale Beteiligung am Stammkapital zu entnehmen sind. [2] Ist ein Gesellschafter selbst eine Gesellschaft, so sind bei eingetragenen Gesellschaften in die Liste deren Firma, Satzungssitz, zuständiges Register und Registernummer aufzunehmen, bei nicht eingetragenen Gesellschaften deren jeweilige Gesellschafter unter einer zusammenfassenden Bezeichnung mit Name, Vorname, Geburtsdatum und Wohnort. [3] Hält ein Gesellschafter mehr als einen Geschäftsanteil, ist in der Liste der Gesellschafter zudem der Gesamtumfang der Beteiligung am Stammkapital als Prozentsatz gesondert anzugeben. [4] Die Änderung der Liste durch die Geschäftsführer erfolgt auf Mitteilung und Nachweis.

(2) [1] Hat ein Notar an Veränderungen nach Absatz 1 Satz 1 mitgewirkt, hat er unverzüglich nach deren Wirksamwerden ohne Rücksicht auf etwaige später eintretende Unwirksamkeitsgründe die Liste anstelle der Geschäftsführer zu unterschreiben oder mit seiner qualifizierten elektronischen Signatur zu versehen, zum Handelsregister einzureichen und eine Abschrift der geänderten Liste an die Gesellschaft zu übermitteln. [2] Die Liste muss mit der Bescheinigung des Notars versehen sein, dass die geänderten Eintragungen den Veränderungen entsprechen, an denen er mitgewirkt hat, und die übrigen Eintragungen mit dem Inhalt der zuletzt im Handelsregister aufgenommenen Liste übereinstimmen.

(3) Geschäftsführer, welche die ihnen nach Absatz 1 obliegende Pflicht verletzen, haften denjenigen, deren Beteiligung sich geändert hat, und den Gläubigern der Gesellschaft für den daraus entstandenen Schaden als Gesamtschuldner.

(4) Das Bundesministerium der Justiz und für Verbraucherschutz wird ermächtigt, durch Rechtsverordnung mit Zustimmung des Bundesrates nähere Bestimmungen über die Ausgestaltung der Gesellschafterliste zu treffen.

(5) [1] Die Landesregierungen werden ermächtigt, durch Rechtsverordnung zu bestimmen, dass bestimmte in der Liste der Gesellschafter enthaltene Angaben in strukturierter maschinenlesbarer Form an das Handelsregister zu übermitteln sind, soweit nicht durch das Bundesministerium der Justiz und für Verbraucherschutz nach § 387 Absatz 2 des Gesetzes über das Verfahren in Familiensachen und in den Angelegenheiten der freiwilligen Gerichtsbarkeit[1)] entsprechende Vorschriften erlassen werden. [2] Die Landesregierungen können die Ermächtigung durch Rechtsverordnung auf die Landesjustizverwaltungen übertragen.

**§ 41[2)] Buchführung.** Die Geschäftsführer sind verpflichtet, für die ordnungsmäßige Buchführung der Gesellschaft zu sorgen.

---

*(Fortsetzung der Anm. von voriger Seite)*
Satz 1 neu gef., Sätze 2, 3 eingef., bish. Satz 2 wird Satz 4, Abs. 4, 5 angef. mWv 26.6.2017 durch G v. 23.6.2017 (BGBl. I S. 1822); Abs. 1 Satz 1, Abs. 2 Satz 1 geänd. mWv 1.8.2022 durch G v. 5.7.2021 (BGBl. I S. 3338).

[6)] Beachte hierzu Übergangsvorschrift in § 8 EGGmbHG (Nr. **52/1**).

[1)] Nr. **112**.

[2)] § 41 Abs. 4 aufgeh. durch G v. 24.3.1976 (BGBl. I S. 725); Abs. 2 und 3 aufgeh. durch G v. 19.12. 1985 (BGBl. I S. 2355); Absatzbez. gestr. mWv 1.11.2008 durch G v. 23.10.2008 (BGBl. I S. 2026).

**§ 42[1)] Bilanz.** (1) In der Bilanz des nach den §§ 242, 264 des Handelsgesetzbuchs[2)] aufzustellenden Jahresabschlusses ist das Stammkapital als gezeichnetes Kapital auszuweisen.

(2) [1] Das Recht der Gesellschaft zur Einziehung von Nachschüssen der Gesellschafter ist in der Bilanz insoweit zu aktivieren, als die Einziehung bereits beschlossen ist und den Gesellschaftern ein Recht, durch Verweisung auf den Geschäftsanteil sich von der Zahlung der Nachschüsse zu befreien, nicht zusteht. [2] Der nachzuschießende Betrag ist auf der Aktivseite unter den Forderungen gesondert unter der Bezeichnung „Eingeforderte Nachschüsse" auszuweisen, soweit mit der Zahlung gerechnet werden kann. [3] Ein dem Aktivposten entsprechender Betrag ist auf der Passivseite in dem Posten „Kapitalrücklage" gesondert auszuweisen.

(3) Ausleihungen, Forderungen und Verbindlichkeiten gegenüber Gesellschaftern sind in der Regel als solche jeweils gesondert auszuweisen oder im Anhang anzugeben; werden sie unter anderen Posten ausgewiesen, so muß diese Eigenschaft vermerkt werden.

**§ 42a[3)] Vorlage des Jahresabschlusses und des Lageberichts.** (1) [1] Die Geschäftsführer haben den Jahresabschluß und den Lagebericht unverzüglich nach der Aufstellung den Gesellschaftern zum Zwecke der Feststellung des Jahresabschlusses vorzulegen. [2] Ist der Jahresabschluß durch einen Abschlußprüfer zu prüfen, so haben die Geschäftsführer ihn zusammen mit dem Lagebericht und dem Prüfungsbericht des Abschlußprüfers unverzüglich nach Eingang des Prüfungsberichts vorzulegen. [3] Hat die Gesellschaft einen Aufsichtsrat, so ist dessen Bericht über das Ergebnis seiner Prüfung ebenfalls unverzüglich vorzulegen.

(2) [1] Die Gesellschafter haben spätestens bis zum Ablauf der ersten acht Monate oder, wenn es sich um eine kleine Gesellschaft handelt (§ 267 Abs. 1 des Handelsgesetzbuchs[2)]), bis zum Ablauf der ersten elf Monate des Geschäftsjahrs über die Feststellung des Jahresabschlusses und über die Ergebnisverwendung zu beschließen. [2] Der Gesellschaftsvertrag kann die Frist nicht verlängern. [3] Auf den Jahresabschluß sind bei der Feststellung die für seine Aufstellung geltenden Vorschriften anzuwenden.

(3) Hat ein Abschlußprüfer den Jahresabschluß geprüft, so hat er auf Verlangen eines Gesellschafters an den Verhandlungen über die Feststellung des Jahresabschlusses teilzunehmen.

(4) [1] Ist die Gesellschaft zur Aufstellung eines Konzernabschlusses und eines Konzernlageberichts verpflichtet, so sind die Absätze 1 bis 3 entsprechend anzuwenden. [2] Das Gleiche gilt hinsichtlich eines Einzelabschlusses nach § 325 Abs. 2a des Handelsgesetzbuchs, wenn die Gesellschafter die Offenlegung eines solchen beschlossen haben.

**§ 43[4)] Haftung der Geschäftsführer.** (1) Die Geschäftsführer haben in den Angelegenheiten der Gesellschaft die Sorgfalt eines ordentlichen Geschäftsmannes anzuwenden.

(2) Geschäftsführer, welche ihre Obliegenheiten verletzen, haften der Gesellschaft solidarisch für den entstandenen Schaden.

---

[1)] § 42 neu gef. durch G v. 19.12.1985 (BGBl. I S. 2355).

[2)] Nr. **50**.

[3)] § 42a eingef. durch G v. 3.6.1937 (RGBl. I S. 607); neu gef. durch G v. 19.12.1985 (BGBl. I S. 2355); Abs. 4 neu gef. mWv 26.7.2002 durch G v. 19.7.2002 (BGBl. I S. 2681); Abs. 4 Satz 2 angef. mWv 10.12. 2004 durch G v. 4.12.2004 (BGBl. I S. 3166).

[4)] § 43 Abs. 3 Satz 2 geänd. durch G v. 4.7.1980 (BGBl. I S. 836).

(3) [1]Insbesondere sind sie zum Ersatze verpflichtet, wenn den Bestimmungen des § 30 zuwider Zahlungen aus dem zur Erhaltung des Stammkapitals erforderlichen Vermögen der Gesellschaft gemacht oder den Bestimmungen des § 33 zuwider eigene Geschäftsanteile der Gesellschaft erworben worden sind. [2]Auf den Ersatzanspruch finden die Bestimmungen in § 9b Abs. 1 entsprechende Anwendung. [3]Soweit der Ersatz zur Befriedigung der Gläubiger der Gesellschaft erforderlich ist, wird die Verpflichtung der Geschäftsführer dadurch nicht aufgehoben, daß dieselben in Befolgung eines Beschlusses der Gesellschafter gehandelt haben.

(4) Die Ansprüche auf Grund der vorstehenden Bestimmungen verjähren in fünf Jahren.

**§ 43a[1)] Kreditgewährung aus Gesellschaftsvermögen.** [1]Den Geschäftsführern, anderen gesetzlichen Vertretern, Prokuristen oder zum gesamten Geschäftsbetrieb ermächtigten Handlungsbevollmächtigten darf Kredit nicht aus dem zur Erhaltung des Stammkapitals erforderlichen Vermögen der Gesellschaft gewährt werden. [2]Ein entgegen Satz 1 gewährter Kredit ist ohne Rücksicht auf entgegenstehende Vereinbarungen sofort zurückzugewähren.

**§ 44 Stellvertreter von Geschäftsführern.** Die für die Geschäftsführer gegebenen Vorschriften gelten auch für Stellvertreter von Geschäftsführern.

**§ 45 Rechte der Gesellschafter.** (1) Die Rechte, welche den Gesellschaftern in den Angelegenheiten der Gesellschaft, insbesondere in bezug auf die Führung der Geschäfte zustehen, sowie die Ausübung derselben bestimmen sich, soweit nicht gesetzliche Vorschriften entgegenstehen, nach dem Gesellschaftsvertrag.

(2) In Ermangelung besonderer Bestimmungen des Gesellschaftsvertrages finden die Vorschriften der §§ 46 bis 51 Anwendung.

**§ 46[2)] Aufgabenkreis der Gesellschafter.** Der Bestimmung der Gesellschafter unterliegen:

1. die Feststellung des Jahresabschlusses und die Verwendung des Ergebnisses;

1a. die Entscheidung über die Offenlegung eines Einzelabschlusses nach internationalen Rechnungslegungsstandards (§ 325 Abs. 2a des Handelsgesetzbuchs[3)]) und über die Billigung des von den Geschäftsführern aufgestellten Abschlusses;

1b. die Billigung eines von den Geschäftsführern aufgestellten Konzernabschlusses;

2. die Einforderung der Einlagen;

3. die Rückzahlung von Nachschüssen;

4. die Teilung, die Zusammenlegung sowie die Einziehung von Geschäftsanteilen;

5. die Bestellung und die Abberufung von Geschäftsführern sowie die Entlastung derselben;

6. die Maßregeln zur Prüfung und Überwachung der Geschäftsführung;

7. die Bestellung von Prokuristen und von Handlungsbevollmächtigten zum gesamten Geschäftsbetrieb;

---

[1)] *§ 43a eingef. durch G v. 4.7.1980 (BGBl. I S. 836).*

[2)] § 46 Nr. 1 geänd. durch G v. 19.12.1985 (BGBl. I S. 2355); Nr. 1a und 1b eingef. mWv 10.12.2004 durch G v. 4.12.2004 (BGBl. I S. 3166); Nr. 2 neu gef. und Nr. 4 geänd. mWv 1.11.2008 durch G v. 23.10.2008 (BGBl. I S. 2026).

[3)] Nr. **50**.

8. die Geltendmachung von Ersatzansprüchen, welche der Gesellschaft aus der Gründung oder Geschäftsführung gegen Geschäftsführer oder Gesellschafter zustehen, sowie die Vertretung der Gesellschaft in Prozessen, welche sie gegen die Geschäftsführer zu führen hat.

**§ 47[1)] Abstimmung.** (1) Die von den Gesellschaftern in den Angelegenheiten der Gesellschaft zu treffenden Bestimmungen erfolgen durch Beschlußfassung nach der Mehrheit der abgegebenen Stimmen.

(2) Jeder Euro eines Geschäftsanteils gewährt eine Stimme.

(3) Vollmachten bedürfen zu ihrer Gültigkeit der Textform.

(4) [1] Ein Gesellschafter, welcher durch die Beschlußfassung entlastet oder von einer Verbindlichkeit befreit werden soll, hat hierbei kein Stimmrecht und darf ein solches auch nicht für andere ausüben. [2] Dasselbe gilt von einer Beschlußfassung, welche die Vornahme eines Rechtsgeschäfts oder die Einleitung oder Erledigung eines Rechtsstreites gegenüber einem Gesellschafter betrifft.

**§ 48[2)] Gesellschafterversammlung.** (1) [1] Die Beschlüsse der Gesellschafter werden in Versammlungen gefaßt. [2] Versammlungen können auch fernmündlich oder mittels Videokommunikation abgehalten werden, wenn sämtliche Gesellschafter sich damit in Textform einverstanden erklären.

(2) Der Abhaltung einer Versammlung bedarf es nicht, wenn sämtliche Gesellschafter in Textform mit der zu treffenden Bestimmung oder mit der schriftlichen Abgabe der Stimmen sich einverstanden erklären.

(3) Befinden sich alle Geschäftsanteile der Gesellschaft in der Hand eines Gesellschafters oder daneben in der Hand der Gesellschaft, so hat er unverzüglich nach der Beschlußfassung eine Niederschrift aufzunehmen und zu unterschreiben.

**§ 49 Einberufung der Versammlung.** (1) Die Versammlung der Gesellschafter wird durch die Geschäftsführer berufen.

(2) Sie ist außer den ausdrücklich bestimmten Fällen zu berufen, wenn es im Interesse der Gesellschaft erforderlich erscheint.

(3) Insbesondere muß die Versammlung unverzüglich berufen werden, wenn aus der Jahresbilanz oder aus einer im Laufe des Geschäftsjahres aufgestellten Bilanz sich ergibt, daß die Hälfte des Stammkapitals verloren ist.

**§ 50 Minderheitsrechte.** (1) Gesellschafter, deren Geschäftsanteile zusammen mindestens dem zehnten Teil des Stammkapitals entsprechen, sind berechtigt, unter Angabe des Zwecks und der Gründe die Berufung der Versammlung zu verlangen.

(2) In gleicher Weise haben die Gesellschafter das Recht zu verlangen, daß Gegenstände zur Beschlußfassung der Versammlung angekündigt werden.

(3) [1] Wird dem Verlangen nicht entsprochen oder sind Personen, an welche dasselbe zu richten wäre, nicht vorhanden, so können die in Absatz 1 bezeichneten Gesellschafter unter Mitteilung des Sachverhältnisses die Berufung oder Ankündigung selbst bewirken. [2] Die Versammlung beschließt, ob die entstandenen Kosten von der Gesellschaft zu tragen sind.

---

[1)] § 47 Abs. 3 geänd. mWv 1.8.2001 durch G v. 13.7.2001 (BGBl. I S. 1542); Abs. 2 neu gef. mWv 1.11.2008 durch G v. 23.10.2008 (BGBl. I S. 2026).

[2)] § 48 Abs. 3 angef. durch G v. 4.7.1980 (BGBl. I S. 836); Abs. 2 geänd. mWv 1.8.2001 durch G v. 13.7.2001 (BGBl. I S. 1542); Abs. 1 Satz 2 angef. mWv 1.8.2022 durch G v. 15.7.2022 (BGBl. I S. 1146).

**§ 51 Form der Einberufung.** (1) [1]Die Berufung der Versammlung erfolgt durch Einladung der Gesellschafter mittels eingeschriebener Briefe. [2]Sie ist mit einer Frist von mindestens einer Woche zu bewirken.

(2) Der Zweck der Versammlung soll jederzeit bei der Berufung angekündigt werden.

(3) Ist die Versammlung nicht ordnungsmäßig berufen, so können Beschlüsse nur gefaßt werden, wenn sämtliche Gesellschafter anwesend sind.

(4) Das gleiche gilt in bezug auf Beschlüsse über Gegenstände, welche nicht wenigstens drei Tage vor der Versammlung in der für die Berufung vorgeschriebenen Weise angekündigt worden sind.

**§ 51a[1)] Auskunfts- und Einsichtsrecht.** (1) Die Geschäftsführer haben jedem Gesellschafter auf Verlangen unverzüglich Auskunft über die Angelegenheiten der Gesellschaft zu geben und die Einsicht der Bücher und Schriften zu gestatten.

(2) [1]Die Geschäftsführer dürfen die Auskunft und die Einsicht verweigern, wenn zu besorgen ist, daß der Gesellschafter sie zu gesellschaftsfremden Zwecken verwenden und dadurch der Gesellschaft oder einem verbundenen Unternehmen einen nicht unerheblichen Nachteil zufügen wird. [2]Die Verweigerung bedarf eines Beschlusses der Gesellschafter.

(3) Von diesen Vorschriften kann im Gesellschaftsvertrag nicht abgewichen werden.

**§ 51b[2)] Gerichtliche Entscheidung über das Auskunfts- und Einsichtsrecht.** [1]Für die gerichtliche Entscheidung über das Auskunfts- und Einsichtsrecht findet § 132 Abs. 1, 3 und 4 des Aktiengesetzes[3)] entsprechende Anwendung. [2]Antragsberechtigt ist jeder Gesellschafter, dem die verlangte Auskunft nicht gegeben oder die verlangte Einsicht nicht gestattet worden ist.

**§ 52[4) 5)] Aufsichtsrat.** (1) Ist nach dem Gesellschaftsvertrag ein Aufsichtsrat zu bestellen, so sind § 90 Abs. 3, 4, 5 Satz 1 und 2, § 95 Satz 1, § 100 Abs. 1 und 2 Nr. 2 und Abs. 5, § 101 Abs. 1 Satz 1, § 103 Abs. 1 Satz 1 und 2, §§ 105, 107 Absatz 3 Satz 2 und 3 und Absatz 4, §§ 110 bis 114, 116 des Aktiengesetzes[3)] in Verbindung mit § 93 Abs. 1 und 2 Satz 1 und 2 des Aktiengesetzes, § 124 Abs. 3 Satz 2, §§ 170, 171, 394 und 395 des Aktiengesetzes entsprechend anzuwenden, soweit nicht im Gesellschaftsvertrag ein anderes bestimmt ist.

(2) [1]Ist nach dem Drittelbeteiligungsgesetz ein Aufsichtsrat zu bestellen, so legt die Gesellschafterversammlung für den Frauenanteil im Aufsichtsrat und unter den

---

1) § 51a eingef. durch G v. 4.7.1980 (BGBl. I S. 836).

2) § 51b eingef. durch G v. 4.7.1980 (BGBl. I S. 836); Satz 1 geänd. mWv 1.8.2013 durch G v. 23.7. 2013 (BGBl. I S. 2586).

3) Nr. **51**.

4) § 52 Abs. 1 neu gef. durch G v. 6.9.1965 (BGBl. I S. 1185); Abs. 1 geänd., Abs. 2 eingef., bish. Abs. 2 wird Abs. 3 durch G v. 15.8.1969 (BGBl. I S. 1146); Abs. 2 Satz 1 geänd. durch G v. 25.10.1982 (BGBl. I S. 1425); Abs. 1 geänd. durch G v. 19.12.1985 (BGBl. I S. 2355); Abs. 1 geänd. mWv 10.12.2004 durch G v. 4.12.2004 (BGBl. I S. 3166); Abs. 2 Satz 1 geänd., Satz 2 neu gef. mWv 1.1.2007 durch G v. 10.11. 2006 (BGBl. I S. 2553); Abs. 1 geänd. mWv 29.5.2009 durch G v. 25.5.2009 (BGBl. I S. 1102); Abs. 1 geänd. mWv 5.8.2009 durch G v. 31.7.2009 (BGBl. I S. 2509); Abs. 2 eingef., bish. Abs. 2 und 3 werden Abs. 3 und 4 mWv 1.5.2015 durch G v. 24.4.2015 (BGBl. I S. 642); Abs. 1 geänd. mWv 31.12.2015 durch G v. 22.12.2015 (BGBl. I S. 2565); Abs. 1 geänd. mWv 17.6.2016 durch G v. 10.5.2016 (BGBl. I S. 1142); Abs. 2 Sätze 3–5 eingef., bish. Sätze 3–5 werden Sätze 6–8 mWv 12.8.2021 durch G v. 7.8.2021 (BGBl. I S. 3311).

5) Beachte hierzu Übergangsvorschriften in §§ 7 und 10 EGGmbHG (Nr. **52/1**).

Geschäftsführern Zielgrößen fest, es sei denn, sie hat dem Aufsichtsrat diese Aufgabe übertragen. [2] Ist nach dem Mitbestimmungsgesetz[1)], dem Montan-Mitbestimmungsgesetz[2)] oder dem Mitbestimmungsergänzungsgesetz[3)] ein Aufsichtsrat zu bestellen, so legt der Aufsichtsrat für den Frauenanteil im Aufsichtsrat und unter den Geschäftsführern Zielgrößen fest. [3] Die Zielgrößen müssen den angestrebten Frauenanteil am jeweiligen Gesamtgremium beschreiben und bei Angaben in Prozent vollen Personenzahlen entsprechen. [4] Wird für den Aufsichtsrat oder unter den Geschäftsführern die Zielgröße Null festgelegt, so ist dieser Beschluss klar und verständlich zu begründen. [5] Die Begründung muss ausführlich die Erwägungen darlegen, die der Entscheidung zugrunde liegen. [6] Liegt der Frauenanteil bei Festlegung der Zielgrößen unter 30 Prozent, so dürfen die Zielgrößen den jeweils erreichten Anteil nicht mehr unterschreiten. [7] Gleichzeitig sind Fristen zur Erreichung der Zielgrößen festzulegen. [8] Die Fristen dürfen jeweils nicht länger als fünf Jahre sein.

(3) [1] Werden die Mitglieder des Aufsichtsrats vor der Eintragung der Gesellschaft in das Handelsregister bestellt, gilt § 37 Abs. 4 Nr. 3 und 3a des Aktiengesetzes entsprechend. [2] Die Geschäftsführer haben bei jeder Änderung in den Personen der Aufsichtsratsmitglieder unverzüglich eine Liste der Mitglieder des Aufsichtsrats, aus welcher Name, Vorname, ausgeübter Beruf und Wohnort der Mitglieder ersichtlich ist, zum Handelsregister einzureichen; das Gericht hat nach § 10 des Handelsgesetzbuchs[4)] einen Hinweis darauf bekannt zu machen, dass die Liste zum Handelsregister eingereicht worden ist.

(4) Schadensersatzansprüche gegen die Mitglieder des Aufsichtsrats wegen Verletzung ihrer Obliegenheiten verjähren in fünf Jahren.

## Abschnitt 4. Abänderungen des Gesellschaftsvertrags

**§ 53[5)] Form der Satzungsänderung.** (1) Eine Abänderung des Gesellschaftsvertrages kann nur durch Beschluss der Gesellschafter erfolgen.

(2) [1] Der Beschluss bedarf einer Mehrheit von drei Vierteilen der abgegebenen Stimmen. [2] Der Gesellschaftsvertrag kann noch andere Erfordernisse aufstellen.

(3) [1] Der Beschluss muss notariell beurkundet werden. [2] Erfolgt die Beschlussfassung einstimmig, so ist § 2 Absatz 3 Satz 1, 3 und 4 entsprechend anzuwenden.

(4) Eine Vermehrung der den Gesellschaftern nach dem Gesellschaftsvertrag obliegenden Leistungen kann nur mit Zustimmung sämtlicher beteiligter Gesellschafter beschlossen werden.

**§ 54[6)] Anmeldung und Eintragung der Satzungsänderung.** (1) [1] Die Abänderung des Gesellschaftsvertrages ist zur Eintragung in das Handelsregister anzumelden. [2] Der Anmeldung ist der vollständige Wortlaut des Gesellschaftsvertrags beizufügen; er muß mit der Bescheinigung eines Notars versehen sein, daß die geänderten Bestimmungen des Gesellschaftsvertrags mit dem Beschluß über die Änderung des Gesellschaftsvertrags und die unveränderten Bestimmungen mit dem zuletzt zum Handelsregister eingereichten vollständigen Wortlaut des Gesellschaftsvertrags übereinstimmen.

---

[1)] **Habersack, Deutsche Gesetze ErgBd. Nr. 82a.**

[2)] **Habersack, Deutsche Gesetze ErgBd. Nr. 82b.**

[3)] **Habersack, Deutsche Gesetze ErgBd. Nr. 82c.**

[4)] Nr. **50**.

[5)] § 53 Abs. 2 Satz 1 geänd. durch G v. 28.8.1969 (BGBl. I S. 1513); Abs. 1 und 2 Satz 1 geänd., Abs. 3 eingef., bish. Abs. 3 wird Abs. 4 mWv 1.8.2023 durch G v. 15.7.2022 (BGBl. I S. 1146).

[6)] § 54 Abs. 1 Satz 2 angef. durch G v. 15.8.1969 (BGBl. I S. 1146); Abs. 2 bish. Satz 1 geänd., Satz 2 aufgeh. mWv 1.1.2007 durch G v. 10.11.2006 (BGBl. I S. 2553).

(2) Bei der Eintragung genügt, sofern nicht die Abänderung die in § 10 bezeichneten Angaben betrifft, die Bezugnahme auf die bei dem Gericht eingereichten Dokumente über die Abänderung.

(3) Die Abänderung hat keine rechtliche Wirkung, bevor sie in das Handelsregister des Sitzes der Gesellschaft eingetragen ist.

**§ 55[1] Erhöhung des Stammkapitals.** (1) [1] Wird eine Erhöhung des Stammkapitals beschlossen, so bedarf es zur Übernahme jedes Geschäftsanteils an dem erhöhten Kapital einer notariell aufgenommenen oder beglaubigten Erklärung des Übernehmers. [2] Die notarielle Aufnahme oder Beglaubigung der Erklärung kann auch mittels Videokommunikation gemäß den §§ 16a bis 16e und 40a des Beurkundungsgesetzes[2] erfolgen.

(2) [1] Zur Übernahme eines Geschäftsanteils können von der Gesellschaft die bisherigen Gesellschafter oder andere Personen, welche durch die Übernahme ihren Beitritt zu der Gesellschaft erklären, zugelassen werden. [2] Im letzteren Falle sind außer dem Nennbetrag des Geschäftsanteils auch sonstige Leistungen, zu welchen der Beitretende nach dem Gesellschaftsvertrage verpflichtet sein soll, in der in Absatz 1 bezeichneten Urkunde ersichtlich zu machen.

(3) Wird von einem der Gesellschaft bereits angehörenden Gesellschafter ein Geschäftsanteil an dem erhöhten Kapital übernommen, so erwirbt derselbe einen weiteren Geschäftsanteil.

(4) Die Bestimmungen in § 5 Abs. 2 und 3 über die Nennbeträge der Geschäftsanteile sowie die Bestimmungen in § 19 Abs. 6 über die Verjährung des Anspruchs der Gesellschaft auf Leistung der Einlagen sind auch hinsichtlich der an dem erhöhten Kapital übernommenen Geschäftsanteile anzuwenden.

**§ 55a[3] Genehmigtes Kapital.** (1) [1] Der Gesellschaftsvertrag kann die Geschäftsführer für höchstens fünf Jahre nach Eintragung der Gesellschaft ermächtigen, das Stammkapital bis zu einem bestimmten Nennbetrag (genehmigtes Kapital) durch Ausgabe neuer Geschäftsanteile gegen Einlagen zu erhöhen. [2] Der Nennbetrag des genehmigten Kapitals darf die Hälfte des Stammkapitals, das zur Zeit der Ermächtigung vorhanden ist, nicht übersteigen.

(2) Die Ermächtigung kann auch durch Abänderung des Gesellschaftsvertrags für höchstens fünf Jahre nach deren Eintragung erteilt werden.

(3) Gegen Sacheinlagen (§ 56) dürfen Geschäftsanteile nur ausgegeben werden, wenn die Ermächtigung es vorsieht.

**§ 56[4] Kapitalerhöhung mit Sacheinlagen.** (1) [1] Sollen Sacheinlagen geleistet werden, so müssen ihr Gegenstand und der Nennbetrag des Geschäftsanteils, auf den sich die Sacheinlage bezieht, im Beschluß über die Erhöhung des Stammkapitals festgesetzt werden. [2] Die Festsetzung ist in die in § 55 Abs. 1 bezeichnete Erklärung des Übernehmers aufzunehmen.

(2) Die §§ 9 und 19 Abs. 2 Satz 2 und Abs. 4 finden entsprechende Anwendung.

---

[1] § 55 Abs. 1 geänd. durch G v. 28.8.1969 (BGBl. I S. 1513); Abs. 1, 2 Sätze 1 und 2, Abs. 3 geänd., Abs. 4 neu gef. mWv 1.11.2008 durch G v. 23.10.2008 (BGBl. I S. 2026); Abs. 1 Satz 2 angef. mWv 1.8.2023 durch G v. 15.7.2022 (BGBl. I S. 1146).

[2] Nr. **23**.

[3] § 55a eingef. mWv 1.11.2008 durch G v. 23.10.2008 (BGBl. I S. 2026).

[4] § 56 neu gef. durch G v. 4.7.1980 (BGBl. I S. 836); Abs. 1 Satz 1 und Abs. 2 geänd. mWv 1.11.2008 durch G v. 23.10.2008 (BGBl. I S. 2026).

**§ 56a**[1] **Leistungen auf das neue Stammkapital.** Für die Leistungen der Einlagen auf das neue Stammkapital finden § 7 Abs. 2 Satz 1 und Abs. 3 sowie § 19 Abs. 5 entsprechende Anwendung.

**§ 57**[2] **Anmeldung der Erhöhung.** (1) Die beschlossene Erhöhung des Stammkapitals ist zur Eintragung in das Handelsregister anzumelden, nachdem das erhöhte Kapital durch Übernahme von Geschäftsanteilen gedeckt ist.

(2) [1] In der Anmeldung ist die Versicherung abzugeben, daß die Einlagen auf das neue Stammkapital nach § 7 Abs. 2 Satz 1 und Abs. 3 bewirkt sind und daß der Gegenstand der Leistungen sich endgültig in der freien Verfügung der Geschäftsführer befindet. [2] § 8 Abs. 2 Satz 2 gilt entsprechend.

(3) Der Anmeldung sind beizufügen:

1. die in § 55 Abs. 1 bezeichneten Erklärungen oder eine beglaubigte Abschrift derselben;
2. eine von den Anmeldenden unterschriebene oder mit einer qualifizierten elektronischen Signatur versehene Liste der Personen, welche die neuen Geschäftsanteile übernommen haben; aus der Liste müssen die Nennbeträge der von jedem übernommenen Geschäftsanteile ersichtlich sein;
3. bei einer Kapitalerhöhung mit Sacheinlagen die Verträge, die den Festsetzungen nach § 56 zugrunde liegen oder zu ihrer Ausführung geschlossen worden sind.

(4) Für die Verantwortlichkeit der Geschäftsführer, welche die Kapitalerhöhung zur Eintragung in das Handelsregister angemeldet haben, finden § 9a Abs. 1 und 3, § 9b entsprechende Anwendung.

**§ 57a**[3] **Ablehnung der Eintragung.** Für die Ablehnung der Eintragung durch das Gericht findet § 9c Abs. 1 entsprechende Anwendung.

**§ 57b**[4] (weggefallen)

**§ 57c**[5] **Kapitalerhöhung aus Gesellschaftsmitteln.** (1) Das Stammkapital kann durch Umwandlung von Rücklagen in Stammkapital erhöht werden (Kapitalerhöhung aus Gesellschaftsmitteln).

(2) Die Erhöhung des Stammkapitals kann erst beschlossen werden, nachdem der Jahresabschluß für das letzte vor der Beschlußfassung über die Kapitalerhöhung abgelaufene Geschäftsjahr (letzter Jahresabschluß) festgestellt und über die Ergebnisverwendung Beschluß gefaßt worden ist.

(3) Dem Beschluß über die Erhöhung des Stammkapitals ist eine Bilanz zugrunde zu legen.

(4) Neben den §§ 53 und 54 über die Abänderung des Gesellschaftsvertrags gelten die §§ 57d bis 57o.

---

[1] § 56a eingef. durch G v. 4.7.1980 (BGBl. I S. 836); geänd. mWv 1.11.2008 durch G v. 23.10.2008 (BGBl. I S. 2026).

[2] § 57 Abs. 2 und 4 neu gef., Abs. 3 Nr. 3 angef. durch G v. 4.7.1980 (BGBl. I S. 836); Abs. 1, 2 Satz 1, Abs. 3 Nr. 2 geänd., Abs. 2 Satz 2 neu gef. mWv 1.11.2008 durch G v. 23.10.2008 (BGBl. I S. 2026); Abs. 3 Nr. 2 geänd. mWv 1.8.2023 durch G v. 15.7.2022 (BGBl. I S. 1146).

[3] § 57a eingef. durch G v. 4.7.1980 (BGBl. I S. 836); geänd. durch G v. 22.6.1998 (BGBl. I S. 1474).

[4] § 57b aufgeh. mWv 1.11.2008 durch G v. 23.10.2008 (BGBl. I S. 2026).

[5] § 57c eingef. durch G v. 28.10.1994 (BGBl. I S. 3210).

**§ 57d[1] Ausweisung von Kapital- und Gewinnrücklagen.** (1) Die Kapital- und Gewinnrücklagen, die in Stammkapital umgewandelt werden sollen, müssen in der letzten Jahresbilanz und, wenn dem Beschluß eine andere Bilanz zugrunde gelegt wird, auch in dieser Bilanz unter „Kapitalrücklage" oder „Gewinnrücklagen" oder im letzten Beschluß über die Verwendung des Jahresergebnisses als Zuführung zu diesen Rücklagen ausgewiesen sein.

(2) Die Rücklagen können nicht umgewandelt werden, soweit in der zugrunde gelegten Bilanz ein Verlust, einschließlich eines Verlustvortrags, ausgewiesen ist.

(3) Andere Gewinnrücklagen, die einem bestimmten Zweck zu dienen bestimmt sind, dürfen nur umgewandelt werden, soweit dies mit ihrer Zweckbestimmung vereinbar ist.

**§ 57e[1] Zugrundelegung der letzten Jahresbilanz; Prüfung.** (1) Dem Beschluß kann die letzte Jahresbilanz zugrunde gelegt werden, wenn die Jahresbilanz geprüft und die festgestellte Jahresbilanz mit dem uneingeschränkten Bestätigungsvermerk der Abschlußprüfer versehen ist und wenn ihr Stichtag höchstens acht Monate vor der Anmeldung des Beschlusses zur Eintragung in das Handelsregister liegt.

(2) Bei Gesellschaften, die nicht große im Sinne des § 267 Abs. 3 des Handelsgesetzbuchs[2] sind, kann die Prüfung auch durch vereidigte Buchprüfer erfolgen; die Abschlußprüfer müssen von der Versammlung der Gesellschafter gewählt sein.

**§ 57f[3] [4] Anforderungen an die Bilanz.** (1) [1] Wird dem Beschluß nicht die letzte Jahresbilanz zugrunde gelegt, so muß die Bilanz den Vorschriften über die Gliederung der Jahresbilanz und über die Wertansätze in der Jahresbilanz entsprechen. [2] Der Stichtag der Bilanz darf höchstens acht Monate vor der Anmeldung des Beschlusses zur Eintragung in das Handelsregister liegen.

(2) [1] Die Bilanz ist, bevor über die Erhöhung des Stammkapitals Beschluß gefaßt wird, durch einen oder mehrere Prüfer darauf zu prüfen, ob sie dem Absatz 1 entspricht. [2] Sind nach dem abschließenden Ergebnis der Prüfung keine Einwendungen zu erheben, so haben die Prüfer dies durch einen Vermerk zu bestätigen. [3] Die Erhöhung des Stammkapitals kann nicht ohne diese Bestätigung der Prüfer beschlossen werden.

(3) [1] Die Prüfer werden von den Gesellschaftern gewählt; falls nicht andere Prüfer gewählt werden, gelten die Prüfer als gewählt, die für die Prüfung des letzten Jahresabschlusses von den Gesellschaftern gewählt oder vom Gericht bestellt worden sind. [2] Im Übrigen sind, soweit sich aus der Besonderheit des Prüfungsauftrags nichts anderes ergibt, § 318 Absatz 1 Satz 2, § 319 Absatz 1 bis 4, § 319b Absatz 1, § 320 Absatz 1 Satz 2 und Absatz 2, die §§ 321 und 323 des Handelsgesetzbuchs[2] sowie bei Gesellschaften, die Unternehmen von öffentlichem Interesse nach § 316a Satz 2 des Handelsgesetzbuchs sind, auch Artikel 5 der Verordnung (EU) Nr. 537/2014 des Europäischen Parlaments und des Rates vom 16. April 2014 über spezifische Anforderungen an die Abschlussprüfung bei Unternehmen von öffentlichem Interesse und zur Aufhebung des Beschlusses 2005/909/EG der Kommission (ABl. L 158 vom 27.5.2014, S. 77; L 170 vom 11.6.2014, S. 66) anzuwenden. [3] Bei Gesellschaften, die nicht große im Sinne des § 267 Abs. 3 des Handelsgesetzbuchs sind, können auch vereidigte Buchprüfer zu Prüfern bestellt werden.

---

[1] §§ 57d und 57e eingef. durch G v. 28.10.1994 (BGBl. I S. 3210).

[2] Nr. **50**.

[3] § 57f eingef. durch G v. 28.10.1994 (BGBl. I S. 3210); Abs. 3 Satz 2 neu gef. mWv 1.7.2021 durch G v. 3.6. 2021 (BGBl. I S. 1534).

[4] Beachte hierzu Übergangsvorschrift in § 9 EGGmbHG (Nr. **52/1**).

erhöht worden ist. [4]Der Beschluß über die Erhöhung des Stammkapitals und der Beschluß über die Ergebnisverwendung für das letzte vor der Beschlußfassung über die Kapitalerhöhung abgelaufene Geschäftsjahr sind nichtig, wenn der Beschluß über die Kapitalerhöhung nicht binnen drei Monaten nach der Beschlußfassung in das Handelsregister eingetragen worden ist; der Lauf der Frist ist gehemmt, solange eine Anfechtungs- oder Nichtigkeitsklage rechtshängig ist.

**§ 57o[1)] Anschaffungskosten.** [1]Als Anschaffungskosten der vor der Erhöhung des Stammkapitals erworbenen Geschäftsanteile und der auf sie entfallenden neuen Geschäftsanteile gelten die Beträge, die sich für die einzelnen Geschäftsanteile ergeben, wenn die Anschaffungskosten der vor der Erhöhung des Stammkapitals erworbenen Geschäftsanteile auf diese und auf die auf sie entfallenden neuen Geschäftsanteile nach dem Verhältnis der Nennbeträge verteilt werden. [2]Der Zuwachs an Geschäftsanteilen ist nicht als Zugang auszuweisen.

**§ 58[2)] Herabsetzung des Stammkapitals.** (1) Eine Herabsetzung des Stammkapitals kann nur unter Beobachtung der nachstehenden Bestimmungen erfolgen:

1. der Beschluß auf Herabsetzung des Stammkapitals muß von den Geschäftsführern in den Gesellschaftsblättern bekanntgemacht werden; in dieser Bekanntmachung sind zugleich die Gläubiger der Gesellschaft aufzufordern, sich bei derselben zu melden; die aus den Handelsbüchern der Gesellschaft ersichtlichen oder in anderer Weise bekannten Gläubiger sind durch besondere Mitteilung zur Anmeldung aufzufordern;
2. die Gläubiger, welche sich bei der Gesellschaft melden und der Herabsetzung nicht zustimmen, sind wegen der erhobenen Ansprüche zu befriedigen oder sicherzustellen;
3. die Anmeldung des Herabsetzungsbeschlusses zur Eintragung in das Handelsregister erfolgt nicht vor Ablauf eines Jahres seit dem Tage, an welchem die Aufforderung der Gläubiger in den Gesellschaftsblättern stattgefunden hat;
4. mit der Anmeldung ist die Bekanntmachung des Beschlusses einzureichen; zugleich haben die Geschäftsführer die Versicherung abzugeben, daß die Gläubiger, welche sich bei der Gesellschaft gemeldet und der Herabsetzung nicht zugestimmt haben, befriedigt oder sichergestellt sind.

(2) [1]Die Bestimmung in § 5 Abs. 1 über den Mindestbetrag des Stammkapitals bleibt unberührt. [2]Erfolgt die Herabsetzung zum Zweck der Zurückzahlung von Einlagen oder zum Zweck des Erlasses zu leistender Einlagen, dürfen die verbleibenden Nennbeträge der Geschäftsanteile nicht unter den in § 5 Abs. 2 und 3 bezeichneten Betrag herabgehen.

**§ 58a[3)] Vereinfachte Kapitalherabsetzung.** (1) Eine Herabsetzung des Stammkapitals, die dazu dienen soll, Wertminderungen auszugleichen oder sonstige Verluste zu decken, kann als vereinfachte Kapitalherabsetzung vorgenommen werden.

---

[1)] § 57o eingef. durch G v. 28.10.1994 (BGBl. I S. 3210).

[2)] § 58 Abs. 1 Nr. 1 und 3 geänd. mWv 1.4.2005 durch G v. 22.3.2005 (BGBl. I S. 837); Abs. 2 Satz 2 neu gef. mWv 1.11.2008 durch G v. 23.10.2008 (BGBl. I S. 2026); Abs. 1 Nr. 1, 3 und 4 geänd. mWv 1.9.2009 durch G v. 30.7.2009 (BGBl. I S. 2479).

[3)] § 58a eingef. durch G v. 5.10.1994 (BGBl. I S. 2911); Abs. 3 Sätze 2 und 3 geänd. durch G v. 9.6. 1998 (BGBl. I S. 1242); Abs. 3 Satz 2 neu gef., Sätze 3–5 aufgeh. mWv 1.11.2008 durch G v. 23.10.2008 (BGBl. I S. 2026); Abs. 4 Satz 3 geänd. mWv 1.9.2009 durch G v. 30.7.2009 (BGBl. I S. 2479).

(2) [1]Die vereinfachte Kapitalherabsetzung ist nur zulässig, nachdem der Teil der Kapital- und Gewinnrücklagen, der zusammen über zehn vom Hundert des nach der Herabsetzung verbleibenden Stammkapitals hinausgeht, vorweg aufgelöst ist. [2]Sie ist nicht zulässig, solange ein Gewinnvortrag vorhanden ist.

(3) [1]Im Beschluß über die vereinfachte Kapitalherabsetzung sind die Nennbeträge der Geschäftsanteile dem herabgesetzten Stammkapital anzupassen. [2]Die Geschäftsanteile müssen auf einen Betrag gestellt werden, der auf volle Euro lautet.

(4) [1]Das Stammkapital kann unter den in § 5 Abs. 1 bestimmten Mindestnennbetrag herabgesetzt werden, wenn dieser durch eine Kapitalerhöhung wieder erreicht wird, die zugleich mit der Kapitalherabsetzung beschlossen ist und bei der Sacheinlagen nicht festgesetzt sind. [2]Die Beschlüsse sind nichtig, wenn sie nicht binnen drei Monaten nach der Beschlußfassung in das Handelsregister eingetragen worden sind. [3]Der Lauf der Frist ist gehemmt, solange eine Anfechtungs- oder Nichtigkeitsklage rechtshängig ist. [4]Die Beschlüsse sollen nur zusammen in das Handelsregister eingetragen werden.

(5) Neben den §§ 53 und 54 über die Abänderung des Gesellschaftsvertrags gelten die §§ 58b bis 58f.

**§ 58b[1)] Beträge aus Rücklagenauflösung und Kapitalherabsetzung.**

(1) Die Beträge, die aus der Auflösung der Kapital- oder Gewinnrücklagen und aus der Kapitalherabsetzung gewonnen werden, dürfen nur verwandt werden, um Wertminderungen auszugleichen und sonstige Verluste zu decken.

(2) [1]Daneben dürfen die gewonnenen Beträge in die Kapitalrücklage eingestellt werden, soweit diese zehn vom Hundert des Stammkapitals nicht übersteigt. [2]Als Stammkapital gilt dabei der Nennbetrag, der sich durch die Herabsetzung ergibt, mindestens aber der nach § 5 Abs. 1 zulässige Mindestnennbetrag.

(3) Ein Betrag, der auf Grund des Absatzes 2 in die Kapitalrücklage eingestellt worden ist, darf vor Ablauf des fünften nach der Beschlußfassung über die Kapitalherabsetzung beginnenden Geschäftsjahrs nur verwandt werden

1. zum Ausgleich eines Jahresfehlbetrags, soweit er nicht durch einen Gewinnvortrag aus dem Vorjahr gedeckt ist und nicht durch Auflösung von Gewinnrücklagen ausgeglichen werden kann;
2. zum Ausgleich eines Verlustvortrags aus dem Vorjahr, soweit er nicht durch einen Jahresüberschuß gedeckt ist und nicht durch Auflösung von Gewinnrücklagen ausgeglichen werden kann;
3. zur Kapitalerhöhung aus Gesellschaftsmitteln.

**§ 58c[1)] Nichteintritt angenommener Verluste.** [1]Ergibt sich bei Aufstellung der Jahresbilanz für das Geschäftsjahr, in dem der Beschluß über die Kapitalherabsetzung gefaßt wurde, oder für eines der beiden folgenden Geschäftsjahre, daß Wertminderungen und sonstige Verluste in der bei der Beschlußfassung angenommenen Höhe tatsächlich nicht eingetreten oder ausgeglichen waren, so ist der Unterschiedsbetrag in die Kapitalrücklage einzustellen. [2]Für einen nach Satz 1 in die Kapitalrücklage eingestellten Betrag gilt § 58b Abs. 3 sinngemäß.

---

[1)] §§ 58b, 58c eingef. durch G v. 5.10.1994 (BGBl. I S. 2911).

**§ 58d**[1)] [2)] **Gewinnausschüttung.** (1) [1]Gewinn darf vor Ablauf des fünften nach der Beschlußfassung über die Kapitalherabsetzung beginnenden Geschäftsjahrs nur ausgeschüttet werden, wenn die Kapital- und Gewinnrücklagen zusammen zehn vom Hundert des Stammkapitals erreichen. [2]Als Stammkapital gilt dabei der Nennbetrag, der sich durch die Herabsetzung ergibt, mindestens aber der nach § 5 Abs. 1 zulässige Mindestnennbetrag.

(2) [1]Die Zahlung eines Gewinnanteils von mehr als vier vom Hundert ist erst für ein Geschäftsjahr zulässig, das später als zwei Jahre nach der Beschlußfassung über die Kapitalherabsetzung beginnt. [2]Dies gilt nicht, wenn die Gläubiger, deren Forderungen vor der Bekanntmachung der Eintragung des Beschlusses begründet worden waren, befriedigt oder sichergestellt sind, soweit sie sich binnen sechs Monaten nach der Bekanntmachung des Jahresabschlusses, auf Grund dessen die Gewinnverteilung beschlossen ist, zu diesem Zweck gemeldet haben. [3]Einer Sicherstellung der Gläubiger bedarf es nicht, die im Fall des Insolvenzverfahrens ein Recht auf vorzugsweise Befriedigung aus einer Deckungsmasse haben, die nach gesetzlicher Vorschrift zu ihrem Schutz errichtet und staatlich überwacht ist. [4]Die Gläubiger sind auf die Befriedigung oder Sicherstellung durch eine gesonderte Erklärung hinzuweisen, die der das Unternehmensregister führenden Stelle gemeinsam mit dem Jahresabschluss elektronisch zur Einstellung in das Unternehmensregister zu übermitteln ist.

**§ 58e**[3)] **Beschluss über die Kapitalherabsetzung.** (1) [1]Im Jahresabschluß für das letzte vor der Beschlußfassung über die Kapitalherabsetzung abgelaufene Geschäftsjahr können das Stammkapital sowie die Kapital- und Gewinnrücklagen in der Höhe ausgewiesen werden, in der sie nach der Kapitalherabsetzung bestehen sollen. [2]Dies gilt nicht, wenn der Jahresabschluß anders als durch Beschluß der Gesellschafter festgestellt wird.

(2) Der Beschluß über die Feststellung des Jahresabschlusses soll zugleich mit dem Beschluß über die Kapitalherabsetzung gefaßt werden.

(3) [1]Die Beschlüsse sind nichtig, wenn der Beschluß über die Kapitalherabsetzung nicht binnen drei Monaten nach der Beschlußfassung in das Handelsregister eingetragen worden ist. [2]Der Lauf der Frist ist gehemmt, solange eine Anfechtungs- oder Nichtigkeitsklage rechtshängig ist.

(4) Der Jahresabschluß darf nach § 325 des Handelsgesetzbuchs[4)] erst nach Eintragung des Beschlusses über die Kapitalherabsetzung offengelegt werden.

**§ 58f**[5)] **Kapitalherabsetzung bei gleichzeitiger Erhöhung des Stammkapitals.** (1) [1]Wird im Fall des § 58e zugleich mit der Kapitalherabsetzung eine Erhöhung des Stammkapitals beschlossen, so kann auch die Kapitalerhöhung in dem Jahresabschluß als vollzogen berücksichtigt werden. [2]Die Beschlussfassung ist nur zulässig, wenn die neuen Geschäftsanteile übernommen, keine Sacheinlagen festgesetzt sind und wenn auf jeden neuen Geschäftsanteil die Einzahlung geleistet

[1)] § 58d eingef. durch G v. 5.10.1994 (BGBl. I S. 2911; Abs. 2 Satz 4 neu gef. mWv 1.8.2022 durch G v. 5.7.2021 (BGBl. I S. 3338).

[2)] Beachte hierzu Übergangsvorschrift in § 11 EGGmbHG (Nr. **52/1**).

[3)] § 58e eingef. durch G v. 5.10.1994 (BGBl. I S. 2911); Abs. 3 Satz 2 geänd. mWv 1.9.2009 durch G v. 30.7.2009 (BGBl. I S. 2479).

[4)] Nr. **50**.

[5)] § 58f eingef. durch G v. 5.10.1994 (BGBl. I S. 2911); Abs. 1 Satz 2 neu gef. mWv 1.11.2008 durch G v. 23.10.2008 (BGBl. I S. 2026); Abs. 2 Satz 2 geänd. mWv 1.9.2009 durch G v. 30.7.2009 (BGBl. I S. 2479).

ist, die nach § 56a zur Zeit der Anmeldung der Kapitalerhöhung bewirkt sein muss. [3] Die Übernahme und die Einzahlung sind dem Notar nachzuweisen, der den Beschluß über die Erhöhung des Stammkapitals beurkundet.

(2) [1] Sämtliche Beschlüsse sind nichtig, wenn die Beschlüsse über die Kapitalherabsetzung und die Kapitalerhöhung nicht binnen drei Monaten nach der Beschlußfassung in das Handelsregister eingetragen worden sind. [2] Der Lauf der Frist ist gehemmt, solange eine Anfechtungs- oder Nichtigkeitsklage rechtshängig ist. [3] Die Beschlüsse sollen nur zusammen in das Handelsregister eingetragen werden.

(3) Der Jahresabschluß darf nach § 325 des Handelsgesetzbuchs[1)] erst offengelegt werden, nachdem die Beschlüsse über die Kapitalherabsetzung und Kapitalerhöhung eingetragen worden sind.

**§ 59**[2)] (weggefallen)

## Abschnitt 5. Auflösung und Nichtigkeit der Gesellschaft

**§ 60**[3)] **Auflösungsgründe.** (1) Die Gesellschaft mit beschränkter Haftung wird aufgelöst:

1. durch Ablauf der im Gesellschaftsvertrag bestimmten Zeit;
2. durch Beschluß der Gesellschafter; derselbe bedarf, sofern im Gesellschaftsvertrag nicht ein anderes bestimmt ist, einer Mehrheit von drei Vierteilen der abgegebenen Stimmen;
3. durch gerichtliches Urteil oder durch Entscheidung des Verwaltungsgerichts oder der Verwaltungsbehörde in den Fällen der §§ 61 und 62;
4. durch die Eröffnung des Insolvenzverfahrens; wird das Verfahren auf Antrag des Schuldners eingestellt oder nach der Bestätigung eines Insolvenzplans, der den Fortbestand der Gesellschaft vorsieht, aufgehoben, so können die Gesellschafter die Fortsetzung der Gesellschaft beschließen;
5. mit der Rechtskraft des Beschlusses, durch den die Eröffnung des Insolvenzverfahrens mangels Masse abgelehnt worden ist;
6. mit der Rechtskraft einer Verfügung des Registergerichts, durch welche nach § 399 des Gesetzes über das Verfahren in Familiensachen und in den Angelegenheiten der freiwilligen Gerichtsbarkeit[4)] ein Mangel des Gesellschaftsvertrags festgestellt worden ist;
7. durch die Löschung der Gesellschaft wegen Vermögenslosigkeit nach § 394 des Gesetzes über das Verfahren in Familiensachen und in den Angelegenheiten der freiwilligen Gerichtsbarkeit.

(2) Im Gesellschaftsvertrag können weitere Auflösungsgründe festgesetzt werden.

**§ 61 Auflösung durch Urteil.** (1) Die Gesellschaft kann durch gerichtliches Urteil aufgelöst werden, wenn die Erreichung des Gesellschaftszweckes unmöglich

---

1) Nr. **50**.

2) § 59 aufgeh. mWv 1.1.2007 durch G v. 10.11.2006 (BGBl. I S. 2553).

3) § 60 neu gef. durch G v. 4.7.1980 (BGBl. I S. 836); Abs. 1 Nr. 4 neu gef., Nr. 5 eingef., bish. Nr. 5 wird Nr. 6, Nr. 7 angef. durch G v. 5.10.1994 (BGBl. I S. 2911); Abs. 1 Nr. 6 neu gef. mWv 1.11.2008 durch G v. 23.10.2008 (BGBl. I S. 2026); Abs. 1 Nr. 6 und 7 geänd. mWv 1.9.2009 durch G v. 17.12.2008 (BGBl. I S. 2586).

4) Nr. **112**.

wird, oder wenn andere, in den Verhältnissen der Gesellschaft liegende, wichtige Gründe für die Auflösung vorhanden sind.

(2) [1]Die Auflösungsklage ist gegen die Gesellschaft zu richten. [2]Sie kann nur von Gesellschaftern erhoben werden, deren Geschäftsanteile zusammen mindestens dem zehnten Teil des Stammkapitals entsprechen.

(3) Für die Klage ist das Landgericht ausschließlich zuständig, in dessen Bezirk die Gesellschaft ihren Sitz hat.

**§ 62[1)] Auflösung durch eine Verwaltungsbehörde.** (1) Wenn eine Gesellschaft das Gemeinwohl dadurch gefährdet, daß die Gesellschafter gesetzwidrige Beschlüsse fassen oder gesetzwidrige Handlungen der Geschäftsführer wissentlich geschehen lassen, so kann sie aufgelöst werden, ohne daß deshalb ein Anspruch auf Entschädigung stattfindet.

(2) Das Verfahren und die Zuständigkeit der Behörden richtet sich nach den für streitige Verwaltungssachen *landesgesetzlich* geltenden Vorschriften.

**§ 63[2)]** (weggefallen)

**§ 64[3) 4)]** *(aufgehoben)*

**§ 65[5)] Anmeldung und Eintragung der Auflösung.** (1) [1]Die Auflösung der Gesellschaft ist zur Eintragung in das Handelsregister anzumelden. [2]Dies gilt nicht in den Fällen der Eröffnung oder der Ablehnung der Eröffnung des Insolvenzverfahrens und der gerichtlichen Feststellung eines Mangels des Gesellschaftsvertrags. [3]In diesen Fällen hat das Gericht die Auflösung und ihren Grund von Amts wegen einzutragen. [4]Im Falle der Löschung der Gesellschaft (§ 60 Abs. 1 Nr. 7) entfällt die Eintragung der Auflösung.

(2) [1]Die Auflösung ist von den Liquidatoren in den Gesellschaftsblättern bekanntzumachen. [2]Durch die Bekanntmachung sind zugleich die Gläubiger der Gesellschaft aufzufordern, sich bei derselben zu melden.

**§ 66[6) 7)] Liquidatoren.** (1) In den Fällen der Auflösung außer dem Fall des Insolvenzverfahrens erfolgt die Liquidation durch die Geschäftsführer, wenn nicht dieselbe durch den Gesellschaftsvertrag oder durch Beschluß der Gesellschafter anderen Personen übertragen wird.

(2) Auf Antrag von Gesellschaftern, deren Geschäftsanteile zusammen mindestens dem zehnten Teil des Stammkapitals entsprechen, kann aus wichtigen Gründen die Bestellung von Liquidatoren durch das Gericht erfolgen.

(3) [1]Die Abberufung von Liquidatoren kann durch das Gericht unter derselben Voraussetzung wie die Bestellung stattfinden. [2]Liquidatoren, welche nicht vom

---

[1)] § 62 Abs. 2 Sätze 2 und 3 gegenstandslos durch VwGO v. 21.1.1960 (BGBl. I S. 17).

[2)] § 63 aufgeh. durch G v. 5.10.1994 (BGBl. I S. 2911).

[3)] § 64 aufgeh. mWv 1.1.2021 durch G v. 22.12.2020 (BGBl. I S. 3256).

[4)] Siehe nunmehr §§ 15a und 15b InsO (Nr. **110**).

[5)] § 65 Abs. 1 neu gef. durch G v. 15.8.1969 (BGBl. I S. 1146); Abs. 1 Satz 2 neu gef., Satz 4 angef. durch G v. 5.10.1994 (BGBl. I S. 2911); Abs. 2 Satz 1 geänd. mWv 1.4.2005 durch G v. 22.3.2005 (BGBl. I S. 837); Abs. 1 Satz 2 geänd. mWv 1.11.2008 durch G v. 23.10.2008 (BGBl. I S. 2026); Abs. 2 Satz 1 geänd. mWv 1.9.2009 durch G v. 30.7.2009 (BGBl. I S. 2479).

[6)] § 66 Abs. 4 angef. durch G v. 4.7.1980 (BGBl. I S. 836) und geänd. durch G v. 12.9.1990 (BGBl. I S. 2002); Abs. 1 geänd. und Abs. 5 angef. durch G v. 5.10.1994 (BGBl. I S. 2911); Abs. 4 geänd. mWv 1.11.2008 durch G v. 23.10.2008 (BGBl. I S. 2026); Abs. 2 geänd. mWv 1.9.2009 durch G v. 17.12.2008 (BGBl. I S. 2586); Abs. 4 geänd. mWv 1.8.2022 durch G v. 5.7.2021 (BGBl. I S. 3338).

[7)] Beachte hierzu Übergangsvorschrift in § 11 EGGmbHG (Nr. **52/1**).

Gericht ernannt sind, können auch durch Beschluß der Gesellschafter vor Ablauf des Zeitraums, für welchen sie bestellt sind, abberufen werden.

(4) Für die Auswahl der Liquidatoren findet § 6 Abs. 2 Satz 2 bis 4 entsprechende Anwendung.

(5) [1] Ist die Gesellschaft durch Löschung wegen Vermögenslosigkeit aufgelöst, so findet eine Liquidation nur statt, wenn sich nach der Löschung herausstellt, daß Vermögen vorhanden ist, das der Verteilung unterliegt. [2] Die Liquidatoren sind auf Antrag eines Beteiligten durch das Gericht zu ernennen.

**§ 67[1) 2)] Anmeldung der Liquidatoren.** (1) Die ersten Liquidatoren sowie ihre Vertretungsbefugnis sind durch die Geschäftsführer, jeder Wechsel der Liquidatoren und jede Änderung ihrer Vertretungsbefugnis sind durch die Liquidatoren zur Eintragung in das Handelsregister anzumelden.

(2) Der Anmeldung sind die Urkunden über die Bestellung der Liquidatoren oder über die Änderung in den Personen derselben in Urschrift oder öffentlich beglaubigter Abschrift beizufügen.

(3) [1] In der Anmeldung haben die Liquidatoren zu versichern, daß keine Umstände vorliegen, die ihrer Bestellung nach § 66 Abs. 4 in Verbindung mit § 6 Abs. 2 Satz 2 Nr. 2 und 3 sowie Satz 3 und 4 entgegenstehen, und daß sie über ihre unbeschränkte Auskunftspflicht gegenüber dem Gericht belehrt worden sind. [2] § 8 Abs. 3 Satz 2 ist anzuwenden.

(4) Die Eintragung der gerichtlichen Ernennung oder Abberufung der Liquidatoren geschieht von Amts wegen.

**§ 68[3)] Zeichnung der Liquidatoren.** (1) [1] Die Liquidatoren haben in der bei ihrer Bestellung bestimmten Form ihre Willenserklärungen kundzugeben und für die Gesellschaft zu zeichnen. [2] Ist nichts darüber bestimmt, so muß die Erklärung und Zeichnung durch sämtliche Liquidatoren erfolgen.

(2) Die Zeichnungen geschehen in der Weise, daß die Liquidatoren der bisherigen, nunmehr als Liquidationsfirma zu bezeichnenden Firma ihre Namensunterschrift beifügen.

**§ 69 Rechtsverhältnisse von Gesellschaft und Gesellschaftern.** (1) Bis zur Beendigung der Liquidation kommen ungeachtet der Auflösung der Gesellschaft in bezug auf die Rechtsverhältnisse derselben und der Gesellschafter die Vorschriften des zweiten und dritten Abschnitts zur Anwendung, soweit sich aus den Bestimmungen des gegenwärtigen Abschnitts und aus dem Wesen der Liquidation nicht ein anderes ergibt.

(2) Der Gerichtsstand, welchen die Gesellschaft zur Zeit ihrer Auflösung hatte, bleibt bis zur vollzogenen Verteilung des Vermögens bestehen.

**§ 70 Aufgaben der Liquidatoren.** [1] Die Liquidatoren haben die laufenden Geschäfte zu beendigen, die Verpflichtungen der aufgelösten Gesellschaft zu erfüllen, die Forderungen derselben einzuziehen und das Vermögen der Gesellschaft in

---

[1)] § 67 neu gef. durch G v. 10.8.1937 (RGBl. I S. 897); Abs. 1 neu gef. durch G v. 15.8.1969 (BGBl. I S. 1146); Abs. 3 eingef., bish. Abs. 3 und 4 werden Abs. 4 und 5 durch G v. 4.7.1980 (BGBl. I S. 836); Abs. 2 geänd., Abs. 5 aufgeh. mWv 1.1.2007 durch G v. 10.11.2006 (BGBl. I S. 2553); Abs. 3 Satz 1 geänd. mWv 1.9.2009 durch G v. 30.7.2009 (BGBl. I S. 2479); Abs. 3 Satz 1 geänd. mWv 1.8.2022 durch G v. 5.7.2021 (BGBl. I S. 3338).

[2)] Beachte hierzu Übergangsvorschrift in § 11 EGGmbHG (Nr. **52/1**).

[3)] § 68 Abs. 2 aufgeh., bish. Abs. 3 wird Abs. 2 durch G v. 15.8.1969 (BGBl. I S. 1146).

Geld umzusetzen; sie haben die Gesellschaft gerichtlich und außergerichtlich zu vertreten. [2] Zur Beendigung schwebender Geschäfte können die Liquidatoren auch neue Geschäfte eingehen.

**§ 71[1)] Eröffnungsbilanz; Rechte und Pflichten.** (1) Die Liquidatoren haben für den Beginn der Liquidation eine Bilanz (Eröffnungsbilanz) und einen die Eröffnungsbilanz erläuternden Bericht sowie für den Schluß eines jeden Jahres einen Jahresabschluß und einen Lagebericht aufzustellen.

(2) [1] Die Gesellschafter beschließen über die Feststellung der Eröffnungsbilanz und des Jahresabschlusses sowie über die Entlastung der Liquidatoren. [2] Auf die Eröffnungsbilanz und den erläuternden Bericht sind die Vorschriften über den Jahresabschluß entsprechend anzuwenden. [3] Vermögensgegenstände des Anlagevermögens sind jedoch wie Umlaufvermögen zu bewerten, soweit ihre Veräußerung innerhalb eines übersehbaren Zeitraums beabsichtigt ist oder diese Vermögensgegenstände nicht mehr dem Geschäftsbetrieb dienen; dies gilt auch für den Jahresabschluß.

(3) [1] Das Gericht kann von der Prüfung des Jahresabschlusses und des Lageberichts durch einen Abschlußprüfer befreien, wenn die Verhältnisse der Gesellschaft so überschaubar sind, daß eine Prüfung im Interesse der Gläubiger und der Gesellschafter nicht geboten erscheint. [2] Gegen die Entscheidung ist die Beschwerde zulässig.

(4) Im übrigen haben sie die aus §§ 37, 41, 43 Abs. 1, 2 und 4, § 49 Abs. 1 und 2 und aus § 15b der Insolvenzordnung[2)] sich ergebenden Rechte und Pflichten der Geschäftsführer.

(5) Auf den Geschäftsbriefen ist anzugeben, dass sich die Gesellschaft in Liquidation befindet; im Übrigen gilt § 35a entsprechend.

**§ 72 Vermögensverteilung.** [1] Das Vermögen der Gesellschaft wird unter die Gesellschafter nach Verhältnis ihrer Geschäftsanteile verteilt. [2] Durch den Gesellschaftsvertrag kann ein anderes Verhältnis für die Verteilung bestimmt werden.

**§ 73[3)] Sperrjahr.** (1) Die Verteilung darf nicht vor Tilgung oder Sicherstellung der Schulden der Gesellschaft und nicht vor Ablauf eines Jahres seit dem Tage vorgenommen werden, an welchem die Aufforderung an die Gläubiger (§ 65 Abs. 2) in den Gesellschaftsblättern erfolgt ist.

(2) [1] Meldet sich ein bekannter Gläubiger nicht, so ist der geschuldete Betrag, wenn die Berechtigung zur Hinterlegung vorhanden ist, für den Gläubiger zu hinterlegen. [2] Ist die Berichtigung einer Verbindlichkeit zur Zeit nicht ausführbar oder ist eine Verbindlichkeit streitig, so darf die Verteilung des Vermögens nur erfolgen, wenn dem Gläubiger Sicherheit geleistet ist.

(3) [1] Liquidatoren, welche diesen Vorschriften zuwiderhandeln, sind zum Ersatz der verteilten Beträge solidarisch verpflichtet. [2] Auf den Ersatzanspruch finden die Bestimmungen in § 43 Abs. 3 und 4 entsprechende Anwendung.

---

[1)] § 71 neu gef. durch G v. 26.2.1935 (RGBl. I S. 321); Abs. 3 angef. durch G v. 15.8.1969 (BGBl. I S. 1146); Abs. 1 neu gef., Abs. 2 und 3 eingef., bish. Abs. 2 und 3 werden Abs. 4 und 5 durch G v. 19.12. 1985 (BGBl. I S. 2355); Abs. 4 geänd., Abs. 5 neu gef. mWv 1.11.2008 durch G v. 23.10.2008 (BGBl. I S. 2026); Abs. 3 Satz 2 geänd. mWv 1.9.2009 durch G v. 17.12.2008 (BGBl. I S. 2586); Abs. 4 geänd. mWv 1.1.2021 durch G v. 22.12.2020 (BGBl. I S. 3256).

[2)] Nr. **110**.

[3)] § 73 Abs. 1 geänd. mWv 1.1.2007 durch G v. 10.11.2006 (BGBl. I S. 2553); Abs. 1 geänd. mWv 1.9. 2009 durch G v. 30.7.2009 (BGBl. I S. 2479).

**§ 74**[1] **Schluss der Liquidation.** (1) [1]Ist die Liquidation beendet und die Schlußrechnung gelegt, so haben die Liquidatoren den Schluß der Liquidation zur Eintragung in das Handelsregister anzumelden. [2]Die Gesellschaft ist zu löschen.

(2) [1]Nach Beendigung der Liquidation sind die Bücher und Schriften der Gesellschaft für die Dauer von zehn Jahren einem der Gesellschafter oder einem Dritten in Verwahrung zu geben. [2]Der Gesellschafter oder der Dritte wird in Ermangelung einer Bestimmung des Gesellschaftsvertrags oder eines Beschlusses der Gesellschafter durch das Gericht bestimmt.

(3) [1]Die Gesellschafter und deren Rechtsnachfolger sind zur Einsicht der Bücher und Schriften berechtigt. [2]Gläubiger der Gesellschaft können von dem Gericht zur Einsicht ermächtigt werden.

**§ 75**[2] **Nichtigkeitsklage.** (1) Enthält der Gesellschaftsvertrag keine Bestimmungen über die Höhe des Stammkapitals oder über den Gegenstand des Unternehmens oder sind die Bestimmungen des Gesellschaftsvertrags über den Gegenstand des Unternehmens nichtig, so kann jeder Gesellschafter, jeder Geschäftsführer und, wenn ein Aufsichtsrat bestellt ist, jedes Mitglied des Aufsichtsrats im Wege der Klage beantragen, daß die Gesellschaft für nichtig erklärt werde.

(2) Die Vorschriften der §§ 246 bis 248 des Aktiengesetzes[3] finden entsprechende Anwendung.

**§ 76**[4] **Heilung von Mängeln durch Gesellschafterbeschluss.** Ein Mangel, der die Bestimmungen über den Gegenstand des Unternehmens betrifft, kann durch einstimmigen Beschluß der Gesellschafter geheilt werden.

**§ 77 Wirkung der Nichtigkeit.** (1) Ist die Nichtigkeit einer Gesellschaft in das Handelsregister eingetragen, so finden zum Zwecke der Abwicklung ihrer Verhältnisse die für den Fall der Auflösung geltenden Vorschriften entsprechende Anwendung.

(2) Die Wirksamkeit der im Namen der Gesellschaft mit Dritten vorgenommenen Rechtsgeschäfte wird durch die Nichtigkeit nicht berührt.

(3) Die Gesellschafter haben die versprochenen Einzahlungen zu leisten, soweit es zur Erfüllung der eingegangenen Verbindlichkeiten erforderlich ist.

## Abschnitt 6.[5] Sondervorschriften bei Beteiligung des Bundes

**§ 77a**[5] [6] **Besetzung von Organen bei Gesellschaften mit Mehrheitsbeteiligung des Bundes.** (1) [1]Gesellschaften mit beschränkter Haftung mit Mehrheitsbeteiligung des Bundes sind Gesellschaften mit beschränkter Haftung mit Sitz im Inland,

1. deren Anteile zur Mehrheit vom Bund gehalten werden oder

---

[1] § 74 Abs. 1 eingef., bish. Abs. 1 und 2 werden Abs. 2 und 3 durch G v. 22.7.1993 (BGBl. I S. 1282); Abs. 2 Satz 2 und Abs. 3 Satz 2 geänd. mWv 1.9.2009 durch G v. 17.12.2008 (BGBl. I S. 2586).

[2] § 75 Abs. 1 neu gef. durch G v. 15.8.1969 (BGBl. I S. 1146); Abs. 2 geänd. mWv 1.4.2005 durch G v. 22.3.2005 (BGBl. I S. 837).

[3] Nr. **51**.

[4] § 76 neu gef. durch G v. 15.8.1969 (BGBl. I S. 1146).

[5] Abschnitt 6 (§ 77a) eingef. mWv 12.8.2021 durch G v. 7.8.2021 (BGBl. I S. 3311).

[6] Beachte hierzu Übergangsvorschrift in § 10 EGGmbHG (Nr. **52/1**).

2. die große Kapitalgesellschaften (§ 267 Absatz 3 des Handelsgesetzbuchs) sind und deren Anteile zur Mehrheit von Gesellschaften gehalten werden, deren Anteile ihrerseits zur Mehrheit vom Bund gehalten werden, oder
3. die in der Regel mehr als 500 Arbeitnehmerinnen und Arbeitnehmer haben und deren Anteile zur Mehrheit von Gesellschaften gehalten werden, deren Anteile ihrerseits zur Mehrheit
   a) vom Bund gehalten werden oder
   b) von Gesellschaften gehalten werden, bei denen sich die Inhaberschaften an den Anteilen in dieser Weise bis zu Gesellschaften fortsetzen, deren Anteile zur Mehrheit vom Bund gehalten werden.

[2] Anteile, die über ein Sondervermögen des Bundes gehalten werden, bleiben außer Betracht. [3] Dem Bund stehen öffentlich-rechtliche Anstalten des Bundes, die unternehmerisch tätig sind, gleich.

(2) [1] Hat eine Gesellschaft mit beschränkter Haftung mit Mehrheitsbeteiligung des Bundes mehr als zwei Geschäftsführer, muss mindestens ein Geschäftsführer eine Frau und mindestens ein Geschäftsführer ein Mann sein. [2] Eine Bestellung eines Geschäftsführers unter Verstoß gegen das Beteiligungsgebot ist nichtig. [3] Gilt das Beteiligungsgebot nach Satz 1, entfällt eine Pflicht zur Zielgrößensetzung für die Geschäftsführung.

(3) [1] Für die Zusammensetzung des Aufsichtsrats einer Gesellschaft mit beschränkter Haftung mit Mehrheitsbeteiligung des Bundes gilt unabhängig von einer Geltung des Mitbestimmungsgesetzes[1)], des Montan-Mitbestimmungsgesetzes[2)] oder des Mitbestimmungsergänzungsgesetzes[3)] § 96 Absatz 2 des Aktiengesetzes[4)] entsprechend. [2] Eine Pflicht zur Zielgrößensetzung besteht insoweit nicht.

(4) [1] Die Länder können die Vorgaben der Absätze 2 und 3 durch Landesgesetz auf Gesellschaften mit beschränkter Haftung erstrecken, an denen eine Mehrheitsbeteiligung eines Landes entsprechend Absatz 1 besteht. [2] In diesem Fall gelten für Gesellschaften mit Mehrheitsbeteiligung eines Landes, die der Mitbestimmung unterliegen, die gesetzlichen Regelungen und Wahlordnungen zur Mitbestimmung in Unternehmen mit Mehrheitsbeteiligung des Bundes entsprechend.

## Abschnitt 7.[5)] Ordnungs-, Straf- und Bußgeldvorschriften

**§ 78[6)] Anmeldepflichtige.** Die in diesem Gesetz vorgesehenen Anmeldungen zum Handelsregister sind durch die Geschäftsführer oder die Liquidatoren, die in § 7 Abs. 1, § 57 Abs. 1, § 57i Abs. 1, § 58 Abs. 1 Nr. 3 vorgesehenen Anmeldungen sind durch sämtliche Geschäftsführer zu bewirken.

**§ 79[7)] Zwangsgelder.** (1) [1] Geschäftsführer oder Liquidatoren, die §§ 35a, 71 Abs. 5 *nicht* befolgen, sind hierzu vom Registergericht durch Festsetzung von

---

[1)] **Habersack, Deutsche Gesetze ErgBd. Nr. 82a.**
[2)] **Habersack, Deutsche Gesetze ErgBd. Nr. 82b.**
[3)] **Habersack, Deutsche Gesetze ErgBd. Nr. 82c.**
[4)] Nr. **51.**
[5)] Bish. Abschnitt 6 wird Abschnitt 7 mWv 12.8.2021 durch G v. 7.8.2021 (BGBl. I S. 3311).
[6)] § 78 neu gef. durch G v. 4.7.1980 (BGBl. I S. 836); geänd. durch G v. 28.10.1994 (BGBl. I S. 3210).
[7)] § 79 Abs. 1 eingef., bish. Wortlaut wird Abs. 2 durch G v. 15.8.1969 (BGBl. I S. 1146); Abs. 1 und 2 geänd. durch G v. 2.3.1974 (BGBl. I S. 469); Abs. 1 Satz 1 geänd. durch G v. 19.12.1985 (BGBl. I S. 2355); Abs. 1 Satz 2 geänd. mWv 25.1.2001 durch G v. 18.1.2001 (BGBl. I S. 123).

Zwangsgeld anzuhalten; § 14 des Handelsgesetzbuchs bleibt unberührt. [2]Das einzelne Zwangsgeld darf den Betrag von fünftausend Euro nicht übersteigen.

(2) In Ansehung der in §§ 7, 54, 57 Abs. 1, § 58 Abs. 1 Nr. 3 bezeichneten Anmeldungen zum Handelsregister findet, soweit es sich um die Anmeldung zum Handelsregister des Sitzes der Gesellschaft handelt, eine Festsetzung von Zwangsgeld nach § 14 des Handelsgesetzbuchs nicht statt.

**§§ 80, 81**[1)] (weggefallen)

**§ 82**[2)] **Falsche Angaben.** (1) Mit Freiheitsstrafe bis zu drei Jahren oder mit Geldstrafe wird bestraft, wer

1. als Gesellschafter oder als Geschäftsführer zum Zweck der Eintragung der Gesellschaft über die Übernahme der Geschäftsanteile, die Leistung der Einlagen, die Verwendung eingezahlter Beträge, über Sondervorteile, Gründungsaufwand und Sacheinlagen,
2. als Gesellschafter im Sachgründungsbericht,
3. als Geschäftsführer zum Zweck der Eintragung einer Erhöhung des Stammkapitals über die Zeichnung oder Einbringung des neuen Kapitals oder über Sacheinlagen,
4. als Geschäftsführer in der in § 57i Abs. 1 Satz 2 vorgeschriebenen Erklärung oder
5. als Geschäftsführer einer Gesellschaft mit beschränkter Haftung oder als Geschäftsleiter einer ausländischen juristischen Person in der nach § 8 Abs. 3 Satz 1 oder § 39 Abs. 3 Satz 1 abzugebenden Versicherung oder als Liquidator in der nach § 67 Abs. 3 Satz 1 abzugebenden Versicherung

falsche Angaben macht.

(2) Ebenso wird bestraft, wer

1. als Geschäftsführer zum Zweck der Herabsetzung des Stammkapitals über die Befriedigung oder Sicherstellung der Gläubiger eine unwahre Versicherung abgibt oder
2. als Geschäftsführer, Liquidator, Mitglied eines Aufsichtsrats oder ähnlichen Organs in einer öffentlichen Mitteilung die Vermögenslage der Gesellschaft unwahr darstellt oder verschleiert, wenn die Tat nicht in § 331 Nr. 1 oder Nr. 1a des Handelsgesetzbuchs mit Strafe bedroht ist.

**§ 83**[3)] (weggefallen)

**§ 84**[4)] **Verletzung der Verlustanzeigepflicht.** (1) Mit Freiheitsstrafe bis zu drei Jahren oder mit Geldstrafe wird bestraft, wer es als Geschäftsführer unterläßt, den Gesellschaftern einen Verlust in Höhe der Hälfte des Stammkapitals anzuzeigen.

(2) Handelt der Täter fahrlässig, so ist die Strafe Freiheitsstrafe bis zu einem Jahr oder Geldstrafe.

---

[1)] §§ 80 und 81 aufgeh. durch G v. 30.1.1937 (RGBl. I S. 166).

[2)] § 82 neu gef. durch G v. 4.7.1980 (BGBl. I S. 836); Abs. 1 Nr. 4 eingef., bish. Nr. 4 wird Nr. 5 durch G v. 28.10.1994 (BGBl. I S. 3210); Abs. 2 Nr. 2 neu gef. durch G v. 19.12.1985 (BGBl. I S. 2355); Abs. 2 Nr. 2 geänd. mWv 10.12.2004 durch G v. 4.12.2004 (BGBl. I S. 3166); Abs. 1 Nr. 1 und 5 geänd. mWv 1.11.2008 durch G v. 23.10.2008 (BGBl. I S. 2026).

[3)] § 83 aufgeh. durch G v. 24.5.1968 (BGBl. I S. 503).

[4)] § 84 neu gef. durch G v. 4.7.1980 (BGBl. I S. 836); Abs. 1 Nr. 2 neu gef. durch G v. 5.10.1994 (BGBl. I S. 2911); Abs. 1 geänd. mWv 1.11.2008 durch G v. 23.10.2008 (BGBl. I S. 2026).

**§ 85**[1] **Verletzung der Geheimhaltungspflicht.** (1) Mit Freiheitsstrafe bis zu einem Jahr oder mit Geldstrafe wird bestraft, wer ein Geheimnis der Gesellschaft, namentlich ein Betriebs- oder Geschäftsgeheimnis, das ihm in seiner Eigenschaft als Geschäftsführer, Mitglied des Aufsichtsrats oder Liquidator bekanntgeworden ist, unbefugt offenbart.

(2) [1] Handelt der Täter gegen Entgelt oder in der Absicht, sich oder einen anderen zu bereichern oder einen anderen zu schädigen, so ist die Strafe Freiheitsstrafe bis zu zwei Jahren oder Geldstrafe. [2] Ebenso wird bestraft, wer ein Geheimnis der in Absatz 1 bezeichneten Art, namentlich ein Betriebs- oder Geschäftsgeheimnis, das ihm unter den Voraussetzungen des Absatzes 1 bekanntgeworden ist, unbefugt verwertet.

(3) [1] Die Tat wird nur auf Antrag der Gesellschaft verfolgt. [2] Hat ein Geschäftsführer oder ein Liquidator die Tat begangen, so sind der Aufsichtsrat und, wenn kein Aufsichtsrat vorhanden ist, von den Gesellschaftern bestellte besondere Vertreter antragsberechtigt. [3] Hat ein Mitglied des Aufsichtsrats die Tat begangen, so sind die Geschäftsführer oder die Liquidatoren antragsberechtigt.

**§ 86**[2] [3] **Verletzung der Pflichten bei Abschlussprüfungen.** Mit Freiheitsstrafe bis zu einem Jahr oder mit Geldstrafe wird bestraft, wer als Mitglied eines Aufsichtsrats oder als Mitglied eines Prüfungsausschusses einer Gesellschaft, die ein Unternehmen von öffentlichem Interesse nach § 316a Satz 2 Nummer 1 oder 2 des Handelsgesetzbuchs[4] ist,

1. eine in § 87 Absatz 1, 2 oder 3 bezeichnete Handlung begeht und dafür einen Vermögensvorteil erhält oder sich versprechen lässt oder
2. eine in § 87 Absatz 1, 2 oder 3 bezeichnete Handlung beharrlich wiederholt.

**§ 87**[5] [3] **Bußgeldvorschriften.** (1) Ordnungswidrig handelt, wer als Mitglied eines Aufsichtsrats oder als Mitglied eines Prüfungsausschusses einer Gesellschaft, die ein Unternehmen von öffentlichem Interesse nach § 316a Satz 2 Nummer 1 oder 2 des Handelsgesetzbuchs[4] ist,

1. die Unabhängigkeit des Abschlussprüfers oder der Prüfungsgesellschaft nicht nach Maßgabe des Artikels 4 Absatz 3 Unterabsatz 2, des Artikels 5 Absatz 4 Unterabsatz 1 Satz 1 oder des Artikels 6 Absatz 2 der Verordnung (EU) Nr. 537/2014 des Europäischen Parlaments und des Rates vom 16. April 2014 über spezifische Anforderungen an die Abschlussprüfung bei Unternehmen von öffentlichem Interesse und zur Aufhebung des Beschlusses 2005/909/EG der Kommission (ABl. L 158 vom 27.5.2014, S. 77, L 170 vom 11.6.2014, S. 66) überwacht oder
2. eine Empfehlung für die Bestellung eines Abschlussprüfers oder einer Prüfungsgesellschaft vorlegt, die den Anforderungen nach Artikel 16 Absatz 2 Unterabsatz 2 oder 3 der Verordnung (EU) Nr. 537/2014 nicht entspricht oder der ein Auswahlverfahren nach Artikel 16 Absatz 3 Unterabsatz 1 der Verordnung (EU) Nr. 537/2014 nicht vorangegangen ist.

---

[1] § 85 angef. durch G v. 4.7.1980 (BGBl. I S. 836).

[2] § 86 neu gef. mWv 1.7.2021 durch G v. 3.6.2021 (BGBl. I S. 1534).

[3] Beachte hierzu Übergangsvorschrift in § 9 EGGmbHG (Nr. **52/1**).

[4] Nr. **50**.

[5] § 87 neu eingef. mWv 17.6.2016 durch G v. 10.5.2016 (BGBl. I S. 1142); Abs. 1 Nr. 2 neu gef., Abs. 2 und 3 geänd. mWv 22.7.2017 durch G v. 17.7.2017 (BGBl. I S. 2446); Abs. 1 einl. Satzteil geänd., Nr. 2 neu gef., Abs. 2, 4 und 5 geänd. mWv 1.7.2021 durch G v. 3.6.2021 (BGBl. I S. 1534).

(2) Ordnungswidrig handelt, wer als Mitglied eines Aufsichtsrats, der einen Prüfungsausschuss nicht bestellt hat, einer Gesellschaft, die ein Unternehmen von öffentlichem Interesse nach § 316a Satz 2 Nummer 1 oder 2 des Handelsgesetzbuchs ist, den Gesellschaftern einen Vorschlag für die Bestellung eines Abschlussprüfers oder einer Prüfungsgesellschaft vorlegt, der den Anforderungen nach Artikel 16 Absatz 5 Unterabsatz 1 der Verordnung (EU) Nr. 537/2014 nicht entspricht.

(3) Ordnungswidrig handelt, wer als Mitglied eines Aufsichtsrats, der einen Prüfungsausschuss bestellt hat, einer in Absatz 2 genannten Gesellschaft den Gesellschaftern einen Vorschlag für die Bestellung eines Abschlussprüfers oder einer Prüfungsgesellschaft vorlegt, der den Anforderungen nach Artikel 16 Absatz 5 Unterabsatz 1 oder Unterabsatz 2 Satz 1 oder Satz 2 der Verordnung (EU) Nr. 537/2014 nicht entspricht.

(4) Die Ordnungswidrigkeit kann mit einer Geldbuße bis zu fünfhunderttausend Euro geahndet werden.

(5) Verwaltungsbehörde im Sinne des § 36 Absatz 1 Nummer 1 des Gesetzes über Ordnungswidrigkeiten ist bei einer Gesellschaft, die ein Unternehmen von öffentlichem Interesse nach § 316a Satz 2 Nummer 2 des Handelsgesetzbuchs ist, die Bundesanstalt für Finanzdienstleistungsaufsicht, im Übrigen das Bundesamt für Justiz.

**§ 88[1] Mitteilungen an die Abschlussprüferaufsichtsstelle.** (1) Die nach § 87 Absatz 5 zuständige Verwaltungsbehörde übermittelt der Abschlussprüferaufsichtsstelle beim Bundesamt für Wirtschaft und Ausfuhrkontrolle alle Bußgeldentscheidungen nach § 87 Absatz 1 bis 3.

(2) [1] In Strafverfahren, die eine Straftat nach § 86 zum Gegenstand haben, übermittelt die Staatsanwaltschaft im Falle der Erhebung der öffentlichen Klage der Abschlussprüferaufsichtsstelle die das Verfahren abschließende Entscheidung. [2] Ist gegen die Entscheidung ein Rechtsmittel eingelegt worden, ist die Entscheidung unter Hinweis auf das eingelegte Rechtsmittel zu übermitteln.

[1] § 88 eingef. mWv 17.6.2016 durch G v. 10.5.2016 (BGBl. I S. 1142).

**Anlage 1**[1)]
(zu § 2 Abs. 1a)

## a) Musterprotokoll für die Gründung einer Einpersonengesellschaft

UR. Nr. ........

Heute, den ..........................................................................................................,

erschien [mittels Videokommunikation][5)] vor mir, ............................................,
Notar/in mit dem Amtssitz in
.........................................................................................................................,

Herr/Frau[1)]
.........................................................................................................................
.........................................................................................................................
.........................................................................................................................[2)].

1. Der Erschienene errichtet hiermit nach § 2 Abs. 1a GmbHG eine Gesellschaft mit beschränkter Haftung [mittels Videokommunikation][5)] unter der Firma ..... mit dem Sitz in .........................................................................................
2. Gegenstand des Unternehmens ist ..........................................................
3. Das Stammkapital der Gesellschaft beträgt ......... € (i.W. ................. Euro) und wird vollständig von Herrn/Frau[1)] ................. (Geschäftsanteil Nr. 1) übernommen. Die Einlage ist in Geld zu erbringen, und zwar sofort in voller Höhe/ zu 50 Prozent sofort, im Übrigen sobald die Gesellschafterversammlung ihre Einforderung beschließt[3)].
4. Zum Geschäftsführer der Gesellschaft wird Herr/Frau[4)] ................., geboren am ........., wohnhaft in ................................, bestellt. Der Geschäftsführer ist von den Beschränkungen des § 181 des Bürgerlichen Gesetzbuchs befreit.
5. Die Gesellschaft trägt die mit der Gründung verbundenen Kosten bis zu einem Gesamtbetrag von 300 €, höchstens jedoch bis zum Betrag ihres Stammkapitals. Darüber hinausgehende Kosten trägt der Gesellschafter.
6. Von dieser Urkunde erhält eine Ausfertigung der Gesellschafter, beglaubigte Ablichtungen die Gesellschaft und das Registergericht (in elektronischer Form) sowie eine einfache Abschrift das Finanzamt – Körperschaftsteuerstelle –.
7. Der Erschienene wurde vom Notar/von der Notarin insbesondere auf Folgendes hingewiesen: ...............................................................................

Hinweise:

1) Nicht Zutreffendes streichen. Bei juristischen Personen ist die Anrede Herr/Frau wegzulassen.

2) Hier sind neben der Bezeichnung des Gesellschafters und den Angaben zur notariellen Identitätsfeststellung ggf. der Güterstand und die Zustimmung des Ehegatten sowie die Angaben zu einer etwaigen Vertretung zu vermerken.

---

[1)] Frühere Anl. angef. mWv 1.11.2008 durch G v. 23.10.2008 (BGBl. I S. 2026); bish. Anl. wird Anl. 1 und geänd. mWv 1.8.2022 durch G v. 5.7.2021 (BGBl. I S. 3338).

3) Nicht Zutreffendes streichen. Bei der Unternehmergesellschaft muss die zweite Alternative gestrichen werden.

4) Nicht Zutreffendes streichen.

5) Hinweis auf die Videokommunikation im Falle einer Präsenzbeurkundung zu streichen.

### b) Musterprotokoll für die Gründung einer Mehrpersonengesellschaft mit bis zu drei Gesellschaftern

UR. Nr. ........

Heute, den ..........................................................................................................,

erschienen [mittels Videokommunikation][5] vor mir, .........................................., Notar/in mit dem Amtssitz in

..........................................................................................................................,

Herr/Frau[1]

..........................................................................................................................

..................................................................................................................[2],

Herr/Frau[1]

..........................................................................................................................

..................................................................................................................[2],

Herr/Frau[1]

..........................................................................................................................

..................................................................................................................[2].

1. Die Erschienenen errichten hiermit nach § 2 Abs. 1a GmbHG eine Gesellschaft mit beschränkter Haftung [mittels Videokommunikation][5] unter der Firma ..... mit dem Sitz in ..........................................................................................
2. Gegenstand des Unternehmens ist ..........................................................................
3. Das Stammkapital der Gesellschaft beträgt ........ € (i.W. ................ Euro) und wird wie folgt übernommen:
   Herr/Frau[1] ................. übernimmt einen Geschäftsanteil mit einem Nennbetrag in Höhe von ......... € (i.W. ................. Euro) (Geschäftsanteil Nr. 1),
   Herr/Frau[1] ................. übernimmt einen Geschäftsanteil mit einem Nennbetrag in Höhe von ......... € (i.W. ................. Euro) (Geschäftsanteil Nr. 2),
   Herr/Frau[1] ................. übernimmt einen Geschäftsanteil mit einem Nennbetrag in Höhe von ......... € (i.W. ................. Euro) (Geschäftsanteil Nr. 3).
   Die Einlagen sind in Geld zu erbringen, und zwar sofort in voller Höhe/zu 50 Prozent sofort, im Übrigen sobald die Gesellschafterversammlung ihre Einforderung beschließt[3].
4. Zum Geschäftsführer der Gesellschaft wird Herr/Frau[4] ................, geboren am ........, wohnhaft in ...................................., bestellt. Der Geschäftsführer ist von den Beschränkungen des § 181 des Bürgerlichen Gesetzbuchs befreit.

5. Die Gesellschaft trägt die mit der Gründung verbundenen Kosten bis zu einem Gesamtbetrag von 300 €, höchstens jedoch bis zum Betrag ihres Stammkapitals. Darüber hinausgehende Kosten tragen die Gesellschafter im Verhältnis der Nennbeträge ihrer Geschäftsanteile.
6. Von dieser Urkunde erhält eine Ausfertigung jeder Gesellschafter, beglaubigte Ablichtungen die Gesellschaft und das Registergericht (in elektronischer Form) sowie eine einfache Abschrift das Finanzamt – Körperschaftsteuerstelle –.
7. Die Erschienenen wurden vom Notar/von der Notarin insbesondere auf Folgendes hingewiesen: ..............................................................................

Hinweise:

1) Nicht Zutreffendes streichen. Bei juristischen Personen ist die Anrede Herr/Frau wegzulassen.
2) Hier sind neben der Bezeichnung des Gesellschafters und den Angaben zur notariellen Identitätsfeststellung ggf. der Güterstand und die Zustimmung des Ehegatten sowie die Angaben zu einer etwaigen Vertretung zu vermerken.
3) Nicht Zutreffendes streichen. Bei der Unternehmergesellschaft muss die zweite Alternative gestrichen werden.
4) Nicht Zutreffendes streichen.
5) Hinweis auf die Videokommunikation im Falle einer Präsenzbeurkundung zu streichen.

## Anlage 2[1)]
(zu § 2 Absatz 3)

### a) Musterprotokoll für die Gründung einer Einpersonengesellschaft mittels Videokommunikation

UR. Nr. .........

Heute, den ..............................................................................................,

erschien mittels Videokommunikation vor mir, .............................................,
Notar/in mit dem Amtssitz in
..............................................................................................................,

Herr/Frau[1)]
..............................................................................................................
.............................................................................................................. [2)].

1. Der/Die[1)] Erschienene errichtet hiermit nach § 2 Absatz 3 GmbHG mittels einer Beurkundung im Wege der Videokommunikation nach den §§ 16a ff. BeurkG eine Gesellschaft mit beschränkter Haftung unter der Firma ...............
..............................................................................................................
mit dem Sitz in ......................................................................................
2. Gegenstand des Unternehmens ist ..........................................................
3. Das Stammkapital der Gesellschaft beträgt ......... € (i.W. ................ Euro) und wird vollständig von:

[1)] Anl. 2 angef. mWv 1.8.2022 durch G v. 5.7.2021 (BGBl. I S. 3338).

Herrn/Frau[1] ................ (Geschäftsanteil Nr. 1) übernommen.
Die Einlage ist in Geld zu erbringen, und zwar sofort in voller Höhe/zu 50 Prozent sofort, im Übrigen sobald die Gesellschafterversammlung ihre Einforderung beschließt[3].

4. Zum Geschäftsführer der Gesellschaft wird/Zu den Geschäftsführern der Gesellschaft werden[4]
Herr/Frau[4] ..........................................................................................
..........................................................................................................,
geboren am ...................., wohnhaft in ..................................................
..........................................................................................................,
Herr/Frau[4] ..........................................................................................
..........................................................................................................,
geboren am ...................., wohnhaft in ..................................................
..........................................................................................................
.............................................................................................. bestellt.[5]
Der Geschäftsführer ist/Die Geschäftsführer sind[4] von den Beschränkungen des § 181 des Bürgerlichen Gesetzbuchs befreit. Ist nur ein Geschäftsführer bestellt, so vertritt dieser die Gesellschaft allein. Sind mehrere Geschäftsführer bestellt, so wird die Gesellschaft durch zwei Geschäftsführer gemeinsam oder durch einen Geschäftsführer gemeinschaftlich mit einem Prokuristen vertreten.
5. Die Gesellschaft trägt die mit der Gründung verbundenen Kosten bis zu einem Gesamtbetrag von 600 €, höchstens jedoch bis zum Betrag ihres Stammkapitals. Darüberhinausgehende Kosten trägt der Gesellschafter.
6. Von dieser Urkunde erhält eine Ausfertigung jeder Gesellschafter, beglaubigte Ablichtungen die Gesellschaft und das Registergericht (in elektronischer Form) sowie eine einfache Abschrift das Finanzamt – Körperschaftsteuerstelle –.
7. Der/Die Erschienene[4] wurden vom Notar/von der Notarin[4] insbesondere auf Folgendes hingewiesen:
..........................................................................................................

---

1) Nicht Zutreffendes streichen. Bei juristischen Personen ist die Anrede Herr/Frau wegzulassen.

2) Hier sind neben der Bezeichnung des Gesellschafters und den Angaben zur notariellen Identitätsfeststellung ggf. der Güterstand und die Zustimmung des Ehegatten sowie die Angaben zu einer etwaigen Vertretung zu vermerken.

3) Nicht Zutreffendes streichen. Bei der Unternehmergesellschaft muss die zweite Alternative gestrichen werden.

4) Nicht Zutreffendes streichen.

5) Weitere Geschäftsführer können ergänzt werden.

### b) Musterprotokoll für die Gründung einer Mehrpersonengesellschaft mittels Videokommunikation

UR. Nr. .........

Heute, den ..............................................................................................,

erschien mittels Videokommunikation vor mir, ..........................................,
Notar/in mit dem Amtssitz in
..............................................................................................................,

Herr/Frau[1)]

....................................................................................................................................

....................................................................................................................................[2)],

Herr/Frau[1)]

....................................................................................................................................

....................................................................................................................................[2)],

Herr/Frau[1)]

....................................................................................................................................

....................................................................................................................................[2)].

1. Die Erschienenen errichten hiermit nach § 2 Absatz 3 GmbHG durch Beurkundung des Gesellschaftsvertrages mittels Videokommunikation nach den §§ 16a ff. BeurkG eine Gesellschaft mit beschränkter Haftung unter der Firma ..
   ....................................................................................................................................
   mit dem Sitz in ..........................................................................................................
2. Gegenstand des Unternehmens ist ...........................................................................
3. Das Stammkapital der Gesellschaft beträgt ........ € (i.W. ................ Euro) und wird wie folgt übernommen:
   Herr/Frau[3)] ................ übernimmt einen Geschäftsanteil mit einem Nennbetrag in Höhe von ........ € (i.W. ................ Euro) (Geschäftsanteil Nr. 1),
   Herr/Frau[3)] ................ übernimmt einen Geschäftsanteil mit einem Nennbetrag in Höhe von ........ € (i.W. ................ Euro) (Geschäftsanteil Nr. 2),
   Herr/Frau[3)] ................ übernimmt einen Geschäftsanteil mit einem Nennbetrag in Höhe von ........ € (i.W. ................ Euro) (Geschäftsanteil Nr. 3).
   Die Einlagen sind in Geld zu erbringen, und zwar sofort in voller Höhe/zu 50 Prozent sofort, im Übrigen sobald die Gesellschafterversammlung ihre Einforderung beschließt.[4)]
4. Zum Geschäftsführer der Gesellschaft wird/Zu den Geschäftsführern der Gesellschaft werden[3)]
   Herr/Frau[3)] ..............................................................................................................
   ....................................................................................................................................,
   geboren am ...................., wohnhaft in ....................................................................
   ....................................................................................................................................,
   Herr/Frau[3)] ..............................................................................................................
   ....................................................................................................................................,
   geboren am ...................., wohnhaft in ....................................................................
   ....................................................................................................................................,
   .......................................................................................................... bestellt.[5)]
   Der Geschäftsführer ist/Die Geschäftsführer sind[3)] von den Beschränkungen des § 181 des Bürgerlichen Gesetzbuchs befreit. Ist nur ein Geschäftsführer bestellt, so vertritt dieser die Gesellschaft allein. Sind mehrere Geschäftsführer bestellt, so wird die Gesellschaft durch zwei Geschäftsführer gemeinsam oder durch einen Geschäftsführer gemeinschaftlich mit einem Prokuristen vertreten.
5. Die Gesellschaft trägt die mit der Gründung verbundenen Kosten bis zu einem Gesamtbetrag von 600 €, höchstens jedoch bis zum Betrag ihres Stammkapitals.

Darüberhinausgehende Kosten tragen die Gesellschafter im Verhältnis der Nennbeträge ihrer Geschäftsanteile.

6. Von dieser Urkunde erhält eine Ausfertigung jeder Gesellschafter, beglaubigte Ablichtungen die Gesellschaft und das Registergericht (in elektronischer Form) sowie eine einfache Abschrift das Finanzamt – Körperschaftsteuerstelle –.
7. Die Erschienenen wurden vom Notar/von der Notarin[3] insbesondere auf Folgendes hingewiesen:

.......................................................................................................................

1) Nicht Zutreffendes streichen. Bei juristischen Personen ist die Anrede Herr/Frau wegzulassen.

2) Hier sind jeweils neben der Bezeichnung des Gesellschafters und den Angaben zur notariellen Identitätsfeststellung ggf. der Güterstand und die Zustimmung des Ehegatten sowie die Angaben zu einer etwaigen Vertretung zu vermerken.

3) Nicht Zutreffendes streichen.

4) Nicht Zutreffendes streichen. Bei der Unternehmergesellschaft muss die zweite Alternative gestrichen werden.

5) Weitere Geschäftsführer können ergänzt werden.

# 52/1. Einführungsgesetz zum Gesetz betreffend die Gesellschaften mit beschränkter Haftung (GmbHG-Einführungsgesetz – EGGmbHG)[1)]

Vom 23. Oktober 2008
(BGBl. I S. 2026)

**FNA 4123-3**

| Lfd. Nr. | Änderndes Gesetz | Datum | Fundstelle | Betroffen | Hinweis |
|---|---|---|---|---|---|
| 1. | Art. 9 BilanzrechtsmodernisierungsG | 25.5.2009 | BGBl. I S. 1102 | § 4 | eingef. mWv 29.5.2009 |
| 2. | Art. 16 G für die gleichberecht. Teilhabe von Frauen u. Männern an Führungspositionen in der Privatwirtsch. u. im öffentl. Dienst | 24.4.2015 | BGBl. I S. 642 | § 5 | eingef. mWv 1.5.2015 |
| 3. | Art. 7 Bilanzrichtlinie-UmsetzungsG | 17.7.2015 | BGBl. I S. 1245 | § 6 | eingef. mWv 23.7.2015 |
| 4. | Art. 6 Aktienrechtsnovelle 2016 | 22.12. 2015 | BGBl. I S. 2565 | § 5 | geänd. mWv 31.12.2015 |
| 5. | Art. 9 AbschlussprüfungsreformG | 10.5.2016 | BGBl. I S. 1142 | § 7 | eingef. mWv 17.6.2016 |
| 6. | Art. 15 G zur Umsetzung der Vierten EU-GeldwäscheRL, zur Ausführ. der EU-GeldtransferVO u. zur Neuorganisation der Zentralstelle für Finanztransaktionsuntersuchungen[2)] | 23.6.2017 | BGBl. I S. 1822 | § 8 | eingef. mWv 26.6.2017 |
| 7. | Art. 19 FinanzmarktintegritätsstärkungsG | 3.6.2021 | BGBl. I S. 1534 | § 9 | eingef. mWv 1.7.2021 |
| 8. | Art. 11 G zur Ergänzung und Änd. der Regelungen für die gleichberechtigte Teilhabe von Frauen an Führungspositionen in der Privatwirtschaft und im öffentlichen Dienst | 7.8.2021 | BGBl. I S. 3311 | § 5<br>§ 10 | geänd. mWv 12.8.2021<br>eingef. mWv 12.8.2021 |
| 9. | Art. 21 G zur Umsetzung der Digitalisierungsrichtlinie (DiRUG)[3)] | 5.7.2021 | BGBl. I S. 3338 | § 11 | eingef. mWv 1.8.2022 |

[1)] Verkündet als Art. 2 G zur Modernisierung des GmbH-Rechts und zur Bekämpfung von Missbräuchen (MoMiG) v. 23.10.2008 (BGBl. I S. 2026); Inkrafttreten gem. Art. 23 dieses G am 1.11.2008.

[2)] **Amtl. Anm.:** Dieses Gesetz dient der Umsetzung der Richtlinie (EU) 2015/849 des Europäischen Parlaments und des Rates vom 20. Mai 2015 zur Verhinderung der Nutzung des Finanzsystems zum Zwecke der Geldwäsche und der Terrorismusfinanzierung, zur Änderung der Verordnung (EU) Nr. 648/2012 des Europäischen Parlaments und des Rates und zur Aufhebung der Richtlinie 2005/60/EG des Europäischen Parlaments und des Rates und der Richtlinie 2006/70/EG der Kommission (ABl. L 141 vom 5.6.2015, S. 73).

[3)] **Amtl. Anm.:** Dieses Gesetz dient der Umsetzung der Richtlinie (EU) 2019/1151 des Europäischen Parlaments und des Rates vom 20. Juni 2019 zur Änderung der Richtlinie (EU) 2017/1132 im Hinblick auf den Einsatz digitaler Werkzeuge und Verfahren im Gesellschaftsrecht (ABl. L 186 vom 11.7.2019, S. 80).

| Lfd. Nr. | Änderndes Gesetz | Datum | Fundstelle | Betroffen | Hinweis |
|---|---|---|---|---|---|
| 10. | Art. 66 PersonengesellschaftsrechtsmodernisierungsG (MoPeG) | 10.8.2021 | BGBl. I S. 3436 | § 12 | eingef. mWv 1.1.2024 |

**Vorbemerkung:**
**Die Änderung durch G v. 10.8.2021 (BGBl. I S. 3436) tritt erst mWv 1.1. 2024 in Kraft und ist im Text noch nicht berücksichtigt.**

**§ 1 Umstellung auf Euro.** (1) [1] Gesellschaften, die vor dem 1. Januar 1999 in das Handelsregister eingetragen worden sind, dürfen ihr auf Deutsche Mark lautendes Stammkapital beibehalten; Entsprechendes gilt für Gesellschaften, die vor dem 1. Januar 1999 zur Eintragung in das Handelsregister angemeldet und bis zum 31. Dezember 2001 eingetragen worden sind. [2] Für Mindestbetrag und Teilbarkeit von Kapital, Einlagen und Geschäftsanteilen sowie für den Umfang des Stimmrechts bleiben bis zu einer Kapitaländerung nach Satz 4 die bis dahin gültigen Beträge weiter maßgeblich. [3] Dies gilt auch, wenn die Gesellschaft ihr Kapital auf Euro umgestellt hat; das Verhältnis der mit den Geschäftsanteilen verbundenen Rechte zueinander wird durch Umrechnung zwischen Deutscher Mark und Euro nicht berührt. [4] Eine Änderung des Stammkapitals darf nach dem 31. Dezember 2001 nur eingetragen werden, wenn das Kapital auf Euro umgestellt wird.

(2) [1] Bei Gesellschaften, die zwischen dem 1. Januar 1999 und dem 31. Dezember 2001 zum Handelsregister angemeldet und in das Register eingetragen worden sind, dürfen Stammkapital und Stammeinlagen auch auf Deutsche Mark lauten. [2] Für Mindestbetrag und Teilbarkeit von Kapital, Einlagen und Geschäftsanteilen sowie für den Umfang des Stimmrechts gelten die zu dem vom Rat der Europäischen Union nach Artikel 123 Abs. 4 Satz 1 des Vertrages zur Gründung der Europäischen Gemeinschaft unwiderruflich festgelegten Umrechnungskurs in Deutsche Mark umzurechnenden Beträge des Gesetzes in der ab dem 1. Januar 1999 geltenden Fassung.

(3) [1] Die Umstellung des Stammkapitals und der Geschäftsanteile sowie weiterer satzungsmäßiger Betragsangaben auf Euro zu dem nach Artikel 123 Abs. 4 Satz 1 des Vertrages zur Gründung der Europäischen Gemeinschaft unwiderruflich festgelegten Umrechnungskurs erfolgt durch Beschluss der Gesellschafter mit einfacher Stimmenmehrheit nach § 47 des Gesetzes betreffend die Gesellschaften mit beschränkter Haftung[1)]; § 53 Abs. 2 Satz 1 des Gesetzes betreffend die Gesellschaften mit beschränkter Haftung ist nicht anzuwenden. [2] Auf die Anmeldung und Eintragung der Umstellung in das Handelsregister ist § 54 Abs. 1 Satz 2 und Abs. 2 Satz 2 des Gesetzes betreffend die Gesellschaften mit beschränkter Haftung nicht anzuwenden. [3] Werden mit der Umstellung weitere Maßnahmen verbunden, insbesondere das Kapital verändert, bleiben die hierfür geltenden Vorschriften unberührt; auf eine Herabsetzung des Stammkapitals, mit der die Nennbeträge der Geschäftsanteile auf einen Betrag nach Absatz 1 Satz 4 gestellt werden, ist jedoch § 58 Abs. 1 des Gesetzes betreffend die Gesellschaften mit beschränkter Haftung nicht anzuwenden, wenn zugleich eine Erhöhung des Stammkapitals gegen Bareinlagen beschlossen und diese in voller Höhe vor der Anmeldung zum Handelsregister geleistet werden.

**§ 2 Übergangsvorschriften zum Transparenz- und Publizitätsgesetz.** § 42a Abs. 4 des Gesetzes betreffend die Gesellschaften mit beschränkter Haftung[1)] in der Fassung des Artikels 3 Abs. 3 des Transparenz- und Publizitätsgesetzes vom 19. Juli 2002 (BGBl. I S. 2681) ist erstmals auf den Konzernabschluss und den Konzernlagebericht für das nach dem 31. Dezember 2001 beginnende Geschäftsjahr anzuwenden.

---

[1)] Nr. 52.

**§ 3 Übergangsvorschriften zum Gesetz zur Modernisierung des GmbH-Rechts und zur Bekämpfung von Missbräuchen.** (1) [1] Die Pflicht, die inländische Geschäftsanschrift bei dem Gericht nach § 8 des Gesetzes betreffend die Gesellschaften mit beschränkter Haftung[1)] in der ab dem Inkrafttreten des Gesetzes vom 23. Oktober 2008 (BGBl. I S. 2026) am 1. November 2008 geltenden Fassung zur Eintragung in das Handelsregister anzumelden, gilt auch für Gesellschaften, die zu diesem Zeitpunkt bereits in das Handelsregister eingetragen sind, es sei denn, die inländische Geschäftsanschrift ist dem Gericht bereits nach § 24 Abs. 2 der Handelsregisterverordnung[2)] mitgeteilt worden und hat sich anschließend nicht geändert. [2] In diesen Fällen ist die inländische Geschäftsanschrift mit der ersten die eingetragene Gesellschaft betreffenden Anmeldung zum Handelsregister ab dem 1. November 2008, spätestens aber bis zum 31. Oktober 2009 anzumelden. [3] Wenn bis zum 31. Oktober 2009 keine inländische Geschäftsanschrift zur Eintragung in das Handelsregister angemeldet worden ist, trägt das Gericht von Amts wegen und ohne Überprüfung kostenfrei die ihm nach § 24 Abs. 2 der Handelsregisterverordnung bekannte inländische Anschrift als Geschäftsanschrift in das Handelsregister ein; in diesem Fall gilt die mitgeteilte Anschrift zudem unabhängig von dem Zeitpunkt ihrer tatsächlichen Eintragung ab dem 31. Oktober 2009 als eingetragene inländische Geschäftsanschrift der Gesellschaft, wenn sie im elektronischen Informations- und Kommunikationssystem nach § 9 Abs. 1 des Handelsgesetzbuchs[3)] abrufbar ist. [4] Ist dem Gericht keine Mitteilung im Sinne des § 24 Abs. 2 der Handelsregisterverordnung gemacht worden, ist ihm aber in sonstiger Weise eine inländische Geschäftsanschrift bekannt geworden, so gilt Satz 3 mit der Maßgabe, dass diese Anschrift einzutragen ist, wenn sie im elektronischen Informations- und Kommunikationssystem nach § 9 Abs. 1 des Handelsgesetzbuchs abrufbar ist. [5] Dasselbe gilt, wenn eine in sonstiger Weise bekannt gewordene inländische Anschrift von einer früher nach § 24 Abs. 2 der Handelsregisterverordnung mitgeteilten Anschrift abweicht. [6] Eintragungen nach den Sätzen 3 bis 5 werden abweichend von § 10 des Handelsgesetzbuchs nicht bekannt gemacht.

(2) [1] § 6 Abs. 2 Satz 2 Nr. 3 Buchstabe a, c, d und e des Gesetzes betreffend die Gesellschaften mit beschränkter Haftung in der ab dem 1. November 2008 geltenden Fassung ist auf Personen, die vor dem 1. November 2008 zum Geschäftsführer bestellt worden sind, nicht anzuwenden, wenn die Verurteilung vor dem 1. November 2008 rechtskräftig geworden ist. [2] Entsprechendes gilt für § 6 Abs. 2 Satz 3 des Gesetzes betreffend die Gesellschaften mit beschränkter Haftung in der ab dem 1. November 2008 geltenden Fassung, soweit die Verurteilung wegen einer Tat erfolgte, die den Straftaten im Sinne des Satzes 1 vergleichbar ist.

(3) [1] Bei Gesellschaften, die vor dem 1. November 2008 gegründet worden sind, findet § 16 Abs. 3 des Gesetzes betreffend die Gesellschaften mit beschränkter Haftung in der ab dem 1. November 2008 geltenden Fassung für den Fall, dass die Unrichtigkeit in der Gesellschafterliste bereits vor dem 1. November 2008 vorhanden und dem Berechtigten zuzurechnen ist, hinsichtlich des betreffenden Geschäftsanteils frühestens auf Rechtsgeschäfte nach dem 1. Mai 2009 Anwendung. [2] Ist die Unrichtigkeit dem Berechtigten im Fall des Satzes 1 nicht zuzurechnen, so ist abweichend von dem 1. Mai 2009 der 1. November 2011 maßgebend.

---

1) Nr. **52**.
2) **Habersack, Deutsche Gesetze ErgBd. Nr. 50d.**
3) Nr. **50**.

(4) [1] § 19 Abs. 4 und 5 des Gesetzes betreffend die Gesellschaften mit beschränkter Haftung in der ab dem 1. November 2008 geltenden Fassung gilt auch für Einlagenleistungen, die vor diesem Zeitpunkt bewirkt worden sind, soweit sie nach der vor dem 1. November 2008 geltenden Rechtslage wegen der Vereinbarung einer Einlagenrückgewähr oder wegen einer verdeckten Sacheinlage keine Erfüllung der Einlagenverpflichtung bewirkt haben. [2] Dies gilt nicht, soweit über die aus der Unwirksamkeit folgenden Ansprüche zwischen der Gesellschaft und dem Gesellschafter bereits vor dem 1. November 2008 ein rechtskräftiges Urteil ergangen oder eine wirksame Vereinbarung zwischen der Gesellschaft und dem Gesellschafter getroffen worden ist; in diesem Fall beurteilt sich die Rechtslage nach den bis zum 1. November 2008 geltenden Vorschriften.

**§ 4[1)] Übergangsvorschrift zum Bilanzrechtsmodernisierungsgesetz.**

§ 52 Abs. 1 Satz 1 des Gesetzes betreffend die Gesellschaften mit beschränkter Haftung[2)] in Verbindung mit § 100 Abs. 5 und § 107 Abs. 4 des Aktiengesetzes[3)] in der Fassung des Bilanzrechtsmodernisierungsgesetzes vom 25. Mai 2009 (BGBl. I S. 1102) findet keine Anwendung, solange alle Mitglieder des Aufsichtsrats und des Prüfungsausschusses vor dem 29. Mai 2009 bestellt worden sind.

**§ 5[4)] Übergangsvorschrift zu dem Gesetz für die gleichberechtigte Teilhabe von Frauen und Männern an Führungspositionen in der Privatwirtschaft und im öffentlichen Dienst.** [1] Die Festlegungen nach § 36 Satz 1 und 3 sowie § 52 Absatz 2 Satz 1, 2 und 4 des Gesetzes betreffend die Gesellschaften mit beschränkter Haftung[2)] in der am 1. Mai 2015 geltenden Fassung haben erstmals bis spätestens 30. September 2015 zu erfolgen. [2] Die nach § 36 Satz 3 und § 52 Absatz 2 Satz 4 des Gesetzes betreffend die Gesellschaften mit beschränkter Haftung in der am 1. Mai 2015 geltenden Fassung erstmals festzulegende Frist darf nicht länger als bis zum 30. Juni 2017 dauern.

**§ 6[5)] Übergangsvorschriften zum Bilanzrichtlinie-Umsetzungsgesetz.**

[1] § 29 des Gesetzes betreffend die Gesellschaften mit beschränkter Haftung[2)] in der Fassung des Bilanzrichtlinie-Umsetzungsgesetzes vom 17. Juli 2015 (BGBl. I S. 1245) ist erstmals auf Jahres- und Konzernabschlüsse für ein nach dem 31. Dezember 2015 beginnendes Geschäftsjahr anzuwenden. [2] Auf Jahres- und Konzernabschlüsse für ein vor dem 1. Januar 2016 beginnendes Geschäftsjahr bleibt § 29 des Gesetzes betreffend die Gesellschaften mit beschränkter Haftung in der bis zum 22. Juli 2015 geltenden Fassung anwendbar.

**§ 7[6)] Übergangsvorschrift zum Abschlussprüfungsreformgesetz.** § 52 Absatz 1 des Gesetzes betreffend die Gesellschaften mit beschränkter Haftung[2)] in Verbindung mit § 100 Absatz 5 und § 107 Absatz 4 des Aktiengesetzes[3)], jeweils in der Fassung des Abschlussprüfungsreformgesetzes vom 10. Mai 2016 (BGBl. I S. 1142) müssen so lange nicht angewandt werden, wie alle Mitglieder des Aufsichtsrats und des Prüfungsausschusses vor dem 17. Juni 2016 bestellt worden sind.

---

1) § 4 angef. mWv 29.5.2009 durch G v. 25.5.2009 (BGBl. I S. 1102).
2) Nr. **52**.
3) Nr. **51**.
4) § 5 angef. mWv 1.5.2015 durch G v. 24.4.2015 (BGBl. I S. 642); Sätze 1 und 2 geänd. mWv 31.12.2015 durch G v. 22.12.2015 (BGBl. I S. 2565); Sätze 1 und 2 geänd. mWv 12.8.2021 durch G v. 7.8.2021 (BGBl. I S. 3311).
5) § 6 angef. mWv 23.7.2015 durch G v. 17.7.2015 (BGBl. I S. 1245).
6) § 7 angef. mWv 17.6.2016 durch G v. 10.5.2016 (BGBl. I S. 1142).

**§ 8[1] Übergangsvorschrift zum Gesetz zur Umsetzung der Vierten EU-Geldwäscherichtlinie, zur Ausführung der EU-Geldtransferverordnung und zur Neuorganisation der Zentralstelle für Finanztransaktionsuntersuchungen.** § 8 Absatz 1 Nummer 3 und § 40 Absatz 1 Satz 1 bis 3 des Gesetzes betreffend die Gesellschaften mit beschränkter Haftung[2] in der Fassung des Gesetzes zur Umsetzung der Vierten EU-Geldwäscherichtlinie, zur Ausführung der EU-Geldtransferverordnung und zur Neuorganisation der Zentralstelle für Finanztransaktionsuntersuchungen vom 23. Juni 2017 (BGBl. I S. 1822) finden auf Gesellschaften mit beschränkter Haftung, die am 26. Juni 2017 in das Handelsregister eingetragen sind, mit der Maßgabe Anwendung, dass die geänderten Anforderungen an den Inhalt der Liste der Gesellschafter erst dann zu beachten sind, wenn aufgrund einer Veränderung nach § 40 Absatz 1 Satz 1 des Gesetzes betreffend die Gesellschaften mit beschränkter Haftung in der vor dem 26. Juni 2017 geltenden Fassung eine Liste einzureichen ist.

**§ 9[3] Übergangsvorschrift zum Finanzmarktintegritätsstärkungsgesetz.**

(1) [1]Die §§ 86 und 87 des Gesetzes betreffend die Gesellschaften mit beschränkter Haftung[2] in der ab dem 1. Juli 2021 geltenden Fassung sind erstmals auf alle gesetzlich vorgeschriebenen Abschlussprüfungen für das nach dem 31. Dezember 2021 beginnende Geschäftsjahr anzuwenden. [2]Die in Satz 1 genannten Vorschriften in der bis einschließlich 30. Juni 2021 geltenden Fassung sind letztmals anzuwenden auf alle gesetzlich vorgeschriebenen Abschlussprüfungen für das vor dem 1. Januar 2022 beginnende Geschäftsjahr.

(2) § 57f Absatz 3 des Gesetzes betreffend die Gesellschaften mit beschränkter Haftung in der ab dem 1. Juli 2021 geltenden Fassung ist erstmals auf Prüfer, die für das nach dem 31. Dezember 2021 beginnende Geschäftsjahr gewählt werden, anzuwenden.

**§ 10[4] Übergangsvorschrift zum Gesetz zur Ergänzung und Änderung der Regelungen für die gleichberechtigte Teilhabe von Frauen an Führungspositionen in der Privatwirtschaft und im öffentlichen Dienst.**

(1) Die §§ 36 und 52 Absatz 2 des Gesetzes betreffend die Gesellschaften mit beschränkter Haftung[2] in der vom 12. August 2021 an geltenden Fassung finden erstmals auf die Festlegung von Zielgrößen ab dem 12. August 2021 Anwendung.

(2) [1]Das Beteiligungsgebot nach § 77a Absatz 2 des Gesetzes betreffend die Gesellschaften mit beschränkter Haftung in der vom 12. August 2021 an geltenden Fassung ist ab dem 1. August 2022 bei der Bestellung einzelner oder mehrerer Geschäftsführer anzuwenden. [2]Bestehende Mandate können bis zu ihrem vorgesehenen Ende wahrgenommen werden.

(3) [1]Der jeweilige Mindestanteil von Frauen und Männern im Aufsichtsrat nach § 77a Absatz 3 des Gesetzes betreffend die Gesellschaften mit beschränkter Haftung in der vom 12. August 2021 an geltenden Fassung ist bei erforderlich werdenden Besetzungen einzelner oder mehrerer Sitze ab dem 1. April 2022 zu beachten. [2]Reicht die Anzahl der zu besetzenden Sitze nicht aus, um den Mindestanteil zu erreichen, sind diese Sitze mit Personen des unterrepräsentierten Geschlechts zu

---

[1] § 8 angef. mWv *26.6.2017 durch G v. 23.6.2017 (BGBl. I S. 1822).*
[2] Nr. 52.
[3] § 9 angef. mWv 1.7.2021 durch G v. 3.6.2021 (BGBl. I S. 1534).
[4] *§ 10 angef. mWv 12.8.2021 durch G v. 7.8.2021 (BGBl. I S. 3311).*

besetzen, um dessen Anteil sukzessive zu steigern. [3] Bestehende Mandate können bis zu ihrem vorgesehenen Ende wahrgenommen werden.

**§ 11[1)] Übergangsvorschriften zum Gesetz zur Umsetzung der Digitalisierungsrichtlinie.** (1) § 6 Absatz 2 Satz 3, § 8 Absatz 3 Satz 1, § 39 Absatz 3 Satz 1, § 66 Absatz 4 und § 67 Absatz 3 Satz 1 des Gesetzes betreffend die Gesellschaften mit beschränkter Haftung[2)] in der ab dem 1. August 2022 geltenden Fassung sind erstmals ab dem 1. August 2023 anzuwenden.

(2) [1] § 58d Absatz 2 Satz 4 des Gesetzes betreffend die Gesellschaften mit beschränkter Haftung in der ab dem 1. August 2022 geltenden Fassung ist erstmals auf Jahresabschlüsse für das nach dem 31. Dezember 2021 beginnende Geschäftsjahr anzuwenden. [2] § 58d Absatz 2 Satz 4 des Gesetzes betreffend die Gesellschaften mit beschränkter Haftung in der bis einschließlich 31. Juli 2022 geltenden Fassung ist letztmals anzuwenden auf Jahresabschlüsse für das vor dem 1. Januar 2022 beginnende Geschäftsjahr.

---

[1)] § 11 angef. mWv 1.8.2022 durch G v. 5.7.2021 (BGBl. I S. 3338).
[2)] Nr. **52**.

# 52a. Umwandlungsgesetz (UmwG)[1]

Vom 28. Oktober 1994
(BGBl. I S. 3210, ber. 1995 I S. 428)

**FNA 4120-9-2**

| Lfd. Nr. | Änderndes Gesetz | Datum | Fundstelle | Betroffen | Hinweis |
|---|---|---|---|---|---|
| 1. | Art. 2 StückaktienG | 25.3.1998 | BGBl. I S. 590 | §§ 15, 46, 51, 67, 68, 69, 241, 242, 243, 258, 263, 267, 269, 273, 276, 291, 294 | geänd. mWv 1.4.1998 |
| 2. | Art. 3 § 4 Euro-EinführungsG | 9.6.1998 | BGBl. I S. 1242 | §§ 46, 54, 55, 243, 258, 263, 273, 318 | geänd. mWv 1.1.1999 |
| 3. | Art. 7 HandelsrechtsreformG | 22.6.1998 | BGBl. I S. 1474 | §§ 18, 122, 200, 228 | geänd. mWv 1.7.1998 |
| 4. | Art. 1 G zur Änd. des UmwandlungsG, des PartnerschaftsgesellschaftsG und anderer Gesetze | 22.7.1998 | BGBl. I S. 1878 | Inhaltsübersicht, §§ 2, 3, 5, 16, 18, 26, 29, 37, 2. Buch 2. Teil 1. Abschnitt Überschrift, §§ 43, 46, 51, 52, 57, 69, 74, 80, 99, 104, 126, 130, 131, 137, 191, 200, 5. Buch 2. Teil 1. Abschnitt Überschrift, §§ 217, 226, 228, 233, 234, 270, 282, 290, 300, 307, 313, 315, 316 | geänd. mWv 1.8.1998 |
| | | | | §§ 33, 211 | neu gef. mWv 1.8.1998 |
| | | | | 2. Buch 2. Teil 1. Abschnitt 1. UAbschnitt Überschrift, 2. UAbschnitt (§§ 45a–45e), 5. Buch 2. Teil 1. Abschnitt 1. UAbschnitt Überschrift, 2. UAbschnitt (§§ 225a–225c) | eingef. mWv 1.8.1998 |
| 5. | Art. 5 NamensaktienG | 18.1.2001 | BGBl. I S. 123 | § 316 | geänd. mWv 25.1.2001 |
| 6. | Art. 26 G RechtsgeschäftsmodernisierungsG | 13.7.2001 | BGBl. I S. 1542 | §§ 89, 182, 216, 230, 256, 260, 267 | geänd. mWv 1.8.2001 |
| 7. | Art. 3 BetrVerf-ReformG | 23.7.2001 | BGBl. I S. 1852 | § 322 | geänd. mWv 28.7.2001 |
| | | | | § 321 | aufgeh. mWv 28.7.2001 |
| 8. | Art. 5 Abs. 17 SchuldrechtsmodernisierungsG[2] | 26.11.2001 | BGBl. I S. 3138 | §§ 45, 133, 157, 224 | geänd. mWv 1.1.2002 |
| 9. | Art. 5 G zur Änd. des SeemannsG u. anderer G[3] | 23.3.2002 | BGBl. I S. 1163 | § 324 | geänd. mWv 1.4.2002 |

[1] Verkündet als Art. 1 UmwandlungsrechtsbereinigungsG v. 28.10.1994 (BGBl. I S. 3210); Inkrafttreten gem. Art. 20 dieses G am 1.1.1995.

[2] **Amtl. Anm.:** *(abgedruckt in Änderungstabelle Nr.* **50***)*

[3] **Amtl. Anm.:** […] Artikel 4 und 5 des Gesetzes dienen der Umsetzung der Richtlinie 2001/23/EG des Rates vom 12. März 2001 zur Angleichung der Rechtsvorschriften der Mitgliedstaaten über die Wahrung von Ansprüchen der Arbeitnehmer beim Übergang von Unternehmen, Betrieben oder Unternehmens- oder Betriebsteilen (ABl. EG Nr. L 82 S. 16) betreffend Artikel 7 Abs. 6.

| Lfd. Nr. | Änderndes Gesetz | Datum | Fundstelle | Betroffen | Hinweis |
|---|---|---|---|---|---|
| 10. | Art. 4 Spruchverfahrensneuordnungs G | 12.6.2003 | BGBl. I S. 838 | Inhaltsübersicht, §§ 10, 15, 34, 60, 196, 212, 7. und 8. Buch | geänd. mWv 1.9.2003 |
| | | | | 6. Buch (§§ 305–312) | aufgeh. mWv 1.9.2003 |
| 11. | Art. 8 Abs. 10 BilanzrechtsreformG | 4.12.2004 | BGBl. I S. 3166 | §§ 11, 313 | geänd. mWv 10.12.2004 |
| 12. | Art. 10 G zur Anpassung von Verjährungsvorschriften an das SchuldrechtsmodernisierungsG | 9.12.2004 | BGBl. I S. 3214 | § 93 | geänd. mWv 15.12.2004 |
| 13. | Art. 14 SCE-EinführungsG | 14.8.2006 | BGBl. I S. 1911 | §§ 1, 2, 26, 37, 57, 74, 79, 80, 81, 82, 84, 85, 87, 88, 89, 90, 92, 93, 95, 97, 98, 107, 130, 137, 147, 148, 200, 218, 222, 252, 253, 254, 255, 256, 258, 259, 260, 262, 263, 264, 270, 271, 284, 288, 289, 315 | geänd. mWv 18.8.2006 |
| 14. | Art. 8 G über elektronische Handelsregister und Genossenschaftsregister sowie das Unternehmensregister | 10.11. 2006 | BGBl. I S. 2553 | §§ 15, 19, 22, 25, 26, 27, , 31, 45, 61, 87, 88, 91, 94, 95, 104, 111, 117, 118, 119, 130, 133, 137, 157, 186, 187, 188, 201, 205, 209, 224, 231, 256, 271, 287, 319 | geänd. mWv 1.1.2007 |
| | | | | §§ 77, 279, 297 | aufgeh. mWv 1.1.2007 |
| 15. | Art. 1 Zweites ÄndG[1] | 19.4.2007 | BGBl. I S. 542 | Inhaltsübersicht, §§ 4, 16, 17, 19, 29, 35, 44, 48, 51, 52, 54, 59, 67, 68, 105, 125, 130, 131, 133, 134, 141, 151, 192, 197, 198, 213, 228, 234, 238, 245, 247, 251, 260, 274, 283, 316 | geänd. mWv 25.4.2007 |
| | | | | 2. Buch 2. Teil 10. Abschnitt (§§ 122a–122l), § 314a | eingef. mWv 25.4.2007 |
| | | | | § 132 | aufgeh. mWv 25.4.2007 |
| 16. | Art. 17 G zur Modernisierung des GmbH-Rechts und zur Bekämpfung von Missbräuchen | 23.10. 2008 | BGBl. I S. 2026 | §§ 46, 51, 54, 55, 241, 242, 243, 258, 273 | geänd. mWv 1.11.2008 |
| 17. | Art. 73 FGG-ReformG | 17.12. 2008 | BGBl. I S. 2586 | §§ 10, 26 | geänd. mWv 1.9.2009 |
| 18. | Art. 13 Abs. 4 BilanzrechtsmodernisierungsG | 25.5.2009 | BGBl. I S. 1102 | § 11 | geänd. mWv 29.5.2009 |

[1] **Amtl. Anm.:** Artikel 1 dieses Gesetzes dient, soweit er Regelungen über die grenzüberschreitende Verschmelzung von Kapitalgesellschaften enthält, der Umsetzung der Richtlinie 2005/56/EG des Europäischen Parlaments und des Rates vom 26. Oktober 2005 über die Verschmelzung von Kapitalgesellschaften aus verschiedenen Mitgliedstaaten (ABl. EU Nr. L 310 S. 1).

| Lfd. Nr. | Änderndes Gesetz | Datum | Fundstelle | Betroffen | Hinweis |
|---|---|---|---|---|---|
| 19. | Art. 4 G zur Umsetzung der AktionärsrechteRL (ARUG)[1] | 30.7.2009 | BGBl. I S. 2479 | §§ 15, 16, 17, 62, 63, 64, 69, 87, 199, 230, 232, 251, 256, 260, 274, 283, 292 | geänd. mWv 1.9.2009 |
| | | | | § 321 | eingef. mWv 1.9.2009 |
| 20. | Art. 5 G zur Erleichterung elektronischer Anmeldungen zum Vereinsregister und anderer vereinsrechtl. Änd. | 24.9.2009 | BGBl. I S. 3145 | §§ 103, 275 | geänd. mWv 30.9.2009 |
| 21. | Art. 1 Drittes G zur Änd. des UmwandlungsG[2] | 11.7.2011 | BGBl. I S. 1338 | §§ 52, 56, 62, 63, 64, 69, 75, 82, 101, 112, 125, 230, 313, 321 | geänd. mWv 15.7.2011 |
| | | | | § 143 | neu gef. mWv 15.7.2011 |
| 22. | Art. 2 Abs. 48 G zur Änd. von Vorschriften über Verkündung und Bekanntmachungen sowie der ZPO, des EGZPO und der AO | 22.12. 2011 | BGBl. I S. 3044 | §§ 26, 31, 104, 118, 119, 186, 187, 188, 209, 231 | geänd. mWv 1.4.2012 |
| 23. | Art. 2 Abs. 32 G zur Modernisierung der Finanzaufsicht über Versicherungen | 1.4.2015 | BGBl. I S. 434 | §§ 118, 291, 315 | geänd. mWv 1.1.2016 |
| 24. | Art. 22 G für die gleichberechtigte Teilhabe von Frauen und Männern an Führungspositionen in der Privatwirtschaft und im öffentlichen Dienst | 24.4.2015 | BGBl. I S. 642 | § 76 | geänd. mWv 1.5.2015 |
| 25. | Art. 24 Abs. 15 Zweites FinanzmarktnovellierungsG | 23.6.2017 | BGBl. I S. 1693 | § 63 | geänd. mWv 3.1.2018 |
| 26. | Art. 5 G zum Bürokratieabbau und zur Förderung der Transparenz bei Genossenschaften | 17.7.2017 | BGBl. I S. 2434 | §§ 82, 105, 260 | geänd. mWv 22.7.2017 |
| 27. | Art. 1 Viertes ÄndG | 19.12. 2018 | BGBl. I S. 2694 | Inhaltsübersicht, Überschrift 2. Buch 2. Teil 10. Abschnitt, §§ 122a, 122b, 122c, 122e, 122f | geänd. mWv 1.1.2019 |
| | | | | § 122m | eingef. mWv 1.1.2019 |
| 28. | Art. 14 FinanzmarktintegritätsstärkungsG | 3.6.2021 | BGBl. I S. 1534 | §§ 11, 321 | geänd. mWv 1.7.2021 |
| 29. | Art. 17 G zur Umsetzung der Digitalisierungsrichtlinie (DiRUG)[3] | 5.7.2021 | BGBl. I S. 3338 | §§ 19, 22, 137, 201 | geänd. mWv 1.8.2022 |

[1] **Amtl. Anm.:** *(abgedruckt in Änderungstabelle Nr.* **51***)*

[2] **Amtl. Anm.:** Artikel 1 und 2 dieses Gesetzes dienen der Umsetzung der Richtlinie 2009/109/EG des Europäischen Parlaments und des Rates vom 16. September 2009 zur Änderung der Richtlinien 77/91/EWG, 78/855/EWG und 82/891/EWG des Rates sowie der Richtlinie 2005/56/EG hinsichtlich der Berichts- und Dokumentationspflicht bei Verschmelzungen und Spaltungen (ABl. L 259 vom 2.10.2009, S. 14).

[3] **Amtl. Anm.:** Dieses Gesetz dient der Umsetzung der Richtlinie (EU) 2019/1151 des Europäischen Parlaments und des Rates vom 20. Juni 2019 zur Änderung der Richtlinie (EU) 2017/1132 im Hinblick auf den Einsatz digitaler Werkzeuge und Verfahren im Gesellschaftsrecht (ABl. L 186 vom 11.7.2019, S. 80).

| Lfd. Nr. | Änderndes Gesetz | Datum | Fundstelle | Betroffen | Hinweis |
|---|---|---|---|---|---|
| 30. | Art. 60 PersonengesellschaftsrechtsmodernisierungsG (MoPeG) | 10.8.2021 | BGBl. I S. 3436 | Inhaltsübersicht, §§ 3, 16, 2. Buch 2. Teil 1. Abschnitt 2. und 3. UAbschnitt Überschrift, §§ 45c, 45e, 51, 52, 69, 122f, 157, 191, 224, 228, 234 | geänd. mWv 1.1.2024 |
| | | | | §§ 41, 42, 5. Buch 2. Teil 1. Abschnitt 1. UAbschnitt Überschrift, §§ 214, 235 | neu gef. mWv 1.1.2024 |
| | | | | 2. Buch 2. Teil 1. Abschnitt 1. UAbschnitt (§§ 39, 39a, 39b, 39c, 39d, 39e, 39f) | eingef. mWv 1.1.2024 |
| | | | | Bish. § 39, §§ 43, 44, 45 | aufgeh. mit Ablauf des 31.12. 2023 |
| 31. | Art. 1 G zur Umsetzung der UmwandlungsRL und zur Änd. weiterer Gesetze[1] | 22.2.2023 | BGBl. 2023 I Nr. 51 | Inhaltsübersicht, §§ 8, 9, 12, 14, 15, 17, 29, 32, 33, 34, 48, 55, 60, 61, 62, 63, 64, 69, 73, 76, 85, 116, 127, 133, 135, 142, 192, 193, 194, 195, 196, 199, 202, 203, 207, 210, 212, 214, 215, 216, 217, 218, 221, 225a, 225b, 226, 230, 232, 233, 234, 239, 240, 241, 242, 243, 244, 252, 253, 255, 258, 261, 262, 263, 270, 272, 275, 276, 284, 285, 288, 291, 293, 294, 7. Buch Überschrift, §§ 346, 347, 348, 349, 350, 8. Buch Überschrift, §§ 351, 352, 353, 354, 355 | geänd. mWv 1.3.2023 |
| | | | | §§ 125, 132, 211 | neu gef. mWv 1.3.2023 |
| | | | | §§ 35a, 72a, 72b, 132a, 142a, 248a, 6. Buch (§§ 305–345), § 355 | eingef. mWv 1.3.2023 |
| | | | | 2. Buch 2. Teil 10. Abschnitt (§§ 122a–122m) | aufgeh. mit Ablauf des 28.2. 2023 |

**Vorbemerkung:**
**Die Änderungen durch G v. 10.8.2021 (BGBl. I S. 3436) treten erst mWv 1.1.2024 in Kraft und sind im Text noch nicht berücksichtigt.**

[1] **Amtl. Anm.:** Die Artikel 1, 2, 3, 7, 8 und 9 dieses Gesetzes dienen der Umsetzung der Richtlinie (EU) 2019/2121 des Europäischen Parlaments und des Rates vom 27. November 2019 zur Änderung der Richtlinie (EU) 2017/1132 in Bezug auf grenzüberschreitende Umwandlungen, Verschmelzungen und Spaltungen (ABl. L 321 vom 12.12.2019, S. 1; L 20 vom 24.1.2020, S. 24).

## Inhaltsübersicht[1)]



[1)] Inhaltsübersicht geänd. mWv 1.8.1998 durch G v. 22.7.1998 (BGBl. I S. 1878); mWv 1.9.2003 durch G v. 12.6.2003 (BGBl. I S. 838); mWv 25.4.2007 durch G v. 19.4.2007 (BGBl. I S. 542); mWv 1.1.2019 durch G v. 19.12.2018 (BGBl. I S. 2694); mWv 1.3.2023 durch G v. 22.2.2023 (BGBl. 2023 I Nr. 51).

## Erstes Buch. Möglichkeiten von Umwandlungen

**§ 1[1] Arten der Umwandlung; gesetzliche Beschränkungen** (1) Rechtsträger mit Sitz im Inland können umgewandelt werden

1. durch Verschmelzung;
2. durch Spaltung (Aufspaltung, Abspaltung, Ausgliederung);
3. durch Vermögensübertragung;
4. durch Formwechsel.

(2) Eine Umwandlung im Sinne des Absatzes 1 ist außer in den in diesem Gesetz geregelten Fällen nur möglich, wenn sie durch ein anderes Bundesgesetz oder ein Landesgesetz ausdrücklich vorgesehen ist.

(3) [1] Von den Vorschriften dieses Gesetzes kann nur abgewichen werden, wenn dies ausdrücklich zugelassen ist. [2] Ergänzende Bestimmungen in Verträgen, Satzungen oder Willenserklärungen sind zulässig, es sei denn, daß dieses Gesetz eine abschließende Regelung enthält.

## Zweites Buch. Verschmelzung

### Erster Teil. Allgemeine Vorschriften

#### Erster Abschnitt. Möglichkeit der Verschmelzung

**§ 2[2] Arten der Verschmelzung.** Rechtsträger können unter Auflösung ohne Abwicklung verschmolzen werden

1. im Wege der Aufnahme durch Übertragung des Vermögens eines Rechtsträgers oder mehrerer Rechtsträger (übertragende Rechtsträger) als Ganzes auf einen anderen bestehenden Rechtsträger (übernehmender Rechtsträger) oder
2. im Wege der Neugründung durch Übertragung der Vermögen zweier oder mehrerer Rechtsträger (übertragende Rechtsträger) jeweils als Ganzes auf einen neuen, von ihnen dadurch gegründeten Rechtsträger

gegen Gewährung von Anteilen oder Mitgliedschaften des übernehmenden oder neuen Rechtsträgers an die Anteilsinhaber (Gesellschafter, Partner, Aktionäre oder Mitglieder) der übertragenden Rechtsträger.

**§ 3[3] Verschmelzungsfähige Rechtsträger.** (1) An Verschmelzungen können als übertragende, übernehmende oder neue Rechtsträger beteiligt sein:

1. Personenhandelsgesellschaften (offene Handelsgesellschaften, Kommanditgesellschaften) und Partnerschaftsgesellschaften;
2. Kapitalgesellschaften (Gesellschaften mit beschränkter Haftung, Aktiengesellschaften, Kommanditgesellschaften auf Aktien);
3. eingetragene Genossenschaften;
4. eingetragene Vereine (§ 21 des Bürgerlichen Gesetzbuchs[4]);
5. genossenschaftliche Prüfungsverbände;
6. Versicherungsvereine auf Gegenseitigkeit.

---

[1] § 1 Abs. 3 Satz 2 geänd. mWv 18.8.2006 durch G v. 14.8.2006 (BGBl. I S. 1911).

[2] § 2 geänd. mWv 1.8.1998 durch G v. 22.7.1998 (BGBl. I S. 1878); geänd. mWv 18.8.2006 durch G v. 14.8.2006 (BGBl. I S. 1911).

[3] § 3 Abs. 1 Nr. 1 geänd. mWv 1.8.1998 durch G v. 22.7.1998 (BGBl. I S. 1878).

[4] Nr. **20**.

(2) An einer Verschmelzung können ferner beteiligt sein:

1. wirtschaftliche Vereine (§ 22 des Bürgerlichen Gesetzbuchs), soweit sie übertragender Rechtsträger sind;
2. natürliche Personen, die als Alleingesellschafter einer Kapitalgesellschaft deren Vermögen übernehmen.

(3) An der Verschmelzung können als übertragende Rechtsträger auch aufgelöste Rechtsträger beteiligt sein, wenn die Fortsetzung dieser Rechtsträger beschlossen werden könnte.

(4) Die Verschmelzung kann sowohl unter gleichzeitiger Beteiligung von Rechtsträgern derselben Rechtsform als auch von Rechtsträgern unterschiedlicher Rechtsform erfolgen, soweit nicht etwas anderes bestimmt ist.

### Zweiter Abschnitt. Verschmelzung durch Aufnahme

**§ 4[1] Verschmelzungsvertrag.** (1) [1] Die Vertretungsorgane der an der Verschmelzung beteiligten Rechtsträger schließen einen Verschmelzungsvertrag. [2] § 311b Abs. 2 des Bürgerlichen Gesetzbuchs[2] gilt für ihn nicht.

(2) Soll der Vertrag nach einem der nach § 13 erforderlichen Beschlüsse geschlossen werden, so ist vor diesem Beschluß ein schriftlicher Entwurf des Vertrags aufzustellen.

**§ 5[3] Inhalt des Verschmelzungsvertrags.** (1) Der Vertrag oder sein Entwurf muß mindestens folgende Angaben enthalten:

1. den Namen oder die Firma und den Sitz der an der Verschmelzung beteiligten Rechtsträger;
2. die Vereinbarung über die Übertragung des Vermögens jedes übertragenden Rechtsträgers als Ganzes gegen Gewährung von Anteilen oder Mitgliedschaften an dem übernehmenden Rechtsträger;
3. das Umtauschverhältnis der Anteile und gegebenenfalls die Höhe der baren Zuzahlung oder Angaben über die Mitgliedschaft bei dem übernehmenden Rechtsträger;
4. die Einzelheiten für die Übertragung der Anteile des übernehmenden Rechtsträgers oder über den Erwerb der Mitgliedschaft bei dem übernehmenden Rechtsträger;
5. den Zeitpunkt, von dem an diese Anteile oder die Mitgliedschaften einen Anspruch auf einen Anteil am Bilanzgewinn gewähren, sowie alle Besonderheiten in bezug auf diesen Anspruch;
6. den Zeitpunkt, von dem an die Handlungen der übertragenden Rechtsträger als für Rechnung des übernehmenden Rechtsträgers vorgenommen gelten (Verschmelzungsstichtag);
7. die Rechte, die der übernehmende Rechtsträger einzelnen Anteilsinhabern sowie den Inhabern besonderer Rechte wie Anteile ohne Stimmrecht, Vorzugsaktien, Mehrstimmrechtsaktien, Schuldverschreibungen und Genußrechte gewährt, oder die für diese Personen vorgesehenen Maßnahmen;
8. jeden besonderen Vorteil, der einem Mitglied eines Vertretungsorgans oder eines Aufsichtsorgans der an der Verschmelzung beteiligten Rechtsträger, einem ge-

[1] § 4 Abs. 1 Satz 2 geänd. mWv 25.4.2007 durch G v. 19.4.2007 (BGBl. I S. 542).
[2] Nr. **20**.
[3] § 5 Abs. 1 Nr. 8 geänd. mWv 1.8.1998 durch G v. 22.7.1998 (BGBl. I S. 1878).

schäftsführenden Gesellschafter, einem Partner, einem Abschlußprüfer oder einem Verschmelzungsprüfer gewährt wird;

9. die Folgen der Verschmelzung für die Arbeitnehmer und ihre Vertretungen sowie die insoweit vorgesehenen Maßnahmen.

(2) Befinden sich alle Anteile eines übertragenden Rechtsträgers in der Hand des übernehmenden Rechtsträgers, so entfallen die Angaben über den Umtausch der Anteile (Absatz 1 Nr. 2 bis 5), soweit sie die Aufnahme dieses Rechtsträgers betreffen.

(3) Der Vertrag oder sein Entwurf ist spätestens einen Monat vor dem Tage der Versammlung der Anteilsinhaber jedes beteiligten Rechtsträgers, die gemäß § 13 Abs. 1 über die Zustimmung zum Verschmelzungsvertrag beschließen soll, dem zuständigen Betriebsrat dieses Rechtsträgers zuzuleiten.

**§ 6 Form des Verschmelzungsvertrags.** Der Verschmelzungsvertrag muß notariell beurkundet werden.

**§ 7 Kündigung des Verschmelzungsvertrags.** [1] Ist der Verschmelzungsvertrag unter einer Bedingung geschlossen worden und ist diese binnen fünf Jahren nach Abschluß des Vertrags nicht eingetreten, so kann jeder Teil den Vertrag nach fünf Jahren mit halbjähriger Frist kündigen; im Verschmelzungsvertrag kann eine kürzere Zeit als fünf Jahre vereinbart werden. [2] Die Kündigung kann stets nur für den Schluß des Geschäftsjahres des Rechtsträgers, dem gegenüber sie erklärt wird, ausgesprochen werden.

**§ 8[1)] Verschmelzungsbericht.** (1) [1] Die Vertretungsorgane jedes der an der Verschmelzung beteiligten Rechtsträger haben einen ausführlichen schriftlichen Bericht (Verschmelzungsbericht) zu erstatten, in dem Folgendes rechtlich und wirtschaftlich erläutert und begründet wird:

1. die Verschmelzung,
2. der Verschmelzungsvertrag oder sein Entwurf im Einzelnen, insbesondere
   a) das Umtauschverhältnis der Anteile einschließlich der zu seiner Ermittlung gewählten Bewertungsmethoden oder die Angaben über die Mitgliedschaft bei dem übernehmenden Rechtsträger sowie
   b) die Höhe einer anzubietenden Barabfindung einschließlich der zu ihrer Ermittlung gewählten Bewertungsmethoden.

[2] Der Verschmelzungsbericht kann von den Vertretungsorganen auch gemeinsam erstattet werden. [3] Auf besondere Schwierigkeiten bei der Bewertung der Rechtsträger sowie auf die Folgen für die Beteiligung der Anteilsinhaber ist hinzuweisen. [4] Ist ein an der Verschmelzung beteiligter Rechtsträger ein verbundenes Unternehmen im Sinne des § 15 des Aktiengesetzes[2)], so sind in dem Bericht auch Angaben über alle für die Verschmelzung wesentlichen Angelegenheiten der anderen verbundenen Unternehmen zu machen. [5] Auskunftspflichten der Vertretungsorgane erstrecken sich auch auf diese Angelegenheiten.

---

[1)] § 8 Abs. 1 Satz 1 neu gef., Satz 2 eingef., bish. Sätze 2–4 werden Sätze 3–5, Abs. 3 Satz 1 geänd., Satz 3 angef. mWv 1.3.2023 durch G v. 22.2.2023 (BGBl. 2023 I Nr. 51).

[2)] Nr. **51**.

(2) [1] In den Bericht brauchen Tatsachen nicht aufgenommen zu werden, deren Bekanntwerden geeignet ist, einem der beteiligten Rechtsträger oder einem verbundenen Unternehmen einen nicht unerheblichen Nachteil zuzufügen. [2] In diesem Falle sind in dem Bericht die Gründe, aus denen die Tatsachen nicht aufgenommen worden sind, darzulegen.

(3) [1] Der Bericht ist nicht erforderlich, wenn alle Anteilsinhaber des beteiligten Rechtsträgers auf seine Erstattung verzichten. [2] Die Verzichtserklärungen sind notariell zu beurkunden. [3] Der Bericht ist ferner nicht erforderlich

1. für den übertragenden und den übernehmenden Rechtsträger, wenn
   a) sich alle Anteile des übertragenden Rechtsträgers in der Hand des übernehmenden Rechtsträgers befinden oder
   b) sich alle Anteile des übertragenden und des übernehmenden Rechtsträgers in der Hand desselben Rechtsträgers befinden, sowie
2. für denjenigen an der Verschmelzung beteiligten Rechtsträger, der nur einen Anteilsinhaber hat.

**§ 9[1)] Prüfung der Verschmelzung.** (1) Soweit in diesem Gesetz vorgeschrieben, ist der Verschmelzungsvertrag oder sein Entwurf durch einen oder mehrere sachverständige Prüfer (Verschmelzungsprüfer) zu prüfen.

(2) § 8 Abs. 3 ist entsprechend anzuwenden.

**§ 10[2)] Bestellung der Verschmelzungsprüfer.** (1) [1] Die Verschmelzungsprüfer werden auf Antrag des Vertretungsorgans vom Gericht ausgewählt und bestellt. [2] Sie können auf gemeinsamen Antrag der Vertretungsorgane für mehrere oder alle beteiligten Rechtsträger gemeinsam bestellt werden. [3] Für den Ersatz von Auslagen und für die Vergütung der vom Gericht bestellten Prüfer gilt § 318 Abs. 5 des Handelsgesetzbuchs[3)].

(2) [1] Zuständig ist jedes Landgericht, in dessen Bezirk ein übertragender Rechtsträger seinen Sitz hat. [2] Ist bei dem Landgericht eine Kammer für Handelssachen gebildet, so entscheidet deren Vorsitzender an Stelle der Zivilkammer.

(3) Auf das Verfahren ist das Gesetz über das Verfahren in Familiensachen und in den Angelegenheiten der freiwilligen Gerichtsbarkeit[4)] anzuwenden, soweit in den folgenden Absätzen nichts anderes bestimmt ist.

(4) [1] Gegen die Entscheidung findet die Beschwerde statt. [2] Sie kann nur durch Einreichung einer von einem Rechtsanwalt unterzeichneten Beschwerdeschrift eingelegt werden.

(5) [1] Die Landesregierung kann die Entscheidung über die Beschwerde durch Rechtsverordnung für die Bezirke mehrerer Oberlandesgerichte einem der Oberlandesgerichte oder dem Obersten Landesgericht übertragen, wenn dies der Sicherung einer einheitlichen Rechtsprechung dient. [2] Die Landesregierung kann die Ermächtigung auf die Landesjustizverwaltung übertragen.

---

[1)] § 9 Abs. 2 aufgeh., bisH. Abs. 3 wird Abs. 2 mWv 1.3.2023 durch G v. 22.2.2023 (BGBl. 2023 I Nr. 51).

[2)] § 10 Abs. 4–7 angef. mWv 18.6.2003, Abs. 1 Sätze 1 und 2 sowie Abs. 3 neu gef. mWv 1.9.2003 durch G v. 12.6.2003 (BGBl. I S. 838); Abs. 3 geänd., Abs. 4 und 6 aufgeh., bish. Abs. 5 wird Abs. 4 und Satz 1 geänd., bish. Abs. 7 wird Abs 5 mWv 1.9.2009 durch G v. 17.12.2008 (BGBl. I S. 2586).

[3)] Nr. **50**.

[4)] Nr. **112**.

**§ 11[1)] Stellung und Verantwortlichkeit der Verschmelzungsprüfer.**

(1) [1] Für die Auswahl und das Auskunftsrecht der Verschmelzungsprüfer gelten § 319 Abs. 1 bis 4, § 319b Abs. 1, § 320 Abs. 1 Satz 2 und Abs. 2 Satz 1 und 2 des Handelsgesetzbuchs[2)] entsprechend. [2] Soweit Rechtsträger betroffen sind, die Unternehmen von öffentlichem Interesse nach § 316a Satz 2 des Handelsgesetzbuchs sind, gilt für die Auswahl der Verschmelzungsprüfer neben Satz 1 auch Artikel 5 Absatz 1 der Verordnung (EU) Nr. 537/2014 des Europäischen Parlaments und des Rates vom 16. April 2014 über spezifische Anforderungen an die Abschlussprüfung bei Unternehmen von öffentlichem Interesse und zur Aufhebung des Beschlusses 2005/909/EG der Kommission (ABl. L 158 vom 27.5.2014, S. 77; L 170 vom 11.6.2014, S. 66) entsprechend mit der Maßgabe, dass an die Stelle der in Artikel 5 Absatz 1 Unterabsatz 1 Buchstabe a und b der Verordnung (EU) Nr. 537/2014 genannten Zeiträume der Zeitraum zwischen dem Beginn des Geschäftsjahres, welches dem Geschäftsjahr vorausgeht, in dem der Verschmelzungsvertrag geschlossen wurde, und dem Zeitpunkt, in dem der Verschmelzungsprüfer den Prüfungsbericht nach § 12 erstattet hat, tritt. [3] Soweit Rechtsträger betroffen sind, für die keine Pflicht zur Prüfung des Jahresabschlusses besteht, gilt Satz 1 entsprechend. [4] Dabei findet § 267 Abs. 1 bis 3 des Handelsgesetzbuchs für die Umschreibung der Größenklassen entsprechende Anwendung. [5] Das Auskunftsrecht besteht gegenüber allen an der Verschmelzung beteiligten Rechtsträgern und gegenüber einem Konzernunternehmen sowie einem abhängigen und einem herrschenden Unternehmen.

(2) [1] Für die Verantwortlichkeit der Verschmelzungsprüfer, ihrer Gehilfen und der bei der Prüfung mitwirkenden gesetzlichen Vertreter einer Prüfungsgesellschaft gilt § 323 des Handelsgesetzbuchs entsprechend. [2] Die Verantwortlichkeit besteht gegenüber den an der Verschmelzung beteiligten Rechtsträgern und deren Anteilsinhabern.

**§ 12[3)] Prüfungsbericht.** (1) [1] Die Verschmelzungsprüfer haben über das Ergebnis der Prüfung schriftlich zu berichten. [2] Der Prüfungsbericht kann auch gemeinsam erstattet werden.

(2) [1] Der Prüfungsbericht ist mit einer Erklärung darüber abzuschließen, ob das vorgeschlagene Umtauschverhältnis der Anteile, gegebenenfalls die Höhe der baren Zuzahlung oder die Mitgliedschaft bei dem übernehmenden Rechtsträger als Gegenwert angemessen ist. [2] Dabei ist anzugeben,

1. nach welchen Methoden das vorgeschlagene Umtauschverhältnis ermittelt worden ist;
2. aus welchen Gründen die Anwendung dieser Methoden angemessen ist;
3. welches Umtauschverhältnis oder welcher Gegenwert sich bei der Anwendung verschiedener Methoden, sofern mehrere angewandt worden sind, jeweils ergeben würde; zugleich ist darzulegen, welches Gewicht den verschiedenen Methoden bei der Bestimmung des vorgeschlagenen Umtauschverhältnisses oder des Gegenwerts und der ihnen zugrundeliegenden Werte beigemessen worden ist und, falls in den an der Verschmelzung beteiligten Rechtsträgern

---

[1)] § 11 Abs. 1 Satz 1 geänd. mWv 10.12.2004 durch G v. 4.12.2004 (BGBl. I S. 3166); Abs. 1 Satz 1 geänd. mWv 29.5.2009 durch G v. 25.5.2009 (BGBl. I S. 1102); Abs. 1 Satz 1 geänd., Satz 2 eingef., bish. Sätze 2–4 werden Sätze 3–5 mWv 1.7.2021 durch G v. 3.6.2021 (BGBl. I S. 1534).

[2)] Nr. **50**.

[3)] § 12 Abs. 2 Satz 2 Nr. 3 geänd., Nr. 4 angef. mWv 1.3.2023 durch G v. 22.2.2023 (BGBl. 2023 I Nr. 51).

unterschiedliche Methoden verwendet worden sind, ob die Verwendung unterschiedlicher Methoden gerechtfertigt war;

4. welche besonderen Schwierigkeiten bei der Bewertung der Rechtsträger aufgetreten sind.

(3) § 8 Abs. 2 und 3 ist entsprechend anzuwenden.

**§ 13 Beschlüsse über den Verschmelzungsvertrag.** (1) [1] Der Verschmelzungsvertrag wird nur wirksam, wenn die Anteilsinhaber der beteiligten Rechtsträger ihm durch Beschluß (Verschmelzungsbeschluß) zustimmen. [2] Der Beschluß kann nur in einer Versammlung der Anteilsinhaber gefaßt werden.

(2) Ist die Abtretung der Anteile eines übertragenden Rechtsträgers von der Genehmigung bestimmter einzelner Anteilsinhaber abhängig, so bedarf der Verschmelzungsbeschluß dieses Rechtsträgers zu seiner Wirksamkeit ihrer Zustimmung.

(3) [1] Der Verschmelzungsbeschluß und die nach diesem Gesetz erforderlichen Zustimmungserklärungen einzelner Anteilsinhaber einschließlich der erforderlichen Zustimmungserklärungen nicht erschienener Anteilsinhaber müssen notariell beurkundet werden. [2] Der Vertrag oder sein Entwurf ist dem Beschluß als Anlage beizufügen. [3] Auf Verlangen hat der Rechtsträger jedem Anteilsinhaber auf dessen Kosten unverzüglich eine Abschrift des Vertrags oder seines Entwurfs und der Niederschrift des Beschlusses zu erteilen.

**§ 14[1)] Befristung und Ausschluß von Klagen gegen den Verschmelzungsbeschluß.** (1) Eine Klage gegen die Wirksamkeit eines Verschmelzungsbeschlusses muß binnen eines Monats nach der Beschlußfassung erhoben werden.

(2) Eine Klage gegen die Wirksamkeit des Verschmelzungsbeschlusses kann nicht darauf gestützt werden, dass das Umtauschverhältnis der Anteile nicht angemessen ist oder dass die Mitgliedschaft bei dem übernehmenden Rechtsträger kein angemessener Gegenwert für die Anteile oder die Mitgliedschaft bei dem übertragenden Rechtsträger ist.

**§ 15[2)] Verbesserung des Umtauschverhältnisses.** (1) [1] Ist das Umtauschverhältnis der Anteile nicht angemessen oder ist die Mitgliedschaft bei dem übernehmenden Rechtsträger kein angemessener Gegenwert für den Anteil oder für die Mitgliedschaft bei einem übertragenden Rechtsträger, so kann jeder Anteilsinhaber, dessen Recht, gegen die Wirksamkeit des Verschmelzungsbeschlusses Klage zu erheben, nach § 14 Absatz 2 ausgeschlossen ist, von dem übernehmenden Rechtsträger einen Ausgleich durch bare Zuzahlung verlangen; die Zuzahlungen können den zehnten Teil des auf die gewährten Anteile entfallenden Betrags des Grund- oder Stammkapitals übersteigen. [2] Die angemessene Zuzahlung wird auf Antrag durch das Gericht nach den Vorschriften des Spruchverfahrensgesetzes[3)] bestimmt.

(2) [1] Die bare Zuzahlung ist nach Ablauf des Tages, an dem die Eintragung der Verschmelzung in das Register des Sitzes des übernehmenden Rechtsträgers nach § 19 Abs. 3 bekannt gemacht worden ist, mit jährlich 5 Prozentpunkten über dem

---

[1)] § 14 Abs. 2 neu gef. mWv 1.3.2023 durch G v. 22.2.2023 (BGBl. 2023 I Nr. 51).

[2)] § 15 Abs 1 geänd. mWv 1.4.1998 durch G v. 25.3.1998 (BGBl. I S. 590); Abs. 1 Satz 2 angef. mWv 1.9.2003 durch G v. 12.6.2003 (BGBl. I S. 838); Abs. 2 Satz 1 geänd. mWv 1.1.2007 durch G v. 10.11.2006 (BGBl. I S. 2553); Abs. 1 Satz 1 neu gef. mWv 1.3.2023 durch G v. 22.2.2023 (BGBl. 2023 I Nr. 51).

[3)] **Habersack, Deutsche Gesetze ErgBd. Nr. 51b.**

jeweiligen Basiszinssatz nach § 247 des Bürgerlichen Gesetzbuchs[1)] zu verzinsen. [2]Die Geltendmachung eines weiteren Schadens ist nicht ausgeschlossen.

**§ 16[2)] Anmeldung der Verschmelzung.** (1) [1]Die Vertretungsorgane jedes der an der Verschmelzung beteiligten Rechtsträger haben die Verschmelzung zur Eintragung in das Register (Handelsregister, Partnerschaftsregister, Genossenschaftsregister oder Vereinsregister) des Sitzes ihres Rechtsträgers anzumelden. [2]Das Vertretungsorgan des übernehmenden Rechtsträgers ist berechtigt, die Verschmelzung auch zur Eintragung in das Register des Sitzes jedes der übertragenden Rechtsträger anzumelden.

(2) [1]Bei der Anmeldung haben die Vertretungsorgane zu erklären, daß eine Klage gegen die Wirksamkeit eines Verschmelzungsbeschlusses nicht oder nicht fristgemäß erhoben oder eine solche Klage rechtskräftig abgewiesen oder zurückgenommen worden ist; hierüber haben die Vertretungsorgane dem Registergericht auch nach der Anmeldung Mitteilung zu machen. [2]Liegt die Erklärung nicht vor, so darf die Verschmelzung nicht eingetragen werden, es sei denn, daß die klageberechtigten Anteilsinhaber durch notariell beurkundete Verzichtserklärung auf die Klage gegen die Wirksamkeit des Verschmelzungsbeschlusses verzichten.

(3) [1]Der Erklärung nach Absatz 2 Satz 1 steht es gleich, wenn nach Erhebung einer Klage gegen die Wirksamkeit eines Verschmelzungsbeschlusses das Gericht auf Antrag des Rechtsträgers, gegen dessen Verschmelzungsbeschluß sich die Klage richtet, durch Beschluß festgestellt hat, daß die Erhebung der Klage der Eintragung nicht entgegensteht. [2]Auf das Verfahren sind § 247 des Aktiengesetzes[3)], die §§ 82, 83 Abs. 1 und § 84 der Zivilprozessordnung[4)] sowie die im ersten Rechtszug für das Verfahren vor den Landgerichten geltenden Vorschriften der Zivilprozessordnung entsprechend anzuwenden, soweit nichts Abweichendes bestimmt ist. [3]Ein Beschluss nach Satz 1 ergeht, wenn

1. die Klage unzulässig oder offensichtlich unbegründet ist oder
2. der Kläger nicht binnen einer Woche nach Zustellung des Antrags durch Urkunden nachgewiesen hat, dass er seit Bekanntmachung der Einberufung einen anteiligen Betrag von mindestens 1 000 Euro hält oder
3. das alsbaldige Wirksamwerden der Verschmelzung vorrangig erscheint, weil die vom Antragsteller dargelegten wesentlichen Nachteile für die an der Verschmelzung beteiligten Rechtsträger und ihre Anteilsinhaber nach freier Überzeugung des Gerichts die Nachteile für den Antragsgegner überwiegen, es sei denn, es liegt eine besondere Schwere des Rechtsverstoßes vor.

[4]Der Beschluß kann in dringenden Fällen ohne mündliche Verhandlung ergehen. [5]Der Beschluss soll spätestens drei Monate nach Antragstellung ergehen; Verzögerungen der Entscheidung sind durch unanfechtbaren Beschluss zu begründen. [6]Die vorgebrachten Tatsachen, auf Grund derer der Beschluß nach Satz 3 ergehen kann, sind glaubhaft zu machen. [7]Über den Antrag entscheidet ein Senat des Oberlandesgerichts, in dessen Bezirk die Gesellschaft ihren Sitz hat. [8]Eine Über-

---

[1)] Nr. **20**.

[2)] § 16 Abs. 1 Satz 1 geänd. mWv 1.8.1998 durch G v. 22.7.1998 (BGBl. I S. 1878); Abs. 3 Satz 4 eingef., bish. Sätze 4 und 5 werden Sätze 5 und 6, Satz 7 eingef., bish. Satz 6 wird Satz 8 mWv 25.4.2007 durch G v. 19.4.2007 (BGBl. I S. 542); Abs. 3 Satz 1 geänd., Satz 2 eingef., bish. Satz 2 wird Satz 3 und neu gef., bish. Sätze 3–5 werden Sätze 4–6, neuer Satz 6 geänd., bish. Sätze 6 und 7 werden Sätze 7 und 8 und neu gef., Satz 9 eingef., bish. Satz 8 wird Satz 10 mWv 1.9.2009 durch G v. 30.7.2009 (BGBl. I S. 2479).

[3)] Nr. **51**.

[4)] Nr. **100**.

tragung auf den Einzelrichter ist ausgeschlossen; einer Güteverhandlung bedarf es nicht. [9] Der Beschluss ist unanfechtbar. [10] Erweist sich die Klage als begründet, so ist der Rechtsträger, der den Beschluß erwirkt hat, verpflichtet, dem Antragsgegner den Schaden zu ersetzen, der ihm aus einer auf dem Beschluß beruhenden Eintragung der Verschmelzung entstanden ist; als Ersatz des Schadens kann nicht die Beseitigung der Wirkungen der Eintragung der Verschmelzung im Register des Sitzes des übernehmenden Rechtsträgers verlangt werden.

**§ 17[1)] Anlagen der Anmeldung.** (1) Der Anmeldung sind in Ausfertigung oder öffentlich beglaubigter Abschrift oder, soweit sie nicht notariell zu beurkunden sind, in Urschrift oder Abschrift der Verschmelzungsvertrag, die Niederschriften der Verschmelzungsbeschlüsse, die nach diesem Gesetz erforderlichen Zustimmungserklärungen einzelner Anteilsinhaber einschließlich der Zustimmungserklärungen nicht erschienener Anteilsinhaber, der Verschmelzungsbericht, der Prüfungsbericht oder die Verzichtserklärungen nach § 8 Abs. 3, § 9 Absatz 2, § 12 Abs. 3, § 54 Abs. 1 Satz 3 oder § 68 Abs. 1 Satz 3, ein Nachweis über die rechtzeitige Zuleitung des Verschmelzungsvertrages oder seines Entwurfs an den zuständigen Betriebsrat beizufügen.

(2) [1] Der Anmeldung zum Register des Sitzes jedes der übertragenden Rechtsträger ist ferner eine Bilanz dieses Rechtsträgers beizufügen (Schlußbilanz). [2] Für diese Bilanz gelten die Vorschriften über die Jahresbilanz und deren Prüfung entsprechend. [3] Sie braucht nicht bekanntgemacht zu werden. [4] Das Registergericht darf die Verschmelzung nur eintragen, wenn die Bilanz auf einen höchstens acht Monate vor der Anmeldung liegenden Stichtag aufgestellt worden ist.

**§ 18[2)] Firma oder Name des übernehmenden Rechtsträgers.** (1) Der übernehmende Rechtsträger darf die Firma eines der übertragenden Rechtsträger, dessen Handelsgeschäft er durch die Verschmelzung erwirbt, mit oder ohne Beifügung eines das Nachfolgeverhältnis andeutenden Zusatzes fortführen.

(2) Ist an einem der übertragenden Rechtsträger eine natürliche Person beteiligt, die an dem übernehmenden Rechtsträger nicht beteiligt wird, so darf der übernehmende Rechtsträger den Namen dieses Anteilsinhabers nur dann in der nach Absatz 1 fortgeführten oder in der neu gebildeten Firma verwenden, wenn der betroffene Anteilsinhaber oder dessen Erben ausdrücklich in die Verwendung einwilligen.

(3) [1] Ist eine Partnerschaftsgesellschaft an der Verschmelzung beteiligt, gelten für die Fortführung der Firma oder des Namens die Absätze 1 und 2 entsprechend. [2] Eine Firma darf als Name einer Partnerschaftsgesellschaft nur unter den Voraussetzungen des § 2 Abs. 1 des Partnerschaftsgesellschaftsgesetzes[3)] fortgeführt werden. [3] § 1 Abs. 3 und § 11 des Partnerschaftsgesellschaftsgesetzes sind entsprechend anzuwenden.

---

[1)] § 17 Abs. 1 geänd. mWv 25.4.2007 durch G v. 19.4.2007 (BGBl. I S. 542); Abs. 1 geänd. mWv 1.9.2009 durch G v. 30.7.2009 (BGBl. I S. 2479); Abs. 1 geänd. mWv 1.3.2023 durch G v. 22.2.2023 (BGBl. 2023 I Nr. 51).

[2)] § 18 Abs. 1 Sätze 2 und 3 sowie Abs. 2 aufgeh., bish. Abs. 3 wird Abs. 2 und geänd. durch G v. 22.6.1998 (BGBl. I S. 1474); Überschrift geänd., Abs. 3 angef. mWv 1.8.1998 durch G v. 22.7.1998 (BGBl. I S. 1878).

[3)] Nr. **50b**.

**§ 19[1)] Eintragung und Bekanntmachung der Verschmelzung.** (1) [1]Die Verschmelzung darf in das Register des Sitzes des übernehmenden Rechtsträgers erst eingetragen werden, nachdem sie im Register des Sitzes jedes der übertragenden Rechtsträger eingetragen worden ist. [2]Die Eintragung im Register des Sitzes jedes der übertragenden Rechtsträger ist mit dem Vermerk zu versehen, daß die Verschmelzung erst mit der Eintragung im Register des Sitzes des übernehmenden Rechtsträgers wirksam wird, sofern die Eintragungen in den Registern aller beteiligten Rechtsträger nicht am selben Tag erfolgen.

(2) [1]Das Gericht des Sitzes des übernehmenden Rechtsträgers hat von Amts wegen dem Gericht des Sitzes jedes der übertragenden Rechtsträger den Tag der Eintragung der Verschmelzung mitzuteilen. [2]Nach Eingang der Mitteilung hat das Gericht des Sitzes jedes der übertragenden Rechtsträger von Amts wegen den Tag der Eintragung der Verschmelzung im Register des Sitzes des übernehmenden Rechtsträgers im Register des Sitzes des übertragenden Rechtsträgers zu vermerken und die bei ihm aufbewahrten Dokumente dem Gericht des Sitzes des übernehmenden Rechtsträgers zur Aufbewahrung zu übermitteln.

(3) Das Gericht des Sitzes jedes der an der Verschmelzung beteiligten Rechtsträger hat jeweils die von ihm vorgenommene Eintragung der Verschmelzung von Amts wegen nach § 10 des Handelsgesetzbuchs[2)] bekanntzumachen.

**§ 20 Wirkungen der Eintragung.** (1) Die Eintragung der Verschmelzung in das Register des Sitzes des übernehmenden Rechtsträgers hat folgende Wirkungen:

1. Das Vermögen der übertragenden Rechtsträger geht einschließlich der Verbindlichkeiten auf den übernehmenden Rechtsträger über.
2. [1]Die übertragenden Rechtsträger erlöschen. [2]Einer besonderen Löschung bedarf es nicht
3. [1]Die Anteilsinhaber der übertragenden Rechtsträger werden Anteilsinhaber des übernehmenden Rechtsträgers; dies gilt nicht, soweit der übernehmende Rechtsträger oder ein Dritter, der im eigenen Namen, jedoch für Rechnung dieses Rechtsträgers handelt, Anteilsinhaber des übertragenden Rechtsträgers ist oder der übertragende Rechtsträger eigene Anteile innehat oder ein Dritter, der im eigenen Namen, jedoch für Rechnung dieses Rechtsträgers handelt, dessen Anteilsinhaber ist. [2]Rechte Dritter an den Anteilen oder Mitgliedschaften der übertragenden Rechtsträger bestehen an den an ihre Stelle tretenden Anteilen oder Mitgliedschaften des übernehmenden Rechtsträgers weiter.
4. Der Mangel der notariellen Beurkundung des Verschmelzungsvertrags und gegebenenfalls erforderlicher Zustimmungs- oder Verzichtserklärungen einzelner Anteilsinhaber wird geheilt.

(2) Mängel der Verschmelzung lassen die Wirkungen der Eintragung nach Absatz 1 unberührt.

**§ 21 Wirkung auf gegenseitige Verträge.** Treffen bei einer Verschmelzung aus gegenseitigen Verträgen, die zur Zeit der Verschmelzung von keiner Seite vollständig erfüllt sind, Abnahme-, Lieferungs- oder ähnliche Verpflichtungen zusammen, die miteinander unvereinbar sind oder die beide zu erfüllen eine

---

[1)] § 19 Abs. 2 Satz 2 geänd., Abs. 3 Satz 2 aufgeh., bish. Satz 1 geänd. mWv 1.1.2007 durch G v. 10.11. 2006 (BGBl. I S. 2553); Abs. 1 Satz 2 geänd. mWv 25.4.2007 durch G v. 19.4.2007 (BGBl. I S. 542); Abs. 3 geänd. mWv 1.8.2022 durch G v. 5.7.2021 (BGBl. I S. 3338).

[2)] Nr. **50**.

schwere Unbilligkeit für den übernehmenden Rechtsträger bedeuten würde, so bestimmt sich der Umfang der Verpflichtungen nach Billigkeit unter Würdigung der vertraglichen Rechte aller Beteiligten.

**§ 22[1)] Gläubigerschutz.** (1) [1]Den Gläubigern der an der Verschmelzung beteiligten Rechtsträger ist, wenn sie binnen sechs Monaten nach dem Tag, an dem die Eintragung der Verschmelzung in das Register des Sitzes desjenigen Rechtsträgers, dessen Gläubiger sie sind, nach § 19 Abs. 3 bekannt gemacht worden ist, ihren Anspruch nach Grund und Höhe schriftlich anmelden, Sicherheit zu leisten, soweit sie nicht Befriedigung verlangen können. [2]Dieses Recht steht den Gläubigern jedoch nur zu, wenn sie glaubhaft machen, daß durch die Verschmelzung die Erfüllung ihrer Forderung gefährdet wird. [3]Die Gläubiger sind in einer Bekanntmachung zu der jeweiligen Eintragung auf dieses Recht hinzuweisen.

(2) Das Recht, Sicherheitsleistung zu verlangen, steht Gläubigern nicht zu, die im Falle der Insolvenz ein Recht auf vorzugsweise Befriedigung aus einer Deckungsmasse haben, die nach gesetzlicher Vorschrift zu ihrem Schutz errichtet und staatlich überwacht ist.

**§ 23 Schutz der Inhaber von Sonderrechten.** Den Inhabern von Rechten in einem übertragenden Rechtsträger, die kein Stimmrecht gewähren, insbesondere den Inhabern von Anteilen ohne Stimmrecht, von Wandelschuldverschreibungen, von Gewinnschuldverschreibungen und von Genußrechten, sind gleichwertige Rechte in dem übernehmenden Rechtsträger zu gewähren.

**§ 24 Wertansätze des übernehmenden Rechtsträgers.** In den Jahresbilanzen des übernehmenden Rechtsträgers können als Anschaffungskosten im Sinne des § 253 Abs. 1 des Handelsgesetzbuchs[2)] auch die in der Schlußbilanz eines übertragenden Rechtsträgers angesetzten Werte angesetzt werden.

**§ 25[3)] Schadenersatzpflicht der Verwaltungsträger der übertragenden Rechtsträger.** (1) [1]Die Mitglieder des Vertretungsorgans und, wenn ein Aufsichtsorgan vorhanden ist, des Aufsichtsorgans eines übertragenden Rechtsträgers sind als Gesamtschuldner zum Ersatz des Schadens verpflichtet, den dieser Rechtsträger, seine Anteilsinhaber oder seine Gläubiger durch die Verschmelzung erleiden. [2]Mitglieder der Organe, die bei der Prüfung der Vermögenslage der Rechtsträger und beim Abschluß des Verschmelzungsvertrags ihre Sorgfaltspflicht beobachtet haben, sind von der Ersatzpflicht befreit.

(2) [1]Für diese Ansprüche sowie weitere Ansprüche, die sich für und gegen den übertragenden Rechtsträger nach den allgemeinen Vorschriften auf Grund der Verschmelzung ergeben, gilt dieser Rechtsträger als fortbestehend. [2]Forderungen und Verbindlichkeiten vereinigen sich insoweit durch die Verschmelzung nicht.

(3) Die Ansprüche aus Absatz 1 verjähren in fünf Jahren seit dem Tage, an dem die Eintragung der Verschmelzung in das Register des Sitzes des übernehmenden Rechtsträgers nach § 19 Abs. 3 bekannt gemacht worden ist.

---

[1)] § 22 Abs. 1 Satz 1 geänd. mWv 1.1.2007 durch G v. 10.11.2006 (BGBl. I S. 2553); Abs. 1 Satz 3 neu gef. mWv 1.8.2022 durch G v. 5.7.2021 (BGBl. I S. 3338).

[2)] Nr. **50**.

[3)] § 25 Abs. 3 geänd. mWv 1.1.2007 durch G v. 10.11.2006 (BGBl. I S. 2553).

**§ 26**[1] **Geltendmachung des Schadenersatzanspruchs.** (1) [1]Die Ansprüche nach § 25 Abs. 1 und 2 können nur durch einen besonderen Vertreter geltend gemacht werden. [2]Das Gericht des Sitzes eines übertragenden Rechtsträgers hat einen solchen Vertreter auf Antrag eines Anteilsinhabers oder eines Gläubigers dieses Rechtsträgers zu bestellen. [3]Gläubiger sind nur antragsberechtigt, wenn sie von dem übernehmenden Rechtsträger keine Befriedigung erlangen können. [4]Gegen die Entscheidung findet die Beschwerde statt.

(2) [1]Der Vertreter hat unter Hinweis auf den Zweck seiner Bestellung die Anteilsinhaber und Gläubiger des betroffenen übertragenden Rechtsträgers aufzufordern, die Ansprüche nach § 25 Abs. 1 und 2 binnen einer angemessenen Frist, die mindestens einen Monat betragen soll, anzumelden. [2]Die Aufforderung ist im Bundesanzeiger und, wenn der Gesellschaftsvertrag, der Partnerschaftsvertrag oder die Satzung andere Blätter für die öffentlichen Bekanntmachungen des übertragenden Rechtsträgers bestimmt hatte, auch in diesen Blättern bekanntzumachen.

(3) [1]Der Vertreter hat den Betrag, der aus der Geltendmachung der Ansprüche eines übertragenden Rechtsträgers erzielt wird, zur Befriedigung der Gläubiger dieses Rechtsträgers zu verwenden, soweit die Gläubiger nicht durch den übernehmenden Rechtsträger befriedigt oder sichergestellt sind. [2]Für die Verteilung gelten die Vorschriften über die Verteilung, die im Falle der Abwicklung eines Rechtsträgers in der Rechtsform des übertragenden Rechtsträgers anzuwenden sind, entsprechend. [3]Gläubiger und Anteilsinhaber, die sich nicht fristgemäß gemeldet haben, werden bei der Verteilung nicht berücksichtigt.

(4) [1]Der Vertreter hat Anspruch auf Ersatz angemessener barer Auslagen und auf Vergütung für seine Tätigkeit. [2]Die Auslagen und die Vergütung setzt das Gericht fest. [3]Es bestimmt nach den gesamten Verhältnissen des einzelnen Falles nach freiem Ermessen, in welchem Umfange die Auslagen und die Vergütung von beteiligten Anteilsinhabern und Gläubigern zu tragen sind. [4]Gegen die Entscheidung findet die Beschwerde statt; die Rechtsbeschwerde ist ausgeschlossen. [5]Aus der rechtskräftigen Entscheidung findet die Zwangsvollstreckung nach der Zivilprozeßordnung[2] statt.

**§ 27**[3] **Schadenersatzpflicht der Verwaltungsträger des übernehmenden Rechtsträgers.** Ansprüche auf Schadenersatz, die sich auf Grund der Verschmelzung gegen ein Mitglied des Vertretungsorgans oder, wenn ein Aufsichtsorgan vorhanden ist, des Aufsichtsorgans des übernehmenden Rechtsträgers ergeben, verjähren in fünf Jahren seit dem Tage, an dem die Eintragung der Verschmelzung in das Register des Sitzes des übernehmenden Rechtsträgers nach § 19 Abs. 3 bekannt gemacht worden ist.

**§ 28 Unwirksamkeit des Verschmelzungsbeschlusses eines übertragenden Rechtsträgers.** Nach Eintragung der Verschmelzung in das Register des Sitzes des übernehmenden Rechtsträgers ist eine Klage gegen die Wirksamkeit des

---

[1] § 26 Abs. 2 Satz 2 geänd. mWv 1.8.1998 durch G v. 22.7.1998 (BGBl. I S. 1878); Abs. 2 Satz 2 geänd. mWv 18.8.2006 durch G v. 14.8.2006 (BGBl. I S. 1911); Abs. 2 Satz 2 geänd. mWv 1.1.2007 durch G v. 10.11.2006 (BGBl. I S. 2553); Abs. 1 Satz 4 geänd., Abs 4 Satz 4 neu gef. mWv 1.9.2009 durch G v. 17.12.2008 (BGBl. I S. 2586); Abs. 2 Satz 2 geänd. mWv 1.4.2012 durch G v. 22.12.2011 (BGBl. I S. 3044).

[2] Nr. **100**.

[3] § 27 geänd. mWv 1.1.2007 durch G v. 10.11.2006 (BGBl. I S. 2553).

Verschmelzungsbeschlusses eines übertragenden Rechtsträgers gegen den übernehmenden Rechtsträger zu richten.

**§ 29[1)] Abfindungsangebot im Verschmelzungsvertrag.** (1) [1]Bei der Verschmelzung eines Rechtsträgers im Wege der Aufnahme durch einen Rechtsträger anderer Rechtsform oder bei der Verschmelzung einer börsennotierten Aktiengesellschaft auf eine nicht börsennotierte Aktiengesellschaft hat der übertragende Rechtsträger im Verschmelzungsvertrag oder in seinem Entwurf jedem Anteilsinhaber, der gegen den Verschmelzungsbeschluß des übertragenden Rechtsträgers Widerspruch zur Niederschrift erklärt, den Erwerb seiner Anteile oder Mitgliedschaften gegen eine angemessene Barabfindung anzubieten; § 71 Abs. 4 Satz 2 des Aktiengesetzes[2)] und § 33 Abs. 2 Satz 3 zweiter Halbsatz erste Alternative des Gesetzes betreffend die Gesellschaften mit beschränkter Haftung[3)] sind insoweit nicht anzuwenden. [2]Das gleiche gilt, wenn bei einer Verschmelzung von Rechtsträgern derselben Rechtsform die Anteile oder Mitgliedschaften an dem übernehmenden Rechtsträger Verfügungsbeschränkungen unterworfen sind. [3]Kann der übernehmende Rechtsträger auf Grund seiner Rechtsform eigene Anteile oder Mitgliedschaften nicht erwerben, so ist die Barabfindung für den Fall anzubieten, daß der Anteilsinhaber sein Ausscheiden aus dem Rechtsträger erklärt. [4]Eine erforderliche Bekanntmachung des Verschmelzungsvertrags oder seines Entwurfs als Gegenstand der Beschlußfassung muß den Wortlaut dieses Angebots enthalten. [5]Der übernehmende Rechtsträger hat die Kosten für eine Übertragung zu tragen.

(2) Dem Widerspruch zur Niederschrift im Sinne des Absatzes 1 steht es gleich, wenn ein nicht erschienener Anteilsinhaber zu der Versammlung der Anteilsinhaber zu Unrecht nicht zugelassen worden ist oder die Versammlung nicht ordnungsgemäß einberufen oder der Gegenstand der Beschlußfassung nicht ordnungsgemäß bekanntgemacht worden ist.

**§ 30 Inhalt des Anspruchs auf Barabfindung und Prüfung der Barabfindung.** (1) [1]Die Barabfindung muß die Verhältnisse des übertragenden Rechtsträgers im Zeitpunkt der Beschlußfassung über die Verschmelzung berücksichtigen. [2]§ 15 Abs. 2 ist auf die Barabfindung entsprechend anzuwenden.

(2) [1]Die Angemessenheit einer anzubietenden Barabfindung ist stets durch Verschmelzungsprüfer zu prüfen. [2]Die §§ 10 bis 12 sind entsprechend anzuwenden. [3]Die Berechtigten können auf die Prüfung oder den Prüfungsbericht verzichten; die Verzichtserklärungen sind notariell zu beurkunden.

**§ 31[4)] Annahme des Angebots.** [1]Das Angebot nach § 29 kann nur binnen zwei Monaten nach dem Tage angenommen werden, an dem die Eintragung der Verschmelzung in das Register des Sitzes des übernehmenden Rechtsträgers nach § 19 Abs. 3 bekannt gemacht worden ist. [2]Ist nach § 34 ein Antrag auf Bestimmung der Barabfindung durch das Gericht gestellt worden, so kann das Angebot binnen zwei Monaten nach dem Tage angenommen werden, an dem die Entscheidung im Bundesanzeiger bekanntgemacht worden ist.

---

[1)] § 29 Abs. 1 Satz 2 neu gef. mWv 1.8.1998 durch G v. 22.7.1998 (BGBl. I S. 1878); Abs. 1 Satz 1 geänd. mWv 25.4.2007 durch G v. 19.4.2007 (BGBl. I S. 542); Abs. 1 Satz 1 geänd. mWv 1.3.2023 durch G v. 22.2.2023 (BGBl. 2023 I Nr. 51).

[2)] Nr. **51**.

[3)] Nr. **52**.

[4)] § 31 Sätze 1 und 2 geänd. mWv 1.1.2007 durch G v. 10.11.2006 (BGBl. I S. 2553); Satz 2 geänd. mWv 1.4.2012 durch G v. 22.12.2011 (BGBl. I S. 3044).

**§ 32[1]) Ausschluß von Klagen gegen den Verschmelzungsbeschluß.** Eine Klage gegen die Wirksamkeit des Verschmelzungsbeschlusses eines übertragenden Rechtsträgers kann nicht darauf gestützt werden, daß das Angebot nach § 29 nicht angemessen ist oder daß die Barabfindung im Verschmelzungsvertrag nicht oder nicht ordnungsgemäß angeboten worden ist.

**§ 33[2]) Anderweitige Veräußerung.** Einer anderweitigen Veräußerung des Anteils durch einen Anteilsinhaber, der nach § 29 Adressat des Abfindungsangebots ist, stehen nach Fassung des Verschmelzungsbeschlusses bis zum Ablauf der in § 31 Satz 1 bestimmten Frist Verfügungsbeschränkungen bei den beteiligten Rechtsträgern nicht entgegen.

**§ 34[3]) Gerichtliche Nachprüfung der Abfindung.** [1]Macht ein Anteilsinhaber geltend, daß eine im Verschmelzungsvertrag oder in seinem Entwurf bestimmte Barabfindung, die ihm nach § 29 anzubieten war, nicht angemessen sei, so hat auf seinen Antrag das Gericht nach den Vorschriften des Spruchverfahrensgesetzes[4]) die angemessene Barabfindung zu bestimmen. [2]Das gleiche gilt, wenn die Barabfindung nicht oder nicht ordnungsgemäß angeboten worden ist.

**§ 35[5]) Bezeichnung unbekannter Aktionäre; Ruhen des Stimmrechts.** [1]Unbekannte Aktionäre einer übertragenden Aktiengesellschaft oder Kommanditgesellschaft auf Aktien sind im Verschmelzungsvertrag, bei Anmeldungen zur Eintragung in ein Register oder bei der Eintragung in eine Liste von Anteilsinhabern durch die Angabe des insgesamt auf sie entfallenden Teils des Grundkapitals der Gesellschaft und der auf sie nach der Verschmelzung entfallenden Anteile zu bezeichnen, soweit eine Benennung der Anteilsinhaber für den übernehmenden Rechtsträger gesetzlich vorgeschrieben ist; eine Bezeichnung in dieser Form ist nur zulässig für Anteilsinhaber, deren Anteile zusammen den zwanzigsten Teil des Grundkapitals der übertragenden Gesellschaft nicht überschreiten. [2]Werden solche Anteilsinhaber später bekannt, so sind Register oder Listen von Amts wegen zu berichtigen. [3]Bis zu diesem Zeitpunkt kann das Stimmrecht aus den betreffenden Anteilen in dem übernehmenden Rechtsträger nicht ausgeübt werden.

**§ 35a[6]) Interessenausgleich und Betriebsübergang.** (1) Kommt ein Interessenausgleich nach § 112 des Betriebsverfassungsgesetzes[7]) zustande, in dem diejenigen Arbeitnehmer namentlich bezeichnet werden, die nach der Verschmelzung einem bestimmten Betrieb oder Betriebsteil zugeordnet werden, so kann die Zuordnung der Arbeitnehmer durch das Arbeitsgericht nur auf grobe Fehlerhaftigkeit überprüft werden.

(2) § 613a Absatz 1 und 4 bis 6 des Bürgerlichen Gesetzbuchs[8]) bleibt durch die Wirkungen der Eintragung einer Verschmelzung unberührt.

---

[1]) § 32 geänd. mWv 1.3.2023 durch G v. 22.2.2023 (BGBl. 2023 I Nr. 51).
[2]) § 33 neu gef. mWv 1.8.1998 durch G v. 22.7.1998 (BGBl. I S. 1878); geänd. mWv 1.3.2023 durch G v. 22.2.2023 (BGBl. 2023 I Nr. 51).
[3]) § 34 Satz 1 geänd. mWv 1.9.2003 durch G v. 12.6.2003 (BGBl. I S. 838); Satz 1 geänd. mWv 1.3.2023 durch G v. 22.2.2023 (BGBl. 2023 I Nr. 51).
[4]) **Habersack, Deutsche Gesetze ErgBd. Nr. 51b.**
[5]) § 35 neu gef. mWv 25.4.2007 durch G v. 19.4.2007 (BGBl. I S. 542).
[6]) § 35a eingef. mWv 1.3.2023 durch G v. 22.2.2023 (BGBl. 2023 I Nr. 51).
[7]) **Habersack, Deutsche Gesetze ErgBd. Nr. 82.**
[8]) Nr. **20**.

### Dritter Abschnitt. Verschmelzung durch Neugründung

**§ 36 Anzuwendende Vorschriften.** (1) [1] Auf die Verschmelzung durch Neugründung sind die Vorschriften des Zweiten Abschnitts mit Ausnahme des § 16 Abs. 1 und des § 27 entsprechend anzuwenden. [2] An die Stelle des übernehmenden Rechtsträgers tritt der neue Rechtsträger, an die Stelle der Eintragung der Verschmelzung in das Register des Sitzes des übernehmenden Rechtsträgers tritt die Eintragung des neuen Rechtsträgers in das Register.

(2) [1] Auf die Gründung des neuen Rechtsträgers sind die für dessen Rechtsform geltenden Gründungsvorschriften anzuwenden, soweit sich aus diesem Buch nichts anderes ergibt. [2] Den Gründern stehen die übertragenden Rechtsträger gleich. [3] Vorschriften, die für die Gründung eine Mindestzahl der Gründer vorschreiben, sind nicht anzuwenden.

**§ 37[1] Inhalt des Verschmelzungsvertrags.** In dem Verschmelzungsvertrag muß der Gesellschaftsvertrag, der Partnerschaftsvertrag oder die Satzung des neuen Rechtsträgers enthalten sein oder festgestellt werden.

**§ 38 Anmeldung der Verschmelzung und des neuen Rechtsträgers.**

(1) Die Vertretungsorgane jedes der übertragenden Rechtsträger haben die Verschmelzung zur Eintragung in das Register des Sitzes ihres Rechtsträgers anzumelden.

(2) Die Vertretungsorgane aller übertragenden Rechtsträger haben den neuen Rechtsträger bei dem Gericht, in dessen Bezirk er seinen Sitz haben soll, zur Eintragung in das Register anzumelden.

## Zweiter Teil. Besondere Vorschriften

### Erster Abschnitt. Verschmelzung unter Beteiligung von Personengesellschaften

#### Erster Unterabschnitt.[2] Verschmelzung unter Beteiligung von Personenhandelsgesellschaften

**§ 39 Ausschluß der Verschmelzung.** Eine aufgelöste Personenhandelsgesellschaft kann sich nicht als übertragender Rechtsträger an einer Verschmelzung beteiligen, wenn die Gesellschafter nach § 145 des Handelsgesetzbuchs[3] eine andere Art der Auseinandersetzung als die Abwicklung oder als die Verschmelzung vereinbart haben.

**§ 40 Inhalt des Verschmelzungsvertrags.** (1) [1] Der Verschmelzungsvertrag oder sein Entwurf hat zusätzlich für jeden Anteilsinhaber eines übertragenden Rechtsträgers zu bestimmen, ob ihm in der übernehmenden oder der neuen Personenhandelsgesellschaft die Stellung eines persönlich haftenden Gesellschafters oder eines Kommanditisten gewährt wird. [2] Dabei ist der Betrag der Einlage jedes Gesellschafters festzusetzen.

(2) [1] Anteilsinhabern eines übertragenden Rechtsträgers, die für dessen Verbindlichkeiten nicht als Gesamtschuldner persönlich unbeschränkt haften, ist die Stellung eines Kommanditisten zu gewähren. [2] Abweichende Bestimmungen sind nur

---

[1] § 37 geänd. mWv 1.8.1998 durch G v. 22.7.1998 (BGBl. I S. 1878); geänd. mWv 18.8.2006 durch G v. 14.8.2006 (BGBl. I S. 1911).

[2] 1. UAbschnitt Überschrift eingef. mWv 1.8.1998 durch G v. 22.7.1998 (BGBl. I S. 1878).

[3] Nr. **50**.

wirksam, wenn die betroffenen Anteilsinhaber dem Verschmelzungsbeschluß des übertragenden Rechtsträgers zustimmen.

**§ 41 Verschmelzungsbericht.** Ein Verschmelzungsbericht ist für eine an der Verschmelzung beteiligte Personenhandelsgesellschaft nicht erforderlich, wenn alle Gesellschafter dieser Gesellschaft zur Geschäftsführung berechtigt sind.

**§ 42 Unterrichtung der Gesellschafter.** Der Verschmelzungsvertrag oder sein Entwurf und der Verschmelzungsbericht sind den Gesellschaftern, die von der Geschäftsführung ausgeschlossen sind, spätestens zusammen mit der Einberufung der Gesellschafterversammlung, die gemäß § 13 Abs. 1 über die Zustimmung zum Verschmelzungsvertrag beschließen soll, zu übersenden.

**§ 43[1)] Beschluß der Gesellschafterversammlung.** (1) Der Verschmelzungsbeschluß der Gesellschafterversammlung bedarf der Zustimmung aller anwesenden Gesellschafter; ihm müssen auch die nicht erschienenen Gesellschafter zustimmen.

(2) [1] Der Gesellschaftsvertrag kann eine Mehrheitsentscheidung der Gesellschafter vorsehen. [2] Die Mehrheit muß mindestens drei Viertel der abgegebenen Stimmen betragen. [3] Widerspricht ein Anteilsinhaber eines übertragenden Rechtsträgers, der für dessen Verbindlichkeiten persönlich unbeschränkt haftet, der Verschmelzung, so ist ihm in der übernehmenden oder der neuen Personenhandelsgesellschaft die Stellung eines Kommanditisten zu gewähren; das gleiche gilt für einen Anteilsinhaber der übernehmenden Personenhandelsgesellschaft, der für deren Verbindlichkeiten persönlich unbeschränkt haftet, wenn er der Verschmelzung widerspricht.

**§ 44[2)] Prüfung der Verschmelzung.** [1] Im Fall des § 43 Abs. 2 ist der Verschmelzungsvertrag oder sein Entwurf für eine Personenhandelsgesellschaft nach den §§ 9 bis 12 zu prüfen, wenn dies einer ihrer Gesellschafter innerhalb einer Frist von einer Woche verlangt, nachdem er die in § 42 genannten Unterlagen erhalten hat. [2] Die Kosten der Prüfung trägt die Gesellschaft.

**§ 45[3)] Zeitliche Begrenzung der Haftung persönlich haftender Gesellschafter.** (1) Überträgt eine Personenhandelsgesellschaft ihr Vermögen durch Verschmelzung auf einen Rechtsträger anderer Rechtsform, dessen Anteilsinhaber für die Verbindlichkeiten dieses Rechtsträgers nicht unbeschränkt haften, so haftet ein Gesellschafter der Personenhandelsgesellschaft für ihre Verbindlichkeiten, wenn sie vor Ablauf von fünf Jahren nach der Verschmelzung fällig und daraus Ansprüche gegen ihn in einer in § 197 Abs. 1 Nr. 3 bis 5 des Bürgerlichen Gesetzbuchs[4)] bezeichneten Art festgestellt sind oder eine gerichtliche oder behördliche Vollstreckungshandlung vorgenommen oder beantragt wird; bei öffentlich-rechtlichen Verbindlichkeiten genügt der Erlass eines Verwaltungsakts.

(2) [1] Die Frist beginnt mit dem Tage, an dem die Eintragung der Verschmelzung in das Register des Sitzes des übernehmenden Rechtsträgers nach § 19 Abs. 3 bekannt gemacht worden ist. [2] Die für die Verjährung geltenden §§ 204, 206, 210, 211 und 212 Abs. 2 und 3 des Bürgerlichen Gesetzbuchs sind entsprechend anzuwenden.

---

[1)] § 43 Abs. 2 Satz 2 neu gef. mWv 1.8.1998 durch G v. 22.7.1998 (BGBl. I S. 1878).
[2)] § 44 neu gef. mWv 25.4.2007 durch G v. 19.4.2007 (BGBl. I S. 542).
[3)] § 45 Abs. 1, Abs. 2 Satz 2 und Abs. 3 geänd. mWv 1.1.2002 durch G v. 26.11.2001 (BGBl. I S. 3138); Abs. 2 Satz 1 geänd. mWv 1.1.2007 durch G v. 10.11.2006 (BGBl. I S. 2553).
[4)] Nr. **20**.

(3) Einer Feststellung in einer in § 197 Abs. 1 Nr. 3 bis 5 des Bürgerlichen Gesetzbuchs bezeichneten Art bedarf es nicht, soweit der Gesellschafter den Anspruch schriftlich anerkannt hat.

(4) Die Absätze 1 bis 3 sind auch anzuwenden, wenn der Gesellschafter in dem Rechtsträger anderer Rechtsform geschäftsführend tätig wird.

### Zweiter Unterabschnitt.[1] Verschmelzung unter Beteiligung von Partnerschaftsgesellschaften

**§ 45a[1] Möglichkeit der Verschmelzung.** [1] Eine Verschmelzung auf eine Partnerschaftsgesellschaft ist nur möglich, wenn im Zeitpunkt ihres Wirksamwerdens alle Anteilsinhaber übertragender Rechtsträger natürliche Personen sind, die einen Freien Beruf ausüben (§ 1 Abs. 1 und 2 des Partnerschaftsgesellschaftsgesetzes[2]). [2] § 1 Abs. 3 des Partnerschaftsgesellschaftsgesetzes bleibt unberührt.

**§ 45b[1] Inhalt des Verschmelzungsvertrages.** (1) Der Verschmelzungsvertrag oder sein Entwurf hat zusätzlich für jeden Anteilsinhaber eines übertragenden Rechtsträgers den Namen und den Vornamen sowie den in der übernehmenden Partnerschaftsgesellschaft ausgeübten Beruf und den Wohnort jedes Partners zu enthalten.

(2) § 35 ist nicht anzuwenden.

**§ 45c[1] Verschmelzungsbericht und Unterrichtung der Partner.** [1] Ein Verschmelzungsbericht ist für eine an der Verschmelzung beteiligte Partnerschaftsgesellschaft nur erforderlich, wenn ein Partner gemäß § 6 Abs. 2 des Partnerschaftsgesellschaftsgesetzes[2] von der Geschäftsführung ausgeschlossen ist. [2] Von der Geschäftsführung ausgeschlossene Partner sind entsprechend § 42 zu unterrichten.

**§ 45d[1] Beschluß der Gesellschafterversammlung.** (1) Der Verschmelzungsbeschluß der Gesellschafterversammlung bedarf der Zustimmung aller anwesenden Partner; ihm müssen auch die nicht erschienenen Partner zustimmen.

(2) [1] Der Partnerschaftsvertrag kann eine Mehrheitsentscheidung der Partner vorsehen. [2] Die Mehrheit muß mindestens drei Viertel der abgegebenen Stimmen betragen.

**§ 45e[1] Anzuwendende Vorschriften.** [1] Die §§ 39 und 45 sind entsprechend anzuwenden. [2] In den Fällen des § 45d Abs. 2 ist auch § 44 entsprechend anzuwenden.

## Zweiter Abschnitt. Verschmelzung unter Beteiligung von Gesellschaften mit beschränkter Haftung

### Erster Unterabschnitt. Verschmelzung durch Aufnahme

**§ 46[3] Inhalt des Verschmelzungsvertrags.** (1) [1] Der Verschmelzungsvertrag oder sein Entwurf hat zusätzlich für jeden Anteilsinhaber eines übertragenden Rechtsträgers den Nennbetrag des Geschäftsanteils zu bestimmen, den die übernehmende Gesellschaft mit beschränkter Haftung ihm zu gewähren hat. [2] Der Nennbetrag kann abweichend von dem Betrag festgesetzt werden, der auf die

---

[1] 2. UAbschnitt (§§ 45a–45e) eingef. mWv 1.8.1998 durch G v. 22.7.1998 (BGBl. I S. 1878).

[2] Nr. **50b**.

[3] § 46 Abs. 1 Satz 2 neu gef. mWv 1.4.1998 durch G v. 25.3.1998 (BGBl. I S. 590); Abs. 3 geänd. mWv 1.8.1998 durch G v. 22.7.1998 (BGBl. I S. 1878); Abs. 1 Satz 3 neu gef. mWv 1.11.2008 durch G v. 23.10.2008 (BGBl. I S. 2026).

Aktien einer übertragenden Aktiengesellschaft oder Kommanditgesellschaft auf Aktien als anteiliger Betrag ihres Grundkapitals entfällt. [3] Er muss auf volle Euro lauten.

(2) Sollen die zu gewährenden Geschäftsanteile im Wege der Kapitalerhöhung geschaffen und mit anderen Rechten und Pflichten als sonstige Geschäftsanteile der übernehmenden Gesellschaft mit beschränkter Haftung ausgestattet werden, so sind auch die Abweichungen im Verschmelzungsvertrag oder in seinem Entwurf festzusetzen.

(3) Sollen Anteilsinhaber eines übertragenden Rechtsträgers schon vorhandene Geschäftsanteile der übernehmenden Gesellschaft erhalten, so müssen die Anteilsinhaber und die Nennbeträge der Geschäftsanteile, die sie erhalten sollen, im Verschmelzungsvertrag oder in seinem Entwurf besonders bestimmt werden.

**§ 47 Unterrichtung der Gesellschafter.** Der Verschmelzungsvertrag oder sein Entwurf und der Verschmelzungsbericht sind den Gesellschaftern spätestens zusammen mit der Einberufung der Gesellschafterversammlung, die gemäß § 13 Abs. 1 über die Zustimmung beschließen soll, zu übersenden.

**§ 48[1] Prüfung der Verschmelzung.** [1] Der Verschmelzungsvertrag oder sein Entwurf ist für eine Gesellschaft mit beschränkter Haftung nach den §§ 9 bis 12 zu prüfen, wenn dies einer ihrer Gesellschafter innerhalb einer Frist von einer Woche verlangt, nachdem er die in § 47 genannten Unterlagen erhalten hat. [2] Liegt ein fristgerechtes Verlangen nach Satz 1 vor, so ist der Prüfungsbericht den Gesellschaftern innerhalb der zur Einberufung der Gesellschafterversammlung geltenden Frist zu übersenden. [3] Die Kosten der Prüfung trägt die Gesellschaft.

**§ 49 Vorbereitung der Gesellschafterversammlung.** (1) Die Geschäftsführer haben in der Einberufung der Gesellschafterversammlung, die gemäß § 13 Abs. 1 über die Zustimmung zum Verschmelzungsvertrag beschließen soll, die Verschmelzung als Gegenstand der Beschlußfassung anzukündigen.

(2) Von der Einberufung an sind in dem Geschäftsraum der Gesellschaft die Jahresabschlüsse und die Lageberichte der an der Verschmelzung beteiligten Rechtsträger für die letzten drei Geschäftsjahre zur Einsicht durch die Gesellschafter auszulegen.

(3) Die Geschäftsführer haben jedem Gesellschafter auf Verlangen jederzeit Auskunft auch über alle für die Verschmelzung wesentlichen Angelegenheiten der anderen beteiligten Rechtsträger zu geben.

**§ 50 Beschluß der Gesellschafterversammlung.** (1) [1] Der Verschmelzungsbeschluß der Gesellschafterversammlung bedarf einer Mehrheit von mindestens drei Vierteln der abgegebenen Stimmen. [2] Der Gesellschaftsvertrag kann eine größere Mehrheit und weitere Erfordernisse bestimmen.

(2) Werden durch die Verschmelzung auf dem Gesellschaftsvertrag beruhende Minderheitsrechte eines einzelnen Gesellschafters einer übertragenden Gesellschaft oder die einzelnen Gesellschaftern einer solchen Gesellschaft nach dem Gesellschaftsvertrag zustehenden besonderen Rechte in der Geschäftsführung der Gesellschaft, bei der Bestellung der Geschäftsführer oder hinsichtlich eines Vorschlagsrechts für die Geschäftsführung beeinträchtigt, so bedarf der Verschmelzungsbeschluß dieser übertragenden Gesellschaft der Zustimmung dieser Gesellschafter.

---

[1] § 48 neu gef. mWv 25.4.2007 durch G v. 19.4.2007 (BGBl. I S. 542); Satz 2 eingef., bish. Satz 2 wird Satz 3 mWv 1.3.2023 durch G v. 22.2.2023 (BGBl. 2023 I Nr. 51).

**§ 51[1)] Zustimmungserfordernisse in Sonderfällen.** (1) [1]Ist an der Verschmelzung eine Gesellschaft mit beschränkter Haftung, auf deren Geschäftsanteile nicht alle zu leistenden Einlagen in voller Höhe bewirkt sind, als übernehmender Rechtsträger beteiligt, so bedarf der Verschmelzungsbeschluß eines übertragenden Rechtsträgers der Zustimmung aller bei der Beschlußfassung anwesenden Anteilsinhaber dieses Rechtsträgers. [2]Ist der übertragende Rechtsträger eine Personenhandelsgesellschaft, eine Partnerschaftsgesellschaft oder eine Gesellschaft mit beschränkter Haftung, so bedarf der Verschmelzungsbeschluß auch der Zustimmung der nicht erschienenen Gesellschafter. [3]Wird eine Gesellschaft mit beschränkter Haftung, auf deren Geschäftsanteile nicht alle zu leistenden Einlagen in voller Höhe bewirkt sind, von einer Gesellschaft mit beschränkter Haftung durch Verschmelzung aufgenommen, bedarf der Verschmelzungsbeschluss der Zustimmung aller Gesellschafter der übernehmenden Gesellschaft.

(2) Wird der Nennbetrag der Geschäftsanteile nach § 46 Abs. 1 Satz 2 abweichend vom Betrag der Aktien festgesetzt, so muss der Festsetzung jeder Aktionär zustimmen, der sich nicht mit seinem gesamten Anteil beteiligen kann.

**§ 52[2)] Anmeldung der Verschmelzung.** [1]Bei der Anmeldung der Verschmelzung zur Eintragung in das Register haben die Vertretungsorgane der an der Verschmelzung beteiligten Rechtsträger im Falle des § 51 Abs. 1 auch zu erklären, daß dem Verschmelzungsbeschluß jedes der übertragenden Rechtsträger alle bei der Beschlußfassung anwesenden Anteilsinhaber dieses Rechtsträgers und, sofern der übertragende Rechtsträger eine Personenhandelsgesellschaft, eine Partnerschaftsgesellschaft oder eine Gesellschaft mit beschränkter Haftung ist, auch die nicht erschienenen Gesellschafter dieser Gesellschaft zugestimmt haben. [2]Wird eine Gesellschaft mit beschränkter Haftung, auf deren Geschäftsanteile nicht alle zu leistenden Einlagen in voller Höhe bewirkt sind, von einer Gesellschaft mit beschränkter Haftung durch Verschmelzung aufgenommen, so ist auch zu erklären, dass alle Gesellschafter dieser Gesellschaft dem Verschmelzungsbeschluss zugestimmt haben.

**§ 53 Eintragung bei Erhöhung des Stammkapitals.** Erhöht die übernehmende Gesellschaft zur Durchführung der Verschmelzung ihr Stammkapital, so darf die Verschmelzung erst eingetragen werden, nachdem die Erhöhung des Stammkapitals im Register eingetragen worden ist.

**§ 54[3)] Verschmelzung ohne Kapitalerhöhung.** (1) [1]Die übernehmende Gesellschaft darf zur Durchführung der Verschmelzung ihr Stammkapital nicht erhöhen, soweit

1. sie Anteile eines übertragenden Rechtsträgers innehat;
2. ein übertragender Rechtsträger eigene Anteile innehat oder
3. ein übertragender Rechtsträger Geschäftsanteile dieser Gesellschaft innehat, auf welche die Einlagen nicht in voller Höhe bewirkt sind.

---

[1)] § 51 Abs. 1 Satz 2 geänd. mWv 1.8.1998 durch G v. 22.7.1998 (BGBl. I S. 1878); Abs. 1 Satz 3 neu gef. mWv 25.4.2007 durch G v. 19.4.2007 (BGBl. I S. 542); Abs. 2 neu gef. mWv 1.11.2008 durch G v. 23.10.2008 (BGBl. I S. 2026).

[2)] § 52 Abs. 1 geänd. mWv 1.8.1998 durch G v. 22.7.1998 (BGBl. I S. 1878); Abs. 1 Satz 2 angef. mWv 25.4.2007 durch G v. 19.4.2007 (BGBl. I S. 542); Abs. 2 aufgeh. mWv 15.7.2011 durch G v. 11.7.2011 (BGBl. I S. 1338).

[3)] § 54 Abs. 3 Satz 1 geänd. mWv 1.1.1999 durch G v. 9.6.1998 (BGBl. I S. 1242); Abs. 1 Satz 3 angef. mWv 25.4.2007 durch G v. 19.4.2007 (BGBl. I S. 542); Abs. 3 Satz 1 geänd. mWv 1.11.2008 durch G v. 23.10.2008 (BGBl. I S. 2026).

[2]Die übernehmende Gesellschaft braucht ihr Stammkapital nicht zu erhöhen, soweit

1. sie eigene Geschäftsanteile innehat oder
2. ein übertragender Rechtsträger Geschäftsanteile dieser Gesellschaft innehat, auf welche die Einlagen bereits in voller Höhe bewirkt sind.

[3]Die übernehmende Gesellschaft darf von der Gewährung von Geschäftsanteilen absehen, wenn alle Anteilsinhaber eines übertragenden Rechtsträgers darauf verzichten; die Verzichtserklärungen sind notariell zu beurkunden.

(2) Absatz 1 gilt entsprechend, wenn Inhaber der dort bezeichneten Anteile ein Dritter ist, der im eigenen Namen, jedoch in einem Fall des Absatzes 1 Satz 1 Nr. 1 oder des Absatzes 1 Satz 2 Nr. 1 für Rechnung der übernehmenden Gesellschaft oder in einem der anderen Fälle des Absatzes 1 für Rechnung des übertragenden Rechtsträgers handelt.

(3) [1]Soweit zur Durchführung der Verschmelzung Geschäftsanteile der übernehmenden Gesellschaft, die sie selbst oder ein übertragender Rechtsträger innehat, geteilt werden müssen, um sie den Anteilsinhabern eines übertragenden Rechtsträgers gewähren zu können, sind Bestimmungen des Gesellschaftsvertrags, welche die Teilung der Geschäftsanteile der übernehmenden Gesellschaft ausschließen oder erschweren, nicht anzuwenden; jedoch muss der Nennbetrag jedes Teils der Geschäftsanteile auf volle Euro lauten. [2]Satz 1 gilt entsprechend, wenn Inhaber der Geschäftsanteile ein Dritter ist, der im eigenen Namen, jedoch für Rechnung der übernehmenden Gesellschaft oder eines übertragenden Rechtsträgers handelt.

(4) Im Verschmelzungsvertrag festgesetzte bare Zuzahlungen dürfen nicht den zehnten Teil des Gesamtnennbetrags der gewährten Geschäftsanteile der übernehmenden Gesellschaft übersteigen.

**§ 55[1)] Verschmelzung mit Kapitalerhöhung.** (1) Erhöht die übernehmende Gesellschaft zur Durchführung der Verschmelzung ihr Stammkapital, so sind § 55 Abs. 1, §§ 56a, 57 Abs. 2, Abs. 3 Nr. 1 des Gesetzes betreffend die Gesellschaften mit beschränkter Haftung[2)] nicht anzuwenden.

(2) Der Anmeldung der Kapitalerhöhung zum Register sind außer den in § 57 Abs. 3 Nr. 2 und 3 des Gesetzes betreffend die Gesellschaften mit beschränkter Haftung bezeichneten Schriftstücken der Verschmelzungsvertrag und die Niederschriften der Verschmelzungsbeschlüsse in Ausfertigung oder öffentlich beglaubigter Abschrift beizufügen.

(3) Für den Beschluss über die Kapitalerhöhung nach Absatz 1 gilt § 14 Absatz 2 entsprechend.

### Zweiter Unterabschnitt. Verschmelzung durch Neugründung

**§ 56[3)] Anzuwendende Vorschriften.** Auf die Verschmelzung durch Neugründung sind die Vorschriften des Ersten Unterabschnitts mit Ausnahme der §§ 51 bis 53, 54 Absatz 1 bis 3 sowie des § 55 entsprechend anzuwenden.

---

[1)] § 55 Abs. 1 Satz 2 aufgeh. mWv 1.11.2008 durch G v. 23.10.2008 (BGBl. I S. 2026); Abs. 3 angef. mWv 1.3.2023 durch G v. 22.2.2023 (BGBl. 2023 I Nr. 51).

[2)] Nr. **52**.

[3)] § 56 geänd. mWv 15.7.2011 durch G v. 11.7.2011 (BGBl. I S. 1338).

**§ 57**[1] **Inhalt des Gesellschaftsvertrags.** In den Gesellschaftsvertrag sind Festsetzungen über Sondervorteile, Gründungsaufwand, Sacheinlagen und Sachübernahmen, die in den Gesellschaftsverträgen, Partnerschaftsverträgen oder Satzungen übertragender Rechtsträger enthalten waren, zu übernehmen.

**§ 58 Sachgründungsbericht.** (1) In dem Sachgründungsbericht (§ 5 Abs. 4 des Gesetzes betreffend die Gesellschaften mit beschränkter Haftung[2]) sind auch der Geschäftsverlauf und die Lage der übertragenden Rechtsträger darzulegen.

(2) Ein Sachgründungsbericht ist nicht erforderlich, soweit eine Kapitalgesellschaft oder eine eingetragene Genossenschaft übertragender Rechtsträger ist.

**§ 59**[3] **Verschmelzungsbeschlüsse.** [1] Der Gesellschaftsvertrag der neuen Gesellschaft wird nur wirksam, wenn ihm die Anteilsinhaber jedes der übertragenden Rechtsträger durch Verschmelzungsbeschluß zustimmen. [2] Dies gilt entsprechend für die Bestellung der Geschäftsführer und der Mitglieder des Aufsichtsrats der neuen Gesellschaft, soweit sie von den Anteilsinhabern der übertragenden Rechtsträger zu wählen sind.

## Dritter Abschnitt. Verschmelzung unter Beteiligung von Aktiengesellschaften

### Erster Unterabschnitt. Verschmelzung durch Aufnahme

**§ 60**[4] **Prüfung der Verschmelzung; Bestellung der Verschmelzungsprüfer.** [1] Der Verschmelzungsvertrag oder sein Entwurf ist für jede Aktiengesellschaft nach den §§ 9 bis 12 zu prüfen. [2] § 9 Absatz 2 und § 12 Absatz 3 in Verbindung mit § 8 Absatz 3 Satz 1 und 2 gelten mit der Maßgabe, dass der Verzicht aller Anteilsinhaber aller beteiligten Rechtsträger erforderlich ist.

**§ 61**[5] **Bekanntmachung des Verschmelzungsvertrags.** [1] Der Verschmelzungsvertrag oder sein Entwurf ist vor der Hauptversammlung, die gemäß § 13 Abs. 1 über die Zustimmung beschließen soll, zum Register einzureichen. [2] Das Gericht hat in der Bekanntmachung nach § 10 des Handelsgesetzbuchs[6] einen Hinweis darauf bekanntzumachen, daß der Vertrag oder sein Entwurf beim Handelsregister eingereicht worden ist. [3] Die Hauptversammlung darf erst einen Monat nach der Bekanntmachung über die Zustimmung zum Verschmelzungsvertrag gemäß § 13 beschließen.

**§ 62**[7] **Konzernverschmelzungen.** (1) [1] Befinden sich mindestens neun Zehntel des Stammkapitals oder des Grundkapitals einer übertragenden Kapitalgesellschaft in der Hand einer übernehmenden Aktiengesellschaft, so ist ein Verschmelzungsbeschluß der übernehmenden Aktiengesellschaft zur Aufnahme dieser übertragenden Gesellschaft nicht erforderlich. [2] Eigene Anteile der übertragenden Ge-

[1] § 57 geänd. mWv 1.8.1998 durch G v. 22.7.1998 (BGBl. I S. 1878); geänd. mWv 18.8.2006 durch G v. 14.8.2006 (BGBl. I S. 1911).

[2] Nr. **52**.

[3] § 59 Satz 2 geänd. mWv 25.4.2007 durch G v. 19.4.2007 (BGBl. I S. 542).

[4] § 60 Abs. 2 und 3 aufgeh. mWv 1.9.2003 durch G v. 12.6.2003 (BGBl. I S. 838); Satz 2 angef. mWv 1.3.2023 durch G v. 22.2.2023 (BGBl. 2023 I Nr. 51).

[5] § 61 Satz 2 geänd. mWv 1.1.2007 durch G v. 10.11.2006 (BGBl. I S. 2553); Satz 1 geänd., Satz 3 angef. mWv 1.3.2023 durch G v. 22.2.2023 (BGBl. 2023 I Nr. 51).

[6] Nr. **50**.

[7] § 62 Abs. 3 Satz 7 angef. mWv 1.9.2009 durch G v. 30.7.2009 (BGBl. I S. 2479); Überschrift neu gef., Abs. 3 Satz 7 eingef., bish. Satz 7 wird Satz 8, Abs. 4 und 5 angef. mWv 15.7.2011 durch G v. 11.7.2011 (BGBl. I S. 1338); Abs. 4 Sätze 3 und 4 neu gef., Satz 5 angef. mWv 1.3.2023 durch G v. 22.2.2023 (BGBl. 2023 I Nr. 51).

sellschaft und Anteile, die einem anderen für Rechnung dieser Gesellschaft gehören, sind vom Stammkapital oder Grundkapital abzusetzen.

(2) [1] Absatz 1 gilt nicht, wenn Aktionäre der übernehmenden Gesellschaft, deren Anteile zusammen den zwanzigsten Teil des Grundkapitals dieser Gesellschaft erreichen, die Einberufung einer Hauptversammlung verlangen, in der über die Zustimmung zu der Verschmelzung beschlossen wird. [2] Die Satzung kann das Recht, die Einberufung der Hauptversammlung zu verlangen, an den Besitz eines geringeren Teils am Grundkapital der übernehmenden Gesellschaft knüpfen.

(3) [1] Einen Monat vor dem Tage der Gesellschafterversammlung oder der Hauptversammlung der übertragenden Gesellschaft, die gemäß § 13 Abs. 1 über die Zustimmung zum Verschmelzungsvertrag beschließen soll, sind in dem Geschäftsraum der übernehmenden Gesellschaft zur Einsicht der Aktionäre die in § 63 Abs. 1 bezeichneten Unterlagen auszulegen. [2] Gleichzeitig hat der Vorstand der übernehmenden Gesellschaft einen Hinweis auf die bevorstehende Verschmelzung in den Gesellschaftsblättern der übernehmenden Gesellschaft bekanntzumachen und den Verschmelzungsvertrag oder seinen Entwurf zum Register der übernehmenden Gesellschaft einzureichen; § 61 Satz 2 ist entsprechend anzuwenden. [3] Die Aktionäre sind in der Bekanntmachung nach Satz 2 erster Halbsatz auf ihr Recht nach Absatz 2 hinzuweisen. [4] Der Anmeldung der Verschmelzung zur Eintragung in das Handelsregister ist der Nachweis der Bekanntmachung beizufügen. [5] Der Vorstand hat bei der Anmeldung zu erklären, ob ein Antrag nach Absatz 2 gestellt worden ist. [6] Auf Verlangen ist jedem Aktionär der übernehmenden Gesellschaft unverzüglich und kostenlos eine Abschrift der in Satz 1 bezeichneten Unterlagen zu erteilen. [7] Die Unterlagen können dem Aktionär mit dessen Einwilligung auf dem Wege elektronischer Kommunikation übermittelt werden. [8] Die Verpflichtungen nach den Sätzen 1 und 6 entfallen, wenn die in Satz 1 bezeichneten Unterlagen für denselben Zeitraum über die Internetseite der Gesellschaft zugänglich sind.

(4) [1] Befindet sich das gesamte Stamm- oder Grundkapital einer übertragenden Kapitalgesellschaft in der Hand einer übernehmenden Aktiengesellschaft, so ist ein Verschmelzungsbeschluss des Anteilsinhabers der übertragenden Kapitalgesellschaft nicht erforderlich. [2] Ein solcher Beschluss ist auch nicht erforderlich in Fällen, in denen nach Absatz 5 Satz 1 ein Übertragungsbeschluss gefasst und mit einem Vermerk nach Absatz 5 Satz 7 in das Handelsregister eingetragen wurde. [3] Die §§ 47, 49, 61 und 63 Absatz 1 Nummer 1 bis 3 sind auf die übertragende Kapitalgesellschaft nicht anzuwenden. [4] Absatz 3 gilt mit der Maßgabe, dass die dort genannten Verpflichtungen spätestens einen Monat vor dem Tag der Eintragung der Verschmelzung in das Register des übernehmenden Rechtsträgers zu erfüllen sind. [5] Spätestens bis zu diesem Zeitpunkt ist auch die in § 5 Absatz 3 genannte Zuleitungsverpflichtung zu erfüllen.

(5) [1] In Fällen des Absatzes 1 kann die Hauptversammlung einer übertragenden Aktiengesellschaft innerhalb von drei Monaten nach Abschluss des Verschmelzungsvertrages einen Beschluss nach § 327a Absatz 1 Satz 1 des Aktiengesetzes[1)] fassen, wenn der übernehmenden Gesellschaft (Hauptaktionär) Aktien in Höhe von neun Zehnteln des Grundkapitals gehören. [2] Der Verschmelzungsvertrag oder sein Entwurf muss die Angabe enthalten, dass im Zusammenhang mit der Verschmelzung ein Ausschluss der Minderheitsaktionäre der übertragenden Gesellschaft erfolgen soll. [3] Absatz 3 gilt mit der Maßgabe, dass die dort genannten Verpflichtungen nach Abschluss des Verschmelzungsvertrages für die Dauer eines

---

[1)] Nr. **51**.

Monats zu erfüllen sind. [4]Spätestens bei Beginn dieser Frist ist die in § 5 Absatz 3 genannte Zuleitungsverpflichtung zu erfüllen. [5]Der Verschmelzungsvertrag oder sein Entwurf ist gemäß § 327c Absatz 3 des Aktiengesetzes zur Einsicht der Aktionäre auszulegen. [6]Der Anmeldung des Übertragungsbeschlusses (§ 327e Absatz 1 des Aktiengesetzes) ist der Verschmelzungsvertrag in Ausfertigung oder öffentlich beglaubigter Abschrift oder sein Entwurf beizufügen. [7]Die Eintragung des Übertragungsbeschlusses ist mit dem Vermerk zu versehen, dass er erst gleichzeitig mit der Eintragung der Verschmelzung im Register des Sitzes der übernehmenden Aktiengesellschaft wirksam wird. [8]Im Übrigen bleiben die §§ 327a bis 327f des Aktiengesetzes unberührt.

**§ 63[1)] Vorbereitung der Hauptversammlung.** (1) Von der Einberufung der Hauptversammlung an, die gemäß § 13 Abs. 1 über die Zustimmung zum Verschmelzungsvertrag beschließen soll, spätestens aber ab einem Monat vor dem Tag der Hauptversammlung, sind in dem Geschäftsraum der Gesellschaft zur Einsicht der Aktionäre auszulegen

1. der Verschmelzungsvertrag oder sein Entwurf;
2. die Jahresabschlüsse und die Lageberichte der an der Verschmelzung beteiligten Rechtsträger für die letzten drei Geschäftsjahre;
3. falls sich der letzte Jahresabschluß auf ein Geschäftsjahr bezieht, das mehr als sechs Monate vor dem Abschluß des Verschmelzungsvertrags oder der Aufstellung des Entwurfs abgelaufen ist, eine Bilanz auf einen Stichtag, der nicht vor dem ersten Tag des dritten Monats liegt, der dem Abschluß oder der Aufstellung vorausgeht (Zwischenbilanz);
4. die nach § 8 erstatteten Verschmelzungsberichte;
5. die nach § 60 in Verbindung mit § 12 erstatteten Prüfungsberichte.

(2) [1]Die Zwischenbilanz (Absatz 1 Nr. 3) ist nach den Vorschriften aufzustellen, die auf die letzte Jahresbilanz des Rechtsträgers angewendet worden sind. [2]Eine körperliche Bestandsaufnahme ist nicht erforderlich. [3]Die Wertansätze der letzten Jahresbilanz dürfen übernommen werden. [4]Dabei sind jedoch Abschreibungen, Wertberichtigungen und Rückstellungen sowie wesentliche, aus den Büchern nicht ersichtliche Veränderungen der wirklichen Werte von Vermögensgegenständen bis zum Stichtag der Zwischenbilanz zu berücksichtigen. [5]§ 8 Absatz 3 Satz 1 und Satz 2 ist entsprechend anzuwenden. [6]Die Zwischenbilanz muss auch dann nicht aufgestellt werden, wenn die Gesellschaft seit dem letzten Jahresabschluss einen Halbjahresfinanzbericht gemäß § 115 des Wertpapierhandelsgesetzes[2)] veröffentlicht hat. [7]Der Halbjahresfinanzbericht tritt zum Zwecke der Vorbereitung der Hauptversammlung an die Stelle der Zwischenbilanz.

(3) [1]Auf Verlangen ist jedem Aktionär unverzüglich und kostenlos eine Abschrift der in Absatz 1 bezeichneten Unterlagen zu erteilen. [2]Die Unterlagen können dem Aktionär mit dessen Einwilligung auf dem Wege elektronischer Kommunikation übermittelt werden.

(4) Die Verpflichtungen nach den Absätzen 1 und 3 entfallen, wenn die in Absatz 1 bezeichneten Unterlagen für denselben Zeitraum über die Internetseite der Gesellschaft zugänglich sind.

---

[1)] § 63 Abs. 4 angef. mWv 1.9.2009 durch G v. 30.7.2009 (BGBl. I S. 2479); Abs. 2 Sätze 5–7, Abs. 3 Satz 2 angef. mWv 15.7.2011 durch G v. 11.7.2011 (BGBl. I S. 1338); Abs. 2 Satz 6 geänd. mWv 3.1. 2018 durch G v. 23.6.2017 (BGBl. I S. 1693); Abs. 1 einl. Satzteil, Abs. 2 Satz 5 geänd. mWv 1.3.2023 durch G v. 22.2.2023 (BGBl. 2023 I Nr. 51).

[2)] **Habersack, Deutsche Gesetze ErgBd. Nr. 58.**

**§ 64[1] Durchführung der Hauptversammlung.** (1) [1]In der Hauptversammlung sind die in § 63 Absatz 1 bezeichneten Unterlagen zugänglich zu machen. [2]Der Vorstand hat den Verschmelzungsvertrag oder seinen Entwurf zu Beginn der Verhandlung mündlich zu erläutern und über jede wesentliche Veränderung des Vermögens der Gesellschaft zu unterrichten, die seit dem Abschluss des Verschmelzungsvertrages oder der Aufstellung des Entwurfs eingetreten ist. [3]Der Vorstand hat über solche Veränderungen auch die Vertretungsorgane der anderen beteiligten Rechtsträger zu unterrichten; diese haben ihrerseits die Anteilsinhaber des von ihnen vertretenen Rechtsträgers vor der Beschlussfassung zu unterrichten. [4]§ 8 Absatz 3 Satz 1 und Satz 2 ist entsprechend anzuwenden.

(2) Jedem Aktionär ist auf Verlangen in der Hauptversammlung Auskunft auch über alle für die Verschmelzung wesentlichen Angelegenheiten der anderen beteiligten Rechtsträger zu geben.

**§ 65 Beschluß der Hauptversammlung.** (1) [1]Der Verschmelzungsbeschluß der Hauptversammlung bedarf einer Mehrheit, die mindestens drei Viertel des bei der Beschlußfassung vertretenen Grundkapitals umfaßt. [2]Die Satzung kann eine größere Kapitalmehrheit und weitere Erfordernisse bestimmen.

(2) [1]Sind mehrere Gattungen von Aktien vorhanden, so bedarf der Beschluß der Hauptversammlung zu seiner Wirksamkeit der Zustimmung der stimmberechtigten Aktionäre jeder Gattung. [2]Über die Zustimmung haben die Aktionäre jeder Gattung einen Sonderbeschluß zu fassen. [3]Für diesen gilt Absatz 1.

**§ 66 Eintragung bei Erhöhung des Grundkapitals.** Erhöht die übernehmende Gesellschaft zur Durchführung der Verschmelzung ihr Grundkapital, so darf die Verschmelzung erst eingetragen werden, nachdem die Durchführung der Erhöhung des Grundkapitals im Register eingetragen worden ist.

**§ 67[2] Anwendung der Vorschriften über die Nachgründung.** [1]Wird der Verschmelzungsvertrag in den ersten zwei Jahren seit Eintragung der übernehmenden Gesellschaft in das Register geschlossen, so ist § 52 Abs. 3, 4, 6 bis 9 des Aktiengesetzes[3] über die Nachgründung entsprechend anzuwenden. [2]Dies gilt nicht, wenn auf die zu gewährenden Aktien nicht mehr als der zehnte Teil des Grundkapitals dieser Gesellschaft entfällt oder wenn diese Gesellschaft ihre Rechtsform durch Formwechsel einer Gesellschaft mit beschränkter Haftung erlangt hat, die zuvor bereits seit mindestens zwei Jahren im Handelsregister eingetragen war. [3]Wird zur Durchführung der Verschmelzung das Grundkapital erhöht, so ist der Berechnung das erhöhte Grundkapital zugrunde zu legen.

**§ 68[4] Verschmelzung ohne Kapitalerhöhung.** (1) [1]Die übernehmende Gesellschaft darf zur Durchführung der Verschmelzung ihr Grundkapital nicht erhöhen, soweit

1. sie Anteile eines übertragenden Rechtsträgers innehat;
2. ein übertragender Rechtsträger eigene Anteile innehat oder

---

[1] § 64 Abs. 1 neu gef. mWv 15.7.2011 durch G v. 11.7.2011 (BGBl. I S. 1338); Abs. 1 Satz 4 geänd. mWv 1.3.2023 durch G v. 22.2.2023 (BGBl. 2023 I Nr. 51).

[2] § 67 Satz 2 neu gef. mWv 1.4.1998 durch G v. 25.3.1998 (BGBl. I S. 590); Sätze 1 und 2 geänd. mWv 25.4.2007 durch G v. 19.4.2007 (BGBl. I S. 542).

[3] Nr. **51**.

[4] § 68 Abs. 1 Satz 1 Nr. 3, Satz 2 Nr. 2 und Abs. 3 geänd. mWv 1.4.1998 durch G v. 25.3.1998 (BGBl. I S. 590); Abs. 1 Satz 3 angef. mWv 25.4.2007 durch G v. 19.4.2007 (BGBl. I S. 542).

3. ein übertragender Rechtsträger Aktien dieser Gesellschaft besitzt, auf die der Ausgabebetrag nicht voll geleistet ist.

[2] Die übernehmende Gesellschaft braucht ihr Grundkapital nicht zu erhöhen, soweit

1. sie eigene Aktien besitzt oder
2. ein übertragender Rechtsträger Aktien dieser Gesellschaft besitzt, auf die der Ausgabebetrag bereits voll geleistet ist.

[3] Die übernehmende Gesellschaft darf von der Gewährung von Aktien absehen, wenn alle Anteilsinhaber eines übertragenden Rechtsträgers darauf verzichten; die Verzichtserklärungen sind notariell zu beurkunden.

(2) Absatz 1 gilt entsprechend, wenn Inhaber der dort bezeichneten Anteile ein Dritter ist, der im eigenen Namen, jedoch in einem Fall des Absatzes 1 Satz 1 Nr. 1 oder des Absatzes 1 Satz 2 Nr. 1 für Rechnung der übernehmenden Gesellschaft oder in einem der anderen Fälle des Absatzes 1 für Rechnung des übertragenden Rechtsträgers handelt.

(3) Im Verschmelzungsvertrag festgesetzte bare Zuzahlungen dürfen nicht den zehnten Teil des auf die gewährten Aktien der übernehmenden Gesellschaft entfallenden anteiligen Betrags ihres Grundkapitals übersteigen.

**§ 69[1)] Verschmelzung mit Kapitalerhöhung.** (1) [1] Erhöht die übernehmende Gesellschaft zur Durchführung der Verschmelzung ihr Grundkapital, so sind § 182 Abs. 4, § 184 Abs. 1 Satz 2, §§ 185, 186, 187 Abs. 1, § 188 Abs. 2 und 3 Nr. 1 des Aktiengesetzes[2)] nicht anzuwenden; eine Prüfung der Sacheinlage nach § 183 Abs. 3 des Aktiengesetzes findet nur statt, soweit übertragende Rechtsträger die Rechtsform einer Personenhandelsgesellschaft, einer Partnerschaftsgesellschaft oder eines rechtsfähigen Vereins haben, wenn Vermögensgegenstände in der Schlußbilanz eines übertragenden Rechtsträgers höher bewertet worden sind als in dessen letzter Jahresbilanz, wenn die in einer Schlußbilanz angesetzten Werte nicht als Anschaffungskosten in den Jahresbilanzen der übernehmenden Gesellschaft angesetzt werden oder wenn das Gericht Zweifel hat, ob der Wert der Sacheinlage den geringsten Ausgabebetrag der dafür zu gewährenden Aktien erreicht. [2] Dies gilt auch dann, wenn das Grundkapital durch Ausgabe neuer Aktien auf Grund der Ermächtigung nach § 202 des Aktiengesetzes erhöht wird. [3] In diesem Fall ist außerdem § 203 Abs. 3 des Aktiengesetzes nicht anzuwenden. [4] Zum Prüfer kann der Verschmelzungsprüfer bestellt werden.

(2) Der Anmeldung der Kapitalerhöhung zum Register sind außer den in § 188 Abs. 3 Nr. 2 und 3 des Aktiengesetzes bezeichneten Schriftstücken der Verschmelzungsvertrag und die Niederschriften der Verschmelzungsbeschlüsse in Ausfertigung oder öffentlich beglaubigter Abschrift beizufügen.

(3) Für den Beschluss über die Kapitalerhöhung nach Absatz 1 gilt § 14 Absatz 2 entsprechend.

**§ 70 Geltendmachung eines Schadenersatzanspruchs.** Die Bestellung eines besonderen Vertreters nach § 26 Abs. 1 Satz 2 können nur solche Aktionäre einer

---

[1)] § 69 Abs. 1 Satz 1 geänd. mWv 1.4.1998 durch G v. 25.3.1998 (BGBl. I S. 590); Abs. 1 Satz 1 geänd. mWv 1.8.1998 durch G v. 22.7.1998 (BGBl. I S. 1878); Abs. 1 Satz 1 geänd. mWv 1.9.2009 durch G v. 30.7.2009 (BGBl. I S. 2479); Abs. 1 Satz 4 angef., Abs. 2 geänd. mWv 15.7.2011 durch G v. 11.7.2011 (BGBl. I S. 1338); Abs. 3 angef. mWv 1.3.2023 durch G v. 22.2.2023 (BGBl. 2023 I Nr. 51).

[2)] Nr. **51**.

übertragenden Gesellschaft beantragen, die ihre Aktien bereits gegen Anteile des übernehmenden Rechtsträgers umgetauscht haben.

**§ 71 Bestellung eines Treuhänders.** (1) [1] Jeder übertragende Rechtsträger hat für den Empfang der zu gewährenden Aktien und der baren Zuzahlungen einen Treuhänder zu bestellen. [2] Die Verschmelzung darf erst eingetragen werden, wenn der Treuhänder dem Gericht angezeigt hat, daß er im Besitz der Aktien und der im Verschmelzungsvertrag festgesetzten baren Zuzahlungen ist.

(2) § 26 Abs. 4 ist entsprechend anzuwenden.

**§ 72 Umtausch von Aktien.** (1) [1] Für den Umtausch der Aktien einer übertragenden Gesellschaft gilt § 73 Abs. 1 und 2 des Aktiengesetzes[1)], bei Zusammenlegung von Aktien dieser Gesellschaft § 226 Abs. 1 und 2 des Aktiengesetzes über die Kraftloserklärung von Aktien entsprechend. [2] Einer Genehmigung des Gerichts bedarf es nicht.

(2) Ist der übernehmende Rechtsträger ebenfalls eine Aktiengesellschaft, so gelten ferner § 73 Abs. 3 des Aktiengesetzes sowie bei Zusammenlegung von Aktien § 73 Abs. 4 und § 226 Abs. 3 des Aktiengesetzes entsprechend.

**§ 72a[2)] Gewährung zusätzlicher Aktien.** (1) [1] Im Verschmelzungsvertrag können die beteiligten Rechtsträger erklären, dass anstelle einer baren Zuzahlung (§ 15) zusätzliche Aktien der übernehmenden Gesellschaft gewährt werden. [2] Der Anspruch auf Gewährung zusätzlicher Aktien wird nicht dadurch ausgeschlossen, dass die übernehmende Gesellschaft nach Eintragung der Verschmelzung

1. ihr Vermögen oder Teile hiervon im Wege der Verschmelzung oder Spaltung ganz oder teilweise auf eine Aktiengesellschaft oder auf eine Kommanditgesellschaft auf Aktien übertragen hat oder
2. im Wege eines Formwechsels die Rechtsform einer Kommanditgesellschaft auf Aktien erhalten hat.

(2) [1] Neue Aktien, die nach Eintragung der Verschmelzung im Rahmen einer Kapitalerhöhung aus Gesellschaftsmitteln auf Grund eines unangemessenen Umtauschverhältnisses nicht gewährt wurden, und nach Eintragung der Verschmelzung erfolgte Kapitalherabsetzungen ohne Rückzahlung von Teilen des Grundkapitals sind bei dem Anspruch auf Gewährung zusätzlicher Aktien zu berücksichtigen. [2] Bezugsrechte, die den anspruchsberechtigten Aktionären bei einer nach Eintragung der Verschmelzung erfolgten Kapitalerhöhung gegen Einlagen auf Grund eines unangemessenen Umtauschverhältnisses nicht zustanden, sind ihnen nachträglich einzuräumen. [3] Die anspruchsberechtigten Aktionäre müssen ihr Bezugsrecht nach Satz 2 gegenüber der Gesellschaft binnen eines Monats nach Eintritt der Rechtskraft der Entscheidung des Gerichts (§ 11 Absatz 1 des Spruchverfahrensgesetzes[3)]) ausüben.

(3) Anstelle zusätzlicher Aktien ist den anspruchsberechtigten Aktionären Ausgleich durch eine bare Zuzahlung gemäß § 15 Absatz 1 Satz 1 zu gewähren,

1. soweit das angemessene Umtauschverhältnis trotz Gewährung zusätzlicher Aktien nicht hergestellt werden kann oder
2. wenn die Gewährung zusätzlicher Aktien unmöglich geworden ist.

---

[1)] Nr. **51**.

[2)] § 72a eingef. mWv 1.3.2023 durch G v. 22.2.2023 (BGBl. 2023 I Nr. 51).

[3)] **Habersack, Deutsche Gesetze ErgBd. Nr. 51b.**

(4) Anstelle zusätzlicher Aktien ist denjenigen Aktionären, die anlässlich einer nach Eintragung der Verschmelzung erfolgten strukturverändernden Maßnahme aus der Gesellschaft ausgeschieden sind, eine Entschädigung in Geld unter Berücksichtigung der von der Gesellschaft zu gewährenden Abfindung zu leisten.

(5) Zusätzlich zur Gewährung zusätzlicher Aktien ist den anspruchsberechtigten Aktionären eine Entschädigung in Geld zu leisten für Gewinne oder einen angemessenen Ausgleich gemäß § 304 des Aktiengesetzes[1)], soweit diese auf Grund eines unangemessenen Umtauschverhältnisses nicht ausgeschüttet oder geleistet worden sind.

(6) [1] Die folgenden Ansprüche der anspruchsberechtigten Aktionäre sind mit jährlich 5 Prozentpunkten über dem Basiszinssatz gemäß § 247 des Bürgerlichen Gesetzbuchs[2)] zu verzinsen:

1. der Anspruch auf Gewährung zusätzlicher Aktien nach den Absätzen 1 und 2 unter Zugrundelegung des bei einer baren Zuzahlung gemäß § 15 Absatz 1 und 2 Satz 1 geschuldeten Betrags nach Ablauf von drei Monaten nach Entscheidung des Gerichts (§ 11 Absatz 1 des Spruchverfahrensgesetzes),
2. der Anspruch auf Gewährung einer baren Zuzahlung gemäß Absatz 3 ab der Eintragung der Verschmelzung,
3. die Ansprüche auf eine Entschädigung in Geld gemäß den Absätzen 4 und 5 ab dem Zeitpunkt, zu dem die Abfindung oder der Anspruch auf Gewinnausschüttung oder die wiederkehrende Leistung fällig geworden wäre.

[2] In den Fällen des § 72b endet der Zinslauf, sobald der Treuhänder gemäß § 72b Absatz 3 die Aktien, die bare Zuzahlung oder die Entschädigung in Geld empfangen hat.

(7) [1] Die Absätze 1 bis 6 schließen die Geltendmachung eines weiteren Schadens nicht aus. [2] Das Risiko der Beschaffung der zusätzlich zu gewährenden Aktien trägt die Gesellschaft.

**§ 72b[3)] Kapitalerhöhung zur Gewährung zusätzlicher Aktien.** (1) [1] Die gemäß § 72a Absatz 1 Satz 1 und Absatz 2 Satz 1 zusätzlich zu gewährenden Aktien können nach Maßgabe der Absätze 1 bis 4 durch eine Kapitalerhöhung gegen Sacheinlage geschaffen werden. [2] Gegenstand der Sacheinlage ist der Anspruch der anspruchsberechtigten Aktionäre auf Gewährung zusätzlicher Aktien, der durch gerichtliche Entscheidung (§ 11 Absatz 1 des Spruchverfahrensgesetzes[4)]) oder gerichtlichen Vergleich (§ 11 Absatz 2 bis 4 des Spruchverfahrensgesetzes) festgestellt wurde; der Anspruch erlischt mit Eintragung der Durchführung der Kapitalerhöhung (§ 189 des Aktiengesetzes[1)]). [3] Wird der Anspruch durch gerichtliche Entscheidung (§ 11 Absatz 1 des Spruchverfahrensgesetzes) festgestellt, kann die Sacheinlage nicht geleistet werden, bevor die Rechtskraft eingetreten ist.

(2) [1] Anstelle der Festsetzungen nach § 183 Absatz 1 Satz 1 und § 205 Absatz 2 Satz 1 des Aktiengesetzes genügt

1. die Bestimmung, dass die auf Grund der zu bezeichnenden gerichtlichen Entscheidung oder des zu bezeichnenden gerichtlich protokollierten Vergleichs festgestellten Ansprüche der anspruchsberechtigten Aktionäre auf Gewährung zusätzlicher Aktien eingebracht werden, sowie

---

[1)] Nr. **51**.
[2)] Nr. **20**.
[3)] § 72b eingef. mWv 1.3.2023 durch G v. 22.2.2023 (BGBl. 2023 I Nr. 51).
[4)] **Habersack, Deutsche Gesetze ErgBd. Nr. 51b.**

2. die Angabe des auf Grund der gerichtlichen Entscheidung oder des Vergleichs zu gewährenden Nennbetrags, bei Stückaktien die Zahl der zu gewährenden Aktien.

[2] § 182 Absatz 4 sowie die §§ 186, 187 und 203 Absatz 3 des Aktiengesetzes sind nicht anzuwenden.

(3) [1] Die übernehmende Gesellschaft hat einen Treuhänder zu bestellen. Dieser ist ermächtigt, im eigenen Namen

1. die Ansprüche auf Gewährung zusätzlicher Aktien an die übernehmende Gesellschaft abzutreten,
2. die zusätzlich zu gewährenden Aktien zu zeichnen,
3. die gemäß § 72a zusätzlich zu gewährenden Aktien, baren Zuzahlungen und Entschädigungen in Geld in Empfang zu nehmen sowie
4. alle von den anspruchsberechtigten Aktionären abzugebenden Erklärungen abzugeben, soweit diese für den Erwerb der Aktien erforderlich sind.

[2] § 26 Absatz 4 ist entsprechend anzuwenden.

(4) [1] Den Anmeldungen nach den §§ 184 und 188 des Aktiengesetzes ist in Ausfertigung oder öffentlich beglaubigter Abschrift die gerichtliche Entscheidung oder der gerichtlich protokollierte Vergleich, aus der oder dem sich der zusätzlich zu gewährende Nennbetrag oder bei Stückaktien die Zahl der zusätzlich zu gewährenden Aktien ergibt, beizufügen. [2] § 188 Absatz 3 Nummer 2 des Aktiengesetzes ist nicht anzuwenden.

(5) § 182 Absatz 4 sowie die §§ 186, 187 und 203 Absatz 3 des Aktiengesetzes sind nicht anzuwenden auf Kapitalerhöhungen, die durchgeführt werden, um zusätzliche Aktien auf Grund gemäß § 72a Absatz 2 Satz 3 ausgeübter Bezugsrechte zu gewähren.

(6) Für den Beschluss über die Kapitalerhöhung nach Absatz 1 gilt § 14 Absatz 2 entsprechend.

### Zweiter Unterabschnitt. Verschmelzung durch Neugründung

**§ 73[1)] Anzuwendende Vorschriften.** Auf die Verschmelzung durch Neugründung sind die Vorschriften des Ersten Unterabschnitts mit Ausnahme der §§ 66, 68 Abs. 1 und 2 und des § 69 entsprechend anzuwenden.

**§ 74[2)] Inhalt der Satzung.** [1] In die Satzung sind Festsetzungen über Sondervorteile, Gründungsaufwand, Sacheinlagen und Sachübernahmen, die in den Gesellschaftsverträgen, Partnerschaftsverträgen oder Satzungen übertragender Rechtsträger enthalten waren, zu übernehmen. [2] § 26 Abs. 4 und 5 des Aktiengesetzes[3)] bleibt unberührt.

**§ 75[4)] Gründungsbericht und Gründungsprüfung.** (1) [1] In dem Gründungsbericht (§ 32 des Aktiengesetzes[3)]) sind auch der Geschäftsverlauf und die Lage der übertragenden Rechtsträger darzustellen. [2] Zum Gründungsprüfer (§ 33 Absatz 2 des Aktiengesetzes) kann der Verschmelzungsprüfer bestellt werden.

---

1) § 73 geänd. mWv 1.3.2023 durch G v. 22.2.2023 (BGBl. 2023 I Nr. 51).

2) § 74 Satz 1 geänd. mWv 1.8.1998 durch G v. 22.7.1998 (BGBl. I S. 1878); Satz 1 geänd. mWv 18.8. 2006 durch G v. 14.8.2006 (BGBl. I S. 1911).

3) Nr. **51**.

4) § 75 Abs. 1 Satz 2 angef., Abs. 2 geänd. mWv 15.7.2011 durch G v. 11.7.2011 (BGBl. I S. 1338).

(2) Ein Gründungsbericht und eine Gründungsprüfung sind nicht erforderlich, soweit eine Kapitalgesellschaft oder eine eingetragene Genossenschaft übertragender Rechtsträger ist.

**§ 76[1)] Verschmelzungsbeschlüsse.** [1] Die Satzung der neuen Gesellschaft wird nur wirksam, wenn ihr die Anteilsinhaber jedes der übertragenden Rechtsträger durch Verschmelzungsbeschluß zustimmen. [2] Dies gilt entsprechend für die Bestellung der Mitglieder des Aufsichtsrats der neuen Gesellschaft, soweit diese nach § 31 des Aktiengesetzes[2)] zu wählen sind. [3] Auf eine übertragende Aktiengesellschaft ist § 124 Abs. 2 Satz 3, Abs. 3 Satz 1 und 3 des Aktiengesetzes entsprechend anzuwenden.

**§ 77[3)]** *(aufgehoben)*

### Vierter Abschnitt. Verschmelzung unter Beteiligung von Kommanditgesellschaften auf Aktien

**§ 78 Anzuwendende Vorschriften.** [1] Auf Verschmelzungen unter Beteiligung von Kommanditgesellschaften auf Aktien sind die Vorschriften des Dritten Abschnitts entsprechend anzuwenden. [2] An die Stelle der Aktiengesellschaft und ihres Vorstands treten die Kommanditgesellschaft auf Aktien und die zu ihrer Vertretung ermächtigten persönlich haftenden Gesellschafter. [3] Der Verschmelzungsbeschluß bedarf auch der Zustimmung der persönlich haftenden Gesellschafter; die Satzung der Kommanditgesellschaft auf Aktien kann eine Mehrheitsentscheidung dieser Gesellschafter vorsehen. [4] Im Verhältnis zueinander gelten Aktiengesellschaften und Kommanditgesellschaften auf Aktien nicht als Rechtsträger anderer Rechtsform im Sinne der §§ 29 und 34.

### Fünfter Abschnitt. Verschmelzung unter Beteiligung eingetragener Genossenschaften

#### Erster Unterabschnitt. Verschmelzung durch Aufnahme

**§ 79[4)] Möglichkeit der Verschmelzung.** Ein Rechtsträger anderer Rechtsform kann im Wege der Aufnahme mit einer eingetragenen Genossenschaft nur verschmolzen werden, wenn eine erforderliche Änderung der Satzung der übernehmenden Genossenschaft gleichzeitig mit der Verschmelzung beschlossen wird.

**§ 80[5)] Inhalt des Verschmelzungsvertrags bei Aufnahme durch eine Genossenschaft.** (1) [1] Der Verschmelzungsvertrag oder sein Entwurf hat bei Verschmelzungen im Wege der Aufnahme durch eine eingetragene Genossenschaft für die Festlegung des Umtauschverhältnisses der Anteile (§ 5 Abs. 1 Nr. 3) die Angabe zu enthalten,

1. daß jedes Mitglied einer übertragenden Genossenschaft mit einem Geschäftsanteil bei der übernehmenden Genossenschaft beteiligt wird, sofern die Satzung dieser Genossenschaft die Beteiligung mit mehr als einem Geschäftsanteil nicht zuläßt, oder

---

1) § 76 Abs. 2 Satz 3 geänd. mWv 1.5.2015 durch G v. 24.4.2015 (BGBl. I S. 642); Abs. 1 aufgeh. mWv 1.3.2023 durch G v. 22.2.2023 (BGBl. 2023 I Nr. 51).

2) Nr. **51**.

3) § 77 aufgeh. mWv 1.1.2007 durch G v. 10.11.2006 (BGBl. I S. 2553).

4) § 79 geänd. mWv 18.8.2006 durch G v. 14.8.2006 (BGBl. I S. 1911).

5) § 80 Abs. 1 Satz 1 Nr. 2 geänd. mWv 1.8.1998 durch G v. 22.7.1998 (BGBl. I S. 1878); Abs. 1 Satz 1 Nr. 1 und 2 geänd. mWv 18.8.2006 durch G v. 14.8.2006 (BGBl. I S. 1911).

2. daß jedes Mitglied einer übertragenden Genossenschaft mit mindestens einem und im übrigen mit so vielen Geschäftsanteilen bei der übernehmenden Genossenschaft beteiligt wird, wie durch Anrechnung seines Geschäftsguthabens bei der übertragenden Genossenschaft als voll eingezahlt anzusehen sind, sofern die Satzung der übernehmenden Genossenschaft die Beteiligung eines Mitglieds mit mehreren Geschäftsanteilen zuläßt oder die Mitglieder zur Übernahme mehrerer Geschäftsanteile verpflichtet; der Verschmelzungsvertrag oder sein Entwurf kann eine andere Berechnung der Zahl der zu gewährenden Geschäftsanteile vorsehen.

[2] Bei Verschmelzungen im Wege der Aufnahme eines Rechtsträgers anderer Rechtsform durch eine eingetragene Genossenschaft hat der Verschmelzungsvertrag oder sein Entwurf zusätzlich für jeden Anteilsinhaber eines solchen Rechtsträgers den Betrag des Geschäftsanteils und die Zahl der Geschäftsanteile anzugeben, mit denen er bei der Genossenschaft beteiligt wird.

(2) Der Verschmelzungsvertrag oder sein Entwurf hat für jede übertragende Genossenschaft den Stichtag der Schlußbilanz anzugeben.

**§ 81**[1)] **Gutachten des Prüfungsverbandes.** (1) [1] Vor der Einberufung der Generalversammlung, die gemäß § 13 Abs. 1 über die Zustimmung zum Verschmelzungsvertrag beschließen soll, ist für jede beteiligte Genossenschaft eine gutachtliche Äußerung des Prüfungsverbandes einzuholen, ob die Verschmelzung mit den Belangen der Mitglieder und der Gläubiger der Genossenschaft vereinbar ist (Prüfungsgutachten). [2] Das Prüfungsgutachten kann für mehrere beteiligte Genossenschaften auch gemeinsam erstattet werden.

(2) Liegen die Voraussetzungen des Artikels 25 Abs. 1 des Einführungsgesetzes zum Handelsgesetzbuche[2)] in der Fassung des Artikels 21 § 5 Abs. 2 des Gesetzes vom 25. Juli 1988 (BGBl. I S. 1093) vor, so kann die Prüfung der Verschmelzung (§§ 9 bis 12) für die dort bezeichneten Rechtsträger auch von dem zuständigen Prüfungsverband durchgeführt werden.

**§ 82**[3)] **Vorbereitung der Generalversammlung.** (1) [1] Von der Einberufung der Generalversammlung an, die gemäß § 13 Abs. 1 über die Zustimmung zum Verschmelzungsvertrag beschließen soll, sind auch in dem Geschäftsraum jeder beteiligten Genossenschaft die in § 63 Abs. 1 Nr. 1 bis 4 bezeichneten Unterlagen sowie die nach § 81 erstatteten Prüfungsgutachten zur Einsicht der Mitglieder auszulegen. [2] Dazu erforderliche Zwischenbilanzen sind gemäß § 63 Absatz 2 Satz 1 bis 4 aufzustellen.

(2) Auf Verlangen ist jedem Mitglied unverzüglich und kostenlos eine Abschrift der in Absatz 1 bezeichneten Unterlagen zu erteilen.

(3) Die Verpflichtungen nach Absatz 1 Satz 1 und Absatz 2 entfallen, wenn die in Absatz 1 Satz 1 bezeichneten Unterlagen für denselben Zeitraum über die Internetseite der Genossenschaft zugänglich sind.

**§ 83 Durchführung der Generalversammlung.** (1) [1] In der Generalversammlung sind die in § 63 Abs. 1 Nr. 1 bis 4 bezeichneten Unterlagen sowie die nach § 81 erstatteten Prüfungsgutachten auszulegen. [2] Der Vorstand hat den Verschmel-

---

[1)] § 81 Abs. 1 Satz 1 geänd. mWv 18.8.2006 durch G v. 14.8.2006 (BGBl. I S. 1911).

[2)] Nr. **50a**.

[3)] § 82 Abs. 1 Satz 1 und Abs. 2 geänd. mWv 18.8.2006 durch G v. 14.8.2006 (BGBl. I S. 1911); Abs. 1 Satz 2 geänd. mWv 15.7.2011 durch G v. 11.7.2011 (BGBl. I S. 1338); Abs. 3 angef. mWv 22.7.2017 durch G v. 17.7.2017 (BGBl. I S. 2434).

zungsvertrag oder seinen Entwurf zu Beginn der Verhandlung mündlich zu erläutern. [3] § 64 Abs. 2 ist entsprechend anzuwenden.

(2) [1] Das für die beschließende Genossenschaft erstattete Prüfungsgutachten ist in der Generalversammlung zu verlesen. [2] Der Prüfungsverband ist berechtigt, an der Generalversammlung beratend teilzunehmen.

**§ 84[1)] Beschluß der Generalversammlung.** [1] Der Verschmelzungsbeschluß der Generalversammlung bedarf einer Mehrheit von drei Vierteln der abgegebenen Stimmen. [2] Die Satzung kann eine größere Mehrheit und weitere Erfordernisse bestimmen.

**§ 85[2)] Verbesserung des Umtauschverhältnisses.** (1) § 14 Absatz 2 und § 15 sind nicht anzuwenden auf Mitglieder einer übernehmenden Genossenschaft.

(2) Bei der Verschmelzung von Genossenschaften miteinander ist § 15 nur anzuwenden, wenn und soweit das Geschäftsguthaben eines Mitglieds in der übernehmenden Genossenschaft niedriger als das Geschäftsguthaben in der übertragenden Genossenschaft ist.

(3) Der Anspruch nach § 15 kann auch durch Zuschreibung auf das Geschäftsguthaben erfüllt werden, soweit nicht der Gesamtbetrag der Geschäftsanteile des Mitglieds bei der übernehmenden Genossenschaft überschritten wird.

**§ 86 Anlagen der Anmeldung.** (1) Der Anmeldung der Verschmelzung ist außer den sonst erforderlichen Unterlagen auch das für die anmeldende Genossenschaft erstattete Prüfungsgutachten in Urschrift oder in öffentlich beglaubigter Abschrift beizufügen.

(2) Der Anmeldung zur Eintragung in das Register des Sitzes des übernehmenden Rechtsträgers ist ferner jedes andere für eine übertragende Genossenschaft erstattete Prüfungsgutachten in Urschrift oder in öffentlich beglaubigter Abschrift beizufügen.

**§ 87[3)] Anteilstausch.** (1) [1] Auf Grund der Verschmelzung ist jedes Mitglied einer übertragenden Genossenschaft entsprechend dem Verschmelzungsvertrag an dem übernehmenden Rechtsträger beteiligt. [2] Eine Verpflichtung, bei einer übernehmenden Genossenschaft weitere Geschäftsanteile zu übernehmen, bleibt unberührt. [3] Rechte Dritter an den Geschäftsguthaben bei einer übertragenden Genossenschaft bestehen an den Anteilen oder Mitgliedschaften des übernehmenden Rechtsträgers anderer Rechtsform weiter, die an die Stelle der Geschäftsanteile der übertragenden Genossenschaft treten. [4] Rechte Dritter an den Anteilen oder Mitgliedschaften des übertragenden Rechtsträgers bestehen an den bei der übernehmenden Genossenschaft erlangten Geschäftsguthaben weiter.

(2) [1] Übersteigt das Geschäftsguthaben, das das Mitglied bei einer übertragenden Genossenschaft hatte, den Gesamtbetrag der Geschäftsanteile, mit denen es nach Absatz 1 bei einer übernehmenden Genossenschaft beteiligt ist, so ist der übersteigende Betrag nach Ablauf von sechs Monaten seit dem Tage, an dem die Eintragung der Verschmelzung in das Register des Sitzes der übernehmenden

[1)] § 84 Satz 2 geänd. mWv 18.8.2006 durch G v. 14.8.2006 (BGBl. I S. 1911).

[2)] § 85 Abs. 1 und 2 geänd. mWv 18.8.2006 durch G v. 14.8.2006 (BGBl. I S. 1911); Abs. 1 eingef., bish. Abs. 1 und 2 werden Abs. 2 und 3 mWv 1.3.2023 durch G v. 22.2.2023 (BGBl. 2023 I Nr. 51).

[3)] § 87 Abs. 1 Satz 1, Abs. 2 Satz 1 und Abs. 3 geänd. mWv 18.8.2006 durch G v. 14.8.2006 (BGBl. I S. 1911); Abs. 2 Satz 1 geänd. mWv 1.1.2007 durch G v. 10.11.2006 (BGBl. I S. 2553); Abs. 2 Satz 1 geänd. mWv 1.9.2009 durch G v. 30.7.2009 (BGBl. I S. 2479).

Genossenschaft nach § 19 Abs. 3 bekannt gemacht worden ist, an das Mitglied auszuzahlen; die Auszahlung darf jedoch nicht erfolgen, bevor die Gläubiger, die sich nach § 22 gemeldet haben, befriedigt oder sichergestellt sind. [2] Im Verschmelzungsvertrag festgesetzte bare Zuzahlungen dürfen nicht den zehnten Teil des Gesamtnennbetrags der gewährten Geschäftsanteile der übernehmenden Genossenschaft übersteigen.

(3) Für die Berechnung des Geschäftsguthabens, das dem Mitglied bei einer übertragenden Genossenschaft zugestanden hat, ist deren Schlußbilanz maßgebend.

**§ 88[1)] Geschäftsguthaben bei der Aufnahme von Kapitalgesellschaften und rechtsfähigen Vereinen.** (1) [1] Ist an der Verschmelzung eine Kapitalgesellschaft als übertragender Rechtsträger beteiligt, so ist jedem Anteilsinhaber dieser Gesellschaft als Geschäftsguthaben bei der übernehmenden Genossenschaft der Wert der Geschäftsanteile oder der Aktien gutzuschreiben, mit denen er an der übertragenden Gesellschaft beteiligt war. [2] Für die Feststellung des Wertes dieser Beteiligung ist die Schlußbilanz der übertragenden Gesellschaft maßgebend. [3] Übersteigt das durch die Verschmelzung erlangte Geschäftsguthaben eines Mitglieds den Gesamtbetrag der Geschäftsanteile, mit denen es bei der übernehmenden Genossenschaft beteiligt ist, so ist der übersteigende Betrag nach Ablauf von sechs Monaten seit dem Tage, an dem die Eintragung der Verschmelzung in das Register des Sitzes der übernehmenden Genossenschaft nach § 19 Abs. 3 bekannt gemacht worden ist, an das Mitglied auszuzahlen; die Auszahlung darf jedoch nicht erfolgen, bevor die Gläubiger, die sich nach § 22 gemeldet haben, befriedigt oder sichergestellt sind.

(2) Ist an der Verschmelzung ein rechtsfähiger Verein als übertragender Rechtsträger beteiligt, so kann jedem Mitglied dieses Vereins als Geschäftsguthaben bei der übernehmenden Genossenschaft höchstens der Nennbetrag der Geschäftsanteile gutgeschrieben werden, mit denen es an der übernehmenden Genossenschaft beteiligt ist.

**§ 89[2)] Eintragung der Genossen in die Mitgliederliste; Benachrichtigung.**

(1) [1] Die übernehmende Genossenschaft hat jedes neue Mitglied nach der Eintragung der Verschmelzung in das Register des Sitzes der übernehmenden Genossenschaft unverzüglich in die Mitgliederliste einzutragen und hiervon unverzüglich zu benachrichtigen. [2] Sie hat ferner die Zahl der Geschäftsanteile des Mitglieds einzutragen, sofern das Mitglied mit mehr als einem Geschäftsanteil beteiligt ist.

(2) Die übernehmende Genossenschaft hat jedem Anteilsinhaber eines übertragenden Rechtsträgers, bei unbekannten Aktionären dem Treuhänder der übertragenden Gesellschaft, unverzüglich in Textform mitzuteilen:

1. den Betrag des Geschäftsguthabens bei der übernehmenden Genossenschaft;
2. den Betrag des Geschäftsanteils bei der übernehmenden Genossenschaft;
3. die Zahl der Geschäftsanteile, mit denen der Anteilsinhaber bei der übernehmenden Genossenschaft beteiligt ist;

[1)] § 88 Abs. 1 Satz 3 geänd. mWv 18.8.2006 durch G v. 14.8.2006 (BGBl. I S. 1911); Abs. 1 Satz 3 geänd. mWv 1.1.2007 durch G v. 10.11.2006 (BGBl. I S. 2553).

[2)] § 89 Abs. 2 geänd. mWv 1.8.2001 durch G v. 13.7.2001 (BGBl. I S. 1542); Abs. 1 Sätze 1 und 2, Abs. 2 Nr. 4 und 5 geänd. mWv 18.8.2006 durch G v. 14.8.2006 (BGBl. I S. 1911).

4. den Betrag der von dem Mitglied nach Anrechnung seines Geschäftsguthabens noch zu leistenden Einzahlung oder den Betrag, der ihm nach § 87 Abs. 2 oder nach § 88 Abs. 1 auszuzahlen ist, sowie
5. den Betrag der Haftsumme der übernehmenden Genossenschaft, sofern deren Mitglieder Nachschüsse bis zu einer Haftsumme zu leisten haben.

**§ 90[1] Ausschlagung durch einzelne Anteilsinhaber.** (1) Die §§ 29 bis 34 sind auf die Mitglieder einer übertragenden Genossenschaft nicht anzuwenden.

(2) Auf der Verschmelzungswirkung beruhende Anteile und Mitgliedschaften an dem übernehmenden Rechtsträger gelten als nicht erworben, wenn sie ausgeschlagen werden.

(3) [1] Das Recht zur Ausschlagung hat jedes Mitglied einer übertragenden Genossenschaft, wenn es in der Generalversammlung oder als Vertreter in der Vertreterversammlung, die gemäß § 13 Abs. 1 über die Zustimmung zum Verschmelzungsvertrag beschließen soll,

1. erscheint und gegen den Verschmelzungsbeschluß Widerspruch zur Niederschrift erklärt oder
2. nicht erscheint, sofern es zu der Versammlung zu Unrecht nicht zugelassen worden ist oder die Versammlung nicht ordnungsgemäß einberufen oder der Gegenstand der Beschlußfassung nicht ordnungsgemäß bekanntgemacht worden ist.

[2] Wird der Verschmelzungsbeschluß einer übertragenden Genossenschaft von einer Vertreterversammlung gefaßt, so steht das Recht zur Ausschlagung auch jedem anderen Mitglied dieser Genossenschaft zu, das im Zeitpunkt der Beschlußfassung nicht Vertreter ist.

**§ 91[2] Form und Frist der Ausschlagung.** (1) Die Ausschlagung ist gegenüber dem übernehmenden Rechtsträger schriftlich zu erklären.

(2) Die Ausschlagung kann nur binnen sechs Monaten nach dem Tage erklärt werden, an dem die Eintragung der Verschmelzung in das Register des Sitzes des übernehmenden Rechtsträgers nach § 19 Abs. 3 bekannt gemacht worden ist.

(3) Die Ausschlagung kann nicht unter einer Bedingung oder einer Zeitbestimmung erklärt werden.

**§ 92[3] Eintragung der Ausschlagung in die Mitgliederliste.** (1) Die übernehmende Genossenschaft hat jede Ausschlagung unverzüglich in die Mitgliederliste einzutragen und das Mitglied von der Eintragung unverzüglich zu benachrichtigen.

(2) Die Ausschlagung wird in dem Zeitpunkt wirksam, in dem die Ausschlagungserklärung dem übernehmenden Rechtsträger zugeht.

**§ 93[4] Auseinandersetzung.** (1) [1] Mit einem früheren Mitglied, dessen Beteiligung an dem übernehmenden Rechtsträger nach § 90 Abs. 2 als nicht erworben

---

[1] § 90 Abs. 1, Abs. 3 Satz 1 einleit. Satzteil und Nr. 2 sowie Satz 2 geänd. mWv 18.8.2006 durch G v. 14.8.2006 (BGBl. I S. 1911).
[2] § 91 Abs. 2 geänd. mWv 1.1.2007 durch G v. 10.11.2006 (BGBl. I S. 2553).
[3] § 92 Abs. 1 geänd. mWv 18.8.2006 durch G v. 14.8.2006 (BGBl. I S. 1911).
[4] § 93 Abs. 4 aufgeh. mWv 15.12.2004 durch G v. 9.12.2004 (BGBl. I S. 3214); Abs. 1 Satz 1, Abs. 2, Abs. 3 Sätze 1 und 2 geänd. mWv 18.8.2006 durch G v. 14.8.2006 (BGBl. I S. 1911).

gilt, hat der übernehmende Rechtsträger sich auseinanderzusetzen. [2] Maßgebend ist die Schlußbilanz der übertragenden Genossenschaft.

(2) Dieses Mitglied kann die Auszahlung des Geschäftsguthabens, das es bei der übertragenden Genossenschaft hatte, verlangen; an den Rücklagen und dem sonstigen Vermögen der übertragenden Genossenschaft hat es vorbehaltlich des § 73 Abs. 3 des Genossenschaftsgesetzes[1)] keinen Anteil, auch wenn sie bei der Verschmelzung den Geschäftsguthaben anderer Mitglieder, die von dem Recht zur Ausschlagung keinen Gebrauch machen, zugerechnet werden.

(3) [1] Reichen die Geschäftsguthaben und die in der Schlußbilanz einer übertragenden Genossenschaft ausgewiesenen Rücklagen zur Deckung eines in dieser Bilanz ausgewiesenen Verlustes nicht aus, so kann der übernehmende Rechtsträger von dem früheren Mitglied, dessen Beteiligung als nicht erworben gilt, die Zahlung des anteiligen Fehlbetrags verlangen, wenn und soweit dieses Mitglied im Falle der Insolvenz Nachschüsse an die übertragende Genossenschaft zu leisten gehabt hätte. [2] Der anteilige Fehlbetrag wird, falls die Satzung der übertragenden Genossenschaft nichts anderes bestimmt, nach der Zahl ihrer Mitglieder berechnet.

**§ 94[2)] Auszahlung des Auseinandersetzungsguthabens.** Ansprüche auf Auszahlung des Geschäftsguthabens nach § 93 Abs. 2 sind binnen sechs Monaten seit der Ausschlagung zu befriedigen; die Auszahlung darf jedoch nicht erfolgen, bevor die Gläubiger, die sich nach § 22 gemeldet haben, befriedigt oder sichergestellt sind, und nicht vor Ablauf von sechs Monaten seit dem Tag, an dem die Eintragung der Verschmelzung in das Register des Sitzes des übernehmenden Rechtsträgers nach § 19 Abs. 3 bekannt gemacht worden ist.

**§ 95[3)] Fortdauer der Nachschußpflicht.** (1) [1] Ist die Haftsumme bei einer übernehmenden Genossenschaft geringer, als sie bei einer übertragenden Genossenschaft war, oder haften den Gläubigern eines übernehmenden Rechtsträgers nicht alle Anteilsinhaber dieses Rechtsträgers unbeschränkt, so haben zur Befriedigung der Gläubiger der übertragenden Genossenschaft diejenigen Anteilsinhaber, die Mitglieder der übertragenden Genossenschaft waren, weitere Nachschüsse bis zur Höhe der Haftsumme bei der übertragenden Genossenschaft zu leisten, sofern die Gläubiger, die sich nach § 22 gemeldet haben, wegen ihrer Forderung Befriedigung oder Sicherstellung auch nicht aus den von den Mitgliedern eingezogenen Nachschüssen erlangen können. [2] Für die Einziehung der Nachschüsse gelten die §§ 105 bis 115a des Genossenschaftsgesetzes[1)] entsprechend.

(2) Absatz 1 ist nur anzuwenden, wenn das Insolvenzverfahren über das Vermögen des übernehmenden Rechtsträgers binnen zwei Jahren nach dem Tage eröffnet wird, an dem die Eintragung der Verschmelzung in das Register des Sitzes dieses Rechtsträgers nach § 19 Abs. 3 bekannt gemacht worden ist.

### Zweiter Unterabschnitt. Verschmelzung durch Neugründung

**§ 96 Anzuwendende Vorschriften.** Auf die Verschmelzung durch Neugründung sind die Vorschriften des Ersten Unterabschnitts entsprechend anzuwenden.

---

[1)] Nr. **53**.

[2)] § 94 geänd. mWv 1.1.2007 durch G v. 10.11.2006 (BGBl. I S. 2553).

[3)] § 95 Abs. 1 Sätze 1 und 2 geänd. mWv 18.8.2006 durch G v. 14.8.2006 (BGBl. I S. 1911); Abs. 2 geänd. mWv 1.1.2007 durch G v. 10.11.2006 (BGBl. I S. 2553).

**§ 97[1] Pflichten der Vertretungsorgane der übertragenden Rechtsträger.**

(1) Die Satzung der neuen Genossenschaft ist durch sämtliche Mitglieder des Vertretungsorgans jedes der übertragenden Rechtsträger aufzustellen und zu unterzeichnen.

(2) [1]Die Vertretungsorgane aller übertragenden Rechtsträger haben den ersten Aufsichtsrat der neuen Genossenschaft zu bestellen. [2]Das gleiche gilt für die Bestellung des ersten Vorstands, sofern nicht durch die Satzung der neuen Genossenschaft anstelle der Wahl durch die Generalversammlung eine andere Art der Bestellung des Vorstands festgesetzt ist.

**§ 98[2] Verschmelzungsbeschlüsse.** [1]Die Satzung der neuen Genossenschaft wird nur wirksam, wenn ihm die Anteilsinhaber jedes der übertragenden Rechtsträger durch Verschmelzungsbeschluß zustimmen. [2]Dies gilt entsprechend für die Bestellung der Mitglieder des Vorstands und des Aufsichtsrats der neuen Genossenschaft, für die Bestellung des Vorstands jedoch nur, wenn dieser von den Vertretungsorganen aller übertragenden Rechtsträger bestellt worden ist.

### Sechster Abschnitt. Verschmelzung unter Beteiligung rechtsfähiger Vereine

**§ 99[3] Möglichkeit der Verschmelzung.** (1) Ein rechtsfähiger Verein kann sich an einer Verschmelzung nur beteiligen, wenn die Satzung des Vereins oder Vorschriften des Landesrechts nicht entgegenstehen.

(2) Ein eingetragener Verein darf im Wege der Verschmelzung Rechtsträger anderer Rechtsform nicht aufnehmen und durch die Verschmelzung solcher Rechtsträger nicht gegründet werden.

**§ 100 Prüfung der Verschmelzung.** [1]Der Verschmelzungsvertrag oder sein Entwurf ist für einen wirtschaftlichen Verein nach den §§ 9 bis 12 zu prüfen. [2]Bei einem eingetragenen Verein ist diese Prüfung nur erforderlich, wenn mindestens zehn vom Hundert der Mitglieder sie schriftlich verlangen.

**§ 101[4] Vorbereitung der Mitgliederversammlung.** (1) [1]Von der Einberufung der Mitgliederversammlung an, die gemäß § 13 Abs. 1 über die Zustimmung zum Verschmelzungsvertrag beschließen soll, sind in dem Geschäftsraum des Vereins die in § 63 Abs. 1 Nr. 1 bis 4 bezeichneten Unterlagen sowie ein nach § 100 erforderlicher Prüfungsbericht zur Einsicht der Mitglieder auszulegen. [2]Dazu erforderliche Zwischenbilanzen sind gemäß § 63 Absatz 2 Satz 1 bis 4 aufzustellen.

(2) Auf Verlangen ist jedem Mitglied unverzüglich und kostenlos eine Abschrift der in Absatz 1 bezeichneten Unterlagen zu erteilen.

**§ 102 Durchführung der Mitgliederversammlung.** [1]In der Mitgliederversammlung sind die in § 63 Abs. 1 Nr. 1 bis 4 bezeichneten Unterlagen sowie ein nach § 100 erforderlicher Prüfungsbericht auszulegen. [2]§ 64 Abs. 1 Satz 2 und Abs. 2 ist entsprechend anzuwenden.

**§ 103[5] Beschluß der Mitgliederversammlung.** [1]Der Verschmelzungsbeschluß der Mitgliederversammlung bedarf einer Mehrheit von drei Vierteln der

---

[1] § 97 Abs. 1, Abs. 2 Satz 2 geänd. mWv 18.8.2006 durch G v. 14.8.2006 (BGBl. I S. 1911).
[2] § 98 Satz 1 geänd. mWv 18.8.2006 durch G v. 14.8.2006 (BGBl. I S. 1911).
[3] § 99 Abs. 2 neu gef. mWv 1.8.1998 durch G v. 22.7.1998 (BGBl. I S. 1878).
[4] § 101 Abs. 1 Satz 2 geänd. mWv 15.7.2011 durch G v. 11.7.2011 (BGBl. I S. 1338).
[5] § 103 Satz 1 geänd. mWv 30.9.2009 durch G v. 24.9.2009 (BGBl. I S. 3145).

abgegebenen Stimmen. ²Die Satzung kann eine größere Mehrheit und weitere Erfordernisse bestimmen.

**§ 104[1)] Bekanntmachung der Verschmelzung.** (1) ¹Ist ein übertragender wirtschaftlicher Verein nicht in ein Handelsregister eingetragen, so hat sein Vorstand die bevorstehende Verschmelzung durch den Bundesanzeiger bekanntzumachen. ²Die Bekanntmachung im Bundesanzeiger tritt an die Stelle der Eintragung im Register. ³Sie ist mit einem Vermerk zu versehen, daß die Verschmelzung erst mit der Eintragung im Register des Sitzes des übernehmenden Rechtsträgers wirksam wird. ⁴Die §§ 16 und 17 Abs. 1 und § 19 Abs. 1 Satz 2, Abs. 2 und Abs. 3 sind nicht anzuwenden, soweit sie sich auf die Anmeldung und Eintragung dieses übertragenden Vereins beziehen.

(2) Die Schlußbilanz eines solchen übertragenden Vereins ist der Anmeldung zum Register des Sitzes des übernehmenden Rechtsträgers beizufügen.

**§ 104a Ausschluß der Barabfindung in bestimmten Fällen.** Die §§ 29 bis 34 sind auf die Verschmelzung eines eingetragenen Vereins, der nach § 5 Abs. 1 Nr. 9 des Körperschaftsteuergesetzes von der Körperschaftsteuer befreit ist, nicht anzuwenden.

### Siebenter Abschnitt. Verschmelzung genossenschaftlicher Prüfungsverbände

**§ 105[2)] Möglichkeit der Verschmelzung.** ¹Genossenschaftliche Prüfungsverbände können nur miteinander verschmolzen werden. ²Ein genossenschaftlicher Prüfungsverband kann ferner als übernehmender Verband einen rechtsfähigen Verein aufnehmen, wenn bei diesem die Voraussetzungen des § 63b Absatz 2 des Genossenschaftsgesetzes[3)] bestehen und die in § 107 Abs. 2 genannte Behörde dem Verschmelzungsvertrag zugestimmt hat.

**§ 106 Vorbereitung, Durchführung und Beschluß der Mitgliederversammlung.** Auf die Vorbereitung, die Durchführung und den Beschluß der Mitgliederversammlung sind die §§ 101 bis 103 entsprechend anzuwenden.

**§ 107[4)] Pflichten der Vorstände.** (1) ¹Die Vorstände beider Verbände haben die Verschmelzung gemeinschaftlich unverzüglich zur Eintragung in die Register des Sitzes jedes Verbandes anzumelden, soweit der Verband eingetragen ist. ²Ist der übertragende Verband nicht eingetragen, so ist § 104 entsprechend anzuwenden.

(2) Die Vorstände haben ferner gemeinschaftlich den für die Verleihung des Prüfungsrechts zuständigen obersten Landesbehörden die Eintragung unverzüglich mitzuteilen.

(3) Der Vorstand des übernehmenden Verbandes hat die Mitglieder unverzüglich von der Eintragung zu benachrichtigen.

**§ 108 Austritt von Mitgliedern des übertragenden Verbandes.** Tritt ein ehemaliges Mitglied des übertragenden Verbandes gemäß § 39 des Bürgerlichen

---

1) § 104 Abs. 1 Satz 1 geänd. mWv 1.8.1998 durch G v. 22.7.1998 (BGBl. I S. 1878); Abs. 1 Sätze 1, 2 und 4 geänd. mWv 1.1.2007 durch G v. 10.11.2006 (BGBl. I S. 2553); Abs. 1 Sätze 1 und 2 geänd. mWv 1.4.2012 durch G v. 22.12.2011 (BGBl. I S. 3044).

2) § 105 neu gef. mWv 25.4.2007 durch G v. 19.4.2007 (BGBl. I S. 542); Satz 2 geänd. mWv 22.7.2017 durch G v. 17.7.2017 (BGBl. I S. 2434).

3) Nr. **53**.

4) § 107 Abs. 2 geänd. mWv 18.8.2006 durch G v. 14.8.2006 (BGBl. I S. 1911).

Gesetzbuchs[1)] aus dem übernehmenden Verband aus, so sind Bestimmungen der Satzung des übernehmenden Verbandes, die gemäß § 39 Abs. 2 des Bürgerlichen Gesetzbuchs eine längere Kündigungsfrist als zum Schlusse des Geschäftsjahres vorsehen, nicht anzuwenden.

### Achter Abschnitt. Verschmelzung von Versicherungsvereinen auf Gegenseitigkeit

#### Erster Unterabschnitt. Möglichkeit der Verschmelzung

**§ 109 Verschmelzungsfähige Rechtsträger.** [1] Versicherungsvereine auf Gegenseitigkeit können nur miteinander verschmolzen werden. [2] Sie können ferner im Wege der Verschmelzung durch eine Aktiengesellschaft, die den Betrieb von Versicherungsgeschäften zum Gegenstand hat (Versicherungs-Aktiengesellschaft), aufgenommen werden.

#### Zweiter Unterabschnitt. Verschmelzung durch Aufnahme

**§ 110 Inhalt des Verschmelzungsvertrags.** Sind nur Versicherungsvereine auf Gegenseitigkeit an der Verschmelzung beteiligt, braucht der Verschmelzungsvertrag oder sein Entwurf die Angaben nach § 5 Abs. 1 Nr. 3 bis 5 und 7 nicht zu enthalten.

**§ 111[2)] Bekanntmachung des Verschmelzungsvertrags.** [1] Der Verschmelzungsvertrag oder sein Entwurf ist vor der Einberufung der obersten Vertretung, die gemäß § 13 Abs. 1 über die Zustimmung zum Verschmelzungsvertrag beschließen soll, zum Register einzureichen. [2] Das Gericht hat in der Bekanntmachung nach § 10 des Handelsgesetzbuchs[3)] einen Hinweis darauf bekanntzumachen, daß der Vertrag oder sein Entwurf beim Handelsregister eingereicht worden ist.

**§ 112[4)] Vorbereitung, Durchführung und Beschluß der Versammlung der obersten Vertretung.** (1) [1] Von der Einberufung der Versammlung der obersten Vertretung an, die gemäß § 13 Abs. 1 über die Zustimmung zum Verschmelzungsvertrag beschließen soll, sind in dem Geschäftsraum des Vereins die in § 63 Abs. 1 bezeichneten Unterlagen zur Einsicht der Mitglieder auszulegen. [2] Dazu erforderliche Zwischenbilanzen sind gemäß § 63 Absatz 2 Satz 1 bis 4 aufzustellen.

(2) [1] In der Versammlung der obersten Vertretung sind die in § 63 Abs. 1 bezeichneten Unterlagen auszulegen. [2] § 64 Abs. 1 Satz 2 und Abs. 2 ist entsprechend anzuwenden.

(3) [1] Der Verschmelzungsbeschluß der obersten Vertretung bedarf einer Mehrheit von drei Vierteln der abgegebenen Stimmen. [2] Die Satzung kann eine größere Mehrheit und weitere Erfordernisse bestimmen.

**§ 113 Keine gerichtliche Nachprüfung.** Sind nur Versicherungsvereine auf Gegenseitigkeit an der Verschmelzung beteiligt, findet eine gerichtliche Nachprüfung des Umtauschverhältnisses der Mitgliedschaften nicht statt.

---

1) Nr. **20**.
2) § 111 Satz 2 geänd. mWv 1.1.2007 durch G v. 10.11.2006 (BGBl. I S. 2553).
3) Nr. **50**.
4) § 112 Abs. 1 Satz 2 geänd. mWv 15.7.2011 durch G v. 11.7.2011 (BGBl. I S. 1338).

**Dritter Unterabschnitt. Verschmelzung durch Neugründung**

**§ 114 Anzuwendende Vorschriften.** Auf die Verschmelzung durch Neugründung sind die Vorschriften des Zweiten Unterabschnitts entsprechend anzuwenden, soweit sich aus den folgenden Vorschriften nichts anderes ergibt.

**§ 115 Bestellung der Vereinsorgane.** [1]Die Vorstände der übertragenden Vereine haben den ersten Aufsichtsrat des neuen Rechtsträgers und den Abschlußprüfer für das erste Voll- oder Rumpfgeschäftsjahr zu bestellen. [2]Die Bestellung bedarf notarieller Beurkundung. [3]Der Aufsichtsrat bestellt den ersten Vorstand.

**§ 116[1)] Beschlüsse der obersten Vertretungen.** (1) [1]Die Satzung des neuen Rechtsträgers und die Bestellung seiner Aufsichtsratsmitglieder bedürfen der Zustimmung der übertragenden Vereine durch Verschmelzungsbeschlüsse. [2]Die §§ 76 und 112 Absatz 3 sind entsprechend anzuwenden.

(2) [1]In der Bekanntmachung der Tagesordnung eines Vereins ist der wesentliche Inhalt des Verschmelzungsvertrags bekanntzumachen. [2]In der Bekanntmachung haben der Vorstand und der Aufsichtsrat, zur Wahl von Aufsichtsratsmitgliedern und Prüfern nur der Aufsichtsrat, Vorschläge zur Beschlußfassung zu machen. [3]Hat der Aufsichtsrat auch aus Aufsichtsratsmitgliedern der Arbeitnehmer zu bestehen, so bedürfen Beschlüsse des Aufsichtsrats über Vorschläge zur Wahl von Aufsichtsratsmitgliedern nur der Mehrheit der Stimmen der Aufsichtsratsmitglieder der Mitglieder des Vereins.

**§ 117[2)] Entstehung und Bekanntmachung des neuen Vereins.** [1]Vor der Eintragung in das Register besteht ein neuer Verein als solcher nicht. [2]Wer vor der Eintragung des Vereins in seinem Namen handelt, haftet persönlich; handeln mehrere, so haften sie als Gesamtschuldner.

**Vierter Unterabschnitt. Verschmelzung kleinerer Vereine**

**§ 118[3)] Anzuwendende Vorschriften.** [1]Auf die Verschmelzung kleinerer Vereine im Sinne des § 210 des Versicherungsaufsichtsgesetzes sind die Vorschriften des Zweiten und des Dritten Unterabschnitts entsprechend anzuwenden. [2]Dabei treten bei kleineren Vereinen an die Stelle der Anmeldung zur Eintragung in das Register der Antrag an die Aufsichtsbehörde auf Genehmigung, an die Stelle der Eintragung in das Register und ihrer Bekanntmachung die Bekanntmachung im Bundesanzeiger nach § 119.

**§ 119[4)] Bekanntmachung der Verschmelzung.** Sobald die Verschmelzung von allen beteiligten Aufsichtsbehörden genehmigt worden ist, macht die für den übernehmenden kleineren Verein zuständige Aufsichtsbehörde, bei einer Verschmelzung durch Neugründung eines kleineren Vereins die für den neuen Verein zuständige Aufsichtsbehörde die Verschmelzung und ihre Genehmigung im Bundesanzeiger bekannt.

---

[1)] § 116 Abs. 1 Satz 2 geänd. mWv 1.3.2023 durch G v. 22.2.2023 (BGBl. 2023 I Nr. 51).

[2)] § 117 Abs. 2 aufgeh. mWv 1.1.2007 durch G v. 10.11.2006 (BGBl. I S. 2553).

[3)] § 118 Satz 2 geänd. mWv 1.1.2007 durch G v. 10.11.2006 (BGBl. I S. 2553); Satz 2 geänd. mWv 1.4.2012 durch G v. 22.12.2011 (BGBl. I S. 3044); Satz 1 geänd. mWv 1.1.2016 durch G v. 1.4.2015 (BGBl. I S. 434).

[4)] § 119 geänd. mWv 1.1.2007 durch G v. 10.11.2006 (BGBl. I S. 2553); geänd. mWv 1.4.2012 durch G v. 22.12.2011 (BGBl. I S. 3044).

### Neunter Abschnitt. Verschmelzung von Kapitalgesellschaften mit dem Vermögen eines Alleingesellschafters

**§ 120 Möglichkeit der Verschmelzung.** (1) Ist eine Verschmelzung nach den Vorschriften des Ersten bis Achten Abschnitts nicht möglich, so kann eine Kapitalgesellschaft im Wege der Aufnahme mit dem Vermögen eines Gesellschafters oder eines Aktionärs verschmolzen werden, sofern sich alle Geschäftsanteile oder alle Aktien der Gesellschaft in der Hand des Gesellschafters oder Aktionärs befinden.

(2) Befinden sich eigene Anteile in der Hand der Kapitalgesellschaft, so werden sie bei der Feststellung der Voraussetzungen der Verschmelzung dem Gesellschafter oder Aktionär zugerechnet.

**§ 121 Anzuwendende Vorschriften.** Auf die Kapitalgesellschaft sind die für ihre Rechtsform geltenden Vorschriften des Ersten und Zweiten Teils anzuwenden.

**§ 122[1] Eintragung in das Handelsregister.** (1) Ein noch nicht in das Handelsregister eingetragener Alleingesellschafter oder Alleinaktionär ist nach den Vorschriften des Handelsgesetzbuchs[2] in das Handelsregister einzutragen; § 18 Abs. 1 bleibt unberührt.

(2) Kommt eine Eintragung nicht in Betracht, treten die in § 20 genannten Wirkungen durch die Eintragung der Verschmelzung in das Register des Sitzes der übertragenden Kapitalgesellschaft ein.

### Zehnter Abschnitt.[3] *(aufgehoben)*

**§§ 122a–122m[3]** *(aufgehoben)*

## Drittes Buch. Spaltung

### Erster Teil. Allgemeine Vorschriften

### Erster Abschnitt. Möglichkeit der Spaltung

**§ 123 Arten der Spaltung.** (1) Ein Rechtsträger (übertragender Rechtsträger) kann unter Auflösung ohne Abwicklung sein Vermögen aufspalten

1. zur Aufnahme durch gleichzeitige Übertragung der Vermögensteile jeweils als Gesamtheit auf andere bestehende Rechtsträger (übernehmende Rechtsträger) oder
2. zur Neugründung durch gleichzeitige Übertragung der Vermögensteile jeweils als Gesamtheit auf andere, von ihm dadurch gegründete neue Rechtsträger

gegen Gewährung von Anteilen oder Mitgliedschaften dieser Rechtsträger an die Anteilsinhaber des übertragenden Rechtsträgers (Aufspaltung).

(2) Ein Rechtsträger (übertragender Rechtsträger) kann von seinem Vermögen einen Teil oder mehrere Teile abspalten

1. zur Aufnahme durch Übertragung dieses Teils oder dieser Teile jeweils als Gesamtheit auf einen bestehenden oder mehrere bestehende Rechtsträger (übernehmende Rechtsträger) oder

---

[1] § 122 Abs. 1 geänd., Abs. 2 angef. mWv 1.7.1998 durch G v. 22.6.1998 (BGBl. I S. 1474).
[2] Nr. **50**.
[3] 10. Abschnitt (§§ 122a–122m) aufgeh. mWv 1.3.2023 durch G v. 22.2.2023 (BGBl. 2023 I Nr. 51).

2. zur Neugründung durch Übertragung dieses Teils oder dieser Teile jeweils als Gesamtheit auf einen oder mehrere, von ihm dadurch gegründeten neuen oder gegründete neue Rechtsträger

gegen Gewährung von Anteilen oder Mitgliedschaften dieses Rechtsträgers oder dieser Rechtsträger an die Anteilsinhaber des übertragenden Rechtsträgers (Abspaltung).

(3) Ein Rechtsträger (übertragender Rechtsträger) kann aus seinem Vermögen einen Teil oder mehrere Teile ausgliedern

1. zur Aufnahme durch Übertragung dieses Teils oder dieser Teile jeweils als Gesamtheit auf einen bestehenden oder mehrere bestehende Rechtsträger (übernehmende Rechtsträger) oder
2. zur Neugründung durch Übertragung dieses Teils oder dieser Teile jeweils als Gesamtheit auf einen oder mehrere, von ihm dadurch gegründeten neuen oder gegründete neue Rechtsträger

gegen Gewährung von Anteilen oder Mitgliedschaften dieses Rechtsträgers oder dieser Rechtsträger an den übertragenden Rechtsträger (Ausgliederung).

(4) Die Spaltung kann auch durch gleichzeitige Übertragung auf bestehende und neue Rechtsträger erfolgen.

**§ 124 Spaltungsfähige Rechtsträger.** (1) An einer Aufspaltung oder einer Abspaltung können als übertragende, übernehmende oder neue Rechtsträger die in § 3 Abs. 1 genannten Rechtsträger sowie als übertragende Rechtsträger wirtschaftliche Vereine, an einer Ausgliederung können als übertragende, übernehmende oder neue Rechtsträger die in § 3 Abs. 1 genannten Rechtsträger sowie als übertragende Rechtsträger wirtschaftliche Vereine, Einzelkaufleute, Stiftungen sowie Gebietskörperschaften oder Zusammenschlüsse von Gebietskörperschaften, die nicht Gebietskörperschaften sind, beteiligt sein.

(2) § 3 Abs. 3 und 4 ist auf die Spaltung entsprechend anzuwenden.

**§ 125[1)] Anzuwendende Vorschriften.** (1) [1] Soweit sich aus diesem Buch nichts anderes ergibt, sind die Vorschriften des Zweiten Buches auf die Spaltung mit folgenden Ausnahmen entsprechend anzuwenden:

1. mit Ausnahme des § 62 Absatz 5,
2. bei Aufspaltung mit Ausnahme der § 9 Absatz 2 und § 12 Absatz 3 jeweils in Verbindung mit § 8 Absatz 3 Satz 3 Nummer 1 Buchstabe a,
3. bei Abspaltung und Ausgliederung mit Ausnahme des § 18,
4. bei Ausgliederung mit Ausnahme der §§ 29 bis 34, des § 54 Absatz 1 Satz 1, des § 68 Absatz 1 Satz 1 und des § 71 und für die Anteilsinhaber des übertragenden Rechtsträgers mit Ausnahme des § 14 Absatz 2 und des § 15.

[2] Eine Prüfung im Sinne der §§ 9 bis 12 findet bei Ausgliederung nicht statt. [3] Bei Abspaltung ist § 133 für die Verbindlichkeit nach § 29 anzuwenden.

(2) An die Stelle der übertragenden Rechtsträger tritt der übertragende Rechtsträger, an die Stelle des übernehmenden oder neuen Rechtsträgers treten gegebenenfalls die übernehmenden oder neuen Rechtsträger.

---

[1)] § 125 neu gef. mWv 1.3.2023 durch G v. 22.2.2023 (BGBl. 2023 I Nr. 51).

## Zweiter Abschnitt. Spaltung zur Aufnahme

**§ 126[1)] Inhalt des Spaltungs- und Übernahmevertrags.** (1) Der Spaltungs- und Übernahmevertrag oder sein Entwurf muß mindestens folgende Angaben enthalten:

1. den Namen oder die Firma und den Sitz der an der Spaltung beteiligten Rechtsträger;
2. die Vereinbarung über die Übertragung der Teile des Vermögens des übertragenden Rechtsträgers jeweils als Gesamtheit gegen Gewährung von Anteilen oder Mitgliedschaften an den übernehmenden Rechtsträgern;
3. bei Aufspaltung und Abspaltung das Umtauschverhältnis der Anteile und gegebenenfalls die Höhe der baren Zuzahlung oder Angaben über die Mitgliedschaft bei den übernehmenden Rechtsträgern;
4. bei Aufspaltung und Abspaltung die Einzelheiten für die Übertragung der Anteile der übernehmenden Rechtsträger oder über den Erwerb der Mitgliedschaft bei den übernehmenden Rechtsträgern;
5. den Zeitpunkt, von dem an diese Anteile oder die Mitgliedschaft einen Anspruch auf einen Anteil am Bilanzgewinn gewähren, sowie alle Besonderheiten in bezug auf diesen Anspruch;
6. den Zeitpunkt, von dem an die Handlungen des übertragenden Rechtsträgers als für Rechnung jedes der übernehmenden Rechtsträger vorgenommen gelten (Spaltungsstichtag);
7. die Rechte, welche die übernehmenden Rechtsträger einzelnen Anteilsinhabern sowie den Inhabern besonderer Rechte wie Anteile ohne Stimmrecht, Vorzugsaktien, Mehrstimmrechtsaktien, Schuldverschreibungen und Genußrechte gewähren, oder die für diese Personen vorgesehenen Maßnahmen;
8. jeden besonderen Vorteil, der einem Mitglied eines Vertretungsorgans oder eines Aufsichtsorgans der an der Spaltung beteiligten Rechtsträger, einem geschäftsführenden Gesellschafter, einem Partner, einem Abschlußprüfer oder einem Spaltungsprüfer gewährt wird;
9. die genaue Bezeichnung und Aufteilung der Gegenstände des Aktiv- und Passivvermögens, die an jeden der übernehmenden Rechtsträger übertragen werden, sowie der übergehenden Betriebe und Betriebsteile unter Zuordnung zu den übernehmenden Rechtsträgern;
10. bei Aufspaltung und Abspaltung die Aufteilung der Anteile oder Mitgliedschaften jedes der beteiligten Rechtsträger auf die Anteilsinhaber des übertragenden Rechtsträgers sowie den Maßstab für die Aufteilung;
11. die Folgen der Spaltung für die Arbeitnehmer und ihre Vertretungen sowie die insoweit vorgesehenen Maßnahmen.

(2) [1] Soweit für die Übertragung von Gegenständen im Falle der Einzelrechtsnachfolge in den allgemeinen Vorschriften eine besondere Art der Bezeichnung bestimmt ist, sind diese Regelungen auch für die Bezeichnung der Gegenstände des Aktiv- und Passivvermögens (Absatz 1 Nr. 9) anzuwenden. [2] § 28 der Grundbuchordnung[2)] ist zu beachten. [3] Im übrigen kann auf Urkunden wie Bilanzen und Inventare Bezug genommen werden, deren Inhalt eine Zuweisung des einzelnen Gegenstandes ermöglicht; die Urkunden sind dem Spaltungs- und Übernahmevertrag als Anlagen beizufügen.

---

1) § 126 Abs. 1 Nr. 8 und 10 geänd. mWv 1.8.1998 durch G v. 22.7.1998 (BGBl. I S. 1878).
2) Nr. **114**.

(3) Der Vertrag oder sein Entwurf ist spätestens einen Monat vor dem Tag der Versammlung der Anteilsinhaber jedes beteiligten Rechtsträgers, die gemäß § 125 in Verbindung mit § 13 Abs. 1 über die Zustimmung zum Spaltungs- und Übernahmevertrag beschließen soll, dem zuständigen Betriebsrat dieses Rechtsträgers zuzuleiten.

**§ 127[1)] Spaltungsbericht.** [1] Die Vertretungsorgane jedes der an der Spaltung beteiligten Rechtsträger haben einen ausführlichen schriftlichen Bericht zu erstatten, in dem die Spaltung, der Vertrag oder sein Entwurf im einzelnen und bei Aufspaltung und Abspaltung insbesondere das Umtauschverhältnis der Anteile und die bei seiner Ermittlung gewählten Bewertungsmethoden oder die Angaben über die Mitgliedschaften bei den übernehmenden Rechtsträgern, der Maßstab für ihre Aufteilung sowie die Höhe einer anzubietenden Barabfindung und die zu ihrer Ermittlung gewählten Bewertungsmethoden rechtlich und wirtschaftlich erläutert und begründet werden (Spaltungsbericht); der Bericht kann von den Vertretungsorganen auch gemeinsam erstattet werden. [2] § 8 Absatz 1 Satz 3 bis 5, Absatz 2 und 3 ist entsprechend anzuwenden; bei Aufspaltung ist § 8 Absatz 3 Satz 3 Nummer 1 Buchstabe a nicht anzuwenden.

**§ 128 Zustimmung zur Spaltung in Sonderfällen.** [1] Werden bei Aufspaltung oder Abspaltung die Anteile oder Mitgliedschaften der übernehmenden Rechtsträger den Anteilsinhabern des übertragenden Rechtsträgers nicht in dem Verhältnis zugeteilt, das ihrer Beteiligung an dem übertragenden Rechtsträger entspricht, so wird der Spaltungs- und Übernahmevertrag nur wirksam, wenn ihm alle Anteilsinhaber des übertragenden Rechtsträgers zustimmen. [2] Bei einer Spaltung zur Aufnahme ist der Berechnung des Beteiligungsverhältnisses der jeweils zu übertragende Teil des Vermögens zugrunde zu legen.

**§ 129 Anmeldung der Spaltung.** Zur Anmeldung der Spaltung ist auch das Vertretungsorgan jedes der übernehmenden Rechtsträger berechtigt.

**§ 130[2)] Eintragung der Spaltung.** (1) [1] Die Spaltung darf in das Register des Sitzes des übertragenden Rechtsträgers erst eingetragen werden, nachdem sie im Register des Sitzes jedes der übernehmenden Rechtsträger eingetragen worden ist. [2] Die Eintragung im Register des Sitzes jedes der übernehmenden Rechtsträger ist mit dem Vermerk zu versehen, daß die Spaltung erst mit der Eintragung im Register des Sitzes des übertragenden Rechtsträgers wirksam wird, sofern die Eintragungen in den Registern aller beteiligten Rechtsträger nicht am selben Tag erfolgen.

(2) [1] Das Gericht des Sitzes des übertragenden Rechtsträgers hat von Amts wegen dem Gericht des Sitzes jedes der übernehmenden Rechtsträger den Tag der Eintragung der Spaltung mitzuteilen sowie einen Registerauszug und den Gesellschaftsvertrag, den Partnerschaftsvertrag oder die Satzung des übertragenden *Rechtsträgers in Abschrift*, als Ausdruck oder elektronisch zu übermitteln. [2] Nach Eingang der Mitteilung hat das Gericht des Sitzes jedes der übernehmenden Rechtsträger von Amts wegen den Tag der Eintragung der Spaltung im Register des Sitzes des übertragenden Rechtsträgers zu vermerken.

---

[1)] § 127 Satz 1 geänd., Satz 2 neu gef. mWv 1.3.2023 durch G v. 22.2.2023 (BGBl. 2023 I Nr. 51).

[2)] § 130 Überschrift und Abs. 2 Satz 1 geänd. durch G v. 22.7.1998 (BGBl. I S. 1878); Abs. 2 Satz 1 geänd. mWv 18.8.2006 durch G v. 14.8.2006 (BGBl. I S. 1911); Abs. 2 Satz 1 geänd. mWv 1.1.2007 durch G v. 10.11.2006 (BGBl. I S. 2553); Abs. 1 Satz 2 geänd. mWv 25.4.2007 durch G v. 19.4.2007 (BGBl. I S. 542).

**§ 131[1] Wirkungen der Eintragung.** (1) Die Eintragung der Spaltung in das Register des Sitzes des übertragenden Rechtsträgers hat folgende Wirkungen:

1. Das Vermögen des übertragenden Rechtsträgers, bei Abspaltung und Ausgliederung der abgespaltene oder ausgegliederte Teil oder die abgespaltenen oder ausgegliederten Teile des Vermögens einschließlich der Verbindlichkeiten gehen entsprechend der im Spaltungs- und Übernahmevertrag vorgesehenen Aufteilung jeweils als Gesamtheit auf die übernehmenden Rechtsträger über.
2. [1] Bei der Aufspaltung erlischt der übertragende Rechtsträger. [2] Einer besonderen Löschung bedarf es nicht.
3. [1] Bei Aufspaltung und Abspaltung werden die Anteilsinhaber des übertragenden Rechtsträgers entsprechend der im Spaltungs- und Übernahmevertrag vorgesehenen Aufteilung Anteilsinhaber der beteiligten Rechtsträger; dies gilt nicht, soweit der übernehmende Rechtsträger oder ein Dritter, der im eigenen Namen, jedoch für Rechnung dieses Rechtsträgers handelt, Anteilsinhaber des übertragenden Rechtsträgers ist oder der übertragende Rechtsträger eigene Anteile innehat oder ein Dritter, der im eigenen Namen, jedoch für Rechnung dieses Rechtsträgers handelt, dessen Anteilsinhaber ist. [2] Rechte Dritter an den Anteilen oder Mitgliedschaften des übertragenden Rechtsträgers bestehen an den an ihre Stelle tretenden Anteilen oder Mitgliedschaften der übernehmenden Rechtsträger weiter. [3] Bei Ausgliederung wird der übertragende Rechtsträger entsprechend dem Ausgliederungs- und Übernahmevertrag Anteilsinhaber der übernehmenden Rechtsträger.
4. Der Mangel der notariellen Beurkundung des Spaltungs- und Übernahmevertrags und gegebenenfalls erforderlicher Zustimmungs- oder Verzichtserklärungen einzelner Anteilsinhaber wird geheilt.

(2) Mängel der Spaltung lassen die Wirkungen der Eintragung nach Absatz 1 unberührt.

(3) Ist bei einer Aufspaltung ein Gegenstand im Vertrag keinem der übernehmenden Rechtsträger zugeteilt worden und läßt sich die Zuteilung auch nicht durch Auslegung des Vertrags ermitteln, so geht der Gegenstand auf alle übernehmenden Rechtsträger in dem Verhältnis über, das sich aus dem Vertrag für die Aufteilung des Überschusses der Aktivseite der Schlußbilanz über deren Passivseite ergibt; ist eine Zuteilung des Gegenstandes an mehrere Rechtsträger nicht möglich, so ist sein Gegenwert in dem bezeichneten Verhältnis zu verteilen.

**§ 132[2] Kündigungsschutzrecht.** (1) Führen an einer Spaltung beteiligte Rechtsträger nach dem Wirksamwerden der Spaltung einen Betrieb gemeinsam, so gilt dieser als Betrieb im Sinne des Kündigungsschutzrechts.

(2) Die kündigungsrechtliche Stellung eines Arbeitnehmers, der vor dem Wirksamwerden einer Spaltung zu dem übertragenden Rechtsträger in einem Arbeitsverhältnis steht, verschlechtert sich auf Grund der Spaltung für die Dauer von zwei Jahren ab dem Zeitpunkt ihres Wirksamwerdens nicht.

**§ 132a[3] Mitbestimmungsbeibehaltung.** (1) [1] Entfallen durch Abspaltung oder Ausgliederung bei einem übertragenden Rechtsträger die gesetzlichen Voraussetzungen für die Beteiligung der Arbeitnehmer im Aufsichtsrat, so sind die

[1] § 131 Abs. 1 Nr. 3 geänd. mWv 1.8.1998 durch G v. 22.7.1998 (BGBl. I S. 1878); Abs. 1 Nr. 1 geänd. mWv 25.4.2007 durch G v. 19.4.2007 (BGBl. I S. 542).

[2] § 132 neu gef. mWv 1.3.2023 durch G v. 22.2.2023 (BGBl. 2023 I Nr. 51).

[3] § 132a eingef. mWv 1.3.2023 durch G v. 22.2.2023 (BGBl. 2023 I Nr. 51).

vor der Spaltung geltenden Vorschriften noch für einen Zeitraum von fünf Jahren nach dem Wirksamwerden der Abspaltung oder Ausgliederung anzuwenden. [2]Dies gilt nicht, wenn die betreffenden Vorschriften eine Mindestzahl von Arbeitnehmern voraussetzen und die danach berechnete Zahl der Arbeitnehmer des übertragenden Rechtsträgers auf weniger als in der Regel ein Viertel dieser Mindestzahl sinkt.

(2) [1]Hat die Spaltung eines Rechtsträgers die Spaltung eines Betriebes zur Folge und entfallen für die aus der Spaltung hervorgegangenen Betriebe Rechte oder Beteiligungsrechte des Betriebsrats, so kann durch Betriebsvereinbarung oder Tarifvertrag die Fortgeltung dieser Rechte oder Beteiligungsrechte vereinbart werden. [2]Die §§ 9 und 27 des Betriebsverfassungsgesetzes[1)] bleiben unberührt.

## § 133[2)] Schutz der Gläubiger und der Inhaber von Sonderrechten.

(1) [1]Für die Verbindlichkeiten des übertragenden Rechtsträgers, die vor dem Wirksamwerden der Spaltung begründet worden sind, haften die an der Spaltung beteiligten Rechtsträger als Gesamtschuldner. [2]Die §§ 25, 26 und 28 des Handelsgesetzbuchs[3)] sowie § 125 in Verbindung mit § 22 bleiben unberührt; zur Sicherheitsleistung ist nur der an der Spaltung beteiligte Rechtsträger verpflichtet, gegen den sich der Anspruch richtet.

(2) [1]Für die Erfüllung der Verpflichtung nach § 125 in Verbindung mit § 23 haften die an der Spaltung beteiligten Rechtsträger als Gesamtschuldner. [2]Bei Abspaltung und Ausgliederung können die gleichwertigen Rechte im Sinne des § 125 in Verbindung mit § 23 auch in dem übertragenden Rechtsträger gewährt werden.

(3) [1]Diejenigen Rechtsträger, denen die Verbindlichkeiten nach Absatz 1 Satz 1 im Spaltungs- und Übernahmevertrag nicht zugewiesen worden sind, haften für diese Verbindlichkeiten, wenn sie vor Ablauf von fünf Jahren nach der Spaltung fällig und daraus Ansprüche gegen sie in einer in § 197 Abs. 1 Nr. 3 bis 5 des Bürgerlichen Gesetzbuchs[4)] bezeichneten Art festgestellt sind oder eine gerichtliche oder behördliche Vollstreckungshandlung vorgenommen oder beantragt wird; bei öffentlich-rechtlichen Verbindlichkeiten genügt der Erlass eines Verwaltungsakts. [2]Die Haftung der in Satz 1 bezeichneten Rechtsträger ist beschränkt auf den Wert des ihnen am Tag des Wirksamwerdens zugeteilten Nettoaktivvermögens. [3]Für vor dem Wirksamwerden der Spaltung begründete Versorgungsverpflichtungen auf Grund des Betriebsrentengesetzes[5)] beträgt die in Satz 1 genannte Frist zehn Jahre.

(4) [1]Die Frist beginnt mit dem Tage, an dem die Eintragung der Spaltung in das Register des Sitzes des übertragenden Rechtsträgers nach § 125 in Verbindung mit § 19 Abs. 3 bekannt gemacht worden ist. [2]Die für die Verjährung geltenden §§ 204, 206, 210, 211 und 212 Abs. 2 und 3 des Bürgerlichen Gesetzbuchs sind entsprechend anzuwenden.

---

[1)] **Habersack, Deutsche Gesetze ErgBd. Nr. 82.**

[2)] § 133 Abs. 3 Satz 1, Abs. 4 Satz 2 und Abs. 5 geänd. mWv 1.1.2002 durch G v. 26.11.2001 (BGBl. I S. 3138); Abs. 4 Satz 1 geänd. mWv 1.1.2007 durch G v. 10.11.2006 (BGBl. I S. 2553); Abs. 3 Satz 2 angef. mWv 25.4.2007 durch G v. 19.4.2007 (BGBl. I S. 542); Abs. 3 Satz 2 eingef., bish. Satz 2 wird Satz 3 mWv 1.3.2023 durch G v. 22.2.2023 (BGBl. 2023 I Nr. 51).

[3)] Nr. **50**.

[4)] Nr. **20**.

[5)] **Loseblatt-Textsammlung Arbeitsrecht Nr. 180.**

(5) Einer Feststellung in einer in § 197 Abs. 1 Nr. 3 bis 5 des Bürgerlichen Gesetzbuchs bezeichneten Art bedarf es nicht, soweit die in Absatz 3 bezeichneten Rechtsträger den Anspruch schriftlich anerkannt haben.

(6) [1] Die Ansprüche nach Absatz 2 verjähren in fünf Jahren. [2] Für den Beginn der Verjährung gilt Absatz 4 Satz 1 entsprechend.

**§ 134[1)] Schutz der Gläubiger in besonderen Fällen.** (1) [1] Spaltet ein Rechtsträger sein Vermögen in der Weise, daß die zur Führung eines Betriebes notwendigen Vermögensteile im wesentlichen auf einen übernehmenden oder mehrere übernehmende oder auf einen neuen oder mehrere neue Rechtsträger übertragen werden und die Tätigkeit dieses Rechtsträgers oder dieser Rechtsträger sich im wesentlichen auf die Verwaltung dieser Vermögensteile beschränkt (Anlagegesellschaft), während dem übertragenden Rechtsträger diese Vermögensteile bei der Führung seines Betriebes zur Nutzung überlassen werden (Betriebsgesellschaft), und sind an den an der Spaltung beteiligten Rechtsträgern im wesentlichen dieselben Personen beteiligt, so haftet die Anlagegesellschaft auch für die Forderungen der Arbeitnehmer der Betriebsgesellschaft als Gesamtschuldner, die binnen fünf Jahren nach dem Wirksamwerden der Spaltung auf Grund der §§ 111 bis 113 des Betriebsverfassungsgesetzes[2)] begründet werden. [2] Dies gilt auch dann, wenn die Vermögensteile bei dem übertragenden Rechtsträger verbleiben und dem übernehmenden oder neuen Rechtsträger oder den übernehmenden oder neuen Rechtsträgern zur Nutzung überlassen werden.

(2) Die gesamtschuldnerische Haftung nach Absatz 1 gilt auch für vor dem Wirksamwerden der Spaltung begründete Versorgungsverpflichtungen auf Grund des Betriebsrentengesetzes[3)].

(3) Für die Ansprüche gegen die Anlagegesellschaft nach den Absätzen 1 und 2 gilt § 133 Abs. 3 Satz 1, Abs. 4 und 5 entsprechend mit der Maßgabe, daß die Frist fünf Jahre nach dem in § 133 Abs. 4 Satz 1 bezeichneten Tage beginnt.

### Dritter Abschnitt. Spaltung zur Neugründung

**§ 135[4)] Anzuwendende Vorschriften.** (1) [1] Auf die Spaltung eines Rechtsträgers zur Neugründung sind die Vorschriften des Zweiten Abschnitts entsprechend anzuwenden, jedoch mit Ausnahme der §§ 129 und 130 Abs. 2 sowie der nach § 125 entsprechend anzuwendenden §§ 4, 7 und 16 Abs. 1 und des § 27. [2] An die Stelle der übernehmenden Rechtsträger treten die neuen Rechtsträger, an die Stelle der Eintragung der Spaltung im Register des Sitzes jeder der übernehmenden Rechtsträger tritt die Eintragung jedes der neuen Rechtsträger in das Register.

(2) [1] Auf die Gründung der neuen Rechtsträger sind die für die jeweilige Rechtsform des neuen Rechtsträgers geltenden Gründungsvorschriften anzuwenden, soweit sich aus diesem Buch nichts anderes ergibt. [2] Den Gründern steht der übertragende Rechtsträger gleich. [3] Vorschriften, die für die Gründung eine Mindestzahl der Gründer *vorschreibt*[5)], sind nicht anzuwenden.

(3) Bei einer Ausgliederung zur Neugründung ist ein Spaltungsbericht nicht erforderlich.

---

[1)] § 134 Abs. 2 und 3 geänd. mWv 25.4.2007 durch G v. 19.4.2007 (BGBl. I S. 542).
[2)] **Habersack, Deutsche Gesetze ErgBd. Nr. 82.**
[3)] **Loseblatt-Textsammlung Arbeitsrecht Nr. 180.**
[4)] § 135 Abs. 3 angef. mWv 1.3.2023 durch G v. 22.2.2023 (BGBl. 2023 I Nr. 51).
[5)] Richtig wohl: „vorschreiben".

**§ 136 Spaltungsplan.** [1] Das Vertretungsorgan des übertragenden Rechtsträgers hat einen Spaltungsplan aufzustellen. [2] Der Spaltungsplan tritt an die Stelle des Spaltungs- und Übernahmevertrags.

**§ 137[1)] Anmeldung und Eintragung der neuen Rechtsträger und der Spaltung.** (1) Das Vertretungsorgan des übertragenden Rechtsträgers hat jeden der neuen Rechtsträger bei dem Gericht, in dessen Bezirk er seinen Sitz haben soll, zur Eintragung in das Register anzumelden.

(2) Das Vertretungsorgan des übertragenden Rechtsträgers hat die Spaltung zur Eintragung in das Register des Sitzes des übertragenden Rechtsträgers anzumelden.

(3) [1] Das Gericht des Sitzes jedes der neuen Rechtsträger hat von Amts wegen dem Gericht des Sitzes des übertragenden Rechtsträgers den Tag der Eintragung des neuen Rechtsträgers mitzuteilen. [2] Nach Eingang der Mitteilungen für alle neuen Rechtsträger hat das Gericht des Sitzes des übertragenden Rechtsträgers die Spaltung einzutragen sowie von Amts wegen den Zeitpunkt der Eintragung den Gerichten des Sitzes jedes der neuen Rechtsträger mitzuteilen sowie ihnen einen Registerauszug und den Gesellschaftsvertrag, den Partnerschaftsvertrag oder die Satzung des übertragenden Rechtsträgers in Abschrift, als Ausdruck oder elektronisch zu übermitteln. [3] Der Zeitpunkt der Eintragung der Spaltung ist in den Registern des Sitzes jedes der neuen Rechtsträger von Amts wegen einzutragen.

## Zweiter Teil. Besondere Vorschriften

### Erster Abschnitt. Spaltung unter Beteiligung von Gesellschaften mit beschränkter Haftung

**§ 138 Sachgründungsbericht.** Ein Sachgründungsbericht (§ 5 Abs. 4 des Gesetzes betreffend die Gesellschaften mit beschränkter Haftung[2)]) ist stets erforderlich.

**§ 139 Herabsetzung des Stammkapitals.** [1] Ist zur Durchführung der Abspaltung oder der Ausgliederung eine Herabsetzung des Stammkapitals einer übertragenden Gesellschaft mit beschränkter Haftung erforderlich, so kann diese auch in vereinfachter Form vorgenommen werden. [2] Wird das Stammkapital herabgesetzt, so darf die Abspaltung oder die Ausgliederung erst eingetragen werden, nachdem die Herabsetzung des Stammkapitals im Register eingetragen worden ist.

**§ 140 Anmeldung der Abspaltung oder der Ausgliederung.** Bei der Anmeldung der Abspaltung oder der Ausgliederung zur Eintragung in das Register des Sitzes einer übertragenden Gesellschaft mit beschränkter Haftung haben deren Geschäftsführer auch zu erklären, daß die durch Gesetz und Gesellschaftsvertrag vorgesehenen Voraussetzungen für die Gründung dieser Gesellschaft unter Berücksichtigung der Abspaltung oder der Ausgliederung im Zeitpunkt der Anmeldung vorliegen.

---

[1)] § 137 Abs. 3 Satz 2 geänd. mWv 1.8.1998 durch G v. 22.7.1998 (BGBl. I S. 1878); Abs. 3 Satz 2 geänd. mWv 18.8.2006 durch G v. 14.8.2006 (BGBl. I S. 1911); Abs. 3 Satz 2 geänd. mWv 1.1.2007 durch G v. 10.11.2006 (BGBl. I S. 2553); Abs. 3 Satz 3 geänd. mWv 1.8.2022 durch G v. 5.7.2021 (BGBl. I S. 3338).

[2)] Nr. **52**.

## Zweiter Abschnitt. Spaltung unter Beteiligung von Aktiengesellschaften und Kommanditgesellschaften auf Aktien

**§ 141[1] Ausschluss der Spaltung.** Eine Aktiengesellschaft oder eine Kommanditgesellschaft auf Aktien, die noch nicht zwei Jahre im Register eingetragen ist, kann außer durch Ausgliederung zur Neugründung nicht gespalten werden.

**§ 142[2] Spaltung mit Kapitalerhöhung; Spaltungsbericht.** (1) § 69 ist mit der Maßgabe anzuwenden, daß eine Prüfung der Sacheinlage nach § 183 Abs. 3 des Aktiengesetzes[3] stets stattzufinden hat; § 183a des Aktiengesetzes ist anzuwenden.

(2) In dem Spaltungsbericht ist gegebenenfalls auf den Bericht über die Prüfung von Sacheinlagen bei einer übernehmenden Aktiengesellschaft nach § 183 Abs. 3 des Aktiengesetzes sowie auf das Register, bei dem dieser Bericht zu hinterlegen ist, hinzuweisen.

**§ 142a[4] Verpflichtungen nach § 72a.** Verpflichtungen des übertragenden Rechtsträgers zur Gewährung zusätzlicher Aktien gemäß § 72a Absatz 1 Satz 1 und Absatz 2 Satz 1 gehen ungeachtet ihrer Zuweisung im Spaltungs- und Übernahmevertrag oder im Spaltungsplan entsprechend der Aufteilung der Anteile der anspruchsberechtigten Aktionäre gemäß § 126 Absatz 1 Nummer 10, auch in Verbindung mit § 135 Absatz 1 und § 136 Satz 2, ganz oder teilweise auf die übernehmende oder neue Aktiengesellschaft oder Kommanditgesellschaft auf Aktien über.

**§ 143[5] Verhältniswahrende Spaltung zur Neugründung.** Erfolgt die Gewährung von Aktien an der neu gegründeten Aktiengesellschaft oder an den neu gegründeten Aktiengesellschaften (§ 123 Absatz 1 Nummer 2, Absatz 2 Nummer 2) im Verhältnis zur Beteiligung der Aktionäre an der übertragenden Aktiengesellschaft, so sind die §§ 8 bis 12 sowie 63 Absatz 1 Nummer 3 bis 5 nicht anzuwenden.

**§ 144 Gründungsbericht und Gründungsprüfung.** Ein Gründungsbericht (§ 32 des Aktiengesetzes[3]) und eine Gründungsprüfung (§ 33 Abs. 2 des Aktiengesetzes) sind stets erforderlich.

**§ 145 Herabsetzung des Grundkapitals.** [1] Ist zur Durchführung der Abspaltung oder der Ausgliederung eine Herabsetzung des Grundkapitals einer übertragenden Aktiengesellschaft oder Kommanditgesellschaft auf Aktien erforderlich, so kann diese auch in vereinfachter Form vorgenommen werden. [2] Wird das Grundkapital herabgesetzt, so darf die Abspaltung oder die Ausgliederung erst eingetragen werden, nachdem die Durchführung der Herabsetzung des Grundkapitals im Register eingetragen worden ist.

**§ 146 Anmeldung der Abspaltung oder der Ausgliederung.** (1) Bei der Anmeldung der Abspaltung oder der Ausgliederung zur Eintragung in das Register des Sitzes einer übertragenden Aktiengesellschaft hat deren Vorstand oder einer Kommanditgesellschaft auf Aktien haben deren zu ihrer Vertretung ermächtigten

---

[1] § 141 neu gef. mWv 25.4.2007 durch G v. 19.4.2007 (BGBl. I S. 542).
[2] § 142 Abs. 1 geänd. mWv 1.3.2023 durch G v. 22.2.2023 (BGBl. 2023 I Nr. 51).
[3] Nr. 51.
[4] § 142a eingef. mWv 1.3.2023 durch G v. 22.2.2023 (BGBl. 2023 I Nr. 51).
[5] § 143 neu gef. mWv 15.7.2011 durch G v. 11.7.2011 (BGBl. I S. 1338).

persönlich haftenden Gesellschafter auch zu erklären, daß die durch Gesetz und Satzung vorgesehenen Voraussetzungen für die Gründung dieser Gesellschaft unter Berücksichtigung der Abspaltung oder der Ausgliederung im Zeitpunkt der Anmeldung vorliegen.

(2) Der Anmeldung der Abspaltung oder der Ausgliederung sind außer den sonst erforderlichen Unterlagen auch beizufügen:

1. der Spaltungsbericht nach § 127;
2. bei Abspaltung der Prüfungsbericht nach § 125 in Verbindung mit § 12.

### Dritter Abschnitt. Spaltung unter Beteiligung eingetragener Genossenschaften

**§ 147[1)] Möglichkeit der Spaltung.** Die Spaltung eines Rechtsträgers anderer Rechtsform zur Aufnahme von Teilen seines Vermögens durch eine eingetragene Genossenschaft kann nur erfolgen, wenn eine erforderliche Änderung der Satzung der übernehmenden Genossenschaft gleichzeitig mit der Spaltung beschlossen wird.

**§ 148[2)] Anmeldung der Abspaltung oder der Ausgliederung.** (1) Bei der Anmeldung der Abspaltung oder der Ausgliederung zur Eintragung in das Register des Sitzes einer übertragenden Genossenschaft hat deren Vorstand auch zu erklären, daß die durch Gesetz und Satzung vorgesehenen Voraussetzungen für die Gründung dieser Genossenschaft unter Berücksichtigung der Abspaltung oder der Ausgliederung im Zeitpunkt der Anmeldung vorliegen.

(2) Der Anmeldung der Abspaltung oder der Ausgliederung sind außer den sonst erforderlichen Unterlagen auch beizufügen:

1. der Spaltungsbericht nach § 127;
2. das Prüfungsgutachten nach § 125 in Verbindung mit § 81.

### Vierter Abschnitt. Spaltung unter Beteiligung rechtsfähiger Vereine

**§ 149 Möglichkeit der Spaltung.** (1) Ein rechtsfähiger Verein kann sich an einer Spaltung nur beteiligen, wenn die Satzung des Vereins oder Vorschriften des Landesrechts nicht entgegenstehen.

(2) Ein eingetragener Verein kann als übernehmender Rechtsträger im Wege der Spaltung nur andere eingetragene Vereine aufnehmen oder mit ihnen einen eingetragenen Verein gründen.

### Fünfter Abschnitt. Spaltung unter Beteiligung genossenschaftlicher Prüfungsverbände

**§ 150 Möglichkeit der Spaltung.** Die Aufspaltung genossenschaftlicher Prüfungsverbände oder die Abspaltung oder Ausgliederung von Teilen eines solchen Verbandes kann nur zur Aufnahme der Teile eines Verbandes (übertragender Verband) durch einen anderen Verband (übernehmender Verband), die Ausgliederung auch zur Aufnahme von Teilen des Verbandes durch eine oder zur Neugründung einer Kapitalgesellschaft erfolgen.

---

1) § 147 geänd. mWv 18.8.2006 durch G v. 14.8.2006 (BGBl. I S. 1911).
2) § 148 Abs. 1 geänd. mWv 18.8.2006 durch G v. 14.8.2006 (BGBl. I S. 1911).

### Sechster Abschnitt. Spaltung unter Beteiligung von Versicherungsvereinen auf Gegenseitigkeit

**§ 151[1)] Möglichkeit der Spaltung.** [1]Die Spaltung unter Beteiligung von Versicherungsvereinen auf Gegenseitigkeit kann nur durch Aufspaltung oder Abspaltung und nur in der Weise erfolgen, daß die Teile eines übertragenden Vereins auf andere bestehende oder neue Versicherungsvereine auf Gegenseitigkeit oder auf Versicherungs-Aktiengesellschaften übergehen. [2]Ein Versicherungsverein auf Gegenseitigkeit kann ferner im Wege der Ausgliederung einen Vermögensteil auf eine bestehende oder neue Gesellschaft mit beschränkter Haftung oder eine bestehende oder neue Aktiengesellschaft übertragen, sofern damit keine Übertragung von Versicherungsverträgen verbunden ist.

### Siebenter Abschnitt. Ausgliederung aus dem Vermögen eines Einzelkaufmanns

#### Erster Unterabschnitt. Möglichkeit der Ausgliederung

**§ 152 Übernehmende oder neue Rechtsträger.** [1]Die Ausgliederung des von einem Einzelkaufmann betriebenen Unternehmens, dessen Firma im Handelsregister eingetragen ist, oder von Teilen desselben aus dem Vermögen dieses Kaufmanns kann nur zur Aufnahme dieses Unternehmens oder von Teilen dieses Unternehmens durch Personenhandelsgesellschaften, Kapitalgesellschaften oder eingetragene Genossenschaften oder zur Neugründung von Kapitalgesellschaften erfolgen. [2]Sie kann nicht erfolgen, wenn die Verbindlichkeiten des Einzelkaufmanns sein Vermögen übersteigen.

#### Zweiter Unterabschnitt. Ausgliederung zur Aufnahme

**§ 153 Ausgliederungsbericht.** Ein Ausgliederungsbericht ist für den Einzelkaufmann nicht erforderlich.

**§ 154 Eintragung der Ausgliederung.** Das Gericht des Sitzes des Einzelkaufmanns hat die Eintragung der Ausgliederung auch dann abzulehnen, wenn offensichtlich ist, daß die Verbindlichkeiten des Einzelkaufmanns sein Vermögen übersteigen.

**§ 155 Wirkungen der Ausgliederung.** [1]Erfaßt die Ausgliederung das gesamte Unternehmen des Einzelkaufmanns, so bewirkt die Eintragung der Ausgliederung nach § 131 das Erlöschen der von dem Einzelkaufmann geführten Firma. [2]Das Erlöschen der Firma ist von Amts wegen in das Register einzutragen.

**§ 156 Haftung des Einzelkaufmanns.** [1]Durch den Übergang der Verbindlichkeiten auf übernehmende oder neue Gesellschaften wird der Einzelkaufmann von der Haftung für die Verbindlichkeiten nicht befreit. [2]§ 418 des Bürgerlichen Gesetzbuchs[2)] ist nicht anzuwenden.

**§ 157[3)] Zeitliche Begrenzung der Haftung für übertragene Verbindlichkeiten.** (1) [1]Der Einzelkaufmann haftet für die im Ausgliederungs- und Übernahmevertrag aufgeführten Verbindlichkeiten, wenn sie vor Ablauf von fünf Jahren nach der Ausgliederung fällig und daraus Ansprüche gegen ihn in einer in § 197

---

[1)] *§ 151 Satz 2* geänd. mWv 25.4.2007 durch G v. 19.4.2007 (BGBl. I S. 542).

[2)] Nr. **20**.

[3)] § 157 Abs. 1 Satz 1, Abs. 2 Satz 2 und Abs. 3 geänd. mWv 1.1.2002 durch G v. 26.11.2001 (BGBl. I S. 3138); Abs. 2 Satz 1 geänd. mWv 1.1.2007 durch G v. 10.11.2006 (BGBl. I S. 2553).

Abs. 1 Nr. 3 bis 5 des Bürgerlichen Gesetzbuchs[1] bezeichneten Art festgestellt sind oder eine gerichtliche oder behördliche Vollstreckungshandlung vorgenommen oder beantragt wird; bei öffentlich-rechtlichen Verbindlichkeiten genügt der Erlass eines Verwaltungsakts. [2] Eine Haftung des Einzelkaufmanns als Gesellschafter des aufnehmenden Rechtsträgers nach § 128 des Handelsgesetzbuchs[2] bleibt unberührt.

(2) [1] Die Frist beginnt mit dem Tage, an dem die Eintragung der Ausgliederung in das Register des Sitzes des Einzelkaufmanns nach § 125 in Verbindung mit § 19 Abs. 3 bekannt gemacht worden ist. [2] Die für die Verjährung geltenden §§ 204, 206, 210, 211 und 212 Abs. 2 und 3 des Bürgerlichen Gesetzbuchs sind entsprechend anzuwenden.

(3) Einer Feststellung in einer in § 197 Abs. 1 Nr. 3 bis 5 des Bürgerlichen Gesetzbuchs bezeichneten Art bedarf es nicht, soweit der Einzelkaufmann den Anspruch schriftlich anerkannt hat.

(4) Die Absätze 1 bis 3 sind auch anzuwenden, wenn der Einzelkaufmann in dem Rechtsträger anderer Rechtsform geschäftsführend tätig wird.

### Dritter Unterabschnitt. Ausgliederung zur Neugründung

**§ 158 Anzuwendende Vorschriften.** Auf die Ausgliederung zur Neugründung sind die Vorschriften des Zweiten Unterabschnitts entsprechend anzuwenden, soweit sich aus diesem Unterabschnitt nichts anderes ergibt.

**§ 159 Sachgründungsbericht, Gründungsbericht und Gründungsprüfung.** (1) Auf den Sachgründungsbericht (§ 5 Abs. 4 des Gesetzes betreffend die Gesellschaften mit beschränkter Haftung[3]) ist § 58 Abs. 1, auf den Gründungsbericht (§ 32 des Aktiengesetzes[4]) § 75 Abs. 1 entsprechend anzuwenden.

(2) Im Falle der Gründung einer Aktiengesellschaft oder einer Kommanditgesellschaft auf Aktien haben die Prüfung durch die Mitglieder des Vorstands und des Aufsichtsrats (§ 33 Abs. 1 des Aktiengesetzes) sowie die Prüfung durch einen oder mehrere Prüfer (§ 33 Abs. 2 des Aktiengesetzes) sich auch darauf zu erstrecken, ob die Verbindlichkeiten des Einzelkaufmanns sein Vermögen übersteigen.

(3) [1] Zur Prüfung, ob die Verbindlichkeiten des Einzelkaufmanns sein Vermögen übersteigen, hat der Einzelkaufmann den Prüfern eine Aufstellung vorzulegen, in der sein Vermögen seinen Verbindlichkeiten gegenübergestellt ist. [2] Die Aufstellung ist zu gliedern, soweit das für die Prüfung notwendig ist. [3] § 320 Abs. 1 Satz 2 und Abs. 2 Satz 1 des Handelsgesetzbuchs[2] gilt entsprechend, wenn Anlaß für die Annahme besteht, daß in der Aufstellung aufgeführte Vermögensgegenstände überbewertet oder Verbindlichkeiten nicht oder nicht vollständig aufgeführt worden sind.

**§ 160 Anmeldung und Eintragung.** (1) Die Anmeldung nach § 137 Abs. 1 ist von dem Einzelkaufmann und den Geschäftsführern oder den Mitgliedern des Vorstands und des Aufsichtsrats einer neuen Gesellschaft vorzunehmen.

(2) Die Eintragung der Gesellschaft ist abzulehnen, wenn die Verbindlichkeiten des Einzelkaufmanns sein Vermögen übersteigen.

---

[1] Nr. **20**.
[2] Nr. **50**.
[3] Nr. **52**.
[4] Nr. **51**.

## Achter Abschnitt. Ausgliederung aus dem Vermögen rechtsfähiger Stiftungen

**§ 161 Möglichkeit der Ausgliederung.** Die Ausgliederung des von einer rechtsfähigen Stiftung (§ 80 des Bürgerlichen Gesetzbuchs[1]) betriebenen Unternehmens oder von Teilen desselben aus dem Vermögen dieser Stiftung kann nur zur Aufnahme dieses Unternehmens oder von Teilen dieses Unternehmens durch Personenhandelsgesellschaften oder Kapitalgesellschaften oder zur Neugründung von Kapitalgesellschaften erfolgen.

**§ 162 Ausgliederungsbericht.** (1) Ein Ausgliederungsbericht ist nur erforderlich, wenn die Ausgliederung nach § 164 Abs. 1 der staatlichen Genehmigung bedarf oder wenn sie bei Lebzeiten des Stifters von dessen Zustimmung abhängig ist.

(2) Soweit nach § 164 Abs. 1 die Ausgliederung der staatlichen Genehmigung oder der Zustimmung des Stifters bedarf, ist der Ausgliederungsbericht der zuständigen Behörde und dem Stifter zu übermitteln.

**§ 163 Beschluß über den Vertrag.** (1) Auf den Ausgliederungsbeschluß sind die Vorschriften des Stiftungsrechts für die Beschlußfassung über Satzungsänderungen entsprechend anzuwenden.

(2) Sofern das nach Absatz 1 anzuwendende Stiftungsrecht nicht etwas anderes bestimmt, muß der Ausgliederungsbeschluß von dem für die Beschlußfassung über Satzungsänderungen nach der Satzung zuständigen Organ oder, wenn ein solches Organ nicht bestimmt ist, vom Vorstand der Stiftung einstimmig gefaßt werden.

(3) Der Beschluß und die Zustimmung nach den Absätzen 1 und 2 müssen notariell beurkundet werden.

**§ 164 Genehmigung der Ausgliederung.** (1) Die Ausgliederung bedarf der staatlichen Genehmigung, sofern das Stiftungsrecht dies vorsieht.

(2) Soweit die Ausgliederung nach Absatz 1 der staatlichen Genehmigung nicht bedarf, hat das Gericht des Sitzes der Stiftung die Eintragung der Ausgliederung auch dann abzulehnen, wenn offensichtlich ist, daß die Verbindlichkeiten der Stiftung ihr Vermögen übersteigen.

**§ 165 Sachgründungsbericht und Gründungsbericht.** Auf den Sachgründungsbericht (§ 5 Abs. 4 des Gesetzes betreffend die Gesellschaften mit beschränkter Haftung[2]) ist § 58 Abs. 1, auf den Gründungsbericht (§ 32 des Aktiengesetzes[3]) § 75 Abs. 1 entsprechend anzuwenden.

**§ 166 Haftung der Stiftung.** [1]Durch den Übergang der Verbindlichkeiten auf übernehmende oder neue Gesellschaften wird die Stiftung von der Haftung für die Verbindlichkeiten nicht befreit. [2]§ 418 des Bürgerlichen Gesetzbuchs[1] ist nicht anzuwenden.

**§ 167 Zeitliche Begrenzung der Haftung für übertragene Verbindlichkeiten.** Auf die zeitliche Begrenzung der Haftung der Stiftung für die im Ausgliederungs- und Übernahmevertrag aufgeführten Verbindlichkeiten ist § 157 entsprechend anzuwenden.

---

[1] Nr. **20**.
[2] Nr. **52**.
[3] Nr. **51**.

### Neunter Abschnitt. Ausgliederung aus dem Vermögen von Gebietskörperschaften oder Zusammenschlüssen von Gebietskörperschaften

**§ 168 Möglichkeit der Ausgliederung.** Die Ausgliederung eines Unternehmens, das von einer Gebietskörperschaft oder von einem Zusammenschluß von Gebietskörperschaften, der nicht Gebietskörperschaft ist, betrieben wird, aus dem Vermögen dieser Körperschaft oder dieses Zusammenschlusses kann nur zur Aufnahme dieses Unternehmens durch eine Personenhandelsgesellschaft, eine Kapitalgesellschaft oder eine eingetragene Genossenschaft oder zur Neugründung einer Kapitalgesellschaft oder einer eingetragenen Genossenschaft sowie nur dann erfolgen, wenn das für die Körperschaft oder den Zusammenschluß maßgebende Bundes- oder Landesrecht einer Ausgliederung nicht entgegensteht.

**§ 169 Ausgliederungsbericht; Ausgliederungsbeschluß.** [1] Ein Ausgliederungsbericht ist für die Körperschaft oder den Zusammenschluß nicht erforderlich. [2] Das Organisationsrecht der Körperschaft oder des Zusammenschlusses bestimmt, ob und unter welchen Voraussetzungen ein Ausgliederungsbeschluß erforderlich ist.

**§ 170 Sachgründungsbericht und Gründungsbericht.** Auf den Sachgründungsbericht (§ 5 Abs. 4 des Gesetzes betreffend die Gesellschaften mit beschränkter Haftung[1)]) ist § 58 Abs. 1, auf den Gründungsbericht (§ 32 des Aktiengesetzes[2)]) § 75 Abs. 1 entsprechend anzuwenden.

**§ 171 Wirksamwerden der Ausgliederung.** Die Wirkungen der Ausgliederung nach § 131 treten mit deren Eintragung in das Register des Sitzes des übernehmenden Rechtsträgers oder mit der Eintragung des neuen Rechtsträgers ein.

**§ 172 Haftung der Körperschaft oder des Zusammenschlusses.** [1] Durch den Übergang der Verbindlichkeiten auf den übernehmenden oder neuen Rechtsträger wird die Körperschaft oder der Zusammenschluß von der Haftung für die Verbindlichkeiten nicht befreit. [2] § 418 des Bürgerlichen Gesetzbuchs[3)] ist nicht anzuwenden.

**§ 173 Zeitliche Begrenzung der Haftung für übertragene Verbindlichkeiten.** Auf die zeitliche Begrenzung der Haftung für die im Ausgliederungs- und Übernahmevertrag aufgeführten Verbindlichkeiten ist § 157 entsprechend anzuwenden.

## Viertes Buch. Vermögensübertragung

### Erster Teil. Möglichkeit der Vermögensübertragung

**§ 174 Arten der Vermögensübertragung.** (1) Ein Rechtsträger (übertragender Rechtsträger) kann unter Auflösung ohne Abwicklung sein Vermögen als Ganzes auf einen anderen bestehenden Rechtsträger (übernehmender Rechtsträger) gegen Gewährung einer Gegenleistung an die Anteilsinhaber des übertragenden Rechtsträgers, die nicht in Anteilen oder Mitgliedschaften besteht, übertragen (Vollübertragung).

---

1) Nr. **52**.
2) Nr. **51**.
3) Nr. **20**.

(2) Ein Rechtsträger (übertragender Rechtsträger) kann

1. unter Auflösung ohne Abwicklung sein Vermögen aufspalten durch gleichzeitige Übertragung der Vermögensteile jeweils als Gesamtheit auf andere bestehende Rechtsträger,
2. von seinem Vermögen einen Teil oder mehrere Teile abspalten durch Übertragung dieses Teils oder dieser Teile jeweils als Gesamtheit auf einen oder mehrere bestehende Rechtsträger oder
3. aus seinem Vermögen einen Teil oder mehrere Teile ausgliedern durch Übertragung dieses Teils oder dieser Teile jeweils als Gesamtheit auf einen oder mehrere bestehende Rechtsträger

gegen Gewährung der in Absatz 1 bezeichneten Gegenleistung in den Fällen der Nummer 1 oder 2 an die Anteilsinhaber des übertragenden Rechtsträgers, im Falle der Nummer 3 an den übertragenden Rechtsträger (Teilübertragung).

**§ 175 Beteiligte Rechtsträger.** Eine Vollübertragung ist oder Teilübertragungen sind jeweils nur möglich

1. von einer Kapitalgesellschaft auf den Bund, ein Land, eine Gebietskörperschaft oder einen Zusammenschluß von Gebietskörperschaften;
2. a) von einer Versicherungs-Aktiengesellschaft auf Versicherungsvereine auf Gegenseitigkeit oder auf öffentlich-rechtliche Versicherungsunternehmen;
   b) von einem Versicherungsverein auf Gegenseitigkeit auf Versicherungs-Aktiengesellschaften oder auf öffentlich-rechtliche Versicherungsunternehmen;
   c) von einem öffentlich-rechtlichen Versicherungsunternehmen auf Versicherungs-Aktiengesellschaften oder auf Versicherungsvereine auf Gegenseitigkeit.

## Zweiter Teil. Übertragung des Vermögens oder von Vermögensteilen einer Kapitalgesellschaft auf die öffentliche Hand

### Erster Abschnitt. Vollübertragung

**§ 176 Anwendung der Verschmelzungsvorschriften.** (1) Bei einer Vollübertragung nach § 175 Nr. 1 sind auf die übertragende Kapitalgesellschaft die für die Verschmelzung durch Aufnahme einer solchen übertragenden Gesellschaft jeweils geltenden Vorschriften des Zweiten Buches entsprechend anzuwenden, soweit sich aus den folgenden Vorschriften nichts anderes ergibt.

(2) [1] Die Angaben im Übertragungsvertrag nach § 5 Abs. 1 Nr. 4, 5 und 7 entfallen. [2] An die Stelle des Registers des Sitzes des übernehmenden Rechtsträgers tritt das Register des Sitzes der übertragenden Gesellschaft. [3] An die Stelle des Umtauschverhältnisses der Anteile treten Art und Höhe der Gegenleistung. [4] An die Stelle des Anspruchs nach § 23 tritt ein Anspruch auf Barabfindung; auf diesen sind § 29 Abs. 1, § 30 und § 34 entsprechend anzuwenden.

(3) [1] Mit der Eintragung der Vermögensübertragung in das Handelsregister des Sitzes der übertragenden Gesellschaft geht deren Vermögen einschließlich der Verbindlichkeiten auf den übernehmenden Rechtsträger über. [2] Die übertragende Gesellschaft erlischt; einer besonderen Löschung bedarf es nicht.

(4) Die Beteiligung des übernehmenden Rechtsträgers an der Vermögensübertragung richtet sich nach den für ihn geltenden Vorschriften.

### Zweiter Abschnitt. Teilübertragung

**§ 177 Anwendung der Spaltungsvorschriften.** (1) Bei einer Teilübertragung nach § 175 Nr. 1 sind auf die übertragende Kapitalgesellschaft die für die Aufspaltung, Abspaltung oder Ausgliederung zur Aufnahme von Teilen einer solchen übertragenden Gesellschaft geltenden Vorschriften des Dritten Buches sowie die dort für entsprechend anwendbar erklärten Vorschriften des Zweiten Buches auf den vergleichbaren Vorgang entsprechend anzuwenden, soweit sich aus den folgenden Vorschriften nichts anderes ergibt.

(2) [1] § 176 Abs. 2 bis 4 ist entsprechend anzuwenden. [2] An die Stelle des § 5 Abs. 1 Nr. 4, 5 und 7 tritt § 126 Abs. 1 Nr. 4, 5, 7 und 10.

## Dritter Teil. Vermögensübertragung unter Versicherungsunternehmen

### Erster Abschnitt. Übertragung des Vermögens einer Aktiengesellschaft auf Versicherungsvereine auf Gegenseitigkeit oder öffentlich-rechtliche Versicherungsunternehmen

#### Erster Unterabschnitt. Vollübertragung

**§ 178 Anwendung der Verschmelzungsvorschriften.** (1) Bei einer Vollübertragung nach § 175 Nr. 2 Buchstabe a sind auf die beteiligten Rechtsträger die für die Verschmelzung durch Aufnahme einer Aktiengesellschaft und die für einen übernehmenden Versicherungsverein im Falle der Verschmelzung jeweils geltenden Vorschriften des Zweiten Buches entsprechend anzuwenden, soweit sich aus den folgenden Vorschriften nichts anderes ergibt.

(2) § 176 Abs. 2 bis 4 ist entsprechend anzuwenden.

(3) Das für ein übernehmendes öffentlich-rechtliches Versicherungsunternehmen maßgebende Bundes- oder Landesrecht bestimmt, ob der Vertrag über die Vermögensübertragung zu seiner Wirksamkeit auch der Zustimmung eines anderen als des zur Vertretung befugten Organs des öffentlich-rechtlichen Versicherungsunternehmens oder einer anderen Stelle und welcher Erfordernisse die Zustimmung bedarf.

#### Zweiter Unterabschnitt. Teilübertragung

**§ 179 Anwendung der Spaltungsvorschriften.** (1) Bei einer Teilübertragung nach § 175 Nr. 2 Buchstabe a sind auf die beteiligten Rechtsträger die für die Aufspaltung, Abspaltung oder Ausgliederung zur Aufnahme von Teilen einer Aktiengesellschaft und die für übernehmende Versicherungsvereine auf Gegenseitigkeit im Falle der Aufspaltung, Abspaltung oder Ausgliederung von Vermögensteilen geltenden Vorschriften des Dritten Buches und die dort für entsprechend anwendbar erklärten Vorschriften des Zweiten Buches auf den vergleichbaren Vorgang entsprechend anzuwenden, soweit sich aus den folgenden Vorschriften nichts anderes ergibt.

(2) § 176 Abs. 2 bis 4 sowie § 178 Abs. 3 sind entsprechend anzuwenden.

### Zweiter Abschnitt. Übertragung des Vermögens eines Versicherungsvereins auf Gegenseitigkeit auf Aktiengesellschaften oder öffentlich-rechtliche Versicherungsunternehmen

#### Erster Unterabschnitt. Vollübertragung

**§ 180 Anwendung der Verschmelzungsvorschriften.** (1) Bei einer Vollübertragung nach § 175 Nr. 2 Buchstabe b sind auf die beteiligten Rechtsträger die für die Verschmelzung durch Aufnahme eines Versicherungsvereins und die für eine übernehmende Aktiengesellschaft im Falle der Verschmelzung jeweils geltenden Vorschriften des Zweiten Buches entsprechend anzuwenden, soweit sich aus den folgenden Vorschriften nichts anderes ergibt.

(2) § 176 Abs. 2 bis 4 sowie § 178 Abs. 3 sind entsprechend anzuwenden.

(3) Hat ein Mitglied oder ein Dritter nach der Satzung des Vereins ein unentziehbares Recht auf den Abwicklungsüberschuß oder einen Teil davon, so bedarf der Beschluß über die Vermögensübertragung der Zustimmung des Mitglieds oder des Dritten; die Zustimmung muß notariell beurkundet werden.

**§ 181 Gewährung der Gegenleistung.** (1) Der übernehmende Rechtsträger ist zur Gewährung einer angemessenen Gegenleistung verpflichtet, wenn dies unter Berücksichtigung der Vermögens- und Ertragslage des übertragenden Vereins im Zeitpunkt der Beschlußfassung der obersten Vertretung gerechtfertigt ist.

(2) [1] In dem Beschluß, durch den dem Übertragungsvertrag zugestimmt wird, ist zu bestimmen, daß bei der Verteilung der Gegenleistung jedes Mitglied zu berücksichtigen ist, das dem Verein seit mindestens drei Monaten vor dem Beschluß angehört hat. [2] Ferner sind in dem Beschluß die Maßstäbe festzusetzen, nach denen die Gegenleistung auf die Mitglieder zu verteilen ist.

(3) [1] Jedes berechtigte Mitglied erhält eine Gegenleistung in gleicher Höhe. [2] Eine andere Verteilung kann nur nach einem oder mehreren der folgenden Maßstäbe festgesetzt werden:

1. die Höhe der Versicherungssumme,
2. die Höhe der Beiträge,
3. die Höhe der Deckungsrückstellung in der Lebensversicherung,
4. der in der Satzung des Vereins bestimmte Maßstab für die Verteilung des Überschusses,
5. der in der Satzung des Vereins bestimmte Maßstab für die Verteilung des Vermögens,
6. die Dauer der Mitgliedschaft.

(4) Ist eine Gegenleistung entgegen Absatz 1 nicht vereinbart worden, so ist sie auf Antrag vom Gericht zu bestimmen; § 30 Abs. 1 und § 34 sind entsprechend anzuwenden.

**§ 182[1)] Unterrichtung der Mitglieder.** [1] Sobald die Vermögensübertragung wirksam geworden ist, hat das Vertretungsorgan des übernehmenden Rechtsträgers allen Mitgliedern, die dem Verein seit mindestens drei Monaten vor dem Beschluß der obersten Vertretung über die Vermögensübertragung angehört haben, den Wortlaut des Vertrags in Textform mitzuteilen. [2] In der Mitteilung ist auf die Möglichkeit hinzuweisen, die gerichtliche Bestimmung der angemessenen Gegenleistung zu verlangen.

---

[1)] § 182 Satz 1 geänd. mWv 1.8.2001 durch G v. 13.7.2001 (BGBl. I S. 1542).

**§ 183 Bestellung eines Treuhänders.** (1) [1] Ist für die Vermögensübertragung eine Gegenleistung vereinbart worden, so hat der übertragende Verein einen Treuhänder für deren Empfang zu bestellen. [2] Die Vermögensübertragung darf erst eingetragen werden, wenn der Treuhänder dem Gericht angezeigt hat, daß er im Besitz der Gegenleistung ist.

(2) [1] Bestimmt das Gericht nach § 181 Abs. 4 die Gegenleistung, so hat es von Amts wegen einen Treuhänder für deren Empfang zu bestellen. [2] Die Gegenleistung steht zu gleichen Teilen den Mitgliedern zu, die dem Verein seit mindestens drei Monaten vor dem Beschluß der obersten Vertretung über die Vermögensübertragung angehört haben. [3] § 26 Abs. 4 ist entsprechend anzuwenden.

### Zweiter Unterabschnitt. Teilübertragung

**§ 184 Anwendung der Spaltungsvorschriften.** (1) Bei einer Teilübertragung nach § 175 Nr. 2 Buchstabe b sind auf die beteiligten Rechtsträger die für die Aufspaltung, Abspaltung oder Ausgliederung zur Aufnahme von Teilen eines Versicherungsvereins auf Gegenseitigkeit und die für übernehmende Aktiengesellschaften im Falle der Aufspaltung, Abspaltung oder Ausgliederung geltenden Vorschriften des Dritten Buches und die dort für entsprechend anwendbar erklärten Vorschriften des Zweiten Buches auf den vergleichbaren Vorgang entsprechend anzuwenden, soweit sich aus den folgenden Vorschriften nichts anderes ergibt.

(2) § 176 Abs. 2 bis 4 sowie § 178 Abs. 3 sind entsprechend anzuwenden.

## Dritter Abschnitt. Übertragung des Vermögens eines kleineren Versicherungsvereins auf Gegenseitigkeit auf eine Aktiengesellschaft oder auf ein öffentlich-rechtliches Versicherungsunternehmen

**§ 185 Möglichkeit der Vermögensübertragung.** Ein kleinerer Versicherungsverein auf Gegenseitigkeit kann sein Vermögen nur im Wege der Vollübertragung auf eine Versicherungs-Aktiengesellschaft oder auf ein öffentlich-rechtliches Versicherungsunternehmen übertragen.

**§ 186[1)] Anzuwendende Vorschriften.** [1] Auf die Vermögensübertragung sind die Vorschriften des Zweiten Abschnitts entsprechend anzuwenden. [2] Dabei treten bei kleineren Vereinen an die Stelle der Anmeldung zur Eintragung in das Register der Antrag an die Aufsichtsbehörde auf Genehmigung, an die Stelle der Eintragung in das Register und ihrer Bekanntmachung die Bekanntmachung im Bundesanzeiger nach § 187.

**§ 187[2)] Bekanntmachung der Vermögensübertragung.** Sobald die Vermögensübertragung von allen beteiligten Aufsichtsbehörden genehmigt worden ist, macht bei einer Vermögensübertragung auf ein öffentlich-rechtliches Versicherungsunternehmen die für den übertragenden kleineren Verein zuständige Aufsichtsbehörde die Vermögensübertragung und ihre Genehmigung im Bundesanzeiger bekannt.

---

[1)] § 186 Satz 2 geänd. mWv 1.1.2007 durch G v. 10.11.2006 (BGBl. I S. 2553); Satz 2 geänd. mWv 1.4.2012 durch G v. 22.12.2011 (BGBl. I S. 3044).

[2)] § 187 geänd. mWv 1.1.2007 durch G v. 10.11.2006 (BGBl. I S. 2553); geänd. mWv 1.4.2012 durch G v. 22.12.2011 (BGBl. I S. 3044).

### Vierter Abschnitt. Übertragung des Vermögens eines öffentlich-rechtlichen Versicherungsunternehmens auf Aktiengesellschaften oder Versicherungsvereine auf Gegenseitigkeit

#### Erster Unterabschnitt. Vollübertragung

**§ 188[1)] Anwendung der Verschmelzungsvorschriften.** (1) Bei einer Vollübertragung nach § 175 Nr. 2 Buchstabe c sind auf die übernehmenden Rechtsträger die für die Verschmelzung durch Aufnahme geltenden Vorschriften des Zweiten Buches sowie auf das übertragende Versicherungsunternehmen § 176 Abs. 3 entsprechend anzuwenden, soweit sich aus den folgenden Vorschriften nichts anderes ergibt.

(2) § 176 Abs. 2 und 4 sowie § 178 Abs. 3 sind entsprechend anzuwenden.

(3) [1] An die Stelle der Anmeldung zur Eintragung in das Register treten bei den öffentlich-rechtlichen Versicherungsunternehmen der Antrag an die Aufsichtsbehörde auf Genehmigung, an die Stelle der Eintragung in das Register und ihrer Bekanntmachung die Bekanntmachung nach Satz 2. [2] Die für das öffentlich-rechtliche Versicherungsunternehmen zuständige Aufsichtsbehörde macht, sobald die Vermögensübertragung von allen beteiligten Aufsichtsbehörden genehmigt worden ist, die Übertragung und ihre Genehmigung im Bundesanzeiger bekannt.

#### Zweiter Unterabschnitt. Teilübertragung

**§ 189 Anwendung der Spaltungsvorschriften.** (1) Bei einer Teilübertragung nach § 175 Nr. 2 Buchstabe c sind auf die übernehmenden Rechtsträger die für die Aufspaltung, Abspaltung oder Ausgliederung zur Aufnahme geltenden Vorschriften des Dritten Buches und die dort für entsprechend anwendbar erklärten Vorschriften des Zweiten Buches auf den vergleichbaren Vorgang sowie auf das übertragende Versicherungsunternehmen § 176 Abs. 3 entsprechend anzuwenden, soweit sich aus den folgenden Vorschriften nichts anderes ergibt.

(2) § 176 Abs. 2 und 4, § 178 Abs. 3 sowie § 188 Abs. 3 sind entsprechend anzuwenden.

## Fünftes Buch. Formwechsel

### Erster Teil. Allgemeine Vorschriften

**§ 190 Allgemeiner Anwendungsbereich.** (1) Ein Rechtsträger kann durch Formwechsel eine andere Rechtsform erhalten.

(2) Soweit nicht in diesem Buch etwas anderes bestimmt ist, gelten die Vorschriften über den Formwechsel nicht für Änderungen der Rechtsform, die in anderen Gesetzen vorgesehen oder zugelassen sind.

**§ 191[2)] Einbezogene Rechtsträger.** (1) Formwechselnde Rechtsträger können sein:

1. Personenhandelsgesellschaften (§ 3 Abs. 1 Nr. 1) und Partnerschaftsgesellschaften;
2. Kapitalgesellschaften (§ 3 Abs. 1 Nr. 2);
3. eingetragene Genossenschaften;

---

[1)] § 188 Abs. 3 Satz 2 geänd. mWv 1.1.2007 durch G v. 10.11.2006 (BGBl. I S. 2553); Abs. 3 Satz 2 geänd. mWv 1.4.2012 durch G v. 22.12.2011 (BGBl. I S. 3044).

[2)] § 191 Abs. 1 Nr. 1, Abs. 2 Nr. 2 geänd. mWv 1.8.1998 durch G v. 22.7.1998 (BGBl. I S. 1878).

4. rechtsfähige Vereine;
5. Versicherungsvereine auf Gegenseitigkeit;
6. Körperschaften und Anstalten des öffentlichen Rechts.

(2) Rechtsträger neuer Rechtsform können sein:

1. Gesellschaften des bürgerlichen Rechts;
2. Personenhandelsgesellschaften und Partnerschaftsgesellschaften;
3. Kapitalgesellschaften;
4. eingetragene Genossenschaften.

(3) Der Formwechsel ist auch bei aufgelösten Rechtsträgern möglich, wenn ihre Fortsetzung in der bisherigen Rechtsform beschlossen werden könnte.

**§ 192[1)] Formwechselbericht.** (1) [1] Das Vertretungsorgan des formwechselnden Rechtsträgers hat einen ausführlichen schriftlichen Bericht zu erstatten, in dem der Formwechsel und insbesondere die künftige Beteiligung der Anteilsinhaber an dem Rechtsträger sowie die Höhe einer anzubietenden Barabfindung und die zu ihrer Ermittlung gewählten Bewertungsmethoden rechtlich und wirtschaftlich erläutert und begründet werden (Formwechselbericht). [2] § 8 Absatz 1 Satz 3 bis 5 und Abs. 2 ist entsprechend anzuwenden. [3] Der Formwechselbericht muß einen Entwurf des Formwechselbeschlusses enthalten.

(2) [1] Ein Formwechselbericht ist nicht erforderlich, wenn an dem formwechselnden Rechtsträger nur ein Anteilsinhaber beteiligt ist oder wenn alle Anteilsinhaber auf seine Erstattung verzichten. [2] Die Verzichtserklärungen sind notariell zu beurkunden.

**§ 193[2)] Formwechselbeschluss.** (1) [1] Für den Formwechsel ist ein Beschluß der Anteilsinhaber des formwechselnden Rechtsträgers (Formwechselbeschluss) erforderlich. [2] Der Beschluß kann nur in einer Versammlung der Anteilsinhaber gefaßt werden.

(2) Ist die Abtretung der Anteile des formwechselnden Rechtsträgers von der Genehmigung einzelner Anteilsinhaber abhängig, so bedarf der Formwechselbeschluss zu seiner Wirksamkeit ihrer Zustimmung.

(3) [1] Der Formwechselbeschluss und die nach diesem Gesetz erforderlichen Zustimmungserklärungen einzelner Anteilsinhaber einschließlich der erforderlichen Zustimmungserklärungen nicht erschienener Anteilsinhaber müssen notariell beurkundet werden. [2] Auf Verlangen ist jedem Anteilsinhaber auf seine Kosten unverzüglich eine Abschrift der Niederschrift des Beschlusses zu erteilen.

**§ 194[3)] Inhalt des Formwechselbeschlusses.** (1) In dem Formwechselbeschluss müssen mindestens bestimmt werden:

1. *die Rechtsform,* die der Rechtsträger durch den Formwechsel erlangen soll;
2. der Name oder die Firma des Rechtsträgers neuer Rechtsform;

---

1) § 192 Abs. 2 aufgeh., bish. Abs. 3 wird Abs. 2 mWv 25.4.2007 durch G v. 19.4.2007 (BGBl. I S. 542); Überschrift, Abs. 1 Sätze 1–3 und Abs. 2 Satz 1 geänd. mWv 1.3.2023 durch G v. 22.2.2023 (BGBl. 2023 I Nr. 51).

2) § 193 Überschrift, Abs. 1 Satz 1, Abs. 2 und 3 Satz 1 geänd. mWv 1.3.2023 durch G v. 22.2.2023 (BGBl. 2023 I Nr. 51).

3) § 194 Überschrift, Abs. 1 einl. Satzteil, Nr. 6 und Abs. 2 geänd. mWv 1.3.2023 durch G v. 22.2.2023 (BGBl. 2023 I Nr. 51).

3. eine Beteiligung der bisherigen Anteilsinhaber an dem Rechtsträger nach den für die neue Rechtsform geltenden Vorschriften, soweit ihre Beteiligung nicht nach diesem Buch entfällt;
4. Zahl, Art und Umfang der Anteile oder der Mitgliedschaften, welche die Anteilsinhaber durch den Formwechsel erlangen sollen oder die einem beitretenden persönlich haftenden Gesellschafter eingeräumt werden sollen;
5. die Rechte, die einzelnen Anteilsinhabern sowie den Inhabern besonderer Rechte wie Anteile ohne Stimmrecht, Vorzugsaktien, Mehrstimmrechtsaktien, Schuldverschreibungen und Genußrechte in dem Rechtsträger gewährt werden sollen, oder die Maßnahmen, die für diese Personen vorgesehen sind;
6. ein Abfindungsangebot nach § 207, sofern nicht der Formwechselbeschluss zu seiner Wirksamkeit der Zustimmung aller Anteilsinhaber bedarf oder an dem formwechselnden Rechtsträger nur ein Anteilsinhaber beteiligt ist;
7. die Folgen des Formwechsels für die Arbeitnehmer und ihre Vertretungen sowie die insoweit vorgesehenen Maßnahmen.

(2) Der Entwurf des Formwechselbeschlusses ist spätestens einen Monat vor dem Tage der Versammlung der Anteilsinhaber, die den Formwechsel beschließen soll, dem zuständigen Betriebsrat des formwechselnden Rechtsträgers zuzuleiten.

**§ 195[1)] Befristung und Ausschluß von Klagen gegen den Formwechselbeschluss.** (1) Eine Klage gegen die Wirksamkeit des Formwechselbeschlusses muß binnen eines Monats nach der Beschlußfassung erhoben werden.

(2) Eine Klage gegen die Wirksamkeit des Formwechselbeschlusses kann nicht darauf gestützt werden, daß die in dem Beschluß bestimmten Anteile an dem Rechtsträger neuer Rechtsform nicht angemessen sind oder daß die Mitgliedschaft kein ausreichender Gegenwert für die Anteile oder die Mitgliedschaft bei dem formwechselnden Rechtsträger ist.

**§ 196[2)] Verbesserung des Beteiligungsverhältnisses.** [1] Sind die in dem Formwechselbeschluss bestimmten Anteile an dem Rechtsträger neuer Rechtsform nicht angemessen oder ist die Mitgliedschaft bei diesem kein ausreichender Gegenwert für die Anteile oder die Mitgliedschaft bei dem formwechselnden Rechtsträger, so kann jeder Anteilsinhaber, dessen Recht, gegen die Wirksamkeit des Formwechselbeschlusses Klage zu erheben, nach § 195 Abs. 2 ausgeschlossen ist, von dem Rechtsträger einen Ausgleich durch bare Zuzahlung verlangen. [2] Die angemessene Zuzahlung wird auf Antrag durch das Gericht nach den Vorschriften des Spruchverfahrensgesetzes[3)] bestimmt. [3] § 15 Abs. 2 ist entsprechend anzuwenden.

**§ 197[4)] Anzuwendende Gründungsvorschriften.** [1] Auf den Formwechsel sind die für die neue Rechtsform geltenden Gründungsvorschriften anzuwenden, soweit sich aus diesem Buch nichts anderes ergibt. [2] Vorschriften, die für die Gründung eine Mindestzahl der Gründer vorschreiben, sowie die Vorschriften über die Bildung und Zusammensetzung des ersten Aufsichtsrats sind nicht an-

---

1) § 195 Überschrift, Abs. 1 und 2 geänd. mWv 1.3.2023 durch G v. 22.2.2023 (BGBl. 2023 I Nr. 51).
2) § 196 Satz 2 eingef., bish. Satz 2 wird Satz 3 mWv 1.9.2003 durch G v. 12.6.2003 (BGBl. I S. 838); Satz 1 geänd. mWv 1.3.2023 durch G v. 22.2.2023 (BGBl. 2023 I Nr. 51).
3) **Habersack, Deutsche Gesetze ErgBd. Nr. 51b.**
4) § 197 Satz 3 angef. mWv 25.4.2007 durch G v. 19.4.2007 (BGBl. I S. 542).

zuwenden. [3] Beim Formwechsel eines Rechtsträgers in eine Aktiengesellschaft ist § 31 des Aktiengesetzes[1)] anwendbar.

**§ 198[2)] Anmeldung des Formwechsels.** (1) Die neue Rechtsform des Rechtsträgers ist zur Eintragung in das Register, in dem der formwechselnde Rechtsträger eingetragen ist, anzumelden.

(2) [1] Ist der formwechselnde Rechtsträger nicht in einem Register eingetragen, so ist der Rechtsträger neuer Rechtsform bei dem zuständigen Gericht zur Eintragung in das für die neue Rechtsform maßgebende Register anzumelden. [2] Das gleiche gilt, wenn sich durch den Formwechsel die Art des für den Rechtsträger maßgebenden Registers ändert oder durch eine mit dem Formwechsel verbundene Sitzverlegung die Zuständigkeit eines anderen Registergerichts begründet wird. [3] Im Falle des Satzes 2 ist die Umwandlung auch zur Eintragung in das Register anzumelden, in dem der formwechselnde Rechtsträger eingetragen ist. [4] Diese Eintragung ist mit dem Vermerk zu versehen, daß die Umwandlung erst mit der Eintragung des Rechtsträgers neuer Rechtsform in das für diese maßgebende Register wirksam wird, sofern die Eintragungen in den Registern aller beteiligten Rechtsträger nicht am selben Tag erfolgen. [5] Der Rechtsträger neuer Rechtsform darf erst eingetragen werden, nachdem die Umwandlung nach den Sätzen 3 und 4 eingetragen worden ist.

(3) § 16 Abs. 2 und 3 ist entsprechend anzuwenden.

**§ 199[3)] Anlagen der Anmeldung.** Der Anmeldung der neuen Rechtsform oder des Rechtsträgers neuer Rechtsform sind in Ausfertigung oder öffentlich beglaubigter Abschrift oder, soweit sie nicht notariell zu beurkunden sind, in Urschrift oder Abschrift außer den sonst erforderlichen Unterlagen auch die Niederschrift des Formwechselbeschlusses, die nach diesem Gesetz erforderlichen Zustimmungserklärungen einzelner Anteilsinhaber einschließlich der Zustimmungserklärungen nicht erschienener Anteilsinhaber, der Formwechselbericht oder die Erklärungen über den Verzicht auf seine Erstellung, ein Nachweis über die Zuleitung nach § 194 Abs. 2 beizufügen.

**§ 200[4)] Firma oder Name des Rechtsträgers.** (1) [1] Der Rechtsträger neuer Rechtsform darf seine bisher geführte Firma beibehalten, soweit sich aus diesem Buch nichts anderes ergibt. [2] Zusätzliche Bezeichnungen, die auf die Rechtsform der formwechselnden Gesellschaft hinweisen, dürfen auch dann nicht verwendet werden, wenn der Rechtsträger die bisher geführte Firma beibehält.

(2) Auf eine nach dem Formwechsel beibehaltene Firma ist § 19 des Handelsgesetzbuchs[5)], § 4 des Gesetzes betreffend die Gesellschaften mit beschränkter Haftung[6)], §§ 4, 279 des Aktiengesetzes[1)] oder § 3 des Genossenschaftsgesetzes[7)] entsprechend anzuwenden.

---

1) Nr. **51**.

2) § 198 Abs. 2 Satz 4 geänd. mWv 25.4.2007 durch G v. 19.4.2007 (BGBl. I S. 542).

3) § 199 geänd. mWv 1.9.2009 durch G v. 30.7.2009 (BGBl. I S. 2479); geänd. mWv 1.3.2023 durch G v. 22.2.2023 (BGBl. 2023 I Nr. 51).

4) § 200 Abs 1 Satz 2 aufgeh., bish. Satz 3 wird Satz 2, Abs. 2 neu gef., Abs. 3 aufgeh., bish. Abs. 4 und 5 werden Abs. 3 und 4 durch G v. 22.6.1998 (BGBl. I S. 1474); Überschrift geänd., Abs. 4 eingef., bish. Abs. 4 wird Abs. 5 mWv 1.8.1998 durch G v. 22.7.1998 (BGBl. I S. 1878); Abs. 2 geänd. mWv 18.8.2006 durch G v. 14.8.2006 (BGBl. I S. 1911).

5) Nr. **50**.

6) Nr. **52**.

7) Nr. **53**.

(3) War an dem formwechselnden Rechtsträger eine natürliche Person beteiligt, deren Beteiligung an dem Rechtsträger neuer Rechtsform entfällt, so darf der Name dieses Anteilsinhabers nur dann in der beibehaltenen bisherigen oder in der neu gebildeten Firma verwendet werden, wenn der betroffene Anteilsinhaber oder dessen Erben ausdrücklich in die Verwendung des Namens einwilligen.

(4) [1] Ist formwechselnder Rechtsträger oder Rechtsträger neuer Rechtsform eine Partnerschaftsgesellschaft, gelten für die Beibehaltung oder Bildung der Firma oder des Namens die Absätze 1 und 3 entsprechend. [2] Eine Firma darf als Name einer Partnerschaftsgesellschaft nur unter den Voraussetzungen des § 2 Abs. 1 des Partnerschaftsgesellschaftsgesetzes[1)] beibehalten werden. [3] § 1 Abs. 3 und § 11 des Partnerschaftsgesellschaftsgesetzes sind entsprechend anzuwenden.

(5) Durch den Formwechsel in eine Gesellschaft des bürgerlichen Rechts erlischt die Firma der formwechselnden Gesellschaft.

**§ 201[2)] Bekanntmachung des Formwechsels.** Das für die Anmeldung der neuen Rechtsform oder des Rechtsträgers neuer Rechtsform zuständige Gericht hat die Eintragung der neuen Rechtsform oder des Rechtsträgers neuer Rechtsform nach § 10 des Handelsgesetzbuchs[3)] bekanntzumachen.

**§ 202[4)] Wirkungen der Eintragung.** (1) Die Eintragung der neuen Rechtsform in das Register hat folgende Wirkungen:

1. Der formwechselnde Rechtsträger besteht in der in dem Formwechselbeschluss bestimmten Rechtsform weiter.
2. [1] Die Anteilsinhaber des formwechselnden Rechtsträgers sind an dem Rechtsträger nach den für die neue Rechtsform geltenden Vorschriften beteiligt, soweit ihre Beteiligung nicht nach diesem Buch entfällt. [2] Rechte Dritter an den Anteilen oder Mitgliedschaften des formwechselnden Rechtsträgers bestehen an den an ihre Stelle tretenden Anteilen oder Mitgliedschaften des Rechtsträgers neuer Rechtsform weiter.
3. Der Mangel der notariellen Beurkundung des Formwechselbeschlusses und gegebenenfalls erforderlicher Zustimmungs- oder Verzichtserklärungen einzelner Anteilsinhaber wird geheilt.

(2) Die in Absatz 1 bestimmten Wirkungen treten in den Fällen des § 198 Abs. 2 mit der Eintragung des Rechtsträgers neuer Rechtsform in das Register ein.

(3) Mängel des Formwechsels lassen die Wirkungen der Eintragung der neuen Rechtsform oder des Rechtsträgers neuer Rechtsform in das Register unberührt.

**§ 203[5)] Amtsdauer von Aufsichtsratsmitgliedern.** [1] Wird bei einem Formwechsel bei dem Rechtsträger neuer Rechtsform in gleicher Weise wie bei dem formwechselnden Rechtsträger ein Aufsichtsrat gebildet und zusammengesetzt, so bleiben die Mitglieder des Aufsichtsrats für den Rest ihrer Wahlzeit als Mitglieder des Aufsichtsrats des Rechtsträgers neuer Rechtsform im Amt. [2] Die Anteilsinhaber des formwechselnden Rechtsträgers können im Formwechselbeschluss für ihre Aufsichtsratsmitglieder die Beendigung des Amtes bestimmen.

---

[1)] Nr. **50b**.

[2)] § 201 Satz 2 aufgeh., bish. Satz 1 geänd. mWv 1.1.2007 durch G v. 10.11.2006 (BGBl. I S. 2553); geänd. mWv 1.8.2022 durch G v. 5.7.2021 (BGBl. I S. 3338).

[3)] Nr. **50**.

[4)] § 202 Abs. 1 Nr. 1 und 3 geänd. mWv 1.3.2023 durch G v. 22.2.2023 (BGBl. 2023 I Nr. 51).

[5)] § 203 Satz 2 geänd. mWv 1.3.2023 durch G v. 22.2.2023 (BGBl. 2023 I Nr. 51).

**§ 204 Schutz der Gläubiger und der Inhaber von Sonderrechten.** Auf den Schutz der Gläubiger ist § 22, auf den Schutz der Inhaber von Sonderrechten § 23 entsprechend anzuwenden.

**§ 205[1)] Schadenersatzpflicht der Verwaltungsträger des formwechselnden Rechtsträgers.** (1) [1]Die Mitglieder des Vertretungsorgans und, wenn ein Aufsichtsorgan vorhanden ist, des Aufsichtsorgans des formwechselnden Rechtsträgers sind als Gesamtschuldner zum Ersatz des Schadens verpflichtet, den der Rechtsträger, seine Anteilsinhaber oder seine Gläubiger durch den Formwechsel erleiden. [2]§ 25 Abs. 1 Satz 2 ist entsprechend anzuwenden.

(2) Die Ansprüche nach Absatz 1 verjähren in fünf Jahren seit dem Tage, an dem die anzumeldende Eintragung der neuen Rechtsform oder des Rechtsträgers neuer Rechtsform in das Register bekannt gemacht worden ist.

**§ 206 Geltendmachung des Schadenersatzanspruchs.** [1]Die Ansprüche nach § 205 Abs. 1 können nur durch einen besonderen Vertreter geltend gemacht werden. [2]Das Gericht des Sitzes des Rechtsträgers neuer Rechtsform hat einen solchen Vertreter auf Antrag eines Anteilsinhabers oder eines Gläubigers des formwechselnden Rechtsträgers zu bestellen. [3]§ 26 Abs. 1 Satz 3 und 4, Abs. 2, Abs. 3 Satz 2 und 3 und Abs. 4 ist entsprechend anzuwenden; an die Stelle der Blätter für die öffentlichen Bekanntmachungen des übertragenden Rechtsträgers treten die entsprechenden Blätter des Rechtsträgers neuer Rechtsform.

**§ 207[2)] Angebot der Barabfindung.** (1) [1]Der formwechselnde Rechtsträger hat jedem Anteilsinhaber, der gegen den Formwechselbeschluss Widerspruch zur Niederschrift erklärt, den Erwerb seiner umgewandelten Anteile oder Mitgliedschaften gegen eine angemessene Barabfindung anzubieten; § 71 Abs. 4 Satz 2 des Aktiengesetzes[3)] und die Anordnung der Nichtigkeit des schuldrechtlichen Geschäfts über einen verbotswidrigen Erwerb nach § 33 Absatz 2 Satz 3 des Gesetzes betreffend die Gesellschaften mit beschränkter Haftung[4)] sind insoweit nicht anzuwenden. [2]Kann der Rechtsträger auf Grund seiner neuen Rechtsform eigene Anteile oder Mitgliedschaften nicht erwerben, so ist die Barabfindung für den Fall anzubieten, daß der Anteilsinhaber sein Ausscheiden aus dem Rechtsträger erklärt. [3]Der Rechtsträger hat die Kosten für eine Übertragung zu tragen.

(2) § 29 Abs. 2 ist entsprechend anzuwenden.

**§ 208 Inhalt des Anspruchs auf Barabfindung und Prüfung der Barabfindung.** Auf den Anspruch auf Barabfindung ist § 30 entsprechend anzuwenden.

**§ 209[5)] Annahme des Angebots.** [1]Das Angebot nach § 207 kann nur binnen zwei Monaten nach dem Tage angenommen werden, an dem die Eintragung der neuen Rechtsform oder des Rechtsträgers neuer Rechtsform in das Register bekannt gemacht worden ist. [2]Ist nach § 212 ein Antrag auf Bestimmung der *Barabfindung durch das Gericht* gestellt worden, so kann das Angebot binnen zwei Monaten nach dem Tage angenommen werden, an dem die Entscheidung im Bundesanzeiger bekanntgemacht worden ist.

---

1) § 205 Abs. 2 geänd. mWv 1.1.2007 durch G v. 10.11.2006 (BGBl. I S. 2553).

2) § 207 Abs. 1 Satz 1 geänd. mWv 1.3.2023 durch G v. 22.2.2023 (BGBl. 2023 I Nr. 51).

3) Nr. **51**.

4) Nr. **52**.

5) § 209 Sätze 1 und 2 geänd. mWv 1.1.2007 durch G v. 10.11.2006 (BGBl. I S. 2553); Satz 2 geänd. mWv 1.4.2012 durch G v. 22.12.2011 (BGBl. I S. 3044).

**§ 210**[1] **Ausschluß von Klagen gegen den Formwechselbeschluss.** Eine Klage gegen die Wirksamkeit des Formwechselbeschlusses kann nicht darauf gestützt werden, daß das Angebot nach § 207 nicht angemessen oder daß die Barabfindung im Formwechselbeschluss nicht oder nicht ordnungsgemäß angeboten worden ist.

**§ 211**[2] **Anderweitige Veräußerung.** Einer anderweitigen Veräußerung des Anteils durch einen Anteilsinhaber, der nach § 207 Adressat des Abfindungsangebots ist, stehen nach Fassung des Formwechselbeschlusses bis zum Ablauf der in § 209 Satz 1 bestimmten Frist Verfügungsbeschränkungen nicht entgegen.

**§ 212**[3] **Gerichtliche Nachprüfung der Abfindung.** [1]Macht ein Anteilsinhaber geltend, daß eine im Formwechselbeschluss bestimmte Barabfindung, die ihm nach § 207 Abs. 1 anzubieten war, nicht angemessen sei, so hat auf seinen Antrag das Gericht nach den Vorschriften des Spruchverfahrensgesetzes[4] die angemessene Barabfindung zu bestimmen. [2]Das gleiche gilt, wenn die Barabfindung nicht oder nicht ordnungsgemäß angeboten worden ist.

**§ 213**[5] **Unbekannte Aktionäre.** Auf unbekannte Aktionäre ist § 35 entsprechend anzuwenden.

## Zweiter Teil. Besondere Vorschriften

### Erster Abschnitt.[6] Formwechsel von Personengesellschaften

#### Erster Unterabschnitt.[7] Formwechsel von Personenhandelsgesellschaften

**§ 214**[8] **Möglichkeit des Formwechsels.** (1) Eine Personenhandelsgesellschaft kann auf Grund eines Formwechselbeschlusses nach diesem Gesetz nur die Rechtsform einer Kapitalgesellschaft oder einer eingetragenen Genossenschaft erlangen.

(2) Eine aufgelöste Personenhandelsgesellschaft kann die Rechtsform nicht wechseln, wenn die Gesellschafter nach § 145 des Handelsgesetzbuchs[9] eine andere Art der Auseinandersetzung als die Abwicklung oder als den Formwechsel vereinbart haben.

**§ 215**[10] ***Umwandlungsbericht***[11] Ein Formwechselbericht ist nicht erforderlich, wenn alle Gesellschafter der formwechselnden Gesellschaft zur Geschäftsführung berechtigt sind.

---

[1] § 210 Überschrift und Wortlaut geänd. mWv 1.3.2023 durch G v. 22.2.2023 (BGBl. 2023 I Nr. 51).

[2] § 211 neu gef. mWv 1.3.2023 durch G v. 22.2.2023 (BGBl. 2023 I Nr. 51).

[3] § 212 Satz 1 geänd. mWv 1.9.2003 durch G v. 12.6.2003 (BGBl. I S. 838); Satz 1 geänd. mWv 1.3.2023 durch G v. 22.2.2023 (BGBl. 2023 I Nr. 51).

[4] **Habersack, Deutsche Gesetze ErgBd. Nr. 51b.**

[5] § 213 neu gef. mWv 25.4.2007 durch G v. 19.4.2007 (BGBl. I S. 542).

[6] Erster Abschnitt Überschrift neu gef. mWv 1.8.1998 durch G v. 22.7.1998 (BGBl. I S. 1878).

[7] Erster UAbschnitt Überschrift eingef. mWv 1.8.1998 durch G v. 22.7.1998 (BGBl. I S. 1878).

[8] § 214 Abs. 1 geänd. mWv 1.3.2023 durch G v. 22.2.2023 (BGBl. 2023 I Nr. 51).

[9] Nr. **50**.

[10] § 215 geänd. mWv 1.3.2023 durch G v. 22.2.2023 (BGBl. 2023 I Nr. 51).

[11] Richtig wohl: „Formwechselbericht".

**§ 216[1] Unterrichtung der Gesellschafter.** Das Vertretungsorgan der formwechselnden Gesellschaft hat allen von der Geschäftsführung ausgeschlossenen Gesellschaftern spätestens zusammen mit der Einberufung der Gesellschafterversammlung, die den Formwechsel beschließen soll, diesen Formwechsel als Gegenstand der Beschlußfassung in Textform anzukündigen und einen nach diesem Buch erforderlichen Formwechselbericht sowie ein Abfindungsangebot nach § 207 zu übersenden.

**§ 217[2] Beschluß der Gesellschafterversammlung.** (1) [1]Der Formwechselbeschluss der Gesellschafterversammlung bedarf der Zustimmung aller anwesenden Gesellschafter; ihm müssen auch die nicht erschienenen Gesellschafter zustimmen. [2]Der Gesellschaftsvertrag der formwechselnden Gesellschaft kann eine Mehrheitsentscheidung der Gesellschafter vorsehen. [3]Die Mehrheit muß mindestens drei Viertel der abgegebenen Stimmen betragen.

(2) Die Gesellschafter, die im Falle einer Mehrheitsentscheidung für den Formwechsel gestimmt haben, sind in der Niederschrift über den Formwechselbeschluss namentlich aufzuführen.

(3) Dem Formwechsel in eine Kommanditgesellschaft auf Aktien müssen alle Gesellschafter zustimmen, die in dieser Gesellschaft die Stellung eines persönlich haftenden Gesellschafters haben sollen.

**§ 218[3] Inhalt des Formwechselbeschlusses.** (1) [1]In dem Formwechselbeschluss muß auch der Gesellschaftsvertrag der Gesellschaft mit beschränkter Haftung oder die Satzung der Genossenschaft enthalten sein oder die Satzung der Aktiengesellschaft oder der Kommanditgesellschaft auf Aktien festgestellt werden. [2]Eine Unterzeichnung der Satzung durch die Mitglieder ist nicht erforderlich.

(2) Der Beschluss zum Formwechsel in eine Kommanditgesellschaft auf Aktien muß vorsehen, daß sich an dieser Gesellschaft mindestens ein Gesellschafter der formwechselnden Gesellschaft als persönlich haftender Gesellschafter beteiligt oder daß der Gesellschaft mindestens ein persönlich haftender Gesellschafter beitritt.

(3) [1]Der Beschluss zum Formwechsel in eine Genossenschaft muß die Beteiligung jedes Mitglieds mit mindestens einem Geschäftsanteil vorsehen. [2]In dem Beschluß kann auch bestimmt werden, daß jedes Mitglied bei der Genossenschaft mit mindestens einem und im übrigen mit so vielen Geschäftsanteilen, wie sie durch Anrechnung seines Geschäftsguthabens bei dieser Genossenschaft als voll eingezahlt anzusehen sind, beteiligt wird.

**§ 219 Rechtsstellung als Gründer.** [1]Bei der Anwendung der Gründungsvorschriften stehen den Gründern die Gesellschafter der formwechselnden Gesellschaft gleich. [2]Im Falle einer Mehrheitsentscheidung treten an die Stelle der Gründer die Gesellschafter, die für den Formwechsel gestimmt haben, sowie beim *Formwechsel in eine* Kommanditgesellschaft auf Aktien auch beitretende persönlich haftende Gesellschafter.

---

[1] § 216 geänd. mWv 1.8.2001 durch G v. 13.7.2001 (BGBl. I S. 1542); geänd. mWv 1.3.2023 durch G v. 22.2.2023 (BGBl. 2023 I Nr. 51).

[2] § 217 Abs. 1 Satz 3 neu gef. mWv 1.8.1998 durch G v. 22.7.1998 (BGBl. I S. 1878); Abs. 1 Satz 1 und Abs. 2 geänd. mWv 1.3.2023 durch G v. 22.2.2023 (BGBl. 2023 I Nr. 51).

[3] § 218 Abs. 1 Sätze 1 und 2, Abs. 3 Sätze 1 und 2 geänd. mWv 18.8.2006 durch G v. 14.8.2006 (BGBl. I S. 1911); Überschrift, Abs. 1 Satz 1, Abs. 2 und 3 Satz 1 geänd. mWv 1.3.2023 durch G v. 22.2. 2023 (BGBl. 2023 I Nr. 51).

**§ 220 Kapitalschutz.** (1) Der Nennbetrag des Stammkapitals einer Gesellschaft mit beschränkter Haftung oder des Grundkapitals einer Aktiengesellschaft oder einer Kommanditgesellschaft auf Aktien darf das nach Abzug der Schulden verbleibende Vermögen der formwechselnden Gesellschaft nicht übersteigen.

(2) In dem Sachgründungsbericht beim Formwechsel in eine Gesellschaft mit beschränkter Haftung oder in dem Gründungsbericht beim Formwechsel in eine Aktiengesellschaft oder in eine Kommanditgesellschaft auf Aktien sind auch der bisherige Geschäftsverlauf und die Lage der formwechselnden Gesellschaft darzulegen.

(3) [1] Beim Formwechsel in eine Aktiengesellschaft oder in eine Kommanditgesellschaft auf Aktien hat die Gründungsprüfung durch einen oder mehrere Prüfer (§ 33 Abs. 2 des Aktiengesetzes[1)]) in jedem Fall stattzufinden. [2] Die für Nachgründungen in § 52 Abs. 1 des Aktiengesetzes bestimmte Frist von zwei Jahren beginnt mit dem Wirksamwerden des Formwechsels.

**§ 221[2)] Beitritt persönlich haftender Gesellschafter.** [1] Der in einem Beschluss zum Formwechsel in eine Kommanditgesellschaft auf Aktien vorgesehene Beitritt eines Gesellschafters, welcher der formwechselnden Gesellschaft nicht angehört hat, muß notariell beurkundet werden. [2] Die Satzung der Kommanditgesellschaft auf Aktien ist von jedem beitretenden persönlich haftenden Gesellschafter zu genehmigen.

**§ 222[3)] Anmeldung des Formwechsels.** (1) [1] Die Anmeldung nach § 198 einschließlich der Anmeldung der Satzung der Genossenschaft ist durch alle Mitglieder des künftigen Vertretungsorgans sowie, wenn der Rechtsträger nach den für die neue Rechtsform geltenden Vorschriften einen Aufsichtsrat haben muß, auch durch alle Mitglieder dieses Aufsichtsrats vorzunehmen. [2] Zugleich mit der Genossenschaft sind die Mitglieder ihres Vorstandes zur Eintragung in das Register anzumelden.

(2) Ist der Rechtsträger neuer Rechtsform eine Aktiengesellschaft oder eine Kommanditgesellschaft auf Aktien, so haben die Anmeldung nach Absatz 1 auch alle Gesellschafter vorzunehmen, die nach § 219 den Gründern dieser Gesellschaft gleichstehen.

(3) Die Anmeldung der Umwandlung zur Eintragung in das Register nach § 198 Abs. 2 Satz 3 kann auch von den zur Vertretung der formwechselnden Gesellschaft ermächtigten Gesellschaftern vorgenommen werden.

**§ 223 Anlagen der Anmeldung.** Der Anmeldung der neuen Rechtsform oder des Rechtsträgers neuer Rechtsform sind beim Formwechsel in eine Kommanditgesellschaft auf Aktien außer den sonst erforderlichen Unterlagen auch die Urkunden über den Beitritt aller beitretenden persönlich haftenden Gesellschafter in Ausfertigung oder öffentlich beglaubigter Abschrift beizufügen.

**§ 224[4)] Fortdauer und zeitliche Begrenzung der persönlichen Haftung.**

(1) Der Formwechsel berührt nicht die Ansprüche der Gläubiger der Gesellschaft gegen einen ihrer Gesellschafter aus Verbindlichkeiten der formwechselnden

---

[1)] Nr. **51**.

[2)] § 221 Satz 1 geänd. mWv 1.3.2023 durch G v. 22.2.2023 (BGBl. 2023 I Nr. 51).

[3)] § 222 Abs. 1 Satz 1 geänd. mWv 18.8.2006 durch G v. 14.8.2006 (BGBl. I S. 1911).

[4)] § 224 Abs. 2, Abs. 3 Satz 2 und Abs. 4 geänd. mWv 1.1.2002 durch G v. 26.11.2001 (BGBl. I S. 3138); Abs. 3 Satz 1 geänd. mWv 1.1.2007 durch G v. 10.11.2006 (BGBl. I S. 2553).

Gesellschaft, für die dieser im Zeitpunkt des Formwechsels nach § 128 des Handelsgesetzbuchs[1] persönlich haftet.

(2) Der Gesellschafter haftet für diese Verbindlichkeiten, wenn sie vor Ablauf von fünf Jahren nach dem Formwechsel fällig und daraus Ansprüche gegen ihn in einer in § 197 Abs. 1 Nr. 3 bis 5 des Bürgerlichen Gesetzbuchs[2] bezeichneten Art festgestellt sind oder eine gerichtliche oder behördliche Vollstreckungshandlung vorgenommen oder beantragt wird; bei öffentlich-rechtlichen Verbindlichkeiten genügt der Erlass eines Verwaltungsakts.

(3) [1]Die Frist beginnt mit dem Tage, an dem die Eintragung der neuen Rechtsform oder des Rechtsträgers neuer Rechtsform in das Register bekannt gemacht worden ist. [2]Die für die Verjährung geltenden §§ 204, 206, 210, 211 und 212 Abs. 2 und 3 des Bürgerlichen Gesetzbuchs sind entsprechend anzuwenden.

(4) Einer Feststellung in einer in § 197 Abs. 1 Nr. 3 bis 5 des Bürgerlichen Gesetzbuchs bezeichneten Art bedarf es nicht, soweit der Gesellschafter den Anspruch schriftlich anerkannt hat.

(5) Die Absätze 1 bis 4 sind auch anzuwenden, wenn der Gesellschafter in dem Rechtsträger anderer Rechtsform geschäftsführend tätig wird.

**§ 225 Prüfung des Abfindungsangebots.** [1]Im Falle des § 217 Abs. 1 Satz 2 ist die Angemessenheit der angebotenen Barabfindung nach § 208 in Verbindung mit § 30 Abs. 2 nur auf Verlangen eines Gesellschafters zu prüfen. [2]Die Kosten trägt die Gesellschaft.

### Zweiter Unterabschnitt.[3] Formwechsel von Partnerschaftsgesellschaften

**§ 225a[4] Möglichkeit des Formwechsels.** Eine Partnerschaftsgesellschaft kann auf Grund eines Formwechselbeschlusses nach diesem Gesetz nur die Rechtsform einer Kapitalgesellschaft oder einer eingetragenen Genossenschaft erlangen.

**§ 225b[5] Formwechselbericht und Unterrichtung der Partner.** [1]Ein Formwechselbericht ist nur erforderlich, wenn ein Partner der formwechselnden Partnerschaft gemäß § 6 Abs. 2 des Partnerschaftsgesellschaftsgesetzes[6] von der Geschäftsführung ausgeschlossen ist. [2]Von der Geschäftsführung ausgeschlossene Partner sind entsprechend § 216 zu unterrichten.

**§ 225c[3] Anzuwendende Vorschriften.** Auf den Formwechsel einer Partnerschaftsgesellschaft sind § 214 Abs. 2 und die §§ 217 bis 225 entsprechend anzuwenden.

---

[1] Nr. **50**.
[2] Nr. **20**.
[3] 2. UAbschnitt (§§ 225a–225c) eingef. mWv 1.8.1998 durch G v. 22.7.1998 (BGBl. I S. 1878).
[4] § 225a eingef. mWv 1.8.1998 durch G v. 22.7.1998 (BGBl. I S. 1878); geänd. mWv 1.3.2023 durch G v. 22.2.2023 (BGBl. 2023 I Nr. 51).
[5] § 225b eingef. mWv 1.8.1998 durch G v. 22.7.1998 (BGBl. I S. 1878); Überschrift und Satz 1 geänd. mWv 1.3.2023 durch G v. 22.2.2023 (BGBl. 2023 I Nr. 51).
[6] Nr. **50b**.

### Zweiter Abschnitt. Formwechsel von Kapitalgesellschaften

#### Erster Unterabschnitt. Allgemeine Vorschriften

**§ 226[1] Möglichkeit des Formwechsels.** Eine Kapitalgesellschaft kann auf Grund eines Formwechselbeschlusses nach diesem Gesetz nur die Rechtsform einer Gesellschaft des bürgerlichen Rechts, einer Personenhandelsgesellschaft, einer Partnerschaftsgesellschaft, einer anderen Kapitalgesellschaft oder einer eingetragenen Genossenschaft erlangen.

**§ 227 Nicht anzuwendende Vorschriften.** Die §§ 207 bis 212 sind beim Formwechsel einer Kommanditgesellschaft auf Aktien nicht auf deren persönlich haftende Gesellschafter anzuwenden.

#### Zweiter Unterabschnitt. Formwechsel in eine Personengesellschaft

**§ 228[2] Möglichkeit des Formwechsels.** (1) Durch den Formwechsel kann eine Kapitalgesellschaft die Rechtsform einer Personenhandelsgesellschaft nur erlangen, wenn der Unternehmensgegenstand im Zeitpunkt des Wirksamwerdens des Formwechsels den Vorschriften über die Gründung einer offenen Handelsgesellschaft (§ 105 Abs. 1 und 2 des Handelsgesetzbuchs[3]) genügt.

(2) [1] Ein Formwechsel in eine Partnerschaftsgesellschaft ist nur möglich, wenn im Zeitpunkt seines Wirksamwerdens alle Anteilsinhaber des formwechselnden Rechtsträgers natürliche Personen sind, die einen Freien Beruf ausüben (§ 1 Abs. 1 und 2 des Partnerschaftsgesellschaftsgesetzes[4]). [2] § 1 Abs. 3 des Partnerschaftsgesellschaftsgesetzes bleibt unberührt.

**§ 229[5]** *(aufgehoben)*

**§ 230[6] Vorbereitung der Versammlung der Anteilsinhaber.** (1) Die Geschäftsführer einer formwechselnden Gesellschaft mit beschränkter Haftung haben allen Gesellschaftern spätestens zusammen mit der Einberufung der Gesellschafterversammlung, die den Formwechsel beschließen soll, diesen Formwechsel als Gegenstand der Beschlußfassung in Textform anzukündigen und den Formwechselbericht zu übersenden.

(2) [1] Der Formwechselbericht einer Aktiengesellschaft oder einer Kommanditgesellschaft auf Aktien ist von der Einberufung der Hauptversammlung an, die den Formwechsel beschließen soll, in dem Geschäftsraum der Gesellschaft zur Einsicht der Aktionäre auszulegen. [2] Auf Verlangen ist jedem Aktionär und jedem von der Geschäftsführung ausgeschlossenen persönlich haftenden Gesellschafter unverzüglich und kostenlos eine Abschrift des Formwechselberichts zu erteilen. [3] Der Formwechselbericht kann dem Aktionär und dem von der Geschäftsführung ausgeschlossenen persönlich haftenden Gesellschafter mit seiner Einwilligung auf dem

---

[1] § 226 geänd. mWv 1.8.1998 durch G v. 22.7.1998 (BGBl. I S. 1878); geänd. mWv 1.3.2023 durch G v. 22.2.2023 (BGBl. 2023 I Nr. 51).

[2] § 228 Abs. 1 geänd. durch G v. 22.6.1998 (BGBl. I S. 1474); Überschrift neu gef., Abs. 3 angef. mWv 1.8.1998 durch G v. 22.7.1998 (BGBl. I S. 1878); Abs. 2 aufgeh., bish. Abs. 3 wird Abs. 2 mWv 25.4.2007 durch G v. 19.4.2007 (BGBl. I S. 542).

[3] Nr. **50**.

[4] Nr. **50b**.

[5] § 229 aufgeh. mWv 25.4.2007 durch G v. 19.4.2007 (BGBl. I S. 542).

[6] § 230 Abs. 1 geänd. mWv 1.8.2001 durch G v. 13.7.2001 (BGBl. I S. 1542); Abs. 2 Satz 3 angef. mWv 1.9.2009 durch G v. 30.7.2009 (BGBl. I S. 2479); Abs. 2 Satz 3 eingef., bish. Satz 3 wird Satz 4 mWv 15.7.2011 durch G v. 11.7.2011 (BGBl. I S. 1338); Abs. 1 und 2 Sätze 1–4 geänd. mWv 1.3.2023 durch G v. 22.2.2023 (BGBl. 2023 I Nr. 51).

Wege elektronischer Kommunikation übermittelt werden. [4]Die Verpflichtungen nach den Sätzen 1 und 2 entfallen, wenn der Formwechselbericht für denselben Zeitraum über die Internetseite der Gesellschaft zugänglich ist.

**§ 231[1)] Mitteilung des Abfindungsangebots.** [1]Das Vertretungsorgan der formwechselnden Gesellschaft hat den Gesellschaftern oder Aktionären spätestens zusammen mit der Einberufung der Gesellschafterversammlung oder der Hauptversammlung, die den Formwechsel beschließen soll, das Abfindungsangebot nach § 207 zu übersenden. [2]Der Übersendung steht es gleich, wenn das Abfindungsangebot im Bundesanzeiger und den sonst bestimmten Gesellschaftsblättern bekanntgemacht wird.

**§ 232[2)] Durchführung der Versammlung der Anteilsinhaber.** (1) [1]In der Gesellschafterversammlung oder in der Hauptversammlung, die den Formwechsel beschließen soll, ist der Formwechselbericht auszulegen. [2]In der Hauptversammlung kann der Formwechselbericht auch auf andere Weise zugänglich gemacht werden.

(2) Der Entwurf des Formwechselbeschlusses einer Aktiengesellschaft oder einer Kommanditgesellschaft auf Aktien ist von deren Vertretungsorgan zu Beginn der Verhandlung mündlich zu erläutern.

**§ 233[3)] Beschluß der Versammlung der Anteilsinhaber.** (1) Der Formwechselbeschluss der Gesellschafterversammlung oder der Hauptversammlung bedarf, wenn die formwechselnde Gesellschaft die Rechtsform einer Gesellschaft des bürgerlichen Rechts, einer offenen Handelsgesellschaft oder einer Partnerschaftsgesellschaft erlangen soll, der Zustimmung aller anwesenden Gesellschafter oder Aktionäre; ihm müssen auch die nicht erschienenen Anteilsinhaber zustimmen.

(2) [1]Soll die formwechselnde Gesellschaft in eine Kommanditgesellschaft umgewandelt werden, so bedarf der Formwechselbeschluss einer Mehrheit von mindestens drei Vierteln der bei der Gesellschafterversammlung einer Gesellschaft mit beschränkter Haftung abgegebenen Stimmen oder des bei der Beschlußfassung einer Aktiengesellschaft oder einer Kommanditgesellschaft auf Aktien vertretenen Grundkapitals; § 50 Abs. 2 und § 65 Abs. 2 sind entsprechend anzuwenden. [2]Der Gesellschaftsvertrag oder die Satzung der formwechselnden Gesellschaft kann eine größere Mehrheit und weitere Erfordernisse bestimmen. [3]Dem Formwechsel müssen alle Gesellschafter oder Aktionäre zustimmen, die in der Kommanditgesellschaft die Stellung eines persönlich haftenden Gesellschafters haben sollen.

(3) [1]Dem Formwechsel einer Kommanditgesellschaft auf Aktien müssen ferner deren persönlich haftende Gesellschafter zustimmen. [2]Die Satzung der formwechselnden Gesellschaft kann für den Fall des Formwechsels in eine Kommanditgesellschaft eine Mehrheitsentscheidung dieser Gesellschafter vorsehen. [3]Jeder dieser Gesellschafter kann sein Ausscheiden aus dem Rechtsträger für den Zeitpunkt erklären, in dem der Formwechsel wirksam wird.

---

[1)] § 231 Satz 2 geänd. mWv 1.1.2007 durch G v. 10.11.2006 (BGBl. I S. 2553); Satz 2 geänd. mWv 1.4. 2012 durch G v. 22.12.2011 (BGBl. I S. 3044).

[2)] § 232 Abs. 1 Satz 2 angef. mWv 1.9.2009 durch G v. 30.7.2009 (BGBl. I S. 2479); Abs. 1 Sätze 1 und 2, Abs. 2 geänd. mWv 1.3.2023 durch G v. 22.2.2023 (BGBl. 2023 I Nr. 51).

[3)] § 233 Abs. 1 geänd. mWv 1.8.1998 durch G v. 22.7.1998 (BGBl. I S. 1878); Abs. 1 und 2 Satz 1 geänd. mWv 1.3.2023 durch G v. 22.2.2023 (BGBl. 2023 I Nr. 51).

**§ 234[1)] Inhalt des Formwechselbeschlusses.** In dem Formwechselbeschluss müssen auch enthalten sein:

1. die Bestimmung des Sitzes der Personengesellschaft;
2. beim Formwechsel in eine Kommanditgesellschaft die Angabe der Kommanditisten sowie des Betrages der Einlage eines jeden von ihnen;
3. der Gesellschaftsvertrag der Personengesellschaft. Beim Formwechsel in eine Partnerschaftsgesellschaft ist § 213 auf den Partnerschaftsvertrag nicht anzuwenden.

**§ 235 Anmeldung des Formwechsels.** (1) [1] Beim Formwechsel in eine Gesellschaft des bürgerlichen Rechts ist statt der neuen Rechtsform die Umwandlung der Gesellschaft zur Eintragung in das Register, in dem die formwechselnde Gesellschaft eingetragen ist, anzumelden. [2] § 198 Abs. 2 ist nicht anzuwenden.

(2) Die Anmeldung nach Absatz 1 oder nach § 198 ist durch das Vertretungsorgan der formwechselnden Gesellschaft vorzunehmen.

**§ 236 Wirkungen des Formwechsels.** Mit dem Wirksamwerden des Formwechsels einer Kommanditgesellschaft auf Aktien scheiden persönlich haftende Gesellschafter, die nach § 233 Abs. 3 Satz 3 ihr Ausscheiden aus dem Rechtsträger erklärt haben, aus der Gesellschaft aus.

**§ 237 Fortdauer und zeitliche Begrenzung der persönlichen Haftung.**

Erlangt ein persönlich haftender Gesellschafter einer formwechselnden Kommanditgesellschaft auf Aktien beim Formwechsel in eine Kommanditgesellschaft die Rechtsstellung eines Kommanditisten, so ist auf seine Haftung für die im Zeitpunkt des Formwechsels begründeten Verbindlichkeiten der formwechselnden Gesellschaft § 224 entsprechend anzuwenden.

### Dritter Unterabschnitt. Formwechsel in eine Kapitalgesellschaft anderer Rechtsform

**§ 238[2)] Vorbereitung der Versammlung der Anteilsinhaber.** [1] Auf die Vorbereitung der Gesellschafterversammlung oder der Hauptversammlung, die den Formwechsel beschließen soll, sind die §§ 230 und 231 entsprechend anzuwenden. [2] § 192 Abs. 2 bleibt unberührt.

**§ 239[3)] Durchführung der Versammlung der Anteilsinhaber.** (1) [1] In der Gesellschafterversammlung oder in der Hauptversammlung, die den Formwechsel beschließen soll, ist der Formwechselbericht auszulegen. [2] In der Hauptversammlung kann der Formwechselbericht auch auf andere Weise zugänglich gemacht werden.

(2) Der Entwurf des Formwechselbeschlusses einer Aktiengesellschaft oder einer Kommanditgesellschaft auf Aktien ist von deren Vertretungsorgan zu Beginn der Verhandlung mündlich zu erläutern.

---

[1)] § 234 Nr. 2 geänd., Nr. 3 angef. mWv 1.8.1998 durch G v. 22.7.1998 (BGBl. I S. 1878); Nr. 3 neu gef. mWv 25.4.2007 durch G v. 19.4.2007 (BGBl. I S. 542); Überschrift und einl. Satzteil geänd. mWv 1.3.2023 durch G v. 22.2.2023 (BGBl. 2023 I Nr. 51).

[2)] § 238 Satz 2 neu gef., Satz 3 aufgeh. mWv 25.4.2007 durch G v. 19.4.2007 (BGBl. I S. 542).

[3)] § 239 Abs. 1 Satz 2 angef. mWv 1.9.2009 durch G v. 30.7.2009 (BGBl. I S. 2479); Abs. 1 Sätze 1 und 2, Abs. 2 geänd. mWv 1.3.2023 durch G v. 22.2.2023 (BGBl. 2023 I Nr. 51).

**§ 240[1)] Beschluß der Versammlung der Anteilsinhaber.** (1) [1] Der Formwechselbeschluss bedarf einer Mehrheit von mindestens drei Vierteln der bei der Gesellschafterversammlung einer Gesellschaft mit beschränkter Haftung abgegebenen Stimmen oder des bei der Beschlußfassung einer Aktiengesellschaft oder einer Kommanditgesellschaft auf Aktien vertretenen Grundkapitals; § 65 Abs. 2 ist entsprechend anzuwenden. [2] Der Gesellschaftsvertrag oder die Satzung der formwechselnden Gesellschaft kann eine größere Mehrheit und weitere Erfordernisse, beim Formwechsel einer Kommanditgesellschaft auf Aktien in eine Aktiengesellschaft auch eine geringere Mehrheit bestimmen.

(2) [1] Dem Formwechsel einer Gesellschaft mit beschränkter Haftung oder einer Aktiengesellschaft in eine Kommanditgesellschaft auf Aktien müssen alle Gesellschafter oder Aktionäre zustimmen, die in der Gesellschaft neuer Rechtsform die Stellung eines persönlich haftenden Gesellschafters haben sollen. [2] Auf den Beitritt persönlich haftender Gesellschafter ist § 221 entsprechend anzuwenden.

(3) [1] Dem Formwechsel einer Kommanditgesellschaft auf Aktien müssen ferner deren persönlich haftende Gesellschafter zustimmen. [2] Die Satzung der formwechselnden Gesellschaft kann eine Mehrheitsentscheidung dieser Gesellschafter vorsehen.

**§ 241[2)] Zustimmungserfordernisse beim Formwechsel einer Gesellschaft mit beschränkter Haftung.** (1) Werden durch den Formwechselbeschluss einer formwechselnden Gesellschaft mit beschränkter Haftung die Aktien in der Satzung der Aktiengesellschaft oder der Kommanditgesellschaft auf Aktien auf einen höheren als den Mindestbetrag nach § 8 Abs. 2 oder 3 des Aktiengesetzes[3)] und abweichend vom Nennbetrag der Geschäftsanteile der formwechselnden Gesellschaft gestellt, so muß dem jeder Gesellschafter zustimmen, der sich nicht dem Gesamtnennbetrag seiner Geschäftsanteile entsprechend beteiligen kann.

(2) Auf das Erfordernis der Zustimmung einzelner Gesellschafter ist ferner § 50 Abs. 2 entsprechend anzuwenden.

(3) Sind einzelnen Gesellschaftern außer der Leistung von Kapitaleinlagen noch andere Verpflichtungen gegenüber der Gesellschaft auferlegt und können diese wegen der einschränkenden Bestimmung des § 55 des Aktiengesetzes bei dem Formwechsel nicht aufrechterhalten werden, so bedarf der Formwechsel auch der Zustimmung dieser Gesellschafter.

**§ 242[4)] Zustimmungserfordernis beim Formwechsel einer Aktiengesellschaft oder einer Kommanditgesellschaft auf Aktien.** Wird durch den Formwechselbeschluss einer formwechselnden Aktiengesellschaft oder Kommanditgesellschaft auf Aktien der Nennbetrag der Geschäftsanteile in dem Gesellschaftsvertrag der Gesellschaft mit beschränkter Haftung abweichend vom Betrag der Aktien festgesetzt, so muß der Festsetzung jeder Aktionär zustimmen, der sich nicht mit seinem gesamten Anteil beteiligen kann.

---

[1)] § 240 Abs. 1 Satz 1 geänd. mWv 1.3.2023 durch G v. 22.2.2023 (BGBl. 2023 I Nr. 51).

[2)] § 241 Abs. 1 Satz 1 neu gef. mWv 1.4.1998 durch G v. 25.3.1998 (BGBl. I S. 590); Abs. 1 Satz 2 aufgeh. mWv 1.11.2008 durch G v. 23.10.2008 (BGBl. I S. 2026); Abs. 1 geänd. mWv 1.3.2023 durch G v. 22.2.2023 (BGBl. 2023 I Nr. 51).

[3)] Nr. **51**.

[4)] § 242 geänd. mWv 1.4.1998 durch G v. 25.3.1998 (BGBl. I S. 590); geänd. mWv 1.11.2008 durch G v. 23.10.2008 (BGBl. I S. 2026); geänd. mWv 1.3.2023 durch G v. 22.2.2023 (BGBl. 2023 I Nr. 51).

**§ 243[1] Inhalt des Formwechselbeschlusses.** (1) [1] Auf den Formwechselbeschluss ist § 218 entsprechend anzuwenden. [2] Festsetzungen über Sondervorteile, Gründungsaufwand, Sacheinlagen und Sachübernahmen, die in dem Gesellschaftsvertrag oder in der Satzung der formwechselnden Gesellschaft enthalten sind, sind in den Gesellschaftsvertrag oder in die Satzung der Gesellschaft neuer Rechtsform zu übernehmen. [3] § 26 Abs. 4 und 5 des Aktiengesetzes[2] bleibt unberührt.

(2) Vorschriften anderer Gesetze über die Änderung des Stammkapitals oder des Grundkapitals bleiben unberührt.

(3) [1] In dem Gesellschaftsvertrag oder in der Satzung der Gesellschaft neuer Rechtsform kann der auf die Anteile entfallende Betrag des Stamm- oder Grundkapitals abweichend vom Betrag der Anteile der formwechselnden Gesellschaft festgesetzt werden. [2] Bei einer Gesellschaft mit beschränkter Haftung muss er auf volle Euro lauten.

**§ 244[3] Niederschrift über den Formwechselbeschluss; Gesellschaftsvertrag.** (1) In der Niederschrift über den Formwechselbeschluss sind die Personen, die nach § 245 Abs. 1 bis 3 den Gründern der Gesellschaft gleichstehen, namentlich aufzuführen.

(2) Beim Formwechsel einer Aktiengesellschaft oder einer Kommanditgesellschaft auf Aktien in eine Gesellschaft mit beschränkter Haftung braucht der Gesellschaftsvertrag von den Gesellschaftern nicht unterzeichnet zu werden.

**§ 245[4] Rechtsstellung als Gründer; Kapitalschutz.** (1) [1] Bei einem Formwechsel einer Gesellschaft mit beschränkter Haftung in eine Aktiengesellschaft oder in eine Kommanditgesellschaft auf Aktien treten bei der Anwendung der Gründungsvorschriften des Aktiengesetzes[2] an die Stelle der Gründer die Gesellschafter, die für den Formwechsel gestimmt haben, sowie beim Formwechsel einer Gesellschaft mit beschränkter Haftung in eine Kommanditgesellschaft auf Aktien auch beitretende persönlich haftende Gesellschafter. [2] § 220 ist entsprechend anzuwenden. [3] § 52 des Aktiengesetzes ist nicht anzuwenden, wenn die Gesellschaft mit beschränkter Haftung vor dem Wirksamwerden des Formwechsels bereits länger als zwei Jahre in das Register eingetragen war.

(2) [1] Beim Formwechsel einer Aktiengesellschaft in eine Kommanditgesellschaft auf Aktien treten bei der Anwendung der Gründungsvorschriften des Aktiengesetzes an die Stelle der Gründer die persönlich haftenden Gesellschafter der Gesellschaft neuer Rechtsform. [2] § 220 ist entsprechend anzuwenden. [3] § 52 des Aktiengesetzes ist nicht anzuwenden.

(3) [1] Beim Formwechsel einer Kommanditgesellschaft auf Aktien in eine Aktiengesellschaft treten bei der Anwendung der Gründungsvorschriften des Aktiengesetzes an die Stelle der Gründer die persönlich haftenden Gesellschafter der formwechselnden Gesellschaft. [2] § 220 ist entsprechend anzuwenden. [3] § 52 des Aktiengesetzes ist nicht anzuwenden.

---

[1] § 243 Abs. 3 Sätze 1 und 2 geänd. mWv 1.4.1998 durch G v. 25.3.1998 (BGBl. I S. 590); Abs. 3 Satz 2 neu gef. mWv 1.11.2008 durch G v. 23.10.2008 (BGBl. I S. 2026); Überschrift, Abs. 1 Satz 1 geänd. mWv 1.3.2023 durch G v. 22.2.2023 (BGBl. 2023 I Nr. 51).

[2] Nr. **51**.

[3] § 244 Überschrift und Abs. 1 geänd. mWv 1.3.2023 durch G v. 22.2.2023 (BGBl. 2023 I Nr. 51).

[4] § 245 Abs. 1 Satz 3, Abs. 2 Satz 3 und Abs. 3 Satz 3 angef. mWv 25.4.2007 durch G v. 19.4.2007 (BGBl. I S. 542).

(4) Beim Formwechsel einer Aktiengesellschaft oder einer Kommanditgesellschaft auf Aktien in eine Gesellschaft mit beschränkter Haftung ist ein Sachgründungsbericht nicht erforderlich.

**§ 246 Anmeldung des Formwechsels.** (1) Die Anmeldung nach § 198 ist durch das Vertretungsorgan der formwechselnden Gesellschaft vorzunehmen.

(2) Zugleich mit der neuen Rechtsform oder mit dem Rechtsträger neuer Rechtsform sind die Geschäftsführer der Gesellschaft mit beschränkter Haftung, die Vorstandsmitglieder der Aktiengesellschaft oder die persönlich haftenden Gesellschafter der Kommanditgesellschaft auf Aktien zur Eintragung in das Register anzumelden.

(3) § 8 Abs. 2 des Gesetzes betreffend die Gesellschaften mit beschränkter Haftung[1] und § 37 Abs. 1 des Aktiengesetzes[2] sind auf die Anmeldung nach § 198 nicht anzuwenden.

**§ 247[3] Wirkungen des Formwechsels.** (1) Durch den Formwechsel wird das bisherige Stammkapital einer formwechselnden Gesellschaft mit beschränkter Haftung zum Grundkapital der Gesellschaft neuer Rechtsform oder das bisherige Grundkapital einer formwechselnden Aktiengesellschaft oder Kommanditgesellschaft auf Aktien zum Stammkapital der Gesellschaft neuer Rechtsform.

(2) Durch den Formwechsel einer Kommanditgesellschaft auf Aktien scheiden deren persönlich haftende Gesellschafter als solche aus der Gesellschaft aus.

**§ 248 Umtausch der Anteile.** (1) Auf den Umtausch der Geschäftsanteile einer formwechselnden Gesellschaft mit beschränkter Haftung gegen Aktien ist § 73 des Aktiengesetzes[2], bei Zusammenlegung von Geschäftsanteilen § 226 des Aktiengesetzes über die Kraftloserklärung von Aktien entsprechend anzuwenden.

(2) Auf den Umtausch der Aktien einer formwechselnden Aktiengesellschaft oder Kommanditgesellschaft auf Aktien gegen Geschäftsanteile einer Gesellschaft mit beschränkter Haftung ist § 73 Abs. 1 und 2 des Aktiengesetzes, bei Zusammenlegung von Aktien § 226 Abs. 1 und 2 des Aktiengesetzes über die Kraftloserklärung von Aktien entsprechend anzuwenden.

(3) Einer Genehmigung des Gerichts bedarf es nicht.

**§ 248a[4] Gewährung zusätzlicher Aktien.** [1]Die §§ 72a und 72b gelten für einen Formwechsel in eine Aktiengesellschaft oder eine Kommanditgesellschaft auf Aktien entsprechend. [2]Der Formwechselbeschluss hat die Erklärung gemäß § 72a Absatz 1 Satz 1 zu enthalten.

**§ 249 Gläubigerschutz.** Auf den Formwechsel einer Kommanditgesellschaft auf Aktien in eine Gesellschaft mit beschränkter Haftung oder in eine Aktiengesellschaft ist auch § 224 entsprechend anzuwenden.

**§ 250 *Nicht anzuwendende Vorschriften.*** Die §§ 207 bis 212 sind auf den Formwechsel einer Aktiengesellschaft in eine Kommanditgesellschaft auf Aktien oder einer Kommanditgesellschaft auf Aktien in eine Aktiengesellschaft nicht anzuwenden.

---

[1] Nr. **52**.

[2] Nr. **51**.

[3] § 247 Abs. 2 aufgeh., bish. Abs. 3 wird Abs. 2 mWv 25.4.2007 durch G v. 19.4.2007 (BGBl. I S. 542).

[4] § 248a eingef. mWv 1.3.2023 durch G v. 22.2.2023 (BGBl. 2023 I Nr. 51).

### Vierter Unterabschnitt. Formwechsel in eine eingetragene Genossenschaft

**§ 251[1)] Vorbereitung und Durchführung der Versammlung der Anteilsinhaber.** (1) [1] Auf die Vorbereitung der Gesellschafterversammlung oder der Hauptversammlung, die den Formwechsel beschließen soll, sind die §§ 229 bis 231 entsprechend anzuwenden. [2] § 192 Abs. 2 bleibt unberührt.

(2) Auf die Gesellschafterversammlung oder die Hauptversammlung, die den Formwechsel beschließen soll, ist § 239 Abs. 1 Satz 1, auf die Hauptversammlung auch § 239 Abs. 1 Satz 2 und Abs. 2 entsprechend anzuwenden.

**§ 252[2)] Beschluß der Versammlung der Anteilsinhaber.** (1) Der Formwechselbeschluss der Gesellschafterversammlung oder der Hauptversammlung bedarf, wenn die Satzung der Genossenschaft eine Verpflichtung der Mitglieder zur Leistung von Nachschüssen vorsieht, der Zustimmung aller anwesenden Gesellschafter oder Aktionäre; ihm müssen auch die nicht erschienenen Anteilsinhaber zustimmen.

(2) [1] Sollen die Mitglieder nicht zur Leistung von Nachschüssen verpflichtet werden, so bedarf der Formwechselbeschluss einer Mehrheit von mindestens drei Vierteln der bei der Gesellschafterversammlung einer Gesellschaft mit beschränkter Haftung abgegebenen Stimmen oder des bei der Beschlußfassung einer Aktiengesellschaft oder einer Kommanditgesellschaft auf Aktien vertretenen Grundkapitals; § 50 Abs. 2 und § 65 Abs. 2 sind entsprechend anzuwenden. [2] Der Gesellschaftsvertrag oder die Satzung der formwechselnden Gesellschaft kann eine größere Mehrheit und weitere Erfordernisse bestimmen.

(3) Auf den Formwechsel einer Kommanditgesellschaft auf Aktien ist § 240 Abs. 3 entsprechend anzuwenden.

**§ 253[3)] Inhalt des Formwechselbeschlusses.** (1) [1] In dem Formwechselbeschluss muß auch die Satzung der Genossenschaft enthalten sein. [2] Eine Unterzeichnung der Satzung durch die Mitglieder ist nicht erforderlich.

(2) [1] Der Formwechselbeschluss muß die Beteiligung jedes Mitglieds mit mindestens einem Geschäftsanteil vorsehen. [2] In dem Beschluß kann auch bestimmt werden, daß jedes Mitglied bei der Genossenschaft mit mindestens einem und im übrigen mit so vielen Geschäftsanteilen, wie sie durch Anrechnung seines Geschäftsguthabens bei dieser Genossenschaft als voll eingezahlt anzusehen sind, beteiligt wird.

**§ 254[4)] Anmeldung des Formwechsels.** (1) Die Anmeldung nach § 198 einschließlich der Anmeldung der Satzung der Genossenschaft ist durch das Vertretungsorgan der formwechselnden Gesellschaft vorzunehmen.

---

[1)] § 251 Abs. 1 Satz 2 geänd. mWv 25.4.2007 durch G v. 19.4.2007 (BGBl. I S. 542); Abs. 2 geänd. mWv 1.9.2009 durch G v. 30.7.2009 (BGBl. I S. 2479).

[2)] § 252 Abs. 1 und Abs. 2 Satz 1 geänd. mWv 18.8.2006 durch G v. 14.8.2006 (BGBl. I S. 1911); Abs. 1 und 2 Satz 1 geänd. mWv 1.3.2023 durch G v. 22.2.2023 (BGBl. 2023 I Nr. 51).

[3)] § 253 Abs. 1 Sätze 1 und 2, Abs. 2 Sätze 1 und 2 geänd. mWv 18.8.2006 durch G v. 14.8.2006 (BGBl. I S. 1911); Überschrift, Abs. 1 Satz 1, Abs. 2 Satz 1 geänd. mWv 1.3.2023 durch G v. 22.2.2023 (BGBl. 2023 I Nr. 51).

[4)] § 254 Abs. 1 geänd. mWv 18.8.2006 durch G v. 14.8.2006 (BGBl. I S. 1911).

(2) Zugleich mit der Genossenschaft sind die Mitglieder ihres Vorstandes zur Eintragung in das Register anzumelden.

**§ 255**[1] **Wirkungen des Formwechsels.** (1) [1] Jeder Anteilsinhaber, der die Rechtsstellung eines Mitglieds erlangt, ist bei der Genossenschaft nach Maßgabe des Formwechselbeschlusses beteiligt. [2] Eine Verpflichtung zur Übernahme weiterer Geschäftsanteile bleibt unberührt. [3] § 202 Abs. 1 Nr. 2 Satz 2 ist mit der Maßgabe anzuwenden, daß die an den bisherigen Anteilen bestehenden Rechte Dritter an den durch den Formwechsel erlangten Geschäftsguthaben weiterbestehen.

(2) Das Gericht darf eine Auflösung der Genossenschaft von Amts wegen nach § 80 des Genossenschaftsgesetzes[2] nicht vor Ablauf eines Jahres seit dem Wirksamwerden des Formwechsels aussprechen.

(3) Durch den Formwechsel einer Kommanditgesellschaft auf Aktien scheiden deren persönlich haftende Gesellschafter als solche aus dem Rechtsträger aus.

**§ 256**[3] **Geschäftsguthaben; Benachrichtigung der Mitglieder.** (1) Jedem Mitglied ist als Geschäftsguthaben der Wert der Geschäftsanteile oder der Aktien gutzuschreiben, mit denen es an der formwechselnden Gesellschaft beteiligt war.

(2) [1] Übersteigt das durch den Formwechsel erlangte Geschäftsguthaben eines Mitglieds den Gesamtbetrag der Geschäftsanteile, mit denen es bei der Genossenschaft beteiligt ist, so ist der übersteigende Betrag nach Ablauf von sechs Monaten seit dem Tage, an dem die Eintragung der Genossenschaft in das Register bekannt gemacht worden ist, an das Mitglied auszuzahlen. [2] Die Auszahlung darf jedoch nicht erfolgen, bevor die Gläubiger, die sich nach § 204 in Verbindung mit § 22 gemeldet haben, befriedigt oder sichergestellt sind.

(3) Die Genossenschaft hat jedem Mitglied unverzüglich nach der Bekanntmachung der Eintragung der Genossenschaft in das Register in Textform mitzuteilen:

1. den Betrag seines Geschäftsguthabens;
2. den Betrag und die Zahl der Geschäftsanteile, mit denen es bei der Genossenschaft beteiligt ist;
3. den Betrag der von dem Mitglied nach Anrechnung seines Geschäftsguthabens noch zu leistenden Einzahlung oder den Betrag, der nach Absatz 2 an das Mitglied auszuzahlen ist;
4. den Betrag der Haftsumme der Genossenschaft, sofern die Mitglieder Nachschüsse bis zu einer Haftsumme zu leisten haben.

**§ 257** ***Gläubigerschutz.*** Auf den Formwechsel einer Kommanditgesellschaft auf Aktien ist auch § 224 entsprechend anzuwenden.

---

[1] § 255 Abs. 1 Satz 1 und Abs. 2 geänd. mWv 18.8.2006 durch G v. 14.8.2006 (BGBl. I S. 1911); Abs. 1 Satz 1 geänd. mWv 1.3.2023 durch G v. 22.2.2023 (BGBl. 2023 I Nr. 51).

[2] Nr. **53**.

[3] § 256 Abs. 3 einl. Satzteil geänd. mWv 1.8.2001 durch G v. 13.7.2001 (BGBl. I S. 1542); Überschrift, Abs. 1, Abs. 2 Satz 1, Abs. 3 einl. Satzteil, Nr. 3 und 4 geänd. mWv 18.8.2006 durch G v. 14.8.2006 (BGBl. I S. 1911); Abs. 2 Satz 1 geänd. mWv 1.1.2007 durch G v. 10.11.2006 (BGBl. I S. 2553); Abs. 3 Nr. 2 und 3 geänd. mWv 1.9.2009 durch G v. 30.7.2009 (BGBl. I S. 2479).

### Dritter Abschnitt. Formwechsel eingetragener Genossenschaften

**§ 258**[1] **Möglichkeit des Formwechsels.** (1) Eine eingetragene Genossenschaft kann auf Grund eines Formwechselbeschlusses nach diesem Gesetz nur die Rechtsform einer Kapitalgesellschaft erlangen.

(2) Der Formwechsel ist nur möglich, wenn auf jedes Mitglied, das an der Gesellschaft neuer Rechtsform beteiligt wird, als beschränkt haftender Gesellschafter ein Geschäftsanteil, dessen Nennbetrag auf volle Euro lautet, oder als Aktionär mindestens eine volle Aktie entfällt.

**§ 259**[2] **Gutachten des Prüfungsverbandes.** Vor der Einberufung der Generalversammlung, die den Formwechsel beschließen soll, ist eine gutachtliche Äußerung des Prüfungsverbandes einzuholen, ob der Formwechsel mit den Belangen der Mitglieder und der Gläubiger der Genossenschaft vereinbar ist, insbesondere ob bei der Festsetzung des Stammkapitals oder des Grundkapitals § 263 Abs. 2 Satz 2 und § 264 Abs. 1 beachtet sind (Prüfungsgutachten).

**§ 260**[3] **Vorbereitung der Generalversammlung.** (1) [1]Der Vorstand der formwechselnden Genossenschaft hat allen Mitgliedern spätestens zusammen mit der Einberufung der Generalversammlung, die den Formwechsel beschließen soll, diesen Formwechsel als Gegenstand der Beschlußfassung in Textform anzukündigen. [2]In der Ankündigung ist auf die für die Beschlußfassung nach § 262 Abs. 1 erforderlichen Mehrheiten sowie auf die Möglichkeit der Erhebung eines Widerspruchs und die sich daraus ergebenden Rechte hinzuweisen.

(2) [1]Auf die Vorbereitung der Generalversammlung sind § 230 Absatz 2 und § 231 entsprechend anzuwenden. [2]§ 192 Abs. 2 bleibt unberührt.

(3) [1]In dem Geschäftsraum der formwechselnden Genossenschaft ist von der Einberufung der Generalversammlung an, die den Formwechsel beschließen soll, außer den sonst erforderlichen Unterlagen auch das nach § 259 erstattete Prüfungsgutachten zur Einsicht der Mitglieder auszulegen. [2]Auf Verlangen ist jedem Mitglied unverzüglich und kostenlos eine Abschrift dieses Prüfungsgutachtens zu erteilen. [3]Die Verpflichtungen nach den Sätzen 1 und 2 entfallen, wenn das Prüfungsgutachten für denselben Zeitraum über die Internetseite der Genossenschaft zugänglich ist.

**§ 261**[4] **Durchführung der Generalversammlung.** (1) [1]In der Generalversammlung, die den Formwechsel beschließen soll, ist der Formwechselbericht, sofern er nach diesem Buch erforderlich ist, und das nach § 259 erstattete Prüfungsgutachten auszulegen. [2]Der Vorstand hat den Formwechselbeschluss zu Beginn der Verhandlung mündlich zu erläutern.

---

[1] § 258 Abs. 2 geänd. mWv 1.4.1998 durch G v. 25.3.1998 (BGBl. I S. 590); Abs. 2 geänd. mWv 1.1.1999 durch G v. 9.6.1998 (BGBl. I S. 1242); Abs. 2 geänd. mWv 18.8.2006 durch G v. 14.8.2006 (BGBl. I S. 1911); Abs. 2 geänd. mWv 1.11.2008 durch G v. 23.10.2008 (BGBl. I S. 2026); Abs. 1 geänd. mWv 1.3.2023 durch G v. 22.2.2023 (BGBl. 2023 I Nr. 51).

[2] § 259 geänd. mWv 18.8.2006 durch G v. 14.8.2006 (BGBl. I S. 1911).

[3] § 260 Abs. 1 Satz 1 geänd. mWv 1.8.2001 durch G v. 13.7.2001 (BGBl. I S. 1542); Abs. 1 Satz 1, Abs. 3 Sätze 1 und 2 geänd. mWv 18.8.2006 durch G v. 14.8.2006 (BGBl. I S. 1911); Abs. 2 Satz 2 geänd. mWv 25.4.2007 durch G v. 19.4.2007 (BGBl. I S. 542); Abs. 2 Satz 1 geänd. mWv 1.9.2009 durch G v. 30.7.2009 (BGBl. I S. 2479); Abs. 2 Satz 1, Abs. 3 Satz 1 geänd., Satz 3 angef. mWv 22.7.2017 durch G v. 17.7.2017 (BGBl. I S. 2434).

[4] § 261 Abs. 1 Sätze 1 und 2 geänd. mWv 1.3.2023 durch G v. 22.2.2023 (BGBl. 2023 I Nr. 51).

(2) [1]Das Prüfungsgutachten ist in der Generalversammlung zu verlesen. [2]Der Prüfungsverband ist berechtigt, an der Generalversammlung beratend teilzunehmen.

**§ 262[1)] Beschluß der Generalversammlung.** (1) [1]Der Formwechselbeschluss der Generalversammlung bedarf einer Mehrheit von mindestens drei Vierteln der abgegebenen Stimmen. [2]Er bedarf einer Mehrheit von neun Zehnteln der abgegebenen Stimmen, wenn spätestens bis zum Ablauf des dritten Tages vor der Generalversammlung mindestens 100 Mitglieder, bei Genossenschaften mit weniger als 1 000 Mitgliedern ein Zehntel der Mitglieder, durch eingeschriebenen Brief Widerspruch gegen den Formwechsel erhoben haben. [3]Die Satzung kann größere Mehrheiten und weitere Erfordernisse bestimmen.

(2) Auf den Formwechsel in eine Kommanditgesellschaft auf Aktien ist § 240 Abs. 2 entsprechend anzuwenden.

**§ 263[2)] Inhalt des Formwechselbeschlusses.** (1) Auf den Formwechselbeschluss sind auch die §§ 218, 243 Abs. 3 und § 244 Abs. 2 entsprechend anzuwenden.

(2) [1]In dem Beschluß ist bei der Festlegung von Zahl, Art und Umfang der Anteile (§ 194 Abs. 1 Nr. 4) zu bestimmen, daß an dem Stammkapital oder an dem Grundkapital der Gesellschaft neuer Rechtsform jedes Mitglied, das die Rechtsstellung eines beschränkt haftenden Gesellschafters oder eines Aktionärs erlangt, in dem Verhältnis beteiligt wird, in dem am Ende des letzten vor der Beschlußfassung über den Formwechsel abgelaufenen Geschäftsjahres sein Geschäftsguthaben zur Summe der Geschäftsguthaben aller Mitglieder gestanden hat, die durch den Formwechsel Gesellschafter oder Aktionäre geworden sind. [2]Der Nennbetrag des Grundkapitals ist so zu bemessen, daß auf jedes Mitglied möglichst volle Aktien entfallen.

(3) [1]Die Geschäftsanteile einer Gesellschaft mit beschränkter Haftung sollen auf einen höheren Nennbetrag als hundert Euro nur gestellt werden, soweit auf die Mitglieder der formwechselnden Genossenschaft volle Geschäftsanteile mit dem höheren Nennbetrag entfallen. [2]Aktien können auf einen höheren Betrag als den Mindestbetrag nach § 8 Abs. 2 und 3 des Aktiengesetzes[3)] nur gestellt werden, soweit volle Aktien mit dem höheren Betrag auf die Mitglieder entfallen. [3]Wird das Vertretungsorgan der Aktiengesellschaft oder der Kommanditgesellschaft auf Aktien in der Satzung ermächtigt, das Grundkapital bis zu einem bestimmten Nennbetrag durch Ausgabe neuer Aktien gegen Einlagen zu erhöhen, so darf die Ermächtigung nicht vorsehen, daß das Vertretungsorgan über den Ausschluß des Bezugsrechts entscheidet.

**§ 264[4)] Kapitalschutz.** (1) Der Nennbetrag des Stammkapitals einer Gesellschaft mit beschränkter Haftung oder des Grundkapitals einer Aktiengesellschaft oder einer Kommanditgesellschaft auf Aktien darf das nach Abzug der Schulden verbleibende Vermögen der formwechselnden Genossenschaft nicht übersteigen.

---

[1)] § 262 Abs. 1 Sätze 2 und 3 geänd. mWv 18.8.2006 durch G v. 14.8.2006 (BGBl. I S. 1911); Abs. 1 Satz 1 geänd. mWv 1.3.2023 durch G v. 22.2.2023 (BGBl. 2023 I Nr. 51).

[2)] § 263 Abs. 2 Satz 2 neu gef., Abs. 3 Satz 2 geänd. mWv 1.4.1998 durch G v. 25.3.1998 (BGBl. I S. 590); Abs. 3 Satz 1 mWv 1.1.1999 geänd. durch G v. 9.6.1998 (BGBl. I S. 1242); Abs. 2 Sätze 1 und 2, Abs. 3 Sätze 1 und 2 geänd. mWv 18.8.2006 durch G v. 14.8.2006 (BGBl. I S. 1911); Überschrift und Abs. 1 geänd. mWv 1.3.2023 durch G v. 22.2.2023 (BGBl. 2023 I Nr. 51).

[3)] Nr. **51**.

[4)] § 264 Abs. 2 und Abs. 3 Satz 2 geänd. mWv 18.8.2006 durch G v. 14.8.2006 (BGBl. I S. 1911).

(2) Beim Formwechsel in eine Gesellschaft mit beschränkter Haftung sind die Mitglieder der formwechselnden Genossenschaft nicht verpflichtet, einen Sachgründungsbericht zu erstatten.

(3) [1] Beim Formwechsel in eine Aktiengesellschaft oder in eine Kommanditgesellschaft auf Aktien hat die Gründungsprüfung durch einen oder mehrere Prüfer (§ 33 Abs. 2 des Aktiengesetzes[1)]) in jedem Fall stattzufinden. [2] Jedoch sind die Mitglieder der formwechselnden Genossenschaft nicht verpflichtet, einen Gründungsbericht zu erstatten; die §§ 32, 35 Abs. 1 und 2 und § 46 des Aktiengesetzes sind nicht anzuwenden. [3] Die für Nachgründungen in § 52 Abs. 1 des Aktiengesetzes bestimmte Frist von zwei Jahren beginnt mit dem Wirksamwerden des Formwechsels.

**§ 265 Anmeldung des Formwechsels.** [1] Auf die Anmeldung nach § 198 ist § 222 Abs. 1 Satz 1 und Abs. 3 entsprechend anzuwenden. [2] Der Anmeldung ist das nach § 259 erstattete Prüfungsgutachten in Urschrift oder in öffentlich beglaubigter Abschrift beizufügen.

**§ 266 Wirkungen des Formwechsels.** (1) [1] Durch den Formwechsel werden die bisherigen Geschäftsanteile zu Anteilen an der Gesellschaft neuer Rechtsform und zu Teilrechten. [2] § 202 Abs. 1 Nr. 2 Satz 2 ist mit der Maßgabe anzuwenden, daß die an den bisherigen Geschäftsguthaben bestehenden Rechte Dritter an den durch den Formwechsel erlangten Anteilen und Teilrechten weiterbestehen.

(2) Teilrechte, die durch den Formwechsel entstehen, sind selbständig veräußerlich und vererblich.

(3) [1] Die Rechte aus einer Aktie einschließlich des Anspruchs auf Ausstellung einer Aktienurkunde können nur ausgeübt werden, wenn Teilrechte, die zusammen eine volle Aktie ergeben, in einer Hand vereinigt sind oder wenn mehrere Berechtigte, deren Teilrechte zusammen eine volle Aktie ergeben, sich zur Ausübung der Rechte zusammenschließen. [2] Der Rechtsträger soll die Zusammenführung von Teilrechten zu vollen Aktien vermitteln.

**§ 267[2)] Benachrichtigung der Anteilsinhaber.** (1) [1] Das Vertretungsorgan der Gesellschaft neuer Rechtsform hat jedem Anteilsinhaber unverzüglich nach der Bekanntmachung der Eintragung der Gesellschaft in das Register deren Inhalt sowie die Zahl und, mit Ausnahme von Stückaktien, den Nennbetrag der Anteile und des Teilrechts, die auf ihn entfallen sind, in Textform mitzuteilen. [2] Dabei soll auf die Vorschriften über Teilrechte in § 266 hingewiesen werden.

(2) [1] Zugleich mit der Mitteilung ist deren wesentlicher Inhalt in den Gesellschaftsblättern bekanntzumachen. [2] Der Hinweis nach Absatz 1 Satz 2 braucht in die Bekanntmachung nicht aufgenommen zu werden.

**§ 268 Aufforderung an die Aktionäre; Veräußerung von Aktien.** (1) [1] In der Mitteilung nach § 267 sind Aktionäre aufzufordern, die ihnen zustehenden Aktien abzuholen. [2] Dabei ist darauf hinzuweisen, daß die Gesellschaft berechtigt ist, Aktien, die nicht binnen sechs Monaten seit der Bekanntmachung der Aufforderung in den Gesellschaftsblättern abgeholt werden, nach dreimaliger Androhung für Rechnung der Beteiligten zu veräußern. [3] Dieser Hinweis braucht nicht

---

1) Nr. **51**.

2) § 267 Abs. 1 Satz 1 geänd. mWv 1.4.1998 durch G v. 25.3.1998 (BGBl. I S. 590); Abs. 1 Satz 1 und Abs. 2 Satz 1 geänd. mWv 1.8.2001 durch G v. 13.7.2001 (BGBl. I S. 1542).

in die Bekanntmachung der Aufforderung in den Gesellschaftsblättern aufgenommen zu werden.

(2) [1]Nach Ablauf von sechs Monaten seit der Bekanntmachung der Aufforderung in den Gesellschaftsblättern hat die Gesellschaft neuer Rechtsform die Veräußerung der nicht abgeholten Aktien anzudrohen. [2]Die Androhung ist dreimal in Abständen von mindestens einem Monat in den Gesellschaftsblättern bekanntzumachen. [3]Die letzte Bekanntmachung muß vor dem Ablauf von einem Jahr seit der Bekanntmachung der Aufforderung ergehen.

(3) [1]Nach Ablauf von sechs Monaten seit der letzten Bekanntmachung der Androhung hat die Gesellschaft die nicht abgeholten Aktien für Rechnung der Beteiligten zum amtlichen Börsenpreis durch Vermittlung eines Kursmaklers und beim Fehlen eines Börsenpreises durch öffentliche Versteigerung zu veräußern. [2]§ 226 Abs. 3 Satz 2 bis 6 des Aktiengesetzes[1)] ist entsprechend anzuwenden.

**§ 269[2)] Hauptversammlungsbeschlüsse; genehmigtes Kapital.** [1]Solange beim Formwechsel in eine Aktiengesellschaft oder in eine Kommanditgesellschaft auf Aktien die abgeholten oder nach § 268 Abs. 3 veräußerten Aktien nicht insgesamt mindestens sechs Zehntel des Grundkapitals erreichen, kann die Hauptversammlung der Gesellschaft neuer Rechtsform keine Beschlüsse fassen, die nach Gesetz oder Satzung einer Kapitalmehrheit bedürfen. [2]Das Vertretungsorgan der Gesellschaft darf während dieses Zeitraums von einer Ermächtigung zu einer Erhöhung des Grundkapitals keinen Gebrauch machen.

**§ 270[3)] Abfindungsangebot.** (1) Das Abfindungsangebot nach § 207 Abs. 1 Satz 1 gilt auch für jedes Mitglied, das dem Formwechsel bis zum Ablauf des dritten Tages vor dem Tage, an dem der Formwechselbeschluss gefaßt worden ist, durch eingeschriebenen Brief widersprochen hat.

(2) [1]Zu dem Abfindungsangebot ist eine gutachtliche Äußerung des Prüfungsverbandes einzuholen. [2]§ 30 Abs. 2 Satz 2 und 3 ist nicht anzuwenden.

**§ 271[4)] Fortdauer der Nachschußpflicht.** [1]Wird über das Vermögen der Gesellschaft neuer Rechtsform binnen zwei Jahren nach dem Tage, an dem ihre Eintragung in das Register bekannt gemacht worden ist, das Insolvenzverfahren eröffnet, so ist jedes Mitglied, das durch den Formwechsel die Rechtsstellung eines beschränkt haftenden Gesellschafters oder eines Aktionärs erlangt hat, im Rahmen der Satzung der formwechselnden Genossenschaft (§ 6 Nr. 3 des Genossenschaftsgesetzes[5)]) zu Nachschüssen verpflichtet, auch wenn es seinen Geschäftsanteil oder seine Aktie veräußert hat. [2]Die §§ 105 bis 115a des Genossenschaftsgesetzes sind mit der Maßgabe entsprechend anzuwenden, daß nur solche Verbindlichkeiten der Gesellschaft zu berücksichtigen sind, die bereits im Zeitpunkt des Formwechsels begründet waren.

---

[1)] Nr. **51**.

[2)] § 269 Satz 1 geänd. mWv 1.4.1998 durch G v. 25.3.1998 (BGBl. I S. 590).

[3)] § 270 Abs. 2 angef. mWv 1.8.1998 durch G v. 22.7.1998 (BGBl. I S. 1878); Abs. 1 geänd. mWv 18.8.2006 durch G v. 14.8.2006 (BGBl. I S. 1911); Abs. 1 geänd. mWv 1.3.2023 durch G v. 22.2.2023 (BGBl. 2023 I Nr. 51).

[4)] § 271 Sätze 1 und 2 geänd. mWv 18.8.2006 durch G v. 14.8.2006 (BGBl. I S. 1911); Satz 1 geänd. mWv 1.1.2007 durch G v. 10.11.2006 (BGBl. I S. 2553).

[5)] Nr. **53**.

### Vierter Abschnitt. Formwechsel rechtsfähiger Vereine

#### Erster Unterabschnitt. Allgemeine Vorschriften

**§ 272[1)] Möglichkeit des Formwechsels.** (1) Ein rechtsfähiger Verein kann auf Grund eines Formwechselbeschlusses nur die Rechtsform einer Kapitalgesellschaft oder einer eingetragenen Genossenschaft erlangen.

(2) Ein Verein kann die Rechtsform nur wechseln, wenn seine Satzung oder Vorschriften des Landesrechts nicht entgegenstehen.

#### Zweiter Unterabschnitt. Formwechsel in eine Kapitalgesellschaft

**§ 273[2)] Möglichkeit des Formwechsels.** Der Formwechsel ist nur möglich, wenn auf jedes Mitglied, das an der Gesellschaft neuer Rechtsform beteiligt wird, als beschränkt haftender Gesellschafter ein Geschäftsanteil, dessen Nennbetrag auf volle Euro lautet, oder als Aktionär mindestens eine volle Aktie entfällt.

**§ 274[3)] Vorbereitung und Durchführung der Mitgliederversammlung.**

(1) [1] Auf die Vorbereitung der Mitgliederversammlung, die den Formwechsel beschließen soll, sind die §§ 229, 230 Abs. 2 Satz 1 und 2, § 231 Satz 1 und § 260 Abs. 1 entsprechend anzuwenden. [2] § 192 Abs. 2 bleibt unberührt.

(2) Auf die Mitgliederversammlung, die den Formwechsel beschließen soll, ist § 239 Abs. 1 Satz 1 und Abs. 2 entsprechend anzuwenden.

**§ 275[4)] Beschluß der Mitgliederversammlung.** (1) Der Formwechselbeschluss der Mitgliederversammlung bedarf, wenn der Zweck des Rechtsträgers geändert werden soll (§ 33 Abs. 1 Satz 2 des Bürgerlichen Gesetzbuchs[5)]), der Zustimmung aller anwesenden Mitglieder; ihm müssen auch die nicht erschienenen Mitglieder zustimmen.

(2) [1] In anderen Fällen bedarf der Formwechselbeschluss einer Mehrheit von mindestens drei Vierteln der abgegebenen Stimmen. [2] Er bedarf einer Mehrheit von mindestens neun Zehnteln der abgegebenen Stimmen, wenn spätestens bis zum Ablauf des dritten Tages vor der Mitgliederversammlung wenigstens hundert Mitglieder, bei Vereinen mit weniger als tausend Mitgliedern ein Zehntel der Mitglieder, durch eingeschriebenen Brief Widerspruch gegen den Formwechsel erhoben haben. [3] Die Satzung kann größere Mehrheiten und weitere Erfordernisse bestimmen.

(3) Auf den Formwechsel in eine Kommanditgesellschaft auf Aktien ist § 240 Abs. 2 entsprechend anzuwenden.

**§ 276[6)] Inhalt des Formwechselbeschlusses.** (1) Auf den Formwechselbeschluss sind auch die §§ 218, 243 Abs. 3, § 244 Abs. 2 und § 263 Abs. 2 Satz 2, Abs. 3 entsprechend anzuwenden.

---

1) § 272 Abs. 1 geänd. mWv 1.3.2023 durch G v. 22.2.2023 (BGBl. 2023 I Nr. 51).

2) § 273 geänd. mWv 1.4.1998 durch G v. 25.3.1998 (BGBl. I S. 590); geänd. mWv 1.1.1999 durch G v. 9.6.1998 (BGBl. I S. 1242); geänd. mWv 1.11.2008 durch G v. 23.10.2008 (BGBl. I S. 2026).

3) § 274 Abs. 1 Satz 2 geänd. mWv 25.4.2007 durch G v. 19.4.2007 (BGBl. I S. 542); Abs. 1 Satz 1, Abs. 2 geänd. mWv 1.9.2009 durch G v. 30.7.2009 (BGBl. I S. 2479).

4) § 275 Abs. 2 Sätze 1 und 2 geänd. mWv 30.9.2009 durch G v. 24.9.2009 (BGBl. I S. 3145); Abs. 1 und 2 Satz 1 geänd. mWv 1.3.2023 durch G v. 22.2.2023 (BGBl. 2023 I Nr. 51).

5) Nr. **20**.

6) § 276 Abs. 2 Satz 2 aufgeh. mWv 1.4.1998 durch G v. 25.3.1998 (BGBl. I S. 590); Überschrift und Abs. 1 geänd. mWv 1.3.2023 durch G v. 22.2.2023 (BGBl. 2023 I Nr. 51).

(2) Die Beteiligung der Mitglieder am Stammkapital oder am Grundkapital der Gesellschaft neuer Rechtsform darf, wenn nicht alle Mitglieder einen gleich hohen Anteil erhalten sollen, nur nach einem oder mehreren der folgenden Maßstäbe festgesetzt werden:

1. bei Vereinen, deren Vermögen in übertragbare Anteile zerlegt ist, der Nennbetrag oder der Wert dieser Anteile;
2. die Höhe der Beiträge;
3. bei Vereinen, die zu ihren Mitgliedern oder einem Teil der Mitglieder in vertraglichen Geschäftsbeziehungen stehen, der Umfang der Inanspruchnahme von Leistungen des Vereins durch die Mitglieder oder der Umfang der Inanspruchnahme von Leistungen der Mitglieder durch den Verein;
4. ein in der Satzung bestimmter Maßstab für die Verteilung des Überschusses;
5. ein in der Satzung bestimmter Maßstab für die Verteilung des Vermögens;
6. die Dauer der Mitgliedschaft.

**§ 277 Kapitalschutz.** Bei der Anwendung der für die neue Rechtsform maßgebenden Gründungsvorschriften ist auch § 264 entsprechend anzuwenden.

**§ 278 Anmeldung des Formwechsels.** (1) Auf die Anmeldung nach § 198 ist § 222 Abs. 1 und 3 entsprechend anzuwenden.

(2) [1] Ist der formwechselnde Verein nicht in ein Handelsregister eingetragen, so hat sein Vorstand den bevorstehenden Formwechsel durch das in der Vereinssatzung für Veröffentlichungen bestimmte Blatt, in Ermangelung eines solchen durch dasjenige Blatt bekanntzumachen, das für Bekanntmachungen des Amtsgerichts bestimmt ist, in dessen Bezirk der formwechselnde Verein seinen Sitz hat. [2] Die Bekanntmachung tritt an die Stelle der Eintragung der Umwandlung in das Register nach § 198 Abs. 2 Satz 3. [3] § 50 Abs. 1 Satz 4 des Bürgerlichen Gesetzbuchs[1)] ist entsprechend anzuwenden.

**§ 279**[2)] *(aufgehoben)*

**§ 280 Wirkungen des Formwechsels.** [1] Durch den Formwechsel werden die bisherigen Mitgliedschaften zu Anteilen an der Gesellschaft neuer Rechtsform und zu Teilrechten. [2] § 266 Abs. 1 Satz 2, Abs. 2 und 3 ist entsprechend anzuwenden.

**§ 281 Benachrichtigung der Anteilsinhaber; Veräußerung von Aktien; Hauptversammlungsbeschlüsse.** (1) Auf die Benachrichtigung der Anteilsinhaber durch die Gesellschaft, auf die Aufforderung von Aktionären zur Abholung der ihnen zustehenden Aktien und auf die Veräußerung nicht abgeholter Aktien sind die §§ 267 und 268 entsprechend anzuwenden.

(2) Auf Beschlüsse der Hauptversammlung der Gesellschaft neuer Rechtsform sowie auf eine Ermächtigung des Vertretungsorgans zur Erhöhung des Grundkapitals ist § 269 entsprechend anzuwenden.

**§ 282**[3)] **Abfindungsangebot.** (1) Auf das Abfindungsangebot nach § 207 Abs. 1 Satz 1 ist § 270 Abs. 1 entsprechend anzuwenden.

---

[1)] Nr. **20**.
[2)] § 279 aufgeh. mWv 1.1.2007 durch G v. 10.11.2006 (BGBl. I S. 2553).
[3)] § 282 Abs. 1 geänd. mWv 1.8.1998 durch G v. 22.7.1998 (BGBl. I S. 1878).

(2) Absatz 1 und die §§ 207 bis 212 sind auf den Formwechsel eines eingetragenen Vereins, der nach § 5 Abs. 1 Nr. 9 des Körperschaftsteuergesetzes von der Körperschaftsteuer befreit ist, nicht anzuwenden.

### Dritter Unterabschnitt. Formwechsel in eine eingetragene Genossenschaft

**§ 283[1)] Vorbereitung und Durchführung der Mitgliederversammlung.**

(1) [1] Auf die Vorbereitung der Mitgliederversammlung, die den Formwechsel beschließen soll, sind die §§ 229 und 230 Abs. 2 Satz 1 und 2, § 231 Satz 1 und § 260 Abs. 1 entsprechend anzuwenden. [2] § 192 Abs. 2 bleibt unberührt.

(2) Auf die Mitgliederversammlung, die den Formwechsel beschließen soll, ist § 239 Abs. 1 Satz 1 und Abs. 2 entsprechend anzuwenden.

**§ 284[2)] Beschluß der Mitgliederversammlung.** [1] Der Formwechselbeschluss der Mitgliederversammlung bedarf, wenn der Zweck des Rechtsträgers geändert werden soll (§ 33 Abs. 1 Satz 2 des Bürgerlichen Gesetzbuchs[3)]) oder wenn die Satzung der Genossenschaft eine Verpflichtung der Mitglieder der Genossenschaft zur Leistung von Nachschüssen vorsieht, der Zustimmung aller anwesenden Mitglieder; ihm müssen auch die nicht erschienenen Mitglieder zustimmen. [2] Im übrigen ist § 275 Abs. 2 entsprechend anzuwenden.

**§ 285[4)] Inhalt des Formwechselbeschlusses.** (1) Auf den Formwechselbeschluss ist auch § 253 Abs. 1 und Abs. 2 Satz 1 entsprechend anzuwenden.

(2) Sollen bei der Genossenschaft nicht alle Mitglieder mit der gleichen Zahl von Geschäftsanteilen beteiligt werden, so darf die unterschiedlich hohe Beteiligung nur nach einem oder mehreren der in § 276 Abs. 2 Satz 1 bezeichneten Maßstäbe festgesetzt werden.

**§ 286 Anmeldung des Formwechsels.** Auf die Anmeldung nach § 198 sind die §§ 254 und 278 Abs. 2 entsprechend anzuwenden.

**§ 287[5)]** *(aufgehoben)*

**§ 288[6)] Wirkungen des Formwechsels.** (1) [1] Jedes Mitglied, das die Rechtsstellung eines Mitglieds der Genossenschaft erlangt, ist bei der Genossenschaft nach Maßgabe des Formwechselbeschlusses beteiligt. [2] Eine Verpflichtung zur Übernahme weiterer Geschäftsanteile bleibt unberührt. [3] § 255 Abs. 1 Satz 3 ist entsprechend anzuwenden.

(2) Das Gericht darf eine Auflösung der Genossenschaft von Amts wegen nach § 80 des Genossenschaftsgesetzes[7)] nicht vor Ablauf eines Jahres seit dem Wirksamwerden des Formwechsels aussprechen.

---

[1)] § 283 Abs. 1 Satz 2 geänd. mWv 25.4.2007 durch G v. 19.4.2007 (BGBl. I S. 542); Abs. 1 Satz 1, Abs. 2 geänd. mWv 1.9.2009 durch G v. 30.7.2009 (BGBl. I S. 2479).

[2)] § 284 Satz 1 geänd. mWv 18.8.2006 durch G v. 14.8.2006 (BGBl. I S. 1911); Satz 1 geänd. mWv 1.3.2023 durch G v. 22.2.2023 (BGBl. 2023 I Nr. 51).

[3)] Nr. **20**.

[4)] § 285 Überschrift und Abs. 1 geänd. mWv 1.3.2023 durch G v. 22.2.2023 (BGBl. 2023 I Nr. 51).

[5)] § 287 aufgeh. mWv 1.1.2007 durch G v. 10.11.2006 (BGBl. I S. 2553).

[6)] § 288 Abs. 1 Satz 1 und Abs. 2 geänd. mWv 18.8.2006 durch G v. 14.8.2006 (BGBl. I S. 1911); Abs. 1 Satz 1 geänd. mWv 1.3.2023 durch G v. 22.2.2023 (BGBl. 2023 I Nr. 51).

[7)] Nr. **53**.

**§ 289**[1] **Geschäftsguthaben; Benachrichtigung der Mitglieder.** (1) Jedem Mitglied der Genossenschaft kann als Geschäftsguthaben auf Grund des Formwechsels höchstens der Nennbetrag der Geschäftsanteile gutgeschrieben werden, mit denen es bei der Genossenschaft beteiligt ist.

(2) § 256 Abs. 3 ist entsprechend anzuwenden.

**§ 290**[2] **Abfindungsangebot.** Auf das Abfindungsangebot nach § 207 Abs. 1 Satz 2 sind § 270 Abs. 1 sowie § 282 Abs. 2 entsprechend anzuwenden.

### Fünfter Abschnitt. Formwechsel von Versicherungsvereinen auf Gegenseitigkeit

**§ 291**[3] **Möglichkeit des Formwechsels.** (1) Ein Versicherungsverein auf Gegenseitigkeit, der kein kleinerer Verein im Sinne des § 210 des Versicherungsaufsichtsgesetzes ist, kann auf Grund eines Formwechselbeschlusses nur die Rechtsform einer Aktiengesellschaft erlangen.

(2) Der Formwechsel ist nur möglich, wenn auf jedes Mitglied des Vereins, das an der Aktiengesellschaft beteiligt wird, mindestens eine volle Aktie entfällt.

**§ 292**[4] **Vorbereitung und Durchführung der Versammlung der obersten Vertretung.** (1) Auf die Vorbereitung der Versammlung der obersten Vertretung, die den Formwechsel beschließen soll, sind die §§ 229 und 230 Abs. 2 Satz 1 und 2, § 231 Satz 1 und § 260 Abs. 1 entsprechend anzuwenden.

(2) Auf die Durchführung der Versammlung der obersten Vertretung, die den Formwechsel beschließen soll, ist § 239 Abs. 1 Satz 1 und Abs. 2 entsprechend anzuwenden.

**§ 293**[5] **Beschluß der obersten Vertretung.** [1] Der Formwechselbeschluss der obersten Vertretung bedarf einer Mehrheit von mindestens drei Vierteln der abgegebenen Stimmen. [2] Er bedarf einer Mehrheit von neun Zehnteln der abgegebenen Stimmen, wenn spätestens bis zum Ablauf des dritten Tages vor der Versammlung der obersten Vertretung wenigstens hundert Mitglieder des Vereins durch eingeschriebenen Brief Widerspruch gegen den Formwechsel erhoben haben. [3] Die Satzung kann größere Mehrheiten und weitere Erfordernisse bestimmen.

**§ 294**[6] **Inhalt des Formwechselbeschlusses.** (1) [1] Auf den Formwechselbeschluss sind auch § 218 Abs. 1 und § 263 Abs. 3 Satz 2 und 3 entsprechend anzuwenden. [2] In dem Formwechselbeschluss kann bestimmt werden, daß Mitglieder, die dem formwechselnden Verein weniger als drei Jahre vor der Beschlußfassung über den Formwechsel angehören, von der Beteiligung an der Aktiengesellschaft ausgeschlossen sind.

(2) [1] Das Grundkapital der Aktiengesellschaft ist in der Höhe des Grundkapitals vergleichbarer Versicherungsunternehmen in der Rechtsform der Aktiengesellschaft festzusetzen. [2] Würde die Aufsichtsbehörde einer neu zu gründenden Ver-

---

[1] § 289 Überschrift und Abs. 1 geänd. mWv 18.8.2006 durch G v. 14.8.2006 (BGBl. I S. 1911).

[2] § 290 geänd. mWv 1.8.1998 durch G v. 22.7.1998 (BGBl. I S. 1878).

[3] § 291 Abs. 2 geänd. mWv 1.4.1998 durch G v. 25.3.1998 (BGBl. I S. 590); Abs. 1 geänd. mWv 1.1. 2016 durch G v. 1.4.2015 (BGBl. I S. 434); Abs. 1 geänd. mWv 1.3.2023 durch G v. 22.2.2023 (BGBl. 2023 I Nr. 51).

[4] § 292 Abs. 1 und 2 geänd. mWv 1.9.2009 durch G v. 30.7.2009 (BGBl. I S. 2479).

[5] § 293 Satz 1 geänd. mWv 1.3.2023 durch G v. 22.2.2023 (BGBl. 2023 I Nr. 51).

[6] § 294 Abs. 2 Satz 3 geänd., Abs 3 Satz 2 aufgeh. mWv 1.4.1998 durch G v. 25.3.1998 (BGBl. I S. 590); Überschrift, Abs. 1 Sätze 1 und 2 geänd. mWv 1.3.2023 durch G v. 22.2.2023 (BGBl. 2023 I Nr. 51).

sicherungs-Aktiengesellschaft die Erlaubnis zum Geschäftsbetrieb nur bei Festsetzung eines höheren Grundkapitals erteilen, so ist das Grundkapital auf diesen Betrag festzusetzen, soweit dies nach den Vermögensverhältnissen des formwechselnden Vereins möglich ist. [3] Ist eine solche Festsetzung nach den Vermögensverhältnissen des Vereins nicht möglich, so ist der Nennbetrag des Grundkapitals so zu bemessen, daß auf jedes Mitglied, das die Rechtsstellung eines Aktionärs erlangt, möglichst volle Aktien entfallen.

(3) Die Beteiligung der Mitglieder am Grundkapital der Aktiengesellschaft darf, wenn nicht alle Mitglieder einen gleich hohen Anteil erhalten sollen, nur nach einem oder mehreren der folgenden Maßstäbe festgesetzt werden:
1. die Höhe der Versicherungssumme;
2. die Höhe der Beiträge;
3. die Höhe der Deckungsrückstellung in der Lebensversicherung;
4. der in der Satzung bestimmte Maßstab für die Verteilung des Überschusses;
5. ein in der Satzung bestimmter Maßstab für die Verteilung des Vermögens;
6. die Dauer der Mitgliedschaft.

**§ 295 Kapitalschutz.** Bei der Anwendung der Gründungsvorschriften des Aktiengesetzes[1)] ist auch § 264 Abs. 1 und 3 entsprechend anzuwenden.

**§ 296 Anmeldung des Formwechsels.** Auf die Anmeldung nach § 198 ist § 246 Abs. 1 und 2 entsprechend anzuwenden.

**§ 297**[2)] *(aufgehoben)*

**§ 298 Wirkungen des Formwechsels.** [1] Durch den Formwechsel werden die bisherigen Mitgliedschaften zu Aktien und Teilrechten. [2] § 266 Abs. 1 Satz 2, Abs. 2 und 3 ist entsprechend anzuwenden.

**§ 299 Benachrichtigung der Aktionäre; Veräußerung von Aktien; Hauptversammlungsbeschlüsse.** (1) Auf die Benachrichtigung der Aktionäre durch die Gesellschaft ist § 267, auf die Aufforderung zur Abholung der ihnen zustehenden Aktien und auf die Veräußerung nicht abgeholter Aktien ist § 268 entsprechend anzuwenden.

(2) [1] Auf Beschlüsse der Hauptversammlung der Aktiengesellschaft sowie auf eine Ermächtigung des Vorstandes zur Erhöhung des Grundkapitals ist § 269 entsprechend anzuwenden. [2] Die Aufsichtsbehörde kann Ausnahmen von der entsprechenden Anwendung des § 269 Satz 1 zulassen, wenn dies erforderlich ist, um zu verhindern, daß der Aktiengesellschaft erhebliche Nachteile entstehen.

**§ 300**[3)] **Abfindungsangebot.** Auf das Abfindungsangebot nach § 207 Abs. 1 Satz 1 ist § 270 Abs. 1 entsprechend anzuwenden.

### Sechster Abschnitt. Formwechsel von Körperschaften und Anstalten des öffentlichen Rechts

**§ 301 Möglichkeit des Formwechsels.** (1) Soweit gesetzlich nichts anderes bestimmt ist, kann eine Körperschaft oder Anstalt des öffentlichen Rechts durch Formwechsel nur die Rechtsform einer Kapitalgesellschaft erlangen.

---

1) Nr. **51**.
2) § 297 aufgeh. mWv 1.1.2007 durch G v. 10.11.2006 (BGBl. I S. 2553).
3) § 300 geänd. mWv 1.8.1998 durch G v. 22.7.1998 (BGBl. I S. 1878).

(2) Der Formwechsel ist nur möglich, wenn die Körperschaft oder Anstalt rechtsfähig ist und das für sie maßgebende Bundes- oder Landesrecht einen Formwechsel vorsieht oder zuläßt.

**§ 302 Anzuwendende Vorschriften.** [1] Die Vorschriften des Ersten Teils sind auf den Formwechsel nur anzuwenden, soweit sich aus dem für die formwechselnde Körperschaft oder Anstalt maßgebenden Bundes- oder Landesrecht nichts anderes ergibt. [2] Nach diesem Recht richtet es sich insbesondere, auf welche Weise der Gesellschaftsvertrag oder die Satzung der Gesellschaft neuer Rechtsform abgeschlossen oder festgestellt wird, wer an dieser Gesellschaft als Anteilsinhaber beteiligt wird und welche Person oder welche Personen den Gründern der Gesellschaft gleichstehen; die §§ 28 und 29 des Aktiengesetzes[1)] sind nicht anzuwenden.

**§ 303 Kapitalschutz; Zustimmungserfordernisse.** (1) Außer den für die neue Rechtsform maßgebenden Gründungsvorschriften ist auch § 220 entsprechend anzuwenden.

(2) [1] Ein Formwechsel in eine Kommanditgesellschaft auf Aktien bedarf der Zustimmung aller Anteilsinhaber, die in dieser Gesellschaft die Stellung eines persönlich haftenden Gesellschafters haben sollen. [2] Auf den Beitritt persönlich haftender Gesellschafter ist § 221 entsprechend anzuwenden.

**§ 304 Wirksamwerden des Formwechsels.** [1] Der Formwechsel wird mit der Eintragung der Kapitalgesellschaft in das Handelsregister wirksam. [2] Mängel des Formwechsels lassen die Wirkungen der Eintragung unberührt.

## Sechstes Buch.[2)] Grenzüberschreitende Umwandlung

### Erster Teil.[2)] Grenzüberschreitende Verschmelzung

**§ 305[2)] Grenzüberschreitende Verschmelzung.** (1) Eine grenzüberschreitende Verschmelzung ist eine Verschmelzung, bei der mindestens eine der beteiligten Gesellschaften dem Recht eines anderen Mitgliedstaats der Europäischen Union oder eines anderen Vertragsstaats des Abkommens über den Europäischen Wirtschaftsraum unterliegt.

(2) [1] Auf die Beteiligung einer Kapitalgesellschaft (§ 3 Absatz 1 Nummer 2) an einer grenzüberschreitenden Verschmelzung sind die Vorschriften des Ersten Teils und des Zweiten, Dritten und Vierten Abschnitts des Zweiten Teils des Zweiten Buches entsprechend anzuwenden, soweit sich aus diesem Teil nichts anderes ergibt. [2] Auf die Beteiligung einer Personenhandelsgesellschaft (§ 3 Absatz 1 Nummer 1) an einer grenzüberschreitenden Verschmelzung sind die Vorschriften des Ersten Teils und des Ersten Unterabschnitts des Ersten Abschnitts des Zweiten Teils des Zweiten Buches entsprechend anzuwenden, soweit sich aus diesem Teil nichts anderes ergibt.

**§ 306[2)] Verschmelzungsfähige Gesellschaften.** (1) An einer grenzüberschreitenden Verschmelzung können beteiligt sein:

1. als übertragende, übernehmende oder neue Gesellschaften Kapitalgesellschaften im Sinne des Artikels 119 Nummer 1 der Richtlinie (EU) 2017/1132 des Europäischen Parlaments und des Rates vom 14. Juni 2017 über bestimmte

---

[1)] Nr. **51**.

[2)] 6. Buch (§§ 305–345) eingef. mWv 1.3.2023 durch G v. 22.2.2023 (BGBl. 2023 I Nr. 51).

Aspekte des Gesellschaftsrechts (ABl. L 169 vom 30.6.2017, S. 46), die zuletzt durch die Verordnung (EU) 2021/23 (ABl. L 22 vom 22.1.2021, S. 1) geändert worden ist, die

a) nach dem Recht eines Mitgliedstaats der Europäischen Union oder eines anderen Vertragsstaats des Abkommens über den Europäischen Wirtschaftsraum gegründet worden sind und

b) ihren satzungsmäßigen Sitz, ihre Hauptverwaltung oder ihre Hauptniederlassung in einem Mitgliedstaat der Europäischen Union oder einem anderen Vertragsstaat des Abkommens über den Europäischen Wirtschaftsraum haben, sowie

2. als übernehmende oder neue Gesellschaften Personenhandelsgesellschaften im Sinne des § 3 Absatz 1 Nummer 1 mit in der Regel nicht mehr als 500 Arbeitnehmern.

(2) [1] An einer grenzüberschreitenden Verschmelzung können nicht beteiligt sein:

1. Genossenschaften, selbst wenn sie nach dem Recht eines anderen Mitgliedstaats der Europäischen Union oder eines anderen Vertragsstaats des Abkommens über den Europäischen Wirtschaftsraum unter die Definition des Artikels 2 Nummer 1 der Richtlinie fallen, sowie

2. Gesellschaften,

a) deren Zweck es ist, die vom Publikum bei ihnen eingelegten Gelder nach dem Grundsatz der Risikostreuung gemeinsam anzulegen, und

b) deren Anteile auf Verlangen der Anteilsinhaber unmittelbar oder mittelbar zulasten des Vermögens der Gesellschaft zurückgenommen oder ausgezahlt werden.

[2] Den Rücknahmen oder Auszahlungen im Sinne des Satzes 1 Nummer 2 Buchstabe b gleichgestellt sind Handlungen, mit denen eine solche Gesellschaft sicherstellen will, dass der Börsenwert ihrer Anteile nicht erheblich von deren Nettoinventarwert abweicht.

**§ 307[1)] Verschmelzungsplan.** (1) [1] Das Vertretungsorgan einer beteiligten Gesellschaft stellt zusammen mit den Vertretungsorganen der übrigen beteiligten Gesellschaften einen gemeinsamen Verschmelzungsplan auf.

(2) Der Verschmelzungsplan oder sein Entwurf muss mindestens folgende Angaben enthalten:

1. Rechtsform, Firma und Sitz der übertragenden und übernehmenden oder neuen Gesellschaft,
2. das Umtauschverhältnis der Gesellschaftsanteile und gegebenenfalls die Höhe der baren Zuzahlungen,
3. die Einzelheiten hinsichtlich der Übertragung der Gesellschaftsanteile der übernehmenden oder neuen Gesellschaft,
4. die voraussichtlichen Auswirkungen der Verschmelzung auf die Beschäftigung,
5. den Zeitpunkt, von dem an die Gesellschaftsanteile deren Inhabern das Recht auf Beteiligung am Gewinn gewähren, sowie alle Besonderheiten, die eine Auswirkung auf dieses Recht haben,

---

1) 6. Buch (§§ 305–345) eingef. mWv 1.3.2023 durch G v. 22.2.2023 (BGBl. 2023 I Nr. 51).

6. den Zeitpunkt, von dem an die Handlungen der übertragenden Gesellschaften unter dem Gesichtspunkt der Rechnungslegung als für Rechnung der übernehmenden oder neuen Gesellschaft vorgenommen gelten (Verschmelzungsstichtag),
7. die Rechte, die die übernehmende oder neue Gesellschaft den mit Sonderrechten ausgestatteten Gesellschaftern und den Inhabern von anderen Wertpapieren als Gesellschaftsanteilen gewährt, oder die für diese Personen vorgeschlagenen Maßnahmen,
8. etwaige besondere Vorteile, die den Mitgliedern der Verwaltungs-, Leitungs-, Aufsichts- oder Kontrollorgane der an der Verschmelzung beteiligten Gesellschaften gewährt werden,
9. sofern einschlägig den Errichtungsakt der aus der grenzüberschreitenden Verschmelzung hervorgehenden Gesellschaft und, falls sie Gegenstand eines gesonderten Aktes ist, die Satzung,
10. gegebenenfalls Angaben zu dem Verfahren, nach dem die Einzelheiten über die Beteiligung der Arbeitnehmer an der Festlegung ihrer Mitbestimmungsrechte in der aus der grenzüberschreitenden Verschmelzung hervorgehenden Gesellschaft geregelt werden,
11. Angaben zur Bewertung des Aktiv- und Passivvermögens, das auf die übernehmende oder neue Gesellschaft übertragen wird,
12. den Stichtag derjenigen Bilanzen der an der Verschmelzung beteiligten Gesellschaften, die zur Festlegung der Bedingungen der Verschmelzung verwendet werden,
13. die Einzelheiten zum Angebot einer Barabfindung gemäß § 313,
14. Angaben über Sicherheiten, die den Gläubigern angeboten werden,
15. im Fall der Verschmelzung auf eine Personenhandelsgesellschaft gemäß § 306 Absatz 1 Nummer 2
    a) für jeden Anteilsinhaber eines übertragenden Rechtsträgers die Bestimmung, ob ihm in der übernehmenden oder der neuen Personenhandelsgesellschaft die Stellung eines persönlich haftenden Gesellschafters oder eines Kommanditisten gewährt wird,
    b) der festgesetzte Betrag der Einlage jedes Gesellschafters,
16. Informationen über die Auswirkungen der grenzüberschreitenden Verschmelzung auf Betriebsrenten und Betriebsrentenanwartschaften.

(3) Die Angaben über den Umtausch der Anteile (Absatz 2 Nummer 2, 3 und 5) und die Einzelheiten zum Angebot einer Barabfindung (Absatz 2 Nummer 13) entfallen, wenn
1. sich alle Anteile der übertragenden Gesellschaft in der Hand der übernehmenden Gesellschaft befinden oder
2. den Anteilsinhabern der übertragenden Gesellschaft keine Anteile gewährt werden und dieselbe Person
    a) alle Anteile der übertragenden und der übernehmenden Gesellschaft besitzt,
    b) alle Anteile an solchen Gesellschaften besitzt, die gemeinsam alle Anteile an der übertragenden oder an der übernehmenden Gesellschaft besitzen, oder
    c) alle Anteile an solchen Gesellschaften besitzt, bei denen sich die Inhaberschaft an Anteilen bis zu der übertragenden oder der übernehmenden Gesellschaft fortsetzt.

(4) Der Verschmelzungsplan muss notariell beurkundet werden.

**§ 308[1)] Bekanntmachung des Verschmelzungsplans.** (1) [1]Der Verschmelzungsplan oder sein Entwurf ist zum Register einzureichen. [2]Das Gericht hat in der Bekanntmachung nach § 10 des Handelsgesetzbuchs[2)] unverzüglich die folgenden Angaben bekannt zu machen:

1. einen Hinweis darauf, dass der Verschmelzungsplan oder sein Entwurf beim Handelsregister eingereicht worden ist,
2. Rechtsform, Firma und Sitz der an der grenzüberschreitenden Verschmelzung beteiligten Gesellschaften,
3. die Register, bei denen die an der grenzüberschreitenden Verschmelzung beteiligten Gesellschaften eingetragen sind, sowie die jeweilige Registernummer,
4. einen Hinweis an folgende Personen, dass sie der jeweiligen Gesellschaft spätestens fünf Arbeitstage vor dem Tag der Gesellschafterversammlung Bemerkungen zum Verschmelzungsplan übermitteln können:
   a) an die Anteilsinhaber und Gläubiger der an der grenzüberschreitenden Verschmelzung beteiligten Gesellschaften sowie
   b) an die zuständigen Betriebsräte der an der grenzüberschreitenden Verschmelzung beteiligten Gesellschaften oder, soweit es keinen Betriebsrat gibt, an die Arbeitnehmer der an der grenzüberschreitenden Verschmelzung beteiligten Gesellschaften.

[3]Die bekannt zu machenden Angaben sind dem Register bei Einreichung des Verschmelzungsplans oder seines Entwurfs mitzuteilen. [4]Die Versammlung der Anteilsinhaber darf erst einen Monat nach der Bekanntmachung über die Zustimmung zu dem Verschmelzungsplan gemäß § 13 beschließen.

(2) Ist ein Verschmelzungsbeschluss der Anteilsinhaber der übertragenden Gesellschaft gemäß § 312 Absatz 2 in Verbindung mit § 307 Absatz 3 nicht erforderlich, so hat die übertragende Gesellschaft den Verschmelzungsplan spätestens einen Monat vor dem Tag, an dem der Verschmelzungsplan beurkundet wird, zum Register einzureichen.

(3) Ist ein Verschmelzungsbeschluss der Anteilsinhaber der übertragenden Gesellschaft erforderlich, ein Verschmelzungsbeschluss der Anteilsinhaber der übernehmenden Gesellschaft hingegen gemäß § 62 Absatz 1 nicht erforderlich, so hat die übernehmende Gesellschaft den Verschmelzungsplan einen Monat vor der Versammlung der Anteilsinhaber der übertragenden Gesellschaft, die gemäß § 13 über die Zustimmung beschließen soll, zum Register einzureichen.

(4) Ist gemäß § 312 Absatz 2 und § 62 Absatz 1 weder ein Verschmelzungsbeschluss der Anteilsinhaber der übertragenden Gesellschaft noch ein Verschmelzungsbeschluss der Anteilsinhaber der übernehmenden Gesellschaft erforderlich, so hat die übernehmende Gesellschaft den Verschmelzungsplan spätestens einen Monat vor dem Tag, an dem der Verschmelzungsplan beurkundet wird, zum Register einzureichen.

**§ 309[1)] Verschmelzungsbericht.** (1) [1]Die Vertretungsorgane der beteiligten Gesellschaften erstellen einen Verschmelzungsbericht. [2]In diesem sind für die Anteilsinhaber und Arbeitnehmer der an der Verschmelzung beteiligten Gesellschaft die rechtlichen und wirtschaftlichen Aspekte der grenzüberschreitenden Verschmelzung und die Auswirkungen der grenzüberschreitenden Verschmelzung auf die Arbeitnehmer zu erläutern und zu begründen.

---

[1)] 6. Buch (§§ 305–345) eingef. mWv 1.3.2023 durch G v. 22.2.2023 (BGBl. 2023 I Nr. 51).
[2)] Nr. **50**.

(2) [1]In einem allgemeinen Abschnitt werden mindestens die Auswirkungen der grenzüberschreitenden Verschmelzung auf die künftige Geschäftstätigkeit der Gesellschaft und ihrer etwaigen Tochtergesellschaften erläutert und begründet. [2]Daneben enthält der Bericht einen anteilsinhaberspezifischen Abschnitt nach Absatz 4 und einen arbeitnehmerspezifischen Abschnitt nach Absatz 5.

(3) [1]Die Gesellschaft kann entscheiden, ob sie anstelle eines einheitlichen Berichts gesonderte Berichte für Anteilsinhaber und Arbeitnehmer erstellt. [2]Der Bericht für Anteilsinhaber besteht aus dem allgemeinen Abschnitt und dem anteilsinhaberspezifischen Abschnitt. [3]Der Bericht für Arbeitnehmer besteht aus dem allgemeinen Abschnitt und dem arbeitnehmerspezifischen Abschnitt.

(4) In dem anteilsinhaberspezifischen Abschnitt wird über die in § 8 Absatz 1 genannten Berichtsinhalte hinaus mindestens Folgendes erläutert und begründet:
1. die Auswirkungen der grenzüberschreitenden Verschmelzung auf die Anteilsinhaber sowie
2. die Rechte und Rechtsbehelfe für Anteilsinhaber gemäß § 305 Absatz 2 in Verbindung mit § 15 und gegebenenfalls mit § 72a, sowie gemäß § 313 dieses Gesetzes und § 1 Nummer 4 des Spruchverfahrensgesetzes[1)].

(5) In dem arbeitnehmerspezifischen Abschnitt wird mindestens Folgendes erläutert und begründet:
1. die Auswirkungen der grenzüberschreitenden Verschmelzung auf die Arbeitsverhältnisse sowie gegebenenfalls die Maßnahmen, um diese Arbeitsverhältnisse zu sichern,
2. wesentliche Änderungen der anwendbaren Beschäftigungsbedingungen oder der Standorte der Niederlassungen der Gesellschaft sowie
3. die Auswirkungen der unter den Nummern 1 und 2 genannten Faktoren auf etwaige Tochtergesellschaften der an der grenzüberschreitenden Verschmelzung beteiligten Gesellschaft.

(6) [1]Der Bericht für die Anteilsinhaber ist in den Fällen des § 8 Absatz 3 nicht erforderlich. [2]Der Bericht für die Anteilsinhaber der übertragenden Gesellschaft ist ferner nicht erforderlich in den Fällen des § 307 Absatz 3 Nummer 2 Buchstabe b und c. [3]Der Bericht für die Arbeitnehmer ist nicht erforderlich, wenn die an der Verschmelzung beteiligte Gesellschaft und ihre etwaigen Tochtergesellschaften keine anderen Arbeitnehmer haben als diejenigen, die dem Vertretungsorgan angehören. [4]Ein Verschmelzungsbericht ist insgesamt nicht erforderlich, wenn die Voraussetzungen der Sätze 1 oder 2 und des Satzes 3 vorliegen.

**§ 310[2)] Zugänglichmachung des Verschmelzungsberichts.** (1) [1]Der einheitliche Bericht ist den Anteilsinhabern und den zuständigen Betriebsräten der an der grenzüberschreitenden Verschmelzung beteiligten Gesellschaften oder, sofern es in der jeweiligen Gesellschaft keinen Betriebsrat gibt, den Arbeitnehmern spätestens sechs Wochen vor der Versammlung der Anteilsinhaber, die nach § 13 über die Zustimmung zum Verschmelzungsplan beschließen soll, elektronisch zugänglich zu machen. [2]Erstellt die Gesellschaft gesonderte Berichte, ist innerhalb der genannten Frist den Anteilsinhabern der Bericht für die Anteilsinhaber und dem Betriebsrat oder, sofern es in der jeweiligen Gesellschaft keinen Betriebsrat gibt, den Arbeitnehmern der Bericht für die Arbeitnehmer zugänglich zu machen. [3]Falls zu dem in Satz 1 bestimmten Zeitpunkt der Verschmelzungsplan oder sein

---

[1)] **Habersack, Deutsche Gesetze ErgBd. Nr. 51b.**
[2)] 6. Buch (§§ 305–345) eingef. mWv 1.3.2023 durch G v. 22.2.2023 (BGBl. 2023 I Nr. 51).

Entwurf bereits vorliegt, ist dieser gemeinsam mit dem Verschmelzungsbericht zugänglich zu machen.

(2) [1] Ist ein Verschmelzungsbeschluss der übernehmenden Gesellschaft gemäß § 62 Absatz 1 nicht erforderlich, so muss der Bericht spätestens sechs Wochen vor dem Tag der Versammlung der Anteilsinhaber der übertragenden Gesellschaft zugänglich gemacht werden. [2] Ist in den Fällen des § 308 Absatz 2 und 4 der gesonderte Bericht für die Arbeitnehmer erforderlich, so ist dieser zu den in § 308 Absatz 2 und 4 bestimmten Zeitpunkten elektronisch zugänglich zu machen.

(3) Erhält das Vertretungsorgan der an der grenzüberschreitenden Verschmelzung beteiligten Gesellschaft spätestens eine Woche vor der Versammlung der Anteilsinhaber, die nach § 13 über die Zustimmung zum Verschmelzungsplan beschließen soll, in Textform eine Stellungnahme des zuständigen Betriebsrats oder, sofern es in der Gesellschaft keinen Betriebsrat gibt, der Arbeitnehmer, so unterrichtet die Gesellschaft ihre Anteilsinhaber hiervon unverzüglich nach Fristablauf durch elektronische Zugänglichmachung des einheitlichen Berichts oder des Berichts für die Arbeitnehmer jeweils unter Beifügung einer Kopie der Stellungnahme.

**§ 311[1)] Verschmelzungsprüfung.** (1) [1] Der Verschmelzungsplan oder sein Entwurf ist nach den §§ 9 bis 12 zu prüfen; die §§ 44 und 48 sind nicht anzuwenden. [2] Der Prüfungsbericht muss den Anteilsinhabern spätestens einen Monat vor dem Tag der Versammlung der Anteilsinhaber, die nach § 13 über die Zustimmung zum Verschmelzungsplan beschließen soll, zugänglich gemacht werden.

(2) [1] § 9 Absatz 2 und § 12 Absatz 3, jeweils in Verbindung mit § 8 Absatz 3 gelten mit der Maßgabe, dass ein Verzicht aller Anteilsinhaber aller beteiligten Rechtsträger erforderlich ist. [2] Verschmelzungsprüfung und Prüfungsbericht sind ferner nicht erforderlich in den Fällen des § 307 Absatz 3 Nummer 2 Buchstabe b und c.

**§ 312[1)] Zustimmung der Anteilsinhaber.** (1) Die Anteilsinhaber können ihre Zustimmung nach § 13 davon abhängig machen, dass die Art und Weise der Mitbestimmung der Arbeitnehmer der übernehmenden oder neuen Gesellschaft ausdrücklich von ihnen bestätigt wird.

(2) In den Fällen des § 307 Absatz 3 ist ein Verschmelzungsbeschluss der Anteilsinhaber der übertragenden Gesellschaft nicht erforderlich.

(3) Die Versammlung der Anteilsinhaber nimmt den Verschmelzungsbericht, den Prüfungsbericht und etwaige Stellungnahmen nach § 308 Absatz 1 Satz 2 Nummer 4 zur Kenntnis, bevor sie die Zustimmung zum Verschmelzungsplan beschließt.

**§ 313[1)] Barabfindung.** (1) [1] Unterliegt die übernehmende oder neue Gesellschaft nicht dem deutschen Recht, so hat die übertragende Gesellschaft im Verschmelzungsplan oder in seinem Entwurf jedem Anteilsinhaber, der gegen den Verschmelzungsbeschluss der Gesellschaft Widerspruch zur Niederschrift erklärt, den Erwerb seiner Anteile gegen eine angemessene Barabfindung anzubieten; nicht anzuwenden sind insoweit § 71 Absatz 4 Satz 2 des Aktiengesetzes[2)] sowie die Anordnung der Nichtigkeit des schuldrechtlichen Geschäfts über einen ver-

---

[1)] 6. Buch (§§ 305–345) eingef. mWv 1.3.2023 durch G v. 22.2.2023 (BGBl. 2023 I Nr. 51).
[2)] Nr. **51**.

botswidrigen Erwerb nach § 33 Absatz 2 Satz 3 des Gesetzes betreffend die Gesellschaften mit beschränkter Haftung[1]. [2] Das Abfindungsangebot steht unter der aufschiebenden Bedingung des Wirksamwerdens der grenzüberschreitenden Verschmelzung. [3] Im Verschmelzungsplan oder seinem Entwurf sind eine Postanschrift und eine elektronische Adresse anzugeben, an welche die Mitteilung nach Absatz 2 und die Annahmeerklärung nach Absatz 3 Satz 1 übermittelt werden können. [4] § 29 Absatz 1 Satz 4 und 5 sowie Absatz 2, § 30 Absatz 1 und die §§ 32 bis 34 gelten entsprechend.

(2) Ein Anteilsinhaber, der die Annahme des Abfindungsangebots nach Absatz 1 Satz 1 beabsichtigt, hat der Gesellschaft seine Absicht spätestens einen Monat nach dem Tag, an dem die Versammlung der Anteilsinhaber der übertragenden Gesellschaft die Zustimmung zum Verschmelzungsplan beschlossen hat, mitzuteilen.

(3) [1] Das Angebot kann bis spätestens zwei Monate nach dem Tag, an dem die Versammlung der Anteilsinhaber der übertragenden Gesellschaft die Zustimmung zum Verschmelzungsplan beschlossen hat, angenommen werden. [2] Die Annahme ist ausgeschlossen, wenn die Mitteilung nach Absatz 2 nicht rechtzeitig erfolgt ist. [3] Erfolgt die Annahme vor Ablauf der Mitteilungsfrist gemäß Absatz 2, so ist die Mitteilung nicht mehr erforderlich. [4] § 15 Absatz 4 des Gesetzes betreffend die Gesellschaften mit beschränkter Haftung bleibt unberührt.

(4) Anteilsinhaber, die das Angebot nach Maßgabe des Absatzes 3 angenommen haben, werden abweichend von § 20 Absatz 1 Nummer 3 Satz 1 mit Wirksamwerden der Verschmelzung nicht Anteilsinhaber der übernehmenden oder neuen Gesellschaft.

(5) [1] Die übernehmende oder neue Gesellschaft hat die Barabfindung spätestens zwei Wochen, nachdem die Verschmelzung wirksam geworden ist, an die Anteilsinhaber, die das Angebot nach Maßgabe des Absatzes 3 angenommen haben, zu zahlen. [2] § 314 ist auf den Abfindungsanspruch dieser Anteilsinhaber entsprechend anzuwenden.

(6) [1] Die Angemessenheit einer nach Absatz 1 anzubietenden Barabfindung ist stets zu prüfen. [2] § 311 ist entsprechend anzuwenden.

**§ 314[2] Schutz der Gläubiger der übertragenden Gesellschaft.** (1) Der Gläubiger einer übertragenden Gesellschaft kann verlangen, dass ihm Sicherheit geleistet wird für eine Forderung, die

1. vor der Bekanntmachung des Verschmelzungsplans oder seines Entwurfs entstanden, aber im Zeitpunkt der Bekanntmachung noch nicht fällig geworden ist, und
2. deren Erfüllung durch die Verschmelzung gefährdet wird.

(2) Die Voraussetzungen des Anspruchs nach Absatz 1 sind gegenüber dem zuständigen Gericht glaubhaft zu machen.

(3) Der Anspruch auf Sicherheitsleistung erlischt, wenn er nicht innerhalb von drei Monaten ab Bekanntmachung des Verschmelzungsplans gerichtlich geltend gemacht wurde.

(4) [1] Geleistete Sicherheiten sind freizugeben, wenn das Verschmelzungsverfahren gescheitert ist. [2] Das ist insbesondere dann der Fall, wenn

---

[1] Nr. **52**.
[2] 6. Buch (§§ 305–345) eingef. mWv 1.3.2023 durch G v. 22.2.2023 (BGBl. 2023 I Nr. 51).

1. die Entscheidung des Gerichts über die Ablehnung der Eintragung gemäß § 316 Absatz 1 rechtskräftig ist,
2. die Ablehnung der Entscheidung über die Eintragung der Verschmelzung im Register der übernehmenden oder neuen Gesellschaft nicht mehr angefochten werden kann oder
3. das Verfahren auf Eintragung gemäß § 316 Absatz 1 oder nach dieser Eintragung das Verfahren auf Eintragung der Verschmelzung im Register der übernehmenden oder neuen Gesellschaft auf andere Weise endgültig beendet worden ist.

(5) Ausschließlich zuständig für Streitigkeiten über den Anspruch auf Sicherheitsleistung nach Absatz 1 sowie über die Freigabe nach Absatz 4 ist das Gericht, dessen Bezirk das für die Erteilung der Vorabbescheinigung zuständige Registergericht angehört.

**§ 315[1)] Anmeldung der Verschmelzung.** (1) Das Vertretungsorgan einer übertragenden Gesellschaft hat das Vorliegen der sie betreffenden Voraussetzungen für die grenzüberschreitende Verschmelzung zur Eintragung bei dem Register des Sitzes der Gesellschaft anzumelden.

(2) § 16 Absatz 2 und 3 und § 17 gelten entsprechend mit der Maßgabe, dass in Abschrift zusätzlich Folgendes beizufügen ist:
1. der Anmeldung etwaige Bemerkungen nach § 308 Absatz 1 Satz 2 Nummer 4 und
2. dem einheitlichen Bericht oder dem Bericht für die Arbeitnehmer eine etwaige Stellungnahme gemäß § 310 Absatz 3.

(3) [1] Die Mitglieder des Vertretungsorgans haben zu versichern, dass
1. allen Gläubigern die gemäß § 307 Absatz 2 Nummer 14 angebotene Sicherheit geleistet wurde,
2. die Rechte der Arbeitnehmer gemäß § 308 Absatz 1 Satz 2 Nummer 4 Buchstabe b sowie gemäß § 310 Absatz 1 und 3 eingehalten wurden,
3. ein zur Verhandlung über die künftige Mitbestimmung durchzuführendes Verfahren nach den Umsetzungsvorschriften zu Artikel 133 Absatz 3 und 4 der Richtlinie (EU) 2017/1132 bereits begonnen hat oder dass die Leitungen der beteiligten Gesellschaften entschieden haben, die Auffangregelung dieser Richtlinie ohne vorhergehende Verhandlung unmittelbar anzuwenden, und
4. sich die übertragende Gesellschaft nicht im Zustand der Zahlungsunfähigkeit, der drohenden Zahlungsunfähigkeit oder der Überschuldung gemäß § 17 Absatz 2, § 18 Absatz 2 oder § 19 Absatz 2 der Insolvenzordnung[2)] befindet.

[2] Kann die Versicherung nach Satz 1 Nummer 4 nicht abgegeben werden, hat das Vertretungsorgan mitzuteilen, welche der dort genannten Tatbestände erfüllt sind und ob ein Insolvenzverfahren beantragt oder eröffnet wurde. [3] Nach Eröffnung des Insolvenzverfahrens trifft diese Pflicht den Insolvenzverwalter; wurde ein vorläufiger Insolvenzverwalter bestellt und dem Schuldner ein allgemeines Verfügungsverbot auferlegt, so trifft die Pflicht den vorläufigen Insolvenzverwalter.

(4) [1] Das Vertretungsorgan teilt dem Registergericht Folgendes mit:
1. die Zahl der Arbeitnehmer zum Zeitpunkt des Abschlusses des Verschmelzungsplans,

---

1) 6. Buch (§§ 305–345) eingef. mWv 1.3.2023 durch G v. 22.2.2023 (BGBl. 2023 I Nr. 51).
2) Nr. **110**.

2. die Zahl der Tochtergesellschaften und ihre jeweiligen geografischen Standorte sowie
3. das Bestehen von Verbindlichkeiten gegenüber der öffentlichen Hand.

(5) Das nach § 314 Absatz 5 zuständige Gericht teilt dem Registergericht auf Anforderung mit, ob innerhalb der Frist des § 314 Absatz 3 eine Sicherheitsleistung gerichtlich geltend gemacht wurde.

**§ 316[1)] Verschmelzungsbescheinigung.** (1) [1] Das Gericht prüft innerhalb von drei Monaten nach der Anmeldung gemäß § 315 Absatz 1 und 2, ob für die übertragende Gesellschaft die Voraussetzungen für die grenzüberschreitende Verschmelzung vorliegen. [2] Die Eintragung enthält die Bezeichnung des Verschmelzungsverfahrens und der an ihm beteiligten Gesellschaften sowie die Feststellung, dass alle einschlägigen Voraussetzungen erfüllt und alle erforderlichen Verfahren und Formalitäten erledigt sind. [3] Die Eintragung ist mit dem Vermerk zu versehen, dass die grenzüberschreitende Verschmelzung unter den Voraussetzungen des Rechts desjenigen Staates wirksam wird, dem die übernehmende oder neue Gesellschaft unterliegt. [4] Über die Eintragung stellt das Gericht von Amts wegen eine Verschmelzungsbescheinigung aus.

(2) [1] Die Eintragung gemäß Absatz 1 darf nicht vor Ablauf der Fristen gemäß § 313 Absatz 3 Satz 1 und § 314 Absatz 3 vorgenommen werden. [2] Haben alle Anteilsinhaber der übertragenden Gesellschaft der Verschmelzung zugestimmt, darf die Eintragung bereits vor Ablauf der Frist des § 313 Absatz 3 Satz 1 erfolgen. [3] Wurde ein Anspruch auf Sicherheitsleistung nach § 314 Absatz 1 gerichtlich geltend gemacht, so darf die Eintragung gemäß Absatz 1 nicht vorgenommen werden,

1. bevor die den Antrag ablehnende Entscheidung rechtskräftig ist,
2. die in der Entscheidung festgelegte Sicherheit geleistet wurde oder
3. die den Antrag teilweise ablehnende Entscheidung rechtskräftig ist und die in der Entscheidung festgelegte Sicherheit geleistet wurde.

[4] Die Leistung der Sicherheit ist dem Gericht in geeigneter Form nachzuweisen. [5] Auf Verlangen des Gerichts haben die Mitglieder des Vertretungsorgans zu versichern, dass die in der Entscheidung festgelegte Sicherheit geleistet wurde.

(3) [1] In dem Verfahren nach Absatz 1 muss das Gericht bei Vorliegen von Anhaltspunkten prüfen, ob die grenzüberschreitende Verschmelzung zu missbräuchlichen oder betrügerischen Zwecken, die dazu führen oder führen sollen, sich Unionsrecht oder nationalem Recht zu entziehen oder es zu umgehen, oder zu kriminellen Zwecken vorgenommen werden soll. [2] Liegen solche Zwecke vor, so lehnt es die Eintragung gemäß Absatz 1 ab. [3] Ist es für die Prüfung notwendig, zusätzliche Informationen zu berücksichtigen oder zusätzliche Ermittlungen durchzuführen, so kann die in Absatz 1 Satz 1 vorgesehene Frist um höchstens drei Monate verlängert werden. [4] Anhaltspunkte im Sinne von Satz 1 liegen insbesondere vor, wenn

1. ein gemäß Artikel 133 Absatz 2 bis 4 der Richtlinie (EU) 2017/1132 durchzuführendes Verhandlungsverfahren erst auf Aufforderung des Gerichts eingeleitet worden ist;

---

1) 6. Buch (§§ 305–345) eingef. mWv 1.3.2023 durch G v. 22.2.2023 (BGBl. 2023 I Nr. 51).

2. die Zahl der Arbeitnehmer mindestens vier Fünftel des für die Unternehmensmitbestimmung maßgeblichen Schwellenwerts beträgt, im Zielland keine Wertschöpfung erbracht wird und der Verwaltungssitz in Deutschland verbleibt;
3. eine ausländische Gesellschaft durch die grenzüberschreitende Verschmelzung Schuldnerin von Betriebsrenten oder -anwartschaften wird und diese Gesellschaft kein anderweitiges operatives Geschäft hat.

(4) Ist es wegen der Komplexität des Verfahrens ausnahmsweise nicht möglich, die Prüfung innerhalb der in Absatz 1 Satz 1 oder Absatz 3 Satz 3 vorgesehenen Fristen vorzunehmen, so hat das Gericht den Anmelder vor Ende der Frist über die Gründe für eine Verzögerung zu unterrichten.

(5) Nach Eingang einer Mitteilung des Registers, in dem die übernehmende oder neue Gesellschaft eingetragen ist, über das Wirksamwerden der Verschmelzung hat das Gericht des Sitzes der übertragenden Gesellschaft den Tag des Wirksamwerdens zu vermerken und die bei ihm aufbewahrten elektronischen Dokumente diesem Register zu übermitteln.

**§ 317[1)] Informationen des Registergerichts.** [1] Soweit dies für die Prüfung gemäß § 316 erforderlich ist, kann das Gericht

1. von der Gesellschaft Informationen und Unterlagen verlangen,
2. von öffentlichen inländischen Stellen Informationen und Unterlagen verlangen und von öffentlichen Stellen eines anderen Mitgliedstaats der Europäischen Union oder eines anderen Vertragsstaats des Abkommens über den Europäischen Wirtschaftsraum mit Zuständigkeiten in den von der grenzüberschreitenden Verschmelzung betroffenen Bereichen die notwendigen Informationen und Unterlagen erbitten,
3. von einem eingesetzten besonderen Verhandlungsgremium Informationen und Unterlagen verlangen,
4. einen unabhängigen Sachverständigen zuziehen sowie
5. im Rahmen der Prüfung des § 316 Absatz 3 eine in dem sich verschmelzenden Unternehmen vertretene Gewerkschaft anhören.

[2] Ist eine inländische öffentliche Stelle in einem von einer grenzüberschreitenden Verschmelzung betroffenen Bereich zuständig, kann sie der für die Ausstellung einer Verschmelzungsbescheinigung zuständigen Stelle eines anderen Mitgliedstaats der Europäischen Union oder eines anderen Vertragsstaats des Abkommens über den Europäischen Wirtschaftsraum auf deren Ersuchen die notwendigen Informationen und Unterlagen übermitteln.

**§ 318[1)] Eintragung der grenzüberschreitenden Hereinverschmelzung.**

(1) [1] Bei einer Verschmelzung durch Aufnahme hat das Vertretungsorgan der übernehmenden Gesellschaft die Verschmelzung zur Eintragung in das Register der übernehmenden Gesellschaft und bei einer Verschmelzung durch Neugründung haben die Vertretungsorgane der übertragenden Gesellschaften die neue Gesellschaft zur Eintragung in das Register des Sitzes der übernehmenden oder neuen Gesellschaft anzumelden. [2] Der Anmeldung sind in der Form des § 17 Absatz 1 der gemeinsame Verschmelzungsplan und gegebenenfalls die Vereinbarung über die Beteiligung der Arbeitnehmer beizufügen. [3] Auf die übernehmende Gesellschaft und die Prüfung der sie betreffenden Eintragungsvoraussetzungen sind § 315 Absatz 2, 3 Satz 1 Nummer 2 und 3 sowie Absatz 4, § 316 Absatz 1

---

[1)] 6. Buch (§§ 305–345) eingef. mWv 1.3.2023 durch G v. 22.2.2023 (BGBl. 2023 I Nr. 51).

Satz 1, Absatz 3 und 4 und § 317 Satz 1 entsprechend anzuwenden. [4] § 16 Absatz 2 und 3 und § 17 sind auf die übertragenden Gesellschaften nicht anzuwenden.

(2) [1] Die über das Europäische System der Registervernetzung übermittelte Verschmelzungsbescheinigung wird als Nachweis der ordnungsgemäßen Erledigung der vorangehenden Verfahren und Formalitäten nach dem Recht desjenigen Staates, dem die übertragende Gesellschaft unterliegt, anerkannt. [2] Ist an der Verschmelzung eine Personenhandelsgesellschaft gemäß § 306 Absatz 1 Nummer 2 beteiligt, ist ergänzend zu den Unterlagen gemäß Absatz 1 ein Nachweis über die Eintragung der Verschmelzung im Register der übertragenden Gesellschaft vorzulegen. [3] Ohne diese Verschmelzungsbescheinigung darf die grenzüberschreitende Verschmelzung nicht in das Register eingetragen werden.

(3) Das Registergericht prüft insbesondere, ob

1. die Eintragungsvoraussetzungen, die die übernehmende Gesellschaft betreffen, vorliegen,
2. die an der grenzüberschreitenden Verschmelzung beteiligten Gesellschaften einem gemeinsamen, gleichlautenden Verschmelzungsplan zugestimmt haben,
3. gegebenenfalls eine Vereinbarung über die Beteiligung der Arbeitnehmer geschlossen worden ist sowie
4. bei einer Verschmelzung durch Neugründung, ob die Vorschriften zur Gründung der neuen Gesellschaft eingehalten worden sind.

(4) [1] Das Gericht des Sitzes der übernehmenden oder neuen Gesellschaft hat den Tag des Wirksamwerdens der Verschmelzung von Amts wegen jedem Register über das Europäische System der Registervernetzung mitzuteilen, bei dem eine der übertragenden Gesellschaften ihre Unterlagen zu hinterlegen hatte. [2] Ist an der Verschmelzung eine Personenhandelsgesellschaft gemäß § 306 Absatz 1 Nummer 2 beteiligt, hat das Gericht des Sitzes der übernehmenden Gesellschaft den Tag des Wirksamwerdens der Verschmelzung von Amts wegen jedem Register gemäß Satz 1 auf andere Weise mitzuteilen.

**§ 319[1)] Austritt des Vereinigten Königreichs Großbritannien und Nordirland aus der Europäischen Union.** Unterliegt die übernehmende oder neue Gesellschaft dem deutschen Recht, so gilt als grenzüberschreitende Verschmelzung im Sinne dieses Teils auch eine solche, an der eine übertragende Gesellschaft beteiligt ist, die dem Recht des Vereinigten Königreichs Großbritannien und Nordirland unterliegt, sofern

1. der Verschmelzungsplan nach § 307 Absatz 4 vor dem Ausscheiden des Vereinigten Königreichs Großbritannien und Nordirland aus der Europäischen Union oder vor dem Ablauf eines Übergangszeitraums, innerhalb dessen das Vereinigte Königreich Großbritannien und Nordirland in der Bundesrepublik Deutschland weiterhin als Mitgliedstaat der Europäischen Union gilt, notariell beurkundet worden ist, und
2. die Verschmelzung unverzüglich, spätestens aber zwei Jahre nach diesem Zeitpunkt mit den erforderlichen Unterlagen zur Registereintragung angemeldet wird.

---

1) 6. Buch (§§ 305–345) eingef. mWv 1.3.2023 durch G v. 22.2.2023 (BGBl. 2023 I Nr. 51).

## Zweiter Teil.[1] Grenzüberschreitende Spaltung

**§ 320[1] Grenzüberschreitende Spaltung.** (1) Spaltungen, bei denen mindestens eine der beteiligten Gesellschaften dem Recht eines anderen Mitgliedstaats der Europäischen Union oder eines anderen Vertragsstaats des Abkommens über den Europäischen Wirtschaftsraum unterliegt (grenzüberschreitende Spaltungen), im Sinne dieses Gesetzes sind ausschließlich

1. Spaltungen zur Neugründung im Sinne des § 123 Absatz 1 Nummer 2, Absatz 2 Nummer 2 oder Absatz 3 Nummer 2 sowie
2. nach Maßgabe des § 332 Spaltungen zur Aufnahme im Sinne des § 123 Absatz 1 Nummer 1, Absatz 2 Nummer 1 oder Absatz 3 Nummer 1.

(2) Auf die Beteiligung einer Kapitalgesellschaft (§ 3 Absatz 1 Nummer 2) an einer grenzüberschreitenden Spaltung sind die Vorschriften des Ersten Teils des Dritten Buches sowie des Ersten und Zweiten Abschnitts des Zweiten Teils des Dritten Buches entsprechend anzuwenden, soweit sich aus diesem Teil nichts anderes ergibt.

(3) § 143 ist auf grenzüberschreitende Spaltungen nicht anzuwenden.

**§ 321[1] Spaltungsfähige Gesellschaften.** An einer grenzüberschreitenden Spaltung können als übertragende oder neue Gesellschaften Kapitalgesellschaften nach Anhang II zur Richtlinie (EU) 2017/1132 beteiligt sein, wenn sie

1. nach dem Recht eines Mitgliedstaats der Europäischen Union oder eines anderen Vertragsstaats des Abkommens über den Europäischen Wirtschaftsraum gegründet worden sind und
2. ihren satzungsmäßigen Sitz, ihre Hauptverwaltung oder ihre Hauptniederlassung in einem Mitgliedstaat der Europäischen Union oder einem anderen Vertragsstaat des Abkommens über den Europäischen Wirtschaftsraum haben.

§ 306 Absatz 2 Satz 1 Nummer 2 gilt entsprechend.

**§ 322[1] Spaltungsplan.** (1) Das Vertretungsorgan der übertragenden Gesellschaft stellt einen Spaltungsplan auf.

(2) Der Spaltungsplan oder sein Entwurf enthalten mindestens neben den in § 307 Absatz 2 Nummer 1 bis 14 und 16 genannten Angaben die folgenden Angaben:

1. den vorgesehenen indikativen Zeitplan für die Spaltung,
2. bei Abspaltung und Ausgliederung etwaige Satzungsänderungen der übertragenden Gesellschaft,
3. eine genaue Beschreibung der Gegenstände des Aktiv- und Passivvermögens der übertragenden Gesellschaft sowie eine Erklärung, wie diese Gegenstände des Aktiv- und Passivvermögens den neuen Gesellschaften zugeteilt werden sollen oder ob sie im Fall einer Abspaltung oder Ausgliederung bei der übertragenden Gesellschaft verbleiben sollen, einschließlich Vorschriften über die Behandlung von Gegenständen des Aktiv- und Passivvermögens, die im Spaltungsplan nicht ausdrücklich zugeteilt werden, wie etwa Gegenstände des Aktiv- oder Passivvermögens, die zum Zeitpunkt der Erstellung des Plans nicht bekannt sind,
4. Angaben zur Bewertung des bei der übertragenden Gesellschaft verbleibenden Aktiv- und Passivvermögens sowie

---

[1] 6. Buch (§§ 305–345) eingef. mWv 1.3.2023 durch G v. 22.2.2023 (BGBl. 2023 I Nr. 51).

5. bei Aufspaltung oder Abspaltung die Aufteilung der Anteile der übertragenden Gesellschaft und der neuen Gesellschaften auf die Anteilsinhaber der übertragenden Gesellschaft sowie den Maßstab für die Aufteilung.

(3) Bei einer Ausgliederung sind die Angaben gemäß § 307 Absatz 2 Nummer 2, 3, 5, 7 und 13 nicht erforderlich.

(4) Der Spaltungsplan muss notariell beurkundet werden.

**§ 323[1)] Bekanntmachung des Spaltungsplans.** § 308 Absatz 1 gilt für die Bekanntmachung des Spaltungsplans oder seines Entwurfs entsprechend.

**§ 324[1)] Spaltungsbericht.** (1) [1] Das Vertretungsorgan der übertragenden Gesellschaft erstellt einen Spaltungsbericht. [2] § 309 Absatz 1 bis 5 und § 310 Absatz 1 und 3 gelten für den Spaltungsbericht entsprechend.

(2) [1] In den Fällen des § 8 Absatz 3 Satz 1, 2 und 3 Nummer 2 und des § 135 Absatz 3 ist der Bericht für die Anteilsinhaber nicht erforderlich. [2] Der Bericht für die Arbeitnehmer ist nicht erforderlich, wenn die übertragende Gesellschaft und ihre etwaigen Tochtergesellschaften keine anderen Arbeitnehmer haben als diejenigen, die dem Vertretungsorgan angehören. [3] Der Spaltungsbericht ist insgesamt entbehrlich, wenn die Voraussetzungen der Sätze 1 und 2 vorliegen.

**§ 325[1)] Spaltungsprüfung.** [1] Der Spaltungsplan oder sein Entwurf sind nach den §§ 9 bis 12 zu prüfen; § 48 ist nicht anzuwenden. [2] Der Prüfungsbericht muss den Anteilsinhabern spätestens einen Monat vor dem Tag der Versammlung der Anteilsinhaber, die nach § 13 über die Zustimmung zum Spaltungsplan beschließen soll, zugänglich gemacht werden.

**§ 326[1)] Zustimmung der Anteilsinhaber.** (1) Die Anteilsinhaber können ihre Zustimmung nach § 13 davon abhängig machen, dass die Art und Weise der Mitbestimmung der Arbeitnehmer der neuen Gesellschaft ausdrücklich von ihnen bestätigt wird.

(2) Die Versammlung der Anteilsinhaber nimmt den Spaltungsbericht, den Prüfungsbericht und etwaige Stellungnahmen nach § 323 in Verbindung mit § 308 Absatz 1 Satz 2 Nummer 4 zur Kenntnis, bevor sie die Zustimmung zum Spaltungsplan beschließt.

(3) Werden bei einer Aufspaltung oder Abspaltung die Anteile der neuen Gesellschaft den Anteilsinhabern der übertragenden Gesellschaft nicht in dem Verhältnis zugeteilt, das ihrer Beteiligung an der übertragenden Gesellschaft entspricht, so wird der Spaltungsplan nur dann wirksam, wenn ihm diejenigen Anteilsinhaber zustimmen, für die die Zuteilung nachteilig ist.

**§ 327[1)] Barabfindung.** [1] § 313 gilt für die übertragende Gesellschaft entsprechend. [2] Bei einer Ausgliederung ist ein Abfindungsangebot nicht erforderlich.

**§ 328[1)] Schutz der Gläubiger der übertragenden Gesellschaft.** § 314 gilt für die übertragende Gesellschaft und ihre Gläubiger entsprechend.

**§ 329[1)] Anmeldung und Spaltungsbescheinigung.** [1] Die §§ 315 bis 317 sind mit Ausnahme des § 315 Absatz 3 Satz 1 Nummer 3 zweite Alternative sowie des § 316 Absatz 1 Satz 2, 3 und 4 entsprechend anzuwenden. [2] Die Eintragung ist mit dem Vermerk zu versehen, dass die grenzüberschreitende Spaltung erst mit ihrer

---

[1)] 6. Buch (§§ 305–345) eingef. mWv 1.3.2023 durch G v. 22.2.2023 (BGBl. 2023 I Nr. 51).

Eintragung gemäß § 330 wirksam wird. [3] Über die Eintragung stellt das Gericht von Amts wegen eine Spaltungsbescheinigung aus.

**§ 330[1)] Eintragung der grenzüberschreitenden Hinausspaltung.** (1) [1] Die Anmeldung zur Eintragung gemäß § 329 in Verbindung mit § 315 gilt als Anmeldung zur Eintragung der grenzüberschreitenden Spaltung gemäß § 137 Absatz 2. [2] Die grenzüberschreitende Spaltung darf in das Register des Sitzes der übertragenden Gesellschaft erst eingetragen werden, nachdem jede der neuen Gesellschaften in das für sie zuständige Register eingetragen worden ist.

(2) Das Gericht des Sitzes der übertragenden Gesellschaft hat dem Register des Sitzes jeder der neuen Gesellschaften das Wirksamwerden der grenzüberschreitenden Spaltung über das Europäische System der Registervernetzung mitzuteilen.

**§ 331[1)] Eintragung der neuen Gesellschaft.** (1) [1] Das Vertretungsorgan der übertragenden Gesellschaft hat die neue Gesellschaft zur Eintragung in das Register des Sitzes der neuen Gesellschaft anzumelden. [2] Der Anmeldung sind in der Form des § 17 Absatz 1 der Spaltungsplan und gegebenenfalls die Vereinbarung über die Beteiligung der Arbeitnehmer beizufügen. [3] § 16 Absatz 2 und 3 sowie § 17 sind auf die übertragende Gesellschaft nicht anzuwenden.

(2) [1] Die über das Europäische System der Registervernetzung übermittelte Spaltungsbescheinigung wird als Nachweis der ordnungsgemäßen Erledigung der vorangehenden Verfahren und Formalitäten nach dem Recht desjenigen Staates, dem die übertragende Gesellschaft unterliegt, anerkannt. [2] Ohne diese Spaltungsbescheinigung kann die grenzüberschreitende Spaltung nicht in das Register eingetragen werden.

(3) Die Prüfung der Eintragungsvoraussetzungen erstreckt sich insbesondere darauf, ob gegebenenfalls eine Vereinbarung über die Beteiligung der Arbeitnehmer geschlossen worden ist und ob die Vorschriften zur Gründung der neuen Gesellschaft eingehalten worden sind.

(4) [1] Die Eintragung der neuen Gesellschaft ist mit dem Vermerk zu versehen, dass sie unter den Voraussetzungen wirksam wird, unter denen die grenzüberschreitende Spaltung nach dem Recht des Staates, dem die übertragende Gesellschaft unterliegt, wirksam wird. [2] Das Gericht des Sitzes der neuen Gesellschaft hat von Amts wegen dem Gericht des Sitzes der übertragenden Gesellschaft mitzuteilen, dass die neue Gesellschaft eingetragen wurde.

(5) Nach Eingang der Mitteilung des Registers, in dem die übertragende Gesellschaft eingetragen ist, über das Wirksamwerden der grenzüberschreitenden Spaltung ist in dem Register des Sitzes der neuen Gesellschaft der Tag des Wirksamwerdens der Spaltung einzutragen.

**§ 332[1)] Spaltung zur Aufnahme.** [1] Die Bestimmungen dieses Teils sind auf eine grenzüberschreitende Spaltung zur Aufnahme im Sinne des § 320 Absatz 1 Nummer 2 entsprechend anzuwenden, wenn in der übertragenden Gesellschaft und den übernehmenden Gesellschaften

1. im Fall der Spaltung einer inländischen Gesellschaft jeweils in den sechs Monaten vor Bekanntmachung des Spaltungsplans durchschnittlich weniger als 400 Arbeitnehmer,
2. im Fall der Aufnahme durch eine inländische Gesellschaft jeweils in den sechs Monaten vor Offenlegung des Spaltungsplans durchschnittlich weniger als vier

---

[1)] 6. Buch (§§ 305–345) eingef. mWv 1.3.2023 durch G v. 22.2.2023 (BGBl. 2023 I Nr. 51).

Fünftel der Zahl der Arbeitnehmer, die für eine Mitbestimmung nach dem Recht des Staates maßgeblich sind, dem die übertragende Gesellschaft unterliegt,

beschäftigt sind. [2] Ergeben sich Besonderheiten aus dem Umstand, dass mehrere Gesellschaften beteiligt sind, so sind ergänzend die Bestimmungen des Ersten Teils über die grenzüberschreitende Verschmelzung entsprechend anzuwenden.

## Dritter Teil.[1] Grenzüberschreitender Formwechsel

**§ 333[1] Grenzüberschreitender Formwechsel.** (1) Ein grenzüberschreitender Formwechsel ist der Wechsel einer nach dem Recht eines Mitgliedstaats der Europäischen Union oder eines Vertragsstaats des Abkommens über den Europäischen Wirtschaftsraum gegründeten Gesellschaft in eine Rechtsform nach dem Recht eines anderen Mitgliedstaats der Europäischen Union oder Vertragsstaats des Abkommens über den Europäischen Wirtschaftsraums, unter Verlegung des satzungsmäßigen Sitzes in diesen Staat.

(2) Auf den grenzüberschreitenden Formwechsel einer Kapitalgesellschaft (§ 3 Absatz 1 Nummer 2) sind vorbehaltlich der Absätze 3 und 4 die folgenden Vorschriften des Fünften Buches entsprechend anzuwenden, soweit sich aus diesem Teil nichts anderes ergibt:

1. die Vorschriften des Ersten Teils sowie
2. die Vorschriften des Ersten und Dritten Unterabschnitts des Zweiten Abschnitts des Zweiten Teils.

(3) [1] § 245 Absatz 1 Satz 3, Absatz 2 Satz 3 und Absatz 3 Satz 3 ist nicht anzuwenden. [2] § 245 Absatz 4 ist nur dann anzuwenden, wenn die formwechselnde Gesellschaft eine im Anhang I zur Richtlinie (EU) 2017/1132 über bestimmte Aspekte des Gesellschaftsrechts genannte Rechtsform hat. [3] Im Fall des Satzes 2 ist § 52 des Aktiengesetzes[2] mit der Maßgabe anzuwenden, dass an die Stelle des Zeitpunkts der Eintragung der Gesellschaft neuer Rechtsform der Zeitpunkt der Eintragung der formwechselnden Gesellschaft in das für sie zuständige Register tritt.

(4) § 195 Absatz 2 und § 196 sind nicht anzuwenden.

**§ 334[1] Formwechselfähige Gesellschaften.** [1] Im Rahmen eines grenzüberschreitenden Formwechsels können formwechselnde Gesellschaften und Gesellschaften neuer Rechtsform Kapitalgesellschaften mit einer in Anhang II zur Richtlinie (EU) 2017/1132 genannten Rechtsform sein, wenn sie

1. nach dem Recht eines Mitgliedstaats der Europäischen Union oder eines anderen Vertragsstaats des Abkommens über den Europäischen Wirtschaftsraum gegründet worden sind und
2. ihren satzungsmäßigen Sitz, ihre Hauptverwaltung oder ihre Hauptniederlassung in einem Mitgliedstaat der Europäischen Union oder einem anderen Vertragsstaat des Abkommens über den Europäischen Wirtschaftsraum haben.

[2] § 306 Absatz 2 Satz 1 Nummer 2 gilt entsprechend.

**§ 335[1] Formwechselplan.** (1) Das Vertretungsorgan der grenzüberschreitend formwechselnden Gesellschaft stellt einen Formwechselplan auf.

---

[1] 6. Buch (§§ 305–345) eingef. mWv 1.3.2023 durch G v. 22.2.2023 (BGBl. 2023 I Nr. 51).
[2] Nr. **51**.

(2) Der Formwechselplan oder sein Entwurf muss mindestens folgende Angaben enthalten:

1. Rechtsform, Firma und Sitz der formwechselnden Gesellschaft,
2. die Rechtsform, die die Gesellschaft durch den Formwechsel erlangen soll,
3. die Firma und den Sitz der Gesellschaft neuer Rechtsform,
4. sofern einschlägig den Errichtungsakt der Gesellschaft neuer Rechtsform und, falls sie Gegenstand eines gesonderten Aktes ist, die Satzung,
5. den vorgesehenen indikativen Zeitplan für den grenzüberschreitenden Formwechsel,
6. die Beteiligung der bisherigen Anteilsinhaber an dem Rechtsträger nach den für die neue Rechtsform geltenden Vorschriften sowie Zahl, Art und Umfang der Anteile, welche die Anteilsinhaber durch den Formwechsel erlangen sollen,
7. die Rechte, die die Gesellschaft neuer Rechtsform den mit Sonderrechten ausgestatteten Anteilsinhabern und den Inhabern von anderen Wertpapieren als Gesellschaftsanteilen gewährt, oder die für diese Personen vorgeschlagenen Maßnahmen,
8. die Sicherheiten, die den Gläubigern angeboten werden,
9. die etwaigen besonderen Vorteile, die den Mitgliedern der Verwaltungs-, Leitungs- , Aufsichts- oder Kontrollorgane der Gesellschaft gewährt werden,
10. eine Darstellung der Förderungen oder Beihilfen, die die Gesellschaft in den letzten fünf Jahren erhalten hat,
11. die Einzelheiten zum Angebot einer Barabfindung gemäß § 340,
12. die voraussichtlichen Auswirkungen des grenzüberschreitenden Formwechsels auf die Beschäftigung der Arbeitnehmer,
13. gegebenenfalls Angaben zu dem Verfahren, nach dem die Einzelheiten der Beteiligung der Arbeitnehmer an der Festlegung ihrer Mitbestimmungsrechte in der Gesellschaft neuer Rechtsform geregelt werden, sowie
14. die Auswirkungen des grenzüberschreitenden Formwechsels auf Betriebsrenten und Betriebsrentenanwartschaften.

(3) Der Formwechselplan muss notariell beurkundet werden.

**§ 336[1] Bekanntmachung des Formwechselplans.** § 308 Absatz 1 gilt für die Bekanntmachung des Formwechselplans und seines Entwurfs entsprechend.

**§ 337[1] Formwechselbericht.** (1) § 309 Absatz 1, 2, 3 und 5 sowie § 310 Absatz 1, 2 und 3 gelten für den Formwechselbericht entsprechend.

(2) In dem anteilsinhaberspezifischen Abschnitt wird über die in § 192 Absatz 1 genannten Berichtsinhalte hinaus mindestens Folgendes erläutert und begründet:

1. die Auswirkungen des grenzüberschreitenden Formwechsels auf die Anteilsinhaber sowie
2. die Rechte und Rechtsbehelfe der Anteilsinhaber gemäß § 340 dieses Gesetzes und gemäß § 1 Nummer 4 des Spruchverfahrensgesetzes[2].

(3) [1]Der Bericht für die Anteilsinhaber ist in den Fällen des § 192 Absatz 2 nicht erforderlich. [2]Der Bericht für die Arbeitnehmer ist nicht erforderlich, wenn

---

[1] 6. Buch (§§ 305–345) eingef. mWv 1.3.2023 durch G v. 22.2.2023 (BGBl. 2023 I Nr. 51).
[2] **Habersack, Deutsche Gesetze ErgBd. Nr. 51b.**

die Gesellschaft und ihre etwaigen Tochtergesellschaften keine anderen Arbeitnehmer haben als diejenigen, die dem Vertretungsorgan angehören. [3]Der Formwechselbericht ist insgesamt nicht erforderlich, wenn die Voraussetzungen der Sätze 1 und 2 vorliegen.

**§ 338[1)] Formwechselprüfung.** (1) [1]Der Formwechselplan oder sein Entwurf ist nach den §§ 9 bis 11 und 12 Absatz 1 zu prüfen. [2]§ 48 ist nicht anzuwenden. [3]Der Prüfungsbericht muss den Anteilsinhabern spätestens einen Monat vor dem Tag der Versammlung der Anteilsinhaber, die über die Zustimmung zum Formwechselplan beschließen soll, zugänglich gemacht werden.

(2) § 9 Absatz 2 und § 12 Absatz 3 jeweils in Verbindung mit § 8 Absatz 3 Satz 1, 2 und 3 Nummer 2 sind entsprechend anzuwenden.

**§ 339[1)] Zustimmung der Anteilsinhaber.** (1) Die Anteilsinhaber können ihre Zustimmung zum Formwechselplan nach § 193 Absatz 1 davon abhängig machen, dass die Art und Weise der Mitbestimmung der Arbeitnehmer der Gesellschaft neuer Rechtsform ausdrücklich von ihnen bestätigt wird.

(2) Die Versammlung der Anteilsinhaber nimmt den Formwechselbericht, den Prüfungsbericht und etwaige Stellungnahmen nach § 336 in Verbindung mit § 308 Absatz 1 Satz 2 Nummer 4 zur Kenntnis, bevor sie die Zustimmung zum Formwechselplan beschließt.

**§ 340[1)] Barabfindung.** (1) [1]Die formwechselnde Gesellschaft hat im Formwechselplan oder seinem Entwurf jedem Anteilsinhaber, der gegen den Zustimmungsbeschluss der Anteilsinhaber Widerspruch zur Niederschrift erklärt, den Erwerb seiner Anteile oder Mitgliedschaften gegen eine angemessene Barabfindung anzubieten; nicht anzuwenden sind insoweit § 71 Absatz 4 Satz 2 des Aktiengesetzes[2)] und die Anordnung der Nichtigkeit des schuldrechtlichen Geschäfts über einen verbotswidrigen Erwerb nach § 33 Absatz 2 Satz 3 des Gesetzes betreffend die Gesellschaften mit beschränkter Haftung[3)]. [2]Das Abfindungsangebot steht unter der aufschiebenden Bedingung des Wirksamwerdens des grenzüberschreitenden Formwechsels. [3]Im Formwechselplan oder seinem Entwurf sind eine Postanschrift sowie eine elektronische Adresse anzugeben, an welche die Mitteilung nach Absatz 2 Satz 1 und die Annahmeerklärung nach Absatz 3 Satz 1 übermittelt werden können. [4]§ 207 Absatz 1 Satz 2 und 3, Absatz 2 sowie § 208 in Verbindung mit § 30 Absatz 1 und den §§ 210 bis 212 gelten entsprechend.

(2) Ein Anteilsinhaber, der die Annahme des Abfindungsangebots nach Absatz 1 Satz 1 beabsichtigt, hat der Gesellschaft seine Absicht spätestens einen Monat nach dem Tag, an dem die Versammlung der Anteilsinhaber die Zustimmung zum Formwechselplan beschlossen hat, mitzuteilen.

(3) [1]Das Abfindungsangebot kann bis spätestens zwei Monate nach dem Tag, an dem die Versammlung der Anteilsinhaber der formwechselnden Gesellschaft die Zustimmung zum Formwechselplan beschlossen hat, angenommen werden. [2]Die Annahme ist ausgeschlossen, wenn die Mitteilung nach Absatz 2 nicht rechtzeitig erfolgt ist. [3]Erfolgt die Annahme vor Ablauf der Mitteilungsfrist nach Absatz 2, so ist die Mitteilung nicht mehr erforderlich. [4]§ 15 Absatz 4 des Gesetzes betreffend die Gesellschaften mit beschränkter Haftung bleibt unberührt.

---

[1)] 6. Buch (§§ 305–345) eingef. mWv 1.3.2023 durch G v. 22.2.2023 (BGBl. 2023 I Nr. 51).
[2)] Nr. **51**.
[3)] Nr. **52**.

(4) Anteilsinhaber, die das Abfindungsangebot nach Maßgabe des Absatzes 3 angenommen haben, werden abweichend von § 202 Absatz 1 Nummer 2 mit Wirksamwerden des Formwechsels nicht Anteilsinhaber der Gesellschaft neuer Rechtsform.

(5) [1] Die Gesellschaft neuer Rechtsform hat die Barabfindung spätestens zwei Wochen nachdem der Formwechsel wirksam geworden ist an die Anteilsinhaber, die das Angebot nach Maßgabe des Absatzes 3 angenommen haben, zu zahlen. [2] § 341 ist auf den Abfindungsanspruch dieser Anteilsinhaber entsprechend anzuwenden.

(6) [1] Die Angemessenheit einer nach Absatz 1 anzubietenden Barabfindung ist stets zu prüfen. [2] § 12 Absatz 2 und § 338 sind entsprechend anzuwenden.

**§ 341[1)] Gläubigerschutz.** (1) § 314 gilt für die formwechselnde Gesellschaft und ihre Gläubiger entsprechend.

(2) [1] Für Klagen von Gläubigern wegen einer Forderung gegen die formwechselnde Gesellschaft sind unbeschadet unionsrechtlicher Vorschriften auch die deutschen Gerichte international zuständig, sofern die Forderung vor der Bekanntmachung des Formwechselplans oder seines Entwurfs entstanden ist und die Klage innerhalb von zwei Jahren nach Wirksamwerden des grenzüberschreitenden Formwechsels erhoben wird. [2] Der Gerichtsstand im Inland bestimmt sich nach dem letzten Sitz des formwechselnden Rechtsträgers.

**§ 342[1)] Anmeldung des Formwechsels.** (1) Das Vertretungsorgan der Gesellschaft hat das Vorliegen der Voraussetzungen für den grenzüberschreitenden Formwechsel zur Eintragung in das Register, in dem der formwechselnde Rechtsträger eingetragen ist, anzumelden.

(2) § 198 Absatz 3 in Verbindung mit § 16 Absatz 2 und 3 sowie § 199 gelten entsprechend mit der Maßgabe, dass zusätzlich

1. der Anmeldung
   a) der Formwechselplan in Ausfertigung oder öffentlich beglaubigter Abschrift sowie
   b) etwaige Bemerkungen nach § 336 in Verbindung mit § 308 Absatz 1 Satz 2 Nummer 4 in Abschrift und
2. dem einheitlichen Bericht oder dem Bericht für die Arbeitnehmer eine etwaige Stellungnahme gemäß § 337 Absatz 1 in Verbindung mit § 310 Absatz 3 in Abschrift

beizufügen sind.

(3) [1] Die Mitglieder des Vertretungsorgans haben zu versichern, dass

1. allen Gläubigern die gemäß § 335 Absatz 2 Nummer 8 angebotene Sicherheit geleistet wurde,
2. die Rechte der Arbeitnehmer gemäß § 336 in Verbindung mit § 308 Absatz 1 Satz 2 Nummer 4 Buchstabe b sowie gemäß § 337 Absatz 1 in Verbindung mit § 310 Absatz 1 und 3 eingehalten wurden,
3. ein zur Verhandlung über die künftige Mitbestimmung durchzuführendes Verfahren nach den Umsetzungsvorschriften zu Artikel 86l Absatz 3 und 4 der Richtlinie (EU) 2017/1132 begonnen hat und

---

[1)] 6. Buch (§§ 305–345) eingef. mWv 1.3.2023 durch G v. 22.2.2023 (BGBl. 2023 I Nr. 51).

4. sich die Gesellschaft nicht im Zustand der Zahlungsunfähigkeit, der drohenden Zahlungsunfähigkeit oder der Überschuldung gemäß § 17 Absatz 2, § 18 Absatz 2 oder § 19 Absatz 2 der Insolvenzordnung[1] befindet.

[2] Kann die Versicherung nach Satz 1 Nummer 4 nicht abgegeben werden, hat das Vertretungsorgan mitzuteilen, welcher der dort genannten Tatbestände erfüllt ist und ob ein Insolvenzverfahren beantragt oder eröffnet wurde. [3] Nach Eröffnung des Insolvenzverfahrens trifft diese Pflicht den Insolvenzverwalter; wurde ein vorläufiger Insolvenzverwalter bestellt und dem Schuldner ein allgemeines Verfügungsverbot auferlegt, so trifft die Pflicht den vorläufigen Insolvenzverwalter.

(4) Das Vertretungsorgan teilt dem Registergericht Folgendes mit:

1. die Zahl der Arbeitnehmer zum Zeitpunkt der Aufstellung des Formwechselplans,
2. die Zahl der Tochtergesellschaften und ihre jeweiligen geografischen Standorte sowie
3. das Bestehen von Verbindlichkeiten gegenüber der öffentlichen Hand.

(5) Das nach § 341 Absatz 1 in Verbindung mit § 314 Absatz 5 zuständige Gericht teilt dem Registergericht auf Anforderung mit, ob innerhalb der Frist des § 341 Absatz 1 in Verbindung mit § 314 Absatz 3 eine Sicherheitsleistung gerichtlich geltend gemacht wurde.

**§ 343[2] Formwechselbescheinigung.** (1) [1] Das Gericht prüft innerhalb von drei Monaten nach der Anmeldung gemäß § 342 Absatz 1 und 2, ob für die Gesellschaft die Voraussetzungen für den grenzüberschreitenden Formwechsel vorliegen. [2] Die Eintragung enthält die Bezeichnung des Formwechselverfahrens und der formwechselnden Gesellschaft sowie die Feststellung, dass alle einschlägigen Voraussetzungen erfüllt und alle Verfahren und Formalitäten erledigt wurden. [3] Die Eintragung ist mit dem Vermerk zu versehen, dass der grenzüberschreitende Formwechsel unter den Voraussetzungen des Rechts desjenigen Staates wirksam wird, in den die Gesellschaft ihren Sitz verlegt. [4] Über die Eintragung stellt das Gericht von Amts wegen eine Formwechselbescheinigung aus.

(2) [1] Die Eintragung gemäß Absatz 1 darf nicht vor Ablauf der Fristen gemäß § 340 Absatz 3 Satz 1 und gemäß § 341 Absatz 1 in Verbindung mit § 314 Absatz 3 vorgenommen werden. [2] Haben alle Anteilsinhaber dem Formwechsel zugestimmt, darf die Eintragung bereits vor Ablauf der Frist des § 340 Absatz 3 Satz 1 erfolgen. [3] Wurde ein Anspruch auf Sicherheitsleistung gemäß § 341 Absatz 1 in Verbindung mit § 314 Absatz 3 gerichtlich geltend gemacht, so darf die Eintragung gemäß Absatz 1 nicht vorgenommen werden,

1. bevor die den Antrag ablehnende Entscheidung rechtskräftig ist,
2. die in der Entscheidung festgelegte Sicherheit geleistet wurde oder
3. die den Antrag teilweise ablehnende Entscheidung rechtskräftig ist und die in der Entscheidung festgelegte Sicherheit geleistet wurde.

[4] Die Leistung der Sicherheit ist dem Gericht in geeigneter Form nachzuweisen Auf Verlangen des Gerichts haben die Mitglieder des Vertretungsorgans zu versichern, dass die in der Entscheidung festgelegte Sicherheit geleistet wurde.

(3) [1] In dem Verfahren nach Absatz 1 muss das Gericht bei Vorliegen von Anhaltspunkten prüfen, ob der grenzüberschreitende Formwechsel zu missbräuch-

[1] Nr. **110**.
[2] 6. Buch (§§ 305–345) eingef. mWv 1.3.2023 durch G v. 22.2.2023 (BGBl. 2023 I Nr. 51).

lichen oder betrügerischen Zwecken, die dazu führen oder führen sollen, sich dem Recht der Europäischen Union oder nationalem Recht zu entziehen oder es zu umgehen, oder zu kriminellen Zwecken vorgenommen werden soll. [2] Liegen solche Zwecke vor, so lehnt es die Eintragung gemäß Absatz 1 ab. [3] Ist es für die Prüfung notwendig, zusätzliche Informationen zu berücksichtigen oder zusätzliche Ermittlungen durchzuführen, so kann die in Absatz 1 Satz 1 vorgesehene Frist um höchstens drei Monate verlängert werden. [4] Anhaltspunkte im Sinne von Satz 1 liegen insbesondere vor, wenn

1. ein gemäß Artikel 86l Absatz 2 bis 4 der Richtlinie (EU) 2017/1132 durchzuführendes Verhandlungsverfahren erst auf Aufforderung des Gerichts eingeleitet worden ist;
2. die Zahl der Arbeitnehmer mindestens vier Fünftel des für die Unternehmensmitbestimmung maßgeblichen Schwellenwerts beträgt, im Zielland keine Wertschöpfung erbracht wird und der Verwaltungssitz in Deutschland verbleibt;
3. die Gesellschaft nach dem grenzüberschreitenden Formwechsel Schuldnerin von Betriebsrenten oder -anwartschaften ist und kein anderweitiges operatives Geschäft hat.

(4) Ist es wegen der Komplexität des Verfahrens ausnahmsweise nicht möglich, die Prüfung innerhalb der in Absatz 1 Satz 1 oder Absatz 3 Satz 3 vorgesehenen Fristen vorzunehmen, so hat das Gericht den Anmeldenden vor Ende des Zeitraums über die Gründe für die Verzögerung zu unterrichten.

(5) Nach Eingang der Mitteilung des Registers, in das die Gesellschaft neuer Rechtsform eingetragen ist, über das Wirksamwerden des grenzüberschreitenden Formwechsels hat das Gericht des Sitzes der formwechselnden Gesellschaft den Tag des Wirksamwerdens zu vermerken.

**§ 344[1)] Informationen des Registergerichts.** [1] Soweit dies für die Prüfung gemäß § 343 erforderlich ist, kann das Gericht

1. von der Gesellschaft Informationen und Unterlagen verlangen,
2. von öffentlichen inländischen Stellen Informationen und Unterlagen verlangen und von öffentlichen Stellen eines anderen Mitgliedstaats der Europäischen Union oder eines anderen Vertragsstaats des Abkommens über den Europäischen Wirtschaftsraum mit Zuständigkeiten in den verschiedenen vom grenzüberschreitenden Formwechsel betroffenen Bereichen die notwendigen Informationen und Unterlagen erbitten,
3. von einem eingesetzten besonderen Verhandlungsgremium Informationen und Unterlagen verlangen,
4. einen unabhängigen Sachverständigen zuziehen sowie
5. im Rahmen der Prüfung des § 343 Absatz 3 eine in dem formwechselnden Unternehmen vertretene Gewerkschaft anhören.

[2] Ist eine inländische öffentliche Stelle in einem von dem grenzüberschreitenden Formwechsel betroffenen Bereich zuständig, so kann sie der für die Ausstellung einer Formwechselbescheinigung zuständigen Stelle eines anderen Mitgliedstaats der Europäischen Union oder eines anderen Vertragsstaats des Abkommens über den Europäischen Wirtschaftsraum auf deren Ersuchen die notwendigen Informationen und Unterlagen übermitteln.

---

[1)] 6. Buch (§§ 305–345) eingef. mWv 1.3.2023 durch G v. 22.2.2023 (BGBl. 2023 I Nr. 51).

**§ 345[1] Eintragung des grenzüberschreitenden Hereinformwechsels.**

(1) [1]Das Vertretungsorgan der formwechselnden Gesellschaft hat die Gesellschaft neuer Rechtsform bei dem zuständigen Gericht zur Eintragung in das für die Rechtsform maßgebende Register anzumelden. [2]Der Anmeldung sind in der Form des § 17 Absatz 1 der Formwechselplan und gegebenenfalls die Vereinbarung über die Beteiligung der Arbeitnehmer beizufügen. [3]§ 198 Absatz 3 und § 199 sind auf die formwechselnde Gesellschaft nicht anzuwenden.

(2) [1]Die über das Europäische System der Registervernetzung übermittelte Formwechselbescheinigung wird als Nachweis der ordnungsgemäßen Erledigung der vorangehenden Verfahren und Formalitäten nach dem Recht desjenigen Staates, dem die formwechselnde Gesellschaft unterliegt, anerkannt. [2]Ohne die Formwechselbescheinigung kann der grenzüberschreitende Formwechsel nicht in das Register eingetragen werden.

(3) Die Prüfung der Eintragungsvoraussetzungen erstreckt sich insbesondere darauf, ob gegebenenfalls eine Vereinbarung über die Beteiligung der Arbeitnehmer geschlossen worden ist und ob die Vorschriften zur Gründung der Gesellschaft neuer Rechtsform eingehalten worden sind.

(4) Das Gericht des Sitzes der Gesellschaft neuer Rechtsform hat das Wirksamwerden des grenzüberschreitenden Formwechsels dem Register mitzuteilen, in dem die formwechselnde Gesellschaft ihre Unterlagen zu hinterlegen hatte.

## Siebentes Buch.[2] Strafvorschriften und Zwangsgelder

**§ 346[3] Unrichtige Darstellung.** (1) Mit Freiheitsstrafe bis zu drei Jahren oder mit Geldstrafe wird bestraft, wer als Mitglied eines Vertretungsorgans, als vertretungsberechtigter Gesellschafter oder Partner, als Mitglied eines Aufsichtsrats oder als Abwickler eines an einer Umwandlung beteiligten Rechtsträgers bei dieser Umwandlung

1. die Verhältnisse des Rechtsträgers einschließlich seiner Beziehungen zu verbundenen Unternehmen in einem in diesem Gesetz vorgesehenen Bericht (Verschmelzungsbericht, Spaltungsbericht, Übertragungsbericht, Formwechselbericht), in Darstellungen oder Übersichten über den Vermögensstand, in Vorträgen oder Auskünften in der Versammlung der Anteilsinhaber unrichtig wiedergibt oder verschleiert, wenn die Tat nicht in § 331 Nr. 1 oder Nr. 1a des Handelsgesetzbuchs[4] mit Strafe bedroht ist, oder
2. in Aufklärungen und Nachweisen, die nach den Vorschriften dieses Gesetzes einem Verschmelzungs-, Spaltungs- oder Übertragungsprüfer zu geben sind, unrichtige Angaben macht oder die Verhältnisse des Rechtsträgers einschließlich seiner Beziehungen zu verbundenen Unternehmen unrichtig wiedergibt oder verschleiert.

(2) Ebenso wird bestraft, wer als Geschäftsführer einer Gesellschaft mit beschränkter Haftung, als Mitglied des Vorstands einer Aktiengesellschaft, als zur

---

[1] 6. Buch (§§ 305–345) eingef. mWv 1.3.2023 durch G v. 22.2.2023 (BGBl. 2023 I Nr. 51).

[2] Früheres 7. Buch wird 6. Buch mWv 1.9.2003 durch G v. 12.6.2003 (BGBl. I S. 838); bish. 6. Buch wird 7. Buch mWv 1.3.2023 durch G v. 22.2.2023 (BGBl. 2023 I Nr. 51).

[3] Früherer § 313 Abs. 1 einl. Satzteil geänd. mWv 1.8.1998 durch G v. 22.7.1998 (BGBl. I S. 1878); Abs. 1 Nr. 1 geänd. mWv 10.12.2004 durch G v. 4.12.2004 (BGBl. I S. 3166); Abs. 2 geänd. mWv 15.7.2011 durch G v. 11.7.2011 (BGBl. I S. 1338); bish. § 313 wird § 346 und Abs. 1 Nr. 1 geänd. mWv 1.3.2023 durch G v. 22.2.2023 (BGBl. 2023 I Nr. 51).

[4] Nr. **50**.

Vertretung ermächtigter persönlich haftender Gesellschafter einer Kommanditgesellschaft auf Aktien oder als Abwickler einer solchen Gesellschaft in einer Erklärung nach § 52 über die Zustimmung der Anteilsinhaber dieses Rechtsträgers oder in einer Erklärung nach § 140 oder § 146 Abs. 1 über die Deckung des Stammkapitals oder Grundkapitals der übertragenden Gesellschaft unrichtige Angaben macht oder seiner Erklärung zugrunde legt.

**§ 347[1)] Verletzung der Berichtspflicht.** (1) Mit Freiheitsstrafe bis zu drei Jahren oder mit Geldstrafe wird bestraft, wer als Verschmelzungs-, Spaltungs- oder Übertragungsprüfer oder als Gehilfe eines solchen Prüfers über das Ergebnis einer aus Anlaß einer Umwandlung erforderlichen Prüfung falsch berichtet oder erhebliche Umstände in dem Prüfungsbericht verschweigt.

(2) Handelt der Täter gegen Entgelt oder in der Absicht, sich oder einen anderen zu bereichern oder einen anderen zu schädigen, so ist die Strafe Freiheitsstrafe bis zu fünf Jahren oder Geldstrafe.

**§ 348[2)] Falsche Angaben.** Mit Freiheitsstrafe bis zu drei Jahren oder mit Geldstrafe wird bestraft, wer

1. entgegen § 315 Absatz 3 Satz 1 Nummer 1 oder 4 oder § 316 Absatz 2 Satz 5, jeweils auch in Verbindung mit § 329 Satz 1, entgegen § 342 Absatz 3 Satz 1 Nummer 1 oder 4 oder § 343 Absatz 2 Satz 5 eine Versicherung nicht richtig abgibt oder
2. entgegen § 315 Absatz 3 Satz 2, auch in Verbindung mit § 329 Satz 1, oder entgegen § 342 Absatz 3 Satz 2 eine Mitteilung nicht richtig macht.

**§ 349[3)] Verletzung der Geheimhaltungspflicht.** (1) Mit Freiheitsstrafe bis zu einem Jahr oder mit Geldstrafe wird bestraft, wer ein Geheimnis eines an einer Umwandlung beteiligten Rechtsträgers, namentlich ein Betriebs- oder Geschäftsgeheimnis, das ihm in seiner Eigenschaft als

1. Mitglied des Vertretungsorgans, vertretungsberechtigter Gesellschafter oder Partner, Mitglied eines Aufsichtsrats oder Abwickler dieses oder eines anderen an der Umwandlung beteiligten Rechtsträgers,
2. Verschmelzungs-, Spaltungs- oder Übertragungsprüfer oder Gehilfe eines solchen Prüfers

bekannt geworden ist, unbefugt offenbart, wenn die Tat im Falle der Nummer 1 nicht in § 85 des Gesetzes betreffend die Gesellschaften mit beschränkter Haftung[4)], § 404 des Aktiengesetzes[5)] oder § 151 des Genossenschaftsgesetzes[6)], im Falle der Nummer 2 nicht in § 333 des Handelsgesetzbuchs[7)] mit Strafe bedroht ist.

(2) [1] Handelt der Täter gegen Entgelt oder in der Absicht, sich oder einen anderen zu bereichern oder einen anderen zu schädigen, so ist die Strafe Freiheits-

[1)] Bish. § 314 wird § 347 mWv 1.3.2023 durch G v. 22.2.2023 (BGBl. 2023 I Nr. 51).

[2)] Bish. § 314a wird § 348 und neu gef. mWv 1.3.2023 durch G v. 22.2.2023 (BGBl. 2023 I Nr. 51).

[3)] Früherer § 315 Abs. 1 Nr. 1, Abs. 3 Satz 2 und Abs. 3 Satz 3 geänd. mWv 1.8.1998 durch G v. 22.7. 1998 (BGBl. I S. 1878); Abs. 1 abschl. Satzteil geänd. mWv 18.8.2006 durch G v. 14.8.2006 (BGBl. I S. 1911); Abs. 1 abschl. Satzteil geänd. mWv 1.1.2016 durch G v. 1.4.2015 (BGBl. I S. 434); bish. § 315 wird § 347 mWv 1.3.2023 durch G v. 22.2.2023 (BGBl. 2023 I Nr. 51).

[4)] Nr. **52**.

[5)] Nr. **51**.

[6)] Nr. **53**.

[7)] Nr. **50**.

strafe bis zu zwei Jahren oder Geldstrafe. [2] Ebenso wird bestraft, wer ein Geheimnis der in Absatz 1 bezeichneten Art, namentlich ein Betriebs- oder Geschäftsgeheimnis, das ihm unter den Voraussetzungen des Absatzes 1 bekannt geworden ist, unbefugt verwertet.

(3) [1] Die Tat wird nur auf Antrag eines der an der Umwandlung beteiligten Rechtsträger verfolgt. [2] Hat ein Mitglied eines Vertretungsorgans, ein vertretungsberechtigter Gesellschafter oder Partner oder ein Abwickler die Tat begangen, so sind auch ein Aufsichtsrat oder ein nicht vertretungsberechtigter Gesellschafter oder Partner antragsberechtigt. [3] Hat ein Mitglied eines Aufsichtsrats die Tat begangen, sind auch die Mitglieder des Vorstands, die vertretungsberechtigten Gesellschafter oder Partner oder die Abwickler antragsberechtigt.

**§ 350[1)] Zwangsgelder.** (1) [1] Mitglieder eines Vertretungsorgans, vertretungsberechtigte Gesellschafter, vertretungsberechtigte Partner oder Abwickler, die § 13 Abs. 3 Satz 3 sowie § 125 Satz 1, § 176 Abs. 1, § 177 Abs. 1, § 178 Abs. 1, § 179 Abs. 1, § 180 Abs. 1, § 184 Abs. 1, § 186 Satz 1, § 188 Abs. 1 und § 189 Abs. 1, jeweils in Verbindung mit § 13 Abs. 3 Satz 3, sowie § 193 Abs. 3 Satz 2 nicht befolgen, sind hierzu von dem zuständigen Registergericht durch Festsetzung von Zwangsgeld anzuhalten; § 14 des Handelsgesetzbuchs[2)] bleibt unberührt. [2] Das einzelne Zwangsgeld darf den Betrag von fünftausend Euro nicht übersteigen.

(2) Die Anmeldungen einer Umwandlung zu dem zuständigen Register nach § 16 Absatz 1, den §§ 38, 129 und 137 Absatz 1 und 2, § 176 Absatz 1, § 177 Absatz 1, § 178 Absatz 1, § 179 Absatz 1, § 180 Absatz 1, § 184 Absatz 1, den §§ 186 und 188 Absatz 1, § 189 Absatz 1, den §§ 198, 222, 235, 246, 254, 265 und 278 Absatz 1, den §§ 286, 296 und § 315, auch in Verbindung mit § 329 Satz 1, § 318 Absatz 1, auch in Verbindung mit § 329 Satz 1, § 331 Absatz 1, den §§ 342 sowie § 345 Absatz 1 werden durch Festsetzung von Zwangsgeld nicht erzwungen.

## Achtes Buch.[3)] Übergangs- und Schlußvorschriften

**§ 351[4)] Umwandlung alter juristischer Personen.** [1] Eine juristische Person im Sinne des Artikels 163 des Einführungsgesetzes zum Bürgerlichen Gesetzbuche[5)] kann nach den für wirtschaftliche Vereine geltenden Vorschriften dieses Gesetzes umgewandelt werden. [2] Hat eine solche juristische Person keine Mitglieder, so kann sie nach den für Stiftungen geltenden Vorschriften dieses Gesetzes umgewandelt werden.

**§ 352[6)] Eingeleitete Umwandlungen; Umstellung auf den Euro.** (1) [1] Die Vorschriften dieses Gesetzes sind nicht auf solche Umwandlungen anzuwenden, zu deren Vorbereitung bereits vor dem 1. Januar 1995 ein Vertrag oder eine Erklärung beurkundet oder notariell beglaubigt oder eine Versammlung der Anteilsinhaber

---

[1)] Früherer § 316 Abs. 1 Satz 1 geänd. mWv 1.8.1998 durch G v. 22.7.1998 (BGBl. I S. 1878); Abs. 1 Satz 2 geänd. mWv 25.1.2001 durch G v. 18.1.2001 (BGBl. I S. 123); bish. § 316 wird § 350 und Abs. 2 neu gef. mWv 1.3.2023 durch G v. 22.2.2023 (BGBl. 2023 I Nr. 51).

[2)] Nr. **50**.

[3)] Früheres 8. Buch wird 7. Buch mWv 1.9.2003 durch G v. 12.6.2003 (BGBl. I S. 838); bish. 7. Buch wird 8. Buch mWv 1.3.2023 durch G v. 22.2.2023 (BGBl. 2023 I Nr. 51).

[4)] Bish. § 317 wird § 351 mWv 1.3.2023 durch G v. 22.2.2023 (BGBl. 2023 I Nr. 51).

[5)] Nr. **21**.

[6)] Früherer § 318 Überschrift neu gef., Abs. 2 angef. mWv 1.1.1999 durch G v. 9.6.1998 (BGBl. I S. 1242); bish. § 318 wird § 352 mWv 1.3.2023 durch G v. 22.2.2023 (BGBl. 2023 I Nr. 51).

einberufen worden ist. [2] Für diese Umwandlungen bleibt es bei der Anwendung der bis zu diesem Tage geltenden Vorschriften.

(2) [1] Wird eine Umwandlung nach dem 31. Dezember 1998 in das Handelsregister eingetragen, so erfolgt eine Neufestsetzung der Nennbeträge von Anteilen einer Kapitalgesellschaft als übernehmendem Rechtsträger, deren Anteile noch der bis dahin gültigen Nennbetragseinteilungen entsprechen, nach den bis zu diesem Zeitpunkt geltenden Vorschriften. [2] Wo dieses Gesetz für einen neuen Rechtsträger oder einen Rechtsträger neuer Rechtsform auf die jeweils geltenden Gründungsvorschriften verweist oder bei dem Formwechsel in eine Kapitalgesellschaft anderer Rechtsform die Vorschriften anderer Gesetze über die Änderung des Stammkapitals oder des Grundkapitals unberührt läßt, gilt dies jeweils auch für die entsprechenden Überleitungsvorschriften zur Einführung des Euro im Einführungsgesetz zum Aktiengesetz[1)] und im Gesetz betreffend die Gesellschaften mit beschränkter Haftung[2)]; ist ein neuer Rechtsträger oder ein Rechtsträger neuer Rechtsform bis zum 31. Dezember 1998 zur Eintragung in das Handelsregister angemeldet worden, bleibt es bei der Anwendung der bis zu diesem Tage geltenden Gründungsvorschriften.

**§ 353[3)] Enthaftung bei Altverbindlichkeiten.** [1] Die §§ 45, 133 Abs. 1, 3 bis 5, §§ 157, 167, 173, 224, 237, 249 und 257 sind auch auf vor dem 1. Januar 1995 entstandene Verbindlichkeiten anzuwenden, wenn

1. die Umwandlung danach in das Register eingetragen wird und
2. die Verbindlichkeiten nicht später als vier Jahre nach dem Zeitpunkt, an dem die Eintragung der Umwandlung in das Register bekannt gemacht worden ist, fällig werden oder nach Inkrafttreten des Gesetzes zur zeitlichen Begrenzung der Nachhaftung von Gesellschaftern vom 18. März 1994 (BGBl. I S. 560) begründet worden sind.

[2] Auf später fällig werdende und vor Inkrafttreten des Gesetzes zur zeitlichen Begrenzung der Nachhaftung von Gesellschaftern vom 18. März 1994 (BGBl. I S. 560) entstandene Verbindlichkeiten sind die §§ 45, 49 Abs. 4, §§ 56, 56f Abs. 2, § 57 Abs. 2 und § 58 Abs. 2 des Umwandlungsgesetzes in der durch Artikel 10 Abs. 8 des Gesetzes vom 19. Dezember 1985 (BGBl. I S. 2355) geänderten Fassung der Bekanntmachung vom 6. November 1969 (BGBl. I S. 2081) mit der Maßgabe anwendbar, daß die Verjährungsfrist ein Jahr beträgt. [3] In den Fällen, in denen das bisher geltende Recht eine Umwandlungsmöglichkeit nicht vorsah, verjähren die in Satz 2 genannten Verbindlichkeiten entsprechend den dort genannten Vorschriften.

**§ 320 *alt*[4)] Aufhebung des Umwandlungsgesetzes 1969.** Das Umwandlungsgesetz in der Fassung der Bekanntmachung vom 6. November 1969 (BGBl. I S. 2081), zuletzt geändert durch Artikel 2 des Gesetzes vom 18. März 1994 (BGBl. I S. 560), wird aufgehoben.

---

[1)] Nr. **51a**.

[2)] Nr. **52**.

[3)] Früherer § 319 Satz 1 Nr. 2 geänd. mWv 1.1.2007 durch G v. 10.11.2006 (BGBl. I S. 2553); bish. § 319 wird § 353 mWv 1.3.2023 durch G v. 22.2.2023 (BGBl. 2023 I Nr. 51).

[4)] Gem. Art. 1 Nr. 66 G v. 22.2.2023 (BGBl. 2023 I Nr. 51) sollen fünf „§§ 317 bis 321" in vier „§§ 351 bis 354" umbenannt werden. Der Gesetzgeber ging hierbei offenbar fälschlich davon aus, dass der materiell gegenstandslose, im UmwG v. 28.10.1994 (BGBl. I S. 3210) aber enthaltene und damit formell gültige § 320 nicht aufgehoben werden müsse. Dem vermutlichen Willen des Gesetzgebers entsprechend wird hier deshalb *§ 321* in § 354 umbenannt, der nicht aufgehobene § 320 bleibt als „*320 alt*" stehen.

**§ 354[1) 2)] Übergangsvorschrift zum Gesetz zur Umsetzung der Aktionärsrechterichtlinie, zum Dritten Gesetz zur Änderung des Umwandlungsgesetzes und zum Finanzmarktintegritätsstärkungsgesetz.** (1) Im Fall des § 15 Abs. 2 Satz 1 bleibt es für die Zeit vor dem 1. September 2009 bei dem bis dahin geltenden Zinssatz.

(2) § 16 Abs. 3 Satz 3 Nr. 2 in der Fassung des Gesetzes zur Umsetzung der Aktionärsrechterichtlinie vom 30. Juli 2009 (BGBl. I S. 2479) ist nicht auf Freigabeverfahren und Beschwerdeverfahren anzuwenden, die vor dem 1. September 2009 anhängig waren.

(3) § 62 Absatz 4 und 5, § 63 Absatz 2 Satz 5 bis 7, § 64 Absatz 1 sowie § 143 in der Fassung des Dritten Gesetzes zur Änderung des Umwandlungsgesetzes vom 11. Juli 2011 (BGBl. I S. 1338) sind erstmals auf Umwandlungen anzuwenden, bei denen der Verschmelzungs- oder Spaltungsvertrag nach dem 14. Juli 2011 geschlossen worden ist.

(4) [1] § 11 in der ab 1. Juli 2021 geltenden Fassung ist erstmals auf die Prüfung von Verschmelzungen anzuwenden, deren Verschmelzungsvertrag nach dem 31. Dezember 2021 geschlossen wurde. [2] § 11 in der bis einschließlich 30. Juni 2021 geltenden Fassung ist letztmals auf die Prüfung von Verschmelzungen anzuwenden, deren Verschmelzungsvertrag vor dem 1. Januar 2022 geschlossen wurde.

**§ 355[3) 2)] Übergangsvorschrift zum Gesetz zur Umsetzung der Umwandlungsrichtlinie.** (1) Eine Verschmelzung, eine Spaltung oder ein Formwechsel kann von den beteiligten Rechtsträgern in Übereinstimmung mit den Bestimmungen des Zweiten, Dritten und Fünften Buches in deren jeweils vor dem 1. März 2023 geltenden Fassung durchgeführt werden, wenn

1. der Verschmelzungsvertrag oder der Spaltungs- und Übernahmevertrag vor dem 1. März 2023 geschlossen, der Verschmelzungs- oder Spaltungsplan vor dem 1. März 2023 aufgestellt oder der Formwechselbeschluss als Umwandlungsbeschluss vor dem 1. März 2023 gefasst wurde und
2. die Umwandlung bis zum 31. Dezember 2023 zur Eintragung angemeldet wurde.

(2) [1] § 14 Absatz 2, § 15 Absatz 1 und § 312 in der ab dem 1. März 2023 geltenden Fassung sind erstmals auf Umwandlungen anzuwenden, für die der Zustimmungsbeschluss der Anteilsinhaber nach dem 28. Februar 2023 gefasst worden ist. [2] § 307 Absatz 2 Nummer 14, die §§ 314 und 316 Absatz 2 in der ab dem 1. März 2023 geltenden Fassung sind erstmals auf grenzüberschreitende Verschmelzungen anzuwenden, für die der Verschmelzungsplan nach dem 28. Februar 2023 bekannt gemacht worden ist.

---

1) Früherer § 321 eingef. mWv 1.9.2009 durch G v. 30.7.2009 (BGBl. I S. 2479); Überschrift geänd., Abs. 3 angef. mWv 15.7.2011 durch G v. 11.7.2011 (BGBl. I S. 1338); Überschrift neu gef., Abs. 4 angef. mWv 1.7.2021 durch G v. 3.6.2021 (BGBl. I S. 1534); bish. § 321 umbenannt mWv 1.3.2023 durch G v. 22.2.2023 (BGBl. 2023 I Nr. 51).

2) Zur §§-Zählung siehe die Anm. zu § 320 alt.

3) § 355 angef. mWv 1.3.2023 durch G v. 22.2.2023 (BGBl. 2023 I Nr. 51).

# 52b. Gesetz über die Rechnungslegung von bestimmten Unternehmen und Konzernen (Publizitätsgesetz – PublG)[1) 2)]

Vom 15. August 1969

(BGBl. I S. 1189, ber. 1970 I S. 1113)

**FNA 4120-7**

| Lfd. Nr. | Änderndes Gesetz | Datum | Fundstelle | Betroffen | Hinweis |
|---|---|---|---|---|---|
| 1. | Art. 128 EinführungsG zum StGB | 2.3.1974 | BGBl. I S. 469 | §§ 17, 18, 19, 21 | geänd. mWv 1.1.1975 |
| 2. | Art. 2 Abs. 12 Vierzehntes G zur Änd. des VAG | 29.3.1983 | BGBl. I S. 377 | §§ 5, 6 | geänd. mWv 1.4.1983 |
| 3. | Art. 5 BilanzrichtlinienG | 19.12. 1985 | BGBl. I S. 2355 | §§ 1, 2, 3, 5–15, 17, 20, 21 | geänd. mWv 1.1.1986 |
| | | | | § 16 | aufgeh. mWv 1.1.1986 |
| 4. | Art. 21 § 5 Abs. 4 SteuerreformG 1990 | 25.7.1988 | BGBl. I S. 1093 | §§ 6, 14 | geänd. mWv 1.1.1990 |
| 5. | Art. 4 Bankbilanzrichtlinie-G | 30.11. 1990 | BGBl. I S. 2570 | §§ 1, 2, 3, 11, 14 | geänd. mWv 1.1.1991 |
| 6. | Art. 3 Versicherungsbilanzrichtlinie-G | 24.6.1994 | BGBl. I S. 1377 | §§ 1, 3, 11, 12 | geänd. mWv 1.7.1994 |
| 7. | Art. 9 G zur Bereinigung des Umwandlungsrechts | 28.10. 1994 | BGBl. I S. 3210 | § 2 | geänd. mWv 1.1.1995 |
| 8. | Art. 3 G zur Kontrolle und Transparenz im Unternehmensbereich | 27.4.1998 | BGBl. I S. 786 | § 6 | geänd. mWv 1.5.1998 |
| 9. | Art. 2 Kapitalgesellschaften- u. Co-Richtlinie-G[3)] | 24.2.2000 | BGBl. I S. 154 | Titel, §§ 3, 5, 6, 8, 11, 13, 21, 23 | geänd. mWv 9.3.2000 |
| 10. | Art. 3 Euro-BilanzG | 10.12. 2001 | BGBl. I S. 3414 | §§ 1, 11, 20, 23 | geänd. mWv 1.1.2002 |
| 11. | Art. 3 BilanzrechtsreformG | 4.12.2004 | BGBl. I S. 3166 | §§ 5, 6, 7, 9, 11, 13, 17, 21, 22, 25 | geänd. mWv 10.12.2004 |
| | | | | §§ 23, 24 | aufgeh. mWv 10.12.2004 |
| 12. | Art. 7 G über elektronische Handelsregister und Genossenschaftsregister sowie das Unternehmensregister | 10.11. 2006 | BGBl. I S. 2553 | §§ 2, 9, 12, 15, 20, 21, 22 | geänd. mWv 1.1.2007 |
| 13. | Art. 72 FGG-ReformG | 17.12. 2008 | BGBl. I S. 2586 | § 2 | geänd. mWv 1.9.2009 |
| 14. | Art. 4 Bilanzrechtsmodernisierungs G[4)] | 25.5.2009 | BGBl. I S. 1102 | §§ 5, 6, 7, 11, 13, 20, 22 | geänd. mWv 29.5.2009 |

[1)] Titel geänd. mWv 9.3.2000 durch G v. 24.2.2000 (BGBl. I S. 154).

[2)] Änderungen vor dem 28.10.1994 sind nicht in Fußnoten nachgewiesen.

[3)] **Amtl. Anm.:** Dieses Gesetz dient der Umsetzung der Richtlinie 90/605/EWG des Rates vom 8. November 1990 zur Änderung der Richtlinien 78/660/EWG und 84/349/EWG über den Jahresabschluss bzw. den konsolidierten Abschluss hinsichtlich ihres Anwendungsbereichs (ABl. EG Nr. L 317 S. 60) sowie der Richtlinie 1999/60/EG des Rates vom 17. Juni 1999 zur Änderung hinsichtlich der in Ecu ausgedrückten Beträge der Richtlinie 78/660/EWG (ABl. EG Nr. L 162 S. 65)

[4)] **Amtl. Anm.:** *(abgedruckt in Änderungstabelle Nr.* ***50****)*

| Lfd. Nr. | Änderndes Gesetz | Datum | Fundstelle | Betroffen | Hinweis |
|---|---|---|---|---|---|
| 15. | Art. 2 Abs. 47 G zur Änd. von Vorschriften über Verkündung und Bekanntmachungen sowie der ZPO, des EGZPO und der AO | 22.12. 2011 | BGBl. I S. 3044 | §§ 2, 9, 12, 15, 20, 21 | geänd. mWv 1.4.2012 |
| 16. | Art. 3 Abs. 3 G zur Änd. des HGB | 4.10.2013 | BGBl. I S. 3746 | §§ 21, 22 | geänd. mWv 10.10.2013 |
| 17. | Art. 3 Bilanzrichtlinie-UmsetzungsG | 17.7.2015 | BGBl. I S. 1245 | §§ 5, 9, 11, 13, 14, 17, 20, 22 | geänd. mWv 23.7.2015 |
| 18. | Art. 4 Abschlussprüfungsreform G (AReG) | 10.5.2016 | BGBl. I S. 1142 | §§ 6, 7, 20, 22 | geänd. mWv 17.6.2016 |
| | | | | §§ 19a, 21a | eingef. mWv 17.6.2016 |
| 19. | Art. 4 VG-Richtlinie-UmsetzungsG | 24.5.2016 | BGBl. I S. 1190 | § 3 | geänd. mWv 1.6.2016 |
| 20. | Art. 7 CSR-Richtlinie-UmsetzungsG[1] | 11.4.2017 | BGBl. I S. 802 | §§ 11, 13, 17, 20, 22 | geänd. mWv 19.4.2017 |
| 21. | Art. 15 G zur Umsetzung der zweiten AktionärsrechteRL (ARUG II)[2] | 12.12. 2019 | BGBl. I S. 2637 | § 22 | geänd. mWv 1.1.2020 |
| 22. | Art. 13 FinanzmarktintegritätsstärkungsG | 3.6.2021 | BGBl. I S. 1534 | §§ 1, 2, 5, 6, 7, 17, 18, 20, 21a, 22 | geänd. mWv 1.7.2021 |
| 23. | Art. 16 G zur Umsetzung der Digitalisierungsrichtlinie (DiRUG)[3] | 5.7.2021 | BGBl. I S. 3338 | §§ 2, 9, 10, 12, 15, 20, 21, 22 | geänd. mWv 1.8.2022 |
| 24. | Art. 59 PersonengesellschaftsrechtsmodernisierungsG (MoPeG) | 10.8.2021 | BGBl. I S. 3436 | § 22 | geänd. mWv 1.1.2024 |

**Vorbemerkung:**

**Die Änderung durch G v. 10.8.2021 (BGBl. I S. 3436) tritt erst mWv 1.1. 2024 in Kraft und ist im Text noch nicht berücksichtigt.**

[1] **Amtl. Anm.:** Dieses Gesetz dient der Umsetzung der Richtlinie 2014/95/EU des Europäischen Parlaments und des Rates vom 22. Oktober 2014 zur Änderung der Richtlinie 2013/34/EU im Hinblick auf die Angabe nichtfinanzieller und die Diversität betreffender Informationen durch bestimmte große Unternehmen und Gruppen (ABl. L 330 vom 15.11.2014, S. 1; L 369 vom 24.12.2014, S. 79).

[2] **Amtl. Anm.:** Dieses Gesetz dient der Umsetzung der Richtlinie (EU) 2017/828 des Europäischen Parlaments und des Rates vom 17. Mai 2017 zur Änderung der Richtlinie 2007/36/EG im Hinblick auf die Förderung der langfristigen Mitwirkung der Aktionäre (ABl. L 132 vom 20.5.2017, S. 1).

[3] **Amtl. Anm.:** Dieses Gesetz dient der Umsetzung der Richtlinie (EU) 2019/1151 des Europäischen Parlaments und des Rates vom 20. Juni 2019 zur Änderung der Richtlinie (EU) 2017/1132 im Hinblick auf den Einsatz digitaler Werkzeuge und Verfahren im Gesellschaftsrecht (ABl. L 186 vom 11.7.2019, S. 80).

## Nichtamtliche Inhaltsübersicht



Der Bundestag hat das folgende Gesetz beschlossen:

## Erster Abschnitt. Rechnungslegung von Unternehmen

**§ 1[1] Zur Rechnungslegung verpflichtete Unternehmen** (1) Ein Unternehmen hat nach diesem Abschnitt Rechnung zu legen, wenn für den Tag des Ablaufs eines Geschäftsjahrs (Abschlußstichtag) und für die zwei darauf folgenden Abschlußstichtage jeweils mindestens zwei der drei nachstehenden Merkmale zutreffen:

1. Die Bilanzsumme einer auf den Abschlußstichtag aufgestellten Jahresbilanz übersteigt 65 Millionen Euro.
2. Die Umsatzerlöse des Unternehmens in den zwölf Monaten vor dem Abschlußstichtag übersteigen 130 Millionen Euro.
3. Das Unternehmen hat in den zwölf Monaten vor dem Abschlußstichtag durchschnittlich mehr als fünftausend Arbeitnehmer beschäftigt.

(2) [1]Bilanzsumme nach Absatz 1 Nr. 1 ist die Bilanzsumme einer gemäß § 5 Abs. 2 aufgestellten Jahresbilanz; bei Unternehmen, die in ihrer Jahresbilanz Beträge für von ihnen geschuldete Verbrauchsteuern oder Monopolabgaben unter Rückstellungen oder Verbindlichkeiten angesetzt haben, ist die Bilanzsumme um diese Beträge zu kürzen. [2]Trifft für den Abschlußstichtag das Merkmal nach Absatz 1 Nr. 2 oder das Merkmal nach Absatz 1 Nr. 3 zu, hat das Unternehmen

---

[1] § 1 Abs. 1 Nr. 1 und 2, Abs. 2 Satz 4 geänd. mWv 1.1.2002 durch G v. 10.12.2001 (BGBl. I S. 3414); Abs. 3 neu gef. mWv 1.7.2021 durch G v. 3.6.2021 (BGBl. I S. 1534).

zur Feststellung, ob auch das Merkmal nach Absatz 1 Nr. 1 zutrifft, eine Jahresbilanz nach § 5 Abs. 2 aufzustellen. [3] Für die Ermittlung der Umsatzerlöse nach Absatz 1 Nr. 2 gilt § 277 Abs. 1 des Handelsgesetzbuchs[1)] mit der Maßgabe, daß auch die in den Umsatzerlösen enthaltenen Verbrauchsteuern oder Monopolabgaben abzusetzen sind. [4] Umsatzerlöse in fremder Währung sind nach dem amtlichen Kurs in Euro umzurechnen. [5] Durchschnittliche Zahl der Arbeitnehmer nach Absatz 1 Nr. 3 ist der zwölfte Teil der Summe aus den Zahlen der am Ende eines jeden Monats beschäftigten Arbeitnehmer einschließlich der zu ihrer Berufsausbildung Beschäftigten sowie der im Ausland beschäftigten Arbeitnehmer.

(3) Ein Unternehmen hat nach diesem Abschnitt Rechnung zu legen, wenn es am Abschlussstichtag in sinngemäßer Anwendung des § 264d des Handelsgesetzbuchs kapitalmarktorientiert ist.

(4) *(aufgehoben)*

(5) Mehrere Handelsgeschäfte eines Einzelkaufmanns sind, auch wenn sie nicht unter der gleichen Firma betrieben werden, nur ein Unternehmen im Sinne dieses Gesetzes.

**§ 2[2)] Beginn und Dauer der Pflicht zur Rechnungslegung.** (1) [1] Das Unternehmen hat erstmals für den dritten der aufeinander folgenden Abschlußstichtage, für die mindestens zwei der drei Merkmale des § 1 Abs. 1 zutreffen, Rechnung zu legen. [2] Es hat jedoch bereits für den ersten Abschlußstichtag Rechnung zu legen, für den mindestens zwei der drei Merkmale des § 1 Abs. 1 zutreffen, wenn auf das Unternehmen während des Geschäftsjahrs das Vermögen eines anderen Unternehmens durch Umwandlung oder in anderer Weise als Ganzes übergegangen ist und auf das andere Unternehmen an den beiden letzten Abschlußstichtagen mindestens zwei der drei Merkmale des § 1 Abs. 1 zutrafen; dies gilt auch, wenn das andere Unternehmen nicht nach diesem Abschnitt Rechnung zu legen brauchte. [3] Ein Unternehmen braucht nicht mehr nach diesem Abschnitt Rechnung zu legen, wenn für drei aufeinander folgende Abschlußstichtage mindestens zwei der drei Merkmale des § 1 Abs. 1 nicht mehr zutreffen.

(2) [1] Die gesetzlichen Vertreter eines Unternehmens, auf das erstmals für einen Abschlussstichtag mindestens zwei der drei Merkmale des § 1 Abs. 1 zutreffen, haben unverzüglich der das Unternehmensregister führenden Stelle elektronisch (§ 12 Abs. 2 des Handelsgesetzbuchs[1)]) die Erklärung zur Einstellung in das Unternehmensregister zu übermitteln, dass für diesen Abschlussstichtag zwei der drei Merkmale des § 1 Abs. 1 zutreffen. [2] Eine entsprechende Erklärung haben die gesetzlichen Vertreter auch für jeden der beiden folgenden Abschlussstichtage unverzüglich der das Unternehmensregister führenden Stelle elektronisch zur Einstellung in das Unternehmensregister zu übermitteln, wenn die Merkmale auch für diesen Abschlussstichtag zutreffen.

(3) [1] Das Gericht hat zur Prüfung der Frage, ob ein Unternehmen nach diesem Abschnitt Rechnung zu legen hat, Prüfer zu bestellen, wenn Anlaß für die Annahme besteht, daß das Unternehmen zur Rechnungslegung nach diesem Abschnitt verpflichtet ist. [2] Hat das Unternehmen einen Aufsichtsrat, ist vor der

---

[1)] Nr. **50**.

[2)] § 2 Abs. 2 und Abs. 3 Satz 6 neu gef. mWv 1.1.2007 durch G v. 10.11.2006 (BGBl. I S. 2553); Abs. 3 Satz 3 geänd. mWv 1.9.2009 durch G v. 17.12.2008 (BGBl. I S. 2586); Abs. 2 Sätze 1–3, Abs. 3 Satz 6 geänd. mWv 1.4.2012 durch G v. 22.12.2011 (BGBl. I S. 3044); Abs. 2 Satz 1 geänd., Abs. 4 angef. mWv 1.7.2021 durch G v. 3.6.2021 (BGBl. I S. 1534); Abs. 2 Sätze 1 und 2 geänd., Satz 3 aufgeh., Abs. 3 Satz 6 geänd. mWv 1.8.2022 durch G v. 5.7.2021 (BGBl. I S. 3338).

nen Vertretern auch dieser zu hören. ³Gegen die de zulässig. ⁴Für die Auswahl der Prüfer, den Ersatz und die Vergütung der Prüfer, die Verantwortlichkeit d die Kosten gelten § 142 Abs. 6, §§ 143, 145 Abs. 1 tzes[1] und § 323 des Handelsgesetzbuchs sinngemäß; Staatskasse, wenn eine Verpflichtung zur Rechnungs- nitt nicht besteht. ⁵Die Prüfer haben über das Ergebnis berichten und den Bericht zu unterzeichnen. ⁶Sie haben Gericht und den gesetzlichen Vertretern einzureichen; dem Ergebnis, dass das Unternehmen zur Rechnungs- bschnitt verpflichtet ist, ist der Bericht auch der das Unter- enden Stelle elektronisch zur Einstellung in das Unterneh- rmitteln. ⁷Auf Verlangen haben die gesetzlichen Vertreter eine Abschrift des Berichts zu erteilen.

1 bis 3 finden im Fall des § 1 Absatz 3 keine Anwendung.

**§ bereich.** (1) Dieser Abschnitt ist nur anzuwenden auf Unterneh- ntsform

enhandelsgesellschaft, für die kein Abschluss nach § 264a oder Handelsgesetzbuchs[3] aufgestellt wird, oder des Einzelkaufmanns,

ns, dessen Zweck auf einen wirtschaftlichen Geschäftsbetrieb gerichtet

r rechtsfähigen Stiftung des bürgerlichen Rechts, wenn sie ein Gewerbe betreibt,

5. einer Körperschaft, Stiftung oder Anstalt des öffentlichen Rechts, die Kaufmann nach § 1 des Handelsgesetzbuchs sind oder als Kaufmann im Handelsregister eingetragen sind.

(2) ¹Dieser Abschnitt gilt nicht für

1. Unternehmen in der Rechtsform der Genossenschaft,

1a. Unternehmen ohne eigene Rechtspersönlichkeit einer Gemeinde, eines Gemeindeverbandes oder eines Zweckverbandes,

2. Verwertungsgesellschaften nach dem Verwertungsgesellschaftengesetz[4].

²Dieser Abschnitt ist ferner auf Kreditinstitute im Sinne des § 340 des Handelsgesetzbuchs und auf die in § 2 Abs. 1 Nr. 1, 2 und 4 des Gesetzes über das Kreditwesen[5] genannten Personen sowie auf Versicherungsunternehmen im Sinne des § 341 des Handelsgesetzbuchs nicht anzuwenden.

(3) Dieser Abschnitt gilt nicht für Unternehmen in Abwicklung.

**§ 4** ***Gesetzliche Vertreter, Aufsichtsrat, Feststellung, Gericht.*** (1) ¹Im Sinne dieses Gesetzes sind gesetzliche Vertreter eines Unternehmens

1. bei einer juristischen Person die Mitglieder des vertretungsberechtigten Organs,

---

[1] Nr. **51**.

[2] § 3 Abs. 1 Satz 1 Nr. 1 geänd., Nr. 2 aufgeh. mWv 9.3.2000 durch G v. 24.2.2000 (BGBl. I S. 154); Abs. 2 Satz 1 Nr. 2 geänd. mWv 1.6.2016 durch G v. 24.5.2016 (BGBl. I S. 1190).

[3] Nr. **50**.

[4] **Habersack, Deutsche Gesetze ErgBd. Nr. 65a.**

[5] **Sartorius ErgBd. Nr. 856.**

2. bei einer Personenhandelsgesellschaft der oder die vertretungsberechtigten Gesellschafter.

[2] Die Vorschriften für die gesetzlichen Vertreter des Unternehmens gelten, wenn es sich um das Unternehmen eines Einzelkaufmanns handelt, sinngemäß für den Einzelkaufmann oder seinen gesetzlichen Vertreter.

(2) Die Vorschriften dieses Gesetzes für den Aufsichtsrat [illegible] sinngemäß für ein entsprechendes Überwachungsorgan.

(3) Als Feststellung des Jahresabschlusses ist die Billigung [illegible]abschlusses durch die zuständige Stelle, und wenn es sich um das Unterne[illegible]s Einzelkaufmanns handelt, die Billigung des Jahresabschlusses durch de[illegible]zusehen.

(4) Gericht im Sinne dieses Gesetzes ist das Gericht des Sitzes (de[illegible]lassung) des Unternehmens.

**§ 5[1)] Aufstellung von Jahresabschluß und Lagebericht.** (1) [1] Die g[illegible] Vertreter des Unternehmens haben den Jahresabschluß (§ 242 des Han[illegible]buchs[2)]) in den ersten drei Monaten des Geschäftsjahrs für das vergan[illegible]schäftsjahr aufzustellen. [2] Für den Inhalt des Jahresabschlusses, seine Gl[illegible] und für die einzelnen Posten des Jahresabschlusses gelten § 264 Absatz 1a so[illegible] §§ 265, 266, 268 bis 275 und 277 des Handelsgesetzbuchs sinngemäß. [3] So[illegible] Vorschriften, die durch die Rechtsform oder den Geschäftszweig bedingt [illegible] bleiben unberührt.

(2) [1] Die gesetzlichen Vertreter eines Unternehmens, das nicht in der Rechtsform einer Personenhandelsgesellschaft oder des Einzelkaufmanns geführt wird, haben den Jahresabschluß um einen Anhang zu erweitern, der mit der Bilanz und der Gewinn- und Verlustrechnung eine Einheit bildet, sowie einen Lagebericht aufzustellen. [2] Für den Anhang gelten die §§ 284, 285 Nummer 1 bis 4, 7 bis 13, 15a, 17 bis 34, § 286 des Handelsgesetzbuchs und für den Lagebericht § 289 des Handelsgesetzbuchs sinngemäß.

(2a) [1] Unternehmen, die in sinngemäßer Anwendung des § 264d des Handelsgesetzbuchs kapitalmarktorientiert sind, haben den Jahresabschluss um einen Anhang nach Absatz 2 zu ergänzen und einen Lagebericht nach Absatz 2 Satz 2 aufzustellen. [2] § 264 Abs. 1 Satz 2 des Handelsgesetzbuchs ist sinngemäß anzuwenden.

(3) § 330 des Handelsgesetzbuchs über den Erlaß von Rechtsverordnungen gilt auch für Unternehmen, auf die dieser Abschnitt nach § 3 Abs. 1 anzuwenden ist.

(4) Handelt es sich um das Unternehmen einer Personenhandelsgesellschaft oder eines Einzelkaufmanns, so dürfen das sonstige Vermögen des Einzelkaufmanns oder der Gesellschafter (Privatvermögen) nicht in die Bilanz und die auf das Privatvermögen entfallenden Aufwendungen und Erträge nicht in die Gewinn- und Verlustrechnung aufgenommen werden.

(5) [1] Personenhandelsgesellschaften und Einzelkaufleute können die Gewinn- und Verlustrechnung nach den für ihr Unternehmen geltenden Bestimmungen

---

[1)] § 5 Abs. 6 angef. mWv 9.3.2000 durch G v. 24.2.2000 (BGBl. I S. 154); Abs. 2 Satz 2 geänd. mWv 10.12.2004 durch G v. 4.12.2004 (BGBl. I S. 3166); Abs. 1 Satz 2 neu gef., Abs. 2 Satz 2 geänd., Abs. 2a eingef. mWv 29.5.2009 durch G v. 25.5.2009 (BGBl. I S. 1102); Abs. 1 Satz 2, Abs. 2 Satz 2, Abs. 2a Satz 1 geänd., Abs. 5 Satz 3 Nr. 5 neu gef. mWv 23.7.2015 durch G v. 17.7.2015 (BGBl. I S. 1245); Abs. 2a Satz 1 geänd. mWv 1.7.2021 durch G v. 3.6.2021 (BGBl. I S. 1534).

[2)] Nr. **50**.

aufstellen. [2]Bei Anwendung einer Gliederung nach § 275 des Handelsgesetzbuchs dürfen die Steuern, die Personenhandelsgesellschaften und Einzelkaufleute als Steuerschuldner zu entrichten haben, unter den sonstigen Aufwendungen ausgewiesen werden. [3]Soll die Gewinn- und Verlustrechnung nicht nach § 9 offengelegt werden, sind außerdem in einer Anlage zur Bilanz folgende Angaben zu machen:

1. Die Umsatzerlöse im Sinne des § 277 Abs. 1 des Handelsgesetzbuchs,
2. die Erträge aus Beteiligungen,
3. die Löhne, Gehälter, sozialen Abgaben sowie Aufwendungen für Altersversorgung und Unterstützung,
4. die Bewertungs- und Abschreibungsmethoden einschließlich wesentlicher Änderungen,
5. die durchschnittliche Zahl der in den letzten zwölf Monaten vor dem Abschlussstichtag beschäftigten Arbeitnehmer.

(6) Unternehmen im Sinne des § 3 Abs. 1 sind von den Anforderungen dieses Gesetzes befreit, wenn sie in den Konzernabschluss eines Mutterunternehmens im Sinne des § 11 dieses Gesetzes oder des § 290 des Handelsgesetzbuchs einbezogen sind und sie im Übrigen die entsprechend geltenden Voraussetzungen des § 264 Abs. 3 des Handelsgesetzbuchs erfüllen.

**§ 6[1)] Prüfung durch die Abschlußprüfer.** (1) [1]Der Jahresabschluß und der Lagebericht sind durch einen Abschlußprüfer zu prüfen. [2]Soweit in den Absätzen 2 und 3 nichts anderes bestimmt ist, gelten § 316 Absatz 3, § 317 Absatz 1, 2 Satz 1 bis 3, Absatz 3a, 4a bis 6, § 318 Absatz 1, 1a, 3 bis 8, § 319 Absatz 1 bis 4, § 319b Absatz 1, § 320 Absatz 1, 2 und 4 sowie die §§ 321 bis 324 des Handelsgesetzbuchs[2)] über die Prüfung des Jahresabschlusses sinngemäß, bei einem Unternehmen, das ein Unternehmen von öffentlichem Interesse nach § 316a Satz 2 Nummer 1 des Handelsgesetzbuchs ist, jedoch nur insoweit, als nicht die Verordnung (EU) Nr. 537/2014 des Europäischen Parlaments und des Rates vom 16. April 2014 über spezifische Anforderungen an die Abschlussprüfung bei Unternehmen von öffentlichem Interesse und zur Aufhebung des Beschlusses 2005/909/EG der Kommission (ABl. L 158 vom 27.5.2014, S. 77; L 170 vom 11.6.2014, S. 66) anzuwenden ist. [3]Die Sätze 1 und 2 gelten auch für einen Einzelabschluss nach § 9 Absatz 1 Satz 1 in Verbindung mit § 325 Absatz 2a des Handelsgesetzbuchs.

(2) Handelt es sich um das Unternehmen einer Personenhandelsgesellschaft oder eines Einzelkaufmanns, so hat sich die Prüfung auch darauf zu erstrecken, ob § 5 Abs. 4 beachtet worden ist.

(3) [1]Der Abschlußprüfer wird bei Personenhandelsgesellschaften, soweit nicht das Gesetz, die Satzung oder der Gesellschaftsvertrag etwas anderes vorsehen, von den Gesellschaftern gewählt. [2]Handelt es sich um das Unternehmen eines Einzelkaufmanns, so bestellt dieser den Abschlußprüfer. [3]Bei anderen Unternehmen wird der Abschlußprüfer, sofern über seine Bestellung nichts anderes bestimmt ist, vom Aufsichtsrat gewählt; hat das Unternehmen keinen Aufsichtsrat, so bestellen die gesetzlichen Vertreter den Abschlußprüfer. [4]Bei einem Unternehmen, das ein Unternehmen von öffentlichem Interesse nach § 316a Satz 2 Nummer 1 des

---

1) § 6 Abs. 1 geänd. durch G v. 27.4.1998 (BGBl. I S. 786); Abs. 3 Satz 1 geänd., Satz 4 aufgeh. mWv 9.3.2000 durch G v. 24.2.2000 (BGBl. I S. 154); Abs. 3 Satz 4 angef. mWv 17.6.2016 durch G v. 10.5.2016 (BGBl. I S. 1142); Abs. 1 Satz 2 neu gef. Satz 3 angef., Abs. 3 Satz 4 geänd. mWv 1.7.2021 durch G v. 3.6.2021 (BGBl. I S. 1534).

2) Nr. **50**.

Handelsgesetzbuchs ist, ist der Vorschlag zur Wahl des Abschlussprüfers auf die Empfehlung des Prüfungsausschusses zu stützen.

**§ 7[1] Prüfung durch den Aufsichtsrat.** [1] Hat das Unternehmen einen Aufsichtsrat, so haben die gesetzlichen Vertreter unverzüglich nach Eingang des Prüfungsberichts der Abschlußprüfer den Jahresabschluß, den Lagebericht und den Prüfungsbericht der Abschlußprüfer dem Aufsichtsrat vorzulegen. [2] Der Aufsichtsrat hat den Jahresabschluß und den Lagebericht zu prüfen; er hat über das Ergebnis seiner Prüfung schriftlich zu berichten. [3] § 170 Abs. 3, § 171 Abs. 1 Satz 2 und 3, Abs. 2 Satz 2 bis 5, Abs. 3 des Aktiengesetzes[2] gelten sinngemäß. [4] Die Sätze 1 bis 3 gelten auch für einen Einzelabschluss nach § 9 Abs. 1 Satz 1 dieses Gesetzes in Verbindung mit § 325 Abs. 2a des Handelsgesetzbuchs[3]; für einen solchen Abschluss gilt ferner § 171 Abs. 4 Satz 1 des Aktiengesetzes sinngemäß. [5] Ist das Unternehmen ein Unternehmen von öffentlichem Interesse nach § 316a Satz 2 Nummer 1 des Handelsgesetzbuchs und hat es einen Aufsichtsrat, gelten auch § 100 Absatz 5 und § 107 Absatz 4 des Aktiengesetzes entsprechend.[4] [6] Der Prüfungsausschuss hat sich mit den in § 107 Absatz 3 Satz 2 und 3 des Aktiengesetzes beschriebenen Aufgaben zu befassen.

**§ 8[5] Feststellung des Jahresabschlusses.** (1) [1] Bedarf es zur Feststellung des Jahresabschlusses der Entscheidung oder Mitwirkung einer anderen Stelle als der gesetzlichen Vertreter und des Aufsichtsrats, so haben die gesetzlichen Vertreter den Jahresabschluß, wenn das Unternehmen einen Aufsichtsrat hat, unverzüglich nach Eingang seines Prüfungsberichts (§ 7), wenn das Unternehmen keinen Aufsichtsrat hat, unverzüglich nach Eingang des Prüfungsberichts der Abschlußprüfer der zuständigen Stelle vorzulegen. [2] Bedarf es zur Feststellung des Jahresabschlusses einer Versammlung der Gesellschafter, so ist die Versammlung unverzüglich nach dem Eingang des Prüfungsberichts des Aufsichtsrats oder der Abschlußprüfer einzuberufen; berufen die für die Einberufung zuständigen Stellen die Versammlung nicht unverzüglich ein, so haben die gesetzlichen Vertreter sie einzuberufen.

(2) Auf den Jahresabschluß sind bei der Feststellung die für seine Aufstellung geltenden Vorschriften anzuwenden.

(3) [1] Wird der Jahresabschluss nach Vorlage des Prüfungsberichts geändert, so hat der Abschlussprüfer diese Unterlagen erneut zu prüfen, soweit es die Änderung erfordert. [2] Über das Ergebnis der Prüfung ist zu berichten; der Bestätigungsvermerk ist entsprechend zu ergänzen. [3] Eine vor der erneuten Prüfung getroffene Entscheidung über die Feststellung des Jahresabschlusses wird erst wirksam, wenn auf Grund der erneuten Prüfung ein hinsichtlich der Änderung uneingeschränkter Bestätigungsvermerk erteilt worden ist. [4] Sie wird nichtig, wenn nicht binnen zwei Wochen seit der Entscheidung ein hinsichtlich der Änderung uneingeschränkter Bestätigungsvermerk erteilt wird.

(4) Der festgestellte Jahresabschluß ist der Jahresabschluß im Sinne der für die Rechtsform des Unternehmens geltenden Vorschriften.

---

[1] § 7 Satz 4 angef. mWv 10.12.2004 durch G v. 4.12.2004 (BGBl. I S. 3166); Satz 3 geänd. mWv 29.5. 2009 durch G v. 25.5.2009 (BGBl. I S. 1102); Satz 3 geänd., Sätze 5, 6 angef. mWv 17.6.2016 durch G v. 10.5.2016 (BGBl. I S. 1142); Sätze 5, 6 neu gef. mWv 1.7.2021 durch G v. 3.6.2021 (BGBl. I S. 1534).

[2] Nr. **51**.

[3] Nr. **50**.

[4] Siehe hierzu Übergangsvorschrift in § 22 Abs. 6.

[5] § 8 Abs. 3 Sätze 1 und 2 neu gef. mWv 9.3.2000 durch G v. 24.2.2000 (BGBl. I S. 154).

**§ 9[1] Offenlegung des Jahresabschlusses und des Lageberichts, Prüfung durch die das Unternehmensregister führende Stelle.** (1) [1]Die gesetzlichen Vertreter des Unternehmens haben für dieses den Jahresabschluß und die sonst in § 325 Abs. 1 des Handelsgesetzbuchs[2] bezeichneten Unterlagen, sofern sie aufzustellen sind, in sinngemäßer Anwendung des § 325 Absatz 1 bis 2b, 4 bis 6 sowie der §§ 327a und 328 des Handelsgesetzbuchs offenzulegen. [2]§ 329 Absatz 1, 2 und 4 des Handelsgesetzbuchs gilt sinngemäß.

(2) Personenhandelsgesellschaften und Einzelkaufleute brauchen die Gewinn- und Verlustrechnung und den Beschluß über die Verwendung des Ergebnisses nicht offenzulegen, wenn sie in einer Anlage zur Bilanz die nach § 5 Abs. 5 Satz 3 erforderlichen Angaben aufnehmen.

(3) In der Bilanz von Personenhandelsgesellschaften dürfen bei der Offenlegung die Kapitalanteile der Gesellschafter, die Rücklagen, ein Gewinnvortrag und ein Gewinn unter Abzug der nicht durch Vermögenseinlagen gedeckten Verlustanteile von Gesellschaftern, eines Verlustvortrags und eines Verlustes in einem Posten „Eigenkapital" ausgewiesen werden.

**§ 10[3] Nichtigkeit des Jahresabschlusses.** [1]Der Jahresabschluß ist nichtig, wenn er

1. nicht nach § 6 Abs. 1 Satz 1 und 2 dieses Gesetzes in Verbindung mit § 316 Abs. 3 des Handelsgesetzbuchs[2] geprüft worden ist oder
2. von Personen geprüft worden ist, die nicht zum Abschlußprüfer bestellt sind oder nach § 6 Abs. 1 Satz 2 dieses Gesetzes in Verbindung mit § 319 Abs. 1 des Handelsgesetzbuchs nicht Abschlußprüfer sind.

[2]Die Nichtigkeit nach Nummer 2 kann nicht mehr geltend gemacht werden, wenn seit der Einstellung des Jahresabschlusses im Unternehmensregister sechs Monate verstrichen sind. [3]§ 256 Abs. 6 Satz 2 des Aktiengesetzes[4] gilt sinngemäß.

## Zweiter Abschnitt. Rechnungslegung von Konzernen

**§ 11[5] Zur Rechnungslegung verpflichtete Mutterunternehmen.**

(1) Kann ein Unternehmen mit Sitz (Hauptniederlassung) im Inland unmittelbar oder mittelbar einen beherrschenden Einfluss auf ein anderes Unternehmen ausüben, so hat dieses Unternehmen (Mutterunternehmen) nach den folgenden Vorschriften Rechnung zu legen, wenn für drei aufeinanderfolgende Konzernabschlußstichtage jeweils mindestens zwei der drei folgenden Merkmale zutreffen:

---

[1] § 9 Abs. 1 Satz 1 geänd. mWv 10.12.2004 durch G v. 4.12.2004 (BGBl. I S. 3166); Überschrift, Abs. 1 Sätze 1 und 2 geänd., Sätze 3 und 4 aufgeh. mWv 1.1.2007 durch G v. 10.11.2006 (BGBl. I S. 2553); Überschrift geänd. mWv 1.4.2012 durch G v. 22.12.2011 (BGBl. I S. 3044); Abs. 1 Satz 1 geänd. mWv 23.7.2015 durch G v. 17.7.2015 (BGBl. I S. 1245); Überschrift und Abs. 1 Sätze 1 und 2 geänd. mWv 1.8.2022 durch G v. 5.7.2021 (BGBl. I S. 3338).

[2] Nr. **50**.

[3] § 10 Satz 2 geänd. mWv 1.8.2022 durch G v. 5.7.2021 (BGBl. I S. 3338).

[4] Nr. **51**.

[5] § 11 Abs. 5 Satz 1 geänd., Abs. 6 neu gef. mWv 9.3.2000 durch G v. 24.2.2000 (BGBl. I S. 154); Abs. 1 Nr. 1 und 2 geänd. mWv 1.1.2002 durch G v. 10.12.2001 (BGBl. I S. 3414); Abs. 6 Satz 1 Nr. 2 neu gef., Satz 2 angef. mWv 10.12.2004 durch G v. 4.12.2004 (BGBl. I S. 3166); Abs. 1 einl. Satzteil und Abs. 3 Satz 1 geänd. Abs. 6 Satz 1 Nr. 1 neu gef. mWv 29.5.2009 durch G v. 25.5.2009 (BGBl. I S. 1102); Abs. 6 Satz 1 Nr. 1 geänd. mWv 23.7.2015 durch G v. 17.7.2015 (BGBl. I S. 1245); Abs. 6 Satz 1 Nr. 2, Satz 2 geänd. mWv 19.4.2017 durch G v. 11.4.2017 (BGBl. I S. 802).

1. Die Bilanzsumme einer auf den Konzernabschlußstichtag aufgestellten Konzernbilanz übersteigt 65 Millionen Euro.
2. Die Umsatzerlöse einer auf den Konzernabschlußstichtag aufgestellten Konzern-Gewinn- und Verlustrechnung in den zwölf Monaten vor dem Abschlußstichtag übersteigen 130 Millionen Euro.
3. Die Konzernunternehmen mit Sitz im Inland haben in den zwölf Monaten vor dem Konzernabschlußstichtag insgesamt durchschnittlich mehr als fünftausend Arbeitnehmer beschäftigt.

(2) [1] Bilanzsumme nach Absatz 1 Nr. 1 ist die Bilanzsumme einer nach § 13 Abs. 2 aufgestellten Konzernbilanz; § 1 Abs. 2 Satz 2 bis 5 gilt sinngemäß. [2] Braucht das Mutterunternehmen einen Jahresabschluß nicht aufzustellen, so ist der Abschlußstichtag des größten Unternehmens mit Sitz im Inland maßgebend.

(3) [1] Kann ein Unternehmen mit Sitz (Hauptniederlassung) im Ausland unmittelbar oder mittelbar einen beherrschenden Einfluss auf ein anderes Unternehmen ausüben und beherrscht dieses Unternehmen über ein oder mehrere zum Konzern gehörende Unternehmen mit Sitz (Hauptniederlassung) im Inland andere Unternehmen, so haben die Unternehmen mit Sitz im Inland, die der Konzernleitung am nächsten stehen (Mutterunternehmen), für ihren Konzernbereich (Teilkonzern) nach diesem Abschnitt Rechnung zu legen, wenn für drei aufeinanderfolgende Abschlußstichtage des Mutterunternehmens mindestens zwei der drei Merkmale des Absatzes 1 für den Teilkonzern zutreffen. [2] Absatz 2 gilt sinngemäß.

(4) *(aufgehoben)*

(5) [1] Dieser Abschnitt ist nicht anzuwenden, wenn das Mutterunternehmen eine Aktiengesellschaft, eine Kommanditgesellschaft auf Aktien, eine Gesellschaft mit beschränkter Haftung, ein Kreditinstitut im Sinne des § 340 des Handelsgesetzbuchs[1)] oder eine in § 2 Abs. 1 Nr. 1, 2 und 4 des Gesetzes über das Kreditwesen[2)] genannte Person oder ein Versicherungsunternehmen im Sinne des § 341 des Handelsgesetzbuchs ist oder als Personenhandelsgesellschaft nach § 3 Abs. 1 Satz 1 Nr. 1 den ersten Abschnitt nicht anzuwenden hat. [2] Weiterhin sind Personenhandelsgesellschaften und Einzelkaufleute zur Aufstellung eines Konzernabschlusses nach diesem Abschnitt nicht verpflichtet, wenn sich ihr Gewerbebetrieb auf die Vermögensverwaltung beschränkt und sie nicht die Aufgaben der Konzernleitung wahrnehmen.

(6) [1] Folgende Bestimmungen des Handelsgesetzbuchs gelten sinngemäß:

1. § 290 Abs. 2 bis 5 über die Pflicht zur Aufstellung sowie die §§ 291 und 292 über befreiende Konzernabschlüsse und Konzernlageberichte;
2. § 315e über den Konzernabschluss nach internationalen Rechnungslegungsstandards, Absatz 2 der Vorschrift jedoch nur, wenn das Mutterunternehmen seiner Rechtsform nach in den Anwendungsbereich der Verordnung (EG) Nr. 1606/2002 des Europäischen Parlaments und des Rates vom 19. Juli 2002 betreffend die Anwendung internationaler Rechnungslegungsstandards (ABl. EG Nr. L 243 S. 1) in ihrer jeweils geltenden Fassung fällt.

[2] Sind die Voraussetzungen des § 315e des Handelsgesetzbuchs erfüllt, so gilt § 13 Abs. 2 Satz 1 und 2, Abs. 3 Satz 1 und 2 in Verbindung mit § 5 Abs. 5 dieses Gesetzes nicht.

---

[1)] Nr. **50.**
[2)] **Sartorius ErgBd. Nr. 856.**

## § 12[1)] Beginn und Dauer der Pflicht zur Konzernrechnungslegung.

(1) Für den Beginn und die Dauer der Pflicht, nach diesem Abschnitt Rechnung zu legen, gilt § 2 Abs. 1 Satz 1 und 3 sinngemäß.

(2) [1]Die gesetzlichen Vertreter eines Mutterunternehmens, für dessen Abschlussstichtag mindestens zwei der drei Merkmale des § 11 Abs. 1 zutreffen, haben unverzüglich der das Unternehmensregister führenden Stelle elektronisch (§ 12 Abs. 2 des Handelsgesetzbuchs[2)]) die Erklärung zur Einstellung in das Unternehmensregister zu übermitteln, dass für diesen Abschlussstichtag zwei der drei Merkmale des § 11 Abs. 1 zutreffen; § 11 Abs. 2 Satz 2 gilt entsprechend. [2]Eine entsprechende Erklärung haben die gesetzlichen Vertreter des Mutterunternehmens auch für jeden der beiden folgenden Abschlussstichtage unverzüglich der das Unternehmensregister führenden Stelle elektronisch zur Einstellung in das Unternehmensregister zu übermitteln, wenn die Merkmale auch für diesen Abschlussstichtag zutreffen.

(3) [1]Das Gericht hat zur Prüfung der Frage, ob ein Mutterunternehmen nach diesem Abschnitt Rechnung zu legen hat, Prüfer zu bestellen, wenn Anlaß für die Annahme besteht, daß das Mutterunternehmen zur Rechnungslegung nach diesem Abschnitt verpflichtet ist. [2]Hat das Mutterunternehmen einen Aufsichtsrat, so ist vor der Bestellung außer den gesetzlichen Vertretern des Mutterunternehmens auch dieser zu hören. [3]§ 2 Absatz 3 Satz 3 bis 7 gilt sinngemäß.

## § 13[3)] Aufstellung von Konzernabschluß und Konzernlagebericht.

(1) [1]Die gesetzlichen Vertreter des Mutterunternehmens haben in den ersten fünf Monaten des Konzerngeschäftsjahrs für das vergangene Konzerngeschäftsjahr einen Konzernabschluss sowie einen Konzernlagebericht oder einen Teilkonzernabschluss oder einen Teilkonzernlagebericht aufzustellen. [2]Ist das Mutterunternehmen kapitalmarktorientiert im Sinn des § 264d des Handelsgesetzbuchs[2)], sind der Konzernabschluss sowie der Konzernlagebericht in den ersten vier Monaten des Konzerngeschäftsjahres für das vergangene Konzerngeschäftsjahr aufzustellen; dies gilt nicht, wenn es ausschließlich zum Handel an einem organisierten Markt zugelassene Schuldtitel im Sinn des § 2 Absatz 1 Nummer 3 des Wertpapierhandelsgesetzes[4)] mit einer Mindeststückelung von 100 000 Euro oder dem am Ausgabetag entsprechenden Gegenwert einer anderen Währung begibt.

(2) [1]Für den Konzernabschluß oder Teilkonzernabschluß gelten die §§ 294 bis 314 des Handelsgesetzbuchs sinngemäß; soweit eine abweichende Gliederung zulässig ist, kann diese auch für den Konzernabschluß oder den Teilkonzernabschluß verwendet werden. [2]Sonstige Vorschriften, die durch die Rechtsform oder den Geschäftszweig bedingt sind, bleiben unberührt. [3]Für den Konzernlagebericht oder den Teilkonzernlagebericht gilt § 315 des Handelsgesetzbuchs sinngemäß.

(3) [1]Auf den Konzernabschluss oder den Teilkonzernabschluss braucht § 314 Abs. 1 Nr. 6 des Handelsgesetzbuchs nicht angewendet zu werden. [2]Ist das

---

[1)] § 12 Abs. 2 neu gef. mWv 1.1.2007 durch G v. 10.11.2006 (BGBl. I S. 2553); Abs. 2 Sätze 1 und 2 geänd. mWv 1.4.2012 durch G v. 22.12.2011 (BGBl. I S. 3044); Abs. 2 Sätze 1 und 2 geänd., Satz 3 aufgeh., Abs. 3 Satz 3 geänd. mWv 1.8.2022 durch G v. 5.7.2021 (BGBl. I S. 3338).

[2)] Nr. **50**.

[3)] § 13 Abs. 3 Satz 2 geänd. mWv 10.12.2004 durch G v. 4.12.2004 (BGBl. I S. 3166); Abs. 1, Abs. 3 Satz 1 neu gef., Abs. 3 Satz 2 geänd. mWv 29.5.2009 durch G v. 25.5.2009 (BGBl. I S. 1102); Abs. 1 Satz 2, Abs. 3 Satz 3 geänd., Abs. 4 neu gef. mWv 23.7.2015 durch G v. 17.7.2015 (BGBl. I S. 1245); Abs. 1 Satz 2 geänd. mWv 19.4.2017 durch G v. 11.4.2017 (BGBl. I S. 802).

[4)] **Habersack, Deutsche Gesetze ErgBd. Nr. 58.**

Mutterunternehmen eine Personenhandelsgesellschaft oder ein Einzelkaufmann, so gilt § 5 Abs. 4, 5 für den Konzernabschluß sinngemäß; dieser braucht Kapitalflussrechnung und Eigenkapitalspiegel nicht zu umfassen, soweit das Mutterunternehmen nicht kapitalmarktorientiert im Sinn des § 264d des Handelsgesetzbuchs ist. [3] Bei Anwendung des Satzes 1 oder des § 5 Abs. 5 haben der Konzernabschluß oder der Teilkonzernabschluß befreiende Wirkung nach den §§ 291 und 292 des Handelsgesetzbuchs nur, wenn das befreite Tochterunternehmen, das gleichzeitig Mutterunternehmen ist, diese Erleichterungen für seinen Konzernabschluß oder Teilkonzernabschluß hätte in Anspruch nehmen können.

(4) § 330 des Handelsgesetzbuchs über den Erlass von Rechtsverordnungen gilt auch für Konzernabschlüsse, Teilkonzernabschlüsse, Konzernlageberichte und Teilkonzernlageberichte nach diesem Abschnitt.

**§ 14[1)] Prüfung des Konzernabschlusses.** (1) [1] Der Konzernabschluß oder Teilkonzernabschluß ist unter Einbeziehung des Konzernlageberichts oder des Teilkonzernlageberichts durch einen Abschlußprüfer zu prüfen. [2] § 316 Abs. 3, §§ 317 bis 324 des Handelsgesetzbuchs[2)] über die Prüfung sowie § 6 Abs. 2, 3 dieses Gesetzes gelten sinngemäß.

(2) [1] Ist das Mutterunternehmen eine Genossenschaft, so ist der Prüfungsverband, dem die Genossenschaft angehört, auch Abschlußprüfer des Konzernabschlusses. [2] Der von einem Prüfungsverband geprüfte Konzernabschluß oder Teilkonzernabschluß hat befreiende Wirkung nach *nach*[3)] den §§ 291 und 292 des Handelsgesetzbuchs nur, wenn das befreite Tochterunternehmen, das gleichzeitig Mutterunternehmen ist, seinen Konzernabschluß oder Teilkonzernabschluß von dieser Person hätte prüfen lassen können.

(3) [1] Hat das Mutterunternehmen einen Aufsichtsrat, so haben die gesetzlichen Vertreter den Konzernabschluß oder den Teilkonzernabschluß, den Konzernlagebericht oder den Teilkonzernlagebericht und den Prüfungsbericht des Abschlußprüfers des Konzernabschlusses unverzüglich nach Eingang des Prüfungsberichts dem Aufsichtsrat zur Kenntnisnahme vorzulegen. [2] Jedes Aufsichtsratsmitglied hat das Recht, von den Vorlagen Kenntnis zu nehmen. [3] Die Vorlagen sind auch jedem Aufsichtsratsmitglied auf Verlangen auszuhändigen, soweit der Aufsichtsrat nichts anderes beschlossen hat.

**§ 15[4)] Offenlegung des Konzernabschlusses.** (1) Die gesetzlichen Vertreter des Mutterunternehmens haben für dieses den Konzernabschluß oder Teilkonzernabschluß mit dem Bestätigungsvermerk oder dem Vermerk über dessen Versagung und den Konzernlagebericht oder Teilkonzernlagebericht in singemäßer Anwendung des § 325 Absatz 3 bis 6 sowie des § 327a des Handelsgesetzbuchs[2)] offenzulegen.

(2) Für die Offenlegung, Veröffentlichung und Vervielfältigung des Konzernabschlusses, Teilkonzernabschlusses, Konzernlageberichts und des Teilkonzernlageberichts gilt § 328, für die Prüfungspflicht der das Unternehmensregister führenden Stelle § 329 Absatz 1, 2 und 4 des Handelsgesetzbuchs sinngemäß.

---

[1)] § 14 Abs. 2 Satz 2 geänd. mWv 23.7.2015 durch G v. 17.7.2015 (BGBl. I S. 1245).

[2)] Nr. **50**.

[3)] Wortlaut amtlich.

[4)] § 15 Abs. 1 Satz 1 und Abs. 2 geänd., Abs. 1 Sätze 2 und 3 aufgeh. mWv 1.1.2007 durch G v. 10.11. 2006 (BGBl. I S. 2553); Abs. 2 geänd. mWv 1.4.2012 durch G v. 22.12.2011 (BGBl. I S. 3044); Abs. 1 und Abs. 2 geänd. mWv 1.8.2022 durch G v. 5.7.2021 (BGBl. I S. 3338).

**§ 16** *(aufgehoben)*

## Dritter Abschnitt. Straf-, Bußgeld- und Schlußvorschriften

**§ 17[1] Unrichtige Darstellung.** (1) Mit Freiheitsstrafe bis zu drei Jahren oder mit Geldstrafe wird bestraft, wer als gesetzlicher Vertreter (§ 4 Abs. 1 Satz 1) eines Unternehmens oder eines Mutterunternehmens, beim Einzelkaufmann als Inhaber oder dessen gesetzlicher Vertreter,

1. die Verhältnisse des Unternehmens im Jahresabschluß oder Lagebericht unrichtig wiedergibt oder verschleiert,

1a. zum Zwecke der Befreiung nach § 9 Abs. 1 Satz 1 in Verbindung mit § 325 Abs. 2a Satz 1, Abs. 2b des Handelsgesetzbuchs[2] einen Einzelabschluss nach den in § 315e Abs. 1 des Handelsgesetzbuchs genannten internationalen Rechnungslegungsstandards, in dem die Verhältnisse des Unternehmens unrichtig wiedergegeben oder verschleiert worden sind, offen legt,

2. die Verhältnisse des Konzerns oder Teilkonzerns im Konzernabschluß, Konzernlagebericht, Teilkonzernabschluß oder Teilkonzernlagebericht unrichtig wiedergibt oder verschleiert,

3. zum Zwecke der Befreiung nach § 11 Abs. 6 Satz 1 Nr. 1 in Verbindung mit den §§ 291 und 292 des Handelsgesetzbuchs einen Konzernabschluß, Konzernlagebericht, Teilkonzernabschluß oder Teilkonzernlagebericht, in dem die Verhältnisse des Konzerns oder Teilkonzerns unrichtig wiedergegeben oder verschleiert worden sind, offenlegt oder

4. in Aufklärungen oder Nachweisen, die nach § 2 Abs. 3 Satz 4 in Verbindung mit § 145 Abs. 2 und 3 des Aktiengesetzes[3], § 6 Abs. 1 Satz 2 in Verbindung mit § 320 Abs. 1, 2 des Handelsgesetzbuchs, § 12 Abs. 3 Satz 3 in Verbindung mit § 2 Abs. 3 Satz 4 und § 145 Abs. 2 und 3 des Aktiengesetzes oder § 14 Abs. 1 Satz 2 in Verbindung mit § 320 Abs. 3 des Handelsgesetzbuchs einem Abschlußprüfer des Unternehmens, eines verbundenen Unternehmens, des Konzerns oder des Teilkonzerns zu geben sind, unrichtige Angaben macht oder die Verhältnisse des Unternehmens, eines Tochterunternehmens, des Konzerns oder des Teilkonzerns unrichtig wiedergibt oder verschleiert.

(2) Handelt der Täter in den Fällen des Absatzes 1 Nummer 1a oder 3 leichtfertig, so ist die Strafe Freiheitsstrafe bis zu einem Jahr oder Geldstrafe.

**§ 18[4] Verletzung der Berichtspflicht.** (1) Mit Freiheitsstrafe bis zu drei Jahren oder mit Geldstrafe wird bestraft, wer als Prüfer nach diesem Gesetz oder als Gehilfe eines solchen Prüfers über das Ergebnis der Prüfung falsch berichtet, erhebliche Umstände im Bericht verschweigt oder einen inhaltlich unrichtigen Bestätigungsvermerk zu einem Jahresabschluss, zu einem Einzelabschluss nach § 325 Absatz 2a des Handelsgesetzbuchs[2], zu einem Konzernabschluss oder zu einem Teilkonzernabschluss erteilt.

---

[1] § 17 Nr. 1a eingef., Nr. 3 geänd. mWv 10.12.2004 durch G v. 4.12.2004 (BGBl. I S. 3166); Nr. 3 geänd. mWv 23.7.2015 durch G v. 17.7.2015 (BGBl. I S. 1245); Nr. 1a geänd. mWv 19.4.2017 durch G v. 11.4.2017 (BGBl. I S. 802); Abs. 1 Nr. 1a und 3 geänd., Abs. 2 angef. mWv 1.7.2021 durch G v. 3.6. 2021 (BGBl. I S. 1534).

[2] Nr. **50**.

[3] Nr. **51**.

[4] § 18 Abs. 1 geänd., Abs. 2 Satz 2 und Abs. 3 angef. mWv 1.7.2021 durch G v. 3.6.2021 (BGBl. I S. 1534).

(2) [1]Handelt der Täter gegen Entgelt oder in der Absicht, sich oder einen anderen zu bereichern oder einen anderen zu schädigen, so ist die Strafe Freiheitsstrafe bis zu fünf Jahren oder Geldstrafe. [2]Ebenso wird bestraft, wer einen inhaltlich unrichtigen Bestätigungsvermerk zu einem in Absatz 1 genannten Abschluss eines Unternehmens erteilt, das ein Unternehmen von öffentlichem Interesse nach § 316a Satz 2 Nummer 1 des Handelsgesetzbuchs ist.

(3) Handelt der Täter in den Fällen des Absatzes 2 Satz 2 leichtfertig, so ist die Strafe Freiheitsstrafe bis zu zwei Jahren oder Geldstrafe.

**§ 19 Verletzung der Geheimhaltungspflicht.** (1) Mit Freiheitsstrafe bis zu einem Jahr oder mit Geldstrafe wird bestraft, wer ein Geheimnis des Unternehmens (Konzernleitung, Teilkonzernleitung), namentlich ein Betriebs- oder Geschäftsgeheimnis, das ihm in seiner Eigenschaft als Prüfer nach diesem Gesetz oder als Gehilfe eines solchen Prüfers bekanntgeworden ist, unbefugt offenbart.

(2) [1]Handelt der Täter gegen Entgelt oder in der Absicht, sich oder einen anderen zu bereichern oder einen anderen zu schädigen, so ist die Strafe Freiheitsstrafe bis zu zwei Jahren oder Geldstrafe. [2]Ebenso wird bestraft, wer ein Geheimnis der in Absatz 1 bezeichneten Art, namentlich ein Betriebs- oder Geschäftsgeheimnis, das ihm unter den Voraussetzungen des Absatzes 1 bekanntgeworden ist, unbefugt verwertet.

(3) Die Tat wird nur auf Antrag des Unternehmens (Konzernleitung, Teilkonzernleitung) verfolgt.

**§ 19a[1)] Verletzung der Pflichten bei Abschlussprüfungen.** Mit Freiheitsstrafe bis zu einem Jahr oder mit Geldstrafe wird bestraft, wer als Mitglied eines Aufsichtsrats nach § 7 Satz 5 oder als Mitglied eines nach § 6 Absatz 1 Satz 2 in Verbindung mit § 324 Absatz 1 Satz 1 des Handelsgesetzbuchs[2)] oder nach § 7 Satz 6 eingerichteten Prüfungsausschusses eines Unternehmens, das kapitalmarktorientiert im Sinne des § 264d des Handelsgesetzbuchs ist,

1. eine in § 20 Absatz 2a, 2b oder Absatz 2c bezeichnete Handlung begeht und dafür einen Vermögensvorteil erhält oder sich versprechen lässt oder
2. eine in § 20 Absatz 2a, 2b oder Absatz 2c bezeichnete Handlung beharrlich wiederholt.

**§ 20[3)] Bußgeldvorschriften.** (1) Ordnungswidrig handelt, wer als gesetzlicher Vertreter (§ 4 Abs. 1 Satz 1) eines Unternehmens oder eines Mutterunternehmens, beim Einzelkaufmann als Inhaber oder dessen gesetzlicher Vertreter,

1. bei der Aufstellung oder Feststellung des Jahresabschlusses einer Vorschrift

---

[1)] § 19a eingef. mWv 17.6.2016 durch G v. 10.5.2016 (BGBl. I S. 1142).

[2)] Nr. **50**.

[3)] § 20 Abs. 2 geänd., Abs. 4 angef. mWv 1.1.2007 durch G v. 10.11.2006 (BGBl. I S. 2553); Abs. 1 Nr. 1 Buchst. a, d geänd., Buchst. b, e neu gef., Buchst. c aufgeh., Nr. 2 Buchst. b, d geänd. mWv 29.5.2009 durch G v. 25.5.2009 (BGBl. I S. 1102); Abs. 2 geänd. mWv 1.4.2012 durch G v. 22.12.2011 (BGBl. I S. 3044); Abs. 1 Nr. 1 Buchst. b, d und e, Nr. 2 Buchst. b, f geänd. mWv 23.7.2015 durch G v. 17.7.2015 (BGBl. I S. 1245); Abs. 2a–2c eingef. mWv 17.6.2016 durch G v. 10.5.2016 (BGBl. I S. 1142); Abs. 1 Nr. 4 geänd. mWv 19.4.2017 durch G v. 11.4.2017 (BGBl. I S. 802); Abs. 2 eingef., bish. Abs. 2 wird Abs. 1a und geänd., Abs. 2a einl. Satzteil und Nr. 1 geänd., Abs. 2b, 2c geänd., Abs. 3, 4 neu gef., Abs. 3a eingef. mWv 1.7.2021 durch G v. 3.6.2021 (BGBl. I S. 1534); Abs. 1a geänd. mWv 1.8.2022 durch G v. 5.7.2021 (BGBl. I S. 3338).

a) des § 243 Abs. 1 oder 2, der §§ 244, 245, 246, 247, 248, 249 Abs. 1 Satz 1 oder Abs. 2, des § 250 Abs. 1 oder Abs. 2 oder des § 251 des Handelsgesetzbuchs[1] über Form oder Inhalt,

b) des § 253 Abs. 1 Satz 1, 2, 3 oder Satz 4, Abs. 2 Satz 1, auch in Verbindung mit Satz 2, Absatz 3 Satz 1, 2, 3, 4 oder Satz 5, Abs. 4 oder Abs. 5 des Handelsgesetzbuchs über die Bewertung,[2]

c) *(aufgehoben)*

d) des § 5 Abs. 1 Satz 2 in Verbindung mit einer Vorschrift des § 264 Absatz 1a, des § 265 Abs. 2, 3, 4 oder 6, der §§ 266, 268 Absatz 3, 4, 5, 6 oder Absatz 7, der §§ 272, 274 oder des § 275 oder des § 277 des Handelsgesetzbuchs über die Gliederung oder

e) des § 5 Abs. 2 Satz 2 in Verbindung mit § 284 oder des § 285 Nummer 1 bis 4, 7 bis 13, 15a, 17 bis 33 oder Nummer 34 des Handelsgesetzbuchs über die im Anhang zu machenden Angaben,

2. bei der Aufstellung des Konzernabschlusses oder Teilkonzernabschlusses einer Vorschrift des § 13 Abs. 2 Satz 1 in Verbindung mit einer Vorschrift

a) des § 294 Abs. 1 des Handelsgesetzbuchs über den Konsolidierungskreis,

b) des § 297 Absatz 1a, 2 oder 3 oder des § 298 Abs. 1 in Verbindung mit den §§ 244, 245, 246, 247, 248, 249 Abs. 1 Satz 1 oder Abs. 2, des § 250 Abs. 1 oder Abs. 2 oder dem § 251 des Handelsgesetzbuchs über Inhalt oder Form des Konzernabschlusses,

c) des § 300 des Handelsgesetzbuchs über die Konsolidierungsgrundsätze oder das Vollständigkeitsgebot,

d) des § 308 Abs. 1 Satz 1 in Verbindung mit den in Nummer 1 Buchstabe b bezeichneten Vorschriften des Handelsgesetzbuchs, des § 308 Abs. 2 oder des § 308a des Handelsgesetzbuchs über die Bewertung,

e) des § 311 Abs. 1 Satz 1 in Verbindung mit § 312 des Handelsgesetzbuchs über die Behandlung assoziierter Unternehmen oder

f) des § 308 Abs. 1 Satz 3, des § 313 oder des § 314 des Handelsgesetzbuchs über die im Konzernanhang zu machenden Angaben,

3. bei der Aufstellung des Lageberichts der Vorschrift des § 5 Abs. 2 Satz 2 in Verbindung mit § 289 Abs. 1 des Handelsgesetzbuchs über den Inhalt des Lageberichts,

4. bei der Aufstellung des Konzernlageberichts oder des Teilkonzernlageberichts der Vorschrift des § 13 Abs. 2 Satz 3 in Verbindung mit § 315 Absatz 1, auch in Verbindung mit Absatz 3, des Handelsgesetzbuchs über den Inhalt des Konzernlageberichts,

5. bei der Offenlegung, Veröffentlichung oder Vervielfältigung einer Vorschrift des § 9 Abs. 1 oder des § 15 Abs. 2, jeweils in Verbindung mit § 328 des Handelsgesetzbuchs über Form oder Inhalt, oder

6. einer auf Grund des § 5 Abs. 3 oder des § 13 Abs. 4, jeweils in Verbindung mit § 330 Satz 1 des Handelsgesetzbuchs, erlassenen Rechtsverordnung, soweit sie für einen bestimmten Tatbestand auf diese Bußgeldvorschrift verweist,

zuwiderhandelt

---

[1] Nr. **50**.
[2] Zeichensetzung amtlich.

(1a) Ordnungswidrig handelt auch, wer entgegen § 2 Abs. 2 oder § 12 Abs. 2 die dort vorgeschriebene Erklärung an die das Unternehmensregister führende Stelle nicht oder nicht rechtzeitig übermittelt.

(2) [1] Ordnungswidrig handelt, wer einen Bestätigungsvermerk nach § 322 Absatz 1 des Handelsgesetzbuchs erteilt zu einem nach § 6 Absatz 1 Satz 1, auch in Verbindung mit Satz 3, zu prüfenden Abschluss

1. eines Unternehmens, das ein Unternehmen von öffentlichem Interesse nach § 316a Satz 2 Nummer 1 des Handelsgesetzbuchs ist, oder
2. eines Unternehmens, das nicht in Nummer 1 genannt ist,

obwohl nach § 6 Absatz 1 Satz 2 in Verbindung mit § 319 Absatz 2 oder 3 oder mit § 319b Absatz 1 Satz 1 oder 2 des Handelsgesetzbuchs er oder nach § 6 Absatz 1 Satz 2 in Verbindung mit § 319 Absatz 4 oder mit § 319b Absatz 1 Satz 1 oder 2 des Handelsgesetzbuchs die Wirtschaftsprüfungsgesellschaft oder die Buchführungsgesellschaft, für die er tätig wird, nicht Abschlussprüfer sein darf. [2] Ordnungswidrig handelt auch, wer einen Bestätigungsvermerk nach § 322 Absatz 1 des Handelsgesetzbuchs erteilt zu einem nach § 14 Absatz 1 Satz 1 zu prüfenden Abschluss

1. eines Mutterunternehmens, das ein Unternehmen von öffentlichem Interesse nach § 316a Satz 2 Nummer 1 des Handelsgesetzbuchs ist, oder
2. eines Mutterunternehmens, das nicht in Nummer 1 genannt ist,

obwohl nach § 14 Absatz 1 Satz 2 in Verbindung mit § 319 Absatz 2 oder 3 und Absatz 5 oder mit § 319b Absatz 1 Satz 1 oder 2 und Absatz 2 des Handelsgesetzbuchs er oder nach § 14 Absatz 1 Satz 2 in Verbindung mit § 319 Absatz 4 und 5 oder mit § 319b Absatz 1 Satz 1 oder 2 und Absatz 2 des Handelsgesetzbuchs die Wirtschaftsprüfungsgesellschaft oder die Buchführungsgesellschaft, für die er tätig wird, nicht Abschlussprüfer sein darf. [3] Ordnungswidrig handelt ferner, wer einen Bestätigungsvermerk nach § 322 Absatz 1 des Handelsgesetzbuchs erteilt zu einem nach § 6 Absatz 1 Satz 1, auch in Verbindung mit Satz 3, oder nach § 14 Absatz 1 Satz 1 zu prüfenden Abschluss eines Unternehmens oder Mutterunternehmens, das ein Unternehmen von öffentlichem Interesse nach § 316a Satz 2 Nummer 1 des Handelsgesetzbuchs ist, obwohl

1. er oder die Prüfungsgesellschaft, für die er tätig wird, oder ein Mitglied des Netzwerks, dem er oder die Prüfungsgesellschaft, für die er tätig wird, angehört, einer Vorschrift des Artikels 5 Absatz 4 Unterabsatz 1 Satz 1 oder Absatz 5 Unterabsatz 2 Satz 2 der Verordnung (EU) Nr. 537/2014 des Europäischen Parlaments und des Rates vom 16. April 2014 über spezifische Anforderungen an die Abschlussprüfung bei Unternehmen von öffentlichem Interesse und zur Aufhebung des Beschlusses 2005/909/EG der Kommission (ABl. L 158 vom 27.5.2014, S. 77; L 170 vom 11.6.2014, S. 66) zuwiderhandelt oder
2. er oder die Prüfungsgesellschaft, für die er tätig wird, nach Artikel 17 Absatz 3 der Verordnung (EU) Nr. 537/2014 die Abschlussprüfung nicht durchführen darf.

(2a) Ordnungswidrig handelt, wer als Mitglied eines nach § 6 Absatz 1 Satz 2 in Verbindung mit § 324 Absatz 1 Satz 1 des Handelsgesetzbuchs oder nach § 7 Satz 5 in Verbindung mit § 107 Absatz 4 Satz 1 des Aktiengesetzes[1)] eingerichteten Prüfungsausschusses eines Unternehmens, das ein Unternehmen von öffentlichem Interesse nach § 316a Satz 2 Nummer 1 des Handelsgesetzbuchs ist,

---

[1)] Nr. **51**.

1. die Unabhängigkeit des Abschlussprüfers oder der Prüfungsgesellschaft nicht nach Maßgabe des Artikels 4 Absatz 3 Unterabsatz 2, des Artikels 5 Absatz 4 Unterabsatz 1 Satz 1 oder des Artikels 6 Absatz 2 der Verordnung (EU) Nr. 537/2014 überwacht oder
2. eine Empfehlung für die Bestellung eines Abschlussprüfers oder einer Prüfungsgesellschaft vorlegt, die den Anforderungen nach Artikel 16 Absatz 2 Unterabsatz 2 oder 3 der Verordnung (EU) Nr. 537/2014 nicht entspricht oder der ein Auswahlverfahren nach Artikel 16 Absatz 3 Unterabsatz 1 der Verordnung (EU) Nr. 537/2014 nicht vorangegangen ist.

(2b) Ordnungswidrig handelt, wer als Mitglied eines nach § 6 Absatz 1 Satz 2 in Verbindung mit § 324 Absatz 1 Satz 1 des Handelsgesetzbuchs eingerichteten Prüfungsausschusses eines in Absatz 2a genannten Unternehmens den Gesellschaftern oder der sonst für die Bestellung des Abschlussprüfers zuständigen Stelle einen Vorschlag für die Bestellung eines Abschlussprüfers oder einer Prüfungsgesellschaft vorlegt, der den Anforderungen nach Artikel 16 Absatz 5 Unterabsatz 1 der Verordnung (EU) Nr. 537/2014 nicht entspricht.

(2c) Ordnungswidrig handelt, wer als Mitglied eines Aufsichtsrats nach § 7 Satz 5, eines in Absatz 2a genannten Unternehmens den Gesellschaftern oder der sonst für die Bestellung des Abschlussprüfers zuständigen Stelle einen Vorschlag für die Bestellung eines Abschlussprüfers oder einer Prüfungsgesellschaft vorlegt, der den Anforderungen nach Artikel 16 Absatz 5 Unterabsatz 1 oder Unterabsatz 2 Satz 1 oder Satz 2 der Verordnung (EU) Nr. 537/2014 nicht entspricht.

(3) [1] Die Ordnungswidrigkeit kann in den Fällen des Absatzes 2 Satz 1 Nummer 1, Satz 2 Nummer 1 und Satz 3 sowie der Absätze 2a bis 2c mit einer Geldbuße bis zu fünfhunderttausend Euro, in den Fällen der Absätze 1, 1a und 2 Satz 1 Nummer 2 und Satz 2 Nummer 2 mit einer Geldbuße bis zu fünfzigtausend Euro geahndet werden. [2] Ist das Unternehmen kapitalmarktorientiert im Sinne des § 264d des Handelsgesetzbuchs, beträgt die Geldbuße in den Fällen des Absatzes 1 höchstens den höheren der folgenden Beträge:

1. zwei Millionen Euro,
2. das Zweifache des aus der Ordnungswidrigkeit gezogenen wirtschaftlichen Vorteils, wobei der wirtschaftliche Vorteil erzielte Gewinne und vermiedene Verluste umfasst und geschätzt werden kann.

(3a) [1] Wird gegen ein kapitalmarktorientiertes Unternehmen im Sinne des § 264d des Handelsgesetzbuchs in den Fällen des Absatzes 1 eine Geldbuße nach § 30 des Gesetzes über Ordnungswidrigkeiten[1)] verhängt, beträgt diese Geldbuße höchstens den höheren der folgenden Beträge:

1. zehn Millionen Euro,
2. 5 Prozent des jährlichen Gesamtumsatzes, den das Unternehmen in dem der Behördenentscheidung vorausgegangenen Geschäftsjahr erzielt hat, oder
3. das Zweifache des aus der Ordnungswidrigkeit gezogenen wirtschaftlichen Vorteils, wobei der wirtschaftliche Vorteil erzielte Gewinne und vermiedene Verluste umfasst und geschätzt werden kann.

[2] § 334 Absatz 3b des Handelsgesetzbuchs ist entsprechend anzuwenden. [3] In den Fällen des Absatzes 3 Satz 1 in Verbindung mit Absatz 2 Satz 1 Nummer 1, Satz 2 Nummer 1 oder Satz 3 ist § 30 Absatz 2 Satz 3 des Gesetzes über Ordnungswidrigkeiten anzuwenden.

---

1) Nr. **94**.

(4) Verwaltungsbehörde im Sinne des § 36 Absatz 1 Nummer 1 des Gesetzes über Ordnungswidrigkeiten ist

1. die Bundesanstalt für Finanzdienstleistungsaufsicht in den Fällen des Absatzes 1 bei Unternehmen, die kapitalmarktorientiert im Sinne des § 264d des Handelsgesetzbuchs sind,
2. das Bundesamt für Justiz
   a) in den Fällen des Absatzes 1, in denen nicht die Bundesanstalt für Finanzdienstleistungsaufsicht nach Nummer 1 Verwaltungsbehörde ist,
   b) in den Fällen des Absatzes 1a und
   c) in den Fällen der Absätze 2a bis 2c,
3. die Abschlussprüferaufsichtsstelle beim Bundesamt für Wirtschaft und Ausfuhrkontrolle in den Fällen des Absatzes 2.

**§ 21[1)] Festsetzung von Ordnungsgeld.** [1] Gegen die gesetzlichen Vertreter (§ 4 Abs. 1 Satz 1) eines Unternehmens oder eines Mutterunternehmens, beim Einzelkaufmann gegen die Inhaber oder deren gesetzliche Vertreter, die § 9 Abs. 1, § 15 Abs. 1 hinsichtlich der Pflicht zur Offenlegung des Jahresabschlusses, des Lageberichts, des Konzernabschlusses, des Konzernlageberichts, des Teilkonzernabschlusses oder des Teilkonzernlageberichts im Unternehmensregister nicht befolgen, ist wegen des pflichtwidrigen Unterlassens der Offenlegung vom Bundesamt für Justiz ein Ordnungsgeld festzusetzen. [2] Die §§ 335 bis 335b des Handelsgesetzbuchs[2)] sind entsprechend anzuwenden.

**§ 21a[3)] Mitteilungen an die Abschlussprüferaufsichtsstelle.** (1) Das Bundesamt für Justiz übermittelt der Abschlussprüferaufsichtsstelle beim Bundesamt für Wirtschaft und Ausfuhrkontrolle alle Bußgeldentscheidungen nach § 20 Absatz 2a bis 2c.

(2) [1] In Strafverfahren, die eine Straftat nach den §§ 18, 19 oder § 19a zum Gegenstand haben, übermittelt die Staatsanwaltschaft im Falle der Erhebung der öffentlichen Klage der Abschlussprüferaufsichtsstelle die das Verfahren abschließende Entscheidung. [2] Ist gegen die Entscheidung ein Rechtsmittel eingelegt worden, ist die Entscheidung unter Hinweis auf das eingelegte Rechtsmittel zu übermitteln.

**§ 22[4)] Erstmalige Anwendung geänderter Vorschriften.** (1) [1] Die §§ 7, 9, 11, 13 Abs. 3 Satz 2 und § 21 in der Fassung des Bilanzrechtsreformgesetzes vom 4. Dezember 2004 (BGBl. I S. 3166) finden erstmals auf das nach dem 31. Dezember 2004 beginnende Geschäftsjahr Anwendung. [2] § 315a Abs. 2 des Handels-

---

[1)] § 21 neu gef. mWv 1.1.2007 durch G v. 10.11.2006 (BGBl. I S. 2553); Satz 1 geänd. mWv 1.4.2012 durch G v. 22.12.2011 (BGBl. I S. 3044); Satz 1 geänd., Satz 2 neu gef. mWv 10.10.2013 durch G v. 4.10. 2013 (BGBl. I S. 3746); Satz 1 geänd. mWv 1.8.2022 durch G v. 5.7.2021 (BGBl. I S. 3338).

[2)] Nr. **50**.

[3)] § 21a eingef. mWv 17.6.2016 durch G v. 10.5.2016 (BGBl. I S. 1142); Abs. 2 Satz 1 geänd. mWv 1.7.2021 durch G v. 3.6.2021 (BGBl. I S. 1534).

[4)] Bish. § 22 aufgeh., neuer § 22 eingef. mWv 10.12.2004 durch G v. 4.12.2004 (BGBl. I S. 3166); Abs. 2 angef. mWv 1.1.2007 durch G v. 10.11.2006 (BGBl. I S. 2553); Abs. 3 angef. mWv 29.5.2009 durch G v. 25.5.2009 (BGBl. I S. 1102); Abs. 4 angef. mWv 10.10.2013 durch G v. 4.10.2013 (BGBl. I S. 3746); Abs. 5 angef. mWv 23.7.2015 durch G v. 17.7.2015 (BGBl. I S. 1245); Abs. 6 angef. mWv 17.6. 2016 durch G v. 10.5.2016 (BGBl. I S. 1142); Abs. 7 angef. mWv 19.4.2017 durch G v. 11.4.2017 (BGBl. I S. 802); Abs. 1 Satz 2 geänd. mWv 1.1.2020 durch G v. 12.12.2019 (BGBl. I S. 2637); Abs. 8 angef. mWv 1.7.2021 durch G v. 3.6.2021 (BGBl. I S. 1534); Abs. 9 angef. mWv 1.8.2022 durch G v. 5.7.2021 (BGBl. I S. 3338).

gesetzbuchs[1)] in der Fassung des Bilanzrechtsreformgesetzes vom 4. Dezember 2004 (BGBl. I S. 3166) in Verbindung mit § 11 Abs. 6 Satz 1 Nr. 2 dieses Gesetzes in der Fassung des Bilanzrechtsreformgesetzes vom 4. Dezember 2004 (BGBl. I S. 3166) ist erstmals auf das nach dem 31. Dezember 2006 beginnende Geschäftsjahr anzuwenden. [3] Die bis zum 9. Dezember 2004 geltenden Fassungen des § 11 Abs. 6 Nr. 2 dieses Gesetzes und des § 292a des Handelsgesetzbuchs sind letztmals auf das vor dem 1. Januar 2005 beginnende Geschäftsjahr anzuwenden; Artikel 58 Abs. 5 Satz 2 des Einführungsgesetzes zum Handelsgesetzbuch[2)] gilt entsprechend. [4] Soweit § 5 Abs. 1 Satz 2, Abs. 2, § 6 Abs. 1, § 9 Abs. 1 Satz 1, § 10 Satz 1 Nr. 2, § 13 Abs. 2, § 14 Abs. 1 und § 15 dieses Gesetzes auf Bestimmungen des Handelsgesetzbuchs verweisen, die in Artikel 58 Abs. 2 bis 4 des Einführungsgesetzes zum Handelsgesetzbuch aufgeführt sind, gelten die in der letztgenannten Vorschrift getroffenen Übergangsregelungen entsprechend. [5] Soweit § 13 Abs. 2 Satz 1 dieses Gesetzes auf § 297 Abs. 1 des Handelsgesetzbuchs verweist, ist Artikel 58 Abs. 5 Satz 1 des Einführungsgesetzes zum Handelsgesetzbuch entsprechend anzuwenden; dies gilt nicht, wenn das Mutterunternehmen eine Personengesellschaft oder ein Einzelkaufmann ist.

(2) [1] Die §§ 2, 9, 12, 15, 20 und 21 in der Fassung des Gesetzes über elektronische Handelsregister und Genossenschaftsregister sowie das Unternehmensregister vom 10. November 2006 (BGBl. I S. 2553) in der vom 1. Januar 2007 an geltenden Fassung finden erstmals auf das nach dem 31. Dezember 2005 beginnende Geschäftsjahr Anwendung. [2] Die §§ 2, 9, 12, 15, 20 und 21 in der bis zum Inkrafttreten des Gesetzes über elektronische Handelsregister und Genossenschaftsregister sowie das Unternehmensregister am 1. Januar 2007 geltenden Fassung sind letztmals auf das vor dem 1. Januar 2006 beginnende Geschäftsjahr anzuwenden. [3] Soweit die §§ 2, 9, 15, 20 und 21 auf Bestimmungen des Handelsgesetzbuchs verweisen, die in Artikel 61 des Einführungsgesetzes zum Handelsgesetzbuch genannt sind, gelten die in der letztgenannten Vorschrift getroffenen Übergangsregelungen im Übrigen entsprechend.

(3) [1] Soweit die §§ 5, 6, 13 und 20 in der Fassung des Bilanzrechtsmodernisierungsgesetzes vom 25. Mai 2009 (BGBl. I S. 1102) sowie in der zuvor geltenden Fassung, und soweit durch das Bilanzrechtsmodernisierungsgesetz nicht geänderte Bestimmungen dieses Gesetzes auf Bestimmungen des Handelsgesetzbuchs verweisen, sind die hierauf bezogenen Übergangsregelungen der Artikel 66 und 67 des Einführungsgesetzes zum Handelsgesetzbuch entsprechend anzuwenden. [2] In Bezug auf § 11 dieses Gesetzes sind die auf § 290 des Handelsgesetzbuchs bezogenen Übergangsregelungen des Artikels 66 Abs. 3 und 5 des Einführungsgesetzes zum Handelsgesetzbuch entsprechend anzuwenden. [3] Das Gleiche gilt für Artikel 66 Abs. 3 Satz 6 des Einführungsgesetzes zum Handelsgesetzbuch.

(4) Für § 21 in der durch das Gesetz zur Änderung des Handelsgesetzbuchs vom 4. Oktober 2013 (BGBl. I S. 3746) geänderten Fassung gilt Artikel 70 Absatz 3 des Einführungsgesetzes zum Handelsgesetzbuch entsprechend.

(5) [1] Die §§ 5, 9, 11, 13 Absatz 3 und 4 sowie die §§ 14, 17 und 20 in der Fassung des Bilanzrichtlinie-Umsetzungsgesetzes vom 17. Juli 2015 (BGBl. I S. 1245) sind erstmals auf Jahres- und Konzernabschlüsse für Geschäftsjahre anzuwenden, die nach dem 31. Dezember 2015 beginnen. [2] Auf vor dem 1. Januar 2016 beginnende Geschäftsjahre bleiben die §§ 5, 9, 11, 13, 14, 17 und 20 in der bis zum 22. Juli 2015 geltenden Fassung anwendbar.

---

[1)] Nr. **50**.
[2)] Nr. **50a**.

(6) § 7 Satz 5 und 6 muss so lange nicht angewandt werden, wie alle Mitglieder des Aufsichtsrats und des Prüfungsausschusses vor dem 17. Juni 2016 bestellt worden sind.

(7) [1] Die §§ 11, 13, 17 und 20 in der Fassung des CSR-Richtlinie-Umsetzungsgesetzes vom 11. April 2017 (BGBl. I S. 802) sind erstmals auf Jahres- und Konzernabschlüsse, Lage- und Konzernlageberichte für das nach dem 31. Dezember 2016 beginnende Geschäftsjahr anzuwenden. [2] Die in Satz 1 bezeichneten Vorschriften in der bis zum 18. April 2017 geltenden Fassung sind letztmals anzuwenden auf Lage- und Konzernlageberichte für das vor dem 1. Januar 2017 beginnende Geschäftsjahr.

(8) [1] Die §§ 1, 2 und 5 in der ab dem 1. Juli 2021 geltenden Fassung sind erstmals auf Jahresabschlüsse und Lageberichte für das nach dem 31. Dezember 2021 beginnende Geschäftsjahr anzuwenden. [2] Soweit § 6 in der ab dem 1. Juli 2021 geltenden Fassung und soweit der durch das Finanzmarktintegritätsstärkungsgesetz nicht geänderte § 14 auf Bestimmungen des Handelsgesetzbuchs verweisen, sind die hierauf bezogenen Übergangsregelungen des Artikels 86 Absatz 1 bis 3 des Einführungsgesetzes zum Handelsgesetzbuch entsprechend anzuwenden. [3] Soweit § 7 Satz 5 in der ab dem 1. Juli 2021 geltenden Fassung auf § 100 Absatz 5 und § 107 Absatz 4 des Aktiengesetzes[1] verweist, sind die hierauf bezogenen Übergangsregelungen des § 12 Absatz 6 und des § 26k Absatz 2 des Einführungsgesetzes zum Aktiengesetz[2] entsprechend anzuwenden. [4] § 20 in der ab dem 1. Juli 2021 geltenden Fassung ist erstmals auf Ordnungswidrigkeiten in Bezug auf Rechnungslegungsunterlagen und gesetzlich vorgeschriebene Abschlussprüfungen für das nach dem 31. Dezember 2021 beginnende Geschäftsjahr anzuwenden.

(9) [1] Die §§ 2, 9, 10, 12, 15, 20 und 21 in der ab dem 1. August 2022 geltenden Fassung sind erstmals auf Rechnungslegungsunterlagen für das nach dem 31. Dezember 2021 beginnende Geschäftsjahr anzuwenden. [2] Die in Satz 1 bezeichneten Vorschriften in der bis einschließlich 31. Juli 2022 geltenden Fassung sind letztmals anzuwenden auf Rechnungslegungsunterlagen für das vor dem 1. Januar 2022 beginnende Geschäftsjahr.

**§ 23[3] Inkrafttreten.** Dieses Gesetz tritt am Tage nach seiner Verkündung[4] in Kraft.

---

[1] Nr. **51**.
[2] Nr. **51a**.
[3] §§ 23 und 24 aufgeh., bish. § 25 wird § 23 mWv 10.12.2004 durch G v. 4.12.2004 (BGBl. I S. 3166).
[4] Verkündet am 20.8.1969.

# 53. Gesetz betreffend die Erwerbs- und Wirtschaftsgenossenschaften (Genossenschaftsgesetz – GenG)

In der Fassung der Bekanntmachung vom 16. Oktober 2006[1]
(BGBl. I S. 2230)

**FNA 4125-1**

| Lfd. Nr. | Änderndes Gesetz | Datum | Fundstelle | Betroffen | Hinweis |
|---|---|---|---|---|---|
| 1. | Art. 3 G über elektronische Handelsregister und Genossenschaftsregister sowie das Unternehmensregister | 10.11. 2006 | BGBl. I S. 2553 | Inhaltsübersicht, §§ 10, 11, 14, 16, 25a, 28, 29, 42, 48, 84, 156, 157, 160, 161 | geänd. mWv 16.11.2006 |
| | | | | § 14a | aufgeh. mWv 16.11.2006 |
| 2. | Art. 2 BerufsaufsichtsreformG[2] | 3.9.2007 | BGBl. I S. 2178 | Inhaltsübersicht, §§ 63e, 63g, 166 | geänd. mWv 6.9.2007 |
| | | | | § 166 | eingef. mWv 6.9.2007 |
| 3. | Art. 19 G zur Modernisierung des GmbH-Rechts und zur Bekämpfung von Missbräuchen | 23.10. 2008 | BGBl. I S. 2026 | Inhaltsübersicht, §§ 24, 25, 99, 148 | geänd. mWv 1.11.2008 |
| 4. | Art. 77 FGG-ReformG | 17.12. 2008 | BGBl. I S. 2586 | §§ 10, 26, 32, 45, 51, 54a, 56, 63d, 64b, 80, 81, 81a, 83, 93, 155, 160, 161 | geänd. mWv 1.9.2009 |
| 5. | Art. 10 BilanzrechtsmodernisierungsG[3] | 25.5.2009 | BGBl. I S. 1102 | Inhaltsübersicht, §§ 16, 20, 36, 38, 53, 55, 58, 63, 63a, 63b, 63c, 63e, 63g, 63h, 64, 64a, 167 | geänd. mWv 29.5.2009 |
| | | | | §§ 63h, 167 | eingef. mWv 29.5.2009 |
| 6. | Art. 8 G zur Verkürzung des Restschuldbefreiungsverfahrens und zur Stärkung der Gläubigerrechte | 15.7.2013 | BGBl. I S. 2379 | Inhaltsübersicht | geänd. mWv 19.7.2013 |
| | | | | §§ 66a, 67c | eingef. mWv 19.7.2013 |
| 7. | Art. 5 G zur Verringerung der Abhängigkeit von Ratings[4] | 10.12. 2014 | BGBl. I S. 2085 | §§ 22, 120 | geänd. mWv 19.12.2014 |

[1] Neubekanntmachung des GenG v. 19.8.1994 (BGBl. I S. 2202) in der ab 18.8.2006 geltenden Fassung.

[2] **Amtl. Anm.:** Dieses Gesetz dient der Umsetzung der Richtlinie 2006/43/EG des Europäischen Parlaments und des Rates vom 17. Mai 2006 über Abschlussprüfungen von Jahresabschlüssen und konsolidierten Abschlüssen, zur Änderung der Richtlinien 78/660/EWG und 83/349/ EWG des Rates und zur Aufhebung der Richtlinie 84/253/EWG des Rates (ABl. EU Nr. L 157 S. 87).

[3] **Amtl. Anm.:** *(abgedruckt in Änderungstabelle Nr.* **50***)*

[4] **Amtl. Anm.:** Dieses Gesetz dient der Umsetzung der Richtlinie 2013/14/EU des Europäischen Parlaments und des Rates vom 21. Mai 2013 zur Änderung der Richtlinie 2003/41/EG über die Tätigkeiten und die Beaufsichtigung von Einrichtungen der betrieblichen Altersvorsorge, der Richtlinie 2009/65/EG zur Koordinierung der Rechts- und Verwaltungsvorschriften betreffend bestimmte Organismen für gemeinsame Anlagen in Wertpapieren (OGAW) und der Richtlinie 2011/61/EU über die Verwalter alternativer Investmentfonds im Hinblick auf übermäßigen Rückgriff auf Ratings (ABl. L 145 vom 31.5.2013, S. 1) sowie zur Umsetzung von Artikel 20 Absatz 1 der Verordnung (EU) Nr. 345/2013 des Europäischen Parlaments und des Rates vom 17. April 2013 über Europäische Risikokapitalfonds (ABl. L 115 vom 25.4. 2013, S. 1) und Artikel 21 Absatz 1 der Verordnung (EU) Nr. 346/2013 des Europäischen Parlaments und →

| Lfd. Nr. | Änderndes Gesetz | Datum | Fundstelle | Betroffen | Hinweis |
|---|---|---|---|---|---|
| 8. | Art. 17 G für die gleichberechtigte Teilhabe von Frauen und Männern an Führungspositionen in der Privatwirtschaft und im öffentlichen Dienst | 24.4.2015 | BGBl. I S. 642 | Inhaltsübersicht, § 9 | geänd. mWv 1.5.2015 |
| | | | | § 168 | eingef. mWv 1.5.2015 |
| 9. | Art. 7 AbschlussprüferaufsichtsreformG[1] | 31.3.2016 | BGBl. I S. 518 | Inhaltsübersicht, §§ 55, 56, 63c, 63e, 63f, 63g, 64 | geänd. mWv 17.6.2016 |
| | | | | § 63h | neu gef. mWv 17.6.2016 |
| | | | | § 57a | eingef. mWv 17.6.2016 |
| 10. | Art. 10 AbschlussprüfungsreformG | 10.5.2016 | BGBl. I S. 1142 | Inhaltsübersicht, §§ 36, 38, 53, 54a, 55, 57, 58, 63b | geänd. mWv 17.6.2016 |
| | | | | § 154 | neu gef. mWv 17.6.2016 |
| | | | | §§ 151a, 169 | eingef. mWv 17.6.2016 |
| 11. | Art. 10 CSR-Richtlinie-UmsetzungsG[2] | 11.4.2017 | BGBl. I S. 802 | Inhaltsübersicht, § 38 | geänd. mWv 19.4.2017 |
| | | | | § 170 | eingef. mWv 19.4.2017 |
| 12. | Art. 24 Abs. 19 Zweites FinanzmarktnovellierungsG | 23.6.2017 | BGBl. I S. 1693 | § 166 | geänd. mWv 3.1.2018 |
| 13. | Art. 1 G zum Bürokratieabbau und zur Förderung der Transparenz bei Genossenschaften | 17.7.2017 | BGBl. I S. 2434 | Inhaltsübersicht, §§ 6, 8, 11, 15, 15a, 27, 30, 34, 36, 43a, 46, 47, 48, 53, 54, 55, 58, 59, 60, 62, 63d, 63e, 65, 95, 160, 164 | geänd. mWv 22.7.2017 |
| | | | | § 158 | neu gef. mWv 22.7.2017 |
| | | | | §§ 21b, 53a, 171 | eingef. mWv 22.7.2017 |
| | | | | §§ 161, 165 | aufgeh. mit Ablauf des 21.7. 2017 |
| 14. | Art. 8 G zur Änd. des BundesversorgungsG und anderer Vorschriften | 17.7.2017 | BGBl. I S. 2541 | Inhaltsübersicht, §§ 31, 156 | geänd. mWv 25.5.2018 |

*(Fortsetzung der Anm. von voriger Seite)*
des Rates vom 17. April 2013 über Europäische Fonds für soziales Unternehmertum (ABl. L 115 vom 25.4. 2013, S. 18).

[1] **Amtl. Anm.:** Dieses Gesetz dient der Umsetzung der Richtlinie 2014/56/EU des Europäischen Parlaments und des Rates vom 16. April 2014 zur Änderung der Richtlinie 2006/43/EG über Abschlussprüfungen von Jahresabschlüssen und konsolidierten Abschlüssen (ABl. L 158 vom 27.5.2014, S. 196) sowie der Ausführung der Verordnung (EU) Nr. 537/2014 des Europäischen Parlaments und des Rates vom 16. April 2014 über spezifische Anforderungen an die Abschlussprüfung bei Unternehmen von öffentlichem Interesse und zur Aufhebung des Beschlusses 2005/909/EG der Kommission (ABl. L 158 vom 27.5.2014, S. 77).

[2] **Amtl. Anm.:** Dieses Gesetz dient der Umsetzung der Richtlinie 2014/95/EU des Europäischen Parlaments und des Rates vom 22. Oktober 2014 zur Änderung der Richtlinie 2013/34/EU im Hinblick auf die Angabe nichtfinanzieller und die Diversität betreffender Informationen durch bestimmte große Unternehmen und Gruppen (ABl. L 330 vom 15.11.2014, S. 1; L 369 vom 24.12.2014, S. 79).

| Lfd. Nr. | Änderndes Gesetz | Datum | Fundstelle | Betroffen | Hinweis |
|---|---|---|---|---|---|
| 15. | Art. 3 G zur weiteren Umsetzung der TransparenzRL-ÄnderungsRL im Hinblick auf ein einheitliches elektronisches Format für Jahresfinanzberichte[1] | 12.8.2020 | BGBl. I S. 1874 | § 53 | geänd. mWv 19.8.2020 |
| | | | | § 172 | eingef. mWv 19.8.2020 |
| 16. | Art. 17 Sanierungs- und Insolvenzrechtsfortentwicklungs G[2] | 22.12. 2020 | BGBl. I S. 3256 | Inhaltsübersicht | geänd. mWv 1.1.2021 |
| | | | | § 99 | aufgeh. mit Ablauf des 31.12. 2020 |
| 17. | Art. 20 Finanzmarktintegritätsstärkungs G | 3.6.2021 | BGBl. I S. 1534 | Inhaltsübersicht, §§ 36, 38, 53, 55, 57, 58, 63e, 150, 151a, 152 | geänd. mWv 1.7.2021 |
| | | | | § 173 | eingef. mWv 1.7.2021 |
| 18. | Art. 12 G zur Ergänzung und Änd. der Regelungen für die gleichberechtigte Teilhabe von Frauen an Führungspositionen in der Privatwirtschaft und im öffentlichen Dienst | 7.8.2021 | BGBl. I S. 3311 | Inhaltsübersicht, §§ 9, 168 | geänd. mWv 12.8.2021 |
| | | | | § 174 | eingef. mWv 12.8.2021 |
| 19. | Art. 22 G zur Umsetzung der Digitalisierungsrichtlinie (DiRUG)[3] | 5.7.2021 | BGBl. I S. 3338 | Inhaltsübersicht, §§ 12, 16, 22, 28, 29, 42, 51, 53a, 89, 102 | geänd. mWv 1.8.2022 |
| | | | | § 156 | neu gef. mWv 1.8.2022 |
| | | | | § 175 | eingef. mWv 1.8.2022 |
| 20. | Art. 67 Personengesellschaftsrechtsmodernisierungs G (MoPeG) | 10.8.2021 | BGBl. I S. 3436 | § 43 | geänd. mWv 1.1.2024 |

[1] **Amtl. Anm.:** Dieses Gesetz dient der weiteren Umsetzung der Richtlinie 2013/50/EU des Europäischen Parlaments und des Rates vom 22. Oktober 2013 zur Änderung der Richtlinie 2004/109/EG des Europäischen Parlaments und des Rates zur Harmonisierung der Transparenzanforderungen in Bezug auf Informationen über Emittenten, deren Wertpapiere zum Handel auf einem geregelten Markt zugelassen sind, der Richtlinie 2003/71/EG des Europäischen Parlaments und des Rates betreffend den Prospekt, der beim öffentlichen Angebot von Wertpapieren oder bei deren Zulassung zum Handel zu veröffentlichen ist, sowie der Richtlinie 2007/14/EG der Kommission mit Durchführungsbestimmungen zu bestimmten Vorschriften der Richtlinie 2004/109/EG (ABl. L 294 vom 6.11.2013, S. 13; L 14 vom 18.1.2014, S. 35).

[2] **Amtl. Anm.:** Dieses Gesetz dient der weiteren Umsetzung der Richtlinie (EU) 2019/1023 des Europäischen Parlaments und des Rates vom 20. Juni 2019 über präventive Restrukturierungsrahmen, über Entschuldung und über Tätigkeitsverbote sowie über Maßnahmen zur Steigerung der Effizienz von Restrukturierungs-, Insolvenz- und Entschuldungsverfahren und zur Änderung der Richtlinie (EU) 2017/1132 (Richtlinie über Restrukturierung und Insolvenz) (ABl. L 172 vom 26.6.2019, S. 18).

[3] **Amtl. Anm.:** Dieses Gesetz dient der Umsetzung der Richtlinie (EU) 2019/1151 des Europäischen Parlaments und des Rates vom 20. Juni 2019 zur Änderung der Richtlinie (EU) 2017/1132 im Hinblick auf den Einsatz digitaler Werkzeuge und Verfahren im Gesellschaftsrecht (ABl. L 186 vom 11.7.2019, S. 80).

| Lfd. Nr. | Änderndes Gesetz | Datum | Fundstelle | Betroffen | Hinweis |
|---|---|---|---|---|---|
| 21. | Art. 7 G zur Ergänzung der Regelungen zur Umsetzung der DigitalisierungsRL und zur Änd. weiterer Vorschriften[1)] | 15.7.2022 | BGBl. I S. 1146 | § 157 | geänd. mWv 1.8.2022 |
| 22. | Art. 6 G zur Einführung virtueller Hauptversammlungen von Aktiengesellschaften und Änderung genossenschafts- sowie insolvenz- und restrukturierungsrechtlicher Vorschriften | 20.7.2022 | BGBl. I S. 1166 | Inhaltsübersicht, §§ 43, 46, 47, 51<br>§ 43b | geänd. mWv 27.7.2022<br>eingef. mWv 27.7.2022 |

**Vorbemerkung:**
**Die Änderung durch G v. 10.8.2021 (BGBl. I S. 3436) tritt erst mWv 1.1. 2024 in Kraft und ist im Text noch nicht berücksichtigt.**

[1)] **Amtl. Anm.:** Notifiziert gemäß der Richtlinie (EU) 2015/1535 des Europäischen Parlaments und des Rates vom 9. September 2015 über ein Informationsverfahren auf dem Gebiet der technischen Vorschriften und der Vorschriften für die Dienste der Informationsgesellschaft (ABl. L 241 vom 17.9.2015, S. 1).

**Inhaltsübersicht**[1)]

**Abschnitt 1. Errichtung der Genossenschaft**



**Abschnitt 2. Rechtsverhältnisse der Genossenschaft und ihrer Mitglieder**



**Abschnitt 3. Verfassung der Genossenschaft**



[1)] Inhaltsübersicht geänd. mWv 1.1.2007 durch G v. 10.11.2006 (BGBl. I S. 2553); mWv 6.9.2007 durch G v. 3.9.2007 (BGBl. I S. 2178); mWv 1.11.2008 durch G v. 23.10.2008 (BGBl. I S. 2026); mWv 29.5.2009 durch G v. 25.5.2009 (BGBl. I S. 1102); mWv 19.7.2013 durch G v. 15.7.2013 (BGBl. I S. 2379); mWv 1.5.2015 durch G v. 24.4.2015 (BGBl. I S. 642); mWv 17.6.2016 durch G v. 31.3.2016 (BGBl. I S. 518); mWv 17.6.2016 durch G v. 10.5.2016 (BGBl. I S. 1142); mWv 19.4.2017 durch G v. 11.4.2017 (BGBl. I S. 802); mWv 22.7.2017 durch G v. 17.7.2017 (BGBl. I S. 2434); mWv 25.5.2018 durch G v. 17.7.2017 (BGBl. I S. 2541); mWv 1.1.2021 durch G v. 22.12.2020 (BGBl. I S. 3256); mWv 1.7.2021 durch G v. 3.6.2021 (BGBl. I S. 1534); mWv 12.8.2021 durch G v. 7.8.2021 (BGBl. I S. 3311); mWv 1.8.2022 durch G v. 5.7.2021 (BGBl. I S. 3338); mWv 27.7.2022 durch G v. 20.7.2022 (BGBl. I S. 1166); sie wurde nichtamtlich an die Änderungen mWv 19.8.2020 durch G v. 12.8.2020 (BGBl. I S. 1874) angepasst.

## Abschnitt 1. Errichtung der Genossenschaft

**§ 1 Wesen der Genossenschaft.** (1) Gesellschaften von nicht geschlossener Mitgliederzahl, deren Zweck darauf gerichtet ist, den Erwerb oder die Wirtschaft ihrer Mitglieder oder deren soziale oder kulturelle Belange durch gemeinschaftlichen Geschäftsbetrieb zu fördern (Genossenschaften), erwerben die Rechte einer „eingetragenen Genossenschaft" nach Maßgabe dieses Gesetzes.

(2) Eine Beteiligung an Gesellschaften und sonstigen Personenvereinigungen einschließlich der Körperschaften des öffentlichen Rechts ist zulässig, wenn sie

1. der Förderung des Erwerbes oder der Wirtschaft der Mitglieder der Genossenschaft oder deren sozialer oder kultureller Belange oder,

2. ohne den alleinigen oder überwiegenden Zweck der Genossenschaft zu bilden, gemeinnützigen Bestrebungen der Genossenschaft

zu dienen bestimmt ist.

**§ 2 Haftung für Verbindlichkeiten.** Für die Verbindlichkeiten der Genossenschaft haftet den Gläubigern nur das Vermögen der Genossenschaft.

**§ 3 Firma der Genossenschaft.** [1]Die Firma der Genossenschaft muss, auch wenn sie nach § 22 des Handelsgesetzbuchs[1)] oder nach anderen gesetzlichen Vorschriften fortgeführt wird, die Bezeichnung „eingetragene Genossenschaft" oder die Abkürzung „eG" enthalten. [2]§ 30 des Handelsgesetzbuchs gilt entsprechend.

**§ 4 Mindestzahl der Mitglieder.** Die Zahl der Mitglieder muss mindestens drei betragen.

**§ 5 Form der Satzung.** Die Satzung der Genossenschaft bedarf der schriftlichen Form.

**§ 6[2)] Mindestinhalt der Satzung.** Die Satzung muss enthalten:

1. die Firma und den Sitz der Genossenschaft;
2. den Gegenstand des Unternehmens;
3. Bestimmungen darüber, ob die Mitglieder für den Fall, dass die Gläubiger im Insolvenzverfahren über das Vermögen der Genossenschaft nicht befriedigt werden, Nachschüsse zur Insolvenzmasse unbeschränkt, beschränkt auf eine bestimmte Summe (Haftsumme) oder überhaupt nicht zu leisten haben;
4. Bestimmungen über die Form für die Einberufung der Generalversammlung der Mitglieder sowie für die Beurkundung ihrer Beschlüsse und über den Vorsitz in der Versammlung; die Einberufung der Generalversammlung muss durch unmittelbare Benachrichtigung sämtlicher Mitglieder in Textform oder durch Bekanntmachung in einem öffentlichen Blatt erfolgen; das Gericht kann hiervon Ausnahmen zulassen; die Bekanntmachung im Bundesanzeiger oder in einem anderen öffentlich zugänglichen elektronischen Informationsmedium genügt nicht;
5. Bestimmungen über die Form der Bekanntmachungen der Genossenschaft sowie Bestimmung der öffentlichen Blätter für Bekanntmachungen, deren Veröffentlichung in öffentlichen Blättern durch Gesetz oder Satzung vorgeschrieben ist; als öffentliches Blatt kann die Satzung öffentlich zugängliche elektronische Informationsmedien bezeichnen.

**§ 7 Weiterer zwingender Satzungsinhalt.** Die Satzung muss ferner bestimmen:

1. den Betrag, bis zu welchem sich die einzelnen Mitglieder mit Einlagen beteiligen können (Geschäftsanteil), sowie die Einzahlungen auf den Geschäftsanteil, zu welchen jedes Mitglied verpflichtet ist; diese müssen bis zu einem Gesamtbetrage von mindestens einem Zehntel des Geschäftsanteils nach Betrag und Zeit bestimmt sein;

---

[1)] Nr. **50**.
[2)] § 6 Nr. 4 und 5 geänd. mWv 22.7.2017 durch G v. 17.7.2017 (BGBl. I S. 2434).

2. die Bildung einer gesetzlichen Rücklage, welche zur Deckung eines aus der Bilanz sich ergebenden Verlustes zu dienen hat, sowie die Art dieser Bildung, insbesondere den Teil des Jahresüberschusses, welcher in diese Rücklage einzustellen ist, und den Mindestbetrag der letzteren, bis zu dessen Erreichung die Einstellung zu erfolgen hat.

**§ 7a Mehrere Geschäftsanteile; Sacheinlagen.** (1) [1]Die Satzung kann bestimmen, dass sich ein Mitglied mit mehr als einem Geschäftsanteil beteiligen darf. [2]Die Satzung kann eine Höchstzahl festsetzen und weitere Voraussetzungen aufstellen.

(2) [1]Die Satzung kann auch bestimmen, dass die Mitglieder sich mit mehreren Geschäftsanteilen zu beteiligen haben (Pflichtbeteiligung). [2]Die Pflichtbeteiligung muss für alle Mitglieder gleich sein oder sich nach dem Umfang der Inanspruchnahme von Einrichtungen oder anderen Leistungen der Genossenschaft durch die Mitglieder oder nach bestimmten wirtschaftlichen Merkmalen der Betriebe der Mitglieder richten.

(3) Die Satzung kann Sacheinlagen als Einzahlungen auf den Geschäftsanteil zulassen.

**§ 8[1)] Satzungsvorbehalt für einzelne Bestimmungen.** (1) Der Aufnahme in die Satzung bedürfen Bestimmungen, nach welchen:

1. die Genossenschaft auf eine bestimmte Zeit beschränkt wird;
2. Erwerb und Fortdauer der Mitgliedschaft an den Wohnsitz innerhalb eines bestimmten Bezirks geknüpft wird;
3. das Geschäftsjahr, insbesondere das erste, auf ein mit dem Kalenderjahr nicht zusammenfallendes Jahr oder auf eine kürzere Dauer als auf ein Jahr bemessen wird;
4. die Generalversammlung über bestimmte Gegenstände nicht mit einfacher, sondern mit einer größeren Mehrheit oder nach weiteren Erfordernissen beschließen kann;
5. die Ausdehnung des Geschäftsbetriebes auf Personen, welche nicht Mitglieder der Genossenschaft sind, zugelassen wird.

(2) [1]Die Satzung kann bestimmen, dass Personen, die für die Nutzung oder Produktion der Güter und die Nutzung oder Erbringung der Dienste der Genossenschaft nicht in Frage kommen, als investierende Mitglieder zugelassen werden können. [2]Sie muss durch geeignete Regelungen sicherstellen, dass investierende Mitglieder die anderen Mitglieder in keinem Fall überstimmen können und dass Beschlüsse der Generalversammlung, für die nach Gesetz oder Satzung eine Mehrheit von mindestens drei Vierteln der abgegebenen Stimmen vorgeschrieben ist, durch investierende Mitglieder nicht verhindert werden können; zu diesem Zweck kann die Satzung das Stimmrecht investierender Mitglieder auch ganz ausschließen. [3]Die Zulassung eines investierenden Mitglieds bedarf der Zustimmung der Generalversammlung; abweichend hiervon kann die Satzung die Zustimmung des Aufsichtsrats vorschreiben. [4]Die Zahl der investierenden Mitglieder im Aufsichtsrat darf ein Viertel der Aufsichtsratsmitglieder nicht überschreiten.

**§ 8a Mindestkapital.** (1) In der Satzung kann ein Mindestkapital der Genossenschaft bestimmt werden, das durch die Auszahlung des Auseinandersetzungsgutha-

---

1) § 8 Abs. 2 Satz 2 geänd. mWv 22.7.2017 durch G v. 17.7.2017 (BGBl. I S. 2434).

bens von Mitgliedern, die ausgeschieden sind oder einzelne Geschäftsanteile gekündigt haben, nicht unterschritten werden darf.

(2) [1] Bestimmt die Satzung ein Mindestkapital, ist die Auszahlung des Auseinandersetzungsguthabens ausgesetzt, solange durch die Auszahlung das Mindestkapital unterschritten würde. [2] Das Nähere regelt die Satzung.

**§ 9[1)] [2)] Vorstand; Aufsichtsrat.** (1) [1] Die Genossenschaft muss einen Vorstand und einen Aufsichtsrat haben. [2] Bei Genossenschaften mit nicht mehr als 20 Mitgliedern kann durch Bestimmung in der Satzung auf einen Aufsichtsrat verzichtet werden. [3] In diesem Fall nimmt die Generalversammlung die Rechte und Pflichten des Aufsichtsrats wahr, soweit in diesem Gesetz nichts anderes bestimmt ist.

(2) [1] Die Mitglieder des Vorstands und des Aufsichtsrats müssen Mitglieder der Genossenschaft und natürliche Personen sein. [2] Gehören der Genossenschaft eingetragene Genossenschaften als Mitglieder an, können deren Mitglieder, sofern sie natürliche Personen sind, in den Vorstand oder Aufsichtsrat der Genossenschaft berufen werden; gehören der Genossenschaft andere juristische Personen oder Personengesellschaften an, gilt dies für deren zur Vertretung befugte Personen.

(3) [1] Der Vorstand einer Genossenschaft, die der Mitbestimmung unterliegt, legt für den Frauenanteil in den beiden Führungsebenen unterhalb des Vorstands Zielgrößen fest. [2] Die Zielgrößen müssen den angestrebten Frauenanteil an der jeweiligen Führungsebene beschreiben und bei Angaben in Prozent vollen Personenzahlen entsprechen. [3] Legt der Vorstand für eine der Führungsebenen die Zielgröße Null fest, so hat er dies klar und verständlich zu begründen. [4] Die Begründung muss ausführlich die Erwägungen darlegen, die der Entscheidung zugrunde liegen. [5] Liegt der Frauenanteil bei Festlegung der Zielgrößen unter 30 Prozent, so dürfen die Zielgrößen den jeweils erreichten Anteil nicht mehr unterschreiten. [6] Gleichzeitig sind Fristen zur Erreichung der Zielgrößen festzulegen. [7] Die Fristen dürfen jeweils nicht länger als fünf Jahre sein.

(4) [1] Ist bei einer Genossenschaft, die der Mitbestimmung unterliegt, ein Aufsichtsrat bestellt, legt dieser für den Frauenanteil im Aufsichtsrat und im Vorstand Zielgrößen fest. [2] Die Zielgrößen müssen den angestrebten Frauenanteil am jeweiligen Gesamtgremium beschreiben und bei Angaben in Prozent vollen Personenzahlen entsprechen. [3] Legt der Aufsichtsrat für den Aufsichtsrat oder den Vorstand die Zielgröße Null fest, so hat er dies klar und verständlich zu begründen. [4] Die Begründung muss ausführlich die Erwägungen darlegen, die der Entscheidung zugrunde liegen. [5] Liegt der Frauenanteil bei Festlegung der Zielgrößen unter 30 Prozent, so dürfen die Zielgrößen den jeweils erreichten Anteil nicht mehr unterschreiten. [6] Gleichzeitig sind Fristen zur Erreichung der Zielgrößen festzulegen. [7] Die Fristen dürfen jeweils nicht länger als fünf Jahre sein.

**§ 10[3)] Genossenschaftsregister.** (1) Die Satzung sowie die Mitglieder des Vorstands sind in das Genossenschaftsregister bei dem Gericht einzutragen, in dessen *Bezirk die Genossenschaft ihren Sitz hat.*

(2) Andere Datensammlungen dürfen nicht unter Verwendung oder Beifügung der Bezeichnung „Genossenschaftsregister" in den Verkehr gebracht werden.

---

[1)] § 9 Abs. 3 und 4 angef. mWv 1.5.2015 durch G v. 24.4.2015 (BGBl. I S. 642); Abs. 3 Sätze 2–4 eingef., bish. Sätze 2–4 werden Sätze 5–7, Abs. 4 Sätze 2–4 eingef., bish. Sätze 2–4 werden Sätze 5–7 mWv 12.8.2021 durch G v. 7.8.2021 (BGBl. I S. 3311).

[2)] Beachte hierzu Übergangsvorschrift in § 174.

[3)] § 10 Abs. 3 angef. mWv 1.1.2007 durch G v. 10.11.2006 (BGBl. I S. 2553); Abs. 2 aufgeh., bish. Abs. 3 wird Abs. 2 mWv 1.9.2009 durch G v. 17.12.2008 (BGBl. I S. 2586).

**§ 11[1)] Anmeldung der Genossenschaft.** (1) Der Vorstand hat die Genossenschaft bei dem Gericht zur Eintragung in das Genossenschaftsregister anzumelden.

(2) Der Anmeldung sind beizufügen:

1. die Satzung, die von mindestens drei Mitgliedern unterzeichnet sein muss;
2. eine Abschrift der Urkunden über die Bestellung des Vorstands und des Aufsichtsrats;
3. die Bescheinigung eines Prüfungsverbandes, dass die Genossenschaft zum Beitritt zugelassen ist, sowie eine gutachtliche Äußerung des Prüfungsverbandes, ob nach den persönlichen oder wirtschaftlichen Verhältnissen, insbesondere der Vermögenslage der Genossenschaft, eine Gefährdung der Belange der Mitglieder oder der Gläubiger der Genossenschaft zu besorgen ist.

(3) In der Anmeldung ist ferner anzugeben, welche Vertretungsbefugnis die Vorstandsmitglieder haben.

(4) Für die Einreichung von Unterlagen nach diesem Gesetz gilt § 12 Abs. 2 des Handelsgesetzbuchs[2)] entsprechend.

**§ 11a Prüfung durch das Gericht.** (1) [1] Das Gericht hat zu prüfen, ob die Genossenschaft ordnungsmäßig errichtet und angemeldet ist. [2] Ist dies nicht der Fall, so hat es die Eintragung abzulehnen.

(2) [1] Das Gericht hat die Eintragung auch abzulehnen, wenn offenkundig oder auf Grund der gutachtlichen Äußerung des Prüfungsverbandes eine Gefährdung der Belange der Mitglieder oder der Gläubiger der Genossenschaft zu besorgen ist. [2] Gleiches gilt, wenn der Prüfungsverband erklärt, dass Sacheinlagen überbewertet worden sind.

(3) Wegen einer mangelhaften, fehlenden oder nichtigen Bestimmung der Satzung darf das Gericht die Eintragung nach Absatz 1 nur ablehnen, soweit diese Bestimmung, ihr Fehlen oder ihre Nichtigkeit

1. Tatsachen oder Rechtsverhältnisse betrifft, die nach den §§ 6 und 7 oder auf Grund anderer zwingender gesetzlicher Vorschriften in der Satzung bestimmt sein müssen oder die in das Genossenschaftsregister einzutragen oder von dem Gericht bekannt zu machen sind,
2. Vorschriften verletzt, die ausschließlich oder überwiegend zum Schutze der Gläubiger der Genossenschaft oder sonst im öffentlichen Interesse gegeben sind, oder
3. die Nichtigkeit der Satzung zur Folge hat.

**§ 12[3)] Veröffentlichung der Satzung.** Die eingetragene Satzung ist von dem Gericht zu veröffentlichen.

**§ 13 Rechtszustand vor der Eintragung.** Vor der Eintragung in das Genossenschaftsregister ihres Sitzes hat die Genossenschaft die Rechte einer eingetragenen Genossenschaft nicht.

---

1) § 11 Abs. 2 Nr. 1 geänd., Abs. 4 neu gef., Abs. 5 aufgeh. mWv 1.1.2007 durch G v. 10.11.2006 (BGBl. I S. 2553); Abs. 2 Nr. 1 geänd. mWv 22.7.2017 durch G v. 17.7.2017 (BGBl. I S. 2434).

2) Nr. **50**.

3) § 12 bish. Abs. 1 geänd., Abs. 2 aufgeh. mWv 1.8.2022 durch G v. 5.7.2021 (BGBl. I S. 3338).

**§ 14[1)] Errichtung einer Zweigniederlassung.** (1) [1]Die Errichtung einer Zweigniederlassung ist vom Vorstand beim Gericht des Sitzes der Genossenschaft unter Angabe des Ortes der Zweigniederlassung und eines Zusatzes, falls der Firma der Zweigniederlassung ein solcher beigefügt wird, zur Eintragung in das Genossenschaftsregister anzumelden. [2]In gleicher Weise sind spätere Änderungen der die Zweigniederlassung betreffenden einzutragenden Tatsachen anzumelden.

(2) Das zuständige Gericht trägt die Zweigniederlassung auf dem Registerblatt des Sitzes unter Angabe des Ortes der Zweigniederlassung und des Zusatzes, falls der Firma der Zweigniederlassung ein solcher beigefügt ist, ein, es sei denn, die Zweigniederlassung ist offensichtlich nicht errichtet worden.

(3) Die vorstehenden Vorschriften gelten sinngemäß für die Aufhebung einer Zweigniederlassung.

**§ 14a[2)]** *(aufgehoben)*

**§ 15[3)] Beitrittserklärung.** (1) [1]Die Mitgliedschaft wird durch eine schriftliche, unbedingte Beitrittserklärung und die Zulassung des Beitritts durch die Genossenschaft erworben. [2]Dem Antragsteller ist vor Abgabe seiner Beitrittserklärung eine Abschrift der Satzung in der jeweils geltenden Fassung zur Verfügung zu stellen; es reicht aus, wenn die Satzung im Internet unter der Adresse der Genossenschaft abrufbar ist und dem Antragsteller ein Ausdruck der Satzung angeboten wird. [3]Eine Vollmacht zur Abgabe der Beitrittserklärung bedarf der Schriftform. [4]Bei Gründungsmitgliedern kann die Mitgliedschaft statt durch Beitrittserklärung durch Unterzeichnung der Satzung erworben werden.

(2) [1]Das Mitglied ist unverzüglich in die Mitgliederliste einzutragen und hiervon unverzüglich zu benachrichtigen. [2]Lehnt die Genossenschaft die Zulassung ab, hat sie dies dem Antragsteller unverzüglich unter Rückgabe seiner Beitrittserklärung mitzuteilen.

**§ 15a[4)] Inhalt der Beitrittserklärung.** [1]Die Beitrittserklärung muss die ausdrückliche Verpflichtung des Mitglieds enthalten, die nach Gesetz und Satzung geschuldeten Einzahlungen auf den Geschäftsanteil zu leisten. [2]Bestimmt die Satzung, dass die Mitglieder unbeschränkt oder beschränkt auf eine Haftsumme Nachschüsse zu leisten haben, so muss die Beitrittserklärung ferner die ausdrückliche Verpflichtung enthalten, die zur Befriedigung der Gläubiger erforderlichen Nachschüsse unbeschränkt oder bis zu der in der Satzung bestimmten Haftsumme zu zahlen. [3]Bestimmt die Satzung weitere Zahlungspflichten oder eine Kündigungsfrist von mehr als einem Jahr, so muss dies in der Beitrittserklärung ausdrücklich zur Kenntnis genommen werden.

**§ 15b Beteiligung mit weiteren Geschäftsanteilen.** (1) [1]Zur Beteiligung mit weiteren Geschäftsanteilen bedarf es einer schriftlichen und unbedingten Beitrittserklärung. [2]Für deren Inhalt gilt § 15a entsprechend.

(2) Die Beteiligung mit weiteren Geschäftsanteilen darf, außer bei einer Pflichtbeteiligung, nicht zugelassen werden, bevor alle Geschäftsanteile des Mitglieds, bis auf den zuletzt neu übernommenen, voll eingezahlt sind.

---

[1)] § 14 neu gef. mWv 1.1.2007 durch G v. 10.11.2006 (BGBl. I S. 2553).

[2)] § 14a aufgeh. mWv 1.1.2007 durch G v. 10.11.2006 (BGBl. I S. 2553).

[3)] § 15 Abs. 1 Sätze 1 und 2 geänd., Sätze 3 und 4 angef. mWv 22.7.2017 durch G v. 17.7.2017 (BGBl. I S. 2434).

[4)] § 15a Satz 3 angef. mWv 22.7.2017 durch G v. 17.7.2017 (BGBl. I S. 2434).

(3) [1] Die Beteiligung mit weiteren Geschäftsanteilen wird mit der Beitrittserklärung nach Absatz 1 und der Zulassung durch die Genossenschaft wirksam. [2] § 15 Abs. 2 gilt entsprechend.

**§ 16[1)] Änderung der Satzung.** (1) Eine Änderung der Satzung oder die Fortsetzung einer auf bestimmte Zeit beschränkten Genossenschaft kann nur durch die Generalversammlung beschlossen werden.

(2) [1] Für folgende Änderungen der Satzung bedarf es einer Mehrheit, die mindestens drei Viertel der abgegebenen Stimmen umfasst:

1. Änderung des Gegenstandes des Unternehmens,
2. Erhöhung des Geschäftsanteils,
3. Einführung oder Erweiterung einer Pflichtbeteiligung mit mehreren Geschäftsanteilen,
4. Einführung oder Erweiterung der Verpflichtung der Mitglieder zur Leistung von Nachschüssen,
5. Verlängerung der Kündigungsfrist auf eine längere Frist als zwei Jahre,
6. Einführung oder Erweiterung der Beteiligung ausscheidender Mitglieder an der Ergebnisrücklage nach § 73 Abs. 3,
7. Einführung oder Erweiterung von Mehrstimmrechten,
8. Zerlegung von Geschäftsanteilen,
9. Einführung oder Erhöhung eines Mindestkapitals,
10. Einschränkung des Anspruchs des Mitglieds nach § 73 Abs. 2 Satz 2 und Abs. 4 auf Auszahlung des Auseinandersetzungsguthabens,
11. Einführung der Möglichkeit nach § 8 Abs. 2 Satz 1 und 2, investierende Mitglieder zuzulassen.

[2] Die Satzung kann eine größere Mehrheit und weitere Erfordernisse bestimmen.

(3) [1] Zu einer Änderung der Satzung, durch die eine Verpflichtung der Mitglieder zur Inanspruchnahme von Einrichtungen oder anderen Leistungen der Genossenschaft oder zur Leistung von Sachen oder Diensten eingeführt oder erweitert wird, bedarf es einer Mehrheit, die mindestens neun Zehntel der abgegebenen Stimmen umfasst. [2] Zu einer Änderung der Satzung, durch die eine Verpflichtung der Mitglieder zur Zahlung laufender Beiträge für Leistungen, welche die Genossenschaft den Mitgliedern erbringt oder zur Verfügung stellt, eingeführt oder erweitert wird, bedarf es einer Mehrheit von mindestens drei Vierteln der abgegebenen Stimmen. [3] Die Satzung kann eine größere Mehrheit und weitere Erfordernisse bestimmen.

(4) Zu sonstigen Änderungen der Satzung bedarf es einer Mehrheit, die mindestens drei Viertel der abgegebenen Stimmen umfasst, sofern nicht die Satzung andere Erfordernisse aufstellt.

(5) [1] Auf die Anmeldung und Eintragung des Beschlusses finden die Vorschriften des § 11 mit der Maßgabe entsprechende Anwendung, dass der Anmeldung der Beschluss nur in Abschrift beizufügen ist. [2] Der Anmeldung ist der vollständige Wortlaut der Satzung beizufügen; er muss mit der Erklärung des Vorstands versehen sein, dass die geänderten Bestimmungen der Satzung mit dem Beschluss über die Satzungsänderung und die unveränderten Bestimmungen mit dem zuletzt

---

[1)] § 16 Abs. 5 Satz 1 geänd. mWv 1.1.2007 durch G v. 10.11.2006 (BGBl. I S. 2553); Abs. 5 Sätze 2 und 3 eingef., bish. Satz 2 wird Satz 4 mWv 29.5.2009 durch G v. 25.5.2009 (BGBl. I S. 1102); Abs. 5 Satz 4 aufgeh. mWv 1.8.2022 durch G v. 5.7.2021 (BGBl. I S. 3338).

zum Register eingereichten vollständigen Wortlaut der Satzung übereinstimmen. [3] Ist bei Satzungsänderungen der vollständige Wortlaut der Satzung bisher nicht eingereicht worden, so hat der Vorstand zu erklären, dass der eingereichte Wortlaut der Satzung mit dem zuletzt zum Register eingereichten vollständigen Wortlaut der Satzung und allen seither beschlossenen Änderungen übereinstimmt.

(6) Der Beschluss hat keine rechtliche Wirkung, bevor er in das Genossenschaftsregister des Sitzes der Genossenschaft eingetragen ist.

## Abschnitt 2. Rechtsverhältnisse der Genossenschaft und ihrer Mitglieder

**§ 17 Juristische Person; Formkaufmann.** (1) Die eingetragene Genossenschaft als solche hat selbständig ihre Rechte und Pflichten; sie kann Eigentum und andere dingliche Rechte an Grundstücken erwerben, vor Gericht klagen und verklagt werden.

(2) Genossenschaften gelten als Kaufleute im Sinne des Handelsgesetzbuchs[1)].

**§ 18 Rechtsverhältnis zwischen Genossenschaft und Mitgliedern.** [1] Das Rechtsverhältnis der Genossenschaft und ihrer Mitglieder richtet sich zunächst nach der Satzung. [2] Diese darf von den Bestimmungen dieses Gesetzes nur insoweit abweichen, als dies ausdrücklich für zulässig erklärt ist.

**§ 19 Gewinn- und Verlustverteilung.** (1) [1] Der bei Feststellung des Jahresabschlusses für die Mitglieder sich ergebende Gewinn oder Verlust des Geschäftsjahres ist auf diese zu verteilen. [2] Die Verteilung geschieht für das erste Geschäftsjahr nach dem Verhältnis ihrer auf den Geschäftsanteil geleisteten Einzahlungen, für jedes folgende nach dem Verhältnis ihrer durch die Zuschreibung von Gewinn oder die Abschreibung von Verlust zum Schluss des vorhergegangenen Geschäftsjahres ermittelten Geschäftsguthaben. [3] Die Zuschreibung des Gewinns erfolgt so lange, als nicht der Geschäftsanteil erreicht ist.

(2) [1] Die Satzung kann einen anderen Maßstab für die Verteilung von Gewinn und Verlust aufstellen und bestimmen, inwieweit der Gewinn vor Erreichung des Geschäftsanteils an die Mitglieder auszuzahlen ist. [2] Bis zur Wiederergänzung eines durch Verlust verminderten Guthabens findet eine Auszahlung des Gewinns nicht statt.

**§ 20[2)] Ausschluss der Gewinnverteilung.** [1] Die Satzung kann bestimmen, dass der Gewinn nicht verteilt, sondern der gesetzlichen Rücklage und anderen Ergebnisrücklagen zugeschrieben wird. [2] Die Satzung kann ferner bestimmen, dass der Vorstand einen Teil des Jahresüberschusses, höchstens jedoch die Hälfte, in die Ergebnisrücklagen einstellen kann.

**§ 21 Verbot der Verzinsung der Geschäftsguthaben.** (1) Für das Geschäftsguthaben werden vorbehaltlich des § 21a Zinsen von bestimmter Höhe nicht vergütet, auch wenn das Mitglied Einzahlungen in höheren als den geschuldeten Beträgen geleistet hat.

(2) Auch können Mitglieder, welche mehr als die geschuldeten Einzahlungen geleistet haben, im Falle eines Verlustes andere Mitglieder nicht aus dem Grunde in Anspruch nehmen, dass von letzteren nur diese Einzahlungen geleistet sind.

---

1) Nr. **50**.
2) § 20 Satz 2 angef. mWv 29.5.2009 durch G v. 25.5.2009 (BGBl. I S. 1102).

**§ 21a Ausnahmen vom Verbot der Verzinsung.** (1) [1]Die Satzung kann bestimmen, dass die Geschäftsguthaben verzinst werden. [2]Bestimmt die Satzung keinen festen Zinssatz, muss sie einen Mindestzinssatz festsetzen. [3]Die Zinsen berechnen sich nach dem Stand der Geschäftsguthaben am Schluss des vorhergegangenen Geschäftsjahres. [4]Sie sind spätestens sechs Monate nach Schluss des Geschäftsjahres auszuzahlen, für das sie gewährt werden.

(2) Ist in der Bilanz der Genossenschaft für ein Geschäftsjahr ein Jahresfehlbetrag oder ein Verlustvortrag ausgewiesen, der ganz oder teilweise durch die Ergebnisrücklagen, einen Jahresüberschuss und einen Gewinnvortrag nicht gedeckt ist, so dürfen in Höhe des nicht gedeckten Betrags Zinsen für dieses Geschäftsjahr nicht gezahlt werden.

**§ 21b[1)] Mitgliederdarlehen.** (1) Zum Zweck der Finanzierung oder Modernisierung von zu ihrem Anlagevermögen gehörenden Gegenständen kann eine Genossenschaft, auch wenn sie über keine Erlaubnis zum Betreiben des Einlagengeschäfts nach dem Kreditwesengesetz[2)] verfügt, Darlehen ihrer Mitglieder entgegennehmen, wenn

1. im Darlehensvertrag vereinbart ist, dass das Darlehen zweckgebunden nur zugunsten eines konkreten Investitionsvorhabens der Genossenschaft in ihr Anlagevermögen verwendet werden darf,
2. die Darlehenssumme beim jeweiligen Mitglied, sofern es kein Unternehmer ist, 25 000 Euro nicht übersteigt,
3. der Gesamtbetrag sämtlicher von Genossenschaftsmitgliedern zu dem in Nummer 1 genannten Zweck gewährten Darlehen 2,5 Millionen Euro nicht übersteigt und
4. der vereinbarte jährliche Sollzinssatz den höheren der folgenden beiden Werte nicht übersteigt:
   a) 1,5 Prozent,
   b) die marktübliche Emissionsrendite für Anlagen am Kapitalmarkt in Hypothekenpfandbriefen mit gleicher Laufzeit.

(2) Der Vorstand der Genossenschaft hat dafür zu sorgen, dass den Mitgliedern der Genossenschaft vor Vertragsschluss die wesentlichen Informationen über das Investitionsvorhaben sowie mögliche Risiken aus der Darlehensgewährung zur Verfügung gestellt werden.

(3) [1]Der Vorstand hat während der gesamten Laufzeit des Darlehens die Einhaltung der Zweckbindung sicherzustellen. [2]Eine Änderung der Zweckbindung zugunsten eines anderen zulässigen Investitionsvorhabens der Genossenschaft ist nur gestattet, wenn das jeweilige Mitglied der Änderung schriftlich zustimmt, nachdem es die wesentlichen Informationen über das andere Investitionsvorhaben erhalten hat.

(4) [1]Das Mitglied ist an seine Willenserklärung, die auf den Abschluss des Darlehensvertrags gerichtet ist, nicht mehr gebunden, wenn es sie fristgerecht in Textform gegenüber der Genossenschaft widerrufen hat. [2]Der Widerruf muss keine Begründung enthalten. [3]Die Widerrufsfrist beträgt 14 Tage. [4]Sie beginnt mit Vertragsschluss, wenn der Vertrag einen deutlichen Hinweis auf das Widerrufsrecht enthält, sonst zu dem Zeitpunkt, zu dem das Mitglied einen solchen Hinweis in Textform erhält. [5]Ist der Beginn der Widerrufsfrist streitig, so trifft die Beweis-

---

[1)] § 21b eingef. mWv 22.7.2017 durch G v. 17.7.2017 (BGBl. I S. 2434).
[2)] **Sartorius ErgBd. Nr. 856.**

last die Genossenschaft. [6] Das Widerrufsrecht erlischt spätestens zwölf Monate nach dem Vertragsschluss. [7] Zur Fristwahrung genügt die rechtzeitige Absendung des Widerrufs. [8] Im Fall des Widerrufs ist der empfangene Darlehensbetrag unverzüglich zurückzugewähren. [9] Für den Zeitraum zwischen der Auszahlung des Darlehensbetrages des Mitglieds an die Genossenschaft und der Rückzahlung an das Mitglied hat die Genossenschaft den vereinbarten Sollzinssatz zu zahlen.

**§ 22**[1)] **Herabsetzung des Geschäftsanteils; Verbot der Auszahlung des Geschäftsguthabens.** (1) Werden der Geschäftsanteil oder die auf ihn zu leistenden Einzahlungen herabgesetzt oder die für die Einzahlungen festgesetzten Fristen verlängert, so ist der wesentliche Inhalt des Beschlusses der Generalversammlung durch das Gericht in einer Bekanntmachung zu der Eintragung in das Genossenschaftsregister anzugeben.

(2) [1] Den Gläubigern der Genossenschaft ist, wenn sie sich binnen sechs Monaten nach der Bekanntmachung bei der Genossenschaft zu diesem Zweck melden, Sicherheit zu leisten, soweit sie nicht Befriedigung verlangen können. [2] In der Bekanntmachung ist darauf hinzuweisen. [3] Das Recht, Sicherheitsleistung zu verlangen, steht Gläubigern nicht zu, die im Fall der Insolvenz ein Recht auf vorzugsweise Befriedigung aus einer Deckungsmasse haben, die nach gesetzlicher Vorschrift zu ihrem Schutz errichtet und staatlich überwacht ist.

(3) Mitglieder, die zur Zeit der Eintragung des Beschlusses der Genossenschaft angehörten, können sich auf die Änderung erst berufen, wenn die Bekanntmachung erfolgt ist und die Gläubiger, die sich rechtzeitig gemeldet haben, wegen der erhobenen Ansprüche befriedigt oder sichergestellt sind.

(4) [1] Das Geschäftsguthaben eines Mitglieds darf, solange es nicht ausgeschieden ist, von der Genossenschaft nicht ausgezahlt oder im geschäftlichen Betrieb zum Pfand genommen, eine geschuldete Einzahlung darf nicht erlassen werden. [2] Die Genossenschaft darf den Mitgliedern keinen Kredit zum Zweck der Leistung von Einzahlungen auf den Geschäftsanteil gewähren.

(5) Gegen eine geschuldete Einzahlung kann das Mitglied nicht aufrechnen.

(6) [1] Der Anspruch der Genossenschaft auf Leistung von Einzahlungen auf den Geschäftsanteil verjährt in zehn Jahren von seiner Entstehung an. [2] Wird das Insolvenzverfahren über das Vermögen der Genossenschaft eröffnet, so tritt die Verjährung nicht vor Ablauf von sechs Monaten ab dem Zeitpunkt der Eröffnung ein.

**§ 22a Nachschusspflicht.** (1) Wird die Verpflichtung der Mitglieder, Nachschüsse zur Insolvenzmasse zu leisten, auf eine Haftsumme beschränkt oder aufgehoben, so gilt § 22 Abs. 1 bis 3 sinngemäß.

(2) Die Einführung oder Erweiterung der Verpflichtung zur Leistung von Nachschüssen wirkt nicht gegenüber Mitgliedern, die bei Wirksamwerden der Änderung der Satzung bereits aus der Genossenschaft ausgeschieden waren.

**§ 22b Zerlegung des Geschäftsanteils.** (1) [1] Der Geschäftsanteil kann in mehrere Geschäftsanteile zerlegt werden. [2] Die Zerlegung und eine ihr entsprechende Herabsetzung der Einzahlungen gelten nicht als Herabsetzung des Geschäftsanteils oder der Einzahlungen.

---

[1)] § 22 Abs. 2 Satz 3 angef. mWv 19.12.2014 durch G v. 10.12.2014 (BGBl. I S. 2085); Abs. 1 geänd. mWv 1.8.2022 durch G v. 5.7.2021 (BGBl. I S. 3338).

(2) [1] Mit der Eintragung des Beschlusses über die Zerlegung des Geschäftsanteils sind die Mitglieder mit der Zahl von Geschäftsanteilen beteiligt, die sich aus der Zerlegung ergibt. [2] § 15b Abs. 3 ist nicht anzuwenden. [3] Die Mitgliederliste ist unverzüglich zu berichtigen.

**§ 23 Haftung der Mitglieder.** (1) Für die Verbindlichkeiten der Genossenschaft haften die Mitglieder nach Maßgabe dieses Gesetzes.

(2) Wer in die Genossenschaft eintritt, haftet auch für die vor seinem Eintritt eingegangenen Verbindlichkeiten.

(3) Vereinbarungen, die gegen die vorstehenden Absätze verstoßen, sind unwirksam.

## Abschnitt 3. Verfassung der Genossenschaft

**§ 24[1)] Vorstand.** (1) [1] Die Genossenschaft wird durch den Vorstand gerichtlich und außergerichtlich vertreten. [2] Hat eine Genossenschaft keinen Vorstand (Führungslosigkeit), wird die Genossenschaft für den Fall, dass ihr gegenüber Willenserklärungen abgegeben oder Schriftstücke zugestellt werden, durch den Aufsichtsrat vertreten.

(2) [1] Der Vorstand besteht aus zwei Personen und wird von der Generalversammlung gewählt und abberufen. [2] Die Satzung kann eine höhere Personenzahl sowie eine andere Art der Bestellung und Abberufung bestimmen. [3] Bei Genossenschaften mit nicht mehr als 20 Mitgliedern kann die Satzung bestimmen, dass der Vorstand aus einer Person besteht.

(3) [1] Die Mitglieder des Vorstandes können besoldet oder unbesoldet sein. [2] Ihre Bestellung ist zu jeder Zeit widerruflich, unbeschadet der Entschädigungsansprüche aus bestehenden Verträgen.

**§ 25[2)] Vertretung, Zeichnung durch Vorstandsmitglieder.** (1) [1] Die Mitglieder des Vorstands sind nur gemeinschaftlich zur Vertretung der Genossenschaft befugt. [2] Die Satzung kann Abweichendes bestimmen. [3] Ist eine Willenserklärung gegenüber der Genossenschaft abzugeben, so genügt die Abgabe gegenüber einem Vorstandsmitglied oder im Fall des § 24 Abs. 1 Satz 2 gegenüber einem Aufsichtsratsmitglied.

(2) [1] Die Satzung kann auch bestimmen, dass einzelne Vorstandsmitglieder allein oder in Gemeinschaft mit einem Prokuristen zur Vertretung der Genossenschaft befugt sind. [2] Absatz 1 Satz 3 gilt in diesen Fällen sinngemäß.

(3) [1] Zur Gesamtvertretung befugte Vorstandsmitglieder können einzelne von ihnen zur Vornahme bestimmter Geschäfte oder bestimmter Arten von Geschäften ermächtigen. [2] Dies gilt sinngemäß, falls ein einzelnes Vorstandsmitglied in Gemeinschaft mit einem Prokuristen zur Vertretung der Genossenschaft befugt ist.

**§ 25a[3)] Angaben auf Geschäftsbriefen.** (1) Auf allen Geschäftsbriefen gleichviel welcher Form, die an einen bestimmten Empfänger gerichtet werden, müssen die Rechtsform und der Sitz der Genossenschaft, das Registergericht des Sitzes der Genossenschaft und die Nummer, unter der die Genossenschaft in das Genossenschaftsregister eingetragen ist, sowie alle Vorstandsmitglieder und, sofern der Auf-

---

1) § 24 Abs. 1 Satz 2 angef. mWv 1.11.2008 durch G v. 23.10.2008 (BGBl. I S. 2026).
2) § 25 Abs. 1 Satz 3 geänd., Abs. 4 aufgeh. mWv 1.11.2008 durch G v. 23.10.2008 (BGBl. I S. 2026).
3) § 25a Abs. 1 geänd. mWv 1.1.2007 durch G v. 10.11.2006 (BGBl. I S. 2553).

sichtsrat einen Vorsitzenden hat, dieser mit dem Familiennamen und mindestens einem ausgeschriebenen Vornamen angegeben werden.

(2) Der Angaben nach Absatz 1 bedarf es nicht bei Mitteilungen oder Berichten, die im Rahmen einer bestehenden Geschäftsverbindung ergehen und für die üblicherweise Vordrucke verwendet werden, in denen lediglich die im Einzelfall erforderlichen besonderen Angaben eingefügt zu werden brauchen.

(3) [1] Bestellscheine gelten als Geschäftsbriefe im Sinne des Absatzes 1. [2] Absatz 2 ist auf sie nicht anzuwenden.

**§ 26**[1)] **Vertretungsbefugnis des Vorstands.** (1) Die Genossenschaft wird durch die von dem Vorstand in ihrem Namen geschlossenen Rechtsgeschäfte berechtigt und verpflichtet; es ist gleichgültig, ob das Geschäft ausdrücklich im Namen der Genossenschaft geschlossen worden ist, oder ob die Umstände ergeben, dass es nach dem Willen der Vertragschließenden für die Genossenschaft geschlossen werden sollte.

(2) Zur Legitimation des Vorstands Behörden gegenüber genügt eine Bescheinigung des Registergerichts, dass die darin zu bezeichnenden Personen als Mitglieder des Vorstands in das Genossenschaftsregister eingetragen sind.

**§ 27**[2)] **Beschränkung der Vertretungsbefugnis.** (1) [1] Der Vorstand hat die Genossenschaft unter eigener Verantwortung zu leiten. [2] Er hat dabei die Beschränkungen zu beachten, die durch die Satzung festgesetzt worden sind. [3] Bei Genossenschaften mit nicht mehr als 20 Mitgliedern kann die Satzung vorsehen, dass der Vorstand an Weisungen der Generalversammlung gebunden ist.

(2) [1] Gegen dritte Personen hat eine Beschränkung der Befugnis des Vorstands, die Genossenschaft zu vertreten, keine rechtliche Wirkung. [2] Dies gilt insbesondere für den Fall, dass die Vertretung sich nur auf bestimmte Geschäfte oder Arten von Geschäften erstrecken oder nur unter bestimmten Umständen oder für eine bestimmte Zeit oder an einzelnen Orten stattfinden soll oder dass die Zustimmung der Generalversammlung, des Aufsichtsrats oder eines anderen Organs der Genossenschaft für einzelne Geschäfte erforderlich ist.

**§ 28**[3)] **Änderung des Vorstands und der Vertretungsbefugnis.** [1] Jede Änderung des Vorstands oder der Vertretungsbefugnis eines Vorstandsmitglieds hat der Vorstand zur Eintragung in das Genossenschaftsregister anzumelden. [2] Der Anmeldung sind die Urkunden über die Änderung in Urschrift oder Abschrift beizufügen.

**§ 29**[4)] **Publizität des Genossenschaftsregisters.** (1) Solange eine Änderung des Vorstands oder der Vertretungsbefugnis eines Vorstandsmitglieds nicht in das Genossenschaftsregister eingetragen und bekannt gemacht ist, kann sie von der Genossenschaft einem Dritten nicht entgegengesetzt werden, es sei denn, dass sie diesem bekannt war.

(2) [1] Ist die Änderung eingetragen und bekannt gemacht worden, so muss ein Dritter sie gegen sich gelten lassen. [2] Dies gilt nicht bei Rechtshandlungen, die

---

[1)] § 26 Abs. 2 geänd. mWv 1.9.2009 durch G v. 17.12.2008 (BGBl. I S. 2586).

[2)] § 27 Abs. 1 Satz 3 angef. mWv 22.7.2017 durch G v. 17.7.2017 (BGBl. I S. 2434).

[3)] § 28 Abs. 2 aufgeh. mWv 1.1.2007 durch G v. 10.11.2006 (BGBl. I S. 2553); Satz 3 aufgeh. mWv 1.8.2022 durch G v 5.7.2021 (BGBl. I S. 3338).

[4)] § 29 Abs. 4 aufgeh. mWv 1.1.2007 durch G v. 10.11.2006 (BGBl. I S. 2553); Abs. 3 geänd. mWv 1.8.2022 durch G v 5.7.2021 (BGBl. I S. 3338).

innerhalb von fünfzehn Tagen nach der Bekanntmachung vorgenommen werden, sofern der Dritte beweist, dass er die Änderung weder kannte noch kennen musste.

(3) Ist die Änderung unrichtig eingetragen, so kann sich ein Dritter auf die Eintragung der Änderung berufen, es sei denn, dass er die Unrichtigkeit kannte.

**§ 30**[1)] **Mitgliederliste.** (1) Der Vorstand ist verpflichtet, die Mitgliederliste zu führen.

(2) [1] In die Mitgliederliste ist jedes Mitglied der Genossenschaft mit folgenden Angaben einzutragen:

1. Familienname, Vornamen und Anschrift, bei juristischen Personen und Personenhandelsgesellschaften Firma und Anschrift, bei anderen Personenvereinigungen Bezeichnung und Anschrift der Vereinigung oder Familiennamen, Vornamen und Anschriften ihrer Mitglieder,
2. Zahl der von ihm übernommenen weiteren Geschäftsanteile,
3. Ausscheiden aus der Genossenschaft.

[2] Die Satzung kann regeln, mit welchen weiteren erforderlichen Angaben jedes Mitglied eingetragen wird. [3] Der Zeitpunkt, zu dem der Beitritt, eine Veränderung der Zahl weiterer Geschäftsanteile oder das Ausscheiden wirksam wird oder geworden ist, ist anzugeben.

(3) [1] Die Unterlagen, aufgrund deren die Eintragung des Beitritts, der Veränderung der Zahl weiterer Geschäftsanteile oder des Ausscheidens in die Mitgliederliste erfolgt, sind drei Jahre aufzubewahren. [2] Die Frist beginnt mit dem Schluss des Kalenderjahres, in dem das Mitglied aus der Genossenschaft ausgeschieden ist. [3] Im Übrigen gelten für die Aufbewahrung der Unterlagen die Regelungen für Handelsbriefe in § 257 des Handelsgesetzbuchs[2)].

**§ 31**[3)] **Einsicht in die Mitgliederliste.** (1) [1] Die Mitgliederliste kann von jedem Mitglied sowie von einem Dritten, der ein berechtigtes Interesse darlegt, bei der Genossenschaft eingesehen werden. [2] Abschriften aus der Mitgliederliste sind dem Mitglied hinsichtlich der ihn betreffenden Eintragungen auf Verlangen zu erteilen.

(2) [1] Der Dritte darf die übermittelten Daten nur für den Zweck speichern und nutzen, zu dessen Erfüllung sie ihm übermittelt werden; eine Speicherung und Nutzung für andere Zwecke ist nur zulässig, soweit die Daten auch dafür hätten übermittelt werden dürfen. [2] Ist der Empfänger eine nicht öffentliche Stelle, hat die Genossenschaft ihn darauf hinzuweisen; eine Speicherung und Nutzung für andere Zwecke bedarf in diesem Fall der Zustimmung der Genossenschaft.

**§ 32**[4)] **Vorlage der Mitgliederliste beim Gericht.** Der Vorstand hat dem Registergericht auf dessen Verlangen eine Abschrift der Mitgliederliste unverzüglich einzureichen.

**§ 33 Buchführung; Jahresabschluss und Lagebericht.** (1) [1] Der Vorstand hat dafür zu sorgen, dass die erforderlichen Bücher der Genossenschaft ordnungsgemäß geführt werden. [2] Der Jahresabschluss und der Lagebericht sind unverzüg-

---

[1)] § 30 Abs. 2 Satz 2 eingef., bish. Satz 2 wird Satz 3 und neu gef., Abs. 3 Satz 1 geänd., Satz 3 angef. mWv 22.7.2017 durch G v. 17.7.2017 (BGBl. I S. 2434).

[2)] Nr. **50**.

[3)] § 31 Abs. 2 Sätze 1 und 2 geänd. mWv 25.5.2018 durch G v. 17.7.2017 (BGBl. I S. 2541).

[4)] § 32 geänd. mWv 1.9.2009 durch G v. 17.12.2008 (BGBl. I S. 2586).

lich nach ihrer Aufstellung dem Aufsichtsrat und mit dessen Bemerkungen der Generalversammlung vorzulegen.

(2) Mit einer Verletzung der Vorschriften über die Gliederung der Bilanz und der Gewinn- und Verlustrechnung sowie mit einer Nichtbeachtung von Formblättern kann, wenn hierdurch die Klarheit des Jahresabschlusses nur unwesentlich beeinträchtigt wird, eine Anfechtung nicht begründet werden.

(3) Ergibt sich bei Aufstellung der Jahresbilanz oder einer Zwischenbilanz oder ist bei pflichtgemäßem Ermessen anzunehmen, dass ein Verlust besteht, der durch die Hälfte des Gesamtbetrages der Geschäftsguthaben und die Rücklagen nicht gedeckt ist, so hat der Vorstand unverzüglich die Generalversammlung einzuberufen und ihr dies anzuzeigen.

**§§ 33a–33i** (weggefallen)

**§ 34[1)] Sorgfaltspflicht und Verantwortlichkeit der Vorstandsmitglieder.**

(1) [1] Die Vorstandsmitglieder haben bei ihrer Geschäftsführung die Sorgfalt eines ordentlichen und gewissenhaften Geschäftsleiters einer Genossenschaft anzuwenden. [2] Eine Pflichtverletzung liegt nicht vor, wenn das Vorstandsmitglied bei einer unternehmerischen Entscheidung vernünftigerweise annehmen durfte, auf Grundlage angemessener Informationen zum Wohle der Genossenschaft zu handeln. [3] Über vertrauliche Angaben und Geheimnisse der Genossenschaft, namentlich Betriebs- oder Geschäftsgeheimnisse, die ihnen durch die Tätigkeit im Vorstand bekannt geworden sind, haben sie Stillschweigen zu bewahren.

(2) [1] Vorstandsmitglieder, die ihre Pflichten verletzen, sind der Genossenschaft zum Ersatz des daraus entstehenden Schadens als Gesamtschuldner verpflichtet. [2] Ist streitig, ob sie die Sorgfalt eines ordentlichen und gewissenhaften Geschäftsleiters einer Genossenschaft angewandt haben, tragen sie die Beweislast. [3] Wenn ein Vorstandsmitglied im Wesentlichen unentgeltlich tätig ist, muss dies bei der Beurteilung seiner Sorgfalt zu seinen Gunsten berücksichtigt werden.

(3) Die Mitglieder des Vorstands sind namentlich zum Ersatz verpflichtet, wenn entgegen diesem Gesetz oder der Satzung

1. Geschäftsguthaben ausgezahlt werden,
2. den Mitgliedern Zinsen oder Gewinnanteile gewährt werden,
3. Genossenschaftsvermögen verteilt wird,
4. Zahlungen geleistet werden, nachdem die Zahlungsunfähigkeit der Genossenschaft eingetreten ist oder sich eine Überschuldung ergeben hat, die für die Genossenschaft nach § 98 Grund für die Eröffnung des Insolvenzverfahrens ist,
5. Kredit gewährt wird.

(4) [1] Der Genossenschaft gegenüber tritt die Ersatzpflicht nicht ein, wenn die Handlung auf einem gesetzmäßigen Beschluss der Generalversammlung beruht. [2] Dadurch, dass der Aufsichtsrat die Handlung gebilligt hat, wird die Ersatzpflicht nicht ausgeschlossen.

(5) [1] In den Fällen des Absatzes 3 kann der Ersatzanspruch auch von den Gläubigern der Genossenschaft geltend gemacht werden, soweit sie von dieser keine Befriedigung erlangen können. [2] Den Gläubigern gegenüber wird die Ersatzpflicht weder durch einen Verzicht oder Vergleich der Genossenschaft noch dadurch aufgehoben, dass die Handlung auf einem Beschluss der Generalversamm-

---

[1)] § 34 Abs. 1 Satz 2 eingef., bish. Satz 2 wird Satz 3, Abs. 2 Satz 3 angef. mWv 22.7.2017 durch G v. 17.7.2017 (BGBl. I S. 2434).

lung beruht. [3] Ist über das Vermögen der Genossenschaft das Insolvenzverfahren eröffnet, so übt während dessen Dauer der Insolvenzverwalter oder Sachverwalter das Recht der Gläubiger gegen die Vorstandsmitglieder aus.

(6) Die Ansprüche aus diesen Vorschriften verjähren in fünf Jahren.

**§ 35 Stellvertreter von Vorstandsmitgliedern.** Die für Mitglieder des Vorstands gegebenen Vorschriften gelten auch für Stellvertreter von Mitgliedern.

**§ 36[1)] Aufsichtsrat.** (1) [1] Der Aufsichtsrat besteht, sofern nicht die Satzung eine höhere Zahl festsetzt, aus drei von der Generalversammlung zu wählenden Personen. [2] Die zu einer Beschlussfassung erforderliche Zahl ist durch die Satzung zu bestimmen.

(2) Die Mitglieder des Aufsichtsrats dürfen keine nach dem Geschäftsergebnis bemessene Vergütung beziehen.

(3) [1] Die Bestellung zum Mitglied des Aufsichtsrats kann auch vor Ablauf des Zeitraums, für welchen es gewählt ist, durch die Generalversammlung widerrufen werden. [2] Der Beschluss bedarf einer Mehrheit, die mindestens drei Viertel der abgegebenen Stimmen umfasst.

(4) Bei einer Genossenschaft, die Unternehmen von öffentlichem Interesse nach § 316a Satz 2 Nummer 1 oder 2 des Handelsgesetzbuchs[2)] ist, müssen die Mitglieder des Aufsichtsrats in ihrer Gesamtheit mit dem Sektor, in dem die Genossenschaft tätig ist, vertraut sein; mindestens ein Mitglied muss über Sachverstand auf den Gebieten Rechnungslegung oder Abschlussprüfung verfügen.

(5) [1] Abweichend von Absatz 1 Satz 1 kann die Satzung vorsehen, dass für bestimmte Mitglieder das Recht besteht, Mitglieder in den Aufsichtsrat zu entsenden. [2] Die Zahl der nach Satz 1 in den Aufsichtsrat entsandten Personen darf zusammen mit der Zahl der investierenden Mitglieder im Aufsichtsrat ein Drittel der Aufsichtsratsmitglieder nicht überschreiten.

**§ 37 Unvereinbarkeit von Ämtern.** (1) [1] Die Mitglieder des Aufsichtsrats dürfen nicht zugleich Vorstandsmitglieder, dauernde Stellvertreter der Vorstandsmitglieder, Prokuristen oder zum Betrieb des gesamten Geschäfts ermächtigte Handlungsbevollmächtigte der Genossenschaft sein. [2] Der Aufsichtsrat kann einzelne seiner Mitglieder für einen im Voraus begrenzten Zeitraum zu Stellvertretern verhinderter Vorstandsmitglieder bestellen; während dieses Zeitraums und bis zur Erteilung der Entlastung als stellvertretendes Vorstandsmitglied darf dieses Mitglied seine Tätigkeit als Aufsichtsratsmitglied nicht ausüben.

(2) Scheiden aus dem Vorstand Mitglieder aus, so dürfen dieselben nicht vor erteilter Entlastung in den Aufsichtsrat gewählt werden.

**§ 38[3)] Aufgaben des Aufsichtsrats.** (1) [1] Der Aufsichtsrat hat den Vorstand bei dessen Geschäftsführung zu überwachen. [2] Er kann zu diesem Zweck von dem Vorstand jederzeit Auskünfte über alle Angelegenheiten der Genossenschaft ver-

---

1) § 36 Abs. 4 angef. mWv 29.5.2009 durch G v. 25.5.2009 (BGBl. I S. 1102); Abs. 4 neu gef. mWv 17.6.2016 durch G v. 10.5.2016 (BGBl. I S. 1142); Abs. 5 angef. mWv 22.7.2017 durch G v. 17.7.2017 (BGBl. I S. 2434); Abs. 4 geänd. mWv 1.7.2021 durch G v. 3.6.2021 (BGBl. I S. 1534).

2) Nr. **50**.

3) § 38 Abs. 1a eingef. mWv 29.5.2009 durch G v. 25.5.2009 (BGBl. I S. 1102); Abs. 1a Satz 1 geänd., Satz 2 neu gef., Sätze 3 und 4 angef. mWv 17.6.2016 durch G v. 10.5.2016 (BGBl. I S. 1142); Abs. 1b eingef. mWv 19.4.2017 durch G v. 11.4.2017 (BGBl. I S. 802); Abs. 1a Satz 3 geänd. mWv 1.7.2021 durch G v. 3.6.2021 (BGBl. I S. 1534).

langen und die Bücher und Schriften der Genossenschaft sowie den Bestand der Genossenschaftskasse und die Bestände an Wertpapieren und Waren einsehen und prüfen. [3]Er kann einzelne seiner Mitglieder beauftragen, die Einsichtnahme und Prüfung durchzuführen. [4]Auch ein einzelnes Mitglied des Aufsichtsrats kann Auskünfte, jedoch nur an den Aufsichtsrat, verlangen. [5]Der Aufsichtsrat hat den Jahresabschluss, den Lagebericht und den Vorschlag für die Verwendung des Jahresüberschusses oder die Deckung des Jahresfehlbetrags zu prüfen; über das Ergebnis der Prüfung hat er der Generalversammlung vor der Feststellung des Jahresabschlusses zu berichten.

(1a) [1]Der Aufsichtsrat kann einen Prüfungsausschuss bestellen, der sich mit der Überwachung des Rechnungslegungsprozesses sowie der Wirksamkeit des internen Kontrollsystems, des Risikomanagementsystems und des internen Revisionssystems sowie der Abschlussprüfung befasst. [2]Der Prüfungsausschuss kann Empfehlungen oder Vorschläge zur Gewährleistung der Integrität des Rechnungslegungsprozesses unterbreiten. [3]Richtet der Aufsichtsrat einer Genossenschaft, die ein Unternehmen von öffentlichem Interesse nach § 316a Satz 2 Nummer 1 oder 2 des Handelsgesetzbuchs[1)] ist, einen Prüfungsausschuss ein, so muss dieser die Voraussetzungen des § 36 Absatz 4 erfüllen. [4]Artikel 6 Absatz 2 Buchstabe a der Verordnung (EU) Nr. 537/2014 des Europäischen Parlaments und des Rates vom 16. April 2014 über spezifische Anforderungen an die Abschlussprüfung bei Unternehmen von öffentlichem Interesse und zur Aufhebung des Beschlusses 2005/909/EG der Kommission (ABl. L 158 vom 27.5.2014, S. 77, L 170 vom 11.6.2014, S. 66) findet mit der Maßgabe Anwendung, dass die Erklärung bezogen auf die gesetzlichen Vertreter des Verbandes und die vom Verband beschäftigten Personen, die das Ergebnis der Prüfung beeinflussen können, abzugeben ist.

(1b) Der Aufsichtsrat hat auch den gesonderten nichtfinanziellen Bericht (§ 289b des Handelsgesetzbuchs) zu prüfen, sofern er erstellt wurde.

(2) [1]Der Aufsichtsrat hat eine Generalversammlung einzuberufen, wenn dies im Interesse der Genossenschaft erforderlich ist. [2]Ist nach der Satzung kein Aufsichtsrat zu bilden, gilt § 44.

(3) Weitere Aufgaben des Aufsichtsrats werden durch die Satzung bestimmt.

(4) Die Mitglieder des Aufsichtsrats können ihre Aufgaben nicht durch andere Personen wahrnehmen lassen.

**§ 39 Vertretungsbefugnis des Aufsichtsrats.** (1) [1]Der Aufsichtsrat vertritt die Genossenschaft gegenüber den Vorstandsmitgliedern gerichtlich und außergerichtlich. [2]Ist nach der Satzung kein Aufsichtsrat zu bilden, wird die Genossenschaft durch einen von der Generalversammlung gewählten Bevollmächtigten vertreten. [3]Die Satzung kann bestimmen, dass über die Führung von Prozessen gegen Vorstandsmitglieder die Generalversammlung entscheidet.

(2) [1]Der Genehmigung des Aufsichtsrats bedarf jede Gewährung von Kredit an ein Mitglied des Vorstands, soweit die Gewährung des Kredits nicht durch die Satzung an noch andere Erfordernisse geknüpft oder ausgeschlossen ist. [2]Das gleiche gilt von der Annahme eines Vorstandsmitglieds als Bürgen für eine Kreditgewährung.

(3) In Prozessen gegen die Mitglieder des Aufsichtsrats wird die Genossenschaft durch Bevollmächtigte vertreten, welche von der Generalversammlung gewählt werden.

---

[1)] Nr. **50**.

**§ 40 Vorläufige Amtsenthebung von Vorstandsmitgliedern.** Der Aufsichtsrat ist befugt, nach seinem Ermessen von der Generalversammlung abzuberufende Mitglieder des Vorstands vorläufig, bis zur Entscheidung der unverzüglich einzuberufenden Generalversammlung, von ihren Geschäften zu entheben und wegen einstweiliger Fortführung derselben das Erforderliche zu veranlassen.

**§ 41 Sorgfaltspflicht und Verantwortlichkeit der Aufsichtsratsmitglieder.**

Für die Sorgfaltspflicht und Verantwortlichkeit der Aufsichtsratsmitglieder gilt § 34 über die Verantwortlichkeit der Vorstandsmitglieder sinngemäß.

**§ 42[1)] Prokura; Handlungsvollmacht.** (1) [1] Die Genossenschaft kann Prokura nach Maßgabe der §§ 48 bis 53 des Handelsgesetzbuchs[2)] erteilen. [2] An die Stelle der Eintragung in das Handelsregister tritt die Eintragung in das Genossenschaftsregister. [3] § 29 gilt entsprechend.

(2) [1] Die Genossenschaft kann auch Handlungsvollmacht erteilen. [2] § 54 des Handelsgesetzbuchs ist anzuwenden.

**§ 43[3)] Generalversammlung; Stimmrecht der Mitglieder.** (1) Die Mitglieder üben ihre Rechte in den Angelegenheiten der Genossenschaft in der Generalversammlung aus, soweit das Gesetz nichts anderes bestimmt.

(2) [1] Die Generalversammlung beschließt mit der Mehrheit der abgegebenen Stimmen (einfache Stimmenmehrheit), soweit nicht Gesetz oder Satzung eine größere Mehrheit oder weitere Erfordernisse bestimmen. [2] Für Wahlen kann die Satzung eine abweichende Regelung treffen.

(3) [1] Jedes Mitglied hat eine Stimme. [2] Die Satzung kann die Gewährung von Mehrstimmrechten vorsehen. [3] Die Voraussetzungen für die Gewährung von Mehrstimmrechten müssen in der Satzung mit folgender Maßgabe bestimmt werden:

1. [1] Mehrstimmrechte sollen nur Mitgliedern gewährt werden, die den Geschäftsbetrieb besonders fördern. [2] Keinem Mitglied können mehr als drei Stimmen gewährt werden. [3] Bei Beschlüssen, die nach dem Gesetz zwingend einer Mehrheit von drei Vierteln der abgegebenen Stimmen oder einer größeren Mehrheit bedürfen, sowie bei Beschlüssen über die Aufhebung oder Einschränkung der Bestimmungen der Satzung über Mehrstimmrechte hat ein Mitglied, auch wenn ihm ein Mehrstimmrecht gewährt ist, nur eine Stimme.
2. [1] Auf Genossenschaften, bei denen mehr als drei Viertel der Mitglieder als Unternehmer im Sinne des § 14 des Bürgerlichen Gesetzbuchs[4)] Mitglied sind, ist Nummer 1 nicht anzuwenden. [2] Bei diesen Genossenschaften können Mehrstimmrechte vom einzelnen Mitglied höchstens bis zu einem Zehntel der in der Generalversammlung anwesenden Stimmen ausgeübt werden; das Nähere hat die Satzung zu regeln.
3. [1] Auf Genossenschaften, deren Mitglieder ausschließlich oder überwiegend eingetragene Genossenschaften sind, sind die Nummern 1 und 2 nicht anzuwenden. [2] Die Satzung dieser Genossenschaften kann das Stimmrecht der Mitglieder nach der Höhe ihrer Geschäftsguthaben oder einem anderen Maßstab abstufen.

---

1) § 42 Abs. 1 Satz 3 neu gef. mWv 1.1.2007 durch G v. 10.11.2006 (BGBl. I S. 2553); Abs. 1 Satz 3 neu gef. mWv 1.8.2022 durch G v. 5.7.2021 (BGBl. I S. 3338).

2) Nr. **50**.

3) § 43 Abs. 7 aufgeh. mWv 27.7.2022 durch G v. 20.7.2022 (BGBl. I S. 1166).

4) Nr. **20**.

[4] Zur Aufhebung oder Änderung der Bestimmungen der Satzung über Mehrstimmrechte bedarf es nicht der Zustimmung der betroffenen Mitglieder.

(4) [1] Das Mitglied soll sein Stimmrecht persönlich ausüben. [2] Das Stimmrecht geschäftsunfähiger oder in der Geschäftsfähigkeit beschränkter natürlicher Personen sowie das Stimmrecht von juristischen Personen wird durch ihre gesetzlichen Vertreter, das Stimmrecht von Personenhandelsgesellschaften durch zur Vertretung ermächtigte Gesellschafter ausgeübt.

(5) [1] Das Mitglied oder sein gesetzlicher Vertreter können Stimmvollmacht erteilen. [2] Für die Vollmacht ist die schriftliche Form erforderlich. [3] Ein Bevollmächtigter kann nicht mehr als zwei Mitglieder vertreten. [4] Die Satzung kann persönliche Voraussetzungen für Bevollmächtigte aufstellen, insbesondere die Bevollmächtigung von Personen ausschließen, die sich geschäftsmäßig zur Ausübung des Stimmrechts erbieten.

(6) Niemand kann für sich oder für einen anderen das Stimmrecht ausüben, wenn darüber Beschluss gefasst wird, ob er oder das vertretene Mitglied zu entlasten oder von einer Verbindlichkeit zu befreien ist oder ob die Genossenschaft gegen ihn oder das vertretene Mitglied einen Anspruch geltend machen soll.

**§ 43a[1)] Vertreterversammlung.** (1) [1] Bei Genossenschaften mit mehr als 1 500 Mitgliedern kann die Satzung bestimmen, dass die Generalversammlung aus Vertretern der Mitglieder (Vertreterversammlung) besteht. [2] Die Satzung kann auch bestimmen, dass bestimmte Beschlüsse der Generalversammlung vorbehalten bleiben. [3] Der für die Feststellung der Mitgliederzahl maßgebliche Zeitpunkt ist für jedes Geschäftsjahr jeweils das Ende des vorausgegangenen Geschäftsjahres.

(2) [1] Als Vertreter kann jede natürliche, unbeschränkt geschäftsfähige Person, die Mitglied der Genossenschaft ist und nicht dem Vorstand oder Aufsichtsrat angehört, gewählt werden. [2] Ist ein Mitglied der Genossenschaft eine juristische Person oder eine Personengesellschaft, kann jeweils eine natürliche Person, die zu deren Vertretung befugt ist, als Vertreter gewählt werden.

(3) [1] Die Vertreterversammlung besteht aus mindestens fünfzig Vertretern, die von den Mitgliedern der Genossenschaft gewählt werden. [2] Die Vertreter können nicht durch Bevollmächtigte vertreten werden. [3] Mehrstimmrechte können ihnen nicht eingeräumt werden.

(4) [1] Die Vertreter werden in allgemeiner, unmittelbarer, gleicher und geheimer Wahl gewählt; Mehrstimmrechte bleiben unberührt. [2] Für die Vertretung von Mitgliedern bei der Wahl gilt § 43 Abs. 4 und 5 entsprechend. [3] Kein Vertreter kann für längere Zeit als bis zur Beendigung der Vertreterversammlung gewählt werden, die über die Entlastung der Mitglieder des Vorstands und des Aufsichtsrats für das vierte Geschäftsjahr nach dem Beginn der Amtszeit beschließt. [4] Das Geschäftsjahr, in dem die Amtszeit beginnt, wird nicht mitgerechnet. [5] Die Satzung muss bestimmen,

1. auf wie viele Mitglieder ein Vertreter entfällt;
2. die Amtszeit der Vertreter.

[6] Eine Zahl von 150 Mitgliedern ist in jedem Fall ausreichend, um einen Wahlvorschlag einreichen zu können. [7] Nähere Bestimmungen über das Wahlverfahren einschließlich der Feststellung des Wahlergebnisses können in einer Wahlordnung getroffen werden, die vom Vorstand und Aufsichtsrat auf Grund übereinstimmen-

---

[1)] § 43a Abs. 2 Satz 2, Abs. 6 Satz 1 neu gef., Sätze 2 und 3 geänd. mWv 22.7.2017 durch G v. 17.7. 2017 (BGBl. I S. 2434).

der Beschlüsse erlassen wird. [8] Sie bedarf der Zustimmung der Generalversammlung.

(5) [1] Fällt ein Vertreter vor Ablauf der Amtszeit weg, muss ein Ersatzvertreter an seine Stelle treten. [2] Seine Amtszeit erlischt spätestens mit Ablauf der Amtszeit des weggefallenen Vertreters. [3] Auf die Wahl des Ersatzvertreters sind die für den Vertreter geltenden Vorschriften anzuwenden.

(6) [1] Eine Liste mit den Namen sowie den Anschriften, Telefonnummern oder E-Mail-Adressen der gewählten Vertreter und Ersatzvertreter ist zur Einsichtnahme für die Mitglieder mindestens zwei Wochen lang in den Geschäftsräumen der Genossenschaft und ihren Niederlassungen auszulegen oder bis zum Ende der Amtszeit der Vertreter auf der Internetseite der Genossenschaft zugänglich zu machen. [2] Die Auslegung oder die Zugänglichkeit im Internet ist in einem öffentlichen Blatt bekannt zu machen. [3] Die Frist für die Auslegung oder Zugänglichmachung beginnt mit der Bekanntmachung. [4] Jedes Mitglied kann jederzeit eine Abschrift der Liste der Vertreter und Ersatzvertreter verlangen; hierauf ist in der Bekanntmachung nach Satz 2 hinzuweisen.

(7) [1] Die Generalversammlung ist zur Beschlussfassung über die Abschaffung der Vertreterversammlung unverzüglich einzuberufen, wenn dies von mindestens einem Zehntel der Mitglieder oder dem in der Satzung hierfür bestimmten geringeren Teil in Textform beantragt wird. [2] § 45 Abs. 3 gilt entsprechend.

**§ 43b[1)] Formen der Generalversammlung.** (1) Die Generalversammlung muss in einer der folgenden Formen abgehalten werden:

1. als Präsenzversammlung an einem Ort, an dem die Mitglieder gemeinsam physisch anwesend sind,
2. als virtuelle Versammlung ohne gemeinsame physische Anwesenheit der Mitglieder an einem Ort,
3. als hybride Versammlung, an der die Mitglieder wahlweise am Ort der Versammlung physisch anwesend oder ohne physische Anwesenheit an diesem Ort teilnehmen können,
4. als Versammlung im gestreckten Verfahren, aufgespalten in
   a) eine Erörterungsphase, die abgehalten wird
      aa) als virtuelle Versammlung oder
      bb) als hybride Versammlung und
   b) eine zeitlich nachgelagerte Abstimmungsphase.

(2) [1] Bei einer Präsenzversammlung können Beschlüsse der Mitglieder auch schriftlich oder im Wege der elektronischen Kommunikation gefasst werden; das Nähere hat die Satzung zu regeln. [2] Ferner kann die Satzung vorsehen, dass

1. in bestimmten Fällen Mitglieder des Aufsichtsrats im Wege der Bild- und Tonübertragung an der Generalversammlung teilnehmen können und
2. die Generalversammlung in Bild und Ton übertragen werden darf.

(3) [1] Bei einer virtuellen Versammlung muss sichergestellt sein, dass

1. der gesamte Versammlungsverlauf allen teilnehmenden Mitgliedern schriftlich oder im Wege der elektronischen Kommunikation mitgeteilt wird und

---

[1)] § 43b eingef. mWv 27.7.2022 durch G v. 20.7.2022 (BGBl. I S. 1166).

2. alle teilnehmenden Mitglieder ihre Rede-, Antrags-, Auskunfts- und Stimmrechte schriftlich oder im Wege der elektronischen Kommunikation ausüben können.

[2]Die Satzung kann die Einzelheiten dazu regeln, wie die Rede-, Antrags-, Auskunfts- und Stimmrechte schriftlich oder im Wege der elektronischen Kommunikation ausgeübt werden können.

(4) [1]Bei einer hybriden Versammlung muss sichergestellt sein, dass

1. der gesamte Versammlungsverlauf allen teilnehmenden Mitgliedern im Wege der elektronischen Kommunikation mitgeteilt wird,
2. die Mitglieder, die ohne physische Anwesenheit am Ort der Versammlung teilnehmen, ihre Rede-, Antrags-, Auskunfts- und Stimmrechte im Wege der elektronischen Kommunikation ausüben können und
3. der Vorstand und der Aufsichtsrat durch physisch am Ort der Versammlung anwesende Mitglieder vertreten sind.

[2]Die Satzung kann die Einzelheiten dazu regeln, wie die Rede-, Antrags-, Auskunfts- und Stimmrechte im Wege der elektronischen Kommunikation ausgeübt werden können.

(5) [1]Bei einer Versammlung im gestreckten Verfahren muss sichergestellt sein, dass

1. während einer als virtuelle Versammlung stattfindenden Erörterungsphase Absatz 3 mit Ausnahme der Anforderungen an die Ausübung von Stimmrechten erfüllt ist,
2. während einer als hybride Versammlung stattfindenden Erörterungsphase Absatz 4 mit Ausnahme der Anforderungen an die Ausübung von Stimmrechten erfüllt ist und
3. während der Abstimmungsphase alle Mitglieder ihre Stimmrechte schriftlich oder im Wege der elektronischen Kommunikation ausüben können.

[2]Die Satzung kann die Einzelheiten dazu regeln, wie die Stimmrechte nach Satz 1 Nummer 3 ausgeübt werden können.

(6) [1]Vorbehaltlich einer Satzungsbestimmung nach Satz 3 entscheiden Vorstand und Aufsichtsrat gemeinsam nach pflichtgemäßem Ermessen unter Berücksichtigung der Interessen der Mitglieder über die Form

1. der Versammlung nach Absatz 1 und
2. der Erörterungsphase nach Absatz 1 Nummer 4 Buchstabe a und b, falls eine Entscheidung für eine Versammlung im gestreckten Verfahren getroffen wurde.

[2]Hat die Genossenschaft keinen Aufsichtsrat, entscheidet der Vorstand gemeinsam mit einem von der Generalversammlung aus ihrer Mitte gewählten Bevollmächtigten. [3]Können sich Vorstand und Aufsichtsrat oder Vorstand und der Bevollmächtigte nach Satz 2 nicht nach Satz 1 auf eine Form einigen oder kommt eine Entscheidung aus sonstigen Gründen nicht zustande, ist eine Präsenzversammlung abzuhalten. [4]Die Satzung kann eine in Absatz 1 bestimmte Form der Versammlung festlegen oder das Auswahlermessen nach Satz 1 beschränken. [5]Die Abhaltung einer Präsenzversammlung kann nach Satz 4 nicht ausgeschlossen werden.

(7) Mitglieder, die an einer Versammlung nach Absatz 1 Nummer 2 bis 4 schriftlich oder im Wege der elektronischen Kommunikation teilgenommen haben, gelten als erschienen.

**§ 44 Einberufung der Generalversammlung.** (1) Die Generalversammlung wird durch den Vorstand einberufen, soweit nicht nach der Satzung oder diesem Gesetz auch andere Personen dazu befugt sind.

(2) Eine Generalversammlung ist außer in den in der Satzung oder diesem Gesetz ausdrücklich bestimmten Fällen einzuberufen, wenn dies im Interesse der Genossenschaft erforderlich erscheint.

**§ 45[1)] Einberufung auf Verlangen einer Minderheit.** (1) [1] Die Generalversammlung muss unverzüglich einberufen werden, wenn mindestens ein Zehntel der Mitglieder oder der in der Satzung hierfür bezeichnete geringere Teil in Textform unter Anführung des Zwecks und der Gründe die Einberufung verlangt. [2] Mitglieder, auf deren Verlangen eine Vertreterversammlung einberufen wird, können an dieser Versammlung mit Rede- und Antragsrecht teilnehmen. [3] Die Satzung kann Bestimmungen darüber treffen, dass das Rede- und Antragsrecht in der Vertreterversammlung nur von einem oder mehreren von den teilnehmenden Mitgliedern aus ihrem Kreis gewählten Bevollmächtigten ausgeübt werden kann.

(2) [1] In gleicher Weise sind die Mitglieder berechtigt zu verlangen, dass Gegenstände zur Beschlussfassung einer Generalversammlung angekündigt werden. [2] Mitglieder, auf deren Verlangen Gegenstände zur Beschlussfassung einer Vertreterversammlung angekündigt werden, können an dieser Versammlung mit Rede- und Antragsrecht hinsichtlich dieser Gegenstände teilnehmen. [3] Absatz 1 Satz 3 ist anzuwenden.

(3) [1] Wird dem Verlangen nicht entsprochen, kann das Gericht die Mitglieder, welche das Verlangen gestellt haben, zur Einberufung der Generalversammlung oder zur Ankündigung des Gegenstandes ermächtigen. [2] Mit der Einberufung oder Ankündigung ist die gerichtliche Ermächtigung bekannt zu machen.

**§ 46[2)] Form und Frist der Einberufung.** (1) [1] Die Generalversammlung muss in der durch die Satzung bestimmten Weise mit einer Frist von mindestens zwei Wochen einberufen werden. [2] Bei der Einberufung ist Folgendes bekannt zu machen:

1. die Tagesordnung,
2. die Form der Versammlung nach § 43b Absatz 1,
3. im Fall von § 43b Absatz 1 Nummer 4 zusätzlich die Form der Erörterungsphase und
4. im Fall von § 43b Absatz 1 Nummer 2 bis 4 die erforderlichen Angaben zur Nutzung der schriftlichen oder elektronischen Kommunikation.

[3] Die Tagesordnung einer Vertreterversammlung ist allen Mitgliedern durch Veröffentlichung in den Genossenschaftsblättern oder im Internet unter der Adresse der Genossenschaft oder durch unmittelbare Benachrichtigung in Textform bekannt zu machen.

(2) [1] Über Gegenstände, deren Verhandlung nicht in der durch die Satzung oder nach § 45 Abs. 3 vorgesehenen Weise mindestens eine Woche vor der Generalversammlung angekündigt ist, können Beschlüsse nicht gefasst werden. [2] Dies gilt nicht, wenn sämtliche Mitglieder erschienen sind oder es sich um Beschlüsse über

[1)] § 45 Abs. 3 Satz 1 geänd. mWv 1.9.2009 durch G v. 17.12.2008 (BGBl. I S. 2586).

[2)] § 46 Abs. 1 Satz 3 geänd. mWv 22.7.2017 durch G v. 17.7.2017 (BGBl. I S. 2434); Abs. 1 Satz 2 neu gef. mWv 27.7.2022 durch G v. 20.7.2022 (BGBl. I S. 1166).

die Leitung der Versammlung oder um Anträge auf Einberufung einer außerordentlichen Generalversammlung handelt.

(3) Zur Stellung von Anträgen und zu Verhandlungen ohne Beschlussfassung bedarf es der Ankündigung nicht.

**§ 47[1)] Niederschrift.** (1) [1] Über die Beschlüsse der Generalversammlung ist eine Niederschrift anzufertigen. [2] Sie soll den Ort und den Tag der Versammlung, die Form der Versammlung nach § 43b Absatz 1 und im Fall von § 43b Absatz 1 Nummer 4 zusätzlich die Form der Erörterungsphase, den Namen des Vorsitzenden sowie Art und Ergebnis der Abstimmung und die Feststellung des Vorsitzenden über die Beschlussfassung enthalten. [3] Bei Versammlungen nach § 43b Absatz 1 Nummer 2 oder Nummer 4 Buchstabe a ist als Ort der Versammlung der Sitz der Genossenschaft anzugeben. [4] Im Fall von Versammlungen nach § 43b Absatz 1 Nummer 2 bis 4 ist der Niederschrift ein Verzeichnis der Mitglieder beizufügen, die an der Beschlussfassung mitgewirkt haben. [5] In diesem Verzeichnis ist zu jedem Mitglied die Art der Stimmabgabe anzugeben.

(2) [1] Die Niederschrift ist vom Vorsitzenden und mindestens einem anwesenden Mitglied des Vorstands zu unterschreiben. [2] Ihr sind die Belege über die Einberufung als Anlagen beizufügen.

(3) [1] Sieht die Satzung die Zulassung investierender Mitglieder oder die Gewährung von Mehrstimmrechten vor oder wird eine Änderung der Satzung beschlossen, die einen der in § 16 Abs. 2 Satz 1 Nr. 2 bis 5, 9 bis 11 oder Abs. 3 aufgeführten Gegenstände oder eine wesentliche Änderung des Gegenstandes des Unternehmens betrifft, oder wird die Fortsetzung der Genossenschaft nach § 117 beschlossen, ist der Niederschrift außerdem ein Verzeichnis der erschienenen oder vertretenen Mitglieder und der vertretenden Personen beizufügen. [2] Bei jedem erschienenen oder vertretenen Mitglied ist dessen Stimmenzahl zu vermerken.

(4) [1] Jedes Mitglied kann jederzeit Einsicht in die Niederschrift nehmen. [2] Ferner ist jedem Mitglied auf Verlangen eine Abschrift der Niederschrift einer Vertreterversammlung unverzüglich zur Verfügung zu stellen. [3] Die Niederschrift ist von der Genossenschaft aufzubewahren.

**§ 48[2)] Zuständigkeit der Generalversammlung.** (1) [1] Die Generalversammlung stellt den Jahresabschluss fest. [2] Sie beschließt über die Verwendung des Jahresüberschusses oder die Deckung eines Jahresfehlbetrags sowie über die Entlastung des Vorstands und des Aufsichtsrats. [3] Die Generalversammlung hat in den ersten sechs Monaten des Geschäftsjahrs stattzufinden.

(2) [1] Auf den Jahresabschluss sind bei der Feststellung die für seine Aufstellung geltenden Vorschriften anzuwenden. [2] Wird der Jahresabschluss bei der Feststellung geändert und ist die Prüfung nach § 53 bereits abgeschlossen, so werden vor der erneuten Prüfung gefasste Beschlüsse über die Feststellung des Jahresabschlusses und über die Ergebnisverwendung erst wirksam, wenn auf Grund einer erneuten Prüfung ein hinsichtlich der Änderung uneingeschränkter Bestätigungsvermerk erteilt worden ist.

(3) [1] Der Jahresabschluss, der Lagebericht sowie der Bericht des Aufsichtsrats sollen mindestens eine Woche vor der Versammlung in dem Geschäftsraum der

---

1) § 47 Abs. 2 Satz 1 geänd. mWv 22.7.2017 durch G v. 17.7.2017 (BGBl. I S. 2434); Abs. 1 Satz 2 geänd., Sätze 3–5 angef. mWv 27.7.2022 durch G v. 20.7.2022 (BGBl. I S. 1166).

2) § 48 Abs. 4 Satz 1 geänd. mWv 1.1.2007 durch G v. 10.11.2006 (BGBl. I S. 2553); Abs. 3 Satz 1 geänd. mWv 22.7.2017 durch G v. 17.7.2017 (BGBl. I S. 2434).

Genossenschaft oder an einer anderen durch den Vorstand bekannt zu machenden geeigneten Stelle zur Einsichtnahme der Mitglieder ausgelegt, auf der Internetseite der Genossenschaft zugänglich gemacht oder ihnen sonst zur Kenntnis gebracht werden. [2] Jedes Mitglied ist berechtigt, auf seine Kosten eine Abschrift des Jahresabschlusses, des Lageberichts und des Berichts des Aufsichtsrats zu verlangen.

(4) [1] Die Generalversammlung beschließt über die Offenlegung eines Einzelabschlusses nach § 339 Abs. 2 in Verbindung mit § 325 Abs. 2a des Handelsgesetzbuchs[1)]. [2] Der Beschluss kann für das nächstfolgende Geschäftsjahr im Voraus gefasst werden. [3] Die Satzung kann die in den Sätzen 1 und 2 genannten Entscheidungen dem Aufsichtsrat übertragen. [4] Ein vom Vorstand auf Grund eines Beschlusses nach den Sätzen 1 bis 3 aufgestellter Abschluss darf erst nach seiner Billigung durch den Aufsichtsrat offen gelegt werden.

**§ 49 Beschränkungen für Kredite.** Die Generalversammlung hat die Beschränkungen festzusetzen, die bei Gewährung von Kredit an denselben Schuldner eingehalten werden sollen.

**§ 50 Bestimmung der Einzahlungen auf den Geschäftsanteil.** Soweit die Satzung die Mitglieder zu Einzahlungen auf den Geschäftsanteil verpflichtet, ohne dieselben nach Betrag und Zeit festzusetzen, unterliegt ihre Festsetzung der Beschlussfassung durch die Generalversammlung.

**§ 51[2)] Anfechtung von Beschlüssen der Generalversammlung.** (1) [1] Ein Beschluss der Generalversammlung kann wegen Verletzung des Gesetzes oder der Satzung im Wege der Klage angefochten werden. [2] Die Klage muss binnen einem Monat erhoben werden.

(2) [1] Zur Anfechtung befugt ist jedes in der Generalversammlung erschienene Mitglied, sofern es gegen den Beschluss Widerspruch zum Protokoll erklärt hat, und jedes nicht erschienene Mitglied, sofern es zu der Generalversammlung unberechtigterweise nicht zugelassen worden ist oder sofern es die Anfechtung darauf gründet, dass die Einberufung der Versammlung oder die Ankündigung des Gegenstandes der Beschlussfassung nicht ordnungsgemäß erfolgt sei. [2] Ferner sind der Vorstand und der Aufsichtsrat zur Anfechtung befugt, ebenso jedes Mitglied des Vorstands und des Aufsichtsrats, wenn es durch die Ausführung des Beschlusses eine strafbare Handlung oder eine Ordnungswidrigkeit begehen oder wenn es ersatzpflichtig werden würde.

(2a) [1] Die Anfechtung eines Beschlusses der Generalversammlung nach § 43b Absatz 1 Nummer 2 bis 4 kann nicht auf Verletzungen des Gesetzes oder der Mitgliederrechte gestützt werden, die auf technische Störungen der elektronischen Kommunikation zurückzuführen sind, es sei denn, der Genossenschaft ist Vorsatz oder grobe Fahrlässigkeit vorzuwerfen. [2] Die Absätze 1 und 2 bleiben unberührt.

(3) [1] Die Klage ist gegen die Genossenschaft zu richten. [2] Die Genossenschaft wird durch den Vorstand, sofern dieser nicht selbst klagt, und durch den Aufsichtsrat, sofern dieser nicht selbst klagt, vertreten; § 39 Abs. 1 Satz 2 ist entsprechend anzuwenden. [3] Zuständig für die Klage ist ausschließlich das Landgericht, in dessen Bezirke die Genossenschaft ihren Sitz hat. [4] Die mündliche Verhandlung erfolgt

---

[1)] Nr. **50**.

[2)] § 51 Abs. 5 Satz 2 geänd. mWv 1.9.2009 durch G v. 17.12.2008 (BGBl. I S. 2586); Abs. 5 Satz 3 aufgeh. mWv 1.8.2022 durch G v. 5.7.2021 (BGBl. I S. 3338); Abs. 2a eingef. mWv 27.7.2022 durch G v. 20.7.2022 (BGBl. I S. 1166).

nicht vor Ablauf der im ersten Absatz bezeichneten Frist. [5]Mehrere Anfechtungsprozesse sind zur gleichzeitigen Verhandlung und Entscheidung zu verbinden.

(4) Die Erhebung der Klage sowie der Termin zur mündlichen Verhandlung sind unverzüglich vom Vorstand in den für die Bekanntmachung der Genossenschaft bestimmten Blättern zu veröffentlichen.

(5) [1]Soweit der Beschluss durch Urteil rechtskräftig für nichtig erklärt ist, wirkt dieses Urteil auch gegenüber den Mitgliedern der Genossenschaft, die nicht Partei des Rechtsstreits waren. [2]Ist der Beschluss in das Genossenschaftsregister eingetragen, hat der Vorstand dem Registergericht das Urteil einzureichen und dessen Eintragung zu beantragen.

**§ 52** (weggefallen)

## Abschnitt 4.[1)] Prüfung und Prüfungsverbände

**§ 53**[2) 3)] **Pflichtprüfung.** (1) [1]Zwecks Feststellung der wirtschaftlichen Verhältnisse und der Ordnungsmäßigkeit der Geschäftsführung sind die Einrichtungen, die Vermögenslage sowie die Geschäftsführung der Genossenschaft mindestens in jedem zweiten Geschäftsjahr zu prüfen. [2]Bei Genossenschaften, deren Bilanzsumme 2 Millionen Euro übersteigt, muss die Prüfung in jedem Geschäftsjahr stattfinden.

(2) [1]Im Rahmen der Prüfung nach Absatz 1 ist bei Genossenschaften, deren Bilanzsumme 1,5 Millionen Euro und deren Umsatzerlöse 3 Millionen Euro übersteigen, der Jahresabschluss unter Einbeziehung der Buchführung und des Lageberichts zu prüfen. [2]§ 316 Absatz 3 Satz 1 und 2, § 317 Abs. 1 Satz 2 und 3, Abs. 2 des Handelsgesetzbuchs[4)] sind entsprechend anzuwenden; Artikel 17 der Verordnung (EU) Nr. 537/2014 findet keine Anwendung. [3]Bei der Prüfung großer Genossenschaften im Sinn des § 58 Abs. 2 ist § 317 Abs. 5 und 6 des Handelsgesetzbuchs entsprechend anzuwenden.

(3) Für Genossenschaften, die Unternehmen von öffentlichem Interesse nach § 316a Satz 2 Nummer 1 oder 2 des Handelsgesetzbuchs sind und keinen Aufsichtsrat haben, gilt § 324 Absatz 1 und 2 des Handelsgesetzbuchs entsprechend mit der Maßgabe, dass mindestens ein Mitglied über Sachverstand auf den Gebieten Rechnungslegung oder Abschlussprüfung verfügen muss.

(4) Bei der Prüfung einer Genossenschaft, die als Inlandsemittent (§ 2 Absatz 14 des Wertpapierhandelsgesetzes[5)]) Wertpapiere (§ 2 Absatz 1 des Wertpapierhandelsgesetzes), aber nicht ausschließlich die von § 327a erfassten Schuldtitel, begibt, sind § 316 Absatz 3 Satz 3, § 317 Absatz 3a Satz 1, § 320 Absatz 1 Satz 3 und § 322 Absatz 1 Satz 4 des Handelsgesetzbuchs entsprechend anzuwenden.

---

[1)] Siehe hierzu auch §§ 25 und 26 WirtschaftsprüferO idF der Bek. v. 5.11.1975 (BGBl. I S. 2803), zuletzt geänd. durch G v. 10.8.2021 (BGBl. I S. 3436).

[2)] § 53 Abs. 2 Satz 2 geänd., Satz 3 und Abs. 3 angef. mWv 29.5.2009 durch G v. 25.5.2009 (BGBl. I S. 1102); Abs. 2 Satz 2 und Abs. 3 geänd. mWv 17.6.2016 durch G v. 10.5.2016 (BGBl. I S. 1142); Abs. 1 Satz 1, Abs. 2 Satz 1 geänd. mWv 22.7.2017 durch G v. 17.7.2017 (BGBl. I S. 2434); Abs. 2 Satz 2 geänd., Abs. 4 angef. mWv 19.8.2020 durch G v. 12.8.2020 (BGBl. I S. 1874); Abs. 3 neu gef., Abs. 4 geänd. mWv 1.7.2021 durch G v. 3.6.2021 (BGBl. I S. 1534).

[3)] Beachte hierzu Übergangsvorschriften in §§ 164, 172 und 173 Abs. 2.

[4)] Nr. **50**.

[5)] **Habersack, Deutsche Gesetze ErgBd. Nr. 58.**

**§ 53a[1) 2)] Vereinfachte Prüfung; Verordnungsermächtigung.** (1) [1] Bei Kleinstgenossenschaften (§ 336 Absatz 2 Satz 3 des Handelsgesetzbuchs[3)]), deren Satzung keine Nachschusspflicht der Mitglieder vorsieht und die im maßgeblichen Prüfungszeitraum von ihren Mitgliedern keine Darlehen nach § 21b Absatz 1 entgegengenommen haben, beschränkt sich jede zweite Prüfung nach § 53 Absatz 1 Satz 1 auf eine vereinfachte Prüfung. [2] Eine vereinfachte Prüfung umfasst die Durchsicht der in Absatz 2 Satz 1 genannten Unterlagen und die Feststellung, ob es Anhaltspunkte dafür gibt, an einer geordneten Vermögenslage oder der Ordnungsmäßigkeit der Geschäftsführung zu zweifeln. [3] § 57 Absatz 2 und 4 findet keine Anwendung.

(2) [1] Bei der vereinfachten Prüfung sind folgende Unterlagen einzureichen:

1. eine Abschrift der Satzung in der geltenden Fassung oder eine Erklärung des Vorstands, dass gegenüber der zuletzt eingereichten Fassung keine Änderung erfolgt ist;
2. die im Prüfungszeitraum festgestellten Jahresabschlüsse;
3. ein Nachweis über die im Prüfungszeitraum erfolgte Einstellung des Jahresabschlusses im Unternehmensregister oder darüber, dass der Jahresabschluss zur Einstellung an die das Unternehmensregister führende Stelle übermittelt wurde;
4. eine Abschrift der Mitgliederliste;
5. eine Abschrift der im Prüfungszeitraum erstellten Niederschriften der Beschlüsse der Generalversammlung, des Vorstands und des Aufsichtsrats, wenn es einen solchen gibt;
6. sofern die Genossenschaft im Prüfungszeitraum ihren Mitgliedern Vermögensanlagen nach § 2 Absatz 1 Nummer 1a des Vermögensanlagengesetzes vom 6. Dezember 2011 (BGBl. I S. 2481), das zuletzt durch Artikel 4 Absatz 54 des Gesetzes vom 18. Juli 2016 (BGBl. I S. 1666) geändert worden ist, in der jeweils geltenden Fassung angeboten hat, eine Erklärung des Vorstands, dass und auf welche Weise den Mitgliedern die nach § 2 Absatz 2 Satz 2 des Vermögensanlagengesetzes erforderlichen Informationen zur Verfügung gestellt wurden.

*(Fortsetzung nächstes Blatt)*

---

[1)] § 53a eingef. mWv 22.7.2017 durch G v. 17.7.2017 (BGBl. I S. 2434); Abs. 2 Satz 1 Nr. 3 neu gef. mWv 1.8.2022 durch G v. 5.7.2021 (BGBl. I S. 3338).

[2)] Beachte hierzu Übergangsvorschriften in §§ 171 und 175.

[3)] Nr. **50**.

[2]Die Unterlagen sind innerhalb von zwei Monaten nach Aufforderung durch den Prüfungsverband in Textform einzureichen. [3]In der Aufforderung hat der Prüfungsverband den maßgeblichen Prüfungszeitraum zu bezeichnen.

(3) [1]Werden die erforderlichen Unterlagen nicht oder nicht vollständig eingereicht, hat der Prüfungsverband das Recht, eine vollständige Prüfung nach § 53 Absatz 1 Satz 1 vorzunehmen. [2]Die Generalversammlung kann jederzeit eine solche vollständige Prüfung beschließen. [3]Die erstmalige Pflichtprüfung einer Genossenschaft ist stets eine vollständige Prüfung.

(4) [1]Das Bundesministerium der Justiz und für Verbraucherschutz wird ermächtigt, im Einvernehmen mit dem Bundesministerium für Wirtschaft und Energie, durch Rechtsverordnung mit Zustimmung des Bundesrates für die vereinfachte Prüfung zu bestimmen, dass abweichend von Absatz 2 dem Prüfungsverband von der Genossenschaft weitere Unterlagen einzureichen sind. [2]Dabei kann nach der Branchenzugehörigkeit der Genossenschaft unterschieden werden.

**§ 54[1)] Pflichtmitgliedschaft im Prüfungsverband.** [1]Die Genossenschaft muss einem Verband angehören, dem das Prüfungsrecht verliehen ist (Prüfungsverband). [2]Die Genossenschaft hat den Namen und den Sitz dieses Prüfungsverbandes auf ihrer Internetseite oder in Ermangelung einer solchen auf den Geschäftsbriefen anzugeben.

**§ 54a[2)] Wechsel des Prüfungsverbandes.** (1) [1]Scheidet eine Genossenschaft aus dem Verband aus, so hat der Verband das Registergericht unverzüglich zu benachrichtigen. [2]Das Registergericht hat eine Frist zu bestimmen, innerhalb derer die Genossenschaft die Mitgliedschaft bei einem Verband zu erwerben hat. [3]Die Artikel 16 und 19 der Verordnung (EU) Nr. 537/2014 finden keine Anwendung.

(2) [1]Weist die Genossenschaft nicht innerhalb der gesetzten Frist dem Registergericht nach, dass sie die Mitgliedschaft erworben hat, so hat das Registergericht von Amts wegen nach Anhörung des Vorstands die Auflösung der Genossenschaft auszusprechen. [2]§ 80 Abs. 2 findet Anwendung.

**§ 55[3)] [4)] Prüfung durch den Verband.** (1) [1]Die Genossenschaft wird durch den Verband geprüft, dem sie angehört. [2]Der Verband bedient sich zum Prüfen der von ihm angestellten Prüfer. [3]Diese sollen im genossenschaftlichen Prüfungswesen ausreichend vorgebildet und erfahren sein.

(2) [1]Ein gesetzlicher Vertreter des Verbandes oder eine vom Verband beschäftigte Person, die das Ergebnis der Prüfung beeinflussen kann, ist von der Prüfung der Genossenschaft ausgeschlossen, wenn Gründe, insbesondere Beziehungen geschäftlicher, finanzieller oder persönlicher Art, vorliegen, nach denen die Besorgnis der Befangenheit besteht. [2]Dies ist insbesondere der Fall, wenn der Vertreter oder die Person

---

[1)] § 54 Satz 2 angef. mWv 22.7.2017 durch G v. 17.7.2017 (BGBl. I S. 2434).

[2)] § 54a Abs. 1 Sätze 1 und 2, Abs. 2 Satz 1 geänd. mWv 1.9.2009 durch G v. 17.12.2008 (BGBl. I S. 2586); Abs. 1 Satz 3 angef. mWv 17.6.2016 durch G v. 10.5.2016 (BGBl. I S. 1142).

[3)] § 55 Abs. 4 angef. mWv 29.5.2009 durch G v. 25.5.2009 (BGBl. I S. 1102); Abs. 4 aufgeh. mWv 17.6.2016 durch G v. 31.3.2016 (BGBl. I S. 518); Abs. 2 Satz 5 neu gef., Abs. 2a eingef. mWv 17.6.2016 durch G v. 10.5.2016 (BGBl. I S. 1142); Abs. 2 Satz 2 Nr. 2 geänd., Abs. 4 angef. mWv 22.7.2017 durch G v. 17.7.2017 (BGBl. I S. 2434); Abs. 2 Satz 5 geänd. mWv 1.7.2021 durch G v. 3.6.2021 (BGBl. I S. 1534).

[4)] Beachte hierzu Übergangsvorschrift in § 173 Abs. 1.

1. Mitglied der zu prüfenden Genossenschaft ist;
2. Mitglied des Vorstands oder Aufsichtsrats oder Arbeitnehmer der zu prüfenden Genossenschaft ist;
3. über die Prüfungstätigkeit hinaus bei der zu prüfenden Genossenschaft oder für diese in dem zu prüfenden Geschäftsjahr oder bis zur Erteilung des Bestätigungsvermerks
   a) bei der Führung der Bücher oder der Aufstellung des zu prüfenden Jahresabschlusses mitgewirkt hat,
   b) bei der Durchführung der internen Revision in verantwortlicher Position mitgewirkt hat,
   c) Unternehmensleitungs- oder Finanzdienstleistungen erbracht hat oder
   d) eigenständige versicherungsmathematische oder Bewertungsleistungen erbracht hat, die sich auf den zu prüfenden Jahresabschluss nicht nur unwesentlich auswirken,

   sofern diese Tätigkeiten nicht von untergeordneter Bedeutung sind; dies gilt auch, wenn eine dieser Tätigkeiten von einem Unternehmen für die zu prüfende Genossenschaft ausgeübt wird, bei dem der gesetzliche Vertreter des Verbandes oder die vom Verband beschäftigte Person als gesetzlicher Vertreter, Arbeitnehmer, Mitglied des Aufsichtsrats oder Gesellschafter, der mehr als 20 Prozent der den Gesellschaftern zustehenden Stimmrechte besitzt, diese Tätigkeit ausübt oder deren Ergebnis beeinflussen kann.

[3] Satz 2 Nr. 2 ist auf Mitglieder des Aufsichtsorgans des Verbandes nicht anzuwenden, sofern sichergestellt ist, dass der Prüfer die Prüfung unabhängig von den Weisungen durch das Aufsichtsorgan durchführen kann. [4] Die Sätze 2 und 3 gelten auch, wenn der Ehegatte oder der Lebenspartner einen Ausschlussgrund erfüllt. [5] Ist die zu prüfende Genossenschaft ein Unternehmen von öffentlichem Interesse nach § 316a Satz 2 Nummer 1 oder 2 des Handelsgesetzbuchs[1)], ist über die in den Sätzen 1 bis 4 genannten Gründe hinaus Artikel 5 Absatz 1, 4 Unterabsatz 1 und Absatz 5 der Verordnung (EU) Nr. 537/2014 auf die in Satz 1 genannten Vertreter und Personen des Verbandes entsprechend anzuwenden; auf den Verband findet Artikel 5 der Verordnung (EU) Nr. 537/2014 keine Anwendung.

(2a) [1] Artikel 4 Absatz 3 Unterabsatz 1 der Verordnung (EU) Nr. 537/2014 findet auf alle in Absatz 2 Satz 1 genannten Vertreter und Personen des Verbandes entsprechende Anwendung; auf den Verband findet Artikel 4 Absatz 2 und 3 Unterabsatz 1 der Verordnung (EU) Nr. 537/2014 keine Anwendung. [2] Artikel 4 Absatz 3 Unterabsatz 2 der Verordnung (EU) Nr. 537/2014 findet keine Anwendung.

(3) [1] Der Verband kann sich eines von ihm nicht angestellten Prüfers bedienen, wenn dies im Einzelfall notwendig ist, um eine gesetzmäßige sowie sach- und termingerechte Prüfung zu gewährleisten. [2] Der Verband darf jedoch nur einen anderen Prüfungsverband, einen Wirtschaftsprüfer oder eine Wirtschaftsprüfungsgesellschaft mit der Prüfung beauftragen.

(4) Gehört die Genossenschaft mehreren Verbänden an, wird die Prüfung durch denjenigen Verband durchgeführt, bei dem die Genossenschaft die Mitgliedschaft zuerst erworben hat, es sei denn, dieser Verband, die Genossenschaft und der andere Verband, der künftig die Prüfung durchführen soll, einigen sich darauf, dass der andere Verband die Prüfung durchführt.

---

1) Nr. **50**.

**§ 56[1)] Ruhen des Prüfungsrechts des Verbandes.** (1) [1]Die Aufsichtsbehörde kann das Ruhen des Prüfungsrechts des Verbandes anordnen, wenn dieser sich einer angeordneten Untersuchung nach § 64 Absatz 2 Satz 2 Nummer 4 entzieht oder wenn nach den Ergebnissen einer solchen Untersuchung ein Ruhen des Prüfungsrechts erforderlich erscheint, um weitere Feststellungen dazu treffen zu können, ob der Verband seine Aufgaben ordnungsgemäß erfüllt. [2]Das Prüfungsrecht eines Verbandes, der sich nach § 63e Absatz 1 einer Qualitätskontrolle zu unterziehen hat, ruht, wenn der Verband nicht mehr gemäß § 40a Absatz 1 Satz 1 der Wirtschaftsprüferordnung im Register eingetragen ist.

(2) [1]Ruht das Prüfungsrecht des Verbandes, so hat der Spitzenverband, dem der Verband angehört, auf Antrag des Vorstands der Genossenschaft oder des Verbandes einen anderen Prüfungsverband, einen Wirtschaftsprüfer oder eine Wirtschaftsprüfungsgesellschaft als Prüfer zu bestellen. [2]Bestellt der Spitzenverband keinen Prüfer oder gehört der Verband keinem Spitzenverband an, so hat das Registergericht auf Antrag des Vorstands der Genossenschaft oder des Verbandes einen Prüfer im Sinne des Satzes 1 zu bestellen. [3]Der Vorstand ist verpflichtet, die Anträge unverzüglich zu stellen, soweit diese nicht vom Verband gestellt werden.

(3) [1]Die Rechte und Pflichten des nach Absatz 2 bestellten Prüfers bestimmen sich nach den für den Verband geltenden Vorschriften dieses Gesetzes. [2]Der Prüfer hat dem Verband eine Abschrift seines Prüfungsberichts vorzulegen.

**§ 57[2)] Prüfungsverfahren.** (1) [1]Der Vorstand der Genossenschaft hat dem Prüfer die Einsicht der Bücher und Schriften der Genossenschaft sowie die Untersuchung des Kassenbestandes und der Bestände an Wertpapieren und Waren zu gestatten; er hat ihm alle Aufklärungen und Nachweise zu geben, die der Prüfer für eine sorgfältige Prüfung benötigt. [2]Das gilt auch, wenn es sich um die Vornahme einer vom Verband angeordneten außerordentlichen Prüfung handelt.

(2) [1]Der Verband hat dem Vorsitzenden des Aufsichtsrats der Genossenschaft den Beginn der Prüfung rechtzeitig anzuzeigen. [2]Der Vorsitzende des Aufsichtsrats hat die übrigen Mitglieder des Aufsichtsrats von dem Beginn der Prüfung unverzüglich zu unterrichten und sie auf ihr Verlangen oder auf Verlangen des Prüfers zu der Prüfung zuzuziehen.

(3) Von wichtigen Feststellungen, nach denen dem Prüfer sofortige Maßnahmen des Aufsichtsrats erforderlich erscheinen, soll der Prüfer unverzüglich den Vorsitzenden des Aufsichtsrats in Kenntnis setzen.

(4) [1]In unmittelbarem Zusammenhang mit der Prüfung soll der Prüfer in einer gemeinsamen Sitzung des Vorstands und des Aufsichtsrats der Genossenschaft über das voraussichtliche Ergebnis der Prüfung mündlich berichten. [2]Er kann zu diesem Zwecke verlangen, dass der Vorstand oder der Vorsitzende des Aufsichtsrats zu einer solchen Sitzung einladen; wird seinem Verlangen nicht entsprochen, so kann er selbst Vorstand und Aufsichtsrat unter Mitteilung des Sachverhalts berufen.

(5) [1]Ist eine Genossenschaft ein Unternehmen von öffentlichem Interesse nach § 316a Satz 2 Nummer 1 oder 2 des Handelsgesetzbuchs[3)], so hat der Prüfer an einer gemeinsamen Sitzung des Vorstands und des Aufsichtsrats der Genossenschaft über das voraussichtliche Ergebnis der Prüfung teilzunehmen und über die wesent-

[1)] § 56 Abs. 2 Satz 2 geänd. mWv 1.9.2009 durch G v. 17.12.2008 (BGBl. I S. 2586); Abs. 1 neu gef. mWv 17.6.2016 durch G v. 31.3.2016 (BGBl. I S. 518).

[2)] § 57 Abs. 5 eingef., bish. Abs. 5 wird Abs. 6 mWv 17.6.2016 durch G v. 10.5.2016 (BGBl. I S. 1142); Abs. 5 Satz 1 geänd. mWv 1.7.2021 durch G v. 3.6.2021 (BGBl. I S. 1534).

[3)] Nr. **50**.

lichen Ergebnisse seiner Prüfung, insbesondere über wesentliche Schwächen des internen Kontroll- und des Risikomanagementsystems bezogen auf den Rechnungslegungsprozess, zu berichten. [2] Er informiert über Umstände, die seine Befangenheit besorgen lassen, und über Leistungen, die er zusätzlich zu den Prüfungsleistungen erbracht hat.

(6) Ist nach der Satzung kein Aufsichtsrat zu bilden, werden die Rechte und Pflichten des Aufsichtsratsvorsitzenden nach den Absätzen 2 bis 4 durch einen von der Generalversammlung aus ihrer Mitte gewählten Bevollmächtigten wahrgenommen.

**§ 57a[1)] Prüfungsbegleitende Qualitätssicherung.** [1] Ist die zu prüfende Genossenschaft kapitalmarktorientiert im Sinne des § 264d des Handelsgesetzbuchs[2)] oder ist sie ein CRR-Kreditinstitut im Sinne des § 1 Absatz 3d Satz 1 des Kreditwesengesetzes[3)] mit einer Bilanzsumme von mehr als 3 Milliarden Euro, hat in entsprechender Anwendung des Artikels 8 der Verordnung (EU) Nr. 537/2014 eine prüfungsbegleitende Qualitätssicherung stattzufinden. [2] Die prüfungsbegleitende Qualitätssicherung darf nur von solchen fachlich und persönlich geeigneten Personen wahrgenommen werden, die an der Durchführung der Prüfung nicht beteiligt sind.

**§ 58[4)] Prüfungsbericht.** (1) [1] Der Verband hat über das Ergebnis der Prüfung schriftlich zu berichten. [2] Auf den Prüfungsbericht ist, soweit er den Jahresabschluss und den Lagebericht betrifft, § 321 Abs. 1 bis 3 sowie 4a des Handelsgesetzbuchs[2)] entsprechend anzuwenden. [3] Im Prüfungsbericht ist Stellung dazu zu nehmen, ob und auf welche Weise die Genossenschaft im Prüfungszeitraum einen zulässigen Förderzweck verfolgt hat.

(2) [1] Auf die Prüfung von Genossenschaften, die die Größenmerkmale des § 267 Abs. 3 des Handelsgesetzbuchs erfüllen, ist § 322 des Handelsgesetzbuchs über den Bestätigungsvermerk entsprechend anzuwenden. [2] Artikel 10 Absatz 2 Buchstabe g der Verordnung (EU) Nr. 537/2014 findet auf alle in § 55 Absatz 2 Satz 1 genannten Vertreter und Personen des Verbandes entsprechende Anwendung; auf den Verband findet Artikel 10 Absatz 2 Buchstabe g der Verordnung (EU) Nr. 537/2014 keine Anwendung.

(3) [1] Der Verband hat den Prüfungsbericht zu unterzeichnen und dem Vorstand der Genossenschaft sowie dem Vorsitzenden des Aufsichtsrats vorzulegen; § 57 Absatz 6 ist entsprechend anzuwenden, Artikel 11 Absatz 1, 2 Satz 1 und Absatz 4 der Verordnung (EU) Nr. 537/2014 ist nicht anzuwenden. [2] Jedes Mitglied des Aufsichtsrats hat den Inhalt des Prüfungsberichts zur Kenntnis zu nehmen.

(4) [1] Über das Ergebnis der Prüfung haben Vorstand und Aufsichtsrat der Genossenschaft in gemeinsamer Sitzung unverzüglich nach Eingang des Prüfungsberichts zu beraten; ist die Genossenschaft ein Unternehmen von öffentlichem Interesse nach § 316a Satz 2 Nummer 1 oder 2 des Handelsgesetzbuchs, so hat der Aufsichtsrat darzulegen, wie die Prüfung sowie die Befassung des Aufsichtsrats oder Prüfungsausschusses mit der Abschlussprüfung dazu beigetragen hat, dass die

---

[1)] § 57a eingef. mWv 17.6.2016 durch G v. 31.3.2016 (BGBl. I S. 518).

[2)] Nr. **50**.

[3)] **Sartorius ErgBd. Nr. 856.**

[4)] § 58 Abs. 1 Satz 2 geänd. mWv 29.5.2009 durch G v. 25.5.2009 (BGBl. I S. 1102); Abs. 2 Satz 2 angef., Abs. 3 Satz 1 und Abs. 4 Satz 1 geänd. mWv 17.6.2016 durch G v. 10.5.2016 (BGBl. I S. 1142); Abs. 1 Satz 3 angef. mWv 22.7.2017 durch G v. 17.7.2017 (BGBl. I S. 2434); Abs. 4 Satz 1 geänd. mWv 1.7.2021 durch G v. 3.6.2021 (BGBl. I S. 1534).

Rechnungslegung ordnungsgemäß ist. [2] Verband und Prüfer sind berechtigt, an der Sitzung teilzunehmen; der Vorstand ist verpflichtet, den Verband von der Sitzung in Kenntnis zu setzen.

**§ 59[1)] Befassung der Generalversammlung.** (1) [1] Der Vorstand hat den Prüfungsbericht bei der Einberufung der nächsten Generalversammlung als Gegenstand der Beratung und möglichen Beschlussfassung anzukündigen. [2] Jedes Mitglied hat das Recht, Einsicht in das zusammengefasste Ergebnis des Prüfungsberichts zu nehmen.

(2) In der Generalversammlung hat sich der Aufsichtsrat über wesentliche Feststellungen oder Beanstandungen der Prüfung zu erklären.

(3) Der Verband ist berechtigt, an der Generalversammlung beratend teilzunehmen; auf seinen Antrag oder auf Beschluss der Generalversammlung ist der Bericht ganz oder in bestimmten Teilen zu verlesen.

**§ 60[2)] Einberufungsrecht des Prüfungsverbandes.** (1) Gewinnt der Verband die Überzeugung, dass die Beratung und mögliche Beschlussfassung über den Prüfungsbericht ungebührlich verzögert wird oder dass die Generalversammlung bei der Beratung und möglichen Beschlussfassung unzulänglich über wesentliche Feststellungen oder Beanstandungen des Prüfungsberichts unterrichtet war, so ist er berechtigt, eine außerordentliche Generalversammlung der Genossenschaft auf deren Kosten zu berufen und zu bestimmen, über welche Gegenstände zwecks Beseitigung festgestellter Mängel verhandelt und beschlossen werden soll.

(2) In der von dem Verband einberufenen Generalversammlung führt eine vom Verband bestimmte Person den Vorsitz.

**§ 61 Vergütung des Prüfungsverbandes.** Der Verband hat gegen die Genossenschaft Anspruch auf Erstattung angemessener barer Auslagen und auf Vergütung für seine Leistung.

**§ 62[3)] Verantwortlichkeit der Prüfungsorgane.** (1) [1] Verbände, Prüfer und Prüfungsgesellschaften sind zur gewissenhaften und unparteiischen Prüfung und zur Verschwiegenheit verpflichtet. [2] Sie dürfen Geschäfts- und Betriebsgeheimnisse, die sie bei ihrer Tätigkeit erfahren haben, nicht unbefugt verwerten. [3] Wer seine Pflichten vorsätzlich oder fahrlässig verletzt, haftet der Genossenschaft für den daraus entstehenden Schaden. [4] Mehrere Personen haften als Gesamtschuldner.

(2) [1] Die Ersatzpflicht von Personen, die fahrlässig gehandelt haben, beschränkt sich auf eine Million Euro für eine Prüfung. [2] Dies gilt auch, wenn an der Prüfung mehrere Personen beteiligt gewesen oder mehrere zum Ersatz verpflichtende Handlungen begangen worden sind, und ohne Rücksicht darauf, ob andere Beteiligte vorsätzlich gehandelt haben.

(3) [1] Der Verband kann einem Spitzenverband, dem er angehört, Abschriften der Prüfungsberichte mitteilen; der Spitzenverband darf sie so verwerten, wie es die Erfüllung der ihm obliegenden Pflichten erfordert. [2] Der Verband ist berechtigt, der Bundesanstalt für Finanzdienstleistungsaufsicht eine Abschrift eines Prüfungsberichts ganz oder auszugsweise zur Verfügung zu stellen, wenn sich aus diesem Anhaltspunkte dafür ergeben, dass die geprüfte Genossenschaft keinen

---

1) § 59 Überschrift neu gef., Abs. 1 Satz 1 geänd. mWv 22.7.2017 durch G v. 17.7.2017 (BGBl. I S. 2434).

2) § 60 Abs. 1 geänd. mWv 22.7.2017 durch G v. 17.7.2017 (BGBl. I S. 2434).

3) § 62 Abs. 3 Satz 2 angef. mWv 22.7.2017 durch G v. 17.7.2017 (BGBl. I S. 2434).

zulässigen Förderzweck verfolgt, sondern ihr Vermögen gemäß einer festgelegten Anlagestrategie investiert, so dass ein Investmentvermögen im Sinne des § 1 Absatz 1 des Kapitalanlagegesetzbuchs vorliegen könnte.

(4) [1] Die Verpflichtung zur Verschwiegenheit nach Absatz 1 Satz 1 besteht, wenn eine Prüfungsgesellschaft die Prüfung vornimmt, auch gegenüber dem Aufsichtsrat und den Mitgliedern des Aufsichtsrats der Prüfungsgesellschaft. [2] Der Vorsitzende des Aufsichtsrats der Prüfungsgesellschaft und sein Stellvertreter dürfen jedoch die von der Prüfungsgesellschaft erstatteten Berichte einsehen, die hierbei erlangten Kenntnisse aber nur verwerten, soweit es die Erfüllung der Überwachungspflicht des Aufsichtsrats erfordert.

(5) Die Haftung nach diesen Vorschriften kann durch Vertrag weder ausgeschlossen noch beschränkt werden; das gleiche gilt von der Haftung des Verbandes für die Personen, deren er sich zur Vornahme der Prüfung bedient.

**§ 63[1)] Zuständigkeit für Verleihung des Prüfungsrechts.** [1] Das Prüfungsrecht wird dem Verband durch die zuständige oberste Landesbehörde (Aufsichtsbehörde) verliehen, in deren Gebiet der Verband seinen Sitz hat. [2] Die Landesregierungen werden ermächtigt, die Zuständigkeiten nach Satz 1 und § 64 Abs. 1 durch Rechtsverordnung auf eine andere Behörde zu übertragen. [3] Mehrere Länder können die Errichtung einer gemeinsamen Behörde oder die Ausdehnung der Zuständigkeit einer Behörde über die Landesgrenzen hinaus vereinbaren.

**§ 63a[2)] Verleihung des Prüfungsrechts.** (1) Dem Antrag auf Verleihung des Prüfungsrechts darf nur stattgegeben werden, wenn der Verband die Gewähr für die Erfüllung der von ihm zu übernehmenden Aufgaben bietet.

(2) Die Aufsichtsbehörde kann die Verleihung des Prüfungsrechts von der Erfüllung von Auflagen und insbesondere davon abhängig machen, dass der Verband sich gegen Schadensersatzansprüche aus der Prüfungstätigkeit in ausreichender Höhe versichert oder den Nachweis führt, dass eine andere ausreichende Sicherstellung erfolgt ist.

**§ 63b[3)] Rechtsform, Mitglieder und Zweck des Prüfungsverbandes.**

(1) [1] Der Verband soll die Rechtsform des eingetragenen Vereins haben. [2] Eine andere Rechtsform ist nur zulässig, wenn sichergestellt ist, dass der Verband ohne Gewinnerzielungsabsicht handelt.

(2) [1] Mitglieder des Verbandes können nur eingetragene Genossenschaften und ohne Rücksicht auf ihre Rechtsform solche Unternehmen oder andere Vereinigungen sein, die sich ganz oder überwiegend in der Hand eingetragener Genossenschaften befinden oder dem Genossenschaftswesen dienen. [2] Ob diese Voraussetzungen vorliegen, entscheidet im Zweifelsfall die Aufsichtsbehörde. [3] Sie kann Ausnahmen von der Vorschrift des Satzes 1 zulassen, wenn ein wichtiger Grund vorliegt.

(3) Mitglieder des Verbandes, die nicht eingetragene Genossenschaften sind und anderen gesetzlichen Prüfungsvorschriften unterliegen, bleiben trotz ihrer Zugehörigkeit zum Verband diesen anderen Prüfungsvorschriften unterworfen und unterliegen nicht der Prüfung nach diesem Gesetz.

---

1) § 63 Satz 1 geänd., Sätze 2 und 3 angef. mWv 29.5.2009 durch G v. 25.5.2009 (BGBl. I S. 1102).
2) § 63a Abs. 2 geänd. mWv 29.5.2009 durch G v. 25.5.2009 (BGBl. I S. 1102).
3) § 63b Abs. 2 Satz 2 und Abs. 5 Satz 3 geänd. mWv 29.5.2009 durch G v. 25.5.2009 (BGBl. I S. 1102); Abs. 1 Satz 2 angef. mWv 17.6.2016 durch G v. 10.5.2016 (BGBl. I S. 1142).

(4) [1] Der Verband muss unbeschadet der Vorschriften des Absatzes 3 die Prüfung seiner Mitglieder und kann auch sonst die gemeinsame Wahrnehmung ihrer Interessen, insbesondere die Unterhaltung gegenseitiger Geschäftsbeziehungen zum Zweck haben. [2] Andere Zwecke darf er nicht verfolgen.

(5) [1] Dem Vorstand des Prüfungsverbandes soll mindestens ein Wirtschaftsprüfer angehören. [2] Gehört dem Vorstand kein Wirtschaftsprüfer an, so muss der Prüfungsverband einen Wirtschaftsprüfer als seinen besonderen Vertreter nach § 30 des Bürgerlichen Gesetzbuchs[1] bestellen. [3] Die Aufsichtsbehörde kann den Prüfungsverband bei Vorliegen besonderer Umstände von der Einhaltung der Sätze 1 und 2 befreien, jedoch höchstens für die Dauer eines Jahres. [4] In Ausnahmefällen darf sie auch eine Befreiung auf längere Dauer gewähren, wenn und solange nach Art und Umfang des Geschäftsbetriebes der Mitglieder des Prüfungsverbandes eine Prüfung durch Wirtschaftsprüfer nicht erforderlich ist.

(6) Mitgliederversammlungen des Verbandes dürfen nur innerhalb des Verbandsbezirkes abgehalten werden.

**§ 63c[2] Satzung des Prüfungsverbandes.** (1) Die Satzung des Verbandes muss enthalten:
1. die Zwecke des Verbandes;
2. den Namen; er soll sich von dem Namen anderer bereits bestehender Verbände deutlich unterscheiden;
3. den Sitz;
4. den Bezirk.

(2) Die Satzung soll ferner Bestimmungen enthalten über Auswahl und Befähigungsnachweis der anzustellenden Prüfer, über Art und Umfang der Prüfungen sowie, soweit der Prüfungsverband gesetzlich vorgeschriebene Abschlussprüfungen von Genossenschaften im Sinne des § 53 Absatz 2, im Sinn des § 340k Abs. 2 Satz 1 des Handelsgesetzbuchs[3], im Sinn des Artikels 25 Abs. 1 Satz 1 des Einführungsgesetzes zum Handelsgesetzbuch[4] durchführt oder den Konzernabschluss einer Genossenschaft nach § 14 Abs. 1 des Publizitätsgesetzes[5] prüft, über die Registrierung als Abschlussprüfer, über die Bindung an die Berufsgrundsätze und die Beachtung der Prüfungsstandards entsprechend den für Wirtschaftsprüfungsgesellschaften geltenden Bestimmungen, über Berufung, Sitz, Aufgaben und Befugnisse des Vorstandes und über die sonstigen Organe des Verbandes.

(3) Änderungen der Satzung, die nach den Absätzen 1 und 2 notwendige Bestimmungen zum Gegenstand haben, sind der Aufsichtsbehörde unverzüglich anzuzeigen.

**§ 63d[6] Einreichungen bei Gericht.** [1] Der Verband hat den Registergerichten, in deren Bezirk die ihm angehörenden Genossenschaften ihren Sitz haben, die Satzung mit einer beglaubigten Abschrift der Verleihungsurkunde sowie jährlich im Monat Januar ein Verzeichnis der ihm angehörenden Genossenschaften ein-

[1] Nr. **20**.

[2] § 63c Abs. 2 und 3 geänd. mWv 29.5.2009 durch G v. 25.5.2009 (BGBl. I S. 1102); Abs. 2 geänd. mWv 17.6.2016 durch G v. 31.3.2016 (BGBl. I S. 518).

[3] Nr. **50**.

[4] Nr. **50a**.

[5] Nr. **52b**.

[6] § 63d geänd. mWv 1.9.2009 durch G v. 17.12.2008 (BGBl. I S. 2586); Sätze 2 und 3 angef. mWv 22.7.2017 durch G v. 17.7.2017 (BGBl. I S. 2434).

zureichen. [2] Wurde bei einer dieser Genossenschaften im letzten sich aus § 53 Absatz 1 ergebenden Prüfungszeitraum keine Pflichtprüfung durchgeführt, ist dies in einer Anlage zum Verzeichnis unter Angabe der Gründe für die ausstehende Prüfung anzugeben. [3] Liegt der Grund darin, dass die betreffende Genossenschaft auch Mitglied bei einem anderen Prüfungsverband ist und dieser andere Verband die Prüfung durchführt, ist der Name dieses anderen Verbandes anzugeben.

**§ 63e[1)] Qualitätskontrolle für Prüfungsverbände.** (1) [1] Die Prüfungsverbände sind verpflichtet, sich im Abstand von jeweils sechs Jahren einer Qualitätskontrolle nach Maßgabe der §§ 63f und 63g zu unterziehen. [2] Prüft ein Prüfungsverband auch eine Genossenschaft, eine in Artikel 25 Abs. 1 Satz 1 Nr. 1 des Einführungsgesetzes zum Handelsgesetzbuch[2)] genannte Gesellschaft oder ein in Artikel 25 Abs. 1 Satz 1 Nr. 2 des Einführungsgesetzes zum Handelsgesetzbuch genanntes Unternehmen, die Unternehmen von öffentlichem Interesse nach § 316a Satz 2 Nummer 1 oder 2 des Handelsgesetzbuchs[3)] sind, verringert sich der Abstand auf drei Jahre. [3] Ein Prüfungsverband, der keine gesetzlich vorgeschriebene Abschlussprüfung durchführt, ist nicht verpflichtet, sich einer Qualitätskontrolle zu unterziehen.

(2) [1] Die Qualitätskontrolle dient der Überwachung, ob die Grundsätze und Maßnahmen zur Qualitätssicherung nach Maßgabe der gesetzlichen Vorschriften insgesamt und bei der Durchführung einzelner Aufträge eingehalten werden. [2] Sie erstreckt sich auf die Prüfungen nach § 53 Abs. 1 und 2 bei den in § 53 Abs. 2 Satz 1 bezeichneten Genossenschaften und die Prüfungen bei den in Artikel 25 Abs. 1 Satz 1 des Einführungsgesetzes zum Handelsgesetzbuche genannten Gesellschaften und Unternehmen, die keine kleinen Kapitalgesellschaften im Sinne des § 267 Absatz 1 des Handelsgesetzbuchs sind.

(3) Der Prüfungsverband hat der zuständigen Aufsichtsbehörde die erfolgte Durchführung einer Qualitätskontrolle mitzuteilen.

(4) Ein Prüfungsverband, der erstmalig eine gesetzlich vorgeschriebene Abschlussprüfung durchführt, hat sich spätestens drei Jahre nach deren Beginn einer Qualitätskontrolle zu unterziehen.

**§ 63f[4)] Prüfer für Qualitätskontrolle.** (1) Die Qualitätskontrolle wird durch Prüfungsverbände nach Maßgabe des Absatzes 2 oder durch Wirtschaftsprüfer oder Wirtschaftsprüfungsgesellschaften durchgeführt, die nach § 57a Abs. 3 der Wirtschaftsprüferordnung als Prüfer für Qualitätskontrolle registriert sind.

(2) [1] Ein Prüfungsverband ist auf Antrag bei der Wirtschaftsprüferkammer als Prüfer für Qualitätskontrolle zu registrieren, wenn

1. ihm das Prüfungsrecht seit mindestens drei Jahren zusteht;
2. mindestens ein Mitglied seines Vorstands oder ein nach § 30 des Bürgerlichen Gesetzbuchs[5)] bestellter besonderer Vertreter ein Wirtschaftsprüfer ist, der als

[1)] § 63e Abs. 1 Satz 1 geänd., Sätze 2 und 3 sowie Abs. 4 angef. mWv 6.9.2007 durch G v. 3.9.2007 (BGBl. I S. 2178); Abs. 3 Satz 3 geänd. mWv 29.5.2009 durch G v. 25.5.2009 (BGBl. I S. 1102); Abs. 1 Sätze 2 und 3, Abs. 2 Satz 2 geänd., Abs. 3 und 4 neu gef. mWv 17.6.2016 durch G v. 31.3.2016 (BGBl. I S. 518); Abs. 3 geänd. mWv 22.7.2017 durch G v. 17.7.2017 (BGBl. I S. 2434); Abs. 1 Satz 2 geänd. mWv 1.7.2021 durch G v. 3.6.2021 (BGBl. I S. 1534).

[2)] Nr. **50a**.

[3)] Nr. **50**.

[4)] § 63f Abs. 2 Satz 1 Nr. 3 und Abs. 3 geänd. mWv 17.6.2016 durch G v. 31.3.2016 (BGBl. I S. 518).

[5)] Nr. **20**.

Prüfer für Qualitätskontrolle nach § 57a Abs. 3 der Wirtschaftsprüferordnung registriert ist;

3. der Prüfungsverband nach § 40a Absatz 1 Satz 1 der Wirtschaftsprüferordnung eingetragen ist.

[2] Wird einem Prüfungsverband der Auftrag zur Durchführung einer Qualitätskontrolle erteilt, so muss der für die Qualitätskontrolle verantwortliche Wirtschaftsprüfer die Voraussetzungen des Satzes 1 Nr. 2 erfüllen.

(3) § 57a Absatz 3a Satz 1 und Absatz 4 der Wirtschaftsprüferordnung ist entsprechend anzuwenden.

**§ 63g[1)] Durchführung der Qualitätskontrolle.** (1) [1] Der Prüfungsverband muss Mitglied der Wirtschaftsprüferkammer nach Maßgabe des § 58 Abs. 2 Satz 2 der Wirtschaftsprüferordnung sein. [2] Er erteilt einem Prüfer für Qualitätskontrolle den Auftrag zur Durchführung der Qualitätskontrolle. [3] § 57a Abs. 7 der Wirtschaftsprüferordnung über die Kündigung des Auftrags ist entsprechend anzuwenden.

(2) [1] Auf das Prüfungsverfahren sind § 57a Absatz 5, 5b, 6, 6a Satz 1 sowie Absatz 8, die §§ 57b bis 57e Absatz 1, 2 Satz 1, 2 und 4 und Absatz 3 Satz 1, § 66a Absatz 1 Satz 1, Absatz 3 Satz 1 bis 3, Absatz 5 Satz 1 und § 66b der Wirtschaftsprüferordnung entsprechend anzuwenden. [2] Die Ergebnisse einer Inspektion nach § 63h sind im Rahmen der Qualitätskontrolle zu berücksichtigen. [3] Soweit dies zur Durchführung der Qualitätskontrolle erforderlich ist, ist die Pflicht zur Verschwiegenheit nach § 62 Abs. 1 eingeschränkt.

(3) Die Kommission für Qualitätskontrolle nach § 57e Absatz 1 der Wirtschaftsprüferordnung hat die zuständige Aufsichtsbehörde unverzüglich zu unterrichten, wenn ein Prüfungsverband wegen fehlender Durchführung der Qualitätskontrolle aus dem Register nach § 40a der Wirtschaftsprüferordnung gelöscht werden soll.

**§ 63h[2)] Inspektionen.** [1] Führt ein Prüfungsverband die gesetzlich vorgeschriebene Abschlussprüfung bei einem Unternehmen durch, das kapitalmarktorientiert im Sinne des § 264d des Handelsgesetzbuchs[3)] ist, können bei diesem Prüfungsverband Inspektionen in entsprechender Anwendung des § 62b der Wirtschaftsprüferordnung stichprobenartig ohne besonderen Anlass durchgeführt werden. [2] § 57e Absatz 6 Satz 2, § 62 Absatz 4 und 5 sowie die §§ 66a und 66b der Wirtschaftsprüferordnung gelten entsprechend. [3] Die Wirtschaftsprüferkammer hat der Aufsichtsbehörde das Ergebnis der Inspektion mitzuteilen. [4] Im Übrigen findet Artikel 26 der Verordnung (EU) Nr. 537/2014 keine Anwendung.

**§ 63i** (weggefallen)

**§ 64[4)] Staatsaufsicht.** (1) Die genossenschaftlichen Prüfungsverbände unterliegen der Aufsicht durch die zuständige Aufsichtsbehörde.

*(Fortsetzung nächstes Blatt)*

---

[1)] § 63g Abs. 2 Satz 1 geänd. mWv 6.9.2007 durch G v. 3.9.2007 (BGBl. I S. 2178); Abs. 3 Satz 1 geänd. mWv 29.5.2009 durch G v. 25.5.2009 (BGBl. I S. 1102); Abs. 2 Satz 1 neu gef., Satz 2 eingef., bish. Satz 2 wird Satz 3, Abs. 3 neu gef. mWv 17.6.2016 durch G v. 31.3.2016 (BGBl. I S. 518).

[2)] § 63h neu gef. mWv 17.6.2016 durch G v. 31.3.2016 (BGBl. I S. 518).

[3)] Nr. **50**.

[4)] § 64 neu gef. mWv 29.5.2009 durch G v. 25.5.2009 (BGBl. I S. 1102); Abs. 2 Satz 4 und Abs. 3 Satz 4 angef. mWv 17.6.2016 durch G v. 31.3.2016 (BGBl. I S. 518).

(2) [1] Die Aufsichtsbehörde kann die erforderlichen Maßnahmen ergreifen, um sicherzustellen, dass der Verband die ihm nach diesem Gesetz obliegenden Aufgaben ordnungsgemäß erfüllt. [2] Die Aufsichtsbehörde ist insbesondere befugt,

1. von dem Verband Auskunft über alle seine Aufgabenerfüllung betreffenden Angelegenheiten sowie Vorlage von Prüfungsberichten und anderen geschäftlichen Unterlagen zu verlangen,
2. von dem Verband regelmäßige Berichte nach festgelegten Kriterien zu verlangen,
3. an der Mitgliederversammlung des Verbandes durch einen Beauftragten teilzunehmen,
4. bei Bedarf Untersuchungen bei dem Verband durchzuführen und hierzu Dritte heranzuziehen.

[3] Die mit der Durchführung von Aufsichtsmaßnahmen betrauten Personen und die mit Untersuchungen beauftragten Dritten sind berechtigt, die Geschäftsräume des Verbandes während der Geschäfts- und Arbeitszeiten zu betreten, um Untersuchungen vorzunehmen oder sonst Feststellungen zu treffen, die zur Ausübung der Aufsicht erforderlich sind. [4] Bei einem Verband, der nur solche Genossenschaften prüft, die nicht unter § 53 Absatz 2 Satz 1 fallen, hat die Aufsichtsbehörde mindestens alle zehn Jahre eine Untersuchung nach Satz 2 Nummer 4 durchzuführen, es sei denn, der Verband weist die freiwillige Durchführung einer Qualitätskontrolle oder einer anderen geeigneten Organisationsuntersuchung nach.

(3) [1] Für Amtshandlungen nach dieser Vorschrift kann die zuständige Behörde zur Deckung des Verwaltungsaufwands Kosten (Gebühren und Auslagen) erheben. [2] Die Landesregierungen werden ermächtigt, durch Verordnung die Gebührentatbestände sowie die Gebührenhöhe festzulegen. [3] Sie können die Ermächtigung auf die zuständigen obersten Landesbehörden übertragen. [4] Die Kosten, die der Aufsichtsbehörde durch eine nach Absatz 2 Satz 2 Nummer 4 vorgenommene Untersuchung entstehen, sind ihr von dem betroffenen Verband gesondert zu erstatten und auf Verlangen vorzuschießen.

**§ 64a[1)] Entziehung des Prüfungsrechts.** [1] Die Aufsichtsbehörde kann dem Verband das Prüfungsrecht entziehen, wenn der Verband nicht mehr die Gewähr für die Erfüllung seiner Aufgaben bietet. [2] Vor der Entziehung ist der Vorstand des Verbandes anzuhören. [3] Die Entziehung ist den in § 63d genannten Gerichten mitzuteilen.

**§ 64b[2)] Bestellung eines Prüfungsverbandes.** [1] Gehört eine Genossenschaft keinem Prüfungsverband an, so kann das Gericht einen Prüfungsverband zur Wahrnehmung der im Gesetz den Prüfungsverbänden übertragenen Aufgaben bestellen. [2] Dabei sollen die fachliche Eigenart und der Sitz der Genossenschaft berücksichtigt werden.

**§ 64c Prüfung aufgelöster Genossenschaften.** Auch aufgelöste Genossenschaften unterliegen den Vorschriften dieses Abschnitts.

---

1) § 64a Satz 1 geänd. mWv 29.5.2009 durch G v. 25.5.2009 (BGBl. I S. 1102).

2) § 64b Satz 1 geänd. mWv 1.9.2009 durch G v. 17.12.2008 (BGBl. I S. 2586).

## Abschnitt 5. Beendigung der Mitgliedschaft

**§ 65[1)] Kündigung des Mitglieds.** (1) Jedes Mitglied hat das Recht, seine Mitgliedschaft durch Kündigung zu beenden.

(2) [1] Die Kündigung kann nur zum Schluss eines Geschäftsjahres und mindestens drei Monate vor dessen Ablauf in schriftlicher Form erklärt werden. [2] In der Satzung kann eine längere, höchstens fünfjährige Kündigungsfrist bestimmt werden. [3] Bei Genossenschaften, bei denen mehr als drei Viertel der Mitglieder als Unternehmer im Sinn des § 14 des Bürgerlichen Gesetzbuchs[2)] Mitglied sind, kann die Satzung zum Zweck der Sicherung der Finanzierung des Anlagevermögens für die Unternehmer eine Kündigungsfrist bis zu zehn Jahre bestimmen.

(3) [1] Entgegen einer in der Satzung bestimmten Kündigungsfrist von mehr als zwei Jahren kann jedes Mitglied, das der Genossenschaft mindestens ein volles Geschäftsjahr angehört hat, seine Mitgliedschaft durch Kündigung vorzeitig beenden, wenn ihm nach seinen persönlichen oder wirtschaftlichen Verhältnissen ein Verbleib in der Genossenschaft bis zum Ablauf der Kündigungsfrist nicht zugemutet werden kann. [2] Die Kündigung ist in diesem Fall mit einer Frist von drei Monaten zum Schluss eines Geschäftsjahres zu erklären, zu dem das Mitglied nach der Satzung noch nicht kündigen kann.

(4) [1] Die Mitgliedschaft endet nicht, wenn die Genossenschaft vor dem Zeitpunkt, zu dem die Kündigung wirksam geworden wäre, aufgelöst wird. [2] Die Auflösung der Genossenschaft steht der Beendigung der Mitgliedschaft nicht entgegen, wenn die Fortsetzung der Genossenschaft beschlossen wird. [3] In diesem Fall wird der Zeitraum, während dessen die Genossenschaft aufgelöst war, bei der Berechnung der Kündigungsfrist mitgerechnet; die Mitgliedschaft endet jedoch frühestens zum Schluss des Geschäftsjahres, in dem der Beschluss über die Fortsetzung der Genossenschaft in das Genossenschaftsregister eingetragen wird.

(5) Vereinbarungen, die gegen die vorstehenden Absätze verstoßen, sind unwirksam.

**§ 66 Kündigung durch Gläubiger.** (1) [1] Der Gläubiger eines Mitglieds, der die Pfändung und Überweisung eines dem Mitglied bei der Auseinandersetzung mit der Genossenschaft zustehenden Guthabens erwirkt hat, nachdem innerhalb der letzten sechs Monate eine Zwangsvollstreckung in das Vermögen des Mitglieds fruchtlos verlaufen ist, kann das Kündigungsrecht des Mitglieds an dessen Stelle ausüben. [2] Die Ausübung des Kündigungsrechts ist ausgeschlossen, solange der Schuldtitel nur vorläufig vollstreckbar ist.

(2) Der Kündigung muss eine beglaubigte Abschrift der vollstreckbaren Ausfertigung des Titels und der Bescheinigungen über den fruchtlosen Verlauf der Zwangsvollstreckung in das Vermögen des Schuldners beigefügt werden.

**§ 66a[3)] Kündigung im Insolvenzverfahren.** Wird das Insolvenzverfahren über das Vermögen eines Mitglieds eröffnet und ein Insolvenzverwalter bestellt, so kann der Insolvenzverwalter das Kündigungsrecht des Mitglieds an dessen Stelle ausüben.

---

[1)] § 65 Abs. 2 Satz 3 geänd. mWv 22.7.2017 durch G v. 17.7.2017 (BGBl. I S. 2434).
[2)] Nr. **20**.
[3)] § 66a eingef. mWv 19.7.2013 durch G v. 15.7.2013 (BGBl. I S. 2379).

**§ 67 Beendigung der Mitgliedschaft wegen Aufgabe des Wohnsitzes.** [1] Ist nach der Satzung die Mitgliedschaft an den Wohnsitz innerhalb eines bestimmten Bezirks geknüpft, kann ein Mitglied, das seinen Wohnsitz in diesem Bezirk aufgibt, seine Mitgliedschaft ohne Einhaltung einer Kündigungsfrist zum Schluss des Geschäftsjahres kündigen; die Kündigung bedarf der Schriftform. [2] Über die Aufgabe des Wohnsitzes ist die Bescheinigung einer Behörde vorzulegen.

**§ 67a Außerordentliches Kündigungsrecht.** (1) [1] Wird eine Änderung der Satzung beschlossen, die einen der in § 16 Abs. 2 Satz 1 Nr. 2 bis 5, 9 bis 11 oder Abs. 3 aufgeführten Gegenstände oder eine wesentliche Änderung des Gegenstandes des Unternehmens betrifft, kann kündigen:

1. jedes in der Generalversammlung erschienene Mitglied, wenn es gegen den Beschluss Widerspruch zur Niederschrift erklärt hat oder wenn die Aufnahme seines Widerspruchs in die Niederschrift verweigert worden ist;
2. jedes in der Generalversammlung nicht erschienene Mitglied, wenn es zu der Generalversammlung zu Unrecht nicht zugelassen worden ist oder die Versammlung nicht ordnungsgemäß einberufen oder der Gegenstand der Beschlussfassung nicht ordnungsgemäß angekündigt worden ist.

[2] Hat eine Vertreterversammlung die Änderung der Satzung beschlossen, kann jedes Mitglied kündigen; für die Vertreter gilt Satz 1.

(2) [1] Die Kündigung bedarf der Schriftform. [2] Sie kann nur innerhalb eines Monats zum Schluss des Geschäftsjahres erklärt werden. [3] Die Frist beginnt in den Fällen des Absatzes 1 Satz 1 Nr. 1 mit der Beschlussfassung, in den Fällen des Absatzes 1 Satz 1 Nr. 2 mit der Erlangung der Kenntnis von der Beschlussfassung. [4] Ist der Zeitpunkt der Kenntniserlangung streitig, trägt die Genossenschaft die Beweislast. [5] Im Falle der Kündigung wirkt die Änderung der Satzung weder für noch gegen das Mitglied.

**§ 67b Kündigung einzelner Geschäftsanteile.** (1) Ein Mitglied, das mit mehreren Geschäftsanteilen beteiligt ist, kann die Beteiligung mit einem oder mehreren seiner weiteren Geschäftsanteile zum Schluss eines Geschäftsjahres durch schriftliche Erklärung kündigen, soweit es nicht nach der Satzung oder einer Vereinbarung mit der Genossenschaft zur Beteiligung mit mehreren Geschäftsanteilen verpflichtet ist oder die Beteiligung mit mehreren Geschäftsanteilen Voraussetzung für eine von dem Mitglied in Anspruch genommene Leistung der Genossenschaft ist.

(2) § 65 Abs. 2 bis 5 gilt sinngemäß.

**§ 67c[1] Kündigungsausschluss bei Wohnungsgenossenschaften.** (1) Die Kündigung der Mitgliedschaft in einer Wohnungsgenossenschaft durch den Gläubiger (§ 66) oder den Insolvenzverwalter (§ 66a) ist ausgeschlossen, wenn

1. die Mitgliedschaft Voraussetzung für die Nutzung der Wohnung des Mitglieds ist und
2. das Geschäftsguthaben des Mitglieds höchstens das Vierfache des auf einen Monat entfallenden Nutzungsentgelts ohne die als Pauschale oder Vorauszahlung ausgewiesenen Betriebskosten oder höchstens 2 000 Euro beträgt.

[1] § 67c eingef. mWv 19.7.2013 durch G v. 15.7.2013 (BGBl. I S. 2379).

(2) Übersteigt das Geschäftsguthaben des Mitglieds den Betrag nach Absatz 1 Nummer 2, ist die Kündigung der Mitgliedschaft nach Absatz 1 auch dann ausgeschlossen, wenn es durch Kündigung einzelner Geschäftsanteile nach § 67b auf einen nach Absatz 1 Nummer 2 zulässigen Betrag vermindert werden kann.

**§ 68 Ausschluss eines Mitglieds.** (1) [1] Die Gründe, aus denen ein Mitglied aus der Genossenschaft ausgeschlossen werden kann, müssen in der Satzung bestimmt sein. [2] Ein Ausschluss ist nur zum Schluss eines Geschäftsjahres zulässig.

(2) [1] Der Beschluss, durch den das Mitglied ausgeschlossen wird, ist dem Mitglied vom Vorstand unverzüglich durch eingeschriebenen Brief mitzuteilen. [2] Das Mitglied verliert ab dem Zeitpunkt der Absendung der Mitteilung das Recht auf Teilnahme an der Generalversammlung oder der Vertreterversammlung sowie seine Mitgliedschaft im Vorstand oder Aufsichtsrat.

**§ 69 Eintragung in die Mitgliederliste.** In den Fällen der §§ 65 bis 67a und 68 ist der Zeitpunkt der Beendigung der Mitgliedschaft, im Falle des § 67b sind der Zeitpunkt der Herabsetzung der Zahl der Geschäftsanteile sowie die Zahl der verbliebenen weiteren Geschäftsanteile unverzüglich in die Mitgliederliste einzutragen; das Mitglied ist hiervon unverzüglich zu benachrichtigen.

**§§ 70–72** (weggefallen)

**§ 73 Auseinandersetzung mit ausgeschiedenem Mitglied.** (1) [1] Nach Beendigung der Mitgliedschaft erfolgt eine Auseinandersetzung der Genossenschaft mit dem ausgeschiedenen Mitglied. [2] Sie bestimmt sich nach der Vermögenslage der Genossenschaft und der Zahl ihrer Mitglieder zum Zeitpunkt der Beendigung der Mitgliedschaft.

(2) [1] Die Auseinandersetzung erfolgt unter Zugrundelegung der Bilanz. [2] Das Geschäftsguthaben des Mitglieds ist vorbehaltlich des Absatzes 4 und des § 8a Abs. 2 binnen sechs Monaten nach Beendigung der Mitgliedschaft auszuzahlen. [3] Auf die Rücklagen und das sonstige Vermögen der Genossenschaft hat das Mitglied vorbehaltlich des Absatzes 3 keinen Anspruch. [4] Reicht das Vermögen einschließlich der Rücklagen und aller Geschäftsguthaben zur Deckung der Schulden der Genossenschaft nicht aus, hat das ehemalige Mitglied von dem Fehlbetrag den ihn betreffenden Anteil an die Genossenschaft zu zahlen, soweit es im Falle des Insolvenzverfahrens Nachschüsse an die Genossenschaft zu leisten gehabt hätte; der Anteil wird nach der Kopfzahl der Mitglieder berechnet, soweit nicht die Satzung eine abweichende Berechnung bestimmt.

(3) [1] Die Satzung kann Mitgliedern, die ihren Geschäftsanteil voll eingezahlt haben, für den Fall der Beendigung der Mitgliedschaft einen Anspruch auf Auszahlung eines Anteils an einer zu diesem Zweck aus dem Jahresüberschuss zu bildenden Ergebnisrücklage einräumen. [2] Die Satzung kann den Anspruch von einer Mindestdauer der Mitgliedschaft abhängig machen sowie weitere Erfordernisse aufstellen und Beschränkungen des Anspruchs vorsehen. [3] Absatz 2 Satz 2 ist entsprechend anzuwenden.

(4) Die Satzung kann die Voraussetzungen, die Modalitäten und die Frist für die Auszahlung des Auseinandersetzungsguthabens abweichend von Absatz 2 Satz 2 regeln; eine Bestimmung, nach der über Voraussetzungen oder Zeitpunkt der Auszahlung ausschließlich der Vorstand zu entscheiden hat, ist unwirksam.

**§ 74** (weggefallen)

**§ 75 Fortdauer der Mitgliedschaft bei Auflösung der Genossenschaft.** [1] Wird die Genossenschaft binnen sechs Monaten nach Beendigung der Mitgliedschaft eines Mitglieds aufgelöst, gilt die Beendigung der Mitgliedschaft als nicht erfolgt. [2] Wird die Fortsetzung der Genossenschaft beschlossen, gilt die Beendigung der Mitgliedschaft als zum Schluss des Geschäftsjahres erfolgt, in dem der Beschluss über die Fortsetzung der Genossenschaft in das Genossenschaftsregister eingetragen ist.

**§ 76 Übertragung des Geschäftsguthabens.** (1) [1] Jedes Mitglied kann sein Geschäftsguthaben jederzeit durch schriftliche Vereinbarung einem anderen ganz oder teilweise übertragen und hierdurch seine Mitgliedschaft ohne Auseinandersetzung beenden oder die Anzahl seiner Geschäftsanteile verringern, sofern der Erwerber, im Fall einer vollständigen Übertragung anstelle des Mitglieds, der Genossenschaft beitritt oder bereits Mitglied der Genossenschaft ist und das bisherige Geschäftsguthaben dieses Mitglieds mit dem ihm zuzuschreibenden Betrag den Geschäftsanteil nicht übersteigt. [2] Eine teilweise Übertragung von Geschäftsguthaben ist unwirksam, soweit das Mitglied nach der Satzung oder einer Vereinbarung mit der Genossenschaft zur Beteiligung mit mehreren Geschäftsanteilen verpflichtet ist oder die Beteiligung mit mehreren Geschäftsanteilen Voraussetzung für eine von dem Mitglied in Anspruch genommene Leistung der Genossenschaft ist.

(2) Die Satzung kann eine vollständige oder teilweise Übertragung von Geschäftsguthaben ausschließen oder an weitere Voraussetzungen knüpfen; dies gilt nicht für die Fälle, in denen in der Satzung nach § 65 Abs. 2 Satz 3 eine Kündigungsfrist von mehr als fünf Jahren bestimmt oder nach § 8a oder § 73 Abs. 4 der Anspruch nach § 73 Abs. 2 Satz 2 auf Auszahlung des Auseinandersetzungsguthabens eingeschränkt ist.

(3) Auf die Beendigung der Mitgliedschaft und die Verringerung der Anzahl der Geschäftsanteile ist § 69 entsprechend anzuwenden.

(4) Wird die Genossenschaft binnen sechs Monaten nach der Beendigung der Mitgliedschaft aufgelöst, hat das ehemalige Mitglied im Fall der Eröffnung des Insolvenzverfahrens die Nachschüsse, zu deren Zahlung es verpflichtet gewesen sein würde, insoweit zu leisten, als der Erwerber diese nicht leisten kann.

(5) Darf sich nach der Satzung ein Mitglied mit mehr als einem Geschäftsanteil beteiligen, so gelten diese Vorschriften mit der Maßgabe, dass die Übertragung des Geschäftsguthabens auf ein anderes Mitglied zulässig ist, sofern das Geschäftsguthaben des Erwerbers nach Zuschreibung des Geschäftsguthabens des Veräußerers den Gesamtbetrag der Geschäftsanteile, mit denen der Erwerber beteiligt ist oder sich beteiligt, nicht übersteigt.

**§ 77 Tod des Mitglieds.** (1) [1] Mit dem Tod eines Mitglieds geht die Mitgliedschaft auf den Erben über. [2] Sie endet mit dem Schluss des Geschäftsjahres, in dem der Erbfall eingetreten ist. [3] Mehrere Erben können das Stimmrecht in der Generalversammlung nur durch einen gemeinschaftlichen Vertreter ausüben.

(2) [1] Die Satzung kann bestimmen, dass im Falle des Todes eines Mitglieds dessen Mitgliedschaft in der Genossenschaft durch dessen Erben fortgesetzt wird. [2] Die Satzung kann die Fortsetzung der Mitgliedschaft von persönlichen Voraussetzungen des Rechtsnachfolgers abhängig machen. [3] Für den Fall der Beerbung des Erblassers durch mehrere Erben kann auch bestimmt werden, dass die Mit-

gliedschaft endet, wenn sie nicht innerhalb einer in der Satzung festgesetzten Frist einem Miterben allein überlassen worden ist.

(3) [1] Der Tod des Mitglieds sowie der Zeitpunkt der Beendigung der Mitgliedschaft, im Falle des Absatzes 2 auch die Fortsetzung der Mitgliedschaft durch einen oder mehrere Erben, sind unverzüglich in die Mitgliederliste einzutragen. [2] Die Erben des verstorbenen Mitglieds sind unverzüglich von der Eintragung zu benachrichtigen.

(4) Bei Beendigung der Mitgliedschaft des Erben gelten die §§ 73 und 75, im Falle der Fortsetzung der Mitgliedschaft gilt § 76 Abs. 4 entsprechend.

**§ 77a Auflösung oder Erlöschen einer juristischen Person oder Personengesellschaft.** [1] Wird eine juristische Person oder eine Personengesellschaft aufgelöst oder erlischt sie, so endet die Mitgliedschaft mit dem Abschluss des Geschäftsjahres, in dem die Auflösung oder das Erlöschen wirksam geworden ist. [2] Im Falle der Gesamtrechtsnachfolge wird die Mitgliedschaft bis zum Schluss des Geschäftsjahres durch den Gesamtrechtsnachfolger fortgesetzt. [3] Die Beendigung der Mitgliedschaft ist unverzüglich in die Mitgliederliste einzutragen; das Mitglied oder der Gesamtrechtsnachfolger ist hiervon unverzüglich zu benachrichtigen.

## Abschnitt 6. Auflösung und Nichtigkeit der Genossenschaft

**§ 78 Auflösung durch Beschluss der Generalversammlung.** (1) [1] Die Genossenschaft kann durch Beschluss der Generalversammlung jederzeit aufgelöst werden; der Beschluss bedarf einer Mehrheit, die mindestens drei Viertel der abgegebenen Stimmen umfasst. [2] Die Satzung kann eine größere Mehrheit und weitere Erfordernisse bestimmen.

(2) Die Auflösung ist durch den Vorstand unverzüglich zur Eintragung in das Genossenschaftsregister anzumelden.

**§§ 78a, 78b** (weggefallen)

**§ 79 Auflösung durch Zeitablauf.** (1) Ist die Genossenschaft nach der Satzung auf eine bestimmte Zeit beschränkt, ist sie mit dem Ablauf der bestimmten Zeit aufgelöst.

(2) § 78 Abs. 2 ist anzuwenden.

**§ 79a Fortsetzung der aufgelösten Genossenschaft.** (1) [1] Ist die Genossenschaft durch Beschluss der Generalversammlung oder durch Zeitablauf aufgelöst worden, kann die Generalversammlung, solange noch nicht mit der Verteilung des nach Berichtigung der Schulden verbleibenden Vermögens an die Mitglieder begonnen ist, die Fortsetzung der Genossenschaft beschließen; der Beschluss bedarf einer Mehrheit, die mindestens drei Viertel der abgegebenen Stimmen umfasst. [2] Die Satzung kann eine größere Mehrheit und weitere Erfordernisse bestimmen. [3] Die Fortsetzung kann nicht beschlossen werden, wenn die Mitglieder nach § 87a Abs. 2 zu Zahlungen herangezogen worden sind.

(2) Vor der Beschlussfassung ist der Prüfungsverband, dem die Genossenschaft angehört, darüber zu hören, ob die Fortsetzung der Genossenschaft mit den Interessen der Mitglieder vereinbar ist.

(3) [1] Das Gutachten des Prüfungsverbandes ist in jeder über die Fortsetzung der Genossenschaft beratenden Generalversammlung zu verlesen. [2] Dem Prüfungsverband ist Gelegenheit zu geben, das Gutachten in der Generalversammlung zu erläutern.

(4) Ist die Fortsetzung der Genossenschaft nach dem Gutachten des Prüfungsverbandes mit den Interessen der Mitglieder nicht vereinbar, bedarf der Beschluss einer Mehrheit von drei Vierteln der Mitglieder in zwei mit einem Abstand von mindestens einem Monat aufeinander folgenden Generalversammlungen; Absatz 1 Satz 2 gilt entsprechend.

(5) [1] Die Fortsetzung der Genossenschaft ist durch den Vorstand unverzüglich zur Eintragung in das Genossenschaftsregister anzumelden. [2] Der Vorstand hat bei der Anmeldung die Versicherung abzugeben, dass der Beschluss der Generalversammlung zu einer Zeit gefasst wurde, zu der noch nicht mit der Verteilung des nach der Berichtigung der Schulden verbleibenden Vermögens der Genossenschaft an die Mitglieder begonnen worden war.

**§ 80**[1)] **Auflösung durch das Gericht.** (1) [1] Hat die Genossenschaft weniger als drei Mitglieder, hat das Registergericht auf Antrag des Vorstands und, wenn der Antrag nicht binnen sechs Monaten erfolgt, von Amts wegen nach Anhörung des Vorstands die Auflösung der Genossenschaft auszusprechen. [2] Bei der Bestimmung der Mindestmitgliederzahl nach Satz 1 bleiben investierende Mitglieder außer Betracht.

(2) [1] Der gerichtliche Beschluss ist der Genossenschaft zuzustellen. [2] Gegen den Beschluss steht der Genossenschaft die sofortige Beschwerde nach der Zivilprozessordnung[2)] zu. [3] Mit der Rechtskraft des Beschlusses ist die Genossenschaft aufgelöst.

**§ 81**[3)] **Auflösung auf Antrag der obersten Landesbehörde.** (1) [1] Gefährdet eine Genossenschaft durch gesetzwidriges Verhalten ihrer Verwaltungsträger das Gemeinwohl und sorgen die Generalversammlung und der Aufsichtsrat nicht für eine Abberufung der Verwaltungsträger oder ist der Zweck der Genossenschaft entgegen § 1 nicht auf die Förderung der Mitglieder gerichtet, kann die Genossenschaft auf Antrag der zuständigen obersten Landesbehörde, in deren Bezirk die Genossenschaft ihren Sitz hat, durch Urteil aufgelöst werden. [2] Ausschließlich zuständig für die Klage ist das Landgericht, in dessen Bezirk die Genossenschaft ihren Sitz hat.

(2) [1] Nach der Auflösung findet die Liquidation nach den §§ 83 bis 93 statt. [2] Den Antrag auf Bestellung oder Abberufung der Liquidatoren kann auch die in Absatz 1 Satz 1 bestimmte Behörde stellen.

(3) Ist die Auflösungsklage erhoben, kann das Gericht auf Antrag der in Absatz 1 Satz 1 bestimmten Behörde durch einstweilige Verfügung die nötigen Anordnungen treffen.

(4) [1] Die Entscheidungen des Gerichts sind dem Registergericht mitzuteilen. [2] Dieses trägt sie, soweit eintragungspflichtige Rechtsverhältnisse betroffen sind, in das Genossenschaftsregister ein.

---

1) § 80 Abs. 1 Satz 1 geänd. mWv 1.9.2009 durch G v. 17.12.2008 (BGBl. I S. 2586).
2) Nr. **100**.
3) § 81 Abs. 4 Satz 1 geänd. mWv 1.9.2009 durch G v. 17.12.2008 (BGBl. I S. 2586).

**§ 81a**[1] **Auflösung bei Insolvenz.** Die Genossenschaft wird aufgelöst

1. mit der Rechtskraft des Beschlusses, durch den die Eröffnung des Insolvenzverfahrens mangels Masse abgelehnt worden ist;
2. durch die Löschung wegen Vermögenslosigkeit nach § 394 des Gesetzes über das Verfahren in Familiensachen und in den Angelegenheiten der freiwilligen Gerichtsbarkeit[2].

**§ 82 Eintragung der Auflösung.** (1) Die Auflösung der Genossenschaft ist von dem Gericht unverzüglich in das Genossenschaftsregister einzutragen.

(2) [1] Sie muss von den Liquidatoren durch die für die Bekanntmachungen der Genossenschaft bestimmten Blätter bekannt gemacht werden. [2] Durch die Bekanntmachung sind zugleich die Gläubiger aufzufordern, sich bei der Genossenschaft zu melden.

(3) Im Falle der Löschung der Genossenschaft wegen Vermögenslosigkeit sind die Absätze 1 und 2 nicht anzuwenden.

**§ 83**[3] **Bestellung und Abberufung der Liquidatoren.** (1) Die Liquidation erfolgt durch den Vorstand, wenn sie nicht durch die Satzung oder durch Beschluss der Generalversammlung anderen Personen übertragen wird.

(2) Auch eine juristische Person kann Liquidator sein.

(3) Auf Antrag des Aufsichtsrats oder mindestens des zehnten Teils der Mitglieder kann die Ernennung von Liquidatoren durch das Gericht erfolgen.

(4) [1] Die Abberufung der Liquidatoren kann durch das Gericht unter denselben Voraussetzungen wie die Bestellung erfolgen. [2] Liquidatoren, welche nicht vom Gericht ernannt sind, können auch durch die Generalversammlung vor Ablauf des Zeitraums, für welchen sie bestellt sind, abberufen werden.

(5) [1] Ist die Genossenschaft durch Löschung wegen Vermögenslosigkeit aufgelöst, so findet eine Liquidation nur statt, wenn sich nach der Löschung herausstellt, dass Vermögen vorhanden ist, das der Verteilung unterliegt. [2] Die Liquidatoren sind auf Antrag eines Beteiligten durch das Gericht zu ernennen.

**§ 84**[4] **Anmeldung der Liquidatoren.** (1) [1] Die ersten Liquidatoren sowie ihre Vertretungsbefugnis hat der Vorstand, jede Änderung in den Personen der Liquidatoren und jede Änderung ihrer Vertretungsbefugnis haben die Liquidatoren zur Eintragung in das Genossenschaftsregister anzumelden. [2] Der Anmeldung ist eine Abschrift der Urkunden über die Bestellung oder Abberufung sowie über die Vertretungsbefugnis beizufügen.

(2) Die Eintragung der gerichtlichen Ernennung oder Abberufung von Liquidatoren geschieht von Amts wegen.

**§ 85 Zeichnung der Liquidatoren.** (1) [1] Die Liquidatoren haben in der bei ihrer Bestellung bestimmten Form ihre Willenserklärung kundzugeben und für die Genossenschaft zu zeichnen. [2] Ist nichts darüber bestimmt, so muss die Erklärung und Zeichnung durch sämtliche Liquidatoren erfolgen.

---

[1] § 81a Nr. 2 geänd. mWv 1.9.2009 durch G v. 17.12.2008 (BGBl. I S. 2586).
[2] Nr. **112**.
[3] § 83 Abs. 3 geänd. mWv 1.9.2009 durch G v. 17.12.2008 (BGBl. I S. 2586).
[4] § 84 Abs. 3 aufgeh. mWv 1.1.2007 durch G v. 10.11.2006 (BGBl. I S. 2553).

(2) Die Bestimmung ist mit der Bestellung der Liquidatoren zur Eintragung in das Genossenschaftsregister anzumelden.

(3) Die Liquidatoren zeichnen für die Genossenschaft, indem sie der Firma einen die Liquidation andeutenden Zusatz und ihre Namensunterschrift hinzufügen.

**§ 86 Publizität des Genossenschaftsregisters.** Die Vorschriften in § 29 über das Verhältnis zu dritten Personen finden bezüglich der Liquidatoren Anwendung.

**§ 87 Rechtsverhältnisse im Liquidationsstadium.** (1) Bis zur Beendigung der Liquidation sind ungeachtet der Auflösung der Genossenschaft in Bezug auf die Rechtsverhältnisse der Genossenschaft und ihrer Mitglieder die §§ 17 bis 51 weiter anzuwenden, soweit sich aus den Vorschriften dieses Abschnitts und aus dem Wesen der Liquidation nichts anderes ergibt.

(2) Der Gerichtsstand, welchen die Genossenschaft zur Zeit ihrer Auflösung hatte, bleibt bis zur vollzogenen Verteilung des Vermögens bestehen.

**§ 87a Zahlungspflichten bei Überschuldung.** (1) [1] Ergibt sich bei Aufstellung der Liquidationseröffnungsbilanz, einer späteren Jahresbilanz oder einer Zwischenbilanz oder ist bei pflichtmäßigem Ermessen anzunehmen, dass das Vermögen auch unter Berücksichtigung fälliger, rückständiger Einzahlungen die Schulden nicht mehr deckt, so kann die Generalversammlung beschließen, dass die Mitglieder, die ihren Geschäftsanteil noch nicht voll eingezahlt haben, zu weiteren Einzahlungen auf den Geschäftsanteil verpflichtet sind, soweit dies zur Deckung des Fehlbetrags erforderlich ist. [2] Der Beschlussfassung der Generalversammlung stehen abweichende Bestimmungen der Satzung nicht entgegen.

(2) [1] Reichen die weiteren Einzahlungen auf den Geschäftsanteil zur Deckung des Fehlbetrags nicht aus, kann die Generalversammlung beschließen, dass die Mitglieder nach dem Verhältnis ihrer Geschäftsanteile bis zur Deckung des Fehlbetrags weitere Zahlungen zu leisten haben. [2] Für Genossenschaften, bei denen die Mitglieder keine Nachschüsse zur Insolvenzmasse zu leisten haben, gilt dies nur, wenn die Satzung dies bestimmt. [3] Ein Mitglied kann zu weiteren Zahlungen höchstens bis zu dem Betrag in Anspruch genommen werden, der dem Gesamtbetrag seiner Geschäftsanteile entspricht. [4] Absatz 1 Satz 2 gilt entsprechend. [5] Bei der Feststellung des Verhältnisses der Geschäftsanteile und des Gesamtbetrags der Geschäftsanteile gelten als Geschäftsanteile eines Mitglieds auch die Geschäftsanteile, die es entgegen den Bestimmungen der Satzung über eine Pflichtbeteiligung noch nicht übernommen hat.

(3) [1] Die Beschlüsse bedürfen einer Mehrheit, die mindestens drei Viertel der abgegebenen Stimmen umfasst. [2] Die Satzung kann eine größere Mehrheit und weitere Erfordernisse bestimmen.

(4) Die Beschlüsse dürfen nicht gefasst werden, wenn das Vermögen auch unter Berücksichtigung der weiteren Zahlungspflichten die Schulden nicht mehr deckt.

**§ 87b Verbot der Erhöhung von Geschäftsanteil oder Haftsumme.**

Nach Auflösung der Genossenschaft können weder der Geschäftsanteil noch die Haftsumme erhöht werden.

**§ 88 Aufgaben der Liquidatoren.** [1] Die Liquidatoren haben die laufenden Geschäfte zu beendigen, die Verpflichtungen der aufgelösten Genossenschaft zu erfüllen, die Forderungen derselben einzuziehen und das Vermögen der Genossenschaft in Geld umzusetzen; sie haben die Genossenschaft gerichtlich und außergerichtlich zu vertreten. [2] Zur Beendigung schwebender Geschäfte können die Liquidatoren auch neue Geschäfte eingehen.

**§ 88a Abtretbarkeit der Ansprüche auf rückständige Einzahlungen und anteilige Fehlbeträge.** (1) Die Liquidatoren können den Anspruch der Genossenschaft auf rückständige Einzahlungen auf den Geschäftsanteil und den Anspruch auf anteilige Fehlbeträge nach § 73 Abs. 2 Satz 4 mit Zustimmung des Prüfungsverbandes abtreten.

(2) Der Prüfungsverband soll nur zustimmen, wenn der Anspruch an eine genossenschaftliche Zentralbank oder an eine der Prüfung durch einen Prüfungsverband unterstehende Stelle abgetreten wird und schutzwürdige Belange der Mitglieder nicht entgegenstehen.

**§ 89[1) 2)] Rechte und Pflichten der Liquidatoren.** [1] Die Liquidatoren haben die aus den §§ 26, 27, 33 Abs. 1 Satz 1, §§ 34, 44 bis 47, 48 Abs. 3, §§ 51, 57 bis 59 sich ergebenden Rechte und Pflichten des Vorstands und unterliegen gleich diesem der Überwachung des Aufsichtsrats. [2] Sie haben für den Beginn der Liquidation eine Bilanz (Eröffnungsbilanz) sowie für den Schluss eines jeden Jahres einen Jahresabschluss und erforderlichenfalls einen Lagebericht aufzustellen. [3] Die Eröffnungsbilanz ist nach § 339 des Handelsgesetzbuchs[3)] offenzulegen.

**§ 90 Voraussetzung für Vermögensverteilung.** (1) Eine Verteilung des Vermögens unter die Mitglieder darf nicht vor Tilgung oder Deckung der Schulden und nicht vor Ablauf eines Jahres seit dem Tage vollzogen werden, an welchem die Aufforderung der Gläubiger in den hierzu bestimmten Blättern erfolgt ist.

(2) [1] Meldet sich ein bekannter Gläubiger nicht, so ist der geschuldete Betrag, wenn die Berechtigung zur Hinterlegung vorhanden ist, für den Gläubiger zu hinterlegen. [2] Ist die Berichtigung einer Verbindlichkeit zur Zeit nicht ausführbar oder ist eine Verbindlichkeit streitig, so darf die Verteilung des Vermögens nur erfolgen, wenn dem Gläubiger Sicherheit geleistet ist.

**§ 91 Verteilung des Vermögens.** (1) [1] Die Verteilung des Vermögens unter die einzelnen Mitglieder erfolgt bis zum Gesamtbetrag ihrer auf Grund der Eröffnungsbilanz ermittelten Geschäftsguthaben nach dem Verhältnis der letzteren. [2] Waren die Mitglieder nach § 87a Abs. 2 zu Zahlungen herangezogen worden, so sind zunächst diese Zahlungen nach dem Verhältnis der geleisteten Beträge zu erstatten. [3] Bei Ermittlung der einzelnen Geschäftsguthaben bleiben für die Verteilung des Gewinns oder Verlustes, welcher sich für den Zeitraum zwischen dem letzten Jahresabschluss und der Eröffnungsbilanz ergeben hat, die seit dem letzten Jahresabschluss geleisteten Einzahlungen außer Betracht. [4] Der Gewinn aus diesem Zeitraum ist dem Guthaben auch insoweit zuzuschreiben, als dadurch der Geschäftsanteil überschritten wird.

(2) Überschüsse, welche sich über den Gesamtbetrag dieser Guthaben hinaus ergeben, sind nach Köpfen zu verteilen.

(3) Durch die Satzung kann die Verteilung des Vermögens ausgeschlossen oder ein anderes Verhältnis für die Verteilung bestimmt werden.

---

1) § 89 Satz 3 neu gef. mWv 1.8.2022 durch G v. 5.7.2021 (BGBl. I S. 3338).
2) Beachte hierzu Übergangsvorschrift in § 175.
3) Nr. **50**.

**§ 92 Unverteilbares Reinvermögen.** [1]Ein bei der Auflösung der Genossenschaft verbleibendes unverteilbares Reinvermögen fällt, sofern dasselbe nicht durch die Satzung einer natürlichen oder juristischen Person zu einem bestimmten Verwendungszweck überwiesen ist, an diejenige Gemeinde, in der die Genossenschaft ihren Sitz hatte. [2]Die Zinsen dieses Fonds sind zu gemeinnützigen Zwecken zu verwenden.

**§ 93**[1)] **Aufbewahrung von Unterlagen.** [1]Nach Beendigung der Liquidation sind die Bücher und Schriften der aufgelösten Genossenschaft für zehn Jahre einem ihrer ehemaligen Mitglieder oder einem Dritten in Verwahrung zu geben. [2]Ist die Person weder durch Satzung noch durch einen Beschluss der Generalversammlung benannt, wird sie durch das Gericht bestimmt. [3]Das Gericht kann die ehemaligen Mitglieder und deren Rechtsnachfolger sowie die Gläubiger der Genossenschaft ermächtigen, die Bücher und Schriften einzusehen.

**§§ 93a–93s** (weggefallen)

**§ 94 Klage auf Nichtigerklärung.** Enthält die Satzung nicht die für sie wesentlichen Bestimmungen oder ist eine dieser Bestimmungen nichtig, so kann jedes Mitglied der Genossenschaft und jedes Vorstands- oder Aufsichtsratsmitglied im Wege der Klage beantragen, dass die Genossenschaft für nichtig erklärt werde.

**§ 95**[2)] **Nichtigkeitsgründe; Heilung von Mängeln.** (1) Als wesentlich im Sinne des § 94 gelten die in den §§ 6, 7 und 119 bezeichneten Bestimmungen der Satzung mit Ausnahme derjenigen über die Beurkundung der Beschlüsse der Generalversammlung und den Vorsitz in dieser.

(2) Ein Mangel, der eine hiernach wesentliche Bestimmung der Satzung betrifft, kann durch einen den Vorschriften dieses Gesetzes über Änderungen der Satzung entsprechenden Beschluss der Generalversammlung geheilt werden.

(3) Die Einberufung der Generalversammlung erfolgt, wenn sich der Mangel auf die Bestimmungen über die Form der Einberufung bezieht, durch Bekanntmachung im Bundesanzeiger.

(4) Betrifft bei einer Genossenschaft, bei der die Mitglieder beschränkt auf eine Haftsumme Nachschüsse zur Insolvenzmasse zu leisten haben, der Mangel die Bestimmungen über die Haftsumme, so darf durch die zur Heilung des Mangels beschlossenen Bestimmungen der Gesamtbetrag der von den einzelnen Mitgliedern übernommenen Haftung nicht vermindert werden.

**§ 96 Verfahren bei Nichtigkeitsklage.** Das Verfahren über die Klage auf Nichtigkeitserklärung und die Wirkungen des Urteils bestimmen sich nach den Vorschriften des § 51 Abs. 3 bis 5.

**§ 97 Wirkung der Eintragung der Nichtigkeit.** (1) Ist die Nichtigkeit einer Genossenschaft in das Genossenschaftsregister eingetragen, so finden zum Zweck der Abwicklung ihrer Verhältnisse die für den Fall der Auflösung geltenden Vorschriften entsprechende Anwendung.

(2) Die Wirksamkeit der im Namen der Genossenschaft mit Dritten vorgenommenen Rechtsgeschäfte wird durch die Nichtigkeit nicht berührt.

---

[1)] § 93 Satz 2 geänd. mWv 1.9.2009 durch G v. 17.12.2008 (BGBl. I S. 2586).
[2)] § 95 Abs. 3 geänd. mWv 22.7.2017 durch G v. 17.7.2017 (BGBl. I S. 2434).

(3) Soweit die Mitglieder eine Haftung für die Verbindlichkeiten der Genossenschaft übernommen haben, sind sie verpflichtet, die zur Befriedigung der Gläubiger erforderlichen Beträge nach Maßgabe der Vorschriften des Abschnitts 7 zu leisten.

### Abschnitt 7. Insolvenzverfahren; Nachschusspflicht der Mitglieder

**§ 98 Eröffnung des Insolvenzverfahrens.** Abweichend von § 19 Abs. 1 der Insolvenzordnung[1)] ist bei einer Genossenschaft die Überschuldung nur dann Grund für die Eröffnung des Insolvenzverfahrens, wenn
1. die Mitglieder Nachschüsse bis zu einer Haftsumme zu leisten haben und die Überschuldung ein Viertel des Gesamtbetrags der Haftsummen aller Mitglieder übersteigt;
2. die Mitglieder keine Nachschüsse zu leisten haben oder
3. die Genossenschaft aufgelöst ist.

**§ 99**[2)] *(aufgehoben)*

**§ 100** (weggefallen)

**§ 101 Wirkung der Eröffnung des Insolvenzverfahrens.** Durch die Eröffnung des Insolvenzverfahrens wird die Genossenschaft aufgelöst.

**§ 102**[3)] **Eintragung der Eröffnung des Insolvenzverfahrens.** [1] Die Eröffnung des Insolvenzverfahrens ist von Amts wegen in das Genossenschaftsregister einzutragen. [2] Das Gleiche gilt für
1. die Aufhebung des Eröffnungsbeschlusses,
2. die Bestellung eines vorläufigen Insolvenzverwalters, wenn zusätzlich dem Schuldner ein allgemeines Verfügungsverbot auferlegt oder angeordnet wird, dass Verfügungen des Schuldners nur mit Zustimmung des vorläufigen Insolvenzverwalters wirksam sind, und die Aufhebung einer derartigen Sicherungsmaßnahme,
3. die Anordnung der Eigenverwaltung durch den Schuldner und deren Aufhebung sowie die Anordnung der Zustimmungsbedürftigkeit bestimmter Rechtsgeschäfte des Schuldners,
4. die Einstellung und die Aufhebung des Verfahrens und
5. die Überwachung der Erfüllung eines Insolvenzplans und die Aufhebung der Überwachung.

**§§ 103, 104** (weggefallen)

**§ 105 Nachschusspflicht der Mitglieder.** (1) [1] Soweit die Ansprüche der Massegläubiger oder die bei der Schlussverteilung nach § 196 der Insolvenzordnung[1)] berücksichtigten Forderungen der Insolvenzgläubiger aus dem vorhandenen Vermögen der Genossenschaft nicht berichtigt werden, sind die Mitglieder verpflichtet, Nachschüsse zur Insolvenzmasse zu leisten, es sei denn, dass die Nachschusspflicht durch die Satzung ausgeschlossen ist. [2] Im Falle eines rechtskräftig bestätig-

---

1) Nr. **110**.
2) § 99 aufgeh. mWv 1.1.2021 durch G v. 22.12.2020 (BGBl. I S. 3256).
3) § 102 Abs. 2 aufgeh. mWv 1.8.2022 durch G v. 5.7.2021 (BGBl. I S. 3338).

ten Insolvenzplans besteht die Nachschusspflicht insoweit, als sie im gestaltenden Teil des Plans vorgesehen ist.

(2) Die Nachschüsse sind von den Mitgliedern nach Köpfen zu leisten, es sei denn, dass die Satzung ein anderes Beitragsverhältnis bestimmt.

(3) Beiträge, zu deren Leistung einzelne Mitglieder nicht in der Lage sind, werden auf die übrigen Mitglieder verteilt.

(4) [1] Zahlungen, die Mitglieder über die von ihnen nach den vorstehenden Vorschriften geschuldeten Beiträge hinaus leisten, sind ihnen nach der Befriedigung der Gläubiger aus den Nachschüssen zu erstatten. [2] Das Gleiche gilt für Zahlungen der Mitglieder auf Grund des § 87a Abs. 2 nach Erstattung der in Satz 1 bezeichneten Zahlungen.

(5) Gegen die Nachschüsse kann das Mitglied eine Forderung an die Genossenschaft aufrechnen, sofern die Voraussetzungen vorliegen, unter denen es als Insolvenzgläubiger Befriedigung wegen der Forderung aus den Nachschüssen zu beanspruchen hat.

**§ 106 Vorschussberechnung.** (1) [1] Der Insolvenzverwalter hat unverzüglich, nachdem die Vermögensübersicht nach § 153 der Insolvenzordnung[1)] auf der Geschäftsstelle niedergelegt ist, zu berechnen, wie viel die Mitglieder zur Deckung des aus der Vermögensübersicht ersichtlichen Fehlbetrags vorzuschießen haben. [2] Sind in der Vermögensübersicht Fortführungs- und Stilllegungswerte nebeneinander angegeben, ist der Fehlbetrag maßgeblich, der sich auf der Grundlage der Stilllegungswerte ergibt.

(2) [1] In der Vorschussberechnung sind alle Mitglieder namentlich zu bezeichnen und die Beiträge auf sie zu verteilen. [2] Die Höhe der Beiträge ist so zu bemessen, dass durch ein vorauszusehendes Unvermögen einzelner Mitglieder zur Leistung von Beiträgen kein Ausfall an dem zu deckenden Gesamtbetrag entsteht.

(3) [1] Die Berechnung ist dem Insolvenzgericht mit dem Antrag einzureichen, dieselbe für vollstreckbar zu erklären. [2] Dem Antrag ist eine beglaubigte Abschrift der Mitgliederliste und, sofern das Genossenschaftsregister nicht bei dem Insolvenzgericht geführt wird, eine beglaubigte Abschrift der Satzung beizufügen.

**§ 107 Gerichtliche Erklärung über die Vorschussberechnung.** (1) [1] Zur Erklärung über die Berechnung bestimmt das Gericht einen Termin, welcher nicht über zwei Wochen hinaus anberaumt werden darf. [2] Der Termin ist öffentlich bekannt zu machen; die in der Berechnung aufgeführten Mitglieder sind besonders zu laden.

(2) [1] Die Berechnung ist spätestens drei Tage vor dem Termin auf der Geschäftsstelle zur Einsicht der Beteiligten niederzulegen. [2] Hierauf ist in der Bekanntmachung und den Ladungen hinzuweisen.

**§ 108 Erklärungstermin.** (1) In dem Termin sind Vorstand und Aufsichtsrat der Genossenschaft sowie der Insolvenzverwalter und der Gläubigerausschuss und, soweit Einwendungen erhoben werden, die sonst Beteiligten zu hören.

(2) [1] Das Gericht entscheidet über die erhobenen Einwendungen, berichtigt, soweit erforderlich, die Berechnung oder ordnet die Berichtigung an und erklärt die Berechnung für vollstreckbar. [2] Die Entscheidung ist in dem Termin oder in einem sofort anzuberaumenden Termin, welcher nicht über eine Woche hinaus angesetzt werden soll, zu verkünden. [3] Die Berechnung mit der sie für vollstreckbar

---

1) Nr. **110**.

erklärenden Entscheidung ist zur Einsicht der Beteiligten auf der Geschäftsstelle niederzulegen.

(3) Gegen die Entscheidung findet ein Rechtsmittel nicht statt.

**§ 108a Abtretbarkeit von Ansprüchen der Genossenschaft.** (1) Der Insolvenzverwalter kann die Ansprüche der Genossenschaft auf rückständige Einzahlungen auf den Geschäftsanteil, auf anteilige Fehlbeträge nach § 73 Abs. 2 Satz 4 und auf Nachschüsse mit Genehmigung des Insolvenzgerichts abtreten.

(2) Die Genehmigung soll nur nach Anhörung des Prüfungsverbandes und nur dann erteilt werden, wenn der Anspruch an eine genossenschaftliche Zentralbank oder an eine der Prüfung durch einen Prüfungsverband unterstehende Stelle abgetreten wird.

**§ 109 Einziehung der Vorschüsse.** (1) Nachdem die Berechnung für vollstreckbar erklärt ist, hat der Insolvenzverwalter unverzüglich die Beiträge von den Mitgliedern einzuziehen.

(2) Die Zwangsvollstreckung gegen ein Mitglied findet nach Maßgabe der Zivilprozessordnung[1)] auf Grund einer vollstreckbaren Ausfertigung der Entscheidung und eines Auszuges aus der Berechnung statt.

(3) Für die in den Fällen der §§ 731, 767, 768 der Zivilprozessordnung zu erhebenden Klagen ist das Amtsgericht, bei welchem das Insolvenzverfahren anhängig ist und, wenn der Streitgegenstand zur Zuständigkeit der Amtsgerichte nicht gehört, das Landgericht ausschließlich zuständig, zu dessen Bezirk das Insolvenzgericht gehört.

**§ 110 Hinterlegung oder Anlage der Vorschüsse.** Die eingezogenen Beträge sind nach Maßgabe des § 149 der Insolvenzordnung[2)] zu hinterlegen oder anzulegen.

**§ 111 Anfechtungsklage.** (1) [1]Jedes Mitglied ist befugt, die für vollstreckbar erklärte Berechnung im Wege der Klage anzufechten. [2]Die Klage ist gegen den Insolvenzverwalter zu richten. [3]Sie findet nur binnen der Notfrist eines Monats seit Verkündung der Entscheidung und nur insoweit statt, als der Kläger den Anfechtungsgrund in dem nach § 107 Abs. 1 anberaumten Termin geltend gemacht hat oder ohne sein Verschulden geltend zu machen außerstande war.

(2) Das rechtskräftige Urteil wirkt für und gegen alle beitragspflichtigen Mitglieder.

**§ 112 Verfahren bei Anfechtungsklage.** (1) [1]Die Klage ist ausschließlich bei dem Amtsgericht zu erheben, welches die Berechnung für vollstreckbar erklärt hat. [2]Die mündliche Verhandlung erfolgt nicht vor Ablauf der bezeichneten Notfrist. [3]Mehrere Anfechtungsprozesse sind zur gleichzeitigen Verhandlung und Entscheidung zu verbinden.

(2) [1]Übersteigt der Streitgegenstand eines Prozesses die sonst für die sachliche Zuständigkeit der Amtsgerichte geltende Summe, so hat das Gericht, sofern eine Partei in einem solchen Prozess vor der Verhandlung zur Hauptsache dies beantragt, durch Beschluss die sämtlichen Streitsachen an das Landgericht, in dessen Bezirk es seinen Sitz hat, zu verweisen. [2]Gegen diesen Beschluss findet die

[1)] Nr. **100**.
[2)] Nr. **110**.

sofortige Beschwerde statt. [3]Die Notfrist beginnt mit der Verkündung des Beschlusses.

(3) [1]Ist der Beschluss rechtskräftig, so gelten die Streitsachen als bei dem Landgericht anhängig. [2]Die im Verfahren vor dem Amtsgericht erwachsenen Kosten werden als Teil der bei dem Landgericht erwachsenen Kosten behandelt und gelten als Kosten einer Instanz.

(4) Die §§ 769 und 770 der Zivilprozessordnung[1)] über die Einstellung der Zwangsvollstreckung und die Aufhebung der Vollstreckungsmaßregeln finden entsprechende Anwendung.

**§ 112a Vergleich über Nachschüsse.** (1) [1]Der Insolvenzverwalter kann über den von dem Mitglied zu leistenden Nachschuss einen Vergleich abschließen. [2]Der Vergleich bedarf zu seiner Wirksamkeit der Zustimmung des Gläubigerausschusses, wenn ein solcher bestellt ist, und der Bestätigung durch das Insolvenzgericht.

(2) Der Vergleich wird hinfällig, wenn das Mitglied mit seiner Erfüllung in Verzug gerät.

**§ 113 Zusatzberechnung.** (1) [1]Soweit infolge des Unvermögens einzelner Mitglieder zur Leistung von Beiträgen der zu deckende Gesamtbetrag nicht erreicht wird oder auf Grund des auf eine Anfechtungsklage ergehenden Urteils oder aus anderen Gründen die Berechnung abzuändern ist, hat der Insolvenzverwalter eine Zusatzberechnung aufzustellen. [2]Die Vorschriften der §§ 106 bis 112a gelten auch für die Zusatzberechnung.

(2) Die Aufstellung einer Zusatzberechnung ist erforderlichenfalls zu wiederholen.

**§ 114 Nachschussberechnung.** (1) [1]Sobald mit dem Vollzug der Schlussverteilung nach § 196 der Insolvenzordnung[2)] begonnen wird oder sobald nach einer Anzeige der Masseunzulänglichkeit nach § 208 der Insolvenzordnung die Insolvenzmasse verwertet ist, hat der Insolvenzverwalter schriftlich festzustellen, ob und in welcher Höhe nach der Verteilung des Erlöses ein Fehlbetrag verbleibt und inwieweit er durch die bereits geleisteten Nachschüsse gedeckt ist. [2]Die Feststellung ist auf der Geschäftsstelle des Gerichts niederzulegen.

(2) Verbleibt ein ungedeckter Fehlbetrag und können die Mitglieder zu weiteren Nachschüssen herangezogen werden, so hat der Insolvenzverwalter in Ergänzung oder Berichtigung der Vorschussberechnung und der zu ihr etwa ergangenen Zusätze zu berechnen, wieviel die Mitglieder nach § 105 an Nachschüssen zu leisten haben (Nachschussberechnung).

(3) Die Nachschussberechnung unterliegt den Vorschriften der §§ 106 bis 109, 111 bis 113, der Vorschrift des § 106 Abs. 2 mit der Maßgabe, dass auf Mitglieder, deren Unvermögen zur Leistung von Beiträgen sich herausgestellt hat, Beiträge nicht verteilt werden.

**§ 115 Nachtragsverteilung.** (1) [1]Der Insolvenzverwalter hat, nachdem die Nachschussberechnung für vollstreckbar erklärt ist, unverzüglich den gemäß § 110 vorhanden Bestand und, so oft von den noch einzuziehenden Beiträgen hinreichender Bestand eingegangen ist, diesen im Wege der Nachtragsverteilung nach

1) Nr. **100**.
2) Nr. **110**.

§ 203 der Insolvenzordnung[1)] unter die Gläubiger zu verteilen. [2] Soweit es keiner Nachschussberechnung bedarf, hat der Insolvenzverwalter die Verteilung unverzüglich vorzunehmen, nachdem die Feststellung nach § 114 Abs. 1 auf der Geschäftsstelle des Gerichts niedergelegt ist.

(2) [1] Außer den Anteilen auf die in §§ 189 bis 191 der Insolvenzordnung bezeichneten Forderungen sind zurückzubehalten die Anteile auf Forderungen, welche im Prüfungstermin von dem Vorstand ausdrücklich bestritten worden sind. [2] Dem Gläubiger bleibt überlassen, den Widerspruch des Vorstands durch Klage zu beseitigen. [3] Soweit der Widerspruch rechtskräftig für begründet erklärt wird, werden die Anteile zur Verteilung unter die übrigen Gläubiger frei.

(3) Die zur Befriedigung der Gläubiger nicht erforderlichen Überschüsse hat der Insolvenzverwalter an die Mitglieder zurückzuzahlen.

**§ 115a Abschlagsverteilung der Nachschüsse.** (1) [1] Nimmt die Abwicklung des Insolvenzverfahrens voraussichtlich längere Zeit in Anspruch, so kann der Insolvenzverwalter mit Zustimmung des Gläubigerausschusses, wenn ein solcher bestellt ist, und des Insolvenzgerichts die nach § 110 eingezogenen Beträge schon vor dem in § 115 Abs. 1 bezeichneten Zeitpunkt im Wege der Abschlagsverteilung nach den §§ 187 bis 195 der Insolvenzordnung[1)] an die Gläubiger verteilen. [2] Eine Abschlagsverteilung soll unterbleiben, soweit nach dem Verhältnis der Schulden zu dem Vermögen mit einer Erstattung eingezogener Beträge an Mitglieder nach § 105 Abs. 4 oder § 115 Abs. 3 zu rechnen ist.

(2) Sollte sich dennoch nach Befriedigung der Gläubiger ein Überschuss aus der Insolvenzsmasse ergeben, so sind die zuviel gezahlten Beträge den Mitgliedern aus dem Überschuss zu erstatten.

**§ 115b Nachschusspflicht ausgeschiedener Mitglieder.** Sobald mit Sicherheit anzunehmen ist, dass die in § 105 Abs. 1 bezeichneten Insolvenzgläubiger auch nicht durch Einziehung der Nachschüsse von den Mitgliedern Befriedigung oder Sicherstellung erlangen, sind die hierzu erforderlichen Beiträge von den innerhalb der letzten achtzehn Monate vor dem Antrag auf Eröffnung des Insolvenzverfahrens oder nach diesem Antrag ausgeschiedenen Mitgliedern, welche nicht schon nach § 75 oder § 76 Abs. 4 der Nachschusspflicht unterliegen, nach Maßgabe des § 105 zur Insolvenzmasse zu leisten.

**§ 115c Beitragspflicht ausgeschiedener Mitglieder.** (1) Der Insolvenzverwalter hat unverzüglich eine Berechnung über die Beitragspflicht der ausgeschiedenen Mitglieder aufzustellen.

(2) In der Berechnung sind die ausgeschiedenen Mitglieder namentlich zu bezeichnen und auf sie die Beiträge zu verteilen, soweit nicht das Unvermögen einzelner zur Leistung von Beiträgen vorauszusehen ist.

(3) Im Übrigen finden die Vorschriften in § 106 Abs. 3, §§ 107 bis 109, 111 bis 113 und 115 entsprechende Anwendung.

**§ 115d Einziehung und Erstattung von Nachschüssen.** (1) Durch die Vorschriften der §§ 115b, 115c wird die Einziehung der Nachschüsse von den in der Genossenschaft verbliebenen Mitgliedern nicht berührt.

(2) Aus den Nachschüssen der verbliebenen Mitglieder sind den ausgeschiedenen Mitgliedern die von diesen geleisteten Beiträge zu erstatten, sobald die in

---

1) Nr. **110**.

§ 105 Abs. 1 bezeichneten Insolvenzgläubiger vollständig befriedigt oder sichergestellt sind.

**§ 115e Eigenverwaltung.** Ist gemäß § 270 oder § 271 der Insolvenzordnung[1] die Eigenverwaltung unter Aufsicht eines Sachwalters angeordnet, so gelten die §§ 105 bis 115d mit der Maßgabe, dass an die Stelle des Insolvenzverwalters der Sachwalter tritt.

**§ 116 Insolvenzplan.** Die Vorschriften der Insolvenzordnung[1] über den Insolvenzplan sind mit folgenden Abweichungen anzuwenden:

1. Ein Plan wird berücksichtigt, wenn er vor der Beendigung des Nachschussverfahrens beim Insolvenzgericht eingeht;
2. im darstellenden Teil des Plans ist anzugeben, in welcher Höhe die Mitglieder bereits Nachschüsse geleistet haben und zu welchen weiteren Nachschüssen sie nach der Satzung herangezogen werden könnten;
3. bei der Bildung der Gruppen für die Festlegung der Rechte der Gläubiger im Plan kann zwischen den Gläubigern, die zugleich Mitglieder der Genossenschaft sind, und den übrigen Gläubigern unterschieden werden;
4. vor dem Erörterungstermin hat das Insolvenzgericht den Prüfungsverband, dem die Genossenschaft angehört, darüber zu hören, ob der Plan mit den Interessen der Mitglieder vereinbar ist.

**§ 117 Fortsetzung der Genossenschaft.** (1) [1] Ist das Insolvenzverfahren auf Antrag des Schuldners eingestellt oder nach der Bestätigung eines Insolvenzplans, der den Fortbestand der Genossenschaft vorsieht, aufgehoben worden, so kann die Generalversammlung die Fortsetzung der Genossenschaft beschließen. [2] Zugleich mit dem Beschluss über die Fortsetzung der Genossenschaft ist die nach § 6 Nr. 3 notwendige Bestimmung in der Satzung zu beschließen, ob die Mitglieder für den Fall, dass die Gläubiger im Insolvenzverfahren über das Vermögen der Genossenschaft nicht befriedigt werden, Nachschüsse zur Insolvenzmasse unbeschränkt, beschränkt auf eine Haftsumme oder überhaupt nicht zu leisten haben.

(2) [1] Die Beschlüsse nach Absatz 1 bedürfen einer Mehrheit, die mindestens drei Viertel der abgegebenen Stimmen umfasst. [2] Die Satzung kann eine größere Mehrheit und weitere Erfordernisse bestimmen. [3] Die Vorschriften des § 79a Abs. 2 bis 4 sind anzuwenden.

(3) Die Fortsetzung der Genossenschaft ist zusammen mit dem Beschluss über die Nachschusspflicht der Mitglieder durch den Vorstand unverzüglich zur Eintragung in das Genossenschaftsregister anzumelden.

**§ 118 Kündigung bei Fortsetzung der Genossenschaft.** (1) [1] Wird die Fortsetzung der Genossenschaft nach § 117 beschlossen, kann kündigen

1. jedes in der Generalversammlung erschienene Mitglied, wenn es gegen den Beschluss Widerspruch zur Niederschrift erklärt hat oder wenn die Aufnahme seines Widerspruchs in die Niederschrift verweigert worden ist;
2. jedes in der Generalversammlung nicht erschienene Mitglied, wenn es zu der Generalversammlung zu Unrecht nicht zugelassen worden ist oder die Versammlung nicht ordnungsgemäß einberufen oder der Gegenstand der Beschlussfassung nicht ordnungsgemäß angekündigt worden ist.

---

[1] Nr. **110**.

[2] Hat eine Vertreterversammlung die Fortsetzung der Genossenschaft beschlossen, kann jedes Mitglied kündigen; für die Vertreter gilt Satz 1.

(2) [1] Die Kündigung bedarf der Schriftform. [2] Sie kann nur innerhalb eines Monats zum Schluss des Geschäftsjahres erklärt werden. [3] Die Frist beginnt in den Fällen des Absatzes 1 Satz 1 Nr. 1 mit der Beschlussfassung, in den Fällen des Absatzes 1 Satz 1 Nr. 2 mit der Erlangung der Kenntnis von der Beschlussfassung. [4] Ist der Zeitpunkt der Kenntniserlangung streitig, trägt die Genossenschaft die Beweislast. [5] Im Fall der Kündigung wirkt der Beschluss über die Fortsetzung der Genossenschaft weder für noch gegen das Mitglied.

(3) Der Zeitpunkt der Beendigung der Mitgliedschaft ist unverzüglich in die Mitgliederliste einzutragen; das Mitglied ist hiervon unverzüglich zu benachrichtigen.

(4) [1] Für die Auseinandersetzung des ehemaligen Mitglieds mit der Genossenschaft ist die für die Fortsetzung der Genossenschaft aufgestellte Eröffnungsbilanz maßgeblich. [2] Das Geschäftsguthaben des Mitglieds ist vorbehaltlich des § 8a Abs. 2 und des § 73 Abs. 4 binnen sechs Monaten nach Beendigung der Mitgliedschaft auszuzahlen; auf die Rücklagen und das sonstige Vermögen der Genossenschaft hat es vorbehaltlich des § 73 Abs. 3 keinen Anspruch.

## Abschnitt 8. Haftsumme

**§ 119 Bestimmung der Haftsumme.** Bestimmt die Satzung, dass die Mitglieder beschränkt auf eine Haftsumme Nachschüsse zur Insolvenzmasse zu leisten haben, so darf die Haftsumme in der Satzung nicht niedriger als der Geschäftsanteil festgesetzt werden.

**§ 120[1)] Herabsetzung der Haftsumme.** (1) [1] Für die Herabsetzung der Haftsumme gilt § 22 Abs. 1 bis 3 sinngemäß. [2] Das Recht nach § 22 Absatz 2 Satz 1 steht den Gläubigern jedoch nur zu, wenn sie glaubhaft machen, dass durch die Herabsetzung der Haftsumme die Erfüllung ihrer Forderung gefährdet wird.

(2) [1] Wird über das Vermögen der Genossenschaft mit herabgesetzter Haftsumme binnen zwei Jahren nach dem Tag, an dem die Eintragung der Haftsummenherabsetzung in das Genossenschaftsregister bekannt gemacht worden ist, das Insolvenzverfahren eröffnet, so ist jedes Mitglied, dessen Nachschusspflicht durch die Herabsetzung der Haftsumme reduziert wurde, in der Höhe zu Nachschüssen verpflichtet, wie es vor Herabsetzung der Haftsumme zu leisten verpflichtet war. [2] Die §§ 105 bis 115b sind mit der Maßgabe entsprechend anzuwenden, dass nur solche Verbindlichkeiten zu berücksichtigen sind, die bereits im Zeitpunkt der Herabsetzung der Haftsumme begründet waren.

**§ 121 Haftsumme bei mehreren Geschäftsanteilen.** [1] Ist ein Mitglied mit mehr als einem Geschäftsanteil beteiligt, so erhöht sich die Haftsumme, wenn sie niedriger als der Gesamtbetrag der Geschäftsanteile ist, auf den Gesamtbetrag. [2] Die Satzung kann einen noch höheren Betrag festsetzen. [3] Sie kann auch bestimmen, dass durch die Beteiligung mit weiteren Geschäftsanteilen eine Erhöhung der Haftsumme nicht eintritt.

**§§ 122–145** (weggefallen)

---

1) § 120 Abs. 1 Satz 2 und Abs. 2 angef. mWv 19.12.2014 durch G v. 10.12.2014 (BGBl. I S. 2085).

## Abschnitt 9. Straf- und Bußgeldvorschriften

**§ 146** (weggefallen)

**§ 147 Falsche Angaben oder unrichtige Darstellung.** (1) Mit Freiheitsstrafe bis zu drei Jahren oder mit Geldstrafe wird bestraft, wer als Mitglied des Vorstands oder als Liquidator in einer schriftlichen Versicherung nach § 79a Abs. 5 Satz 2 über den Beschluss zur Fortsetzung der Genossenschaft falsche Angaben macht oder erhebliche Umstände verschweigt.

(2) Ebenso wird bestraft, wer als Mitglied des Vorstands oder des Aufsichtsrats oder als Liquidator

1. die Verhältnisse der Genossenschaft in Darstellungen oder Übersichten über den Vermögensstand, die Mitglieder oder die Haftsummen, in Vorträgen oder Auskünften in der Generalversammlung unrichtig wiedergibt oder verschleiert, wenn die Tat nicht in § 340m in Verbindung mit § 331 Nr. 1 oder Nr. 1a des Handelsgesetzbuchs[1] mit Strafe bedroht ist,
2. in Aufklärungen oder Nachweisen, die nach den Vorschriften dieses Gesetzes einem Prüfer der Genossenschaft zu geben sind, falsche Angaben macht oder die Verhältnisse der Genossenschaft unrichtig wiedergibt oder verschleiert, wenn die Tat nicht in § 340m in Verbindung mit § 331 Nr. 4 des Handelsgesetzbuchs mit Strafe bedroht ist.

**§ 148[2] Pflichtverletzung bei Verlust.** (1) Mit Freiheitsstrafe bis zu drei Jahren oder mit Geldstrafe wird bestraft, wer entgegen § 33 Abs. 3 die Generalversammlung nicht oder nicht rechtzeitig einberuft oder eine Anzeige nicht, nicht richtig, nicht vollständig oder nicht rechtzeitig erstattet.

(2) Handelt der Täter fahrlässig, ist die Strafe Freiheitsstrafe bis zu einem Jahr oder Geldstrafe.

**§ 149** (weggefallen)

**§ 150[3] Verletzung der Berichtspflicht.** (1) Mit Freiheitsstrafe bis zu drei Jahren oder mit Geldstrafe wird bestraft, wer als Prüfer oder als Gehilfe eines Prüfers über das Ergebnis der Prüfung falsch berichtet, erhebliche Umstände im Bericht verschweigt oder einen inhaltlich unrichtigen Bestätigungsvermerk zu dem Jahresabschluss oder zu dem Einzelabschluss nach § 325 Absatz 2a des Handelsgesetzbuchs[1] einer Genossenschaft erteilt.

(2) [1] Handelt der Täter gegen Entgelt oder in der Absicht, sich oder einen anderen zu bereichern oder einen anderen zu schädigen, so ist die Strafe Freiheitsstrafe bis zu fünf Jahren oder Geldstrafe. [2] Ebenso wird bestraft, wer einen inhaltlich unrichtigen Bestätigungsvermerk zu einem in Absatz 1 genannten Abschluss einer Genossenschaft erteilt, die ein Unternehmen von öffentlichem Interesse nach § 316a Satz 2 Nummer 1 des Handelsgesetzbuchs ist.

(3) Handelt der Täter in den Fällen des Absatzes 2 Satz 2 leichtfertig, so ist die Strafe Freiheitsstrafe bis zu zwei Jahren oder Geldstrafe.

---

[1] Nr. **50**.

[2] § 148 Überschrift geänd., Abs. 1 Nr. 2 aufgeh., Wortlaut der bish. Nr. 1 geänd. mWv 1.11.2008 durch G v. 23.10.2008 (BGBl. I S. 2026).

[3] § 150 Abs. 1 geänd., Abs. 2 Satz 2, Abs. 3 angef. mWv 1.7.2021 durch G v. 3.6.2021 (BGBl. I S. 1534).

**§ 151 Verletzung der Geheimhaltungspflicht.** (1) Mit Freiheitsstrafe bis zu einem Jahr oder mit Geldstrafe wird bestraft, wer ein Geheimnis der Genossenschaft, namentlich ein Betriebs- oder Geschäftsgeheimnis, das ihm in seiner Eigenschaft als

1. Mitglied des Vorstands oder des Aufsichtsrats oder Liquidator oder
2. Prüfer oder Gehilfe eines Prüfers

bekannt geworden ist, unbefugt offenbart, im Falle der Nummer 2 jedoch nur, wenn die Tat nicht in § 340m in Verbindung mit § 333 des Handelsgesetzbuchs[1] mit Strafe bedroht ist.

(2) [1] Handelt der Täter gegen Entgelt oder in der Absicht, sich oder einen anderen zu bereichern oder einen anderen zu schädigen, so ist die Strafe Freiheitsstrafe bis zu zwei Jahren oder Geldstrafe. [2] Ebenso wird bestraft, wer ein Geheimnis der in Absatz 1 bezeichneten Art, namentlich ein Betriebs- oder Geschäftsgeheimnis, das ihm unter den Voraussetzungen des Absatzes 1 bekannt geworden ist, unbefugt verwertet.

(3) [1] Die Tat wird nur auf Antrag der Genossenschaft verfolgt. [2] Hat ein Mitglied des Vorstands oder ein Liquidator die Tat begangen, so ist der Aufsichtsrat, hat ein Mitglied des Aufsichtsrats die Tat begangen, so sind der Vorstand oder die Liquidatoren antragsberechtigt.

**§ 151a[2] [3] Verletzung der Pflichten bei Abschlussprüfungen.** Mit Freiheitsstrafe bis zu einem Jahr oder mit Geldstrafe wird bestraft, wer als Mitglied des Aufsichtsrats oder als Mitglied eines Prüfungsausschusses einer Genossenschaft, die ein Unternehmen von öffentlichem Interesse nach § 316a Satz 2 Nummer 1 oder 2 des Handelsgesetzbuchs[1] ist,

1. eine in § 152 Absatz 1a bezeichnete Handlung begeht und dafür einen Vermögensvorteil erhält oder sich versprechen lässt oder
2. eine in § 152 Absatz 1a bezeichnete Handlung beharrlich wiederholt.

**§ 152[4] [3] Bußgeldvorschriften.** (1) Ordnungswidrig handelt, wer

1. besondere Vorteile als Gegenleistung dafür fordert, sich versprechen lässt oder annimmt, dass er bei einer Abstimmung in der Generalversammlung oder der Vertreterversammlung oder bei der Wahl der Vertreter nicht oder in einem bestimmten Sinne stimme oder
2. besondere Vorteile als Gegenleistung dafür anbietet, verspricht oder gewährt, dass jemand bei einer Abstimmung in der Generalversammlung oder der Vertreterversammlung oder bei der Wahl der Vertreter nicht oder in einem bestimmten Sinne stimme.

(1a) Ordnungswidrig handelt, wer als Mitglied des Aufsichtsrats oder als Mitglied eines Prüfungsausschusses einer Genossenschaft, die ein Unternehmen von öffentlichem Interesse nach § 316a Satz 2 Nummer 1 oder 2 des Handelsgesetzbuchs[1] ist, die Unabhängigkeit der in § 55 Absatz 2 Satz 1 genannten Vertreter und Personen nicht nach Maßgabe des Artikels 5 Absatz 4 Unterabsatz 1 Satz 1 der

---

[1] Nr. **50**.

[2] § 151a eingef. mWv 17.6.2016 durch G v. 10.5.2016 (BGBl. I S. 1142); einl. Satzteil geänd. mWv 1.7.2021 durch G v. 3.6.2021 (BGBl. I S. 1534).

[3] Beachte hierzu Übergangsvorschrift in § 173 Abs. 1.

[4] § 152 Abs. 1a eingef., Abs. 2 geänd., Abs. 3 angef. mWv 17.6.2016 durch G v. 10.5.2016 (BGBl. I S. 1142); Abs. 1a, Abs. 2 geänd., Abs. 3 neu gef. mWv 1.7.2021 durch G v. 3.6.2021 (BGBl. I S. 1534).

Verordnung (EU) Nr. 537/2014 des Europäischen Parlaments und des Rates vom 16. April 2014 über spezifische Anforderungen an die Abschlussprüfung bei Unternehmen von öffentlichem Interesse und zur Aufhebung des Beschlusses 2005/909/EG der Kommission (ABl. L 158 vom 27.5.2014, S. 77, L 170 vom 11.6.2014, S. 66) in Verbindung mit § 55 Absatz 2 Satz 5 oder nach Maßgabe des Artikels 6 Absatz 2 der Verordnung (EU) Nr. 537/2014 in Verbindung mit § 38 Absatz 1a Satz 4 überwacht.

(2) Die Ordnungswidrigkeit kann in den Fällen des Absatzes 1a mit einer Geldbuße bis zu fünfhunderttausend Euro, in den übrigen Fällen mit einer Geldbuße bis zu zehntausend Euro geahndet werden.

(3) Verwaltungsbehörde im Sinne des § 36 Absatz 1 Nummer 1 des Gesetzes über Ordnungswidrigkeiten[1] ist in den Fällen des Absatzes 1a bei einer Genossenschaft, die ein Unternehmen von öffentlichem Interesse nach § 316a Satz 2 Nummer 2 des Handelsgesetzbuchs ist, die Bundesanstalt für Finanzdienstleistungsaufsicht, in den übrigen Fällen des Absatzes 1a das Bundesamt für Justiz.

**§ 153[2] Mitteilungen an die Abschlussprüferaufsichtsstelle.** (1) Die nach § 152 Absatz 3 zuständige Verwaltungsbehörde übermittelt der Abschlussprüferaufsichtsstelle beim Bundesamt für Wirtschaft und Ausfuhrkontrolle alle Bußgeldentscheidungen nach § 152 Absatz 1a.

(2) [1]In Strafverfahren, die eine Straftat nach § 151a zum Gegenstand haben, übermittelt die Staatsanwaltschaft im Falle der Erhebung der öffentlichen Klage der Abschlussprüferaufsichtsstelle die das Verfahren abschließende Entscheidung. [2]Ist gegen die Entscheidung ein Rechtsmittel eingelegt worden, ist die Entscheidung unter Hinweis auf das eingelegte Rechtsmittel zu übermitteln.

**§ 154** (weggefallen)

## Abschnitt 10. Schlussvorschriften

**§ 155[3] Altregister im Beitrittsgebiet.** [1]Register, in die landwirtschaftliche Produktionsgenossenschaften, Produktionsgenossenschaften des Handwerks oder andere Genossenschaften oder kooperative Einrichtungen mit Sitz in dem in Artikel 3 des Einigungsvertrages[4] genannten Gebiet am 3. Oktober 1990 eingetragen waren, gelten als Genossenschaftsregister im Sinne dieses Gesetzes und des Gesetzes über das Verfahren in Familiensachen und in den Angelegenheiten der freiwilligen Gerichtsbarkeit[5]. [2]Die Wirksamkeit von Eintragungen in diese Register wird nicht dadurch berührt, dass diese Eintragungen vor dem Inkrafttreten des Registerverfahrenbeschleunigungsgesetzes vom 20. Dezember 1993 (BGBl. I S. 2182) am 25. Dezember 1993 von der Verwaltungsbehörde vorgenommen worden sind.

**§ 156[6] Anwendbarkeit von Vorschriften über das Handelsregister; Bekanntmachung von Eintragungen, Registerbekanntmachungen.** § 8 Ab-

---

[1] Nr. **94**.
[2] § 153 neu gef. mWv 17.6.2016 durch G v. 10.5.2016 (BGBl. I S. 1142).
[3] § 155 Satz 1 geänd. mWv 1.9.2009 durch G v. 17.12.2008 (BGBl. I S. 2586).
[4] **Habersack II Nr. 2.**
[5] Nr. **112**.
[6] § 156 neu gef. mWv 1.8.2022 durch G v. 5.7.2021 (BGBl. I S. 3338).

satz 1 sowie die §§ 8a, 9, 10, 10a und 11 des Handelsgesetzbuchs[1] finden auf das Genossenschaftsregister Anwendung.

**§ 157[2] Anmeldungen zum Genossenschaftsregister.** [1]Die in § 11 Abs. 1 geregelte Anmeldung zum Genossenschaftsregister ist von sämtlichen Mitgliedern des Vorstands, die anderen nach diesem Gesetz vorzunehmenden Anmeldungen sind vom Vorstand oder den Liquidatoren elektronisch in öffentlich beglaubigter Form einzureichen. [2]Die öffentliche Beglaubigung mittels Videokommunikation gemäß § 40a des Beurkundungsgesetzes[3] ist zulässig.

**§ 158[4] Ersatzweise Bekanntmachung.** Bestimmt die Satzung einer Genossenschaft für deren Bekanntmachungen ein öffentliches Blatt, das nicht mehr zur Verfügung steht, müssen bis zu einer anderweitigen Regelung in der Satzung die Bekanntmachungen im Bundesanzeiger erfolgen.

**§ 159** (weggefallen)

**§ 160[5] Zwangsgeldverfahren.** (1) [1]Die Mitglieder des Vorstands sind von dem Registergericht zur Befolgung der in den §§ 14, 25a, 28, 30, 32, 54 Satz 2, § 57 Absatz 1, § 59 Abs. 1, § 78 Abs. 2, § 79 Abs. 2 enthaltenen Vorschriften durch Festsetzung von Zwangsgeld anzuhalten. [2]In gleicher Weise sind die Mitglieder des Vorstands und die Liquidatoren zur Befolgung der in § 33 Abs. 1 Satz 2, § 42 Abs. 1 in Verbindung mit § 53 des Handelsgesetzbuchs[1], §§ 47, 48 Abs. 3 und 4 Satz 4, § 51 Abs. 4 und 5, § 56 Abs. 2, §§ 84, 85 Abs. 2, § 89 dieses Gesetzes enthaltenen Vorschriften sowie die Mitglieder des Vorstands und des Aufsichtsrats und die Liquidatoren dazu anzuhalten, dafür zu sorgen, dass die Genossenschaft vorbehaltlich des § 9 Abs. 1 Satz 2 nicht länger als drei Monate ohne oder ohne beschlussfähigen Aufsichtsrat ist. [3]Das einzelne Zwangsgeld darf den Betrag von fünftausend Euro nicht übersteigen.

(2) Für das Verfahren sind die Vorschriften maßgebend, welche zur Erzwingung der im Handelsgesetzbuch angeordneten Anmeldungen zum Handelsregister gelten.

**§ 161[6]** *(aufgehoben)*

**§ 162 Übergangsvorschrift für Wohnungsunternehmen.** Am 31. Dezember 1989 als gemeinnützige Wohnungsunternehmen oder als Organe der staatlichen Wohnungspolitik anerkannte Unternehmen, die nicht eingetragene Genossenschaften sind, bleiben Mitglieder des Prüfungsverbandes, dem sie zu diesem Zeitpunkt angehören.

**§ 163** (weggefallen)

---

[1] Nr. **50**.

[2] § 157 geänd. mWv 1.1.2007 durch G v. 10.11.2006 (BGBl. I S. 2553); Satz 2 angef. mWv 1.8.2022 durch G v. 15.7.2022 (BGBl. I S. 1146).

[3] Nr. **23**.

[4] § 158 neu gef. mWv 22.7.2017 durch G v. 17.7.2017 (BGBl. I S. 2434).

[5] § 160 Abs. 1 Satz 2 geänd., Abs. 2 Satz 2 aufgeh. mWv 1.1.2007 durch G v. 10.11.2006 (BGBl. I S. 2553); Abs. 1 Satz 1 geänd. mWv 1.9.2009 durch G v. 17.12.2008 (BGBl. I S. 2586); Abs. 1 Satz 1 geänd. mWv 22.7.2017 durch G v. 17.7.2017 (BGBl. I S. 2434).

[6] § 161 aufgeh. mWv 22.7.2017 durch G v. 17.7.2017 (BGBl. I S. 2434).

**§ 164[1)] Übergangsregelung zur Beschränkung der Jahresabschlussprüfung.** § 53 Abs. 2 Satz 1 in der vom 22. Juli 2017 an geltenden Fassung ist erstmals auf die Prüfung des Jahresabschlusses für ein frühestens am 31. Dezember 2017 endendes Geschäftsjahr anzuwenden.

**§ 165[2)]** *(aufgehoben)*

**§ 166[3)] Übergangsregelung zum Berufsaufsichtsreformgesetz.** (1) Ein Prüfungsverband, dem vor dem 6. September 2007 eine Bescheinigung über die Teilnahme an der Qualitätskontrolle erteilt wurde, kann eine Verlängerung der Befristung der Teilnahmebescheinigung auf insgesamt sechs Jahre beantragen, soweit er nicht unter § 63e Abs. 1 Satz 2 fällt.

(2) Ist die Teilnahmebescheinigung auf sechs Jahre befristet worden, hat ein Prüfungsverband, der bei einer Genossenschaft, einer in Artikel 25 Abs. 1 Satz 1 Nr. 1 des Einführungsgesetzes zum Handelsgesetzbuch[4)] genannten Gesellschaft oder einem in Artikel 25 Abs. 1 Satz 1 Nr. 2 des Einführungsgesetzes zum Handelsgesetzbuch genannten Unternehmen, die einen organisierten Markt im Sinne des § 2 Absatz 11 des Wertpapierhandelsgesetzes[5)] in Anspruch nehmen, mehr als drei Jahre nach Ausstellen der Teilnahmebescheinigung eine der Qualitätskontrolle unterfallende Prüfung durchführt, innerhalb von sechs Monaten nach Annahme des Prüfungsauftrages eine Qualitätskontrolle durchführen zu lassen.

**§ 167[6)] Übergangsvorschrift zum Bilanzrechtsmodernisierungsgesetz.**

(1) § 36 Abs. 4 und § 38 Abs. 1a Satz 2 in der Fassung des Bilanzrechtsmodernisierungsgesetzes vom 25. Mai 2009 (BGBl. I S. 1102) finden keine Anwendung, solange alle Mitglieder des Aufsichtsrats und des Prüfungsausschusses vor dem 29. Mai 2009 bestellt worden sind.

(2) § 53 Abs. 3 in der Fassung des Bilanzrechtsmodernisierungsgesetzes vom 25. Mai 2009 (BGBl. I S. 1102) ist erstmals ab dem 1. Januar 2010 anzuwenden.

**§ 168[7)] Übergangsvorschrift zu dem Gesetz für die gleichberechtigte Teilhabe von Frauen und Männern an Führungspositionen in der Privatwirtschaft und im öffentlichen Dienst.** [1] Die Festlegungen nach § 9 Absatz 3 Satz 1 und 3 sowie Absatz 4 Satz 1 und 3 in der am 1. Mai 2015 geltenden Fassung haben erstmals bis spätestens 30. September 2015 zu erfolgen. [2] Die nach § 9 Absatz 3 Satz 3 und Absatz 4 Satz 3 in der am 1. Mai 2015 geltenden Fassung erstmals festzulegende Frist darf nicht länger als bis zum 30. Juni 2017 dauern.

**§ 169[8)] Übergangsvorschrift zum Abschlussprüfungsreformgesetz.**

§ 36 Absatz 4 und § 38 Absatz 1a Satz 3 jeweils in der Fassung des Abschlussprüfungsreformgesetzes vom 10. Mai 2016 (BGBl. I S. 1142) müssen so lange

---

1) § 164 geänd. mWv 22.7.2017 durch G v. 17.7.2017 (BGBl. I S. 2434).

2) § 165 aufgeh. mWv 22.7.2017 durch G v. 17.7.2017 (BGBl. I S. 2434).

3) § 166 angef. mWv 6.9.2007 durch G v. 3.9.2007 (BGBl. I S. 2178); Abs. 2 geänd. mWv 3.1.2018 durch G v. 23.6.2017 (BGBl. I S. 1693).

4) Nr. **50a**.

5) **Habersack, Deutsche Gesetze ErgBd. Nr. 58.**

6) § 167 angef. mWv 29.5.2009 durch G v. 25.5.2009 (BGBl. I S. 1102).

7) § 168 angef. mWv 1.5.2015 durch G v. 24.4.2015 (BGBl. I S. 642); Sätze 1 und 2 geänd. mWv 12.8.2021 durch G v. 7.8.2021 (BGBl. I S. 3311).

8) § 169 angef. mWv 17.6.2016 durch G v. 10.5.2016 (BGBl. I S. 1142).

nicht angewandt werden, wie alle Mitglieder des Aufsichtsrats und des Prüfungsausschusses vor dem 17. Juni 2016 bestellt worden sind.

**§ 170[1)] Übergangsregelung zum CSR-Richtlinie-Umsetzungsgesetz.**

[1] § 38 in der Fassung des CSR-Richtlinie-Umsetzungsgesetzes vom 11. April 2017 (BGBl. I S. 802) ist erstmals auf Lageberichte und Konzernlageberichte anzuwenden, die sich auf ein nach dem 31. Dezember 2016 beginnendes Geschäftsjahr beziehen. [2] Auf Lage- und Konzernlageberichte, die sich auf vor dem 1. Januar 2017 beginnende Geschäftsjahre beziehen, bleibt § 38 in der bis zum 18. April 2017 geltenden Fassung anwendbar.

**§ 171[2)] Übergangsvorschrift zur Einführung der vereinfachten Prüfung.**

§ 53a ist erstmals auf die Prüfung für ein frühestens am 31. Dezember 2017 endendes Geschäftsjahr anzuwenden.

**§ 172[3)] Übergangsvorschrift zum Gesetz zur weiteren Umsetzung der Transparenzrichtlinie-Änderungsrichtlinie im Hinblick auf ein einheitliches elektronisches Format für Jahresfinanzberichte.** § 53 in der ab dem 19. August 2020 geltenden Fassung ist erstmals auf Jahresabschlüsse und Lageberichte für das nach dem 31. Dezember 2019 beginnende Geschäftsjahr anzuwenden.

**§ 173[4)] Übergangsvorschrift zum Finanzmarktintegritätsstärkungsgesetz.** (1) [1] Die §§ 55, 151a und 152 in der ab dem 1. Juli 2021 geltenden Fassung sind erstmals auf alle gesetzlich vorgeschriebenen Prüfungen für das nach dem 31. Dezember 2021 beginnende Geschäftsjahr anzuwenden. [2] Die in Satz 1 genannten Vorschriften in der bis einschließlich 30. Juni 2021 geltenden Fassung sind letztmals anzuwenden auf alle gesetzlich vorgeschriebenen Prüfungen für das vor dem 1. Januar 2022 beginnende Geschäftsjahr.

(2) § 53 Absatz 3 in der ab dem 1. Juli 2021 geltenden Fassung ist erstmals ab dem 1. Januar 2022 anzuwenden.

**§ 174[5)] Übergangsvorschrift zum Gesetz zur Ergänzung und Änderung der Regelungen für die gleichberechtigte Teilhabe von Frauen an Führungspositionen in der Privatwirtschaft und im öffentlichen Dienst.**

§ 9 Absatz 3 und 4 in der vom 12. August 2021 an geltenden Fassung findet erstmals auf die Festlegung von Zielgrößen ab dem 12. August 2021 Anwendung.

**§ 175[6)] Übergangsvorschrift zum Gesetz zur Umsetzung der Digitalisierungsrichtlinie.** [1] § 53a Absatz 2 Satz 1 Nummer 3 und § 89 Satz 3 in der ab dem 1. August 2022 geltenden Fassung sind erstmals auf Rechnungslegungsunterlagen für das nach dem 31. Dezember 2021 beginnende Geschäftsjahr anzuwenden. [2] Die in Satz 1 bezeichneten Vorschriften in der bis einschließlich 31. Juli 2022 geltenden Fassung sind letztmals anzuwenden auf Rechnungslegungsunterlagen für das vor dem 1. Januar 2022 beginnende Geschäftsjahr.

---

[1)] § 170 angef. mWv 19.4.2017 durch G v. 11.4.2017 (BGBl. I S. 802).
[2)] § 171 angef. mWv 22.7.2017 durch G v. 17.7.2017 (BGBl. I S. 2434).
[3)] § 172 angef. mWv 19.8.2020 durch G v. 12.8.2020 (BGBl. I S. 1874).
[4)] § 173 angef. mWv 1.7.2021 durch G v. 3.6.2021 (BGBl. I S. 1534).
[5)] § 174 angef. mWv 12.8.2021 durch G v. 7.8.2021 (BGBl. I S. 3311).
[6)] § 175 angef. mWv 1.8.2022 durch G v. 5.7.2021 (BGBl. I S. 3338).

# 62. Gesetz über den Versicherungsvertrag (Versicherungsvertragsgesetz – VVG)[1)]

Vom 23. November 2007
(BGBl. I S. 2631)

**FNA 7632-6**

| Lfd. Nr. | Änderndes Gesetz | Datum | Fundstelle | Betroffen | Hinweis |
|---|---|---|---|---|---|
| 1. | Art. 11 Versicherungsvertrags-ReformG | 23.11. 2007 | BGBl. I S. 2631 | Kapitel 8 | geänd. mWv 1.1.2009 |
| 2. | Art. 3 Zweites G zur Änd. der PflichtversicherungsG und anderer versicherungsrechtlicher Vorschriften[2)] | 10.12. 2007 | BGBl. I S. 2833 | §§ 114, 117, 119, 124, 168 | geänd. mWv 18.12.2007 |
| 3. | Art. 9 Pflege-WeiterentwicklungsG | 28.5.2008 | BGBl. I S. 874 | § 204 | geänd. mWv 1.1.2009 |
| 4. | Art. 13 Abs. 20 BilanzrechtsmodernisierungsG | 25.5.2009 | BGBl. I S. 1102 | § 153 | geänd. mWv 29.5.2009 |
| 5. | Art. 2 Abs. 5 G zur Anpassung der Vorschr. des Internationalen Privatrechts an die VO (EG) Nr. 593/2008 | 25.6.2009 | BGBl. I S. 1574 | Inhaltsübersicht, §§ 6, 7, 865, 210<br>§ 216 | geänd. mWv 17.12.2009<br>eingef. mWv 17.12.2009 |
| 6. | Art. 13a G zur Änd. arzneimittelrechtlicher und anderer Vorschriften[3)] | 17.7.2009 | BGBl. I S. 1990 | § 193 | geänd. mWv 23.7.2009 |
| 7. | BVerfGE | 10.6.2009 | BGBl. I S. 2127 | § 193 | geänd. mWv 1.1.2008 |
| 8. | Art. 10 G zur Umsetzung der VerbraucherkreditRL, des zivilrechtlichen Teils der ZahlungsdiensteRL sowie zur Neuordnung der Vorschriften über das Widerrufs- und Rückgaberecht[4)] | 29.7.2009 | BGBl. I S. 2355 | Inhaltsübersicht, §§ 8, 33<br>Anl. | geänd. mWv 11.6.2010<br>eingef. mWv 11.6.2010 |

[1)] Verkündet als Art. 1 G zur Reform des Versicherungsvertragsrechts v. 23.11.2007 (BGBl. I S. 2631); Inkrafttreten gem. Art. 12 dieses G am 1.1.2008; mit Ausnahme des § 7 Abs. 2 und 3, der bereits am 30.11.2007 in Kraft getreten ist.

[2)] **Amtl. Anm.**: Dieses Gesetz dient der Umsetzung der Richtlinie 2005/14/EG des Europäischen Parlaments und des Rates vom 11. Mai 2005 zur Änderung der Richtlinien 72/166/EWG, 84/5/EWG, 88/357/EWG und 90/232/EWG des Rates sowie der Richtlinie 2000/26/EG des Europäischen Parlaments und des Rates über die Kraftfahrzeug-Haftpflichtversicherung (ABl. EU Nr. L 149 S. 14).

[3)] **Amtl. Anm.**: Die Verpflichtungen aus der Richtlinie 98/34/EG des Europäischen Parlaments und des Rates vom 22. Juni 1998 über ein Informationsverfahren auf dem Gebiet der Normen und technischen Vorschriften und der Vorschriften für die Dienste der Informationsgesellschaft (ABl. L 204 vom 21.7.1998, S. 37), die zuletzt durch die Richtlinie 2006/96/EG vom 20. November 2006 (ABl. L 363 vom 20.12.2006, S. 81) geändert worden ist, sind beachtet worden. […]

[4)] **Amtl. Anm.:** Dieses Gesetz dient der Umsetzung folgender Richtlinien:
1. Richtlinie 2007/64/EG des Europäischen Parlaments und des Rates vom 13. November 2007 über Zahlungsdienste im Binnenmarkt, zur Änderung der Richtlinien 97/7/EG, 2002/65/EG, 2005/60/EG und 2006/48/EG sowie zur Aufhebung der Richtlinie 97/5/EG (Zahlungsdiensterichtlinie – ABl. EU Nr. L 319 S. 1),
2. Richtlinie 2008/48/EG des Europäischen Parlaments und des Rates vom 23. April 2008 über Verbraucherkreditverträge und zur Aufhebung der Richtlinie 87/102/EWG des Rates (Verbraucherkreditrichtlinie – ABl. EU Nr. L 133 S. 66).

| Lfd. Nr. | Änderndes Gesetz | Datum | Fundstelle | Betroffen | Hinweis |
|---|---|---|---|---|---|
| 9. | Art. 6 Sozialversicherungs-StabilisierungsG | 14.4.2010 | BGBl. I S. 410 | § 168 | geänd. mWv 17.4.2010 |
| 10. | Art. 3 G zur Anpassung der Vorschriften über den Wertersatz bei Widerruf von Fernabsatzverträgen und über verbundene Verträge | 27.7.2011 | BGBl. I S. 1600 | § 8, Anl. | geänd. mWv 4.8.2011 |
| 11. | Art. 2 Abs. 79 G zur Änd. von Vorschriften über Verkündung und Bekanntmachungen sowie der ZPO, des EGZPO und der AO | 22.12. 2011 | BGBl. I S. 3044 | § 214 | geänd. mWv 1.4.2012 |
| 12. | Art. 1 G zur Änd. versicherungsrechtlicher Vorschriften[1] | 24.4.2013 | BGBl. I S. 932, ber. S. 2584 | §§ 9, 192, 202, 204, 205<br>Anl. | geänd. mWv 1.5.2013<br>geänd. mWv 1.9.2013 |
| 13. | Art. 3 G zur Beseitigung sozialer Überforderung bei Beitragsschulden in der Krankenversicherung | 15.7.2013 | BGBl. I S. 2423 | § 193 | geänd. mWv 1.8.2013 |
| 14. | Art. 9 G zur Umsetzung der VerbraucherrechteRL und zur Änd. des G zur Regelung der Wohnungsvermittlung[2] | 20.9.2013 | BGBl. I S. 3642 | §§ 6, 8, 49, 211, Anl. | geänd. mWv 13.6.2014 |
| 15. | Art. 2 LebensversicherungsreformG | 1.8.2014 | BGBl. I S. 1330 | §§ 7, 153 | geänd. mWv 7.8.2014 |
| 16. | Art. 2 Abs. 49 G zur Modernisierung der Finanzaufsicht über Versicherungen | 1.4.2015 | BGBl. I S. 434 | §§ 153, 154, 169, 192, 193, 203, 210, 211 | geänd. mWv 1.1.2016 |
| 17. | Art. 8 Abs. 21 Bilanzrichtlinie-UmsetzungsG | 17.7.2015 | BGBl. I S. 1245 | § 210 | geänd. mWv 23.7.2015 |
| 18. | Art. 15 G zur Umsetzung der RL über alternative Streitbeilegung in Verbraucherangelegenheiten und zur Durchführung der VO über Online-Streitbeilegung in Verbraucherangelegenheiten[3] | 19.2.2016 | BGBl. I S. 254 | § 214 | geänd. mWv 1.4.2016 |

[1] **Amtl. Anm.:** Artikel 1 Nummer 1 und 6 dieses Gesetzes dient der Umsetzung von Artikel 6 der Richtlinie 2002/65/EG des Europäischen Parlaments und des Rates vom 23. September 2002 über den Fernabsatz von Finanzdienstleistungen an Verbraucher und zur Änderung der Richtlinie 90/619/EWG des Rates und der Richtlinien 97/7/EG und 98/27/EG (ABl. L 271 vom 9.10.2002, S. 16).

[2] **Amtl. Anm.:** Dieses Gesetz dient der Umsetzung der Richtlinie 2011/83/EU des Europäischen Parlaments und des Rates vom 25. Oktober 2011 über die Rechte der Verbraucher, zur Abänderung der Richtlinie 93/13/EWG des Rates und der Richtlinie 1999/44/EG des Europäischen Parlaments und des Rates sowie zur Aufhebung der Richtlinie 85/577/EWG des Rates und der Richtlinie 97/7/EG des Europäischen Parlaments und des Rates (ABl. L 304 vom 22.11.2011, S. 64).

[3] **Amtl. Anm.:** Dieses Gesetz dient der Umsetzung der Richtlinie 2013/11/EU des Europäischen Parlaments und des Rates vom 21. Mai 2013 über die alternative Beilegung verbraucherrechtlicher Streitigkeiten und zur Änderung der Verordnung (EG) Nr. 2006/2004 und der Richtlinie 2009/22/EG (Richtlinie über alternative Streitbeilegung in Verbraucherangelegenheiten) (ABl. L 165 vom 18.6.2013, S. 63).

| Lfd. Nr. | Änderndes Gesetz | Datum | Fundstelle | Betroffen | Hinweis |
|---|---|---|---|---|---|
| 19. | Art. 20 Abs. 3 BundesteilhabeG | 23.12. 2016 | BGBl. I S. 3234 | § 193 | geänd. mWv 1.1.2020 |
| 20. | Art. 1i Heil- und HilfsmittelversorgungsG[1] | 4.4.2017 | BGBl. I S. 778 | §§ 192, 197, 208 | geänd. mWv 11.4.2017 |
| 21. | Art. 6 Abs. 31 G zur Neuregelung des Mutterschutzrechts[2] | 23.5.2017 | BGBl. I S. 1228 | § 192 | geänd. mWv 1.1.2018 |
| 22. | Art. 3 G zur Umsetzung der Richtlinie (EU) 2016/97 über Versicherungsvertrieb[3] und zur Änd. weiterer Gesetze | 20.7.2017 | BGBl. I S. 2789 | Inhaltsübersicht, §§ 6, 7, 59, 61 | geänd. mWv 23.2.2018 |
| | | | | § 66 | neu gef. mWv 23.2.2018 |
| | | | | §§ 1a, 6a, 7a, 7b, 7c, 7d | eingef. mWv 23.2.2018 |
| | | | | § 155 | neu gef. mWv 1.7.2018 |
| 23. | Art. 15 BetriebsrentenstärkungsG | 17.8.2017 | BGBl. I S. 3214 | § 150 | geänd. mWv 1.1.2018 |
| 24. | Art. 2 G zur Änd. von Vorschriften über die außergerichtl. Streitbeilegung in Verbrauchersachen und zur Änd. weiterer Gesetze | 30.11. 2019 | BGBl. I S. 1942 | § 214 | geänd. mWv 6.12.2019 |
| 25. | Art. 6 Zweites G zum Schutz der Bevölkerung bei einer epidemischen Lage von nationaler Tragweite | 19.5.2020 | BGBl. I S. 1018 | § 204 | geänd. mWv 23.5.2020 |
| 26. | Art. 2 G zur Haftung bei Unfällen mit Anhängern und Gespannen im Straßenverkehr | 10.7.2020 | BGBl. I S. 1653 | §§ 78, 87 | geänd. mWv 17.7.2020 |
| 27. | Art. 3 G zur Anpassung des Finanzdienstleistungsrechts an die Rechtsprechung des Gerichtshofs der EU vom 11. September 2019 in der Rechtssache C-383/18 und vom 26. März 2020 in der Rechtssache C-66/19 | 9.6.2021 | BGBl. I S. 1666 | §§ 7a, 7d, 8 | geänd. mWv 15.6.2021 |
| | | | | Anl. | neu gef. mWv 15.6.2021 |
| 28. | Art. 4 GesundheitsversorgungsweiterentwicklungsG | 11.7.2021 | BGBl. I S. 2754 | § 192 | geänd. mWv 20.7.2021 |
| 29. | Art. 12 Abs. 6 BürgergeldG | 16.12. 2022 | BGBl. I S. 2328 | § 168 | geänd. mWv 1.1.2023 |

[1] **Amtl. Anm.:** Dieses Gesetz dient der Umsetzung der Richtlinie 2013/55/EU des Europäischen Parlaments und des Rates vom 20. November 2013 zur Änderung der Richtlinie 2005/36/EG über die Anerkennung von Berufsqualifikationen und der Verordnung (EU) Nr. 1024/2012 über die Verwaltungszusammenarbeit mit Hilfe des Binnenmarkt-Informationssystems („IMI-Verordnung") (ABl. L 354 vom 28.12.2013, S. 132).

[2] **Amtl. Anm.:** Dieses Gesetz dient der Umsetzung der Richtlinie 92/85/EWG des Rates vom 19. Oktober 1992 über die Durchführung von Maßnahmen zur Verbesserung der Sicherheit und des Gesundheitsschutzes von schwangeren Arbeitnehmerinnen, Wöchnerinnen und stillenden Arbeitnehmerinnen am Arbeitsplatz (zehnte Einzelrichtlinie im Sinne des Artikels 16 Absatz 1 der Richtlinie 89/391/EWG) (ABl. L 348 vom 28.11.1992, S. 1), die zuletzt durch die Richtlinie 2014/27/EU (ABl. L 65 vom 5.3.2014, S. 1) geändert worden ist.

[3] **Amtl. Anm.:** (ABl. L 26 vom 2.2.2016, S. 19)

| Lfd. Nr. | Änderndes Gesetz | Datum | Fundstelle | Betroffen | Hinweis |
|---|---|---|---|---|---|
| 30. | Art. 17 G zur Umsetzung der UmwandlungsRL und zur Änd. weiterer Gesetze | 22.2.2023 | BGBl. 2023 I Nr. 51 | Inhaltsübersicht, §§ 7, 8 | geänd. mWv 1.3.2023 |
| | | | | § 210a | eingef. mWv 1.3.2023 |

## Inhaltsübersicht[1)]

### Teil 1. Allgemeiner Teil

Kapitel 1. Vorschriften für alle Versicherungszweige

Abschnitt 1. Allgemeine Vorschriften



Abschnitt 2. Anzeigepflicht, Gefahrerhöhung, andere Obliegenheiten



Abschnitt 3. Prämie



[1)] Inhaltsübersicht geänd. mWv 17.12.2009 durch G v. 25.6.2009 (BGBl. I S. 1574); geänd. mWv 11.6. 2010 durch G v. 29.7.2009 (BGBl. I S. 2355); geänd. mWv 23.2.2018 und mWv 1.7.2018 durch G v. 20.7.2017 (BGBl. I S. 2789); geänd. mWv 1.3.2023 durch G v. 22.2.2023 (BGBl. 2023 I Nr. 51).

## Teil 1. Allgemeiner Teil

### Kapitel 1. Vorschriften für alle Versicherungszweige

### Abschnitt 1. Allgemeine Vorschriften

**§ 1 Vertragstypische Pflichten.** [1]Der Versicherer verpflichtet sich mit dem Versicherungsvertrag, ein bestimmtes Risiko des Versicherungsnehmers oder eines Dritten durch eine Leistung abzusichern, die er bei Eintritt des vereinbarten Versicherungsfalles zu erbringen hat. [2]Der Versicherungsnehmer ist verpflichtet, an den Versicherer die vereinbarte Zahlung (Prämie) zu leisten.

**§ 1a[1)] Vertriebstätigkeit des Versicherers.** (1) [1]Der Versicherer muss bei seiner Vertriebstätigkeit gegenüber Versicherungsnehmern stets ehrlich, redlich und professionell in deren bestmöglichem Interesse handeln. [2]Zur Vertriebstätigkeit gehören

1. Beratung,
2. Vorbereitung von Versicherungsverträgen einschließlich Vertragsvorschlägen,
3. Abschluss von Versicherungsverträgen,
4. Mitwirken bei Verwaltung und Erfüllung von Versicherungsverträgen, insbesondere im Schadensfall.

(2) Absatz 1 gilt auch für die Bereitstellung von Informationen über einen oder mehrere Versicherungsverträge auf Grund von Kriterien, die ein Versicherungsnehmer über eine Website oder andere Medien wählt, ferner für die Erstellung einer Rangliste von Versicherungsprodukten, einschließlich eines Preis- und Produktvergleichs oder eines Rabatts auf den Preis eines Versicherungsvertrags, wenn der Versicherungsnehmer einen Versicherungsvertrag direkt oder indirekt über eine Website oder ein anderes Medium abschließen kann.

(3) [1]Alle Informationen im Zusammenhang mit der Vertriebstätigkeit einschließlich Werbemitteilungen, die der Versicherer an Versicherungsnehmer oder potenzielle Versicherungsnehmer richtet, müssen redlich und eindeutig sein und dürfen nicht irreführend sein. [2]Werbemitteilungen müssen stets eindeutig als solche erkennbar sein.

---

[1)] § 1a eingef. mWv 23.2.2018 durch G v. 20.7.2017 (BGBl. I S. 2789).

**§ 2 Rückwärtsversicherung.** (1) Der Versicherungsvertrag kann vorsehen, dass der Versicherungsschutz vor dem Zeitpunkt des Vertragsschlusses beginnt (Rückwärtsversicherung).

(2) [1] Hat der Versicherer bei Abgabe seiner Vertragserklärung davon Kenntnis, dass der Eintritt eines Versicherungsfalles ausgeschlossen ist, steht ihm ein Anspruch auf die Prämie nicht zu. [2] Hat der Versicherungsnehmer bei Abgabe seiner Vertragserklärung davon Kenntnis, dass ein Versicherungsfall schon eingetreten ist, ist der Versicherer nicht zur Leistung verpflichtet.

(3) Wird der Vertrag von einem Vertreter geschlossen, ist in den Fällen des Absatzes 2 sowohl die Kenntnis des Vertreters als auch die Kenntnis des Vertretenen zu berücksichtigen.

(4) § 37 Abs. 2 ist auf die Rückwärtsversicherung nicht anzuwenden.

**§ 3 Versicherungsschein.** (1) Der Versicherer hat dem Versicherungsnehmer einen Versicherungsschein in Textform, auf dessen Verlangen als Urkunde, zu übermitteln.

(2) Wird der Vertrag nicht durch eine Niederlassung des Versicherers im Inland geschlossen, ist im Versicherungsschein die Anschrift des Versicherers und der Niederlassung, über die der Vertrag geschlossen worden ist, anzugeben.

(3) [1] Ist ein Versicherungsschein abhandengekommen oder vernichtet, kann der Versicherungsnehmer vom Versicherer die Ausstellung eines neuen Versicherungsscheins verlangen. [2] Unterliegt der Versicherungsschein der Kraftloserklärung, ist der Versicherer erst nach der Kraftloserklärung zur Ausstellung verpflichtet.

(4) [1] Der Versicherungsnehmer kann jederzeit vom Versicherer Abschriften der Erklärungen verlangen, die er mit Bezug auf den Vertrag abgegeben hat. [2] Benötigt der Versicherungsnehmer die Abschriften für die Vornahme von Handlungen gegenüber dem Versicherer, die an eine bestimmte Frist gebunden sind, und sind sie ihm nicht schon früher vom Versicherer übermittelt worden, ist der Lauf der Frist vom Zugang des Verlangens beim Versicherer bis zum Eingang der Abschriften beim Versicherungsnehmer gehemmt.

(5) Die Kosten für die Erteilung eines neuen Versicherungsscheins nach Absatz 3 und der Abschriften nach Absatz 4 hat der Versicherungsnehmer zu tragen und auf Verlangen vorzuschießen.

**§ 4 Versicherungsschein auf den Inhaber.** (1) Auf einen als Urkunde auf den Inhaber ausgestellten Versicherungsschein ist § 808 des Bürgerlichen Gesetzbuchs[1)] anzuwenden.

(2) [1] Ist im Vertrag bestimmt, dass der Versicherer nur gegen Rückgabe eines als Urkunde ausgestellten Versicherungsscheins zu leisten hat, genügt, wenn der Versicherungsnehmer erklärt, zur Rückgabe außerstande zu sein, das öffentlich beglaubigte Anerkenntnis, dass die Schuld erloschen sei. [2] Satz 1 ist nicht anzuwenden, wenn der Versicherungsschein der Kraftloserklärung unterliegt.

**§ 5 Abweichender Versicherungsschein.** (1) Weicht der Inhalt des Versicherungsscheins von dem Antrag des Versicherungsnehmers oder den getroffenen Vereinbarungen ab, gilt die Abweichung als genehmigt, wenn die Voraussetzungen des Absatzes 2 erfüllt sind und der Versicherungsnehmer nicht innerhalb eines Monats nach Zugang des Versicherungsscheins in Textform widerspricht.

---

[1)] Nr. **20**.

(2) [1] Der Versicherer hat den Versicherungsnehmer bei Übermittlung des Versicherungsscheins darauf hinzuweisen, dass Abweichungen als genehmigt gelten, wenn der Versicherungsnehmer nicht innerhalb eines Monats nach Zugang des Versicherungsscheins in Textform widerspricht. [2] Auf jede Abweichung und die hiermit verbundenen Rechtsfolgen ist der Versicherungsnehmer durch einen auffälligen Hinweis im Versicherungsschein aufmerksam zu machen.

(3) Hat der Versicherer die Verpflichtungen nach Absatz 2 nicht erfüllt, gilt der Vertrag als mit dem Inhalt des Antrags des Versicherungsnehmers geschlossen.

(4) Eine Vereinbarung, durch die der Versicherungsnehmer darauf verzichtet, den Vertrag wegen Irrtums anzufechten, ist unwirksam.

**§ 6[1)] Beratung des Versicherungsnehmers.** (1) [1] Der Versicherer hat den Versicherungsnehmer, soweit nach der Schwierigkeit, die angebotene Versicherung zu beurteilen, oder der Person des Versicherungsnehmers und dessen Situation hierfür Anlass besteht, nach seinen Wünschen und Bedürfnissen zu befragen und, auch unter Berücksichtigung eines angemessenen Verhältnisses zwischen Beratungsaufwand und der vom Versicherungsnehmer zu zahlenden Prämien, zu beraten sowie die Gründe für jeden zu einer bestimmten Versicherung erteilten Rat anzugeben. [2] Er hat dies unter Berücksichtigung der Komplexität des angebotenen Versicherungsvertrags zu dokumentieren.

(2) Für die Übermittlung des erteilten Rats und der Gründe hierfür gilt § 6a.

(3) [1] Der Versicherungsnehmer kann auf die Beratung und Dokumentation nach den Absätzen 1 und 2 durch eine gesonderte schriftliche Erklärung verzichten, in der er vom Versicherer ausdrücklich darauf hingewiesen wird, dass sich ein Verzicht nachteilig auf seine Möglichkeit auswirken kann, gegen den Versicherer einen Schadensersatzanspruch nach Absatz 5 geltend zu machen. [2] Handelt es sich um einen Vertrag im Fernabsatz im Sinn des § 312c des Bürgerlichen Gesetzbuchs[2)], kann der Versicherungsnehmer in Textform verzichten.

(4) [1] Die Verpflichtung nach Absatz 1 Satz 1 besteht auch nach Vertragsschluss während der Dauer des Versicherungsverhältnisses, soweit für den Versicherer ein Anlass für eine Nachfrage und Beratung des Versicherungsnehmers erkennbar ist; Absatz 3 Satz 2 gilt entsprechend. [2] Der Versicherungsnehmer kann im Einzelfall auf eine Beratung durch schriftliche Erklärung verzichten.

(5) [1] Verletzt der Versicherer eine Verpflichtung nach Absatz 1, 2 oder 4, ist er dem Versicherungsnehmer zum Ersatz des hierdurch entstehenden Schadens verpflichtet. [2] Dies gilt nicht, wenn der Versicherer die Pflichtverletzung nicht zu vertreten hat.

(6) Die Absätze 1 bis 5 sind auf Versicherungsverträge über ein Großrisiko im Sinn des § 210 Absatz 2 nicht anzuwenden, ferner dann nicht, wenn der Vertrag mit dem Versicherungsnehmer von einem Versicherungsmakler vermittelt wird.

**§ 6a[3)] *Einzelheiten der Auskunftserteilung.*** (1) Der nach § 6 zu erteilende Rat und die Gründe hierfür sind dem Versicherungsnehmer wie folgt zu übermitteln:

1. auf Papier;

---

[1)] § 6 Abs. 6 geänd. mWv 17.12.2009 durch G v. 25.6.2009 (BGBl. I S. 1574); Abs. 6 geänd. mWv 13.6.2014 durch G v. 20.9.2013 (BGBl. I S. 3642); Abs. 2 neu gef., Abs. 3 Satz 2 angef., Abs. 4 Satz 1 und Abs. 6 geänd. mWv 23.2.2018 durch G v. 20.7.2017 (BGBl. I S. 2789).

[2)] Nr. **20**.

[3)] § 6a eingef. mWv 23.2.2018 durch G v. 20.7.2017 (BGBl. I S. 2789).

2. in klarer, genauer und für den Versicherungsnehmer verständlicher Weise;
3. in einer Amtssprache des Mitgliedstaats, in dem das Risiko belegen ist oder in dem die Verpflichtung eingegangen wird, oder in jeder anderen von den Parteien vereinbarten Sprache und
4. unentgeltlich.

(2) Abweichend von Absatz 1 Nummer 1 dürfen die Auskünfte dem Versicherungsnehmer auch über eines der folgenden Medien erteilt werden:
1. über einen anderen dauerhaften Datenträger als Papier, wenn die Nutzung des dauerhaften Datenträgers im Rahmen des getätigten Geschäfts angemessen ist und der Versicherungsnehmer die Wahl zwischen einer Auskunftserteilung auf Papier oder auf einem dauerhaften Datenträger hatte und sich für diesen Datenträger entschieden hat oder
2. über eine Website, wenn der Zugang für den Versicherungsnehmer personalisiert wird oder wenn folgende Voraussetzungen erfüllt sind:
   a) die Erteilung dieser Auskünfte über eine Website ist im Rahmen des getätigten Geschäfts angemessen;
   b) der Versicherungsnehmer hat der Auskunftserteilung über eine Website zugestimmt;
   c) dem Versicherungsnehmer wurden die Adresse der Website und die dortige Fundstelle der Auskünfte elektronisch mitgeteilt;
   d) es ist gewährleistet, dass diese Auskünfte auf der Website so lange verfügbar bleiben, wie sie für den Versicherungsnehmer vernünftigerweise abrufbar sein müssen.

(3) [1] Die Auskunftserteilung mittels eines anderen dauerhaften Datenträgers als Papier oder über eine Website im Rahmen eines getätigten Geschäfts wird als angemessen erachtet, wenn der Versicherungsnehmer nachweislich regelmäßig Internetzugang hat. [2] Die Mitteilung einer E-Mail-Adresse seitens des Versicherungsnehmers für die Zwecke dieses Geschäfts gilt als solcher Nachweis.

(4) Handelt es sich um einen telefonischen Kontakt, werden, selbst wenn sich der Versicherungsnehmer dafür entschieden hat, die Auskünfte gemäß Absatz 2 auf einem anderen dauerhaften Datenträger als Papier zu erhalten, die Auskünfte dem Versicherungsnehmer gemäß Absatz 1 oder Absatz 2 unmittelbar nach Abschluss des Versicherungsvertrags erteilt.

**§ 7[1)] Information des Versicherungsnehmers; Verordnungsermächtigung.** (1) [1] Der Versicherer hat dem Versicherungsnehmer rechtzeitig vor Abgabe von dessen Vertragserklärung seine Vertragsbestimmungen einschließlich der Allgemeinen Versicherungsbedingungen sowie die in einer Rechtsverordnung nach Absatz 2 bestimmten Informationen in Textform mitzuteilen. [2] Die Mitteilungen sind in einer dem eingesetzten Kommunikationsmittel entsprechenden Weise klar und verständlich zu übermitteln. [3] Wird der Vertrag auf Verlangen des Versicherungsnehmers telefonisch oder unter Verwendung eines anderen Kommunikationsmittels geschlossen, das die Information in Textform vor der Vertragserklärung des Versicherungsnehmers nicht gestattet, muss die Information unverzüglich nach Vertragsschluss nachgeholt werden; dies gilt auch, wenn der Versicherungsnehmer

---

[1)] § 7 Abs. 5 Satz 1 geänd. mWv 17.12.2009 durch G v. 25.6.2009 (BGBl. I S. 1574); Abs. 2 Satz 1 einl. Satzteil, Nr. 2 und 3 geänd. mWv 7.8.2014 durch G v. 1.8.2014 (BGBl. I S. 1330); Abs. 2 Satz 2 neu gef., Satz 3 angef. mWv 23.2.2018 durch G v. 20.7.2017 (BGBl. I S. 2789); Überschrift, Abs. 2 Satz 1 einl. Satzteil geänd. mWv 1.3.2023 durch G v. 22.2.2023 (BGBl. 2023 I Nr. 51).

durch eine gesonderte schriftliche Erklärung auf eine Information vor Abgabe seiner Vertragserklärung ausdrücklich verzichtet.

(2) [1]Das Bundesministerium der Justiz wird ermächtigt, im Einvernehmen mit dem Bundesministerium der Finanzen und im Benehmen mit dem Bundesministerium für Umwelt, Naturschutz, nukleare Sicherheit und Verbraucherschutz durch Rechtsverordnung ohne Zustimmung des Bundesrates zum Zweck einer umfassenden Information des Versicherungsnehmers festzulegen,

1. welche Einzelheiten des Vertrags, insbesondere zum Versicherer, zur angebotenen Leistung und zu den Allgemeinen Versicherungsbedingungen sowie zum Bestehen eines Widerrufsrechts, dem Versicherungsnehmer mitzuteilen sind,
2. welche weiteren Informationen dem Versicherungsnehmer bei der Lebensversicherung, insbesondere über die zu erwartenden Leistungen, ihre Ermittlung und Berechnung, über eine Modellrechnung sowie über die Abschluss- und Vertriebskosten und die Verwaltungskosten, soweit eine Verrechnung mit Prämien erfolgt, und über sonstige Kosten mitzuteilen sind,
3. welche weiteren Informationen bei der Krankenversicherung, insbesondere über die Prämienentwicklung und -gestaltung sowie die Abschluss- und Vertriebskosten und die Verwaltungskosten, mitzuteilen sind,
4. was dem Versicherungsnehmer mitzuteilen ist, wenn der Versicherer mit ihm telefonisch Kontakt aufgenommen hat und
5. in welcher Art und Weise die Informationen zu erteilen sind.

[2]Bei der Festlegung der Mitteilungen nach Satz 1 sind die vorgeschriebenen Angaben nach der Richtlinie 92/49/EWG des Rates vom 18. Juni 1992 zur Koordinierung der Rechts- und Verwaltungsvorschriften für die Direktversicherung (mit Ausnahme der Lebensversicherung) sowie zur Änderung der Richtlinien 73/239/EWG und 88/357/EWG (Dritte Richtlinie Schadenversicherung) (ABl. L 228 vom 11.8.1992, S. 1) und der Richtlinie 2002/65/EG des Europäischen Parlaments und des Rates vom 23. September 2002 über den Fernabsatz von Finanzdienstleistungen an Verbraucher und zur Änderung der Richtlinie 90/619/EWG des Rates und der Richtlinien 97/7/EG und 98/27/EG (ABl. L 271 vom 9.10.2002, S. 16) zu beachten. [3]Bei der Festlegung der Mitteilungen nach Satz 1 sind ferner zu beachten:

1. die technischen Durchführungsstandards, die die Europäische Aufsichtsbehörde für das Versicherungswesen und die betriebliche Altersversorgung nach der Richtlinie (EU) 2016/97 des Europäischen Parlaments und des Rates vom 20. Januar 2016 über Versicherungsvertrieb (Neufassung) (ABl. L 26 vom 2.2.2016, S. 19; L 222 vom 17.8.2016, S. 114) erarbeitet und die von der Kommission der Europäischen Union nach Artikel 15 der Verordnung (EU) Nr. 1094/2010 des Europäischen Parlaments und des Rates vom 24. November 2010 zur Errichtung einer Europäischen Aufsichtsbehörde (Europäische Aufsichtsbehörde für das Versicherungswesen und die betriebliche Altersversorgung), zur Änderung des Beschlusses Nr. 716/2009/EG und zur Aufhebung des Beschlusses 2009/79/EG der Kommission (ABl. L 331 vom 15.12.2010, S. 48), die zuletzt durch die Verordnung (EU) Nr. 258/2014 (ABl. L 105 vom 8.4.2014, S. 1) geändert worden ist, erlassen worden sind,
2. die delegierten Rechtsakte, die von der Kommission nach Artikel 29 Absatz 4 Buchstabe b und Artikel 30 Absatz 6 der Richtlinie (EU) 2016/97, jeweils in Verbindung mit Artikel 38 der Richtlinie (EU) 2016/97, erlassen worden sind.

(3) In der Rechtsverordnung nach Absatz 2 ist ferner zu bestimmen, was der Versicherer während der Laufzeit des Vertrags in Textform mitteilen muss; dies gilt insbesondere bei Änderungen früherer Informationen, ferner bei der Krankenversicherung bei Prämienerhöhungen und hinsichtlich der Möglichkeit eines Tarifwechsels sowie bei der Lebensversicherung mit Überschussbeteiligung hinsichtlich der Entwicklung der Ansprüche des Versicherungsnehmers.

(4) Der Versicherungsnehmer kann während der Laufzeit des Vertrags jederzeit vom Versicherer verlangen, dass ihm dieser die Vertragsbestimmungen einschließlich der Allgemeinen Versicherungsbedingungen in einer Urkunde übermittelt; die Kosten für die erste Übermittlung hat der Versicherer zu tragen.

(5) [1] Die Absätze 1 bis 4 sind auf Versicherungsverträge über ein Großrisiko im Sinn des § 210 Absatz 2 nicht anzuwenden. [2] Ist bei einem solchen Vertrag der Versicherungsnehmer eine natürliche Person, hat ihm der Versicherer vor Vertragsschluss das anwendbare Recht und die zuständige Aufsichtsbehörde in Textform mitzuteilen.

**§ 7a[1)] Querverkäufe.** (1) Wird ein Versicherungsprodukt zusammen mit einem Nebenprodukt oder einer Nebendienstleistung, das oder die keine Versicherung ist, als Paket oder als Teil eines Pakets oder derselben Vereinbarung angeboten, hat der Versicherer den Versicherungsnehmer darüber zu informieren, ob die Bestandteile getrennt voneinander gekauft werden können; ist dies der Fall, stellt er eine Beschreibung der Bestandteile der Vereinbarung oder des Pakets zur Verfügung und erbringt für jeden Bestandteil einen gesonderten Nachweis über Kosten und Gebühren.

(2) Wird ein Paket angeboten, dessen Versicherungsdeckung sich von der Versicherungsdeckung beim getrennten Erwerb seiner Bestandteile unterscheidet, stellt der Versicherer dem Versicherungsnehmer eine Beschreibung der Bestandteile des Pakets und der Art und Weise zur Verfügung, wie ihre Wechselwirkung die Versicherungsdeckung ändert.

(3) [1] Ergänzt ein Versicherungsprodukt eine Dienstleistung, die keine Versicherung ist, oder eine Ware als Teil eines Pakets oder derselben Vereinbarung, bietet der Versicherer dem Versicherungsnehmer die Möglichkeit, die Ware oder die Dienstleistung gesondert zu kaufen. [2] Dies gilt nicht, wenn das Versicherungsprodukt Folgendes ergänzt:

1. eine Wertpapierdienstleistung oder Anlagetätigkeit im Sinne des Artikels 4 Absatz 1 Nummer 2 der Richtlinie 2014/65/EU des Europäischen Parlaments und des Rates,
2. einen Kreditvertrag im Sinne des Artikels 4 Nummer 3 der Richtlinie 2014/17/EU des Europäischen Parlaments und des Rates oder
3. ein Zahlungskonto im Sinne des Artikels 2 Nummer 3 der Richtlinie 2014/92/EU des Europäischen Parlaments und des Rates.

(4) Versicherer haben in den Fällen der Absätze 1 bis 3 die Wünsche und Bedürfnisse des Versicherungsnehmers im Zusammenhang mit den Versicherungsprodukten, die Teil des Pakets oder derselben Vereinbarung sind, zu ermitteln.

(5) [1] Wird eine Restschuldversicherung als Nebenprodukt oder als Teil eines Pakets oder derselben Vereinbarung angeboten, ist der Versicherungsnehmer eine *Woche nach* Abgabe seiner Vertragserklärung für das Versicherungsprodukt erneut

---

1) § 7a eingef. mWv 23.2.2018 durch G v. 20.7.2017 (BGBl. I S. 2789); Abs. 5 Satz 2 geänd. mWv 15.6.2021 durch G v. 9.6.2021 (BGBl. I S. 1666).

in Textform über sein Widerrufsrecht zu belehren. [2]Das Informationsblatt zu Versicherungsprodukten ist dem Versicherungsnehmer mit dieser Belehrung erneut zur Verfügung zu stellen. [3]Die Widerrufsfrist beginnt nicht vor Zugang dieser Unterlagen.

**§ 7b[1)] Information bei Versicherungsanlageprodukten.** (1) [1]Bei Produkten, die Versicherungsanlageprodukte im Sinne von Artikel 2 Absatz 1 Nummer 17 der Richtlinie (EU) 2016/97 sind, sind dem Versicherungsnehmer angemessene Informationen über den Vertrieb von Versicherungsanlageprodukten und sämtliche Kosten und Gebühren rechtzeitig vor Abschluss des Vertrags zur Verfügung zu stellen. [2]Diese Informationen enthalten mindestens das Folgende:

1. wenn eine Beratung erfolgt, die Information darüber, ob dem Versicherungsnehmer eine regelmäßige Beurteilung der Eignung des Versicherungsanlageprodukts, das diesem Versicherungsnehmer empfohlen wird, gemäß § 7c geboten wird;
2. geeignete Leitlinien und Warnhinweise zu den mit Versicherungsanlageprodukten oder mit bestimmten vorgeschlagenen Anlagestrategien verbundenen Risiken;
3. Informationen über den Vertrieb des Versicherungsanlageprodukts, einschließlich der Beratungskosten und der Kosten des dem Versicherungsnehmer empfohlenen Versicherungsanlageprodukts;
4. wie der Versicherungsnehmer Zahlungen leisten kann, einschließlich Zahlungen Dritter.

(2) [1]Die Informationen über alle Kosten und Gebühren, einschließlich Kosten und Gebühren im Zusammenhang mit dem Vertrieb des Versicherungsanlageprodukts, die nicht durch das zugrunde liegende Marktrisiko verursacht werden, sind in zusammengefasster Form zu erteilen; die Gesamtkosten sowie die kumulative Wirkung auf die Anlagerendite müssen verständlich sein; ferner ist dem Versicherungsnehmer auf sein Verlangen eine Aufstellung der Kosten und Gebühren zur Verfügung zu stellen. [2]Diese Informationen werden dem Versicherungsnehmer während der Laufzeit der Anlage regelmäßig, mindestens aber jährlich, zur Verfügung gestellt.

**§ 7c[2)] Beurteilung von Versicherungsanlageprodukten; Berichtspflicht.**

(1) [1]Bei einer Beratung zu einem Versicherungsanlageprodukt hat der Versicherer zu erfragen:

1. Kenntnisse und Erfahrungen des Versicherungsnehmers im Anlagebereich in Bezug auf den speziellen Produkttyp oder den speziellen Typ der Dienstleistung,
2. die finanziellen Verhältnisse des Versicherungsnehmers, einschließlich der Fähigkeit des Versicherungsnehmers, Verluste zu tragen, und
3. die Anlageziele, einschließlich der Risikotoleranz des Versicherungsnehmers.

[2]Der Versicherer darf dem Versicherungsnehmer nur Versicherungsanlageprodukte empfehlen, die für diesen geeignet sind und insbesondere dessen Risikotoleranz und dessen Fähigkeit, Verluste zu ertragen, entsprechen. [3]Ein Paket von Dienstleistungen oder Produkten, die gemäß § 7a gebündelt sind, darf der Versicherer bei einer Anlageberatung nur empfehlen, wenn das gesamte Paket für den Kunden geeignet ist.

---

[1)] § 7b eingef. mWv 23.2.2018 durch G v. 20.7.2017 (BGBl. I S. 2789).
[2)] § 7c eingef. mWv 23.2.2018 durch G v. 20.7.2017 (BGBl. I S. 2789).

(2) [1]Der Versicherer hat stets zu prüfen, ob das Versicherungsprodukt für den Versicherungsnehmer angemessen ist. [2]Zur Beurteilung der Zweckmäßigkeit muss der Versicherer von dem Versicherungsnehmer Informationen über seine Kenntnisse und Erfahrung im Anlagebereich in Bezug auf den speziellen Produkttyp oder den speziellen Typ der Dienstleistung erfragen. [3]Wird ein Paket entsprechend § 7a angeboten, hat der Versicherer zu berücksichtigen, ob das Paket angemessen ist. [4]Ist der Versicherer der Auffassung, dass das Produkt für den Versicherungsnehmer unangemessen ist, warnt er den Versicherungsnehmer. [5]Macht der Versicherungsnehmer die in Absatz 1 Satz 1 genannten Angaben nicht oder macht er unzureichende Angaben zu seinen Kenntnissen und seiner Erfahrung, warnt ihn der Versicherer, dass er wegen unzureichender Angaben nicht beurteilen kann, ob das in Betracht gezogene Produkt für ihn angemessen ist. [6]Diese Warnungen können in einem standardisierten Format erfolgen.

(3) Versicherer können, wenn sie keine Beratung gemäß Absatz 1 leisten, Versicherungsanlageprodukte ohne die in Absatz 2 vorgesehene Prüfung vertreiben, wenn die folgenden Bedingungen erfüllt sind:

1. die Tätigkeiten beziehen sich auf eines der folgenden Versicherungsprodukte:
   a) Verträge, die ausschließlich Anlagerisiken aus Finanzinstrumenten mit sich bringen, die nicht als komplexe Finanzinstrumente im Sinne der Richtlinie 2014/65/EU gelten und keine Struktur aufweisen, die es dem Versicherungsnehmer erschwert, die mit der Anlage einhergehenden Risiken zu verstehen, oder
   b) andere nicht komplexe Versicherungsanlagen;
2. die Vertriebstätigkeit erfolgt auf Veranlassung des Versicherungsnehmers;
3. der Versicherungsnehmer wurde eindeutig darüber informiert, dass der Versicherer bei der Erbringung der Vertriebstätigkeit die Angemessenheit der angebotenen Versicherungsanlageprodukte nicht geprüft hat; eine derartige Warnung kann in standardisierter Form erfolgen;
4. der Versicherer kommt seinen Pflichten zur Vermeidung von Interessenkonflikten nach.

(4) [1]Der Versicherer erstellt eine Aufzeichnung der Vereinbarungen mit dem Versicherungsnehmer über die Rechte und Pflichten der Parteien sowie die Bedingungen, zu denen das Versicherungsunternehmen Dienstleistungen für den Versicherungsnehmer erbringt. [2]Die Rechte und Pflichten der Vertragsparteien können durch einen Verweis auf andere Dokumente oder Rechtstexte geregelt werden.

(5) [1]Der Versicherer muss dem Versicherungsnehmer angemessene Berichte über die erbrachten Dienstleistungen auf einem dauerhaften Datenträger zur Verfügung stellen. [2]Diese Berichte enthalten regelmäßige Mitteilungen an den Versicherungsnehmer, die die Art und die Komplexität der jeweiligen Versicherungsanlageprodukte sowie die Art der für den Versicherungsnehmer erbrachten Dienstleistung berücksichtigen, und gegebenenfalls die Kosten, die mit den getätigten Geschäften und den erbrachten Dienstleistungen verbunden sind. [3]Erbringt der Versicherer eine Beratungsleistung zu einem Versicherungsanlageprodukt, stellt er dem Versicherungsnehmer vor Vertragsabschluss auf einem dauerhaften Datenträger eine Erklärung zur Verfügung, in der die erbrachte Beratungsleistung und *die dabei berücksichtigten* Präferenzen, Ziele und anderen kundenspezifischen Merkmale aufgeführt sind. [4]§ 6a findet Anwendung; über eine Website kann die Erklärung jedoch nicht erbracht werden. [5]Wenn der Versicherungsvertrag unter Verwendung eines Fernkommunikationsmittels abgeschlossen wird und die vor-

herige Aushändigung der Angemessenheitserklärung nicht möglich ist, kann der Versicherer dem Versicherungsnehmer die Angemessenheitserklärung auf einem dauerhaften Datenträger unverzüglich nach Abschluss des Versicherungsvertrags zur Verfügung stellen, sofern die folgenden Bedingungen erfüllt sind:

1. der Versicherungsnehmer hat dieser Vorgehensweise zugestimmt und
2. der Versicherer hat dem Versicherungsnehmer angeboten, den Zeitpunkt des Vertragsabschlusses zu verschieben, damit der Versicherungsnehmer die Angemessenheitserklärung vorher erhalten kann.

[6] Hat der Versicherer dem Versicherungsnehmer mitgeteilt, dass er eine regelmäßige Beurteilung der Eignung vornehmen werde, muss der regelmäßige Bericht jeweils eine aktualisierte Erklärung dazu enthalten, inwieweit das Versicherungsanlageprodukt den Präferenzen, Zielen und anderen kundenspezifischen Merkmalen des Versicherungsnehmers entspricht.

**§ 7d[1)] Beratung, Information und Widerruf bei bestimmten Gruppenversicherungen.** [1] Der Versicherungsnehmer eines Gruppenversicherungsvertrags für Restschuldversicherungen hat gegenüber der versicherten Person die Beratungs- und Informationspflichten eines Versicherers. [2] Die versicherte Person hat die Rechte eines Versicherungsnehmers, insbesondere das Widerrufsrecht. [3] Über dieses Widerrufsrecht ist eine Woche nach Abgabe der Vertragserklärung erneut in Textform zu belehren. [4] Das Informationsblatt zu Versicherungsprodukten ist mit dieser Belehrung erneut zur Verfügung zu stellen. [5] Die Widerrufsfrist beginnt nicht vor Zugang dieser Unterlagen.

**§ 8[2)] Widerrufsrecht des Versicherungsnehmers; Verordnungsermächtigung.** (1) [1] Der Versicherungsnehmer kann seine Vertragserklärung innerhalb von 14 Tagen widerrufen. [2] Der Widerruf ist in Textform gegenüber dem Versicherer zu erklären und muss keine Begründung enthalten; zur Fristwahrung genügt die rechtzeitige Absendung.

(2) [1] Die Widerrufsfrist beginnt zu dem Zeitpunkt, zu dem folgende Unterlagen dem Versicherungsnehmer in Textform zugegangen sind:

1. der Versicherungsschein und die Vertragsbestimmungen einschließlich der Allgemeinen Versicherungsbedingungen sowie die weiteren Informationen, die nach der VVG-Informationspflichtenverordnung mitzuteilen sind, und
2. eine deutlich gestaltete Belehrung über das Widerrufsrecht und über die Rechtsfolgen des Widerrufs, die dem Versicherungsnehmer seine Rechte entsprechend den Erfordernissen des eingesetzten Kommunikationsmittels deutlich macht und die den Namen und die ladungsfähige Anschrift desjenigen, gegenüber dem der Widerruf zu erklären ist, sowie einen Hinweis auf den Fristbeginn und auf die Regelungen des Absatzes 1 Satz 2 enthält.

---

[1)] § 7d eingef. mWv 23.2.2018 durch G v. 20.7.2017 (BGBl. I S. 2789); Satz 4 geänd. mWv 15.6.2021 durch G v. 9.6.2021 (BGBl. I S. 1666).

[2)] § 8 Abs. 3 Satz 1 Nr. 4 geänd. mWv 17.12.2009 durch G v. 25.6.2009 (BGBl. I S. 1574); Abs. 1 Satz 1 und Abs. 2 Satz 1 Nr. 2 geänd., Abs. 2 Satz 2 aufgeh., bish. Satz 3 wird Satz 2, Abs. 3 Satz 2 und Abs. 5 neu gef. mWv 11.6.2010 durch G v. 29.7.2009 (BGBl. I S. 2355); Abs. 3 Nr. 2 und 3 geänd. mWv 13.6.2014 durch G v. 20.9.2013 (BGBl. I S. 3642); Abs. 2 Satz 1 Nr. 1 geänd., Satz 2 eingef., bish. Satz 2 wird Satz 3 und geänd., Abs. 4 aufgeh., bish. Abs. 5 wird Abs. 4 und Satz 2 geänd., Satz 3 angef. mWv 15.6.2021 durch G v. 9.6.2021 (BGBl. I S. 1666); Überschrift geänd., Abs. 5 angef. mWv 1.3.2023 durch G v. 22.2.2023 (BGBl. 2023 I Nr. 51).

[2] Bei Versicherungsprodukten, für die ein Basisinformationsblatt nach der Verordnung (EU) Nr. 1286/2014 des Europäischen Parlaments und des Rates vom 26. November 2014 über Basisinformationsblätter für verpackte Anlageprodukte für Kleinanleger und Versicherungsanlageprodukte (PRIIP) (ABl. L 352 vom 9.12. 2014, S. 1; L 358 vom 13.12.2014, S. 50), die zuletzt durch die Verordnung (EU) 2019/1156 (ABl. L 188 vom 12.7.2019, S. 55) geändert worden ist, in der jeweils geltenden Fassung oder für die ein PEPP-Basisinformationsblatt nach Artikel 26 der Verordnung (EU) 2019/1238 des Europäischen Parlaments und des Rates vom 20. Juni 2019 über ein Paneuropäisches Privates Pensionsprodukt (PEPP) (ABl. L 198 vom 25.7.2019, S. 1) in der jeweils geltenden Fassung zu erstellen ist, beginnt die Widerrufsfrist nicht, bevor auch das Basisinformationsblatt oder das PEPP-Basisinformationsblatt zur Verfügung gestellt worden ist. [3] Der Nachweis über den Zugang der Unterlagen nach den Sätzen 1 und 2 obliegt dem Versicherer.

(3) [1] Das Widerrufsrecht besteht nicht

1. bei Versicherungsverträgen mit einer Laufzeit von weniger als einem Monat,
2. bei Versicherungsverträgen über vorläufige Deckung, es sei denn, es handelt sich um einen Fernabsatzvertrag im Sinn des § 312c des Bürgerlichen Gesetzbuchs[1)],
3. bei Versicherungsverträgen bei Pensionskassen, die auf arbeitsvertraglichen Regelungen beruhen, es sei denn, es handelt sich um einen Fernabsatzvertrag im Sinn des § 312c des Bürgerlichen Gesetzbuchs,
4. bei Versicherungsverträgen über ein Großrisiko im Sinn des § 210 Absatz 2.

[2] Das Widerrufsrecht erlischt, wenn der Vertrag von beiden Seiten auf ausdrücklichen Wunsch des Versicherungsnehmers vollständig erfüllt ist, bevor der Versicherungsnehmer sein Widerrufsrecht ausgeübt hat.

(4) [1] Die nach Absatz 2 Satz 1 Nr. 2 zu erteilende Belehrung genügt den dort genannten Anforderungen, wenn das Muster der Anlage zu diesem Gesetz in Textform verwendet wird. [2] Der Versicherer darf unter Beachtung von Absatz 2 Satz 1 Nr. 2 von dem Muster abweichen. [3] Beschränkt sich die Abweichung unter Beachtung von Absatz 2 Satz 1 Nummer 2 auf Format und Schriftgröße oder darauf, dass der Versicherer Zusätze wie die Firma oder ein Kennzeichen des Versicherers anbringt, so ist Satz 1 anzuwenden.

(5) Das Bundesministerium der Justiz wird ermächtigt, im Einvernehmen mit dem Bundesministerium der Finanzen und im Benehmen mit dem Bundesministerium für Umwelt, Naturschutz, nukleare Sicherheit und Verbraucherschutz durch Rechtsverordnung ohne Zustimmung des Bundesrates die Informationspflichten nach Abschnitt 2 der Anlage und die dazu erteilten Gestaltungshinweise zu ändern, wenn dies erforderlich ist, um die Informationspflichten nach Abschnitt 2 der Anlage und die dazu erteilten Gestaltungshinweise an eine Änderung der VVG-Informationspflichtenverordnung anzupassen.

*(Fortsetzung nächstes Blatt)*

[1)] Nr. **20**.

**§ 9[1)] Rechtsfolgen des Widerrufs.** (1) [1] Übt der Versicherungsnehmer das Widerrufsrecht nach § 8 Abs. 1 aus, hat der Versicherer nur den auf die Zeit nach Zugang des Widerrufs entfallenden Teil der Prämien zu erstatten, wenn der Versicherungsnehmer in der Belehrung nach § 8 Abs. 2 Satz 1 Nr. 2 auf sein Widerrufsrecht, die Rechtsfolgen des Widerrufs und den zu zahlenden Betrag hingewiesen worden ist und zugestimmt hat, dass der Versicherungsschutz vor Ende der Widerrufsfrist beginnt; die Erstattungspflicht ist unverzüglich, spätestens 30 Tage nach Zugang des Widerrufs zu erfüllen. [2] Ist der in Satz 1 genannte Hinweis unterblieben, hat der Versicherer zusätzlich die für das erste Jahr des Versicherungsschutzes gezahlten Prämien zu erstatten; dies gilt nicht, wenn der Versicherungsnehmer Leistungen aus dem Versicherungsvertrag in Anspruch genommen hat.

(2) [1] Hat der Versicherungsnehmer sein Widerrufsrecht nach § 8 wirksam ausgeübt, ist er auch an einen mit dem Versicherungsvertrag zusammenhängenden Vertrag nicht mehr gebunden. [2] Ein zusammenhängender Vertrag liegt vor, wenn er einen Bezug zu dem widerrufenen Vertrag aufweist und eine Dienstleistung des Versicherers oder eines Dritten auf der Grundlage einer Vereinbarung zwischen dem Dritten und dem Versicherer betrifft. [3] Eine Vertragsstrafe darf weder vereinbart noch verlangt werden.

**§ 10 Beginn und Ende der Versicherung.** Ist die Dauer der Versicherung nach Tagen, Wochen, Monaten oder einem mehrere Monate umfassenden Zeitraum bestimmt, beginnt die Versicherung mit Beginn des Tages, an dem der Vertrag geschlossen wird; er endet mit Ablauf des letzten Tages der Vertragszeit.

**§ 11 Verlängerung, Kündigung.** (1) Wird bei einem auf eine bestimmte Zeit eingegangenen Versicherungsverhältnis im Voraus eine Verlängerung für den Fall vereinbart, dass das Versicherungsverhältnis nicht vor Ablauf der Vertragszeit gekündigt wird, ist die Verlängerung unwirksam, soweit sie sich jeweils auf mehr als ein Jahr erstreckt.

(2) [1] Ist ein Versicherungsverhältnis auf unbestimmte Zeit eingegangen, kann es von beiden Vertragsparteien nur für den Schluss der laufenden Versicherungsperiode gekündigt werden. [2] Auf das Kündigungsrecht können sie einvernehmlich bis zur Dauer von zwei Jahren verzichten.

(3) Die Kündigungsfrist muss für beide Vertragsparteien gleich sein; sie darf nicht weniger als einen Monat und nicht mehr als drei Monate betragen.

(4) Ein Versicherungsvertrag, der für die Dauer von mehr als drei Jahren geschlossen worden ist, kann vom Versicherungsnehmer zum Schluss des dritten oder jedes darauf folgenden Jahres unter Einhaltung einer Frist von drei Monaten gekündigt werden.

**§ 12 Versicherungsperiode.** Als Versicherungsperiode gilt, falls nicht die Prämie nach kürzeren Zeitabschnitten bemessen ist, der Zeitraum eines Jahres.

**§ 13 Änderung von Anschrift und Name.** (1) [1] Hat der Versicherungsnehmer eine Änderung seiner Anschrift dem Versicherer nicht mitgeteilt, genügt für eine dem Versicherungsnehmer gegenüber abzugebende Willenserklärung die Absendung eines eingeschriebenen Briefes an die letzte dem Versicherer bekann-

---

[1)] § 9 Abs. 2 angef. mWv 1.5.2013 durch G v. 24.4.2013 (BGBl. I S. 932).

te Anschrift des Versicherungsnehmers. [2] Die Erklärung gilt drei Tage nach der Absendung des Briefes als zugegangen. [3] Die Sätze 1 und 2 sind im Fall einer Namensänderung des Versicherungsnehmers entsprechend anzuwenden.

(2) Hat der Versicherungsnehmer die Versicherung in seinem Gewerbebetrieb genommen, ist bei einer Verlegung der gewerblichen Niederlassung Absatz 1 Satz 1 und 2 entsprechend anzuwenden.

**§ 14 Fälligkeit der Geldleistung.** (1) Geldleistungen des Versicherers sind fällig mit der Beendigung der zur Feststellung des Versicherungsfalles und des Umfanges der Leistung des Versicherers notwendigen Erhebungen.

(2) [1] Sind diese Erhebungen nicht bis zum Ablauf eines Monats seit der Anzeige des Versicherungsfalles beendet, kann der Versicherungsnehmer Abschlagszahlungen in Höhe des Betrags verlangen, den der Versicherer voraussichtlich mindestens zu zahlen hat. [2] Der Lauf der Frist ist gehemmt, solange die Erhebungen infolge eines Verschuldens des Versicherungsnehmers nicht beendet werden können.

(3) Eine Vereinbarung, durch die der Versicherer von der Verpflichtung zur Zahlung von Verzugszinsen befreit wird, ist unwirksam.

**§ 15 Hemmung der Verjährung.** Ist ein Anspruch aus dem Versicherungsvertrag beim Versicherer angemeldet worden, ist die Verjährung bis zu dem Zeitpunkt gehemmt, zu dem die Entscheidung des Versicherers dem Anspruchsteller in Textform zugeht.

**§ 16 Insolvenz des Versicherers.** (1) Wird über das Vermögen des Versicherers das Insolvenzverfahren eröffnet, endet das Versicherungsverhältnis mit Ablauf eines Monats seit der Eröffnung; bis zu diesem Zeitpunkt bleibt es der Insolvenzmasse gegenüber wirksam.

(2) Die Vorschriften des Versicherungsaufsichtsgesetzes über die Wirkungen der Insolvenzeröffnung bleiben unberührt.

**§ 17 Abtretungsverbot bei unpfändbaren Sachen.** Soweit sich die Versicherung auf unpfändbare Sachen bezieht, kann eine Forderung aus der Versicherung nur auf solche Gläubiger des Versicherungsnehmers übertragen werden, die diesem zum Ersatz der zerstörten oder beschädigten Sachen andere Sachen geliefert haben.

**§ 18 Abweichende Vereinbarungen.** Von § 3 Abs. 1 bis 4, § 5 Abs. 1 bis 3, den §§ 6 bis 9 und 11 Abs. 2 bis 4, § 14 Abs. 2 Satz 1 und § 15 kann nicht zum Nachteil des Versicherungsnehmers abgewichen werden.

### Abschnitt 2. Anzeigepflicht, Gefahrerhöhung, andere Obliegenheiten

**§ 19 Anzeigepflicht.** (1) [1] Der Versicherungsnehmer hat bis zur Abgabe seiner Vertragserklärung die ihm bekannten Gefahrumstände, die für den Entschluss des Versicherers, den Vertrag mit dem vereinbarten Inhalt zu schließen, erheblich *sind und nach denen* der Versicherer in Textform gefragt hat, dem Versicherer anzuzeigen. [2] Stellt der Versicherer nach der Vertragserklärung des Versicherungsnehmers, aber vor Vertragsannahme Fragen im Sinn des Satzes 1, ist der Versicherungsnehmer auch insoweit zur Anzeige verpflichtet.

(2) Verletzt der Versicherungsnehmer seine Anzeigepflicht nach Absatz 1, kann der Versicherer vom Vertrag zurücktreten.

(3) [1] Das Rücktrittsrecht des Versicherers ist ausgeschlossen, wenn der Versicherungsnehmer die Anzeigepflicht weder vorsätzlich noch grob fahrlässig verletzt hat. [2] In diesem Fall hat der Versicherer das Recht, den Vertrag unter Einhaltung einer Frist von einem Monat zu kündigen.

(4) [1] Das Rücktrittsrecht des Versicherers wegen grob fahrlässiger Verletzung der Anzeigepflicht und sein Kündigungsrecht nach Absatz 3 Satz 2 sind ausgeschlossen, wenn er den Vertrag auch bei Kenntnis der nicht angezeigten Umstände, wenn auch zu anderen Bedingungen, geschlossen hätte. [2] Die anderen Bedingungen werden auf Verlangen des Versicherers rückwirkend, bei einer vom Versicherungsnehmer nicht zu vertretenden Pflichtverletzung ab der laufenden Versicherungsperiode Vertragsbestandteil.

(5) [1] Dem Versicherer stehen die Rechte nach den Absätzen 2 bis 4 nur zu, wenn er den Versicherungsnehmer durch gesonderte Mitteilung in Textform auf die Folgen einer Anzeigepflichtverletzung hingewiesen hat. [2] Die Rechte sind ausgeschlossen, wenn der Versicherer den nicht angezeigten Gefahrumstand oder die Unrichtigkeit der Anzeige kannte.

(6) [1] Erhöht sich im Fall des Absatzes 4 Satz 2 durch eine Vertragsänderung die Prämie um mehr als 10 Prozent oder schließt der Versicherer die Gefahrabsicherung für den nicht angezeigten Umstand aus, kann der Versicherungsnehmer den Vertrag innerhalb eines Monats nach Zugang der Mitteilung des Versicherers ohne Einhaltung einer Frist kündigen. [2] Der Versicherer hat den Versicherungsnehmer in der Mitteilung auf dieses Recht hinzuweisen.

**§ 20 Vertreter des Versicherungsnehmers.** [1] Wird der Vertrag von einem Vertreter des Versicherungsnehmers geschlossen, sind bei der Anwendung des § 19 Abs. 1 bis 4 und des § 21 Abs. 2 Satz 2 sowie Abs. 3 Satz 2 sowohl die Kenntnis und die Arglist des Vertreters als auch die Kenntnis und die Arglist des Versicherungsnehmers zu berücksichtigen. [2] Der Versicherungsnehmer kann sich darauf, dass die Anzeigepflicht nicht vorsätzlich oder grob fahrlässig verletzt worden ist, nur berufen, wenn weder dem Vertreter noch dem Versicherungsnehmer Vorsatz oder grobe Fahrlässigkeit zur Last fällt.

**§ 21 Ausübung der Rechte des Versicherers.** (1) [1] Der Versicherer muss die ihm nach § 19 Abs. 2 bis 4 zustehenden Rechte innerhalb eines Monats schriftlich geltend machen. [2] Die Frist beginnt mit dem Zeitpunkt, zu dem der Versicherer von der Verletzung der Anzeigepflicht, die das von ihm geltend gemachte Recht begründet, Kenntnis erlangt. [3] Der Versicherer hat bei der Ausübung seiner Rechte die Umstände anzugeben, auf die er seine Erklärung stützt; er darf nachträglich weitere Umstände zur Begründung seiner Erklärung angeben, wenn für diese die Frist nach Satz 1 nicht verstrichen ist.

(2) [1] Im Fall eines Rücktrittes nach § 19 Abs. 2 nach Eintritt des Versicherungsfalles ist der Versicherer nicht zur Leistung verpflichtet, es sei denn, die Verletzung der Anzeigepflicht bezieht sich auf einen Umstand, der weder für den Eintritt oder die Feststellung des Versicherungsfalles noch für die Feststellung oder den Umfang der Leistungspflicht des Versicherers ursächlich ist. [2] Hat der Versicherungsnehmer die Anzeigepflicht arglistig verletzt, ist der Versicherer nicht zur Leistung verpflichtet.

(3) [1] Die Rechte des Versicherers nach § 19 Abs. 2 bis 4 erlöschen nach Ablauf von fünf Jahren nach Vertragsschluss; dies gilt nicht für Versicherungsfälle, die vor Ablauf dieser Frist eingetreten sind. [2] Hat der Versicherungsnehmer die Anzeigepflicht vorsätzlich oder arglistig verletzt, beläuft sich die Frist auf zehn Jahre.

**§ 22 Arglistige Täuschung.** Das Recht des Versicherers, den Vertrag wegen arglistiger Täuschung anzufechten, bleibt unberührt.

**§ 23 Gefahrerhöhung.** (1) Der Versicherungsnehmer darf nach Abgabe seiner Vertragserklärung ohne Einwilligung des Versicherers keine Gefahrerhöhung vornehmen oder deren Vornahme durch einen Dritten gestatten.

(2) Erkennt der Versicherungsnehmer nachträglich, dass er ohne Einwilligung des Versicherers eine Gefahrerhöhung vorgenommen oder gestattet hat, hat er die Gefahrerhöhung dem Versicherer unverzüglich anzuzeigen.

(3) Tritt nach Abgabe der Vertragserklärung des Versicherungsnehmers eine Gefahrerhöhung unabhängig von seinem Willen ein, hat er die Gefahrerhöhung, nachdem er von ihr Kenntnis erlangt hat, dem Versicherer unverzüglich anzuzeigen.

**§ 24 Kündigung wegen Gefahrerhöhung.** (1) [1] Verletzt der Versicherungsnehmer seine Verpflichtung nach § 23 Abs. 1, kann der Versicherer den Vertrag ohne Einhaltung einer Frist kündigen, es sei denn, der Versicherungsnehmer hat die Verpflichtung weder vorsätzlich noch grob fahrlässig verletzt. [2] Beruht die Verletzung auf einfacher Fahrlässigkeit, kann der Versicherer unter Einhaltung einer Frist von einem Monat kündigen.

(2) In den Fällen einer Gefahrerhöhung nach § 23 Abs. 2 und 3 kann der Versicherer den Vertrag unter Einhaltung einer Frist von einem Monat kündigen.

(3) Das Kündigungsrecht nach den Absätzen 1 und 2 erlischt, wenn es nicht innerhalb eines Monats ab der Kenntnis des Versicherers von der Erhöhung der Gefahr ausgeübt wird oder wenn der Zustand wiederhergestellt ist, der vor der Gefahrerhöhung bestanden hat.

**§ 25 Prämienerhöhung wegen Gefahrerhöhung.** (1) [1] Der Versicherer kann an Stelle einer Kündigung ab dem Zeitpunkt der Gefahrerhöhung eine seinen Geschäftsgrundsätzen für diese höhere Gefahr entsprechende Prämie verlangen oder die Absicherung der höheren Gefahr ausschließen. [2] Für das Erlöschen dieses Rechtes gilt § 24 Abs. 3 entsprechend.

(2) [1] Erhöht sich die Prämie als Folge der Gefahrerhöhung um mehr als 10 Prozent oder schließt der Versicherer die Absicherung der höheren Gefahr aus, kann der Versicherungsnehmer den Vertrag innerhalb eines Monats nach Zugang der Mitteilung des Versicherers ohne Einhaltung einer Frist kündigen. [2] Der Versicherer hat den Versicherungsnehmer in der Mitteilung auf dieses Recht hinzuweisen.

**§ 26 *Leistungsfreiheit* wegen Gefahrerhöhung.** (1) [1] Tritt der Versicherungsfall nach einer Gefahrerhöhung ein, ist der Versicherer nicht zur Leistung verpflichtet, wenn der Versicherungsnehmer seine Verpflichtung nach § 23 Abs. 1 vorsätzlich verletzt hat. [2] Im Fall einer grob fahrlässigen Verletzung ist der

Versicherer berechtigt, seine Leistung in einem der Schwere des Verschuldens des Versicherungsnehmers entsprechenden Verhältnis zu kürzen; die Beweislast für das Nichtvorliegen einer groben Fahrlässigkeit trägt der Versicherungsnehmer.

(2) [1] In den Fällen einer Gefahrerhöhung nach § 23 Abs. 2 und 3 ist der Versicherer nicht zur Leistung verpflichtet, wenn der Versicherungsfall später als einen Monat nach dem Zeitpunkt eintritt, zu dem die Anzeige dem Versicherer hätte zugegangen sein müssen, es sei denn, dem Versicherer war die Gefahrerhöhung zu diesem Zeitpunkt bekannt. [2] Er ist zur Leistung verpflichtet, wenn die Verletzung der Anzeigepflicht nach § 23 Abs. 2 und 3 nicht auf Vorsatz beruht; im Fall einer grob fahrlässigen Verletzung gilt Absatz 1 Satz 2.

(3) Abweichend von den Absätzen 1 und 2 Satz 1 ist der Versicherer zur Leistung verpflichtet,

1. soweit die Gefahrerhöhung nicht ursächlich für den Eintritt des Versicherungsfalles oder den Umfang der Leistungspflicht war oder
2. wenn zur Zeit des Eintrittes des Versicherungsfalles die Frist für die Kündigung des Versicherers abgelaufen und eine Kündigung nicht erfolgt war.

**§ 27 Unerhebliche Gefahrerhöhung.** Die §§ 23 bis 26 sind nicht anzuwenden, wenn nur eine unerhebliche Erhöhung der Gefahr vorliegt oder wenn nach den Umständen als vereinbart anzusehen ist, dass die Gefahrerhöhung mitversichert sein soll.

**§ 28 Verletzung einer vertraglichen Obliegenheit.** (1) Bei Verletzung einer vertraglichen Obliegenheit, die vom Versicherungsnehmer vor Eintritt des Versicherungsfalles gegenüber dem Versicherer zu erfüllen ist, kann der Versicherer den Vertrag innerhalb eines Monats, nachdem er von der Verletzung Kenntnis erlangt hat, ohne Einhaltung einer Frist kündigen, es sei denn, die Verletzung beruht nicht auf Vorsatz oder auf grober Fahrlässigkeit.

(2) [1] Bestimmt der Vertrag, dass der Versicherer bei Verletzung einer vom Versicherungsnehmer zu erfüllenden vertraglichen Obliegenheit nicht zur Leistung verpflichtet ist, ist er leistungsfrei, wenn der Versicherungsnehmer die Obliegenheit vorsätzlich verletzt hat. [2] Im Fall einer grob fahrlässigen Verletzung der Obliegenheit ist der Versicherer berechtigt, seine Leistung in einem der Schwere des Verschuldens des Versicherungsnehmers entsprechenden Verhältnis zu kürzen; die Beweislast für das Nichtvorliegen einer groben Fahrlässigkeit trägt der Versicherungsnehmer.

(3) [1] Abweichend von Absatz 2 ist der Versicherer zur Leistung verpflichtet, soweit die Verletzung der Obliegenheit weder für den Eintritt oder die Feststellung des Versicherungsfalles noch für die Feststellung oder den Umfang der Leistungspflicht des Versicherers ursächlich ist. [2] Satz 1 gilt nicht, wenn der Versicherungsnehmer die Obliegenheit arglistig verletzt hat.

(4) Die vollständige oder teilweise Leistungsfreiheit des Versicherers nach Absatz 2 hat bei Verletzung einer nach Eintritt des Versicherungsfalles bestehenden Auskunfts- oder Aufklärungsobliegenheit zur Voraussetzung, dass der Versicherer den Versicherungsnehmer durch gesonderte Mitteilung in Textform auf diese Rechtsfolge hingewiesen hat.

(5) Eine Vereinbarung, nach welcher der Versicherer bei Verletzung einer vertraglichen Obliegenheit zum Rücktritt berechtigt ist, ist unwirksam.

**§ 29 Teilrücktritt, Teilkündigung, teilweise Leistungsfreiheit.** (1) Liegen die Voraussetzungen, unter denen der Versicherer nach den Vorschriften dieses Abschnittes zum Rücktritt oder zur Kündigung berechtigt ist, nur bezüglich eines Teils der Gegenstände oder Personen vor, auf die sich die Versicherung bezieht, steht dem Versicherer das Recht zum Rücktritt oder zur Kündigung für den übrigen Teil nur zu, wenn anzunehmen ist, dass für diesen allein der Versicherer den Vertrag unter den gleichen Bedingungen nicht geschlossen hätte.

(2) [1] Macht der Versicherer von dem Recht zum Rücktritt oder zur Kündigung bezüglich eines Teils der Gegenstände oder Personen Gebrauch, ist der Versicherungsnehmer berechtigt, das Versicherungsverhältnis bezüglich des übrigen Teils zu kündigen. [2] Die Kündigung muss spätestens zum Schluss der Versicherungsperiode erklärt werden, in welcher der Rücktritt oder die Kündigung des Versicherers wirksam wird.

(3) Liegen die Voraussetzungen, unter denen der Versicherer wegen einer Verletzung der Vorschriften über die Gefahrerhöhung ganz oder teilweise leistungsfrei ist, nur bezüglich eines Teils der Gegenstände oder Personen vor, auf die sich die Versicherung bezieht, ist auf die Leistungsfreiheit Absatz 1 entsprechend anzuwenden.

**§ 30 Anzeige des Versicherungsfalles.** (1) [1] Der Versicherungsnehmer hat den Eintritt des Versicherungsfalles, nachdem er von ihm Kenntnis erlangt hat, dem Versicherer unverzüglich anzuzeigen. [2] Steht das Recht auf die vertragliche Leistung des Versicherers einem Dritten zu, ist auch dieser zur Anzeige verpflichtet.

(2) Auf eine Vereinbarung, nach welcher der Versicherer im Fall der Verletzung der Anzeigepflicht nach Absatz 1 Satz 1 nicht zur Leistung verpflichtet ist, kann sich der Versicherer nicht berufen, wenn er auf andere Weise vom Eintritt des Versicherungsfalles rechtzeitig Kenntnis erlangt hat.

**§ 31 Auskunftspflicht des Versicherungsnehmers.** (1) [1] Der Versicherer kann nach dem Eintritt des Versicherungsfalles verlangen, dass der Versicherungsnehmer jede Auskunft erteilt, die zur Feststellung des Versicherungsfalles oder des Umfanges der Leistungspflicht des Versicherers erforderlich ist. [2] Belege kann der Versicherer insoweit verlangen, als deren Beschaffung dem Versicherungsnehmer billigerweise zugemutet werden kann.

(2) Steht das Recht auf die vertragliche Leistung des Versicherers einem Dritten zu, hat auch dieser die Pflichten nach Absatz 1 zu erfüllen.

**§ 32 Abweichende Vereinbarungen.** [1] Von den §§ 19 bis 28 Abs. 4 und § 31 Abs. 1 Satz 2 kann nicht zum Nachteil des Versicherungsnehmers abgewichen werden. [2] Für Anzeigen nach diesem Abschnitt, zu denen der Versicherungsnehmer verpflichtet ist, kann jedoch die Schrift- oder die Textform vereinbart werden.

### Abschnitt 3. Prämie

**§ 33[1)] Fälligkeit.** (1) Der Versicherungsnehmer hat eine einmalige Prämie oder, wenn laufende Prämien vereinbart sind, die erste Prämie unverzüglich nach Ablauf von 14 Tagen nach Zugang des Versicherungsscheins zu zahlen.

---

[1)] § 33 Abs. 1 geänd. mWv 11.6.2010 durch G v. 29.7.2009 (BGBl. I S. 2355).

(2) Ist die Prämie zuletzt vom Versicherer eingezogen worden, ist der Versicherungsnehmer zur Übermittlung der Prämie erst verpflichtet, wenn er vom Versicherer hierzu in Textform aufgefordert worden ist.

**§ 34 Zahlung durch Dritte.** (1) Der Versicherer muss fällige Prämien oder sonstige ihm auf Grund des Vertrags zustehende Zahlungen vom Versicherten bei einer Versicherung für fremde Rechnung, von einem Bezugsberechtigten, der ein Recht auf die Leistung des Versicherers erworben hat, sowie von einem Pfandgläubiger auch dann annehmen, wenn er die Zahlung nach den Vorschriften des Bürgerlichen Gesetzbuchs zurückweisen könnte.

(2) Ein Pfandrecht an der Versicherungsforderung kann auch wegen der Beträge einschließlich ihrer Zinsen geltend gemacht werden, die der Pfandgläubiger zur Zahlung von Prämien oder zu sonstigen dem Versicherer auf Grund des Vertrags zustehenden Zahlungen verwendet hat.

**§ 35 Aufrechnung durch den Versicherer.** Der Versicherer kann eine fällige Prämienforderung oder eine andere ihm aus dem Vertrag zustehende fällige Forderung gegen eine Forderung aus der Versicherung auch dann aufrechnen, wenn diese Forderung nicht dem Versicherungsnehmer, sondern einem Dritten zusteht.

**§ 36 Leistungsort.** (1) [1] Leistungsort für die Zahlung der Prämie ist der jeweilige Wohnsitz des Versicherungsnehmers. [2] Der Versicherungsnehmer hat jedoch auf seine Gefahr und seine Kosten die Prämie dem Versicherer zu übermitteln.

(2) Hat der Versicherungsnehmer die Versicherung in seinem Gewerbebetrieb genommen, tritt, wenn er seine gewerbliche Niederlassung an einem anderen Ort hat, der Ort der Niederlassung an die Stelle des Wohnsitzes.

**§ 37 Zahlungsverzug bei Erstprämie.** (1) Wird die einmalige oder die erste Prämie nicht rechtzeitig gezahlt, ist der Versicherer, solange die Zahlung nicht bewirkt ist, zum Rücktritt vom Vertrag berechtigt, es sei denn, der Versicherungsnehmer hat die Nichtzahlung nicht zu vertreten.

(2) [1] Ist die einmalige oder die erste Prämie bei Eintritt des Versicherungsfalles nicht gezahlt, ist der Versicherer nicht zur Leistung verpflichtet, es sei denn, der Versicherungsnehmer hat die Nichtzahlung nicht zu vertreten. [2] Der Versicherer ist nur leistungsfrei, wenn er den Versicherungsnehmer durch gesonderte Mitteilung in Textform oder durch einen auffälligen Hinweis im Versicherungsschein auf diese Rechtsfolge der Nichtzahlung der Prämie aufmerksam gemacht hat.

**§ 38 Zahlungsverzug bei Folgeprämie.** (1) [1] Wird eine Folgeprämie nicht rechtzeitig gezahlt, kann der Versicherer dem Versicherungsnehmer auf dessen Kosten in Textform eine Zahlungsfrist bestimmen, die mindestens zwei Wochen betragen muss. [2] Die Bestimmung ist nur wirksam, wenn sie die rückständigen Beträge der Prämie, Zinsen und Kosten im Einzelnen beziffert und die Rechtsfolgen angibt, die nach den Absätzen 2 und 3 mit dem Fristablauf verbunden sind; bei zusammengefassten Verträgen sind die Beträge jeweils getrennt anzugeben.

(2) Tritt der Versicherungsfall nach Fristablauf ein und ist der Versicherungsnehmer bei Eintritt mit der Zahlung der Prämie oder der Zinsen oder Kosten in Verzug, ist der Versicherer nicht zur Leistung verpflichtet.

(3) [1] Der Versicherer kann nach Fristablauf den Vertrag ohne Einhaltung einer Frist kündigen, sofern der Versicherungsnehmer mit der Zahlung der geschuldeten Beträge in Verzug ist. [2] Die Kündigung kann mit der Bestimmung der Zahlungsfrist so verbunden werden, dass sie mit Fristablauf wirksam wird, wenn der Versicherungsnehmer zu diesem Zeitpunkt mit der Zahlung in Verzug ist; hierauf ist der Versicherungsnehmer bei der Kündigung ausdrücklich hinzuweisen. [3] Die Kündigung wird unwirksam, wenn der Versicherungsnehmer innerhalb eines Monats nach der Kündigung oder, wenn sie mit der Fristbestimmung verbunden worden ist, innerhalb eines Monats nach Fristablauf die Zahlung leistet; Absatz 2 bleibt unberührt.

**§ 39 Vorzeitige Vertragsbeendigung.** (1) [1] Im Fall der Beendigung des Versicherungsverhältnisses vor Ablauf der Versicherungsperiode steht dem Versicherer für diese Versicherungsperiode nur derjenige Teil der Prämie zu, der dem Zeitraum entspricht, in dem Versicherungsschutz bestanden hat. [2] Wird das Versicherungsverhältnis durch Rücktritt auf Grund des § 19 Abs. 2 oder durch Anfechtung des Versicherers wegen arglistiger Täuschung beendet, steht dem Versicherer die Prämie bis zum Wirksamwerden der Rücktritts- oder Anfechtungserklärung zu. [3] Tritt der Versicherer nach § 37 Abs. 1 zurück, kann er eine angemessene Geschäftsgebühr verlangen.

(2) Endet das Versicherungsverhältnis nach § 16, kann der Versicherungsnehmer den auf die Zeit nach der Beendigung des Versicherungsverhältnisses entfallenden Teil der Prämie unter Abzug der für diese Zeit aufgewendeten Kosten zurückfordern.

**§ 40 Kündigung bei Prämienerhöhung.** (1) [1] Erhöht der Versicherer auf Grund einer Anpassungsklausel die Prämie, ohne dass sich der Umfang des Versicherungsschutzes entsprechend ändert, kann der Versicherungsnehmer den Vertrag innerhalb eines Monats nach Zugang der Mitteilung des Versicherers mit sofortiger Wirkung, frühestens jedoch zum Zeitpunkt des Wirksamwerdens der Erhöhung, kündigen. [2] Der Versicherer hat den Versicherungsnehmer in der Mitteilung auf das Kündigungsrecht hinzuweisen. [3] Die Mitteilung muss dem Versicherungsnehmer spätestens einen Monat vor dem Wirksamwerden der Erhöhung der Prämie zugehen.

(2) Absatz 1 gilt entsprechend, wenn der Versicherer auf Grund einer Anpassungsklausel den Umfang des Versicherungsschutzes vermindert, ohne die Prämie entsprechend herabzusetzen.

**§ 41 Herabsetzung der Prämie.** [1] Ist wegen bestimmter gefahrerhöhender Umstände eine höhere Prämie vereinbart und sind diese Umstände nach Antragstellung des Versicherungsnehmers oder nach Vertragsschluss weggefallen oder bedeutungslos geworden, kann der Versicherungsnehmer verlangen, dass die Prämie ab Zugang des Verlangens beim Versicherer angemessen herabgesetzt wird. [2] Dies gilt auch, wenn die Bemessung der höheren Prämie durch unrichtige, auf einem Irrtum des Versicherungsnehmers beruhende Angaben über einen solchen Umstand veranlasst worden ist.

**§ 42 Abweichende Vereinbarungen.** Von § 33 Abs. 2 und den §§ 37 bis 41 kann nicht zum Nachteil des Versicherungsnehmers abgewichen werden.

### Abschnitt 4. Versicherung für fremde Rechnung

**§ 43 Begriffsbestimmung.** (1) Der Versicherungsnehmer kann den Versicherungsvertrag im eigenen Namen für einen anderen, mit oder ohne Benennung der Person des Versicherten, schließen (Versicherung für fremde Rechnung).

(2) Wird der Versicherungsvertrag für einen anderen geschlossen, ist, auch wenn dieser benannt wird, im Zweifel anzunehmen, dass der Versicherungsnehmer nicht als Vertreter, sondern im eigenen Namen für fremde Rechnung handelt.

(3) Ergibt sich aus den Umständen nicht, dass der Versicherungsvertrag für einen anderen geschlossen werden soll, gilt er als für eigene Rechnung geschlossen.

**§ 44 Rechte des Versicherten.** (1) [1] Bei der Versicherung für fremde Rechnung stehen die Rechte aus dem Versicherungsvertrag dem Versicherten zu. [2] Die Übermittlung des Versicherungsscheins kann jedoch nur der Versicherungsnehmer verlangen.

(2) Der Versicherte kann ohne Zustimmung des Versicherungsnehmers nur dann über seine Rechte verfügen und diese Rechte gerichtlich geltend machen, wenn er im Besitz des Versicherungsscheins ist.

**§ 45 Rechte des Versicherungsnehmers.** (1) Der Versicherungsnehmer kann über die Rechte, die dem Versicherten aus dem Versicherungsvertrag zustehen, im eigenen Namen verfügen.

(2) Ist ein Versicherungsschein ausgestellt, ist der Versicherungsnehmer ohne Zustimmung des Versicherten zur Annahme der Leistung des Versicherers und zur Übertragung der Rechte des Versicherten nur befugt, wenn er im Besitz des Versicherungsscheins ist.

(3) Der Versicherer ist zur Leistung an den Versicherungsnehmer nur verpflichtet, wenn der Versicherte seine Zustimmung zu der Versicherung erteilt hat.

**§ 46 Rechte zwischen Versicherungsnehmer und Versichertem.** [1] Der Versicherungsnehmer ist nicht verpflichtet, dem Versicherten oder, falls über dessen Vermögen das Insolvenzverfahren eröffnet ist, der Insolvenzmasse den Versicherungsschein auszuliefern, bevor er wegen seiner Ansprüche gegen den Versicherten in Bezug auf die versicherte Sache befriedigt ist. [2] Er kann sich für diese Ansprüche aus der Entschädigungsforderung gegen den Versicherer und nach deren Einziehung aus der Entschädigungssumme vor dem Versicherten und dessen Gläubigern befriedigen.

**§ 47 Kenntnis und Verhalten des Versicherten.** (1) Soweit die Kenntnis und das Verhalten des Versicherungsnehmers von rechtlicher Bedeutung sind, sind bei der Versicherung für fremde Rechnung auch die Kenntnis und das Verhalten des Versicherten zu berücksichtigen.

(2) [1] Die Kenntnis des Versicherten ist nicht zu berücksichtigen, wenn der Vertrag ohne sein Wissen geschlossen worden ist oder ihm eine rechtzeitige Benachrichtigung des Versicherungsnehmers nicht möglich oder nicht zumutbar war. [2] Der Versicherer braucht den Einwand, dass der Vertrag ohne Wissen des Versicherten geschlossen worden ist, nicht gegen sich gelten zu lassen, wenn der Versicherungsnehmer den Vertrag ohne Auftrag des Versicherten geschlossen

und bei Vertragsschluss dem Versicherer nicht angezeigt hat, dass er den Vertrag ohne Auftrag des Versicherten schließt.

**§ 48 Versicherung für Rechnung „wen es angeht".** Ist die Versicherung für Rechnung „wen es angeht" genommen oder ist dem Vertrag in sonstiger Weise zu entnehmen, dass unbestimmt bleiben soll, ob eigenes oder fremdes Interesse versichert ist, sind die §§ 43 bis 47 anzuwenden, wenn sich aus den Umständen ergibt, dass fremdes Interesse versichert ist.

### Abschnitt 5. Vorläufige Deckung

**§ 49[1] Inhalt des Vertrags.** (1) [1] Bei einem Versicherungsvertrag, dessen wesentlicher Inhalt die Gewährung einer vorläufigen Deckung durch den Versicherer ist, kann vereinbart werden, dass dem Versicherungsnehmer die Vertragsbestimmungen und die Informationen nach § 7 Abs. 1 in Verbindung mit einer Rechtsverordnung nach § 7 Abs. 2 nur auf Anforderung und spätestens mit dem Versicherungsschein vom Versicherer zu übermitteln sind. [2] Auf einen Fernabsatzvertrag im Sinn des § 312c des Bürgerlichen Gesetzbuchs[2] ist Satz 1 nicht anzuwenden.

(2) [1] Werden die Allgemeinen Versicherungsbedingungen dem Versicherungsnehmer bei Vertragsschluss nicht übermittelt, werden die vom Versicherer zu diesem Zeitpunkt für den vorläufigen Versicherungsschutz üblicherweise verwendeten Bedingungen, bei Fehlen solcher Bedingungen die für den Hauptvertrag vom Versicherer verwendeten Bedingungen auch ohne ausdrücklichen Hinweis hierauf Vertragsbestandteil. [2] Bestehen Zweifel, welche Bedingungen für den Vertrag gelten sollen, werden die zum Zeitpunkt des Vertragsschlusses vom Versicherer verwendeten Bedingungen, die für den Versicherungsnehmer am günstigsten sind, Vertragsbestandteil.

**§ 50 Nichtzustandekommen des Hauptvertrags.** Ist der Versicherungsnehmer verpflichtet, im Fall des Nichtzustandekommens des Hauptvertrags eine Prämie für die vorläufige Deckung zu zahlen, steht dem Versicherer ein Anspruch auf einen der Laufzeit der vorläufigen Deckung entsprechenden Teil der Prämie zu, die beim Zustandekommen des Hauptvertrags für diesen zu zahlen wäre.

**§ 51 Prämienzahlung.** (1) Der Beginn des Versicherungsschutzes kann von der Zahlung der Prämie abhängig gemacht werden, sofern der Versicherer den Versicherungsnehmer durch gesonderte Mitteilung in Textform oder durch einen auffälligen Hinweis im Versicherungsschein auf diese Voraussetzung aufmerksam gemacht hat.

(2) Von Absatz 1 kann nicht zum Nachteil des Versicherungsnehmers abgewichen werden.

**§ 52 Beendigung des Vertrags.** (1) [1] Der Vertrag über vorläufige Deckung endet spätestens zu dem Zeitpunkt, zu dem nach einem vom Versicherungsnehmer geschlossenen Hauptvertrag oder einem weiteren Vertrag über vorläufige Deckung ein gleichartiger Versicherungsschutz beginnt. [2] Ist der Beginn des

---

[1] § 49 Abs. 1 Satz 2 geänd. mWv 13.6.2014 durch G v. 20.9.2013 (BGBl. I S. 3642).
[2] Nr. **20**.

Versicherungsschutzes nach dem Hauptvertrag oder dem weiteren Vertrag über vorläufige Deckung von der Zahlung der Prämie durch den Versicherungsnehmer abhängig, endet der Vertrag über vorläufige Deckung bei Nichtzahlung oder verspäteter Zahlung der Prämie abweichend von Satz 1 spätestens zu dem Zeitpunkt, zu dem der Versicherungsnehmer mit der Prämienzahlung in Verzug ist, vorausgesetzt, dass der Versicherer den Versicherungsnehmer durch gesonderte Mitteilung in Textform oder durch einen auffälligen Hinweis im Versicherungsschein auf diese Rechtsfolge aufmerksam gemacht hat.

(2) [1] Absatz 1 ist auch anzuwenden, wenn der Versicherungsnehmer den Hauptvertrag oder den weiteren Vertrag über vorläufige Deckung mit einem anderen Versicherer schließt. [2] Der Versicherungsnehmer hat dem bisherigen Versicherer den Vertragsschluss unverzüglich mitzuteilen.

(3) Kommt der Hauptvertrag mit dem Versicherer, mit dem der Vertrag über vorläufige Deckung besteht, nicht zustande, weil der Versicherungsnehmer seine Vertragserklärung nach § 8 widerruft oder nach § 5 Abs. 1 und 2 einen Widerspruch erklärt, endet der Vertrag über vorläufige Deckung spätestens mit dem Zugang des Widerrufs oder des Widerspruchs beim Versicherer.

(4) [1] Ist das Vertragsverhältnis auf unbestimmte Zeit eingegangen, kann jede Vertragspartei den Vertrag ohne Einhaltung einer Frist kündigen. [2] Die Kündigung des Versicherers wird jedoch erst nach Ablauf von zwei Wochen nach Zugang wirksam.

(5) Von den Absätzen 1 bis 4 kann nicht zum Nachteil des Versicherungsnehmers abgewichen werden.

### Abschnitt 6. Laufende Versicherung

**§ 53 Anmeldepflicht.** Wird ein Vertrag in der Weise geschlossen, dass das versicherte Interesse bei Vertragsschluss nur der Gattung nach bezeichnet und erst nach seiner Entstehung dem Versicherer einzeln aufgegeben wird (laufende Versicherung), ist der Versicherungsnehmer verpflichtet, entweder die versicherten Risiken einzeln oder, wenn der Versicherer darauf verzichtet hat, die vereinbarte Prämiengrundlage unverzüglich anzumelden oder, wenn dies vereinbart ist, jeweils Deckungszusage zu beantragen.

**§ 54 Verletzung der Anmeldepflicht.** (1) [1] Hat der Versicherungsnehmer die Anmeldung eines versicherten Risikos oder der vereinbarten Prämiengrundlage oder die Beantragung der Deckungszusage unterlassen oder fehlerhaft vorgenommen, ist der Versicherer nicht zur Leistung verpflichtet. [2] Dies gilt nicht, wenn der Versicherungsnehmer die Anmelde- oder Antragspflicht weder vorsätzlich noch grob fahrlässig verletzt hat und die Anmeldung oder den Antrag unverzüglich nach Kenntniserlangung von dem Fehler nachholt oder berichtigt.

(2) [1] Verletzt der Versicherungsnehmer die Anmelde- oder Antragspflicht vorsätzlich, kann der Versicherer den Vertrag fristlos kündigen. [2] Die Versicherung von Einzelrisiken, für die der Versicherungsschutz begonnen hat, bleibt, wenn anderes nicht vereinbart ist, über das Ende der laufenden Versicherung hinaus bis zu dem Zeitpunkt bestehen, zu dem die vereinbarte Dauer der Versicherung dieser Einzelrisiken endet. [3] Der Versicherer kann ferner die Prämie verlangen, die bis zum Wirksamwerden der Kündigung zu zahlen gewesen wäre, wenn der Versicherungsnehmer die Anmeldepflicht erfüllt hätte.

**§ 55 Einzelpolice.** (1) [1] Ist bei einer laufenden Versicherung ein Versicherungsschein für ein einzelnes Risiko (Einzelpolice) oder ein Versicherungszertifikat ausgestellt worden, ist der Versicherer nur gegen Vorlage der Urkunde zur Leistung verpflichtet. [2] Durch die Leistung an den Inhaber der Urkunde wird er befreit.

(2) [1] Ist die Urkunde abhandengekommen oder vernichtet, ist der Versicherer zur Leistung erst verpflichtet, wenn die Urkunde für kraftlos erklärt oder Sicherheit geleistet ist; eine Sicherheitsleistung durch Bürgen ist ausgeschlossen. [2] Dies gilt auch für die Verpflichtung des Versicherers zur Ausstellung einer Ersatzurkunde.

(3) [1] Der Inhalt der Einzelpolice oder eines Versicherungszertifikats gilt abweichend von § 5 als vom Versicherungsnehmer genehmigt, wenn dieser nicht unverzüglich nach der Übermittlung widerspricht. [2] Das Recht des Versicherungsnehmers, die Genehmigung wegen Irrtums anzufechten, bleibt unberührt.

**§ 56 Verletzung der Anzeigepflicht.** (1) [1] Abweichend von § 19 Abs. 2 ist bei Verletzung der Anzeigepflicht der Rücktritt des Versicherers ausgeschlossen; der Versicherer kann innerhalb eines Monats von dem Zeitpunkt an, zu dem er Kenntnis von dem nicht oder unrichtig angezeigten Umstand erlangt hat, den Vertrag kündigen und die Leistung verweigern. [2] Der Versicherer bleibt zur Leistung verpflichtet, soweit der nicht oder unrichtig angezeigte Umstand nicht ursächlich für den Eintritt des Versicherungsfalles oder den Umfang der Leistungspflicht war.

(2) [1] Verweigert der Versicherer die Leistung, kann der Versicherungsnehmer den Vertrag kündigen. [2] Das Kündigungsrecht erlischt, wenn es nicht innerhalb eines Monats von dem Zeitpunkt an ausgeübt wird, zu welchem dem Versicherungsnehmer die Entscheidung des Versicherers, die Leistung zu verweigern, zugeht.

**§ 57 Gefahränderung.** (1) Der Versicherungsnehmer hat dem Versicherer eine Änderung der Gefahr unverzüglich anzuzeigen.

(2) [1] Hat der Versicherungsnehmer eine Gefahrerhöhung nicht angezeigt, ist der Versicherer nicht zur Leistung verpflichtet, wenn der Versicherungsfall nach dem Zeitpunkt eintritt, zu dem die Anzeige dem Versicherer hätte zugehen müssen. [2] Er ist zur Leistung verpflichtet,

1. wenn ihm die Gefahrerhöhung zu dem Zeitpunkt bekannt war, zu dem ihm die Anzeige hätte zugehen müssen,
2. wenn die Anzeigepflicht weder vorsätzlich noch grob fahrlässig verletzt worden ist oder
3. soweit die Gefahrerhöhung nicht ursächlich für den Eintritt des Versicherungsfalles oder den Umfang der Leistungspflicht war.

(3) Der Versicherer ist abweichend von § 24 nicht berechtigt, den Vertrag wegen einer Gefahrerhöhung zu kündigen.

**§ 58 Obliegenheitsverletzung.** (1) Verletzt der Versicherungsnehmer bei einer *laufenden Versicherung* schuldhaft eine vor Eintritt des Versicherungsfalles zu erfüllende Obliegenheit, ist der Versicherer in Bezug auf ein versichertes Einzelrisiko, für das die verletzte Obliegenheit gilt, nicht zur Leistung verpflichtet.

(2) Bei schuldhafter Verletzung einer Obliegenheit kann der Versicherer den Vertrag innerhalb eines Monats, nachdem er Kenntnis von der Verletzung erlangt hat, mit einer Frist von einem Monat kündigen.

### Abschnitt 7. Versicherungsvermittler, Versicherungsberater

#### Unterabschnitt 1. Mitteilungs- und Beratungspflichten

**§ 59[1)] Begriffsbestimmungen.** (1) [1] Versicherungsvermittler im Sinn dieses Gesetzes sind Versicherungsvertreter und Versicherungsmakler. [2] Die §§ 1a, 6a, 7a, 7b und 7c gelten für Versicherungsvermittler entsprechend. [3] Versicherungsvermittler ist auch, wer eine Vertriebstätigkeit im Sinne von § 1a Absatz 2 ausführt, ohne dass die Voraussetzungen des nachfolgenden Absatzes 2 oder 3 vorliegen.

(2) Versicherungsvertreter im Sinn dieses Gesetzes ist, wer von einem Versicherer oder einem Versicherungsvertreter damit betraut ist, gewerbsmäßig Versicherungsverträge zu vermitteln oder abzuschließen.

(3) [1] Versicherungsmakler im Sinn dieses Gesetzes ist, wer gewerbsmäßig für den Auftraggeber die Vermittlung oder den Abschluss von Versicherungsverträgen übernimmt, ohne von einem Versicherer oder von einem Versicherungsvertreter damit betraut zu sein. [2] Als Versicherungsmakler gilt, wer gegenüber dem Versicherungsnehmer den Anschein erweckt, er erbringe seine Leistungen als Versicherungsmakler nach Satz 1.

(4) [1] Versicherungsberater im Sinn dieses Gesetzes ist, wer gewerbsmäßig Dritte bei der Vereinbarung, Änderung oder Prüfung von Versicherungsverträgen oder bei der Wahrnehmung von Ansprüchen aus Versicherungsverträgen im Versicherungsfall berät oder gegenüber dem Versicherer außergerichtlich vertritt, ohne von einem Versicherer einen wirtschaftlichen Vorteil zu erhalten oder in anderer Weise von ihm abhängig zu sein. [2] Die §§ 1a, 6a, 7a, 7b und 7c gelten für Versicherungsberater entsprechend.

**§ 60 Beratungsgrundlage des Versicherungsvermittlers.** (1) [1] Der Versicherungsmakler ist verpflichtet, seinem Rat eine hinreichende Zahl von auf dem Markt angebotenen Versicherungsverträgen und von Versicherern zu Grunde zu legen, so dass er nach fachlichen Kriterien eine Empfehlung dahin abgeben kann, welcher Versicherungsvertrag geeignet ist, die Bedürfnisse des Versicherungsnehmers zu erfüllen. [2] Dies gilt nicht, soweit er im Einzelfall vor Abgabe der Vertragserklärung des Versicherungsnehmers diesen ausdrücklich auf eine eingeschränkte Versicherer- und Vertragsauswahl hinweist.

(2) [1] Der Versicherungsmakler, der nach Absatz 1 Satz 2 auf eine eingeschränkte Auswahl hinweist, und der Versicherungsvertreter haben dem Versicherungsnehmer mitzuteilen, auf welcher Markt- und Informationsgrundlage sie ihre Leistung erbringen, und die Namen der ihrem Rat zu Grunde gelegten Versicherer anzugeben. [2] Der Versicherungsvertreter hat außerdem mitzuteilen, für welche Versicherer er seine Tätigkeit ausübt und ob er für diese ausschließlich tätig ist.

(3) Der Versicherungsnehmer kann auf die Mitteilungen und Angaben nach Absatz 2 durch eine gesonderte schriftliche Erklärung verzichten.

---

[1)] § 59 Abs. 1 Sätze 2 und 3 und Abs. 4 Satz 2 angef. **mWv 23.2.2018** durch G v. 20.7.2017 (BGBl. I S. 2789).

**§ 61**[1] **Beratungs- und Dokumentationspflichten des Versicherungsvermittlers.** (1) [1] Der Versicherungsvermittler hat den Versicherungsnehmer, soweit nach der Schwierigkeit, die angebotene Versicherung zu beurteilen, oder der Person des Versicherungsnehmers und dessen Situation hierfür Anlass besteht, nach seinen Wünschen und Bedürfnissen zu befragen und, auch unter Berücksichtigung eines angemessenen Verhältnisses zwischen Beratungsaufwand und der vom Versicherungsnehmer zu zahlenden Prämien, zu beraten sowie die Gründe für jeden zu einer bestimmten Versicherung erteilten Rat anzugeben. [2] Er hat dies unter Berücksichtigung der Komplexität des angebotenen Versicherungsvertrags nach § 62 zu dokumentieren.

(2) [1] Der Versicherungsnehmer kann auf die Beratung oder die Dokumentation nach Absatz 1 durch eine gesonderte schriftliche Erklärung verzichten, in der er vom Versicherungsvermittler ausdrücklich darauf hingewiesen wird, dass sich ein Verzicht nachteilig auf die Möglichkeit des Versicherungsnehmers auswirken kann, gegen den Versicherungsvermittler einen Schadensersatzanspruch nach § 63 geltend zu machen. [2] Handelt es sich um einen Vertrag im Fernabsatz im Sinn des § 312c des Bürgerlichen Gesetzbuchs[2], kann der Versicherungsnehmer in Textform verzichten.

**§ 62 Zeitpunkt und Form der Information.** (1) Dem Versicherungsnehmer sind die Informationen nach § 60 Abs. 2 vor Abgabe seiner Vertragserklärung, die Informationen nach § 61 Abs. 1 vor dem Abschluss des Vertrags klar und verständlich in Textform zu übermitteln.

(2) [1] Die Informationen nach Absatz 1 dürfen mündlich übermittelt werden, wenn der Versicherungsnehmer dies wünscht oder wenn und soweit der Versicherer vorläufige Deckung gewährt. [2] In diesen Fällen sind die Informationen unverzüglich nach Vertragsschluss, spätestens mit dem Versicherungsschein dem Versicherungsnehmer in Textform zu übermitteln; dies gilt nicht für Verträge über vorläufige Deckung bei Pflichtversicherungen.

**§ 63 Schadensersatzpflicht.** [1] Der Versicherungsvermittler ist zum Ersatz des Schadens verpflichtet, der dem Versicherungsnehmer durch die Verletzung einer Pflicht nach § 60 oder § 61 entsteht. [2] Dies gilt nicht, wenn der Versicherungsvermittler die Pflichtverletzung nicht zu vertreten hat.

**§ 64 Zahlungssicherung zugunsten des Versicherungsnehmers.** Eine Bevollmächtigung des Versicherungsvermittlers durch den Versicherungsnehmer zur Annahme von Leistungen des Versicherers, die dieser auf Grund eines Versicherungsvertrags an den Versicherungsnehmer zu erbringen hat, bedarf einer gesonderten schriftlichen Erklärung des Versicherungsnehmers.

**§ 65**[3] **Großrisiken.** Die §§ 60 bis 63 gelten nicht für die Vermittlung von Versicherungsverträgen über Großrisiken im Sinn des § 210 Absatz 2.

**§ 66**[4] **Sonstige Ausnahmen.** [1] § 1a Absatz 2, die §§ 6a, 7b, 7c, 60 bis 64, 69 Absatz 2 und § 214 gelten nicht für Versicherungsvermittler in Nebentätigkeit

[1] § 61 Abs. 2 Satz 2 angef. **mWv 23.2.2018** durch G v. 20.7.2017 (BGBl. I S. 2789).
[2] **Sartorius Nr. 160.**
[3] § 65 geänd. mWv 17.12.2009 durch G v. 25.6.2009 (BGBl. I S. 1574).
[4] § 66 neu gef. **mWv 23.2.2018** durch G v. 20.7.2017 (BGBl. I S. 2789).

nach § 34d Absatz 8 Nummer 1 der Gewerbeordnung[1]. [2] Versicherungsvermittler in Nebentätigkeit haben dem Versicherungsnehmer vor Abschluss eines Versicherungsvertrags Informationen über ihre Identität und ihre Anschrift sowie über die Verfahren, nach denen die Versicherungsnehmer und andere interessierte Parteien Beschwerden einlegen können, zur Verfügung zu stellen. [3] Das Informationsblatt zu Versicherungsprodukten haben sie dem Versicherungsnehmer vor Abschluss des Vertrags auszuhändigen.

**§ 67 Abweichende Vereinbarungen.** Von den §§ 60 bis 66 kann nicht zum Nachteil des Versicherungsnehmers abgewichen werden.

**§ 68 Versicherungsberater.** [1] Die für Versicherungsmakler geltenden Vorschriften des § 60 Abs. 1 Satz 1, des § 61 Abs. 1 und der §§ 62 bis 65 und 67 sind auf Versicherungsberater entsprechend anzuwenden. [2] Weitergehende Pflichten des Versicherungsberaters aus dem Auftragsverhältnis bleiben unberührt.

### Unterabschnitt 2. Vertretungsmacht

**§ 69 Gesetzliche Vollmacht.** (1) Der Versicherungsvertreter gilt als bevollmächtigt,

1. Anträge, die auf den Abschluss eines Versicherungsvertrags gerichtet sind, und deren Widerruf sowie die vor Vertragsschluss abzugebenden Anzeigen und sonstigen Erklärungen vom Versicherungsnehmer entgegenzunehmen,
2. Anträge auf Verlängerung oder Änderung eines Versicherungsvertrags und deren Widerruf, die Kündigung, den Rücktritt und sonstige das Versicherungsverhältnis betreffende Erklärungen sowie die während der Dauer des Versicherungsverhältnisses zu erstattenden Anzeigen vom Versicherungsnehmer entgegenzunehmen und
3. die vom Versicherer ausgefertigten Versicherungsscheine oder Verlängerungsscheine dem Versicherungsnehmer zu übermitteln.

(2) [1] Der Versicherungsvertreter gilt als bevollmächtigt, Zahlungen, die der Versicherungsnehmer im Zusammenhang mit der Vermittlung oder dem Abschluss eines Versicherungsvertrags an ihn leistet, anzunehmen. [2] Eine Beschränkung dieser Vollmacht muss der Versicherungsnehmer nur gegen sich gelten lassen, wenn er die Beschränkung bei der Vornahme der Zahlung kannte oder infolge grober Fahrlässigkeit nicht kannte.

(3) [1] Der Versicherungsnehmer trägt die Beweislast für die Abgabe oder den Inhalt eines Antrags oder einer sonstigen Willenserklärung nach Absatz 1 Nr. 1 und 2. [2] Die Beweislast für die Verletzung der Anzeigepflicht oder einer Obliegenheit durch den Versicherungsnehmer trägt der Versicherer.

**§ 70 Kenntnis des Versicherungsvertreters.** [1] Soweit nach diesem Gesetz die Kenntnis des Versicherers erheblich ist, steht die Kenntnis des

*(Fortsetzung nächstes Blatt)*

---

[1] **Sartorius Nr. 800.**

Versicherungsvertreters der Kenntnis des Versicherers gleich. [2]Dies gilt nicht für die Kenntnis des Versicherungsvertreters, die er außerhalb seiner Tätigkeit als Vertreter und ohne Zusammenhang mit dem betreffenden Versicherungsvertrag erlangt hat.

**§ 71 Abschlussvollmacht.** Ist der Versicherungsvertreter zum Abschluss von Versicherungsverträgen bevollmächtigt, ist er auch befugt, die Änderung oder Verlängerung solcher Verträge zu vereinbaren sowie Kündigungs- und Rücktrittserklärungen abzugeben.

**§ 72 Beschränkung der Vertretungsmacht.** Eine Beschränkung der dem Versicherungsvertreter nach den §§ 69 und 71 zustehenden Vertretungsmacht durch Allgemeine Versicherungsbedingungen ist gegenüber dem Versicherungsnehmer und Dritten unwirksam.

**§ 73 Angestellte und nicht gewerbsmäßig tätige Vermittler.** Die §§ 69 bis 72 sind auf Angestellte eines Versicherers, die mit der Vermittlung oder dem Abschluss von Versicherungsverträgen betraut sind, und auf Personen, die als Vertreter selbständig Versicherungsverträge vermitteln oder abschließen, ohne gewerbsmäßig tätig zu sein, entsprechend anzuwenden.

## Kapitel 2. Schadensversicherung

### Abschnitt 1. Allgemeine Vorschriften

**§ 74 Überversicherung.** (1) Übersteigt die Versicherungssumme den Wert des versicherten Interesses (Versicherungswert) erheblich, kann jede Vertragspartei verlangen, dass die Versicherungssumme zur Beseitigung der Überversicherung unter verhältnismäßiger Minderung der Prämie mit sofortiger Wirkung herabgesetzt wird.

(2) Schließt der Versicherungsnehmer den Vertrag in der Absicht, sich aus der Überversicherung einen rechtswidrigen Vermögensvorteil zu verschaffen, ist der Vertrag nichtig; dem Versicherer steht die Prämie bis zu dem Zeitpunkt zu, zu dem er von den die Nichtigkeit begründenden Umständen Kenntnis erlangt.

**§ 75 Unterversicherung.** Ist die Versicherungssumme erheblich niedriger als der Versicherungswert zur Zeit des Eintrittes des Versicherungsfalles, ist der Versicherer nur verpflichtet, die Leistung nach dem Verhältnis der Versicherungssumme zu diesem Wert zu erbringen.

**§ 76 Taxe.** [1]Der Versicherungswert kann durch Vereinbarung auf einen bestimmten Betrag (Taxe) festgesetzt werden. [2]Die Taxe gilt auch als der Wert, den das versicherte Interesse bei Eintritt des Versicherungsfalles hat, es sei denn, sie übersteigt den wirklichen Versicherungswert zu diesem Zeitpunkt erheblich. [3]Ist die Versicherungssumme niedriger als die Taxe, hat der Versicherer, auch wenn die Taxe erheblich übersetzt ist, den Schaden nur nach dem Verhältnis der Versicherungssumme zur Taxe zu ersetzen.

**§ 77 Mehrere Versicherer.** (1) [1]Wer bei mehreren Versicherern ein Interesse gegen dieselbe Gefahr versichert, ist verpflichtet, jedem Versicherer die andere Versicherung unverzüglich mitzuteilen. [2]In der Mitteilung sind der andere Versicherer und die Versicherungssumme anzugeben.

(2) Wird bezüglich desselben Interesses bei einem Versicherer der entgehende Gewinn, bei einem anderen Versicherer der sonstige Schaden versichert, ist Absatz 1 entsprechend anzuwenden.

**§ 78[1] Haftung bei Mehrfachversicherung.** (1) Ist bei mehreren Versicherern ein Interesse gegen dieselbe Gefahr versichert und übersteigen die Versicherungssummen zusammen den Versicherungswert oder übersteigt aus anderen Gründen die Summe der Entschädigungen, die von jedem Versicherer ohne Bestehen der anderen Versicherung zu zahlen wären, den Gesamtschaden (Mehrfachversicherung), haften die Versicherer in der Weise als Gesamtschuldner, dass jeder Versicherer den von ihm nach dem Vertrag zu leistenden Betrag zu zahlen hat, der Versicherungsnehmer aber insgesamt nicht mehr als den Betrag des Schadens verlangen kann.

(2) [1] Die Versicherer sind im Verhältnis zueinander zu Anteilen nach Maßgabe der Beträge verpflichtet, die sie dem Versicherungsnehmer nach dem jeweiligen Vertrag zu zahlen haben. [2] Ist auf eine der Versicherungen ausländisches Recht anzuwenden, kann der Versicherer, für den das ausländische Recht gilt, gegen den anderen Versicherer einen Anspruch auf Ausgleichung nur geltend machen, wenn er selbst nach dem für ihn maßgeblichen Recht zur Ausgleichung verpflichtet ist.

(3) In der Haftpflichtversicherung von Gespannen sind bei einer Mehrfachversicherung die Versicherer im Verhältnis zueinander zu Anteilen entsprechend der Regelung in § 19 Absatz 4 des Straßenverkehrsgesetzes[2] verpflichtet.

(4) Hat der Versicherungsnehmer eine Mehrfachversicherung in der Absicht vereinbart, sich dadurch einen rechtswidrigen Vermögensvorteil zu verschaffen, ist jeder in dieser Absicht geschlossene Vertrag nichtig; dem Versicherer steht die Prämie bis zu dem Zeitpunkt zu, zu dem er von den die Nichtigkeit begründenden Umständen Kenntnis erlangt.

**§ 79 Beseitigung der Mehrfachversicherung.** (1) Hat der Versicherungsnehmer den Vertrag, durch den die Mehrfachversicherung entstanden ist, ohne Kenntnis von dem Entstehen der Mehrfachversicherung geschlossen, kann er verlangen, dass der später geschlossene Vertrag aufgehoben oder die Versicherungssumme unter verhältnismäßiger Minderung der Prämie auf den Teilbetrag herabgesetzt wird, der durch die frühere Versicherung nicht gedeckt ist.

(2) [1] Absatz 1 ist auch anzuwenden, wenn die Mehrfachversicherung dadurch entstanden ist, dass nach Abschluss der mehreren Versicherungsverträge der Versicherungswert gesunken ist. [2] Sind in diesem Fall die mehreren Versicherungsverträge gleichzeitig oder im Einvernehmen der Versicherer geschlossen worden, kann der Versicherungsnehmer nur die verhältnismäßige Herabsetzung der Versicherungssummen und der Prämien verlangen.

**§ 80 Fehlendes versichertes Interesse.** (1) [1] Der Versicherungsnehmer ist nicht zur Zahlung der Prämie verpflichtet, wenn das versicherte Interesse bei Beginn der Versicherung nicht besteht; dies gilt auch, wenn das Interesse bei einer Versicherung, die für ein künftiges Unternehmen oder für ein anderes künftiges Interesse genommen ist, nicht entsteht. [2] Der Versicherer kann jedoch eine angemessene Geschäftsgebühr verlangen.

---

[1] § 78 Abs. 3 eingef., bish. Abs. 3 wird Abs. 4 mWv 17.7.2020 durch G v. 10.7.2020 (BGBl. I S. 1653).
[2] Nr. **35**.

(2) Fällt das versicherte Interesse nach dem Beginn der Versicherung weg, steht dem Versicherer die Prämie zu, die er hätte beanspruchen können, wenn die Versicherung nur bis zu dem Zeitpunkt beantragt worden wäre, zu dem der Versicherer vom Wegfall des Interesses Kenntnis erlangt hat.

(3) Hat der Versicherungsnehmer ein nicht bestehendes Interesse in der Absicht versichert, sich dadurch einen rechtswidrigen Vermögensvorteil zu verschaffen, ist der Vertrag nichtig; dem Versicherer steht die Prämie bis zu dem Zeitpunkt zu, zu dem er von den die Nichtigkeit begründenden Umständen Kenntnis erlangt.

**§ 81 Herbeiführung des Versicherungsfalles.** (1) Der Versicherer ist nicht zur Leistung verpflichtet, wenn der Versicherungsnehmer vorsätzlich den Versicherungsfall herbeiführt.

(2) Führt der Versicherungsnehmer den Versicherungsfall grob fahrlässig herbei, ist der Versicherer berechtigt, seine Leistung in einem der Schwere des Verschuldens des Versicherungsnehmers entsprechenden Verhältnis zu kürzen.

**§ 82 Abwendung und Minderung des Schadens.** (1) Der Versicherungsnehmer hat bei Eintritt des Versicherungsfalles nach Möglichkeit für die Abwendung und Minderung des Schadens zu sorgen.

(2) [1]Der Versicherungsnehmer hat Weisungen des Versicherers, soweit für ihn zumutbar, zu befolgen sowie Weisungen einzuholen, wenn die Umstände dies gestatten. [2]Erteilen mehrere an dem Versicherungsvertrag beteiligte Versicherer unterschiedliche Weisungen, hat der Versicherungsnehmer nach pflichtgemäßem Ermessen zu handeln.

(3) [1]Bei Verletzung einer Obliegenheit nach den Absätzen 1 und 2 ist der Versicherer nicht zur Leistung verpflichtet, wenn der Versicherungsnehmer die Obliegenheit vorsätzlich verletzt hat. [2]Im Fall einer grob fahrlässigen Verletzung ist der Versicherer berechtigt, seine Leistung in einem der Schwere des Verschuldens des Versicherungsnehmers entsprechenden Verhältnis zu kürzen; die Beweislast für das Nichtvorliegen einer groben Fahrlässigkeit trägt der Versicherungsnehmer.

(4) [1]Abweichend von Absatz 3 ist der Versicherer zur Leistung verpflichtet, soweit die Verletzung der Obliegenheit weder für die Feststellung des Versicherungsfalles noch für die Feststellung oder den Umfang der Leistungspflicht ursächlich ist. [2]Satz 1 gilt nicht, wenn der Versicherungsnehmer die Obliegenheit arglistig verletzt hat.

**§ 83 Aufwendungsersatz.** (1) [1]Der Versicherer hat Aufwendungen des Versicherungsnehmers nach § 82 Abs. 1 und 2, auch wenn sie erfolglos bleiben, insoweit zu erstatten, als der Versicherungsnehmer sie den Umständen nach für geboten halten durfte. [2]Der Versicherer hat den für die Aufwendungen erforderlichen Betrag auf Verlangen des Versicherungsnehmers vorzuschießen.

(2) Ist der Versicherer berechtigt, seine Leistung zu kürzen, kann er auch den Aufwendungsersatz nach Absatz 1 entsprechend kürzen.

(3) Aufwendungen des Versicherungsnehmers, die er gemäß den Weisungen des Versicherers macht, sind auch insoweit zu erstatten, als sie zusammen mit der sonstigen Entschädigung die Versicherungssumme übersteigen.

(4) Bei der Tierversicherung gehören die Kosten der Fütterung und der Pflege sowie die Kosten der tierärztlichen Untersuchung und Behandlung nicht zu den vom Versicherer nach den Absätzen 1 bis 3 zu erstattenden Aufwendungen.

**§ 84 Sachverständigenverfahren.** (1) [1]Sollen nach dem Vertrag einzelne Voraussetzungen des Anspruchs aus der Versicherung oder die Höhe des Schadens durch Sachverständige festgestellt werden, ist die getroffene Feststellung nicht verbindlich, wenn sie offenbar von der wirklichen Sachlage erheblich abweicht. [2]Die Feststellung erfolgt in diesem Fall durch gerichtliche Entscheidung. [3]Dies gilt auch, wenn die Sachverständigen die Feststellung nicht treffen können oder wollen oder sie verzögern.

(2) [1]Sind nach dem Vertrag die Sachverständigen durch das Gericht zu ernennen, ist für die Ernennung das Amtsgericht zuständig, in dessen Bezirk der Schaden entstanden ist. [2]Durch eine ausdrückliche Vereinbarung der Beteiligten kann die Zuständigkeit eines anderen Amtsgerichts begründet werden. [3]Die Verfügung, durch die dem Antrag auf Ernennung der Sachverständigen stattgegeben wird, ist nicht anfechtbar.

**§ 85 Schadensermittlungskosten.** (1) [1]Der Versicherer hat dem Versicherungsnehmer die Kosten, die durch die Ermittlung und Feststellung des von ihm zu ersetzenden Schadens entstehen, insoweit zu erstatten, als ihre Aufwendung den Umständen nach geboten war. [2]Diese Kosten sind auch insoweit zu erstatten, als sie zusammen mit der sonstigen Entschädigung die Versicherungssumme übersteigen.

(2) Kosten, die dem Versicherungsnehmer durch die Zuziehung eines Sachverständigen oder eines Beistandes entstehen, hat der Versicherer nicht zu erstatten, es sei denn, der Versicherungsnehmer ist zu der Zuziehung vertraglich verpflichtet oder vom Versicherer aufgefordert worden.

(3) Ist der Versicherer berechtigt, seine Leistung zu kürzen, kann er auch den Kostenersatz entsprechend kürzen.

**§ 86 Übergang von Ersatzansprüchen.** (1) [1]Steht dem Versicherungsnehmer ein Ersatzanspruch gegen einen Dritten zu, geht dieser Anspruch auf den Versicherer über, soweit der Versicherer den Schaden ersetzt. [2]Der Übergang kann nicht zum Nachteil des Versicherungsnehmers geltend gemacht werden.

(2) [1]Der Versicherungsnehmer hat seinen Ersatzanspruch oder ein zur Sicherung dieses Anspruchs dienendes Recht unter Beachtung der geltenden Form- und Fristvorschriften zu wahren und bei dessen Durchsetzung durch den Versicherer soweit erforderlich mitzuwirken. [2]Verletzt der Versicherungsnehmer diese Obliegenheit vorsätzlich, ist der Versicherer zur Leistung insoweit nicht verpflichtet, als er infolgedessen keinen Ersatz von dem Dritten erlangen kann. [3]Im Fall einer grob fahrlässigen Verletzung der Obliegenheit ist der Versicherer berechtigt, seine Leistung in einem der Schwere des Verschuldens des Versicherungsnehmers entsprechenden Verhältnis zu kürzen; die Beweislast für das Nichtvorliegen einer groben Fahrlässigkeit trägt der Versicherungsnehmer.

(3) Richtet sich der Ersatzanspruch des Versicherungsnehmers gegen eine Person, mit der er bei Eintritt des Schadens in häuslicher Gemeinschaft lebt, kann der Übergang nach Absatz 1 nicht geltend gemacht werden, es sei denn, diese Person hat den Schaden vorsätzlich verursacht.

**§ 87[1)] Abweichende Vereinbarungen.** Von den §§ 74, 78 Absatz 4, den §§ 80, 82 bis 84 Abs. 1 Satz 1 und § 86 kann nicht zum Nachteil des Versicherungsnehmers abgewichen werden.

---

[1)] § 87 geänd. mWv 17.7.2020 durch G v. 10.7.2020 (BGBl. I S. 1653).

## Abschnitt 2. Sachversicherung

**§ 88 Versicherungswert.** Soweit nichts anderes vereinbart ist, gilt als Versicherungswert, wenn sich die Versicherung auf eine Sache oder einen Inbegriff von Sachen bezieht, der Betrag, den der Versicherungsnehmer zur Zeit des Eintrittes des Versicherungsfalles für die Wiederbeschaffung oder Wiederherstellung der versicherten Sache in neuwertigem Zustand unter Abzug des sich aus dem Unterschied zwischen alt und neu ergebenden Minderwertes aufzuwenden hat.

**§ 89 Versicherung für Inbegriff von Sachen.** (1) Eine Versicherung, die für einen Inbegriff von Sachen genommen ist, umfasst die jeweils dem Inbegriff zugehörigen Sachen.

(2) [1] Ist die Versicherung für einen Inbegriff von Sachen genommen, erstreckt sie sich auf die Sachen der Personen, mit denen der Versicherungsnehmer bei Eintritt des Schadens in häuslicher Gemeinschaft lebt oder die zu diesem Zeitpunkt in einem Dienstverhältnis zum Versicherungsnehmer stehen und ihre Tätigkeit an dem Ort ausüben, für den die Versicherung gilt. [2] Die Versicherung gilt insoweit als für fremde Rechnung genommen.

**§ 90 Erweiterter Aufwendungsersatz.** Macht der Versicherungsnehmer Aufwendungen, um einen unmittelbar bevorstehenden Versicherungsfall abzuwenden oder in seinen Auswirkungen zu mindern, ist § 83 Abs. 1 Satz 1, Abs. 2 und 3 entsprechend anzuwenden.

**§ 91 Verzinsung der Entschädigung.** [1] Die vom Versicherer zu zahlende Entschädigung ist nach Ablauf eines Monats seit der Anzeige des Versicherungsfalles für das Jahr mit 4 Prozent zu verzinsen, soweit nicht aus einem anderen Rechtsgrund höhere Zinsen verlangt werden können. [2] Der Lauf der Frist ist gehemmt, solange der Schaden infolge eines Verschuldens des Versicherungsnehmers nicht festgestellt werden kann.

**§ 92 Kündigung nach Versicherungsfall.** (1) Nach dem Eintritt des Versicherungsfalles kann jede Vertragspartei das Versicherungsverhältnis kündigen.

(2) [1] Die Kündigung ist nur bis zum Ablauf eines Monats seit dem Abschluss der Verhandlungen über die Entschädigung zulässig. [2] Der Versicherer hat eine Kündigungsfrist von einem Monat einzuhalten. [3] Der Versicherungsnehmer kann nicht für einen späteren Zeitpunkt als den Schluss der laufenden Versicherungsperiode kündigen.

(3) [1] Bei der Hagelversicherung kann der Versicherer nur für den Schluss der Versicherungsperiode kündigen, in welcher der Versicherungsfall eingetreten ist. [2] Kündigt der Versicherungsnehmer für einen früheren Zeitpunkt als den Schluss dieser Versicherungsperiode, steht dem Versicherer gleichwohl die Prämie für die laufende Versicherungsperiode zu.

**§ 93 Wiederherstellungsklausel.** [1] Ist der Versicherer nach dem Vertrag verpflichtet, einen Teil der Entschädigung nur bei Wiederherstellung oder Wiederbeschaffung der versicherten Sache zu zahlen, kann der Versicherungsnehmer die Zahlung eines über den Versicherungswert hinausgehenden Betrags erst verlangen, wenn die Wiederherstellung oder Wiederbeschaffung gesichert ist. [2] Der Versicherungsnehmer ist zur Rückzahlung der vom Versicherer geleisteten Entschädigung abzüglich des Versicherungswertes der Sache verpflichtet, wenn die Sache infolge eines Verschuldens des Versicherungsnehmers nicht innerhalb einer angemessenen Frist wiederhergestellt oder wiederbeschafft worden ist.

**§ 94 Wirksamkeit der Zahlung gegenüber Hypothekengläubigern.**

(1) Im Fall des § 93 Satz 1 ist eine Zahlung, die ohne die Sicherung der Wiederherstellung oder Wiederbeschaffung geleistet wird, einem Hypothekengläubiger gegenüber nur wirksam, wenn ihm der Versicherer oder der Versicherungsnehmer mitgeteilt hat, dass ohne die Sicherung geleistet werden soll und seit dem Zugang der Mitteilung mindestens ein Monat verstrichen ist.

(2) Soweit die Entschädigungssumme nicht zu einer den Vertragsbestimmungen entsprechenden Wiederherstellung oder Wiederbeschaffung verwendet werden soll, kann der Versicherer mit Wirkung gegen einen Hypothekengläubiger erst zahlen, wenn er oder der Versicherungsnehmer diese Absicht dem Hypothekengläubiger mitgeteilt hat und seit dem Zugang der Mitteilung mindestens ein Monat verstrichen ist.

(3) [1] Der Hypothekengläubiger kann bis zum Ablauf der Frist von einem Monat dem Versicherer gegenüber der Zahlung widersprechen. [2] Die Mitteilungen nach den Absätzen 1 und 2 dürfen unterbleiben, wenn sie einen unangemessenen Aufwand erfordern würden; in diesem Fall läuft die Frist ab dem Zeitpunkt der Fälligkeit der Entschädigungssumme.

(4) Hat der Hypothekengläubiger seine Hypothek dem Versicherer angemeldet, ist eine Zahlung, die ohne die Sicherung der Wiederherstellung oder Wiederbeschaffung geleistet wird, dem Hypothekengläubiger gegenüber nur wirksam, wenn dieser in Textform der Zahlung zugestimmt hat.

(5) Die Absätze 1 bis 4 sind entsprechend anzuwenden, wenn das Grundstück mit einer Grundschuld, Rentenschuld oder Reallast belastet ist.

**§ 95 Veräußerung der versicherten Sache.** (1) Wird die versicherte Sache vom Versicherungsnehmer veräußert, tritt an dessen Stelle der Erwerber in die während der Dauer seines Eigentums aus dem Versicherungsverhältnis sich ergebenden Rechte und Pflichten des Versicherungsnehmers ein.

(2) Der Veräußerer und der Erwerber haften für die Prämie, die auf die zur Zeit des Eintrittes des Erwerbers laufende Versicherungsperiode entfällt, als Gesamtschuldner.

(3) Der Versicherer muss den Eintritt des Erwerbers erst gegen sich gelten lassen, wenn er hiervon Kenntnis erlangt hat.

**§ 96 Kündigung nach Veräußerung.** (1) [1] Der Versicherer ist berechtigt, dem Erwerber einer versicherten Sache das Versicherungsverhältnis unter Einhaltung einer Frist von einem Monat zu kündigen. [2] Das Kündigungsrecht

*(Fortsetzung nächstes Blatt)*

erlischt, wenn es nicht innerhalb eines Monats ab der Kenntnis des Versicherers von der Veräußerung ausgeübt wird.

(2) [1]Der Erwerber ist berechtigt, das Versicherungsverhältnis mit sofortiger Wirkung oder für den Schluss der laufenden Versicherungsperiode zu kündigen. [2]Das Kündigungsrecht erlischt, wenn es nicht innerhalb eines Monats nach dem Erwerb, bei fehlender Kenntnis des Erwerbers vom Bestehen der Versicherung innerhalb eines Monats ab Erlangung der Kenntnis, ausgeübt wird.

(3) Im Fall der Kündigung des Versicherungsverhältnisses nach Absatz 1 oder Absatz 2 ist der Veräußerer zur Zahlung der Prämie verpflichtet; eine Haftung des Erwerbers für die Prämie besteht nicht.

**§ 97. Anzeige der Veräußerung.** (1) [1]Die Veräußerung ist dem Versicherer vom Veräußerer oder Erwerber unverzüglich anzuzeigen. [2]Ist die Anzeige unterblieben, ist der Versicherer nicht zur Leistung verpflichtet, wenn der Versicherungsfall später als einen Monat nach dem Zeitpunkt eintritt, zu dem die Anzeige dem Versicherer hätte zugehen müssen, und der Versicherer den mit dem Veräußerer bestehenden Vertrag mit dem Erwerber nicht geschlossen hätte.

(2) Abweichend von Absatz 1 Satz 2 ist der Versicherer zur Leistung verpflichtet, wenn ihm die Veräußerung zu dem Zeitpunkt bekannt war, zu dem ihm die Anzeige hätte zugehen müssen, oder wenn zur Zeit des Eintrittes des Versicherungsfalles die Frist für die Kündigung des Versicherers abgelaufen war und er nicht gekündigt hat.

**§ 98. Schutz des Erwerbers.** [1]Der Versicherer kann sich auf eine Bestimmung des Versicherungsvertrags, durch die von den §§ 95 bis 97 zum Nachteil des Erwerbers abgewichen wird, nicht berufen. [2]Jedoch kann für die Kündigung des Erwerbers nach § 96 Abs. 2 und die Anzeige der Veräußerung die Schriftform oder die Textform bestimmt werden.

**§ 99. Zwangsversteigerung, Erwerb des Nutzungsrechts.** Geht das Eigentum an der versicherten Sache im Wege der Zwangsversteigerung über oder erwirbt ein Dritter auf Grund eines Nießbrauchs, eines Pachtvertrags oder eines ähnlichen Verhältnisses die Berechtigung, versicherte Bodenerzeugnisse zu beziehen, sind die §§ 95 bis 98 entsprechend anzuwenden.

## Teil 2. Einzelne Versicherungszweige

### *Kapitel* 1. Haftpflichtversicherung

#### Abschnitt 1. Allgemeine Vorschriften

**§ 100. Leistung des Versicherers.** Bei der Haftpflichtversicherung ist der Versicherer verpflichtet, den Versicherungsnehmer von Ansprüchen freizustellen, die von einem Dritten auf Grund der Verantwortlichkeit des Versicherungsnehmers für eine während der Versicherungszeit eintretende Tatsache geltend gemacht werden, und unbegründete Ansprüche abzuwehren.

**§ 101. Kosten des Rechtsschutzes.** (1) [1]Die Versicherung umfasst auch die gerichtlichen und außergerichtlichen Kosten, die durch die Abwehr der von einem Dritten geltend gemachten Ansprüche entstehen, soweit die Aufwendung der Kosten den Umständen nach geboten ist. [2]Die Versicherung umfasst ferner die auf Weisung des Versicherers aufgewendeten Kosten der Verteidigung in einem Strafverfahren, das wegen einer Tat eingeleitet wurde, welche die Verantwortlichkeit des Versicherungsnehmers gegenüber einem Dritten zur Folge haben könnte. [3]Der Versicherer hat die Kosten auf Verlangen des Versicherungsnehmers vorzuschießen.

(2) [1]Ist eine Versicherungssumme bestimmt, hat der Versicherer die Kosten eines auf seine Veranlassung geführten Rechtsstreits und die Kosten der Verteidigung nach Absatz 1 Satz 2 auch insoweit zu ersetzen, als sie zusammen mit den Aufwendungen des Versicherers zur Freistellung des Versicherungsnehmers die Versicherungssumme übersteigen. [2]Dies gilt auch für Zinsen, die der Versicherungsnehmer infolge einer vom Versicherer veranlassten Verzögerung der Befriedigung des Dritten diesem schuldet.

(3) [1]Ist dem Versicherungsnehmer nachgelassen, die Vollstreckung einer gerichtlichen Entscheidung durch Sicherheitsleistung oder Hinterlegung abzuwenden, hat der Versicherer die Sicherheitsleistung oder Hinterlegung zu bewirken. [2]Diese Verpflichtung besteht nur bis zum Betrag der Versicherungssumme; ist der Versicherer nach Absatz 2 über diesen Betrag hinaus verpflichtet, tritt der Versicherungssumme der Mehrbetrag hinzu. [3]Der Versicherer ist von der Verpflichtung nach Satz 1 frei, wenn er den Anspruch des Dritten dem Versicherungsnehmer gegenüber als begründet anerkennt.

**§ 102. Betriebshaftpflichtversicherung.** (1) [1]Besteht die Versicherung für ein Unternehmen, erstreckt sie sich auf die Haftpflicht der zur Vertretung des Unternehmens befugten Personen sowie der Personen, die in einem Dienstverhältnis zu dem Unternehmen stehen. [2]Die Versicherung gilt insoweit als für fremde Rechnung genommen.

(2) [1]Wird das Unternehmen an einen Dritten veräußert oder auf Grund eines Nießbrauchs, eines Pachtvertrags oder eines ähnlichen Verhältnisses von einem Dritten übernommen, tritt der Dritte an Stelle des Versicherungsnehmers in die während der Dauer seiner Berechtigung sich aus dem Versicherungsverhältnis ergebenden Rechte und Pflichten ein. [2]§ 95 Abs. 2 und 3 sowie die §§ 96 und 97 sind entsprechend anzuwenden.

**§ 103. Herbeiführung des Versicherungsfalles.** Der Versicherer ist nicht zur Leistung verpflichtet, wenn der Versicherungsnehmer vorsätzlich und widerrechtlich den bei dem Dritten eingetretenen Schaden herbeigeführt hat.

**§ 104. Anzeigepflicht des Versicherungsnehmers.** (1) [1]Der Versicherungsnehmer hat dem Versicherer innerhalb einer Woche die Tatsachen anzuzeigen, die seine Verantwortlichkeit gegenüber einem Dritten zur Folge haben könnten. [2]Macht der Dritte seinen Anspruch gegenüber dem Versicherungsnehmer geltend, ist der Versicherungsnehmer zur Anzeige innerhalb einer Woche nach der Geltendmachung verpflichtet.

(2) [1]Wird gegen den Versicherungsnehmer ein Anspruch gerichtlich geltend gemacht, Prozesskostenhilfe beantragt oder wird ihm gerichtlich der

Streit verkündet, hat er dies dem Versicherer unverzüglich anzuzeigen. [2]Dies gilt auch, wenn gegen den Versicherungsnehmer wegen des den Anspruch begründenden Schadensereignisses ein Ermittlungsverfahren eingeleitet wird.

(3) [1]Zur Wahrung der Fristen nach den Absätzen 1 und 2 genügt die rechtzeitige Absendung der Anzeige. [2]§ 30 Abs. 2 ist entsprechend anzuwenden.

**§ 105. Anerkenntnis des Versicherungsnehmers.** Eine Vereinbarung, nach welcher der Versicherer nicht zur Leistung verpflichtet ist, wenn ohne seine Einwilligung der Versicherungsnehmer den Dritten befriedigt oder dessen Anspruch anerkennt, ist unwirksam.

**§ 106. Fälligkeit der Versicherungsleistung.** [1]Der Versicherer hat den Versicherungsnehmer innerhalb von zwei Wochen von dem Zeitpunkt an, zu dem der Anspruch des Dritten mit bindender Wirkung für den Versicherer durch rechtskräftiges Urteil, Anerkenntnis oder Vergleich festgestellt worden ist, vom Anspruch des Dritten freizustellen. [2]Ist der Dritte von dem Versicherungsnehmer mit bindender Wirkung für den Versicherer befriedigt worden, hat der Versicherer die Entschädigung innerhalb von zwei Wochen nach der Befriedigung des Dritten an den Versicherungsnehmer zu zahlen. [3]Kosten, die nach § 101 zu ersetzen sind, hat der Versicherer innerhalb von zwei Wochen nach der Mitteilung der Berechnung zu zahlen.

**§ 107. Rentenanspruch.** (1) Ist der Versicherungsnehmer dem Dritten zur Zahlung einer Rente verpflichtet, ist der Versicherer, wenn die Versicherungssumme den Kapitalwert der Rente nicht erreicht, nur zur Zahlung eines verhältnismäßigen Teils der Rente verpflichtet.

(2) [1]Hat der Versicherungsnehmer für die von ihm geschuldete Rente dem Dritten kraft Gesetzes Sicherheit zu leisten, erstreckt sich die Verpflichtung des Versicherers auf die Leistung der Sicherheit. [2]Absatz 1 gilt entsprechend.

**§ 108. Verfügung über den Freistellungsanspruch.** (1) [1]Verfügungen des Versicherungsnehmers über den Freistellungsanspruch gegen den Versicherer sind dem Dritten gegenüber unwirksam. [2]Der rechtsgeschäftlichen Verfügung steht eine Verfügung im Wege der Zwangsvollstreckung oder Arrestvollziehung gleich.

(2) Die Abtretung des Freistellungsanspruchs an den Dritten kann nicht durch Allgemeine Versicherungsbedingungen ausgeschlossen werden.

**§ 109. Mehrere Geschädigte.** [1]Ist der Versicherungsnehmer gegenüber mehreren Dritten verantwortlich und übersteigen deren Ansprüche die Versicherungssumme, hat der Versicherer diese Ansprüche nach dem Verhältnis ihrer Beträge zu erfüllen. [2]Ist hierbei die Versicherungssumme erschöpft, kann sich ein bei der Verteilung nicht berücksichtigter Dritter nachträglich auf § 108 Abs. 1 nicht berufen, wenn der Versicherer mit der Geltendmachung dieser Ansprüche nicht gerechnet hat und auch nicht rechnen musste.

**§ 110. Insolvenz des Versicherungsnehmers.** Ist über das Vermögen des Versicherungsnehmers das Insolvenzverfahren eröffnet, kann der Dritte wegen des ihm gegen den Versicherungsnehmer zustehenden Anspruchs abgesonderte Befriedigung aus dem Freistellungsanspruch des Versicherungsnehmers verlangen.

**§ 111. Kündigung nach Versicherungsfall.** (1) [1]Hat der Versicherer nach dem Eintritt des Versicherungsfalles den Anspruch des Versicherungsnehmers auf Freistellung anerkannt oder zu Unrecht abgelehnt, kann jede Vertragspartei das Versicherungsverhältnis kündigen. [2]Dies gilt auch, wenn der Versicherer dem Versicherungsnehmer die Weisung erteilt, es zum Rechtsstreit über den Anspruch des Dritten kommen zu lassen.

(2) [1]Die Kündigung ist nur innerhalb eines Monats seit der Anerkennung oder Ablehnung des Freistellungsanspruchs oder seit der Rechtskraft des im Rechtsstreit mit dem Dritten ergangenen Urteils zulässig. [2]§ 92 Abs. 2 Satz 2 und 3 ist anzuwenden.

**§ 112. Abweichende Vereinbarungen.** Von den §§ 104 und 106 kann nicht zum Nachteil des Versicherungsnehmers abgewichen werden.

### Abschnitt 2. Pflichtversicherung

**§ 113. Pflichtversicherung.** (1) Eine Haftpflichtversicherung, zu deren Abschluss eine Verpflichtung durch Rechtsvorschrift besteht (Pflichtversicherung),[1)] ist mit einem im Inland zum Geschäftsbetrieb befugten Versicherungsunternehmen abzuschließen.

(2) Der Versicherer hat dem Versicherungsnehmer unter Angabe der Versicherungssumme zu bescheinigen, dass eine der zu bezeichnenden Rechtsvorschrift entsprechende Pflichtversicherung besteht.

(3) Die Vorschriften dieses Abschnittes sind auch insoweit anzuwenden, als der Versicherungsvertrag eine über die vorgeschriebenen Mindestanforderungen hinausgehende Deckung gewährt.

**§ 114.**[2)] **Umfang des Versicherungsschutzes.** (1) Die Mindestversicherungssumme beträgt bei einer Pflichtversicherung, soweit durch Rechtsvorschrift nichts anderes bestimmt ist, 250 000 Euro je Versicherungsfall und eine Million Euro für alle Versicherungsfälle eines Versicherungsjahres.

(2) [1]Der Versicherungsvertrag kann Inhalt und Umfang der Pflichtversicherung näher bestimmen, soweit dadurch die Erreichung des jeweiligen Zwecks der Pflichtversicherung nicht gefährdet wird und durch Rechtvorschrift nicht ausdrücklich etwas anderes bestimmt ist. [2]Ein Selbstbehalt des Versicherungsnehmers kann dem Dritten nicht entgegengehalten und gegenüber einer mitversicherten Person nicht geltend gemacht werden.

**§ 115. Direktanspruch.** (1) [1]Der Dritte kann seinen Anspruch auf Schadensersatz auch gegen den Versicherer geltend machen,

---

[1)] Vgl. hierzu G über die Pflichtversicherung für Kraftfahrzeughalter (PflichtversicherungsG) v. 5. 4. 1965 (BGBl. I S. 213); Nr. **63**. Beachte auch G über die Haftpflichtverischerung für ausländische Kraftfahrzeuge und Kraftfahrzeuganhänger v. 24. 7. 1956 (BGBl. I S. 677) mit späteren Änderungen.

[2)] § 114 Abs. 2 Satz 2 geänd. durch Art. 3 G v. 10. 12. 2007 (BGBl. I S. 2833).

1. wenn es sich um eine Haftpflichtversicherung zur Erfüllung einer nach dem Pflichtversicherungsgesetz bestehenden Versicherungspflicht handelt oder
2. wenn über das Vermögen des Versicherungsnehmers das Insolvenzverfahren eröffnet oder der Eröffnungsantrag mangels Masse abgewiesen worden ist oder ein vorläufiger Insolvenzverwalter bestellt worden ist oder
3. wenn der Aufenthalt des Versicherungsnehmers unbekannt ist.

2Der Anspruch besteht im Rahmen der Leistungspflicht des Versicherers aus dem Versicherungsverhältnis und, soweit eine Leistungspflicht nicht besteht, im Rahmen des § 117 Abs. 1 bis 4. 3Der Versicherer hat den Schadensersatz in Geld zu leisten. 4Der Versicherer und der ersatzpflichtige Versicherungsnehmer haften als Gesamtschuldner.

(2) 1Der Anspruch nach Absatz 1 unterliegt der gleichen Verjährung wie der Schadensersatzanspruch gegen den ersatzpflichtigen Versicherungsnehmer. 2Die Verjährung beginnt mit dem Zeitpunkt, zu dem die Verjährung des Schadensersatzanspruchs gegen den ersatzpflichtigen Versicherungsnehmer beginnt; sie endet jedoch spätestens nach zehn Jahren von dem Eintritt des Schadens an. 3Ist der Anspruch des Dritten bei dem Versicherer angemeldet worden, ist die Verjährung bis zu dem Zeitpunkt gehemmt, zu dem die Entscheidung des Versicherers dem Anspruchsteller in Textform zugeht. 4Die Hemmung, die Ablaufhemmung und der Neubeginn der Verjährung des Anspruchs gegen den Versicherer wirken auch gegenüber dem ersatzpflichtigen Versicherungsnehmer und umgekehrt.

**§ 116. Gesamtschuldner.** (1) 1Im Verhältnis der Gesamtschuldner nach § 115 Abs. 1 Satz 4 zueinander ist der Versicherer allein verpflichtet, soweit er dem Versicherungsnehmer aus dem Versicherungsverhältnis zur Leistung verpflichtet ist. 2Soweit eine solche Verpflichtung nicht besteht, ist in ihrem Verhältnis zueinander der Versicherungsnehmer allein verpflichtet. 3Der Versicherer kann Ersatz der Aufwendungen verlangen, die er den Umständen nach für erforderlich halten durfte.

(2) Die Verjährung der sich aus Absatz 1 ergebenden Ansprüche beginnt mit dem Schluss des Jahres, in dem der Anspruch des Dritten erfüllt wird.

**§ 117.[1] Leistungspflicht gegenüber Dritten.** (1) Ist der Versicherer von der Verpflichtung zur Leistung dem Versicherungsnehmer gegenüber ganz oder teilweise frei, so bleibt gleichwohl seine Verpflichtung in Ansehung des Dritten bestehen.

(2) 1Ein Umstand, der das Nichtbestehen oder die Beendigung des Versicherungsverhältnisses zur Folge hat, wirkt in Ansehung des Dritten erst mit dem Ablauf eines Monats, nachdem der Versicherer diesen Umstand der hierfür zuständigen Stelle angezeigt hat. 2Dies gilt auch, wenn das Versicherungsverhältnis durch Zeitablauf endet. 3Der Lauf der Frist beginnt nicht vor Beendigung des Versicherungsverhältnisses. 4Ein in den Sätzen 1 und 2 bezeichneter Umstand kann dem Dritten auch dann entgegengehalten werden, wenn vor dem Zeitpunkt des Schadensereignisses der hierfür zuständigen

---

[1] § 117 Abs. 1 neugef., Abs. 2 Sätze 1 und 4 geänd., Abs. 5 eingef., bish. Abs. 5 wird Abs. 6 durch Art. 3 G v. 10. 12. 2007 (BGBl. I S. 2833).

Stelle die Bestätigung einer entsprechend den Rechtsvorschriften abgeschlossenen neuen Versicherung zugegangen ist. 5 Die vorstehenden Vorschriften dieses Absatzes gelten nicht, wenn eine zur Entgegennahme der Anzeige nach Satz 1 zuständige Stelle nicht bestimmt ist.

(3) 1 In den Fällen der Absätze 1 und 2 ist der Versicherer nur im Rahmen der vorgeschriebenen Mindestversicherungssumme und der von ihm übernommenen Gefahr zur Leistung verpflichtet. 2 Er ist leistungsfrei, soweit der Dritte Ersatz seines Schadens von einem anderen Schadensversicherer oder von einem Sozialversicherungsträger erlangen kann.

(4) 1 Trifft die Leistungspflicht des Versicherers nach Absatz 1 oder Absatz 2 mit einer Ersatzpflicht auf Grund fahrlässiger Amtspflichtverletzung zusammen, wird die Ersatzpflicht nach § 839 Abs. 1 des Bürgerlichen Gesetzbuchs im Verhältnis zum Versicherer nicht dadurch ausgeschlossen, dass die Voraussetzungen für die Leistungspflicht des Versicherers vorliegen. 2 Satz 1 gilt nicht, wenn der Beamte nach § 839 des Bürgerlichen Gesetzbuchs persönlich haftet.

(5) 1 Soweit der Versicherer den Dritten nach den Absätzen 1 bis 4 befriedigt und ein Fall des § 116 nicht vorliegt, geht die Forderung des Dritten gegen den Versicherungsnehmer auf ihn über. 2 Der Übergang kann nicht zum Nachteil des Dritten geltend gemacht werden.

(6) 1 Wird über das Vermögen des Versicherers das Insolvenzverfahren eröffnet, endet das Versicherungsverhältnis abweichend von § 16 erst mit dem Ablauf eines Monats, nachdem der Insolvenzverwalter diesen Umstand der hierfür zuständigen Stelle angezeigt hat; bis zu diesem Zeitpunkt bleibt es der Insolvenzmasse gegenüber wirksam. 2 Ist eine zur Entgegennahme der Anzeige nach Satz 1 zuständige Stelle nicht bestimmt, endet das Versicherungsverhältnis einen Monat nach der Benachrichtigung des Versicherungsnehmers von der Eröffnung des Insolvenzverfahrens; die Benachrichtigung bedarf der Textform.

**§ 118. Rangfolge mehrerer Ansprüche.** (1) Übersteigen die Ansprüche auf Entschädigung, die auf Grund desselben Schadensereignisses zu leisten ist, die Versicherungssumme, wird die Versicherungssumme nach folgender Rangfolge, bei gleichem Rang nach dem Verhältnis ihrer Beträge, an die Ersatzberechtigten ausgezahlt:

1. für Ansprüche wegen Personenschäden, soweit die Geschädigten nicht vom Schädiger, von einem anderen Versicherer als dessen Haftpflichtversicherer, einem Sozialversicherungsträger oder einem sonstigen Dritten Ersatz ihrer Schäden erlangen können;
2. für Ansprüche wegen sonstiger Schäden natürlicher und juristischer Personen des Privatrechts, soweit die Geschädigten nicht vom Schädiger, einem anderen Versicherer als dessen Haftpflichtversicherer oder einem Dritten Ersatz ihrer Schäden erlangen können;
3. für Ansprüche, die nach Privatrecht auf Versicherer oder sonstige Dritte wegen Personen- und sonstiger Schäden übergegangen sind;
4. für Ansprüche, die auf Sozialversicherungsträger übergegangen sind;
5. für alle sonstigen Ansprüche.

(2) Ist die Versicherungssumme unter Berücksichtigung nachrangiger Ansprüche erschöpft, kann sich ein vorrangig zu befriedigender Anspruchsberechtigter, der bei der Verteilung nicht berücksichtigt worden ist, nachträglich auf Absatz 1 nicht berufen, wenn der Versicherer mit der Geltendmachung dieses Anspruchs nicht gerechnet hat und auch nicht rechnen musste.

**§ 119.**[1] **Obliegenheiten des Dritten.** (1) Der Dritte hat ein Schadensereignis, aus dem er einen Anspruch gegen den Versicherungsnehmer oder nach § 115 Abs. 1 gegen den Versicherer herleiten will, dem Versicherer innerhalb von zwei Wochen, nachdem er von dem Schadensereignis Kenntnis erlangt hat, in Textform anzuzeigen; zur Fristwahrung genügt die rechtzeitige Absendung.

(2) Macht der Dritte den Anspruch gegen den Versicherungsnehmer gerichtlich geltend, hat er dies dem Versicherer unverzüglich in Textform anzuzeigen.

(3) [1]Der Versicherer kann von dem Dritten Auskunft verlangen, soweit sie zur Feststellung des Schadensereignisses und der Höhe des Schadens erforderlich ist. [2]Belege kann der Versicherer insoweit verlangen, als deren Beschaffung dem Dritten billigerweise zugemutet werden kann.

**§ 120. Obliegenheitsverletzung des Dritten.** Verletzt der Dritte schuldhaft die Obliegenheit nach § 119 Abs. 2 oder 3, beschränkt sich die Haftung des Versicherers nach den §§ 115 und 117 auf den Betrag, den er auch bei gehöriger Erfüllung der Obliegenheit zu leisten gehabt hätte, sofern der Dritte vorher ausdrücklich und in Textform auf die Folgen der Verletzung hingewiesen worden ist.

**§ 121. Aufrechnung gegenüber Dritten.** § 35 ist gegenüber Dritten nicht anzuwenden.

**§ 122. Veräußerung der von der Versicherung erfassten Sache.** Die §§ 95 bis 98 über die Veräußerung der versicherten Sache sind entsprechend anzuwenden.

**§ 123. Rückgriff bei mehreren Versicherten.** (1) Ist bei einer Versicherung für fremde Rechnung der Versicherer dem Versicherungsnehmer gegenüber nicht zur Leistung verpflichtet, kann er dies einem Versicherten, der zur selbständigen Geltendmachung seiner Rechte aus dem Versicherungsvertrag befugt ist, nur entgegenhalten, wenn die der Leistungsfreiheit zu Grunde liegenden Umstände in der Person dieses Versicherten vorliegen oder wenn diese Umstände dem Versicherten bekannt oder infolge grober Fahrlässigkeit nicht bekannt waren.

(2) [1]Der Umfang der Leistungspflicht nach Absatz 1 bestimmt sich nach § 117 Abs. 3 Satz 1; § 117 Abs. 3 Satz 2 ist nicht anzuwenden. [2]§ 117 Abs. 4 ist entsprechend anzuwenden.

(3) Soweit der Versicherer nach Absatz 1 leistet, kann er beim Versicherungsnehmer Rückgriff nehmen.

(4) Die Absätze 1 bis 3 sind entsprechend anzuwenden, wenn die Frist nach § 117 Abs. 2 Satz 1 und 2 noch nicht abgelaufen ist oder der Versicherer die

---

[1] § 119 Abs. 1 geänd. durch Art. 3 G v. 10. 12. 2007 (BGBl. I S. 2833).

Beendigung des Versicherungsverhältnisses der hierfür zuständigen Stelle nicht angezeigt hat.

**§ 124.**[1] **Rechtskrafterstreckung.** (1) Soweit durch rechtskräftiges Urteil festgestellt wird, dass dem Dritten ein Anspruch auf Ersatz des Schadens nicht zusteht, wirkt das Urteil, wenn es zwischen dem Dritten und dem Versicherer ergeht, auch zugunsten des Versicherungsnehmers, wenn es zwischen dem Dritten und dem Versicherungsnehmer ergeht, auch zugunsten des Versicherers.

(2) Ist der Anspruch des Dritten gegenüber dem Versicherer durch rechtskräftiges Urteil, Anerkenntnis oder Vergleich festgestellt worden, muss der Versicherungsnehmer, gegen den von dem Versicherer Ansprüche auf Grund des § 116 Abs. 1 Satz 2 geltend gemacht werden, diese Feststellung gegen sich gelten lassen, es sei denn, der Versicherer hat die Pflicht zur Abwehr unbegründeter Entschädigungsansprüche sowie zur Minderung oder zur sachgemäßen Feststellung des Schadens schuldhaft verletzt.

(3) Die Absätze 1 und 2 sind nicht anzuwenden, soweit der Dritte seinen Anspruch auf Schadensersatz nicht nach § 115 Abs. 1 gegen den Versicherer geltend machen kann.

## Kapitel 2. Rechtsschutzversicherung

**§ 125. Leistung des Versicherers.** Bei der Rechtsschutzversicherung ist der Versicherer verpflichtet, die für die Wahrnehmung der rechtlichen Interessen des Versicherungsnehmers oder des Versicherten erforderlichen Leistungen im vereinbarten Umfang zu erbringen.

**§ 126. Schadensabwicklungsunternehmen.** (1) [1]Werden Gefahren aus dem Bereich der Rechtsschutzversicherung neben anderen Gefahren versichert, müssen im Versicherungsschein der Umfang der Deckung in der Rechtsschutzversicherung und die hierfür zu entrichtende Prämie gesondert ausgewiesen werden. [2]Beauftragt der Versicherer mit der Leistungsbearbeitung ein selbständiges Schadensabwicklungsunternehmen, ist dieses im Versicherungsschein zu bezeichnen.

(2) [1]Ansprüche auf die Versicherungsleistung aus einem Vertrag über eine Rechtsschutzversicherung können, wenn ein selbständiges Schadensabwicklungsunternehmen mit der Leistungsbearbeitung beauftragt ist, nur gegen dieses geltend gemacht werden. [2]Der Titel wirkt für und gegen den Rechtsschutzversicherer. [3]§ 727 der Zivilprozessordnung ist entsprechend anzuwenden.

**§ 127. Freie Anwaltswahl.** (1) [1]Der Versicherungsnehmer ist berechtigt, zu seiner Vertretung in Gerichts- und Verwaltungsverfahren den Rechtsanwalt, der seine Interessen wahrnehmen soll, aus dem Kreis der Rechtsanwälte, deren Vergütung der Versicherer nach dem Versicherungsvertrag trägt, frei zu wählen. [2]Dies gilt auch, wenn der Versicherungsnehmer Rechtsschutz für die sonstige Wahrnehmung rechtlicher Interessen in Anspruch nehmen kann.

(2) Rechtsanwalt ist auch, wer berechtigt ist, unter einer der in der Anlage zu § 1 des Gesetzes über die Tätigkeit europäischer Rechtsanwälte in Deutschland vom 9. März 2000 (BGBl. I S. 182, 1349), das zuletzt durch Artikel 1 des

---

[1] § 124 Abs. 3 angef. durch Art. 3 G v. 10. 12. 2007 (BGBl. I S. 2833).

Gesetzes vom 26. Oktober 2003 (BGBl. I S. 2074) geändert worden ist, in der jeweils geltenden Fassung genannten Bezeichnungen beruflich tätig zu werden.

**§ 128 Gutachterverfahren.** [1] Für den Fall, dass der Versicherer seine Leistungspflicht verneint, weil die Wahrnehmung der rechtlichen Interessen keine hinreichende Aussicht auf Erfolg biete oder mutwillig sei, hat der Versicherungsvertrag ein Gutachterverfahren oder ein anderes Verfahren mit vergleichbaren Garantien für die Unparteilichkeit vorzusehen, in dem Meinungsverschiedenheiten zwischen den Vertragsparteien über die Erfolgsaussichten oder die Mutwilligkeit einer Rechtsverfolgung entschieden werden. [2] Der Versicherer hat den Versicherungsnehmer bei Verneinung seiner Leistungspflicht hierauf hinzuweisen. [3] Sieht der Versicherungsvertrag kein derartiges Verfahren vor oder unterlässt der Versicherer den Hinweis, gilt das Rechtsschutzbedürfnis des Versicherungsnehmers im Einzelfall als anerkannt.

**§ 129 Abweichende Vereinbarungen.** Von den §§ 126 bis 128 kann nicht zum Nachteil des Versicherungsnehmers abgewichen werden.

## Kapitel 3. Transportversicherung

**§ 130 Umfang der Gefahrtragung.** (1) Bei der Versicherung von Gütern gegen die Gefahren der Beförderung zu Lande oder auf Binnengewässern sowie der damit verbundenen Lagerung trägt der Versicherer alle Gefahren, denen die Güter während der Dauer der Versicherung ausgesetzt sind.

(2) [1] Bei der Versicherung eines Schiffes gegen die Gefahren der Binnenschifffahrt trägt der Versicherer alle Gefahren, denen das Schiff während der Dauer der Versicherung ausgesetzt ist. [2] Der Versicherer haftet auch für den Schaden, den der Versicherungsnehmer infolge eines Zusammenstoßes von Schiffen oder eines Schiffes mit festen oder schwimmenden Gegenständen dadurch erleidet, dass er den einem Dritten zugefügten Schaden zu ersetzen hat.

(3) Die Versicherung gegen die Gefahren der Binnenschifffahrt umfasst die Beiträge zur großen Haverei, soweit durch die Haverei-Maßnahme ein vom Versicherer zu ersetzender Schaden abgewendet werden sollte.

**§ 131 Verletzung der Anzeigepflicht.** (1) [1] Abweichend von § 19 Abs. 2 ist bei Verletzung der Anzeigepflicht der Rücktritt des Versicherers ausgeschlossen; der Versicherer kann innerhalb eines Monats von dem Zeitpunkt an, zu dem er Kenntnis von dem nicht oder unrichtig angezeigten Umstand erlangt hat, den Vertrag kündigen und die Leistung verweigern. [2] Der Versicherer bleibt zur Leistung verpflichtet, soweit der nicht oder unrichtig angezeigte Umstand nicht ursächlich für den Eintritt des Versicherungsfalles oder den Umfang der Leistungspflicht war.

(2) [1] Verweigert der Versicherer die Leistung, kann der Versicherungsnehmer den Vertrag kündigen. [2] Das Kündigungsrecht erlischt, wenn es nicht innerhalb eines Monats von dem Zeitpunkt an ausgeübt wird, zu welchem dem Versicherungsnehmer die Entscheidung des Versicherers, die Leistung zu verweigern, zugeht.

**§ 132 Gefahränderung.** (1) [1] Der Versicherungsnehmer darf abweichend von § 23 die Gefahr erhöhen oder in anderer Weise ändern und die Änderung durch einen Dritten gestatten. [2] Die Änderung hat er dem Versicherer unverzüglich anzuzeigen.

(2) [1] Hat der Versicherungsnehmer eine Gefahrerhöhung nicht angezeigt, ist der Versicherer nicht zur Leistung verpflichtet, wenn der Versicherungsfall nach dem Zeitpunkt eintritt, zu dem die Anzeige dem Versicherer hätte zugehen müssen. [2] Er ist zur Leistung verpflichtet,

1. wenn ihm die Gefahrerhöhung zu dem Zeitpunkt bekannt war, zu dem ihm die Anzeige hätte zugehen müssen,
2. wenn die Anzeigepflicht weder vorsätzlich noch grob fahrlässig verletzt worden ist oder
3. soweit die Gefahrerhöhung nicht ursächlich für den Eintritt des Versicherungsfalles oder den Umfang der Leistungspflicht war.

(3) Der Versicherer ist abweichend von § 24 nicht berechtigt, den Vertrag wegen einer Gefahrerhöhung zu kündigen.

**§ 133 Vertragswidrige Beförderung.** (1) [1] Werden die Güter mit einem Beförderungsmittel anderer Art befördert als vereinbart oder werden sie umgeladen, obwohl direkter Transport vereinbart ist, ist der Versicherer nicht zur Leistung verpflichtet. [2] Dies gilt auch, wenn ausschließlich ein bestimmtes Beförderungsmittel oder ein bestimmter Transportweg vereinbart ist.

(2) [1] Der Versicherer bleibt zur Leistung verpflichtet, wenn nach Beginn der Versicherung die Beförderung ohne Zustimmung des Versicherungsnehmers oder infolge eines versicherten Ereignisses geändert oder aufgegeben wird. [2] § 132 ist anzuwenden.

(3) Die Versicherung umfasst in den Fällen des Absatzes 2 die Kosten der Umladung oder der einstweiligen Lagerung sowie die Mehrkosten der Weiterbeförderung.

**§ 134 Ungeeignete Beförderungsmittel.** (1) Ist für die Beförderung der Güter kein bestimmtes Beförderungsmittel vereinbart, ist der Versicherungsnehmer, soweit er auf dessen Auswahl Einfluss hat, verpflichtet, Beförderungsmittel einzusetzen, die für die Aufnahme und Beförderung der Güter geeignet sind.

(2) Verletzt der Versicherungsnehmer diese Obliegenheit vorsätzlich oder grob fahrlässig, ist der Versicherer nicht zur Leistung verpflichtet, es sei denn, die Verletzung war nicht ursächlich für den Eintritt des Versicherungsfalles oder den Umfang der Leistungspflicht.

(3) [1] Erlangt der Versicherungsnehmer Kenntnis von der mangelnden Eignung des Beförderungsmittels, hat er diesen Umstand dem Versicherer unverzüglich anzuzeigen. [2] § 132 ist anzuwenden.

**§ 135 Aufwendungsersatz.** (1) Aufwendungen, die dem Versicherungsnehmer zur Abwendung oder Minderung des Schadens entstehen, sowie die Kosten für die Ermittlung und Feststellung des Schadens hat der Versicherer auch insoweit zu erstatten, als sie zusammen mit der übrigen Entschädigung die Versicherungssumme übersteigen.

*(2) Sind Aufwendungen* zur Abwendung oder Minderung oder zur Ermittlung und Feststellung des Schadens oder zur Wiederherstellung oder Ausbesserung der durch einen Versicherungsfall beschädigten Sache gemacht oder Beiträge zur großen Haverei geleistet oder ist eine persönliche Verpflichtung des

Versicherungsnehmers zur Entrichtung solcher Beiträge entstanden, hat der Versicherer den Schaden, der durch einen späteren Versicherungsfall verursacht wird, ohne Rücksicht auf die von ihm zu erstattenden früheren Aufwendungen und Beiträge zu ersetzen.

**§ 136 Versicherungswert.** (1) Als Versicherungswert der Güter gilt der gemeine Handelswert und in dessen Ermangelung der gemeine Wert, den die Güter am Ort der Absendung bei Beginn der Versicherung haben, zuzüglich der Versicherungskosten, der Kosten, die bis zur Annahme der Güter durch den Beförderer entstehen, und der endgültig bezahlten Fracht.

(2) Der sich nach Absatz 1 ergebende Wert gilt auch bei Eintritt des Versicherungsfalles als Versicherungswert.

(3) [1] Bei Gütern, die beschädigt am Ablieferungsort ankommen, ist der Wert, den sie dort in beschädigtem Zustand haben, von dem Wert abzuziehen, den sie an diesem Ort in unbeschädigtem Zustand hätten. [2] Der dem Verhältnis der Wertminderung zu ihrem Wert in unbeschädigtem Zustand entsprechende Bruchteil des Versicherungswertes gilt als Betrag des Schadens.

**§ 137 Herbeiführung des Versicherungsfalles.** (1) Der Versicherer ist nicht zur Leistung verpflichtet, wenn der Versicherungsnehmer vorsätzlich oder grob fahrlässig den Versicherungsfall herbeiführt.

(2) Der Versicherungsnehmer hat das Verhalten der Schiffsbesatzung bei der Führung des Schiffes nicht zu vertreten.

**§ 138 Haftungsausschluss bei Schiffen.** [1] Bei der Versicherung eines Schiffes ist der Versicherer nicht zum Ersatz eines Schadens verpflichtet, der daraus entsteht, dass das Schiff in einem nicht fahrtüchtigen Zustand oder nicht ausreichend ausgerüstet oder personell ausgestattet die Reise antritt. [2] Dies gilt auch für einen Schaden, der nur eine Folge der Abnutzung des Schiffes in gewöhnlichem Gebrauch ist.

**§ 139 Veräußerung der versicherten Sache oder Güter.** (1) [1] Ist eine versicherte Sache, für die eine Einzelpolice oder ein Versicherungszertifikat ausgestellt worden ist, veräußert worden, haftet der Erwerber abweichend von § 95 nicht für die Prämie. [2] Der Versicherer kann sich gegenüber dem Erwerber nicht auf Leistungsfreiheit wegen Nichtzahlung der Prämie oder wegen Nichtleistung einer Sicherheit berufen, es sei denn, der Erwerber kannte den Grund für die Leistungsfreiheit oder hätte ihn kennen müssen.

(2) Der Versicherer ist abweichend von § 96 nicht berechtigt, das Versicherungsverhältnis wegen Veräußerung der versicherten Güter zu kündigen.

(3) Der Versicherungsnehmer ist abweichend von § 97 nicht verpflichtet, dem Versicherer die Veräußerung anzuzeigen.

**§ 140 Veräußerung des versicherten Schiffes.** Wird ein versichertes Schiff veräußert, endet abweichend von § 95 die Versicherung mit der Übergabe des Schiffes an den Erwerber, für unterwegs befindliche Schiffe mit der Übergabe an den Erwerber im Bestimmungshafen.

**§ 141 Befreiung durch Zahlung der Versicherungssumme.** (1) [1] Der Versicherer ist nach Eintritt des Versicherungsfalles berechtigt, sich durch Zahlung der Versicherungssumme von allen weiteren Verbindlichkeiten zu befreien. [2] Der Versicherer bleibt zum Ersatz der Kosten verpflichtet, die zur Abwendung oder Minderung des Schadens oder zur Wiederherstellung oder Ausbesserung der versicherten Sache aufgewendet worden sind, bevor seine Erklärung, dass er sich durch Zahlung der Versicherungssumme befreien wolle, dem Versicherungsnehmer zugegangen ist.

(2) Das Recht des Versicherers, sich durch Zahlung der Versicherungssumme zu befreien, erlischt, wenn die Erklärung dem Versicherungsnehmer nicht innerhalb einer Woche nach dem Zeitpunkt, zu dem der Versicherer Kenntnis von dem Versicherungsfall und seinen unmittelbaren Folgen erlangt hat, zugeht.

## Kapitel 4. Gebäudefeuerversicherung

**§ 142 Anzeigen an Hypothekengläubiger.** (1) [1] Bei der Gebäudefeuerversicherung hat der Versicherer einem Hypothekengläubiger, der seine Hypothek angemeldet hat, unverzüglich in Textform anzuzeigen, wenn die einmalige oder die erste Prämie nicht rechtzeitig gezahlt oder wenn dem Versicherungsnehmer für die Zahlung einer Folgeprämie eine Frist bestimmt wird. [2] Dies gilt auch, wenn das Versicherungsverhältnis nach Ablauf der Frist wegen unterbliebener Zahlung der Folgeprämie gekündigt wird.

(2) Der Versicherer hat den Eintritt des Versicherungsfalles innerhalb einer Woche, nachdem er von ihm Kenntnis erlangt hat, einem Hypothekengläubiger, der seine Hypothek angemeldet hat, in Textform anzuzeigen, es sei denn, der Schaden ist unbedeutend.

**§ 143 Fortdauer der Leistungspflicht gegenüber Hypothekengläubigern.** (1) Bei nicht rechtzeitiger Zahlung einer Folgeprämie bleibt der Versicherer gegenüber einem Hypothekengläubiger, der seine Hypothek angemeldet hat, bis zum Ablauf eines Monats ab dem Zeitpunkt zur Leistung verpflichtet, zu welchem dem Hypothekengläubiger die Bestimmung der Zahlungsfrist oder, wenn diese Mitteilung unterblieben ist, die Kündigung mitgeteilt worden ist.

(2) [1] Die Beendigung des Versicherungsverhältnisses wird gegenüber einem Hypothekengläubiger, der seine Hypothek angemeldet hat, erst mit dem Ablauf von zwei Monaten wirksam, nachdem ihm die Beendigung und, sofern diese noch nicht eingetreten war, der Zeitpunkt der Beendigung durch den Versicherer mitgeteilt worden ist oder er auf andere Weise hiervon Kenntnis erlangt hat. [2] Satz 1 gilt nicht, wenn das Versicherungsverhältnis wegen unterbliebener Prämienzahlung durch Rücktritt oder Kündigung des Versicherers oder durch Kündigung des Versicherungsnehmers, welcher der Hypothekengläubiger zugestimmt hat, beendet wird.

(3) Absatz 2 Satz 1 gilt entsprechend für die Wirksamkeit einer Vereinbarung zwischen dem Versicherer und dem Versicherungsnehmer, durch die der Umfang des Versicherungsschutzes gemindert wird oder nach welcher der Versicherer nur verpflichtet ist, die Entschädigung zur Wiederherstellung des versicherten Gebäudes zu zahlen.

(4) [1] Die Nichtigkeit des Versicherungsvertrags kann gegenüber einem Hypothekengläubiger, der seine Hypothek angemeldet hat, nicht geltend gemacht werden. [2] Das Versicherungsverhältnis endet jedoch ihm gegenüber nach Ablauf von zwei Monaten, nachdem ihm die Nichtigkeit durch den Versicherer mit-

geteilt worden ist oder er auf andere Weise von der Nichtigkeit Kenntnis erlangt hat.

**§ 144 Kündigung des Versicherungsnehmers.** [1] Hat ein Hypothekengläubiger seine Hypothek angemeldet, ist eine Kündigung des Versicherungsverhältnisses durch den Versicherungsnehmer unbeschadet des § 92 Abs. 1 und des § 96 Abs. 2 nur wirksam, wenn der Versicherungsnehmer mindestens einen Monat vor Ablauf des Versicherungsvertrags nachgewiesen hat, dass zu dem Zeitpunkt, zu dem die Kündigung spätestens zulässig war, das Grundstück nicht mit der Hypothek belastet war oder dass der Hypothekengläubiger der Kündigung zugestimmt hat. [2] Die Zustimmung darf nicht ohne ausreichenden Grund verweigert werden.

**§ 145 Übergang der Hypothek.** [1] Soweit der Versicherer den Hypothekengläubiger nach § 143 befriedigt, geht die Hypothek auf ihn über. [2] Der Übergang kann nicht zum Nachteil eines gleich- oder nachstehenden Hypothekengläubigers geltend gemacht werden, dem gegenüber die Leistungspflicht des Versicherers bestehen geblieben ist.

**§ 146 Bestätigungs- und Auskunftspflicht des Versicherers.** Der Versicherer ist verpflichtet, einem Hypothekengläubiger, der seine Hypothek angemeldet hat, die Anmeldung zu bestätigen und auf Verlangen Auskunft über das Bestehen von Versicherungsschutz sowie über die Höhe der Versicherungssumme zu erteilen.

**§ 147 Änderung von Anschrift und Name des Hypothekengläubigers.** Hat der Hypothekengläubiger dem Versicherer eine Änderung seiner Anschrift oder seines Namens nicht mitgeteilt, ist § 13 Abs. 1 auf die Anzeigen und Mitteilungen des Versicherers nach den §§ 142 und 143 entsprechend anzuwenden.

**§ 148 Andere Grundpfandrechte.** Ist das Grundstück mit einer Grundschuld, Rentenschuld oder Reallast belastet, sind die §§ 142 bis 147 entsprechend anzuwenden.

**§ 149 Eigentümergrundpfandrechte.** Die durch die §§ 142 bis 148 begründeten Rechte können nicht zugunsten von Hypotheken, Grundschulden oder Rentenschulden, die dem Versicherungsnehmer zustehen, geltend gemacht werden.

## Kapitel 5. Lebensversicherung

**§ 150[1)] Versicherte Person.** (1) Die Lebensversicherung kann auf die Person des Versicherungsnehmers oder eines anderen genommen werden.

(2) [1] Wird die Versicherung für den Fall des Todes eines anderen genommen und übersteigt die vereinbarte Leistung den Betrag der gewöhnlichen Beerdigungskosten, ist zur Wirksamkeit des Vertrags die schriftliche Einwilligung des anderen erforderlich; dies gilt nicht bei Lebensversicherungen im Bereich der betrieblichen Altersversorgung. [2] Ist der andere geschäftsunfähig oder in der

1) § 150 Abs. 2 Satz 1 geänd. mWv 1.1.2018 durch G v. 17.8.2017 (BGBl. I S. 3214).

Geschäftsfähigkeit beschränkt oder ist für ihn ein Betreuer bestellt und steht die Vertretung in den seine Person betreffenden Angelegenheiten dem Versicherungsnehmer zu, kann dieser den anderen bei der Erteilung der Einwilligung nicht vertreten.

(3) Nimmt ein Elternteil die Versicherung auf die Person eines minderjährigen Kindes, bedarf es der Einwilligung des Kindes nur, wenn nach dem Vertrag der Versicherer auch bei Eintritt des Todes vor der Vollendung des siebenten Lebensjahres zur Leistung verpflichtet sein soll und die für diesen Fall vereinbarte Leistung den Betrag der gewöhnlichen Beerdigungskosten übersteigt.

(4) Soweit die Aufsichtsbehörde einen bestimmten Höchstbetrag für die gewöhnlichen Beerdigungskosten festgesetzt hat, ist dieser maßgebend.

**§ 151 Ärztliche Untersuchung.** Durch die Vereinbarung einer ärztlichen Untersuchung der versicherten Person wird ein Recht des Versicherers, die Vornahme der Untersuchung zu verlangen, nicht begründet.

**§ 152 Widerruf des Versicherungsnehmers.** (1) Abweichend von § 8 Abs. 1 Satz 1 beträgt die Widerrufsfrist 30 Tage.

(2) [1] Der Versicherer hat abweichend von § 9 Satz 1 auch den Rückkaufswert einschließlich der Überschussanteile nach § 169 zu zahlen. [2] Im Fall des § 9 Satz 2 hat der Versicherer den Rückkaufswert einschließlich der Überschussanteile oder, wenn dies für den Versicherungsnehmer günstiger ist, die für das erste Jahr gezahlten Prämien zu erstatten.

(3) Abweichend von § 33 Abs. 1 ist die einmalige oder die erste Prämie unverzüglich nach Ablauf von 30 Tagen nach Zugang des Versicherungsscheins zu zahlen.

**§ 153[1)] Überschussbeteiligung.** (1) Dem Versicherungsnehmer steht eine Beteiligung an dem Überschuss und an den Bewertungsreserven (Überschussbeteiligung) zu, es sei denn, die Überschussbeteiligung ist durch ausdrückliche Vereinbarung ausgeschlossen; die Überschussbeteiligung kann nur insgesamt ausgeschlossen werden.

(2) [1] Der Versicherer hat die Beteiligung an dem Überschuss nach einem verursachungsorientierten Verfahren durchzuführen; andere vergleichbare angemessene Verteilungsgrundsätze können vereinbart werden. [2] Die Beträge im Sinn des § 268 Abs. 8 des Handelsgesetzbuchs[2)] bleiben unberücksichtigt.

(3) [1] Der Versicherer hat die Bewertungsreserven jährlich neu zu ermitteln und nach einem verursachungsorientierten Verfahren rechnerisch zuzuordnen. [2] Bei der Beendigung des Vertrags wird der für diesen Zeitpunkt zu ermittelnde Betrag zur Hälfte zugeteilt und an den Versicherungsnehmer ausgezahlt; eine frühere Zuteilung kann vereinbart werden. [3] Aufsichtsrechtliche Regelungen zur Sicherstellung der dauernden Erfüllbarkeit der Verpflichtungen aus den Versicherungen, insbesondere die §§ 89, 124 Absatz 1, § 139 Absatz 3 und 4 und die §§ 140 sowie 214 des Versicherungsaufsichtsgesetzes bleiben unberührt.

---

[1)] § 153 Abs. 2 Satz 2 angef. mWv 29.5.2009 durch G v. 25.5.2009 (BGBl. I S. 1102); Abs. 3 Satz 3 geänd. mWv 7.8.2014 durch G v. 1.8.2014 (BGBl. I S. 1330); Abs. 3 Satz 3 geänd. mWv 1.1.2016 durch G v. 1.4.2015 (BGBl. I S. 434).

[2)] Nr. **50**.

(4) Bei Rentenversicherungen ist die Beendigung der Ansparphase der nach Absatz 3 Satz 2 maßgebliche Zeitpunkt.

**§ 154[1] Modellrechnung.** (1) [1] Macht der Versicherer im Zusammenhang mit dem Angebot oder dem Abschluss einer Lebensversicherung bezifferte Angaben zur Höhe von möglichen Leistungen über die vertraglich garantierten Leistungen hinaus, hat er dem Versicherungsnehmer eine Modellrechnung zu übermitteln, bei der die mögliche Ablaufleistung unter Zugrundelegung der Rechnungsgrundlagen für die Prämienkalkulation mit drei verschiedenen Zinssätzen dargestellt wird. [2] Dies gilt nicht für Risikoversicherungen und Verträge, die Leistungen der in § 124 Absatz 2 Satz 2 des Versicherungsaufsichtsgesetzes bezeichneten Art vorsehen.

(2) Der Versicherer hat den Versicherungsnehmer klar und verständlich darauf hinzuweisen, dass es sich bei der Modellrechnung nur um ein Rechenmodell handelt, dem fiktive Annahmen zu Grunde liegen, und dass der Versicherungsnehmer aus der Modellrechnung keine vertraglichen Ansprüche gegen den Versicherer ableiten kann.

**§ 155[2] Standmitteilung.** (1) [1] Bei Versicherungen mit Überschussbeteiligung hat der Versicherer den Versicherungsnehmer jährlich in Textform über den aktuellen Stand seiner Ansprüche unter Einbeziehung der Überschussbeteiligung zu unterrichten. [2] Dabei hat er mitzuteilen, inwieweit diese Überschussbeteiligung garantiert ist. [3] Im Einzelnen hat der Versicherer Folgendes anzugeben:

1. die vereinbarte Leistung bei Eintritt eines Versicherungsfalles zuzüglich Überschussbeteiligung zu dem in der Standmitteilung bezeichneten maßgeblichen Zeitpunkt,
2. die vereinbarte Leistung zuzüglich garantierter Überschussbeteiligung bei Ablauf des Vertrags oder bei Rentenbeginn unter der Voraussetzung einer unveränderten Vertragsfortführung,
3. die vereinbarte Leistung zuzüglich garantierter Überschussbeteiligung zum Ablauf des Vertrags oder zum Rentenbeginn unter der Voraussetzung einer prämienfreien Versicherung,
4. den Auszahlungsbetrag bei Kündigung des Versicherungsnehmers,
5. die Summe der gezahlten Prämien bei Verträgen, die ab dem 1. Juli 2018 abgeschlossen werden; im Übrigen kann über die Summe der gezahlten Prämien in Textform Auskunft verlangt werden.

(2) [1] Weitere Angaben bleiben dem Versicherer unbenommen. [2] Die Standmitteilung kann mit anderen jährlich zu machenden Mitteilungen verbunden werden.

(3) Hat der Versicherer bezifferte Angaben zur möglichen zukünftigen Entwicklung der Überschussbeteiligung gemacht, so hat er den Versicherungsnehmer auf Abweichungen der tatsächlichen Entwicklung von den anfänglichen Angaben hinzuweisen.

**§ 156 Kenntnis und Verhalten der versicherten Person.** Soweit nach diesem Gesetz die Kenntnis und das Verhalten des Versicherungsnehmers von rechtlicher Bedeutung sind, ist bei der Versicherung auf die Person eines anderen auch deren Kenntnis und Verhalten zu berücksichtigen.

---

[1] § 154 Abs. 1 Satz 2 geänd. mWv 1.1.2016 durch G v. 1.4.2015 (BGBl. I S. 434).
[2] § 155 neu gef. mWv 1.7.2018 durch G v. 20.7.2017 (BGBl. I S. 2789).

**§ 157 Unrichtige Altersangabe.** [1] Ist das Alter der versicherten Person unrichtig angegeben worden, verändert sich die Leistung des Versicherers nach dem Verhältnis, in welchem die dem wirklichen Alter entsprechende Prämie zu der vereinbarten Prämie steht. [2] Das Recht, wegen der Verletzung der Anzeigepflicht von dem Vertrag zurückzutreten, steht dem Versicherer abweichend von § 19 Abs. 2 nur zu, wenn er den Vertrag bei richtiger Altersangabe nicht geschlossen hätte.

**§ 158 Gefahränderung.** (1) Als Erhöhung der Gefahr gilt nur eine solche Änderung der Gefahrumstände, die nach ausdrücklicher Vereinbarung als Gefahrerhöhung angesehen werden soll; die Vereinbarung bedarf der Textform.

(2) [1] Eine Erhöhung der Gefahr kann der Versicherer nicht mehr geltend machen, wenn seit der Erhöhung fünf Jahre verstrichen sind. [2] Hat der Versicherungsnehmer seine Verpflichtung nach § 23 vorsätzlich oder arglistig verletzt, beläuft sich die Frist auf zehn Jahre.

(3) § 41 ist mit der Maßgabe anzuwenden, dass eine Herabsetzung der Prämie nur wegen einer solchen Minderung der Gefahrumstände verlangt werden kann, die nach ausdrücklicher Vereinbarung als Gefahrminderung angesehen werden soll.

**§ 159 Bezugsberechtigung.** (1) Der Versicherungsnehmer ist im Zweifel berechtigt, ohne Zustimmung des Versicherers einen Dritten als Bezugsberechtigten zu bezeichnen sowie an die Stelle des so bezeichneten Dritten einen anderen zu setzen.

(2) Ein widerruflich als bezugsberechtigt bezeichneter Dritter erwirbt das Recht auf die Leistung des Versicherers erst mit dem Eintritt des Versicherungsfalles.

(3) Ein unwiderruflich als bezugsberechtigt bezeichneter Dritter erwirbt das Recht auf die Leistung des Versicherers bereits mit der Bezeichnung als Bezugsberechtigter.

**§ 160 Auslegung der Bezugsberechtigung.** (1) [1] Sind mehrere Personen ohne Bestimmung ihrer Anteile als Bezugsberechtigte bezeichnet, sind sie zu gleichen Teilen bezugsberechtigt. [2] Der von einem Bezugsberechtigten nicht erworbene Anteil wächst den übrigen Bezugsberechtigten zu.

(2) [1] Soll die Leistung des Versicherers nach dem Tod des Versicherungsnehmers an dessen Erben erfolgen, sind im Zweifel diejenigen, welche zur Zeit des Todes als Erben berufen sind, nach dem Verhältnis ihrer Erbteile bezugsberechtigt. [2] Eine Ausschlagung der Erbschaft hat auf die Berechtigung keinen Einfluss.

(3) Wird das Recht auf die Leistung des Versicherers von dem bezugsberechtigten Dritten nicht erworben, steht es dem Versicherungsnehmer zu.

(4) Ist der Fiskus als Erbe berufen, steht ihm ein Bezugsrecht im Sinn des Absatzes 2 Satz 1 nicht zu.

**§ 161 Selbsttötung.** (1) [1] Bei einer Versicherung für den Todesfall ist der Versicherer nicht zur Leistung verpflichtet, wenn die versicherte Person sich vor Ablauf von drei Jahren nach Abschluss des Versicherungsvertrags vorsätzlich selbst getötet hat. [2] Dies gilt nicht, wenn die Tat in einem die freie Willensbestimmung ausschließenden Zustand krankhafter Störung der Geistestätigkeit begangen worden ist.

(2) Die Frist nach Absatz 1 Satz 1 kann durch Einzelvereinbarung erhöht werden.

(3) Ist der Versicherer nicht zur Leistung verpflichtet, hat er den Rückkaufswert einschließlich der Überschussanteile nach § 169 zu zahlen.

**§ 162 Tötung durch Leistungsberechtigten.** (1) Ist die Versicherung für den Fall des Todes eines anderen als des Versicherungsnehmers genommen, ist der Versicherer nicht zur Leistung verpflichtet, wenn der Versicherungsnehmer vorsätzlich durch eine widerrechtliche Handlung den Tod des anderen herbeiführt.

(2) Ist ein Dritter als Bezugsberechtigter bezeichnet, gilt die Bezeichnung als nicht erfolgt, wenn der Dritte vorsätzlich durch eine widerrechtliche Handlung den Tod der versicherten Person herbeiführt.

**§ 163 Prämien- und Leistungsänderung.** (1) [1]Der Versicherer ist zu einer Neufestsetzung der vereinbarten Prämie berechtigt, wenn

1. sich der Leistungsbedarf nicht nur vorübergehend und nicht voraussehbar gegenüber den Rechnungsgrundlagen der vereinbarten Prämie geändert hat,
2. die nach den berichtigten Rechnungsgrundlagen neu festgesetzte Prämie angemessen und erforderlich ist, um die dauernde Erfüllbarkeit der Versicherungsleistung zu gewährleisten, und
3. ein unabhängiger Treuhänder die Rechnungsgrundlagen und die Voraussetzungen der Nummern 1 und 2 überprüft und bestätigt hat.

[2]Eine Neufestsetzung der Prämie ist insoweit ausgeschlossen, als die Versicherungsleistungen zum Zeitpunkt der Erst- oder Neukalkulation unzureichend kalkuliert waren und ein ordentlicher und gewissenhafter Aktuar dies insbesondere anhand der zu diesem Zeitpunkt verfügbaren statistischen Kalkulationsgrundlagen hätte erkennen müssen.

(2) [1]Der Versicherungsnehmer kann verlangen, dass an Stelle einer Erhöhung der Prämie nach Absatz 1 die Versicherungsleistung entsprechend herabgesetzt wird. [2]Bei einer prämienfreien Versicherung ist der Versicherer unter den Voraussetzungen des Absatzes 1 zur Herabsetzung der Versicherungsleistung berechtigt.

(3) Die Neufestsetzung der Prämie und die Herabsetzung der Versicherungsleistung werden zu Beginn des zweiten Monats wirksam, der auf die Mitteilung der Neufestsetzung oder der Herabsetzung und der hierfür maßgeblichen Gründe an den Versicherungsnehmer folgt.

(4) Die Mitwirkung des Treuhänders nach Absatz 1 Satz 1 Nr. 3 entfällt, wenn die Neufestsetzung oder die Herabsetzung der Versicherungsleistung der Genehmigung der Aufsichtsbehörde bedarf.

**§ 164 Bedingungsanpassung.** (1) [1]Ist eine Bestimmung in Allgemeinen Versicherungsbedingungen des Versicherers durch höchstrichterliche Entscheidung oder durch bestandskräftigen Verwaltungsakt für unwirksam erklärt worden, kann sie der Versicherer durch eine neue Regelung ersetzen, wenn dies zur Fortführung des Vertrags notwendig ist oder wenn das Festhalten an dem Vertrag ohne neue Regelung für eine Vertragspartei auch unter Berücksichtigung der Interessen der anderen Vertragspartei eine unzumutbare Härte darstellen würde. [2]Die neue Regelung ist nur wirksam, wenn sie unter Wahrung des Vertragsziels die Belange der Versicherungsnehmer angemessen berücksichtigt.

(2) Die neue Regelung nach Absatz 1 wird zwei Wochen, nachdem die neue Regelung und die hierfür maßgeblichen Gründe dem Versicherungsnehmer mitgeteilt worden sind, Vertragsbestandteil.

**§ 165 Prämienfreie Versicherung.** (1) [1]Der Versicherungsnehmer kann jederzeit für den Schluss der laufenden Versicherungsperiode die Umwandlung der Versicherung in eine prämienfreie Versicherung verlangen, sofern die dafür vereinbarte Mindestversicherungsleistung erreicht wird. [2]Wird diese nicht erreicht, hat der Versicherer den auf die Versicherung entfallenden Rückkaufswert einschließlich der Überschussanteile nach § 169 zu zahlen.

(2) Die prämienfreie Leistung ist nach anerkannten Regeln der Versicherungsmathematik mit den Rechnungsgrundlagen der Prämienkalkulation unter Zugrundelegung des Rückkaufswertes nach § 169 Abs. 3 bis 5 zu berechnen und im Vertrag für jedes Versicherungsjahr anzugeben.

(3) [1]Die prämienfreie Leistung ist für den Schluss der laufenden Versicherungsperiode unter Berücksichtigung von Prämienrückständen zu berechnen. [2]Die Ansprüche des Versicherungsnehmers aus der Überschussbeteiligung bleiben unberührt.

**§ 166 Kündigung des Versicherers.** (1) [1]Kündigt der Versicherer das Versicherungsverhältnis, wandelt sich mit der Kündigung die Versicherung in eine prämienfreie Versicherung um. [2]Auf die Umwandlung ist § 165 anzuwenden.

(2) Im Fall des § 38 Abs. 2 ist der Versicherer zu der Leistung verpflichtet, die er erbringen müsste, wenn sich mit dem Eintritt des Versicherungsfalles die Versicherung in eine prämienfreie Versicherung umgewandelt hätte.

(3) Bei der Bestimmung einer Zahlungsfrist nach § 38 Abs. 1 hat der Versicherer auf die eintretende Umwandlung der Versicherung hinzuweisen.

(4) Bei einer Lebensversicherung, die vom Arbeitgeber zugunsten seiner Arbeitnehmerinnen und Arbeitnehmer abgeschlossen worden ist, hat der Versicherer die versicherte Person über die Bestimmung der Zahlungsfrist nach § 38 Abs. 1 und die eintretende Umwandlung der Versicherung in Textform zu informieren und ihnen eine Zahlungsfrist von mindestens zwei Monaten einzuräumen.

**§ 167 Umwandlung zur Erlangung eines Pfändungsschutzes.** [1]Der Versicherungsnehmer einer Lebensversicherung kann jederzeit für den Schluss der laufenden Versicherungsperiode die Umwandlung der Versicherung in eine Versicherung verlangen, die den Anforderungen des § 851c Abs. 1 der Zivilprozessordnung[1)] entspricht. [2]Die Kosten der Umwandlung hat der Versicherungsnehmer zu tragen.

**§ 168[2)] Kündigung des Versicherungsnehmers.** (1) Sind laufende Prämien zu zahlen, kann der Versicherungsnehmer das Versicherungsverhältnis jederzeit für den Schluss der laufenden Versicherungsperiode kündigen.

(2) Bei einer Versicherung, die Versicherungsschutz für ein Risiko bietet, bei dem der Eintritt der Verpflichtung des Versicherers gewiss ist, steht das Kündigungsrecht dem Versicherungsnehmer auch dann zu, wenn die Prämie in einer einmaligen Zahlung besteht.

(3) Die Absätze 1 und 2 sind nicht auf einen für die Altersvorsorge bestimmten Versicherungsvertrag anzuwenden,

---

[1)] Nr. **100**.

[2)] § 168 Abs. 3 Satz 2 angef. mWv 18.12.2007 durch G v. 10.12.2007 (BGBl. I S. 2833); Abs. 3 Satz 1 geänd. mWv 17.4.2010 durch G v. 14.4.2010 (BGBl. I S. 410); Abs. 3 neu gef. mWv 1.1.2023 durch G v. 16.12.2022 (BGBl. I S. 2328).

1. wenn die Vertragsparteien bei einem nach § 5a des Altersvorsorgeverträge-Zertifizierungsgesetzes[1] zertifizierten Basisrentenvertrag die Verwertung der Ansprüche gemäß § 10 Absatz 1 Nummer 2 Satz 1 Buchstabe b des Einkommensteuergesetzes ausgeschlossen haben oder
2. soweit die Vertragsparteien eine Verwertung unwiderruflich ausgeschlossen haben und dieser Ausschluss erforderlich ist, um den Pfändungsschutz nach § 851c der Zivilprozessordnung[2] oder § 851d der Zivilprozessordnung herbeizuführen.

**§ 169[3] Rückkaufswert.** (1) Wird eine Versicherung, die Versicherungsschutz für ein Risiko bietet, bei dem der Eintritt der Verpflichtung des Versicherers gewiss ist, durch Kündigung des Versicherungsnehmers oder durch Rücktritt oder Anfechtung des Versicherers aufgehoben, hat der Versicherer den Rückkaufswert zu zahlen.

(2) [1] Der Rückkaufswert ist nur insoweit zu zahlen, als dieser die Leistung bei einem Versicherungsfall zum Zeitpunkt der Kündigung nicht übersteigt. [2] Der danach nicht gezahlte Teil des Rückkaufswertes ist für eine prämienfreie Versicherung zu verwenden. [3] Im Fall des Rücktrittes oder der Anfechtung ist der volle Rückkaufswert zu zahlen.

(3) [1] Der Rückkaufswert ist das nach anerkannten Regeln der Versicherungsmathematik mit den Rechnungsgrundlagen der Prämienkalkulation zum Schluss

*(Fortsetzung nächstes Blatt)*

[1] **Aichberger, SGB Nr. 6/80.**
[2] Nr. **100**.
[3] § 169 Abs. 4 Satz 1 geänd. mWv 1.1.2016 durch G v. 1.4.2015 (BGBl. I S. 434).

1. wenn die Vertragsparteien der Verwendung nach § 5a des Altersvorsorgeverträge-Zertifizierungsgesetzes[1] zertifizierten Basisrentenvertrag die Verwertung der Ansprüche gemäß § 10 Absatz 1 Nummer 2 Satz 1 Buchstabe b des Einkommensteuergesetzes ausgeschlossen haben oder

2. soweit die Vertragsparteien eine Verwertung unwiderruflich ausgeschlossen haben und dieser Ausschluss erforderlich ist, um den Pfändungsschutz nach § 851c der Zivilprozessordnung[2] oder § 851d der Zivilprozessordnung zu erhalten.

**§ 169**[3] **Rückkaufswert.** (1) Wird eine Versicherung, die Versicherungsschutz für ein Risiko bietet, bei dem der Eintritt der Verpflichtung des Versicherers gewiss ist, durch Kündigung des Versicherungsnehmers oder durch Rücktritt oder Anfechtung des Versicherers aufgehoben, hat der Versicherer den Rückkaufswert zu zahlen.

(2) Der Rückkaufswert ist nur insoweit zu zahlen, als dieser die Leistung bei einem Versicherungsfall zum Zeitpunkt der Kündigung nicht übersteigt. Der danach nicht gezahlte Teil des Rückkaufswertes ist für eine prämienfreie Versicherung zu verwenden. Im Fall des Rücktrittes oder der Anfechtung ist der volle Rückkaufswert zu zahlen.

(3) Der Rückkaufswert ist das nach anerkannten Regeln der Versicherungsmathematik mit den Rechnungsgrundlagen der Prämienkalkulation zum Schluss

[Fortsetzung nächstes Blatt]

[1] Aichberger, SGB Nr. 6/80.
[2] Nr. 100.
[3] § 169 Abs. 3 Satz 1 geänd. mWv 1.1.2016 durch G v. 1.4.2015 (BGBl. I S. 434).

der laufenden Versicherungsperiode berechnete Deckungskapital der Versicherung, bei einer Kündigung des Versicherungsverhältnisses jedoch mindestens der Betrag des Deckungskapitals, das sich bei gleichmäßiger Verteilung der angesetzten Abschluss- und Vertriebskosten auf die ersten fünf Vertragsjahre ergibt; die aufsichtsrechtlichen Regelungen über Höchstzillmersätze bleiben unberührt. [2] Der Rückkaufswert und das Ausmaß, in dem er garantiert ist, sind dem Versicherungsnehmer vor Abgabe von dessen Vertragserklärung mitzuteilen; das Nähere regelt die Rechtsverordnung nach § 7 Abs. 2. Hat der Versicherer seinen Sitz in einem anderen Mitgliedstaat der Europäischen Union oder einem anderen Vertragsstaat des Abkommens über den Europäischen Wirtschaftsraum, kann er für die Berechnung des Rückkaufswertes an Stelle des Deckungskapitals den in diesem Staat vergleichbaren anderen Bezugswert zu Grunde legen.

(4) [1] Bei fondsgebundenen Versicherungen und anderen Versicherungen, die Leistungen der in § 124 Absatz 2 Satz 2 des Versicherungsaufsichtsgesetzes bezeichneten Art vorsehen, ist der Rückkaufswert nach anerkannten Regeln der Versicherungsmathematik als Zeitwert der Versicherung zu berechnen, soweit nicht der Versicherer eine bestimmte Leistung garantiert; im Übrigen gilt Absatz 3. [2] Die Grundsätze der Berechnung sind im Vertrag anzugeben.

(5) [1] Der Versicherer ist zu einem Abzug von dem nach Absatz 3 oder 4 berechneten Betrag nur berechtigt, wenn er vereinbart, beziffert und angemessen ist. [2] Die Vereinbarung eines Abzugs für noch nicht getilgte Abschluss- und Vertriebskosten ist unwirksam.

(6) [1] Der Versicherer kann den nach Absatz 3 berechneten Betrag angemessen herabsetzen, soweit dies erforderlich ist, um eine Gefährdung der Belange der Versicherungsnehmer, insbesondere durch eine Gefährdung der dauernden Erfüllbarkeit der sich aus den Versicherungsverträgen ergebenden Verpflichtungen, auszuschließen. [2] Die Herabsetzung ist jeweils auf ein Jahr befristet.

(7) Der Versicherer hat dem Versicherungsnehmer zusätzlich zu dem nach den Absätzen 3 bis 6 berechneten Betrag die diesem bereits zugeteilten Überschussanteile, soweit sie nicht bereits in dem Betrag nach den Absätzen 3 bis 6 enthalten sind, sowie den nach den jeweiligen Allgemeinen Versicherungsbedingungen für den Fall der Kündigung vorgesehenen Schlussüberschussanteil zu zahlen; § 153 Abs. 3 Satz 2 bleibt unberührt.

**§ 170 Eintrittsrecht.** (1) [1] Wird in die Versicherungsforderung ein Arrest vollzogen oder eine Zwangsvollstreckung vorgenommen oder wird das Insolvenzverfahren über das Vermögen des Versicherungsnehmers eröffnet, kann der namentlich bezeichnete Bezugsberechtigte mit Zustimmung des Versicherungsnehmers an seiner Stelle in den Versicherungsvertrag eintreten. [2] Tritt der Bezugsberechtigte ein, hat er die Forderungen der betreibenden Gläubiger oder der Insolvenzmasse bis zur Höhe des Betrags zu befriedigen, dessen Zahlung der Versicherungsnehmer im Fall der Kündigung des Versicherungsverhältnisses vom Versicherer verlangen könnte.

(2) Ist ein Bezugsberechtigter nicht oder nicht namentlich bezeichnet, steht das gleiche Recht dem Ehegatten oder Lebenspartner und den Kindern des Versicherungsnehmers zu.

(3) [1] Der Eintritt erfolgt durch Anzeige an den Versicherer. [2] Die Anzeige kann nur innerhalb eines Monats erfolgen, nachdem der Eintrittsberechtigte von der Pfändung Kenntnis erlangt hat oder das Insolvenzverfahren eröffnet worden ist.

**§ 171 Abweichende Vereinbarungen.** [1] Von § 152 Abs. 1 und 2 und den §§ 153 bis 155, 157, 158, 161 und 163 bis 170 kann nicht zum Nachteil des Versicherungsnehmers, der versicherten Person oder des Eintrittsberechtigten abgewichen werden. [2] Für das Verlangen des Versicherungsnehmers auf Umwandlung nach § 165 und für seine Kündigung nach § 168 kann die Schrift- oder die Textform vereinbart werden.

## Kapitel 6. Berufsunfähigkeitsversicherung

**§ 172 Leistung des Versicherers.** (1) Bei der Berufsunfähigkeitsversicherung ist der Versicherer verpflichtet, für eine nach Beginn der Versicherung eingetretene Berufsunfähigkeit die vereinbarten Leistungen zu erbringen.

(2) Berufsunfähig ist, wer seinen zuletzt ausgeübten Beruf, so wie er ohne gesundheitliche Beeinträchtigung ausgestaltet war, infolge Krankheit, Körperverletzung oder mehr als altersentsprechendem Kräfteverfall ganz oder teilweise voraussichtlich auf Dauer nicht mehr ausüben kann.

(3) Als weitere Voraussetzung einer Leistungspflicht des Versicherers kann vereinbart werden, dass die versicherte Person auch keine andere Tätigkeit ausübt oder ausüben kann, die zu übernehmen sie auf Grund ihrer Ausbildung und Fähigkeiten in der Lage ist und die ihrer bisherigen Lebensstellung entspricht.

**§ 173 Anerkenntnis.** (1) Der Versicherer hat nach einem Leistungsantrag bei Fälligkeit in Textform zu erklären, ob er seine Leistungspflicht anerkennt.

(2) [1] Das Anerkenntnis darf nur einmal zeitlich begrenzt werden. [2] Es ist bis zum Ablauf der Frist bindend.

**§ 174 Leistungsfreiheit.** (1) Stellt der Versicherer fest, dass die Voraussetzungen der Leistungspflicht entfallen sind, wird er nur leistungsfrei, wenn er dem Versicherungsnehmer diese Veränderung in Textform dargelegt hat.

(2) Der Versicherer wird frühestens mit dem Ablauf des dritten Monats nach Zugang der Erklärung nach Absatz 1 beim Versicherungsnehmer leistungsfrei.

**§ 175 Abweichende Vereinbarungen.** Von den §§ 173 und 174 kann nicht zum Nachteil des Versicherungsnehmers abgewichen werden.

**§ 176 Anzuwendende Vorschriften.** Die §§ 150 bis 170 sind auf die Berufsunfähigkeitsversicherung entsprechend anzuwenden, soweit die Besonderheiten dieser Versicherung nicht entgegenstehen.

**§ 177 Ähnliche Versicherungsverträge.** (1) Die §§ 173 bis 176 sind auf alle Versicherungsverträge, bei denen der Versicherer für eine dauerhafte Beeinträchtigung der Arbeitsfähigkeit eine Leistung verspricht, entsprechend anzuwenden.

(2) Auf die Unfallversicherung sowie auf Krankenversicherungsverträge, die das Risiko der Beeinträchtigung der Arbeitsfähigkeit zum Gegenstand haben, ist Absatz 1 nicht anzuwenden.

## Kapitel 7. Unfallversicherung

**§ 178 Leistung des Versicherers.** (1) Bei der Unfallversicherung ist der Versicherer verpflichtet, bei einem Unfall der versicherten Person oder einem vertraglich dem Unfall gleichgestellten Ereignis die vereinbarten Leistungen zu erbringen.

(2) [1] Ein Unfall liegt vor, wenn die versicherte Person durch ein plötzlich von außen auf ihren Körper wirkendes Ereignis unfreiwillig eine Gesundheitsschädigung erleidet. [2] Die Unfreiwilligkeit wird bis zum Beweis des Gegenteils vermutet.

**§ 179 Versicherte Person.** (1) [1] Die Unfallversicherung kann für den Eintritt eines Unfalles des Versicherungsnehmers oder eines anderen genommen werden. [2] Eine Versicherung gegen Unfälle eines anderen gilt im Zweifel als für Rechnung des anderen genommen.

(2) [1] Wird die Versicherung gegen Unfälle eines anderen von dem Versicherungsnehmer für eigene Rechnung genommen, ist zur Wirksamkeit des Vertrags die schriftliche Einwilligung des anderen erforderlich. [2] Ist der andere geschäftsunfähig oder in der Geschäftsfähigkeit beschränkt oder ist für ihn ein Betreuer bestellt und steht die Vertretung in den seine Person betreffenden Angelegenheiten dem Versicherungsnehmer zu, kann dieser den anderen bei der Erteilung der Einwilligung nicht vertreten.

(3) Soweit im Fall des Absatzes 2 nach diesem Gesetz die Kenntnis und das Verhalten des Versicherungsnehmers von rechtlicher Bedeutung sind, sind auch die Kenntnis und das Verhalten des anderen zu berücksichtigen.

**§ 180 Invalidität.** [1] Der Versicherer schuldet die für den Fall der Invalidität versprochenen Leistungen im vereinbarten Umfang, wenn die körperliche oder geistige Leistungsfähigkeit der versicherten Person unfallbedingt dauerhaft beeinträchtigt ist. [2] Eine Beeinträchtigung ist dauerhaft, wenn sie voraussichtlich länger als drei Jahre bestehen wird und eine Änderung dieses Zustandes nicht erwartet werden kann.

**§ 181 Gefahrerhöhung.** (1) Als Erhöhung der Gefahr gilt nur eine solche Änderung der Umstände, die nach ausdrücklicher Vereinbarung als Gefahrerhöhung angesehen werden soll; die Vereinbarung bedarf der Textform.

(2) [1] Ergeben sich im Fall einer erhöhten Gefahr nach dem geltenden Tarif des Versicherers bei unveränderter Prämie niedrigere Versicherungsleistungen, gelten diese mit Ablauf eines Monats nach Eintritt der Gefahrerhöhung als vereinbart. [2] Weitergehende Rechte kann der Versicherer nur geltend machen, wenn der Versicherungsnehmer die Gefahrerhöhung arglistig nicht angezeigt hat.

**§ 182 Mitwirkende Ursachen.** Ist vereinbart, dass der Anspruch auf die vereinbarten Leistungen entfällt oder sich mindert, wenn Krankheiten oder Gebrechen bei der durch den Versicherungsfall verursachten Gesundheitsschädigung oder deren Folgen mitgewirkt haben, hat der Versicherer die Voraussetzungen des Wegfalles oder der Minderung des Anspruchs nachzuweisen.

**§ 183 Herbeiführung des Versicherungsfalles.** (1) Der Versicherer ist nicht zur Leistung verpflichtet, wenn im Fall des § 179 Abs. 2 der Versicherungsnehmer vorsätzlich durch eine widerrechtliche Handlung den Versicherungsfall herbeiführt.

(2) Ist ein Dritter als Bezugsberechtigter bezeichnet, gilt die Bezeichnung als nicht erfolgt, wenn der Dritte vorsätzlich durch eine widerrechtliche Handlung den Versicherungsfall herbeiführt.

**§ 184 Abwendung und Minderung des Schadens.** Die §§ 82 und 83 sind auf die Unfallversicherung nicht anzuwenden.

**§ 185 Bezugsberechtigung.** Ist als Leistung des Versicherers die Zahlung eines Kapitals vereinbart, sind die §§ 159 und 160 entsprechend anzuwenden.

**§ 186 Hinweispflicht des Versicherers.** [1] Zeigt der Versicherungsnehmer einen Versicherungsfall an, hat der Versicherer ihn auf vertragliche Anspruchs- und Fälligkeitsvoraussetzungen sowie einzuhaltende Fristen in Textform hinzuweisen. [2] Unterbleibt dieser Hinweis, kann sich der Versicherer auf Fristversäumnis nicht berufen.

**§ 187 Anerkenntnis.** (1) [1] Der Versicherer hat nach einem Leistungsantrag innerhalb eines Monats nach Vorlage der zu dessen Beurteilung erforderlichen Unterlagen in Textform zu erklären, ob und in welchem Umfang er seine Leistungspflicht anerkennt. [2] Wird eine Invaliditätsleistung beantragt, beträgt die Frist drei Monate.

(2) [1] Erkennt der Versicherer den Anspruch an oder haben sich Versicherungsnehmer und Versicherer über Grund und Höhe des Anspruchs geeinigt, wird die Leistung innerhalb von zwei Wochen fällig. [2] Steht die Leistungspflicht nur dem Grunde nach fest, hat der Versicherer auf Verlangen des Versicherungsnehmers einen angemessenen Vorschuss zu leisten.

**§ 188 Neubemessung der Invalidität.** (1) [1] Sind Leistungen für den Fall der Invalidität vereinbart, ist jede Vertragspartei berechtigt, den Grad der Invalidität jährlich, längstens bis zu drei Jahre nach Eintritt des Unfalles, neu bemessen zu lassen. [2] In der Kinderunfallversicherung kann die Frist, innerhalb derer eine Neubemessung verlangt werden kann, verlängert werden.

(2) [1] Mit der Erklärung des Versicherers über die Leistungspflicht ist der Versicherungsnehmer über sein Recht zu unterrichten, den Grad der Invalidität neu bemessen zu lassen. [2] Unterbleibt diese Unterrichtung, kann sich der Versicherer auf eine Verspätung des Verlangens des Versicherungsnehmers, den Grad der Invalidität neu zu bemessen, nicht berufen.

**§ 189 Sachverständigenverfahren, Schadensermittlungskosten.** Die §§ 84 und 85 Abs. 1 und 3 sind entsprechend anzuwenden.

**§ 190 Pflichtversicherung.** Besteht für den Abschluss einer Unfallversicherung eine Verpflichtung durch Rechtsvorschrift, hat der Versicherer dem Versicherungsnehmer unter Angabe der Versicherungssumme zu bescheinigen, dass eine der zu bezeichnenden Rechtsvorschrift entsprechende Unfallversicherung besteht.

**§ 191 Abweichende Vereinbarungen.** Von § 178 Abs. 2 Satz 2 und den §§ 181, 186 bis 188 kann nicht zum Nachteil des Versicherungsnehmers oder der versicherten Person abgewichen werden.

## Kapitel 8.[1] Krankenversicherung

**§ 192[1] Vertragstypische Leistungen des Versicherers.** (1) Bei der Krankheitskostenversicherung ist der Versicherer verpflichtet, im vereinbarten Umfang die Aufwendungen für medizinisch notwendige Heilbehandlung wegen Krankheit oder Unfallfolgen und für sonstige vereinbarte Leistungen einschließlich solcher bei Schwangerschaft und Entbindung sowie für ambulante Vorsorgeuntersuchungen zur Früherkennung von Krankheiten nach gesetzlich eingeführten Programmen zu erstatten.

(2) Der Versicherer ist zur Leistung nach Absatz 1 insoweit nicht verpflichtet, als die Aufwendungen für die Heilbehandlung oder sonstigen Leistungen in einem auffälligen Missverhältnis zu den erbrachten Leistungen stehen.

(3) Als Inhalt der Krankheitskostenversicherung können zusätzliche Dienstleistungen, die in unmittelbarem Zusammenhang mit Leistungen nach Absatz 1 stehen, vereinbart werden, insbesondere

1. die Beratung über Leistungen nach Absatz 1 sowie über die Anbieter solcher Leistungen;
2. die Beratung über die Berechtigung von Entgeltansprüchen der Erbringer von Leistungen nach Absatz 1;
3. die Abwehr unberechtigter Entgeltansprüche der Erbringer von Leistungen nach Absatz 1;
4. die Unterstützung der versicherten Personen bei der Durchsetzung von Ansprüchen wegen fehlerhafter Erbringung der Leistungen nach Absatz 1 und der sich hieraus ergebenden Folgen;
5. die unmittelbare Abrechnung der Leistungen nach Absatz 1 mit deren Erbringern.

(4) Bei der Krankenhaustagegeldversicherung ist der Versicherer verpflichtet, bei medizinisch notwendiger stationärer Heilbehandlung das vereinbarte Krankenhaustagegeld zu leisten.

(5) [1]Bei der Krankentagegeldversicherung ist der Versicherer verpflichtet, den als Folge von Krankheit oder Unfall durch Arbeitsunfähigkeit verursachten Verdienstausfall durch das vereinbarte Krankentagegeld zu ersetzen. [2]Er ist außerdem verpflichtet, den Verdienstausfall, der während der Schutzfristen nach § 3 Absatz 1 und 2 des Mutterschutzgesetzes sowie am Entbindungstag entsteht, durch das vereinbarte Krankentagegeld zu ersetzen, soweit der versicherten Person kein anderweitiger angemessener Ersatz für den während dieser Zeit verursachten Verdienstausfall zusteht.

(6) [1]Bei der Pflegekrankenversicherung ist der Versicherer verpflichtet, im Fall der Pflegebedürftigkeit im vereinbarten Umfang die Aufwendungen für die Pflege der versicherten Person zu erstatten (Pflegekostenversicherung) oder das vereinbarte Tagegeld zu leisten (Pflegetagegeldversicherung). [2]Absatz 2 gilt für die Pflegekostenversicherung entsprechend. [3]Die Regelungen des Elften Buches Sozialgesetzbuch über die private Pflegeversicherung bleiben unberührt.

---

[1] Kapitel 8 (§§ 192–208) neu gef. mWv 1.1.2009 durch G v. 23.11.2007 (BGBl. I S. 2631); § 192 Abs. 8 angef. mWv 1.5.2013 durch G v. 24.4.2013 (BGBl. I S. 932); Abs. 7 Satz 1 geänd. mWv 1.1.2016 durch G v. 1.4.2015 (BGBl. I S. 434); Abs. 5 Satz 2 angef. mWv 11.4.2017 durch G v. 4.4.2017 (BGBl. I S. 778); Abs. 5 Satz 2 geänd. mWv 1.1.2018 durch G v. 23.5.2017 (BGBl. I S. 1228); Abs. 7 Satz 1 geänd., Sätze 3–5 angef. mWv 20.7.2021 durch G v. 11.7.2021 (BGBl. I S. 2754).

(7) [1]Bei der Krankheitskostenversicherung im Basistarif nach § 152 des Versicherungsaufsichtsgesetzes und im Notlagentarif nach § 153 des Versicherungsaufsichtsgesetzes kann der Leistungserbringer seinen Anspruch auf Leistungserstattung auch gegen den Versicherer geltend machen, soweit der Versicherer aus dem Versicherungsverhältnis zur Leistung verpflichtet ist. [2]Im Rahmen der Leistungspflicht des Versicherers aus dem Versicherungsverhältnis haften Versicherer und Versicherungsnehmer gesamtschuldnerisch. [3]Soweit im Notlagentarif nach § 153 des Versicherungsaufsichtsgesetzes der Versicherer die aus dem Versicherungsverhältnis geschuldete Leistung an den Leistungserbringer oder den Versicherungsnehmer erbringt, wird er von seiner Leistungspflicht gegenüber dem Leistungserbringer frei. [4]Der Versicherer kann im Basistarif nach § 152 des Versicherungsaufsichtsgesetzes und im Notlagentarif nach § 153 des Versicherungsaufsichtsgesetzes nicht mit einer ihm aus der Krankheitskostenversicherung oder der privaten Pflege-Pflichtversicherung zustehenden Prämienforderung gegen eine Forderung des Versicherungsnehmers aus diesen Versicherungen aufrechnen. [5]§ 35 ist nicht anwendbar.

(8) [1]Der Versicherungsnehmer kann vor Beginn einer Heilbehandlung, deren Kosten voraussichtlich 2 000 Euro überschreiten werden, in Textform vom Versicherer Auskunft über den Umfang des Versicherungsschutzes für die beabsichtigte Heilbehandlung verlangen. [2]Ist die Durchführung der Heilbehandlung dringlich, hat der Versicherer eine mit Gründen versehene Auskunft unverzüglich, spätestens nach zwei Wochen, zu erteilen, ansonsten nach vier Wochen; auf einen vom Versicherungsnehmer vorgelegten Kostenvoranschlag und andere Unterlagen ist dabei einzugehen. [3]Die Frist beginnt mit Eingang des Auskunftsverlangens beim Versicherer. [4]Ist die Auskunft innerhalb der Frist nicht erteilt, wird bis zum Beweis des Gegenteils durch den Versicherer vermutet, dass die beabsichtigte medizinische Heilbehandlung notwendig ist.

**§ 193[1)] Versicherte Person; Versicherungspflicht.** (1) [1]Die Krankenversicherung kann auf die Person des Versicherungsnehmers oder eines anderen genommen werden. [2]Versicherte Person ist die Person, auf welche die Versicherung genommen wird.

(2) Soweit nach diesem Gesetz die Kenntnis und das Verhalten des Versicherungsnehmers von rechtlicher Bedeutung sind, ist bei der Versicherung auf die Person eines anderen auch deren Kenntnis und Verhalten zu berücksichtigen.

(3) [1]Jede Person mit Wohnsitz im Inland ist verpflichtet, bei einem in Deutschland zum Geschäftsbetrieb zugelassenen Versicherungsunternehmen für sich selbst und für die von ihr gesetzlich vertretenen Personen, soweit diese nicht selbst Verträge abschließen können, eine Krankheitskostenversicherung, die mindestens eine Kostenerstattung für ambulante und stationäre Heilbehandlung umfasst und bei der die für tariflich vorgesehene Leistungen vereinbarten absoluten und prozentualen Selbstbehalte für ambulante und stationäre Heilbehandlung für jede zu versichernde Person auf eine betragsmäßige Auswirkung von kalenderjährlich 5 000 Euro begrenzt ist, abzuschließen und aufrechtzuerhalten; für Beihilfeberechtigte ergeben sich die möglichen Selbstbehalte durch eine sinngemäße Anwendung

[1)] § 193 neu gef. mWv 1.1.2009 durch G v. 23.11.2007 (BGBl. I S. 2631); Abs. 3 Satz 2 Nr. 3 geänd. mWv 23.7.2009 durch G v. 17.7.2009 (BGBl. I S. 1990); Abs. 4 Satz 5 geänd., Sätze 7 und 8 angef., Abs. 6 neu gef., Abs. 7–10 eingef., bish. Abs. 7 wird Abs. 11 mWv 1.8.2013 durch G v. 15.7.2013 (BGBl. I S. 2423); Abs. 5 Satz 1 abschl. Satzteil, Abs. 7 Satz 1, Sätze 3–5, Abs. 8 Sätze 1–3, Abs. 9 Satz 2 und Abs. 11 geänd. mWv 1.1.2016 durch G v. 1.4.2015 (BGBl. I S. 434); Abs. 3 Satz 2 Nr. 4 neu gef. mWv 1.1.2020 durch G v. 23.12.2016 (BGBl. I S. 3234).

des durch den Beihilfesatz nicht gedeckten Vom-Hundert-Anteils auf den Höchstbetrag von 5 000 Euro. [2]Die Pflicht nach Satz 1 besteht nicht für Personen, die

1. in der gesetzlichen Krankenversicherung versichert oder versicherungspflichtig sind oder
2. Anspruch auf freie Heilfürsorge haben, beihilfeberechtigt sind oder vergleichbare Ansprüche haben im Umfang der jeweiligen Berechtigung oder
3. Anspruch auf Leistungen nach dem Asylbewerberleistungsgesetz haben oder
4. Empfänger laufender Leistungen nach dem Dritten, Vierten und Siebten Kapitel des Zwölften Buches Sozialgesetzbuch und Empfänger von Leistungen nach Teil

*(Fortsetzung nächstes Blatt)*

2 des Neunten Buches Sozialgesetzbuch sind für die Dauer dieses Leistungsbezugs und während Zeiten einer Unterbrechung des Leistungsbezugs von weniger als einem Monat, wenn der Leistungsbezug vor dem 1. Januar 2009 begonnen hat.

[3] Ein vor dem 1. April 2007 vereinbarter Krankheitskostenversicherungsvertrag genügt den Anforderungen des Satzes 1.

(4) [1] Wird der Vertragsabschluss später als einen Monat nach Entstehen der Pflicht nach Absatz 3 Satz 1 beantragt, ist ein Prämienzuschlag zu entrichten. [2] Dieser beträgt einen Monatsbeitrag für jeden weiteren angefangenen Monat der Nichtversicherung, ab dem sechsten Monat der Nichtversicherung für jeden weiteren angefangenen Monat der Nichtversicherung ein Sechstel eines Monatsbeitrags. [3] Kann die Dauer der Nichtversicherung nicht ermittelt werden, ist davon auszugehen, dass der Versicherte mindestens fünf Jahre nicht versichert war. [4] Der Prämienzuschlag ist einmalig zusätzlich zur laufenden Prämie zu entrichten. [5] Der Versicherungsnehmer kann vom Versicherer die Stundung des Prämienzuschlages verlangen, wenn den Interessen des Versicherers durch die Vereinbarung einer angemessenen Ratenzahlung Rechnung getragen werden kann. [6] Der gestundete Betrag ist zu verzinsen. [7] Wird der Vertragsabschluss bis zum 31. Dezember 2013 beantragt, ist kein Prämienzuschlag zu entrichten. [8] Dies gilt für bis zum 31. Juli 2013 abgeschlossene Verträge für noch ausstehende Prämienzuschläge nach Satz 1 entsprechend.

(5) [1] Der Versicherer ist verpflichtet,

1. allen freiwillig in der gesetzlichen Krankenversicherung Versicherten
   a) innerhalb von sechs Monaten nach Einführung des Basistarifes,
   b) innerhalb von sechs Monaten nach Beginn der im Fünften Buch Sozialgesetzbuch vorgesehenen Wechselmöglichkeit im Rahmen ihres freiwilligen Versicherungsverhältnisses,
2. allen Personen mit Wohnsitz in Deutschland, die nicht in der gesetzlichen Krankenversicherung versicherungspflichtig sind, nicht zum Personenkreis nach Nummer 1 oder Absatz 3 Satz 2 Nr. 3 und 4 gehören und die nicht bereits eine private Krankheitskostenversicherung mit einem in Deutschland zum Geschäftsbetrieb zugelassenen Versicherungsunternehmen vereinbart haben, die der Pflicht nach Absatz 3 genügt,
3. Personen, die beihilfeberechtigt sind oder vergleichbare Ansprüche haben, soweit sie zur Erfüllung der Pflicht nach Absatz 3 Satz 1 ergänzenden Versicherungsschutz benötigen,
4. allen Personen mit Wohnsitz in Deutschland, die eine private Krankheitskostenversicherung im Sinn des Absatzes 3 mit einem in Deutschland zum Geschäftsbetrieb zugelassenen Versicherungsunternehmen vereinbart haben und deren Vertrag nach dem 31. Dezember 2008 abgeschlossen wird,

Versicherung im Basistarif nach § 152 des Versicherungsaufsichtsgesetzes zu gewähren.[1)] [2] Ist der private Krankheitskostenversicherungsvertrag vor dem 1. Januar 2009 abgeschlossen, kann bei Wechsel oder Kündigung des Vertrags der Abschluss eines Vertrags im Basistarif beim eigenen oder einem anderen Versicherungsunternehmen unter Mitnahme der Alterungsrückstellungen gemäß § 204 Abs. 1 nur bis zum 30. Juni 2009 verlangt werden. [3] Der Antrag muss bereits dann angenommen werden, wenn bei einer Kündigung eines Vertrags bei einem anderen Versicherer

[1)] § 193 Abs. 5 Satz 1 VVG ist nach dem Beschl. des BVerfG v. 10.6.2009 (BGBl. I S. 2127) nur in verfassungskonformer Auslegung nach Maßgabe der Entscheidungsgründe mit Art. 9 Abs. 1 GG **(Schönfelder ErgBd. Nr. 1)** vereinbar.

die Kündigung nach § 205 Abs. 1 Satz 1 noch nicht wirksam geworden ist. [4] Der Antrag darf nur abgelehnt werden, wenn der Antragsteller bereits bei dem Versicherer versichert war und der Versicherer

1. den Versicherungsvertrag wegen Drohung oder arglistiger Täuschung angefochten hat oder
2. vom Versicherungsvertrag wegen einer vorsätzlichen Verletzung der vorvertraglichen Anzeigepflicht zurückgetreten ist.

(6) [1] Ist der Versicherungsnehmer in einer der Pflicht nach Absatz 3 genügenden Versicherung mit einem Betrag in Höhe von Prämienanteilen für zwei Monate im Rückstand, hat ihn der Versicherer zu mahnen. [2] Der Versicherungsnehmer hat für jeden angefangenen Monat eines Prämienrückstandes an Stelle von Verzugszinsen einen Säumniszuschlag in Höhe von 1 Prozent des Prämienrückstandes zu entrichten. [3] Ist der Prämienrückstand einschließlich der Säumniszuschläge zwei Monate nach Zugang der Mahnung höher als der Prämienanteil für einen Monat, mahnt der Versicherer ein zweites Mal und weist auf die Folgen nach Satz 4 hin. [4] Ist der Prämienrückstand einschließlich der Säumniszuschläge einen Monat nach Zugang der zweiten Mahnung höher als der Prämienanteil für einen Monat, ruht der Vertrag ab dem ersten Tag des nachfolgenden Monats. [5] Das Ruhen des Vertrages tritt nicht ein oder endet, wenn der Versicherungsnehmer oder die versicherte Person hilfebedürftig im Sinne des Zweiten[1)] oder Zwölften Buches Sozialgesetzbuch ist oder wird; die Hilfebedürftigkeit ist auf Antrag des Versicherungsnehmers vom zuständigen Träger nach dem Zweiten oder dem Zwölften Buch Sozialgesetzbuch zu bescheinigen.

(7) [1] Solange der Vertrag ruht, gilt der Versicherungsnehmer als im Notlagentarif nach § 153 des Versicherungsaufsichtsgesetzes versichert. [2] Risikozuschläge, Leistungsausschlüsse und Selbstbehalte entfallen während dieser Zeit. [3] Der Versicherer kann verlangen, dass Zusatzversicherungen ruhen, solange die Versicherung nach § 153 des Versicherungsaufsichtsgesetzes besteht. [4] Ein Wechsel in den oder aus dem Notlagentarif nach § 153 des Versicherungsaufsichtsgesetzes ist ausgeschlossen. [5] Ein Versicherungsnehmer, dessen Vertrag nur die Erstattung eines Prozentsatzes der entstandenen Aufwendungen vorsieht, gilt als in einer Variante des Notlagentarifs nach § 153 des Versicherungsaufsichtsgesetzes versichert, die Leistungen in Höhe von 20, 30 oder 50 Prozent der versicherten Behandlungskosten vorsieht, abhängig davon, welcher Prozentsatz dem Grad der vereinbarten Erstattung am nächsten ist.

(8) [1] Der Versicherer übersendet dem Versicherungsnehmer in Textform eine Mitteilung über die Fortsetzung des Vertrages im Notlagentarif nach § 153 des Versicherungsaufsichtsgesetzes und über die zu zahlende Prämie. [2] Dabei ist der Versicherungsnehmer in herausgehobener Form auf die Folgen der Anrechnung der Alterungsrückstellung nach § 153 Absatz 2 Satz 6 des Versicherungsaufsichtsgesetzes für die Höhe der künftig zu zahlenden Prämie hinzuweisen. [3] Angaben zur Versicherung im Notlagentarif nach § 153 des Versicherungsaufsichtsgesetzes kann der Versicherer auf einer elektronischen Gesundheitskarte nach § 291a Absatz 1a des Fünften Buches Sozialgesetzbuch vermerken.

(9) [1] Sind alle rückständigen Prämienanteile einschließlich der Säumniszuschläge und der Beitreibungskosten gezahlt, wird der Vertrag ab dem ersten Tag des übernächsten Monats in dem Tarif fortgesetzt, in dem der Versicherungsnehmer vor Eintritt des Ruhens versichert war. [2] Dabei ist der Versicherungsnehmer so zu stellen, wie er vor der Versicherung im Notlagentarif nach § 153 des Versicherungs-

[1)] **Sartorius ErgBd. Nr. 402.**

aufsichtsgesetzes stand, abgesehen von den während der Ruhenszeit verbrauchten Anteilen der Alterungsrückstellung. [3] Während der Ruhenszeit vorgenommene Prämienanpassungen und Änderungen der Allgemeinen Versicherungsbedingungen gelten ab dem Tag der Fortsetzung.

(10) Hat der Versicherungsnehmer die Krankenversicherung auf die Person eines anderen genommen, gelten die Absätze 6 bis 9 für die versicherte Person entsprechend.

(11) Bei einer Versicherung im Basistarif nach § 152 des Versicherungsaufsichtsgesetzes kann das Versicherungsunternehmen verlangen, dass Zusatzversicherungen ruhen, wenn und solange ein Versicherter auf die Halbierung des Beitrags nach § 152 Absatz 4 des Versicherungsaufsichtsgesetzes angewiesen ist.

**§ 194[1)] Anzuwendende Vorschriften.** (1) [1] Soweit der Versicherungsschutz nach den Grundsätzen der Schadensversicherung gewährt wird, sind die §§ 74 bis 80 und 82 bis 87 anzuwenden. [2] Die §§ 23 bis 27 und 29 sind auf die Krankenversicherung nicht anzuwenden. [3] § 19 Abs. 4 ist auf die Krankenversicherung nicht anzuwenden, wenn der Versicherungsnehmer die Verletzung der Anzeigepflicht nicht zu vertreten hat. [4] Abweichend von § 21 Abs. 3 Satz 1 beläuft sich die Frist für die Geltendmachung der Rechte des Versicherers auf drei Jahre.

(2) Steht dem Versicherungsnehmer oder einer versicherten Person ein Anspruch auf Rückzahlung ohne rechtlichen Grund gezahlter Entgelte gegen den Erbringer von Leistungen zu, für die der Versicherer auf Grund des Versicherungsvertrags Erstattungsleistungen erbracht hat, ist § 86 Abs. 1 und 2 entsprechend anzuwenden.

(3) [1] Die §§ 43 bis 48 sind auf die Krankenversicherung mit der Maßgabe anzuwenden, dass ausschließlich die versicherte Person die Versicherungsleistung verlangen kann, wenn der Versicherungsnehmer sie gegenüber dem Versicherer in Textform als Empfangsberechtigten der Versicherungsleistung benannt hat; die Benennung kann widerruflich oder unwiderruflich erfolgen. [2] Liegt diese Voraussetzung nicht vor, kann nur der Versicherungsnehmer die Versicherungsleistung verlangen. [3] Einer Vorlage des Versicherungsscheins bedarf es nicht.

**§ 195[1)] Versicherungsdauer.** (1) [1] Die Krankenversicherung, die ganz oder teilweise den im gesetzlichen Sozialversicherungssystem vorgesehenen Kranken- oder Pflegeversicherungsschutz ersetzen kann (substitutive Krankenversicherung), ist vorbehaltlich der Absätze 2 und 3 und der §§ 196 und 199 unbefristet. [2] Wird die nicht substitutive Krankenversicherung nach Art der Lebensversicherung betrieben, gilt Satz 1 entsprechend.

(2) Bei Ausbildungs-, Auslands-, Reise- und Restschuldkrankenversicherungen können Vertragslaufzeiten vereinbart werden.

(3) [1] Bei der Krankenversicherung einer Person mit befristetem Aufenthaltstitel für das Inland kann vereinbart werden, dass sie spätestens nach fünf Jahren endet. [2] Ist eine kürzere Laufzeit vereinbart, kann ein gleichartiger neuer Vertrag nur mit einer Höchstlaufzeit geschlossen werden, die unter Einschluss der Laufzeit des abgelaufenen Vertrags fünf Jahre nicht überschreitet; dies gilt auch, wenn der neue Vertrag mit einem anderen Versicherer geschlossen wird.

---

[1)] §§ 194, 195 neu gef. mWv 1.1.2009 durch G v. 23.11.2007 (BGBl. I S. 2631).

**§ 196[1)] Befristung der Krankentagegeldversicherung.** (1) [1] Bei der Krankentagegeldversicherung kann vereinbart werden, dass die Versicherung mit Vollendung des 65. Lebensjahres der versicherten Person endet. [2] Der Versicherungsnehmer kann in diesem Fall vom Versicherer verlangen, dass dieser den Antrag auf Abschluss einer mit Vollendung des 65. Lebensjahres beginnenden neuen Krankentagegeldversicherung annimmt, die spätestens mit Vollendung des 70. Lebensjahres endet. [3] Auf dieses Recht hat der Versicherer ihn frühestens sechs Monate vor dem Ende der Versicherung unter Beifügung des Wortlauts dieser Vorschrift in Textform hinzuweisen. [4] Wird der Antrag bis zum Ablauf von zwei Monaten nach Vollendung des 65. Lebensjahres gestellt, hat der Versicherer den Versicherungsschutz ohne Risikoprüfung oder Wartezeiten zu gewähren, soweit der Versicherungsschutz nicht höher oder umfassender ist als im bisherigen Tarif.

(2) [1] Hat der Versicherer den Versicherungsnehmer nicht nach Absatz 1 Satz 3 auf das Ende der Versicherung hingewiesen und wird der Antrag vor Vollendung des 66. Lebensjahres gestellt, gilt Absatz 1 Satz 4 entsprechend, wobei die Versicherung mit Zugang des Antrags beim Versicherer beginnt. [2] Ist der Versicherungsfall schon vor Zugang des Antrags eingetreten, ist der Versicherer nicht zur Leistung verpflichtet.

(3) Absatz 1 Satz 2 und 4 gilt entsprechend, wenn in unmittelbarem Anschluss an eine Versicherung nach Absatz 1 Satz 4 oder Absatz 2 Satz 1 eine neue Krankentagegeldversicherung beantragt wird, die spätestens mit Vollendung des 75. Lebensjahres endet.

(4) Die Vertragsparteien können ein späteres Lebensjahr als in den vorstehenden Absätzen festgelegt vereinbaren.

**§ 197[1)] Wartezeiten.** (1) [1] Soweit Wartezeiten vereinbart werden, dürfen diese in der Krankheitskosten-, Krankenhaustagegeld- und Krankentagegeldversicherung als allgemeine Wartezeit drei Monate und als besondere Wartezeit für Entbindung, Krankentagegeld nach § 192 Absatz 5 Satz 2, Psychotherapie, Zahnbehandlung, Zahnersatz und Kieferorthopädie acht Monate nicht überschreiten. [2] Bei der Pflegekrankenversicherung darf die Wartezeit drei Jahre nicht überschreiten.

(2) [1] Personen, die aus der gesetzlichen Krankenversicherung ausscheiden oder die aus einem anderen Vertrag über eine Krankheitskostenversicherung ausgeschieden sind, ist die dort ununterbrochen zurückgelegte Versicherungszeit auf die Wartezeit anzurechnen, sofern die Versicherung spätestens zwei Monate nach Beendigung der Vorversicherung zum unmittelbaren Anschluss daran beantragt wird. [2] Dies gilt auch für Personen, die aus einem öffentlichen Dienstverhältnis mit Anspruch auf Heilfürsorge ausscheiden.

**§ 198[1)] Kindernachversicherung.** (1) [1] Besteht am Tag der Geburt für mindestens einen Elternteil eine Krankenversicherung, ist der Versicherer verpflichtet, dessen neugeborenes Kind ab Vollendung der Geburt ohne Risikozuschläge und Wartezeiten zu versichern, wenn die Anmeldung zur Versicherung spätestens zwei Monate nach dem Tag der Geburt rückwirkend erfolgt. [2] Diese Verpflichtung besteht nur insoweit, als der beantragte Versicherungsschutz des Neugeborenen nicht höher und nicht umfassender als der des versicherten Elternteils ist.

(2) [1] Der Geburt eines Kindes steht die Adoption gleich, sofern das Kind im Zeitpunkt der Adoption noch minderjährig ist. [2] Besteht eine höhere Gefahr, ist die

---

[1)] § 196–198 neu gef. mWv 1.1.2009 durch G v. 23.11.2007 (BGBl. I S. 2631); § 197 Abs. 1 Satz 1 geänd. mWv 11.4.2017 durch G v. 4.4.2017 (BGBl. I S. 778).

Vereinbarung eines Risikozuschlags höchstens bis zur einfachen Prämienhöhe zulässig.

(3) [1] Als Voraussetzung für die Versicherung des Neugeborenen oder des Adoptivkindes kann eine Mindestversicherungsdauer des Elternteils vereinbart werden. [2] Diese darf drei Monate nicht übersteigen.

(4) Die Absätze 1 bis 3 gelten für die Auslands- und die Reisekrankenversicherung nicht, soweit für das Neugeborene oder für das Adoptivkind anderweitiger privater oder gesetzlicher Krankenversicherungsschutz im Inland oder Ausland besteht.

**§ 199**[1)] **Beihilfeempfänger.** (1) Bei der Krankheitskostenversicherung einer versicherten Person mit Anspruch auf Beihilfe nach den Grundsätzen des öffentlichen Dienstes kann vereinbart werden, dass sie mit der Versetzung der versicherten Person in den Ruhestand im Umfang der Erhöhung des Beihilfebemessungssatzes endet.

(2) [1] Ändert sich bei einer versicherten Person mit Anspruch auf Beihilfe nach den Grundsätzen des öffentlichen Dienstes der Beihilfebemessungssatz oder entfällt der Beihilfeanspruch, hat der Versicherungsnehmer Anspruch darauf, dass der Versicherer den Versicherungsschutz im Rahmen der bestehenden Krankheitskostentarife so anpasst, dass dadurch der veränderte Beihilfebemessungssatz oder der weggefallene Beihilfeanspruch ausgeglichen wird. [2] Wird der Antrag innerhalb von sechs Monaten nach der Änderung gestellt, hat der Versicherer den angepassten Versicherungsschutz ohne Risikoprüfung oder Wartezeiten zu gewähren.

(3) Absatz 2 gilt nicht bei Gewährung von Versicherung im Basistarif.

**§ 200**[1)] **Bereicherungsverbot.** Hat die versicherte Person wegen desselben Versicherungsfalles einen Anspruch gegen mehrere Erstattungsverpflichtete, darf die Gesamterstattung die Gesamtaufwendungen nicht übersteigen.

**§ 201**[1)] **Herbeiführung des Versicherungsfalles.** Der Versicherer ist nicht zur Leistung verpflichtet, wenn der Versicherungsnehmer oder die versicherte Person vorsätzlich die Krankheit oder den Unfall bei sich selbst herbeiführt.

**§ 202**[2)] **Auskunftspflicht des Versicherers; Schadensermittlungskosten.** [1] Der Versicherer ist verpflichtet, auf Verlangen des Versicherungsnehmers oder der versicherten Person Auskunft über und Einsicht in Gutachten oder Stellungnahmen zu geben, die er bei der Prüfung seiner Leistungspflicht über die Notwendigkeit einer medizinischen Behandlung eingeholt hat. [2] Wenn der Auskunft an oder der Einsicht durch den Versicherungsnehmer oder die versicherte Person erhebliche therapeutische Gründe oder sonstige erhebliche Gründe entgegenstehen, kann nur verlangt werden, einem benannten Arzt oder Rechtsanwalt Auskunft oder Einsicht zu geben. [3] Der Anspruch kann nur von der jeweils betroffenen Person oder ihrem gesetzlichen Vertreter geltend gemacht werden. [4] Hat der Versicherungsnehmer das Gutachten oder die Stellungnahme auf Veranlassung des Versicherers eingeholt, hat der Versicherer die entstandenen Kosten zu erstatten.

**§ 203**[3)] **Prämien- und Bedingungsanpassung.** (1) [1] Bei einer Krankenversicherung, bei der die Prämie nach Art der Lebensversicherung berechnet wird,

---

[1)] §§ 199–201 neu gef. mWv 1.1.2009 durch G v. 23.11.2007 (BGBl. I S. 2631).

[2)] § 202 neu gef. mWv 1.5.2013 durch G v. 24.4.2013 (BGBl. I S. 932).

[3)] § 203 neu gef. mWv 1.1.2009 durch G v. 23.11.2007 (BGBl. I S. 2631); Abs. 1 Sätze 1–3, Abs. 2 Satz 4 geänd. mWv 1.1.2016 durch G v. 1.4.2015 (BGBl. I S. 434).

kann der Versicherer nur die entsprechend den technischen Berechnungsgrundlagen nach den §§ 146, 149, 150 in Verbindung mit § 160 des Versicherungsaufsichtsgesetzes zu berechnende Prämie verlangen. [2] Außer bei Verträgen im Basistarif nach § 152 des Versicherungsaufsichtsgesetzes kann der Versicherer mit Rücksicht auf ein erhöhtes Risiko einen angemessenen Risikozuschlag oder einen Leistungsausschluss vereinbaren. [3] Im Basistarif ist eine Risikoprüfung nur zulässig, soweit sie für Zwecke des Risikoausgleichs nach § 154 des Versicherungsaufsichtsgesetzes oder für spätere Tarifwechsel erforderlich ist.

(2) [1] Ist bei einer Krankenversicherung das ordentliche Kündigungsrecht des Versicherers gesetzlich oder vertraglich ausgeschlossen, ist der Versicherer bei einer nicht nur als vorübergehend anzusehenden Veränderung einer für die Prämienkalkulation maßgeblichen Rechnungsgrundlage berechtigt, die Prämie entsprechend den berichtigten Rechnungsgrundlagen auch für bestehende Versicherungsverhältnisse neu festzusetzen, sofern ein unabhängiger Treuhänder die technischen Berechnungsgrundlagen überprüft und der Prämienanpassung zugestimmt hat. [2] Dabei dürfen auch ein betragsmäßig festgelegter Selbstbehalt angepasst und ein vereinbarter Risikozuschlag entsprechend geändert werden, soweit dies vereinbart ist. [3] Maßgebliche Rechnungsgrundlagen im Sinn der Sätze 1 und 2 sind die Versicherungsleistungen und die Sterbewahrscheinlichkeiten. [4] Für die Änderung der Prämien, Prämienzuschläge und Selbstbehalte sowie ihre Überprüfung und Zustimmung durch den Treuhänder gilt § 155 in Verbindung mit einer auf Grund des § 160 des Versicherungsaufsichtsgesetzes erlassenen Rechtsverordnung.

(3) Ist bei einer Krankenversicherung im Sinn des Absatzes 1 Satz 1 das ordentliche Kündigungsrecht des Versicherers gesetzlich oder vertraglich ausgeschlossen, ist der Versicherer bei einer nicht nur als vorübergehend anzusehenden Veränderung der Verhältnisse des Gesundheitswesens berechtigt, die Allgemeinen Versicherungsbedingungen und die Tarifbestimmungen den veränderten Verhältnissen anzupassen, wenn die Änderungen zur hinreichenden Wahrung der Belange der Versicherungsnehmer erforderlich erscheinen und ein unabhängiger Treuhänder die Voraussetzungen für die Änderungen überprüft und ihre Angemessenheit bestätigt hat.

(4) Ist eine Bestimmung in Allgemeinen Versicherungsbedingungen des Versicherers durch höchstrichterliche Entscheidung oder durch einen bestandskräftigen Verwaltungsakt für unwirksam erklärt worden, ist § 164 anzuwenden.

(5) Die Neufestsetzung der Prämie und die Änderungen nach den Absätzen 2 und 3 werden zu Beginn des zweiten Monats wirksam, der auf die Mitteilung der Neufestsetzung oder der Änderungen und der hierfür maßgeblichen Gründe an den Versicherungsnehmer folgt.

**§ 204[1)] Tarifwechsel.** (1) [1] Bei bestehendem Versicherungsverhältnis kann der Versicherungsnehmer vom Versicherer verlangen, dass dieser

1. Anträge auf Wechsel in andere Tarife mit gleichartigem Versicherungsschutz unter Anrechnung der aus dem Vertrag erworbenen Rechte und der Alterungsrückstellung annimmt; soweit die Leistungen in dem Tarif, in den der Versicherungsnehmer wechseln will, höher oder umfassender sind als in dem bisherigen Tarif, kann der Versicherer für die Mehrleistung einen Leistungsausschluss oder einen angemessenen Risikozuschlag und insoweit auch eine Wartezeit verlangen; der

---

[1)] § 204 neu gef. mWv 1.1.2009 durch G v. 23.11.2007 (BGBl. I S. 2631); Abs. 2 eingef., bish. Abs. 2 und 3 werden Abs. 3 und 4 mWv 1.1.2009 durch G v. 28.5.2008 (BGBl. I S. 874); Abs. 1 Satz 1 Nr 1 geänd., Abs. 3 Satz 2 angef. mWv 1.5.2013 durch G v. 24.4.2013 (BGBl. I S. 932); Abs. 2 eingef., bish. Abs. 2–4 werden Abs. 3–5 mWv 23.5.2020 durch G v. 19.5.2020 (BGBl. I S. 1018).

Versicherungsnehmer kann die Vereinbarung eines Risikozuschlages und einer Wartezeit dadurch abwenden, dass er hinsichtlich der Mehrleistung einen Leistungsausschluss vereinbart; bei einem Wechsel aus dem Basistarif in einen anderen Tarif kann der Versicherer auch den bei Vertragsschluss ermittelten Risikozuschlag verlangen; der Wechsel in den Basistarif des Versicherers unter Anrechnung der aus dem Vertrag erworbenen Rechte und der Alterungsrückstellung ist nur möglich, wenn

a) die bestehende Krankheitskostenversicherung nach dem 1. Januar 2009 abgeschlossen wurde oder

b) der Versicherungsnehmer das 55. Lebensjahr vollendet hat oder das 55. Lebensjahr noch nicht vollendet hat, aber die Voraussetzungen für den Anspruch auf eine Rente der gesetzlichen Rentenversicherung erfüllt und diese Rente beantragt hat oder ein Ruhegehalt nach beamtenrechtlichen oder vergleichbaren Vorschriften bezieht oder hilfebedürftig nach dem Zweiten[1] oder Zwölften Buch Sozialgesetzbuch[2] ist oder

c) die bestehende Krankheitskostenversicherung vor dem 1. Januar 2009 abgeschlossen wurde und der Wechsel in den Basistarif vor dem 1. Juli 2009 beantragt wurde;

ein Wechsel aus einem Tarif, bei dem die Prämien geschlechtsunabhängig kalkuliert werden, in einen Tarif, bei dem dies nicht der Fall ist, ist ausgeschlossen;

2. bei einer Kündigung des Vertrags und dem gleichzeitigen Abschluss eines neuen Vertrags, der ganz oder teilweise den im gesetzlichen Sozialversicherungssystem vorgesehenen Krankenversicherungsschutz ersetzen kann, bei einem anderen Krankenversicherer

   a) die kalkulierte Alterungsrückstellung des Teils der Versicherung, dessen Leistungen dem Basistarif entsprechen, an den neuen Versicherer überträgt, sofern die gekündigte Krankheitskostenversicherung nach dem 1. Januar 2009 abgeschlossen wurde;

   b) bei einem Abschluss eines Vertrags im Basistarif die kalkulierte Alterungsrückstellung des Teils der Versicherung, dessen Leistungen dem Basistarif entsprechen, an den neuen Versicherer überträgt, sofern die gekündigte Krankheitskostenversicherung vor dem 1. Januar 2009 abgeschlossen wurde und die Kündigung vor dem 1. Juli 2009 erfolgte.

²Soweit die Leistungen in dem Tarif, aus dem der Versicherungsnehmer wechseln will, höher oder umfassender sind als im Basistarif, kann der Versicherungsnehmer vom bisherigen Versicherer die Vereinbarung eines Zusatztarifes verlangen, in dem die über den Basistarif hinausgehende Alterungsrückstellung anzurechnen ist. ³Auf die Ansprüche nach den Sätzen 1 und 2 kann nicht verzichtet werden.

(2) ¹Ist der Versicherungsnehmer auf Grund bestehender Hilfebedürftigkeit im Sinne des Zweiten oder des Zwölften Buches Sozialgesetzbuch nach dem 15. März 2020 in den Basistarif nach § 152 des Versicherungsaufsichtsgesetzes gewechselt und endet die Hilfebedürftigkeit des Versicherungsnehmers innerhalb von zwei Jahren nach dem Wechsel, kann er innerhalb von drei Monaten nach Beendigung der Hilfebedürftigkeit in Textform vom Versicherer verlangen, den Vertrag ab dem ersten Tag des übernächsten Monats in dem Tarif fortzusetzen, in dem der Versicherungsnehmer vor dem Wechsel in den Basistarif versichert war. ²Eintritt und Beendigung der Hilfebedürftigkeit hat der Versicherungsnehmer auf Verlangen des

[1] **Sartorius ErgBd. Nr. 402.**
[2] **Sartorius ErgBd. Nr. 412.**

Versicherers durch geeignete Unterlagen nachzuweisen; die Bescheinigung des zuständigen Trägers nach dem Zweiten oder dem Zwölften Buches Sozialgesetzbuch gilt als Nachweis. [3] Beim Wechsel ist der Versicherungsnehmer so zu stellen, wie er vor der Versicherung im Basistarif stand; die im Basistarif erworbenen Rechte und Alterungsrückstellungen sind zu berücksichtigen. [4] Prämienanpassungen und Änderungen der Allgemeinen Versicherungsbedingungen in dem Tarif, in dem der Versicherungsnehmer vor dem Wechsel in den Basistarif versichert war, gelten ab dem Tag der Fortsetzung des Vertrages in diesem Tarif. [5] Die Sätze 1 bis 4 gelten entsprechend für Versicherungsnehmer, bei denen allein durch die Zahlung des Beitrags Hilfebedürftigkeit im Sinne des Zweiten oder des Zwölften Buches Sozialgesetzbuch entstehen würde. Absatz 1 Satz 1 Nummer 1 letzter Teilsatz gilt nicht.

(3) [1] Im Falle der Kündigung des Vertrags zur privaten Pflege-Pflichtversicherung und dem gleichzeitigen Abschluss eines neuen Vertrags bei einem anderen Versicherer kann der Versicherungsnehmer vom bisherigen Versicherer verlangen, dass dieser die für ihn kalkulierte Alterungsrückstellung an den neuen Versicherer überträgt. [2] Auf diesen Anspruch kann nicht verzichtet werden.

(4) [1] Absatz 1 gilt nicht für befristete Versicherungsverhältnisse. [2] Handelt es sich um eine Befristung nach § 196, besteht das Tarifwechselrecht nach Absatz 1 Nummer 1.

(5) Soweit die Krankenversicherung nach Art der Lebensversicherung betrieben wird, haben die Versicherungsnehmer und die versicherte Person das Recht, einen gekündigten Versicherungsvertrag in Form einer Anwartschaftsversicherung fortzuführen.

**§ 205[1)] Kündigung des Versicherungsnehmers.** (1) [1] Vorbehaltlich einer vereinbarten Mindestversicherungsdauer bei der Krankheitskosten- und bei der Krankenhaustagegeldversicherung kann der Versicherungsnehmer ein Krankenversicherungsverhältnis, das für die Dauer von mehr als einem Jahr eingegangen ist, zum Ende des ersten Jahres oder jedes darauf folgenden Jahres unter Einhaltung einer Frist von drei Monaten kündigen. [2] Die Kündigung kann auf einzelne versicherte Personen oder Tarife beschränkt werden.

(2) [1] Wird eine versicherte Person kraft Gesetzes kranken- oder pflegeversicherungspflichtig, kann der Versicherungsnehmer binnen drei Monaten nach Eintritt der Versicherungspflicht eine Krankheitskosten-, eine Krankentagegeld- oder eine Pflegekrankenversicherung sowie eine für diese Versicherungen bestehende Anwartschaftsversicherung rückwirkend zum Eintritt der Versicherungspflicht kündigen. [2] Die Kündigung ist unwirksam, wenn der Versicherungsnehmer dem Versicherer den Eintritt der Versicherungspflicht nicht innerhalb von zwei Monaten nachweist, nachdem der Versicherer ihn hierzu in Textform aufgefordert hat, es sei denn, der Versicherungsnehmer hat die Versäumung dieser Frist nicht zu vertreten. [3] Macht der Versicherungsnehmer von seinem Kündigungsrecht Gebrauch, steht dem Versicherer die Prämie nur bis zu diesem Zeitpunkt zu. [4] Später kann der Versicherungsnehmer das Versicherungsverhält-

*(Fortsetzung nächstes Blatt)*

[1)] § 205 neu gef. mWv 1.1.2009 durch G v. 23.11.2007 (BGBl. I S. 2631); Abs. 4 geänd., Abs. 6 Satz 2 neu gef. mWv 1.5.2013 durch G v. 24.4.2013 (BGBl. I S. 932).

nis zum Ende des Monats kündigen, in dem er den Eintritt der Versicherungspflicht nachweist. [5] Der Versicherungspflicht steht der gesetzliche Anspruch auf Familienversicherung oder der nicht nur vorübergehende Anspruch auf Heilfürsorge aus einem beamtenrechtlichen oder ähnlichen Dienstverhältnis gleich.

(3) Ergibt sich aus dem Versicherungsvertrag, dass bei Erreichen eines bestimmten Lebensalters oder bei Eintreten anderer dort genannter Voraussetzungen die Prämie für ein anderes Lebensalter oder eine andere Altersgruppe gilt oder die Prämie unter Berücksichtigung einer Alterungsrückstellung berechnet wird, kann der Versicherungsnehmer das Versicherungsverhältnis hinsichtlich der betroffenen versicherten Person binnen zwei Monaten nach der Änderung zum Zeitpunkt ihres Wirksamwerdens kündigen, wenn sich die Prämie durch die Änderung erhöht.

(4) Erhöht der Versicherer auf Grund einer Anpassungsklausel die Prämie oder vermindert er die Leistung, kann der Versicherungsnehmer hinsichtlich der betroffenen versicherten Person innerhalb von zwei Monaten nach Zugang der Änderungsmitteilung mit Wirkung für den Zeitpunkt kündigen, zu dem die Prämienerhöhung oder die Leistungsminderung wirksam werden soll.

(5) [1] Hat sich der Versicherer vorbehalten, die Kündigung auf einzelne versicherte Personen oder Tarife zu beschränken, und macht er von dieser Möglichkeit Gebrauch, kann der Versicherungsnehmer innerhalb von zwei Wochen nach Zugang der Kündigung die Aufhebung des übrigen Teils der Versicherung zu dem Zeitpunkt verlangen, zu dem die Kündigung wirksam wird. [2] Satz 1 gilt entsprechend, wenn der Versicherer die Anfechtung oder den Rücktritt nur für einzelne versicherte Personen oder Tarife erklärt. [3] In diesen Fällen kann der Versicherungsnehmer die Aufhebung zum Ende des Monats verlangen, in dem ihm die Erklärung des Versicherers zugegangen ist.

(6) [1] Abweichend von den Absätzen 1 bis 5 kann der Versicherungsnehmer eine Versicherung, die eine Pflicht aus § 193 Abs. 3 Satz 1 erfüllt, nur dann kündigen, wenn er bei einem anderen Versicherer für die versicherte Person einen neuen Vertrag abschließt, der dieser Pflicht genügt. [2] Die Kündigung wird nur wirksam, wenn der Versicherungsnehmer innerhalb von zwei Monaten nach der Kündigungserklärung nachweist, dass die versicherte Person bei einem neuen Versicherer ohne Unterbrechung versichert ist; liegt der Termin, zu dem die Kündigung ausgesprochen wurde, mehr als zwei Monate nach der Kündigungserklärung, muss der Nachweis bis zu diesem Termin erbracht werden.

**§ 206[1)] Kündigung des Versicherers.** (1) [1] Jede Kündigung einer Krankheitskostenversicherung, die eine Pflicht nach § 193 Abs. 3 Satz 1 erfüllt, ist durch den Versicherer ausgeschlossen. [2] Darüber hinaus ist die ordentliche Kündigung einer Krankheitskosten-, Krankentagegeld- und einer Pflegekrankenversicherung durch den Versicherer ausgeschlossen, wenn die Versicherung ganz oder teilweise den im gesetzlichen Sozialversicherungssystem vorgesehenen Kranken- oder Pflegeversicherungsschutz ersetzen kann. [3] Sie ist weiterhin ausgeschlossen für eine Krankenhaustagegeld-Versicherung, die neben einer Krankheitskostenvollversicherung besteht. [4] Eine Krankentagegeldversicherung, für die kein gesetzlicher Anspruch auf einen Beitragszuschuss des Arbeitgebers besteht, kann der Versicherer abweichend von Satz 2 in den ersten drei Jahren unter Einhaltung einer Frist von drei Monaten zum Ende eines jeden Versicherungsjahres kündigen.

[1)] § 206 neu gef. mWv 1. 1. 2009 durch G v. 23. 11. 2007 (BGBl. I S. 2631).

(2) [1] Liegen bei einer Krankenhaustagegeldversicherung oder einer Krankheitskostenteilversicherung die Voraussetzungen nach Absatz 1 nicht vor, kann der Versicherer das Versicherungsverhältnis nur innerhalb der ersten drei Versicherungsjahre zum Ende eines Versicherungsjahres kündigen. [2] Die Kündigungsfrist beträgt drei Monate.

(3) [1] Wird eine Krankheitskostenversicherung oder eine Pflegekrankenversicherung vom Versicherer wegen Zahlungsverzugs des Versicherungsnehmers wirksam gekündigt, sind die versicherten Personen berechtigt, die Fortsetzung des Versicherungsverhältnisses unter Benennung des künftigen Versicherungsnehmers zu erklären; die Prämie ist ab Fortsetzung des Versicherungsverhältnisses zu leisten. [2] Die versicherten Personen sind vom Versicherer über die Kündigung und das Recht nach Satz 1 in Textform zu informieren. [3] Dieses Recht endet zwei Monate nach dem Zeitpunkt, zu dem die versicherte Person Kenntnis von diesem Recht erlangt hat.

(4) [1] Die ordentliche Kündigung eines Gruppenversicherungsvertrags, der Schutz gegen das Risiko Krankheit enthält, durch den Versicherer ist zulässig, wenn die versicherten Personen die Krankenversicherung unter Anrechnung der aus dem Vertrag erworbenen Rechte und der Alterungsrückstellung, soweit eine solche gebildet wird, zu den Bedingungen der Einzelversicherung fortsetzen können. [2] Absatz 3 Satz 2 und 3 ist entsprechend anzuwenden.

**§ 207[1)] Fortsetzung des Versicherungsverhältnisses.** (1) Endet das Versicherungsverhältnis durch den Tod des Versicherungsnehmers, sind die versicherten Personen berechtigt, binnen zwei Monaten nach dem Tod des Versicherungsnehmers die Fortsetzung des Versicherungsverhältnisses unter Benennung des künftigen Versicherungsnehmers zu erklären.

(2) [1] Kündigt der Versicherungsnehmer das Versicherungsverhältnis insgesamt oder für einzelne versicherte Personen, gilt Absatz 1 entsprechend. [2] Die Kündigung ist nur wirksam, wenn die versicherte Person von der Kündigungserklärung Kenntnis erlangt hat. [3] Handelt es sich bei dem gekündigten Vertrag um einen Gruppenversicherungsvertrag und wird kein neuer Versicherungsnehmer benannt, sind die versicherten Personen berechtigt, das Versicherungsverhältnis unter Anrechnung der aus dem Vertrag erworbenen Rechte und der Alterungsrückstellung, soweit eine solche gebildet wird, zu den Bedingungen der Einzelversicherung fortzusetzen. [4] Das Recht nach Satz 3 endet zwei Monate nach dem Zeitpunkt, zu dem die versicherte Person von diesem Recht Kenntnis erlangt hat.

(3) Verlegt eine versicherte Person ihren gewöhnlichen Aufenthalt in einen anderen Mitgliedstaat der Europäischen Union oder einen anderen Vertragsstaat des Abkommens über den Europäischen Wirtschaftsraum, setzt sich das Versicherungsverhältnis mit der Maßgabe fort, dass der Versicherer höchstens zu denjenigen Leistungen verpflichtet bleibt, die er bei einem Aufenthalt im Inland zu erbringen hätte.

**§ 208[1)] Abweichende Vereinbarungen.** [1] Von § 192 Absatz 5 Satz 2 und den §§ 194 bis 199 und 201 bis 207 kann nicht zum Nachteil des Versicherungsnehmers oder der versicherten Person abgewichen werden. [2] Für die Kündigung des Versicherungsnehmers nach § 205 kann die Schrift- oder die Textform vereinbart werden.

---

[1)] §§ 207, 208 neu gef. mWv 1. 1. 2009 durch G v. 23. 11. 2007 (BGBl. I S. 2631); § 208 Satz 1 geänd. mWv 11. 4. 2017 durch G v. 4. 4. 2017 (BGBl. I S. 778).

## Teil 3. Schlussvorschriften

**§ 209 Rückversicherung, Seeversicherung.** Die Vorschriften dieses Gesetzes sind auf die Rückversicherung und die Versicherung gegen die Gefahren der Seeschifffahrt (Seeversicherung) nicht anzuwenden.

**§ 210[1)] Großrisiken, laufende Versicherung.** (1) Die Beschränkungen der Vertragsfreiheit nach diesem Gesetz sind auf Großrisiken und auf laufende Versicherungen nicht anzuwenden.

(2) [1] Großrisiken im Sinne dieser Vorschrift sind:

1. Risiken der unter den Nummern 4 bis 7, 10 Buchstabe b sowie den Nummern 11 und 12 der Anlage 1 zum Versicherungsaufsichtsgesetz erfassten Transport- und Haftpflichtversicherungen,
2. Risiken der unter den Nummern 14 und 15 der Anlage 1 zum Versicherungsaufsichtsgesetz erfassten Kredit- und Kautionsversicherungen bei Versicherungsnehmern, die eine gewerbliche, bergbauliche oder freiberufliche Tätigkeit ausüben, wenn die Risiken damit in Zusammenhang stehen, oder
3. Risiken der unter den Nummern 3, 8, 9, 10, 13 und 16 der Anlage 1 zum Versicherungsaufsichtsgesetz erfassten Sach-, Haftpflicht- und sonstigen Schadensversicherungen bei Versicherungsnehmern, die mindestens zwei der folgenden drei Merkmale überschreiten:
   a) 6 200 000 Euro Bilanzsumme,
   b) 12 800 000 Euro Nettoumsatzerlöse,
   c) im Durchschnitt 250 Arbeitnehmer pro Wirtschaftsjahr.

[2] Gehört der Versicherungsnehmer zu einem Konzern, der nach § 290 des Handelsgesetzbuchs[2)], nach § 11 des Publizitätsgesetzes[3)] vom 15. August 1969 (BGBl. I S. 1189) in der jeweils gültigen Fassung oder nach dem mit den Anforderungen der Richtlinie 2013/34/EU des Europäischen Parlaments und des Rates vom 26. Juni 2013 über den Jahresabschluss, den konsolidierten Abschluss und damit verbundene Berichte von Unternehmen bestimmter Rechtsformen und zur Änderung der Richtlinie 2006/43/EG des Europäischen Parlaments und des Rates und zur Aufhebung der Richtlinien 78/660/EWG und 83/349/EWG des Rates (ABl. L 182 vom 29.6. 2013, S. 19) übereinstimmenden Recht eines anderen Mitgliedstaats der Europäischen Gemeinschaft oder eines anderen Vertragsstaats des Abkommens über den Europäischen Wirtschaftsraum einen Konzernabschluss aufzustellen hat, so sind für die Feststellung der Unternehmensgröße die Zahlen des Konzernabschlusses maßgebend.

**§ 210a[4)] Elektronische Transportversicherungspolice.** Der Urkunde nach § 4 oder § 55 gleichgestellt ist eine elektronische Transportversicherungspolice nach § 365a des Handelsgesetzbuchs[2)].

---

[1)] § 210 neu gef. mWv 17.12.2009 durch G v. 25.6.2009 (BGBl. I S. 1574); Abs. 2 Satz 1 Nr. 1, 2 und 3 einl. Satzteil geänd. mWv 1.1.2016 durch G v. 1.4.2015 (BGBl. I S. 434); Abs. 2 Satz 2 geänd. mWv 23.7.2015 durch G v. 17.7.2015 (BGBl. I S. 1245).

[2)] Nr. **50**.

[3)] Nr. **52b**.

[4)] § 210a eingef. mWv 1.3.2023 durch G v. 22.2.2023 (BGBl. 2023 I Nr. 51).

**§ 211[1)] Pensionskassen, kleinere Versicherungsvereine, Versicherungen mit kleineren Beträgen.** (1) Die §§ 37, 38, 165, 166, 168 und 169 sind, soweit mit Genehmigung der Aufsichtsbehörde in den Allgemeinen Versicherungsbedingungen abweichende Bestimmungen getroffen sind, nicht anzuwenden auf

1. Versicherungen bei Pensionskassen im Sinn des § 233 Absatz 1 und 2 des Versicherungsaufsichtsgesetzes,
2. Versicherungen, die bei einem Verein genommen werden, der als kleinerer Verein im Sinn des Versicherungsaufsichtsgesetzes anerkannt ist,
3. Lebensversicherungen mit kleineren Beträgen und
4. Unfallversicherungen mit kleineren Beträgen.

(2) Auf die in Absatz 1 Nr. 1 genannten Pensionskassen sind ferner nicht anzuwenden

1. die §§ 6 bis 9, 11, 150 Abs. 2 bis 4 und § 152 Abs. 1 und 2; für die §§ 7 bis 9 und 152 Abs. 1 und 2 gilt dies nicht für Fernabsatzverträge im Sinn des § 312c des Bürgerlichen Gesetzbuchs[2)];
2. § 153, soweit mit Genehmigung der Aufsichtsbehörde in den Allgemeinen Versicherungsbedingungen abweichende Bestimmungen getroffen sind; § 153 Abs. 3 Satz 1 ist ferner nicht auf Sterbekassen anzuwenden.

(3) Sind für Versicherungen mit kleineren Beträgen im Sinn von Absatz 1 Nr. 3 und 4 abweichende Bestimmungen getroffen, kann deren Wirksamkeit nicht unter Berufung darauf angefochten werden, dass es sich nicht um Versicherungen mit kleineren Beträgen handele.

**§ 212 Fortsetzung der Lebensversicherung nach der Elternzeit.** Besteht während einer Elternzeit ein Arbeitsverhältnis ohne Entgelt gemäß § 1a Abs. 4 des Betriebsrentengesetzes[3)] fort und wird eine vom Arbeitgeber zugunsten der Arbeitnehmerin oder des Arbeitnehmers abgeschlossene Lebensversicherung wegen Nichtzahlung der während der Elternzeit fälligen Prämien in eine prämienfreie Versicherung umgewandelt, kann die Arbeitnehmerin oder der Arbeitnehmer innerhalb von drei Monaten nach der Beendigung der Elternzeit verlangen, dass die Versicherung zu den vor der Umwandlung vereinbarten Bedingungen fortgesetzt wird.

**§ 213 Erhebung personenbezogener Gesundheitsdaten bei Dritten.**

(1) Die Erhebung personenbezogener Gesundheitsdaten durch den Versicherer darf nur bei Ärzten, Krankenhäusern und sonstigen Krankenanstalten, Pflegeheimen und Pflegepersonen, anderen Personenversicherern und gesetzlichen Krankenkassen sowie Berufsgenossenschaften und Behörden erfolgen; sie ist nur zulässig, soweit die Kenntnis der Daten für die Beurteilung des zu versichernden Risikos oder der Leistungspflicht erforderlich ist und die betroffene Person eine Einwilligung erteilt hat.

(2) [1] Die nach Absatz 1 erforderliche Einwilligung kann vor Abgabe der Vertragserklärung erteilt werden. [2] Die betroffene Person ist vor einer Erhebung nach Absatz 1 zu unterrichten; sie kann der Erhebung widersprechen.

(3) Die betroffene Person kann jederzeit verlangen, dass eine Erhebung von Daten nur erfolgt, wenn jeweils in die einzelne Erhebung eingewilligt worden ist.

---

[1)] § 211 Abs. 2 Nr. 1 geänd. mWv 13.6.2014 durch G v. 20.9.2013 (BGBl. I S. 3642); Abs. 1 Nr. 1 geänd. mWv 1.1.2016 durch G v. 1.4.2015 (BGBl. I S. 434).

[2)] Nr. **20**.

[3)] **Loseblatt-Textsammlung Arbeitsrecht Nr. 180.**

(4) Die betroffene Person ist auf diese Rechte hinzuweisen, auf das Widerspruchsrecht nach Absatz 2 bei der Unterrichtung.

**§ 214[1] Schlichtungsstelle.** (1) [1]Das Bundesamt für Justiz kann privatrechtlich organisierte Einrichtungen als Schlichtungsstelle zur außergerichtlichen Beilegung von Streitigkeiten

1. bei Versicherungsverträgen mit Verbrauchern im Sinne des § 13 des Bürgerlichen Gesetzbuchs[2] anerkennen,
2. zwischen Versicherungsvermittlern oder Versicherungsberatern und Versicherungsnehmern im Zusammenhang mit der Vermittlung von Versicherungsverträgen anerkennen.

[2]Die Beteiligten können diese Schlichtungsstelle anrufen; das Recht, die Gerichte anzurufen, bleibt unberührt.

(2) [1]Eine privatrechtlich organisierte Einrichtung kann als Schlichtungsstelle anerkannt werden, wenn sie die Voraussetzungen für eine Anerkennung als Verbraucherschlichtungsstelle nach § 24 des Verbraucherstreitbeilegungsgesetzes[3] vom 19. Februar 2016 (BGBl. I S. 254) erfüllt. [2]Eine anerkannte Schlichtungsstelle ist Verbraucherschlichtungsstelle nach dem Verbraucherstreitbeilegungsgesetz. [3]Das Bundesamt für Justiz nimmt die Verbraucherschlichtungsstellen nach Absatz 1 in die Liste nach § 33 Absatz 1 des Verbraucherstreitbeilegungsgesetzes auf und macht die Anerkennung und den Widerruf oder die Rücknahme der Anerkennung im Bundesanzeiger bekannt.

(3) Die anerkannten Schlichtungsstellen sind verpflichtet, jede Beschwerde über einen Versicherer oder einen Versicherungsvermittler, Vermittler nach § 66 und Versicherungsberater zu beantworten.

(4) [1]Die anerkannten Schlichtungsstellen können von dem Versicherungsvermittler, Vermittler nach § 66 oder Versicherungsberater ein Entgelt erheben. [2]Bei offensichtlich missbräuchlichen Beschwerden kann auch von dem Versicherungsnehmer ein geringes Entgelt verlangt werden. [3]Die Höhe des Entgeltes muss im Verhältnis zum Aufwand der anerkannten Schlichtungsstelle angemessen sein.

(5) Nach Absatz 1 anerkannte Schlichtungsstellen haben die Bundesanstalt für Finanzdienstleistungsaufsicht über die ihnen bei ihrer Schlichtungstätigkeit bekannt gewordenen Geschäftspraktiken von Unternehmern zu unterrichten, wenn die Geschäftspraktiken die Interessen einer Vielzahl von Verbrauchern erheblich beeinträchtigen können.

(6) [1]Soweit keine privatrechtlich organisierte Einrichtung als Schlichtungsstelle anerkannt wird, weist das Bundesministerium der Justiz und für Verbraucherschutz im Einvernehmen mit dem Bundesministerium der Finanzen und dem Bundesministerium für Wirtschaft und Energie die Aufgaben der Schlichtungsstelle durch Rechtsverordnung ohne Zustimmung des Bundesrates einer Bundesoberbehörde oder Bundesanstalt zu und regelt deren Verfahren sowie die Erhebung von Gebühren und Auslagen. [2]§ 31 des Verbraucherstreitbeilegungsgesetzes ist entsprechend anzuwenden. [3]Die Schlichtungsstelle ist Verbraucherschlichtungsstelle nach dem

---

[1] § 214 Abs. 1 Satz 2 geänd. mWv 1.4.2012 durch G v. 22.12.2011 (BGBl. I S. 3044); Abs. 1, 2 und 5 neu gef., Abs. 4 Satz 2 geänd. mWv 1.4.2016 durch G v. 19.2.2016 (BGBl. I S. 254); Abs. 5 eingef., bish. Abs. 5 wird Abs. 6 mWv 6.12.2019 durch G v. 30.11.2019 (BGBl. I S. 1942).

[2] Nr. **20**.

[3] **Schönfelder ErgBd. Nr. 107.**

Verbraucherstreitbeilegungsgesetz und muss die Anforderungen nach dem Verbraucherstreitbeilegungsgesetz erfüllen.

**§ 215 Gerichtsstand.** (1) [1] Für Klagen aus dem Versicherungsvertrag oder der Versicherungsvermittlung ist auch das Gericht örtlich zuständig, in dessen Bezirk der Versicherungsnehmer zur Zeit der Klageerhebung seinen Wohnsitz, in Ermangelung eines solchen seinen gewöhnlichen Aufenthalt hat. [2] Für Klagen gegen den Versicherungsnehmer ist dieses Gericht ausschließlich zuständig.

(2) § 33 Abs. 2 der Zivilprozessordnung[1)] ist auf Widerklagen der anderen Partei nicht anzuwenden.

(3) Eine von Absatz 1 abweichende Vereinbarung ist zulässig für den Fall, dass der Versicherungsnehmer nach Vertragsschluss seinen Wohnsitz oder gewöhnlichen Aufenthalt aus dem Geltungsbereich dieses Gesetzes verlegt oder sein Wohnsitz oder gewöhnlicher Aufenthalt im Zeitpunkt der Klageerhebung nicht bekannt ist.

**§ 216[2)] Prozessstandschaft bei Versicherermehrheit.** Ist ein Versicherungsvertrag mit den bei Lloyd's vereinigten Einzelversicherern nicht über eine Niederlassung im Geltungsbereich dieses Gesetzes abgeschlossen worden und ist ein inländischer Gerichtsstand gegeben, so können Ansprüche daraus gegen den bevollmächtigten Unterzeichner des im Versicherungsschein an erster Stelle aufgeführten Syndikats oder einen von diesem benannten Versicherer geltend gemacht werden; ein darüber erzielter Titel wirkt für und gegen alle an dem Versicherungsvertrag beteiligten Versicherer.

---

1) Nr. **100**.
2) § 216 angef. mWv 17.12.2009 durch G v. 25.6.2009 (BGBl. I S. 1574).

**Anlage**[1) 2) 3)]
(zu § 8 Absatz 4 Satz 1)

## Muster für die Widerrufsbelehrung

**Widerrufsbelehrung**

**Abschnitt 1**

**Widerrufsrecht, Widerrufsfolgen und besondere Hinweise**

**Widerrufsrecht**

**Sie können Ihre Vertragserklärung innerhalb einer Frist von [14]** [1] **Tagen ohne Angabe von Gründen in Textform (z.B. Brief, Fax, E-Mail) widerrufen.**

**Die Widerrufsfrist beginnt, nachdem Ihnen** [2]

- **der Versicherungsschein,** [3]
- **die Vertragsbestimmungen,**
  einschließlich der für das Vertragsverhältnis geltenden Allgemeinen Versicherungsbedingungen, diese wiederum einschließlich der Tarifbestimmungen,
- **diese Belehrung,**
- **das Informationsblatt zu Versicherungsprodukten,** [4]
- **und die weiteren in Abschnitt 2 aufgeführten Informationen**

**jeweils in Textform zugegangen sind.** [5]

**Zur Wahrung der Widerrufsfrist genügt die rechtzeitige Absendung des Widerrufs. Der Widerruf ist zu richten an:** [6]

**Widerrufsfolgen**

**Im Falle eines wirksamen Widerrufs endet der Versicherungsschutz und der Versicherer hat Ihnen den auf die Zeit nach Zugang des Widerrufs entfallenden Teil der Prämien zu erstatten, wenn Sie zugestimmt haben, dass der Versicherungsschutz vor dem Ende der Widerrufsfrist beginnt. Den Teil der Prämie, der auf die Zeit bis zum Zugang des Widerrufs entfällt, darf der Versicherer in diesem Fall einbehalten; dabei handelt es sich um [einen Betrag in Höhe von…]** [7] **.** [8] **Der Versicherer hat zurückzuzahlende Beträge unverzüglich, spätestens 30 Tage nach Zugang des Widerrufs, zu erstatten.**

**Beginnt der Versicherungsschutz nicht vor dem Ende der Widerrufsfrist, so hat der wirksame Widerruf zur Folge, dass empfangene Leistungen zurückzugewähren und gezogene Nutzungen (z.B. Zinsen) herauszugeben sind.** [9]

**Besondere Hinweise**

**Ihr Widerrufsrecht erlischt, wenn der Vertrag auf Ihren ausdrücklichen Wunsch sowohl von Ihnen als auch vom Versicherer vollständig erfüllt ist, bevor Sie Ihr Widerrufsrecht ausgeübt haben.**

**Abschnitt 2**

**Auflistung der für den Fristbeginn erforderlichen weiteren Informationen**

Hinsichtlich der in Abschnitt 1 Satz 2 genannten weiteren Informationen werden die Informationspflichten im Folgenden im Einzelnen aufgeführt:

**Unterabschnitt 1** [10]

**Informationspflichten bei allen Versicherungszweigen**

Der Versicherer hat Ihnen folgende Informationen zur Verfügung zu stellen:

1. die Identität des Versicherers und der etwaigen Niederlassung, über die der Vertrag abgeschlossen werden soll; anzugeben ist auch das Handelsregister, bei dem der Rechtsträger eingetragen ist, und die zugehörige Registernummer;
2. *die Identität einer Vertreterin oder eines Vertreters des Versicherers in dem Mitgliedstaat der Europäischen Union, in dem Sie Ihren Wohnsitz haben, wenn es eine solche Vertreterin oder einen solchen Vertreter gibt, oder die Identität einer anderen gewerblich tätigen Person als dem Versicherer, wenn Sie mit dieser geschäftlich zu tun haben, und die Eigenschaft, in der diese Person gegenüber Ihnen tätig wird;*
3. a) die ladungsfähige Anschrift des Versicherers und jede andere Anschrift, die für die Geschäftsbeziehung zwischen dem Versicherer und Ihnen maßgeblich ist, bei juristischen Personen, Personenver-

---

[1)] Anl. neu gef. mWv 15.6.2021 durch G v. 9.6.2021 (BGBl. I S. 1666).
[2)] Beachte hierzu Übergangsvorschrift in § 8 EGVVG (Nr. **62a**).
[3)] Im BGBl. I sind die hier in eckigen Klammern wiedergegebenen Bezugnahmen auf die Gestaltungshinweise als geschlossene Kästchen dargestellt.

einigungen oder -gruppen auch den Namen eines Vertretungsberechtigten; soweit die Mitteilung durch Übermittlung der Vertragsbestimmungen einschließlich der Allgemeinen Versicherungsbedingungen erfolgt, bedürfen die Informationen einer hervorgehobenen und deutlich gestalteten Form;

*b) jede andere Anschrift, die für die Geschäftsbeziehung zwischen einer Vertreterin oder einem Vertreter des Versicherers oder einer anderen gewerblich tätigen Person gemäß Nummer 2 und Ihnen maßgeblich ist, bei juristischen Personen, Personenvereinigungen oder -gruppen auch den Namen eines Vertretungsberechtigten; soweit die Mitteilung durch Übermittlung der Vertragsbestimmungen einschließlich der Allgemeinen Versicherungsbedingungen erfolgt, bedürfen die Informationen einer hervorgehobenen und deutlich gestalteten Form;*

4. die Hauptgeschäftstätigkeit des Versicherers;
5. *Angaben über das Bestehen eines Garantiefonds oder anderer Entschädigungsregelungen; Name und Anschrift des Garantiefonds sind anzugeben;*
6. die wesentlichen Merkmale der Versicherungsleistung, insbesondere Angaben über Art, Umfang und Fälligkeit der Leistung des Versicherers;
7. den Gesamtpreis der Versicherung einschließlich aller Steuern und sonstigen Preisbestandteile, wobei die Prämien einzeln auszuweisen sind, wenn das Versicherungsverhältnis mehrere selbständige Versicherungsverträge umfassen soll, oder, wenn ein genauer Preis nicht angegeben werden kann, Angaben zu den Grundlagen seiner Berechnung, die Ihnen eine Überprüfung des Preises ermöglichen;
8. *a) gegebenenfalls zusätzlich anfallende Kosten unter Angabe des insgesamt zu zahlenden Betrages sowie mögliche weitere Steuern, Gebühren oder Kosten, die nicht über den Versicherer abgeführt oder von ihm in Rechnung gestellt werden;*
   *b) alle Kosten, die Ihnen für die Benutzung von Fernkommunikationsmitteln entstehen, wenn solche zusätzlichen Kosten in Rechnung gestellt werden;*
9. Einzelheiten hinsichtlich der Zahlung und der Erfüllung, insbesondere zur Zahlungsweise der Prämien;
10. *die Befristung der Gültigkeitsdauer der zur Verfügung gestellten Informationen, beispielsweise die Gültigkeitsdauer befristeter Angebote, insbesondere hinsichtlich des Preises;*
11. *den Hinweis, dass sich die Finanzdienstleistung auf Finanzinstrumente bezieht, die wegen ihrer spezifischen Merkmale oder der durchzuführenden Vorgänge mit speziellen Risiken behaftet sind oder deren Preis Schwankungen auf dem Finanzmarkt unterliegt, auf die der Versicherer keinen Einfluss hat, und dass in der Vergangenheit erwirtschaftete Beträge kein Indikator für künftige Erträge sind; die jeweiligen Umstände und Risiken sind zu bezeichnen;*
12. Angaben darüber, wie der Vertrag zustande kommt, insbesondere über den Beginn der Versicherung und des Versicherungsschutzes sowie die Dauer der Frist, während der der Antragsteller an den Antrag gebunden sein soll;
13. das Bestehen oder Nichtbestehen eines Widerrufsrechts sowie die Bedingungen, Einzelheiten der Ausübung, insbesondere Namen und Anschrift derjenigen Person, gegenüber der der Widerruf zu erklären ist, und die Rechtsfolgen des Widerrufs einschließlich Informationen über den Betrag, den Sie im Falle des Widerrufs gegebenenfalls zu zahlen haben; soweit die Mitteilung durch Übermittlung der Vertragsbestimmungen einschließlich der Allgemeinen Versicherungsbedingungen erfolgt, bedürfen die Informationen einer hervorgehobenen und deutlich gestalteten Form;
14. a) Angaben zur Laufzeit des Vertrages;
    *b) Angaben zur Mindestlaufzeit des Vertrages;*
15. *Angaben zur Beendigung des Vertrages, insbesondere zu den vertraglichen Kündigungsbedingungen einschließlich etwaiger Vertragsstrafen;* soweit die Mitteilung durch Übermittlung der Vertragsbestimmungen einschließlich der Allgemeinen Versicherungsbedingungen erfolgt, bedürfen die Informationen einer hervorgehobenen und deutlich gestalteten Form;
16. die Mitgliedstaaten der Europäischen Union, deren Recht der Versicherer der Aufnahme von Beziehungen zu Ihnen vor Abschluss des Versicherungsvertrages zugrunde legt;
17. das auf den Vertrag anwendbare Recht, *eine Vertragsklausel über das auf den Vertrag anwendbare Recht oder über das zuständige Gericht;*
18. die Sprachen, in denen die Vertragsbedingungen und die in diesem Unterabschnitt genannten Vorabinformationen mitgeteilt werden, sowie die Sprachen, in denen sich der Versicherer verpflichtet, mit Ihrer Zustimmung die Kommunikation während der Laufzeit dieses Vertrages zu führen;
19. einen möglichen Zugang für Sie zu einem außergerichtlichen Beschwerde- und Rechtsbehelfsverfahren und gegebenenfalls die Voraussetzungen für diesen Zugang; dabei ist ausdrücklich darauf hinzuweisen, dass die Möglichkeit für Sie, den Rechtsweg zu beschreiten, hiervon unberührt bleibt;
20. Name und Anschrift der zuständigen Aufsichtsbehörde sowie die Möglichkeit einer Beschwerde bei dieser Aufsichtsbehörde.

**Unterabschnitt 2** [11]

**Zusätzliche Informationspflichten bei dieser Berufsunfähigkeitsversicherung**

Bei dieser Berufsunfähigkeitsversicherung hat der Versicherer Ihnen zusätzlich zu den oben genannten Informationen die folgenden Informationen zur Verfügung zu stellen:

1. Angaben in Euro zur Höhe der in die Prämie einkalkulierten Kosten; dabei sind die einkalkulierten Abschlusskosten als einheitlicher Gesamtbetrag und die übrigen einkalkulierten Kosten als Anteil der Jahresprämie unter Angabe der jeweiligen Laufzeit auszuweisen; bei den übrigen einkalkulierten Kosten sind die einkalkulierten Verwaltungskosten zusätzlich gesondert als Anteil der Jahresprämie unter Angabe der jeweiligen Laufzeit auszuweisen;
2. Angaben in Euro zu möglichen sonstigen Kosten, insbesondere zu Kosten, die einmalig oder aus besonderem Anlass entstehen können;
3. Angaben über die für die Überschussermittlung und Überschussbeteiligung geltenden Berechnungsgrundsätze und Maßstäbe;
4. Angabe in Euro der in Betracht kommenden Rückkaufswerte;
5. Angaben in Euro über den Mindestversicherungsbetrag für eine Umwandlung in eine prämienfreie oder eine prämienreduzierte Versicherung und über die Leistungen aus einer prämienfreien oder prämienreduzierten Versicherung;
6. das Ausmaß, in dem die Leistungen nach den Nummern 4 und 5 garantiert sind; die Angabe hat in Euro zu erfolgen;
7. *Angaben über die der Versicherung zugrunde liegenden Fonds und die Art der darin enthaltenen Vermögenswerte;*
8. allgemeine Angaben über die für diese Versicherungsart geltende Steuerregelung;
9. *die Minderung der Wertentwicklung durch Kosten in Prozentpunkten (Effektivkosten) bis zum Beginn der Auszahlungsphase;*
10. den Hinweis, dass der in den Versicherungsbedingungen verwendete Begriff der Berufsunfähigkeit nicht mit dem Begriff der Berufsunfähigkeit oder der Erwerbsminderung im sozialrechtlichen Sinne oder dem Begriff der Berufsunfähigkeit im Sinne der Versicherungsbedingungen in der Krankentagegeldversicherung übereinstimmt.

**Unterabschnitt 3** [12]

**Zusätzliche Informationspflichten bei dieser Krankenversicherung**

Bei dieser Krankenversicherung hat der Versicherer Ihnen zusätzlich zu den oben genannten Informationen die folgenden Informationen zur Verfügung zu stellen:

1. Angaben in Euro zur Höhe der in die Prämie einkalkulierten Kosten; dabei sind die einkalkulierten Abschlusskosten als einheitlicher Gesamtbetrag und die übrigen einkalkulierten Kosten als Anteil der Jahresprämie unter Angabe der jeweiligen Laufzeit auszuweisen; bei den übrigen einkalkulierten Kosten sind die einkalkulierten Verwaltungskosten zusätzlich gesondert als Anteil der Jahresprämie unter Angabe der jeweiligen Laufzeit auszuweisen;
2. Angaben in Euro zu möglichen sonstigen Kosten, insbesondere zu Kosten, die einmalig oder aus besonderem Anlass entstehen können;
3. Angaben über die Auswirkungen steigender Krankheitskosten auf die zukünftige Beitragsentwicklung;
4. Hinweise auf die Möglichkeiten zur Beitragsbegrenzung im Alter, insbesondere auf die Möglichkeiten eines Wechsels in den Basistarif oder in andere Tarife gemäß § 204 des Versicherungsvertragsgesetzes und der Vereinbarung von Leistungsausschlüssen sowie auf die Möglichkeit einer Prämienminderung gemäß § 152 Absatz 3 und 4 des Versicherungsaufsichtsgesetzes;
5. einen Hinweis, dass ein Wechsel von der privaten in die gesetzliche Krankenversicherung in fortgeschrittenem Alter in der Regel ausgeschlossen ist;
6. einen Hinweis, dass ein Wechsel innerhalb der privaten Krankenversicherung in fortgeschrittenem Alter mit höheren Beiträgen verbunden sein kann und gegebenenfalls auf einen Wechsel in den Basistarif beschränkt ist;
7. eine Übersicht in Euro über die Beitragsentwicklung im Zeitraum der dem Angebot vorangehenden *zehn Jahre; anzugeben ist, welcher monatlichen*[1] Beitrag in den dem Angebot vorangehenden zehn Jahren jeweils zu entrichten gewesen wäre, wenn der Versicherungsvertrag zum damaligen Zeitpunkt von einer Person gleichen Geschlechts wie Sie mit Eintrittsalter von 35 Jahren abgeschlossen worden wäre; besteht der angebotene Tarif noch nicht seit zehn Jahren, so ist auf den Zeitpunkt der Einführung des Tarifs abzustellen, und es ist darauf hinzuweisen, dass die Aussagekraft der Übersicht wegen der kurzen Zeit, die seit der Einführung des Tarifs vergangen ist, begrenzt ist; ergänzend ist die Entwicklung eines vergleichbaren Tarifs, der bereits seit zehn Jahren besteht, darzustellen.

**(Ort), (Datum), (Unterschrift des Versicherungsnehmers)** [13] [14]

---

[1] Richtig wohl: „monatliche".

**Gestaltungshinweise:**

[1] Für die Lebensversicherung lautet der Klammerzusatz: „30".

[2] Bei Versicherungsprodukten, für die nach der Verordnung (EU) Nr. 1286/2014 ein Basisinformationsblatt zu erstellen ist, sind hier die Wörter **„das Basisinformationsblatt zur Verfügung gestellt worden ist und"** einzusetzen. Bei Versicherungsprodukten, bei denen nach der Verordnung (EU) 2019/1238 ein PEPP-Basisinformationsblatt zu erstellen ist, sind hier die Wörter **„das PEPP-Basisinformationsblatt zur Verfügung gestellt worden ist und"** einzusetzen.

[3] Der Punkt **„der Versicherungsschein,"** entfällt bei Belehrung der versicherten Person eines Vertrages gemäß § 7d des Versicherungsvertragsgesetzes (VVG).

[4] Der Punkt **„das Informationsblatt zu Versicherungsprodukten"** ist nur aufzunehmen, wenn ein Informationsblatt zu Versicherungsprodukten nach § 4 der VVG-Informationspflichtenverordnung zur Verfügung zu stellen ist. Bei Altersvorsorge- und Basisrentenverträgen, für die ein individuelles Produktinformationsblatt nach § 7 Absatz 1 des Altersvorsorgeverträge-Zertifizierungsgesetzes zu erstellen ist, sind die Wörter **„das Informationsblatt zu Versicherungsprodukten"** durch die Wörter **„das Produktinformationsblatt"** zu ersetzen.

[5] Bei Restschuldversicherungen, die als Nebenprodukt oder als Teil eines Pakets oder derselben Vereinbarung angeboten werden (§ 7a Absatz 5 VVG), sowie bei Belehrung der versicherten Person eines Vertrages gemäß § 7d VVG ist folgender Satz einzufügen:

**„Die Widerrufsfrist beginnt zudem nicht, bevor Ihnen mindestens eine Woche nach Abgabe Ihrer Vertragserklärung die Belehrung über das Widerrufsrecht und das Informationsblatt zu Versicherungsprodukten erneut in Textform zugegangen sind."**

[6] Hier sind einzusetzen: Name/Firma und ladungsfähige Anschrift des Widerrufsadressaten. Zusätzlich können angegeben werden: Telefaxnummer, E-Mail-Adresse und/oder, wenn die Versicherungsnehmerin oder der Versicherungsnehmer eine Bestätigung ihrer oder seiner Widerrufserklärung an den Versicherer erhält, auch eine Internetadresse.

[7] Der Betrag kann auch in anderen Unterlagen, zum Beispiel im Antrag, ausgewiesen sein; dann lautet der Klammerzusatz je nach Ausgestaltung: „den im Antrag/im … auf Seite …/unter Nummer … ausgewiesenen Betrag".

[8] Bei der Lebensversicherung ist gegebenenfalls folgender Satz einzufügen:

**„Den Rückkaufswert einschließlich der Überschussanteile hat der Versicherer Ihnen auszuzahlen."**

[9] Wird der Versicherungsvertrag mit einem zusammenhängenden Vertrag abgeschlossen, sind am Ende des Absatzes zu „Widerrufsfolgen" folgende Sätze anzufügen:

**„Haben Sie Ihr Widerrufsrecht hinsichtlich des Versicherungsvertrages wirksam ausgeübt, so sind Sie auch an einen mit dem Versicherungsvertrag zusammenhängenden Vertrag nicht mehr gebunden. Ein zusammenhängender Vertrag liegt vor, wenn er einen Bezug zu dem widerrufenen Vertrag aufweist und eine Dienstleistung des Versicherers oder eines Dritten auf der Grundlage einer Vereinbarung zwischen dem Dritten und dem Versicherer betrifft. Eine Vertragsstrafe darf weder vereinbart noch verlangt werden."**

[10] Die unter Abschnitt 2 Unterabschnitt 1 Nummer 2, 3 Buchstabe b, Nummer 5, 8 Buchstabe a und b, Nummer 10, 11 und 14 Buchstabe b aufgelisteten und kursiv gedruckten Informationen sind nur dann in die Widerrufsbelehrung aufzunehmen, wenn sie für den vorliegenden Vertrag einschlägig sind. Bei Aufnahme ist der Kursivdruck zu entfernen. Eine Information ist auch dann vollständig aufzunehmen, wenn sie nur teilweise einschlägig ist, wenn beispielsweise bei Nummer 8 Buchstabe a nur zusätzlich Kosten, nicht aber weitere Steuern, die nicht über den Versicherer abgeführt oder von ihm in Rechnung gestellt werden, anfallen. Werden Informationen gemäß der vorstehenden Vorgabe nicht aufgenommen, so ist die fortlaufende Nummerierung entsprechend anzupassen (wird beispielsweise Nummer 8 nicht übernommen, wird Nummer 9 zu Nummer 8 etc.). Die in den Nummern 3, 8 und 14 vorgesehenen Buchstaben a und b sind jeweils nur zu verwenden, wenn dort sowohl die Informationen unter Buchstabe a als auch diejenigen unter Buchstabe b aufgenommen werden. Die kursiv gedruckten Wörter „*, insbesondere zu den vertraglichen Kündigungsbedingungen einschließlich etwaiger Vertragsstrafen*" in Nummer 15 und „*, eine Vertragsklausel über das auf den Vertrag anwendbare Recht oder über das zuständige Gericht*" in Nummer 17 sind jeweils nur aufzunehmen, wenn sie für den vorliegenden Vertrag einschlägig sind. Bei Aufnahme entfällt der Kursivdruck. Folgen keine weiteren Unterabschnitte, so ist die Überschrift „Unterabschnitt 1" zu entfernen und das Wort „Unterabschnitt" in Nummer 18 durch das Wort „Abschnitt" zu ersetzen.

[11] Dieser Unterabschnitt ist nur einzufügen bei der Berufsunfähigkeitsversicherung, der Lebensversicherung und der Unfallversicherung mit Prämienrückgewähr. Bei der Lebensversicherung gilt dies mit der Maßgabe, dass das Wort „Berufsunfähigkeitsversicherung" jeweils durch das Wort „Lebensversicherung" zu ersetzen ist und die Information unter Nummer 10 entfällt. Bei der Unfallversicherung mit Prämienrückgewähr gilt dies mit der Maßgabe, dass das Wort „Berufsunfähigkeitsversicherung" jeweils durch die Wörter „Unfallversicherung mit Prämienrückgewähr" zu ersetzen ist und nur die Informationen in den Nummern 3 bis 8 aufzunehmen sind.

Die Information unter Nummer 7 ist nur einzufügen bei der fondsgebundenen Lebens- oder Berufsunfähigkeitsversicherung oder der fondsgebundenen Unfallversicherung mit Prämienrückgewähr. Die Information unter Nummer 9 ist nur einzufügen bei Lebens- und Berufsunfähigkeitsversicherungsverträgen, die Versicherungsschutz für ein Risiko bieten, bei dem der Eintritt der Verpflichtung des Versicherers gewiss ist. Bei Übernahme der Informationen unter Nummer 7 oder Nummer 9 entfällt der Kursivdruck.

Werden Informationen gemäß den vorstehenden Vorgaben nicht aufgenommen, ist die fortlaufende Nummerierung entsprechend anzupassen (wird beispielsweise Nummer 7 nicht übernommen, wird Nummer 8 zu Nummer 7 etc.). Die letzte in die Widerrufsbelehrung aufgenommene Information in diesem Unterabschnitt soll mit dem Satzzeichen „." abschließen.

[12] Dieser Unterabschnitt ist nur einzufügen bei der substitutiven Krankenversicherung. Handelt es sich um den zweiten Unterabschnitt, so ist die Überschrift **„Unterabschnitt 3"** durch die Überschrift **„Unterabschnitt 2"** zu ersetzen.

[13] Bei Belehrung der versicherten Person eines Vertrages nach § 7d VVG lautet der Klammerzusatz „der versicherten Person".

[14] Ort, Datum und Unterschriftsleiste können entfallen. In diesem Fall sind die Angaben entweder durch die Wörter „Ende der Widerrufsbelehrung" oder durch die Wörter „Ihr(e) [einsetzen: Firma des Versicherers]" zu ersetzen.

# 62a. Einführungsgesetz zum Versicherungsvertragsgesetz[1) 2)]

Vom 30. Mai 1908
(RGBl. S. 305)

**BGBl. III/FNA 7632-2**

| Lfd. Nr. | Änderndes Gesetz | Datum | Fundstelle | Betroffen | Hinweis |
|---|---|---|---|---|---|
| 1. | 2. Abschn. VO zur Vereinheitlichung des Rechts der Vertragsversicherung | 19.12. 1939 | RGBl. S. 2443 | Art. 2 | aufgeh. mWv 1.7.1940 |
| 2. | Art. 3 Zweites DurchführungsG/EWG zum VAG | 28.6.1990 | BGBl.I S. 1249 | Überschrift Erstes Kapitel (vor Art. 1), Zweites Kapitel (Überschrift und Art. 7, 8, 9, 10, 11, 12, 13, 14) | eingef. mWv 1.7.1990 |
| 3. | Art. 3 Drittes DurchführungsG/EWG zum VAG | 21.7.1994 | BGBl.I S. 1630 | Art. 7, 8, 9, 10, 13, 14 | geänd. mWv 29.7.1994 |
| | | | | Art. 15 | eingef. mWv 29.7.1994 |
| 4. | Art. 8 Kapitalgesellschaften- und Co-RL-G[3)] | 24.2.2000 | BGBl.I S. 154 | Art. 10 | geänd. mWv 9.3.2000 |
| 5. | Art. 2 Versicherungsvertrags-ReformG | 23.11. 2007 | BGBl. I S. 2631 | Gesetzestitel, Kapitel 1 (Art. 1, 2, 3, 4, 5, 6), Art. 10 | geänd. mWv 1.1.2008 |
| 6. | Art. 4 Zweites G zur Änd. des PflichtversicherungsG und anderer versicherungsrechtl. Vorschriften | 10.12. 2007 | BGBl. I S. 2833 | Art. 7 | geänd. mWv 18.12.2007 |
| 7. | Art. 2 Abs. 4 G zur Anpassung der Vorschriften des Internationalen Privatrechts an die VO (EG) Nr. 593/ 2008 | 25.6.2009 | BGBl. I S. 1574 | Überschrift vor Art. 1, Kapitel 2 (Art. 7, 8, 9, 10, 11, 12, 13, 14, 15) | aufgeh. mWv 17.12.2009 |
| 8. | Art. 5 G zur Beseitigung sozialer Überforderung bei Beitragsschulden in der Krankenversicherung | 15.7.2013 | BGBl. I S. 2423 | Art. 7 | eingef. mWv 1.8.2013 |
| 9. | Art. 2 Abs. 51 G zur Modernisierung der Finanzaufsicht über Versicherungen | 1.4.2015 | BGBl. I S. 434 | Art. 7 | geänd. mWv 1.1.2016 |
| 10. | Art. 4 G zur Anpassung des Finanzdienstleistungsrechts an die Rechtsprechung des Gerichtshofs der EU vom 11. September 2019 in der Rechtssache C-383/18 und vom 26. März 2020 in der Rechtssache C-66/19 | 9.6.2021 | BGBl. I S. 1666 | Art. 8 | eingef. mWv 15.6.2021 |

[1)] Gesetzestitel geänd. mWv 1.1.2008 durch G v. 23.11.2007 (BGBl. I S. 2631).
[2)] Überschr. Kap. 1 und gesamtes Kap. 2 aufgeh. mWv 17.12.2009 durch G v. 25.6.2009 (BGBl. I S. 1574).
[3)] **Amtl. Anm.:** *(abgedruckt in Änderungstabelle Nr.* ***52b****)*

**Art. 1 Altverträge, Allgemeine Versicherungsbedingungen.** (1) Auf Versicherungsverhältnisse, die bis zum Inkrafttreten des Versicherungsvertragsgesetzes[1)] vom 23. November 2007 (BGBl. I S. 2631) am 1. Januar 2008 entstanden sind (Altverträge), ist das Gesetz über den Versicherungsvertrag in der bis dahin geltenden Fassung bis zum 31. Dezember 2008 anzuwenden, soweit in Absatz 2 und den Artikeln 2 bis 6 nichts anderes bestimmt ist.

(2) Ist bei Altverträgen ein Versicherungsfall bis zum 31. Dezember 2008 eingetreten, ist insoweit das Gesetz über den Versicherungsvertrag in der bis zum 31. Dezember 2007 geltenden Fassung weiter anzuwenden.

(3) Der Versicherer kann bis zum 1. Januar 2009 seine Allgemeinen Versicherungsbedingungen für Altverträge mit Wirkung zum 1. Januar 2009 ändern, soweit sie von den Vorschriften des Versicherungsvertragsgesetzes abweichen, und er dem Versicherungsnehmer die geänderten Versicherungsbedingungen unter Kenntlichmachung der Unterschiede spätestens einen Monat vor diesem Zeitpunkt in Textform mitteilt.

(4) Auf Fristen nach § 12 Abs. 3 des Gesetzes über den Versicherungsvertrag, die vor dem 1. Januar 2008 begonnen haben, ist § 12 Abs. 3 des Gesetzes über den Versicherungsvertrag auch nach dem 1. Januar 2008 anzuwenden.

**Art. 2 Vollmacht des Versicherungsvertreters, Krankenversicherung.**

Auf Altverträge sind die folgenden Vorschriften des Versicherungsvertragsgesetzes[1)] bereits ab 1. Januar 2008 anzuwenden:

1. die §§ 69 bis 73 über die Vertretungsmacht des Versicherungsvertreters und der in § 73 erfassten Vermittler;
2. die §§ 192 bis 208 für die Krankenversicherung, wenn der Versicherer dem Versicherungsnehmer die auf Grund dieser Vorschriften geänderten Allgemeinen Versicherungsbedingungen und Tarifbestimmungen unter Kenntlichmachung der Unterschiede spätestens einen Monat vor dem Zeitpunkt in Textform mitgeteilt hat, zu dem die Änderungen wirksam werden sollen.

**Art. 3 Verjährung.** (1) § 195 des Bürgerlichen Gesetzbuchs[2)] ist auf Ansprüche anzuwenden, die am 1. Januar 2008 noch nicht verjährt sind.

(2) Wenn die Verjährungsfrist nach § 195 des Bürgerlichen Gesetzbuchs länger ist als die Frist nach § 12 Abs. 1 des Gesetzes über den Versicherungsvertrag in der bis zum 31. Dezember 2007 geltenden Fassung, ist die Verjährung mit dem Ablauf der in § 12 Abs. 1 des Gesetzes über den Versicherungsvertrag in der bis zum 31. Dezember 2007 geltenden Fassung bestimmten Frist vollendet.

(3) [1] Wenn die Verjährungsfrist nach § 195 des Bürgerlichen Gesetzbuchs kürzer ist als die Frist nach § 12 Abs. 1 des Gesetzes über den Versicherungsvertrag in der bis zum 31. Dezember 2007 geltenden Fassung, wird die kürzere Frist vom 1. Januar 2008 an berechnet. [2] Läuft jedoch die längere Frist nach § 12 Abs. 1 des Gesetzes über den Versicherungsvertrag in der bis zum 31. Dezember 2007 geltenden Fassung früher als die Frist nach § 195 des Bürgerlichen Gesetzbuchs ab, ist die Verjährung mit dem Ablauf der längeren Frist vollendet.

(4) Die Absätze 1 bis 3 sind entsprechend auf Fristen anzuwenden, die für die Geltendmachung oder den Erwerb oder Verlust eines Rechtes maßgebend sind.

---

[1)] Nr. **62**.
[2)] Nr. **20**.

**Art. 4 Lebensversicherung, Berufsunfähigkeitsversicherung.** (1) [1] § 153 des Versicherungsvertragsgesetzes[1)] ist auf Altverträge nicht anzuwenden, wenn eine Überschussbeteiligung nicht vereinbart worden ist. [2] Ist eine Überschussbeteiligung vereinbart, ist § 153 des Versicherungsvertragsgesetzes ab dem 1. Januar 2008 auf Altverträge anzuwenden; vereinbarte Verteilungsgrundsätze gelten als angemessen.

(2) Auf Altverträge ist anstatt des § 169 des Versicherungsvertragsgesetzes, auch soweit auf ihn verwiesen wird, § 176 des Gesetzes über den Versicherungsvertrag in der bis zum 31. Dezember 2007 geltenden Fassung weiter anzuwenden.

(3) Auf Altverträge über eine Berufsunfähigkeitsversicherung sind die §§ 172, 174 bis 177 des Versicherungsvertragsgesetzes nicht anzuwenden.

**Art. 5 Rechte der Gläubiger von Grundpfandrechten.** (1) [1] Rechte, die Gläubigern von Grundpfandrechten gegenüber dem Versicherer nach den §§ 99 bis 107c des Gesetzes über den Versicherungsvertrag in der bis zum 31. Dezember 2007 geltenden Fassung zustehen, bestimmen sich auch nach dem 31. Dezember 2008 nach diesen Vorschriften. [2] Die Anmeldung eines Grundpfandrechts beim Versicherer kann nur bis zum 31. Dezember 2008 erklärt werden.

(2) [1] Hypotheken, Grundschulden, Rentenschulden und Reallasten,

1. die in der Zeit vom 1. Januar 1943 bis zum 30. Juni 1994 zu Lasten von Grundstücken begründet worden sind,
2. für die eine Gebäudeversicherung bei einer öffentlichen Anstalt unmittelbar kraft Gesetzes oder infolge eines gesetzlichen Zwanges bei einer solchen Anstalt genommen worden ist und
3. die nach der Verordnung zur Ergänzung und Änderung des Gesetzes über den Versicherungsvertrag in der im Bundesgesetzblatt Teil III, Gliederungsnummer 7632-1-1, veröffentlichten bereinigten Fassung als angemeldet im Sinn der §§ 99 bis 106 des Gesetzes über den Versicherungsvertrag gelten,

sind, wenn das Versicherungsverhältnis nach Überleitung in ein vertragliches Versicherungsverhältnis auf Grund des Gesetzes zur Überleitung landesrechtlicher Gebäudeversicherungsverhältnisse vom 22. Juli 1993 (BGBl. I S. 1282, 1286) fortbesteht, zur Erhaltung der durch die Fiktion begründeten Rechte bis spätestens 31. Dezember 2008 beim Versicherer anzumelden. [2] Die durch die Verordnung zur Ergänzung und Änderung des Gesetzes über den Versicherungsvertrag begründete Fiktion erlischt mit Ablauf des 31. Dezember 2008.

**Art. 6 Versicherungsverhältnisse nach § 190 des Gesetzes über den Versicherungsvertrag.** Das Versicherungsvertragsgesetz gilt nicht für die in § 190 des Gesetzes über den Versicherungsvertrag[1)] in der bis zum 31. Dezember 2007 geltenden Fassung bezeichneten Altverträge.

**Art. 7[2)] Krankenversicherung, Versicherungsverhältnisse nach § 193 Absatz 6 des Versicherungsvertragsgesetzes.** [1] Versicherungsnehmer, für die am 1. August 2013 das Ruhen der Leistungen gemäß § 193 Absatz 6 des Versicherungsvertragsgesetzes festgestellt ist, gelten ab diesem Zeitpunkt als im Notlagentarif *§ 153 des Versicherungsaufsichtsgesetzes*[3)] versichert. [2] Versicherungsnehmer gelten rückwirkend ab dem Zeitpunkt, zu dem die Leistungen aus dem Vertrag

---

[1)] Nr. **62**.

[2)] Art. 7 angef. mWv 1.8.2013 durch G v. 15.7.2013 (BGBl. I S. 2423); Sätze 1 und 4 geänd. mWv 1.1.2016 durch G v. 1.4.2015 (BGBl. I S. 434).

[3)] Richtig wohl: „gemäß § 153 des Versicherungsaufsichtsgesetzes".

ruhend gestellt worden sind, als im Notlagentarif versichert, wenn die monatliche Prämie des Notlagentarifs niedriger ist als die in diesem Zeitpunkt geschuldete Prämie. [3] Dies gilt unter der Maßgabe, dass die zum Zeitpunkt des Ruhendstellens aus dem Vertrag erworbenen Rechte und Alterungsrückstellungen erhalten bleiben und in Anspruch genommene Ruhensleistungen im Verhältnis zum Versicherungsnehmer als solche des Notlagentarifs gelten. [4] Eine Anrechnung gebildeter Alterungsrückstellungen nach § 153 Absatz 2 Satz 6 des Versicherungsaufsichtsgesetzes auf die zu zahlende Prämie findet rückwirkend nicht statt. [5] Der Versicherungsnehmer kann der rückwirkenden Versicherung nach Satz 2 widersprechen. [6] Die Versicherer haben auf die Versicherung im Notlagentarif innerhalb von drei Monaten nach dem 1. August 2013 hinzuweisen und hierbei den Versicherungsnehmer über sein Widerspruchsrecht nach Satz 5 unter Hinweis auf die mit der rückwirkenden Versicherung verbundenen Folgen zu informieren; der Widerspruch muss innerhalb von sechs Monaten nach Zugang des Hinweises beim Versicherer eingehen.

**Art. 8[1)] Musterwiderrufsbelehrung.** [1] Das Muster in der Anlage des Versicherungsvertragsgesetzes[2)] in der bis einschließlich 14. Juni 2021 geltenden Fassung kann noch bis zum Ablauf des 31. Dezember 2021 verwendet werden. [2] In diesem Fall ist § 8 des Versicherungsvertragsgesetzes in der bis einschließlich 14. Juni 2021 geltenden Fassung anzuwenden.

[1)] Art. 8 angef. mWv 15.6.2021 durch G v. 9.6.2021 (BGBl. I S. 1666).
[2)] Nr. **62**.

# 63. Gesetz über die Pflichtversicherung für Kraftfahrzeughalter (Pflichtversicherungsgesetz)[1)]

In der Fassung der Bekanntmachung vom 5. April 1965[2)]
(BGBl. I S. 213)

**FNA 925-1**

| Lfd. Nr. | Änderndes Gesetz | Datum | Fundstelle | Betroffen | Hinweis |
|---|---|---|---|---|---|
| 1. | Art. 139 EinführungsG zum OWiG | 24.5.1968 | BGBl. I S. 503 | §§ 6, 11 | geänd. mWv 1.10.1968 |
| 2. | § 1 VO zur Änd. der Mindesthöhe der Versicherungssummen in der Pflichtversicherung für Kraftfahrzeughalter | 23.7.1971 | BGBl. I S. 1109 | Anl. | geänd. mWv 1.8.1971 |
| 3. | Art. 269 EinführungsG zum StGB | 2.3.1974 | BGBl. I S. 469 | § 6 | geänd. mWv 1.1.1975 |
| 4. | Art. 14 Zuständigkeitsanpassungs-G | 18.3.1975 | BGBl. I S. 705 | §§ 4, 13, 14 | geänd. mWv 21.3.1975 |
| 5. | Art. 2 Abs. 6 Erstes DurchführungsG/EWG zum VAG | 18.12.1975 | BGBl. I S. 3139 | §§ 2, 8, 13 | geänd. mWv 1.2.1976 |
| 6. | § 9 OpferentschädigungsG | 11.5.1976 | BGBl. I S. 1181 | § 12 | geänd. mWv 16.5.1976 |
| 7. | § 1 Zweite VO zur Änd. der Mindesthöhe der Versicherungssummen in der Pflichtversicherung für Kraftfahrzeughalter | 22.4.1981 | BGBl. I S. 394 | Anl. | geänd. mWv 1.7.1981 |
| 8. | Art. 2 Abs. 7 Vierzehntes G zur Änd. des VAG | 29.3.1983 | BGBl. I S. 377 | §§ 2, 8, 13 | geänd. mWv 1.4.1983 |
| 9. | Art. 1 Erstes ÄndG | 22.3.1988 | BGBl. I S. 358 | § 3 | geänd. mWv 1.7.1988 |
| 10. | Art. 6 Abs. 123 EisenbahnneuordnungsG | 27.12.1993 | BGBl. I S. 2378 | § 12 | geänd. mWv 1.1.1994 |
| 11. | Art. 5 Drittes DurchführungsG/EWG zum VAG | 21.7.1994 | BGBl. I S. 1630 | §§ 4, 5, 8, 9, 10, 11, 12, 13, 14, 15 | geänd. mWv 29.7.1994 |
| | | | | § 16 | aufgeh. mWv 29.7.1994 |
| 12. | § 1 Dritte VO zur Änd. der Mindesthöhe der Versicherungssummen in der Pflichtversicherung für Kraftfahrzeughalter | 26.5.1997 | BGBl. I S. 1240 | Anl. | geänd. mWv 1.7.1997 |
| 13. | Art. 1 VO über die Umstellung der Mindesthöhe der Versicherungssummen in der Pflichtversicherung für Kraftfahrzeughalter auf Euro | 22.10.2000 | BGBl. I S. 1484 | Anl. | geänd. mWv 1.1.2002 |

[1)] Verkündet als Art. 1 G zur Änderung von Vorschriften über die Pflichtversicherung für Kraftfahrzeughalter v. 5.4.1965 (BGBl. I S. 213).
[2)] Neubekanntmachung des G v. 7.11.1939 (RGBl. I S. 2223) in der ab 1.10.1965 geltenden Fassung.

| Lfd. Nr. | Änderndes Gesetz | Datum | Fundstelle | Betroffen | Hinweis |
|---|---|---|---|---|---|
| 14. | Art. 33 G zur Anpassung der Formvorschriften des Privatrechts und anderer Vorschriften an den modernen Rechtsgeschäftsverkehr | 13.7.2001 | BGBl. I S. 1542 | § 3 | geänd. mWv 1.8.2001 |
| 15. | Art. 252 Siebente Zuständigkeitsanpassungs-VO | 29.10. 2001 | BGBl. I S. 2785 | §§ 4, 7, 11, 13, 14 | geänd. mWv 7.11.2001 |
| 16. | Art. 5 Abs. 29 SchuldrechtsmodernisierungsG[1] | 26.11. 2001 | BGBl. I S. 3138 | § 3 | geänd. mWv 1.1.2002 |
| 17. | Art. 1 Pflichtversicherungsrechts-ÄndG[2] | 10.7.2002 | BGBl. I S. 2586 | §§ 2, 5, 8, 12 | geänd. mWv 1.1.2003 |
| | | | | §§ 3a, 8a, 12a, 12b, 13a | eingef. mWv 1.1.2003 |
| 18. | Art. 10 Abs. 6 Zweites Schadensersatzrechts-ÄndG | 19.07. 2002 | BGBl. I S. 2674 | § 12 | geänd. mWv 1.8.2002 |
| 19. | Art. 234 Achte ZuständigkeitsanpassungsVO | 25.11. 2003 | BGBl. I S. 2304 | §§ 4, 7, 11, 13, 14 | geänd. mWv 28.11.2003 |
| 20. | Art. 296 Neunte ZuständigkeitsanpassungsVO | 31.10. 2006 | BGBl. I S. 2407 | §§ 4, 7, 11, 13, 14 | geänd. mWv 8.11.2006 |
| 21. | Art. 8 G zur Reform des Versicherungsvertragsrechts | 23.11. 2007 | BGBl. I S. 2631 | §§ 2, 3, 3a, 4 | geänd. mWv 1.1.2008 |
| | | | | § 3b | eingef. mWv 1.1.2008 |
| 22. | Art. 1 Zweites G zur Änd. des PflichtversicherungsG und anderer versicherungsrechtlicher Vorschriften[3] | 10.12. 2007 | BGBl. I S. 2833, geänd. 2012, S. 2182 und 2013, S. 932 | §§ 2, 3a, 4, 5, 7, 8a, 12, 12a, 12b, Anl. | geänd. mWv 18.12.2012 |
| | | | | § 12c | geänd. mWv 18.12.2012 |
| 23. | Art. 1 VO zur Anpassung der Mindestversicherungssummen und zur Änd. der Kraftfahrzeug-PflichtversicherungsVO | 6.12.2011 | BGBl. I S. 2628 | Anl. | geänd. mWv 1.1.2012 |
| 24. | Art. 3 und 5 G zur Änd. versicherungsrechtlicher Vorschriften | 24.4.2013 | BGBl. I S. 932 | §§ 4, 7, 8a, 9, 12, 12a, 12b, 12c | geänd. mWv 1.5.2013 |
| | | | | § 16 | eingef. mWv 1.5.2013 |
| 25. | Art. 2 Abs. 48 G zur Modernisierung der Finanzaufsicht über Versicherungen | 1.4.2015 | BGBl. I S. 434 | §§ 2, 5, 8, 8a, 13 | geänd. mWv 1.1.2016 |
| 26. | Art. 493 Zehnte ZuständigkeitsanpassungsVO | 31.8.2015 | BGBl. I S. 1474 | §§ 4, 7, 8a, 11, 13, 13a, 14 | geänd. mWv 8.9.2015 |

[1] **Amtl. Anm.:** *(vom Abdruck wurde abgesehen)*

[2] **Amtl. Anm.:** Dieses Gesetz dient der Umsetzung der Richtlinie 2000/26/EG des Europäischen Parlaments und des Rates vom 16. Mai 2000 zur Angleichung der Rechtsvorschriften der Mitgliedstaaten über die Kraftfahrzeug-Haftpflichtversicherung und zur Änderung der Richtlinien 73/239/EWG und 88/357/EWG des Rates (ABl. EG Nr. L 181 S. 65).

[3] **Amtl. Anm.:** Dieses Gesetz dient der Umsetzung der Richtlinie 2005/14/EG des Europäischen Parlaments und des Rates vom 11. Mai 2005 zur Änderung der Richtlinien 72/166/EWG, 84/5/EWG, 88/357/EWG und 90/232/EWG des Rates sowie der Richtlinie 2000/26/EG des Europäischen Parlaments und des Rates über die Kraftfahrzeug-Haftpflichtversicherung (ABl. EU Nr. L 149 S. 14).

| Lfd. Nr. | Änderndes Gesetz | Datum | Fundstelle | Betroffen | Hinweis |
|---|---|---|---|---|---|
| 27. | Art. 1 VO zur Anpassung der Mindestversicherungssummen des PflichtversicherungsG | 6.2.2017 | BGBl. I S. 147 | Anl. | geänd. mWv 11.6.2016 |
| 28. | Art. 2 Gesetz zum autonomen Fahren[1)] | 12.7.2021 | BGBl. I S. 3108 | § 1 | geänd. mWv 28.7.2021 |
| 29. | Art. 11 G zur Umsetzung der RL (EU) 2021/2101 im Hinblick auf die Offenlegung von Ertragsteuerinformationen durch bestimmte Unternehmen und Zweigniederlassungen sowie zur Änd. des VerbraucherstreitbeilegungsG und des PflichtversicherungsG[2)] | 19.6.2023 | BGBl. 2023 I Nr. 154 | § 14a | eingef. mWv 22.6.2023 |

[1)] **Amtl. Anm.:** Notifiziert gemäß Richtlinie (EU) 2015/1535 des Europäischen Parlaments und des Rates vom 9. September 2015 über ein Informationsverfahren auf dem Gebiet der technischen Vorschriften und der Vorschriften für die Dienste der Informationsgesellschaft (ABl. L 241 vom 17.9.2015, S. 1).

[2)] **Amtl. Anm.:** […] Artikel 11 dieses Gesetzes dient der Umsetzung der Richtlinie (EU) 2021/2118 des Europäischen Parlaments und des Rates vom 24. November 2021 zur Änderung der Richtlinie 2009/103/EG über die Kraftfahrzeug-Haftpflichtversicherung und die Kontrolle der entsprechenden Versicherungspflicht (ABl. L 430 vom 2.12.2021, S. 1).

## Erster Abschnitt. Pflichtversicherung[1)]

**§ 1**[2)] **[Versicherungspflicht]** [1]Der Halter eines Kraftfahrzeugs oder Anhängers mit regelmäßigem Standort im Inland ist verpflichtet, für sich, den Eigentümer und den Fahrer eine Haftpflichtversicherung zur Deckung der durch den Gebrauch des Fahrzeugs verursachten Personenschäden, Sachschäden und sonstigen Vermögensschäden nach den folgenden Vorschriften abzuschließen und aufrechtzuerhalten, wenn das Fahrzeug auf öffentlichen Wegen oder Plätzen (§ 1 des Straßenverkehrsgesetzes[3)]) verwendet wird. [2]Der Halter eines Kraftfahrzeugs mit autonomer Fahrfunktion im Sinne des § 1d des Straßenverkehrsgesetzes ist verpflichtet, eine Haftpflichtversicherung gemäß Satz 1 auch für eine Person der Technischen Aufsicht abzuschließen und aufrechtzuerhalten.

**§ 2**[4)] **[Befreiung von der Versicherungspflicht]** (1) § 1 gilt nicht für
1. die Bundesrepublik Deutschland,
2. die Länder,
3. die Gemeinden mit mehr als einhunderttausend Einwohnern,
4. die Gemeindeverbände sowie Zweckverbände, denen ausschließlich Körperschaften des öffentlichen Rechts angehören,
5. juristische Personen, die von einem nach § 3 Absatz 1 Nummer 4 des Versicherungsaufsichtsgesetzes von der Versicherungsaufsicht freigestellten Haftpflichtschadenausgleich Deckung erhalten,
6. Halter von
   a) Kraftfahrzeugen, deren durch die Bauart bestimmte Höchstgeschwindigkeit sechs Kilometer je Stunde nicht übersteigt,
   b) selbstfahrenden Arbeitsmaschinen und Staplern im Sinne des § 3 Abs. 2 Satz 1 Nr. 1 Buchstabe a der Fahrzeug-Zulassungsverordnung, deren Höchstgeschwindigkeit 20 Kilometer je Stunde nicht übersteigt, wenn sie den Vorschriften über das Zulassungsverfahren nicht unterliegen,
   c) Anhängern, die den Vorschriften über das Zulassungsverfahren nicht unterliegen.

(2) [1]Die nach Absatz 1 Nrn. 1 bis 5 von der Versicherungspflicht befreiten Fahrzeughalter haben, sofern nicht auf Grund einer von ihnen abgeschlossenen und den Vorschriften dieses Gesetzes entsprechenden Versicherung Haftpflichtversicherungsschutz gewährt wird, bei Schäden der in § 1 bezeichneten Art für den Fahrer und die übrigen Personen, die durch eine auf Grund dieses Gesetzes abgeschlossene Haftpflichtversicherung Deckung erhalten würden, in gleicher Weise und in gleichem Umfang einzutreten wie ein Versicherer bei Bestehen einer solchen Haftpflichtversicherung. [2]Die Verpflichtung beschränkt sich auf den Betrag der festgesetzten Mindestversicherungssummen. [3]Wird ein Personen- oder

---

[1)] Siehe auch das G über die Haftpflichtversicherung für ausländische Kraftfahrzeuge und Kraftfahrzeuganhänger v. 24.7.1956 (BGBl. I S. 667), zuletzt geänd. durch VO v. 31.8.2015 (BGBl. I S. 1474).

[2)] § 1 Satz 2 angef. mWv 28.7.2021 durch G v. 12.7.2021 (BGBl. I S. 3108).

[3)] Nr. **35**.

[4)] § 2 Abs. 1 Nr. 5 neu gef. durch G v. 18.12.1975 (BGBl. I S. 3139); Abs. 1 Nr. 5 geänd. durch G v. 29.3.1983 (BGBl. I S. 377); Abs. 2 Satz 3 geänd. mWv 1.1.2003 durch G v. 10.7.2002 (BGBl. I S. 2586); Abs. 2 Sätze 3 und 4 geänd. mWv 1.1.2008 durch G v. 23.11.2007 (BGBl. I S. 2631); Abs. 1 Nr. 6 Buchst. b neu gef., Abs. 2 Sätze 3 und 4 eingef., bish. Sätze 3 und 4 werden Sätze 5 und 6 mWv 18.12.2007 durch G v. 10.12.2007 (BGBl. I S. 2833); Abs. 1 Nr. 5 geänd. mWv 1.1.2016 durch G v. 1.4.2015 (BGBl. I S. 434).

Sachschaden verursacht, haftet der Fahrzeughalter im Verhältnis zu einem Dritten auch, wenn der Fahrer den Eintritt der Tatsache, für die er dem Dritten verantwortlich ist, vorsätzlich und widerrechtlich herbeigeführt hat. [4] § 12 Abs. 1 Satz 2 bis 5 gilt entsprechend. [5] Die Vorschriften der §§ 100 bis 124 des Versicherungsvertragsgesetzes[1)] sowie der §§ 3 und 3b sowie die Kraftfahrzeug-Pflichtversicherungsverordnung[2)] sind sinngemäß anzuwenden. [6] Erfüllt der Fahrzeughalter Verpflichtungen nach Satz 1, so kann er in sinngemäßer Anwendung der §§ 116 und 124 des Versicherungsvertragsgesetzes Ersatz der aufgewendeten Beträge verlangen, wenn bei Bestehen einer Versicherung der Versicherer gegenüber dem Fahrer oder der sonstigen mitversicherten Person leistungsfrei gewesen wäre; im übrigen ist der Rückgriff des Halters gegenüber diesen Personen ausgeschlossen.

**§ 3[3)] [Einschränkung der Leistungspflicht beim Direktanspruch]** [1] Ist der Versicherer gegenüber dem Versicherungsnehmer nicht zur Leistung verpflichtet, weil das Fahrzeug den Bau- und Betriebsvorschriften der Straßenverkehrs-Zulassungs-Ordnung nicht entsprach oder von einem unberechtigten Fahrer oder von einem Fahrer ohne die vorgeschriebene Fahrerlaubnis geführt wurde, kann der Versicherer den Dritten abweichend von § 117 Abs. 3 Satz 2 des Versicherungsvertragsgesetzes[1)] nicht auf die Möglichkeit verweisen, Ersatz seines Schadens von einem anderen Schadensversicherer oder von einem Sozialversicherungsträger zu erlangen. [2] Soweit der Dritte jedoch von einem nach § 2 Abs. 1 Nr. 1 bis 5 von der Versicherungspflicht befreiten Fahrzeughalter Ersatz seines Schadens erlangen kann, entfällt die Leistungspflicht des Versicherers.

**§ 3a[4)] [Schadensersatzangebot]** (1) Macht der Dritte den Anspruch nach § 115 Abs. 1 des Versicherungsvertragsgesetzes[1)] geltend, gelten darüber hinaus die folgenden Vorschriften:

1. Der Versicherer oder der Schadenregulierungsbeauftragte haben dem Dritten unverzüglich, spätestens innerhalb von drei Monaten, ein mit Gründen versehenes Schadenersatzangebot vorzulegen, wenn die Eintrittspflicht unstreitig ist und der Schaden beziffert wurde, oder eine mit Gründen versehene Ant-

*(Fortsetzung nächstes Blatt)*

---

[1)] Nr. **62**.
[2)] Nr. **63a**.
[3)] § 3 neu gef. mWv 1.1.2008 durch G v. 23.11.2007 (BGBl. I S. 2631).
[4)] § 3a eingef. mWv 1.1.2003 durch G v. 10.7.2002 (BGBl. I S. 2586); einl. Satzteil geänd. mWv 1.1.2008 durch G v. 23.11.2007 (BGBl. I S. 2631); Abs. 2 angef. mWv 18.12.2007 durch G v. 10.12.2007 (BGBl. I S. 2833).

wort auf die in dem Antrag enthaltenen Darlegungen zu erteilen, sofern die Eintrittspflicht bestritten wird oder nicht eindeutig feststeht oder der Schaden nicht vollständig beziffert worden ist. Die Frist beginnt mit Zugang des Antrags bei dem Versicherer oder dem Schadenregulierungsbeauftragten.

2. Wird das Angebot nicht binnen drei Monaten vorgelegt, ist der Anspruch des Dritten mit dem sich nach § 288 Abs. 1 Satz 2 des Bürgerlichen Gesetzbuchs[1] ergebenden Zinssatz zu verzinsen. Weitergehende Ansprüche des Dritten bleiben unberührt.

(2) Soweit die Schadenregulierung über das deutsche Büro des Systems der Grünen Internationalen Versicherungskarte oder den Entschädigungsfonds nach § 12 erfolgt, ist Absatz 1 entsprechend anzuwenden.

**§ 3 b**[2] **[Abschluss einer neue Kraftfahrzeug-Haftpflichtversicherung bei bestehendem Versicherungsverhältnis]** Schließt der Erwerber eines veräußerten Fahrzeugs eine neue Kraftfahrzeug-Haftpflichtversicherung, ohne das auf ihn übergegangene Versicherungsverhältnis zu kündigen, gilt dieses mit Beginn des neuen Versicherungsverhältnisses als gekündigt.

**§ 4**[3] **[Allgemeine Versicherungsbedingungen; Mindestversicherungssumme]** (1) [1] Um einen dem Zweck dieses Gesetzes gerecht werdenden Schutz sicherzustellen, bestimmt das Bundesministerium der Justiz und für Verbraucherschutz unter Beachtung gemeinschaftsrechtlicher Verpflichtungen sowie des Europäischen Übereinkommens vom 20. April 1959 über die obligatorische Haftpflichtversicherung für Kraftfahrzeuge (BGBl. 1965 II S. 281) im Einvernehmen mit dem Bundesministerium der Finanzen und dem Bundesministerium Verkehr und digitale Infrastruktur durch Rechtsverordnung ohne Zustimmung des Bundesrates den Umfang des notwendigen Versicherungsschutzes, den der Versicherungsvertrag zu gewähren hat. [2] Das gilt auch für den Fall, daß durch Gesetz oder gemeinschaftsrechtliche Verpflichtung eine Versicherungspflicht zur Deckung der beim Transport gefährlicher Güter durch Kraftfahrzeuge verursachten Schäden begründet wird.

(2) [1] Die Mindesthöhen der Versicherungssummen ergeben sich aus der Anlage. [2] Das Bundesministerium der Justiz und für Verbraucherschutz wird ermächtigt, im Einvernehmen mit dem Bundesministerium für Verkehr und digitale Infrastruktur und dem Bundesministerium für Wirtschaft und Energie durch Rechtsverordnung ohne Zustimmung des Bundesrates die in der Anlage getroffenen Regelungen zu ändern, wenn dies erforderlich ist, um

1. bei einer Änderung der wirtschaftlichen Verhältnisse oder der verkehrstechnischen Umstände einen hinreichenden Schutz der Geschädigten sicherzustellen oder

---

[1] Nr. **20**.

[2] § 3 b eingef. mWv 1. 1. 2008 durch G v. 23. 11. 2007 (BGBl. I S. 2631).

[3] § 4 Abs. 1 neu gef. durch G v. 21. 7. 1994 (BGBl. I S. 1630); Abs. 2 Satz 2 geänd. mWv 7. 11. 2001 durch VO v. 29. 10. 2001 (BGBl. I S. 2785); Abs. 1 Satz 1 und Abs. 2 Satz 2 geänd. mWv 28. 11. 2003 durch VO v. 25. 11. 2003 (BGBl. I S. 2304); Abs. 1 Satz 1 und Abs. 2 Satz 2 geänd. mWv 8. 11. 2006 durch VO v. 31. 10. 2006 (BGBl. I S. 2407); Abs. 2 Satz 3 geänd. mWv 1. 1. 2008 durch G v. 23. 11. 2007 (BGBl. I S. 2631); Abs. 2 Sätze 1 und 2 neu gef. mWv 18. 12. 2007 durch G v. 10. 12. 2007 (BGBl. I S. 2833); Abs. 2 Satz 2 Nr. 2 geänd. mWv 1. 5. 2013 durch G v. 24. 4. 2013 (BGBl. I S. 932); Abs. 1 Satz 1 und Abs. 2 Satz 2 einl. Satzteil geänd. mWv 8. 9. 2015 durch VO v. 31. 8. 2015 (BGBl. I S. 1474).

2. die Mindesthöhen der Versicherungssummen an die nach Artikel 9 Absatz 2 der Richtlinie 2009/103/EG des Europäischen Parlaments und des Rates vom 16. September 2009 über die Kraftfahrzeug-Haftpflichtversicherung und die Kontrolle der entsprechenden Versicherungspflicht (ABl. L 263 vom 7. 10. 2009, S. 11) erhöhten Beträge anzupassen.

[3] Ergeben sich auf Grund der Platzzahl des Personenfahrzeugs, auf das sich die Versicherung bezieht, erhöhte Mindestversicherungssummen, so haftet der Versicherer in den Fällen des § 117 Abs. 1 und 2 des Versicherungsvertragsgesetzes für den einer einzelnen Person zugefügten Schaden nur im Rahmen der nicht erhöhten Mindestversicherungssummen.

**§ 5[1)] [Kontrahierungszwang]** (1) Die Versicherung kann nur bei einem im Inland zum Betrieb der Kraftfahrzeug-Haftpflichtversicherung befugten Versicherungsunternehmen genommen werden.

(2) [1] Die im Inland zum Betrieb der Kraftfahrzeug-Haftpflichtversicherung befugten Versicherungsunternehmen sind verpflichtet, den in § 1 genannten Personen nach den gesetzlichen Vorschriften Versicherung gegen Haftpflicht zu gewähren. [2] Diese Verpflichtung besteht auch, wenn das zu versichernde Risiko nach § 57 Absatz 3 Satz 2 Nummer 2 Halbsatz 2 des Versicherungsaufsichtsgesetzes im Inland belegen ist.

(3) [1] Der Antrag auf Abschluß eines Haftpflichtversicherungsvertrages für Zweiräder, Personen- und Kombinationskraftwagen bis zu 1 t Nutzlast gilt zu den für den Geschäftsbetrieb des Versicherungsunternehmens maßgebenden Grundsätzen und zum allgemeinen Unternehmenstarif als angenommen, wenn der Versicherer ihn nicht innerhalb einer Frist von zwei Wochen vom Eingang des Antrags an schriftlich ablehnt oder wegen einer nachweisbaren höheren Gefahr ein vom allgemeinen Unternehmenstarif abweichendes schriftliches Angebot unterbreitet. [2] Durch die Absendung der Ablehnungserklärung oder des Angebots wird die Frist gewahrt. [3] Satz 1 gilt nicht für die Versicherung von Taxen, Personenmietwagen und Selbstfahrervermietfahrzeugen.

(4) Der Antrag darf nur abgelehnt werden, wenn sachliche oder örtliche Beschränkungen im Geschäftsplan des Versicherungsunternehmens dem Abschluß des Vertrags entgegenstehen oder wenn der Antragsteller bereits bei dem Versicherungsunternehmen versichert war und das Versicherungsunternehmen

1. den Versicherungsvertrag wegen Drohung oder arglistiger Täuschung angefochten hat,
2. vom Versicherungsvertrag wegen Verletzung der vorvertraglichen Anzeigepflicht oder wegen Nichtzahlung der ersten Prämie zurückgetreten ist oder
3. den Versicherungsvertrag wegen Prämienverzugs oder nach Eintritt eines Versicherungsfalls gekündigt hat.

(5) [1] Das Versicherungsverhältnis endet spätestens,

1. wenn es am ersten Tag eines Monats begonnen hat, ein Jahr nach diesem Zeitpunkt,

---

[1)] § 5 neu gef. durch G v. 21. 7. 1994 (BGBl. I S. 1630); Abs. 3 Satz 1 geänd. mWv 1. 1. 2003 durch G v. 10. 7. 2002 (BGBl. I S. 2586); Abs. 2 Satz 2, Abs. 7 Satz 2 angef. mWv 18. 12. 2007 durch G v. 10. 12. 2007 (BGBl. I S. 2833); Abs. 2 Satz 2 geänd. mWv 1. 1. 2016 durch G v. 1. 4. 2015 (BGBl. I S. 434).

2. wenn es zu einem anderen Zeitpunkt begonnen hat, an dem nach Ablauf eines Jahres folgenden Monatsersten.

[2] Es verlängert sich um jeweils ein Jahr, wenn es nicht spätestens einen Monat vor Ablauf schriftlich gekündigt wird. [3] Gleiches gilt, wenn die Vertragslaufzeit nur deshalb weniger als ein Jahr beträgt, weil als Beginn der nächsten Versicherungsperiode ein vor Ablauf eines Jahres nach Versicherungsbeginn liegender Zeitpunkt vereinbart worden ist. [4] Ist in anderen Fällen eine kürzere Vertragslaufzeit als ein Jahr vereinbart, so bedarf es zur Beendigung des Versicherungsverhältnisses keiner Kündigung.

(6) [1] Das Versicherungsunternehmen hat dem Versicherungsnehmer bei Beginn des Versicherungsschutzes eine Versicherungsbestätigung auszuhändigen. [2] Die Aushändigung kann von der Zahlung der ersten Prämie abhängig gemacht werden.

(7) [1] Das Versicherungsunternehmen hat dem Versicherungsnehmer bei Beendigung des Versicherungsverhältnisses eine Bescheinigung über dessen Dauer, die Anzahl und Daten während der Vertragslaufzeit gemeldeter Schäden, die zu einer Schadenzahlung oder noch wirksamen Schadenrückstellung geführt haben, auszustellen; ist die Rückstellung innerhalb einer Frist von drei Jahren nach ihrer Bildung aufgelöst worden, ohne daß daraus Leistungen erbracht wurden, so hat der Versicherer auch hierüber eine Bescheinigung zu erteilen. [2] Während des Versicherungsverhältnisses hat das Versicherungsunternehmen dem Versicherungsnehmer jederzeit eine Bescheinigung nach Satz 1 innerhalb von 15 Tagen ab Zugang des entsprechenden Verlangens bei dem Versicherungsunternehmen zu erteilen.

(8) Ist die Versicherung mit einem Versicherungsunternehmen ohne Sitz im Inland im Dienstleistungsverkehr abgeschlossen, so haben der Versicherungsschein und die Versicherungsbestätigung auch Angaben über den Namen und die Anschrift des gemäß § 8 Abs. 2 Satz 1 bestellten Vertreters zu enthalten.

**§ 6**[1] **[Strafvorschriften]** (1) Wer ein Fahrzeug auf öffentlichen Wegen oder Plätzen gebraucht oder den Gebrauch gestattet, obwohl für das Fahrzeug der nach § 1 erforderliche Haftpflichtversicherungsvertrag nicht oder nicht mehr besteht, wird mit Freiheitsstrafe bis zu einem Jahr oder mit Geldstrafe bestraft.

(2) Handelt der Täter fahrlässig, so ist die Strafe Freiheitsstrafe bis zu sechs Monaten oder Geldstrafe bis zu einhundertachtzig Tagessätzen.

(3) Ist die Tat vorsätzlich begangen worden, so kann das Fahrzeug eingezogen werden, wenn es dem Täter oder Teilnehmer zur Zeit der Entscheidung gehört.

**§ 7**[2] **[Durchführungsvorschriften]** Das Bundesministerium für Verkehr und digitale Infrastruktur wird ermächtigt, zur Durchführung des Ersten Abschnitts dieses Gesetzes im Einvernehmen mit dem Bundesministerium der Justiz und für Verbraucherschutz und dem Bundesministerium für Wirtschaft und Energie

---

[1] § 6 Abs. 2 Satz 2 aufgeh. durch G v. 24. 5. 1968 (BGBl. I S. 503); Abs. 1 geänd. durch G v. 25. 6. 1969 (BGBl. I S. 645); Abs. 1 geänd., Abs. 2 eingef., bish. Abs. 2 wird Abs. 3 durch G v. 2. 3. 1974 (BGBl. I S. 469).

[2] § 7 geänd. mWv 7. 11. 2001 durch VO v. 29. 10. 2001 (BGBl. I S. 2785); geänd. mWv 28. 11. 2003 durch VO v. 25. 11. 2003 (BGBl. I S. 2304); geänd. mWv 8. 11. 2006 durch VO v. 31. 10. 2006 (BGBl. I S. 2407); Nr. 3 geänd. mWv 18. 12. 2007 durch G v. 10. 12. 2007 (BGBl. I S. 2833); Nr. 3 geänd. mWv 1. 5. 2013 durch G v. 24. 4. 2013 (BGBl. I S. 932); geänd. mWv 8. 9. 2015 durch VO v. 31. 8. 2015 (BGBl. I S. 1474).

durch Rechtsverordnung mit Zustimmung des Bundesrates Vorschriften zu erlassen über

1. die Form des Versicherungsnachweises;
2. die Prüfung der Versicherungsnachweise durch die Zulassungsstellen;
3. die Erstattung der Anzeige des Versicherungsunternehmens gegenüber der zuständigen Zulassungsbehörde zur Beendigung seiner Haftung nach § 117 Absatz 2 des Versicherungsvertragsgesetzes[1];
4. Maßnahmen der Verkehrsbehörden, durch welche der Gebrauch nicht oder nicht ausreichend versicherter Fahrzeuge im Straßenverkehr verhindert werden soll.

## Zweiter Abschnitt.[2] Pflichten der Kraftfahrzeug-Haftpflichtversicherer, Auskunftsstelle und Statistik

**§§ 8–11**[3] *(vom Abdruck wurde abgesehen)*

## Dritter Abschnitt.[4] Entschädigungsfonds für Schäden aus Kraftfahrzeugunfällen und Entschädigungsstelle für Auslandsunfälle

**§ 12**[5] **[Entschädigungsfonds]** (1) [1] Wird durch den Gebrauch eines Kraftfahrzeugs oder eines Anhängers im Geltungsbereich dieses Gesetzes ein Personen- oder Sachschaden verursacht, so kann derjenige, dem wegen dieser Schäden Ersatzansprüche gegen den Halter, den Eigentümer oder den Fahrer des Fahrzeugs zustehen, diese Ersatzansprüche auch gegen den „Entschädigungsfonds für Schäden aus Kraftfahrzeugunfällen" (Entschädigungsfonds) geltend machen,

1. wenn das Fahrzeug, durch dessen Gebrauch der Schaden verursacht worden ist, nicht ermittelt werden kann,
2. wenn die auf Grund eines Gesetzes erforderliche Haftpflichtversicherung zugunsten des Halters, des Eigentümers und des Fahrers des Fahrzeugs nicht besteht,

2a. wenn der Halter des Fahrzeugs nach § 2 Abs. 1 Nr. 6 oder nach einer in Umsetzung des Artikels 5 Absatz 2 der Richtlinie 2009/103/EG erlassenen Bestimmung eines anderen Mitgliedstaats der Europäischen Union von der Versicherungspflicht befreit ist,

---

[1] Nr. **62**.

[2] Zweiter Abschnitt (§§ 8 bis 11) neu gef. und Überschrift geänd. durch G v 21. 7. 1994 (BGBl. I S. 1630); Überschrift neu gef. mWv 1. 1. 2003 durch G v. 10. 7. 2002 (BGBl. I S. 2586).

[3] Abgedruckt in **Straßenverkehrsrecht**.

[4] Dritter Abschnitt Überschrift neu gef. mWv 1. 1. 2003 durch G v. 10. 7. 2002 (BGBl. I S. 2586).

[5] § 12 Abs. 1 Satz 1 Nrn. 1 und 2 geänd., Nr. 3 und Satz 5 angef., Abs. 4 Satz 2 geänd. durch G v. 11. 5. 1976 (BGBl. I S. 1181); Abs. 1 Satz 5 geänd. durch G v. 27. 12. 1993 (BGBl. I S. 2378) und Abs. 1 Satz 1 Nrn. 2 und 3 geänd., Nr. 4 angef., Satz 2 neu gef., Abs. 6 Satz 4 angef. durch G v. 21. 7. 1994 (BGBl. I S. 1630); Abs. 1 Satz 1 Nr. 3 geänd., Nr. 4 neu gef., Satz 5 neu gef., Abs. 2 Satz 3 geänd., Abs. 3 Satz 4 angef., Abs. 6 Satz 4 geänd., Abs. 7 angef. mWv 1. 1. 2003 durch G v. 10. 7. 2002 (BGBl. I S. 2586); Abs. 2 Satz 1 geänd. mWv 1. 8. 2002 durch G v. 19. 7. 2002 (BGBl. I S. 2674); Abs. 1 Satz 1 Nr. 2 a eingef., Satz 2 geänd., Abs. 2 Sätze 2 und 3 neu gef. mWv 18. 12. 2007 durch G v. 10. 12. 2007 (BGBl. I S. 2833, geänd. durch G v. 19. 10. 2012, BGBl. I S. 2182, geänd. durch G v. 24. 4. 2013, BGBl. I S. 932); Abs. 1 Satz 1 Nr. 2 a und Abs. 7 geänd., Abs. 4 Satz 2 eingef., bish. Satz 2 wird Satz 3, Abs. 6 Sätze 5 und 6 angef. mWv 1. 5. 2013 durch G v. 24. 4. 2013 (BGBl. I S. 932).

3. wenn für den Schaden, der durch den Gebrauch des ermittelten oder nicht ermittelten Fahrzeugs verursacht worden ist, eine Haftpflichtversicherung deswegen keine Deckung gewährt oder gewähren würde, weil der Ersatzpflichtige den Eintritt der Tatsache, für die er dem Ersatzberechtigten verantwortlich ist, vorsätzlich und widerrechtlich herbeigeführt hat,
4. wenn die Versicherungsaufsichtsbehörde den Antrag auf Eröffnung eines Insolvenzverfahrens über das Vermögen des leistungspflichtigen Versicherers stellt oder, sofern der Versicherer seinen Sitz in einem anderen Mitgliedstaat der Europäischen Union oder einem Vertragsstaat des Abkommens über den Europäischen Wirtschaftsraum hat, von der zuständigen Aufsichtsbehörde eine vergleichbare Maßnahme ergriffen wird.

[2]Das gilt nur, soweit der Ersatzberechtigte in den Fällen der Nummern 1 bis 3 glaubhaft macht, dass er weder von dem Halter, dem Eigentümer oder dem Fahrer des Fahrzeugs noch in allen Fällen nach Satz 1 von einem Schadensversicherer oder einem Verband von im Inland zum Geschäftsbetrieb befugten Haftpflichtversicherern Ersatz seines Schadens zu erlangen vermag. [3]Die Leistungspflicht des Entschädigungsfonds entfällt, soweit der Ersatzberechtigte in der Lage ist, Ersatz seines Schadens nach den Vorschriften über die Amtspflichtverletzung zu erlangen, oder soweit der Schaden durch Leistungen eines Sozialversicherungsträgers, durch Fortzahlung von Dienst- oder Amtsbezügen, Vergütung oder Lohn oder durch Gewährung von Versorgungsbezügen ausgeglichen wird. [4]Im Falle einer fahrlässigen Amtspflichtverletzung geht abweichend von § 839 Abs. 1 Satz 2 des Bürgerlichen Gesetzbuches die Ersatzpflicht auf Grund der Vorschriften über die Amtspflichtverletzung der Leistungspflicht des Entschädigungsfonds vor. [5]Die Leistungspflicht des Entschädigungsfonds entfällt ferner bei Ansprüchen wegen der Beschädigung von Einrichtungen des Bahn-, Luft- und Straßenverkehrs sowie des Verkehrs auf Binnenwasserstraßen einschließlich der mit diesen Einrichtungen verbundenen Sachen, sowie wegen der Beschädigung von Einrichtungen der Energieversorgung oder der Telekommunikation.

(2) [1]In den Fällen des Absatzes 1 Nr. 1 können gegen den Entschädigungsfonds Ansprüche nach § 253 Abs. 2 des Bürgerlichen Gesetzbuches nur geltend gemacht werden, wenn und soweit die Leistung einer Entschädigung wegen der besonderen Schwere der Verletzung zur Vermeidung einer groben Unbilligkeit erforderlich ist. [2]Für Sachschäden beschränkt sich in den Fällen des Absatzes 1 Satz 1 Nr. 1 die Leistungspflicht des Entschädigungsfonds auf den Betrag, der 500 Euro übersteigt. [3]Ansprüche auf Ersatz von Sachschäden am Fahrzeug des Ersatzberechtigten können darüber hinaus in den Fällen des Absatzes 1 Satz 1 Nr. 1 nur geltend gemacht werden, wenn der Entschädigungsfonds auf Grund desselben Ereignisses zur Leistung einer Entschädigung wegen der Tötung einer Person oder der erheblichen Verletzung des Körpers oder der Gesundheit des Ersatzberechtigten oder eines Fahrzeuginsassen des Fahrzeugs verpflichtet ist.

(3) [1]Der Anspruch des Ersatzberechtigten gegen den Entschädigungsfonds verjährt in drei Jahren. [2]Die Verjährung beginnt mit dem Zeitpunkt, in dem der Ersatzberechtigte von dem Schaden und von den Umständen Kenntnis erlangt, aus denen sich ergibt, daß er seinen Ersatzanspruch gegen den Entschädigungsfonds geltend machen kann. [3]Ist der Anspruch des Ersatzberechtigten bei dem Entschädigungsfonds angemeldet worden, so ist die Verjährung bis zum Eingang der schriftlichen Entscheidung des Entschädigungsfonds und,

wenn die Schiedsstelle (§ 14 Nr. 3) angerufen worden ist, des Einigungsvorschlags der Schiedsstelle gehemmt. [4]Im Fall des Absatzes 1 Satz 1 Nr. 4 wird die gegenüber dem leistungspflichtigen Versicherer verstrichene Verjährungsfrist eingerechnet.

(4) [1]Im übrigen bestimmen sich Voraussetzungen und Umfang der Leistungspflicht des Entschädigungsfonds sowie die Pflichten des Ersatzberechtigten gegenüber dem Entschädigungsfonds nach den Vorschriften, die bei Bestehen einer auf Grund dieses Gesetzes abgeschlossenen Haftpflichtversicherung für das Verhältnis zwischen dem Versicherer und dem Dritten in dem Falle gelten, daß der Versicherer dem Versicherungsnehmer gegenüber von der Verpflichtung zur Leistung frei ist. [2]In den Fällen des Absatzes 1 Satz 1 Nummer 4 bestimmt sich die Leistungspflicht des Entschädigungsfonds nach der vereinbarten Versicherungssumme; sie beträgt maximal das Dreifache der gesetzlichen Mindestversicherungssumme. [3]In den Fällen des Absatzes 1 Nr. 2 und 3 haben der Halter, der Eigentümer und der Fahrer des Fahrzeugs gegenüber dem Entschädigungsfonds die einen Versicherungsnehmer nach Eintritt des Versicherungsfalles gegenüber dem Versicherer treffenden Verpflichtungen zu erfüllen.

(5) Der Entschädigungsfonds kann von den Personen, für deren Schadensersatzverpflichtungen er nach Absatz 1 einzutreten hat, wie ein Beauftragter Ersatz seiner Aufwendungen verlangen.

(6) [1]Der Ersatzanspruch des Ersatzberechtigten gegen den Halter, den Eigentümer und den Fahrer des Fahrzeugs sowie ein Ersatzanspruch, der dem Ersatzberechtigten oder dem Halter, dem Eigentümer oder dem Fahrer des Fahrzeugs gegen einen sonstigen Ersatzpflichtigen zusteht, gehen auf den Entschädigungsfonds über, soweit dieser dem Ersatzberechtigten den Schaden ersetzt. [2]Der Übergang kann nicht zum Nachteil des Ersatzberechtigten geltend gemacht werden. [3]Gibt der Ersatzberechtigte seinen Ersatzanspruch oder ein zur Sicherung des Anspruchs dienendes Recht auf, so entfällt die Leistungspflicht des Entschädigungsfonds insoweit, als er aus dem Anspruch oder dem Recht hätte Ersatz erlangen können. [4]Soweit der Entschädigungsfonds Ersatzansprüche nach Absatz 1 Nr. 4 befriedigt, sind dessen Ersatzansprüche gegenüber dem Versicherungsnehmer und mitversicherten Personen auf je 2500 Euro beschränkt. [5]Die Beschränkung der Ersatzansprüche gilt in den Fällen des Absatzes 1 Satz 1 Nummer 4 auch für diejenigen Ansprüche gegen den Versicherungsnehmer und die mitversicherte Person, soweit eine Leistungspflicht des Entschädigungsfonds nach Absatz 1 Satz 2 und 3 entfällt. [6]Machen mehrere Berechtigte Ersatzansprüche geltend, sind diese Ersatzansprüche gegenüber dem Versicherungsnehmer auf insgesamt 2500 Euro und gegenüber mitversicherten Personen ebenfalls auf insgesamt 2500 Euro beschränkt; die Auszahlung erfolgt nach dem Verhältnis der Beträge.

(7) Im Fall des Absatzes 1 Satz 1 Nr. 4 sind der Versicherer und sein nach § 8 Abs. 2 Satz 1 bestellter Vertreter, der vorläufige Insolvenzverwalter ebenso wie der Insolvenzverwalter (§ 22 Abs. 1 Satz 1, § 56 der Insolvenzordnung[1]), der von der Aufsichtsbehörde bestellte Sonderbeauftragte sowie alle Personen, die mit der Verwaltung der Kraftfahrzeug-Haftpflichtversicherungsverträge einschließlich der Regulierung der diesen Verträgen zuzurechnenden Schadensfälle betraut sind, verpflichtet, dem Entschädigungsfonds die für die Erfül-

[1]) Nr. **110**.

lung seiner Aufgaben erforderlichen Auskünfte zu erteilen, die benötigten Unterlagen zu überlassen und ihn bei der Abwicklung zu unterstützen.

**§ 12 a.**[1] **[Entschädigungsstelle für Schäden aus Auslandsunfällen]**

(1) [1]Wird durch den Gebrauch eines Kraftfahrzeugs oder eines Anhängers im Ausland nach dem 31. Dezember 2002 ein Personen- oder Sachschaden verursacht, so kann derjenige, der seinen Wohnsitz in der Bundesrepublik Deutschland hat und dem wegen dieser Schäden Ersatzansprüche gegen den Haftpflichtversicherer des schädigenden Fahrzeugs zustehen, diese vorbehaltlich des Absatzes 4 gegen die „Entschädigungsstelle für Schäden aus Auslandsunfällen" (Entschädigungsstelle) geltend machen,

1. wenn das Versicherungsunternehmen oder sein Schadenregulierungsbeauftragter binnen drei Monaten nach der Geltendmachung des Entschädigungsanspruchs beim Versicherungsunternehmen des Fahrzeugs, durch dessen Nutzung der Unfall verursacht wurde, oder beim Schadenregulierungsbeauftragten keine mit Gründen versehene Antwort auf die im Schadenersatzantrag enthaltenen Darlegungen erteilt hat oder
2. wenn das Versicherungsunternehmen entgegen Artikel 21 Absatz 1 der Richtlinie 2009/103/EG in der Bundesrepublik Deutschland keinen Schadenregulierungsbeauftragten bestellt hat, es sei denn, dass der Geschädigte einen Antrag auf Erstattung direkt beim Versicherungsunternehmen eingereicht hat und von diesem innerhalb von drei Monaten eine mit Gründen versehene Antwort auf das Schadenersatzbegehren erteilt oder ein begründetes Angebot vorgelegt worden ist oder
3. wenn das Fahrzeug nicht oder das Versicherungsunternehmen nicht innerhalb von zwei Monaten nach dem Unfall ermittelt werden kann.

[2]Ein Antrag auf Erstattung ist nicht zulässig, wenn der Geschädigte unmittelbar gegen das Versicherungsunternehmen gerichtliche Schritte eingeleitet hat.

(2) Die Entschädigungsstelle unterrichtet unverzüglich

1. das Versicherungsunternehmen des Fahrzeugs, das den Unfall verursacht haben soll, oder dessen in der Bundesrepublik Deutschland bestellten Schadenregulierungsbeauftragten,
2. die Entschädigungsstelle in dem Mitgliedstaat der Europäischen Union oder dem Vertragsstaat des Abkommens über den Europäischen Wirtschaftsraum, in dem die Niederlassung des Versicherungsunternehmens ihren Sitz hat, die die Versicherungspolice ausgestellt hat,
3. die Person, die den Unfall verursacht haben soll, sofern sie bekannt ist,
4. das deutsche Büro des Systems der Grünen Internationalen Versicherungskarte und das Grüne-Karte-Büro des Landes, in dem sich der Unfall ereignet hat, wenn das schadenstiftende Fahrzeug seinen gewöhnlichen Aufenthaltsort nicht in diesem Land hat,
5. in den Fällen des Absatzes 1 Nr. 3 den Garantiefonds im Sinne von Artikel 10 Absatz 1 der Richtlinie 2009/103/EG des Staates, in dem das Fahrzeug seinen gewöhnlichen Standort hat, sofern das Versicherungsunternehmen nicht ermittelt werden kann, oder, wenn das Fahrzeug nicht ermit-

---

[1] § 12a eingef. mWv 1. 1. 2003 durch Art. 1 G v. 10. 7. 2002 (BGBl. I S. 2586), Abs. 2 Nr. 5 geänd. durch Art. 1 G v. 10. 12. 2007 (BGBl. I S. 2833), Abs. 1 Satz 1 Nr. 2, Abs. 2 Nr. 5, Abs. 3 Satz 4, Abs. 4 geänd. durch Art. 3 G v. 24. 4. 2013 (BGBl. I S. 932).

telt werden kann, den Garantiefonds des Staates, in dem sich der Unfall ereignet hat, darüber, dass ein Antrag auf Entschädigung bei ihr eingegangen ist und dass sie binnen zwei Monaten auf diesen Antrag eingehen wird.

(3) [1]Die Entschädigungsstelle wird binnen zwei Monaten nach Eingang eines Schadenersatzantrages des Geschädigten tätig, schließt den Vorgang jedoch ab, wenn das Versicherungsunternehmen oder dessen Schadenregulierungsbeauftragter in dieser Zeit eine mit Gründen versehene Antwort auf das Schadenersatzbegehren erteilt oder ein begründetes Angebot vorlegt. [2]Geschieht dies nicht, reguliert sie den geltend gemachten Anspruch unter Berücksichtigung des Sachverhalts nach Maßgabe des anzuwendenden Rechts. [3]Sie kann sich hierzu anderer Personen oder Einrichtungen, insbesondere eines zur Übernahme der Regulierung bereiten Versicherungsunternehmens oder Schadenabwicklungsunternehmens, bedienen. [4]Im Übrigen bestimmt sich das Verfahren nach dem Abkommen der Entschädigungsstellen nach Artikel 24 Absatz 3 der Richtlinie 2009/103/EG.

(4) Hat sich der Unfall in einem Staat ereignet, der nicht Mitgliedstaat der Europäischen Union oder Vertragsstaat des Abkommens über den Europäischen Wirtschaftsraum ist, so kann der Geschädigte unter den Voraussetzungen des Absatzes 1 einen Antrag auf Erstattung an die Entschädigungsstelle richten, wenn der Unfall durch die Nutzung eines Fahrzeugs verursacht wurde, das in einem Mitgliedstaat der Europäischen Union oder Vertragsstaat des Abkommens über den Europäischen Wirtschaftsraum versichert ist und dort seinen gewöhnlichen Standort hat und wenn das nationale Versicherungsbüro (Artikel 1 Nummer 3 der Richtlinie 2009/103/EG) des Staates, in dem sich der Unfall ereignet hat, dem System der Grünen Karte beigetreten ist.

**§ 12 b.**[1)] **[Haftungsübergang auf Entschädigungsstelle]** [1]Soweit die Entschädigungsstelle nach § 12 a dem Ersatzberechtigten den Schaden ersetzt, geht der Anspruch des Ersatzberechtigten gegen den Halter, den Eigentümer, den Fahrer und einen sonstigen Ersatzpflichtigen auf die Entschädigungsstelle über. [2]Der Übergang kann nicht zum Nachteil des Ersatzberechtigten geltend gemacht werden. [3]Soweit eine Entschädigungsstelle im Sinne des Artikels 24 der Richtlinie 2009/103/EG einer anderen Entschädigungsstelle einen als Entschädigung gezahlten Betrag erstattet, gehen die auf die zuletzt genannte Entschädigungsstelle übergegangenen Ansprüche des Geschädigten gegen den Halter, den Eigentümer, den Fahrer und einen sonstigen Ersatzpflichtigen auf die zuerst genannte Entschädigungsstelle über.

**§ 12 c.**[2)] **[Erstattungspflicht des Entschädigungsfonds]** (1) Der Entschädigungsfonds nach § 12 ist verpflichtet, einem Entschädigungsfonds im Sinne des Artikels 10 Absatz 1 der Richtlinie 2009/103/EG eines anderen Mitgliedstaats der Europäischen Union den Betrag zu erstatten, den dieser als Entschädigung wegen eines Personen- oder Sachschadens zahlt, der auf dem Gebiet dieses Mitgliedsstaats durch ein Fahrzeug verursacht wurde, dessen Halter nach § 2 Abs. 1 Nr. 6 von der Versicherungspflicht befreit ist.

---

[1)] § 12 b eingef. mWv 1. 1. 2003 durch Art. 1 G v. 10. 7. 2002 (BGBl. I S. 2586), Satz 3 geänd. durch Art. 1 G v. 10. 12. 2007 (BGBl. I S. 2833), Satz 3 geänd. durch Art. 3 G v. 24. 4. 2013 (BGBl. I S. 932).

[2)] § 12 c eingef. durch Art. 1 G v. 10. 12. 2007 (BGBl. I S. 2833), Abs. 1 geänd. durch Art. 3 G v. 24. 4. 2013 (BGBl. I S. 932).

(2) Soweit der Entschädigungsfonds nach § 12 einen Betrag nach Absatz 1 erstattet, gehen die auf den Entschädigungsfonds des anderen Mitgliedstaats der Europäischen Union übergegangenen Ansprüche des Geschädigten gegen den Halter, den Eigentümer, den Fahrer und einen sonstigen Ersatzpflichtigen auf den Entschädigungsfonds nach § 12 über.

**§ 13[1)] [Errichtung des Entschädigungsfonds; Beginn der Leistungspflicht]** (1) [1] Zur Wahrnehmung der Aufgaben des Entschädigungsfonds wird eine rechtsfähige Anstalt des öffentlichen Rechts errichtet, die mit dem Inkrafttreten dieses Gesetzes als entstanden gilt. [2] Organe der Anstalt sind der Vorstand und der Verwaltungsrat. [3] Die Anstalt untersteht der Aufsicht des Bundesministeriums der Justiz und für Verbraucherschutz. [4] Das Nähere über die Anstalt bestimmt die Satzung, die von der Bundesregierung durch Rechtsverordnung ohne Zustimmung des Bundesrates aufgestellt wird. [5] Die im Geltungsbereich dieses Gesetzes zum Betrieb der Kraftfahrzeug-Haftpflichtversicherung befugten Versicherungsunternehmen und die Haftpflichtschadenausgleiche im Sinne von § 3 Absatz 1 Nummer 4 des Versicherungsaufsichtsgesetzes sowie die nach § 2 Nrn. 1 bis 4 von der Versicherungspflicht befreiten Halter nichtversicherter Fahrzeuge sind verpflichtet, unter Berücksichtigung ihres Anteils am Gesamtbestand der Fahrzeuge und der Art dieser Fahrzeuge an die Anstalt Beiträge zur Deckung der Entschädigungsleistungen und der Verwaltungskosten zu leisten. [6] Das Nähere über die Beitragspflicht bestimmt das Bundesministerium der Justiz und für Verbraucherschutz im Einvernehmen mit dem Bundesministerium für Verkehr und digitale Infrastruktur, dem Bundesministerium für Wirtschaft und Energie und dem Bundesministerium der Finanzen durch Rechtsverordnung mit Zustimmung des Bundesrates.

(2) [1] Das Bundesministerium der Justiz und für Verbraucherschutz wird ermächtigt, im Einvernehmen mit dem Bundesministerium für Verkehr und digitale Infrastruktur, dem Bundesministerium für Wirtschaft und Energie und dem Bundesministerium der Finanzen durch Rechtsverordnung ohne Zustimmung des Bundesrates die Stellung des Entschädigungsfonds einer anderen bestehenden juristischen Person zuzuweisen, wenn diese bereit ist, die Aufgaben des Entschädigungsfonds zu übernehmen, und wenn sie hinreichende Gewähr für die Erfüllung der Ansprüche der Ersatzberechtigten bietet. [2] Durch die Rechtsverordnung kann sich das Bundesministerium der Justiz und für Verbraucherschutz die Genehmigung der Satzung dieser juristischen Person vorbehalten und die Aufsicht über die juristische Person regeln.

(3) [1] Das Bundesministerium der Justiz und für Verbraucherschutz wird ferner ermächtigt, im Einvernehmen mit den in Absatz 2 genannten Bundesministerien durch Rechtsverordnung ohne Zustimmung des Bundesrates zu bestimmen, von welchem Zeitpunkt ab die Anstalt (Absatz 1) oder die durch Rechtsverordnung (Absatz 2) bezeichnete juristische Person von Ersatzberechtigten in Anspruch genommen werden kann, und zu bestimmen, daß eine Leistungspflicht nur

---

[1)] § 13 Abs. 1 Satz 5 geänd. durch G v. 18. 12. 1975 (BGBl. I S. 3139); geänd. durch G v. 29. 3. 1983, Abs. 2 Satz 1 geänd. durch G v. 18. 3. 1975 (BGBl. I S. 705); Abs. 5 angef. durch G v. 21. 7. 1994 (BGBl. I S. 1630); Abs. 1 Sätze 3 und 6, Abs. 2 Sätze 1 und 2, Abs. 3 Satz 1 geänd. mWv 7. 11. 2001 durch VO v. 29. 10. 2001 (BGBl. I S. 2785); Abs. 1 Satz 6 und Abs. 2 Satz 1 geänd. mWv 28. 11. 2003 durch VO v. 25. 11. 2003 (BGBl. I S. 2304); Abs. 1 Satz 6, Abs. 2 Satz 1 geänd. mWv 8. 11. 2006 durch VO v. 31. 10. 2006 (BGBl. I S. 2407); Abs. 1 Satz 5 geänd. mWv 1. 1. 2016 durch G v. 1. 4. 2015 (BGBl. I S. 434); Abs. 1 Sätze 3 und 6, Abs. 2 Sätze 1 und 2, Abs. 3 Satz 1 geänd. mWv 8. 9. 2015 durch VO v. 31. 8. 2015 (BGBl. I S. 1474).

besteht, wenn das schädigende Ereignis nach einem in der Verordnung festzusetzenden Zeitpunkt eingetreten ist. [2] Die Anstalt kann jedoch spätestens zwei Jahre nach dem Inkrafttreten dieses Gesetzes wegen der Schäden, die sich nach diesem Zeitpunkt ereignen, in Anspruch genommen werden, sofern nicht bis zu diesem Zeitpunkt den Ersatzberechtigten durch Rechtsverordnung die Möglichkeit gegeben worden ist, eine andere juristische Person in Anspruch zu nehmen.

(4) Der Entschädigungsfonds ist von der Körperschaftsteuer, der Gewerbesteuer und der Vermögensteuer befreit.

(5) Die vom Entschädigungsfonds zur Befriedigung von Ansprüchen nach § 12 Abs. 1 Nr. 4 in einem Kalenderjahr zu erbringenden Aufwendungen sind auf 0,5 vom Hundert des Gesamtprämienaufkommens der Kraftfahrzeug-Haftpflichtversicherung des vorangegangenen Kalenderjahres begrenzt.

**§ 13 a[1)] [Wahrnehmung der Aufgaben und Befugnisse der Entschädigungsstelle]** (1) [1] Die Aufgaben und Befugnisse der Entschädigungsstelle nach § 12 a werden von dem rechtsfähigen Verein „Verkehrsopferhilfe eingetragener Verein“ in Hamburg (Verkehrsopferhilfe) wahrgenommen, sobald und soweit dieser schriftlich gegenüber dem Bundesministerium der Justiz und für Verbraucherschutz seine Bereitschaft dazu erklärt hat. [2] Das Bundesministerium der Justiz und für Verbraucherschutz gibt die Erklärung und den Zeitpunkt, ab dem die betroffenen Aufgaben von der Verkehrsopferhilfe wahrgenommen werden, im Bundesanzeiger bekannt. [3] Die Verkehrsopferhilfe untersteht, soweit sie die übertragenen Aufgaben wahrnimmt, der Aufsicht des Bundesministeriums der Justiz und für Verbraucherschutz. [4] Das Bundesministerium der Justiz und für Verbraucherschutz wird ermächtigt, durch Rechtsverordnung ohne Zustimmung des Bundesrates die Aufgaben und Befugnisse der Entschädigungsstelle nach § 12 a der in § 13 genannten Anstalt zu übertragen, soweit die Wahrnehmung der Aufgaben durch die Verkehrsopferhilfe nicht gewährleistet ist oder diese nicht mehr zur Wahrnehmung der Aufgaben bereit ist.

(2) Die Entschädigungsstelle ist von der Körperschaftsteuer, der Gewerbesteuer und der Vermögensteuer befreit.

**§ 14[2)] [Auslands- und Ausländerschäden; Schiedsstelle]** Das Bundesministerium der Justiz und für Verbraucherschutz wird ermächtigt, im Einvernehmen mit dem Bundesministerium für Verkehr und digitale Infrastruktur, dem Bundesministerium für Wirtschaft und Energie und dem Bundesministerium der Finanzen durch Rechtsverordnung[3)] ohne Zustimmung des Bundesrates

1. zu bestimmen, daß der Entschädigungsfonds in den Fällen des § 12 Abs. 1 Nr. 1 auch für Schäden einzutreten hat, die einem Deutschen außerhalb des Geltungsbereichs dieses Gesetzes entstehen und nicht von einer Stelle in dem Staat ersetzt werden, in dem sich der Unfall zugetragen hat, wenn dies

[1)] § 13 a eingef. mWv 1. 1. 2003 durch G v. 10. 7. 2002 (BGBl. I S. 2586); Abs. 1 Sätze 1–4 geänd. mWv 8. 9. 2015 durch VO v. 31. 8. 2015 (BGBl. I S. 1474).

[2)] § 14 geänd. durch G v. 18. 3. 1975 (BGBl. I S. 705); Nr. 2 neu gef. durch G v. 21. 7. 1994 (BGBl. I S. 1630); geänd. mWv 7. 11. 2001 durch VO v. 29. 10. 2001 (BGBl. I S. 2785); erster Halbsatz geänd. mWv 28. 11. 2003 durch VO v. 25. 11. 2003 (BGBl. I S. 2304); erster Halbsatz geänd. mWv 8. 11. 2006 durch VO v. 31. 10. 2006 (BGBl. I S. 2407); einl. Satzteil geänd. mWv 8. 9. 2015 durch VO v. 31. 8. 2015 (BGBl. I S. 1474).

[3)] Siehe VO über den Entschädigungsfonds für Schäden aus Kraftfahrzeugunfällen v. 14. 12. 1965 (BGBl. I S. 2093), zuletzt geänd. durch VO v. 31. 8. 2015 (BGBl. I S. 1474).

erforderlich ist, um eine Schlechterstellung des Deutschen gegenüber den Angehörigen dieses Staates auszugleichen;
2. zu bestimmen, daß der Entschädigungsfonds Leistungen an ausländische Staatsangehörige ohne festen Wohnsitz im Inland nur bei Vorliegen der Gegenseitigkeit erbringt, soweit nicht völkerrechtliche Verträge der Bundesrepublik Deutschland dem entgegenstehen;
3. zu bestimmen,
   a) daß beim Entschädigungsfonds eine Schiedsstelle gebildet wird, die in Streitfällen zwischen dem Ersatzberechtigten und dem Entschädigungsfonds auf eine gütliche Einigung hinzuwirken und den Beteiligten erforderlichenfalls einen begründeten Einigungsvorschlag zu machen hat,
   b) wie die Mitglieder der Schiedsstelle, die aus einem die Befähigung zum Richteramt besitzenden, sachkundigen und unabhängigen Vorsitzenden sowie einem von der Versicherungswirtschaft benannten und einem dem Bereich der Ersatzberechtigten zuzurechnenden Beisitzer besteht, zu bestellen sind und wie das Verfahren der Schiedsstelle einschließlich der Kosten zu regeln ist,
   c) daß Ansprüche gegen den Entschädigungsfonds im Wege der Klage erst geltend gemacht werden können, nachdem ein Verfahren vor der Schiedsstelle vorausgegangen ist, sofern nicht seit der Anrufung der Schiedsstelle mehr als drei Monate verstrichen sind.

**§ 14a**[1)] **[Verhandlungsstelle]** (1) Benannte Einrichtung im Sinne des Artikels 10a Absatz 13 Unterabsatz 2 Buchstabe b und des Artikels 25a Absatz 13 Unterabsatz 2 Buchstabe b der Richtlinie 2009/103/EG des Europäischen Parlaments und des Rates vom 16. September 2009 über die Kraftfahrzeug-Haftpflichtversicherung und die Kontrolle der entsprechenden Versicherungspflicht (ABl. L 263 vom 7.10.2009, S. 11), die zuletzt durch die Richtlinie (EU) 2021/2118 (ABl. L 430 vom 2.12.2021, S. 1) geändert worden ist, ist die Verhandlungsstelle über die Regressabkommen zwischen den Insolvenzfonds für Kraftfahrzeugunfälle (Verhandlungsstelle).

(2) Die Verhandlungsstelle ist beauftragt, Vereinbarungen nach Artikel 10a Absatz 13 Unterabsatz 1 und Artikel 25a Absatz 13 Unterabsatz 1 der Richtlinie 2009/103/EG auszuhandeln und abzuschließen, deren Vertragspartei die von der Bundesrepublik Deutschland nach Artikel 10a Absatz 1 und Artikel 25a Absatz 1 der Richtlinie 2009/103/EG einzurichtenden oder zuzulassenden Stellen bei ihrer Einrichtung oder Zulassung werden.

(3) [1] Die Aufgaben und Befugnisse der Verhandlungsstelle werden von der in § 13a Absatz 1 Satz 1 genannten Verkehrsopferhilfe mit deren Einverständnis wahrgenommen. [2] Sofern die Wahrnehmung der Aufgaben und Befugnisse durch die Verkehrsopferhilfe nicht gewährleistet ist, wird das Bundesministerium der Justiz ermächtigt, durch Rechtsverordnung ohne Zustimmung des Bundesrates die Aufgaben und Befugnisse der Verhandlungsstelle zu übertragen auf

1. die in § 13 Absatz 1 Satz 1 genannte Anstalt oder
2. eine andere bestehende juristische Person des Privatrechts, wenn diese
   a) bereit ist, die Aufgaben der Verhandlungsstelle zu übernehmen, und
   b) hinreichende Gewähr für die sachgerechte Erfüllung der Aufgaben nach Absatz 2 bietet.

---

[1)] § 14a eingef. mWv 22.6.2023 durch G v. 19.6.2023 (BGBl. 2023 I Nr. 154).

(4) Die juristische Person, welche die Aufgaben und Befugnisse der Verhandlungsstelle wahrnimmt, untersteht insoweit der Aufsicht des Bundesministeriums der Justiz.

## Vierter Abschnitt. Übergangs- und Schlußvorschriften

**§ 15**[1] **[Tarifanpassung bei Rechtsübergang]** Wird zur Vermeidung einer Insolvenz ein Bestand an Kraftfahrzeug-Haftpflichtversicherungsverträgen mit Genehmigung der Aufsichtsbehörden auf einen anderen Versicherer übertragen, so kann der übernehmende Versicherer die Anwendung des für sein Unternehmen geltenden Tarifs (Prämie und Tarifbestimmungen) und seiner Versicherungsbedingungen vom Beginn der nächsten Versicherungsperiode an erklären, wenn er dem Versicherungsnehmer die Tarifänderung unter Kenntlichmachung der Unterschiede des alten und neuen Tarifs spätestens einen Monat vor Inkrafttreten der Änderung mitteilt und ihn schriftlich über sein Kündigungsrecht belehrt.

**§ 16**[2] **[Ansprüche vor dem 1. Mai 2013]** § 12 Absatz 4 Satz 2 und Absatz 6 Satz 5 und 6 gilt nicht für Ansprüche, die vor dem 1. Mai 2013 entstanden sind.

**Anlage**[3]
(zu § 4 Abs. 2)

### Mindestversicherungssummen

1. Die Mindesthöhe der Versicherungssumme beträgt bei Kraftfahrzeugen einschließlich der Anhänger je Schadensfall
   a) für Personenschäden siebeneinhalb Millionen Euro,
   b) für Sachschäden 1 220 000 Euro,
   c) für die weder mittelbar noch unmittelbar mit einem Personen- oder Sachschaden zusammenhängenden Vermögensschäden (reine Vermögensschäden) 50 000 Euro.
2. Bei Kraftfahrzeugen, die der Beförderung von Personen dienen und mehr als neun Plätze (ohne den Fahrersitz) aufweisen, erhöhen sich diese Beträge für das Kraftfahrzeug unter Ausschluss der Anhänger
   a) für den 10. und jeden weiteren Platz um
      aa) 50 000 Euro für Personenschäden,
      bb) 500 Euro für reine Vermögensschäden,
   b) vom 81. Platz ab für jeden weiteren Platz um
      aa) 25 000 Euro für Personenschäden,
      bb) 250 Euro für reine Vermögensschäden.

   Dies gilt nicht für Kraftomnibusse, die ausschließlich zu Lehr- und Prüfungszwecken verwendet werden.
3. Bei Anhängern entspricht die Mindesthöhe der Versicherungssumme für Schäden, die nicht mit dem Betrieb des Kraftfahrzeugs im Sinne des § 7 des

[1] § 15 neu gef. durch G v. 21.7.1994 (BGBl. I S. 1630).
[2] § 16 eingef. mWv 1.5.2013 durch G v. 24.4.2013 (BGBl. I S. 932).
[3] Anl. geänd. durch VO v. 26.5.1997 (BGBl. I S. 1240); mWv 1.1.2002 durch VO v. 22.10.2000 (BGBl. I S. 1484); mWv 18.12.2007 durch G v. 10.12.2007 (BGBl. I S. 2833); mWv 1.1.2012 durch VO v. 6.12.2011 (BGBl. I S. 2628); mWv 11.6.2016 durch VO v. 6.2.2017 (BGBl. I S. 147).

Straßenverkehrsgesetzes[1] im Zusammenhang stehen, und für die den Insassen des Anhängers zugefügten Schäden den in Nummer 1, bei Personenanhängern mit mehr als neun Plätzen den in Nummern 1 und 2 genannten Beträgen.

4. Zu welcher dieser Gruppen das Fahrzeug gehört, richtet sich nach der Eintragung im Kraftfahrzeug- oder Anhängerbrief.

[1] Nr. **35**.

# 63 a. Verordnung über den Versicherungsschutz in der Kraftfahrzeug-Haftpflichtversicherung (Kraftfahrzeug-Pflichtversicherungsverordnung – KfzPflVV)

Vom 29. Juli 1994 (BGBl. I S. 1837)

**FNA 925-1-5**

**Änderungen des Gesetzes**

| Lfd. Nr. | Änderndes Gesetz | Datum | Fundstelle | Geänderte Paragraphen | Art der Änderg. |
|---|---|---|---|---|---|
| 1. | Gesetz zur Änderung des Pflichtversicherungsgesetzes und anderer versicherungsrechtlicher Vorschriften | 10. 7. 2002 | BGBl. I 2586 | 5 Abs. 3 Satz 1, 6 Abs. 1 und 3, 8 Abs. 1 Satz 2 | geänd. |
| | | | | 3 Abs. 2 | aufgeh. |
| 2.[1] | Zweites Gesetz zur Änderung des Pflichtversicherungsgesetzes und anderer versicherungsrechtlicher Vorschriften | 10. 12. 2007 | BGBl. I 2833 | 5 Abs. 2 Satz 2 | eingef. |
| 3. | Verordnung zur Anpassung der Mindestversicherungssummen und zur Änderung der Kraftfahrzeug-Pflichtversicherungsverordnung | 6. 12. 2011 | BGBl. I 2628 | 6 Abs. 1 | geänd. |
| 4. | Verordnung zur Änderung der Fahrzeug-Zulassungsverordnung, anderer straßenverkehrsrechtlicher Vorschriften und der Kraftfahrzeug-Pflichtversicherungsverordnung | 13. 1. 2012 | BGBl. I 103 | 5 Abs. 1 Nr. 6 | eingef. |

Auf Grund des § 4 Abs. 1 des Pflichtversicherungsgesetzes[2] vom 5. April 1965 (BGBl. I S. 213), der durch Artikel 5 Nr. 1 des Gesetzes vom 21. Juli 1994 (BGBl. I S. 1630) neu gefaßt worden ist, verordnet das Bundesministerium der Justiz im Einvernehmen mit dem Bundesministerium der Finanzen und dem Bundesministerium für Verkehr:

**§ 1. [Räumlicher Umfang des Versicherungsschutzes; Beginn und Ende]** (1) [1]Die Kraftfahrzeug-Haftpflichtversicherung hat Versicherungsschutz in Europa sowie in den außereuropäischen Gebieten, die zum Geltungsbereich des Vertrages über die Europäische Wirtschaftsgemeinschaft ge-

[1] **Amtl. Anm.:** Dieses Gesetz dient der Umsetzung der Richtlinie 2005/14/EG des Europäischen Parlaments und des Rates vom 11. Mai 2005 zur Änderung der Richtlinien 72/166/EWG, 84/5/EWG, 88/357/EWG und 90/232/EWG des Rates sowie der Richtlinie 2000/26/EG des Europäischen Parlaments und des Rates über die Kraftfahrzeug-Haftpflichtversicherung (ABl. EU Nr. L 149 S. 14).

[2] Nr. **63**.

hören, in der Höhe zu gewähren, die in dem jeweiligen Land gesetzlich vorgeschrieben ist, mindestens jedoch in der in Deutschland vorgeschriebenen Höhe. [2]Wird eine Erweiterung des räumlichen Geltungsbereichs des Versicherungsschutzes vereinbart, gilt Satz 1 entsprechend.

(2) Beginn und Ende des Versicherungsschutzes bestimmen sich nach den §§ 187 und 188 des Bürgerlichen Gesetzbuchs.

**§ 2. [Sachlicher Umfang des Versicherungsschutzes]** (1) Die Versicherung hat die Befriedigung begründeter und die Abwehr unbegründeter Schadensersatzansprüche zu umfassen, die auf Grund gesetzlicher Haftpflichtbestimmungen privatrechtlichen Inhalts gegen den Versicherungsnehmer oder mitversicherte Personen erhoben werden, wenn durch den Gebrauch des versicherten Fahrzeugs

1. Personen verletzt oder getötet worden sind,
2. Sachen beschädigt oder zerstört worden oder abhanden gekommen sind oder
3. Vermögensschäden herbeigeführt worden sind, die weder mit einem Personen- noch mit einem Sachschaden mittelbar oder unmittelbar zusammenhängen.

(2) Mitversicherte Personen sind

1. der Halter,
2. der Eigentümer,
3. der Fahrer,
4. Beifahrer, das heißt Personen, die im Rahmen ihres Arbeitsverhältnisses zum Versicherungsnehmer oder Halter den berechtigten Fahrer zu seiner Ablösung oder zur Vornahme von Lade- und Hilfsarbeiten nicht nur gelegentlich begleiten,
5. Omnibusschaffner, soweit sie im Rahmen ihres Arbeitsverhältnisses zum Versicherungsnehmer oder Halter tätig werden,
6. Arbeitgeber oder öffentlicher Dienstherr des Versicherungsnehmers, wenn das versicherte Fahrzeug mit Zustimmung des Versicherungsnehmers für dienstliche Zwecke gebraucht wird.

(3) Mitversicherten Personen ist das Recht auf selbständige Geltendmachung ihrer Ansprüche einzuräumen.

**§ 3.[1)] [Schäden durch Anhänger, Auflieger oder geschleppte Fahrzeuge]** (1) [1]Die Versicherung eines Kraftfahrzeugs hat auch die Haftung für Schäden zu umfassen, die durch einen Anhänger oder Auflieger verursacht werden, der mit dem Kraftfahrzeug verbunden ist oder sich während des Gebrauchs von diesem löst und sich noch in Bewegung befindet. [2]Das Gleiche gilt für die Haftung für Schäden, die verursacht werden durch geschleppte und abgeschleppte Fahrzeuge, für die kein Haftpflichtversicherungsschutz besteht.

(2) *(aufgehoben)*

**§ 4. [Ausschließbare Ersatzansprüche]** Von der Versicherung kann die Haftung nur ausgeschlossen werden

[1)] § 3 Abs. 2 aufgeh. mWv 1. 1. 2003 durch Art. 4 G v. 10. 7. 2002 (BGBl. I S. 2586).

1. für Ersatzansprüche des Versicherungsnehmers, Halters oder Eigentümers gegen mitversicherte Personen wegen Sach- oder Vermögensschäden;
2. für Ersatzansprüche wegen Beschädigung, Zerstörung oder Abhandenkommens des versicherten Fahrzeugs mit Ausnahme der Beschädigung betriebsunfähiger Fahrzeuge beim nicht gewerbsmäßigen Abschleppen im Rahmen üblicher Hilfeleistung;
3. für Ersatzansprüche wegen Beschädigung, Zerstörung oder Abhandenkommens von mit dem versicherten Fahrzeug beförderten Sachen mit Ausnahme jener, die mit Willen des Halters beförderte Personen üblicherweise mit sich führen oder, sofern die Fahrt überwiegend der Personenbeförderung dient, als Gegenstände des persönlichen Bedarfs mit sich führen;
4. für Ersatzansprüche aus der Verwendung des Fahrzeugs bei behördlich genehmigten kraftfahrt-sportlichen Veranstaltungen, bei denen es auf die Erzielung einer Höchstgeschwindigkeit ankommt oder den dazugehörigen Übungsfahrten;
5. für Ersatzansprüche wegen Vermögensschäden durch die Nichteinhaltung von Liefer- und Beförderungsfristen;
6. für Ersatzansprüche wegen Schäden durch Kernenergie.

**§ 5.**[1] **[Obliegenheiten vor dem Versicherungsfall]** (1) Als Obliegenheiten vor Eintritt des Versicherungsfalls können nur vereinbart werden die Verpflichtung,

1. das Fahrzeug zu keinem anderen als dem im Versicherungsvertrag angegebenen Zweck zu verwenden;
2. das Fahrzeug nicht zu behördlich nicht genehmigten Fahrveranstaltungen zu verwenden, bei denen es auf die Erzielung einer Höchstgeschwindigkeit ankommt;
3. das Fahrzeug nicht unberechtigt zu gebrauchen oder wissentlich gebrauchen zu lassen;
4. das Fahrzeug nicht auf öffentlichen Wegen und Plätzen zu benutzen oder benutzen zu lassen, wenn der Fahrer nicht die vorgeschriebene Fahrerlaubnis hat;
5. das Fahrzeug nicht zu führen oder führen zu lassen, wenn der Fahrer infolge des Genusses alkoholischer Getränke oder anderer berauschender Mittel dazu nicht sicher in der Lage ist;
6. ein mit einem Wechselkennzeichen zugelassenes Fahrzeug nicht auf öffentlichen Wegen oder Plätzen zu benutzen oder benutzen zu lassen, wenn es das nach § 8 Absatz 1 a der Fahrzeug-Zulassungsverordnung vorgeschriebene Wechselkennzeichen nicht vollständig trägt.

(2) [1] Gegenüber dem Versicherungsnehmer, dem Halter oder Eigentümer befreit eine Obliegenheitsverletzung nach Absatz 1 Nr. 3 bis 5 den Versicherer nur dann von der Leistungspflicht, wenn der Versicherungsnehmer, der Halter oder der Eigentümer die Obliegenheitsverletzung selbst begangen oder schuldhaft ermöglicht hat. [2] Eine Obliegenheitsverletzung nach Absatz 1 Nr. 5

---

[1] § 5 Abs. 3 Satz 1 geänd. mWv 1. 1. 2003 durch Art. 4 G v. 10. 7. 2002 (BGBl. I S. 2586), Abs. 2 Satz 2 angef. durch Art. 6 G v. 10. 12. 2007 (BGBl. I S. 2833), Abs. 1 Nr. 6 angef. mWv 1. 7. 2012 durch Art. 5 VO v. 13. 1. 2012 (BGBl. I S. 103).

befreit den Versicherer nicht von der Leistungspflicht, soweit der Versicherungsnehmer, Halter oder Eigentümer durch den Versicherungsfall als Fahrzeuginsasse, der das Fahrzeug nicht geführt hat, geschädigt wurde.

(3) [1]Bei Verletzung einer nach Absatz 1 vereinbarten Obliegenheit oder wegen Gefahrerhöhung ist die Leistungsfreiheit des Versicherers gegenüber dem Versicherungsnehmer und den mitversicherten Personen auf den Betrag von höchstens je 5000 Euro beschränkt. [2]Satz 1 gilt nicht gegenüber einem Fahrer, der das Fahrzeug durch eine strafbare Handlung erlangt hat.

**§ 6.**[1)] **[Obliegenheiten nach dem Versicherungsfall]** (1) Wegen einer nach Eintritt des Versicherungsfalls vorsätzlich oder grob fahrlässig begangenen Obliegenheitsverletzung ist die Leistungsfreiheit des Versicherers dem Versicherungsnehmer gegenüber vorbehaltlich der Absätze 2 und 3 auf einen Betrag von höchstens 2500 Euro beschränkt; die Beweislast für das Nichtvorliegen einer groben Fahrlässigkeit trägt der Versicherungsnehmer.

(2) Soweit eine grob fahrlässig begangene Obliegenheitsverletzung weder Einfluß auf die Feststellung des Versicherungsfalles noch auf die Feststellung oder den Umfang der dem Versicherer obliegenden Leistung gehabt hat, bleibt der Versicherer zur Leistung verpflichtet.

(3) Bei besonders schwerwiegender vorsätzlich begangener Verletzung der Aufklärungs- oder Schadensminderungspflichten ist die Leistungsfreiheit des Versicherers auf höchstens 5000 Euro beschränkt.

**§ 7. [Absichtliche Obliegenheitsverletzung]** [1]Wird eine Obliegenheitsverletzung in der Absicht begangen, sich oder einem Dritten dadurch einen rechtswidrigen Vermögensvorteil zu verschaffen, ist die Leistungsfreiheit hinsichtlich des erlangten rechtswidrigen Vermögensvorteils unbeschränkt. [2]Gleiches gilt hinsichtlich des Mehrbetrages, wenn der Versicherungsnehmer vorsätzlich oder grob fahrlässig einen Anspruch ganz oder teilweise unberechtigt anerkennt oder befriedigt, eine Anzeigepflicht verletzt oder bei einem Rechtsstreit dem Versicherer nicht dessen Führung überläßt.

**§ 8.**[2)] **[Rentenzahlungen]** (1) [1]Hat der Versicherungsnehmer an den Geschädigten Rentenzahlungen zu leisten und übersteigt der Kapitalwert der Rente die Versicherungssumme oder den nach Abzug etwaiger sonstiger Leistungen aus dem Versicherungsfall noch verbleibenden Restbetrag der Versicherungssumme, so muß die zu leistende Rente nur im Verhältnis der Versicherungssumme oder ihres Restbetrages zum Kapitalwert der Rente erstattet werden. [2]Der Rentenwert ist auf Grund einer von der Versicherungsaufsichtsbehörde entwickelten oder anerkannten Sterbetafel und oder Zugrundelegung des Rechnungszinses, der die tatsächlichen Kapitalmarktzinsen in der Bundesrepublik Deutschland berücksichtigt, zu berechnen. [3]Hierbei ist der arithmetische Mittelwert über die jeweils letzten zehn Jahre der Umlaufrenditen der öffentlichen Hand, wie sie von der Deutschen Bundesbank veröffentlicht werden, zugrunde zu legen. [4]Nachträgliche Erhöhungen oder Ermäßigungen der Rente sind zum Zeitpunkt des ursprünglichen Rentenbeginns mit

---

[1)] § 6 Abs. 1 und 3 geänd. mWv 1. 1. 2003 durch Art. 4 G v. 10. 7. 2002 (BGBl. I S. 2586), Abs. 1 geänd. mWv 1. 1. 2012 durch Art. 2 VO v. 6. 12. 2011 (BGBl. I S. 2628).

[2)] § 8 Abs. 1 Satz 2 neugef. mWv 1. 1. 2003 durch Art. 4 G v. 10. 7. 2002 (BGBl. I S. 2586).

dem Barwert einer aufgeschobenen Rente nach der genannten Rechnungsgrundlage zu berechnen.

(2) Für die Berechnung von Waisenrenten kann das 18. Lebensjahr als frühestes Endalter vereinbart werden.

(3) Für die Berechnung von Geschädigtenrenten kann bei unselbständig Tätigen das vollendete 65. Lebensjahr als Endalter vereinbart werden, sofern nicht durch Urteil, Vergleich oder eine andere Festlegung etwas anderes bestimmt ist oder sich die der Festlegung zugrunde gelegten Umstände ändern.

(4) Bei der Berechnung des Betrages, mit dem sich der Versicherungsnehmer an laufenden Rentenzahlungen beteiligen muß, wenn der Kapitalwert der Rente die Versicherungssumme oder die nach Abzug sonstiger Leistungen verbleibende Restversicherungssumme übersteigt, können die sonstigen Leistungen mit ihrem vollen Betrag von der Versicherungssumme abgesetzt werden.

**§ 9. [Vorläufiger Deckungsschutz]** [1] Sagt der Versicherer durch Aushändigung der zur behördlichen Zulassung notwendigen Versicherungsbestätigung vorläufigen Deckungsschutz zu, so ist vorläufiger Deckungsschutz vom Zeitpunkt der behördlichen Zulassung des Fahrzeuges oder bei einem zugelassenen Fahrzeug vom Zeitpunkt der Einreichung der Versicherungsbestätigung bei der Zulassungsstelle an bis zur Einlösung des Versicherungsscheins zu gewähren. [2] Sofern er den Versicherungsnehmer schriftlich darüber belehrt, kann sich der Versicherer vorbehalten, daß die vorläufige Deckung rückwirkend außer Kraft tritt, wenn bei einem unverändert angenommenen Versicherungsantrag der Versicherungsschein nicht binnen einer im Versicherungsvertrag bestimmten, mindestens zweiwöchigen Frist eingelöst wird und der Versicherungsnehmer die Verspätung zu vertreten hat.

**§ 10. [Anwendung von Änderungen]** Änderungen dieser Verordnung und Änderungen der Mindesthöhe der Versicherungssumme finden auf bestehende Versicherungsverhältnisse von dem Zeitpunkt an Anwendung, zu dem die Änderungen in Kraft treten.

**§ 11. [Inkrafttreten]** Diese Verordnung tritt am Tage nach der Verkündung[1)] in Kraft.

---

1) Verkündet am 3. 8. 1994.

# 65. Gesetz über Urheberrecht und verwandte Schutzrechte (Urheberrechtsgesetz)[1) 2)]

Vom 9. September 1965

(BGBl. I S. 1273)

**FNA 440-1**

| Lfd. Nr. | Änderndes Gesetz | Datum | Fundstelle | Betroffen | Hinweis |
|---|---|---|---|---|---|
| 1.–30. | Änderungsgesetze bis einschl. G v. 13.12.2007 (BGBl. I S. 2897) nur noch in den Anmerkungen nachgewiesen | | | | |
| 31. | Art. 6 G zur Verbesserung der Durchsetzung von Rechten geistigen Eigentums[3)] | 7.7.2008 | BGBl. I S. 1191, ber. S. 2070 | Inhaltsübersicht, §§ 10, 54b, 54f, 69f, 71, 74, 81, 85, 87, 87b, 94, 97, 98, 99, 100, 101, 102a, 103, 110, 111b | geänd. mWv 1.9.2008 |
| | | | | §§ 97a, 101b, 101a, 111c | eingef. mWv 1.9.2008 |
| 32. | Art. 1 Sechstes ÄndG | 7.12.2008 | BGBl. I S. 2349 | § 137k | geänd. mWv 11.12.2008 |
| 33. | Art. 83 FGG-ReformG | 17.12. 2008 | BGBl. I S. 2586 | §§ 101, 138 | geänd. mWv 1.9.2009 |
| 34. | Art. 2 Abs. 53 G zur Änd. von Vorschriften über Verkündung und Bekanntmachungen sowie der ZPO, des EGZPO und der AO | 22.12. 2011 | BGBl. I S. 3044 | § 54h | geänd. mWv 1.4.2012 |
| 35. | Art. 1 Siebentes ÄndG | 14.12. 2012 | BGBl. I S. 2579 | § 137k | geänd. mWv 20.12.2012 |
| 36. | Art. 1 Achtes ÄndG | 7.5.2013 | BGBl. I S. 1161 | Inhaltsübersicht | geänd. mWv 1.8.2013 |
| | | | | Abschnitt 7 (§§ 87f, 87g, 87h) | eingef. mWv 1.8.2013 |
| 37. | Art. 1 Neuntes ÄndG[4)] | 2.7.2013 | BGBl. I S. 1940 | Inhaltsübersicht, §§ 65, 79, 85 | geänd. mWv 6.7.2013 |
| | | | | § 82 | neu gef. mWv 6.7.2013 |
| | | | | § 79a, 137m | eingef. mWv 6.7.2013 |

[1)] Für das Gebiet der ehem. DDR beachte zum UrheberrechtsG aufgrund des Einigungsvertrages **(Habersack II Nr. 2)** geltende Maßgaben.

[2)] Gliederungs- und Paragraphenüberschriften teilweise neu gef. mWv 13.9.2003 durch G v. 10.9.2003 (BGBl. I S. 1774); die Neufassung der Gliederungs- und Paragraphenüberschriften ist nicht einzeln in Fußnoten nachgewiesen.

[3)] **Amtl. Anm.:** Dieses Gesetz dient der Umsetzung der Richtlinie 2004/48/EG des Europäischen Parlaments und des Rates vom 29. April 2004 zur Durchsetzung der Rechte des geistigen Eigentums (ABl. EU Nr. L 195 S. 16).

[4)] **Amtl. Anm.:** Dieses Gesetz dient der Umsetzung der Richtlinie 2011/77/EU des Europäischen Parlaments und des Rates vom 27. September 2011 zur Änderung der Richtlinie 2006/116/EG über die Schutzdauer des Urheberrechts und bestimmter verwandter Schutzrechte (ABl. L 265 vom 11.10.2011, S. 1).

| Lfd. Nr. | Änderndes Gesetz | Datum | Fundstelle | Betroffen | Hinweis |
|---|---|---|---|---|---|
| 38. | Art. 29 2. KostenrechtsmodernisierungsG | 23.7.2013 | BGBl. I S. 2586 | § 138 | geänd. mWv 1.8.2013 |
| 39. | Art. 8 G gegen unseriöse Geschäftspraktiken[1] | 1.10.2013 | BGBl. I S. 3714 | Inhaltsübersicht | geänd. mWv 9.10.2013 |
| | | | | § 97a | neu gef. mWv 9.10.2013 |
| | | | | § 104a | eingef. mWv 9.10.2013 |
| 40. | Art. 1 G zur Nutzung verwaister und vergriffener Werke und einer weiteren Änd. des UrheberrechtsG[2] | 1.10.2013 | BGBl. I S. 3728 | Inhaltsübersicht, §§ 38, 63 | geänd. mWv 1.1.2014 |
| | | | | §§ 61, 61a, 61b, 61c, 137n, Anl. | eingef. mWv 1.1.2014 |
| 41. | Art. 1 Zehntes ÄndG | 5.12.2014 | BGBl. I S. 1974 | Inhaltsübersicht | geänd. mWv 13.12.2014 |
| | | | | § 137k | aufgeh. mWv 13.12.2014 |
| 42. | Art. 216 Zehnte ZuständigkeitsanpassungsVO | 31.8.2015 | BGBl. I S. 1474 | §§ 36a, 42a, 121, 127a, 138 | geänd. mWv 8.9.2015 |
| 43. | Art. 8 Abs. 7 G zur Neuorganisation der Zollverwaltung | 3.12.2015 | BGBl. I S. 2178 | § 111b | geänd. mWv 1.1.2016 |
| 44. | Art. 7 G zur Änd. des DesignG und weiterer Vorschriften des gewerblichen Rechtsschutzes | 4.4.2016 | BGBl. I S. 558 | Inhaltsübersicht, § 111b | geänd. mWv 1.7.2016 |
| | | | | § 111c | neu gef. mWv 1.7.2016 |
| 45. | Art. 1 G zur verbesserten Durchsetzung des Anspruchs der Urheber und ausübenden Künstler auf angemessene Vergütung und zur Regelung von Fragen der Verlegerbeteiligung | 20.12. 2016 | BGBl. I S. 3037 | Inhaltsübersicht, §§ 32, 32a, 36, 36a, 41, 69a, 79, 88, 132 | geänd. mWv 1.3.2017 |
| | | | | § 90 | neu gef. mWv 1.3.2017 |
| | | | | §§ 32d, 32e, 36b, 36c, 40a, 79b | eingef. mWv 1.3.2017 |
| 46. | Art. 13 G zur Änd. des BundesversorgungsG und anderer Vorschriften | 17.7.2017 | BGBl. I S. 2541 | Inhaltsübersicht | geänd. mWv 25.5.2018 |
| | | | | § 138a | eingef. mWv 25.5.2018 |
| 47. | Art. 1 Urheberrechts-Wissensgesellschafts-G[3] | 1.9.2017 | BGBl. I S. 3346 | Inhaltsübersicht, §§ 23, 46, 51, 52, 53, 54, 54a, 54c, 58, 61a, 62, 63, 87c, 95b, 137g, Anl. | geänd. mWv 1.3.2018 |

[1] **Amtl. Anm.:** *(abgedruckt in Änderungstabelle Nr.* **20***)*

[2] **Amtl. Anm.:** Artikel 1 dieses Gesetzes dient der Umsetzung der Richtlinie 2012/28/EU des Europäischen Parlaments und des Rates vom 25. Oktober 2012 über bestimmte zulässige Formen der Nutzung verwaister Werke (ABl. L 299 vom 27.10.2012, S. 5).

[3] **Amtl. Anm.:** Die Artikel 1 bis 3 dieses Gesetzes dienen der Umsetzung der Richtlinie 96/9/EG des Europäischen Parlaments und des Rates vom 11. März 1996 über den rechtlichen Schutz von Datenbanken (ABl. L 77 vom 27.3.1996, S. 20), der Richtlinie 2001/29/EG des Europäischen Parlaments und des Rates vom 22. Mai 2001 zur Harmonisierung bestimmter Aspekte des Urheberrechts und der verwandten Schutzrechte in der Informationsgesellschaft (ABl. L 167 vom 22.6.2001, S. 10; L 6 vom 10.1. 2002, S. 71), der Richtlinie 2006/115/EG des Europäischen Parlaments und des Rates vom 12. Dezember 2006 zum Vermietrecht und Verleihrecht sowie zu bestimmten dem Urheberrecht verwandten Schutzrechten im Bereich des geistigen Eigentums (ABl. L 376 vom 27.12.2006, S. 28). Artikel 1 dient der Umsetzung der Richtlinie 2012/28/EU des Europäischen Parlaments und des Rates vom 25. Oktober 2012 über bestimmte zulässige Formen der Nutzung verwaister Werke (ABl. L 299 vom 27.10.2012, S. 5).

| Lfd. Nr. | Änderndes Gesetz | Datum | Fundstelle | Betroffen | Hinweis |
|---|---|---|---|---|---|
| | | | | Abschnitt 6 Überschrift | neu gef. mWv 1.3.2018 |
| | | | | Abschnitt 6 UAbschnitt 1–3 Überschrift, UAbschnitt 4 (§§ 60a–60h), Abschnitt 6 UAbschnitt 5 und 6 Überschrift, §§ 137o, 142 | eingef. mWv 1.3.2018 |
| | | | | §§ 52a, 52b, 53a | aufgeh. mit Ablauf des 28.2. 2018 |
| 48. | Art. 1 G zur Umsetzung der Marrakesch-RL über einen verbesserten Zugang zu urheberrechtlich geschützten Werken zugunsten von Menschen mit einer Seh- oder Lesebehinderung[1] | 28.11. 2018 | BGBl. I S. 2014 | § 45c Abs. 5 | eingef. mWv 5.12.2018 |
| | | | | Inhaltsübersicht, §§ 45a, 62, 87c, 95b | geänd. mWv 1.1.2019 |
| | | | | §§ 45b, 45c, 45d | eingef. mWv 1.1.2019 |
| 49. | Art. 4 G zur Stärkung des fairen Wettbewerbs | 26.11. 2020 | BGBl. I S. 2568 | §§ 36b, 97a | geänd. mWv 2.12.2020 |
| 50. | Art. 1 G zur Anpassung des Urheberrechts an die Erfordernisse des digitalen Binnenmarktes[2] | 31.5.2021 | BGBl. I S. 1204 | Inhaltsübersicht, §§ 20b, 32, 32a, 32b, 36, 41, 60a, 60b, 60e, 60f, 60h, 62, 63, 69a, 69d, 69f, 69g, 71, 85, 87, 87c, 95a, 95b, 95d, 111a, 132, 137d, 137g, 142 | geänd. mWv 7.6.2021 |
| | | | | §§ 23, 32d, 32e, 60d, 63a, 68, Teil 2 Abschnitt 7 (§§ 87f–87k), § 133 | neu gef. mWv 7.6.2021 |
| | | | | §§ 20c, 20d, 32f, 32g, 35a, 36d, 44b, 51a, Teil 1 Abschnitt 6 UAbschnitt 5a (§§ 61d–61g), §§ 127b, 137p, 137q, 137r | eingef. mWv 7.6.2021 |
| | | | | § 24 | aufgeh. mit Ablauf des 6.6.2021 |

[1] **Amtl. Anm.:** Dieses Gesetz dient der Umsetzung der Richtlinie (EU) 2017/1564 des Europäischen Parlaments und des Rates vom 13. September 2017 über bestimmte zulässige Formen der Nutzung bestimmter urheberrechtlich oder durch verwandte Schutzrechte geschützter Werke und sonstiger Schutzgegenstände zugunsten blinder, sehbehinderter oder anderweitig lesebehinderter Personen und zur Änderung der Richtlinie 2001/29/EG zur Harmonisierung bestimmter Aspekte des Urheberrechts und der verwandten Schutzrechte in der Informationsgesellschaft (ABl. L 242 vom 20.9.2017, S. 6).

[2] **Amtl. Anm.:** Dieses Gesetz dient der Umsetzung der Richtlinie (EU) 2019/790 des Europäischen Parlaments und des Rates vom 17. April 2019 über das Urheberrecht und die verwandten Schutzrechte im digitalen Binnenmarkt und zur Änderung der Richtlinien 96/9/EG und 2001/29/EG (ABl. L 130 vom 17.5.2019, S. 92; L 259 vom 10.10.2019, S. 86). Die Artikel 1 und 2 dienen zudem der Umsetzung der Richtlinie (EU) 2019/789 des Europäischen Parlaments und des Rates vom 17. April 2019 mit Vorschriften für die Ausübung von Urheberrechten und verwandten Schutzrechten in Bezug auf bestimmte Online-Übertragungen von Sendeunternehmen und die Weiterverbreitung von Fernseh- und Hörfunkprogrammen und zur Änderung der Richtlinie 93/83/EWG des Rates (ABl. L 130 vom 17.5. 2019, S. 82; L 296 vom 15.11.2019, S. 63). Artikel 1 dient zudem der Umsetzung des Artikels 5 Absatz 3 Buchstabe k der Richtlinie 2001/29/EG des Europäischen Parlaments und des Rates vom 22. Mai 2001 zur Harmonisierung bestimmter Aspekte des Urheberrechts und der verwandten Schutzrechte in der Informationsgesellschaft (ABl. L 167 vom 22.6.2001, S. 10; L 6 vom 10.1.2002, S. 71), die zuletzt durch die Richtlinie (EU) 2019/790 (ABl. L 130 vom 17.5.2019, S. 92; L 259 vom 10.10.2019, S. 86) geändert worden ist.

| Lfd. Nr. | Änderndes Gesetz | Datum | Fundstelle | Betroffen | Hinweis |
|---|---|---|---|---|---|
| 51. | Art. 25 TelekommunikationsmodernisierungsG[1] | 23.6.2021 | BGBl. I S. 1858 | § 101 | geänd. mWv 1.12.2021 |

[1] **Amtl. Anm.:** Dieses Gesetz dient der Umsetzung der Richtlinie (EU) 2018/1972 des Europäischen Parlaments und des Rates vom 11. Dezember 2018 über den europäischen Kodex für die elektronische Kommunikation (Neufassung) (ABl. L 321 vom 17.12.2018, S. 36).

**Nichtamtliche Inhaltsübersicht[1)]**



---

[1)] Von der Darstellung der einzelnen Paragraphen der amtlichen Inhaltsübersicht wurde abgesehen.

Der Bundestag hat das folgende Gesetz beschlossen:

## Teil 1. Urheberrecht

### Abschnitt 1. Allgemeines

**§ 1 Allgemeines.** Die Urheber von Werken der Literatur, Wissenschaft und Kunst genießen für ihre Werke Schutz nach Maßgabe dieses Gesetzes.

### Abschnitt 2. Das Werk

**§ 2[1)] Geschützte Werke.** (1) Zu den geschützten Werken der Literatur, Wissenschaft und Kunst gehören insbesondere:

1. Sprachwerke, wie Schriftwerke, Reden und Computerprogramme;
2. Werke der Musik;
3. pantomimische Werke einschließlich der Werke der Tanzkunst;
4. Werke der bildenden Künste einschließlich der Werke der Baukunst und der angewandten Kunst und Entwürfe solcher Werke;
5. Lichtbildwerke einschließlich der Werke, die ähnlich wie Lichtbildwerke geschaffen werden;
6. Filmwerke einschließlich der Werke, die ähnlich wie Filmwerke geschaffen werden;
7. Darstellungen wissenschaftlicher oder technischer Art, wie Zeichnungen, Pläne, Karten, Skizzen, Tabellen und plastische Darstellungen.

(2) Werke im Sinne dieses Gesetzes sind nur persönliche geistige Schöpfungen.

**§ 3[2)] Bearbeitungen.** [1]Übersetzungen und andere Bearbeitungen eines Werkes, die persönliche geistige Schöpfungen des Bearbeiters sind, werden unbeschadet des Urheberrechts am bearbeiteten Werk wie selbständige Werke geschützt. [2]Die nur unwesentliche Bearbeitung eines nicht geschützten Werkes der Musik wird nicht als selbständiges Werk geschützt.

**§ 4[3)] Sammelwerke und Datenbankwerke.** (1) Sammlungen von Werken, Daten oder anderen unabhängigen Elementen, die aufgrund der Auswahl oder Anordnung der Elemente eine persönliche geistige Schöpfung sind (Sammelwerke), werden, unbeschadet eines an den einzelnen Elementen gegebenenfalls bestehenden Urheberrechts oder verwandten Schutzrechts, wie selbständige Werke geschützt.

(2) [1]Datenbankwerk im Sinne dieses Gesetzes ist ein Sammelwerk, dessen Elemente systematisch oder methodisch angeordnet und einzeln mit Hilfe elektronischer Mittel oder auf andere Weise zugänglich sind. [2]Ein zur Schaffung des Datenbankwerkes oder zur Ermöglichung des Zugangs zu dessen Elementen verwendetes Computerprogramm (§ 69a) ist nicht Bestandteil des Datenbankwerkes.

---

1) § 2 Abs. 1 Nr. 1 neu gef. durch G v. 9.6.1993 (BGBl. I S. 910).
2) § 3 neu gef. durch G v. 24.6.1985 (BGBl. I S. 1137).
3) § 4 neu gef. durch G v. 22.7.1997 (BGBl. I S. 1870).

**§ 5[1] Amtliche Werke.** (1) Gesetze, Verordnungen, amtliche Erlasse und Bekanntmachungen sowie Entscheidungen und amtlich verfaßte Leitsätze zu Entscheidungen genießen keinen urheberrechtlichen Schutz.

(2) Das gleiche gilt für andere amtliche Werke, die im amtlichen Interesse zur allgemeinen Kenntnisnahme veröffentlicht worden sind, mit der Einschränkung, daß die Bestimmungen über Änderungsverbot und Quellenangabe in § 62 Abs. 1 bis 3 und § 63 Abs. 1 und 2 entsprechend anzuwenden sind.

(3) [1] Das Urheberrecht an privaten Normwerken wird durch die Absätze 1 und 2 nicht berührt, wenn Gesetze, Verordnungen, Erlasse oder amtliche Bekanntmachungen auf sie verweisen, ohne ihren Wortlaut wiederzugeben. [2] In diesem Fall ist der Urheber verpflichtet, jedem Verleger zu angemessenen Bedingungen ein Recht zur Vervielfältigung und Verbreitung einzuräumen. [3] Ist ein Dritter Inhaber des ausschließlichen Rechts zur Vervielfältigung und Verbreitung, so ist dieser zur Einräumung des Nutzungsrechts nach Satz 2 verpflichtet.

**§ 6 Veröffentlichte und erschienene Werke.** (1) Ein Werk ist veröffentlicht, wenn es mit Zustimmung des Berechtigten der Öffentlichkeit zugänglich gemacht worden ist.

(2) [1] Ein Werk ist erschienen, wenn mit Zustimmung des Berechtigten Vervielfältigungsstücke des Werkes nach ihrer Herstellung in genügender Anzahl der Öffentlichkeit angeboten oder in Verkehr gebracht worden sind. [2] Ein Werk der bildenden Künste gilt auch dann als erschienen, wenn das Original oder ein Vervielfältigungsstück des Werkes mit Zustimmung des Berechtigten bleibend der Öffentlichkeit zugänglich ist.

## Abschnitt 3. Der Urheber

**§ 7 Urheber.** Urheber ist der Schöpfer des Werkes.

**§ 8 Miturheber.** (1) Haben mehrere ein Werk gemeinsam geschaffen, ohne daß sich ihre Anteile gesondert verwerten lassen, so sind sie Miturheber des Werkes.

(2) [1] Das Recht zur Veröffentlichung und zur Verwertung des Werkes steht den Miturhebern zur gesamten Hand zu; Änderungen des Werkes sind nur mit Einwilligung der Miturheber zulässig. [2] Ein Miturheber darf jedoch seine Einwilligung zur Veröffentlichung, Verwertung oder Änderung nicht wider Treu und Glauben verweigern. [3] Jeder Miturheber ist berechtigt, Ansprüche aus Verletzungen des gemeinsamen Urheberrechts geltend zu machen; er kann jedoch nur Leistung an alle Miturheber verlangen.

(3) Die Erträgnisse aus der Nutzung des Werkes gebühren den Miturhebern nach dem Umfang ihrer Mitwirkung an der Schöpfung des Werkes, wenn nichts anderes zwischen den Miturhebern vereinbart ist.

(4) [1] Ein Miturheber kann auf seinen Anteil an den Verwertungsrechten (§ 15) verzichten. [2] Der Verzicht ist den anderen Miturhebern gegenüber zu erklären. [3] Mit der Erklärung wächst der Anteil den anderen Miturhebern zu.

**§ 9 Urheber verbundener Werke.** Haben mehrere Urheber ihre Werke zu gemeinsamer Verwertung miteinander verbunden, so kann jeder vom anderen die Einwilligung zur Veröffentlichung, Verwertung und Änderung der verbundenen

[1] § 5 Abs. 3 angef. mWv 13.9.2003 durch G v. 10.9.2003 (BGBl. I S. 1774).

Werke verlangen, wenn die Einwilligung dem anderen nach Treu und Glauben zuzumuten ist.

**§ 10[1] Vermutung der Urheber- oder Rechtsinhaberschaft.** (1) Wer auf den Vervielfältigungsstücken eines erschienenen Werkes oder auf dem Original eines Werkes der bildenden Künste in der üblichen Weise als Urheber bezeichnet ist, wird bis zum Beweis des Gegenteils als Urheber des Werkes angesehen; dies gilt auch für eine Bezeichnung, die als Deckname oder Künstlerzeichen des Urhebers bekannt ist.

(2) [1] Ist der Urheber nicht nach Absatz 1 bezeichnet, so wird vermutet, daß derjenige ermächtigt ist, die Rechte des Urhebers geltend zu machen, der auf den Vervielfältigungsstücken des Werkes als Herausgeber bezeichnet ist. [2] Ist kein Herausgeber angegeben, so wird vermutet, daß der Verleger ermächtigt ist.

(3) [1] Für die Inhaber ausschließlicher Nutzungsrechte gilt die Vermutung des Absatzes 1 entsprechend, soweit es sich um Verfahren des einstweiligen Rechtsschutzes handelt oder Unterlassungsansprüche geltend gemacht werden. [2] Die Vermutung gilt nicht im Verhältnis zum Urheber oder zum ursprünglichen Inhaber des verwandten Schutzrechts.

## Abschnitt 4. Inhalt des Urheberrechts

### Unterabschnitt 1. Allgemeines

**§ 11[2] Allgemeines.** [1] Das Urheberrecht schützt den Urheber in seinen geistigen und persönlichen Beziehungen zum Werk und in der Nutzung des Werkes. [2] Es dient zugleich der Sicherung einer angemessenen Vergütung für die Nutzung des Werkes.

### Unterabschnitt 2. Urheberpersönlichkeitsrecht

**§ 12 Veröffentlichungsrecht.** (1) Der Urheber hat das Recht zu bestimmen, ob und wie sein Werk zu veröffentlichen ist.

(2) Dem Urheber ist es vorbehalten, den Inhalt seines Werkes öffentlich mitzuteilen oder zu beschreiben, solange weder das Werk noch der wesentliche Inhalt oder eine Beschreibung des Werkes mit seiner Zustimmung veröffentlicht ist.

**§ 13 Anerkennung der Urheberschaft.** [1] Der Urheber hat das Recht auf Anerkennung seiner Urheberschaft am Werk. [2] Er kann bestimmen, ob das Werk mit einer Urheberbezeichnung zu versehen und welche Bezeichnung zu verwenden ist.

**§ 14 Entstellung des Werkes.** Der Urheber hat das Recht, eine Entstellung oder eine andere Beeinträchtigung seines Werkes zu verbieten, die geeignet ist, seine berechtigten geistigen oder persönlichen Interessen am Werk zu gefährden.

### Unterabschnitt 3. Verwertungsrechte

**§ 15[3] Allgemeines.** (1) Der Urheber hat das ausschließliche Recht, sein Werk in körperlicher Form zu verwerten[4]; das Recht umfaßt insbesondere

[1] § 10 Überschrift neu gef., Abs. 3 angef. mWv 1.9.2008 durch G v. 7.7.2008 (BGBl. I S. 1191).
[2] § 11 Satz 2 angef. mWv 1.7.2002 durch G v. 22.3.2002 (BGBl. S. 1155).
[3] § 15 Abs. 2 und 3 neu gef. mWv 13.9.2003 durch G v. 10.9.2003 (BGBl. I S. 1774).
[4] Beachte hierzu VerwertungsgesellschaftenG **(Habersack, Deutsche Gesetze ErgBd. Nr. 65a)**.

1. das Vervielfältigungsrecht (§ 16),
2. das Verbreitungsrecht (§ 17),
3. das Ausstellungsrecht (§ 18).

(2) [1] Der Urheber hat ferner das ausschließliche Recht, sein Werk in unkörperlicher Form öffentlich wiederzugeben (Recht der öffentlichen Wiedergabe). [2] Das Recht der öffentlichen Wiedergabe umfasst insbesondere

1. das Vortrags-, Aufführungs- und Vorführungsrecht (§ 19),
2. das Recht der öffentlichen Zugänglichmachung (§ 19a),
3. das Senderecht (§ 20),
4. das Recht der Wiedergabe durch Bild- oder Tonträger (§ 21),
5. das Recht der Wiedergabe von Funksendungen und von öffentlicher Zugänglichmachung (§ 22).

(3) [1] Die Wiedergabe ist öffentlich, wenn sie für eine Mehrzahl von Mitgliedern der Öffentlichkeit bestimmt ist. [2] Zur Öffentlichkeit gehört jeder, der nicht mit demjenigen, der das Werk verwertet, oder mit den anderen Personen, denen das Werk in unkörperlicher Form wahrnehmbar oder zugänglich gemacht wird, durch persönliche Beziehungen verbunden ist.

**§ 16**[1)] **Vervielfältigungsrecht.** (1) Das Vervielfältigungsrecht ist das Recht, Vervielfältigungsstücke des Werkes herzustellen, gleichviel ob vorübergehend oder dauerhaft, in welchem Verfahren und in welcher Zahl.

(2) Eine Vervielfältigung ist auch die Übertragung des Werkes auf Vorrichtungen zur wiederholbaren Wiedergabe von Bild- oder Tonfolgen (Bild- oder Tonträger), gleichviel, ob es sich um die Aufnahme einer Wiedergabe des Werkes auf einen Bild- oder Tonträger oder um die Übertragung des Werkes von einem Bild- oder Tonträger auf einen anderen handelt.

**§ 17**[2)] **Verbreitungsrecht.** (1) Das Verbreitungsrecht ist das Recht, das Original oder Vervielfältigungsstücke des Werkes der Öffentlichkeit anzubieten oder in Verkehr zu bringen.

(2) Sind das Original oder Vervielfältigungsstücke des Werkes mit Zustimmung des zur Verbreitung Berechtigten im Gebiet der Europäischen Union oder eines anderen Vertragsstaates des Abkommens über den Europäischen Wirtschaftsraum im Wege der Veräußerung in Verkehr gebracht worden, so ist ihre Weiterverbreitung mit Ausnahme der Vermietung zulässig.

(3) [1] Vermietung im Sinne der Vorschriften dieses Gesetzes ist die zeitlich begrenzte, unmittelbar oder mittelbar Erwerbszwecken dienende Gebrauchsüberlassung. [2] Als Vermietung gilt jedoch nicht die Überlassung von Originalen oder Vervielfältigungsstücken

1. von Bauwerken und Werken der angewandten Kunst oder
2. im Rahmen eines Arbeits- oder Dienstverhältnisses zu dem ausschließlichen Zweck, bei der Erfüllung von Verpflichtungen aus dem Arbeits- oder Dienstverhältnis benutzt zu werden.

---

[1)] § 16 Abs. 1 geänd. mWv 13.9.2003 durch G v. 10.9.2003 (BGBl. I S. 1774).
[2)] § 17 neu gef. durch G v. 23.6.1995 (BGBl. I S. 842).

**§ 18 Ausstellungsrecht.** Das Ausstellungsrecht ist das Recht, das Original oder Vervielfältigungsstücke eines unveröffentlichten Werkes der bildenden Künste oder eines unveröffentlichten Lichtbildwerkes öffentlich zur Schau zu stellen.

**§ 19[1] Vortrags-, Aufführungs- und Vorführungsrecht.** (1) Das Vortragsrecht ist das Recht, ein Sprachwerk durch persönliche Darbietung öffentlich zu Gehör zu bringen.

(2) Das Aufführungsrecht ist das Recht, ein Werk der Musik durch persönliche Darbietung öffentlich zu Gehör zu bringen oder ein Werk öffentlich bühnenmäßig darzustellen.

(3) Das Vortrags- und das Aufführungsrecht umfassen das Recht, Vorträge und Aufführungen außerhalb des Raumes, in dem die persönliche Darbietung stattfindet, durch Bildschirm, Lautsprecher oder ähnliche technische Einrichtungen öffentlich wahrnehmbar zu machen.

(4) [1] Das Vorführungsrecht ist das Recht, ein Werk der bildenden Künste, ein Lichtbildwerk, ein Filmwerk oder Darstellungen wissenschaftlicher oder technischer Art durch technische Einrichtungen öffentlich wahrnehmbar zu machen. [2] Das Vorführungsrecht umfaßt nicht das Recht, die Funksendung oder öffentliche Zugänglichmachung solcher Werke öffentlich wahrnehmbar zu machen (§ 22).

**§ 19a[2] Recht der öffentlichen Zugänglichmachung.** Das Recht der öffentlichen Zugänglichmachung ist das Recht, das Werk drahtgebunden oder drahtlos der Öffentlichkeit in einer Weise zugänglich zu machen, dass es Mitgliedern der Öffentlichkeit von Orten und zu Zeiten ihrer Wahl zugänglich ist.

**§ 20[3] Senderecht.** Das Senderecht ist das Recht, das Werk durch Funk, wie Ton- und Fernsehrundfunk, Satellitenrundfunk, Kabelfunk oder ähnliche technische Mittel, der Öffentlichkeit zugänglich zu machen.

**§ 20a[4] Europäische Satellitensendung.** (1) Wird eine Satellitensendung innerhalb des Gebietes eines Mitgliedstaates der Europäischen Union oder Vertragsstaates des Abkommens über den Europäischen Wirtschaftsraum ausgeführt, so gilt sie ausschließlich als in diesem Mitgliedsstaat oder Vertragsstaat erfolgt.

(2) [1] Wird eine Satellitensendung im Gebiet eines Staates ausgeführt, der weder Mitgliedstaat der Europäischen Union noch Vertragsstaat des Abkommens über den Europäischen Wirtschaftsraum ist und in dem für das Recht der Satellitensendung das in Kapitel II der Richtlinie 93/83/EWG des Rates vom 27. September 1993 zur Koordinierung bestimmter urheber- und leistungsschutzrechtlicher Vorschriften betreffend Satellitenrundfunk und Kabelweiterverbreitung (ABl. EG Nr. L 248 S. 15) vorgesehene Schutzniveau nicht gewährleistet ist, so gilt sie als in dem Mitgliedstaat oder Vertragsstaat erfolgt,

1. in dem die Erdfunkstation liegt, von der aus die programmtragenden Signale zum Satelliten geleitet werden, oder
2. in dem das Sendeunternehmen seine Niederlassung hat, wenn die Vorraussetzung nach Nummer 1 nicht gegeben ist.

---

[1] § 19 Abs. 4 Satz 2 geänd. mWv 13.9.2003 durch G v. 10.9.2003 (BGBl. I S. 1774).
[2] § 19a eingef. mWv 13.9.2003 durch G v. 10.9.2003 (BGBl. I S. 1774).
[3] § 20 neu gef. durch G v. 8.5.1998 (BGBl. I S. 902).
[4] § 20a eingef. durch G v. 8.5.1998 (BGBl. I S. 902).

[2] Das Senderecht ist im Fall der Nummer 1 gegenüber dem Betreiber der Erdfunkstation, im Fall der Nummer 2 gegenüber dem Sendeunternehmen geltend zu machen.

(3) Satellitensendung im Sinne von Absatz 1 und 2 ist die unter der Kontrolle und Verantwortung des Sendeunternehmens stattfindende Eingabe der für den öffentlichen Empfang bestimmten programmtragenden Signale in eine ununterbrochene Übertragungskette, die zum Satelliten und zurück zur Erde führt.

**§ 20b[1]) Weitersendung.** (1) [1] Das Recht, ein gesendetes Werk im Rahmen eines zeitgleich, unverändert und vollständig weiterübertragenen Programms weiterzusenden (Weitersendung), kann nur durch eine Verwertungsgesellschaft geltend gemacht werden. [2] Dies gilt nicht für

1. Rechte an einem Werk, das ausschließlich im Internet gesendet wird,
2. Rechte, die ein Sendeunternehmen in Bezug auf seine Sendungen geltend macht.

(1a) Bei der Weitersendung über einen Internetzugangsdienst ist Absatz 1 nur anzuwenden, wenn der Betreiber des Weitersendedienstes ausschließlich berechtigten Nutzern in einer gesicherten Umgebung Zugang zum Programm bietet.

(1b) Internetzugangsdienst im Sinne von Absatz 1a ist ein Dienst gemäß Artikel 2 Absatz 2 Nummer 2 der Verordnung (EU) 2015/2120 des Europäischen Parlaments und des Rates vom 25. November 2015 über Maßnahmen zum Zugang zum offenen Internet und zur Änderung der Richtlinie 2002/22/EG über den Universaldienst und Nutzerrechte bei elektronischen Kommunikationsnetzen und -diensten sowie der Verordnung (EU) Nr. 531/2012 über das Roaming in öffentlichen Mobilfunknetzen in der Union (ABl. L 310 vom 26.11.2015, S. 1), die zuletzt durch die Richtlinie (EU) 2018/1972 (ABl. L 321 vom 17.12.2018, S. 36; L 334 vom 27.12.2019, S. 164) geändert worden ist.

(2) [1] Hat der Urheber das Recht der Weitersendung einem Sendeunternehmen oder einem Tonträger- oder Filmhersteller eingeräumt, so hat der Weitersendedienst gleichwohl dem Urheber eine angemessene Vergütung für die Weitersendung zu zahlen. [2] Auf den Vergütungsanspruch kann nicht verzichtet werden. [3] Er kann im Voraus nur an eine Verwertungsgesellschaft abgetreten und nur durch eine solche geltend gemacht werden. [4] Diese Regelung steht Tarifverträgen, Betriebsvereinbarungen und gemeinsamen Vergütungsregeln von Sendeunternehmen nicht entgegen, soweit dadurch dem Urheber eine angemessene Vergütung für jede Weitersendung eingeräumt wird.

**§ 20c[2]) Europäischer ergänzender Online-Dienst.** (1) Ein ergänzender Online-Dienst eines Sendeunternehmens ist

1. die Sendung von Programmen im Internet zeitgleich mit ihrer Sendung in anderer Weise,
2. die öffentliche Zugänglichmachung bereits gesendeter Programme im Internet, die für einen begrenzten Zeitraum nach der Sendung abgerufen werden können, auch mit ergänzenden Materialien zum Programm.

---

[1]) § 20b eingef. durch G v. 8.5.1998 (BGBl. I S. 902); Abs. 2 Satz 4 geänd. mWv 1.1.2008 durch G v. 26.10.2007 (BGBl. I S. 2513); Überschrift, Abs. 1 neu gef., Abs. 1a und 1b eingef., Abs. 2 Sätze 1, 3 und 4 geänd. mWv 7.6.2021 durch G v. 31.5.2021 (BGBl. I S. 1204).

[2]) § 20c eingef. mWv 7.6.2021 durch G v. 31.5.2021 (BGBl. I S. 1204).

(2) [1]Die Vervielfältigung und die öffentliche Wiedergabe von Werken zur Ausführung eines ergänzenden Online-Dienstes eines Sendeunternehmens in einem Mitgliedstaat der Europäischen Union oder einem Vertragsstaat des Abkommens über den Europäischen Wirtschaftsraum gelten ausschließlich als in dem Mitgliedstaat oder Vertragsstaat erfolgt, in dem das Sendeunternehmen seine Hauptniederlassung hat. [2]Der Rechtsinhaber und das Sendeunternehmen können den Umfang von Nutzungsrechten für ergänzende Online-Dienste des Sendeunternehmens beschränken.

(3) Absatz 2 gilt bei Fernsehprogrammen nur für Eigenproduktionen des Sendeunternehmens, die vollständig von ihm finanziert wurden, sowie für Nachrichtensendungen und die Berichterstattung über Tagesereignisse, nicht aber für die Übertragung von Sportveranstaltungen.

**§ 20d[1)] Direkteinspeisung.** (1) Überträgt ein Sendeunternehmen die programmtragenden Signale an einen Signalverteiler, ohne sie gleichzeitig selbst öffentlich wiederzugeben (Direkteinspeisung), und gibt der Signalverteiler diese programmtragenden Signale öffentlich wieder, so gelten das Sendeunternehmen und der Signalverteiler als Beteiligte einer einzigen öffentlichen Wiedergabe.

(2) § 20b gilt entsprechend.

**§ 21 Recht der Wiedergabe durch Bild- oder Tonträger.** [1]Das Recht der Wiedergabe durch Bild- oder Tonträger ist das Recht, Vorträge oder Aufführungen des Werkes mittels Bild- oder Tonträger öffentlich wahrnehmbar zu machen. [2]§ 19 Abs. 3 gilt entsprechend.

**§ 22[2)] Recht der Wiedergabe von Funksendungen und von öffentlicher Zugänglichmachung.** [1]Das Recht der Wiedergabe von Funksendungen und der Wiedergabe von öffentlicher Zugänglichmachung ist das Recht, Funksendungen und auf öffentlicher Zugänglichmachung beruhende Wiedergaben des Werkes durch Bildschirm, Lautsprecher oder ähnliche technische Einrichtungen öffentlich wahrnehmbar zu machen. [2]§ 19 Abs. 3 gilt entsprechend.

**§ 23[3)] Bearbeitungen und Umgestaltungen.** (1) [1]Bearbeitungen oder andere Umgestaltungen eines Werkes, insbesondere auch einer Melodie, dürfen nur mit Zustimmung des Urhebers veröffentlicht oder verwertet werden. [2]Wahrt das neu geschaffene Werk einen hinreichenden Abstand zum benutzten Werk, so liegt keine Bearbeitung oder Umgestaltung im Sinne des Satzes 1 vor.

(2) Handelt es sich um

1. die Verfilmung eines Werkes,
2. die Ausführung von Plänen und Entwürfen eines Werkes der bildenden Künste,
3. den Nachbau eines Werkes der Baukunst oder
4. die Bearbeitung oder Umgestaltung eines Datenbankwerkes,

so bedarf bereits das Herstellen der Bearbeitung oder Umgestaltung der Zustimmung des Urhebers.

(3) Auf ausschließlich technisch bedingte Änderungen eines Werkes bei Nutzungen nach § 44b Absatz 2, § 60d Absatz 1, § 60e Absatz 1 sowie § 60f Absatz 2 sind die Absätze 1 und 2 nicht anzuwenden.

---

[1)] § 20d eingef. mWv 7.6.2021 durch G v. 31.5.2021 (BGBl. I S. 1204).
[2)] § 22 neu gef. mWv 13.9.2003 durch G v. 10.9.2003 (BGBl. I S. 1774).
[3)] § 23 neu gef. mWv 7.6.2021 durch G v. 31.5.2021 (BGBl. I S. 1204).

**§ 24**[1] *(aufgehoben)*

**Unterabschnitt 4. Sonstige Rechte des Urhebers**

**§ 25 Zugang zu Werkstücken.** (1) Der Urheber kann vom Besitzer des Originals oder eines Vervielfältigungsstückes seines Werkes verlangen, daß er ihm das Original oder das Vervielfältigungsstück zugänglich macht, soweit dies zur Herstellung von Vervielfältigungsstücken oder Bearbeitungen des Werkes erforderlich ist und nicht berechtigte Interessen des Besitzers entgegenstehen.

(2) Der Besitzer ist nicht verpflichtet, das Original oder das Vervielfältigungsstück dem Urheber herauszugeben.

**§ 26**[2] **Folgerecht.** (1) [1] Wird das Original eines Werkes der bildenden Künste oder eines Lichtbildwerkes weiterveräußert und ist hieran ein Kunsthändler oder Versteigerer als Erwerber, Veräußerer oder Vermittler beteiligt, so hat der Veräußerer dem Urheber einen Anteil des Veräußerungserlöses zu entrichten. [2] Als Veräußerungserlös im Sinne des Satzes 1 gilt der Verkaufspreis ohne Steuern. [3] Ist der Veräußerer eine Privatperson, so haftet der als Erwerber oder Vermittler beteiligte Kunsthändler oder Versteigerer neben ihm als Gesamtschuldner; im Verhältnis zueinander ist der Veräußerer allein verpflichtet. [4] Die Verpflichtung nach Satz 1 entfällt, wenn der Veräußerungserlös weniger als 400 Euro beträgt.

(2) [1] Die Höhe des Anteils des Veräußerungserlöses beträgt:

1. 4 Prozent für den Teil des Veräußerungserlöses bis zu 50 000 Euro,
2. 3 Prozent für den Teil des Veräußerungserlöses von 50 000,01 bis 200 000 Euro,
3. 1 Prozent für den Teil des Veräußerungserlöses von 200 000,01 bis 350 000 Euro,
4. 0,5 Prozent für den Teil des Veräußerungserlöses von 350 000,01 bis 500 000 Euro,
5. 0,25 Prozent für den Teil des Veräußerungserlöses über 500 000 Euro.

[2] Der Gesamtbetrag der Folgerechtsvergütung aus einer Weiterveräußerung beträgt höchstens 12 500 Euro.

(3) [1] Das Folgerecht ist unveräußerlich. [2] Der Urheber kann auf seinen Anteil im Voraus nicht verzichten.

(4) Der Urheber kann von einem Kunsthändler oder Versteigerer Auskunft darüber verlangen, welche Originale von Werken des Urhebers innerhalb der letzten drei Jahre vor dem Auskunftsersuchen unter Beteiligung des Kunsthändlers oder Versteigerers weiterveräußert wurden.

(5) [1] Der Urheber kann, soweit dies zur Durchsetzung seines Anspruchs gegen den Veräußerer erforderlich ist, von dem Kunsthändler oder Versteigerer Auskunft über den Namen und die Anschrift des Veräußerers sowie über die Höhe des Veräußerungserlöses verlangen. [2] Der Kunsthändler oder Versteigerer darf die Auskunft über Namen und Anschrift des Veräußerers verweigern, wenn er dem Urheber den Anteil entrichtet.

(6) Die Ansprüche nach den Absätzen 4 und 5 können nur durch eine Verwertungsgesellschaft geltend gemacht werden.

(7) [1] Bestehen begründete Zweifel an der Richtigkeit oder Vollständigkeit einer Auskunft nach Absatz 4 oder 5, so kann die Verwertungsgesellschaft verlangen,

---

[1] § 24 aufgeh. mWv 7.6.2021 durch G v. 31.5.2021 (BGBl. I S. 1204).

[2] § 26 neu gef. mWv 16.11.2006 durch G v. 10.11.2006 (BGBl. I S. 2587).

dass nach Wahl des Auskunftspflichtigen ihr oder einem von ihm zu bestimmenden Wirtschaftsprüfer oder vereidigten Buchprüfer Einsicht in die Geschäftsbücher oder sonstige Urkunden so weit gewährt wird, wie dies zur Feststellung der Richtigkeit oder Vollständigkeit der Auskunft erforderlich ist. [2] Erweist sich die Auskunft als unrichtig oder unvollständig, so hat der Auskunftspflichtige die Kosten der Prüfung zu erstatten.

(8) Die vorstehenden Bestimmungen sind auf Werke der Baukunst und der angewandten Kunst nicht anzuwenden.

**§ 27[1)] Vergütung für Vermietung und Verleihen.** (1) [1] Hat der Urheber das Vermietrecht (§ 17) an einem Bild- oder Tonträger dem Tonträger- oder Filmhersteller eingeräumt, so hat der Vermieter gleichwohl dem Urheber eine angemessene Vergütung für die Vermietung zu zahlen. [2] Auf den Vergütungsanspruch kann nicht verzichtet werden. [3] Er kann im voraus nur an eine Verwertungsgesellschaft abgetreten werden.

(2) [1] Für das Verleihen von Originalen oder Vervielfältigungsstücken eines Werkes, deren Weiterverbreitung nach § 17 Abs. 2 zulässig ist, ist dem Urheber eine angemessene Vergütung zu zahlen, wenn die Originale oder Vervielfältigungsstücke durch eine der Öffentlichkeit zugängliche Einrichtung (Bücherei, Sammlung von Bild- oder Tonträgern oder anderer Originale oder Vervielfältigungsstücke) verliehen werden. [2] Verleihen im Sinne von Satz 1 ist die zeitlich begrenzte, weder unmittelbar noch mittelbar Erwerbszwecken dienende Gebrauchsüberlassung; § 17 Abs. 3 Satz 2 findet entsprechende Anwendung.

(3) Die Vergütungsansprüche nach den Absätzen 1 und 2 können nur durch eine Verwertungsgesellschaft geltend gemacht werden.

## Abschnitt 5. Rechtsverkehr im Urheberrecht

### Unterabschnitt 1. Rechtsnachfolge in das Urheberrecht

**§ 28 Vererbung des Urheberrechts.** (1) Das Urheberrecht ist vererblich.

(2) [1] Der Urheber kann durch letztwillige Verfügung die Ausübung des Urheberrechts einem Testamentsvollstrecker übertragen. [2] § 2210 des Bürgerlichen Gesetzbuchs ist nicht anzuwenden.

**§ 29[2)] Rechtsgeschäfte über das Urheberrecht.** (1) Das Urheberrecht ist nicht übertragbar, es sei denn, es wird in Erfüllung einer Verfügung von Todes wegen oder an Miterben im Wege der Erbauseinandersetzung übertragen.

(2) Zulässig sind die Einräumung von Nutzungsrechten (§ 31), schuldrechtliche Einwilligungen und Vereinbarungen zu Verwertungsrechten sowie die in § 39 geregelten Rechtsgeschäfte über Urheberpersönlichkeitsrechte.

**§ 30 Rechtsnachfolger des Urhebers.** Der Rechtsnachfolger des Urhebers hat die dem Urheber nach diesem Gesetz zustehenden Rechte, soweit nichts anderes bestimmt ist.

---

[1)] § 27 neu gef. durch G v. 23.6.1995 (BGBl. I S. 842).
[2)] § 29 neu gef. mWv 1.7.2002 durch G v. 22.3.2002 (BGBl. S. 1155).

### Unterabschnitt 2. Nutzungsrechte

**§ 31[1] Einräumung von Nutzungsrechten.** (1) [1]Der Urheber kann einem anderen das Recht einräumen, das Werk auf einzelne oder alle Nutzungsarten zu nutzen (Nutzungsrecht). [2]Das Nutzungsrecht kann als einfaches oder ausschließliches Recht sowie räumlich, zeitlich oder inhaltlich beschränkt eingeräumt werden.

(2) Das einfache Nutzungsrecht berechtigt den Inhaber, das Werk auf die erlaubte Art zu nutzen, ohne dass eine Nutzung durch andere ausgeschlossen ist.

(3) [1]Das ausschließliche Nutzungsrecht berechtigt den Inhaber, das Werk unter Ausschluss aller anderen Personen auf die ihm erlaubte Art zu nutzen und Nutzungsrechte einzuräumen. [2]Es kann bestimmt werden, dass die Nutzung durch den Urheber vorbehalten bleibt. [3]§ 35 bleibt unberührt.

(4) *(aufgehoben)*

(5) [1]Sind bei der Einräumung eines Nutzungsrechts die Nutzungsarten nicht ausdrücklich einzeln bezeichnet, so bestimmt sich nach dem von beiden Partnern zugrunde gelegten Vertragszweck, auf welche Nutzungsarten es sich erstreckt. [2]Entsprechendes gilt für die Frage, ob ein Nutzungsrecht eingeräumt wird, ob es sich um ein einfaches oder ausschließliches Nutzungsrecht handelt, wie weit Nutzungsrecht und Verbotsrecht reichen und welchen Einschränkungen das Nutzungsrecht unterliegt.

**§ 31a[2] Verträge über unbekannte Nutzungsarten.** (1) [1]Ein Vertrag, durch den der Urheber Rechte für unbekannte Nutzungsarten einräumt oder sich dazu verpflichtet, bedarf der Schriftform. [2]Der Schriftform bedarf es nicht, wenn der Urheber unentgeltlich ein einfaches Nutzungsrecht für jedermann einräumt. [3]Der Urheber kann diese Rechtseinräumung oder die Verpflichtung hierzu widerrufen. [4]Das Widerrufsrecht erlischt nach Ablauf von drei Monaten, nachdem der andere die Mitteilung über die beabsichtigte Aufnahme der neuen Art der Werknutzung an den Urheber unter der ihm zuletzt bekannten Anschrift abgesendet hat.

(2) [1]Das Widerrufsrecht entfällt, wenn sich die Parteien nach Bekanntwerden der neuen Nutzungsart auf eine Vergütung nach § 32c Abs. 1 geeinigt haben. [2]Das Widerrufsrecht entfällt auch, wenn die Parteien die Vergütung nach einer gemeinsamen Vergütungsregel vereinbart haben. [3]Es erlischt mit dem Tod des Urhebers.

(3) Sind mehrere Werke oder Werkbeiträge zu einer Gesamtheit zusammengefasst, die sich in der neuen Nutzungsart in angemessener Weise nur unter Verwendung sämtlicher Werke oder Werkbeiträge verwerten lässt, so kann der Urheber das Widerrufsrecht nicht wider Treu und Glauben ausüben.

(4) Auf die Rechte nach den Absätzen 1 bis 3 kann im Voraus nicht verzichtet werden.

**§ 32[3] Angemessene Vergütung.** (1) [1]Der Urheber hat für die Einräumung von Nutzungsrechten und die Erlaubnis zur Werknutzung Anspruch auf die ver-

[1] § 31 Abs. 1–3 und 5 neu gef. mWv 1.7.2002 durch G v. 22.3.2002 (BGBl. S. 1155); Abs. 4 aufgeh. mWv 1.1.2008 durch G v. 26.10.2007 (BGBl. I S. 2513).

[2] § 31a eingef. mWv 1.1.2008 durch G v. 26.10.2007 (BGBl. I S. 2513).

[3] § 32 neu gef. mWv 1.7.2002 durch G v. 22.3.2002 (BGBl. S. 1155); Abs. 2 Satz 2 und Abs. 3 Satz 1 geänd., Abs. 2a eingef. mWv 1.3.2017 durch G v. 20.12.2016 (BGBl. I S. 3037); Abs. 2 Satz 3 angef. mWv 7.6.2021 durch G v. 31.5.2021 (BGBl. I S. 1204).

traglich vereinbarte Vergütung. [2]Ist die Höhe der Vergütung nicht bestimmt, gilt die angemessene Vergütung als vereinbart. [3]Soweit die vereinbarte Vergütung nicht angemessen ist, kann der Urheber von seinem Vertragspartner die Einwilligung in die Änderung des Vertrages verlangen, durch die dem Urheber die angemessene Vergütung gewährt wird.

(2) [1]Eine nach einer gemeinsamen Vergütungsregel (§ 36) ermittelte Vergütung ist angemessen. [2]Im Übrigen ist die Vergütung angemessen, wenn sie im Zeitpunkt des Vertragsschlusses dem entspricht, was im Geschäftsverkehr nach Art und Umfang der eingeräumten Nutzungsmöglichkeit, insbesondere nach Dauer, Häufigkeit, Ausmaß und Zeitpunkt der Nutzung, unter Berücksichtigung aller Umstände üblicher- und redlicherweise zu leisten ist. [3]Eine pauschale Vergütung muss eine angemessene Beteiligung des Urhebers am voraussichtlichen Gesamtertrag der Nutzung gewährleisten und durch die Besonderheiten der Branche gerechtfertigt sein.

(2a) Eine gemeinsame Vergütungsregel kann zur Ermittlung der angemessenen Vergütung auch bei Verträgen herangezogen werden, die vor ihrem zeitlichen Anwendungsbereich abgeschlossen wurden.

(3) [1]Auf eine Vereinbarung, die zum Nachteil des Urhebers von den Absätzen 1 bis 2a abweicht, kann der Vertragspartner sich nicht berufen. [2]Die in Satz 1 bezeichneten Vorschriften finden auch Anwendung, wenn sie durch anderweitige Gestaltungen umgangen werden. [3]Der Urheber kann aber unentgeltlich ein einfaches Nutzungsrecht für jedermann einräumen.

(4) Der Urheber hat keinen Anspruch nach Absatz 1 Satz 3, soweit die Vergütung für die Nutzung seiner Werke tarifvertraglich bestimmt ist.

**§ 32a[1)] Weitere Beteiligung des Urhebers.** (1) [1]Hat der Urheber einem anderen ein Nutzungsrecht zu Bedingungen eingeräumt, die dazu führen, dass die vereinbarte Gegenleistung sich unter Berücksichtigung der gesamten Beziehungen des Urhebers zu dem anderen als unverhältnismäßig niedrig im Vergleich zu den Erträgen und Vorteilen aus der Nutzung des Werkes erweist, so ist der andere auf Verlangen des Urhebers verpflichtet, in eine Änderung des Vertrages einzuwilligen, durch die dem Urheber eine den Umständen nach weitere angemessene Beteiligung gewährt wird. [2]Ob die Vertragspartner die Höhe der erzielten Erträge oder Vorteile vorhergesehen haben oder hätten vorhersehen können, ist unerheblich.

(2) [1]Hat der andere das Nutzungsrecht übertragen oder weitere Nutzungsrechte eingeräumt und ergibt sich die unverhältnismäßig niedrige Vergütung des Urhebers aus den Erträgnissen oder Vorteilen eines Dritten, so haftet dieser dem Urheber unmittelbar nach Maßgabe des Absatzes 1 unter Berücksichtigung der vertraglichen Beziehungen in der Lizenzkette. [2]Die Haftung des anderen entfällt.

(3) [1]Auf die Ansprüche nach den Absätzen 1 und 2 kann im Voraus nicht verzichtet werden. [2]Die Anwartschaft hierauf unterliegt nicht der Zwangsvollstreckung; eine Verfügung über die Anwartschaft ist unwirksam. [3]Der Urheber kann aber unentgeltlich ein einfaches Nutzungsrecht für jedermann einräumen.

(4) [1]Der Urheber hat keinen Anspruch nach Absatz 1, soweit die Vergütung nach einer gemeinsamen Vergütungsregel (§ 36) oder tarifvertraglich bestimmt

---

[1)] *§ 32a eingef.* mWv 1.7.2002 durch G v. 22.3.2002 (BGBl. S. 1155); Abs. 3 Satz 3 angef. mWv 1.1. 2008 durch G v. 26.10.2007 (BGBl. I S. 2513); Abs. 4 Satz 2 angef. mWv 1.3.2017 durch G v. 20.12.2016 (BGBl. I S. 3037); Abs. 1 Satz 1, Abs. 2 Satz 1 geänd. mWv 7.6.2021 durch G v. 31.5.2021 (BGBl. I S. 1204).

worden ist und ausdrücklich eine weitere angemessene Beteiligung für den Fall des Absatzes 1 vorsieht. [2] § 32 Absatz 2a ist entsprechend anzuwenden.

**§ 32b[1)] Zwingende Anwendung.** Die §§ 32, 32a, 32d bis 32f und 38 Absatz 4 finden zwingend Anwendung,

1. wenn auf den Nutzungsvertrag mangels einer Rechtswahl deutsches Recht anzuwenden wäre oder
2. soweit Gegenstand des Vertrages maßgebliche Nutzungshandlungen im räumlichen Geltungsbereich dieses Gesetzes sind.

**§ 32c[2)] Vergütung für später bekannte Nutzungsarten.** (1) [1] Der Urheber hat Anspruch auf eine gesonderte angemessene Vergütung, wenn der Vertragspartner eine neue Art der Werknutzung nach § 31a aufnimmt, die im Zeitpunkt des Vertragsschlusses vereinbart, aber noch unbekannt war. [2] § 32 Abs. 2 und 4 gilt entsprechend. [3] Der Vertragspartner hat den Urheber über die Aufnahme der neuen Art der Werknutzung unverzüglich zu unterrichten.

(2) [1] Hat der Vertragspartner das Nutzungsrecht einem Dritten übertragen, haftet der Dritte mit der Aufnahme der neuen Art der Werknutzung für die Vergütung nach Absatz 1. [2] Die Haftung des Vertragspartners entfällt.

(3) [1] Auf die Rechte nach den Absätzen 1 und 2 kann im Voraus nicht verzichtet werden. [2] Der Urheber kann aber unentgeltlich ein einfaches Nutzungsrecht für jedermann einräumen.

**§ 32d[3)] Auskunft und Rechenschaft des Vertragspartners.** (1) [1] Bei entgeltlicher Einräumung eines Nutzungsrechts erteilt der Vertragspartner dem Urheber mindestens einmal jährlich Auskunft über den Umfang der Werknutzung und die hieraus gezogenen Erträge und Vorteile. [2] Die Auskunft erfolgt auf der Grundlage der Informationen, die im Rahmen eines ordnungsgemäßen Geschäftsbetriebes üblicherweise vorhanden sind. [3] Die Auskunft ist erstmals ein Jahr nach Beginn der Werknutzung und nur für die Zeit der Werknutzung zu erteilen.

(1a) Nur auf Verlangen des Urhebers hat der Vertragspartner Auskunft über Namen und Anschriften seiner Unterlizenznehmer zu erteilen sowie Rechenschaft über die Auskunft nach Absatz 1 abzulegen.

(2) Die Absätze 1 und 1a sind nicht anzuwenden, soweit

1. der Urheber einen lediglich nachrangigen Beitrag zu einem Werk, einem Produkt oder einer Dienstleistung erbracht hat, es sei denn, der Urheber legt aufgrund nachprüfbarer Tatsachen klare Anhaltspunkte dafür dar, dass er die Auskunft für eine Vertragsanpassung (§ 32a Absatz 1 und 2) benötigt; nachrangig ist ein Beitrag insbesondere dann, wenn er den Gesamteindruck eines Werkes oder die Beschaffenheit eines Produktes oder einer Dienstleistung wenig prägt, etwa weil er nicht zum typischen Inhalt eines Werkes, eines Produktes oder einer Dienstleistung gehört, oder
2. die Inanspruchnahme des Vertragspartners aus anderen Gründen unverhältnismäßig ist, insbesondere wenn der Aufwand für die Auskunft außer Verhältnis zu den Einnahmen aus der Werknutzung stünde.

---

[1)] § 32b eingef. mWv 1.7.2002 durch G v. 22.3.2002 (BGBl. S. 1155); einl. Satzteil geänd. mWv 7.6. 2021 durch G v. 31.5.2021 (BGBl. I S. 1204).

[2)] § 32c eingef. mWv 1.1.2008 durch G v. 26.10.2007 (BGBl. I S. 2513).

[3)] § 32d neu gef. mWv 7.6.2021 durch G v. 31.5.2021 (BGBl. I S. 1204).

(3) [1] Von den Absätzen 1 bis 2 kann nur durch eine Vereinbarung abgewichen werden, die auf einer gemeinsamen Vergütungsregel (§ 36) oder einem Tarifvertrag beruht. [2] Im Fall des Satzes 1 wird vermutet, dass die kollektiven Vereinbarungen dem Urheber zumindest ein vergleichbares Maß an Transparenz wie die gesetzlichen Bestimmungen gewährleisten.

**§ 32e[1)] Auskunft und Rechenschaft Dritter in der Lizenzkette.** (1) [1] Hat der Vertragspartner des Urhebers das Nutzungsrecht übertragen oder weitere Nutzungsrechte eingeräumt, so kann der Urheber Auskunft und Rechenschaft im Umfang des § 32d Absatz 1 bis 2 auch von denjenigen Dritten verlangen,

1. die die Nutzungsvorgänge in der Lizenzkette wirtschaftlich wesentlich bestimmen oder
2. aus deren Erträgnissen oder Vorteilen sich die unverhältnismäßig niedrige Vergütung des Urhebers gemäß § 32a Absatz 2 ergibt.

[2] Ansprüche nach Satz 1 kann der Urheber nur geltend machen, soweit sein Vertragspartner seiner Auskunftspflicht nach § 32d nicht innerhalb von drei Monaten ab Fälligkeit nachgekommen ist oder die Auskunft nicht hinreichend über die Werknutzung Dritter und die hieraus gezogenen Erträge und Vorteile informiert.

(2) Für die Geltendmachung der Ansprüche nach Absatz 1 genügt es, dass aufgrund nachprüfbarer Tatsachen klare Anhaltspunkte für deren Voraussetzungen vorliegen.

(3) § 32d Absatz 3 ist anzuwenden.

**§ 32f[2)] Mediation und außergerichtliche Konfliktbeilegung.** (1) Urheber und Werknutzer können insbesondere bei Streitigkeiten über Rechte und Ansprüche nach den §§ 32 bis 32e eine Mediation oder ein anderes freiwilliges Verfahren der außergerichtlichen Konfliktbeilegung einleiten.

(2) Auf eine Vereinbarung, die zum Nachteil des Urhebers von Absatz 1 abweicht, können sich der Vertragspartner des Urhebers oder andere Werknutzer nicht berufen.

**§ 32g[3)] Vertretung durch Vereinigungen.** Urheber können sich bei Streitigkeiten über Rechte und Ansprüche nach den §§ 32 bis 32f nach Maßgabe des Rechtsdienstleistungsgesetzes[4)] und der Prozessordnungen durch Vereinigungen von Urhebern vertreten lassen.

**§ 33[5)] Weiterwirkung von Nutzungsrechten.** [1] Ausschließliche und einfache Nutzungsrechte bleiben gegenüber später eingeräumten Nutzungsrechten wirksam. [2] Gleiches gilt, wenn der Inhaber des Rechts, der das Nutzungsrecht eingeräumt hat, wechselt oder wenn er auf sein Recht verzichtet.

**§ 34[6)] Übertragung von Nutzungsrechten.** (1) [1] Ein Nutzungsrecht kann nur mit Zustimmung des Urhebers übertragen werden. [2] Der Urheber darf die Zustimmung nicht wider Treu und Glauben verweigern.

---

[1)] § 32e neu gef. mWv 7.6.2021 durch G v. 31.5.2021 (BGBl. I S. 1204).
[2)] § 32f eingef. mWv 7.6.2021 durch G v. 31.5.2021 (BGBl. I S. 1204).
[3)] § 32g eingef. mWv 7.6.2021 durch G v. 31.5.2021 (BGBl. I S. 1204).
[4)] **Habersack, Deutsche Gesetze ErgBd. Nr. 99.**
[5)] § 33 neu gef. mWv 1.7.2002 durch G v. 22.3.2002 (BGBl. S. 1155).
[6)] § 34 Abs. 3–5 neu gef. mWv 1.7.2002 durch G v. 22.3.2002 (BGBl. S. 1155).

(2) Werden mit dem Nutzungsrecht an einem Sammelwerk (§ 4) Nutzungsrechte an den in das Sammelwerk aufgenommenen einzelnen Werken übertragen, so genügt die Zustimmung des Urhebers des Sammelwerkes.

(3) [1] Ein Nutzungsrecht kann ohne Zustimmung des Urhebers übertragen werden, wenn die Übertragung im Rahmen der Gesamtveräußerung eines Unternehmens oder der Veräußerung von Teilen eines Unternehmens geschieht. [2] Der Urheber kann das Nutzungsrecht zurückrufen, wenn ihm die Ausübung des Nutzungsrechts durch den Erwerber nach Treu und Glauben nicht zuzumuten ist. [3] Satz 2 findet auch dann Anwendung, wenn sich die Beteiligungsverhältnisse am Unternehmen des Inhabers des Nutzungsrechts wesentlich ändern.

(4) Der Erwerber des Nutzungsrechts haftet gesamtschuldnerisch für die Erfüllung der sich aus dem Vertrag mit dem Urheber ergebenden Verpflichtungen des Veräußerers, wenn der Urheber der Übertragung des Nutzungsrechts nicht im Einzelfall ausdrücklich zugestimmt hat.

(5) [1] Der Urheber kann auf das Rückrufsrecht und die Haftung des Erwerbers im Voraus nicht verzichten. [2] Im Übrigen können der Inhaber des Nutzungsrechts und der Urheber Abweichendes vereinbaren.

**§ 35[1)] Einräumung weiterer Nutzungsrechte.** (1) [1] Der Inhaber eines ausschließlichen Nutzungsrechts kann weitere Nutzungsrechte nur mit Zustimmung des Urhebers einräumen. [2] Der Zustimmung bedarf es nicht, wenn das ausschließliche Nutzungsrecht nur zur Wahrnehmung der Belange des Urhebers eingeräumt ist.

(2) Die Bestimmungen in § 34 Abs. 1 Satz 2, Abs. 2 und Abs. 5 Satz 2 sind entsprechend anzuwenden.

**§ 35a[2)] Mediation und außergerichtliche Konfliktbeilegung bei Videoabrufdiensten.** Rechtsinhaber und Werknutzer können insbesondere bei Vertragsverhandlungen über die Einräumung von Nutzungsrechten für die öffentliche Zugänglichmachung audiovisueller Werke über Videoabrufdienste eine Mediation oder ein anderes freiwilliges Verfahren der außergerichtlichen Konfliktbeilegung einleiten.

**§ 36[3)] Gemeinsame Vergütungsregeln.** (1) [1] Zur Bestimmung der Angemessenheit von Vergütungen nach den §§ 32, 32a und 32c, zur Regelung der Auskünfte nach den §§ 32d und 32e sowie zur Bestimmung der angemessenen Beteiligung nach § 87k Absatz 1 stellen Vereinigungen von Urhebern mit Vereinigungen von Werknutzern oder einzelnen Werknutzern gemeinsame Vergütungsregeln auf. [2] Die gemeinsamen Vergütungsregeln sollen die Umstände des jeweiligen Regelungsbereichs berücksichtigen, insbesondere die Struktur und Größe der Verwerter. [3] In Tarifverträgen enthaltene Regelungen gehen gemeinsamen Vergütungsregeln vor.

(2) [1] Vereinigungen nach Absatz 1 müssen repräsentativ, unabhängig und zur Aufstellung gemeinsamer Vergütungsregeln ermächtigt sein. [2] Eine Vereinigung, die einen wesentlichen Teil der jeweiligen Urheber oder Werknutzer vertritt, gilt

---

1) § 35 Überschrift, Abs. 1 Satz 1 und Abs. 2 geänd. mWv 1.7.2002 durch G v. 22.3.2002 (BGBl. S. 1155).

2) § 35a eingef. mWv 7.6.2021 durch G v. 31.5.2021 (BGBl. I S. 1204).

3) § 36 neu gef. mWv 1.7.2002 durch G v. 22.3.2002 (BGBl. S. 1155); Abs. 2 Satz 2 angef., Abs. 4 neu gef. mWv 1.3.2017 durch G v. 20.12.2016 (BGBl. I S. 3037); Abs. 1 Satz 1 geänd. mWv 7.6.2021 durch G v. 31.5.2021 (BGBl. I S. 1204).

als ermächtigt im Sinne des Satzes 1, es sei denn, die Mitglieder der Vereinigung fassen einen entgegenstehenden Beschluss.

(3) [1] Ein Verfahren zur Aufstellung gemeinsamer Vergütungsregeln vor der Schlichtungsstelle (§ 36a) findet statt, wenn die Parteien dies vereinbaren. [2] Das Verfahren findet auf schriftliches Verlangen einer Partei statt, wenn

1. die andere Partei nicht binnen drei Monaten, nachdem eine Partei schriftlich die Aufnahme von Verhandlungen verlangt hat, Verhandlungen über gemeinsame Vergütungsregeln beginnt,
2. Verhandlungen über gemeinsame Vergütungsregeln ein Jahr, nachdem schriftlich ihre Aufnahme verlangt worden ist, ohne Ergebnis bleiben oder
3. eine Partei die Verhandlungen endgültig für gescheitert erklärt hat.

(4) [1] Die Schlichtungsstelle hat allen Parteien, die sich am Verfahren beteiligt haben oder nach § 36a Absatz 4a zur Beteiligung aufgefordert worden sind, einen begründeten Einigungsvorschlag zu machen, der den Inhalt der gemeinsamen Vergütungsregeln enthält. [2] Er gilt als angenommen, wenn innerhalb von sechs Wochen nach Empfang des Vorschlages keine der in Satz 1 genannten Parteien widerspricht.

**§ 36a[1)] Schlichtungsstelle.** (1) Zur Aufstellung gemeinsamer Vergütungsregeln bilden Vereinigungen von Urhebern mit Vereinigungen von Werknutzern oder einzelnen Werknutzern eine Schlichtungsstelle, wenn die Parteien dies vereinbaren oder eine Partei die Durchführung des Schlichtungsverfahrens verlangt.

(2) Die Schlichtungsstelle besteht aus einer gleichen Anzahl von Beisitzern, die jeweils von einer Partei bestellt werden, und einem unparteiischen Vorsitzenden, auf dessen Person sich beide Parteien einigen sollen.

(3) [1] Wenn sich die Parteien nicht einigen, entscheidet das nach § 1062 der Zivilprozessordnung[2)] zuständige Oberlandesgericht auf Antrag einer Partei über

1. die Person des Vorsitzenden,
2. die Anzahl der Beisitzer,
3. die Voraussetzungen des Schlichtungsverfahrens in Bezug auf
   a) die Fähigkeit der Werknutzer sowie Vereinigungen von Werknutzern und Urhebern, Partei des Schlichtungsverfahrens zu sein (§ 36 Absatz 1 Satz 1 und Absatz 2),
   b) ein Verfahren vor der Schlichtungsstelle, das auf Verlangen nur einer Partei stattfindet (§ 36 Absatz 3 Satz 2).

[2] Solange der Ort des Schlichtungsverfahrens noch nicht bestimmt ist, ist für die Entscheidung das Oberlandesgericht zuständig, in dessen Bezirk der Antragsgegner seinen Sitz oder seinen gewöhnlichen Aufenthalt hat. [3] Für das Verfahren vor dem Oberlandesgericht gelten die §§ 1063 und 1065 der Zivilprozessordnung entsprechend.

(4) [1] Das Verlangen auf Durchführung des Schlichtungsverfahrens gemäß § 36 Abs. 3 Satz 2 muss einen Vorschlag über die Aufstellung gemeinsamer Vergütungsregeln enthalten. [2] Die Schlichtungsstelle stellt den Schriftsatz, mit dem die Durch-

---

[1)] § 36a eingef. mWv 1.7.2002 durch G v. 22.3.2002 (BGBl. S. 1155); Abs. 6 neu gef. mWv 13.9.2003 durch G v. *10.9.2003* (BGBl. I S. 1774); Abs. 8 geänd. mWv 8.9.2015 durch VO v. 31.8.2015 (BGBl. I S. 1474); Abs. 3 und 6 neu gef., Abs. 4 Satz 2 und Abs. 7 Satz 2 angef., Abs. 4a eingef. mWv 1.3.2017 durch G v. 20.12.2016 (BGBl. I S. 3037).

[2)] Nr. **100**.

führung des Verfahrens verlangt wird, der anderen Partei mit der Aufforderung zu, sich innerhalb eines Monats schriftlich zur Sache zu äußern.

(4a) [1] Jede Partei kann binnen drei Monaten nach Kenntnis vom Schlichtungsverfahren verlangen, dass die Schlichtungsstelle andere Vereinigungen von Urhebern zur Beteiligung auffordert, wenn der Vorschlag nach Absatz 4 Satz 1 Werke oder verbundene Werke betrifft, die üblicherweise nur unter Mitwirkung von weiteren Urhebern geschaffen werden können, die von den benannten Vereinigungen vertreten werden. [2] Absatz 4 Satz 2 ist entsprechend anzuwenden. [3] Beteiligt sich die Vereinigung von Urhebern, so benennt sie und die Partei der Werknutzer je weitere Beisitzer.

(5) [1] Die Schlichtungsstelle fasst ihren Beschluss nach mündlicher Beratung mit Stimmenmehrheit. [2] Die Beschlussfassung erfolgt zunächst unter den Beisitzern; kommt eine Stimmenmehrheit nicht zustande, so nimmt der Vorsitzende nach weiterer Beratung an der erneuten Beschlussfassung teil. [3] Benennt eine Partei keine Mitglieder oder bleiben die von einer Partei genannten Mitglieder trotz rechtzeitiger Einladung der Sitzung fern, so entscheiden der Vorsitzende und die erschienenen Mitglieder nach Maßgabe der Sätze 1 und 2 allein. [4] Der Beschluss der Schlichtungsstelle ist schriftlich niederzulegen, vom Vorsitzenden zu unterschreiben und beiden Parteien zuzuleiten.

(6) [1] Die Parteien tragen ihre eigenen Kosten sowie die Kosten der von ihnen bestellten Beisitzer. [2] Die sonstigen Kosten tragen die Parteien der Urheber, die sich am Verfahren beteiligen, und die Partei der Werknutzer jeweils zur Hälfte. [3] Sie haben als Gesamtschuldner auf Anforderung des Vorsitzenden zu dessen Händen einen für die Tätigkeit der Schlichtungsstelle erforderlichen Vorschuss zu leisten.

(7) [1] Die Parteien können durch Vereinbarung die Einzelheiten des Verfahrens vor der Schlichtungsstelle regeln. [2] Die Schlichtungsstelle informiert nach Absatz 4a beteiligte Vereinigungen von Urhebern über den Gang des Verfahrens.

(8) Das Bundesministerium der Justiz und für Verbraucherschutz wird ermächtigt, durch Rechtsverordnung ohne Zustimmung des Bundesrates die weiteren Einzelheiten des Verfahrens vor der Schlichtungsstelle zu regeln sowie weitere Vorschriften über die Kosten des Verfahrens und die Entschädigung der Mitglieder der Schlichtungsstelle zu erlassen.

**§ 36b[1)] Unterlassungsanspruch bei Verstoß gegen gemeinsame Vergütungsregeln.** (1) [1] Wer in einem Vertrag mit einem Urheber eine Bestimmung verwendet, die zum Nachteil des Urhebers von gemeinsamen Vergütungsregeln abweicht, kann auf Unterlassung in Anspruch genommen werden, wenn und soweit er

1. als Werknutzer die gemeinsamen Vergütungsregeln selbst aufgestellt hat oder
2. Mitglied einer Vereinigung von Werknutzern ist, die die gemeinsamen Vergütungsregeln aufgestellt hat.

[2] Der Anspruch auf Unterlassung steht denjenigen Vereinigungen von Urhebern oder Werknutzern und denjenigen einzelnen Werknutzern zu, die die gemeinsamen Vergütungsregeln aufgestellt haben.

(2) [1] Auf das Verfahren sind § 8c Absatz 1, 2 Nummer 1 und Absatz 3 und § 12 Absatz 1, 3 und 4 sowie § 13 Absatz 1 des Gesetzes gegen den unlauteren

---

1) § 36b eingef. mWv 1.3.2017 durch G v. 20.12.2016 (BGBl. I S. 3037); Abs. 2 Satz 1 neu gef. mWv 2.12.2020 durch G v. 26.11.2020 (BGBl. I S. 2568).

Wettbewerb[1] entsprechend anzuwenden; soweit die Abmahnung berechtigt ist, kann der Abmahnende vom Abgemahnten Ersatz der erforderlichen Aufwendungen verlangen. [2] Für die Bekanntmachung des Urteils gilt § 103.

**§ 36c[2] Individualvertragliche Folgen des Verstoßes gegen gemeinsame Vergütungsregeln.** [1] Der Vertragspartner, der an der Aufstellung von gemeinsamen Vergütungsregeln gemäß § 36b Absatz 1 Satz 1 Nummer 1 oder 2 beteiligt war, kann sich nicht auf eine Bestimmung berufen, die zum Nachteil des Urhebers von den gemeinsamen Vergütungsregeln abweicht. [2] Der Urheber kann von seinem Vertragspartner die Einwilligung in die Änderung des Vertrages verlangen, mit der die Abweichung beseitigt wird.

**§ 36d[3] Unterlassungsanspruch bei Nichterteilung von Auskünften.**

(1) [1] Wer als Werknutzer Urhebern in mehreren gleich oder ähnlich gelagerten Fällen Auskünfte nach § 32d oder § 32e nicht erteilt, kann auf Unterlassung in Anspruch genommen werden. [2] Der Anspruch nach Satz 1 steht nur Vereinigungen von Urhebern zu, die im Hinblick auf die jeweilige Gruppe von Urhebern die Anforderungen des § 36 Absatz 2 erfüllen.

(2) Für die Geltendmachung des Anspruchs nach Absatz 1 genügt es, dass aufgrund nachprüfbarer Tatsachen klare Anhaltspunkte für seine Voraussetzungen vorliegen.

(3) Der Anspruch nach Absatz 1 ist ausgeschlossen, wenn die Pflicht zur Auskunftserteilung nach § 32d oder § 32e in einer Vereinbarung geregelt ist, die auf einer gemeinsamen Vergütungsregel (§ 36) oder einem Tarifvertrag beruht.

(4) § 36b Absatz 2 ist anzuwenden.

**§ 37 Verträge über die Einräumung von Nutzungsrechten.** (1) Räumt der Urheber einem anderen ein Nutzungsrecht am Werk ein, so verbleibt ihm im Zweifel das Recht der Einwilligung zur Veröffentlichung oder Verwertung einer Bearbeitung des Werkes.

(2) Räumt der Urheber einem anderen ein Nutzungsrecht zur Vervielfältigung des Werkes ein, so verbleibt ihm im Zweifel das Recht, das Werk auf Bild- oder Tonträger zu übertragen.

(3) Räumt der Urheber einem anderen ein Nutzungsrecht zu einer öffentlichen Wiedergabe des Werkes ein, so ist dieser im Zweifel nicht berechtigt, die Wiedergabe außerhalb der Veranstaltung, für die sie bestimmt ist, durch Bildschirm, Lautsprecher oder ähnliche technische Einrichtungen öffentlich wahrnehmbar zu machen.

**§ 38[4] Beiträge zu Sammlungen.** (1) [1] Gestattet der Urheber die Aufnahme des Werkes in eine periodisch erscheinende Sammlung, so erwirbt der Verleger oder Herausgeber im Zweifel ein ausschließliches Nutzungsrecht zur Vervielfältigung, Verbreitung und öffentlichen Zugänglichmachung. [2] Jedoch darf der Urheber das Werk nach Ablauf eines Jahres seit Erscheinen anderweit vervielfältigen, verbreiten und öffentlich zugänglich machen, wenn nichts anderes vereinbart ist.

---

[1] Nr. **73**.

[2] *§ 36c eingef. mWv 1.3.2017 durch G v. 20.12.2016 (BGBl. I S. 3037).*

[3] § 36d eingef. mWv 7.6.2021 durch G v. 31.5.2021 (BGBl. I S. 1204).

[4] § 38 Abs. 1 Sätze 1 und 2 geänd., Abs. 4 angef. mWv 1.1.2014 durch G v. 1.10.2013 (BGBl. I S. 3728).

(2) Absatz 1 Satz 2 gilt auch für einen Beitrag zu einer nicht periodisch erscheinenden Sammlung, für dessen Überlassung dem Urheber kein Anspruch auf Vergütung zusteht.

(3) [1] Wird der Beitrag einer Zeitung überlassen, so erwirbt der Verleger oder Herausgeber ein einfaches Nutzungsrecht, wenn nichts anderes vereinbart ist. [2] Räumt der Urheber ein ausschließliches Nutzungsrecht ein, so ist er sogleich nach Erscheinen des Beitrags berechtigt, ihn anderweit zu vervielfältigen und zu verbreiten, wenn nichts anderes vereinbart ist.

(4) [1] Der Urheber eines wissenschaftlichen Beitrags, der im Rahmen einer mindestens zur Hälfte mit öffentlichen Mitteln geförderten Forschungstätigkeit entstanden und in einer periodisch mindestens zweimal jährlich erscheinenden Sammlung erschienen ist, hat auch dann, wenn er dem Verleger oder Herausgeber ein ausschließliches Nutzungsrecht eingeräumt hat, das Recht, den Beitrag nach Ablauf von zwölf Monaten seit der Erstveröffentlichung in der akzeptierten Manuskriptversion öffentlich zugänglich zu machen, soweit dies keinem gewerblichen Zweck dient. [2] Die Quelle der Erstveröffentlichung ist anzugeben. [3] Eine zum Nachteil des Urhebers abweichende Vereinbarung ist unwirksam.

**§ 39 Änderungen des Werkes.** (1) Der Inhaber eines Nutzungsrechts darf das Werk, dessen Titel oder Urheberbezeichnung (§ 10 Abs. 1) nicht ändern, wenn nichts anderes vereinbart ist.

(2) Änderungen des Werkes und seines Titels, zu denen der Urheber seine Einwilligung nach Treu und Glauben nicht versagen kann, sind zulässig.

**§ 40 Verträge über künftige Werke.** (1) [1] Ein Vertrag, durch den sich der Urheber zur Einräumung von Nutzungsrechten an künftigen Werken verpflichtet, die überhaupt nicht näher oder nur der Gattung nach bestimmt sind, bedarf der schriftlichen Form. [2] Er kann von beiden Vertragsteilen nach Ablauf von fünf Jahren seit dem Abschluß des Vertrages gekündigt werden. [3] Die Kündigungsfrist beträgt sechs Monate, wenn keine kürzere Frist vereinbart ist.

(2) [1] Auf das Kündigungsrecht kann im voraus nicht verzichtet werden. [2] Andere vertragliche oder gesetzliche Kündigungsrechte bleiben unberührt.

(3) Wenn in Erfüllung des Vertrages Nutzungsrechte an künftigen Werken eingeräumt worden sind, wird mit Beendigung des Vertrages die Verfügung hinsichtlich der Werke unwirksam, die zu diesem Zeitpunkt noch nicht abgeliefert sind.

**§ 40a[1)] Recht zur anderweitigen Verwertung nach zehn Jahren bei pauschaler Vergütung.** (1) [1] Hat der Urheber ein ausschließliches Nutzungsrecht gegen eine pauschale Vergütung eingeräumt, ist er gleichwohl berechtigt, das Werk nach Ablauf von zehn Jahren anderweitig zu verwerten. [2] Für die verbleibende Dauer der Einräumung besteht das Nutzungsrecht des ersten Inhabers als einfaches Nutzungsrecht fort. [3] Die Frist nach Satz 1 beginnt mit der Einräumung des Nutzungsrechts oder, wenn das Werk später abgeliefert wird, mit der Ablieferung. [4] § 38 Absatz 4 Satz 2 ist entsprechend anzuwenden.

(2) Frühestens fünf Jahre nach dem in Absatz 1 Satz 3 genannten Zeitpunkt können die Vertragspartner die Ausschließlichkeit auf die gesamte Dauer der Nutzungsrechtseinräumung erstrecken.

---

[1)] § 40a eingef. mWv 1.3.2017 durch G v. 20.12.2016 (BGBl. I S. 3037).

(3) Abweichend von Absatz 1 kann der Urheber bei Vertragsschluss ein zeitlich unbeschränktes ausschließliches Nutzungsrecht einräumen, wenn

1. er einen lediglich nachrangigen Beitrag zu einem Werk, einem Produkt oder einer Dienstleistung erbringt; nachrangig ist ein Beitrag insbesondere dann, wenn er den Gesamteindruck eines Werkes oder die Beschaffenheit eines Produktes oder einer Dienstleistung wenig prägt, etwa weil er nicht zum typischen Inhalt eines Werkes, eines Produktes oder einer Dienstleistung gehört,
2. es sich um ein Werk der Baukunst oder den Entwurf eines solchen Werkes handelt,
3. das Werk mit Zustimmung des Urhebers für eine Marke oder ein sonstiges Kennzeichen, ein Design oder ein Gemeinschaftsgeschmacksmuster bestimmt ist oder
4. das Werk nicht veröffentlicht werden soll.

(4) Von den Absätzen 1 bis 3 kann zum Nachteil des Urhebers nur durch eine Vereinbarung abgewichen werden, die auf einer gemeinsamen Vergütungsregel (§ 36) oder einem Tarifvertrag beruht.

**§ 41[1)] Rückrufsrecht wegen Nichtausübung.** (1) [1]Übt der Inhaber eines ausschließlichen Nutzungsrechts dieses Recht nicht oder nur unzureichend aus, so kann der Urheber entweder nur die Ausschließlichkeit des Nutzungsrechts oder das Nutzungsrecht insgesamt zurückrufen. [2]Dies gilt nicht, wenn die Nichtausübung oder die unzureichende Ausübung des Nutzungsrechts überwiegend auf Umständen beruht, deren Behebung dem Urheber zuzumuten ist.

(2) [1]Das Rückrufsrecht kann nicht vor Ablauf von zwei Jahren seit Einräumung oder Übertragung des Nutzungsrechts oder, wenn das Werk später abgeliefert wird, seit der Ablieferung geltend gemacht werden. [2]Bei einem Beitrag zu einer Zeitung beträgt die Frist drei Monate, bei einem Beitrag zu einer Zeitschrift, die monatlich oder in kürzeren Abständen erscheint, sechs Monate und bei einem Beitrag zu anderen Zeitschriften ein Jahr.

(3) [1]Der Rückruf kann erst erklärt werden, nachdem der Urheber dem Inhaber des Nutzungsrechts unter Ankündigung des Rückrufs eine angemessene Nachfrist zur zureichenden Ausübung des Nutzungsrechts bestimmt hat. [2]Der Bestimmung der Nachfrist bedarf es nicht, wenn die Ausübung des Nutzungsrechts seinem Inhaber unmöglich ist oder von ihm verweigert wird oder wenn durch die Gewährung einer Nachfrist überwiegende Interessen des Urhebers gefährdet würden.

(4) Von den Absätzen 1 bis 3 kann zum Nachteil des Urhebers nur durch eine Vereinbarung abgewichen werden, die auf einer gemeinsamen Vergütungsregel (§ 36) oder einem Tarifvertrag beruht.

(5) Mit Wirksamwerden des Rückrufs nach Absatz 1 wandelt sich das ausschließliche Nutzungsrecht in ein einfaches Nutzungsrecht um oder erlischt insgesamt.

(6) Der Urheber hat den Betroffenen zu entschädigen, wenn und soweit es der Billigkeit entspricht.

(7) Rechte und Ansprüche der Beteiligten nach anderen gesetzlichen Vorschriften bleiben unberührt.

---

1) § 41 Abs. 4 neu gef. mWv 1.3.2017 durch G v. 20.12.2016 (BGBl. I S. 3037); Abs. 1 Satz 1, Abs. 5 neu gef. mWv 7.6.2021 durch G v. 31.5.2021 (BGBl. I S. 1204).

**§ 42 Rückrufsrecht wegen gewandelter Überzeugung.** (1) [1] Der Urheber kann ein Nutzungsrecht gegenüber dem Inhaber zurückrufen, wenn das Werk seiner Überzeugung nicht mehr entspricht und ihm deshalb die Verwertung des Werkes nicht mehr zugemutet werden kann. [2] Der Rechtsnachfolger des Urhebers (§ 30) kann den Rückruf nur erklären, wenn er nachweist, daß der Urheber vor seinem Tode zum Rückruf berechtigt gewesen wäre und an der Erklärung des Rückrufs gehindert war oder diese letztwillig verfügt hat.

(2) [1] Auf das Rückrufsrecht kann im voraus nicht verzichtet werden. [2] Seine Ausübung kann nicht ausgeschlossen werden.

(3) [1] Der Urheber hat den Inhaber des Nutzungsrechts angemessen zu entschädigen. [2] Die Entschädigung muß mindestens die Aufwendungen decken, die der Inhaber des Nutzungsrechts bis zur Erklärung des Rückrufs gemacht hat; jedoch bleiben hierbei Aufwendungen, die auf bereits gezogene Nutzungen entfallen, außer Betracht. [3] Der Rückruf wird erst wirksam, wenn der Urheber die Aufwendungen ersetzt oder Sicherheit dafür geleistet hat. [4] Der Inhaber des Nutzungsrechts hat dem Urheber binnen einer Frist von drei Monaten nach Erklärung des Rückrufs die Aufwendungen mitzuteilen; kommt er dieser Pflicht nicht nach, so wird der Rückruf bereits mit Ablauf dieser Frist wirksam.

(4) Will der Urheber nach Rückruf das Werk wieder verwerten, so ist er verpflichtet, dem früheren Inhaber des Nutzungsrechts ein entsprechendes Nutzungsrecht zu angemessenen Bedingungen anzubieten.

(5) Die Bestimmungen in § 41 Abs. 5 und 7 sind entsprechend anzuwenden.

**§ 42a[1)] Zwangslizenz zur Herstellung von Tonträgern.** (1) [1] Ist einem Hersteller von Tonträgern ein Nutzungsrecht an einem Werk der Musik eingeräumt worden mit dem Inhalt, das Werk zu gewerblichen Zwecken auf Tonträger zu übertragen und diese zu vervielfältigen und zu verbreiten, so ist der Urheber verpflichtet, jedem anderen Hersteller von Tonträgern, der im Geltungsbereich dieses Gesetzes seine Hauptniederlassung oder seinen Wohnsitz hat, nach Erscheinen des Werkes gleichfalls ein Nutzungsrecht mit diesem Inhalt zu angemessenen Bedingungen einzuräumen; dies gilt nicht, wenn das bezeichnete Nutzungsrecht erlaubterweise von einer Verwertungsgesellschaft wahrgenommen wird oder wenn das Werk der Überzeugung des Urhebers nicht mehr entspricht, ihm deshalb die Verwertung des Werkes nicht mehr zugemutet werden kann und er ein etwa bestehendes Nutzungsrecht aus diesem Grunde zurückgerufen hat. [2] § 63 ist entsprechend anzuwenden. [3] Der Urheber ist nicht verpflichtet, die Benutzung des Werkes zur Herstellung eines Filmes zu gestatten.

(2) Gegenüber einem Hersteller von Tonträgern, der weder seine Hauptniederlassung noch seinen Wohnsitz im Geltungsbereich dieses Gesetzes hat, besteht die Verpflichtung nach Absatz 1, soweit in dem Staat, in dem er seine Hauptniederlassung oder seinen Wohnsitz hat, den Herstellern von Tonträgern, die ihre Hauptniederlassung oder ihren Wohnsitz im Geltungsbereich dieses Gesetzes haben, nach einer Bekanntmachung des Bundesministeriums der Justiz und für Verbraucherschutz im Bundesgesetzblatt ein entsprechendes Recht gewährt wird.

(3) Das nach den vorstehenden Bestimmungen einzuräumende Nutzungsrecht wirkt nur im Geltungsbereich dieses Gesetzes und für die Ausfuhr nach Staaten, in denen das Werk keinen Schutz gegen die Übertragung auf Tonträger genießt.

---

1) § 42a eingef. mWv 13.9.2003 durch G v. 10.9.2003 (BGBl. I S. 1774); Abs. 1 Satz 2 eingef., bish. Satz 2 wird Satz 3 mWv 1.1.2008 durch G v. 26.10.2007 (BGBl. I S. 2513); Abs. 2 geänd. mWv 8.9.2015 durch VO v. 31.8.2015 (BGBl. I S. 1474).

(4) Hat der Urheber einem anderen das ausschließliche Nutzungsrecht eingeräumt mit dem Inhalt, das Werk zu gewerblichen Zwecken auf Tonträger zu übertragen und diese zu vervielfältigen und zu verbreiten, so gelten die vorstehenden Bestimmungen mit der Maßgabe, dass der Inhaber des ausschließlichen Nutzungsrechts zur Einräumung des in Absatz 1 bezeichneten Nutzungsrechts verpflichtet ist.

(5) Auf ein Sprachwerk, das als Text mit einem Werk der Musik verbunden ist, sind die vorstehenden Bestimmungen entsprechend anzuwenden, wenn einem Hersteller von Tonträgern ein Nutzungsrecht eingeräumt worden ist mit dem Inhalt, das Sprachwerk in Verbindung mit dem Werk der Musik auf Tonträger zu übertragen und diese zu vervielfältigen und zu verbreiten.

(6) [1] Für Klagen, durch die ein Anspruch auf Einräumung des Nutzungsrechts geltend gemacht wird, sind, sofern der Urheber oder im Fall des Absatzes 4 der Inhaber des ausschließlichen Nutzungsrechts im Geltungsbereich dieses Gesetzes keinen allgemeinen Gerichtsstand hat, die Gerichte zuständig, in deren Bezirk das Patentamt seinen Sitz hat. [2] Einstweilige Verfügungen können erlassen werden, auch wenn die in den §§ 935 und 940 der Zivilprozessordnung[1)] bezeichneten Voraussetzungen nicht zutreffen.

(7) Die vorstehenden Bestimmungen sind nicht anzuwenden, wenn das in Absatz 1 bezeichnete Nutzungsrecht lediglich zur Herstellung eines Filmes eingeräumt worden ist.

**§ 43 Urheber in Arbeits- oder Dienstverhältnissen.** Die Vorschriften dieses Unterabschnitts sind auch anzuwenden, wenn der Urheber das Werk in Erfüllung seiner Verpflichtungen aus einem Arbeits- oder Dienstverhältnis geschaffen hat, soweit sich aus dem Inhalt oder dem Wesen des Arbeits- oder Dienstverhältnisses nichts anderes ergibt.

**§ 44 Veräußerung des Originals des Werkes.** (1) Veräußert der Urheber das Original des Werkes, so räumt er damit im Zweifel dem Erwerber ein Nutzungsrecht nicht ein.

(2) Der Eigentümer des Originals eines Werkes der bildenden Künste oder eines Lichtbildwerkes ist berechtigt, das Werk öffentlich auszustellen, auch wenn es noch nicht veröffentlicht ist, es sei denn, daß der Urheber dies bei der Veräußerung des Originals ausdrücklich ausgeschlossen hat.

### Abschnitt 6.[2)] Schranken des Urheberrechts durch gesetzlich erlaubte Nutzungen

#### Unterabschnitt 1.[3)] Gesetzlich erlaubte Nutzungen

**§ 44a[4)] Vorübergehende Vervielfältigungshandlungen.** Zulässig sind vorübergehende Vervielfältigungshandlungen, die flüchtig oder begleitend sind und einen integralen und wesentlichen Teil eines technischen Verfahrens darstellen und deren alleiniger Zweck es ist,

1. eine Übertragung in einem Netz zwischen Dritten durch einen Vermittler oder
2. eine rechtmäßige Nutzung

---

[1)] *Nr.* ***100***.
[2)] Abschnitt 6 Überschrift neu gef. mWv 1.3.2018 durch G v. 1.9.2017 (BGBl. I S. 3346).
[3)] UAbschnitt 1 Überschrift eingef. mWv 1.3.2018 durch G v. 1.9.2017 (BGBl. I S. 3346).
[4)] § 44a eingef. mWv 13.9.2003 durch G v. 10.9.2003 (BGBl. I S. 1774).

eines Werkes oder sonstigen Schutzgegenstands zu ermöglichen, und die keine eigenständige wirtschaftliche Bedeutung haben.

**§ 44b[1] Text und Data Mining.** (1) Text und Data Mining ist die automatisierte Analyse von einzelnen oder mehreren digitalen oder digitalisierten Werken, um daraus Informationen insbesondere über Muster, Trends und Korrelationen zu gewinnen.

(2) [1] Zulässig sind Vervielfältigungen von rechtmäßig zugänglichen Werken für das Text und Data Mining. [2] Die Vervielfältigungen sind zu löschen, wenn sie für das Text und Data Mining nicht mehr erforderlich sind.

(3) [1] Nutzungen nach Absatz 2 Satz 1 sind nur zulässig, wenn der Rechtsinhaber sich diese nicht vorbehalten hat. [2] Ein Nutzungsvorbehalt bei online zugänglichen Werken ist nur dann wirksam, wenn er in maschinenlesbarer Form erfolgt.

**§ 45 Rechtspflege und öffentliche Sicherheit.** (1) Zulässig ist, einzelne Vervielfältigungsstücke von Werken zur Verwendung in Verfahren vor einem Gericht, einem Schiedsgericht oder einer Behörde herzustellen oder herstellen zu lassen.

(2) Gerichte und Behörden dürfen für Zwecke der Rechtspflege und der öffentlichen Sicherheit Bildnisse vervielfältigen oder vervielfältigen lassen.

(3) Unter den gleichen Voraussetzungen wie die Vervielfältigung ist auch die Verbreitung, öffentliche Ausstellung und öffentliche Wiedergabe der Werke zulässig.

**§ 45a[2] Menschen mit Behinderungen.** (1) Zulässig ist die nicht Erwerbszwecken dienende Vervielfältigung eines Werkes für und deren Verbreitung ausschließlich an Menschen, soweit diesen der Zugang zu dem Werk in einer bereits verfügbaren Art der sinnlichen Wahrnehmung auf Grund einer Behinderung nicht möglich oder erheblich erschwert ist, soweit es zur Ermöglichung des Zugangs erforderlich ist.

(2) [1] Für die Vervielfältigung und Verbreitung ist dem Urheber eine angemessene Vergütung zu zahlen; ausgenommen ist die Herstellung lediglich einzelner Vervielfältigungsstücke. [2] Der Anspruch kann nur durch eine Verwertungsgesellschaft geltend gemacht werden.

(3) Für die Nutzung von Sprachwerken und grafischen Aufzeichnungen von Werken der Musik zugunsten von Menschen mit einer Seh- oder Lesebehinderung sind die Absätze 1 und 2 nicht anzuwenden, sondern ausschließlich die §§ 45b bis 45d.

**§ 45b[3] Menschen mit einer Seh- oder Lesebehinderung.** (1) [1] Menschen mit einer Seh- oder Lesebehinderung dürfen veröffentlichte Sprachwerke, die als Text oder im Audioformat vorliegen, sowie grafische Aufzeichnungen von Werken der Musik zum eigenen Gebrauch vervielfältigen oder vervielfältigen lassen, um sie in ein barrierefreies Format umzuwandeln. [2] Diese Befugnis umfasst auch Illustrationen jeder Art, die in Sprach- oder Musikwerken enthalten sind. [3] Vervielfältigungsstücke dürfen nur von Werken erstellt werden, zu denen der Mensch mit einer Seh- oder Lesebehinderung rechtmäßigen Zugang hat.

---

[1] § 44b eingef. mWv 7.6.2021 durch G v. 31.5.2021 (BGBl. I S. 1204).

[2] § 45a eingef. mWv 13.9.2003 durch G v. 10.9.2003 (BGBl. I S. 1774); Überschrift neu gef., Abs. 3 angef. mWv 1.1.2019 durch G v. 28.11.2018 (BGBl. I S. 2014).

[3] § 45b eingef. mWv 1.1.2019 durch G v. 28.11.2018 (BGBl. I S. 2014).

(2) Menschen mit einer Seh- oder Lesebehinderung im Sinne dieses Gesetzes sind Personen, die aufgrund einer körperlichen, seelischen oder geistigen Beeinträchtigung oder aufgrund einer Sinnesbeeinträchtigung auch unter Einsatz einer optischen Sehhilfe nicht in der Lage sind, Sprachwerke genauso leicht zu lesen, wie dies Personen ohne eine solche Beeinträchtigung möglich ist.

**§ 45c[1)] Befugte Stellen; Vergütung; Verordnungsermächtigung.**

(1) [1] Befugte Stellen dürfen veröffentlichte Sprachwerke, die als Text oder im Audioformat vorliegen, sowie grafische Aufzeichnungen von Werken der Musik vervielfältigen, um sie ausschließlich für Menschen mit einer Seh- oder Lesebehinderung in ein barrierefreies Format umzuwandeln. [2] § 45b Absatz 1 Satz 2 und 3 gilt entsprechend.

(2) Befugte Stellen dürfen nach Absatz 1 hergestellte Vervielfältigungsstücke an Menschen mit einer Seh- oder Lesebehinderung oder andere befugte Stellen verleihen, verbreiten sowie für die öffentliche Zugänglichmachung oder die sonstige öffentliche Wiedergabe benutzen.

(3) Befugte Stellen sind Einrichtungen, die in gemeinnütziger Weise Bildungsangebote oder barrierefreien Lese- und Informationszugang für Menschen mit einer Seh- oder Lesebehinderung zur Verfügung stellen.

(4) [1] Für Nutzungen nach den Absätzen 1 und 2 hat der Urheber Anspruch auf Zahlung einer angemessenen Vergütung. [2] Der Anspruch kann nur durch eine Verwertungsgesellschaft geltend gemacht werden.

(5) Das Bundesministerium der Justiz und für Verbraucherschutz wird ermächtigt, durch Rechtsverordnung ohne Zustimmung des Bundesrates in Bezug auf befugte Stellen Folgendes zu regeln:

1. deren Pflichten im Zusammenhang mit den Nutzungen nach den Absätzen 1 und 2,
2. deren Pflicht zur Anzeige als befugte Stelle beim Deutschen Patent- und Markenamt,
3. die Aufsicht des Deutschen Patent- und Markenamts über die Einhaltung der Pflichten nach Nummer 1 nach Maßgabe des § 85 Absatz 1 und 3 sowie des § 89 des Verwertungsgesellschaftengesetzes[2)].

**§ 45d[3)] Gesetzlich erlaubte Nutzung und vertragliche Nutzungsbefugnis.**

Auf Vereinbarungen, die nach den §§ 45b und 45c erlaubte Nutzungen zum Nachteil der Nutzungsberechtigten beschränken oder untersagen, kann sich der Rechtsinhaber nicht berufen.

**§ 46[4)] Sammlungen für den religiösen Gebrauch.** (1) [1] Nach der Veröffentlichung zulässig ist die Vervielfältigung, Verbreitung und öffentliche Zugänglichmachung von Teilen eines Werkes, von Sprachwerken oder von Werken der Musik von geringem Umfang, von einzelnen Werken der bildenden Künste oder einzel-

[1)] § 45c eingef. mWv 1.1.2019 durch G v. 28.11.2018 (BGBl. I S. 2014), wobei Abs. 5 bereits mWv 5.12.2018 in Kraft getreten ist.

[2)] **Habersack, Deutsche Gesetze ErgBd. Nr. 65a.**

[3)] § 45d eingef. mWv 1.1.2019 durch G v. 28.11.2018 (BGBl. I S. 2014).

[4)] § 46 Abs. 4 eingef., bish. Abs. 4 wird Abs. 5 durch G v. 10.11.1972 (BGBl. I S. 2081); Abs. 1 und 2 neu gef., Abs. 3 Satz 1, Abs. 4 und 5 geänd. mWv 13.9.2003 durch G v. 10.9.2003 (BGBl. I S. 1774); Abs. 1 Satz 2 eingef., bish. Satz 2 wird Satz 3 mWv 1.1.2008 durch G v. 26.10.2007 (BGBl. I S. 2513); Überschrift, Abs. 1 Satz 1 geänd., Satz 2 aufgeh., bish. Satz 3 wird Satz 2, Abs. 2 aufgeh., Abs. 4 und 5 Satz 1 geänd. mWv 1.3.2018 durch G v. 1.9.2017 (BGBl. I S. 3346).

nen Lichtbildwerken als Element einer Sammlung, die Werke einer größeren Anzahl von Urhebern vereinigt und die nach ihrer Beschaffenheit nur für den Gebrauch während religiöser Feierlichkeiten bestimmt ist. [2]In den Vervielfältigungsstücken oder bei der öffentlichen Zugänglichmachung ist deutlich anzugeben, wozu die Sammlung bestimmt ist.

(2) *(aufgehoben)*

(3) [1]Mit der Vervielfältigung oder der öffentlichen Zugänglichmachung darf erst begonnen werden, wenn die Absicht, von der Berechtigung nach Absatz 1 Gebrauch zu machen, dem Urheber oder, wenn sein Wohnort oder Aufenthaltsort unbekannt ist, dem Inhaber des ausschließlichen Nutzungsrechts durch eingeschriebenen Brief mitgeteilt worden ist und seit Absendung des Briefes zwei Wochen verstrichen sind. [2]Ist auch der Wohnort oder Aufenthaltsort des Inhabers des ausschließlichen Nutzungsrechts unbekannt, so kann die Mitteilung durch Veröffentlichung im Bundesanzeiger bewirkt werden.

(4) Für die nach dieser Vorschrift zulässige Verwertung ist dem Urheber eine angemessene Vergütung zu zahlen.

(5) [1]Der Urheber kann die nach dieser Vorschrift zulässige Verwertung verbieten, wenn das Werk seiner Überzeugung nicht mehr entspricht, ihm deshalb die Verwertung des Werkes nicht mehr zugemutet werden kann und er ein etwa bestehendes Nutzungsrecht aus diesem Grunde zurückgerufen hat (§ 42). [2]Die Bestimmungen in § 136 Abs. 1 und 2 sind entsprechend anzuwenden.

**§ 47[1)] Schulfunksendungen.** (1) [1]Schulen sowie Einrichtungen der Lehrerbildung und der Lehrerfortbildung dürfen einzelne Vervielfältigungsstücke von Werken, die innerhalb einer Schulfunksendung gesendet werden, durch Übertragung der Werke auf Bild- oder Tonträger herstellen. [2]Das gleiche gilt für Heime der Jugendhilfe und die staatlichen Landesbildstellen oder vergleichbare Einrichtungen in öffentlicher Trägerschaft.

(2) [1]Die Bild- oder Tonträger dürfen nur für den Unterricht verwendet werden. [2]Sie sind spätestens am Ende des auf die Übertragung der Schulfunksendung folgenden Schuljahres zu löschen, es sei denn, daß dem Urheber eine angemessene Vergütung gezahlt wird.

**§ 48[2)] Öffentliche Reden.** (1) Zulässig ist

1. die Vervielfältigung und Verbreitung von Reden über Tagesfragen in Zeitungen, Zeitschriften sowie in anderen Druckschriften oder sonstigen Datenträgern, die im Wesentlichen den Tagesinteressen Rechnung tragen, wenn die Reden bei öffentlichen Versammlungen gehalten oder durch öffentliche Wiedergabe im Sinne von § 19a oder § 20 veröffentlicht worden sind, sowie die öffentliche Wiedergabe solcher Reden,
2. die Vervielfältigung, Verbreitung und öffentliche Wiedergabe von Reden, die bei öffentlichen Verhandlungen vor staatlichen, kommunalen oder kirchlichen Organen gehalten worden sind.

(2) Unzulässig ist jedoch die Vervielfältigung und Verbreitung der in Absatz 1 Nr. 2 bezeichneten Reden in Form einer Sammlung, die überwiegend Reden desselben Urhebers enthält.

---

[1)] § 47 Abs. 1 Satz 2 und Abs. 2 Satz 2 neu gef. durch G v. 24.6.1985 (BGBl. I S. 1137).
[2)] § 48 Abs. 1 Nr. 1 neu gef. mWv 13.9.2003 durch G v. 10.9.2003 (BGBl. I S. 1774).

**§ 49[1)] Zeitungsartikel und Rundfunkkommentare.** (1) [1] Zulässig ist die Vervielfältigung und Verbreitung einzelner Rundfunkkommentare und einzelner Artikel sowie mit ihnen im Zusammenhang veröffentlichter Abbildungen aus Zeitungen und anderen lediglich Tagesinteressen dienenden Informationsblättern in anderen Zeitungen und Informationsblättern dieser Art sowie die öffentliche Wiedergabe solcher Kommentare, Artikel und Abbildungen, wenn sie politische, wirtschaftliche oder religiöse Tagesfragen betreffen und nicht mit einem Vorbehalt der Rechte versehen sind. [2] Für die Vervielfältigung, Verbreitung und öffentliche Wiedergabe ist dem Urheber eine angemessene Vergütung zu zahlen, es sei denn, daß es sich um eine Vervielfältigung, Verbreitung oder öffentliche Wiedergabe kurzer Auszüge aus mehreren Kommentaren oder Artikeln in Form einer Übersicht handelt. [3] Der Anspruch kann nur durch eine Verwertungsgesellschaft geltend gemacht werden.

(2) Unbeschränkt zulässig ist die Vervielfältigung, Verbreitung und öffentliche Wiedergabe von vermischten Nachrichten tatsächlichen Inhalts und von Tagesneuigkeiten, die durch Presse oder Funk veröffentlicht worden sind; ein durch andere gesetzliche Vorschriften gewährter Schutz bleibt unberührt.

**§ 50[2)] Berichterstattung über Tagesereignisse.** Zur Berichterstattung über Tagesereignisse durch Funk oder durch ähnliche technische Mittel, in Zeitungen, Zeitschriften und in anderen Druckschriften oder sonstigen Datenträgern, die im Wesentlichen Tagesinteressen Rechnung tragen, sowie im Film, ist die Vervielfältigung, Verbreitung und öffentliche Wiedergabe von Werken, die im Verlauf dieser Ereignisse wahrnehmbar werden, in einem durch den Zweck gebotenen Umfang zulässig.

**§ 51[3)] Zitate.** [1] Zulässig ist die Vervielfältigung, Verbreitung und öffentliche Wiedergabe eines veröffentlichten Werkes zum Zweck des Zitats, sofern die Nutzung in ihrem Umfang durch den besonderen Zweck gerechtfertigt ist. [2] Zulässig ist dies insbesondere, wenn

1. einzelne Werke nach der Veröffentlichung in ein selbständiges wissenschaftliches Werk zur Erläuterung des Inhalts aufgenommen werden,
2. Stellen eines Werkes nach der Veröffentlichung in einem selbständigen Sprachwerk angeführt werden,
3. einzelne Stellen eines erschienenen Werkes der Musik in einem selbständigen Werk der Musik angeführt werden.

[3] Von der Zitierbefugnis gemäß den Sätzen 1 und 2 umfasst ist die Nutzung einer Abbildung oder sonstigen Vervielfältigung des zitierten Werkes, auch wenn diese selbst durch ein Urheberrecht oder ein verwandtes Schutzrecht geschützt ist.

**§ 51a[4)] Karikatur, Parodie und Pastiche.** [1] Zulässig ist die Vervielfältigung, die Verbreitung und die öffentliche Wiedergabe eines veröffentlichten Werkes zum Zweck der Karikatur, der Parodie und des Pastiches. [2] Die Befugnis nach Satz 1 umfasst die Nutzung einer Abbildung oder sonstigen Vervielfältigung des

---

1) § 49 Abs. 1 Satz 3 angef. durch G v. 24.6.1985 (BGBl. I S. 1137); Abs. 1 Satz 1 neu gef. mWv 1.1. 2008 durch G v. 26.10.2007 (BGBl. I S. 2513).

2) § 50 neu gef. mWv 13.9.2003 durch G v. 10.9.2003 (BGBl. I S. 1774).

3) § 51 neu gef. mWv 1.1.2008 durch G v. 26.10.2007 (BGBl. I S. 2513); Satz 3 angef. mWv 1.3.2018 durch G v. 1.9.2017 (BGBl. I S. 3346).

4) § 51a eingef. mWv 7.6.2021 durch G v. 31.5.2021 (BGBl. I S. 1204).

genutzten Werkes, auch wenn diese selbst durch ein Urheberrecht oder ein verwandtes Schutzrecht geschützt ist.

**§ 52[1)] Öffentliche Wiedergabe.** (1) [1] Zulässig ist die öffentliche Wiedergabe eines veröffentlichten Werkes, wenn die Wiedergabe keinem Erwerbszweck des Veranstalters dient, die Teilnehmer ohne Entgelt zugelassen werden und im Falle des Vortrages oder der Aufführung des Werkes keiner der ausübenden Künstler (§ 73) eine besondere Vergütung erhält. [2] Für die Wiedergabe ist eine angemessene Vergütung zu zahlen. [3] Die Vergütungspflicht entfällt für Veranstaltungen der Jugendhilfe, der Sozialhilfe, der Alten- und Wohlfahrtspflege sowie der Gefangenenbetreuung, sofern sie nach ihrer sozialen oder erzieherischen Zweckbestimmung nur einem bestimmt abgegrenzten Kreis von Personen zugänglich sind. [4] Dies gilt nicht, wenn die Veranstaltung dem Erwerbszweck eines Dritten dient; in diesem Fall hat der Dritte die Vergütung zu zahlen.

(2) [1] Zulässig ist die öffentliche Wiedergabe eines erschienenen Werkes auch bei einem Gottesdienst oder einer kirchlichen Feier der Kirchen oder Religionsgemeinschaften. [2] Jedoch hat der Veranstalter dem Urheber eine angemessene Vergütung zu zahlen.

(3) Öffentliche bühnenmäßige Darstellungen, öffentliche Zugänglichmachungen und Funksendungen eines Werkes sowie öffentliche Vorführungen eines Filmwerkes sind stets nur mit Einwilligung des Berechtigten zulässig.

**§§ 52a, 52b[2)]** *(aufgehoben)*

**§ 53[3)] Vervielfältigungen zum privaten und sonstigen eigenen Gebrauch.**

(1) [1] Zulässig sind einzelne Vervielfältigungen eines Werkes durch eine natürliche Person zum privaten Gebrauch auf beliebigen Trägern, sofern sie weder unmittelbar noch mittelbar Erwerbszwecken dienen, soweit nicht zur Vervielfältigung eine offensichtlich rechtswidrig hergestellte oder öffentlich zugänglich gemachte Vorlage verwendet wird. [2] Der zur Vervielfältigung Befugte darf die Vervielfältigungsstücke auch durch einen anderen herstellen lassen, sofern dies unentgeltlich geschieht oder es sich um Vervielfältigungen auf Papier oder einem ähnlichen Träger mittels beliebiger photomechanischer Verfahren oder anderer Verfahren mit ähnlicher Wirkung handelt.

(2) [1] Zulässig ist, einzelne Vervielfältigungsstücke eines Werkes herzustellen oder herstellen zu lassen

1. *(aufgehoben)*
2. zur Aufnahme in ein eigenes Archiv, wenn und soweit die Vervielfältigung zu diesem Zweck geboten ist und als Vorlage für die Vervielfältigung ein eigenes Werkstück benutzt wird,

---

[1)] § 52 neu gef. durch G v. 24.6.1985 (BGBl. I S. 1137); Abs. 1 Satz 1, Abs. 3 geänd. mWv 13.9.2003 durch G v. 10.9.2003 (BGBl. I S. 1774); Abs. 1 Satz 3 geänd. mWv 1.3.2018 durch G v. 1.9.2017 (BGBl. I S. 3346).

[2)] §§ 52a und 52b aufgeh. mWv 1.3.2018 durch G v. 1.9.2017 (BGBl. I S. 3346).

[3)] § 53 neu gef. durch G v. 24.6.1985 (BGBl. I S. 1137); Abs. 4 Satz 2 aufgeh. durch G v. 9.6.1993 (BGBl. I S. 910); Abs. 5 eingef., bish. Abs. 5 und 6 werden Abs. 6 und 7 durch G v. 22.7.1997 (BGBl. I S. 1870); Abs. 1 und 5 neu gef., Abs. 2 Sätze 2 und 3 angef., Abs. 3 geänd. mWv 13.9.2003 durch G v. 10.9.2003 (BGBl. I S. 1774); Abs. 1 Satz 1, Abs. 2 Satz 1 Nr. 1, Satz 2 Nr. 3 geänd., Abs. 3 Satz 1 Nr. 1 geänd., Satz 2 angef., Abs. 4 abschl. Satzteil, Abs. 5 Sätze 1 und 2 geänd. mWv 1.1.2008 durch G v. 26.10.2007 (BGBl. I S. 2513); Abs. 2 Satz 1 Nr. 1 aufgeh., Satz 2 einl. Satzteil und Nr. 2 geänd., Nr. 3, Satz 3 und Abs. 3 aufgeh., Abs. 5 bish. Satz 1 geänd., Satz 2 aufgeh. mWv 1.3.2018 durch G v. 1.9.2017 (BGBl. I S. 3346).

3. zur eigenen Unterrichtung über Tagesfragen, wenn es sich um ein durch Funk gesendetes Werk handelt,
4. zum sonstigen eigenen Gebrauch,
   a) wenn es sich um kleine Teile eines erschienenen Werkes oder um einzelne Beiträge handelt, die in Zeitungen oder Zeitschriften erschienen sind,
   b) wenn es sich um ein seit mindestens zwei Jahren vergriffenes Werk handelt.

[2] Dies gilt nur, wenn zusätzlich
1. die Vervielfältigung auf Papier oder einem ähnlichen Träger mittels beliebiger photomechanischer Verfahren oder anderer Verfahren mit ähnlicher Wirkung vorgenommen wird oder
2. eine ausschließlich analoge Nutzung stattfindet.

(3) *(aufgehoben)*

(4) Die Vervielfältigung
a) graphischer Aufzeichnungen von Werken der Musik,
b) eines Buches oder einer Zeitschrift, wenn es sich um eine im wesentlichen vollständige Vervielfältigung handelt,

ist, soweit sie nicht durch Abschreiben vorgenommen wird, stets nur mit Einwilligung des Berechtigten zulässig oder unter den Voraussetzungen des Absatzes 2 Satz 1 Nr. 2 oder zum eigenen Gebrauch, wenn es sich um ein seit mindestens zwei Jahren vergriffenes Werk handelt.

(5) Die Absätze 1 und 2 Satz 1 Nr. 2 bis 4 finden keine Anwendung auf Datenbankwerke, deren Elemente einzeln mit Hilfe elektronischer Mittel zugänglich sind.

(6) [1] Die Vervielfältigungsstücke dürfen weder verbreitet noch zu öffentlichen Wiedergaben benutzt werden. [2] Zulässig ist jedoch, rechtmäßig hergestellte Vervielfältigungsstücke von Zeitungen und vergriffenen Werken sowie solche Werkstücke zu verleihen, bei denen kleine beschädigte oder abhanden gekommene Teile durch Vervielfältigungsstücke ersetzt worden sind.

(7) Die Aufnahme öffentlicher Vorträge, Aufführungen oder Vorführungen eines Werkes auf Bild- oder Tonträger, die Ausführung von Plänen und Entwürfen zu Werken der bildenden Künste und der Nachbau eines Werkes der Baukunst sind stets nur mit Einwilligung des Berechtigten zulässig.

## § 53a[1] *(aufgehoben)*

### Unterabschnitt 2.[2] Vergütung der nach den §§ 53, 60a bis 60f erlaubten Vervielfältigungen

**§ 54[3] Vergütungspflicht.** (1) Lässt die Art des Werkes eine nach § 53 Absatz 1 oder 2 oder den §§ 60a bis 60f erlaubte Vervielfältigung erwarten, so hat der Urheber des Werkes gegen den Hersteller von Geräten und von Speichermedien, deren Typ allein oder in Verbindung mit anderen Geräten, Speichermedien oder Zubehör zur Vornahme solcher Vervielfältigungen benutzt wird, Anspruch auf Zahlung einer angemessenen Vergütung.

---

[1] *§ 53a aufgeh. mWv 1.3.2018* durch G v. 1.9.2017 (BGBl. I S. 3346).
[2] UAbschnitt 2 Überschrift eingef. mWv 1.3.2018 durch G v. 1.9.2017 (BGBl. I S. 3346).
[3] § 54 neu gef. mWv 1.1.2008 durch G v. 26.10.2007 (BGBl. I S. 2513); Abs. 1 geänd. mWv 1.3.2018 durch G v. 1.9.2017 (BGBl. I S. 3346).

(2) Der Anspruch nach Absatz 1 entfällt, soweit nach den Umständen erwartet werden kann, dass die Geräte oder Speichermedien im Geltungsbereich dieses Gesetzes nicht zu Vervielfältigungen benutzt werden.

**§ 54a[1)] Vergütungshöhe.** (1) [1] Maßgebend für die Vergütungshöhe ist, in welchem Maß die Geräte und Speichermedien als Typen tatsächlich für Vervielfältigungen nach § 53 Absatz 1 oder 2 oder den §§ 60a bis 60f genutzt werden. [2] Dabei ist zu berücksichtigen, inwieweit technische Schutzmaßnahmen nach § 95a auf die betreffenden Werke angewendet werden.

(2) Die Vergütung für Geräte ist so zu gestalten, dass sie auch mit Blick auf die Vergütungspflicht für in diesen Geräten enthaltene Speichermedien oder andere, mit diesen funktionell zusammenwirkende Geräte oder Speichermedien insgesamt angemessen ist.

(3) Bei der Bestimmung der Vergütungshöhe sind die nutzungsrelevanten Eigenschaften der Geräte und Speichermedien, insbesondere die Leistungsfähigkeit von Geräten sowie die Speicherkapazität und Mehrfachbeschreibbarkeit von Speichermedien, zu berücksichtigen.

(4) Die Vergütung darf Hersteller von Geräten und Speichermedien nicht unzumutbar beeinträchtigen; sie muss in einem wirtschaftlich angemessenen Verhältnis zum Preisniveau des Geräts oder des Speichermediums stehen.

**§ 54b[2)] Vergütungspflicht des Händlers oder Importeurs.** (1) Neben dem Hersteller haftet als Gesamtschuldner, wer die Geräte oder Speichermedien in den Geltungsbereich dieses Gesetzes gewerblich einführt oder wiedereinführt oder wer mit ihnen handelt.

(2) [1] Einführer ist, wer die Geräte oder Speichermedien in den Geltungsbereich dieses Gesetzes verbringt oder verbringen lässt. [2] Liegt der Einfuhr ein Vertrag mit einem Gebietsfremden zugrunde, so ist Einführer nur der im Geltungsbereich dieses Gesetzes ansässige Vertragspartner, soweit er gewerblich tätig wird. [3] Wer lediglich als Spediteur oder Frachtführer oder in einer ähnlichen Stellung bei dem Verbringen der Waren tätig wird, ist nicht Einführer. [4] Wer die Gegenstände aus Drittländern in eine Freizone oder in ein Freilager nach Artikel 166 der Verordnung (EWG) Nr. 2913/92 des Rates vom 12. Oktober 1992 zur Festlegung des Zollkodex der Gemeinschaften (ABl. EG Nr. L 302 S. 1) verbringt oder verbringen lässt, ist als Einführer nur anzusehen, wenn die Gegenstände in diesem Bereich gebraucht oder wenn sie in den zollrechtlich freien Verkehr übergeführt werden.

(3) Die Vergütungspflicht des Händlers entfällt,
1. soweit ein zur Zahlung der Vergütung Verpflichteter, von dem der Händler die Geräte oder die Speichermedien bezieht, an einen Gesamtvertrag über die Vergütung gebunden ist oder
2. wenn der Händler Art und Stückzahl der bezogenen Geräte und Speichermedien und seine Bezugsquelle der nach § 54h Abs. 3 bezeichneten Empfangsstelle jeweils zum 10. Januar und 10. Juli für das vorangegangene Kalenderhalbjahr schriftlich mitteilt.

---

1) § 54a neu gef. mWv 1.1.2008 durch G v. 26.10.2007 (BGBl. I S. 2513); Abs. 1 Satz 1 geänd. mWv 1.3.2018 durch G v. 1.9.2017 (BGBl. I S. 3346).

2) § 54b neu gef. mWv 1.1.2008 durch G v. 26.10.2007 (BGBl. I S. 2513); Abs. 2 Satz 2 geänd. mWv 1.9.2008 durch G v. 7.7.2008 (BGBl. I S. 1191).

**§ 54c**[1] **Vergütungspflicht des Betreibers von Ablichtungsgeräten.** (1) Werden Geräte der in § 54 Abs. 1 genannten Art, die im Weg der Ablichtung oder in einem Verfahren vergleichbarer Wirkung vervielfältigen, in Schulen, Hochschulen sowie Einrichtungen der Berufsbildung oder der sonstigen Aus- und Weiterbildung, Forschungseinrichtungen, öffentlichen Bibliotheken, in nicht kommerziellen Archiven oder Einrichtungen im Bereich des Film- oder Tonerbes oder in nicht kommerziellen öffentlich zugänglichen Museen oder in Einrichtungen betrieben, die Geräte für die entgeltliche Herstellung von Ablichtungen bereithalten, so hat der Urheber auch gegen den Betreiber des Geräts einen Anspruch auf Zahlung einer angemessenen Vergütung.

(2) Die Höhe der von dem Betreiber insgesamt geschuldeten Vergütung bemisst sich nach der Art und dem Umfang der Nutzung des Geräts, die nach den Umständen, insbesondere nach dem Standort und der üblichen Verwendung, wahrscheinlich ist.

**§ 54d**[1] **Hinweispflicht.** Soweit nach § 14 Abs. 2 Satz 1 Nr. 2 Satz 2 des Umsatzsteuergesetzes eine Verpflichtung zur Erteilung einer Rechnung besteht, ist in Rechnungen über die Veräußerung oder ein sonstiges Inverkehrbringen der in § 54 Abs. 1 genannten Geräte oder Speichermedien auf die auf das Gerät oder Speichermedium entfallende Urhebervergütung hinzuweisen.

**§ 54e**[1] **Meldepflicht.** (1) Wer Geräte oder Speichermedien in den Geltungsbereich dieses Gesetzes gewerblich einführt oder wiedereinführt, ist dem Urheber gegenüber verpflichtet, Art und Stückzahl der eingeführten Gegenstände der nach § 54h Abs. 3 bezeichneten Empfangsstelle monatlich bis zum zehnten Tag nach Ablauf jedes Kalendermonats schriftlich mitzuteilen.

(2) Kommt der Meldepflichtige seiner Meldepflicht nicht, nur unvollständig oder sonst unrichtig nach, kann der doppelte Vergütungssatz verlangt werden.

**§ 54f**[1] **Auskunftspflicht.** (1) [1]Der Urheber kann von dem nach § 54 oder § 54b zur Zahlung der Vergütung Verpflichteten Auskunft über Art und Stückzahl der im Geltungsbereich dieses Gesetzes veräußerten oder in Verkehr gebrachten Geräte und Speichermedien verlangen. [2]Die Auskunftspflicht des Händlers erstreckt sich auch auf die Benennung der Bezugsquellen; sie besteht auch im Fall des § 54b Abs. 3 Nr. 1. [3]§ 26 Abs. 7 gilt entsprechend.

(2) Der Urheber kann von dem Betreiber eines Geräts in einer Einrichtung im Sinne des § 54c Abs. 1 die für die Bemessung der Vergütung erforderliche Auskunft verlangen.

(3) Kommt der zur Zahlung der Vergütung Verpflichtete seiner Auskunftspflicht nicht, nur unvollständig oder sonst unrichtig nach, so kann der doppelte Vergütungssatz verlangt werden.

**§ 54g**[1] **Kontrollbesuch.** [1]Soweit dies für die Bemessung der vom Betreiber nach § 54c geschuldeten Vergütung erforderlich ist, kann der Urheber verlangen, dass ihm das Betreten der Betriebs- und Geschäftsräume des Betreibers, der Geräte für die entgeltliche Herstellung von Ablichtungen bereithält, während der üblichen Betriebs- oder Geschäftszeit gestattet wird. [2]Der Kontrollbesuch muss so ausgeübt werden, dass vermeidbare Betriebsstörungen unterbleiben.

---

[1] §§ 54c–54g neu gef. mWv 1.1.2008 durch G v. 26.10.2007 (BGBl. I S. 2513); § 54f Abs. 1 Satz 3 geänd. mWv 1.9.2008 durch G v. 7.7.2008 (BGBl. I S. 1191); § 54c Abs. 1 geänd. mWv 1.3.2018 durch G v. 1.9.2017 (BGBl. I S. 3346).

**§ 54h[1] Verwertungsgesellschaften; Handhabung der Mitteilungen.**

(1) Die Ansprüche nach den §§ 54 bis 54c, 54e Abs. 2, §§ 54f und 54g können nur durch eine Verwertungsgesellschaft geltend gemacht werden.

(2) [1]Jedem Berechtigten steht ein angemessener Anteil an den nach den §§ 54 bis 54c gezahlten Vergütungen zu. [2]Soweit Werke mit technischen Maßnahmen gemäß § 95a geschützt sind, werden sie bei der Verteilung der Einnahmen nicht berücksichtigt.

(3) [1]Für Mitteilungen nach § 54b Abs. 3 und § 54e haben die Verwertungsgesellschaften dem Deutschen Patent- und Markenamt eine gemeinsame Empfangsstelle zu bezeichnen. [2]Das Deutsche Patent- und Markenamt gibt diese im Bundesanzeiger bekannt.

(4) [1]Das Deutsche Patent- und Markenamt kann Muster für die Mitteilungen nach § 54b Abs. 3 Nr. 2 und § 54e im Bundesanzeiger bekannt machen. [2]Werden Muster bekannt gemacht, sind diese zu verwenden.

(5) Die Verwertungsgesellschaften und die Empfangsstelle dürfen die gemäß § 54b Abs. 3 Nr. 2, den §§ 54e und 54f erhaltenen Angaben nur zur Geltendmachung der Ansprüche nach Absatz 1 verwenden.

**Unterabschnitt 3.[2] Weitere gesetzlich erlaubte Nutzungen**

**§ 55 Vervielfältigung durch Sendeunternehmen.** (1) [1]Ein Sendeunternehmen, das zur Funksendung eines Werkes berechtigt ist, darf das Werk mit eigenen Mitteln auf Bild- oder Tonträger übertragen, um diese zur Funksendung über jeden seiner Sender oder Richtstrahler je einmal zu benutzen. [2]Die Bild- oder Tonträger sind spätestens einen Monat nach der ersten Funksendung des Werkes zu löschen.

(2) [1]Bild- oder Tonträger, die außergewöhnlichen dokumentarischen Wert haben, brauchen nicht gelöscht zu werden, wenn sie in ein amtliches Archiv aufgenommen werden. [2]Von der Aufnahme in das Archiv ist der Urheber unverzüglich zu benachrichtigen.

**§ 55a[3] Benutzung eines Datenbankwerkes.** [1]Zulässig ist die Bearbeitung sowie die Vervielfältigung eines Datenbankwerkes durch den Eigentümer eines mit Zustimmung des Urhebers durch Veräußerung in Verkehr gebrachten Vervielfältigungsstücks des Datenbankwerkes, den in sonstiger Weise zu dessen Gebrauch Berechtigten oder denjenigen, dem ein Datenbankwerk aufgrund eines mit dem Urheber oder eines mit dessen Zustimmung mit einem Dritten geschlossenen Vertrags zugänglich gemacht wird, wenn und soweit die Bearbeitung oder Vervielfältigung für den Zugang zu den Elementen des Datenbankwerkes und für dessen übliche Benutzung erforderlich ist. [2]Wird aufgrund eines Vertrags nach Satz 1 nur ein Teil des Datenbankwerkes zugänglich gemacht, so ist nur die Bearbeitung sowie die Vervielfältigung dieses Teils zulässig. [3]Entgegenstehende vertragliche Vereinbarungen sind nichtig.

**§ 56[4] Vervielfältigung und öffentliche Wiedergabe in Geschäftsbetrieben.** (1) In Geschäftsbetrieben, in denen Geräte zur Herstellung oder zur Wieder-

---

[1] § 54h neu gef. mWv 1.1.2008 durch G v. 26.10.2007 (BGBl. I S. 2513); Abs. 4 Satz 1 geänd. mWv 1.4.2012 durch G v. 22.12.2011 (BGBl. I S. 3044).

[2] UAbschnitt 3 Überschrift eingef. mWv 1.3.2018 durch G v. 1.9.2017 (BGBl. I S. 3346).

[3] § 55a eingef. durch G v. 22.7.1997 (BGBl. I S. 1870).

[4] § 56 neu gef. mWv 13.9.2003 durch G v. 10.9.2003 (BGBl. I S. 1774).

gabe von Bild- oder Tonträgern, zum Empfang von Funksendungen oder zur elektronischen Datenverarbeitung vertrieben oder instand gesetzt werden, ist die Übertragung von Werken auf Bild-, Ton- oder Datenträger, die öffentliche Wahrnehmbarmachung von Werken mittels Bild-, Ton- oder Datenträger sowie die öffentliche Wahrnehmbarmachung von Funksendungen und öffentliche Zugänglichmachungen von Werken zulässig, soweit dies notwendig ist, um diese Geräte Kunden vorzuführen oder instand zu setzen.

(2) Nach Absatz 1 hergestellte Bild-, Ton- oder Datenträger sind unverzüglich zu löschen.

**§ 57 Unwesentliches Beiwerk.** Zulässig ist die Vervielfältigung, Verbreitung und öffentliche Wiedergabe von Werken, wenn sie als unwesentliches Beiwerk neben dem eigentlichen Gegenstand der Vervielfältigung, Verbreitung oder öffentlichen Wiedergabe anzusehen sind.

**§ 58[1)] Werbung für die Ausstellung und den öffentlichen Verkauf von Werken.** Zulässig sind die Vervielfältigung, Verbreitung und öffentliche Zugänglichmachung von öffentlich ausgestellten oder zur öffentlichen Ausstellung oder zum öffentlichen Verkauf bestimmten Werken gemäß § 2 Absatz 1 Nummer 4 bis 6 durch den Veranstalter zur Werbung, soweit dies zur Förderung der Veranstaltung erforderlich ist.

**§ 59 Werke an öffentlichen Plätzen.** (1) [1] Zulässig ist, Werke, die sich bleibend an öffentlichen Wegen, Straßen oder Plätzen befinden, mit Mitteln der Malerei oder Graphik, durch Lichtbild oder durch Film zu vervielfältigen, zu verbreiten und öffentlich wiederzugeben. [2] Bei Bauwerken erstrecken sich diese Befugnisse nur auf die äußere Ansicht.

(2) Die Vervielfältigungen dürfen nicht an einem Bauwerk vorgenommen werden.

**§ 60[1)] Bildnisse.** (1) [1] Zulässig ist die Vervielfältigung sowie die unentgeltliche und nicht zu gewerblichen Zwecken vorgenommene Verbreitung eines Bildnisses durch den Besteller des Bildnisses oder seinen Rechtsnachfolger oder bei einem auf Bestellung geschaffenen Bildnis durch den Abgebildeten oder nach dessen Tod durch seine Angehörigen oder durch einen im Auftrag einer dieser Personen handelnden Dritten. [2] Handelt es sich bei dem Bildnis um ein Werk der bildenden Künste, so ist die Verwertung nur durch Lichtbild zulässig.

(2) Angehörige im Sinne von Absatz 1 Satz 1 sind der Ehegatte oder der Lebenspartner und die Kinder oder, wenn weder ein Ehegatte oder Lebenspartner noch Kinder vorhanden sind, die Eltern.

### Unterabschnitt 4.[2)] Gesetzlich erlaubte Nutzungen für Unterricht, Wissenschaft und Institutionen

**§ 60a[2)] Unterricht und Lehre.** (1) Zur Veranschaulichung des Unterrichts und der Lehre an Bildungseinrichtungen dürfen zu nicht kommerziellen Zwecken bis zu 15 Prozent eines veröffentlichten Werkes vervielfältigt, verbreitet, öffentlich zugänglich gemacht und in sonstiger Weise öffentlich wiedergegeben werden

---

[1)] *§§ 58, 60 neu gef. mWv 13.9.2003 durch G v. 10.9.2003 (BGBl. I S. 1774)*; § 58 Überschrift neu gef., bish. Abs. 1 geänd., Abs. 2 aufgeh. mWv 1.3.2018 durch G v. 1.9.2017 (BGBl. I S. 3346).

[2)] UAbschnitt 4 (§§ 60a–60h) eingef. mWv 1.3.2018 durch G v. 1.9.2017 (BGBl. I S. 3346); § 60a Abs. 3 Satz 2 angef., Abs. 3a eingef. mWv 7.6.2021 durch G v. 31.5.2021 (BGBl. I S. 1204).

1. für Lehrende und Teilnehmer der jeweiligen Veranstaltung,
2. für Lehrende und Prüfer an derselben Bildungseinrichtung sowie
3. für Dritte, soweit dies der Präsentation des Unterrichts, von Unterrichts- oder Lernergebnissen an der Bildungseinrichtung dient.

(2) Abbildungen, einzelne Beiträge aus derselben Fachzeitschrift oder wissenschaftlichen Zeitschrift, sonstige Werke geringen Umfangs und vergriffene Werke dürfen abweichend von Absatz 1 vollständig genutzt werden.

(3) [1] Nicht nach den Absätzen 1 und 2 erlaubt sind folgende Nutzungen:

1. Vervielfältigung durch Aufnahme auf Bild- oder Tonträger und öffentliche Wiedergabe eines Werkes, während es öffentlich vorgetragen, aufgeführt oder vorgeführt wird,
2. Vervielfältigung, Verbreitung und öffentliche Wiedergabe eines Werkes, das ausschließlich für den Unterricht an Schulen geeignet, bestimmt und entsprechend gekennzeichnet ist, an Schulen sowie
3. Vervielfältigung von grafischen Aufzeichnungen von Werken der Musik, soweit sie nicht für die öffentliche Zugänglichmachung nach den Absätzen 1 oder 2 erforderlich ist.

[2] Satz 1 ist nur anzuwenden, wenn Lizenzen für diese Nutzungen leicht verfügbar und auffindbar sind, den Bedürfnissen und Besonderheiten von Bildungseinrichtungen entsprechen und Nutzungen nach Satz 1 Nummer 1 bis 3 erlauben.

(3a) Werden Werke in gesicherten elektronischen Umgebungen für die in Absatz 1 Nummer 1 und 2 sowie Absatz 2 genannten Zwecke in Mitgliedstaaten der Europäischen Union und Vertragsstaaten des Abkommens über den Europäischen Wirtschaftsraum genutzt, so gilt diese Nutzung nur als in dem Mitgliedstaat oder Vertragsstaat erfolgt, in dem die Bildungseinrichtung ihren Sitz hat.

(4) Bildungseinrichtungen sind frühkindliche Bildungseinrichtungen, Schulen, Hochschulen sowie Einrichtungen der Berufsbildung oder der sonstigen Aus- und Weiterbildung.

**§ 60b[1)] Unterrichts- und Lehrmedien.** (1) Hersteller von Unterrichts- und Lehrmedien dürfen für solche Sammlungen bis zu 10 Prozent eines veröffentlichten Werkes vervielfältigen, verbreiten und öffentlich zugänglich machen.

(2) § 60a Absatz 2 und 3 Satz 1 ist entsprechend anzuwenden.

(3) Unterrichts- und Lehrmedien im Sinne dieses Gesetzes sind Sammlungen, die Werke einer größeren Anzahl von Urhebern vereinigen und ausschließlich zur Veranschaulichung des Unterrichts und der Lehre an Bildungseinrichtungen (§ 60a) zu nicht kommerziellen Zwecken geeignet, bestimmt und entsprechend gekennzeichnet sind.

**§ 60c[1)] Wissenschaftliche Forschung.** (1) Zum Zweck der nicht kommerziellen wissenschaftlichen Forschung dürfen bis zu 15 Prozent eines Werkes vervielfältigt, verbreitet und öffentlich zugänglich gemacht werden

1. für einen bestimmt abgegrenzten Kreis von Personen für deren eigene wissenschaftliche Forschung sowie
2. für einzelne Dritte, soweit dies der Überprüfung der Qualität wissenschaftlicher Forschung dient.

---

[1)] §§ 60b, 60c eingef. mWv 1.3.2018 durch G v. 1.9.2017 (BGBl. I S. 3346); § 60b Abs. 2 geänd. mWv 7.6.2021 durch G v. 31.5.2021 (BGBl. I S. 1204).

(2) Für die eigene wissenschaftliche Forschung dürfen bis zu 75 Prozent eines Werkes vervielfältigt werden.

(3) Abbildungen, einzelne Beiträge aus derselben Fachzeitschrift oder wissenschaftlichen Zeitschrift, sonstige Werke geringen Umfangs und vergriffene Werke dürfen abweichend von den Absätzen 1 und 2 vollständig genutzt werden.

(4) Nicht nach den Absätzen 1 bis 3 erlaubt ist es, während öffentlicher Vorträge, Aufführungen oder Vorführungen eines Werkes diese auf Bild- oder Tonträger aufzunehmen und später öffentlich zugänglich zu machen.

**§ 60d[1] Text und Data Mining für Zwecke der wissenschaftlichen Forschung.** (1) Vervielfältigungen für Text und Data Mining (§ 44b Absatz 1 und 2 Satz 1) sind für Zwecke der wissenschaftlichen Forschung nach Maßgabe der nachfolgenden Bestimmungen zulässig.

(2) [1] Zu Vervielfältigungen berechtigt sind Forschungsorganisationen. [2] Forschungsorganisationen sind Hochschulen, Forschungsinstitute oder sonstige Einrichtungen, die wissenschaftliche Forschung betreiben, sofern sie

1. nicht kommerzielle Zwecke verfolgen,
2. sämtliche Gewinne in die wissenschaftliche Forschung reinvestieren oder
3. im Rahmen eines staatlich anerkannten Auftrags im öffentlichen Interesse tätig sind.

[3] Nicht nach Satz 1 berechtigt sind Forschungsorganisationen, die mit einem privaten Unternehmen zusammenarbeiten, das einen bestimmenden Einfluss auf die Forschungsorganisation und einen bevorzugten Zugang zu den Ergebnissen der wissenschaftlichen Forschung hat.

(3) Zu Vervielfältigungen berechtigt sind ferner

1. Bibliotheken und Museen, sofern sie öffentlich zugänglich sind, sowie Archive und Einrichtungen im Bereich des Film- oder Tonerbes (Kulturerbe-Einrichtungen),
2. einzelne Forscher, sofern sie nicht kommerzielle Zwecke verfolgen.

(4) [1] Berechtigte nach den Absätzen 2 und 3, die nicht kommerzielle Zwecke verfolgen, dürfen Vervielfältigungen nach Absatz 1 folgenden Personen öffentlich zugänglich machen:

1. einem bestimmt abgegrenzten Kreis von Personen für deren gemeinsame wissenschaftliche Forschung sowie
2. einzelnen Dritten zur Überprüfung der Qualität wissenschaftlicher Forschung.

[2] Sobald die gemeinsame wissenschaftliche Forschung oder die Überprüfung der Qualität wissenschaftlicher Forschung abgeschlossen ist, ist die öffentliche Zugänglichmachung zu beenden.

(5) Berechtigte nach den Absätzen 2 und 3 Nummer 1 dürfen Vervielfältigungen nach Absatz 1 mit angemessenen Sicherheitsvorkehrungen gegen unbefugte Benutzung aufbewahren, solange sie für Zwecke der wissenschaftlichen Forschung oder zur Überprüfung wissenschaftlicher Erkenntnisse erforderlich sind.

(6) Rechtsinhaber sind befugt, erforderliche Maßnahmen zu ergreifen, um zu verhindern, dass die Sicherheit und Integrität ihrer Netze und Datenbanken durch Vervielfältigungen nach Absatz 1 gefährdet werden.

[1] § 60d neu gef. mWv 7.6.2021 durch G v. 31.5.2021 (BGBl. I S. 1204).

**§ 60e[1] Bibliotheken.** (1) Öffentlich zugängliche Bibliotheken, die keine unmittelbaren oder mittelbaren kommerziellen Zwecke verfolgen (Bibliotheken), dürfen ein Werk aus ihrem Bestand oder ihrer Ausstellung für Zwecke der Zugänglichmachung, Indexierung, Katalogisierung, Erhaltung und Restaurierung vervielfältigen oder vervielfältigen lassen, auch mehrfach und mit technisch bedingten Änderungen.

(2) [1] Verbreiten dürfen Bibliotheken Vervielfältigungen eines Werkes aus ihrem Bestand an andere Bibliotheken oder an in § 60f genannte Institutionen für Zwecke der Restaurierung. [2] Verleihen dürfen sie restaurierte Werke sowie Vervielfältigungsstücke von Zeitungen, vergriffenen oder zerstörten Werken aus ihrem Bestand.

(3) Verbreiten dürfen Bibliotheken Vervielfältigungen eines in § 2 Absatz 1 Nummer 4 bis 7 genannten Werkes, sofern dies in Zusammenhang mit dessen öffentlicher Ausstellung oder zur Dokumentation des Bestandes der Bibliothek erfolgt.

(4) [1] Zugänglich machen dürfen Bibliotheken an Terminals in ihren Räumen ein Werk aus ihrem Bestand ihren Nutzern für deren Forschung oder private Studien. [2] Sie dürfen den Nutzern je Sitzung Vervielfältigungen an den Terminals von bis zu 10 Prozent eines Werkes sowie von einzelnen Abbildungen, Beiträgen aus derselben Fachzeitschrift oder wissenschaftlichen Zeitschrift, sonstigen Werken geringen Umfangs und vergriffenen Werken zu nicht kommerziellen Zwecken ermöglichen.

(5) Auf Einzelbestellung an Nutzer zu nicht kommerziellen Zwecken übermitteln dürfen Bibliotheken Vervielfältigungen von bis zu 10 Prozent eines erschienenen Werkes sowie einzelne Beiträge, die in Fachzeitschriften oder wissenschaftlichen Zeitschriften erschienen sind.

(6) Für öffentlich zugängliche Bibliotheken, die kommerzielle Zwecke verfolgen, ist Absatz 1 für Vervielfältigungen zum Zweck der Erhaltung eines Werkes entsprechend anzuwenden.

**§ 60f[2] Archive, Museen und Bildungseinrichtungen.** (1) Für Archive, Einrichtungen im Bereich des Film- oder Tonerbes sowie öffentlich zugängliche Museen und Bildungseinrichtungen (§ 60a Absatz 4), die keine unmittelbaren oder mittelbaren kommerziellen Zwecke verfolgen, gilt § 60e mit Ausnahme der Absätze 5 und 6 entsprechend.

(2) [1] Archive, die auch im öffentlichen Interesse tätig sind, dürfen ein Werk vervielfältigen oder vervielfältigen lassen, um es als Archivgut in ihre Bestände aufzunehmen. [2] Die abgebende Stelle hat unverzüglich die bei ihr vorhandenen Vervielfältigungen zu löschen.

(3) Für Archive, Einrichtungen im Bereich des Film- oder Tonerbes sowie öffentlich zugängliche Museen, die kommerzielle Zwecke verfolgen, ist § 60e Absatz 1 für Vervielfältigungen zum Zweck der Erhaltung eines Werkes entsprechend anzuwenden.

---

[1] § 60e eingef. mWv 1.3.2018 durch G v. 1.9.2017 (BGBl. I S. 3346); Abs. 6 angef. mWv 7.6.2021 durch G v. 31.5.2021 (BGBl. I S. 1204).

[2] § 60f eingef. mWv 1.3.2018 durch G v. 1.9.2017 (BGBl. I S. 3346); Abs. 1 geänd., Abs. 3 angef. mWv 7.6.2021 durch G v. 31.5.2021 (BGBl. I S. 1204).

**§ 60g[1) 2)] Gesetzlich erlaubte Nutzung und vertragliche Nutzungsbefugnis.** (1) Auf Vereinbarungen, die erlaubte Nutzungen nach den §§ 60a bis 60f zum Nachteil der Nutzungsberechtigten beschränken oder untersagen, kann sich der Rechtsinhaber nicht berufen.

(2) Vereinbarungen, die ausschließlich die Zugänglichmachung an Terminals nach § 60e Absatz 4 und § 60f Absatz 1 oder den Versand von Vervielfältigungen auf Einzelbestellung nach § 60e Absatz 5 zum Gegenstand haben, gehen abweichend von Absatz 1 der gesetzlichen Erlaubnis vor.

**§ 60h[3)] Angemessene Vergütung der gesetzlich erlaubten Nutzungen.**

(1) [1] Für Nutzungen nach Maßgabe dieses Unterabschnitts hat der Urheber Anspruch auf Zahlung einer angemessenen Vergütung. [2] Vervielfältigungen sind nach den §§ 54 bis 54c zu vergüten.

(2) Folgende Nutzungen sind abweichend von Absatz 1 vergütungsfrei:

1. die öffentliche Wiedergabe für Angehörige von Bildungseinrichtungen und deren Familien nach § 60a Absatz 1 Nummer 1 und 3 sowie Absatz 2 mit Ausnahme der öffentlichen Zugänglichmachung,
2. Vervielfältigungen zum Zweck der Erhaltung gemäß § 60e Absatz 1 und 6 sowie § 60f Absatz 1 und 3 sowie zum Zweck der Indexierung, Katalogisierung und Restaurierung nach § 60e Absatz 1 und § 60f Absatz 1,
3. Vervielfältigungen im Rahmen des Text und Data Mining für Zwecke der wissenschaftlichen Forschung nach § 60d Absatz 1.

(3) [1] Eine pauschale Vergütung oder eine repräsentative Stichprobe der Nutzung für die nutzungsabhängige Berechnung der angemessenen Vergütung genügt. [2] Dies gilt nicht bei Nutzungen nach den §§ 60b und 60e Absatz 5.

(4) Der Anspruch auf angemessene Vergütung kann nur durch eine Verwertungsgesellschaft geltend gemacht werden.

(5) [1] Ist der Nutzer im Rahmen einer Einrichtung tätig, so ist nur sie die Vergütungsschuldnerin. [2] Für Vervielfältigungen, die gemäß Absatz 1 Satz 2 nach den §§ 54 bis 54c abgegolten werden, sind nur diese Regelungen anzuwenden.

**Unterabschnitt 5.[4)] Besondere gesetzlich erlaubte Nutzungen verwaister Werke**

**§ 61[5) 6)] Verwaiste Werke.** (1) Zulässig sind die Vervielfältigung und die öffentliche Zugänglichmachung verwaister Werke nach Maßgabe der Absätze 3 bis 5.

(2) Verwaiste Werke im Sinne dieses Gesetzes sind

1. Werke und sonstige Schutzgegenstände in Büchern, Fachzeitschriften, Zeitungen, Zeitschriften oder anderen Schriften,
2. Filmwerke sowie Bildträger und Bild- und Tonträger, auf denen Filmwerke aufgenommen sind, und
3. Tonträger

---

1) § 60g eingef. mWv 1.3.2018 durch G v. 1.9.2017 (BGBl. I S. 3346).

2) Beachte hierzu Übergangsvorschrift in § 137o.

3) § 60h eingef. mWv 1.3.2018 durch G v. 1.9.2017 (BGBl. I S. 3346); Abs. 2 Nr. 2 neu gef., Nr. 3 angef. mWv 7.6.2021 durch G v. 31.5.2021 (BGBl. I S. 1204).

4) *UAbschnitt 5 Überschrift eingef. mWv 1.3.2018 durch G v. 1.9.2017 (BGBl. I S. 3346).*

5) § 61 aufgeh. mWv 13.9.2003 durch G v. 10.9.2003 (BGBl. I S. 1774); neu eingef. mWv 1.1.2014 durch G v. 1.10.2013 (BGBl. I S. 3728).

6) Beachte hierzu Übergangsvorschrift in § 137n.

aus Sammlungen (Bestandsinhalte) von öffentlich zugänglichen Bibliotheken, Bildungseinrichtungen, Museen, Archiven sowie von Einrichtungen im Bereich des Film- oder Tonerbes, wenn diese Bestandsinhalte bereits veröffentlicht worden sind, deren Rechtsinhaber auch durch eine sorgfältige Suche nicht festgestellt oder ausfindig gemacht werden konnte.

(3) Gibt es mehrere Rechtsinhaber eines Bestandsinhalts, kann dieser auch dann vervielfältigt und öffentlich zugänglich gemacht werden, wenn selbst nach sorgfältiger Suche nicht alle Rechtsinhaber festgestellt oder ausfindig gemacht werden konnten, aber von den bekannten Rechtsinhabern die Erlaubnis zur Nutzung eingeholt worden ist.

(4) Bestandsinhalte, die nicht erschienen sind oder nicht gesendet wurden, dürfen durch die jeweilige in Absatz 2 genannte Institution genutzt werden, wenn die Bestandsinhalte von ihr bereits mit Erlaubnis des Rechtsinhabers der Öffentlichkeit zugänglich gemacht wurden und sofern nach Treu und Glauben anzunehmen ist, dass der Rechtsinhaber in die Nutzung nach Absatz 1 einwilligen würde.

(5) [1] Die Vervielfältigung und die öffentliche Zugänglichmachung durch die in Absatz 2 genannten Institutionen sind nur zulässig, wenn die Institutionen zur Erfüllung ihrer im Gemeinwohl liegenden Aufgaben handeln, insbesondere wenn sie Bestandsinhalte bewahren und restaurieren und den Zugang zu ihren Sammlungen eröffnen, sofern dies kulturellen und bildungspolitischen Zwecken dient. [2] Die Institutionen dürfen für den Zugang zu den genutzten verwaisten Werken ein Entgelt verlangen, das die Kosten der Digitalisierung und der öffentlichen Zugänglichmachung deckt.

**§ 61a[1)] Sorgfältige Suche und Dokumentationspflichten.** (1) [1] Die sorgfältige Suche nach dem Rechtsinhaber gemäß § 61 Absatz 2 ist für jeden Bestandsinhalt und für in diesem enthaltene sonstige Schutzgegenstände durchzuführen; dabei sind mindestens die in der Anlage bestimmten Quellen zu konsultieren. [2] Die sorgfältige Suche ist in dem Mitgliedstaat der Europäischen Union durchzuführen, in dem das Werk zuerst veröffentlicht wurde. [3] Wenn es Hinweise darauf gibt, dass relevante Informationen zu Rechtsinhabern in anderen Staaten gefunden werden können, sind auch verfügbare Informationsquellen in diesen anderen Staaten zu konsultieren. [4] Die nutzende Institution darf mit der Durchführung der sorgfältigen Suche auch einen Dritten beauftragen.

(2) Bei Filmwerken sowie bei Bildträgern und Bild- und Tonträgern, auf denen Filmwerke aufgenommen sind, ist die sorgfältige Suche in dem Mitgliedstaat der Europäischen Union durchzuführen, in dem der Hersteller seine Hauptniederlassung oder seinen gewöhnlichen Aufenthalt hat.

(3) Für die in § 61 Absatz 4 genannten Bestandsinhalte ist eine sorgfältige Suche in dem Mitgliedstaat der Europäischen Union durchzuführen, in dem die Institution ihren Sitz hat, die den Bestandsinhalt mit Erlaubnis des Rechtsinhabers der Öffentlichkeit zugänglich gemacht hat.

(4) [1] Die nutzende Institution dokumentiert ihre sorgfältige Suche und leitet die folgenden Informationen dem Deutschen Patent- und Markenamt zu:

1. die genaue Bezeichnung des Bestandsinhalts, der nach den Ergebnissen der sorgfältigen Suche verwaist ist,
2. die Art der Nutzung des verwaisten Werkes durch die Institution,

---

[1)] § 61a eingef. mWv 1.1.2014 durch G v. 1.10.2013 (BGBl. I S. 3728); Abs. 3 geänd. mWv 1.3.2018 durch G v. 1.9.2017 (BGBl. I S. 3346).

3. jede Änderung des Status eines genutzten verwaisten Werkes gemäß § 61b,
4. die Kontaktdaten der Institution wie Name, Anschrift sowie gegebenenfalls Telefonnummer, Faxnummer und E-Mail-Adresse.

2 Diese Informationen werden von dem Deutschen Patent- und Markenamt unverzüglich an das Harmonisierungsamt für den Binnenmarkt (Marken, Muster, Modelle) weitergeleitet.

(5) Einer sorgfältigen Suche bedarf es nicht für Bestandsinhalte, die bereits in der Datenbank des Harmonisierungsamtes für den Binnenmarkt (Marken, Muster, Modelle) als verwaist erfasst sind.

**§ 61b[1)] Beendigung der Nutzung und Vergütungspflicht der nutzenden Institution.** 1 Wird ein Rechtsinhaber eines Bestandsinhalts nachträglich festgestellt oder ausfindig gemacht, hat die nutzende Institution die Nutzungshandlungen unverzüglich zu unterlassen, sobald sie hiervon Kenntnis erlangt. 2 Der Rechtsinhaber hat gegen die nutzende Institution Anspruch auf Zahlung einer angemessenen Vergütung für die erfolgte Nutzung.

**§ 61c[1)] Nutzung verwaister Werke durch öffentlich-rechtliche Rundfunkanstalten.** 1 Zulässig sind die Vervielfältigung und die öffentliche Zugänglichmachung von

1. Filmwerken sowie Bildträgern und Bild- und Tonträgern, auf denen Filmwerke aufgenommen sind, und
2. Tonträgern,

die vor dem 1. Januar 2003 von öffentlich-rechtlichen Rundfunkanstalten hergestellt wurden und sich in deren Sammlung befinden, unter den Voraussetzungen des § 61 Absatz 2 bis 5 auch durch öffentlich-rechtliche Rundfunkanstalten. 2 Die §§ 61a und 61b gelten entsprechend.

### Unterabschnitt 5a.[2)] Besondere gesetzlich erlaubte Nutzungen nicht verfügbarer Werke

**§ 61d[2)] Nicht verfügbare Werke.** (1) 1 Kulturerbe-Einrichtungen (§ 60d) dürfen nicht verfügbare Werke (§ 52b des Verwertungsgesellschaftengesetzes[3)]) aus ihrem Bestand vervielfältigen oder vervielfältigen lassen sowie der Öffentlichkeit zugänglich machen. 2 Dies gilt nur, wenn keine Verwertungsgesellschaft besteht, die diese Rechte für die jeweiligen Arten von Werken wahrnimmt und insoweit repräsentativ (§ 51b des Verwertungsgesellschaftengesetzes) ist. 3 Nutzungen nach Satz 1 sind nur zu nicht kommerziellen Zwecken zulässig. 4 Die öffentliche Zugänglichmachung ist nur auf nicht kommerziellen Internetseiten erlaubt.

(2) Der Rechtsinhaber kann der Nutzung nach Absatz 1 jederzeit gegenüber dem Amt der Europäischen Union für geistiges Eigentum widersprechen.

(3) 1 Die Kulturerbe-Einrichtung informiert während der gesamten Nutzungsdauer im Online-Portal des Amtes der Europäischen Union für geistiges Eigentum über die betreffenden Werke, deren Nutzung und das Recht zum Widerspruch. 2 Die öffentliche Zugänglichmachung darf erst erfolgen, wenn der Rechtsinhaber der Nutzung innerhalb von sechs Monaten seit Beginn der Bekanntgabe der Informationen nach Satz 1 nicht widersprochen hat.

---

1) §§ 61b, 61c eingef. mWv 1.1.2014 durch G v. 1.10.2013 (BGBl. I S. 3728).
2) UAbschnitt 5a (§§ 61d–61g) eingef. mWv 7.6.2021 durch G v. 31.5.2021 (BGBl. I S. 1204).
3) **Habersack, Deutsche Gesetze ErgBd. Nr. 65a.**

(4) [1]Die Nutzung nach Absatz 1 in Mitgliedstaaten der Europäischen Union und Vertragsstaaten des Abkommens über den Europäischen Wirtschaftsraum gilt als nur in dem Mitgliedstaat oder Vertragsstaat erfolgt, in dem die Kulturerbe-Einrichtung ihren Sitz hat. [2]Absatz 1 ist nicht auf Werkreihen anzuwenden, die überwiegend Werke aus Drittstaaten (§ 52c des Verwertungsgesellschaftengesetzes) enthalten.

**§ 61e[1)] Verordnungsermächtigung.** Das Bundesministerium der Justiz und für Verbraucherschutz wird ermächtigt, durch Rechtsverordnung ohne Zustimmung des Bundesrates zu folgenden Regelungen nähere Bestimmungen zu treffen:
1. Ausübung und Rechtsfolgen des Widerspruchs des Rechtsinhabers (§ 61d Absatz 2),
2. Informationspflichten (§ 61d Absatz 3).

**§ 61f[1)] Information über nicht verfügbare Werke.** Verwertungsgesellschaften, Kulturerbe-Einrichtungen und das Amt der Europäischen Union für geistiges Eigentum dürfen Werke vervielfältigen und der Öffentlichkeit zugänglich machen, soweit dies erforderlich ist, um im Online-Portal des Amtes darüber zu informieren, dass die Verwertungsgesellschaft Rechte an diesem Werk gemäß § 52 des Verwertungsgesellschaftengesetzes[2)] einräumt oder eine Kulturerbe-Einrichtung dieses Werk gemäß § 61d nutzt.

**§ 61g[1)] Gesetzlich erlaubte Nutzung und vertragliche Nutzungsbefugnis.** Auf Vereinbarungen, die erlaubte Nutzungen nach den §§ 61d und 61f zum Nachteil der Nutzungsberechtigten beschränken oder untersagen, kann sich der Rechtsinhaber nicht berufen.

### Unterabschnitt 6.[3)] Gemeinsame Vorschriften für gesetzlich erlaubte Nutzungen

**§ 62[4)] Änderungsverbot.** (1) [1]Soweit nach den Bestimmungen dieses Abschnitts die Benutzung eines Werkes zulässig ist, dürfen Änderungen an dem Werk nicht vorgenommen werden. [2]§ 39 gilt entsprechend.

(2) Soweit der Benutzungszweck es erfordert, sind Übersetzungen und solche Änderungen des Werkes zulässig, die nur Auszüge oder Übertragungen in eine andere Tonart oder Stimmlage darstellen.

(3) Bei Werken der bildenden Künste und Lichtbildwerken sind Übertragungen des Werkes in eine andere Größe und solche Änderungen zulässig, die das für die Vervielfältigung angewendete Verfahren mit sich bringt.

(4) Bei Nutzungen nach den §§ 45a bis 45c sind solche Änderungen zulässig, die für die Herstellung eines barrierefreien Formats erforderlich sind.

(4a) Soweit es der Benutzungszweck nach § 51a erfordert, sind Änderungen des Werkes zulässig.

---

[1)] UAbschnitt 5a (§§ 61d–61g) eingef. mWv 7.6.2021 durch G v. 31.5.2021 (BGBl. I S. 1204).
[2)] **Habersack, Deutsche Gesetze ErgBd. Nr. 65a.**
[3)] UAbschnitt 6 Überschrift eingef. mWv 1.3.2018 durch G v. 1.9.2017 (BGBl. I S. 3346).
[4)] § 62 Abs. 4 Satz 3 geänd. durch G v. 10.11.1972 (BGBl. I S. 2081); Abs. 4 Satz 2 geänd. mWv 13.9. 2003 durch G v. 10 9.2003 (BGBl. I S. 1774); Abs. 4 Satz 1 neu gef., Satz 4 angef. mWv 1.3.2018 durch G v. 1.9.2017 (BGBl. I S. 3346); Abs. 4 eingef., bish. Abs. 4 wird Abs. 5 mWv 1.1.2019 durch G v. 28.11. 2018 (BGBl. I S. 2014); Abs. 4a eingef. mWv 7.6.2021 durch G v. 31.5.2021 (BGBl. I S. 1204).

(5) [1]Bei Sammlungen für den religiösen Gebrauch (§ 46), bei Nutzungen für Unterricht und Lehre (§ 60a) und bei Unterrichts- und Lehrmedien (§ 60b) sind auch solche Änderungen von Sprachwerken zulässig, die für den religiösen Gebrauch und für die Veranschaulichung des Unterrichts und der Lehre erforderlich sind. [2]Diese Änderungen bedürfen jedoch der Einwilligung des Urhebers, nach seinem Tode der Einwilligung seines Rechtsnachfolgers (§ 30), wenn dieser Angehöriger (§ 60 Abs. 2) des Urhebers ist oder das Urheberrecht auf Grund letztwilliger Verfügung des Urhebers erworben hat. [3]Die Einwilligung gilt als erteilt, wenn der Urheber oder der Rechtsnachfolger nicht innerhalb eines Monats, nachdem ihm die beabsichtigte Änderung mitgeteilt worden ist, widerspricht und er bei der Mitteilung der Änderung auf diese Rechtsfolge hingewiesen worden ist. [4]Bei Nutzungen für Unterricht und Lehre (§ 60a) sowie für Unterrichts- und Lehrmedien (§ 60b) bedarf es keiner Einwilligung, wenn die Änderungen deutlich sichtbar kenntlich gemacht werden.

**§ 63[1)] Quellenangabe.** (1) [1]Wenn ein Werk oder ein Teil eines Werkes in den Fällen des § 45 Abs. 1, der §§ 45a bis 48, 50, 51, 58, 59 sowie der §§ 60a bis 60c, 61, 61c, 61d und 61f vervielfältigt oder verbreitet wird, ist stets die Quelle deutlich anzugeben. [2]Bei der Vervielfältigung oder Verbreitung ganzer Sprachwerke oder ganzer Werke der Musik ist neben dem Urheber auch der Verlag anzugeben, in dem das Werk erschienen ist, und außerdem kenntlich zu machen, ob an dem Werk Kürzungen oder andere Änderungen vorgenommen worden sind. [3]Die Verpflichtung zur Quellenangabe entfällt, wenn die Quelle weder auf dem benutzten Werkstück oder bei der benutzten Werkwiedergabe genannt noch dem zur Vervielfältigung oder Verbreitung Befugten anderweit bekannt ist oder im Fall des § 60a oder des § 60b Prüfungszwecke einen Verzicht auf die Quellenangabe erfordern.

(2) [1]Soweit nach den Bestimmungen dieses Abschnitts die öffentliche Wiedergabe eines Werkes zulässig ist, ist die Quelle deutlich anzugeben, wenn und soweit die Verkehrssitte es erfordert. [2]In den Fällen der öffentlichen Wiedergabe nach den §§ 46, 48, 51, 60a bis 60d, 61, 61c, 61d und 61f sowie bei digitalen sonstigen Nutzungen gemäß § 60a ist die Quelle einschließlich des Namens des Urhebers stets anzugeben, es sei denn, dass dies nicht möglich ist.

(3) [1]Wird ein Artikel aus einer Zeitung oder einem anderen Informationsblatt nach § 49 Abs. 1 in einer anderen Zeitung oder in einem anderen Informationsblatt abgedruckt oder durch Funk gesendet, so ist stets außer dem Urheber, der in der benutzten Quelle bezeichnet ist, auch die Zeitung oder das Informationsblatt anzugeben, woraus der Artikel entnommen ist; ist dort eine andere Zeitung oder ein anderes Informationsblatt als Quelle angeführt, so ist diese Zeitung oder dieses Informationsblatt anzugeben. [2]Wird ein Rundfunkkommentar nach § 49 Abs. 1 in einer Zeitung oder einem anderen Informationsblatt abgedruckt oder durch Funk gesendet, so ist stets außer dem Urheber auch das Sendeunternehmen anzugeben, das den Kommentar gesendet hat.

---

[1)] § 63 Abs. 1 Satz 2 eingef., bish. Sätze 2 und 3 werden Sätze 3 und 4 durch G v. 22.7.1997 (BGBl. I S. 1870); Abs. 1 Satz 1 neu gef., Abs. 2 Satz 2 angef. mWv 13.9.2003 durch G v. 10.9.2003 (BGBl. I S. 1774); Abs. 1 Satz 1 geänd., Satz 2 aufgeh., bish. Sätze 3 und 4 werden Sätze 2 und 3 mWv 1.1.2008 durch G v. 26.10.2007 (BGBl. I S. 2513); Abs. 1 Satz 1 geänd. mWv 1.1.2014 durch G v. 1.10.2013 (BGBl. I S. 3728); Abs. 1 Sätze 1–3 geänd., Abs. 2 Satz 2 neu gef. mWv 1.3.2018 durch G v. 1.9.2017 (BGBl. I S. 3346); Abs. 1 Satz 1, Abs. 2 Satz 2 geänd. mWv 7.6.2021 durch G v. 31.5.2021 (BGBl. I S. 1204).

**§ 63a[1] Gesetzliche Vergütungsansprüche.** (1) [1] Auf gesetzliche Vergütungsansprüche nach diesem Abschnitt kann der Urheber im Voraus nicht verzichten. [2] Sie können im Voraus nur an eine Verwertungsgesellschaft abgetreten werden.

(2) [1] Hat der Urheber einem Verleger ein Recht an seinem Werk eingeräumt, so ist der Verleger in Bezug auf dieses Recht angemessen an den gesetzlichen Vergütungsansprüchen nach diesem Abschnitt zu beteiligen. [2] In diesem Fall können gesetzliche Vergütungsansprüche nur durch eine gemeinsame Verwertungsgesellschaft von Urhebern und Verlegern geltend gemacht werden.

(3) Absatz 2 ist auf den Vergütungsanspruch nach § 27 Absatz 2 entsprechend anzuwenden.

## Abschnitt 7. Dauer des Urheberrechts

**§ 64[2] Allgemeines.** Das Urheberrecht erlischt siebzig Jahre nach dem Tode des Urhebers.[3]

**§ 65[4] Miturheber, Filmwerke, Musikkomposition mit Text.** (1) Steht das Urheberrecht mehreren Miturhebern (§ 8) zu, so erlischt es siebzig Jahre nach dem Tode des längstlebenden Miturhebers.

(2) Bei Filmwerken und Werken, die ähnlich wie Filmwerke hergestellt werden, erlischt das Urheberrecht siebzig Jahre nach dem Tod des Längstlebenden der folgenden Personen: Hauptregisseur, Urheber des Drehbuchs, Urheber der Dialoge, Komponist der für das betreffende Filmwerk komponierten Musik.

(3) [1] Die Schutzdauer einer Musikkomposition mit Text erlischt 70 Jahre nach dem Tod des Längstlebenden der folgenden Personen: Verfasser des Textes, Komponist der Musikkomposition, sofern beide Beiträge eigens für die betreffende Musikkomposition mit Text geschaffen wurden. [2] Dies gilt unabhängig davon, ob diese Personen als Miturheber ausgewiesen sind.

**§ 66[5] Anonyme und pseudonyme Werke.** (1) [1] Bei anonymen und pseudonymen Werken erlischt das Urheberrecht siebzig Jahre nach der Veröffentlichung. [2] Es erlischt jedoch bereits siebzig Jahre nach der Schaffung des Werkes, wenn das Werk innerhalb dieser Frist nicht veröffentlicht worden ist.

(2) [1] Offenbart der Urheber seine Identität innerhalb der in Absatz 1 Satz 1 bezeichneten Frist oder läßt das vom Urheber angenommene Pseudonym keinen Zweifel an seiner Identität zu, so berechnet sich die Dauer des Urheberrechts nach den §§ 64 und 65. [2] Dasselbe gilt, wenn innerhalb der in Absatz 1 Satz 1 bezeichneten Frist der wahre Name des Urhebers zur Eintragung in das Register anonymer und pseudonymer Werke (§ 138) angemeldet wird.

(3) Zu den Handlungen nach Absatz 2 sind der Urheber, nach seinem Tode sein Rechtsnachfolger (§ 30) oder der Testamentsvollstrecker (§ 28 Abs. 2) berechtigt.

---

[1] § 63a neu gef. mWv 7.6.2021 durch G v. 31.5.2021 (BGBl. I S. 1204).

[2] § 64 Abs. 2 aufgeh. durch G v. 23.6.1995 (BGBl. I S. 842).

[3] Siehe Bek. des Notenwechsels zwischen der Regierung der Bundesrepublik Deutschland und der Regierung der Republik Österreich über die Dauer des Urheberrechtsschutzes nach Art. 7 Abs. 2 und 3 der Brüsseler Fassung der Berner Übereinkunft zum Schutz von Werken der Literatur und Kunst v. 22.4. 1975 (BGBl. II S. 834) und Bek. des Notenwechsels mit der Regierung der Französischen Republik v. 21.1.1975 (BGBl. II S. 189).

[4] § 65 Überschrift neu gef., Abs. 2 angef. durch G v. 23.6.1995 (BGBl. I S. 842); Überschrift neu gef., Abs. 3 angef. mWv 6.7.2013 durch G v. 2.7.2013 (BGBl. I S. 1940).

[5] § 66 neu gef. durch G v. 23.6.1995 (BGBl. I S. 842); Abs. 2 Satz 2 geänd. mWv 1.1.2002 durch G v. 13.12.2001 (BGBl. I S. 3656).

**§ 67[1)] Lieferungswerke.** Bei Werken, die in inhaltlich nicht abgeschlossenen Teilen (Lieferungen) veröffentlicht werden, berechnet sich im Falle des § 66 Abs. 1 Satz 1 die Schutzfrist einer jeden Lieferung gesondert ab dem Zeitpunkt ihrer Veröffentlichung.

**§ 68[2)] Vervielfältigungen gemeinfreier visueller Werke.** Vervielfältigungen gemeinfreier visueller Werke werden nicht durch verwandte Schutzrechte nach den Teilen 2 und 3 geschützt.

**§ 69 Berechnung der Fristen.** Die Fristen dieses Abschnitts beginnen mit dem Ablauf des Kalenderjahres, in dem das für den Beginn der Frist maßgebende Ereignis eingetreten ist.

### Abschnitt 8.[3)] Besondere Bestimmungen für Computerprogramme

**§ 69a[3)] Gegenstand des Schutzes.** (1) Computerprogramme im Sinne dieses Gesetzes sind Programme in jeder Gestalt, einschließlich des Entwurfsmaterials.

(2) [1]Der gewährte Schutz gilt für alle Ausdrucksformen eines Computerprogramms. [2]Ideen und Grundsätze, die einem Element eines Computerprogramms zugrunde liegen, einschließlich der den Schnittstellen zugrundeliegenden Ideen und Grundsätze, sind nicht geschützt.

(3) [1]Computerprogramme werden geschützt, wenn sie individuelle Werke in dem Sinne darstellen, daß sie das Ergebnis der eigenen geistigen Schöpfung ihres Urhebers sind. [2]Zur Bestimmung ihrer Schutzfähigkeit sind keine anderen Kriterien, insbesondere nicht qualitative oder ästhetische, anzuwenden.

(4) Auf Computerprogramme finden die für Sprachwerke geltenden Bestimmungen Anwendung, soweit in diesem Abschnitt nichts anderes bestimmt ist.

(5) Die §§ 32 bis 32g, 36 bis 36d, 40a und 41 sind auf Computerprogramme nicht anzuwenden.

**§ 69b[3)] Urheber in Arbeits- und Dienstverhältnissen.** (1) Wird ein Computerprogramm von einem Arbeitnehmer in Wahrnehmung seiner Aufgaben oder nach den Anweisungen seines Arbeitgebers geschaffen, so ist ausschließlich der Arbeitgeber zur Ausübung aller vermögensrechtlichen Befugnisse an dem Computerprogramm berechtigt, sofern nichts anderes vereinbart ist.

(2) Absatz 1 ist auf Dienstverhältnisse entsprechend anzuwenden.

**§ 69c[4)] Zustimmungsbedürftige Handlungen.** Der Rechtsinhaber hat das ausschließliche Recht, folgende Handlungen vorzunehmen oder zu gestatten:

1. die dauerhafte oder vorübergehende Vervielfältigung, ganz oder teilweise, eines Computerprogramms mit jedem Mittel und in jeder Form. Soweit das Laden, Anzeigen, Ablaufen, Übertragen oder Speichern des Computerprogramms eine Vervielfältigung erfordert, bedürfen diese Handlungen der Zustimmung des Rechtsinhabers;

---

1) § 67 neu gef. durch G v. 23.6.1995 (BGBl. I S. 842).

2) § 68 neu gef. mWv 7.6.2021 durch G v. 31.5.2021 (BGBl. I S. 1204).

3) Abschnitt 8 (§§ 69a–69g) eingef. durch G v. 9.6.1993 (BGBl. I S. 910); § 69a Abs. 5 neu gef. mWv *7.6.2021 durch G v. 31.5.2021* (BGBl. I S. 1204).

4) § 69c eingef. durch G v. 9.6.1993 (BGBl. I S. 910); Nr. 3 geänd. durch G v. 27.9.1993 (BGBl. I S. 1666); Nr. 3 geänd. durch G v. 16.7.1998 (BGBl. I S. 1827); Nr. 3 geänd., Nr. 4 angef. mWv 13.9. 2003 durch G v. 10.9.2003 (BGBl. I S. 1774).

2. die Übersetzung, die Bearbeitung, das Arrangement und andere Umarbeitungen eines Computerprogramms sowie die Vervielfältigung der erzielten Ergebnisse. Die Rechte derjenigen, die das Programm bearbeiten, bleiben unberührt;
3. jede Form der Verbreitung des Originals eines Computerprogramms oder von Vervielfältigungsstücken, einschließlich der Vermietung. Wird ein Vervielfältigungsstück eines Computerprogramms mit Zustimmung des Rechtsinhabers im Gebiet der Europäischen Union oder eines anderen Vertragsstaates des Abkommens über den Europäischen Wirtschaftsraum im Wege der Veräußerung in Verkehr gebracht, so erschöpft sich das Verbreitungsrecht in bezug auf dieses Vervielfältigungsstück mit Ausnahme des Vermietrechts;
4. die drahtgebundene oder drahtlose öffentliche Wiedergabe eines Computerprogramms einschließlich der öffentlichen Zugänglichmachung in der Weise, dass es Mitgliedern der Öffentlichkeit von Orten und zu Zeiten ihrer Wahl zugänglich ist.

## § 69d[1)] Ausnahmen von den zustimmungsbedürftigen Handlungen.

(1) Soweit keine besonderen vertraglichen Bestimmungen vorliegen, bedürfen die in § 69c Nr. 1 und 2 genannten Handlungen nicht der Zustimmung des Rechtsinhabers, wenn sie für eine bestimmungsgemäße Benutzung des Computerprogramms einschließlich der Fehlerberichtigung durch jeden zur Verwendung eines Vervielfältigungsstücks des Programms Berechtigten notwendig sind.

(2) [1] Die Erstellung einer Sicherungskopie durch eine Person, die zur Benutzung des Programms berechtigt ist, darf nicht vertraglich untersagt werden, wenn sie für die Sicherung künftiger Benutzung erforderlich ist. [2] Für Vervielfältigungen zum Zweck der Erhaltung sind § 60e Absatz 1 und 6 sowie § 60f Absatz 1 und 3 anzuwenden.

(3) Der zur Verwendung eines Vervielfältigungsstücks eines Programms Berechtigte kann ohne Zustimmung des Rechtsinhabers das Funktionieren dieses Programms beobachten, untersuchen oder testen, um die einem Programmelement zugrundeliegenden Ideen und Grundsätze zu ermitteln, wenn dies durch Handlungen zum Laden, Anzeigen, Ablaufen, Übertragen oder Speichern des Programms geschieht, zu denen er berechtigt ist.

(4) Computerprogramme dürfen für das Text und Data Mining nach § 44b auch gemäß § 69c Nummer 2 genutzt werden.

(5) § 60a ist auf Computerprogramme mit folgenden Maßgaben anzuwenden:
1. Nutzungen sind digital unter Verantwortung einer Bildungseinrichtung in ihren Räumlichkeiten, an anderen Orten oder in einer gesicherten elektronischen Umgebung zulässig.
2. Die Computerprogramme dürfen auch gemäß § 69c Nummer 2 genutzt werden.
3. Die Computerprogramme dürfen vollständig genutzt werden.
4. Die Nutzung muss zum Zweck der Veranschaulichung von Unterricht und Lehre gerechtfertigt sein.

(6) § 60d ist auf Computerprogramme nicht anzuwenden.

---

[1)] § 69d eingef. durch G v. 9.6.1993 (BGBl. I S. 910); Abs. 2 Satz 2, Abs. 4–7 angef. mWv 7.6.2021 durch G v. 31.5.2021 (BGBl. I S. 1204).

(7) Die §§ 61d bis 61f sind auf Computerprogramme mit der Maßgabe anzuwenden, dass die Computerprogramme auch gemäß § 69c Nummer 2 genutzt werden dürfen.

**§ 69e[1)] Dekompilierung.** (1) Die Zustimmung des Rechtsinhabers ist nicht erforderlich, wenn die Vervielfältigung des Codes oder die Übersetzung der Codeform im Sinne des § 69c Nr. 1 und 2 unerläßlich ist, um die erforderlichen Informationen zur Herstellung der Interoperabilität eines unabhängig geschaffenen Computerprogramms mit anderen Programmen zu erhalten, sofern folgende Bedingungen erfüllt sind:

1. Die Handlungen werden von dem Lizenznehmer oder von einer anderen zur Verwendung eines Vervielfältigungsstücks des Programms berechtigten Person oder in deren Namen von einer hierzu ermächtigten Person vorgenommen;
2. die für die Herstellung der Interoperabilität notwendigen Informationen sind für die in Nummer 1 genannten Personen noch nicht ohne weiteres zugänglich gemacht;
3. die Handlungen beschränken sich auf die Teile des ursprünglichen Programms, die zur Herstellung der Interoperabilität notwendig sind.

(2) Bei Handlungen nach Absatz 1 gewonnene Informationen dürfen nicht

1. zu anderen Zwecken als zur Herstellung der Interoperabilität des unabhängig geschaffenen Programms verwendet werden,
2. an Dritte weitergegeben werden, es sei denn, daß dies für die Interoperabilität des unabhängig geschaffenen Programms notwendig ist,
3. für die Entwicklung, Herstellung oder Vermarktung eines Programms mit im wesentlichen ähnlicher Ausdrucksform oder für irgendwelche anderen das Urheberrecht verletzenden Handlungen verwendet werden.

(3) Die Absätze 1 und 2 sind so auszulegen, daß ihre Anwendung weder die normale Auswertung des Werkes beeinträchtigt noch die berechtigten Interessen des Rechtsinhabers unzumutbar verletzt.

**§ 69f[1)] Rechtsverletzungen; ergänzende Schutzbestimmungen.**

(1) [1]Der Rechtsinhaber kann von dem Eigentümer oder Besitzer verlangen, daß alle rechtswidrig hergestellten, verbreiteten oder zur rechtswidrigen Verbreitung bestimmten Vervielfältigungsstücke vernichtet werden. [2]§ 98 Abs. 3 und 4 ist entsprechend anzuwenden.

(2) [1]Absatz 1 ist entsprechend auf Mittel anzuwenden, die allein dazu bestimmt sind, die unerlaubte Beseitigung oder Umgehung technischer Programmschutzmechanismen zu erleichtern. [2]Satz 1 gilt nicht für Mittel, die Kulturerbe-Einrichtungen einsetzen, um von der gesetzlichen Nutzungserlaubnis des § 61d, auch in Verbindung mit § 69d Absatz 7, Gebrauch zu machen.

(3) Auf technische Programmschutzmechanismen ist in den Fällen des § 44b, auch in Verbindung mit § 69d Absatz 4, des § 60a, auch in Verbindung mit § 69d Absatz 5, des § 60e Absatz 1 oder 6 sowie des § 60f Absatz 1 oder 3 nur § 95b entsprechend anzuwenden.

---

1) §§ 69e, 69f eingef. durch G v. 9.6.1993 (BGBl. I S. 910); § 69f Abs. 1 Satz 2 geänd. mWv 1.9.2008 durch G v. 7.7.2008 (BGBl. I S. 1191); Überschrift geänd., Abs. 2 Satz 2, Abs. 3 angef. mWv 7.6.2021 durch G v. 31.5.2021 (BGBl. I S. 1204).

**§ 69g[1)] Anwendung sonstiger Rechtsvorschriften; Vertragsrecht.** (1) Die Bestimmungen dieses Abschnitts lassen die Anwendung sonstiger Rechtsvorschriften auf Computerprogramme, insbesondere über den Schutz von Erfindungen, Topographien von Halbleitererzeugnissen, Marken und den Schutz gegen unlauteren Wettbewerb einschließlich des Schutzes von Geschäfts- und Betriebsgeheimnissen, sowie schuldrechtliche Vereinbarungen unberührt.

(2) Vertragliche Bestimmungen, die in Widerspruch zu § 69d Absatz 2, 3, 5 oder 7 oder zu § 69e stehen, sind nichtig.

## Teil 2. Verwandte Schutzrechte

### Abschnitt 1. Schutz bestimmter Ausgaben

**§ 70[2)] Wissenschaftliche Ausgaben.** (1) Ausgaben urheberrechtlich nicht geschützter Werke oder Texte werden in entsprechender Anwendung der Vorschriften des Teils 1 geschützt, wenn sie das Ergebnis wissenschaftlich sichtender Tätigkeit darstellen und sich wesentlich von den bisher bekannten Ausgaben der Werke oder Texte unterscheiden.

(2) Das Recht steht dem Verfasser der Ausgabe zu.

(3) [1]Das Recht erlischt fünfundzwanzig Jahre nach dem Erscheinen der Ausgabe, jedoch bereits fünfundzwanzig Jahre nach der Herstellung, wenn die Ausgabe innerhalb dieser Frist nicht erschienen ist. [2]Die Frist ist nach § 69 zu berechnen.

**§ 71[3)] Nachgelassene Werke.** (1) [1]Wer ein nicht erschienenes Werk nach Erlöschen des Urheberrechts erlaubterweise erstmals erscheinen läßt oder erstmals öffentlich wiedergibt, hat das ausschließliche Recht, das Werk zu verwerten. [2]Das gleiche gilt für nicht erschienene Werke, die im Geltungsbereich dieses Gesetzes niemals geschützt waren, deren Urheber aber schon länger als siebzig Jahre tot ist. [3]Die §§ 5 und 10 Abs. 1 sowie die §§ 15 bis 23, 26, 27, 44a bis 63 und 88 sind sinngemäß anzuwenden.

(2) Das Recht ist übertragbar.

(3) [1]Das Recht erlischt fünfundzwanzig Jahre nach dem Erscheinen des Werkes oder, wenn seine erste öffentliche Wiedergabe früher erfolgt ist, nach dieser. [2]Die Frist ist nach § 69 zu berechnen.

### Abschnitt 2. Schutz der Lichtbilder

**§ 72[4)] Lichtbilder.** (1) Lichtbilder und Erzeugnisse, die ähnlich wie Lichtbilder hergestellt werden, werden in entsprechender Anwendung der für Lichtbildwerke geltenden Vorschriften des Teils 1 geschützt.

(2) Das Recht nach Absatz 1 steht dem Lichtbildner zu.

---

[1)] § 69g eingef. durch G v. 9.6.1993 (BGBl. I S. 910); Abs. 1 geänd. durch G v. 25.10.1994 (BGBl. I S. 3081); Abs. 2 geänd. mWv 7.6.2021 durch G v. 31.5.2021 (BGBl. I S. 1204).

[2)] § 70 Abs. 3 Satz 1 geänd. durch G v. 7.3.1990 (BGBl. I S. 422); Abs. 1 geänd. mWv 13.9.2003 durch G v. 10.9.2003 (BGBl. I S. 1774).

[3)] § 71 neu gef. durch G v. 23.6.1995 (BGBl. I S. 842); Abs. 1 Satz 3 neu gef. mWv 1.7.2002 durch G v. 22.3.2002 (BGBl. S. 1155); Abs. 1 Satz 3 geänd., Abs. 3 Satz 2 angef. mWv 1.1.2008 durch G v. 26.10.2007 (BGBl. I S. 2513); Abs. 1 Satz 3 geänd. mWv 1.9.2008 durch G v. 7.7.2008 (BGBl. I S. 1191); Abs. 1 Satz 3 geänd. mWv 7.6.2021 durch G v. 31.5.2021 (BGBl. I S. 1204).

[4)] § 72 neu gef. durch G v. 24.6.1985 (BGBl. I S. 1137); Abs. 3 Satz 1 neu gef. durch G v. 23.6.1995 (BGBl. I S. 842); Abs. 1 geänd. mWv 13.9.2003 durch G v. 10.9.2003 (BGBl. I S. 1774).

(3) [1]Das Recht nach Absatz 1 erlischt fünfzig Jahre nach dem Erscheinen des Lichtbildes oder, wenn seine erste erlaubte öffentliche Wiedergabe früher erfolgt ist, nach dieser, jedoch bereits fünfzig Jahre nach der Herstellung, wenn das Lichtbild innerhalb dieser Frist nicht erschienen oder erlaubterweise öffentlich wiedergegeben worden ist. [2]Die Frist ist nach § 69 zu berechnen.

### Abschnitt 3. Schutz des ausübenden Künstlers[1)]

**§ 73[2)] Ausübender Künstler.** Ausübender Künstler im Sinne dieses Gesetzes ist, wer ein Werk oder eine Ausdrucksform der Volkskunst aufführt, singt, spielt oder auf eine andere Weise darbietet oder an einer solchen Darbietung künstlerisch mitwirkt.

**§ 74[2)] Anerkennung als ausübender Künstler.** (1) [1]Der ausübende Künstler hat das Recht, in Bezug auf seine Darbietung als solcher anerkannt zu werden. [2]Er kann dabei bestimmen, ob und mit welchem Namen er genannt wird.

(2) [1]Haben mehrere ausübende Künstler gemeinsam eine Darbietung erbracht und erfordert die Nennung jedes einzelnen von ihnen einen unverhältnismäßigen Aufwand, so können sie nur verlangen, als Künstlergruppe genannt zu werden. [2]Hat die Künstlergruppe einen gewählten Vertreter (Vorstand), so ist dieser gegenüber Dritten allein zur Vertretung befugt. [3]Hat eine Gruppe keinen Vorstand, so kann das Recht nur durch den Leiter der Gruppe, mangels eines solchen nur durch einen von der Gruppe zu wählenden Vertreter geltend gemacht werden. [4]Das Recht eines beteiligten ausübenden Künstlers auf persönliche Nennung bleibt bei einem besonderen Interesse unberührt.

(3) § 10 Abs. 1 gilt entsprechend.

**§ 75[2)] Beeinträchtigung der Darbietung.** [1]Der ausübende Künstler hat das Recht, eine Entstellung oder eine andere Beeinträchtigung seiner Darbietung zu verbieten, die geeignet ist, sein Ansehen oder seinen Ruf als ausübender Künstler zu gefährden. [2]Haben mehrere ausübende Künstler gemeinsam eine Darbietung erbracht, so haben sie bei der Ausübung des Rechts aufeinander angemessene Rücksicht zu nehmen.

**§ 76[2)] Dauer der Persönlichkeitsrechte.** [1]Die in den §§ 74 und 75 bezeichneten Rechte erlöschen mit dem Tode des ausübenden Künstlers, jedoch erst 50 Jahre nach der Darbietung, wenn der ausübende Künstler vor Ablauf dieser Frist verstorben ist, sowie nicht vor Ablauf der für die Verwertungsrechte nach § 82 geltenden Frist. [2]Die Frist ist nach § 69 zu berechnen. [3]Haben mehrere ausübende Künstler gemeinsam eine Darbietung erbracht, so ist der Tod des letzten der beteiligten ausübenden Künstler maßgeblich. [4]Nach dem Tod des ausübenden Künstlers stehen die Rechte seinen Angehörigen (§ 60 Abs. 2) zu.

**§ 77[2)] Aufnahme, Vervielfältigung und Verbreitung.** (1) Der ausübende Künstler hat das ausschließliche Recht, seine Darbietung auf Bild- oder Tonträger aufzunehmen.

---

1) Beachte auch Internationales Abkommen über den Schutz der ausübenden Künstler, der Hersteller von Tonträgern und der Sendeunternehmen v. 26.10.1961 (BGBl. 1965 II S. 1244), G zu dem Internationalen Abkommen v. 15.9.1965 (BGBl. II S. 1243) und Bek. über das Inkrafttreten v. 21.10.1966 (BGBl. II S. 1473, ber. 1967 II S. 2004).

2) §§ 73–77 neu gef. mWv 13.9.2003 durch G v. 10.9.2003 (BGBl. I S. 1774); § 74 Abs. 3 angef. mWv 1.9.2008 durch G v. 7.7.2008 (BGBl. I S. 1191).

(2) [1]Der ausübende Künstler hat das ausschließliche Recht, den Bild- oder Tonträger, auf den seine Darbietung aufgenommen worden ist, zu vervielfältigen und zu verbreiten. [2]§ 27 ist entsprechend anzuwenden.

**§ 78[1)] Öffentliche Wiedergabe.** (1) Der ausübende Künstler hat das ausschließliche Recht, seine Darbietung

1. öffentlich zugänglich zu machen (§ 19a),
2. zu senden, es sei denn, dass die Darbietung erlaubterweise auf Bild- oder Tonträger aufgenommen worden ist, die erschienen oder erlaubterweise öffentlich zugänglich gemacht worden sind,
3. außerhalb des Raumes, in dem sie stattfindet, durch Bildschirm, Lautsprecher oder ähnliche technische Einrichtungen öffentlich wahrnehmbar zu machen.

(2) Dem ausübenden Künstler ist eine angemessene Vergütung zu zahlen, wenn

1. die Darbietung nach Absatz 1 Nr. 2 erlaubterweise gesendet,
2. die Darbietung mittels Bild- oder Tonträger öffentlich wahrnehmbar gemacht oder
3. die Sendung oder die auf öffentlicher Zugänglichmachung beruhende Wiedergabe der Darbietung öffentlich wahrnehmbar gemacht wird.

(3) [1]Auf Vergütungsansprüche nach Absatz 2 kann der ausübende Künstler im Voraus nicht verzichten. [2]Sie können im Voraus nur an eine Verwertungsgesellschaft abgetreten werden.

(4) § 20b gilt entsprechend.

**§ 79[1)] Nutzungsrechte.** (1) [1]Der ausübende Künstler kann seine Rechte und Ansprüche aus den §§ 77 und 78 übertragen. [2]§ 78 Abs. 3 und 4 bleibt unberührt.

(2) Der ausübende Künstler kann einem anderen das Recht einräumen, die Darbietung auf einzelne oder alle der ihm vorbehaltenen Nutzungsarten zu nutzen.

(2a) Auf Übertragungen nach Absatz 1 und Rechtseinräumungen nach Absatz 2 sind die §§ 31, 32 bis 32b, 32d bis 40, 41, 42 und 43 entsprechend anzuwenden.

(3) [1]Unterlässt es der Tonträgerhersteller, Kopien des Tonträgers in ausreichender Menge zum Verkauf anzubieten oder den Tonträger öffentlich zugänglich zu machen, so kann der ausübende Künstler den Vertrag, mit dem er dem Tonträgerhersteller seine Rechte an der Aufzeichnung der Darbietung eingeräumt oder übertragen hat (Übertragungsvertrag), kündigen. [2]Die Kündigung ist zulässig

1. nach Ablauf von 50 Jahren nach dem Erscheinen eines Tonträgers oder 50 Jahre nach der ersten erlaubten Benutzung des Tonträgers zur öffentlichen Wiedergabe, wenn der Tonträger nicht erschienen ist, und
2. wenn der Tonträgerhersteller innerhalb eines Jahres nach Mitteilung des ausübenden Künstlers, den Übertragungsvertrag kündigen zu wollen, nicht beide in Satz 1 genannten Nutzungshandlungen ausführt.

[3]Ist der Übertragungsvertrag gekündigt, so erlöschen die Rechte des Tonträgerherstellers am Tonträger. [4]Auf das Kündigungsrecht kann der ausübende Künstler nicht verzichten.

---

[1)] §§ 78, 79 neu gef. mWv 13.9.2003 durch G v. 10.9.2003 (BGBl. I S. 1774); § 79 Abs. 3 angef. mWv 6.7.2013 durch G v. 2.7.2013 (BGBl. I S. 1940); Abs. 2 Satz 2 aufgeh., Abs. 2a eingef. mWv 1.3.2017 durch G v. 20.12.2016 (BGBl. I S. 3037).

**§ 79a[1)] Vergütungsanspruch des ausübenden Künstlers.** (1) [1]Hat der ausübende Künstler einem Tonträgerhersteller gegen Zahlung einer einmaligen Vergütung Rechte an seiner Darbietung eingeräumt oder übertragen, so hat der Tonträgerhersteller dem ausübenden Künstler eine zusätzliche Vergütung in Höhe von 20 Prozent der Einnahmen zu zahlen, die der Tonträgerhersteller aus der Vervielfältigung, dem Vertrieb und der Zugänglichmachung des Tonträgers erzielt, der die Darbietung enthält. [2]Enthält ein Tonträger die Aufzeichnung der Darbietungen von mehreren ausübenden Künstlern, so beläuft sich die Höhe der Vergütung ebenfalls auf insgesamt 20 Prozent der Einnahmen. [3]Als Einnahmen sind die vom Tonträgerhersteller erzielten Einnahmen vor Abzug der Ausgaben anzusehen.

(2) Der Vergütungsanspruch besteht für jedes vollständige Jahr unmittelbar im Anschluss an das 50. Jahr nach Erscheinen des die Darbietung enthaltenen Tonträgers oder mangels Erscheinen an das 50. Jahr nach dessen erster erlaubter Benutzung zur öffentlichen Wiedergabe.

(3) [1]Auf den Vergütungsanspruch nach Absatz 1 kann der ausübende Künstler nicht verzichten. [2]Der Vergütungsanspruch kann nur durch eine Verwertungsgesellschaft geltend gemacht werden. [3]Er kann im Voraus nur an eine Verwertungsgesellschaft abgetreten werden.

(4) Der Tonträgerhersteller ist verpflichtet, dem ausübenden Künstler auf Verlangen Auskunft über die erzielten Einnahmen und sonstige, zur Bezifferung des Vergütungsanspruchs nach Absatz 1 erforderliche Informationen zu erteilen.

(5) Hat der ausübende Künstler einem Tonträgerhersteller gegen Zahlung einer wiederkehrenden Vergütung Rechte an seiner Darbietung eingeräumt oder übertragen, so darf der Tonträgerhersteller nach Ablauf folgender Fristen weder Vorschüsse noch vertraglich festgelegte Abzüge von der Vergütung abziehen:
1. 50 Jahre nach dem Erscheinen des Tonträgers, der die Darbietung enthält, oder
2. 50 Jahre nach der ersten erlaubten Benutzung des die Darbietung enthaltenden Tonträgers zur öffentlichen Wiedergabe, wenn der Tonträger nicht erschienen ist.

**§ 79b[2)] Vergütung des ausübenden Künstlers für später bekannte Nutzungsarten.** (1) Der ausübende Künstler hat Anspruch auf eine gesonderte angemessene Vergütung, wenn der Vertragspartner eine neue Art der Nutzung seiner Darbietung aufnimmt, die im Zeitpunkt des Vertragsschlusses vereinbart, aber noch unbekannt war.

(2) [1]Hat der Vertragspartner des ausübenden Künstlers das Nutzungsrecht einem Dritten übertragen, haftet der Dritte mit der Aufnahme der neuen Art der Nutzung für die Vergütung. [2]Die Haftung des Vertragspartners entfällt.

(3) Auf die Rechte nach den Absätzen 1 und 2 kann im Voraus nicht verzichtet werden.

**§ 80[3)] Gemeinsame Darbietung mehrerer ausübender Künstler.**

(1) [1]Erbringen mehrere ausübende Künstler gemeinsam eine Darbietung, ohne dass sich ihre Anteile gesondert verwerten lassen, so steht ihnen das Recht zur

---

[1)] § 79a eingef. mWv 6.7.2013 durch G v. 2.7.2013 (BGBl. I S. 1940).
[2)] § 79b eingef. mWv 1.3.2017 durch G v. 20.12.2016 (BGBl. I S. 3037).
[3)] § 80 neu gef. mWv 13.9.2003 durch G v. 10.9.2003 (BGBl. I S. 1774); Abs. 2 geänd. mWv 6.7.2013 durch G v. 2.7.2013 (BGBl. I S. 1940).

Verwertung zur gesamten Hand zu. [2]Keiner der beteiligten ausübenden Künstler darf seine Einwilligung zur Verwertung wider Treu und Glauben verweigern. [3]§ 8 Abs. 2 Satz 3, Abs. 3 und 4 ist entsprechend anzuwenden.

(2) Für die Geltendmachung der sich aus den §§ 77, 78 und 79 Absatz 3 ergebenden Rechte und Ansprüche gilt § 74 Abs. 2 Satz 2 und 3 entsprechend.

**§ 81[1)] Schutz des Veranstalters.** [1]Wird die Darbietung des ausübenden Künstlers von einem Unternehmen veranstaltet, so stehen die Rechte nach § 77 Abs. 1 und 2 Satz 1 sowie § 78 Abs. 1 neben dem ausübenden Künstler auch dem Inhaber des Unternehmens zu. [2]§ 10 Abs. 1, § 31 sowie die §§ 33 und 38 gelten entsprechend.

**§ 82[2)] Dauer der Verwertungsrechte.** (1) [1]Ist die Darbietung des ausübenden Künstlers auf einem Tonträger aufgezeichnet worden, so erlöschen die in den §§ 77 und 78 bezeichneten Rechte des ausübenden Künstlers 70 Jahre nach dem Erscheinen des Tonträgers, oder wenn dessen erste erlaubte Benutzung zur öffentlichen Wiedergabe früher erfolgt ist, 70 Jahre nach dieser. [2]Ist die Darbietung des ausübenden Künstlers nicht auf einem Tonträger aufgezeichnet worden, so erlöschen die in den §§ 77 und 78 bezeichneten Rechte des ausübenden Künstlers 50 Jahre nach dem Erscheinen der Aufzeichnung, oder wenn deren erste erlaubte Benutzung zur öffentlichen Wiedergabe früher erfolgt ist, 50 Jahre nach dieser. [3]Die Rechte des ausübenden Künstlers erlöschen jedoch bereits 50 Jahre nach der Darbietung, wenn eine Aufzeichnung innerhalb dieser Frist nicht erschienen oder nicht erlaubterweise zur öffentlichen Wiedergabe benutzt worden ist.

(2) [1]Die in § 81 bezeichneten Rechte des Veranstalters erlöschen 25 Jahre nach Erscheinen einer Aufzeichnung der Darbietung eines ausübenden Künstlers, oder wenn deren erste erlaubte Benutzung zur öffentlichen Wiedergabe früher erfolgt ist, 25 Jahre nach dieser. [2]Die Rechte erlöschen bereits 25 Jahre nach der Darbietung, wenn eine Aufzeichnung innerhalb dieser Frist nicht erschienen oder nicht erlaubterweise zur öffentlichen Wiedergabe benutzt worden ist.

(3) Die Fristen sind nach § 69 zu berechnen.

**§ 83[3)] Schranken der Verwertungsrechte.** Auf die dem ausübenden Künstler nach den §§ 77 und 78 sowie die dem Veranstalter nach § 81 zustehenden Rechte sind die Vorschriften des Abschnitts 6 des Teils 1 entsprechend anzuwenden.

**§ 84[3)]** *(aufgehoben)*

### Abschnitt 4. Schutz des Herstellers von Tonträgern[4)]

**§ 85[5)] Verwertungsrechte.** (1) [1]Der Hersteller eines Tonträgers hat das ausschließliche Recht, den Tonträger zu vervielfältigen, zu verbreiten und öffentlich

[1)] § 81 neu gef. mWv 13.9.2003 durch G v. 10.9.2003 (BGBl. I S. 1774); Satz 2 geänd. mWv 1.1.2008 durch G v. 26.10.2007 (BGBl. I S. 2513); Satz 2 geänd. mWv 1.9.2008 durch G v. 7.7.2008 (BGBl. I S. 1191, ber. S. 2070).

[2)] § 82 neu gef. mWv 6.7.2013 durch G v. 2.7.2013 (BGBl. I S. 1940).

[3)] § 83 neu gef., § 84 aufgeh. mWv 13.9.2003 durch G v. 10.9.2003 (BGBl. I S. 1774).

[4)] Siehe Übereinkommen zum Schutz der Hersteller von Tonträgern gegen die unerlaubte Vervielfältigung ihrer Tonträger v. 29.10.1971 (BGBl. 1973 II S. 1669), G zu dem Übereinkommen v. 10.12.1973 (BGBl. II S. 1669) und Bek. über das Inkrafttreten vom 29.3.1974 (BGBl. II S. 336).

[5)] § 85 Überschrift neu gef., Abs. 1 Satz 1 geänd., Abs. 2 eingef., bish. Abs. 2 wird Abs. 3 und neu gef., bish. Abs. 3 wird Abs. 4 mWv 13.9.2003 durch G v. 10.9.2003 (BGBl. I S. 1774); Abs. 2 Satz 3 geänd. mWv 1.1.2008 durch G v. 26.10.2007 (BGBl. I S. 2513); Abs. 4 neu gef. mWv 1.9.2008 durch G v. 7.7. →

zugänglich zu machen. [2]Ist der Tonträger in einem Unternehmen hergestellt worden, so gilt der Inhaber des Unternehmens als Hersteller. [3]Das Recht entsteht nicht durch Vervielfältigung eines Tonträgers.

(2) [1]Das Recht ist übertragbar. [2]Der Tonträgerhersteller kann einem anderen das Recht einräumen, den Tonträger auf einzelne oder alle der ihm vorbehaltenen Nutzungsarten zu nutzen. [3]§ 31 und die §§ 33 und 38 gelten entsprechend.

(3) [1]Das Recht erlischt 70 Jahre nach dem Erscheinen des Tonträgers. [2]Ist der Tonträger innerhalb von 50 Jahren nach der Herstellung nicht erschienen, aber erlaubterweise zur öffentlichen Wiedergabe benutzt worden, so erlischt das Recht 70 Jahre nach dieser. [3]Ist der Tonträger innerhalb dieser Frist nicht erschienen oder erlaubterweise zur öffentlichen Wiedergabe benutzt worden, so erlischt das Recht 50 Jahre nach der Herstellung des Tonträgers. [4]Die Frist ist nach § 69 zu berechnen.

(4) § 10 Absatz 1 und die §§ 23 und 27 Absatz 2 und 3 sowie die Vorschriften des Teils 1 Abschnitt 6 gelten entsprechend.

**§ 86[1)] Anspruch auf Beteiligung.** Wird ein erschienener oder erlaubterweise öffentlich zugänglich gemachter Tonträger, auf den die Darbietung eines ausübenden Künstlers aufgenommen ist, zur öffentlichen Wiedergabe der Darbietung benutzt, so hat der Hersteller des Tonträgers gegen den ausübenden Künstler einen Anspruch auf angemessene Beteiligung an der Vergütung, die dieser nach § 78 Abs. 2 erhält.

### Abschnitt 5. Schutz des Sendeunternehmens[2)]

**§ 87[3)] Sendeunternehmen.** (1) Das Sendeunternehmen hat das ausschließliche Recht,

1. seine Funksendung weiterzusenden und öffentlich zugänglich zu machen,
2. seine Funksendung auf Bild- oder Tonträger aufzunehmen, Lichtbilder von seiner Funksendung herzustellen sowie die Bild- oder Tonträger oder Lichtbilder zu vervielfältigen und zu verbreiten, ausgenommen das Vermietrecht,
3. an Stellen, die der Öffentlichkeit nur gegen Zahlung eines Eintrittsgeldes zugänglich sind, seine Funksendung öffentlich wahrnehmbar zu machen.

(2) [1]Das Recht ist übertragbar. [2]Das Sendeunternehmen kann einem anderen das Recht einräumen, die Funksendung auf einzelne oder alle der ihm vorbehaltenen Nutzungsarten zu nutzen. [3]§ 31 und die §§ 33 und 38 gelten entsprechend.

---

*(Fortsetzung der Anm. von voriger Seite)*
2008 (BGBl. I S. 1191); Abs. 3 Sätze 1 und 2 geänd. mWv 6.7.2013 durch G v. 2.7.2013 (BGBl. I S. 1940); Abs. 4 geänd. mWv 7.6.2021 durch G v. 31.5.2021 (BGBl. I S. 1204).

1) § 86 geänd. mWv 13.9.2003 durch G v. 10.9.2003 (BGBl. I S. 1774).

2) Vgl. Anm. vor § 73. – Europäisches Abkommen zum Schutz von Fernsehsendungen v. 22.6.1960 (BGBl. 1965 II S. 1235) mit späteren Änderungen, G über das Europäische Abkommen v. 15.9.1965 (BGBl. II S. 1234), zuletzt geänd. durch G v. 6.6.1967 (BGBl. II S. 1785), G zu dem Zusatzprotokoll v. 29.10.1974 (BGBl. II S. 1313) und G v. 11.12.1984 (BGBl. II S. 1014) sowie Bek. über das Inkrafttreten v. 14.2.1968 (BGBl. II S. 134, 135) und Bek. über das Inkrafttreten des Zusatzprotokolls v. 7.1.1975 (BGBl. II S. 62).

3) § 87 Abs. 1 Nr. 2 und 3 geänd., Abs. 2 Satz 1 neu gef. durch G v. 23. 6.1995 (BGBl. I S. 842); Abs. 4 angef. durch G v. 8.5.1998 (BGBl. I S. 902); Abs. 1 Nr. 1 geänd., Abs. 2 eingef., bish. Abs. 2 wird Abs. 3 und geänd., bish. Abs. 3 wird Abs. 4, bish. Abs. 4 wird Abs. 5 mWv 13.9.2003 durch G v. 10.9.2003 (BGBl. I S. 1774); Abs. 2 Satz 3 geänd., Abs. 5 Satz 2 angef. mWv 1.1.2008 durch G v. 26.10.2007 (BGBl. I S. 2513); Abs. 4 neu gef. mWv 1.9.2008 durch G v. 7.7.2008 (BGBl. I S. 1191); Abs. 5 Sätze 1 und 2 geänd., Satz 3, Abs. 6 angef. mWv 7.6.2021 durch G v. 31.5.2021 (BGBl. I S. 1204).

(3) [1]Das Recht erlischt 50 Jahre nach der ersten Funksendung. [2]Die Frist ist nach § 69 zu berechnen.

(4) § 10 Abs. 1 sowie die Vorschriften des Teils 1 Abschnitt 6 mit Ausnahme des § 47 Abs. 2 Satz 2 und des § 54 Abs. 1 gelten entsprechend.

(5) [1]Sendeunternehmen und Weitersendedienste sind gegenseitig verpflichtet, einen Vertrag über die Weitersendung im Sinne des § 20b Absatz 1 Satz 1 durch Kabelsysteme oder Mikrowellensysteme zu angemessenen Bedingungen abzuschließen, sofern nicht ein die Ablehnung des Vertragsabschlusses sachlich rechtfertigender Grund besteht; die Verpflichtung des Sendeunternehmens gilt auch für die ihm in Bezug auf die eigene Sendung eingeräumten oder übertragenen Senderechte. [2]Auf Verlangen des Weitersendedienstes oder des Sendeunternehmens ist der Vertrag gemeinsam mit den in Bezug auf die Weitersendung durch Kabelsysteme oder Mikrowellensysteme anspruchsberechtigten Verwertungsgesellschaften zu schließen, sofern nicht ein die Ablehnung eines gemeinsamen Vertragsschlusses sachlich rechtfertigender Grund besteht. [3]Sofern Sendeunternehmen und Weitersendedienste Verhandlungen über andere Formen der Weitersendung aufnehmen, führen sie diese nach Treu und Glauben.

(6) Absatz 5 gilt für die Direkteinspeisung nach § 20d Absatz 1 entsprechend.

## Abschnitt 6.[1)] Schutz des Datenbankherstellers

**§ 87a[1)] Begriffsbestimmungen.** (1) [1]Datenbank im Sinne dieses Gesetzes ist eine Sammlung von Werken, Daten oder anderen unabhängigen Elementen, die systematisch oder methodisch angeordnet und einzeln mit Hilfe elektronischer Mittel oder auf andere Weise zugänglich sind und deren Beschaffung, Überprüfung oder Darstellung eine nach Art oder Umfang wesentliche Investition erfordert. [2]Eine in ihrem Inhalt nach Art oder Umfang wesentlich geänderte Datenbank gilt als neue Datenbank, sofern die Änderung eine nach Art oder Umfang wesentliche Investition erfordert.

(2) Datenbankhersteller im Sinne dieses Gesetzes ist derjenige, der die Investition im Sinne des Absatzes 1 vorgenommen hat.

**§ 87b[1)] Rechte des Datenbankherstellers.** (1) [1]Der Datenbankhersteller hat das ausschließliche Recht, die Datenbank insgesamt oder einen nach Art oder Umfang wesentlichen Teil der Datenbank zu vervielfältigen, zu verbreiten und öffentlich wiederzugeben. [2]Der Vervielfältigung, Verbreitung oder öffentlichen Wiedergabe eines nach Art oder Umfang wesentlichen Teils der Datenbank steht die wiederholte und systematische Vervielfältigung, Verbreitung oder öffentliche Wiedergabe von nach Art und Umfang unwesentlichen Teilen der Datenbank gleich, sofern diese Handlungen einer normalen Auswertung der Datenbank zuwiderlaufen oder die berechtigten Interessen des Datenbankherstellers unzumutbar beeinträchtigen.

(2) § 10 Abs. 1, § 17 Abs. 2 und § 27 Abs. 2 und 3 gelten entsprechend.

**§ 87c[2)] Schranken des Rechts des Datenbankherstellers.** (1) Die Vervielfältigung eines nach Art oder Umfang wesentlichen Teils einer Datenbank ist zulässig

---

[1)] Abschnitt 6 (§§ 87a–87e) eingef. durch G v. 22.7.1997 (BGBl. I S. 1870); § 87b Abs. 2 neu gef. mWv 1.9.2008 durch G v. 7.7.2008 (BGBl. I S. 1191).

[2)] § 87c eingef. durch G v. 22.7.1997 (BGBl. I S. 1870); Abs. 1 Satz 1 Nr. 2 und 3 neu gef. mWv 1.3.2018 durch G v. 1.9.2017 (BGBl. I S. 3346); Abs. 3 angef. mWv 1.1.2019 durch G v. 28.11.2018 (BGBl. I →

1. zum privaten Gebrauch; dies gilt nicht für eine Datenbank, deren Elemente einzeln mit Hilfe elektronischer Mittel zugänglich sind,
2. zu Zwecken der wissenschaftlichen Forschung gemäß § 60c,
3. zu Zwecken der Veranschaulichung des Unterrichts und der Lehre gemäß den §§ 60a und 60b,
4. zu Zwecken des Text und Data Mining gemäß § 44b,
5. zu Zwecken des Text und Data Mining für Zwecke der wissenschaftlichen Forschung gemäß § 60d,
6. zu Zwecken der Erhaltung einer Datenbank gemäß § 60e Absatz 1 und 6 und § 60f Absatz 1 und 3.

(2) Die Vervielfältigung, Verbreitung und öffentliche Wiedergabe eines nach Art oder Umfang wesentlichen Teils einer Datenbank ist zulässig zur Verwendung in Verfahren vor einem Gericht, einem Schiedsgericht oder einer Behörde sowie für Zwecke der öffentlichen Sicherheit.

(3) Die §§ 45b bis 45d sowie 61d bis 61g gelten entsprechend.

(4) Die digitale Verbreitung und digitale öffentliche Wiedergabe eines nach Art oder Umfang wesentlichen Teils einer Datenbank ist zulässig für Zwecke der Veranschaulichung des Unterrichts und der Lehre gemäß § 60a.

(5) Für die Quellenangabe ist § 63 entsprechend anzuwenden.

(6) In den Fällen des Absatzes 1 Nummer 2, 3, 5 und 6 sowie des Absatzes 4 ist § 60g Absatz 1 entsprechend anzuwenden.

**§ 87d[1)] Dauer der Rechte.** [1]Die Rechte des Datenbankherstellers erlöschen fünfzehn Jahre nach der Veröffentlichung der Datenbank, jedoch bereits fünfzehn Jahre nach der Herstellung, wenn die Datenbank innerhalb dieser Frist nicht veröffentlicht worden ist. [2]Die Frist ist nach § 69 zu berechnen.

**§ 87e[1)] Verträge über die Benutzung einer Datenbank.** Eine vertragliche Vereinbarung, durch die sich der Eigentümer eines mit Zustimmung des Datenbankherstellers durch Veräußerung in Verkehr gebrachten Vervielfältigungsstücks der Datenbank, der in sonstiger Weise zu dessen Gebrauch Berechtigte oder derjenige, dem eine Datenbank aufgrund eines mit dem Datenbankhersteller oder eines mit dessen Zustimmung mit einem Dritten geschlossenen Vertrags zugänglich gemacht wird, gegenüber dem Datenbankhersteller verpflichtet, die Vervielfältigung, Verbreitung oder öffentliche Wiedergabe von nach Art und Umfang unwesentlichen Teilen der Datenbank zu unterlassen, ist insoweit unwirksam, als diese Handlungen weder einer normalen Auswertung der Datenbank zuwiderlaufen noch die berechtigten Interessen des Datenbankherstellers unzumutbar beeinträchtigen.

### Abschnitt 7.[2)] Schutz des Presseverlegers

**§ 87f[2)] Begriffsbestimmungen.** (1) [1]Presseveröffentlichung ist eine hauptsächlich aus Schriftwerken journalistischer Art bestehende Sammlung, die auch sons-

*(Fortsetzung der Anm. von voriger Seite)*
*S. 2014)*; Abs. *1* bish. Satz 1 Nr. 2 und 3 geänd., Nr. 4–6 angef., Satz 2 aufgeh., Abs. 3 geänd., Abs. 4–6 angef. mWv 7.6.2021 durch G v. 31.5.2021 (BGBl. I S. 1204).

[1)] Abschnitt 6 (§§ 87a–87e) eingef. durch G v. 22.7.1997 (BGBl. I S. 1870).

[2)] Abschnitt 7 (§§ 87f–87k) neu gef. mWv 7.6.2021 durch G v. 31.5.2021 (BGBl. I S. 1204).

tige Werke oder nach diesem Gesetz geschützte Schutzgegenstände enthalten kann, und die

1. eine Einzelausgabe in einer unter einem einheitlichen Titel periodisch erscheinenden oder regelmäßig aktualisierten Veröffentlichung, etwa Zeitungen oder Magazinen von allgemeinem oder besonderem Interesse, darstellt,
2. dem Zweck dient, die Öffentlichkeit über Nachrichten oder andere Themen zu informieren, und
3. unabhängig vom Medium auf Initiative eines Presseverlegers nach Absatz 2 unter seiner redaktionellen Verantwortung und Aufsicht veröffentlicht wird.

[2] Periodika, die für wissenschaftliche oder akademische Zwecke verlegt werden, sind keine Presseveröffentlichungen.

(2) [1] Presseverleger ist, wer eine Presseveröffentlichung herstellt. [2] Ist die Presseveröffentlichung in einem Unternehmen hergestellt worden, so gilt der Inhaber des Unternehmens als Hersteller.

(3) Dienste der Informationsgesellschaft im Sinne dieses Abschnitts sind Dienste im Sinne des Artikels 1 Absatz 1 Buchstabe b der Richtlinie (EU) 2015/1535 des Europäischen Parlaments und des Rates vom 9. September 2015 über ein Informationsverfahren auf dem Gebiet der technischen Vorschriften und der Vorschriften für die Dienste der Informationsgesellschaft (ABl. L 241 vom 17.9.2015, S. 1).

**§ 87g[1)] Rechte des Presseverlegers.** (1) Ein Presseverleger hat das ausschließliche Recht, seine Presseveröffentlichung im Ganzen oder in Teilen für die Online-Nutzung durch Anbieter von Diensten der Informationsgesellschaft öffentlich zugänglich zu machen und zu vervielfältigen.

(2) Die Rechte des Presseverlegers umfassen nicht

1. die Nutzung der in einer Presseveröffentlichung enthaltenen Tatsachen,
2. die private oder nicht kommerzielle Nutzung einer Presseveröffentlichung durch einzelne Nutzer,
3. das Setzen von Hyperlinks auf eine Presseveröffentlichung und
4. die Nutzung einzelner Wörter oder sehr kurzer Auszüge aus einer Presseveröffentlichung.

(3) [1] Die Rechte des Presseverlegers sind übertragbar. [2] Die §§ 31 und 33 gelten entsprechend.

**§ 87h[1)] Ausübung der Rechte des Presseverlegers.** (1) Die Rechte des Presseverlegers dürfen nicht zum Nachteil des Urhebers oder des Leistungsschutzberechtigten geltend gemacht werden, dessen Werk oder dessen anderer nach diesem Gesetz geschützter Schutzgegenstand in der Presseveröffentlichung enthalten ist.

(2) Die Rechte des Presseverlegers dürfen nicht zu dem Zweck geltend gemacht werden,

1. Dritten die berechtigte Nutzung solcher Werke oder solcher anderen nach diesem Gesetz geschützten Schutzgegenstände zu untersagen, die auf Grundlage eines einfachen Nutzungsrechts in die Presseveröffentlichung aufgenommen wurden, oder

[1)] Abschnitt 7 (§§ 87f–87k) neu gef. mWv 7.6.2021 durch G v. 31.5.2021 (BGBl. I S. 1204).

2. Dritten die Nutzung von nach diesem Gesetz nicht mehr geschützten Werken oder anderen Schutzgegenständen zu untersagen, die in die Presseveröffentlichung aufgenommen wurden.

**§ 87i**[1] **Vermutung der Rechtsinhaberschaft; gesetzlich erlaubte Nutzungen.** § 10 Absatz 1 sowie die Vorschriften des Teils 1 Abschnitt 6 gelten entsprechend.

**§ 87j**[1] **Dauer der Rechte des Presseverlegers.** [1]Die Rechte des Presseverlegers erlöschen zwei Jahre nach der erstmaligen Veröffentlichung der Presseveröffentlichung. [2]Die Frist ist nach § 69 zu berechnen.

**§ 87k**[1] **Beteiligungsanspruch.** (1) [1]Der Urheber sowie der Inhaber von Rechten an anderen nach diesem Gesetz geschützten Schutzgegenständen sind an den Einnahmen des Presseverlegers aus der Nutzung seiner Rechte nach § 87g Absatz 1 angemessen, mindestens zu einem Drittel, zu beteiligen. [2]Von Satz 1 kann zum Nachteil des Urhebers sowie des Inhabers von Rechten an anderen nach diesem Gesetz geschützten Schutzgegenständen nur durch eine Vereinbarung abgewichen werden, die auf einer gemeinsamen Vergütungsregel (§ 36) oder einem Tarifvertrag beruht.

(2) Der Anspruch nach Absatz 1 kann nur durch eine Verwertungsgesellschaft geltend gemacht werden.

## Teil 3. Besondere Bestimmungen für Filme

### Abschnitt 1. Filmwerke

**§ 88**[2] **Recht zur Verfilmung.** (1) [1]Gestattet der Urheber einem anderen, sein Werk zu verfilmen, so liegt darin im Zweifel die Einräumung des ausschließlichen Rechts, das Werk unverändert oder unter Bearbeitung oder Umgestaltung zur Herstellung eines Filmwerkes zu benutzen und das Filmwerk sowie Übersetzungen und andere filmische Bearbeitungen auf alle Nutzungsarten zu nutzen. [2]§ 31a Abs. 1 Satz 3 und 4 und Abs. 2 bis 4 findet keine Anwendung.

(2) [1]Die in Absatz 1 bezeichneten Befugnisse berechtigen im Zweifel nicht zu einer Wiederverfilmung des Werkes. [2]Der Urheber ist berechtigt, sein Werk nach Ablauf von zehn Jahren nach Vertragsabschluß anderweit filmisch zu verwerten. [3]Von Satz 2 kann zum Nachteil des Urhebers nur durch eine Vereinbarung abgewichen werden, die auf einer gemeinsamen Vergütungsregel (§ 36) oder einem Tarifvertrag beruht.

**§ 89**[3] **Rechte am Filmwerk.** (1) [1]Wer sich zur Mitwirkung bei der Herstellung eines Filmes verpflichtet, räumt damit für den Fall, daß er ein Urheberrecht am Filmwerk erwirbt, dem Filmhersteller im Zweifel das ausschließliche Recht ein, das Filmwerk sowie Übersetzungen und andere filmische Bearbeitungen oder Umgestaltungen des Filmwerkes auf alle Nutzungsarten zu nutzen. [2]§ 31a Abs. 1 Satz 3 und 4 und Abs. 2 bis 4 findet keine Anwendung.

---

[1] Abschnitt 7 (§§ 87f–87k) neu gef. mWv 7.6.2021 durch G v. 31.5.2021 (BGBl. I S. 1204).

[2] § 88 Abs. 1 neu gef., Abs. 3 aufgeh. mWv 1.7.2002 durch G v. 22.3.2002 (BGBl. S. 1155); Abs. 1 *Satz 2* angef., *Satz 1* geänd. mWv 1.1.2008 durch G v. 26.10.2007 (BGBl. I S. 2513); Abs. 2 Satz 2 geänd., Satz 3 angef. mWv 1.3.2017 durch G v. 20.12.2016 (BGBl. I S. 3037).

[3] § 89 Abs. 4 angef. mWv 1.7.2002 durch G v. 22.3.2002 (BGBl. S. 1155); Abs. 1 Satz 2 angef., Satz 1 geänd. mWv 1.1.2008 durch G v. 26.10.2007 (BGBl. I S. 2513).

(2) Hat der Urheber des Filmwerkes das in Absatz 1 bezeichnete Nutzungsrecht im voraus einem Dritten eingeräumt, so behält er gleichwohl stets die Befugnis, dieses Recht beschränkt oder unbeschränkt dem Filmhersteller einzuräumen.

(3) Die Urheberrechte an den zur Herstellung des Filmwerkes benutzten Werken, wie Roman, Drehbuch und Filmmusik, bleiben unberührt.

(4) Für die Rechte zur filmischen Verwertung der bei der Herstellung eines Filmwerkes entstehenden Lichtbilder und Lichtbildwerke gelten die Absätze 1 und 2 entsprechend.

**§ 90[1)] Einschränkung der Rechte.** (1) [1] Für die in § 88 Absatz 1 und § 89 Absatz 1 bezeichneten Rechte gelten nicht die Bestimmungen
1. über die Übertragung von Nutzungsrechten (§ 34),
2. über die Einräumung weiterer Nutzungsrechte (§ 35) und
3. über die Rückrufsrechte (§§ 41 und 42).

[2] Satz 1 findet bis zum Beginn der Dreharbeiten für das Recht zur Verfilmung keine Anwendung. [3] Ein Ausschluss der Ausübung des Rückrufsrechts wegen Nichtausübung (§ 41) bis zum Beginn der Dreharbeiten kann mit dem Urheber im Voraus für eine Dauer von bis zu fünf Jahren vereinbart werden.

(2) Für die in § 88 und § 89 Absatz 1 bezeichneten Rechte gilt nicht die Bestimmung über das Recht zur anderweitigen Verwertung nach zehn Jahren bei pauschaler Vergütung (§ 40a).

**§ 91[2)]** *(aufgehoben)*

**§ 92[3)] Ausübende Künstler.** (1) Schließt ein ausübender Künstler mit dem Filmhersteller einen Vertrag über seine Mitwirkung bei der Herstellung eines Filmwerks, so liegt darin im Zweifel hinsichtlich der Verwertung des Filmwerks die Einräumung des Rechts, die Darbietung auf eine der dem ausübenden Künstler nach § 77 Abs. 1 und 2 Satz 1 und § 78 Abs. 1 Nr. 1 und 2 vorbehaltenen Nutzungsarten zu nutzen.

(2) Hat der ausübende Künstler im Voraus ein in Absatz 1 genanntes Recht übertragen oder einem Dritten hieran ein Nutzungsrecht eingeräumt, so behält er gleichwohl die Befugnis, dem Filmhersteller dieses Recht hinsichtlich der Verwertung des Filmwerkes zu übertragen oder einzuräumen.

(3) § 90 gilt entsprechend.

**§ 93[4)] Schutz gegen Entstellung; Namensnennung.** (1) [1] Die Urheber des Filmwerkes und der zu seiner Herstellung benutzten Werke sowie die Inhaber verwandter Schutzrechte, die bei der Herstellung des Filmwerkes mitwirken oder deren Leistungen zur Herstellung des Filmwerkes benutzt werden, können nach den §§ 14 und 75 hinsichtlich der Herstellung und Verwertung des Filmwerkes nur gröbliche Entstellungen oder andere gröbliche Beeinträchtigungen ihrer Werke oder Leistungen verbieten. [2] Sie haben hierbei aufeinander und auf den Filmhersteller angemessene Rücksicht zu nehmen.

---

[1)] § 90 neu gef. mWv 1.3.2017 durch G v. 20.12.2016 (BGBl. I S. 3037).
[2)] § 91 aufgeh. mWv 1.7.2002 durch G v. 22.3.2002 (BGBl. S. 1155).
[3)] § 92 neu gef. durch G v. 23. 6.1995 (BGBl. I S. 842); Abs. 1 geänd., Abs. 2 neu gef., Abs. 3 angef. mWv 13.9.2003 durch G v. 10.9.2003 (BGBl. I S. 1774).
[4)] § 93 neu gef. mWv 13.9.2003 durch G v. 10.9.2003 (BGBl. I S. 1774).

(2) Die Nennung jedes einzelnen an einem Film mitwirkenden ausübenden Künstlers ist nicht erforderlich, wenn sie einen unverhältnismäßigen Aufwand bedeutet.

**§ 94[1)] Schutz des Filmherstellers.** (1) [1]Der Filmhersteller hat das ausschließliche Recht, den Bildträger oder Bild- und Tonträger, auf den das Filmwerk aufgenommen ist, zu vervielfältigen, zu verbreiten und zur öffentlichen Vorführung, Funksendung oder öffentlichen Zugänglichmachung zu benutzen. [2]Der Filmhersteller hat ferner das Recht, jede Entstellung oder Kürzung des Bildträgers oder Bild- und Tonträgers zu verbieten, die geeignet ist, seine berechtigten Interessen an diesem zu gefährden.

(2) [1]Das Recht ist übertragbar. [2]Der Filmhersteller kann einem anderen das Recht einräumen, den Bildträger oder Bild- und Tonträger auf einzelne oder alle der ihm vorbehaltenen Nutzungsarten zu nutzen. [3]§ 31 und die §§ 33 und 38 gelten entsprechend.

(3) Das Recht erlischt fünfzig Jahre nach dem Erscheinen des Bildträgers oder Bild- und Tonträgers oder, wenn seine erste erlaubte Benutzung zur öffentlichen Wiedergabe früher erfolgt ist, nach dieser, jedoch bereits fünfzig Jahre nach der Herstellung, wenn der Bildträger oder Bild- und Tonträger innerhalb dieser Frist nicht erschienen oder erlaubterweise zur öffentlichen Wiedergabe benutzt worden ist.

(4) § 10 Abs. 1 und die §§ 20b und 27 Abs. 2 und 3 sowie die Vorschriften des Abschnitts 6 des Teils 1 sind entsprechend anzuwenden.

### Abschnitt 2. Laufbilder

**§ 95[2)] Laufbilder.** Die §§ 88, 89 Abs. 4, 90, 93 und 94 sind auf Bildfolgen und Bild- und Tonfolgen, die nicht als Filmwerke geschützt sind, entsprechend anzuwenden.

## Teil 4. Gemeinsame Bestimmungen für Urheberrecht und verwandte Schutzrechte

### Abschnitt 1.[3)] Ergänzende Schutzbestimmungen

**§ 95a[4)] Schutz technischer Maßnahmen.** (1) Wirksame technische Maßnahmen zum Schutz eines nach diesem Gesetz geschützten Werkes oder eines anderen nach diesem Gesetz geschützten Schutzgegenstandes dürfen ohne Zustimmung des Rechtsinhabers nicht umgangen werden, soweit dem Handelnden bekannt ist oder den Umständen nach bekannt sein muss, dass die Umgehung erfolgt, um den Zugang zu einem solchen Werk oder Schutzgegenstand oder deren Nutzung zu ermöglichen.

(2) [1]Technische Maßnahmen im Sinne dieses Gesetzes sind Technologien, Vorrichtungen und Bestandteile, die im normalen Betrieb dazu bestimmt sind, ge-

[1)] § 94 Abs. 3 und 4 neu gef. durch G v. 23. 6.1995 (BGBl. I S. 842); Abs. 4 geänd. durch G v. 8.5.1998 (BGBl. I S. 902); Abs. 1 Satz 1 und Abs. 4 geänd., Abs. 2 neu gef. mWv 13.9.2003 durch G v. 10.9.2003 (BGBl. I S. 1774); Abs. 2 Satz 3 geänd. mWv 1.1.2008 durch G v. 26.10.2007 (BGBl. I S. 2513); Abs. 4 geänd. mWv 1.9.2008 durch G v. 7.7.2008 (BGBl. I S. 1191).

[2)] § 95 geänd. mWv 1.7.2002 durch G v. 22.3.2002 (BGBl. S. 1155).

[3)] Abschnitt 1 Überschrift neu gef. mWv 13.9.2003 durch G v. 10.9.2003 (BGBl. I S. 1774).

[4)] § 95a eingef. mWv 13.9.2003 durch G v. 10.9.2003 (BGBl. I S. 1774); Abs. 4 geänd. mWv 7.6.2021 durch G v. 31.5.2021 (BGBl. I S. 1204).

schützte Werke oder andere nach diesem Gesetz geschützte Schutzgegenstände betreffende Handlungen, die vom Rechtsinhaber nicht genehmigt sind, zu verhindern oder einzuschränken. [2] Technische Maßnahmen sind wirksam, soweit durch sie die Nutzung eines geschützten Werkes oder eines anderen nach diesem Gesetz geschützten Schutzgegenstandes von dem Rechtsinhaber durch eine Zugangskontrolle, einen Schutzmechanismus wie Verschlüsselung, Verzerrung oder sonstige Umwandlung oder einen Mechanismus zur Kontrolle der Vervielfältigung, die die Erreichung des Schutzziels sicherstellen, unter Kontrolle gehalten wird.

(3) Verboten sind die Herstellung, die Einfuhr, die Verbreitung, der Verkauf, die Vermietung, die Werbung im Hinblick auf Verkauf oder Vermietung und der gewerblichen Zwecken dienende Besitz von Vorrichtungen, Erzeugnissen oder Bestandteilen sowie die Erbringung von Dienstleistungen, die

1. Gegenstand einer Verkaufsförderung, Werbung oder Vermarktung mit dem Ziel der Umgehung wirksamer technischer Maßnahmen sind oder
2. abgesehen von der Umgehung wirksamer technischer Maßnahmen nur einen begrenzten wirtschaftlichen Zweck oder Nutzen haben oder
3. hauptsächlich entworfen, hergestellt, angepasst oder erbracht werden, um die Umgehung wirksamer technischer Maßnahmen zu ermöglichen oder zu erleichtern.

(4) Von den Verboten der Absätze 1 und 3 unberührt bleiben Aufgaben und Befugnisse öffentlicher Stellen zum Zwecke des Schutzes der öffentlichen Sicherheit oder der Strafrechtspflege sowie die Befugnisse von Kulturerbe-Einrichtungen gemäß § 61d.

**§ 95b[1)] Durchsetzung von Schrankenbestimmungen.** (1) [1] Soweit ein Rechtsinhaber technische Maßnahmen nach Maßgabe dieses Gesetzes anwendet, ist er verpflichtet, den durch eine der nachfolgend genannten Bestimmungen Begünstigten, soweit sie rechtmäßig Zugang zu dem Werk oder Schutzgegenstand haben, die notwendigen Mittel zur Verfügung zu stellen, um von diesen Bestimmungen in dem erforderlichen Maße Gebrauch machen zu können:

1. § 44b (Text und Data Mining),
1a. § 45 (Rechtspflege und öffentliche Sicherheit),
2. § 45a (Menschen mit Behinderungen),
3. § 45b (Menschen mit einer Seh- oder Lesebehinderung),
4. § 45c (Befugte Stellen; Vergütung; Verordnungsermächtigung),
5. § 47 (Schulfunksendungen),
6. § 53 (Vervielfältigungen zum privaten und sonstigen eigenen Gebrauch)
   a) Absatz 1, soweit es sich um Vervielfältigungen auf Papier oder einen ähnlichen Träger mittels beliebiger photomechanischer Verfahren oder anderer Verfahren mit ähnlicher Wirkung handelt,
   b) *(aufgehoben)*
   c) Absatz 2 Satz 1 Nr. 2 in Verbindung mit Satz 2 Nr. 1,
   d) Absatz 2 Satz 1 Nr. 3 und 4 jeweils in Verbindung mit Satz 2 Nr. 1,

---

[1)] § 95b Abs. 1, 3 und 4 eingef. mWv 13.9.2003, Abs. 2 eingef. mWv 1.9.2004 durch G v. 10.9.2003 (BGBl. I S. 1774); Abs. 1 Satz 1 Nr. 3, 5 und 6 Buchst. b aufgeh., Nr. 6 Buchst. c und d geänd., Buchst. e aufgeh., Nr. 7 geänd., Nr. 8–13 angef. mWv 1.3.2018 durch G v. 1.9.2017 (BGBl. I S. 3346); Abs. 1 Satz 1 Nr. 2–5 neu gef. mWv 1.1.2019 durch G v. 28.11.2018 (BGBl. I S. 2014); Abs. 1 Satz 1 Nr. 1 eingef., bish. Nr. 1 wird Nr. 1a, Nr. 11 geänd., Abs. 3 neu gef. mWv 7.6.2021 durch G v. 31.5.2021 (BGBl. I S. 1204).

7. § 55 (Vervielfältigung durch Sendeunternehmen),
8. § 60a (Unterricht und Lehre),
9. § 60b (Unterrichts- und Lehrmedien),
10. § 60c (Wissenschaftliche Forschung),
11. § 60d (Text und Data Mining für Zwecke der wissenschaftlichen Forschung),
12. § 60e (Bibliotheken)
    a) Absatz 1,
    b) Absatz 2,
    c) Absatz 3,
    d) Absatz 5,
13. § 60f (Archive, Museen und Bildungseinrichtungen).

[2] Vereinbarungen zum Ausschluss der Verpflichtungen nach Satz 1 sind unwirksam.

(2) [1] Wer gegen das Gebot nach Absatz 1 verstößt, kann von dem Begünstigten einer der genannten Bestimmungen darauf in Anspruch genommen werden, die zur Verwirklichung der jeweiligen Befugnis benötigten Mittel zur Verfügung zu stellen. [2] Entspricht das angebotene Mittel einer Vereinbarung zwischen Vereinigungen der Rechtsinhaber und der durch die Schrankenregelung Begünstigten, so wird vermutet, dass das Mittel ausreicht.

(3) Werden Werke und sonstige Schutzgegenstände auf Grund einer vertraglichen Vereinbarung nach § 19a öffentlich zugänglich gemacht, so gelten die Absätze 1 und 2 nur für gesetzlich erlaubte Nutzungen gemäß den nachfolgend genannten Vorschriften:

1. § 44b (Text und Data Mining),
2. § 45b (Menschen mit einer Seh- oder Lesebehinderung),
3. § 45c (Befugte Stellen; Vergütung; Verordnungsermächtigung),
4. § 60a (Unterricht und Lehre), soweit digitale Nutzungen unter Verantwortung einer Bildungseinrichtung in ihren Räumlichkeiten oder an anderen Orten oder in einer gesicherten elektronischen Umgebung erlaubt sind,
5. § 60d (Text und Data Mining für Zwecke der wissenschaftlichen Forschung), soweit Forschungsorganisationen sowie Kulturerbe-Einrichtungen Vervielfältigungen anfertigen dürfen,
6. § 60e (Bibliotheken), soweit Vervielfältigungen zum Zweck der Erhaltung erlaubt sind, sowie
7. § 60f (Archive, Museen und Bildungseinrichtungen), soweit Vervielfältigungen zum Zweck der Erhaltung erlaubt sind.

(4) Zur Erfüllung der Verpflichtungen aus Absatz 1 angewandte technische Maßnahmen, einschließlich der zur Umsetzung freiwilliger Vereinbarungen angewandten Maßnahmen, genießen Rechtsschutz nach § 95a.

**§ 95c[1] Schutz der zur Rechtewahrnehmung erforderlichen Informationen.** (1) Von Rechtsinhabern stammende Informationen für die Rechtewahrnehmung dürfen nicht entfernt oder verändert werden, wenn irgendeine der betreffenden Informationen an einem Vervielfältigungsstück eines Werkes oder eines sonstigen Schutzgegenstandes angebracht ist oder im Zusammenhang mit der

---

[1] § 95c eingef. mWv 13.9.2003 durch G v. 10.9.2003 (BGBl. I S. 1774).

öffentlichen Wiedergabe eines solchen Werkes oder Schutzgegenstandes erscheint und wenn die Entfernung oder Veränderung wissentlich unbefugt erfolgt und dem Handelnden bekannt ist oder den Umständen nach bekannt sein muss, dass er dadurch die Verletzung von Urheberrechten oder verwandter Schutzrechte veranlasst, ermöglicht, erleichtert oder verschleiert.

(2) Informationen für die Rechtewahrnehmung im Sinne dieses Gesetzes sind elektronische Informationen, die Werke oder andere Schutzgegenstände, den Urheber oder jeden anderen Rechtsinhaber identifizieren, Informationen über die Modalitäten und Bedingungen für die Nutzung der Werke oder Schutzgegenstände sowie die Zahlen und Codes, durch die derartige Informationen ausgedrückt werden.

(3) Werke oder sonstige Schutzgegenstände, bei denen Informationen für die Rechtewahrnehmung unbefugt entfernt oder geändert wurden, dürfen nicht wissentlich unbefugt verbreitet, zur Verbreitung eingeführt, gesendet, öffentlich wiedergegeben oder öffentlich zugänglich gemacht werden, wenn dem Handelnden bekannt ist oder den Umständen nach bekannt sein muss, dass er dadurch die Verletzung von Urheberrechten oder verwandter Schutzrechte veranlasst, ermöglicht, erleichtert oder verschleiert.

**§ 95d[1) 2)] Kennzeichnungspflichten.** (1) Werke und andere Schutzgegenstände, die mit technischen Maßnahmen geschützt werden, sind deutlich sichtbar mit Angaben über die Eigenschaften der technischen Maßnahmen zu kennzeichnen.

(2) Wer Werke und andere Schutzgegenstände mit technischen Maßnahmen schützt, hat diese zur Ermöglichung der Geltendmachung von Ansprüchen nach § 95b Abs. 2 mit seinem Namen oder seiner Firma und der zustellungsfähigen Anschrift zu kennzeichnen.

**§ 96[3)] Verwertungsverbot.** (1) Rechtswidrig hergestellte Vervielfältigungsstücke dürfen weder verbreitet noch zu öffentlichen Wiedergaben benutzt werden.

(2) Rechtswidrig veranstaltete Funksendungen dürfen nicht auf Bild- oder Tonträger aufgenommen oder öffentlich wiedergegeben werden.

## Abschnitt 2. Rechtsverletzungen

### Unterabschnitt 1. Bürgerlich-rechtliche Vorschriften; Rechtsweg

**§ 97[4)] Anspruch auf Unterlassung und Schadensersatz.** (1) [1] Wer das Urheberrecht oder ein anderes nach diesem Gesetz geschütztes Recht widerrechtlich verletzt, kann von dem Verletzten auf Beseitigung der Beeinträchtigung, bei Wiederholungsgefahr auf Unterlassung in Anspruch genommen werden. [2] Der Anspruch auf Unterlassung besteht auch dann, wenn eine Zuwiderhandlung erstmalig droht.

(2) [1] Wer die Handlung vorsätzlich oder fahrlässig vornimmt, ist dem Verletzten zum Ersatz des daraus entstehenden Schadens verpflichtet. [2] Bei der Bemessung des Schadensersatzes kann auch der Gewinn, den der Verletzer durch die Verletzung des Rechts erzielt hat, berücksichtigt werden. [3] Der Schadensersatzanspruch kann auch auf der Grundlage des Betrages berechnet werden, den der Verletzer als

---

1) § 95d Abs. 1 eingef. mWv 13.9.2003, Abs. 2 eingef. mWv 1.9.2004 durch G v. 10.9.2003 (BGBl. I S. 1774); Abs. 2 Satz 2 aufgeh. mWv 7.6.2021 durch G v. 31.5.2021 (BGBl. I S. 1204).

2) Beachte hierzu Übergangsvorschrift in § 137j.

3) § 96 Überschrift eingef. mWv 13.9.2003 durch G v. 10.9.2003 (BGBl. I S. 1774).

4) § 97 neu gef. mWv 1.9.2008 durch G v. 7.7.2008 (BGBl. I S. 1191).

angemessene Vergütung hätte entrichten müssen, wenn er die Erlaubnis zur Nutzung des verletzten Rechts eingeholt hätte. [4] Urheber, Verfasser wissenschaftlicher Ausgaben (§ 70), Lichtbildner (§ 72) und ausübende Künstler (§ 73) können auch wegen des Schadens, der nicht Vermögensschaden ist, eine Entschädigung in Geld verlangen, wenn und soweit dies der Billigkeit entspricht.

**§ 97a[1)] Abmahnung.** (1) Der Verletzte soll den Verletzer vor Einleitung eines gerichtlichen Verfahrens auf Unterlassung abmahnen und ihm Gelegenheit geben, den Streit durch Abgabe einer mit einer angemessenen Vertragsstrafe bewehrten Unterlassungsverpflichtung beizulegen.

(2) [1] Die Abmahnung hat in klarer und verständlicher Weise

1. Name oder Firma des Verletzten anzugeben, wenn der Verletzte nicht selbst, sondern ein Vertreter abmahnt,
2. die Rechtsverletzung genau zu bezeichnen,
3. geltend gemachte Zahlungsansprüche als Schadensersatz- und Aufwendungsersatzansprüche aufzuschlüsseln und
4. wenn darin eine Aufforderung zur Abgabe einer Unterlassungsverpflichtung enthalten ist, anzugeben, ob die vorgeschlagene Unterlassungsverpflichtung erheblich über die abgemahnte Rechtsverletzung hinausgeht.

[2] Eine Abmahnung, die nicht Satz 1 entspricht, ist unwirksam.

(3) [1] Soweit die Abmahnung berechtigt ist und Absatz 2 Satz 1 Nummer 1 bis 4 entspricht, kann der Ersatz der erforderlichen Aufwendungen verlangt werden. [2] Für die Inanspruchnahme anwaltlicher Dienstleistungen beschränkt sich der Ersatz der erforderlichen Aufwendungen hinsichtlich der gesetzlichen Gebühren auf Gebühren nach einem Gegenstandswert für den Unterlassungs- und Beseitigungsanspruch von 1 000 Euro, wenn der Abgemahnte

1. eine natürliche Person ist, die nach diesem Gesetz geschützte Werke oder andere nach diesem Gesetz geschützte Schutzgegenstände nicht für ihre gewerbliche oder selbständige berufliche Tätigkeit verwendet, und
2. nicht bereits wegen eines Anspruchs des Abmahnenden durch Vertrag, auf Grund einer rechtskräftigen gerichtlichen Entscheidung oder einer einstweiligen Verfügung zur Unterlassung verpflichtet ist.

[3] Der in Satz 2 genannte Wert ist auch maßgeblich, wenn ein Unterlassungs- und ein Beseitigungsanspruch nebeneinander geltend gemacht werden. [4] Satz 2 gilt nicht, wenn der genannte Wert nach den besonderen Umständen des Einzelfalles unbillig ist.

(4) [1] Soweit die Abmahnung unberechtigt oder unwirksam ist, kann der Abgemahnte Ersatz der für seine Rechtsverteidigung erforderlichen Aufwendungen verlangen, es sei denn, es war für den Abmahnenden zum Zeitpunkt der Abmahnung nicht erkennbar, dass die Abmahnung unberechtigt war. [2] Weitergehende Ersatzansprüche bleiben unberührt.

**§ 98[2)] Anspruch auf Vernichtung, Rückruf und Überlassung.** (1) [1] Wer das Urheberrecht oder ein anderes nach diesem Gesetz geschütztes Recht widerrechtlich verletzt, kann von dem Verletzten auf Vernichtung der im Besitz oder Eigen-

---

[1)] § 97a eingef. mWv 1.9.2008 durch G v. 7.7.2008 (BGBl. I S. 1191); neu gef. mWv 9.10.2013 durch G v. 1.10.2013 (BGBl. I S. 3714); Abs. 2 Satz 1 Nr. 4 und Abs. 4 neu gef. mWv 2.12.2020 durch G v. 26.11.2020 (BGBl. I S. 2568).

[2)] § 98 neu gef. mWv 1.9.2008 durch G v. 7.7.2008 (BGBl. I S. 1191).

tum des Verletzers befindlichen rechtswidrig hergestellten, verbreiteten oder zur rechtswidrigen Verbreitung bestimmten Vervielfältigungsstücke in Anspruch genommen werden. [2]Satz 1 ist entsprechend auf die im Eigentum des Verletzers stehenden Vorrichtungen anzuwenden, die vorwiegend zur Herstellung dieser Vervielfältigungsstücke gedient haben.

(2) Wer das Urheberrecht oder ein anderes nach diesem Gesetz geschütztes Recht widerrechtlich verletzt, kann von dem Verletzten auf Rückruf von rechtswidrig hergestellten, verbreiteten oder zur rechtswidrigen Verbreitung bestimmten Vervielfältigungsstücken oder auf deren endgültiges Entfernen aus den Vertriebswegen in Anspruch genommen werden.

(3) Statt der in Absatz 1 vorgesehenen Maßnahmen kann der Verletzte verlangen, dass ihm die Vervielfältigungsstücke, die im Eigentum des Verletzers stehen, gegen eine angemessene Vergütung, welche die Herstellungskosten nicht übersteigen darf, überlassen werden.

(4) [1]Die Ansprüche nach den Absätzen 1 bis 3 sind ausgeschlossen, wenn die Maßnahme im Einzelfall unverhältnismäßig ist. [2]Bei der Prüfung der Verhältnismäßigkeit sind auch die berechtigten Interessen Dritter zu berücksichtigen.

(5) Bauwerke sowie ausscheidbare Teile von Vervielfältigungsstücken und Vorrichtungen, deren Herstellung und Verbreitung nicht rechtswidrig ist, unterliegen nicht den in den Absätzen 1 bis 3 vorgesehenen Maßnahmen.

**§ 99[1)] Haftung des Inhabers eines Unternehmens.** Ist in einem Unternehmen von einem Arbeitnehmer oder Beauftragten ein nach diesem Gesetz geschütztes Recht widerrechtlich verletzt worden, hat der Verletzte die Ansprüche aus § 97 Abs. 1 und § 98 auch gegen den Inhaber des Unternehmens.

**§ 100[2)] Entschädigung.** [1]Handelt der Verletzer weder vorsätzlich noch fahrlässig, kann er zur Abwendung der Ansprüche nach den §§ 97 und 98 den Verletzten in Geld entschädigen, wenn ihm durch die Erfüllung der Ansprüche ein unverhältnismäßig großer Schaden entstehen würde und dem Verletzten die Abfindung in Geld zuzumuten ist. [2]Als Entschädigung ist der Betrag zu zahlen, der im Fall einer vertraglichen Einräumung des Rechts als Vergütung angemessen wäre. [3]Mit der Zahlung der Entschädigung gilt die Einwilligung des Verletzten zur Verwertung im üblichen Umfang als erteilt.

**§ 101[3)] Anspruch auf Auskunft.** (1) [1]Wer in gewerblichem Ausmaß das Urheberrecht oder ein anderes nach diesem Gesetz geschütztes Recht widerrechtlich verletzt, kann von dem Verletzten auf unverzügliche Auskunft über die Herkunft und den Vertriebsweg der rechtsverletzenden Vervielfältigungsstücke oder sonstigen Erzeugnisse in Anspruch genommen werden. [2]Das gewerbliche Ausmaß kann sich sowohl aus der Anzahl der Rechtsverletzungen als auch aus der Schwere der Rechtsverletzung ergeben.

(2) [1]In Fällen offensichtlicher Rechtsverletzung oder in Fällen, in denen der Verletzte gegen den Verletzer Klage erhoben hat, besteht der Anspruch unbeschadet von Absatz 1 auch gegen eine Person, die in gewerblichem Ausmaß

1. rechtsverletzende Vervielfältigungsstücke in ihrem Besitz hatte,

---

1) § 99 neu gef. mWv 1.9.2008 durch G v. 7.7.2008 (BGBl. I S. 1191).

2) § 100 neu gef. mWv 1.9.2008 durch G v. 7.7.2008 (BGBl. I S. 1191).

3) § 101 neu gef. mWv 1.9.2008 durch G v. 7.7.2008 (BGBl. I S. 1191); Abs. 9 Sätze 4 und 6 geänd., Satz 7 neu gef., Satz 8 aufgeh., bish. Satz 9 wird Satz 8 mWv 1.9.2009 durch G v. 17.12.2008 (BGBl. I S. 2586); Abs. 9 Satz 1 geänd. mWv 1.12.2021 durch G v. 23.6.2021 (BGBl. I S. 1858).

2. rechtsverletzende Dienstleistungen in Anspruch nahm,
3. für rechtsverletzende Tätigkeiten genutzte Dienstleistungen erbrachte oder
4. nach den Angaben einer in Nummer 1, 2 oder Nummer 3 genannten Person an der Herstellung, Erzeugung oder am Vertrieb solcher Vervielfältigungsstücke, sonstigen Erzeugnisse oder Dienstleistungen beteiligt war,

es sei denn, die Person wäre nach den §§ 383 bis 385 der Zivilprozessordnung[1)] im Prozess gegen den Verletzer zur Zeugnisverweigerung berechtigt. [2] Im Fall der gerichtlichen Geltendmachung des Anspruchs nach Satz 1 kann das Gericht den gegen den Verletzer anhängigen Rechtsstreit auf Antrag bis zur Erledigung des wegen des Auskunftsanspruchs geführten Rechtsstreits aussetzen. [3] Der zur Auskunft Verpflichtete kann von dem Verletzten den Ersatz der für die Auskunftserteilung erforderlichen Aufwendungen verlangen.

(3) Der zur Auskunft Verpflichtete hat Angaben zu machen über

1. Namen und Anschrift der Hersteller, Lieferanten und anderer Vorbesitzer der Vervielfältigungsstücke oder sonstigen Erzeugnisse, der Nutzer der Dienstleistungen sowie der gewerblichen Abnehmer und Verkaufsstellen, für die sie bestimmt waren, und
2. die Menge der hergestellten, ausgelieferten, erhaltenen oder bestellten Vervielfältigungsstücke oder sonstigen Erzeugnisse sowie über die Preise, die für die betreffenden Vervielfältigungsstücke oder sonstigen Erzeugnisse bezahlt wurden.

(4) Die Ansprüche nach den Absätzen 1 und 2 sind ausgeschlossen, wenn die Inanspruchnahme im Einzelfall unverhältnismäßig ist.

(5) Erteilt der zur Auskunft Verpflichtete die Auskunft vorsätzlich oder grob fahrlässig falsch oder unvollständig, so ist er dem Verletzten zum Ersatz des daraus entstehenden Schadens verpflichtet.

(6) Wer eine wahre Auskunft erteilt hat, ohne dazu nach Absatz 1 oder Absatz 2 verpflichtet gewesen zu sein, haftet Dritten gegenüber nur, wenn er wusste, dass er zur Auskunftserteilung nicht verpflichtet war.

(7) In Fällen offensichtlicher Rechtsverletzung kann die Verpflichtung zur Erteilung der Auskunft im Wege der einstweiligen Verfügung nach den §§ 935 bis 945 der Zivilprozessordnung angeordnet werden.

(8) Die Erkenntnisse dürfen in einem Strafverfahren oder in einem Verfahren nach dem Gesetz über Ordnungswidrigkeiten wegen einer vor der Erteilung der Auskunft begangenen Tat gegen den Verpflichteten oder gegen einen in § 52 Abs. 1 der Strafprozessordnung[2)] bezeichneten Angehörigen nur mit Zustimmung des Verpflichteten verwertet werden.

(9) [1] Kann die Auskunft nur unter Verwendung von Verkehrsdaten (§ 3 Nummer 70 des Telekommunikationsgesetzes) erteilt werden, ist für ihre Erteilung eine vorherige richterliche Anordnung über die Zulässigkeit der Verwendung der Verkehrsdaten erforderlich, die von dem Verletzten zu beantragen ist. [2] Für den Erlass dieser Anordnung ist das Landgericht, in dessen Bezirk der zur Auskunft Verpflichtete seinen Wohnsitz, seinen Sitz oder eine Niederlassung hat, ohne Rücksicht auf den Streitwert ausschließlich zuständig. [3] Die Entscheidung trifft die Zivilkammer. [4] Für das Verfahren gelten die Vorschriften des Gesetzes über das *Verfahren in Familiensachen und* in den Angelegenheiten der freiwilligen Ge-

---

[1)] Nr. **100**.
[2)] Nr. **90**.

richtsbarkeit[1] entsprechend. [5]Die Kosten der richterlichen Anordnung trägt der Verletzte. [6]Gegen die Entscheidung des Landgerichts ist die Beschwerde statthaft. [7]Die Beschwerde ist binnen einer Frist von zwei Wochen einzulegen. [8]Die Vorschriften zum Schutz personenbezogener Daten bleiben im Übrigen unberührt.

(10) Durch Absatz 2 in Verbindung mit Absatz 9 wird das Grundrecht des Fernmeldegeheimnisses (Artikel 10 des Grundgesetzes[2]) eingeschränkt.

**§ 101a[3] Anspruch auf Vorlage und Besichtigung.** (1) [1]Wer mit hinreichender Wahrscheinlichkeit das Urheberrecht oder ein anderes nach diesem Gesetz geschütztes Recht widerrechtlich verletzt, kann von dem Verletzten auf Vorlage einer Urkunde oder Besichtigung einer Sache in Anspruch genommen werden, die sich in seiner Verfügungsgewalt befindet, wenn dies zur Begründung von dessen Ansprüchen erforderlich ist. [2]Besteht die hinreichende Wahrscheinlichkeit einer in gewerblichem Ausmaß begangenen Rechtsverletzung, erstreckt sich der Anspruch auch auf die Vorlage von Bank-, Finanz- oder Handelsunterlagen. [3]Soweit der vermeintliche Verletzer geltend macht, dass es sich um vertrauliche Informationen handelt, trifft das Gericht die erforderlichen Maßnahmen, um den im Einzelfall gebotenen Schutz zu gewährleisten.

(2) Der Anspruch nach Absatz 1 ist ausgeschlossen, wenn die Inanspruchnahme im Einzelfall unverhältnismäßig ist.

(3) [1]Die Verpflichtung zur Vorlage einer Urkunde oder zur Duldung der Besichtigung einer Sache kann im Wege der einstweiligen Verfügung nach den §§ 935 bis 945 der Zivilprozessordnung[4] angeordnet werden. [2]Das Gericht trifft die erforderlichen Maßnahmen, um den Schutz vertraulicher Informationen zu gewährleisten. [3]Dies gilt insbesondere in den Fällen, in denen die einstweilige Verfügung ohne vorherige Anhörung des Gegners erlassen wird.

(4) § 811 des Bürgerlichen Gesetzbuchs[5] sowie § 101 Abs. 8 gelten entsprechend.

(5) Wenn keine Verletzung vorlag oder drohte, kann der vermeintliche Verletzer von demjenigen, der die Vorlage oder Besichtigung nach Absatz 1 begehrt hat, den Ersatz des ihm durch das Begehren entstandenen Schadens verlangen.

**§ 101b[6] Sicherung von Schadensersatzansprüchen.** (1) [1]Der Verletzte kann den Verletzer bei einer in gewerblichem Ausmaß begangenen Rechtsverletzung in den Fällen des § 97 Abs. 2 auch auf Vorlage von Bank-, Finanz- oder Handelsunterlagen oder einen geeigneten Zugang zu den entsprechenden Unterlagen in Anspruch nehmen, die sich in der Verfügungsgewalt des Verletzers befinden und die für die Durchsetzung des Schadensersatzanspruchs erforderlich sind, wenn ohne die Vorlage die Erfüllung des Schadensersatzanspruchs fraglich ist. [2]Soweit der Verletzer geltend macht, dass es sich um vertrauliche Informationen handelt, trifft das Gericht die erforderlichen Maßnahmen, um den im Einzelfall gebotenen Schutz zu gewährleisten.

(2) Der Anspruch nach Absatz 1 ist ausgeschlossen, wenn die Inanspruchnahme im Einzelfall unverhältnismäßig ist.

---

[1] Nr. **112**.
[2] **Habersack, Deutsche Gesetze ErgBd. Nr. 1.**
[3] § 101a neu gef. mWv 1.9.2008 durch G v. 7.7.2008 (BGBl. I S. 1191).
[4] Nr. **100**.
[5] Nr. **20**.
[6] § 101b eingef. mWv 1.9.2008 durch G v. 7.7.2008 (BGBl. I S. 1191).

(3) [1]Die Verpflichtung zur Vorlage der in Absatz 1 bezeichneten Urkunden kann im Wege der einstweiligen Verfügung nach den §§ 935 bis 945 der Zivilprozessordnung[1)] angeordnet werden, wenn der Schadensersatzanspruch offensichtlich besteht. [2]Das Gericht trifft die erforderlichen Maßnahmen, um den Schutz vertraulicher Informationen zu gewährleisten. [3]Dies gilt insbesondere in den Fällen, in denen die einstweilige Verfügung ohne vorherige Anhörung des Gegners erlassen wird.

(4) § 811 des Bürgerlichen Gesetzbuchs[2)] sowie § 101 Abs. 8 gelten entsprechend.

**§ 102[3)] Verjährung.** [1]Auf die Verjährung der Ansprüche wegen Verletzung des Urheberrechts oder eines anderen nach diesem Gesetz geschützten Rechts finden die Vorschriften des Abschnitts 5 des Buches 1 des Bürgerlichen Gesetzbuchs[2)] entsprechende Anwendung. [2]Hat der Verpflichtete durch die Verletzung auf Kosten des Berechtigten etwas erlangt, findet § 852 des Bürgerlichen Gesetzbuchs entsprechende Anwendung.

**§ 102a[4)] Ansprüche aus anderen gesetzlichen Vorschriften.** Ansprüche aus anderen gesetzlichen Vorschriften bleiben unberührt.

**§ 103[5)] Bekanntmachung des Urteils.** [1]Ist eine Klage auf Grund dieses Gesetzes erhoben worden, so kann der obsiegenden Partei im Urteil die Befugnis zugesprochen werden, das Urteil auf Kosten der unterliegenden Partei öffentlich bekannt zu machen, wenn sie ein berechtigtes Interesse darlegt. [2]Art und Umfang der Bekanntmachung werden im Urteil bestimmt. [3]Die Befugnis erlischt, wenn von ihr nicht innerhalb von drei Monaten nach Eintritt der Rechtskraft des Urteils Gebrauch gemacht wird. [4]Das Urteil darf erst nach Rechtskraft bekannt gemacht werden, wenn nicht das Gericht etwas anderes bestimmt.

**§ 104 Rechtsweg.** [1]Für alle Rechtsstreitigkeiten, durch die ein Anspruch aus einem der in diesem Gesetz geregelten Rechtsverhältnisse geltend gemacht wird, (Urheberrechtsstreitsachen) ist der ordentliche Rechtsweg gegeben. [2]Für Urheberrechtsstreitsachen aus Arbeits- oder Dienstverhältnissen, die ausschließlich Ansprüche auf Leistung einer vereinbarten Vergütung zum Gegenstand haben, bleiben der Rechtsweg zu den Gerichten für Arbeitssachen und der Verwaltungsrechtsweg unberührt.

**§ 104a[6)] Gerichtsstand.** (1) [1]Für Klagen wegen Urheberrechtsstreitsachen gegen eine natürliche Person, die nach diesem Gesetz geschützte Werke oder andere nach diesem Gesetz geschützte Schutzgegenstände nicht für ihre gewerbliche oder selbständige berufliche Tätigkeit verwendet, ist das Gericht ausschließlich zuständig, in dessen Bezirk diese Person zur Zeit der Klageerhebung ihren Wohnsitz, in Ermangelung eines solchen ihren gewöhnlichen Aufenthalt hat. [2]Wenn die beklagte Person im Inland weder einen Wohnsitz noch ihren gewöhnlichen Aufenthalt hat, ist das Gericht zuständig, in dessen Bezirk die Handlung begangen ist.

(2) § 105 bleibt unberührt.

---

1) Nr. **100**.
2) Nr. **20**.
3) § 102 neu gef. mWv 1.1.2002 durch G v. 26.11.2001 (BGBl. I S. 3138).
4) § 102a eingef. mWv 1.9.2008 durch G v. 7.7.2008 (BGBl. I S. 1191).
5) § 103 neu gef. mWv 1.9.2008 durch G v. 7.7.2008 (BGBl. I S. 1191).
6) § 104a eingef. mWv 9.10.2013 durch G v. 1.10.2013 (BGBl. I S. 3714).

**§ 105[1) 2)] Gerichte für Urheberrechtsstreitsachen.** (1) Die Landesregierungen werden ermächtigt, durch Rechtsverordnung Urheberrechtsstreitsachen, für die das Landgericht in erster Instanz oder in der Berufungsinstanz zuständig ist, für die Bezirke mehrerer Landgerichte einem von ihnen zuzuweisen, wenn dies der Rechtspflege dienlich ist.

(2) Die Landesregierungen werden ferner ermächtigt, durch Rechtsverordnung die zur Zuständigkeit der Amtsgerichte gehörenden Urheberrechtsstreitsachen für die Bezirke mehrerer Amtsgerichte einem von ihnen zuzuweisen, wenn dies der Rechtspflege dienlich ist.

(3) Die Landesregierungen können die Ermächtigungen nach den Absätzen 1 und 2 auf die Landesjustizverwaltungen übertragen.

### Unterabschnitt 2.[3)] Straf- und Bußgeldvorschriften

**§ 106[4)] Unerlaubte Verwertung urheberrechtlich geschützter Werke.**

(1) Wer in anderen als den gesetzlich zugelassenen Fällen ohne Einwilligung des Berechtigten ein Werk oder eine Bearbeitung oder Umgestaltung eines Werkes vervielfältigt, verbreitet oder öffentlich wiedergibt, wird mit Freiheitsstrafe bis zu drei Jahren oder mit Geldstrafe bestraft.

(2) Der Versuch ist strafbar.

---

[1)] § 105 Abs. 4 neu gef. mWv 1.1.2000 durch G v. 2.9.1994 (BGBl. I S. 2278, geänd. durch G v. 17.12. 1999, BGBl. I S. 2448); Abs. 4 und 5 aufgeh. mWv 1.8.2002 durch G v. 23.7.2002 (BGBl. I S. 2850).

[2)] Siehe hierzu ua:

- **Baden-Württemberg:** SubVOJu v. 2.4.2019 (GBl. S. 109); ZuVOJu v. 20.11.1998 (GBl. S. 680), zuletzt geänd. durch VO v. 26.11.2020 (GBl. S. 1099)
- **Bayern:** GZVJu v. 11.6.2012 (GVBl. S. 295), zuletzt geänd. durch V v. 24.11.2020 (GVBl. S. 654)
- **Berlin:** ZuwV v 8.5.2008 (GVBl. S. 116), zuletzt geänd. durch VO v. 16.9.2019 (GVBl. S. 627)
- **Brandenburg:** GerZV v. 2.9.2014 (GVBl. II Nr. 62), zuletzt geänd. durch VO v. 26.11.2018 (GVBl. II Nr. 89)
- **Hamburg:** VO über die Zuständigkeit der Amtsgerichte in Zivil- und Handelssachen sowie für die Erledigung inländischer Rechtshilfeersuchen v. 1.9.1987 (HmbGVBl. S. 172), zuletzt geänd. durch VO v. 14.4.2020 (HmbGVBl. S. 214)
- **Hessen:** JuZuV v. 3.6.2013 (GVBl. S. 386), zuletzt geänd. durch G v. 8.10.2020 (GVBl. S. 710)
- **Mecklenburg-Vorpommern:** KonzVO M-V v. 28.3.1994 (GVOBl. M-V S. 514), zuletzt geänd. durch VO v. 22.2.2018 (GVOBl. M-V S. 59)
- **Niedersachsen**: ZustVO-Justiz v. 18.12.2009 (Nds. GVBl. S. 506, ber. S. 283), zuletzt geänd. durch VO v. 12.1.2021 (Nds. GVBl. S. 12)
- **Nordrhein-Westfalen:** VO über die Zusammenfassung von Designstreitsachen, Kennzeichenstreitsachen und Urheberrechtsstreitsachen sowie Streitigkeiten nach dem OlympiamarkenschutzG v. 30.8.2011 (GV. NRW. S. 458), geänd. durch VO v. 25.3.2014 (GV. NRW. S. 249)
- **Rheinland-Pfalz:** LandesVO zur Übertragung von Ermächtigungen auf dem Gebiet der Rechtspflege v. 15.12.1982 (GVBl. S. 460), zuletzt geänd. durch VO v. 6.11.2017 (GVBl. S. 246); LandesVO über die gerichtliche Zuständigkeit in Zivilsachen und Angelegenheiten der freiwilligen Gerichtsbarkeit v. 22.11. 1985 (GVBl. S. 267), zuletzt geänd. durch VO v. 27.11.2019 (GVBl. S. 345)
- **Sachsen:** SächsOrgVO **(Habersack II Nr. 245c/2)**
- **Sachsen-Anhalt:** VO über Zuständigkeiten der Amtsgerichte und Landgerichte in Zivilsachen v. 1.9. 1992 (GVBl. LSA S. 664), zuletzt geänd. durch VO v. 12.2.2021 (GVBl. LSA S. 57)
- **Thüringen:** ThürGerZustVO v. 17.11.2011 (GVBl. S. 511), zuletzt geänd. durch VO v. 6.12.2019 (GVBl. S. 562)

[3)] UAbschnitt 2 Überschrift neu gef. mWv 13.9.2003 durch G v. 10.9.2003 (BGBl. I S. 1774).

[4)] § 106 geänd. durch G v. 2.3.1974 (BGBl. I S. 469); Abs. 2 angef., Abs. 1 geänd. durch G v. 7.3.1990 (BGBl. I S. 422).

**§ 107[1]) Unzulässiges Anbringen der Urheberbezeichnung.** (1) Wer

1. auf dem Original eines Werkes der bildenden Künste die Urheberbezeichnung (§ 10 Abs. 1) ohne Einwilligung des Urhebers anbringt oder ein derart bezeichnetes Original verbreitet,
2. auf einem Vervielfältigungsstück, einer Bearbeitung oder Umgestaltung eines Werkes der bildenden Künste die Urheberbezeichnung (§ 10 Abs. 1) auf eine Art anbringt, die dem Vervielfältigungsstück, der Bearbeitung oder Umgestaltung den Anschein eines Originals gibt, oder ein derart bezeichnetes Vervielfältigungsstück, eine solche Bearbeitung oder Umgestaltung verbreitet,

wird mit Freiheitsstrafe bis zu drei Jahren oder mit Geldstrafe bestraft, wenn die Tat nicht in anderen Vorschriften mit schwererer Strafe bedroht ist.

(2) Der Versuch ist strafbar.

**§ 108[2]) Unerlaubte Eingriffe in verwandte Schutzrechte.** (1) Wer in anderen als den gesetzlich zugelassenen Fällen ohne Einwilligung des Berechtigten

1. eine wissenschaftliche Ausgabe (§ 70) oder eine Bearbeitung oder Umgestaltung einer solchen Ausgabe vervielfältigt, verbreitet oder öffentlich wiedergibt,
2. ein nachgelassenes Werk oder eine Bearbeitung oder Umgestaltung eines solchen Werkes entgegen § 71 verwertet,
3. ein Lichtbild (§ 72) oder eine Bearbeitung oder Umgestaltung eines Lichtbildes vervielfältigt, verbreitet oder öffentlich wiedergibt,
4. die Darbietung eines ausübenden Künstlers entgegen den § 77 Abs. 1 oder Abs. 2 Satz 1, § 78 Abs. 1 verwertet,
5. einen Tonträger entgegen § 85 verwertet,
6. eine Funksendung entgegen § 87 verwertet,
7. einen Bildträger oder Bild- und Tonträger entgegen §§ 94 oder 95 in Verbindung mit § 94 verwertet,
8. eine Datenbank entgegen § 87b Abs. 1 verwertet,

wird mit Freiheitsstrafe bis zu drei Jahren oder mit Geldstrafe bestraft.

(2) Der Versuch ist strafbar.

**§ 108a[3]) Gewerbsmäßige unerlaubte Verwertung.** (1) Handelt der Täter in den Fällen der §§ 106 bis 108 gewerbsmäßig, so ist die Strafe Freiheitsstrafe bis zu fünf Jahren oder Geldstrafe.

(2) Der Versuch ist strafbar.

**§ 108b[4]) Unerlaubte Eingriffe in technische Schutzmaßnahmen und zur Rechtewahrnehmung erforderliche Informationen.** (1) Wer

1. in der Absicht, sich oder einem Dritten den Zugang zu einem nach diesem Gesetz geschützten Werk oder einem anderen nach diesem Gesetz geschützten

---

[1]) § 107 geänd. durch G v. 2.3.1974 (BGBl. I S. 469); Abs. 2 angef., Abs. 1 geänd. durch G v. 7.3.1990 (BGBl. I S. 422).

[2]) § 108 geänd. durch G v. 2.3.1974 (BGBl. I S. 469); Abs. 2 angef., Abs. 1 geänd. durch G v. 7.3.1990 (BGBl. I S. 422); Abs. 1 Nr. 4 geänd. durch G v. 23.6.1995 (BGBl. I S. 842); Abs. 1 Nr. 8 angef. durch G v. 22.7.1997 (BGBl. I S. 1870); Abs. 1 Nr. 4 geänd. mWv 13.9.2003 durch G v. 10.9.2003 (BGBl. I S. 1774).

[3]) § 108a eingef. durch G v. 24.6.1985 (BGBl. I S. 1137); Abs. 1 neu gef. durch G v. 7.3.1990 (BGBl. I S. 422).

[4]) § 108b eingef. mWv 13.9.2003 durch G v. 10.9.2003 (BGBl. I S. 1774).

Schutzgegenstand oder deren Nutzung zu ermöglichen, eine wirksame technische Maßnahme ohne Zustimmung des Rechtsinhabers umgeht oder

2. wissentlich unbefugt

a) eine von Rechtsinhabern stammende Information für die Rechtewahrnehmung entfernt oder verändert, wenn irgendeine der betreffenden Informationen an einem Vervielfältigungsstück eines Werkes oder eines sonstigen Schutzgegenstandes angebracht ist oder im Zusammenhang mit der öffentlichen Wiedergabe eines solchen Werkes oder Schutzgegenstandes erscheint, oder

b) ein Werk oder einen sonstigen Schutzgegenstand, bei dem eine Information für die Rechtewahrnehmung unbefugt entfernt oder geändert wurde, verbreitet, zur Verbreitung einführt, sendet, öffentlich wiedergibt oder öffentlich zugänglich macht

und dadurch wenigstens leichtfertig die Verletzung von Urheberrechten oder verwandten Schutzrechten veranlasst, ermöglicht, erleichtert oder verschleiert,

wird, wenn die Tat nicht ausschließlich zum eigenen privaten Gebrauch des Täters oder mit dem Täter persönlich verbundener Personen erfolgt oder sich auf einen derartigen Gebrauch bezieht, mit Freiheitsstrafe bis zu einem Jahr oder mit Geldstrafe bestraft.

(2) Ebenso wird bestraft, wer entgegen § 95a Abs. 3 eine Vorrichtung, ein Erzeugnis oder einen Bestandteil zu gewerblichen Zwecken herstellt, einführt, verbreitet, verkauft oder vermietet.

(3) Handelt der Täter in den Fällen des Absatzes 1 gewerbsmäßig, so ist die Strafe Freiheitsstrafe bis zu drei Jahren oder Geldstrafe.

**§ 109**[1] **Strafantrag.** In den Fällen der §§ 106 bis 108 und des § 108b wird die Tat nur auf Antrag verfolgt, es sei denn, daß die Strafverfolgungsbehörde wegen des besonderen öffentlichen Interesses an der Strafverfolgung ein Einschreiten von Amts wegen für geboten hält.

**§ 110**[2] **Einziehung.** [1] Gegenstände, auf die sich eine Straftat nach den §§ 106, 107 Abs. 1 Nr. 2, §§ 108 bis 108b bezieht, können eingezogen werden. [2] § 74a des Strafgesetzbuches[3] ist anzuwenden. [3] Soweit den in § 98 bezeichneten Ansprüchen im Verfahren nach den Vorschriften der Strafprozeßordnung über die Entschädigung des Verletzten (§§ 403 bis 406c) stattgegeben wird, sind die Vorschriften über die Einziehung nicht anzuwenden.

**§ 111**[4] **Bekanntgabe der Verurteilung.** [1] Wird in den Fällen der §§ 106 bis 108b auf Strafe erkannt, so ist, wenn der Verletzte es beantragt und ein berechtigtes Interesse daran dartut, anzuordnen, daß die Verurteilung auf Verlangen öffentlich bekanntgemacht wird. [2] Die Art der Bekanntmachung ist im Urteil zu bestimmen.

---

[1] § 109 neu gef. durch G v. 24.6.1985 (BGBl. I S. 1137); geänd. mWv 13.9.2003 durch G v. 10.9.2003 (BGBl. I S. 1774).

[2] § 110 neu gef. durch G v. 7.3.1990 (BGBl. I S. 422); Satz 1 geänd. mWv 13.9.2003 durch G v. 10.9.2003 (BGBl. I S. 1774); Satz 3 geänd. mWv 1.9.2008 durch G v. 7.7.2008 (BGBl. I S. 1191).

[3] Nr. **85**.

[4] § 111 neu gef. durch G v. 24.6.1985 (BGBl. I S. 1137); Satz 1 geänd. mWv 13.9.2003 durch G v. 10.9.2003 (BGBl. I S. 1774).

**§ 111a**[1] **Bußgeldvorschriften.** (1) Ordnungswidrig handelt, wer

1. entgegen § 95a Abs. 3
   a) eine Vorrichtung, ein Erzeugnis oder einen Bestandteil verkauft, vermietet oder über den Kreis der mit dem Täter persönlich verbundenen Personen hinaus verbreitet oder
   b) zu gewerblichen Zwecken eine Vorrichtung, ein Erzeugnis oder einen Bestandteil besitzt, für deren Verkauf oder Vermietung wirbt oder eine Dienstleistung erbringt,
2. entgegen § 95b Abs. 1 Satz 1 ein notwendiges Mittel nicht zur Verfügung stellt oder
3. entgegen § 95d Absatz 2 Werke oder andere Schutzgegenstände nicht oder nicht vollständig kennzeichnet.

(2) Die Ordnungswidrigkeit kann in den Fällen des Absatzes 1 Nr. 1 und 2 mit einer Geldbuße bis zu fünfzigtausend Euro und in den übrigen Fällen mit einer Geldbuße bis zu zehntausend Euro geahndet werden.

### Unterabschnitt 3.[2] Vorschriften über Maßnahmen der Zollbehörde

**§ 111b**[3] **Verfahren nach deutschem Recht.** (1) 1 Verletzt die Herstellung oder Verbreitung von Vervielfältigungsstücken das Urheberrecht oder ein anderes nach diesem Gesetz geschütztes Recht, so unterliegen die Vervielfältigungsstücke, soweit nicht die Verordnung (EU) Nr. 608/2013 des Europäischen Parlaments und des Rates vom 12. Juni 2013 zur Durchsetzung der Rechte geistigen Eigentums durch die Zollbehörden und zur Aufhebung der Verordnung (EG) Nr. 1383/2003 des Rates (ABl. L 181 vom 29.6.2013, S. 15), in ihrer jeweils geltenden Fassung anzuwenden ist, auf Antrag und gegen Sicherheitsleistung des Rechtsinhabers bei ihrer Einfuhr oder Ausfuhr der Beschlagnahme durch die Zollbehörde, sofern die Rechtsverletzung offensichtlich ist. 2 Dies gilt für den Verkehr mit anderen Mitgliedstaaten der Europäischen Union sowie mit den anderen Vertragsstaaten des Abkommens über den Europäischen Wirtschaftsraum nur, soweit Kontrollen durch die Zollbehörden stattfinden.

(2) 1 Ordnet die Zollbehörde die Beschlagnahme an, so unterrichtet sie unverzüglich den Verfügungsberechtigten sowie den Antragsteller. 2 Dem Antragsteller sind Herkunft, Menge und Lagerort der Vervielfältigungsstücke sowie Name und Anschrift des Verfügungsberechtigten mitzuteilen; das Brief- und Postgeheimnis (Artikel 10 des Grundgesetzes[4]) wird insoweit eingeschränkt. 3 Dem Antragsteller wird Gelegenheit gegeben, die Vervielfältigungsstücke zu besichtigen, soweit hierdurch nicht in Geschäfts- oder Betriebsgeheimnisse eingegriffen wird.

---

[1] § 111a Abs. 1 Nr. 1, Abs. 2 eingef. mWv 13.9.2003, Abs. 1 Nr. 2 und 3 eingef. mWv 1.9.2004 durch G v. 10.9.2003 (BGBl. I S. 1774); Abs. 1 Nr. 3 geänd. mWv 7.6.2021 durch G v. 31.5.2021 (BGBl. I S. 1204).

[2] UAbschnitt 3 Überschrift eingef. durch G v. 7.3.1990 (BGBl. I S. 422).

[3] Früherer § 111a eingef. durch G v. 7.3.1990 (BGBl. I S. 422); Abs. 1 Satz 2 geänd. durch G v. 27.9.1993 (BGBl. I S. 1666); Abs. 1 Satz 1 geänd., Abs. 8 angef. durch G v. 19.7.1996 (BGBl. I S. 1014); Abs. 1 Satz 2 geänd. durch G v. 16.7.1998 (BGBl. I S. 1827); bish. § 111a wird § 111b mWv 13.9.2003 durch G v. 10.9.2003 (BGBl. I S. 1774); Überschrift neu gef., Abs. 1 Satz 1 und Abs. 6 Satz 1 geänd., Abs. 8 aufgeh. mWv 1.1.2008 durch G v. 13.12.2007 (BGBl. I S. 2897); Abs. 6 Satz 1 geänd. mWv 1.1.2016 durch G v. 3.12.2015 (BGBl. I S. 2178); Abs. 1 Satz 1 geänd. mWv 1.7.2016 durch G v. 4.4.2016 (BGBl. I S. 558).

[4] **Habersack, Deutsche Gesetze ErgBd. Nr. 1.**

(3) Wird der Beschlagnahme nicht spätestens nach Ablauf von zwei Wochen nach Zustellung der Mitteilung nach Absatz 2 Satz 1 widersprochen, so ordnet die Zollbehörde die Einziehung der beschlagnahmten Vervielfältigungsstücke an.

(4) [1] Widerspricht der Verfügungsberechtigte der Beschlagnahme, so unterrichtet die Zollbehörde hiervon unverzüglich den Antragsteller. [2] Dieser hat gegenüber der Zollbehörde unverzüglich zu erklären, ob er den Antrag nach Absatz 1 in bezug auf die beschlagnahmten Vervielfältigungsstücke aufrechterhält.

1. [3] Nimmt der Antragsteller den Antrag zurück, hebt die Zollbehörde die Beschlagnahme unverzüglich auf.
2. [4] Hält der Antragsteller den Antrag aufrecht und legt er eine vollziehbare gerichtliche Entscheidung vor, die die Verwahrung der beschlagnahmten Vervielfältigungsstücke oder eine Verfügungsbeschränkung anordnet, trifft die Zollbehörde die erforderlichen Maßnahmen.

[5] Liegen die Fälle der Nummern 1 oder 2 nicht vor, hebt die Zollbehörde die Beschlagnahme nach Ablauf von zwei Wochen nach Zustellung der Mitteilung an den Antragsteller nach Satz 1 auf; weist der Antragsteller nach, daß die gerichtliche Entscheidung nach Nummer 2 beantragt, ihm aber noch nicht zugegangen ist, wird die Beschlagnahme für längstens zwei weitere Wochen aufrechterhalten.

(5) Erweist sich die Beschlagnahme als von Anfang an ungerechtfertigt und hat der Antragsteller den Antrag nach Absatz 1 in bezug auf die beschlagnahmten Vervielfältigungsstücke aufrechterhalten oder sich nicht unverzüglich erklärt (Absatz 4 Satz 2), so ist er verpflichtet, den dem Verfügungsberechtigten durch die Beschlagnahme entstandenen Schaden zu ersetzen.

(6) [1] Der Antrag nach Absatz 1 ist bei der Generalzolldirektion zu stellen und hat Wirkung für ein Jahr, sofern keine kürzere Geltungsdauer beantragt wird; er kann wiederholt werden. [2] Für die mit dem Antrag verbundenen Amtshandlungen werden vom Antragsteller Kosten nach Maßgabe des § 178 der Abgabenordnung erhoben.

(7) [1] Die Beschlagnahme und die Einziehung können mit den Rechtsmitteln angefochten werden, die im Bußgeldverfahren nach dem Gesetz über Ordnungswidrigkeiten gegen die Beschlagnahme und Einziehung zulässig sind. [2] Im Rechtsmittelverfahren ist der Antragsteller zu hören. [3] Gegen die Entscheidung des Amtsgerichts ist die sofortige Beschwerde zulässig; über sie entscheidet das Oberlandesgericht.

**§ 111c[1)] Verfahren nach der Verordnung (EU) Nr. 608/2013.** Für das Verfahren nach der Verordnung (EU) Nr. 608/2013 gilt § 111b Absatz 5 und 6 entsprechend, soweit die Verordnung keine Bestimmungen enthält, die dem entgegenstehen.

## Abschnitt 3. Zwangsvollstreckung

### Unterabschnitt 1. Allgemeines

**§ 112 Allgemeines.** Die Zulässigkeit der Zwangsvollstreckung in ein nach diesem Gesetz geschütztes Recht richtet sich nach den allgemeinen Vorschriften, soweit sich aus den §§ 113 bis 119 nichts anderes ergibt.

---

1) § 111c neu gef. mWv 1.7.2016 durch G v. 4.4.2016 (BGBl. I S. 558).

### Unterabschnitt 2. Zwangsvollstreckung wegen Geldforderungen gegen den Urheber

**§ 113 Urheberrecht.** [1] Gegen den Urheber ist die Zwangsvollstreckung wegen Geldforderungen in das Urheberrecht nur mit seiner Einwilligung und nur insoweit zulässig, als er Nutzungsrechte einräumen kann (§ 31). [2] Die Einwilligung kann nicht durch den gesetzlichen Vertreter erteilt werden.

**§ 114 Originale von Werken.** (1) [1] Gegen den Urheber ist die Zwangsvollstreckung wegen Geldforderungen in die ihm gehörenden Originale seiner Werke nur mit seiner Einwilligung zulässig. [2] Die Einwilligung kann nicht durch den gesetzlichen Vertreter erteilt werden.

(2) [1] Der Einwilligung bedarf es nicht,

1. soweit die Zwangsvollstreckung in das Original des Werkes zur Durchführung der Zwangsvollstreckung in ein Nutzungsrecht am Werk notwendig ist,
2. zur Zwangsvollstreckung in das Original eines Werkes der Baukunst,
3. zur Zwangsvollstreckung in das Original eines anderen Werkes der bildenden Künste, wenn das Werk veröffentlicht ist.

[2] In den Fällen der Nummern 2 und 3 darf das Original des Werkes ohne Zustimmung des Urhebers verbreitet werden.

### Unterabschnitt 3. Zwangsvollstreckung wegen Geldforderungen gegen den Rechtsnachfolger des Urhebers

**§ 115 Urheberrecht.** [1] Gegen den Rechtsnachfolger des Urhebers (§ 30) ist die Zwangsvollstreckung wegen Geldforderungen in das Urheberrecht nur mit seiner Einwilligung und nur insoweit zulässig, als er Nutzungsrechte einräumen kann (§ 31). [2] Der Einwilligung bedarf es nicht, wenn das Werk erschienen ist.

**§ 116 Originale von Werken.** (1) Gegen den Rechtsnachfolger des Urhebers (§ 30) ist die Zwangsvollstreckung wegen Geldforderungen in die ihm gehörenden Originale von Werken des Urhebers nur mit seiner Einwilligung zulässig.

(2) [1] Der Einwilligung bedarf es nicht

1. in den Fällen des § 114 Abs. 2 Satz 1,
2. zur Zwangsvollstreckung in das Original eines Werkes, wenn das Werk erschienen ist.

[2] § 114 Abs. 2 Satz 2 gilt entsprechend.

**§ 117 Testamentsvollstrecker.** Ist nach § 28 Abs. 2 angeordnet, daß das Urheberrecht durch einen Testamentsvollstrecker ausgeübt wird, so ist die nach den §§ 115 und 116 erforderliche Einwilligung durch den Testamentsvollstrecker zu erteilen.

### Unterabschnitt 4. Zwangsvollstreckung wegen Geldforderungen gegen den Verfasser wissenschaftlicher Ausgaben und gegen den Lichtbildner

**§ 118 Entsprechende Anwendung.** Die §§ 113 bis 117 sind sinngemäß anzuwenden

1. auf die Zwangsvollstreckung wegen Geldforderungen gegen den Verfasser wissenschaftlicher Ausgaben (§ 70) und seinen Rechtsnachfolger,
2. auf die Zwangsvollstreckung wegen Geldforderungen gegen den Lichtbildner (§ 72) und seinen Rechtsnachfolger.

### Unterabschnitt 5. Zwangsvollstreckung wegen Geldforderungen in bestimmte Vorrichtungen

**§ 119[1] Zwangsvollstreckung in bestimmte Vorrichtungen.** (1) Vorrichtungen, die ausschließlich zur Vervielfältigung oder Funksendung eines Werkes bestimmt sind, wie Formen, Platten, Steine, Druckstöcke, Matrizen und Negative, unterliegen der Zwangsvollstreckung wegen Geldforderungen nur, soweit der Gläubiger zur Nutzung des Werkes mittels dieser Vorrichtungen berechtigt ist.

(2) Das gleiche gilt für Vorrichtungen, die ausschließlich zur Vorführung eines Filmwerkes bestimmt sind, wie Filmstreifen und dergleichen.

(3) Die Absätze 1 und 2 sind auf die nach den §§ 70 und 71 geschützten Ausgaben, die nach § 72 geschützten Lichtbilder, die nach § 77 Abs. 2 Satz 1, §§ 85, 87, 94 und 95 geschützten Bild- und Tonträger und die nach § 87b Abs. 1 geschützten Datenbanken entsprechend anzuwenden.

# Teil 5. Anwendungsbereich. Übergangs- und Schlussbestimmungen

## Abschnitt 1. Anwendungsbereich des Gesetzes[2]

### Unterabschnitt 1. Urheberrecht

**§ 120[3] Deutsche Staatsangehörige und Staatsangehörige anderer EU-Staaten und EWR-Staaten.** (1) [1] Deutsche Staatsangehörige genießen den urheberrechtlichen Schutz für alle ihre Werke, gleichviel, ob und wo die Werke erschienen sind. [2] Ist ein Werk von Miturhebern (§ 8) geschaffen, so genügt es, wenn ein Miturheber deutscher Staatsangehöriger ist.

(2) Deutschen Staatsangehörigen stehen gleich:

---

[1] § 119 Abs. 3 geänd. durch G. v. 23.6.1995 (BGBl. I S. 842) und durch G v. 22.7.1997 (BGBl. I S. 1870); Abs. 3 geänd. mWv 13.9.2003 durch G v. 10.9.2003 (BGBl. I S. 1774).

[2] Beachte auch **Berner Übereinkunft zum Schutz von Werken der Literatur und der Kunst** vom 9.9.1886, vervollständigt in Paris am 4.5.1896, revidiert in Berlin am 13.11.1908, vervollständigt in Bern am 20.3.1914, revidiert in Rom am 2.6.1928, revidiert in Brüssel am 26.6.1948, revidiert in Stockholm am 14.7.1967 (BGBl. 1970 II S. 293, 348) und revidiert in Paris am 24.7.1971 (BGBl. 1973 II S. 1069; 1985 II S. 81).

G über die in Brüssel am 26. Juni 1948 beschlossene Fassung der Berner Übereinkunft vom 9. September 1886 zum Schutz von Werken der Literatur und der Kunst v. 15.9.1965 (BGBl. II S. 1213) mit Bek. über das Inkrafttreten v. 1.12.1966 (BGBl. II S. 1565).

G über die am 14. Juli 1967 in Stockholm unterzeichneten Übereinkünfte auf dem Gebiet des geistigen Eigentums v. 5.6.1970 (BGBl. II S. 293, 348) mit Bek. über das Inkrafttreten der **Stockholmer Fassung der Berner Übereinkunft** v. 9. September 1886 zum Schutz von Werken der Literatur und Kunst v. 16.11.1970 (BGBl. II S. 1314).

G zu den am 24. Juli 1971 in Paris unterzeichneten Übereinkünften auf dem Gebiet des Urheberrechts v. 17.8.1973 (BGBl. II S. 1069) mit der **Pariser Fassung der Berner Übereinkunft** vom 9. September 1886 zum Schutz von Werken der Literatur und Kunst v. 24.7.1971 (BGBl. 1973 II S. 1071) sowie Bek. von Änderungen der Berner Übereinkunft v. 13.12.1984 (BGBl. 1985 II S. 81). Bek. über das Inkrafttreten v. 5.2.1974 (BGBl. II S. 165) und v. 15.7.1974 (BGBl. II S. 1079).

Welturheberrechtsabkommen v. 6.9.1952 (BGBl. 1955 II S. 102). G über das am 6. September 1952 unterzeichnete **Welturheberrechtsabkommen** v. 24.2.1955 (BGBl. II S. 101), geänd. durch § 140 UrhG v. 9.9.1965 (BGBl. I S. 1273). Bek. über das Inkrafttreten v. 26.9.1955 (BGBl. II S. 892).

G zu den am 24. Juli 1971 in Paris unterzeichneten Übereinkünften auf dem Gebiet des Urheberrechts v. 17.8.1973 (BGBl. II S. 1069) mit der **Pariser Fassung des Welturheberrechtsabkommens** v. 24.7. 1971 (BGBl. 1973 II S. 1111). Bek. über das Inkrafttreten (10.7.1974) v. 3.10.1974 (BGBl. II S. 1309).

**Übereinkommen zur Errichtung der Weltorganisation für geistiges Eigentum** v. 14.7.1967 (BGBl. 1970 II S. 295), G zu dem Übereinkommen v. 5.6.1970 (BGBl. II S. 293) geänd. durch Art. 16 G v. 25.10.1994 (BGBl. I S. 3082). Bek. über das Inkrafttreten (19.9.1970) v. 12.10.1970 (BGBl. II S. 1070).

[3] § 120 Überschrift und Abs. 2 neu gef. durch G v. 23.6.1995 (BGBl. I S. 842).

1. Deutsche im Sinne des Art. 116 Abs. 1 des Grundgesetzes, die nicht die deutsche Staatsangehörigkeit besitzen, und
2. Staatsangehörige eines anderen Mitgliedstaates der Europäischen Union oder eines anderen Vertragsstaates des Abkommens über den Europäischen Wirtschaftsraum.

**§ 121[1)] Ausländische Staatsangehörige.** (1) [1] Ausländische Staatsangehörige genießen den urheberrechtlichen Schutz für ihre im Geltungsbereich dieses Gesetzes erschienenen Werke, es sei denn, daß das Werk oder eine Übersetzung des Werkes früher als dreißig Tage vor dem Erscheinen im Geltungsbereich dieses Gesetzes außerhalb dieses Gebietes erschienen ist. [2] Mit der gleichen Einschränkung genießen ausländische Staatsangehörige den Schutz auch für solche Werke, die im Geltungsbereich dieses Gesetzes nur in Übersetzung erschienen sind.

(2) Den im Geltungsbereich dieses Gesetzes erschienenen Werken im Sinne des Absatzes 1 werden die Werke der bildenden Künste gleichgestellt, die mit einem Grundstück im Geltungsbereich dieses Gesetzes fest verbunden sind.

(3) Der Schutz nach Absatz 1 kann durch Rechtsverordnung des Bundesministers der Justiz und für Verbraucherschutz für ausländische Staatsangehörige beschränkt werden, die keinem Mitgliedstaat der Berner Übereinkunft zum Schutze von Werken der Literatur und der Kunst angehören und zur Zeit des Erscheinens des Werkes weder im Geltungsbereich dieses Gesetzes noch in einem anderen Mitgliedstaat ihren Wohnsitz haben, wenn der Staat, dem sie angehören, deutschen Staatsangehörigen für ihre Werke keinen genügenden Schutz gewährt.

(4) [1] Im übrigen genießen ausländische Staatsangehörige den urheberrechtlichen Schutz nach Inhalt der Staatsverträge. [2] Bestehen keine Staatsverträge, so besteht für solche Werke urheberrechtlicher Schutz, soweit in dem Staat, dem der Urheber angehört, nach einer Bekanntmachung des Bundesministers der Justiz und für Verbraucherschutz im Bundesgesetzblatt deutsche Staatsangehörige für ihre Werke einen entsprechenden Schutz genießen.

(5) Das Folgerecht (§ 26) steht ausländischen Staatsangehörigen nur zu, wenn der Staat, dem sie angehören, nach einer Bekanntmachung des Bundesministers der Justiz und für Verbraucherschutz im Bundesgesetzblatt deutschen Staatsangehörigen ein entsprechendes Recht gewährt.

(6) Den Schutz nach den §§ 12 bis 14 genießen ausländische Staatsangehörige für alle ihre Werke, auch wenn die Voraussetzungen der Absätze 1 bis 5 nicht vorliegen.

**§ 122 Staatenlose.** (1) Staatenlose mit gewöhnlichem Aufenthalt im Geltungsbereich dieses Gesetzes genießen für ihre Werke den gleichen urheberrechtlichen Schutz wie deutsche Staatsangehörige.

(2) Staatenlose ohne gewöhnlichen Aufenthalt im Geltungsbereich dieses Gesetzes genießen für ihre Werke den gleichen urheberrechtlichen Schutz wie die Angehörigen des ausländischen Staates, in dem sie ihren gewöhnlichen Aufenthalt haben.

**§ 123 Ausländische Flüchtlinge.** [1] Für Ausländer, die Flüchtlinge im Sinne von Staatsverträgen oder anderen Rechtsvorschriften sind, gelten die Bestimmun-

---

[1)] § 121 Abs. 3, Abs. 4 Satz 2 und Abs. 5 geänd. mWv 8.9.2015 durch VO v. 31.8.2015 (BGBl. I S. 1474).

gen des § 122 entsprechend. [2]Hierdurch wird ein Schutz nach § 121 nicht ausgeschlossen.

### Unterabschnitt 2. Verwandte Schutzrechte

**§ 124 Wissenschaftliche Ausgaben und Lichtbilder.** Für den Schutz wissenschaftlicher Ausgaben (§ 70) und den Schutz von Lichtbildern (§ 72) sind die §§ 120 bis 123 sinngemäß anzuwenden.

**§ 125[1)] Schutz des ausübenden Künstlers.** (1) [1]Den nach den §§ 73 bis 83 gewährten Schutz genießen deutsche Staatsangehörige für alle ihre Darbietungen, gleichviel, wo diese stattfinden. [2]§ 120 Abs. 2 ist anzuwenden.

(2) Ausländische Staatsangehörige genießen den Schutz für alle ihre Darbietungen, die im Geltungsbereich dieses Gesetzes stattfinden, soweit nicht in den Absätzen 3 und 4 etwas anderes bestimmt ist.

(3) Werden Darbietungen ausländischer Staatsangehöriger erlaubterweise auf Bild- oder Tonträger aufgenommen und sind diese erschienen, so genießen die ausländischen Staatsangehörigen hinsichtlich dieser Bild- oder Tonträger den Schutz nach § 77 Abs. 2 Satz 1, § 78 Abs. 1 Nr. 1 und Abs. 2, wenn die Bild- oder Tonträger im Geltungsbereich dieses Gesetzes erschienen sind, es sei denn, daß die Bild- oder Tonträger früher als dreißig Tage vor dem Erscheinen im Geltungsbereich dieses Gesetzes außerhalb dieses Gebietes erschienen sind.

(4) Werden Darbietungen ausländischer Staatsangehöriger erlaubterweise durch Funk gesendet, so genießen die ausländischen Staatsangehörigen den Schutz gegen Aufnahme der Funksendung auf Bild- oder Tonträger (§ 77 Abs. 1) und Weitersendung der Funksendung (§ 78 Abs. 1 Nr. 2) sowie den Schutz nach § 78 Abs. 2, wenn die Funksendung im Geltungsbereich dieses Gesetzes ausgestrahlt worden ist.

(5) [1]Im übrigen genießen ausländische Staatsangehörige den Schutz nach Inhalt der Staatsverträge. [2]§ 121 Abs. 4 Satz 2 sowie die §§ 122 und 123 gelten entsprechend.

(6) [1]Den Schutz nach den §§ 74 und 75, § 77 Abs. 1 sowie § 78 Abs. 1 Nr. 3 genießen ausländische Staatsangehörige für alle ihre Darbietungen, auch wenn die Voraussetzungen der Absätze 2 bis 5 nicht vorliegen. [2]Das gleiche gilt für den Schutz nach § 78 Abs. 1 Nr. 2, soweit es sich um die unmittelbare Sendung der Darbietung handelt.

(7) Wird Schutz nach den Absätzen 2 bis 4 oder 6 gewährt, so erlischt er spätestens mit dem Ablauf der Schutzdauer in dem Staat, dessen Staatsangehöriger der ausübende Künstler ist, ohne die Schutzfrist nach § 82 zu überschreiten.

**§ 126[2)] Schutz des Herstellers von Tonträgern.** (1) [1]Den nach den §§ 85 und 86 gewährten Schutz genießen deutsche Staatsangehörige oder Unternehmen mit Sitz im Geltungsbereich dieses Gesetzes für alle ihre Tonträger, gleichviel, ob und wo diese erschienen sind. [2]§ 120 Abs. 2 ist anzuwenden. [3]Unternehmen mit Sitz in einem anderen Mitgliedstaat der Europäischen Union oder in einem

---

[1)] § 125 Abs. 3, 4 und 6 geänd., Abs. 7 angef. durch G v. 23. 6.1995 (BGBl. I S. 842); Abs. 1 Satz 1, Abs. 3 Satz 1, Abs. 4, Abs. 6 Sätze 1 und 2 geänd. mWv 13.9.2003 durch G v. 10.9.2003 (BGBl. I S. 1774).

[2)] § 126 Abs. 1 Satz 3, Abs. 2 Satz 2 eingef. durch G v. 23.6.1995 (BGBl. I S. 842); Abs. 2 Satz 2 geänd. mWv 13.9.2003 durch G v. 10.9.2003 (BGBl. I S. 1774).

anderen Vertragsstaat des Abkommens über den Europäischen Wirtschaftsraum stehen Unternehmen mit Sitz im Geltungsbereich dieses Gesetzes gleich.

(2) [1] Ausländische Staatsangehörige oder Unternehmen ohne Sitz im Geltungsbereich dieses Gesetzes genießen den Schutz für ihre im Geltungsbereich dieses Gesetzes erschienenen Tonträger, es sei denn, daß der Tonträger früher als dreißig Tage vor dem Erscheinen im Geltungsbereich dieses Gesetzes außerhalb dieses Gebietes erschienen ist. [2] Der Schutz erlischt jedoch spätestens mit dem Ablauf der Schutzdauer in dem Staat, dessen Staatsangehörigkeit der Hersteller des Tonträgers besitzt oder in welchem das Unternehmen seinen Sitz hat, ohne die Schutzfrist nach § 85 Abs. 3 zu überschreiten.

(3) [1] Im übrigen genießen ausländische Staatsangehörige oder Unternehmen ohne Sitz im Geltungsbereich dieses Gesetzes den Schutz nach Inhalt der Staatsverträge. [2] § 121 Abs. 4 Satz 2 sowie die §§ 122 und 123 gelten entsprechend.

**§ 127[1)] Schutz des Sendeunternehmens.** (1) [1] Den nach § 87 gewährten Schutz genießen Sendeunternehmen mit Sitz im Geltungsbereich dieses Gesetzes für alle Funksendungen, gleichviel, wo sie diese ausstrahlen. [2] § 126 Abs. 1 Satz 3 ist anzuwenden.

(2) [1] Sendeunternehmen ohne Sitz im Geltungsbereich dieses Gesetzes genießen den Schutz für alle Funksendungen, die sie im Geltungsbereich dieses Gesetzes ausstrahlen. [2] Der Schutz erlischt spätestens mit dem Ablauf der Schutzdauer in dem Staat, in dem das Sendeunternehmen seinen Sitz hat, ohne die Schutzfrist nach § 87 Abs. 3 zu überschreiten.

(3) [1] Im übrigen genießen Sendeunternehmen ohne Sitz im Geltungsbereich dieses Gesetzes den Schutz nach Inhalt der Staatsverträge. [2] § 121 Abs. 4 Satz 2 gilt entsprechend.

**§ 127a[2)] Schutz des Datenbankherstellers.** (1) [1] Den nach § 87b gewährten Schutz genießen deutsche Staatsangehörige sowie juristische Personen mit Sitz im Geltungsbereich dieses Gesetzes. [2] § 120 Abs. 2 ist anzuwenden.

(2) Die nach deutschem Recht oder dem Recht eines der in § 120 Abs. 2 Nr. 2 bezeichneten Staaten gegründeten juristischen Personen ohne Sitz im Geltungsbereich dieses Gesetzes genießen den nach § 87b gewährten Schutz, wenn

1. ihre Hauptverwaltung oder Hauptniederlassung sich im Gebiet eines der in § 120 Abs. 2 Nr. 2 bezeichneten Staaten befindet oder
2. ihr satzungsmäßiger Sitz sich im Gebiet eines dieser Staaten befindet und ihre Tätigkeit eine tatsächliche Verbindung zur deutschen Wirtschaft oder zur Wirtschaft eines dieser Staaten aufweist.

(3) Im übrigen genießen ausländische Staatsangehörige sowie juristische Personen den Schutz nach dem Inhalt von Staatsverträgen sowie von Vereinbarungen, die die Europäische Gemeinschaft mit dritten Staaten schließt; diese Vereinbarungen werden vom Bundesministerium der Justiz und für Verbraucherschutz im Bundesgesetzblatt bekanntgemacht.

---

[1)] § 127 Abs. 1 Satz 2, Abs. 2 Satz 2 eingef. durch G v. 23. 6.1995 (BGBl. I S. 842); Abs. 2 Satz 2 geänd. mWv 13.9.2003 durch G v. 10.9.2003 (BGBl. I S. 1774).

[2)] § 127a eingef. durch G v. 22.7.1997 (BGBl. I S. 1870); Abs. 3 geänd. mWv 8.9.2015 durch VO v. 31.8.2015 (BGBl. I S. 1474).

**§ 127b[1] Schutz des Presseverlegers.** (1) [1]Den nach § 87g gewährten Schutz genießen deutsche Staatsangehörige oder Unternehmen mit Sitz im Geltungsbereich dieses Gesetzes. [2]§ 120 Absatz 2 und § 126 Absatz 1 Satz 3 sind anzuwenden.

(2) Unternehmen ohne Sitz im Geltungsbereich dieses Gesetzes genießen den nach § 87g gewährten Schutz, wenn ihre Hauptverwaltung oder ihre Hauptniederlassung sich im Geltungsbereich dieses Gesetzes oder im Gebiet eines anderen Mitgliedstaates der Europäischen Union oder eines anderen Vertragsstaates des Abkommens über den Europäischen Wirtschaftsraum befindet.

**§ 128[2] Schutz des Filmherstellers.** (1) [1]Den nach den §§ 94 und 95 gewährten Schutz genießen deutsche Staatsangehörige oder Unternehmen mit Sitz im Geltungsbereich dieses Gesetzes für alle ihre Bildträger oder Bild- und Tonträger, gleichviel, ob und wo diese erschienen sind. [2]§ 120 Abs. 2 und § 126 Abs. 1 Satz 3 sind anzuwenden.

(2) Für ausländische Staatsangehörige oder Unternehmen ohne Sitz im Geltungsbereich dieses Gesetzes gelten die Bestimmungen in § 126 Abs. 2 und 3 entsprechend.

## Abschnitt 2. Übergangsbestimmungen

**§ 129 Werke.** (1) [1]Die Vorschriften dieses Gesetzes sind auch auf die vor seinem Inkrafttreten geschaffenen Werke anzuwenden, es sei denn, daß sie zu diesem Zeitpunkt urheberrechtlich nicht geschützt sind oder daß in diesem Gesetz sonst etwas anderes bestimmt ist. [2]Dies gilt für verwandte Schutzrechte entsprechend.

(2) Die Dauer des Urheberrechts an einem Werk, das nach Ablauf von fünfzig Jahren nach dem Tode des Urhebers, aber vor dem Inkrafttreten dieses Gesetzes veröffentlicht worden ist, richtet sich nach den bisherigen Vorschriften.

**§ 130 Übersetzungen.** Unberührt bleiben die Rechte des Urhebers einer Übersetzung, die vor dem 1. Januar 1902 erlaubterweise ohne Zustimmung des Urhebers des übersetzten Werkes erschienen ist.

**§ 131 Vertonte Sprachwerke.** Vertonte Sprachwerke, die nach § 20 des Gesetzes betreffend das Urheberrecht an Werken der Literatur und der Tonkunst vom 19. Juni 1901 (Reichsgesetzbl. S. 227) in der Fassung des Gesetzes zur Ausführung der revidierten Berner Übereinkunft zum Schutze von Werken der Literatur und Kunst vom 22. Mai 1910 (Reichsgesetzbl. S. 793) ohne Zustimmung ihres Urhebers vervielfältigt, verbreitet und öffentlich wiedergegeben werden durften, dürfen auch weiterhin in gleichem Umfang vervielfältigt, verbreitet und öffentlich wiedergegeben werden, wenn die Vertonung des Werkes vor dem Inkrafttreten dieses Gesetzes erschienen ist.

**§ 132[3] Verträge.** (1) [1]Die Vorschriften dieses Gesetzes sind mit Ausnahme der §§ 42 und 43 auf Verträge, die vor dem 1. Januar 1966 abgeschlossen worden sind,

---

[1] § 127b eingef. mWv 7.6.2021 durch G v. 31.5.2021 (BGBl. I S. 1204).

[2] § 128 Abs. 1 Satz 2 neu gef. durch G v. 23. 6.1995 (BGBl. I S. 842).

[3] § 132 Abs. 1 Sätze 1 und 2, Abs. 2 geänd., Abs. 3 und 4 angef. mWv 1.7.2002 durch G v. 22.3.2002 (BGBl. S. 1155); Abs. 1 Satz 1, Abs. 3 Satz 3 geänd., Abs. 1 Satz 2 eingef., bish. Satz 2 wird Satz 3 mWv 13.9.2003 durch G v. 10.9.2003 (BGBl. I S. 1774); Abs. 3a eingef., Abs. 4 geänd. mWv 1.3.2017 durch G v. 20.12.2016 (BGBl. I S. 3037); Abs. 3 Satz 1 geänd., Abs. 3a neu gef. mWv 7.6.2021 durch G v. 31.5. 2021 (BGBl. I S. 1204).

nicht anzuwenden. [2] § 43 gilt für ausübende Künstler entsprechend. [3] Die §§ 40 und 41 gelten für solche Verträge mit der Maßgabe, daß die in § 40 Abs. 1 Satz 2 und § 41 Abs. 2 genannten Fristen frühestens mit dem 1. Januar 1966 beginnen.

(2) Vor dem 1. Januar 1966 getroffene Verfügungen bleiben wirksam.

(3) [1] Auf Verträge oder sonstige Sachverhalte, die vor dem 1. Juli 2002 geschlossen worden oder entstanden sind, sind die Vorschriften dieses Gesetzes vorbehaltlich der Sätze 2 und 3 sowie des § 133 Absatz 2 bis 4 in der am 28. März 2002 geltenden Fassung weiter anzuwenden. [2] § 32a findet auf Sachverhalte Anwendung, die nach dem 28. März 2002 entstanden sind. [3] Auf Verträge, die seit dem 1. Juni 2001 und bis zum 30. Juni 2002 geschlossen worden sind, findet auch § 32 Anwendung, sofern von dem eingeräumten Recht oder der Erlaubnis nach dem 30. Juni 2002 Gebrauch gemacht wird.

(3a) Auf Verträge oder sonstige Sachverhalte, die ab dem 1. Juli 2002 und vor dem 1. März 2017 geschlossen worden sind oder entstanden sind, sind die Vorschriften dieses Gesetzes vorbehaltlich des § 133 Absatz 2 bis 4 in der bis einschließlich 28. Februar 2017 geltenden Fassung weiter anzuwenden.

(4) Die Absätze 3 und 3a gelten für ausübende Künstler entsprechend.

**§ 133[1)] Übergangsregelung bei der Umsetzung vertragsrechtlicher Bestimmungen der Richtlinie (EU) 2019/790.** (1) Auf Verträge oder sonstige Sachverhalte, die ab dem 1. März 2017 und vor dem 7. Juni 2021 geschlossen worden sind oder entstanden sind, sind vorbehaltlich der Absätze 2 bis 4 die Vorschriften des Teils 1 Abschnitt 5 Unterabschnitt 2 in der am 1. März 2017 geltenden Fassung weiter anzuwenden.

(2) Die Vorschriften über die weitere Beteiligung des Urhebers (§ 32a) und über das Rückrufsrecht wegen Nichtausübung (§ 41) sind in der am 7. Juni 2021 geltenden Fassung ab diesem Zeitpunkt auch auf zuvor geschlossene Verträge anzuwenden.

(3) [1] Die Vorschriften über die Auskunft und Rechenschaft des Vertragspartners (§ 32d) und über die Auskunft und Rechenschaft Dritter in der Lizenzkette (§ 32e) sind in der am 7. Juni 2021 geltenden Fassung ab dem 7. Juni 2022 auch auf vor dem 7. Juni 2021 geschlossene Verträge anzuwenden. [2] Abweichend von Satz 1 ist bei Verträgen, die vor dem 1. Januar 2008 geschlossen worden sind, Auskunft über die Nutzung von Filmwerken oder Laufbildern und die filmische Verwertung der zu ihrer Herstellung benutzten Werke nur auf Verlangen des Urhebers zu erteilen.

(4) Die Absätze 1 bis 3 gelten für ausübende Künstler entsprechend.

**§ 134 Urheber.** [1] Wer zur Zeit des Inkrafttretens dieses Gesetzes nach den bisherigen Vorschriften, nicht aber nach diesem Gesetz als Urheber eines Werkes anzusehen ist, gilt, abgesehen von den Fällen des § 135, weiterhin als Urheber. [2] Ist nach den bisherigen Vorschriften eine juristische Person als Urheber eines Werkes anzusehen, so sind für die Berechnung der Dauer des Urheberrechts die bisherigen Vorschriften anzuwenden.

**§ 135[2)] Inhaber verwandter Schutzrechte.** Wer zur Zeit des Inkrafttretens dieses Gesetzes nach den bisherigen Vorschriften als Urheber eines Lichtbildes

---

[1)] *§ 133* neu gef. mWv 7.6.2021 durch G v. 31.5.2021 (BGBl. I S. 1204).

[2)] § 135 ist mit Art. 14 Abs. 1 Satz 1 GG **(Habersack, Deutsche Gesetze ErgBd. Nr. 1)** unvereinbar, soweit danach § 82 Satz 1 UrhG uneingeschränkt auf die „verwandten Schutzrechte" derjenigen Anwendung findet, die am 1. Januar 1966 „nach den bisherigen Vorschriften als Urheber … der Übertragung

oder der Übertragung eines Werkes auf Vorrichtungen zur mechanischen Wiedergabe für das Gehör anzusehen ist, ist Inhaber der entsprechenden verwandten Schutzrechte, die dieses Gesetz ihm gewährt.

**§ 135a[1)] Berechnung der Schutzfrist.** [1] Wird durch die Anwendung dieses Gesetzes auf ein vor seinem Inkrafttreten entstandenes Recht die Dauer des Schutzes verkürzt und liegt das für den Beginn der Schutzfrist nach diesem Gesetz maßgebende Ereignis vor dem Inkrafttreten dieses Gesetzes, so wird die Frist erst vom Inkrafttreten dieses Gesetzes an berechnet. [2] Der Schutz erlischt jedoch spätestens mit Ablauf der Schutzdauer nach den bisherigen Vorschriften.

**§ 136 Vervielfältigung und Verbreitung.** (1) War eine Vervielfältigung, die nach diesem Gesetz unzulässig ist, bisher erlaubt, so darf die vor Inkrafttreten dieses Gesetzes begonnene Herstellung von Vervielfältigungsstücken vollendet werden.

(2) Die nach Absatz 1 oder bereits vor dem Inkrafttreten dieses Gesetzes hergestellten Vervielfältigungsstücke dürfen verbreitet werden.

(3) Ist für eine Vervielfältigung, die nach den bisherigen Vorschriften frei zulässig war, nach diesem Gesetz eine angemessene Vergütung an den Berechtigten zu zahlen, so dürfen die in Absatz 2 bezeichneten Vervielfältigungsstücke ohne Zahlung einer Vergütung verbreitet werden.

**§ 137 Übertragung von Rechten.** (1) [1] Soweit das Urheberrecht vor Inkrafttreten dieses Gesetzes auf einen anderen übertragen worden ist, stehen dem Erwerber die entsprechenden Nutzungsrechte (§ 31) zu. [2] Jedoch erstreckt sich die Übertragung im Zweifel nicht auf Befugnisse, die erst durch dieses Gesetz begründet werden.

(2) [1] Ist vor dem Inkrafttreten dieses Gesetzes das Urheberrecht ganz oder teilweise einem anderen übertragen worden, so erstreckt sich die Übertragung im Zweifel auch auf den Zeitraum, um den die Dauer des Urheberrechts nach den §§ 64 bis 66 verlängert worden ist. [2] Entsprechendes gilt, wenn vor dem Inkrafttreten dieses Gesetzes einem anderen die Ausübung einer dem Urheber vorbehaltenen Befugnis erlaubt worden ist.

(3) In den Fällen des Absatzes 2 hat der Erwerber oder Erlaubnisnehmer dem Veräußerer oder Erlaubnisgeber eine angemessene Vergütung zu zahlen, sofern anzunehmen ist, daß dieser für die Übertragung oder die Erlaubnis eine höhere Gegenleistung erzielt haben würde, wenn damals bereits die verlängerte Schutzdauer bestimmt gewesen wäre.

(4) [1] Der Anspruch auf die Vergütung entfällt, wenn alsbald nach seiner Geltendmachung der Erwerber dem Veräußerer das Recht für die Zeit nach Ablauf der bisher bestimmten Schutzdauer zur Verfügung stellt oder der Erlaubnisnehmer für diese Zeit auf die Erlaubnis verzichtet. [2] Hat der Erwerber das Urheberrecht

---

*(Fortsetzung der Anm. von voriger Seite)*
eines Werkes auf Vorrichtungen zur mechanischen Wiedergabe für das Gehör anzusehen" waren; vgl. Beschluss des Bundesverfassungsgerichts v. 8.7.1971 – 1 BvR 766/66 – (BGBl. I S. 1943).

[1)] § 135a eingef. durch G v. 10.11.1972 (BGBl. I S. 2081). Beachte hierzu auch Art. 2 dieses Gesetzes: „**Art. 2** Ist in den Fällen des § 135a des Urheberrechtsgesetzes vor dem 15. November 1971 ein Recht verletzt worden, das auf Grund dieser Vorschrift im Zeitpunkt der Rechtsverletzung noch geschützt war, so ist § 101 des Urheberrechtsgesetzes anzuwenden mit der Maßgabe, daß der Verletzer zu einer Entschädigung des Verletzten in Geld nur dann nicht berechtigt ist, wenn eine Abfindung in Geld für den Verletzten unzumutbar ist."

vor dem Inkrafttreten dieses Gesetzes weiterveräußert, so ist die Vergütung insoweit nicht zu zahlen, als sie den Erwerber mit Rücksicht auf die Umstände der Weiterveräußerung unbillig belasten würde.

(5) Absatz 1 gilt für verwandte Schutzrechte entsprechend.

**§ 137a[1] Lichtbildwerke.** (1) Die Vorschriften dieses Gesetzes über die Dauer des Urheberrechts sind auch auf Lichtbildwerke anzuwenden, deren Schutzfrist am 1. Juli 1985 nach dem bis dahin geltenden Recht noch nicht abgelaufen ist.

(2) Ist vorher einem anderen ein Nutzungsrecht an einem Lichtbildwerk eingeräumt oder übertragen worden, so erstreckt sich die Einräumung oder Übertragung im Zweifel nicht auf den Zeitraum, um den die Dauer des Urheberrechts an Lichtbildwerken verlängert worden ist.

**§ 137b[2] Bestimmte Ausgaben.** (1) Die Vorschriften dieses Gesetzes über die Dauer des Schutzes nach den §§ 70 und 71 sind auch auf wissenschaftliche Ausgaben und Ausgaben nachgelassener Werke anzuwenden, deren Schutzfrist am 1. Juli 1990 nach dem bis dahin geltenden Recht noch nicht abgelaufen ist.

(2) Ist vor dem 1. Juli 1990 einem anderen ein Nutzungsrecht an einer wissenschaftlichen Ausgabe oder einer Ausgabe nachgelassener Werke eingeräumt oder übertragen worden, so erstreckt sich die Einräumung oder Übertragung im Zweifel auch auf den Zeitraum, um den die Dauer des verwandten Schutzrechtes verlängert worden ist.

(3) Die Bestimmungen in § 137 Abs. 3 und 4 gelten entsprechend.

**§ 137c[3] Ausübende Künstler.** (1) [1] Die Vorschriften dieses Gesetzes über die Dauer des Schutzes nach § 82 sind auch auf Darbietungen anzuwenden, die vor dem 1. Juli 1990 auf Bild- oder Tonträger aufgenommen worden sind, wenn am 1. Januar 1991 seit dem Erscheinen des Bild- oder Tonträgers 50 Jahre noch nicht abgelaufen sind. [2] Ist der Bild- oder Tonträger innerhalb dieser Frist nicht erschienen, so ist die Frist von der Darbietung an zu berechnen. [3] Der Schutz nach diesem Gesetz dauert in keinem Fall länger als 50 Jahre nach dem Erscheinen des Bild- oder Tonträgers oder, falls der Bild- oder Tonträger nicht erschienen ist, 50 Jahre nach der Darbietung.

(2) Ist vor dem 1. Juli 1990 einem anderen ein Nutzungsrecht an der Darbietung eingeräumt oder übertragen worden, so erstreckt sich die Einräumung oder Übertragung im Zweifel auch auf den Zeitraum, um den die Dauer des Schutzes verlängert worden ist.

(3) Die Bestimmungen in § 137 Abs. 3 und 4 gelten entsprechend.

**§ 137d[4] Computerprogramme.** (1) [1] Die Vorschriften des Abschnitts 8 des Teils 1 sind auch auf Computerprogramme anzuwenden, die vor dem 24. Juni 1993 geschaffen worden sind. [2] Jedoch erstreckt sich das ausschließliche Vermietrecht (§ 69c Nr. 3) nicht auf Vervielfältigungsstücke eines Programms, die ein Dritter vor dem 1. Januar 1993 zum Zweck der Vermietung erworben hat.

(2) § 69g Abs. 2 ist auch auf Verträge anzuwenden, die vor dem 24. Juni 1993 abgeschlossen worden sind.

[1] § 137a eingef. durch G v. 24.6.1985 (BGBl. I S. 1137).

[2] § 137b eingef. durch G v. 7.3.1990 (BGBl. I S. 422).

[3] § 137c eingef. durch G v. 7.3.1990 (BGBl. I S. 422).

[4] § 137d eingef. durch G v. 9.6.1993 (BGBl. I S. 910); Satz 1 geänd. mWv 13.9.2003 durch G v. 10.9. 2003 (BGBl. I S. 1774); Abs. 3 angef. mWv 7.6.2021 durch G v. 31.5.2021 (BGBl. I S. 1204).

(3) § 69a Absatz 5 ist in der am 7. Juni 2021 geltenden Fassung nur auf Verträge und Sachverhalte anzuwenden, die von diesem Tag an geschlossen werden oder entstehen.

**§ 137e[1) ] Übergangsregelung bei Umsetzung der Richtlinie 92/100/ EWG.** (1) Die am 30. Juni 1995 in Kraft tretenden Vorschriften dieses Gesetzes finden auch auf vorher geschaffene Werke, Darbietungen, Tonträger, Funksendungen und Filme Anwendung, es sei denn, daß diese zu diesem Zeitpunkt nicht mehr geschützt sind.

(2) [1] Ist ein Orginal oder Vervielfältigungsstück eines Werkes oder ein Bild- oder Tonträger vor dem 30. Juni 1995 erworben oder zum Zweck der Vermietung einem Dritten überlassen worden, so gilt für die Vermietung nach diesem Zeitpunkt die Zustimmung der Inhaber des Vermietrechts (§§ 17, 77 Abs. 2 Satz 1, §§ 85 und 94) als erteilt. [2] Diesen Rechtsinhabern hat der Vermieter jeweils eine angemessene Vergütung zu zahlen; § 27 Abs. 1 Satz 2 und 3 hinsichtlich der Ansprüche der Urheber und ausübenden Künstler und § 27 Abs. 3 finden entsprechende Anwendung. [3] § 137d bleibt unberührt.

(3) Wurde ein Bild- oder Tonträger, der vor dem 30. Juni 1995 erworben oder zum Zweck der Vermietung einem Dritten überlassen worden ist, zwischen dem 1. Juli 1994 und dem 30. Juni 1995 vermietet, besteht für diese Vermietung ein Vergütungsanspruch in entsprechender Anwendung des Absatzes 2 Satz 2.

(4) [1] Hat ein Urheber vor dem 30. Juni 1995 ein ausschließliches Verbreitungsrecht eingeräumt, so gilt die Einräumung auch für das Vermietrecht. [2] Hat ein ausübender Künstler vor diesem Zeitpunkt bei der Herstellung eines Filmwerkes mitgewirkt oder in die Benutzung seiner Darbietung zur Herstellung eines Filmwerkes eingewilligt, so gelten seine ausschließlichen Rechte als auf den Filmhersteller übertragen. [3] Hat er vor diesem Zeitpunkt in die Aufnahme seiner Darbietung auf Tonträger und in die Vervielfältigung eingewilligt, so gilt die Einwilligung auch als Übertragung des Verbreitungsrechts, einschließlich der Vermietung.

**§ 137f[2) ] Übergangsregelung bei Umsetzung der Richtlinie 93/98 EWG.**

(1) [1] Würde durch die Anwendung dieses Gesetzes in der ab dem 1. Juli 1995 geltenden Fassung die Dauer eines vorher entstandenen Rechts verkürzt, so erlischt der Schutz mit dem Ablauf der Schutzdauer nach den bis zum 30. Juni 1995 geltenden Vorschriften. [2] Im übrigen sind die Vorschriften dieses Gesetzes über die Schutzdauer in der ab dem 1. Juli 1995 geltenden Fassung auch auf Werke und verwandte Schutzrechte anzuwenden, deren Schutz am 1. Juli 1995 noch nicht erloschen ist.

(2) [1] Die Vorschriften dieses Gesetzes in der ab dem 1. Juli 1995 geltenden Fassung sind auch auf Werke anzuwenden, deren Schutz nach diesem Gesetz vor dem 1. Juli 1995 abgelaufen ist, nach dem Gesetz eines anderen Mitgliedstaates der Europäischen Union oder eines Vertragsstaates des Abkommens über den Europäischen Wirtschaftsraum zu diesem Zeitpunkt aber noch besteht. [2] Satz 1 gilt entsprechend für die verwandten Schutzrechte des Herausgebers nachgelassener Werke (§ 71), der ausübenden Künstler (§ 73), der Hersteller von Tonträgern (§ 85), der Sendeunternehmen (§ 87) und der Filmhersteller (§§ 94 und 95).

---

[1)] § 137e eingef. durch G v. 23. 6.1995 (BGBl. I S. 842); Abs. 2 Satz 1 geänd. mWv 13.9.2003 durch G v. 10.9.2003 (BGBl. I S. 1774).

[2)] § 137f eingef durch G. v. 23.6.1995 (BGBl. I S. 842).

(3) [1] Lebt nach Absatz 2 der Schutz eines Werkes im Geltungsbereich dieses Gesetzes wieder auf, so stehen die wiederauflebenden Rechte dem Urheber zu. [2] Eine vor dem 1. Juli 1995 begonnene Nutzungshandlung darf jedoch in dem vorgesehenen Rahmen fortgesetzt werden. [3] Für die Nutzung ab dem 1. Juli 1995 ist eine angemessene Vergütung zu zahlen. [4] Die Sätze 1 bis 3 gelten für verwandte Schutzrechte entsprechend.

(4) [1] Ist vor dem 1. Juli 1995 einem anderen ein Nutzungsrecht an einer nach diesem Gesetz noch geschützten Leistung eingeräumt oder übertragen worden, so erstreckt sich die Einräumung oder Übertragung im Zweifel auch auf den Zeitraum, um den die Schutzdauer verlängert worden ist. [2] Im Fall des Satzes 1 ist eine angemessene Vergütung zu zahlen.

## § 137g[1)] Übergangsregelung bei Umsetzung der Richtlinie 96/9/EG.

(1) § 23 Absatz 2, § 53 Abs. 5, die §§ 55a und 63 Abs. 1 Satz 2, sind auch auf Datenbankwerke anzuwenden, die vor dem 1. Januar 1998 geschaffen wurden.

(2) [1] Die Vorschriften des Abschnitts 6 des Teils 2 sind auch auf Datenbanken anzuwenden, die zwischen dem 1. Januar 1983 und dem 31. Dezember 1997 hergestellt worden sind. [2] Die Schutzfrist beginnt in diesen Fällen am 1. Januar 1998.

(3) Die §§ 55a und 87e sind nicht auf Verträge anzuwenden, die vor dem 1. Januar 1998 abgeschlossen worden sind.

## § 137h[2)] Übergangsregelung bei Umsetzung der Richtlinie 93/83/EWG.

(1) Die Vorschrift des § 20a ist auf Verträge, die vor dem 1. Juni 1998 geschlossen worden sind, erst ab dem 1. Januar 2000 anzuwenden, sofern diese nach diesem Zeitpunkt ablaufen.

(2) Sieht ein Vertrag über die gemeinsame Herstellung eines Bild- oder Tonträgers, der vor dem 1. Juni 1998 zwischen mehreren Herstellern, von denen mindestens einer einem Mitgliedstaat der Europäischen Union oder Vertragsstaat des Europäischen Wirtschaftsraumes angehört, geschlossen worden ist, eine räumliche Aufteilung des Rechts der Sendung unter den Herstellern vor, ohne nach der Satellitensendung und anderen Arten der Sendung zu unterscheiden, und würde die Satellitensendung der gemeinsam hergestellten Produktion durch einen Hersteller die Auswertung der räumlich oder sprachlich beschränkten ausschließlichen Rechte eines anderen Herstellers beeinträchtigen, so ist die Satellitensendung nur zulässig, wenn ihr der Inhaber dieser ausschließlichen Rechte zugestimmt hat.

(3) Die Vorschrift des § 20b Abs. 2 ist nur anzuwenden, sofern der Vertrag über die Einräumung des Kabelweitersenderechts nach dem 1. Juni 1998 geschlossen wurde.

**§ 137i[3)] Übergangsregelung zum Gesetz zur Modernisierung des Schuldrechts.** Artikel 229 § 6 des Einführungsgesetzes zum Bürgerlichen Gesetzbuche[4)] findet mit der Maßgabe entsprechende Anwendung, dass § 26 Abs. 7, § 36 Abs. 2 und § 102 in der bis zum 1. Januar 2002 geltenden Fassung den Vorschriften

---

[1)] § 137g eingef. durch G v. 22.7.1997 (BGBl. I S. 1870); Abs. 2 geänd. mWv 13.9.2003 durch G v. 10.9.2003 (BGBl. I S. 1774, ber. 2004 I S. 312); Abs. 1 geänd. mWv 1.3.2018 durch G v. 1.9.2017 (BGBl. I S. 3346); Abs. 1 geänd. mWv 7.6.2021 durch G v. 31.5.2021 (BGBl. I S. 1204).

[2)] § 137h eingef. durch G v. 8.5.1998 (BGBl. I S. 902).

[3)] § 137i eingef. mWv 1.1.2002 durch G v. 26.11.2001 (BGBl. I S. 3138).

[4)] Nr. **21**.

des Bürgerlichen Gesetzbuchs[1] über die Verjährung in der bis zum 1. Januar 2002 geltenden Fassung gleichgestellt sind.

**§ 137j[2] Übergangsregelung aus Anlass der Umsetzung der Richtlinie 2001/29/EG.** (1) § 95d Abs. 1 ist auf alle ab dem 1. Dezember 2003 neu in den Verkehr gebrachten Werke und anderen Schutzgegenstände anzuwenden.

(2) Die Vorschrift dieses Gesetzes über die Schutzdauer für Hersteller von Tonträgern in der ab dem 13. September 2003 geltenden Fassung ist auch auf verwandte Schutzrechte anzuwenden, deren Schutz am 22. Dezember 2002 noch nicht erloschen ist.

(3) Lebt nach Absatz 2 der Schutz eines Tonträgers wieder auf, so stehen die wiederauflebenden Rechte dem Hersteller des Tonträgers zu.

(4) [1] Ist vor dem 13. September 2003 einem anderen ein Nutzungsrecht an einem nach diesem Gesetz noch geschützten Tonträger eingeräumt oder übertragen worden, so erstreckt sich, im Fall einer Verlängerung der Schutzdauer nach § 85 Abs. 3, die Einräumung oder Übertragung im Zweifel auch auf diesen Zeitraum. [2] Im Fall des Satzes 1 ist eine angemessene Vergütung zu zahlen.

**§ 137k[3]** *(aufgehoben)*

**§ 137l[4] Übergangsregelung für neue Nutzungsarten.** (1) [1] Hat der Urheber zwischen dem 1. Januar 1966 und dem 1. Januar 2008 einem anderen alle wesentlichen Nutzungsrechte ausschließlich sowie räumlich und zeitlich unbegrenzt eingeräumt, gelten die zum Zeitpunkt des Vertragsschlusses unbekannten Nutzungsrechte als dem anderen ebenfalls eingeräumt, sofern der Urheber nicht dem anderen gegenüber der Nutzung widerspricht. [2] Der Widerspruch kann für Nutzungsarten, die am 1. Januar 2008 bereits bekannt sind, nur innerhalb eines Jahres erfolgen. [3] Im Übrigen erlischt das Widerspruchsrecht nach Ablauf von drei Monaten, nachdem der andere die Mitteilung über die beabsichtigte Aufnahme der neuen Art der Werknutzung an den Urheber unter der ihm zuletzt bekannten Anschrift abgesendet hat. [4] Die Sätze 1 bis 3 gelten nicht für zwischenzeitlich bekannt gewordene Nutzungsrechte, die der Urheber bereits einem Dritten eingeräumt hat.

(2) [1] Hat der andere sämtliche ihm ursprünglich eingeräumten Nutzungsrechte einem Dritten übertragen, so gilt Absatz 1 für den Dritten entsprechend. [2] Erklärt der Urheber den Widerspruch gegenüber seinem ursprünglichen Vertragspartner, hat ihm dieser unverzüglich alle erforderlichen Auskünfte über den Dritten zu erteilen.

(3) Das Widerspruchsrecht nach den Absätzen 1 und 2 entfällt, wenn die Parteien über eine zwischenzeitlich bekannt gewordene Nutzungsart eine ausdrückliche Vereinbarung geschlossen haben.

(4) Sind mehrere Werke oder Werkbeiträge zu einer Gesamtheit zusammengefasst, die sich in der neuen Nutzungsart in angemessener Weise nur unter Verwendung sämtlicher Werke oder Werkbeiträge verwerten lässt, so kann der Urheber das Widerspruchsrecht nicht wider Treu und Glauben ausüben.

---

[1] Nr. **20**.
[2] § 137j eingef. mWv 13.9.2003 durch G v. 10.9.2003 (BGBl. I S. 1774).
[3] § 137k aufgeh. mWv 13.12.2014 durch G v. 5.12.2014 (BGBl. I S. 1974).
[4] § 137l eingef. mWv 1.1.2008 durch G v. 26.10.2007 (BGBl. I S. 2513).

(5) [1]Der Urheber hat Anspruch auf eine gesonderte angemessene Vergütung, wenn der andere eine neue Art der Werknutzung nach Absatz 1 aufnimmt, die im Zeitpunkt des Vertragsschlusses noch unbekannt war. [2]§ 32 Abs. 2 und 4 gilt entsprechend. [3]Der Anspruch kann nur durch eine Verwertungsgesellschaft geltend gemacht werden. [4]Hat der Vertragspartner das Nutzungsrecht einem Dritten übertragen, haftet der Dritte mit der Aufnahme der neuen Art der Werknutzung für die Vergütung. [5]Die Haftung des anderen entfällt.

**§ 137m[1)] Übergangsregelung aus Anlass der Umsetzung der Richtlinie 2011/77/EU.** (1) Die Vorschriften über die Schutzdauer nach den §§ 82 und 85 Absatz 3 sowie über die Rechte und Ansprüche des ausübenden Künstlers nach § 79 Absatz 3 sowie § 79a gelten für Aufzeichnungen von Darbietungen und für Tonträger, deren Schutzdauer für den ausübenden Künstler und den Tonträgerhersteller am 1. November 2013 nach den Vorschriften dieses Gesetzes in der bis 6. Juli 2013 geltenden Fassung noch nicht erloschen war, und für Aufzeichnungen von Darbietungen und für Tonträger, die nach dem 1. November 2013 entstehen.

(2) [1]§ 65 Absatz 3 gilt für Musikkompositionen mit Text, von denen die Musikkomposition oder der Text in mindestens einem Mitgliedstaat der Europäischen Union am 1. November 2013 geschützt sind, und für Musikkompositionen mit Text, die nach diesem Datum entstehen. [2]Lebt nach Satz 1 der Schutz der Musikkomposition oder des Textes wieder auf, so stehen die wiederauflebenden Rechte dem Urheber zu. [3]Eine vor dem 1. November 2013 begonnene Nutzungshandlung darf jedoch in dem vorgesehenen Rahmen fortgesetzt werden. [4]Für die Nutzung ab dem 1. November 2013 ist eine angemessene Vergütung zu zahlen.

(3) Ist vor dem 1. November 2013 ein Übertragungsvertrag zwischen einem ausübenden Künstler und einem Tonträgerhersteller abgeschlossen worden, so erstreckt sich im Fall der Verlängerung der Schutzdauer die Übertragung auch auf diesen Zeitraum, wenn keine eindeutigen vertraglichen Hinweise auf das Gegenteil vorliegen.

**§ 137n[2)] Übergangsregelung aus Anlass der Umsetzung der Richtlinie 2012/28/EU.** § 61 Absatz 4 ist nur anzuwenden auf Bestandsinhalte, die der nutzenden Institution vor dem 29. Oktober 2014 überlassen wurden.

**§ 137o[3)] Übergangsregelung zum Urheberrechts-Wissensgesellschafts-Gesetz.** § 60g gilt nicht für Verträge, die vor dem 1. März 2018 geschlossen wurden.

**§ 137p[4)] Übergangsregelung aus Anlass der Umsetzung der Richtlinie (EU) 2019/789.** (1) § 20b ist auf Verträge über Weitersendungen, die nicht durch Kabelsysteme oder Mikrowellensysteme erfolgen, nur anzuwenden, sofern der Vertrag ab dem 7. Juni 2021 geschlossen wurde.

(2) § 20c ist auf Verträge über ergänzende Online-Dienste, die vor dem 7. Juni 2021 geschlossen wurden, ab dem 7. Juni 2023 anzuwenden.

---

[1)] § 137m eingef. mWv 6.7.2013 durch G v. 2.7.2013 (BGBl. I S. 1940).
[2)] § 137n eingef. mWv 1.1.2014 durch G v. 1.10.2013 (BGBl. I S. 3728).
[3)] § 137o eingef. mWv 1.3.2018 durch G v. 1.9.2017 (BGBl. I S. 3346).
[4)] § 137p eingef. mWv 7.6.2021 durch G v. 31.5.2021 (BGBl. I S. 1204).

(3) § 20d ist auf Verträge über die Direkteinspeisung, die vor dem 7. Juni 2021 geschlossen wurden, ab dem 7. Juni 2025 anzuwenden.

**§ 137q[1] Übergangsregelung zur Verlegerbeteiligung.** § 63a Absatz 2 und 3 gilt für Einnahmen, die Verwertungsgesellschaften ab dem 7. Juni 2021 erhalten.

**§ 137r[2] Übergangsregelung zum Schutz des Presseverlegers.** Die Vorschriften dieses Gesetzes über den Schutz des Presseverlegers (§§ 87f bis 87k und § 127b) finden keine Anwendung auf Presseveröffentlichungen, deren erstmalige Veröffentlichung vor dem 6. Juni 2019 erfolgte.

## Abschnitt 3. Schlussbestimmungen

**§ 138[3] Register anonymer und pseudonymer Werke.** (1) [1]Das Register anonymer und pseudonymer Werke für die in § 66 Abs. 2 Satz 2 vorgesehenen Eintragungen wird beim Patentamt geführt. [2]Das Patentamt bewirkt die Eintragungen, ohne die Berechtigung des Antragstellers oder die Richtigkeit der zur Eintragung angemeldeten Tatsachen zu prüfen.

(2) [1]Wird die Eintragung abgelehnt, so kann der Antragsteller gerichtliche Entscheidung beantragen. [2]Über den Antrag entscheidet das für den Sitz des Patentamts zuständige Oberlandesgericht durch einen mit Gründen versehenen Beschluß. [3]Der Antrag ist schriftlich bei dem Oberlandesgericht einzureichen. [4]Die Entscheidung des Oberlandesgerichts ist endgültig. [5]Im übrigen gelten für das gerichtliche Verfahren die Vorschriften des Gesetzes über das Verfahren in Familiensachen und in den Angelegenheiten der freiwilligen Gerichtsbarkeit entsprechend.

(3) [1]Die Eintragungen werden im Bundesanzeiger öffentlich bekanntgemacht. [2]Die Kosten für die Bekanntmachung hat der Antragsteller im voraus zu entrichten.

(4) [1]Die Einsicht in das Register ist jedem gestattet. [2]Auf Antrag werden Auszüge aus dem Register erteilt.

(5) Der Bundesminister der Justiz und für Verbraucherschutz wird ermächtigt, durch Rechtsverordnung[4]

1. Bestimmungen über die Form des Antrags und die Führung des Registers zu erlassen,
2. zur Deckung der Verwaltungskosten die Erhebung von Kosten (Gebühren und Auslagen) für die Eintragung, für die Ausfertigung eines Eintragungsscheins und für die Erteilung sonstiger Auszüge und deren Beglaubigung anzuordnen sowie Bestimmungen über den Kostenschuldner, die Fälligkeit von Kosten, die Kostenvorschußpflicht, Kostenbefreiungen, die Verjährung, das Kostenfestsetzungsverfahren und die Rechtsbehelfe gegen die Kostenfestsetzung zu treffen.

---

[1] § 137q eingef. mWv 7.6.2021 durch G v. 31.5.2021 (BGBl. I S. 1204).

[2] § 137r eingef. mWv 7.6.2021 durch G v. 31.5.2021 (BGBl. I S. 1204).

[3] § 138 Abs. 1 Satz 1 geänd. durch G v. 23. 6.1995 (BGBl. I S. 842); Abs. 5 neu gef. durch G v. 23.6. 1970 (BGBl. I S. 805); Überschrift und Abs. 4 neu gef., Abs. 1 Satz 1, Abs. 5 Nr. 1 und 2 geänd. mWv 1.1.2002 durch G v. 13.12.2001 (BGBl. I S. 3656); Abs. 2 Satz 5 geänd. mWv 1.9.2009 durch G v. 17.12. 2008 (BGBl. I S. 2586); Abs. 2 Satz 6 aufgeh. mWv 1.8.2013 durch G v. 23.7.2013 (BGBl. I S. 2586); Abs. 5 einl. Satzteil geänd. mWv 8.9.2015 durch VO v. 31.8.2015 (BGBl. I S. 1474).

[4] Siehe VO über das Register anonymer und pseudonymer Werke (WerkeRegV) v. 18.12.1965 (BGBl. I S. 2105), zuletzt geänd. durch G v. 13.12.2001 (BGBl. I S. 3656).

(6) Eintragungen, die nach § 56 des Gesetzes betreffend das Urheberrecht an Werken der Literatur und der Tonkunst vom 19. Juni 1901 beim Stadtrat in Leipzig vorgenommen worden sind, bleiben wirksam.

**§ 138a[1)] Datenschutz.** [1] Soweit personenbezogene Daten im Register anonymer und pseudonymer Werke enthalten sind, bestehen nicht

1. das Recht auf Auskunft gemäß Artikel 15 Absatz 1 Buchstabe c der Verordnung (EU) 2016/679[2)] des Europäischen Parlaments und des Rates vom 27. April 2016 zum Schutz natürlicher Personen bei der Verarbeitung personenbezogener Daten, zum freien Datenverkehr und zur Aufhebung der Richtlinie 95/46/EG (Datenschutz-Grundverordnung) (ABl. L 119 vom 4.5.2016, S. 1; L 314 vom 22.11.2016, S. 72),
2. die Mitteilungspflicht gemäß Artikel 19 Satz 2 der Verordnung (EU) 2016/679 und
3. das Recht auf Widerspruch gemäß Artikel 21 Absatz 1 der Verordnung (EU) 2016/679.

[2] Das Recht auf Erhalt einer Kopie nach Artikel 15 Absatz 3 der Verordnung (EU) 2016/679 wird dadurch erfüllt, dass die betroffene Person Einsicht in das Register anonymer und pseudonymer Werke des Deutschen Patent- und Markenamtes nehmen kann.

**§§ 139, 140** *(nicht wiedergegebene Änderungsvorschriften)*

**§ 141 Aufgehobene Vorschriften.** Mit dem Inkrafttreten dieses Gesetzes werden aufgehoben:

1. die §§ 57 bis 60 des Gesetzes betreffend das Urheberrecht an Schriftwerken, Abbildungen, musikalischen Kompositionen und dramatischen Werken vom 11. Juni 1870 (Bundesgesetzblatt des Norddeutschen Bundes S. 339);
2. die §§ 17 bis 19 des Gesetzes betreffend das Urheberrecht an Werken der bildenden Künste vom 9. Januar 1876 (Reichsgesetzbl. S. 4);
3. das Gesetz betreffend das Urheberrecht an Werken der Literatur und der Tonkunst vom 19. Juni 1901 in der Fassung des Gesetzes zur Ausführung der revidierten Berner Übereinkunft zum Schutze von Werken der Literatur und Kunst vom 22. Mai 1910 und des Gesetzes zur Verlängerung der Schutzfristen im Urheberrecht vom 13. Dezember 1934 (Reichsgesetzbl. II S. 1395);
4. die §§ 3, 13 und 42 des Gesetzes über das Verlagsrecht vom 19. Juni 1901 (Reichsgesetzbl. S. 217) in der Fassung des Gesetzes zur Ausführung der revidierten Berner Übereinkunft zum Schutze von Werken der Literatur und Kunst vom 22. Mai 1910;
5. das Gesetz betreffend das Urheberrecht an Werken der bildenden Künste und der Photographie vom 9. Januar 1907 (Reichsgesetzbl. S. 7) in der Fassung des Gesetzes zur Ausführung der revidierten Berner Übereinkunft zum Schutze von Werken der Literatur und Kunst vom 22. Mai 1910, des Gesetzes zur Verlängerung der Schutzfristen im Urheberrecht vom 13. Dezember 1934 und des Gesetzes zur Verlängerung der Schutzfristen für das Urheberrecht an Lichtbildern vom 12. Mai 1940 (Reichsgesetzbl. I S. 758), soweit es nicht den Schutz von Bildnissen betrifft;

---

1) § 138a eingef. mWv 25.5.2018 durch G v. 17.7.2017 (BGBl. I S. 2541).
2) **Sartorius Nr. 246.**

6. die Artikel I, III und IV des Gesetzes zur Ausführung der revidierten Berner Übereinkunft zum Schutze von Werken der Literatur und Kunst vom 22. Mai 1910;
7. das Gesetz zur Erleichterung der Filmberichterstattung vom 30. April 1936 (Reichsgesetzbl. I S. 404);
8. § 10 des Gesetzes über die Rechtsstellung heimatloser Ausländer im Bundesgebiet vom 25. April 1951 (Bundesgesetzbl. I S. 269).

**§ 142[1] Evaluierung.** Die Bundesregierung erstattet vier Jahre nach Inkrafttreten des Urheberrechts-Wissensgesellschafts-Gesetzes dem Deutschen Bundestag Bericht über die Auswirkungen des Teils 1 Abschnitt 6 Unterabschnitt 4.

**§ 143 Inkrafttreten.** (1) Die §§ 64 bis 67, 69, 105 Abs. 1 bis 3 und § 138 Abs. 5 treten am Tage nach der Verkündung[2] dieses Gesetzes in Kraft.

(2) Im übrigen tritt dieses Gesetz am 1. Januar 1966 in Kraft.

**Anlage[3]**
(zu § 61a)

**Quellen einer sorgfältigen Suche**

1. Für veröffentlichte Bücher:
   a) der Katalog der Deutschen Nationalbibliothek sowie die von Bibliotheken und anderen Institutionen geführten Bibliothekskataloge und Schlagwortlisten;
   b) Informationen der Verleger- und Autorenverbände, insbesondere das Verzeichnis lieferbarer Bücher (VLB);
   c) bestehende Datenbanken und Verzeichnisse, WATCH (Writers, Artists and their Copyright Holders) und die ISBN (International Standard Book Number);
   d) die Datenbanken der entsprechenden Verwertungsgesellschaften, insbesondere der mit der Wahrnehmung von Vervielfältigungsrechten betrauten Verwertungsgesellschaften wie die Datenbank der VG Wort;
   e) Quellen, die mehrere Datenbanken und Verzeichnisse zusammenfassen, einschließlich der Gemeinsamen Normdatei (GND), VIAF (Virtual International Authority Files) und ARROW (Accessible Registries of Rights Information and Orphan Works);
2. für Zeitungen, Zeitschriften, Fachzeitschriften und Periodika:
   a) das deutsche ISSN (International Standard Serial Number) – Zentrum für regelmäßige Veröffentlichungen;
   b) Indexe und Kataloge von Bibliotheksbeständen und -sammlungen, insbesondere der Katalog der Deutschen Nationalbibliothek sowie die Zeitschriftendatenbank (ZDB);
   c) Depots amtlich hinterlegter Pflichtexemplare;

---

[1] § 142 eingef. mWv 1.3.2018 durch G v. 1.9.2017 (BGBl. I S. 3346); Überschrift geänd., Abs. 2 aufgeh. mWv 7.6.2021 durch G v. 31.5.2021 (BGBl. I S. 1204).
[2] Verkündet am 16.9.1965.
[3] Anl. aufgeh. mWv 1.1.2008 durch G v. 26.10.2007 (BGBl. I S. 2513); neu eingef. mWv 1.1.2014 durch G v. 1.10.2013 (BGBl. I S. 3728); geänd. mWv 1.3.2018 durch G v. 1.9.2017 (BGBl. I S. 3346).

d) Verlegerverbände und Autoren- und Journalistenverbände, insbesondere das Verzeichnis lieferbarer Zeitschriften (VLZ), das Verzeichnis lieferbarer Bücher (VLB), Banger Online, STAMM und pressekatalog.de;

e) die Datenbanken der entsprechenden Verwertungsgesellschaften, einschließlich der mit der Wahrnehmung von Vervielfältigungsrechten betrauten Verwertungsgesellschaften, insbesondere die Datenbank der VG Wort;

3. für visuelle Werke, einschließlich Werken der bildenden Künste, Fotografien, Illustrationen, Design- und Architekturwerken, sowie für deren Entwürfe und für sonstige derartige Werke, die in Büchern, Zeitschriften, Zeitungen und Magazinen oder anderen Werken enthalten sind:
   a) die in den Ziffern 1 und 2 genannten Quellen;
   b) die Datenbanken der entsprechenden Verwertungsgesellschaften, insbesondere der Verwertungsgesellschaften für bildende Künste, einschließlich der mit der Wahrnehmung von Vervielfältigungsrechten betrauten Verwertungsgesellschaften wie die Datenbank der VG BildKunst;
   c) die Datenbanken von Bildagenturen;
4. für Filmwerke sowie für Bildträger und Bild- und Tonträger, auf denen Filmwerke aufgenommen sind, und für Tonträger:
   a) die Depots amtlich hinterlegter Pflichtexemplare, insbesondere der Katalog der Deutschen Nationalbibliothek;
   b) Informationen der Produzentenverbände;
   c) die Informationen der Filmförderungseinrichtungen des Bundes und der Länder;
   d) die Datenbanken von im Bereich des Film- oder Tonerbes tätigen Einrichtungen und nationalen Bibliotheken, insbesondere des Kinematheksverbunds, des Bundesarchivs, der Stiftung Deutsche Kinemathek, des Deutschen Filminstituts (Datenbank und Katalog www.filmportal.de), der DEFA- und Friedrich-Wilhelm-Murnau-Stiftung, sowie die Kataloge der Staatsbibliotheken zu Berlin und München;
   e) Datenbanken mit einschlägigen Standards und Kennungen wie ISAN (International Standard Audiovisual Number) für audiovisuelles Material, ISWC (International Standard Music Work Code) für Musikwerke und ISRC (International Standard Recording Code) für Tonträger;
   f) die Datenbanken der entsprechenden Verwertungsgesellschaften, insbesondere für Autoren, ausübende Künstler sowie Hersteller von Tonträgern und Filmwerken;
   g) die Aufführung der Mitwirkenden und andere Informationen auf der Verpackung des Werks oder in seinem Vor- oder Abspann;
   h) die Datenbanken anderer maßgeblicher Verbände, die eine bestimmte Kategorie von Rechtsinhabern vertreten, wie die Verbände der Regisseure, Drehbuchautoren, Filmkomponisten, Komponisten, Theaterverlage, Theater- und Opernvereinigungen;
5. für Bestandsinhalte, die nicht erschienen sind oder nicht gesendet wurden:
   a) aktuelle und ursprüngliche Eigentümer des Werkstücks;
   b) nationale Nachlassverzeichnisse (Zentrale Datenbank Nachlässe und Kalliope);
   c) Findbücher der nationalen Archive;
   d) Bestandsverzeichnisse von Museen;
   e) Auskunftsdateien und Telefonbücher.

# 67. Gesetz betreffend das Urheberrecht an Werken der bildenden Künste und der Photographie

Vom 9. Januar 1907 (RGBl. S. 7)

**BGBl. III/FNA 440–3**

**Das Gesetz wurde durch § 141 Nr. 5 Urheberrechtsgesetz vom 9. 9. 1965 (BGBl. I S. 1273); Nr. 65 mit Wirkung vom 1. 1. 1966 aufgehoben, soweit es nicht den Schutz von Bildnissen betrifft.** Nachstehend werden deshalb nur noch die Vorschriften zum Schutz von Bildnissen wiedergegeben, die durch Art. 145 Einführungsgesetz zum Strafgesetzbuch vom 2. 3. 1974 (BGBl. I S. 469) und Art. 3 § 31 Gesetz zur Beendigung der Diskriminierung gleichgeschlechtlicher Gemeinschaften: Lebenspartnerschaften vom 16. 2. 2001 (BGBl. I S. 266) geändert worden sind.

**§ 22.**[1] **[Recht am eigenen Bilde]** [1]Bildnisse dürfen nur mit Einwilligung des Abgebildeten verbreitet oder öffentlich zur Schau gestellt werden. [2]Die Einwilligung gilt im Zweifel als erteilt, wenn der Abgebildete dafür, daß er sich abbilden ließ, eine Entlohnung erhielt. [3]Nach dem Tode des Abgebildeten bedarf es bis zum Ablaufe von 10 Jahren der Einwilligung der Angehörigen des Abgebildeten. [4]Angehörige im Sinne dieses Gesetzes sind der überlebende Ehegatte oder Lebenspartner und die Kinder des Abgebildeten, und wenn weder ein Ehegatte oder Lebenspartner noch Kinder vorhanden sind, die Eltern des Abgebildeten.

**§ 23. [Ausnahmen zu § 22]** (1) Ohne die nach § 22 erforderliche Einwilligung dürfen verbreitet und zur Schau gestellt werden:
1. Bildnisse aus dem Bereiche der Zeitgeschichte;
2. Bilder, auf denen die Personen nur als Beiwerk neben einer Landschaft oder sonstigen Örtlichkeit erscheinen;
3. Bilder von Versammlungen, Aufzügen und ähnlichen Vorgängen, an denen die dargestellten Personen teilgenommen haben;
4. Bildnisse, die nicht auf Bestellung angefertigt sind, sofern die Verbreitung oder Schaustellung einem höheren Interesse der Kunst dient.

(2) Die Befugnis erstreckt sich jedoch nicht auf eine Verbreitung und Schaustellung, durch die ein berechtigtes Interesse des Abgebildeten oder, falls dieser verstorben ist, seiner Angehörigen verletzt wird.

**§ 24. [Ausnahmen im öffentlichen Interesse]** Für Zwecke der Rechtspflege und der öffentlichen Sicherheit dürfen von den Behörden Bildnisse ohne Einwilligung des Berechtigten sowie des Abgebildeten oder seiner Angehörigen vervielfältigt, verbreitet und öffentlich zur Schau gestellt werden.

**§ 33.**[2] **[Strafvorschrift]** (1) Mit Freiheitsstrafe bis zu einem Jahr oder mit Geldstrafe wird bestraft, wer entgegen den §§ 22, 23 ein Bildnis verbreitet oder öffentlich zur Schau stellt.

(2) Die Tat wird nur auf Antrag verfolgt.

**§ 37. [Vernichtung]** (1) [1]*Die widerrechtlich hergestellten, verbreiteten oder vorgeführten Exemplare und die zur widerrechtlichen Vervielfältigung oder Vorführung aus-*

---

[1] § 22 Satz 4 geänd. durch Art. 3 § 31 G v. 16. 2. 2001 (BGBl. I S. 266).
[2] § 33 neugef. durch EGStGB v. 2. 3. 1974 (BGBl. I S. 469).

*schließlich bestimmten Vorrichtungen, wie Formen, Platten, Steine, unterliegen der Vernichtung.* 2 Das gleiche gilt von den widerrechtlich verbreiteten oder öffentlich zur Schau gestellten Bildnissen und den zu deren Vervielfältigung ausschließlich bestimmten Vorrichtungen. 3 Ist nur ein Teil des Werkes widerrechtlich hergestellt, verbreitet oder vorgeführt, so ist auf Vernichtung dieses Teiles und der entsprechenden Vorrichtungen zu erkennen.

(2) Gegenstand der Vernichtung sind alle Exemplare und Vorrichtungen, welche sich im Eigentume der an *der Herstellung,* der Verbreitung, *der Vorführung* oder der Schaustellung Beteiligten sowie der Erben dieser Personen befinden.

(3) 1 Auf die Vernichtung ist auch dann zu erkennen, wenn *die Herstellung,* die Verbreitung, *die Vorführung* oder die Schaustellung weder vorsätzlich noch fahrlässig erfolgt. 2 *Das gleiche gilt, wenn die Herstellung noch nicht vollendet ist.*

(4) 1 Die Vernichtung hat zu erfolgen, nachdem dem Eigentümer gegenüber rechtskräftig darauf erkannt ist. 2 Soweit die Exemplare oder die Vorrichtungen in anderer Weise als durch Vernichtung unschädlich gemacht werden können, hat dies zu geschehen, falls der Eigentümer die Kosten übernimmt.

**§ 38. [Recht der Übernahme]** Der Verletzte kann statt der Vernichtung verlangen, daß ihm das Recht zuerkannt wird, die Exemplare und Vorrichtungen ganz oder teilweise gegen eine angemessene, höchstens dem Betrage der Herstellungskosten gleichkommende Vergütung zu übernehmen.

**§ 42. [Zivil- oder Strafverfahren]** Die Vernichtung der Exemplare und der Vorrichtungen kann im Wege des bürgerlichen Rechtsstreits oder im Strafverfahren verfolgt werden.

**§ 43. [Vernichtung nur auf Antrag]** (1) 1 Auf die Vernichtung von Exemplaren oder Vorrichtungen kann auch im Strafverfahren nur auf besonderen Antrag des Verletzten erkannt werden. 2 Die Zurücknahme des Antrags ist bis zur erfolgten Vernichtung zulässig.

(2) 1 Der Verletzte kann die Vernichtung von Exemplaren oder Vorrichtungen selbständig verfolgen. 2 In diesem Falle finden die *§§ 477 bis 479*[1] der Strafprozeßordnung mit der Maßgabe Anwendung, daß der Verletzte als Privatkläger auftreten kann.

**§ 44. [Recht auf Übernahme]** Die §§ 42, 43 finden auf die Verfolgung des im § 38 bezeichneten Rechtes entsprechende Anwendung.

**§ 48. [Verjährung]** (1) *Der Anspruch auf Schadensersatz und die Strafverfolgung wegen widerrechtlicher Verbreitung oder Vorführung eines Werkes sowie* die Strafverfolgung wegen widerrechtlicher Verbreitung oder Schaustellung eines Bildnisses verjähren in drei Jahren.

(2) Die Verjährung beginnt mit dem Tage, an welchem die widerrechtliche Handlung zuletzt stattgefunden hat.

**§ 50. [Antrag auf Vernichtung]** Der Antrag auf Vernichtung der Exemplare und der Vorrichtungen ist so lange zulässig, als solche Exemplare oder Vorrichtungen vorhanden sind.

---

[1] Jetzt „§§ 430 bis 432".

# 68. Gesetz über die urheberrechtliche Verantwortlichkeit von Diensteanbietern für das Teilen von Online-Inhalten (Urheberrechts-Diensteanbieter-Gesetz – UrhDaG)[1) 2)]

Vom 31. Mai 2021
(BGBl. I S. 1204, 1215)

**FNA 440-19**

**Inhaltsübersicht**



## Teil 1. Allgemeine Vorschriften

### § 1 Öffentliche Wiedergabe; Verantwortlichkeit des Diensteanbieters.

(1) Ein Diensteanbieter (§ 2) gibt Werke öffentlich wieder, wenn er der Öffentlichkeit Zugang zu urheberrechtlich geschützten Werken verschafft, die von Nutzern des Dienstes hochgeladen worden sind.

(2) [1] Erfüllt der Diensteanbieter seine Pflichten nach § 4 und den §§ 7 bis 11 nach Maßgabe hoher branchenüblicher Standards unter Beachtung des Grund-

---

[1)] **Amtl. Anm.:** § 19 Absatz 3 notifiziert gemäß der Richtlinie (EU) 2015/1535 des Europäischen Parlaments und des Rates vom 9. September 2015 über ein Informationsverfahren auf dem Gebiet der technischen Vorschriften und der Vorschriften für die Dienste der Informationsgesellschaft (ABl. L 241 vom 17.9.2015, S. 1).

[2)] Verkündet als Art. 3 G v. 31.5.2021 (BGBl. I S. 1204); Inkrafttreten gem. Art. 5 Satz 2 dieses G am 1.8.2021.

satzes der Verhältnismäßigkeit, so ist er für die öffentliche Wiedergabe urheberrechtlich nicht verantwortlich. [2] Hierbei sind insbesondere zu berücksichtigen
1. die Art, das Publikum und der Umfang des Dienstes,
2. die Art der von den Nutzern des Dienstes hochgeladenen Werke,
3. die Verfügbarkeit geeigneter Mittel zur Erfüllung der Pflichten sowie
4. die Kosten, die dem Diensteanbieter für Mittel nach Nummer 3 entstehen.

(3) Auf § 10 Satz 1 des Telemediengesetzes[1)] kann sich der Diensteanbieter nicht berufen.

(4) Ein Diensteanbieter, dessen Hauptzweck es ist, sich an Urheberrechtsverletzungen zu beteiligen oder sie zu erleichtern, kann sich auf Absatz 2 nicht berufen.

**§ 2 Diensteanbieter.** (1) Diensteanbieter im Sinne dieses Gesetzes sind Anbieter von Diensten im Sinne des Artikels 1 Absatz 1 Buchstabe b der Richtlinie (EU) 2015/1535 des Europäischen Parlaments und des Rates vom 9. September 2015 über ein Informationsverfahren auf dem Gebiet der technischen Vorschriften und der Vorschriften für die Dienste der Informationsgesellschaft (ABl. L 241 vom 17.9.2015, S. 1), die
1. es als Hauptzweck ausschließlich oder zumindest auch verfolgen, eine große Menge an von Dritten hochgeladenen urheberrechtlich geschützten Inhalten zu speichern und öffentlich zugänglich zu machen,
2. die Inhalte im Sinne der Nummer 1 organisieren,
3. die Inhalte im Sinne der Nummer 1 zum Zweck der Gewinnerzielung bewerben und
4. mit Online-Inhaltediensten um dieselben Zielgruppen konkurrieren.

(2) Startup-Diensteanbieter sind Diensteanbieter mit einem jährlichen Umsatz innerhalb der Europäischen Union von bis zu 10 Millionen Euro, deren Dienste der Öffentlichkeit in der Europäischen Union seit weniger als drei Jahren zur Verfügung stehen.

(3) Kleine Diensteanbieter sind Diensteanbieter mit einem jährlichen Umsatz innerhalb der Europäischen Union von bis zu 1 Million Euro.

(4) [1] Für die Berechnung des Umsatzes von Startup-Diensteanbietern und kleinen Diensteanbietern ist die Empfehlung der Kommission vom 6. Mai 2003 betreffend die Definition der Kleinstunternehmen sowie der kleinen und mittleren Unternehmen anzuwenden (ABl. L 124 vom 20.5.2003, S. 36). [2] Maßgeblich ist jeweils der Umsatz des vorangegangenen Kalenderjahres.

**§ 3 Nicht erfasste Dienste.** Dieses Gesetz gilt insbesondere nicht für
1. nicht gewinnorientierte Online-Enzyklopädien,
2. nicht gewinnorientierte bildungsbezogene oder wissenschaftliche Repositorien,
3. Entwicklungs- und Weitergabe-Plattformen für quelloffene Software,
4. Anbieter elektronischer Kommunikationsdienste im Sinne des Artikels 2 Nummer 4 der Richtlinie (EU) 2018/1972 des Europäischen Parlaments und des Rates vom 11. Dezember 2018 über den europäischen Kodex für die elektronische Kommunikation (ABl. L 321 vom 17.12.2018, S. 36; L 334 vom 27.12.2019, S. 164),
5. Online-Marktplätze,

---

[1)] **Sartorius ErgBd. Nr. 922.**

6. Cloud-Dienste, die zwischen Unternehmen erbracht werden, und
7. Cloud-Dienste, die ihren Nutzern das Hochladen von Inhalten für den Eigengebrauch ermöglichen.

## Teil 2. Erlaubte Nutzungen

**§ 4 Pflicht zum Erwerb vertraglicher Nutzungsrechte; Direktvergütungsanspruch des Urhebers.** (1) [1] Ein Diensteanbieter ist verpflichtet, bestmögliche Anstrengungen zu unternehmen, um die vertraglichen Nutzungsrechte für die öffentliche Wiedergabe urheberrechtlich geschützter Werke zu erwerben. [2] Der Diensteanbieter erfüllt diese Pflicht, sofern er Nutzungsrechte erwirbt, die

1. ihm angeboten werden,
2. über repräsentative Rechtsinhaber verfügbar sind, die der Diensteanbieter kennt, oder
3. über im Inland ansässige Verwertungsgesellschaften oder abhängige Verwertungseinrichtungen erworben werden können.

(2) Nutzungsrechte nach Absatz 1 Satz 2 müssen

1. für Inhalte gelten, die der Diensteanbieter ihrer Art nach offensichtlich in mehr als geringfügigen Mengen öffentlich wiedergibt,
2. in Bezug auf Werke und Rechtsinhaber ein erhebliches Repertoire umfassen,
3. den räumlichen Geltungsbereich dieses Gesetzes abdecken und
4. die Nutzung zu angemessenen Bedingungen ermöglichen.

(3) [1] Hat der Urheber das Recht der öffentlichen Wiedergabe eines Werkes einem Dritten eingeräumt, so hat der Diensteanbieter für vertragliche Nutzungen gleichwohl dem Urheber eine angemessene Vergütung für die öffentliche Wiedergabe des Werkes zu zahlen. [2] Satz 1 ist nicht anzuwenden, wenn der Dritte eine Verwertungsgesellschaft ist oder der Urheber den Dritten als Digitalvertrieb einschaltet.

(4) [1] Der Urheber kann auf den Direktvergütungsanspruch nach Absatz 3 nicht verzichten und diesen im Voraus nur an eine Verwertungsgesellschaft abtreten. [2] Er kann nur durch eine Verwertungsgesellschaft geltend gemacht werden.

**§ 5 Gesetzlich erlaubte Nutzungen; Vergütung des Urhebers.** (1) Zulässig ist die öffentliche Wiedergabe von urheberrechtlich geschützten Werken und Teilen von Werken durch den Nutzer eines Diensteanbieters zu folgenden Zwecken:

1. für Zitate nach § 51 des Urheberrechtsgesetzes[1)],
2. für Karikaturen, Parodien und Pastiches nach § 51a des Urheberrechtsgesetzes und
3. für von den Nummern 1 und 2 nicht erfasste gesetzlich erlaubte Fälle der öffentlichen Wiedergabe nach Teil 1 Abschnitt 6 des Urheberrechtsgesetzes.

(2) [1] Für die öffentliche Wiedergabe nach Absatz 1 Nummer 2 hat der Diensteanbieter dem Urheber eine angemessene Vergütung zu zahlen. [2] Der Vergütungsanspruch ist nicht verzichtbar und im Voraus nur an eine Verwertungsgesellschaft abtretbar. [3] Er kann nur durch eine Verwertungsgesellschaft geltend gemacht wer-

---

[1)] Nr. **65**.

den. [4] § 63a Absatz 2 des Urheberrechtsgesetzes und § 27a des Verwertungsgesellschaftengesetzes[1)] sind anzuwenden.

(3) Der Diensteanbieter hat den Nutzer auf die gesetzlichen Erlaubnisse nach Absatz 1 in seinen Allgemeinen Geschäftsbedingungen hinzuweisen.

**§ 6 Erstreckung von Erlaubnissen.** (1) Ist dem Diensteanbieter die öffentliche Wiedergabe eines Werkes erlaubt, so wirkt diese Erlaubnis auch zugunsten des Nutzers, sofern dieser nicht kommerziell handelt oder keine erheblichen Einnahmen erzielt.

(2) Verfügt der Nutzer über eine Erlaubnis, ein Werk über einen Diensteanbieter öffentlich wiederzugeben, so wirkt diese Erlaubnis auch zugunsten des Diensteanbieters.

## Teil 3. Unerlaubte Nutzungen

**§ 7 Qualifizierte Blockierung.** (1) Der Diensteanbieter ist nach Maßgabe von § 1 Absatz 2 verpflichtet, durch Sperrung oder Entfernung (Blockierung) bestmöglich sicherzustellen, dass ein Werk nicht öffentlich wiedergegeben wird und hierfür auch künftig nicht verfügbar ist, sobald der Rechtsinhaber dies verlangt und die hierfür erforderlichen Informationen zur Verfügung stellt.

(2) [1] Maßnahmen nach Absatz 1 dürfen nicht dazu führen, dass von Nutzern hochgeladene Inhalte, deren Nutzung gesetzlich erlaubt ist oder bei denen kein Verstoß gegen das Urheberrecht vorliegt, nicht verfügbar sind. [2] Beim Einsatz automatisierter Verfahren sind die §§ 9 bis 11 anzuwenden. [3] Satz 2 ist nicht anzuwenden auf Nutzungen von Filmwerken oder Laufbildern bis zum Abschluss ihrer erstmaligen öffentlichen Wiedergabe, insbesondere während der zeitgleichen Übertragung von Sportveranstaltungen, soweit der Rechtsinhaber dies vom Diensteanbieter verlangt und die hierfür erforderlichen Angaben macht.

(3) Der Diensteanbieter informiert den Nutzer sofort über die Blockierung des von ihm hochgeladenen Inhalts und weist ihn auf das Recht hin, nach § 14 Beschwerde einzulegen.

(4) Startup-Diensteanbieter (§ 2 Absatz 2) sind nicht nach Absatz 1 verpflichtet, solange die durchschnittliche monatliche Anzahl unterschiedlicher Besucher der Internetseiten des Dienstes 5 Millionen nicht übersteigt.

(5) Es wird widerleglich vermutet, dass kleine Diensteanbieter (§ 2 Absatz 3) im Hinblick auf den Grundsatz der Verhältnismäßigkeit nicht nach Absatz 1 verpflichtet sind.

**§ 8 Einfache Blockierung.** (1) Der Diensteanbieter ist nach Maßgabe von § 1 Absatz 2 verpflichtet, die öffentliche Wiedergabe eines Werkes durch Blockierung zu beenden, sobald der Rechtsinhaber dies verlangt und einen hinreichend begründeten Hinweis auf die unerlaubte öffentliche Wiedergabe des Werkes gibt.

(2) § 7 Absatz 2 Satz 1 und Absatz 3 ist entsprechend anzuwenden.

(3) Zur Blockierung künftiger unerlaubter Nutzungen des Werkes ist der Diensteanbieter nach Maßgabe von § 7 erst verpflichtet, nachdem der Rechtsinhaber die hierfür erforderlichen Informationen zur Verfügung stellt.

---

[1)] **Habersack, Deutsche Gesetze ErgBd. Nr. 65a.**

## Teil 4. Mutmaßlich erlaubte Nutzungen

**§ 9 Öffentliche Wiedergabe mutmaßlich erlaubter Nutzungen.** (1) Um unverhältnismäßige Blockierungen beim Einsatz automatisierter Verfahren zu vermeiden, sind mutmaßlich erlaubte Nutzungen bis zum Abschluss eines Beschwerdeverfahrens (§ 14) öffentlich wiederzugeben.

(2) [1] Für nutzergenerierte Inhalte, die

1. weniger als die Hälfte eines Werkes eines Dritten oder mehrerer Werke Dritter enthalten,
2. die Werkteile nach Nummer 1 mit anderem Inhalt kombinieren und
3. Werke Dritter nur geringfügig nutzen (§ 10) oder als gesetzlich erlaubt gekennzeichnet sind (§ 11),

wird widerleglich vermutet, dass ihre Nutzung nach § 5 gesetzlich erlaubt ist (mutmaßlich erlaubte Nutzungen). [2] Abbildungen dürfen nach Maßgabe von §§ 10 und 11 vollständig verwendet werden.

(3) Der Diensteanbieter informiert den Rechtsinhaber sofort über die öffentliche Wiedergabe und weist ihn auf das Recht hin, nach § 14 Beschwerde einzulegen, um die Vermutung nach Absatz 2 überprüfen zu lassen.

**§ 10 Geringfügige Nutzungen.** Die folgenden Nutzungen von Werken Dritter gelten als geringfügig im Sinne des § 9 Absatz 2 Satz 1 Nummer 3, sofern sie nicht zu kommerziellen Zwecken oder nur zur Erzielung unerheblicher Einnahmen dienen:

1. Nutzungen bis zu 15 Sekunden je eines Filmwerkes oder Laufbildes,
2. Nutzungen bis zu 15 Sekunden je einer Tonspur,
3. Nutzungen bis zu 160 Zeichen je eines Textes und
4. Nutzungen bis zu 125 Kilobyte je eines Lichtbildwerkes, Lichtbildes oder einer Grafik.

**§ 11 Kennzeichnung als erlaubte Nutzung.** (1) Soll ein nutzergenerierter Inhalt beim Hochladen automatisiert blockiert werden und handelt es sich nicht um eine geringfügige Nutzung nach § 10, so ist der Diensteanbieter verpflichtet,

1. den Nutzer über das Blockierverlangen des Rechtsinhabers zu informieren,
2. den Nutzer zugleich mit der Information nach Nummer 1 auf die Erforderlichkeit einer gesetzlichen Erlaubnis nach § 5 für eine öffentliche Wiedergabe hinzuweisen und
3. es dem Nutzer zu ermöglichen, die Nutzung als nach § 5 gesetzlich erlaubt zu kennzeichnen.

(2) Soll ein nutzergenerierter Inhalt erst nach dem Hochladen automatisiert blockiert werden, so findet Absatz 1 mit der Maßgabe Anwendung, dass der Inhalt auch ohne Vorliegen einer Kennzeichnung nach Absatz 1 Nummer 3 für 48 Stunden als mutmaßlich erlaubt gilt.

**§ 12 Vergütung durch Diensteanbieter; Verantwortlichkeit.** (1) [1] Für die öffentliche Wiedergabe mutmaßlich erlaubter Nutzungen nach den §§ 9 bis 11 hat der Diensteanbieter dem Urheber eine angemessene Vergütung zu zahlen. [2] § 5 Absatz 2 Satz 2 bis 4 ist entsprechend anzuwenden.

(2) [1] Für die öffentliche Wiedergabe mutmaßlich erlaubter Nutzungen nach den §§ 9 bis 11 ist der Diensteanbieter bis zum Abschluss eines Beschwerdeverfahrens, längstens aber bis zum Ablauf der Frist zur Entscheidung über die Beschwerde (§ 14 Absatz 3 Nummer 3) urheberrechtlich nicht verantwortlich. [2] Nach der Entscheidung über die Beschwerde haftet der Diensteanbieter nur dann urheberrechtlich auf Schadensersatz, wenn er bei der Durchführung des Beschwerdeverfahrens schuldhaft gegen die Pflichten nach § 14 verstoßen hat; Ansprüche auf Unterlassung und Beseitigung bleiben unberührt.

(3) Im Falle einer geringfügigen Nutzung (§ 10) ist der Nutzer für die öffentliche Wiedergabe mutmaßlich erlaubter Nutzungen bis zum Abschluss eines Beschwerdeverfahrens nach § 14 urheberrechtlich nicht verantwortlich.

## Teil 5. Rechtsbehelfe

### § 13 Rechtsbehelfe; Schutz vor Entstellung; Zugang zu den Gerichten.

(1) Für Nutzer und Rechtsinhaber ist die Teilnahme an Beschwerdeverfahren nach den §§ 14 und 15 freiwillig.

(2) Für Nutzer, Rechtsinhaber und Diensteanbieter ist die Teilnahme an außergerichtlichen Streitbeilegungen nach den §§ 16 und 17 freiwillig.

(3) [1] Der Schutz des Urhebers vor Entstellung seines Werkes nach§ 14 des Urheberrechtsgesetzes[1)] bleibt unberührt. [2] Der Urheber kann hierzu auch im Anwendungsbereich der §§ 9 bis 11 die einfache Blockierung nach § 8 verlangen.

(4) Das Recht, die Gerichte anzurufen, bleibt unberührt.

**§ 14 Internes Beschwerdeverfahren.** (1) Der Diensteanbieter muss den Nutzern und den Rechtsinhabern ein wirksames, kostenfreies und zügiges Beschwerdeverfahren über die Blockierung und über die öffentliche Wiedergabe von geschützten Werken zur Verfügung stellen.

(2) Beschwerden sind zu begründen.

(3) Der Diensteanbieter ist verpflichtet, unverzüglich

1. die Beschwerde allen Beteiligten mitzuteilen,
2. allen Beteiligten Gelegenheit zur Stellungnahme zu geben und
3. über die Beschwerde zu entscheiden; spätestens innerhalb einer Woche nach deren Einlegung.

(4) Erklärt ein vertrauenswürdiger Rechtsinhaber nach Prüfung durch eine natürliche Person, dass die Vermutung nach § 9 Absatz 2 zu widerlegen ist und die fortdauernde öffentliche Wiedergabe die wirtschaftliche Verwertung des Werkes erheblich beeinträchtigt, so ist der Diensteanbieter in Abweichung von § 9 Absatz 1 zur sofortigen Blockierung bis zum Abschluss des Beschwerdeverfahrens verpflichtet.

(5) Entscheidungen über Beschwerden müssen von natürlichen Personen getroffen werden, die unparteiisch sind.

**§ 15 Externe Beschwerdestelle.** (1) Der Diensteanbieter kann sich zur Erfüllung seiner Pflichten nach § 14 einer anerkannten externen Beschwerdestelle bedienen.

---

1) Nr. **65**.

(2) [1] Die Entscheidung über die Anerkennung einer externen Beschwerdestelle trifft das Bundesamt für Justiz im Einvernehmen mit dem Deutschen Patent- und Markenamt. [2] Für die Voraussetzungen sowie für das Verfahren der Anerkennung gelten im Übrigen die Vorschriften des Netzwerkdurchsetzungsgesetzes über die Anerkennung einer Einrichtung der Regulierten Selbstregulierung entsprechend.

**§ 16 Außergerichtliche Streitbeilegung durch private Schlichtungsstellen.** (1) Zur außergerichtlichen Beilegung von Streitigkeiten über die Blockierung und öffentliche Wiedergabe eines geschützten Werkes durch einen Diensteanbieter sowie über Auskunftsrechte (§ 19) können Rechtsinhaber und Nutzer eine privatrechtlich organisierte Schlichtungsstelle anrufen.

(2) Die Vorschriften des Netzwerkdurchsetzungsgesetzes über privatrechtlich organisierte Schlichtungsstellen sind mit der Maßgabe anzuwenden, dass das Bundesamt für Justiz als zuständige Behörde die Entscheidung über die Anerkennung einer privatrechtlich organisierten Schlichtungsstelle im Einvernehmen mit dem Deutschen Patent- und Markenamt trifft.

**§ 17 Außergerichtliche Streitbeilegung durch die behördliche Schlichtungsstelle.** (1) Das Bundesamt für Justiz richtet im Einvernehmen mit dem Deutschen Patent- und Markenamt eine behördliche Schlichtungsstelle ein.

(2) [1] Die behördliche Schlichtungsstelle ist nur zuständig, wenn eine privatrechtlich organisierte Schlichtungsstelle nach § 16 nicht zur Verfügung steht. [2] § 16 Absatz 1 ist entsprechend anzuwenden.

(3) Die Vorschriften des Netzwerkdurchsetzungsgesetzes über die behördliche Schlichtungsstelle sind entsprechend anzuwenden.

## Teil 6. Schlussbestimmungen

**§ 18 Maßnahmen gegen Missbrauch.** (1) Verlangt ein vermeintlicher Rechtsinhaber von dem Diensteanbieter wiederholt die Blockierung eines fremden Werkes als eigenes Werk oder eines gemeinfreien Werkes, so hat der Diensteanbieter den vermeintlichen Rechtsinhaber für einen angemessenen Zeitraum von den Verfahren nach den §§ 7 und 8 auszuschließen.

(2) Verlangt ein vermeintlicher Rechtsinhaber vorsätzlich oder fahrlässig von dem Diensteanbieter die Blockierung eines fremden Werkes als eigenes Werk oder eines gemeinfreien Werkes, so ist er dem Diensteanbieter und dem betroffenen Nutzer zum Ersatz des daraus entstehenden Schadens verpflichtet.

(3) Verlangt ein Rechtsinhaber wiederholt fälschlicherweise

1. die sofortige Blockierung mutmaßlich erlaubter Nutzungen während des Beschwerdeverfahrens nach § 14 Absatz 4 oder
2. die einfache Blockierung nach § 8 wegen einer Entstellung seines Werkes (§ 14 des *Urheberrechtsgesetzes*[1)]),

so ist er für einen angemessenen Zeitraum von dem jeweiligen Verfahren auszuschließen.

(4) Der Diensteanbieter hat nach einem missbräuchlichen Blockierverlangen im Hinblick auf gemeinfreie Werke oder solche, deren unentgeltliche Nutzung durch jedermann erlaubt ist, nach Maßgabe von § 1 Absatz 2 bestmöglich sicherzustellen, dass diese Werke nicht erneut blockiert werden.

---

[1)] Nr. **65**.

(5) Kennzeichnet ein Nutzer eine Nutzung wiederholt fälschlicherweise als erlaubt, so hat der Diensteanbieter den Nutzer für einen angemessenen Zeitraum von der Möglichkeit zur Kennzeichnung erlaubter Nutzungen auszuschließen.

(6) Blockiert der Diensteanbieter wiederholt fälschlicherweise erlaubte Nutzungen, so kann er von einem eingetragenen Verein, dessen Zweck auf die nicht gewerbsmäßige und nicht nur vorübergehende Förderung der Interessen von Nutzern gerichtet ist, auf Unterlassung in Anspruch genommen werden.

**§ 19 Auskunftsrechte.** (1) Der Rechtsinhaber kann von dem Diensteanbieter Auskunft über die nach § 4 vertraglich erlaubte Nutzung seines Repertoires verlangen.

(2) Der Rechtsinhaber kann von dem Diensteanbieter angemessene Auskunft über die Funktionsweise der Verfahren zur Blockierung unerlaubter Nutzungen seines Repertoires nach den §§ 7 und 8 verlangen.

(3) [1] Der Diensteanbieter gewährt Berechtigten nach § 60d Absatz 2 des Urheberrechtsgesetzes[1)] zum Zweck der wissenschaftlichen Forschung Zugang zu Daten über den Einsatz von Verfahren zur automatisierten und nicht automatisierten Erkennung und Blockierung von Inhalten, soweit überwiegende schutzwürdige Interessen des Diensteanbieters nicht entgegenstehen. [2] Der Diensteanbieter hat Anspruch auf Erstattung der hierdurch entstehenden Kosten in angemessener Höhe.

**§ 20 Inländischer Zustellungsbevollmächtigter.** Für die Verpflichtung des Diensteanbieters zur Bestellung eines inländischen Zustellungsbevollmächtigten für das gerichtliche Verfahren gilt § 5 Absatz 1 des Netzwerkdurchsetzungsgesetzes entsprechend.

**§ 21 Anwendung auf verwandte Schutzrechte.** (1) Dieses Gesetz ist auf verwandte Schutzrechte im Sinne des Urheberrechtsgesetzes[1)] und ihre Inhaber entsprechend anzuwenden.

(2) Der Direktvergütungsanspruch nach § 4 steht nur dem Lichtbildner und dem ausübenden Künstler zu.

**§ 22 Zwingendes Recht.** Von den Vorschriften dieses Gesetzes kann durch Vertrag nicht abgewichen werden.

---

[1)] Nr. **65**.

# 72. Gesetz über den Schutz von Marken und sonstigen Kennzeichen (Markengesetz – MarkenG)[1)]

Vom 25. Oktober 1994

(BGBl. I S. 3082, ber. 1995 I S. 156)

**FNA 423-5-2**

| Lfd. Nr. | Änderndes Gesetz | Datum | Fundstelle | Betroffen | Hinweis |
|---|---|---|---|---|---|
| 1.–22. | Änderungsgesetze bis einschl. G v. 13.12.2007 (BGBl. I S. 2897) nur noch in den Anmerkungen nachgewiesen | | | | |
| 23. | Art. 4 G zur Verbesserung der Durchsetzung von Rechten des geistigen Eigentums[2)] | 7.7.2008 | BGBl. I S. 1191 | Inhaltsübersicht, §§ 14, 15, 18, 19, 20, 25, 117, 125b, 128, Teil 6 Abschnitt 2 (§§ 130–136), §§ 138, 139, 144, 146, 148, 150, 151 | geänd. mWv 1.9.2008 |
| | | | | §§ 19a, 19b, 19c, 19d | eingef. mWv 1.9.2008 |
| 24. | Art. 83c FGG-ReformG[3)] | 17.12. 2008 | BGBl.I S. 2586 | § 19 | geänd. mWv 1.9.2009 |
| 25. | Art. 3 G zur Vereinfachung und Modernisierung des Patentrechts | 31.7.2009 | BGBl.I S. 2521 | Inhaltsübersicht, §§ 42, 64, 66, 94, 95a, 96, 107, 164, 165 | mWv 1.10.2009 |
| 26. | Art. 17 G zur Umsetzung der DienstleistungsRL in der Justiz und zur Änd. weiterer Vorschriften | 22.12. 2010 | BGBl. I S. 2248 | §§ 115, 125a, 143a | geänd. mWv 28.12.2010 |
| 27. | Art. 15 G über den Rechtsschutz bei überlangen Gerichtsverfahren und strafrechtl. Ermittlungsverfahren | 24.11. 2011 | BGBl. I S. 2302 | Inhaltsübersicht | geänd. mWv 3.12.2011 |
| | | | | § 96a | eingef. mWv 3.12.2011 |
| 28. | Art. 16 G zur Änd. des Prozesskostenhilfe- und Beratungshilferechts | 31.8.2013 | BGBl. I S. 3533 | Inhaltsübersicht, §§ 66, 88 | geänd. mWv 1.1.2014 |
| | | | | § 81a | eingef. mWv 1.1.2014 |
| 29. | Art. 10 G zur Förderung des elektronischen Rechtsverkehrs mit den Gerichten | 10.10. 2013 | BGBl. I S. 3786 | § 95a | geänd. mWv 1.1.2018 |
| 30. | Art. 4 G zur Modernisierung des GeschmacksmusterG sowie zur Änd. der Regelungen über die Bekanntmachungen zum Ausstellungsschutz | 10.10. 2013 | BGBl. I S. 3799 | §§ 125e, 130, 131, 143 | geänd. mWv 17.10.2013 |
| | | | | § 35 | geänd. mWv 1.1.2014 |

[1)] Verkündet als Art. 1 MarkenrechtsreformG v. 25.10.1994 (BGBl. I S. 3082); Inkrafttreten gem. Art. 50 dieses G am 1.1.1995 mit Ausnahme der §§ 65, 130–139, 140 Abs. 2, § 144 Abs. 6 und § 145 Abs. 2 und 3, die am 1.11.1994 in Kraft getreten sind.
Die §§ 119–125 traten gem. Bek. v. 24.4.1996 (BGBl. I S. 682) mit dem Protokoll v. 27.6.1989 zum Abkommen von Madrid über die internationale Registrierung von Marken am 20.3.1996 in Kraft.

[2)] **Amtl. Anm.:** *(abgedruckt in Änderungstabelle Nr. **65**)*

[3)] Beachte hierzu Übergangsvorschrift in Art. 111 FGG-ReformG (Nr. **112a**).

| Lfd. Nr. | Änderndes Gesetz | Datum | Fundstelle | Betroffen | Hinweis |
|---|---|---|---|---|---|
| 31. | Art. 3 G zur Novellierung patentrechtlicher Vorschr. und anderer Gesetze des gewerblichen Rechtsschutzes | 19.10. 2013 | BGBl. I S. 3830 | §§ 62, 82, 95a | geänd. mWv 25.10.2013 |
| 32. | Art. 206 Zehnte ZuständigkeitsanpassungsVO | 31.8.2015 | BGBl. I S. 1474 | §§ 8, 32–35, 58, 65, 95a, 125f, 130, 137, 138, 139 | geänd. mWv 8.9.2015 |
| 33. | Art. 8 Abs. 6 G zur Neuorg. der Zollverwaltung | 3.12.2015 | BGBl. I S. 2178 | § 148 | geänd. mWv 1.1.2016 |
| 34. | Art. 4 G zur Änd. des DesignG und weiterer Vorschriften des gewerblichen Rechtsschutzes | 4.4.2016 | BGBl. I S. 558 | Inhaltsübersicht, §§ 8, 9, 27, 33, 40–42, 46, 62, 63, 114, 125, 125d, Teil 6 Abschnitt 2 Überschrift, §§ 130–135, 138, 139, 144, 146, 151, 157, 158 | geänd. mWv 1.7.2016 |
| | | | | § 150, 156 | neu gef. mWv 1.7.2016 |
| | | | | §§ 159, 160, 161 | aufgeh. mWv 1.7.2016 |
| | | | | Inhaltsübersicht, §§ 61, 94 | geänd. mWv 1.10.2016 |
| 35. | Art. 6 Abs. 26 G zur Reform der strafrechtlichen Vermögensabschöpfung | 13.4.2017 | BGBl. I S. 872 | § 143 | geänd. mWv 1.7.2017 |
| 36. | Art. 15 G zur Umsetzung der BerufsanerkennungsRL und zur Änd. weiterer Vorschriften im Bereich der rechtsberatenden Berufe[1] | 12.5.2017 | BGBl. I S. 1121 | § 96 | geänd. mWv 18.5.2017 |
| 37. | Art. 11 G zur Änd. des BundesversorgungsG und anderer Vorschriften | 17.7.2017 | BGBl. I S. 2541 | Inhaltsübersicht, § 62 | geänd. mWv 25.5.2018 |
| | | | | § 62a | eingef. mWv 25.5.2018 |
| 38. | Art. 1 G zur Umsetzung der RL (EU) 2015/2436 des Europäischen Parlaments und des Rates vom 16. Dezember 2015 zur Angleichung der Rechtsvorschriften der Mitgliedstaaten über die Marken (Markenrechtsmodernisierungsgesetz – MaMoG)[2] | 11.12. 2018 | BGBl. I S. 2357 | Inhaltsübersicht | geänd. mWv 15.12.2018 |
| | | | | § 14a | eingef. mWv 15.12.2018 |
| | | | | Inhaltsübersicht, §§ 3, 4, 8, 9, 11, 14, 17, 22, 26–30, 32–37, 42, 43, 46, 49–52, 55–60, 62, 63, 64, 65, 66, 67, 69–74, 78–83, 87, 89, 90–93, 94–97, 100–102, 104, 105, 108, 111, 112, 114, 117–120, 123, 125, 125c–125i, 140, 143, 143a, 157 | geänd. mWv 14.1.2019 |
| | | | | §§ 23, 25, 47, Teil 3 Abschnitt 3, 4 Überschr., § 64a, Abschnitt 5 Überschr., §§ 68, 76, 98, 103, 106, Teil 6 (neu) Überschr., §§ 107, 115, 116, Abschnitt 3 Überschr., §§ 125b, 158 | neu gef. mWv 14.1.2019 |

[1] **Amtl. Anm.:** *(abgedruckt in Änderungstabelle Nr.* ***90a****)*
[2] **Amtl. Anm.:** (ABl. L 336 vom 23.12.2015, S. 1)

| Lfd. Nr. | Änderndes Gesetz | Datum | Fundstelle | Betroffen | Hinweis |
|---|---|---|---|---|---|
| | | | | § 65a, Teil 5 (§§ 106a–106h), § 159 | eingef. mWv 14.1.2019 |
| | | | | § 125a | aufgeh. mit Ablauf des 13.1.2019 |
| | | | | bish. Teile 5–9 werden Teile 6–10 | mWv 14.1.2019 |
| | | | | Inhaltsübersicht | geänd. mWv 1.5.2020 |
| | | | | §§ 53, 54 | neu gef. mWv 1.5.2020 |
| 39. | Art. 24 TelekommunikationsmodernisierungsG[1] | 23.6.2021 | BGBl. I S. 1858 | § 19 | geänd. mWv 1.12.2021 |
| 40. | Art. 10 Abs. 1 Viertes G zur Änd. des Lebensmittel- und Futtermittelgesetzbuches sowie anderer Vorschriften | 27.7.2021 | BGBl. I S. 3274 | § 134 | geänd. mWv 10.8.2021 |
| 41. | Art. 5 Zweites G zur Vereinfachung und Modernisierung des Patentrechts | 10.8.2021 | BGBl. I S. 3490 | §§ 33, 47, 55, 62, 65, 143a | geänd. mWv 18.8.2021 |
| | | | | Inhaltsübersicht, § 60, Teil 6 Überschrift, Teil 6 Abschnitt 2 Überschrift, §§ 120–125a | geänd. mWv 1.5.2022 |
| | | | | Teil 6 Abschnitt 1 (§§ 107–118), § 119 | neu gef. mWv 1.5.2022 |
| | | | | bish. Teil 6 Abschnitt 2 (bish. §§ 119–125) | aufgeh. mit Ablauf des 30.4.2022 |

[1] **Amtl. Anm.:** Dieses Gesetz dient der Umsetzung der Richtlinie (EU) 2018/1972 des Europäischen Parlaments und des Rates vom 11. Dezember 2018 über den europäischen Kodex für die elektronische Kommunikation (Neufassung) (ABl. L 321 vom 17.12.2018, S. 36).

## Inhaltsübersicht[1]

### Teil 1. Anwendungsbereich



### Teil 2. Voraussetzungen, Inhalt und Schranken des Schutzes von Marken und geschäftlichen Bezeichnungen; Übertragung und Lizenz

Abschnitt 1. Marken und geschäftliche Bezeichnungen; Vorrang und Zeitrang



Abschnitt 2. Voraussetzungen für den Schutz von Marken durch Eintragung



Abschnitt 3. Schutzinhalt; Rechtsverletzungen



Abschnitt 4. Schranken des Schutzes



Abschnitt 5. Marken als Gegenstand des Vermögens



---

[1] Inhaltsübersicht geänd. mWv 1.1.2002 und mWv 1.1.2005 durch G v. 13.12.2001 (BGBl. I S. 3656); mWv 26.7.2002 durch G v. 19.7.2002 (BGBl. I S. 2681); mWv 1.7.2004 durch G v. 5.5.2004 (BGBl. I S. 718); mWv 15.12.2004 durch G v. 9.12.2004 (BGBl. I S. 3232); mWv 1.7.2006 durch G v. 21.6.2006 (BGBl. I S. 1318); mWv 1.9.2008 durch G v. 7.7.2008 (BGBl. I S. 1191); mWv 1.10.2009 durch G v. 31.7.2009 (BGBl. I S. 2521); mWv 3.12.2011 durch G v. 24.11.2011 (BGBl. I S. 2302); mWv 1.1.2014 durch G v. 31.8.2013 (BGBl. I S. 3533); mWv 1.7.2016 und mWv 1.10.2016 durch G v. 4.4.2016 (BGBl. I S. 558); mWv 25.5.2018 durch G v. 17.7.2017 (BGBl. I S. 2541); mWv 15.12.2018, mWv 14.1. 2019 und mWv 1.5.2020 durch G v. 11.12.2018 (BGBl. I S. 2357); mWv 1.5.2022 durch G v. 10.8.2021 (BGBl. I S. 3490); sie wurde nichtamtlich an nachträgliche Änderungen angepasst.

## Teil 1. Anwendungsbereich

**§ 1 Geschützte Marken und sonstige Kennzeichen.** Nach diesem Gesetz werden geschützt:
1. Marken,
2. geschäftliche Bezeichnungen,
3. geographische Herkunftsangaben.

**§ 2 Anwendung anderer Vorschriften.** Der Schutz von Marken, geschäftlichen Bezeichnungen und geographischen Herkunftsangaben nach diesem Gesetz schließt die Anwendung anderer Vorschriften zum Schutz dieser Kennzeichen nicht aus.

## Teil 2. Voraussetzungen, Inhalt und Schranken des Schutzes von Marken und geschäftlichen Bezeichnungen; Übertragung und Lizenz

### Abschnitt 1. Marken und geschäftliche Bezeichnungen; Vorrang und Zeitrang

**§ 3[1] Als Marke schutzfähige Zeichen.** (1) Als Marke können alle Zeichen, insbesondere Wörter einschließlich Personennamen, Abbildungen, Buchstaben, Zahlen, Klänge, dreidimensionale Gestaltungen einschließlich der Form einer Ware oder ihrer Verpackung sowie sonstige Aufmachungen einschließlich Farben und Farbzusammenstellungen geschützt werden, die geeignet sind, Waren oder Dienstleistungen eines Unternehmens von denjenigen anderer Unternehmen zu unterscheiden.

(2) Dem Markenschutz nicht zugänglich sind Zeichen, die ausschließlich aus Formen oder anderen charakteristischen Merkmalen bestehen,
1. die durch die Art der Ware selbst bedingt sind,
2. die zur Erreichung einer technischen Wirkung erforderlich sind oder
3. die der Ware einen wesentlichen Wert verleihen.

**§ 4[2] Entstehung des Markenschutzes.** Der Markenschutz entsteht
1. durch die Eintragung eines Zeichens als Marke in das vom Deutschen Patent- und Markenamt geführte Register,
2. durch die Benutzung eines Zeichens im geschäftlichen Verkehr, soweit das Zeichen innerhalb beteiligter Verkehrskreise als Marke Verkehrsgeltung erworben hat, oder
3. durch die im Sinne des Artikels 6$^{bis}$ der Pariser Verbandsübereinkunft zum Schutz des gewerblichen Eigentums (Pariser Verbandsübereinkunft) notorische Bekanntheit einer Marke.

**§ 5 Geschäftliche Bezeichnungen.** (1) Als geschäftliche Bezeichnungen werden Unternehmenskennzeichen und Werktitel geschützt.

(2) [1] Unternehmenskennzeichen sind Zeichen, die im geschäftlichen Verkehr als Name, als Firma oder als besondere Bezeichnung eines Geschäftsbetriebs oder

---

[1] § 3 Abs. 1 geänd., Abs. 2 neu gef. mWv 14.1.2019 durch G v. 11.12.2018 (BGBl. I S. 2357).
[2] § 4 Nr. 1 geänd mWv 14.1.2019 durch G v. 11.12.2018 (BGBl. I S. 2357).

eines Unternehmens benutzt werden. [2]Der besonderen Bezeichnung eines Geschäftsbetriebs stehen solche Geschäftsabzeichen und sonstige zur Unterscheidung des Geschäftsbetriebs von anderen Geschäftsbetrieben bestimmte Zeichen gleich, die innerhalb beteiligter Verkehrskreise als Kennzeichen des Geschäftsbetriebs gelten.

(3) Werktitel sind die Namen oder besonderen Bezeichnungen von Druckschriften, Filmwerken, Tonwerken, Bühnenwerken oder sonstigen vergleichbaren Werken.

**§ 6 Vorrang und Zeitrang.** (1) Ist im Falle des Zusammentreffens von Rechten im Sinne der §§ 4, 5 und 13 nach diesem Gesetz für die Bestimmung des

*(Fortsetzung nächstes Blatt)*

Vorrangs der Rechte ihr Zeitrang maßgeblich, wird der Zeitrang nach den Absätzen 2 und 3 bestimmt.

(2) Für die Bestimmung des Zeitrangs von angemeldeten oder eingetragenen Marken ist der Anmeldetag (§ 33 Abs. 1) oder, falls eine Priorität nach § 34 oder nach § 35 in Anspruch genommen wird, der Prioritätstag maßgeblich.

(3) Für die Bestimmung des Zeitrangs von Rechten im Sinne des § 4 Nr. 2 und 3 und der §§ 5 und 13 ist der Zeitpunkt maßgeblich, zu dem das Recht erworben wurde.

(4) Kommt Rechten nach den Absätzen 2 und 3 derselbe Tag als ihr Zeitrang zu, so sind die Rechte gleichrangig und begründen gegeneinander keine Ansprüche.

## Abschnitt 2. Voraussetzungen für den Schutz von Marken durch Eintragung

**§ 7 Inhaberschaft.** Inhaber von eingetragenen und angemeldeten Marken können sein:

1. natürliche Personen,
2. juristische Personen oder
3. Personengesellschaften, sofern sie mit der Fähigkeit ausgestattet sind, Rechte zu erwerben und Verbindlichkeiten einzugehen.

**§ 8[1)] Absolute Schutzhindernisse.** (1) Von der Eintragung sind als Marke schutzfähige Zeichen im Sinne des § 3 ausgeschlossen, die nicht geeignet sind, in dem Register so dargestellt zu werden, dass die zuständigen Behörden und das Publikum den Gegenstand des Schutzes klar und eindeutig bestimmen können.

(2) Von der Eintragung ausgeschlossen sind Marken,

1. denen für die Waren oder Dienstleistungen jegliche Unterscheidungskraft fehlt,
2. die ausschließlich aus Zeichen oder Angaben bestehen, die im Verkehr zur Bezeichnung der Art, der Beschaffenheit, der Menge, der Bestimmung, des Wertes, der geographischen Herkunft, der Zeit der Herstellung der Waren oder der Erbringung der Dienstleistungen oder zur Bezeichnung sonstiger Merkmale der Waren oder Dienstleistungen dienen können,
3. die ausschließlich aus Zeichen oder Angaben bestehen, die im allgemeinen Sprachgebrauch oder in den redlichen und ständigen Verkehrsgepflogenheiten zur Bezeichnung der Waren oder Dienstleistungen üblich geworden sind,
4. die geeignet sind, das Publikum insbesondere über die Art, die Beschaffenheit oder die geographische Herkunft der Waren oder Dienstleistungen zu täuschen,
5. die gegen die öffentliche Ordnung oder die gegen die guten Sitten verstoßen,

---

1) § 8 Abs. 2 Nr. 8 und 9 geänd., Nr. 10 angef. mWv 1.6.2004 durch G v. 12.3.2004 (BGBl. I S. 390); Abs. 2 Nr. 7 und 8 neu gef. mWv 1.7.2016 durch G v. 4.4.2016 (BGBl. I S. 558); Abs. 1 neu gef., Abs. 2 Nr. 9–12 eingef., bish. Nr. 9 und 10 werden Nr. 13 und 14 mWv 14.1.2019 durch G v. 11.12.2018 (BGBl. I S. 2357).

6. die Staatswappen, Staatsflaggen oder andere staatliche Hoheitszeichen oder Wappen eines inländischen Ortes oder eines inländischen Gemeinde- oder weiteren Kommunalverbandes enthalten,
7. die amtliche Prüf- oder Gewährzeichen enthalten,
8. die Wappen, Flaggen oder andere Kennzeichen, Siegel oder Bezeichnungen internationaler zwischenstaatlicher Organisationen enthalten,
9. die nach deutschem Recht, nach Rechtsvorschriften der Europäischen Union oder nach internationalen Übereinkünften, denen die Europäische Union oder die Bundesrepublik Deutschland angehört, und die Ursprungsbezeichnungen und geografische Angaben schützen, von der Eintragung ausgeschlossen sind,
10. die nach Rechtsvorschriften der Europäischen Union oder von internationalen Übereinkünften, denen die Europäische Union angehört, und die dem Schutz von traditionellen Bezeichnungen für Weine dienen, von der Eintragung ausgeschlossen sind,
11. die nach Rechtsvorschriften der Europäischen Union oder nach internationalen Übereinkünften, denen die Europäische Union angehört, und die dem Schutz von traditionellen Spezialitäten dienen, von der Eintragung ausgeschlossen sind,
12. die aus einer im Einklang mit deutschem Recht, mit den Rechtsvorschriften der Europäischen Union oder mit internationalen Übereinkünften, denen die Europäische Union oder die Bundesrepublik Deutschland angehört, zu Sortenschutzrechten eingetragenen früheren Sortenbezeichnung bestehen oder diese in ihren wesentlichen Elementen wiedergeben und die sich auf Pflanzensorten derselben Art oder eng verwandter Arten beziehen,
13. deren Benutzung ersichtlich nach sonstigen Vorschriften im öffentlichen Interesse untersagt werden kann, oder
14. die bösgläubig angemeldet worden sind.

(3) Absatz 2 Nr. 1, 2 und 3 findet keine Anwendung, wenn die Marke sich vor dem Zeitpunkt der Entscheidung über die Eintragung infolge ihrer Benutzung für die Waren oder Dienstleistungen, für die sie angemeldet worden ist, in den beteiligten Verkehrskreisen durchgesetzt hat.

(4) [1] Absatz 2 Nr. 6, 7 und 8 ist auch anzuwenden, wenn die Marke die Nachahmung eines dort aufgeführten Zeichens enthält. [2] Absatz 2 Nr. 6, 7 und 8 ist nicht anzuwenden, wenn der Anmelder befugt ist, in der Marke eines der dort aufgeführten Zeichen zu führen, selbst wenn es mit einem anderen der dort aufgeführten Zeichen verwechselt werden kann. [3] Absatz 2 Nr. 7 ist ferner nicht anzuwenden, wenn die Waren oder Dienstleistungen, für die die Marke angemeldet worden ist, mit denen, für die das Prüf- oder Gewährzeichen eingeführt ist, weder identisch noch diesen ähnlich sind. [4] Absatz 2 Nr. 8 ist ferner nicht anzuwenden, wenn die angemeldete Marke nicht geeignet ist, beim Publikum den unzutreffenden Eindruck einer Verbindung mit der internationalen zwischenstaatlichen Organisation hervorzurufen.

**§ 9[1)] Angemeldete oder eingetragene Marken als relative Schutzhindernisse.** *(1) Die Eintragung einer Marke kann gelöscht werden,*

[1)] § 9 Abs. 2 geänd. mWv 1.7.2016 durch G v. 4.4.2016 (BGBl. I S. 558); Abs. 1 Nr. 3 neu gef., Abs. 3 angef. mWv 14.1.2019 durch G v. 11.12.2018 (BGBl. I S. 2357).

1. wenn sie mit einer angemeldeten oder eingetragenen Marke mit älterem Zeitrang identisch ist und die Waren oder Dienstleistungen, für die sie eingetragen worden ist, mit den Waren oder Dienstleistungen identisch sind, für die die Marke mit älterem Zeitrang angemeldet oder eingetragen worden ist,
2. wenn wegen ihrer Identität oder Ähnlichkeit mit einer angemeldeten oder eingetragenen Marke mit älterem Zeitrang und der Identität oder der Ähnlichkeit der durch die beiden Marken erfaßten Waren oder Dienstleistungen für das Publikum die Gefahr von Verwechslungen besteht, einschließlich der Gefahr, daß die Marken gedanklich miteinander in Verbindung gebracht werden, oder
3. wenn sie mit einer angemeldeten oder eingetragenen Marke mit älterem Zeitrang identisch ist oder dieser ähnlich ist, falls es sich bei der Marke mit älterem Zeitrang um eine im Inland bekannte Marke handelt und die Benutzung der eingetragenen Marke die Unterscheidungskraft oder die Wertschätzung der bekannten Marke ohne rechtfertigenden Grund in unlauterer Weise ausnutzen oder beeinträchtigen würde.

(2) Anmeldungen von Marken stellen ein Schutzhindernis im Sinne des Absatzes 1 nur dar, wenn sie eingetragen werden.

(3) [1] Waren und Dienstleistungen werden nicht schon deswegen als ähnlich angesehen, weil sie in derselben Klasse gemäß dem in der Genfer Fassung vom 13. Mai 1977 des Abkommens vom 15. Juni 1957 von Nizza über die internationale Klassifikation von Waren und Dienstleistungen für die Eintragung von Marken (BGBl. 1981 II S. 358, 359) festgelegten Klassifikationssystem (Nizza-Klassifikation) erscheinen. [2] Waren und Dienstleistungen werden nicht schon deswegen als unähnlich angesehen, weil sie in verschiedenen Klassen der Nizza-Klassifikation erscheinen.

**§ 10 Notorisch bekannte Marken.** (1) Von der Eintragung ausgeschlossen ist eine Marke, wenn sie mit einer im Inland im Sinne des Artikels 6bis der Pariser Verbandsübereinkunft notorisch bekannten Marke mit älterem Zeitrang identisch oder dieser ähnlich ist und die weiteren Voraussetzungen des § 9 Abs. 1 Nr. 1, 2 oder 3 gegeben sind.

(2) Absatz 1 findet keine Anwendung, wenn der Anmelder von dem Inhaber der notorisch bekannten Marke zur Anmeldung ermächtigt worden ist.

**§ 11[1)] Agentenmarken.** Die Eintragung einer Marke kann gelöscht werden, wenn die Marke ohne die Zustimmung des Inhabers der Marke für dessen Agenten oder Vertreter eingetragen worden ist, es sei denn, es liegt ein Rechtfertigungsgrund für die Handlungsweise des Agenten oder des Vertreters vor.

**§ 12 Durch Benutzung erworbene Marken und geschäftliche Bezeichnungen mit älterem Zeitrang.** Die Eintragung einer Marke kann gelöscht werden, wenn ein anderer vor dem für den Zeitrang der eingetragenen Marke maßgeblichen Tag Rechte an einer Marke im Sinne des § 4 Nr. 2 oder an einer geschäftlichen Bezeichnung im Sinne des § 5 erworben hat und diese ihn berechtigen, die Benutzung der eingetragenen Marke im gesamten Gebiet der Bundesrepublik Deutschland zu untersagen.

---

1) § 11 geänd. mWv 14.1.2019 durch G v. 11.12.2018 (BGBl. I S. 2357).

**§ 13 Sonstige ältere Rechte.** (1) Die Eintragung einer Marke kann gelöscht werden, wenn ein anderer vor dem für den Zeitrang der eingetragenen Marke maßgeblichen Tag ein sonstiges, nicht in den §§ 9 bis 12 aufgeführtes Recht erworben hat und dieses ihn berechtigt, die Benutzung der eingetragenen Marke im gesamten Gebiet der Bundesrepublik Deutschland zu untersagen.

(2) Zu den sonstigen Rechten im Sinne des Absatzes 1 gehören insbesondere:

1. Namensrechte,
2. das Recht an der eigenen Abbildung,
3. Urheberrechte,
4. Sortenbezeichnungen,
5. geographische Herkunftsangaben,
6. sonstige gewerbliche Schutzrechte.

### Abschnitt 3. Schutzinhalt; Rechtsverletzungen

**§ 14[1)] Ausschließliches Recht des Inhabers einer Marke; Unterlassungsanspruch; Schadensersatzanspruch.** (1) Der Erwerb des Markenschutzes nach § 4 gewährt dem Inhaber der Marke ein ausschließliches Recht.

(2) [1] Dritten ist es untersagt, ohne Zustimmung des Inhabers der Marke im geschäftlichen Verkehr in Bezug auf Waren oder Dienstleistungen

1. ein mit der Marke identisches Zeichen für Waren oder Dienstleistungen zu benutzen, die mit denjenigen identisch sind, für die sie Schutz genießt,
2. ein Zeichen zu benutzen, wenn das Zeichen mit einer Marke identisch oder ihr ähnlich ist und für Waren oder Dienstleistungen benutzt wird, die mit denjenigen identisch oder ihnen ähnlich sind, die von der Marke erfasst werden, und für das Publikum die Gefahr einer Verwechslung besteht, die die Gefahr einschließt, dass das Zeichen mit der Marke gedanklich in Verbindung gebracht wird, oder
3. ein mit der Marke identisches Zeichen oder ein ähnliches Zeichen für Waren oder Dienstleistungen zu benutzen, wenn es sich bei der Marke um eine im Inland bekannte Marke handelt und die Benutzung des Zeichens die Unterscheidungskraft oder die Wertschätzung der bekannten Marke ohne rechtfertigenden Grund in unlauterer Weise ausnutzt oder beeinträchtigt.

[2] Waren und Dienstleistungen werden nicht schon deswegen als ähnlich angesehen, weil sie in derselben Klasse gemäß dem in der Nizza-Klassifikation festgelegten Klassifikationssystem erscheinen. [3] Waren und Dienstleistungen werden nicht schon deswegen als unähnlich angesehen, weil sie in verschiedenen Klassen der Nizza-Klassifikation erscheinen.

(3) Sind die Voraussetzungen des Absatzes 2 erfüllt, so ist es insbesondere untersagt,

1. das Zeichen auf Waren oder ihrer Aufmachung oder Verpackung anzubringen,
2. unter dem Zeichen Waren anzubieten, in den Verkehr zu bringen oder zu den genannten Zwecken zu besitzen,

---

1) § 14 Abs. 5 neu gef., Abs. 6 Sätze 2 und 3 angef. mWv 1.9.2008 durch G v. 7.7.2008 (BGBl. I S. 1191); Abs. 2 Satz 1 einl. Satzteil geänd., Nr. 2 und 3 neu gef., Sätze 2 und 3 angef., Abs. 3 Nr. 5 eingef., bish. Nr. 5 wird Nr. 6 und geänd., Nr. 7 angef. mWv 14.1.2019 durch G v. 11.12.2018 (BGBl. I S. 2357).

3. unter dem Zeichen Dienstleistungen anzubieten oder zu erbringen,
4. unter dem Zeichen Waren einzuführen oder auszuführen,
5. das Zeichen als Handelsnamen oder geschäftliche Bezeichnung oder als Teil eines Handelsnamens oder einer geschäftlichen Bezeichnung zu benutzen,
6. das Zeichen in Geschäftspapieren oder in der Werbung zu benutzen,
7. das Zeichen in der vergleichenden Werbung in einer der Richtlinie 2006/114/EG des Europäischen Parlaments und des Rates vom 12. Dezember 2006 über irreführende und vergleichende Werbung (ABl. L 376 vom 27.12.2006, S. 21) zuwiderlaufenden Weise zu benutzen.

(4) Dritten ist es ferner untersagt, ohne Zustimmung des Inhabers der Marke im geschäftlichen Verkehr

1. ein mit der Marke identisches Zeichen oder ein ähnliches Zeichen auf Aufmachungen oder Verpackungen oder auf Kennzeichnungsmitteln wie Etiketten, Anhängern, Aufnähern oder dergleichen anzubringen,
2. Aufmachungen, Verpackungen oder Kennzeichnungsmittel, die mit einem mit der Marke identischen Zeichen oder einem ähnlichen Zeichen versehen sind, anzubieten, in den Verkehr zu bringen oder zu den genannten Zwecken zu besitzen oder
3. Aufmachungen, Verpackungen oder Kennzeichnungsmittel, die mit einem mit der Marke identischen Zeichen oder einem ähnlichen Zeichen versehen sind, einzuführen oder auszuführen,

wenn die Gefahr besteht, daß die Aufmachungen oder Verpackungen zur Aufmachung oder Verpackung oder die Kennzeichnungsmittel zur Kennzeichnung von Waren oder Dienstleistungen benutzt werden, hinsichtlich deren Dritten die Benutzung des Zeichens nach den Absätzen 2 und 3 untersagt wäre.

(5) [1] Wer ein Zeichen entgegen den Absätzen 2 bis 4 benutzt, kann von dem Inhaber der Marke bei Wiederholungsgefahr auf Unterlassung in Anspruch genommen werden. [2] Der Anspruch besteht auch dann, wenn eine Zuwiderhandlung erstmalig droht.

(6) [1] Wer die Verletzungshandlung vorsätzlich oder fahrlässig begeht, ist dem Inhaber der Marke zum Ersatz des durch die Verletzungshandlung entstandenen Schadens verpflichtet. [2] Bei der Bemessung des Schadensersatzes kann auch der Gewinn, den der Verletzer durch die Verletzung des Rechts erzielt hat, berücksichtigt werden. [3] Der Schadensersatzanspruch kann auch auf der Grundlage des Betrages berechnet werden, den der Verletzer als angemessene Vergütung hätte entrichten müssen, wenn er die Erlaubnis zur Nutzung der Marke eingeholt hätte.

(7) Wird die Verletzungshandlung in einem geschäftlichen Betrieb von einem Angestellten oder Beauftragten begangen, so kann der Unterlassungsanspruch und, soweit der Angestellte oder Beauftragte vorsätzlich oder fahrlässig gehandelt hat, der Schadensersatzanspruch auch gegen den Inhaber des Betriebs geltend gemacht werden.

**§ 14a**[1] **Waren unter zollamtlicher Überwachung.** (1) Der Inhaber einer Marke oder einer geschäftlichen Bezeichnung ist berechtigt, Dritten zu untersagen, im geschäftlichen Verkehr Waren in das Gebiet der Bundesrepublik

[1] § 14a eingef. mWv 15.12.2018 durch G v. 11.12.2018 (BGBl. I S. 2357).

Deutschland zu verbringen, ohne die Waren dort in den zollrechtlich freien Verkehr zu überführen, wenn die Waren, einschließlich ihrer Verpackung, aus Drittstaaten stammen und ohne Zustimmung eine Marke oder eine geschäftliche Bezeichnung aufweisen, die mit der für derartige Waren eingetragenen Marke oder geschäftlichen Bezeichnung identisch ist oder in ihren wesentlichen Aspekten nicht von dieser Marke oder dieser geschäftlichen Bezeichnung zu unterscheiden ist.

(2) Die Berechtigung des Inhabers der Marke oder der geschäftlichen Bezeichnung nach Absatz 1 erlischt, wenn während eines Verfahrens, das der Feststellung dient, ob eine eingetragene Marke oder eine geschäftliche Bezeichnung verletzt wurde, und das gemäß der Verordnung (EU) Nr. 608/2013 des Europäischen Parlaments und des Rates vom 12. Juni 2013 zur Durchsetzung der Rechte geistigen Eigentums durch die Zollbehörden und zur Aufhebung der Verordnung (EG) Nr. 1383/2003 des Rates (ABl. L 181 vom 29.6.2013, S. 15) eingeleitet wurde, der zollrechtliche Anmelder oder der Besitzer der Waren nachweist, dass der Inhaber der eingetragenen Marke oder der geschäftlichen Bezeichnung nicht berechtigt ist, das Inverkehrbringen der Waren im endgültigen Bestimmungsland zu untersagen.

**§ 15[1)] Ausschließliches Recht des Inhabers einer geschäftlichen Bezeichnung; Unterlassungsanspruch; Schadensersatzanspruch.** (1) Der Erwerb des Schutzes einer geschäftlichen Bezeichnung gewährt ihrem Inhaber ein ausschließliches Recht.

(2) Dritten ist es untersagt, die geschäftliche Bezeichnung oder ein ähnliches Zeichen im geschäftlichen Verkehr unbefugt in einer Weise zu benutzen, die geeignet ist, Verwechslungen mit der geschützten Bezeichnung hervorzurufen.

(3) Handelt es sich bei der geschäftlichen Bezeichnung um eine im Inland bekannte geschäftliche Bezeichnung, so ist es Dritten ferner untersagt, die geschäftliche Bezeichnung oder ein ähnliches Zeichen im geschäftlichen Verkehr zu benutzen, wenn keine Gefahr von Verwechslungen im Sinne des Absatzes 2 besteht, soweit die Benutzung des Zeichens die Unterscheidungskraft oder die Wertschätzung der geschäftlichen Bezeichnung ohne rechtfertigenden Grund in unlauterer Weise ausnutzt oder beeinträchtigt.

(4) [1] Wer eine geschäftliche Bezeichnung oder ein ähnliches Zeichen entgegen Absatz 2 oder Absatz 3 benutzt, kann von dem Inhaber der geschäftlichen Bezeichnung bei Wiederholungsgefahr auf Unterlassung in Anspruch genommen werden. [2] Der Anspruch besteht auch dann, wenn eine Zuwiderhandlung droht.

(5) [1] Wer die Verletzungshandlung vorsätzlich oder fahrlässig begeht, ist dem Inhaber der geschäftlichen Bezeichnung zum Ersatz des daraus entstandenen Schadens verpflichtet. [2] § 14 Abs. 6 Satz 2 und 3 gilt entsprechend.

(6) § 14 Abs. 7 ist entsprechend anzuwenden.

**§ 16[2)] Wiedergabe einer eingetragenen Marke in Nachschlagewerken.**

(1) Erweckt die Wiedergabe einer eingetragenen Marke in einem Wörterbuch, einem Lexikon oder einem ähnlichen Nachschlagewerk den Eindruck, *daß es sich bei der Marke um eine* Gattungsbezeichnung für die Waren oder

---

[1)] § 15 Abs. 4 neu gef., Abs. 5 Satz 2 angef. mWv 1.9.2008 durch G v. 7.7.2008 (BGBl. I S. 1191).
[2)] § 16 Abs. 3 ber. BGBl. 1995 I S. 156.

Dienstleistungen handelt, für die die Marke eingetragen ist, kann der Inhaber der Marke vom Verleger des Werkes verlangen, daß der Wiedergabe der Marke ein Hinweis beigefügt wird, daß es sich um eine eingetragene Marke handelt.

(2) Ist das Werk bereits erschienen, so beschränkt sich der Anspruch darauf, daß der Hinweis nach Absatz 1 bei einer neuen Auflage des Werkes aufgenommen wird.

(3) Die Absätze 1 und 2 sind entsprechend anzuwenden, wenn das Nachschlagewerk in der Form einer elektronischen Datenbank vertrieben wird oder wenn zu einer elektronischen Datenbank, die ein Nachschlagewerk enthält, Zugang gewährt wird.

**§ 17[1] Ansprüche gegen Agenten oder Vertreter.** (1) Ist eine Marke entgegen § 11 für den Agenten oder Vertreter des Inhabers der Marke ohne dessen Zustimmung angemeldet oder eingetragen worden, so ist der Inhaber der Marke berechtigt, von dem Agenten oder Vertreter die Übertragung des durch die Anmeldung oder Eintragung der Marke begründeten Rechts zu verlangen.

(2) [1] Ist eine Marke entgegen § 11 für einen Agenten oder Vertreter des Inhabers der Marke eingetragen worden, so kann der Inhaber die Benutzung der Marke im Sinne des § 14 durch den Agenten oder Vertreter untersagen, wenn er der Benutzung nicht zugestimmt hat. [2] Handelt der Agent oder Vertreter vorsätzlich oder fahrlässig, so ist er dem Inhaber der Marke zum Ersatz des durch die Verletzungshandlung entstandenen Schadens verpflichtet. [3] § 14 Abs. 7 ist entsprechend anzuwenden.

(3) Die Absätze 1 und 2 finden keine Anwendung, wenn Rechtfertigungsgründe für die Handlungsweise des Agenten oder des Vertreters vorliegen.

**§ 18[2] Vernichtungs- und Rückrufansprüche.** (1) [1] Der Inhaber einer Marke oder einer geschäftlichen Bezeichnung kann den Verletzer in den Fällen der §§ 14, 15 und 17 auf Vernichtung der im Besitz oder Eigentum des Verletzers befindlichen widerrechtlich gekennzeichneten Waren in Anspruch nehmen. [2] Satz 1 ist entsprechend auf die im Eigentum des Verletzers stehenden Materialien und Geräte anzuwenden, die vorwiegend zur widerrechtlichen Kennzeichnung der Waren gedient haben.

(2) Der Inhaber einer Marke oder einer geschäftlichen Bezeichnung kann den Verletzer in den Fällen der §§ 14, 15 und 17 auf Rückruf von widerrechtlich gekennzeichneten Waren oder auf deren endgültiges Entfernen aus den Vertriebswegen in Anspruch nehmen.

(3) [1] Die Ansprüche nach den Absätzen 1 und 2 sind ausgeschlossen, wenn die Inanspruchnahme im Einzelfall unverhältnismäßig ist. [2] Bei der Prüfung der Verhältnismäßigkeit sind auch die berechtigten Interessen Dritter zu berücksichtigen.

**§ 19[3] Auskunftsanspruch.** (1) Der Inhaber einer Marke oder einer geschäftlichen Bezeichnung kann den Verletzer in den Fällen der §§ 14, 15 und 17 auf unverzügliche Auskunft über die Herkunft und den Vertriebsweg von widerrechtlich gekennzeichneten Waren oder Dienstleistungen in Anspruch nehmen.

---

[1] § 17 Abs. 3 angef. mWv 14.1.2019 durch G v. 11.12.2018 (BGBl. I S. 2357).

[2] § 18 neu gef. mWv 1.9.2008 durch G v. 7.7.2008 (BGBl. I S. 1191).

[3] § 19 neu gef. mWv 1.9.2008 durch G v. 7.7.2008 (BGBl. I S. 1191); Abs. 9 Sätze 4 und 6 geänd., Satz 7 neu gef., Satz 8 aufgeh., bish. Satz 9 wird Satz 8 mWv 1.9.2009 durch G v. 17.12.2008 (BGBl. I S. 2586); Abs. 9 Satz 1 geänd. mWv 1.12.2021 durch G v. 23.6.2021 (BGBl. I S. 1858).

(2) [1] In Fällen offensichtlicher Rechtsverletzung oder in Fällen, in denen der Inhaber einer Marke oder einer geschäftlichen Bezeichnung gegen den Verletzer Klage erhoben hat, besteht der Anspruch unbeschadet von Absatz 1 auch gegen eine Person, die in gewerblichem Ausmaß

1. rechtsverletzende Ware in ihrem Besitz hatte,
2. rechtsverletzende Dienstleistungen in Anspruch nahm,
3. für rechtsverletzende Tätigkeiten genutzte Dienstleistungen erbrachte oder
4. nach den Angaben einer in Nummer 1, 2 oder Nummer 3 genannten Person an der Herstellung, Erzeugung oder am Vertrieb solcher Waren oder an der Erbringung solcher Dienstleistungen beteiligt war,

es sei denn, die Person wäre nach den §§ 383 bis 385 der Zivilprozessordnung[1)] im Prozess gegen den Verletzer zur Zeugnisverweigerung berechtigt. [2] Im Fall der gerichtlichen Geltendmachung des Anspruchs nach Satz 1 kann das Gericht den gegen den Verletzer anhängigen Rechtsstreit auf Antrag bis zur Erledigung des wegen des Auskunftsanspruchs geführten Rechtsstreits aussetzen. [3] Der zur Auskunft Verpflichtete kann von dem Verletzten den Ersatz der für die Auskunftserteilung erforderlichen Aufwendungen verlangen.

(3) Der zur Auskunft Verpflichtete hat Angaben zu machen über

1. Namen und Anschrift der Hersteller, Lieferanten und anderer Vorbesitzer der Waren oder Dienstleistungen sowie der gewerblichen Abnehmer und Verkaufsstellen, für die sie bestimmt waren, und
2. die Menge der hergestellten, ausgelieferten, erhaltenen oder bestellten Waren sowie über die Preise, die für die betreffenden Waren oder Dienstleistungen bezahlt wurden.

(4) Die Ansprüche nach den Absätzen 1 und 2 sind ausgeschlossen, wenn die Inanspruchnahme im Einzelfall unverhältnismäßig ist.

(5) Erteilt der zur Auskunft Verpflichtete die Auskunft vorsätzlich oder grob fahrlässig falsch oder unvollständig, ist er dem Inhaber einer Marke oder einer geschäftlichen Bezeichnung zum Ersatz des daraus entstehenden Schadens verpflichtet.

(6) Wer eine wahre Auskunft erteilt hat, ohne dazu nach Absatz 1 oder Absatz 2 verpflichtet gewesen zu sein, haftet Dritten gegenüber nur, wenn er wusste, dass er zur Auskunftserteilung nicht verpflichtet war.

(7) In Fällen offensichtlicher Rechtsverletzung kann die Verpflichtung zur Erteilung der Auskunft im Wege der einstweiligen Verfügung nach den §§ 935 bis 945 der Zivilprozessordnung angeordnet werden.

(8) Die Erkenntnisse dürfen in einem Strafverfahren oder in einem Verfahren nach dem Gesetz über Ordnungswidrigkeiten[2)] wegen einer vor der Erteilung der Auskunft begangenen Tat gegen den Verpflichteten oder gegen einen in § 52 Abs. 1 der Strafprozessordnung[3)] bezeichneten Angehörigen nur mit Zustimmung des Verpflichteten verwertet werden.

(9) [1] Kann die Auskunft nur unter Verwendung von Verkehrsdaten (§ 3 Nummer 70 des Telekommunikationsgesetzes) erteilt werden, ist für ihre Erteilung eine vorherige richterliche Anordnung über die Zulässigkeit der Verwendung der Verkehrsdaten erforderlich, die von dem Verletzten zu beantragen ist. [2] Für den

---

1) Nr. **100**.
2) Nr. **94**.
3) Nr. **90**.

Erlass dieser Anordnung ist das Landgericht, in dessen Bezirk der zur Auskunft Verpflichtete seinen Wohnsitz, seinen Sitz oder eine Niederlassung hat, ohne Rücksicht auf den Streitwert ausschließlich zuständig. [3] Die Entscheidung trifft die Zivilkammer. [4] Für das Verfahren gelten die Vorschriften des Gesetzes über das Verfahren in Familiensachen und in den Angelegenheiten der freiwilligen Gerichtsbarkeit[1)] entsprechend. [5] Die Kosten der richterlichen Anordnung trägt der Verletzte. [6] Gegen die Entscheidung des Landgerichts ist die Beschwerde statthaft. [7] Die Beschwerde ist binnen einer Frist von zwei Wochen einzulegen. [8] Die Vorschriften zum Schutz personenbezogener Daten bleiben im Übrigen unberührt.

(10) Durch Absatz 2 in Verbindung mit Absatz 9 wird das Grundrecht des Fernmeldegeheimnisses (Artikel 10 des Grundgesetzes[2)]) eingeschränkt.

**§ 19a[3)] Vorlage- und Besichtigungsansprüche.** (1) [1] Bei hinreichender Wahrscheinlichkeit einer Rechtsverletzung nach den §§ 14, 15 und 17 kann der Inhaber einer Marke oder einer geschäftlichen Bezeichnung den vermeintlichen Verletzer auf Vorlage einer Urkunde oder Besichtigung einer Sache in Anspruch nehmen, die sich in dessen Verfügungsgewalt befindet, wenn dies zur Begründung seiner Ansprüche erforderlich ist. [2] Besteht die hinreichende Wahrscheinlichkeit einer in gewerblichem Ausmaß begangenen Rechtsverletzung, erstreckt sich der Anspruch auch auf die Vorlage von Bank-, Finanz- oder Handelsunterlagen. [3] Soweit der vermeintliche Verletzer geltend macht, dass es sich um vertrauliche Informationen handelt, trifft das Gericht die erforderlichen Maßnahmen, um den im Einzelfall gebotenen Schutz zu gewährleisten.

(2) Der Anspruch nach Absatz 1 ist ausgeschlossen, wenn die Inanspruchnahme im Einzelfall unverhältnismäßig ist.

(3) [1] Die Verpflichtung zur Vorlage einer Urkunde oder zur Duldung der Besichtigung einer Sache kann im Wege der einstweiligen Verfügung nach den §§ 935 bis 945 der Zivilprozessordnung[4)] angeordnet werden. [2] Das Gericht trifft die erforderlichen Maßnahmen, um den Schutz vertraulicher Informationen zu gewährleisten. [3] Dies gilt insbesondere in den Fällen, in denen die einstweilige Verfügung ohne vorherige Anhörung des Gegners erlassen wird.

(4) § 811 des Bürgerlichen Gesetzbuchs[5)] sowie § 19 Abs. 8 gelten entsprechend.

(5) Wenn keine Verletzung vorlag oder drohte, kann der vermeintliche Verletzer von demjenigen, der die Vorlage oder Besichtigung nach Absatz 1 begehrt hat, den Ersatz des ihm durch das Begehren entstandenen Schadens verlangen.

**§ 19b[6)] Sicherung von Schadensersatzansprüchen.** (1) [1] Der Inhaber einer Marke oder einer geschäftlichen Bezeichnung kann den Verletzer bei einer in gewerblichem Ausmaß begangenen Rechtsverletzung in den Fällen des § 14 Abs. 6, § 15 Abs. 5 sowie § 17 Abs. 2 Satz 2 auch auf Vorlage von Bank-, Finanz- oder Handelsunterlagen oder einen geeigneten Zugang zu den entsprechenden Unterlagen in Anspruch nehmen, die sich in der Verfügungsgewalt des Verletzers befinden und die für die Durchsetzung des Schadensersatzanspruchs erforderlich sind, wenn ohne die Vorlage die Erfüllung des Schadensersatzanspruchs fraglich ist.

---

[1)] Nr. **112**.
[2)] **Habersack, Deutsche Gesetze ErgBd. Nr. 1.**
[3)] § 19a eingef. mWv 1.9.2008 durch G v. 7.7.2008 (BGBl. I S. 1191).
[4)] Nr. **100**.
[5)] Nr. **20**.
[6)] § 19b eingef. mWv 1.9.2008 durch G v. 7.7.2008 (BGBl. I S. 1191).

[2]Soweit der Verletzer geltend macht, dass es sich um vertrauliche Informationen handelt, trifft das Gericht die erforderlichen Maßnahmen, um den im Einzelfall gebotenen Schutz zu gewährleisten.

(2) Der Anspruch nach Absatz 1 ist ausgeschlossen, wenn die Inanspruchnahme im Einzelfall unverhältnismäßig ist.

(3) [1]Die Verpflichtung zur Vorlage der in Absatz 1 bezeichneten Urkunden kann im Wege der einstweiligen Verfügung nach den §§ 935 bis 945 der Zivilprozessordnung[1)] angeordnet werden, wenn der Schadensersatzanspruch offensichtlich besteht. [2]Das Gericht trifft die erforderlichen Maßnahmen, um den Schutz vertraulicher Informationen zu gewährleisten. [3]Dies gilt insbesondere in den Fällen, in denen die einstweilige Verfügung ohne vorherige Anhörung des Gegners erlassen wird.

(4) § 811 des Bürgerlichen Gesetzbuchs[2)] sowie § 19 Abs. 8 gelten entsprechend.

**§ 19c[3)] Urteilsbekanntmachung.** [1]Ist eine Klage auf Grund dieses Gesetzes erhoben worden, kann der obsiegenden Partei im Urteil die Befugnis zugesprochen werden, das Urteil auf Kosten der unterliegenden Partei öffentlich bekannt zu machen, wenn sie ein berechtigtes Interesse darlegt. [2]Art und Umfang der Bekanntmachung werden im Urteil bestimmt. [3]Die Befugnis erlischt, wenn von ihr nicht innerhalb von drei Monaten nach Eintritt der Rechtskraft des Urteils Gebrauch gemacht wird. [4]Der Ausspruch nach Satz 1 ist nicht vorläufig vollstreckbar.

**§ 19d[4)] Ansprüche aus anderen gesetzlichen Vorschriften.** Ansprüche aus anderen gesetzlichen Vorschriften bleiben unberührt.

### Abschnitt 4. Schranken des Schutzes

**§ 20[5)] Verjährung.** [1]Auf die Verjährung der in den §§ 14 bis 19c genannten Ansprüche finden die Vorschriften des Abschnitts 5 des Buches 1 des Bürgerlichen Gesetzbuchs[2)] entsprechende Anwendung. [2]Hat der Verpflichtete durch die Verletzung auf Kosten des Berechtigten etwas erlangt, findet § 852 des Bürgerlichen Gesetzbuchs entsprechende Anwendung.

**§ 21 Verwirkung von Ansprüchen.** (1) Der Inhaber einer Marke oder einer geschäftlichen Bezeichnung hat nicht das Recht, die Benutzung einer eingetragenen Marke mit jüngerem Zeitrang für die Waren oder Dienstleistungen, für die sie eingetragen ist, zu untersagen, soweit er die Benutzung der Marke

*(Fortsetzung nächstes Blatt)*

---

1) Nr. **100**.
2) Nr. **20**.
3) § 19c eingef. mWv 1.9.2008 durch G v. 7.7.2008 (BGBl. I S. 1191).
4) § 19d eingef. mWv 1.9.2008 durch G v. 7.7.2008 (BGBl. I S. 1191).
5) § 20 neu gef. mWv 1.1.2002 durch G v. 26.11.2001 (BGBl. I S. 3138); Satz 1 geänd. mWv 1.9.2008 durch G v. 7.7.2008 (BGBl. I S. 1191).

während eines Zeitraums von fünf aufeinanderfolgenden Jahren in Kenntnis dieser Benutzung geduldet hat, es sei denn, daß die Anmeldung der Marke mit jüngerem Zeitrang bösgläubig vorgenommen worden ist.

(2) Der Inhaber einer Marke oder einer geschäftlichen Bezeichnung hat nicht das Recht, die Benutzung einer Marke im Sinne des § 4 Nr. 2 oder 3, einer geschäftlichen Bezeichnung oder eines sonstigen Rechts im Sinne des § 13 mit jüngerem Zeitrang zu untersagen, soweit er die Benutzung dieses Rechts während eines Zeitraums von fünf aufeinanderfolgenden Jahren in Kenntnis dieser Benutzung geduldet hat, es sei denn, daß der Inhaber dieses Rechts im Zeitpunkt des Rechtserwerbs bösgläubig war.

(3) In den Fällen der Absätze 1 und 2 kann der Inhaber des Rechts mit jüngerem Zeitrang die Benutzung des Rechts mit älterem Zeitrang nicht untersagen.

(4) Die Absätze 1 bis 3 lassen die Anwendung allgemeiner Grundsätze über die Verwirkung von Ansprüchen unberührt.

**§ 22[1)] Ausschluß von Ansprüchen bei Bestandskraft der Eintragung einer Marke mit jüngerem Zeitrang.** (1) Der Inhaber einer Marke oder einer geschäftlichen Bezeichnung hat nicht das Recht, die Benutzung einer eingetragenen Marke mit jüngerem Zeitrang für die Waren oder Dienstleistungen, für die sie eingetragen ist, zu untersagen, wenn ein Antrag auf Erklärung der Nichtigkeit der Marke mit jüngerem Zeitrang zurückgewiesen worden ist oder zurückzuweisen wäre,

1. weil die Marke oder geschäftliche Bezeichnung mit älterem Zeitrang an dem für den Zeitrang der Eintragung der Marke mit jüngerem Zeitrang maßgeblichen Tag noch nicht im Sinne des § 9 Abs. 1 Nr. 3, des § 14 Absatz 2 Satz 1 Nummer 3 oder des § 15 Abs. 3 bekannt war (§ 51 Abs. 3),
2. weil die Eintragung der Marke mit älterem Zeitrang am Tag der Veröffentlichung der Eintragung der Marke mit jüngerem Zeitrang wegen Verfalls oder wegen absoluter Schutzhindernisse hätte für verfallen oder für nichtig erklärt und gelöscht werden können (§ 51 Abs. 4),
3. weil an dem für den Zeitrang der Eintragung der jüngeren Marke maßgeblichen Tag noch keine Verwechslungsgefahr im Sinne des § 9 Absatz 1 Nummer 2, des § 14 Absatz 2 Satz 1 Nummer 2 oder des § 15 Absatz 2 bestand.

(2) In den Fällen des Absatzes 1 kann der Inhaber der eingetragenen Marke mit jüngerem Zeitrang die Benutzung der Marke oder der geschäftlichen Bezeichnung mit älterem Zeitrang nicht untersagen.

**§ 23[1)] Benutzung von Namen und beschreibenden Angaben; Ersatzteilgeschäft.** (1) Der Inhaber einer Marke oder einer geschäftlichen Bezeichnung darf einem Dritten nicht untersagen, im geschäftlichen Verkehr Folgendes zu benutzen:

1. den Namen oder die Anschrift des Dritten, wenn dieser eine natürliche Person ist,
2. ein mit der Marke oder der geschäftlichen Bezeichnung identisches Zeichen oder ähnliches Zeichen, dem jegliche Unterscheidungskraft fehlt, oder ein

[1)] § 22 Abs. 1 einl. Satzteil, Nr. 1 und 2 geänd., Nr. 3 angef., § 23 neu gef. mWv 14.1.2019 durch G v. 11.12.2018 (BGBl. I S. 2357).

identisches Zeichen oder ein ähnliches Zeichen als Angabe über Merkmale oder Eigenschaften von Waren oder Dienstleistungen, wie insbesondere deren Art, Beschaffenheit, Bestimmung, Wert, geografische Herkunft oder die Zeit ihrer Herstellung oder ihrer Erbringung, oder

3. die Marke oder die geschäftliche Bezeichnung zu Zwecken der Identifizierung oder zum Verweis auf Waren oder Dienstleistungen als die des Inhabers der Marke, insbesondere wenn die Benutzung der Marke als Hinweis auf die Bestimmung einer Ware insbesondere als Zubehör oder Ersatzteil oder einer Dienstleistung erforderlich ist.

(2) Absatz 1 findet nur dann Anwendung, wenn die Benutzung durch den Dritten den anständigen Gepflogenheiten in Gewerbe oder Handel entspricht.

**§ 24 Erschöpfung.** (1) Der Inhaber einer Marke oder einer geschäftlichen Bezeichnung hat nicht das Recht, einem Dritten zu untersagen, die Marke oder die geschäftliche Bezeichnung für Waren zu benutzen, die unter dieser Marke oder dieser geschäftlichen Bezeichnung von ihm oder mit seiner Zustimmung im Inland, in einem der übrigen Mitgliedstaaten der Europäischen Union oder in einem anderen Vertragsstaat des Abkommens über den Europäischen Wirtschaftsraum in den Verkehr gebracht worden sind.

(2) Absatz 1 findet keine Anwendung, wenn sich der Inhaber der Marke oder der geschäftlichen Bezeichnung der Benutzung der Marke oder der geschäftlichen Bezeichnung im Zusammenhang mit dem weiteren Vertrieb der Waren aus berechtigten Gründen widersetzt, insbesondere wenn der Zustand der Waren nach ihrem Inverkehrbringen verändert oder verschlechtert ist.

**§ 25[1] Ausschluss von Ansprüchen bei mangelnder Benutzung.** (1) Der Inhaber einer eingetragenen Marke kann gegen Dritte Ansprüche im Sinne der §§ 14 und 18 bis 19c nicht geltend machen, wenn die Marke innerhalb der letzten fünf Jahre vor der Geltendmachung des Anspruchs für die Waren oder Dienstleistungen, auf die er sich zur Begründung seines Anspruchs beruft, nicht gemäß § 26 benutzt worden ist, sofern zu diesem Zeitpunkt seit mindestens fünf Jahren kein Widerspruch mehr gegen die Marke möglich war.

(2) [1] Werden Ansprüche im Sinne der §§ 14 und 18 bis 19c wegen Verletzung einer eingetragenen Marke im Wege der Klage geltend gemacht, so hat der Kläger auf Einrede des Beklagten nachzuweisen, dass die Marke innerhalb der letzten fünf Jahre vor Erhebung der Klage für die Waren oder Dienstleistungen, auf die er sich zur Begründung seines Anspruchs beruft, gemäß § 26 benutzt worden ist oder dass berechtigte Gründe für die Nichtbenutzung vorliegen, sofern zum Zeitpunkt der Klageerhebung seit mindestens fünf Jahren kein Widerspruch mehr gegen die Marke möglich war. [2] Endet der Zeitraum von fünf Jahren der Nichtbenutzung nach Erhebung der Klage, so hat der Kläger auf Einrede des Beklagten nachzuweisen, dass die Marke innerhalb der letzten fünf Jahre vor dem Schluss der mündlichen Verhandlung gemäß § 26 benutzt worden ist oder dass berechtigte Gründe für die Nichtbenutzung vorlagen. [3] Bei der *Entscheidung werden nur* die Waren oder Dienstleistungen berücksichtigt, für die die Benutzung nachgewiesen worden ist.

---

[1] § 25 neu gef. mWv 14.1.2019 durch G v. 11.12.2018 (BGBl. I S. 2357).

**§ 26**[1)] **Benutzung der Marke.** (1) Soweit die Geltendmachung von Ansprüchen aus einer eingetragenen Marke oder die Aufrechterhaltung der Eintragung davon abhängig ist, daß die Marke benutzt worden ist, muß sie von ihrem Inhaber für die Waren oder Dienstleistungen, für die sie eingetragen ist, im Inland ernsthaft benutzt worden sein, es sei denn, daß berechtigte Gründe für die Nichtbenutzung vorliegen.

(2) Die Benutzung der Marke mit Zustimmung des Inhabers gilt als Benutzung durch den Inhaber.

(3) Als Benutzung einer eingetragenen Marke gilt, unabhängig davon, ob die Marke in der benutzten Form auch auf den Namen des Inhabers eingetragen ist, auch die Benutzung der Marke in einer Form, die von der Eintragung abweicht, soweit die Abweichung den kennzeichnenden Charakter der Marke nicht verändert.

(4) Als Benutzung im Inland gilt auch das Anbringen der Marke auf Waren oder deren Aufmachung oder Verpackung im Inland, wenn die Waren ausschließlich für die Ausfuhr bestimmt sind.

(5) Soweit die Benutzung innerhalb von fünf Jahren ab dem Zeitpunkt, ab dem kein Widerspruch mehr gegen die Marke möglich ist, erforderlich ist, tritt in den Fällen, in denen gegen die Eintragung Widerspruch erhoben worden ist, an die Stelle des Ablaufs der Widerspruchsfrist der Zeitpunkt, ab dem die das Widerspruchsverfahren beendende Entscheidung Rechtskraft erlangt hat oder der Widerspruch zurückgenommen wurde.

### Abschnitt 5. Marken als Gegenstand des Vermögens

**§ 27**[2)] **Rechtsübergang.** (1) Das durch die Eintragung, die Benutzung oder die notorische Bekanntheit einer Marke begründete Recht kann für alle oder für einen Teil der Waren oder Dienstleistungen, für die die Marke Schutz genießt, auf andere übertragen werden oder übergehen.

(2) [1]Gehört die Marke zu einem Geschäftsbetrieb oder zu einem Teil eines Geschäftsbetriebs, so wird das durch die Eintragung, die Benutzung oder die notorische Bekanntheit der Marke begründete Recht im Zweifel von der Übertragung oder dem Übergang des Geschäftsbetriebs oder des Teils des Geschäftsbetriebs, zu dem die Marke gehört, erfaßt. [2]Dies gilt entsprechend für die rechtsgeschäftliche Verpflichtung zur Übertragung eines Geschäftsbetriebs oder eines Teils eines Geschäftsbetriebs.

(3) Der Übergang des durch die Eintragung einer Marke begründeten Rechts wird auf Antrag eines Beteiligten in das Register eingetragen, wenn er dem Deutschen Patent- und Markenamt nachgewiesen wird.

(4) Betrifft der Rechtsübergang nur einen Teil der Waren oder Dienstleistungen, für die die Marke eingetragen ist, so sind die Vorschriften über die Teilung der Eintragung mit Ausnahme von § 46 Abs. 2 und 3 Satz 1 entsprechend anzuwenden.

---

[1)] § 26 Abs. 3 und 5 neu gef. mWv 14.1.2019 durch G v. 11.12.2018 (BGBl. I S. 2357).

[2)] § 27 Abs. 4 neu gef. durch G v. 19.7.1996 (BGBl. I S. 1014); Abs. 4 neu gef. mWv 1.1.2002 durch G v. 13.12.2001 (BGBl. I S. 3656); Abs. 4 geänd. mWv 1.7.2016 durch G v. 4.4.2016 (BGBl. I S. 558); Abs. 2 Satz 2 angef., Abs. 3 geänd. mWv 14.1.2019 durch G v. 11.12.2018 (BGBl. I S. 2357).

**§ 28[1)] Vermutung der Rechtsinhaberschaft; Zustellungen an den Inhaber.** (1) Es wird vermutet, daß das durch die Eintragung einer Marke begründete Recht dem im Register als Inhaber Eingetragenen zusteht.

(2) [1] Ist das durch die Eintragung einer Marke begründete Recht auf einen anderen übertragen worden oder übergegangen, so kann der Rechtsnachfolger in einem Verfahren vor dem Deutschen Patent- und Markenamt, einem Beschwerdeverfahren vor dem Bundespatentgericht oder einem Rechtsbeschwerdeverfahren vor dem Bundesgerichtshof den Anspruch auf Schutz dieser Marke und das durch die Eintragung begründete Recht erst von dem Zeitpunkt an geltend machen, in dem dem Deutschen Patent- und Markenamt der Antrag auf Eintragung des Rechtsübergangs zugegangen ist. [2] Satz 1 gilt entsprechend für sonstige Verfahren vor dem Deutschen Patent- und Markenamt, Beschwerdeverfahren vor dem Bundespatentgericht oder Rechtsbeschwerdeverfahren vor dem Bundesgerichtshof, an denen der Inhaber einer Marke beteiligt ist. [3] Übernimmt der Rechtsnachfolger ein Verfahren nach Satz 1 oder 2, so ist die Zustimmung der übrigen Verfahrensbeteiligten nicht erforderlich.

(3) [1] Verfügungen und Beschlüsse des Deutschen Patent- und Markenamts, die der Zustellung an den Inhaber der Marke bedürfen, sind dem als Inhaber Eingetragenen zuzustellen. [2] Ist dem Deutschen Patent- und Markenamt ein Antrag auf Eintragung eines Rechtsübergangs zugegangen, so sind die in Satz 1 genannten Verfügungen und Beschlüsse auch dem Rechtsnachfolger zuzustellen.

**§ 29[2)] Dingliche Rechte; Zwangsvollstreckung; Insolvenzverfahren.**

(1) Das durch die Eintragung, die Benutzung oder die notorische Bekanntheit einer Marke begründete Recht kann

1. verpfändet werden oder Gegenstand eines sonstigen dinglichen Rechts sein oder
2. Gegenstand von Maßnahmen der Zwangsvollstreckung sein.

(2) Betreffen die in Absatz 1 Nr. 1 genannten Rechte oder die in Absatz 1 Nr. 2 genannten Maßnahmen das durch die Eintragung einer Marke begründete Recht, so werden sie auf Antrag eines Beteiligten in das Register eingetragen, wenn sie dem Deutschen Patent- und Markenamt nachgewiesen werden.

(3) [1] Wird das durch die Eintragung einer Marke begründete Recht durch ein Insolvenzverfahren erfaßt, so wird dies auf Antrag des Insolvenzverwalters oder auf Ersuchen des Insolvenzgerichts in das Register eingetragen. [2] Im Falle der Eigenverwaltung (§ 270 der Insolvenzordnung[3)]) tritt der Sachwalter an die Stelle des Insolvenzverwalters.

**§ 30[4)] Lizenzen.** (1) Das durch die Eintragung, die Benutzung oder die notorische Bekanntheit einer Marke begründete Recht kann für alle oder für einen Teil der Waren oder Dienstleistungen, für die die Marke Schutz genießt, Gegenstand von ausschließlichen oder nicht ausschließlichen Lizenzen für das Gebiet der Bundesrepublik Deutschland insgesamt oder einen Teil dieses Gebiets sein.

---

1) § 28 Abs. 2 Satz 3 angef. mWv 1.1.2002 durch G v. 13.12.2001 (BGBl. I S. 3656); Abs. 2 Sätze 1 und 2, Abs. 3 Sätze 1 und 2 geänd. mWv 14.1.2019 durch G v. 11.12.2018 (BGBl. I S. 2357).

2) § 29 Abs. 3 neu gef. durch G v. 19.7.1996 (BGBl. I S. 1014); Überschrift geänd. mWv 15.12.2004 durch G v. 9.12.2004 (BGBl. I S. 3232); Abs. 2 geänd. mWv 14.1.2019 durch G v. 11.12.2018 (BGBl. I S. 2357).

3) Nr. **110**.

4) § 30 Abs. 3 Satz 2 und Abs. 6 angef. mWv 14.1.2019 durch G v. 11.12.2018 (BGBl. I S. 2357).

(2) Der Inhaber einer Marke kann die Rechte aus der Marke gegen einen Linzenznehmer geltend machen, der hinsichtlich

1. der Dauer der Lizenz,
2. der von der Eintragung erfaßten Form, in der die Marke benutzt werden darf,
3. der Art der Waren oder Dienstleistungen, für die die Lizenz erteilt wurde,
4. des Gebiets, in dem die Marke angebracht werden darf, oder
5. der Qualität der von ihm hergestellten Waren oder der von ihm erbrachten Dienstleistungen

gegen eine Bestimmung des Lizenzvertrages verstößt.

(3) [1]Der Lizenznehmer kann Klage wegen Verletzung einer Marke nur mit Zustimmung ihres Inhabers erheben. [2]Abweichend von Satz 1 kann der Inhaber einer ausschließlichen Lizenz Klage wegen Verletzung einer Marke erheben, wenn der Inhaber der Marke nach förmlicher Aufforderung nicht selbst innerhalb einer angemessenen Frist Klage wegen Verletzung einer Marke erhoben hat.

(4) Jeder Lizenznehmer kann einer vom Inhaber der Marke erhobenen Verletzungsklage beitreten, um den Ersatz seines Schadens geltend zu machen.

(5) Ein Rechtsübergang nach § 27 oder die Erteilung einer Lizenz nach Absatz 1 berührt nicht die Lizenzen, die Dritten vorher erteilt worden sind.

(6) [1]Das Deutsche Patent- und Markenamt trägt auf Antrag des Inhabers der Marke oder des Lizenznehmers die Erteilung einer Lizenz in das Register ein, wenn ihm die Zustimmung des anderen Teils nachgewiesen wird. [2]Für die Änderung einer eingetragenen Lizenz gilt Entsprechendes. [3]Die Eintragung wird auf Antrag des Inhabers der Marke oder des Lizenznehmers gelöscht. [4]Der Löschungsantrag des Inhabers der Marke bedarf des Nachweises der Zustimmung des bei der Eintragung benannten Lizenznehmers oder seines Rechtsnachfolgers.

**§ 31 Angemeldete Marken.** Die §§ 27 bis 30 gelten entsprechend für durch Anmeldung von Marken begründete Rechte.

## Teil 3. Verfahren in Markenangelegenheiten

### Abschnitt 1. Eintragungsverfahren

**§ 32[1)] Erfordernisse der Anmeldung.** (1) [1]Die Anmeldung zur Eintragung einer Marke in das Register ist beim Deutschen Patent- und Markenamt einzureichen. [2]Die Anmeldung kann auch über ein Patentinformationszentrum eingereicht werden, wenn diese Stelle durch Bekanntmachung des Bundesministeriums der Justiz und für Verbraucherschutz im Bundesgesetzblatt dazu bestimmt ist, Markenanmeldungen entgegenzunehmen.

(2) Die Anmeldung muß enthalten:

1. einen Antrag auf Eintragung,
2. Angaben, die es erlauben, die Identität des Anmelders festzustellen,
3. eine Darstellung der Marke, die nicht dem Schutzhindernis nach § 8 Absatz 1 unterfällt, und

---

[1)] § 32 Abs. 4 aufgeh. mWv 1.1.2002 durch G v. 13.12.2001 (BGBl. I S. 3656); Abs. 1 Satz 2 angef. mWv 1.6.2004 durch G v. 12.3.2004 (BGBl. I S. 390); Abs. 1 Satz 2 geänd. mWv 8.9.2015 durch VO v. 31.8.2015 (BGBl. I S. 1474); Abs. 1 Satz 1 geänd., Abs. 2 Nr. 1 eingef., bish. Nr. 1–3 werden Nr. 2–4, neue Nr. 3 neu gef. mWv 14.1.2019 durch G v. 11.12.2018 (BGBl. I S. 2357).

4. ein Verzeichnis der Waren oder Dienstleistungen, für die die Eintragung beantragt wird.

(3) Die Anmeldung muß den weiteren Anmeldungserfordernissen entsprechen, die in einer Rechtsverordnung nach § 65 Abs. 1 Nr. 2 bestimmt worden sind.

**§ 33[1)] Anmeldetag; Anspruch auf Eintragung; Veröffentlichung der Anmeldung.** (1) [1] Der Anmeldetag einer Marke ist der Tag, an dem der Anmelder die Anmeldung mit den Angaben nach § 32 Absatz 2 beim Deutschen Patent- und Markenamt eingereicht hat. [2] Der Eingang der Anmeldeunterlagen bei einem Patentinformationszentrum, das durch Bekanntmachung des Bundesministeriums der Justiz und für Verbraucherschutz im Bundesgesetzblatt zur Entgegennahme von Markenanmeldungen bestimmt ist, gilt als Eingang beim Deutschen Patent- und Markenamt.

(2) [1] Die Anmeldung einer Marke, deren Anmeldetag feststeht, begründet einen Anspruch auf Eintragung. [2] Dem Eintragungsantrag ist stattzugeben, es sei denn, daß die Anmeldungserfordernisse nicht erfüllt sind oder daß absolute Schutzhindernisse der Eintragung entgegenstehen.

(3) [1] Die Anmeldung einer Marke, die sämtliche Angaben nach § 32 Absatz 2 enthält, wird einschließlich solcher Angaben veröffentlicht, die es erlauben, die Identität des Anmelders festzustellen. [2] Das Deutsche Patent- und Markenamt kann von einer Veröffentlichung absehen, soweit die Anmeldung eine Marke betrifft, die offensichtlich gegen die öffentliche Ordnung oder die guten Sitten verstößt.

**§ 34[2)] Ausländische Priorität.** (1) Die Inanspruchnahme der Priorität einer früheren ausländischen Anmeldung richtet sich nach den Vorschriften der Staatsverträge mit der Maßgabe, daß die Priorität nach der Pariser Verbandsübereinkunft auch für Dienstleistungen in Anspruch genommen werden kann.

(2) Ist die frühere ausländische Anmeldung in einem Staat eingereicht worden, mit dem kein Staatsvertrag über die Anerkennung der Priorität besteht, so kann der Anmelder ein dem Prioritätsrecht nach der Pariser Verbandsübereinkunft entsprechendes Prioritätsrecht in Anspruch nehmen, soweit nach einer Bekanntmachung des Bundesministeriums der Justiz und für Verbraucherschutz im Bundesgesetzblatt der andere Staat aufgrund einer ersten Anmeldung beim Deutschen Patent- und Markenamt ein Prioritätsrecht gewährt, das nach Voraussetzungen und Inhalt dem Prioritätsrecht nach der Pariser Verbandsübereinkunft vergleichbar ist.

(3) [1] Wer eine Priorität nach Absatz 1 oder 2 in Anspruch nimmt, hat innerhalb von zwei Monaten nach dem Anmeldetag Zeit und Staat der früheren Anmeldung anzugeben. [2] Hat der Anmelder diese Angaben gemacht, fordert ihn das Deutsche Patent- und Markenamt auf, innerhalb von zwei Monaten nach der Zustellung der Aufforderung das Aktenzeichen der früheren Anmeldung anzugeben und eine Abschrift der früheren Anmeldung einzureichen. [3] Innerhalb dieser Fristen können die Angaben geändert werden. [4] Werden die Angaben nicht rechtzeitig gemacht, so wird der Prioritätsanspruch für diese Anmeldung verwirkt.

---

[1)] § 33 Überschrift geänd., Abs. 3 angef. durch G v. 22.6.1998 (BGBl. I S. 1474); Abs. 1 neu gef. mWv 1.6.2004 durch G v. 12.3.2004 (BGBl. I S. 390); Abs. 1 Nr. 2 geänd. mWv 8.9.2015 durch VO v. 31.8.2015 (BGBl. I S. 1474); Abs. 2 Satz 2 geänd., Abs. 3 neu gef. mWv 1.7.2016 durch G v. 4.4.2016 (BGBl. I S. 558); Abs. 1 neu gef. mWv 14.1.2019 durch G v. 11.12.2018 (BGBl. I S. 2357); Abs. 3 Satz 2 angef. mWv 18.8.2021 durch G v. 10.8.2021 (BGBl. I S. 3490).

[2)] § 34 Abs. 2 geänd. mWv 8.9.2015 durch VO v. 31.8.2015 (BGBl. I S. 1474); Abs. 2 und 3 Satz 2 geänd. mWv 14.1.2019 durch G v. 11.12.2018 (BGBl. I S. 2357).

**§ 35[1)] Ausstellungspriorität.** (1) Hat der Anmelder der Marke Waren oder Dienstleistungen unter der angemeldeten Marke

1. auf einer amtlichen oder amtlich anerkannten internationalen Ausstellung im Sinne des am 22. November 1928 in Paris unterzeichneten Abkommens über internationale Ausstellungen oder
2. auf einer sonstigen inländischen oder ausländischen Ausstellung

zur Schau gestellt, kann er, wenn er die Anmeldung innerhalb einer Frist von sechs Monaten seit der erstmaligen Zurschaustellung der Waren oder Dienstleistungen unter der angemeldeten Marke einreicht, von diesem Tag an ein Prioritätsrecht im Sinne des § 34 in Anspruch nehmen.

(2) Die in Absatz 1 Nr. 1 bezeichneten Ausstellungen werden vom Bundesministerium der Justiz und für Verbraucherschutz im Bundesanzeiger bekanntgemacht.

(3) Die Ausstellungen nach Absatz 1 Nummer 2 werden im Einzelfall vom Bundesministerium der Justiz und für Verbraucherschutz bestimmt und im Bundesanzeiger bekanntgemacht.

(4) [1] Wer eine Priorität nach Absatz 1 in Anspruch nimmt, hat innerhalb von zwei Monaten nach dem Anmeldetag den Tag der erstmaligen Zurschaustellung sowie die Ausstellung anzugeben. [2] Hat der Anmelder diese Angaben gemacht, fordert ihn das Deutsche Patent- und Markenamt auf, innerhalb von zwei Monaten nach der Zustellung der Aufforderung die Nachweise für die Zurschaustellung der Waren oder Dienstleistungen unter der angemeldeten Marke einzureichen. [3] Werden die Nachweise nicht rechtzeitig eingereicht, so wird der Prioritätsanspruch für diese Anmeldung verwirkt.

(5) Die Ausstellungspriorität nach Absatz 1 verlängert nicht die Prioritätsfrist nach § 34.

**§ 36[2)] Prüfung der Anmeldungserfordernisse.** (1) Das Deutsche Patent- und Markenamt prüft, ob

1. die Anmeldung der Marke den Erfordernissen für die Zuerkennung eines Anmeldetages nach § 33 Abs. 1 genügt,
2. die Anmeldung den sonstigen Anmeldungserfordernissen entspricht,
3. die Gebühren in ausreichender Höhe gezahlt worden sind und
4. der Anmelder nach § 7 Inhaber einer Marke sein kann.

(2) [1] Werden nach Absatz 1 Nummer 1 festgestellte Mängel der Anmeldung nicht innerhalb einer vom Deutschen Patent- und Markenamt bestimmten Frist beseitigt, so gilt die Anmeldung als zurückgenommen. [2] Werden die festgestellten Mängel fristgerecht beseitigt, so wird als Anmeldetag der Tag zuerkannt, an dem die Mängel beseitigt worden sind.

(3) [1] Werden innerhalb einer vom Deutschen Patent- und Markenamt bestimmten Frist Klassengebühren nicht oder in nicht ausreichender Höhe nachgezahlt oder wird vom Anmelder keine Bestimmung darüber getroffen, welche Waren- oder Dienstleistungsklassen durch den gezahlten Gebührenbetrag gedeckt werden

---

[1)] § 35 Abs. 2 geänd., Abs. 3 neu gef. mWv 1.1.2014 durch G v. 10.10.2013 (BGBl. I S. 3799); Abs. 2 und 3 geänd. mWv 8.9.2015 durch VO v. 31.8.2015 (BGBl. I S. 1474); Abs. 4 Satz 2 geänd. mWv 14.1.2019 durch G v. 11.12.2018 (BGBl. I S. 2357).

[2)] § 36 Abs. 1 Nr. 3 und Abs. 3 neu gef., Abs. 2 Satz 1 geänd. mWv 1.1.2002 durch G v. 13.12.2001 (BGBl. I S. 3656); Abs. 1 einl. Satzteil, Abs. 3 Satz 1 und Abs. 5 geänd., Abs. 2 und 4 neu gef. mWv 14.1.2019 durch G v. 11.12.2018 (BGBl. I S. 2357).

sollen, so werden zunächst die Leitklasse und sodann die übrigen Klassen in der Reihenfolge der Klasseneinteilung berücksichtigt. [2]Im Übrigen gilt die Anmeldung als zurückgenommen.

(4) Werden sonstige Mängel innerhalb einer vom Deutschen Patent- und Markenamt bestimmten Frist nicht beseitigt, so weist das Deutsche Patent- und Markenamt die Anmeldung zurück.

(5) Kann der Anmelder nicht nach § 7 Inhaber einer Marke sein, so weist das Deutsche Patent- und Markenamt die Anmeldung zurück.

**§ 37[1)] Prüfung auf absolute Schutzhindernisse; Bemerkungen Dritter.**

(1) Ist die Marke nach § 3, 8 oder 10 von der Eintragung ausgeschlossen, so wird die Anmeldung zurückgewiesen.

(2) Ergibt die Prüfung, daß die Marke zwar am Anmeldetag (§ 33 Abs. 1) nicht den Voraussetzungen des § 8 Abs. 2 Nr. 1, 2 oder 3 entsprach, daß das Schutzhindernis aber nach dem Anmeldetag weggefallen ist, so kann die Anmeldung nicht zurückgewiesen werden, wenn der Anmelder sich damit einverstanden erklärt, daß ungeachtet des ursprünglichen Anmeldetages und einer etwa nach § 34 oder § 35 in Anspruch genommenen Priorität der Tag, an dem das Schutzhindernis weggefallen ist, als Anmeldetag gilt und für die Bestimmung des Zeitrangs im Sinne des § 6 Abs. 2 maßgeblich ist.

(3) Eine Anmeldung wird nach § 8 Abs. 2 Nr. 4 oder Nummer 14 nur zurückgewiesen, wenn die Eignung zur Täuschung oder die Bösgläubigkeit ersichtlich ist.

(4) Eine Anmeldung wird nach § 10 nur zurückgewiesen, wenn die Notorietät der älteren Marke amtsbekannt ist und wenn die weiteren Voraussetzungen des § 9 Abs. 1 Nr. 1 oder 2 gegeben sind.

(5) Die Absätze 1 bis 4 sind entsprechend anzuwenden, wenn die Marke nur für einen Teil der Waren oder Dienstleistungen, für die sie angemeldet worden ist, von der Eintragung ausgeschlossen ist.

(6) [1]Natürliche oder juristische Personen sowie die Verbände der Hersteller, Erzeuger, Dienstleistungsunternehmer, Händler und Verbraucher können vor der Eintragung der Marke beim Deutschen Patent- und Markenamt schriftliche Bemerkungen einreichen, in denen sie erläutern, aus welchen Gründen die Marke von Amts wegen nicht eingetragen werden sollte. [2]Die Personen und Verbände können beim Deutschen Patent- und Markenamt auch schriftliche Bemerkungen einreichen, in denen sie erläutern, aus welchen Gründen die Anmeldung einer Kollektiv- oder Gewährleistungsmarke zurückzuweisen ist. [3]Die Personen und Verbände sind an dem Verfahren beim Deutschen Patent- und Markenamt nicht beteiligt.

**§ 38[2)] Beschleunigte Prüfung.** Auf Antrag des Anmelders wird die Prüfung nach den §§ 36 und 37 beschleunigt durchgeführt.

**§ 39 Zurücknahme, Einschränkung und Berichtigung der Anmeldung.**

(1) Der Anmelder kann die Anmeldung jederzeit zurücknehmen oder das in der Anmeldung enthaltene Verzeichnis der Waren und Dienstleistungen einschränken.

---

[1)] § 37 Abs. 3 neu gef. mWv 1.6.2004 durch G v. 12.3.2004 (BGBl. I S. 390); Überschrift neu gef., Abs. 3 geänd., Abs. 6 angef. mWv 14.1.2019 durch G v. 11.12.2018 (BGBl. I S. 2357).

[2)] § 38 Abs. 2 aufgeh. mWv 1.1.2002 durch G v. 13.12.2001 (BGBl. I S. 3656).

(2) Der Inhalt der Anmeldung kann auf Antrag des Anmelders zur Berichtigung von sprachlichen Fehlern, Schreibfehlern oder sonstigen offensichtlichen Unrichtigkeiten geändert werden.

**§ 40[1)] Teilung der Anmeldung.** (1) [1]Der Anmelder kann die Anmeldung teilen, indem er erklärt, daß die Anmeldung der Marke für die in der Teilungserklärung aufgeführten Waren und Dienstleistungen als abgetrennte Anmeldung weiterbehandelt werden soll. [2]Für jede Teilanmeldung bleibt der Zeitrang der ursprünglichen Anmeldung erhalten.

(2) [1]Wird die Gebühr nach dem Patentkostengesetz[2)] für das Teilungsverfahren nicht innerhalb von drei Monaten nach dem Zugang der Teilungserklärung gezahlt, so gilt die abgetrennte Anmeldung als zurückgenommen. [2]Die Teilungserklärung kann nicht widerrufen werden.

**§ 41[3)] Eintragung, Veröffentlichung und Markeninformation.** (1) Entspricht die Anmeldung den Anmeldungserfordernissen und wird sie nicht gemäß § 37 zurückgewiesen, so wird die angemeldete Marke in das Register eingetragen.

(2) [1]Die Eintragung wird veröffentlicht. [2]Die Veröffentlichung kann in elektronischer Form erfolgen.

(3) [1]Zur weiteren Verarbeitung oder Nutzung zu Zwecken der Markeninformation kann das Deutsche Patent- und Markenamt die in das Register eingetragenen Angaben an Dritte in elektronischer Form übermitteln. [2]Die Übermittlung erfolgt nicht, soweit die Einsicht nach § 62 Absatz 4 ausgeschlossen ist.

**§ 42[4)] Widerspruch.** (1) [1]Innerhalb einer Frist von drei Monaten nach dem Tag der Veröffentlichung der Eintragung der Marke gemäß § 41 Absatz 2 kann von dem Inhaber einer Marke oder einer geschäftlichen Bezeichnung mit älterem Zeitrang gegen die Eintragung der Marke Widerspruch erhoben werden. [2]Innerhalb dieser Frist kann auch von Personen, die berechtigt sind, Rechte aus einer geschützten Ursprungsbezeichnung oder einer geschützten geografischen Angabe mit älterem Zeitrang geltend zu machen, gegen die Eintragung der Marke Widerspruch erhoben werden.

(2) Der Widerspruch kann nur darauf gestützt werden, daß die Marke

1. wegen einer angemeldeten oder eingetragenen Marke mit älterem Zeitrang nach § 9,
2. wegen einer notorisch bekannten Marke mit älterem Zeitrang nach § 10 in Verbindung mit § 9,
3. wegen ihrer Eintragung für einen Agenten oder Vertreter des Markeninhabers nach § 11,

---

[1)] § 40 Abs. 2 Satz 2 aufgeh., bish. Sätze 3 und 4 werden Sätze 2 und 3, neuer Satz 2 geänd. mWv 1.1. 2002 durch G v. 13.12.2001 (BGBl. I S. 3656); Abs. 2 Satz 1 neu gef., Satz 2 aufgeh., bish. Satz 3 wird Satz 2 mWv 1.7.2016 durch G v. 4.4.2016 (BGBl. I S. 558).

[2)] **Habersack, Deutsche Gesetze ErgBd. Nr. 70b.**

[3)] § 41 Überschrift neu gef., Satz 2 aufgeh., bish. Satz 1 wird Abs. 1, Abs. 2 und 3 angef. mWv 1.7.2016 durch G v. 4.4.2016 (BGBl. I S. 558).

[4)] § 42 Abs. 3 aufgeh. mWv 1.1.2002 durch G v. 13.12.2001 (BGBl. I S. 3656); Abs. 1 und Abs. 2 Nr. 1–3 geänd., Nr. 4 angef. mWv 1.10.2009 durch G v. 31.7.2009 (BGBl. I S. 2521); Abs. 1 geänd. mWv 1.7.2016 durch G v. 4.4.2016 (BGBl. I S. 558); Abs. 1 Satz 2 angef., Abs. 2 Nr. 3 und 4 geänd., Nr. 5 und Abs. 3, 4 angef. mWv 14.1.2019 durch G v. 11.12.2018 (BGBl. I S. 2357).

4. wegen einer nicht eingetragenen Marke mit älterem Zeitrang nach § 4 Nr. 2 oder einer geschäftlichen Bezeichnung mit älterem Zeitrang nach § 5 in Verbindung mit § 12 oder
5. wegen einer Ursprungsbezeichnung oder geografischen Angabe mit älterem Zeitrang in Verbindung mit § 13

gelöscht werden kann.

(3) Ein Widerspruch kann auf der Grundlage eines älteren Rechts oder mehrerer älterer Rechte erhoben werden, wenn diese Rechte demselben Inhaber gehören.

(4) Den am Widerspruchsverfahren beteiligten Parteien wird auf beiderseitigen Antrag eine Frist von mindestens zwei Monaten eingeräumt, um eine gütliche Einigung zu ermöglichen.

**§ 43[1)] Einrede mangelnder Benutzung; Entscheidung über den Widerspruch.** (1) [1] Ist der Widerspruch vom Inhaber einer eingetragenen Marke mit älterem Zeitrang erhoben worden, so hat er, wenn der Gegner die Einrede der Nichtbenutzung erhebt, nachzuweisen, dass die Marke innerhalb der letzten fünf Jahre vor dem Anmelde- oder Prioritätstag der Marke, gegen die der Widerspruch sich richtet, gemäß § 26 benutzt worden ist, sofern zu diesem Zeitpunkt seit mindestens fünf Jahren kein Widerspruch mehr gegen sie möglich war. [2] Der Nachweis kann auch durch eine eidesstattliche Versicherung erbracht werden. [3] Bei der Entscheidung werden nur Waren und Dienstleistungen berücksichtigt, für die die Benutzung nachgewiesen worden ist.

(2) [1] Ergibt die Prüfung des Widerspruchs, daß die Marke für alle oder für einen Teil der Waren oder Dienstleistungen, für die sie eingetragen ist, zu löschen ist, so wird die Eintragung ganz oder teilweise gelöscht. [2] Kann die Eintragung der Marke nicht gelöscht werden, so wird der Widerspruch zurückgewiesen.

(3) Ist die eingetragene Marke wegen einer oder mehrerer Marken mit älterem Zeitrang zu löschen, so kann das Verfahren über weitere Widersprüche bis zur rechtskräftigen Entscheidung über die Eintragung der Marke ausgesetzt werden.

(4) Im Falle der Löschung nach Absatz 2 ist § 52 Abs. 2 und 3 entsprechend anzuwenden.

**§ 44 Eintragungsbewilligungsklage.** (1) Der Inhaber der Marke kann im Wege der Klage gegen den Widersprechenden geltend machen, daß ihm trotz der Löschung der Eintragung nach § 43 ein Anspruch auf die Eintragung zusteht.

(2) Die Klage nach Absatz 1 ist innerhalb von sechs Monaten nach Unanfechtbarkeit der Entscheidung, mit der die Eintragung gelöscht worden ist, zu erheben.

(3) Die Eintragung aufgrund einer Entscheidung zugunsten des Inhabers der Marke wird unter Wahrung des Zeitrangs der Eintragung vorgenommen.

### Abschnitt 2. Berichtigung; Teilung; Schutzdauer und Verlängerung

**§ 45 Berichtigung des Registers und von Veröffentlichungen.** (1) [1] Eintragungen im Register können auf Antrag oder von Amts wegen zur Berichtigung von sprachlichen Fehlern, Schreibfehlern oder sonstigen offensichtlichen Unrichtigkeiten geändert werden. [2] War die von der Berichtigung betroffene Eintragung veröffentlicht worden, so ist die berichtigte Eintragung zu veröffentlichen.

---

[1)] § 43 Abs. 1 neu gef. mWv 14.1.2019 durch G v. 11.12.2018 (BGBl. I S. 2357).

(2) Absatz 1 ist entsprechend auf die Berichtigung von Veröffentlichungen anzuwenden.

**§ 46[1)] Teilung der Eintragung.** (1) [1]Der Inhaber einer eingetragenen Marke kann die Eintragung teilen, indem er erklärt, daß die Eintragung der Marke für die in der Teilungserklärung aufgeführten Waren oder Dienstleistungen als abgetrennte Eintragung fortbestehen soll. [2]Für jede Teileintragung bleibt der Zeitrang der ursprünglichen Eintragung erhalten.

(2) [1]Die Teilung kann erst nach Ablauf der Frist zur Erhebung des Widerspruchs erklärt werden. [2]Die Erklärung ist nur zulässig, wenn ein im Zeitpunkt ihrer Abgabe anhängiger Widerspruch gegen die Eintragung der Marke oder eine in diesem Zeitpunkt anhängige Klage auf Erklärung des Verfalls oder der Nichtigkeit oder ein in diesem Zeitpunkt gestellter Antrag auf Erklärung des Verfalls oder der Nichtigkeit der Marke sich nach der Teilung nur gegen einen der Teile der ursprünglichen Eintragung richten würde.

(3) [1]Wird die Gebühr nach dem Patentkostengesetz[2)] für das Teilungsverfahren nicht innerhalb von drei Monaten nach dem Zugang der Teilungserklärung gezahlt, so gilt dies als Verzicht auf die abgetrennte Eintragung. [2]Die Teilungserklärung kann nicht widerrufen werden.

**§ 47[3)] Schutzdauer und Verlängerung.** (1) Die Schutzdauer einer eingetragenen Marke beträgt zehn Jahre, gerechnet vom Tag der Anmeldung an (§ 33 Absatz 1).

(2) Die Eintragung der Marke wird auf Antrag des Markeninhabers oder einer durch Gesetz oder Vertrag hierzu ermächtigten Person um jeweils zehn Jahre verlängert, sofern die Verlängerungsgebühr entrichtet worden ist.

(3) [1]Die Verlängerung der Schutzdauer kann auch dadurch bewirkt werden, dass die Verlängerungsgebühr und eine Klassengebühr für jede zu verlängernde Klasse ab der vierten Klasse der Klasseneinteilung der Waren und Dienstleistungen gezahlt wird. [2]Der Erhalt der Zahlung gilt als Antrag des Markeninhabers oder einer ermächtigten Person nach Absatz 2.

(4) [1]Beziehen sich die Gebühren nur auf einen Teil der Waren oder Dienstleistungen, für die die Marke eingetragen ist, so wird die Schutzdauer nur für diese Waren oder Dienstleistungen verlängert. [2]Werden lediglich die erforderlichen Klassengebühren nicht gezahlt, so wird die Schutzdauer, soweit nicht Satz 1 Anwendung findet, nur für die Klassen verlängert, für die die gezahlten Gebühren ausreichen. [3]Besteht eine Leitklasse, so wird sie vorrangig berücksichtigt. [4]Im Übrigen werden die Klassen in der Reihenfolge der Klasseneinteilung berücksichtigt.

(5) [1]Das Deutsche Patent- und Markenamt unterrichtet den Markeninhaber mindestens sechs Monate im Voraus über den Ablauf der Schutzdauer. [2]Das Deutsche Patent- und Markenamt haftet nicht für eine unterbliebene Unterrichtung.

---

[1)] § 46 Abs. 3 Satz 2 aufgeh., bish. Sätze 3 und 4 werden Sätze 2 und 3, neuer Satz 2 geänd. mWv 1.1. 2002 durch G v. 13.12.2001 (BGBl. I S. 3656); Abs. 3 Satz 1 neu gef., Satz 2 aufgeh., bish. Satz 3 wird Satz 2 mWv 1.7.2016 durch G v. 4.4.2016 (BGBl. I S. 558); Abs. 2 Satz 2 geänd. mWv 14.1.2019 durch G v. 11.12.2018 (BGBl. I S. 2357).

[2)] **Habersack, Deutsche Gesetze ErgBd. Nr. 70b.**

[3)] § 47 neu gef. mWv 14.1.2019 durch G v. 11.12.2018 (BGBl. I S. 2357); Abs. 1 neu gef. mWv 18.8. 2021 durch G v. 10.8.2021 (BGBl. I S. 3490).

(6) [1]Der Antrag auf Verlängerung soll innerhalb eines Zeitraums von sechs Monaten vor Ablauf der Schutzdauer eingereicht werden. [2]Der Antrag kann noch innerhalb einer Nachfrist von sechs Monaten nach Ablauf der Schutzdauer eingereicht werden.

(7) [1]Die Verlängerung der Schutzdauer wird am Tag nach dem Ablauf der vorausgehenden Schutzdauer wirksam. [2]Sie wird in das Register eingetragen und veröffentlicht.

(8) Wird die Schutzdauer nicht verlängert, so wird die Eintragung der Marke mit Wirkung zum Ablauf der Schutzdauer gelöscht.

### Abschnitt 3.[1)] Verzicht; Verfalls- und Nichtigkeitsverfahren

**§ 48 Verzicht.** (1) Auf Antrag des Inhabers der Marke wird die Eintragung jederzeit für alle oder für einen Teil der Waren oder Dienstleistungen, für die sie eingetragen ist, im Register gelöscht.

(2) Ist im Register eine Person als Inhaber eines Rechts an der Marke eingetragen, so wird die Eintragung nur mit Zustimmung dieser Person gelöscht.

**§ 49[2)] Verfall.** (1) [1]Die Eintragung einer Marke wird auf Antrag für verfallen erklärt und gelöscht, wenn die Marke nach dem Tag, ab dem kein Widerspruch mehr gegen sie möglich ist, innerhalb eines ununterbrochenen Zeitraums von fünf Jahren nicht gemäß § 26 benutzt worden ist. [2]Der Verfall einer Marke kann jedoch nicht geltend gemacht werden, wenn nach Ende dieses Zeitraums und vor Stellung des Antrags auf Erklärung des Verfalls eine Benutzung der Marke gemäß § 26 begonnen oder wieder aufgenommen worden ist. [3]Wird die Benutzung jedoch im Anschluß an einen ununterbrochenen Zeitraum von fünf Jahren der Nichtbenutzung innerhalb von drei Monaten vor der Stellung des Antrags auf Erklärung des Verfalls begonnen oder wieder aufgenommen, so bleibt sie unberücksichtigt, sofern die Vorbereitungen für die erstmalige oder die erneute Benutzung erst stattgefunden haben, nachdem der Inhaber der Marke Kenntnis davon erhalten hat, daß der Antrag auf Erklärung des Verfalls gestellt werden könnte. [4]Wird der Antrag auf Erklärung des Verfalls nach § 53 Abs. 1 beim Deutschen Patent- und Markenamt gestellt, so bleibt für die Berechnung der Frist von drei Monaten nach Satz 3 der Antrag beim Deutschen Patent- und Markenamt maßgeblich, wenn die Klage auf Erklärung des Verfalls nach § 55 Abs. 1 innerhalb von drei Monaten nach Zustellung der Mitteilung nach § 53 Abs. 4 erhoben wird.

(2) Die Eintragung einer Marke wird ferner auf Antrag für verfallen erklärt und gelöscht,

1. wenn die Marke infolge des Verhaltens oder der Untätigkeit ihres Inhabers im geschäftlichen Verkehr zur gebräuchlichen Bezeichnung der Waren oder Dienstleistungen, für die sie eingetragen ist, geworden ist;
2. wenn die Marke infolge ihrer Benutzung durch den Inhaber oder mit seiner Zustimmung für die Waren oder Dienstleistungen, für die sie eingetragen ist, geeignet ist, das Publikum insbesondere über die Art, die Beschaffenheit oder die geographische Herkunft dieser Waren oder Dienstleistungen zu täuschen oder

---

1) Abschnitt 3 Überschrift neu gef. mWv 14.1.2019 durch G v. 11.12.2018 (BGBl. I S. 2357).

2) § 49 Abs. 1 Satz 1 neu gef., Sätze 2–4, Abs. 2 einl. Satzteil und Abs. 3 geänd. mWv 14.1.2019 durch G v. 11.12.2018 (BGBl. I S. 2357).

3. wenn der Inhaber der Marke nicht mehr die in § 7 genannten Voraussetzungen erfüllt.

(3) Liegt ein Verfallsgrund nur für einen Teil der Waren oder Dienstleistungen vor, für die die Marke eingetragen ist, so wird die Eintragung nur für diese Waren oder Dienstleistungen für verfallen erklärt und gelöscht.

**§ 50[1)] Nichtigkeit wegen absoluter Schutzhindernisse.** (1) Die Eintragung einer Marke wird auf Antrag für nichtig erklärt und gelöscht, wenn sie entgegen §§ 3, 7 oder 8 eingetragen worden ist.

(2) [1] Ist die Marke entgegen § 3, 7 oder 8 Absatz 2 Nummer 1 bis 13 eingetragen worden, so kann die Eintragung nur für nichtig erklärt und gelöscht werden, wenn das Schutzhindernis noch im Zeitpunkt der Entscheidung über den Antrag auf Erklärung der Nichtigkeit besteht. [2] § 8 Absatz 2 Nummer 1, 2 oder 3 findet im Nichtigkeitsverfahren keine Anwendung, wenn die Marke sich bis zu dem Antrag auf Erklärung der Nichtigkeit infolge ihrer Benutzung für die Waren und Dienstleistungen, für die sie eingetragen worden ist, in den beteiligten Verkehrskreisen durchgesetzt hat. [3] Ist die Marke entgegen § 8 Absatz 2 Nummer 1, 2 oder 3 eingetragen worden, so kann die Eintragung nur dann gelöscht werden, wenn der Antrag auf Löschung innerhalb von zehn Jahren seit dem Tag der Eintragung gestellt wird.

(3) Die Eintragung einer Marke kann von Amts wegen für nichtig erklärt und gelöscht werden, wenn sie entgegen § 8 Abs. 2 Nummer 4 bis 14 eingetragen worden ist und

1. das Nichtigkeitsverfahren innerhalb eines Zeitraums von zwei Jahren seit dem Tag der Eintragung eingeleitet wird,
2. das Schutzhindernis gemäß § 8 Abs. 2 Nummer 4 bis 13 auch noch im Zeitpunkt der Entscheidung über die Erklärung der Nichtigkeit besteht und
3. die Eintragung ersichtlich entgegen den genannten Vorschriften vorgenommen worden ist.

(4) Liegt ein Nichtigkeitsgrund nur für einen Teil der Waren oder Dienstleistungen vor, für die die Marke eingetragen ist, so wird die Eintragung nur für diese Waren oder Dienstleistungen für nichtig erklärt und gelöscht.

**§ 51[2)] Nichtigkeit wegen des Bestehens älterer Rechte.** (1) [1] Die Eintragung einer Marke wird auf Klage gemäß § 55 oder Antrag gemäß § 53 für nichtig erklärt und gelöscht, wenn ihr ein Recht im Sinne der §§ 9 bis 13 mit älterem Zeitrang entgegensteht. [2] Der Antrag auf Erklärung der Nichtigkeit kann auch auf mehrere ältere Rechte desselben Inhabers gestützt werden.

(2) [1] Die Eintragung kann aufgrund der Eintragung einer Marke mit älterem Zeitrang nicht für nichtig erklärt und gelöscht werden, soweit der Inhaber der Marke mit älterem Zeitrang die Benutzung der Marke mit jüngerem Zeitrang für die Waren oder Dienstleistungen, für die sie eingetragen ist, während eines Zeitraums von fünf aufeinanderfolgenden Jahren in Kenntnis dieser Benutzung geduldet hat, es sei denn, daß die Anmeldung der Marke mit jüngerem Zeitrang bösgläubig vorgenommen worden ist. [2] Das gleiche gilt für den Inhaber eines

---

1) § 50 Abs. 1 neu gef., Abs. 2 Satz 1, Satz 3 einl. Satzteil und Nr. 2 geänd. mWv 1.6.2004 durch G v. 12.3.2004 (BGBl. I S. 390); Abs. 1 geänd., Abs. 2 neu gef., Abs. 3 einl. Satzteil, Nr. 1 und 2, Abs. 4 geänd. mWv 14.1.2019 durch G v. 11.12.2018 (BGBl. I S. 2357).

2) § 51 Abs. 1 und 4 neu gef., Abs. 2 Sätze 1 und 3, Abs. 3 und 5 geänd. mWv 14.1.2019 durch G v. 11.12.2018 (BGBl. I S. 2357).

Rechts mit älterem Zeitrang an einer durch Benutzung erworbenen Marke im Sinne des § 4 Nr. 2, an einer notorisch bekannten Marke im Sinne des § 4 Nr. 3, an einer geschäftlichen Bezeichnung im Sinne des § 5 oder an einer Sortenbezeichnung im Sinne des § 13 Abs. 2 Nr. 4. [3]Die Eintragung einer Marke kann ferner nicht für nichtig erklärt und gelöscht werden, wenn der Inhaber eines der in den §§ 9 bis 13 genannten Rechte mit älterem Zeitrang der Eintragung der Marke vor der Stellung des Antrags auf Erklärung der Nichtigkeit zugestimmt hat.

(3) Die Eintragung kann aufgrund einer bekannten Marke oder einer bekannten geschäftlichen Bezeichnung mit älterem Zeitrang nicht für nichtig erklärt und gelöscht werden, wenn die Marke oder die geschäftliche Bezeichnung an dem für den Zeitrang der Eintragung der Marke mit jüngerem Zeitrang maßgeblichen Tag noch nicht im Sinne des § 9 Abs. 1 Nr. 3, des § 14 Absatz 2 Satz 1 Nummer 3 oder des § 15 Abs. 3 bekannt war.

(4) [1]Die Eintragung kann aufgrund der Eintragung einer Marke mit älterem Zeitrang nicht für nichtig erklärt und gelöscht werden, wenn die Eintragung der Marke mit älterem Zeitrang am Anmelde- oder Prioritätstag der Marke mit jüngerem Zeitrang aus folgenden Gründen hätte für verfallen oder nichtig erklärt und gelöscht werden können:

1. Verfall nach § 49 oder

2. absolute Schutzhindernisse nach § 50.

[2]Für die Prüfung der Verwechslungsgefahr nach § 9 Absatz 1 Nummer 2 ist auf die Kennzeichnungskraft der älteren Marke am Anmelde- oder Prioritätstag der jüngeren Marke abzustellen.

(5) Liegt ein Nichtigkeitsgrund nur für einen Teil der Waren oder Dienstleistungen vor, für die die Marke eingetragen ist, so wird die Eintragung nur für diese Waren oder Dienstleistungen für nichtig erklärt und gelöscht.

**§ 52[1)] Wirkungen des Verfalls und der Nichtigkeit.** (1) [1]Die Wirkungen einer eingetragenen Marke gelten in dem Umfang, in dem die Marke für verfallen erklärt wird, von dem Zeitpunkt der Stellung des Antrags (§ 53) oder der Erhebung der Klage (§ 55) auf Erklärung des Verfalls an als nicht eingetreten. [2]In der Entscheidung kann auf Antrag einer Partei ein früherer Zeitpunkt, zu dem einer der Verfallsgründe eingetreten ist, festgesetzt werden.

(2) Die Wirkungen einer eingetragenen Marke gelten in dem Umfang, in dem die Marke für nichtig erklärt worden ist, von Anfang an als nicht eingetreten.

(3) Vorbehaltlich der Vorschriften über den Ersatz des Schadens, der durch fahrlässiges oder vorsätzliches Verhalten des Inhabers einer Marke verursacht worden ist, sowie der Vorschriften über ungerechtfertigte Bereicherung berührt die Löschung der Eintragung aufgrund Verfalls oder Nichtigkeit der Marke nicht

1. Entscheidungen in Verletzungsverfahren, die vor der Entscheidung über den Antrag auf Erklärung des Verfalls oder der Nichtigkeit rechtskräftig geworden und vollstreckt worden sind, und
2. vor der Entscheidung über den Antrag auf Erklärung des Verfalls oder der Nichtigkeit geschlossene Verträge insoweit, als sie vor dieser Entscheidung erfüllt worden sind. Es kann jedoch verlangt werden, daß in Erfüllung des Vertrages

[1)] § 52 Überschrift, Abs. 1 und 2 neu gef., Abs. 3 einl. Satzteil, Nr. 1 und 2 geänd. mWv 14.1.2019 durch G v. 11.12.2018 (BGBl. I S. 2357).

gezahlte Beträge aus Billigkeitsgründen insoweit zurückerstattet werden, wie die Umstände dies rechtfertigen.

**§ 53[1] Verfalls- und Nichtigkeitsverfahren vor dem Deutschen Patent- und Markenamt.** (1) [1] Der Antrag auf Erklärung des Verfalls (§ 49) und der Nichtigkeit wegen absoluter Schutzhindernisse (§ 50) und älterer Rechte (§ 51) ist schriftlich beim Deutschen Patent- und Markenamt zu stellen. [2] Die zur Begründung dienenden Tatsachen und Beweismittel sind anzugeben. [3] Für die Sicherheitsleistung gilt § 81 Absatz 6 des Patentgesetzes[2] entsprechend. [4] Der Antrag ist unzulässig, soweit über denselben Streitgegenstand zwischen den Parteien durch unanfechtbaren Beschluss oder rechtskräftiges Urteil entschieden wurde. [5] Dies gilt auch, wenn über denselben Streitgegenstand zwischen den Parteien eine Klage nach § 55 rechtshängig ist. [6] § 325 Absatz 1 der Zivilprozessordnung[3] gilt entsprechend. [7] Werden zwischen denselben Beteiligten mehrere Anträge nach Satz 1 gestellt, so können diese verbunden und kann über diese in einem Verfahren durch Beschluss entschieden werden.

(2) Der Antrag auf Erklärung des Verfalls und der Nichtigkeit wegen absoluter Schutzhindernisse kann von jeder natürlichen oder juristischen Person gestellt werden sowie von jedem Interessenverband von Herstellern, Erzeugern, Dienstleistungsunternehmern, Händlern oder Verbrauchern, der am Verfahren beteiligt sein kann.

(3) Der Antrag auf Erklärung der Nichtigkeit wegen des Bestehens älterer Rechte kann von dem Inhaber der in den §§ 9 bis 13 genannten Rechte und Personen, die berechtigt sind, Rechte aus einer geschützten geografischen Angabe oder geschützten Ursprungsbezeichnung geltend zu machen, gestellt werden.

(4) Wird ein Antrag auf Erklärung des Verfalls oder der Nichtigkeit gestellt oder ein Nichtigkeitsverfahren von Amts wegen eingeleitet, so stellt das Deutsche Patent- und Markenamt dem Inhaber der eingetragenen Marke eine Mitteilung hierüber zu und fordert ihn auf, sich innerhalb von zwei Monaten nach der Zustellung zu dem Antrag oder dem von Amts wegen eingeleiteten Verfahren zu erklären.

(5) [1] Widerspricht der Inhaber der Löschung aufgrund Verfalls oder Nichtigkeit nicht innerhalb der in Absatz 4 genannten Frist, so wird die Nichtigkeit oder der Verfall erklärt und die Eintragung gelöscht. [2] Wird dem Antrag auf Nichtigkeit fristgemäß widersprochen, so teilt das Deutsche Patent- und Markenamt dem Antragsteller den Widerspruch mit. [3] Wird dem Antrag auf Verfall fristgemäß widersprochen, so stellt das Deutsche Patent- und Markenamt dem Antragsteller den Widerspruch zu. [4] Das Verfallsverfahren wird nur fortgesetzt, wenn innerhalb eines Monats nach Zustellung des Widerspruchs die Gebühr zur Weiterverfolgung des Verfallsverfahrens nach dem Patentkostengesetz[4] gezahlt wird. [5] Anderenfalls gilt das Verfallsverfahren als abgeschlossen.

(6) [1] Ist der Antrag auf Erklärung der Nichtigkeit wegen älterer Rechte vom Inhaber einer eingetragenen Marke mit älterem Zeitrang erhoben worden, so hat er auf Einrede des Antragsgegners nachzuweisen, dass die Marke innerhalb der letzten fünf Jahre vor Antragstellung gemäß § 26 benutzt worden ist, sofern zu diesem Zeitpunkt seit mindestens fünf Jahren kein Widerspruch mehr gegen sie

---

[1] § 53 neu gef. mWv 1.5.2020 durch G v. 11.12.2018 (BGBl. I S. 2357).
[2] **Habersack, Deutsche Gesetze ErgBd. Nr. 70.**
[3] Nr. **100**.
[4] **Habersack, Deutsche Gesetze ErgBd. Nr. 70b.**

möglich war. [2] Wurde Widerspruch erhoben, werden die fünf Jahre ab dem Zeitpunkt gerechnet, ab dem die das Widerspruchsverfahren beendende Entscheidung Rechtskraft erlangt hat oder der Widerspruch zurückgenommen wurde. [3] Endet der Zeitraum von fünf Jahren der Nichtbenutzung nach Stellung des Antrags, so hat der Antragsteller auf Einrede des Antragsgegners nachzuweisen, dass die Marke innerhalb der letzten fünf Jahre vor der Entscheidung gemäß § 26 benutzt worden ist. [4] War die Marke mit älterem Zeitrang am Anmelde- oder Prioritätstag der Marke mit jüngerem Zeitrang bereits seit mindestens fünf Jahren eingetragen, so hat der Antragsteller auf Einrede des Antragsgegners ferner nachzuweisen, dass die Eintragung der Marke mit älterem Zeitrang an diesem Tag nicht nach § 49 Absatz 1 für verfallen hätte erklärt werden können. [5] Bei der Entscheidung werden nur die Waren oder Dienstleistungen berücksichtigt, für die die Benutzung nachgewiesen worden ist. [6] Der Nachweis kann auch durch eine eidesstattliche Versicherung erbracht werden.

(7) [1] Ist das durch die Eintragung der Marke begründete Recht auf einen anderen übertragen worden oder übergegangen, so ist die Entscheidung in der Sache auch gegen den Rechtsnachfolger wirksam und vollstreckbar. [2] Für die Befugnis des Rechtsnachfolgers, in das Verfahren einzutreten, gelten die §§ 66 bis 74 und 76 der Zivilprozessordnung entsprechend.

**§ 54[1)] Beitritt zum Verfalls- und Nichtigkeitsverfahren.** (1) [1] Ein Dritter kann einem Verfalls- oder Nichtigkeitsverfahren beitreten, wenn über den Antrag auf Erklärung des Verfalls oder der Nichtigkeit noch keine unanfechtbare Entscheidung getroffen wurde und er glaubhaft machen kann, dass

1. gegen ihn ein Verfahren wegen Verletzung derselben eingetragenen Marke anhängig ist oder
2. er aufgefordert wurde, eine behauptete Verletzung derselben eingetragenen Marke zu unterlassen.

[2] Der Beitritt kann innerhalb von drei Monaten ab Einleitung des Verfahrens nach Satz 1 Nummer 1 oder ab Zugang der Unterlassungsaufforderung nach Satz 1 Nummer 2 beantragt werden.

(2) [1] Für die Antragstellung gilt § 53 Absatz 1 bis 3 entsprechend. [2] Erfolgt der Beitritt im Beschwerdeverfahren vor dem Bundespatentgericht, erhält der Beitretende die Stellung eines Beschwerdebeteiligten.

**§ 55[2)] Verfalls- und Nichtigkeitsverfahren vor den ordentlichen Gerichten.** (1) [1] Die Klage auf Erklärung des Verfalls (§ 49) oder der Nichtigkeit wegen Bestehens älterer Rechte (§ 51) ist gegen den als Inhaber der Marke Eingetragenen oder seinen Rechtsnachfolger zu richten. [2] Die Klage ist unzulässig, wenn über denselben Streitgegenstand zwischen den Parteien

1. bereits gemäß § 53 entschieden wurde,
2. ein Antrag gemäß § 53 beim Deutschen Patent- und Markenamt gestellt wurde.

[3] § 325 Absatz 1 der Zivilprozessordnung[3)] gilt entsprechend.

---

1) § 54 neu gef. mWv 1.5.2020 durch G v. 11.12.2018 (BGBl. I S. 2357).

2) § 55 Abs. 2 Nr. 3 geänd. mWv 8.7.2004 durch G v. 3.7.2004 (BGBl. I S. 1414); Überschrift geänd., *Abs. 1 neu gef., Abs. 2* Nr. 1–3 geänd., Abs. 3 Sätze 1 und 3 neu gef., Abs. 5 angef. mWv 14.1.2019 durch G v. 11.12.2018 (BGBl. I S. 2357); Abs. 3 Satz 3 geänd. mWv 18.8.2021 durch G v. 10.8.2021 (BGBl. I S. 3490).

3) Nr. **100**.

(2) Zur Erhebung der Klage sind befugt:

1. in den Fällen des Antrags auf Erklärung des Verfalls jede Person,
2. in den Fällen des Antrags auf Erklärung der Nichtigkeit wegen des Bestehens von Rechten mit älterem Zeitrang die Inhaber der in den §§ 9 bis 13 aufgeführten Rechte,
3. in den Fällen des Antrags auf Erklärung der Nichtigkeit wegen des Bestehens einer geographischen Herkunftsangabe mit älterem Zeitrang (§ 13 Abs. 2 Nr. 5) die nach § 8 Abs. 3 des Gesetzes gegen den unlauteren Wettbewerb[1] zur Geltendmachung von Ansprüchen Berechtigten.

(3) [1] Ist die Klage auf Erklärung der Nichtigkeit vom Inhaber einer eingetragenen Marke mit älterem Zeitrang erhoben worden, so hat er auf Einrede des Beklagten nachzuweisen, dass die Marke innerhalb der letzten fünf Jahre vor Erhebung der Klage gemäß § 26 benutzt worden ist, sofern zu diesem Zeitpunkt seit mindestens fünf Jahren kein Widerspruch mehr gegen sie möglich war. [2] Endet der Zeitraum von fünf Jahren der Nichtbenutzung nach Erhebung der Klage, so hat der Kläger auf Einrede des Beklagten nachzuweisen, daß die Marke innerhalb der letzten fünf Jahre vor dem Schluß der mündlichen Verhandlung gemäß § 26 benutzt worden ist. [3] War die Marke mit älterem Zeitrang am Anmelde- oder Prioritätstag der jüngeren Marke bereits seit mindestens fünf Jahren eingetragen, so hat der Kläger auf Einrede des Beklagten ferner nachzuweisen, dass die Eintragung der Marke mit älterem Zeitrang an diesem Tag nicht nach § 49 Absatz 1 hätte für verfallen erklärt und gelöscht werden können. [4] Bei der Entscheidung werden nur die Waren oder Dienstleistungen berücksichtigt, für die die Benutzung nachgewiesen worden ist.

(4) [1] Ist vor oder nach Erhebung der Klage das durch die Eintragung der Marke begründete Recht auf einen anderen übertragen worden oder übergegangen, so ist die Entscheidung in der Sache selbst auch gegen den Rechtsnachfolger wirksam und vollstreckbar. [2] Für die Befugnis des Rechtsnachfolgers, in den Rechtsstreit einzutreten, gelten die §§ 66 bis 74 und 76 der Zivilprozeßordnung entsprechend.

(5) [1] Das Gericht teilt dem Deutschen Patent- und Markenamt den Tag der Erhebung der Klage mit. [2] Das Deutsche Patent- und Markenamt vermerkt den Tag der Erhebung der Klage im Register. [3] Das Gericht übermittelt dem Deutschen Patent- und Markenamt eine Ausfertigung des rechtskräftigen Urteils. [4] Das Deutsche Patent- und Markenamt trägt das Ergebnis des Verfahrens mit dem Datum der Rechtskraft in das Register ein.

## Abschnitt 4.[2] Allgemeine Vorschriften für das Verfahren vor dem Deutschen Patent- und Markenamt

**§ 56[3] Zuständigkeiten im Deutschen Patent- und Markenamt.** (1) Im Deutschen Patent- und Markenamt werden zur Durchführung der Verfahren in Markenangelegenheiten Markenstellen und Markenabteilungen gebildet.

(2) [1] Die Markenstellen sind für die Prüfung von angemeldeten Marken und für die Beschlußfassung im Eintragungsverfahren zuständig. [2] Die Aufgaben einer Markenstelle nimmt ein Mitglied des Deutschen Patent- und Markenamts (Prüfer) wahr. [3] Die Aufgaben können auch von einem Beamten des gehobenen Dienstes oder von einem vergleichbaren Angestellten wahrgenommen werden. [4] Beamte des gehobenen Diens-

[1] Nr. **73**.

[2] Abschnitt 4 Überschrift neu gef. mWv 14.1.2019 durch G v. 11.12.2018 (BGBl. I S. 2357).

[3] § 56 Überschrift, Abs. 1, 2 Sätze 2 und 4, Abs. 3 Sätze 2 und 3 geänd. mWv 14.1.2019 durch G v. 11.12. 2018 (BGBl. I S. 2357).

tes und vergleichbare Angestellte sind jedoch nicht befugt, eine Beeidigung anzuordnen, einen Eid abzunehmen oder ein Ersuchen nach § 95 Abs. 2 an das Bundespatentgericht zu richten.

(3) [1]Die Markenabteilungen sind für die Angelegenheiten zuständig, die nicht in die Zuständigkeit der Markenstellen fallen. [2]Die Aufgaben einer Markenabteilung werden in der Besetzung mit mindestens drei Mitgliedern des Deutschen Patent- und Markenamts wahrgenommen. [3]Der Vorsitzende einer Markenabteilung kann alle in die Zuständigkeit der Markenabteilung fallenden Angelegenheiten mit Ausnahme der Entscheidung über die Erklärung des Verfalls oder der Nichtigkeit einer Marke nach § 53 allein bearbeiten oder diese Angelegenheiten einem Angehörigen der Markenabteilung zur Bearbeitung übertragen.

**§ 57[1)] Ausschließung und Ablehnung.** (1) Für die Ausschließung und Ablehnung der Prüfer und der Mitglieder der Markenabteilungen sowie der mit der Wahrnehmung von Angelegenheiten, die den Markenstellen oder den Markenabteilungen obliegen, betrauten Beamten und Beamtinnen des gehobenen und mittleren Dienstes oder Angestellten gelten die §§ 41 bis 44, 45 Abs. 2 Satz 2, §§ 47 bis 49 der Zivilprozeßordnung[2)] über die Ausschließung und Ablehnung der Gerichtspersonen entsprechend.

(2) Über das Ablehnungsgesuch entscheidet, soweit es einer Entscheidung bedarf, eine Markenabteilung.

**§ 58[3)] Gutachten.** (1) Das Deutsche Patent- und Markenamt ist verpflichtet, auf Ersuchen der Gerichte oder der Staatsanwaltschaften über Fragen, die angemeldete oder eingetragene Marken betreffen, Gutachten abzugeben, wenn in dem Verfahren voneinander abweichende Gutachten mehrerer Sachverständiger vorliegen.

(2) Im übrigen ist das Deutsche Patent- und Markenamt nicht befugt, ohne Genehmigung des Bundesministeriums der Justiz und für Verbraucherschutz außerhalb seines gesetzlichen Aufgabenbereichs Beschlüsse zu fassen oder Gutachten abzugeben.

**§ 59[4)] Ermittlung des Sachverhalts; rechtliches Gehör.** (1) [1]Das Deutsche Patent- und Markenamt ermittelt den Sachverhalt von Amts wegen. [2]Es ist an das Vorbringen und die Beweisanträge der Beteiligten nicht gebunden.

(2) Soll die Entscheidung des Deutschen Patent- und Markenamts auf Umstände gestützt werden, die dem Anmelder oder Inhaber der Marke oder einem anderen am Verfahren Beteiligten noch nicht mitgeteilt waren, so ist ihm vorher Gelegenheit zu geben, sich dazu innerhalb einer bestimmten Frist zu äußern.

**§ 60[5)] Ermittlungen; Anhörungen; Niederschrift.** (1) [1]Das Deutsche Patent- und Markenamt kann jederzeit die Beteiligten laden und anhören, Zeugen, Sachverständige und Beteiligte eidlich oder uneidlich vernehmen, Augenschein nehmen, die Beweiskraft einer vorgelegten Urkunde würdigen sowie andere zur Aufklärung der Sache erforderlichen Ermittlungen anstellen. [2]Die Vorschriften des Buches 2 der Zivilprozessordnung[2)] zu diesen Beweismitteln sowie § 128a der Zivilprozessordnung sind entsprechend anzuwenden.

---

1) § 57 Abs. 1 geänd. mWv 14.1.2019 durch G v. 11.12.2018 (BGBl. I S. 2357).

2) Nr. **100**.

3) § 58 Abs. 2 geänd. mWv 8.9.2015 durch VO v. 31.8.2015 (BGBl. I S. 1474); Abs. 1 und 2 geänd. mWv 14.1.2019 durch G v. 11.12.2018 (BGBl. I S. 2357).

4) § 59 Abs. 1 Satz 1 und Abs. 2 geänd. mWv 14.1.2019 durch G v. 11.12.2018 (BGBl. I S. 2357).

5) § 60 Abs. 1 neu gef., Abs. 2 Satz 2 geänd., Satz 4 angef. mWv 14.1.2019 durch G v. 11.12.2018 (BGBl. I S. 2357); Abs. 1 Satz 2 geänd. mWv 1.5.2022 durch G v. 10.8.2021 (BGBl. I S. 3490).

(2) [1]Bis zum Beschluß, mit dem das Verfahren abgeschlossen wird, ist der Anmelder oder Inhaber der Marke oder ein anderer an dem Verfahren Beteiligter auf Antrag anzuhören, wenn dies sachdienlich ist. [2]Hält das Deutsche Patent- und Markenamt die Anhörung nicht für sachdienlich, so weist es den Antrag zurück. [3]Der Beschluß, durch den der Antrag zurückgewiesen wird, ist selbständig nicht anfechtbar. [4]Im Verfalls- oder Nichtigkeitsverfahren findet eine Anhörung statt, wenn ein Beteiligter dies beantragt oder das Deutsche Patent- und Markenamt dies für sachdienlich erachtet.

(3) [1]Über die Anhörungen und Vernehmungen ist eine Niederschrift zu fertigen, die den wesentlichen Gang der Verhandlung wiedergeben und die rechtserheblichen Erklärungen der Beteiligten enthalten soll. [2]Die §§ 160a, 162 und 163 der Zivilprozeßordnung sind entsprechend anzuwenden. [3]Die Beteiligten erhalten eine Abschrift der Niederschrift.

**§ 61[1)] Beschlüsse; Rechtsmittelbelehrung.** (1) [1]Die Beschlüsse des Deutschen Patent- und Markenamts sind, auch wenn sie nach Satz 3 verkündet worden sind, zu begründen und den Beteiligten von Amts wegen in Abschrift zuzustellen; eine Beglaubigung der Abschrift ist nicht erforderlich. [2]Ausfertigungen werden nur auf Antrag eines Beteiligten und nur in Papierform erteilt. [3]Falls eine Anhörung stattgefunden hat, können sie auch am Ende der Anhörung verkündet werden. [4]Einer Begründung bedarf es nicht, wenn am Verfahren nur der Anmelder oder Inhaber der Marke beteiligt ist und seinem Antrag stattgegeben wird.

(2) [1]Mit Zustellung des Beschlusses sind die Beteiligten über das Rechtsmittel, das gegen den Beschluss gegeben ist, über die Stelle, bei der das Rechtsmittel einzulegen ist, über die Rechtsmittelfrist und, sofern für das Rechtsmittel eine Gebühr nach dem Patentkostengesetz[2)] zu zahlen ist, über die Gebühr zu belehren. [2]Die Frist für das Rechtsmittel beginnt nur zu laufen, wenn die Beteiligten nach Satz 1 belehrt worden sind. [3]Ist die Belehrung unterblieben oder unrichtig erteilt, so ist die Einlegung des Rechtsmittels nur innerhalb eines Jahres seit Zustellung des Beschlusses zulässig, außer wenn der Beteiligte schriftlich dahingehend belehrt worden ist, daß ein Rechtsmittel nicht gegeben sei. [4]§ 91 ist entsprechend anzuwenden. [5]Die Sätze 1 bis 4 gelten entsprechend für den Rechtsbehelf der Erinnerung nach § 64.

**§ 62[3)] Akteneinsicht; Registereinsicht.** (1) Das Deutsche Patent- und Markenamt gewährt auf Antrag Einsicht in die Akten von Anmeldungen von Marken, wenn ein berechtigtes Interesse glaubhaft gemacht wird.

(2) Nach der Eintragung der Marke wird Einsicht in die Akten der eingetragenen Marke gewährt.

(3) Die Einsicht in die Akten nach Absatz 2 kann bei elektronisch geführten Akten auch über das Internet gewährt werden.

(4) Die Akteneinsicht nach den Absätzen 1 bis 3 ist ausgeschlossen, soweit

1. ihr eine Rechtsvorschrift entgegensteht,
2. das schutzwürdige Interesse der betroffenen Person im Sinne des Artikels 4 Nummer 1 der Verordnung (EU) 679/2016[4)] des Europäischen Parlaments und des Rates

---

[1)] § 61 Abs. 1 Satz 1 neu gef., Satz 2 eingef., bish. Sätze 2 und 3 werden Sätze 3 und 4, Abs. 2 Satz 1 neu gef., Satz 2 geänd. mWv 1.10.2016 durch G v. 4.4.2016 (BGBl. I S. 558).

[2)] **Habersack, Deutsche Gesetze ErgBd. Nr. 70b.**

[3)] § 62 Abs. 3, 4 eingef., bish. Abs. 3 wird Abs. 5 mWv 25.10.2013 durch G v. 19.10.2013 (BGBl. I S. 3830); Abs. 2 und 3 geänd. mWv 1.7.2016 durch G v. 4.4.2016 (BGBl. I S. 558); Abs. 1 geänd. mWv 14.1.2019 durch G v. 11.12.2018 (BGBl. I S. 2357); Abs. 4 neu gef. mWv 18.8.2021 durch G v. 10.8.2021 (BGBl. I S. 3490).

[4)] **Sartorius Nr. 246.**

vom 27. April 2016 zum Schutz natürlicher Personen bei der Verarbeitung personenbezogener Daten, zum freien Datenverkehr und zur Aufhebung der Richtlinie 95/46/EG (Datenschutz-Grundverordnung) (ABl. L 119 vom 4.5.2016, S. 1; L 314 vom 22.11.2016, S. 72; L 127 vom 23.5.2018, S. 2) in der jeweils geltenden Fassung offensichtlich überwiegt oder

3. sie auf Akteninhalte bezogen ist, die offensichtlich gegen die öffentliche Ordnung oder die guten Sitten verstoßen.

(5) Die Einsicht in das Register steht jeder Person frei.

**§ 62a[1] Datenschutz.** [1] Soweit personenbezogene Daten im Register oder in öffentlich zugänglichen elektronischen Informationsdiensten des Deutschen Patent- und Markenamtes enthalten sind, bestehen nicht

1. das Recht auf Auskunft gemäß Artikel 15 Absatz 1 Buchstabe c der Verordnung (EU) 2016/679[2],
2. die Mitteilungspflicht gemäß Artikel 19 Satz 2 der Verordnung (EU) 2016/679 und
3. das Recht auf Widerspruch gemäß Artikel 21 Absatz 1 der Verordnung (EU) 2016/679.

[2] Das Recht auf Erhalt einer Kopie nach Artikel 15 Absatz 3 der Verordnung (EU) 2016/679 wird dadurch erfüllt, dass die betroffene Person Einsicht in das Register oder in öffentlich zugängliche elektronische Informationsdienste des Deutschen Patent- und Markenamtes nehmen kann.

**§ 63[3] Kosten der Verfahren.** (1) [1] Sind an dem Verfahren mehrere Personen beteiligt, so kann das Deutsche Patent- und Markenamt in der Entscheidung bestimmen, daß die Kosten des Verfahrens einschließlich der Auslagen des Deutschen Patent- und Markenamts und der den Beteiligten erwachsenen Kosten, soweit sie zur zweckentsprechenden Wahrung der Ansprüche und Rechte notwendig waren, einem Beteiligten ganz oder teilweise zur Last fallen, wenn dies der Billigkeit entspricht. [2] Die Bestimmung kann auch getroffen werden, wenn der Beteiligte die Erinnerung, die Anmeldung der Marke, den Widerspruch oder den Antrag auf Erklärung des Verfalls oder der Nichtigkeit ganz oder teilweise zurücknimmt oder wenn die Eintragung der Marke wegen Verzichts oder wegen Nichtverlängerung der Schutzdauer ganz oder teilweise im Register gelöscht wird. [3] Soweit eine Bestimmung über die Kosten nicht getroffen wird, trägt jeder Beteiligte die ihm erwachsenen Kosten selbst.

(2) [1] Wenn eine Entscheidung nach Absatz 1 ergeht, setzt das Deutsche Patent- und Markenamt den Gegenstandswert fest; § 23 Absatz 3 Satz 2 und § 33 Absatz 1

*(Fortsetzung nächstes Blatt)*

[1] § 62a eingef. mWv 25.5.2018 durch G v. 17.7.2017 (BGBl. I S. 2541).

[2] **Sartorius Nr. 246.**

[3] § 63 Abs. 2 neu gef. mWv 1.1.2002 durch G v. 13.12.2001 (BGBl. I S. 3656); Abs. 3 Satz 4 geänd. mWv 1.6.2004 durch G v. 12.3.2004 (BGBl. I S. 390); Abs. 3 Satz 2 neu gef. mWv 1.7.2006 durch G v. 21.6.2006 (BGBl. I S. 1318); Abs. 2 eingef., bish. Abs. 2 und 3 werden Abs. 3 und 4 mWv 1.7.2016 durch G v. 4.4.2016 (BGBl. I S. 558); Abs. 1 Sätze 1 und 2, Abs. 3, Abs. 4 Sätze 1 und 5 geänd. mWv 14.1.2019 durch G v. 11.12. 2018 (BGBl. I S. 2357).

des Rechtsanwaltsvergütungsgesetzes[1)] gelten entsprechend. [2]Der Beschluss über den Gegenstandswert kann mit der Entscheidung nach Absatz 1 verbunden werden.

(3) Das Deutsche Patent- und Markenamt kann anordnen, dass die Gebühr nach dem Patentkostengesetz[2)] für die beschleunigte Prüfung, für das Widerspruchs-, Verfalls- oder Nichtigkeitsverfahren ganz oder teilweise zurückgezahlt wird, wenn dies der Billigkeit entspricht.

(4) [1]Der Betrag der zu erstattenden Kosten wird auf Antrag durch das Deutsche Patent- und Markenamt festgesetzt. [2]Die Vorschriften der Zivilprozessordnung[3)] über das Kostenfestsetzungsverfahren (§§ 103 bis 107) und die Zwangsvollstreckung aus Kostenfestsetzungsbeschlüssen (§§ 724 bis 802) sind entsprechend anzuwenden. [3]An die Stelle der Erinnerung tritt die Beschwerde gegen den Kostenfestsetzungsbeschluß. [4]§ 66 ist mit der Maßgabe anzuwenden, daß die Beschwerde innerhalb von zwei Wochen einzulegen ist. [5]Die vollstreckbare Ausfertigung wird vom Urkundsbeamten der Geschäftsstelle des Bundespatentgerichts erteilt.

**§ 64[4)] Erinnerung.** (1) [1]Gegen die Beschlüsse der Markenstellen und der Markenabteilungen, die von einem Beamten des gehobenen Dienstes oder einem vergleichbaren Angestellten erlassen worden sind, findet die Erinnerung statt. [2]Die Erinnerung hat aufschiebende Wirkung.

(2) Die Erinnerung ist innerhalb eines Monats nach Zustellung beim Deutschen Patent- und Markenamt einzulegen.

(3) [1]Erachtet der Beamte oder Angestellte, dessen Beschluß angefochten wird, die Erinnerung für begründet, so hat er ihr abzuhelfen. [2]Dies gilt nicht, wenn dem Erinnerungsführer ein anderer an dem Verfahren Beteiligter gegenübersteht.

(4) Über die Erinnerung entscheidet ein Mitglied des Deutschen Patent- und Markenamts durch Beschluss.

(5) Die Markenstelle oder die Markenabteilung kann anordnen, dass die Gebühr nach dem Patentkostengesetz für die Erinnerung ganz oder teilweise zurückgezahlt wird.

(6) [1]Anstelle der Erinnerung kann die Beschwerde nach § 66 eingelegt werden. [2]Ist in einem Verfahren, an dem mehrere Personen beteiligt sind, gegen einen Beschluss von einem Beteiligten Erinnerung und von einem anderen Beteiligten Beschwerde eingelegt worden, so kann der Erinnerungsführer ebenfalls Beschwerde einlegen. [3]Wird die Beschwerde des Erinnerungsführers nicht innerhalb eines Monats nach Zustellung der Beschwerde des anderen Beteiligten gemäß § 66 Abs. 4 Satz 2 eingelegt, so gilt seine Erinnerung als zurückgenommen.

(7) [1]Nach Einlegung einer Beschwerde nach Absatz 6 Satz 2 oder nach § 66 Abs. 3 kann über eine Erinnerung nicht mehr entschieden werden. [2]Eine gleichwohl danach erlassene Erinnerungsentscheidung ist gegenstandslos.

---

1) Nr. **117**.
2) **Habersack, Deutsche Gesetze ErgBd. Nr. 70b.**
3) Nr. **100**.
4) § 64 Abs. 5 eingef., bish. Abs. 5 wird Abs. 6 mWv 1.1.2002 durch G v. 13.12.2001 (BGBl. I S. 3656); Abs. 6 eingef., bish. Abs. 6 wird Abs. 7 und Satz 1 geänd. mWv 1.10.2009 durch G v. 31.7.2009 (BGBl. I S. 2521); Abs. 2 geänd., Abs. 4 neu gef. mWv 14.1.2019 durch G v. 11.12.2018 (BGBl. I S. 2357).

**§ 64a[1] Kostenregelungen im Verfahren vor dem Deutschen Patent- und Markenamt.** Im Verfahren vor dem Deutschen Patent- und Markenamt gilt für die Kosten das Patentkostengesetz.

**§ 65[2] Rechtsverordnungsermächtigung.** (1) Das Bundesministerium der Justiz und für Verbraucherschutz wird ermächtigt, durch Rechtsverordnung[3] ohne Zustimmung des Bundesrates

1. die Einrichtung und den Geschäftsgang sowie die Form des Verfahrens in Markenangelegenheiten zu regeln, soweit nicht durch Gesetz Bestimmungen darüber getroffen sind,
2. weitere Erfordernisse für die Anmeldung von Marken zu bestimmen,
3. die Klasseneinteilung von Waren und Dienstleistungen festzulegen,
4. nähere Bestimmungen für die Durchführung der Prüfungs-, Widerspruchs-, Verfalls- und Nichtigkeitsverfahren zu treffen,
5. Bestimmungen über das Register der eingetragenen Marken und gegebenenfalls gesonderte Bestimmungen über das Register für Kollektivmarken und Gewährleistungsmarken zu treffen,
6. die in das Register aufzunehmenden Angaben über eingetragene Marken sowie über Widerspruchs- und Nichtigkeitsverfahren zu regeln und Umfang sowie Art und Weise der Veröffentlichung dieser Angaben festzulegen,
7. Bestimmungen über die sonstigen in diesem Gesetz vorgesehenen Verfahren vor dem Deutschen Patent- und Markenamt zu treffen, wie insbesondere das Verfahren bei der Teilung von Anmeldungen und von Eintragungen, das Verfahren zur Erteilung von Auskünften oder Bescheinigungen, das Verfahren der Wiedereinsetzung, das Verfahren der Akteneinsicht, das Verfahren über den Schutz international registrierter Marken und das Verfahren über die Umwandlung von Unionsmarken,
8. Bestimmungen über die in das Register aufzunehmenden Angaben über Lizenzen zu treffen,
9. Bestimmungen über die Form zu treffen, in der Anträge und Eingaben in Markenangelegenheiten einzureichen sind, einschließlich der Übermittlung von Anträgen und Eingaben durch elektronische Datenübertragung,
10. Bestimmungen darüber zu treffen, in welcher Form Beschlüsse, Bescheide oder sonstige Mitteilungen des Deutschen Patent- und Markenamts in Markenangelegenheiten den Beteiligten zu übermitteln sind, einschließlich der Übermittlung durch elektronische Datenübertragung, soweit nicht eine bestimmte Form der Übermittlung gesetzlich vorgeschrieben ist,
11. Bestimmungen darüber zu treffen, in welchen Fällen und unter welchen Voraussetzungen Eingaben und Schriftstücke in Markenangelegenheiten in anderen Sprachen als der deutschen Sprache berücksichtigt werden,

---

[1] § 64a neu gef. mWv 14.1.2019 durch G v. 11.12.2018 (BGBl. I S. 2357).

[2] § 65 Abs. 1 Nr. 7 geänd. durch G v. 19.7.1996 (BGBl. I S. 1014); Nr. 14 angef. durch G v. 22.6.1998 (BGBl. I S. 1474); Nr. 1, 12 neu gef. durch G. v. 22.7.1998 (BGBl. I S. 1827); Abs. 1 Nr. 12 geänd., Nr. 13 aufgeh., bish. Nr. 14 wird Nr. 13, Abs. 2 geänd. mWv 1.1.2002 durch G v. 13.12.2001 (BGBl. I S. 3656); Abs. 1 Nr. 1 neu gef. mWv 19.3.2004 durch G v. 12.3.2004 (BGBl. I S. 390); Abs. 1 einl. Satzteil, Abs. 2 geänd. mWv 8.9.2015 durch VO v. 31.8.2015 (BGBl. I S. 1474); Abs. 1 Nr. 4–7 geänd., Nr. 8 eingef., bish. Nr. 8–13 werden Nr. 9–14, neue Nr. 10, 12 und 13 geänd. mWv 14.1.2019 durch G v. 11.12.2018 (BGBl. I S. 2357); Abs. 1 Nr. 14 geänd., Nr. 15 angef. mWv 18.8.2021 durch G v. 10.8.2021 (BGBl. I S. 3490).

[3] Siehe VO zur Ausführung des Markengesetzes (Markenverordnung – MarkenV) **(Habersack, Deutsche Gesetze ErgBd. Nr. 72a).**

12. Beamte und Beamtinnen des gehobenen Dienstes oder vergleichbare Angestellte mit der Wahrnehmung von Angelegenheiten zu betrauen, die den Markenabteilungen obliegen und die ihrer Art nach keine besonderen rechtlichen Schwierigkeiten bieten, mit Ausnahme der Beschlußfassung über die Löschung von Marken aufgrund Verzichts, Verfalls oder Nichtigkeit (§ 48 Abs. 1, § 53), der Abgabe von Gutachten (§ 58 Abs. 1) und der Entscheidungen, mit denen die Abgabe eines Gutachten abgelehnt wird,
13. Beamte und Beamtinnen des mittleren Dienstes oder vergleichbare Angestellte mit der Wahrnehmung von Angelegenheiten zu betrauen, die den Markenstellen oder Markenabteilungen obliegen und die ihrer Art nach keine besonderen rechtlichen Schwierigkeiten bieten, mit Ausnahme von Entscheidungen über Anmeldungen und Widersprüche,
14. die in die Veröffentlichung nach § 33 Abs. 3 aufzunehmenden Angaben zu regeln und Umfang sowie Art und Weise der Veröffentlichung dieser Angaben festzulegen,
15. für Fristen in Markenangelegenheiten eine für alle Dienststellen des Deutschen Patent- und Markenamts geltende Regelung über die zu berücksichtigenden gesetzlichen Feiertage zu treffen.

(2) Das Bundesministerium der Justiz und für Verbraucherschutz kann die Ermächtigung zum Erlaß von Rechtsverordnungen nach Absatz 1 durch Rechtsverordnung ohne Zustimmung des Bundesrates ganz oder teilweise dem Deutschen Patent- und Markenamt übertragen.

**§ 65a[1] Verwaltungszusammenarbeit.** Das Deutsche Patent- und Markenamt arbeitet in den Tätigkeitsbereichen, die für den nationalen, internationalen und den Markenschutz in der Europäischen Union von Belang sind, effektiv mit anderen nationalen Markenämtern, der Weltorganisation für geistiges Eigentum und dem Amt der Europäischen Union für geistiges Eigentum zusammen und fördert die Angleichung von Vorgehensweisen und Instrumenten im Zusammenhang mit der Prüfung, Eintragung, Verwaltung und Löschung von Marken.

## Abschnitt 5.[2] Verfahren vor dem Bundespatentgericht

**§ 66[3] Beschwerde.** (1) [1] Gegen die Beschlüsse der Markenstellen und der Markenabteilungen findet unbeschadet der Vorschrift des § 64 die Beschwerde an das Bundespatentgericht statt. [2] Die Beschwerde steht den am Verfahren vor dem Deutschen Patent- und Markenamt Beteiligten zu. [3] Die Beschwerde hat aufschiebende Wirkung.

(2) Die Beschwerde ist innerhalb eines Monats nach Zustellung des Beschlusses beim Deutschen Patent- und Markenamt schriftlich einzulegen.

(3) [1] Ist über eine Erinnerung nach § 64 innerhalb von sechs Monaten nach ihrer Einlegung nicht entschieden worden und hat der Erinnerungsführer nach Ablauf dieser Frist Antrag auf Entscheidung gestellt, so ist die Beschwerde abweichend von Absatz 1 Satz 1 unmittelbar gegen den Beschluß der Markenstelle oder

---

[1] § 65a eingef. mWv 14.1.2019 durch G v. 11.12.2018 (BGBl. I S. 2357).

[2] Abschnitt 5 Überschrift neu gef. mWv 14.1.2019 durch G v. 11.12.2018 (BGBl. I S. 2357).

[3] § 66 Abs. 2 geänd., Abs. 3 Satz 6 neu gef., Abs. 5 aufgeh., bish. Abs. 6 wird Abs. 5 und geänd. mWv 1.1.2002 durch G v. 13.12.2001 (BGBl. I S. 3656); Abs. 1 Satz 1 neu gef. mWv 1.10.2009 durch G v. 31.7.2009 (BGBl. I S. 2521); Abs. 5 Satz 6 angef. mWv 1.1.2014 durch G v. 31.8.2013 (BGBl. I S. 3533); Abs. 1 Sätze 1 und 2, Abs. 2, Abs. 5 Sätze 4–6 geänd. mWv 14.1.2019 durch G v. 11.12.2018 (BGBl. I S. 2357).

der Markenabteilung zulässig, wenn über die Erinnerung nicht innerhalb von zwei Monaten nach Zugang des Antrags entschieden worden ist. [2] Steht dem Erinnerungsführer in dem Erinnerungsverfahren ein anderer Beteiligter gegenüber, so ist Satz 1 mit der Maßgabe anzuwenden, daß an die Stelle der Frist von sechs Monaten nach Einlegung der Erinnerung eine Frist von zehn Monaten tritt. [3] Hat der andere Beteiligte ebenfalls Erinnerung eingelegt, so bedarf die Beschwerde nach Satz 2 der Einwilligung des anderen Beteiligten. [4] Die schriftli-

*(Fortsetzung nächstes Blatt)*

che Erklärung der Einwilligung ist der Beschwerde beizufügen. [5] Legt der andere Beteiligte nicht innerhalb einer Frist von einem Monat nach Zustellung der Beschwerde gemäß Absatz 4 Satz 2 ebenfalls Beschwerde ein, so gilt seine Erinnerung als zurückgenommen. [6] Der Lauf der Fristen nach den Sätzen 1 und 2 wird gehemmt, wenn das Verfahren ausgesetzt oder wenn einem Beteiligten auf sein Gesuch oder auf Grund zwingender Vorschriften eine Frist gewährt wird. [7] Der noch übrige Teil der Fristen nach den Sätzen 1 und 2 beginnt nach Beendigung der Aussetzung oder nach Ablauf der gewährten Frist zu laufen. [8] Nach Erlaß der Erinnerungsentscheidung findet die Beschwerde nach den Sätzen 1 und 2 nicht mehr statt.

(4) [1] Der Beschwerde und allen Schriftsätzen sollen Abschriften für die übrigen Beteiligten beigefügt werden. [2] Die Beschwerde und alle Schriftsätze, die Sachanträge oder die Erklärung der Zurücknahme der Beschwerde oder eines Antrags enthalten, sind den übrigen Beteiligten von Amts wegen zuzustellen. [3] Andere Schriftsätze sind ihnen formlos mitzuteilen, sofern nicht die Zustellung angeordnet wird.

(5) [1] Erachtet die Stelle, deren Beschluß angefochten wird, die Beschwerde für begründet, so hat sie ihr abzuhelfen. [2] Dies gilt nicht, wenn dem Beschwerdeführer ein anderer an dem Verfahren Beteiligter gegenübersteht. [3] Die Stelle kann anordnen, daß die Beschwerdegebühr nach dem Patentkostengesetz[1)] zurückgezahlt wird. [4] Wird der Beschwerde nicht nach Satz 1 abgeholfen, so ist sie vor Ablauf von einem Monat ohne sachliche Stellungnahme dem Bundespatentgericht vorzulegen. [5] In den Fällen des Satzes 2 ist die Beschwerde unverzüglich dem Bundespatentgericht vorzulegen. [6] In den Verfahren ohne die Beteiligung Dritter im Sinne des Satzes 2 ist ein Antrag auf Bewilligung von Verfahrenskostenhilfe für das Beschwerdeverfahren dem Bundespatentgericht unverzüglich zur Vorabentscheidung vorzulegen.

**§ 67[2)] Beschwerdesenate; Öffentlichkeit der Verhandlung.** (1) Über Beschwerden im Sinne des § 66 entscheidet ein Beschwerdesenat des Bundespatentgerichts in der Besetzung mit drei rechtskundigen Mitgliedern.

(2) Die Verhandlung über Beschwerden gegen Beschlüsse der Markenstellen und der Markenabteilungen einschließlich der Verkündung der Entscheidungen ist öffentlich, sofern die Eintragung veröffentlicht worden ist.

(3) Die §§ 172 bis 175 des Gerichtsverfassungsgesetzes[3)] gelten entsprechend mit der Maßgabe, daß

1. die Öffentlichkeit für die Verhandlung auf Antrag eines Beteiligten auch dann ausgeschlossen werden kann, wenn sie eine Gefährdung schutzwürdiger Interessen des Antragstellers besorgen läßt,
2. die Öffentlichkeit für die Verkündung der Entscheidungen bis zur Veröffentlichung der Eintragung ausgeschlossen ist.

**§ 68[4)] Beteiligung des Präsidenten oder der Präsidentin des Deutschen Patent- und Markenamts.** (1) [1] Der Präsident oder die Präsidentin des Deutschen Patent- und Markenamts kann, wenn er oder sie dies zur Wahrung des

[1)] **Schönfelder ErgBd. Nr. 70b.**

[2)] § 67 Abs. 1 geänd. mWv 14.1.2019 durch G v. 11.12.2018 (BGBl. I S. 2357).

[3)] Nr. **95**.

[4)] § 68 neu gef. mWv 14.1.2019 durch G v. 11.12.2018 (BGBl. I S. 2357).

öffentlichen Interesses als angemessen erachtet, im Beschwerdeverfahren dem Bundespatentgericht gegenüber schriftliche Erklärungen abgeben, an den Terminen teilnehmen und in ihnen Ausführungen machen. 2 Schriftliche Erklärungen des Präsidenten oder der Präsidentin des Deutschen Patent- und Markenamts sind den Beteiligten von dem Bundespatentgericht mitzuteilen.

(2) 1 Das Bundespatentgericht kann, wenn es dies wegen einer Rechtsfrage von grundsätzlicher Bedeutung als angemessen erachtet, dem Präsidenten oder der Präsidentin des Deutschen Patent- und Markenamts anheimgeben, dem Beschwerdeverfahren beizutreten. 2 Mit dem Eingang der Beitrittserklärung erlangt der Präsident oder die Präsidentin des Deutschen Patent- und Markenamts die Stellung eines oder einer Beteiligten.

**§ 69[1)] Mündliche Verhandlung.** Eine mündliche Verhandlung findet statt, wenn

1. einer der Beteiligten sie beantragt,
2. vor dem Bundespatentgericht Beweis erhoben wird (§ 74 Abs. 1) oder
3. das Bundespatentgericht sie für sachdienlich erachtet.

**§ 70[2)] Entscheidung über die Beschwerde.** (1) Über die Beschwerde wird durch Beschluß entschieden.

(2) Der Beschluß, durch den eine Beschwerde als unzulässig verworfen wird, kann ohne mündliche Verhandlung ergehen.

(3) Das Bundespatentgericht kann die angefochtene Entscheidung aufheben, ohne in der Sache selbst zu entscheiden, wenn

1. das Deutsche Patent- und Markenamt noch nicht in der Sache selbst entschieden hat,
2. das Verfahren vor dem Deutschen Patent- und Markenamt an einem wesentlichen Mangel leidet oder
3. neue Tatsachen oder Beweismittel bekannt werden, die für die Entscheidung wesentlich sind.

(4) Das Deutsche Patent- und Markenamt hat die rechtliche Beurteilung, die der Aufhebung nach Absatz 3 zugrunde liegt, auch seiner Entscheidung zugrunde zu legen.

**§ 71[3)] Kosten des Beschwerdeverfahrens.** (1) 1 Sind an dem Verfahren mehrere Personen beteiligt, so kann das Bundespatentgericht bestimmen, daß die Kosten des Verfahrens einschließlich der den Beteiligten erwachsenen Kosten, soweit sie zur zweckentsprechenden Wahrung der Ansprüche und Rechte notwendig waren, einem Beteiligten ganz oder teilweise zur Last fallen, wenn dies der Billigkeit entspricht. 2 Soweit eine Bestimmung über die Kosten nicht getroffen wird, trägt jeder Beteiligte die ihm erwachsenen Kosten selbst.

---

1) § 69 Nr. 2 und 3 geänd. mWv 14.1.2019 durch G v. 11.12.2018 (BGBl. I S. 2357).

2) § 70 Abs. 3 einl. Satzteil, Nr. 1 und 2, Abs. 4 geänd. mWv 14.1.2019 durch G v. 11.12.2018 (BGBl. I S. 2357).

3) § 71 Abs. 3 geänd. mWv 1.1.2002 durch G v. 13.12.2001 (BGBl. I S. 3656); Abs. 5 neu gef. mWv 1.7.2006 durch G v. 21.6.2006 (BGBl. I S. 1318); Abs. 1 Satz 1 geänd., Abs. 2 neu gef., Abs. 3 und 4 geänd. mWv 14.1.2019 durch G v. 11.12.2018 (BGBl. I S. 2357).

(2) Dem Präsidenten oder der Präsidentin des Deutschen Patent- und Markenamts können Kosten nur auferlegt werden, wenn er oder sie nach seinem oder ihrem Beitritt in dem Verfahren Anträge gestellt hat.

(3) Das Bundespatentgericht kann anordnen, daß die Beschwerdegebühr nach dem Patentkostengesetz[1] zurückgezahlt wird.

(4) Die Absätze 1 bis 3 sind auch anzuwenden, wenn der Beteiligte die Beschwerde, die Anmeldung der Marke, den Widerspruch oder den Antrag auf Erklärung des Verfalls oder der Nichtigkeit ganz oder teilweise zurücknimmt oder wenn die Eintragung der Marke wegen Verzichts oder wegen Nichtverlängerung der Schutzdauer ganz oder teilweise im Register gelöscht wird.

(5) Im Übrigen gelten die Vorschriften der Zivilprozessordnung[2] über das Kostenfestsetzungsverfahren (§§ 103 bis 107) und die Zwangsvollstreckung aus Kostenfestsetzungsbeschlüssen (§§ 724 bis 802) entsprechend.

**§ 72[3] Ausschließung und Ablehnung.** (1) Für die Ausschließung und Ablehnung der Gerichtspersonen gelten die §§ 41 bis 44 und 47 bis 49 der Zivilprozeßordnung[2] entsprechend.

(2) Von der Ausübung des Amtes als Richter ist auch ausgeschlossen, wer bei dem vorausgegangenen Verfahren vor dem Deutschen Patent- und Markenamt mitgewirkt hat

(3) [1] Über die Ablehnung eines Richters entscheidet der Senat, dem der Abgelehnte angehört. [2] Wird der Senat durch das Ausscheiden des abgelehnten Mitglieds beschlußunfähig, so entscheidet ein anderer Beschwerdesenat.

(4) Über die Ablehnung eines Urkundsbeamten entscheidet der Senat, in dessen Geschäftsbereich die Sache fällt.

**§ 73[4] Ermittlung des Sachverhalts; Vorbereitung der mündlichen Verhandlung.** (1) [1] Das Bundespatentgericht ermittelt den Sachverhalt von Amts wegen. [2] Es ist an das Vorbringen und die Beweisanträge der Beteiligten nicht gebunden.

(2) [1] Der oder die Vorsitzende oder ein von ihm oder ihr zu bestimmendes Mitglied des Senats hat schon vor der mündlichen Verhandlung oder, wenn eine solche nicht stattfindet, vor der Entscheidung des Bundespatentgerichts alle Anordnungen zu treffen, die notwendig sind, um die Sache möglichst in einer mündlichen Verhandlung oder in einer Sitzung zu erledigen. [2] Im übrigen gilt § 273 Abs. 2, Abs. 3 Satz 1 und Abs. 4 Satz 1 der Zivilprozeßordnung[2] entsprechend.

**§ 74[5] Beweiserhebung.** (1) [1] Das Bundespatentgericht erhebt Beweis in der mündlichen Verhandlung. [2] Es kann insbesondere Augenschein einnehmen, Zeugen, Sachverständige und Beteiligte vernehmen und Urkunden heranziehen.

(2) Das Bundespatentgericht kann in geeigneten Fällen schon vor der mündlichen Verhandlung durch eines seiner Mitglieder als beauftragten Richter Beweis

---

[1] **Habersack, Deutsche Gesetze ErgBd. Nr. 70b.**
[2] Nr. **100**.
[3] § 72 Abs. 2 geänd. mWv 14.1.2019 durch G v. 11.12.2018 (BGBl. I S. 2357).
[4] § 73 Abs. 1 Satz 1, Abs. 2 Satz 1 geänd. mWv 14.1.2019 durch G v. 11.12.2018 (BGBl. I S. 2357).
[5] § 74 Abs. 1 Satz 1, Abs. 2 und Abs. 3 Satz 3 geänd. mWv 14.1.2019 durch G v. 11.12.2018 (BGBl. I S. 2357).

erheben lassen oder unter Bezeichnung der einzelnen Beweisfragen ein anderes Gericht um die Beweisaufnahme ersuchen.

(3) [1] Die Beteiligten werden von allen Beweisterminen benachrichtigt und können der Beweisaufnahme beiwohnen. [2] Sie können an Zeugen und Sachverständige sachdienliche Fragen richten. [3] Wird eine Frage beanstandet, so entscheidet das Bundespatentgericht.

**§ 75 Ladungen.** (1) [1] Sobald der Termin zur mündlichen Verhandlung bestimmt ist, sind die Beteiligten mit einer Ladungsfrist von mindestens zwei Wochen zu laden. [2] In dringenden Fällen kann der Vorsitzende die Frist abkürzen.

(2) Bei der Ladung ist darauf hinzuweisen, daß beim Ausbleiben eines Beteiligten auch ohne ihn verhandelt und entschieden werden kann.

**§ 76[1)] Gang der Verhandlung.** (1) Der oder die Vorsitzende eröffnet und leitet die mündliche Verhandlung.

(2) Nach Aufruf der Sache trägt der oder die Vorsitzende oder der Berichterstatter oder die Berichterstatterin den wesentlichen Inhalt der Akten vor.

(3) Hierauf erhalten die Beteiligten das Wort, um ihre Anträge zu stellen und zu begründen.

(4) Der oder die Vorsitzende hat die Sache mit den Beteiligten in tatsächlicher und rechtlicher Hinsicht zu erörtern.

(5) [1] Der oder die Vorsitzende hat jedem Mitglied des Senats auf Verlangen zu gestatten, Fragen zu stellen. [2] Wird eine Frage beanstandet, so entscheidet der Senat.

(6) [1] Nach Erörterung der Sache erklärt der oder die Vorsitzende die mündliche Verhandlung für geschlossen. [2] Der Senat kann die Wiedereröffnung beschließen.

**§ 77 Niederschrift.** (1) [1] Zur mündlichen Verhandlung und zu jeder Beweisaufnahme wird ein Urkundsbeamter der Geschäftsstelle als Schriftführer zugezogen. [2] Wird auf Anordnung des Vorsitzenden von der Zuziehung des Schriftführers abgesehen, besorgt ein Richter die Niederschrift.

(2) [1] Über die mündliche Verhandlung und jede Beweisaufnahme ist eine Niederschrift aufzunehmen. [2] Die §§ 160 bis 165 der Zivilprozeßordnung[2)] sind entsprechend anzuwenden.

**§ 78[3)] Beweiswürdigung; rechtliches Gehör.** (1) [1] Das Bundespatentgericht entscheidet nach seiner freien, aus dem Gesamtergebnis des Verfahrens gewonnenen Überzeugung. [2] In der Entscheidung sind die Gründe anzugeben, die für die richterliche Überzeugung leitend gewesen sind.

(2) Die Entscheidung darf nur auf Tatsachen und Beweisergebnisse gestützt werden, zu denen die Beteiligten sich äußern konnten.

---

[1)] § 76 neu gef. mWv 14.1.2019 durch G v. 11.12.2018 (BGBl. I S. 2357).
[2)] Nr. **100**.
[3)] § 78 Abs. 1 Satz 1 geänd. mWv 14.1.2019 durch G v. 11.12.2018 (BGBl. I S. 2357).

(3) Ist eine mündliche Verhandlung vorhergegangen, so kann ein Richter, der bei der letzten mündlichen Verhandlung nicht zugegen war, bei der Beschlußfassung nur mitwirken, wenn die Beteiligten zustimmen.

**§ 79**[1)] **Verkündung; Zustellung; Begründung.** (1) [1] Die Endentscheidungen des Bundespatentgerichts werden, wenn eine mündliche Verhandlung stattgefunden hat, in dem Termin, in dem die mündliche Verhandlung geschlossen wird, oder in einem sofort anzuberaumenden Termin verkündet. [2] Dieser soll nur dann über drei Wochen hinaus angesetzt werden, wenn wichtige Gründe, insbesondere der Umfang oder die Schwierigkeit der Sache, dies erfordern. [3] Statt der Verkündung ist die Zustellung der Endentscheidung zulässig. [4] Entscheidet das Bundespatentgericht ohne mündliche Verhandlung, so wird die Verkündung durch Zustellung an die Beteiligten ersetzt. [5] Die Endentscheidungen sind den Beteiligten von Amts wegen zuzustellen.

(2) Die Entscheidungen des Bundespatentgerichts, durch die ein Antrag zurückgewiesen oder über ein Rechtsmittel entschieden wird, sind zu begründen.

**§ 80**[2)] **Berichtigungen.** (1) Schreibfehler, Rechenfehler und ähnliche offenbare Unrichtigkeiten in der Entscheidung sind jederzeit vom Bundespatentgericht zu berichtigen.

(2) Enthält der Tatbestand der Entscheidung andere Unrichtigkeiten oder Unklarheiten, so kann die Berichtigung innerhalb von zwei Wochen nach Zustellung der Entscheidung beantragt werden.

(3) Über die Berichtigung nach Absatz 1 kann ohne vorherige mündliche Verhandlung entschieden werden.

(4) [1] Über den Antrag auf Berichtigung nach Absatz 2 entscheidet das Bundespatentgericht ohne Beweisaufnahme durch Beschluß. [2] Hierbei wirken nur die Richter mit, die bei der Entscheidung, deren Berichtigung beantragt ist, mitgewirkt haben.

(5) Der Berichtigungsbeschluß wird auf der Entscheidung und den Ausfertigungen vermerkt.

**§ 81**[3)] **Vertretung; Vollmacht.** (1) [1] Die Beteiligten können vor dem Bundespatentgericht den Rechtsstreit selbst führen. [2] § 96 bleibt unberührt.

(2) [1] Die Beteiligten können sich durch einen Rechtsanwalt oder Patentanwalt als Bevollmächtigten vertreten lassen. [2] Darüber hinaus sind als Bevollmächtigte vor dem Bundespatentgericht vertretungsbefugt nur

1. Beschäftigte des Beteiligten oder eines mit ihm verbundenen Unternehmens (§ 15 des Aktiengesetzes[4)]); Behörden und juristische Personen des öffentlichen Rechts einschließlich der von ihnen zur Erfüllung ihrer öffentlichen Aufgaben gebildeten Zusammenschlüsse können sich auch durch Beschäftigte anderer Behörden oder juristischer Personen des öffentlichen Rechts ein-

---

[1)] § 79 Abs. 1 Sätze 1 und 4, Abs. 2 geänd. mWv 14.1.2019 durch G v. 11.12.2018 (BGBl. I S. 2357).

[2)] § 80 Abs. 1 und Abs. 4 Satz 1 geänd. mWv 14.1.2019 durch G v. 11.12.2018 (BGBl. I S. 2357).

[3)] § 81 Abs. 1 neu gef., Abs. 2–4 eingef., bish. Abs. 2 und 3 werden Abs. 5 und 6 mWv 1.7.2008 durch G v. 12.12.2007 (BGBl. I S. 2840); Abs. 1 Satz 1, Abs. 2 Satz 2 einl. Satzteil, Abs. 5 Satz 3 und Abs. 6 Satz 2 geänd. mWv 14.1.2019 durch G v. 11.12.2018 (BGBl. I S. 2357).

[4)] Nr. **51**.

schließlich der von ihnen zur Erfüllung ihrer öffentlichen Aufgaben gebildeten Zusammenschlüsse vertreten lassen,

2. volljährige Familienangehörige (§ 15 der Abgabenordnung, § 11 des Lebenspartnerschaftsgesetzes[1)]), Personen mit Befähigung zum Richteramt und Streitgenossen, wenn die Vertretung nicht im Zusammenhang mit einer entgeltlichen Tätigkeit steht.

[3] Bevollmächtigte, die keine natürlichen Personen sind, handeln durch ihre Organe und mit der Prozessvertretung beauftragten Vertreter.

(3) [1] Das Gericht weist Bevollmächtigte, die nicht nach Maßgabe des Absatzes 2 vertretungsbefugt sind, durch unanfechtbaren Beschluss zurück. [2] Prozesshandlungen eines nicht vertretungsbefugten Bevollmächtigten und Zustellungen oder Mitteilungen an diesen Bevollmächtigten sind bis zu seiner Zurückweisung wirksam. [3] Das Gericht kann den in Absatz 2 Satz 2 bezeichneten Bevollmächtigten durch unanfechtbaren Beschluss die weitere Vertretung untersagen, wenn sie nicht in der Lage sind, das Sach- und Streitverhältnis sachgerecht darzustellen.

(4) Richter dürfen nicht als Bevollmächtigte vor dem Gericht auftreten, dem sie angehören.

(5) [1] Die Vollmacht ist schriftlich zu den Gerichtsakten einzureichen. [2] Sie kann nachgereicht werden. [3] Das Bundespatentgericht kann hierfür eine Frist bestimmen.

(6) [1] Der Mangel der Vollmacht kann in jeder Lage des Verfahrens geltend gemacht werden. [2] Das Bundespatentgericht hat den Mangel der Vollmacht von Amts wegen zu berücksichtigen, wenn nicht als Bevollmächtigter ein Rechtsanwalt oder ein Patentanwalt auftritt.

**§ 81a[2)] Verfahrenskostenhilfe.** (1) Im Verfahren vor dem Bundespatentgericht erhält ein Beteiligter auf Antrag unter entsprechender Anwendung der §§ 114 bis 116 der Zivilprozessordnung[3)] Verfahrenskostenhilfe.

(2) Im Übrigen sind § 130 Absatz 2 und 3 sowie die §§ 133 bis 137 des Patentgesetzes[4)] entsprechend anzuwenden.

**§ 82[5)] Anwendung weiterer Vorschriften; Anfechtbarkeit; Akteneinsicht.** (1) [1] Soweit dieses Gesetz keine Bestimmungen über das Verfahren vor dem Bundespatentgericht enthält, sind das Gerichtsverfassungsgesetz[6)] und die Zivilprozeßordnung[3)] entsprechend anzuwenden, wenn die Besonderheiten des Verfahrens vor dem Bundespatentgericht dies nicht ausschließen. [2] § 227 Abs. 3 Satz 1 der Zivilprozeßordnung ist nicht anzuwenden. [3] Im Verfahren vor dem Bundespatentgericht gilt für die Gebühren das Patentkostengesetz[7)], für die Auslagen gilt das Gerichtskostengesetz[8)] entsprechend.

---

1) **Schönfelder ErgBd. Nr. 43.**

2) § 81a eingef. mWv 1.1.2014 durch G v. 31.8.2013 (BGBl. I S. 3533); Abs. 1 geänd. mWv 14.1.2019 durch G v. 11.12.2018 (BGBl. I S. 2357).

3) Nr. **100**.

4) **Schönfelder ErgBd. Nr. 70.**

5) § 82 Abs. 1 Satz 2 neu gef. durch G v. 28.10.1996 (BGBl. I S. 1546); Abs. 1 Satz 3 neu gef. mWv 1.1.2002 durch G v. 13.12.2001 (BGBl. I S. 3656); Abs. 3 Satz 1 geänd. mWv 25.10.2013 durch G v. 19.10.2013 (BGBl. I S. 3830); Abs. 1 Sätze 1 und 3, Abs. 2 und Abs. 3 Satz 2 geänd. mWv 14.1.2019 durch G v. 11.12.2018 (BGBl. I S. 2357).

6) Nr. **95**.

7) **Schönfelder ErgBd. Nr. 70b.**

8) Nr. **115**.

(2) Eine Anfechtung der Entscheidungen des Bundespatentgerichts findet nur statt, soweit dieses Gesetz sie zuläßt.

(3) [1] Für die Gewährung der Akteneinsicht an dritte Personen ist § 62 Abs. 1 bis 4 entsprechend anzuwenden. [2] Über den Antrag entscheidet das Bundespatentgericht.

### Abschnitt 6. Verfahren vor dem Bundesgerichtshof

**§ 83[1)] Zugelassene und zulassungsfreie Rechtsbeschwerde.** (1) [1] Gegen die Beschlüsse der Beschwerdesenate des Bundespatentgerichts, durch die über eine Beschwerde nach § 66 entschieden wird, findet die Rechtsbeschwerde an den Bundesgerichtshof statt, wenn der Beschwerdesenat die Rechtsbeschwerde in dem Beschluß zugelassen hat. [2] Die Rechtsbeschwerde hat aufschiebende Wirkung.

(2) Die Rechtsbeschwerde ist zuzulassen, wenn

1. eine Rechtsfrage von grundsätzlicher Bedeutung zu entscheiden ist oder
2. die Fortbildung des Rechts oder die Sicherung einer einheitlichen Rechtsprechung eine Entscheidung des Bundesgerichtshofs erfordert.

(3) Einer Zulassung zur Einlegung der Rechtsbeschwerde bedarf es nicht, wenn gerügt wird,

1. daß das beschließende Gericht nicht vorschriftsmäßig besetzt war,
2. daß bei dem Beschluß ein Richter mitgewirkt hat, der von der Ausübung des Richteramtes kraft Gesetzes ausgeschlossen oder wegen Besorgnis der Befangenheit mit Erfolg abgelehnt war,
3. daß einem Beteiligten das rechtliche Gehör versagt war,
4. daß ein Beteiligter im Verfahren nicht nach Vorschrift des Gesetzes vertreten war, sofern er nicht der Führung des Verfahrens ausdrücklich oder stillschweigend zugestimmt hat,
5. daß der Beschluß aufgrund einer mündlichen Verhandlung ergangen ist, bei der die Vorschriften über die Öffentlichkeit des Verfahrens verletzt worden sind, oder
6. daß der Beschluß nicht mit Gründen versehen ist.

**§ 84[2)] Beschwerdeberechtigung; Beschwerdegründe.** (1) Die Rechtsbeschwerde steht den am Beschwerdeverfahren Beteiligten zu.

(2) [1] Die Rechtsbeschwerde kann nur darauf gestützt werden, daß der Beschluß auf einer Verletzung des Rechts beruht. [2] Die §§ 546 und 547 der Zivilprozeßordnung gelten entsprechend.

**§ 85[3)] Förmliche Voraussetzungen.** (1) Die Rechtsbeschwerde ist innerhalb eines Monats nach Zustellung des Beschlusses beim Bundesgerichtshof schriftlich einzulegen.

(2) In dem Rechtsbeschwerdeverfahren vor dem Bundesgerichtshof gelten die Bestimmungen des § 142 über die Streitwertbegünstigung entsprechend.

---

[1)] § 83 Abs. 1 Satz 1 geänd. mWv 14.1.2019 durch G v. 11.12.2018 (BGBl. I S. 2357).

[2)] § 84 Abs. 2 Sätze 1 und 2 geänd. mWv 1.1.2002 durch G v. 27.7.2001 (BGBl. I S. 1887).

[3)] § 85 Abs. 2 neu gef. durch G. v. 16.7.1998 (BGBl. I S. 1827); Abs. 5 Satz 4 geänd. mWv 1.1.2002 durch G v. 13.12.2001 (BGBl. I S. 3656) und geänd. mWv 1.7.2004 durch G v. 5.5.2004 (BGBl. I S. 718); Abs. 5 Satz 3 aufgeh., bish. Satz 4 wird Satz 3 mWv 1.7.2008 durch G v. 12.12.2007 (BGBl. I S. 2840).

(3) [1] Die Rechtsbeschwerde ist zu begründen. [2] Die Frist für die Begründung beträgt einen Monat. [3] Sie beginnt mit der Einlegung der Rechtsbeschwerde und kann auf Antrag vom Vorsitzenden verlängert werden.

(4) Die Begründung der Rechtsbeschwerde muß enthalten

1. die Erklärung, inwieweit der Beschluß angefochten und seine Abänderung oder Aufhebung beantragt wird,
2. die Bezeichnung der verletzten Rechtsnorm und
3. wenn die Rechtsbeschwerde auf die Verletzung von Verfahrensvorschriften gestützt wird, die Bezeichnung der Tatsachen, die den Mangel ergeben.

(5) [1] Vor dem Bundesgerichtshof müssen sich die Beteiligten durch einen beim Bundesgerichtshof zugelassenen Rechtsanwalt als Bevollmächtigten vertreten lassen. [2] Auf Antrag eines Beteiligten ist seinem Patentanwalt das Wort zu gestatten. [3] Von den Kosten, die durch die Mitwirkung eines Patentanwalts entstehen, sind die Gebühren nach § 13 des Rechtsanwaltsvergütungsgesetzes[1)] und außerdem die notwendigen Auslagen des Patentanwalts zu erstatten.

**§ 86 Prüfung der Zulässigkeit.** [1] Der Bundesgerichtshof hat von Amts wegen zu prüfen, ob die Rechtsbeschwerde an sich statthaft und ob sie in der gesetzlichen Form und Frist eingelegt und begründet ist. [2] Liegen die Voraussetzungen nicht vor, so ist die Rechtsbeschwerde als unzulässig zu verwerfen.

**§ 87[2)] Mehrere Beteiligte.** (1) [1] Sind an dem Verfahren über die Rechtsbeschwerde mehrere Personen beteiligt, so sind die Beschwerdeschrift und die Beschwerdebegründung den anderen Beteiligten mit der Aufforderung zuzustellen, etwaige Erklärungen innerhalb einer bestimmten Frist nach Zustellung beim Bundesgerichtshof schriftlich einzureichen. [2] Mit der Zustellung der Beschwerdeschrift ist der Zeitpunkt mitzuteilen, in dem die Rechtsbeschwerde eingelegt ist. [3] Die erforderliche Zahl von beglaubigten Abschriften soll der Beschwerdeführer mit der Beschwerdeschrift oder der Beschwerdebegründung einreichen.

(2) Ist der Präsident oder die Präsidentin des Deutschen Patent- und Markenamts nicht am Verfahren über die Rechtsbeschwerde beteiligt, so ist § 68 Abs. 1 entsprechend anzuwenden.

**§ 88[3)] Anwendung weiterer Vorschriften.** (1) [1] Im Verfahren über die Rechtsbeschwerde gelten die Vorschriften der Zivilprozessordnung[4)] über Ausschließung und Ablehnung der Gerichtspersonen (§§ 41 bis 49), über Prozessbevollmächtigte und Beistände (§§ 78 bis 90), über Zustellungen von Amts wegen (§§ 166 bis 190), über Ladungen, Termine und Fristen (§§ 214 bis 229) und über Wiedereinsetzung in den vorigen Stand (§§ 233 bis 238) entsprechend. [2] Im Falle der Wiedereinsetzung in den vorigen Stand gilt § 91 Abs. 8 entsprechend. [3] Auf Antrag ist einem Beteiligten unter entsprechender Anwendung des § 138 des Patentgesetzes[5)] Verfahrenskostenhilfe zu bewilligen.

(2) Für die Öffentlichkeit des Verfahrens gilt § 67 Abs. 2 und 3 entsprechend.

---

[1)] Nr. **117**.

[2)] § 87 Abs. 2 geänd. mWv 14.1.2019 durch G v. 11.12.2018 (BGBl. I S. 2357).

[3)] § 88 Abs. 1 Satz 1 neu gef. mWv 1.7.2006 durch G v. 21.6.2006 (BGBl. I S. 1318); Abs. 1 Satz 3 angef. mWv 1.1.2014 durch G v. 31.8.2013 (BGBl. I S. 3533).

[4)] Nr. **100**.

[5)] **Schönfelder ErgBd. Nr. 70.**

**§ 89[1)] Entscheidung über die Rechtsbeschwerde.** (1) [1] Die Entscheidung über die Rechtsbeschwerde ergeht durch Beschluß. [2] Die Entscheidung kann ohne mündliche Verhandlung getroffen werden.

(2) Der Bundesgerichtshof ist bei seiner Entscheidung an die in dem angefochtenen Beschluß getroffenen tatsächlichen Feststellungen gebunden, außer wenn in bezug auf diese Feststellungen zulässige und begründete Rechtsbeschwerdegründe vorgebracht sind.

(3) Die Entscheidung ist zu begründen und den Beteiligten von Amts wegen zuzustellen.

(4) [1] Im Falle der Aufhebung des angefochtenen Beschlusses ist die Sache zur anderweitigen Verhandlung und Entscheidung an das Bundespatentgericht zurückzuverweisen. [2] Das Bundespatentgericht hat die rechtliche Beurteilung, die der Aufhebung zugrunde gelegt ist, auch seiner Entscheidung zugrunde zu legen.

**§ 89a[2)] Abhilfe bei Verletzung des Anspruchs auf rechtliches Gehör.** [1] Auf die Rüge der durch die Entscheidung beschwerten Partei ist das Verfahren fortzuführen, wenn das Gericht den Anspruch dieser Partei auf rechtliches Gehör in entscheidungserheblicher Weise verletzt hat. [2] Gegen eine der Endentscheidung vorausgehende Entscheidung findet die Rüge nicht statt. [3] § 321a Abs. 2 bis 5 der Zivilprozessordnung[3)] ist entsprechend anzuwenden.

**§ 90[4)] Kostenentscheidung.** (1) [1] Sind an dem Verfahren mehrere Personen beteiligt, so kann der Bundesgerichtshof bestimmen, daß die Kosten des Verfahrens einschließlich der den Beteiligten erwachsenen Kosten, soweit sie zur zweckentsprechenden Wahrung der Ansprüche und Rechte notwendig waren, einem Beteiligten ganz oder teilweise zur Last fallen, wenn dies der Billigkeit entspricht. [2] Die Bestimmung kann auch getroffen werden, wenn der Beteiligte die Rechtsbeschwerde, die Anmeldung der Marke, den Widerspruch oder den Antrag auf Erklärung des Verfalls oder der Nichtigkeit ganz oder teilweise zurücknimmt oder wenn die Eintragung der Marke wegen Verzichts oder wegen Nichtverlängerung der Schutzdauer ganz oder teilweise im Register gelöscht wird. [3] Soweit eine Bestimmung über die Kosten nicht getroffen wird, trägt jeder Beteiligte die ihm erwachsenen Kosten selbst.

(2) [1] Wird die Rechtsbeschwerde zurückgewiesen oder als unzulässig verworfen, so sind die durch die Rechtsbeschwerde veranlaßten Kosten dem Beschwerdeführer aufzuerlegen. [2] Hat ein Beteiligter durch grobes Verschulden Kosten veranlaßt, so sind ihm diese aufzuerlegen.

(3) Dem Präsidenten oder der Präsidentin des Deutschen Patent- und Markenamts können Kosten nur auferlegt werden, wenn er oder sie die Rechtsbeschwerde eingelegt oder in dem Verfahren Anträge gestellt hat.

(4) Im Übrigen gelten die Vorschriften der Zivilprozessordnung[3)] über das Kostenfestsetzungsverfahren (§§ 103 bis 107) und die Zwangsvollstreckung aus Kostenfestsetzungsbeschlüssen (§§ 724 bis 802) entsprechend.

---

[1)] § 89 Abs. 4 Sätze 1 und 2 geänd. mWv 14.1.2019 durch G v. 11.12.2018 (BGBl. I S. 2357).

[2)] § 89a eingef. mWv 1.7.2006 durch G v. 21.6.2006 (BGBl. I S. 1318).

[3)] Nr. **100**.

[4)] § 90 Abs. 4 neu gef. mWv 1.7.2006 durch G v. 21.6.2006 (BGBl. I S. 1318); Abs. 1 Satz 2 geänd., Abs. 3 neu gef. mWv 14.1.2019 durch G v. 11.12.2018 (BGBl. I S. 2357).

## Abschnitt 7. Gemeinsame Vorschriften

**§ 91[1] Wiedereinsetzung.** (1) [1] Wer ohne Verschulden verhindert war, dem Deutschen Patent- und Markenamt oder dem Bundespatentgericht gegenüber eine Frist einzuhalten, deren Versäumung nach gesetzlicher Vorschrift einen Rechtsnachteil zur Folge hat, ist auf Antrag wieder in den vorigen Stand einzusetzen. [2] Dies gilt nicht für die Frist zur Erhebung des Widerspruchs und zur Zahlung der Widerspruchsgebühr (§ 6 Abs. 1 Satz 1 des Patentkostengesetzes[2]).

(2) Die Wiedereinsetzung muß innerhalb von zwei Monaten nach Wegfall des Hindernisses beantragt werden.

(3) [1] Der Antrag muß die Angabe der die Wiedereinsetzung begründenden Tatsachen enthalten. [2] Diese Tatsachen sind bei der Antragstellung oder im Verfahren über den Antrag glaubhaft zu machen.

(4) [1] Die versäumte Handlung ist innerhalb der Antragsfrist nachzuholen. [2] Ist dies geschehen, so kann Wiedereinsetzung auch ohne Antrag gewährt werden.

(5) Ein Jahr nach Ablauf der versäumten Frist kann die Wiedereinsetzung nicht mehr beantragt und die versäumte Handlung nicht mehr nachgeholt werden.

(6) Über den Antrag beschließt die Stelle, die über die nachgeholte Handlung zu beschließen hat.

(7) Die Wiedereinsetzung ist unanfechtbar.

(8) Wird dem Inhaber einer Marke Wiedereinsetzung gewährt, so kann er Dritten gegenüber, die in dem Zeitraum zwischen dem Eintritt des Rechtsverlustes an der Eintragung der Marke und der Wiedereinsetzung unter einem mit der Marke identischen oder ihr ähnlichen Zeichen gutgläubig Waren in den Verkehr gebracht oder Dienstleistungen erbracht haben, hinsichtlich dieser Handlungen keine Rechte geltend machen.

**§ 91a[3] Weiterbehandlung der Anmeldung.** (1) Ist nach Versäumung einer vom Deutschen Patent- und Markenamt bestimmten Frist die Markenanmeldung zurückgewiesen worden, so wird der Beschluss wirkungslos, ohne dass es seiner ausdrücklichen Aufhebung bedarf, wenn der Anmelder die Weiterbehandlung der Anmeldung beantragt und die versäumte Handlung nachholt.

(2) [1] Der Antrag ist innerhalb einer Frist von einem Monat nach Zustellung der Entscheidung über die Zurückweisung der Markenanmeldung einzureichen. [2] Die versäumte Handlung ist innerhalb dieser Frist nachzuholen.

(3) Gegen die Versäumung der Frist nach Absatz 2 und der Frist zur Zahlung der Weiterbehandlungsgebühr nach § 6 Abs. 1 Satz 1 des Patentkostengesetzes[2] ist eine Wiedereinsetzung nicht gegeben.

(4) Über den Antrag beschließt die Stelle, die über die nachgeholte Handlung zu beschließen hat.

---

[1] § 91 Abs. 1 Satz 2 geänd. mWv 1.1.2002 durch G v. 13.12.2001 (BGBl. I S. 3656); Abs. 1 Satz 1 geänd. mWv 14.1.2019 durch G v. 11.12.2018 (BGBl. I S. 2357).

[2] **Schönfelder ErgBd. Nr. 70b.**

[3] § 91a eingef. mWv 1.1.2005 durch G v. 13.12.2001 (BGBl. I S. 3656); Abs. 3 neu gef. mWv 1.7. 2006 durch G v. 21.6.2006 (BGBl. I S. 1318); Abs. 1 geänd. mWv 14.1.2019 durch G v. 11.12.2018 (BGBl. I S. 2357).

**§ 92**[1] **Wahrheitspflicht.** In den Verfahren vor dem Deutschen Patent- und Markenamt, dem Bundespatentgericht und dem Bundesgerichtshof haben die Beteiligten ihre Erklärungen über tatsächliche Umstände vollständig und der Wahrheit gemäß abzugeben.

**§ 93**[2] **Amtssprache und Gerichtssprache.** [1] Die Sprache vor dem Deutschen Patent- und Markenamt und vor dem Bundespatentgericht ist deutsch. [2] Im übrigen finden die Vorschriften des Gerichtsverfassungsgesetzes[3] über die Gerichtssprache Anwendung.

**§ 93a**[4] **Entschädigung von Zeugen, Vergütung von Sachverständigen.** Zeugen erhalten eine Entschädigung und Sachverständige eine Vergütung nach dem Justizvergütungs- und -entschädigungsgesetz[5].

**§ 94**[6] **Zustellungen; Verordnungsermächtigung.** (1) Für Zustellungen im Verfahren vor dem Deutschen Patent- und Markenamt gelten die Vorschriften des Verwaltungszustellungsgesetzes[7] mit folgenden Maßgaben:

1. [1] An Empfänger, die sich im Ausland aufhalten und die entgegen dem Erfordernis des § 96 keinen Inlandsvertreter bestellt haben, kann mit eingeschriebenem Brief durch Aufgabe zur Post zugestellt werden. [2] Gleiches gilt für Empfänger, die selbst Inlandsvertreter im Sinne des § 96 Abs. 2 sind. [3] § 184 Abs. 2 Satz 1 und 4 der Zivilprozessordnung[8] gilt entsprechend.
2. Für Zustellungen an Erlaubnisscheininhaber (§ 177 der Patentanwaltsordnung) ist § 5 Abs. 4 des Verwaltungszustellungsgesetzes entsprechend anzuwenden.
3. [1] An Empfänger, denen beim Deutschen Patent- und Markenamt ein Abholfach eingerichtet worden ist, kann auch dadurch zugestellt werden, daß das Schriftstück im Abholfach des Empfängers niedergelegt wird. [2] Über die Niederlegung ist eine Mitteilung zu den Akten zu geben. [3] Auf dem Schriftstück ist zu vermerken, wann es niedergelegt worden ist. [4] Die Zustellung gilt als am dritten Tag nach der Niederlegung im Abholfach bewirkt.
4. [1] Für die Zustellung von elektronischen Dokumenten ist ein Übermittlungsweg zu verwenden, bei dem die Authentizität und Integrität der Daten gewährleistet ist und der bei Nutzung allgemein zugänglicher Netze die Vertraulichkeit der zu übermittelnden Daten durch ein Verschlüsselungsverfahren sicherstellt. [2] Das Bundesministerium der Justiz und für Verbraucherschutz erlässt durch Rechtsverordnung, die nicht der Zustimmung des Bundesrates bedarf, nähere Bestimmungen über die nach Satz 1 geeigneten Übermittlungswege sowie die Form und den Nachweis der elektronischen Zustellung.

---

[1] § 92 geänd. mWv 14.1.2019 durch G v. 11.12.2018 (BGBl. I S. 2357).

[2] § 93 Satz 1 geänd. mWv 14.1.2019 durch G v. 11.12.2018 (BGBl. I S. 2357).

[3] Nr. **95**.

[4] § 93a eingef. mWv 1.7.2004 durch G v. 5.5.2004 (BGBl. I S. 718).

[5] Nr. **116**.

[6] § 94 Abs. 1 einl. Satzteil und Nr. 3 Satz 1 geänd., Abs. 2 neu gef. mWv 1.7.2002 durch G v. 25.6. 2001 (BGBl. I S. 1206); Abs. 1 Nr. 2 geänd. mWv 1.7.2006 durch G v. 21.6.2006 (BGBl. I S. 1318); Abs.1 Nr. 1 neu gef. mWv 1.10.2009 durch G v. 31.7.2009 (BGBl. I S. 2521); Überschrift neu gef., Abs. 1 Nr. 3 Satz 2 geänd., Nr. 4 angef. mWv 1.10.2016 durch G v. 4.4.2016 (BGBl. I S. 558); Abs. 1 einl. Satzteil und Nr. 3 Satz 1 geänd. mWv 14.1.2019 durch G v. 11.12.2018 (BGBl. I S. 2357).

[7] **Sartorius Nr. 110.**

[8] Nr. **100**.

(2) Für Zustellungen im Verfahren vor dem Bundespatentgericht gelten die Vorschriften der Zivilprozessordnung.

**§ 95[1)] Rechtshilfe.** (1) Die Gerichte sind verpflichtet, dem Deutschen Patent- und Markenamt Rechtshilfe zu leisten.

(2) [1] Im Verfahren vor dem Deutschen Patent- und Markenamt setzt das Bundespatentgericht auf Ersuchen des Deutschen Patent- und Markenamts Ordnungs- oder Zwangsmittel gegen Zeugen oder Sachverständige fest, die nicht erscheinen oder ihre Aussage oder deren Beeidigung verweigern. [2] Ebenso ist die Vorführung eines nicht erschienenen Zeugen anzuordnen.

(3) [1] Über das Ersuchen nach Absatz 2 entscheidet ein Beschwerdesenat des Bundespatentgerichts in der Besetzung mit drei rechtskundigen Mitgliedern. [2] Die Entscheidung ergeht durch Beschluß.

**§ 95a[2)] Elektronische Verfahrensführung, Verordnungsermächtigung.** (1) Soweit in Verfahren vor dem Deutschen Patent- und Markenamt für Anmeldungen, Anträge oder sonstige Handlungen die Schriftform vorgesehen ist, gelten die Regelungen des § 130a Absatz 1, 2 Satz 1, Absatz 5 und 6 der Zivilprozessordnung[3)] entsprechend.

(2) [1] Die Prozessakten des Bundespatentgerichts und des Bundesgerichtshofs können elektronisch geführt werden. [2] Die Vorschriften der Zivilprozessordnung über elektronische Dokumente, die elektronische Akte und die elektronische Verfahrensführung im Übrigen gelten entsprechend, soweit sich aus diesem Gesetz nichts anderes ergibt.

(3) Das Bundesministerium der Justiz und für Verbraucherschutz bestimmt durch Rechtsverordnung ohne Zustimmung des Bundesrates

1. den Zeitpunkt, von dem an elektronische Dokumente bei dem Deutschen Patent- und Markenamt und den Gerichten eingereicht werden können, die für die Bearbeitung der Dokumente geeignete Form, ob eine elektronische Signatur zu verwenden ist und wie diese Signatur beschaffen ist;
2. den Zeitpunkt, von dem an die Prozessakten nach Absatz 2 elektronisch geführt werden können, sowie die hierfür geltenden organisatorisch-technischen Rahmenbedingungen für die Bildung, Führung und Aufbewahrung der elektronischen Prozessakten.

**§ 96[4)] Inlandsvertreter.** (1) Wer im Inland weder einen Wohnsitz, Sitz noch Niederlassung hat, kann an einem in diesem Gesetz geregelten Verfahren vor dem Deutschen Patent- und Markenamt oder dem Bundespatentgericht nur

---

[1)] § 95 Abs. 1, 2 Satz 1 und Abs. 3 Satz 1 geänd. mWv 14.1.2019 durch G v. 11.12.2018 (BGBl. I S. 2357).

[2)] § 95a eingef. mWv 26.7.2002 durch G v. 19.7.2002 (BGBl. I S. 2681); neu gef. mWv 1.10.2009 durch G v. 31.7.2009 (BGBl. I S. 2521); Abs. 1 geänd. mWv 1.1.2018 durch G v. 10.10.2013 (BGBl. I S. 3786); Abs. 3 Nr. 1 neu gef. mWv 25.10.2013 durch G v. 19.10.2013 (BGBl. I S. 3830); Abs. 3 einl. Satzteil geänd. mWv 8.9.2015 durch VO v. 31.8.2015 (BGBl. I S. 1474); Abs. 1, 2 Satz 1 und Abs. 3 Nr. 1 geänd. mWv 14.1.2019 durch G v. 11.12.2018 (BGBl. I S. 2357).

[3)] Nr. **100**.

[4)] § 96 neu gef. mWv 1.1.2002 durch G v. 13.12.2001 (BGBl. I S. 3656); Abs. 2 Satz 2 aufgeh. mWv 1.10.2009 durch G v. 31.7.2009 (BGBl. I S. 2521); Abs. 1 geänd., Abs. 2 aufgeh., bish. Abs. 3 und 4 werden Abs. 2 und 3 mWv 18.5.2017 durch G v. 12.5.2017 (BGBl. I S. 1121); Abs. 1, Abs. 2 Satz 2 und Abs. 3 (im BGBl. I wohl irrtümlich „Abs. 3 Satz 2 und Abs. 4") geänd. mWv 14.1.2019 durch G v. 11.12.2018 (BGBl. I S. 2357).

teilnehmen und die Rechte aus einer Marke nur geltend machen, wenn er einen Rechtsanwalt oder Patentanwalt als Vertreter bestellt hat, der zur Vertretung im Verfahren vor dem Deutschen Patent- und Markenamt, dem Bundespatentgericht und in bürgerlichen Streitigkeiten, die diese Marke betreffen, sowie zur Stellung von Strafanträgen befugt und bevollmächtigt ist.

(2) [1] Der Ort, an dem ein nach Absatz 1 bestellter Vertreter seinen Geschäftsraum hat, gilt im Sinne des § 23 der Zivilprozessordnung[1)] als der Ort, an dem sich der Vermögensgegenstand befindet. [2] Fehlt ein solcher Geschäftsraum, so ist der Ort maßgebend, an dem der Vertreter im Inland seinen Wohnsitz, und in Ermangelung eines solchen der Ort, an dem das Deutsche Patent- und Markenamt seinen Sitz hat.

(3) Die rechtsgeschäftliche Beendigung der Bestellung eines Vertreters nach Absatz 1 wird erst wirksam, wenn sowohl diese Beendigung als auch die Bestellung eines anderen Vertreters gegenüber dem Deutschen Patent- und Markenamt oder dem Bundespatentgericht angezeigt wird.

**§ 96a[2)] Rechtsschutz bei überlangen Gerichtsverfahren.** Die Vorschriften des Siebzehnten Titels des Gerichtsverfassungsgesetzes[3)] sind auf Verfahren vor dem Bundespatentgericht und dem Bundesgerichtshof entsprechend anzuwenden.

## Teil 4. Kollektivmarken

**§ 97[4)] Kollektivmarken.** (1) [1] Als Kollektivmarken können alle als Marke schutzfähigen Zeichen im Sinne des § 3 eingetragen werden, die geeignet sind, die Waren oder Dienstleistungen der Mitglieder des Inhabers der Kollektivmarke von denjenigen anderer Unternehmen nach ihrer betrieblichen oder geographischen Herkunft, ihrer Art, ihrer Qualität oder ihren sonstigen Eigenschaften zu unterscheiden. [2] Eine Kollektivmarke muss bei der Anmeldung als solche bezeichnet werden.

(2) Auf Kollektivmarken sind die Vorschriften dieses Gesetzes anzuwenden, soweit in diesem Teil nicht etwas anderes bestimmt ist.

**§ 98[5)] Inhaberschaft.** [1] Inhaber von angemeldeten oder eingetragenen Kollektivmarken können nur Verbände von Herstellern, Erzeugern, Dienstleistungsunternehmern oder Händlern sein, einschließlich der Dachverbände und Spitzenverbände, deren Mitglieder selbst Verbände sind, die die Fähigkeit haben, im eigenen Namen Träger von Rechten und Pflichten zu sein, Verträge zu schließen oder andere Rechtshandlungen vorzunehmen und vor Gericht zu klagen und verklagt zu werden. [2] Diesen Verbänden sind die juristischen Personen des öffentlichen Rechts gleichgestellt.

---

1) Nr. **100**.

2) § 96a eingef. mWv 3.12.2011 durch G v. 24.11.2011 (BGBl. I S. 2302); geänd. mWv 14.1.2019 durch G v. 11.12.2018 (BGBl. I S. 2357).

3) Nr. **95**.

4) § 97 Abs. 1 Satz 2 angef. mWv 14.1.2019 durch G v. 11.12.2018 (BGBl. I S. 2357).

5) § 98 neu gef. mWv 14.1.2019 durch G v. 11.12.2018 (BGBl. I S. 2357).

**§ 99 Eintragbarkeit von geographischen Herkunftsangaben als Kollektivmarken.** Abweichend von § 8 Abs. 2 Nr. 2 können Kollektivmarken ausschließlich aus Zeichen oder Angaben bestehen, die im Verkehr zur Bezeichnung der geographischen Herkunft der Waren oder der Dienstleistungen dienen können.

**§ 100[1)] Schranken des Schutzes; Benutzung.** (1) [1] Zusätzlich zu den Schutzschranken, die sich aus § 23 ergeben, gewährt die Eintragung einer geographischen Herkunftsangabe als Kollektivmarke ihrem Inhaber nicht das Recht, einem Dritten zu untersagen, solche Angaben im geschäftlichen Verkehr zu benutzen, sofern die Benutzung den guten Sitten entspricht und nicht gegen § 127 verstößt. [2] Insbesondere kann eine solche Marke einem Dritten, der zur Benutzung einer geografischen Bezeichnung berechtigt ist, nicht entgegengehalten werden.

(2) Die ernsthafte Benutzung einer Kollektivmarke durch mindestens eine hierzu befugte Person oder durch den Inhaber der Kollektivmarke gilt als Benutzung im Sinne des § 26.

**§ 101[2)] Klagebefugnis; Schadensersatz.** (1) Soweit in der Kollektivmarkensatzung nichts anderes bestimmt ist, kann eine zur Benutzung der Kollektivmarke berechtigte Person Klage wegen Verletzung einer Kollektivmarke nur mit Zustimmung ihres Inhabers erheben.

(2) Der Inhaber der Kollektivmarke kann auch Ersatz des Schadens verlangen, der den zur Benutzung der Kollektivmarke berechtigten Personen aus der unbefugten Benutzung der Kollektivmarke oder eines ähnlichen Zeichens entstanden ist.

**§ 102[3)] Kollektivmarkensatzung.** (1) Der Anmeldung der Kollektivmarke muß eine Kollektivmarkensatzung beigefügt sein.

(2) Die Kollektivmarkensatzung muß mindestens enthalten:

1. Namen und Sitz des Verbandes,
2. Zweck und Vertretung des Verbandes,
3. Voraussetzungen für die Mitgliedschaft,
4. Angaben über den Kreis der zur Benutzung der Kollektivmarke befugten Personen,
5. die Bedingungen für die Benutzung der Kollektivmarke und
6. Angaben über die Rechte und Pflichten der Beteiligten im Falle von Verletzungen der Kollektivmarke.

(3) Besteht die Kollektivmarke aus einer geographischen Herkunftsangabe, muß die Satzung vorsehen, daß jede Person, deren Waren oder Dienstleistungen aus dem entsprechenden geographischen Gebiet stammen und den in der Kollektivmarkensatzung enthaltenen Bedingungen für die Benutzung der Kollektivmarke entsprechen, Mitglied des Verbandes werden kann und in den Kreis der zur Benutzung der Kollektivmarke befugten Personen aufzunehmen ist.

---

1) § 100 Abs. 1 Satz 2 angef., Abs. 2 neu gef. mWv 14.1.2019 durch G v. 11.12.2018 (BGBl. I S. 2357).

2) § 101 Abs. 1 geänd. mWv 14.1.2019 durch G v. 11.12.2018 (BGBl. I S. 2357).

3) § 102 Überschrift neu gef., Abs. 1, 2 einl. Satzteil und Abs. 3 geänd., Abs. 4 eingef., bish. Abs. 4 wird Abs. 5 und geänd. mWv 14.1.2019 durch G v. 11.12.2018 (BGBl. I S. 2357).

(4) Die Kollektivmarkensatzung wird im Register eingetragen.

(5) Die Einsicht in die Kollektivmarkensatzung steht jeder Person frei.

**§ 103[1)] Prüfung der Anmeldung.** (1) Die Anmeldung einer Kollektivmarke wird außer nach § 37 auch dann zurückgewiesen, wenn sie nicht den Voraussetzungen der §§ 97, 98 oder 102 entspricht oder wenn die Kollektivmarkensatzung gegen die öffentliche Ordnung oder die guten Sitten verstößt.

(2) Die Anmeldung einer Kollektivmarke wird außerdem zurückgewiesen, wenn die Gefahr besteht, dass das Publikum über den Charakter oder die Bedeutung der Marke irregeführt wird, insbesondere wenn diese Marke den Eindruck erwecken kann, als wäre sie etwas anderes als eine Kollektivmarke.

(3) Die Anmeldung einer Kollektivmarke wird nicht zurückgewiesen, wenn der Anmelder die Kollektivmarkensatzung so ändert, dass die Zurückweisungsgründe der Absätze 1 und 2 nicht mehr bestehen.

**§ 104[2)] Änderung der Kollektivmarkensatzung.** (1) Der Inhaber der Kollektivmarke hat dem Deutschen Patent- und Markenamt jede Änderung der Kollektivmarkensatzung mitzuteilen.

(2) Im Falle einer Änderung der Kollektivmarkensatzung sind die §§ 102 und 103 entsprechend anzuwenden.

(3) Für die Zwecke dieses Gesetzes wird die Änderung der Kollektivmarkensatzung erst ab dem Zeitpunkt wirksam, zu dem die Änderung im Register eingetragen ist.

(4) Schriftliche Bemerkungen Dritter gemäß § 37 Absatz 6 Satz 2 können auch in Bezug auf geänderte Kollektivmarkensatzungen eingereicht werden.

**§ 105[3)] Verfall.** (1) Die Eintragung einer Kollektivmarke wird außer aus den in § 49 genannten Verfallsgründen auf Antrag für verfallen erklärt und gelöscht,

1. wenn der Inhaber der Kollektivmarke nicht mehr besteht,
2. wenn der Inhaber der Kollektivmarke keine geeigneten Maßnahmen trifft, um zu verhindern, daß die Kollektivmarke mißbräuchlich in einer den Verbandszwecken oder der Kollektivmarkensatzung widersprechenden Weise benutzt wird,
3. wenn die Art, in der die Marke von berechtigten Personen benutzt worden ist, bewirkt hat, dass die Gefahr besteht, dass das Publikum im Sinne von § 103 Absatz 2 irregeführt wird, oder
4. wenn eine Änderung der Kollektivmarkensatzung entgegen § 104 Abs. 2 in das Register eingetragen worden ist, es sei denn, daß der Inhaber der Kollektivmarke die Kollektivmarkensatzung erneut so ändert, daß der Löschungsgrund nicht mehr besteht.

(2) Als eine mißbräuchliche Benutzung im Sinne des Absatzes 1 Nr. 2 ist es insbesondere anzusehen, wenn die Benutzung der Kollektivmarke durch andere als die zur Benutzung befugten Personen geeignet ist, das Publikum zu täuschen.

---

1) § 103 neu gef. mWv 14.1.2019 durch G v. 11.12.2018 (BGBl. I S. 2357).

2) § 104 Überschrift, Abs. 1 und 2 geänd., Abs. 3 und 4 angef. mWv 14.1.2019 durch G v. 11.12. 2018 (BGBl. I S. 2357).

3) § 105 Abs. 1 einl. Satzteil und Nr. 2 geänd., Nr. 3 eingef., bish. Nr. 3 wird Nr. 4 und geänd., Abs. 3 Sätze 1 und 2 geänd. mWv 14.1.2019 durch G v. 11.12.2018 (BGBl. I S. 2357).

(3) [1] Der Antrag auf Erklärung des Verfalls nach Absatz 1 ist beim Deutschen Patent- und Markenamt zu stellen. [2] Das Verfahren richtet sich nach § 53.

**§ 106[1)] Nichtigkeit wegen absoluter Schutzhindernisse.** (1) [1] Die Eintragung einer Kollektivmarke wird außer aus den in § 50 genannten Nichtigkeitsgründen auf Antrag für nichtig erklärt und gelöscht, wenn sie entgegen § 103 eingetragen worden ist. [2] Betrifft der Nichtigkeitsgrund die Kollektivmarkensatzung, so wird die Eintragung nicht für nichtig erklärt und gelöscht, wenn der Inhaber der Kollektivmarke die Kollektivmarkensatzung so ändert, dass der Nichtigkeitsgrund nicht mehr besteht.

(2) [1] Der Antrag auf Erklärung der Nichtigkeit nach Absatz 1 ist beim Deutschen Patent- und Markenamt zu stellen. [2] Das Verfahren richtet sich nach § 53.

## Teil 5.[2)] Gewährleistungsmarken

**§ 106a[2)] Gewährleistungsmarken.** (1) [1] Der Inhaber der Gewährleistungsmarke gewährleistet für die Waren und Dienstleistungen, für die sie angemeldet wird, das Vorliegen einer oder mehrerer der folgenden Eigenschaften:

1. das Material,
2. die Art und Weise der Herstellung der Waren oder der Erbringung der Dienstleistungen,
3. die Qualität, die Genauigkeit oder andere Eigenschaften mit Ausnahme der geografischen Herkunft.

[2] Die Marke muss geeignet sein, Waren und Dienstleistungen, für die die Gewährleistung besteht, von solchen Waren und Dienstleistungen zu unterscheiden, für die keine derartige Gewährleistung besteht. [3] Eine Gewährleistungsmarke muss bei der Anmeldung als solche bezeichnet werden.

(2) Auf Gewährleistungsmarken sind die Vorschriften dieses Gesetzes anzuwenden, soweit in diesem Teil nicht etwas anderes bestimmt ist.

**§ 106b[2)] Inhaberschaft und ernsthafte Benutzung.** (1) Inhaber von angemeldeten oder eingetragenen Gewährleistungsmarken kann jede natürliche oder juristische Person einschließlich Einrichtungen, Behörden und juristischer Personen des öffentlichen Rechts sein, sofern sie keine Tätigkeit ausübt, die die Lieferung von Waren oder Dienstleistungen, für die eine Gewährleistung besteht, umfasst.

(2) Die ernsthafte Benutzung einer Gewährleistungsmarke durch mindestens eine hierzu befugte Person gilt als Benutzung im Sinne des § 26.

**§ 106c[2)] Klagebefugnis; Schadensersatz.** (1) Soweit in der Gewährleistungsmarkensatzung nichts anderes bestimmt ist, kann eine zur Benutzung der Gewährleistungsmarke berechtigte Person Klage wegen Verletzung der Gewährleistungsmarke nur erheben, wenn der Inhaber der Gewährleistungsmarke dem *zustimmt.*

---

[1)] § 106 neu gef. mWv 14.1.2019 durch G v. 11.12.2018 (BGBl. I S. 2357).
[2)] Teil 5 (§§ 106a–106h) eingef. mWv 14.1.2019 durch G v. 11.12.2018 (BGBl. I S. 2357).

(2) Der Inhaber der Gewährleistungsmarke kann auch Ersatz des Schadens verlangen, der den zur Benutzung der Gewährleistungsmarke berechtigten Personen aus der unbefugten Benutzung der Gewährleistungsmarke oder eines ähnlichen Zeichens entstanden ist.

**§ 106d[1] Gewährleistungsmarkensatzung.** (1) Der Anmeldung der Gewährleistungsmarke muss eine Gewährleistungsmarkensatzung beigefügt sein.

(2) Die Gewährleistungsmarkensatzung muss mindestens enthalten:

1. Name des Inhabers der Gewährleistungsmarke,
2. eine Erklärung des Inhabers der Gewährleistungsmarke, selbst keine Tätigkeit auszuüben, die die Lieferung von Waren oder Dienstleistungen, für die eine Gewährleistung übernommen wird, umfasst,
3. eine Darstellung der Gewährleistungsmarke,
4. die Angabe der Waren und Dienstleistungen, für die eine Gewährleistung bestehen soll,
5. Angaben darüber, welche Eigenschaften der Waren oder Dienstleistungen von der Gewährleistung umfasst werden,
6. die Bedingungen für die Benutzung der Gewährleistungsmarke, insbesondere die Bedingungen für Sanktionen,
7. Angaben über die zur Benutzung der Gewährleistungsmarke befugten Personen,
8. Angaben über die Art und Weise, in der der Inhaber der Gewährleistungsmarke die von der Gewährleistung umfassten Eigenschaften zu prüfen und die Benutzung der Marke zu überwachen hat,
9. Angaben über die Rechte und Pflichten der Beteiligten im Fall von Verletzungen der Gewährleistungsmarke.

(3) Die Gewährleistungsmarkensatzung wird im Register eingetragen.

(4) Die Einsichtnahme in die Gewährleistungsmarkensatzung steht jeder Person frei.

**§ 106e[1] Prüfung der Anmeldung.** (1) Die Anmeldung einer Gewährleistungsmarke wird außer nach § 37 auch zurückgewiesen, wenn sie nicht den Voraussetzungen der §§ 106a, 106b Absatz 1 oder § 106d entspricht oder wenn die Gewährleistungsmarkensatzung gegen die öffentliche Ordnung oder die guten Sitten verstößt.

(2) Die Anmeldung einer Gewährleistungsmarke wird außerdem zurückgewiesen, wenn die Gefahr besteht, dass das Publikum über den Charakter oder die Bedeutung der Marke irregeführt wird, insbesondere wenn diese Marke den Eindruck erwecken kann, als wäre sie etwas anderes als eine Gewährleistungsmarke.

(3) Die Anmeldung wird nicht zurückgewiesen, wenn der Anmelder die Gewährleistungsmarkensatzung so ändert, dass die Zurückweisungsgründe der Absätze 1 und 2 nicht mehr bestehen.

---

[1] Teil 5 (§§ 106a–106h) eingef. mWv 14.1.2019 durch G v. 11.12.2018 (BGBl. I S. 2357).

**§ 106f[1] Änderung der Gewährleistungsmarkensatzung.** (1) Der Inhaber der Gewährleistungsmarke hat dem Deutschen Patent- und Markenamt jede Änderung der Gewährleistungsmarkensatzung mitzuteilen.

(2) Im Fall einer Änderung der Gewährleistungsmarkensatzung sind die §§ 106d und 106e entsprechend anzuwenden.

(3) Für die Zwecke dieses Gesetzes wird die Änderung der Gewährleistungsmarkensatzung erst ab dem Zeitpunkt wirksam, zu dem die Änderung ins Register eingetragen worden ist.

(4) Schriftliche Bemerkungen Dritter gemäß § 37 Absatz 6 Satz 2 können auch in Bezug auf geänderte Gewährleistungsmarkensatzungen eingereicht werden.

**§ 106g[1] Verfall.** (1) Die Eintragung einer Gewährleistungsmarke wird außer aus den in § 49 genannten Verfallsgründen auf Antrag auch in den folgenden Fällen für verfallen erklärt und gelöscht:

1. wenn der Inhaber der Gewährleistungsmarke die Erfordernisse des § 106b nicht mehr erfüllt,
2. wenn der Inhaber der Gewährleistungsmarke keine geeigneten Maßnahmen trifft, um zu verhindern, dass die Gewährleistungsmarke missbräuchlich in einer der Gewährleistungsmarkensatzung widersprechenden Weise benutzt wird,
3. wenn die Gewährleistungsmarke von berechtigten Personen so benutzt worden ist, dass die Gefahr besteht, dass das Publikum nach § 106e Absatz 2 irregeführt wird, oder
4. wenn eine Änderung der Gewährleistungsmarkensatzung entgegen § 106f Absatz 2 gemäß § 106d Absatz 3 in das Register eingetragen worden ist, es sei denn, dass der Inhaber der Gewährleistungsmarke die Gewährleistungsmarkensatzung erneut so ändert, dass der Verfallsgrund nicht mehr besteht.

(2) Als eine missbräuchliche Benutzung im Sinne des Absatzes 1 Nummer 2 ist es insbesondere anzusehen, wenn die Benutzung der Gewährleistungsmarke durch andere als die zur Benutzung befugten Personen geeignet ist, das Publikum zu täuschen.

(3) [1] Der Antrag auf Erklärung des Verfalls nach Absatz 1 ist beim Deutschen Patent- und Markenamt zu stellen. [2] Das Verfahren richtet sich nach § 53.

**§ 106h[1] Nichtigkeit wegen absoluter Schutzhindernisse.** (1) [1] Die Eintragung einer Gewährleistungsmarke wird außer aus den in § 50 genannten Nichtigkeitsgründen auf Antrag auch für nichtig erklärt und gelöscht, wenn sie entgegen § 106e nicht zurückgewiesen und eingetragen worden ist. [2] Betrifft der Nichtigkeitsgrund die Gewährleistungsmarkensatzung, so wird die Eintragung nicht für nichtig erklärt und gelöscht, wenn der Inhaber der Gewährleistungsmarke die Gewährleistungsmarkensatzung so ändert, dass der Nichtigkeitsgrund nicht mehr besteht.

(2) [1] Der Antrag auf Erklärung der Nichtigkeit nach Absatz 1 ist beim Deutschen Patent- und Markenamt zu stellen. [2] Das Verfahren richtet sich nach § 53.

---

[1] Teil 5 (§§ 106a–106h) eingef. mWv 14.1.2019 durch G v. 11.12.2018 (BGBl. I S. 2357).

## Teil 6.[1] Schutz von Marken nach dem Protokoll zum Madrider Markenabkommen; Unionsmarken

### Abschnitt 1.[2] Schutz von Marken nach dem Protokoll zum Madrider Markenabkommen

**§ 107**[3] **Anwendung der Vorschriften dieses Gesetzes; Sprachen.** (1) Die Vorschriften dieses Gesetzes sind auf internationale Registrierungen von Marken nach dem Protokoll vom 27. Juni 1989 zum Madrider Abkommen über die internationale Registrierung von Marken (BGBl. 1995 II S. 1016, 1017), das zuletzt durch die Verordnung vom 24. August 2008 (BGBl. 2008 II S. 822) geändert worden ist (Protokoll zum Madrider Markenabkommen), die durch Vermittlung des Deutschen Patent- und Markenamts vorgenommen werden oder deren Schutz sich auf das Gebiet der Bundesrepublik Deutschland erstreckt, entsprechend anzuwenden, soweit in diesem Abschnitt oder im Protokoll zum Madrider Markenabkommen nichts anderes bestimmt ist.

(2) Sämtliche Anträge sowie sonstige Mitteilungen im Verfahren der internationalen Registrierung und das Verzeichnis der Waren und Dienstleistungen sind nach Wahl des Antragstellers in französischer oder in englischer Sprache einzureichen.

**§ 108**[3] **Antrag auf internationale Registrierung.** (1) [1] Der Antrag auf internationale Registrierung einer zur Eintragung in das Register angemeldeten Marke oder einer in das Register eingetragenen Marke nach Artikel 3 des Protokolls zum Madrider Markenabkommen ist beim Deutschen Patent- und Markenamt zu stellen. [2] Der Antrag kann vor der Eintragung der Marke gestellt werden, wenn die internationale Registrierung auf der Grundlage einer im Register eingetragenen Marke vorgenommen werden soll.

(2) Soll die internationale Registrierung auf der Grundlage einer im Register eingetragenen Marke vorgenommen werden und wird der Antrag auf internationale Registrierung vor der Eintragung der Marke in das Register gestellt, so gilt er als am Tag der Eintragung der Marke zugegangen.

(3) Mit dem Antrag ist das Verzeichnis der Waren und Dienstleistungen, nach Klassen geordnet in der Reihenfolge der internationalen Klassifikation von Waren und Dienstleistungen, einzureichen.

**§ 109**[3] **Gebühren.** (1) Soll die internationale Registrierung auf der Grundlage einer im Register eingetragenen Marke vorgenommen werden und ist der Antrag auf internationale Registrierung vor der Eintragung der Marke in das Register gestellt worden, so wird die nationale Gebühr nach dem Patentkostengesetz für die internationale Registrierung am Tag der Eintragung fällig.

(2) [1] Die nationale Gebühr nach dem Patentkostengesetz für die internationale Registrierung ist innerhalb eines Monats nach Fälligkeit zu zahlen. [2] Die Fälligkeit richtet sich nach § 3 Absatz 1 des Patentkostengesetzes[4] oder nach Absatz 1.

---

[1] Früherer Teil 5 Überschrift geänd. durch G v. 19.7.1996 (BGBl. I S. 1014); bish. Teil 5 wird Teil 6 und Überschrift neu gef. mWv 14.1.2019 durch G v. 11.12.2018 (BGBl. I S. 2357); Überschrift geänd. mWv 1.5.2022 durch G v. 10.8.2021 (BGBl. I S. 3490).

[2] Teil 6 Abschnitt 1 (§§ 107–118) aufgeh., bish. Abschnitt 2 (§§ 119–125) wird Abschnitt 1 (§§ 107–118) und neu gef. mWv 1.5.2022 durch G v. 10.8.2021 (BGBl. I S. 3490).

[3] §§ 107–118 neu gef. mWv 1.5.2022 durch G v. 10.8.2021 (BGBl. I S. 3490).

[4] **Habersack, Deutsche Gesetze ErgBd. Nr. 70b.**

**§ 110[1] Vermerk in den Akten, Eintragung im Register.** (1) Ist die internationale Registrierung auf der Grundlage einer zur Eintragung in das Register angemeldeten Marke vorgenommen worden, so sind der Tag und die Nummer der internationalen Registrierung in den Akten der angemeldeten Marke zu vermerken.

(2) [1] Der Tag und die Nummer der internationalen Registrierung, die auf der Grundlage einer im Register eingetragenen Marke vorgenommen worden ist, sind in das Register einzutragen. [2] Satz 1 ist auch anzuwenden, wenn die internationale Registrierung auf der Grundlage einer zur Eintragung in das Register angemeldeten Marke vorgenommen worden ist und die Anmeldung zur Eintragung geführt hat.

**§ 111[1] Nachträgliche Schutzerstreckung.** (1) [1] Der Antrag auf nachträgliche Schutzerstreckung einer international registrierten Marke nach Artikel 3ter Absatz 2 des Protokolls zum Madrider Markenabkommen kann beim Deutschen Patent- und Markenamt gestellt werden. [2] Soll der Schutz auf der Grundlage einer im Register eingetragenen Marke nachträglich erstreckt werden und wird der Antrag schon vor der Eintragung der Marke gestellt, so gilt er als am Tag der Eintragung zugegangen.

(2) Die nationale Gebühr nach dem Patentkostengesetz für die nachträgliche Schutzerstreckung ist innerhalb eines Monats nach Fälligkeit (§ 3 Absatz 1 des Patentkostengesetzes[2]) zu zahlen.

**§ 112[1] Wirkung der internationalen Registrierung und der nachträglichen Schutzerstreckung.** (1) [1] Die internationale Registrierung oder die nachträgliche Schutzerstreckung einer Marke, deren Schutz nach Artikel 3 und 3ter des Protokolls zum Madrider Markenabkommen auf das Gebiet der Bundesrepublik Deutschland erstreckt worden ist, hat dieselbe Wirkung, wie wenn die Marke am Tag der internationalen Registrierung nach Artikel 3 Absatz 4 des Protokolls zum Madrider Markenabkommen oder am Tag der Eintragung der nachträglichen Schutzerstreckung nach Artikel 3ter Absatz 2 des Protokolls zum Madrider Markenabkommen zur Eintragung in das vom Deutschen Patent- und Markenamt geführte Register angemeldet und eingetragen worden wäre.

(2) Die in Absatz 1 bezeichnete Wirkung gilt als nicht eingetreten, wenn der international registrierten Marke nach den §§ 113 bis 115 der Schutz verweigert wird.

**§ 113[1] Prüfung auf absolute Schutzhindernisse.** (1) [1] International registrierte Marken werden in gleicher Weise wie zur Eintragung in das Register angemeldete Marken nach § 37 auf absolute Schutzhindernisse geprüft. [2] § 37 Absatz 2 ist nicht anzuwenden.

(2) An die Stelle der Zurückweisung der Anmeldung (§ 37 Absatz 1) tritt die Verweigerung des Schutzes.

**§ 114[1] Widerspruch gegen eine international registrierte Marke.**

(1) An die Stelle der Veröffentlichung der Eintragung (§ 41 Absatz 2) tritt für international registrierte Marken die Veröffentlichung in dem vom Internationalen Büro der Weltorganisation für geistiges Eigentum herausgegebenen Veröffentlichungsblatt.

---

[1] §§ 107–118 neu gef. mWv 1.5.2022 durch G v. 10.8.2021 (BGBl. I S. 3490).
[2] **Habersack, Deutsche Gesetze ErgBd. Nr. 70b.**

(2) Die Frist zur Erhebung des Widerspruchs (§ 42 Absatz 1) gegen die Schutzgewährung für international registrierte Marken beginnt mit dem ersten Tag des Monats, der dem Monat folgt, der als Ausgabemonat desjenigen Heftes des Veröffentlichungsblattes angegeben ist, in dem die Veröffentlichung der international registrierten Marke enthalten ist.

(3) An die Stelle der Löschung der Eintragung (§ 43 Absatz 2 Satz 1) tritt die Verweigerung des Schutzes.

**§ 115[1)] Schutzentziehung.** (1) An die Stelle des Antrags (§ 49) oder der Klage (§ 55) auf Erklärung des Verfalls einer Marke oder des Antrags auf Erklärung der Nichtigkeit wegen absoluter Schutzhindernisse (§ 50) oder des Antrags oder der Klage auf Erklärung der Nichtigkeit wegen des Bestehens älterer Rechte (§ 51) tritt für international registrierte Marken der Antrag oder die Klage auf Schutzentziehung.

(2) Im Falle des Antrags oder der Klage auf Schutzentziehung nach § 49 Absatz 1 oder § 55 wegen mangelnder Benutzung tritt an die Stelle des Tages, ab dem kein Widerspruch mehr gegen die Marke möglich ist,
1. der Tag, an dem das Schutzerstreckungsverfahren abgeschlossen wurde, oder
2. der Tag, an dem die Frist des Artikels 5 Absatz 2a des Protokolls zum Madrider Markenabkommen abgelaufen ist, sofern bis zu diesem Zeitpunkt dem Internationalen Büro der Weltorganisation für geistiges Eigentum weder eine Mitteilung über die Schutzbewilligung noch eine Mitteilung über die vorläufige Schutzverweigerung zugegangen ist.

**§ 116[1)] Widerspruch aufgrund einer international registrierten Marke und Antrag oder Klage auf Erklärung der Nichtigkeit aufgrund einer international registrierten Marke.** (1) Wird aufgrund einer international registrierten Marke Widerspruch gegen die Eintragung einer Marke erhoben, so ist § 43 Absatz 1 mit der Maßgabe anzuwenden, dass an die Stelle des Zeitpunkts, ab dem kein Widerspruch mehr gegen die Marke möglich war, einer der in § 115 Absatz 2 bezeichneten Tage tritt.

(2) Wird aufgrund einer international registrierten Marke ein Antrag auf Erklärung der Nichtigkeit einer eingetragenen Marke nach § 51 gestellt oder eine solche Klage erhoben, so sind § 53 Absatz 6 und § 55 Absatz 3 mit der Maßgabe anzuwenden, dass an die Stelle des Zeitpunkts, ab dem kein Widerspruch mehr gegen die Marke möglich war, einer der in § 115 Absatz 2 bezeichneten Tage tritt.

**§ 117[1)] Ausschluss von Ansprüchen wegen mangelnder Benutzung.** Werden Ansprüche im Sinne der §§ 14 und 18 bis 19c wegen der Verletzung einer international registrierten Marke geltend gemacht, so ist § 25 mit der Maßgabe anzuwenden, dass an die Stelle des Zeitpunkts, ab dem kein Widerspruch mehr gegen die Marke möglich war, einer der in § 115 Absatz 2 bezeichneten Tage tritt.

**§ 118[1)] Umwandlung einer internationalen Registrierung.** (1) Wird beim Deutschen Patent- und Markenamt ein Antrag nach Artikel 9quinquies des Protokolls zum Madrider Markenabkommen auf Umwandlung einer im internationalen Register gemäß Artikel 6 Absatz 4 des Protokolls zum Madrider Markenabkommen gelöschten Marke gestellt und geht der Antrag mit den erforderlichen Angaben dem Deutschen Patent- und Markenamt innerhalb einer Frist von drei

[1)] §§ 107–118 neu gef. mWv 1.5.2022 durch G v. 10.8.2021 (BGBl. I S. 3490).

Monaten nach dem Tag der Löschung der Marke im internationalen Register zu, so ist der Tag der internationalen Registrierung dieser Marke nach Artikel 3 Absatz 4 des Protokolls zum Madrider Markenabkommen oder der Tag der Eintragung der nachträglichen Schutzerstreckung nach Artikel 3ter Absatz 2 des Protokolls zum Madrider Markenabkommen, gegebenenfalls mit der für die internationale Registrierung in Anspruch genommenen Priorität, für die Bestimmung des Zeitrangs im Sinne des § 6 Absatz 2 maßgebend.

(2) Der Antragsteller hat eine Bescheinigung des Internationalen Büros der Weltorganisation für geistiges Eigentum einzureichen, aus der sich die Marke und die Waren oder Dienstleistungen ergeben, für die sich der Schutz der internationalen Registrierung vor ihrer Löschung im internationalen Register auf die Bundesrepublik Deutschland erstreckt hatte.

(3) Der Antragsteller hat außerdem eine deutsche Übersetzung des Verzeichnisses der Waren oder Dienstleistungen, für die die Eintragung beantragt wird, einzureichen.

(4) [1] Der Antrag auf Umwandlung wird im Übrigen wie eine Anmeldung zur Eintragung einer Marke behandelt. War jedoch am Tag der Löschung der Marke im internationalen Register die Frist nach Artikel 5 Absatz 2a des Protokolls zum Madrider Markenabkommen zur Verweigerung des Schutzes bereits abgelaufen und war an diesem Tag kein Verfahren zur Schutzverweigerung oder zur Schutzentziehung anhängig, so wird die Marke ohne vorherige Prüfung unmittelbar nach § 41 Absatz 1 in das Register eingetragen. [2] Gegen die Eintragung einer Marke nach Satz 2 kann kein Widerspruch erhoben werden.

### Abschnitt 2.[1] Unionsmarken

**§ 119[2] Anwendung der Vorschriften dieses Gesetzes.** Die Vorschriften dieses Gesetzes sind auf Marken, die nach der Verordnung (EU) 2017/1001 des Europäischen Parlaments und des Rates vom 14. Juni 2017 über die Unionsmarke (ABl. L 154 vom 16.6.2017, S. 1) angemeldet oder eingetragen worden sind, in den Fällen der Nummern 1 und 2 unmittelbar und in den Fällen der Nummern 3 bis 6 entsprechend wie folgt anzuwenden:

1. für die Anwendung des § 9 (relative Schutzhindernisse) sind angemeldete oder eingetragene Unionsmarken mit älterem Zeitrang den nach diesem Gesetz angemeldeten oder eingetragenen Marken mit älterem Zeitrang gleichgestellt, jedoch mit der Maßgabe, dass an die Stelle der Bekanntheit im Inland gemäß § 9 Absatz 1 Nummer 3 die Bekanntheit in der Union gemäß Artikel 9 Absatz 2 Buchstabe c der Verordnung (EU) 2017/1001 tritt;
2. dem Inhaber einer eingetragenen Unionsmarke stehen neben den Ansprüchen nach den Artikeln 9 bis 13 der Verordnung (EU) 2017/1001 die Ansprüche auf Schadensersatz (§ 14 Absatz 6 und 7), Vernichtung und Rückruf (§ 18), Auskunft (§ 19), Vorlage und Besichtigung (§ 19a), Sicherung von Schadensersatzansprüchen (§ 19b) und Urteilsbekanntmachung (§ 19c) zu;
3. werden Ansprüche aus einer eingetragenen Unionsmarke gegen die Benutzung einer nach diesem Gesetz eingetragenen Marke mit jüngerem Zeitrang geltend gemacht, so ist § 21 Absatz 1 entsprechend anzuwenden;

---

[1] Früherer Abschnitt 3 (§§ 125a–125i) eingef. durch G v. 19.7.1996 (BGBl. I S. 1014); Überschrift neu gef. mWv 14.1.2019 durch G v. 11.12.2018 (BGBl. I S. 2357); bish. Abschnitt 3 wird Abschnitt 2 mWv 1.5.2022 durch G v. 10.8.2021 (BGBl. I S. 3490).

[2] Bish. § 125b wird § 119 und neu gef. mWv 1.5.2022 durch G v. 10.8.2021 (BGBl. I S. 3490).

4. wird ein Widerspruch gegen die Eintragung einer Marke (§ 42) auf eine eingetragene Unionsmarke mit älterem Zeitrang gestützt, so ist § 43 Absatz 1 mit der Maßgabe entsprechend anzuwenden, dass an die Stelle der Benutzung der Marke mit älterem Zeitrang gemäß § 26 die Benutzung der Unionsmarke mit älterem Zeitrang nach Artikel 18 der Verordnung (EU) 2017/1001 tritt;
5. wird ein Antrag (§ 53 Absatz 1) oder eine Klage (§ 55 Absatz 1) auf Erklärung des Verfalls oder der Nichtigkeit der Eintragung einer Marke auf eine eingetragene Unionsmarke mit älterem Zeitrang gestützt, so
   a) ist § 51 Absatz 2 Satz 1 entsprechend anzuwenden;
   b) sind § 53 Absatz 6 und § 55 Absatz 3 mit der Maßgabe entsprechend anzuwenden, dass an die Stelle der Benutzung der Marke mit älterem Zeitrang gemäß § 26 die Benutzung der Unionsmarke nach Artikel 18 der Verordnung (EU) 2017/1001 tritt;
6. Anträge auf Beschlagnahme bei der Einfuhr und Ausfuhr können von Inhabern eingetragener Unionsmarken in gleicher Weise gestellt werden wie von Inhabern von nach diesem Gesetz eingetragenen Marken; die §§ 146 bis 149 sind entsprechend anzuwenden.

**§ 120[1)] Nachträgliche Feststellung der Ungültigkeit einer Marke.**

(1) [1] Ist für eine angemeldete oder eingetragene Unionsmarke der Zeitrang einer im Register des Deutschen Patent- und Markenamts eingetragenen Marke nach Artikel 39 oder Artikel 40 der Unionsmarkenverordnung in Anspruch genommen worden und ist die im Register des Deutschen Patent- und Markenamts eingetragene Marke wegen Nichtverlängerung der Schutzdauer nach § 47 Absatz 8 oder wegen Verzichts nach § 48 Absatz 1 gelöscht worden, so kann auf Antrag nachträglich die Ungültigkeit dieser Marke wegen Verfalls oder wegen Nichtigkeit festgestellt werden. [2] In diesem Fall entfaltet der Zeitrang keine Wirkung.

(2) [1] Die Feststellung der Ungültigkeit erfolgt unter den gleichen Voraussetzungen wie eine Erklärung des Verfalls oder der Nichtigkeit. [2] Jedoch kann die Ungültigkeit einer Marke wegen Verfalls nach § 49 Abs. 1 nur festgestellt werden, wenn die Voraussetzungen für die Erklärung des Verfalls nach dieser Vorschrift auch schon in dem Zeitpunkt gegeben waren, in dem die Marke wegen Nichtverlängerung der Schutzdauer oder wegen Verzichts gelöscht worden ist.

(3) Das Verfahren zur Feststellung der Ungültigkeit richtet sich nach den Vorschriften, die für das Verfalls- und Nichtigkeitsverfahren einer eingetragenen Marke gelten, mit der Maßgabe, daß an die Stelle der Erklärung des Verfalls oder der Nichtigkeit der Marke die Feststellung ihrer Ungültigkeit tritt.

**§ 121[2)] Umwandlung von Unionsmarken.** (1) Ist dem Deutschen Patent- und Markenamt ein Antrag auf Umwandlung einer angemeldeten oder eingetragenen Unionsmarke nach Artikel 139 Absatz 3 der Unionsmarkenverordnung übermittelt worden, so sind die Gebühr und die Klassengebühren nach dem

---

[1)] Früherer § 125c eingef. mWv 25.7.1996 durch G v. 19.7.1996 (BGBl. I S. 1014); Abs. 1 neu gef., Abs. 2 Sätze 1 und 2, Abs. 3 geänd. mWv 14.1.2019 durch G v. 11.12.2018 (BGBl. I S. 2357); bish. § 125c wird § 120, Abs. 1 Satz 1 geänd. mWv 1.5.2022 durch G v. 10.8.2021 (BGBl. I S. 3490).

[2)] Früherer § 125d eingef. mWv 25.7.1996 durch G v. 19.7.1996 (BGBl. I S. 1014); Abs. 2 aufgeh., bish. Abs. 3–5 werden Abs. 2–4 mWv 15.12.2004 durch G v. 9.12.2004 (BGBl. I S. 3232); Abs. 3 Satz 1 geänd. mWv 1.7.2016 durch G v. 4.4.2016 (BGBl. I S. 558); Überschrift geänd., Abs. 1 und 2 neu gef., Abs. 3 Satz 1 geänd. mWv 14.1.2019 durch G v. 11.12.2018 (BGBl. I S. 2357); bish. § 125d wird § 121 mWv 1.5.2022 durch G v. 10.8.2021 (BGBl. I S. 3490).

Patentkostengesetz[1)] für das Umwandlungsverfahren mit Zugang des Umwandlungsantrages beim Deutschen Patent- und Markenamt fällig.

(2) [1]Betrifft der Umwandlungsantrag eine Marke, die noch nicht als Unionsmarke eingetragen war, so wird der Umwandlungsantrag wie die Anmeldung einer Marke zur Eintragung in das Register des Deutschen Patent- und Markenamts behandelt mit der Maßgabe, dass an die Stelle des Anmeldetages nach § 33 Absatz 1 der Anmeldetag der Unionsmarke nach Artikel 32 der Unionsmarkenverordnung oder der Tag einer für die Unionsmarke in Anspruch genommenen Priorität tritt. [2]War für die Anmeldung der Unionsmarke der Zeitrang einer im Register des Deutschen Patent- und Markenamts eingetragenen Marke nach Artikel 39 der Unionsmarkenverordnung in Anspruch genommen worden, so tritt dieser Zeitrang an die Stelle des nach Satz 1 maßgeblichen Tages.

(3) [1]Betrifft der Umwandlungsantrag eine Marke, die bereits als Unionsmarke eingetragen war, so trägt das Deutsche Patent- und Markenamt die Marke ohne weitere Prüfung unmittelbar nach § 41 Absatz 1 unter Wahrung ihres ursprünglichen Zeitrangs in das Register ein. [2]Gegen die Eintragung kann Widerspruch nicht erhoben werden.

(4) Im übrigen sind auf Umwandlungsanträge die Vorschriften dieses Gesetzes für die Anmeldung von Marken anzuwenden.

**§ 122[2)] Unionsmarkenstreitsachen; Unionsmarkengerichte.** (1) Für alle Klagen, für die nach der Unionsmarkenverordnung die Unionsmarkengerichte im Sinne des Artikels 123 Absatz 1 der Unionsmarkenverordnung zuständig sind (Unionsmarkenstreitsachen), sind als Unionsmarkengerichte im ersten Rechtszug die Landgerichte ohne Rücksicht auf den Streitwert ausschließlich zuständig.

(2) Unionsmarkengericht zweiter Instanz ist das Oberlandesgericht, in dessen Bezirk das Unionsmarkengericht erster Instanz seinen Sitz hat.

(3) [1]Die Landesregierungen werden ermächtigt, durch Rechtsverordnung die Unionsmarkenstreitsachen für die Bezirke mehrerer Unionsmarkengerichte einem dieser Gerichte zuzuweisen. [2]Die Landesregierungen können diese Ermächtigung durch Rechtsverordnung auf die Landesjustizverwaltungen übertragen.

(4) Die Länder können durch Vereinbarung den Unionsmarkengerichten eines Landes obliegende Aufgaben ganz oder teilweise dem zuständigen Unionsmarkengericht eines anderen Landes übertragen.

(5) Auf Verfahren vor den Unionsmarkengerichten ist § 140 Absatz 4 und § 142 entsprechend anzuwenden.

**§ 123[3)] Unterrichtung der Kommission.** Das Bundesministerium der Justiz und für Verbraucherschutz teilt der Kommission der Europäischen Gemeinschaften die Unionsmarkengerichte erster und zweiter Instanz sowie jede Änderung der Anzahl, der Bezeichnung oder der örtlichen Zuständigkeit der Unionsmarkengerichte erster und zweiter Instanz mit.

---

[1)] **Habersack, Deutsche Gesetze ErgBd. Nr. 70b.**

[2)] Früherer § 125e eingef. mWv 25.7.1996 eingef. durch G v. 19.7.1996 (BGBl. I S. 1014); Abs. 5 geänd. mWv 17.10.2013 durch G v. 10.10.2013 (BGBl. I S. 3799); Überschrift und Abs. 1 neu gef., Abs. 2 *und 3 Satz 1,* Abs. 4 und 5 geänd. mWv 14.1.2019 durch G v. 11.12.2018 (BGBl. I S. 2357); bish. § 125e wird § 122 mWv 1.5.2022 durch G v. 10.8.2021 (BGBl. I S. 3490).

[3)] Früherer § 125f eingef. mWv 25.7.1996 durch G v. 19.7.1996 (BGBl. I S. 1014); geänd. mWv 8.9. 2015 durch VO v. 31.8.2015 (BGBl. I S. 1474); geänd. mWv 14.1.2019 durch G v. 11.12.2018 (BGBl. I S. 2357); bish. § 125f wird § 123 mWv 1.5.2022 durch G v. 10.8.2021 (BGBl. I S. 3490).

**§ 124**[1)] **Örtliche Zuständigkeit der Unionsmarkengerichte.** [1]Sind nach Artikel 125 der Unionsmarkenverordnung deutsche Unionsmarkengerichte international zuständig, so gelten für die örtliche Zuständigkeit dieser Gerichte die Vorschriften entsprechend, die anzuwenden wären, wenn es sich um eine beim Deutschen Patent- und Markenamt eingereichte Anmeldung einer Marke oder um eine im Register des Deutschen Patent- und Markenamts eingetragene Marke handelte. [2]Ist eine Zuständigkeit danach nicht begründet, so ist das Gericht örtlich zuständig, bei dem der Kläger seinen allgemeinen Gerichtsstand hat.

**§ 125**[2)] **Insolvenzverfahren.** (1) Ist dem Insolvenzgericht bekannt, daß zur Insolvenzmasse eine angemeldete oder eingetragene Unionsmarke gehört, so ersucht es das Amt der Europäischen Union für geistiges Eigentum im unmittelbaren Verkehr,

1. die Eröffnung des Verfahrens und, soweit nicht bereits darin enthalten, die Anordnung einer Verfügungsbeschränkung,
2. die Freigabe oder die Veräußerung der Unionsmarke oder der Anmeldung der Unionsmarke,
3. die rechtskräftige Einstellung des Verfahrens und
4. die rechtskräftige Aufhebung des Verfahrens, im Falle einer Überwachung des Schuldners jedoch erst nach Beendigung dieser Überwachung, und einer Verfügungsbeschränkung

in das Register für Unionsmarken oder, wenn es sich um eine Anmeldung handelt, in die Akten der Anmeldung einzutragen.

(2) [1]Die Eintragung in das Register für Unionsmarken oder in die Akten der Anmeldung kann auch vom Insolvenzverwalter beantragt werden. [2]Im Falle der Eigenverwaltung (§ 270 der Insolvenzordnung[3)]) tritt der Sachwalter an die Stelle des Insolvenzverwalters.

**§ 125a**[4)] **Erteilung der Vollstreckungsklausel.** [1]Für die Erteilung der Vollstreckungsklausel nach Artikel 110 Absatz 2 Satz 3 der Unionsmarkenverordnung ist das Bundespatentgericht zuständig. [2]Die vollstreckbare Ausfertigung wird vom Urkundsbeamten der Geschäftsstelle des Bundespatentgerichts erteilt.

## Teil 7.[5)] Geographische Herkunftsangaben

### Abschnitt 1. Schutz geographischer Herkunftsangaben

**§ 126 Als geographische Herkunftsangaben geschützte Namen, Angaben oder Zeichen.** (1) Geographische Herkunftsangaben im Sinne dieses Gesetzes sind die Namen von Orten, Gegenden, Gebieten oder Ländern sowie sons-

---

[1)] Früherer § 125g eingef. mWv 25.7.1996 durch G v. 19.7.1996 (BGBl. I S. 1014); Überschrift geänd., Satz 1 neu gef. mWv 14.1.2019 durch G v. 11.12.2018 (BGBl. I S. 2357); bish. § 125g wird § 124 mWv 1.5.2022 durch G v. 10.8.2021 (BGBl. I S. 3490).

[2)] Früherer § 125h eingef. mWv 25.7.1996 durch G v. 19.7.1996 (BGBl. I S. 1014); Abs. 1 einl. Satzteil, Nr. 2, abschl. Satzteil und Abs. 2 Satz 1 geänd. mWv 14.1.2019 durch G v. 11.12.2018 (BGBl. I S. 2357); bish. § 125h wird § 125 mWv 1.5.2022 durch G v. 10.8.2021 (BGBl. I S. 3490).

[3)] Nr. **110**.

[4)] Früherer § 125i eingef. mWv 20.12.2001 durch G v. 13.12.2001 (BGBl. I S. 3656); Satz 1 neu gef., Satz 2 geänd. mWv 14.1.2019 durch G v. 11.12.2018 (BGBl. I S. 2357); bish. § 125i wird § 125a mWv 1.5.2022 durch G v. 10.8.2021 (BGBl. I S. 3490).

[5)] Bish. Teil 6 wird Teil 7 mWv 14.1.2019 durch G v. 11.12.2018 (BGBl. I S. 2357).

tige Angaben oder Zeichen, die im geschäftlichen Verkehr zur Kennzeichnung der geographischen Herkunft von Waren oder Dienstleistungen benutzt werden.

(2) [1]Dem Schutz als geographische Herkunftsangaben sind solche Namen, Angaben oder Zeichen im Sinne des Absatzes 1 nicht zugänglich, bei denen es sich um Gattungsbezeichnungen handelt. [2]Als Gattungsbezeichnungen sind solche Bezeichnungen anzusehen, die zwar eine Angabe über die geographische Herkunft im Sinne des Absatzes 1 enthalten oder von einer solchen Angabe abgeleitet sind, die jedoch ihre ursprüngliche Bedeutung verloren haben und als Namen von Waren oder Dienstleistungen oder als Bezeichnungen oder Angaben der Art, der Beschaffenheit, der Sorte oder sonstiger Eigenschaften oder Merkmale von Waren oder Dienstleistungen dienen.

**§ 127 Schutzinhalt.** (1) Geographische Herkunftsangaben dürfen im geschäftlichen Verkehr nicht für Waren oder Dienstleistungen benutzt werden, die nicht aus dem Ort, der Gegend, dem Gebiet oder dem Land stammen, das durch die geographische Herkunftsangabe bezeichnet wird, wenn bei der Benutzung solcher Namen, Angaben oder Zeichen für Waren oder Dienstleistungen anderer Herkunft eine Gefahr der Irreführung über die geographische Herkunft besteht.

(2) Haben die durch eine geographische Herkunftsangabe gekennzeichneten Waren oder Dienstleistungen besondere Eigenschaften oder eine besondere Qualität, so darf die geographische Herkunftsangabe im geschäftlichen Verkehr für die entsprechenden Waren oder Dienstleistungen dieser Herkunft nur benutzt werden, wenn die Waren oder Dienstleistungen diese Eigenschaften oder diese Qualität aufweisen.

(3) Genießt eine geographische Herkunftsangabe einen besonderen Ruf, so darf sie im geschäftlichen Verkehr für Waren oder Dienstleistungen anderer Herkunft auch dann nicht benutzt werden, wenn eine Gefahr der Irreführung über die geographische Herkunft nicht besteht, sofern die Benutzung für Waren oder Dienstleistungen anderer Herkunft geeignet ist, den Ruf der geographischen Herkunftsangabe oder ihre Unterscheidungskraft ohne rechtfertigenden Grund in unlauterer Weise auszunutzen oder zu beeinträchtigen.

(4) Die vorstehenden Absätze finden auch dann Anwendung, wenn Namen, Angaben oder Zeichen benutzt werden, die der geschützten geographischen Herkunftsangabe ähnlich sind oder wenn die geographische Herkunftsangabe mit Zusätzen benutzt wird, sofern

1. in den Fällen des Absatzes 1 trotz der Abweichung oder der Zusätze eine Gefahr der Irreführung über die geographische Herkunft besteht oder
2. in den Fällen des Absatzes 3 trotz der Abweichung oder der Zusätze die Eignung zur unlauteren Ausnutzung oder Beeinträchtigung des Rufs oder der Unterscheidungskraft der geographischen Herkunftsangabe besteht.

**§ 128[1)] Ansprüche wegen Verletzung.** (1) [1]Wer im geschäftlichen Verkehr Namen, Angaben oder Zeichen entgegen § 127 benutzt, kann von den nach § 8 Abs. 3 des Gesetzes gegen den unlauteren Wettbewerb[2)] zur Geltendmachung von Ansprüchen Berechtigten bei Wiederholungsgefahr auf Unterlassung in Anspruch genommen werden. [2]Der Anspruch besteht auch dann, wenn eine Zuwiderhandlung droht. [3]*Die §§ 18, 19, 19a und 19c gelten entsprechend.*

---

[1)] § 128 neu gef. mWv 1.9.2008 durch G v. 7.7.2008 (BGBl. I S. 1191).
[2)] Nr. **73**.

(2) [1] Wer dem § 127 vorsätzlich oder fahrlässig zuwiderhandelt, ist dem berechtigten Nutzer der geographischen Herkunftsangabe zum Ersatz des durch die Zuwiderhandlung entstandenen Schadens verpflichtet. [2] Bei der Bemessung des Schadensersatzes kann auch der Gewinn, den der Verletzer durch die Verletzung des Rechts erzielt hat, berücksichtigt werden. [3] § 19b gilt entsprechend.

(3) § 14 Abs. 7 und § 19d gelten entsprechend.

**§ 129 Verjährung.** Ansprüche nach § 128 verjähren gemäß § 20.

### Abschnitt 2.[1)] Schutz von geographischen Angaben und Ursprungsbezeichnungen gemäß der Verordnung (EU) Nr. 1151/2012

**§ 130[2)] Verfahren vor dem Deutschen Patent- und Markenamt; nationales Einspruchsverfahren.** (1) Anträge auf Eintragung einer geographischen Angabe oder einer Ursprungsbezeichnung in das Register der geschützten Ursprungsbezeichnungen und der geschützten geographischen Angaben, das von der Europäischen Kommission nach Artikel 11 der Verordnung (EU) Nr. 1151/2012 des Europäischen Parlaments und des Rates vom 21. November 2012 über Qualitätsregelungen für Agrarerzeugnisse und Lebensmittel (ABl. L 343 vom 14.12.2012, S. 1) in ihrer jeweils geltenden Fassung geführt wird, sind beim Deutschen Patent- und Markenamt einzureichen.

(2) Für die in diesem Abschnitt geregelten Verfahren sind die im Deutschen Patent- und Markenamt errichteten Markenabteilungen zuständig.

(3) Bei der Prüfung des Antrags holt das Deutsche Patent- und Markenamt die Stellungnahmen des Bundesministeriums für Ernährung und Landwirtschaft, der zuständigen Fachministerien der betroffenen Länder, der interessierten öffentlichen Körperschaften sowie der interessierten Verbände und Organisationen der Wirtschaft ein.

(4) [1] Das Deutsche Patent- und Markenamt veröffentlicht den Antrag. [2] Gegen den Antrag kann innerhalb von zwei Monaten seit Veröffentlichung von jeder Person mit einem berechtigten Interesse, die im Gebiet der Bundesrepublik Deutschland niedergelassen oder ansässig ist, beim Deutschen Patent- und Markenamt Einspruch eingelegt werden.

(5) [1] Entspricht der Antrag den Anforderungen der Verordnung (EU) Nr. 1151/2012 und den zu ihrer Durchführung erlassenen Vorschriften, stellt das Deutsche Patent- und Markenamt dies durch Beschluss fest. [2] Andernfalls wird der Antrag durch Beschluss zurückgewiesen. [3] Das Deutsche Patent- und Markenamt veröffentlicht den stattgebenden Beschluss. [4] Kommt es zu wesentlichen Änderungen der nach Absatz 4 veröffentlichten Angaben, so werden diese zusammen mit dem stattgebenden Beschluss veröffentlicht. [5] Der Beschluss nach Satz 1 und nach Satz 2 ist dem Antragsteller und denjenigen zuzustellen, die fristgemäß Einspruch eingelegt haben.

(6) [1] Steht rechtskräftig fest, dass der Antrag den Anforderungen der Verordnung (EU) Nr. 1151/2012 und den zu ihrer Durchführung erlassenen Vorschriften entspricht, so unterrichtet das Deutsche Patent- und Markenamt den Antragsteller

---

[1)] Abschnitt 2 (§§ 130–136) neu gef. mWv 1.9.2008 durch G v. 7.7.2008 (BGBl. I S. 1191); Überschrift geänd. mWv 1.7.2016 durch G v. 4.4.2016 (BGBl. I S. 558).

[2)] § 130 neu gef. mWv 1.9.2008 durch G v. 7.7.2008 (BGBl. I S. 1191); Abs. 4 Satz 2 geänd. mWv 17.10.2013 durch G v. 10.10.2013 (BGBl. I S. 3799); Abs. 3 geänd. mWv 8.9.2015 durch VO v. 31.8.2015 (BGBl. I S. 1474); Überschrift und Abs. 1 neu gef., Abs. 2 und 3, Abs. 4 Sätze 1 und 2, Abs. 5 Sätze 1, 3 und 4 geänd., Abs. 6 neu gef., Abs. 7 angef. mWv 1.7.2016 durch G v. 4.4.2016 (BGBl. I S. 558).

hierüber und übermittelt den Antrag mit den erforderlichen Unterlagen dem Bundesministerium der Justiz und für Verbraucherschutz. [2]Ferner veröffentlicht das Deutsche Patent- und Markenamt die Fassung der Spezifikation, auf die sich die positive Entscheidung bezieht. [3]Das Bundesministerium der Justiz und für Verbraucherschutz übermittelt den Antrag mit den erforderlichen Unterlagen an die Europäische Kommission.

(7) Sofern die Spezifikation im Eintragungsverfahren bei der Europäischen Kommission geändert worden ist, veröffentlicht das Deutsche Patent- und Markenamt die der Eintragung zugrunde liegende Fassung der Spezifikation.

**§ 131[1)] Zwischenstaatliches Einspruchsverfahren.** (1) Einsprüche nach Artikel 51 Absatz 1 Unterabsatz 2 der Verordnung (EU) Nr. 1151/2012 gegen die beabsichtigte Eintragung von geographischen Angaben oder Ursprungsbezeichnungen in das von der Europäischen Kommission geführte Register der geschützten Ursprungsbezeichnungen und der geschützten geographischen Angaben sind beim Deutschen Patent- und Markenamt innerhalb von zwei Monaten ab der Veröffentlichung einzulegen, die im Amtsblatt der Europäischen Union nach Artikel 50 Absatz 2 der Verordnung (EU) Nr. 1151/2012 vorgenommen wird.

(2) [1]Die Zahlungsfrist für die Einspruchsgebühr richtet sich nach § 6 Abs. 1 Satz 1 des Patentkostengesetzes[2)]. [2]Eine Wiedereinsetzung in die Einspruchsfrist und in die Frist zur Zahlung der Einspruchsgebühr ist nicht gegeben.

**§ 132[3)] Antrag auf Änderung der Spezifikation, Löschungsverfahren.** (1) Für Anträge auf Änderung der Spezifikation einer geschützten geographischen Angabe oder einer geschützten Ursprungsbezeichnung nach Artikel 53 Absatz 2 Satz 1 der Verordnung (EU) Nr. 1151/2012 gelten die §§ 130 und 131 entsprechend.

(2) Für Anträge auf Löschung einer geschützten geographischen Angabe oder einer geschützten Ursprungsbezeichnung nach Artikel 54 Absatz 1 der Verordnung (EU) Nr. 1151/2012 gelten die §§ 130 und 131 entsprechend.

**§ 133[4)] Rechtsmittel.** [1]Gegen Entscheidungen, die das Deutsche Patent- und Markenamt nach den Vorschriften dieses Abschnitts trifft, findet die Beschwerde zum Bundespatentgericht und die Rechtsbeschwerde zum Bundesgerichtshof

*(Fortsetzung nächstes Blatt)*

[1)] § 131 neu gef. mWv 1.9.2008 durch G v. 7.7.2008 (BGBl. I S. 1191); Überschrift und Abs. 1 neu gef. mWv 1.7.2016 durch G v. 4.4.2016 (BGBl. I S. 558).

[2)] **Habersack, Deutsche Gesetze ErgBd. Nr. 70b.**

[3)] § 132 neu gef. mWv 1.9.2008 durch G v. 7.7.2008 (BGBl. I S. 1191); Abs. 1 Satz 2 aufgeh., bish. Satz 1 und Abs. 2 geänd. mWv 1.7.2016 durch G v. 4.4.2016 (BGBl. I S. 558).

[4)] § 133 neu gef. mWv 1.9.2008 durch G v. 7.7.2008 (BGBl. I S. 1191); Satz 1 geänd. mWv 1.7.2016 durch G v. 4.4.2016 (BGBl. I S. 558).

statt. [2] Gegen eine Entscheidung nach § 130 Abs. 5 Satz 1 steht die Beschwerde denjenigen Personen zu, die gegen den Antrag fristgerecht Einspruch eingelegt haben oder die durch den stattgebenden Beschluss auf Grund der nach § 130 Abs. 5 Satz 4 veröffentlichten geänderten Angaben in ihrem berechtigten Interesse betroffen sind. [3] Im Übrigen sind die Vorschriften dieses Gesetzes über das Beschwerdeverfahren vor dem Bundespatentgericht (§§ 66 bis 82) und über das Rechtsbeschwerdeverfahren vor dem Bundesgerichtshof (§§ 83 bis 90) entsprechend anzuwenden.

**§ 134[1)] Überwachung.** (1) Die nach der Verordnung (EU) Nr. 1151/2012 und den zu ihrer Durchführung erlassenen Vorschriften erforderliche Überwachung und Kontrolle obliegt den nach Landesrecht zuständigen Stellen.

(2) [1] Soweit es zur Überwachung und Kontrolle im Sinn des Absatzes 1 erforderlich ist, können die Beauftragten der zuständigen Stellen bei Betrieben, die Agrarerzeugnisse oder Lebensmittel in Verkehr bringen oder herstellen (§ 3 Absatz 1 Nummer 1 des Lebensmittel- und Futtermittelgesetzbuchs[2)]) oder innergemeinschaftlich verbringen, einführen oder ausführen, während der Geschäfts- oder Betriebszeit

1. Geschäftsräume und Grundstücke, Verkaufseinrichtungen und Transportmittel betreten und dort Besichtigungen vornehmen,
2. Proben gegen Empfangsbescheinigung entnehmen; auf Verlangen des Betroffenen ist ein Teil der Probe oder, falls diese unteilbar ist, eine zweite Probe amtlich verschlossen und versiegelt zurückzulassen,
3. Geschäftsunterlagen einsehen und prüfen,
4. Auskunft verlangen.

[2] Diese Befugnisse erstrecken sich auch auf Agrarerzeugnisse oder Lebensmittel, die an öffentlichen Orten, insbesondere auf Märkten, Plätzen, Straßen oder im Umherziehen in den Verkehr gebracht werden.

(3) Inhaber oder Leiter der Betriebe sind verpflichtet, das Betreten der Geschäftsräume und Grundstücke, Verkaufseinrichtungen und Transportmittel sowie die dort vorzunehmenden Besichtigungen zu gestatten, die zu besichtigenden Agrarerzeugnisse oder Lebensmittel selbst oder durch andere so darzulegen, dass die Besichtigung ordnungsgemäß vorgenommen werden kann, selbst oder durch andere die erforderliche Hilfe bei Besichtigungen zu leisten, die Proben entnehmen zu lassen, die geschäftlichen Unterlagen vorzulegen, prüfen zu lassen und Auskünfte zu erteilen.

(4) Erfolgt die Überwachung bei der Einfuhr oder bei der Ausfuhr, so gelten die Absätze 2 und 3 entsprechend auch für denjenigen, der die Agrarerzeugnisse oder Lebensmittel für den Betriebsinhaber innergemeinschaftlich verbringt, einführt oder ausführt.

(5) Der zur Erteilung einer Auskunft Verpflichtete kann die Auskunft auf solche Fragen verweigern, deren Beantwortung ihn selbst oder einen der in § 383 Abs. 1 Nr. 1 bis 3 der Zivilprozessordnung[3)] bezeichneten Angehörigen der Gefahr

[1)] § 134 neu gef. mWv 1.9.2008 durch G v. 7.7.2008 (BGBl. I S. 1191); Abs. 1 und Abs. 6 Satz 1 geänd. mWv 1.7.2016 durch G v. 4.4.2016 (BGBl. I S. 558); Abs. 2 Satz 1 einl. Satzteil geänd. mWv 10.8.2021 durch G v. 27.7.2021 (BGBl. I S. 3274).

[2)] **Sartorius ErgBd. Nr. 862.**

[3)] Nr. **100**.

strafrechtlicher Verfolgung oder eines Verfahrens nach dem Gesetz über Ordnungswidrigkeiten[1]) aussetzen würde.

(6) [1] Für Amtshandlungen, die nach Artikel 37 Absatz 1 der Verordnung (EU) Nr. 1151/2012 zu Kontrollzwecken vorzunehmen sind, werden kostendeckende Gebühren und Auslagen erhoben. [2] Die kostenpflichtigen Tatbestände werden durch das Landesrecht bestimmt.

**§ 135[2]) Ansprüche wegen Verletzung.** (1) [1] Wer im geschäftlichen Verkehr Handlungen vornimmt, die gegen Artikel 13 der Verordnung (EU) Nr. 1151/2012 verstoßen, kann von den nach § 8 Abs. 3 des Gesetzes gegen den unlauteren Wettbewerb[3]) zur Geltendmachung von Ansprüchen Berechtigten bei Wiederholungsgefahr auf Unterlassung in Anspruch genommen werden. [2] Der Anspruch besteht auch dann, wenn eine Zuwiderhandlung erstmalig droht. [3] Die §§ 18, 19, 19a und 19c gelten entsprechend.

(2) § 128 Abs. 2 und 3 gilt entsprechend.

**§ 136[2]) Verjährung.** Die Ansprüche nach § 135 verjähren nach § 20.

### Abschnitt 3. Ermächtigungen zum Erlaß von Rechtsverordnungen

**§ 137[4]) Nähere Bestimmungen zum Schutz einzelner geographischer Herkunftsangaben.** (1) Das Bundesministerium der Justiz und für Verbraucherschutz wird ermächtigt, im Einvernehmen mit den Bundesministerien für Wirtschaft und Energie und für Ernährung und Landwirtschaft durch Rechtsverordnung mit Zustimmung des Bundesrates nähere Bestimmungen über einzelne geographische Herkunftsangaben zu treffen.

(2) [1] In der Rechtsverordnung können

1. durch Bezugnahme auf politische oder geographische Grenzen das Herkunftsgebiet,
2. die Qualität oder sonstige Eigenschaften im Sinne des § 127 Abs. 2 sowie die dafür maßgeblichen Umstände, wie insbesondere Verfahren oder Art und Weise der Erzeugung oder Herstellung der Waren oder der Erbringung der Dienstleistungen oder Qualität oder sonstige Eigenschaften der verwendeten Ausgangsmaterialien wie deren Herkunft, und
3. die Art und Weise der Verwendung der geographischen Herkunftsangabe

geregelt werden. [2] Bei der Regelung sind die bisherigen lauteren Praktiken, Gewohnheiten und Gebräuche bei der Verwendung der geographischen Herkunftsangabe zu berücksichtigen.

**§ 138[5]) Sonstige Vorschriften für das Verfahren bei Anträgen und Einsprüchen nach der Verordnung (EU) Nr. 1151/2012.** (1) Das Bundesministerium der Justiz und für Verbraucherschutz wird ermächtigt, durch Rechtsverord-

---

[1]) Nr. **94**.

[2]) Teil 6 Abschnitt 2 (§§ 130–136) neu gef. mWv 1.9.2008 durch G v. 7.7.2008 (BGBl. I S. 1191); § 135 Abs. 1 Satz 1 geänd. mWv 1.7.2016 durch G v. 4.4.2016 (BGBl. I S. 558).

[3]) Nr. **73**.

[4]) § 137 Abs. 1 geänd. mWv 7.11.2001 durch VO v. 29.10.2001 (BGBl. I S. 2785); Abs. 1 geänd. mWv 28.11.2003 durch VO v. 25.11.2003 (BGBl. I S. 2304); Abs. 1 geänd. mWv 8.11.2006 durch VO v. 31.10.2006 (BGBl. I S. 2407); Abs. 1 geänd. mWv 8.9.2015 durch VO v. 31.8.2015 (BGBl. I S. 1474).

[5]) § 138 neu gef. mWv 1.9.2008 durch G v. 7.7.2008 (BGBl. I S. 1191); Abs. 1 und 2 geänd. mWv 8.9.2015 durch VO v. 31.8.2015 (BGBl. I S. 1474); Überschrift geänd. mWv 1.7.2016 durch G v. 4.4.2016 (BGBl. I S. 558).

nung[1] ohne Zustimmung des Bundesrates nähere Bestimmungen über das Antrags-, Einspruchs-, Änderungs- und Löschungsverfahren (§§ 130 bis 132) zu treffen.

(2) Das Bundesministerium der Justiz und für Verbraucherschutz kann die Ermächtigung zum Erlass von Rechtsverordnungen nach Absatz 1 durch Rechtsverordnung ohne Zustimmung des Bundesrates ganz oder teilweise auf das Deutsche Patent- und Markenamt übertragen.

**§ 139[2] Durchführungsbestimmungen zur Verordnung (EU) Nr. 1151/2012; Verordnungsermächtigung.** (1) [1]Das Bundesministerium der Justiz und für Verbraucherschutz wird ermächtigt, im Einvernehmen mit dem Bundesministerium für Wirtschaft und Energie und dem Bundesministerium für Ernährung und Landwirtschaft durch Rechtsverordnung mit Zustimmung des Bundesrates weitere Einzelheiten des Schutzes von Ursprungsbezeichnungen und geographischen Angaben nach der Verordnung (EU) Nr. 1151/2012 zu regeln, soweit sich das Erfordernis hierfür aus der Verordnung (EU) Nr. 1151/2012 oder den zu ihrer Durchführung erlassenen Vorschriften des Rates oder der Europäischen Kommission ergibt. [2]In Rechtsverordnungen nach Satz 1 können insbesondere Vorschriften über

1. die Kennzeichnung der Agrarerzeugnisse oder Lebensmittel,
2. die Berechtigung zum Verwenden der geschützten Bezeichnungen oder
3. die Voraussetzungen und das Verfahren bei der Überwachung oder Kontrolle beim innergemeinschaftlichen Verbringen oder bei der Einfuhr oder Ausfuhr

erlassen werden. [3]Rechtsverordnungen nach Satz 1 können auch erlassen werden, wenn die Mitgliedstaaten nach den dort genannten gemeinschaftsrechtlichen Vorschriften befugt sind, ergänzende Vorschriften zu erlassen.

(2) [1]Die Landesregierungen werden ermächtigt, durch Rechtsverordnung die Durchführung der nach Artikel 37 Absatz 1 der Verordnung (EU) Nr. 1151/2012 erforderlichen Kontrollen zugelassenen privaten Kontrollstellen zu übertragen oder solche an der Durchführung dieser Kontrollen zu beteiligen. [2]Die Landesregierungen können auch die Voraussetzungen und das Verfahren der Zulassung privater Kontrollstellen durch Rechtsverordnung regeln. [3]Sie sind befugt, die Ermächtigung nach den Sätzen 1 und 2 durch Rechtsverordnung ganz oder teilweise auf andere Behörden zu übertragen.

## Teil 8.[3] Verfahren in Kennzeichenstreitsachen

**§ 140[4] Kennzeichenstreitsachen.** (1) Für alle Klagen, durch die ein Anspruch aus einem der in diesem Gesetz geregelten Rechtsverhältnisse geltend gemacht wird (Kennzeichenstreitsachen), sind die Landgerichte ohne Rücksicht auf den Streitwert ausschließlich zuständig.

---

[1] Siehe VO zur Ausführung des Markengesetzes (Markenverordnung – MarkenV) **(Habersack, Deutsche Gesetze ErgBd. Nr. 72a)**.

[2] § 139 neu gef. mWv 1.9.2008 durch G v. 7.7.2008 (BGBl. I S. 1191); Abs. 1 Satz 1 geänd. mWv 8.9.2015 durch VO v. 31.8.2015 (BGBl. I S. 1474); Überschrift neu gef., Abs. 1 Satz 1 und Abs. 2 Satz 1 geänd. mWv 1.7.2016 durch G v. 4.4.2016 (BGBl. I S. 558).

[3] Bish. Teil 7 wird Teil 8 mWv 14.1.2019 durch G v. 11.12.2018 (BGBl. I S. 2357).

[4] § 140 Abs. 5 geänd. mWv 1.1.2002 durch G v. 13.12.2001 (BGBl. I S. 3656); Abs. 3 und 4 aufgeh., bish. Abs. 5 wird Abs. 3 mWv 1.8.2002 durch G v. 23.7.2002 (BGBl. I S. 2850); Abs. 3 geänd. mWv 1.7.2004 durch G v. 5.5.2004 (BGBl. I S. 718); Abs. 3 eingef., bish. Abs. 3 wird Abs. 4 mWv 14.1.2019 durch G v. 11.12.2018 (BGBl. I S. 2357).

(2) [1]Die Landesregierungen werden ermächtigt, durch Rechtsverordnung die Kennzeichenstreitsachen insgesamt oder teilweise für die Bezirke mehrerer Landgerichte einem von ihnen zuzuweisen,[1)] sofern dies der sachlichen Förderung oder schnelleren Erledigung der Verfahren dient. [2]Die Landesregierungen können diese Ermächtigung auf die Landesjustizverwaltungen übertragen. [3]Die Länder können außerdem durch Vereinbarung den Gerichten eines Landes obliegende Aufgaben insgesamt oder teilweise dem zuständigen Gericht eines anderen Landes übertragen.

(3) Zur Sicherung der in diesem Gesetz bezeichneten Ansprüche auf Unterlassung können einstweilige Verfügungen auch ohne die Darlegung und Glaubhaftmachung der in den §§ 935 und 940 der Zivilprozessordnung[2)] bezeichneten Voraussetzungen erlassen werden.

(4) Von den Kosten, die durch die Mitwirkung eines Patentanwalts in einer Kennzeichenstreitsache entstehen, sind die Gebühren nach § 13 des Rechtsanwaltsvergütungsgesetzes[3)] und außerdem die notwendigen Auslagen des Patentanwalts zu erstatten.

**§ 141[4)] Gerichtsstand bei Ansprüchen nach diesem Gesetz und dem Gesetz gegen den unlauteren Wettbewerb.** Ansprüche, welche die in diesem Gesetz geregelten Rechtsverhältnisse betreffen und auf Vorschriften des Gesetzes

---

[1)] Die Länder haben hierzu folgende Vorschriften erlassen:
- **Baden-Württemberg:** Zuständig für Kennzeichenstreitsachen des OLG-Bezirks Karlsruhe ist das LG Mannheim und des OLG-Bezirks Stuttgart ist das LG Stuttgart (§ 13 Zuständigkeitsverordnung Justiz – ZuVOJu v. 20.11.1998 (GBl. S. 680), zuletzt geänd. durch VO v. 26.11.2020 (GBl. S. 1099))
- **Bayern:** Zuständig für Kennzeichenstreitsachen des OLG-Bezirks München ist das LG München I, für die OLG-Bezirke Nürnberg und Bamberg das LG Nürnberg-Fürth (§ 43 GZVJu v. 11.6.2012 (GVBl. S. 295), zuletzt geänd. durch V v. 24.11.2020 (GVBl. S. 654))
- **Mecklenburg-Vorpommern:** Zuständig für Kennzeichenstreitsachen des OLG-Bezirks Rostock ist das LG Rostock (§ 4 KonzVO M-V v. 28.3.1994 (GVOBl. M-V S. 514), zuletzt geänd. durch VO v. 22.2.2018 (GVOBl. M-V S. 59))
- **Niedersachsen:** Zuständig für Kennzeichenstreitsachen für die Bezirke aller Landgerichte ist das LG Braunschweig (§ 5 ZustVO-Justiz v. 18.12.2009 (Nds. GVBl. S. 506, ber. S. 283), zuletzt geänd. durch VO v. 12.1.2021 (Nds. GVBl. S. 12))
- **Nordrhein-Westfalen:** Zuständig für Kennzeichenstreitsachen des OLG-Bezirks Düsseldorf ist das LG Düsseldorf, für die Landgerichtsbezirke Bielefeld, Detmold, Münster und Paderborn das LG Bielefeld, für die Landgerichtsbezirke Arnsberg, Bochum, Dortmund, Essen, Hagen und Siegen das LG Bochum und für den OLG-Bezirk Köln das LG Köln (§ 1 VO über die Zusammenfassung von Designstreitsachen, Kennzeichenstreitsachen und Urheberrechtsstreitsachen sowie Streitigkeiten nach dem Olympiamarkenschutzgesetz v. 30.8.2011 (GV. NRW. S. 468), geänd. durch VO v. 25.3.2014 (GV. NRW. S. 249))
- **Rheinland-Pfalz:** Zuständig für Kennzeichenstreitsachen des OLG-Bezirks Zweibrücken ist das LG Frankenthal (Pfalz) und des OLG-Bezirks Koblenz das LG Koblenz (§ 8 LandesVO über die gerichtliche Zuständigkeit in Zivilsachen und Angelegenheiten der freiwilligen Gerichtsbarkeit v. 22.11.1985 (GVBl. S. 267), zuletzt geänd. durch VO v. 27.11.2019 (GVBl. S. 345))
- **Sachsen-Anhalt:** Zuständig für Kennzeichenstreitsachen für die Bezirke aller Landgerichte ist das LG Magdeburg (§ 6 VO über Zuständigkeiten der Amtsgerichte und Landgerichte in Zivilsachen v. 1.9.1992 (GVBl. LSA S. 664), zuletzt geänd. durch VO v. 12.2.2021 (GVBl. LSA S. 57))
- **Schleswig-Holstein:** Zuständig für Kennzeichenstreitsachen für die Bezirke aller Landgerichte ist das LG Kiel (§ 22 Abs. 2 Justizzuständigkeitsverordnung – JZVO v. 15.11.2019 (GVOBl. Schl.-H. S. 546, 548), geänd. durch VO v. 7.12.2020 (GVOBl. Schl.-H. S. 994))
- **Thüringen:** Zuständig für Kennzeichenstreitsachen des OLG-Bezirks ist das LG Erfurt (§ 5 ThürGerZustVO v. 17.11.2011 (GVBl. S. 511), zuletzt geänd. durch VO v. 6.12.2019 (GVBl. S. 562))

[2)] Nr. **100**.
[3)] Nr. **117**.
[4)] § 141 geänd. mWv 8.7.2004 durch G v. 3.7.2004 (BGBl. I S. 1414).

gegen den unlauteren Wettbewerb[1)] gegründet werden, brauchen nicht im Gerichtsstand des § 14 des Gesetzes gegen den unlauteren Wettbewerb geltend gemacht zu werden.

**§ 142 Streitwertbegünstigung.** (1) Macht in bürgerlichen Rechtsstreitigkeiten, in denen durch Klage ein Anspruch aus einem der in diesem Gesetz geregelten Rechtsverhältnisse geltend gemacht wird, eine Partei glaubhaft, daß die Belastung mit den Prozeßkosten nach dem vollen Streitwert ihre wirtschaftliche Lage erheblich gefährden würde, so kann das Gericht auf ihren Antrag anordnen, daß die Verpflichtung dieser Partei zur Zahlung von Gerichtskosten sich nach einem ihrer Wirtschaftslage angepaßten Teil des Streitwerts bemißt.

(2) [1] Die Anordnung nach Absatz 1 hat zur Folge, daß die begünstigte Partei die Gebühren ihres Rechtsanwalts ebenfalls nur nach diesem Teil des Streitwerts zu entrichten hat. [2] Soweit ihr Kosten des Rechtsstreits auferlegt werden oder soweit sie diese übernimmt, hat sie die von dem Gegner entrichteten Gerichtsgebühren und die Gebühren seines Rechtsanwalts nur nach dem Teil des Streitwerts zu erstatten. [3] Soweit die außergerichtlichen Kosten dem Gegner auferlegt oder von ihm übernommen werden, kann der Rechtsanwalt der begünstigten Partei seine Gebühren von dem Gegner nach dem für diesen geltenden Streitwert beitreiben.

(3) [1] Der Antrag nach Absatz 1 kann vor der Geschäftsstelle des Gerichts zur Niederschrift erklärt werden. [2] Er ist vor der Verhandlung zur Hauptsache zu stellen. [3] Danach ist er nur zulässig, wenn der angenommene oder festgesetzte Streitwert später durch das Gericht heraufgesetzt wird. [4] Vor der Entscheidung über den Antrag ist der Gegner zu hören.

## Teil 9.[2)] Straf- und Bußgeldvorschriften; Beschlagnahme bei der Einfuhr und Ausfuhr

### Abschnitt 1. Straf- und Bußgeldvorschriften

**§ 143[3)] Strafbare Kennzeichenverletzung.** (1) Wer im geschäftlichen Verkehr widerrechtlich

1. entgegen § 14 Abs. 2 Satz 1 Nr. 1 oder 2 ein Zeichen benutzt,
2. entgegen § 14 Abs. 2 Satz 1 Nr. 3 ein Zeichen in der Absicht benutzt, die Unterscheidungskraft oder die Wertschätzung einer bekannten Marke auszunutzen oder zu beeinträchtigen,
3. entgegen § 14 Abs. 4 Nr. 1 ein Zeichen anbringt oder entgegen § 14 Abs. 4 Nr. 2 oder 3 eine Aufmachung oder Verpackung oder ein Kennzeichnungsmittel anbietet, in den Verkehr bringt, besitzt, einführt oder ausführt, soweit Dritten die Benutzung des Zeichens
   a) nach § 14 Abs. 2 Satz 1 Nr. 1 oder 2 untersagt wäre oder
   b) nach § 14 Abs. 2 Satz 1 Nr. 3 untersagt wäre und die Handlung in der Absicht vorgenommen wird, die Ausnutzung oder Beeinträchtigung der Unterscheidungskraft oder der Wertschätzung einer bekannten Marke zu ermöglichen,

---

1) Nr. **73**.

2) Bish. Teil 8 wird Teil 9 mWv 14.1.2019 durch G v. 11.12.2018 (BGBl. I S. 2357).

3) § 143 Abs. 1a und 7 eingef., Abs. 4 geänd. durch G v. 19.7.1996 (BGBl. I S. 1014); Abs. 1a und 7 aufgeh., Abs. 4 geänd. mWv 20.12.2001 durch G v. 13.12.2001 (BGBl. I S. 3656); Abs. 2 neu gef. mWv 17.10.2013 durch G v. 10.10.2013 (BGBl. I S. 3799); Abs. 5 Satz 3 geänd. mWv 1.7.2017 durch G v. 13.4.2017 (BGBl. I S. 872); Abs. 1 Nr. 1, 2, 3 Buchst. a und b geänd. mWv 14.1.2019 durch G v. 11.12.2018 (BGBl. I S. 2357).

4. entgegen § 15 Abs. 2 eine Bezeichnung oder ein Zeichen benutzt oder
5. entgegen § 15 Abs. 3 eine Bezeichnung oder ein Zeichen in der Absicht benutzt, die Unterscheidungskraft oder die Wertschätzung einer bekannten geschäftlichen Bezeichnung auszunutzen oder zu beeinträchtigen,

wird mit Freiheitsstrafe bis zu drei Jahren oder mit Geldstrafe bestraft.

(2) Handelt der Täter in den Fällen des Absatzes 1 gewerbsmäßig oder als Mitglied einer Bande, die sich zur fortgesetzten Begehung solcher Taten verbunden hat, so ist die Strafe Freiheitsstrafe von drei Monaten bis zu fünf Jahren.

(3) Der Versuch ist strafbar.

(4) In den Fällen des Absatzes 1 wird die Tat nur auf Antrag verfolgt, es sei denn, daß die Strafverfolgungsbehörde wegen des besonderen öffentlichen Interesses an der Strafverfolgung ein Einschreiten von Amts wegen für geboten hält.

(5) [1] Gegenstände, auf die sich die Straftat bezieht, können eingezogen werden. [2] § 74a des Strafgesetzbuchs[1)] ist anzuwenden. [3] Soweit den in § 18 bezeichneten Ansprüchen auf Vernichtung im Verfahren nach den Vorschriften der Strafprozeßordnung über die Entschädigung des Verletzten (§§ 403 bis 406c der Strafprozeßordnung[2)]) stattgegeben wird, sind die Vorschriften über die Einziehung (§§ 74 bis 74f des Strafgesetzbuches) nicht anzuwenden.

(6) [1] Wird auf Strafe erkannt, so ist, wenn der Verletzte es beantragt und ein berechtigtes Interesse daran dartut, anzuordnen, daß die Verurteilung auf Verlangen öffentlich bekanntgemacht wird. [2] Die Art der Bekanntmachung ist im Urteil zu bestimmen.

**§ 143a[3)] Strafbare Verletzung der Unionsmarke.** (1) Wer die Rechte des Inhabers einer Unionsmarke nach Artikel 9 Absatz 1 der Unionsmarkenverordnung verletzt, indem er trotz eines Verbotes und ohne Zustimmung des Markeninhabers im geschäftlichen Verkehr

1. ein mit der Unionsmarke identisches Zeichen für Waren oder Dienstleistungen benutzt, die mit denjenigen identisch sind, für die sie eingetragen ist,
2. ein Zeichen benutzt, wenn wegen der Identität oder Ähnlichkeit des Zeichens mit der Unionsmarke und der Identität oder Ähnlichkeit der durch die Unionsmarke und das Zeichen erfassten Waren oder Dienstleistungen für das Publikum die Gefahr von Verwechslungen besteht, einschließlich der Gefahr, dass das Zeichen mit der Marke gedanklich in Verbindung gebracht wird, oder
3. ein mit der Unionsmarke identisches Zeichen oder ein ähnliches Zeichen für Waren oder Dienstleistungen benutzt, die nicht denen ähnlich sind, für die die Unionsmarke eingetragen ist, wenn diese in der Gemeinschaft bekannt ist und das Zeichen in der Absicht benutzt wird, die Unterscheidungskraft oder die Wertschätzung der Unionsmarke ohne rechtfertigenden Grund in unlauterer Weise auszunutzen oder zu beeinträchtigen,

wird mit Freiheitsstrafe bis zu drei Jahren oder mit Geldstrafe bestraft.

(2) § 143 Abs. 2 bis 6 gilt entsprechend.

---

[1)] Nr. **85**.

[2)] Nr. **90**.

[3)] § 143a eingef. mWv 20.12.2001 durch G v. 13.12.2001 (BGBl. I S. 3656); Abs. 1 geänd. mWv 28.12.2010 durch G v. 22.12.2010 (BGBl. I S. 2248); Überschrift und Abs. 1 einl. Satzteil geänd. mWv 14.1.2019 durch G v. 11.12.2018 (BGBl. I S. 2357); Abs. 1 Nr. 1–3 geänd. mWv 18.8.2021 durch G v. 10.8.2021 (BGBl. I S. 3490).

**§ 144[1] Strafbare Benutzung geographischer Herkunftsangaben.**

(1) Wer im geschäftlichen Verkehr widerrechtlich eine geographische Herkunftsangabe, einen Namen, eine Angabe oder ein Zeichen

1. entgegen § 127 Abs. 1 oder 2, jeweils auch in Verbindung mit Abs. 4 oder einer Rechtsverordnung nach § 137 Abs. 1, benutzt oder
2. entgegen § 127 Abs. 3, auch in Verbindung mit Abs. 4 oder einer Rechtsverordnung nach § 137 Abs. 1, in der Absicht benutzt, den Ruf oder die Unterscheidungskraft einer geographischen Herkunftsangabe auszunutzen oder zu beeinträchtigen,

wird mit Freiheitsstrafe bis zu zwei Jahren oder mit Geldstrafe bestraft.

(2) Ebenso wird bestraft, wer entgegen Artikel 13 Absatz 1 Buchstabe a oder b der Verordnung (EU) Nr. 1151/2012 des Europäischen Parlaments und des Rates vom 21. November 2012 über Qualitätsregelungen für Agrarerzeugnisse und Lebensmittel (ABl. L 343 vom 14.12.2012, S. 1) im geschäftlichen Verkehr

1. einen eingetragenen Namen für ein dort genanntes Erzeugnis verwendet oder
2. sich einen eingetragenen Namen aneignet oder ihn nachahmt.

(3) Der Versuch ist strafbar.

(4) Bei einer Verurteilung bestimmt das Gericht, daß die widerrechtliche Kennzeichnung der im Besitz des Verurteilten befindlichen Gegenstände beseitigt wird oder, wenn dies nicht möglich ist, die Gegenstände vernichtet werden.

(5) [1] Wird auf Strafe erkannt, so ist, wenn das öffentliche Interesse dies erfordert, anzuordnen, daß die Verurteilung öffentlich bekanntgemacht wird. [2] Die Art der Bekanntmachung ist im Urteil zu bestimmen.

**§ 145[2] Bußgeldvorschriften.** (1) Ordnungswidrig handelt, wer im geschäftlichen Verkehr widerrechtlich in identischer oder nachgeahmter Form

1. ein Wappen, eine Flagge oder ein anderes staatliches Hoheitszeichen oder ein Wappen eines inländischen Ortes oder eines inländischen Gemeinde- oder weiteren Kommunalverbandes im Sinne des § 8 Abs. 2 Nr. 6 ,
2. ein amtliches Prüf- oder Gewährzeichen im Sinne des § 8 Abs. 2 Nr. 7 oder
3. ein Kennzeichen, ein Siegel oder eine Bezeichnung im Sinne des § 8 Abs. 2 Nr. 8

zur Kennzeichnung von Waren oder Dienstleistungen benutzt.

(2) Ordnungswidrig handelt, wer vorsätzlich oder fahrlässig

1. entgegen § 134 Abs. 3, auch in Verbindung mit Abs. 4,
   a) das Betreten von Geschäftsräumen, Grundstücken, Verkaufseinrichtungen oder Transportmitteln oder deren Besichtigung nicht gestattet,
   b) die zu besichtigenden Agrarerzeugnisse oder Lebensmittel nicht so darlegt, daß die Besichtigung ordnungsgemäß vorgenommen werden kann,
   c) die erforderliche Hilfe bei der Besichtigung nicht leistet,
   d) Proben nicht entnehmen läßt,

---

[1] § 144 Abs. 1 Nr. 1 und 2 geänd. durch G v. 19.7.1996 (BGBl. I S. 1014); Abs. 2 neu gef. und Abs. 6 aufgeh. mWv 1.9.2008 durch G v. 7.7.2008 (BGBl. I S. 1191); Abs. 2 einl. Satzteil, Nr. 1 und 2 geänd. mWv 1.7.2016 durch G v. 4.4.2016 (BGBl. I S. 558).

[2] § 145 Abs. 3 geänd. mWv 1.1.2002 durch G v. 13.12.2001 (BGBl. I S. 3656); Abs. 5 angef. mWv 1.1.2007 durch G v. 17.12.2006 (BGBl. I S. 3171).

e) geschäftliche Unterlagen nicht oder nicht vollständig vorlegt oder nicht prüfen läßt oder

f) eine Auskunft nicht, nicht richtig oder nicht vollständig erteilt oder

2. einer nach § 139 Abs. 1 erlassenen Rechtsverordnung zuwiderhandelt, soweit sie für einen bestimmten Tatbestand auf diese Bußgeldvorschrift verweist.

(3) Die Ordnungswidrigkeit kann in den Fällen des Absatzes 1 mit einer Geldbuße bis zu zweitausendfünfhundert Euro und in den Fällen des Absatzes 2 mit einer Geldbuße bis zu zehntausend Euro geahndet werden.

(4) In den Fällen des Absatzes 1 ist § 144 Abs. 4 entsprechend anzuwenden.

(5) Verwaltungsbehörde im Sinn des § 36 Abs. 1 Nr. 1 des Gesetzes über Ordnungswidrigkeiten[1] ist in den Fällen des Absatzes 1 das Bundesamt für Justiz.

## Abschnitt 2. Beschlagnahme von Waren bei der Einfuhr und Ausfuhr

### § 146[2] Beschlagnahme bei der Verletzung von Kennzeichenrechten.

(1) [1] Waren, die widerrechtlich mit einer nach diesem Gesetz geschützten Marke oder geschäftlichen Bezeichnung versehen sind, unterliegen, soweit nicht die Verordnung (EU) Nr. 608/2013 des Europäischen Parlaments und des Rates vom 12. Juni 2013 zur Durchsetzung der Rechte geistigen Eigentums durch die Zollbehörden und zur Aufhebung der Verordnung (EG) Nr. 1383/2003 des Rates (ABl. L 181 vom 29.6.2013, S. 15) in ihrer jeweils geltenden Fassung anzuwenden ist, auf Antrag und gegen Sicherheitsleistung des Rechtsinhabers bei ihrer Einfuhr oder Ausfuhr der Beschlagnahme durch die Zollbehörde, sofern die Rechtsverletzung offensichtlich ist. [2] Dies gilt für den Verkehr mit anderen Mitgliedstaaten der Europäischen Union sowie mit den anderen Vertragsstaaten des Abkommens über den Europäischen Wirtschaftsraum nur, soweit Kontrollen durch die Zollbehörden stattfinden.

(2) [1] Ordnet die Zollbehörde die Beschlagnahme an, unterrichtet sie unverzüglich den Verfügungsberechtigten sowie den Antragsteller. [2] Dem Antragsteller sind Herkunft, Menge und Lagerort der Waren sowie Name und Anschrift des Verfügungsberechtigten mitzuteilen. [3] Das Brief- und Postgeheimnis (Artikel 10 des Grundgesetzes[3]) wird insoweit eingeschränkt. [4] Dem Antragsteller wird Gelegenheit gegeben, die Waren zu besichtigen, soweit hierdurch nicht in Geschäfts- oder Betriebsgeheimnisse eingegriffen wird.

### § 147 Einziehung; Widerspruch; Aufhebung der Beschlagnahme.

(1) Wird der Beschlagnahme nicht spätestens nach Ablauf von zwei Wochen nach Zustellung der Mitteilung nach § 146 Abs. 2 Satz 1 widersprochen, ordnet die Zollbehörde die Einziehung der beschlagnahmten Waren an.

(2) [1] Widerspricht der Verfügungsberechtigte der Beschlagnahme, unterrichtet die Zollbehörde hiervon unverzüglich den Antragsteller. [2] Dieser hat gegenüber der Zollbehörde unverzüglich zu erklären, ob er den Antrag nach § 146 Abs. 1 in bezug auf die beschlagnahmten Waren aufrechterhält.

(3) [1] Nimmt der Antragsteller den Antrag zurück, hebt die Zollbehörde die Beschlagnahme unverzüglich auf. [2] Hält der Antragsteller den Antrag aufrecht und

---

[1] Nr. **94**.

[2] § 146 Abs. 1 Satz 1 geänd. durch G v. 19.7.1996 (BGBl. I S. 1014); Abs. 1 Satz 1 geänd. mWv 1.9. 2008 durch G v. 7.7.2008 (BGBl. I S. 1191); Abs. 1 Satz 1 geänd. mWv 1.7.2016 durch G v. 4.4.2016 (BGBl. I S. 558).

[3] **Habersack, Deutsche Gesetze ErgBd. Nr. 1.**

legt er eine vollziehbare gerichtliche Entscheidung vor, die die Verwahrung der beschlagnahmten Waren oder eine Verfügungsbeschränkung anordnet, trifft die Zollbehörde die erforderlichen Maßnahmen.

(4) [1] Liegen die Fälle des Absatzes 3 nicht vor, hebt die Zollbehörde die Beschlagnahme nach Ablauf von zwei Wochen nach Zustellung der Mitteilung an den Antragsteller nach Absatz 2 auf. [2] Weist der Antragsteller nach, daß die gerichtliche Entscheidung nach Absatz 3 Satz 2 beantragt, ihm aber noch nicht zugegangen ist, wird die Beschlagnahme für längstens zwei weitere Wochen aufrechterhalten.

**§ 148**[1)] **Zuständigkeiten; Rechtsmittel.** (1) [1] Der Antrag nach § 146 Abs. 1 ist bei der Generalzolldirektion zu stellen und hat Wirkung für ein Jahr, sofern keine kürzere Geltungsdauer beantragt wird. [2] Der Antrag kann wiederholt werden.

(2) Für die mit dem Antrag verbundenen Amtshandlungen werden vom Antragsteller Kosten nach Maßgabe des § 178 der Abgabenordnung erhoben.

(3) [1] Die Beschlagnahme und die Einziehung können mit den Rechtsmitteln angefochten werden, die im Bußgeldverfahren nach dem Gesetz über Ordnungswidrigkeiten[2)] gegen die Beschlagnahme und Einziehung zulässig sind. [2] Im Rechtsmittelverfahren ist der Antragsteller zu hören. [3] Gegen die Entscheidung des Amtsgerichts ist die sofortige Beschwerde zulässig. [4] Über die sofortige Beschwerde entscheidet das Oberlandesgericht.

**§ 149 Schadensersatz bei ungerechtfertigter Beschlagnahme.** Erweist sich die Beschlagnahme als von Anfang an ungerechtfertigt und hat der Antragsteller den Antrag nach § 146 Abs. 1 in bezug auf die beschlagnahmten Waren aufrechterhalten oder sich nicht unverzüglich erklärt (§ 147 Abs. 2 Satz 2), so ist er verpflichtet, den dem Verfügungsberechtigten durch die Beschlagnahme entstandenen Schaden zu ersetzen.

**§ 150**[3)] **Verfahren nach der Verordnung (EU) Nr. 608/2013.** Für das Verfahren nach der Verordnung (EU) Nr. 608/2013 gelten § 148 Absatz 1 und 2 sowie § 149 entsprechend, soweit die Verordnung keine Bestimmungen enthält, die dem entgegenstehen.

**§ 151**[4)] **Verfahren nach deutschem Recht bei geographischen Herkunftsangaben.** (1) [1] Waren, die widerrechtlich mit einer nach diesem Gesetz oder nach Rechtsvorschriften der Europäischen Union geschützten geographischen Herkunftsangabe versehen sind, unterliegen, soweit nicht die Verordnung (EU) Nr. 608/2013 anzuwenden ist, bei ihrer Einfuhr, Ausfuhr oder Durchfuhr der Beschlagnahme zum Zwecke der Beseitigung der widerrechtlichen Kennzeichnung, sofern die Rechtsverletzung offensichtlich ist. [2] Dies gilt für den Verkehr mit anderen Mitgliedstaaten der Europäischen Union sowie mit den anderen Vertragsstaaten des Abkommens über den Europäischen Wirtschaftsraum nur, soweit Kontrollen durch die Zollbehörden stattfinden.

---

[1)] § 148 Abs. 1 geänd. mWv 1.1.2008 durch G v. 13.12.2007 (BGBl. I S. 2897); Abs. 1 Satz 1 geänd. mWv 1.9.2008 durch G v. 7.7.2008 (BGBl. I S. 1191); Abs. 1 Satz 1 geänd. mWv 1.1.2016 durch G v. 3.12.2015 (BGBl. I S. 2178).

[2)] Nr. **94**.

[3)] § 150 neu gef. mWv 1.7.2016 durch G v. 4.4.2016 (BGBl. I S. 558).

[4)] § 151 Überschrift neu gef. und Abs. 1 Satz 1 geänd. mWv 1.9.2008 durch G v. 7.7.2008 (BGBl. I S. 1191); Abs. 1 Satz 1 geänd. mWv 1.7.2016 durch G v. 4.4.2016 (BGBl. I S. 558).

(2) [1]Die Beschlagnahme wird durch die Zollbehörde vorgenommen. [2]Die Zollbehörde ordnet auch die zur Beseitigung der widerrechtlichen Kennzeichnung erforderlichen Maßnahmen an.

(3) Wird den Anordnungen der Zollbehörde nicht entsprochen oder ist die Beseitigung untunlich, ordnet die Zollbehörde die Einziehung der Waren an.

(4) [1]Die Beschlagnahme und die Einziehung können mit den Rechtsmitteln angefochten werden, die im Bußgeldverfahren nach dem Gesetz über Ordnungswidrigkeiten[1)] gegen die Beschlagnahme und Einziehung zulässig sind. [2]Gegen die Entscheidung des Amtsgerichts ist die sofortige Beschwerde zulässig. [3]Über die sofortige Beschwerde entscheidet das Oberlandesgericht.

## Teil 10.[2)] Übergangsvorschriften

**§ 152 Anwendung dieses Gesetzes.** Die Vorschriften dieses Gesetzes finden, soweit nachfolgend nichts anderes bestimmt ist, auch auf Marken, die vor dem 1. Januar 1995 angemeldet oder eingetragen oder durch Benutzung im geschäftlichen Verkehr oder durch notorische Bekanntheit erworben worden sind, und auf geschäftliche Bezeichnungen Anwendung, die vor dem 1. Januar 1995 nach den bis dahin geltenden Vorschriften geschützt waren.

**§ 153 Schranken für die Geltendmachung von Verletzungsansprüchen.**

(1) Standen dem Inhaber einer vor dem 1. Januar 1995 eingetragenen oder durch Benutzung oder notorische Bekanntheit erworbenen Marke oder einer geschäftlichen Bezeichnung nach den bis dahin geltenden Vorschriften gegen die Benutzung der Marke, der geschäftlichen Bezeichnung oder eines übereinstimmenden Zeichens keine Ansprüche wegen Verletzung zu, so können die Rechte aus der Marke oder aus der geschäftlichen Bezeichnung nach diesem Gesetz nicht gegen die Weiterbenutzung dieser Marke, dieser geschäftlichen Bezeichnung oder dieses Zeichens geltend gemacht werden.

(2) Auf Ansprüche des Inhabers einer vor dem 1. Januar 1995 eingetragenen oder durch Benutzung oder notorische Bekanntheit erworbenen Marke oder einer geschäftlichen Bezeichnung ist § 21 mit der Maßgabe anzuwenden, daß die in § 21 Abs. 1 und 2 vorgesehene Frist von fünf Jahren mit dem 1. Januar 1995 zu laufen beginnt.

**§ 154 Dingliche Rechte; Zwangsvollstreckung; Konkursverfahren.**

(1) Ist vor dem 1. Januar 1995 an dem durch die Anmeldung oder Eintragung einer Marke begründeten Recht ein dingliches Recht begründet worden oder war das durch die Anmeldung oder Eintragung begründete Recht Gegenstand von Maßnahmen der Zwangsvollstreckung, so können diese Rechte oder Maßnahmen nach § 29 Abs. 2 in das Register eingetragen werden.

(2) Absatz 1 ist entsprechend anzuwenden, wenn das durch die Anmeldung oder Eintragung einer Marke begründete Recht durch ein Konkursverfahren erfaßt worden ist.

**§ 155 Lizenzen.** Auf vor dem 1. Januar 1995 an dem durch die Anmeldung oder Eintragung, durch die Benutzung oder durch die notorische Bekanntheit einer Marke begründeten Recht erteilte Lizenzen ist § 30 mit der Maßgabe

---

[1)] Nr. **94.**

[2)] Bish. Teil 9 wird Teil 10 mWv 14.1.2019 durch G v. 11.12.2018 (BGBl. I S. 2357).

anzuwenden, daß diesen Lizenzen die Wirkung des § 30 Abs. 5 nur insoweit zugute kommt, als es sich um nach dem 1. Januar 1995 eingetretene Rechtsübergänge oder an Dritte erteilte Lizenzen handelt.

**§ 156[1] Löschung einer eingetragenen Marke wegen absoluter Schutzhindernisse.** [1] Ist vor dem 1. Januar 1995 ein Verfahren von Amts wegen zur Löschung der Eintragung einer Marke wegen des Bestehens absoluter Schutzhindernisse nach § 10 Absatz 2 Nummer 2 des Warenzeichengesetzes eingeleitet worden oder ist vor diesem Zeitpunkt ein Antrag auf Löschung nach dieser Vorschrift gestellt worden, so wird die Eintragung nur gelöscht, wenn die Marke sowohl nach den bis dahin geltenden Vorschriften als auch nach den Vorschriften dieses Gesetzes nicht schutzfähig ist. [2] Dies gilt auch dann, wenn nach dem 1. Januar 1995 ein Verfahren nach § 54 zur Löschung der Eintragung einer Marke eingeleitet wird, die vor dem 1. Januar 1995 eingetragen worden ist.

**§ 157[2] Löschung einer eingetragenen Marke wegen des Bestehens älterer Rechte.** (1) [1] Ist vor dem 1. Januar 1995 eine Klage auf Löschung der Eintragung einer Marke aufgrund einer früher angemeldeten Marke nach § 11 Abs. 1 Nr. 1 des Warenzeichengesetzes oder aufgrund eines sonstigen älteren Rechts erhoben worden, so wird, soweit in Absatz 2 nichts anderes bestimmt ist, die Eintragung nur gelöscht, wenn der Klage sowohl nach den bis dahin geltenden Vorschriften als auch nach den Vorschriften dieses Gesetzes stattzugeben ist. [2] Dies gilt auch dann, wenn nach dem 1. Januar 1995 eine Klage nach § 55 auf Löschung der Eintragung einer Marke erhoben worden ist oder nach dem 1. Mai 2020 ein Antrag nach § 53 auf Erklärung des Verfalls und der Nichtigkeit einer Marke gestellt wird, die vor dem 1. Januar 1995 eingetragen worden ist.

(2) [1] In den Fällen des Absatzes 1 Satz 1 ist § 51 Abs. 2 Satz 1 und 2 nicht anzuwenden. [2] In den Fällen des Absatzes 1 Satz 2 ist § 51 Abs. 2 Satz 1 und 2 mit der Maßgabe anzuwenden, daß die Frist von fünf Jahren mit dem 1. Januar 1995 zu laufen beginnt.

**§ 158[3] Übergangsvorschriften.** (1) Artikel 229 § 6 des Einführungsgesetzes zum Bürgerlichen Gesetzbuche[4] findet mit der Maßgabe entsprechende Anwendung, dass § 20 in der bis zum 1. Januar 2002 geltenden Fassung den Vorschriften des Bürgerlichen Gesetzbuchs[5] über die Verjährung in der bis zum 1. Januar 2002 geltenden Fassung gleichgestellt ist.

(2) Ist die Anmeldung vor dem 1. Oktober 2009 eingereicht worden, ist für den gegen die Eintragung erhobenen Widerspruch § 42 Absatz 1 und 2 in der bis zum 1. Oktober 2009 geltenden Fassung anzuwenden.

(3) Ist die Anmeldung zwischen dem 1. Oktober 2009 und dem 14. Januar 2019 eingereicht worden, ist für den gegen die Eintragung erhobenen Widerspruch § 42 Absatz 1 und 2 in der bis zum 14. Januar 2019 geltenden Fassung anzuwenden.

---

[1] § 156 aufgeh., bish. § 162 wird § 156 und neu gef. mWv 1.7.2016 durch G v. 4.4.2016 (BGBl. I S. 558).

[2] § 157 aufgeh., bish. § 163 wird § 157 mWv 1.7.2016 durch G v. 4.4.2016 (BGBl. I S. 558); Abs. 1 Satz 2 neu gef. mWv 14.1.2019 durch G v. 11.12.2018 (BGBl. I S. 2357).

[3] § 158 neu gef. mWv 14.1.2019 durch G v. 11.12.2018 (BGBl. I S. 2357).

[4] Nr. **21**.

[5] Nr. **20**.

(4) Ist der Widerspruch vor dem 14. Januar 2019 erhoben worden, findet § 42 Absatz 3 und 4 keine Anwendung.

(5) Ist in einem Verfahren über einen Widerspruch, der vor dem 14. Januar 2019 erhoben worden ist, die Benutzung der Marke, wegen der Widerspruch erhoben worden ist, bestritten worden oder wird die Benutzung in einem solchen Widerspruchsverfahren bestritten, so sind die §§ 26 und 43 Absatz 1 in ihrer bis dahin geltenden Fassung weiter anzuwenden.

(6) Ist der Antrag auf Löschung einer eingetragenen Marke wegen Verfalls gemäß § 49 vor dem 14. Januar 2019 gestellt oder die Löschungsklage wegen Verfalls oder aufgrund älterer Rechte gemäß § 51 vor diesem Zeitpunkt erhoben worden, so sind § 49 Absatz 1, § 51 Absatz 4 Nummer 1, § 55 Absatz 3 und § 26 in ihrer bis dahin geltenden Fassung weiter anzuwenden.

(7) § 8 Absatz 2 Nummer 9 bis 12 gilt nicht für Marken, die vor dem 14. Januar 2019 beim Deutschen Patent- und Markenamt angemeldet worden sind.

(8) [1] § 50 Absatz 2 Satz 1 gilt nur für Anträge gemäß § 50 Absatz 1, die nach dem 14. Januar 2019 erhoben worden sind. [2] Ist der Antrag gemäß § 50 Absatz 1 vor dem 14. Januar 2019 gestellt worden, so ist § 50 Absatz 2 in seiner bisher geltenden Fassung anzuwenden.

(9) [1] Für Erinnerungen und Beschwerden, die vor dem 1. Oktober 2009 eingelegt worden sind, gelten die §§ 64 und 66 in der bis zum 1. Oktober 2009 geltenden Fassung. [2] Für mehrseitige Verfahren, bei denen von einem Beteiligten Erinnerung und von einem anderen Beteiligten Beschwerde eingelegt worden ist, ist für die Anwendbarkeit der genannten Vorschriften der Tag der Einlegung der Beschwerde maßgebend.

(10) § 102 Absatz 4 gilt nicht für Kollektivmarken, die vor dem 14. Januar 2019 eingetragen worden sind.

**§ 159[1)] Schutzdauer und Verlängerung.** (1) Die Vorschriften dieses Gesetzes über die Schutzdauer und ihre Verlängerung (§ 47) sind auf vor dem 14. Januar 2019 eingetragene Marken mit der Maßgabe anzuwenden, dass für die Berechnung der Frist, nach der die Schutzdauer endet, § 47 Absatz 1 in seiner bis dahin geltenden Fassung weiter anzuwenden ist.

(2) Für eingetragene Marken, deren Schutzdauer gemäß § 47 Absatz 1 spätestens zwölf Monate nach dem 31. Januar 2019 endet, sind die §§ 3, 5 und 7 des Patentkostengesetzes[2)] vom 13. Dezember 2001 (BGBl. I S. 3656), das zuletzt durch Artikel 13 des Gesetzes vom 4. April 2016 (BGBl. I S. 558) geändert worden ist, in ihrer bis dahin geltenden Fassung weiter anzuwenden.

**§§ 160, 161[3)]** *(aufgehoben)*

[1)] § 159 angef. mWv 14.1.2019 durch G v. 11.12.2018 (BGBl. I S. 2357).
[2)] **Habersack, Deutsche Gesetze ErgBd. Nr. 70b.**
[3)] §§ 160 und 161 aufgeh. mWv 1.7.2016 durch G v. 4.4.2016 (BGBl. I S. 558).

# 73. Gesetz gegen den unlauteren Wettbewerb (UWG)[1]

in der Fassung der Bekanntmachung vom 3. März 2010[2]
(BGBl. I S. 254)

**FNA 43-7**

| Lfd. Nr. | Änderndes Gesetz | Datum | Fund-stelle | Betroffen | Hinweis |
|---|---|---|---|---|---|
| 1. | Art. 8 Abs. 6 G zur Ums. der VerbraucherkreditRL, des zivilrechtl. Teils der ZahlungsdiensteRL sowie zur Neuordnung der Vorschr. über das Widerrufs- und Rückgaberecht[3] | 29.7.2009 | BGBl. I S. 2355 | § 8 | geänd. mWv 31.10.2009 |
| 2. | Art. 5 G zur Ums. der VerbraucherrechteRL u. zur Änd. des G zur Regelung der Wohnungsvermittlung[4] | 20.9.2013 | BGBl. I S. 3642 | § 5a, Anh. | geänd. mWv 13.6.2014 |
| 3. | Art. 6 G gegen unseriöse Geschäftspraktiken[4] | 1.10.2013 | BGBl. I S. 3714 | §§ 7, 8, 12, 20 | geänd. mWv 9.10.2013 |
| 4. | Art. 1 Zweites ÄndG | 2.12.2015 | BGBl. I S. 2158 | §§ 2, 5, 5a, Anhang | geänd. mWv 10.12.2015 |
| | | | | §§ 3a, 4a | eingef. mWv 10.12.2015 |
| | | | | §§ 3, 4 | neu gef. mWv 10.12.2015 |
| 5. | Art. 4 G zur Verbesserung der zivilrechtl. Durchsetz. von verbraucherschütz. Vorschr. d. DatenschutzR | 17.2.2016 | BGBl. I S. 233 | § 8 | geänd. mWv 24.2.2016 |
| 6. | Art. 5 G zur Ums. der RL (EU) 2016/943 zum Schutz von Geschäftsgeheimnissen vor rechtswidrigem Erwerb | 18.4.2019 | BGBl. I S. 466 | §§ 17, 18, 19 | aufgeh. mit Ablauf des 25.4. 2019 |

[1] **Amtl. Anm.:** Dieses Gesetz dient der Umsetzung der Richtlinie 2005/29/EG des Europäischen Parlaments und des Rates vom 11. Mai 2005 über unlautere Geschäftspraktiken von Unternehmen gegenüber Verbrauchern im Binnenmarkt und zur Änderung der Richtlinie 84/450/EWG des Rates, der Richtlinien 97/7/EG, 98/27/EG und 2002/65/EG des Europäischen Parlaments und des Rates sowie der Verordnung (EG) Nr. 2006/2004 des Europäischen Parlaments und des Rates (ABl. L 149 vom 11.6.2005, S. 22; berichtigt im ABl. L 253 vom 25.9.2009, S. 18) sowie der Richtlinie 2006/114/EG des Europäischen Parlaments und des Rates vom 12. Dezember 2006 über irreführende und vergleichende Werbung (kodifizierte Fassung) (ABl. L 376 vom 27.12.2006, S. 21). Es dient ferner der Umsetzung von Artikel 13 der Richtlinie 2002/58/EG des Europäischen Parlaments und des Rates vom 12. Juli 2002 über die Verarbeitung personenbezogener Daten und den Schutz der Privatsphäre in der elektronischen Kommunikation (ABl. L 201 vom 31.7.2002, S. 37), der zuletzt durch Artikel 2 Nummer 7 der Richtlinie 2009/136/EG (ABl. L 337 vom 18.12.2009, S. 11) geändert worden ist.

Die Verpflichtungen aus der Richtlinie 98/34/EG des Europäischen Parlaments und des Rates vom 22. Juni 1998 über ein Informationsverfahren auf dem Gebiet der Normen und technischen Vorschriften und der Vorschriften für die Dienste der Informationsgesellschaft (ABl. L 204 vom 21.7.1998, S. 37), die zuletzt durch die Richtlinie 2006/96/EG (ABl. L 363 vom 20.12.2006, S. 81) geändert worden ist, sind beachtet worden.

[2] Neubekanntmachung des UWG v. 3.7.2004 (BGBl. I S. 1414) in der ab 4.8.2009 geltenden Fassung.

[3] **Amtl. Anm.:** *(vom Abdruck wurde abgesehen)*

[4] **Amtl. Anm.:** *(abgedruckt in Änderungstabelle Nr.* ***20****)*

| Lfd. Nr. | Änderndes Gesetz | Datum | Fundstelle | Betroffen | Hinweis |
|---|---|---|---|---|---|
| | sowie rechtswidriger Nutzung u. Offenlegung | | | | |
| 7. | Art. 2 G zur Änd. des TelemedienG und weiterer Gesetze[1] | 19.11. 2020 | BGBl. I S. 2456 | § 8a | eingef. mWv 27.11.2020 |
| 8. | Art. 1 Gesetz zur Stärkung des fairen Wettbewerbs | 26.11. 2020 | BGBl. I S. 2568 | §§ 8, 11, 12, 15 | geänd. mWv 2.12.2020 |
| | | | | §§ 13, 14, 20 | neu gef. mWv 2.12.2020 |
| | | | | §§ 8b, 8c, 13a, 15a | eingef. mWv 2.12.2020 |
| | | | | § 8 | geänd. mWv 1.12.2021 |
| 9. | Art. 3 G für faire Verbraucherverträge[2] | 10.8.2021 | BGBl. I S. 3433 | § 20 | neu gef. mWv 1.10.2021 |
| | | | | § 7a | eingef. mWv 1.10.2021 |
| 10. | Art. 1 G zur Stärkung des Verbraucherschutzes im Wettbewerbs- und Gewerberecht[3) 2)] | 10.8.2021 | BGBl. I S. 3504 | §§ 5, 7, 11, 14, 20 | geänd. mWv 28.5.2022 |
| | | | | §§ 1, 2, 5a, 9, 19, Anh. | neu gef. mWv 28.5.2022 |
| | | | | §§ 5b, 5c | eingef. mWv 28.5.2022 |
| 11. | Art. 20 G zur Durchführung der EU-Verordnungen über grenzüberschreitende Zustellungen und grenzüberschreitende Beweisaufnahmen in Zivil- oder Handelssachen sowie zur Änd. sonstiger Vorschriften | 24.6.2022 | BGBl. I S. 959 | § 19 | geänd. mWv 1.8.2022 |

[1] **Amtl. Anm.:** Dieses Gesetz dient der Umsetzung der Richtlinie (EU) 2018/1808 des Europäischen Parlaments und des Rates vom 14. November 2018 zur Änderung der Richtlinie 2010/13/EU zur Koordinierung bestimmter Rechts- und Verwaltungsvorschriften der Mitgliedstaaten über die Bereitstellung audiovisueller Mediendienste (Richtlinie über audiovisuelle Mediendienste) im Hinblick auf sich verändernde Marktgegebenheiten (ABl. L 303 vom 28.11.2018, S. 69).

[2] **Amtl. Anm.:** Notifiziert gemäß der Richtlinie (EU) 2015/1535 des Europäischen Parlaments und des Rates vom 9. September 2015 über ein Informationsverfahren auf dem Gebiet der technischen Vorschriften und der Vorschriften für die Dienste der Informationsgesellschaft (ABl. L 241 vom 17.9.2015, S. 1).

[3] **Amtl. Anm.:** Dieses Gesetz dient der Umsetzung der Richtlinie (EU) 2019/2161 des Europäischen Parlaments und des Rates vom 27. November 2019 zur Änderung der Richtlinie 93/13/EWG des Rates und der Richtlinien 98/6/EG, 2005/29/EG und 2011/83/EU des Europäischen Parlaments und des Rates zur besseren Durchsetzung und Modernisierung der Verbraucherschutzvorschriften der Union (ABl. L 328 vom 18.12.2019, S. 7).

## Kapitel 1. Allgemeine Bestimmungen

**§ 1[1] Zweck des Gesetzes; Anwendungsbereich.** (1) [1] Dieses Gesetz dient dem Schutz der Mitbewerber, der Verbraucher sowie der sonstigen Marktteilnehmer vor unlauteren geschäftlichen Handlungen. [2] Es schützt zugleich das Interesse der Allgemeinheit an einem unverfälschten Wettbewerb.

(2) Vorschriften zur Regelung besonderer Aspekte unlauterer geschäftlicher Handlungen gehen bei der Beurteilung, ob eine unlautere geschäftliche Handlung vorliegt, den Regelungen dieses Gesetzes vor.

**§ 2[1] Begriffsbestimmungen.** (1) Im Sinne dieses Gesetzes ist

1. „geschäftliche Entscheidung" jede Entscheidung eines Verbrauchers oder sonstigen Marktteilnehmers darüber, ob, wie und unter welchen Bedingungen er ein Geschäft abschließen, eine Zahlung leisten, eine Ware oder Dienstleistung behalten oder abgeben oder ein vertragliches Recht im Zusammenhang mit einer Ware oder Dienstleistung ausüben will, unabhängig davon, ob der Verbraucher oder sonstige Marktteilnehmer sich entschließt, tätig zu werden;
2. „geschäftliche Handlung" jedes Verhalten einer Person zugunsten des eigenen oder eines fremden Unternehmens vor, bei oder nach einem Geschäftsabschluss, das mit der Förderung des Absatzes oder des Bezugs von Waren oder Dienstleistungen oder mit dem Abschluss oder der Durchführung eines Vertrags über Waren oder Dienstleistungen unmittelbar und objektiv zusammenhängt; als Waren gelten auch Grundstücke und digitale Inhalte, Dienstleistungen sind auch digitale Dienstleistungen, als Dienstleistungen gelten auch Rechte und Verpflichtungen;
3. „Marktteilnehmer" neben Mitbewerber und Verbraucher auch jede weitere Person, die als Anbieter oder Nachfrager von Waren oder Dienstleistungen tätig ist;
4. „Mitbewerber" jeder Unternehmer, der mit einem oder mehreren Unternehmern als Anbieter oder Nachfrager von Waren oder Dienstleistungen in einem konkreten Wettbewerbsverhältnis steht;
5. „Nachricht" jede Information, die zwischen einer endlichen Zahl von Beteiligten über einen öffentlich zugänglichen elektronischen Kommunikationsdienst ausgetauscht oder weitergeleitet wird; nicht umfasst sind Informationen, die als Teil eines Rundfunkdienstes über ein elektronisches Kommunikationsnetz an die Öffentlichkeit weitergeleitet werden, soweit diese Informationen nicht mit dem identifizierbaren Teilnehmer oder Nutzer, der sie erhält, in Verbindung gebracht werden können;
6. „Online-Marktplatz" ein Dienst, der es Verbrauchern ermöglicht, durch die Verwendung von Software, die von einem Unternehmer oder in dessen Namen betrieben wird, einschließlich einer Website, eines Teils einer Website oder einer Anwendung, Fernabsatzverträge (§ 312c des Bürgerlichen Gesetzbuchs[2]) mit anderen Unternehmern oder Verbrauchern abzuschließen;
7. „Ranking" die von einem Unternehmer veranlasste relative Hervorhebung von Waren oder Dienstleistungen, unabhängig von den hierfür verwendeten technischen Mitteln;

---

[1] §§ 1 und 2 neu gef. mWv 28.5.2022 durch G v. 10.8.2021 (BGBl. I S. 3504).
[2] Nr. **20**.

8. „Unternehmer“ jede natürliche oder juristische Person, die geschäftliche Handlungen im Rahmen ihrer gewerblichen, handwerklichen oder beruflichen Tätigkeit vornimmt, und jede Person, die im Namen oder Auftrag einer solchen Person handelt;
9. „unternehmerische Sorgfalt“ der Standard an Fachkenntnissen und Sorgfalt, von dem billigerweise angenommen werden kann, dass ein Unternehmer ihn in seinem Tätigkeitsbereich gegenüber Verbrauchern nach Treu und Glauben unter Berücksichtigung der anständigen Marktgepflogenheiten einhält;
10. „Verhaltenskodex“ jede Vereinbarung oder Vorschrift über das Verhalten von Unternehmern, zu welchem diese sich in Bezug auf Wirtschaftszweige oder einzelne geschäftliche Handlungen verpflichtet haben, ohne dass sich solche Verpflichtungen aus Gesetzes- oder Verwaltungsvorschriften ergeben;
11. „wesentliche Beeinflussung des wirtschaftlichen Verhaltens des Verbrauchers“ die Vornahme einer geschäftlichen Handlung, um die Fähigkeit des Verbrauchers, eine informierte Entscheidung zu treffen, spürbar zu beeinträchtigen und damit den Verbraucher zu einer geschäftlichen Entscheidung zu veranlassen, die er andernfalls nicht getroffen hätte.

(2) Für den Verbraucherbegriff ist § 13 des Bürgerlichen Gesetzbuchs entsprechend anwendbar.

**§ 3[1] Verbot unlauterer geschäftlicher Handlungen.** (1) Unlautere geschäftliche Handlungen sind unzulässig.

(2) Geschäftliche Handlungen, die sich an Verbraucher richten oder diese erreichen, sind unlauter, wenn sie nicht der unternehmerischen Sorgfalt entsprechen und dazu geeignet sind, das wirtschaftliche Verhalten des Verbrauchers wesentlich zu beeinflussen.

(3) Die im Anhang dieses Gesetzes aufgeführten geschäftlichen Handlungen gegenüber Verbrauchern sind stets unzulässig.

(4) [1] Bei der Beurteilung von geschäftlichen Handlungen gegenüber Verbrauchern ist auf den durchschnittlichen Verbraucher oder, wenn sich die geschäftliche Handlung an eine bestimmte Gruppe von Verbrauchern wendet, auf ein durchschnittliches Mitglied dieser Gruppe abzustellen. [2] Geschäftliche Handlungen, die für den Unternehmer vorhersehbar das wirtschaftliche Verhalten nur einer eindeutig identifizierbaren Gruppe von Verbrauchern wesentlich beeinflussen, die auf Grund von geistigen oder körperlichen Beeinträchtigungen, Alter oder Leichtgläubigkeit im Hinblick auf diese geschäftlichen Handlungen oder die diesen zugrunde liegenden Waren oder Dienstleistungen besonders schutzbedürftig sind, sind aus der Sicht eines durchschnittlichen Mitglieds dieser Gruppe zu beurteilen.

**§ 3a[1] Rechtsbruch.** Unlauter handelt, wer einer gesetzlichen Vorschrift zuwiderhandelt, die auch dazu bestimmt ist, im Interesse der Marktteilnehmer das Marktverhalten zu regeln, und der Verstoß geeignet ist, die Interessen von Verbrauchern, sonstigen Marktteilnehmern oder Mitbewerbern spürbar zu beeinträchtigen.

**§ 4[1] Mitbewerberschutz.** Unlauter handelt, wer
1. die Kennzeichen, Waren, Dienstleistungen, Tätigkeiten oder persönlichen oder geschäftlichen Verhältnisse eines Mitbewerbers herabsetzt oder verunglimpft;

[1] §§ 3 und 4 neu gef., § 3a eingef. mWv 10.12.2015 durch G v. 2.12.2015 (BGBl. I S. 2158).

2. über die Waren, Dienstleistungen oder das Unternehmen eines Mitbewerbers oder über den Unternehmer oder ein Mitglied der Unternehmensleitung Tatsachen behauptet oder verbreitet, die geeignet sind, den Betrieb des Unternehmens oder den Kredit des Unternehmers zu schädigen, sofern die Tatsachen nicht erweislich wahr sind; handelt es sich um vertrauliche Mitteilungen und hat der Mitteilende oder der Empfänger der Mitteilung an ihr ein berechtigtes Interesse, so ist die Handlung nur dann unlauter, wenn die Tatsachen der Wahrheit zuwider behauptet oder verbreitet wurden;
3. Waren oder Dienstleistungen anbietet, die eine Nachahmung der Waren oder Dienstleistungen eines Mitbewerbers sind, wenn er
   a) eine vermeidbare Täuschung der Abnehmer über die betriebliche Herkunft herbeiführt,
   b) die Wertschätzung der nachgeahmten Ware oder Dienstleistung unangemessen ausnutzt oder beeinträchtigt oder
   c) die für die Nachahmung erforderlichen Kenntnisse oder Unterlagen unredlich erlangt hat;
4. Mitbewerber gezielt behindert.

**§ 4a[1] Aggressive geschäftliche Handlungen.** (1) [1]Unlauter handelt, wer eine aggressive geschäftliche Handlung vornimmt, die geeignet ist, den Verbraucher oder sonstigen Marktteilnehmer zu einer geschäftlichen Entscheidung zu veranlassen, die dieser andernfalls nicht getroffen hätte. [2]Eine geschäftliche Handlung ist aggressiv, wenn sie im konkreten Fall unter Berücksichtigung aller Umstände geeignet ist, die Entscheidungsfreiheit des Verbrauchers oder sonstigen Marktteilnehmers erheblich zu beeinträchtigen durch

1. Belästigung,
2. Nötigung einschließlich der Anwendung körperlicher Gewalt oder
3. unzulässige Beeinflussung.

[3]Eine unzulässige Beeinflussung liegt vor, wenn der Unternehmer eine Machtposition gegenüber dem Verbraucher oder sonstigen Marktteilnehmer zur Ausübung von Druck, auch ohne Anwendung oder Androhung von körperlicher Gewalt, in einer Weise ausnutzt, die die Fähigkeit des Verbrauchers oder sonstigen Marktteilnehmers zu einer informierten Entscheidung wesentlich einschränkt.

(2) [1]Bei der Feststellung, ob eine geschäftliche Handlung aggressiv im Sinne des Absatzes 1 Satz 2 ist, ist abzustellen auf

1. Zeitpunkt, Ort, Art oder Dauer der Handlung;
2. die Verwendung drohender oder beleidigender Formulierungen oder Verhaltensweisen;
3. die bewusste Ausnutzung von konkreten Unglückssituationen oder Umständen von solcher Schwere, dass sie das Urteilsvermögen des Verbrauchers oder sonstigen Marktteilnehmers beeinträchtigen, um dessen Entscheidung zu beeinflussen;
4. belastende oder unverhältnismäßige Hindernisse nichtvertraglicher Art, mit denen der Unternehmer den Verbraucher oder sonstigen Marktteilnehmer an der Ausübung seiner vertraglichen Rechte zu hindern versucht, wozu auch das Recht gehört, den Vertrag zu kündigen oder zu einer anderen Ware oder Dienstleistung oder einem anderen Unternehmer zu wechseln;

[1] § 4a eingef. mWv 10.12.2015 durch G v. 2.12.2015 (BGBl. I S. 2158).

5. Drohungen mit rechtlich unzulässigen Handlungen.

[2] Zu den Umständen, die nach Nummer 3 zu berücksichtigen sind, zählen insbesondere geistige und körperliche Beeinträchtigungen, das Alter, die geschäftliche Unerfahrenheit, die Leichtgläubigkeit, die Angst und die Zwangslage von Verbrauchern.

**§ 5[1)] Irreführende geschäftliche Handlungen.** (1) Unlauter handelt, wer eine irreführende geschäftliche Handlung vornimmt, die geeignet ist, den Verbraucher oder sonstigen Marktteilnehmer zu einer geschäftlichen Entscheidung zu veranlassen, die er andernfalls nicht getroffen hätte.

(2) Eine geschäftliche Handlung ist irreführend, wenn sie unwahre Angaben enthält oder sonstige zur Täuschung geeignete Angaben über folgende Umstände enthält:

1. die wesentlichen Merkmale der Ware oder Dienstleistung wie Verfügbarkeit, Art, Ausführung, Vorteile, Risiken, Zusammensetzung, Zubehör, Verfahren oder Zeitpunkt der Herstellung, Lieferung oder Erbringung, Zwecktauglichkeit, Verwendungsmöglichkeit, Menge, Beschaffenheit, Kundendienst und Beschwerdeverfahren, geographische oder betriebliche Herkunft, von der Verwendung zu erwartende Ergebnisse oder die Ergebnisse oder wesentlichen Bestandteile von Tests der Waren oder Dienstleistungen;
2. den Anlass des Verkaufs wie das Vorhandensein eines besonderen Preisvorteils, den Preis oder die Art und Weise, in der er berechnet wird, oder die Bedingungen, unter denen die Ware geliefert oder die Dienstleistung erbracht wird;
3. die Person, Eigenschaften oder Rechte des Unternehmers wie Identität, Vermögen einschließlich der Rechte des geistigen Eigentums, den Umfang von Verpflichtungen, Befähigung, Status, Zulassung, Mitgliedschaften oder Beziehungen, Auszeichnungen oder Ehrungen, Beweggründe für die geschäftliche Handlung oder die Art des Vertriebs;
4. Aussagen oder Symbole, die im Zusammenhang mit direktem oder indirektem Sponsoring stehen oder sich auf eine Zulassung des Unternehmers oder der Waren oder Dienstleistungen beziehen;
5. die Notwendigkeit einer Leistung, eines Ersatzteils, eines Austauschs oder einer Reparatur;
6. die Einhaltung eines Verhaltenskodexes, auf den sich der Unternehmer verbindlich verpflichtet hat, wenn er auf diese Bindung hinweist, oder
7. Rechte des Verbrauchers, insbesondere solche auf Grund von Garantieversprechen oder Gewährleistungsrechte bei Leistungsstörungen.

(3) Eine geschäftliche Handlung ist auch irreführend, wenn

1. sie im Zusammenhang mit der Vermarktung von Waren oder Dienstleistungen einschließlich vergleichender Werbung eine Verwechslungsgefahr mit einer anderen Ware oder Dienstleistung oder mit der Marke oder einem anderen Kennzeichen eines Mitbewerbers hervorruft oder
2. mit ihr eine Ware in einem Mitgliedstaat der Europäischen Union als identisch mit einer in anderen Mitgliedstaaten der Europäischen Union auf dem Markt bereitgestellten Ware vermarktet wird, obwohl sich diese Waren in ihrer Zu-

[1)] § 5 Abs. 1 Satz 1 geänd. mWv 10.12.2015 durch G v. 2.12.2015 (BGBl. I S. 2158); bish. Abs. 1 Satz 2 wird Abs. 2, bish. Abs. 2 wird Abs. 3 und neu gef., bish. Abs. 3 und 4 werden Abs. 4 und 5 mWv 28.5. 2022 durch G v. 10.8.2021 (BGBl. I S. 3504).

sammensetzung oder in ihren Merkmalen wesentlich voneinander unterscheiden, sofern dies nicht durch legitime und objektive Faktoren gerechtfertigt ist.

(4) Angaben im Sinne von Absatz 1 Satz 2 sind auch Angaben im Rahmen vergleichender Werbung sowie bildliche Darstellungen und sonstige Veranstaltungen, die darauf zielen und geeignet sind, solche Angaben zu ersetzen.

(5) [1] Es wird vermutet, dass es irreführend ist, mit der Herabsetzung eines Preises zu werben, sofern der Preis nur für eine unangemessen kurze Zeit gefordert worden ist. [2] Ist streitig, ob und in welchem Zeitraum der Preis gefordert worden ist, so trifft die Beweislast denjenigen, der mit der Preisherabsetzung geworben hat.

**§ 5a[1)] Irreführung durch Unterlassen.** (1) Unlauter handelt auch, wer einen Verbraucher oder sonstigen Marktteilnehmer irreführt, indem er ihm eine wesentliche Information vorenthält,

1. die der Verbraucher oder der sonstige Marktteilnehmer nach den jeweiligen Umständen benötigt, um eine informierte geschäftliche Entscheidung zu treffen, und
2. deren Vorenthalten dazu geeignet ist, den Verbraucher oder den sonstigen Marktteilnehmer zu einer geschäftlichen Entscheidung zu veranlassen, die er andernfalls nicht getroffen hätte.

(2) Als Vorenthalten gilt auch

1. das Verheimlichen wesentlicher Informationen,
2. die Bereitstellung wesentlicher Informationen in unklarer, unverständlicher oder zweideutiger Weise sowie
3. die nicht rechtzeitige Bereitstellung wesentlicher Informationen.

(3) Bei der Beurteilung, ob wesentliche Informationen vorenthalten wurden, sind zu berücksichtigen:

1. räumliche oder zeitliche Beschränkungen durch das für die geschäftliche Handlung gewählte Kommunikationsmittel sowie
2. alle Maßnahmen des Unternehmers, um dem Verbraucher oder sonstigen Marktteilnehmer die Informationen auf andere Weise als durch das für die geschäftliche Handlung gewählte Kommunikationsmittel zur Verfügung zu stellen.

(4) [1] Unlauter handelt auch, wer den kommerziellen Zweck einer geschäftlichen Handlung nicht kenntlich macht, sofern sich dieser nicht unmittelbar aus den Umständen ergibt, und das Nichtkenntlichmachen geeignet ist, den Verbraucher oder sonstigen Marktteilnehmer zu einer geschäftlichen Entscheidung zu veranlassen, die er andernfalls nicht getroffen hätte. [2] Ein kommerzieller Zweck liegt bei einer Handlung zugunsten eines fremden Unternehmens nicht vor, wenn der Handelnde kein Entgelt oder keine ähnliche Gegenleistung für die Handlung von dem fremden Unternehmen erhält oder sich versprechen lässt. [3] Der Erhalt oder das Versprechen einer Gegenleistung wird vermutet, es sei denn der Handelnde macht glaubhaft, dass er eine solche nicht erhalten hat.

**§ 5b[1)] Wesentliche Informationen.** (1) Werden Waren oder Dienstleistungen unter Hinweis auf deren Merkmale und Preis in einer dem verwendeten Kommunikationsmittel angemessenen Weise so angeboten, dass ein durchschnittlicher

---

[1)] § 5a neu gef., § 5b eingef. mWv 28.5.2022 durch G v. 10.8.2021 (BGBl. I S. 3504).

Verbraucher das Geschäft abschließen kann, so gelten die folgenden Informationen als wesentlich im Sinne des § 5a Absatz 1, sofern sie sich nicht unmittelbar aus den Umständen ergeben:

1. alle wesentlichen Merkmale der Ware oder Dienstleistung in dem der Ware oder Dienstleistung und dem verwendeten Kommunikationsmittel angemessenen Umfang,
2. die Identität und Anschrift des Unternehmers, gegebenenfalls die Identität und Anschrift desjenigen Unternehmers, für den er handelt,
3. der Gesamtpreis oder in Fällen, in denen ein solcher Preis auf Grund der Beschaffenheit der Ware oder Dienstleistung nicht im Voraus berechnet werden kann, die Art der Preisberechnung sowie gegebenenfalls alle zusätzlichen Fracht-, Liefer- und Zustellkosten oder in Fällen, in denen diese Kosten nicht im Voraus berechnet werden können, die Tatsache, dass solche zusätzlichen Kosten anfallen können,
4. Zahlungs-, Liefer- und Leistungsbedingungen, soweit diese von den Erfordernissen unternehmerischer Sorgfalt abweichen,
5. das Bestehen des Rechts auf Rücktritt oder Widerruf und
6. bei Waren oder Dienstleistungen, die über einen Online-Marktplatz angeboten werden, die Information, ob es sich bei dem Anbieter der Waren oder Dienstleistungen nach dessen eigener Erklärung gegenüber dem Betreiber des Online-Marktplatzes um einen Unternehmer handelt.

(2) [1] Bietet ein Unternehmer Verbrauchern die Möglichkeit, nach Waren oder Dienstleistungen zu suchen, die von verschiedenen Unternehmern oder von Verbrauchern angeboten werden, so gelten unabhängig davon, wo das Rechtsgeschäft abgeschlossen werden kann, folgende allgemeine Informationen als wesentlich:

1. die Hauptparameter zur Festlegung des Rankings der dem Verbraucher als Ergebnis seiner Suchanfrage präsentierten Waren oder Dienstleistungen sowie
2. die relative Gewichtung der Hauptparameter zur Festlegung des Rankings im Vergleich zu anderen Parametern.

[2] Die Informationen nach Satz 1 müssen von der Anzeige der Suchergebnisse aus unmittelbar und leicht zugänglich sein. [3] Die Sätze 1 und 2 gelten nicht für Betreiber von Online-Suchmaschinen im Sinne des Artikels 2 Nummer 6 der Verordnung (EU) 2019/1150 des Europäischen Parlaments und des Rates vom 20. Juni 2019 zur Förderung von Fairness und Transparenz für gewerbliche Nutzer von Online-Vermittlungsdiensten (ABl. L 186 vom 11.7.2019, S. 57).

(3) Macht ein Unternehmer Bewertungen zugänglich, die Verbraucher im Hinblick auf Waren oder Dienstleistungen vorgenommen haben, so gelten als wesentlich Informationen darüber, ob und wie der Unternehmer sicherstellt, dass die veröffentlichten Bewertungen von solchen Verbrauchern stammen, die die Waren oder Dienstleistungen tatsächlich genutzt oder erworben haben.

(4) Als wesentlich im Sinne des § 5a Absatz 1 gelten auch solche Informationen, die dem Verbraucher auf Grund unionsrechtlicher Verordnungen oder nach Rechtsvorschriften zur Umsetzung unionsrechtlicher Richtlinien für kommerzielle Kommunikation einschließlich Werbung und Marketing nicht vorenthalten werden dürfen.

**§ 5c[1)] Verbotene Verletzung von Verbraucherinteressen durch unlautere geschäftliche Handlungen.** (1) Die Verletzung von Verbraucherinteressen durch unlautere geschäftliche Handlungen ist verboten, wenn es sich um einen weitverbreiteten Verstoß gemäß Artikel 3 Nummer 3 der Verordnung (EU) 2017/2394 des Europäischen Parlaments und des Rates vom 12. Dezember 2017 über die Zusammenarbeit zwischen den für die Durchsetzung der Verbraucherschutzgesetze zuständigen nationalen Behörden und zur Aufhebung der Verordnung (EG) Nr. 2006/2004 (ABl. L 345 vom 27.12.2017, S. 1), die zuletzt durch die Richtlinie (EU) 2019/771 (ABl. L 136 vom 22.5.2019, S. 28; L 305 vom 26.11.2019, S. 66) geändert worden ist, oder einen weitverbreiteten Verstoß mit Unions-Dimension gemäß Artikel 3 Nummer 4 der Verordnung (EU) 2017/2394 handelt.

(2) Eine Verletzung von Verbraucherinteressen durch unlautere geschäftliche Handlungen im Sinne des Absatzes 1 liegt vor, wenn
1. eine unlautere geschäftliche Handlung nach § 3 Absatz 3 in Verbindung mit den Nummern 1 bis 31 des Anhangs vorgenommen wird,
2. eine aggressive geschäftliche Handlung nach § 4a Absatz 1 Satz 1 vorgenommen wird,
3. eine irreführende geschäftliche Handlung nach § 5 Absatz 1 oder § 5a Absatz 1 vorgenommen wird oder
4. eine unlautere geschäftliche Handlung nach § 3 Absatz 1 fortgesetzt vorgenommen wird, die durch eine vollziehbare Anordnung der zuständigen Behörde im Sinne des Artikels 3 Nummer 6 der Verordnung (EU) 2017/2394 oder durch eine vollstreckbare Entscheidung eines Gerichts untersagt worden ist, sofern die Handlung nicht bereits von den Nummern 1 bis 3 erfasst ist.

(3) Eine Verletzung von Verbraucherinteressen durch unlautere geschäftliche Handlungen im Sinne des Absatzes 1 liegt auch vor, wenn
1. eine geschäftliche Handlung die tatsächlichen Voraussetzungen eines der in Absatz 2 geregelten Fälle erfüllt und
2. auf die geschäftliche Handlung das nationale Recht eines anderen Mitgliedstaates der Europäischen Union anwendbar ist, welches eine Vorschrift enthält, die der jeweiligen in Absatz 2 genannten Vorschrift entspricht.

**§ 6 Vergleichende Werbung.** (1) Vergleichende Werbung ist jede Werbung, die unmittelbar oder mittelbar einen Mitbewerber oder die von einem Mitbewerber angebotenen Waren oder Dienstleistungen erkennbar macht.

(2) Unlauter handelt, wer vergleichend wirbt, wenn der Vergleich
1. sich nicht auf Waren oder Dienstleistungen für den gleichen Bedarf oder dieselbe Zweckbestimmung bezieht,
2. nicht objektiv auf eine oder mehrere wesentliche, relevante, nachprüfbare und typische Eigenschaften oder den Preis dieser Waren oder Dienstleistungen bezogen ist,
3. im geschäftlichen Verkehr zu einer Gefahr von Verwechslungen zwischen dem Werbenden und einem Mitbewerber oder zwischen den von diesen angebotenen Waren oder Dienstleistungen oder den von ihnen verwendeten Kennzeichen führt,
4. den Ruf des von einem Mitbewerber verwendeten Kennzeichens in unlauterer Weise ausnutzt oder beeinträchtigt,

---

[1)] § 5c eingef. mWv 28.5.2022 durch G v. 10.8.2021 (BGBl. I S. 3504).

5. die Waren, Dienstleistungen, Tätigkeiten oder persönlichen oder geschäftlichen Verhältnisse eines Mitbewerbers herabsetzt oder verunglimpft oder
6. eine Ware oder Dienstleistung als Imitation oder Nachahmung einer unter einem geschützten Kennzeichen vertriebenen Ware oder Dienstleistung darstellt.

**§ 7[1)] Unzumutbare Belästigungen.** (1) [1] Eine geschäftliche Handlung, durch die ein Marktteilnehmer in unzumutbarer Weise belästigt wird, ist unzulässig. [2] Dies gilt insbesondere für Werbung, obwohl erkennbar ist, dass der angesprochene Marktteilnehmer diese Werbung nicht wünscht.

(2) Eine unzumutbare Belästigung ist stets anzunehmen
1. bei Werbung mit einem Telefonanruf gegenüber einem Verbraucher ohne dessen vorherige ausdrückliche Einwilligung oder gegenüber einem sonstigen Marktteilnehmer ohne dessen zumindest mutmaßliche Einwilligung,
2. bei Werbung unter Verwendung einer automatischen Anrufmaschine, eines Faxgerätes oder elektronischer Post, ohne dass eine vorherige ausdrückliche Einwilligung des Adressaten vorliegt, oder
3. bei Werbung mit einer Nachricht,
   a) bei der die Identität des Absenders, in dessen Auftrag die Nachricht übermittelt wird, verschleiert oder verheimlicht wird oder
   b) bei der gegen § 6 Absatz 1 des Telemediengesetzes[2)] verstoßen wird oder in der der Empfänger aufgefordert wird, eine Website aufzurufen, die gegen diese Vorschrift verstößt, oder
   c) bei der keine gültige Adresse vorhanden ist, an die der Empfänger eine Aufforderung zur Einstellung solcher Nachrichten richten kann, ohne dass hierfür andere als die Übermittlungskosten nach den Basistarifen entstehen.

(3) Abweichend von Absatz 2 Nummer 2 ist eine unzumutbare Belästigung bei einer Werbung unter Verwendung elektronischer Post nicht anzunehmen, wenn
1. ein Unternehmer im Zusammenhang mit dem Verkauf einer Ware oder Dienstleistung von dem Kunden dessen elektronische Postadresse erhalten hat,
2. der Unternehmer die Adresse zur Direktwerbung für eigene ähnliche Waren oder Dienstleistungen verwendet,
3. der Kunde der Verwendung nicht widersprochen hat und
4. der Kunde bei Erhebung der Adresse und bei jeder Verwendung klar und deutlich darauf hingewiesen wird, dass er der Verwendung jederzeit widersprechen kann, ohne dass hierfür andere als die Übermittlungskosten nach den Basistarifen entstehen.

**§ 7a[3)] Einwilligung in Telefonwerbung.** (1) Wer mit einem Telefonanruf gegenüber einem Verbraucher wirbt, hat dessen vorherige ausdrückliche Einwilligung in die Telefonwerbung zum Zeitpunkt der Erteilung in angemessener Form zu dokumentieren und gemäß Absatz 2 Satz 1 aufzubewahren.

---

[1)] § 7 Abs. 2 Nr. 4 neu gef. mWv 9.10.2013 durch G v. 1.10.2013 (BGBl. I S. 3714); Abs. 2 Nr. 1 aufgeh., bish. Nr. 2–4 werden Nr. 1–3, Abs. 3 einl. Satzteil geänd. mWv 28.5.2022 durch G v. 10.8.2021 (BGBl. I S. 3504).

[2)] **Sartorius ErgBd. Nr. 922.**

[3)] § 7a eingef. mWv 1.10.2021 durch G v. 10.8.2021 (BGBl. I S. 3433).

(2) [1]Die werbenden Unternehmen müssen den Nachweis nach Absatz 1 ab Erteilung der Einwilligung sowie nach jeder Verwendung der Einwilligung fünf Jahre aufbewahren. [2]Die werbenden Unternehmen haben der nach § 20 Absatz 3 zuständigen Verwaltungsbehörde den Nachweis nach Absatz 1 auf Verlangen unverzüglich vorzulegen.

## Kapitel 2. Rechtsfolgen

**§ 8[1)] Beseitigung und Unterlassung.** (1) [1]Wer eine nach § 3 oder § 7 unzulässige geschäftliche Handlung vornimmt, kann auf Beseitigung und bei Wiederholungsgefahr auf Unterlassung in Anspruch genommen werden. [2]Der Anspruch auf Unterlassung besteht bereits dann, wenn eine derartige Zuwiderhandlung gegen § 3 oder § 7 droht.

(2) Werden die Zuwiderhandlungen in einem Unternehmen von einem Mitarbeiter oder Beauftragten begangen, so sind der Unterlassungsanspruch und der Beseitigungsanspruch auch gegen den Inhaber des Unternehmens begründet.

(3) Die Ansprüche aus Absatz 1 stehen zu:

1. jedem Mitbewerber, der Waren oder Dienstleistungen in nicht unerheblichem Maße und nicht nur gelegentlich vertreibt oder nachfragt,
2. denjenigen rechtsfähigen Verbänden zur Förderung gewerblicher oder selbstständiger beruflicher Interessen, die in der Liste der qualifizierten Wirtschaftsverbände nach § 8b eingetragen sind, soweit ihnen eine erhebliche Zahl von Unternehmern angehört, die Waren oder Dienstleistungen gleicher oder verwandter Art auf demselben Markt vertreiben, und die Zuwiderhandlung die Interessen ihrer Mitglieder berührt,
3. den qualifizierten Einrichtungen, die in der Liste der qualifizierten Einrichtungen nach § 4 des Unterlassungsklagengesetzes[2)] eingetragen sind, oder den qualifizierten Einrichtungen aus anderen Mitgliedstaaten der Europäischen Union, die in dem Verzeichnis der Europäischen Kommission nach Artikel 4 Absatz 3 der Richtlinie 2009/22/EG des Europäischen Parlaments und des Rates vom 23. April 2009 über Unterlassungsklagen zum Schutz der Verbraucherinteressen (ABl. L 110 vom 1.5.2009, S. 30), die zuletzt durch die Verordnung (EU) 2018/302 (ABl. L 60I vom 2.3.2018, S. 1) geändert worden ist, eingetragen sind,
4. den Industrie- und Handelskammern, den nach der Handwerksordnung[3)] errichteten Organisationen und anderen berufsständischen Körperschaften des öffentlichen Rechts im Rahmen der Erfüllung ihrer Aufgaben sowie den Gewerkschaften im Rahmen der Erfüllung ihrer Aufgaben bei der Vertretung selbstständiger beruflicher Interessen.

(4) Stellen nach Absatz 3 Nummer 2 und 3 können die Ansprüche nicht geltend machen, solange ihre Eintragung ruht.

(5) [1]§ 13 des Unterlassungsklagengesetzes ist entsprechend anzuwenden; in § 13 Absatz 1 und 3 Satz 2 des Unterlassungsklagengesetzes treten an die Stelle der dort aufgeführten Ansprüche nach dem Unterlassungsklagengesetz die Ansprüche nach

---

[1)] § 8 Abs. 5 Satz 1 neu gef. mWv 31.10.2009 durch G v. 29.7.2009 (BGBl. I S. 2355); Abs. 5 Satz 1 geänd. mWv 24.2.2016 durch G v. 17.2.2016 (BGBl. I S. 233); Abs. 4 neu gef., Abs. 5 Satz 2 geänd. mWv 2.12.2020, Abs. 3 neu gef. mWv 1.12.2021 durch G v. 26.11.2020 (BGBl. I S. 2568).

[2)] Nr. **105**.

[3)] **Sartorius Nr. 815.**

dieser Vorschrift. [2] Im Übrigen findet das Unterlassungsklagengesetz keine Anwendung, es sei denn, es liegt ein Fall des § 4e des Unterlassungsklagengesetzes vor.

**§ 8a[1)] Anspruchsberechtigte bei einem Verstoß gegen die Verordnung (EU) 2019/1150.** Anspruchsberechtigt nach § 8 Absatz 1 sind bei einem Verstoß gegen die Verordnung (EU) 2019/1150 des Europäischen Parlaments und des Rates vom 20. Juni 2019 zur Förderung von Fairness und Transparenz für gewerbliche Nutzer von Online-Vermittlungsdiensten (ABl. L 186 vom 11.7.2019, S. 57) abweichend von § 8 Absatz 3 die Verbände, Organisationen und öffentlichen Stellen, die die Voraussetzungen des Artikels 14 Absatz 3 und 4 der Verordnung (EU) 2019/1150 erfüllen.

**§ 8b[2)] Liste der qualifizierten Wirtschaftsverbände.** (1) Das Bundesamt für Justiz führt eine Liste der qualifizierten Wirtschaftsverbände und veröffentlicht sie in der jeweils aktuellen Fassung auf seiner Internetseite.

(2) Ein rechtsfähiger Verband, zu dessen satzungsmäßigen Aufgaben es gehört, gewerbliche oder selbstständige berufliche Interessen zu verfolgen und zu fördern sowie zu Fragen des lauteren Wettbewerbs zu beraten und zu informieren, wird auf seinen Antrag in die Liste eingetragen, wenn

1. er mindestens 75 Unternehmer als Mitglieder hat,
2. er zum Zeitpunkt der Antragstellung seit mindestens einem Jahr seine satzungsmäßigen Aufgaben wahrgenommen hat,
3. auf Grund seiner bisherigen Tätigkeit sowie seiner personellen, sachlichen und finanziellen Ausstattung gesichert erscheint, dass er
   a) seine satzungsmäßigen Aufgaben auch künftig dauerhaft wirksam und sachgerecht erfüllen wird und
   b) seine Ansprüche nicht vorwiegend geltend machen wird, um für sich Einnahmen aus Abmahnungen oder Vertragsstrafen zu erzielen,
4. seinen Mitgliedern keine Zuwendungen aus dem Verbandsvermögen gewährt werden und Personen, die für den Verband tätig sind, nicht durch unangemessen hohe Vergütungen oder andere Zuwendungen begünstigt werden.

(3) § 4 Absatz 3 und 4 sowie die §§ 4a bis 4d des Unterlassungsklagengesetzes[3)] sind entsprechend anzuwenden.

**§ 8c[2)] Verbot der missbräuchlichen Geltendmachung von Ansprüchen; Haftung.** (1) Die Geltendmachung der Ansprüche aus § 8 Absatz 1 ist unzulässig, wenn sie unter Berücksichtigung der gesamten Umstände missbräuchlich ist.

(2) Eine missbräuchliche Geltendmachung ist im Zweifel anzunehmen, wenn

1. die Geltendmachung der Ansprüche vorwiegend dazu dient, gegen den Zuwiderhandelnden einen Anspruch auf Ersatz von Aufwendungen oder von Kosten der Rechtsverfolgung oder die Zahlung einer Vertragsstrafe entstehen zu lassen,
2. ein Mitbewerber eine erhebliche Anzahl von Verstößen gegen die gleiche Rechtsvorschrift durch Abmahnungen geltend macht, wenn die Anzahl der geltend gemachten Verstöße außer Verhältnis zum Umfang der eigenen Geschäftstätigkeit steht oder wenn anzunehmen ist, dass der Mitbewerber das wirt-

---

1) § 8a eingef. mWv 27.11.2020 durch G v. 19.11.2020 (BGBl. I S. 2456).
2) §§ 8b und 8c eingef. mWv 2.12.2020 durch G v. 26.11.2020 (BGBl. I S. 2568).
3) Nr. **105**.

schaftliche Risiko seines außergerichtlichen oder gerichtlichen Vorgehens nicht selbst trägt,
3. ein Mitbewerber den Gegenstandswert für eine Abmahnung unangemessen hoch ansetzt,
4. offensichtlich überhöhte Vertragsstrafen vereinbart oder gefordert werden,
5. eine vorgeschlagene Unterlassungsverpflichtung offensichtlich über die abgemahnte Rechtsverletzung hinausgeht,
6. mehrere Zuwiderhandlungen, die zusammen hätten abgemahnt werden können, einzeln abgemahnt werden oder
7. wegen einer Zuwiderhandlung, für die mehrere Zuwiderhandelnde verantwortlich sind, die Ansprüche gegen die Zuwiderhandelnden ohne sachlichen Grund nicht zusammen geltend gemacht werden.

(3) [1] Im Fall der missbräuchlichen Geltendmachung von Ansprüchen kann der Anspruchsgegner vom Anspruchsteller Ersatz der für seine Rechtsverteidigung erforderlichen Aufwendungen fordern. [2] Weitergehende Ersatzansprüche bleiben unberührt.

**§ 9[1] Schadensersatz.** (1) Wer vorsätzlich oder fahrlässig eine nach § 3 oder § 7 unzulässige geschäftliche Handlung vornimmt, ist den Mitbewerbern zum Ersatz des daraus entstehenden Schadens verpflichtet.

(2) [1] Wer vorsätzlich oder fahrlässig eine nach § 3 unzulässige geschäftliche Handlung vornimmt und hierdurch Verbraucher zu einer geschäftlichen Entscheidung veranlasst, die sie andernfalls nicht getroffen hätten, ist ihnen zum Ersatz des daraus entstehenden Schadens verpflichtet. [2] Dies gilt nicht für unlautere geschäftliche Handlungen nach den §§ 3a, 4 und 6 sowie nach Nummer 32 des Anhangs.

(3) Gegen verantwortliche Personen von periodischen Druckschriften kann der Anspruch auf Schadensersatz nach den Absätzen 1 und 2 nur bei einer vorsätzlichen Zuwiderhandlung geltend gemacht werden.

**§ 10 Gewinnabschöpfung.** (1) Wer vorsätzlich eine nach § 3 oder § 7 unzulässige geschäftliche Handlung vornimmt und hierdurch zu Lasten einer Vielzahl von Abnehmern einen Gewinn erzielt, kann von den gemäß § 8 Absatz 3 Nummer 2 bis 4 zur Geltendmachung eines Unterlassungsanspruchs Berechtigten auf Herausgabe dieses Gewinns an den Bundeshaushalt in Anspruch genommen werden.

(2) [1] Auf den Gewinn sind die Leistungen anzurechnen, die der Schuldner auf Grund der Zuwiderhandlung an Dritte oder an den Staat erbracht hat. [2] Soweit der Schuldner solche Leistungen erst nach Erfüllung des Anspruchs nach Absatz 1 erbracht hat, erstattet die zuständige Stelle des Bundes dem Schuldner den abgeführten Gewinn in Höhe der nachgewiesenen Zahlungen zurück.

(3) Beanspruchen mehrere Gläubiger den Gewinn, so gelten die §§ 428 bis 430 des Bürgerlichen Gesetzbuchs entsprechend.

(4) [1] Die Gläubiger haben der zuständigen Stelle des Bundes über die Geltendmachung von Ansprüchen nach Absatz 1 Auskunft zu erteilen. [2] Sie können von der zuständigen Stelle des Bundes Erstattung der für die Geltendmachung des Anspruchs erforderlichen Aufwendungen verlangen, soweit sie vom Schuldner keinen Ausgleich erlangen können. [3] Der Erstattungsanspruch ist auf die Höhe des an den Bundeshaushalt abgeführten Gewinns beschränkt.

(5) Zuständige Stelle im Sinn der Absätze 2 und 4 ist das Bundesamt für Justiz.

---

[1] § 9 neu gef. mWv 28.5.2022 durch G v. 10.8.2021 (BGBl. I S. 3504).

**§ 11**[1] **Verjährung.** (1) Die Ansprüche aus den §§ 8, 9 Absatz 1 und § 13 Absatz 3 verjähren in sechs Monaten und der Anspruch aus § 9 Absatz 2 Satz 1 verjährt in einem Jahr.

(2) Die Verjährungsfrist beginnt, wenn

1. der Anspruch entstanden ist und
2. der Gläubiger von den den Anspruch begründenden Umständen und der Person des Schuldners Kenntnis erlangt oder ohne grobe Fahrlässigkeit erlangen müsste.

(3) Schadensersatzansprüche verjähren ohne Rücksicht auf die Kenntnis oder grob fahrlässige Unkenntnis in zehn Jahren von ihrer Entstehung, spätestens in 30 Jahren von der den Schaden auslösenden Handlung an.

(4) Andere Ansprüche verjähren ohne Rücksicht auf die Kenntnis oder grob fahrlässige Unkenntnis in drei Jahren von der Entstehung an.

## Kapitel 3. Verfahrensvorschriften

**§ 12**[2] **Einstweiliger Rechtsschutz; Veröffentlichungsbefugnis; Streitwertminderung.** (1) Zur Sicherung der in diesem Gesetz bezeichneten Ansprüche auf Unterlassung können einstweilige Verfügungen auch ohne die Darlegung und Glaubhaftmachung der in den §§ 935 und 940 der Zivilprozessordnung[3] bezeichneten Voraussetzungen erlassen werden.

(2) [1] Ist auf Grund dieses Gesetzes Klage auf Unterlassung erhoben worden, so kann das Gericht der obsiegenden Partei die Befugnis zusprechen, das Urteil auf Kosten der unterliegenden Partei öffentlich bekannt zu machen, wenn sie ein berechtigtes Interesse dartut. [2] Art und Umfang der Bekanntmachung werden im Urteil bestimmt. [3] Die Befugnis erlischt, wenn von ihr nicht innerhalb von drei Monaten nach Eintritt der Rechtskraft Gebrauch gemacht worden ist. [4] Der Ausspruch nach Satz 1 ist nicht vorläufig vollstreckbar.

(3) [1] Macht eine Partei in Rechtsstreitigkeiten, in denen durch Klage ein Anspruch aus einem der in diesem Gesetz geregelten Rechtsverhältnisse geltend gemacht wird, glaubhaft, dass die Belastung mit den Prozesskosten nach dem vollen Streitwert ihre wirtschaftliche Lage erheblich gefährden würde, so kann das Gericht auf ihren Antrag anordnen, dass die Verpflichtung dieser Partei zur Zahlung von Gerichtskosten sich nach einem ihrer Wirtschaftslage angepassten Teil des Streitwerts bemisst. [2] Die Anordnung hat zur Folge, dass

1. die begünstigte Partei die Gebühren ihres Rechtsanwalts ebenfalls nur nach diesem Teil des Streitwerts zu entrichten hat,
2. die begünstigte Partei, soweit ihr Kosten des Rechtsstreits auferlegt werden oder soweit sie diese übernimmt, die von dem Gegner entrichteten Gerichtsgebühren und die Gebühren seines Rechtsanwalts nur nach dem Teil des Streitwerts zu erstatten hat und
3. der Rechtsanwalt der begünstigten Partei, soweit die außergerichtlichen Kosten dem Gegner auferlegt oder von ihm übernommen werden, seine Gebühren von dem Gegner nach dem für diesen geltenden Streitwert beitreiben kann.

---

[1] § 11 Abs. 1 neu gef. mWv 28.5.2022 durch G v. 10.8.2021 (BGBl. I S. 3504).

[2] § 12 Abs. 4 neu gef. und Abs. 5 angef. mWv 9.10.2013 durch G v. 1.10.2013 (BGBl. I S. 3714); Überschrift neu gef., Abs. 1 aufgeh., bish. Abs. 2–4 werden Abs. 1–3, bish. Abs. 5 wird Abs. 4 und Satz 1 geänd. mWv 2.12.2020 durch G v. 26.11.2020 (BGBl. I S. 2568).

[3] Nr. **100**.

(4) [1] Der Antrag nach Absatz 3 kann vor der Geschäftsstelle des Gerichts zur Niederschrift erklärt werden. [2] Er ist vor der Verhandlung zur Hauptsache anzubringen. [3] Danach ist er nur zulässig, wenn der angenommene oder festgesetzte Streitwert später durch das Gericht heraufgesetzt wird. [4] Vor der Entscheidung über den Antrag ist der Gegner zu hören.

**§ 13[1)] Abmahnung; Unterlassungsverpflichtung; Haftung.** (1) Die zur Geltendmachung eines Unterlassungsanspruchs Berechtigten sollen den Schuldner vor der Einleitung eines gerichtlichen Verfahrens abmahnen und ihm Gelegenheit geben, den Streit durch Abgabe einer mit einer angemessenen Vertragsstrafe bewehrten Unterlassungsverpflichtung beizulegen.

(2) In der Abmahnung muss klar und verständlich angegeben werden:
1. Name oder Firma des Abmahnenden sowie im Fall einer Vertretung zusätzlich Name oder Firma des Vertreters,
2. die Voraussetzungen der Anspruchsberechtigung nach § 8 Absatz 3,
3. ob und in welcher Höhe ein Aufwendungsersatzanspruch geltend gemacht wird und wie sich dieser berechnet,
4. die Rechtsverletzung unter Angabe der tatsächlichen Umstände,
5. in den Fällen des Absatzes 4, dass der Anspruch auf Aufwendungsersatz ausgeschlossen ist.

(3) Soweit die Abmahnung berechtigt ist und den Anforderungen des Absatzes 2 entspricht, kann der Abmahnende vom Abgemahnten Ersatz der erforderlichen Aufwendungen verlangen.

(4) Der Anspruch auf Ersatz der erforderlichen Aufwendungen nach Absatz 3 ist für Anspruchsberechtigte nach § 8 Absatz 3 Nummer 1 ausgeschlossen bei
1. im elektronischen Geschäftsverkehr oder in Telemedien begangenen Verstößen gegen gesetzliche Informations- und Kennzeichnungspflichten oder
2. sonstigen Verstößen gegen die Verordnung (EU) 2016/679[2)] des Europäischen Parlaments und des Rates vom 27. April 2016 zum Schutz natürlicher Personen bei der Verarbeitung personenbezogener Daten, zum freien Datenverkehr und zur Aufhebung der Richtlinie 95/46/EG (Datenschutz-Grundverordnung) (ABl. L 119 vom 4.5.2016, S. 1; L 314 vom 22.11.2016, S. 72; L 127 vom 23.5. 2018, S. 2) und das Bundesdatenschutzgesetz[3)] durch Unternehmen sowie gewerblich tätige Vereine, sofern sie in der Regel weniger als 250 Mitarbeiter beschäftigen.

(5) [1] Soweit die Abmahnung unberechtigt ist oder nicht den Anforderungen des Absatzes 2 entspricht oder soweit entgegen Absatz 4 ein Anspruch auf Aufwendungsersatz geltend gemacht wird, hat der Abgemahnte gegen den Abmahnenden einen Anspruch auf Ersatz der für seine Rechtsverteidigung erforderlichen Aufwendungen. [2] Der Anspruch nach Satz 1 ist beschränkt auf die Höhe des Aufwendungsersatzanspruchs, die der Abmahnende geltend macht. [3] Bei einer unberechtigten Abmahnung ist der Anspruch nach Satz 1 ausgeschlossen, wenn die fehlende Berechtigung der Abmahnung für den Abmahnenden zum Zeitpunkt der Abmahnung nicht erkennbar war. [4] Weitergehende Ersatzansprüche bleiben unberührt.

---

[1)] § 13 neu gef. mWv 2.12.2020 durch G v. 26.11.2020 (BGBl. I S. 2568).
[2)] **Sartorius Nr. 246.**
[3)] **Sartorius Nr. 245.**

**§ 13a**[1] **Vertragsstrafe.** (1) Bei der Festlegung einer angemessenen Vertragsstrafe nach § 13 Absatz 1 sind folgende Umstände zu berücksichtigen:

1. Art, Ausmaß und Folgen der Zuwiderhandlung,
2. Schuldhaftigkeit der Zuwiderhandlung und bei schuldhafter Zuwiderhandlung die Schwere des Verschuldens,
3. Größe, Marktstärke und Wettbewerbsfähigkeit des Abgemahnten sowie
4. wirtschaftliches Interesse des Abgemahnten an erfolgten und zukünftigen Verstößen.

(2) Die Vereinbarung einer Vertragsstrafe nach Absatz 1 ist für Anspruchsberechtigte nach § 8 Absatz 3 Nummer 1 bei einer erstmaligen Abmahnung bei Verstößen nach § 13 Absatz 4 ausgeschlossen, wenn der Abgemahnte in der Regel weniger als 100 Mitarbeiter beschäftigt.

(3) Vertragsstrafen dürfen eine Höhe von 1 000 Euro nicht überschreiten, wenn die Zuwiderhandlung angesichts ihrer Art, ihres Ausmaßes und ihrer Folgen die Interessen von Verbrauchern, Mitbewerbern und sonstigen Marktteilnehmern in nur unerheblichem Maße beeinträchtigt und wenn der Abgemahnte in der Regel weniger als 100 Mitarbeiter beschäftigt.

(4) Verspricht der Abgemahnte auf Verlangen des Abmahnenden eine unangemessen hohe Vertragsstrafe, schuldet er lediglich eine Vertragsstrafe in angemessener Höhe.

(5) [1] Ist lediglich eine Vertragsstrafe vereinbart, deren Höhe noch nicht beziffert wurde, kann der Abgemahnte bei Uneinigkeit über die Höhe auch ohne Zustimmung des Abmahnenden eine Einigungsstelle nach § 15 anrufen. [2] Das Gleiche gilt, wenn der Abgemahnte nach Absatz 4 nur eine Vertragsstrafe in angemessener Höhe schuldet. [3] Ist ein Verfahren vor der Einigungsstelle anhängig, so ist eine erst nach Anrufung der Einigungsstelle erhobene Klage nicht zulässig.

**§ 14**[2] **Sachliche und örtliche Zuständigkeit; Verordnungsermächtigung.**

(1) Für alle bürgerlichen Rechtsstreitigkeiten, mit denen ein Anspruch auf Grund dieses Gesetzes geltend gemacht wird, sind die Landgerichte ausschließlich zuständig.

(2) [1] Für alle bürgerlichen Rechtsstreitigkeiten, mit denen ein Anspruch auf Grund dieses Gesetzes geltend gemacht wird, ist das Gericht zuständig, in dessen Bezirk der Beklagte seinen allgemeinen Gerichtsstand hat. [2] Für alle bürgerlichen Rechtsstreitigkeiten, mit denen ein Anspruch auf Grund dieses Gesetzes geltend gemacht wird, ist außerdem das Gericht zuständig, in dessen Bezirk die Zuwiderhandlung begangen wurde. [3] Satz 2 gilt nicht für

1. Rechtsstreitigkeiten wegen Zuwiderhandlungen im elektronischen Geschäftsverkehr oder in Telemedien oder
2. Rechtsstreitigkeiten, die von den nach § 8 Absatz 3 Nummer 2 bis 4 zur Geltendmachung eines Unterlassungsanspruchs Berechtigten geltend gemacht werden,

es sei denn, der Beklagte hat im Inland keinen allgemeinen Gerichtsstand.

(3) [1] Die Landesregierungen werden ermächtigt, durch Rechtsverordnung für die Bezirke mehrerer Landgerichte eines von ihnen als Gericht für Wettbewerbs-

---

[1] § 13a eingef. mWv 2.12.2020 durch G v. 26.11.2020 (BGBl. I S. 2568).

[2] § 14 neu gef. mWv 2.12.2020 durch G v. 26.11.2020 (BGBl. I S. 2568); Abs. 4 angef. mWv 28.5.2022 durch G v. 10.8.2021 (BGBl. I S. 3504).

streitsachen zu bestimmen, wenn dies der Rechtspflege in Wettbewerbsstreitsachen dienlich ist. [2] Die Landesregierungen können die Ermächtigung durch Rechtsverordnung auf die Landesjustizverwaltungen übertragen. [3] Die Länder können außerdem durch Vereinbarung die den Gerichten eines Landes obliegenden Klagen nach Absatz 1 insgesamt oder teilweise dem zuständigen Gericht eines anderen Landes übertragen.

(4) Abweichend von den Absätzen 1 bis 3 richtet sich die Zuständigkeit für bürgerliche Rechtsstreitigkeiten, mit denen ein Anspruch nach § 9 Absatz 2 Satz 1 geltend gemacht wird, nach den allgemeinen Vorschriften.

**§ 15[1)] Einigungsstellen.** (1) Die Landesregierungen errichten bei Industrie- und Handelskammern Einigungsstellen zur Beilegung von bürgerlichen Rechtsstreitigkeiten, in denen ein Anspruch auf Grund dieses Gesetzes geltend gemacht wird (Einigungsstellen).

(2) [1] Die Einigungsstellen sind mit einer vorsitzenden Person, die die Befähigung zum Richteramt nach dem Deutschen Richtergesetz[2)] hat, und beisitzenden Personen zu besetzen. [2] Als beisitzende Personen werden im Falle einer Anrufung durch eine nach § 8 Absatz 3 Nummer 3 zur Geltendmachung eines Unterlassungsanspruchs berechtigte qualifizierte Einrichtung Unternehmer und Verbraucher in gleicher Anzahl tätig, sonst mindestens zwei sachverständige Unternehmer. [3] Die vorsitzende Person soll auf dem Gebiet des Wettbewerbsrechts erfahren sein. [4] Die beisitzenden Personen werden von der vorsitzenden Person für den jeweiligen Streitfall aus einer alljährlich für das Kalenderjahr aufzustellenden Liste berufen. [5] Die Berufung soll im Einvernehmen mit den Parteien erfolgen. [6] Für die Ausschließung und Ablehnung von Mitgliedern der Einigungsstelle sind die § 41 bis 43 und § 44 Absatz 2 bis 4 der Zivilprozessordnung[3)] entsprechend anzuwenden. [7] Über das Ablehnungsgesuch entscheidet das für den Sitz der Einigungsstelle zuständige Landgericht (Kammer für Handelssachen oder, falls es an einer solchen fehlt, Zivilkammer).

(3) [1] Die Einigungsstellen können bei bürgerlichen Rechtsstreitigkeiten, in denen ein Anspruch auf Grund dieses Gesetzes geltend gemacht wird, angerufen werden, wenn der Gegner zustimmt. [2] Soweit die geschäftlichen Handlungen Verbraucher betreffen, können die Einigungsstellen von jeder Partei zu einer Aussprache mit dem Gegner über den Streitfall angerufen werden; einer Zustimmung des Gegners bedarf es nicht.

(4) Für die Zuständigkeit der Einigungsstellen ist § 14 entsprechend anzuwenden.

(5) [1] Die der Einigungsstelle vorsitzende Person kann das persönliche Erscheinen der Parteien anordnen. [2] Gegen eine unentschuldigt ausbleibende Partei kann die Einigungsstelle ein Ordnungsgeld festsetzen. [3] Gegen die Anordnung des persönlichen Erscheinens und gegen die Festsetzung des Ordnungsgeldes findet die sofortige Beschwerde nach den Vorschriften der Zivilprozessordnung an das für den Sitz der Einigungsstelle zuständige Landgericht (Kammer für Handelssachen oder, falls es an einer solchen fehlt, Zivilkammer) statt.

(6) [1] Die Einigungsstelle hat einen gütlichen Ausgleich anzustreben. [2] Sie kann den Parteien einen schriftlichen, mit Gründen versehenen Einigungsvorschlag

---

[1)] § 15 Abs. 3 Satz 2 geänd. mWv 2.12.2020 durch G v. 26.11.2020 (BGBl. I S. 2568).
[2)] **Habersack, Deutsche Gesetze ErgBd. Nr. 97.**
[3)] Nr. **100**.

machen. [3] Der Einigungsvorschlag und seine Begründung dürfen nur mit Zustimmung der Parteien veröffentlicht werden.

(7) [1] Kommt ein Vergleich zustande, so muss er in einem besonderen Schriftstück niedergelegt und unter Angabe des Tages seines Zustandekommens von den Mitgliedern der Einigungsstelle, welche in der Verhandlung mitgewirkt haben, sowie von den Parteien unterschrieben werden. [2] Aus einem vor der Einigungsstelle geschlossenen Vergleich findet die Zwangsvollstreckung statt; § 797a der Zivilprozessordnung ist entsprechend anzuwenden.

(8) Die Einigungsstelle kann, wenn sie den geltend gemachten Anspruch von vornherein für unbegründet oder sich selbst für unzuständig erachtet, die Einleitung von Einigungsverhandlungen ablehnen.

(9) [1] Durch die Anrufung der Einigungsstelle wird die Verjährung in gleicher Weise wie durch Klageerhebung gehemmt. [2] Kommt ein Vergleich nicht zustande, so ist der Zeitpunkt, zu dem das Verfahren beendet ist, von der Einigungsstelle festzustellen. [3] Die vorsitzende Person hat dies den Parteien mitzuteilen.

(10) [1] Ist ein Rechtsstreit der in Absatz 3 Satz 2 bezeichneten Art ohne vorherige Anrufung der Einigungsstelle anhängig gemacht worden, so kann das Gericht auf Antrag den Parteien unter Anberaumung eines neuen Termins aufgeben, vor diesem Termin die Einigungsstelle zur Herbeiführung eines gütlichen Ausgleichs anzurufen. [2] In dem Verfahren über den Antrag auf Erlass einer einstweiligen Verfügung ist diese Anordnung nur zulässig, wenn der Gegner zustimmt. [3] Absatz 8 ist nicht anzuwenden. [4] Ist ein Verfahren vor der Einigungsstelle anhängig, so ist eine erst nach Anrufung der Einigungsstelle erhobene Klage des Antragsgegners auf Feststellung, dass der geltend gemachte Anspruch nicht bestehe, nicht zulässig.

(11) [1] Die Landesregierungen werden ermächtigt, durch Rechtsverordnung die zur Durchführung der vorstehenden Bestimmungen und zur Regelung des Verfahrens vor den Einigungsstellen erforderlichen Vorschriften zu erlassen, insbesondere über die Aufsicht über die Einigungsstellen, über ihre Besetzung unter angemessener Beteiligung der nicht den Industrie- und Handelskammern angehörenden *Unternehmern*[1)] (§ 2 Abs. 2 bis 6 des Gesetzes zur vorläufigen Regelung des Rechts der Industrie- und Handelskammern[2)] in der im Bundesgesetzblatt Teil III, Gliederungsnummer 701-1, veröffentlichten bereinigten Fassung), und über die Vollstreckung von Ordnungsgeldern, sowie Bestimmungen über die Erhebung von Auslagen durch die Einigungsstelle zu treffen. [2] Bei der Besetzung der Einigungsstellen sind die Vorschläge der für ein Bundesland errichteten, mit öffentlichen Mitteln geförderten Verbraucherzentralen zur Bestimmung der in Absatz 2 Satz 2 genannten Verbraucher zu berücksichtigen.

(12) Abweichend von Absatz 2 Satz 1 kann in den Ländern Brandenburg, Mecklenburg-Vorpommern, Sachsen, Sachsen-Anhalt und Thüringen die Einigungsstelle auch mit einem Rechtskundigen als Vorsitzendem besetzt werden, der die Befähigung zum Berufsrichter nach dem Recht der Deutschen Demokratischen Republik erworben hat.

**§ 15a[3)] Überleitungsvorschrift zum Gesetz zur Stärkung des fairen Wettbewerbs.** (1) § 8 Absatz 3 Nummer 2 ist nicht anzuwenden auf Verfahren, die am 1. September 2021 bereits rechtshängig sind.

---

[1)] Richtig wohl: „Unternehmer".
[2)] **Sartorius Nr. 818.**
[3)] § 15a eingef. mWv 2.12.2020 durch G v. 26.11.2020 (BGBl. I S. 2568).

(2) Die §§ 13 und 13a Absatz 2 und 3 sind nicht anzuwenden auf Abmahnungen, die vor dem 2. Dezember 2020 bereits zugegangen sind.

## Kapitel 4. Straf- und Bußgeldvorschriften

**§ 16 Strafbare Werbung.** (1) Wer in der Absicht, den Anschein eines besonders günstigen Angebots hervorzurufen, in öffentlichen Bekanntmachungen oder in Mitteilungen, die für einen größeren Kreis von Personen bestimmt sind, durch unwahre Angaben irreführend wirbt, wird mit Freiheitsstrafe bis zu zwei Jahren oder mit Geldstrafe bestraft.

(2) Wer es im geschäftlichen Verkehr unternimmt, Verbraucher zur Abnahme von Waren, Dienstleistungen oder Rechten durch das Versprechen zu veranlassen, sie würden entweder vom Veranstalter selbst oder von einem Dritten besondere Vorteile erlangen, wenn sie andere zum Abschluss gleichartiger Geschäfte veranlassen, die ihrerseits nach der Art dieser Werbung derartige Vorteile für eine entsprechende Werbung weiterer Abnehmer erlangen sollen, wird mit Freiheitsstrafe bis zu zwei Jahren oder mit Geldstrafe bestraft.

**§§ 17, 18**[1] *(aufgehoben)*

**§ 19**[2] **Bußgeldvorschriften bei einem weitverbreiteten Verstoß und einem weitverbreiteten Verstoß mit Unions-Dimension.** (1) Ordnungswidrig handelt, wer vorsätzlich oder fahrlässig entgegen § 5c Absatz 1 Verbraucherinteressen verletzt.

(2) [1] Die Ordnungswidrigkeit kann mit einer Geldbuße bis zu fünfzigtausend Euro geahndet werden. [2] Gegenüber einem Unternehmer, der in den von dem Verstoß betroffenen Mitgliedstaaten der Europäischen Union in dem der Behördenentscheidung vorausgegangenen Geschäftsjahr mehr als eine Million zweihundertfünfzigtausend Euro Jahresumsatz erzielt hat, kann eine höhere Geldbuße verhängt werden; diese darf 4 Prozent des Jahresumsatzes nicht übersteigen. [3] Die Höhe des Jahresumsatzes kann geschätzt werden. [4] Liegen keine Anhaltspunkte für eine Schätzung des Jahresumsatzes vor, so beträgt das Höchstmaß der Geldbuße zwei Millionen Euro. [5] Abweichend von den Sätzen 2 bis 4 gilt gegenüber einem Täter oder einem Beteiligten, der im Sinne des § 9 des Gesetzes über Ordnungswidrigkeiten[3] für einen Unternehmer handelt, und gegenüber einem Beteiligten im Sinne des § 14 Absatz 1 Satz 2 des Gesetzes über Ordnungswidrigkeiten, der kein Unternehmer ist, der Bußgeldrahmen des Satzes 1. [6] Das für die Ordnungswidrigkeit angedrohte Höchstmaß der Geldbuße im Sinne des § 30 Absatz 2 Satz 2 des Gesetzes über Ordnungswidrigkeiten ist das nach den Sätzen 1 bis 4 anwendbare Höchstmaß.

(3) Die Ordnungswidrigkeit kann nur im Rahmen einer koordinierten Durchsetzungsmaßnahme nach Artikel 21 der Verordnung (EU) 2017/2394 geahndet werden.

(4) Verwaltungsbehörden im Sinne des § 36 Absatz 1 Nummer 1 des Gesetzes über Ordnungswidrigkeiten sind

1. das Umweltbundesamt,

---

[1] §§ 17 und 18 aufgeh. mWv 26.4.2019 durch G v. 18.4.2019 (BGBl. I S. 466).

[2] § 19 neu gef. mWv 28.5.2022 durch G v. 10.8.2021 (BGBl. I S. 3504); Abs. 4 Nr. 1 geänd. mWv 1.8.2022 durch G v. 24.6.2022 (BGBl. I S. 959).

[3] Nr. **94**.

2. die Bundesanstalt für Finanzdienstleistungsaufsicht bei einer Zuwiderhandlung, die sich auf die Tätigkeit eines Unternehmens im Sinne des § 2 Nummer 2 des EU-Verbraucherschutzdurchführungsgesetzes bezieht, und
3. die nach Landesrecht zuständige Behörde bei einer Zuwiderhandlung, die sich auf die Tätigkeit eines Unternehmens im Sinne des § 2 Nummer 4 des EU-Verbraucherschutzdurchführungsgesetzes bezieht.

**§ 20**[1)] **Bußgeldvorschriften.** (1) Ordnungswidrig handelt, wer vorsätzlich oder fahrlässig

1. entgegen § 7 Absatz 1 Satz 1 in Verbindung mit Absatz 2 Nummer 1 oder 2 mit einem Telefonanruf oder unter Verwendung einer automatischen Anrufmaschine gegenüber einem Verbraucher ohne dessen vorherige ausdrückliche Einwilligung wirbt,
2. entgegen § 7a Absatz 1 eine dort genannte Einwilligung nicht, nicht richtig, nicht vollständig oder nicht rechtzeitig dokumentiert oder nicht oder nicht mindestens fünf Jahre aufbewahrt,
3. entgegen § 8b Absatz 3 in Verbindung mit § 4b Absatz 1 des Unterlassungsklagengesetzes[2)], auch in Verbindung mit einer Rechtsverordnung nach § 4d Nummer 2 des Unterlassungsklagengesetzes, einen dort genannten Bericht nicht, nicht richtig, nicht vollständig oder nicht rechtzeitig erstattet oder
4. einer Rechtsverordnung nach § 8b Absatz 3 in Verbindung mit § 4d Nummer 1 des Unterlassungsklagengesetzes oder einer vollziehbaren Anordnung auf Grund einer solchen Rechtsverordnung zuwiderhandelt, soweit die Rechtsverordnung für einen bestimmten Tatbestand auf diese Bußgeldvorschrift verweist.

(2) Die Ordnungswidrigkeit kann in den Fällen des Absatzes 1 Nummer 1 mit einer Geldbuße bis zu dreihunderttausend Euro, in den Fällen des Absatzes 1 Nummer 2 mit einer Geldbuße bis zu fünfzigtausend Euro und in den übrigen Fällen mit einer Geldbuße bis zu hunderttausend Euro geahndet werden.

(3) Verwaltungsbehörde im Sinne des § 36 Absatz 1 Nummer 1 des Gesetzes über Ordnungswidrigkeiten[3)] ist in den Fällen des Absatzes 1 Nummer 1 und 2 die Bundesnetzagentur für Elektrizität, Gas, Telekommunikation, Post und Eisenbahnen, in den übrigen Fällen das Bundesamt für Justiz.

---

[1)] § 20 neu gef. mWv 1.10.2021 durch G v. 10.8.2021 (BGBl. I S. 3433); Abs. 1 Nr. 1 geänd. mWv 28.5.2022 durch G v. 10.8.2021 (BGBl. I S. 3504).

[2)] Nr. **105**.

[3)] Nr. **94**.

**Anhang**[1)]
(zu § 3 Absatz 3)

Folgende geschäftliche Handlungen sind gegenüber Verbrauchern stets unzulässig:

Irreführende geschäftliche Handlungen

1. unwahre Angabe über die Unterzeichnung eines Verhaltenskodexes
die unwahre Angabe eines Unternehmers, zu den Unterzeichnern eines Verhaltenskodexes zu gehören;
2. unerlaubte Verwendung von Gütezeichen und Ähnlichem
die Verwendung von Gütezeichen, Qualitätskennzeichen oder Ähnlichem ohne die erforderliche Genehmigung;
3. unwahre Angabe über die Billigung eines Verhaltenskodexes
die unwahre Angabe, ein Verhaltenskodex sei von einer öffentlichen oder anderen Stelle gebilligt;
4. unwahre Angabe über Anerkennungen durch Dritte
die unwahre Angabe,
a) ein Unternehmer, eine von ihm vorgenommene geschäftliche Handlung oder eine Ware oder Dienstleistung sei von einer öffentlichen oder privaten Stelle bestätigt, gebilligt oder genehmigt worden, oder
b) den Bedingungen für die Bestätigung, Billigung oder Genehmigung werde entsprochen;
5. Lockangebote ohne Hinweis auf Unangemessenheit der Bevorratungsmenge
Waren- oder Dienstleistungsangebote im Sinne des § 5b Absatz 1 zu einem bestimmten Preis, wenn der Unternehmer nicht darüber aufklärt, dass er hinreichende Gründe für die Annahme hat, er werde nicht in der Lage sein, diese oder gleichartige Waren oder Dienstleistungen für einen angemessenen Zeitraum in angemessener Menge zum genannten Preis bereitzustellen oder bereitstellen zu lassen; ist die Bevorratung kürzer als zwei Tage, obliegt es dem Unternehmer, die Angemessenheit nachzuweisen;
6. Lockangebote zum Absatz anderer Waren oder Dienstleistungen
Waren- oder Dienstleistungsangebote im Sinne des § 5b Absatz 1 zu einem bestimmten Preis, wenn der Unternehmer sodann in der Absicht, stattdessen eine andere Ware oder Dienstleistung abzusetzen,
a) eine fehlerhafte Ausführung der Ware oder Dienstleistung vorführt,
b) sich weigert zu zeigen, was er beworben hat, oder
c) sich weigert, Bestellungen dafür anzunehmen oder die beworbene Leistung innerhalb einer vertretbaren Zeit zu erbringen;
7. unwahre Angabe über zeitliche Begrenzung des Angebots
die unwahre Angabe, bestimmte Waren oder Dienstleistungen seien allgemein oder zu bestimmten Bedingungen nur für einen sehr begrenzten Zeitraum verfügbar, um den Verbraucher zu einer sofortigen geschäftlichen Entscheidung zu veranlassen, ohne dass dieser Zeit und Gelegenheit hat, sich auf Grund von Informationen zu entscheiden;
8. Sprachenwechsel für Kundendienstleistungen bei einer in einer Fremdsprache geführten Vertragsverhandlung
Kundendienstleistungen in einer anderen Sprache als derjenigen, in der die Verhandlungen vor dem Abschluss des Geschäfts geführt worden sind, wenn

---

[1)] Anh. neu gef. mWv 28.5.2022 durch G v. 10.8.2021 (BGBl. I S. 3504).

die ursprünglich verwendete Sprache nicht Amtssprache desjenigen Mitgliedstaats der Europäischen Union ist, in dem der Unternehmer niedergelassen ist; dies gilt nicht, soweit Verbraucher vor dem Abschluss des Geschäfts darüber aufgeklärt werden, dass diese Leistungen in einer anderen als der ursprünglich verwendeten Sprache erbracht werden;

9. unwahre Angabe über die Verkehrsfähigkeit
die unwahre Angabe oder das Erwecken des unzutreffenden Eindrucks, eine Ware oder Dienstleistung sei verkehrsfähig;

10. Darstellung gesetzlicher Verpflichtungen als Besonderheit eines Angebots
die unwahre Angabe oder das Erwecken des unzutreffenden Eindrucks, gesetzlich bestehende Rechte stellten eine Besonderheit des Angebots dar;

11. als Information getarnte Werbung
der vom Unternehmer finanzierte Einsatz redaktioneller Inhalte zu Zwecken der Verkaufsförderung, ohne dass sich dieser Zusammenhang aus dem Inhalt oder aus der Art der optischen oder akustischen Darstellung eindeutig ergibt;

11a. verdeckte Werbung in Suchergebnissen
die Anzeige von Suchergebnissen aufgrund der Online-Suchanfrage eines Verbrauchers, ohne dass etwaige bezahlte Werbung oder spezielle Zahlungen, die dazu dienen, ein höheres Ranking der jeweiligen Waren oder Dienstleistungen im Rahmen der Suchergebnisse zu erreichen, eindeutig offengelegt werden;

12. unwahre Angabe über Gefahren für die persönliche Sicherheit
unwahre Angaben über Art und Ausmaß einer Gefahr für die persönliche Sicherheit des Verbrauchers oder seiner Familie für den Fall, dass er die angebotene Ware nicht erwirbt oder die angebotene Dienstleistung nicht in Anspruch nimmt;

13. Täuschung über betriebliche Herkunft
Werbung für eine Ware oder Dienstleistung, die der Ware oder Dienstleistung eines bestimmten Herstellers ähnlich ist, wenn in der Absicht geworben wird, über die betriebliche Herkunft der beworbenen Ware oder Dienstleistung zu täuschen;

14. Schneeball- oder Pyramidensystem
die Einführung, der Betrieb oder die Förderung eines Systems zur Verkaufsförderung, bei dem vom Verbraucher ein finanzieller Beitrag für die Möglichkeit verlangt wird, eine Vergütung allein oder zumindest hauptsächlich durch die Einführung weiterer Teilnehmer in das System zu erlangen;

15. unwahre Angabe über Geschäftsaufgabe
die unwahre Angabe, der Unternehmer werde demnächst sein Geschäft aufgeben oder seine Geschäftsräume verlegen;

16. Angaben über die Erhöhung der Gewinnchancen bei Glücksspielen
die Angabe, durch eine bestimmte Ware oder Dienstleistung ließen sich die Gewinnchancen bei einem Glücksspiel erhöhen;

17. unwahre Angaben über die Heilung von Krankheiten
die unwahre Angabe, eine Ware oder Dienstleistung könne Krankheiten, Funktionsstörungen oder Missbildungen heilen;

18. unwahre Angabe über Marktbedingungen oder Bezugsquellen
eine unwahre Angabe über die Marktbedingungen oder Bezugsquellen, um den Verbraucher dazu zu bewegen, eine Ware oder Dienstleistung zu weniger günstigen Bedingungen als den allgemeinen Marktbedingungen abzunehmen oder in Anspruch zu nehmen;

19. Nichtgewährung ausgelobter Preise
das Angebot eines Wettbewerbs oder Preisausschreibens, wenn weder die in Aussicht gestellten Preise noch ein angemessenes Äquivalent vergeben werden;
20. unwahre Bewerbung als kostenlos
das Angebot einer Ware oder Dienstleistung als „gratis", „umsonst", „kostenfrei" oder dergleichen, wenn für die Ware oder Dienstleistung gleichwohl Kosten zu tragen sind; dies gilt nicht für Kosten, die im Zusammenhang mit dem Eingehen auf das Waren- oder Dienstleistungsangebot oder für die Abholung oder Lieferung der Ware oder die Inanspruchnahme der Dienstleistung unvermeidbar sind;
21. Irreführung über das Vorliegen einer Bestellung
die Übermittlung von Werbematerial unter Beifügung einer Zahlungsaufforderung, wenn damit der unzutreffende Eindruck vermittelt wird, die beworbene Ware oder Dienstleistung sei bereits bestellt;
22. Irreführung über Unternehmereigenschaft
die unwahre Angabe oder das Erwecken des unzutreffenden Eindrucks, der Unternehmer sei Verbraucher oder nicht für Zwecke seines Geschäfts, Handels, Gewerbes oder Berufs tätig;
23. Irreführung über Kundendienst in anderen Mitgliedstaaten der Europäischen Union
die unwahre Angabe oder das Erwecken des unzutreffenden Eindrucks, es sei im Zusammenhang mit Waren oder Dienstleistungen in einem anderen Mitgliedstaat der Europäischen Union als dem des Warenverkaufs oder der Dienstleistung ein Kundendienst verfügbar;

23a. Wiederverkauf von Eintrittskarten für Veranstaltungen
der Wiederverkauf von Eintrittskarten für Veranstaltungen an Verbraucher, wenn der Unternehmer diese Eintrittskarten unter Verwendung solcher automatisierter Verfahren erworben hat, die dazu dienen, Beschränkungen zu umgehen in Bezug auf die Zahl der von einer Person zu erwerbenden Eintrittskarten oder in Bezug auf andere für den Verkauf der Eintrittskarten geltende Regeln;

23b. Irreführung über die Echtheit von Verbraucherbewertungen
die Behauptung, dass Bewertungen einer Ware oder Dienstleistung von solchen Verbrauchern stammen, die diese Ware oder Dienstleistung tatsächlich erworben oder genutzt haben, ohne dass angemessene und verhältnismäßige Maßnahmen zur Überprüfung ergriffen wurden, ob die Bewertungen tatsächlich von solchen Verbrauchern stammen;

23c. gefälschte Verbraucherbewertungen
die Übermittlung oder Beauftragung gefälschter Bewertungen oder Empfehlungen von Verbrauchern sowie die falsche Darstellung von Bewertungen oder Empfehlungen von Verbrauchern in sozialen Medien zu Zwecken der Verkaufsförderung;

Aggressive geschäftliche Handlungen

24. räumliches Festhalten des Verbrauchers
das Erwecken des Eindrucks, der Verbraucher könne bestimmte Räumlichkeiten nicht ohne vorherigen Vertragsabschluss verlassen;
25. Nichtverlassen der Wohnung des Verbrauchers trotz Aufforderung

bei persönlichem Aufsuchen des Verbrauchers in dessen Wohnung die Nichtbeachtung seiner Aufforderung, die Wohnung zu verlassen oder nicht zu ihr zurückzukehren, es sei denn, das Aufsuchen ist zur rechtmäßigen Durchsetzung einer vertraglichen Verpflichtung gerechtfertigt;

26. unzulässiges hartnäckiges Ansprechen über Fernabsatzmittel
hartnäckiges und unerwünschtes Ansprechen des Verbrauchers mittels Telefonanrufen, unter Verwendung eines Faxgerätes, elektronischer Post oder sonstiger für den Fernabsatz geeigneter Mittel der kommerziellen Kommunikation, es sei denn, dieses Verhalten ist zur rechtmäßigen Durchsetzung einer vertraglichen Verpflichtung gerechtfertigt;

27. Verhinderung der Durchsetzung vertraglicher Rechte im Versicherungsverhältnis
Maßnahmen, durch die der Verbraucher von der Durchsetzung seiner vertraglichen Rechte aus einem Versicherungsverhältnis dadurch abgehalten werden soll, dass
    a) von ihm bei der Geltendmachung eines Anspruchs die Vorlage von Unterlagen verlangt wird, die zum Nachweis dieses Anspruchs nicht erforderlich sind, oder
    b) Schreiben zur Geltendmachung eines Anspruchs systematisch nicht beantwortet werden;

28. Kaufaufforderung an Kinder
die in eine Werbung einbezogene unmittelbare Aufforderung an Kinder, selbst die beworbene Ware zu erwerben oder die beworbene Dienstleistung in Anspruch zu nehmen oder ihre Eltern oder andere Erwachsene dazu zu veranlassen;

29. Aufforderung zur Bezahlung nicht bestellter Waren oder Dienstleistungen
die Aufforderung zur Bezahlung nicht bestellter, aber gelieferter Waren oder erbrachter Dienstleistungen oder eine Aufforderung zur Rücksendung oder Aufbewahrung nicht bestellter Waren;

30. Angaben über die Gefährdung des Arbeitsplatzes oder des Lebensunterhalts
die ausdrückliche Angabe, dass der Arbeitsplatz oder der Lebensunterhalt des Unternehmers gefährdet sei, wenn der Verbraucher die Ware oder Dienstleistung nicht abnehme;

31. Irreführung über Preis oder Gewinn
die unwahre Angabe oder das Erwecken des unzutreffenden Eindrucks, der Verbraucher habe bereits einen Preis gewonnen oder werde ihn gewinnen oder werde durch eine bestimmte Handlung einen Preis gewinnen oder einen sonstigen Vorteil erlangen, wenn
    a) es einen solchen Preis oder Vorteil tatsächlich nicht gibt oder
    b) die Möglichkeit, einen solchen Preis oder Vorteil zu erlangen, von der Zahlung eines Geldbetrags oder der Übernahme von Kosten abhängig gemacht wird.

32. Aufforderung zur Zahlung bei unerbetenen Besuchen in der Wohnung eines Verbrauchers am Tag des Vertragsschlusses
bei einem im Rahmen eines unerbetenen Besuchs in der Wohnung eines Verbrauchers geschlossenen Vertrag die an den Verbraucher gerichtete Aufforderung zur Bezahlung der Ware oder Dienstleistung vor Ablauf des Tages des Vertragsschlusses; dies gilt nicht, wenn der Verbraucher einen Betrag unter 50 Euro schuldet.

# 74. Gesetz gegen Wettbewerbsbeschränkungen (GWB)

In der Fassung der Bekanntmachung vom 26. Juni 2013[1)]
(BGBl. I S. 1750, ber. S. 3245)

**FNA 703-5**

| Lfd. Nr. | Änderndes Gesetz | Datum | Fundstelle | Betroffen | Hinweis |
|---|---|---|---|---|---|
| 1. | Art. 2 Abs. 13 G zur Modern. d. AußenwirtschaftsR | 6.6.2013 | BGBl. I S. 1482 | §§ 47j, 50c, 81 | geänd. mWv 1.9.2013 |
| 2. | Art. 2 Achtes G zur Änd. des GWB | 26.6.2013 | BGBl. I S. 1738, aufgeh. durch G v. 1.6. 2017, BGBl. I S. 1416 | § 20 | geänd. mWv 1.1.2018 |
| 3. | Art. 16 AIFM-UmsetzungsG[2)] | 4.7.2013 | BGBl. I S. 1981 | §§ 38, 39 | geänd. mWv 22.7.2013 |
| 4. | Art. 2 Abs. 78 G zur Strukturreform des Gebührenrechts des Bundes | 7.8.2013 | BGBl. I S. 3154 | § 128 | geänd. mWv 15.8.2013 |
| 5. | Art. 5 G zur grundlegenden Reform des EEG und zur Änd. weiterer Bestimm. des Energiewirtschaftsrechts | 21.7.2014 | BGBl. I S. 1066 | §§ 47f, 47g | geänd. mWv 1.8.2014 |
| 6. | Art. 3 G zur Teilumsetzung der EnergieeffizienzRL und zur Verschiebung des Außerkrafttretens des § 47g Abs. 2 GWB[3)] | 15.4.2015 | BGBl. I S. 578, geänd. 2017, S. 1416 | § 47g | geänd. mWv 1.1.2021 |
| 7. | Art. 8 Abs. 16 Bilanzrichtlinie-UmsetzungsG | 17.7.2015 | BGBl. I S. 1245 | § 36 | geänd. mWv 23.7.2015 |
| 8. | Art. 258 Zehnte ZuständigkeitsanpassungsVO | 31.8.2015 | BGBl. I S. 1474 | §§ 41, 42, 46, 47a, 47c, 47h, 47i, 47k, 47l, 48, 51, 52, 53, 56, 59, 63, 66, 100b, 106, 127, 129, 129a, 129b | geänd. mWv 8.9.2015 |

[1)] Neubekanntmachung des GWB idF der Bek. v. 15.7.2005 (BGBl. I S. 2114, ber. 2009 S. 3850) in der ab 30.6.2013 geltenden Fassung.

[2)] **Amtl. Anm.:** Dieses Gesetz dient der Umsetzung der Richtlinie 2009/65/EG des Europäischen Parlaments und des Rates vom 13. Juli 2009 zur Koordinierung der Rechts- und Verwaltungsvorschriften betreffend bestimmte Organismen für gemeinsame Anlagen in Wertpapieren (OGAW) (ABl. L 302 vom 17.11.2009, S. 1), der Richtlinie 2011/61/EU des Europäischen Parlaments und des Rates vom 8. Juni 2011 über die Verwalter alternativer Investmentfonds und zur Änderung der Richtlinien 2003/41/EG und 2009/65/EG und der Verordnungen (EG) Nr. 1060/2009 und (EU) Nr. 1095/2010 (ABl. L 174 vom 1.7.2011, S. 1) sowie der Anpassung an die Verordnung (EU) Nr. 345/2013 des Europäischen Parlaments und des Rates vom 17. April 2013 über Europäische Risikokapitalfonds (ABl. L 115 vom 25.4.2013, S. 1) und die Verordnung (EU) Nr. 346/2013 des Europäischen Parlaments und des Rates vom 17. April 2013 über Europäische Fonds für soziales Unternehmertum (ABl. L 115 vom 25.4.2013, S. 18).

[3)] **Amtl. Anm.:** Dieses Gesetz dient der Teilumsetzung der Richtlinie 2012/27/EU des Europäischen Parlaments und des Rates vom 25. Oktober 2012 zur Energieeffizienz, zur Änderung der Richtlinien 2009/125/EG und 2010/30/EU und zur Aufhebung der Richtlinien 2004/8/EG und 2006/32/EG (ABl. L 315 vom 14.11.2012, S. 1), die zuletzt durch die Richtlinie 2013/12/EU (ABl. L 141 vom 28.5. 2013, S. 28) geändert worden ist.

| Lfd. Nr. | Änderndes Gesetz | Datum | Fundstelle | Betroffen | Hinweis |
|---|---|---|---|---|---|
| 9. | Art. 1 Vergaberechtsmodernisierungs G | 17.2.2016 | BGBl. I S. 203 | § 114 | geänd. mWv 24.2.2016 |
| | | | | Inhaltsübersicht | geänd. mWv 18.4.2016 |
| | | | | § 113 | neu gef. mWv 24.2.2016 |
| | | | | Teil 4 (§§ 97–184), Teil 5 (§ 185), Teil 6 (§ 186) | neu gef. mWv 18.4.2016 |
| | | | | Anl. | aufgeh. mWv 18.4.2016 |
| 10. | Art. 2 StrommarktG | 26.7.2016 | BGBl. I S. 1786 | Inhaltsübersicht, § 53 | geänd. mWv 30.7.2016 |
| 11. | Art. 4 Abs. 8 G zur Verbesserung der Bekämpfung des Menschenhandels und zur Änd. des BZRG sowie des SGB VIII | 11.10. 2016 | BGBl. I S. 2226 | § 123 | geänd. mWv 15.10.2016 |
| 12. | Art. 5 G zur Einf. von Ausschreibungen für Strom aus erneuerb. Energien u. zu weiteren Änd. des Rechts der erneuerb. Energien | 13.10. 2016 | BGBl. I S. 2258 | § 47g | geänd. mWv 1.1.2017 |
| 13. | Art. 95 G zum Abbau verzichtbarer Anordnungen der Schriftform im Verwaltungsrecht des Bundes | 29.3.2017 | BGBl. I S. 626 | §§ 47, 61 | geänd. mWv 5.4.2017 |
| 14. | Art. 6 Abs. 33 G zur Reform der strafrechtlichen Vermögensabschöpfung | 13.4.2017 | BGBl. I S. 872 | §§ 34, 34a, 82a | geänd. mWv 1.7.2017 |
| 15. | Art. 1 Neuntes G zur Änd. des G gegen Wettbewerbsbeschränkungen[1] | 1.6.2017 | BGBl. I S. 1416 | Inhaltsübersicht, §§ 18, 19, 20, 21, 22, 26, 30, 32, 32e, 33c, 34, 34a, 35, 36, 37, 38, 39, 40, 41, 42, 47d, 47e, 47f, 47g, 47h, 47j, 47k, 50c, 53, 54, 56, 63, 73, 80, 81, 81b, 82, 83, 84, 87, 89a, 90, 91, 92, 94, 186 | geänd. mWv 9.6.2017 |
| | | | | §§ 33a–33f, 33h | eingef. mWv 27.12.2016 |
| | | | | Teil 1 Kapitel 6 Abschnitt 1 und 2 Überschriften, §§ 33g, 43a, 81a, 89b, 89c, 89d, 89e | eingef. mWv 9.6.2017 |
| | | | | Teil 1–3 und 5, Teil 1 Kapitel 1–9, Kapitel 9 Abschnitt 1–3, Teil 2 Kapitel 1 und 2, Teil 3 Kapitel 1–5, Kapitel 1 Abschnitt 1–4 Überschriften, § 33 | neu gef. mWv 9.6.2017 |
| | | | | § 78a | aufgeh. mit Ablauf des 8.6.2017 |

[1] ***Amtl. Anm.:*** *Dieses Gesetz* dient der Umsetzung der Richtlinie 2014/104/EU des Europäischen Parlaments und des Rates vom 26. November 2014 über bestimmte Vorschriften für Schadensersatzklagen nach nationalem Recht wegen Zuwiderhandlungen gegen wettbewerbsrechtliche Bestimmungen der Mitgliedstaaten und der Europäischen Union (ABl. L 349 vom 5.12.2014, S. 1).

| Lfd. Nr. | Änderndes Gesetz | Datum | Fundstelle | Betroffen | Hinweis |
|---|---|---|---|---|---|
| 16. | Art. 2 Abs. 2 G zur Einführung eines Wettbewerbsregisters und zur Änd. des G gegen Wettbewerbsbeschränkungen | 18.7.2017 | BGBl. I S. 2739, geänd. 2021, S. 2, iVm BAnz AT 29.10. 2021 B3 und BGBl. 2022 I S. 306 | §§ 39, 123, 124<br>§ 125 | geänd. mWv 29.7.2017<br>neu gef. mWv 1.12.2021 |
| 17. | Art. 6 Zweites G zur Stärkung der Verfahrensrechte von Beschuldigten im Strafverfahren und zur Änd. des Schöffenrechts[1] | 27.8.2017 | BGBl. I S. 3295 | § 81b | geänd. mWv 5.9.2017 |
| 18. | Art. 10 Abs. 9 G z. Neureg. d. Schutzes v. Geheimnissen bei der Mitwirkung Dritter an d. Berufsausübung schweigepfl. Personen | 30.10. 2017 | BGBl. I S. 3618 | § 47 | geänd. mWv 9.11.2017 |
| 19. | Art. 10 G zur Einführung einer zivilprozessualen Musterfeststellungsklage | 12.7.2018 | BGBl. I S. 1151 | § 33h | geänd. mWv 1.11.2018 |
| 20. | Art. 1 G zur beschleunigten Beschaffung im Bereich der Verteidigung und Sicherheit und zur Optimierung der Vergabestatistik[2] | 25.3.2020 | BGBl. I S. 674 | Inhaltsübersicht, §§ 107, 114, 150, 169, 170, 173, 176 | geänd. mWv 2.4.2020 |
| 21. | Art. 1 G zur Abmilderung der Folgen der COVID-19-Pandemie im Wettbewerbsrecht und für den Bereich der Selbstverwaltungsorganisationen der gewerbl. Wirtschaft | 25.5.2020 | BGBl. I S. 1067 | § 186 | geänd. mWv 29.5.2020 |
| 22. | Art. 220 Elfte ZuständigkeitsanpassungsVO | 19.6.2020 | BGBl. I S. 1328 | § 46 | geänd. mWv 27.6.2020 |
| 23. | Art. 2 Abs. 8 G zur Änd. des EG-Verbraucherschutzdurchsetzungsg sowie des G über die Errichtung des Bundesamts für Justiz | 25.6.2020 | BGBl. I S. 1474 | § 50c | geänd. mWv 30.6.2020 |
| 24. | Art. 3 G zur Änd. des G zur Regelung von Ingenieur- und Architektenleistungen und anderer Gesetze | 12.11. 2020 | BGBl. I S. 2392 | § 114 | geänd. mWv 19.11.2020 |

[1] **Amtl. Anm.:** Die Artikel 1 bis 6 dieses Gesetzes dienen der Umsetzung der Richtlinie 2013/48/EU des Europäischen Parlaments und des Rates vom 22. Oktober 2013 über das Recht auf Zugang zu einem Rechtsbeistand in Strafverfahren und in Verfahren zur Vollstreckung des Europäischen Haftbefehls sowie über das Recht auf Benachrichtigung eines Dritten bei Freiheitsentzug und das Recht auf Kommunikation mit Dritten und mit Konsularbehörden während des Freiheitsentzugs (ABl. L 294 vom 6.11.2013, S. 1).

[2] **Amtl. Anm.:** *(vom Abdruck wurde abgesehen)*

| Lfd. Nr. | Änderndes Gesetz | Datum | Fundstelle | Betroffen | Hinweis |
|---|---|---|---|---|---|
| 25. | Art. 7 G zur Stärkung des fairen Wettbewerbs | 26.11. 2020 | BGBl. I S. 2568 | §§ 32e, 34a | geänd. mWv 2.12.2020 |
| 26. | Art. 1 GWB-DigitalisierungsG[1] | 18.1.2021 | BGBl. I S. 2 | Inhaltsübersicht, §§ 18, 19, 20, 32a, 32c, 32e, 33a, 33c, 34a, 35, 36, 38, 39, 40, 44, 46, 47d, 47k, Teil 2 Kap. 3 Überschr., §§ 53, 83, 86a, 88, 89b, 90a–94, 140, 163, 168, 175, 186 | geänd. mWv 19.1.2021 |
| | | | | Teil 2 Kapitel 1 und 2 (§§ 48–50f), Teil 3 Kapitel 1 (§§ 54–80), Teil 3 Kapitel 2 Abschnitte 1 und 2 (§§ 81–81n), §§ 82, 82a | neu gef. mWv 19.1.2021 |
| | | | | §§ 19a, 39a, Teil 3 Kapitel 2 Abschn. 3 Überschr., § 82b | eingef. mWv 19.1.2021 |
| 27. | Art. 8 G zur Umsetzung der VO des Europäischen Parlaments und des Rates über europäische Unternehmensstatistiken zur Aufh. von zehn Rechtsakten im Bereich Unternehmensstatistiken und zur Änd. anderer Statistikgesetze | 22.2.2021 | BGBl. I S. 266 | § 47c | geänd. mWv 1.4.2021 |
| 28. | Art. 5 Abs. 3 G zur Verbesserung der strafrechtl. Bekämpfung d. Geldwäsche | 9.3.2021 | BGBl. I S. 327 | § 123 | geänd. mWv 18.3.2021 |
| 29. | Art. 30 TelekommunikationsmodernisierungsG[2] | 23.6.2021 | BGBl. I S. 1858 | § 46 | geänd. mWv 1.12.2021 |
| 30. | Art. 4 G zur Errichtung u. Führung eines Registers über Unternehmensbasisdaten u. zur Einf. einer bundeseinheitl. Wirtschaftsnummer für Unternehmen u. zur Änd. weiterer G | 9.7.2021 | BGBl. I S. 2506, ber. S. 4455 | §§ 20, 31b, 33c, 39, 50b, 50f, 73, 74, 75, 80, 81 | geänd. mWv 15.7.2021 |
| 31. | Art. 2 G über die unternehmerischen Sorgfaltspflichten in Lieferketten | 16.7.2021 | BGBl. I S. 2959 | § 124 | geänd. mWv 1.1.2023 |
| 32. | Art. 10 Abs. 2 Viertes G zur Änd. des Lebensmittel- und Futtermittelgesetzbuches sowie anderer Vorschriften | 27.7.2021 | BGBl. I S. 3274 | § 20 | geänd. mWv 10.8.2021 |

[1] **Amtl. Anm.:** Artikel 1 dieses Gesetzes dient der Umsetzung der Richtlinie (EU) 2019/1 des Europäischen Parlaments und des Rates vom 11. Dezember 2018 zur Stärkung der Wettbewerbsbehörden der Mitgliedstaaten im Hinblick auf eine wirksamere Durchsetzung der Wettbewerbsvorschriften und zur Gewährleistung des reibungslosen Funktionierens des Binnenmarkts (ABl. L 11 vom 14.1.2019, S. 3) und der Richtlinie 2014/104/EU des Europäischen Parlaments und des Rates vom 26. November 2014 über bestimmte Vorschriften für Schadensersatzklagen nach nationalem Recht wegen Zuwiderhandlungen gegen wettbewerbsrechtliche Bestimmungen der Mitgliedstaaten und der Europäischen Union (ABl. L 349 vom 5.12.2014, S. 1).

[2] **Amtl. Anm.:** Dieses Gesetz dient der Umsetzung der Richtlinie (EU) 2018/1972 des Europäischen Parlaments und des Rates vom 11. Dezember 2018 über den europäischen Kodex für die elektronische Kommunikation (Neufassung) (ABl. L 321 vom 17.12.2018, S. 36).

| Lfd. Nr. | Änderndes Gesetz | Datum | Fundstelle | Betroffen | Hinweis |
|---|---|---|---|---|---|
| 33. | Art. 4 G zur Änd. des EnergiesicherungsG 1975 und anderer energiewirtschaftlicher Vorschriften | 20.5.2022 | BGBl. I S. 730 | § 185 | geänd. mWv 22.5.2022 |
| 34. | Art. 2 G zur Änd. des Energiewirtschaftsrechts im Zusammenhang mit dem Klimaschutz-Sofortprogramm und zu Anpassungen im Recht der Endkundenbelieferung | 19.7.2022 | BGBl. I S. 1214 | Inhaltsübersicht, §§ 29, 47k, 81, 187<br>§ 186 | geänd. mWv 29.7.2022<br>eingef. mWv 29.7.2022 |
| 35. | Art. 2 G zur Änd. des EnergiesicherungsG und des G gegen Wettbewerbsbeschränkungen | 23.6.2023 | BGBl. 2023 I Nr. 167 | § 185 | geänd. mWv 27.6.2023 |

## Inhaltsübersicht[1)]

### Teil 1. Wettbewerbsbeschränkungen

Kapitel 1. Wettbewerbsbeschränkende Vereinbarungen, Beschlüsse und abgestimmte Verhaltensweisen



[1)] Inhaltsübersicht geänd. mWv 18.4.2016 durch G v. 17.2.2016 (BGBl. I S. 203); mWv 30.7.2016 durch G v. 26.7.2016 (BGBl. I S. 1786); mWv 9.6.2017 durch G v. 1.6.2017 (BGBl. I S. 1416); mWv 2.4. 2020 durch G v. 25.3.2020 (BGBl. I S. 674); mWv 19.1.2021 durch G v. 18.1.2021 (BGBl. I S. 2); mWv 29.7.2022 durch G v. 19.7.2022 (BGBl. I S. 1214).

# Teil 1.[1] Wettbewerbsbeschränkungen

## Kapitel 1.[1] Wettbewerbsbeschränkende Vereinbarungen, Beschlüsse und abgestimmte Verhaltensweisen

**§ 1 Verbot wettbewerbsbeschränkender Vereinbarungen.** Vereinbarungen zwischen Unternehmen, Beschlüsse von Unternehmensvereinigungen und aufeinander abgestimmte Verhaltensweisen, die eine Verhinderung, Einschränkung oder Verfälschung des Wettbewerbs bezwecken oder bewirken, sind verboten.

**§ 2 Freigestellte Vereinbarungen.** (1) Vom Verbot des § 1 freigestellt sind Vereinbarungen zwischen Unternehmen, Beschlüsse von Unternehmensvereinigungen oder aufeinander abgestimmte Verhaltensweisen, die unter angemessener Beteiligung der Verbraucher an dem entstehenden Gewinn zur Verbesserung der Warenerzeugung oder -verteilung oder zur Förderung des technischen oder wirtschaftlichen Fortschritts beitragen, ohne dass den beteiligten Unternehmen

1. Beschränkungen auferlegt werden, die für die Verwirklichung dieser Ziele nicht unerlässlich sind, oder
2. Möglichkeiten eröffnet werden, für einen wesentlichen Teil der betreffenden Waren den Wettbewerb auszuschalten.

(2) [1] Bei der Anwendung von Absatz 1 gelten die Verordnungen des Rates oder der Europäischen Kommission über die Anwendung von Artikel 101 Absatz 3 des Vertrages über die Arbeitsweise der Europäischen Union[2] auf bestimmte Gruppen von Vereinbarungen, Beschlüsse von Unternehmensvereinigungen und aufeinander abgestimmte Verhaltensweisen (Gruppenfreistellungsverordnungen) entsprechend. [2] Dies gilt auch, soweit die dort genannten Vereinbarungen, Beschlüsse und Verhaltensweisen nicht geeignet sind, den Handel zwischen den Mitgliedstaaten der Europäischen Union zu beeinträchtigen.

**§ 3 Mittelstandskartelle.** Vereinbarungen zwischen miteinander im Wettbewerb stehenden Unternehmen und Beschlüsse von Unternehmensvereinigungen, die die Rationalisierung wirtschaftlicher Vorgänge durch zwischenbetriebliche Zusammenarbeit zum Gegenstand haben, erfüllen die Voraussetzungen des § 2 Absatz 1, wenn

1. dadurch der Wettbewerb auf dem Markt nicht wesentlich beeinträchtigt wird und
2. die Vereinbarung oder der Beschluss dazu dient, die Wettbewerbsfähigkeit kleiner oder mittlerer Unternehmen zu verbessern.

**§§ 4 bis 17** *(weggefallen)*

---

[1] Teil 1 und Kapitel 1 Überschriften neu gef. mWv 9.6.2017 durch G v. 1.6.2017 (BGBl. I S. 1416).
[2] **Sartorius Nr. 1001.**

## Kapitel 2.[1] Marktbeherrschung, sonstiges wettbewerbsbeschränkendes Verhalten

**§ 18[2] Marktbeherrschung.** (1) Ein Unternehmen ist marktbeherrschend, soweit es als Anbieter oder Nachfrager einer bestimmten Art von Waren oder gewerblichen Leistungen auf dem sachlich und räumlich relevanten Markt

1. ohne Wettbewerber ist,
2. keinem wesentlichen Wettbewerb ausgesetzt ist oder
3. eine im Verhältnis zu seinen Wettbewerbern überragende Marktstellung hat.

(2) Der räumlich relevante Markt kann weiter sein als der Geltungsbereich dieses Gesetzes.

(2a) Der Annahme eines Marktes steht nicht entgegen, dass eine Leistung unentgeltlich erbracht wird.

(3) Bei der Bewertung der Marktstellung eines Unternehmens im Verhältnis zu seinen Wettbewerbern ist insbesondere Folgendes zu berücksichtigen:

1. sein Marktanteil,
2. seine Finanzkraft,
3. sein Zugang zu wettbewerbsrelevanten Daten,
4. sein Zugang zu den Beschaffungs- oder Absatzmärkten,
5. Verflechtungen mit anderen Unternehmen,
6. rechtliche oder tatsächliche Schranken für den Marktzutritt anderer Unternehmen,
7. der tatsächliche oder potenzielle Wettbewerb durch Unternehmen, die innerhalb oder außerhalb des Geltungsbereichs dieses Gesetzes ansässig sind,
8. die Fähigkeit, sein Angebot oder seine Nachfrage auf andere Waren oder gewerbliche Leistungen umzustellen, sowie
9. die Möglichkeit der Marktgegenseite, auf andere Unternehmen auszuweichen.

(3a) Insbesondere bei mehrseitigen Märkten und Netzwerken sind bei der Bewertung der Marktstellung eines Unternehmens auch zu berücksichtigen:

1. direkte und indirekte Netzwerkeffekte,
2. die parallele Nutzung mehrerer Dienste und der Wechselaufwand für die Nutzer,
3. seine Größenvorteile im Zusammenhang mit Netzwerkeffekten,
4. sein Zugang zu wettbewerbsrelevanten Daten,
5. innovationsgetriebener Wettbewerbsdruck.

(3b) Bei der Bewertung der Marktstellung eines Unternehmens, das als Vermittler auf mehrseitigen Märkten tätig ist, ist insbesondere auch die Bedeutung der von ihm erbrachten Vermittlungsdienstleistungen für den Zugang zu Beschaffungs- und Absatzmärkten zu berücksichtigen.

(4) Es wird vermutet, dass ein Unternehmen marktbeherrschend ist, wenn es einen Marktanteil von mindestens 40 Prozent hat.

(5) Zwei oder mehr Unternehmen sind marktbeherrschend, soweit

---

[1] Kapitel 2 Überschrift neu gef. mWv 9.6.2017 durch G v. 1.6.2017 (BGBl. I S. 1416).

[2] § 18 Abs. 2 geänd., Abs. 2a und 3a eingef., Abs. 8 angef. mWv 9.6.2017 durch G v. 1.6.2017 (BGBl. I S. 1416); Abs. 3 Nr. 3 eingef., bish Nr. 3–8 werden Nr. 4–9, Abs. 3b eingef. mWv 19.1.2021 durch G v. 18.1.2021 (BGBl. I S. 2).

1. zwischen ihnen für eine bestimmte Art von Waren oder gewerblichen Leistungen ein wesentlicher Wettbewerb nicht besteht und
2. sie in ihrer Gesamtheit die Voraussetzungen des Absatzes 1 erfüllen.

(6) Eine Gesamtheit von Unternehmen gilt als marktbeherrschend, wenn sie
1. aus drei oder weniger Unternehmen besteht, die zusammen einen Marktanteil von 50 Prozent erreichen, oder
2. aus fünf oder weniger Unternehmen besteht, die zusammen einen Marktanteil von zwei Dritteln erreichen.

(7) Die Vermutung des Absatzes 6 kann widerlegt werden, wenn die Unternehmen nachweisen, dass
1. die Wettbewerbsbedingungen zwischen ihnen wesentlichen Wettbewerb erwarten lassen oder
2. die Gesamtheit der Unternehmen im Verhältnis zu den übrigen Wettbewerbern keine überragende Marktstellung hat.

(8) Das Bundesministerium für Wirtschaft und Energie berichtet den gesetzgebenden Körperschaften nach Ablauf von drei Jahren nach Inkrafttreten der Regelungen in den Absätzen 2a und 3a über die Erfahrungen mit den Vorschriften.

### § 19[1)] Verbotenes Verhalten von marktbeherrschenden Unternehmen.

(1) Der Missbrauch einer marktbeherrschenden Stellung durch ein oder mehrere Unternehmen ist verboten.

(2) Ein Missbrauch liegt insbesondere vor, wenn ein marktbeherrschendes Unternehmen als Anbieter oder Nachfrager einer bestimmten Art von Waren oder gewerblichen Leistungen
1. ein anderes Unternehmen unmittelbar oder mittelbar unbillig behindert oder ohne sachlich gerechtfertigten Grund unmittelbar oder mittelbar anders behandelt als gleichartige Unternehmen;
2. Entgelte oder sonstige Geschäftsbedingungen fordert, die von denjenigen abweichen, die sich bei wirksamem Wettbewerb mit hoher Wahrscheinlichkeit ergeben würden; hierbei sind insbesondere die Verhaltensweisen von Unternehmen auf vergleichbaren Märkten mit wirksamem Wettbewerb zu berücksichtigen;
3. ungünstigere Entgelte oder sonstige Geschäftsbedingungen fordert, als sie das marktbeherrschende Unternehmen selbst auf vergleichbaren Märkten von gleichartigen Abnehmern fordert, es sei denn, dass der Unterschied sachlich gerechtfertigt ist;
4. sich weigert, ein anderes Unternehmen gegen angemessenes Entgelt mit einer solchen Ware oder gewerblichen Leistung zu beliefern, insbesondere ihm Zugang zu Daten, zu Netzen oder anderen Infrastruktureinrichtungen zu gewähren, und die Belieferung oder die Gewährung des Zugangs objektiv notwendig ist, um auf einem vor- oder nachgelagerten Markt tätig zu sein und die Weigerung den wirksamen Wettbewerb auf diesem Markt auszuschalten droht, es sei denn, die Weigerung ist sachlich gerechtfertigt;

---

[1)] § 19 Abs. 2 Nr. 5 neu gef., Abs. 3 Satz 1 geänd. mWv 9.6.2017 durch G v. 1.6.2017 (BGBl. I S. 1416); Abs. 1 geänd., Abs. 2 Nr. 4 neu gef. mWv 19.1.2021 durch G v. 18.1.2021 (BGBl. I S. 2).

5. andere Unternehmen dazu auffordert, ihm ohne sachlich gerechtfertigten Grund Vorteile zu gewähren; hierbei ist insbesondere zu berücksichtigen, ob die Aufforderung für das andere Unternehmen nachvollziehbar begründet ist und ob der geforderte Vorteil in einem angemessenen Verhältnis zum Grund der Forderung steht.

(3) [1] Absatz 1 in Verbindung mit Absatz 2 Nummer 1 und Nummer 5 gilt auch für Vereinigungen von miteinander im Wettbewerb stehenden Unternehmen im Sinne der §§ 2, 3 und 28 Absatz 1, § 30 Absatz 2a, 2b und § 31 Absatz 1 Nummer 1, 2 und 4. [2] Absatz 1 in Verbindung mit Absatz 2 Nummer 1 gilt auch für Unternehmen, die Preise nach § 28 Absatz 2 oder § 30 Absatz 1 Satz 1 oder § 31 Absatz 1 Nummer 3 binden.

**§ 19a[1)] Missbräuchliches Verhalten von Unternehmen mit überragender marktübergreifender Bedeutung für den Wettbewerb.** (1) [1] Das Bundeskartellamt kann durch Verfügung feststellen, dass einem Unternehmen, das in erheblichem Umfang auf Märkten im Sinne des § 18 Absatz 3a tätig ist, eine überragende marktübergreifende Bedeutung für den Wettbewerb zukommt. [2] Bei der Feststellung der überragenden marktübergreifenden Bedeutung eines Unternehmens für den Wettbewerb sind insbesondere zu berücksichtigen:

1. seine marktbeherrschende Stellung auf einem oder mehreren Märkten,
2. seine Finanzkraft oder sein Zugang zu sonstigen Ressourcen,
3. seine vertikale Integration und seine Tätigkeit auf in sonstiger Weise miteinander verbundenen Märkten,
4. sein Zugang zu wettbewerbsrelevanten Daten,
5. die Bedeutung seiner Tätigkeit für den Zugang Dritter zu Beschaffungs- und Absatzmärkten sowie sein damit verbundener Einfluss auf die Geschäftstätigkeit Dritter.

[3] Die Verfügung nach Satz 1 ist auf fünf Jahre nach Eintritt der Bestandskraft zu befristen.

(2) [1] Das Bundeskartellamt kann im Falle einer Feststellung nach Absatz 1 dem Unternehmen untersagen,

1. beim Vermitteln des Zugangs zu Beschaffungs- und Absatzmärkten die eigenen Angebote gegenüber denen von Wettbewerbern bevorzugt zu behandeln, insbesondere
   a) die eigenen Angebote bei der Darstellung zu bevorzugen;
   b) ausschließlich eigene Angebote auf Geräten vorzuinstallieren oder in anderer Weise in Angebote des Unternehmens zu integrieren;
2. Maßnahmen zu ergreifen, die andere Unternehmen in ihrer Geschäftstätigkeit auf Beschaffungs- oder Absatzmärkten behindern, wenn die Tätigkeit des Unternehmens für den Zugang zu diesen Märkten Bedeutung hat, insbesondere
   a) Maßnahmen zu ergreifen, die zu einer ausschließlichen Vorinstallation oder Integration von Angeboten des Unternehmens führen;
   b) andere Unternehmen daran zu hindern oder es ihnen zu erschweren, ihre eigenen Angebote zu bewerben oder Abnehmer auch über andere als die von dem Unternehmen bereitgestellten oder vermittelten Zugänge zu erreichen;

---

[1)] § 19a eingef. mWv 19.1.2021 durch G v. 18.1.2021 (BGBl. I S. 2).

3. Wettbewerber auf einem Markt, auf dem das Unternehmen seine Stellung, auch ohne marktbeherrschend zu sein, schnell ausbauen kann, unmittelbar oder mittelbar zu behindern, insbesondere
   a) die Nutzung eines Angebots des Unternehmens mit einer dafür nicht erforderlichen automatischen Nutzung eines weiteren Angebots des Unternehmens zu verbinden, ohne dem Nutzer des Angebots ausreichende Wahlmöglichkeiten hinsichtlich des Umstands und der Art und Weise der Nutzung des anderen Angebots einzuräumen;
   b) die Nutzung eines Angebots des Unternehmens von der Nutzung eines anderen Angebots des Unternehmens abhängig zu machen;
4. durch die Verarbeitung wettbewerbsrelevanter Daten, die das Unternehmen gesammelt hat, Marktzutrittsschranken zu errichten oder spürbar zu erhöhen, oder andere Unternehmen in sonstiger Weise zu behindern, oder Geschäftsbedingungen zu fordern, die eine solche Verarbeitung zulassen, insbesondere
   a) die Nutzung von Diensten davon abhängig zu machen, dass Nutzer der Verarbeitung von Daten aus anderen Diensten des Unternehmens oder eines Drittanbieters zustimmen, ohne den Nutzern eine ausreichende Wahlmöglichkeit hinsichtlich des Umstands, des Zwecks und der Art und Weise der Verarbeitung einzuräumen;
   b) von anderen Unternehmen erhaltene wettbewerbsrelevante Daten zu anderen als für die Erbringung der eigenen Dienste gegenüber diesen Unternehmen erforderlichen Zwecken zu verarbeiten, ohne diesen Unternehmen eine ausreichende Wahlmöglichkeit hinsichtlich des Umstands, des Zwecks und der Art und Weise der Verarbeitung einzuräumen;
5. die Interoperabilität von Produkten oder Leistungen oder die Portabilität von Daten zu verweigern oder zu erschweren und damit den Wettbewerb zu behindern;
6. andere Unternehmen unzureichend über den Umfang, die Qualität oder den Erfolg der erbrachten oder beauftragten Leistung zu informieren oder ihnen in anderer Weise eine Beurteilung des Wertes dieser Leistung zu erschweren;
7. für die Behandlung von Angeboten eines anderen Unternehmens Vorteile zu fordern, die in keinem angemessenen Verhältnis zum Grund der Forderung stehen, insbesondere
   a) für deren Darstellung die Übertragung von Daten oder Rechten zu fordern, die dafür nicht zwingend erforderlich sind;
   b) die Qualität der Darstellung dieser Angebote von der Übertragung von Daten oder Rechten abhängig zu machen, die hierzu in keinem angemessenen Verhältnis stehen.

[2] Dies gilt nicht, soweit die jeweilige Verhaltensweise sachlich gerechtfertigt ist. [3] Die Darlegungs- und Beweislast obliegt insoweit dem Unternehmen. [4] § 32 Absatz 2 und 3, die §§ 32a und 32b gelten entsprechend. [5] Die Verfügung nach Absatz 2 kann mit der Feststellung nach Absatz 1 verbunden werden.

(3) Die §§ 19 und 20 bleiben unberührt.

(4) Das Bundesministerium für Wirtschaft und Energie berichtet den gesetzgebenden Körperschaften nach Ablauf von vier Jahren nach Inkrafttreten der Regelungen in den Absätzen 1 und 2 über die Erfahrungen mit der Vorschrift.

**§ 20[1)] Verbotenes Verhalten von Unternehmen mit relativer oder überlegener Marktmacht.** (1) [1] § 19 Absatz 1 in Verbindung mit Absatz 2 Nummer 1 gilt auch für Unternehmen und Vereinigungen von Unternehmen, soweit von ihnen andere Unternehmen als Anbieter oder Nachfrager einer bestimmten Art von Waren oder gewerblichen Leistungen in der Weise abhängig sind, dass ausreichende und zumutbare Möglichkeiten, auf dritte Unternehmen auszuweichen, nicht bestehen und ein deutliches Ungleichgewicht zur Gegenmacht der anderen Unternehmen besteht (relative Marktmacht). [2] § 19 Absatz 1 in Verbindung mit Absatz 2 Nummer 1 gilt ferner auch für Unternehmen, die als Vermittler auf mehrseitigen Märkten tätig sind, soweit andere Unternehmen mit Blick auf den Zugang zu Beschaffungs- und Absatzmärkten von ihrer Vermittlungsleistung in der Weise abhängig sind, dass ausreichende und zumutbare Ausweichmöglichkeiten nicht bestehen. [3] Es wird vermutet, dass ein Anbieter einer bestimmten Art von Waren oder gewerblichen Leistungen von einem Nachfrager abhängig im Sinne des Satzes 1 ist, wenn dieser Nachfrager bei ihm zusätzlich zu den verkehrsüblichen Preisnachlässen oder sonstigen Leistungsentgelten regelmäßig besondere Vergünstigungen erlangt, die gleichartigen Nachfragern nicht gewährt werden.

(1a) [1] Eine Abhängigkeit nach Absatz 1 kann sich auch daraus ergeben, dass ein Unternehmen für die eigene Tätigkeit auf den Zugang zu Daten angewiesen ist, die von einem anderen Unternehmen kontrolliert werden. [2] Die Verweigerung des Zugangs zu solchen Daten gegen angemessenes Entgelt kann eine unbillige Behinderung nach Absatz 1 in Verbindung mit § 19 Absatz 1, Absatz 2 Nummer 1 darstellen. [3] Dies gilt auch dann, wenn ein Geschäftsverkehr für diese Daten bislang nicht eröffnet ist.

(2) § 19 Absatz 1 in Verbindung mit Absatz 2 Nummer 5 gilt auch für Unternehmen und Vereinigungen von Unternehmen im Verhältnis zu den von ihnen abhängigen Unternehmen.

(3) [1] Unternehmen mit gegenüber kleinen und mittleren Wettbewerbern überlegener Marktmacht dürfen ihre Marktmacht nicht dazu ausnutzen, solche Wettbewerber unmittelbar oder mittelbar unbillig zu behindern. [2] Eine unbillige Behinderung im Sinne des Satzes 1 liegt insbesondere vor, wenn ein Unternehmen

1. Lebensmittel im Sinne des Artikels 2 der Verordnung (EG) Nr. 178/2002[2)] des Europäischen Parlaments und des Rates zur Festlegung der allgemeinen Grundsätze und Anforderungen des Lebensmittelrechts, zur Errichtung der Europäischen Behörde für Lebensmittelsicherheit und zur Festlegung von Verfahren zur Lebensmittelsicherheit (ABl. L 31 vom 1.2.2002, S. 1), die zuletzt durch die Verordnung (EU) 2019/1381 (ABl. L 231 vom 6.9.2019, S. 1) geändert worden ist, unter Einstandspreis oder
2. andere Waren oder gewerbliche Leistungen nicht nur gelegentlich unter Einstandspreis oder
3. von kleinen oder mittleren Unternehmen, mit denen es auf dem nachgelagerten Markt beim Vertrieb von Waren oder gewerblichen Leistungen im Wettbewerb steht, für deren Lieferung einen höheren Preis fordert, als es selbst auf diesem Markt

---

1) § 20 Abs. 3 Satz 3 eingef., bish. Sätze 3 und 4 werden Sätze 4 und 5, Abs. 4 geänd. mWv 9.6.2017 durch G v. 1.6.2017 (BGBl. I S. 1416); Abs. 1 Satz 1 neu gef., Satz 2 eingef., bish. Satz 2 wird Satz 3, Abs. 1a und 3a eingef. mWv 19.1.2021 durch G v. 18.1.2021 (BGBl. I S. 2); Abs. 1a Satz 2 geänd. mWv 15.7.2021 durch G v. 9.7.2021 (BGBl. I S. 2506); Abs. 3 Satz 2 Nr. 1 geänd. mWv 10.8.2021 durch G v. 27.7.2021 (BGBl. I S. 3274).

2) **Sartorius ErgBd. Nr. 860.**

anbietet, es sei denn, dies ist jeweils sachlich gerechtfertigt. [3] Einstandspreis im Sinne des Satzes 2 ist der zwischen dem Unternehmen mit überlegener Marktmacht und seinem Lieferanten vereinbarte Preis für die Beschaffung der Ware oder Leistung, auf den allgemein gewährte und im Zeitpunkt des Angebots bereits mit hinreichender Sicherheit feststehende Bezugsvergünstigungen anteilig angerechnet werden, soweit nicht für bestimmte Waren oder Leistungen ausdrücklich etwas anderes vereinbart ist. [4] Das Anbieten von Lebensmitteln unter Einstandspreis ist sachlich gerechtfertigt, wenn es geeignet ist, den Verderb oder die drohende Unverkäuflichkeit der Waren beim Händler durch rechtzeitigen Verkauf zu verhindern sowie in vergleichbar schwerwiegenden Fällen. [5] Werden Lebensmittel an gemeinnützige Einrichtungen zur Verwendung im Rahmen ihrer Aufgaben abgegeben, liegt keine unbillige Behinderung vor.

(3a) Eine unbillige Behinderung im Sinne des Absatzes 3 Satz 1 liegt auch vor, wenn ein Unternehmen mit überlegener Marktmacht auf einem Markt im Sinne des § 18 Absatz 3a die eigenständige Erzielung von Netzwerkeffekten durch Wettbewerber behindert und hierdurch die ernstliche Gefahr begründet, dass der Leistungswettbewerb in nicht unerheblichem Maße eingeschränkt wird.

(4) Ergibt sich auf Grund bestimmter Tatsachen nach allgemeiner Erfahrung der Anschein, dass ein Unternehmen seine Marktmacht im Sinne des Absatzes 3 ausgenutzt hat, so obliegt es diesem Unternehmen, den Anschein zu widerlegen und solche anspruchsbegründenden Umstände aus seinem Geschäftsbereich aufzuklären, deren Aufklärung dem betroffenen Wettbewerber oder einem Verband nach § 33 Absatz 4 nicht möglich, dem in Anspruch genommenen Unternehmen aber leicht möglich und zumutbar ist.

(5) Wirtschafts- und Berufsvereinigungen sowie Gütezeichengemeinschaften dürfen die Aufnahme eines Unternehmens nicht ablehnen, wenn die Ablehnung eine sachlich nicht gerechtfertigte ungleiche Behandlung darstellen und zu einer unbilligen Benachteiligung des Unternehmens im Wettbewerb führen würde.

**§ 21[1)] Boykottverbot, Verbot sonstigen wettbewerbsbeschränkenden Verhaltens.** (1) Unternehmen und Vereinigungen von Unternehmen dürfen nicht ein anderes Unternehmen oder Vereinigungen von Unternehmen in der Absicht, bestimmte Unternehmen unbillig zu beeinträchtigen, zu Liefersperren oder Bezugssperren auffordern.

(2) Unternehmen und Vereinigungen von Unternehmen dürfen anderen Unternehmen keine Nachteile androhen oder zufügen und keine Vorteile versprechen oder gewähren, um sie zu einem Verhalten zu veranlassen, das nach folgenden Vorschriften nicht zum Gegenstand einer vertraglichen Bindung gemacht werden darf:

1. nach diesem Gesetz,
2. nach Artikel 101 oder 102 des Vertrages über die Arbeitsweise der Europäischen Union[2)] oder
3. nach einer Verfügung der Europäischen Kommission oder der Kartellbehörde, die auf Grund dieses Gesetzes oder auf Grund der Artikel 101 oder 102 des Vertrages über die Arbeitsweise der Europäischen Union[3)] ergangen ist.

[1)] *§ 21 Abs. 2 Nr. 3* ber. durch G v. 12.8.2013 (BGBl. I S. 3245); Abs. 3 Nr. 1 neu gef. mWv 9.6.2017 durch G v. 1.6.2017 (BGBl. I S. 1416).

[2)] Abgedruckt in Anm. zu § 22.

[3)] **Sartorius Nr. 1001.**

(3) Unternehmen und Vereinigungen von Unternehmen dürfen andere Unternehmen nicht zwingen,

1. einer Vereinbarung oder einem Beschluss im Sinne der §§ 2, 3, 28 Absatz 1 oder § 30 Absatz 2a oder Absatz 2b beizutreten oder
2. sich mit anderen Unternehmen im Sinne des § 37 zusammenzuschließen oder
3. in der Absicht, den Wettbewerb zu beschränken, sich im Markt gleichförmig zu verhalten.

*(Fortsetzung nächstes Blatt)*

(4) Es ist verboten, einem Anderen wirtschaftlichen Nachteil zuzufügen, weil dieser ein Einschreiten der Kartellbehörde beantragt oder angeregt hat.

## Kapitel 3.[1] Anwendung des europäischen Wettbewerbsrechts

**§ 22[2] Verhältnis dieses Gesetzes zu den Artikeln 101 und 102 des Vertrages über die Arbeitsweise der Europäischen Union.** (1) [1] Auf Vereinbarungen zwischen Unternehmen, Beschlüsse von Unternehmensvereinigungen und aufeinander abgestimmte Verhaltensweisen im Sinne des Artikels 101 Absatz 1 des Vertrages über die Arbeitsweise der Europäischen Union[3], die den Handel zwischen den Mitgliedstaaten der Europäischen Union im Sinne dieser Bestimmung beeinträchtigen können, können auch die Vorschriften dieses Gesetzes angewandt werden. [2] Ist dies der Fall, ist daneben gemäß Artikel 3 Absatz 1 Satz 1 der Verordnung (EG) Nr. 1/2003 des Rates vom 16. Dezember 2002 zur Durchführung der in den Artikeln 81 und 82 des Vertrages niedergelegten Wettbewerbsregeln (ABl. EG 2003 Nr. L 1 S. 1) auch Artikel 101 des Vertrages über die Arbeitsweise der Europäischen Union anzuwenden.

(2) [1] Die Anwendung der Vorschriften dieses Gesetzes darf gemäß Artikel 3 Absatz 2 Satz 1 der Verordnung (EG) Nr. 1/2003 nicht zum Verbot von Vereinbarungen zwischen Unternehmen, Beschlüssen von Unternehmensvereinigungen und aufeinander abgestimmten Verhaltensweisen führen, welche zwar den Handel zwischen den Mitgliedstaaten der Europäischen Union zu beeinträchtigen geeignet sind, aber

1. den Wettbewerb im Sinne des Artikels 101 Absatz 1 des Vertrages über die Arbeitsweise der Europäischen Union nicht beschränken oder
2. die Bedingungen des Artikels 101 Absatz 3 des Vertrages über die Arbeitsweise der Europäischen Union erfüllen oder

---

[1] Kapitel 3 Überschrift neu gef. mWv 9.6.2017 durch G v. 1.6.2017 (BGBl. I S. 1416).

[2] § 22 Abs. 2 Satz 2 geänd. mWv 9.6.2017 durch G v. 1.6.2017 (BGBl. I S. 1416).

[3] Art. 101 Vertrag über die Arbeitsweise der Europäischen Union **(Sartorius Nr. 1001)** lautet:

„**Art. 101 [Kartellverbot]** (1) Mit dem Binnenmarkt unvereinbar und verboten sind alle Vereinbarungen zwischen Unternehmen, Beschlüsse von Unternehmensvereinigungen und aufeinander abgestimmte Verhaltensweisen, welche den Handel zwischen Mitgliedstaaten zu beeinträchtigen geeignet sind und eine Verhinderung, Einschränkung oder Verfälschung des Wettbewerbs innerhalb des Binnenmarkts bezwecken oder bewirken, insbesondere

a) die unmittelbare oder mittelbare Festsetzung der An- oder Verkaufspreise oder sonstiger Geschäftsbedingungen;
b) die Einschränkung oder Kontrolle der Erzeugung, des Absatzes, der technischen Entwicklung oder der Investitionen;
c) die Aufteilung der Märkte oder Versorgungsquellen;
d) die Anwendung unterschiedlicher Bedingungen bei gleichwertigen Leistungen gegenüber Handelspartnern, wodurch diese im Wettbewerb benachteiligt werden;
e) die an den Abschluss von Verträgen geknüpfte Bedingung, dass die Vertragspartner zusätzliche Leistungen annehmen, die weder sachlich noch nach Handelsbrauch in Beziehung zum Vertragsgegenstand stehen.

(2) Die nach diesem Artikel verbotenen Vereinbarungen oder Beschlüsse sind nichtig.

(3) Die Bestimmungen des Absatzes 1 können für nicht anwendbar erklärt werden auf

– Vereinbarungen oder Gruppen von Vereinbarungen zwischen Unternehmen,
– Beschlüsse oder Gruppen von Beschlüssen von Unternehmensvereinigungen,
– aufeinander abgestimmte Verhaltensweisen oder Gruppen von solchen,

die unter angemessener Beteiligung der Verbraucher an dem entstehenden Gewinn zur Verbesserung der Warenerzeugung oder -verteilung oder zur Förderung des technischen oder wirtschaftlichen Fortschritts beitragen, ohne dass den beteiligten Unternehmen

a) Beschränkungen auferlegt werden, die für die Verwirklichung dieser Ziele nicht unerlässlich sind, oder
b) Möglichkeiten eröffnet werden, für einen wesentlichen Teil der betreffenden Waren den Wettbewerb auszuschalten."

3. durch eine Verordnung zur Anwendung des Artikels 101 Absatz 3 des Vertrages über die Arbeitsweise der Europäischen Union erfasst sind.

[2] Die Vorschriften des Kapitels 2 bleiben unberührt. [3] In anderen Fällen richtet sich der Vorrang von Artikel 101 des Vertrages über die Arbeitsweise der Europäischen Union nach dem insoweit maßgeblichen Recht der Europäischen Union.

(3) [1] Auf Handlungen, die einen nach Artikel 102 des Vertrages über die Arbeitsweise der Europäischen Union[1)] verbotenen Missbrauch darstellen, können auch die Vorschriften dieses Gesetzes angewandt werden. [2] Ist dies der Fall, ist daneben gemäß Artikel 3 Absatz 1 Satz 2 der Verordnung (EG) Nr. 1/2003 auch Artikel 102 des Vertrages über die Arbeitsweise der Europäischen Union[2)] anzuwenden. [3] Die Anwendung weitergehender Vorschriften dieses Gesetzes bleibt unberührt.

(4) [1] Die Absätze 1 bis 3 gelten unbeschadet des Rechts der Europäischen Union nicht, soweit die Vorschriften über die Zusammenschlusskontrolle angewandt werden. [2] Vorschriften, die überwiegend ein von den Artikeln 101 und 102 des Vertrages über die Arbeitsweise der Europäischen Union abweichendes Ziel verfolgen, bleiben von den Vorschriften dieses Abschnitts unberührt.

**§ 23** (weggefallen)

## Kapitel 4.[3)] Wettbewerbsregeln

**§ 24 Begriff, Antrag auf Anerkennung.** (1) Wirtschafts- und Berufsvereinigungen können für ihren Bereich Wettbewerbsregeln aufstellen.

(2) Wettbewerbsregeln sind Bestimmungen, die das Verhalten von Unternehmen im Wettbewerb regeln zu dem Zweck, einem den Grundsätzen des lauteren oder der Wirksamkeit eines leistungsgerechten Wettbewerbs zuwiderlaufenden Verhalten im Wettbewerb entgegenzuwirken und ein diesen Grundsätzen entsprechendes Verhalten im Wettbewerb anzuregen.

(3) Wirtschafts- und Berufsvereinigungen können bei der Kartellbehörde die Anerkennung von Wettbewerbsregeln beantragen.

(4) [1] Der Antrag auf Anerkennung von Wettbewerbsregeln hat zu enthalten:
1. Name, Rechtsform und Anschrift der Wirtschafts- oder Berufsvereinigung;
2. Name und Anschrift der Person, die sie vertritt;
3. die Angabe des sachlichen und örtlichen Anwendungsbereichs der Wettbewerbsregeln;

---

[1)] Art. 102 Vertrag über die Arbeitsweise der Europäischen Union **(Sartorius Nr. 1001)** lautet:
„**Art. 102 [Missbrauch einer marktbeherrschenden Stellung]** Mit dem Binnenmarkt unvereinbar und verboten ist die missbräuchliche Ausnutzung einer beherrschenden Stellung auf dem Binnenmarkt oder auf einem wesentlichen Teil desselben durch ein oder mehrere Unternehmen, soweit dies dazu führen kann, den Handel zwischen Mitgliedstaaten zu beeinträchtigen.

Dieser Missbrauch kann insbesondere in Folgendem bestehen:
a) der unmittelbaren oder mittelbaren Erzwingung von unangemessenen Einkaufs- oder Verkaufspreisen oder sonstigen Geschäftsbedingungen;
b) der Einschränkung der Erzeugung, des Absatzes oder der technischen Entwicklung zum Schaden der Verbraucher;
c) der Anwendung unterschiedlicher Bedingungen bei gleichwertigen Leistungen gegenüber Handelspartnern, wodurch diese im Wettbewerb benachteiligt werden;
d) der an den Abschluss von Verträgen geknüpften Bedingung, dass die Vertragspartner zusätzliche Leistungen annehmen, die weder sachlich noch nach Handelsbrauch in Beziehung zum Vertragsgegenstand stehen."

[2)] **Sartorius Nr. 1001.**

[3)] Kapitel 4 Überschrift neu gef. mWv 9.6.2017 durch G v. 1.6.2017 (BGBl. I S. 1416).

4. den Wortlaut der Wettbewerbsregeln.

[2] Dem Antrag sind beizufügen:

1. die Satzung der Wirtschafts- oder Berufsvereinigung;
2. der Nachweis, dass die Wettbewerbsregeln satzungsmäßig aufgestellt sind;
3. eine Aufstellung von außenstehenden Wirtschafts- oder Berufsvereinigungen und Unternehmen der gleichen Wirtschaftsstufe sowie der Lieferanten- und Abnehmervereinigungen und der Bundesorganisationen der beteiligten Wirtschaftsstufen des betreffenden Wirtschaftszweiges.

[3] In dem Antrag dürfen keine unrichtigen oder unvollständigen Angaben gemacht oder benutzt werden, um für den Antragsteller oder einen anderen die Anerkennung einer Wettbewerbsregel zu erschleichen.

(5) Änderungen und Ergänzungen anerkannter Wettbewerbsregeln sind der Kartellbehörde mitzuteilen.

**§ 25 Stellungnahme Dritter.** [1] Die Kartellbehörde hat nichtbeteiligten Unternehmen der gleichen Wirtschaftsstufe, Wirtschafts- und Berufsvereinigungen der durch die Wettbewerbsregeln betroffenen Lieferanten und Abnehmer sowie den Bundesorganisationen der beteiligten Wirtschaftsstufen Gelegenheit zur Stellungnahme zu geben. [2] Gleiches gilt für Verbraucherzentralen und andere Verbraucherverbände, die mit öffentlichen Mitteln gefördert werden, wenn die Interessen der Verbraucher erheblich berührt sind. [3] Die Kartellbehörde kann eine öffentliche mündliche Verhandlung über den Antrag auf Anerkennung durchführen, in der es jedermann freisteht, Einwendungen gegen die Anerkennung zu erheben.

**§ 26[1)] Anerkennung.** (1) [1] Die Anerkennung erfolgt durch Verfügung der Kartellbehörde. [2] Sie hat zum Inhalt, dass die Kartellbehörde von den ihr nach Kapitel 6 zustehenden Befugnissen keinen Gebrauch machen wird.

(2) Soweit eine Wettbewerbsregel gegen das Verbot des § 1 verstößt und nicht nach den §§ 2 und 3 freigestellt ist oder andere Bestimmungen dieses Gesetzes, des Gesetzes gegen den unlauteren Wettbewerb[2)] oder eine andere Rechtsvorschrift verletzt, hat die Kartellbehörde den Antrag auf Anerkennung abzulehnen.

(3) Wirtschafts- und Berufsvereinigungen haben die Außerkraftsetzung von ihnen aufgestellter, anerkannter Wettbewerbsregeln der Kartellbehörde mitzuteilen.

(4) Die Kartellbehörde hat die Anerkennung zurückzunehmen oder zu widerrufen, wenn sie nachträglich feststellt, dass die Voraussetzungen für die Ablehnung der Anerkennung nach Absatz 2 vorliegen.

**§ 27 Veröffentlichung von Wettbewerbsregeln, Bekanntmachungen.**

(1) Anerkannte Wettbewerbsregeln sind im Bundesanzeiger zu veröffentlichen.

(2) Im Bundesanzeiger sind bekannt zu machen

1. die Anträge nach § 24 Absatz 3;
2. die Anberaumung von Terminen zur mündlichen Verhandlung nach § 25 Satz 3;
3. die Anerkennung von Wettbewerbsregeln, ihrer Änderungen und Ergänzungen;

---

[1)] § 26 Abs. 1 Satz 2 geänd. mWv 9.6.2017 durch G v. 1.6.2017 (BGBl. I S. 1416).
[2)] Nr. 73.

4. die Ablehnung der Anerkennung nach § 26 Absatz 2, die Rücknahme oder der Widerruf der Anerkennung von Wettbewerbsregeln nach § 26 Absatz 4.

(3) Mit der Bekanntmachung der Anträge nach Absatz 2 Nummer 1 ist darauf hinzuweisen, dass die Wettbewerbsregeln, deren Anerkennung beantragt ist, bei der Kartellbehörde zur öffentlichen Einsichtnahme ausgelegt sind.

(4) Soweit die Anträge nach Absatz 2 Nummer 1 zur Anerkennung führen, genügt für die Bekanntmachung der Anerkennung eine Bezugnahme auf die Bekanntmachung der Anträge.

(5) Die Kartellbehörde erteilt zu anerkannten Wettbewerbsregeln, die nicht nach Absatz 1 veröffentlicht worden sind, auf Anfrage Auskunft über die Angaben nach § 24 Absatz 4 Satz 1.

### Kapitel 5.[1] Sonderregeln für bestimmte Wirtschaftsbereiche

**§ 28 Landwirtschaft.** (1) [1] § 1 gilt nicht für Vereinbarungen von landwirtschaftlichen Erzeugerbetrieben sowie für Vereinbarungen und Beschlüsse von Vereinigungen von landwirtschaftlichen Erzeugerbetrieben und Vereinigungen von solchen Erzeugervereinigungen über

1. die Erzeugung oder den Absatz landwirtschaftlicher Erzeugnisse oder
2. die Benutzung gemeinschaftlicher Einrichtungen für die Lagerung, Be- oder Verarbeitung landwirtschaftlicher Erzeugnisse,

sofern sie keine Preisbindung enthalten und den Wettbewerb nicht ausschließen. [2] Als landwirtschaftliche Erzeugerbetriebe gelten auch Pflanzen- und Tierzuchtbetriebe und die auf der Stufe dieser Betriebe tätigen Unternehmen.

(2) Für vertikale Preisbindungen, die die Sortierung, Kennzeichnung oder Verpackung von landwirtschaftlichen Erzeugnissen betreffen, gilt § 1 nicht.

(3) Landwirtschaftliche Erzeugnisse sind die in Anhang I des Vertrages über die Arbeitsweise der Europäischen Union[2] aufgeführten Erzeugnisse sowie die durch Be- oder Verarbeitung dieser Erzeugnisse gewonnenen Waren, deren Be- oder Verarbeitung durch landwirtschaftliche Erzeugerbetriebe oder ihre Vereinigungen durchgeführt zu werden pflegt.

**§ 29[3] Energiewirtschaft.** [1] Einem Unternehmen ist es verboten, als Anbieter von Elektrizität, Fernwärme oder leitungsgebundenem Gas (Versorgungsunternehmen) auf einem Markt, auf dem es allein oder zusammen mit anderen Versorgungsunternehmen eine marktbeherrschende Stellung hat, diese Stellung missbräuchlich auszunutzen, indem es

1. Entgelte oder sonstige Geschäftsbedingungen fordert, die ungünstiger sind als diejenigen anderer Versorgungsunternehmen oder von Unternehmen auf vergleichbaren Märkten, es sei denn, das Versorgungsunternehmen weist nach, dass die Abweichung sachlich gerechtfertigt ist, wobei die Umkehr der Darlegungs- und Beweislast nur in Verfahren vor den Kartellbehörden gilt, oder
2. Entgelte fordert, die die Kosten in unangemessener Weise überschreiten.

[2] Kosten, die sich ihrem Umfang nach im Wettbewerb nicht einstellen würden, dürfen bei der Feststellung eines Missbrauchs im Sinne des Satzes 1 nicht berücksichtigt werden. [3] Die §§ 19 und 20 bleiben unberührt.

---

[1] Kapitel 5 Überschrift neu gef. mWv 9.6.2017 durch G v. 1.6.2017 (BGBl. I S. 1416).
[2] **Sartorius Nr. 1001.**
[3] § 29 Satz 1 einl. Satzteil geänd. mWv 29.7.2022 durch G v. 19.7.2022 (BGBl. I S. 1214).

**§ 30**[1] **Presse**[2]**.** (1) [1] § 1 gilt nicht für vertikale Preisbindungen, durch die ein Unternehmen, das Zeitungen oder Zeitschriften herstellt, die Abnehmer dieser Erzeugnisse rechtlich oder wirtschaftlich bindet, bei der Weiterveräußerung bestimmte Preise zu vereinbaren oder ihren Abnehmern die gleiche Bindung bis zur Weiterveräußerung an den letzten Verbraucher aufzuerlegen. [2] Zu Zeitungen und Zeitschriften zählen auch Produkte, die Zeitungen oder Zeitschriften reproduzieren oder substituieren und bei Würdigung der Gesamtumstände als überwiegend verlagstypisch anzusehen sind, sowie kombinierte Produkte, bei denen eine Zeitung oder eine Zeitschrift im Vordergrund steht.

(2) [1] Vereinbarungen der in Absatz 1 bezeichneten Art sind, soweit sie Preise und Preisbestandteile betreffen, schriftlich abzufassen. [2] Es genügt, wenn die Beteiligten Urkunden unterzeichnen, die auf eine Preisliste oder auf Preismitteilungen Bezug nehmen. [3] § 126 Absatz 2 des Bürgerlichen Gesetzbuchs[3] findet keine Anwendung.

(2a) [1] § 1 gilt nicht für Branchenvereinbarungen zwischen Vereinigungen von Unternehmen, die nach Absatz 1 Preise für Zeitungen oder Zeitschriften binden (Presseverlage), einerseits und Vereinigungen von deren Abnehmern, die im Preis gebundene Zeitungen und Zeitschriften mit Remissionsrecht beziehen und mit Remissionsrecht an Letztveräußerer verkaufen (Presse-Grossisten), andererseits für die von diesen Vereinigungen jeweils vertretenen Unternehmen, soweit in diesen Branchenvereinbarungen der flächendeckende und diskriminierungsfreie Vertrieb von Zeitungs- und Zeitschriftensortimenten durch die Presse-Grossisten, insbesondere dessen Voraussetzungen und dessen Vergütungen sowie die dadurch abgegoltenen Leistungen geregelt sind. [2] Insoweit sind die in Satz 1 genannten Vereinigungen und die von ihnen jeweils vertretenen Presseverlage und Presse-Grossisten zur Sicherstellung eines flächendeckenden und diskriminierungsfreien Vertriebs von Zeitungen und Zeitschriften im stationären Einzelhandel im Sinne von Artikel 106 Absatz 2 des Vertrages über die Arbeitsweise der Europäischen Union[4] mit Dienstleistungen von allgemeinem wirtschaftlichem Interesse betraut. [3] Die §§ 19 und 20 bleiben unberührt.

(2b) [1] § 1 gilt nicht für Vereinbarungen zwischen Zeitungs- oder Zeitschriftenverlagen über eine verlagswirtschaftliche Zusammenarbeit, soweit die Vereinbarung den Beteiligten ermöglicht, ihre wirtschaftliche Basis für den intermedialen Wettbewerb zu stärken. [2] Satz 1 gilt nicht für eine Zusammenarbeit im redaktionellen Bereich. [3] Die Unternehmen haben auf Antrag einen Anspruch auf eine Entscheidung der Kartellbehörde nach § 32c, wenn

1. bei einer Vereinbarung nach Satz 1 die Voraussetzungen für ein Verbot nach Artikel 101 Absatz 1 des Vertrages über die Arbeitsweise der Europäischen Union[5] nach den der Kartellbehörde vorliegenden Erkenntnissen nicht gegeben sind und
2. die Antragsteller ein erhebliches rechtliches und wirtschaftliches Interesse an dieser Entscheidung haben.

[4] Die §§ 19 und 20 bleiben unberührt.

---

[1] § 30 Überschrift neu gef., Abs. 2b eingef., Abs. 3 Satz 2 geänd., Abs. 4 angef. mWv 9.6.2017 durch G v. 1.6.2017 (BGBl. I S. 1416).

[2] Beachte hierzu auch G über die Preisbindung für Bücher (Buchpreisbindungsgesetz) **(Habersack, Deutsche Gesetze ErgBd. Nr. 66a)**.

[3] Nr. **20**.

[4] **Sartorius Nr. 1001.**

[5] Abgedruckt in Anm. zu § 22.

(3) [1] Das Bundeskartellamt kann von Amts wegen oder auf Antrag eines gebundenen Abnehmers die Preisbindung für unwirksam erklären und die Anwendung einer neuen gleichartigen Preisbindung verbieten, wenn

1. die Preisbindung missbräuchlich gehandhabt wird oder
2. die Preisbindung oder ihre Verbindung mit anderen Wettbewerbsbeschränkungen geeignet ist, die gebundenen Waren zu verteuern oder ein Sinken ihrer Preise zu verhindern oder ihre Erzeugung oder ihren Absatz zu beschränken.

[2] Soweit eine Branchenvereinbarung nach Absatz 2a oder eine Vereinbarung nach Absatz 2b einen Missbrauch der Freistellung darstellt, kann das Bundeskartellamt diese ganz oder teilweise für unwirksam erklären.

(4) Das Bundesministerium für Wirtschaft und Energie berichtet den gesetzgebenden Körperschaften nach Ablauf von fünf Jahren nach Inkrafttreten der Regelung in den Absätzen 2b und 3 Satz 2 über die Erfahrungen mit der Vorschrift.

**§ 31 Verträge der Wasserwirtschaft.** (1) Das Verbot wettbewerbsbeschränkender Vereinbarungen nach § 1 gilt nicht für Verträge von Unternehmen der öffentlichen Versorgung mit Wasser (Wasserversorgungsunternehmen) mit

1. anderen Wasserversorgungsunternehmen oder mit Gebietskörperschaften, soweit sich damit ein Vertragsbeteiligter verpflichtet, in einem bestimmten Gebiet eine öffentliche Wasserversorgung über feste Leitungswege zu unterlassen;
2. Gebietskörperschaften, soweit sich damit eine Gebietskörperschaft verpflichtet, die Verlegung und den Betrieb von Leitungen auf oder unter öffentlichen Wegen für eine bestehende oder beabsichtigte unmittelbare öffentliche Wasserversorgung von Letztverbrauchern im Gebiet der Gebietskörperschaft ausschließlich einem Versorgungsunternehmen zu gestatten;
3. Wasserversorgungsunternehmen der Verteilungsstufe, soweit sich damit ein Wasserversorgungsunternehmen der Verteilungsstufe verpflichtet, seine Abnehmer mit Wasser über feste Leitungswege nicht zu ungünstigeren Preisen oder Bedingungen zu versorgen, als sie das zuliefernde Wasserversorgungsunternehmen seinen vergleichbaren Abnehmern gewährt;
4. anderen Wasserversorgungsunternehmen, soweit sie zu dem Zweck abgeschlossen sind, bestimmte Versorgungsleistungen über feste Leitungswege einem oder mehreren Versorgungsunternehmen ausschließlich zur Durchführung der öffentlichen Versorgung zur Verfügung zu stellen.

(2) Verträge nach Absatz 1 sowie ihre Änderungen und Ergänzungen bedürfen der Schriftform.

(3) Durch Verträge nach Absatz 1 oder die Art ihrer Durchführung darf die durch die Freistellung von den Vorschriften dieses Gesetzes erlangte Stellung im Markt nicht missbraucht werden.

(4) Ein Missbrauch liegt insbesondere vor, wenn

1. das Marktverhalten eines Wasserversorgungsunternehmens den Grundsätzen zuwiderläuft, die für das Marktverhalten von Unternehmen bei wirksamem Wettbewerb bestimmend sind, oder
2. ein Wasserversorgungsunternehmen von seinen Abnehmern ungünstigere Preise oder Geschäftsbedingungen fordert als gleichartige Wasserversorgungsunternehmen, es sei denn, das Wasserversorgungsunternehmen weist nach, dass der Unterschied auf abweichenden Umständen beruht, die ihm nicht zurechenbar sind, oder

3. ein Wasserversorgungsunternehmen Entgelte fordert, die die Kosten in unangemessener Weise überschreiten; anzuerkennen sind die Kosten, die bei einer rationellen Betriebsführung anfallen.

(5) Ein Missbrauch liegt nicht vor, wenn ein Wasserversorgungsunternehmen sich insbesondere aus technischen oder hygienischen Gründen weigert, mit einem anderen Unternehmen Verträge über die Einspeisung von Wasser in sein Versorgungsnetz abzuschließen, und eine damit verbundene Entnahme (Durchleitung) verweigert.

**§ 31a Wasserwirtschaft, Meldepflicht.** (1) [1] Verträge nach § 31 Absatz 1 Nummer 1, 2 und 4 sowie ihre Änderungen und Ergänzungen bedürfen zu ihrer Wirksamkeit der vollständigen Anmeldung bei der Kartellbehörde. [2] Bei der Anmeldung sind für jedes beteiligte Unternehmen anzugeben:

1. Firma oder sonstige Bezeichnung,
2. Ort der Niederlassung oder Sitz,
3. Rechtsform und Anschrift sowie
4. Name und Anschrift des bestellten Vertreters oder des sonstigen Bevollmächtigten, bei juristischen Personen des gesetzlichen Vertreters.

(2) Die Beendigung oder Aufhebung der in § 31 Absatz 1 Nummer 1, 2 und 4 genannten Verträge ist der Kartellbehörde mitzuteilen.

**§ 31b[1)] Wasserwirtschaft, Aufgaben und Befugnisse der Kartellbehörde, Sanktionen.** (1) Die Kartellbehörde erteilt zu den nach § 31 Absatz 1 Nummer 1, 2 und 4 freigestellten Verträgen auf Anfrage Auskunft über

1. Angaben nach § 31a und
2. den wesentlichen Inhalt der Verträge und Beschlüsse, insbesondere Angaben über den Zweck, über die beabsichtigten Maßnahmen und über Geltungsdauer, Kündigung, Rücktritt und Austritt.

(2) Die Kartellbehörde erlässt Verfügungen nach diesem Gesetz, die die öffentliche Versorgung mit Wasser über feste Leitungswege betreffen, im Benehmen mit der Fachaufsichtsbehörde.

(3) Die Kartellbehörde kann in Fällen des Missbrauchs nach § 31 Absatz 4

1. die beteiligten Unternehmen verpflichten, einen beanstandeten Missbrauch abzustellen,
2. die beteiligten Unternehmen verpflichten, die Verträge oder Beschlüsse zu ändern, oder
3. die Verträge und Beschlüsse für unwirksam erklären.

(4) Bei einer Entscheidung über eine Maßnahme nach Absatz 3 berücksichtigt die Kartellbehörde Sinn und Zweck der Freistellung und insbesondere das Ziel einer möglichst sicheren und preisgünstigen Versorgung.

(5) Absatz 3 gilt entsprechend, soweit ein Wasserversorgungsunternehmen eine marktbeherrschende Stellung innehat.

(6) § 19 bleibt unberührt.

---

[1)] § 31b Abs. 3 einl. Satzteil geänd. mWv 15.7.2021 durch G v. 9.7.2021 (BGBl. I S. 2506).

## Kapitel 6.[1] Befugnisse der Kartellbehörden, Schadensersatz und Vorteilsabschöpfung

### Abschnitt 1.[2] Befugnisse der Kartellbehörden

**§ 32[3] Abstellung und nachträgliche Feststellung von Zuwiderhandlungen.** (1) Die Kartellbehörde kann Unternehmen oder Vereinigungen von Unternehmen verpflichten, eine Zuwiderhandlung gegen eine Vorschrift dieses Teils oder gegen Artikel 101 oder 102 des Vertrages über die Arbeitsweise der Europäischen Union[4] abzustellen.

(2) [1] Sie kann ihnen hierzu alle erforderlichen Abhilfemaßnahmen verhaltensorientierter oder struktureller Art vorschreiben, die gegenüber der festgestellten Zuwiderhandlung verhältnismäßig und für eine wirksame Abstellung der Zuwiderhandlung erforderlich sind. [2] Abhilfemaßnahmen struktureller Art können nur in Ermangelung einer verhaltensorientierten Abhilfemaßnahme von gleicher Wirksamkeit festgelegt werden, oder wenn letztere im Vergleich zu Abhilfemaßnahmen struktureller Art mit einer größeren Belastung für die beteiligten Unternehmen verbunden wäre.

(2a) [1] In der Abstellungsverfügung kann die Kartellbehörde eine Rückerstattung der aus dem kartellrechtswidrigen Verhalten erwirtschafteten Vorteile anordnen. [2] Die in den erwirtschafteten Vorteilen enthaltenen Zinsvorteile können geschätzt werden. [3] Nach Ablauf der in der Abstellungsverfügung bestimmten Frist für die Rückerstattung sind die bis zu diesem Zeitpunkt erwirtschafteten Vorteile entsprechend § 288 Absatz 1 Satz 2 und § 289 Satz 1 des Bürgerlichen Gesetzbuchs[5] zu verzinsen.

(3) Soweit ein berechtigtes Interesse besteht, kann die Kartellbehörde auch eine Zuwiderhandlung feststellen, nachdem diese beendet ist.

**§ 32a[6] Einstweilige Maßnahmen.** (1) [1] Die Kartellbehörde kann von Amts wegen einstweilige Maßnahmen anordnen, wenn eine Zuwiderhandlung im Sinne des § 32 Absatz 1 überwiegend wahrscheinlich erscheint und die einstweilige Maßnahme zum Schutz des Wettbewerbs oder aufgrund einer unmittelbar drohenden, schwerwiegenden Beeinträchtigung eines anderen Unternehmens geboten ist. [2] Dies gilt nicht, sofern das betroffene Unternehmen Tatsachen glaubhaft macht, nach denen die Anordnung eine unbillige, nicht durch überwiegende öffentliche Interessen gebotene Härte zur Folge hätte.

(2) [1] Die Anordnung gemäß Absatz 1 ist zu befristen. [2] Die Frist kann verlängert werden. [3] Sie soll insgesamt ein Jahr nicht überschreiten.

**§ 32b Verpflichtungszusagen.** (1) [1] Bieten Unternehmen im Rahmen eines Verfahrens nach § 30 Absatz 3, § 31b Absatz 3 oder § 32 an, Verpflichtungen einzugehen, die geeignet sind, die ihnen von der Kartellbehörde nach vorläufiger Beurteilung mitgeteilten Bedenken auszuräumen, so kann die Kartellbehörde für diese Unternehmen die Verpflichtungszusagen durch Verfügung für bindend erklären. [2] Die Verfügung hat zum Inhalt, dass die Kartellbehörde vorbehaltlich des

---

[1] Kapitel 6 Überschrift neu gef. mWv 9.6.2017 durch G v. 1.6.2017 (BGBl. I S. 1416).
[2] Kapitel 6 Abschnitt 1 Überschrift eingef. mWv 9.6.2017 durch G v. 1.6.2017 (BGBl. I S. 1416).
[3] § 32 Abs. 1 geänd. mWv 9.6.2017 durch G v. 1.6.2017 (BGBl. I S. 1416).
[4] Abgedruckt in Anm. zu § 22.
[5] Nr. **20**.
[6] § 32a Abs. 1 neu gef. mWv 19.1.2021 durch G v. 18.1.2021 (BGBl. I S. 2).

Absatzes 2 von ihren Befugnissen nach den § 30 Absatz 3, § 31b Absatz 3, §§ 32 und 32a keinen Gebrauch machen wird. [3] Sie kann befristet werden.

(2) Die Kartellbehörde kann die Verfügung nach Absatz 1 aufheben und das Verfahren wieder aufnehmen, wenn

1. sich die tatsächlichen Verhältnisse in einem für die Verfügung wesentlichen Punkt nachträglich geändert haben,
2. die beteiligten Unternehmen ihre Verpflichtungen nicht einhalten oder
3. die Verfügung auf unvollständigen, unrichtigen oder irreführenden Angaben der Parteien beruht.

**§ 32c[1)] Kein Anlass zum Tätigwerden.** (1) [1] Sind die Voraussetzungen für ein Verbot nach den §§ 1, 19 bis 21 und 29, nach Artikel 101 Absatz 1 oder Artikel 102 des Vertrages über die Arbeitsweise der Europäischen Union[2)] nach den der Kartellbehörde vorliegenden Erkenntnissen nicht gegeben, so kann sie entscheiden, dass für sie kein Anlass besteht, tätig zu werden. [2] Die Entscheidung hat zum Inhalt, dass die Kartellbehörde vorbehaltlich neuer Erkenntnisse von ihren Befugnissen nach den §§ 32 und 32a keinen Gebrauch machen wird. [3] Sie hat keine Freistellung von einem Verbot im Sinne des Satzes 1 zum Inhalt.

(2) Unabhängig von den Voraussetzungen nach Absatz 1 kann die Kartellbehörde auch mitteilen, dass sie im Rahmen ihres Aufgreifermessens von der Einleitung eines Verfahrens absieht.

(3) Das Bundeskartellamt kann allgemeine Verwaltungsgrundsätze über die Ausübung seines nach Absatz 1 und 2 bestehenden Ermessens festlegen.

(4) [1] Unternehmen oder Unternehmensvereinigungen haben auf Antrag gegenüber dem Bundeskartellamt einen Anspruch auf eine Entscheidung nach Absatz 1, wenn im Hinblick auf eine Zusammenarbeit mit Wettbewerbern ein erhebliches rechtliches und wirtschaftliches Interesse an einer solchen Entscheidung besteht. [2] Das Bundeskartellamt soll innerhalb von sechs Monaten über einen Antrag nach Satz 1 entscheiden.

**§ 32d Entzug der Freistellung.** Haben Vereinbarungen, Beschlüsse von Unternehmensvereinigungen oder aufeinander abgestimmte Verhaltensweisen, die unter eine Gruppenfreistellungsverordnung fallen, in einem Einzelfall Wirkungen, die mit § 2 Absatz 1 oder mit Artikel 101 Absatz 3 des Vertrages über die Arbeitsweise der Europäischen Union[2)] unvereinbar sind und auf einem Gebiet im Inland auftreten, das alle Merkmale eines gesonderten räumlichen Marktes aufweist, so kann die Kartellbehörde den Rechtsvorteil der Gruppenfreistellung in diesem Gebiet entziehen.

**§ 32e[3)] Untersuchungen einzelner Wirtschaftszweige und einzelner Arten von Vereinbarungen.** (1) Lassen starre Preise oder andere Umstände vermuten, *dass der Wettbewerb im Inland* möglicherweise eingeschränkt oder verfälscht ist, können das Bundeskartellamt und die obersten Landesbehörden die Untersuchung eines bestimmten Wirtschaftszweiges oder – Sektor übergreifend – einer bestimmten Art von Vereinbarungen oder Verhaltensweisen durchführen.

---

[1)] § 32c Abs. 2–4 angef. mWv 19.1.2021 durch G v. 18.1.2021 (BGBl. I S. 2).

[2)] Abgedruckt in Anm. zu § 22.

[3)] § 32e Abs. 2 Satz 1 geänd., Abs. 5 und 6 angef. mWv 9.6.2017 durch G v. 1.6.2017 (BGBl. I S. 1416); Abs. 6 geänd. mWv 2.12.2020 durch G v. 26.11.2020 (BGBl. I S. 2568); Abs. 1 und 4 geänd., Abs. 5 Satz 3 neu gef. mWv 19.1.2021 durch G v. 18.1.2021 (BGBl. I S. 2).

(2) [1] Im Rahmen dieser Untersuchung können das Bundeskartellamt und die obersten Landesbehörden die zur Anwendung der Vorschriften dieses Teils oder des Artikels 101 oder 102 des Vertrages über die Arbeitsweise der Europäischen Union[1)] erforderlichen Ermittlungen durchführen. [2] Sie können dabei von den betreffenden Unternehmen und Vereinigungen Auskünfte verlangen, insbesondere die Unterrichtung über sämtliche Vereinbarungen, Beschlüsse und aufeinander abgestimmte Verhaltensweisen.

(3) Das Bundeskartellamt und die obersten Landesbehörden können einen Bericht über die Ergebnisse der Untersuchung nach Absatz 1 veröffentlichen und Dritte um Stellungnahme bitten.

(4) § 49 Absatz 1 sowie die §§ 57, 59, 59a, 59b und 61 gelten entsprechend.

(5) [1] Die Absätze 1 bis 3 gelten entsprechend bei begründetem Verdacht des Bundeskartellamts auf erhebliche, dauerhafte oder wiederholte Verstöße gegen verbraucherrechtliche Vorschriften, die nach ihrer Art oder ihrem Umfang die Interessen einer Vielzahl von Verbraucherinnen und Verbrauchern beeinträchtigen. [2] Dies gilt nicht, wenn die Durchsetzung der Vorschriften nach Satz 1 in die Zuständigkeit anderer Bundesbehörden fällt. [3] Absatz 4 gilt mit der Maßgabe, dass die Regelungen zum Betreten von Räumlichkeiten der Betroffenen zum Zweck der Einsichtnahme und Prüfung von Unterlagen gemäß § 59a sowie die Regelungen zu Durchsuchungen nach § 59b keine Anwendung finden.

(6) Der Anspruch auf Ersatz der Aufwendungen einer Abmahnung nach § 13 Absatz 3 des Gesetzes gegen den unlauteren Wettbewerb[2)] ist ab der Veröffentlichung eines Abschlussberichts über eine Sektoruntersuchung nach Absatz 5 für vier Monate ausgeschlossen.

### Abschnitt 2.[3)] Schadensersatz und Vorteilsabschöpfung

**§ 33[4)] Beseitigungs- und Unterlassungsanspruch.** (1) Wer gegen eine Vorschrift dieses Teils oder gegen Artikel 101 oder 102 des Vertrages über die Arbeitsweise der Europäischen Union[1)] verstößt (Rechtsverletzer) oder wer gegen eine Verfügung der Kartellbehörde verstößt, ist gegenüber dem Betroffenen zur Beseitigung der Beeinträchtigung und bei Wiederholungsgefahr zur Unterlassung verpflichtet.

(2) Der Unterlassungsanspruch besteht bereits dann, wenn eine Zuwiderhandlung droht.

(3) Betroffen ist, wer als Mitbewerber oder sonstiger Marktbeteiligter durch den Verstoß beeinträchtigt ist.

(4) Die Ansprüche aus Absatz 1 können auch geltend gemacht werden von

1. rechtsfähigen Verbänden zur Förderung gewerblicher oder selbstständiger beruflicher Interessen, wenn
   a) ihnen eine erhebliche Anzahl betroffener Unternehmen im Sinne des Absatzes 3 angehört und
   b) sie insbesondere nach ihrer personellen, sachlichen und finanziellen Ausstattung imstande sind, ihre satzungsmäßigen Aufgaben der Verfolgung gewerblicher oder selbstständiger beruflicher Interessen tatsächlich wahrzunehmen;

---

1) Abgedruckt in Anm. zu § 22.
2) Nr. **73**.
3) Kapitel 6 Abschnitt 2 Überschrift eingef. mWv 9.6.2017 durch G v. 1.6.2017 (BGBl. I S. 1416).
4) § 33 neu gef. mWv 9.6.2017 durch G v. 1.6.2017 (BGBl. I S. 1416).

2. Einrichtungen, die nachweisen, dass sie eingetragen sind in
   a) die Liste qualifizierter Einrichtungen nach § 4 des Unterlassungsklagengesetzes[1] oder
   b) das Verzeichnis der Europäischen Kommission nach Artikel 4 Absatz 3 der Richtlinie 2009/22/EG des Europäischen Parlaments und des Rates vom 23. April 2009 über Unterlassungsklagen zum Schutz der Verbraucherinteressen (ABl. L 110 vom 1.5.2009, S. 30) in der jeweils geltenden Fassung.

**§ 33a[2] Schadensersatzpflicht.** (1) Wer einen Verstoß nach § 33 Absatz 1 vorsätzlich oder fahrlässig begeht, ist zum Ersatz des daraus entstehenden Schadens verpflichtet.

(2) [1] Es wird widerleglich vermutet, dass ein Kartell einen Schaden verursacht. [2] Ein Kartell im Sinne dieses Abschnitts ist eine Absprache oder abgestimmte Verhaltensweise zwischen zwei oder mehr Wettbewerbern zwecks Abstimmung ihres Wettbewerbsverhaltens auf dem Markt oder Beeinflussung der relevanten Wettbewerbsparameter. [3] Zu solchen Absprachen oder Verhaltensweisen gehören unter anderem

1. die Festsetzung oder Koordinierung der An- oder Verkaufspreise oder sonstiger Geschäftsbedingungen,
2. die Aufteilung von Produktions- oder Absatzquoten,
3. die Aufteilung von Märkten und Kunden einschließlich Angebotsabsprachen, Einfuhr- und Ausfuhrbeschränkungen oder
4. gegen andere Wettbewerber gerichtete wettbewerbsschädigende Maßnahmen.

[4] Es wird widerleglich vermutet, dass Rechtsgeschäfte über Waren oder Dienstleistungen mit kartellbeteiligten Unternehmen, die sachlich, zeitlich und räumlich in den Bereich eines Kartells fallen, von diesem Kartell erfasst waren.

(3) [1] Für die Bemessung des Schadens gilt § 287 der Zivilprozessordnung[3]. [2] Dabei kann insbesondere der anteilige Gewinn, den der Rechtsverletzer durch den Verstoß gegen Absatz 1 erlangt hat, berücksichtigt werden.

(4) [1] Geldschulden nach Absatz 1 hat der Schuldner ab Eintritt des Schadens zu verzinsen. [2] Die §§ 288 und 289 Satz 1 des Bürgerlichen Gesetzbuchs[4] finden entsprechende Anwendung.

**§ 33b[5] Bindungswirkung von Entscheidungen einer Wettbewerbsbehörde.** [1] Wird wegen eines Verstoßes gegen eine Vorschrift dieses Teils oder gegen Artikel 101 oder 102 des Vertrages über die Arbeitsweise der Europäischen Union[6] Schadensersatz gefordert, so ist das Gericht an die Feststellung des Verstoßes gebunden, wie sie in einer bestandskräftigen Entscheidung der Kartellbehörde, der Europäischen Kommission oder der Wettbewerbsbehörde oder des als solche handelnden Gerichts in einem anderen Mitgliedstaat der Europäischen Union getroffen wurde. [2] Das Gleiche gilt für entsprechende Feststellungen in rechtskräftigen Gerichtsentscheidungen, die infolge der Anfechtung von Entscheidungen nach Satz 1 ergangen

[1] Nr. **105**.
[2] § 33a eingef. mWv 27.12.2016 durch G v. 1.6.2017 (BGBl. I S. 1416); Abs. 2 Satz 4 angef. mWv 19.1.2021 durch G v. 18.1.2021 (BGBl. I S. 2).
[3] Nr. **100**.
[4] Nr. **20**.
[5] § 33b eingef. mWv 27.12.2016 durch G v. 1.6.2017 (BGBl. I S. 1416).
[6] Abgedruckt in Anm. zu § 22.

sind. [3]Diese Verpflichtung gilt unbeschadet der Rechte und Pflichten nach Artikel 267 des Vertrages über die Arbeitsweise der Europäischen Union.

**§ 33c[1)] Schadensabwälzung.** (1) [1]Wird eine Ware oder Dienstleistung zu einem überteuerten Preis bezogen (Preisaufschlag), so ist der Schaden nicht deshalb ausgeschlossen, weil die Ware oder Dienstleistung weiterveräußert wurde. [2]Der Schaden des Abnehmers ist ausgeglichen, soweit der Abnehmer einen Preisaufschlag, der durch einen Verstoß nach § 33 Absatz 1 verursacht worden ist, an seine Abnehmer (mittelbare Abnehmer) weitergegeben hat (Schadensabwälzung). [3]Davon unberührt bleibt der Anspruch des Geschädigten auf Ersatz seines entgangenen Gewinns nach § 252 des Bürgerlichen Gesetzbuchs[2)], soweit der entgangene Gewinn durch die Weitergabe des Preisaufschlags verursacht worden ist.

(2) Dem Grunde nach wird zugunsten eines mittelbaren Abnehmers vermutet, dass der Preisaufschlag auf ihn abgewälzt wurde, wenn

1. der Rechtsverletzer einen Verstoß gegen § 1 oder 19 oder Artikel 101 oder 102 des Vertrages über die Arbeitsweise der Europäischen Union[3)] begangen hat,
2. der Verstoß einen Preisaufschlag für den unmittelbaren Abnehmer des Rechtsverletzers zur Folge hatte und
3. der mittelbare Abnehmer Waren oder Dienstleistungen erworben hat, die
   a) Gegenstand des Verstoßes waren,
   b) aus Waren oder Dienstleistungen hervorgegangen sind, die Gegenstand des Verstoßes waren, oder
   c) Waren oder Dienstleistungen enthalten haben, die Gegenstand des Verstoßes waren.

(3) [1]Die Vermutung einer Schadensabwälzung nach Absatz 2 findet keine Anwendung, wenn glaubhaft gemacht wird, dass der Preisaufschlag nicht oder nicht vollständig an den mittelbaren Abnehmer weitergegeben wurde. [2]Für mittelbare Abnehmer gilt § 33a Absatz 2 Satz 4 in Bezug auf Waren oder Dienstleistungen nach Absatz 2 Satz 1 Nummer 3 entsprechend.

(4) Die Absätze 1 bis 3 finden entsprechende Anwendung für den Fall, dass der Verstoß gegen § 1 oder 19 oder Artikel 101 oder 102 des Vertrages über die Arbeitsweise der Europäischen Union[3)] die Belieferung des Rechtsverletzers betrifft.

(5) Bei der Entscheidung über den Umfang der Schadensabwälzung findet § 287 der Zivilprozessordnung[4)] entsprechende Anwendung.

**§ 33d[5)] Gesamtschuldnerische Haftung.** (1) [1]Begehen mehrere gemeinschaftlich einen Verstoß im Sinne des § 33a Absatz 1, sind sie als Gesamtschuldner zum Ersatz des daraus entstehenden Schadens verpflichtet. [2]Im Übrigen finden die §§ 830 und 840 Absatz 1 des Bürgerlichen Gesetzbuchs[2)] Anwendung.

(2) [1]Das Verhältnis, in dem die Gesamtschuldner untereinander für die Verpflichtung zum Ersatz und den Umfang des zu leistenden Ersatzes haften, hängt von den Umständen ab, insbesondere davon, in welchem Maß sie den Schaden verursacht

---

[1)] § 33c eingef. mWv 27.12.2016, Abs. 5 angef. mWv 9.6.2017 durch G v. 1.6.2017 (BGBl. I S. 1416); Abs. 3 Satz 2 angef. mWv 19.1.2021 durch G v. 18.1.2021 (BGBl. I S. 2); Abs. 1 Satz 2 geänd. mWv 15.7. 2021 durch G v. 9.7.2021 (BGBl. I S. 2506).

[2)] Nr. **20**.

[3)] Abgedruckt in Anm. zu § 22.

[4)] Nr. **100**.

[5)] § 33d eingef. mWv 27.12.2016 durch G v. 1.6.2017 (BGBl. I S. 1416).

haben. [2] Im Übrigen finden die §§ 421 bis 425 sowie 426 Absatz 1 Satz 2 und Absatz 2 des Bürgerlichen Gesetzbuchs Anwendung.

(3) [1] Verstoßen mehrere Unternehmen gegen § 1 oder 19 oder gegen Artikel 101 oder 102 des Vertrages über die Arbeitsweise der Europäischen Union[1)], so ist die Verpflichtung eines kleinen oder mittleren Unternehmens im Sinne der Empfehlung 2003/361/EG der Kommission vom 6. Mai 2003 betreffend die Definition der Kleinstunternehmen sowie der kleinen und mittleren Unternehmen (ABl. L 124 vom 20.5.2003, S. 36) zum Schadensersatz nach § 33a Absatz 1 auf den Ersatz des Schadens beschränkt, der seinen unmittelbaren und mittelbaren Abnehmern oder Lieferanten aus dem Verstoß entsteht, wenn

1. sein Anteil an dem relevanten Markt während des Zeitraums, in dem der Verstoß begangen wurde, stets weniger als 5 Prozent betrug und
2. die regelmäßige Ersatzpflicht nach Absatz 1 seine wirtschaftliche Lebensfähigkeit unwiederbringlich gefährden und seine Aktiva jeden Werts berauben würde.

[2] Anderen Geschädigten ist das kleine oder mittlere Unternehmen nur zum Ersatz des aus dem Verstoß gemäß § 33a Absatz 1 entstehenden Schadens verpflichtet, wenn sie von den übrigen Rechtsverletzern mit Ausnahme des Kronzeugen keinen vollständigen Ersatz erlangen konnten. [3] § 33e Absatz 2 findet entsprechende Anwendung.

(4) [1] Die übrigen Rechtsverletzer können von dem kleinen oder mittleren Unternehmen im Sinne von Absatz 3 Satz 1 Ausgleichung nach Absatz 2 nur bis zur Höhe des Schadens verlangen, den dieses seinen unmittelbaren und mittelbaren Abnehmern oder Lieferanten verursacht hat. [2] Satz 1 gilt nicht für die Ausgleichung von Schäden, die anderen als den unmittelbaren oder mittelbaren Abnehmern oder Lieferanten der beteiligten Rechtsverletzer aus dem Verstoß entstehen.

(5) Die Beschränkung der Haftung nach den Absätzen 3 und 4 ist ausgeschlossen, wenn

1. das kleine oder mittlere Unternehmen den Verstoß organisiert oder
2. das kleine oder mittlere Unternehmen die anderen Rechtsverletzer zur Teilnahme an dem Verstoß gezwungen hat oder
3. in der Vergangenheit bereits die Beteiligung des kleinen oder mittleren Unternehmens an einem sonstigen Verstoß gegen § 1 oder 19 oder Artikel 101 oder 102 des Vertrages über die Arbeitsweise der Europäischen Union[1)] oder gegen Wettbewerbsrecht im Sinne des § 89e Absatz 2 behördlich oder gerichtlich festgestellt worden ist.

**§ 33e[2)] Kronzeuge.** (1) [1] Abweichend von § 33a Absatz 1 ist ein an einem Kartell beteiligtes Unternehmen oder eine an dem Kartell beteiligte natürliche Person, dem oder der im Rahmen eines Kronzeugenprogramms der vollständige Erlass der Geldbuße gewährt wurde (Kronzeuge), nur zum Ersatz des Schadens verpflichtet, der seinen oder ihren unmittelbaren und mittelbaren Abnehmern oder Lieferanten aus dem Verstoß entsteht. [2] Anderen Geschädigten ist der Kronzeuge nur zum Ersatz des aus dem Verstoß gemäß § 33a Absatz 1 entstehenden Schadens verpflichtet, wenn sie von den übrigen Rechtsverletzern keinen vollständigen Ersatz erlangen konnten.

---

[1)] Abgedruckt in Anm. zu § 22.
[2)] § 33e eingef. mWv 27.12.2016 durch G v. 1.6.2017 (BGBl. I S. 1416).

(2) In Fällen nach Absatz 1 Satz 2 ist der Kronzeuge nicht zum Ersatz des Schadens verpflichtet, soweit die Schadensersatzansprüche gegen die übrigen Rechtsverletzer bereits verjährt sind.

(3) [1] Die übrigen Rechtsverletzer können von dem Kronzeugen Ausgleichung nach § 33d Absatz 2 nur bis zur Höhe des Schadens verlangen, den dieser seinen unmittelbaren und mittelbaren Abnehmern oder Lieferanten verursacht hat. [2] Diese Beschränkung gilt nicht für die Ausgleichung von Schäden, die anderen als den unmittelbaren oder mittelbaren Abnehmern oder Lieferanten der an dem Kartell beteiligten Unternehmen aus dem Verstoß entstehen.

**§ 33f[1)] Wirkungen des Vergleichs.** (1) [1] Wenn nicht anders vereinbart, wird im Falle einer durch einvernehmliche Streitbeilegung erzielten Einigung (Vergleich) über einen Schadensersatzanspruch nach § 33a Absatz 1 der sich vergleichende Gesamtschuldner in Höhe seines Anteils an dem Schaden von seiner Haftung gegenüber dem sich vergleichenden Geschädigten befreit. [2] Die übrigen Gesamtschuldner sind nur zum Ersatz des Schadens verpflichtet, der nach Abzug des Anteils des sich vergleichenden Gesamtschuldners verbleibt. [3] Den Ersatz des verbliebenen Schadens kann der sich vergleichende Geschädigte von dem sich vergleichenden Gesamtschuldner nur verlangen, wenn der sich vergleichende Geschädigte von den übrigen Gesamtschuldnern insoweit keinen vollständigen Ersatz erlangen konnte. [4] Satz 3 findet keine Anwendung, wenn die Vergleichsparteien dies in dem Vergleich ausgeschlossen haben.

(2) Gesamtschuldner, die nicht an dem Vergleich nach Absatz 1 beteiligt sind, können von dem sich vergleichenden Gesamtschuldner keine Ausgleichung nach § 33d Absatz 2 für den Ersatz des Schadens des sich vergleichenden Geschädigten verlangen, der nach Abzug des Anteils des sich vergleichenden Gesamtschuldners verblieben ist.

**§ 33g[2)] Anspruch auf Herausgabe von Beweismitteln und Erteilung von Auskünften.** (1) Wer im Besitz von Beweismitteln ist, die für die Erhebung eines auf Schadensersatz gerichteten Anspruchs nach § 33a Absatz 1 erforderlich sind, ist verpflichtet, sie demjenigen herauszugeben, der glaubhaft macht, einen solchen Schadensersatzanspruch zu haben, wenn dieser die Beweismittel so genau bezeichnet, wie dies auf Grundlage der mit zumutbarem Aufwand zugänglichen Tatsachen möglich ist.

(2) [1] Wer im Besitz von Beweismitteln ist, die für die Verteidigung gegen einen auf Schadensersatz gerichteten Anspruch nach § 33a Absatz 1 erforderlich sind, ist verpflichtet, sie demjenigen herauszugeben, gegen den ein Rechtsstreit über den Anspruch nach Absatz 1 oder den Anspruch auf Schadensersatz nach § 33a Absatz 1 rechtshängig ist, wenn dieser die Beweismittel so genau bezeichnet, wie dies auf Grundlage der mit zumutbarem Aufwand zugänglichen Tatsachen möglich ist. [2] Der Anspruch nach Satz 1 besteht auch, wenn jemand Klage auf Feststellung erhoben hat, dass ein anderer keinen Anspruch nach § 33a Absatz 1 gegen ihn hat, und er den der Klage zugrunde liegenden Verstoß im Sinne des § 33a Absatz 1 nicht bestreitet.

(3) [1] Die Herausgabe von Beweismitteln nach den Absätzen 1 und 2 ist ausgeschlossen, soweit sie unter Berücksichtigung der berechtigten Interessen der Be-

[1)] § 33f eingef. mWv 27.12.2016 durch G v. 1.6.2017 (BGBl. I S. 1416).
[2)] § 33g eingef. mWv 9.6.2017 durch G v. 1.6.2017 (BGBl. I S. 1416).

teiligten unverhältnismäßig ist. [2]Bei der Abwägung sind insbesondere zu berücksichtigen:

1. in welchem Umfang der Antrag auf zugängliche Informationen und Beweismittel gestützt wird,
2. der Umfang der Beweismittel und die Kosten der Herausgabe, insbesondere, wenn die Beweismittel von einem Dritten verlangt werden,
3. der Ausschluss der Ausforschung von Tatsachen, die für den Anspruch nach § 33a Absatz 1 oder für die Verteidigung gegen diesen Anspruch nicht erheblich sind,
4. die Bindungswirkung von Entscheidungen nach § 33b,
5. die Wirksamkeit der öffentlichen Durchsetzung des Kartellrechts und
6. der Schutz von Betriebs- und Geschäftsgeheimnissen und sonstiger vertraulicher Informationen und welche Vorkehrungen zu deren Schutz bestehen.

[3]Das Interesse desjenigen, gegen den der Anspruch nach § 33a Absatz 1 geltend gemacht wird, die Durchsetzung des Anspruchs zu vermeiden, ist nicht zu berücksichtigen.

(4) [1]Ausgeschlossen ist die Herausgabe eines Dokuments oder einer Aufzeichnung, auch über den Inhalt einer Vernehmung im wettbewerbsbehördlichen Verfahren, wenn und soweit darin eine freiwillige Erklärung seitens oder im Namen eines Unternehmens oder einer natürlichen Person gegenüber einer *Wettbewerbshörde*[1)] enthalten ist,

1. in der das Unternehmen oder die natürliche Person die Kenntnis von einem Kartell und seine beziehungsweise ihre Beteiligung daran darlegt und die eigens zu dem Zweck formuliert wurde, im Rahmen eines Kronzeugenprogramms bei der Wettbewerbsbehörde den Erlass oder die Ermäßigung der Geldbuße zu erwirken (Kronzeugenerklärung) oder
2. die ein Anerkenntnis oder den Verzicht auf das Bestreiten seiner Beteiligung an einer Zuwiderhandlung gegen das Kartellrecht und seiner Verantwortung für diese Zuwiderhandlung enthält und die eigens für den Zweck formuliert wurde, der Wettbewerbsbehörde die Anwendung eines vereinfachten oder beschleunigten Verfahrens zu ermöglichen (Vergleichsausführungen).

[2]Nicht von der Kronzeugenerklärung umfasst sind Beweismittel, die unabhängig von einem wettbewerbsbehördlichen Verfahren vorliegen, unabhängig davon, ob diese Informationen in den Akten einer Wettbewerbsbehörde enthalten sind oder nicht. [3]Behauptet ein Verpflichteter, ein Beweismittel oder Teile davon seien nach Satz 1 von der Herausgabe ausgeschlossen, kann der Anspruchsteller insoweit die Herausgabe an das zuständige Gericht nach § 89b Absatz 8 allein zum Zweck der Prüfung verlangen.

(5) Bis zum vollständigen Abschluss des wettbewerbsbehördlichen Verfahrens gegen alle Beteiligten ist die Herausgabe von Beweismitteln ausgeschlossen, soweit sie Folgendes enthalten:

1. Informationen, die von einer natürlichen oder juristischen Person oder Personenvereinigung eigens für das wettbewerbsbehördliche Verfahren erstellt wurden,
2. Mitteilungen der Wettbewerbsbehörde an die Beteiligten in dem Verfahren oder
3. Vergleichsausführungen, die zurückgezogen wurden.

(6) [1]Die Herausgabe von Beweismitteln nach den Absätzen 1 und 2 kann verweigert werden, soweit der Besitzer in einem Rechtsstreit über einen Anspruch

[1)] Richtig wohl: „Wettbewerbsbehörde".

nach § 33a Absatz 1 dieses Gesetzes gemäß § 383 Absatz 1 Nummer 4 bis 6 oder gemäß § 384 Nummer 3 der Zivilprozessordnung[1)] zur Zeugnisverweigerung berechtigt wäre. [2] In diesem Fall kann der Anspruchsteller die Herausgabe der Beweismittel an das zuständige Gericht zur Entscheidung nach § 89b Absatz 6 verlangen. [3] Satz 2 ist nicht anzuwenden auf

1. Personen im Sinne des § 383 Absatz 1 Nummer 4 und 5 der Zivilprozessordnung, soweit sie nach dieser Vorschrift zur Zeugnisverweigerung berechtigt wären, und
2. Personen im Sinne des § 203 Absatz 1 Nummer 1 bis 5, Absatz 2 und 3 des Strafgesetzbuchs, soweit sie nach § 383 Absatz 1 Nummer 6 der Zivilprozessordnung zur Zeugnisverweigerung berechtigt wären.

[4] Geistlichen stehen ihre berufsmäßig tätigen Gehilfen und die Personen gleich, die bei ihnen zur Vorbereitung auf den Beruf tätig sind.

(7) Macht der nach Absatz 1 oder Absatz 2 Verpflichtete zu der Herausgabe der Beweismittel Aufwendungen, die er den Umständen nach für erforderlich halten darf, kann er von dem anderen Teil den Ersatz dieser Aufwendungen verlangen.

(8) Erteilt der Verpflichtete nach Absatz 1 oder 2 die Auskunft vorsätzlich oder grob fahrlässig falsch, unvollständig oder gar nicht oder gibt er Beweismittel vorsätzlich oder grob fahrlässig fehlerhaft, unvollständig oder gar nicht heraus, ist er dem Anspruchsteller zum Ersatz des daraus entstehenden Schadens verpflichtet.

(9) [1] Die von dem Verpflichteten nach den Absätzen 1 und 2 erteilten Auskünfte oder herausgegebenen Beweismittel dürfen in einem Strafverfahren oder in einem Verfahren nach dem Gesetz über Ordnungswidrigkeiten wegen einer vor der Erteilung der Auskunft oder der Herausgabe eines Beweismittels begangenen Tat gegen den Verpflichteten oder gegen einen in § 52 Absatz 1 der Strafprozessordnung[2)] bezeichneten Angehörigen nur mit Zustimmung des Verpflichteten verwertet werden. [2] Dies gilt auch, wenn die Auskunft im Rahmen einer Zeugen- oder Parteivernehmung erteilt oder wiederholt wird. [3] Die Sätze 1 und 2 finden keine Anwendung in Verfahren gegen Unternehmen.

(10) Die Absätze 1 bis 9 sowie die §§ 89b bis 89d über die Herausgabe von Beweismitteln gelten für die Erteilung von Auskünften entsprechend.

**§ 33h[3)] Verjährung.** (1) Ansprüche aus § 33 Absatz 1 und § 33a Absatz 1 verjähren in fünf Jahren.

(2) Die Verjährungsfrist beginnt mit dem Schluss des Jahres, in dem

1. der Anspruch entstanden ist,
2. der Anspruchsberechtigte Kenntnis erlangt hat oder ohne grobe Fahrlässigkeit hätte erlangen müssen
   a) von den Umständen, die den Anspruch begründen, und davon, dass sich daraus ein Verstoß nach § 33 Absatz 1 ergibt, sowie
   b) von der Identität des Rechtsverletzers und
3. der den Anspruch begründende Verstoß nach § 33 Absatz 1 beendet worden ist.

(3) Ansprüche aus § 33 Absatz 1 und § 33a Absatz 1 verjähren ohne Rücksicht auf die Kenntnis oder grob fahrlässige Unkenntnis von den Umständen nach Absatz 2 Nummer 2 in zehn Jahren von dem Zeitpunkt an, in dem

---

[1)] Nr. **100**.
[2)] Nr. **90**.
[3)] § 33h eingef. mWv 27.12.2016 durch G v. 1.6.2017 (BGBl. I S. 1416); Abs. 6 Satz 3 geänd. mWv 1.11.2018 durch G v. 12.7.2018 (BGBl. I S. 1151).

1. der Anspruch entstanden ist und
2. der Verstoß nach § 33 Absatz 1 beendet wurde.

(4) Im Übrigen verjähren die Ansprüche in 30 Jahren nach dem Verstoß nach § 33 Absatz 1, der den Schaden ausgelöst hat.

(5) Verjährung tritt ein, wenn eine der Fristen nach den Absätzen 1, 3 oder 4 abgelaufen ist.

(6) [1] Die Verjährung eines Anspruchs nach § 33 Absatz 1 oder nach § 33a Absatz 1 wird gehemmt, wenn

1. eine Kartellbehörde Maßnahmen im Hinblick auf eine Untersuchung oder auf ihr Verfahren wegen eines Verstoßes im Sinne des § 33 Absatz 1 trifft;
2. die Europäische Kommission oder eine Wettbewerbsbehörde eines anderen Mitgliedstaates der Europäischen Union oder das als solche handelnde Gericht Maßnahmen im Hinblick auf eine Untersuchung oder auf ihr Verfahren wegen eines Verstoßes gegen Artikel 101 oder 102 des Vertrages über die Arbeitsweise der Europäischen Union[1)] oder gegen eine Bestimmung des nationalen Wettbewerbsrechts eines anderen Mitgliedstaates der Europäischen Union im Sinne des § 89e Absatz 2 trifft oder
3. der Anspruchsberechtigte gegen den Rechtsverletzer Klage auf Auskunft oder Herausgabe von Beweismitteln nach § 33g erhoben hat.

[2] Die Hemmung endet ein Jahr nach der bestands- und rechtskräftigen Entscheidung oder der anderweitigen Erledigung des Verfahrens. [3] § 204 Absatz 2 Satz 3 und 4 des Bürgerlichen Gesetzbuchs[2)] findet entsprechende Anwendung.

(7) Die Verjährungsfrist eines Anspruchs auf Ausgleichung nach § 33d Absatz 2 wegen der Befriedigung eines Schadensersatzanspruchs nach § 33a Absatz 1 beginnt mit der Befriedigung dieses Schadensersatzanspruchs.

(8) [1] Abweichend von Absatz 2 beginnt die Verjährungsfrist des Schadensersatzanspruchs nach § 33a Absatz 1 von Geschädigten,

1. die nicht unmittelbare oder mittelbare Abnehmer oder Lieferanten des Kronzeugen sind, gegen den Kronzeugen mit dem Schluss des Jahres, in dem der Geschädigte von den übrigen Rechtsverletzern keinen vollständigen Ersatz seines aus dem Verstoß entstehenden Schadens erlangen konnte;
2. die nicht unmittelbare oder mittelbare Abnehmer oder Lieferanten eines kleinen oder mittleren Unternehmens nach § 33d Absatz 3 Satz 1 sind, gegen dieses Unternehmen mit dem Schluss des Jahres, in dem der Geschädigte nach § 33d Absatz 3 Satz 2 von den übrigen Rechtsverletzern mit Ausnahme des Kronzeugen keinen vollständigen Ersatz seines aus dem Verstoß entstehenden Schadens erlangen konnte.

[2] Absatz 3 findet keine Anwendung auf Schadensersatzansprüche, deren Verjährungsfrist nach Maßgabe dieses Absatzes beginnt.

**§ 34[3)] Vorteilsabschöpfung durch die Kartellbehörde.** (1) Hat ein Unternehmen vorsätzlich oder fahrlässig gegen eine Vorschrift dieses Teils, gegen Artikel 101 oder 102 des Vertrages über die Arbeitsweise der Europäischen Union[1)] oder eine Verfügung der Kartellbehörde verstoßen und dadurch einen wirtschaftlichen Vorteil

---

[1)] Abgedruckt in Anm. zu § 22.
[2)] Nr. **20**.
[3)] § 34 Abs. 2 Satz 1 Nr. 3 geänd. mWv 1.7.2017 durch G v. 13.4.2017 (BGBl. I S. 872); Abs. 1 geänd., Abs. 5 neu gef. mWv 9.6.2017 durch G v. 1.6.2017 (BGBl. I S. 1416).

erlangt, kann die Kartellbehörde die Abschöpfung des wirtschaftlichen Vorteils anordnen und dem Unternehmen die Zahlung eines entsprechenden Geldbetrags auferlegen.

(2) [1] Absatz 1 gilt nicht, soweit der wirtschaftliche Vorteil abgeschöpft ist durch

1. Schadensersatzleistungen,
2. Festsetzung der Geldbuße,
3. Anordnung der Einziehung von Taterträgen oder
4. Rückerstattung.

[2] Soweit das Unternehmen Leistungen nach Satz 1 erst nach der Vorteilsabschöpfung erbringt, ist der abgeführte Geldbetrag in Höhe der nachgewiesenen Zahlungen an das Unternehmen zurückzuerstatten.

(3) [1] Wäre die Durchführung der Vorteilsabschöpfung eine unbillige Härte, soll die Anordnung auf einen angemessenen Geldbetrag beschränkt werden oder ganz unterbleiben. [2] Sie soll auch unterbleiben, wenn der wirtschaftliche Vorteil gering ist.

(4) [1] Die Höhe des wirtschaftlichen Vorteils kann geschätzt werden. [2] Der abzuführende Geldbetrag ist zahlenmäßig zu bestimmen.

(5) [1] Die Vorteilsabschöpfung kann nur innerhalb einer Frist von bis zu sieben Jahren seit Beendigung der Zuwiderhandlung und längstens für einen Zeitraum von fünf Jahren angeordnet werden. [2] § 33h Absatz 6 gilt entsprechend. [3] Im Falle einer bestandskräftigen Entscheidung im Sinne des § 33b Satz 1 oder einer rechtskräftigen Gerichtsentscheidung im Sinne des § 33b Satz 2 beginnt die Frist nach Satz 1 erneut.

**§ 34a[1)] Vorteilsabschöpfung durch Verbände.** (1) Wer einen Verstoß im Sinne des § 34 Absatz 1 vorsätzlich begeht und hierdurch zu Lasten einer Vielzahl von Abnehmern oder Anbietern einen wirtschaftlichen Vorteil erlangt, kann von den gemäß § 33 Absatz 4 zur Geltendmachung eines Unterlassungsanspruchs Berechtigten auf Herausgabe dieses wirtschaftlichen Vorteils an den Bundeshaushalt in Anspruch genommen werden, soweit nicht die Kartellbehörde die Abschöpfung des wirtschaftlichen Vorteils durch Verhängung einer Geldbuße, durch Einziehung von Taterträgen, durch Rückerstattung oder nach § 34 Absatz 1 anordnet.

(2) [1] Auf den Anspruch sind Leistungen anzurechnen, die das Unternehmen auf Grund des Verstoßes erbracht hat. [2] § 34 Absatz 2 Satz 2 gilt entsprechend.

(3) Beanspruchen mehrere Gläubiger die Vorteilsabschöpfung, gelten die §§ 428 bis 430 des Bürgerlichen Gesetzbuchs[2)] entsprechend.

(4) [1] Die Gläubiger haben dem Bundeskartellamt über die Geltendmachung von Ansprüchen nach Absatz 1 Auskunft zu erteilen. [2] Sie können vom Bundeskartellamt Erstattung der für die Geltendmachung des Anspruchs erforderlichen Aufwendungen verlangen, soweit sie vom Schuldner keinen Ausgleich erlangen können. [3] Der Erstattungsanspruch ist auf die Höhe des an den Bundeshaushalt abgeführten wirtschaftlichen Vorteils beschränkt.

(5) [1] Ansprüche nach Absatz 1 verjähren in fünf Jahren. [2] Die §§ 33b und 33h Absatz 6 gelten entsprechend.

---

[1)] § 34a Abs. 1 geänd. mWv 1.7.2017 durch G v. 13.4.2017 (BGBl. I S. 872); Abs. 5 neu gef. mWv 9.6. 2017 durch G v. 1.6.2017 (BGBl. I S. 1416); Abs. 1 geänd. mWv 2.12.2020 durch G v. 26.11.2020 (BGBl. I S. 2568); Abs. 1 geänd. mWv 19.1.2021 durch G v. 18.1.2021 (BGBl. I S. 2; nicht ausführbar aufgrund vorheriger Änd.).

[2)] Nr. **20**.

## Kapitel 7.[1)] Zusammenschlusskontrolle

**§ 35[2)] Geltungsbereich der Zusammenschlusskontrolle.** (1) Die Vorschriften über die Zusammenschlusskontrolle finden Anwendung, wenn im letzten Geschäftsjahr vor dem Zusammenschluss

1. die beteiligten Unternehmen insgesamt weltweit Umsatzerlöse von mehr als 500 Millionen Euro und
2. im Inland mindestens ein beteiligtes Unternehmen Umsatzerlöse von mehr als 50 Millionen Euro und ein anderes beteiligtes Unternehmen Umsatzerlöse von mehr als 17,5 Millionen Euro

erzielt haben.

(1a) Die Vorschriften über die Zusammenschlusskontrolle finden auch Anwendung, wenn

1. die Voraussetzungen des Absatzes 1 Nummer 1 erfüllt sind,
2. im Inland im letzten Geschäftsjahr vor dem Zusammenschluss
   a) ein beteiligtes Unternehmen Umsatzerlöse von mehr als 50 Millionen Euro erzielt hat und
   b) weder das zu erwerbende Unternehmen noch ein anderes beteiligtes Unternehmen Umsatzerlöse von jeweils mehr als 17,5 Millionen Euro erzielt haben,
3. der Wert der Gegenleistung für den Zusammenschluss mehr als 400 Millionen Euro beträgt und
4. das zu erwerbende Unternehmen nach Nummer 2 in erheblichem Umfang im Inland tätig ist.

(2) [1]Absatz 1 gilt nicht für Zusammenschlüsse durch die Zusammenlegung öffentlicher Einrichtungen und Betriebe, die mit einer kommunalen Gebietsreform einhergehen. [2]Die Absätze 1 und 1a gelten nicht, wenn alle am Zusammenschluss beteiligten Unternehmen

1. Mitglied einer kreditwirtschaftlichen Verbundgruppe im Sinne des § 8b Absatz 4 Satz 8 des Körperschaftsteuergesetzes sind,
2. im Wesentlichen für die Unternehmen der kreditwirtschaftlichen Verbundgruppe, deren Mitglied sie sind, Dienstleistungen erbringen und
3. bei der Tätigkeit nach Nummer 2 keine eigenen vertraglichen Endkundenbeziehungen unterhalten.

[3]Satz 2 gilt nicht für Zusammenschlüsse von Zentralbanken und Girozentralen im Sinne des § 21 Absatz 2 Nummer 2 des Kreditwesengesetzes[3)].

(3) Die Vorschriften dieses Gesetzes finden keine Anwendung, soweit die Europäische Kommission nach der Verordnung (EG) Nr. 139/2004 des Rates vom 20. Januar 2004 über die Kontrolle von Unternehmenszusammenschlüssen in ihrer jeweils geltenden Fassung ausschließlich zuständig ist.

---

[1)] Kapitel 7 Überschrift neu gef. mWv 9.6.2017 durch G v. 1.6.2017 (BGBl. I S. 1416).

[2)] § 35 Abs. 1a eingef., Abs. 2 Sätze 3 und 4 angef. mWv 9.6.2017 durch G v. 1.6.2017 (BGBl. I S. 1416); Abs. 1 Nr. 2, Abs. 1a Nr. 2 Buchst. a und b geänd., Abs. 2 Satz 1 aufgeh., bish. Sätze 2–4 werden Sätze 1–3, Sätze 1 und 3 geänd. mWv 19.1.2021 durch G v. 18.1.2021 (BGBl. I S. 2).

[3)] **Sartorius ErgBd. Nr. 856.**

**§ 36[1)] Grundsätze für die Beurteilung von Zusammenschlüssen.** (1) [1] Ein Zusammenschluss, durch den wirksamer Wettbewerb erheblich behindert würde, insbesondere von dem zu erwarten ist, dass er eine marktbeherrschende Stellung begründet oder verstärkt, ist vom Bundeskartellamt zu untersagen. [2] Dies gilt nicht, wenn

1. die beteiligten Unternehmen nachweisen, dass durch den Zusammenschluss auch Verbesserungen der Wettbewerbsbedingungen eintreten und diese Verbesserungen die Behinderung des Wettbewerbs überwiegen, oder
2. die Untersagungsvoraussetzungen ausschließlich auf Märkten vorliegen, auf denen seit mindestens fünf Jahren Waren oder gewerbliche Leistungen angeboten werden und auf denen im letzten Kalenderjahr im Inland insgesamt weniger als 20 Millionen Euro umgesetzt wurden, es sei denn, es handelt sich um Märkte im Sinne des § 18 Absatz 2a oder einen Fall des § 35 Absatz 1a, oder
3. die marktbeherrschende Stellung eines Zeitungs- oder Zeitschriftenverlags verstärkt wird, der einen kleinen oder mittleren Zeitungs- oder Zeitschriftenverlag übernimmt, falls nachgewiesen wird, dass der übernommene Verlag in den letzten drei Jahren jeweils in der Gewinn- und Verlustrechnung nach § 275 des Handelsgesetzbuchs[2)] einen erheblichen Jahresfehlbetrag auszuweisen hatte und er ohne den Zusammenschluss in seiner Existenz gefährdet wäre. Ferner muss nachgewiesen werden, dass vor dem Zusammenschluss kein anderer Erwerber gefunden wurde, der eine wettbewerbskonformere Lösung sichergestellt hätte.

(2) [1] Ist ein beteiligtes Unternehmen ein abhängiges oder herrschendes Unternehmen im Sinne des § 17 des Aktiengesetzes[3)] oder ein Konzernunternehmen im Sinne des § 18 des Aktiengesetzes, sind die so verbundenen Unternehmen als einheitliches Unternehmen anzusehen. [2] Wirken mehrere Unternehmen derart zusammen, dass sie gemeinsam einen beherrschenden Einfluss auf ein anderes Unternehmen ausüben können, gilt jedes von ihnen als herrschendes.

(3) Steht einer Person oder Personenvereinigung, die nicht Unternehmen ist, die Mehrheitsbeteiligung an einem Unternehmen zu, gilt sie als Unternehmen.

**§ 37[4)] Zusammenschluss.** (1) Ein Zusammenschluss liegt in folgenden Fällen vor:

1. Erwerb des Vermögens eines anderen Unternehmens ganz oder zu einem wesentlichen Teil; das gilt auch, wenn ein im Inland tätiges Unternehmen, dessen Vermögen erworben wird, noch keine Umsatzerlöse erzielt hat;
2. Erwerb der unmittelbaren oder mittelbaren Kontrolle durch ein oder mehrere Unternehmen über die Gesamtheit oder Teile eines oder mehrerer anderer Unternehmen. Die Kontrolle wird durch Rechte, Verträge oder andere Mittel begründet, die einzeln oder zusammen unter Berücksichtigung aller tatsächlichen und rechtlichen Umstände die Möglichkeit gewähren, einen bestimmenden Einfluss auf die Tätigkeit eines Unternehmens auszuüben, insbesondere durch
   a) Eigentums- oder Nutzungsrechte an einer Gesamtheit oder an Teilen des Vermögens des Unternehmens,

---

[1)] § 36 Abs. 1 Satz 2 Nr. 3 geänd. mWv 23.7.2015 durch G v. 17.7.2015 (BGBl. I S. 1245); Abs. 1 Satz 2 Nr. 2 geänd. mWv 9.6.2017 durch G v. 1.6.2017 (BGBl. I S. 1416); Abs. 1 Satz 2 Nr. 2 neu gef. mWv 19.1.2021 durch G v. 18.1.2021 (BGBl. I S. 2).

[2)] Nr. **50**.

[3)] Nr. **51**.

[4)] § 37 Abs. 1 Nr. 1 und 2 Satz 2 geänd. mWv 9.6.2017 durch G v. 1.6.2017 (BGBl. I S. 1416).

b) Rechte oder Verträge, die einen bestimmenden Einfluss auf die Zusammensetzung, die Beratungen oder Beschlüsse der Organe des Unternehmens gewähren;

das gilt auch, wenn ein im Inland tätiges Unternehmen noch keine Umsatzerlöse erzielt hat;

3. Erwerb von Anteilen an einem anderen Unternehmen, wenn die Anteile allein oder zusammen mit sonstigen, dem Unternehmen bereits gehörenden Anteilen

a) 50 vom Hundert oder

b) 25 vom Hundert

des Kapitals oder der Stimmrechte des anderen Unternehmens erreichen. Zu den Anteilen, die dem Unternehmen gehören, rechnen auch die Anteile, die einem anderen für Rechnung dieses Unternehmens gehören und, wenn der Inhaber des Unternehmens ein Einzelkaufmann ist, auch die Anteile, die sonstiges Vermögen des Inhabers sind. Erwerben mehrere Unternehmen gleichzeitig oder nacheinander Anteile im vorbezeichneten Umfang an einem anderen Unternehmen, gilt dies hinsichtlich der Märkte, auf denen das andere Unternehmen tätig ist, auch als Zusammenschluss der sich beteiligenden Unternehmen untereinander;

4. jede sonstige Verbindung von Unternehmen, auf Grund deren ein oder mehrere Unternehmen unmittelbar oder mittelbar einen wettbewerblich erheblichen Einfluss auf ein anderes Unternehmen ausüben können.

(2) Ein Zusammenschluss liegt auch dann vor, wenn die beteiligten Unternehmen bereits vorher zusammengeschlossen waren, es sei denn, der Zusammenschluss führt nicht zu einer wesentlichen Verstärkung der bestehenden Unternehmensverbindung.

(3) [1] Erwerben Kreditinstitute, Finanzinstitute oder Versicherungsunternehmen Anteile an einem anderen Unternehmen zum Zwecke der Veräußerung, gilt dies nicht als Zusammenschluss, solange sie das Stimmrecht aus den Anteilen nicht ausüben und sofern die Veräußerung innerhalb eines Jahres erfolgt. [2] Diese Frist kann vom Bundeskartellamt auf Antrag verlängert werden, wenn glaubhaft gemacht wird, dass die Veräußerung innerhalb der Frist unzumutbar war.

**§ 38[1)] Berechnung der Umsatzerlöse, der Marktanteile und des Wertes der Gegenleistung.** (1) [1] Für die Ermittlung der Umsatzerlöse gilt § 277 Absatz 1 des Handelsgesetzbuchs[2)]. [2] Verwendet ein Unternehmen für seine regelmäßige Rechnungslegung ausschließlich einen anderen international anerkannten Rechnungslegungsstandard, so ist für die Ermittlung der Umsatzerlöse dieser Standard maßgeblich. [3] Umsatzerlöse aus Lieferungen und Leistungen zwischen verbundenen Unternehmen (Innenumsatzerlöse) sowie Verbrauchsteuern bleiben außer Betracht.

(2) Für den Handel mit Waren sind nur drei Viertel der Umsatzerlöse in Ansatz zu bringen.

(3) Für den Verlag, die Herstellung und den Vertrieb von Zeitungen, Zeitschriften und deren Bestandteilen ist das Vierfache der Umsatzerlöse und für die

---

[1)] § 38 Abs. 4 Satz 1 geänd. mWv 22.7.2013 durch G v. 4.7.2013 (BGBl. I S. 1981); Überschrift neu gef., Abs. 3 geänd., Abs. 4a eingef., Abs. 5 Satz 3 geänd. mWv 9.6.2017 durch G v. 1.6.2017 (BGBl. I S. 1416); Abs. 1 Satz 2 eingef., bish Satz 2 wird Satz 3, Abs. 3 und Abs. 5 Satz 3 geänd. mWv 19.1.2021 durch G v. 18.1.2021 (BGBl. I S. 2).

[2)] Nr. **50**.

Herstellung, den Vertrieb und die Veranstaltung von Rundfunkprogrammen und den Absatz von Rundfunkwerbezeiten ist das Achtfache der Umsatzerlöse in Ansatz zu bringen.

(4) [1] An die Stelle der Umsatzerlöse tritt bei Kreditinstituten, Finanzinstituten, Bausparkassen sowie bei externen Kapitalverwaltungsgesellschaften im Sinne des § 17 Absatz 2 Nummer 1 des Kapitalanlagegesetzbuchs der Gesamtbetrag der in § 34 Absatz 2 Satz 1 Nummer 1 Buchstabe a bis e der Kreditinstituts-Rechnungslegungsverordnung in der jeweils geltenden Fassung genannten Erträge abzüglich der Umsatzsteuer und sonstiger direkt auf diese Erträge erhobener Steuern. [2] Bei Versicherungsunternehmen sind die Prämieneinnahmen des letzten abgeschlossenen Geschäftsjahres maßgebend. [3] Prämieneinnahmen sind die Einnahmen aus dem Erst- und Rückversicherungsgeschäft einschließlich der in Rückdeckung gegebenen Anteile.

(4a) Die Gegenleistung nach § 35 Absatz 1a umfasst

1. alle Vermögensgegenstände und sonstigen geldwerten Leistungen, die der Veräußerer vom Erwerber im Zusammenhang mit dem Zusammenschluss nach § 37 Absatz 1 erhält, (Kaufpreis) und
2. den Wert etwaiger vom Erwerber übernommener Verbindlichkeiten.

(5) [1] Wird ein Zusammenschluss durch den Erwerb von Teilen eines oder mehrerer Unternehmen bewirkt, so ist unabhängig davon, ob diese Teile eigene Rechtspersönlichkeit besitzen, auf Seiten des Veräußerers nur der Umsatz oder der Marktanteil zu berücksichtigen, der auf die veräußerten Teile entfällt. [2] Dies gilt nicht, sofern beim Veräußerer die Kontrolle im Sinne des § 37 Absatz 1 Nummer 2 oder 25 Prozent oder mehr der Anteile verbleiben. [3] Zwei oder mehr Erwerbsvorgänge im Sinne von Satz 1, die innerhalb von zwei Jahren zwischen denselben Personen oder Unternehmen getätigt werden, werden als ein einziger Zusammenschluss behandelt, wenn dadurch die Umsatzschwellen des § 35 Absatz 1 erreicht oder die Voraussetzungen des § 35 Absatz 1a erfüllt werden; als Zeitpunkt des Zusammenschlusses gilt der letzte Erwerbsvorgang.

**§ 39[1)] Anmelde- und Anzeigepflicht.** (1) [1] Zusammenschlüsse sind vor dem Vollzug beim Bundeskartellamt gemäß den Absätzen 2 und 3 anzumelden. [2] Elektronische Anmeldungen sind zulässig über:

1. die vom Bundeskartellamt eingerichtete zentrale De-Mail-Adresse im Sinne des De-Mail-Gesetzes,
2. die vom Bundeskartellamt eingerichtete zentrale E-Mail-Adresse für Dokumente mit qualifizierter elektronischer Signatur,
3. das besondere elektronische Behördenpostfach sowie
4. eine hierfür bestimmte Internetplattform.

(2) Zur Anmeldung sind verpflichtet:

1. die am Zusammenschluss beteiligten Unternehmen,
2. in den Fällen des § 37 Absatz 1 Nummer 1 und 3 auch der Veräußerer.

---

[1)] § 39 Abs. 3 Satz 2 Nr. 3 geänd. mWv 22.7.2013 durch G v. 4.7.2013 (BGBl. I S. 1981); Abs. 3 Satz 2 Nr. 3 geänd., Nr. 3a eingef., Abs. 5 geänd. mWv 9.6.2017 durch G v. 1.6.2017 (BGBl. I S. 1416); Abs. 5 neu gef. mWv 29.7.2017 durch G v. 18.7.2017 (BGBl. I S. 2739); Abs. 1 Satz 2 und Abs. 6 neu gef. mWv 19.1.2021 durch G v. 18.1.2021 (BGBl. I S. 2); Abs. 1 Satz 3 aufgeh. mWv 15.7.2021 durch G v. 9.7.2021 (BGBl. I S. 2506, ber. S. 4455).

(3) [1] In der Anmeldung ist die Form des Zusammenschlusses anzugeben. [2] Die Anmeldung muss ferner über jedes beteiligte Unternehmen folgende Angaben enthalten:

1. die Firma oder sonstige Bezeichnung und den Ort der Niederlassung oder den Sitz;
2. die Art des Geschäftsbetriebes;
3. die Umsatzerlöse im Inland, in der Europäischen Union und weltweit; anstelle der Umsatzerlöse sind bei Kreditinstituten, Finanzinstituten, Bausparkassen sowie bei externen Kapitalverwaltungsgesellschaften im Sinne des § 17 Absatz 2 Nummer 1 des Kapitalanlagegesetzbuchs der Gesamtbetrag der Erträge gemäß § 38 Absatz 4, bei Versicherungsunternehmen die Prämieneinnahmen anzugeben; im Fall des § 35 Absatz 1a ist zusätzlich auch der Wert der Gegenleistung für den Zusammenschluss nach § 38 Absatz 4a, einschließlich der Grundlagen für seine Berechnung, anzugeben;

3a. im Fall des § 35 Absatz 1a Angaben zu Art und Umfang der Tätigkeit im Inland;

4. die Marktanteile einschließlich der Grundlagen für ihre Berechnung oder Schätzung, wenn diese im Geltungsbereich dieses Gesetzes oder in einem wesentlichen Teil desselben für die beteiligten Unternehmen zusammen mindestens 20 vom Hundert erreichen;
5. beim Erwerb von Anteilen an einem anderen Unternehmen die Höhe der erworbenen und der insgesamt gehaltenen Beteiligung;
6. eine zustellungsbevollmächtigte Person im Inland, sofern sich der Sitz des Unternehmens nicht im Geltungsbereich dieses Gesetzes befindet.

[3] In den Fällen des § 37 Absatz 1 Nummer 1 oder 3 sind die Angaben nach Satz 2 Nummer 1 und 6 auch für den Veräußerer zu machen. [4] Ist ein beteiligtes Unternehmen ein verbundenes Unternehmen, sind die Angaben nach Satz 2 Nummer 1 und 2 auch über die verbundenen Unternehmen und die Angaben nach Satz 2 Nummer 3 und Nummer 4 über jedes am Zusammenschluss beteiligte Unternehmen und die mit ihm verbundenen Unternehmen insgesamt zu machen sowie die Konzernbeziehungen, Abhängigkeits- und Beteiligungsverhältnisse zwischen den verbundenen Unternehmen mitzuteilen. [5] In der Anmeldung dürfen keine unrichtigen oder unvollständigen Angaben gemacht oder benutzt werden, um die Kartellbehörde zu veranlassen, eine Untersagung nach § 36 Absatz 1 oder eine Mitteilung nach § 40 Absatz 1 zu unterlassen.

(4) [1] Eine Anmeldung ist nicht erforderlich, wenn die Europäische Kommission einen Zusammenschluss an das Bundeskartellamt verwiesen hat und dem Bundeskartellamt die nach Absatz 3 erforderlichen Angaben in deutscher Sprache vorliegen. [2] Das Bundeskartellamt teilt den beteiligten Unternehmen unverzüglich den Zeitpunkt des Eingangs der Verweisungsentscheidung mit und unterrichtet sie zugleich darüber, inwieweit die nach Absatz 3 erforderlichen Angaben in deutscher Sprache vorliegen.

(5) Das Bundeskartellamt kann von jedem beteiligten Unternehmen Auskunft über Marktanteile einschließlich der Grundlagen für die Berechnung oder Schätzung sowie über den Umsatzerlös bei einer bestimmten Art von Waren oder gewerblichen Leistungen, den das Unternehmen im letzten Geschäftsjahr vor dem Zusammenschluss erzielt hat, sowie über die Tätigkeit eines Unternehmens im Inland einschließlich von Angaben zu Zahlen und Standorten seiner Kunden sowie der Orte, an denen seine Angebote erbracht und bestimmungsgemäß genutzt werden, verlangen.

(6) [1] Anmeldepflichtige Zusammenschlüsse, die entgegen Absatz 1 Satz 1 nicht vor dem Vollzug angemeldet wurden, sind von den beteiligten Unternehmen unverzüglich beim Bundeskartellamt anzuzeigen. [2] § 41 bleibt unberührt.

**§ 39a[1)] Aufforderung zur Anmeldung künftiger Zusammenschlüsse.**

(1) Das Bundeskartellamt kann ein Unternehmen durch Verfügung verpflichten, jeden Zusammenschluss des Unternehmens mit anderen Unternehmen in einem oder mehreren bestimmten Wirtschaftszweigen anzumelden, wenn

1. das Unternehmen im letzten Geschäftsjahr weltweit Umsatzerlöse von mehr als 500 Millionen Euro erzielt hat,
2. objektiv nachvollziehbare Anhaltspunkte dafür bestehen, dass durch künftige Zusammenschlüsse der wirksame Wettbewerb im Inland in den genannten Wirtschaftszweigen erheblich behindert werden könnte und
3. das Unternehmen in den genannten Wirtschaftszweigen einen Anteil von mindestens 15 Prozent am Angebot oder an der Nachfrage von Waren oder Dienstleistungen in Deutschland hat.

(2) Die Anmeldepflicht nach Absatz 1 gilt nur für Zusammenschlüsse bei denen

1. das zu erwerbende Unternehmen im letzten Geschäftsjahr Umsatzerlöse von mehr als 2 Millionen Euro erzielt hat und
2. mehr als zwei Drittel seiner Umsatzerlöse im Inland erzielt hat.

(3) Eine Verfügung nach Absatz 1 setzt voraus, dass das Bundeskartellamt auf einem der betroffenen Wirtschaftszweige zuvor eine Untersuchung nach § 32e durchgeführt hat.

(4) [1] Die Anmeldepflicht nach Absatz 1 gilt für drei Jahre ab Zustellung der Entscheidung. [2] In der Verfügung sind die relevanten Wirtschaftszweige anzugeben.

**§ 40[2)] Verfahren der Zusammenschlusskontrolle.** (1) [1] Das Bundeskartellamt darf einen Zusammenschluss, der ihm angemeldet worden ist, nur untersagen, wenn es den anmeldenden Unternehmen innerhalb einer Frist von einem Monat seit Eingang der vollständigen Anmeldung mitteilt, dass es in die Prüfung des Zusammenschlusses (Hauptprüfverfahren) eingetreten ist. [2] Das Hauptprüfverfahren soll eingeleitet werden, wenn eine weitere Prüfung des Zusammenschlusses erforderlich ist.

(2) [1] Im Hauptprüfverfahren entscheidet das Bundeskartellamt durch Verfügung, ob der Zusammenschluss untersagt oder freigegeben wird. [2] Wird die Verfügung nicht innerhalb von fünf Monaten nach Eingang der vollständigen Anmeldung den anmeldenden Unternehmen zugestellt, gilt der Zusammenschluss als freigegeben. [3] Die Verfahrensbeteiligten sind unverzüglich über den Zeitpunkt der Zustellung der Verfügung zu unterrichten. [4] Dies gilt nicht, wenn

1. die anmeldenden Unternehmen einer Fristverlängerung zugestimmt haben,
2. das Bundeskartellamt wegen unrichtiger Angaben oder wegen einer nicht rechtzeitig erteilten Auskunft nach § 39 Absatz 5 oder § 59 die Mitteilung nach Absatz 1 oder die Untersagung des Zusammenschlusses unterlassen hat,

---

1) § 39a eingef. mWv 19.1.2021 durch G v. 18.1.2021 (BGBl. I S. 2).

2) § 40 Abs. 4 Satz 3 angef. mWv 9.6.2017 durch G v. 1.6.2017 (BGBl. I S. 1416); Abs. 2 Sätze 2 und 7 geänd. mWv 19.1.2021 durch G v. 18.1.2021 (BGBl. I S. 2).

3. eine zustellungsbevollmächtigte Person im Inland entgegen § 39 Absatz 3 Satz 2 Nummer 6 nicht mehr benannt ist.

[5]Die Frist nach Satz 2 wird gehemmt, wenn das Bundeskartellamt von einem am Zusammenschluss beteiligten Unternehmen eine Auskunft nach § 59 erneut anfordern muss, weil das Unternehmen ein vorheriges Auskunftsverlangen nach § 59 aus Umständen, die von ihm zu vertreten sind, nicht rechtzeitig oder nicht vollständig beantwortet hat. [6]Die Hemmung endet, wenn das Unternehmen dem Bundeskartellamt die Auskunft vollständig übermittelt hat. [7]Die Frist verlängert sich um einen Monat, wenn ein anmeldendes Unternehmen in einem Verfahren dem Bundeskartellamt erstmals Vorschläge für Bedingungen oder Auflagen nach Absatz 3 unterbreitet.

(3) [1]Die Freigabe kann mit Bedingungen und Auflagen verbunden werden, um sicherzustellen, dass die beteiligten Unternehmen den Verpflichtungen nachkommen, die sie gegenüber dem Bundeskartellamt eingegangen sind, um eine Untersagung abzuwenden. [2]Die Bedingungen und Auflagen dürfen sich nicht darauf richten, die beteiligten Unternehmen einer laufenden Verhaltenskontrolle zu unterstellen.

(3a) [1]Die Freigabe kann widerrufen oder geändert werden, wenn sie auf unrichtigen Angaben beruht, arglistig herbeigeführt worden ist oder die beteiligten Unternehmen einer mit ihr verbundenen Auflage zuwiderhandeln. [2]Im Falle der Nichterfüllung einer Auflage gilt § 41 Absatz 4 entsprechend.

(4) [1]Vor einer Untersagung ist den obersten Landesbehörden, in deren Gebiet die beteiligten Unternehmen ihren Sitz haben, Gelegenheit zur Stellungnahme zu geben. [2]In Verfahren nach § 172a des Fünften Buches Sozialgesetzbuch[1)] ist vor einer Untersagung das Benehmen mit den zuständigen Aufsichtsbehörden nach § 90 des Vierten Buches Sozialgesetzbuch[2)] herzustellen. [3]Vor einer Untersagung in Verfahren, die den Bereich der bundesweiten Verbreitung von Fernsehprogrammen durch private Veranstalter betreffen, ist das Benehmen mit der Kommission zur Ermittlung der Konzentration im Medienbereich herzustellen.

(5) Die Fristen nach den Absätzen 1 und 2 Satz 2 beginnen in den Fällen des § 39 Absatz 4 Satz 1, wenn die Verweisungsentscheidung beim Bundeskartellamt eingegangen ist und die nach § 39 Absatz 3 erforderlichen Angaben in deutscher Sprache vorliegen.

(6) Wird eine Freigabe des Bundeskartellamts durch gerichtlichen Beschluss rechtskräftig ganz oder teilweise aufgehoben, beginnt die Frist nach Absatz 2 Satz 2 mit Eintritt der Rechtskraft von Neuem.

**§ 41[3)] Vollzugsverbot, Entflechtung.** (1) [1]Die Unternehmen dürfen einen Zusammenschluss, der vom Bundeskartellamt nicht freigegeben ist, nicht vor Ablauf der Fristen nach § 40 Absatz 1 Satz 1 und Absatz 2 Satz 2 vollziehen oder am Vollzug dieses Zusammenschlusses mitwirken. [2]Rechtsgeschäfte, die gegen dieses Verbot verstoßen, sind unwirksam. [3]Dies gilt nicht

1. für Verträge über Grundstücksgeschäfte, sobald sie durch Eintragung in das Grundbuch rechtswirksam geworden sind,

---

[1)] **Aichberger, SGB Nr. 5.**
[2)] **Aichberger, SGB Nr. 4.**
[3)] § 41 Abs. 3 Satz 1 geänd. mWv 8.9.2015 durch VO v. 31.8.2015 (BGBl. I S. 1474); Abs. 3 Satz 1 geänd. mWv 9.6.2017 durch G v. 1.6.2017 (BGBl. I S. 1416).

2. für Verträge über die Umwandlung, Eingliederung oder Gründung eines Unternehmens und für Unternehmensverträge im Sinne der §§ 291 und 292 des Aktiengesetzes[1], sobald sie durch Eintragung in das zuständige Register rechtswirksam geworden sind, sowie
3. für andere Rechtsgeschäfte, wenn der nicht angemeldete Zusammenschluss nach Vollzug angezeigt und das Entflechtungsverfahren nach Absatz 3 eingestellt wurde, weil die Untersagungsvoraussetzungen nicht vorlagen, oder die Wettbewerbsbeschränkung infolge einer Auflösungsanordnung nach Absatz 3 Satz 2 in Verbindung mit Satz 3 beseitigt wurde oder eine Ministererlaubnis nach § 42 erteilt worden ist.

(1a) Absatz 1 steht der Verwirklichung von Erwerbsvorgängen nicht entgegen, bei denen die Kontrolle, Anteile oder wettbewerblich erheblicher Einfluss im Sinne von § 37 Absatz 1 oder 2 von mehreren Veräußerern entweder im Wege eines öffentlichen Übernahmeangebots oder im Wege einer Reihe von Rechtsgeschäften mit Wertpapieren, einschließlich solchen, die in andere zum Handel an einer Börse oder an einem ähnlichen Markt zugelassene Wertpapiere konvertierbar sind, über eine Börse erworben werden, sofern der Zusammenschluss gemäß § 39 unverzüglich beim Bundeskartellamt angemeldet wird und der Erwerber die mit den Anteilen verbundenen Stimmrechte nicht oder nur zur Erhaltung des vollen Wertes seiner Investition auf Grund einer vom Bundeskartellamt nach Absatz 2 erteilten Befreiung ausübt.

(2) [1]Das Bundeskartellamt kann auf Antrag Befreiungen vom Vollzugsverbot erteilen, wenn die beteiligten Unternehmen hierfür wichtige Gründe geltend machen, insbesondere um schweren Schaden von einem beteiligten Unternehmen oder von Dritten abzuwenden. [2]Die Befreiung kann jederzeit, auch vor der Anmeldung, erteilt und mit Bedingungen und Auflagen verbunden werden. [3]§ 40 Absatz 3a gilt entsprechend.

(3) [1]Ein vollzogener Zusammenschluss, der die Untersagungsvoraussetzungen nach § 36 Absatz 1 erfüllt, ist aufzulösen, wenn nicht die Bundesministerin oder der Bundesminister für Wirtschaft und Energie nach § 42 die Erlaubnis zu dem Zusammenschluss erteilt. [2]Das Bundeskartellamt ordnet die zur Auflösung des Zusammenschlusses erforderlichen Maßnahmen an. [3]Die Wettbewerbsbeschränkung kann auch auf andere Weise als durch Wiederherstellung des früheren Zustands beseitigt werden.

(4) Zur Durchsetzung seiner Anordnung kann das Bundeskartellamt insbesondere

1. (weggefallen)
2. die Ausübung des Stimmrechts aus Anteilen an einem beteiligten Unternehmen, die einem anderen beteiligten Unternehmen gehören oder ihm zuzurechnen sind, untersagen oder einschränken,
3. einen Treuhänder bestellen, der die Auflösung des Zusammenschlusses herbeiführt.

**§ 42[2] Ministererlaubnis.** (1) [1]Die Bundesministerin oder der Bundesminister für Wirtschaft und Energie erteilt auf Antrag die Erlaubnis zu einem vom Bundes-

---

[1] Nr. **51**.

[2] § 42 Abs. 1 Satz 1, Abs. 3 Satz 1 und Abs. 4 Satz 1 geänd. mWv 8.9.2015 durch VO v. 31.8.2015 (BGBl. I S. 1474); Abs. 1 Satz 1 geänd., Satz 4 angef., Abs. 4 neu gef., Abs. 5 und 6 angef. mWv 9.6.2017 durch G v. 1.6.2017 (BGBl. I S. 1416).

kartellamt untersagten Zusammenschluss, wenn im Einzelfall die Wettbewerbsbeschränkung von gesamtwirtschaftlichen Vorteilen des Zusammenschlusses aufgewogen wird oder der Zusammenschluss durch ein überragendes Interesse der Allgemeinheit gerechtfertigt ist. [2] Hierbei ist auch die Wettbewerbsfähigkeit der beteiligten Unternehmen auf Märkten außerhalb des Geltungsbereichs dieses Gesetzes zu berücksichtigen. [3] Die Erlaubnis darf nur erteilt werden, wenn durch das Ausmaß der Wettbewerbsbeschränkung die marktwirtschaftliche Ordnung nicht gefährdet wird. [4] Weicht die Entscheidung vom Votum der Stellungnahme ab, die die Monopolkommission nach Absatz 5 Satz 1 erstellt hat, ist dies in der Verfügung gesondert zu begründen.

(2) [1] Die Erlaubnis kann mit Bedingungen und Auflagen verbunden werden. [2] § 40 Absatz 3 Satz 2 und Absatz 3a gilt entsprechend.

(3) [1] Der Antrag ist innerhalb einer Frist von einem Monat seit Zustellung der Untersagung oder einer Auflösungsanordnung nach § 41 Absatz 3 Satz 1 ohne vorherige Untersagung beim Bundesministerium für Wirtschaft und Energie schriftlich zu stellen. [2] Wird die Untersagung angefochten, beginnt die Frist in dem Zeitpunkt, in dem die Untersagung unanfechtbar wird. [3] Wird die Auflösungsanordnung nach § 41 Absatz 3 Satz 1 angefochten, beginnt die Frist zu dem Zeitpunkt, zu dem die Auflösungsanordnung unanfechtbar wird.

(4) [1] Die Bundesministerin oder der Bundesminister für Wirtschaft und Energie soll über den Antrag innerhalb von vier Monaten entscheiden. [2] Wird die Entscheidung nicht innerhalb dieser Frist getroffen, teilt das Bundesministerium für Wirtschaft und Energie die Gründe hierfür dem Deutschen Bundestag unverzüglich schriftlich mit. [3] Wird die Verfügung den antragstellenden Unternehmen nicht innerhalb von sechs Monaten nach Eingang des vollständigen Antrags zugestellt, gilt der Antrag auf die Ministererlaubnis als abgelehnt. [4] Das Bundesministerium für Wirtschaft und Energie kann die Frist nach Satz 3 auf Antrag der antragstellenden Unternehmen um bis zu zwei Monate verlängern. [5] In diesem Fall ist Satz 3 nicht anzuwenden und die Verfügung ist den antragstellenden Unternehmen innerhalb der Frist nach Satz 4 zuzustellen.

(5) [1] Vor der Entscheidung nach Absatz 4 Satz 1 ist eine Stellungnahme der Monopolkommission einzuholen und den obersten Landesbehörden, in deren Gebiet die beteiligten Unternehmen ihren Sitz haben, Gelegenheit zur Stellungnahme zu geben. [2] Im Fall eines Antrags auf Erlaubnis eines untersagten Zusammenschlusses im Bereich der bundesweiten Verbreitung von Fernsehprogrammen durch private Veranstalter ist zusätzlich eine Stellungnahme der Kommission zur Ermittlung der Konzentration im Medienbereich einzuholen. [3] Die Monopolkommission soll ihre Stellungnahme innerhalb von zwei Monaten nach Aufforderung durch das Bundesministerium für Wirtschaft und Energie abgeben.

(6) Das Bundesministerium für Wirtschaft und Energie erlässt Leitlinien über die Durchführung des Verfahrens.

**§ 43 Bekanntmachungen.** (1) Die Einleitung des Hauptprüfverfahrens durch das Bundeskartellamt nach § 40 Absatz 1 Satz 1 und der Antrag auf Erteilung einer Ministererlaubnis sind unverzüglich im Bundesanzeiger bekannt zu machen.

(2) Im Bundesanzeiger sind bekannt zu machen

1. die Verfügung des Bundeskartellamts nach § 40 Absatz 2,
2. die Ministererlaubnis, deren Widerruf, Änderung oder Ablehnung,
3. die Rücknahme, der Widerruf oder die Änderung der Freigabe des Bundeskartellamts,

4. die Auflösung eines Zusammenschlusses und die sonstigen Anordnungen des Bundeskartellamts nach § 41 Absatz 3 und 4.

(3) Bekannt zu machen nach Absatz 1 und 2 sind jeweils die Angaben nach § 39 Absatz 3 Satz 1 sowie Satz 2 Nummer 1 und 2.

**§ 43a[1] Evaluierung.** Das Bundesministerium für Wirtschaft und Energie berichtet den gesetzgebenden Körperschaften nach Ablauf von drei Jahren nach Inkrafttreten der Vorschrift über die Erfahrungen mit den Regelungen von § 35 Absatz 1a, § 37 Absatz 1 Nummer 1 und § 38 Absatz 4a.

## Kapitel 8.[2] Monopolkommission

**§ 44[3] Aufgaben.** (1) [1] Die Monopolkommission erstellt alle zwei Jahre ein Gutachten, in dem sie den Stand und die absehbare Entwicklung der Unternehmenskonzentration in der Bundesrepublik Deutschland beurteilt, die Anwendung der wettbewerbsrechtlichen Vorschriften anhand abgeschlossener Verfahren würdigt, sowie zu sonstigen aktuellen wettbewerbspolitischen Fragen Stellung nimmt. [2] Das Gutachten soll bis zum 30. Juni des Jahres abgeschlossen sein, in dem das Gutachten zu erstellen ist. [3] Die Bundesregierung kann die Monopolkommission mit der Erstattung zusätzlicher Gutachten beauftragen. [4] Darüber hinaus kann die Monopolkommission nach ihrem Ermessen Gutachten oder andere Stellungnahmen erstellen. [5] Die Möglichkeit zur Stellungnahme nach § 75 Absatz 5 bleibt unberührt.

(2) [1] Die Monopolkommission ist nur an den durch dieses Gesetz begründeten Auftrag gebunden und in ihrer Tätigkeit unabhängig. [2] Vertritt eine Minderheit bei der Abfassung der Gutachten eine abweichende Auffassung, so kann sie diese in dem Gutachten zum Ausdruck bringen.

(3) [1] Die Monopolkommission leitet ihre Gutachten der Bundesregierung zu. [2] Die Bundesregierung legt Gutachten nach Absatz 1 den gesetzgebenden Körperschaften unverzüglich vor. [3] Die Bundesregierung nimmt zu den Gutachten nach Absatz 1 Satz 1 in angemessener Frist Stellung, zu sonstigen Gutachten nach Absatz 1 kann sie Stellung nehmen, wenn und soweit sie dies für angezeigt hält. [4] Die jeweiligen fachlich zuständigen Bundesministerien und die Monopolkommission tauschen sich auf Verlangen zu den Inhalten der Gutachten aus. [5] Die Gutachten werden von der Monopolkommission veröffentlicht. [6] Bei Gutachten nach Absatz 1 Satz 1 erfolgt dies zu dem Zeitpunkt, zu dem sie von der Bundesregierung der gesetzgebenden Körperschaft vorgelegt werden.

**§ 45 Mitglieder.** (1) [1] Die Monopolkommission besteht aus fünf Mitgliedern, die über besondere volkswirtschaftliche, betriebswirtschaftliche, sozialpolitische, technologische oder wirtschaftsrechtliche Kenntnisse und Erfahrungen verfügen müssen. [2] Die Monopolkommission wählt aus ihrer Mitte einen Vorsitzenden.

(2) [1] Die Mitglieder der Monopolkommission werden auf Vorschlag der Bundesregierung durch den Bundespräsidenten für die Dauer von vier Jahren berufen. [2] Wiederberufungen sind zulässig. [3] Die Bundesregierung hört die Mitglieder der Kommission an, bevor sie neue Mitglieder vorschlägt. [4] Die Mitglieder sind berechtigt, ihr Amt durch Erklärung gegenüber dem Bundespräsidenten nieder-

---

[1] § 43a eingef. mWv 9.6.2017 durch G v. 1.6.2017 (BGBl. I S. 1416).

[2] Kapitel 8 Überschrift neu gef. mWv 9.6.2017 durch G v. 1.6.2017 (BGBl. I S. 1416).

[3] § 44 Abs. 1 Sätze 1 und 2 neu gef., Satz 4 geänd., Satz 5 angef., Abs. 3 Satz 2 neu gef., Sätze 3 und 4 eingef., bish Sätze 3 und 4 werden Sätze 5 und 6 mWv 19.1.2021 durch G v. 18.1.2021 (BGBl. I S. 2).

zulegen. [5] Scheidet ein Mitglied vorzeitig aus, so wird ein neues Mitglied für die Dauer der Amtszeit des ausgeschiedenen Mitglieds berufen.

(3) [1] Die Mitglieder der Monopolkommission dürfen weder der Regierung oder einer gesetzgebenden Körperschaft des Bundes oder eines Landes noch dem öffentlichen Dienst des Bundes, eines Landes oder einer sonstigen juristischen Person des öffentlichen Rechts, es sei denn als Hochschullehrer oder als Mitarbeiter eines wissenschaftlichen Instituts, angehören. [2] Ferner dürfen sie weder einen Wirtschaftsverband noch eine Arbeitgeber- oder Arbeitnehmerorganisation repräsentieren oder zu diesen in einem ständigen Dienst- oder Geschäftsbesorgungsverhältnis stehen. [3] Sie dürfen auch nicht während des letzten Jahres vor der Berufung zum Mitglied der Monopolkommission eine derartige Stellung innegehabt haben.

## § 46[1)] Beschlüsse, Organisation, Rechte und Pflichten der Mitglieder.

(1) Die Beschlüsse der Monopolkommission bedürfen der Zustimmung von mindestens drei Mitgliedern.

(2) [1] Die Monopolkommission hat eine Geschäftsordnung und verfügt über eine Geschäftsstelle. [2] Diese hat die Aufgabe, die Monopolkommission wissenschaftlich, administrativ und technisch zu unterstützen.

(2a) [1] Die Monopolkommission kann Einsicht in die von der Kartellbehörde geführten Akten einschließlich Betriebs- und Geschäftsgeheimnisse und personenbezogener Daten nehmen, soweit dies zur ordnungsgemäßen Erfüllung ihrer Aufgaben erforderlich ist. [2] Dies gilt auch für die Erstellung der Gutachten nach § 78 des Eisenbahnregulierungsgesetzes, § 62 des Energiewirtschaftsgesetzes[2)], § 44 des Postgesetzes[3)] sowie nach § 195 Absatz 2 des Telekommunikationsgesetzes[4)].

(2b) [1] Im Rahmen der Akteneinsicht kann die Monopolkommission bei der Kartellbehörde in elektronischer Form vorliegende Daten, einschließlich Betriebs- und Geschäftsgeheimnissen und personenbezogener Daten, selbstständig auswerten, soweit dies zur ordnungsgemäßen Erfüllung ihrer Aufgaben erforderlich ist. [2] Dies gilt auch für die Erstellung der Gutachten nach § 78 des Eisenbahnregulierungsgesetzes, § 62 des Energiewirtschaftsgesetzes, § 44 des Postgesetzes sowie nach § 195 Absatz 2 des Telekommunikationsgesetzes.

(3) [1] Die Mitglieder der Monopolkommission und die Angehörigen der Geschäftsstelle sind zur Verschwiegenheit über die Beratungen und die von der Monopolkommission als vertraulich bezeichneten Beratungsunterlagen verpflichtet. [2] Die Pflicht zur Verschwiegenheit bezieht sich auch auf Informationen und Daten, die der Monopolkommission gegeben und als vertraulich bezeichnet werden oder die gemäß Absatz 2a oder 2b erlangt worden sind.

(4) [1] Die Mitglieder der Monopolkommission erhalten eine pauschale Entschädigung sowie Ersatz ihrer Reisekosten. [2] Diese werden vom Bundesministerium für Wirtschaft und Energie festgesetzt. [3] Die Kosten der Monopolkommission trägt der Bund.

---

1) § 46 Abs. 4 Satz 2 geänd. mWv 8.9.2015 durch VO v. 31.8.2015 (BGBl. I S. 1474); Abs. 4 Satz 2 geänd. mWv 27.6.2020 durch VO v. 19.6.2020 (BGBl. I S. 1328); Abs. 2a Satz 2 angef., Abs. 2b eingef., Abs. 3 Satz 2 und Abs. 4 Satz 2 geänd. mWv 19.1.2021 durch G v. 18.1.2021 (BGBl. I S. 2); Abs. 2a und 2b geänd. mWv 1.12.2021 durch G v. 23.6.2021 (BGBl. I S. 1858).

2) **Sartorius Nr. 830.**

3) **Sartorius ErgBd. Nr. 910.**

4) **Sartorius ErgBd. Nr. 920.**

**§ 47[1)] Übermittlung statistischer Daten.** (1) [1] Für die Begutachtung der Entwicklung der Unternehmenskonzentration werden der Monopolkommission vom Statistischen Bundesamt aus Wirtschaftsstatistiken (Statistik im produzierenden Gewerbe, Handwerksstatistik, Außenhandelsstatistik, Steuerstatistik, Verkehrsstatistik, Statistik im Handel und Gastgewerbe, Dienstleistungsstatistik) und dem Statistikregister zusammengefasste Einzelangaben über die Vomhundertanteile der größten Unternehmen, Betriebe oder fachlichen Teile von Unternehmen des jeweiligen Wirtschaftsbereichs

a) am Wert der zum Absatz bestimmten Güterproduktion,

b) am Umsatz,

c) an der Zahl der tätigen Personen,

d) an den Lohn- und Gehaltssummen,

e) an den Investitionen,

f) am Wert der gemieteten und gepachteten Sachanlagen,

g) an der Wertschöpfung oder dem Rohertrag,

h) an der Zahl der jeweiligen Einheiten

übermittelt. [2] Satz 1 gilt entsprechend für die Übermittlung von Angaben über die Vomhundertanteile der größten Unternehmensgruppen. [3] Für die Zuordnung der Angaben zu Unternehmensgruppen übermittelt die Monopolkommission dem Statistischen Bundesamt Namen und Anschriften der Unternehmen, deren Zugehörigkeit zu einer Unternehmensgruppe sowie Kennzeichen zur Identifikation. [4] Die zusammengefassten Einzelangaben dürfen nicht weniger als drei Unternehmensgruppen, Unternehmen, Betriebe oder fachliche Teile von Unternehmen betreffen. [5] Durch Kombination oder zeitliche Nähe mit anderen übermittelten oder allgemein zugänglichen Angaben darf kein Rückschluss auf zusammengefasste Angaben von weniger als drei Unternehmensgruppen, Unternehmen, Betrieben oder fachlichen Teile von Unternehmen möglich sein. [6] Für die Berechnung von summarischen Konzentrationsmaßen, insbesondere Herfindahl-Indizes und Gini-Koeffizienten, gilt dies entsprechend. [7] Die statistischen Ämter der Länder stellen die hierfür erforderlichen Einzelangaben dem Statistischen Bundesamt zur Verfügung.

(2) [1] Personen, die zusammengefasste Einzelangaben nach Absatz 1 erhalten sollen, sind vor der Übermittlung zur Geheimhaltung besonders zu verpflichten, soweit sie nicht Amtsträger oder für den öffentlichen Dienst besonders Verpflichtete sind. [2] § 1 Absatz 2, 3 und 4 Nummer 2 des Verpflichtungsgesetzes gilt entsprechend. [3] Personen, die nach Satz 1 besonders verpflichtet worden sind, stehen für die Anwendung der Vorschriften des Strafgesetzbuches[2)] über die Verletzung von Privatgeheimnissen (§ 203 Absatz 2, 5 und 6; §§ 204, 205) und des Dienst-

*(Fortsetzung nächstes Blatt)*

---

[1)] *§ 47 Abs. 1 Satz 3* ber. durch G v. 12.8.2013 (BGBl. I S. 3245); Abs. 6 geänd. mWv 5.4.2017 durch G v. 29.3.2017 (BGBl. I S. 626); Abs. 2 Satz 3 geänd. mWv 9.11.2017 durch G v. 30.10.2017 (BGBl. I S. 3618).

[2)] Nr. **85**.

geheimnisses (§ 353b Absatz 1) den für den öffentlichen Dienst besonders Verpflichteten gleich.

(3) [1] Die zusammengefassten Einzelangaben dürfen nur für die Zwecke verwendet werden, für die sie übermittelt wurden. [2] Sie sind zu löschen, sobald der in Absatz 1 genannte Zweck erfüllt ist.

(4) Bei der Monopolkommission muss durch organisatorische und technische Maßnahmen sichergestellt sein, dass nur Amtsträger, für den öffentlichen Dienst besonders Verpflichtete oder Verpflichtete nach Absatz 2 Satz 1 Empfänger von zusammengefassten Einzelangaben sind.

(5) [1] Die Übermittlungen sind nach Maßgabe des § 16 Absatz 9 des Bundesstatistikgesetzes aufzuzeichnen. [2] Die Aufzeichnungen sind mindestens fünf Jahre aufzubewahren.

(6) Bei der Durchführung der Wirtschaftsstatistiken nach Absatz 1 sind die befragten Unternehmen schriftlich oder elektronisch zu unterrichten, dass die zusammengefassten Einzelangaben nach Absatz 1 der Monopolkommission übermittelt werden dürfen.

## Kapitel 9.[1)] Markttransparenzstellen für den Großhandel mit Strom und Gas und für Kraftstoffe

### Abschnitt 1.[1)] Markttransparenzstelle für den Großhandel im Bereich Strom und Gas

**§ 47a[2)] Einrichtung, Zuständigkeit, Organisation.** (1) [1] Zur Sicherstellung einer wettbewerbskonformen Bildung der Großhandelspreise von Elektrizität und Gas wird eine Markttransparenzstelle bei der Bundesnetzagentur für Elektrizität, Gas, Telekommunikation, Post und Eisenbahnen (Bundesnetzagentur) eingerichtet. [2] Sie beobachtet laufend die Vermarktung und den Handel mit Elektrizität und Erdgas auf der Großhandelsstufe.

(2) Die Aufgaben der Markttransparenzstelle nehmen die Bundesnetzagentur und das Bundeskartellamt einvernehmlich wahr.

(3) [1] Die Einzelheiten der einvernehmlichen Zusammenarbeit werden in einer vom Bundesministerium für Wirtschaft und Energie zu genehmigenden Kooperationsvereinbarung zwischen dem Bundeskartellamt und der Bundesnetzagentur näher geregelt. [2] In der Vereinbarung ist insbesondere Folgendes zu regeln:

1. die Besetzung und Geschäftsverteilung sowie
2. eine Koordinierung der Datenerhebung und des Daten- und Informationsaustausches.

(4) Das Bundesministerium für Wirtschaft und Energie wird ermächtigt, durch Rechtsverordnung Vorgaben zur Ausgestaltung der Kooperationsvereinbarung zu erlassen.

(5) [1] Entscheidungen der Markttransparenzstelle trifft die Person, die sie leitet. [2] § 51 Absatz 5 gilt für alle Mitarbeiterinnen und Mitarbeiter der Markttransparenzstelle entsprechend.

**§ 47b Aufgaben.** (1) [1] Die Markttransparenzstelle beobachtet laufend den gesamten Großhandel mit Elektrizität und Erdgas, unabhängig davon, ob er auf

[1)] Kapitel 9 und Abschnitt 1 Überschrift neu gef. mWv 9.6.2017 durch G v. 1.6.2017 (BGBl. I S. 1416).

[2)] § 47a Abs. 3 Satz 1 und Abs. 4 geänd. mWv 8.9.2015 durch VO v. 31.8.2015 (BGBl. I S. 1474).

physikalische oder finanzielle Erfüllung gerichtet ist, um Auffälligkeiten bei der Preisbildung aufzudecken, die auf Missbrauch von Marktbeherrschung, Insiderinformationen oder auf Marktmanipulation beruhen können. [2]Die Markttransparenzstelle beobachtet zu diesem Zweck auch die Erzeugung, den Kraftwerkseinsatz und die Vermarktung von Elektrizität und Erdgas durch die Erzeugungsunternehmen sowie die Vermarktung von Elektrizität und Erdgas als Regelenergie. [3]Die Markttransparenzstelle kann Wechselwirkungen zwischen den Großhandelsmärkten für Elektrizität und Erdgas und dem Emissionshandelssystem berücksichtigen.

(2) [1]Die Markttransparenzstelle überwacht als nationale Marktüberwachungsstelle gemäß Artikel 7 Absatz 2 Unterabsatz 2 der Verordnung (EU) Nr. 1227/2011 des Europäischen Parlaments und des Rates vom 25. Oktober 2011 über die Integrität und Transparenz des Energiegroßhandelsmarkts (ABl. L 326 vom 8.12. 2011, S. 1) zusammen mit der Bundesnetzagentur den Großhandel mit Elektrizität und Erdgas. [2]Sie arbeitet dabei mit der Agentur für die Zusammenarbeit der Energieregulierungsbehörden nach Artikel 7 Absatz 2 und Artikel 10 der Verordnung (EU) Nr. 1227/2011 zusammen.

(3) [1]Die Markttransparenzstelle erhebt und sammelt die Daten und Informationen, die sie zur Erfüllung ihrer Aufgaben benötigt. [2]Dabei berücksichtigt sie Meldepflichten der Mitteilungsverpflichteten gegenüber den in § 47i genannten Behörden oder Aufsichtsstellen sowie Meldepflichten, die von der Europäischen Kommission nach Artikel 8 Absatz 2 und 6 der Verordnung (EU) Nr. 1227/2011 festzulegen sind. [3]Für die Datenerfassung sind nach Möglichkeit bestehende Quellen und Meldesysteme zu nutzen.

(4) Die Bundesnetzagentur kann die Markttransparenzstelle mit der Erhebung und Auswertung von Daten beauftragen, soweit dies zur Erfüllung ihrer Aufgaben nach der Verordnung (EU) Nr. 1227/2011 erforderlich ist.

(5) [1]Die Markttransparenzstelle gibt vor Erlass von Festlegungen nach § 47g in Verbindung mit der nach § 47f zu erlassenden Rechtsverordnung betroffenen Behörden, Interessenvertretern und Marktteilnehmern vorab Gelegenheit zur Stellungnahme innerhalb einer festgesetzten Frist. [2]Zur Vorbereitung dieser Konsultationen erstellt und ergänzt die Markttransparenzstelle bei Bedarf eine detaillierte Liste aller Daten und Kategorien von Daten, die ihr die in § 47e Absatz 1 genannten Mitteilungspflichtigen auf Grund der §§ 47e und 47g und der nach § 47f zu erlassenden Rechtsverordnung laufend mitzuteilen haben, einschließlich des Zeitpunkts, an dem die Daten zu übermitteln sind, des Datenformats und der einzuhaltenden Übertragungswege sowie möglicher alternativer Meldekanäle. [3]Die Markttransparenzstelle ist nicht an die Stellungnahmen gebunden.

(6) Die Markttransparenzstelle wertet die erhaltenen Daten und Informationen kontinuierlich aus, um insbesondere festzustellen, ob Anhaltspunkte für einen Verstoß gegen die §§ 1, 19, 20 oder 29 dieses Gesetzes, die Artikel 101 oder 102 des Vertrages über die Arbeitsweise der Europäischen Union[1)], das Wertpapierhandelsgesetz[2)], das Börsengesetz oder die Verbote nach den Artikeln 3 und 5 der Verordnung (EU) Nr. 1227/2011 vorliegen.

(7) [1]Gibt es Anhaltspunkte dafür, dass eine natürliche oder juristische Person gegen die in Absatz 6 genannten gesetzlichen Bestimmungen verstößt, muss die Markttransparenzstelle umgehend die zuständigen Behörden informieren und den

[1)] Abgedruckt in Anm. zu § 22.
[2)] **Schönfelder ErgBd. Nr. 58.**

rgang an sie abgeben. [2]Bei Verdacht eines Verstoßes gegen die §§ 1, 19, 20 d 29 dieses Gesetzes oder gegen die Artikel 101 und 102 des Vertrages über die beitsweise der Europäischen Union informiert die Markttransparenzstelle die tändige Beschlussabteilung im Bundeskartellamt. [3]Kommt die Prüfzuständigt mehrerer Behörden in Betracht, so informiert die Markttransparenzstelle jede ser Behörden über den Verdachtsfall und über die Benachrichtigung der ande- Behörden. [4]Die Markttransparenzstelle leitet alle von den Behörden benötig- oder angeforderten Informationen und Daten unverzüglich an diese gemäß 7i weiter.

8) Die Absätze 1 bis 3 können auch Anwendung finden auf die Erzeugung und marktung im Ausland und auf Handelsgeschäfte, die im Ausland stattfinden, rn sie sich auf die Preisbildung von Elektrizität und Erdgas im Geltungsbereich ses Gesetzes auswirken.

**47c[1]) Datenverwendung.** (1) Die Markttransparenzstelle stellt die nach § 47b satz 3 erhaltenen Daten ferner folgenden Stellen zur Verfügung:

em Bundeskartellamt für die Durchführung des Monitorings nach § 48 Absatz 3,

er Bundesnetzagentur für die Durchführung des Monitorings nach § 35 des nergiewirtschaftsgesetzes[2]),

er zuständigen Beschlussabteilung im Bundeskartellamt für Fusionskontrollverhren nach den §§ 35 bis 41 und für Sektoruntersuchungen nach § 32e sowie

er Bundesnetzagentur zur Erfüllung ihrer weiteren Aufgaben nach dem Enerjiewirtschaftsgesetz, insbesondere zur Überwachung von Transparenzverpflichungen nach den Anhängen der folgenden Verordnungen:

Verordnung (EG) Nr. 714/2009 des Europäischen Parlaments und des Rates vom 13. Juli 2009 über die Netzzugangsbedingungen für den grenzüberschreitenden Stromhandel und zur Aufhebung der Verordnung (EG) Nr. 1228/2003 (ABl. L 211 vom 14.8.2009, S. 15),

Verordnung (EG) Nr. 715/2009 des Europäischen Parlaments und des Rates vom 13. Juli 2009 über die Bedingungen für den Zugang zu den Erdgasfernleitungsnetzen und zur Aufhebung der Verordnung (EG) Nr. 1775/2005 (ABl. L 211 vom 14.8.2009, S. 36) und

Verordnung (EU) Nr. 994/2010 des Europäischen Parlaments und des Rates vom 20. Oktober 2010 über Maßnahmen zur Gewährleistung der sicheren Erdgasversorgung und zur Aufhebung der Richtlinie 2004/67/EG des Rates (ABl. L 295 vom 12.11.2010, S. 1).

) Die Markttransparenzstelle stellt die Daten ferner dem Bundesministerium Wirtschaft und Energie und der Bundesnetzagentur zur Erfüllung ihrer Aufn nach § 54a des Energiewirtschaftsgesetzes zur Verfügung.

) Die Daten können dem Statistischen Bundesamt für dessen Aufgaben nach Energiestatistikgesetz und nach § 2 des Gesetzes über die Preisstatistik und Monopolkommission für deren Aufgaben nach diesem Gesetz und nach § 62 Energiewirtschaftsgesetzes zur Verfügung gestellt werden.

) [1]Die Markttransparenzstelle darf die Daten in anonymisierter Form ferner desministerien für eigene oder in deren Auftrag durchzuführende wissen-

47c Abs. 2 geänd. mWv 8.9.2015 durch VO v. 31.8.2015 (BGBl. I S. 1474); Abs. 3 geänd. mWv 21 durch G v. 22.2.2021 (BGBl. I S. 266).

**artorius Nr. 830.**

schaftliche Studien zur Verfügung stellen, wenn die Daten zur Erreichung die Zwecke erforderlich sind. [2]Daten, die Betriebs- und Geschäftsgeheimnisse d stellen, dürfen von der Markttransparenzstelle nur herausgegeben werden, we ein Bezug zu einem Unternehmen nicht mehr hergestellt werden kann. [3]I Bundesministerien dürfen die nach Satz 1 von der Markttransparenzstelle erhal nen Daten auch Dritten zur Durchführung wissenschaftlicher Studien im Auft zur Verfügung stellen, wenn diese ihnen gegenüber die Fachkunde nachgewie und die vertrauliche Behandlung der Daten zugesichert haben.

**§ 47d[1)] Befugnisse.** (1) [1]Zur Erfüllung ihrer Aufgaben hat die Markttra parenzstelle die Befugnisse nach §§ 59, 59a und 59b gegenüber natürlichen u juristischen Personen. [2]Sie kann nach Maßgabe des § 47f Festlegungen gegenü einzelnen, einer Gruppe oder allen der in § 47e Absatz 1 genannten Personen u Unternehmen in den in § 47g genannten Festlegungsbereichen treffen zur Dat kategorie, zum Zeitpunkt und zur Form der Übermittlung. [3]Die Markttra parenzstelle ist nach Maßgabe des § 47f befugt, die Festlegung bei Bedarf ändern, soweit dies zur Erfüllung ihrer Aufgaben erforderlich ist. [4]Sie kann i besondere vorgeben, dass eine Internetplattform zur Eingabe der angeforder Auskünfte sowie der Mitteilungen verwendet werden muss. [5]Die Markttra parenzstelle kann nach Maßgabe des § 47f darüber hinaus vorgeben, dass Auski te und Daten an einen zur Datenerfassung beauftragten Dritten geliefert werd Auswertung und Nutzung findet allein bei der Markttransparenzstelle statt. [6] §§ 48 und 49 des Verwaltungsverfahrensgesetzes[2)] bleiben unberührt. [7]Die §§ 54, 56 bis 58, 61 Absatz 1 und 2, die §§ 63, 64, 66, 67, 70, 73 bis 80, 82a, 85, 91 und 92 gelten entsprechend. [8]Für Entscheidungen, die die Markttra parenzstelle durch Festlegungen trifft, kann die Zustellung nach § 61 durch öffentliche Bekanntgabe im Bundesanzeiger ersetzt werden. [9]Für Auskunftspfli ten nach Satz 1 und Mitteilungspflichten nach § 47e gilt § 55 der Strafproz ordnung[3)] entsprechend.

(2) [1]Die Markttransparenzstelle hat als nationale Marktüberwachungsstelle Sinne des Artikels 7 Absatz 2 Unterabsatz 2 der Verordnung (EU) Nr. 1227/2 zudem die Rechte gemäß Artikel 7 Absatz 2 Unterabsatz 1, Absatz 3 Ur absatz 2 Satz 2, Artikel 4 Absatz 2 Satz 2, Artikel 8 Absatz 5 Satz 1 und Artike der Verordnung (EU) Nr. 1227/2011. [2]Absatz 1 gilt entsprechend.

(3) Die Markttransparenzstelle kann bei der Behörde, an die sie einen dachtsfall nach § 47b Absatz 7 Satz 1 abgegeben hat, eine Mitteilung über Abschluss der Untersuchung anfordern.

**§ 47e[4)] Mitteilungspflichten.** (1) Folgende Personen und Unternehmen u liegen neben den in § 47g genannten Mitteilungspflichtigen der Mitteilungspf nach den Absätzen 2 bis 5:

1. Großhändler im Sinne des § 3 Nummer 21 des Energiewirtschaftsgesetzes[5)],
2. Energieversorgungsunternehmen im Sinne des § 3 Nummer 18 des Ene wirtschaftsgesetzes,

---

[1)] § 47d Abs. 1 Satz 7 neu gef. mWv 9.6.2017 durch G v. 1.6.2017 (BGBl. I S. 1416); Abs. 1 S und 7 geänd. mWv 19.1.2021 durch G v. 18.1.2021 (BGBl. I S. 2).

[2)] **Sartorius Nr. 100.**

[3)] *Nr. 90.*

[4)] § 47e Abs. 1 Satz 1 einl. Satzteil und Nr. 4 geänd., Abs. 5 neu gef. mWv 9.6.2017 durch G 2017 (BGBl. I S. 1416).

[5)] **Sartorius Nr. 830.**

3. Betreiber von Energieanlagen im Sinne des § 3 Nummer 15 des Energiewirtschaftsgesetzes, ausgenommen Betreiber von Verteileranlagen der Letztverbraucher oder bei der Gasversorgung Betreiber der letzten Absperrvorrichtungen von Verbrauchsanlagen,
4. Kunden im Sinne des § 3 Nummer 24 des Energiewirtschaftsgesetzes, ausgenommen Haushaltskunden im Sinne des § 3 Nummer 22 des Energiewirtschaftsgesetzes und
5. Handelsplattformen.

(2) [1] Die Mitteilungspflichtigen haben der Markttransparenzstelle die nach Maßgabe des § 47f in Verbindung mit § 47g konkretisierten Handels-, Transport-, Kapazitäts-, Erzeugungs- und Verbrauchsdaten aus den Märkten zu übermitteln, auf denen sie tätig sind. [2] Dazu gehören Angaben

1. zu den Transaktionen an den Großhandelsmärkten, an denen mit Elektrizität und Erdgas gehandelt wird, einschließlich der Handelsaufträge, mit genauen Angaben über die erworbenen und veräußerten Energiegroßhandelsprodukte, die vereinbarten Preise und Mengen, die Tage und Uhrzeiten der Ausführung, die Parteien und Begünstigten der Transaktionen,
2. zur Kapazität und Auslastung von Anlagen zur Erzeugung und Speicherung, zum Verbrauch oder zur Übertragung oder Fernleitung von Strom oder Erdgas oder über die Kapazität und Auslastung von Anlagen für verflüssigtes Erdgas (LNG-Anlagen), einschließlich der geplanten oder ungeplanten Nichtverfügbarkeit dieser Anlagen oder eines Minderverbrauchs,
3. im Bereich der Elektrizitätserzeugung, die eine Identifikation einzelner Erzeugungseinheiten ermöglichen,
4. zu Kosten, die im Zusammenhang mit dem Betrieb der meldepflichtigen Erzeugungseinheiten entstehen, insbesondere zu Grenzkosten, Brennstoffkosten, $CO_2$-Kosten, Opportunitätskosten und Anfahrkosten,
5. zu technischen Informationen, die für den Betrieb der meldepflichtigen Erzeugungsanlagen relevant sind, insbesondere zu Mindeststillstandszeiten, Mindestlaufzeiten und zur Mindestproduktion,
6. zu geplanten Stilllegungen oder Kaltreserven,
7. zu Bezugsrechtsverträgen,
8. zu Investitionsvorhaben sowie
9. zu Importverträgen und zur Regelenergie im Bereich Erdgashandel.

(3) [1] Die Daten sind der Markttransparenzstelle nach Maßgabe der §§ 47f und 47g im Wege der Datenfernübertragung und, soweit angefordert, laufend zu übermitteln. [2] Stellt die Markttransparenzstelle Formularvorlagen bereit, sind die Daten in dieser Form elektronisch zu übermitteln.

(4) Die jeweilige Mitteilungspflicht gilt als erfüllt, wenn

1. Meldepflichtige nach Absatz 1 die zu meldenden oder angeforderten Informationen entsprechend Artikel 8 der Verordnung (EU) Nr. 1227/2011 gemeldet haben und ein zeitnaher Datenzugriff durch die Markttransparenzstelle gesichert ist oder
2. Dritte die zu meldenden oder angeforderten Informationen im Namen eines Meldepflichtigen nach Absatz 1 auch in Verbindung mit § 47f Nummer 3 und 4 übermittelt haben und dies der Markttransparenzstelle mitgeteilt wird oder
3. Meldepflichtige nach Absatz 1 auch in Verbindung mit § 47f Nummer 3 und 4 die zu meldenden oder angeforderten Informationen an einen nach § 47d

Absatz 1 Satz 5 in Verbindung mit § 47f Nummer 2 beauftragten Dritten übermittelt haben oder

4. Meldepflichtige nach Absatz 1 Nummer 3 in Verbindung mit § 47g Absatz 6 die zu meldenden oder angeforderten Informationen entsprechend den Anforderungen des Erneuerbare-Energien-Gesetzes[1)] oder einer auf dieses Gesetz gestützten Rechtsverordnung an den Netzbetreiber gemeldet haben, dies der Markttransparenzstelle mitgeteilt wird und ein zeitnaher Datenzugriff durch die Markttransparenzstelle gesichert ist.

(5) [1] Die Verpflichtungen nach den Absätzen 1 bis 4 gelten für Unternehmen, wenn sie an einer inländischen Börse zur Teilnahme am Handel zugelassen sind oder wenn sich ihre Tätigkeiten im Geltungsbereich dieses Gesetzes auswirken. [2] Übermittelt ein Unternehmen mit Sitz außerhalb des Geltungsbereichs dieses Gesetzes die verlangten Informationen nicht, so kann die Markttransparenzstelle zudem die zuständige Behörde des Sitzstaates ersuchen, geeignete Maßnahmen zur Verbesserung des Zugangs zu diesen Informationen zu treffen.

**§ 47f[2)] Verordnungsermächtigung.** Das Bundesministerium für Wirtschaft und Energie wird ermächtigt, im Wege der Rechtsverordnung, die nicht der Zustimmung des Bundesrates bedarf, im Einvernehmen mit dem Bundesministerium der Finanzen unter Berücksichtigung der Anforderungen von Durchführungsrechtsakten nach Artikel 8 Absatz 2 oder Absatz 6 der Verordnung (EU) Nr. 1227/2011

1. nähere Bestimmungen zu Art, Inhalt und Umfang derjenigen Daten und Informationen, die die Markttransparenzstelle nach § 47d Absatz 1 Satz 2 durch Festlegungen von den zur Mitteilung Verpflichteten anfordern kann, zu erlassen sowie zum Zeitpunkt und zur Form der Übermittlung dieser Daten,
2. nähere Bestimmungen zu Art, Inhalt und Umfang derjenigen Daten und Informationen, die nach § 47d Absatz 1 Satz 5 an beauftragte Dritte geliefert werden sollen, zu erlassen sowie zum Zeitpunkt und zur Form der Übermittlung und zu den Adressaten dieser Daten,
3. vorzusehen, dass folgende Stellen der Markttransparenzstelle laufend Aufzeichnungen der Energiegroßhandelstransaktionen übermitteln:
   a) organisierte Märkte,
   b) Systeme zur Zusammenführung von Kauf- und Verkaufsaufträgen oder Meldesysteme,
   c) Handelsüberwachungsstellen an Börsen, an denen mit Strom und Gas gehandelt wird, sowie
   d) die in § 47i genannten Behörden,
4. vorzusehen, dass eine Börse oder ein geeigneter Dritter die Angaben nach § 47e Absatz 2 in Verbindung mit § 47g auf Kosten der Mitteilungsverpflichteten übermitteln darf oder zu übermitteln hat, und die Einzelheiten hierzu festzulegen oder die Markttransparenzstelle zu entsprechenden Festlegungen zu ermächtigen,
5. angemessene Bagatellgrenzen für die Meldung von Transaktionen und Daten festzulegen und Übergangsfristen für den Beginn der Mitteilungspflichten vorzusehen sowie

---

[1)] **Sartorius ErgBd. Nr. 833.**

[2)] § 47f einl. Satzteil geänd. mWv 1.8.2014 durch G v. 21.7.2014 (BGBl. I S. 1066); Nr. 4 neu gef., Nr. 5 geänd., Nr. 6 angef. mWv 9.6.2017 durch G v. 1.6.2017 (BGBl. I S. 1416).

6. eine Registrierungspflicht für die Meldepflichtigen vorzusehen und die Markttransparenzstelle zu ermächtigen, den Meldepflichtigen hierfür ein zu nutzendes Registrierungsportal vorzugeben und die inhaltlichen und technischen Details der Registrierung festzulegen.

**§ 47g[1)] Festlegungsbereiche.** (1) Die Markttransparenzstelle entscheidet nach Maßgabe von § 47d Absatz 1 und § 47e sowie der nach § 47f zu erlassenden Rechtsverordnung durch Festlegungen zu den in den Absätzen 2 bis 12 genannten Bereichen, welche Daten und Kategorien von Daten wie zu übermitteln sind.

(2) *(aufgehoben)*

(3) Die Markttransparenzstelle kann festlegen, dass Betreiber von Erzeugungseinheiten mit mehr als 1 Megawatt und bis zu 10 Megawatt installierter Erzeugungskapazität je Einheit jährlich die Gesamtsumme der installierten Erzeugungskapazität aller Erzeugungseinheiten in der jeweiligen Regelzone, getrennt nach Erzeugungsart, angeben.

(4) Die Markttransparenzstelle kann festlegen, dass Betreiber von Verbrauchseinheiten von Elektrizität Angaben zu den folgenden Daten und Kategorien von Daten übermitteln:

1. der geplante und ungeplante Minderverbrauch bei Verbrauchseinheiten mit mehr als 25 Megawatt maximaler Verbrauchskapazität je Verbrauchseinheit und
2. die Vorhaltung und Einspeisung von Regelenergie.

(5) Die Markttransparenzstelle kann festlegen, dass Betreiber von Übertragungsnetzen im Sinne des § 3 Nummer 10 des Energiewirtschaftsgesetzes[2)] Angaben zu den folgenden Daten und Kategorien von Daten übermitteln:

1. die Übertragungskapazität an Grenzkuppelstellen auf stündlicher Basis,
2. die Im- und Exportdaten auf stündlicher Basis,
3. die prognostizierte und die tatsächliche Einspeisung von Anlagen, die nach dem Erneuerbare-Energien-Gesetz[3)] vergütet werden, auf stündlicher Basis,
4. die Verkaufsangebote, die im Rahmen der Verordnung zur Weiterentwicklung des bundesweiten Ausgleichsmechanismus getätigt wurden, auf stündlicher Basis und
5. die Angebote und Ergebnisse der Regelenergieauktionen.

(6) Die Markttransparenzstelle kann festlegen, dass Betreiber von Anlagen zur Erzeugung von Strom aus erneuerbaren Energien mit mehr als 10 Megawatt installierter Erzeugungskapazität Angaben zu den folgenden Daten und Kategorien von Daten übermitteln:

1. die erzeugten Mengen nach Anlagentyp und
2. die Wahl der Veräußerungsform im Sinne des § 21b Absatz 1 des Erneuerbare-Energien-Gesetzes und die auf die jeweilige Veräußerungsform entfallenden Mengen.

---

1) § 47g Abs. 6 Nr. 2 neu gef., Abs. 8 Satz 2 geänd. mWv 1.8.2014 durch G v. 21.7.2014 (BGBl. I S. 1066); Abs. 2 aufgeh. mWv 1.1.2021 durch G v. 15.4.2015 (BGBl. I S. 578, geänd. durch G v. 1.6.2017, BGBl. I S. 1416); Abs. 6 Nr. 2 und Abs. 8 Satz 2 geänd. mWv 1.1.2017 durch G v. 13.10.2016 (BGBl. I S. 2258); Abs. 2 Nr. 2 einl. Satzteil geänd. mWv 9.6.2017 durch G v. 1.6.2017 (BGBl. I S. 1416).

2) **Sartorius Nr. 830.**

3) **Sartorius ErgBd. Nr. 833.**

(7) Die Markttransparenzstelle kann festlegen, dass Handelsplattformen für den Handel mit Strom und Erdgas Angaben zu den folgenden Daten und Kategorien von Daten übermitteln:

1. die Angebote, die auf den Plattformen getätigt wurden,
2. die Handelsergebnisse und
3. die außerbörslichen, nicht standardisierten Handelsgeschäfte, bei denen die Vertragspartner individuell bilaterale Geschäfte aushandeln (OTC-Geschäfte), deren geld- und warenmäßige Besicherung (Clearing) über die Handelsplattform erfolgt.

(8) [1] Die Markttransparenzstelle kann festlegen, dass Großhändler im Sinne des § 3 Nummer 21 des Energiewirtschaftsgesetzes, die mit Strom handeln, Angaben zu den in § 47e Absatz 2 Nummer 1 genannten Transaktionen übermitteln, soweit diese Transaktionen nicht von Absatz 7 erfasst sind. [2] Beim Handel mit Strom aus erneuerbaren Energien kann die Markttransparenzstelle auch festlegen, dass Großhändler nach Satz 1 Angaben zur Form der Direktvermarktung im Sinne des § 3 Nummer 16 des Erneuerbare-Energien-Gesetzes sowie zu den danach gehandelten Strommengen übermitteln.

(9) Die Markttransparenzstelle kann festlegen, dass Großhändler im Sinne des § 3 Nummer 21 des Energiewirtschaftsgesetzes, die mit Erdgas handeln, Angaben zu den folgenden Daten und Kategorien von Daten übermitteln:

1. die Grenzübergangsmengen und -preise und einen Abgleich von Import- und Exportmengen,
2. die im Inland geförderten Gasmengen und ihre Erstabsatzpreise,
3. die Importverträge (Grenzübergangsverträge),
4. die Liefermengen getrennt nach Distributionsstufe im Bereich der Verteilung,
5. die getätigten Transaktionen mit Großhandelskunden und Fernleitungsnetzbetreibern sowie mit Betreibern von Speicheranlagen und Anlagen für verflüssigtes Erdgas (LNG-Anlagen) im Rahmen von Gasversorgungsverträgen und Energiederivate nach § 3 Nummer 15a des Energiewirtschaftsgesetzes, die auf Gas bezogen sind, einschließlich Laufzeit, Menge, Datum und Uhrzeit der Ausführung, Laufzeit-, Liefer- und Abrechnungsbestimmungen und Transaktionspreisen,
6. die Angebote und Ergebnisse eigener Erdgasauktionen,
7. die bestehenden Gasbezugs- und Gaslieferverträge und
8. die sonstigen Gashandelsaktivitäten, die als OTC-Geschäfte durchgeführt werden.

(10) Die Markttransparenzstelle kann festlegen, dass Betreiber von Fernleitungsnetzen im Sinne des § 3 Nummer 5 des Energiewirtschaftsgesetzes Angaben zu folgenden Daten und Kategorien von Daten übermitteln:

1. die bestehenden Kapazitätsverträge,
2. die vertraglichen Vereinbarungen mit Dritten über Lastflusszusagen und
3. die Angebote und Ergebnisse von Ausschreibungen über Lastflusszusagen.

(11) Die Markttransparenzstelle kann festlegen, dass Marktgebietsverantwortliche im Sinne des § 2 Nummer 11 der Gasnetzzugangsverordnung Angaben zu folgenden Daten und Kategorien von Daten übermitteln:

1. die bestehenden Regelenergieverträge,

2. die Angebote und Ergebnisse von Regelenergieauktionen und -ausschreibungen,
3. die getätigten Transaktionen an Handelsplattformen und
4. die sonstigen Gashandelsaktivitäten, die als OTC-Geschäfte durchgeführt werden.

(12) Die Markttransparenzstelle kann festlegen, dass im Bereich der Regelenergie und von Biogas Angaben über die Beschaffung externer Regelenergie, über Ausschreibungsergebnisse sowie über die Einspeisung und Vermarktung von Biogas übermittelt werden.

**§ 47h[1)] Berichtspflichten, Veröffentlichungen.** (1) Die Markttransparenzstelle unterrichtet das Bundesministerium für Wirtschaft und Energie über die Übermittlung von Informationen nach § 47b Absatz 7 Satz 1.

(2) [1]Die Markttransparenzstelle erstellt alle zwei Jahre einen Bericht über ihre Tätigkeit. [2]Soweit der Großhandel mit Elektrizität und Erdgas betroffen ist, erstellt sie ihn im Einvernehmen mit dem Bundeskartellamt. [3]Geschäftsgeheimnisse, von denen die Markttransparenzstelle bei der Durchführung ihrer Aufgaben Kenntnis erhalten hat, werden aus dem Bericht entfernt. [4]Der Bericht wird auf der Internetseite der Markttransparenzstelle veröffentlicht. [5]Der Bericht kann zeitgleich mit dem Bericht des Bundeskartellamts nach § 53 Absatz 3 erfolgen und mit diesem verbunden werden.

(3) Die Markttransparenzstelle veröffentlicht die nach § 47b Absatz 5 erstellten Listen und deren Entwürfe auf ihrer Internetseite.

(4) [1]Die Markttransparenzstelle kann im Einvernehmen mit dem Bundeskartellamt zur Verbesserung der Transparenz im Großhandel diejenigen Erzeugungs- und Verbrauchsdaten veröffentlichen, die bisher auf der Transparenzplattform der European Energy Exchange AG und der Übertragungsnetzbetreiber veröffentlicht werden, sobald diese Veröffentlichung eingestellt wird. [2]Die nach dem Energiewirtschaftsgesetz[2)] und darauf basierenden Rechtsverordnungen sowie die nach europäischem Recht bestehenden Veröffentlichungspflichten der Marktteilnehmer zur Verbesserung der Transparenz auf den Strom- und Gasmärkten bleiben unberührt.

**§ 47i[3)] Zusammenarbeit mit anderen Behörden und Aufsichtsstellen.**

(1) [1]Das Bundeskartellamt und die Bundesnetzagentur arbeiten bei der Wahrnehmung der Aufgaben der Markttransparenzstelle nach § 47b mit folgenden Stellen zusammen:

1. der Bundesanstalt für Finanzdienstleistungsaufsicht,
2. den Börsenaufsichtsbehörden sowie Handelsüberwachungsstellen derjenigen Börsen, an denen Elektrizität und Gas sowie Energiederivate im Sinne des § 3 Nummer 15a des Energiewirtschaftsgesetzes[2)] gehandelt werden,
3. der Agentur für die Zusammenarbeit der Energieregulierungsbehörden und der Europäischen Kommission, soweit diese Aufgaben nach der Verordnung (EU) Nr. 1227/2011 wahrnehmen, und
4. den Regulierungsbehörden anderer Mitgliedstaaten.

---

[1)] § 47h Abs. 1 geänd. mWv 8.9.2015 durch VO v. 31.8.2015 (BGBl. I S. 1474); Abs. 2 Satz 2, Abs. 4 Satz 1 geänd. mWv 9.6.2017 durch G v. 1.6.2017 (BGBl. I S. 1416).

[2)] **Sartorius Nr. 830.**

[3)] § 47i Abs. 2 geänd. mWv 8.9.2015 durch VO v. 31.8.2015 (BGBl. I S. 1474).

[2] Diese Stellen können unabhängig von der jeweils gewählten Verfahrensart untereinander Informationen einschließlich personenbezogener Daten und Betriebs- und Geschäftsgeheimnisse austauschen, soweit dies zur Erfüllung ihrer jeweiligen Aufgaben erforderlich ist. [3] Sie können diese Informationen in ihren Verfahren verwerten. [4] Beweisverwertungsverbote bleiben unberührt. [5] Die Regelungen über die Rechtshilfe in Strafsachen sowie Amts- und Rechtshilfeabkommen bleiben unberührt.

(2) Die Markttransparenzstelle kann mit Zustimmung des Bundesministeriums für Wirtschaft und Energie Kooperationsvereinbarungen mit der Bundesanstalt für Finanzdienstleistungsaufsicht, den Börsenaufsichtsbehörden sowie Handelsüberwachungsstellen derjenigen Börsen, an denen Elektrizität und Gas sowie Energiederivate im Sinne des § 3 Nummer 15a des Energiewirtschaftsgesetzes gehandelt werden, und der Agentur für die Zusammenarbeit der Energieregulierungsbehörden schließen.

**§ 47j[1)] Vertrauliche Informationen, operationelle Zuverlässigkeit, Datenschutz.** (1) [1] Informationen, die die Markttransparenzstelle bei ihrer Aufgabenerfüllung im gewöhnlichen Geschäftsverkehr erlangt oder erstellt hat, unterliegen der Vertraulichkeit. [2] Die Beschäftigten bei der Markttransparenzstelle sind zur Verschwiegenheit über die vertraulichen Informationen im Sinne des Satzes 1 verpflichtet. [3] Andere Personen, die vertrauliche Informationen erhalten sollen, sind vor der Übermittlung besonders zur Geheimhaltung zu verpflichten, soweit sie nicht Amtsträger oder für den öffentlichen Dienst besonders Verpflichtete sind. [4] § 1 Absatz 2, 3 und 4 Nummer 2 des Verpflichtungsgesetzes gilt entsprechend.

(2) [1] Die Markttransparenzstelle stellt zusammen mit der Bundesnetzagentur die operationelle Zuverlässigkeit der Datenbeobachtung sicher und gewährleistet Vertraulichkeit, Integrität und Schutz der eingehenden Informationen. [2] Die Markttransparenzstelle ist dabei an dasselbe Maß an Vertraulichkeit gebunden wie die übermittelnde Stelle oder die Stelle, welche die Informationen erhoben hat. [3] Die Markttransparenzstelle ergreift alle erforderlichen Maßnahmen, um den Missbrauch der in ihren Systemen verwalteten Informationen und den nicht autorisierten Zugang zu ihnen zu verhindern. [4] Die Markttransparenzstelle ermittelt Quellen betriebstechnischer Risiken und minimiert diese Risiken durch die Entwicklung geeigneter Systeme, Kontrollen und Verfahren.

(3) Für Personen, die Daten nach § 47d Absatz 1 Satz 5 erhalten sollen oder die nach § 47c Absatz 4 Daten erhalten, gilt Absatz 1 entsprechend.

(4) Die Markttransparenzstelle darf personenbezogene Daten, die ihr zur Erfüllung ihrer Aufgaben nach § 47b mitgeteilt werden, nur speichern, verändern und nutzen, soweit dies zur Erfüllung der in ihrer Zuständigkeit liegenden Aufgaben und für die Zwecke der Zusammenarbeit nach Artikel 7 Absatz 2 und Artikel 16 der Verordnung (EU) Nr. 1227/2011 erforderlich ist.

(5) Die Akteneinsicht der von den Entscheidungen der Markttransparenzstelle nach § 47b Absatz 5 und 7, § 47d Absatz 1 und 2, den §§ 47e und 47g sowie nach § 81 Absatz 2 Nummer 2 Buchstabe c und d, Nummer 5a und 6 in eigenen Rechten Betroffenen ist beschränkt auf die Unterlagen, die allein dem Rechtsverhältnis zwischen dem Betroffenen und der Markttransparenzstelle zuzuordnen sind.

---

1) § 47j Abs. 5 geänd. mWv 1.9.2013 durch G v. 6.6.2013 (BGBl. I S. 1482); Abs. 5 geänd. mWv 9.6. 2017 durch G v. 1.6.2017 (BGBl. I S. 1416).

## Abschnitt 2.[1] Markttransparenzstelle für Kraftstoffe

**§ 47k[2) 3)] Marktbeobachtung im Bereich Kraftstoffe.** (1) [1]Beim Bundeskartellamt wird eine Markttransparenzstelle für Kraftstoffe eingerichtet. [2]Sie beobachtet die Wertschöpfungsstufen der Herstellung von und des Handels mit Kraftstoffen, um den Kartellbehörden die Aufdeckung und Sanktionierung von Verstößen gegen die §§ 1, 19 und 20 dieses Gesetzes und die Artikel 101 und 102 des Vertrages über die Arbeitsweise der Europäischen Union[4)] zu erleichtern. [3]Sie nimmt ihre Aufgaben nach Maßgabe der Absätze 2 bis 9 wahr.

(2) [1]Betreiber von öffentlichen Tankstellen, die Letztverbrauchern Kraftstoffe zu selbst festgesetzten Preisen anbieten, sind verpflichtet, nach Maßgabe der Rechtsverordnung nach Absatz 8

1. bei jeder Änderung ihrer Kraftstoffpreise diese in Echtzeit und unterschieden nach der jeweiligen Kraftstoffsorte sowie
2. die im Laufe eines bestimmten Zeitraums abgegebenen Kraftstoffmengen unterschieden nach der jeweiligen Kraftstoffsorte

an die Markttransparenzstelle für Kraftstoffe zu übermitteln. [2]Werden dem Betreiber die Verkaufspreise von einem anderen Unternehmen vorgegeben, so ist das Unternehmen, das über die Preissetzungshoheit verfügt, zur Übermittlung verpflichtet.

(3) [1]Kraftstoffe im Sinne dieser Vorschrift sind Ottokraftstoffe und Dieselkraftstoffe. [2]Öffentliche Tankstellen sind Tankstellen, die sich an öffentlich zugänglichen Orten befinden und die ohne Beschränkung des Personenkreises aufgesucht werden können.

(4) [1]Bestehen Anhaltspunkte dafür, dass ein Unternehmen gegen die in Absatz 1 genannten gesetzlichen Bestimmungen verstößt, muss die Markttransparenzstelle für Kraftstoffe umgehend die zuständige Kartellbehörde informieren und den Vorgang an sie abgeben. [2]Hierzu oder auf Anfrage einer Kartellbehörde leitet sie alle von dieser für deren Aufgaben nach diesem Gesetz benötigten oder angeforderten Informationen und Daten unverzüglich an diese weiter. [3]Die Markttransparenzstelle für Kraftstoffe stellt die von ihr nach Absatz 2 erhobenen Daten ferner den folgenden Behörden und Stellen zur Verfügung:

1. dem Bundesministerium für Wirtschaft und Energie für statistische Zwecke und zu Evaluierungszwecken sowie
2. der Monopolkommission für deren Aufgaben nach diesem Gesetz.

[4]Standortinformationen, aggregierte oder ältere Daten kann die Markttransparenzstelle für Kraftstoffe auch an weitere Behörden und Stellen der unmittelbaren Bundes- und Landesverwaltung für deren gesetzliche Aufgaben weitergeben, Mengendaten jedoch nur derart aggregiert, dass die Betriebs- und Geschäftsgeheimnisse der einzelnen Betreiber gewahrt bleiben.

(5) [1]Die Markttransparenzstelle für Kraftstoffe wird nach Maßgabe der Rechtsverordnung nach Absatz 8 ermächtigt, die nach Absatz 2 erhobenen Preisdaten elektronisch an Anbieter von Verbraucher-Informationsdiensten zum Zweck der

---

1) Abschnitt 2 Überschrift neu gef. mWv 9.6.2017 durch G v. 1.6.2017 (BGBl. I S. 1416).

2) § 47k Abs. 4 Satz 3 Nr. 3, Abs. 8 Sätze 1, 2 und 4 geänd. mWv 8.9.2015 durch VO v. 31.8.2015 (BGBl. I S. 1474); Abs. 7 geänd., Abs. 9 Satz 3 aufgeh. mWv 9.6.2017 durch G v. 1.6.2017 (BGBl. I S. 1416); Abs. 4 Sätze 2 und 3 neu gef., Satz 4 angef., Abs. 7 geänd. mWv 19.1.2021 durch G v. 18.1.2021 (BGBl. I S. 2); Abs. 1 Satz 2 geänd., Abs. 2 Satz 1 neu gef., Abs. 4 Satz 4, Abs. 8 Satz 1 einl. Satzteil geänd., Nr. 1 neu gef. mWv 29.7.2022 durch G v. 19.7.2022 (BGBl. I S. 1214).

3) Beachte hierzu Anwendungsbestimmung in § 186.

4) Abgedruckt in Anm. zu § 22.

Verbraucherinformation weiterzugeben. [2] Bei der Veröffentlichung oder Weitergabe dieser Preisdaten an Verbraucherinnen und Verbraucher müssen die Anbieter von Verbraucher-Informationsdiensten die in der Rechtsverordnung nach Absatz 8 Nummer 5 näher geregelten Vorgaben einhalten. [3] Die Markttransparenzstelle für Kraftstoffe ist befugt, bei Nichteinhaltung dieser Vorgaben von einer Weitergabe der Daten abzusehen.

(6) Die Markttransparenzstelle für Kraftstoffe stellt die operationelle Zuverlässigkeit der Datenbeobachtung sicher und gewährleistet Vertraulichkeit, Integrität und Schutz der eingehenden Informationen.

(7) Zur Erfüllung ihrer Aufgaben hat die Markttransparenzstelle für Kraftstoffe die Befugnisse nach §§ 59, 59a und 59b.

(8) [1] Das Bundesministerium für Wirtschaft und Energie wird ermächtigt, im Wege der Rechtsverordnung, die nicht der Zustimmung des Bundesrates bedarf, Vorgaben zu den Meldepflichten nach Absatz 2 und zur Weitergabe der Preisdaten nach Absatz 5 zu erlassen, insbesondere

1. nähere Bestimmungen zum genauen Zeitpunkt oder Zeitraum sowie zur Art und Form der Übermittlung der Daten nach Absatz 2 zu erlassen,
2. angemessene Bagatellgrenzen für die Meldepflicht nach Absatz 2 vorzusehen und unterhalb dieser Schwelle für den Fall einer freiwilligen Unterwerfung unter die Meldepflichten nach Absatz 2 nähere Bestimmungen zu erlassen,
3. nähere Bestimmungen zu den Anforderungen an die Anbieter von Verbraucher-Informationsdiensten nach Absatz 5 zu erlassen,
4. nähere Bestimmungen zu Inhalt, Art, Form und Umfang der Weitergabe der Preisdaten durch die Markttransparenzstelle für Kraftstoffe an die Anbieter nach Absatz 5 zu erlassen sowie
5. nähere Bestimmungen zu Inhalt, Art, Form und Umfang der Veröffentlichung oder Weitergabe der Preisdaten an Verbraucherinnen und Verbraucher durch die Anbieter von Verbraucher-Informationsdiensten nach Absatz 5 zu erlassen.

[2] Die Rechtsverordnung ist dem Bundestag vom Bundesministerium für Wirtschaft und Energie zuzuleiten. [3] Sie kann durch Beschluss des Bundestages geändert oder abgelehnt werden. [4] Änderungen oder die Ablehnung sind dem Bundesministerium für Wirtschaft und Energie vom Bundestag zuzuleiten. [5] Hat sich der Bundestag nach Ablauf von drei Sitzungswochen nach Eingang der Rechtsverordnung nicht mit ihr befasst, gilt die Zustimmung des Bundestages als erteilt.

(9) [1] Entscheidungen der Markttransparenzstelle für Kraftstoffe trifft die Person, die sie leitet. [2] § 51 Absatz 5 gilt für alle Mitarbeiterinnen und Mitarbeiter der Markttransparenzstelle für Kraftstoffe entsprechend.

### Abschnitt 3.[1)] Evaluierung

**§ 47l[2)] Evaluierung der Markttransparenzstellen.** [1] Das Bundesministerium für Wirtschaft und Energie berichtet den gesetzgebenden Körperschaften über die Ergebnisse der Arbeit der Markttransparenzstellen und die hieraus gewonnenen Erfahrungen. [2] Die Berichterstattung für den Großhandel mit Strom und Gas erfolgt fünf Jahre nach Beginn der Mitteilungspflichten nach § 47e Absatz 2 bis 5 in Verbindung mit der Rechtsverordnung nach § 47f. [3] Die Berichterstattung für den Kraftstoffbereich erfolgt drei Jahre nach Beginn der Meldepflicht nach § 47k Absatz 2

---

[1)] Abschnitt 3 Überschrift neu gef. mWv 9.6.2017 durch G v. 1.6.2017 (BGBl. I S. 1416).
[2)] § 47l Satz 1 geänd. mWv 8.9.2015 durch VO v. 31.8.2015 (BGBl. I S. 1474).

in Verbindung mit der Rechtsverordnung nach § 47k Absatz 8 und soll insbesondere auf die Preisentwicklung und die Situation der mittelständischen Mineralölwirtschaft eingehen.

## Teil 2.[1] Kartellbehörden

### Kapitel 1.[2] Allgemeine Vorschriften

**§ 48[2] Zuständigkeit.** (1) Kartellbehörden sind das Bundeskartellamt, das Bundesministerium für Wirtschaft und Energie und die nach Landesrecht zuständigen obersten Landesbehörden.

(2) [1] Weist eine Vorschrift dieses Gesetzes eine Zuständigkeit nicht einer bestimmten Kartellbehörde zu, so nimmt das Bundeskartellamt die in diesem Gesetz der Kartellbehörde übertragenen Aufgaben und Befugnisse wahr, wenn die Wirkung des wettbewerbsbeschränkenden oder diskriminierenden Verhaltens oder einer Wettbewerbsregel über das Gebiet eines Landes hinausreicht. [2] In allen übrigen Fällen nimmt diese Aufgaben und Befugnisse die nach Landesrecht zuständige oberste Landesbehörde wahr.

(3) [1] Das Bundeskartellamt führt ein Monitoring durch über den Grad der Transparenz, auch der Großhandelspreise, sowie den Grad und die Wirksamkeit der Marktöffnung und den Umfang des Wettbewerbs auf Großhandels- und Endkundenebene auf den Strom- und Gasmärkten sowie an Elektrizitäts- und Gasbörsen. [2] Das Bundeskartellamt wird die beim Monitoring gewonnenen Daten der Bundesnetzagentur unverzüglich zur Verfügung stellen.

**§ 49[2] Bundeskartellamt und oberste Landesbehörde.** (1) [1] Leitet das Bundeskartellamt ein Verfahren ein oder führt es Ermittlungen durch, so benachrichtigt es gleichzeitig die oberste Landesbehörde, in deren Gebiet die betroffenen Unternehmen ihren Sitz haben. [2] Leitet eine oberste Landesbehörde ein Verfahren ein oder führt sie Ermittlungen durch, so benachrichtigt sie gleichzeitig das Bundeskartellamt.

(2) [1] Die oberste Landesbehörde hat eine Sache an das Bundeskartellamt abzugeben, wenn nach § 48 Absatz 2 Satz 1 oder nach § 50 Absatz 1 die Zuständigkeit des Bundeskartellamts begründet ist. [2] Das Bundeskartellamt hat eine Sache an die oberste Landesbehörde abzugeben, wenn nach § 48 Absatz 2 Satz 2 die Zuständigkeit der obersten Landesbehörde begründet ist.

(3) [1] Auf Antrag des Bundeskartellamts kann die oberste Landesbehörde eine Sache, für die nach § 48 Absatz 2 Satz 2 ihre Zuständigkeit begründet ist, an das Bundeskartellamt abgeben, wenn dies aufgrund der Umstände der Sache angezeigt ist. [2] Mit der Abgabe wird das Bundeskartellamt zuständige Kartellbehörde.

(4) [1] Auf Antrag der obersten Landesbehörde kann das Bundeskartellamt eine Sache, für die nach § 48 Absatz 2 Satz 1 seine Zuständigkeit begründet ist, an die oberste Landesbehörde abgeben, wenn dies aufgrund der Umstände der Sache angezeigt ist. [2] Mit der Abgabe wird die oberste Landesbehörde zuständige Kartellbehörde. [3] Vor der Abgabe benachrichtigt das Bundeskartellamt die übrigen betroffenen obersten Landesbehörden. [4] Die Abgabe erfolgt nicht, sofern ihr eine betroffene oberste Landesbehörde innerhalb einer vom Bundeskartellamt zu setzenden Frist widerspricht.

---

[1] Teil 2 Überschrift neu gef. mWv 9.6.2017 durch G v. 1.6.2017 (BGBl. I S. 1416).

[2] Teil 2 Kapitel 1 und 2 (§§ 48–50f) neu gef. mWv 19.1.2021 durch G v. 18.1.2021 (BGBl. I S. 2).

**§ 50[1] Vollzug des europäischen Rechts.** (1) Abweichend von § 48 Absatz 2 ist das Bundeskartellamt für die Anwendung der Artikel 101 und 102 des Vertrages über die Arbeitsweise der Europäischen Union[2] zuständige Wettbewerbsbehörde im Sinne des Artikels 35 Absatz 1 der Verordnung (EG) Nr. 1/2003.

(2) [1] Zuständige Wettbewerbsbehörde für die Mitwirkung an Verfahren der Europäischen Kommission oder der Wettbewerbsbehörden der anderen Mitgliedstaaten der Europäischen Union zur Anwendung der Artikel 101 und 102 des Vertrages über die Arbeitsweise der Europäischen Union[3] ist das Bundeskartellamt. [2] Es gelten die bei der Anwendung dieses Gesetzes maßgeblichen Verfahrensvorschriften.

(3) Die Bediensteten der Wettbewerbsbehörde eines Mitgliedstaates der Europäischen Union und andere von dieser Wettbewerbsbehörde ermächtigte oder benannte Begleitpersonen sind befugt, an Durchsuchungen und Vernehmungen mitzuwirken, die das Bundeskartellamt im Namen und für Rechnung dieser Wettbewerbsbehörde nach Artikel 22 Absatz 1 der Verordnung (EG) Nr. 1/2003 durchführt.

(4) [1] In anderen als in den Absätzen 1 bis 3 bezeichneten Fällen nimmt das Bundeskartellamt die Aufgaben wahr, die den Behörden der Mitgliedstaaten der Europäischen Union in den Artikeln 104 und 105 des Vertrages über die Arbeitsweise der Europäischen Union sowie in Verordnungen nach Artikel 103 des Vertrages über die Arbeitsweise der Europäischen Union, auch in Verbindung mit Artikel 43 Absatz 2, Artikel 100 Absatz 2, Artikel 105 Absatz 3 und Artikel 352 Absatz 1 des Vertrages über die Arbeitsweise der Europäischen Union, übertragen sind. [2] Im Beratenden Ausschuss für die Kontrolle von Unternehmenszusammenschlüssen nach Artikel 19 der Verordnung (EG) Nr. 139/2004 wird die Bundesrepublik Deutschland durch das Bundesministerium für Wirtschaft und Energie oder das Bundeskartellamt vertreten. [3] Absatz 2 Satz 2 gilt entsprechend.

### Kapitel 2.[1] Behördenzusammenarbeit

**§ 50a[1] Ermittlungen im Netzwerk der europäischen Wettbewerbsbehörden.** (1) [1] Das Bundeskartellamt darf im Namen und für Rechnung der Wettbewerbsbehörde eines anderen Mitgliedstaates der Europäischen Union und nach Maßgabe des innerstaatlichen Rechts Durchsuchungen und sonstige Maßnahmen zur Sachverhaltsaufklärung durchführen, um festzustellen, ob Unternehmen oder Unternehmensvereinigungen im Rahmen von Verfahren zur Durchsetzung von Artikel 101 oder 102 des Vertrages über die Arbeitsweise der Europäischen Union[2] die ihnen bei Ermittlungsmaßnahmen obliegenden Pflichten verletzt oder Entscheidungen der ersuchenden Behörde nicht befolgt haben. [2] Das Bundeskartellamt kann von der ersuchenden Behörde die Erstattung aller im Zusammenhang mit diesen Ermittlungsmaßnahmen entstandenen vertretbaren Kosten, einschließlich Übersetzungs-, Personal- und Verwaltungskosten, verlangen, sofern nicht im Rahmen der Gegenseitigkeit auf eine Erstattung verzichtet wurde.

(2) [1] Das Bundeskartellamt kann die Wettbewerbsbehörde eines anderen Mitgliedstaates der Europäischen Union ersuchen, Ermittlungsmaßnahmen nach Absatz 1 durchzuführen. [2] Alle im Zusammenhang mit diesen Ermittlungsmaßnahmen entstandenen vertretbaren zusätzlichen Kosten, einschließlich Übersetzungs-, Personal- und Verwaltungskosten, werden auf Antrag der ersuchten Behörde vom

---

[1] Teil 2 Kapitel 1 und 2 (§§ 48–50f) neu gef. mWv 19.1.2021 durch G v. 18.1.2021 (BGBl. I S. 2).
[2] Abgedruckt in Anm. zu § 22.
[3] **Sartorius Nr. 1001.**

Bundeskartellamt erstattet, sofern nicht im Rahmen der Gegenseitigkeit auf eine Erstattung verzichtet wurde.

(3) Die erhobenen Informationen werden in entsprechender Anwendung des § 50d ausgetauscht und verwendet.

**§ 50b[1)] Zustellung im Netzwerk der europäischen Wettbewerbsbehörden.** (1) Auf Ersuchen der Wettbewerbsbehörde eines anderen Mitgliedstaates der Europäischen Union stellt das Bundeskartellamt in deren Namen einem Unternehmen, einer Unternehmensvereinigung oder einer natürlichen Person im Inland folgende Unterlagen zu:

1. jede Art vorläufiger Beschwerdepunkte zu mutmaßlichen Verstößen gegen Artikel 101 oder 102 des Vertrages über die Arbeitsweise der Europäischen Union[2)];
2. Entscheidungen, die Artikel 101 oder 102 des Vertrages über die Arbeitsweise der Europäischen Union zur Anwendung bringen;
3. sonstige Verfahrensakte, die in Verfahren zur Durchsetzung der Artikel 101 oder 102 des Vertrages über die Arbeitsweise der Europäischen Union[3)] erlassen wurden und nach den Vorschriften des nationalen Rechts zuzustellen sind sowie
4. sonstige Unterlagen, die mit der Anwendung der Artikel 101 oder 102 des Vertrages über die Arbeitsweise der Europäischen Union, einschließlich der Vollstreckung von verhängten Geldbußen oder Zwangsgeldern, in Zusammenhang stehen.

(2) [1] Das Ersuchen um Zustellung von Unterlagen nach Absatz 1 an einen Empfänger, der im Anwendungsbereich dieses Gesetzes ansässig ist, erfolgt durch Übermittlung eines einheitlichen Titels in deutscher Sprache, dem die zuzustellende Unterlage beizufügen ist. [2] Der einheitliche Titel enthält:

1. den Namen und die Anschrift sowie gegebenenfalls weitere Informationen, durch die der Empfänger identifiziert werden kann,
2. eine Zusammenfassung der relevanten Fakten und Umstände,
3. eine Zusammenfassung des Inhalts der zuzustellenden Unterlage,
4. Name, Anschrift und sonstige Kontaktinformationen der ersuchten Behörde und
5. die Zeitspanne, innerhalb derer die Zustellung erfolgen sollte, beispielsweise gesetzliche Fristen oder Verjährungsfristen.

(3) [1] Das Bundeskartellamt kann die Zustellung verweigern, wenn das Ersuchen den Anforderungen nach Absatz 2 nicht entspricht oder die Durchführung der Zustellung der öffentlichen Ordnung offensichtlich widersprechen würde. [2] Will das Bundeskartellamt die Zustellung verweigern oder werden weitere Informationen benötigt, informiert es die ersuchende Behörde hierüber. [3] Anderenfalls stellt es die entsprechenden Unterlagen unverzüglich zu.

(4) [1] Die Zustellung richtet sich nach den Vorschriften des Verwaltungszustellungsgesetzes[4)]. [2] § 5 Absatz 4 des Verwaltungszustellungsgesetzes sowie § 178 Absatz 1 Nummer 2 der Zivilprozessordnung[5)] sind auf die Zustellung an Unternehmen und Vereinigungen von Unternehmen entsprechend anzuwenden.

---

[1)] § 50b neu gef. mWv 19.1.2021 durch G v. 18.1.2021 (BGBl. I S. 2); Abs. 1 einl. Satzteil neu gef. mWv 15.7.2021 durch G v. 9.7.2021 (BGBl. I S. 2506).

[2)] Abgedruckt in Anm. zu § 22.

[3)] **Sartorius Nr. 1001.**

[4)] **Sartorius Nr. 110.**

[5)] Nr. **100**.

(5) [1] Das Bundeskartellamt ist befugt, die Zustellung seiner Entscheidungen und sonstiger Unterlagen im Sinne des Absatzes 1 durch die Wettbewerbsbehörde eines anderen Mitgliedstaates in seinem Namen zu bewirken. [2] Das Ersuchen um Zustellung ist in Form eines einheitlichen Titels entsprechend Absatz 2 nebst einer Übersetzung dieses einheitlichen Titels in die Amtssprache oder eine der Amtssprachen des ersuchten Mitgliedstaates unter Beifügung der zuzustellenden Unterlage an die dort zuständige Wettbewerbsbehörde zu richten. [3] Eine Übersetzung der zuzustellenden Unterlage in die Amtssprache oder in eine der Amtssprachen des Mitgliedstaates der ersuchten Behörde ist nur dann erforderlich, wenn das nationale Recht des ersuchten Mitgliedstaates dies vorschreibt. [4] Zum Nachweis der Zustellung genügt das Zeugnis der ersuchten Behörde.

(6) [1] Auf Verlangen der ersuchten Behörde erstattet das Bundeskartellamt die der ersuchten Behörde infolge der Zustellung entstandenen Kosten, insbesondere für benötigte Übersetzungen oder Personal- und Verwaltungsaufwand, soweit diese Kosten vertretbar sind. [2] Das Bundeskartellamt kann ein entsprechendes Verlangen an eine ersuchende Behörde stellen, wenn dem Bundeskartellamt bei der Zustellung für die ersuchende Behörde solche Kosten entstanden sind.

(7) [1] Über Streitigkeiten in Bezug auf die Rechtmäßigkeit einer durch das Bundeskartellamt erstellten und im Hoheitsgebiet einer anderen Wettbewerbsbehörde zuzustellenden Unterlage sowie über Streitigkeiten in Bezug auf die Wirksamkeit einer Zustellung, die das Bundeskartellamt im Namen der Wettbewerbsbehörde eines anderen Mitgliedstaates übernimmt, entscheidet das nach diesem Gesetz zuständige Gericht. [2] Es gilt deutsches Recht.

**§ 50c[1)] Vollstreckung im Netzwerk der europäischen Wettbewerbsbehörden.** (1) Auf Ersuchen der Wettbewerbsbehörde eines anderen Mitgliedstaates der Europäischen Union vollstreckt das Bundeskartellamt Entscheidungen, durch die in Verfahren zur Anwendung von Artikel 101 oder 102 des Vertrages über die Arbeitsweise der Europäischen Union[2)] Geldbußen oder Zwangsgelder festgesetzt werden, sofern die zu vollstreckende Entscheidung bestandskräftig ist und die ersuchende Behörde aufgrund hinreichender Bemühungen, die Entscheidung in ihrem Hoheitsgebiet zu vollstrecken, mit Sicherheit feststellen konnte, dass das Unternehmen oder die Unternehmensvereinigung dort über keine zur Einziehung der Geldbuße bzw. des Zwangsgeldes ausreichenden Vermögenswerte verfügt.

(2) [1] Auf Ersuchen der Wettbewerbsbehörde eines anderen Mitgliedstaates der Europäischen Union kann das Bundeskartellamt auch in anderen, von Absatz 1 nicht erfassten Fällen bestandskräftige Entscheidungen, durch die in Verfahren zur Anwendung von Artikel 101 oder 102 des Vertrages über die Arbeitsweise der Europäischen Union Geldbußen oder Zwangsgelder festgesetzt werden, vollstrecken. [2] Dies gilt insbesondere, wenn das Unternehmen oder die Vereinigung von Unternehmen, gegen die die Entscheidung vollstreckbar ist, über keine Niederlassung im Mitgliedstaat der ersuchenden Wettbewerbsbehörde verfügt.

(3) [1] Für das Ersuchen nach Absatz 1 oder Absatz 2 gilt § 50b Absatz 2 mit der Maßgabe, dass die Unterlage, aus der die Vollstreckung begehrt wird, an die Stelle der zuzustellenden Unterlage tritt. [2] Der einheitliche Titel umfasst neben den in § 50b Absatz 2 Satz 2 genannten Inhalten:

---

[1)] § 50c neu gef. mWv 19.1.2021 durch G v. 18.1.2021 (BGBl. I S. 2).
[2)] Abgedruckt in Anm. zu § 22.

1. Informationen über die Entscheidung, die die Vollstreckung im Mitgliedstaat der ersuchenden Behörde erlaubt, sofern diese nicht bereits im Rahmen des § 50b Absatz 2 Nummer 3 vorgelegt wurden,
2. den Zeitpunkt, zu dem die Entscheidung bestandskräftig wurde,
3. die Höhe der Geldbuße oder des Zwangsgeldes, sowie
4. im Fall des Absatzes 1 Nachweise, dass die ersuchende Behörde ausreichende Anstrengungen unternommen hat, die Forderung in ihrem Hoheitsgebiet zu vollstrecken.

[3] Die Vollstreckung erfolgt auf Grundlage des einheitlichen Titels, der zur Vollstreckung im ersuchten Mitgliedstaat ermächtigt, ohne dass es eines Anerkennungsaktes bedarf.

(4) [1] Das Bundeskartellamt kann die Vollstreckung im Fall des Absatzes 1 nur verweigern, wenn das Ersuchen den Anforderungen nach Absatz 3 nicht entspricht oder die Durchführung der Vollstreckung der öffentlichen Ordnung offensichtlich widersprechen würde. [2] Will das Bundeskartellamt die Vollstreckung verweigern oder benötigt es weitere Informationen, informiert es die ersuchende Behörde hierüber. [3] Anderenfalls leitet es unverzüglich die Vollstreckung ein.

(5) [1] Soweit dieses Gesetz keine abweichenden Regelungen trifft, richtet sich die Vollstreckung von Bußgeldern nach §§ 89 ff. des Gesetzes über Ordnungswidrigkeiten[1)] und die Vollstreckung von Zwangsgeldern nach den Vorschriften des Verwaltungsvollstreckungsgesetzes[2)]. [2] Geldbußen oder Zwangsgelder, die in einer anderen Währung verhängt wurden, werden vom Bundeskartellamt nach dem im Zeitpunkt der ausländischen Entscheidung maßgeblichen Kurswert in Euro umgerechnet. [3] Der Erlös aus der Vollstreckung fließt der Bundeskasse zu.

(6) [1] Das Bundeskartellamt macht die im Zusammenhang mit der Vollstreckung nach dieser Vorschrift entstandenen Kosten gemeinsam mit dem Buß- oder Zwangsgeld bei dem Unternehmen beziehungsweise der Unternehmensvereinigung geltend, gegen das oder gegen die die Entscheidung vollstreckbar ist. [2] Reicht der Vollstreckungserlös nicht aus, um die im Zusammenhang mit der Vollstreckung entstandenen Kosten zu decken, so kann das Bundeskartellamt von der ersuchenden Behörde verlangen, die nach Abzug des Vollstreckungserlöses verbleibenden Kosten zu tragen.

(7) [1] Das Bundeskartellamt ist befugt, die Wettbewerbsbehörde eines anderen Mitgliedstaates der Europäischen Union um die Vollstreckung von Entscheidungen, durch die in Verfahren zur Anwendung von Artikel 101 oder 102 des Vertrages über die Arbeitsweise der Europäischen Union Geldbußen oder Zwangsgelder festgesetzt werden, zu ersuchen. [2] § 50b Absatz 5 Satz 2 und 3 gilt entsprechend. [3] Für den Inhalt des einheitlichen Titels gilt darüber hinaus Absatz 3 Satz 2. [4] Gelingt es der ersuchten Behörde nicht, die ihr im Zusammenhang mit der Vollstreckung entstandenen Kosten, einschließlich Übersetzungs-, Personal- und Verwaltungskosten, aus den beigetriebenen Buß- oder Zwangsgeldern zu decken, so werden diese Kosten auf Antrag der ersuchten Behörde vom Bundeskartellamt erstattet.

(8) [1] Über Streitigkeiten in Bezug auf die Rechtmäßigkeit einer durch das Bundeskartellamt erlassenen und im Hoheitsgebiet einer anderen Wettbewerbsbehörde zu vollstreckenden Entscheidung sowie über die Rechtmäßigkeit des einheitlichen Titels, der zur Vollstreckung einer Entscheidung in einem anderen Mitgliedstaat berechtigt, entscheidet das nach diesem Gesetz zuständige Gericht. [2] Es gilt deut-

[1)] Nr. **94**.
[2)] **Sartorius Nr. 112.**

sches Recht. [3] Gleiches gilt für Streitigkeiten in Bezug auf die Durchführung einer Vollstreckung, die das Bundeskartellamt für die Wettbewerbsbehörde eines anderen Mitgliedstaates vornimmt.

**§ 50d[1)] Informationsaustausch im Netzwerk der europäischen Wettbewerbsbehörden.** (1) Das Bundeskartellamt ist nach Artikel 12 Absatz 1 der Verordnung (EG) Nr. 1/2003 befugt, der Europäischen Kommission und den Wettbewerbsbehörden der anderen Mitgliedstaaten der Europäischen Union zum Zweck der Anwendung der Artikel 101 und 102 des Vertrages über die Arbeitsweise der Europäischen Union[2)] und vorbehaltlich Absatz 2

1. tatsächliche und rechtliche Umstände, einschließlich vertraulicher Angaben, insbesondere Betriebs- und Geschäftsgeheimnisse, mitzuteilen und entsprechende Dokumente und Daten zu übermitteln sowie
2. diese Wettbewerbsbehörden um die Übermittlung von Informationen nach Nummer 1 zu ersuchen, diese zu empfangen und als Beweismittel zu verwenden.

(2) Kronzeugenerklärungen dürfen der Wettbewerbsbehörde eines anderen Mitgliedstaates der Europäischen Union nur übermittelt werden, wenn

1. der Steller eines Antrags auf Kronzeugenbehandlung der Übermittlung seiner Kronzeugenerklärung an die andere Wettbewerbsbehörde zustimmt oder
2. bei der anderen Wettbewerbsbehörde von demselben Antragsteller ein Antrag auf Kronzeugenbehandlung eingegangen ist und dieser sich auf ein und dieselbe Zuwiderhandlung bezieht, sofern es dem Antragsteller zu dem Zeitpunkt, zu dem die Kronzeugenerklärung weitergeleitet wird, nicht freisteht, die der anderen Wettbewerbsbehörde vorgelegten Informationen zurückzuziehen.

(3) [1] Das Bundeskartellamt darf die empfangenen Informationen nur zum Zweck der Anwendung von Artikel 101 oder 102 des Vertrages über die Arbeitsweise der Europäischen Union sowie in Bezug auf den Untersuchungsgegenstand als Beweismittel verwenden, für den sie von der übermittelnden Behörde erhoben wurden. [2] Werden Vorschriften dieses Gesetzes jedoch nach Maßgabe des Artikels 12 Absatz 2 Satz 2 der Verordnung (EG) Nr. 1/2003 angewandt, so können nach Absatz 1 ausgetauschte Informationen auch für die Anwendung dieses Gesetzes verwendet werden.

(4) [1] Informationen, die das Bundeskartellamt nach Absatz 1 erhalten hat, können zum Zweck der Verhängung von Sanktionen gegen natürliche Personen nur als Beweismittel verwendet werden, wenn das Recht der übermittelnden Behörde ähnlich geartete Sanktionen in Bezug auf Verstöße gegen Artikel 101 oder 102 des Vertrages über die Arbeitsweise der Europäischen Union vorsieht. [2] Falls die Voraussetzungen des Satzes 1 nicht erfüllt sind, ist eine Verwendung als Beweismittel auch dann möglich, wenn die Informationen in einer Weise erhoben worden sind, die hinsichtlich der Wahrung der Verteidigungsrechte natürlicher Personen das gleiche Schutzniveau wie nach dem für das Bundeskartellamt geltenden Recht gewährleistet. [3] Das Beweisverwertungsverbot nach Satz 1 steht einer Verwendung der Beweise gegen juristische Personen oder Personenvereinigungen nicht entgegen. [4] Die Beachtung verfassungsrechtlich begründeter Verwertungsverbote bleibt unberührt.

---

1) § 50d neu gef. mWv 19.1.2021 durch G v. 18.1.2021 (BGBl. I S. 2).
2) Abgedruckt in Anm. zu § 22.

**§ 50e[1] Sonstige Zusammenarbeit mit ausländischen Wettbewerbsbehörden.** (1) Das Bundeskartellamt hat die in § 50d Absatz 1 genannten Befugnisse auch in anderen Fällen, in denen es zum Zweck der Anwendung kartellrechtlicher Vorschriften mit der Europäischen Kommission oder den Wettbewerbsbehörden anderer Staaten zusammenarbeitet.

(2) [1] Das Bundeskartellamt darf Informationen nach § 50d Absatz 1 nur unter dem Vorbehalt übermitteln, dass die empfangende Wettbewerbsbehörde

1. die Informationen nur zum Zweck der Anwendung kartellrechtlicher Vorschriften sowie in Bezug auf den Untersuchungsgegenstand als Beweismittel verwendet, für den sie das Bundeskartellamt erhoben hat, und
2. den Schutz vertraulicher Informationen wahrt und diese nur an Dritte übermittelt, wenn das Bundeskartellamt der Übermittlung zustimmt; das gilt auch für die Offenlegung von vertraulichen Informationen in Gerichts- oder Verwaltungsverfahren.

[2] Vertrauliche Angaben, einschließlich Betriebs- und Geschäftsgeheimnisse, aus Verfahren der Zusammenschlusskontrolle dürfen durch das Bundeskartellamt nur mit Zustimmung des Unternehmens übermittelt werden, das diese Angaben vorgelegt hat.

(3) Die Regelungen über die Rechtshilfe in Strafsachen sowie Amts- und Rechtshilfeabkommen bleiben unberührt.

**§ 50f[2] Zusammenarbeit mit anderen Behörden.** (1) [1] Die Kartellbehörden, Regulierungsbehörden, die oder der Bundesbeauftragte für den Datenschutz und die Informationsfreiheit und die Landesbeauftragten für Datenschutz sowie die zuständigen Behörden im Sinne des § 2 des EU-Verbraucherschutzdurchführungsgesetzes können unabhängig von der jeweils gewählten Verfahrensart untereinander Informationen einschließlich personenbezogener Daten und Betriebs- und Geschäftsgeheimnisse austauschen, soweit dies zur Erfüllung ihrer jeweiligen Aufgaben erforderlich ist, sowie diese in ihren Verfahren verwerten. [2] Beweisverwertungsverbote bleiben unberührt.

(2) [1] Die Kartellbehörden arbeiten im Rahmen der Erfüllung ihrer Aufgaben mit der Bundesanstalt für Finanzdienstleistungsaufsicht, der Deutschen Bundesbank, den zuständigen Aufsichtsbehörden nach § 90 des Vierten Buches Sozialgesetzbuch[3] und den Landesmedienanstalten sowie der Kommission zur Ermittlung der Konzentration im Medienbereich zusammen. [2] Die Kartellbehörden tauschen mit den Landesmedienanstalten und der Kommission zur Ermittlung der Konzentration im Medienbereich gegenseitig Erkenntnisse aus, soweit dies für die Erfüllung ihrer jeweiligen Aufgaben erforderlich ist; mit den übrigen in Satz 1 genannten Behörden können sie entsprechend auf Anfrage Erkenntnisse austauschen. [3] Dies gilt nicht

1. für vertrauliche Informationen, insbesondere Betriebs- und Geschäftsgeheimnisse, sowie
2. für Informationen, die nach § 50d dieses Gesetzes oder nach Artikel 12 der Verordnung (EG) Nr. 1/2003 erlangt worden sind.

---

[1] § 50e neu gef. mWv 19.1.2021 durch G v. 18.1.2021 (BGBl. I S. 2).

[2] § 50f neu gef. mWv 19.1.2021 durch G v. 18.1.2021 (BGBl. I S. 2); Abs. 3 Satz 1 geänd. mWv 15.7.2021 durch G v. 9.7.2021 (BGBl. I S. 2506).

[3] **Aichberger, SGB Nr. 4.**

[4] Die Sätze 2 und 3 Nummer 1 lassen die Regelungen des Wertpapiererwerbs- und Übernahmegesetzes sowie des Gesetzes über den Wertpapierhandel[1)] über die Zusammenarbeit mit anderen Behörden unberührt.

(3) [1] Das Bundeskartellamt kann Angaben der an einem Zusammenschluss beteiligten Unternehmen, die ihm nach § 39 Absatz 3 gemacht worden sind, an andere Behörden übermitteln, soweit dies zur Verfolgung der in § 4 Absatz 1 Nummer 1 bzw. Nummern 4, 4a und § 5 Absatz 2, 3 des Außenwirtschaftsgesetzes genannten Zwecke erforderlich ist. [2] Bei Zusammenschlüssen mit gemeinschaftsweiter Bedeutung im Sinne des Artikels 1 Absatz 1 der Verordnung (EG) Nr. 139/2004 des Rates vom 20. Januar 2004 über die Kontrolle von Unternehmenszusammenschlüssen in ihrer jeweils geltenden Fassung steht dem Bundeskartellamt die Befugnis nach Satz 1 nur hinsichtlich solcher Angaben zu, welche von der Europäischen Kommission nach Artikel 4 Absatz 3 dieser Verordnung veröffentlicht worden sind.

## Kapitel 3.[2)] Bundeskartellamt

**§ 51[3)] Sitz, Organisation.** (1) [1] Das Bundeskartellamt ist eine selbstständige Bundesoberbehörde mit dem Sitz in Bonn. [2] Es gehört zum Geschäftsbereich des Bundesministeriums für Wirtschaft und Energie.

(2) [1] Die Entscheidungen des Bundeskartellamts werden von den Beschlussabteilungen getroffen, die nach Bestimmung des Bundesministeriums für Wirtschaft und Energie gebildet werden. [2] Im Übrigen regelt der Präsident die Verteilung und den Gang der Geschäfte des Bundeskartellamts durch eine Geschäftsordnung; sie bedarf der Bestätigung durch das Bundesministerium für Wirtschaft und Energie.

(3) Die Beschlussabteilungen entscheiden in der Besetzung mit einem oder einer Vorsitzenden und zwei Beisitzenden.

(4) Vorsitzende und Beisitzende der Beschlussabteilungen müssen Beamte auf Lebenszeit sein und die Befähigung zum Richteramt oder zum höheren Verwaltungsdienst haben.

(5) Die Mitglieder des Bundeskartellamts dürfen weder ein Unternehmen innehaben oder leiten noch dürfen sie Mitglied des Vorstandes oder des Aufsichtsrates eines Unternehmens, eines Kartells oder einer Wirtschafts- oder Berufsvereinigung sein.

**§ 52[4)] Veröffentlichung allgemeiner Weisungen.** Soweit das Bundesministerium für Wirtschaft und Energie dem Bundeskartellamt allgemeine Weisungen für den Erlass oder die Unterlassung von Verfügungen nach diesem Gesetz erteilt, sind diese Weisungen im Bundesanzeiger zu veröffentlichen.

**§ 53[5)] Tätigkeitsbericht und Monitoringberichte.** (1) [1] Das Bundeskartellamt veröffentlicht alle zwei Jahre einen Bericht über seine Tätigkeit sowie über die Lage und Entwicklung auf seinem Aufgabengebiet. [2] In den Bericht sind die

---

[1)] **Habersack, Deutsche Gesetze ErgBd. Nr. 58.**

[2)] Kapitel 2 Überschrift neu gef. mWv 9.6.2017 durch G v. 1.6.2017 (BGBl. I S. 1416); bish. Kapitel 2 wird Kapitel 3 mWv 19.1.2021 durch G v. 18.1.2021 (BGBl. I S. 2).

[3)] § 51 Abs. 1 Satz 2, Abs. 2 Sätze 1 und 2 geänd. mWv 8.9.2015 durch VO v. 31.8.2015 (BGBl. I S. 1474).

[4)] § 52 geänd. mWv 8.9.2015 durch VO v. 31.8.2015 (BGBl. I S. 1474).

[5)] § 53 Abs. 1 Satz 2 geänd. mWv 8.9.2015 durch VO v. 31.8.2015 (BGBl. I S. 1474); Überschrift und Abs. 3 Satz 1 geänd., Sätze 2 und 3 angef. mWv 30.7.2016 durch G v. 26.7.2016 (BGBl. I S. 1786); Abs. 4 und 5 angef. mWv 9.6.2017 durch G v. 1.6.2017 (BGBl. I S. 1416); Abs. 5 Satz 2 Nr. 3 neu gef. mWv 19.1.2021 durch G v. 18.1.2021 (BGBl. I S. 2).

allgemeinen Weisungen des Bundesministeriums für Wirtschaft und Energie nach § 52 aufzunehmen. [3]Es veröffentlicht ferner fortlaufend seine Verwaltungsgrundsätze.

(2) Die Bundesregierung leitet den Bericht des Bundeskartellamts dem Bundestag unverzüglich mit ihrer Stellungnahme zu.

(3) [1]Das Bundeskartellamt erstellt einen Bericht über seine Monitoringtätigkeit nach § 48 Absatz 3 Satz 1 im Einvernehmen mit der Bundesnetzagentur, soweit Aspekte der Regulierung der Leitungsnetze betroffen sind, und leitet ihn der Bundesnetzagentur zu. [2]Das Bundeskartellamt erstellt als Teil des Monitorings nach § 48 Absatz 3 Satz 1 mindestens alle zwei Jahre einen Bericht über seine Monitoringergebnisse zu den Wettbewerbsverhältnissen im Bereich der Erzeugung elektrischer Energie. [3]Das Bundeskartellamt kann den Bericht unabhängig von dem Monitoringbericht nach Satz 1 veröffentlichen.

(4) Das Bundeskartellamt kann der Öffentlichkeit auch fortlaufend über seine Tätigkeit sowie über die Lage und Entwicklung auf seinem Aufgabengebiet berichten.

(5) [1]Das Bundeskartellamt soll jede Bußgeldentscheidung wegen eines Verstoßes gegen § 1 oder 19 bis 21 oder Artikel 101 oder 102 des Vertrages über die Arbeitsweise der Europäischen Union[1)] spätestens nach Abschluss des behördlichen Bußgeldverfahrens auf seiner Internetseite mitteilen. [2]Die Mitteilung soll mindestens Folgendes enthalten:

1. Angaben zu dem in der Bußgeldentscheidung festgestellten Sachverhalt,
2. Angaben zu der Art des Verstoßes und dem Zeitraum, in dem der Verstoß begangen wurde,
3. Angaben zu den Unternehmen, gegen die Geldbußen festgesetzt oder Geldbußen im Rahmen eines Kronzeugenprogramms vollständig erlassen wurden,
4. Angaben zu den betroffenen Waren und Dienstleistungen,
5. den Hinweis, dass Personen, denen aus dem Verstoß ein Schaden entstanden ist, den Ersatz dieses Schadens verlangen können, sowie,
6. wenn die Bußgeldentscheidung bereits rechtskräftig ist, den Hinweis auf die Bindungswirkung von Entscheidungen einer Wettbewerbsbehörde nach § 33b.

## Teil 3.[2)] Verfahren

### Kapitel 1.[3)] Verwaltungssachen

#### Abschnitt 1.[3)] Verfahren vor den Kartellbehörden

#### § 54[3)] Einleitung des Verfahrens, Beteiligte, Beteiligtenfähigkeit.

(1) [1]Die Kartellbehörde leitet ein Verfahren von Amts wegen oder auf Antrag ein. [2]Die Kartellbehörde kann auf entsprechendes Ersuchen zum Schutz eines Beschwerdeführers ein Verfahren von Amts wegen einleiten. [3]Soweit sich nicht aus den besonderen Bestimmungen dieses Gesetzes Abweichungen ergeben, sind für das Verfahren die allgemeinen Vorschriften der Verwaltungsverfahrensgesetze anzuwenden.

(2) An dem Verfahren vor der Kartellbehörde ist oder sind beteiligt:

---

1) Abgedruckt in Anm. zu § 22.

2) Teil 3, Kapitel 1 und Abschnitt 1 Überschriften neu gef. mWv 9.6.2017 durch G v. 1.6.2017 (BGBl. I S. 1416).

3) Teil 3 Kapitel 1 (§§ 54–80) neu gef. mWv 19.1.2021 durch G v. 18.1.2021 (BGBl. I S. 2).

1. wer die Einleitung eines Verfahrens beantragt hat;
2. Kartelle, Unternehmen, Wirtschafts- oder Berufsvereinigungen, gegen die sich das Verfahren richtet;
3. Personen und Personenvereinigungen, deren Interessen durch die Entscheidung erheblich berührt werden und die die Kartellbehörde auf ihren Antrag zu dem Verfahren beigeladen hat; Interessen der Verbraucherzentralen und anderer Verbraucherverbände, die mit öffentlichen Mitteln gefördert werden, werden auch dann erheblich berührt, wenn sich die Entscheidung auf eine Vielzahl von Verbrauchern auswirkt und dadurch die Interessen der Verbraucher insgesamt erheblich berührt werden;
4. in den Fällen des § 37 Absatz 1 Nummer 1 oder 3 auch der Veräußerer.

(3) An Verfahren vor obersten Landesbehörden ist auch das Bundeskartellamt beteiligt.

(4) Fähig, am Verfahren vor der Kartellbehörde beteiligt zu sein, sind außer natürlichen und juristischen Personen auch nichtrechtsfähige Personenvereinigungen.

**§ 55[1] Vorabentscheidung über Zuständigkeit.** (1) [1]Macht ein Beteiligter die örtliche oder sachliche Unzuständigkeit der Kartellbehörde geltend, so kann die Kartellbehörde über die Zuständigkeit vorab entscheiden. [2]Die Verfügung kann selbstständig mit der Beschwerde angefochten werden; die Beschwerde hat aufschiebende Wirkung.

(2) Hat ein Beteiligter die örtliche oder sachliche Unzuständigkeit der Kartellbehörde nicht geltend gemacht, so kann eine Beschwerde nicht darauf gestützt werden, dass die Kartellbehörde ihre Zuständigkeit zu Unrecht angenommen hat.

**§ 56[1] Anhörung, Akteneinsicht, mündliche Verhandlung.** (1) [1]Die Kartellbehörde hat den Beteiligten Gelegenheit zur Stellungnahme zu geben. [2]Über die Form der Anhörung entscheidet die Kartellbehörde nach pflichtgemäßem Ermessen. [3]Die Kartellbehörde kann die Anhörung auch mündlich durchführen, wenn die besonderen Umstände des Falles dies erfordern.

(2) Vertretern der von dem Verfahren berührten Wirtschaftskreise kann die Kartellbehörde in geeigneten Fällen Gelegenheit zur Stellungnahme geben.

(3) [1]Die Beteiligten können bei der Kartellbehörde die das Verfahren betreffenden Akten einsehen, soweit deren Kenntnis zur Geltendmachung oder Verteidigung ihrer rechtlichen Interessen erforderlich ist. [2]Die Einsicht erfolgt durch Übersendung von Kopien aus der Verfahrensakte, durch Ausdruck der betreffenden Teile der Verfahrensakte oder durch Übersendung entsprechender elektronischer Dokumente an den Beteiligten auf seine Kosten.

(4) [1]Die Behörde hat die Einsicht in die Unterlagen zu versagen, soweit dies aus wichtigen Gründen, insbesondere zur Sicherstellung der ordnungsgemäßen Erfüllung der Aufgaben der Behörde sowie zur Wahrung des Geheimschutzes oder von Betriebs- oder Geschäftsgeheimnissen oder sonstigen schutzwürdigen Interessen des Betroffenen, geboten ist. [2]In Entwürfe zu Entscheidungen, die Arbeiten zu ihrer Vorbereitung und die Dokumente, die Abstimmungen betreffen, wird Akteneinsicht nicht gewährt.

(5) [1]Die Kartellbehörde kann Dritten Auskünfte aus den ein Verfahren betreffenden Akten erteilen oder Einsicht in diese gewähren, soweit diese hierfür ein

---

[1] Teil 3 Kapitel 1 (§§ 54–80) neu gef. mWv 19.1.2021 durch G v. 18.1.2021 (BGBl. I S. 2).

berechtigtes Interesse darlegen. [2]Absatz 4 gilt entsprechend. [3]Soweit die Akteneinsicht oder die Auskunft der Erhebung eines Schadensersatzanspruchs wegen eines Verstoßes nach § 33 Absatz 1 oder der Vorbereitung dieser Erhebung dienen soll, ist sie auf Einsicht in Entscheidungen nach den §§ 32 bis 32d sowie 60 begrenzt.

(6) [1]Die Kartellbehörde kann von den Beteiligten sowie von Dritten verlangen, mit der Übersendung von Anmeldungen, Stellungnahmen, Unterlagen oder sonstigen Auskünften oder im Anschluss an die Übersendung auf die in Absatz 4 genannten Geheimnisse hinzuweisen und diese in den Unterlagen entsprechend kenntlich zu machen. [2]Erfolgt dies trotz entsprechenden Verlangens nicht, darf die Kartellbehörde von der Zustimmung zur Offenlegung im Rahmen der Gewährung von Akteneinsicht ausgehen.

(7) [1]Auf Antrag eines Beteiligten oder von Amts wegen kann die Kartellbehörde eine öffentliche mündliche Verhandlung durchführen. [2]Für die Verhandlung oder für einen Teil davon ist die Öffentlichkeit auszuschließen, wenn sie eine Gefährdung der öffentlichen Ordnung, insbesondere des Wohls des Bundes oder eines Landes, oder die Gefährdung eines wichtigen Betriebs- oder Geschäftsgeheimnisses besorgen lässt. [3]In den Fällen des § 42 hat das Bundesministerium für Wirtschaft und Energie eine öffentliche mündliche Verhandlung durchzuführen; mit Einverständnis der Beteiligten kann ohne mündliche Verhandlung entschieden werden. [4]In der öffentlichen mündlichen Verhandlung hat die Monopolkommission in den Fällen des § 42 das Recht, gehört zu werden und die Stellungnahme, die sie nach § 42 Absatz 5 erstellt hat, zu erläutern.

(8) Die §§ 45 und 46 des Verwaltungsverfahrensgesetzes[1)] sind anzuwenden.

**§ 57[2)] Ermittlungen, Beweiserhebung.** (1) Die Kartellbehörde kann alle Ermittlungen führen und alle Beweise erheben, die erforderlich sind.

(2) [1]Für den Beweis durch Augenschein, Zeugen und Sachverständige sind § 372 Absatz 1, die §§ 376, 377, 378, 380 bis 387, 390, 395 bis 397, 398 Absatz 1 und die §§ 401, 402, 404, 404a, 406 bis 409, 411 bis 414 der Zivilprozessordnung[3)] sinngemäß anzuwenden; Haft darf nicht verhängt werden. [2]Für die Entscheidung über die Beschwerde ist das Oberlandesgericht zuständig.

(3) [1]Über die Zeugenaussage soll eine Niederschrift aufgenommen werden, die von dem ermittelnden Mitglied der Kartellbehörde und, wenn ein Urkundsbeamter zugezogen ist, auch von diesem zu unterschreiben ist. [2]Die Niederschrift soll Ort und Tag der Verhandlung sowie die Namen der Mitwirkenden und Beteiligten ersehen lassen.

(4) [1]Die Niederschrift ist dem Zeugen zur Genehmigung vorzulesen oder zur eigenen Durchsicht vorzulegen. [2]Die erteilte Genehmigung ist zu vermerken und von dem Zeugen zu unterschreiben. [3]Unterbleibt die Unterschrift, so ist der Grund hierfür anzugeben.

(5) Bei der Vernehmung von Sachverständigen sind die Bestimmungen der Absätze 3 und 4 entsprechend anzuwenden.

(6) [1]Die Kartellbehörde kann das Amtsgericht um die Beeidigung von Zeugen ersuchen, wenn sie die Beeidigung zur Herbeiführung einer wahrheitsgemäßen Aussage für notwendig erachtet. [2]Über die Beeidigung entscheidet das Gericht.

---

[1)] **Sartorius Nr. 100.**
[2)] Teil 3 Kapitel 1 (§§ 54–80) neu gef. mWv 19.1.2021 durch G v. 18.1.2021 (BGBl. I S. 2).
[3)] Nr. **100**.

**§ 58[1)] Beschlagnahme.** (1) [1]Die Bediensteten der Kartellbehörde können Gegenstände, die als Beweismittel für die Ermittlung von Bedeutung sein können, beschlagnahmen. [2]Die Beschlagnahme ist dem davon Betroffenen unverzüglich bekannt zu machen.

(2) Die Kartellbehörde soll binnen drei Tagen die gerichtliche Bestätigung bei dem Amtsgericht, in dessen Bezirk sie ihren Sitz hat, beantragen, wenn bei der Beschlagnahme weder der davon Betroffene noch ein erwachsener Angehöriger anwesend war oder wenn der Betroffene und im Fall seiner Abwesenheit ein erwachsener Angehöriger des Betroffenen gegen die Beschlagnahme ausdrücklich Widerspruch erhoben hat.

(3) [1]Der Betroffene kann gegen die Beschlagnahme jederzeit die richterliche Entscheidung nachsuchen. [2]Hierüber ist er zu belehren. [3]Über den Antrag entscheidet das nach Absatz 2 zuständige Gericht.

(4) [1]Gegen die richterliche Entscheidung ist die Beschwerde zulässig. [2]Die §§ 306 bis 310 und 311a der Strafprozessordnung[2)] gelten entsprechend.

**§ 59[1)] Auskunftsverlangen.** (1) [1]Soweit es zur Erfüllung der in diesem Gesetz der Kartellbehörde übertragenen Aufgaben erforderlich ist, kann die Kartellbehörde bis zum Eintritt der Bestandskraft ihrer Entscheidung von Unternehmen und Unternehmensvereinigungen die Erteilung von Auskünften sowie die Herausgabe von Unterlagen verlangen. [2]Die Unternehmen und Unternehmensvereinigungen sind verpflichtet, diese innerhalb einer angemessenen Frist zu erteilen oder herauszugeben. [3]Die Verpflichtung erstreckt sich auf alle Informationen und Unterlagen, die dem Unternehmen oder der Unternehmensvereinigung zugänglich sind. [4]Dies umfasst auch allgemeine Marktstudien, die der Einschätzung oder Analyse der Wettbewerbsbedingungen oder der Marktlage dienen und sich im Besitz des Unternehmens oder der Unternehmensvereinigung befinden. [5]Die Kartellbehörde kann vorgeben, in welcher Form die Auskünfte zu erteilen sind; insbesondere kann sie vorgeben, dass eine Internetplattform zur Eingabe der Informationen verwendet werden muss. [6]Vertreter des Unternehmens oder der Unternehmensvereinigung können von der Kartellbehörde zu einer Befragung bestellt werden. [7]Gegenüber juristischen Personen sowie Personenvereinigungen, die keine Unternehmen oder Unternehmensvereinigungen sind, gelten die Sätze 1 bis 6 entsprechend.

(2) [1]Die Inhaber der Unternehmen und ihre Vertretung sowie bei juristischen Personen und Personenvereinigungen auch die zur Vertretung berufenen Personen sind verpflichtet, die verlangten Auskünfte im Namen des Unternehmens, der Unternehmensvereinigung oder der juristischen Person oder Personenvereinigung zu erteilen und die verlangten Unterlagen herauszugeben. [2]Gegenüber der Kartellbehörde ist eine für die Erteilung der Auskünfte verantwortliche Leitungsperson zu benennen.

(3) [1]Das Auskunftsverlangen muss verhältnismäßig sein. [2]Es darf den Adressaten nicht zum Geständnis einer Straftat, einer Ordnungswidrigkeit oder einer Zuwiderhandlung gegen eine Vorschrift dieses Gesetzes oder gegen Artikel 101 oder 102 des Vertrages über die Arbeitsweise der Europäischen Union[3)] zwingen. [3]Soweit natürliche Personen aufgrund von Auskunftsverlangen nach den Absätzen 1 und 2 zur Mitwirkung in Form der Erteilung von Auskünften oder der

---

[1)] Teil 3 Kapitel 1 (§§ 54–80) neu gef. mWv 19.1.2021 durch G v. 18.1.2021 (BGBl. I S. 2).
[2)] Nr. **90**.
[3)] Abgedruckt in Anm. zu § 22.

Herausgabe von Unterlagen verpflichtet sind, müssen sie, falls die Informationserlangung auf andere Weise wesentlich erschwert oder nicht zu erwarten ist, auch Tatsachen offenbaren, die geeignet sind, eine Verfolgung wegen einer Straftat oder einer Ordnungswidrigkeit herbeizuführen. [4]Jedoch darf eine Auskunft, die die natürliche Person infolge ihrer Verpflichtung nach Absatz 1 und 2 erteilt, in einem Strafverfahren oder in einem Verfahren nach diesem Gesetz oder dem Gesetz über Ordnungswidrigkeiten[1)] nur mit Zustimmung der betreffenden natürlichen Person gegen diese oder einen in § 52 Absatz 1 der Strafprozessordnung[2)] bezeichneten Angehörigen verwendet werden.

(4) [1]Absatz 1 Satz 1 bis 6 und Absatz 3 Satz 1 gelten entsprechend für Auskunftsverlangen, die an natürliche Personen gerichtet werden. [2]Insoweit ist § 55 der Strafprozessordnung entsprechend anzuwenden, es sei denn, dass die Auskunft nur die Gefahr der Verfolgung im kartellbehördlichen Bußgeldverfahren begründet und die Kartellbehörde der natürlichen Person im Rahmen ihres pflichtgemäßen Ermessens eine Nichtverfolgungszusage erteilt hat.

(5) [1]Das Bundesministerium für Wirtschaft und Energie oder die oberste Landesbehörde fordert die Auskunft durch schriftliche Einzelverfügung, das Bundeskartellamt fordert sie durch Beschluss an. [2]Darin sind die Rechtsgrundlage, der Gegenstand und der Zweck des Auskunftsverlangens anzugeben und eine angemessene Frist zur Erteilung der Auskunft ist zu bestimmen.

**§ 59a[3)] Prüfung von geschäftlichen Unterlagen.** (1) Soweit es zur Erfüllung der in diesem Gesetz der Kartellbehörde übertragenen Aufgaben erforderlich ist, kann die Kartellbehörde bis zum Eintritt der Bestandskraft ihrer Entscheidung bei Unternehmen und Unternehmensvereinigungen innerhalb der üblichen Geschäftszeiten die geschäftlichen Unterlagen einsehen und prüfen.

(2) Die Inhaber der Unternehmen und ihre Vertretung sowie bei juristischen Personen und Personenvereinigungen auch die zur Vertretung berufenen Personen sind verpflichtet, die geschäftlichen Unterlagen zur Einsichtnahme und Prüfung vorzulegen und die Prüfung dieser geschäftlichen Unterlagen sowie das Betreten von Geschäftsräumen und -grundstücken zu dulden.

(3) Personen, die von der Kartellbehörde mit der Vornahme von Prüfungen beauftragt werden, dürfen die Räume der Unternehmen und Vereinigungen von Unternehmen betreten.

(4) Das Grundrecht des Artikels 13 des Grundgesetzes[4)] wird durch die Absätze 2 und 3 eingeschränkt.

(5) [1]Das Bundesministerium für Wirtschaft und Energie oder die oberste Landesbehörde ordnet die Prüfung durch schriftliche Einzelverfügung, das Bundeskartellamt ordnet sie durch Beschluss mit Zustimmung des Präsidenten an. [2]In der Anordnung sind Zeitpunkt, Rechtsgrundlage, Gegenstand und Zweck der Prüfung anzugeben.

**§ 59b[3)] Durchsuchungen.** (1) [1]Zur Erfüllung der ihr in diesem Gesetz übertragenen Aufgaben kann die Kartellbehörde Geschäftsräume, Wohnungen, Grundstücke und Sachen durchsuchen, wenn zu vermuten ist, dass sich dort Unterlagen befinden, die die Kartellbehörde nach den §§ 59 und 59a einsehen, prüfen oder

---

[1)] Nr. **94**.
[2)] Nr. **90**.
[3)] Teil 3 Kapitel 1 (§§ 54–80) neu gef. mWv 19.1.2021 durch G v. 18.1.2021 (BGBl. I S. 2).
[4)] **Schönfelder ErgBd. Nr. 1.**

herausverlangen darf. [2]Das Grundrecht des Artikels 13 des Grundgesetzes[1)] wird insofern eingeschränkt. [3]§ 104 Absatz 1 und 3 der Strafprozessordnung[2)] gilt entsprechend.

(2) [1]Durchsuchungen können nur auf Anordnung des Amtsrichters des Gerichts, in dessen Bezirk die Kartellbehörde ihren Sitz hat, vorgenommen werden. [2]Auf die Anfechtung dieser Anordnung sind die §§ 306 bis 310 und 311a der Strafprozessordnung entsprechend anzuwenden. [3]Bei Gefahr im Verzuge können die von der Kartellbehörde mit der Durchsuchung beauftragten Personen während der Geschäftszeit die erforderlichen Durchsuchungen ohne richterliche Anordnung vornehmen.

(3) [1]Die Bediensteten der Kartellbehörde sowie von dieser ermächtigte oder benannte Personen sind insbesondere befugt,

1. sämtliche Bücher und Geschäftsunterlagen, unabhängig davon, in welcher Form sie vorhanden oder gespeichert sind, zu prüfen und Zugang zu allen Informationen zu erlangen, die für den von der Durchsuchung Betroffenen zugänglich sind,
2. betriebliche Räumlichkeiten, Bücher und Unterlagen jeder Art für die Dauer und in dem Ausmaß zu versiegeln, wie es für den Zweck der Durchsuchung erforderlich ist, und
3. bei der Durchsuchung von Unternehmen oder Unternehmensvereinigungen von allen Vertretern oder Mitarbeitern des Unternehmens oder der Unternehmensvereinigung Informationen, die den Zugang zu Beweismitteln ermöglichen könnten, sowie Erläuterungen zu Fakten oder Unterlagen, die mit dem Gegenstand und dem Zweck der Durchsuchung in Verbindung stehen könnten, zu verlangen und ihre Antworten zu Protokoll zu nehmen; das Verlangen muss unter ausdrücklichem Hinweis auf die Pflicht zur Mitwirkung erfolgen und ist in das Protokoll aufzunehmen.

[2]Soweit natürliche Personen nach Satz 1 Nummer 3 zur Mitwirkung in Form der Erteilung von Informationen verpflichtet sind, müssen sie, falls die Informationserlangung auf andere Weise wesentlich erschwert oder nicht zu erwarten ist, auch Tatsachen offenbaren, die geeignet sind, eine Verfolgung wegen einer Straftat oder einer Ordnungswidrigkeit herbeizuführen. [3]Jedoch darf eine Auskunft, die die natürliche Person infolge ihrer Verpflichtung nach Satz 1 Nummer 3 erteilt, in einem Strafverfahren oder in einem Verfahren nach diesem Gesetz oder dem Gesetz über Ordnungswidrigkeiten[3)] nur mit Zustimmung der betreffenden natürlichen Person gegen diese oder einen in § 52 Absatz 1 der Strafprozessordnung bezeichneten Angehörigen verwendet werden.

(4) An Ort und Stelle ist eine Niederschrift über die Durchsuchung und ihr wesentliches Ergebnis aufzunehmen, aus der sich, falls keine richterliche Anordnung ergangen ist, auch die Tatsachen ergeben, die zur Annahme einer Gefahr im Verzuge geführt haben.

(5) [1]§ 108 Absatz 1 und § 110 der Strafprozessordnung gelten entsprechend. [2]Die Betroffenen haben die Durchsuchung zu dulden. [3]Die Duldung kann im Fall der Durchsuchung von Geschäftsräumen sowie geschäftlich genutzten Grundstücken und Sachen gegenüber Unternehmen und Unternehmensvereinigungen mit einem Zwangsgeld entsprechend § 86a durchgesetzt werden.

---

[1)] **Schönfelder ErgBd. Nr. 1.**
[2)] Nr. **90**.
[3)] Nr. **94**.

**§ 60**[1] **Einstweilige Anordnungen.** Die Kartellbehörde kann bis zur endgültigen Entscheidung über

1. eine Verfügung nach § 31b Absatz 3, § 40 Absatz 2, § 41 Absatz 3 oder einen Widerruf oder eine Änderung einer Freigabe nach § 40 Absatz 3a,
2. eine Erlaubnis nach § 42 Absatz 1, ihren Widerruf oder ihre Änderung nach § 42 Absatz 2 Satz 2 in Verbindung mit § 40 Absatz 3a,
3. eine Verfügung nach § 26 Absatz 4, § 30 Absatz 3 oder § 34 Absatz 1

einstweilige Anordnungen zur Regelung eines einstweiligen Zustandes treffen.

**§ 61**[1] **Verfahrensabschluss, Begründung der Verfügung, Zustellung.**

(1) [1]Verfügungen der Kartellbehörde sind zu begründen und mit einer Belehrung über das zulässige Rechtsmittel den Beteiligten nach den Vorschriften des Verwaltungszustellungsgesetzes[2] zuzustellen. [2]§ 5 Absatz 4 des Verwaltungszustellungsgesetzes und § 178 Absatz 1 Nummer 2 der Zivilprozessordnung[3] sind auf Unternehmen und Vereinigungen von Unternehmen sowie auf Auftraggeber im Sinne des § 98 entsprechend anzuwenden. [3]Verfügungen, die gegenüber einem Unternehmen mit Sitz außerhalb des Geltungsbereichs dieses Gesetzes ergehen, stellt die Kartellbehörde der im Inland ansässigen Person zu, die das Unternehmen dem Bundeskartellamt als zustellungsbevollmächtigt benannt hat. [4]Hat das Unternehmen keine zustellungsbevollmächtigte Person benannt und ist bei Unternehmen oder Vereinigungen von Unternehmen mit Sitz innerhalb der Europäischen Union keine Zustellung nach § 50b möglich oder verspricht diese keinen Erfolg, so stellt die Kartellbehörde die Verfügungen durch Bekanntmachung im Bundesanzeiger zu.

(2) Soweit ein Verfahren nicht mit einer Verfügung abgeschlossen wird, die den Beteiligten nach Absatz 1 zugestellt wird, ist seine Beendigung den Beteiligten schriftlich oder elektronisch mitzuteilen.

(3) [1]Verfügungen der Kartellbehörde nach § 30 Absatz 3, § 31b Absatz 3, den §§ 32 bis 32b und 32d sind im Bundesanzeiger bekannt zu machen. [2]Entscheidungen nach § 32c Absatz 1 können von der Kartellbehörde veröffentlicht werden.

**§ 62**[1] **Gebührenpflichtige Handlungen.** (1) [1]Im Verfahren vor der Kartellbehörde werden Kosten (Gebühren und Auslagen) zur Deckung des Verwaltungsaufwandes erhoben. [2]Als individuell zurechenbare öffentliche Leistungen sind gebührenpflichtig (gebührenpflichtige Handlungen):

1. Anmeldungen nach § 31a Absatz 1 und § 39 Absatz 1; bei von der Europäischen Kommission an das Bundeskartellamt verwiesenen Zusammenschlüssen steht der Verweisungsantrag an die Europäische Kommission oder die Anmeldung bei der Europäischen Kommission der Anmeldung nach § 39 Absatz 1 gleich;
2. Amtshandlungen aufgrund der §§ 19a, 26, 30 Absatz 3, des § 31b Absatz 1 und 3, der §§ 32 bis 32d, 34 – jeweils auch in Verbindung mit den §§ 50 bis 50f – und der §§ 36, 39, 40, 41, 42 und 60;
3. Einstellungen des Entflechtungsverfahrens nach § 41 Absatz 3;
4. Erteilung von beglaubigten Abschriften aus den Akten der Kartellbehörde;

---

[1] Teil 3 Kapitel 1 (§§ 54–80) neu gef. mWv 19.1.2021 durch G v. 18.1.2021 (BGBl. I S. 2).
[2] **Sartorius Nr. 110.**
[3] Nr. **100**.

5. Gewährung von Einsicht in kartellbehördliche Akten oder die Erteilung von Auskünften daraus nach § 56 Absatz 5 oder nach § 406e oder 475 der Strafprozessordnung[1)].

[3] Daneben werden als Auslagen die Kosten der Veröffentlichungen, der öffentlichen Bekanntmachungen und von weiteren Ausfertigungen, Kopien und Auszügen sowie die in entsprechender Anwendung des Justizvergütungs- und -entschädigungsgesetzes[2)] zu zahlenden Beträge erhoben. [4] Auf die Gebühr für die Freigabe oder Untersagung eines Zusammenschlusses nach § 36 Absatz 1 sind die Gebühren für die Anmeldung eines Zusammenschlusses nach § 39 Absatz 1 anzurechnen.

(2) [1] Die Höhe der Gebühren bestimmt sich nach dem personellen und sachlichen Aufwand der Kartellbehörde unter Berücksichtigung der wirtschaftlichen Bedeutung, die der Gegenstand der gebührenpflichtigen Handlung hat. [2] Die Gebührensätze dürfen jedoch nicht übersteigen:

1. 50 000 Euro in den Fällen der §§ 36, 39, 40, 41 Absatz 3 und 4 und des § 42;
2. 25 000 Euro in den Fällen der §§ 19a, 31b Absatz 3, der §§ 32 und 32b Absatz 1 sowie des § 32c Absatz 1 und der §§ 32d, 34 und 41 Absatz 2 Satz 1 und 2;
3. 5 000 Euro in den Fällen der Gewährung von Einsicht in kartellbehördliche Akten oder der Erteilung von Auskünften daraus nach § 56 Absatz 5 oder nach § 406e oder 475 der Strafprozessordnung;
4. 5 000 Euro in den Fällen des § 26 Absatz 1 und 2, des § 30 Absatz 3, des § 31a Absatz 1 und des § 31b Absatz 1;
5. 17,50 Euro für die Erteilung beglaubigter Abschriften nach Absatz 1 Satz 2 Nummer 4 sowie
6. folgende Beträge:
   a) in den Fällen des § 40 Absatz 3a auch in Verbindung mit § 41 Absatz 2 Satz 3 und § 42 Absatz 2 Satz 2 den Betrag für die Freigabe, Befreiung oder Erlaubnis,
   b) 250 Euro für Verfügungen in Bezug auf Vereinbarungen oder Beschlüsse der in § 28 Absatz 1 bezeichneten Art,
   c) im Fall des § 26 Absatz 4 den Betrag für die Entscheidung nach § 26 Absatz 1,
   d) in den Fällen der §§ 32a und 60 ein Fünftel der Gebühr in der Hauptsache.

[3] Ist der personelle oder sachliche Aufwand der Kartellbehörde unter Berücksichtigung des wirtschaftlichen Wertes der gebührenpflichtigen Handlung im Einzelfall außergewöhnlich hoch, kann die Gebühr bis auf das Doppelte erhöht werden. [4] Aus Gründen der Billigkeit kann die unter Berücksichtigung der Sätze 1 bis 3 ermittelte Gebühr bis auf ein Zehntel ermäßigt werden.

(3) Zur Abgeltung mehrfacher gleichartiger Amtshandlungen oder gleichartiger Anmeldungen desselben Gebührenschuldners können Pauschgebührensätze, die den geringen Umfang des Verwaltungsaufwandes berücksichtigen, vorgesehen werden.

(4) [1] Gebühren dürfen nicht erhoben werden

1. für mündliche und schriftliche Auskünfte und Anregungen;
2. *wenn sie bei richtiger* Behandlung der Sache nicht entstanden wären;

---

[1)] Nr. **90**.
[2)] Nr. **116**.

3. in den Fällen des § 42, wenn die vorangegangene Verfügung des Bundeskartellamts nach § 36 Absatz 1 oder § 41 Absatz 3 aufgehoben worden ist.

[2] Nummer 1 findet keine Anwendung, soweit Auskünfte aus einer kartellbehördlichen Akte nach § 56 Absatz 5 oder nach § 406e oder 475 der Strafprozessordnung erteilt werden.

(5) [1] Wird ein Antrag zurückgenommen, bevor darüber entschieden ist, so ist die Hälfte der Gebühr zu entrichten. [2] Das gilt auch, wenn die Anmeldung eines Zusammenschlusses zurückgenommen wird, bevor ein Hauptprüfverfahren eingeleitet wurde.

(6) [1] Kostenschuldner ist

1. in den Fällen des Absatzes 1 Satz 2 Nummer 1, wer eine Anmeldung oder einen Verweisungsantrag eingereicht hat;
2. in den Fällen des Absatzes 1 Satz 2 Nummer 2, wer durch einen Antrag oder eine Anmeldung die Tätigkeit der Kartellbehörde veranlasst hat, oder derjenige, gegen den eine Verfügung der Kartellbehörde ergangen ist;
3. in den Fällen des Absatzes 1 Satz 2 Nummer 3, wer nach § 39 Absatz 2 zur Anmeldung verpflichtet war;
4. in den Fällen des Absatzes 1 Satz 2 Nummer 4, wer die Herstellung der Abschriften veranlasst hat;
5. in den Fällen des Absatzes 1 Satz 2 Nummer 5, wer die Gewährung von Einsicht in kartellbehördliche Akten oder die Erteilung von Auskünften daraus nach § 56 Absatz 5 oder nach § 406e oder 475 der Strafprozessordnung beantragt hat.

[2] Kostenschuldner ist auch, wer die Zahlung der Kosten durch eine vor der Kartellbehörde abgegebene oder ihr mitgeteilte Erklärung übernommen hat oder wer für die Kostenschuld eines anderen kraft Gesetzes haftet. [3] Mehrere Kostenschuldner haften als Gesamtschuldner.

(7) [1] Der Anspruch auf Zahlung der Gebühren verjährt in vier Jahren nach der Gebührenfestsetzung. [2] Der Anspruch auf Erstattung der Auslagen verjährt in vier Jahren nach ihrer Entstehung.

(8) [1] Die Bundesregierung wird ermächtigt, durch Rechtsverordnung, die der Zustimmung des Bundesrates bedarf, die Gebührensätze und die Erhebung der Gebühren vom Kostenschuldner in Durchführung der Vorschriften der Absätze 1 bis 6 sowie die Erstattung von Auslagen nach Absatz 1 Satz 3 zu regeln. [2] Sie kann dabei auch Vorschriften über die Kostenbefreiung von juristischen Personen des öffentlichen Rechts, über die Verjährung sowie über die Kostenerhebung erlassen.

(9) Durch Rechtsverordnung der Bundesregierung, die der Zustimmung des Bundesrates bedarf, wird das Nähere über die Erstattung der durch das Verfahren vor der Kartellbehörde entstehenden Kosten nach den Grundsätzen des § 71 bestimmt.

## Abschnitt 2.[1] Gemeinsame Bestimmungen für Rechtsbehelfsverfahren

### § 63[1] Beteiligte am Rechtsbehelfsverfahren, Beteiligtenfähigkeit.

(1) An dem Rechtsbehelfsverfahren sind beteiligt:

1. der Rechtsbehelfsführer,
2. die Kartellbehörde, deren Verfügung angefochten wird,

[1] Teil 3 Kapitel 1 (§§ 54–80) neu gef. mWv 19.1.2021 durch G v. 18.1.2021 (BGBl. I S. 2).

3. Personen und Personenvereinigungen, deren Interessen durch die Entscheidung erheblich berührt werden und die die Kartellbehörde auf ihren Antrag zu dem Verfahren beigeladen hat.

(2) Richtet sich der Rechtsbehelf gegen eine Verfügung einer obersten Landesbehörde oder einen Beschluss des Beschwerdegerichts, der eine solche Verfügung betrifft, ist auch das Bundeskartellamt an dem Verfahren beteiligt.

(3) Fähig, am Rechtsbehelfsverfahren beteiligt zu sein, sind außer natürlichen und juristischen Personen auch nichtrechtsfähige Personenvereinigungen.

**§ 64[1] Anwaltszwang.** [1] Die Beteiligten müssen sich durch einen Rechtsanwalt als Bevollmächtigten vertreten lassen. [2] Die Kartellbehörde kann sich durch ein Mitglied der Behörde vertreten lassen.

**§ 65[1] Mündliche Verhandlung.** (1) Das Gericht entscheidet über die Beschwerde und über die Rechtsbeschwerde aufgrund mündlicher Verhandlung; mit Einverständnis der Beteiligten kann ohne mündliche Verhandlung entschieden werden.

(2) Sind die Beteiligten in dem Verhandlungstermin trotz rechtzeitiger Ladung nicht erschienen oder ordnungsgemäß vertreten, so kann gleichwohl in der Sache verhandelt und entschieden werden.

**§ 66[1] Aufschiebende Wirkung.** (1) Rechtsbehelfe haben aufschiebende Wirkung, soweit durch die angefochtene Verfügung

1. eine Verfügung nach § 26 Absatz 4, § 30 Absatz 3, § 31b Absatz 3, § 32 Absatz 2a Satz 1 oder § 34 Absatz 1 getroffen wird oder
2. eine Erlaubnis nach § 42 Absatz 2 Satz 2 in Verbindung mit § 40 Absatz 3a widerrufen oder geändert wird,

oder soweit der angefochtene Beschluss des Beschwerdegerichts eine solche Verfügung betrifft.

(2) [1] Wird eine Verfügung, durch die eine einstweilige Anordnung nach § 60 getroffen wurde, angefochten, so kann das Gericht im Rechtsbehelfsverfahren anordnen, dass die Vollziehung der angefochtenen Verfügung ganz oder teilweise ausgesetzt wird. [2] Die Anordnung kann jederzeit aufgehoben oder geändert werden.

**§ 67[1] Anordnung der sofortigen Vollziehung.** (1) Die Kartellbehörde kann in den Fällen des § 66 Absatz 1 die sofortige Vollziehung der Verfügung anordnen, wenn dies im öffentlichen Interesse oder im überwiegenden Interesse eines Beteiligten geboten ist.

(2) Die Anordnung nach Absatz 1 kann bereits vor der Einreichung der Beschwerde getroffen werden.

(3) [1] Auf Antrag kann das Gericht der Hauptsache die aufschiebende Wirkung ganz oder teilweise wiederherstellen, wenn

1. die Voraussetzungen für die Anordnung nach Absatz 1 nicht vorgelegen haben oder nicht mehr vorliegen oder
2. ernstliche Zweifel an der Rechtmäßigkeit der angefochtenen Verfügung bestehen oder

---

[1] Teil 3 Kapitel 1 (§§ 54–80) neu gef. mWv 19.1.2021 durch G v. 18.1.2021 (BGBl. I S. 2).

3. die Vollziehung für den Betroffenen eine unbillige, nicht durch überwiegende öffentliche Interessen gebotene Härte zur Folge hätte.

[2] In den Fällen, in denen der Rechtsbehelf keine aufschiebende Wirkung hat, kann die Kartellbehörde die Vollziehung aussetzen; die Aussetzung soll erfolgen, wenn die Voraussetzungen des Satzes 1 Nummer 3 vorliegen. [3] Das Gericht der Hauptsache kann auf Antrag die aufschiebende Wirkung ganz oder teilweise anordnen, wenn die Voraussetzungen des Satzes 1 Nummer 2 oder 3 vorliegen. [4] Hat ein Dritter einen Rechtsbehelf gegen eine Verfügung nach § 40 Absatz 2 eingelegt, ist der Antrag des Dritten auf Erlass einer Anordnung nach Satz 3 nur zulässig, wenn dieser geltend macht, durch die Verfügung in seinen Rechten verletzt zu sein.

(4) [1] Der Antrag nach Absatz 3 Satz 1 oder 3 ist schon vor Einreichung der Beschwerde zulässig. [2] Die Tatsachen, auf die der Antrag gestützt wird, sind vom Antragsteller glaubhaft zu machen. [3] Ist die Verfügung im Zeitpunkt der Entscheidung schon vollzogen, kann das Gericht auch die Aufhebung der Vollziehung anordnen. [4] Die Wiederherstellung und die Anordnung der aufschiebenden Wirkung können von der Leistung einer Sicherheit oder von anderen Auflagen abhängig gemacht werden. [5] Sie können auch befristet werden.

(5) Beschlüsse über Anträge nach Absatz 3 können jederzeit geändert oder aufgehoben werden.

**§ 68[1)] Einstweilige Anordnungen im Rechtsbehelfsverfahren.** [1] § 60 gilt für Rechtsbehelfsverfahren entsprechend. [2] Dies gilt nicht für die Fälle des § 67. [3] Für den Erlass einstweiliger Anordnungen im Rechtsbehelfsverfahren ist das Gericht der Hauptsache zuständig.

**§ 69[1)] Abhilfe bei Verletzung des Anspruchs auf rechtliches Gehör.**

(1) [1] Auf die Rüge eines durch eine gerichtliche Entscheidung beschwerten Beteiligten ist das Verfahren fortzuführen, wenn

1. ein Rechtsmittel oder ein anderer Rechtsbehelf gegen die Entscheidung nicht gegeben ist und
2. das Gericht den Anspruch dieses Beteiligten auf rechtliches Gehör in entscheidungserheblicher Weise verletzt hat.

[2] Gegen eine der Endentscheidung vorausgehende Entscheidung findet die Rüge nicht statt.

(2) [1] Die Rüge ist innerhalb von zwei Wochen nach Kenntnis von der Verletzung des rechtlichen Gehörs zu erheben; der Zeitpunkt der Kenntniserlangung ist glaubhaft zu machen. [2] Nach Ablauf eines Jahres seit Bekanntgabe der angegriffenen Entscheidung kann die Rüge nicht mehr erhoben werden. [3] Formlos mitgeteilte Entscheidungen gelten mit dem dritten Tage nach Aufgabe zur Post als bekannt gegeben. [4] Die Rüge ist schriftlich oder zur Niederschrift des Urkundsbeamten der Geschäftsstelle bei dem Gericht zu erheben, dessen Entscheidung angegriffen wird. [5] Die Rüge soll die angegriffene Entscheidung bezeichnen und das Vorliegen der in Absatz 1 Satz 1 Nummer 2 genannten Voraussetzung darlegen.

(3) Den übrigen Beteiligten ist, soweit erforderlich, Gelegenheit zur Stellungnahme zu geben.

---

[1)] Teil 3 Kapitel 1 (§§ 54–80) neu gef. mWv 19.1.2021 durch G v. 18.1.2021 (BGBl. I S. 2).

(4) [1]Ist die Rüge nicht statthaft oder nicht in der gesetzlichen Form oder Frist erhoben, so ist sie als unzulässig zu verwerfen. [2]Ist die Rüge unbegründet, weist das Gericht sie zurück. [3]Die Entscheidung ergeht durch unanfechtbaren Beschluss. [4]Der Beschluss soll kurz begründet werden.

(5) [1]Ist die Rüge begründet, so hilft ihr das Gericht ab, indem es das Verfahren fortführt, soweit dies aufgrund der Rüge geboten ist. [2]Das Verfahren wird in die Lage zurückversetzt, in der es sich vor dem Schluss der mündlichen Verhandlung befand. [3]Im schriftlichen Verfahren tritt an die Stelle des Schlusses der mündlichen Verhandlung der Zeitpunkt, bis zu dem Schriftsätze eingereicht werden können. [4]Für den Ausspruch des Gerichts ist § 343 der Zivilprozessordnung[1)] anzuwenden.

(6) § 149 Absatz 1 Satz 2 der Verwaltungsgerichtsordnung[2)] ist entsprechend anzuwenden.

**§ 70[3)] Akteneinsicht.** (1) [1]Die in § 63 Absatz 1 Nummer 1 und 2 und Absatz 2 bezeichneten Beteiligten können die Akten des Gerichts einsehen und sich durch die Geschäftsstelle auf ihre Kosten Ausfertigungen, Auszüge und Abschriften erstellen lassen. [2]§ 299 Absatz 3 der Zivilprozessordnung[1)] gilt entsprechend.

(2) [1]Einsicht in Vorakten, Beiakten, Gutachten und Auskünfte ist nur mit Zustimmung der Stellen zulässig, denen die Akten gehören oder die die Äußerung eingeholt haben. [2]Die Kartellbehörde hat die Zustimmung zur Einsicht in die ihr gehörenden Unterlagen zu versagen, soweit dies aus wichtigen Gründen, insbesondere zur Wahrung von Betriebs- oder Geschäftsgeheimnissen, geboten ist. [3]Wird die Einsicht abgelehnt oder ist sie unzulässig, dürfen diese Unterlagen der Entscheidung nur insoweit zugrunde gelegt werden, als ihr Inhalt vorgetragen worden ist. [4]Das Gericht kann die Offenlegung von Tatsachen oder Beweismitteln, deren Geheimhaltung aus wichtigen Gründen, insbesondere zur Wahrung von Betriebs- oder Geschäftsgeheimnissen, verlangt wird, nach Anhörung des von der Offenlegung Betroffenen durch Beschluss anordnen, soweit es für die Entscheidung auf diese Tatsachen oder Beweismittel ankommt, andere Möglichkeiten der Sachaufklärung nicht bestehen und nach Abwägung aller Umstände des Einzelfalles die Bedeutung der Sache für die Sicherung des Wettbewerbs das Interesse des Betroffenen an der Geheimhaltung überwiegt. [5]Der Beschluss ist zu begründen. [6]In dem Verfahren nach Satz 4 muss sich der Betroffene nicht anwaltlich vertreten lassen.

(3) Den in § 63 Absatz 1 Nummer 3 bezeichneten Beteiligten kann das Gericht nach Anhörung des Verfügungsberechtigten Akteneinsicht in gleichem Umfang gewähren.

**§ 71[3)] Kostentragung und -festsetzung.** [1]Das Gericht kann anordnen, dass die Kosten, die zur zweckentsprechenden Erledigung der Angelegenheit notwendig waren, von einem Beteiligten ganz oder teilweise zu erstatten sind, wenn dies der Billigkeit entspricht. [2]Hat ein Beteiligter Kosten durch ein unbegründetes Rechtsmittel oder durch grobes Verschulden veranlasst, so sind ihm die Kosten aufzuerlegen. [3]Im Übrigen gelten die Vorschriften der Zivilprozessordnung[1)] über das Kostenfestsetzungsverfahren und die Zwangsvollstreckung aus Kostenfestsetzungsbeschlüssen entsprechend.

---

[1)] Nr. **100**.

[2)] **Sartorius Nr. 600.**

[3)] Teil 3 Kapitel 1 (§§ 54–80) neu gef. mWv 19.1.2021 durch G v. 18.1.2021 (BGBl. I S. 2).

**§ 72[1] Geltung von Vorschriften des Gerichtsverfassungsgesetzes und der Zivilprozessordnung.** Soweit nichts anderes bestimmt ist, gelten entsprechend

1. die Vorschriften der §§ 169 bis 201 des Gerichtsverfassungsgesetzes[2] über Öffentlichkeit, Sitzungspolizei, Gerichtssprache, Beratung und Abstimmung sowie über den Rechtsschutz bei überlangen Gerichtsverfahren;
2. die Vorschriften der Zivilprozessordnung[3] über Ausschließung und Ablehnung eines Richters, über Prozessbevollmächtigte und Beistände, über die Zustellung von Amts wegen, über Ladungen, Termine und Fristen, über die Anordnung des persönlichen Erscheinens der Parteien, über die Verbindung mehrerer Prozesse, über die Erledigung des Zeugen- und Sachverständigenbeweises sowie über die sonstigen Arten des Beweisverfahrens, über die Wiedereinsetzung in den vorigen Stand gegen die Versäumung einer Frist sowie über den elektronischen Rechtsverkehr.

## Abschnitt 3. Beschwerde

**§ 73[4] Zulässigkeit, Zuständigkeit.** (1) [1]Gegen Verfügungen der Kartellbehörde ist die Beschwerde zulässig. [2]Sie kann auch auf neue Tatsachen und Beweismittel gestützt werden.

(2) [1]Die Beschwerde steht den am Verfahren vor der Kartellbehörde Beteiligten im Sinne des § 54 Absatz 2 und 3 zu. [2]Gegen eine Verfügung, durch die eine Erlaubnis nach § 42 erteilt wird, steht die Beschwerde einem Dritten nur zu, wenn er geltend macht, durch die Verfügung in seinen Rechten verletzt zu sein.

(3) [1]Die Beschwerde ist auch gegen die Unterlassung einer beantragten Verfügung der Kartellbehörde zulässig, auf deren Vornahme der Antragsteller ein Recht zu haben behauptet. [2]Als Unterlassung gilt es auch, wenn die Kartellbehörde den Antrag auf Vornahme der Verfügung ohne zureichenden Grund in angemessener Frist nicht beschieden hat. [3]Die Unterlassung ist dann einer Ablehnung gleichzuachten.

(4) [1]Über die Beschwerde entscheidet das für den Sitz der Kartellbehörde zuständige Oberlandesgericht, in den Fällen der §§ 35 bis 42 das für den Sitz des Bundeskartellamts zuständige Oberlandesgericht, und zwar auch dann, wenn sich die Beschwerde gegen eine Verfügung des Bundesministeriums für Wirtschaft und Energie richtet. [2]§ 36 der Zivilprozessordnung[3] gilt entsprechend. [3]Für Streitigkeiten über Entscheidungen des Bundeskartellamts, die die freiwillige Vereinigung von Krankenkassen nach § 158 des Fünften Buches Sozialgesetzbuch[5] betreffen, gilt § 202 Satz 3 des Sozialgerichtsgesetzes[6].

(5) Der Bundesgerichtshof entscheidet als Beschwerdegericht im ersten und letzten Rechtszug über sämtliche Streitigkeiten gegen Verfügungen des Bundeskartellamts

1. nach § 19a, auch in Verbindung mit §§ 19, 20 und Artikel 102 des Vertrages über die Arbeitsweise der Europäischen Union[7] sowie § 32 Absatz 1, 2 und 3,

---

[1] Teil 3 Kapitel 1 (§§ 54–80) neu gef. mWv 19.1.2021 durch G v. 18.1.2021 (BGBl. I S. 2).

[2] Nr. **95**.

[3] Nr. **100**.

[4] Teil 3 Kapitel 1 (§§ 54–80) neu gef. mWv 19.1.2021 durch G v. 18.1.2021 (BGBl. I S. 2); § 73 Abs. 5 Nr. 1 geänd. mWv 15.7.2021 durch G v. 9.7.2021 (BGBl. I S. 2506).

[5] **Aichberger, SGB Nr. 5.**

[6] **Sartorius ErgBd. Nr. 415.**

[7] **Sartorius Nr. 1001.**

2. nach den §§ 32a und 32b, soweit diese Vorschriften auf Sachverhalte im Sinne des § 19a angewendet werden,

jeweils einschließlich aller selbständig anfechtbaren Verfahrenshandlungen.

**§ 74[1)] Frist und Form.** (1) [1]Die Beschwerde ist binnen einer Frist von einem Monat bei der Kartellbehörde, deren Verfügung angefochten wird, schriftlich einzureichen. [2]Die Frist beginnt mit der Zustellung der Verfügung der Kartellbehörde. [3]Wird in den Fällen des § 36 Absatz 1 Antrag auf Erteilung einer Erlaubnis nach § 42 gestellt, so beginnt die Frist für die Beschwerde gegen die Verfügung des Bundeskartellamts mit der Zustellung der Verfügung des Bundesministeriums für Wirtschaft und Energie. [4]Es genügt, wenn die Beschwerde innerhalb der Frist bei dem Beschwerdegericht eingeht.

(2) Ergeht entsprechend § 73 Absatz 3 Satz 2 auf einen Antrag keine Verfügung, so ist die Beschwerde an keine Frist gebunden.

(3) [1]Die Beschwerde ist innerhalb von zwei Monaten nach Zustellung der angefochtenen Verfügung zu begründen. [2]Im Fall des Absatzes 1 Satz 3 beginnt die Frist mit der Zustellung der Verfügung des Bundesministeriums für Wirtschaft und Energie. [3]Wird diese Verfügung angefochten, beginnt die Frist zu dem Zeitpunkt, zu dem die Untersagung unanfechtbar wird. [4]Im Fall des Absatzes 2 beträgt die Frist einen Monat; sie beginnt mit der Einlegung der Beschwerde. [5]Die Frist kann auf Antrag von dem oder der Vorsitzenden des Beschwerdegerichts verlängert werden.

(4) Die Beschwerdebegründung muss enthalten:

1. die Erklärung, inwieweit die Verfügung angefochten und ihre Abänderung oder Aufhebung beantragt wird,
2. die Angabe der Tatsachen und Beweismittel, auf die sich die Beschwerde stützt.

(5) Die Beschwerdeschrift und die Beschwerdebegründung müssen durch einen Rechtsanwalt unterzeichnet sein; dies gilt nicht für Beschwerden der Kartellbehörden.

**§ 75[2)] Untersuchungsgrundsatz.** (1) Das Beschwerdegericht erforscht den Sachverhalt von Amts wegen.

(2) Der oder die Vorsitzende hat darauf hinzuwirken, dass Formfehler beseitigt, unklare Anträge erläutert, sachdienliche Anträge gestellt, ungenügende tatsächliche Angaben ergänzt, ferner alle für die Feststellung und Beurteilung des Sachverhalts wesentlichen Erklärungen abgegeben werden.

(3) [1]Das Beschwerdegericht kann den Beteiligten aufgeben, sich innerhalb einer zu bestimmenden Frist über aufklärungsbedürftige Punkte zu äußern, Beweismittel zu bezeichnen und in ihren Händen befindliche Urkunden sowie andere Beweismittel vorzulegen. [2]Bei Versäumung der Frist kann nach Lage der Sache ohne Berücksichtigung der nicht beigebrachten Beweismittel entschieden werden.

(4) [1]Wird die Anforderung nach § 59 Absatz 5 oder die Anordnung nach § 59a Absatz 5 mit der Beschwerde angefochten, hat die Kartellbehörde die tatsächlichen

---

[1)] Teil 3 Kapitel 1 (§§ 54–80) neu gef. mWv 19.1.2021 durch G v. 18.1.2021 (BGBl. I S. 2); § 74 Abs. 1 Satz 3 eingef., bish. Satz 3 wird Satz 4, Abs. 3 Sätze 2 und 3 eingef., bish. Sätze 2 und 3 werden Sätze 4 und 5 mWv 15.7.2021 durch G v. 9.7.2021 (BGBl. I S. 2506).

[2)] Teil 3 Kapitel 1 (§§ 54–80) neu gef. mWv 19.1.2021 durch G v. 18.1.2021 (BGBl. I S. 2); § 75 Abs. 4 Satz 1 geänd. mWv 15.7.2021 durch G v. 9.7.2021 (BGBl. I S. 2506).

Anhaltspunkte glaubhaft zu machen. [2] § 294 Absatz 1 der Zivilprozessordnung[1)] findet Anwendung. [3] Eine Glaubhaftmachung ist nicht erforderlich, soweit § 20 voraussetzt, dass Unternehmen von Unternehmen in der Weise abhängig sind, dass ausreichende und zumutbare Ausweichmöglichkeiten nicht bestehen.

(5) Der Bundesgerichtshof kann in Verfahren nach § 73 Absatz 5 eine Stellungnahme der Monopolkommission einholen.

**§ 76[2)] Beschwerdeentscheidung.** (1) [1] Das Beschwerdegericht entscheidet durch Beschluss nach seiner freien, aus dem Gesamtergebnis des Verfahrens gewonnenen Überzeugung. [2] Der Beschluss darf nur auf Tatsachen und Beweismittel gestützt werden, zu denen die Beteiligten sich äußern konnten. [3] Das Beschwerdegericht kann hiervon abweichen, soweit Beigeladenen aus wichtigen Gründen, insbesondere zur Wahrung von Betriebs- oder Geschäftsgeheimnissen, Akteneinsicht nicht gewährt und der Akteninhalt aus diesen Gründen auch nicht vorgetragen worden ist. [4] Dies gilt nicht für solche Beigeladene, die an dem streitigen Rechtsverhältnis derart beteiligt sind, dass die Entscheidung auch ihnen gegenüber nur einheitlich ergehen kann.

(2) [1] Hält das Beschwerdegericht die Verfügung der Kartellbehörde für unzulässig oder unbegründet, so hebt es diese auf. [2] Hat sich die Verfügung vorher durch Zurücknahme oder auf andere Weise erledigt, so spricht das Beschwerdegericht auf Antrag aus, dass die Verfügung der Kartellbehörde unzulässig oder unbegründet gewesen ist, wenn der Beschwerdeführer ein berechtigtes Interesse an dieser Feststellung hat.

(3) Hat sich eine Verfügung nach den §§ 32 bis 32b oder § 32d wegen nachträglicher Änderung der tatsächlichen Verhältnisse oder auf andere Weise erledigt, so spricht das Beschwerdegericht auf Antrag aus, ob, in welchem Umfang und bis zu welchem Zeitpunkt die Verfügung begründet gewesen ist.

(4) Hält das Beschwerdegericht die Ablehnung oder Unterlassung der Verfügung für unzulässig oder unbegründet, so spricht es die Verpflichtung der Kartellbehörde aus, die beantragte Verfügung vorzunehmen.

(5) [1] Die Verfügung ist auch dann unzulässig oder unbegründet, wenn die Kartellbehörde von ihrem Ermessen fehlsamen Gebrauch gemacht hat, insbesondere, wenn sie die gesetzlichen Grenzen des Ermessens überschritten oder durch die Ermessensentscheidung Sinn und Zweck dieses Gesetzes verletzt hat. [2] Die Würdigung der gesamtwirtschaftlichen Lage und Entwicklung ist hierbei der Nachprüfung des Gerichts entzogen.

(6) Der Beschluss ist zu begründen und mit einer Rechtsmittelbelehrung den Beteiligten zuzustellen.

### Abschnitt 4.[2)] Rechtsbeschwerde und Nichtzulassungsbeschwerde

**§ 77[2)] Zulassung, absolute Rechtsbeschwerdegründe.** (1) [1] Gegen Beschlüsse der Oberlandesgerichte findet die Rechtsbeschwerde an den Bundesgerichtshof statt, wenn das Oberlandesgericht die Rechtsbeschwerde zugelassen hat. [2] Für Beschlüsse des Landessozialgerichts in Streitigkeiten, die die freiwillige Vereinigung von Krankenkassen nach § 158 des Fünften Buches Sozialgesetzbuch[3)] betreffen, gilt § 202 Satz 3 des Sozialgerichtsgesetzes[4)].

---

[1)] Nr. **100**.

[2)] Teil 3 Kapitel 1 (§§ 54–80) neu gef. mWv 19.1.2021 durch G v. 18.1.2021 (BGBl. I S. 2).

[3)] **Aichberger, SGB Nr. 5.**

[4)] **Sartorius ErgBd. Nr. 415.**

(2) Die Rechtsbeschwerde ist zuzulassen, wenn
1. eine Rechtsfrage von grundsätzlicher Bedeutung zu entscheiden ist oder
2. die Fortbildung des Rechts oder die Sicherung einer einheitlichen Rechtsprechung eine Entscheidung des Bundesgerichtshofs erfordert.

(3) [1] Über die Zulassung oder Nichtzulassung der Rechtsbeschwerde ist in der Entscheidung des Oberlandesgerichts zu befinden. [2] Die Nichtzulassung ist zu begründen.

(4) Einer Zulassung zur Einlegung der Rechtsbeschwerde gegen Entscheidungen des Beschwerdegerichts bedarf es nicht, wenn einer der folgenden Mängel des Verfahrens vorliegt und gerügt wird:
1. wenn das beschließende Gericht nicht vorschriftsmäßig besetzt war,
2. wenn bei der Entscheidung ein Richter mitgewirkt hat, der von der Ausübung des Richteramtes kraft Gesetzes ausgeschlossen oder wegen Besorgnis der Befangenheit mit Erfolg abgelehnt war,
3. wenn einem Beteiligten das rechtliche Gehör versagt war,
4. wenn ein Beteiligter im Verfahren nicht nach Vorschrift des Gesetzes vertreten war, sofern er nicht der Führung des Verfahrens ausdrücklich oder stillschweigend zugestimmt hat,
5. wenn die Entscheidung aufgrund einer mündlichen Verhandlung ergangen ist, bei der die Vorschriften über die Öffentlichkeit des Verfahrens verletzt worden sind, oder
6. wenn die Entscheidung nicht mit Gründen versehen ist.

**§ 78[1)] Nichtzulassungsbeschwerde.** (1) Die Nichtzulassung der Rechtsbeschwerde kann von den am Beschwerdeverfahren Beteiligten durch Nichtzulassungsbeschwerde angefochten werden.

(2) [1] Über die Nichtzulassungsbeschwerde entscheidet der Bundesgerichtshof durch Beschluss, der zu begründen ist. [2] Der Beschluss kann ohne mündliche Verhandlung ergehen.

(3) [1] Die Nichtzulassungsbeschwerde ist binnen einer Frist von einem Monat schriftlich bei dem Oberlandesgericht einzulegen. [2] Die Frist beginnt mit der Zustellung der angefochtenen Entscheidung.

(4) [1] Die Nichtzulassungsbeschwerde ist innerhalb von zwei Monaten nach Zustellung der Entscheidung des Beschwerdegerichts zu begründen. [2] Die Frist kann auf Antrag von dem oder der Vorsitzenden verlängert werden. [3] In der Begründung der Nichtzulassungsbeschwerde müssen die Zulassungsgründe des § 77 Absatz 2 dargelegt werden.

(5) Die Nichtzulassungsbeschwerdeschrift und -begründung müssen durch einen Rechtsanwalt unterzeichnet sein; dies gilt nicht für Nichtzulassungsbeschwerden der Kartellbehörden.

(6) [1] Wird die Rechtsbeschwerde nicht zugelassen, so wird die Entscheidung des Oberlandesgerichts mit der Zustellung des Beschlusses des Bundesgerichtshofs rechtskräftig. [2] Wird die Rechtsbeschwerde zugelassen, so wird das Verfahren als Rechtsbeschwerdeverfahren fortgesetzt. [3] In diesem Fall gilt die form- und fristgerechte Einlegung der Nichtzulassungsbeschwerde als Einlegung der Rechts-

[1)] Teil 3 Kapitel 1 (§§ 54–80) neu gef. mWv 19.1.2021 durch G v. 18.1.2021 (BGBl. I S. 2).

beschwerde. [4]Mit der Zustellung der Entscheidung beginnt die Frist für die Begründung der Rechtsbeschwerde.

**§ 79[1)] Rechtsbeschwerdeberechtigte, Form und Frist.** (1) Die Rechtsbeschwerde steht den am Beschwerdeverfahren Beteiligten zu.

(2) [1]Die Rechtsbeschwerde kann nur darauf gestützt werden, dass die Entscheidung auf einer Verletzung des Rechts beruht; die §§ 546 und 547 der Zivilprozessordnung[2)] gelten entsprechend. [2]Die Rechtsbeschwerde kann nicht darauf gestützt werden, dass die Kartellbehörde unter Verletzung des § 48 oder des § 50 Absatz 1 ihre Zuständigkeit zu Unrecht angenommen hat.

(3) [1]Die Rechtsbeschwerde ist binnen einer Frist von einem Monat schriftlich bei dem Oberlandesgericht einzulegen. [2]Die Frist beginnt mit der Zustellung der angefochtenen Entscheidung.

(4) [1]Die Rechtsbeschwerde ist innerhalb von zwei Monaten nach Zustellung der Entscheidung des Beschwerdegerichts zu begründen. [2]Die Frist kann auf Antrag von dem oder der Vorsitzenden verlängert werden. [3]Die Begründung muss die Erklärung enthalten, inwieweit die Entscheidung des Beschwerdegerichts angefochten und ihre Abänderung oder Aufhebung beantragt wird. [4]Ist die Rechtsbeschwerde aufgrund einer Nichtzulassungsbeschwerde zugelassen worden, kann zur Begründung der Rechtsbeschwerde auf die Begründung der Nichtzulassungsbeschwerde Bezug genommen werden.

(5) Die Rechtsbeschwerdeschrift und -begründung müssen durch einen Rechtsanwalt unterzeichnet sein; dies gilt nicht für Rechtsbeschwerden der Kartellbehörden.

(6) Der Bundesgerichtshof ist an die in der angefochtenen Entscheidung getroffenen tatsächlichen Feststellungen gebunden, außer, wenn in Bezug auf diese Feststellungen zulässige und begründete Rechtsbeschwerdegründe vorgebracht sind.

**§ 80[3)] Rechtsbeschwerdeentscheidung.** (1) Der Bundesgerichtshof entscheidet durch Beschluss.

(2) Ist die Rechtsbeschwerde unzulässig, so verwirft sie der Bundesgerichtshof.

(3) Ist die Rechtsbeschwerde unbegründet, so weist der Bundesgerichtshof die Rechtsbeschwerde zurück.

(4) [1]Ist die Rechtsbeschwerde begründet, so kann der Bundesgerichtshof

1. in der Sache entsprechend § 76 Absatz 2 bis 5 selbst entscheiden,
2. den angefochtenen Beschluss aufheben und die Sache zur anderweitigen Verhandlung und Entscheidung zurückverweisen.

[2]Der Bundesgerichtshof verweist den Rechtsstreit zurück, wenn der im Rechtsbeschwerdeverfahren entsprechend § 142 Absatz 1 Satz 2 in Verbindung mit § 65 Absatz 2 der Verwaltungsgerichtsordnung[4)] Beigeladene ein berechtigtes Interesse daran hat.

---

[1)] § 79 neu gef. mWv 19.1.2021 durch G v. 18.1.2021 (BGBl. I S. 2).

[2)] Nr. **100**.

[3)] § 80 neu gef. mWv 19.1.2021 durch G v. 18.1.2021 (BGBl. I S. 2); Abs. 1 neu gef. mWv 15.7.2021 durch G v. 9.7.2021 (BGBl. I S. 2506).

[4)] **Sartorius Nr. 600.**

(5) Ergibt die Begründung der Beschwerdeentscheidung zwar eine Rechtsverletzung, stellt sich die Beschwerdeentscheidung selbst aber aus anderen Gründen als richtig dar, so ist die Rechtsbeschwerde zurückzuweisen.

(6) Das Beschwerdegericht hat seiner Entscheidung nach einer Zurückverweisung die rechtliche Beurteilung des Bundesgerichtshofs zugrunde zu legen.

(7) Der Beschluss ist zu begründen und den Beteiligten zuzustellen.

## Kapitel 2. Bußgeldsachen

### Abschnitt 1.[1] Bußgeldvorschriften

**§ 81[2] Bußgeldtatbestände.** (1) Ordnungswidrig handelt, wer gegen den Vertrag über die Arbeitsweise der Europäischen Union[3] in der Fassung der Bekanntmachung vom 9. Mai 2008 (ABl. C 115 vom 9.5.2008, S. 47) verstößt, indem er vorsätzlich oder fahrlässig

1. entgegen Artikel 101 Absatz 1[4] eine Vereinbarung trifft, einen Beschluss fasst oder Verhaltensweisen aufeinander abstimmt oder
2. entgegen Artikel 102 Satz 1[4] eine beherrschende Stellung missbräuchlich ausnutzt.

(2) Ordnungswidrig handelt, wer vorsätzlich oder fahrlässig

1. einer Vorschrift der §§ 1, 19, 20 Absatz 1 bis 3 Satz 1, Absatz 3a oder Absatz 5, des § 21 Absatz 3 oder 4, des § 29 Satz 1 oder des § 41 Absatz 1 Satz 1 über das Verbot einer dort genannten Vereinbarung, eines dort genannten Beschlusses, einer aufeinander abgestimmten Verhaltensweise, des Missbrauchs einer marktbeherrschenden Stellung, des Missbrauchs einer Marktstellung oder einer überlegenen Marktmacht, einer unbilligen Behinderung oder unterschiedlichen Behandlung, der Ablehnung der Aufnahme eines Unternehmens, der Ausübung eines Zwangs, der Zufügung eines wirtschaftlichen Nachteils oder des Vollzugs eines Zusammenschlusses zuwiderhandelt,
2. einer vollziehbaren Anordnung nach
   a) § 19a Absatz 2, § 30 Absatz 3, § 31b Absatz 3 Nummer 1 und 3, § 32 Absatz 1, § 32a Absatz 1, § 32b Absatz 1 Satz 1 oder § 41 Absatz 4 Nummer 2, auch in Verbindung mit § 40 Absatz 3a Satz 2, auch in Verbindung mit § 41 Absatz 2 Satz 3 oder § 42 Absatz 2 Satz 2, oder § 60 oder
   b) § 39 Absatz 5 oder
   c) § 47d Absatz 1 Satz 2 in Verbindung mit einer Rechtsverordnung nach § 47f Nummer 1 oder
   d) § 47d Absatz 1 Satz 5 erster Halbsatz in Verbindung mit einer Rechtsverordnung nach § 47f Nummer 2 zuwiderhandelt,
3. entgegen § 39 Absatz 1 einen Zusammenschluss nicht richtig oder nicht vollständig anmeldet,
4. entgegen § 39 Absatz 6 eine Anzeige nicht, nicht richtig, nicht vollständig oder nicht rechtzeitig erstattet,

---

[1] Teil 3 Kapitel 2 Abschnitte 1 und 2 (§§ 81–81n) neu gef. mWv 19.1.2021 durch G v. 18.1.2021 (BGBl. I S. 2).

[2] § 81 neu gef. mWv 19.1.2021 durch G v. 18.1.2021 (BGBl. I S. 2); Abs. 2 Nr. 5b geänd. mWv 15.7. *2021 durch G v. 9.7.2021 (BGBl. I S. 2506)*; Abs. 2 Nr. 5b geänd. mWv 29.7.2022 durch G v. 19.7.2022 (BGBl. I S. 1214).

[3] **Sartorius Nr. 1001.**

[4] Abgedruckt in Anm. zu § 22.

5. einer vollziehbaren Auflage nach § 40 Absatz 3 Satz 1 oder § 42 Absatz 2 Satz 1 zuwiderhandelt,

5a. einer Rechtsverordnung nach § 47f Nummer 3 Buchstabe a, b oder c oder einer vollziehbaren Anordnung aufgrund einer solchen Rechtsverordnung zuwiderhandelt, soweit die Rechtsverordnung für einen bestimmten Tatbestand auf diese Bußgeldvorschrift verweist,

5b. entgegen § 47k Absatz 2 Satz 1, auch in Verbindung mit Satz 2, jeweils in Verbindung mit einer Rechtsverordnung nach § 47k Absatz 8 Satz 1 Nummer 1 oder Nummer 2, eine dort genannte Änderung oder Mengenangabe nicht, nicht richtig, nicht vollständig oder nicht rechtzeitig übermittelt,

6. entgegen § 59 Absatz 2 oder Absatz 4, auch in Verbindung mit § 47d Absatz 1 Satz 1, § 47k Absatz 7 oder § 82b Absatz 1, ein Auskunftsverlangen nicht, nicht richtig, nicht vollständig oder nicht rechtzeitig beantwortet oder Unterlagen nicht, nicht vollständig oder nicht rechtzeitig herausgibt,

7. entgegen § 59 Absatz 1 Satz 6, auch in Verbindung mit § 82b Absatz 1, nicht zu einer Befragung erscheint,

8. entgegen § 59a Absatz 2, auch in Verbindung mit § 47d Absatz 1 Satz 1 und § 47k Absatz 7, geschäftliche Unterlagen nicht, nicht vollständig oder nicht rechtzeitig zur Einsichtnahme und Prüfung vorlegt oder die Prüfung von geschäftlichen Unterlagen sowie das Betreten von Geschäftsräumen und -grundstücken nicht duldet,

*(Fortsetzung nächstes Blatt)*

9. entgegen § 59b Absatz 5 Satz 2, auch in Verbindung mit § 82b Absatz 1, eine Durchsuchung von Geschäftsräumen oder geschäftlich genutzten Grundstücken oder Sachen nicht duldet,
10. ein Siegel bricht, das von den Bediensteten der Kartellbehörde oder von einer von diesen Bediensteten ermächtigten oder benannten Person gemäß § 59b Absatz 3 Satz 1 Nummer 2, auch in Verbindung mit § 82b Absatz 1, angebracht worden ist, oder
11. ein Verlangen nach § 59b Absatz 3 Satz 1 Nummer 3, auch in Verbindung mit § 82b Absatz 1, nicht, nicht richtig, nicht vollständig oder nicht rechtzeitig beantwortet.

(3) Ordnungswidrig handelt, wer

1. entgegen § 21 Absatz 1 zu einer Liefersperre oder Bezugssperre auffordert,
2. entgegen § 21 Absatz 2 einen Nachteil androht oder zufügt oder einen Vorteil verspricht oder gewährt oder
3. entgegen § 24 Absatz 4 Satz 3 oder § 39 Absatz 3 Satz 5 eine Angabe macht oder benutzt.

**§ 81a[1)] Geldbußen gegen Unternehmen.** (1) Hat jemand als Leitungsperson im Sinne des § 30 Absatz 1 Nummer 1 bis 5 des Gesetzes über Ordnungswidrigkeiten[2)] eine Ordnungswidrigkeit nach § 81 begangen, durch die Pflichten, welche das Unternehmen treffen, verletzt worden sind oder das Unternehmen bereichert worden ist oder werden sollte, so kann auch gegen weitere juristische Personen oder Personenvereinigungen, die das Unternehmen zum Zeitpunkt der Begehung der Ordnungswidrigkeit gebildet haben und die auf die juristische Person oder Personenvereinigung, deren Leitungsperson die Ordnungswidrigkeit begangen hat, unmittelbar oder mittelbar einen bestimmenden Einfluss ausgeübt haben, eine Geldbuße festgesetzt werden.

(2) [1] Im Fall einer Gesamtrechtsnachfolge oder einer partiellen Gesamtrechtsnachfolge durch Aufspaltung (§ 123 Absatz 1 des Umwandlungsgesetzes[3)]) kann die Geldbuße nach Absatz 1 auch gegen den oder die Rechtsnachfolger festgesetzt werden. [2] Im Bußgeldverfahren tritt der Rechtsnachfolger oder treten die Rechtsnachfolger in die Verfahrensstellung ein, in der sich der Rechtsvorgänger zum Zeitpunkt des Wirksamwerdens der Rechtsnachfolge befunden hat. [3] § 30 Absatz 2a Satz 2 des Gesetzes über Ordnungswidrigkeiten findet insoweit keine Anwendung. [4] Satz 3 gilt auch für die Rechtsnachfolge nach § 30 Absatz 2a Satz 1 des Gesetzes über Ordnungswidrigkeiten, soweit eine Ordnungswidrigkeit nach § 81 zugrunde liegt.

(3) [1] Die Geldbuße nach § 30 Absatz 1 und 2 des Gesetzes über Ordnungswidrigkeiten sowie nach Absatz 1 kann auch gegen die juristischen Personen oder Personenvereinigungen festgesetzt werden, die das Unternehmen in wirtschaftlicher Kontinuität fortführen (wirtschaftliche Nachfolge). [2] Für das Verfahren gilt Absatz 2 Satz 2 entsprechend.

(4) [1] In den Fällen der Absätze 1 bis 3 bestimmen sich das Höchstmaß der Geldbuße und die Verjährung nach dem für die Ordnungswidrigkeit geltenden Recht. [2] Die Geldbuße nach Absatz 1 kann selbstständig festgesetzt werden.

---

[1)] Teil 3 Kapitel 2 Abschnitte 1 und 2 (§§ 81–81n) neu gef. mWv 19.1.2021 durch G v. 18.1.2021 (BGBl. I S. 2).
[2)] Nr. **94**.
[3)] Nr. **52a**.

(5) Soweit in den Fällen der Absätze 1 bis 3 gegen mehrere juristische Personen oder Personenvereinigungen wegen derselben Ordnungswidrigkeit Geldbußen festgesetzt werden, finden die Vorschriften zur Gesamtschuld entsprechende Anwendung.

**§ 81b[1] Geldbußen gegen Unternehmensvereinigungen.** (1) Wird gegen eine Unternehmensvereinigung als juristische Person oder Personenvereinigung im Sinne des § 30 des Gesetzes gegen Ordnungswidrigkeiten[2] eine Geldbuße nach § 81c Absatz 4 festgesetzt und ist die Unternehmensvereinigung selbst nicht zahlungsfähig, so setzt die Kartellbehörde eine angemessene Frist, binnen derer die Unternehmensvereinigung von ihren Mitgliedern Beiträge zur Zahlung der Geldbuße verlangt.

(2) Sind die Beiträge zur Zahlung der Geldbuße innerhalb der nach Absatz 1 gesetzten Frist nicht in voller Höhe entrichtet worden, so kann die Kartellbehörde die Zahlung des ausstehenden Betrags der Geldbuße direkt von jedem Unternehmen verlangen, dessen Vertreter den Entscheidungsgremien der Unternehmensvereinigung zum Zeitpunkt der Begehung der Ordnungswidrigkeit angehört haben.

(3) Soweit dies nach einem Verlangen nach Absatz 2 zur vollständigen Zahlung der Geldbuße notwendig ist, kann die Kartellbehörde die Zahlung des ausstehenden Betrags der Geldbuße auch von jedem Mitglied der Unternehmensvereinigung verlangen, das auf dem von der Ordnungswidrigkeit betroffenen Markt tätig war.

(4) Eine Zahlung nach den Absätzen 2 und 3 kann nicht von Unternehmen verlangt werden, die darlegen, dass sie

1. entweder von der Existenz dieses Beschlusses keine Kenntnis hatten oder sich vor Einleitung des Verfahrens der Kartellbehörde aktiv davon distanziert haben und
2. den die Geldbuße nach § 81 begründenden Beschluss der Unternehmensvereinigung nicht umgesetzt haben.

(5) Das Verlangen nach Zahlung des ausstehenden Betrags der Geldbuße darf für ein einzelnes Unternehmen 10 Prozent des in dem der Behördenentscheidung vorausgegangenen Geschäftsjahr erzielten Gesamtumsatzes des jeweiligen Unternehmens nicht übersteigen.

(6) Die Absätze 1 bis 5 finden keine Anwendung in Bezug auf Mitglieder der Unternehmensvereinigung,

1. gegen die im Zusammenhang mit der Ordnungswidrigkeit eine Geldbuße festgesetzt wurde oder
2. denen nach § 81k ein Erlass der Geldbuße gewährt wurde.

**§ 81c[1] Höhe der Geldbuße.** (1) [1] Die Ordnungswidrigkeit kann in den Fällen des § 81 Absatz 1, 2 Nummer 1, 2 Buchstabe a und Nummer 5 und Absatz 3 mit einer Geldbuße bis zu einer Million Euro geahndet werden. [2] In den übrigen Fällen des § 81 kann die Ordnungswidrigkeit mit einer Geldbuße bis zu einhunderttausend Euro geahndet werden.

---

[1] Teil 3 Kapitel 2 Abschnitte 1 und 2 (§§ 81–81n) neu gef. mWv 19.1.2021 durch G v. 18.1.2021 (BGBl. I S. 2).

[2] Nr. **94**.

(2) [1]Im Fall eines Unternehmens oder einer Unternehmensvereinigung kann bei Verstößen nach § 81 Absatz 1, 2 Nummer 1, 2 Buchstabe a und Nummer 5 sowie Absatz 3 über Absatz 1 hinaus eine höhere Geldbuße verhängt werden. [2]Die Geldbuße darf 10 Prozent des in dem der Behördenentscheidung vorausgegangenen Geschäftsjahr erzielten Gesamtumsatzes des Unternehmens oder der Unternehmensvereinigung nicht übersteigen.

(3) [1]Im Fall eines Unternehmens oder einer Unternehmensvereinigung kann bei Verstößen nach § 81 Absatz 2 Nummer 2 Buchstabe b, Nummer 3 sowie 6 bis 11 über Absatz 1 hinaus eine höhere Geldbuße verhängt werden. [2]Die Geldbuße darf 1 Prozent des in dem der Behördenentscheidung vorausgegangenen Geschäftsjahr erzielten Gesamtumsatzes des Unternehmens oder der Unternehmensvereinigung nicht übersteigen.

(4) [1]Wird gegen eine Unternehmensvereinigung eine Geldbuße wegen einer Ordnungswidrigkeit gemäß § 81 Absatz 1 festgesetzt, die mit den Tätigkeiten ihrer Mitglieder im Zusammenhang steht, so darf diese abweichend von Absatz 2 Satz 2 10 Prozent der Summe des in dem der Behördenentscheidung vorausgegangenen Geschäftsjahr erzielten Gesamtumsatzes derjenigen Mitglieder, die auf dem von der Ordnungswidrigkeit betroffenen Markt tätig waren, nicht übersteigen. [2]Dabei bleiben die Umsätze von solchen Mitgliedern unberücksichtigt, gegen die im Zusammenhang mit der Ordnungswidrigkeit bereits eine Geldbuße festgesetzt wurde oder denen nach § 81k ein Erlass der Geldbuße gewährt wurde.

(5) [1]Bei der Ermittlung des Gesamtumsatzes ist der weltweite Umsatz aller natürlichen und juristischen Personen sowie Personenvereinigungen zugrunde zu legen, die als wirtschaftliche Einheit operieren. [2]Die Höhe des Gesamtumsatzes kann geschätzt werden.

**§ 81d[1)] Zumessung der Geldbuße.** (1) [1]Bei der Festsetzung der Höhe der Geldbuße ist sowohl die Schwere der Zuwiderhandlung als auch deren Dauer zu berücksichtigen. [2]Bei Geldbußen, die gegen Unternehmen oder Unternehmensvereinigungen wegen wettbewerbsbeschränkender Vereinbarungen, Beschlüssen oder abgestimmter Verhaltensweisen nach § 1 dieses Gesetzes oder Artikel 101 des Vertrages über die Arbeitsweise der Europäischen Union[2)] oder wegen verbotener Verhaltensweisen nach den §§ 19, 20 oder 21 oder nach Artikel 102 des Vertrages über die Arbeitsweise der Europäischen Union festgesetzt werden, kommen als abzuwägende Umstände insbesondere in Betracht:

1. die Art und das Ausmaß der Zuwiderhandlung, insbesondere die Größenordnung der mit der Zuwiderhandlung in unmittelbarem oder mittelbarem Zusammenhang stehenden Umsätze,
2. die Bedeutung der von der Zuwiderhandlung betroffenen Produkte und Dienstleistungen,
3. *die Art der Ausführung der Zuwiderhandlung,*
4. vorausgegangene Zuwiderhandlungen des Unternehmens sowie vor der Zuwiderhandlung getroffene, angemessene und wirksame Vorkehrungen zur Vermeidung und Aufdeckung von Zuwiderhandlungen und

---

[1)] Teil 3 Kapitel 2 Abschnitte 1 und 2 (§§ 81–81n) neu gef. mWv 19.1.2021 durch G v. 18.1.2021 (BGBl. I S. 2).
[2)] Abgedruckt in Anm. zu § 22.

5. das Bemühen des Unternehmens, die Zuwiderhandlung aufzudecken und den Schaden wiedergutzumachen sowie nach der Zuwiderhandlung getroffene Vorkehrungen zur Vermeidung und Aufdeckung von Zuwiderhandlungen.

³ Bei der Berücksichtigung des Ausmaßes, der Größenordnung und der Bedeutung im Sinne des Satzes 2 Nummer 1 und 2 können Schätzungen zugrunde gelegt werden.

(2) ¹ Bei der Zumessung der Geldbuße sind die wirtschaftlichen Verhältnisse des Unternehmens oder der Unternehmensvereinigung maßgeblich. ² Haben sich diese während oder nach der Tat infolge des Erwerbs durch einen Dritten verändert, so ist eine geringere Höhe der gegenüber dem Unternehmen oder der Unternehmensvereinigung zuvor angemessenen Geldbuße zu berücksichtigen.

(3) ¹ § 17 Absatz 4 des Gesetzes über Ordnungswidrigkeiten[1] findet mit der Maßgabe Anwendung, dass der wirtschaftliche Vorteil, der aus der Ordnungswidrigkeit gezogen wurde, durch die Geldbuße nach § 81c abgeschöpft werden kann. ² Dient die Geldbuße allein der Ahndung, ist dies bei der Zumessung entsprechend zu berücksichtigen.

(4) Das Bundeskartellamt kann allgemeine Verwaltungsgrundsätze über die Ausübung seines Ermessens bei der Bemessung der Geldbuße, insbesondere für die Feststellung der Bußgeldhöhe und für die Zusammenarbeit mit ausländischen Wettbewerbsbehörden, festlegen.

**§ 81e[2] Ausfallhaftung im Übergangszeitraum.** (1) Erlischt die nach § 30 des Gesetzes über Ordnungswidrigkeiten[1] verantwortliche juristische Person oder Personenvereinigung nach der Bekanntgabe der Einleitung des Bußgeldverfahrens oder wird Vermögen verschoben mit der Folge, dass ihr oder ihrem Rechtsnachfolger gegenüber eine nach den §§ 81c und 81d in Bezug auf das Unternehmen angemessene Geldbuße nicht festgesetzt oder voraussichtlich nicht vollstreckt werden kann, so kann gegen juristische Personen oder Personenvereinigungen, die zum Zeitpunkt der Bekanntgabe der Einleitung des Bußgeldverfahrens das Unternehmen gebildet und auf die verantwortliche juristische Person oder Personenvereinigung oder ihren Rechtsnachfolger unmittelbar oder mittelbar einen bestimmenden Einfluss ausgeübt haben oder die nach der Bekanntgabe der Einleitung des Bußgeldverfahrens Rechtsnachfolger im Sinne des § 81a Absatz 2 oder wirtschaftlicher Nachfolger im Sinne des § 81a Absatz 3 werden, ein Haftungsbetrag in Höhe der nach den §§ 81c und 81d in Bezug auf das Unternehmen angemessenen Geldbuße festgesetzt werden.

(2) § 81a Absatz 2 und 3 gilt für die Haftung nach Absatz 1 entsprechend.

(3) ¹ Für das Verfahren zur Festsetzung und Vollstreckung des Haftungsbetrages gelten die Vorschriften über die Festsetzung und Vollstreckung einer Geldbuße entsprechend. ² Für die Verjährungsfrist gilt das für die Ordnungswidrigkeit geltende Recht entsprechend. ³ § 31 Absatz 3 des Gesetzes über Ordnungswidrigkeiten gilt mit der Maßgabe entsprechend, dass die Verjährung mit Eintritt der Voraussetzungen nach Absatz 1 beginnt.

(4) Sofern gegen mehrere juristische Personen oder Personenvereinigungen eines Unternehmens wegen derselben Ordnungswidrigkeit Geldbußen und Haftungsbeträge festgesetzt werden, darf im Vollstreckungsverfahren diesen gegenüber

---

[1] Nr. **94**.

[2] Teil 3 Kapitel 2 Abschnitte 1 und 2 (§§ 81–81n) neu gef. mWv 19.1.2021 durch G v. 18.1.2021 (BGBl. I S. 2).

insgesamt nur eine Beitreibung bis zur Erreichung des höchsten festgesetzten Einzelbetrages erfolgen.

**§ 81f[1)] Verzinsung der Geldbuße.** [1]Im Bußgeldbescheid festgesetzte Geldbußen gegen juristische Personen und Personenvereinigungen sind zu verzinsen; die Verzinsung beginnt vier Wochen nach Zustellung des Bußgeldbescheides. [2]§ 288 Absatz 1 Satz 2 und § 289 Satz 1 des Bürgerlichen Gesetzbuchs[2)] sind entsprechend anzuwenden. [3]Die Verjährungsfrist beträgt drei Jahre und beginnt mit dem Ablauf des Kalenderjahres, in dem die festgesetzte Geldbuße vollständig gezahlt oder beigetrieben wurde.

**§ 81g[1)] Verjährung der Geldbuße.** (1) [1]Die Verjährung der Verfolgung von Ordnungswidrigkeiten nach § 81 bestimmt sich nach den Vorschriften des Gesetzes über Ordnungswidrigkeiten[3)] auch dann, wenn die Tat durch Verbreiten von Druckschriften begangen wird. [2]Die Verfolgung der Ordnungswidrigkeiten nach § 81 Absatz 1, 2 Nummer 1 und Absatz 3 verjährt in fünf Jahren.

(2) Eine Unterbrechung der Verjährung nach § 33 Absatz 1 Nummer 1 des Gesetzes über Ordnungswidrigkeiten wird auch durch den Erlass des ersten an den Betroffenen gerichteten Auskunftsverlangens nach § 82b Absatz 1 in Verbindung mit § 59 bewirkt, sofern es binnen zwei Wochen zugestellt wird, ansonsten durch dessen Zustellung.

(3) [1]Die Verjährung ruht, solange die Europäische Kommission oder die Wettbewerbsbehörde eines anderen Mitgliedstaates der Europäischen Union aufgrund einer Beschwerde oder von Amts wegen mit einem Verfahren wegen eines Verstoßes gegen Artikel 101 oder 102 des Vertrages über die Arbeitsweise der Europäischen Union[4)] gegen dieselbe Vereinbarung, denselben Beschluss oder dieselbe Verhaltensweise wie die Kartellbehörde befasst ist. [2]Das Ruhen der Verjährung beginnt mit den § 33 Absatz 1 des Gesetzes über Ordnungswidrigkeiten sowie Absatz 2 entsprechenden Handlungen dieser Wettbewerbsbehörden. [3]Das Ruhen der Verjährung dauert fort bis zu dem Tag, an dem die andere Wettbewerbsbehörde ihr Verfahren vollständig beendet, indem sie eine abschließende Entscheidung erlässt oder zu dem Schluss gelangt, dass zu weiteren Maßnahmen ihrerseits kein Anlass besteht. [4]Das Ruhen der Verjährung wirkt gegenüber allen Unternehmen oder Unternehmensvereinigungen, die an der Zuwiderhandlung beteiligt waren.

(4) [1]Die Verjährung tritt spätestens mit dem Tag ein, an dem die doppelte Verjährungsfrist verstrichen ist. [2]Diese Frist verlängert sich abweichend von § 33 Absatz 3 Satz 2 des Gesetzes über Ordnungswidrigkeiten um den Zeitraum, in dem die Bußgeldentscheidung Gegenstand eines Verfahrens ist, das bei einer gerichtlichen Instanz anhängig ist.

### Abschnitt 2.[1)] Kronzeugenprogramm

**§ 81h[1)] Ziel und Anwendungsbereich.** (1) Die Kartellbehörde kann an Kartellen beteiligten natürlichen Personen, Unternehmen und Unternehmensvereinigungen (Kartellbeteiligte), die durch ihre Kooperation mit der Kartellbehörde

---

[1)] Teil 3 Kapitel 2 Abschnitte 1 und 2 (§§ 81–81n) neu gef. mWv 19.1.2021 durch G v. 18.1.2021 (BGBl. I S. 2).
[2)] Nr. **20**.
[3)] Nr. **94**.
[4)] Abgedruckt in Anm. zu § 22.

dazu beitragen, ein Kartell aufzudecken, die Geldbuße erlassen oder reduzieren (Kronzeugenbehandlung).

(2) Die Regelungen dieses Abschnitts gelten für Bußgeldverfahren der Kartellbehörden zur Ahndung von Kartellen in Anwendung des § 81 Absatz 1 Nummer 1 dieses Gesetzes in Verbindung mit Artikel 101 des Vertrages über die Arbeitsweise der Europäischen Union[1] und § 81 Absatz 2 Nummer 1 in Verbindung mit § 1 dieses Gesetzes.

(3) [1]Das Bundeskartellamt kann allgemeine Verwaltungsgrundsätze über die Ausübung seines Ermessens bei der Anwendung des Kronzeugenprogramms sowie der Gestaltung des Verfahrens festlegen. [2]Die Verwaltungsgrundsätze sind im Bundesanzeiger zu veröffentlichen.

**§ 81i[2] Antrag auf Kronzeugenbehandlung.** (1) [1]Eine Kronzeugenbehandlung ist nur auf Antrag möglich. [2]Kartellbeteiligte können wegen einer verfolgbaren Tat einen Antrag auf Kronzeugenbehandlung bei der zuständigen Kartellbehörde stellen. [3]Der Antrag muss detaillierte Informationen zu allen in § 81m Absatz 1 Satz 2 aufgelisteten Angaben enthalten und zusammen mit den entsprechenden Beweismitteln eingereicht werden.

(2) [1]Ein Antrag auf Kronzeugenbehandlung, der für ein Unternehmen abgegeben wird, gilt, soweit nicht ausdrücklich etwas anderes erklärt wird, für alle juristischen Personen oder Personenvereinigungen, die im Zeitpunkt der Antragstellung das Unternehmen bilden. [2]Er gilt auch für deren derzeitige sowie frühere Mitglieder von Aufsichts- und Leitungsorganen und Mitarbeiter.

(3) [1]Der Antrag kann schriftlich oder nach § 32a der Strafprozessordnung[3] elektronisch in deutscher, in englischer Sprache oder, nach Absprache zwischen der Kartellbehörde und dem Antragsteller, in einer anderen Sprache der Europäischen Union gestellt werden. [2]Nimmt die Kartellbehörde einen Antrag in einer anderen als der deutschen Sprache entgegen, so kann sie vom Antragsteller verlangen, unverzüglich eine deutsche Übersetzung beizubringen. [3]In Absprache mit der Kartellbehörde kann ein Antrag auch in Textform oder mündlich gestellt werden.

(4) Auf Ersuchen des Antragstellers bestätigt die Kartellbehörde den Eingang des Antrags mit Datum und Uhrzeit.

**§ 81j[2] Allgemeine Voraussetzungen für die Kronzeugenbehandlung.**
(1) Die Kronzeugenbehandlung kann nur gewährt werden, wenn der Antragsteller

1. seine Kenntnis von dem Kartell und seine Beteiligung daran in dem Antrag auf Kronzeugenbehandlung gegenüber der Kartellbehörde offenlegt oder ein Kartellbeteiligter im Fall eines zu seinen Gunsten geltenden Antrags umfassend an der Aufklärung des Sachverhalts mitwirkt;
2. seine Beteiligung an dem Kartell unmittelbar nach Stellung des Antrags auf Kronzeugenbehandlung beendet, soweit nicht einzelne Handlungen nach Auffassung der Kartellbehörde möglicherweise erforderlich sind, um die Integrität ihrer Untersuchung zu wahren;

---

[1] Abgedruckt in Anm. zu § 22.
[2] Teil 3 Kapitel 2 Abschnitte 1 und 2 (§§ 81–81n) neu gef. mWv 19.1.2021 durch G v. 18.1.2021 (BGBl. I S. 2).
[3] Nr. **90**.

3. ab dem Zeitpunkt der Stellung des Antrags auf Kronzeugenbehandlung bis zur Beendigung des kartellbehördlichen Verfahrens gegenüber allen Kartellbeteiligten der Pflicht zur ernsthaften, fortgesetzten und zügigen Kooperation genügt; diese beinhaltet insbesondere, dass er
   a) unverzüglich alle ihm zugänglichen Informationen über und Beweise für das Kartell zur Verfügung stellt,
   b) jede Anfrage beantwortet, die zur Feststellung des Sachverhalts beitragen kann,
   c) dafür sorgt, dass Mitglieder der Aufsichts- und Leitungsorgane sowie sonstige Mitarbeiter für Befragungen zur Verfügung stehen; bei früheren Mitgliedern der Aufsichts- und Leitungsorgane sowie sonstigen früheren Mitarbeitern genügt es, hierauf hinzuwirken,
   d) Informationen über und Beweise für das Kartell nicht vernichtet, verfälscht oder unterdrückt und
   e) weder die Tatsache der Stellung eines Antrags auf Kronzeugenbehandlung noch dessen Inhalt offenlegt, bis die Kartellbehörde ihn von dieser Pflicht entbindet;
4. während er die Stellung des Antrags auf Kronzeugenbehandlung erwogen hat,
   a) Informationen über oder Beweise für das Kartell weder vernichtet, noch verfälscht oder unterdrückt und
   b) weder die beabsichtigte Stellung des Antrags auf Kronzeugenbehandlung noch dessen beabsichtigten Inhalt offengelegt hat; dies gilt mit Ausnahme der Offenlegung gegenüber anderen Wettbewerbsbehörden.

(2) Die Voraussetzungen des Absatzes 1 finden entsprechend Anwendung auf diejenigen Kartellbeteiligten, zu deren Gunsten der Antrag auf Kronzeugenbehandlung gemäß § 81i Absatz 2 gestellt ist.

**§ 81k[1)] Erlass der Geldbuße.** (1) Die Kartellbehörde sieht von der Verhängung einer Geldbuße gegenüber einem Kartellbeteiligten ab, wenn er
1. die in § 81j genannten Voraussetzungen erfüllt und
2. als Erster Beweismittel vorlegt, die die Kartellbehörde zu dem Zeitpunkt, zu dem sie den Antrag auf Kronzeugenbehandlung erhält, erstmals in die Lage versetzen, einen Durchsuchungsbeschluss zu erwirken.

(2) Von der Verhängung einer Geldbuße gegenüber einem Kartellbeteiligten ist in der Regel abzusehen, wenn er
1. die in § 81j genannten Voraussetzungen erfüllt und
2. als Erster Beweismittel vorlegt, die, wenn die Kartellbehörde bereits in der Lage ist, einen Durchsuchungsbeschluss zu erwirken, erstmals den Nachweis der Tat ermöglichen und kein anderer Kartellbeteiligter bereits die Voraussetzungen für einen Erlass nach Absatz 1 erfüllt hat.

(3) Ein Erlass der Geldbuße kommt nicht in Betracht, wenn der Kartellbeteiligte Schritte unternommen hat, um andere Kartellbeteiligte zur Beteiligung am oder zum Verbleib im Kartell zu zwingen.

**§ 81l[1)] Ermäßigung der Geldbuße.** (1) Die Kartellbehörde kann gegenüber einem Kartellbeteiligten die Geldbuße ermäßigen, wenn er

---

[1)] Teil 3 Kapitel 2 Abschnitte 1 und 2 (§§ 81–81n) neu gef. mWv 19.1.2021 durch G v. 18.1.2021 (BGBl. I S. 2).

1. die in § 81j genannten Voraussetzungen erfüllt und
2. Beweismittel für das Kartell vorlegt, die im Hinblick auf den Nachweis der Tat gegenüber den Informationen und Beweismitteln, die der Kartellbehörde bereits vorliegen, einen erheblichen Mehrwert aufweisen.

(2) Der Umfang der Ermäßigung richtet sich insbesondere nach dem Nutzen der Informationen und Beweismittel sowie nach dem Zeitpunkt der Anträge auf Kronzeugenbehandlung.

(3) Übermittelt ein Antragsteller als Erster stichhaltige Beweise, die die Kartellbehörde zur Feststellung zusätzlicher Tatsachen heranzieht und zur Festsetzung höherer Geldbußen gegenüber anderen Kartellbeteiligten verwendet, oder wirkt ein Kartellbeteiligter im Fall eines Antrags zu seinen Gunsten an deren erstmaliger Übermittlung umfassend mit, so werden diese Tatsachen bei der Festsetzung der Geldbuße gegen den Antragsteller beziehungsweise gegen den begünstigten Kartellbeteiligten nicht berücksichtigt.

**§ 81m[1)] Marker.** (1) [1] Ein Kartellbeteiligter kann sich an die Kartellbehörde wenden, um zunächst die Bereitschaft zur Zusammenarbeit zu erklären (Marker), um einen Rang in der Reihenfolge des Eingangs der Anträge auf Kronzeugenbehandlung zu erhalten. [2] Ein Marker soll mindestens die folgenden Angaben in Kurzform enthalten:

1. den Namen und die Anschrift des Antragstellers,
2. die Namen der übrigen Kartellbeteiligten,
3. die betroffenen Produkte und Gebiete,
4. die Dauer und die Art der Tat, insbesondere auch betreffend die eigene Beteiligung, und
5. Informationen über alle bisherigen oder über etwaige künftige Anträge auf Kronzeugenbehandlung im Zusammenhang mit dem Kartell bei anderen Kartellbehörden, anderen europäischen Wettbewerbsbehörden oder sonstigen ausländischen Wettbewerbsbehörden.

(2) [1] Ein Marker kann mündlich oder in Textform erklärt werden. [2] § 81i Absatz 2, 3 Satz 1 und 2 und Absatz 4 gilt entsprechend.

(3) [1] Die Kartellbehörde setzt eine angemessene Frist, vor deren Ablauf der Antragsteller einen Antrag auf Kronzeugenbehandlung, einschließlich detaillierter Informationen zu allen in Absatz 1 Satz 2 aufgelisteten Angaben zusammen mit den entsprechenden Beweismitteln, einzureichen hat. [2] Für den Rang des ausgearbeiteten Antrags auf Kronzeugenbehandlung nach Satz 1 ist der Zeitpunkt des Markers nach Absatz 1 maßgeblich, soweit der Antragsteller die ihm obliegenden Pflichten fortwährend erfüllt. [3] In diesem Fall gelten alle ordnungsgemäß bis zum Ablauf der nach Satz 1 gesetzten Frist beigebrachten Informationen und Beweismittel als zum Zeitpunkt des Markers vorgelegt.

**§ 81n[1)] Kurzantrag.** (1) [1] Die Kartellbehörde nimmt von Kartellbeteiligten, die bei der Europäischen Kommission in Bezug auf dasselbe Kartell einen Antrag auf Kronzeugenbehandlung stellen, einen Kurzantrag an. [2] Dies gilt nur, wenn sich der Antrag auf mehr als drei Mitgliedstaaten als von dem Kartell betroffene Gebiete bezieht.

---

[1)] Teil 3 Kapitel 2 Abschnitte 1 und 2 (§§ 81–81n) neu gef. mWv 19.1.2021 durch G v. 18.1.2021 (BGBl. I S. 2).

(2) [1]Für Kurzanträge gilt § 81m Absatz 1 Satz 2, Absatz 2 und 3 Satz 3 und 4 entsprechend. [2]Zusätzlich sind Angaben über die Mitgliedstaaten zu machen, in denen sich die Beweismittel für das Kartell wahrscheinlich befinden.

(3) Die Kartellbehörde verlangt die Vorlage eines vollständigen Antrags auf Kronzeugenbehandlung, sobald ihr die Europäische Kommission mitgeteilt hat, dass sie den Fall weder insgesamt noch in Teilen weiterverfolgt, oder wenn weitere Angaben für die Abgrenzung oder die Zuweisung des Falles notwendig sind.

(4) Reicht der Antragsteller den vollständigen Antrag auf Kronzeugenbehandlung innerhalb der von der Kartellbehörde festgesetzten Frist ein, gilt der vollständige Antrag als zum Zeitpunkt des Eingangs des Kurzantrags vorgelegt, soweit der Kurzantrag dieselbe Tat, dieselben betroffenen Produkte, Gebiete und Kartellbeteiligten sowie dieselbe Dauer des Kartells erfasst wie der bei der Europäischen Kommission gestellte Antrag auf Kronzeugenbehandlung.

## Abschnitt 3.[1)] Bußgeldverfahren

**§ 82[2)] Zuständigkeiten in Kartellbußgeldsachen.** (1) Verwaltungsbehörden im Sinne des § 36 Absatz 1 Nummer 1 des Gesetzes über Ordnungswidrigkeiten[3)] sind

1. die Bundesnetzagentur als Markttransparenzstelle für Strom und Gas bei Ordnungswidrigkeiten nach § 81 Absatz 2 Nummer 2 Buchstabe c und d, Nummer 5a, 6, soweit ein Verstoß gegen § 47d Absatz 1 Satz 1 in Verbindung mit § 59 Absatz 2 oder Absatz 4 vorliegt, und Nummer 8, soweit ein Verstoß gegen § 47d Absatz 1 Satz 1 in Verbindung mit § 59a Absatz 2 vorliegt,
2. das Bundeskartellamt als Markttransparenzstelle für Kraftstoffe bei Ordnungswidrigkeiten nach § 81 Absatz 2 Nummer 5b, 6, soweit ein Verstoß gegen § 47k Absatz 7 in Verbindung mit § 59 Absatz 2 oder Absatz 4 vorliegt, und Nummer 8, soweit ein Verstoß gegen § 47k Absatz 7 in Verbindung mit § 59a Absatz 2 vorliegt, und
3. in den übrigen Fällen von § 81 das Bundeskartellamt und die nach Landesrecht zuständige oberste Landesbehörde jeweils für ihren Geschäftsbereich.

(2) [1]Die Kartellbehörde ist für Verfahren wegen der Festsetzung einer Geldbuße gegen eine juristische Person oder Personenvereinigung nach § 30 des Gesetzes über Ordnungswidrigkeiten in Fällen ausschließlich zuständig, denen

1. eine Straftat, die auch den Tatbestand des § 81 Absatz 1, 2 Nummer 1 und Absatz 3 verwirklicht, oder
2. eine vorsätzliche oder fahrlässige Ordnungswidrigkeit nach § 130 des Gesetzes über Ordnungswidrigkeiten, bei der eine mit Strafe bedrohte Pflichtverletzung auch den Tatbestand des § 81 Absatz 1, 2 Nummer 1 und Absatz 3 verwirklicht,

zugrunde liegt. [2]Dies gilt nicht, wenn die Behörde das § 30 des Gesetzes über Ordnungswidrigkeiten betreffende Verfahren an die Staatsanwaltschaft abgibt. [3]In den Fällen des Satzes 1 sollen sich die Staatsanwaltschaft und die Kartellbehörde gegenseitig frühzeitig über geplante Ermittlungsschritte mit Außenwirkung, insbesondere über Durchsuchungen, unterrichten.

---

[1)] Teil 3 Kapitel 2 Abschnitt 3 Überschrift eingef. mWv 19.1.2021 durch G v. 18.1.2021 (BGBl. I S. 2).
[2)] § 82 neu gef. mWv 19.1.2021 durch G v. 18.1.2021 (BGBl. I S. 2).
[3)] Nr. **94**.

**§ 82a[1)] Befugnisse und Zuständigkeiten im Verfahren nach Einspruchseinlegung.** (1) [1]Im Verfahren nach Einspruch gegen eine Bußgeldentscheidung ist § 69 Absatz 4 und 5 Satz 1 zweiter Halbsatz des Gesetzes über Ordnungswidrigkeiten[2)] nicht anzuwenden. [2]Die Staatsanwaltschaft hat die Akten an das nach § 83 zuständige Gericht zu übersenden. [3]Im gerichtlichen Bußgeldverfahren verfügt die Kartellbehörde über dieselben Rechte wie die Staatsanwaltschaft; im Verfahren vor dem Bundesgerichtshof vertritt allein der Generalbundesanwalt das öffentliche Interesse. [4]§ 76 des Gesetzes über Ordnungswidrigkeiten ist nicht anzuwenden.

(2) [1]Sofern das Bundeskartellamt als Verwaltungsbehörde des Vorverfahrens tätig war, erfolgt die Vollstreckung der Geldbuße und des Geldbetrages, dessen Einziehung nach § 29a des Gesetzes über Ordnungswidrigkeiten angeordnet wurde, durch das Bundeskartellamt als Vollstreckungsbehörde aufgrund einer von dem Urkundsbeamten der Geschäftsstelle des Gerichts zu erteilenden, mit der Bescheinigung der Vollstreckbarkeit versehenen beglaubigten Abschrift der Urteilsformel entsprechend den Vorschriften über die Vollstreckung von Bußgeldbescheiden. [2]Die Geldbußen und die Geldbeträge, deren Einziehung nach § 29a des Gesetzes über Ordnungswidrigkeiten angeordnet wurde, fließen der Bundeskasse zu, die auch die der Staatskasse auferlegten Kosten trägt.

**§ 82b[3)] Besondere Ermittlungsbefugnisse.** (1) [1]In Verfahren zur Festsetzung einer Geldbuße nach § 81 oder zur Festsetzung eines Haftungsbetrages nach § 81e sind über § 46 Absatz 2 des Gesetzes über Ordnungswidrigkeiten[2)] hinaus § 59 Absatz 1, 2, 3 Satz 1 und 2, Absatz 4 und 5 und im Rahmen von Durchsuchungen § 59b Absatz 3 Satz 1 und Absatz 5 Satz 2 und 3 entsprechend anzuwenden. [2]§ 59 Absatz 4 Satz 2 ist bei Auskunftsverlangen und Herausgabeverlangen nach § 59 Absatz 1 und 2 oder Verlangen nach § 59b Absatz 3 Satz 1 Nummer 3 in Bezug auf natürliche Personen entsprechend anzuwenden.

(2) Absatz 1 Satz 2 und § 59 Absatz 1, 2, 3 Satz 1 und 2, Absatz 4 und 5 gelten für die Erteilung einer Auskunft oder die Herausgabe von Unterlagen an das Gericht entsprechend.

(3) [1]Schriftliche oder protokollierte Auskünfte, die aufgrund von Auskunftsverlangen nach Absatz 1 in Verbindung mit § 59 erteilt wurden, sowie Protokolle nach Absatz 1 in Verbindung mit § 59b Absatz 3 Satz 1 Nummer 3 können als Urkunden in das gerichtliche Verfahren eingebracht werden. [2]§ 250 der Strafprozessordnung[4)] ist insoweit nicht anzuwenden.

**§ 83[5)] Zuständigkeit des Oberlandesgerichts im gerichtlichen Verfahren.**

(1) [1]Im gerichtlichen Verfahren wegen einer Ordnungswidrigkeit nach § 81 entscheidet das Oberlandesgericht, in dessen Bezirk die zuständige Kartellbehörde ihren Sitz hat; es entscheidet auch über einen Antrag auf gerichtliche Entscheidung (§ 62 des Gesetzes über Ordnungswidrigkeiten[2)]) in den Fällen des § 52 Absatz 2 Satz 3 und des § 69 Absatz 1 Satz 2 des Gesetzes über Ordnungswidrigkeiten sowie gegen Maßnahmen, die die Kartellbehörde während des gerichtlichen Bußgeldverfahrens getroffen hat. [2]§ 140 Absatz 1 Nummer 1 der Strafprozessordnung[4)] in

[1)] § 82a neu gef. mWv 19.1.2021 durch G v. 18.1.2021 (BGBl. I S. 2).
[2)] Nr. **94**.
[3)] *§ 82b eingef. mWv 19.1.2021* durch G v. 18.1.2021 (BGBl. I S. 2).
[4)] Nr. **90**.
[5)] § 83 Überschrift neu gef. mWv 9.6.2017 durch G v. 1.6.2017 (BGBl. I S. 1416); Abs. 1 Satz 1 geänd. mWv 19.1.2021 durch G v. 18.1.2021 (BGBl. I S. 2).

Verbindung mit § 46 Absatz 1 des Gesetzes über Ordnungswidrigkeiten findet keine Anwendung.

(2) Das Oberlandesgericht entscheidet in der Besetzung von drei Mitgliedern mit Einschluss des vorsitzenden Mitglieds.

**§ 84[1] Rechtsbeschwerde zum Bundesgerichtshof.** [1] Über die Rechtsbeschwerde (§ 79 des Gesetzes über Ordnungswidrigkeiten[2]) entscheidet der Bundesgerichtshof. [2] Hebt er die angefochtene Entscheidung auf, ohne in der Sache selbst zu entscheiden, so verweist er die Sache an das Oberlandesgericht, dessen Entscheidung aufgehoben wird, zurück.

**§ 85 Wiederaufnahmeverfahren gegen Bußgeldbescheid.** Im Wiederaufnahmeverfahren gegen den Bußgeldbescheid der Kartellbehörde (§ 85 Absatz 4 des Gesetzes über Ordnungswidrigkeiten[2]) entscheidet das nach § 83 zuständige Gericht.

**§ 86 Gerichtliche Entscheidungen bei der Vollstreckung.** Die bei der Vollstreckung notwendig werdenden gerichtlichen Entscheidungen (§ 104 des Gesetzes über Ordnungswidrigkeiten[2]) werden von dem nach § 83 zuständigen Gericht erlassen.

## Kapitel 3.[3] Vollstreckung

**§ 86a[4] Vollstreckung.** [1] Die Kartellbehörde kann ihre Anordnungen nach den für die Vollstreckung von Verwaltungsmaßnahmen geltenden Vorschriften durchsetzen. [2] Die Höhe des Zwangsgeldes gegen Unternehmen oder Unternehmensvereinigungen kann für jeden Tag des Verzugs ab dem in der Androhung bestimmten Zeitpunkt bis zu 5 Prozent des im vorausgegangenen Geschäftsjahr erzielten durchschnittlichen weltweiten Tagesgesamtumsatzes des Unternehmens oder der Unternehmensvereinigung betragen.

## Kapitel 4.[5] Bürgerliche Rechtsstreitigkeiten

**§ 87[6] Ausschließliche Zuständigkeit der Landgerichte.** [1] Für bürgerliche Rechtsstreitigkeiten, die die Anwendung von Vorschriften des Teils 1, des Artikels 101 oder 102 des Vertrages über die Arbeitsweise der Europäischen Union[7] oder des Artikels 53 oder 54 des Abkommens über den Europäischen Wirtschaftsraum betreffen, sind ohne Rücksicht auf den Wert des Streitgegenstands die Landgerichte ausschließlich zuständig. [2] Satz 1 gilt auch, wenn die Entscheidung eines Rechtsstreits ganz oder teilweise von einer Entscheidung, die nach diesem Gesetz zu treffen ist, oder von der Anwendbarkeit des Artikels 101 oder 102 des Vertrages über die Arbeitsweise der Europäischen Union oder des Artikels 53 oder 54 des Abkommens über den Europäischen Wirtschaftsraum abhängt.

---

[1] § 84 Überschrift neu gef. mWv 9.6.2017 durch G v. 1.6.2017 (BGBl. I S. 1416).
[2] Nr. **94**.
[3] Kapitel 3 Überschrift neu gef. mWv 9.6.2017 durch G v. 1.6.2017 (BGBl. I S. 1416).
[4] § 86a Satz 2 neu gef. mWv 19.1.2021 durch G v. 18.1.2021 (BGBl. I S. 2).
[5] Kapitel 4 Überschrift neu gef. mWv 9.6.2017 durch G v. 1.6.2017 (BGBl. I S. 1416).
[6] § 87 Satz 1 geänd. mWv 9.6.2017 durch G v. 1.6.2017 (BGBl. I S. 1416).
[7] Abgedruckt in Anm. zu § 22.

**§ 88[1] Klageverbindung.** Mit der Klage nach § 87 kann die Klage wegen eines anderen Anspruchs verbunden werden, wenn dieser im rechtlichen oder unmittelbaren wirtschaftlichen Zusammenhang mit dem Anspruch steht, der bei dem nach § 87 zuständigen Gericht geltend zu machen ist; dies gilt auch dann, wenn für die Klage wegen des anderen Anspruchs eine ausschließliche Zuständigkeit gegeben ist.

**§ 89 Zuständigkeit eines Landgerichts für mehrere Gerichtsbezirke.**

(1) [1]Die Landesregierungen werden ermächtigt, durch Rechtsverordnung[2] bürgerliche Rechtsstreitigkeiten, für die nach § 87 ausschließlich die Landgerichte zuständig sind, einem Landgericht für die Bezirke mehrerer Landgerichte zuzuweisen, wenn eine solche Zusammenfassung der Rechtspflege in Kartellsachen, insbesondere der Sicherung einer einheitlichen Rechtsprechung, dienlich ist. [2]Die Landesregierungen können die Ermächtigung auf die Landesjustizverwaltungen übertragen.

(2) Durch Staatsverträge zwischen Ländern kann die Zuständigkeit eines Landgerichts für einzelne Bezirke oder das gesamte Gebiet mehrerer Länder begründet werden.

(3) Die Parteien können sich vor den nach den Absätzen 1 und 2 bestimmten Gerichten auch anwaltlich durch Personen vertreten lassen, die bei dem Gericht zugelassen sind, vor das der Rechtsstreit ohne die Regelung nach den Absätzen 1 und 2 gehören würde.

**§ 89a[3] Streitwertanpassung, Kostenerstattung.** (1) [1]Macht in einer Rechtsstreitigkeit, in der ein Anspruch nach den §§ 33, 33a Absatz 1 oder § 34a geltend gemacht wird, eine Partei glaubhaft, dass die Belastung mit den Prozesskosten nach dem vollen Streitwert ihre wirtschaftliche Lage erheblich gefährden würde, so kann das Gericht auf ihren Antrag anordnen, dass die Verpflichtung dieser Partei zur Zahlung von Gerichtskosten sich nach einem ihrer Wirtschaftslage angepassten Teil des Streitwerts bemisst. [2]Das Gericht kann die Anordnung davon abhängig machen, dass die Partei glaubhaft macht, dass die von ihr zu tragenden Kosten des Rechtsstreits weder unmittelbar noch mittelbar von einem Dritten übernommen

---

[1] § 88 geänd. mWv 19.1.2021 durch G v. 18.1.2021 (BGBl. I S. 2).

[2] Die Länder haben hierzu folgende Vorschriften erlassen:
- **Baden- Württemberg:** ZuVOJu v. 20.11.1998 (GBl. S. 680), zuletzt geänd. durch VO v. 26.11.2020 (GBl. S. 1099)
- **Bayern:** GZVJu v. 11.6.2012 (GVBl. S. 295), zuletzt geänd. durch V v. 24.11.2020 (GVBl. S. 654)
- **Brandenburg:** GerZV v. 2.9.2014 (GVBl. II Nr. 62), zuletzt geänd. durch VO v. 26.11.2018 (GVBl. II Nr. 89)
- **Hessen:** JuZuV v. 3.6.2013 (GVBl. S. 386), zuletzt geänd. durch G v. 8.10.2020 (GVBl. S. 710)
- **Mecklenburg-Vorpommern:** KonzVO M-V v. 28.3.1994 (GVOBl. M-V S. 514), zuletzt geänd. durch VO v. 22.2.2018 (GVOBl. M-V S. 59)
- **Niedersachsen:** ZustVO-Justiz v. 18.12.2009 (Nds. GVBl. S. 506, ber. S. 283), zuletzt geänd. durch VO v. 12.1.2021 (Nds. GVBl. S. 12)
- **Nordrhein-Westfalen:** VO v. 30.8.2011 (GV. NRW. S. 469)
- **Rheinland-Pfalz:** LandesVO v. 22.11.1985 (GVBl. S. 267), zuletzt geänd. durch VO v. 27.11.2019 (GVBl. S. 345)
- **Sachsen:** SächsJOrgVO **(Schönfelder II Nr. 245c/2)**
- **Sachsen-Anhalt:** VO v. 1.9.1992 (GVBl. LSA S. 664), zuletzt geänd. durch VO v. 4.12.2019 (GVBl. LSA S. 955)
- ***Schleswig-Holstein:*** JZVO v. 15.11.2019 (GVOBl. Schl.-H. S. 546, 548), geänd. durch VO v. 7.12. 2020 (GVOBl. Schl.-H. S. 994)

[3] § 89a Überschrift neu gef., Abs. 1 geänd., Abs. 3 angef. mWv 9.6.2017 durch G v. 1.6.2017 (BGBl. I S. 1416).

werden. [3] Die Anordnung hat zur Folge, dass die begünstigte Partei die Gebühren ihres Rechtsanwalts ebenfalls nur nach diesem Teil des Streitwerts zu entrichten hat. [4] Soweit ihr Kosten des Rechtsstreits auferlegt werden oder soweit sie diese übernimmt, hat sie die von dem Gegner entrichteten Gerichtsgebühren und die Gebühren seines Rechtsanwalts nur nach dem Teil des Streitwerts zu erstatten. [5] Soweit die außergerichtlichen Kosten dem Gegner auferlegt oder von ihm übernommen werden, kann der Rechtsanwalt der begünstigten Partei seine Gebühren von dem Gegner nach dem für diesen geltenden Streitwert beitreiben.

(2) [1] Der Antrag nach Absatz 1 kann vor der Geschäftsstelle des Gerichts zur Niederschrift erklärt werden. [2] Er ist vor der Verhandlung zur Hauptsache anzubringen. [3] Danach ist er nur zulässig, wenn der angenommene oder festgesetzte Streitwert später durch das Gericht heraufgesetzt wird. [4] Vor der Entscheidung über den Antrag ist der Gegner zu hören.

(3) [1] Ist in einer Rechtsstreitigkeit, in der ein Anspruch nach § 33a Absatz 1 geltend gemacht wird, ein Nebenintervenient einer Hauptpartei beigetreten, hat der Gegner, soweit ihm Kosten des Rechtsstreits auferlegt werden oder soweit er sie übernimmt, die Rechtsanwaltskosten der Nebenintervention nur nach dem Gegenstandswert zu erstatten, den das Gericht nach freiem Ermessen festsetzt. [2] Bei mehreren Nebeninterventionen darf die Summe der Gegenstandswerte der einzelnen Nebeninterventionen den Streitwert der Hauptsache nicht übersteigen.

**§ 89b[1] Verfahren.** (1) Für die Erteilung von Auskünften gemäß § 33g gilt § 142 der Zivilprozessordnung[2] entsprechend.

(2) § 142 Absatz 2 der Zivilprozessordnung findet mit der Maßgabe Anwendung, dass sich die Zumutbarkeit nach § 33g Absatz 3 bis 6 bestimmt.

(3) [1] Über den Anspruch nach § 33g Absatz 1 oder 2 kann das Gericht durch Zwischenurteil entscheiden, wenn er in dem Rechtsstreit über den Anspruch auf Ersatz des Schadens nach § 33a Absatz 1 gegen die andere Partei erhoben wird. [2] Ergeht ein Zwischenurteil, so ist es in Betreff der Rechtsmittel als Endurteil anzusehen.

(4) Das Gericht kann den Rechtsstreit über den auf Schadensersatz gerichteten Anspruch nach § 33a Absatz 1 auf Antrag aussetzen

1. bis zur Erledigung des wegen des Anspruchs nach § 33g Absatz 1 oder 2 geführten Rechtsstreits oder
2. für einen Zeitraum von bis zu zwei Jahren, wenn und solange die Parteien sich an einem Verfahren beteiligen, das zum Ziel hat, den Rechtsstreit über den Schadensersatzanspruch außergerichtlich beizulegen.

(5) [1] Gegen denjenigen, dessen Verstoß gegen eine Vorschrift des Teils 1 oder gegen Artikel 101 oder 102 des Vertrages über die Arbeitsweise der Europäischen Union[3] durch eine gemäß § 33b bindende Entscheidung der Wettbewerbsbehörde festgestellt wurde, kann die Herausgabe dieser Entscheidung der Wettbewerbsbehörde bei Vorliegen der Voraussetzungen des § 33g im Wege der einstweiligen Verfügung auch ohne die Darlegung und Glaubhaftmachung der in den §§ 935 und 940 der Zivilprozessordnung bezeichneten Voraussetzungen angeordnet wer-

[1] § 89b eingef. mWv 9.6.2017 durch G v. 1.6.2017 (BGBl. I S. 1416); Abs. 5 Satz 2 eingef., bish. Satz 2 wird Satz 3, Abs. 7 Satz 2 angef. mWv 19.1.2021 durch G v. 18.1.2021 (BGBl. I S. 2).

[2] Nr. **100**.

[3] Abgedruckt in Anm. zu § 22.

den. [2]Eine Anordnung nach Satz 1 setzt keine Eilbedürftigkeit voraus. [3]Der Antragsgegner ist vor der Anordnung anzuhören.

(6) [1]Auf Antrag kann das Gericht nach Anhörung der Betroffenen durch Beschluss die Offenlegung von Beweismitteln oder die Erteilung von Auskünften anordnen, deren Geheimhaltung aus wichtigen Gründen verlangt wird oder deren Offenlegung beziehungsweise Erteilung nach § 33g Absatz 6 verweigert wird, soweit

1. es diese für die Durchsetzung eines Anspruchs nach § 33a Absatz 1 oder die Verteidigung gegen diesen Anspruch als sachdienlich erachtet und
2. nach Abwägung aller Umstände des Einzelfalles das Interesse des Anspruchstellers an der Offenlegung das Interesse des Betroffenen an der Geheimhaltung überwiegt.

[2]Der Beschluss ist zu begründen. [3]Gegen den Beschluss findet sofortige Beschwerde statt.

(7) [1]Das Gericht trifft die erforderlichen Maßnahmen, um den im Einzelfall gebotenen Schutz von Betriebs- und Geschäftsgeheimnissen und anderen vertraulichen Informationen zu gewährleisten. [2]Insbesondere kann das Gericht einen öffentlich bestellten Sachverständigen mit einem Gutachten zu dem erforderlichen Umfang des im Einzelfall gebotenen Schutzes beauftragen, sofern dieser Sachverständige berufsrechtlich zur Verschwiegenheit verpflichtet worden ist.

(8) [1]Auf begründeten Antrag einer Partei in einem Rechtsstreit über den Anspruch nach § 33a Absatz 1, § 33g Absatz 1 oder 2 prüft das Gericht die ihm aufgrund des Anspruchs nach § 33g Absatz 4 allein zum Zweck der Prüfung vorgelegten Beweismittel darauf, ob sie Kronzeugenerklärungen oder Vergleichsausführungen, die nicht zurückgezogen wurden, enthalten. [2]Das Gericht legt die Beweismittel den Parteien vor, soweit

1. sie keine Kronzeugenerklärungen oder Vergleichsausführungen, die nicht zurückgezogen wurden, enthalten und
2. im Übrigen die Voraussetzungen für die Herausgabe nach § 33g vorliegen.

[3]Hierüber entscheidet das Gericht durch Beschluss. [4]Vor Beschlüssen nach diesem Absatz ist die Wettbewerbsbehörde anzuhören, gegenüber der die Kronzeugenerklärung oder Vergleichsausführung abgegeben worden ist. [5]Die Mitglieder des Gerichts sind zur Geheimhaltung verpflichtet; die Entscheidungsgründe dürfen den Inhalt der geheim gehaltenen Beweismittel nicht erkennen lassen. [6]Gegen Beschlüsse nach diesem Absatz findet sofortige Beschwerde statt.

**§ 89c[1)] Offenlegung aus der Behördenakte.** (1) [1]In einem Rechtsstreit wegen eines Anspruchs nach § 33a Absatz 1 oder nach § 33g Absatz 1 oder 2 kann das Gericht auf Antrag einer Partei bei der Wettbewerbsbehörde die Vorlegung von Urkunden und Gegenständen ersuchen, die sich in deren Akten zu einem Verfahren befinden oder in einem Verfahren amtlich verwahrt werden, wenn der Antragsteller glaubhaft macht, dass er

1. einen Anspruch auf Schadensersatz nach § 33a Absatz 1 gegen eine andere Partei hat und
2. die in der Akte vermuteten Informationen nicht mit zumutbarem Aufwand von einer anderen Partei oder einem Dritten erlangen kann.

---

[1)] § 89c eingef. mWv 9.6.2017 durch G v. 1.6.2017 (BGBl. I S. 1416).

[2]Das Gericht entscheidet über den Antrag durch Beschluss. [3]Gegen den Beschluss findet sofortige Beschwerde statt.

(2) [1]Das Gericht kann dem Antragsteller die vorgelegten Urkunden und Gegenstände zugänglich machen oder ihm Auskünfte daraus erteilen, soweit

1. es seinem Antrag entspricht,
2. die Tatsachen oder Beweismittel zur Erhebung eines Anspruchs nach § 33a Absatz 1 oder zur Verteidigung gegen diesen Anspruch erforderlich sind und
3. die Zugänglichmachung oder Auskunftserteilung nicht unverhältnismäßig ist.

[2]Das Gericht hat von der Offenlegung Betroffene und die Wettbewerbsbehörde vor der Zugänglichmachung oder Auskunftserteilung anzuhören. [3]Tatsachen und Beweismittel, deren Geheimhaltung aus wichtigen Gründen verlangt wird, sind von der Zugänglichmachung oder Auskunftserteilung auszunehmen. [4]§ 89b Absatz 6 findet entsprechende Anwendung.

(3) [1]Das Ersuchen nach Absatz 1 oder um die Erteilung amtlicher Auskünfte von der Wettbewerbsbehörde ist ausgeschlossen, soweit es unverhältnismäßig ist. [2]Bei der Entscheidung über das Ersuchen nach Absatz 1, über das Ersuchen um die Erteilung amtlicher Auskünfte von der Wettbewerbsbehörde sowie über die Zugänglichmachung oder Auskunftserteilung nach Absatz 2 berücksichtigt das Gericht neben § 33g Absatz 3 insbesondere auch

1. die Bestimmtheit des Antrags hinsichtlich der in der Akte der Wettbewerbsbehörde erwarteten Beweismittel nach deren Art, Gegenstand und Inhalt,
2. die Anhängigkeit des Anspruchs nach § 33a Absatz 1,
3. die Wirksamkeit der öffentlichen Durchsetzung des Kartellrechts, insbesondere den Einfluss der Offenlegung auf laufende Verfahren und auf die Funktionsfähigkeit von Kronzeugenprogrammen und Vergleichsverfahren.

(4) [1]Die Wettbewerbsbehörde kann die Vorlegung von Urkunden und Gegenständen, die sich in ihren Akten zu einem Verfahren befinden oder in einem Verfahren amtlich verwahrt werden, ablehnen, soweit sie Folgendes enthalten:

1. Kronzeugenerklärungen,
2. Vergleichsausführungen, die nicht zurückgezogen wurden,
3. interne Vermerke der Behörden oder
4. Kommunikation der Wettbewerbsbehörden untereinander oder mit der Generalstaatsanwaltschaft am Sitz des für die Wettbewerbsbehörde zuständigen Oberlandesgerichts oder dem Generalbundesanwalt beim Bundesgerichtshof.

[2]§ 33g Absatz 5 und § 89b Absatz 8 finden entsprechende Anwendung; letztere Regelung mit der Maßgabe, dass sie auch für die Überprüfung von Urkunden und Gegenständen im Sinne des Satzes 1 Nummer 3 und 4 gilt.

(5) [1]Die §§ 406e und 475 der Strafprozessordnung[1)] finden neben den Absätzen 1 bis 3 keine Anwendung, soweit die Einsicht in die kartellbehördliche Akte oder die Auskunft der Erhebung eines Schadensersatzanspruchs wegen eines Verstoßes nach § 33 Absatz 1 oder der Vorbereitung dieser Erhebung dienen soll. [2]Das Recht, aufgrund dieser Vorschriften Einsicht in Bußgeldbescheide zu begehren, die eine Kartellbehörde erlassen hat, bleibt unberührt. [3]§ 33g Absatz 1 und 2 findet keine Anwendung auf Wettbewerbsbehörden, die im Besitz von Beweismitteln sind.

---

[1)] Nr. **90**.

(6) [1] Die Regelungen der Absätze 1 bis 5 gelten entsprechend für Behörden und Gerichte, die Akten, Bestandteile oder Kopien von Akten einer Wettbewerbsbehörde in ihren Akten haben. [2] Die Wettbewerbsbehörde, die die Akte führt oder geführt hat, ist nach Absatz 2 Satz 2 zu beteiligen.

**§ 89d[1)] Beweisregeln.** (1) Beweismittel, die allein durch Einsicht in die Akten einer Wettbewerbsbehörde oder nach § 89c erlangt worden sind, können nur Beweis für Tatsachen in einem Rechtsstreit über einen Anspruch auf Schadensersatz wegen eines Verstoßes nach § 33 Absatz 1 erbringen, wenn derjenige, dem die Einsicht gewährt worden ist, oder dessen Rechtsnachfolger Partei in dem Rechtsstreit ist.

(2) Kronzeugenerklärungen und Vergleichsausführungen, die allein durch Einsicht in die Akten einer Behörde oder eines Gerichts oder nach § 89c erlangt worden sind, können keinen Beweis für Tatsachen in einem Rechtsstreit über einen Anspruch auf Schadensersatz wegen eines Verstoßes nach § 33 Absatz 1 erbringen.

(3) Beweismittel im Sinne von § 33g Absatz 5, die allein durch Einsicht in die Akten einer Behörde oder eines Gerichts oder nach § 89c erlangt worden sind, können keinen Beweis für Tatsachen in einem Rechtsstreit über einen Anspruch auf Schadensersatz wegen eines Verstoßes nach § 33 Absatz 1 erbringen, bis die Wettbewerbsbehörde ihr Verfahren vollständig durch Erlass einer Entscheidung oder in anderer Weise gegen jeden Beteiligten beendet hat.

(4) [1] Die §§ 142, 144, § 371 Absatz 2, § 371a Absatz 1 Satz 1, die §§ 421, 422, 428, 429 und 432 der Zivilprozessordnung[2)] finden in einem Rechtsstreit über einen Anspruch auf Schadensersatz wegen eines Verstoßes nach § 33 Absatz 1 oder über einen Anspruch nach § 33g Absatz 1 oder Absatz 2 nur Anwendung, soweit in Bezug auf die vorzulegende Urkunde oder den vorzulegenden Gegenstand auch ein Anspruch auf Herausgabe von Beweismitteln nach § 33g gegen den zur Vorlage Verpflichteten besteht, es sei denn, es besteht ein vertraglicher Anspruch auf Vorlage gegen den Verpflichteten. [2] Satz 1 gilt entsprechend für die Vorlage durch Behörden bei Urkunden und Gegenständen, die sich in der Akte einer Wettbewerbsbehörde befinden oder in einem Verfahren amtlich verwahrt werden, mit der Maßgabe, dass in Bezug auf das betreffende Beweismittel auch die Voraussetzungen für eine Vorlage nach § 89c Absatz 1 bis 4 und 6 vorliegen müssen.

**§ 89e[3)] Gemeinsame Vorschriften für die §§ 33g und 89b bis 89d.**

(1) Wettbewerbsbehörden im Sinne der §§ 33g und 89b bis 89d sind

1. das Bundeskartellamt,
2. die nach Landesrecht zuständigen obersten Landesbehörden,
3. die Europäische Kommission und
4. die Wettbewerbsbehörden anderer Mitgliedstaaten der Europäischen Union.

(2) [1] Absatz 1 sowie die §§ 33g, 89b bis 89d finden entsprechende Anwendung auf die Durchsetzung von Schadensersatzansprüchen oder Verteidigung gegen Schadensersatzansprüche wegen Zuwiderhandlungen gegen Bestimmungen des nationalen Rechts eines anderen Mitgliedstaates der Europäischen Union,

---

1) § 89d eingef. mWv 9.6.2017 durch G v. 1.6.2017 (BGBl. I S. 1416).
2) Nr. **100**.
3) § 89e eingef. mWv 9.6.2017 durch G v. 1.6.2017 (BGBl. I S. 1416).

1. mit denen überwiegend das gleiche Ziel verfolgt wird wie mit den Artikeln 101 und 102 des Vertrages über die Arbeitsweise der Europäischen Union[1)] und
2. die nach Artikel 3 Absatz 1 der Verordnung (EG) Nr. 1/2003 auf denselben Fall und parallel zum Wettbewerbsrecht der Europäischen Union angewandt werden.

[2] Davon ausgenommen sind nationale Rechtsvorschriften, mit denen natürlichen Personen strafrechtliche Sanktionen auferlegt werden, es sei denn, solche strafrechtlichen Sanktionen dienen als Mittel, um das für Unternehmen geltende Wettbewerbsrecht durchzusetzen.

## Kapitel 5.[2)] Gemeinsame Bestimmungen

### § 90[3)] Benachrichtigung und Beteiligung der Kartellbehörden.

(1) [1] Die deutschen Gerichte unterrichten das Bundeskartellamt über alle Rechtsstreitigkeiten, deren Entscheidung ganz oder teilweise von der Anwendung der Vorschriften dieses Gesetzes, von einer Entscheidung, die nach diesen Vorschriften zu treffen ist, oder von der Anwendung von Artikel 101 oder 102 des Vertrages über die Arbeitsweise der Europäischen Union[1)] oder von Artikel 53 oder 54 des Abkommens über den europäischen Wirtschaftsraum abhängt. [2] Dies gilt auch in den Fällen einer entsprechenden Anwendung der genannten Vorschriften. [3] Satz 1 gilt nicht für Rechtsstreitigkeiten über Entscheidungen nach § 42. [4] Das Gericht hat dem Bundeskartellamt auf Verlangen Abschriften von allen Schriftsätzen, Protokollen, Verfügungen und Entscheidungen zu übersenden.

(2) [1] Der Präsident des Bundeskartellamts kann, wenn er es zur Wahrung des öffentlichen Interesses als angemessen erachtet, aus den Mitgliedern des Bundeskartellamts eine Vertretung bestellen, die befugt ist, dem Gericht schriftliche Erklärungen abzugeben, auf Tatsachen und Beweismittel hinzuweisen, den Terminen beizuwohnen, in ihnen Ausführungen zu machen und Fragen an Parteien, Zeugen und Sachverständige zu richten. [2] Schriftliche Erklärungen der vertretenden Person sind den Parteien von dem Gericht mitzuteilen.

(3) Reicht die Bedeutung des Rechtsstreits nicht über das Gebiet eines Landes hinaus, so tritt im Rahmen des Absatzes 1 Satz 4 und des Absatzes 2 die oberste Landesbehörde an die Stelle des Bundeskartellamts.

(4) Die Absätze 1 und 2 gelten entsprechend für Rechtsstreitigkeiten, die die Durchsetzung eines nach § 30 gebundenen Preises gegenüber einem gebundenen Abnehmer oder einem anderen Unternehmen zum Gegenstand haben.

(5) [1] Das Bundeskartellamt kann auf Antrag eines Gerichts, das über einen Schadensersatzanspruch nach § 33a Absatz 1 Satz 1 zu entscheiden hat, eine Stellungnahme zur Höhe des Schadens abgeben, der durch den Verstoß entstanden ist. [2] Die Rechte des Präsidenten des Bundeskartellamts nach Absatz 2 bleiben unberührt.

(6) [1] Absatz 1 Satz 4 und Absatz 2 gelten entsprechend für Streitigkeiten vor Gericht, die erhebliche, dauerhafte oder wiederholte Verstöße gegen verbraucherrechtliche Vorschriften zum Gegenstand haben, die nach ihrer Art oder ihrem Umfang die Interessen einer Vielzahl von Verbraucherinnen und Verbrauchern

---

[1)] Abgedruckt in Anm. zu § 22.

[2)] Kapitel 5 Überschrift neu gef. mWv 9.6.2017 durch G v. 1.6.2017 (BGBl. I S. 1416).

[3)] § 90 Abs. 1 neu gef., Abs. 3 geänd., Abs. 5 und 6 angef. mWv 9.6.2017 durch G v. 1.6.2017 (BGBl. I S. 1416).

beeinträchtigen. [2]Dies gilt nicht, wenn die Durchsetzung der Vorschriften nach Satz 1 in die Zuständigkeit anderer Bundesbehörden fällt.

**§ 90a[1)] Zusammenarbeit der Gerichte mit der Europäischen Kommission und den Kartellbehörden.** (1) [1]In allen gerichtlichen Verfahren, in denen der Artikel 101 oder 102 des Vertrages über die Arbeitsweise der Europäischen Union[2)] zur Anwendung kommt, übermittelt das Gericht der Europäischen Kommission über das Bundeskartellamt eine Abschrift jeder Entscheidung unverzüglich nach deren Zustellung an die Parteien. [2]Das Bundeskartellamt darf der Europäischen Kommission die Unterlagen übermitteln, die es nach § 90 Absatz 1 Satz 4 erhalten hat.

(2) [1]Die Europäische Kommission kann in Verfahren nach Absatz 1 aus eigener Initiative dem Gericht schriftliche Stellungnahmen übermitteln. [2]Das Gericht übermittelt der Europäischen Kommission alle zur Beurteilung des Falls notwendigen Schriftstücke, wenn diese darum nach Artikel 15 Absatz 3 Satz 5 der Verordnung (EG) Nr. 1/2003 ersucht. [3]Das Gericht übermittelt dem Bundeskartellamt und den Parteien eine Kopie einer Stellungnahme der Europäischen Kommission nach Artikel 15 Absatz 3 Satz 3 der Verordnung (EG) Nr. 1/2003. [4]Die Europäische Kommission kann in der mündlichen Verhandlung auch mündlich Stellung nehmen.

(3) [1]Das Gericht kann in Verfahren nach Absatz 1 die Europäische Kommission um die Übermittlung ihr vorliegender Informationen oder um Stellungnahmen zu Fragen bitten, die die Anwendung des Artikels 101 oder 102 des Vertrages über die Arbeitsweise der Europäischen Union betreffen. [2]Das Gericht unterrichtet die Parteien über ein Ersuchen nach Satz 1 und übermittelt diesen und dem Bundeskartellamt eine Kopie der Antwort der Europäischen Kommission.

(4) In den Fällen der Absätze 2 und 3 kann der Geschäftsverkehr zwischen dem Gericht und der Europäischen Kommission auch über das Bundeskartellamt erfolgen.

**§ 91[3)] Kartellsenat beim Oberlandesgericht.** [1]Bei den Oberlandesgerichten wird ein Kartellsenat gebildet. [2]Er entscheidet über die ihm gemäß § 57 Absatz 2 Satz 2, § 73 Absatz 4, §§ 83, 85 und 86 zugewiesenen Rechtssachen sowie über die Berufung gegen Endurteile und die Beschwerde gegen sonstige Entscheidungen in bürgerlichen Rechtsstreitigkeiten nach § 87.

**§ 92[4)] Zuständigkeit eines Oberlandesgerichts oder des Obersten Landesgerichts für mehrere Gerichtsbezirke in Verwaltungs- und Bußgeldsachen.** (1) [1]Sind in einem Land mehrere Oberlandesgerichte errichtet, so können die Rechtssachen, für die nach § 57 Absatz 2 Satz 2, § 73 Absatz 4, §§ 83, 85 und 86 ausschließlich die Oberlandesgerichte zuständig sind, von den Landesregierungen durch Rechtsverordnung einem oder einigen der Oberlandesgerichte oder dem Obersten Landesgericht zugewiesen werden, wenn eine solche Zusammenfassung der Rechtspflege in Kartellsachen, insbesondere der Sicherung einer

---

1) § 90a Abs. 1 Satz 2 geänd. mWv 19.1.2021 durch G v. 18.1.2021 (BGBl. I S. 2).

2) Abgedruckt in Anm. zu § 22.

3) § 91 Überschrift neu gef. mWv 9.6.2017 durch G v. 1.6.2017 (BGBl. I S. 1416); Satz 2 geänd. mWv 19.1.2021 durch G v. 18.1.2021 (BGBl. I S. 2).

4) § 92 Überschrift neu gef. mWv 9.6.2017 durch G v. 1.6.2017 (BGBl. I S. 1416); Abs. 1 Satz 1 geänd. mWv 19.1.2021 durch G v. 18.1.2021 (BGBl. I S. 2).

einheitlichen Rechtsprechung, dienlich ist. [2]Die Landesregierungen können die Ermächtigung auf die Landesjustizverwaltungen übertragen.

(2) Durch Staatsverträge zwischen Ländern kann die Zuständigkeit eines Oberlandesgerichts oder Obersten Landesgerichts für einzelne Bezirke oder das gesamte Gebiet mehrerer Länder begründet werden.

**§ 93[1)] Zuständigkeit für Berufung und Beschwerde.** § 92 Absatz 1 und 2 gilt entsprechend für die Entscheidung über die Berufung gegen Endurteile und die Beschwerde gegen sonstige Entscheidungen in bürgerlichen Rechtsstreitigkeiten nach § 87.

**§ 94[2)] Kartellsenat beim Bundesgerichtshof.** (1) Beim Bundesgerichtshof wird ein Kartellsenat gebildet; er entscheidet im ersten und letzten Rechtszug über die in § 73 Absatz 5 genannten Verfügungen des Bundeskartellamts und über folgende Rechtsmittel:

1. in Verwaltungssachen über die Rechtsbeschwerde gegen Entscheidungen der Oberlandesgerichte (§§ 77, 79, 80) und über die Nichtzulassungsbeschwerde (§ 78);
2. in Bußgeldverfahren über die Rechtsbeschwerde gegen Entscheidungen der Oberlandesgerichte (§ 84);
3. in bürgerlichen Rechtsstreitigkeiten nach § 87
   a) über die Revision einschließlich der Nichtzulassungsbeschwerde gegen Endurteile der Oberlandesgerichte,
   b) über die Sprungrevision gegen Endurteile der Landgerichte,
   c) über die Rechtsbeschwerde gegen Beschlüsse der Oberlandesgerichte in den Fällen des § 574 Absatz 1 der Zivilprozessordnung[3)].

(2) Der Kartellsenat gilt im Sinne des § 132 des Gerichtsverfassungsgesetzes[4)] in Bußgeldsachen als Strafsenat, in allen übrigen Sachen als Zivilsenat.

**§ 95 Ausschließliche Zuständigkeit.** Die Zuständigkeit der nach diesem Gesetz zur Entscheidung berufenen Gerichte ist ausschließlich.

**§ 96** (weggefallen)

## Teil 4.[5)] Vergabe von öffentlichen Aufträgen und Konzessionen

### Kapitel 1. Vergabeverfahren

#### Erster Abschnitt. Grundsätze, Definitionen und Anwendungsbereich

**§ 97[5)] Grundsätze der Vergabe.** (1) [1]Öffentliche Aufträge und Konzessionen werden im Wettbewerb und im Wege transparenter Verfahren vergeben. [2]Dabei werden die Grundsätze der Wirtschaftlichkeit und der Verhältnismäßigkeit gewahrt.

---

[1)] § 93 geänd. mWv 19.1.2021 durch G v. 18.1.2021 (BGBl. I S. 2).

[2)] § 94 Überschrift neu gef. mWv 9.6.2017 durch G v. 1.6.2017 (BGBl. I S. 1416); Abs. 1 einl. Satzteil, Nr. 1 und 3 geänd. mWv 19.1.2021 durch G v. 18.1.2021 (BGBl. I S. 2).

[3)] Nr. **100**.

[4)] Nr. **95**.

[5)] Teil 4 (§§ 97–184) neu gef. mWv 18.4.2016 durch G v. 17.2.2016 (BGBl. I S. 203), wobei gem. Art. 3 Satz 1 dieses G §§ 113 und 114 Abs. 2 Satz 4 bereits mWv 24.2.2016 in Kraft treten.

(2) Die Teilnehmer an einem Vergabeverfahren sind gleich zu behandeln, es sei denn, eine Ungleichbehandlung ist aufgrund dieses Gesetzes ausdrücklich geboten oder gestattet.

(3) Bei der Vergabe werden Aspekte der Qualität und der Innovation sowie soziale und umweltbezogene Aspekte nach Maßgabe dieses Teils berücksichtigt.

(4) [1] Mittelständische Interessen sind bei der Vergabe öffentlicher Aufträge vornehmlich zu berücksichtigen. [2] Leistungen sind in der Menge aufgeteilt (Teillose) und getrennt nach Art oder Fachgebiet (Fachlose) zu vergeben. [3] Mehrere Teil- oder Fachlose dürfen zusammen vergeben werden, wenn wirtschaftliche oder technische Gründe dies erfordern. [4] Wird ein Unternehmen, das nicht öffentlicher Auftraggeber oder Sektorenauftraggeber ist, mit der Wahrnehmung oder Durchführung einer öffentlichen Aufgabe betraut, verpflichtet der öffentliche Auftraggeber oder Sektorenauftraggeber das Unternehmen, sofern es Unteraufträge vergibt, nach den Sätzen 1 bis 3 zu verfahren.

(5) Für das Senden, Empfangen, Weiterleiten und Speichern von Daten in einem Vergabeverfahren verwenden Auftraggeber und Unternehmen grundsätzlich elektronische Mittel nach Maßgabe der aufgrund des § 113 erlassenen Verordnungen.

(6) Unternehmen haben Anspruch darauf, dass die Bestimmungen über das Vergabeverfahren eingehalten werden.

**§ 98[1)] Auftraggeber.** Auftraggeber im Sinne dieses Teils sind öffentliche Auftraggeber im Sinne des § 99, Sektorenauftraggeber im Sinne des § 100 und Konzessionsgeber im Sinne des § 101.

**§ 99[1)] Öffentliche Auftraggeber.** Öffentliche Auftraggeber sind

1. Gebietskörperschaften sowie deren Sondervermögen,
2. andere juristische Personen des öffentlichen und des privaten Rechts, die zu dem besonderen Zweck gegründet wurden, im Allgemeininteresse liegende Aufgaben nichtgewerblicher Art zu erfüllen, sofern
   a) sie überwiegend von Stellen nach Nummer 1 oder 3 einzeln oder gemeinsam durch Beteiligung oder auf sonstige Weise finanziert werden,
   b) ihre Leitung der Aufsicht durch Stellen nach Nummer 1 oder 3 unterliegt oder
   c) mehr als die Hälfte der Mitglieder eines ihrer zur Geschäftsführung oder zur Aufsicht berufenen Organe durch Stellen nach Nummer 1 oder 3 bestimmt worden sind;

   dasselbe gilt, wenn diese juristische Person einer anderen juristischen Person des öffentlichen oder privaten Rechts einzeln oder gemeinsam mit anderen die überwiegende Finanzierung gewährt, über deren Leitung die Aufsicht ausübt oder die Mehrheit der Mitglieder eines zur Geschäftsführung oder Aufsicht berufenen Organs bestimmt hat,
3. Verbände, deren Mitglieder unter Nummer 1 oder 2 fallen,
4. natürliche oder juristische Personen des privaten Rechts sowie juristische Personen des öffentlichen Rechts, soweit sie nicht unter Nummer 2 fallen, in den Fällen, in denen sie für Tiefbaumaßnahmen, für die Errichtung von Krankenhäusern, Sport-, Erholungs- oder Freizeiteinrichtungen, Schul-, Hochschul- oder Verwaltungsgebäuden oder für damit in Verbindung stehende Dienstleis-

---

[1)] Teil 4 (§§ 97–184) neu gef. mWv 18.4.2016 durch G v. 17.2.2016 (BGBl. I S. 203).

tungen und Wettbewerbe von Stellen, die unter die Nummern 1, 2 oder 3 fallen, Mittel erhalten, mit denen diese Vorhaben zu mehr als 50 Prozent subventioniert werden.

**§ 100**[1)] **Sektorenauftraggeber.** (1) Sektorenauftraggeber sind

1. öffentliche Auftraggeber gemäß § 99 Nummer 1 bis 3, die eine Sektorentätigkeit gemäß § 102 ausüben,
2. natürliche oder juristische Personen des privaten Rechts, die eine Sektorentätigkeit gemäß § 102 ausüben, wenn
   a) diese Tätigkeit auf der Grundlage von besonderen oder ausschließlichen Rechten ausgeübt wird, die von einer zuständigen Behörde gewährt wurden, oder
   b) öffentliche Auftraggeber gemäß § 99 Nummer 1 bis 3 auf diese Personen einzeln oder gemeinsam einen beherrschenden Einfluss ausüben können.

(2) [1]Besondere oder ausschließliche Rechte im Sinne von Absatz 1 Nummer 2 Buchstabe a sind Rechte, die dazu führen, dass die Ausübung dieser Tätigkeit einem oder mehreren Unternehmen vorbehalten wird und dass die Möglichkeit anderer Unternehmen, diese Tätigkeit auszuüben, erheblich beeinträchtigt wird. [2]Keine besonderen oder ausschließlichen Rechte in diesem Sinne sind Rechte, die aufgrund eines Verfahrens nach den Vorschriften dieses Teils oder aufgrund eines sonstigen Verfahrens gewährt wurden, das angemessen bekannt gemacht wurde und auf objektiven Kriterien beruht.

(3) Die Ausübung eines beherrschenden Einflusses im Sinne von Absatz 1 Nummer 2 Buchstabe b wird vermutet, wenn ein öffentlicher Auftraggeber gemäß § 99 Nummer 1 bis 3

1. unmittelbar oder mittelbar die Mehrheit des gezeichneten Kapitals des Unternehmens besitzt,
2. über die Mehrheit der mit den Anteilen am Unternehmen verbundenen Stimmrechte verfügt oder
3. mehr als die Hälfte der Mitglieder des Verwaltungs-, Leitungs- oder Aufsichtsorgans des Unternehmens bestellen kann.

**§ 101**[1)] **Konzessionsgeber.** (1) Konzessionsgeber sind

1. öffentliche Auftraggeber gemäß § 99 Nummer 1 bis 3, die eine Konzession vergeben,
2. Sektorenauftraggeber gemäß § 100 Absatz 1 Nummer 1, die eine Sektorentätigkeit gemäß § 102 Absatz 2 bis 6 ausüben und eine Konzession zum Zweck der Ausübung dieser Tätigkeit vergeben,
3. Sektorenauftraggeber gemäß § 100 Absatz 1 Nummer 2, die eine Sektorentätigkeit gemäß § 102 Absatz 2 bis 6 ausüben und eine Konzession zum Zweck der Ausübung dieser Tätigkeit vergeben.

(2) § 100 Absatz 2 und 3 gilt entsprechend.

---

[1)] Teil 4 (§§ 97–184) neu gef. mWv 18.4.2016 durch G v. 17.2.2016 (BGBl. I S. 203).

**§ 102[1]) Sektorentätigkeiten.** (1) [1] Sektorentätigkeiten im Bereich Wasser sind

1. die Bereitstellung oder das Betreiben fester Netze zur Versorgung der Allgemeinheit im Zusammenhang mit der Gewinnung, der Fortleitung und der Abgabe von Trinkwasser,
2. die Einspeisung von Trinkwasser in diese Netze.

[2] Als Sektorentätigkeiten gelten auch Tätigkeiten nach Satz 1, die im Zusammenhang mit Wasserbau-, Bewässerungs- oder Entwässerungsvorhaben stehen, sofern die zur Trinkwasserversorgung bestimmte Wassermenge mehr als 20 Prozent der Gesamtwassermenge ausmacht, die mit den entsprechenden Vorhaben oder Bewässerungs- oder Entwässerungsanlagen zur Verfügung gestellt wird oder die im Zusammenhang mit der Abwasserbeseitigung oder -behandlung steht. [3] Die Einspeisung von Trinkwasser in feste Netze zur Versorgung der Allgemeinheit durch einen Sektorenauftraggeber nach § 100 Absatz 1 Nummer 2 gilt nicht als Sektorentätigkeit, sofern die Erzeugung von Trinkwasser durch den betreffenden Auftraggeber erfolgt, weil dessen Verbrauch für die Ausübung einer Tätigkeit erforderlich ist, die keine Sektorentätigkeit nach den Absätzen 1 bis 4 ist, und die Einspeisung in das öffentliche Netz nur von dem Eigenverbrauch des betreffenden Auftraggebers abhängt und bei Zugrundelegung des Durchschnitts der letzten drei Jahre einschließlich des laufenden Jahres nicht mehr als 30 Prozent der gesamten Trinkwassererzeugung des betreffenden Auftraggebers ausmacht.

(2) Sektorentätigkeiten im Bereich Elektrizität sind

1. die Bereitstellung oder das Betreiben fester Netze zur Versorgung der Allgemeinheit im Zusammenhang mit der Erzeugung, der Fortleitung und der Abgabe von Elektrizität,
2. die Einspeisung von Elektrizität in diese Netze, es sei denn,
   a) die Elektrizität wird durch den Sektorenauftraggeber nach § 100 Absatz 1 Nummer 2 erzeugt, weil ihr Verbrauch für die Ausübung einer Tätigkeit erforderlich ist, die keine Sektorentätigkeit nach den Absätzen 1 bis 4 ist, und
   b) die Einspeisung hängt nur von dem Eigenverbrauch des Sektorenauftraggebers ab und macht bei Zugrundelegung des Durchschnitts der letzten drei Jahre einschließlich des laufenden Jahres nicht mehr als 30 Prozent der gesamten Energieerzeugung des Sektorenauftraggebers aus.

(3) Sektorentätigkeiten im Bereich von Gas und Wärme sind

1. die Bereitstellung oder das Betreiben fester Netze zur Versorgung der Allgemeinheit im Zusammenhang mit der Erzeugung, der Fortleitung und der Abgabe von Gas und Wärme,
2. die Einspeisung von Gas und Wärme in diese Netze, es sei denn,
   a) die Erzeugung von Gas oder Wärme durch den Sektorenauftraggeber nach § 100 Absatz 1 Nummer 2 ergibt sich zwangsläufig aus der Ausübung einer Tätigkeit, die keine Sektorentätigkeit nach den Absätzen 1 bis 4 ist, und
   b) die Einspeisung zielt nur darauf ab, diese Erzeugung wirtschaftlich zu nutzen und macht bei Zugrundelegung des Durchschnitts der letzten drei Jahre einschließlich des laufenden Jahres nicht mehr als 20 Prozent des Umsatzes des Sektorenauftraggebers aus.

(4) Sektorentätigkeiten im Bereich Verkehrsleistungen sind die Bereitstellung oder das Betreiben von Netzen zur Versorgung der Allgemeinheit mit Verkehrs-

[1]) Teil 4 (§§ 97–184) neu gef. mWv 18.4.2016 durch G v. 17.2.2016 (BGBl. I S. 203).

leistungen per Eisenbahn, automatischen Systemen, Straßenbahn, Trolleybus, Bus oder Seilbahn; ein Netz gilt als vorhanden, wenn die Verkehrsleistung gemäß den von einer zuständigen Behörde festgelegten Bedingungen erbracht wird; dazu gehören die Festlegung der Strecken, die Transportkapazitäten und die Fahrpläne.

(5) Sektorentätigkeiten im Bereich Häfen und Flughäfen sind Tätigkeiten im Zusammenhang mit der Nutzung eines geografisch abgegrenzten Gebiets mit dem Zweck, für Luft-, See- oder Binnenschifffahrtsverkehrsunternehmen Flughäfen, See- oder Binnenhäfen oder andere Terminaleinrichtungen bereitzustellen.

(6) Sektorentätigkeiten im Bereich fossiler Brennstoffe sind Tätigkeiten zur Nutzung eines geografisch abgegrenzten Gebiets zum Zweck

1. der Förderung von Öl oder Gas oder
2. der Exploration oder Förderung von Kohle oder anderen festen Brennstoffen.

(7) [1] Für die Zwecke der Absätze 1 bis 3 umfasst der Begriff „Einspeisung" die Erzeugung und Produktion sowie den Groß- und Einzelhandel. [2] Die Erzeugung von Gas fällt unter Absatz 6.

## § 103[1)] Öffentliche Aufträge, Rahmenvereinbarungen und Wettbewerbe.

(1) Öffentliche Aufträge sind entgeltliche Verträge zwischen öffentlichen Auftraggebern oder Sektorenauftraggebern und Unternehmen über die Beschaffung von Leistungen, die die Lieferung von Waren, die Ausführung von Bauleistungen oder die Erbringung von Dienstleistungen zum Gegenstand haben.

(2) [1] Lieferaufträge sind Verträge zur Beschaffung von Waren, die insbesondere Kauf oder Ratenkauf oder Leasing, Mietverhältnisse oder Pachtverhältnisse mit oder ohne Kaufoption betreffen. [2] Die Verträge können auch Nebenleistungen umfassen.

(3) [1] Bauaufträge sind Verträge über die Ausführung oder die gleichzeitige Planung und Ausführung

1. von Bauleistungen im Zusammenhang mit einer der Tätigkeiten, die in Anhang II der Richtlinie 2014/24/EU des Europäischen Parlaments und des Rates vom 26. Februar 2014 über die öffentliche Auftragsvergabe und zur Aufhebung der Richtlinie 2004/18/EG (ABl. L 94 vom 28.3.2014, S. 65) und Anhang I der Richtlinie 2014/25/EU des Europäischen Parlaments und des Rates vom 26. Februar 2014 über die Vergabe von Aufträgen durch Auftraggeber im Bereich der Wasser-, Energie- und Verkehrsversorgung sowie der Postdienste und zur Aufhebung der Richtlinie 2004/17/EG (ABl. L 94 vom 28.3.2014, S. 243) genannt sind, oder
2. eines Bauwerkes für den öffentlichen Auftraggeber oder Sektorenauftraggeber, das Ergebnis von Tief- oder Hochbauarbeiten ist und eine wirtschaftliche oder technische Funktion erfüllen soll.

[2] Ein Bauauftrag liegt auch vor, wenn ein Dritter eine Bauleistung gemäß den vom öffentlichen Auftraggeber oder Sektorenauftraggeber genannten Erfordernissen erbringt, die Bauleistung dem Auftraggeber unmittelbar wirtschaftlich zugutekommt und dieser einen entscheidenden Einfluss auf Art und Planung der Bauleistung hat.

(4) Als Dienstleistungsaufträge gelten die Verträge über die Erbringung von Leistungen, die nicht unter die Absätze 2 und 3 fallen.

---

[1)] Teil 4 (§§ 97–184) neu gef. mWv 18.4.2016 durch G v. 17.2.2016 (BGBl. I S. 203).

(5) [1] Rahmenvereinbarungen sind Vereinbarungen zwischen einem oder mehreren öffentlichen Auftraggebern oder Sektorenauftraggebern und einem oder mehreren Unternehmen, die dazu dienen, die Bedingungen für die öffentlichen Aufträge, die während eines bestimmten Zeitraums vergeben werden sollen, festzulegen, insbesondere in Bezug auf den Preis. [2] Für die Vergabe von Rahmenvereinbarungen gelten, soweit nichts anderes bestimmt ist, dieselben Vorschriften wie für die Vergabe entsprechender öffentlicher Aufträge.

(6) Wettbewerbe sind Auslobungsverfahren, die dem Auftraggeber aufgrund vergleichender Beurteilung durch ein Preisgericht mit oder ohne Verteilung von Preisen zu einem Plan oder einer Planung verhelfen sollen.

**§ 104[1)] Verteidigungs- oder sicherheitsspezifische öffentliche Aufträge.** (1) Verteidigungs- oder sicherheitsspezifische öffentliche Aufträge sind öffentliche Aufträge, deren Auftragsgegenstand mindestens eine der folgenden Leistungen umfasst:

1. die Lieferung von Militärausrüstung, einschließlich dazugehöriger Teile, Bauteile oder Bausätze,
2. die Lieferung von Ausrüstung, die im Rahmen eines Verschlusssachenauftrags vergeben wird, einschließlich der dazugehörigen Teile, Bauteile oder Bausätze,
3. Liefer-, Bau- und Dienstleistungen in unmittelbarem Zusammenhang mit der in den Nummern 1 und 2 genannten Ausrüstung in allen Phasen des Lebenszyklus der Ausrüstung oder
4. Bau- und Dienstleistungen speziell für militärische Zwecke oder Bau- und Dienstleistungen, die im Rahmen eines Verschlusssachenauftrags vergeben werden.

(2) Militärausrüstung ist jede Ausrüstung, die eigens zu militärischen Zwecken konzipiert oder für militärische Zwecke angepasst wird und zum Einsatz als Waffe, Munition oder Kriegsmaterial bestimmt ist.

(3) Ein Verschlusssachenauftrag im Sinne dieser Vorschrift ist ein Auftrag im speziellen Bereich der nicht-militärischen Sicherheit, der ähnliche Merkmale aufweist und ebenso schutzbedürftig ist wie ein Auftrag über die Lieferung von Militärausrüstung im Sinne des Absatzes 1 Nummer 1 oder wie Bau- und Dienstleistungen speziell für militärische Zwecke im Sinne des Absatzes 1 Nummer 4, und

1. bei dessen Erfüllung oder Erbringung Verschlusssachen nach § 4 des Gesetzes über die Voraussetzungen und das Verfahren von Sicherheitsüberprüfungen des Bundes oder nach den entsprechenden Bestimmungen der Länder verwendet werden oder
2. der Verschlusssachen im Sinne der Nummer 1 erfordert oder beinhaltet.

**§ 105[1)] Konzessionen.** (1) Konzessionen sind entgeltliche Verträge, mit denen ein oder mehrere Konzessionsgeber ein oder mehrere Unternehmen

1. mit der Erbringung von Bauleistungen betrauen (Baukonzessionen); dabei besteht die Gegenleistung entweder allein in dem Recht zur Nutzung des Bauwerks oder in diesem Recht zuzüglich einer Zahlung; oder
2. mit der Erbringung und der Verwaltung von Dienstleistungen betrauen, die *nicht in* der Erbringung von Bauleistungen nach Nummer 1 bestehen (Dienst-

---

[1)] Teil 4 (§§ 97–184) neu gef. mWv 18.4.2016 durch G v. 17.2.2016 (BGBl. I S. 203).

leistungskonzessionen); dabei besteht die Gegenleistung entweder allein in dem Recht zur Verwertung der Dienstleistungen oder in diesem Recht zuzüglich einer Zahlung.

(2) [1] In Abgrenzung zur Vergabe öffentlicher Aufträge geht bei der Vergabe einer Bau- oder Dienstleistungskonzession das Betriebsrisiko für die Nutzung des Bauwerks oder für die Verwertung der Dienstleistungen auf den Konzessionsnehmer über. [2] Dies ist der Fall, wenn

1. unter normalen Betriebsbedingungen nicht gewährleistet ist, dass die Investitionsaufwendungen oder die Kosten für den Betrieb des Bauwerks oder die Erbringung der Dienstleistungen wieder erwirtschaftet werden können, und
2. der Konzessionsnehmer den Unwägbarkeiten des Marktes tatsächlich ausgesetzt ist, sodass potenzielle geschätzte Verluste des Konzessionsnehmers nicht vernachlässigbar sind.

[3] Das Betriebsrisiko kann ein Nachfrage- oder Angebotsrisiko sein.

**§ 106[1)] Schwellenwerte.** (1) [1] Dieser Teil gilt für die Vergabe von öffentlichen Aufträgen und Konzessionen sowie die Ausrichtung von Wettbewerben, deren geschätzter Auftrags- oder Vertragswert ohne Umsatzsteuer die jeweils festgelegten Schwellenwerte erreicht oder überschreitet. [2] § 114 Absatz 2 bleibt unberührt.

(2) Der jeweilige Schwellenwert ergibt sich

1. für öffentliche Aufträge und Wettbewerbe, die von öffentlichen Auftraggebern vergeben werden, aus Artikel 4 der Richtlinie 2014/24/EU in der jeweils geltenden Fassung; der sich hieraus für zentrale Regierungsbehörden ergebende Schwellenwert ist von allen obersten Bundesbehörden sowie allen oberen Bundesbehörden und vergleichbaren Bundeseinrichtungen anzuwenden,
2. für öffentliche Aufträge und Wettbewerbe, die von Sektorenauftraggebern zum Zweck der Ausübung einer Sektorentätigkeit vergeben werden, aus Artikel 15 der Richtlinie 2014/25/EU in der jeweils geltenden Fassung,
3. für verteidigungs- oder sicherheitsspezifische öffentliche Aufträge aus Artikel 8 der Richtlinie 2009/81/EG des Europäischen Parlaments und des Rates vom 13. Juli 2009 über die Koordinierung der Verfahren zur Vergabe bestimmter Bau-, Liefer- und Dienstleistungsaufträge in den Bereichen Verteidigung und Sicherheit und zur Änderung der Richtlinien 2004/17/EG und 2004/18/EG (ABl. L 216 vom 20.8.2009, S. 76) in der jeweils geltenden Fassung,
4. für Konzessionen aus Artikel 8 der Richtlinie 2014/23/EU des Europäischen Parlaments und des Rates vom 26. Februar 2014 über die Konzessionsvergabe (ABl. L 94 vom 28.3.2014, S. 1) in der jeweils geltenden Fassung.

(3) Das Bundesministerium für Wirtschaft und Energie gibt die geltenden Schwellenwerte unverzüglich, nachdem sie im Amtsblatt der Europäischen Union veröffentlicht worden sind, im Bundesanzeiger bekannt.

**§ 107[2)] Allgemeine Ausnahmen.** (1) Dieser Teil ist nicht anzuwenden auf die Vergabe von öffentlichen Aufträgen und Konzessionen

1. zu Schiedsgerichts- und Schlichtungsdienstleistungen,

---

[1)] Teil 4 (§§ 97–184) neu gef. mWv 18.4.2016 durch G v. 17.2.2016 (BGBl. I S. 203).

[2)] § 107 neu gef. mWv 18.4.2016 durch G v. 17.2.2016 (BGBl. I S. 203); Abs. 2 Sätze 2 und 3 angef. mWv 2.4.2020 durch G v. 25.3.2020 (BGBl. I S. 674).

2. für den Erwerb, die Miete oder die Pacht von Grundstücken, vorhandenen Gebäuden oder anderem unbeweglichem Vermögen sowie Rechten daran, ungeachtet ihrer Finanzierung,
3. zu Arbeitsverträgen,
4. zu Dienstleistungen des Katastrophenschutzes, des Zivilschutzes und der Gefahrenabwehr, die von gemeinnützigen Organisationen oder Vereinigungen erbracht werden und die unter die Referenznummern des Common Procurement Vocabulary 75250000-3, 75251000-0, 75251100-1, 75251110-4, 75251120-7, 75252000-7, 75222000-8, 98113100-9 und 85143000-3 mit Ausnahme des Einsatzes von Krankenwagen zur Patientenbeförderung fallen; gemeinnützige Organisationen oder Vereinigungen im Sinne dieser Nummer sind insbesondere die Hilfsorganisationen, die nach Bundes- oder Landesrecht als Zivil- und Katastrophenschutzorganisationen anerkannt sind.

(2) [1] Dieser Teil ist ferner nicht auf öffentliche Aufträge und Konzessionen anzuwenden,

1. bei denen die Anwendung dieses Teils den Auftraggeber dazu zwingen würde, im Zusammenhang mit dem Vergabeverfahren oder der Auftragsausführung Auskünfte zu erteilen, deren Preisgabe seiner Ansicht nach wesentlichen Sicherheitsinteressen der Bundesrepublik Deutschland im Sinne des Artikels 346 Absatz 1 Buchstabe a des Vertrags über die Arbeitsweise der Europäischen Union[1)] widerspricht, oder
2. die dem Anwendungsbereich des Artikels 346 Absatz 1 Buchstabe b des Vertrags über die Arbeitsweise der Europäischen Union unterliegen.

[2] Wesentliche Sicherheitsinteressen im Sinne des Artikels 346 Absatz 1 des Vertrags über die Arbeitsweise der Europäischen Union können insbesondere berührt sein, wenn der öffentliche Auftrag oder die Konzession verteidigungsindustrielle Schlüsseltechnologien betrifft. [3] Ferner können im Fall des Satzes 1 Nummer 1 wesentliche Sicherheitsinteressen im Sinne des Artikels 346 Absatz 1 Buchstabe a des Vertrags über die Arbeitsweise der Europäischen Union insbesondere berührt sein, wenn der öffentliche Auftrag oder die Konzession

1. sicherheitsindustrielle Schlüsseltechnologien betreffen oder
2. Leistungen betreffen, die
   a) für den Grenzschutz, die Bekämpfung des Terrorismus oder der organisierten Kriminalität oder für verdeckte Tätigkeiten der Polizei oder der Sicherheitskräfte bestimmt sind, oder
   b) Verschlüsselung betreffen

und soweit ein besonders hohes Maß an Vertraulichkeit erforderlich ist.

### § 108[2)] Ausnahmen bei öffentlich-öffentlicher Zusammenarbeit.

(1) Dieser Teil ist nicht anzuwenden auf die Vergabe von öffentlichen Aufträgen, die von einem öffentlichen Auftraggeber im Sinne des § 99 Nummer 1 bis 3 an eine juristische Person des öffentlichen oder privaten Rechts vergeben werden, wenn

1. der öffentliche Auftraggeber über die juristische Person eine ähnliche Kontrolle wie über seine eigenen Dienststellen ausübt,

---

[1)] **Sartorius Nr. 1001.**

[2)] Teil 4 (§§ 97–184) neu gef. mWv 18.4.2016 durch G v. 17.2.2016 (BGBl. I S. 203).

2. mehr als 80 Prozent der Tätigkeiten der juristischen Person der Ausführung von Aufgaben dienen, mit denen sie von dem öffentlichen Auftraggeber oder von einer anderen juristischen Person, die von diesem kontrolliert wird, betraut wurde, und
3. an der juristischen Person keine direkte private Kapitalbeteiligung besteht, mit Ausnahme nicht beherrschender Formen der privaten Kapitalbeteiligung und Formen der privaten Kapitalbeteiligung ohne Sperrminorität, die durch gesetzliche Bestimmungen vorgeschrieben sind und die keinen maßgeblichen Einfluss auf die kontrollierte juristische Person vermitteln.

(2) [1] Die Ausübung einer Kontrolle im Sinne von Absatz 1 Nummer 1 wird vermutet, wenn der öffentliche Auftraggeber einen ausschlaggebenden Einfluss auf die strategischen Ziele und die wesentlichen Entscheidungen der juristischen Person ausübt. [2] Die Kontrolle kann auch durch eine andere juristische Person ausgeübt werden, die von dem öffentlichen Auftraggeber auf gleiche Weise kontrolliert wird.

(3) [1] Absatz 1 gilt auch für die Vergabe öffentlicher Aufträge, die von einer kontrollierten juristischen Person, die zugleich öffentlicher Auftraggeber im Sinne des § 99 Nummer 1 bis 3 ist, an den kontrollierenden öffentlichen Auftraggeber oder an eine von diesem öffentlichen Auftraggeber kontrollierte andere juristische Person vergeben werden. [2] Voraussetzung ist, dass keine direkte private Kapitalbeteiligung an der juristischen Person besteht, die den öffentlichen Auftrag erhalten soll. [3] Absatz 1 Nummer 3 zweiter Halbsatz gilt entsprechend.

(4) Dieser Teil ist nicht anzuwenden auf die Vergabe von öffentlichen Aufträgen, bei denen der öffentliche Auftraggeber im Sinne des § 99 Nummer 1 bis 3 über eine juristische Person des privaten oder öffentlichen Rechts zwar keine Kontrolle im Sinne des Absatzes 1 Nummer 1 ausübt, aber

1. der öffentliche Auftraggeber gemeinsam mit anderen öffentlichen Auftraggebern über die juristische Person eine ähnliche Kontrolle ausübt wie jeder der öffentlichen Auftraggeber über seine eigenen Dienststellen,
2. mehr als 80 Prozent der Tätigkeiten der juristischen Person der Ausführung von Aufgaben dienen, mit denen sie von den öffentlichen Auftraggebern oder von einer anderen juristischen Person, die von diesen Auftraggebern kontrolliert wird, betraut wurde, und
3. an der juristischen Person keine direkte private Kapitalbeteiligung besteht; Absatz 1 Nummer 3 zweiter Halbsatz gilt entsprechend.

(5) Eine gemeinsame Kontrolle im Sinne von Absatz 4 Nummer 1 besteht, wenn

1. sich die beschlussfassenden Organe der juristischen Person aus Vertretern sämtlicher teilnehmender öffentlicher Auftraggeber zusammensetzen; ein einzelner Vertreter kann mehrere oder alle teilnehmenden öffentlichen Auftraggeber vertreten,
2. die öffentlichen Auftraggeber gemeinsam einen ausschlaggebenden Einfluss auf die strategischen Ziele und die wesentlichen Entscheidungen der juristischen Person ausüben können und
3. die juristische Person keine Interessen verfolgt, die den Interessen der öffentlichen Auftraggeber zuwiderlaufen.

(6) Dieser Teil ist ferner nicht anzuwenden auf Verträge, die zwischen zwei oder mehreren öffentlichen Auftraggebern im Sinne des § 99 Nummer 1 bis 3 geschlossen werden, wenn

1. der Vertrag eine Zusammenarbeit zwischen den beteiligten öffentlichen Auftraggebern begründet oder erfüllt, um sicherzustellen, dass die von ihnen zu erbringenden öffentlichen Dienstleistungen im Hinblick auf die Erreichung gemeinsamer Ziele ausgeführt werden,
2. die Durchführung der Zusammenarbeit nach Nummer 1 ausschließlich durch Überlegungen im Zusammenhang mit dem öffentlichen Interesse bestimmt wird und
3. die öffentlichen Auftraggeber auf dem Markt weniger als 20 Prozent der Tätigkeiten erbringen, die durch die Zusammenarbeit nach Nummer 1 erfasst sind.

(7) [1] Zur Bestimmung des prozentualen Anteils nach Absatz 1 Nummer 2, Absatz 4 Nummer 2 und Absatz 6 Nummer 3 wird der durchschnittliche Gesamtumsatz der letzten drei Jahre vor Vergabe des öffentlichen Auftrags oder ein anderer geeigneter tätigkeitsgestützter Wert herangezogen. [2] Ein geeigneter tätigkeitsgestützter Wert sind zum Beispiel die Kosten, die der juristischen Person oder dem öffentlichen Auftraggeber in dieser Zeit in Bezug auf Liefer-, Bau- und Dienstleistungen entstanden sind. [3] Liegen für die letzten drei Jahre keine Angaben über den Umsatz oder einen geeigneten alternativen tätigkeitsgestützten Wert wie zum Beispiel Kosten vor oder sind sie nicht aussagekräftig, genügt es, wenn der tätigkeitsgestützte Wert insbesondere durch Prognosen über die Geschäftsentwicklung glaubhaft gemacht wird.

(8) Die Absätze 1 bis 7 gelten entsprechend für Sektorenauftraggeber im Sinne des § 100 Absatz 1 Nummer 1 hinsichtlich der Vergabe von öffentlichen Aufträgen sowie für Konzessionsgeber im Sinne des § 101 Absatz 1 Nummer 1 und 2 hinsichtlich der Vergabe von Konzessionen.

**§ 109[1)] Ausnahmen für Vergaben auf der Grundlage internationaler Verfahrensregeln.** (1) Dieser Teil ist nicht anzuwenden, wenn öffentliche Aufträge, Wettbewerbe oder Konzessionen

1. nach Vergabeverfahren zu vergeben oder durchzuführen sind, die festgelegt werden durch
   a) ein Rechtsinstrument, das völkerrechtliche Verpflichtungen begründet, wie eine im Einklang mit den EU-Verträgen geschlossene internationale Übereinkunft oder Vereinbarung zwischen der Bundesrepublik Deutschland und einem oder mehreren Staaten, die nicht Vertragsparteien des Übereinkommens über den Europäischen Wirtschaftsraum sind, oder ihren Untereinheiten über Liefer-, Bau- oder Dienstleistungen für ein von den Unterzeichnern gemeinsam zu verwirklichendes oder zu nutzendes Projekt, oder
   b) eine internationale Organisation oder
2. gemäß den Vergaberegeln einer internationalen Organisation oder internationalen Finanzierungseinrichtung bei vollständiger Finanzierung der öffentlichen Aufträge und Wettbewerbe durch diese Organisation oder Einrichtung zu vergeben sind; für den Fall einer überwiegenden Kofinanzierung öffentlicher Aufträge und Wettbewerbe durch eine internationale Organisation oder eine internationale Finanzierungseinrichtung einigen sich die Parteien auf die anwendbaren Vergabeverfahren.

(2) Für verteidigungs- oder sicherheitsspezifische öffentliche Aufträge ist § 145 Nummer 7 und für Konzessionen in den Bereichen Verteidigung und Sicherheit *ist § 150* Nummer 7 anzuwenden.

---

[1)] Teil 4 (§§ 97–184) neu gef. mWv 18.4.2016 durch G v. 17.2.2016 (BGBl. I S. 203).

**§ 110[1] Vergabe von öffentlichen Aufträgen und Konzessionen, die verschiedene Leistungen zum Gegenstand haben.** (1) [1]Öffentliche Aufträge, die verschiedene Leistungen wie Liefer-, Bau- oder Dienstleistungen zum Gegenstand haben, werden nach den Vorschriften vergeben, denen der Hauptgegenstand des Auftrags zuzuordnen ist. [2]Dasselbe gilt für die Vergabe von Konzessionen, die sowohl Bau- als auch Dienstleistungen zum Gegenstand haben.

(2) Der Hauptgegenstand öffentlicher Aufträge und Konzessionen, die

1. teilweise aus Dienstleistungen, die den Vorschriften zur Vergabe von öffentlichen Aufträgen über soziale und andere besondere Dienstleistungen im Sinne des § 130 oder Konzessionen über soziale und andere besondere Dienstleistungen im Sinne des § 153 unterfallen, und teilweise aus anderen Dienstleistungen bestehen oder
2. teilweise aus Lieferleistungen und teilweise aus Dienstleistungen bestehen,

wird danach bestimmt, welcher geschätzte Wert der jeweiligen Liefer- oder Dienstleistungen am höchsten ist.

**§ 111[1] Vergabe von öffentlichen Aufträgen und Konzessionen, deren Teile unterschiedlichen rechtlichen Regelungen unterliegen.** (1) Sind die verschiedenen Teile eines öffentlichen Auftrags, die jeweils unterschiedlichen rechtlichen Regelungen unterliegen, objektiv trennbar, so dürfen getrennte Aufträge für jeden Teil oder darf ein Gesamtauftrag vergeben werden.

(2) Werden getrennte Aufträge vergeben, so wird jeder einzelne Auftrag nach den Vorschriften vergeben, die auf seine Merkmale anzuwenden sind.

(3) Wird ein Gesamtauftrag vergeben,

1. kann der Auftrag ohne Anwendung dieses Teils vergeben werden, wenn ein Teil des Auftrags die Voraussetzungen des § 107 Absatz 2 Nummer 1 oder 2 erfüllt und die Vergabe eines Gesamtauftrags aus objektiven Gründen gerechtfertigt ist,
2. kann der Auftrag nach den Vorschriften über die Vergabe von verteidigungs- oder sicherheitsspezifischen Aufträgen vergeben werden, wenn ein Teil des Auftrags diesen Vorschriften unterliegt und die Vergabe eines Gesamtauftrags aus objektiven Gründen gerechtfertigt ist,
3. sind die Vorschriften zur Vergabe von öffentlichen Aufträgen durch Sektorenauftraggeber anzuwenden, wenn ein Teil des Auftrags diesen Vorschriften unterliegt und der Wert dieses Teils den geltenden Schwellenwert erreicht oder überschreitet; dies gilt auch dann, wenn der andere Teil des Auftrags den Vorschriften über die Vergabe von Konzessionen unterliegt,
4. sind die Vorschriften zur Vergabe von öffentlichen Aufträgen durch öffentliche Auftraggeber anzuwenden, wenn ein Teil des Auftrags den Vorschriften zur Vergabe von Konzessionen und ein anderer Teil des Auftrags den Vorschriften zur Vergabe von öffentlichen Aufträgen durch öffentliche Auftraggeber unterliegt und wenn der Wert dieses Teils den geltenden Schwellenwert erreicht oder überschreitet,
5. sind die Vorschriften dieses Teils anzuwenden, wenn ein Teil des Auftrags den Vorschriften dieses Teils und ein anderer Teil des Auftrags sonstigen Vorschriften außerhalb dieses Teils unterliegt; dies gilt ungeachtet des Wertes des Teils, der sonstigen Vorschriften außerhalb dieses Teils unterliegen würde und ungeachtet ihrer rechtlichen Regelung.

---

[1] Teil 4 (§§ 97–184) neu gef. mWv 18.4.2016 durch G v. 17.2.2016 (BGBl. I S. 203).

(4) Sind die verschiedenen Teile eines öffentlichen Auftrags, die jeweils unterschiedlichen rechtlichen Regelungen unterliegen, objektiv nicht trennbar,

1. wird der Auftrag nach den Vorschriften vergeben, denen der Hauptgegenstand des Auftrags zuzuordnen ist; enthält der Auftrag Elemente einer Dienstleistungskonzession und eines Lieferauftrags, wird der Hauptgegenstand danach bestimmt, welcher geschätzte Wert der jeweiligen Dienst- oder Lieferleistungen höher ist,
2. kann der Auftrag ohne Anwendung der Vorschriften dieses Teils oder gemäß den Vorschriften über die Vergabe von verteidigungs- oder sicherheitsspezifischen öffentlichen Aufträgen vergeben werden, wenn der Auftrag Elemente enthält, auf die § 107 Absatz 2 Nummer 1 oder 2 anzuwenden ist.

(5) Die Entscheidung, einen Gesamtauftrag oder getrennte Aufträge zu vergeben, darf nicht zu dem Zweck getroffen werden, die Auftragsvergabe von den Vorschriften zur Vergabe öffentlicher Aufträge und Konzessionen auszunehmen.

(6) Auf die Vergabe von Konzessionen sind die Absätze 1, 2 und 3 Nummer 1 und 2 sowie die Absätze 4 und 5 entsprechend anzuwenden.

**§ 112[1] Vergabe von öffentlichen Aufträgen und Konzessionen, die verschiedene Tätigkeiten umfassen.** (1) Umfasst ein öffentlicher Auftrag mehrere Tätigkeiten, von denen eine Tätigkeit eine Sektorentätigkeit im Sinne des § 102 darstellt, dürfen getrennte Aufträge für die Zwecke jeder einzelnen Tätigkeit oder darf ein Gesamtauftrag vergeben werden.

(2) Werden getrennte Aufträge vergeben, so wird jeder einzelne Auftrag nach den Vorschriften vergeben, die auf seine Merkmale anzuwenden sind.

(3) [1]Wird ein Gesamtauftrag vergeben, unterliegt dieser Auftrag den Bestimmungen, die für die Tätigkeit gelten, für die der Auftrag hauptsächlich bestimmt ist. [2]Ist der Auftrag sowohl für eine Sektorentätigkeit im Sinne des § 102 als auch für eine Tätigkeit bestimmt, die Verteidigungs- oder Sicherheitsaspekte umfasst, ist § 111 Absatz 3 Nummer 1 und 2 entsprechend anzuwenden.

(4) Die Entscheidung, einen Gesamtauftrag oder getrennte Aufträge zu vergeben, darf nicht zu dem Zweck getroffen werden, die Auftragsvergabe von den Vorschriften dieses Teils auszunehmen.

(5) Ist es objektiv unmöglich, festzustellen, für welche Tätigkeit der Auftrag hauptsächlich bestimmt ist, unterliegt die Vergabe

1. den Vorschriften zur Vergabe von öffentlichen Aufträgen durch öffentliche Auftraggeber, wenn eine der Tätigkeiten, für die der Auftrag bestimmt ist, unter diese Vorschriften fällt,
2. den Vorschriften zur Vergabe von öffentlichen Aufträgen durch Sektorenauftraggeber, wenn der Auftrag sowohl für eine Sektorentätigkeit im Sinne des § 102 als auch für eine Tätigkeit bestimmt ist, die in den Anwendungsbereich der Vorschriften zur Vergabe von Konzessionen fallen würde,
3. den Vorschriften zur Vergabe von öffentlichen Aufträgen durch Sektorenauftraggeber, wenn der Auftrag sowohl für eine Sektorentätigkeit im Sinne des § 102 als auch für eine Tätigkeit bestimmt ist, die weder in den Anwendungsbereich der Vorschriften zur Vergabe von Konzessionen noch in den Anwendungsbereich der Vorschriften zur Vergabe öffentlicher Aufträge durch öffentliche Auftraggeber fallen würde.

---

[1] Teil 4 (§§ 97–184) neu gef. mWv 18.4.2016 durch G v. 17.2.2016 (BGBl. I S. 203).

[3]Die Rechtsverordnungen sind dem Bundestag zuzuleiten. [4]Die Zuleitung erfolgt vor der Zuleitung an den Bundesrat. [5]Die Rechtsverordnungen können durch Beschluss des Bundestages geändert oder abgelehnt werden. [6]Der Beschluss des Bundestages wird der Bundesregierung zugeleitet. [7]Hat sich der Bundestag nach Ablauf von drei Sitzungswochen seit Eingang der Rechtsverordnungen nicht mit ihnen befasst, so werden die unveränderten Rechtsverordnungen dem Bundesrat zugeleitet.

**§ 114[1)] Monitoring und Vergabestatistik.** (1) [1]Die obersten Bundesbehörden und die Länder erstatten in ihrem jeweiligen Zuständigkeitsbereich dem Bundesministerium für Wirtschaft und Energie über die Anwendung der Vorschriften dieses Teils und der aufgrund des § 113 erlassenen Rechtsverordnungen bis zum 15. Februar 2017 und danach auf Anforderung schriftlich Bericht. [2]Zu berichten ist regelmäßig über die jeweils letzten drei Kalenderjahre, die der Anforderung vorausgegangen sind.

(2) [1]Das Statistische Bundesamt erstellt im Auftrag des Bundesministeriums für Wirtschaft und Energie eine Vergabestatistik. [2]Zu diesem Zweck übermitteln Auftraggeber im Sinne des § 98 an das Statistische Bundesamt Daten zu öffentlichen Aufträgen im Sinne des § 103 Absatz 1 unabhängig von deren geschätzten Auftragswert und zu Konzessionen im Sinne des § 105. [3]Das Bundesministerium für Wirtschaft und Energie wird ermächtigt, im Einvernehmen mit dem Bundesministerium des Innern, für Bau und Heimat durch Rechtsverordnung mit Zustimmung des Bundesrates die Einzelheiten der Vergabestatistik sowie der Datenübermittlung durch die meldende Stelle einschließlich des technischen Ablaufs, des Umfangs der zu übermittelnden Daten, der Wertgrenzen für die Erhebung sowie den Zeitpunkt des Inkrafttretens und der Anwendung der entsprechenden Verpflichtungen zu regeln.

## Zweiter Abschnitt. Vergabe von öffentlichen Aufträgen durch öffentliche Auftraggeber

### Unterabschnitt 1. Anwendungsbereich

**§ 115[2)] Anwendungsbereich.** Dieser Abschnitt ist anzuwenden auf die Vergabe von öffentlichen Aufträgen und die Ausrichtung von Wettbewerben durch öffentliche Auftraggeber.

**§ 116[2)] Besondere Ausnahmen.** (1) Dieser Teil ist nicht anzuwenden auf die Vergabe von öffentlichen Aufträgen durch öffentliche Auftraggeber, wenn diese Aufträge Folgendes zum Gegenstand haben:

1. Rechtsdienstleistungen, die eine der folgenden Tätigkeiten betreffen:
   a) Vertretung eines Mandanten durch einen Rechtsanwalt in
      aa) Gerichts- oder Verwaltungsverfahren vor nationalen oder internationalen Gerichten, Behörden oder Einrichtungen,
      bb) nationalen oder internationalen Schiedsgerichts- oder Schlichtungsverfahren,

---

[1)] § 114 neu gef. mWv 18.4.2016 durch G v. 17.2.2016 (BGBl. I S. 203), wobei gem. Art. 3 Satz 1 dieses G § 114 Abs. 2 Satz 4 bereits mWv 24.2.2016 in Kraft tritt; Überschrift geänd., Abs. 2 neu gef. mWv 2.4.2020 durch G v. 25.3.2020 (BGBl. I S. 674); Abs. 1 Satz 1 geänd., Satz 2 angef. mWv 19.11. 2020 durch G v. 12.11.2020 (BGBl. I S. 2392).

[2)] Teil 4 (§§ 97–184) neu gef. mWv 18.4.2016 durch G v. 17.2.2016 (BGBl. I S. 203).

b) Rechtsberatung durch einen Rechtsanwalt, sofern diese zur Vorbereitung eines Verfahrens im Sinne von Buchstabe a dient oder wenn konkrete Anhaltspunkte dafür vorliegen und eine hohe Wahrscheinlichkeit besteht, dass die Angelegenheit, auf die sich die Rechtsberatung bezieht, Gegenstand eines solchen Verfahrens werden wird,

c) Beglaubigungen und Beurkundungen, sofern sie von Notaren vorzunehmen sind,

d) Tätigkeiten von gerichtlich bestellten Betreuern, Vormündern, Pflegern, Verfahrensbeiständen, Sachverständigen oder Verwaltern oder sonstige Rechtsdienstleistungen, deren Erbringer durch ein Gericht dafür bestellt oder durch Gesetz dazu bestimmt werden, um bestimmte Aufgaben unter der Aufsicht dieser Gerichte wahrzunehmen, oder

e) Tätigkeiten, die zumindest teilweise mit der Ausübung von hoheitlichen Befugnissen verbunden sind,

2. Forschungs- und Entwicklungsdienstleistungen, es sei denn, es handelt sich um Forschungs- und Entwicklungsdienstleistungen, die unter die Referenznummern des Common Procurement Vocabulary 73000000-2 bis 73120000-9, 73300000-5, 73420000-2 und 73430000-5 fallen und bei denen

   a) die Ergebnisse ausschließlich Eigentum des Auftraggebers für seinen Gebrauch bei der Ausübung seiner eigenen Tätigkeit werden und

   b) die Dienstleistung vollständig durch den Auftraggeber vergütet wird,

3. den Erwerb, die Entwicklung, die Produktion oder die Koproduktion von Sendematerial für audiovisuelle Mediendienste oder Hörfunkmediendienste, wenn diese Aufträge von Anbietern von audiovisuellen Mediendiensten oder Hörfunkmediendiensten vergeben werden, die Ausstrahlungszeit oder die Bereitstellung von Sendungen, wenn diese Aufträge an Anbieter von audiovisuellen Mediendiensten oder Hörfunkmediendiensten vergeben werden,

4. finanzielle Dienstleistungen im Zusammenhang mit der Ausgabe, dem Verkauf, dem Ankauf oder der Übertragung von Wertpapieren oder anderen Finanzinstrumenten, Dienstleistungen der Zentralbanken sowie mit der Europäischen Finanzstabilisierungsfazilität und dem Europäischen Stabilitätsmechanismus durchgeführte Transaktionen,

5. Kredite und Darlehen, auch im Zusammenhang mit der Ausgabe, dem Verkauf, dem Ankauf oder der Übertragung von Wertpapieren oder anderen Finanzinstrumenten oder

6. Dienstleistungen, die an einen öffentlichen Auftraggeber nach § 99 Nummer 1 bis 3 vergeben werden, der ein auf Gesetz oder Verordnung beruhendes ausschließliches Recht hat, die Leistungen zu erbringen.

(2) Dieser Teil ist ferner nicht auf öffentliche Aufträge und Wettbewerbe anzuwenden, die hauptsächlich den Zweck haben, dem öffentlichen Auftraggeber die Bereitstellung oder den Betrieb öffentlicher Kommunikationsnetze oder die Bereitstellung eines oder mehrerer elektronischer Kommunikationsdienste für die Öffentlichkeit zu ermöglichen.

**§ 117[1)] Besondere Ausnahmen für Vergaben, die Verteidigungs- oder Sicherheitsaspekte umfassen.** Bei öffentlichen Aufträgen und Wettbewerben, die Verteidigungs- oder Sicherheitsaspekte umfassen, ohne verteidigungs- oder sicherheitsspezifische Aufträge zu sein, ist dieser Teil nicht anzuwenden,

---

[1)] Teil 4 (§§ 97–184) neu gef. mWv 18.4.2016 durch G v. 17.2.2016 (BGBl. I S. 203).

1. soweit der Schutz wesentlicher Sicherheitsinteressen der Bundesrepublik Deutschland nicht durch weniger einschneidende Maßnahmen gewährleistet werden kann, zum Beispiel durch Anforderungen, die auf den Schutz der Vertraulichkeit der Informationen abzielen, die der öffentliche Auftraggeber im Rahmen eines Vergabeverfahrens zur Verfügung stellt,
2. soweit die Voraussetzungen des Artikels 346 Absatz 1 Buchstabe a des Vertrags über die Arbeitsweise der Europäischen Union[1] erfüllt sind,
3. wenn die Vergabe und die Ausführung des Auftrags für geheim erklärt werden oder nach den Rechts- oder Verwaltungsvorschriften besondere Sicherheitsmaßnahmen erfordern; Voraussetzung hierfür ist eine Feststellung darüber, dass die betreffenden wesentlichen Interessen nicht durch weniger einschneidende Maßnahmen gewährleistet werden können, zum Beispiel durch Anforderungen, die auf den Schutz der Vertraulichkeit der Informationen abzielen,
4. wenn der öffentliche Auftraggeber verpflichtet ist, die Vergabe oder Durchführung nach anderen Vergabeverfahren vorzunehmen, die festgelegt sind durch
   a) eine im Einklang mit den EU-Verträgen geschlossene internationale Übereinkunft oder Vereinbarung zwischen der Bundesrepublik Deutschland und einem oder mehreren Staaten, die nicht Vertragsparteien des Übereinkommens über den Europäischen Wirtschaftsraum sind, oder ihren Untereinheiten über Liefer-, Bau- oder Dienstleistungen für ein von den Unterzeichnern gemeinsam zu verwirklichendes oder zu nutzendes Projekt,
   b) eine internationale Übereinkunft oder Vereinbarung im Zusammenhang mit der Stationierung von Truppen, die Unternehmen betrifft, die ihren Sitz in der Bundesrepublik Deutschland oder einem Staat haben, der nicht Vertragspartei des Übereinkommens über den Europäischen Wirtschaftsraum ist, oder
   c) eine internationale Organisation oder
5. wenn der öffentliche Auftraggeber gemäß den Vergaberegeln einer internationalen Organisation oder internationalen Finanzierungseinrichtung einen öffentlichen Auftrag vergibt oder einen Wettbewerb ausrichtet und dieser öffentliche Auftrag oder Wettbewerb vollständig durch diese Organisation oder Einrichtung finanziert wird. Im Falle einer überwiegenden Kofinanzierung durch eine internationale Organisation oder eine internationale Finanzierungseinrichtung einigen sich die Parteien auf die anwendbaren Vergabeverfahren.

### § 118[2] Bestimmten Auftragnehmern vorbehaltene öffentliche Aufträge.

(1) Öffentliche Auftraggeber können das Recht zur Teilnahme an Vergabeverfahren Werkstätten für Menschen mit Behinderungen und Unternehmen vorbehalten, deren Hauptzweck die soziale und berufliche Integration von Menschen mit Behinderungen oder von benachteiligten Personen ist, oder bestimmen, dass öffentliche Aufträge im Rahmen von Programmen mit geschützten Beschäftigungsverhältnissen durchzuführen sind.

(2) Voraussetzung ist, dass mindestens 30 Prozent der in diesen Werkstätten oder Unternehmen Beschäftigten Menschen mit Behinderungen oder benachteiligte Personen sind.

---

[1] **Sartorius Nr. 1001.**
[2] Teil 4 (§§ 97–184) neu gef. mWv 18.4.2016 durch G v. 17.2.2016 (BGBl. I S. 203).

### Unterabschnitt 2. Vergabeverfahren und Auftragsausführung

**§ 119[1)] Verfahrensarten.** (1) Die Vergabe von öffentlichen Aufträgen erfolgt im offenen Verfahren, im nicht offenen Verfahren, im Verhandlungsverfahren, im wettbewerblichen Dialog oder in der Innovationspartnerschaft.

(2) [1] Öffentlichen Auftraggebern stehen das offene Verfahren und das nicht offene Verfahren, das stets einen Teilnahmewettbewerb erfordert, nach ihrer Wahl zur Verfügung. [2] Die anderen Verfahrensarten stehen nur zur Verfügung, soweit dies aufgrund dieses Gesetzes gestattet ist.

(3) Das offene Verfahren ist ein Verfahren, in dem der öffentliche Auftraggeber eine unbeschränkte Anzahl von Unternehmen öffentlich zur Abgabe von Angeboten auffordert.

(4) Das nicht offene Verfahren ist ein Verfahren, bei dem der öffentliche Auftraggeber nach vorheriger öffentlicher Aufforderung zur Teilnahme eine beschränkte Anzahl von Unternehmen nach objektiven, transparenten und nichtdiskriminierenden Kriterien auswählt (Teilnahmewettbewerb), die er zur Abgabe von Angeboten auffordert.

(5) Das Verhandlungsverfahren ist ein Verfahren, bei dem sich der öffentliche Auftraggeber mit oder ohne Teilnahmewettbewerb an ausgewählte Unternehmen wendet, um mit einem oder mehreren dieser Unternehmen über die Angebote zu verhandeln.

(6) [1] Der wettbewerbliche Dialog ist ein Verfahren zur Vergabe öffentlicher Aufträge mit dem Ziel der Ermittlung und Festlegung der Mittel, mit denen die Bedürfnisse des öffentlichen Auftraggebers am besten erfüllt werden können. [2] Nach einem Teilnahmewettbewerb eröffnet der öffentliche Auftraggeber mit den ausgewählten Unternehmen einen Dialog zur Erörterung aller Aspekte der Auftragsvergabe.

(7) [1] Die Innovationspartnerschaft ist ein Verfahren zur Entwicklung innovativer, noch nicht auf dem Markt verfügbarer Liefer-, Bau- oder Dienstleistungen und zum anschließenden Erwerb der daraus hervorgehenden Leistungen. [2] Nach einem Teilnahmewettbewerb verhandelt der öffentliche Auftraggeber in mehreren Phasen mit den ausgewählten Unternehmen über die Erst- und Folgeangebote.

**§ 120[1)] Besondere Methoden und Instrumente in Vergabeverfahren.** (1) Ein dynamisches Beschaffungssystem ist ein zeitlich befristetes, ausschließlich elektronisches Verfahren zur Beschaffung marktüblicher Leistungen, bei denen die allgemein auf dem Markt verfügbaren Merkmale den Anforderungen des öffentlichen Auftraggebers genügen.

(2) [1] Eine elektronische Auktion ist ein sich schrittweise wiederholendes elektronisches Verfahren zur Ermittlung des wirtschaftlichsten Angebots. [2] Jeder elektronischen Auktion geht eine vollständige erste Bewertung aller Angebote voraus.

(3) [1] Ein elektronischer Katalog ist ein auf der Grundlage der Leistungsbeschreibung erstelltes Verzeichnis der zu beschaffenden Liefer-, Bau- und Dienstleistungen in einem elektronischen Format. [2] Er kann insbesondere beim Abschluss von Rahmenvereinbarungen eingesetzt werden und Abbildungen, Preisinformationen und Produktbeschreibungen umfassen.

(4) [1] Eine zentrale Beschaffungsstelle ist ein öffentlicher Auftraggeber, der für andere öffentliche Auftraggeber dauerhaft Liefer- und Dienstleistungen beschafft,

---

[1)] Teil 4 (§§ 97–184) neu gef. mWv 18.4.2016 durch G v. 17.2.2016 (BGBl. I S. 203).

öffentliche Aufträge vergibt oder Rahmenvereinbarungen abschließt (zentrale Beschaffungstätigkeit). 2 Öffentliche Auftraggeber können Liefer- und Dienstleistungen von zentralen Beschaffungsstellen erwerben oder Liefer-, Bau- und Dienstleistungsaufträge mittels zentraler Beschaffungsstellen vergeben. 3 Öffentliche Aufträge zur Ausübung zentraler Beschaffungstätigkeiten können an eine zentrale Beschaffungsstelle vergeben werden, ohne ein Vergabeverfahren nach den Vorschriften dieses Teils durchzuführen. 4 Derartige Dienstleistungsaufträge können auch Beratungs- und Unterstützungsleistungen bei der Vorbereitung oder Durchführung von Vergabeverfahren umfassen. 5 Die Teile 1 bis 3 bleiben unberührt.

**§ 121[1)] Leistungsbeschreibung.** (1) 1 In der Leistungsbeschreibung ist der Auftragsgegenstand so eindeutig und erschöpfend wie möglich zu beschreiben, sodass die Beschreibung für alle Unternehmen im gleichen Sinne verständlich ist und die Angebote miteinander verglichen werden können. 2 Die Leistungsbeschreibung enthält die Funktions- oder Leistungsanforderungen oder eine Beschreibung der zu lösenden Aufgabe, deren Kenntnis für die Erstellung des Angebots erforderlich ist, sowie die Umstände und Bedingungen der Leistungserbringung.

(2) Bei der Beschaffung von Leistungen, die zur Nutzung durch natürliche Personen vorgesehen sind, sind bei der Erstellung der Leistungsbeschreibung außer in ordnungsgemäß begründeten Fällen die Zugänglichkeitskriterien für Menschen mit Behinderungen oder die Konzeption für alle Nutzer zu berücksichtigen.

(3) Die Leistungsbeschreibung ist den Vergabeunterlagen beizufügen.

**§ 122[1)] Eignung.** (1) Öffentliche Aufträge werden an fachkundige und leistungsfähige (geeignete) Unternehmen vergeben, die nicht nach den §§ 123 oder 124 ausgeschlossen worden sind.

(2) 1 Ein Unternehmen ist geeignet, wenn es die durch den öffentlichen Auftraggeber im Einzelnen zur ordnungsgemäßen Ausführung des öffentlichen Auftrags festgelegten Kriterien (Eignungskriterien) erfüllt. 2 Die Eignungskriterien dürfen ausschließlich Folgendes betreffen:

1. Befähigung und Erlaubnis zur Berufsausübung,
2. wirtschaftliche und finanzielle Leistungsfähigkeit,
3. technische und berufliche Leistungsfähigkeit.

(3) Der Nachweis der Eignung und des Nichtvorliegens von Ausschlussgründen nach den §§ 123 und 124 kann ganz oder teilweise durch die Teilnahme an Präqualifizierungssystemen erbracht werden.

(4) 1 Eignungskriterien müssen mit dem Auftragsgegenstand in Verbindung und zu diesem in einem angemessenen Verhältnis stehen. 2 Sie sind in der Auftragsbekanntmachung, der Vorinformation oder der Aufforderung zur Interessensbestätigung aufzuführen.

**§ 123[2)] Zwingende Ausschlussgründe.** (1) Öffentliche Auftraggeber schließen ein Unternehmen zu jedem Zeitpunkt des Vergabeverfahrens von der Teilnahme aus, wenn sie Kenntnis davon haben, dass eine Person, deren Verhalten nach Absatz 3 dem Unternehmen zuzurechnen ist, rechtskräftig verurteilt oder

---

[1)] *Teil 4 (§§ 97–184)* neu gef. mWv 18.4.2016 durch G v. 17.2.2016 (BGBl. I S. 203).

[2)] § 123 neu gef. mWv 18.4.2016 durch G v. 17.2.2016 (BGBl. I S. 203); Abs. 1 Nr. 10 neu gef. mWv 15.10.2016 durch G v. 11.10.2016 (BGBl. I S. 2226); Abs. 1 Nr. 6 geänd. mWv 29.7.2017 durch G v. 18.7.2017 (BGBl. I S. 2739); Abs. 1 Nr. 3 geänd. mWv 18.3.2021 durch G v. 9.3.2021 (BGBl. I S. 327).

gegen das Unternehmen eine Geldbuße nach § 30 des Gesetzes über Ordnungswidrigkeiten[1)] rechtskräftig festgesetzt worden ist wegen einer Straftat nach:

1. § 129 des Strafgesetzbuchs[2)] (Bildung krimineller Vereinigungen), § 129a des Strafgesetzbuchs (Bildung terroristischer Vereinigungen) oder § 129b des Strafgesetzbuchs (Kriminelle und terroristische Vereinigungen im Ausland),
2. § 89c des Strafgesetzbuchs (Terrorismusfinanzierung) oder wegen der Teilnahme an einer solchen Tat oder wegen der Bereitstellung oder Sammlung finanzieller Mittel in Kenntnis dessen, dass diese finanziellen Mittel ganz oder teilweise dazu verwendet werden oder verwendet werden sollen, eine Tat nach § 89a Absatz 2 Nummer 2 des Strafgesetzbuchs zu begehen,
3. § 261 des Strafgesetzbuchs (Geldwäsche),
4. § 263 des Strafgesetzbuchs (Betrug), soweit sich die Straftat gegen den Haushalt der Europäischen Union oder gegen Haushalte richtet, die von der Europäischen Union oder in ihrem Auftrag verwaltet werden,
5. § 264 des Strafgesetzbuchs (Subventionsbetrug), soweit sich die Straftat gegen den Haushalt der Europäischen Union oder gegen Haushalte richtet, die von der Europäischen Union oder in ihrem Auftrag verwaltet werden,
6. § 299 des Strafgesetzbuchs (Bestechlichkeit und Bestechung im geschäftlichen Verkehr), §§ 299a und 299b des Strafgesetzbuchs (Bestechlichkeit und Bestechung im Gesundheitswesen),
7. § 108e des Strafgesetzbuchs (Bestechlichkeit und Bestechung von Mandatsträgern),
8. den §§ 333 und 334 des Strafgesetzbuchs (Vorteilsgewährung und Bestechung), jeweils auch in Verbindung mit § 335a des Strafgesetzbuchs (Ausländische und internationale Bedienstete),
9. Artikel 2 § 2 des Gesetzes zur Bekämpfung internationaler Bestechung (Bestechung ausländischer Abgeordneter im Zusammenhang mit internationalem Geschäftsverkehr) oder
10. den §§ 232, 232a Absatz 1 bis 5, den §§ 232b bis 233a des Strafgesetzbuches (Menschenhandel, Zwangsprostitution, Zwangsarbeit, Ausbeutung der Arbeitskraft, Ausbeutung unter Ausnutzung einer Freiheitsberaubung).

(2) Einer Verurteilung oder der Festsetzung einer Geldbuße im Sinne des Absatzes 1 stehen eine Verurteilung oder die Festsetzung einer Geldbuße nach den vergleichbaren Vorschriften anderer Staaten gleich.

(3) Das Verhalten einer rechtskräftig verurteilten Person ist einem Unternehmen zuzurechnen, wenn diese Person als für die Leitung des Unternehmens Verantwortlicher gehandelt hat; dazu gehört auch die Überwachung der Geschäftsführung oder die sonstige Ausübung von Kontrollbefugnissen in leitender Stellung.

(4) [1] Öffentliche Auftraggeber schließen ein Unternehmen zu jedem Zeitpunkt des Vergabeverfahrens von der Teilnahme an einem Vergabeverfahren aus, wenn

1. das Unternehmen seinen Verpflichtungen zur Zahlung von Steuern, Abgaben oder Beiträgen zur Sozialversicherung nicht nachgekommen ist und dies durch eine rechtskräftige Gerichts- oder bestandskräftige Verwaltungsentscheidung festgestellt wurde oder

---

[1)] Nr. **94**.
[2)] Nr. **85**.

2. die öffentlichen Auftraggeber auf sonstige geeignete Weise die Verletzung einer Verpflichtung nach Nummer 1 nachweisen können.

[2] Satz 1 ist nicht anzuwenden, wenn das Unternehmen seinen Verpflichtungen dadurch nachgekommen ist, dass es die Zahlung vorgenommen oder sich zur Zahlung der Steuern, Abgaben und Beiträge zur Sozialversicherung einschließlich Zinsen, Säumnis- und Strafzuschlägen verpflichtet hat.

(5) [1] Von einem Ausschluss nach Absatz 1 kann abgesehen werden, wenn dies aus zwingenden Gründen des öffentlichen Interesses geboten ist. [2] Von einem Ausschluss nach Absatz 4 Satz 1 kann abgesehen werden, wenn dies aus zwingenden Gründen des öffentlichen Interesses geboten ist oder ein Ausschluss offensichtlich unverhältnismäßig wäre. [3] § 125 bleibt unberührt.

**§ 124[1)] Fakultative Ausschlussgründe.** (1) Öffentliche Auftraggeber können unter Berücksichtigung des Grundsatzes der Verhältnismäßigkeit ein Unternehmen zu jedem Zeitpunkt des Vergabeverfahrens von der Teilnahme an einem Vergabeverfahren ausschließen, wenn

1. das Unternehmen bei der Ausführung öffentlicher Aufträge nachweislich gegen geltende umwelt-, sozial- oder arbeitsrechtliche Verpflichtungen verstoßen hat,
2. das Unternehmen zahlungsunfähig ist, über das Vermögen des Unternehmens ein Insolvenzverfahren oder ein vergleichbares Verfahren beantragt oder eröffnet worden ist, die Eröffnung eines solchen Verfahrens mangels Masse abgelehnt worden ist, sich das Unternehmen im Verfahren der Liquidation befindet oder seine Tätigkeit eingestellt hat,
3. das Unternehmen im Rahmen der beruflichen Tätigkeit nachweislich eine schwere Verfehlung begangen hat, durch die die Integrität des Unternehmens infrage gestellt wird; § 123 Absatz 3 ist entsprechend anzuwenden,
4. der öffentliche Auftraggeber über hinreichende Anhaltspunkte dafür verfügt, dass das Unternehmen mit anderen Unternehmen Vereinbarungen getroffen oder Verhaltensweisen aufeinander abgestimmt hat, die eine Verhinderung, Einschränkung oder Verfälschung des Wettbewerbs bezwecken oder bewirken,
5. ein Interessenkonflikt bei der Durchführung des Vergabeverfahrens besteht, der die Unparteilichkeit und Unabhängigkeit einer für den öffentlichen Auftraggeber tätigen Person bei der Durchführung des Vergabeverfahrens beeinträchtigen könnte und der durch andere, weniger einschneidende Maßnahmen nicht wirksam beseitigt werden kann,
6. eine Wettbewerbsverzerrung daraus resultiert, dass das Unternehmen bereits in die Vorbereitung des Vergabeverfahrens einbezogen war, und diese Wettbewerbsverzerrung nicht durch andere, weniger einschneidende Maßnahmen beseitigt werden kann,
7. das Unternehmen eine wesentliche Anforderung bei der Ausführung eines früheren öffentlichen Auftrags oder Konzessionsvertrags erheblich oder fortdauernd mangelhaft erfüllt hat und dies zu einer vorzeitigen Beendigung, zu Schadensersatz oder zu einer vergleichbaren Rechtsfolge geführt hat,
8. das Unternehmen in Bezug auf Ausschlussgründe oder Eignungskriterien eine schwerwiegende Täuschung begangen oder Auskünfte zurückgehalten hat oder nicht in der Lage ist, die erforderlichen Nachweise zu übermitteln, oder

---

[1)] § 124 neu gef. mWv 18.4.2016 durch G v. 17.2.2016 (BGBl. I S. 203); Abs. 1 Nr. 4 geänd. mWv 29.7.2017 durch G v. 18.7.2017 (BGBl. I S. 2739); Abs. 2 geänd. mWv 1.1.2023 durch G v. 16.7.2021 (BGBl. I S. 2959).

(6) [1]Umfasst eine Konzession mehrere Tätigkeiten, von denen eine Tätigkeit eine Sektorentätigkeit im Sinne des § 102 darstellt, sind die Absätze 1 bis 4 entsprechend anzuwenden. [2]Ist es objektiv unmöglich, festzustellen, für welche Tätigkeit die Konzession hauptsächlich bestimmt ist, unterliegt die Vergabe

1. den Vorschriften zur Vergabe von Konzessionen durch Konzessionsgeber im Sinne des § 101 Absatz 1 Nummer 1, wenn eine der Tätigkeiten, für die die Konzession bestimmt ist, diesen Bestimmungen und die andere Tätigkeit den Bestimmungen für die Vergabe von Konzessionen durch Konzessionsgeber im Sinne des § 101 Absatz 1 Nummer 2 oder Nummer 3 unterliegt,
2. den Vorschriften zur Vergabe von öffentlichen Aufträgen durch öffentliche Auftraggeber, wenn eine der Tätigkeiten, für die die Konzession bestimmt ist, unter diese Vorschriften fällt,
3. den Vorschriften zur Vergabe von Konzessionen, wenn eine der Tätigkeiten, für die die Konzession bestimmt ist, diesen Vorschriften und die andere Tätigkeit weder den Vorschriften zur Vergabe von öffentlichen Aufträgen durch Sektorenauftraggeber noch den Vorschriften zur Vergabe öffentlicher Aufträge durch öffentliche Auftraggeber unterliegt.

**§ 113[1)] Verordnungsermächtigung.** [1]Die Bundesregierung wird ermächtigt, durch Rechtsverordnungen mit Zustimmung des Bundesrates die Einzelheiten zur Vergabe von öffentlichen Aufträgen und Konzessionen sowie zur Ausrichtung von Wettbewerben zu regeln. [2]Diese Ermächtigung umfasst die Befugnis zur Regelung von Anforderungen an den Auftragsgegenstand und an das Vergabeverfahren, insbesondere zur Regelung

1. der Schätzung des Auftrags- oder Vertragswertes,
2. der Leistungsbeschreibung, der Bekanntmachung, der Verfahrensarten und des Ablaufs des Vergabeverfahrens, der Nebenangebote, der Vergabe von Unteraufträgen sowie der Vergabe öffentlicher Aufträge und Konzessionen, die soziale und andere besondere Dienstleistungen betreffen,
3. der besonderen Methoden und Instrumente in Vergabeverfahren und für Sammelbeschaffungen einschließlich der zentralen Beschaffung,
4. des Sendens, Empfangens, Weiterleitens und Speicherns von Daten einschließlich der Regelungen zum Inkrafttreten der entsprechenden Verpflichtungen,
5. der Auswahl und Prüfung der Unternehmen und Angebote sowie des Abschlusses des Vertrags,
6. der Aufhebung des Vergabeverfahrens,
7. der verteidigungs- oder sicherheitsspezifischen Anforderungen im Hinblick auf den Geheimschutz, auf die allgemeinen Regelungen zur Wahrung der Vertraulichkeit, auf die Versorgungssicherheit sowie auf die besonderen Regelungen für die Vergabe von Unteraufträgen,
8. der Voraussetzungen, nach denen Sektorenauftraggeber, Konzessionsgeber oder Auftraggeber nach dem Bundesberggesetz[2)] von der Verpflichtung zur Anwendung dieses Teils befreit werden können, sowie des dabei anzuwendenden Verfahrens einschließlich der erforderlichen Ermittlungsbefugnisse des Bundeskartellamtes und der Einzelheiten der Kostenerhebung; Vollstreckungserleichterungen dürfen vorgesehen werden.

---

[1)] § 113 neu gef. mWv 24.2.2016 durch G v. 17.2.2016 (BGBl. I S. 203).
[2)] **Schönfelder II Nr. 27a.**

9. das Unternehmen
   a) versucht hat, die Entscheidungsfindung des öffentlichen Auftraggebers in unzulässiger Weise zu beeinflussen,
   b) versucht hat, vertrauliche Informationen zu erhalten, durch die es unzulässige Vorteile beim Vergabeverfahren erlangen könnte, oder
   c) fahrlässig oder vorsätzlich irreführende Informationen übermittelt hat, die die Vergabeentscheidung des öffentlichen Auftraggebers erheblich beeinflussen könnten, oder versucht hat, solche Informationen zu übermitteln.

(2) § 21 des Arbeitnehmer-Entsendegesetzes[1], § 98c des Aufenthaltsgesetzes[2], § 19 des Mindestlohngesetzes[3], § 21 des Schwarzarbeitsbekämpfungsgesetzes[4] und § 22 des Lieferkettensorgfaltspflichtengesetzes vom 16. Juli 2021 (BGBl. I S. 2959) bleiben unberührt.

**§ 125**[5] **Selbstreinigung.** (1) [1] Öffentliche Auftraggeber schließen ein Unternehmen, bei dem ein Ausschlussgrund nach § 123 oder § 124 vorliegt, nicht von der Teilnahme an dem Vergabeverfahren aus, wenn das Unternehmen dem öffentlichen Auftraggeber oder nach § 8 des Wettbewerbsregistergesetzes dem Bundeskartellamt nachgewiesen hat, dass es

1. für jeden durch eine Straftat oder ein Fehlverhalten verursachten Schaden einen Ausgleich gezahlt oder sich zur Zahlung eines Ausgleichs verpflichtet hat,
2. die Tatsachen und Umstände, die mit der Straftat oder dem Fehlverhalten und dem dadurch verursachten Schaden in Zusammenhang stehen, durch eine aktive Zusammenarbeit mit den Ermittlungsbehörden und dem öffentlichen Auftraggeber umfassend geklärt hat und
3. konkrete technische, organisatorische und personelle Maßnahmen ergriffen hat, die geeignet sind, weitere Straftaten oder weiteres Fehlverhalten zu vermeiden.

[2] § 123 Absatz 4 Satz 2 bleibt unberührt.

(2) [1] Bei der Bewertung der von dem Unternehmen ergriffenen Selbstreinigungsmaßnahmen sind die Schwere und die besonderen Umstände der Straftat oder des Fehlverhaltens zu berücksichtigen. [2] Die Entscheidung, dass die Selbstreinigungsmaßnahmen des Unternehmens als unzureichend bewertet werden, ist gegenüber dem Unternehmen zu begründen.

**§ 126**[6] **Zulässiger Zeitraum für Ausschlüsse.** Wenn ein Unternehmen, bei dem ein Ausschlussgrund vorliegt, keine oder keine ausreichenden Selbstreinigungsmaßnahmen nach § 125 ergriffen hat, darf es

1. bei Vorliegen eines Ausschlussgrundes nach § 123 höchstens fünf Jahre ab dem Tag der rechtskräftigen Verurteilung von der Teilnahme an Vergabeverfahren ausgeschlossen werden,
2. bei Vorliegen eines Ausschlussgrundes nach § 124 höchstens drei Jahre ab dem betreffenden Ereignis von der Teilnahme an Vergabeverfahren ausgeschlossen werden.

---

[1] **Loseblatt-Textsammlung Arbeitsrecht Nr. 506.**
[2] **Sartorius Nr. 565.**
[3] **Habersack, Deutsche Gesetze ErgBd. Nr. 80c.**
[4] **Habersack, Deutsche Gesetze ErgBd. Nr. 94b.**
[5] § 125 neu gef. mWv 1.12.2021 durch G v. 18.7.2017 (BGBl. I S. 2739, geänd. durch G v. 18.1.2021, BGBl. I S. 2) iVm Bek. v. 18.10.2021 (BAnz AT 29.10.2021 B3) und Bek. v. 16.2.2022 (BGBl. I S. 306).
[6] § 126 neu gef. mWv 18.4.2016 durch G v. 17.2.2016 (BGBl. I S. 203).

**§ 127[1] Zuschlag.** (1) [1]Der Zuschlag wird auf das wirtschaftlichste Angebot erteilt. [2]Grundlage dafür ist eine Bewertung des öffentlichen Auftraggebers, ob und inwieweit das Angebot die vorgegebenen Zuschlagskriterien erfüllt. [3]Das wirtschaftlichste Angebot bestimmt sich nach dem besten Preis-Leistungs-Verhältnis. [4]Zu dessen Ermittlung können neben dem Preis oder den Kosten auch qualitative, umweltbezogene oder soziale Aspekte berücksichtigt werden.

(2) Verbindliche Vorschriften zur Preisgestaltung sind bei der Ermittlung des wirtschaftlichsten Angebots zu beachten.

(3) [1]Die Zuschlagskriterien müssen mit dem Auftragsgegenstand in Verbindung stehen. [2]Diese Verbindung ist auch dann anzunehmen, wenn sich ein Zuschlagskriterium auf Prozesse im Zusammenhang mit der Herstellung, Bereitstellung oder Entsorgung der Leistung, auf den Handel mit der Leistung oder auf ein anderes Stadium im Lebenszyklus der Leistung bezieht, auch wenn sich diese Faktoren nicht auf die materiellen Eigenschaften des Auftragsgegenstandes auswirken.

(4) [1]Die Zuschlagskriterien müssen so festgelegt und bestimmt sein, dass die Möglichkeit eines wirksamen Wettbewerbs gewährleistet wird, der Zuschlag nicht willkürlich erteilt werden kann und eine wirksame Überprüfung möglich ist, ob und inwieweit die Angebote die Zuschlagskriterien erfüllen. [2]Lassen öffentliche Auftraggeber Nebenangebote zu, legen sie die Zuschlagskriterien so fest, dass sie sowohl auf Hauptangebote als auch auf Nebenangebote anwendbar sind.

(5) Die Zuschlagskriterien und deren Gewichtung müssen in der Auftragsbekanntmachung oder den Vergabeunterlagen aufgeführt werden.

**§ 128[1] Auftragsausführung.** (1) Unternehmen haben bei der Ausführung des öffentlichen Auftrags alle für sie geltenden rechtlichen Verpflichtungen einzuhalten, insbesondere Steuern, Abgaben und Beiträge zur Sozialversicherung zu entrichten, die arbeitsschutzrechtlichen Regelungen einzuhalten und den Arbeitnehmerinnen und Arbeitnehmern wenigstens diejenigen Mindestarbeitsbedingungen

*(Fortsetzung nächstes Blatt)*

[1] Teil 4 (§§ 97–184) neu gef. mWv 18.4.2016 durch G v. 17.2.2016 (BGBl. I S. 203).

einschließlich des Mindestentgelts zu gewähren, die nach dem Mindestlohngesetz[1)], einem nach dem Tarifvertragsgesetz[2)] mit den Wirkungen des Arbeitnehmer-Entsendegesetzes[3)] für allgemein verbindlich erklärten Tarifvertrag oder einer nach § 7, § 7a oder § 11 des Arbeitnehmer-Entsendegesetzes oder einer nach § 3a des Arbeitnehmerüberlassungsgesetzes[4)] erlassenen Rechtsverordnung für die betreffende Leistung verbindlich vorgegeben werden.

(2) [1]Öffentliche Auftraggeber können darüber hinaus besondere Bedingungen für die Ausführung eines Auftrags (Ausführungsbedingungen) festlegen, sofern diese mit dem Auftragsgegenstand entsprechend § 127 Absatz 3 in Verbindung stehen. [2]Die Ausführungsbedingungen müssen sich aus der Auftragsbekanntmachung oder den Vergabeunterlagen ergeben. [3]Sie können insbesondere wirtschaftliche, innovationsbezogene, umweltbezogene, soziale oder beschäftigungspolitische Belange oder den Schutz der Vertraulichkeit von Informationen umfassen.

**§ 129[5)] Zwingend zu berücksichtigende Ausführungsbedingungen.**

Ausführungsbedingungen, die der öffentliche Auftraggeber dem beauftragten Unternehmen verbindlich vorzugeben hat, dürfen nur aufgrund eines Bundes- oder Landesgesetzes festgelegt werden.

**§ 130[5)] Vergabe von öffentlichen Aufträgen über soziale und andere besondere Dienstleistungen.** (1) [1]Bei der Vergabe von öffentlichen Aufträgen über soziale und andere besondere Dienstleistungen im Sinne des Anhangs XIV der Richtlinie 2014/24/EU stehen öffentlichen Auftraggebern das offene Verfahren, das nicht offene Verfahren, das Verhandlungsverfahren mit Teilnahmewettbewerb, der wettbewerbliche Dialog und die Innovationspartnerschaft nach ihrer Wahl zur Verfügung. [2]Ein Verhandlungsverfahren ohne Teilnahmewettbewerb steht nur zur Verfügung, soweit dies aufgrund dieses Gesetzes gestattet ist.

(2) Abweichend von § 132 Absatz 3 ist die Änderung eines öffentlichen Auftrags über soziale und andere besondere Dienstleistungen im Sinne des Anhangs XIV der Richtlinie 2014/24/EU ohne Durchführung eines neuen Vergabeverfahrens zulässig, wenn der Wert der Änderung nicht mehr als 20 Prozent des ursprünglichen Auftragswertes beträgt.

**§ 131[5)] Vergabe von öffentlichen Aufträgen über Personenverkehrsleistungen im Eisenbahnverkehr.** (1) [1]Bei der Vergabe von öffentlichen Aufträgen, deren Gegenstand Personenverkehrsleistungen im Eisenbahnverkehr sind, stehen öffentlichen Auftraggebern das offene und das nicht offene Verfahren, das Verhandlungsverfahren mit Teilnahmewettbewerb, der wettbewerbliche Dialog und die Innovationspartnerschaft nach ihrer Wahl zur Verfügung. [2]Ein Verhandlungsverfahren ohne Teilnahmewettbewerb steht nur zur Verfügung, soweit dies aufgrund dieses Gesetzes gestattet ist.

*(2) [1]Anstelle des § 108 A*bsatz 1 ist Artikel 5 Absatz 2 der Verordnung (EG) Nr. 1370/2007[6)] des Europäischen Parlaments und des Rates vom 23. Oktober 2007 über öffentliche Personenverkehrsdienste auf Schiene und Straße und zur

---

[1)] **Schönfelder ErgBd. Nr. 80c.**
[2)] **Schönfelder ErgBd. Nr. 81.**
[3)] **Nipperdey I, Arbeitsrecht Nr. 506.**
[4)] **Schönfelder ErgBd. Nr. 84a.**
[5)] Teil 4 (§§ 97–184) neu gef. mWv 18.4.2016 durch G v. 17.2.2016 (BGBl. I S. 203).
[6)] **Nipperdey I, Arbeitsrecht Nr. 883.**

Aufhebung der Verordnungen (EWG) Nr. 1191/69 und (EWG) Nr. 1107/70 des Rates (ABl. L 315 vom 3.12.2007, S. 1) anzuwenden. [2] Artikel 5 Absatz 5 und Artikel 7 Absatz 2 der Verordnung (EG) Nr. 1370/2007 bleiben unberührt.

(3) [1] Öffentliche Auftraggeber, die öffentliche Aufträge im Sinne von Absatz 1 vergeben, sollen gemäß Artikel 4 Absatz 5 der Verordnung (EG) Nr. 1370/2007 verlangen, dass bei einem Wechsel des Betreibers der Personenverkehrsleistung der ausgewählte Betreiber die Arbeitnehmerinnen und Arbeitnehmer, die beim bisherigen Betreiber für die Erbringung dieser Verkehrsleistung beschäftigt waren, übernimmt und ihnen die Rechte gewährt, auf die sie Anspruch hätten, wenn ein Übergang gemäß § 613a des Bürgerlichen Gesetzbuchs[1)] erfolgt wäre. [2] Für den Fall, dass ein öffentlicher Auftraggeber die Übernahme von Arbeitnehmerinnen und Arbeitnehmern im Sinne von Satz 1 verlangt, beschränkt sich das Verlangen auf diejenigen Arbeitnehmerinnen und Arbeitnehmer, die für die Erbringung der übergehenden Verkehrsleistung unmittelbar erforderlich sind. [3] Der öffentliche Auftraggeber soll Regelungen vorsehen, durch die eine missbräuchliche Anpassung tarifvertraglicher Regelungen zu Lasten des neuen Betreibers zwischen der Veröffentlichung der Auftragsbekanntmachung und der Übernahme des Betriebes ausgeschlossen wird. [4] Der bisherige Betreiber ist nach Aufforderung durch den öffentlichen Auftraggeber verpflichtet, alle hierzu erforderlichen Angaben zu machen.

**§ 132[2)] Auftragsänderungen während der Vertragslaufzeit.** (1) [1] Wesentliche Änderungen eines öffentlichen Auftrags während der Vertragslaufzeit erfordern ein neues Vergabeverfahren. [2] Wesentlich sind Änderungen, die dazu führen, dass sich der öffentliche Auftrag erheblich von dem ursprünglich vergebenen öffentlichen Auftrag unterscheidet. [3] Eine wesentliche Änderung liegt insbesondere vor, wenn

1. mit der Änderung Bedingungen eingeführt werden, die, wenn sie für das ursprüngliche Vergabeverfahren gegolten hätten,
   a) die Zulassung anderer Bewerber oder Bieter ermöglicht hätten,
   b) die Annahme eines anderen Angebots ermöglicht hätten oder
   c) das Interesse weiterer Teilnehmer am Vergabeverfahren geweckt hätten,
2. mit der Änderung das wirtschaftliche Gleichgewicht des öffentlichen Auftrags zugunsten des Auftragnehmers in einer Weise verschoben wird, die im ursprünglichen Auftrag nicht vorgesehen war,
3. mit der Änderung der Umfang des öffentlichen Auftrags erheblich ausgeweitet wird oder
4. ein neuer Auftragnehmer den Auftragnehmer in anderen als den in Absatz 2 Satz 1 Nummer 4 vorgesehenen Fällen ersetzt.

(2) [1] Unbeschadet des Absatzes 1 ist die Änderung eines öffentlichen Auftrags ohne Durchführung eines neuen Vergabeverfahrens zulässig, wenn

1. in den ursprünglichen Vergabeunterlagen klare, genaue und eindeutig formulierte Überprüfungsklauseln oder Optionen vorgesehen sind, die Angaben zu Art, Umfang und Voraussetzungen möglicher Auftragsänderungen enthalten, und sich aufgrund der Änderung der Gesamtcharakter des Auftrags nicht verändert,

---

[1)] Nr. **20**.
[2)] Teil 4 (§§ 97–184) neu gef. mWv 18.4.2016 durch G v. 17.2.2016 (BGBl. I S. 203).

2. zusätzliche Liefer-, Bau- oder Dienstleistungen erforderlich geworden sind, die nicht in den ursprünglichen Vergabeunterlagen vorgesehen waren, und ein Wechsel des Auftragnehmers
   a) aus wirtschaftlichen oder technischen Gründen nicht erfolgen kann und
   b) mit erheblichen Schwierigkeiten oder beträchtlichen Zusatzkosten für den öffentlichen Auftraggeber verbunden wäre,
3. die Änderung aufgrund von Umständen erforderlich geworden ist, die der öffentliche Auftraggeber im Rahmen seiner Sorgfaltspflicht nicht vorhersehen konnte, und sich aufgrund der Änderung der Gesamtcharakter des Auftrags nicht verändert oder
4. ein neuer Auftragnehmer den bisherigen Auftragnehmer ersetzt
   a) aufgrund einer Überprüfungsklausel im Sinne von Nummer 1,
   b) aufgrund der Tatsache, dass ein anderes Unternehmen, das die ursprünglich festgelegten Anforderungen an die Eignung erfüllt, im Zuge einer Unternehmensumstrukturierung, wie zum Beispiel durch Übernahme, Zusammenschluss, Erwerb oder Insolvenz, ganz oder teilweise an die Stelle des ursprünglichen Auftragnehmers tritt, sofern dies keine weiteren wesentlichen Änderungen im Sinne des Absatzes 1 zur Folge hat, oder
   c) aufgrund der Tatsache, dass der öffentliche Auftraggeber selbst die Verpflichtungen des Hauptauftragnehmers gegenüber seinen Unterauftragnehmern übernimmt.

[2] In den Fällen des Satzes 1 Nummer 2 und 3 darf der Preis um nicht mehr als 50 Prozent des Wertes des ursprünglichen Auftrags erhöht werden. [3] Bei mehreren aufeinander folgenden Änderungen des Auftrags gilt diese Beschränkung für den Wert jeder einzelnen Änderung, sofern die Änderungen nicht mit dem Ziel vorgenommen werden, die Vorschriften dieses Teils zu umgehen.

(3) [1] Die Änderung eines öffentlichen Auftrags ohne Durchführung eines neuen Vergabeverfahrens ist ferner zulässig, wenn sich der Gesamtcharakter des Auftrags nicht ändert und der Wert der Änderung

1. die jeweiligen Schwellenwerte nach § 106 nicht übersteigt und
2. bei Liefer- und Dienstleistungsaufträgen nicht mehr als 10 Prozent und bei Bauaufträgen nicht mehr als 15 Prozent des ursprünglichen Auftragswertes beträgt.

[2] Bei mehreren aufeinander folgenden Änderungen ist der Gesamtwert der Änderungen maßgeblich.

(4) Enthält der Vertrag eine Indexierungsklausel, wird für die Wertberechnung gemäß Absatz 2 Satz 2 und 3 sowie gemäß Absatz 3 der höhere Preis als Referenzwert herangezogen.

(5) Änderungen nach Absatz 2 Satz 1 Nummer 2 und 3 sind im Amtsblatt der Europäischen Union bekannt zu machen.

## § 133[1] Kündigung von öffentlichen Aufträgen in besonderen Fällen.

(1) Unbeschadet des § 135 können öffentliche Auftraggeber einen öffentlichen Auftrag während der Vertragslaufzeit kündigen, wenn

1. eine wesentliche Änderung vorgenommen wurde, die nach § 132 ein neues Vergabeverfahren erfordert hätte,

---

[1] Teil 4 (§§ 97–184) neu gef. mWv 18.4.2016 durch G v. 17.2.2016 (BGBl. I S. 203).

2. zum Zeitpunkt der Zuschlagserteilung ein zwingender Ausschlussgrund nach § 123 Absatz 1 bis 4 vorlag oder
3. der öffentliche Auftrag aufgrund einer schweren Verletzung der Verpflichtungen aus dem Vertrag über die Arbeitsweise der Europäischen Union[1)] oder aus den Vorschriften dieses Teils, die der Europäische Gerichtshof in einem Verfahren nach Artikel 258 des Vertrags über die Arbeitsweise der Europäischen Union festgestellt hat, nicht an den Auftragnehmer hätte vergeben werden dürfen.

(2) [1] Wird ein öffentlicher Auftrag gemäß Absatz 1 gekündigt, kann der Auftragnehmer einen seinen bisherigen Leistungen entsprechenden Teil der Vergütung verlangen. [2] Im Fall des Absatzes 1 Nummer 2 steht dem Auftragnehmer ein Anspruch auf Vergütung insoweit nicht zu, als seine bisherigen Leistungen infolge der Kündigung für den öffentlichen Auftraggeber nicht von Interesse sind.

(3) Die Berechtigung, Schadensersatz zu verlangen, wird durch die Kündigung nicht ausgeschlossen.

**§ 134[2)] Informations- und Wartepflicht.** (1) [1] Öffentliche Auftraggeber haben die Bieter, deren Angebote nicht berücksichtigt werden sollen, über den Namen des Unternehmens, dessen Angebot angenommen werden soll, über die Gründe der vorgesehenen Nichtberücksichtigung ihres Angebots und über den frühesten Zeitpunkt des Vertragsschlusses unverzüglich in Textform zu informieren. [2] Dies gilt auch für Bewerber, denen keine Information über die Ablehnung ihrer Bewerbung zur Verfügung gestellt wurde, bevor die Mitteilung über die Zuschlagsentscheidung an die betroffenen Bieter ergangen ist.

(2) [1] Ein Vertrag darf erst 15 Kalendertage nach Absendung der Information nach Absatz 1 geschlossen werden. [2] Wird die Information auf elektronischem Weg oder per Fax versendet, verkürzt sich die Frist auf zehn Kalendertage. [3] Die Frist beginnt am Tag nach der Absendung der Information durch den Auftraggeber; auf den Tag des Zugangs beim betroffenen Bieter und Bewerber kommt es nicht an.

(3) [1] Die Informationspflicht entfällt in Fällen, in denen das Verhandlungsverfahren ohne Teilnahmewettbewerb wegen besonderer Dringlichkeit gerechtfertigt ist. [2] Im Fall verteidigungs- oder sicherheitsspezifischer Aufträge können öffentliche Auftraggeber beschließen, bestimmte Informationen über die Zuschlagserteilung oder den Abschluss einer Rahmenvereinbarung nicht mitzuteilen, soweit die Offenlegung den Gesetzesvollzug behindert, dem öffentlichen Interesse, insbesondere Verteidigungs- oder Sicherheitsinteressen, zuwiderläuft, berechtigte geschäftliche Interessen von Unternehmen schädigt oder den lauteren Wettbewerb zwischen ihnen beeinträchtigen könnte.

**§ 135[2)] Unwirksamkeit.** (1) Ein öffentlicher Auftrag ist von Anfang an unwirksam, wenn der öffentliche Auftraggeber

1. gegen § 134 verstoßen hat oder
2. den Auftrag ohne vorherige Veröffentlichung einer Bekanntmachung im Amtsblatt der Europäischen Union vergeben hat, ohne dass dies aufgrund Gesetzes gestattet ist,

*und dieser* Verstoß in einem Nachprüfungsverfahren festgestellt worden ist.

---

[1)] **Sartorius Nr. 1001.**
[2)] Teil 4 (§§ 97–184) neu gef. mWv 18.4.2016 durch G v. 17.2.2016 (BGBl. I S. 203).

(2) [1]Die Unwirksamkeit nach Absatz 1 kann nur festgestellt werden, wenn sie im Nachprüfungsverfahren innerhalb von 30 Kalendertagen nach der Information der betroffenen Bieter und Bewerber durch den öffentlichen Auftraggeber über den Abschluss des Vertrags, jedoch nicht später als sechs Monate nach Vertragsschluss geltend gemacht worden ist. [2]Hat der Auftraggeber die Auftragsvergabe im Amtsblatt der Europäischen Union bekannt gemacht, endet die Frist zur Geltendmachung der Unwirksamkeit 30 Kalendertage nach Veröffentlichung der Bekanntmachung der Auftragsvergabe im Amtsblatt der Europäischen Union.

(3) [1]Die Unwirksamkeit nach Absatz 1 Nummer 2 tritt nicht ein, wenn

1. der öffentliche Auftraggeber der Ansicht ist, dass die Auftragsvergabe ohne vorherige Veröffentlichung einer Bekanntmachung im Amtsblatt der Europäischen Union zulässig ist,
2. der öffentliche Auftraggeber eine Bekanntmachung im Amtsblatt der Europäischen Union veröffentlicht hat, mit der er die Absicht bekundet, den Vertrag abzuschließen, und
3. der Vertrag nicht vor Ablauf einer Frist von mindestens zehn Kalendertagen, gerechnet ab dem Tag nach der Veröffentlichung dieser Bekanntmachung, abgeschlossen wurde.

[2]Die Bekanntmachung nach Satz 1 Nummer 2 muss den Namen und die Kontaktdaten des öffentlichen Auftraggebers, die Beschreibung des Vertragsgegenstands, die Begründung der Entscheidung des Auftraggebers, den Auftrag ohne vorherige Veröffentlichung einer Bekanntmachung im Amtsblatt der Europäischen Union zu vergeben, und den Namen und die Kontaktdaten des Unternehmens, das den Zuschlag erhalten soll, umfassen.

### Abschnitt 3. Vergabe von öffentlichen Aufträgen in besonderen Bereichen und von Konzessionen

#### Unterabschnitt 1. Vergabe von öffentlichen Aufträgen durch Sektorenauftraggeber

**§ 136[1)] Anwendungsbereich.** Dieser Unterabschnitt ist anzuwenden auf die Vergabe von öffentlichen Aufträgen und die Ausrichtung von Wettbewerben durch Sektorenauftraggeber zum Zweck der Ausübung einer Sektorentätigkeit.

**§ 137[1)] Besondere Ausnahmen.** (1) Dieser Teil ist nicht anzuwenden auf die Vergabe von öffentlichen Aufträgen durch Sektorenauftraggeber zum Zweck der Ausübung einer Sektorentätigkeit, wenn die Aufträge Folgendes zum Gegenstand haben:

1. Rechtsdienstleistungen im Sinne des § 116 Absatz 1 Nummer 1,
2. Forschungs- und Entwicklungsdienstleistungen im Sinne des § 116 Absatz 1 Nummer 2,
3. Ausstrahlungszeit oder Bereitstellung von Sendungen, wenn diese Aufträge an Anbieter von audiovisuellen Mediendiensten oder Hörfunkmediendiensten vergeben werden,
4. finanzielle Dienstleistungen im Sinne des § 116 Absatz 1 Nummer 4,
5. Kredite und Darlehen im Sinne des § 116 Absatz 1 Nummer 5,
6. Dienstleistungen im Sinne des § 116 Absatz 1 Nummer 6, wenn diese Aufträge aufgrund eines ausschließlichen Rechts vergeben werden,
7. die Beschaffung von Wasser im Rahmen der Trinkwasserversorgung,

---

1) Teil 4 (§§ 97–184) neu gef. mWv 18.4.2016 durch G v. 17.2.2016 (BGBl. I S. 203).

8. die Beschaffung von Energie oder von Brennstoffen zur Energieerzeugung im Rahmen der Energieversorgung oder
9. die Weiterveräußerung oder Vermietung an Dritte, wenn
   a) dem Sektorenauftraggeber kein besonderes oder ausschließliches Recht zum Verkauf oder zur Vermietung des Auftragsgegenstandes zusteht und
   b) andere Unternehmen die Möglichkeit haben, den Auftragsgegenstand unter den gleichen Bedingungen wie der betreffende Sektorenauftraggeber zu verkaufen oder zu vermieten.

(2) Dieser Teil ist ferner nicht anzuwenden auf die Vergabe von öffentlichen Aufträgen und die Ausrichtung von Wettbewerben, die Folgendes zum Gegenstand haben:

1. Liefer-, Bau- und Dienstleistungen sowie die Ausrichtung von Wettbewerben durch Sektorenauftraggeber nach § 100 Absatz 1 Nummer 2, soweit sie anderen Zwecken dienen als einer Sektorentätigkeit, oder
2. die Durchführung von Sektorentätigkeiten außerhalb des Gebietes der Europäischen Union, wenn der Auftrag in einer Weise vergeben wird, die nicht mit der tatsächlichen Nutzung eines Netzes oder einer Anlage innerhalb dieses Gebietes verbunden ist.

**§ 138[1] Besondere Ausnahme für die Vergabe an verbundene Unternehmen.** (1) Dieser Teil ist nicht anzuwenden auf die Vergabe von öffentlichen Aufträgen,

1. die ein Sektorenauftraggeber an ein verbundenes Unternehmen vergibt oder
2. die ein Gemeinschaftsunternehmen, das ausschließlich mehrere Sektorenauftraggeber zur Durchführung einer Sektorentätigkeit gebildet haben, an ein Unternehmen vergibt, das mit einem dieser Sektorenauftraggeber verbunden ist.

(2) Ein verbundenes Unternehmen im Sinne des Absatzes 1 ist

1. ein Unternehmen, dessen Jahresabschluss mit dem Jahresabschluss des Auftraggebers in einem Konzernabschluss eines Mutterunternehmens entsprechend § 271 Absatz 2 des Handelsgesetzbuchs[2] nach den Vorschriften über die Vollkonsolidierung einzubeziehen ist, oder
2. ein Unternehmen, das
   a) mittelbar oder unmittelbar einem beherrschenden Einfluss nach § 100 Absatz 3 des Sektorenauftraggebers unterliegen kann,
   b) einen beherrschenden Einfluss nach § 100 Absatz 3 auf den Sektorenauftraggeber ausüben kann oder
   c) gemeinsam mit dem Auftraggeber aufgrund der Eigentumsverhältnisse, der finanziellen Beteiligung oder der für das Unternehmen geltenden Bestimmungen dem beherrschenden Einfluss nach § 100 Absatz 3 eines anderen Unternehmens unterliegt.

(3) Absatz 1 gilt für Liefer-, Bau- oder Dienstleistungsaufträge, sofern unter Berücksichtigung aller Liefer-, Bau- oder Dienstleistungen, die von dem verbundenen Unternehmen während der letzten drei Jahre in der Europäischen Union erbracht wurden, mindestens 80 Prozent des im jeweiligen Leistungssektor insgesamt erzielten durchschnittlichen Umsatzes dieses Unternehmens aus der Er-

[1] Teil 4 (§§ 97–184) neu gef. mWv 18.4.2016 durch G v. 17.2.2016 (BGBl. I S. 203).
[2] Nr. **50**.

bringung von Liefer-, Bau- oder Dienstleistungen für den Sektorenauftraggeber oder andere mit ihm verbundene Unternehmen stammen.

(4) Werden gleiche oder gleichartige Liefer-, Bauoder Dienstleistungen von mehr als einem mit dem Sektorenauftraggeber verbundenen und mit ihm wirtschaftlich zusammengeschlossenen Unternehmen erbracht, so werden die Prozentsätze nach Absatz 3 unter Berücksichtigung des Gesamtumsatzes errechnet, den diese verbundenen Unternehmen mit der Erbringung der jeweiligen Liefer-, Dienst- oder Bauleistung erzielen.

(5) Liegen für die letzten drei Jahre keine Umsatzzahlen vor, genügt es, wenn das Unternehmen etwa durch Prognosen über die Tätigkeitsentwicklung glaubhaft macht, dass die Erreichung des nach Absatz 3 geforderten Umsatzziels wahrscheinlich ist.

**§ 139[1)] Besondere Ausnahme für die Vergabe durch oder an ein Gemeinschaftsunternehmen.** (1) Dieser Teil ist nicht anzuwenden auf die Vergabe von öffentlichen Aufträgen,

1. die ein Gemeinschaftsunternehmen, das mehrere Sektorenauftraggeber ausschließlich zur Durchführung von Sektorentätigkeiten gebildet haben, an einen dieser Auftraggeber vergibt oder
2. die ein Sektorenauftraggeber, der einem Gemeinschaftsunternehmen im Sinne der Nummer 1 angehört, an dieses Gemeinschaftsunternehmen vergibt.

(2) Voraussetzung ist, dass

1. das Gemeinschaftsunternehmen im Sinne des Absatzes 1 Nummer 1 gebildet wurde, um die betreffende Sektorentätigkeit während eines Zeitraums von mindestens drei Jahren durchzuführen, und
2. in dem Gründungsakt des Gemeinschaftsunternehmens festgelegt wird, dass die das Gemeinschaftsunternehmen bildenden Sektorenauftraggeber dem Gemeinschaftsunternehmen mindestens während desselben Zeitraums angehören werden.

**§ 140[2)] Besondere Ausnahme für unmittelbar dem Wettbewerb ausgesetzte Tätigkeiten.** (1) [1]Dieser Teil ist nicht anzuwenden auf öffentliche Aufträge, die zum Zweck der Ausübung einer Sektorentätigkeit vergeben werden, wenn die Sektorentätigkeit unmittelbar dem Wettbewerb auf Märkten ausgesetzt ist, die keiner Zugangsbeschränkung unterliegen. [2]Dasselbe gilt für Wettbewerbe, die im Zusammenhang mit der Sektorentätigkeit ausgerichtet werden.

(2) [1]Für Gutachten und Stellungnahmen, die aufgrund der nach § 113 Satz 2 Nummer 8 erlassenen Rechtsverordnung vorgenommen werden, erhebt das Bundeskartellamt Kosten (Gebühren und Auslagen) zur Deckung des Verwaltungsaufwands. [2]§ 62 Absatz 1 Satz 3 und Absatz 2 Satz 1, Satz 2 Nummer 1, Satz 3 und 4, Absatz 5 Satz 1 sowie Absatz 6 Satz 1 Nummer 2, Satz 2 und 3 gilt entsprechend. [3]Hinsichtlich der Möglichkeit zur Beschwerde über die Kostenentscheidung gilt § 73 Absatz 1 und 4 entsprechend.

---

1) Teil 4 (§§ 97–184) neu gef. mWv 18.4.2016 durch G v. 17.2.2016 (BGBl. I S. 203).

2) § 140 neu gef. mWv 18.4.2016 durch G v. 17.2.2016 (BGBl. I S. 203); Abs. 2 Sätze 2 und 3 geänd. mWv 19.1.2021 durch G v. 18.1.2021 (BGBl. I S. 2).

**§ 141[1)] Verfahrensarten.** (1) Sektorenauftraggebern stehen das offene Verfahren, das nicht offene Verfahren, das Verhandlungsverfahren mit Teilnahmewettbewerb und der wettbewerbliche Dialog nach ihrer Wahl zur Verfügung.

(2) Das Verhandlungsverfahren ohne Teilnahmewettbewerb und die Innovationspartnerschaft stehen nur zur Verfügung, soweit dies aufgrund dieses Gesetzes gestattet ist.

**§ 142[1)] Sonstige anwendbare Vorschriften.** Im Übrigen gelten für die Vergabe von öffentlichen Aufträgen durch Sektorenauftraggeber zum Zweck der Ausübung von Sektorentätigkeiten die §§ 118 und 119, soweit in § 141 nicht abweichend geregelt, die §§ 120 bis 129, 130 in Verbindung mit Anhang XVII der Richtlinie 2014/25/EU sowie die §§ 131 bis 135 mit der Maßgabe entsprechend, dass

1. Sektorenauftraggeber abweichend von § 122 Absatz 1 und 2 die Unternehmen anhand objektiver Kriterien auswählen, die allen interessierten Unternehmen zugänglich sind,
2. Sektorenauftraggeber nach § 100 Absatz 1 Nummer 2 ein Unternehmen nach § 123 ausschließen können, aber nicht ausschließen müssen,
3. § 132 Absatz 2 Satz 2 und 3 nicht anzuwenden ist.

**§ 143[1)] Regelung für Auftraggeber nach dem Bundesberggesetz.**

(1) [1] Sektorenauftraggeber, die nach dem Bundesberggesetz[2)] berechtigt sind, Erdöl, Gas, Kohle oder andere feste Brennstoffe aufzusuchen oder zu gewinnen, müssen bei der Vergabe von Liefer-, Bau- oder Dienstleistungsaufträgen oberhalb der Schwellenwerte nach § 106 Absatz 2 Nummer 2 zur Durchführung der Aufsuchung oder Gewinnung von Erdöl, Gas, Kohle oder anderen festen Brennstoffen die Grundsätze der Nichtdiskriminierung und der wettbewerbsorientierten Auftragsvergabe beachten. [2] Insbesondere müssen sie Unternehmen, die ein Interesse an einem solchen Auftrag haben können, ausreichend informieren und bei der Auftragsvergabe objektive Kriterien zugrunde legen. [3] Die Sätze 1 und 2 gelten nicht für die Vergabe von Aufträgen, deren Gegenstand die Beschaffung von Energie oder Brennstoffen zur Energieerzeugung ist.

(2) [1] Die Auftraggeber nach Absatz 1 erteilen der Europäischen Kommission über das Bundesministerium für Wirtschaft und Energie Auskunft über die Vergabe der unter diese Vorschrift fallenden Aufträge nach Maßgabe der Entscheidung 93/327/EWG der Kommission vom 13. Mai 1993 zur Festlegung der Voraussetzungen, unter denen die öffentlichen Auftraggeber, die geographisch abgegrenzte Gebiete zum Zwecke der Suche oder Förderung von Erdöl, Gas, Kohle oder anderen Festbrennstoffen nutzen, der Kommission Auskunft über die von ihnen vergebenen Aufträge zu erteilen haben (ABl. L 129 vom 27.5.1993, S. 25). [2] Sie können über das Verfahren gemäß der Rechtsverordnung nach § 113 Satz 2 Nummer 8 unter den dort geregelten Voraussetzungen eine Befreiung von der Pflicht zur Anwendung dieser Bestimmung erreichen.

---

[1)] Teil 4 (§§ 97–184) neu gef. mWv 18.4.2016 durch G v. 17.2.2016 (BGBl. I S. 203).
[2)] **Schönfelder II Nr. 27a.**

**Unterabschnitt 2. Vergabe von verteidigungs- oder sicherheitsspezifischen öffentlichen Aufträgen**

**§ 144[1]) Anwendungsbereich.** Dieser Unterabschnitt ist anzuwenden auf die Vergabe von verteidigungs- oder sicherheitsspezifischen öffentlichen Aufträgen durch öffentliche Auftraggeber und Sektorenauftraggeber.

**§ 145[1]) Besondere Ausnahmen für die Vergabe von verteidigungs- oder sicherheitsspezifischen öffentlichen Aufträgen.** Dieser Teil ist nicht anzuwenden auf die Vergabe von verteidigungs- oder sicherheitsspezifischen öffentlichen Aufträgen, die

1. den Zwecken nachrichtendienstlicher Tätigkeiten dienen,
2. im Rahmen eines Kooperationsprogramms vergeben werden, das
   a) auf Forschung und Entwicklung beruht und
   b) mit mindestens einem anderen Mitgliedstaat der Europäischen Union für die Entwicklung eines neuen Produkts und gegebenenfalls die späteren Phasen des gesamten oder eines Teils des Lebenszyklus dieses Produkts durchgeführt wird;

   beim Abschluss eines solchen Abkommens teilt die Europäische Kommission den Anteil der Forschungs- und Entwicklungsausgaben an den Gesamtkosten des Programms, die Vereinbarung über die Kostenteilung und gegebenenfalls den geplanten Anteil der Beschaffungen je Mitgliedstaat mit,
3. in einem Staat außerhalb der Europäischen Union vergeben werden; zu diesen Aufträgen gehören auch zivile Beschaffungen im Rahmen des Einsatzes von Streitkräften oder von Polizeien des Bundes oder der Länder außerhalb des Gebiets der Europäischen Union, wenn der Einsatz es erfordert, dass im Einsatzgebiet ansässige Unternehmen beauftragt werden; zivile Beschaffungen sind Beschaffungen nicht-militärischer Produkte und Beschaffungen von Bau- oder Dienstleistungen für logistische Zwecke,
4. die Bundesregierung, eine Landesregierung oder eine Gebietskörperschaft an eine andere Regierung oder an eine Gebietskörperschaft eines anderen Staates vergibt und die Folgendes zum Gegenstand haben:
   a) die Lieferung von Militärausrüstung im Sinne des § 104 Absatz 2 oder die Lieferung von Ausrüstung, die im Rahmen eines Verschlusssachenauftrags im Sinne des § 104 Absatz 3 vergeben wird,
   b) Bau- und Dienstleistungen, die in unmittelbarem Zusammenhang mit dieser Ausrüstung stehen,
   c) Bau- und Dienstleistungen speziell für militärische Zwecke oder
   d) Bau- und Dienstleistungen, die im Rahmen eines Verschlusssachenauftrags im Sinne des § 104 Absatz 3 vergeben werden,
5. Finanzdienstleistungen mit Ausnahme von Versicherungsdienstleistungen zum Gegenstand haben,
6. Forschungs- und Entwicklungsdienstleistungen zum Gegenstand haben, es sei denn, die Ergebnisse werden ausschließlich Eigentum des Auftraggebers für seinen Gebrauch bei der Ausübung seiner eigenen Tätigkeit und die Dienstleistung wird vollständig durch den Auftraggeber vergütet, oder
7. besonderen Verfahrensregeln unterliegen,

---

[1]) Teil 4 (§§ 97–184) neu gef. mWv 18.4.2016 durch G v. 17.2.2016 (BGBl. I S. 203).

a) die sich aus einem internationalen Abkommen oder einer internationalen Vereinbarung ergeben, das oder die zwischen einem oder mehreren Mitgliedstaaten der Europäischen Union und einem oder mehreren Staaten, die nicht Vertragsparteien des Übereinkommens über den Europäischen Wirtschaftsraum sind, geschlossen wurde,

b) die sich aus einem internationalen Abkommen oder einer internationalen Vereinbarung im Zusammenhang mit der Stationierung von Truppen ergeben, das oder die Unternehmen eines Mitgliedstaates der Europäischen Union oder eines anderen Staates betrifft, oder

c) die für eine internationale Organisation gelten, wenn diese für ihre Zwecke Beschaffungen tätigt oder wenn ein Mitgliedstaat öffentliche Aufträge nach diesen Regeln vergeben muss.

**§ 146[1)] Verfahrensarten.** [1] Bei der Vergabe von verteidigungs- oder sicherheitsspezifischen öffentlichen Aufträgen stehen öffentlichen Auftraggebern und Sektorenauftraggebern das nicht offene Verfahren und das Verhandlungsverfahren mit Teilnahmewettbewerb nach ihrer Wahl zur Verfügung. [2] Das Verhandlungsverfahren ohne Teilnahmewettbewerb und der wettbewerbliche Dialog stehen nur zur Verfügung, soweit dies aufgrund dieses Gesetzes gestattet ist.

**§ 147[1)] Sonstige anwendbare Vorschriften.** [1] Im Übrigen gelten für die Vergabe von verteidigungs- oder sicherheitsspezifischen öffentlichen Aufträgen die §§ 119, 120, 121 Absatz 1 und 3 sowie die §§ 122 bis 135 mit der Maßgabe entsprechend, dass ein Unternehmen gemäß § 124 Absatz 1 auch dann von der Teilnahme an einem Vergabeverfahren ausgeschlossen werden kann, wenn das Unternehmen nicht die erforderliche Vertrauenswürdigkeit aufweist, um Risiken für die nationale Sicherheit auszuschließen. [2] Der Nachweis, dass Risiken für die nationale Sicherheit nicht auszuschließen sind, kann auch mit Hilfe geschützter Datenquellen erfolgen.

### Unterabschnitt 3. Vergabe von Konzessionen

**§ 148[1)] Anwendungsbereich.** Dieser Unterabschnitt ist anzuwenden auf die Vergabe von Konzessionen durch Konzessionsgeber.

**§ 149[1)] Besondere Ausnahmen.** Dieser Teil ist nicht anzuwenden auf die Vergabe von:

1. Konzessionen zu Rechtsdienstleistungen im Sinne des § 116 Absatz 1 Nummer 1,
2. Konzessionen zu Forschungs- und Entwicklungsdienstleistungen im Sinne des § 116 Absatz 1 Nummer 2,
3. Konzessionen zu audiovisuellen Mediendiensten oder Hörfunkmediendiensten im Sinne des § 116 Absatz 1 Nummer 3,
4. Konzessionen zu finanziellen Dienstleistungen im Sinne des § 116 Absatz 1 Nummer 4,
5. Konzessionen zu Krediten und Darlehen im Sinne des § 116 Absatz 1 Nummer 5,

[1)] Teil 4 (§§ 97–184) neu gef. mWv 18.4.2016 durch G v. 17.2.2016 (BGBl. I S. 203).

6. Dienstleistungskonzessionen, die an einen Konzessionsgeber nach § 101 Absatz 1 Nummer 1 oder Nummer 2 aufgrund eines auf Gesetz oder Verordnung beruhenden ausschließlichen Rechts vergeben werden,
7. Dienstleistungskonzessionen, die an ein Unternehmen aufgrund eines ausschließlichen Rechts vergeben werden, das diesem im Einklang mit den nationalen und unionsrechtlichen Rechtsvorschriften über den Marktzugang für Tätigkeiten nach § 102 Absatz 2 bis 6 gewährt wurde; ausgenommen hiervon sind Dienstleistungskonzessionen für Tätigkeiten, für die die Unionsvorschriften keine branchenspezifischen Transparenzverpflichtungen vorsehen; Auftraggeber, die einem Unternehmen ein ausschließliches Recht im Sinne dieser Vorschrift gewähren, setzen die Europäische Kommission hierüber binnen eines Monats nach Gewährung dieses Rechts in Kenntnis,
8. Konzessionen, die hauptsächlich dazu dienen, dem Konzessionsgeber im Sinne des § 101 Absatz 1 Nummer 1 die Bereitstellung oder den Betrieb öffentlicher Kommunikationsnetze oder die Bereitstellung eines oder mehrerer elektronischer Kommunikationsdienste für die Öffentlichkeit zu ermöglichen,
9. Konzessionen im Bereich Wasser, die
   a) die Bereitstellung oder das Betreiben fester Netze zur Versorgung der Allgemeinheit im Zusammenhang mit der Gewinnung, dem Transport oder der Verteilung von Trinkwasser oder die Einspeisung von Trinkwasser in diese Netze betreffen oder
   b) mit einer Tätigkeit nach Buchstabe a im Zusammenhang stehen und einen der nachfolgend aufgeführten Gegenstände haben:
      aa) Wasserbau-, Bewässerungs- und Entwässerungsvorhaben, sofern die zur Trinkwasserversorgung bestimmte Wassermenge mehr als 20 Prozent der Gesamtwassermenge ausmacht, die mit den entsprechenden Vorhaben oder Bewässerungs- oder Entwässerungsanlagen zur Verfügung gestellt wird, oder
      bb) Abwasserbeseitigung oder -behandlung,
10. Dienstleistungskonzessionen zu Lotteriedienstleistungen, die unter die Referenznummer des Common Procurement Vocabulary 92351100-7 fallen, und die einem Unternehmen auf der Grundlage eines ausschließlichen Rechts gewährt werden,
11. Konzessionen, die Konzessionsgeber im Sinne des § 101 Absatz 1 Nummer 2 und 3 zur Durchführung ihrer Tätigkeiten in einem nicht der Europäischen Union angehörenden Staat in einer Weise vergeben, die nicht mit der physischen Nutzung eines Netzes oder geografischen Gebiets in der Europäischen Union verbunden ist, oder
12. Konzessionen, die im Bereich der Luftverkehrsdienste auf der Grundlage der Erteilung einer Betriebsgenehmigung im Sinne der Verordnung (EG) Nr. 1008/2008 des Europäischen Parlaments und des Rates vom 24. September 2008 über gemeinsame Vorschriften für die Durchführung von Luftverkehrsdiensten in der Gemeinschaft (ABl. L 293 vom 31.10.2008, S. 3) vergeben werden, oder von Konzessionen, die die Beförderung von Personen im Sinne des § 1 des Personenbeförderungsgesetzes[1] betreffen.

---

[1] **Sartorius Nr. 950.**

**§ 150[1] Besondere Ausnahmen für die Vergabe von Konzessionen in den Bereichen Verteidigung und Sicherheit.** Dieser Teil ist nicht anzuwenden auf die Vergabe von Konzessionen in den Bereichen Verteidigung und Sicherheit,

1. bei denen die Anwendung der Vorschriften dieses Teils den Konzessionsgeber verpflichten würde, Auskünfte zu erteilen, deren Preisgabe seines Erachtens den wesentlichen Sicherheitsinteressen der Bundesrepublik Deutschland zuwiderläuft, oder wenn die Vergabe und Durchführung der Konzession als geheim zu erklären sind oder von besonderen Sicherheitsmaßnahmen gemäß den geltenden Rechts- oder Verwaltungsvorschriften begleitet sein müssen, sofern der Konzessionsgeber festgestellt hat, dass die betreffenden wesentlichen Interessen nicht durch weniger einschneidende Maßnahmen gewahrt werden können, wie beispielsweise durch Anforderungen, die auf den Schutz der Vertraulichkeit der Informationen abzielen, die Konzessionsgeber im Rahmen eines Konzessionsvergabeverfahrens zur Verfügung stellen,
2. die im Rahmen eines Kooperationsprogramms vergeben werden, das
   a) auf Forschung und Entwicklung beruht und
   b) mit mindestens einem anderen Mitgliedstaat der Europäischen Union für die Entwicklung eines neuen Produkts und gegebenenfalls die späteren Phasen des gesamten oder eines Teils des Lebenszyklus dieses Produkts durchgeführt wird,
3. die die Bundesregierung an eine andere Regierung für in unmittelbarem Zusammenhang mit Militärausrüstung oder sensibler Ausrüstung stehende Bau- und Dienstleistungen oder für Bau- und Dienstleistungen speziell für militärische Zwecke oder für sensible Bau- und Dienstleistungen vergibt,
4. die in einem Staat, der nicht Vertragspartei des Übereinkommens über den Europäischen Wirtschaftsraum ist, im Rahmen des Einsatzes von Truppen außerhalb des Gebiets der Europäischen Union vergeben werden, wenn der Einsatz erfordert, dass diese Konzessionen an im Einsatzgebiet ansässige Unternehmen vergeben werden,
5. die durch andere Ausnahmevorschriften dieses Teils erfasst werden,
6. die nicht bereits gemäß den Nummern 1 bis 5 ausgeschlossen sind, wenn der Schutz wesentlicher Sicherheitsinteressen der Bundesrepublik Deutschland nicht durch weniger einschneidende Maßnahmen garantiert werden kann, wie beispielsweise durch Anforderungen, die auf den Schutz der Vertraulichkeit der Informationen abzielen, die Konzessionsgeber im Rahmen eines Konzessionsvergabeverfahrens zur Verfügung stellen, oder
7. die besonderen Verfahrensregeln unterliegen,
   a) die sich aus einem internationalen Abkommen oder einer internationalen Vereinbarung ergeben, das oder die zwischen einem oder mehreren Mitgliedstaaten der Europäischen Union und einem oder mehreren Staaten, die nicht Vertragsparteien des Übereinkommens über den Europäischen Wirtschaftsraum sind, geschlossen wurde,
   b) die sich aus einem internationalen Abkommen oder einer internationalen Vereinbarung im Zusammenhang mit der Stationierung von Truppen ergeben, das oder die Unternehmen eines Mitgliedstaates der Europäischen Union oder eines anderen Staates betrifft, oder

[1] § 150 neu gef. mWv 18.4.2016 durch G v. 17.2.2016 (BGBl. I S. 203); Nr. 7 Buchst. a geänd. mWv 2.4.2020 durch G v. 25.3.2020 (BGBl. I S. 674).

c) die für eine internationale Organisation gelten, wenn diese für ihre Zwecke Beschaffungen tätigt oder wenn ein Mitgliedstaat der Europäischen Union Aufträge nach diesen Regeln vergeben muss.

**§ 151[1)] Verfahren.** [1]Konzessionsgeber geben die Absicht bekannt, eine Konzession zu vergeben. [2]Auf die Veröffentlichung der Konzessionsvergabeabsicht darf nur verzichtet werden, soweit dies aufgrund dieses Gesetzes zulässig ist. [3]Im Übrigen dürfen Konzessionsgeber das Verfahren zur Vergabe von Konzessionen vorbehaltlich der aufgrund dieses Gesetzes erlassenen Verordnung zu den Einzelheiten des Vergabeverfahrens frei ausgestalten.

**§ 152[1)] Anforderungen im Konzessionsvergabeverfahren.** (1) Zur Leistungsbeschreibung ist § 121 Absatz 1 und 3 entsprechend anzuwenden.

(2) Konzessionen werden an geeignete Unternehmen im Sinne des § 122 vergeben.

(3) [1]Der Zuschlag wird auf der Grundlage objektiver Kriterien erteilt, die sicherstellen, dass die Angebote unter wirksamen Wettbewerbsbedingungen bewertet werden, sodass ein wirtschaftlicher Gesamtvorteil für den Konzessionsgeber ermittelt werden kann. [2]Die Zuschlagskriterien müssen mit dem Konzessionsgegenstand in Verbindung stehen und dürfen dem Konzessionsgeber keine uneingeschränkte Wahlfreiheit einräumen. [3]Sie können qualitative, umweltbezogene oder soziale Belange umfassen. [4]Die Zuschlagskriterien müssen mit einer Beschreibung einhergehen, die eine wirksame Überprüfung der von den Bietern übermittelten Informationen gestatten, damit bewertet werden kann, ob und inwieweit die Angebote die Zuschlagskriterien erfüllen.

(4) Die Vorschriften zur Auftragsausführung nach § 128 und zu den zwingend zu berücksichtigenden Ausführungsbedingungen nach § 129 sind entsprechend anzuwenden.

**§ 153[1)] Vergabe von Konzessionen über soziale und andere besondere Dienstleistungen.** Für das Verfahren zur Vergabe von Konzessionen, die soziale und andere besondere Dienstleistungen im Sinne des Anhangs IV der Richtlinie 2014/23/EU betreffen, sind die §§ 151 und 152 anzuwenden.

**§ 154[1)] Sonstige anwendbare Vorschriften.** Im Übrigen sind für die Vergabe von Konzessionen einschließlich der Konzessionen nach § 153 folgende Vorschriften entsprechend anzuwenden:

1. § 118 hinsichtlich vorbehaltener Konzessionen,
2. die §§ 123 bis 126 mit der Maßgabe, dass
   a) Konzessionsgeber nach § 101 Absatz 1 Nummer 3 ein Unternehmen unter den Voraussetzungen des § 123 ausschließen können, aber nicht ausschließen müssen,
   b) Konzessionsgeber im Fall einer Konzession in den Bereichen Verteidigung und Sicherheit ein Unternehmen von der Teilnahme an einem Vergabeverfahren ausschließen können, wenn das Unternehmen nicht die erforderliche Vertrauenswürdigkeit aufweist, um Risiken für die nationale Sicherheit auszuschließen; der Nachweis kann auch mithilfe geschützter Datenquellen erfolgen,
3. § 131 Absatz 2 und 3 und § 132 mit der Maßgabe, dass

---

[1)] Teil 4 (§§ 97–184) neu gef. mWv 18.4.2016 durch G v. 17.2.2016 (BGBl. I S. 203).

a) § 132 Absatz 2 Satz 2 und 3 für die Vergabe von Konzessionen, die Tätigkeiten nach § 102 Absatz 2 bis 6 betreffen, nicht anzuwenden ist und
b) die Obergrenze des § 132 Absatz 3 Nummer 2 für Bau- und Dienstleistungskonzessionen einheitlich 10 Prozent des Wertes der ursprünglichen Konzession beträgt,
4. die §§ 133 bis 135,
5. § 138 hinsichtlich der Vergabe von Konzessionen durch Konzessionsgeber im Sinne des § 101 Absatz 1 Nummer 2 und 3 an verbundene Unternehmen,
6. § 139 hinsichtlich der Vergabe von Konzessionen durch Konzessionsgeber im Sinne des § 101 Absatz 1 Nummer 2 und 3 an ein Gemeinschaftsunternehmen oder durch Gemeinschaftsunternehmen an einen Konzessionsgeber im Sinne des § 101 Absatz 1 Nummer 2 und 3 und
7. § 140 hinsichtlich der Vergabe von Konzessionen durch Konzessionsgeber im Sinne des § 101 Absatz 1 Nummer 2 und 3 für unmittelbar dem Wettbewerb ausgesetzte Tätigkeiten.

## Kapitel 2. Nachprüfungsverfahren

### Abschnitt 1. Nachprüfungsbehörden

**§ 155[1)] Grundsatz.** Unbeschadet der Prüfungsmöglichkeiten von Aufsichtsbehörden unterliegt die Vergabe öffentlicher Aufträge und von Konzessionen der Nachprüfung durch die Vergabekammern.

**§ 156[1)] Vergabekammern.** (1) Die Nachprüfung der Vergabe öffentlicher Aufträge und der Vergabe von Konzessionen nehmen die Vergabekammern des Bundes für die dem Bund zuzurechnenden öffentlichen Aufträge und Konzessionen, die Vergabekammern der Länder für die diesen zuzurechnenden öffentlichen Aufträge und Konzessionen wahr.

(2) Rechte aus § 97 Absatz 6 sowie sonstige Ansprüche gegen Auftraggeber, die auf die Vornahme oder das Unterlassen einer Handlung in einem Vergabeverfahren gerichtet sind, können nur vor den Vergabekammern und dem Beschwerdegericht geltend gemacht werden.

(3) Die Zuständigkeit der ordentlichen Gerichte für die Geltendmachung von Schadensersatzansprüchen und die Befugnisse der Kartellbehörden zur Verfolgung von Verstößen insbesondere gegen die §§ 19 und 20 bleiben unberührt.

**§ 157[1)] Besetzung, Unabhängigkeit.** (1) Die Vergabekammern üben ihre Tätigkeit im Rahmen der Gesetze unabhängig und in eigener Verantwortung aus.

(2) [1]Die Vergabekammern entscheiden in der Besetzung mit einem Vorsitzenden und zwei Beisitzern, von denen einer ein ehrenamtlicher Beisitzer ist. [2]Der Vorsitzende und der hauptamtliche Beisitzer müssen Beamte auf Lebenszeit mit der Befähigung zum höheren Verwaltungsdienst oder vergleichbar fachkundige Angestellte sein. [3]Der Vorsitzende oder der hauptamtliche Beisitzer muss die Befähigung zum Richteramt haben; in der Regel soll dies der Vorsitzende sein. [4]Die Beisitzer sollen über gründliche Kenntnisse des Vergabewesens, die ehrenamtlichen Beisitzer auch über mehrjährige praktische Erfahrungen auf dem Gebiet des Vergabewesens verfügen. [5]Bei der Überprüfung der Vergabe von verteidigungs- oder sicherheitsspezifischen Aufträgen im Sinne des § 104 können die

[1)] Teil 4 (§§ 97–184) neu gef. mWv 18.4.2016 durch G v. 17.2.2016 (BGBl. I S. 203).

Vergabekammern abweichend von Satz 1 auch in der Besetzung mit einem Vorsitzenden und zwei hauptamtlichen Beisitzern entscheiden.

(3) [1] Die Kammer kann das Verfahren dem Vorsitzenden oder dem hauptamtlichen Beisitzer ohne mündliche Verhandlung durch unanfechtbaren Beschluss zur alleinigen Entscheidung übertragen. [2] Diese Übertragung ist nur möglich, sofern die Sache keine wesentlichen Schwierigkeiten in tatsächlicher oder rechtlicher Hinsicht aufweist und die Entscheidung nicht von grundsätzlicher Bedeutung sein wird.

(4) [1] Die Mitglieder der Kammer werden für eine Amtszeit von fünf Jahren bestellt. [2] Sie entscheiden unabhängig und sind nur dem Gesetz unterworfen.

**§ 158[1)] Einrichtung, Organisation.** (1) [1] Der Bund richtet die erforderliche Anzahl von Vergabekammern beim Bundeskartellamt ein. [2] Einrichtung und Besetzung der Vergabekammern sowie die Geschäftsverteilung bestimmt der Präsident des Bundeskartellamts. [3] Ehrenamtliche Beisitzer und deren Stellvertreter ernennt er auf Vorschlag der Spitzenorganisationen der öffentlich-rechtlichen Kammern. [4] Der Präsident des Bundeskartellamts erlässt nach Genehmigung durch das Bundesministerium für Wirtschaft und Energie eine Geschäftsordnung und veröffentlicht diese im Bundesanzeiger.

(2) [1] Die Einrichtung, Organisation und Besetzung der in diesem Abschnitt genannten Stellen (Nachprüfungsbehörden) der Länder bestimmen die nach Landesrecht zuständigen Stellen, mangels einer solchen Bestimmung die Landesregierung, die die Ermächtigung weiter übertragen kann. [2] Die Länder können gemeinsame Nachprüfungsbehörden einrichten.

**§ 159[1)] Abgrenzung der Zuständigkeit der Vergabekammern.** (1) Die Vergabekammer des Bundes ist zuständig für die Nachprüfung der Vergabeverfahren

1. des Bundes;
2. von öffentlichen Auftraggebern im Sinne des § 99 Nummer 2, von Sektorenauftraggebern im Sinne des § 100 Absatz 1 Nummer 1 in Verbindung mit § 99 Nummer 2 und Konzessionsgebern im Sinne des § 101 Absatz 1 Nummer 1 in Verbindung mit § 99 Nummer 2, sofern der Bund die Beteiligung überwiegend verwaltet oder die sonstige Finanzierung überwiegend gewährt hat oder über die Leitung überwiegend die Aufsicht ausübt oder die Mitglieder des zur Geschäftsführung oder zur Aufsicht berufenen Organs überwiegend bestimmt hat, es sei denn, die an dem Auftraggeber Beteiligten haben sich auf die Zuständigkeit einer anderen Vergabekammer geeinigt;
3. von Sektorenauftraggebern im Sinne des § 100 Absatz 1 Nummer 2 und von Konzessionsgebern im Sinne des § 101 Absatz 1 Nummer 3, sofern der Bund auf sie einen beherrschenden Einfluss ausübt; ein beherrschender Einfluss liegt vor, wenn der Bund unmittelbar oder mittelbar die Mehrheit des gezeichneten Kapitals des Auftraggebers besitzt oder über die Mehrheit der mit den Anteilen des Auftraggebers verbundenen Stimmrechte verfügt oder mehr als die Hälfte der Mitglieder des Verwaltungs-, Leitungs- oder Aufsichtsorgans des Auftraggebers bestellen kann;
4. von Auftraggebern im Sinne des § 99 Nummer 4, sofern der Bund die Mittel überwiegend bewilligt hat;

---

[1)] Teil 4 (§§ 97–184) neu gef. mWv 18.4.2016 durch G v. 17.2.2016 (BGBl. I S. 203).

5. die im Rahmen der Organleihe für den Bund durchgeführt werden;
6. in Fällen, in denen sowohl die Vergabekammer des Bundes als auch eine oder mehrere Vergabekammern der Länder zuständig sind.

(2) [1] Wird das Vergabeverfahren von einem Land im Rahmen der Auftragsverwaltung für den Bund durchgeführt, ist die Vergabekammer dieses Landes zuständig. [2] Ist in entsprechender Anwendung des Absatzes 1 Nummer 2 bis 5 ein Auftraggeber einem Land zuzuordnen, ist die Vergabekammer des jeweiligen Landes zuständig.

(3) [1] In allen anderen Fällen wird die Zuständigkeit der Vergabekammern nach dem Sitz des Auftraggebers bestimmt. [2] Bei länderübergreifenden Beschaffungen benennen die Auftraggeber in der Vergabebekanntmachung nur eine zuständige Vergabekammer.

### Abschnitt 2. Verfahren vor der Vergabekammer

**§ 160[1)] Einleitung, Antrag.** (1) Die Vergabekammer leitet ein Nachprüfungsverfahren nur auf Antrag ein.

(2) [1] Antragsbefugt ist jedes Unternehmen, das ein Interesse an dem öffentlichen Auftrag oder der Konzession hat und eine Verletzung in seinen Rechten nach § 97 Absatz 6 durch Nichtbeachtung von Vergabevorschriften geltend macht. [2] Dabei ist darzulegen, dass dem Unternehmen durch die behauptete Verletzung der Vergabevorschriften ein Schaden entstanden ist oder zu entstehen droht.

(3) [1] Der Antrag ist unzulässig, soweit

1. der Antragsteller den geltend gemachten Verstoß gegen Vergabevorschriften vor Einreichen des Nachprüfungsantrags erkannt und gegenüber dem Auftraggeber nicht innerhalb einer Frist von zehn Kalendertagen gerügt hat; der Ablauf der Frist nach § 134 Absatz 2 bleibt unberührt,
2. Verstöße gegen Vergabevorschriften, die aufgrund der Bekanntmachung erkennbar sind, nicht spätestens bis zum Ablauf der in der Bekanntmachung benannten Frist zur Bewerbung oder zur Angebotsabgabe gegenüber dem Auftraggeber gerügt werden,
3. Verstöße gegen Vergabevorschriften, die erst in den Vergabeunterlagen erkennbar sind, nicht spätestens bis zum Ablauf der Frist zur Bewerbung oder zur Angebotsabgabe gegenüber dem Auftraggeber gerügt werden,
4. mehr als 15 Kalendertage nach Eingang der Mitteilung des Auftraggebers, einer Rüge nicht abhelfen zu wollen, vergangen sind.

[2] Satz 1 gilt nicht bei einem Antrag auf Feststellung der Unwirksamkeit des Vertrags nach § 135 Absatz 1 Nummer 2. [3] § 134 Absatz 1 Satz 2 bleibt unberührt.

**§ 161[1)] Form, Inhalt.** (1) [1] Der Antrag ist schriftlich bei der Vergabekammer einzureichen und unverzüglich zu begründen. [2] Er soll ein bestimmtes Begehren enthalten. [3] Ein Antragsteller ohne Wohnsitz oder gewöhnlichen Aufenthalt, Sitz oder Geschäftsleitung im Geltungsbereich dieses Gesetzes hat einen Empfangsbevollmächtigten im Geltungsbereich dieses Gesetzes zu benennen.

(2) Die Begründung muss die Bezeichnung des Antragsgegners, eine Beschreibung der behaupteten Rechtsverletzung mit Sachverhaltsdarstellung und die Bezeichnung der verfügbaren Beweismittel enthalten sowie darlegen, dass die Rüge

---

[1)] Teil 4 (§§ 97–184) neu gef. mWv 18.4.2016 durch G v. 17.2.2016 (BGBl. I S. 203).

gegenüber dem Auftraggeber erfolgt ist; sie soll, soweit bekannt, die sonstigen Beteiligten benennen.

**§ 162[1)] Verfahrensbeteiligte, Beiladung.** [1]Verfahrensbeteiligte sind der Antragsteller, der Auftraggeber und die Unternehmen, deren Interessen durch die Entscheidung schwerwiegend berührt werden und die deswegen von der Vergabekammer beigeladen worden sind. [2]Die Entscheidung über die Beiladung ist unanfechtbar.

**§ 163[2)] Untersuchungsgrundsatz.** (1) [1]Die Vergabekammer erforscht den Sachverhalt von Amts wegen. [2]Sie kann sich dabei auf das beschränken, was von den Beteiligten vorgebracht wird oder ihr sonst bekannt sein muss. [3]Zu einer umfassenden Rechtmäßigkeitskontrolle ist die Vergabekammer nicht verpflichtet. [4]Sie achtet bei ihrer gesamten Tätigkeit darauf, dass der Ablauf des Vergabeverfahrens nicht unangemessen beeinträchtigt wird.

(2) [1]Die Vergabekammer prüft den Antrag darauf, ob er offensichtlich unzulässig oder unbegründet ist. [2]Dabei berücksichtigt die Vergabekammer auch einen vorsorglich hinterlegten Schriftsatz (Schutzschrift) des Auftraggebers. [3]Sofern der Antrag nicht offensichtlich unzulässig oder unbegründet ist, übermittelt die Vergabekammer dem Auftraggeber eine Kopie des Antrags und fordert bei ihm die Akten an, die das Vergabeverfahren dokumentieren (Vergabeakten). [4]Der Auftraggeber hat die Vergabeakten der Kammer sofort zur Verfügung zu stellen. [5]Die §§ 57 bis 59 Absatz 1 bis 4, § 59a Absatz 1 bis 3 und § 59b sowie § 61 gelten entsprechend.

**§ 164[1)] Aufbewahrung vertraulicher Unterlagen.** (1) Die Vergabekammer stellt die Vertraulichkeit von Verschlusssachen und anderen vertraulichen Informationen sicher, die in den von den Parteien übermittelten Unterlagen enthalten sind.

(2) Die Mitglieder der Vergabekammern sind zur Geheimhaltung verpflichtet; die Entscheidungsgründe dürfen Art und Inhalt der geheim gehaltenen Urkunden, Akten, elektronischen Dokumente und Auskünfte nicht erkennen lassen.

**§ 165[1)] Akteneinsicht.** (1) Die Beteiligten können die Akten bei der Vergabekammer einsehen und sich durch die Geschäftsstelle auf ihre Kosten Ausfertigungen, Auszüge oder Abschriften erteilen lassen.

(2) Die Vergabekammer hat die Einsicht in die Unterlagen zu versagen, soweit dies aus wichtigen Gründen, insbesondere des Geheimschutzes oder zur Wahrung von Betriebs- oder Geschäftsgeheimnissen, geboten ist.

(3) [1]Jeder Beteiligte hat mit Übersendung seiner Akten oder Stellungnahmen auf die in Absatz 2 genannten Geheimnisse hinzuweisen und diese in den Unterlagen entsprechend kenntlich zu machen. [2]Erfolgt dies nicht, kann die Vergabekammer von seiner Zustimmung auf Einsicht ausgehen.

(4) Die Versagung der Akteneinsicht kann nur im Zusammenhang mit der sofortigen Beschwerde in der Hauptsache angegriffen werden.

**§ 166[1)] Mündliche Verhandlung.** (1) [1]Die Vergabekammer entscheidet aufgrund einer mündlichen Verhandlung, die sich auf einen Termin beschränken soll.

---

[1)] Teil 4 (§§ 97–184) neu gef. mWv 18.4.2016 durch G v. 17.2.2016 (BGBl. I S. 203).

[2)] § 163 neu gef. mWv 18.4.2016 durch G v. 17.2.2016 (BGBl. I S. 203); Abs. 2 Satz 5 geänd. mWv 19.1.2021 durch G v. 18.1.2021 (BGBl. I S. 2).

[2]Alle Beteiligten haben Gelegenheit zur Stellungnahme. [3]Mit Zustimmung der Beteiligten oder bei Unzulässigkeit oder bei offensichtlicher Unbegründetheit des Antrags kann nach Lage der Akten entschieden werden.

(2) Auch wenn die Beteiligten in dem Verhandlungstermin nicht erschienen oder nicht ordnungsgemäß vertreten sind, kann in der Sache verhandelt und entschieden werden.

**§ 167[1)] Beschleunigung.** (1) [1]Die Vergabekammer trifft und begründet ihre Entscheidung schriftlich innerhalb einer Frist von fünf Wochen ab Eingang des Antrags. [2]Bei besonderen tatsächlichen oder rechtlichen Schwierigkeiten kann der Vorsitzende im Ausnahmefall die Frist durch Mitteilung an die Beteiligten um den erforderlichen Zeitraum verlängern. [3]Dieser Zeitraum soll nicht länger als zwei Wochen dauern. [4]Er begründet diese Verfügung schriftlich.

(2) [1]Die Beteiligten haben an der Aufklärung des Sachverhalts mitzuwirken, wie es einem auf Förderung und raschen Abschluss des Verfahrens bedachten Vorgehen entspricht. [2]Den Beteiligten können Fristen gesetzt werden, nach deren Ablauf weiterer Vortrag unbeachtet bleiben kann.

**§ 168[2)] Entscheidung der Vergabekammer.** (1) [1]Die Vergabekammer entscheidet, ob der Antragsteller in seinen Rechten verletzt ist und trifft die geeigneten Maßnahmen, um eine Rechtsverletzung zu beseitigen und eine Schädigung der betroffenen Interessen zu verhindern. [2]Sie ist an die Anträge nicht gebunden und kann auch unabhängig davon auf die Rechtmäßigkeit des Vergabeverfahrens einwirken.

(2) [1]Ein wirksam erteilter Zuschlag kann nicht aufgehoben werden. [2]Hat sich das Nachprüfungsverfahren durch Erteilung des Zuschlags, durch Aufhebung oder durch Einstellung des Vergabeverfahrens oder in sonstiger Weise erledigt, stellt die Vergabekammer auf Antrag eines Beteiligten fest, ob eine Rechtsverletzung vorgelegen hat. [3]§ 167 Absatz 1 gilt in diesem Fall nicht.

(3) [1]Die Entscheidung der Vergabekammer ergeht durch Verwaltungsakt. [2]Die Vollstreckung richtet sich, auch gegen einen Hoheitsträger, nach den Verwaltungsvollstreckungsgesetzen des Bundes und der Länder. [3]Die Höhe des Zwangsgeldes beträgt mindestens 1 000 Euro und höchstens 10 Millionen Euro. [4]§ 61 Absatz 1 und 2 gilt entsprechend.

**§ 169[3)] Aussetzung des Vergabeverfahrens.** (1) Informiert die Vergabekammer den Auftraggeber in Textform über den Antrag auf Nachprüfung, darf dieser vor einer Entscheidung der Vergabekammer und dem Ablauf der Beschwerdefrist nach § 172 Absatz 1 den Zuschlag nicht erteilen.

(2) [1]Die Vergabekammer kann dem Auftraggeber auf seinen Antrag oder auf Antrag des Unternehmens, das nach § 134 vom Auftraggeber als das Unternehmen benannt ist, das den Zuschlag erhalten soll, gestatten, den Zuschlag nach Ablauf von zwei Wochen seit Bekanntgabe dieser Entscheidung zu erteilen, wenn unter Berücksichtigung aller möglicherweise geschädigten Interessen sowie des Interesses der Allgemeinheit an einem raschen Abschluss des Vergabeverfahrens die nachteiligen Folgen einer Verzögerung der Vergabe bis zum Abschluss der Nachprü-

---

1) Teil 4 (§§ 97–184) neu gef. mWv 18.4.2016 durch G v. 17.2.2016 (BGBl. I S. 203).

2) § 168 neu gef. mWv 18.4.2016 durch G v. 17.2.2016 (BGBl. I S. 203); Abs. 3 Satz 3 eingef., bish Satz 3 wird Satz 4 und neu gef. mWv 19.1.2021 durch G v. 18.1.2021 (BGBl. I S. 2).

3) § 169 neu gef. mWv 18.4.2016 durch G v. 17.2.2016 (BGBl. I S. 203); Abs. 2 Satz 3 eingef., bish. Sätze 3–8 werden Sätze 4–9 mWv 2.4.2020 durch G v. 25.3.2020 (BGBl. I S. 674).

fung die damit verbundenen Vorteile überwiegen. [2]Bei der Abwägung ist das Interesse der Allgemeinheit an einer wirtschaftlichen Erfüllung der Aufgaben des Auftraggebers zu berücksichtigen; bei verteidigungs- oder sicherheitsspezifischen Aufträgen im Sinne des § 104 sind zusätzlich besondere Verteidigungs- und Sicherheitsinteressen zu berücksichtigen. [3]Die besonderen Verteidigungs- und Sicherheitsinteressen überwiegen in der Regel, wenn der öffentliche Auftrag oder die Konzession im unmittelbaren Zusammenhang steht mit

1. einer Krise,
2. einem mandatierten Einsatz der Bundeswehr,
3. einer einsatzgleichen Verpflichtung der Bundeswehr oder
4. einer Bündnisverpflichtung.

[4]Die Vergabekammer berücksichtigt dabei auch die allgemeinen Aussichten des Antragstellers im Vergabeverfahren, den Auftrag oder die Konzession zu erhalten. [5]Die Erfolgsaussichten des Nachprüfungsantrags müssen nicht in jedem Fall Gegenstand der Abwägung sein. [6]Das Beschwerdegericht kann auf Antrag das Verbot des Zuschlags nach Absatz 1 wiederherstellen; § 168 Absatz 2 Satz 1 bleibt unberührt. [7]Wenn die Vergabekammer den Zuschlag nicht gestattet, kann das Beschwerdegericht auf Antrag des Auftraggebers unter den Voraussetzungen der Sätze 1 bis 4 den sofortigen Zuschlag gestatten. [8]Für das Verfahren vor dem Beschwerdegericht gilt § 176 Absatz 2 Satz 1 und 2 und Absatz 3 entsprechend. [9]Eine sofortige Beschwerde nach § 171 Absatz 1 ist gegen Entscheidungen der Vergabekammer nach diesem Absatz nicht zulässig.

(3) [1]Sind Rechte des Antragstellers aus § 97 Absatz 6 im Vergabeverfahren auf andere Weise als durch den drohenden Zuschlag gefährdet, kann die Kammer auf besonderen Antrag mit weiteren vorläufigen Maßnahmen in das Vergabeverfahren eingreifen. [2]Sie legt dabei den Beurteilungsmaßstab des Absatzes 2 Satz 1 zugrunde. [3]Diese Entscheidung ist nicht selbständig anfechtbar. [4]Die Vergabekammer kann die von ihr getroffenen weiteren vorläufigen Maßnahmen nach den Verwaltungsvollstreckungsgesetzen des Bundes und der Länder durchsetzen; die Maßnahmen sind sofort vollziehbar. [5]§ 86a Satz 2 gilt entsprechend.

(4) [1]Macht der Auftraggeber das Vorliegen der Voraussetzungen nach § 117 Nummer 1 bis 3 oder § 150 Nummer 1 oder 6 geltend, entfällt das Verbot des Zuschlags nach Absatz 1 fünf Werktage nach Zustellung eines entsprechenden Schriftsatzes an den Antragsteller; die Zustellung ist durch die Vergabekammer unverzüglich nach Eingang des Schriftsatzes vorzunehmen. [2]Auf Antrag kann das Beschwerdegericht das Verbot des Zuschlags wiederherstellen. [3]§ 176 Absatz 1 Satz 1, Absatz 2 Satz 1 sowie Absatz 3 und 4 ist entsprechend anzuwenden.

**§ 170[1)] Ausschluss von abweichendem Landesrecht.** Soweit dieser Abschnitt Regelungen zum Verwaltungsverfahren enthält, darf hiervon durch Landesrecht nicht abgewichen werden.

### Abschnitt 3. Sofortige Beschwerde

**§ 171[2)] Zulässigkeit, Zuständigkeit.** (1) [1]Gegen Entscheidungen der Vergabekammer ist die sofortige Beschwerde zulässig. [2]Sie steht den am Verfahren vor der Vergabekammer Beteiligten zu.

---

[1)] § 170 neu gef. mWv 18.4.2016 durch G v. 17.2.2016 (BGBl. I S. 203); geänd. mWv 2.4.2020 durch G v. 25.3.2020 (BGBl. I S. 674).

[2)] Teil 4 (§§ 97–184) neu gef. mWv 18.4.2016 durch G v. 17.2.2016 (BGBl. I S. 203).

(2) Die sofortige Beschwerde ist auch zulässig, wenn die Vergabekammer über einen Antrag auf Nachprüfung nicht innerhalb der Frist des § 167 Absatz 1 entschieden hat; in diesem Fall gilt der Antrag als abgelehnt.

(3) [1] Über die sofortige Beschwerde entscheidet ausschließlich das für den Sitz der Vergabekammer zuständige Oberlandesgericht. [2] Bei den Oberlandesgerichten wird ein Vergabesenat gebildet.

(4) [1] Rechtssachen nach den Absätzen 1 und 2 können von den Landesregierungen durch Rechtsverordnung anderen Oberlandesgerichten oder dem Obersten Landesgericht zugewiesen werden. [2] Die Landesregierungen können die Ermächtigung auf die Landesjustizverwaltungen übertragen.

**§ 172[1)] Frist, Form, Inhalt.** (1) Die sofortige Beschwerde ist binnen einer Notfrist von zwei Wochen, die mit der Zustellung der Entscheidung, im Fall des § 171 Absatz 2 mit dem Ablauf der Frist beginnt, schriftlich bei dem Beschwerdegericht einzulegen.

(2) [1] Die sofortige Beschwerde ist zugleich mit ihrer Einlegung zu begründen. [2] Die Beschwerdebegründung muss enthalten:

1. die Erklärung, inwieweit die Entscheidung der Vergabekammer angefochten und eine abweichende Entscheidung beantragt wird,
2. die Angabe der Tatsachen und Beweismittel, auf die sich die Beschwerde stützt.

(3) [1] Die Beschwerdeschrift muss durch einen Rechtsanwalt unterzeichnet sein. [2] Dies gilt nicht für Beschwerden von juristischen Personen des öffentlichen Rechts.

(4) Mit der Einlegung der Beschwerde sind die anderen Beteiligten des Verfahrens vor der Vergabekammer vom Beschwerdeführer durch Übermittlung einer Ausfertigung der Beschwerdeschrift zu unterrichten.

**§ 173[2)] Wirkung.** (1) [1] Die sofortige Beschwerde hat aufschiebende Wirkung gegenüber der Entscheidung der Vergabekammer. [2] Die aufschiebende Wirkung entfällt zwei Wochen nach Ablauf der Beschwerdefrist. [3] Hat die Vergabekammer den Antrag auf Nachprüfung abgelehnt, so kann das Beschwerdegericht auf Antrag des Beschwerdeführers die aufschiebende Wirkung bis zur Entscheidung über die Beschwerde verlängern.

(2) [1] Das Gericht lehnt den Antrag nach Absatz 1 Satz 3 ab, wenn unter Berücksichtigung aller möglicherweise geschädigten Interessen die nachteiligen Folgen einer Verzögerung der Vergabe bis zur Entscheidung über die Beschwerde die damit verbundenen Vorteile überwiegen. [2] Bei der Abwägung ist das Interesse der Allgemeinheit an einer wirtschaftlichen Erfüllung der Aufgaben des Auftraggebers zu berücksichtigen; bei verteidigungs- oder sicherheitsspezifischen Aufträgen im Sinne des § 104 sind zusätzlich besondere Verteidigungs- und Sicherheitsinteressen zu berücksichtigen. [3] Die besonderen Verteidigungs- und Sicherheitsinteressen überwiegen in der Regel, wenn der öffentliche Auftrag oder die Konzession im unmittelbaren Zusammenhang steht mit

1. einer Krise,
2. einem mandatierten Einsatz der Bundeswehr,
3. einer einsatzgleichen Verpflichtung der Bundeswehr oder

---

[1)] Teil 4 (§§ 97–184) neu gef. mWv 18.4.2016 durch G v. 17.2.2016 (BGBl. I S. 203).

[2)] § 173 neu gef. mWv 18.4.2016 durch G v. 17.2.2016 (BGBl. I S. 203); Abs. 2 Satz 3 eingef., bish. Satz 3 wird Satz 4 mWv 2.4.2020 durch G v. 25.3.2020 (BGBl. I S. 674).

4. einer Bündnisverpflichtung.

4 Das Gericht berücksichtigt bei seiner Entscheidung auch die Erfolgsaussichten der Beschwerde, die allgemeinen Aussichten des Antragstellers im Vergabeverfahren, den öffentlichen Auftrag oder die Konzession zu erhalten, und das Interesse der Allgemeinheit an einem raschen Abschluss des Vergabeverfahrens.

(3) Hat die Vergabekammer dem Antrag auf Nachprüfung durch Untersagung des Zuschlags stattgegeben, so unterbleibt dieser, solange nicht das Beschwerdegericht die Entscheidung der Vergabekammer nach § 176 oder § 178 aufhebt.

**§ 174[1)] Beteiligte am Beschwerdeverfahren.** An dem Verfahren vor dem Beschwerdegericht beteiligt sind die an dem Verfahren vor der Vergabekammer Beteiligten.

**§ 175[2)] Verfahrensvorschriften.** (1) 1 Vor dem Beschwerdegericht müssen sich die Beteiligten durch einen Rechtsanwalt als Bevollmächtigten vertreten lassen. 2 Juristische Personen des öffentlichen Rechts können sich durch Beamte oder Angestellte mit Befähigung zum Richteramt vertreten lassen.

(2) Die §§ 65, 69 bis 72 mit Ausnahme der Verweisung auf § 227 Absatz 3 der Zivilprozessordnung[3)], § 75 Absatz 1 bis 3, § 76 Absatz 1 und 6, die §§ 165 und 167 Absatz 2 Satz 1 sind entsprechend anzuwenden.

**§ 176[4)] Vorabentscheidung über den Zuschlag.** (1) 1 Auf Antrag des Auftraggebers oder auf Antrag des Unternehmens, das nach § 134 vom Auftraggeber als das Unternehmen benannt ist, das den Zuschlag erhalten soll, kann das Gericht den weiteren Fortgang des Vergabeverfahrens und den Zuschlag gestatten, wenn unter Berücksichtigung aller möglicherweise geschädigten Interessen die nachteiligen Folgen einer Verzögerung der Vergabe bis zur Entscheidung über die Beschwerde die damit verbundenen Vorteile überwiegen. 2 Bei der Abwägung ist das Interesse der Allgemeinheit an einer wirtschaftlichen Erfüllung der Aufgaben des Auftraggebers zu berücksichtigen; bei verteidigungs- oder sicherheitsspezifischen Aufträgen im Sinne des § 104 sind zusätzlich besondere Verteidigungs- und Sicherheitsinteressen zu berücksichtigen. 3 Die besonderen Verteidigungs- und Sicherheitsinteressen überwiegen in der Regel, wenn der öffentliche Auftrag oder die Konzession im unmittelbaren Zusammenhang steht mit

1. einer Krise,
2. einem mandatierten Einsatz der Bundeswehr,
3. einer einsatzgleichen Verpflichtung der Bundeswehr oder
4. einer Bündnisverpflichtung.

4 Das Gericht berücksichtigt bei seiner Entscheidung auch die Erfolgsaussichten der sofortigen Beschwerde, die allgemeinen Aussichten des Antragstellers im Vergabeverfahren, den öffentlichen Auftrag oder die Konzession zu erhalten, und das Interesse der Allgemeinheit an einem raschen Abschluss des Vergabeverfahrens.

(2) 1 Der Antrag ist schriftlich zu stellen und gleichzeitig zu begründen. 2 Die zur Begründung des Antrags vorzutragenden Tatsachen sowie der Grund für die

---

1) Teil 4 (§§ 97–184) neu gef. mWv 18.4.2016 durch G v. 17.2.2016 (BGBl. I S. 203).

2) § 175 neu gef. mWv 18.4.2016 durch G v. 17.2.2016 (BGBl. I S. 203); Abs. 2 neu gef. mWv 19.1.2021 durch G v 18.1.2021 (BGBl. I S. 2).

3) Nr. **100**.

4) § 176 neu gef. mWv 18.4.2016 durch G v. 17.2.2016 (BGBl. I S. 203); Abs. 1 Satz 3 eingef., bish. Satz 3 wird Satz 4 mWv 2.4.2020 durch G v. 25.3.2020 (BGBl. I S. 674).

Eilbedürftigkeit sind glaubhaft zu machen. [3] Bis zur Entscheidung über den Antrag kann das Verfahren über die Beschwerde ausgesetzt werden.

(3) [1] Die Entscheidung ist unverzüglich, längstens innerhalb von fünf Wochen nach Eingang des Antrags zu treffen und zu begründen; bei besonderen tatsächlichen oder rechtlichen Schwierigkeiten kann der Vorsitzende im Ausnahmefall die Frist durch begründete Mitteilung an die Beteiligten um den erforderlichen Zeitraum verlängern. [2] Die Entscheidung kann ohne mündliche Verhandlung ergehen. [3] Ihre Begründung erläutert Rechtmäßigkeit oder Rechtswidrigkeit des Vergabeverfahrens. [4] § 175 ist anzuwenden.

(4) Gegen eine Entscheidung nach dieser Vorschrift ist ein Rechtsmittel nicht zulässig.

**§ 177[1)] Ende des Vergabeverfahrens nach Entscheidung des Beschwerdegerichts.** Ist der Auftraggeber mit einem Antrag nach § 176 vor dem Beschwerdegericht unterlegen, gilt das Vergabeverfahren nach Ablauf von zehn Tagen nach Zustellung der Entscheidung als beendet, wenn der Auftraggeber nicht die Maßnahmen zur Herstellung der Rechtmäßigkeit des Verfahrens ergreift, die sich aus der Entscheidung ergeben; das Verfahren darf nicht fortgeführt werden.

**§ 178[1)] Beschwerdeentscheidung.** [1] Hält das Gericht die Beschwerde für begründet, so hebt es die Entscheidung der Vergabekammer auf. [2] In diesem Fall entscheidet das Gericht in der Sache selbst oder spricht die Verpflichtung der Vergabekammer aus, unter Berücksichtigung der Rechtsauffassung des Gerichts über die Sache erneut zu entscheiden. [3] Auf Antrag stellt es fest, ob das Unternehmen, das die Nachprüfung beantragt hat, durch den Auftraggeber in seinen Rechten verletzt ist. [4] § 168 Absatz 2 gilt entsprechend.

**§ 179[1)] Bindungswirkung und Vorlagepflicht.** (1) Wird wegen eines Verstoßes gegen Vergabevorschriften Schadensersatz begehrt und hat ein Verfahren vor der Vergabekammer stattgefunden, ist das ordentliche Gericht an die bestandskräftige Entscheidung der Vergabekammer und die Entscheidung des Oberlandesgerichts sowie gegebenenfalls des nach Absatz 2 angerufenen Bundesgerichtshofs über die Beschwerde gebunden.

(2) [1] Will ein Oberlandesgericht von einer Entscheidung eines anderen Oberlandesgerichts oder des Bundesgerichtshofs abweichen, so legt es die Sache dem Bundesgerichtshof vor. [2] Der Bundesgerichtshof entscheidet anstelle des Oberlandesgerichts. [3] Der Bundesgerichtshof kann sich auf die Entscheidung der Divergenzfrage beschränken und dem Beschwerdegericht die Entscheidung in der Hauptsache übertragen, wenn dies nach dem Sach- und Streitstand des Beschwerdeverfahrens angezeigt scheint. [4] Die Vorlagepflicht gilt nicht im Verfahren nach § 173 Absatz 1 Satz 3 und nach § 176.

**§ 180[1)] Schadensersatz bei Rechtsmissbrauch.** (1) Erweist sich der Antrag nach § 160 oder die sofortige Beschwerde nach § 171 als von Anfang an ungerechtfertigt, ist der Antragsteller oder der Beschwerdeführer verpflichtet, dem Gegner und den Beteiligten den Schaden zu ersetzen, der ihnen durch den Missbrauch des Antrags- oder Beschwerderechts entstanden ist.

(2) Ein Missbrauch des Antrags- oder Beschwerderechts ist es insbesondere,

---

[1)] Teil 4 (§§ 97–184) neu gef. mWv 18.4.2016 durch G v. 17.2.2016 (BGBl. I S. 203).

1. die Aussetzung oder die weitere Aussetzung des Vergabeverfahrens durch vorsätzlich oder grob fahrlässig vorgetragene falsche Angaben zu erwirken;
2. die Überprüfung mit dem Ziel zu beantragen, das Vergabeverfahren zu behindern oder Konkurrenten zu schädigen;
3. einen Antrag in der Absicht zu stellen, ihn später gegen Geld oder andere Vorteile zurückzunehmen.

(3) Erweisen sich die von der Vergabekammer entsprechend einem besonderen Antrag nach § 169 Absatz 3 getroffenen vorläufigen Maßnahmen als von Anfang an ungerechtfertigt, hat der Antragsteller dem Auftraggeber den aus der Vollziehung der angeordneten Maßnahme entstandenen Schaden zu ersetzen.

**§ 181[1) ] Anspruch auf Ersatz des Vertrauensschadens.** [1] Hat der Auftraggeber gegen eine den Schutz von Unternehmen bezweckende Vorschrift verstoßen und hätte das Unternehmen ohne diesen Verstoß bei der Wertung der Angebote eine echte Chance gehabt, den Zuschlag zu erhalten, die aber durch den Rechtsverstoß beeinträchtigt wurde, so kann das Unternehmen Schadensersatz für die Kosten der Vorbereitung des Angebots oder der Teilnahme an einem Vergabeverfahren verlangen. [2] Weiterreichende Ansprüche auf Schadensersatz bleiben unberührt.

**§ 182[1) ] Kosten des Verfahrens vor der Vergabekammer.** (1) [1] Für Amtshandlungen der Vergabekammern werden Kosten (Gebühren und Auslagen) zur Deckung des Verwaltungsaufwandes erhoben. [2] Das Verwaltungskostengesetz vom 23. Juni 1970 (BGBl. I S. 821) in der am 14. August 2013 geltenden Fassung ist anzuwenden.

(2) [1] Die Gebühr beträgt mindestens 2 500 Euro; dieser Betrag kann aus Gründen der Billigkeit bis auf ein Zehntel ermäßigt werden. [2] Die Gebühr soll den Betrag von 50 000 Euro nicht überschreiten; sie kann im Einzelfall, wenn der Aufwand oder die wirtschaftliche Bedeutung außergewöhnlich hoch ist, bis zu einem Betrag von 100 000 Euro erhöht werden.

(3) [1] Soweit ein Beteiligter im Verfahren unterliegt, hat er die Kosten zu tragen. [2] Mehrere Kostenschuldner haften als Gesamtschuldner. [3] Kosten, die durch Verschulden eines Beteiligten entstanden sind, können diesem auferlegt werden. [4] Hat sich der Antrag vor Entscheidung der Vergabekammer durch Rücknahme oder anderweitig erledigt, ist die Hälfte der Gebühr zu entrichten. [5] Die Entscheidung, wer die Kosten zu tragen hat, erfolgt nach billigem Ermessen. [6] Aus Gründen der Billigkeit kann von der Erhebung von Gebühren ganz oder teilweise abgesehen werden.

(4) [1] Soweit ein Beteiligter im Nachprüfungsverfahren unterliegt, hat er die zur zweckentsprechenden Rechtsverfolgung oder Rechtsverteidigung notwendigen Aufwendungen des Antragsgegners zu tragen. [2] Die Aufwendungen der Beigeladenen sind nur erstattungsfähig, soweit sie die Vergabekammer aus Billigkeit der unterlegenen Partei auferlegt. [3] Hat sich der Antrag durch Rücknahme oder anderweitig erledigt, erfolgt die Entscheidung, wer die zur zweckentsprechenden Rechtsverfolgung oder Rechtsverteidigung notwendigen Aufwendungen anderer Beteiligter zu tragen hat, nach billigem Ermessen; in Bezug auf die Erstattung der Aufwendungen der Beigeladenen gilt im Übrigen Satz 2 entsprechend. [4] § 80 Absatz 1, 2 und 3 Satz 2 des Verwaltungsverfahrensgesetzes[2)] und die entsprechen-

---

[1)] Teil 4 (§§ 97–184) neu gef. mWv 18.4.2016 durch G v. 17.2.2016 (BGBl. I S. 203).
[2)] **Sartorius Nr. 100.**

den Vorschriften der Verwaltungsverfahrensgesetze der Länder gelten entsprechend. [5] Ein gesondertes Kostenfestsetzungsverfahren findet nicht statt.

**§ 183[1)] Korrekturmechanismus der Kommission.** (1) Erhält die Bundesregierung im Laufe eines Vergabeverfahrens vor Abschluss des Vertrags eine Mitteilung der Europäischen Kommission, dass diese der Auffassung ist, es liege ein schwerer Verstoß gegen das Recht der Europäischen Union zur Vergabe öffentlicher Aufträge oder zur Vergabe von Konzessionen vor, der zu beseitigen sei, teilt das Bundesministerium für Wirtschaft und Energie dies dem Auftraggeber mit.

(2) Der Auftraggeber ist verpflichtet, innerhalb von 14 Kalendertagen nach Eingang dieser Mitteilung dem Bundesministerium für Wirtschaft und Energie eine umfassende Darstellung des Sachverhalts zu geben und darzulegen, ob der behauptete Verstoß beseitigt wurde, oder zu begründen, warum er nicht beseitigt wurde, ob das Vergabeverfahren Gegenstand eines Nachprüfungsverfahrens ist oder aus sonstigen Gründen ausgesetzt wurde.

(3) Ist das Vergabeverfahren Gegenstand eines Nachprüfungsverfahrens oder wurde es ausgesetzt, so ist der Auftraggeber verpflichtet, das Bundesministerium für Wirtschaft und Energie unverzüglich über den Ausgang des Verfahrens zu informieren.

**§ 184[1)] Unterrichtungspflichten der Nachprüfungsinstanzen.** Die Vergabekammern und die Oberlandesgerichte unterrichten das Bundesministerium für Wirtschaft und Energie bis zum 31. Januar eines jeden Jahres über die Anzahl der Nachprüfungsverfahren des Vorjahres und deren Ergebnisse.

## Teil 5.[2)] Anwendungsbereich der Teile 1 bis 3

**§ 185[3)] Unternehmen der öffentlichen Hand, Geltungsbereich.** (1) [1] Die Vorschriften des Ersten bis Dritten Teils dieses Gesetzes sind auch auf Unternehmen anzuwenden, die ganz oder teilweise im Eigentum der öffentlichen Hand stehen oder die von ihr verwaltet oder betrieben werden. [2] Die §§ 19, 20 und 31b Absatz 5 sind nicht anzuwenden auf öffentlich-rechtliche Gebühren oder Beiträge. [3] Die Vorschriften des Ersten bis Dritten Teils dieses Gesetzes sind nicht auf die Deutsche Bundesbank und die Kreditanstalt für Wiederaufbau anzuwenden.

(2) Die Vorschriften des Ersten bis Dritten Teils dieses Gesetzes sind auf alle Wettbewerbsbeschränkungen anzuwenden, die sich im Geltungsbereich dieses Gesetzes auswirken, auch wenn sie außerhalb des Geltungsbereichs dieses Gesetzes veranlasst werden.

(3) Die Vorschriften des Energiewirtschaftsgesetzes[4)] stehen der Anwendung der §§ 19, 20 und 29 nicht entgegen, soweit in § 111 des Energiewirtschaftsgesetzes keine andere Regelung getroffen ist.

(4) [1] Die Vorschriften des Ersten bis Dritten Teils dieses Gesetzes sind nicht auf Treuhandverwaltungen, Kapitalmaßnahmen oder Enteignungen nach den §§ 17, 17a oder 18 des Energiesicherungsgesetzes anzuwenden. [2] Satz 1 gilt entsprechend

---

[1)] Teil 4 (§§ 97–184) neu gef. mWv 18.4.2016 durch G v. 17.2.2016 (BGBl. I S. 203).

[2)] Teil 5 (§ 185) neu gef. mWv 18.4.2016 durch G v. 17.2.2016 (BGBl. I S. 203); Überschrift neu gef. mWv 9.6.2017 durch G v. 1.6.2017 (BGBl. I S. 1416).

[3)] *§ 185 neu gef. mWv 18.4.2016* durch G v. 17.2.2016 (BGBl. I S. 203); Abs. 4 angef. mWv 22.5.2022 durch G v. 20.5.2022 (BGBl. I S. 730); Abs. 4 neu gef. mWv 27.6.2023 durch G v. 23.6.2023 (BGBl. 2023 I Nr. 167).

[4)] **Sartorius Nr. 830.**

für Übertragungen von Vermögensgegenständen nach § 17 Absatz 5 Satz 2 oder § 17b des Energiesicherungsgesetzes an juristische Personen des öffentlichen Rechts oder des Privatrechts, deren Anteile ausschließlich vom Bund oder von der Kreditanstalt für Wiederaufbau unmittelbar oder mittelbar gehalten werden. [3] Satz 1 gilt nicht für Privatisierungen nach § 17b Absatz 2 Satz 3 oder § 20 Absatz 3 des Energiesicherungsgesetzes.

## Teil 6.[1)] Übergangs- und Schlussbestimmungen

**§ 186[2)] Anwendungsbestimmung zu § 47k.** (1) Das Bundesministerium für Wirtschaft und Klimaschutz hat

1. das Vorliegen der erforderlichen technischen Voraussetzungen für eine Übermittlung der abgegebenen Mengen nach § 47k Absatz 2 Satz 1 Nummer 2 in Verbindung mit der Rechtsverordnung nach § 47k Absatz 8 festzustellen und
2. die Feststellung nach Nummer 1 im Bundesanzeiger bekannt zu machen.

(2) § 47k Absatz 2 Satz 1 Nummer 2 ist nach Ablauf des Monats, der auf den Monat folgt, in dem die Bekanntmachung nach Absatz 1 Nummer 2 erfolgt, anzuwenden; dieser Tag ist vom Bundesministerium für Wirtschaft und Klimaschutz unverzüglich im Bundesanzeiger bekannt zu machen.

**§ 187[3)] Übergangs- und Schlussbestimmungen.** (1) § 29 ist nach dem 31. Dezember 2027 nicht mehr anzuwenden.

(2) Vergabeverfahren, die vor dem 18. April 2016 begonnen haben, einschließlich der sich an diese anschließenden Nachprüfungsverfahren sowie am 18. April 2016 anhängige Nachprüfungsverfahren werden nach dem Recht zu Ende geführt, das zum Zeitpunkt der Einleitung des Verfahrens galt.

(3) [1] Mit Ausnahme von § 33c Absatz 5 sind die §§ 33a bis 33f nur auf Schadensersatzansprüche anwendbar, die nach dem 26. Dezember 2016 entstanden sind. [2] § 33h ist auf nach dem 26. Dezember 2016 entstandene Ansprüche nach § 33 Absatz 1 oder § 33a Absatz 1 sowie auf vor dem 27. Dezember 2016 entstandene Unterlassungs-, Beseitigungs- und Schadensersatzansprüche wegen eines Verstoßes gegen eine Vorschrift im Sinne des § 33 Absatz 1 oder gegen eine Verfügung der Kartellbehörde anzuwenden, die am 9. Juni 2017 noch nicht verjährt waren. [3] Der Beginn, die Hemmung, die Ablaufhemmung und der Neubeginn der Verjährung der Ansprüche, die vor dem 27. Dezember 2016 entstanden sind, bestimmen sich jedoch für die Zeit bis zum 8. Juni 2017 nach den bisher für diese Ansprüche jeweils geltenden Verjährungsvorschriften.

(4) § 33c Absatz 5 und die §§ 33g sowie 89b bis 89e sind unabhängig vom Zeitpunkt der Entstehung der Schadensersatzansprüche nur in Rechtsstreiten anzuwenden, in denen nach dem 26. Dezember 2016 Klage erhoben worden ist.

(5) [1] § 81a findet Anwendung, wenn das Erlöschen der nach § 30 des Gesetzes über Ordnungswidrigkeiten[4)] verantwortlichen juristischen Person oder Personen-

---

[1)] Teil 6 (früherer § 186) neu gef. mWv 18.4.2016 durch G v. 17.2.2016 (BGBl. I S. 203).

[2)] § 186 eingef. mWv 29.7.2022 durch G v. 19.7.2022 (BGBl. I S. 1214).

[3)] Früherer § 186 neu gef. mWv 18.4.2016 durch G v. 17.2.2016 (BGBl. I S. 203); Abs. 1 geänd., Abs. 3–6 angef. mWv 9.6.2017 durch G v. 1.6.2017 (BGBl. I S. 1416); Abs. 7 und 8 angef. mWv 29.5. 2020 durch G v. 25.5.2020 (BGBl. I S. 1067); Abs. 4 und 8 geänd., Abs. 9 angef. mWv 19.1.2021 durch G v. 18.1.2021 (BGBl. I S. 2); bish. § 186 wird § 187 und Überschrift neu gef., Abs. 1 geänd., Abs. 10 angef. mWv 29.7 2022 durch G v. 19.7.2022 (BGBl. I S. 1214).

[4)] Nr. **94**.

vereinigung oder die Verschiebung von Vermögen nach dem 9. Juni 2017 erfolgt. [2] War die Tat zu diesem Zeitpunkt noch nicht beendet, gehen die Regelungen des § 81 Absatz 3a bis 3e vor.

(6) § 30 Absatz 2b findet nur Anwendung auf Vereinbarungen, die nach dem 9. Juni 2017 und vor dem 31. Dezember 2027 wirksam geworden sind.

(7) [1] Für einen Zusammenschluss, für den die Anmeldung nach § 39 zwischen dem 1. März 2020 und dem Ablauf des 31. Mai 2020 beim Bundeskartellamt eingegangen ist, beträgt die Frist nach § 40 Absatz 1 Satz 1 zwei Monate und die Frist nach § 40 Absatz 2 Satz 2 sechs Monate. [2] Satz 1 gilt auch im Fall des § 40 Absatz 5. [3] Die Sätze 1 und 2 gelten nicht, wenn am 29. Mai 2020

1. die Frist nach § 40 Absatz 1 Satz 1 abgelaufen war, ohne dass das Bundeskartellamt den anmeldenden Unternehmen mitgeteilt hat, dass es in die Prüfung des Zusammenschlusses (Hauptprüfverfahren) eingetreten ist,
2. die Frist nach § 40 Absatz 2 Satz 2 abgelaufen war oder
3. der Zusammenschluss vom Bundeskartellamt freigegeben worden war.

(8) § 81f Satz 1 ist in der Zeit bis zum Ablauf des 30. Juni 2021 nicht anzuwenden, soweit für die Zahlung einer Geldbuße Zahlungserleichterungen nach § 18 oder § 93 des Gesetzes über Ordnungswidrigkeiten gewährt sind.

(9) [1] Die §§ 35 bis 41 sind nicht anzuwenden auf einen Zusammenschluss im Krankenhausbereich, soweit

1. der Zusammenschluss eine standortübergreifende Konzentration von mehreren Krankenhäusern oder einzelnen Fachrichtungen mehrerer Krankenhäuser zum Gegenstand hat,
2. dem Zusammenschluss keine anderen wettbewerbsrechtlichen Vorschriften entgegenstehen und dies das Land bei Antragstellung nach § 14 Absatz 2 Nummer 3 Buchstabe a der Krankenhausstrukturfonds-Verordnung bestätigt hat,
3. das Vorliegen der weiteren Voraussetzungen für eine Förderung nach § 12a Absatz 1 Satz 4 des Krankenhausfinanzierungsgesetzes[1)] in Verbindung mit § 11 Absatz 1 Nummer 2 der Krankenhausstrukturfonds-Verordnung in einem Auszahlungsbescheid nach § 15 der Krankenhausstrukturfonds-Verordnung festgestellt wurde und
4. der Zusammenschluss bis zum 31. Dezember 2027 vollzogen wird.

[2] Ein Zusammenschluss im Sinne des Satzes 1 ist dem Bundeskartellamt nach Vollzug anzuzeigen. [3] Für die Evaluierung dieser Regelung sind die §§ 32e und 21 Absatz 3 Satz 8 des Krankenhausentgeltgesetzes[2)] entsprechend anzuwenden. [4] Für die Zwecke der Evaluierung und zur Untersuchung der Auswirkungen dieser Regelung auf die Wettbewerbsverhältnisse und die Versorgungsqualität können Daten aus der amtlichen Krankenhausstatistik zusammengeführt werden.

(10) [1] Das Bundesministerium für Wirtschaft und Klimaschutz wird ermächtigt, durch Rechtsverordnung ohne Zustimmung des Bundesrates im Hinblick auf das Abkommen zwischen dem Bundesministerium für Wirtschaft und Klimaschutz der Bundesrepublik Deutschland und dem Eidgenössischen Departement für Wirtschaft, Bildung und Forschung der Schweizerischen Eidgenossenschaft über Zusammenarbeit und Koordinierung der Wettbewerbsbehörden, zu bestimmen, *dass*

---

[1)] **Aichberger, SGB Nr. 5/20.**
[2)] **Aichberger, SGB Nr. 5/40.**

1. Informationen ausschließlich in kartellbehördlichen Verfahren und sich daran anschließenden Rechtsbehelfsverfahren sowie nur für die Zwecke, für die sie von der schweizerischen Wettbewerbsbehörde übermittelt wurden, verwendet werden dürfen und
2. eine Pflicht zur Wahrung der Vertraulichkeit sowie ein Ausschluss der Offenlegung gegenüber anderen staatlichen Stellen sowie Dritten zu beachten ist,

soweit sich die in dem Abkommen von der Bundesrepublik Deutschland übernommenen Verpflichtungen und gewährten Rechte im Rahmen der nach den §§ 50a bis 50f zulässigen zwischenbehördlichen Zusammenarbeit halten. [2] Bestimmungen einer Rechtsverordnung nach Satz 1 sind erst ab dem Tag anzuwenden, ab dem das in Satz 1 bezeichnete Abkommen wirksam geworden ist. [3] Das Bundesministerium für Wirtschaft und Klimaschutz gibt den Tag unter Angabe der Bezeichnung des Abkommens zwischen dem Bundesministerium für Wirtschaft und Klimaschutz der Bundesrepublik Deutschland und dem Eidgenössischen Departement für Wirtschaft, Bildung und Forschung der Schweizerischen Eidgenossenschaft über Zusammenarbeit und Koordinierung der Wettbewerbsbehörden und dessen Fundstelle im Bundesgesetzblatt bekannt.

## Anlage.[1] *(aufgehoben)*

[1] Anl. aufgeh. mWv 18.4.2016 durch G v. 17.2.2016 (BGBl. I S. 203).

# 83. Arbeitsgerichtsgesetz

In der Fassung der Bekanntmachung vom 2. Juli 1979[1)]

(BGBl. I S. 853, ber. S. 1036)

**FNA 320-1**

| Lfd. Nr. | Änderndes Gesetz | Datum | Fundstelle | Betroffen | Hinweis |
|---|---|---|---|---|---|
| 1.–55. | Änderungsgesetze bis einschl. G v. 12.12.2007 (BGBl. I S. 2840) nur noch in den Anmerkungen nachgewiesen | | | | |
| 56. | Art. 2 G zur Änd. des SozialgerichtsG und des ArbeitsgerichtsG | 26.3.2008 | BGBl. I S. 444 | §§ 21, 46a, 46c, 46d, 48, 55, 62, 64, 66, 85, 89 | geänd. mWv 1.4.2008 |
| 57. | Art. 2 Abs. 2 Jugenfreiwilligendienst-FörderG | 16.5.2008 | BGBl. I S. 842 | § 2 | geänd. mWv 1.6.2008 |
| 58. | Art. 4 G zur Verbesserung der grenzüberschreitenden Forderungsdurchsetzung und Zustellung | 30.10.2008 | BGBl. I S. 2122 | §§ 13a, 46c, 46d, 46e<br>§ 46b | geänd. mWv 12.12.2008<br>eingef. mWv 12.12.2008 |
| 59. | Art. 4f G zur Verbesserung der Rahmenbedingungen für die Absicherung flexibler Arbeitszeitregelungen und zur Änd. anderer Gesetze | 21.12.2008 | BGBl. I S. 2940 | § 48 | geänd. mWv 1.1.2009 |
| 60. | Art. 9 Abs. 5 G zur Modernisierung von Verfahren im anwaltlichen und notariellen Berufsrecht, zur Errichtung einer Schlichtungsstelle der Rechtsanwaltschaft sowie zur Änd. sonstiger Vorschriften[2)] | 30.7.2009 | BGBl. I S. 2449 | § 44 | geänd. mWv 5.8.2009 |
| 61. | Art. 6 G zur Einführung eines Bundesfreiwilligendienstes | 28.4.2011 | BGBl. I S. 687 | §§ 2, 2a | geänd. mWv 3.5.2011 |
| 62. | Art. 2 Zweites EBRG-ÄndG[3)] | 14.6.2011 | BGBl. I S. 1050 | § 82 | geänd. mWv 18.6.2011 |
| 63. | Art. 6 G über den Rechtsschutz bei überlangen Gerichtsverfahren und strafrechtlichen Ermittlungsverfahren | 24.11.2011 | BGBl. I S. 2302 | § 9 | geänd. mWv 3.12.2011 |

[1)] Neubekanntmachung des ArbGG v. 3.9.1953 (BGBl. I S. 1267) in der ab 1.7.1979 geltenden Fassung.

[2)] **Amtl. Anm.:** Dieses Gesetz dient der Umsetzung der Richtlinie 2006/123/EG des Europäischen Parlaments und des Rates vom 12. Dezember 2006 über Dienstleistungen im Binnenmarkt (ABl. L 376 vom 27.12.2006, S. 36).

[3)] **Amtl. Anm.:** Dieses Gesetz dient der Umsetzung der Richtlinie 2009/38/EG des Europäischen Parlaments und des Rates vom 6. Mai 2009 über die Einsetzung eines Europäischen Betriebsrats oder die Schaffung eines Verfahrens zur Unterrichtung und Anhörung der Arbeitnehmer in gemeinschaftsweit operierenden Unternehmen und Unternehmensgruppen (ABl. L 122 vom 16.5.2009, S. 28).

| Lfd. Nr. | Änderndes Gesetz | Datum | Fundstelle | Betroffen | Hinweis |
|---|---|---|---|---|---|
| 64. | Art. 4 G zur Förderung der Mediation und anderer Verfahren der außergerichtlichen Konfliktbeilegung[1] | 21.7.2012 | BGBl. I S. 1577 | §§ 54, 55, 64, 80, 83a, 87 | geänd. mWv 26.7.2012 |
| | | | | § 54a | eingef. mWv 26.7.2012 |
| 65. | Art. 3 Abs. 1 G zur Umsetzung des Seearbeitsübereinkommens 2006 der Internationalen Arbeitsorganisation[2] | 20.4.2013 | BGBl. I S. 868 | § 101 | geänd. mWv 1.8.2013 |
| 66. | Art. 18 2. KostenrechtsmodernisierungsG | 23.7.2013 | BGBl. I S. 2586 | §§ 12, 12a | geänd. mWv 1.8.2013 |
| 67. | Art. 7 G zur Änd. des Prozesskostenhilfe- und Beratungshilferechts | 31.8.2013 | BGBl. I S. 3533 | § 11a | geänd. mWv 1.1.2014 |
| 68. | Art. 3 G zur Förderung des elektronischen Rechtsverkehrs mit den Gerichten | 10.10. 2013 | BGBl. I S. 3786 | § 46a | geänd. mWv 1.7.2014 |
| | | | | §§ 62, 85 | geänd. mWv 1.1.2016 |
| | | | | § 46e | geänd. mWv 1.1.2018 |
| | | | | § 46c | neu gef. mWv 1.1.2018 |
| | | | | § 46f | eingef. mWv 1.7.2014 |
| | | | | § 46g | eingef. mWv 1.1.2022 |
| 69. | Art. 2 TarifautonomiestärkungsG | 11.8.2014 | BGBl. I S. 1348 | §§ 2a, 8, 10, 97 | geänd. mWv 16.8.2014 |
| | | | | §§ 98, 99, 112 | eingef. mWv 16.8.2014 |
| 70. | Art. 2 TarifeinheitsG | 3.7.2015 | BGBl. I S. 1130 | §§ 2a, 58 | geänd. mWv 10.7.2015 |
| | | | | § 100 | neu gef. mWv 10.7.2015 |
| | | | | § 99 | eingef. mWv 10.7.2015 |
| 71. | Art. 170 Zehnte ZuständigkeitsanpassungsVO | 31.8.2015 | BGBl. I S. 1474 | §§ 5, 7, 40, 41, 42 | geänd. mWv 8.9.2015 |
| 72. | Art. 12 6. SGB IV-ÄndG | 11.11. 2016 | BGBl. I S. 2500 | § 77 | neu gef. mWv 17.11.2016 |
| 73. | Art. 15 Abs. 5 EU-KontopfändungsVO-DurchführungsG | 21.11. 2016 | BGBl. I S. 2591 | § 12 | geänd. mWv 1.7.2017 |
| 74. | Art. 19 Abs. 6 BundesteilhabeG | 23.12. 2016 | BGBl. I S. 3234 | §§ 2, 2a, 10, 83 | geänd. mWv 1.1.2018 |

[1] **Amtl. Anm.:** Dieses Gesetz dient der Umsetzung der Richtlinie 2008/52/EG des Europäischen Parlaments und des Rates vom 21. Mai 2008 über bestimmte Aspekte der Mediation in Zivil- und Handelssachen (ABl. L 136 vom 24.5.2008, S. 3).

[2] **Amtl. Anm.:** Dieses Gesetz dient der Umsetzung der Richtlinie 2009/13/EG des Rates vom 16. Februar 2009 zur Durchführung der Vereinbarung zwischen dem Verband der Reeder in der Europäischen Gemeinschaft (ECSA) und der Europäischen Transportarbeiter-Föderation (ETF) über das Seearbeitsübereinkommen 2006 und zur Änderung der Richtlinie 1999/63/EG (ABl. L 124 vom 20.5. 2009, S. 30).

| Lfd. Nr. | Änderndes Gesetz | Datum | Fundstelle | Betroffen | Hinweis |
|---|---|---|---|---|---|
| 75. | Art. 16, 17 G zur Einführung der elektronischen Akte in der Justiz und zur weiteren Förderung des elektronischen Rechtsverkehrs | 5.7.2017 | BGBl. I S. 2208 | § 46e | geänd. mWv 13.7.2017 |
| | | | | §§ 46a, 46d, 46e, 54, 55, 59, 81, 83a, 90, 95 | geänd. mWv 1.1.2018 |
| | | | | § 46e | geänd. mWv 1.1.2026 |
| 76. | Art. 11 Abs. 22 eIDAS-DurchführungsG[1) 2)] | 18.7.2017 | BGBl. I S. 2745 | § 46c | geänd. mWv 29.7.2017 |
| 77. | Art. 2 G zur Sicherung der tarifvertragl. Sozialkassenverfahren und zur Änd. des ArbeitsgerichtsG | 1.9.2017 | BGBl. I S. 3356 | § 98 | geänd. mWv 8.9.2017 |
| | | | | § 113 | eingef. mWv 8.9.2017 |
| 78. | Art. 3, 5 Abs. 4 G über die Erweiterung der Medienöffentlichkeit in Gerichtsverfahren | 8.10.2017 | BGBl. I S. 3546 | § 112 | geänd. mWv 19.10.2017 |
| | | | | §§ 52, 72 | geänd. mWv 18.4.2018 |
| 79. | Art. 3 G zur Einführung einer zivilprozessualen Musterfeststellungsklage | 12.7.2018 | BGBl. I S. 1151 | § 46 | geänd. mWv 1.11.2018 |
| 80. | Art. 5 Abs. 1 G zur Einführung einer Karte für Unionsbürger und Angehörige des Europäischen Wirtschaftsraums mit Funktion zum elektronischen Identitätsnachweis sowie zur Änd. des PersonalausweisG und weiterer Vorschriften[2) 3)] | 21.6.2019 | BGBl. I S. 846 | § 46f | geänd. mWv 1.11.2019 |
| 81. | Art. 4 G zur Änd. des Neunten und des Zwölften Buches Sozialgesetzbuch und anderer Rechtsvorschriften | 30.11. 2019 | BGBl. I S. 1948 | § 17 | geänd. mWv 6.12.2019 |
| 82. | Art. 8 G zur Regelung der Wertgrenze für die Nichtzulassungsbeschwerde in Zivilsachen, zum Ausbau der Spezialisierung bei den Gerichten sowie zur Änd. weiterer prozessrechtl. Vorschr. | 12.12. 2019 | BGBl. I S. 2633 | § 46c | geänd. mWv 1.1.2020 |
| 83. | Art. 2 und 3 Sozialschutz-Paket II | 20.5.2020 | BGBl. I S. 1055 | § 114 | eingef. mWv 29.5.2020 |
| | | | | § 114 | aufgeh. mit Ablauf des 31.12. 2020 |

1) **Amtl. Anm.:** Dieses Gesetz dient der Durchführung der Verordnung (EU) Nr. 910/2014 des Europäischen Parlaments und des Rates vom 23. Juli 2014 über elektronische Identifizierung und Vertrauensdienste für elektronische Transaktionen im Binnenmarkt und zur Aufhebung der Richtlinie 1999/93/EG.

2) **Amtl. Anm.:** Notifiziert gemäß der Richtlinie (EU) 2015/1535 des Europäischen Parlaments und des Rates vom 9. September 2015 über ein Informationsverfahren auf dem Gebiet der technischen Vorschriften und der Vorschriften für die Dienste der Informationsgesellschaft (ABl. L 241 vom 17.9.2015, S. 1).

3) Die Änd. des Inkrafttretens dieses G durch Art. 154a G v. 20.11.2019 (BGBl. I S. 1626) ist unbeachtlich, da das G bei Erlass des ÄndG bereits in Kraft getreten war.

| Lfd. Nr. | Änderndes Gesetz | Datum | Fundstelle | Betroffen | Hinweis |
|---|---|---|---|---|---|
| 84. | Art. 12 Siebtes G zur Änd. des Vierten Buches SGB und anderer G | 12.6.2020 | BGBl. I S. 1248 | § 2 | geänd. mWv 24.6.2020 |
| 85. | Art. 18 G zur Neuregelung des Berufsrechts der anwaltlichen und steuerberatenden Berufsausübungsgesellschaften sowie zur Änd. weiterer Vorschriften im Bereich der rechtsberatenden Berufe | 7.7.2021 | BGBl. I S. 2363 | § 46c | geänd. mWv 1.8.2022 |
| 86. | Art. 7, 8, 9, 10 G zum Ausbau des elektronischen Rechtsverkehrs mit den Gerichten und zur Änd. weiterer Vorschriften[1] | 5.10.2021 | BGBl. I S. 4607 | §§ 64, 72, 80, 87, 90, 92, 97, 98 | geänd. mWv 12.10.2021 |
| | | | | §§ 46c, 46g, 50, 64, 72 | geänd. mWv 1.1.2022 |
| | | | | § 46g | geänd. mWv 1.1.2026 |
| 87. | Art. 3 Abs. 1 G zur Umsetzung der Bestimmungen der UmwandlungsRL über die Mitbestimmung der Arbeitnehmer bei grenzüberschreitenden Umwandlungen, Verschmelzungen und Spaltungen[2] | 4.1.2023 | BGBl. I Nr. 10 | § 2a, 10, 82, 83 | geänd. mWv 31.1.2023 |

[1] **Amtl. Anm.:** Notifiziert gemäß der Richtlinie (EU) 2015/1535 des Europäischen Parlaments und des Rates vom 9. September 2015 über ein Informationsverfahren auf dem Gebiet der technischen Vorschriften und der Vorschriften für die Dienste der Informationsgesellschaft (ABl. L 241 vom 17.9.2015, S. 1).

[2] **Amtl. Anm.:** Dieses Gesetz dient der Umsetzung der Richtlinie (EU) 2019/2121 des Europäischen Parlaments und des Rates vom 27. November 2019 zur Änderung der Richtlinie (EU) 2017/1132 in Bezug auf grenzüberschreitende Umwandlungen, Verschmelzungen und Spaltungen (ABl. L 321 vom 12.12.2019, S. 1; L 20 vom 24.1.2020, S. 24).

**Nichtamtliche Gliederungsübersicht**



## Erster Teil. Allgemeine Vorschriften

**§ 1 Gerichte für Arbeitssachen.** Die Gerichtsbarkeit in Arbeitssachen – §§ 2 bis 3 – wird ausgeübt durch die Arbeitsgerichte – §§ 14 bis 31 –, die Landesarbeitsgerichte – §§ 33 bis 39 – und das Bundesarbeitsgericht – §§ 40 bis 45 – (Gerichte für Arbeitssachen).

**§ 2[1) 2)] Zuständigkeit im Urteilsverfahren.** (1) Die Gerichte für Arbeitssachen sind ausschließlich zuständig für

1. bürgerliche Rechtsstreitigkeiten zwischen Tarifvertragsparteien oder zwischen diesen und Dritten aus Tarifverträgen oder über das Bestehen oder Nichtbestehen von Tarifverträgen;
2. bürgerliche Rechtsstreitigkeiten zwischen tariffähigen Parteien oder zwischen diesen und Dritten aus unerlaubten Handlungen, soweit es sich um Maßnahmen zum Zwecke des Arbeitskampfes oder um Fragen der Vereinigungsfreiheit einschließlich des hiermit im Zusammenhang stehenden Betätigungsrechts der Vereinigungen handelt;
3. bürgerliche Rechtsstreitigkeiten zwischen Arbeitnehmern und Arbeitgebern
   a) aus dem Arbeitsverhältnis;
   b) über das Bestehen oder Nichtbestehen eines Arbeitsverhältnisses;
   c) aus Verhandlungen über die Eingehung eines Arbeitsverhältnisses und aus dessen Nachwirkungen;

---

[1)] § 2 Überschrift geänd. durch G v. 17.12.1990 (BGBl. I S. 2809); Abs. 1 bish. Nr. 6 wird Nr. 5 und neu gef., bish. Nr. 5 wird Nr. 6 und geänd. durch G v. 26.6.1990 (BGBl. I S. 1206); Abs. 1 Nr. 10 neu gef. mWv 1.7.2001 durch G v. 19.6.2001 (BGBl. I S. 1046); Abs. 1 Nr. 8 neu gef. mWv 1.6.2008 durch G v. 16.5.2008 (BGBl. I S. 842); Abs. 1 Nr. 8a eingef. mWv 3.5.2011 durch G v. 28.4.2011 (BGBl. I S. 687); Abs. 1 Nr. 10 geänd. mWv 1.1.2018 durch G v. 23.12.2016 (BGBl. I S. 3234); Abs. 1 Nr. 4 Buchst. b geänd. mWv 24.6.2020 durch G v. 12.6.2020 (BGBl. I S. 1248).

[2)] Vgl. hierzu auch Art. 56 Zusatzabkommen zum NATO-Truppenstatut v. 3.8.1959 (BGBl. 1961 II S. 1218), zuletzt geänd. durch Abk. v. 28.9.1994 (BGBl. II S. 2598).

d) aus unerlaubten Handlungen, soweit diese mit dem Arbeitsverhältnis im Zusammenhang stehen;

e) über Arbeitspapiere;

4. bürgerliche Rechtsstreitigkeiten zwischen Arbeitnehmern oder ihren Hinterbliebenen und

a) Arbeitgebern über Ansprüche, die mit dem Arbeitsverhältnis in rechtlichem oder unmittelbar wirtschaftlichem Zusammenhang stehen;

b) gemeinsamen Einrichtungen der Tarifvertragsparteien oder Sozialeinrichtungen des privaten Rechts oder Versorgungseinrichtungen, soweit Letztere reine Beitragszusagen nach § 1 Absatz 2 Nummer 2a des Betriebsrentengesetzes[1)] durchführen, über Ansprüche aus dem Arbeitsverhältnis oder Ansprüche, die mit dem Arbeitsverhältnis in rechtlichem oder unmittelbar wirtschaftlichem Zusammenhang stehen,

soweit nicht die ausschließliche Zuständigkeit eines anderen Gerichts gegeben ist;

5. bürgerliche Rechtsstreitigkeiten zwischen Arbeitnehmern oder ihren Hinterbliebenen und dem Träger der Insolvenzsicherung über Ansprüche auf Leistungen der Insolvenzsicherung nach dem Vierten Abschnitt des Ersten Teils des Gesetzes zur Verbesserung der betrieblichen Altersversorgung;

6. bürgerliche Rechtsstreitigkeiten zwischen Arbeitgebern und Einrichtungen nach Nummer 4 Buchstabe b und Nummer 5 sowie zwischen diesen Einrichtungen, soweit nicht die ausschließliche Zuständigkeit eines anderen Gerichts gegeben ist;

7. bürgerliche Rechtsstreitigkeiten zwischen Entwicklungshelfern und Trägern des Entwicklungsdienstes nach dem Entwicklungshelfergesetz;

8. bürgerliche Rechtsstreitigkeiten zwischen den Trägern des freiwilligen sozialen oder ökologischen Jahres oder den Einsatzstellen und Freiwilligen nach dem Jugendfreiwilligendienstegesetz;

8a. bürgerliche Rechtsstreitigkeiten zwischen dem Bund oder den Einsatzstellen des Bundesfreiwilligendienstes oder deren Trägern und Freiwilligen nach dem Bundesfreiwilligendienstgesetz;

9. bürgerliche Rechtsstreitigkeiten zwischen Arbeitnehmern aus gemeinsamer Arbeit und aus unerlaubten Handlungen, soweit diese mit dem Arbeitsverhältnis im Zusammenhang stehen;

10. bürgerliche Rechtsstreitigkeiten zwischen behinderten Menschen im Arbeitsbereich von Werkstätten für behinderte Menschen und den Trägern der Werkstätten aus den in § 221 des Neunten Buches Sozialgesetzbuch[2)] geregelten arbeitnehmerähnlichen Rechtsverhältnissen.

(2) Die Gerichte für Arbeitssachen sind auch zuständig für bürgerliche Rechtsstreitigkeiten zwischen Arbeitnehmern und Arbeitgebern,

a) die ausschließlich Ansprüche auf Leistung einer festgestellten oder festgesetzten Vergütung für eine Arbeitnehmererfindung oder für einen technischen Verbesserungsvorschlag nach § 20 Abs. 1 des Gesetzes über Arbeitnehmererfindungen[3)] zum Gegenstand haben;

---

**1) Loseblatt-Textsammlung Arbeitsrecht Nr. 180.**
**2) Aichberger, SGB Nr. 9.**
**3) Loseblatt-Textsammlung Arbeitsrecht Nr. 170.**

b) die als Urheberrechtsstreitsachen aus Arbeitsverhältnissen ausschließlich Ansprüche auf Leistung einer vereinbarten Vergütung zum Gegenstand haben.

(3) Vor die Gerichte für Arbeitssachen können auch nicht unter die Absätze 1 und 2 fallende Rechtsstreitigkeiten gebracht werden, wenn der Anspruch mit einer bei einem Arbeitsgericht anhängigen oder gleichzeitig anhängig werdenden bürgerlichen Rechtsstreitigkeit der in den Absätzen 1 und 2 bezeichneten Art in rechtlichem oder unmittelbar wirtschaftlichem Zusammenhang steht und für seine Geltendmachung nicht die ausschließliche Zuständigkeit eines anderen Gerichts gegeben ist.

(4) Auf Grund einer Vereinbarung können auch bürgerliche Rechtsstreitigkeiten zwischen juristischen Personen des Privatrechts und Personen, die kraft Gesetzes allein oder als Mitglieder des Vertretungsorgans der juristischen Person zu deren Vertretung berufen sind, vor die Gerichte für Arbeitssachen gebracht werden.

(5) In Rechtsstreitigkeiten nach diesen Vorschriften findet das Urteilsverfahren statt.

**§ 2a[1] Zuständigkeit im Beschlußverfahren.** (1) Die Gerichte für Arbeitssachen sind ferner ausschließlich zuständig für

1. Angelegenheiten aus dem Betriebsverfassungsgesetz, soweit nicht für Maßnahmen nach seinen §§ 119 bis 121 die Zuständigkeit eines anderen Gerichts gegeben ist;
2. Angelegenheiten aus dem Sprecherausschußgesetz, soweit nicht für Maßnahmen nach seinen §§ 34 bis 36 die Zuständigkeit eines anderen Gerichts gegeben ist;
3. Angelegenheiten aus dem Mitbestimmungsgesetz, dem Mitbestimmungsergänzungsgesetz und dem Drittelbeteiligungsgesetz, soweit über die Wahl von Vertretern der Arbeitnehmer in den Aufsichtsrat und über ihre Abberufung mit Ausnahme der Abberufung nach § 103 Abs. 3 des Aktiengesetzes[2] zu entscheiden ist;

3a. Angelegenheiten aus den §§ 177, 178 und 222 des Neunten Buches Sozialgesetzbuch[3];

3b. Angelegenheiten aus dem Gesetz über Europäische Betriebsräte, soweit nicht für Maßnahmen nach seinen §§ 43 bis 45 die Zuständigkeit eines anderen Gerichts gegeben ist;

---

[1] § 2a Überschrift geänd. durch G v. 17.12.1990 (BGBl. I S. 2809); Abs. 1 Nr. 2 geänd. durch G v. 19.12.1985 (BGBl. I S. 2355); Abs. 1 Nr. 2 eingef., bish. Nr. 2, 3 werden Nr. 3, 4 durch G v. 20.12.1988 (BGBl. I S. 2312); Abs. 1 Nr. 3b eingef. durch G v. 28.10.1996 (BGBl. I S. 1548, ber. S. 2022); Abs. 1 Nr. 3a neu gef. mWv 1.7.2001 durch G v. 19.6.2001 (BGBl. I S. 1046); Abs. 1 Nr. 3c eingef. mWv 15.8.2002 durch G v. 8.8.2002 (BGBl. I S. 3140); Abs. 1 Nr. 3 geänd. mWv 1.7.2004 durch G v. 18.5.2004 (BGBl. I S. 974); Abs. 1 Nr. 3d eingef. mWv 29.12.2004 durch G v. 22.12.2004 (BGBl. I S. 3674); Abs. 1 Nr. 3c geänd. mWv 1.4.2005 durch G v. 23.3.2005 (BGBl. I S. 931); Abs. 1 Nr. 3d geänd., Nr. 3e eingef. mWv 18.8.2006 durch G v. 14.8.2006 (BGBl. I S. 1911); Abs. 1 Nr. 3f eingef. mWv 29.12.2006 durch G v. 21.12.2006 (BGBl. I S. 3332); Abs. 1 Nr. 3d eingef., bish. Nr. 3d–3f werden Nr. 3e–3g mWv 3.5.2011 durch G v. 28.4.2011 (BGBl. I S. 687); Abs. 1 Nr. 4 geänd., Nr. 5 angef. mWv 16.8.2014 durch G v. 11.8.2014 (BGBl. I S. 1348); Abs. 1 Nr. 5 geänd., Nr. 6 angef. mWv 10.7.2015 durch G v. 3.7.2015 (BGBl. I S. 1130); Abs. 1 Nr. 3a geänd. mWv 1.1.2018 durch G v. 23.12.2016 (BGBl. I S. 3234); Abs. 1 Nr. 3g geänd., Nr. 3h eingef mWv 31.1.2023 durch G v. 4.1.2023 (BGBl. I Nr. 10).

[2] Nr. **51**.

[3] **Aichberger, SGB Nr. 9.**

3c. Angelegenheiten aus § 51 des Berufsbildungsgesetzes[1];

3d. Angelegenheiten aus § 10 des Bundesfreiwilligendienstgesetzes[2];

3e. Angelegenheiten aus dem SE-Beteiligungsgesetz vom 22. Dezember 2004 (BGBl. I S. 3675, 3686) mit Ausnahme der §§ 45 und 46 und nach den §§ 34 bis 39 nur insoweit, als über die Wahl von Vertretern der Arbeitnehmer in das Aufsichts- oder Verwaltungsorgan sowie deren Abberufung mit Ausnahme der Abberufung nach § 103 Abs. 3 des Aktiengesetzes zu entscheiden ist;

3f. Angelegenheiten aus dem SCE-Beteiligungsgesetz vom 14. August 2006 (BGBl. I S. 1911, 1917) mit Ausnahme der §§ 47 und 48 und nach den §§ 34 bis 39 nur insoweit, als über die Wahl von Vertretern der Arbeitnehmer in das Aufsichts- oder Verwaltungsorgan sowie deren Abberufung zu entscheiden ist;

3g. Angelegenheiten aus dem Gesetz über die Mitbestimmung der Arbeitnehmer bei einer grenzüberschreitenden Verschmelzung vom 21. Dezember 2006 (BGBl. I S. 3332) in der jeweils geltenden Fassung mit Ausnahme der §§ 34 und 35 und nach den §§ 23 bis 28 nur insoweit, als über die Wahl von Vertretern der Arbeitnehmer in das Aufsichts- oder Verwaltungsorgan sowie deren Abberufung mit Ausnahme der Abberufung nach § 103 Abs. 3 des Aktiengesetzes zu entscheiden ist;

3h. Angelegenheiten aus dem Gesetz über die Mitbestimmung der Arbeitnehmer bei grenzüberschreitendem Formwechsel und grenzüberschreitender Spaltung vom 4. Januar 2023 (BGBl. 2023 I Nr. 10) in der jeweils geltenden Fassung mit Ausnahme der §§ 38 und 39 und nach den §§ 25 bis 30 nur insoweit, als über die Wahl von Vertretern der Arbeitnehmer in das Aufsichts- oder Verwaltungsorgan sowie deren Abberufung mit Ausnahme der Abberufung nach § 103 Absatz 3 des Aktiengesetzes zu entscheiden ist;

4. die Entscheidung über die Tariffähigkeit und die Tarifzuständigkeit einer Vereinigung;

5. die Entscheidung über die Wirksamkeit einer Allgemeinverbindlicherklärung nach § 5 des Tarifvertragsgesetzes[3], einer Rechtsverordnung nach § 7 oder § 7a des Arbeitnehmer-Entsendegesetzes[4] und einer Rechtsverordnung nach § 3a des Arbeitnehmerüberlassungsgesetzes[5];

6. die Entscheidung über den nach § 4a Absatz 2 Satz 2 des Tarifvertragsgesetzes im Betrieb anwendbaren Tarifvertrag.

(2) In Streitigkeiten nach diesen Vorschriften findet das Beschlußverfahren statt.

**§ 3 Zuständigkeit in sonstigen Fällen.** Die in den §§ 2 und 2a begründete Zuständigkeit besteht auch in den Fällen, in denen der Rechtsstreit durch einen Rechtsnachfolger oder durch eine Person geführt wird, die kraft Gesetzes an Stelle des sachlich Berechtigten oder Verpflichteten hierzu befugt ist.

**§ 4 Ausschluß der Arbeitsgerichtsbarkeit.** In den Fällen des § 2 Abs. 1 und 2 kann die Arbeitsgerichtsbarkeit nach Maßgabe der §§ 101 bis 110 ausgeschlossen werden.

---

[1] **Sartorius ErgBd. Nr. 422.**
[2] **Sartorius Nr. 627.**
[3] **Habersack, Deutsche Gesetze ErgBd. Nr. 81.**
[4] **Loseblatt-Textsammlung Arbeitsrecht Nr. 506.**
[5] **Habersack, Deutsche Gesetze ErgBd. Nr. 84a.**

**§ 5[1] Begriff des Arbeitnehmers.** (1) [1] Arbeitnehmer im Sinne dieses Gesetzes sind Arbeiter und Angestellte sowie die zu ihrer Berufsausbildung Beschäftigten. [2] Als Arbeitnehmer gelten auch die in Heimarbeit Beschäftigten und die ihnen Gleichgestellten (§ 1 des Heimarbeitsgesetzes[2] vom 14. März 1951 – Bundesgesetzbl. I S. 191 –) sowie sonstige Personen, die wegen ihrer wirtschaftlichen Unselbständigkeit als arbeitnehmerähnliche Personen anzusehen sind. [3] Als Arbeitnehmer gelten nicht in Betrieben einer juristischen Person oder einer Personengesamtheit Personen, die kraft Gesetzes, Satzung oder Gesellschaftsvertrags allein oder als Mitglieder des Vertretungsorgans zur Vertretung der juristischen Person oder der Personengesamtheit berufen sind.

(2) Beamte sind als solche keine Arbeitnehmer.

(3) [1] Handelsvertreter gelten nur dann als Arbeitnehmer im Sinne dieses Gesetzes, wenn sie zu dem Personenkreis gehören, für den nach § 92a des Handelsgesetzbuchs[3] die untere Grenze der vertraglichen Leistungen des Unternehmers festgesetzt werden kann, und wenn sie während der letzten sechs Monate des Vertragsverhältnisses, bei kürzerer Vertragsdauer während dieser, im Durchschnitt monatlich nicht mehr als 1 000 Euro auf Grund des Vertragsverhältnisses an Vergütung einschließlich Provision und Ersatz für im regelmäßigen Geschäftsbetrieb entstandene Aufwendungen bezogen haben. [2] Das Bundesministerium für Arbeit und Soziales und das Bundesministerium der Justiz und für Verbraucherschutz können im Einvernehmen mit dem Bundesministerium für Wirtschaft und Energie die in Satz 1 bestimmte Vergütungsgrenze durch Rechtsverordnung, die nicht der Zustimmung des Bundesrates bedarf, den jeweiligen Lohn- und Preisverhältnissen anpassen.

**§ 6 Besetzung der Gerichte für Arbeitssachen.** (1) Die Gerichte für Arbeitssachen sind mit Berufsrichtern und mit ehrenamtlichen Richtern aus den Kreisen der Arbeitnehmer und Arbeitgeber besetzt.

(2) (weggefallen)

**§ 6a Allgemeine Vorschriften über das Präsidium und die Geschäftsverteilung.** Für die Gerichte für Arbeitssachen gelten die Vorschriften des Zweiten Titels des Gerichtsverfassungsgesetzes[4] nach Maßgabe der folgenden Vorschriften entsprechend:

1. [1] Bei einem Arbeitsgericht mit weniger als drei Richterplanstellen werden die Aufgaben des Präsidiums durch den Vorsitzenden oder, wenn zwei Vorsitzende bestellt sind, im Einvernehmen der Vorsitzenden wahrgenommen. [2] Einigen sich die Vorsitzenden nicht, so entscheidet das Präsidium des Landesarbeitsgerichts oder, soweit ein solches nicht besteht, der Präsident dieses Gerichts.
2. Bei einem Landesarbeitsgericht mit weniger als drei Richterplanstellen werden die Aufgaben des Präsidiums durch den Präsidenten, soweit ein zweiter Vorsitzender vorhanden ist, im Benehmen mit diesem wahrgenommen.
3. Der aufsichtführende Richter bestimmt, welche richterlichen Aufgaben er wahrnimmt.

---

[1] § 5 Abs. 3 Satz 1 geänd. mWv 1.1.2002 durch G v. 21.12.2000 (BGBl. I S. 1983); Abs. 3 Satz 2 geänd. mWv 7.11.2001 durch VO v. 29.10.2001 (BGBl. I S. 2785); mWv 28.11.2003 durch VO v. 25.11. 2003 (BGBl. I S. 2304); mWv 8.11.2006 durch VO v. 31.10.2006 (BGBl. I S. 2407) und mWv 8.9.2015 durch VO v. 31.8.2015 (BGBl. I S. 1474).

[2] **Loseblatt-Textsammlung Arbeitsrecht Nr. 450.**

[3] Nr. **50**.

[4] Nr. **95**.

4. Jeder ehrenamtliche Richter kann mehreren Spruchkörpern angehören.
5. Den Vorsitz in den Kammern der Arbeitsgerichte führen die Berufsrichter.

**§ 7[1)] Geschäftsstelle, Aufbringung der Mittel.** (1) [1]Bei jedem Gericht für Arbeitssachen wird eine Geschäftsstelle eingerichtet, die mit der erforderlichen Zahl von Urkundsbeamten besetzt wird. [2]Die Einrichtung der Geschäftsstelle bestimmt bei dem Bundesarbeitsgericht das Bundesministerium für Arbeit und Soziales im Benehmen mit dem Bundesministerium der Justiz und für Verbraucherschutz. [3]Die Einrichtung der Geschäftsstelle bestimmt bei den Arbeitsgerichten und Landesarbeitsgerichten die zuständige oberste Landesbehörde.

(2) [1]Die Kosten der Arbeitsgerichte und der Landesarbeitsgerichte trägt das Land, das sie errichtet. [2]Die Kosten des Bundesarbeitsgerichts trägt der Bund.

**§ 8[2)] Gang des Verfahrens.** (1) Im ersten Rechtszug sind die Arbeitsgerichte zuständig, soweit durch Gesetz nichts anderes bestimmt ist.

(2) Gegen die Urteile der Arbeitsgerichte findet die Berufung an die Landesarbeitsgerichte nach Maßgabe des § 64 Abs. 1 statt.

(3) Gegen die Urteile der Landesarbeitsgerichte findet die Revision an das Bundesarbeitsgericht nach Maßgabe des § 72 Abs. 1 statt.

(4) Gegen die Beschlüsse der Arbeitsgerichte und ihrer Vorsitzenden im Beschlußverfahren findet die Beschwerde an das Landesarbeitsgericht nach Maßgabe des § 87 statt.

(5) Gegen die Beschlüsse der Landesarbeitsgerichte im Beschlußverfahren findet die Rechtsbeschwerde an das Bundesarbeitsgericht nach Maßgabe des § 92 statt.

**§ 9[3)] Allgemeine Verfahrensvorschriften und Rechtsschutz bei überlangen Gerichtsverfahren.** (1) Das Verfahren ist in allen Rechtszügen zu beschleunigen.

(2) [1]Die Vorschriften des Gerichtsverfassungsgesetzes über Zustellungs- und Vollstreckungsbeamte, über die Aufrechterhaltung der Ordnung in der Sitzung, über die Gerichtssprache, über die Wahrnehmung richterlicher Geschäfte durch Referendare und über Beratung und Abstimmung gelten in allen Rechtszügen entsprechend. [2]Die Vorschriften des Siebzehnten Titels des Gerichtsverfassungsgesetzes sind mit der Maßgabe entsprechend anzuwenden, dass an die Stelle des Oberlandesgerichts das Landesarbeitsgericht, an die Stelle des Bundesgerichtshofs das Bundesarbeitsgericht und an die Stelle der Zivilprozessordnung das Arbeitsgerichtsgesetz tritt.

(3) [1]Die Vorschriften über die Wahrnehmung der Geschäfte bei den ordentlichen Gerichten durch Rechtspfleger gelten in allen Rechtszügen entsprechend. [2]Als Rechtspfleger können nur Beamte bestellt werden, die die Rechtspflegerprüfung oder die Prüfung für den gehobenen Dienst bei der Arbeitsgerichtsbarkeit bestanden haben.

---

[1)] § 7 Abs. 1 neu gef. durch G v. 26.6.1990 (BGBl. I S. 1206); Abs. 1 Satz 4 aufgeh. mWv 1.5.2000 durch G v. 30.3.2000 (BGBl. I S. 333); Abs. 1 Satz 2 geänd. mWv 7.11.2001 durch VO v. 29.10.2001 (BGBl. I S. 2785); mWv 28.11.2003 durch VO v. 25.11.2003 (BGBl. I S. 2304); mWv 8.11.2006 durch VO v. 31.10.2006 (BGBl. I S. 2407); und mWv 8.9.2015 durch VO v. 31.8.2015 (BGBl. I S. 1474).

[2)] § 8 Abs. 1 geänd. mWv 16.8.2014 durch G v. 11.8.2014 (BGBl. I S. 1348).

[3)] § 9 Abs. 1 Satz 2 aufgeh. durch G v. 28.10.1996 (BGBl. I S. 1546); Abs. 4 geänd. mWv 1.7.2004 durch G v. 5.5.2004 (BGBl. I S. 718); Überschrift geänd., Abs. 2 Satz 2 angef. mWv 3.12.2011 durch G v. 24.11.2011 (BGBl. I S. 2302).

(4) Zeugen und Sachverständige erhalten eine Entschädigung oder Vergütung nach dem Justizvergütungs- und -entschädigungsgesetz.

(5) [1] Alle mit einem befristeten Rechtsmittel anfechtbaren Entscheidungen enthalten die Belehrung über das Rechtsmittel. [2] Soweit ein Rechtsmittel nicht gegeben ist, ist eine entsprechende Belehrung zu erteilen. [3] Die Frist für ein Rechtsmittel beginnt nur, wenn die Partei oder der Beteiligte über das Rechtsmittel und das Gericht, bei dem das Rechtsmittel einzulegen ist, die Anschrift des Gerichts und die einzuhaltende Frist und Form schriftlich belehrt worden ist. [4] Ist die Belehrung unterblieben oder unrichtig erteilt, so ist die Einlegung des Rechtsmittels nur innerhalb eines Jahres seit Zustellung der Entscheidung zulässig, außer wenn die Einlegung vor Ablauf der Jahresfrist infolge höherer Gewalt unmöglich war oder eine Belehrung dahin erfolgt ist, daß ein Rechtsmittel nicht gegeben sei; § 234 Abs. 1, 2 und § 236 Abs. 2 der Zivilprozeßordnung[1)] gelten für den Fall höherer Gewalt entsprechend.

**§ 10[2)] Parteifähigkeit.** [1] Parteifähig im arbeitsgerichtlichen Verfahren sind auch Gewerkschaften und Vereinigungen von Arbeitgebern sowie Zusammenschlüsse solcher Verbände; in den Fällen des § 2a Abs. 1 Nr. 1 bis 3f sind auch die nach dem Betriebsverfassungsgesetz, dem Sprecherausschussgesetz, dem Mitbestimmungsgesetz, dem Mitbestimmungsergänzungsgesetz, dem Drittelbeteiligungsgesetz, dem § 222 des Neunten Buches Sozialgesetzbuch[3)], dem § 51 des Berufsbildungsgesetzes[4)] und den zu diesen Gesetzen ergangenen Rechtsverordnungen sowie die nach dem Gesetz über Europäische Betriebsräte, dem SE-Beteiligungsgesetz, dem SCE-Beteiligungsgesetz, dem Gesetz über die Mitbestimmung der Arbeitnehmer bei einer grenzüberschreitenden Verschmelzung und dem Gesetz über die Mitbestimmung der Arbeitnehmer bei grenzüberschreitendem Formwechsel und grenzüberschreitender Spaltung beteiligten Personen und Stellen Beteiligte. [2] Parteifähig im arbeitsgerichtlichen Verfahren sind in den Fällen des § 2a Abs. 1 Nr. 4 auch die beteiligten Vereinigungen von Arbeitnehmern und Arbeitgebern sowie die oberste Arbeitsbehörde des Bundes oder derjenigen Länder, auf deren Bereich sich die Tätigkeit der Vereinigung erstreckt. [3] Parteifähig im arbeitsgerichtlichen Verfahren sind in den Fällen des § 2a Absatz 1 Nummer 5 auch die oberste Arbeitsbehörde des Bundes oder die oberste Arbeitsbehörde eines Landes, soweit ihr nach § 5 Absatz 6 des Tarifvertragsgesetzes[5)] Rechte übertragen sind.

**§ 11[6)] Prozessvertretung.** (1) [1] Die Parteien können vor dem Arbeitsgericht den Rechtsstreit selbst führen. [2] Parteien, die eine fremde oder ihnen zum Zweck der Einziehung auf fremde Rechnung abgetretene Geldforderung geltend machen, müssen sich durch einen Rechtsanwalt als Bevollmächtigten vertreten lassen, soweit sie nicht nach Maßgabe des Absatzes 2 zur Vertretung des Gläubigers befugt wären oder eine Forderung einziehen, deren ursprünglicher Gläubiger sie sind.

---

[1)] Nr. **100**.

[2)] § 10 neu gef. mWv 29.12.2004 durch G v. 22.12.2004 (BGBl. I S. 3675); Satz 1 geänd. mWv 1.4.2005 durch G v. 23.3.2005 (BGBl. I S. 931); mWv 18.8.2006 durch G v. 14.8.2006 (BGBl. I S. 1911) und mWv 29.12.2006 durch G v. 21.12.2006 (BGBl. I S. 3332); Satz 3 angef. mWv 16.8.2014 durch G v. 11.8.2014 (BGBl. I S. 1348); Satz 1 geänd. mWv 1.1.2018 durch G v. 23.12.2016 (BGBl. I S. 3234) und mWv 31.1.2023 durch G v. 4.1.2023 (BGBl. I Nr. 10).

[3)] **Aichberger, SGB Nr. 9.**

[4)] **Sartorius ErgBd. Nr. 422.**

[5)] **Habersack, Deutsche Gesetze ErgBd. Nr. 81.**

[6)] § 11 neu gef. mWv 1.7.2008 durch G v. 12.12.2007 (BGBl. I S. 2840).

(2) [1]Die Parteien können sich durch einen Rechtsanwalt als Bevollmächtigten vertreten lassen. [2]Darüber hinaus sind als Bevollmächtigte vor dem Arbeitsgericht vertretungsbefugt nur

1. Beschäftigte der Partei oder eines mit ihr verbundenen Unternehmens (§ 15 des Aktiengesetzes[1)]); Behörden und juristische Personen des öffentlichen Rechts einschließlich der von ihnen zur Erfüllung ihrer öffentlichen Aufgaben gebildeten Zusammenschlüsse können sich auch durch Beschäftigte anderer Behörden oder juristischer Personen des öffentlichen Rechts einschließlich der von ihnen zur Erfüllung ihrer öffentlichen Aufgaben gebildeten Zusammenschlüsse vertreten lassen,
2. volljährige Familienangehörige (§ 15 der Abgabenordnung, § 11 des Lebenspartnerschaftsgesetzes[2)]), Personen mit Befähigung zum Richteramt und Streitgenossen, wenn die Vertretung nicht im Zusammenhang mit einer entgeltlichen Tätigkeit steht,
3. selbständige Vereinigungen von Arbeitnehmern mit sozial- oder berufspolitischer Zwecksetzung für ihre Mitglieder,
4. Gewerkschaften und Vereinigungen von Arbeitgebern sowie Zusammenschlüsse solcher Verbände für ihre Mitglieder oder für andere Verbände oder Zusammenschlüsse mit vergleichbarer Ausrichtung und deren Mitglieder,
5. juristische Personen, deren Anteile sämtlich im wirtschaftlichen Eigentum einer der in Nummer 4 bezeichneten Organisationen stehen, wenn die juristische Person ausschließlich die Rechtsberatung und Prozessvertretung dieser Organisation und ihrer Mitglieder oder anderer Verbände oder Zusammenschlüsse mit vergleichbarer Ausrichtung und deren Mitglieder entsprechend deren Satzung durchführt, und wenn die Organisation für die Tätigkeit der Bevollmächtigten haftet.

[3]Bevollmächtigte, die keine natürlichen Personen sind, handeln durch ihre Organe und mit der Prozessvertretung beauftragten Vertreter.

(3) [1]Das Gericht weist Bevollmächtigte, die nicht nach Maßgabe des Absatzes 2 vertretungsbefugt sind, durch unanfechtbaren Beschluss zurück. [2]Prozesshandlungen eines nicht vertretungsbefugten Bevollmächtigten und Zustellungen oder Mitteilungen an diesen Bevollmächtigten sind bis zu seiner Zurückweisung wirksam. [3]Das Gericht kann den in Absatz 2 Satz 2 Nr. 1 bis 3 bezeichneten Bevollmächtigten durch unanfechtbaren Beschluss die weitere Vertretung untersagen, wenn sie nicht in der Lage sind, das Sach- und Streitverhältnis sachgerecht darzustellen.

(4) [1]Vor dem Bundesarbeitsgericht und dem Landesarbeitsgericht müssen sich die Parteien, außer im Verfahren vor einem beauftragten oder ersuchten Richter und bei Prozesshandlungen, die vor dem Urkundsbeamten der Geschäftsstelle vorgenommen werden können, durch Prozessbevollmächtigte vertreten lassen. [2]Als Bevollmächtigte sind außer Rechtsanwälten nur die in Absatz 2 Satz 2 Nr. 4 und 5 bezeichneten Organisationen zugelassen. [3]Diese müssen in Verfahren vor dem Bundesarbeitsgericht durch Personen mit Befähigung zum Richteramt handeln. [4]Eine Partei, die nach Maßgabe des Satzes 2 zur Vertretung berechtigt ist, kann sich selbst vertreten; Satz 3 bleibt unberührt.

(5) [1]Richter dürfen nicht als Bevollmächtigte vor dem Gericht auftreten, dem sie angehören. [2]Ehrenamtliche Richter dürfen, außer in den Fällen des Absatzes 2

1) Nr. **51**.
2) **Habersack, Deutsche Gesetze ErgBd. Nr. 43.**

Satz 2 Nr. 1, nicht vor einem Spruchkörper auftreten, dem sie angehören. [3] Absatz 3 Satz 1 und 2 gilt entsprechend.

(6) [1] In der Verhandlung können die Parteien mit Beiständen erscheinen. [2] Beistand kann sein, wer in Verfahren, in denen die Parteien den Rechtsstreit selbst führen können, als Bevollmächtigter zur Vertretung in der Verhandlung befugt ist. [3] Das Gericht kann andere Personen als Beistand zulassen, wenn dies sachdienlich ist und hierfür nach den Umständen des Einzelfalls ein Bedürfnis besteht. [4] Absatz 3 Satz 1 und 3 und Absatz 5 gelten entsprechend. [5] Das von dem Beistand Vorgetragene gilt als von der Partei vorgebracht, soweit es nicht von dieser sofort widerrufen oder berichtigt wird.

**§ 11a[1)] Beiordnung eines Rechtsanwalts, Prozeßkostenhilfe.** (1) Die Vorschriften der Zivilprozessordnung über die Prozesskostenhilfe und über die grenzüberschreitende Prozesskostenhilfe innerhalb der Europäischen Union nach der Richtlinie 2003/8/EG gelten in Verfahren vor den Gerichten für Arbeitssachen entsprechend.

(2) Das Bundesministerium für Arbeit und Soziales wird ermächtigt, zur Vereinfachung und Vereinheitlichung des Verfahrens durch Rechtsverordnung mit Zustimmung des Bundesrates Formulare für die Erklärung der Partei über ihre persönlichen und wirtschaftlichen Verhältnisse (§ 117 Abs. 2 der Zivilprozeßordnung) einzuführen.

*(Fortsetzung nächstes Blatt)*

---

[1)] § 11a Überschrift geänd., Abs. 4 angef. durch G v. 13.6.1980 (BGBl. I S. 677); Abs. 4 geänd. mWv 7.11.2001 durch VO v. 29.10.2001 (BGBl. I S. 2785) und mWv 28.11.2003 durch VO v. 25.11.2003 (BGBl. I S. 2304); Abs. 3 neu gef. mWv 21.12.2004 durch G v. 15.12.2004 (BGBl. I S. 3392); Abs. 4 geänd. mWv 1.4.2005 durch G v. 22.3.2005 (BGBl. I S. 837) und mWv 8.11.2006 durch VO v. 31.10.2006 (BGBl. I S. 2407); Abs. 1–2a aufgeh., bish. Abs. 3, 4 werden Abs. 1, 2 mWv 1.1.2014 durch G v. 31.8.2013 (BGBl. I S. 3533).

**§ 12[1)] Kosten.** [1]Das Justizverwaltungskostengesetz[2)] und das Justizbeitreibungsgesetz[3)] gelten entsprechend, soweit sie nicht unmittelbar Anwendung finden. [2]Bei Einziehung der Gerichts- und Verwaltungskosten leisten die Vollstreckungsbehörden der Justizverwaltung oder die sonst nach Landesrecht zuständigen Stellen den Gerichten für Arbeitssachen Amtshilfe, soweit sie diese Aufgaben nicht als eigene wahrnehmen. [3]Vollstreckungsbehörde ist für die Ansprüche, die beim Bundesarbeitsgericht entstehen, die Justizbeitreibungsstelle des Bundesarbeitsgerichts.

**§ 12a[4)] Kostentragungspflicht.** (1) [1]In Urteilsverfahren des ersten Rechtszugs besteht kein Anspruch der obsiegenden Partei auf Entschädigung wegen Zeitversäumnis und auf Erstattung der Kosten für die Zuziehung eines Prozeßbevollmächtigten oder Beistandes. [2]Vor Abschluß der Vereinbarung über die Vertretung ist auf den Ausschluß der Kostenerstattung nach Satz 1 hinzuweisen. [3]Satz 1 gilt nicht für Kosten, die dem Beklagten dadurch entstanden sind, daß der Kläger ein Gericht der ordentlichen Gerichtsbarkeit, der allgemeinen Verwaltungsgerichtsbarkeit, der Finanz- oder Sozialgerichtsbarkeit angerufen und dieses den Rechtsstreit an das Arbeitsgericht verwiesen hat.

(2) [1]Werden im Urteilsverfahren des zweiten und dritten Rechtszugs die Kosten nach § 92 Abs. 1 der Zivilprozeßordnung[5)] verhältnismäßig geteilt und ist die eine Partei durch einen Rechtsanwalt, die andere Partei durch einen Verbandsvertreter nach § 11 Abs. 2 Satz 2 Nr. 4 und 5 vertreten, so ist diese Partei hinsichtlich der außergerichtlichen Kosten so zu stellen, als wenn sie durch einen Rechtsanwalt vertreten worden wäre. [2]Ansprüche auf Erstattung stehen ihr jedoch nur insoweit zu, als ihr Kosten im Einzelfall tatsächlich erwachsen sind.

**§ 13[6)] Rechtshilfe.** (1) [1]Die Arbeitsgerichte leisten den Gerichten für Arbeitssachen Rechtshilfe. [2]Ist die Amtshandlung außerhalb des Sitzes eines Arbeitsgerichts vorzunehmen, so leistet das Amtsgericht Rechtshilfe.

(2) Die Vorschriften des Gerichtsverfassungsgesetzes[7)] über Rechtshilfe und des Einführungsgesetzes zum Gerichtsverfassungsgesetz[8)] über verfahrensübergreifende Mitteilungen von Amts wegen[9)] finden entsprechende Anwendung.

**§ 13a[10)] Internationale Verfahren.** Die Vorschriften des Buches 11 der Zivilprozessordnung[5)] über die justizielle Zusammenarbeit in der Europäischen Union finden in Verfahren vor den Gerichten für Arbeitssachen Anwendung, soweit dieses Gesetz nichts anderes bestimmt.

---

[1)] § 12 Abs. 6 neu gef. durch G v. 26.6.1990 (BGBl. I S. 1206); Abs. 1–5a und 7 aufgeh., bish. Abs. 6 wird alleiniger Wortlaut mWv 1.7.2004 durch G v. 5.5.2004 (BGBl. I S. 718); Satz 1 geänd. mWv 1.8.2013 durch G v. 23.7.2013 (BGBl. I S. 2586); Satz 1 geänd. mWv 1.7.2017 durch G v. 21.11.2016 (BGBl. I S. 2591).

[2)] Nr. **120**.

[3)] Nr. **122**.

[4)] § 12a Abs. 2 geänd. durch G v. 31.8.1998 (BGBl. I S. 2600); Abs. 2 Satz 1 geänd. mWv 1.7.2008 durch G v. 12.12.2007 (BGBl. I S. 2840); Abs. 2 Satz 1 geänd. mWv 1.8.2013 durch G v. 23.7.2013 (BGBl. I S. 2586).

[5)] Nr. **100**.

[6)] § 13 Abs. 2 geänd. durch G v. 18.6.1997 (BGBl. I S. 1430).

[7)] Nr. **95**.

[8)] Nr. **95a**.

[9)] Vgl. §§ 156 bis 168 GVG (Nr. **95**).

[10)] § 13a eingef. mWv 21.10.2005 durch G v. 18.8.2005 (BGBl. I S. 2477); geänd. mWv 12.12.2008 durch G v. 30.10.2008 (BGBl. I S. 2122).

## Zweiter Teil. Aufbau der Gerichte für Arbeitssachen

### Erster Abschnitt. Arbeitsgerichte

**§ 14[1)] Errichtung und Organisation.** (1) In den Ländern werden Arbeitsgerichte errichtet.

(2) Durch Gesetz werden angeordnet

1. die Errichtung und Aufhebung eines Arbeitsgerichts;
2. die Verlegung eines Gerichtssitzes;
3. Änderungen in der Abgrenzung der Gerichtsbezirke;
4. die Zuweisung einzelner Sachgebiete an ein Arbeitsgericht für die Bezirke mehrerer Arbeitsgerichte;
5. die Errichtung von Kammern des Arbeitsgerichts an anderen Orten;
6. der Übergang anhängiger Verfahren auf ein anderes Gericht bei Maßnahmen nach den Nummern 1, 3 und 4, wenn sich die Zuständigkeit nicht nach den bisher geltenden Vorschriften richten soll.

(3) Mehrere Länder können die Errichtung eines gemeinsamen Arbeitsgerichts oder gemeinsamer Kammern eines Arbeitsgerichts oder die Ausdehnung von Gerichtsbezirken über die Landesgrenzen hinaus, auch für einzelne Sachgebiete, vereinbaren.

(4) [1]Die zuständige oberste Landesbehörde kann anordnen, daß außerhalb des Sitzes des Arbeitsgerichts Gerichtstage abgehalten werden. [2]Die Landesregierung kann ferner durch Rechtsverordnung bestimmen, daß Gerichtstage außerhalb des Sitzes des Arbeitsgerichts abgehalten werden. [3]Die Landesregierung kann die Ermächtigung nach Satz 2 durch Rechtsverordnung auf die zuständige oberste Landesbehörde übertragen.

(5) Bei der Vorbereitung gesetzlicher Regelungen nach Absatz 2 Nr. 1 bis 5 und Absatz 3 sind die Gewerkschaften und Vereinigungen von Arbeitgebern, die für das Arbeitsleben im Landesgebiet wesentliche Bedeutung haben, zu hören.

**§ 15[2)] Verwaltung und Dienstaufsicht.** (1) [1]Die Geschäfte der Verwaltung und Dienstaufsicht führt die zuständige oberste Landesbehörde. [2]Vor Erlaß allgemeiner Anordnungen, die die Verwaltung und Dienstaufsicht betreffen, soweit sie nicht rein technischer Art sind, sind die in § 14 Abs. 5 genannten Verbände zu hören.

(2) [1]Die Landesregierung kann durch Rechtsverordnung Geschäfte der Verwaltung und Dienstaufsicht dem Präsidenten des Landesarbeitsgerichts oder dem Vorsitzenden des Arbeitsgerichts oder, wenn mehrere Vorsitzende vorhanden sind, einem von ihnen übertragen. [2]Die Landesregierung kann die Ermächtigung nach Satz 1 durch Rechtsverordnung auf die zuständige oberste Landesbehörde übertragen.

**§ 16 Zusammensetzung.** (1) [1]Das Arbeitsgericht besteht aus der erforderlichen Zahl von Vorsitzenden und ehrenamtlichen Richtern. [2]Die ehrenamtlichen

[1)] § 14 Abs. 4 neu gef. durch G v. 26.6.1990 (BGBl. I S. 1206); Abs. 4 Sätze 2 und 5 aufgeh., bish. Sätze 3 und 4 werden Sätze 2 und 3, neuer Satz 3 geänd. mWv 1.5.2000 durch G v. 30.3.2000 (BGBl. I S. 333).

[2)] § 15 neu gef. durch G v. 26.6.1990 (BGBl. I S. 1206); Abs. 1 Satz 2 aufgeh., bish. Satz 3 wird Satz 2, Abs. 2 Sätze 1 und 2 geänd. mWv 1.5.2000 durch G v. 30.3.2000 (BGBl. I S. 333).

Richter werden je zur Hälfte aus den Kreisen der Arbeitnehmer und der Arbeitgeber entnommen.

(2) Jede Kammer des Arbeitsgerichts wird in der Besetzung mit einem Vorsitzenden und je einem ehrenamtlichen Richter aus Kreisen der Arbeitnehmer und der Arbeitgeber tätig.

**§ 17[1)] Bildung von Kammern.** (1) [1]Die zuständige oberste Landesbehörde bestimmt die Zahl der Kammern. [2]Die Landesregierung kann diese Befugnis durch Rechtsverordnung auf die Präsidentin oder den Präsidenten des Landesarbeitsgerichts übertragen. [3]Vor Bestimmung der Zahl der Kammern sind die in § 14 Absatz 5 genannten Verbände zu hören.

(2) [1]Soweit ein Bedürfnis besteht, kann die Landesregierung durch Rechtsverordnung für die Streitigkeiten bestimmter Berufe und Gewerbe und bestimmter Gruppen von Arbeitnehmern Fachkammern bilden. [2]Die Zuständigkeit einer Fachkammer kann durch Rechtsverordnung auf die Bezirke anderer Arbeitsgerichte oder Teile von ihnen erstreckt werden, sofern die Erstreckung für eine sachdienliche Förderung oder schnellere Erledigung der Verfahren zweckmäßig ist. [3]Die Rechtsverordnungen auf Grund der Sätze 1 und 2 treffen Regelungen zum Übergang anhängiger Verfahren auf ein anderes Gericht, sofern die Regelungen zur sachdienlichen Erledigung der Verfahren zweckmäßig sind und sich die Zuständigkeit nicht nach den bisher geltenden Vorschriften richten soll. [4]§ 14 Abs. 5 ist entsprechend anzuwenden.

(3) Die Landesregierung kann die Ermächtigung nach Absatz 2 durch Rechtsverordnung auf die zuständige oberste Landesbehörde übertragen.

**§ 18[2)] Ernennung der Vorsitzenden.** (1) Die Vorsitzenden werden auf Vorschlag der zuständigen obersten Landesbehörde nach Beratung mit einem Ausschuß entsprechend den landesrechtlichen Vorschriften bestellt.

(2) [1]Der Ausschuß ist von der zuständigen obersten Landesbehörde zu errichten. [2]Ihm müssen in gleichem Verhältnis Vertreter der in § 14 Abs. 5 genannten Gewerkschaften und Vereinigungen von Arbeitgebern sowie der Arbeitsgerichtsbarkeit angehören.

(3) Einem Vorsitzenden kann zugleich ein weiteres Richteramt bei einem anderen Arbeitsgericht übertragen werden.

(4)–(6) (weggefallen)

(7) Bei den Arbeitsgerichten können Richter auf Probe und Richter kraft Auftrags verwendet werden.

**§ 19 Ständige Vertretung.** (1) Ist ein Arbeitsgericht nur mit einem Vorsitzenden besetzt, so beauftragt das Präsidium des Landesarbeitsgerichts einen Richter seines Bezirks mit der ständigen Vertretung des Vorsitzenden.

(2) [1]Wird an einem Arbeitsgericht die vorübergehende Vertretung durch einen Richter eines anderen Gerichts nötig, so beauftragt das Präsidium des Landesarbeitsgerichts einen Richter seines Bezirks längstens für zwei Monate mit der Vertretung. [2]In Eilfällen kann an Stelle des Präsidiums der Präsident des Landes-

---

[1)] § 17 Abs. 1 und 2 neu gef. sowie Abs. 2 Satz 1 geänd. durch G v. 26.6.1990 (BGBl. I S. 1206); Abs. 1 Satz 2, Abs. 3 Satz 2 aufgeh. mWv 1.5.2000 durch G v. 30.3.2000 (BGBl. I S. 333); Abs. 1 neu gef. mWv 6.12.2019 durch G v. 30.11.2019 (BGBl. I S. 1948).

[2)] § 18 Abs. 1 neu gef. durch G v. 26.6.1990 (BGBl. I S. 1206); Abs. 1 Satz 2 aufgeh. mWv 1.5.2000 durch G v. 30.3.2000 (BGBl. I S. 333).

arbeitsgerichts einen zeitweiligen Vertreter bestellen. [3] Die Gründe für die getroffene Anordnung sind schriftlich niederzulegen.

**§ 20[1)] Berufung der ehrenamtlichen Richter.** (1) [1] Die ehrenamtlichen Richter werden von der zuständigen obersten Landesbehörde oder von der von der Landesregierung durch Rechtsverordnung beauftragten Stelle auf die Dauer von fünf Jahren berufen. [2] Die Landesregierung kann die Ermächtigung nach Satz 1 durch Rechtsverordnung auf die zuständige oberste Landesbehörde übertragen.

(2) Die ehrenamtlichen Richter sind in angemessenem Verhältnis unter billiger Berücksichtigung der Minderheiten aus den Vorschlagslisten zu entnehmen, die der zuständigen Stelle von den im Land bestehenden Gewerkschaften, selbständigen Vereinigungen von Arbeitnehmern mit sozial- oder berufspolitischer Zwecksetzung und Vereinigungen von Arbeitgebern sowie von den in § 22 Abs. 2 Nr. 3 bezeichneten Körperschaften oder deren Arbeitgebervereinigungen eingereicht werden.

**§ 21[2)] Voraussetzungen für die Berufung als ehrenamtlicher Richter.**

(1) Als ehrenamtliche Richter sind Arbeitnehmer und Arbeitgeber zu berufen, die das 25. Lebensjahr vollendet haben und im Bezirk des Arbeitsgerichts tätig sind oder wohnen.

(2) [1] Vom Amt des ehrenamtlichen Richters ist ausgeschlossen,

1. wer infolge Richterspruchs die Fähigkeit zur Bekleidung öffentlicher Ämter nicht besitzt oder wegen einer vorsätzlichen Tat zu einer Freiheitsstrafe von mehr als sechs Monaten verurteilt worden ist;
2. wer wegen einer Tat angeklagt ist, die den Verlust der Fähigkeit zur Bekleidung öffentlicher Ämter zur Folge haben kann;
3. wer das Wahlrecht zum Deutschen Bundestag nicht besitzt.

[2] Personen, die in Vermögensverfall geraten sind, sollen nicht als ehrenamtliche Richter berufen werden.

(3) Beamte und Angestellte eines Gerichts für Arbeitssachen dürfen nicht als ehrenamtliche Richter berufen werden.

(4) [1] Das Amt des ehrenamtlichen Richters, der zum ehrenamtlichen Richter in einem höheren Rechtszug berufen wird, endet mit Beginn der Amtszeit im höheren Rechtszug. [2] Niemand darf gleichzeitig ehrenamtlicher Richter der Arbeitnehmerseite und der Arbeitgeberseite sein oder als ehrenamtlicher Richter bei mehr als einem Gericht für Arbeitssachen berufen werden.

(5) [1] Wird das Fehlen einer Voraussetzung für die Berufung nachträglich bekannt oder fällt eine Voraussetzung nachträglich fort, so ist der ehrenamtliche Richter auf Antrag der zuständigen Stelle (§ 20) oder auf eigenen Antrag von seinem Amt zu entbinden. [2] Über den Antrag entscheidet die vom Präsidium für jedes Geschäftsjahr im voraus bestimmte Kammer des Landesarbeitsgerichts. [3] Vor der Entscheidung ist der ehrenamtliche Richter zu hören. [4] Die Entscheidung ist unanfechtbar. [5] Die nach Satz 2 zuständige Kammer kann anordnen, daß der

---

1) § 20 Abs. 1 geänd. durch G v. 26.6.1990 (BGBl. I S. 1206); Abs. 1 neu gef., Abs. 2 angef. mWv 1.5. 2000 durch G v. 30.3.2000 (BGBl. I S. 333).

2) § 21 Abs. 5 Satz 1 geänd. durch G v. 26.6.1990 (BGBl. I S. 1206); Abs. 2 Satz 2 angef., Satz 1 Nr. 3 aufgeh., bish. Nr. 4 wird Nr. 3 durch G v. 5.10.1994 (BGBl. I S. 2911); Abs. 5 Satz 1 geänd. mWv 1.5. 2000 durch G v. 30.3.2000 (BGBl. I S. 333); Abs. 1 neu gef. mWv 1.4.2008 durch G v. 26.3.2008 (BGBl. I S. 444).

ehrenamtliche Richter bis zu der Entscheidung über die Entbindung vom Amt nicht heranzuziehen ist.

(6) Verliert der ehrenamtliche Richter seine Eigenschaft als Arbeitnehmer oder Arbeitgeber wegen Erreichens der Altersgrenze, findet Absatz 5 mit der Maßgabe Anwendung, daß die Entbindung vom Amt nur auf Antrag des ehrenamtlichen Richters zulässig ist.

**§ 22 Ehrenamtlicher Richter aus Kreisen der Arbeitgeber.** (1) Ehrenamtlicher Richter aus Kreisen der Arbeitgeber kann auch sein, wer vorübergehend oder regelmäßig zu gewissen Zeiten des Jahres keine Arbeitnehmer beschäftigt.

(2) Zu ehrenamtlichen Richtern aus Kreisen der Arbeitgeber können auch berufen werden

1. bei Betrieben einer juristischen Person oder einer Personengesamtheit Personen, die kraft Gesetzes, Satzung oder Gesellschaftsvertrag allein oder als Mitglieder des Vertretungsorgans zur Vertretung der juristischen Person oder der Personengesamtheit berufen sind;
2. Geschäftsführer, Betriebsleiter oder Personalleiter, soweit sie zur Einstellung von Arbeitnehmern in den Betrieb berechtigt sind, oder Personen, denen Prokura oder Generalvollmacht erteilt ist;
3. bei dem Bunde, den Ländern, den Gemeinden, den Gemeindeverbänden und anderen Körperschaften, Anstalten und Stiftungen des öffentlichen Rechts Beamte und Angestellte nach näherer Anordnung der zuständigen obersten Bundes- oder Landesbehörde;
4. Mitglieder und Angestellte von Vereinigungen von Arbeitgebern sowie Vorstandsmitglieder und Angestellte von Zusammenschlüssen solcher Vereinigungen, wenn diese Personen kraft Satzung oder Vollmacht zur Vertretung befugt sind.

**§ 23[1] Ehrenamtlicher Richter aus Kreisen der Arbeitnehmer.** (1) Ehrenamtlicher Richter aus Kreisen der Arbeitnehmer kann auch sein, wer arbeitslos ist.

(2) [1]Den Arbeitnehmern stehen für die Berufung als ehrenamtliche Richter Mitglieder und Angestellte von Gewerkschaften, von selbständigen Vereinigungen von Arbeitnehmern mit sozial- oder berufspolitischer Zwecksetzung sowie Vorstandsmitglieder und Angestellte von Zusammenschlüssen von Gewerkschaften gleich, wenn diese Personen kraft Satzung oder Vollmacht zur Vertretung befugt sind. [2]Gleiches gilt für Bevollmächtigte, die als Angestellte juristischer Personen, deren Anteile sämtlich im wirtschaftlichen Eigentum einer der in Satz 1 genannten Organisationen stehen, handeln und wenn die juristische Person ausschließlich die Rechtsberatung und Prozeßvertretung der Mitglieder der Organisation entsprechend deren Satzung durchführt.

**§ 24[2] Ablehnung und Niederlegung des ehrenamtlichen Richteramtes.**

(1) Das Amt des ehrenamtlichen Richters kann ablehnen oder niederlegen,

1. wer die Regelaltersgrenze nach dem Sechsten Buch Sozialgesetzbuch[3] erreicht hat;

---

[1] § 23 Abs. 2 Satz 2 angef. durch G v. 31.8.1998 (BGBl. I S. 2600)

[2] § 24 Abs. 2 Satz 1 geänd. durch G v. 26.6.1990 (BGBl. I S. 1206); Abs. 1 Nr. 4, Abs. 2 Satz 1 geänd. mWv 1.5.2000 durch G v. 30.3.2000 (BGBl. I S. 333); Abs. 1 Nr. 2 neu gef. mWv 1.5.2002 durch G v. 27.4.2002 (BGBl. I S. 1467); Abs. 1 Nr. 1 neu gef. mWv 1.1.2008 durch G v. 20.4.2007 (BGBl. I S. 554).

[3] **Aichberger, SGB Nr. 6.**

2. wer aus gesundheitlichen Gründen daran gehindert ist, das Amt ordnungsgemäß auszuüben;
3. wer durch ehrenamtliche Tätigkeit für die Allgemeinheit so in Anspruch genommen ist, daß ihm die Übernahme des Amtes nicht zugemutet werden kann;
4. wer in den zehn der Berufung vorhergehenden Jahren als ehrenamtlicher Richter bei einem Gericht für Arbeitssachen tätig gewesen ist;
5. wer glaubhaft macht, daß ihm wichtige Gründe, insbesondere die Fürsorge für seine Familie, die Ausübung des Amtes in besonderem Maße erschweren.

(2) [1] Über die Berechtigung zur Ablehnung oder Niederlegung entscheidet die zuständige Stelle (§ 20). [2] Die Entscheidung ist endgültig.

**§ 25** (weggefallen)

**§ 26 Schutz der ehrenamtlichen Richter.** (1) Niemand darf in der Übernahme oder Ausübung des Amtes als ehrenamtlicher Richter beschränkt oder wegen der Übernahme oder Ausübung des Amtes benachteiligt werden.

(2) Wer einen anderen in der Übernahme oder Ausübung seines Amtes als ehrenamtlicher Richter beschränkt oder wegen der Übernahme oder Ausübung des Amtes benachteiligt, wird mit Freiheitsstrafe bis zu einem Jahr oder mit Geldstrafe bestraft.

**§ 27[1)] Amtsenthebung der ehrenamtlichen Richter.** [1] Ein ehrenamtlicher Richter ist auf Antrag der zuständigen Stelle (§ 20) seines Amtes zu entheben, wenn er seine Amtspflicht grob verletzt. [2] § 21 Abs. 5 Satz 2 bis 5 ist entsprechend anzuwenden.

**§ 28 Ordnungsgeld gegen ehrenamtliche Richter.** [1] Die vom Präsidium für jedes Geschäftsjahr im voraus bestimmte Kammer des Landesarbeitsgerichts kann auf Antrag des Vorsitzenden des Arbeitsgerichts gegen einen ehrenamtlichen Richter, der sich der Erfüllung seiner Pflichten entzieht, insbesondere ohne genügende Entschuldigung nicht oder nicht rechtzeitig zu den Sitzungen erscheint, ein Ordnungsgeld festsetzen. [2] Vor dem Antrag hat der Vorsitzende des Arbeitsgerichts den ehrenamtlichen Richter zu hören. [3] Die Entscheidung ist endgültig.

**§ 29 Ausschuß der ehrenamtlichen Richter.** (1) [1] Bei jedem Arbeitsgericht mit mehr als einer Kammer wird ein Ausschuß der ehrenamtlichen Richter gebildet. [2] Er besteht aus mindestens je drei ehrenamtlichen Richtern aus den Kreisen der Arbeitnehmer und der Arbeitgeber in gleicher Zahl, die von den ehrenamtlichen Richtern aus den Kreisen der Arbeitnehmer und der Arbeitgeber in getrennter Wahl gewählt werden. [3] Der Ausschuß tagt unter der Leitung des aufsichtführenden oder, wenn ein solcher nicht vorhanden oder verhindert ist, des dienstältesten Vorsitzenden des Arbeitsgerichts.

(2) [1] Der Ausschuß ist vor der Bildung von Kammern, vor der Geschäftsverteilung, vor der Verteilung der ehrenamtlichen Richter auf die Kammern und vor der Aufstellung der Listen über die Heranziehung der ehrenamtlichen Richter zu den Sitzungen mündlich oder schriftlich zu hören. [2] Er kann den Vorsitzenden des

---

1) § 27 Satz 1 geänd. durch G v. 26.6.1990 (BGBl. I S. 1206) und geänd. mWv 1.5.2000 durch G v. 30.3.2000 (BGBl. I S. 333).

Arbeitsgerichts und den die Verwaltung und Dienstaufsicht führenden Stellen (§ 15) Wünsche der ehrenamtlichen Richter übermitteln.

**§ 30 Besetzung der Fachkammern.** [1] Die ehrenamtlichen Richter einer Fachkammer sollen aus den Kreisen der Arbeitnehmer und der Arbeitgeber entnommen werden, für die die Fachkammer gebildet ist. [2] Werden für Streitigkeiten der in § 22 Abs. 2 Nr. 2 bezeichneten Angestellten Fachkammern gebildet, so dürfen ihnen diese Angestellten nicht als ehrenamtliche Richter aus Kreisen der Arbeitgeber angehören. [3] Wird die Zuständigkeit einer Fachkammer gemäß § 17 Abs. 2 erstreckt, so sollen die ehrenamtlichen Richter dieser Kammer aus den Bezirken derjenigen Arbeitsgerichte berufen werden, für deren Bezirke die Fachkammer zuständig ist.

**§ 31 Heranziehung der ehrenamtlichen Richter.** (1) Die ehrenamtlichen Richter sollen zu den Sitzungen nach der Reihenfolge einer Liste herangezogen werden, die der Vorsitzende vor Beginn des Geschäftsjahres oder vor Beginn der Amtszeit neu berufener ehrenamtlicher Richter gemäß § 29 Abs. 2 aufstellt.

(2) Für die Heranziehung von Vertretern bei unvorhergesehener Verhinderung kann eine Hilfsliste von ehrenamtlichen Richtern aufgestellt werden, die am Gerichtssitz oder in der Nähe wohnen oder ihren Dienstsitz haben.

**§ 32** (weggefallen)

## Zweiter Abschnitt. Landesarbeitsgerichte

**§ 33 Errichtung und Organisation.** [1] In den Ländern werden Landesarbeitsgerichte errichtet. [2] § 14 Abs. 2 bis 5 ist entsprechend anzuwenden.

**§ 34[1)] Verwaltung und Dienstaufsicht.** (1) [1] Die Geschäfte der Verwaltung und Dienstaufsicht führt die zuständige oberste Landesbehörde. [2] § 15 Abs. 1 Satz 2 gilt entsprechend.

(2) [1] Die Landesregierung kann durch Rechtsverordnung Geschäfte der Verwaltung und Dienstaufsicht dem Präsidenten des Landesarbeitsgerichts übertragen. [2] Die Landesregierung kann die Ermächtigung nach Satz 1 durch Rechtsverordnung auf die zuständige oberste Landesbehörde übertragen.

**§ 35[2)] Zusammensetzung, Bildung von Kammern.** (1) [1] Das Landesarbeitsgericht besteht aus dem Präsidenten, der erforderlichen Zahl von weiteren Vorsitzenden und von ehrenamtlichen Richtern. [2] Die ehrenamtlichen Richter werden je zur Hälfte aus den Kreisen der Arbeitnehmer und der Arbeitgeber entnommen.

(2) Jede Kammer des Landesarbeitsgerichts wird in der Besetzung mit einem Vorsitzenden und je einem ehrenamtlichen Richter aus den Kreisen der Arbeitnehmer und der Arbeitgeber tätig.

(3) [1] Die zuständige oberste Landesbehörde bestimmt die Zahl der Kammern. [2] § 17 gilt entsprechend.

---

[1)] § 34 neu gef. durch G v. 26.6.1990 (BGBl. I S. 1206); Abs. 1 Satz 2 und Abs. 2 Satz 2 neu gef., Abs. 2 Satz 1 geänd. mWv 1.5.2000 durch G v. 30.3.2000 (BGBl. I S. 333); Abs. 1 Satz 2 geänd. mWv 1.1.2002 durch G v. 27.7.2001 (BGBl. I S. 1887).

[2)] § 35 Abs. 3 neu gef. durch G v. 26.6.1990 (BGBl. I S. 1206).

**§ 36[1)] Vorsitzende[2)].** Der Präsident und die weiteren Vorsitzenden werden auf Vorschlag der zuständigen obersten Landesbehörde nach Anhörung der in § 14 Abs. 5 genannten Gewerkschaften und Vereinigungen von Arbeitgebern als Richter auf Lebenszeit entsprechend den landesrechtlichen Vorschriften bestellt.

**§ 37[3)] Ehrenamtliche Richter.** (1) Die ehrenamtlichen Richter müssen das dreißigste Lebensjahr vollendet haben und sollen mindestens fünf Jahre ehrenamtliche Richter eines Gerichts für Arbeitssachen gewesen sein.

(2) Im übrigen gelten für die Berufung und Stellung der ehrenamtlichen Richter sowie für die Amtsenthebung und die Amtsentbindung die §§ 20 bis 28 entsprechend.

**§ 38 Ausschuß der ehrenamtlichen Richter.** [1]Bei jedem Landesarbeitsgericht wird ein Ausschuß der ehrenamtlichen Richter gebildet. [2]Die Vorschriften des § 29 Abs. 1 Satz 2 und 3 und Abs. 2 gelten entsprechend.

**§ 39 Heranziehung der ehrenamtlichen Richter.** [1]Die ehrenamtlichen Richter sollen zu den Sitzungen nach der Reihenfolge einer Liste herangezogen werden, die der Vorsitzende vor Beginn des Geschäftsjahres oder vor Beginn der Amtszeit neu berufener ehrenamtlicher Richter gemäß § 38 Satz 2 aufstellt. [2]§ 31 Abs. 2 ist entsprechend anzuwenden.

### Dritter Abschnitt. Bundesarbeitsgericht

**§ 40[4)] Errichtung.** (1) Das Bundesarbeitsgericht hat seinen Sitz in Erfurt.

(2) [1]Die Geschäfte der Verwaltung und Dienstaufsicht führt das Bundesministerium für Arbeit und Soziales im Einvernehmen mit dem Bundesministerium der Justiz und für Verbraucherschutz. [2]Das Bundesministerium für Arbeit und Soziales kann im Einvernehmen mit dem Bundesministerium der Justiz und für Verbraucherschutz Geschäfte der Verwaltung und Dienstaufsicht auf den Präsidenten des Bundesarbeitsgerichts übertragen.

**§ 41[5)] Zusammensetzung, Senate.** (1) [1]Das Bundesarbeitsgericht besteht aus dem Präsidenten, der erforderlichen Zahl von Vorsitzenden Richtern, von berufsrichterlichen Beisitzern sowie ehrenamtlichen Richtern. [2]Die ehrenamtlichen Richter werden je zur Hälfte aus den Kreisen der Arbeitnehmer und der Arbeitgeber entnommen.

(2) Jeder Senat wird in der Besetzung mit einem Vorsitzenden, zwei berufsrichterlichen Beisitzern und je einem ehrenamtlichen Richter aus den Kreisen der Arbeitnehmer und der Arbeitgeber tätig.

---

[1)] § 36 neu gef. durch G v. 26.6.1990 (BGBl. I S. 1206); Satz 2 aufgeh. mWv 1.5.2000 durch G v. 30.3. 2000 (BGBl. I S. 333).

[2)] **Amtl. Anm.:** Diese Überschrift wurde bei der deklaratorischen Neufassung eingefügt.

[3)] § 37 Abs. 1 geänd. mWv 1.5.2000 durch G v. 30.3.2000 (BGBl. I S. 333).

[4)] § 40 Abs. 1 Satz 1 geänd., Satz 2 aufgeh. durch G v. 11.3.1996 (BGBl. I S. 454); Abs. 1a aufgeh. mWv 1.1.2002 durch G v. 27.7.2001 (BGBl. I S. 1887); Abs. 2 Sätze 1 und 2 geänd. mWv 7.11.2001 durch VO v. 29.10.2001 (BGBl. I S. 2785), mWv 28.11.2003 durch VO v. 25.11.2003 (BGBl. I S. 2304), mWv 8.11.2006 durch VO v. 31.10.2006 (BGBl. I S. 2407) und mWv 8.9.2015 durch VO v. 31.8.2015 (BGBl. I S. 1474).

[5)] § 41 Abs. 3 geänd. mWv 7.11.2001 durch VO v. 29.10.2001 (BGBl. I S. 2785), mWv 28.11.2003 durch VO v. 25.11.2003 (BGBl. I S. 2304), mWv 8.11.2006 durch VO v. 31.10.2006 (BGBl. I S. 2407) und mWv 8.9.2015 durch VO v. 31.8.2015 (BGBl. I S. 1474).

(3) Die Zahl der Senate bestimmt das Bundesministerium für Arbeit und Soziales im Einvernehmen mit dem Bundesministerium der Justiz und für Verbraucherschutz.

**§ 42[1)] Bundesrichter.** (1) [1] Für die Berufung der Bundesrichter (Präsident, Vorsitzende Richter und berufsrichterliche Beisitzer nach § 41 Abs. 1 Satz 1) gelten die Vorschriften des Richterwahlgesetzes[2)]. [2] Zuständiges Ministerium im Sinne des § 1 Abs. 1 des Richterwahlgesetzes ist das Bundesministerium für Arbeit und Soziales; es entscheidet im Benehmen mit dem Bundesministerium der Justiz und für Verbraucherschutz.

(2) Die zu berufenden Personen müssen das fünfunddreißigste Lebensjahr vollendet haben.

**§ 43[3)] Ehrenamtliche Richter.** (1) [1] Die ehrenamtlichen Richter werden vom Bundesministerium für Arbeit und Soziales für die Dauer von fünf Jahren berufen. [2] Sie sind im angemessenen Verhältnis unter billiger Berücksichtigung der Minderheiten aus den Vorschlagslisten zu entnehmen, die von den Gewerkschaften, den selbständigen Vereinigungen von Arbeitnehmern mit sozial- oder berufspolitischer Zwecksetzung und Vereinigungen von Arbeitgebern, die für das Arbeitsleben des Bundesgebietes wesentliche Bedeutung haben, sowie von den in § 22 Abs. 2 Nr. 3 bezeichneten Körperschaften eingereicht worden sind.

(2) [1] Die ehrenamtlichen Richter müssen das fünfunddreißigste Lebensjahr vollendet haben, besondere Kenntnisse und Erfahrungen auf dem Gebiet des Arbeitsrechts und des Arbeitslebens besitzen und sollen mindestens fünf Jahre ehrenamtliche Richter eines Gerichts für Arbeitssachen gewesen sein. [2] Sie sollen längere Zeit in Deutschland als Arbeitnehmer oder als Arbeitgeber tätig gewesen sein.

(3) Für die Berufung, Stellung und Heranziehung der ehrenamtlichen Richter sowie für die Amtsenthebung und die Amtsentbindung sind im übrigen die Vorschriften der §§ 21 bis 28 und des § 31 entsprechend anzuwenden mit der Maßgabe, daß die in § 21 Abs. 5, § 27 Satz 2 und § 28 Satz 1 bezeichneten Entscheidungen durch den vom Präsidium für jedes Geschäftsjahr im voraus bestimmten Senat des Bundesarbeitsgerichts getroffen werden.

**§ 44[4)] Anhörung der ehrenamtlichen Richter, Geschäftsordnung.**

(1) Bevor zu Beginn des Geschäftsjahres die Geschäfte verteilt sowie die berufsrichterlichen Beisitzer und die ehrenamtlichen Richter den einzelnen Senaten und dem Großen Senat zugeteilt werden, sind je die beiden lebensältesten ehrenamtlichen Richter aus den Kreisen der Arbeitnehmer und der Arbeitgeber zu hören.

(2) [1] Der Geschäftsgang wird durch eine Geschäftsordnung[5)] geregelt, die das Präsidium beschließt. [2] Absatz 1 gilt entsprechend.

---

[1)] § 42 Abs. 1 Satz 2 geänd. mWv 7.11.2001 durch VO v. 29.10.2001 (BGBl. I S. 2785), mWv 28.11.2003 durch VO v. 25.11.2003 (BGBl. I S. 2304), mWv 8.11.2006 durch VO v. 31.10.2006 (BGBl. I S. 2407) und mWv 8.9.2015 durch VO v. 31.8.2015 (BGBl. I S. 1474).

[2)] **Sartorius Nr. 610.**

[3)] § 43 Abs. 1 Satz 1, Abs. 2 Satz 1 geänd. mWv 1.5.2000 durch G v. 30.3.2000 (BGBl. I S. 333); Abs. 1 Satz 1 geänd. mWv 7.11.2001 durch VO v. 29.10.2001 (BGBl. I S. 2785), mWv 28.11.2003 durch VO v. 25.11.2003 (BGBl. I S. 2304) und mWv 8.11.2006 durch VO v. 31.10.2006 (BGBl. I S. 2407).

[4)] § 44 Abs. 2 Satz 1 geänd. mWv 5.8.2009 durch G v. 30.7.2009 (BGBl. I S. 2449).

[5)] Siehe hierzu die Geschäftsordnung des Bundesarbeitsgerichts **(Loseblatt-Textsammlung Arbeitsrecht Nr. 662)** und die AO des Bundespräsidenten über die Amtstracht bei dem Bundesarbeitsgericht und bei dem Bundessozialgericht v. 7.5.1954 (BGBl. I S. 119).

**§ 45[1)] Großer Senat.** (1) Bei dem Bundesarbeitsgericht wird ein Großer Senat gebildet.

(2) Der Große Senat entscheidet, wenn ein Senat in einer Rechtsfrage von der Entscheidung eines anderen Senats oder des Großen Senats abweichen will.[2)]

(3) [1] Eine Vorlage an den Großen Senat ist nur zulässig, wenn der Senat, von dessen Entscheidung abgewichen werden soll, auf Anfrage des erkennenden Senats erklärt hat, daß er an seiner Rechtsauffassung festhält. [2] Kann der Senat, von dessen Entscheidung abgewichen werden soll, wegen einer Änderung des Geschäftsverteilungsplanes mit der Rechtsfrage nicht mehr befaßt werden, tritt der Senat an seine Stelle, der nach dem Geschäftsverteilungsplan für den Fall, in dem abweichend entschieden wurde, nunmehr zuständig wäre. [3] Über die Anfrage und die Antwort entscheidet der jeweilige Senat durch Beschluß in der für Urteile erforderlichen Besetzung.

(4) Der erkennende Senat kann eine Frage von grundsätzlicher Bedeutung dem Großen Senat zur Entscheidung vorlegen, wenn das nach seiner Auffassung zur Fortbildung des Rechts oder zur Sicherung einer einheitlichen Rechtsprechung erforderlich ist.

(5) [1] Der Große Senat besteht aus dem Präsidenten, je einem Berufsrichter der Senate, in denen der Präsident nicht den Vorsitz führt, und je drei ehrenamtlichen Richtern aus den Kreisen der Arbeitnehmer und Arbeitgeber. [2] Bei einer Verhinderung des Präsidenten tritt ein Berufsrichter des Senats, dem er angehört, an seine Stelle.

(6) [1] Die Mitglieder und die Vertreter werden durch das Präsidium für ein Geschäftsjahr bestellt. [2] Den Vorsitz im Großen Senat führt der Präsident, bei Verhinderung das dienstälteste Mitglied. [3] Bei Stimmengleichheit gibt die Stimme des Vorsitzenden den Ausschlag.

(7) [1] Der Große Senat entscheidet nur über die Rechtsfrage. [2] Er kann ohne mündliche Verhandlung entscheiden. [3] Seine Entscheidung ist in der vorliegenden Sache für den erkennenden Senat bindend.

## Dritter Teil. Verfahren vor den Gerichten für Arbeitssachen

### Erster Abschnitt. Urteilsverfahren

#### Erster Unterabschnitt. Erster Rechtszug

**§ 46[3)] Grundsatz.** (1) Das Urteilsverfahren findet in den in § 2 Abs. 1 bis 4 bezeichneten bürgerlichen Rechtsstreitigkeiten Anwendung.

(2) [1] Für das Urteilsverfahren des ersten Rechtszugs gelten die Vorschriften der Zivilprozeßordnung über das Verfahren vor den Amtsgerichten entsprechend, soweit dieses Gesetz nichts anderes bestimmt. [2] Die Vorschriften über den frühen ersten Termin zur mündlichen Verhandlung und das schriftliche Vorverfahren (§§ 275 bis 277 der Zivilprozeßordnung[4)]), über das vereinfachte Verfahren (§ 495a der Zivilprozeßordnung), über den Urkunden- und Wechselprozeß (§§ 592 bis 605a der Zivilprozeßordnung), über die Musterfeststellungsklage (§§ 606 bis

---

[1)] § 45 neu gef. durch G v. 17.12.1990 (BGBl. I S. 2847)

[2)] Siehe hierzu § 8 GeschäftsO **(Loseblatt-Textsammlung Arbeitsrecht Nr. 662).**

[3)] § 46 Abs. 2 Satz 2 geänd. durch G v. 17.12.1990 (BGBl. I S. 2847); Abs. 2 Satz 2 geänd G v. 28.10. 1996 (BGBl. I S. 1546); Abs. 2 Satz 2 geänd., Satz 3 angef. mWv 1.1.2002 durch G v. 27.7.2001 (BGBl. I S. 1887); Abs. 2 Satz 2 geänd. mWv 1.11.2018 durch G v. 12.7.2018 (BGBl. I S. 1151).

[4)] Nr. **100**.

61… er Zivilprozessordnung), über die Entscheidung ohne mündliche Verhandlung (§ 128 Abs. 2 der Zivilprozeßordnung) und über die Verlegung von Terminen in der Zeit vom 1. Juli bis 31. August (§ 227 Abs. 3 Satz 1 der Zivilprozeßordnung) finden keine Anwendung. [3] § 127 Abs. 2 der Zivilprozessordnung findet mit der Maßgabe Anwendung, dass die sofortige Beschwerde bei Bestandsschutzstreitigkeiten unabhängig von dem Streitwert zulässig ist.

**§ 46a[1)] Mahnverfahren.** (1) [1] Für das Mahnverfahren vor den Gerichten für Arbeitssachen gelten die Vorschriften der Zivilprozeßordnung über das Mahnverfahren einschließlich der maschinellen Bearbeitung entsprechend, soweit dieses Gesetz nichts anderes bestimmt. [2] § 702 Absatz 2 Satz 2 der Zivilprozessordnung[2)] ist nicht anzuwenden.

(2) [1] Zuständig für die Durchführung des Mahnverfahrens ist das Arbeitsgericht, das für die im Urteilsverfahren erhobene Klage zuständig sein würde. [2] Die Landesregierungen werden ermächtigt, einem Arbeitsgericht durch Rechtsverordnung Mahnverfahren für die Bezirke mehrerer Arbeitsgerichte zuzuweisen. [3] Die Zuweisung kann auf Mahnverfahren beschränkt werden, die maschinell bearbeitet werden. [4] Die Landesregierungen können die Ermächtigung durch Rechtsverordnung auf die jeweils zuständige oberste Landesbehörde übertragen. [5] Mehrere Länder können die Zuständigkeit eines Arbeitsgerichts über die Landesgrenzen hinaus vereinbaren.

(3) Die in den Mahnbescheid nach § 692 Abs. 1 Nr. 3 der Zivilprozeßordnung aufzunehmende Frist beträgt eine Woche.

(4) [1] Wird rechtzeitig Widerspruch erhoben und beantragt eine Partei die Durchführung der mündlichen Verhandlung, so gibt das Gericht, das den Mahnbescheid erlassen hat, den Rechtsstreit von Amts wegen an das Gericht ab, das in dem Mahnbescheid gemäß § 692 Absatz 1 Nummer 1 der Zivilprozessordnung bezeichnet worden ist. [2] Verlangen die Parteien übereinstimmend die Abgabe an ein anderes als das im Mahnbescheid bezeichnete Gericht, erfolgt die Abgabe dorthin. [3] Die Geschäftsstelle hat dem Antragsteller unverzüglich aufzugeben, seinen Anspruch binnen zwei Wochen schriftlich zu begründen. [4] Bei Eingang der Anspruchsbegründung bestimmt der Vorsitzende den Termin zur mündlichen Verhandlung. [5] Geht die Anspruchsbegründung nicht rechtzeitig ein, so wird bis zu ihrem Eingang der Termin nur auf Antrag des Antragsgegners bestimmt.

(5) Die Streitsache gilt als mit Zustellung des Mahnbescheids rechtshängig geworden, wenn alsbald nach Erhebung des Widerspruchs Termin zur mündlichen Verhandlung bestimmt wird.

(6) [1] Im Fall des Einspruchs hat das Gericht von Amts wegen zu prüfen, ob der Einspruch an sich statthaft und ob er in der gesetzlichen Form und Frist eingelegt ist. [2] Fehlt es an einem dieser Erfordernisse, so ist der Einspruch als unzulässig zu verwerfen. [3] Ist der Einspruch zulässig, hat die Geschäftsstelle dem Antragsteller

---

[1)] § 46a Abs. 4 neu gef., Abs. 6 und 7 geänd. durch G v. 17.12.1990 (BGBl. I S. 2847); Abs. 1 geänd., Abs. 7 eingef., bish. Abs. 7 wird Abs. 8 und neu gef. durch G v. 29.6.1998 (BGBl. I S. 1694); Abs. 7 und Abs. 8 Satz 1 geänd. mWv 28.11.2003 durch VO v. 25.11.2003 (BGBl. I S. 2304); Abs. 8 Sätze 1 und 2 geänd. mWv 1.4.2005 durch G v. 22.3.2005 (BGBl. I S. 837); Abs 7 und 8 Satz 1 geänd. mWv 8.11.2006 durch VO v. 31.10.2006 (BGBl. I S. 2407); Abs. 1 Satz 2 angef. mWv 31.12.2006 durch G v. 22.12.2006 (BGBl. I S. 3416); Abs. 6 neu gef. mWv 1.4.2008 durch G v. 26.3.2008 (BGBl. I S. 444); Abs. 2 Sätze 2–5 angef., Abs. 4 Satz 1 neu gef., Sätze 2 und 3 eingef., bish. Sätze 2 und 3 werden Sätze 4 und 5, Abs. 8 Satz 3 angef. mWv 1.7.2014 durch G v. 10.10.2013 (BGBl. I S. 3786); Abs. 1 Satz 2 geänd. mWv 1.1.2018 durch G v. 5.7.2017 (BGBl. I S. 2208).

[2)] Nr. **100**.

unverzüglich aufzugeben, seinen Anspruch binnen zwei Wochen schriftlich zu begründen. [4] Nach Ablauf der Begründungsfrist bestimmt der Vorsitzende unverzüglich Termin zur mündlichen Verhandlung.

(7) Das Bundesministerium für Arbeit und Soziales wird ermächtigt, durch Rechtsverordnung mit Zustimmung des Bundesrates den Verfahrensablauf zu regeln, soweit dies für eine einheitliche maschinelle Bearbeitung der Mahnverfahren erforderlich ist (Verfahrensablaufplan).

(8) [1] Das Bundesministerium für Arbeit und Soziales wird ermächtigt, durch Rechtsverordnung mit Zustimmung des Bundesrates zur Vereinfachung des Mahnverfahrens und zum Schutze der in Anspruch genommenen Partei Formulare einzuführen[1)]. [2] Dabei können für Mahnverfahren bei Gerichten, die die Verfahren maschinell bearbeiten, und für Mahnverfahren bei Gerichten, die die Verfahren nicht maschinell bearbeiten, unterschiedliche Formulare eingeführt werden. [3] Die Rechtsverordnung kann ein elektronisches Formular vorsehen; § 130c Satz 2 bis 4 der Zivilprozessordnung gilt entsprechend.

**§ 46b[2)] Europäisches Mahnverfahren nach der Verordnung (EG) Nr. 1896/2006[3)].** (1) Für das Europäische Mahnverfahren nach der Verordnung (EG) Nr. 1896/2006 des Europäischen Parlaments und des Rates vom 12. Dezember 2006 zur Einführung eines Europäischen Mahnverfahrens (ABl. EU Nr. L 399 S. 1) gelten die Vorschriften des Abschnitts 5 des Buchs 11 der Zivilprozessordnung[4)] entsprechend, soweit dieses Gesetz nichts anderes bestimmt.

(2) Für die Bearbeitung von Anträgen auf Erlass und Überprüfung sowie die Vollstreckbarerklärung eines Europäischen Zahlungsbefehls nach der Verordnung (EG) Nr. 1896/2006 ist das Arbeitsgericht zuständig, das für die im Urteilsverfahren erhobene Klage zuständig sein würde.

(3) [1] Im Fall des Artikels 17 Abs. 1 der Verordnung (EG) Nr. 1896/2006 ist § 46a Abs. 4 und 5 entsprechend anzuwenden. [2] Der Antrag auf Durchführung der mündlichen Verhandlung gilt als vom Antragsteller gestellt.

**§ 46c[5)] Elektronisches Dokument; Verordnungsermächtigung.**

(1) Vorbereitende Schriftsätze und deren Anlagen, schriftlich einzureichende Anträge und Erklärungen der Parteien sowie schriftlich einzureichende Auskünfte, Aussagen, Gutachten, Übersetzungen und Erklärungen Dritter können nach Maßgabe der folgenden Absätze als elektronische Dokumente bei Gericht eingereicht werden.

(2) [1] Das elektronische Dokument muss für die Bearbeitung durch das Gericht geeignet sein. [2] Die Bundesregierung bestimmt durch Rechtsverordnung mit Zustimmung des Bundesrates technische Rahmenbedingungen für die Übermittlung und die Eignung zur Bearbeitung durch das Gericht.

---

1) VO zur Einführung von Vordrucken für das arbeitsgerichtliche Mahnverfahren v. 15.12.1977 (BGBl. I S. 2625), zuletzt geänd. durch VO v. 25.5.2022 (BGBl. I S. 823).

2) § 46b eingef. mWv 12.12.2008 durch G v. 30.10.2008 (BGBl. I S. 2122).

3) **Habersack, Deutsche Gesetze ErgBd. Nr. 103g.**

4) Nr. **100**.

5) § 46c *neu gef. mWv 1.1.2018 durch G v. 10.10.2013* (BGBl. I S. 3786); Abs. 1 geänd., Abs. 3 Satz 2 angef. mWv 1.1.2020 durch G v. 12.12.2019 (BGBl. I S. 2633); Abs. 4 Nr. 2 neu gef. mWv 1.8.2022 durch G v. 7.7.2021 (BGBl. I S. 2363); Überschrift geänd., Abs. 2 Satz 2 neu gef., Abs. 4 Nr. 3 geänd., Nrn. 4 und 5 eingef., bish. Nr. 4 wird Nr. 6, Satz 2 angef., Abs. 6 Satz 1 geänd. mWv 1.1.2022 durch G v. 5.10.2021 (BGBl. I S. 4607).

(3) [1]Das elektronische Dokument muss mit einer qualifizierten elektronischen Signatur der verantwortenden Person versehen sein oder von der verantwortenden Person signiert und auf einem sicheren Übermittlungsweg eingereicht werden. [2]Satz 1 gilt nicht für Anlagen, die vorbereitenden Schriftsätzen beigefügt sind.

(4) [1]Sichere Übermittlungswege sind

1. der Postfach- und Versanddienst eines De-Mail-Kontos, wenn der Absender bei Versand der Nachricht sicher im Sinne des § 4 Absatz 1 Satz 2 des De-Mail-Gesetzes angemeldet ist und er sich die sichere Anmeldung gemäß § 5 Absatz 5 des De-Mail-Gesetzes bestätigen lässt,
2. der Übermittlungsweg zwischen den besonderen elektronischen Anwaltspostfächern nach den §§ 31a und 31b der Bundesrechtsanwaltsordnung[1)] oder einem entsprechenden, auf gesetzlicher Grundlage errichteten elektronischen Postfach und der elektronischen Poststelle des Gerichts,
3. der Übermittlungsweg zwischen einem nach Durchführung eines Identifizierungsverfahrens eingerichteten Postfach einer Behörde oder einer juristischen Person des öffentlichen Rechts und der elektronischen Poststelle des Gerichts,
4. der Übermittlungsweg zwischen einem nach Durchführung eines Identifizierungsverfahrens eingerichteten elektronischen Postfach einer natürlichen oder juristischen Person oder einer sonstigen Vereinigung und der elektronischen Poststelle des Gerichts,
5. der Übermittlungsweg zwischen einem nach Durchführung eines Identifizierungsverfahrens genutzten Postfach- und Versanddienst eines Nutzerkontos im Sinne des § 2 Absatz 5 des Onlinezugangsgesetzes und der elektronischen Poststelle des Gerichts,
6. sonstige bundeseinheitliche Übermittlungswege, die durch Rechtsverordnung der Bundesregierung mit Zustimmung des Bundesrates festgelegt werden, bei denen die Authentizität und Integrität der Daten sowie die Barrierefreiheit gewährleistet sind.

[2]Das Nähere zu den Übermittlungswegen gemäß Satz 1 Nummer 3 bis 5 regelt die Rechtsverordnung nach Absatz 2 Satz 2.

(5) [1]Ein elektronisches Dokument ist eingegangen, sobald es auf der für den Empfang bestimmten Einrichtung des Gerichts gespeichert ist. [2]Dem Absender ist eine automatisierte Bestätigung über den Zeitpunkt des Eingangs zu erteilen.

(6) [1]Ist ein elektronisches Dokument für das Gericht zur Bearbeitung nicht geeignet, ist dies dem Absender unter Hinweis auf die Unwirksamkeit des Eingangs unverzüglich mitzuteilen. [2]Das Dokument gilt als zum Zeitpunkt der früheren Einreichung eingegangen, sofern der Absender es unverzüglich in einer für das Gericht zur Bearbeitung geeigneten Form nachreicht und glaubhaft macht, dass es mit dem zuerst eingereichten Dokument inhaltlich übereinstimmt.

**§ 46d[2)]** ***Gerichtliches elektronisches Dokument.*** [1]Soweit dieses Gesetz dem Richter, dem Rechtspfleger, dem Urkundsbeamten der Geschäftsstelle oder dem Gerichtsvollzieher die handschriftliche Unterzeichnung vorschreibt, genügt dieser Form die Aufzeichnung als elektronisches Dokument, wenn die verantwortenden Personen am Ende des Dokuments ihren Namen hinzufügen und das Dokument

---

[1)] **Habersack, Deutsche Gesetze ErgBd. Nr. 98.**

[2)] Früherer § 46c neu gef. mWv 1.4.2008 durch G v. 26.3.2008 (BGBl. I S. 444); bish. § 46c wird § 46d mWv 12.12.2008 durch G v. 30.10.2008 (BGBl. I S. 2122); Satz 2 angef. mWv 1.1.2018 durch G v. 5.7.2017 (BGBl. I S. 2208).

mit einer qualifizierten elektronischen Signatur versehen. [2]Der in Satz 1 genannten Form genügt auch ein elektronisches Dokument, in welches das handschriftlich unterzeichnete Schriftstück gemäß § 46e Absatz 2 übertragen worden ist.

## § 46e[1)] Elektronische Akte; Verordnungsermächtigung.

***[Abs. 1 bis 31.12.2025:]***

(1) [1]Die Prozessakten können elektronisch geführt werden. [2]Die Bundesregierung und die Landesregierungen bestimmen für ihren Bereich durch Rechtsverordnung den Zeitpunkt, von dem an elektronische Akten geführt werden sowie die hierfür geltenden organisatorisch-technischen Rahmenbedingungen für die Bildung, Führung und Aufbewahrung der elektronischen Akten. [3]Die Landesregierungen können die Ermächtigung durch Rechtsverordnung auf die jeweils zuständige oberste Landesbehörde übertragen. [4]Die Zulassung der elektronischen Akte kann auf einzelne Gerichte oder Verfahren beschränkt werden; wird von dieser Möglichkeit Gebrauch gemacht, kann in der Rechtsverordnung bestimmt werden, dass durch Verwaltungsvorschrift, die öffentlich bekanntzumachen ist, geregelt wird, in welchen Verfahren die Akten elektronisch zu führen sind.

(1a) ***[ab 1.1.2026: (1)]*** [1]Die Prozessakten werden ***[bis 31.12.2025:** ab dem 1. Januar 2026**]*** elektronisch geführt. [2]Die Bundesregierung und die Landesregierungen bestimmen jeweils für ihren Bereich durch Rechtsverordnung die organisatorischen und dem Stand der Technik entsprechenden technischen Rahmenbedingungen für die Bildung, Führung und Aufbewahrung der elektronischen Akten einschließlich der einzuhaltenden Anforderungen der Barrierefreiheit. [3]Die Bundesregierung und die Landesregierungen können jeweils für ihren Bereich durch Rechtsverordnung bestimmen, dass Akten, die in Papierform angelegt wurden, in Papierform weitergeführt werden. [4]Die Landesregierungen können die Ermächtigungen nach den Sätzen 2 und 3 durch Rechtsverordnung auf die für die Arbeitsgerichtsbarkeit zuständigen obersten Landesbehörden übertragen. [5]Die Rechtsverordnungen der Bundesregierung bedürfen nicht der Zustimmung des Bundesrates.

(2) [1]Werden die Prozessakten elektronisch geführt, sind in Papierform vorliegende Schriftstücke und sonstige Unterlagen nach dem Stand der Technik zur Ersetzung der Urschrift in ein elektronisches Dokument zu übertragen. [2]Es ist sicherzustellen, dass das elektronische Dokument mit den vorliegenden Schriftstücken und sonstigen Unterlagen bildlich und inhaltlich übereinstimmt. [3]Das elektronische Dokument ist mit einem Übertragungsnachweis zu versehen, der das bei der Übertragung angewandte Verfahren und die bildliche und inhaltliche Übereinstimmung dokumentiert. [4]Wird ein von den verantwortenden Personen handschriftlich unterzeichnetes gerichtliches Schriftstück übertragen, ist der Übertragungsnachweis mit einer qualifizierten elektronischen Signatur des Urkundsbeamten der Geschäftsstelle zu versehen. [5]Die in Papierform vorliegenden Schriftstücke und sonstigen Unterlagen können sechs Monate nach der Übertragung vernichtet werden, sofern sie nicht rückgabepflichtig sind.

---

[1)] Früherer § 46d eingef. mWv 1.4.2005 durch G v. 22.3.2005 (BGBl. I S. 837); Abs. 1 Satz 2, Abs. 2 *Satz 2 geänd.* mWv 1.4.2008 durch G v. 26.3.2008 (BGBl. I S. 444); bish. § 46d wird § 46e mWv 12.12. 2008 durch G v. 30.10.2008 (BGBl. I S. 2122); Abs. 2 neu gef., Abs. 3 aufgeh. mWv 1.1.2018 durch G v. 10.10.2013 (BGBl. I S. 3786); Überschrift neu gef., Abs. 1 Satz 4 geänd. mWv 13.7.2017, Abs. 1a eingef, Abs. 2 neu gef. mWv 1.1.2018; Abs. 1 aufgeh., bish. Abs. 1a wird Abs. 1 und Satz 1 geänd. **mWv 1.1. 2026** durch G v. 5.7.2017 (BGBl. I S. 2208).

**§ 46f[1)] Formulare; Verordnungsermächtigung.** [1]Das Bundesministerium für Arbeit und Soziales kann durch Rechtsverordnung mit Zustimmung des Bundesrates elektronische Formulare einführen. [2]Die Rechtsverordnung kann bestimmen, dass die in den Formularen enthaltenen Angaben ganz oder teilweise in strukturierter maschinenlesbarer Form zu übermitteln sind. [3]Die Formulare sind auf einer in der Rechtsverordnung zu bestimmenden Kommunikationsplattform im Internet zur Nutzung bereitzustellen. [4]Die Rechtsverordnung kann bestimmen, dass eine Identifikation des Formularverwenders abweichend von § 46c Absatz 3 auch durch Nutzung des elektronischen Identitätsnachweises nach § 18 des Personalausweisgesetzes[2)], § 12 des eID-Karte-Gesetzes oder § 78 Absatz 5 des Aufenthaltsgesetzes[3)] erfolgen kann.

**§ 46g[4) 5)] *[bis 31.12.2025:* Nutzungspflicht für Rechtsanwälte, Behörden und vertretungsberechtigte Personen*] [ab 1.1.2026: Nutzungspflicht für Rechtsanwälte, Behörden und vertretungsberechtigte Bevollmächtigte].*** [1]Vorbereitende Schriftsätze und deren Anlagen sowie schriftlich einzureichende Anträge und Erklärungen, die durch einen Rechtsanwalt, durch eine Behörde oder durch eine juristische Person des öffentlichen Rechts einschließlich der von ihr zur Erfüllung ihrer öffentlichen Aufgaben gebildeten Zusammenschlüsse eingereicht werden, sind als elektronisches Dokument zu übermitteln. ***[Satz 2 bis 31.12. 2025:]*** [2]Gleiches gilt für die nach diesem Gesetz vertretungsberechtigten Personen, für die ein sicherer Übermittlungsweg nach § 46c Absatz 4 Satz 1 Nummer 2 zur Verfügung steht. ***[Satz 2 ab 1.1.2026:]*** *[2]Gleiches gilt für die nach diesem Gesetz vertretungsberechtigten Personen und Bevollmächtigten, für die ein sicherer Übermittlungsweg nach § 46c Absatz 4 Satz 1 Nummer 2 oder Nummer 4 zur Verfügung steht; ausgenommen sind nach § 11 Absatz 2 Satz 2 Nummer 1 Halbsatz 1 oder Nummer 2 vertretungsbefugte Personen.* [3]Ist eine Übermittlung aus technischen Gründen vorübergehend nicht möglich, bleibt die Übermittlung nach den allgemeinen Vorschriften zulässig. [4]Die vorübergehende Unmöglichkeit ist bei der Ersatzeinreichung oder unverzüglich danach glaubhaft zu machen; auf Anforderung ist ein elektronisches Dokument nachzureichen.

**§ 47 Sondervorschriften über Ladung und Einlassung[6)].** (1) Die Klageschrift muß mindestens eine Woche vor dem Termin zugestellt sein.

(2) Eine Aufforderung an den Beklagten, sich auf die Klage schriftlich zu äußern, erfolgt in der Regel nicht.

---

[1)] § 46f eingef. mWv 1.7.2014 durch G v. 10.10.2013 (BGBl. I S. 3786); Satz 4 geänd. mWv 1.11.2019 durch G v. 21.6.2019 (BGBl. I S. 846).

[2)] **Sartorius Nr. 255.**

[3)] **Sartorius Nr. 565.**

[4)] § 46g eingef. mWv 1.1.2022 durch G v. 10.10.2013 (BGBl. I S. 3786); Satz 2 geänd. mWv 1.1.2022, Überschrift und Satz 2 neu gef. **mWv 1.1.2026** durch G v. 5.10.2021 (BGBl. I S. 4607).

[5)] Gem. Art. 24 Abs. 2 G v. 10.10.2013 (BGBl. I S. 3786) können die Landesregierungen für ihren Bereich durch VO bestimmen, dass § 46g ganz oder teilweise bereits am 1.1.2020 oder am 1.1.2021 in Kraft tritt.

Gem. § 1 der VO über die Pflicht zur Nutzung des elektronischen Rechtsverkehrs v. 13.12.2019 (GVOBl. Schl.-H. S. 782) tritt § 46g für Schleswig-Holstein am 1.1.2020 in Kraft.

Gem. § 1 der VO über die Pflicht zur Nutzung des elektronischen Rechtsverkehrs für die Fachgerichtsbarkeiten mit Ausnahme des Landessozialgerichts Niedersachsen-Bremen und der Verwaltungsgerichtsbarkeit zum 1. Januar 2021 v. 8.12.2020 (Brem.GBl. S. 1666) tritt § 46g für Bremen am 1.1.2021 in Kraft.

[6)] **Amtl. Anm.:** Die Worte „Ladung und" sind gegenstandslos.

**§ 48[1] Rechtsweg und Zuständigkeit.** (1) Für die Zulässigkeit des Rechtsweges und der Verfahrensart sowie für die sachliche und örtliche Zuständigkeit gelten die §§ 17 bis 17b des Gerichtsverfassungsgesetzes[2] mit folgender Maßgabe entsprechend:

1. Beschlüsse entsprechend § 17a Abs. 2 und 3 des Gerichtsverfassungsgesetzes über die örtliche Zuständigkeit sind unanfechtbar.
2. Der Beschluß nach § 17a Abs. 4 des Gerichtsverfassungsgesetzes ergeht, sofern er nicht lediglich die örtliche Zuständigkeit zum Gegenstand hat, auch außerhalb der mündlichen Verhandlung stets durch die Kammer.

(1a) [1] Für Streitigkeiten nach § 2 Abs. 1 Nr. 3, 4a, 7, 8 und 10 sowie Abs. 2 ist auch das Arbeitsgericht zuständig, in dessen Bezirk der Arbeitnehmer gewöhnlich seine Arbeit verrichtet oder zuletzt gewöhnlich verrichtet hat. [2] Ist ein gewöhnlicher Arbeitsort im Sinne des Satzes 1 nicht feststellbar, ist das Arbeitsgericht örtlich zuständig, von dessen Bezirk aus der Arbeitnehmer gewöhnlich seine Arbeit verrichtet oder zuletzt gewöhnlich verrichtet hat.

(2) [1] Die Tarifvertragsparteien können im Tarifvertrag die Zuständigkeit eines an sich örtlich unzuständigen Arbeitsgerichts festlegen für

1. bürgerliche Rechtsstreitigkeiten zwischen Arbeitnehmern und Arbeitgebern aus einem Arbeitsverhältnis und aus Verhandlungen über die Eingehung eines Arbeitsverhältnisses, das sich nach einem Tarifvertrag bestimmt,
2. bürgerliche Rechtsstreitigkeiten aus dem Verhältnis einer gemeinsamen Einrichtung der Tarifvertragsparteien zu den Arbeitnehmern oder Arbeitgebern.

[2] Im Geltungsbereich eines Tarifvertrags nach Satz 1 Nr. 1 gelten die tarifvertraglichen Bestimmungen über das örtlich zuständige Arbeitsgericht zwischen nicht tarifgebundenen Arbeitgebern und Arbeitnehmern, wenn die Anwendung des gesamten Tarifvertrags zwischen ihnen vereinbart ist. [3] Die in § 38 Abs. 2 und 3 der Zivilprozeßordnung[3] vorgesehenen Beschränkungen finden keine Anwendung.

**§ 48a[4]** *(aufgehoben)*

**§ 49 Ablehnung von Gerichtspersonen.** (1) Über die Ablehnung von Gerichtspersonen entscheidet die Kammer des Arbeitsgerichts.

(2) Wird sie durch das Ausscheiden des abgelehnten Mitgliedes beschlußunfähig, so entscheidet das Landesarbeitsgericht.

(3) Gegen den Beschluß findet kein Rechtsmittel statt.

**§ 50[5] Zustellung.** (1) [1] Die Urteile werden von Amts wegen binnen drei Wochen seit Übermittlung an die Geschäftsstelle zugestellt. [2] § 317 Abs. 1 Satz 3 der Zivilprozeßordnung[3] ist nicht anzuwenden.

---

[1] § 48 Überschrift und Abs. 1 neu gef. durch G v. 17.12.1990 (BGBl. I S. 2809); Abs. 1 Nr. 2 geänd. mWv 1.5.2000 durch G v. 30.3.2000 (BGBl. I S. 333); Abs. 1a eingef. mWv 1.4.2008 durch G v. 26.3. 2008 (BGBl. I S. 444); Abs. 1a Satz 1 geänd. mWv 1.1.2009 durch G v. 21.12.2008 (BGBl. I S. 2940).

[2] Nr. **95**.

[3] Nr. **100**.

[4] § 48a aufgeh. durch G v. 17.12.1990 (BGBl. I S. 2809).

[5] § 50 Abs. 3 angef. durch G v. 26.6.1990 (BGBl. I S. 1206); Abs. 2 neu gef., Abs. 3 aufgeh. mWv 1.7. 2002 durch G v. 25.6.2001 (BGBl. I S. 1206); Abs. 1 Satz 1 geänd. mWv 1.4.2005 durch G v. 22.3.2005 (BGBl. I S. 837); Abs. 2 geänd. mWv 1.1.2022 durch G v. 5.10.2021 (BGBl. I S. 4607).

(2) Die §§ 173, 175 und 178 Absatz 1 Nummer 2 der Zivilprozessordnung sind auf die nach § 11 zur Prozessvertretung zugelassenen Personen entsprechend anzuwenden.

**§ 51 Persönliches Erscheinen der Parteien.** (1) [1]Der Vorsitzende kann das persönliche Erscheinen der Parteien in jeder Lage des Rechtsstreits anordnen. [2]Im übrigen finden die Vorschriften des § 141 Abs. 2 und 3 der Zivilprozeßordnung[1)] entsprechende Anwendung.

(2) [1]Der Vorsitzende kann die Zulassung eines Prozeßbevollmächtigten ablehnen, wenn die Partei trotz Anordnung ihres persönlichen Erscheinens unbegründet ausgeblieben ist und hierdurch der Zweck der Anordnung vereitelt wird. [2]§ 141 Abs. 3 Satz 2 und 3 der Zivilprozeßordnung findet entsprechende Anwendung.

**§ 52[2)] Öffentlichkeit.** [1]Die Verhandlungen vor dem erkennenden Gericht einschließlich der Beweisaufnahme und der Verkündung der Entscheidung ist öffentlich. [2]Das Arbeitsgericht kann die Öffentlichkeit für die Verhandlung oder für einen Teil der Verhandlung ausschließen, wenn durch die Öffentlichkeit eine Gefährdung der öffentlichen Ordnung, insbesondere der Staatssicherheit, oder eine Gefährdung der Sittlichkeit zu besorgen ist oder wenn eine Partei den Ausschluß der Öffentlichkeit beantragt, weil Betriebs-, Geschäfts- oder Erfindungsgeheimnisse zum Gegenstand der Verhandlung oder der Beweisaufnahme gemacht werden; außerdem ist § 171b des Gerichtsverfassungsgesetzes[3)] entsprechend anzuwenden. [3]Im Güteverfahren kann es die Öffentlichkeit auch aus Zweckmäßigkeitsgründen ausschließen. [4]§ 169 Absatz 1 Satz 2 bis 5, Absatz 2 und 4 sowie die §§ 173 bis 175 des Gerichtsverfassungsgesetzes sind entsprechend anzuwenden.

**§ 53 Befugnisse des Vorsitzenden und der ehrenamtlichen Richter.**

(1) [1]Die nicht auf Grund einer mündlichen Verhandlung ergehenden Beschlüsse und Verfügungen erläßt, soweit nichts anderes bestimmt ist, der Vorsitzende allein. [2]Entsprechendes gilt für Amtshandlungen auf Grund eines Rechtshilfeersuchens.

(2) Im übrigen gelten für die Befugnisse des Vorsitzenden und der ehrenamtlichen Richter die Vorschriften der Zivilprozeßordnung über das landgerichtliche Verfahren entsprechend.

**§ 54[4)] Güteverfahren.** (1) [1]Die mündliche Verhandlung beginnt mit einer Verhandlung vor dem Vorsitzenden zum Zwecke der gütlichen Einigung der Parteien (Güteverhandlung). [2]Der Vorsitzende hat zu diesem Zwecke das gesamte Streitverhältnis mit den Parteien unter freier Würdigung aller Umstände zu erörtern. [3]Zur Aufklärung des Sachverhalts kann er alle Handlungen vornehmen, die sofort erfolgen können. [4]Eidliche Vernehmungen sind jedoch ausgeschlossen. [5]Der Vorsitzende kann die Güteverhandlung mit Zustimmung der Parteien in einem weiteren Termin, der alsbald stattzufinden hat, fortsetzen.

---

[1)] Nr. **100**.

[2)] § 52 Satz 2 geänd. durch G v. 18.12.1986 (BGBl. I S. 2496); Satz 4 geänd. mWv 18.4.2018 durch G v. 8.10.2017 (BGBl. I S. 3546).

[3)] Nr. **95**.

[4)] § 54 Abs. 1 Satz 5 angef. mWv 1. 5. 2000 durch G v. 30.3.2000 (BGBl. I S. 333); Abs. 5 Sätze 3 und 4 geänd. mWv 1.1.2002 durch G v. 27.7.2001 (BGBl. I S. 1887); Abs. 6 angef. mWv 26.7.2012 durch G v. 21.7.2012 (BGBl. I S. 1577); Abs. 3 geänd. mWv 1.1.2018 durch G v. 5.7.2017 (BGBl. I S. 2208).

(2) [1]Die Klage kann bis zum Stellen der Anträge ohne Einwilligung des Beklagten zurückgenommen werden. [2]In der Güteverhandlung erklärte gerichtliche Geständnisse nach § 288 der Zivilprozeßordnung[1)] haben nur dann bindende Wirkung, wenn sie zu Protokoll erklärt worden sind. [3]§ 39 Satz 1 und § 282 Abs. 3 Satz 1 der Zivilprozeßordnung sind nicht anzuwenden.

(3) Das Ergebnis der Güteverhandlung, insbesondere der Abschluß eines Vergleichs, ist in das Protokoll aufzunehmen.

(4) Erscheint eine Partei in der Güteverhandlung nicht oder ist die Güteverhandlung erfolglos, schließt sich die weitere Verhandlung unmittelbar an oder es ist, falls der weiteren Verhandlung Hinderungsgründe entgegenstehen, Termin zur streitigen Verhandlung zu bestimmen; diese hat alsbald stattzufinden.

(5) [1]Erscheinen oder verhandeln beide Parteien in der Güteverhandlung nicht, ist das Ruhen des Verfahrens anzuordnen. [2]Auf Antrag einer Partei ist Termin zur streitigen Verhandlung zu bestimmen. [3]Dieser Antrag kann nur innerhalb von sechs Monaten nach der Güteverhandlung gestellt werden. [4]Nach Ablauf der Frist ist § 269 Abs. 3 bis 5 der Zivilprozeßordnung entsprechend anzuwenden.

(6) [1]Der Vorsitzende kann die Parteien für die Güteverhandlung sowie deren Fortsetzung vor einen hierfür bestimmten und nicht entscheidungsbefugten Richter (Güterichter) verweisen. [2]Der Güterichter kann alle Methoden der Konfliktbeilegung einschließlich der Mediation einsetzen.

**§ 54a[2)] Mediation, außergerichtliche Konfliktbeilegung.** (1) Das Gericht kann den Parteien eine Mediation oder ein anderes Verfahren der außergerichtlichen Konfliktbeilegung vorschlagen.

(2) [1]Entscheiden sich die Parteien zur Durchführung einer Mediation oder eines anderen Verfahrens der außergerichtlichen Konfliktbeilegung, ordnet das Gericht das Ruhen des Verfahrens an. [2]Auf Antrag einer Partei ist Termin zur mündlichen Verhandlung zu bestimmen. [3]Im Übrigen nimmt das Gericht das Verfahren nach drei Monaten wieder auf, es sei denn, die Parteien legen übereinstimmend dar, dass eine Mediation oder eine außergerichtliche Konfliktbeilegung noch betrieben wird.

**§ 55[3)] Alleinentscheidung durch den Vorsitzenden.** (1) Der Vorsitzende entscheidet außerhalb der streitigen Verhandlung allein

1. bei Zurücknahme der Klage;
2. bei Verzicht auf den geltend gemachten Anspruch;
3. bei Anerkenntnis des geltend gemachten Anspruchs;
4. bei Säumnis einer Partei;

4a. über die Verwerfung des Einspruchs gegen ein Versäumnisurteil oder einen Vollstreckungsbescheid als unzulässig;

5. bei Säumnis beider Parteien;

---

[1)] Nr. **100**.

[2)] § 54a eingef. mWv 26.7.2012 durch G v. 21.7.2012 (BGBl. I S. 1577).

[3)] § 55 Abs. 4 neu gef. durch G v. 17.12.1990 (BGBl. I S. 2847); Abs. 1 Nr. 6 geänd., Nr. 7 und 8 angef., Abs. 4 Satz 2 neu gef., Abs. 4 Satz 1 Nr. 4 geänd., Nr. 5 angef. mWv 1.5.2000 durch G v. 30.3. 2000 (BGBl. I S. 333); Abs. 1 Nr. 11 angef. mWv 1.7.2008 durch G v. 12.12.2007 (BGBl. I S. 2840, geänd. BGBl. I 2008 S. 444); Abs. 1 einl. Satzteil geänd., Nr. 4a eingef., Nr. 9 und 10 angef., Abs. 2 Satz 1 neu gef. mWv 1.4.2008 durch G v. 26.3.2008 (BGBl. I S. 444); Abs. 1 Nr. 8 neu gef. mWv 26.7.2012 durch G v. 21.7.2012 (BGBl. I S. 1577); Abs. 3 geänd. mWv 1.1.2018 durch G v. 5.7.2017 (BGBl. I S. 2208).

6. über die einstweilige Einstellung der Zwangsvollstreckung;
7. über die örtliche Zuständigkeit;
8. über die Aussetzung und Anordnung des Ruhens des Verfahrens;
9. wenn nur noch über die Kosten zu entscheiden ist;
10. bei Entscheidungen über eine Berichtigung des Tatbestandes, soweit nicht eine Partei eine mündliche Verhandlung hierüber beantragt;
11. im Fall des § 11 Abs. 3 über die Zurückweisung des Bevollmächtigten oder die Untersagung der weiteren Vertretung.

(2) [1] Der Vorsitzende kann in den Fällen des Absatzes 1 Nr. 1, 3 und 4a bis 10 eine Entscheidung ohne mündliche Verhandlung treffen. [2] Dies gilt mit Zustimmung der Parteien auch in dem Fall des Absatzes 1 Nr. 2.

(3) Der Vorsitzende entscheidet ferner allein, wenn in der Verhandlung, die sich unmittelbar an die Güteverhandlung anschließt, eine das Verfahren beendende Entscheidung ergehen kann und die Parteien übereinstimmend eine Entscheidung durch den Vorsitzenden beantragen; der Antrag ist in das Protokoll aufzunehmen.

(4) [1] Der Vorsitzende kann vor der streitigen Verhandlung einen Beweisbeschluß erlassen, soweit er anordnet
1. eine Beweisaufnahme durch den ersuchten Richter;
2. eine schriftliche Beantwortung der Beweisfrage nach § 377 Abs. 3 der Zivilprozeßordnung[1)];
3. die Einholung amtlicher Auskünfte;
4. eine Parteivernehmung;
5. die Einholung eines schriftlichen Sachverständigengutachtens.

[2] Anordnungen nach den Nummern 1 bis 3 und 5 können vor der streitigen Verhandlung ausgeführt werden.

**§ 56[2)] Vorbereitung der streitigen Verhandlung.** (1) [1] Der Vorsitzende hat die streitige Verhandlung so vorzubereiten, daß sie möglichst in einem Termin zu Ende geführt werden kann. [2] Zu diesem Zweck soll er, soweit es sachdienlich erscheint, insbesondere
1. den Parteien die Ergänzung oder Erläuterung ihrer vorbereitenden Schriftsätze sowie die Vorlegung von Urkunden und von anderen zur Niederlegung bei Gericht geeigneten Gegenständen aufgeben, insbesondere eine Frist zur Erklärung über bestimmte klärungsbedürftige Punkte setzen;
2. Behörden oder Träger eines öffentlichen Amtes um Mitteilung von Urkunden oder um Erteilung amtlicher Auskünfte ersuchen;
3. das persönliche Erscheinen der Parteien anordnen;
4. Zeugen, auf die sich eine Partei bezogen hat, und Sachverständige zur mündlichen Verhandlung laden sowie eine Anordnung nach § 378 der Zivilprozeßordnung[1)] treffen.

[3] Von diesen Maßnahmen sind die Parteien zu benachrichtigen.

(2) [1] Angriffs- und Verteidigungsmittel, die erst nach Ablauf einer nach Absatz 1 Satz 2 Nr. 1 gesetzten Frist vorgebracht werden, sind nur zuzulassen, wenn nach der freien Überzeugung des Gerichts ihre Zulassung die Erledigung des Rechtsstreits nicht verzögern würde oder wenn die Partei die Verspätung genügend

---

[1)] Nr. **100**.
[2)] § 56 Abs. 1 Satz 2 Nr. 4 geänd. durch G v. 17.12.1990 (BGBl. I S. 2847).

entschuldigt. [2]Die Parteien sind über die Folgen der Versäumung der nach Absatz 1 Satz 2 Nr. 1 gesetzten Frist zu belehren.

**§ 57 Verhandlung vor der Kammer.** (1) [1]Die Verhandlung ist möglichst in einem Termin zu Ende zu führen. [2]Ist das nicht durchführbar, insbesondere weil eine Beweisaufnahme nicht sofort stattfinden kann, so ist der Termin zur weiteren Verhandlung, die sich alsbald anschließen soll, sofort zu verkünden.

(2) Die gütliche Erledigung des Rechtsstreits soll während des ganzen Verfahrens angestrebt werden.

**§ 58[1] Beweisaufnahme.** (1) [1]Soweit die Beweisaufnahme an der Gerichtsstelle möglich ist, erfolgt sie vor der Kammer. [2]In den übrigen Fällen kann die Beweisaufnahme, unbeschadet des § 13, dem Vorsitzenden übertragen werden.

(2) [1]Zeugen und Sachverständige werden nur beeidigt, wenn die Kammer dies im Hinblick auf die Bedeutung des Zeugnisses für die Entscheidung des Rechtsstreits für notwendig erachtet. [2]Im Falle des § 377 Abs. 3 der Zivilprozeßordnung[2] ist die eidesstattliche Versicherung nur erforderlich, wenn die Kammer sie aus dem gleichen Grunde für notwendig hält.

(3) Insbesondere über die Zahl der in einem Arbeitsverhältnis stehenden Mitglieder oder das Vertretensein einer Gewerkschaft in einem Betrieb kann Beweis auch durch die Vorlegung öffentlicher Urkunden angetreten werden.

**§ 59[3] Versäumnisverfahren.** [1]Gegen ein Versäumnisurteil kann eine Partei, gegen die das Urteil ergangen ist, binnen einer Notfrist von einer Woche nach seiner Zustellung Einspruch einlegen. [2]Der Einspruch wird beim Arbeitsgericht schriftlich oder durch Abgabe einer Erklärung zu Protokoll der Geschäftsstelle eingelegt. [3]Hierauf ist die Partei zugleich mit der Zustellung des Urteils schriftlich hinzuweisen. [4]§ 345 der Zivilprozeßordnung[2] bleibt unberührt.

**§ 60[4] Verkündung des Urteils.** (1) [1]Zur Verkündung des Urteils kann ein besonderer Termin nur bestimmt werden, wenn die sofortige Verkündung in dem Termin, auf Grund dessen es erlassen wird, aus besonderen Gründen nicht möglich ist, insbesondere weil die Beratung nicht mehr am Tage der Verhandlung stattfinden kann. [2]Der Verkündungstermin wird nur dann über drei Wochen hinaus angesetzt, wenn wichtige Gründe, insbesondere der Umfang oder die Schwierigkeit der Sache, dies erfordern. [3]Dies gilt auch dann, wenn ein Urteil nach Lage der Akten erlassen wird.

(2) [1]Bei Verkündung des Urteils ist der wesentliche Inhalt der Entscheidungsgründe mitzuteilen. [2]Dies gilt nicht, wenn beide Parteien abwesend sind; in diesem Fall genügt die Bezugnahme auf die unterschriebene Urteilsformel.

(3) [1]Die Wirksamkeit der Verkündung ist von der Anwesenheit der ehrenamtlichen Richter nicht abhängig. [2]Wird ein von der Kammer gefälltes Urteil ohne Zuziehung der ehrenamtlichen Richter verkündet, so ist die Urteilsformel vorher von dem Vorsitzenden und den ehrenamtlichen Richtern zu unterschreiben.

---

[1] § 58 Abs. 2 Satz 2 geänd. durch G v. 17.12.1990 (BGBl. I S. 2847); Abs. 3 angef. mWv 10.7.2015 durch G v. 3.7.2015 (BGBl. I S. 1130).

[2] Nr. **100**.

[3] § 59 Satz 2 geänd. mWv 1.1.2018 durch G v. 5.7.2017 (BGBl. I S. 2208).

[4] § 60 Abs. 4 Sätze 3 und 4 geänd. mWv 1.4.2005 durch G v. 22.3.2005 (BGBl. I S. 837).

(4) [1] Das Urteil nebst Tatbestand und Entscheidungsgründen ist vom Vorsitzenden zu unterschreiben. [2] Wird das Urteil nicht in dem Termin verkündet, in dem die mündliche Verhandlung geschlossen wird, so muß es bei der Verkündung in vollständiger Form abgefaßt sein. [3] Ein Urteil, das in dem Termin, in dem die mündliche Verhandlung geschlossen wird, verkündet wird, ist vor Ablauf von drei Wochen, vom Tage der Verkündung an gerechnet, vollständig abgefaßt der Geschäftsstelle zu übermitteln; kann dies ausnahmsweise nicht geschehen, so ist innerhalb dieser Frist das von dem Vorsitzenden unterschriebene Urteil ohne Tatbestand und Entscheidungsgründe der Geschäftsstelle zu übermitteln. [4] In diesem Fall sind Tatbestand und Entscheidungsgründe alsbald nachträglich anzufertigen, von dem Vorsitzenden besonders zu unterschreiben und der Geschäftsstelle zu übermitteln.

**§ 61 Inhalt des Urteils.** (1) Den Wert des Streitgegenstandes setzt das Arbeitsgericht im Urteil fest.

(2) [1] Spricht das Urteil die Verpflichtung zur Vornahme einer Handlung aus, so ist der Beklagte auf Antrag des Klägers zugleich für den Fall, daß die Handlung nicht binnen einer bestimmten Frist vorgenommen ist, zur Zahlung einer vom Arbeitsgericht nach freiem Ermessen festzusetzenden Entschädigung zu verurteilen. [2] Die Zwangsvollstreckung nach §§ 887 und 888 der Zivilprozeßordnung[1)] ist in diesem Falle ausgeschlossen.

(3) Ein über den Grund des Anspruchs vorab entscheidendes Zwischenurteil ist wegen der Rechtsmittel nicht als Endurteil anzusehen.

**§ 61a Besondere Prozeßförderung in Kündigungsverfahren.** (1) Verfahren in Rechtsstreitigkeiten über das Bestehen, das Nichtbestehen oder die Kündigung eines Arbeitsverhältnisses sind nach Maßgabe der folgenden Vorschriften vorrangig zu erledigen.

(2) Die Güteverhandlung soll innerhalb von zwei Wochen nach Klageerhebung stattfinden.

(3) Ist die Güteverhandlung erfolglos oder wird das Verfahren nicht in einer sich unmittelbar anschließenden weiteren Verhandlung abgeschlossen, fordert der Vorsitzende den Beklagten auf, binnen einer angemessenen Frist, die mindestens zwei Wochen betragen muß, im einzelnen unter Beweisantritt schriftlich die Klage zu erwidern, wenn der Beklagte noch nicht oder nicht ausreichend auf die Klage erwidert hat.

(4) Der Vorsitzende kann dem Kläger eine angemessene Frist, die mindestens zwei Wochen betragen muß, zur schriftlichen Stellungnahme auf die Klageerwiderung setzen.

(5) Angriffs- und Verteidigungsmittel, die erst nach Ablauf der nach Absatz 3 oder 4 gesetzten Fristen vorgebracht werden, sind nur zuzulassen, wenn nach der freien Überzeugung des Gerichts ihre Zulassung die Erledigung des Rechtsstreits nicht verzögert oder wenn die Partei die Verspätung genügend entschuldigt.

(6) Die Parteien sind über die Folgen der Versäumung der nach Absatz 3 oder 4 gesetzten Fristen zu belehren.

---

[1)] Nr. **100**.

**§ 61b[1)] Klage wegen Benachteiligung.** (1) Eine Klage auf Entschädigung nach § 15 des Allgemeinen Gleichbehandlungsgesetzes[2)] muss innerhalb von drei Monaten, nachdem der Anspruch schriftlich geltend gemacht worden ist, erhoben werden.

(2) [1] Machen mehrere Bewerber wegen Benachteiligung bei der Begründung eines Arbeitsverhältnisses oder beim beruflichen Aufstieg eine Entschädigung nach § 15 des Allgemeinen Gleichbehandlungsgesetzes gerichtlich geltend, so wird auf Antrag des Arbeitgebers das Arbeitsgericht, bei dem die erste Klage erhoben ist, auch für die übrigen Klagen ausschließlich zuständig. [2] Die Rechtsstreitigkeiten sind von Amts wegen an dieses Arbeitsgericht zu verweisen; die Prozesse sind zur gleichzeitigen Verhandlung und Entscheidung zu verbinden.

(3) Auf Antrag des Arbeitgebers findet die mündliche Verhandlung nicht vor Ablauf von sechs Monaten seit Erhebung der ersten Klage statt.

**§ 62[3)] Zwangsvollstreckung.** (1) [1] Urteile der Arbeitsgerichte, gegen die Einspruch oder Berufung zulässig ist, sind vorläufig vollstreckbar. [2] Macht der Beklagte glaubhaft, daß die Vollstreckung ihm einen nicht zu ersetzenden Nachteil bringen würde, so hat das Arbeitsgericht auf seinen Antrag die vorläufige Vollstreckbarkeit im Urteil auszuschließen. [3] In den Fällen des § 707 Abs. 1 und des § 719 Abs. 1 der Zivilprozeßordnung[4)] kann die Zwangsvollstreckung nur unter derselben Voraussetzung eingestellt werden. [4] Die Einstellung der Zwangsvollstreckung nach Satz 3 erfolgt ohne Sicherheitsleistung. [5] Die Entscheidung ergeht durch unanfechtbaren Beschluss.

(2) [1] Im übrigen finden auf die Zwangsvollstreckung einschließlich des Arrestes und der einstweiligen Verfügung die Vorschriften des Achten Buchs der Zivilprozeßordnung Anwendung. [2] Die Entscheidung über den Antrag auf Erlaß einer einstweiligen Verfügung kann in dringenden Fällen, auch dann, wenn der Antrag zurückzuweisen ist, ohne mündliche Verhandlung ergehen. [3] Eine in das Schutzschriftenregister nach § 945a Absatz 1 der Zivilprozessordnung eingestellte Schutzschrift gilt auch als bei allen Arbeitsgerichten der Länder eingereicht.

**§ 63[5)] Übermittlung von Urteilen in Tarifvertragssachen.** [1] Rechtskräftige Urteile, die in bürgerlichen Rechtsstreitigkeiten zwischen Tarifvertragsparteien aus dem Tarifvertrag oder über das Bestehen oder Nichtbestehen des Tarifvertrags ergangen sind, sind alsbald der zuständigen obersten Landesbehörde und dem Bundesministerium für Arbeit und Soziales in vollständiger Form abschriftlich zu übersenden oder elektronisch zu übermitteln. [2] Ist die zuständige oberste Landesbehörde die Landesjustizverwaltung, so sind die Urteilsabschriften oder das Urteil in elektronischer Form auch der obersten Arbeitsbehörde des Landes zu übermitteln.

---

[1)] § 61b eingef. durch G v. 24.6.1994 (BGBl. I S. 1406); Abs. 2 neu gef., Abs. 3 und 5 aufgeh., bish. Abs. 4 wird Abs. 3 durch G v. 29.6.1998 (BGBl. I S. 1694); Überschrift, Abs. 1 neu gef., Abs. 2 Satz 1 geänd. mWv 18.8.2006 durch G v. 14.8.2006 (BGBl. I S. 1897).

[2)] Nr. **34**.

[3)] § 62 Abs. 2 Satz 2 angef. durch G v. 17.12.1990 (BGBl. I S. 2847); Abs. 1 Sätze 4 und 5 angef. mWv 1.4.2008 durch G v. 26.3.2008 (BGBl. I S. 444); Abs. 2 Satz 3 angef. mWv 1.1.2016 durch G v. 10.10.2013 (BGBl. I S. 3786).

[4)] Nr. **100**.

[5)] § 63 Satz 1 geänd., Satz 2 angef. durch G v. 26.6.1990 (BGBl. I S. 1206); Satz 1 geänd. mWv 7.11.2001 durch VO v. 29.10.2001 (BGBl. I S. 2785); Satz 1 geänd. mWv 28.11.2003 durch VO v. 25.11.2003 (BGBl. I S. 2304); Überschrift, Sätze 1 und 2 geänd. mWv 1.4.2005 durch G v. 22.3.2005 (BGBl. I S. 837); Satz 1 geänd. mWv 8.11.2006 durch VO v. 31.10.2006 (BGBl. I S. 2407).

## Zweiter Unterabschnitt. Berufungsverfahren

**§ 64[1] Grundsatz.** (1) Gegen die Urteile der Arbeitsgerichte findet, soweit nicht nach § 78 das Rechtsmittel der sofortigen Beschwerde gegeben ist, die Berufung an die Landesarbeitsgerichte statt.

(2) Die Berufung kann nur eingelegt werden,

a) wenn sie in dem Urteil des Arbeitsgerichts zugelassen worden ist,

b) wenn der Wert des Beschwerdegegenstandes 600 Euro übersteigt,

c) in Rechtsstreitigkeiten über das Bestehen, das Nichtbestehen oder die Kündigung eines Arbeitsverhältnisses oder

d) wenn es sich um ein Versäumnisurteil handelt, gegen das der Einspruch an sich nicht statthaft ist, wenn die Berufung oder Anschlussberufung darauf gestützt wird, dass der Fall der schuldhaften Versäumung nicht vorgelegen habe.

(3) Das Arbeitsgericht hat die Berufung zuzulassen, wenn

1. die Rechtssache grundsätzliche Bedeutung hat,
2. die Rechtssache Rechtsstreitigkeiten betrifft
   a) zwischen Tarifvertragsparteien aus Tarifverträgen oder über das Bestehen oder Nichtbestehen von Tarifverträgen,
   b) über die Auslegung eines Tarifvertrags, dessen Geltungsbereich sich über den Bezirk eines Arbeitsgerichts hinaus erstreckt, oder
   c) zwischen tariffähigen Parteien oder zwischen diesen und Dritten aus unerlaubten Handlungen, soweit es sich um Maßnahmen zum Zwecke des Arbeitskampfes oder um Fragen der Vereinigungsfreiheit einschließlich des hiermit im Zusammenhang stehenden Betätigungsrechts der Vereinigungen handelt, oder
3. das Arbeitsgericht in der Auslegung einer Rechtsvorschrift von einem ihm im Verfahren vorgelegten Urteil, das für oder gegen eine Partei des Rechtsstreits ergangen ist, oder von einem Urteil des im Rechtszug übergeordneten Landesarbeitsgerichts abweicht und die Entscheidung auf dieser Abweichung beruht.

(3a) [1] Die Entscheidung des Arbeitsgerichts, ob die Berufung zugelassen oder nicht zugelassen wird, ist in den Urteilstenor aufzunehmen. [2] Ist dies unterblieben, kann binnen zwei Wochen ab Verkündung des Urteils eine entsprechende Ergänzung beantragt werden. [3] Über den Antrag kann die Kammer ohne mündliche Verhandlung entscheiden.

(4) Das Landesarbeitsgericht ist an die Zulassung gebunden.

(5) Ist die Berufung nicht zugelassen worden, hat der Berufungskläger den Wert des Beschwerdegegenstandes glaubhaft zu machen; zur Versicherung an Eides Statt darf er nicht zugelassen werden.

(6) [1] Für das Verfahren vor den Landesarbeitsgerichten gelten, soweit dieses Gesetz nichts anderes bestimmt, die Vorschriften der Zivilprozeßordnung über die Berufung entsprechend. [2] Die Vorschriften über das Verfahren vor dem Einzelrichter finden keine Anwendung.

---

[1] § 64 Abs. 2 neu gef., Abs. 3a eingef. mWv 1.5.2000 durch G v. 30.3.2000 (BGBl. I S. 333); Abs. 2 Buchst. b geänd. mWv 1.1.2002 durch G v. 21.12.2000 (BGBl. I S. 1983); Abs. 2 Buchst. b und c geänd., Buchst. d angef. mWv 1.1.2002 durch G v. 27.7.2001 (BGBl. I S. 1887); Abs. 7 geänd. mWv 1.4.2008 durch G v. 26.3.2008 (BGBl. I S. 444); Abs. 7 geänd. mWv 26.7.2012 durch G v. 21.7.2012 (BGBl. I S. 1577); Abs. 7 geänd. mWv 12.10.2021 und mWv 1.1.2022 durch G v. 5.10.2021 (BGBl. I S. 4607).

(7) Die Vorschriften der §§ 46c bis 46g, 49 Abs. 1 und 3, des § 50, des § 51 Abs. 1, der §§ 52, 53, 55 Abs. 1 Nr. 1 bis 9, Abs. 2 und 4, des § 54 Absatz 6, des § 54a, der §§ 56 bis 59, 61 Abs. 2 und 3 und der §§ 62 und 63 über den elektronischen Rechtsverkehr, Ablehnung von Gerichtspersonen, Zustellungen, persönliches Erscheinen der Parteien, Öffentlichkeit, Befugnisse des Vorsitzenden und der ehrenamtlichen Richter, Güterichter, Mediation und außergerichtliche Konfliktbeilegung, Vorbereitung der streitigen Verhandlung, Verhandlung vor der Kammer, Beweisaufnahme, Versäumnisverfahren, Inhalt des Urteils, Zwangsvollstreckung und Übersendung von Urteilen in Tarifvertragssachen gelten entsprechend.

(8) Berufungen in Rechtsstreitigkeiten über das Bestehen, das Nichtbestehen oder die Kündigung eines Arbeitsverhältnisses sind vorrangig zu erledigen.

**§ 65[1)] Beschränkung der Berufung.** Das Berufungsgericht prüft nicht, ob der beschrittene Rechtsweg und die Verfahrensart zulässig sind und ob bei der Berufung der ehrenamtlichen Richter Verfahrensmängel unterlaufen sind oder Umstände vorgelegen haben, die die Berufung eines ehrenamtlichen Richters zu seinem Amte ausschließen.

**§ 66[2)] Einlegung der Berufung, Terminbestimmung.** (1) [1]Die Frist für die Einlegung der Berufung beträgt einen Monat, die Frist für die Begründung der Berufung zwei Monate. [2]Beide Fristen beginnen mit der Zustellung des in vollständiger Form abgefassten Urteils, spätestens aber mit Ablauf von fünf Monaten nach der Verkündung. [3]Die Berufung muß innerhalb einer Frist von einem Monat nach Zustellung der Berufungsbegründung beantwortet werden. [4]Mit der Zustellung der Berufungsbegründung ist der Berufungsbeklagte auf die Frist für die Berufungsbeantwortung hinzuweisen. [5]Die Fristen zur Begründung der Berufung und zur Berufungsbeantwortung können vom Vorsitzenden einmal auf Antrag verlängert werden, wenn nach seiner freien Überzeugung der Rechtsstreit durch die Verlängerung nicht verzögert wird oder wenn die Partei erhebliche Gründe darlegt.

(2) [1]Die Bestimmung des Termins zur mündlichen Verhandlung muss unverzüglich erfolgen. [2]§ 522 Abs. 1 der Zivilprozessordnung[3)] bleibt unberührt; die Verwerfung der Berufung ohne mündliche Verhandlung ergeht durch Beschluss des Vorsitzenden. [3]§ 522 Abs. 2 und 3 der Zivilprozessordnung findet keine Anwendung.

**§ 67[4)] Zulassung neuer Angriffs- und Verteidigungsmittel.** (1) Angriffs- und Verteidigungsmittel, die im ersten Rechtszug zu Recht zurückgewiesen worden sind, bleiben ausgeschlossen.

(2) [1]Neue Angriffs- und Verteidigungsmittel, die im ersten Rechtszug entgegen einer hierfür nach § 56 Abs. 1 Satz 2 Nr. 1 oder § 61a Abs. 3 oder 4 gesetzten Frist nicht vorgebracht worden sind, sind nur zuzulassen, wenn nach der freien Überzeugung des Landesarbeitsgerichts ihre Zulassung die Erledigung des Rechtsstreits nicht verzögern würde oder wenn die Partei die Verspätung genügend entschul-

---

[1)] § 65 neu gef. durch G v. 17.12.1990 (BGBl. I S. 2809); geänd. mWv 1.1.2002 durch G v. 27.7.2001 (BGBl. I S. 1887).

[2)] § 66 Abs. 1 Satz 1, Abs. 2 neu gef., Abs. 1 Satz 2 eingef., bish. Sätze 2 bis 4 werden Sätze 3 bis 5 mWv 1.1.2002 durch G v. 27.7.2001 (BGBl. I S. 1887); Abs. 2 Satz 2 geänd. mWv 1.4.2008 durch G v. 26.3.2008 (BGBl. I S. 444).

[3)] Nr. **100**.

[4)] § 67 neu gef. mWv 1.1.2002 durch G v. 27.7.2001 (BGBl. I S. 1887).

digt. 2 Der Entschuldigungsgrund ist auf Verlangen des Landesarbeitsgerichts glaubhaft zu machen.

(3) Neue Angriffs- und Verteidigungsmittel, die im ersten Rechtszug entgegen § 282 Abs. 1 der Zivilprozessordnung[1)] nicht rechtzeitig vorgebracht oder entgegen § 282 Abs. 2 der Zivilprozessordnung nicht rechtzeitig mitgeteilt worden sind, sind nur zuzulassen, wenn ihre Zulassung nach der freien Überzeugung des Landesarbeitsgerichts die Erledigung des Rechtsstreits nicht verzögern würde oder wenn die Partei das Vorbringen im ersten Rechtszug nicht aus grober Nachlässigkeit unterlassen hatte.

(4) 1 Soweit das Vorbringen neuer Angriffs- und Verteidigungsmittel nach den Absätzen 2 und 3 zulässig ist, sind diese vom Berufungskläger in der Berufungsbegründung, vom Berufungsbeklagten in der Berufungsbeantwortung vorzubringen. 2 Werden sie später vorgebracht, sind sie nur zuzulassen, wenn sie nach der Berufungsbegründung oder der Berufungsbeantwortung entstanden sind oder das verspätete Vorbringen nach der freien Überzeugung des Landesarbeitsgerichts die Erledigung des Rechtsstreits nicht verzögern würde oder nicht auf Verschulden der Partei beruht.

**§ 67a**[2)] *(aufgehoben)*

**§ 68 Zurückverweisung.** Wegen eines Mangels im Verfahren des Arbeitsgerichts ist die Zurückverweisung unzulässig.

**§ 69**[3)] **Urteil**. (1) 1 Das Urteil nebst Tatbestand und Entscheidungsgründen ist von sämtlichen Mitgliedern der Kammer zu unterschreiben. 2 § 60 Abs. 1 bis 3 und Abs. 4 Satz 2 bis 4 ist entsprechend mit der Maßgabe anzuwenden, dass die Frist nach Absatz 4 Satz 3 vier Wochen beträgt und im Falle des Absatzes 4 Satz 4 Tatbestand und Entscheidungsgründe von sämtlichen Mitgliedern der Kammer zu unterschreiben sind.

(2) Im Urteil kann von der Darstellung des Tatbestandes und, soweit das Berufungsgericht den Gründen der angefochtenen Entscheidung folgt und dies in seinem Urteil feststellt, auch von der Darstellung der Entscheidungsgründe abgesehen werden.

(3) 1 Ist gegen das Urteil die Revision statthaft, so soll der Tatbestand eine gedrängte Darstellung des Sach- und Streitstandes auf der Grundlage der mündlichen Vorträge der Parteien enthalten. 2 Eine Bezugnahme auf das angefochtene Urteil sowie auf Schriftsätze, Protokolle und andere Unterlagen ist zulässig, soweit hierdurch die Beurteilung des Parteivorbringens durch das Revisionsgericht nicht wesentlich erschwert wird.

(4) 1 § 540 Abs. 1 der Zivilprozessordnung[1)] findet keine Anwendung. 2 § 313a Abs. 1 Satz 2 der Zivilprozessordnung findet mit der Maßgabe entsprechende Anwendung, dass es keiner Entscheidungsgründe bedarf, wenn die Parteien auf sie verzichtet haben; im Übrigen sind die §§ 313a und 313b der Zivilprozessordnung entsprechend anwendbar.

**§ 70**[4)] *(aufgehoben)*

---

[1)] Nr. **100**.
[2)] § 67a aufgeh. durch G v. 17.12.1990 (BGBl. I S. 2809).
[3)] § 69 neu gef. mWv 1.1.2002 durch G v. 27.7.2001 (BGBl. I S. 1887).
[4)] § 70 aufgeh. mWv 1.1.2002 durch G v. 27.7.2001 (BGBl. I S. 1887).

**§ 71** (weggefallen)

### Dritter Unterabschnitt. Revisionsverfahren

**§ 72[1)] Grundsatz.** (1) [1] Gegen das Endurteil eines Landesarbeitsgerichts findet die Revision an das Bundesarbeitsgericht statt, wenn sie in dem Urteil des Landesarbeitsgerichts oder in dem Beschluß des Bundesarbeitsgerichts nach § 72a Abs. 5 Satz 2 zugelassen worden ist. [2] § 64 Abs. 3a ist entsprechend anzuwenden.

(2) Die Revision ist zuzulassen, wenn

1. eine entscheidungserhebliche Rechtsfrage grundsätzliche Bedeutung hat,
2. das Urteil von einer Entscheidung des Bundesverfassungsgerichts, von einer Entscheidung des Gemeinsamen Senats der obersten Gerichtshöfe des Bundes, von einer Entscheidung des Bundesarbeitsgerichts oder, solange eine Entscheidung des Bundesarbeitsgerichts in der Rechtsfrage nicht ergangen ist, von einer Entscheidung einer anderen Kammer desselben Landesarbeitsgerichts oder eines anderen Landesarbeitsgerichts abweicht und die Entscheidung auf dieser Abweichung beruht oder
3. ein absoluter Revisionsgrund gemäß § 547 Nr. 1 bis 5 der Zivilprozessordnung[2)] oder eine entscheidungserhebliche Verletzung des Anspruchs auf rechtliches Gehör geltend gemacht wird und vorliegt.

(3) Das Bundesarbeitsgericht ist an die Zulassung der Revision durch das Landesarbeitsgericht gebunden.

(4) Gegen Urteile, durch die über die Anordnung, Abänderung oder Aufhebung eines Arrestes oder einer einstweiligen Verfügung entschieden wird, ist die Revision nicht zulässig.

(5) Für das Verfahren vor dem Bundesarbeitsgericht gelten, soweit dieses Gesetz nichts anderes bestimmt, die Vorschriften der Zivilprozeßordnung über die Revision mit Ausnahme des § 566 entsprechend.

(6) Die Vorschriften der §§ 46c bis 46g, 49 Abs. 1, der §§ 50, 52 und 53, des § 57 Abs. 2, des § 61 Abs. 2 und des § 63 dieses Gesetzes über den elektronischen Rechtsverkehr, Ablehnung von Gerichtspersonen, Zustellung, Öffentlichkeit, Befugnisse des Vorsitzenden und der ehrenamtlichen Richter, gütliche Erledigung des Rechtsstreits sowie Inhalt des Urteils und Übersendung von Urteilen in Tarifvertragssachen und des § 169 Absatz 3 und 4 des Gerichtsverfassungsgesetzes[3)] über die Ton- und Fernseh-Rundfunkaufnahmen sowie Ton- und Filmaufnahmen bei der Entscheidungsverkündung gelten entsprechend.

**§ 72a[4)] Nichtzulassungsbeschwerde.** (1) Die Nichtzulassung der Revision durch das Landesarbeitsgericht kann selbständig durch Beschwerde angefochten werden.

(2) [1] Die Beschwerde ist bei dem Bundesarbeitsgericht innerhalb einer Notfrist von einem Monat nach Zustellung des in vollständiger Form abgefaßten Urteils

---

1) § 72 Abs. 2 Nr. 2 geänd. durch G v. 2.8.1993 (BGBl. I S. 1442); Abs. 1 Satz 2 angef. mWv 1.5.2000 durch G v. 30.3.2000 (BGBl. I S. 333); Abs. 5 geänd. mWv 1.1.2002 durch G v. 27.7.2001 (BGBl. I S. 1887); Abs. 2 Nr. 1 neu gef., Nr. 2 geänd., Nr. 3 angef. mWv 1.1.2005 durch G v. 9.12.2004 (BGBl. I S. 3220); Abs. 6 geänd. mWv 18.4.2018 durch G v. 8.10.2017 (BGBl. I S. 3546); Abs. 6 geänd. mWv 12.10.2021 und mWv 1.1.2022 durch G v. 5.10.2021 (BGBl. I S. 4607).

2) Nr. **100**.

3) Nr. **95**.

4) § 72a Abs. 1, Abs. 3 Satz 2, Abs. 5 Sätze 3 bis 6 neu gef., Satz 7 aufgeh., Abs. 6 und 7 angef. mWv 1.1.2005 durch G v. 9.12.2004 (BGBl. I S. 3220).

schriftlich einzulegen. [2]Der Beschwerdeschrift soll eine Ausfertigung oder beglaubigte Abschrift des Urteils beigefügt werden, gegen das die Revision eingelegt werden soll.

(3) [1]Die Beschwerde ist innerhalb einer Notfrist von zwei Monaten nach Zustellung des in vollständiger Form abgefaßten Urteils zu begründen. [2]Die Begründung muss enthalten:

1. die Darlegung der grundsätzlichen Bedeutung einer Rechtsfrage und deren Entscheidungserheblichkeit,
2. die Bezeichnung der Entscheidung, von der das Urteil des Landesarbeitsgerichts abweicht, oder
3. die Darlegung eines absoluten Revisionsgrundes nach § 547 Nr. 1 bis 5 der Zivilprozessordnung[1)] oder der Verletzung des Anspruchs auf rechtliches Gehör und der Entscheidungserheblichkeit der Verletzung.

(4) [1]Die Einlegung der Beschwerde hat aufschiebende Wirkung. [2]Die Vorschriften des § 719 Abs. 2 und 3 der Zivilprozeßordnung sind entsprechend anzuwenden.

(5) [1]Das Landesarbeitsgericht ist zu einer Änderung seiner Entscheidung nicht befugt. [2]Das Bundesarbeitsgericht entscheidet unter Hinzuziehung der ehrenamtlichen Richter durch Beschluß, der ohne mündliche Verhandlung ergehen kann. [3]Die ehrenamtlichen Richter wirken nicht mit, wenn die Nichtzulassungsbeschwerde als unzulässig verworfen wird, weil sie nicht statthaft oder nicht in der gesetzlichen Form und Frist eingelegt und begründet ist. [4]Dem Beschluss soll eine kurze Begründung beigefügt werden. [5]Von einer Begründung kann abgesehen werden, wenn sie nicht geeignet wäre, zur Klärung der Voraussetzungen beizutragen, unter denen eine Revision zuzulassen ist, oder wenn der Beschwerde stattgegeben wird. [6]Mit der Ablehnung der Beschwerde durch das Bundesarbeitsgericht wird das Urteil rechtskräftig.

(6) [1]Wird der Beschwerde stattgegeben, so wird das Beschwerdeverfahren als Revisionsverfahren fortgesetzt. [2]In diesem Fall gilt die form- und fristgerechte Einlegung der Nichtzulassungsbeschwerde als Einlegung der Revision. [3]Mit der Zustellung der Entscheidung beginnt die Revisionsbegründungsfrist.

(7) Hat das Landesarbeitsgericht den Anspruch des Beschwerdeführers auf rechtliches Gehör in entscheidungserheblicher Weise verletzt, so kann das Bundesarbeitsgericht abweichend von Absatz 6 in dem der Beschwerde stattgebenden Beschluss das angefochtene Urteil aufheben und den Rechtsstreit zur neuen Verhandlung und Entscheidung an das Landesarbeitsgericht zurückverweisen.

**§ 72b[2)] Sofortige Beschwerde wegen verspäteter Absetzung des Berufungsurteils.** (1) [1]Das Endurteil eines Landesarbeitsgerichts kann durch sofortige Beschwerde angefochten werden, wenn es nicht binnen fünf Monaten nach der Verkündung vollständig abgefasst und mit den Unterschriften sämtlicher Mitglieder der Kammer versehen der Geschäftsstelle übergeben worden ist. [2]§ 72a findet keine Anwendung.

(2) [1]Die sofortige Beschwerde ist innerhalb einer Notfrist von einem Monat beim Bundesarbeitsgericht einzulegen und zu begründen. [2]Die Frist beginnt mit dem Ablauf von fünf Monaten nach der Verkündung des Urteils des Landesarbeitsgerichts. [3]§ 9 Abs. 5 findet keine Anwendung.

---

[1)] Nr. **100**.
[2)] § 72b eingef. mWv 1.1.2005 durch G v. 9.12.2004 (BGBl. I S. 3220).

(3) [1]Die sofortige Beschwerde wird durch Einreichung einer Beschwerdeschrift eingelegt. [2]Die Beschwerdeschrift muss die Bezeichnung der angefochtenen Entscheidung sowie die Erklärung enthalten, dass Beschwerde gegen diese Entscheidung eingelegt werde. [3]Die Beschwerde kann nur damit begründet werden, dass das Urteil des Landesarbeitsgerichts mit Ablauf von fünf Monaten nach der Verkündung noch nicht vollständig abgefasst und mit den Unterschriften sämtlicher Mitglieder der Kammer versehen der Geschäftsstelle übergeben worden ist.

(4) [1]Über die sofortige Beschwerde entscheidet das Bundesarbeitsgericht ohne Hinzuziehung der ehrenamtlichen Richter durch Beschluss, der ohne mündliche Verhandlung ergehen kann. [2]Dem Beschluss soll eine kurze Begründung beigefügt werden.

(5) [1]Ist die sofortige Beschwerde zulässig und begründet, ist das Urteil des Landesarbeitsgerichts aufzuheben und die Sache zur neuen Verhandlung und Entscheidung an das Landesarbeitsgericht zurückzuverweisen. [2]Die Zurückverweisung kann an eine andere Kammer des Landesarbeitsgerichts erfolgen.

**§ 73[1)] Revisionsgründe.** (1) [1]Die Revision kann nur darauf gestützt werden, daß das Urteil des Landesarbeitsgerichts auf der Verletzung einer Rechtsnorm beruht. [2]Sie kann nicht auf die Gründe des § 72b gestützt werden.

(2) § 65 findet entsprechende Anwendung.

**§ 74[2)] Einlegung der Revision, Terminbestimmung.** (1) [1]Die Frist für die Einlegung der Revision beträgt einen Monat, die Frist für die Begründung der Revision zwei Monate. [2]Beide Fristen beginnen mit der Zustellung des in vollständiger Form abgefassten Urteils, spätestens aber mit Ablauf von fünf Monaten nach der Verkündung. [3]Die Revisionsbegründungsfrist kann einmal bis zu einem weiteren Monat verlängert werden.

(2) [1]Die Bestimmung des Termins zur mündlichen Verhandlung muß unverzüglich erfolgen. [2]§ 552 Abs. 1 der Zivilprozeßordnung[3)] bleibt unberührt. [3]Die Verwerfung der Revision ohne mündliche Verhandlung ergeht durch Beschluß des Senats und ohne Zuziehung der ehrenamtlichen Richter.

**§ 75 Urteil.** (1) [1]Die Wirksamkeit der Verkündung des Urteils ist von der Anwesenheit der ehrenamtlichen Richter nicht abhängig. [2]Wird ein Urteil in Abwesenheit der ehrenamtlichen Richter verkündet, so ist die Urteilsformel vorher von sämtlichen Mitgliedern des erkennenden Senats zu unterschreiben.

(2) Das Urteil nebst Tatbestand und Entscheidungsgründen ist von sämtlichen Mitgliedern des erkennenden Senats zu unterschreiben.

**§ 76[4)] Sprungrevision.** (1) [1]Gegen das Urteil eines Arbeitsgerichts kann unter Übergehung der Berufungsinstanz unmittelbar die Revision eingelegt werden (Sprungrevision), wenn der Gegner schriftlich zustimmt und wenn sie vom Arbeitsgericht auf Antrag im Urteil oder nachträglich durch Beschluß zugelassen wird. [2]Der Antrag ist innerhalb einer Notfrist von einem Monat nach Zustellung des in vollständiger Form abgefaßten Urteils schriftlich zu stellen. [3]Die Zustim-

---

[1)] § 73 Abs. 2 neu gef. durch G v. 17.12.1990 (BGBl. I S. 2809); Abs. 1 Satz 2 angef. mWv 1.1.2005 durch G v. 9.12.2004 *(BGBl. I S. 3220)*.

[2)] § 74 Abs. 1 Satz 1 neu gef., Satz 2 eingef., bish. Satz 2 wird Satz 3, Abs. 2 Satz 2 geänd. mWv 1.1.2002 durch G v. 27.7.2001 (BGBl. I S. 1887).

[3)] Nr. **100**.

[4)] § 76 Abs. 6 neu gef. mWv 1.1.2002 durch G v. 27.7.2001 (BGBl. I S. 1887).

mung des Gegners ist, wenn die Revision im Urteil zugelassen ist, der Revisionsschrift, andernfalls dem Antrag beizufügen.

(2) [1] Die Sprungrevision ist nur zuzulassen, wenn die Rechtssache grundsätzliche Bedeutung hat und Rechtsstreitigkeiten betrifft

1. zwischen Tarifvertragsparteien aus Tarifverträgen oder über das Bestehen oder Nichtbestehen von Tarifverträgen,
2. über die Auslegung eines Tarifvertrags, dessen Geltungsbereich sich über den Bezirk des Landesarbeitsgerichts hinaus erstreckt, oder
3. zwischen tariffähigen Parteien oder zwischen diesen und Dritten aus unerlaubten Handlungen, soweit es sich um Maßnahmen zum Zwecke des Arbeitskampfes oder um Fragen der Vereinigungsfreiheit einschließlich des hiermit im Zusammenhang stehenden Betätigungsrechts der Vereinigungen handelt.

[2] Das Bundesarbeitsgericht ist an die Zulassung gebunden. [3] Die Ablehnung der Zulassung ist unanfechtbar.

(3) [1] Lehnt das Arbeitsgericht den Antrag auf Zulassung der Revision durch Beschluß ab, so beginnt mit der Zustellung dieser Entscheidung der Lauf der Berufungsfrist von neuem, sofern der Antrag in der gesetzlichen Form und Frist gestellt und die Zustimmungserklärung beigefügt war. [2] Läßt das Arbeitsgericht die Revision durch Beschluß zu, so beginnt mit der Zustellung dieser Entscheidung der Lauf der Revisionsfrist.

(4) Die Revision kann nicht auf Mängel des Verfahrens gestützt werden.

(5) Die Einlegung der Revision und die Zustimmung gelten als Verzicht auf die Berufung, wenn das Arbeitsgericht die Revision zugelassen hat.

(6) [1] Verweist das Bundesarbeitsgericht die Sache zur anderweitigen Verhandlung und Entscheidung zurück, so kann die Zurückverweisung nach seinem Ermessen auch an dasjenige Landesarbeitsgericht erfolgen, das für die Berufung zuständig gewesen wäre. [2] In diesem Falle gelten für das Verfahren vor dem Landesarbeitsgericht die gleichen Grundsätze, wie wenn der Rechtsstreit auf eine ordnungsmäßig eingelegte Berufung beim Landesarbeitsgericht anhängig geworden wäre. [3] Das Arbeitsgericht und das Landesarbeitsgericht haben die rechtliche Beurteilung, die der Aufhebung zugrunde gelegt ist, auch ihrer Entscheidung zugrunde zu legen. [4] Von der Einlegung der Revision nach Absatz 1 hat die Geschäftsstelle des Bundesarbeitsgerichts der Geschäftsstelle des Arbeitsgerichts unverzüglich Nachricht zu geben.

**§ 77[1)] Revisionsbeschwerde.** [1] Gegen den Beschluss des Landesarbeitsgerichts, der die Berufung als unzulässig verwirft, findet die Revisionsbeschwerde statt, wenn das Landesarbeitsgericht sie in dem Beschluss oder das Bundesarbeitsgericht sie zugelassen hat. [2] Für die Zulassung der Revisionsbeschwerde gelten § 72 Absatz 2 und § 72a entsprechend. [3] Über die Nichtzulassungsbeschwerde und die Revisionsbeschwerde entscheidet das Bundesarbeitsgericht ohne Hinzuziehung der ehrenamtlichen Richter. [4] Die Vorschriften der Zivilprozessordnung über die Rechtsbeschwerde gelten entsprechend.

---

[1)] § 77 neu gef. mWv 17.11.2016 durch G v. 11.11.2016 (BGBl. I S. 2500).

### Vierter Unterabschnitt.[1] Beschwerdeverfahren, Abhilfe bei Verletzung des Anspruchs auf rechtliches Gehör

**§ 78[2] Beschwerdeverfahren.** [1] Hinsichtlich der Beschwerde gegen Entscheidungen der Arbeitsgerichte oder ihrer Vorsitzenden gelten die für die Beschwerde gegen Entscheidungen der Amtsgerichte maßgebenden Vorschriften der Zivilprozessordnung[3] entsprechend. [2] Für die Zulassung der Rechtsbeschwerde gilt § 72 Abs. 2 entsprechend. [3] Über die sofortige Beschwerde entscheidet das Landesarbeitsgericht ohne Hinzuziehung der ehrenamtlichen Richter, über die Rechtsbeschwerde das Bundesarbeitsgericht.

**§ 78a[4] Abhilfe bei Verletzung des Anspruchs auf rechtliches Gehör.**

(1) [1] Auf die Rüge der durch die Entscheidung beschwerten Partei ist das Verfahren fortzuführen, wenn

1. ein Rechtsmittel oder ein anderer Rechtsbehelf gegen die Entscheidung nicht gegeben ist und
2. das Gericht den Anspruch dieser Partei auf rechtliches Gehör in entscheidungserheblicher Weise verletzt hat.

[2] Gegen eine der Endentscheidung vorausgehende Entscheidung findet die Rüge nicht statt.

(2) [1] Die Rüge ist innerhalb einer Notfrist von zwei Wochen nach Kenntnis von der Verletzung des rechtlichen Gehörs zu erheben; der Zeitpunkt der Kenntniserlangung ist glaubhaft zu machen. [2] Nach Ablauf eines Jahres seit Bekanntgabe der angegriffenen Entscheidung kann die Rüge nicht mehr erhoben werden. [3] Formlos mitgeteilte Entscheidungen gelten mit dem dritten Tage nach Aufgabe zur Post als bekannt gegeben. [4] Die Rüge ist schriftlich bei dem Gericht zu erheben, dessen Entscheidung angegriffen wird. [5] Die Rüge muss die angegriffene Entscheidung bezeichnen und das Vorliegen der in Absatz 1 Satz 1 Nr. 2 genannten Voraussetzungen darlegen.

(3) Dem Gegner ist, soweit erforderlich, Gelegenheit zur Stellungnahme zu geben.

(4) [1] Das Gericht hat von Amts wegen zu prüfen, ob die Rüge an sich statthaft und ob sie in der gesetzlichen Form und Frist erhoben ist. [2] Mangelt es an einem dieser Erfordernisse, so ist die Rüge als unzulässig zu verwerfen. [3] Ist die Rüge unbegründet, weist das Gericht sie zurück. [4] Die Entscheidung ergeht durch unanfechtbaren Beschluss. [5] Der Beschluss soll kurz begründet werden.

(5) [1] Ist die Rüge begründet, so hilft ihr das Gericht ab, indem es das Verfahren fortführt, soweit dies aufgrund der Rüge geboten ist. [2] Das Verfahren wird in die Lage zurückversetzt, in der es sich vor dem Schluss der mündlichen Verhandlung befand. [3] § 343 der Zivilprozessordnung[3] gilt entsprechend. [4] In schriftlichen Verfahren tritt an die Stelle des Schlusses der mündlichen Verhandlung der Zeitpunkt, bis zu dem Schriftsätze eingereicht werden können.

(6) [1] Die Entscheidungen nach den Absätzen 4 und 5 erfolgen unter Hinzuziehung der ehrenamtlichen Richter. [2] Die ehrenamtlichen Richter wirken nicht mit,

---

[1] 4. UAbschnitt Überschrift geänd. mWv 1.1.2005 durch G v. 9.12.2004 (BGBl. I S. 3220).

[2] § 78 neu gef. mWv 1.1.2002 durch G v. 27.7.2001 (BGBl. I S. 1887); Überschrift eingef. mWv 1.1.2005 durch G v. 9.12.2004 (BGBl. I S. 3220).

[3] Nr. **100**.

[4] § 78a eingef. mWv 1.1.2005 durch G v. 9.12.2004 (BGBl. I S. 3220).

wenn die Rüge als unzulässig verworfen wird oder sich gegen eine Entscheidung richtet, die ohne Hinzuziehung der ehrenamtlichen Richter erlassen wurde.

(7) § 707 der Zivilprozessordnung ist unter der Voraussetzung entsprechend anzuwenden, dass der Beklagte glaubhaft macht, dass die Vollstreckung ihm einen nicht zu ersetzenden Nachteil bringen würde.

(8) Auf das Beschlussverfahren finden die Absätze 1 bis 7 entsprechende Anwendung.

### Fünfter Unterabschnitt. Wiederaufnahme des Verfahrens

**§ 79** [1] Die Vorschriften der Zivilprozeßordnung über die Wiederaufnahme des Verfahrens gelten für Rechtsstreitigkeiten nach § 2 Abs. 1 bis 4 entsprechend. [2] Die Nichtigkeitsklage kann jedoch nicht auf Mängel des Verfahrens bei der Berufung der ehrenamtlichen Richter oder auf Umstände, die die Berufung eines ehrenamtlichen Richters zu seinem Amt ausschließen, gestützt werden.

## Zweiter Abschnitt. Beschlußverfahren

### Erster Unterabschnitt. Erster Rechtszug

**§ 80**[1)] **Grundsatz.** (1) Das Beschlußverfahren findet in den in § 2a bezeichneten Fällen Anwendung.

(2) [1] Für das Beschlussverfahren des ersten Rechtszugs gelten die für das Urteilsverfahren des ersten Rechtszugs maßgebenden Vorschriften entsprechend, soweit sich aus den §§ 81 bis 84 nichts anderes ergibt. [2] Der Vorsitzende kann ein Güteverfahren ansetzen; die für das Urteilsverfahren des ersten Rechtszugs maßgebenden Vorschriften über das Güteverfahren gelten entsprechend.

(3) § 48 Abs. 1 findet entsprechende Anwendung.

**§ 81**[2)] **Antrag.** (1) Das Verfahren wird nur auf Antrag eingeleitet; der Antrag ist bei dem Arbeitsgericht schriftlich einzureichen oder bei seiner Geschäftsstelle mündlich zu Protokoll anzubringen.

(2) [1] Der Antrag kann jederzeit in derselben Form zurückgenommen werden. [2] In diesem Fall ist das Verfahren vom Vorsitzenden des Arbeitsgerichts einzustellen. [3] Von der Einstellung ist den Beteiligten Kenntnis zu geben, soweit ihnen der Antrag vom Arbeitsgericht mitgeteilt worden ist.

(3) [1] Eine Änderung des Antrags ist zulässig, wenn die übrigen Beteiligten zustimmen oder das Gericht die Änderung für sachdienlich hält. [2] Die Zustimmung der Beteiligten zu der Änderung des Antrags gilt als erteilt, wenn die Beteiligten sich, ohne zu widersprechen, in einem Schriftsatz oder in der mündlichen Verhandlung auf den geänderten Antrag eingelassen haben. [3] Die Entscheidung, daß eine Änderung des Antrags nicht vorliegt oder zugelassen wird, ist unanfechtbar.

**§ 82**[3)] **Örtliche Zuständigkeit.** (1) [1] Zuständig ist das Arbeitsgericht, in dessen Bezirk der Betrieb liegt. [2] In Angelegenheiten des Gesamtbetriebsrats, des Konzern-

---

1) § 80 Abs. 3 angef. durch G v. 17.12.1990 (BGBl. I S. 2809); Abs. 2 Satz 2 angef. mWv 1.5.2000 durch G v. 30.3.2000 (BGBl. I S. 333); Abs. 2 Satz 1 neu gef. mWv 12.10.2021 durch G v. 5.10.2021 (BGBl. I S. 4607).

2) § 81 Abs. 1 geänd. mWv 1.1.2018 durch G v. 5.7.2017 (BGBl. I S. 2208).

3) § 82 neu gef. mWv 29.12.2004 durch G v. 22.12.2004 (BGBl. I S. 3674); Abs. 4 angef. mWv 18.8.2006 durch G v. 14.8.2006 (BGBl. I S. 1911); Abs. 5 angef. mWv 29.12.2006 durch G v. 21.12.2006 (BGBl. I S. 3332); Abs. 2 Satz 2 geänd. mWv 18.6.2011 durch G v. 14.6.2011 (BGBl. I S. 1050); Abs. 6 angef. mWv 31.1.2023 durch G v. 4.1.2023 (BGBl. I Nr. 10).

betriebsrats, der Gesamtjugendvertretung oder der Gesamt-Jugend- und Auszubildendenvertretung, des Wirtschaftsausschusses und der Vertretung der Arbeitnehmer im Aufsichtsrat ist das Arbeitsgericht zuständig, in dessen Bezirk das Unternehmen seinen Sitz hat. [3]Satz 2 gilt entsprechend in Angelegenheiten des Gesamtsprecherausschusses, des Unternehmenssprecherausschusses und des Konzernsprecherausschusses.

(2) [1]In Angelegenheiten eines Europäischen Betriebsrats, im Rahmen eines Verfahrens zur Unterrichtung und Anhörung oder des besonderen Verhandlungsgremiums ist das Arbeitsgericht zuständig, in dessen Bezirk das Unternehmen oder das herrschende Unternehmen nach § 2 des Gesetzes über Europäische Betriebsräte seinen Sitz hat. [2]Bei einer Vereinbarung nach § 41 Absatz 1 bis 7 des Gesetzes über Europäische Betriebsräte ist der Sitz des vertragschließenden Unternehmens maßgebend.

(3) In Angelegenheiten aus dem SE-Beteiligungsgesetz ist das Arbeitsgericht zuständig, in dessen Bezirk die Europäische Gesellschaft ihren Sitz hat; vor ihrer Eintragung ist das Arbeitsgericht zuständig, in dessen Bezirk die Europäische Gesellschaft ihren Sitz haben soll.

(4) In Angelegenheiten nach dem SCE-Beteiligungsgesetz ist das Arbeitsgericht zuständig, in dessen Bezirk die Europäische Genossenschaft ihren Sitz hat; vor ihrer Eintragung ist das Arbeitsgericht zuständig, in dessen Bezirk die Europäische Genossenschaft ihren Sitz haben soll.

(5) In Angelegenheiten nach dem Gesetz über die Mitbestimmung der Arbeitnehmer bei einer grenzüberschreitenden Verschmelzung ist das Arbeitsgericht zuständig, in dessen Bezirk die aus der grenzüberschreitenden Verschmelzung hervorgegangene Gesellschaft ihren Sitz hat; vor ihrer Eintragung ist das Arbeitsgericht zuständig, in dessen Bezirk die aus der grenzüberschreitenden Verschmelzung hervorgehende Gesellschaft ihren Sitz haben soll.

(6) In Angelegenheiten nach dem Gesetz über die Mitbestimmung der Arbeitnehmer bei grenzüberschreitendem Formwechsel und grenzüberschreitender Spaltung ist das Arbeitsgericht zuständig, in dessen Bezirk die aus dem grenzüberschreitenden Formwechsel oder der grenzüberschreitenden Spaltung hervorgegangene Gesellschaft ihren Sitz hat; vor ihrer Eintragung ist das Arbeitsgericht zuständig, in dessen Bezirk die aus dem grenzüberschreitenden Formwechsel oder der grenzüberschreitenden Spaltung hervorgehende Gesellschaft ihren Sitz haben soll.

**§ 83[1)] Verfahren.** (1) [1]Das Gericht erforscht den Sachverhalt im Rahmen der gestellten Anträge von Amts wegen. [2]Die am Verfahren Beteiligten haben an der Aufklärung des Sachverhalts mitzuwirken.

(1a) [1]Der Vorsitzende kann den Beteiligten eine Frist für ihr Vorbringen setzen. [2]Nach Ablauf einer nach Satz 1 gesetzten Frist kann das Vorbringen zurückgewiesen werden, wenn nach der freien Überzeugung des Gerichts seine Zulassung die Erledigung des Beschlussverfahrens verzögern würde und der Beteiligte die Verspätung nicht genügend entschuldigt. [3]Die Beteiligten sind über die Folgen der Versäumung einer nach Satz 1 gesetzten Frist zu belehren.

---

[1)] § 83 Abs. 1a eingef., Abs. 4 Satz 1 neu gef. mWv 1.5.2000 durch G v. 30.3.2000 (BGBl. I S. 333); Abs. 1a neu gef. mWv 1.1.2002 durch G v. 27.7.2001 (BGBl. I S. 1887); Abs. 3 neu gef. mWv 15.8.2002 durch G v. 8.8.2002 (BGBl. I S. 3140); Abs. 3 geänd. mWv 1.7.2004 durch G v. 18.5.2004 (BGBl. I S. 974); mWv 29.12.2004 durch G v. 22.12.2004 (BGBl. I S. 3674); mWv 18.8.2006 durch G v. 14.8.2006 (BGBl. I S. 1911); mWv 29.12.2006 durch G v. 21.12.2006 (BGBl. I S. 3332) und mWv 1.1.2018 durch G v. 23.12.2016 (BGBl. I S. 3234); Abs. 3 geänd. mWv 31.1.2023 durch G v. 4.1.2023 (BGBl. I Nr. 10).

(2) Zur Aufklärung des Sachverhalts können Urkunden eingesehen, Auskünfte eingeholt, Zeugen, Sachverständige und Beteiligte vernommen und der Augenschein eingenommen werden.

(3) In dem Verfahren sind der Arbeitgeber, die Arbeitnehmer und die Stellen zu hören, die nach dem Betriebsverfassungsgesetz, dem Sprecherausschussgesetz, dem Mitbestimmungsgesetz, dem Mitbestimmungsergänzungsgesetz, dem Drittelbeteiligungsgesetz, den §§ 177, 178 und 222 des Neunten Buches Sozialgesetzbuch, dem § 18a des Berufsbildungsgesetzes und den zu diesen Gesetzen ergangenen Rechtsverordnungen sowie nach dem Gesetz über Europäische Betriebsräte, dem SE-Beteiligungsgesetz, dem SCE-Beteiligungsgesetz, dem Gesetz über die Mitbestimmung der Arbeitnehmer bei einer grenzüberschreitenden Verschmelzung und dem Gesetz über die Mitbestimmung der Arbeitnehmer bei grenzüberschreitendem Formwechsel und grenzüberschreitender Spaltung im einzelnen Fall beteiligt sind.

(4) [1] Die Beteiligten können sich schriftlich äußern. [2] Bleibt ein Beteiligter auf Ladung unentschuldigt aus, so ist der Pflicht zur Anhörung genügt; hierauf ist in der Ladung hinzuweisen. [3] Mit Einverständnis der Beteiligten kann das Gericht ohne mündliche Verhandlung entscheiden.

(5) Gegen Beschlüsse und Verfügungen des Arbeitsgerichts oder seines Vorsitzenden findet die Beschwerde nach Maßgabe des § 78 statt.

**§ 83a[1)] Vergleich, Erledigung des Verfahrens.** (1) Die Beteiligten können, um das Verfahren ganz oder zum Teil zu erledigen, zu Protokoll des Gerichts oder des Vorsitzenden oder des Güterichters einen Vergleich schließen, soweit sie über den Gegenstand des Vergleichs verfügen können, oder das Verfahren für erledigt erklären.

(2) [1] Haben die Beteiligten das Verfahren für erledigt erklärt, so ist es vom Vorsitzenden des Arbeitsgerichts einzustellen. [2] § 81 Abs. 2 Satz 3 ist entsprechend anzuwenden

(3) [1] Hat der Antragsteller das Verfahren für erledigt erklärt, so sind die übrigen Beteiligten binnen einer von dem Vorsitzenden zu bestimmenden Frist von mindestens zwei Wochen aufzufordern, mitzuteilen, ob sie der Erledigung zustimmen. [2] Die Zustimmung gilt als erteilt, wenn sich der Beteiligte innerhalb der vom Vorsitzenden bestimmten Frist nicht äußert.

**§ 84 Beschluß.** [1] Das Gericht entscheidet nach seiner freien, aus dem Gesamtergebnis des Verfahrens gewonnenen Überzeugung. [2] Der Beschluß ist schriftlich abzufassen. [3] § 60 ist entsprechend anzuwenden.

**§ 85[2)] Zwangsvollstreckung.** (1) [1] Soweit sich aus Absatz 2 nichts anderes ergibt, findet aus rechtskräftigen Beschlüssen der Arbeitsgerichte oder gerichtlichen Vergleichen, durch die einem Beteiligten eine Verpflichtung auferlegt wird, die Zwangsvollstreckung statt. [2] Beschlüsse der Arbeitsgerichte in vermögensrechtlichen Streitigkeiten sind vorläufig vollstreckbar; § 62 Abs. 1 Satz 2 bis 5 ist entsprechend anzuwenden. [3] Für die Zwangsvollstreckung gelten die Vorschriften des Achten Buches der Zivilprozeßordnung entsprechend mit der Maßgabe, daß der nach dem Beschluß Verpflichtete als Schuldner, derjenige, der die Erfüllung der Verpflichtung auf Grund des Beschlusses verlangen kann, als Gläubiger gilt und in den Fällen des

---

[1)] § 83a Abs. 1 geänd. mWv 26.7.2012 durch G v. 21.7.2012 (BGBl. I S. 1577); Abs. 1 geänd. mWv 1.1.2018 durch G v. 5.7.2017 (BGBl. I S. 2208).

[2)] § 85 Abs. 1 Satz 2 geänd. mWv 1.4.2008 durch G v. 26.3.2008 (BGBl. I S. 444); Abs. 2 Satz 3 angef. mWv 1.1.2016 durch G v. 10.10.2013 (BGBl. I S. 3786).

§ 23 Abs. 3, des § 98 Abs. 5 sowie der §§ 101 und 104 des Betriebsverfassungsgesetzes eine Festsetzung von Ordnungs- oder Zwangshaft nicht erfolgt.

(2) [1] Der Erlaß einer einstweiligen Verfügung ist zulässig. [2] Für das Verfahren gelten die Vorschriften des Achten Buches der Zivilprozeßordnung über die einstweilige Verfügung entsprechend mit der Maßgabe, daß die Entscheidungen durch Beschluß der Kammer ergehen, erforderliche Zustellungen von Amts wegen erfolgen und ein Anspruch auf Schadensersatz nach § 945 der Zivilprozeßordnung in Angelegenheiten des Betriebsverfassungsgesetzes nicht besteht. [3] Eine in das Schutzschriftenregister nach § 945a Absatz 1 der Zivilprozessordnung eingestellte Schutzschrift gilt auch als bei allen Arbeitsgerichten der Länder eingereicht.

**§ 86** (weggefallen)

### Zweiter Unterabschnitt. Zweiter Rechtszug

**§ 87[1)] Grundsatz.** (1) Gegen die das Verfahren beendenden Beschlüsse der Arbeitsgerichte findet die Beschwerde an das Landesarbeitsgericht statt.

(2) [1] Für das Beschwerdeverfahren gelten die für das Berufungsverfahren maßgebenden Vorschriften sowie die Vorschrift des § 85 über die Zwangsvollstreckung entsprechend, soweit sich aus den §§ 88 bis 91 nichts anderes ergibt. [2] Für die Vertretung der Beteiligten gilt § 11 Abs. 1 bis 3 und 5 entsprechend. [3] Der Antrag kann jederzeit mit Zustimmung der anderen Beteiligten zurückgenommen werden; § 81 Abs. 2 Satz 2 und 3 und Absatz 3 ist entsprechend anzuwenden.

(3) [1] In erster Instanz zu Recht zurückgewiesenes Vorbringen bleibt ausgeschlossen. [2] Neues Vorbringen, das im ersten Rechtszug entgegen einer hierfür nach § 83 Abs. 1a gesetzten Frist nicht vorgebracht wurde, kann zurückgewiesen werden, wenn seine Zulassung nach der freien Überzeugung des Landesarbeitsgerichts die Erledigung des Beschlussverfahrens verzögern würde und der Beteiligte die Verzögerung nicht genügend entschuldigt. [3] Soweit neues Vorbringen nach Satz 2 zulässig ist, muss es der Beschwerdeführer in der Beschwerdebegründung, der Beschwerdegegner in der Beschwerdebeantwortung vortragen. [4] Wird es später vorgebracht, kann es zurückgewiesen werden, wenn die Möglichkeit es vorzutragen vor der Beschwerdebegründung oder der Beschwerdebeantwortung entstanden ist und das verspätete Vorbringen nach der freien Überzeugung des Landesarbeitsgerichts die Erledigung des Rechtsstreits verzögern würde und auf dem Verschulden des Beteiligten beruht.

(4) Die Einlegung der Beschwerde hat aufschiebende Wirkung; § 85 Abs. 1 Satz 2 bleibt unberührt.

**§ 88[2)] Beschränkung der Beschwerde.** § 65 findet entsprechende Anwendung.

**§ 89[3)] Einlegung.** (1) Für die Einlegung und Begründung der Beschwerde gilt § 11 Abs. 4 und 5 entsprechend.

---

[1)] § 87 Abs. 2 Satz 4 angef. mWv 1.5.2000 durch G v. 30.3.2000 (BGBl. I S. 333); Abs. 2 Satz 4 aufgeh., Abs. 3 eingef., bish. Abs. 3 wird Abs. 4 mWv 1.1.2002 durch G v. 27.7.2001 (BGBl. I S. 1887, geänd. durch G v. 26.11.2001, BGBl. I S. 3138); Abs. 3 Satz 2 geänd. mWv 1.1.2002 durch G v. 26.11.2001 (BGBl. I S. 3138); Abs. 2 Satz 2 geänd. mWv 1.7.2008 durch G v. 12.12.2007 (BGBl. I S. 2840); Abs. 2 Satz 1 neu gef. mWv 12.10.2021 durch G v. 5.10.2021 (BGBl. I S. 4607).

[2)] § 88 neu gef. durch G v. 17.12.1990 (BGBl. I S. 2809); Abs. 1 geänd. durch G v. 31.8.1998 (BGBl. I S. 2600).

[3)] § 89 Abs. 3 Satz 4 angef. mWv 1.1.2002 durch G v. 27.7.2001 (BGBl. I S. 1887); Abs. 1 neu gef. mWv 1.7.2008 durch G v. 12.12.2007 (BGBl. I S. 2840); Abs. 3 Satz 1 und 2 neu gef. mWv 1.4.2008 durch G v. 26.3.2008 (BGBl. I S. 444).

(2) [1]Die Beschwerdeschrift muß den Beschluß bezeichnen, gegen den die Beschwerde gerichtet ist, und die Erklärung enthalten, daß gegen diesen Beschluß die Beschwerde eingelegt wird. [2]Die Beschwerdebegründung muß angeben, auf welche im einzelnen anzuführenden Beschwerdegründe sowie auf welche neuen Tatsachen die Beschwerde gestützt wird.

(3) [1]Ist die Beschwerde nicht in der gesetzlichen Form oder Frist eingelegt oder begründet, so ist sie als unzulässig zu verwerfen. [2]Der Beschluss kann ohne vorherige mündliche Verhandlung durch den Vorsitzenden ergehen; er ist unanfechtbar. [3]Er ist dem Beschwerdeführer zuzustellen. [4]§ 522 Abs. 2 und 3 der Zivilprozessordnung[1)] ist nicht anwendbar.

(4) [1]Die Beschwerde kann jederzeit in der für ihre Einlegung vorgeschriebenen Form zurückgenommen werden. [2]Im Falle der Zurücknahme stellt der Vorsitzende das Verfahren ein. [3]Er gibt hiervon den Beteiligten Kenntnis, soweit ihnen die Beschwerde zugestellt worden ist.

**§ 90[2)] Verfahren.** (1) [1]Die Beschwerdeschrift und die Beschwerdebegründung werden den Beteiligten zur Äußerung zugestellt. [2]Die Äußerung erfolgt durch Einreichung eines Schriftsatzes beim Beschwerdegericht oder durch Erklärung zu Protokoll der Geschäftsstelle des Arbeitsgerichts, das den angefochtenen Beschluß erlassen hat.

(2) Für das Verfahren sind die §§ 83 und 83a entsprechend anzuwenden.

**§ 91 Entscheidung.** (1) [1]Über die Beschwerde entscheidet das Landesarbeitsgericht durch Beschluß. [2]Eine Zurückverweisung ist nicht zulässig. [3]§ 84 Satz 2 gilt entsprechend.

(2) [1]Der Beschluß nebst Gründen ist von den Mitgliedern der Kammer zu unterschreiben und den Beteiligten zuzustellen. [2]§ 69 Abs. 1 Satz 2 gilt entsprechend.

### Dritter Unterabschnitt. Dritter Rechtszug

**§ 92[3)] Rechtsbeschwerdeverfahren, Grundsatz.** (1) [1]Gegen den das Verfahren beendenden Beschluß eines Landesarbeitsgerichts findet die Rechtsbeschwerde an das Bundesarbeitsgericht statt, wenn sie in dem Beschluß des Landesarbeitsgerichts oder in dem Beschluß des Bundesarbeitsgerichts nach § 92a Satz 2 zugelassen wird. [2]§ 72 Abs. 1 Satz 2, Abs. 2 und 3 ist entsprechend anzuwenden. [3]In den Fällen des § 85 Abs. 2 findet die Rechtsbeschwerde nicht statt.

(2) [1]Für das Rechtsbeschwerdeverfahren gelten die für das Revisionsverfahren maßgebenden Vorschriften sowie die Vorschrift des § 85 über die Zwangsvollstreckung entsprechend, soweit sich aus den §§ 93 bis 96 nichts anderes ergibt. [2]Für die Vertretung der Beteiligten gilt § 11 Abs. 1 bis 3 und 5 entsprechend. [3]Der Antrag kann jederzeit mit Zustimmung der anderen Beteiligten zurückgenommen werden; § 81 Abs. 2 Satz 2 und 3 ist entsprechend anzuwenden.

(3) [1]Die Einlegung der Rechtsbeschwerde hat aufschiebende Wirkung. [2]§ 85 Abs. 1 Satz 2 bleibt unberührt.

---

[1)] Nr. **100**.

[2)] § 90 Abs. 1 Satz 2 geänd. mWv 1.1.2018 durch G v. 5.7.2017 (BGBl. I S. 2208); Abs. 3 aufgeh. mWv 12.10.2021 durch G v. 5.10.2021 (BGBl. I S. 4607).

[3)] § 92 Abs. 1 Satz 2 geänd. mWv 1.5.2000 durch G v. 30.3.2000 (BGBl. I S. 333); Abs. 2 Satz 2 geänd. mWv 1.7.2008 durch G v. 12.12.2007 (BGBl. I S. 2840); Abs. 2 Satz 1 neu gef. mWv 12.10.2021 durch G v. 5.10.2021 (BGBl. I S. 4607).

**§ 92a[1)] Nichtzulassungsbeschwerde.** [1]Die Nichtzulassung der Rechtsbeschwerde durch das Landesarbeitsgericht kann selbständig durch Beschwerde angefochten werden. [2]§ 72a Abs. 2 bis 7 ist entsprechend anzuwenden.

**§ 92b[2)] Sofortige Beschwerde wegen verspäteter Absetzung der Beschwerdeentscheidung.** [1]Der Beschluss eines Landesarbeitsgerichts nach § 91 kann durch sofortige Beschwerde angefochten werden, wenn er nicht binnen fünf Monaten nach der Verkündung vollständig abgefasst und mit den Unterschriften sämtlicher Mitglieder der Kammer versehen der Geschäftsstelle übergeben worden ist. [2]§ 72b Abs. 2 bis 5 gilt entsprechend. [3]§ 92a findet keine Anwendung.

**§ 93[3)] Rechtsbeschwerdegründe.** (1) [1]Die Rechtsbeschwerde kann nur darauf gestützt werden, daß der Beschluß des Landesarbeitsgerichts auf der Nichtanwendung oder der unrichtigen Anwendung einer Rechtsnorm beruht. [2]Sie kann nicht auf die Gründe des § 92b gestützt werden.

(2) § 65 findet entsprechende Anwendung.

**§ 94[4)] Einlegung.** (1) Für die Einlegung und Begründung der Rechtsbeschwerde gilt § 11 Abs. 4 und 5 entsprechend.

(2) [1]Die Rechtsbeschwerdeschrift muß den Beschluß bezeichnen, gegen den die Rechtsbeschwerde gerichtet ist, und die Erklärung enthalten, daß gegen diesen Beschluß die Rechtsbeschwerde eingelegt werde. [2]Die Rechtsbeschwerdebegründung muß angeben, inwieweit die Abänderung des angefochtenen Beschlusses beantragt wird, welche Bestimmungen verletzt sein sollen und worin die Verletzung bestehen soll. [3]§ 74 Abs. 2 ist entsprechend anzuwenden.

(3) [1]Die Rechtsbeschwerde kann jederzeit in der für ihre Einlegung vorgeschriebenen Form zurückgenommen werden. [2]Im Falle der Zurücknahme stellt der Vorsitzende das Verfahren ein. [3]Er gibt hiervon den Beteiligten Kenntnis, soweit ihnen die Rechtsbeschwerde zugestellt worden ist.

**§ 95[5)] Verfahren.** [1]Die Rechtsbeschwerdeschrift und die Rechtsbeschwerdebegründung werden den Beteiligten zur Äußerung zugestellt. [2]Die Äußerung erfolgt durch Einreichung eines Schriftsatzes beim Bundesarbeitsgericht oder durch Erklärung zu Protokoll der Geschäftsstelle des Landesarbeitsgerichts, das den angefochtenen Beschluß erlassen hat. [3]Geht von einem Beteiligten die Äußerung nicht rechtzeitig ein, so steht dies dem Fortgang des Verfahrens nicht entgegen. [4]§ 83a ist entsprechend anzuwenden.

**§ 96[6)] Entscheidung.** (1) [1]Über die Rechtsbeschwerde entscheidet das Bundesarbeitsgericht durch Beschluß. [2]Die §§ 562, 563 der Zivilprozeßordnung gelten entsprechend.

(2) Der Beschluß nebst Gründen ist von sämtlichen Mitgliedern des Senats zu unterschreiben und den Beteiligten zuzustellen.

---

1) § 92a neu gef. mWv 1.1.2005 durch G v. 9.12.2004 (BGBl. I S. 3220).
2) § 92b eingef. mWv 1.1.2005 durch G v. 9.12.2004 (BGBl. I S. 3220).
3) § 93 Abs. 2 neu gef. durch G v. 17.12.1990 (BGBl. I S. 2809); Abs. 1 Satz 2 angef. mWv 1.1.2005 durch G v. 9.12.2004 (BGBl. I S. 3220).
4) § 94 Abs. 1 neu gef. mWv 1.7.2008 durch G v. 12.12.2007 (BGBl. I S. 2840).
5) § 95 Satz 2 geänd. mWv 1.1.2018 durch G v. 5.7.2017 (BGBl. I S. 2208).
6) § 96 Abs. 1 Satz 2 geänd. mWv 1.1.2002 durch G v. 27.7.2001 (BGBl. I S. 1887).

**§ 96a Sprungrechtsbeschwerde.** (1) [1] Gegen den das Verfahren beendenden Beschluß eines Arbeitsgerichts kann unter Übergehung der Beschwerdeinstanz unmittelbar Rechtsbeschwerde eingelegt werden (Sprungrechtsbeschwerde), wenn die übrigen Beteiligten schriftlich zustimmen und wenn sie vom Arbeitsgericht wegen grundsätzlicher Bedeutung der Rechtssache auf Antrag in dem verfahrensbeendenden Beschluß oder nachträglich durch gesonderten Beschluß zugelassen wird. [2] Der Antrag ist innerhalb einer Notfrist von einem Monat nach Zustellung des in vollständiger Form abgefaßten Beschlusses schriftlich zu stellen. [3] Die Zustimmung der übrigen Beteiligten ist, wenn die Sprungrechtsbeschwerde in dem verfahrensbeendenden Beschluß zugelassen ist, der Rechtsbeschwerdeschrift, andernfalls dem Antrag beizufügen.

(2) § 76 Abs. 2 Satz 2, 3, Abs. 3 bis 6 ist entsprechend anzuwenden.

### Vierter Unterabschnitt. Beschlußverfahren in besonderen Fällen

**§ 97[1)] Entscheidung über die Tariffähigkeit oder Tarifzuständigkeit einer Vereinigung.** (1) In den Fällen des § 2a Abs. 1 Nr. 4 wird das Verfahren auf Antrag einer räumlich und sachlich zuständigen Vereinigung von Arbeitnehmern oder von Arbeitgebern oder der obersten Arbeitsbehörde des Bundes oder der obersten Arbeitsbehörde eines Landes, auf dessen Gebiet sich die Tätigkeit der Vereinigung erstreckt, eingeleitet.

(2) Für Verfahren nach § 2a Absatz 1 Nummer 4 ist das Landesarbeitsgericht zuständig, in dessen Bezirk die Vereinigung, über deren Tariffähigkeit oder Tarifzuständigkeit zu entscheiden ist, ihren Sitz hat.

(2a) [1] Für das Verfahren sind § 80 Absatz 1, 2 Satz 1 und Absatz 3, §§ 81, 83 Absatz 1 und 2 bis 4, §§ 83a, 84 Satz 1 und 2, § 91 Absatz 2 und §§ 92 bis 96 entsprechend anzuwenden. [2] Für die Vertretung der Beteiligten gilt § 11 Absatz 4 und 5 entsprechend.

(3) [1] Der rechtskräftige Beschluss über die Tariffähigkeit oder Tarifzuständigkeit einer Vereinigung wirkt für und gegen jedermann. [2] Die Vorschrift des § 63 über die Übersendung von Urteilen gilt entsprechend für die rechtskräftigen Beschlüsse von Gerichten für Arbeitssachen im Verfahren nach § 2a Abs. 1 Nr. 4.

(4) [1] In den Fällen des § 2a Abs. 1 Nr. 4 findet eine Wiederaufnahme des Verfahrens auch dann statt, wenn die Entscheidung über die Tariffähigkeit oder Tarifzuständigkeit darauf beruht, daß ein Beteiligter absichtlich unrichtige Angaben oder Aussagen gemacht hat. [2] § 581 der Zivilprozeßordnung[2)] findet keine Anwendung.

(5) [1] Hängt die Entscheidung eines Rechtsstreits davon ab, ob eine Vereinigung tariffähig oder ob die Tarifzuständigkeit der Vereinigung gegeben ist, so hat das Gericht das Verfahren bis zur Erledigung des Beschlußverfahrens nach § 2a Abs. 1 Nr. 4 auszusetzen. [2] Im Falle des Satzes 1 sind die Parteien des Rechtsstreits auch im Beschlußverfahren nach § 2a Abs. 1 Nr. 4 antragsberechtigt.

---

1) § 97 Abs. 1, 3, 4 Satz 1 und Abs. 5 geänd. durch G v. 20.12.1988 (BGBl. I S. 2312); Überschrift geänd., Abs. 2 neu gef., Abs. 2a und Abs. 3 Satz 1 eingef., Abs. 4 Satz 1 geänd. mWv 16.8.2014 durch G v. 11.8.2014 (BGBl. I S. 1348); Abs. 2a Satz 1 geänd. mWv 12.10.2021 durch G v. 5.10.2021 (BGBl. I S. 4607).

2) Nr. **100**.

**§ 98[1] Entscheidung über die Wirksamkeit einer Allgemeinverbindlicherklärung oder einer Rechtsverordnung.** (1) In den Fällen des § 2a Absatz 1 Nummer 5 wird das Verfahren eingeleitet auf Antrag

1. jeder natürlichen oder juristischen Person oder
2. einer Gewerkschaft oder einer Vereinigung von Arbeitgebern,

die nach Bekanntmachung der Allgemeinverbindlicherklärung oder der Rechtsverordnung geltend macht, durch die Allgemeinverbindlicherklärung oder die Rechtsverordnung oder deren Anwendung in ihren Rechten verletzt zu sein oder in absehbarer Zeit verletzt zu werden.

(2) Für Verfahren nach § 2a Absatz 1 Nummer 5 ist das Landesarbeitsgericht zuständig, in dessen Bezirk die Behörde ihren Sitz hat, die den Tarifvertrag für allgemeinverbindlich erklärt hat oder die Rechtsverordnung erlassen hat.

(3) [1] Für das Verfahren sind § 80 Absatz 1, 2 Satz 1 und Absatz 3, §§ 81, 83 Absatz 1 und 2 bis 4, §§ 83a, 84 Satz 1 und 2, § 91 Absatz 2 und §§ 92 bis 96 entsprechend anzuwenden. [2] Für die Vertretung der Beteiligten gilt § 11 Absatz 4 und 5 entsprechend. [3] In dem Verfahren ist die Behörde, die den Tarifvertrag für allgemeinverbindlich erklärt hat oder die Rechtsverordnung erlassen hat, Beteiligte.

(4) [1] Der rechtskräftige Beschluss über die Wirksamkeit einer Allgemeinverbindlicherklärung oder einer Rechtsverordnung wirkt für und gegen jedermann. [2] Rechtskräftige Beschlüsse von Gerichten für Arbeitssachen im Verfahren nach § 2a Absatz 1 Nummer 5 sind alsbald der obersten Arbeitsbehörde des Bundes in vollständiger Form abschriftlich zu übersenden oder elektronisch zu übermitteln. [3] Soweit eine Allgemeinverbindlicherklärung oder eine Rechtsverordnung rechtskräftig als wirksam oder unwirksam festgestellt wird, ist die Entscheidungsformel durch die oberste Arbeitsbehörde des Bundes im Bundesanzeiger bekannt zu machen.

(5) [1] In den Fällen des § 2a Absatz 1 Nummer 5 findet eine Wiederaufnahme des Verfahrens auch dann statt, wenn die Entscheidung über die Wirksamkeit einer Allgemeinverbindlicherklärung oder einer Rechtsverordnung darauf beruht, dass ein Beteiligter absichtlich unrichtige Angaben oder Aussagen gemacht hat. [2] § 581 der Zivilprozessordnung[2] findet keine Anwendung.

(6) [1] Hängt die Entscheidung eines Rechtsstreits davon ab, ob eine Allgemeinverbindlicherklärung oder eine Rechtsverordnung wirksam ist und hat das Gericht ernsthafte Zweifel nichtverfassungsrechtlicher Art an der Wirksamkeit der Allgemeinverbindlicherklärung oder der Rechtsverordnung, so hat das Gericht das Verfahren bis zur Erledigung des Beschlussverfahrens nach § 2a Absatz 1 Nummer 5 auszusetzen. [2] Setzt ein Gericht für Arbeitssachen nach Satz 1 einen Rechtsstreit über den Leistungsanspruch einer gemeinsamen Einrichtung aus, hat das Gericht auf deren Antrag den Beklagten zur vorläufigen Leistung zu verpflichten. [3] Die Anordnung unterbleibt, wenn das Gericht die Allgemeinverbindlicherklärung oder die Rechtsverordnung nach dem bisherigen Sach- und Streitstand für offensichtlich unwirksam hält oder der Beklagte glaubhaft macht, dass die vorläufige Leistungspflicht ihm einen nicht zu ersetzenden Nachteil bringen würde. [4] Auf die Entscheidung über die vorläufige Leistungspflicht finden die Vorschriften

[1] § 98 eingef. mWv 16.8.2014 durch G v. 11.8.2014 (BGBl. I S. 1348); Abs. 6 neu gef. mWv 8.9.2017 durch G v. 1.9.2017 (BGBl. I S. 3356); Abs. 3 Satz 1 geänd. mWv 12.10.2021 durch G v. 5.10.2021 (BGBl. I S. 4607).

[2] Nr. **100**.

über die Aussetzung entsprechend Anwendung; die Entscheidung ist ein Vollstreckungstitel gemäß § 794 Absatz 1 Nummer 3 der Zivilprozessordnung. 5 Auch außerhalb eines Beschwerdeverfahrens können die Parteien die Änderung oder Aufhebung der Entscheidung über die vorläufige Leistungspflicht wegen veränderter oder im ursprünglichen Verfahren ohne Verschulden nicht geltend gemachter Umstände beantragen. 6 Ergeht nach Aufnahme des Verfahrens eine Entscheidung, gilt § 717 der Zivilprozessordnung entsprechend. 7 Im Falle des Satzes 1 sind die Parteien des Rechtsstreits auch im Beschlussverfahren nach § 2a Absatz 1 Nummer 5 antragsberechtigt.

**§ 99[1)] Entscheidung über den nach § 4a Absatz 2 Satz 2 des Tarifvertragsgesetzes im Betrieb anwendbaren Tarifvertrag.** (1) In den Fällen des § 2a Absatz 1 Nummer 6 wird das Verfahren auf Antrag einer Tarifvertragspartei eines kollidierenden Tarifvertrags eingeleitet.

(2) Für das Verfahren sind die §§ 80 bis 82 Absatz 1 Satz 1, die §§ 83 bis 84 und 87 bis 96a entsprechend anzuwenden.

(3) Der rechtskräftige Beschluss über den nach § 4a Absatz 2 Satz 2 des Tarifvertragsgesetzes[2)] im Betrieb anwendbaren Tarifvertrag wirkt für und gegen jedermann.

(4) 1 In den Fällen des § 2a Absatz 1 Nummer 6 findet eine Wiederaufnahme des Verfahrens auch dann statt, wenn die Entscheidung über den nach § 4a Absatz 2 Satz 2 des Tarifvertragsgesetzes im Betrieb anwendbaren Tarifvertrag darauf beruht, dass ein Beteiligter absichtlich unrichtige Angaben oder Aussagen gemacht hat. 2 § 581 der Zivilprozessordnung[3)] findet keine Anwendung.

**§ 100[4)] Entscheidung über die Besetzung der Einigungsstelle.** (1) 1 In den Fällen des § 76 Abs. 2 Satz 2 und 3 des Betriebsverfassungsgesetzes[5)] entscheidet der Vorsitzende allein. 2 Wegen fehlender Zuständigkeit der Einigungsstelle können die Anträge nur zurückgewiesen werden, wenn die Einigungsstelle offensichtlich unzuständig ist. 3 Für das Verfahren gelten die §§ 80 bis 84 entsprechend. 4 Die Einlassungs- und Ladungsfristen betragen 48 Stunden. 5 Ein Richter darf nur dann zum Vorsitzenden der Einigungsstelle bestellt werden, wenn aufgrund der Geschäftsverteilung ausgeschlossen ist, dass er mit der Überprüfung, der Auslegung oder der Anwendung des Spruchs der Einigungsstelle befasst wird. 6 Der Beschluss des Vorsitzenden soll den Beteiligten innerhalb von zwei Wochen nach Eingang des Antrags zugestellt werden; er ist den Beteiligten spätestens innerhalb von vier Wochen nach diesem Zeitpunkt zuzustellen.

(2) 1 Gegen die Entscheidungen des Vorsitzenden findet die Beschwerde an das Landesarbeitsgericht statt. 2 Die Beschwerde ist innerhalb einer Frist von zwei Wochen einzulegen und zu begründen. 3 Für das Verfahren gelten § 87 Abs. 2 und 3 und die §§ 88 bis 90 Abs. 1 und 2 sowie § 91 Abs. 1 und 2 entsprechend mit der Maßgabe, dass an die Stelle der Kammer des Landesarbeitsgerichts der Vorsitzende tritt. 4 Gegen dessen Entscheidungen findet kein Rechtsmittel statt.

---

1) § 99 eingef. mWv 10.7.2015 durch G v. 3.7.2015 (BGBl. I S. 1130).

2) **Habersack, Deutsche Gesetze ErgBd. Nr. 81.**

3) Nr. **100**.

4) Früherer § 98 wird § 99 mWv 16.8.2014 durch G v. 11.8.2014 (BGBl. I S. 1348); bish. § 99 wird § 100 mWv 10.7.2015 durch G v. 3.7.2015 (BGBl. I S. 1130).

5) **Habersack, Deutsche Gesetze ErgBd. Nr. 82.**

## Vierter Teil. Schiedsvertrag in Arbeitsstreitigkeiten

**§ 101[1)] Grundsatz.** (1) Für bürgerliche Rechtsstreitigkeiten zwischen Tarifvertragsparteien aus Tarifverträgen oder über das Bestehen oder Nichtbestehen von Tarifverträgen können die Parteien des Tarifvertrags die Arbeitsgerichtsbarkeit allgemein oder für den Einzelfall durch die ausdrückliche Vereinbarung ausschließen, daß die Entscheidung durch ein Schiedsgericht erfolgen soll.

(2) [1] Für bürgerliche Rechtsstreitigkeiten aus einem Arbeitsverhältnis, das sich nach einem Tarifvertrag bestimmt, können die Parteien des Tarifvertrags die Arbeitsgerichtsbarkeit im Tarifvertrag durch die ausdrückliche Vereinbarung ausschließen, daß die Entscheidung durch ein Schiedsgericht erfolgen soll, wenn der persönliche Geltungsbereich des Tarifvertrags überwiegend Bühnenkünstler, Filmschaffende oder Artisten umfaßt. [2] Die Vereinbarung gilt nur für tarifgebundene Personen. [3] Sie erstreckt sich auf Parteien, deren Verhältnisse sich aus anderen Gründen nach dem Tarifvertrag regeln, wenn die Parteien dies ausdrücklich und schriftlich vereinbart haben; der Mangel der Form wird durch Einlassung auf die schiedsgerichtliche Verhandlung zur Hauptsache geheilt.

(3) Die Vorschriften der Zivilprozeßordnung über das schiedsrichterliche Verfahren finden in Arbeitssachen keine Anwendung.

**§ 102[2)] Prozeßhindernde Einrede.** (1) Wird das Arbeitsgericht wegen einer Rechtsstreitigkeit angerufen, für die die Parteien des Tarifvertrages einen Schiedsvertrag geschlossen haben, so hat das Gericht die Klage als unzulässig abzuweisen, wenn sich der Beklagte auf den Schiedsvertrag beruft.

(2) Der Beklagte kann sich nicht auf den Schiedsvertrag berufen,

1. wenn in einem Falle, in dem die Streitparteien selbst die Mitglieder des Schiedsgerichts zu ernennen haben, der Kläger dieser Pflicht nachgekommen ist, der Beklagte die Ernennung aber nicht binnen einer Woche nach der Aufforderung des Klägers vorgenommen hat;
2. wenn in einem Falle, in dem nicht die Streitparteien, sondern die Parteien des Schiedsvertrags die Mitglieder des Schiedsgerichts zu ernennen haben, das Schiedsgericht nicht gebildet ist und die den Parteien des Schiedsvertrags von dem Vorsitzenden des Arbeitsgerichts gesetzte Frist zur Bildung des Schiedsgerichts fruchtlos verstrichen ist;
3. wenn das nach dem Schiedsvertrag gebildete Schiedsgericht die Durchführung des Verfahrens verzögert und die ihm von dem Vorsitzenden des Arbeitsgerichts gesetzte Frist zur Durchführung des Verfahrens fruchtlos verstrichen ist;
4. wenn das Schiedsgericht den Parteien des streitigen Rechtsverhältnisses anzeigt, daß die Abgabe eines Schiedsspruchs unmöglich ist.

(3) In den Fällen des Absatzes 2 Nummern 2 und 3 erfolgt die Bestimmung der Frist auf Antrag des Klägers durch den Vorsitzenden des Arbeitsgerichts, das für die Geltendmachung des Anspruchs zuständig wäre.

(4) Kann sich der Beklagte nach Absatz 2 nicht auf den Schiedsvertrag berufen, so ist eine schiedsrichterliche Entscheidung des Rechtsstreits auf Grund des *Schiedsvertrags ausgeschlossen.*

---

[1)] § 101 Abs. 2 Satz 1 geänd. mWv 1.8.2013 durch G v. 20.4.2013 (BGBl. I S. 868).
[2)] § 102 Abs. 1 und 4 neu gef. und Abs. 2 geänd. durch G v. 17.12.1990 (BGBl. I S. 2847)

**§ 103 Zusammensetzung des Schiedsgerichts.** (1) [1] Das Schiedsgericht muß aus einer gleichen Zahl von Arbeitnehmern und von Arbeitgebern bestehen; außerdem können ihm Unparteiische angehören. [2] Personen, die infolge Richterspruchs die Fähigkeit zur Bekleidung öffentlicher Ämter nicht besitzen, dürfen ihm nicht angehören.

(2) Mitglieder des Schiedsgerichts können unter denselben Voraussetzungen abgelehnt werden, die zur Ablehnung eines Richters berechtigen.

(3) [1] Über die Ablehnung beschließt die Kammer des Arbeitsgerichts, das für die Geltendmachung des Anspruchs zuständig wäre. [2] Vor dem Beschluß sind die Streitparteien und das abgelehnte Mitglied des Schiedsgerichts zu hören. [3] Der Vorsitzende des Arbeitsgerichts entscheidet, ob sie mündlich oder schriftlich zu hören sind. [4] Die mündliche Anhörung erfolgt vor der Kammer. [5] Gegen den Beschluß findet kein Rechtsmittel statt.

**§ 104 Verfahren vor dem Schiedsgericht.** Das Verfahren vor dem Schiedsgericht regelt sich nach den §§ 105 bis 110 und dem Schiedsvertrag, im übrigen nach dem freien Ermessen des Schiedsgerichts.

**§ 105[1)] Anhörung der Parteien.** (1) Vor der Fällung des Schiedsspruchs sind die Streitparteien zu hören.

(2) [1] Die Anhörung erfolgt mündlich. [2] Die Parteien haben persönlich zu erscheinen oder sich durch einen mit schriftlicher Vollmacht versehenen Bevollmächtigten vertreten zu lassen. [3] Die Beglaubigung der Vollmachtsurkunde kann nicht verlangt werden. [4] Die Vorschrift des § 11 Abs. 1 bis 3 gilt entsprechend, soweit der Schiedsvertrag nicht anderes bestimmt.

(3) Bleibt eine Partei in der Verhandlung unentschuldigt aus oder äußert sie sich trotz Aufforderung nicht, so ist der Pflicht zur Anhörung genügt.

**§ 106[2)] Beweisaufnahme.** (1) [1] Das Schiedsgericht kann Beweise erheben, soweit die Beweismittel ihm zur Verfügung gestellt werden. [2] Zeugen und Sachverständige kann das Schiedsgericht nicht beeidigen, eidesstattliche Versicherungen nicht verlangen oder entgegennehmen.

(2) [1] Hält das Schiedsgericht eine Beweiserhebung für erforderlich, die es nicht vornehmen kann, so ersucht es um die Vornahme den Vorsitzenden desjenigen Arbeitsgerichts oder, falls dies aus Gründen der örtlichen Lage zweckmäßiger ist, dasjenige Amtsgericht, in dessen Bezirk die Beweisaufnahme erfolgen soll. [2] Entsprechend ist zu verfahren, wenn das Schiedsgericht die Beeidigung eines Zeugen oder Sachverständigen gemäß § 58 Abs. 2 Satz 1 für notwendig oder eine eidliche Parteivernehmung für sachdienlich erachtet. [3] Die durch die Rechtshilfe entstehenden baren Auslagen sind dem Gericht zu ersetzen; § 22 Abs. 1 und § 29 des Gerichtskostengesetzes[3)] finden entsprechende Anwendung.

**§ 107 Vergleich.** Ein vor dem Schiedsgericht geschlossener Vergleich ist unter Angabe des Tages seines Zustandekommens von den Streitparteien und den Mitgliedern des Schiedsgerichts zu unterschreiben.

---

[1)] § 105 Satz 4 geänd. mWv 1.7.2008 durch G v. 12.12.2007 (BGBl. I S. 2840).
[2)] § 106 Abs. 2 Satz 3 geänd. mWv 1.7.2004 durch G v. 5.5.2004 (BGBl. I S. 718).
[3)] Nr. **115**.

**§ 108 Schiedsspruch.** (1) Der Schiedsspruch ergeht mit einfacher Mehrheit der Stimmen der Mitglieder des Schiedsgerichts, falls der Schiedsvertrag nichts anderes bestimmt.

(2) [1] Der Schiedsspruch ist unter Angabe des Tages seiner Fällung von den Mitgliedern des Schiedsgerichts zu unterschreiben und muß schriftlich begründet werden, soweit die Parteien nicht auf schriftliche Begründung ausdrücklich verzichten. [2] Eine vom Verhandlungsleiter unterschriebene Ausfertigung des Schiedsspruchs ist jeder Streitpartei zuzustellen. [3] Die Zustellung kann durch eingeschriebenen Brief gegen Rückschein erfolgen.

(3) [1] Eine vom Verhandlungsleiter unterschriebene Ausfertigung des Schiedsspruchs soll bei dem Arbeitsgericht, das für die Geltendmachung des Anspruchs zuständig wäre, niedergelegt werden. [2] Die Akten des Schiedsgerichts oder Teile der Akten können ebenfalls dort niedergelegt werden.

(4) Der Schiedsspruch hat unter den Parteien dieselben Wirkungen wie ein rechtskräftiges Urteil des Arbeitsgerichts.

**§ 109 Zwangsvollstreckung.** (1) [1] Die Zwangsvollstreckung findet aus dem Schiedsspruch oder aus einem vor dem Schiedsgericht geschlossenen Vergleich nur statt, wenn der Schiedsspruch oder der Vergleich von dem Vorsitzenden des Arbeitsgerichts, das für die Geltendmachung des Anspruchs zuständig wäre, für vollstreckbar erklärt worden ist. [2] Der Vorsitzende hat vor der Erklärung den Gegner zu hören. [3] Wird nachgewiesen, daß auf Aufhebung des Schiedsspruchs geklagt ist, so ist die Entscheidung bis zur Erledigung dieses Rechtsstreits auszusetzen.

(2) [1] Die Entscheidung des Vorsitzenden ist endgültig. [2] Sie ist den Parteien zuzustellen.

**§ 110 Aufhebungsklage.** (1) Auf Aufhebung des Schiedsspruchs kann geklagt werden,

1. wenn das schiedsgerichtliche Verfahren unzulässig war;
2. wenn der Schiedsspruch auf der Verletzung einer Rechtsnorm beruht;
3. wenn die Voraussetzungen vorliegen, unter denen gegen ein gerichtliches Urteil nach § 580 Nr. 1 bis 6 der Zivilprozeßordnung[1)] die Restitutionsklage zulässig wäre.

(2) Für die Klage ist das Arbeitsgericht zuständig, das für die Geltendmachung des Anspruchs zuständig wäre.

(3) [1] Die Klage ist binnen einer Notfrist von zwei Wochen zu erheben. [2] Die Frist beginnt in den Fällen des Absatzes 1 Nr. 1 und 2 mit der Zustellung des Schiedsspruchs. [3] Im Falle des Absatzes 1 Nr. 3 beginnt sie mit der Rechtskraft des Urteils, das die Verurteilung wegen der Straftat ausspricht, oder mit dem Tage, an dem der Partei bekannt geworden ist, daß die Einleitung oder die Durchführung des Verfahrens nicht erfolgen kann; nach Ablauf von zehn Jahren, von der Zustellung des Schiedsspruchs an gerechnet, ist die Klage unstatthaft.

(4) Ist der Schiedsspruch für vollstreckbar erklärt, so ist in dem der Klage stattgebenden Urteil auch die Aufhebung der Vollstreckbarkeitserklärung auszusprechen.

---

1) Nr. **100**.

## Fünfter Teil. Übergangs- und Schlußvorschriften

**§ 111[1)] Änderung von Vorschriften.** (1) [1]Soweit nach anderen Rechtsvorschriften andere Gerichte, Behörden oder Stellen zur Entscheidung oder Beilegung von Arbeitssachen zuständig sind, treten an ihre Stelle die Arbeitsgerichte. [2]Dies gilt nicht für Seemannsämter, soweit sie zur vorläufigen Entscheidung von Arbeitssachen zuständig sind.

(2) [1]Zur Beilegung von Streitigkeiten zwischen Ausbildenden und Auszubildenden aus einem bestehenden Berufsausbildungsverhältnis können im Bereich des Handwerks die Handwerksinnungen, im übrigen die zuständigen Stellen im Sinne des Berufsbildungsgesetzes[2)] Ausschüsse bilden, denen Arbeitgeber und Arbeitnehmer in gleicher Zahl angehören müssen. [2]Der Ausschuß hat die Parteien mündlich zu hören. [3]Wird der von ihm gefällte Spruch nicht innerhalb einer Woche von beiden Parteien anerkannt, so kann binnen zwei Wochen nach ergangenem Spruch Klage beim zuständigen Arbeitsgericht erhoben werden. [4]§ 9 Abs. 5 gilt entsprechend. [5]Der Klage muß in allen Fällen die Verhandlung vor dem Ausschuß vorangegangen sein. [6]Aus Vergleichen, die vor dem Ausschuß geschlossen sind, und aus Sprüchen des Ausschusses, die von beiden Seiten anerkannt sind, findet die Zwangsvollstreckung statt. [7]Die §§ 107 und 109 gelten entsprechend.

**§ 112[3)] Übergangsregelungen.** (1) Für Beschlussverfahren nach § 2a Absatz 1 Nummer 4, die bis zum Ablauf des 15. August 2014 anhängig gemacht worden sind, gilt § 97 in der an diesem Tag geltenden Fassung bis zum Abschluss des Verfahrens durch einen rechtskräftigen Beschluss fort.

(2) § 43 des Einführungsgesetzes zum Gerichtsverfassungsgesetz[4)] gilt entsprechend.

**§ 113[5)] Berichterstattung.** Die Bundesregierung berichtet dem Deutschen Bundestag bis zum 8. September 2020 über die Auswirkungen der vorläufigen Leistungspflicht nach § 98 Absatz 6 Satz 2 und gibt eine Einschätzung dazu ab, ob die Regelung fortbestehen soll.

**§ 114[6)]** *(aufgehoben)*

**§§ 115, 116** (weggefallen)

**§ 117[7)] [Verfahren bei Meinungsverschiedenheiten der beteiligten Verwaltungen]** Soweit in den Fällen der §§ 40 und 41 das Einvernehmen nicht erzielt wird, entscheidet die Bundesregierung.

**§§ 118 bis 120** (weggefallen)

---

[1)] § 111 Abs. 2 Satz 8 aufgeh. mWv 1.5.2000 durch G v. 30.3.2000 (BGBl. I S. 333).

[2)] **Sartorius ErgBd. Nr. 422.**

[3)] § 112 eingef. mWv 16.8.2014 durch G v. 11.8.2014 (BGBl. I S. 1348); Überschrift neu gef., Abs. 2 angef. mWv 19.10.2017 durch G v. 8.10.2017 (BGBl. I S. 3546).

[4)] Nr. **95a**.

[5)] § 113 eingef. mWv 8.9.2017 durch G v. 1.9.2017 (BGBl. I S. 3356).

[6)] § 114 aufgeh. mWv 1.1.2021 durch G v. 20.5.2020 (BGBl. I S. 1055).

[7)] § 117 neu gef. mWv 1.5.2000 durch G v. 30.3.2000 (BGBl. I S. 333).

## §§ 121–122[1] *(aufgehoben)*

## Anlage 1, 2.[2] *(aufgehoben)*

[1] §§ 121–122 aufgeh. mWv 25.4.2006 durch G v. 19.4.2006 (BGBl. I S. 866).
[2] Anl. 1 und 2 aufgeh. mWv 1.7.2004 durch G v. 5.5.2004 (BGBl. I S. 718).

**§ 103 Zusammensetzung des Schiedsgerichts.** (1) [1] Das Schiedsgericht muß aus einer gleichen Zahl von Arbeitnehmern und von Arbeitgebern bestehen; außerdem können ihm Unparteiische angehören. [2] Personen, die infolge Richterspruchs die Fähigkeit zur Bekleidung öffentlicher Ämter nicht besitzen, dürfen ihm nicht angehören.

(2) Mitglieder des Schiedsgerichts können unter denselben Voraussetzungen abgelehnt werden, die zur Ablehnung eines Richters berechtigen.

(3) [1] Über die Ablehnung beschließt die Kammer des Arbeitsgerichts, das für die Geltendmachung des Anspruchs zuständig wäre. [2] Vor dem Beschluß sind die Streitparteien und das abgelehnte Mitglied des Schiedsgerichts zu hören. [3] Der Vorsitzende des Arbeitsgerichts entscheidet, ob sie mündlich oder schriftlich zu hören sind. [4] Die mündliche Anhörung erfolgt vor der Kammer. [5] Gegen den Beschluß findet kein Rechtsmittel statt.

**§ 104 Verfahren vor dem Schiedsgericht.** Das Verfahren vor dem Schiedsgericht regelt sich nach den §§ 105 bis 110 und dem Schiedsvertrag, im übrigen nach dem freien Ermessen des Schiedsgerichts.

**§ 105[1)] Anhörung der Parteien.** (1) Vor der Fällung des Schiedsspruchs sind die Streitparteien zu hören.

(2) [1] Die Anhörung erfolgt mündlich. [2] Die Parteien haben persönlich zu erscheinen oder sich durch einen mit schriftlicher Vollmacht versehenen Bevollmächtigten vertreten zu lassen. [3] Die Beglaubigung der Vollmachtsurkunde kann nicht verlangt werden. [4] Die Vorschrift des § 11 Abs. 1 bis 3 gilt entsprechend, soweit der Schiedsvertrag nicht anderes bestimmt.

(3) Bleibt eine Partei in der Verhandlung unentschuldigt aus oder äußert sie sich trotz Aufforderung nicht, so ist der Pflicht zur Anhörung genügt.

**§ 106[2)] Beweisaufnahme.** (1) [1] Das Schiedsgericht kann Beweise erheben, soweit die Beweismittel ihm zur Verfügung gestellt werden. [2] Zeugen und Sachverständige kann das Schiedsgericht nicht beeidigen, eidesstattliche Versicherungen nicht verlangen oder entgegennehmen.

(2) [1] Hält das Schiedsgericht eine Beweiserhebung für erforderlich, die es nicht vornehmen kann, so ersucht es um die Vornahme den Vorsitzenden desjenigen Arbeitsgerichts oder, falls dies aus Gründen der örtlichen Lage zweckmäßiger ist, dasjenige Amtsgericht, in dessen Bezirk die Beweisaufnahme erfolgen soll. [2] Entsprechend ist zu verfahren, wenn das Schiedsgericht die Beeidigung eines Zeugen oder Sachverständigen gemäß § 58 Abs. 2 Satz 1 für notwendig oder eine eidliche Parteivernehmung für sachdienlich erachtet. [3] Die durch die Rechtshilfe entstehenden baren Auslagen sind dem Gericht zu ersetzen; § 22 Abs. 1 und § 29 des Gerichtskostengesetzes[3)] finden entsprechende Anwendung.

**§ 107 Vergleich.** Ein vor dem Schiedsgericht geschlossener Vergleich ist unter Angabe des Tages seines Zustandekommens von den Streitparteien und den Mitgliedern des Schiedsgerichts zu unterschreiben.

---

[1)] § 105 Satz 4 geänd. mWv 1.7.2008 durch G v. 12.12.2007 (BGBl. I S. 2840).
[2)] § 106 Abs. 2 Satz 3 geänd. mWv 1.7.2004 durch G v. 5.5.2004 (BGBl. I S. 718).
[3)] Nr. **115**.

**§ 108 Schiedsspruch.** (1) Der Schiedsspruch ergeht mit einfacher Mehrheit der Stimmen der Mitglieder des Schiedsgerichts, falls der Schiedsvertrag nichts anderes bestimmt.

(2) [1] Der Schiedsspruch ist unter Angabe des Tages seiner Fällung von den Mitgliedern des Schiedsgerichts zu unterschreiben und muß schriftlich begründet werden, soweit die Parteien nicht auf schriftliche Begründung ausdrücklich verzichten. [2] Eine vom Verhandlungsleiter unterschriebene Ausfertigung des Schiedsspruchs ist jeder Streitpartei zuzustellen. [3] Die Zustellung kann durch eingeschriebenen Brief gegen Rückschein erfolgen.

(3) [1] Eine vom Verhandlungsleiter unterschriebene Ausfertigung des Schiedsspruchs soll bei dem Arbeitsgericht, das für die Geltendmachung des Anspruchs zuständig wäre, niedergelegt werden. [2] Die Akten des Schiedsgerichts oder Teile der Akten können ebenfalls dort niedergelegt werden.

(4) Der Schiedsspruch hat unter den Parteien dieselben Wirkungen wie ein rechtskräftiges Urteil des Arbeitsgerichts.

**§ 109 Zwangsvollstreckung.** (1) [1] Die Zwangsvollstreckung findet aus dem Schiedsspruch oder aus einem vor dem Schiedsgericht geschlossenen Vergleich nur statt, wenn der Schiedsspruch oder der Vergleich von dem Vorsitzenden des Arbeitsgerichts, das für die Geltendmachung des Anspruchs zuständig wäre, für vollstreckbar erklärt worden ist. [2] Der Vorsitzende hat vor der Erklärung den Gegner zu hören. [3] Wird nachgewiesen, daß auf Aufhebung des Schiedsspruchs geklagt ist, so ist die Entscheidung bis zur Erledigung dieses Rechtsstreits auszusetzen.

(2) [1] Die Entscheidung des Vorsitzenden ist endgültig. [2] Sie ist den Parteien zuzustellen.

**§ 110 Aufhebungsklage.** (1) Auf Aufhebung des Schiedsspruchs kann geklagt werden,

1. wenn das schiedsgerichtliche Verfahren unzulässig war;
2. wenn der Schiedsspruch auf der Verletzung einer Rechtsnorm beruht;
3. wenn die Voraussetzungen vorliegen, unter denen gegen ein gerichtliches Urteil nach § 580 Nr. 1 bis 6 der Zivilprozeßordnung[1)] die Restitutionsklage zulässig wäre.

(2) Für die Klage ist das Arbeitsgericht zuständig, das für die Geltendmachung des Anspruchs zuständig wäre.

(3) [1] Die Klage ist binnen einer Notfrist von zwei Wochen zu erheben. [2] Die Frist beginnt in den Fällen des Absatzes 1 Nr. 1 und 2 mit der Zustellung des Schiedsspruchs. [3] Im Falle des Absatzes 1 Nr. 3 beginnt sie mit der Rechtskraft des Urteils, das die Verurteilung wegen der Straftat ausspricht, oder mit dem Tage, an dem der Partei bekannt geworden ist, daß die Einleitung oder die Durchführung des Verfahrens nicht erfolgen kann; nach Ablauf von zehn Jahren, von der Zustellung des Schiedsspruchs an gerechnet, ist die Klage unstatthaft.

(4) Ist der Schiedsspruch für vollstreckbar erklärt, so ist in dem der Klage stattgebenden Urteil auch die Aufhebung der Vollstreckbarkeitserklärung auszusprechen.

---

1) Nr. **100**.

# 84. Kündigungsschutzgesetz (KSchG)

In der Fassung der Bekanntmachung vom 25. August 1969[1)]
(BGBl. I S. 1317)

**FNA 800-2**

| Lfd. Nr. | Änderndes Gesetz | Datum | Fundstelle | Betroffen | Hinweis |
|---|---|---|---|---|---|
| 1. | § 123 BetriebsverfassungsG | 15.1.1972 | BGBl. I S. 13 | §§ 1, Überschr. 2. Abschn., §§ 15, 16 | geänd. mWv 19.1.1972 |
| 2. | Art. 4 § 2 RentenreformG | 16.10. 1972 | BGBl. I S. 1965 | § 10 | geänd. mWv 1.1.1973 |
| 3. | Art. 287 Nr. 76 Strafgesetzbuch-EinführungsG | 2.3.1974 | BGBl. I S. 469 | § 20 | geänd. mWv 1.1.1975 |
| 4. | § 114 BundespersonalvertretungsG | 15.3.1974 | BGBl. I S. 693 | §§ 1, 2, Überschr. 2. Abschn., §§ 15, 16 | |
| 5. | Art. 1 ÄndG | 5.7.1976 | BGBl. I S. 1769 | § 1 | geänd. mWv 9.7.1976 |
| 6. | Art. 1 Zweites ÄndG | 27.4.1978 | BGBl. I S. 550 | §§ 17, 20, 23 | geänd. mWv 30.4.1978 |
| | | | | § 22a | eingef. mWv 30.4.1978 |
| 7. | Art. 3 BeschäftigungsförderungsG 1985 | 26.4.1985 | BGBl. I S. 710 | §§ 22, 23 | geänd. mWv 1.5.1985 |
| | | | | § 25a | eingef. mWv 1.5.1985 |
| 8. | Art. 3 G zur Bildung von Jugend- und Auszubildendenvertretungen in den Betrieben | 13.7.1988 | BGBl. I S. 1034 | § 15 | geänd. mWv 20.7.1988 |
| 9. | Art. 3 G zur Bildung von Jugend- und Auszubildendenvertretungen in den Verwaltungen | 13.7.1988 | BGBl. I S. 1037 | § 15 | geänd. mWv 20.7.1988 |
| 10. | Art. 31 RentenreformG 1992 | 18.12. 1989 | BGBl. I S. 2261 | § 10 | geänd. mWv 1.1.1992 |
| 11. | Art. 55 Fünfte ZuständigkeitsanpassungsVO | 26.2.1993 | BGBl. I S. 278 | § 21 | geänd. mWv 13.3.1993 |
| 12. | Art. 5 G zur Anpassung arbeitsrechtl. Bestimmungen an das EG-Recht | 20.7.1995 | BGBl. I S. 946 | § 17 | geänd. mWv 28.7.1995 |
| | | | | § 22a | aufgeh. mWv 28.7.1995 |
| 13. | Art. 1 Arbeitsrechtliches BeschäftigungsförderungsG | 25.9.1996 | BGBl. I S. 1476 | § 1, 23 | geänd. mWv 1.10.1996 |
| 14. | Art. 50 Arbeitsförderungs-ReformG | 24.3.1997 | BGBl. I S. 594 | §§ 18, 20, 22 | geänd. mWv 1.1.1998 |
| 15. | Art. 6 G zu Korrekturen in der Sozialversicherung und zur Sicherung der Arbeitnehmerrechte | 19.12. 1998 | BGBl. I S. 3843 | §§ 1, 23 | geänd. mWv 1.1.1999 |

[1)] Neubekanntmachung des KSchG v. 10.8.1951 (BGBl. I S. 499) in der ab 1.9.1969 geltenden Fassung.

| Lfd. Nr. | Änderndes Gesetz | Datum | Fundstelle | Betroffen | Hinweis |
|---|---|---|---|---|---|
| 16. | Art. 3 ArbeitsgerichtsbeschleunigungsG | 30.3.2000 | BGBl. I S. 333 | § 5 | geänd. mWv 1.5.2000 |
| 17. | Art. 7 BetrVerf-ReformG | 23.7.2001 | BGBl. I S. 1852 | §§ 15, 16 | geänd. mWv 28.7.2001 |
| 18. | Art. 169 Achte ZuständigkeitsanpassungsVO | 25.11. 2003 | BGBl. I S. 2304 | § 22 | geänd. mWv 28.11.2003 |
| 19. | Art. 73 Drittes G für moderne Dienstleistungen am Arbeitsmarkt | 23.12. 2003 | BGBl. I S. 2848 | §§ 17, 18, 19, 20, 21 | geänd. mWv 1.1.2004 |
| 20. | Art. 36 Viertes G für moderne Dienstleistungen am Arbeitsmarkt | 24.12. 2003 | BGBl. I S. 2954 | § 11 | geänd. mWv 1.1.2005 |
| 21. | Art. 1 G zu Reformen am Arbeitsmarkt | 24.12. 2003 | BGBl. I S. 3002 | §§ 1, 4, 5, 6, 7, 13, 23 | geänd. mWv 1.1.2004 |
| | | | | § 1a | eingef. mWv 1.1.2004 |
| 22. | Art. 2a EU-ArbeitsmarktzugangsG | 23.4.2004 | BGBl. I S. 602 | § 20 | geänd. mWv 1.5.2004 |
| 23. | Art. 6 Viertes G zur Änd. des SGB III und anderer Gesetze | 19.11. 2004 | BGBl. I S. 2902 | §§ 17, 20, 21 | geänd. mWv 27.11.2004 |
| 24. | Art. 218 Neunte ZuständigkeitsanpassungsVO | 31.10. 2006 | BGBl. I S. 2407 | § 22 | geänd. mWv 8.11.2006 |
| 25. | Art. 2 DienstrechtsanpassungsG BA | 19.7.2007 | BGBl. I S. 1457 | § 20 | geänd. mWv 26.7.2007 |
| 26. | Art. 3 G zur Änd. des SozialgerichtsG und des ArbeitsgerichtsG | 26.3.2008 | BGBl. I S. 444 | § 5 | geänd. mWv 1.4.2008 |
| 27. | Art. 3 Abs. 2 G zur Umsetzung des Seearbeitsübereinkommens 2006 der Internationalen Arbeitsorganisation | 20.4.2013 | BGBl. I S. 868 | § 24 | neu gef. mWv 1.8.2013 |
| 28. | Art. 4 EM-LeistungsverbesserungsG | 17.7.2017 | BGBl. I S. 2509 | §§ 23, 24 | geänd. mWv 10.10.2017 |
| 29. | Art. 2 Viertes G zur Änd. des SeearbeitsG und anderer Gesetze | 14.10. 2020 | BGBl. I S. 2112 | § 24 | geänd. mWv 26.12.2020 |
| 30. | Art. 2 BetriebsrätemodernisierungsG | 14.6.2021 | BGBl. I S. 1762 | §§ 15, 16 | geänd. mWv 18.6.2021 |

**Nichtamtliche Inhaltsübersicht**



## Erster Abschnitt. Allgemeiner Kündigungsschutz

**§ 1[1] Sozial ungerechtfertigte Kündigungen.** (1) Die Kündigung des Arbeitsverhältnisses gegenüber einem Arbeitnehmer, dessen Arbeitsverhältnis in demselben Betrieb oder Unternehmen ohne Unterbrechung länger als sechs Monate bestanden hat, ist rechtsunwirksam, wenn sie sozial ungerechtfertigt ist.

(2) [1]Sozial ungerechtfertigt ist die Kündigung, wenn sie nicht durch Gründe, die in der Person oder in dem Verhalten des Arbeitnehmers liegen, oder durch dringende betriebliche Erfordernisse, die einer Weiterbeschäftigung des Arbeitnehmers in diesem Betrieb entgegenstehen, bedingt ist. [2]Die Kündigung ist auch sozial ungerechtfertigt, wenn

1. in Betrieben des privaten Rechts
   a) die Kündigung gegen eine Richtlinie nach § 95 des Betriebsverfassungsgesetzes[2] verstößt,
   b) der Arbeitnehmer an einem anderen Arbeitsplatz in demselben Betrieb oder in einem anderen Betrieb des Unternehmens weiterbeschäftigt werden kann

   und der Betriebsrat oder eine andere nach dem Betriebsverfassungsgesetz insoweit zuständige Vertretung der Arbeitnehmer aus einem dieser Gründe der Kündigung innerhalb der Frist des § 102 Abs. 2 Satz 1 des Betriebsverfassungsgesetzes schriftlich widersprochen hat,
2. in Betrieben und Verwaltungen des öffentlichen Rechts
   a) die Kündigung gegen eine Richtlinie über die personelle Auswahl bei Kündigungen verstößt,
   b) der Arbeitnehmer an einem anderen Arbeitsplatz in derselben Dienststelle oder in einer anderen Dienststelle desselben Verwaltungszweiges an demselben Dienstort einschließlich seines Einzugsgebietes weiterbeschäftigt werden kann

   und die zuständige Personalvertretung aus einem dieser Gründe fristgerecht gegen die Kündigung Einwendungen erhoben hat, es sei denn, daß die Stufenvertretung in der Verhandlung mit der übergeordneten Dienststelle die Einwendungen nicht aufrechterhalten hat.

[3]Satz 2 gilt entsprechend, wenn die Weiterbeschäftigung des Arbeitnehmers nach zumutbaren Umschulungs- oder Fortbildungsmaßnahmen oder eine Weiterbeschäftigung des Arbeitnehmers unter geänderten Arbeitsbedingungen möglich ist und der Arbeitnehmer sein Einverständnis hiermit erklärt hat. [4]Der Arbeitgeber hat die Tatsachen zu beweisen, die die Kündigung bedingen.

---

[1] § 1 Abs. 1 geänd. durch G v. 5.7.1976 (BGBl. I S. 1769); Abs. 2 neu gef. durch G v. 15.3.1974 (BGBl. I S. 693); Abs. 3 Satz 1 geänd., Satz 2 neu gef., Abs. 4 und 5 angef. durch G v. 25.9.1996 (BGBl. I S. 1476); Abs. 3 Satz 1 geänd., Satz 2 und Abs. 4 neu gef., Abs. 5 aufgeh. durch G v. 19.12.1998 (BGBl. I S. 3843); Abs. 3 Satz 1 geänd., Satz 2 und Abs. 4 neu gef., Abs. 5 angef. mWv 1.1.2004 durch G v. 24.12.2003 (BGBl. I S. 3002).

[2] **Habersack, Deutsche Gesetze ErgBd. Nr. 82.**

(3) [1] Ist einem Arbeitnehmer aus dringenden betrieblichen Erfordernissen im Sinne des Absatzes 2 gekündigt worden, so ist die Kündigung trotzdem sozial ungerechtfertigt, wenn der Arbeitgeber bei der Auswahl des Arbeitnehmers die Dauer der Betriebszugehörigkeit, das Lebensalter, die Unterhaltspflichten und die Schwerbehinderung des Arbeitnehmers nicht oder nicht ausreichend berücksichtigt hat; auf Verlangen des Arbeitnehmers hat der Arbeitgeber dem Arbeitnehmer die Gründe anzugeben, die zu der getroffenen sozialen Auswahl geführt haben. [2] In die soziale Auswahl nach Satz 1 sind Arbeitnehmer nicht einzubeziehen, deren Weiterbeschäftigung, insbesondere wegen ihrer Kenntnisse, Fähigkeiten und Leistungen oder zur Sicherung einer ausgewogenen Personalstruktur des Betriebes, im berechtigten betrieblichen Interesse liegt. [3] Der Arbeitnehmer hat die Tatsachen zu beweisen, die die Kündigung als sozial ungerechtfertigt im Sinne des Satzes 1 erscheinen lassen.

(4) Ist in einem Tarifvertrag, in einer Betriebsvereinbarung nach § 95 des Betriebsverfassungsgesetzes oder in einer entsprechenden Richtlinie nach den Personalvertretungsgesetzen festgelegt, wie die sozialen Gesichtspunkte nach Absatz 3 Satz 1 im Verhältnis zueinander zu bewerten sind, so kann die Bewertung nur auf grobe Fehlerhaftigkeit überprüft werden.

(5) [1] Sind bei einer Kündigung auf Grund einer Betriebsänderung nach § 111 des Betriebsverfassungsgesetzes die Arbeitnehmer, denen gekündigt werden soll, in einem Interessenausgleich zwischen Arbeitgeber und Betriebsrat namentlich bezeichnet, so wird vermutet, dass die Kündigung durch dringende betriebliche Erfordernisse im Sinne des Absatzes 2 bedingt ist. [2] Die soziale Auswahl der Arbeitnehmer kann nur auf grobe Fehlerhaftigkeit überprüft werden. [3] Die Sätze 1 und 2 gelten nicht, soweit sich die Sachlage nach Zustandekommen des Interessenausgleichs wesentlich geändert hat. [4] Der Interessenausgleich nach Satz 1 ersetzt die Stellungnahme des Betriebsrates nach § 17 Abs. 3 Satz 2.

**§ 1a[1)] Abfindungsanspruch bei betriebsbedingter Kündigung.** (1) [1] Kündigt der Arbeitgeber wegen dringender betrieblicher Erfordernisse nach § 1 Abs. 2 Satz 1 und erhebt der Arbeitnehmer bis zum Ablauf der Frist des § 4 Satz 1 keine Klage auf Feststellung, dass das Arbeitsverhältnis durch die Kündigung nicht aufgelöst ist, hat der Arbeitnehmer mit dem Ablauf der Kündigungsfrist Anspruch auf eine Abfindung. [2] Der Anspruch setzt den Hinweis des Arbeitgebers in der Kündigungserklärung voraus, dass die Kündigung auf dringende betriebliche Erfordernisse gestützt ist und der Arbeitnehmer bei Verstreichenlassen der Klagefrist die Abfindung beanspruchen kann.

(2) [1] Die Höhe der Abfindung beträgt 0,5 Monatsverdienste für jedes Jahr des Bestehens des Arbeitsverhältnisses. [2] § 10 Abs. 3 gilt entsprechend. [3] Bei der Ermittlung der Dauer des Arbeitsverhältnisses ist ein Zeitraum von mehr als sechs Monaten auf ein volles Jahr aufzurunden.

**§ 2[2)] Änderungskündigung.** [1] Kündigt der Arbeitgeber das Arbeitsverhältnis und bietet er dem Arbeitnehmer im Zusammenhang mit der Kündigung die Fortsetzung des Arbeitsverhältnisses zu geänderten Arbeitsbedingungen an, so kann der Arbeitnehmer dieses Angebot unter dem Vorbehalt annehmen, daß die Änderung der Arbeitsbedingungen nicht sozial ungerechtfertigt ist (§ 1 Abs. 2 Satz *1 bis* 3, Abs. 3 Satz 1 und 2). [2] Diesen Vorbehalt muß der Arbeitnehmer dem

---

[1)] § 1a eingef. mWv 1.1.2004 durch G v. 24.12.2003 (BGBl. I S. 3002).
[2)] § 2 Satz 1 geänd. durch G v. 15.3.1974 (BGBl. I S. 693).

Arbeitgeber innerhalb der Kündigungsfrist, spätestens jedoch innerhalb von drei Wochen nach Zugang der Kündigung erklären.

**§ 3 Kündigungseinspruch.** [1] Hält der Arbeitnehmer eine Kündigung für sozial ungerechtfertigt, so kann er binnen einer Woche nach der Kündigung Einspruch beim Betriebsrat einlegen. [2] Erachtet der Betriebsrat den Einspruch für begründet, so hat er zu versuchen, eine Verständigung mit dem Arbeitgeber herbeizuführen. [3] Er hat seine Stellungnahme zu dem Einspruch dem Arbeitnehmer und dem Arbeitgeber auf Verlangen schriftlich mitzuteilen.

**§ 4[1)] Anrufung des Arbeitsgerichtes.** [1] Will ein Arbeitnehmer geltend machen, dass eine Kündigung sozial ungerechtfertigt oder aus anderen Gründen rechtsunwirksam ist, so muss er innerhalb von drei Wochen nach Zugang der schriftlichen Kündigung Klage beim Arbeitsgericht auf Feststellung erheben, dass das Arbeitsverhältnis durch die Kündigung nicht aufgelöst ist. [2] Im Falle des § 2 ist die Klage auf Feststellung zu erheben, daß die Änderung der Arbeitsbedingungen sozial ungerechtfertigt oder aus anderen Gründen rechtsunwirksam ist. [3] Hat der Arbeitnehmer Einspruch beim Betriebsrat eingelegt (§ 3), so soll er der Klage die Stellungnahme des Betriebsrates beifügen. [4] Soweit die Kündigung der Zustimmung einer Behörde bedarf, läuft die Frist zur Anrufung des Arbeitsgerichtes erst von der Bekanntgabe der Entscheidung der Behörde an den Arbeitnehmer ab.

**§ 5[2)] Zulassung verspäteter Klagen.** (1) [1] War ein Arbeitnehmer nach erfolgter Kündigung trotz Anwendung aller ihm nach Lage der Umstände zuzumutenden Sorgfalt verhindert, die Klage innerhalb von drei Wochen nach Zugang der schriftlichen Kündigung zu erheben, so ist auf seinen Antrag die Klage nachträglich zuzulassen. [2] Gleiches gilt, wenn eine Frau von ihrer Schwangerschaft aus einem von ihr nicht zu vertretenden Grund erst nach Ablauf der Frist des § 4 Satz 1 Kenntnis erlangt hat.

(2) [1] Mit dem Antrag ist die Klageerhebung zu verbinden; ist die Klage bereits eingereicht, so ist auf sie im Antrag Bezug zu nehmen. [2] Der Antrag muß ferner die Angabe der die nachträgliche Zulassung begründenden Tatsachen und der Mittel für deren Glaubhaftmachung enthalten.

(3) [1] Der Antrag ist nur innerhalb von zwei Wochen nach Behebung des Hindernisses zulässig. [2] Nach Ablauf von sechs Monaten, vom Ende der versäumten Frist an gerechnet, kann der Antrag nicht mehr gestellt werden.

(4) [1] Das Verfahren über den Antrag auf nachträgliche Zulassung ist mit dem Verfahren über die Klage zu verbinden. [2] Das Arbeitsgericht kann das Verfahren zunächst auf die Verhandlung und Entscheidung über den Antrag beschränken. [3] In diesem Fall ergeht die Entscheidung durch Zwischenurteil, das wie ein Endurteil angefochten werden kann.

(5) [1] Hat das Arbeitsgericht über einen Antrag auf nachträgliche Klagezulassung nicht entschieden oder wird ein solcher Antrag erstmals vor dem Landesarbeitsgericht gestellt, entscheidet hierüber die Kammer des Landesarbeitsgerichts. [2] Absatz 4 gilt entsprechend.

---

1) § 4 Satz 1 neu gef., Satz 2 geänd. mWv 1.1.2004 durch G v. 24.12.2003 (BGBl. I S. 3002).

2) § 5 Abs. 4 Satz 1 neu gef. mWv 1.5.2000 durch G v. 30.3.2000 (BGBl. I S. 333); Abs. 1 Satz 1 geänd., Satz 2 angef. mWv 1.1.2004 durch G v. 24.12.2003 (BGBl. I S. 3002); Abs. 4 neu gef., Abs. 5 angef. mWv 1.4.2008 durch G v. 26.3.2008 (BGBl. I S. 444).

**§ 6[1] Verlängerte Anrufungsfrist.** [1] Hat ein Arbeitnehmer innerhalb von drei Wochen nach Zugang der schriftlichen Kündigung im Klagewege geltend gemacht, dass eine rechtswirksame Kündigung nicht vorliege, so kann er sich in diesem Verfahren bis zum Schluss der mündlichen Verhandlung erster Instanz zur Begründung der Unwirksamkeit der Kündigung auch auf innerhalb der Klagefrist nicht geltend gemachte Gründe berufen. [2] Das Arbeitsgericht soll ihn hierauf hinweisen.

**§ 7[2] Wirksamwerden der Kündigung.** Wird die Rechtsunwirksamkeit einer Kündigung nicht rechtzeitig geltend gemacht (§ 4 Satz 1, §§ 5 und 6), so gilt die Kündigung als von Anfang an rechtswirksam; ein vom Arbeitnehmer nach § 2 erklärter Vorbehalt erlischt.

**§ 8 Wiederherstellung der früheren Arbeitsbedingungen.** Stellt das Gericht im Falle des § 2 fest, daß die Änderung der Arbeitsbedingungen sozial ungerechtfertigt ist, so gilt die Änderungskündigung als von Anfang an rechtsunwirksam.

**§ 9 Auflösung des Arbeitsverhältnisses durch Urteil des Gerichts; Abfindung des Arbeitnehmers.** (1) [1] Stellt das Gericht fest, daß das Arbeitsverhältnis durch die Kündigung nicht aufgelöst ist, ist jedoch dem Arbeitnehmer die Fortsetzung des Arbeitsverhältnisses nicht zuzumuten, so hat das Gericht auf Antrag des Arbeitnehmers das Arbeitsverhältnis aufzulösen und den Arbeitgeber zur Zahlung einer angemessenen Abfindung zu verurteilen. [2] Die gleiche Entscheidung hat das Gericht auf Antrag des Arbeitgebers zu treffen, wenn Gründe vorliegen, die eine den Betriebszwecken dienliche weitere Zusammenarbeit zwischen Arbeitgeber und Arbeitnehmer nicht erwarten lassen. [3] Arbeitnehmer und Arbeitgeber können den Antrag auf Auflösung des Arbeitsverhältnisses bis zum Schluß der letzten mündlichen Verhandlung in der Berufungsinstanz stellen.

(2) Das Gericht hat für die Auflösung des Arbeitsverhältnisses den Zeitpunkt festzusetzen, an dem es bei sozial gerechtfertigter Kündigung geendet hätte.

**§ 10[3] Höhe der Abfindung.** (1) Als Abfindung ist ein Betrag bis zu zwölf Monatsverdiensten festzusetzen.

(2) [1] Hat der Arbeitnehmer das fünfzigste Lebensjahr vollendet und hat das Arbeitsverhältnis mindestens fünfzehn Jahre bestanden, so ist ein Betrag bis zu fünfzehn Monatsverdiensten, hat der Arbeitnehmer das fünfundfünfzigste Lebensjahr vollendet und hat das Arbeitsverhältnis mindestens zwanzig Jahre bestanden, so ist ein Betrag bis zu achtzehn Monatsverdiensten festzusetzen. [2] Dies gilt nicht, wenn der Arbeitnehmer in dem Zeitpunkt, den das Gericht nach § 9 Abs. 2 für die Auflösung des Arbeitsverhältnisses festsetzt, das in der Vorschrift des Sechsten Buches Sozialgesetzbuch[4] über die Regelaltersrente bezeichnete Lebensalter erreicht hat.

(3) Als Monatsverdienst gilt, was dem Arbeitnehmer bei der für ihn maßgebenden regelmäßigen Arbeitszeit in dem Monat, in dem das Arbeitsverhältnis endet (§ 9 Abs. 2), an Geld und Sachbezügen zusteht.

---

[1] § 6 neu gef. mWv 1.1.2004 durch G v. 24.12.2003 (BGBl. I S. 3002).

[2] § 7 neu gef. mWv 1.1.2004 durch G v. 24.12.2003 (BGBl. I S. 3002).

[3] § 10 Abs. 2 Satz 2 neu gef. durch G v. 16.10.1972 (BGBl. I S. 1965); Abs. 2 Satz 2 geänd. durch G v. 18.12.1989 (BGBl. I S. 2261).

[4] **Aichberger, SGB Nr. 6.**

**§ 11[1] Anrechnung auf entgangenen Zwischenverdienst.** Besteht nach der Entscheidung des Gerichts das Arbeitsverhältnis fort, so muß sich der Arbeitnehmer auf das Arbeitsentgelt, das ihm der Arbeitgeber für die Zeit nach der Entlassung schuldet, anrechnen lassen,
1. was er durch anderweitige Arbeit verdient hat,
2. was er hätte verdienen können, wenn er es nicht böswillig unterlassen hätte, eine ihm zumutbare Arbeit anzunehmen,
3. was ihm an öffentlich-rechtlichen Leistungen infolge Arbeitslosigkeit aus der Sozialversicherung, der Arbeitslosenversicherung, der Sicherung des Lebensunterhalts nach dem Zweiten Buch Sozialgesetzbuch[2] oder der Sozialhilfe für die Zwischenzeit gezahlt worden ist. Diese Beträge hat der Arbeitgeber der Stelle zu erstatten, die sie geleistet hat.

**§ 12 Neues Arbeitsverhältnis des Arbeitnehmers; Auflösung des alten Arbeitsverhältnisses.** [1] Besteht nach der Entscheidung des Gerichts das Arbeitsverhältnis fort, ist jedoch der Arbeitnehmer inzwischen ein neues Arbeitsverhältnis eingegangen, so kann er binnen einer Woche nach der Rechtskraft des Urteils durch Erklärung gegenüber dem alten Arbeitgeber die Fortsetzung des Arbeitsverhältnisses bei diesem verweigern. [2] Die Frist wird auch durch eine vor ihrem Ablauf zur Post gegebene schriftliche Erklärung gewahrt. [3] Mit dem Zugang der Erklärung erlischt das Arbeitsverhältnis. [4] Macht der Arbeitnehmer von seinem Verweigerungsrecht Gebrauch, so ist ihm entgangener Verdienst nur für die Zeit zwischen der Entlassung und dem Tage des Eintritts in das neue Arbeitsverhältnis zu gewähren. [5] § 11 findet entsprechende Anwendung.

**§ 13[3] Außerordentliche, sittenwidrige und sonstige Kündigungen.**

(1) [1] Die Vorschriften über das Recht zur außerordentlichen Kündigung eines Arbeitsverhältnisses werden durch das vorliegende Gesetz nicht berührt. [2] Die Rechtsunwirksamkeit einer außerordentlichen Kündigung kann jedoch nur nach Maßgabe des § 4 Satz 1 und der §§ 5 bis 7 geltend gemacht werden. [3] Stellt das Gericht fest, dass die außerordentliche Kündigung unbegründet ist, ist jedoch dem Arbeitnehmer die Fortsetzung des Arbeitsverhältnisses nicht zuzumuten, so hat auf seinen Antrag das Gericht das Arbeitsverhältnis aufzulösen und den Arbeitgeber zur Zahlung einer angemessenen Abfindung zu verurteilen. [4] Das Gericht hat für die Auflösung des Arbeitsverhältnisses den Zeitpunkt festzulegen, zu dem die außerordentliche Kündigung ausgesprochen wurde. [5] Die Vorschriften der §§ 10 bis 12 gelten entsprechend.

(2) Verstößt eine Kündigung gegen die guten Sitten, so finden die Vorschriften des § 9 Abs. 1 Satz 1 und Abs. 2 und der §§ 10 bis 12 entsprechende Anwendung.

(3) Im Übrigen finden die Vorschriften dieses Abschnitts mit Ausnahme der §§ 4 bis 7 auf eine Kündigung, die bereits aus anderen als den in § 1 Abs. 2 und 3 bezeichneten Gründen rechtsunwirksam ist, keine Anwendung.

**§ 14 Angestellte in leitender Stellung.** (1) Die Vorschriften dieses Abschnitts gelten nicht
1. in Betrieben einer juristischen Person für die Mitglieder des Organs, das zur gesetzlichen Vertretung der juristischen Person berufen ist,

---

[1] § 11 Nr. 3 geänd. mWv 1.1.2005 durch G v. 24.12.2003 (BGBl. I S. 2954).
[2] **Sartorius ErgBd. Nr. 402.**
[3] § 13 neu gef. mWv 1.1.2004 durch G v. 24.12.2003 (BGBl. I S. 3002).

2. in Betrieben einer Personengesamtheit für die durch Gesetz, Satzung oder Gesellschaftsvertrag zur Vertretung der Personengesamtheit berufenen Personen.

(2) [1] Auf Geschäftsführer, Betriebsleiter und ähnliche leitende Angestellte, soweit diese zur selbständigen Einstellung oder Entlassung von Arbeitnehmern berechtigt sind, finden die Vorschriften dieses Abschnitts mit Ausnahme des § 3 Anwendung. [2] § 9 Abs. 1 Satz 2 findet mit der Maßgabe Anwendung, daß der Antrag des Arbeitgebers auf Auflösung des Arbeitsverhältnisses keiner Begründung bedarf.

## Zweiter Abschnitt.[1)] Kündigungsschutz im Rahmen der Betriebsverfassung und Personalvertretung

**§ 15[2)] Unzulässigkeit der Kündigung.** (1) [1] Die Kündigung eines Mitglieds eines Betriebsrats, einer Jugend- und Auszubildendenvertretung, einer Bordvertretung oder eines Seebetriebsrats ist unzulässig, es sei denn, daß Tatsachen vorliegen, die den Arbeitgeber zur Kündigung aus wichtigem Grund ohne Einhaltung einer Kündigungsfrist berechtigen, und daß die nach § 103 des Betriebsverfassungsgesetzes[3)] erforderliche Zustimmung vorliegt oder durch gerichtliche Entscheidung ersetzt ist. [2] Nach Beendigung der Amtszeit ist die Kündigung eines Mitglieds eines Betriebsrats, einer Jugend- und Auszubildendenvertretung oder eines Seebetriebsrats innerhalb eines Jahres, die Kündigung eines Mitglieds einer Bordvertretung innerhalb von sechs Monaten, jeweils vom Zeitpunkt der Beendigung der Amtszeit an gerechnet, unzulässig, es sei denn, daß Tatsachen vorliegen, die den Arbeitgeber zur Kündigung aus wichtigem Grund ohne Einhaltung einer Kündigungsfrist berechtigen; dies gilt nicht, wenn die Beendigung der Mitgliedschaft auf einer gerichtlichen Entscheidung beruht.

(2) [1] Die Kündigung eines Mitglieds einer Personalvertretung, einer Jugend- und Auszubildendenvertretung oder einer Jugendvertretung ist unzulässig, es sei denn, daß Tatsachen vorliegen, die den Arbeitgeber zur Kündigung aus wichtigem Grund ohne Einhaltung einer Kündigungsfrist berechtigen, und daß die nach dem Personalvertretungsrecht erforderliche Zustimmung vorliegt oder durch gerichtliche Entscheidung ersetzt ist. [2] Nach Beendigung der Amtszeit der in Satz 1 genannten Personen ist ihre Kündigung innerhalb eines Jahres, vom Zeitpunkt der Beendigung der Amtszeit an gerechnet, unzulässig, es sei denn, daß Tatsachen vorliegen, die den Arbeitgeber zur Kündigung aus wichtigem Grund ohne Einhaltung einer Kündigungsfrist berechtigen; dies gilt nicht, wenn die Beendigung der Mitgliedschaft auf einer gerichtlichen Entscheidung beruht.

(3) [1] Die Kündigung eines Mitglieds eines Wahlvorstands ist vom Zeitpunkt seiner Bestellung an, die Kündigung eines Wahlbewerbers vom Zeitpunkt der Aufstellung des Wahlvorschlags an, jeweils bis zur Bekanntgabe des Wahlergebnisses unzulässig, es sei denn, daß Tatsachen vorliegen, die den Arbeitgeber zur Kündigung aus wichtigem Grund ohne Einhaltung einer Kündigungsfrist berechtigen, und daß die nach § 103 des Betriebsverfassungsgesetzes oder nach dem

---

[1)] 2. Abschnitt Überschrift neu gef. durch G v. 15.3.1974 (BGBl. I S. 693).

[2)] § 15 Abs. 1 neu gef. durch G v.15.1.1972 (BGBl. I S. 13); Abs. 2 eingef., bish. Abs. 2–4 werden Abs. 3–5 und neu gef. durch G v. 15.3.1974 (BGBl. I S. 693); Abs. 1 geänd. durch G v. 13.7.1988 (BGBl. I S. 1034); Abs. 2 Satz 1 geänd. durch G v. 13.7.1988 (BGBl. I S. 1037); Abs. 3a eingef. mWv 28.7.2001 durch G v. 23.7.2001 (BGBl. I S. 1852); Abs. 3a Satz 1, Abs. 4 und 5 Satz 1 geänd., Abs. 3b eingef. mWv 18.6.2021 durch G v. 14.6.2021 (BGBl. I S. 1762).

[3)] **Habersack, Deutsche Gesetze ErgBd. Nr. 82.**

Personalvertretungsrecht erforderliche Zustimmung vorliegt oder durch eine gerichtliche Entscheidung ersetzt ist. [2] Innerhalb von sechs Monaten nach Bekanntgabe des Wahlergebnisses ist die Kündigung unzulässig, es sei denn, daß Tatsachen vorliegen, die den Arbeitgeber zur Kündigung aus wichtigem Grund ohne Einhaltung einer Kündigungsfrist berechtigen; dies gilt nicht für Mitglieder des Wahlvorstands, wenn dieser durch gerichtliche Entscheidung durch einen anderen Wahlvorstand ersetzt worden ist.

(3a) [1] Die Kündigung eines Arbeitnehmers, der zu einer Betriebs-, Wahl- oder Bordversammlung nach § 17 Abs. 3, § 17a Nr. 3 Satz 2, § 115 Abs. 2 Nr. 8 Satz 1 des Betriebsverfassungsgesetzes einlädt oder die Bestellung eines Wahlvorstands nach § 16 Abs. 2 Satz 1, § 17 Abs. 4, § 17a Nr. 4, § 63 Abs. 3, § 115 Abs. 2 Nr. 8 Satz 2 oder § 116 Abs. 2 Nr. 7 Satz 5 des Betriebsverfassungsgesetzes beantragt, ist vom Zeitpunkt der Einladung oder Antragstellung an bis zur Bekanntgabe des Wahlergebnisses unzulässig, es sei denn, dass Tatsachen vorliegen, die den Arbeitgeber zur Kündigung aus wichtigem Grund ohne Einhaltung einer Kündigungsfrist berechtigen; der Kündigungsschutz gilt für die ersten sechs in der Einladung oder die ersten drei in der Antragstellung aufgeführten Arbeitnehmer. [2] Wird ein Betriebsrat, eine Jugend- und Auszubildendenvertretung, eine Bordvertretung oder ein Seebetriebsrat nicht gewählt, besteht der Kündigungsschutz nach Satz 1 vom Zeitpunkt der Einladung oder Antragstellung an drei Monate.

(3b) [1] Die Kündigung eines Arbeitnehmers, der Vorbereitungshandlungen zur Errichtung eines Betriebsrats oder einer Bordvertretung unternimmt und eine öffentlich beglaubigte Erklärung mit dem Inhalt abgegeben hat, dass er die Absicht hat, einen Betriebsrat oder eine Bordvertretung zu errichten, ist unzulässig, soweit sie aus Gründen erfolgt, die in der Person oder in dem Verhalten des Arbeitnehmers liegen, es sei denn, dass Tatsachen vorliegen, die den Arbeitgeber zur Kündigung aus wichtigem Grund ohne Einhaltung einer Kündigungsfrist berechtigen. [2] Der Kündigungsschutz gilt von der Abgabe der Erklärung nach Satz 1 bis zum Zeitpunkt der Einladung zu einer Betriebs-, Wahl- oder Bordversammlung nach § 17 Absatz 3, § 17a Nummer 3 Satz 2, § 115 Absatz 2 Nummer 8 Satz 1 des Betriebsverfassungsgesetzes, längstens jedoch für drei Monate.

(4) Wird der Betrieb stillgelegt, so ist die Kündigung der in den Absätzen 1 bis 3a genannten Personen frühestens zum Zeitpunkt der Stillegung zulässig, es sei denn, daß ihre Kündigung zu einem früheren Zeitpunkt durch zwingende betriebliche Erfordernisse bedingt ist.

(5) [1] Wird eine der in den Absätzen 1 bis 3a genannten Personen in einer Betriebsabteilung beschäftigt, die stillgelegt wird, so ist sie in eine andere Betriebsabteilung zu übernehmen. [2] Ist dies aus betrieblichen Gründen nicht möglich, so findet auf ihre Kündigung die Vorschrift des Absatzes 4 über die Kündigung bei Stillegung des Betriebs sinngemäß Anwendung.

## § 16[1)] Neues Arbeitsverhältnis; Auflösung des alten Arbeitsverhältnisses.

[1] Stellt das Gericht die Unwirksamkeit der Kündigung einer der in § 15 Abs. 1 bis 3b genannten Personen fest, so kann diese Person, falls sie inzwischen ein neues Arbeitsverhältnis eingegangen ist, binnen einer Woche nach Rechtskraft des Urteils durch Erklärung gegenüber dem alten Arbeitgeber die Weiterbeschäftigung

[1)] § 16 Satz 1 neu gef. durch G v. 15.1.1972 (BGBl. I S. 13); Überschrift neu gef., Satz 1 geänd. durch G v. 15.3.1974 (BGBl. I S. 693); Satz 1 geänd. mWv 28.7.2001 durch G v. 23.7.2001 (BGBl. I S. 1852); Satz 1 geänd. mWv 18.6.2021 durch G v. 14.6.2021 (BGBl. I S. 1762).

bei diesem verweigern. [2] Im übrigen finden die Vorschriften des § 11 und des § 12 Satz 2 bis 4 entsprechende Anwendung.

### Dritter Abschnitt. Anzeigepflichtige Entlassungen

**§ 17[1)] Anzeigepflicht.** (1) [1] Der Arbeitgeber ist verpflichtet, der Agentur für Arbeit Anzeige zu erstatten, bevor er

1. in Betrieben mit in der Regel mehr als 20 und weniger als 60 Arbeitnehmern mehr als 5 Arbeitnehmer,
2. in Betrieben mit in der Regel mindestens 60 und weniger als 500 Arbeitnehmern 10 vom Hundert der im Betrieb regelmäßig beschäftigten Arbeitnehmer oder aber mehr als 25 Arbeitnehmer,
3. in Betrieben mit in der Regel mindestens 500 Arbeitnehmern mindestens 30 Arbeitnehmer

innerhalb von 30 Kalendertagen entläßt. [2] Den Entlassungen stehen andere Beendigungen des Arbeitsverhältnisses gleich, die vom Arbeitgeber veranlaßt werden.

(2) [1] Beabsichtigt der Arbeitgeber, nach Absatz 1 anzeigepflichtige Entlassungen vorzunehmen, hat er dem Betriebsrat rechtzeitig die zweckdienlichen Auskünfte zu erteilen und ihn schriftlich insbesondere zu unterrichten über

1. die Gründe für die geplanten Entlassungen,
2. die Zahl und die Berufsgruppen der zu entlassenden Arbeitnehmer,
3. die Zahl und die Berufsgruppen der in der Regel beschäftigten Arbeitnehmer,
4. den Zeitraum, in dem die Entlassungen vorgenommen werden sollen,
5. die vorgesehenen Kriterien für die Auswahl der zu entlassenden Arbeitnehmer,
6. die für die Berechnung etwaiger Abfindungen vorgesehenen Kriterien.

[2] Arbeitgeber und Betriebsrat haben insbesondere die Möglichkeiten zu beraten, Entlassungen zu vermeiden oder einzuschränken und ihre Folgen zu mildern.

(3) [1] Der Arbeitgeber hat gleichzeitig der Agentur für Arbeit eine Abschrift der Mitteilung an den Betriebsrat zuzuleiten; sie muß zumindest die in Absatz 2 Satz 1 Nr. 1 bis 5 vorgeschriebenen Angaben enthalten. [2] Die Anzeige nach Absatz 1 ist schriftlich unter Beifügung der Stellungnahme des Betriebsrates zu den Entlassungen zu erstatten. [3] Liegt eine Stellungnahme des Betriebsrates nicht vor, so ist die Anzeige wirksam, wenn der Arbeitgeber glaubhaft macht, daß er den Betriebsrat mindestens zwei Wochen vor Erstattung der Anzeige nach Absatz 2 Satz 1 unterrichtet hat, und er den Stand der Be-

*(Fortsetzung nächstes Blatt)*

---

1) § 17 Abs. 1 neu gef., Abs. 2 und 3 eingef., bish. Abs. 2 und 3 werden Abs. 4 und 5 durch G v. 27.4. 1978 (BGBl. I S. 550); Abs. 1 Satz 2 angef., Abs. 2 Satz 1, Abs. 3 Sätze 1 und 4 neu gef., Abs. 3a eingef. durch G v. 20.7.1995 (BGBl. I S. 946); Abs. 1 Satz 1, Abs. 3 Satz 1 geänd. mWv 1.1.2004 durch G v. 23.12.2003 (BGBl. I S. 2848); Abs. 3 Satz 7 geänd. mWv 27.11.2004 durch G v. 19.11.2004 (BGBl. I S. 2902).

ratungen darlegt. [4]Die Anzeige muß Angaben über den Namen des Arbeitgebers, den Sitz und die Art des Betriebes enthalten, ferner die Gründe für die geplanten Entlassungen, die Zahl und die Berufsgruppen der zu entlassenden und der in der Regel beschäftigten Arbeitnehmer, den Zeitraum, in dem die Entlassungen vorgenommen werden sollen und die vorgesehenen Kriterien für die Auswahl der zu entlassenden Arbeitnehmer. [5]In der Anzeige sollen ferner im Einvernehmen mit dem Betriebsrat für die Arbeitsvermittlung Angaben über Geschlecht, Alter, Beruf und Staatsangehörigkeit der zu entlassenden Arbeitnehmer gemacht werden. [6]Der Arbeitgeber hat dem Betriebsrat eine Abschrift der Anzeige zuzuleiten. [7]Der Betriebsrat kann gegenüber der Agentur für Arbeit weitere Stellungnahmen abgeben. [8]Er hat dem Arbeitgeber eine Abschrift der Stellungnahme zuzuleiten.

(3a) [1]Die Auskunfts-, Beratungs- und Anzeigepflichten nach den Absätzen 1 bis 3 gelten auch dann, wenn die Entscheidung über die Entlassungen von einem den Arbeitgeber beherrschenden Unternehmen getroffen wurde. [2]Der Arbeitgeber kann sich nicht darauf berufen, daß das für die Entlassungen verantwortliche Unternehmen die notwendigen Auskünfte nicht übermittelt hat.

(4) [1]Das Recht zur fristlosen Entlassung bleibt unberührt. [2]Fristlose Entlassungen werden bei Berechnung der Mindestzahl der Entlassungen nach Absatz 1 nicht mitgerechnet.

(5) Als Arbeitnehmer im Sinne dieser Vorschrift gelten nicht

1. in Betrieben einer juristischen Person die Mitglieder des Organs, das zur gesetzlichen Vertretung der juristischen Person berufen ist,
2. in Betrieben einer Personengesamtheit die durch Gesetz, Satzung oder Gesellschaftsvertrag zur Vertretung der Personengesamtheit berufenen Personen,
3. Geschäftsführer, Betriebsleiter und ähnliche leitende Personen, soweit diese zur selbständigen Einstellung oder Entlassung von Arbeitnehmern berechtigt sind.

**§ 18.**[1] **Entlassungssperre.** (1) Entlassungen, die nach § 17 anzuzeigen sind, werden vor Ablauf eines Monats nach Eingang der Anzeige bei der Agentur für Arbeit nur mit deren Zustimmung wirksam; die Zustimmung kann auch rückwirkend bis zum Tage der Antragstellung erteilt werden.

(2) Die Agentur für Arbeit kann im Einzelfall bestimmen, daß die Entlassungen nicht vor Ablauf von längstens zwei Monaten nach Eingang der Anzeige wirksam werden.

(3) *(aufgehoben)*

(4) Soweit die Entlassungen nicht innerhalb von 90 Tagen nach dem Zeitpunkt, zu dem sie nach den Absätzen 1 und 2 zulässig sind, durchgeführt werden, bedarf es unter den Voraussetzungen des § 17 Abs. 1 einer erneuten Anzeige.

**§ 19.**[2] **Zulässigkeit von Kurzarbeit.** (1) Ist der Arbeitgeber nicht in der Lage, die Arbeitnehmer bis zu dem in § 18 Abs. 1 und 2 bezeichneten Zeit-

---

[1] § 18 Abs. 1, 2 und 4 geänd., Abs. 3 aufgeh. durch Art. 50 AFRG v. 24. 3. 1997 (BGBl. I S. 594), Abs. 1 und 2 geänd. durch Art. 73 G v. 23. 12. 2003 (BGBl. I S. 2848).

[2] § 19 Abs. 1 geänd. durch Art. 73 G v. 23. 12. 2003 (BGBl. I S. 2848).

punkt voll zu beschäftigen, so kann die Bundesagentur für Arbeit zulassen, daß der Arbeitgeber für die Zwischenzeit Kurzarbeit einführt.

(2) Der Arbeitgeber ist im Falle der Kurzarbeit berechtigt, Lohn oder Gehalt der mit verkürzter Arbeitszeit beschäftigten Arbeitnehmer entsprechend zu kürzen; die Kürzung des Arbeitsentgelts wird jedoch erst von dem Zeitpunkt an wirksam, an dem das Arbeitsverhältnis nach den allgemeinen gesetzlichen oder den vereinbarten Bestimmungen enden würde.

(3) Tarifvertragliche Bestimmungen über die Einführung, das Ausmaß und die Bezahlung von Kurzarbeit werden durch die Absätze 1 und 2 nicht berührt.

**§ 20.**[1)] **Entscheidungen der Agentur für Arbeit.** (1) [1]Die Entscheidungen der Agentur für Arbeit nach § 18 Abs. 1 und 2 trifft deren Geschäftsführung oder ein Ausschuß (Entscheidungsträger). [2]Die Geschäftsführung darf nur dann entscheiden, wenn die Zahl der Entlassungen weniger als 50 beträgt.

(2) [1]Der Ausschuß setzt sich aus dem Geschäftsführer, der Geschäftsführerin oder dem oder der Vorsitzenden der Geschäftsführung der Agentur für Arbeit oder einem von ihm oder ihr beauftragten Angehörigen der Agentur für Arbeit als Vorsitzenden und je zwei Vertretern der Arbeitnehmer, der Arbeitgeber und der öffentlichen Körperschaften zusammen, die von dem Verwaltungsausschuss der Agentur für Arbeit benannt werden. [2]Er trifft seine Entscheidungen mit Stimmenmehrheit.

(3) [1]Der Entscheidungsträger hat vor seiner Entscheidung den Arbeitgeber und den Betriebsrat anzuhören. [2]Dem Entscheidungsträger sind, insbesondere vom Arbeitgeber und Betriebsrat, die von ihm für die Beurteilung des Falles erforderlich gehaltenen Auskünfte zu erteilen.

(4) Der Entscheidungsträger hat sowohl das Interesse des Arbeitgebers als auch das der zu entlassenden Arbeitnehmer, das öffentliche Interesse und die Lage des gesamten Arbeitsmarktes unter besonderer Beachtung des Wirtschaftszweiges, dem der Betrieb angehört, zu berücksichtigen.

**§ 21.**[2)] **Entscheidungen der Zentrale der Bundesagentur für Arbeit.** [1]Für Betriebe, die zum Geschäftsbereich des Bundesministers für Verkehr oder des Bundesministers für Post und Telekommunikation gehören, trifft, wenn mehr als 500 Arbeitnehmer entlassen werden sollen, ein gemäß § 20 Abs. 1 bei der Zentrale der Bundesagentur für Arbeit zu bildender Ausschuß die Entscheidungen nach § 18 Abs. 1 und 2. [2]Der zuständige Bundesminister kann zwei Vertreter mit beratender Stimme in den Ausschuß entsenden. [3]Die Anzeigen nach § 17 sind in diesem Falle an die Zentrale der Bundesagentur für Arbeit zu erstatten. [4]Im übrigen gilt § 20 Abs. 1 bis 3 entsprechend.

---

[1)] § 20 neugef. durch Art. 50 AFRG v. 24. 3. 1997 (BGBl. I S. 594), Abs. 1 Sätze 1 und 2 und Abs. 2 Satz 1 geänd. durch Art. 73 G v. 23. 12. 2003 (BGBl. I S. 2848), Abs. 2 Satz 1 geänd. durch Art. 2a G v. 23. 4. 2004 (BGBl. I S. 602), Überschr. geänd. durch Art. 6 G v. 19. 11. 2004 (BGBl. I S. 2902), Abs. 2 Satz 1 geänd. durch Art. 2 G v. 19. 7. 2007 (BGBl. I S. 1457).

[2)] § 21 Satz 1 geänd. durch Art. 55 VO v. 26. 2. 1993 (BGBl. I S. 278), Sätze 1 und 3 geänd. durch Art. 73 G v. 23.12. 2003 (BGBl. I S. 2848), Überschr. geänd. durch Art. 6 G v. 19. 11. 2004 (BGBl. I S. 2902).

**§ 22[1)] Ausnahmebetriebe.** (1) Auf Saisonbetriebe und Kampagne-Betriebe finden die Vorschriften dieses Abschnitts bei Entlassungen, die durch diese Eigenart der Betriebe bedingt sind, keine Anwendung.

(2) [1]Keine Saisonbetriebe oder Kampagne-Betriebe sind Betriebe des Baugewerbes, in denen die ganzjährige Beschäftigung nach dem Dritten Buch Sozialgesetzbuch[2)] gefördert wird. [2]Das Bundesministerium für Arbeit und Soziales wird ermächtigt, durch Rechtsverordnung Vorschriften zu erlassen, welche Betriebe als Saisonbetriebe oder Kampagne-Betriebe im Sinne des Absatzes 1 gelten.

**§ 22a[3)]** *(aufgehoben)*

## Vierter Abschnitt. Schlußbestimmungen

**§ 23[4)] Geltungsbereich.** (1) [1]Die Vorschriften des Ersten und Zweiten Abschnitts gelten für Betriebe und Verwaltungen des privaten und des öffentlichen Rechts, vorbehaltlich der Vorschriften des § 24 für die Seeschiffahrts-, Binnenschiffahrts- und Luftverkehrsbetriebe. [2]Die Vorschriften des Ersten Abschnitts gelten mit Ausnahme der §§ 4 bis 7 und des § 13 Abs. 1 Satz 1 und 2 nicht für Betriebe und Verwaltungen, in denen in der Regel fünf oder weniger Arbeitnehmer ausschließlich der zu ihrer Berufsbildung Beschäftigten beschäftigt werden. [3]In Betrieben und Verwaltungen, in denen in der Regel zehn oder weniger Arbeitnehmer ausschließlich der zu ihrer Berufsbildung Beschäftigten beschäftigt werden, gelten die Vorschriften des Ersten Abschnitts mit Ausnahme der §§ 4 bis 7 und des § 13 Abs. 1 Satz 1 und 2 nicht für Arbeitnehmer, deren Arbeitsverhältnis nach dem 31. Dezember 2003 begonnen hat; diese Arbeitnehmer sind bei der Feststellung der Zahl der beschäftigten Arbeitnehmer nach Satz 2 bis zur Beschäftigung von in der Regel zehn Arbeitnehmern nicht zu berücksichtigen. [4]Bei der Feststellung der Zahl der beschäftigten Arbeitnehmer nach den Sätzen 2 und 3 sind teilzeitbeschäftigte Arbeitnehmer mit einer regelmäßigen wöchentlichen Arbeitszeit von nicht mehr als 20 Stunden mit 0,5 und nicht mehr als 30 Stunden mit 0,75 zu berücksichtigen.

(2) Die Vorschriften des Dritten Abschnitts gelten für Betriebe und Verwaltungen des privaten Rechts sowie für Betriebe, die von einer öffentlichen Verwaltung geführt werden, soweit sie wirtschaftliche Zwecke verfolgen.

**§ 24[5)] Anwendung des Gesetzes auf Betriebe der Schifffahrt und des Luftverkehrs.** (1) Die Vorschriften des Ersten und Zweiten Abschnitts finden

---

[1)] § 22 Abs. 2 Satz 1 geänd. durch G v. 24.3.1997 (BGBl. I S. 594); Abs. 2 Satz 2 geänd. mWv 28.11.2003 durch VO v. 25.11.2003 (BGBl. I S. 2304); Abs. 2 Satz 2 geänd. mWv 8.11.2006 durch VO v. 31.10.2006 (BGBl. I S. 2407).

[2)] **Aichberger, SGB Nr. 3.**

[3)] § 22a eingef. durch G v. 27.4.1978 (BGBl. I S. 550) und aufgeh. durch G v. 20.7.1995 (BGBl. I S. 946).

[4)] § 23 Abs. 1 Satz 2 geänd., Sätze 3 und 4 angef. durch G v. 26.4.1985 (BGBl. I S. 710); Abs. 2 Satz 2 geänd. durch G v. 27.4.1978 (BGBl. I S. 550); Abs. 1 Satz 2 geänd., Sätze 3 und 4 neu gef. durch G v. 25.9.1996 (BGBl. I S. 1476); Abs. 1 Sätze 2 und 3 geänd., Satz 4 aufgeh. durch G v. 19.12.1998 (BGBl. I S. 3843); Abs. 1 Satz 2 geänd., Satz 3 eingef., bish. Satz 3 wird Satz 4 und geänd. mWv 1.1.2004 durch G v. 24.12.2003 (BGBl. I S. 3002); Abs. 2 Satz 2 aufgeh. mWv 10.10.2017 durch G v. 17.7.2017 (BGBl. I S. 2509).

[5)] § 24 neu gef. mWv 1.8.2013 durch G v. 20.4.2013 (BGBl. I S. 868); Abs. 5 angef. mWv 10.10.2017 durch G v. 17.7.2017 (BGBl. I S. 2509); Abs. 4 Satz 3 eingef., bish. Satz 3 wird Satz 4 und geänd. mWv 26.12.2020 durch G v. 14.10.2020 (BGBl. I S. 2112).

nach Maßgabe der Absätze 2 bis 4 auf Arbeitsverhältnisse der Besatzung von Seeschiffen, Binnenschiffen und Luftfahrzeugen Anwendung.

(2) Als Betrieb im Sinne dieses Gesetzes gilt jeweils die Gesamtheit der Seeschiffe oder der Binnenschiffe eines Schifffahrtsbetriebs oder der Luftfahrzeuge eines Luftverkehrsbetriebs.

(3) Dauert die erste Reise eines Besatzungsmitglieds eines Seeschiffes oder eines Binnenschiffes länger als sechs Monate, so verlängert sich die Sechsmonatsfrist des § 1 Absatz 1 bis drei Tage nach Beendigung dieser Reise.

(4) [1] Die Klage nach § 4 ist binnen drei Wochen zu erheben, nachdem die Kündigung dem Besatzungsmitglied an Land zugegangen ist. [2] Geht dem Besatzungsmitglied eines Seeschiffes oder eines Binnenschiffes die Kündigung während der Fahrt des Schiffes zu, ist die Klage innerhalb von sechs Wochen nach dem Dienstende an Bord zu erheben. [3] Geht dem Besatzungsmitglied eines Seeschiffes die Kündigung während einer Gefangenschaft aufgrund von seeräuberischen Handlungen oder bewaffneten Raubüberfällen auf Schiffe im Sinne von § 2 Nummer 11 oder 12 des Seearbeitsgesetzes[1)] zu oder gerät das Besatzungsmitglied während des Laufs der Frist nach Satz 1 oder 2 in eine solche Gefangenschaft, ist die Klage innerhalb von sechs Wochen nach der Freilassung des Besatzungsmitglieds zu erheben; nimmt das Besatzungsmitglied nach der Freilassung den Dienst an Bord wieder auf, beginnt die Frist mit dem Dienstende an Bord. [4] An die Stelle der Dreiwochenfrist in § 5 Absatz 1 und § 6 treten die in den Sätzen 1 bis 3 genannten Fristen.

(5) [1] Die Vorschriften des Dritten Abschnitts finden nach Maßgabe der folgenden Sätze Anwendung auf die Besatzungen von Seeschiffen. [2] Bei Schiffen nach § 114 Absatz 4 Satz 1 des Betriebsverfassungsgesetzes[2)] tritt, soweit sie nicht als Teil des Landbetriebs gelten, an die Stelle des Betriebsrats der Seebetriebsrat. [3] Betrifft eine anzeigepflichtige Entlassung die Besatzung eines Seeschiffes, welches unter der Flagge eines anderen Mitgliedstaates der Europäischen Union fährt, so ist die Anzeige an die Behörde des Staates zu richten, unter dessen Flagge das Schiff fährt.

**§ 25 Kündigung in Arbeitskämpfen.** Die Vorschriften dieses Gesetzes finden keine Anwendung auf Kündigungen und Entlassungen, die lediglich als Maßnahmen in wirtschaftlichen Kämpfen zwischen Arbeitgebern und Arbeitnehmern vorgenommen werden.

**§ 25a Berlin-Klausel.** (gegenstandslos)

**§ 26 Inkrafttreten.** Dieses Gesetz tritt am Tage nach seiner Verkündung in Kraft.[3)]

---

[1)] **Nipperdey I, Arbeitsrecht Nr. 114.**
[2)] **Schönfelder ErgBd. Nr. 82.**
[3)] **Amtl. Anm.:** Die Vorschrift betrifft das Inkrafttreten des Gesetzes in der Fassung vom 10. August 1951 (Bundesgesetzbl. I S. 499).

# 85. Strafgesetzbuch (StGB)

In der Fassung der Bekanntmachung vom 13. November 1998[1)]
(BGBl. I S. 3322)

**FNA 450-2**

| Lfd. Nr. | Änderndes Gesetz | Datum | Fundstelle | Betroffen | Hinweis |
|---|---|---|---|---|---|
| 1.–59. | Änderungsgesetze bis einschl. G v. 2.10.2009 (BGBl. I S. 3214) nur noch in den Anmerkungen nachgewiesen | | | | |
| 60. | Art. 1 G zur Neuordnung des Rechts der Sicherungsverwahrung und zu begleitenden Regelungen | 22.12. 2010 | BGBl. I S. 2300 | Inhaltsübersicht, §§ 66, 66b, 67d, 68b, 68c, 68d, 68e<br>§ 66a | geänd. mWv 1.1.2011<br>neu gef. mWv 1.1.2011 |
| 61. | Art. 1 G zur Umsetzung des Rahmenbeschlusses 2008/913/JI[2)] | 16.3.2011 | BGBl. I S. 418 | § 130 | geänd. mWv 22.3.2011 |
| 62. | Art. 1 SchwarzgeldbekämpfungsG | 28.4.2011 | BGBl. I S. 676 | § 261 | geänd. mWv 3.5.2011 |
| 63. | Urt. des BVerfG – 2 BvR 2365/09, 2 BvR 740/10, 2 BvR 2333/08, 2 BvR 1152/10, 2 BvR 571/10 – | 4.5.2011 | BGBl. I S. 1003 | §§ 66, 66a, 66b, 67d | teilweise unvereinbar mit Art. 2 Abs. 2 Satz 2 iVm Art. 104 Abs. 1 bzw. iVm Art. 20 Abs. 3 GG |
| 64. | Art. 4 G zur Bekämpfung der Zwangsheirat und zum besseren Schutz der Opfer von Zwangsheirat sowie zur Änd. weiterer aufenthalts- und asylrechtlicher Vorschriften | 23.6.2011 | BGBl. I S. 1266 | Inhaltsübersicht, § 240<br>§ 237 | geänd. mWv 1.7.2011<br>neu gef. mWv 1.7.2011 |
| 65. | Art. 1 44. StrafrechtsänderungsG | 1.11.2011 | BGBl. I S. 2130 | §§ 113, 114, 121, 125a, 244, 305a | geänd. mWv 5.11.2011 |
| 66. | Art. 1 45. StrafrechtsänderungsG zur Umsetzung der RL des Europäischen Parlaments und des Rates über den strafrechtlichen Schutz der Umwelt[3)] | 6.12.2011 | BGBl. I S. 2557 | Inhaltsübersicht, §§ 311, 325, 326, 327, 328, 329, 330, 330c, 330d | geänd. mWv 14.12.2011 |

[1)] Neubekanntmachung des StGB idF der Bek. v. 10.3.1987 (BGBl. I S. 945, 1160) in der seit 1.1.1999 geltenden Fassung.

[2)] **Amtl. Anm.:** Dieses Gesetz dient der Umsetzung des Rahmenbeschlusses 2008/913/JI des Rates vom 28. November 2008 zur strafrechtlichen Bekämpfung bestimmter Formen und Ausdrucksweisen von Rassismus und Fremdenfeindlichkeit (ABl. L 328 vom 6.12.2008, S. 55) und des Zusatzprotokolls vom 28. Januar 2003 zum Übereinkommen des Europarats vom 23. November 2001 über Computerkriminalität betreffend die Kriminalisierung mittels Computersystemen begangener Handlungen rassistischer und fremdenfeindlicher Art.

[3)] **Amtl. Anm.:** Dieses Gesetz dient der Umsetzung der Richtlinie 2008/99/EG des Europäischen Parlaments und des Rates vom 19. November 2008 über den strafrechtlichen Schutz der Umwelt (ABl. L 328 vom 6.12.2008, S. 28).

| Lfd. Nr. | Änderndes Gesetz | Datum | Fundstelle | Betroffen | Hinweis |
|---|---|---|---|---|---|
| 67. | Art. 5 Abs. 3 G zur Neuordnung des Kreislaufwirtschafts- und Abfallrechts | 24.2.2012 | BGBl. I S. 212 | § 327 | geänd. mWv 1.6.2012 |
| 68. | Beschl. des BVerfG – 2 BvR 2258/09 – | 27.3.2012 | BGBl. I S. 1021 | § 67 | teilweise unvereinbar mit Art. 2 Abs. 2 Satz 2 GG |
| 69. | Art. 1 G zur Stärkung der Pressefreiheit im Straf- und Strafprozessrecht | 25.6.2012 | BGBl. I S. 1374 | § 353b | geänd. mWv 1.8.2012 |
| 70. | Art. 2 G zur Stärkung der Täterverantwortung | 15.11. 2012 | BGBl. I S. 2298 | § 59a | geänd. mWv 1.3.2013 |
| 71. | Art. 1 G zur bundesrechtlichen Umsetzung des Abstandsgebotes im Recht der Sicherungsverwahrung | 5.12.2012 | BGBl. I S. 2425 | Inhaltsübersicht, §§ 67a, 67c, 67d, 67e, 68c, 68e<br>§ 66c | geänd. mWv 1.6.2013<br>eingef. mWv 1.6.2013 |
| 72. | Art. 5 G zur Änd. des Umwelt-RechtsbehelfsG und anderer umweltrechtlicher Vorschriften[1] | 21.1.2013 | BGBl. I S. 95 | § 326 | geänd. mWv 29.1.2013 |
| 73. | Art. 8 G zur Umsetzung der RL über Industrieemissionen[2] | 8.4.2013 | BGBl. I S. 734 | § 327 | geänd. mWv 2.5.2013 |
| 74. | Art. 2 G zur Änd. jagdrechtlicher Vorschriften | 29.5.2013 | BGBl. I S. 1386 | § 292 | geänd. mWv 6.12.2013 |
| 75. | Art. 1 46. StrafrechtsänderungsG | 10.6.2013 | BGBl. I S. 1497 | § 46b | geänd. mWv 1.8.2013 |
| 76. | Art. 6 G zur Stärkung der Rechte von Opfern sexuellen Missbrauchs | 26.6.2013 | BGBl. I S. 1805 | § 78b | geänd. mWv 30.6.2013 |
| 77. | Art. 15 AIFM-UmsetzungsG[3] | 4.7.2013 | BGBl. I S. 1981 | § 151 | geänd. mWv 22.7.2013 |

[1] **Amtl. Anm.:** Das Gesetz dient der Umsetzung der Richtlinie 2011/92/EU des Europäischen Parlaments und des Rates vom 13. Dezember 2011 über die Umweltverträglichkeitsprüfung bei bestimmten öffentlichen und privaten Projekten (Kodifizierter Text) (ABl. L 26 vom 28.1.2012, S. 1), der Richtlinie 2001/42/EG des Europäischen Parlaments und des Rates vom 27. Juni 2001 über die Prüfung der Umweltauswirkungen bestimmter Pläne und Programme (ABl. L 197 vom 21.7.2001, S. 30), der Umsetzung der Artikel 3 und 4 der Richtlinie 2003/35/EG des Europäischen Parlaments und des Rates vom 26. Mai 2003 über die Beteiligung der Öffentlichkeit bei der Ausarbeitung bestimmter umweltbezogener Pläne und Programme und zur Änderung der Richtlinien 85/337/EWG und 96/61/EG des Rates in Bezug auf die Öffentlichkeitsbeteiligung und den Zugang zu Gerichten (ABl. L 156 vom 25.6. 2003, S. 17) sowie der Umsetzung von Artikel 25 der Richtlinie 2010/75/EU des Europäischen Parlaments und des Rates vom 24. November 2010 über Industrieemissionen (integrierte Vermeidung und Verminderung der Umweltverschmutzung) (Neufassung) (ABl. L 334 vom 17.12.2010, S. 17).

[2] **Amtl. Anm.:** Dieses Gesetz dient der Umsetzung der Richtlinie 2010/75/EU des Europäischen Parlaments und des Rates vom 24. November 2010 über Industrieemissionen (integrierte Vermeidung und Verminderung der Umweltverschmutzung) (Neufassung) (ABl. L 334 vom 17.12.2010, S. 17).

[3] **Amtl. Anm.:** Dieses Gesetz dient der Umsetzung der Richtlinie 2009/65/EG des Europäischen Parlaments und des Rates vom 13. Juli 2009 zur Koordinierung der Rechts- und Verwaltungsvorschriften betreffend bestimmte Organismen für gemeinsame Anlagen in Wertpapieren (OGAW) (ABl. L 302 vom 17.11.2009, S. 1), der Richtlinie 2011/61/EU des Europäischen Parlaments und des Rates vom 8. Juni 2011 über die Verwalter alternativer Investmentfonds und zur Änderung der Richtlinien 2003/41/EG und 2009/65/EG und der Verordnungen (EG) Nr. 1060/2009 und (EU) Nr. 1095/2010 (ABl. L 174 vom 1.7.2011, S. 1) sowie der Anpassung an die Verordnung (EU) Nr. 345/2013 des Europäischen Parlaments und des Rates vom 17. April 2013 über Europäische Risikokapitalfonds (ABl. L 115 vom 25.4.2013, S. 1) →

| Lfd. Nr. | Änderndes Gesetz | Datum | Fundstelle | Betroffen | Hinweis |
|---|---|---|---|---|---|
| 78. | Art. 1 47. StrafrechtsänderungsG | 24.9.2013 | BGBl. I S. 3671 | Inhaltsübersicht, §§ 78, 227 | geänd. mWv 28.9.2013 |
| | | | | § 226a | eingef. mWv 28.9.2013 |
| 79. | Art. 5 Abs. 18 G zur Modernisierung des GeschmacksmusterG sowie zur Änd. der Regelungen über die Bekanntmachungen zum Ausstellungsschutz | 10.10. 2013 | BGBl. I S. 3799 | § 261 | geänd. mWv 1.1.2014 |
| 80. | Art. 1 48. StrafrechtsänderungsG | 23.4.2014 | BGBl. I S. 410 | Inhaltsübersicht, §§ 5, 108d, 261 | geänd. mWv 1.9.2014 |
| | | | | § 108e | neu gef. mWv 1.9.2014 |
| 81. | Art. 1 49. StrafrechtsänderungsG[1] | 21.1.2015 | BGBl. I S. 10 | Inhaltsübersicht, §§ 5, 6, 78b, 130, 130a, 131, 174, 176, 176a, 182, 183, 184, 184f, 184g, 184h, 194, 205 | geänd. mWv 27.1.2015 |
| | | | | §§ 184a, 184b, 184c, 184d, 201a | neu gef. mWv 27.1.2015 |
| | | | | § 184e | eingef. mWv 27.1.2015 |
| 82. | Art. 2 G zur Umsetzung von Empfehlungen des NSU-Untersuchungsausschusses des Deutschen Bundestages | 12.6.2015 | BGBl. I S. 925 | § 46 | geänd. mWv 1.8.2015 |
| 83. | Art. 1 GVVG-ÄnderungsG | 12.6.2015 | BGBl. I S. 926 | Inhaltsübersicht, §§ 89a, 261 | geänd. mWv 20.6.2015 |
| | | | | § 89c | eingef. mWv 20.6.2015 |
| 84. | Art. 220 Zehnte ZuständigkeitsanpassungsVO | 31.8.2015 | BGBl. I S. 1474 | §§ 89a, 89b, 129b | geänd. mWv 8.9.2015 |
| 85. | Art. 14 Nr. 10 AsylverfahrensbeschleunigungsG | 20.10. 2015 | BGBl. I S. 1722 | § 261 | geänd. mWv 24.10.2015 |
| 86. | Art. 23 G zur Bereinigung des Rechts der Lebenspartner | 20.11. 2015 | BGBl. I S. 2010 | Inhaltsübersicht, §§ 77b, 181a | geänd. mWv 26.11.2015 |
| | | | | § 172 | neu gef. mWv 26.11.2015 |
| 87. | Art. 1 G zur Bekämpfung der Korruption[2] | 20.11. 2015 | BGBl. I S. 2025 | Inhaltsübersicht, §§ 5, 11, 78b, 202c, 261, 263, 264, | geänd. mWv 26.11.2015 |

*(Fortsetzung der Anm. von voriger Seite)*
und die Verordnung (EU) Nr. 346/2013 des Europäischen Parlaments und des Rates vom 17. April 2013 über Europäische Fonds für soziales Unternehmertum (ABl. L 115 vom 25.4.2013, S. 18).

[1] **Amtl. Anm.:** Umsetzung von Artikel 4 Absatz 4 und Artikel 17 Absatz 1 Buchstabe b, Absatz 4 in Verbindung mit Artikel 3 Absatz 5 und 6 der Richtlinie 2011/93/EU des Europäischen Parlaments und des Rates vom 13. Dezember 2011 zur Bekämpfung des sexuellen Missbrauchs und der sexuellen Ausbeutung von Kindern sowie der Kinderpornografie sowie zur Ersetzung des Rahmenbeschlusses 2004/68/JI des Rates (ABl. L 335 vom 17.12.2011, S. 1, L 18 vom 21.1.2012, S. 7)

[2] **Amtl. Anm.:** Artikel 1 Nummer 5 dieses Gesetzes dient der Umsetzung der Richtlinie 2013/40/EU des Europäischen Parlaments und des Rates vom 12. August 2013 über Angriffe auf Informationssysteme und zur Ersetzung des Rahmenbeschlusses 2005/222/JI des Rates (ABl. L 218 vom 14.8.2013, S. 8). Artikel 1 Nummer 14 dieses Gesetzes dient der Umsetzung der Richtlinie 2008/99/EG des Europäischen →

| Lfd. Nr. | Änderndes Gesetz | Datum | Fundstelle | Betroffen | Hinweis |
|---|---|---|---|---|---|
| | | | | 267, 298, 301, 329, 331, 332, 333, 334, 336 | |
| | | | | §§ 299, 302, 338 | neu gef. mWv 26.11.2015 |
| | | | | § 335a | eingef. mWv 26.11.2015 |
| 88. | G zur Strafbarkeit der geschäftsmäßigen Förderung der Selbsttötung | 3.12.2015 | BGBl. I S. 2177 | Inhaltsübersicht | geänd. mWv 10.12.2015 |
| | | | | § 217 | neu gef. mWv 10.12.2015 |
| 89. | Art. 5 G zur Einführung einer Speicherpflicht und einer Höchstspeicherfrist für Verkehrsdaten[1] | 10.12. 2015 | BGBl. I S. 2218 | Inhaltsübersicht, § 205 | geänd. mWv 18.12.2015 |
| | | | | § 202d | eingef. mWv 18.12.2015 |
| 90. | Art. 1 G zur Bekämpfung von Korruption im Gesundheitswesen | 30.5.2016 | BGBl. I S. 1254 | Inhaltsübersicht, § 302 | geänd. mWv 4.6.2016 |
| | | | | § 300 | neu gef. mWv 4.6.2016 |
| | | | | §§ 299a, 299b | eingef. mWv 4.6.2016 |
| 91. | Art. 16 Abs. 8 Erstes FinanzmarktnovellierungsG | 30.6.2016 | BGBl. I S. 1514 | § 261 | geänd. mWv 2.7.2016 |
| 92. | Art. 1 G zur Novellierung des Rechts der Unterbringung in einem psychiatrischen Krankenhaus gem. § 63 StGB und zur Änd. anderer Vorschriften | 8.7.2016 | BGBl. I S. 1610 | §§ 63, 64, 67, 67d | geänd. mWv 1.8.2016 |
| 93. | Art. 16 G zur Modernisierung des Besteuerungsverfahrens | 18.7.2016 | BGBl. I S. 1679 | § 355 | geänd. mWv 1.1.2017 |
| 94. | Art. 8 G zum besseren Informationsaustausch bei der Bekämpfung des internationalen Terrorismus | 26.7.2016 | BGBl. I S. 1818 | §§ 84, 85, 129a | geänd. mWv 30.7.2016 |
| 95. | Art. 1 G zur Verbesserung der Bekämpfung des Menschenhandels und zur Änd. des BundeszentralregisterG sowie des Achten Buches Sozialgesetzbuch[2] | 11.10. 2016 | BGBl. I S. 2226 | Inhaltsübersicht, §§ 6, 126, 138, 233b, 261 | geänd. mWv 15.10.2016 |
| | | | | §§ 232, 233, 233a | neu gef. mWv 15.10.2016 |
| | | | | §§ 232a, 232b | eingef. mWv 15.10.2016 |

*(Fortsetzung der Anm. von voriger Seite)*
Parlaments und des Rates vom 19. November 2008 über den strafrechtlichen Schutz der Umwelt (ABl. L 328 vom 6.12.2008, S. 28).

[1] **Amtl. Anm.:** Notifiziert gemäß der Richtlinie 98/34/EG des Europäischen Parlaments und des Rates vom 22. Juni 1998 über ein Informationsverfahren auf dem Gebiet der Normen und technischen Vorschriften und der Vorschriften für die Dienste der Informationsgesellschaft (ABl. L 204 vom 21.07. 1998, S. 37), zuletzt geändert durch Artikel 26 Absatz 2 der Verordnung (EU) Nr. 1025/2012 des Europäischen Parlaments und des Rates vom 25. Oktober 2012 (ABl. L 316 vom 14.11.2012, S. 12).

[2] **Amtl. Anm.:** Artikel 1 dient der Umsetzung der Richtlinie 2011/36/EU des Europäischen Parlaments und des Rates vom 5. April 2011 zur Verhütung und Bekämpfung des Menschenhandels und zum Schutz seiner Opfer sowie zur Ersetzung des Rahmenbeschlusses 2002/629/JI des Rates (ABl. L 101 vom 15.4.2011, S. 1).

| Lfd. Nr. | Änderndes Gesetz | Datum | Fundstelle | Betroffen | Hinweis |
|---|---|---|---|---|---|
| 96. | Art. 2 G zur Änd. abfallverbringungsrechtl. Vorschr.[1) 2)] | 1.11.2016 | BGBl. I S. 2452 | § 326 | geänd. mWv 10.11.2016 |
| 97. | Art. 1 50. G zur Änd. des StGB – Verbesserung des Schutzes der sexuellen Selbstbestimmung | 4.11.2016 | BGBl. I S. 2460 | Inhaltsübersicht, §§ 5, 66, 78b, 140, 218a, 240 | geänd. mWv 10.11.2016 |
| | | | | §§ 177, 178 | neu gef. mWv 10.11.2016 |
| | | | | §§ 184i, 184j | eingef. mWv 10.11.2016 |
| | | | | § 179 | aufgeh. mit Ablauf des 9.11. 2016 |
| 98. | Art. 2 Abs. 4 G zur Änd. des Völkerstrafgesetzbuches | 22.12. 2016 | BGBl. I S. 3150 | Inhaltsübersicht, §§ 5, 80a, 138, 140 | geänd. mWv 1.1.2017 |
| | | | | § 80 | aufgeh. mit Ablauf des 31.12. 2016 |
| 99. | Art. 1 G zur Verbesserung des Schutzes gegen Nachstellungen | 1.3.2017 | BGBl. I S. 386 | § 238 | geänd. mWv 10.3.2017 |
| 100. | Art. 1 51. G zur Änd. des StGB – Strafbarkeit von Sportwettbetrug und der Manipulation von berufssportlichen Wettbewerben | 11.4.2017 | BGBl. I S. 815 | Inhaltsübersicht, §§ 5, 261 | geänd. mWv 19.4.2017 |
| | | | | §§ 265c, 265d, 265e | eingef. mWv 19.4.2017 |
| 101. | Art. 1 G zur Reform der strafrechtlichen Vermögensabschöpfung[3)] | 13.4.2017 | BGBl. I S. 872 | Inhaltsübersicht, §§ 2, 11, 41, 52, 53, 54, 55, 57, 59, 78, 79, 79a, 89a, 101a, 109k, 129b, 150, 152a, 152b, 184b, 184d, 233b, 244, 244a, 256, 260, 260a, 261, 263, 263a, 282, 286, 297 | geänd. mWv 1.7.2017 |
| | | | | Allgemeiner Teil 3. Abschnitt 7. Titel (§§ 73–76a) | neu gef. mWv 1.7.2017 |
| | | | | § 76b | eingef. mWv 1.7.2017 |
| | | | | Zwischenüberschrift nach § 43, §§ 43a, 181c, 302, 338 | aufgeh. mit Ablauf des 30.6. 2017 |
| 102. | Art. 1 52. G zur Änd. des StGB – Stärkung des Schutzes von Vollstreckungsbeamten u. Rettungskräften | 23.5.2017 | BGBl. I S. 1226 | Inhaltsübersicht, §§ 113, 125, 125a, 323c | geänd. mWv 30.5.2017 |
| | | | | § 115 | neu gef. mWv 30.5.2017 |

[1)] **Amtl. Anm.:** *Dieses Gesetz dient der Umsetzung der Richtlinie 2008/99/EG des Europäischen Parlaments und des Rates vom 19. November 2008 über den strafrechtlichen Schutz der Umwelt (ABl. L 328 vom 6.12.2008, S. 28).

[2)] **Amtl. Anm.:** Notifiziert gemäß der Richtlinie (EU) 2015/1535 des Europäischen Parlaments und des Rates vom 9. September 2015 über ein Informationsverfahren auf dem Gebiet der technischen Vorschriften und der Vorschriften für die Dienste der Informationsgesellschaft (ABl. L 241 vom 17.9.2015, S. 1).

[3)] **Amtl. Anm.:** Die Artikel 1 und 3 dieses Gesetzes dienen der Umsetzung der Richtlinie 2014/42/EU des Europäischen Parlaments und des Rates vom 3. April 2014 über die Sicherstellung und Einziehung von Tatwerkzeugen und Erträgen aus Straftaten in der Europäischen Union (ABl. L 127 vom 29.4.2014, S. 39; L 138 vom 13.5.2014, S. 114).

| Lfd. Nr. | Änderndes Gesetz | Datum | Fundstelle | Betroffen | Hinweis |
|---|---|---|---|---|---|
| | | | | § 114 | eingef. mWv 30.5.2017 |
| 103. | Art. 1 53. G zur Änd. des StGB – Ausweitung des Maßregelrechts bei extremistischen Straftätern | 11.6.2017 | BGBl. I S. 1612 | §§ 66, 68b | geänd. mWv 1.7.2017 |
| 104. | Art. 24 Abs. 22 Zweites FinanzmarktnovellierungsG | 23.6.2017 | BGBl. I S. 1693 | § 261 | geänd. mWv 3.1.2018 |
| 105. | Art. 7 G zur Einführung der elektronischen Akte in der Justiz und zur weiteren Förderung des elektronischen Rechtsverkehrs | 5.7.2017 | BGBl. I S. 2208 | §§ 78c, 353d | geänd. mWv 1.1.2018 |
| 106. | Art. 1 G zur Reform der Straftaten gegen ausländische Staaten | 17.7.2017 | BGBl. I S. 2439 | Inhaltsübersicht | geänd. mWv 1.1.2018 |
| | | | | § 103 | aufgeh. mit Ablauf des 31.12. 2017 |
| 107. | Art. 1 54. G zur Änd. des StGB – Umsetzung des Rahmenbeschlusses 2008/841/JI des Rates zur Bekämpfung der organisierten Kriminalität[1] | 17.7.2017 | BGBl. I S. 2440 | §§ 129, 129a | geänd. mWv 22.7.2017 |
| 108. | Art. 1 55. G zur Änd. des StGB – Wohnungseinbruchdiebstahl | 17.7.2017 | BGBl. I S. 2442 | § 244 | geänd. mWv 22.7.2017 |
| 109. | Art. 1 G zur effektiveren und praxistauglicheren Ausgestaltung des Strafverfahrens | 17.8.2017 | BGBl. I S. 3202, ber. S. 3630 | §§ 44, 129, 266a | geänd. mWv 24.8.2017 |
| 110. | Art. 1 56. StrafrechtsänderungsG – Strafbarkeit nicht genehmigter Kraftfahrzeugrennen im Straßenverkehr | 30.9.2017 | BGBl. I S. 3532 | Inhaltsübersicht, §§ 69, 315e, 316 | geänd. mWv 13.10.2017 |
| | | | | §§ 315d, 315f | eingef. mWv 13.10.2017 |
| 111. | Art. 1 G zur Neuregelung des Schutzes von Geheimnissen bei der Mitwirkung Dritter an der Berufsausübung schweigepflichtiger Personen | 30.10. 2017 | BGBl. I S. 3618 | §§ 68a, 203, 204, 309 | geänd. mWv 9.11.2017 |
| 112. | Art. 14 G zur Umsetzung des G zur Einführung des Rechts auf Eheschließung für Personen gleichen Geschlechts | 18.12. 2018 | BGBl. I S. 2639 | § 11 | geänd. mWv 22.12.2018 |
| 113. | Art. 1 G zur Verbesserung der Information über einen Schwangerschaftsabbruch | 22.3.2019 | BGBl. I S. 350 | § 219a | geänd. mWv 29.3.2019 |

[1] **Amtl. Anm.:** Artikel 1 Nummer 1 dient der Umsetzung von Artikel 1 des Rahmenbeschlusses 2008/841/JI des Rates vom 24. Oktober 2008 zur Bekämpfung der organisierten Kriminalität (ABl. L 300 vom 11.11.2008, S. 42).

| Lfd. Nr. | Änderndes Gesetz | Datum | Fundstelle | Betroffen | Hinweis |
|---|---|---|---|---|---|
| 114. | Art. 6 G zur Änd. des BundeswahlG und anderer Gesetze | 18.6.2019 | BGBl. I S. 834 | § 107a | geänd. mWv 1.7.2019 |
| 115. | Art. 2 G zur Umsetzung der RL (EU) 2017/1371[1] | 19.6.2019 | BGBl. I S. 844 | §§ 264, 335a | geänd. mWv 28.6.2019 |
| 116. | Art. 8 G zur Reform der Psychotherapeutenausbildung | 15.11. 2019 | BGBl. I S. 1604 | § 139 | geänd. mWv 1.9.2020 |
| 117. | Art. 62 Zweites Datenschutz-Anpassungs- und Umsetzungsgesetz EU[2] | 20.11. 2019 | BGBl. I S. 1626 | §§ 203, 355 | geänd. mWv 26.11.2019 |
| 118. | Art. 1 57. G zur Änd. des StGB – Versuchsstrafbarkeit des Cybergroomings | 3.3.2020 | BGBl. I S. 431 | §§ 176, 176a, 184b, 184i | geänd. mWv 13.3.2020 |
| 119. | Urt. des BVerfG – 2 BvR 2347/15 u.a. – | 26.2.2020 | BGBl. I S. 525 | § 217 | nichtig |
| 120. | Art. 1 58. G zur Änd des StGB – Strafrechtlicher Schutz bei Verunglimpfung der Europäischen Union und ihrer Symbole | 12.6.2020 | BGBl. I S. 1247 | Inhaltsübersicht, §§ 104, 104a | geänd. mWv 24.6.2020 |
| | | | | § 90c | eingef. mWv 24.6.2020 |
| 121. | Art. 5 G zur Durchführung der VO (EU) 2017/1939 des Rates vom 12.10.2017 zur Durchführung einer Verstärkten Zusammenarbeit zur Errichtung der Europäischen Staatsanwaltschaft und zur Änd. weiterer Vorschriften | 10.7.2020 | BGBl. I S. 1648 | §§ 203, 353b | geänd. mWv 17.7.2020 |
| 122. | Art. 1 59. G zur Änd. des StGB – Verbesserung des Persönlichkeitsschutzes bei Bildaufnahmen | 9.10.2020 | BGBl. I S. 2075 | Inhaltsübersicht, §§ 201a, 205 | geänd. mWv 1.1.2021 |
| | | | | § 184k | eingef. mWv 1.1.2021 |
| 123. | Art. 1 60. G zur Änd. des StGB – Modernisierung des Schriftenbegriffs und anderer Begriffe sowie Erweiterung der Strafbarkeit nach den §§ 86, 86a, 111 und 130 des Strafgesetzbuches bei Handlungen im Ausland | 30.11. 2020 | BGBl. I S. 2600 | Inhaltsübersicht, §§ 5, 6, 11, 20, 74d, 76a, 80a, 86, 86a, 90, 90a, 90b, 90c, 91, 111, 130, 130a, 131, 140, 165, 166, 176, 176a, 184, 184a, 184b, 184c, 186, 187, 188, 194, 200, 219a | geänd. mWv 1.1.2021 |
| | | | | § 184d | aufgeh. mit Ablauf des 31.12. 2020 |
| 124. | Art. 47 JahressteuerG 2020 | 21.12. 2020 | BGBl. I S. 3096 | § 73e | geänd. mWv 29.12.2020 |

[1] **Amtl. Anm.:** ABl. L 198 vom 28.7.2017, S. 29; L 350 vom 29.12.2017, S. 50.

[2] **Amtl. Anm.:** Dieses Gesetz dient der Umsetzung der Richtlinie (EU) 2016/680 des Europäischen Parlaments und des Rates vom 27. April 2016 zum Schutz natürlicher Personen bei der Verarbeitung personenbezogener Daten durch die zuständigen Behörden zum Zweck der Verhütung, Ermittlung, Aufdeckung oder Verfolgung von Straftaten oder der Strafvollstreckung sowie zum freien Datenverkehr und zur Aufhebung des Rahmenbeschlusses 2008/977/JI des Rates (ABl. L 119 vom 4.5.2016, S. 89; L 127 vom 23.5.2018, S. 9).

| Lfd. Nr. | Änderndes Gesetz | Datum | Fundstelle | Betroffen | Hinweis |
|---|---|---|---|---|---|
| 125. | Art. 1 G zur Verbesserung der strafrechtlichen Bekämpfung der Geldwäsche[1] | 9.3.2021 | BGBl. I S. 327 | Inhaltsübersicht, § 76a | geänd. mWv 18.3.2021 |
| | | | | § 261 | neu gef. mWv 18.3.2021 |
| 126. | Art. 1 61. ÄndG – Umsetzung der RL (EU) 2019/713 des Europäischen Parlaments und des Rates vom 17. April 2019 zur Bekämpfung von Betrug und Fälschung im Zusammenhang mit unbaren Zahlungsmitteln und zur Ersetzung des Rahmenbeschlusses 2001/413/JI des Rates[2] | 10.3.2021 | BGBl. I S. 333 | Inhaltsübersicht, §§ 6, 138, 152a, 152b, 263a | geänd. mWv 18.3.2021 |
| | | | | § 152c | eingef. mWv 18.3.2021 |
| 127. | Art. 1 G zur Bekämpfung des Rechtsextremismus und der Hasskriminalität[3] | 30.3.2021 | BGBl. I S. 441, geänd. 2021, S. 448 | Inhaltsübersicht, §§ 46, 115, 126, 140, 185, 186, 188, 194, 241 | geänd. mWv 3.4.2021 |
| 128. | Art. 1 G zur Bekämpfung sexualisierter Gewalt gegen Kinder | 16.6.2021 | BGBl. I S. 1810 | Inhaltsübersicht, §§ 66, 78b, 140, 174, 174a, 174b, 174c, 180, 181b, 183, 184c | geänd. mWv 1.7.2021 |
| | | | | §§ 176, 176a, 176b, 184b | neu gef. mWv 1.7.2021 |
| | | | | §§ 176c, 176d, 184l | eingef. mWv 1.7.2021 |
| 129. | Art. 20 G zur Fortentwicklung der StPO und zur Änd. weiterer Vorschriften | 25.6.2021 | BGBl. I S. 2099 | §§ 78c, 129, 355 | geänd. mWv 1.7.2021 |
| 130. | Art. 29 G zur Neuregelung des Berufsrechts der anwaltlichen und steuerberatenden Berufsausübungsgesellschaften sowie zur Änd. weiterer Vorschriften im Bereich der rechtsberatenden Berufe | 7.7.2021 | BGBl. I S. 2363 | § 203 | geänd. mWv 1.8.2022 |
| 131. | Art. 1 G zur Änd. des StGB – effektivere Bekämpfung von Nachstellungen und bessere Erfassung des Cyberstalkings sowie Verbesserung des strafrechtlichen Schutzes gegen Zwangsprostitution | 10.8.2021 | BGBl. I S. 3513 | § 232a | geänd. mWv 1.10.2021 |
| | | | | § 238 | neu gef. mWv 1.10.2021 |
| 132. | Art. 2 G zur Änd. des Anti-Doping-G | 12.8.2021 | BGBl. I S. 3542 | §§ 145d, 164 | geänd. mWv 1.10.2021 |

[1] **Amtl. Anm.:** Artikel 1 dieses Gesetzes dient der Umsetzung der Richtlinie (EU) 2018/1673 des Europäischen Parlaments und des Rates vom 23. Oktober 2018 über die strafrechtliche Bekämpfung der Geldwäsche (ABl. L 284 vom 12.11.2018, S. 22).

[2] **Amtl. Anm.:** (ABl. L 123 vom 10.5.2019, S. 18).

[3] **Amtl. Anm.:** Notifiziert gemäß der Richtlinie (EU) 2015/1535 des Europäischen Parlaments und des Rates vom 9. September 2015 über ein Informationsverfahren auf dem Gebiet der technischen Vorschriften und der Vorschriften für die Dienste der Informationsgesellschaft (ABl. L 241 vom 17.9.2015, S. 1).

| Lfd. Nr. | Änderndes Gesetz | Datum | Fundstelle | Betroffen | Hinweis |
|---|---|---|---|---|---|
| 133. | Art. 1 G zur Änd. des StGB – Strafbarkeit des Betreibens krimineller Handelsplattformen im Internet[1] | 12.8.2021 | BGBl. I S. 3544 | Inhaltsübersicht, §§ 5, 128, 129 | geänd. mWv 1.10.2021 |
| | | | | § 127 | eingef. mWv 1.10.2021 |
| 134. | Art. 1 G zur Änd. des StGB – Verbesserung des strafrechtlichen Schutzes gegen sogenannte Feindeslisten, Strafbarkeit der Verbreitung und des Besitzes von Anleitungen zu sexuellem Missbrauch von Kindern und Verbesserung der Bekämpfung verhetzender Inhalte sowie Bekämpfung von Propagandamitteln und Kennzeichen verfassungswidriger und terroristischer Organisationen | 14.9.2021 | BGBl. I S. 4250 | Inhaltsübersicht, §§ 5, 86, 86a, 89, 130, 130a, 193, 194, 201a | geänd. mWv 22.9.2021 |
| | | | | §§ 126a, 176e, 192a | eingef. mWv 22.9.2021 |
| 135. | Art. 3 G zur Verbesserung der Transparenzregeln für die Mitglieder des Deutschen Bundestages und zur Anhebung des Strafrahmens des § 108e des StGB | 8.10.2021 | BGBl. I S. 4650 | § 108e | geänd. mWv 19.10.2021 |
| 136. | Art. 2 G zur Änd. des InfektionsschutzG und weiterer Gesetze anlässlich der Aufhebung der Feststellung der epidemischen Lage von nationaler Tragweite | 22.11. 2021 | BGBl. I S. 4906 | Inhaltsübersicht, §§ 275, 281 | geänd. mWv 24.11.2021 |
| | | | | §§ 277, 278, 279 | neu gef. mWv 24.11.2021 |
| 137. | Art. 1 G zur Änd. des StGB – Aufhebung des Verbots der Werbung für den Schwangerschaftsabbruch (§ 219a StGB), zur Änd. des HeilmittelwerbeG, zur Änd. des SchwangerschaftskonfliktG, zur Änd. des EinführungsG zum StGB und zur Änd. des G zur strafrechtlichen Rehabilitierung der nach dem 8. Mai 1945 wegen einvernehmlicher homosexueller Handlungen verurteilten Personen | 11.7.2022 | BGBl. I S. 1082 | Inhaltsübersicht, § 218b | geänd. mWv 19.7.2022 |
| | | | | § 219a | aufgeh. mit Ablauf des 18.7. 2022 |
| 138. | Art. 4 G zur Änd. des BundeszentralregisterG und des Strafgesetzbuches[2] | 4.12.2022 | BGBl. I S. 2146 | §§ 5, 130, 192a | geänd. mWv 9.12.2022 |

[1] **Amtl. Anm.:** Notifiziert gemäß der Richtlinie (EU) 2015/1535 des Europäischen Parlaments und des Rates vom 9. September 2015 über ein Informationsverfahren auf dem Gebiet der technischen Vorschriften und der Vorschriften für die Dienste der Informationsgesellschaft (ABl. L 241 vom 17.9.2015, S. 1).

[2] **Amtl. Anm.:** Artikel 4 dieses Gesetzes dient der Umsetzung des Rahmenbeschlusses 2008/913/JI des Rates vom 28. November 2008 zur strafrechtlichen Bekämpfung bestimmter Formen und Ausdrucksweisen von Rassismus und Fremdenfeindlichkeit (ABl. L 328 vom 6.12.2008, S. 55).

| Lfd. Nr. | Änderndes Gesetz | Datum | Fundstelle | Betroffen | Hinweis |
|---|---|---|---|---|---|
| 139. | Art. 1 G zur Überarbeitung des Sanktionenrechts – Ersatzfreiheitsstrafe, Strafzumessung, Auflagen und Weisungen sowie Unterbringung in einer Entziehungsanstalt | 26.7.2023 | BGBl. 2023 I Nr. 203 | §§ 5, 40, 43, 46, 56c, 59a, 64, 67 | geänd. mWv 1.10.2023 |

### Inhaltsübersicht[1)]

## Allgemeiner Teil

Erster Abschnitt. Das Strafgesetz

Erster Titel. Geltungsbereich



---

1) Inhaltsübersicht geänd. mWv 21.4.2001 durch G v. 12.4.2001 (BGBl. I S. 530); mWv 1.1.2002 durch G v. 20.12.2001 (BGBl. I S. 3983); mWv 30.6.2002 durch G v. 26.6.2002 (BGBl. I S. 2254); mWv 28.8. 2002 durch G v. 21.8.2002 (BGBl. I S. 3344); mWv 30.8.2002 durch G v. 22.8.2002 (BGBl. I S. 3390); mWv 28.12.2003 durch G v. 22.12.2003 (BGBl. I S. 2838); mWv 1.4.2004 durch G v. 27.12.2003 (BGBl. I S. 3007); mWv 29.7.2004 durch G v. 23.7.2004 (BGBl. I S. 1838); mWv 6.8.2004 durch G v. 30.7.2004 (BGBl. I S. 2012); mWv 19.2.2005 durch G v. 11.2.2005 (BGBl. I S. 239); mWv 25.4.2006 durch G v. 19.4.2006 (BGBl. I S. 866); mWv 31.3.2007 durch G v. 22.3.2007 (BGBl. I S. 354); mWv 18.4.2007 durch G v. 13.4.2007 (BGBl. I S. 513); mWv 11.8.2007 durch G v. 7.8.2007 (BGBl. I S. 1786); mWv 5.11.2008 durch G v. 31.10.2008 (BGBl. I S. 2149); mWv 1.9.2009 durch G v. 29.7.2009 (BGBl. I S. 2288); mWv 4.8.2009 durch G v. 30.7.2009 (BGBl. I S. 2437); mWv 1.1.2011 durch G v. 22.12.2010 (BGBl. I S. 2300); mWv 1.7.2011 durch G v. 23.6.2011 (BGBl. I S. 1266); mWv 14.12.2011 durch G v. 6.12.2011 (BGBl. I S. 2557); mWv 1.6.2013 durch G v. 5.12.2012 (BGBl. I S. 2425); mWv 28.9.2013 durch G v. 24.9.2013 (BGBl. I S. 3671); mWv 1.9.2014 durch G v. 23.4.2014 (BGBl. I S. 410); mWv 27.1.2015 durch G v. 21.1.2015 (BGBl. I S. 10); mWv 20.6.2015 durch G v. 12.6.2015 (BGBl. I S. 926); mWv 26.11.2015 durch G v. 20.11.2015 (BGBl. I S. 2010); mWv 26.11.2015 durch G v. 20.11.2015 (BGBl. I S. 2025); mWv 10.12.2015 durch G v. 3.12.2015 (BGBl. I S. 2177); mWv 18.12.2015 durch G v. 10.12.2015 (BGBl. I S. 2218); mWv 4.6.2016 durch G v. 30.5.2016 (BGBl. I S. 1254); mWv 15.10. 2016 durch G v. 11.10.2016 (BGBl. I S. 2226); mWv 10.11.2016 durch G v. 4.11.2016 (BGBl. I S. 2460); mWv 1.1.2017 durch G v. 22.12.2016 (BGBl. I S. 3150); mWv 19.4.2017 durch G v. 11.4.2017 (BGBl. I S. 815); mWv 1.7.2017 durch G v. 13.4.2017 (BGBl. I S. 872); mWv 30.5.2017 durch G v. 23.5.2017 (BGBl. I S. 1226); mWv 1.1.2018 durch G v. 17.7.2017 (BGBl. I S. 2439); mWv 13.10.2017 durch G v. 30.9.2017 (BGBl I S. 3532); mWv 24.6.2020 durch G v. 12.6.2020 (BGBl. I S. 1247); mWv 1.1.2021 durch G v. 9.10.2020 (BGBl. I S. 2075); mWv 1.1.2021 durch G v. 30.11.2020 (BGBl. I S. 2600); mWv 18.3.2021 durch G v. 9.3.2021 (BGBl. I S. 327); mWv 18.3.2021 durch G v. 10.3.2021 (BGBl. I S. 333); mWv 3.4.2021 durch G v. 30.3.2021 (BGBl. I S. 441, geänd. durch G v. 30.3.2021, BGBl. I S. 448); mWv 1.7.2021 durch G v. 16.6.2021 (BGBl. I S. 1810); mWv 1.10.2021 durch G v. 12.8.2021 (BGBl. I S. 3544); mWv 22.9.2021 durch G v. 14.9.2021 (BGBl. I S. 4250); mWv 24.11.2021 durch G v. 22.11. 2021 (BGBl. I S. 4906); mWv 19.7.2022 durch G v. 11.7.2022 (BGBl. I S. 1082).

## Allgemeiner Teil

### Erster Abschnitt. Das Strafgesetz

### Erster Titel. Geltungsbereich

**§ 1 Keine Strafe ohne Gesetz** Eine Tat kann nur bestraft werden, wenn die Strafbarkeit gesetzlich bestimmt war, bevor die Tat begangen wurde.

**§ 2[1] Zeitliche Geltung.** (1) Die Strafe und ihre Nebenfolgen bestimmen sich nach dem Gesetz, das zur Zeit der Tat gilt.

(2) Wird die Strafdrohung während der Begehung der Tat geändert, so ist das Gesetz anzuwenden, das bei Beendigung der Tat gilt.

(3) Wird das Gesetz, das bei Beendigung der Tat gilt, vor der Entscheidung geändert, so ist das mildeste Gesetz anzuwenden.

(4) [1] Ein Gesetz, das nur für eine bestimmte Zeit gelten soll, ist auf Taten, die während seiner Geltung begangen sind, auch dann anzuwenden, wenn es außer Kraft getreten ist. [2] Dies gilt nicht, soweit ein Gesetz etwas anderes bestimmt.

(5) Für Einziehung und Unbrauchbarmachung gelten die Absätze 1 bis 4 entsprechend.

(6) Über Maßregeln der Besserung und Sicherung ist, wenn gesetzlich nichts anderes bestimmt ist, nach dem Gesetz zu entscheiden, das zur Zeit der Entscheidung gilt.

**§ 3 Geltung für Inlandstaten.** Das deutsche Strafrecht gilt für Taten, die im Inland begangen werden.

**§ 4[2] Geltung für Taten auf deutschen Schiffen und Luftfahrzeugen.**

Das deutsche Strafrecht gilt, unabhängig vom Recht des Tatorts, für Taten, die auf einem Schiff oder in einem Luftfahrzeug begangen werden, das berechtigt ist, die Bundesflagge oder das Staatszugehörigkeitszeichen der Bundesrepublik Deutschland zu führen.

---

[1] § 2 Abs. 5 geänd. mWv 1.7.2017 durch G v. 13.4.2017 (BGBl. I S. 872).
[2] § 4 geänd. mWv 1.3.1999 durch G v. 25.8.1998 (BGBl. I S. 2432).

**§ 5[1)] Auslandstaten mit besonderem Inlandsbezug.** Das deutsche Strafrecht gilt, unabhängig vom Recht des Tatorts, für folgende Taten, die im Ausland begangen werden:

1. *(aufgehoben)*
2. Hochverrat (§§ 81 bis 83);
3. Gefährdung des demokratischen Rechtsstaates
   a) in den Fällen des § 86 Absatz 1 und 2, wenn Propagandamittel im Inland wahrnehmbar verbreitet oder der inländischen Öffentlichkeit zugänglich gemacht werden und der Täter Deutscher ist oder seine Lebensgrundlage im Inland hat,
   b) in den Fällen des § 86a Absatz 1 Nummer 1, wenn ein Kennzeichen im Inland wahrnehmbar verbreitet oder in einer der inländischen Öffentlichkeit zugänglichen Weise oder in einem im Inland wahrnehmbar verbreiteten Inhalt (§ 11 Absatz 3) verwendet wird und der Täter Deutscher ist oder seine Lebensgrundlage im Inland hat,
   c) in den Fällen der §§ 89, 90a Abs. 1 und des § 90b, wenn der Täter Deutscher ist und seine Lebensgrundlage im räumlichen Geltungsbereich dieses Gesetzes hat, und
   d) in den Fällen der §§ 90 und 90a Abs. 2;
4. Landesverrat und Gefährdung der äußeren Sicherheit (§§ 94 bis 100a);
5. Straftaten gegen die Landesverteidigung
   a) in den Fällen der §§ 109 und 109e bis 109g und
   b) in den Fällen der §§ 109a, 109d und 109h, wenn der Täter Deutscher ist und seine Lebensgrundlage im räumlichen Geltungsbereich dieses Gesetzes hat;

5a. Widerstand gegen die Staatsgewalt und Straftaten gegen die öffentliche Ordnung
   a) in den Fällen des § 111, wenn die Aufforderung im Inland wahrnehmbar ist und der Täter Deutscher ist oder seine Lebensgrundlage im Inland hat,
   b) in den Fällen des § 127, wenn der Zweck der Handelsplattform darauf ausgerichtet ist, die Begehung von rechtswidrigen Taten im Inland zu ermöglichen oder zu fördern und der Täter Deutscher ist oder seine Lebensgrundlage im Inland hat, und
   c) in den Fällen des § 130 Absatz 2 Nummer 1, auch in Verbindung mit Absatz 6, wenn ein in Absatz 2 Nummer 1 oder Absatz 3 bezeichneter Inhalt (§ 11 Absatz 3) in einer Weise, die geeignet ist, den öffentlichen Frieden zu stören, im Inland wahrnehmbar verbreitet oder der inländischen Öffentlichkeit zugänglich gemacht wird und der Täter Deutscher ist oder seine Lebensgrundlage im Inland hat;

---

[1)] § 5 Nr. 15 geänd. mWv 1.8.2007 durch G v. 20.7.2007 (BGBl. I S. 1574); Überschrift, Nr. 6 neu gef., Nr. 6a aufgeh., Nr. 8, 9 neu gef., Nr. 9a eingef. mWv 27.1.2015 durch G v. 21.1.2015 (BGBl. I S. 10); Nr. 14a aufgeh., Nr. 15, 16 eingef., bish. Nr. 15 wird Nr. 17 mWv 26.11.2015 durch G v. 20.11. 2015 (BGBl. I S. 2025); Nr. 8 geänd. mWv 10.11.2016 durch G v. 4.11.2016 (BGBl. I S. 2460); Nr. 1 aufgeh. mWv 1.1.2017 durch G v. 22.12.2016 (BGBl. I S. 3150); Nr. 10a eingef. mWv 19.4.2017 durch G v. 11.4.2017 (BGBl. I S. 815); Nr. 3 Buchst. a, b eingef., bish. Buchst. a, b werden Buchst. c, d, Nr. 5a eingef. mWv 1.1.2021 durch G v. 30.11.2020 (BGBl. I S. 2600); Nr. 5a Buchst. a geänd., Buchst. b eingef., bish. Buchst. b wird Buchst. c mWv 1.10.2021 durch G v. 12.8.2021 (BGBl. I S. 3544); Nr. 3 Buchst. a geänd. mWv 22.9.2021 durch G v. 14.9.2021 (BGBl. I S. 4250); Nr. 5a Buchst. c geänd. mWv 9.12.2022 durch G v. 4.12.2022 (BGBl. I S. 2146); Nr. 6 Buchst. c, Nr. 8, 9 Buchst. a, Nr. 9a Buchst. a, b geänd. mWv 1.10.2023 durch G v. 26.7.2023 (BGBl. 2023 I Nr. 203).

6. Straftaten gegen die persönliche Freiheit
   a) in den Fällen der §§ 234a und 241a, wenn die Tat sich gegen eine Person richtet, die zur Zeit der Tat Deutsche ist und ihren Wohnsitz oder gewöhnlichen Aufenthalt im Inland hat,
   b) in den Fällen des § 235 Absatz 2 Nummer 2, wenn die Tat sich gegen eine Person richtet, die zur Zeit der Tat ihren Wohnsitz oder gewöhnlichen Aufenthalt im Inland hat, und
   c) in den Fällen des § 237, wenn der Täter zur Zeit der Tat Deutscher ist oder seine Lebensgrundlage im Inland hat oder wenn die Tat sich gegen eine Person richtet, die zur Zeit der Tat ihren Wohnsitz oder gewöhnlichen Aufenthalt im Inland hat;
7. Verletzung von Betriebs- oder Geschäftsgeheimnissen eines im räumlichen Geltungsbereich dieses Gesetzes liegenden Betriebs, eines Unternehmens, das dort seinen Sitz hat, oder eines Unternehmens mit Sitz im Ausland, das von einem Unternehmen mit Sitz im räumlichen Geltungsbereich dieses Gesetzes abhängig ist und mit diesem einen Konzern bildet;
8. Straftaten gegen die sexuelle Selbstbestimmung in den Fällen des § 174 Absatz 1, 2 und 4, der §§ 176 bis 178 und des § 182, wenn der Täter zur Zeit der Tat Deutscher ist oder seine Lebensgrundlage im Inland hat;
9. Straftaten gegen das Leben
   a) in den Fällen des § 218 Absatz 2 Satz 2 Nummer 1 und Absatz 4 Satz 1, wenn der Täter zur Zeit der Tat Deutscher ist oder seine Lebensgrundlage im Inland hat, und
   b) in den übrigen Fällen des § 218, wenn der Täter zur Zeit der Tat Deutscher ist und seine Lebensgrundlage im Inland hat;

9a. Straftaten gegen die körperliche Unversehrtheit
   a) in den Fällen des § 226 Absatz 1 Nummer 1 in Verbindung mit Absatz 2 bei Verlust der Fortpflanzungsfähigkeit, wenn der Täter zur Zeit der Tat Deutscher ist oder seine Lebensgrundlage im Inland hat, und
   b) in den Fällen des § 226a, wenn der Täter zur Zeit der Tat Deutscher ist oder seine Lebensgrundlage im Inland hat oder wenn die Tat sich gegen eine Person richtet, die zur Zeit der Tat ihren Wohnsitz oder gewöhnlichen Aufenthalt im Inland hat;

10. falsche uneidliche Aussage, Meineid und falsche Versicherung an Eides Statt (§§ 153 bis 156) in einem Verfahren, das im räumlichen Geltungsbereich dieses Gesetzes bei einem Gericht oder einer anderen deutschen Stelle anhängig ist, die zur Abnahme von Eiden oder eidesstattlichen Versicherungen zuständig ist;

10a. Sportwettbetrug und Manipulation von berufssportlichen Wettbewerben (§§ 265c und 265d), wenn sich die Tat auf einen Wettbewerb bezieht, der im Inland stattfindet;

11. Straftaten gegen die Umwelt in den Fällen der §§ 324, 326, 330 und 330a, die im Bereich der deutschen ausschließlichen Wirtschaftszone begangen werden, soweit völkerrechtliche Übereinkommen zum Schutze des Meeres ihre Verfolgung als Straftaten gestatten;

11a. Straftaten nach § 328 Abs. 2 Nr. 3 und 4, Abs. 4 und 5, auch in Verbindung mit § 330, wenn der Täter zur Zeit der Tat Deutscher ist;

12. Taten, die ein deutscher Amtsträger oder für den öffentlichen Dienst besonders Verpflichteter während eines dienstlichen Aufenthalts oder in Beziehung auf den Dienst begeht;
13. Taten, die ein Ausländer als Amtsträger oder für den öffentlichen Dienst besonders Verpflichteter begeht;
14. Taten, die jemand gegen einen Amtsträger, einen für den öffentlichen Dienst besonders Verpflichteten oder einen Soldaten der Bundeswehr während der Ausübung ihres Dienstes oder in Beziehung auf ihren Dienst begeht;
15. Straftaten im Amt nach den §§ 331 bis 337, wenn
    a) der Täter zur Zeit der Tat Deutscher ist,
    b) der Täter zur Zeit der Tat Europäischer Amtsträger ist und seine Dienststelle ihren Sitz im Inland hat,
    c) die Tat gegenüber einem Amtsträger, einem für den öffentlichen Dienst besonders Verpflichteten oder einem Soldaten der Bundeswehr begangen wird oder
    d) die Tat gegenüber einem Europäischen Amtsträger oder Schiedsrichter, der zur Zeit der Tat Deutscher ist, oder einer nach § 335a gleichgestellten Person begangen wird, die zur Zeit der Tat Deutsche ist;
16. Bestechlichkeit und Bestechung von Mandatsträgern (§ 108e), wenn
    a) der Täter zur Zeit der Tat Mitglied einer deutschen Volksvertretung oder Deutscher ist oder
    b) die Tat gegenüber einem Mitglied einer deutschen Volksvertretung oder einer Person, die zur Zeit der Tat Deutsche ist, begangen wird;
17. Organ- und Gewebehandel (§ 18 des Transplantationsgesetzes[1)]), wenn der Täter zur Zeit der Tat Deutscher ist.

**§ 6[2)] Auslandstaten gegen international geschützte Rechtsgüter.** Das deutsche Strafrecht gilt weiter, unabhängig vom Recht des Tatorts, für folgende Taten, die im Ausland begangen werden:
1. *(aufgehoben)*
2. Kernenergie-, Sprengstoff- und Strahlungsverbrechen in den Fällen der §§ 307 und 308 Abs. 1 bis 4, des § 309 Abs. 2 und des § 310;
3. Angriffe auf den Luft- und Seeverkehr (§ 316c);
4. Menschenhandel (§ 232);
5. unbefugter Vertrieb von Betäubungsmitteln;
6. Verbreitung pornographischer Inhalte in den Fällen der §§ 184a, 184b Absatz 1 und 2 und § 184c Absatz 1 und 2;
7. Geld- und Wertpapierfälschung (§§ 146, 151 und 152), Fälschung von Zahlungskarten mit Garantiefunktion (§ 152b Abs. 1 bis 4) sowie deren Vorbereitung (§§ 149, 151, 152 und 152b Abs. 5);
8. Subventionsbetrug (§ 264);

---

[1)] **Sartorius ErgBd. Nr. 280.**

[2)] § 6 Nr. 1 aufgeh. mWv 30.6.2002 durch G v. 26.6.2002 (BGBl. I S. 2254); Nr. 7 geänd. mWv 28.12. 2003 durch G v. 22.12.2003 (BGBl. I S. 2838); Nr. 6 geänd. mWv 1.4.2004 durch G v. 27.12.2003 (BGBl. I S. 3007); Nr. 6 geänd. mWv 5.11.2008 durch G v. 31.10.2008 (BGBl. I S. 2149); Nr. 6 geänd. mWv 27.1.2015 durch G v. 21.1.2015 (BGBl. I S. 10); Nr. 4 neu gef. mWv 15.10.2016 durch G v. 11.10. 2016 (BGBl. I S. 2226); Nr. 6 geänd. mWv 1.1.2021 durch G v. 30.11.2020 (BGBl. I S. 2600); Nr. 7 geänd. mWv 18.3.2021 durch G v. 10.3.2021 (BGBl. I S. 333).

9. Taten, die auf Grund eines für die Bundesrepublik Deutschland verbindlichen zwischenstaatlichen Abkommens auch dann zu verfolgen sind, wenn sie im Ausland begangen werden.[1)]

**§ 7[2)] Geltung für Auslandstaten in anderen Fällen.** (1) Das deutsche Strafrecht gilt für Taten, die im Ausland gegen einen Deutschen begangen werden, wenn die Tat am Tatort mit Strafe bedroht ist oder der Tatort keiner Strafgewalt unterliegt.

(2) Für andere Taten, die im Ausland begangen werden, gilt das deutsche Strafrecht, wenn die Tat am Tatort mit Strafe bedroht ist oder der Tatort keiner Strafgewalt unterliegt und wenn der Täter

1. zur Zeit der Tat Deutscher war oder es nach der Tat geworden ist oder
2. zur Zeit der Tat Ausländer war, im Inland betroffen und, obwohl das Auslieferungsgesetz seine Auslieferung nach der Art der Tat zuließe, nicht ausgeliefert wird, weil ein Auslieferungsersuchen innerhalb angemessener Frist nicht gestellt oder abgelehnt wird oder die Auslieferung nicht ausführbar ist.

**§ 8 Zeit der Tat.** [1] Eine Tat ist zu der Zeit begangen, zu welcher der Täter oder der Teilnehmer gehandelt hat oder im Falle des Unterlassens hätte handeln müssen. [2] Wann der Erfolg eintritt, ist nicht maßgebend.

**§ 9 Ort der Tat.** (1) Eine Tat ist an jedem Ort begangen, an dem der Täter gehandelt hat oder im Falle des Unterlassens hätte handeln müssen oder an dem der zum Tatbestand gehörende Erfolg eingetreten ist oder nach der Vorstellung des Täters eintreten sollte.

(2) [1] Die Teilnahme ist sowohl an dem Ort begangen, an dem die Tat begangen ist, als auch an jedem Ort, an dem der Teilnehmer gehandelt hat oder im Falle des Unterlassens hätte handeln müssen oder an dem nach seiner Vorstellung die Tat begangen werden sollte. [2] Hat der Teilnehmer an einer Auslandstat im Inland gehandelt, so gilt für die Teilnahme das deutsche Strafrecht, auch wenn die Tat nach dem Recht des Tatorts nicht mit Strafe bedroht ist.

**§ 10 Sondervorschriften für Jugendliche und Heranwachsende.** Für Taten von Jugendlichen und Heranwachsenden gilt dieses Gesetz nur, soweit im Jugendgerichtsgesetz nichts anderes bestimmt ist.

### Zweiter Titel. Sprachgebrauch

**§ 11[3)] Personen- und Sachbegriffe.** (1) Im Sinne dieses Gesetzes ist

1. Angehöriger:
   wer zu den folgenden Personen gehört:
   a) Verwandte und Verschwägerte gerader Linie, der Ehegatte, der Lebenspartner, der Verlobte, Geschwister, Ehegatten oder Lebenspartner der Geschwis-

---

[1)] Wegen der Erweiterung des Geltungsbereichs des deutschen Strafrechts in den §§ 324, 326, 330 und 330a beachte Art. 12 AusführungsG Seerechtsübereinkommen 1982/1994 v. 6.6.1995 (BGBl. I S. 778), geänd. durch VO v. 31.8.2015 (BGBl. I S. 1474).

[2)] § 7 Abs. 2 Nr. 2 geänd. mWv 1.9.2004 durch G v. 24.8.2004 (BGBl. I S. 2198).

[3)] § 11 Abs. 1 Nr. 1 Buchst. a geänd. mWv 1.8.2001 durch G v. 16.2.2001 (BGBl. I S. 266); Abs. 1 Nr. 1 *Buchst. a geänd. mWv 1.1.2005* durch G v. 15.12.2004 (BGBl. I S. 3396); Abs. 1 Nr. 2a eingef. mWv 26.11.2015 durch G v. 20.11.2015 (BGBl. I S. 2025); Abs. 1 Nr. 8 geänd. mWv 1.7.2017 durch G v. 13.4.2017 (BGBl. I S. 872); Abs. 1 Nr. 1 Buchst. a geänd. mWv 22.12.2018 durch G v. 18.12.2018 (BGBl. I S. 2639); Abs. 3 neu gef. mWv 1.1.2021 durch G v. 30.11.2020 (BGBl. I S. 2600).

ter, Geschwister der Ehegatten oder Lebenspartner, und zwar auch dann, wenn die Ehe oder die Lebenspartnerschaft, welche die Beziehung begründet hat, nicht mehr besteht oder wenn die Verwandtschaft oder Schwägerschaft erloschen ist,

b) Pflegeeltern und Pflegekinder;

2. Amtsträger:
wer nach deutschem Recht
a) Beamter oder Richter ist,
b) in einem sonstigen öffentlich-rechtlichen Amtsverhältnis steht oder
c) sonst dazu bestellt ist, bei einer Behörde oder bei einer sonstigen Stelle oder in deren Auftrag Aufgaben der öffentlichen Verwaltung unbeschadet der zur Aufgabenerfüllung gewählten Organisationsform wahrzunehmen;

2a. Europäischer Amtsträger:
wer
a) Mitglied der Europäischen Kommission, der Europäischen Zentralbank, des Rechnungshofs oder eines Gerichts der Europäischen Union ist,
b) Beamter oder sonstiger Bediensteter der Europäischen Union oder einer auf der Grundlage des Rechts der Europäischen Union geschaffenen Einrichtung ist oder
c) mit der Wahrnehmung von Aufgaben der Europäischen Union oder von Aufgaben einer auf der Grundlage des Rechts der Europäischen Union geschaffenen Einrichtung beauftragt ist;

3. Richter:
wer nach deutschem Recht Berufsrichter oder ehrenamtlicher Richter ist;

4. für den öffentlichen Dienst besonders Verpflichteter:
wer, ohne Amtsträger zu sein,
a) bei einer Behörde oder bei einer sonstigen Stelle, die Aufgaben der öffentlichen Verwaltung wahrnimmt, oder
b) bei einem Verband oder sonstigen Zusammenschluß, Betrieb oder Unternehmen, die für eine Behörde oder für eine sonstige Stelle Aufgaben der öffentlichen Verwaltung ausführen,

beschäftigt oder für sie tätig und auf die gewissenhafte Erfüllung seiner Obliegenheiten auf Grund eines Gesetzes förmlich verpflichtet ist;

5. rechtswidrige Tat:
nur eine solche, die den Tatbestand eines Strafgesetzes verwirklicht;

6. Unternehmen einer Tat:
deren Versuch und deren Vollendung;

7. Behörde:
auch ein Gericht;

8. Maßnahme:
jede Maßregel der Besserung und Sicherung, die Einziehung und die Unbrauchbarmachung;

9. Entgelt:
jede in einem Vermögensvorteil bestehende Gegenleistung.

(2) Vorsätzlich im Sinne dieses Gesetzes ist eine Tat auch dann, wenn sie einen gesetzlichen Tatbestand verwirklicht, der hinsichtlich der Handlung Vorsatz voraussetzt, hinsichtlich einer dadurch verursachten besonderen Folge jedoch Fahrlässigkeit ausreichen läßt.

(3) Inhalte im Sinne der Vorschriften, die auf diesen Absatz verweisen, sind solche, die in Schriften[1], auf Ton- oder Bildträgern, in Datenspeichern, Abbildungen oder anderen Verkörperungen enthalten sind oder auch unabhängig von einer Speicherung mittels Informations- oder Kommunikationstechnik übertragen werden.

**§ 12 Verbrechen und Vergehen.** (1) Verbrechen sind rechtswidrige Taten, die im Mindestmaß mit Freiheitsstrafe von einem Jahr oder darüber bedroht sind.

(2) Vergehen sind rechtswidrige Taten, die im Mindestmaß mit einer geringeren Freiheitsstrafe oder die mit Geldstrafe bedroht sind.

(3) Schärfungen oder Milderungen, die nach den Vorschriften des Allgemeinen Teils oder für besonders schwere oder minder schwere Fälle vorgesehen sind, bleiben für die Einteilung außer Betracht.

## Zweiter Abschnitt. Die Tat

### Erster Titel. Grundlagen der Strafbarkeit

**§ 13 Begehen durch Unterlassen.** (1) Wer es unterläßt, einen Erfolg abzuwenden, der zum Tatbestand eines Strafgesetzes gehört, ist nach diesem Gesetz nur dann strafbar, wenn er rechtlich dafür einzustehen hat, daß der Erfolg nicht eintritt, und wenn das Unterlassen der Verwirklichung des gesetzlichen Tatbestandes durch ein Tun entspricht.

(2) Die Strafe kann nach § 49 Abs. 1 gemildert werden.

**§ 14[2] Handeln für einen anderen.** (1) Handelt jemand

1. als vertretungsberechtigtes Organ einer juristischen Person oder als Mitglied eines solchen Organs,

---

[1] Für Druckschriften vgl. die Presse-/Mediengesetze der Länder, die an die Stelle des G über die Presse v. 7.5.1874 (RGBl. S. 65) getreten sind:
- **Baden-Württemberg:** G v. 14.1.1964 (GBl. S. 11), zuletzt geänd. durch G v. 24.4.2018 (GBl. S. 129)
- **Bayern:** G idF der Bek. v. 19.4.2000 (GVBl. S. 340), zuletzt geänd. durch V v. 26.3.2019 (GVBl. S. 98)
- **Berlin:** G v. 15.6.1965 (GVBl. S. 744), zuletzt geänd. durch G v. 27.9.2021 (GVBl. S. 1117)
- **Brandenburg:** G v. 13.5.1993 (GVBl. I S. 162), zuletzt geänd. durch G v. 16.12.2022 (GVBl. I Nr. 33)
- **Bremen:** G v. 16.3.1965 (Brem.GBl. S. 63, ber. 1993 S. 145, 216), zuletzt geänd. durch G v. 28.3.2023 (Brem.GBl. S. 305)
- **Hamburg:** G v. 29.1.1965 (HmbGVBl. S. 15), zuletzt geänd. durch G v. 18.5.2018 (HmbGVBl. S. 184)
- **Hessen:** G idF der Bek. v. 12.12.2003 (GVBl. 2004 I S. 2), zuletzt geänd. durch G v. 3.5.2018 (GVBl. S. 82)
- **Mecklenburg-Vorpommern:** G v. 6.6.1993 (GVOBl. M-V S. 541), zuletzt geänd. durch G v. 22.5.2018 (GVOBl. M-V S. 193)
- **Niedersachsen:** G v. 22.3.1965 (Nds. GVBl. S. 9), zuletzt geänd. durch G v. 16.5.2018 (Nds. GVBl. S. 66)
- **Nordrhein-Westfalen:** G v. 24.5.1966 (GV. NRW. S. 340), zuletzt geänd. durch G v. 4.5.2021 (GV. NRW. S. 597)
- **Rheinland-Pfalz:** G v. 19.12.2018 (GVBl. S. 431), zuletzt geänd. durch G v. 23.6.2023 (GVBl. S. 159)
- **Saarland:** G v. 27.2.2002 (Amtsbl. S. 498, ber. S. 754), zuletzt geänd. durch G v. 8.12.2021 (Amtsbl. I S. 2629)
- **Sachsen:** G v. 3.4.1992 (SächsGVBl. S. 125), zuletzt geänd. durch G v. 11.5.2019 (SächsGVBl. S. 358)
- **Sachsen-Anhalt:** G idF der Bek. v. 2.5.2013 (GVBl. LSA S. 198), zuletzt geänd. durch G v. 29.3.2018 (GVBl. LSA S. 22)
- **Schleswig-Holstein:** G idF der Bek. v. 31.1.2005 (GVOBl. Schl.-H. S. 105), zuletzt geänd. durch G v. 11.6.2019 (GVOBl. Schl.-H. S. 145)
- **Thüringen:** G v. 31.7.1991 (GVBl. S. 271), zuletzt geänd. durch G v. 24.3.2023 (GVBl. S. 128)

[2] § 14 Abs. 1 Nr. 2 geänd. mWv 30.8.2002 durch G v. 22.8.2002 (BGBl. I S. 3387).

2. als vertretungsberechtigter Gesellschafter einer rechtsfähigen Personengesellschaft oder
3. als gesetzlicher Vertreter eines anderen,

so ist ein Gesetz, nach dem besondere persönliche Eigenschaften, Verhältnisse oder Umstände (besondere persönliche Merkmale) die Strafbarkeit begründen, auch auf den Vertreter anzuwenden, wenn diese Merkmale zwar nicht bei ihm, aber bei dem Vertretenen vorliegen.

(2) [1] Ist jemand von dem Inhaber eines Betriebs oder einem sonst dazu Befugten

1. beauftragt, den Betrieb ganz oder zum Teil zu leiten, oder
2. ausdrücklich beauftragt, in eigener Verantwortung Aufgaben wahrzunehmen, die dem Inhaber des Betriebs obliegen,

und handelt er auf Grund dieses Auftrags, so ist ein Gesetz, nach dem besondere persönliche Merkmale die Strafbarkeit begründen, auch auf den Beauftragten anzuwenden, wenn diese Merkmale zwar nicht bei ihm, aber bei dem Inhaber des Betriebs vorliegen. [2] Dem Betrieb im Sinne des Satzes 1 steht das Unternehmen gleich. [3] Handelt jemand auf Grund eines entsprechenden Auftrags für eine Stelle, die Aufgaben der öffentlichen Verwaltung wahrnimmt, so ist Satz 1 sinngemäß anzuwenden.

(3) Die Absätze 1 und 2 sind auch dann anzuwenden, wenn die Rechtshandlung, welche die Vertretungsbefugnis oder das Auftragsverhältnis begründen sollte, unwirksam ist.

**§ 15 Vorsätzliches und fahrlässiges Handeln.** Strafbar ist nur vorsätzliches Handeln, wenn nicht das Gesetz fahrlässiges Handeln ausdrücklich mit Strafe bedroht.

**§ 16 Irrtum über Tatumstände.** (1) [1] Wer bei Begehung der Tat einen Umstand nicht kennt, der zum gesetzlichen Tatbestand gehört, handelt nicht vorsätzlich. [2] Die Strafbarkeit wegen fahrlässiger Begehung bleibt unberührt.

(2) Wer bei Begehung der Tat irrig Umstände annimmt, welche den Tatbestand eines milderen Gesetzes verwirklichen würden, kann wegen vorsätzlicher Begehung nur nach dem milderen Gesetz bestraft werden.

**§ 17 Verbotsirrtum.** [1] Fehlt dem Täter bei Begehung der Tat die Einsicht, Unrecht zu tun, so handelt er ohne Schuld, wenn er diesen Irrtum nicht vermeiden konnte. [2] Konnte der Täter den Irrtum vermeiden, so kann die Strafe nach § 49 Abs. 1 gemildert werden.

**§ 18 Schwerere Strafe bei besonderen Tatfolgen.** Knüpft das Gesetz an eine besondere Folge der Tat eine schwerere Strafe, so trifft sie den Täter oder den Teilnehmer nur, wenn ihm hinsichtlich dieser Folge wenigstens Fahrlässigkeit zur Last fällt.

**§ 19 Schuldunfähigkeit des Kindes.** Schuldunfähig ist, wer bei Begehung der Tat noch nicht vierzehn Jahre alt ist.

**§ 20[1)] Schuldunfähigkeit wegen seelischer Störungen.** Ohne Schuld handelt, wer bei Begehung der Tat wegen einer krankhaften seelischen Störung, wegen einer tiefgreifenden Bewußtseinsstörung oder wegen einer Intelligenzmin-

---

[1)] § 20 geänd. mWv 1.1.2021 durch G v. 30.11.2020 (BGBl. I S. 2600).

derung oder einer schweren anderen seelischen Störung unfähig ist, das Unrecht der Tat einzusehen oder nach dieser Einsicht zu handeln.

**§ 21 Verminderte Schuldfähigkeit.** Ist die Fähigkeit des Täters, das Unrecht der Tat einzusehen oder nach dieser Einsicht zu handeln, aus einem der in § 20 bezeichneten Gründe bei Begehung der Tat erheblich vermindert, so kann die Strafe nach § 49 Abs. 1 gemildert werden.

### Zweiter Titel. Versuch

**§ 22 Begriffsbestimmung.** Eine Straftat versucht, wer nach seiner Vorstellung von der Tat zur Verwirklichung des Tatbestandes unmittelbar ansetzt.

**§ 23 Strafbarkeit des Versuchs.** (1) Der Versuch eines Verbrechens ist stets strafbar, der Versuch eines Vergehens nur dann, wenn das Gesetz es ausdrücklich bestimmt.

(2) Der Versuch kann milder bestraft werden als die vollendete Tat (§ 49 Abs. 1).

(3) Hat der Täter aus grobem Unverstand verkannt, daß der Versuch nach der Art des Gegenstandes, an dem, oder des Mittels, mit dem die Tat begangen werden sollte, überhaupt nicht zur Vollendung führen konnte, so kann das Gericht von Strafe absehen oder die Strafe nach seinem Ermessen mildern (§ 49 Abs. 2).

**§ 24 Rücktritt.** (1) [1] Wegen Versuchs wird nicht bestraft, wer freiwillig die weitere Ausführung der Tat aufgibt oder deren Vollendung verhindert. [2] Wird die Tat ohne Zutun des Zurücktretenden nicht vollendet, so wird er straflos, wenn er sich freiwillig und ernsthaft bemüht, die Vollendung zu verhindern.

(2) [1] Sind an der Tat mehrere beteiligt, so wird wegen Versuchs nicht bestraft, wer freiwillig die Vollendung verhindert. [2] Jedoch genügt zu seiner Straflosigkeit sein freiwilliges und ernsthaftes Bemühen, die Vollendung der Tat zu verhindern, wenn sie ohne sein Zutun nicht vollendet oder unabhängig von seinem früheren Tatbeitrag begangen wird.

### Dritter Titel. Täterschaft und Teilnahme

**§ 25 Täterschaft.** (1) Als Täter wird bestraft, wer die Straftat selbst oder durch einen anderen begeht.

(2) Begehen mehrere die Straftat gemeinschaftlich, so wird jeder als Täter bestraft (Mittäter).

**§ 26 Anstiftung.** Als Anstifter wird gleich einem Täter bestraft, wer vorsätzlich einen anderen zu dessen vorsätzlich begangener rechtswidriger Tat bestimmt hat.

**§ 27 Beihilfe.** (1) Als Gehilfe wird bestraft, wer vorsätzlich einem anderen zu dessen vorsätzlich begangener rechtswidriger Tat Hilfe geleistet hat.

(2) [1] Die Strafe für den Gehilfen richtet sich nach der Strafdrohung für den Täter. [2] Sie ist nach § 49 Abs. 1 zu mildern.

**§ 28 Besondere persönliche Merkmale.** (1) Fehlen besondere persönliche Merkmale (§ 14 Abs. 1), welche die Strafbarkeit des Täters begründen, beim Teilnehmer (Anstifter oder Gehilfe), so ist dessen Strafe nach § 49 Abs. 1 zu mildern.

(2) Bestimmt das Gesetz, daß besondere persönliche Merkmale die Strafe schärfen, mildern oder ausschließen, so gilt das nur für den Beteiligten (Täter oder Teilnehmer), bei dem sie vorliegen.

**§ 29 Selbständige Strafbarkeit des Beteiligten.** Jeder Beteiligte wird ohne Rücksicht auf die Schuld des anderen nach seiner Schuld bestraft.

**§ 30 Versuch der Beteiligung.** (1) [1] Wer einen anderen zu bestimmen versucht, ein Verbrechen zu begehen oder zu ihm anzustiften, wird nach den Vorschriften über den Versuch des Verbrechens bestraft. [2] Jedoch ist die Strafe nach § 49 Abs. 1 zu mildern. [3] § 23 Abs. 3 gilt entsprechend.

(2) Ebenso wird bestraft, wer sich bereit erklärt, wer das Erbieten eines anderen annimmt oder wer mit einem anderen verabredet, ein Verbrechen zu begehen oder zu ihm anzustiften.

**§ 31 Rücktritt vom Versuch der Beteiligung.** (1) Nach § 30 wird nicht bestraft, wer freiwillig

1. den Versuch aufgibt, einen anderen zu einem Verbrechen zu bestimmen, und eine etwa bestehende Gefahr, daß der andere die Tat begeht, abwendet,
2. nachdem er sich zu einem Verbrechen bereit erklärt hatte, sein Vorhaben aufgibt oder,
3. nachdem er ein Verbrechen verabredet oder das Erbieten eines anderen zu einem Verbrechen angenommen hatte, die Tat verhindert.

(2) Unterbleibt die Tat ohne Zutun des Zurücktretenden oder wird sie unabhängig von seinem früheren Verhalten begangen, so genügt zu seiner Straflosigkeit sein freiwilliges und ernsthaftes Bemühen, die Tat zu verhindern.

### Vierter Titel. Notwehr und Notstand

**§ 32[1)] Notwehr.** (1) Wer eine Tat begeht, die durch Notwehr geboten ist, handelt nicht rechtswidrig.

(2) Notwehr ist die Verteidigung, die erforderlich ist, um einen gegenwärtigen rechtswidrigen Angriff von sich oder einem anderen abzuwenden.

---

[1)] Beachte hierzu auch Art. 2 und 13 der Konvention zum Schutze der Menschenrechte und Grundfreiheiten **(Sartorius Nr. 1003)**, die auf Grund des G v. 7.8.1952 (BGBl. II S. 685, ber. S. 953) mit Gesetzeskraft im Geltungsbereich des Grundgesetzes (Nr. **1**) in Kraft getreten ist. Art. 2 und 13 der Konvention lauten:

„**Art. 2 Recht auf Leben.** (1) [1] Das Recht jedes Menschen auf Leben wird gesetzlich geschützt. [2] Niemand darf absichtlich getötet werden, außer durch Vollstreckung eines Todesurteils, das ein Gericht wegen eines Verbrechens verhängt hat, für das die Todesstrafe gesetzlich vorgesehen ist.

(2) Eine Tötung wird nicht als Verletzung dieses Artikels betrachtet, wenn sie durch eine Gewaltanwendung verursacht wird, die unbedingt erforderlich ist, um

a) jemanden gegen rechtswidrige Gewalt zu verteidigen;

b) jemanden rechtmäßig festzunehmen oder jemanden, dem die Freiheit rechtmäßig entzogen ist, an der Flucht zu hindern;

c) einen Aufruhr oder Aufstand rechtmäßig niederzuschlagen.

**Art. 13 Recht auf wirksame Beschwerde.** Jede Person, die in ihren in dieser Konvention anerkannten Rechten oder Freiheiten verletzt worden ist, hat das Recht, bei einer innerstaatlichen Instanz eine wirksame Beschwerde zu erheben, auch wenn die Verletzung von Personen begangen worden ist, die in amtlicher Eigenschaft gehandelt haben."

**§ 33 Überschreitung der Notwehr.** Überschreitet der Täter die Grenzen der Notwehr aus Verwirrung, Furcht oder Schrecken, so wird er nicht bestraft.

**§ 34 Rechtfertigender Notstand.** [1] Wer in einer gegenwärtigen, nicht anders abwendbaren Gefahr für Leben, Leib, Freiheit, Ehre, Eigentum oder ein anderes Rechtsgut eine Tat begeht, um die Gefahr von sich oder einem anderen abzuwenden, handelt nicht rechtswidrig, wenn bei Abwägung der widerstreitenden Interessen, namentlich der betroffenen Rechtsgüter und des Grades der ihnen drohenden Gefahren, das geschützte Interesse das beeinträchtigte wesentlich überwiegt. [2] Dies gilt jedoch nur, soweit die Tat ein angemessenes Mittel ist, die Gefahr abzuwenden.

**§ 35 Entschuldigender Notstand.** (1) [1] Wer in einer gegenwärtigen, nicht anders abwendbaren Gefahr für Leben, Leib oder Freiheit eine rechtswidrige Tat begeht, um die Gefahr von sich, einem Angehörigen oder einer anderen ihm nahestehenden Person abzuwenden, handelt ohne Schuld. [2] Dies gilt nicht, soweit dem Täter nach den Umständen, namentlich weil er die Gefahr selbst verursacht hat oder weil er in einem besonderen Rechtsverhältnis stand, zugemutet werden konnte, die Gefahr hinzunehmen; jedoch kann die Strafe nach § 49 Abs. 1 gemildert werden, wenn der Täter nicht mit Rücksicht auf ein besonderes Rechtsverhältnis die Gefahr hinzunehmen hatte.

(2) [1] Nimmt der Täter bei Begehung der Tat irrig Umstände an, welche ihn nach Absatz 1 entschuldigen würden, so wird er nur dann bestraft, wenn er den Irrtum vermeiden konnte. [2] Die Strafe ist nach § 49 Abs. 1 zu mildern.

### Fünfter Titel. Straflosigkeit parlamentarischer Äußerungen und Berichte

**§ 36 Parlamentarische Äußerungen.** [1] Mitglieder des Bundestages, der Bundesversammlung oder eines Gesetzgebungsorgans eines Landes dürfen zu keiner Zeit wegen ihrer Abstimmung oder wegen einer Äußerung, die sie in der Körperschaft oder in einem ihrer Ausschüsse getan haben, außerhalb der Körperschaft zur Verantwortung gezogen werden. [2] Dies gilt nicht für verleumderische Beleidigungen.

**§ 37 Parlamentarische Berichte.** Wahrheitsgetreue Berichte über die öffentlichen Sitzungen der in § 36 bezeichneten Körperschaften oder ihrer Ausschüsse bleiben von jeder Verantwortlichkeit frei.

## Dritter Abschnitt. Rechtsfolgen der Tat

### Erster Titel. Strafen

#### Freiheitsstrafe

**§ 38 Dauer der Freiheitsstrafe.** (1) Die Freiheitsstrafe ist zeitig, wenn das Gesetz nicht lebenslange Freiheitsstrafe androht.

(2) Das Höchstmaß der zeitigen Freiheitsstrafe ist fünfzehn Jahre, ihr Mindestmaß ein Monat.

**§ 39 Bemessung der Freiheitsstrafe.** Freiheitsstrafe unter einem Jahr wird nach vollen Wochen und Monaten, Freiheitsstrafe von längerer Dauer nach vollen Monaten und Jahren bemessen.

### Geldstrafe

**§ 40[1)] Verhängung in Tagessätzen.** (1) [1]Die Geldstrafe wird in Tagessätzen verhängt. [2]Sie beträgt mindestens fünf und, wenn das Gesetz nichts anderes bestimmt, höchstens dreihundertsechzig volle Tagessätze.

(2) [1]Die Höhe eines Tagessatzes bestimmt das Gericht unter Berücksichtigung der persönlichen und wirtschaftlichen Verhältnisse des Täters. [2]Dabei geht es in der Regel von dem Nettoeinkommen aus, das der Täter durchschnittlich an einem Tag hat oder haben könnte. [3]Es achtet dabei ferner darauf, dass dem Täter mindestens das zum Leben unerlässliche Minimum seines Einkommens verbleibt[2)] [4]Ein Tagessatz wird auf mindestens einen und höchstens dreißigtausend Euro festgesetzt.

(3) Die Einkünfte des Täters, sein Vermögen und andere Grundlagen für die Bemessung eines Tagessatzes können geschätzt werden.

(4) In der Entscheidung werden Zahl und Höhe der Tagessätze angegeben.

**§ 41[3)] Geldstrafe neben Freiheitsstrafe.** Hat der Täter sich durch die Tat bereichert oder zu bereichern versucht, so kann neben einer Freiheitsstrafe eine sonst nicht oder nur wahlweise angedrohte Geldstrafe verhängt werden, wenn dies auch unter Berücksichtigung der persönlichen und wirtschaftlichen Verhältnisse des Täters angebracht ist.

**§ 42[4)] Zahlungserleichterungen.** [1]Ist dem Verurteilten nach seinen persönlichen oder wirtschaftlichen Verhältnissen nicht zuzumuten, die Geldstrafe sofort zu zahlen, so bewilligt ihm das Gericht eine Zahlungsfrist oder gestattet ihm, die Strafe in bestimmten Teilbeträgen zu zahlen. [2]Das Gericht kann dabei anordnen, daß die Vergünstigung, die Geldstrafe in bestimmten Teilbeträgen zu zahlen, entfällt, wenn der Verurteilte einen Teilbetrag nicht rechtzeitig zahlt. [3]Das Gericht soll Zahlungserleichterungen auch gewähren, wenn ohne die Bewilligung die Wiedergutmachung des durch die Straftat verursachten Schadens durch den Verurteilten erheblich gefährdet wäre; dabei kann dem Verurteilten der Nachweis der Wiedergutmachung auferlegt werden.

**§ 43[5)] [6)] Ersatzfreiheitsstrafe.** [1]An die Stelle einer uneinbringlichen Geldstrafe tritt Ersatzfreiheitsstrafe. [2]Zwei Tagessätzen entspricht ein Tag Ersatzfreiheitsstrafe. [3]Das Mindestmaß der Ersatzfreiheitsstrafe ist ein Tag.

**§ 43a[7)]** *(aufgehoben)*

---

1) § 40 Abs. 2 Satz 3 geänd. mWv 1.1.2002 durch G v. 13.12.2001 (BGBl. I S. 3574); Abs. 2 Satz 3 geänd. mWv 4.7.2009 durch G v. 29.6.2009 (BGBl. I S. 1658); Abs. 2 Satz 3 eingef., bish. Satz 3 wird Satz 4 mWv 1.10.2023 durch G v. 26.7.2023 (BGBl. 2023 I Nr. 203).

2) Satzzeichen fehlt amtlich.

3) § 41 Satz 2 aufgeh. mWv 1.7.2017 durch G v. 13.4.2017 (BGBl. I S. 872).

4) § 42 Satz 3 angef. mWv 31.12.2006 durch G v. 22.12.2006 (BGBl. I S. 3416).

5) § 43 Sätze 1 und 2 geänd. mWv 1.10.2023 durch G v. 26.7.2023 (BGBl. 2023 I Nr. 203).

6) Beachte hierzu Übergangsvorschrift in Art. 316o EGStGB (Nr. **85a**).

7) Zwischenüberschrift nach § 43 und § 43a aufgeh. mWv 1.7.2017 durch G v. 13.4.2017 (BGBl. I S. 872).

### Nebenstrafe

**§ 44[1)] Fahrverbot.** (1) [1]Wird jemand wegen einer Straftat zu einer Freiheitsstrafe oder einer Geldstrafe verurteilt, so kann ihm das Gericht für die Dauer von einem Monat bis zu sechs Monaten verbieten, im Straßenverkehr Kraftfahrzeuge jeder oder einer bestimmten Art zu führen. [2]Auch wenn die Straftat nicht bei oder im Zusammenhang mit dem Führen eines Kraftfahrzeugs oder unter Verletzung der Pflichten eines Kraftfahrzeugführers begangen wurde, kommt die Anordnung eines Fahrverbots namentlich in Betracht, wenn sie zur Einwirkung auf den Täter oder zur Verteidigung der Rechtsordnung erforderlich erscheint oder hierdurch die Verhängung einer Freiheitsstrafe oder deren Vollstreckung vermieden werden kann. [3]Ein Fahrverbot ist in der Regel anzuordnen, wenn in den Fällen einer Verurteilung nach § 315c Abs. 1 Nr. 1 Buchstabe a, Abs. 3 oder § 316 die Entziehung der Fahrerlaubnis nach § 69 unterbleibt.

(2) [1]Das Fahrverbot wird wirksam, wenn der Führerschein nach Rechtskraft des Urteils in amtliche Verwahrung gelangt, spätestens jedoch mit Ablauf von einem Monat seit Eintritt der Rechtskraft. [2]Für seine Dauer werden von einer deutschen Behörde ausgestellte nationale und internationale Führerscheine amtlich verwahrt. [3]Dies gilt auch, wenn der Führerschein von einer Behörde eines Mitgliedstaates der Europäischen Union oder eines anderen Vertragsstaates des Abkommens über den Europäischen Wirtschaftsraum ausgestellt worden ist, sofern der Inhaber seinen ordentlichen Wohnsitz im Inland hat. [4]In anderen ausländischen Führerscheinen wird das Fahrverbot vermerkt.

(3) [1]Ist ein Führerschein amtlich zu verwahren oder das Fahrverbot in einem ausländischen Führerschein zu vermerken, so wird die Verbotsfrist erst von dem Tage an gerechnet, an dem dies geschieht. [2]In die Verbotsfrist wird die Zeit nicht eingerechnet, in welcher der Täter auf behördliche Anordnung in einer Anstalt verwahrt worden ist.

(4) [1]Werden gegen den Täter mehrere Fahrverbote rechtskräftig verhängt, so sind die Verbotsfristen nacheinander zu berechnen. [2]Die Verbotsfrist auf Grund des früher wirksam gewordenen Fahrverbots läuft zuerst. [3]Werden Fahrverbote gleichzeitig wirksam, so läuft die Verbotsfrist auf Grund des früher angeordneten Fahrverbots zuerst, bei gleichzeitiger Anordnung ist die frühere Tat maßgebend.

### Nebenfolgen

**§ 45 Verlust der Amtsfähigkeit, der Wählbarkeit und des Stimmrechts.**

(1) Wer wegen eines Verbrechens zu Freiheitsstrafe von mindestens einem Jahr verurteilt wird, verliert für die Dauer von fünf Jahren die Fähigkeit, öffentliche Ämter zu bekleiden und Rechte aus öffentlichen Wahlen zu erlangen.

(2) Das Gericht kann dem Verurteilten für die Dauer von zwei bis zu fünf Jahren die in Absatz 1 bezeichneten Fähigkeiten aberkennen, soweit das Gesetz es besonders vorsieht.

(3) Mit dem Verlust der Fähigkeit, öffentliche Ämter zu bekleiden, verliert der Verurteilte zugleich die entsprechenden Rechtsstellungen und Rechte, die er innehat.

(4) Mit dem Verlust der Fähigkeit, Rechte aus öffentlichen Wahlen zu erlangen, verliert der Verurteilte zugleich die entsprechenden Rechtsstellungen und Rechte, die er innehat, soweit das Gesetz nichts anderes bestimmt.

---

[1)] § 44 Abs. 1 Satz 1 geänd., Satz 2 eingef., bish. Satz 2 wird Satz 3, Abs. 2 Satz 1 neu gef., Abs. 4 angef. mWv 24.8.2017 durch G v. 17.8.2017 (BGBl. I S. 3202).

(5) Das Gericht kann dem Verurteilten für die Dauer von zwei bis zu fünf Jahren das Recht, in öffentlichen Angelegenheiten zu wählen oder zu stimmen, aberkennen, soweit das Gesetz es besonders vorsieht.

**§ 45a Eintritt und Berechnung des Verlustes.** (1) Der Verlust der Fähigkeiten, Rechtsstellungen und Rechte wird mit der Rechtskraft des Urteils wirksam.

(2) [1] Die Dauer des Verlustes einer Fähigkeit oder eines Rechts wird von dem Tage an gerechnet, an dem die Freiheitsstrafe verbüßt, verjährt oder erlassen ist. [2] Ist neben der Freiheitsstrafe eine freiheitsentziehende Maßregel der Besserung und Sicherung angeordnet worden, so wird die Frist erst von dem Tage an gerechnet, an dem auch die Maßregel erledigt ist.

(3) War die Vollstreckung der Strafe, des Strafrestes oder der Maßregel zur Bewährung oder im Gnadenweg ausgesetzt, so wird in die Frist die Bewährungszeit eingerechnet, wenn nach deren Ablauf die Strafe oder der Strafrest erlassen wird oder die Maßregel erledigt ist.

**§ 45b Wiederverleihung von Fähigkeiten und Rechten.** (1) Das Gericht kann nach § 45 Abs. 1 und 2 verlorene Fähigkeiten und nach § 45 Abs. 5 verlorene Rechte wiederverleihen, wenn

1. der Verlust die Hälfte der Zeit, für die er dauern sollte, wirksam war und
2. zu erwarten ist, daß der Verurteilte künftig keine vorsätzlichen Straftaten mehr begehen wird.

(2) In die Fristen wird die Zeit nicht eingerechnet, in welcher der Verurteilte auf behördliche Anordnung in einer Anstalt verwahrt worden ist.

### Zweiter Titel. Strafbemessung

**§ 46[1)] Grundsätze der Strafzumessung.** (1) [1] Die Schuld des Täters ist Grundlage für die Zumessung der Strafe. [2] Die Wirkungen, die von der Strafe für das künftige Leben des Täters in der Gesellschaft zu erwarten sind, sind zu berücksichtigen.

(2) [1] Bei der Zumessung wägt das Gericht die Umstände, die für und gegen den Täter sprechen, gegeneinander ab. [2] Dabei kommen namentlich in Betracht:

die Beweggründe und die Ziele des Täters, besonders auch rassistische, fremdenfeindliche, antisemitische, geschlechtsspezifische, gegen die sexuelle Orientierung gerichtete oder sonstige menschenverachtende,

die Gesinnung, die aus der Tat spricht, und der bei der Tat aufgewendete Wille,

das Maß der Pflichtwidrigkeit,

die Art der Ausführung und die verschuldeten Auswirkungen der Tat,

das Vorleben des Täters, seine persönlichen und wirtschaftlichen Verhältnisse sowie

sein Verhalten nach der Tat, besonders sein Bemühen, den Schaden wiedergutzumachen, sowie das Bemühen des Täters, einen Ausgleich mit dem Verletzten zu erreichen.

---

1) § 46 Abs. 2 Satz 2 geänd. mWv 1.8.2015 durch G v. 12.6.2015 (BGBl. I S. 925); Abs. 2 Satz 2 geänd. mWv 3.4.2021 durch G v. 30.3.2021 (BGBl. I S. 441, geänd. durch G v. 30.3.2021, BGBl. I S. 448); Abs. 2 Satz 2 geänd. mWv 1.10.2023 durch G v. 26.7.2023 (BGBl. 2023 I Nr. 203).

(3) Umstände, die schon Merkmale des gesetzlichen Tatbestandes sind, dürfen nicht berücksichtigt werden.

**§ 46a Täter-Opfer-Ausgleich, Schadenswiedergutmachung.** Hat der Täter

1. in dem Bemühen, einen Ausgleich mit dem Verletzten zu erreichen (Täter-Opfer-Ausgleich), seine Tat ganz oder zum überwiegenden Teil wiedergutgemacht oder deren Wiedergutmachung ernsthaft erstrebt oder
2. in einem Fall, in welchem die Schadenswiedergutmachung von ihm erhebliche persönliche Leistungen oder persönlichen Verzicht erfordert hat, das Opfer ganz oder zum überwiegenden Teil entschädigt,

so kann das Gericht die Strafe nach § 49 Abs. 1 mildern oder, wenn keine höhere Strafe als Freiheitsstrafe bis zu einem Jahr oder Geldstrafe bis zu dreihundertsechzig Tagessätzen verwirkt ist, von Strafe absehen.

**§ 46b[1) 2)] Hilfe zur Aufklärung oder Verhinderung von schweren Straftaten.** (1) [1] Wenn der Täter einer Straftat, die mit einer im Mindestmaß erhöhten Freiheitsstrafe oder mit lebenslanger Freiheitsstrafe bedroht ist,

1. durch freiwilliges Offenbaren seines Wissens wesentlich dazu beigetragen hat, dass eine Tat nach § 100a Abs. 2 der Strafprozessordnung[3)], die mit seiner Tat im Zusammenhang steht, aufgedeckt werden konnte, oder
2. freiwillig sein Wissen so rechtzeitig einer Dienststelle offenbart, dass eine Tat nach § 100a Abs. 2 der Strafprozessordnung, die mit seiner Tat im Zusammenhang steht und von deren Planung er weiß, noch verhindert werden kann,

kann das Gericht die Strafe nach § 49 Abs. 1 mildern, wobei an die Stelle ausschließlich angedrohter lebenslanger Freiheitsstrafe eine Freiheitsstrafe nicht unter zehn Jahren tritt. [2] Für die Einordnung als Straftat, die mit einer im Mindestmaß erhöhten Freiheitsstrafe bedroht ist, werden nur Schärfungen für besonders schwere Fälle und keine Milderungen berücksichtigt. [3] War der Täter an der Tat beteiligt, muss sich sein Beitrag zur Aufklärung nach Satz 1 Nr. 1 über den eigenen Tatbeitrag hinaus erstrecken. [4] Anstelle einer Milderung kann das Gericht von Strafe absehen, wenn die Straftat ausschließlich mit zeitiger Freiheitsstrafe bedroht ist und der Täter keine Freiheitsstrafe von mehr als drei Jahren verwirkt hat.

(2) Bei der Entscheidung nach Absatz 1 hat das Gericht insbesondere zu berücksichtigen:

1. die Art und den Umfang der offenbarten Tatsachen und deren Bedeutung für die Aufklärung oder Verhinderung der Tat, den Zeitpunkt der Offenbarung, das Ausmaß der Unterstützung der Strafverfolgungsbehörden durch den Täter und die Schwere der Tat, auf die sich seine Angaben beziehen, sowie
2. das Verhältnis der in Nummer 1 genannten Umstände zur Schwere der Straftat und Schuld des Täters.

(3) Eine Milderung sowie das Absehen von Strafe nach Absatz 1 sind ausgeschlossen, wenn der Täter sein Wissen erst offenbart, nachdem die Eröffnung des Hauptverfahrens (§ 207 der Strafprozessordnung) gegen ihn beschlossen worden ist.

---

1) *§ 46b eingef. mWv 1.9.2009* durch G v. 29.7.2009 (BGBl. I S. 2288); Abs. 1 Satz 1 Nr. 1 und 2 geänd. mWv 1.8.2013 durch G v. 10.6.2013 (BGBl. I S. 1497).

2) Beachte hierzu Übergangsvorschrift in Art. 316d EGStGB (Nr. **85a**).

3) Nr. **90**.

**§ 47 Kurze Freiheitsstrafe nur in Ausnahmefällen.** (1) Eine Freiheitsstrafe unter sechs Monaten verhängt das Gericht nur, wenn besondere Umstände, die in der Tat oder der Persönlichkeit des Täters liegen, die Verhängung einer Freiheitsstrafe zur Einwirkung auf den Täter oder zur Verteidigung der Rechtsordnung unerläßlich machen.

(2) [1] Droht das Gesetz keine Geldstrafe an und kommt eine Freiheitsstrafe von sechs Monaten oder darüber nicht in Betracht, so verhängt das Gericht eine Geldstrafe, wenn nicht die Verhängung einer Freiheitsstrafe nach Absatz 1 unerläßlich ist. [2] Droht das Gesetz ein erhöhtes Mindestmaß der Freiheitsstrafe an, so bestimmt sich das Mindestmaß der Geldstrafe in den Fällen des Satzes 1 nach dem Mindestmaß der angedrohten Freiheitsstrafe; dabei entsprechen dreißig Tagessätze einem Monat Freiheitsstrafe.

**§ 48** (weggefallen)

**§ 49 Besondere gesetzliche Milderungsgründe.** (1) Ist eine Milderung nach dieser Vorschrift vorgeschrieben oder zugelassen, so gilt für die Milderung folgendes:

1. An die Stelle von lebenslanger Freiheitsstrafe tritt Freiheitsstrafe nicht unter drei Jahren.
2. [1] Bei zeitiger Freiheitsstrafe darf höchstens auf drei Viertel des angedrohten Höchstmaßes erkannt werden. [2] Bei Geldstrafe gilt dasselbe für die Höchstzahl der Tagessätze.
3. Das erhöhte Mindestmaß einer Freiheitsstrafe ermäßigt sich
   im Falle eines Mindestmaßes von zehn oder fünf Jahren auf zwei Jahre,
   im Falle eines Mindestmaßes von drei oder zwei Jahren auf sechs Monate,
   im Falle eines Mindestmaßes von einem Jahr auf drei Monate,
   im übrigen auf das gesetzliche Mindestmaß.

(2) Darf das Gericht nach einem Gesetz, das auf diese Vorschrift verweist, die Strafe nach seinem Ermessen mildern, so kann es bis zum gesetzlichen Mindestmaß der angedrohten Strafe herabgehen oder statt auf Freiheitsstrafe auf Geldstrafe erkennen.

**§ 50 Zusammentreffen von Milderungsgründen.** Ein Umstand, der allein oder mit anderen Umständen die Annahme eines minder schweren Falles begründet und der zugleich ein besonderer gesetzlicher Milderungsgrund nach § 49 ist, darf nur einmal berücksichtigt werden.

**§ 51 Anrechnung.** (1) [1] Hat der Verurteilte aus Anlaß einer Tat, die Gegenstand des Verfahrens ist oder gewesen ist, Untersuchungshaft oder eine andere Freiheitsentziehung erlitten, so wird sie auf zeitige Freiheitsstrafe und auf Geldstrafe angerechnet. [2] Das Gericht kann jedoch anordnen, daß die Anrechnung ganz oder zum Teil unterbleibt, wenn sie im Hinblick auf das Verhalten des Verurteilten nach der Tat nicht gerechtfertigt ist.

(2) Wird eine rechtskräftig verhängte Strafe in einem späteren Verfahren durch eine andere Strafe ersetzt, so wird auf diese die frühere Strafe angerechnet, soweit sie vollstreckt oder durch Anrechnung erledigt ist.

(3) [1] Ist der Verurteilte wegen derselben Tat im Ausland bestraft worden, so wird auf die neue Strafe die ausländische angerechnet, soweit sie vollstreckt ist. [2] Für eine andere im Ausland erlittene Freiheitsentziehung gilt Absatz 1 entsprechend.

(4) [1] Bei der Anrechnung von Geldstrafe oder auf Geldstrafe entspricht ein Tag Freiheitsentziehung einem Tagessatz. [2] Wird eine ausländische Strafe oder Freiheitsentziehung angerechnet, so bestimmt das Gericht den Maßstab nach seinem Ermessen.

(5) [1] Für die Anrechnung der Dauer einer vorläufigen Entziehung der Fahrerlaubnis (§ 111a der Strafprozeßordnung[1]) auf das Fahrverbot nach § 44 gilt Absatz 1 entsprechend. [2] In diesem Sinne steht der vorläufigen Entziehung der Fahrerlaubnis die Verwahrung, Sicherstellung oder Beschlagnahme des Führerscheins (§ 94 der Strafprozeßordnung) gleich.

### Dritter Titel. Strafbemessung bei mehreren Gesetzesverletzungen

**§ 52**[2] **Tateinheit.** (1) Verletzt dieselbe Handlung mehrere Strafgesetze oder dasselbe Strafgesetz mehrmals, so wird nur auf eine Strafe erkannt.

(2) [1] Sind mehrere Strafgesetze verletzt, so wird die Strafe nach dem Gesetz bestimmt, das die schwerste Strafe androht. [2] Sie darf nicht milder sein, als die anderen anwendbaren Gesetze es zulassen.

(3) Geldstrafe kann das Gericht unter den Voraussetzungen des § 41 neben Freiheitsstrafe gesondert verhängen.

(4) Auf Nebenstrafen, Nebenfolgen und Maßnahmen (§ 11 Absatz 1 Nummer 8) muss oder kann erkannt werden, wenn eines der anwendbaren Gesetze dies vorschreibt oder zulässt.

**§ 53**[3] **Tatmehrheit.** (1) Hat jemand mehrere Straftaten begangen, die gleichzeitig abgeurteilt werden, und dadurch mehrere Freiheitsstrafen oder mehrere Geldstrafen verwirkt, so wird auf eine Gesamtstrafe erkannt.

(2) [1] Trifft Freiheitsstrafe mit Geldstrafe zusammen, so wird auf eine Gesamtstrafe erkannt. [2] Jedoch kann das Gericht auf Geldstrafe auch gesondert erkennen; soll in diesen Fällen wegen mehrerer Straftaten Geldstrafe verhängt werden, so wird insoweit auf eine Gesamtgeldstrafe erkannt.

(3) § 52 Abs. 3 und 4 gilt sinngemäß.

**§ 54**[4] **Bildung der Gesamtstrafe.** (1) [1] Ist eine der Einzelstrafen eine lebenslange Freiheitsstrafe, so wird als Gesamtstrafe auf lebenslange Freiheitsstrafe erkannt. [2] In allen übrigen Fällen wird die Gesamtstrafe durch Erhöhung der verwirkten höchsten Strafe, bei Strafen verschiedener Art durch Erhöhung der ihrer Art nach schwersten Strafe gebildet. [3] Dabei werden die Person des Täters und die einzelnen Straftaten zusammenfassend gewürdigt.

(2) [1] Die Gesamtstrafe darf die Summe der Einzelstrafen nicht erreichen. [2] Sie darf bei zeitigen Freiheitsstrafen fünfzehn Jahre und bei Geldstrafe siebenhundertzwanzig Tagessätze nicht übersteigen.

(3) Ist eine Gesamtstrafe aus Freiheits- und Geldstrafe zu bilden, so entspricht bei der Bestimmung der Summe der Einzelstrafen ein Tagessatz einem Tag Freiheitsstrafe.

---

[1] Nr. **90**.

[2] § 52 Abs. 4 neu gef. mWv 1.7.2017 durch G v. 13.4.2017 (BGBl. I S. 872).

[3] § 53 Abs. 3 aufgeh., bish. Abs. 4 wird Abs. 3 und geänd. mWv 1.7.2017 durch G v. 13.4.2017 (BGBl. I S. 872).

[4] § 54 Abs. 2 Satz 2 geänd. mWv 1.7.2017 durch G v. 13.4.2017 (BGBl. I S. 872).

**§ 55[1] Nachträgliche Bildung der Gesamtstrafe.** (1) [1]Die §§ 53 und 54 sind auch anzuwenden, wenn ein rechtskräftig Verurteilter, bevor die gegen ihn erkannte Strafe vollstreckt, verjährt oder erlassen ist, wegen einer anderen Straftat verurteilt wird, die er vor der früheren Verurteilung begangen hat. [2]Als frühere Verurteilung gilt das Urteil in dem früheren Verfahren, in dem die zugrundeliegenden tatsächlichen Feststellungen letztmals geprüft werden konnten.

(2) Nebenstrafen, Nebenfolgen und Maßnahmen (§ 11 Abs. 1 Nr. 8), auf die in der früheren Entscheidung erkannt war, sind aufrechtzuerhalten, soweit sie nicht durch die neue Entscheidung gegenstandslos werden.

### Vierter Titel. Strafaussetzung zur Bewährung

**§ 56 Strafaussetzung.** (1) [1]Bei der Verurteilung zu Freiheitsstrafe von nicht mehr als einem Jahr setzt das Gericht die Vollstreckung der Strafe zur Bewährung aus, wenn zu erwarten ist, daß der Verurteilte sich schon die Verurteilung zur Warnung dienen lassen und künftig auch ohne die Einwirkung des Strafvollzugs keine Straftaten mehr begehen wird. [2]Dabei sind namentlich die Persönlichkeit des Verurteilten, sein Vorleben, die Umstände seiner Tat, sein Verhalten nach der Tat, seine Lebensverhältnisse und die Wirkungen zu berücksichtigen, die von der Aussetzung für ihn zu erwarten sind.

(2) [1]Das Gericht kann unter den Voraussetzungen des Absatzes 1 auch die Vollstreckung einer höheren Freiheitsstrafe, die zwei Jahre nicht übersteigt, zur Bewährung aussetzen, wenn nach der Gesamtwürdigung von Tat und Persönlichkeit des Verurteilten besondere Umstände vorliegen. [2]Bei der Entscheidung ist namentlich auch das Bemühen des Verurteilten, den durch die Tat verursachten Schaden wiedergutzumachen, zu berücksichtigen.

(3) Bei der Verurteilung zu Freiheitsstrafe von mindestens sechs Monaten wird die Vollstreckung nicht ausgesetzt, wenn die Verteidigung der Rechtsordnung sie gebietet.

(4) [1]Die Strafaussetzung kann nicht auf einen Teil der Strafe beschränkt werden. [2]Sie wird durch eine Anrechnung von Untersuchungshaft oder einer anderen Freiheitsentziehung nicht ausgeschlossen.

**§ 56a[2] Bewährungszeit.** (1) [1]Das Gericht bestimmt die Dauer der Bewährungszeit. [2]Sie darf fünf Jahre nicht überschreiten und zwei Jahre nicht unterschreiten.

(2) [1]Die Bewährungszeit beginnt mit der Rechtskraft der Entscheidung über die Strafaussetzung. [2]Sie kann nachträglich bis auf das Mindestmaß verkürzt oder vor ihrem Ablauf bis auf das Höchstmaß verlängert werden.

**§ 56b[2] Auflagen.** (1) [1]Das Gericht kann dem Verurteilten Auflagen erteilen, die der Genugtuung für das begangene Unrecht dienen. [2]Dabei dürfen an den Verurteilten keine unzumutbaren Anforderungen gestellt werden.

(2) [1]Das Gericht kann dem Verurteilten auferlegen,

1. nach Kräften den durch die Tat verursachten Schaden wiedergutzumachen,

---

[1] § 55 Abs. 2 Satz 2 aufgeh., bish. Satz 1 geänd. mWv 1.7.2017 durch G v. 13.4.2017 (BGBl. I S. 872).

[2] Für vormilitärische Straftaten eines Soldaten der Bundeswehr gelten für die Dauer des Wehrdienstverhältnisses die besonderen Vorschriften des Art. 4 EinführungsG zum WehrstrafG v. 30.3.1957 (BGBl. I S. 306), zuletzt geänd. durch G v. 13.4.1986 (BGBl. I S. 393).

2. einen Geldbetrag zugunsten einer gemeinnützigen Einrichtung zu zahlen, wenn dies im Hinblick auf die Tat und die Persönlichkeit des Täters angebracht ist,
3. sonst gemeinnützige Leistungen zu erbringen oder
4. einen Geldbetrag zugunsten der Staatskasse zu zahlen.

[2]Eine Auflage nach Satz 1 Nr. 2 bis 4 soll das Gericht nur erteilen, soweit die Erfüllung der Auflage einer Wiedergutmachung des Schadens nicht entgegensteht.

(3) Erbietet sich der Verurteilte zu angemessenen Leistungen, die der Genugtuung für das begangene Unrecht dienen, so sieht das Gericht in der Regel von Auflagen vorläufig ab, wenn die Erfüllung des Anerbietens zu erwarten ist.

**§ 56c[1) 2)] Weisungen.** (1) [1]Das Gericht erteilt dem Verurteilten für die Dauer der Bewährungszeit Weisungen, wenn er dieser Hilfe bedarf, um keine Straftaten mehr zu begehen. [2]Dabei dürfen an die Lebensführung des Verurteilten keine unzumutbaren Anforderungen gestellt werden.

(2) Das Gericht kann den Verurteilten namentlich anweisen,
1. Anordnungen zu befolgen, die sich auf Aufenthalt, Ausbildung, Arbeit oder Freizeit oder auf die Ordnung seiner wirtschaftlichen Verhältnisse beziehen,
2. sich zu bestimmten Zeiten bei Gericht oder einer anderen Stelle zu melden,
3. zu der verletzten Person oder bestimmten Personen oder Personen einer bestimmten Gruppe, die ihm Gelegenheit oder Anreiz zu weiteren Straftaten bieten können, keinen Kontakt aufzunehmen, mit ihnen nicht zu verkehren, sie nicht zu beschäftigen, auszubilden oder zu beherbergen,
4. bestimmte Gegenstände, die ihm Gelegenheit oder Anreiz zu weiteren Straftaten bieten können, nicht zu besitzen, bei sich zu führen oder verwahren zu lassen,
5. Unterhaltspflichten nachzukommen oder
6. sich psychiatrisch, psycho- oder sozialtherapeutisch betreuen und behandeln zu lassen (Therapieweisung).

(3) Die Weisung,
1. sich einer Heilbehandlung, die mit einem körperlichen Eingriff verbunden ist, oder einer Entziehungskur zu unterziehen oder
2. in einem geeigneten Heim oder einer geeigneten Anstalt Aufenthalt zu nehmen,

darf nur mit Einwilligung des Verurteilten erteilt werden.

(4) Macht der Verurteilte entsprechende Zusagen für seine künftige Lebensführung, so sieht das Gericht in der Regel von Weisungen vorläufig ab, wenn die Einhaltung der Zusagen zu erwarten ist.

**§ 56d[3) 2)] Bewährungshilfe.** (1) Das Gericht unterstellt die verurteilte Person für die Dauer oder einen Teil der Bewährungszeit der Aufsicht und Leitung einer Bewährungshelferin oder eines Bewährungshelfers, wenn dies angezeigt ist, um sie von Straftaten abzuhalten.

---

[1)] § 56c Abs. 2 Nr. 3 neu gef. mWv 18.4.2007 durch G v. 13.4.2007 (BGBl. I S. 513); Abs. 2 Nr. 4 und 5 geänd., Nr. 6 angef. mWv 1.10.2023 durch G v. 26.7.2023 (BGBl. 2023 I Nr. 203).

[2)] *Für vormilitärische Straftaten eines Soldaten der Bundeswehr gelten für die Dauer des Wehrdienstverhältnisses die besonderen Vorschriften des Art. 4 EinführungsG zum WehrstrafG v. 30.3.1957 (BGBl. I S. 306), zuletzt geänd. durch G v. 13.4.1986 (BGBl. I S. 393).*

[3)] § 56d neu gef. mWv 18.4.2007 durch G v. 13.4.2007 (BGBl. I S. 513).

(2) Eine Weisung nach Absatz 1 erteilt das Gericht in der Regel, wenn es eine Freiheitsstrafe von mehr als neun Monaten aussetzt und die verurteilte Person noch nicht 27 Jahre alt ist.

(3) [1]Die Bewährungshelferin oder der Bewährungshelfer steht der verurteilten Person helfend und betreuend zur Seite. [2]Sie oder er überwacht im Einvernehmen mit dem Gericht die Erfüllung der Auflagen und Weisungen sowie der Anerbieten und Zusagen und berichtet über die Lebensführung der verurteilten Person in Zeitabständen, die das Gericht bestimmt. [3]Gröbliche oder beharrliche Verstöße gegen Auflagen, Weisungen, Anerbieten oder Zusagen teilt die Bewährungshelferin oder der Bewährungshelfer dem Gericht mit.

(4) [1]Die Bewährungshelferin oder der Bewährungshelfer wird vom Gericht bestellt. [2]Es kann der Bewährungshelferin oder dem Bewährungshelfer für die Tätigkeit nach Absatz 3 Anweisungen erteilen.

(5) Die Tätigkeit der Bewährungshelferin oder des Bewährungshelfers wird haupt- oder ehrenamtlich ausgeübt.

**§ 56e Nachträgliche Entscheidungen.** Das Gericht kann Entscheidungen nach den §§ 56b bis 56d auch nachträglich treffen, ändern oder aufheben.

**§ 56f[1)] Widerruf der Strafaussetzung.** (1) [1]Das Gericht widerruft die Strafaussetzung, wenn die verurteilte Person

1. in der Bewährungszeit eine Straftat begeht und dadurch zeigt, daß die Erwartung, die der Strafaussetzung zugrunde lag, sich nicht erfüllt hat,
2. gegen Weisungen gröblich oder beharrlich verstößt oder sich der Aufsicht und Leitung der Bewährungshelferin oder des Bewährungshelfers beharrlich entzieht und dadurch Anlaß zu der Besorgnis gibt, daß sie erneut Straftaten begehen wird, oder
3. gegen Auflagen gröblich oder beharrlich verstößt.

[2]Satz 1 Nr. 1 gilt entsprechend, wenn die Tat in der Zeit zwischen der Entscheidung über die Strafaussetzung und deren Rechtskraft oder bei nachträglicher Gesamtstrafenbildung in der Zeit zwischen der Entscheidung über die Strafaussetzung in einem einbezogenen Urteil und der Rechtskraft der Entscheidung über die Gesamtstrafe begangen worden ist.

(2) [1]Das Gericht sieht jedoch von dem Widerruf ab, wenn es ausreicht,

1. weitere Auflagen oder Weisungen zu erteilen, insbesondere die verurteilte Person einer Bewährungshelferin oder einem Bewährungshelfer zu unterstellen, oder
2. die Bewährungs- oder Unterstellungszeit zu verlängern.

[2]In den Fällen der Nummer 2 darf die Bewährungszeit nicht um mehr als die Hälfte der zunächst bestimmten Bewährungszeit verlängert werden.

(3) [1]Leistungen, die die verurteilte Person zur Erfüllung von Auflagen, Anerbieten, Weisungen oder Zusagen erbracht hat, werden nicht erstattet. [2]Das Gericht kann jedoch, wenn es die Strafaussetzung widerruft, Leistungen, die die verurteilte Person zur Erfüllung von Auflagen nach § 56b Abs. 2 Satz 1 Nr. 2 bis 4

---

[1)] § 56f Abs. 1 Satz 2 geänd. mWv 31.12.2006 durch G v. 22.12.2006 (BGBl. I S. 3416); Abs. 1 Satz 1 einl. Satzteil und Nr. 2, Abs. 2 Satz 1 Nr. 1, Abs. 3 Sätze 1 und 2 geänd. mWv 18.4.2007 durch G v. 13.4. 2007 (BGBl. I S. 513).

oder entsprechenden Anerbieten nach § 56b Abs. 3 erbracht hat, auf die Strafe anrechnen.

**§ 56g[1)] Straferlaß.** (1) [1]Widerruft das Gericht die Strafaussetzung nicht, so erläßt es die Strafe nach Ablauf der Bewährungszeit. [2]§ 56f Abs. 3 Satz 1 ist anzuwenden.

(2) [1]Das Gericht kann den Straferlaß widerrufen, wenn der Verurteilte wegen einer in der Bewährungszeit begangenen vorsätzlichen Straftat zu Freiheitsstrafe von mindestens sechs Monaten verurteilt wird. [2]Der Widerruf ist nur innerhalb von einem Jahr nach Ablauf der Bewährungszeit und von sechs Monaten nach Rechtskraft der Verurteilung zulässig. [3]§ 56f Abs. 1 Satz 2 und Abs. 3 gilt entsprechend.

**§ 57[2)] Aussetzung des Strafrestes bei zeitiger Freiheitsstrafe.** (1) [1]Das Gericht setzt die Vollstreckung des Restes einer zeitigen Freiheitsstrafe zur Bewährung aus, wenn

1. zwei Drittel der verhängten Strafe, mindestens jedoch zwei Monate, verbüßt sind,
2. dies unter Berücksichtigung des Sicherheitsinteresses der Allgemeinheit verantwortet werden kann, und
3. die verurteilte Person einwilligt.

[2]Bei der Entscheidung sind insbesondere die Persönlichkeit der verurteilten Person, ihr Vorleben, die Umstände ihrer Tat, das Gewicht des bei einem Rückfall bedrohten Rechtsguts, das Verhalten der verurteilten Person im Vollzug, ihre Lebensverhältnisse und die Wirkungen zu berücksichtigen, die von der Aussetzung für sie zu erwarten sind.

(2) Schon nach Verbüßung der Hälfte einer zeitigen Freiheitsstrafe, mindestens jedoch von sechs Monaten, kann das Gericht die Vollstreckung des Restes zur Bewährung aussetzen, wenn

1. die verurteilte Person erstmals eine Freiheitsstrafe verbüßt und diese zwei Jahre nicht übersteigt oder
2. die Gesamtwürdigung von Tat, Persönlichkeit der verurteilten Person und ihrer Entwicklung während des Strafvollzugs ergibt, daß besondere Umstände vorliegen,

und die übrigen Voraussetzungen des Absatzes 1 erfüllt sind.

(3) [1]Die §§ 56a bis 56e gelten entsprechend; die Bewährungszeit darf, auch wenn sie nachträglich verkürzt wird, die Dauer des Strafrestes nicht unterschreiten. [2]Hat die verurteilte Person mindestens ein Jahr ihrer Strafe verbüßt, bevor deren Rest zur Bewährung ausgesetzt wird, unterstellt sie das Gericht in der Regel für die Dauer oder einen Teil der Bewährungszeit der Aufsicht und Leitung einer Bewährungshelferin oder eines Bewährungshelfers.

(4) Soweit eine Freiheitsstrafe durch Anrechnung erledigt ist, gilt sie als verbüßte Strafe im Sinne der Absätze 1 bis 3.

---

1) § 56g Abs. 2 Satz 1 geänd. mWv 22.10.2009 durch G v. 2.10.2009 (BGBl. I S. 3214).

2) § 57 Abs. 3 geänd., Abs. 5 eingef., bish. Abs. 5 und 6 werden Abs. 6 und 7 mWv 31.12.2006 durch G v. 22.12.2006 (BGBl. I S. 3416); Abs. 1 Satz 1 Nr. 3, Abs. 2 Nr. 1 und 2, Abs. 5 Satz 2, Abs. 7 geänd., Abs. 1 Satz 2, Abs. 3 Satz 2 neu gef. mWv 18.4.2007 durch G v. 13.4.2007 (BGBl. I S. 513); Abs. 6 neu gef. mWv 1.7.2017 durch G v. 13.4.2017 (BGBl. I S. 872).

(5) [1] Die §§ 56f und 56g gelten entsprechend. [2] Das Gericht widerruft die Strafaussetzung auch dann, wenn die verurteilte Person in der Zeit zwischen der Verurteilung und der Entscheidung über die Strafaussetzung eine Straftat begangen hat, die von dem Gericht bei der Entscheidung über die Strafaussetzung aus tatsächlichen Gründen nicht berücksichtigt werden konnte und die im Fall ihrer Berücksichtigung zur Versagung der Strafaussetzung geführt hätte; als Verurteilung gilt das Urteil, in dem die zugrunde liegenden tatsächlichen Feststellungen letztmals geprüft werden konnten.

(6) Das Gericht kann davon absehen, die Vollstreckung des Restes einer zeitigen Freiheitsstrafe zur Bewährung auszusetzen, wenn die verurteilte Person unzureichende oder falsche Angaben über den Verbleib von Gegenständen macht, die der Einziehung von Taterträgen unterliegen.

(7) Das Gericht kann Fristen von höchstens sechs Monaten festsetzen, vor deren Ablauf ein Antrag der verurteilten Person, den Strafrest zur Bewährung auszusetzen, unzulässig ist.

**§ 57a[1)] Aussetzung des Strafrestes bei lebenslanger Freiheitsstrafe.**

(1) [1] Das Gericht setzt die Vollstreckung des Restes einer lebenslangen Freiheitsstrafe zur Bewährung aus, wenn

1. fünfzehn Jahre der Strafe verbüßt sind,
2. nicht die besondere Schwere der Schuld des Verurteilten die weitere Vollstreckung gebietet und
3. die Voraussetzungen des § 57 Abs. 1 Satz 1 Nr. 2 und 3 vorliegen.

[2] § 57 Abs. 1 Satz 2 und Abs. 6 gilt entsprechend.

(2) Als verbüßte Strafe im Sinne des Absatzes 1 Satz 1 Nr. 1 gilt jede Freiheitsentziehung, die der Verurteilte aus Anlaß der Tat erlitten hat.

(3) [1] Die Dauer der Bewährungszeit beträgt fünf Jahre. [2] § 56a Abs. 2 Satz 1 und die §§ 56b bis 56g, 57 Abs. 3 Satz 2 und Abs. 5 Satz 2 gelten entsprechend.

(4) Das Gericht kann Fristen von höchstens zwei Jahren festsetzen, vor deren Ablauf ein Antrag des Verurteilten, den Strafrest zur Bewährung auszusetzen, unzulässig ist.

**§ 57b Aussetzung des Strafrestes bei lebenslanger Freiheitsstrafe als Gesamtstrafe.** Ist auf lebenslange Freiheitsstrafe als Gesamtstrafe erkannt, so werden bei der Feststellung der besonderen Schwere der Schuld (§ 57a Abs. 1 Satz 1 Nr. 2) die einzelnen Straftaten zusammenfassend gewürdigt.

**§ 58 Gesamtstrafe und Strafaussetzung.** (1) Hat jemand mehrere Straftaten begangen, so ist für die Strafaussetzung nach § 56 die Höhe der Gesamtstrafe maßgebend.

(2) [1] Ist in den Fällen des § 55 Abs. 1 die Vollstreckung der in der früheren Entscheidung verhängten Freiheitsstrafe ganz oder für den Strafrest zur Bewährung ausgesetzt und wird auch die Gesamtstrafe zur Bewährung ausgesetzt, so verkürzt sich das Mindestmaß der neuen Bewährungszeit um die bereits abgelaufene Bewährungszeit, jedoch nicht auf weniger als ein Jahr. [2] Wird die Gesamtstrafe nicht zur Bewährung ausgesetzt, so gilt § 56f Abs. 3 entsprechend.

---

[1)] § 57a Abs. 1 Satz 2, Abs. 3 geänd. mWv 31.12.2006 durch G v. 22.12.2006 (BGBl. I S. 3416).

### Fünfter Titel. Verwarnung mit Strafvorbehalt; Absehen von Strafe

**§ 59**[1] **Voraussetzungen der Verwarnung mit Strafvorbehalt.** (1) [1]Hat jemand Geldstrafe bis zu einhundertachtzig Tagessätzen verwirkt, so kann das Gericht ihn neben dem Schuldspruch verwarnen, die Strafe bestimmen und die Verurteilung zu dieser Strafe vorbehalten, wenn

1. zu erwarten ist, daß der Täter künftig auch ohne Verurteilung zu Strafe keine Straftaten mehr begehen wird,
2. nach der Gesamtwürdigung von Tat und Persönlichkeit des Täters besondere Umstände vorliegen, die eine Verhängung von Strafe entbehrlich machen, und
3. die Verteidigung der Rechtsordnung die Verurteilung zu Strafe nicht gebietet.

[2]§ 56 Abs. 1 Satz 2 gilt entsprechend.

(2) [1]Neben der Verwarnung kann auf Einziehung oder Unbrauchbarmachung erkannt werden. [2]Neben Maßregeln der Besserung und Sicherung ist die Verwarnung mit Strafvorbehalt nicht zulässig.

**§ 59a**[2] **Bewährungszeit, Auflagen und Weisungen.** (1) [1]Das Gericht bestimmt die Dauer der Bewährungszeit. [2]Sie darf zwei Jahre nicht überschreiten und ein Jahr nicht unterschreiten.

(2) [1]Das Gericht kann den Verwarnten anweisen,

1. sich zu bemühen, einen Ausgleich mit dem Verletzten zu erreichen oder sonst den durch die Tat verursachten Schaden wiedergutzumachen,
2. seinen Unterhaltspflichten nachzukommen,
3. einen Geldbetrag zugunsten einer gemeinnützigen Einrichtung oder der Staatskasse zu zahlen,
4. sonst gemeinnützige Leistungen zu erbringen,
5. sich einer ambulanten Heilbehandlung oder einer ambulanten Entziehungskur zu unterziehen, einschließlich sich psychiatrisch, psycho- oder sozialtherapeutisch betreuen und behandeln zu lassen (Therapieweisung),
6. an einem sozialen Trainingskurs teilzunehmen oder
7. an einem Verkehrsunterricht teilzunehmen.

[2]Das Gericht kann dem Verwarnten weitere Weisungen erteilen, wenn er dieser Hilfe bedarf, um keine Straftaten mehr zu begehen. [3]An die Lebensführung des Verwarnten dürfen bei Auflagen und Weisungen keine unzumutbaren Anforderungen gestellt werden; auch dürfen die Auflagen und Weisungen nach Satz 1 Nummer 3 bis 7 und Satz 2 zur Bedeutung der vom Täter begangenen Tat nicht außer Verhältnis stehen. [4]§ 56c Abs. 3 und 4 und § 56e gelten entsprechend.

---

[1] § 59 Abs. 1 Satz 1 Nr. 2 neu gef., Abs. 2 aufgeh., bish. Abs. 3 wird Abs. 2 mWv 31.12.2006 durch G v. 22.12.2006 (BGBl. I S. 3416); Abs. 2 Satz 1 geänd. mWv 1.7.2017 durch G v. 13.4.2017 (BGBl. I S. 872).

[2] § 59a Abs. 1 Satz 2 geänd. mWv 31.12.2006 durch G v. 22.12.2006 (BGBl. I S. 3416); Abs. 2 Satz 1 *Nr. 4 geänd., Nr. 5 eingef., bish.* Nr. 5 wird Nr. 6, Satz 2 geänd. mWv 1.3.2013 durch G v. 15.11.2012 (BGBl. I S. 2298); Abs. 2 Satz 1 Nr. 4 eingef., bish. Nr. 4 wird Nr. 5 und geänd., bish. Nr. 5 und 6 werden Nr. 6 und 7, Satz 2 eingef., bish. Satz 2 wird Satz 3 und geänd., bish. Satz 3 wird Satz 4 mWv 1.10.2023 durch G v. 26.7.2023 (BGBl. 2023 I Nr. 203).

**§ 59b Verurteilung zu der vorbehaltenen Strafe.** (1) Für die Verurteilung zu der vorbehaltenen Strafe gilt § 56f entsprechend.

(2) Wird der Verwarnte nicht zu der vorbehaltenen Strafe verurteilt, so stellt das Gericht nach Ablauf der Bewährungszeit fest, daß es bei der Verwarnung sein Bewenden hat.

**§ 59c Gesamtstrafe und Verwarnung mit Strafvorbehalt.** (1) Hat jemand mehrere Straftaten begangen, so sind bei der Verwarnung mit Strafvorbehalt für die Bestimmung der Strafe die §§ 53 bis 55 entsprechend anzuwenden.

(2) Wird der Verwarnte wegen einer vor der Verwarnung begangenen Straftat nachträglich zu Strafe verurteilt, so sind die Vorschriften über die Bildung einer Gesamtstrafe (§§ 53 bis 55 und 58) mit der Maßgabe anzuwenden, daß die vorbehaltene Strafe in den Fällen des § 55 einer erkannten Strafe gleichsteht.

**§ 60 Absehen von Strafe.** [1] Das Gericht sieht von Strafe ab, wenn die Folgen der Tat, die den Täter getroffen haben, so schwer sind, daß die Verhängung einer Strafe offensichtlich verfehlt wäre. [2] Dies gilt nicht, wenn der Täter für die Tat eine Freiheitsstrafe von mehr als einem Jahr verwirkt hat.

### Sechster Titel. Maßregeln der Besserung und Sicherung

**§ 61 Übersicht.** Maßregeln der Besserung und Sicherung sind

1. die Unterbringung in einem psychiatrischen Krankenhaus,
2. die Unterbringung in einer Entziehungsanstalt,
3. die Unterbringung in der Sicherungsverwahrung,
4. die Führungsaufsicht,
5. die Entziehung der Fahrerlaubnis,
6. das Berufsverbot.

**§ 62 Grundsatz der Verhältnismäßigkeit.** Eine Maßregel der Besserung und Sicherung darf nicht angeordnet werden, wenn sie zur Bedeutung der vom Täter begangenen und zu erwartenden Taten sowie zu dem Grad der von ihm ausgehenden Gefahr außer Verhältnis steht.

#### Freiheitsentziehende Maßregeln

**§ 63[1] Unterbringung in einem psychiatrischen Krankenhaus.** [1] Hat jemand eine rechtswidrige Tat im Zustand der Schuldunfähigkeit (§ 20) oder der verminderten Schuldfähigkeit (§ 21) begangen, so ordnet das Gericht die Unterbringung in einem psychiatrischen Krankenhaus an, wenn die Gesamtwürdigung des Täters und seiner Tat ergibt, daß von ihm infolge seines Zustandes erhebliche rechtswidrige Taten, durch welche die Opfer seelisch oder körperlich erheblich geschädigt oder erheblich gefährdet werden oder schwerer wirtschaftlicher Schaden angerichtet wird, zu erwarten sind und er deshalb für die Allgemeinheit gefährlich ist. [2] Handelt es sich bei der begangenen rechtswidrigen Tat nicht um eine im Sinne von Satz 1 erhebliche Tat, so trifft das Gericht eine solche Anordnung nur, wenn besondere Umstände die Erwartung rechtfertigen, dass der Täter infolge seines Zustandes derartige erhebliche rechtswidrige Taten begehen wird.

---

[1] § 63 Satz 1 geänd., Satz 2 angef. mWv 1.8.2016 durch G v. 8.7.2016 (BGBl. I S. 1610).

**§ 64[1)] Unterbringung in einer Entziehungsanstalt.** [1]Hat eine Person den Hang, alkoholische Getränke oder andere berauschende Mittel im Übermaß zu sich zu nehmen, und wird sie wegen einer rechtswidrigen Tat, die überwiegend auf ihren Hang zurückgeht, verurteilt oder nur deshalb nicht verurteilt, weil ihre Schuldunfähigkeit erwiesen oder nicht auszuschließen ist, so soll das Gericht die Unterbringung in einer Entziehungsanstalt anordnen, wenn die Gefahr besteht, dass sie infolge ihres Hanges erhebliche rechtswidrige Taten begehen wird; der Hang erfordert eine Substanzkonsumstörung, infolge derer eine dauernde und schwerwiegende Beeinträchtigung der Lebensgestaltung, der Gesundheit, der Arbeits- oder der Leistungsfähigkeit eingetreten ist und fortdauert. [2]Die Anordnung ergeht nur, wenn aufgrund tatsächlicher Anhaltspunkte zu erwarten ist, die Person durch die Behandlung in einer Entziehungsanstalt innerhalb der Frist nach § 67d Absatz 1 Satz 1 oder 3 zu heilen oder über eine erhebliche Zeit vor dem Rückfall in den Hang zu bewahren und von der Begehung erheblicher rechtswidriger Taten abzuhalten, die auf ihren Hang zurückgehen.

**§ 65** (weggefallen)

**§ 66[2) 3)] Unterbringung in der Sicherungsverwahrung.** (1) [1]Das Gericht ordnet neben der Strafe die Sicherungsverwahrung an, wenn

1. jemand zu Freiheitsstrafe von mindestens zwei Jahren wegen einer vorsätzlichen Straftat verurteilt wird, die
   a) sich gegen das Leben, die körperliche Unversehrtheit, die persönliche Freiheit oder die sexuelle Selbstbestimmung richtet,
   b) unter den Ersten, Siebenten, Zwanzigsten oder Achtundzwanzigsten Abschnitt des Besonderen Teils oder unter das Völkerstrafgesetzbuch oder das Betäubungsmittelgesetz fällt und im Höchstmaß mit Freiheitsstrafe von mindestens zehn Jahren bedroht ist oder
   c) den Tatbestand des § 145a erfüllt, soweit die Führungsaufsicht auf Grund einer Straftat der in den Buchstaben a oder b genannten Art eingetreten ist, oder den Tatbestand des § 323a, soweit die im Rausch begangene rechtswidrige Tat eine solche der in den Buchstaben a oder b genannten Art ist,
2. der Täter wegen Straftaten der in Nummer 1 genannten Art, die er vor der neuen Tat begangen hat, schon zweimal jeweils zu einer Freiheitsstrafe von mindestens einem Jahr verurteilt worden ist,
3. er wegen einer oder mehrerer dieser Taten vor der neuen Tat für die Zeit von mindestens zwei Jahren Freiheitsstrafe verbüßt oder sich im Vollzug einer freiheitsentziehenden Maßregel der Besserung und Sicherung befunden hat und
4. die Gesamtwürdigung des Täters und seiner Taten ergibt, dass er infolge eines Hanges zu erheblichen Straftaten, namentlich zu solchen, durch welche die Opfer seelisch oder körperlich schwer geschädigt werden, zum Zeitpunkt der Verurteilung für die Allgemeinheit gefährlich ist.

---

[1)] § 64 neu gef. mWv 20.7.2007 durch G v. 16.7.2007 (BGBl. I S. 1327); Satz 2 geänd. mWv 1.8.2016 durch G v. 8.7.2016 (BGBl. I S. 1610); Sätze 1 und 2 geänd. mWv 1.10.2023 durch G v. 26.7.2023 (BGBl. 2023 I Nr. 203).

[2)] § 66 Abs. 2, 3 Sätze 1, 2 geänd. mWv 28.8.2002 durch G v. 21.8.2002 (BGBl. I S. 3344); Abs. 3 Satz 1 geänd. mWv 1.4.2004 durch G v. 27.12.2003 (BGBl. I S. 3007); Abs. 1 neu gef., Abs. 2, 3 Sätze 1, 2, *Abs. 4 Sätze 1–3, 5 geänd. mWv 1.1.2011* durch G v. 22.12.2010 (BGBl. I S. 2300); Abs. 3 Satz 1 geänd. mWv 10.11.2016 durch G v. 4.11.2016 (BGBl. I S. 2460); Abs. 3 Satz 1 geänd. mWv 1.7.2017 durch G v. 11.6.2017 (BGBl. I S. 1612); Abs. 3 Satz 1 geänd. mWv 1.7.2021 durch G v. 16.6.2021 (BGBl. I S. 1810).

[3)] Beachte hierzu Übergangsvorschrift in Art. 316g, 316i und § 316l EGStGB (Nr. **85a**).

[2] Für die Einordnung als Straftat im Sinne von Satz 1 Nummer 1 Buchstabe b gilt § 12 Absatz 3 entsprechend, für die Beendigung der in Satz 1 Nummer 1 Buchstabe c genannten Führungsaufsicht § 68b Absatz 1 Satz 4.

(2) Hat jemand drei Straftaten der in Absatz 1 Satz 1 Nummer 1 genannten Art begangen, durch die er jeweils Freiheitsstrafe von mindestens einem Jahr verwirkt hat, und wird er wegen einer oder mehrerer dieser Taten zu Freiheitsstrafe von mindestens drei Jahren verurteilt, so kann das Gericht unter der in Absatz 1 Satz 1 Nummer 4 bezeichneten Voraussetzung neben der Strafe die Sicherungsverwahrung auch ohne frühere Verurteilung oder Freiheitsentziehung (Absatz 1 Satz 1 Nummer 2 und 3) anordnen.

(3) [1] Wird jemand wegen eines die Voraussetzungen nach Absatz 1 Satz 1 Nummer 1 Buchstabe a oder b erfüllenden Verbrechens oder wegen einer Straftat nach § 89a Absatz 1 bis 3, § 89c Absatz 1 bis 3, § 129a Absatz 5 Satz 1 erste Alternative, auch in Verbindung mit § 129b Absatz 1, den §§ 174 bis 174c, 176a, 176b, 177 Absatz 2 Nummer 1, Absatz 3 und 6, §§ 180, 182, 224, 225 Abs. 1 oder 2 oder wegen einer vorsätzlichen Straftat nach § 323a, soweit die im Rausch begangene Tat eine der vorgenannten rechtswidrigen Taten ist, zu Freiheitsstrafe von mindestens zwei Jahren verurteilt, so kann das Gericht neben der Strafe die Sicherungsverwahrung anordnen, wenn der Täter wegen einer oder mehrerer solcher Straftaten, die er vor der neuen Tat begangen hat, schon einmal zu Freiheitsstrafe von mindestens drei Jahren verurteilt worden ist und die in Absatz 1 Satz 1 Nummer 3 und 4 genannten Voraussetzungen erfüllt sind. [2] Hat jemand zwei Straftaten der in Satz 1 bezeichneten Art begangen, durch die er jeweils Freiheitsstrafe von mindestens zwei Jahren verwirkt hat und wird er wegen einer oder mehrerer dieser Taten zu Freiheitsstrafe von mindestens drei Jahren verurteilt, so kann das Gericht unter den in Absatz 1 Satz 1 Nummer 4 bezeichneten Voraussetzungen neben der Strafe die Sicherungsverwahrung auch ohne frühere Verurteilung oder Freiheitsentziehung (Absatz 1 Satz 1 Nummer 2 und 3) anordnen. [3] Die Absätze 1 und 2 bleiben unberührt.

(4) [1] Im Sinne des Absatzes 1 Satz 1 Nummer 2 gilt eine Verurteilung zu Gesamtstrafe als eine einzige Verurteilung. [2] Ist Untersuchungshaft oder eine andere Freiheitsentziehung auf Freiheitsstrafe angerechnet, so gilt sie als verbüßte Strafe im Sinne des Absatzes 1 Satz 1 Nummer 3. [3] Eine frühere Tat bleibt außer Betracht, wenn zwischen ihr und der folgenden Tat mehr als fünf Jahre verstrichen sind; bei Straftaten gegen die sexuelle Selbstbestimmung beträgt die Frist fünfzehn Jahre. [4] In die Frist wird die Zeit nicht eingerechnet, in welcher der Täter auf behördliche Anordnung in einer Anstalt verwahrt worden ist. [5] Eine Tat, die außerhalb des räumlichen Geltungsbereichs dieses Gesetzes abgeurteilt worden ist, steht einer innerhalb dieses Bereichs abgeurteilten Tat gleich, wenn sie nach deutschem Strafrecht eine Straftat der in Absatz 1 Satz 1 Nummer 1, in den Fällen des Absatzes 3 der in Absatz 3 Satz 1 bezeichneten Art wäre.

## § 66a[1)] Vorbehalt der Unterbringung in der Sicherungsverwahrung.

(1) Das Gericht kann im Urteil die Anordnung der Sicherungsverwahrung vorbehalten, wenn

1. jemand wegen einer der in § 66 Absatz 3 Satz 1 genannten Straftaten verurteilt wird,

---

1) § 66a neu gef. mWv 1.1.2011 durch G v. 22.12.2010 (BGBl. I S. 2300).

2. die übrigen Voraussetzungen des § 66 Absatz 3 erfüllt sind, soweit dieser nicht auf § 66 Absatz 1 Satz 1 Nummer 4 verweist, und
3. nicht mit hinreichender Sicherheit feststellbar, aber wahrscheinlich ist, dass die Voraussetzungen des § 66 Absatz 1 Satz 1 Nummer 4 vorliegen.

(2) Einen Vorbehalt im Sinne von Absatz 1 kann das Gericht auch aussprechen, wenn

1. jemand zu einer Freiheitsstrafe von mindestens fünf Jahren wegen eines oder mehrerer Verbrechen gegen das Leben, die körperliche Unversehrtheit, die persönliche Freiheit, die sexuelle Selbstbestimmung, nach dem Achtundzwanzigsten Abschnitt oder nach den §§ 250, 251, auch in Verbindung mit § 252 oder § 255, verurteilt wird,
2. die Voraussetzungen des § 66 nicht erfüllt sind und
3. mit hinreichender Sicherheit feststellbar oder zumindest wahrscheinlich ist, dass die Voraussetzungen des § 66 Absatz 1 Satz 1 Nummer 4 vorliegen.

(3) [1] Über die nach Absatz 1 oder 2 vorbehaltene Anordnung der Sicherungsverwahrung kann das Gericht im ersten Rechtszug nur bis zur vollständigen Vollstreckung der Freiheitsstrafe entscheiden; dies gilt auch, wenn die Vollstreckung des Strafrestes zur Bewährung ausgesetzt war und der Strafrest vollstreckt wird. [2] Das Gericht ordnet die Sicherungsverwahrung an, wenn die Gesamtwürdigung des Verurteilten, seiner Tat oder seiner Taten und ergänzend seiner Entwicklung bis zum Zeitpunkt der Entscheidung ergibt, dass von ihm erhebliche Straftaten zu erwarten sind, durch welche die Opfer seelisch oder körperlich schwer geschädigt werden.

**§ 66b[1)] Nachträgliche Anordnung der Unterbringung in der Sicherungsverwahrung.** [1] Ist die Unterbringung in einem psychiatrischen Krankenhaus nach § 67d Abs. 6 für erledigt erklärt worden, weil der die Schuldfähigkeit ausschließende oder vermindernde Zustand, auf dem die Unterbringung beruhte, im Zeitpunkt der Erledigungsentscheidung nicht bestanden hat, so kann das Gericht die Unterbringung in der Sicherungsverwahrung nachträglich anordnen, wenn

1. die Unterbringung des Betroffenen nach § 63 wegen mehrerer der in § 66 Abs. 3 Satz 1 genannten Taten angeordnet wurde oder wenn der Betroffene wegen einer oder mehrerer solcher Taten, die er vor der zur Unterbringung nach § 63 führenden Tat begangen hat, schon einmal zu einer Freiheitsstrafe von mindestens drei Jahren verurteilt oder in einem psychiatrischen Krankenhaus untergebracht worden war und
2. die Gesamtwürdigung des Betroffenen, seiner Taten und ergänzend seiner Entwicklung bis zum Zeitpunkt der Entscheidung ergibt, dass er mit hoher Wahrscheinlichkeit erhebliche Straftaten begehen wird, durch welche die Opfer seelisch oder körperlich schwer geschädigt werden.

[2] Dies gilt auch, wenn im Anschluss an die Unterbringung nach § 63 noch eine daneben angeordnete Freiheitsstrafe ganz oder teilweise zu vollstrecken ist.

---

[1)] § 66b eingef. mWv 29.7.2004 durch G v. 23.7.2004 (BGBl. I S. 1838); Abs. 1 und 2 aufgeh., bish. Abs. 3 wird alleiniger Wortlaut und Satz 1 Nr. 2 geänd., Satz 2 angef. mWv 1.1.2011 durch G v. 22.12. 2010 (BGBl. I S. 2300).

**§ 66c[1] Ausgestaltung der Unterbringung in der Sicherungsverwahrung und des vorhergehenden Strafvollzugs.** (1) Die Unterbringung in der Sicherungsverwahrung erfolgt in Einrichtungen, die

1. dem Untergebrachten auf der Grundlage einer umfassenden Behandlungsuntersuchung und eines regelmäßig fortzuschreibenden Vollzugsplans eine Betreuung anbieten,
   a) die individuell und intensiv sowie geeignet ist, seine Mitwirkungsbereitschaft zu wecken und zu fördern, insbesondere eine psychiatrische, psycho- oder sozialtherapeutische Behandlung, die auf den Untergebrachten zugeschnitten ist, soweit standardisierte Angebote nicht Erfolg versprechend sind, und
   b) die zum Ziel hat, seine Gefährlichkeit für die Allgemeinheit so zu mindern, dass die Vollstreckung der Maßregel möglichst bald zur Bewährung ausgesetzt oder sie für erledigt erklärt werden kann,
2. eine Unterbringung gewährleisten,
   a) die den Untergebrachten so wenig wie möglich belastet, den Erfordernissen der Betreuung im Sinne von Nummer 1 entspricht und, soweit Sicherheitsbelange nicht entgegenstehen, den allgemeinen Lebensverhältnissen angepasst ist, und
   b) die vom Strafvollzug getrennt in besonderen Gebäuden oder Abteilungen erfolgt, sofern nicht die Behandlung im Sinne von Nummer 1 ausnahmsweise etwas anderes erfordert, und
3. zur Erreichung des in Nummer 1 Buchstabe b genannten Ziels
   a) vollzugsöffnende Maßnahmen gewähren und Entlassungsvorbereitungen treffen, soweit nicht zwingende Gründe entgegenstehen, insbesondere konkrete Anhaltspunkte die Gefahr begründen, der Untergebrachte werde sich dem Vollzug der Sicherungsverwahrung entziehen oder die Maßnahmen zur Begehung erheblicher Straftaten missbrauchen, sowie
   b) in enger Zusammenarbeit mit staatlichen oder freien Trägern eine nachsorgende Betreuung in Freiheit ermöglichen.

(2) Hat das Gericht die Unterbringung in der Sicherungsverwahrung im Urteil (§ 66), nach Vorbehalt (§ 66a Absatz 3) oder nachträglich (§ 66b) angeordnet oder sich eine solche Anordnung im Urteil vorbehalten (§ 66a Absatz 1 und 2), ist dem Täter schon im Strafvollzug eine Betreuung im Sinne von Absatz 1 Nummer 1, insbesondere eine sozialtherapeutische Behandlung, anzubieten mit dem Ziel, die Vollstreckung der Unterbringung (§ 67c Absatz 1 Satz 1 Nummer 1) oder deren Anordnung (§ 66a Absatz 3) möglichst entbehrlich zu machen.

**§ 67[2] [3] Reihenfolge der Vollstreckung.** (1) Wird die Unterbringung in einer Anstalt nach den §§ 63 und 64 neben einer Freiheitsstrafe angeordnet, so wird die Maßregel vor der Strafe vollzogen.

(2) [1]Das Gericht bestimmt jedoch, daß die Strafe oder ein Teil der Strafe vor der Maßregel zu vollziehen ist, wenn der Zweck der Maßregel dadurch leichter erreicht wird. [2]Bei Anordnung der Unterbringung in einer Entziehungsanstalt

---

[1] § 66c eingef. mWv 1.6.2013 durch G v. 5.12.2012 (BGBl. I S. 2425).

[2] § 67 Abs. 2 Sätze 2–4 angef., Abs. 3 Satz 1 geänd., Sätze 2 und 3 angef., Abs. 4 Satz 2 aufgeh. mWv 20.7.2007 durch G v. 16.7.2007 (BGBl. I S. 1327); Abs. 6 angef. mWv 1.8.2016 durch G v. 8.7.2016 (BGBl. I S. 1610); Abs. 2 Satz 3 geänd., Abs. 5 Satz 1 neu gef. mWv 1.10.2023 durch G v. 26.7.2023 (BGBl. 2023 I Nr. 203).

[3] Beachte hierzu Übergangsvorschrift in Art. 316o EGStGB (Nr. **85a**).

neben einer zeitigen Freiheitsstrafe von über drei Jahren soll das Gericht bestimmen, dass ein Teil der Strafe vor der Maßregel zu vollziehen ist. [3] Dieser Teil der Strafe ist in der Regel so zu bemessen, dass nach seiner Vollziehung und einer anschließenden Unterbringung eine Entscheidung nach Absatz 5 Satz 1 erster Halbsatz möglich ist. [4] Das Gericht soll ferner bestimmen, dass die Strafe vor der Maßregel zu vollziehen ist, wenn die verurteilte Person vollziehbar zur Ausreise verpflichtet und zu erwarten ist, dass ihr Aufenthalt im räumlichen Geltungsbereich dieses Gesetzes während oder unmittelbar nach Verbüßung der Strafe beendet wird.

(3) [1] Das Gericht kann eine Anordnung nach Absatz 2 Satz 1 oder Satz 2 nachträglich treffen, ändern oder aufheben, wenn Umstände in der Person des Verurteilten es angezeigt erscheinen lassen. [2] Eine Anordnung nach Absatz 2 Satz 4 kann das Gericht auch nachträglich treffen. [3] Hat es eine Anordnung nach Absatz 2 Satz 4 getroffen, so hebt es diese auf, wenn eine Beendigung des Aufenthalts der verurteilten Person im räumlichen Geltungsbereich dieses Gesetzes während oder unmittelbar nach Verbüßung der Strafe nicht mehr zu erwarten ist.

(4) Wird die Maßregel ganz oder zum Teil vor der Strafe vollzogen, so wird die Zeit des Vollzugs der Maßregel auf die Strafe angerechnet, bis zwei Drittel der Strafe erledigt sind.

(5) [1] Wird die Maßregel vor der Strafe oder vor einem Rest der Strafe vollzogen, so setzt das Gericht die Vollstreckung des Strafrestes unter den Voraussetzungen des § 57 Absatz 1 Satz 1 Nummer 2 und 3 und Satz 2 zur Bewährung aus, wenn zwei Drittel der Strafe erledigt sind; das Gericht kann die Aussetzung auch schon nach Erledigung der Hälfte der Strafe bestimmen, wenn die Voraussetzungen des § 57 Absatz 2 entsprechend erfüllt sind. [2] Wird der Strafrest nicht ausgesetzt, so wird der Vollzug der Maßregel fortgesetzt; das Gericht kann jedoch den Vollzug der Strafe anordnen, wenn Umstände in der Person des Verurteilten es angezeigt erscheinen lassen.

(6) [1] Das Gericht bestimmt, dass eine Anrechnung nach Absatz 4 auch auf eine verfahrensfremde Strafe erfolgt, wenn deren Vollzug für die verurteilte Person eine unbillige Härte wäre. [2] Bei dieser Entscheidung sind insbesondere das Verhältnis der Dauer des bisherigen Freiheitsentzugs zur Dauer der verhängten Strafen, der erzielte Therapieerfolg und seine konkrete Gefährdung sowie das Verhalten der verurteilten Person im Vollstreckungsverfahren zu berücksichtigen. [3] Die Anrechnung ist in der Regel ausgeschlossen, wenn die der verfahrensfremden Strafe zugrunde liegende Tat nach der Anordnung der Maßregel begangen worden ist. [4] Absatz 5 Satz 2 gilt entsprechend.

**§ 67a[1)] Überweisung in den Vollzug einer anderen Maßregel.** (1) Ist die Unterbringung in einem psychiatrischen Krankenhaus oder einer Entziehungsanstalt angeordnet worden, so kann das Gericht die untergebrachte Person nachträglich in den Vollzug der anderen Maßregel überweisen, wenn ihre Resozialisierung dadurch besser gefördert werden kann.

(2) [1] Unter den Voraussetzungen des Absatzes 1 kann das Gericht nachträglich auch eine Person, gegen die Sicherungsverwahrung angeordnet worden ist, in den Vollzug einer der in Absatz 1 genannten Maßregeln überweisen. [2] Die Möglichkeit einer nachträglichen Überweisung besteht, wenn die Voraussetzungen des Absatzes 1 vorliegen und die Überweisung zur Durchführung einer Heilbehandlung oder

---

1) § 67a neu gef. mWv 20.7.2007 durch G v. 16.7.2007 (BGBl. I S. 1327); Abs. 2 Satz 2 und Abs. 4 Satz 2 neu gef. mWv 1.6.2013 durch G v. 5.12.2012 (BGBl. I S. 2425).

Entziehungskur angezeigt ist, auch bei einer Person, die sich noch im Strafvollzug befindet und deren Unterbringung in der Sicherungsverwahrung angeordnet oder vorbehalten worden ist.

(3) [1] Das Gericht kann eine Entscheidung nach den Absätzen 1 und 2 ändern oder aufheben, wenn sich nachträglich ergibt, dass die Resozialisierung der untergebrachten Person dadurch besser gefördert werden kann. [2] Eine Entscheidung nach Absatz 2 kann das Gericht ferner aufheben, wenn sich nachträglich ergibt, dass mit dem Vollzug der in Absatz 1 genannten Maßregeln kein Erfolg erzielt werden kann.

(4) [1] Die Fristen für die Dauer der Unterbringung und die Überprüfung richten sich nach den Vorschriften, die für die im Urteil angeordnete Unterbringung gelten. [2] Im Falle des Absatzes 2 Satz 2 hat das Gericht bis zum Beginn der Vollstreckung der Unterbringung jeweils spätestens vor Ablauf eines Jahres zu prüfen, ob die Voraussetzungen für eine Entscheidung nach Absatz 3 Satz 2 vorliegen.

**§ 67b Aussetzung zugleich mit der Anordnung.** (1) [1] Ordnet das Gericht die Unterbringung in einem psychiatrischen Krankenhaus oder einer Entziehungsanstalt an, so setzt es zugleich deren Vollstreckung zur Bewährung aus, wenn besondere Umstände die Erwartung rechtfertigen, daß der Zweck der Maßregel auch dadurch erreicht werden kann. [2] Die Aussetzung unterbleibt, wenn der Täter noch Freiheitsstrafe zu verbüßen hat, die gleichzeitig mit der Maßregel verhängt und nicht zur Bewährung ausgesetzt wird.

(2) Mit der Aussetzung tritt Führungsaufsicht ein.

**§ 67c[1] Späterer Beginn der Unterbringung.** (1) [1] Wird eine Freiheitsstrafe vor einer wegen derselben Tat oder Taten angeordneten Unterbringung vollzogen und ergibt die vor dem Ende des Vollzugs der Strafe erforderliche Prüfung, dass

1. der Zweck der Maßregel die Unterbringung nicht mehr erfordert oder
2. die Unterbringung in der Sicherungsverwahrung unverhältnismäßig wäre, weil dem Täter bei einer Gesamtbetrachtung des Vollzugsverlaufs ausreichende

*(Fortsetzung nächstes Blatt)*

---

[1] § 67c Abs. 1 neu gef. mWv 1.6.2013 durch G v. 5.12.2012 (BGBl. I S. 2425).

Betreuung im Sinne des § 66c Absatz 2 in Verbindung mit § 66c Absatz 1 Nummer 1 nicht angeboten worden ist,

setzt das Gericht die Vollstreckung der Unterbringung zur Bewährung aus; mit der Aussetzung tritt Führungsaufsicht ein. [2] Der Prüfung nach Satz 1 Nummer 1 bedarf es nicht, wenn die Unterbringung in der Sicherungsverwahrung im ersten Rechtszug weniger als ein Jahr vor dem Ende des Vollzugs der Strafe angeordnet worden ist.

(2) [1] Hat der Vollzug der Unterbringung drei Jahre nach Rechtskraft ihrer Anordnung noch nicht begonnen und liegt ein Fall des Absatzes 1 oder des § 67b nicht vor, so darf die Unterbringung nur noch vollzogen werden, wenn das Gericht es anordnet. [2] In die Frist wird die Zeit nicht eingerechnet, in welcher der Täter auf behördliche Anordnung in einer Anstalt verwahrt worden ist. [3] Das Gericht ordnet den Vollzug an, wenn der Zweck der Maßregel die Unterbringung noch erfordert. [4] Ist der Zweck der Maßregel nicht erreicht, rechtfertigen aber besondere Umstände die Erwartung, daß er auch durch die Aussetzung erreicht werden kann, so setzt das Gericht die Vollstreckung der Unterbringung zur Bewährung aus; mit der Aussetzung tritt Führungsaufsicht ein. [5] Ist der Zweck der Maßregel erreicht, so erklärt das Gericht sie für erledigt.

**§ 67d[1)] Dauer der Unterbringung.** (1) [1] Die Unterbringung in einer Entziehungsanstalt darf zwei Jahre nicht übersteigen. [2] Die Frist läuft vom Beginn der Unterbringung an. [3] Wird vor einer Freiheitsstrafe eine daneben angeordnete freiheitsentziehende Maßregel vollzogen, so verlängert sich die Höchstfrist um die Dauer der Freiheitsstrafe, soweit die Zeit des Vollzugs der Maßregel auf die Strafe angerechnet wird.

(2) [1] Ist keine Höchstfrist vorgesehen oder ist die Frist noch nicht abgelaufen, so setzt das Gericht die weitere Vollstreckung der Unterbringung zur Bewährung aus, wenn zu erwarten ist, daß der Untergebrachte außerhalb des Maßregelvollzugs keine erheblichen rechtswidrigen Taten mehr begehen wird. [2] Gleiches gilt, wenn das Gericht nach Beginn der Vollstreckung der Unterbringung in der Sicherungsverwahrung feststellt, dass die weitere Vollstreckung unverhältnismäßig wäre, weil dem Untergebrachten nicht spätestens bis zum Ablauf einer vom Gericht bestimmten Frist von höchstens sechs Monaten ausreichende Betreuung im Sinne des § 66c Absatz 1 Nummer 1 angeboten worden ist; eine solche Frist hat das Gericht, wenn keine ausreichende Betreuung angeboten wird, unter Angabe der anzubietenden Maßnahmen bei der Prüfung der Aussetzung der Vollstreckung festzusetzen. [3] Mit der Aussetzung nach Satz 1 oder 2 tritt Führungsaufsicht ein.

(3) [1] Sind zehn Jahre der Unterbringung in der Sicherungsverwahrung vollzogen worden, so erklärt das Gericht die Maßregel für erledigt, wenn nicht die Gefahr besteht, daß der Untergebrachte erhebliche Straftaten begehen wird, durch welche die Opfer seelisch oder körperlich schwer geschädigt werden. [2] Mit der Entlassung aus dem Vollzug der Unterbringung tritt Führungsaufsicht ein.

---

1) § 67d Abs. 6 angef. mWv 29.7.2004 durch G v. 23.7.2004 (BGBl. I S. 1838); Abs. 3 Satz 2, Abs. 6 Satz 2 geänd., Abs. 4 Satz 3 angef. mWv 18.4.2007 durch G v. 13.4.2007 (BGBl. I S. 513); Abs. 5 Satz 1 neu gef. mWv 20.7.2007 durch G v. 16.7.2007 (BGBl. I S. 1327); Abs. 3 Satz 1 geänd. mWv 1.1.2011 durch G v. 22.12.2010 (BGBl. I S. 2300); Abs. 2 Satz 2 neu gef., Satz 3 angef. mWv 1.6.2013 durch G v. 5.12.2012 (BGBl. I S. 2425); Abs. 2 Satz 1 geänd., Abs. 6 Sätze 2 und 3 eingef., bish. Sätze 2 und 3 werden Sätze 4 und 5 mWv 1.8.2016 durch G v. 8.7.2016 (BGBl. I S. 1610).

(4) [1] Ist die Höchstfrist abgelaufen, so wird der Untergebrachte entlassen. [2] Die Maßregel ist damit erledigt. [3] Mit der Entlassung aus dem Vollzug der Unterbringung tritt Führungsaufsicht ein.

(5) [1] Das Gericht erklärt die Unterbringung in einer Entziehungsanstalt für erledigt, wenn die Voraussetzungen des § 64 Satz 2 nicht mehr vorliegen. [2] Mit der Entlassung aus dem Vollzug der Unterbringung tritt Führungsaufsicht ein.

(6) [1] Stellt das Gericht nach Beginn der Vollstreckung der Unterbringung in einem psychiatrischen Krankenhaus fest, dass die Voraussetzungen der Maßregel nicht mehr vorliegen oder die weitere Vollstreckung der Maßregel unverhältnismäßig wäre, so erklärt es sie für erledigt. [2] Dauert die Unterbringung sechs Jahre, ist ihre Fortdauer in der Regel nicht mehr verhältnismäßig, wenn nicht die Gefahr besteht, dass der Untergebrachte infolge seines Zustandes erhebliche rechtswidrige Taten begehen wird, durch welche die Opfer seelisch oder körperlich schwer geschädigt werden oder in die Gefahr einer schweren körperlichen oder seelischen Schädigung gebracht werden. [3] Sind zehn Jahre der Unterbringung vollzogen, gilt Absatz 3 Satz 1 entsprechend. [4] Mit der Entlassung aus dem Vollzug der Unterbringung tritt Führungsaufsicht ein. [5] Das Gericht ordnet den Nichteintritt der Führungsaufsicht an, wenn zu erwarten ist, dass der Betroffene auch ohne sie keine Straftaten mehr begehen wird.

**§ 67e[1)] Überprüfung.** (1) [1] Das Gericht kann jederzeit prüfen, ob die weitere Vollstreckung der Unterbringung zur Bewährung auszusetzen oder für erledigt zu erklären ist. [2] Es muß dies vor Ablauf bestimmter Fristen prüfen.

(2) Die Fristen betragen bei der Unterbringung

in einer Entziehungsanstalt sechs Monate,

in einem psychiatrischen Krankenhaus ein Jahr,

in der Sicherungsverwahrung ein Jahr, nach dem Vollzug von zehn Jahren der Unterbringung neun Monate.

(3) [1] Das Gericht kann die Fristen kürzen. [2] Es kann im Rahmen der gesetzlichen Prüfungsfristen auch Fristen festsetzen, vor deren Ablauf ein Antrag auf Prüfung unzulässig ist.

(4) [1] Die Fristen laufen vom Beginn der Unterbringung an. [2] Lehnt das Gericht die Aussetzung oder Erledigungserklärung ab, so beginnen die Fristen mit der Entscheidung von neuem.

**§ 67f Mehrfache Anordnung der Maßregel.** Ordnet das Gericht die Unterbringung in einer Entziehungsanstalt an, so ist eine frühere Anordnung der Maßregel erledigt.

**§ 67g[2)] Widerruf der Aussetzung.** (1) [1] Das Gericht widerruft die Aussetzung einer Unterbringung, wenn die verurteilte Person

1. während der Dauer der Führungsaufsicht eine rechtswidrige Tat begeht,

2. gegen Weisungen nach § 68b gröblich oder beharrlich verstößt oder

---

[1)] § 67e *Abs. 1 Satz 1, Abs. 4 Satz 2* geänd. mWv 20.7.2007 durch G v. 16.7.2007 (BGBl. I S. 1327); Abs. 2 geänd. mWv 1.6.2013 durch G v. 5.12.2012 (BGBl. I S. 2425).

[2)] § 67g Abs. 1 und 2 neu gef., Abs. 3 und 6 geänd. mWv 18.4.2007 durch G v. 13.4.2007 (BGBl. I S. 513).

3. sich der Aufsicht und Leitung der Bewährungshelferin oder des Bewährungshelfers oder der Aufsichtsstelle beharrlich entzieht

und sich daraus ergibt, dass der Zweck der Maßregel ihre Unterbringung erfordert. [2] Satz 1 Nr. 1 gilt entsprechend, wenn der Widerrufsgrund zwischen der Entscheidung über die Aussetzung und dem Beginn der Führungsaufsicht (§ 68c Abs. 4) entstanden ist.

(2) Das Gericht widerruft die Aussetzung einer Unterbringung nach den §§ 63 und 64 auch dann, wenn sich während der Dauer der Führungsaufsicht ergibt, dass von der verurteilten Person infolge ihres Zustands rechtswidrige Taten zu erwarten sind und deshalb der Zweck der Maßregel ihre Unterbringung erfordert.

(3) Das Gericht widerruft die Aussetzung ferner, wenn Umstände, die ihm während der Dauer der Führungsaufsicht bekannt werden und zur Versagung der Aussetzung geführt hätten, zeigen, daß der Zweck der Maßregel die Unterbringung der verurteilten Person erfordert.

(4) Die Dauer der Unterbringung vor und nach dem Widerruf darf insgesamt die gesetzliche Höchstfrist der Maßregel nicht übersteigen.

(5) Widerruft das Gericht die Aussetzung der Unterbringung nicht, so ist die Maßregel mit dem Ende der Führungsaufsicht erledigt.

(6) Leistungen, die die verurteilte Person zur Erfüllung von Weisungen erbracht hat, werden nicht erstattet.

**§ 67h[1)] Befristete Wiederinvollzugsetzung; Krisenintervention.**

(1) [1] Während der Dauer der Führungsaufsicht kann das Gericht die ausgesetzte Unterbringung nach § 63 oder § 64 für eine Dauer von höchstens drei Monaten wieder in Vollzug setzen, wenn eine akute Verschlechterung des Zustands der aus der Unterbringung entlassenen Person oder ein Rückfall in ihr Suchtverhalten eingetreten ist und die Maßnahme erforderlich ist, um einen Widerruf nach § 67g zu vermeiden. [2] Unter den Voraussetzungen des Satzes 1 kann es die Maßnahme erneut anordnen oder ihre Dauer verlängern; die Dauer der Maßnahme darf insgesamt sechs Monate nicht überschreiten. [3] § 67g Abs. 4 gilt entsprechend.

(2) Das Gericht hebt die Maßnahme vor Ablauf der nach Absatz 1 gesetzten Frist auf, wenn ihr Zweck erreicht ist.

**Führungsaufsicht**

**§ 68[2)] Voraussetzungen der Führungsaufsicht.** (1) Hat jemand wegen einer Straftat, bei der das Gesetz Führungsaufsicht besonders vorsieht, zeitige Freiheitsstrafe von mindestens sechs Monaten verwirkt, so kann das Gericht neben der Strafe Führungsaufsicht anordnen, wenn die Gefahr besteht, daß er weitere Straftaten begehen wird.

(2) Die Vorschriften über die Führungsaufsicht kraft Gesetzes (§§ 67b, 67c, 67d Abs. 2 bis 6 und § 68f) bleiben unberührt.

**§ 68a[3)] Aufsichtsstelle, Bewährungshilfe, forensische Ambulanz.** (1) Die verurteilte Person untersteht einer Aufsichtsstelle[4)]; das Gericht bestellt ihr für die

---

[1)] § 67h eingef. mWv 18.4.2007 durch G v. 13.4.2007 (BGBl. I S. 513).

[2)] § 68 Abs. 2 geänd. mWv 29.7.2004 durch G v. 23.7.2004 (BGBl. I S. 1838); Abs. 2 geänd. mWv 18.4.2007 durch G v. 13.4.2007 (BGBl. I S. 513).

[3)] § 68a neu gef. mWv 18.4.2007 durch G v. 13.4.2007 (BGBl. I S. 513); Abs. 8 Sätze 1 und 2 geänd. mWv 9.11.2017 durch G v. 30.10.2017 (BGBl. I S. 3618).

[4)] Wegen Zuständigkeit und Besetzung der Aufsichtsstellen vgl. Art. 295 EGStGB (Nr. **85a**).

Dauer der Führungsaufsicht eine Bewährungshelferin oder einen Bewährungshelfer.[1)]

(2) Die Bewährungshelferin oder der Bewährungshelfer und die Aufsichtsstelle stehen im Einvernehmen miteinander der verurteilten Person helfend und betreuend zur Seite.

(3) Die Aufsichtsstelle überwacht im Einvernehmen mit dem Gericht und mit Unterstützung der Bewährungshelferin oder des Bewährungshelfers das Verhalten der verurteilten Person und die Erfüllung der Weisungen.

(4) Besteht zwischen der Aufsichtsstelle und der Bewährungshelferin oder dem Bewährungshelfer in Fragen, welche die Hilfe für die verurteilte Person und ihre Betreuung berühren, kein Einvernehmen, entscheidet das Gericht.

(5) Das Gericht kann der Aufsichtsstelle und der Bewährungshelferin oder dem Bewährungshelfer für ihre Tätigkeit Anweisungen erteilen.

(6) Vor Stellung eines Antrags nach § 145a Satz 2 hört die Aufsichtsstelle die Bewährungshelferin oder den Bewährungshelfer; Absatz 4 ist nicht anzuwenden.

(7) [1] Wird eine Weisung nach § 68b Abs. 2 Satz 2 und 3 erteilt, steht im Einvernehmen mit den in Absatz 2 Genannten auch die forensische Ambulanz der verurteilten Person helfend und betreuend zur Seite. [2] Im Übrigen gelten die Absätze 3 und 6, soweit sie die Stellung der Bewährungshelferin oder des Bewährungshelfers betreffen, auch für die forensische Ambulanz.

(8) [1] Die in Absatz 1 Genannten und die in § 203 Absatz 1 Nummer 1, 2 und 6 genannten Mitarbeiterinnen und Mitarbeiter der forensischen Ambulanz haben fremde Geheimnisse, die ihnen im Rahmen des durch § 203 geschützten Verhältnisses anvertraut oder sonst bekannt geworden sind, einander zu offenbaren, soweit dies notwendig ist, um der verurteilten Person zu helfen, nicht wieder straffällig zu werden. [2] Darüber hinaus haben die in § 203 Absatz 1 Nummer 1, 2 und 6 genannten Mitarbeiterinnen und Mitarbeiter der forensischen Ambulanz solche Geheimnisse gegenüber der Aufsichtsstelle und dem Gericht zu offenbaren, soweit aus ihrer Sicht

1. dies notwendig ist, um zu überwachen, ob die verurteilte Person einer Vorstellungsweisung nach § 68b Abs. 1 Satz 1 Nr. 11 nachkommt oder im Rahmen einer Weisung nach § 68b Abs. 2 Satz 2 und 3 an einer Behandlung teilnimmt,
2. das Verhalten oder der Zustand der verurteilten Person Maßnahmen nach § 67g, § 67h oder § 68c Abs. 2 oder Abs. 3 erforderlich erscheinen lässt oder

---

[1)] In den Ländern sind ua folgende Regelungen ergangen:
- **Baden-Württemberg:** AnO v. 29.11.1974 (Die Justiz 1975 S. 41); G v. 26.10.2016 (GBl. S. 578); VwV v. 23.12.2016 (Die Justiz 2017 S. 72)
- **Bayern:** Art. 2 G v. 13.12.2016 (GVBl. S. 345); Bek. v. 16.2.2017 (JMBl. S. 18), zuletzt geänd. durch Bek. v. 4.3.2020 (BayMBl. Nr. 137)
- **Berlin:** AV v. 11.12.2019 (ABl. 2020 S. 252); G v. 25.11.1954 (GVBl. S. 652), zuletzt geänd. durch G v. 9.2.2023 (GVBl. S. 38)
- **Brandenburg:** AnO v. 18.11.2015 (JMBl. S. 114); AV v. 26.3.2020 (JMBl. S. 30)
- **Hamburg:** AV v. 31.5.2006 (JVBl 2007 S. 1)
- **Hessen:** G v. 13.10.2022 (GVBl. S. 488)
- **Mecklenburg-Vorpommern:** G v. 24.3.2011 (GVOBl. M-V S. 175)
- **Niedersachsen:** AV v. 5.6.2020 (Nds. RPfl. S. 222)
- **Nordrhein-Westfalen:** AV v. 6.8.2021 (JMBl. S. 291)
- **Rheinland-Pfalz:** LandesVO v. 23.2.2016 (GVBl. S. 168); G v. 26.9.2000 (GVBl. S. 397), geänd. durch *G v. 22.12.2015 (GVBl. S. 466)*
- **Sachsen:** VwV v. 11.7.2014 (SächsJMBl. S. 71)
- **Schleswig-Holstein:** § 32 JZVO v. 15.11.2019 (GVOBl. Schl.-H. S. 546, 548), zuletzt geänd. durch VO v. 12.1.2023 (GVOBl. Schl.-H. S. 55); G v. 1.12.2021 (GVOBl. Schl.-H. S. 1319)

3. dies zur Abwehr einer erheblichen gegenwärtigen Gefahr für das Leben, die körperliche Unversehrtheit, die persönliche Freiheit oder die sexuelle Selbstbestimmung Dritter erforderlich ist.

[3] In den Fällen der Sätze 1 und 2 Nr. 2 und 3 dürfen Tatsachen im Sinne von § 203 Abs. 1, die von Mitarbeiterinnen und Mitarbeitern der forensischen Ambulanz offenbart wurden, nur zu den dort genannten Zwecken verwendet werden.

**§ 68b[1)] Weisungen.** (1) [1] Das Gericht kann die verurteilte Person für die Dauer der Führungsaufsicht oder für eine kürzere Zeit anweisen,

1. den Wohn- oder Aufenthaltsort oder einen bestimmten Bereich nicht ohne Erlaubnis der Aufsichtsstelle zu verlassen,
2. sich nicht an bestimmten Orten aufzuhalten, die ihr Gelegenheit oder Anreiz zu weiteren Straftaten bieten können,
3. zu der verletzten Person oder bestimmten Personen oder Personen einer bestimmten Gruppe, die ihr Gelegenheit oder Anreiz zu weiteren Straftaten bieten können, keinen Kontakt aufzunehmen, mit ihnen nicht zu verkehren, sie nicht zu beschäftigen, auszubilden oder zu beherbergen,
4. bestimmte Tätigkeiten nicht auszuüben, die sie nach den Umständen zu Straftaten missbrauchen kann,
5. bestimmte Gegenstände, die ihr Gelegenheit oder Anreiz zu weiteren Straftaten bieten können, nicht zu besitzen, bei sich zu führen oder verwahren zu lassen,
6. Kraftfahrzeuge oder bestimmte Arten von Kraftfahrzeugen oder von anderen Fahrzeugen nicht zu halten oder zu führen, die sie nach den Umständen zu Straftaten missbrauchen kann,
7. sich zu bestimmten Zeiten bei der Aufsichtsstelle, einer bestimmten Dienststelle oder der Bewährungshelferin oder dem Bewährungshelfer zu melden,
8. jeden Wechsel der Wohnung oder des Arbeitsplatzes unverzüglich der Aufsichtsstelle zu melden,
9. sich im Fall der Erwerbslosigkeit bei der zuständigen Agentur für Arbeit oder einer anderen zur Arbeitsvermittlung zugelassenen Stelle zu melden,
10. keine alkoholischen Getränke oder andere berauschende Mittel zu sich zu nehmen, wenn aufgrund bestimmter Tatsachen Gründe für die Annahme bestehen, dass der Konsum solcher Mittel zur Begehung weiterer Straftaten beitragen wird, und sich Alkohol- oder Suchtmittelkontrollen zu unterziehen, die nicht mit einem körperlichen Eingriff verbunden sind,
11. sich zu bestimmten Zeiten oder in bestimmten Abständen bei einer Ärztin oder einem Arzt, einer Psychotherapeutin oder einem Psychotherapeuten oder einer forensischen Ambulanz vorzustellen oder
12. die für eine elektronische Überwachung ihres Aufenthaltsortes erforderlichen *technischen Mittel* ständig in betriebsbereitem Zustand bei sich zu führen und deren Funktionsfähigkeit nicht zu beeinträchtigen.

[2] Das Gericht hat in seiner Weisung das verbotene oder verlangte Verhalten genau zu bestimmen. [3] Eine Weisung nach Satz 1 Nummer 12 ist, unbeschadet des Satzes 5, nur zulässig, wenn

---

[1)] § 68b neu gef. mWv 18.4.2007 durch G v. 13.4.2007 (BGBl. I S. 513); Abs. 1 Satz 1 Nr. 10 und 11 geänd., Nr. 12, Sätze 3 und 4 angef. mWv 1.1.2011 durch G v. 22.12.2010 (BGBl. I S. 2300); Abs. 1 Satz 3 einl. Satzteil geänd., Satz 5 angef. mWv 1.7.2017 durch G v. 11.6.2017 (BGBl. I S. 1612).

1. die Führungsaufsicht auf Grund der vollständigen Vollstreckung einer Freiheitsstrafe oder Gesamtfreiheitsstrafe von mindestens drei Jahren oder auf Grund einer erledigten Maßregel eingetreten ist,
2. die Freiheitsstrafe oder Gesamtfreiheitsstrafe oder die Unterbringung wegen einer oder mehrerer Straftaten der in § 66 Absatz 3 Satz 1 genannten Art verhängt oder angeordnet wurde,
3. die Gefahr besteht, dass die verurteilte Person weitere Straftaten der in § 66 Absatz 3 Satz 1 genannten Art begehen wird, und
4. die Weisung erforderlich erscheint, um die verurteilte Person durch die Möglichkeit der Datenverwendung nach § 463a Absatz 4 Satz 2 der Strafprozessordnung[1)], insbesondere durch die Überwachung der Erfüllung einer nach Satz 1 Nummer 1 oder 2 auferlegten Weisung, von der Begehung weiterer Straftaten der in § 66 Absatz 3 Satz 1 genannten Art abzuhalten.

[4] Die Voraussetzungen von Satz 3 Nummer 1 in Verbindung mit Nummer 2 liegen unabhängig davon vor, ob die dort genannte Führungsaufsicht nach § 68e Absatz 1 Satz 1 beendet ist. [5] Abweichend von Satz 3 Nummer 1 genügt eine Freiheits- oder Gesamtfreiheitsstrafe von zwei Jahren, wenn diese wegen einer oder mehrerer Straftaten verhängt worden ist, die unter den Ersten oder Siebenten Abschnitt des Besonderen Teils fallen; zu den in Satz 3 Nummer 2 bis 4 genannten Straftaten gehört auch eine Straftat nach § 129a Absatz 5 Satz 2, auch in Verbindung mit § 129b Absatz 1.

(2) [1] Das Gericht kann der verurteilten Person für die Dauer der Führungsaufsicht oder für eine kürzere Zeit weitere Weisungen erteilen, insbesondere solche, die sich auf Ausbildung, Arbeit, Freizeit, die Ordnung der wirtschaftlichen Verhältnisse oder die Erfüllung von Unterhaltspflichten beziehen. [2] Das Gericht kann die verurteilte Person insbesondere anweisen, sich psychiatrisch, psycho- oder sozialtherapeutisch betreuen und behandeln zu lassen (Therapieweisung). [3] Die Betreuung und Behandlung kann durch eine forensische Ambulanz erfolgen. [4] § 56c Abs. 3 gilt entsprechend, auch für die Weisung, sich Alkohol- oder Suchtmittelkontrollen zu unterziehen, die mit körperlichen Eingriffen verbunden sind.

(3) Bei den Weisungen dürfen an die Lebensführung der verurteilten Person keine unzumutbaren Anforderungen gestellt werden.

*(Fortsetzung nächstes Blatt)*

---

1) Nr. **90**.

(4) Wenn mit Eintritt der Führungsaufsicht eine bereits bestehende Führungsaufsicht nach § 68e Abs. 1 Satz 1 Nr. 3 endet, muss das Gericht auch die Weisungen in seine Entscheidung einbeziehen, die im Rahmen der früheren Führungsaufsicht erteilt worden sind.

(5) Soweit die Betreuung der verurteilten Person in den Fällen des Absatzes 1 Nr. 11 oder ihre Behandlung in den Fällen des Absatzes 2 nicht durch eine forensische Ambulanz erfolgt, gilt § 68a Abs. 8 entsprechend.

**§ 68c[1)] Dauer der Führungsaufsicht.** (1) [1] Die Führungsaufsicht dauert mindestens zwei und höchstens fünf Jahre. [2] Das Gericht kann die Höchstdauer abkürzen.

(2) [1] Das Gericht kann eine die Höchstdauer nach Absatz 1 Satz 1 überschreitende unbefristete Führungsaufsicht anordnen, wenn die verurteilte Person

1. in eine Weisung nach § 56c Abs. 3 Nr. 1 nicht einwilligt oder
2. einer Weisung, sich einer Heilbehandlung oder einer Entziehungskur zu unterziehen, oder einer Therapieweisung nicht nachkommt

und eine Gefährdung der Allgemeinheit durch die Begehung weiterer erheblicher Straftaten zu befürchten ist. [2] Erklärt die verurteilte Person in den Fällen des Satzes 1 Nr. 1 nachträglich ihre Einwilligung, setzt das Gericht die weitere Dauer der Führungsaufsicht fest. [3] Im Übrigen gilt § 68e Abs. 3.

(3) [1] Das Gericht kann die Führungsaufsicht über die Höchstdauer nach Absatz 1 Satz 1 hinaus unbefristet verlängern, wenn

1. in Fällen der Aussetzung der Unterbringung in einem psychiatrischen Krankenhaus nach § 67d Abs. 2 aufgrund bestimmter Tatsachen Gründe für die Annahme bestehen, dass die verurteilte Person andernfalls alsbald in einen Zustand nach § 20 oder § 21 geraten wird, infolge dessen eine Gefährdung der Allgemeinheit durch die Begehung weiterer erheblicher rechtswidriger Taten zu befürchten ist, oder
2. sich aus dem Verstoß gegen Weisungen nach § 68b Absatz 1 oder 2 oder auf Grund anderer bestimmter Tatsachen konkrete Anhaltspunkte dafür ergeben, dass eine Gefährdung der Allgemeinheit durch die Begehung weiterer erheblicher Straftaten zu befürchten ist, und
   a) gegen die verurteilte Person wegen Straftaten der in § 181b genannten Art eine Freiheitsstrafe oder Gesamtfreiheitsstrafe von mehr als zwei Jahren verhängt oder die Unterbringung in einem psychiatrischen Krankenhaus oder in einer Entziehungsanstalt angeordnet wurde oder
   b) die Führungsaufsicht unter den Voraussetzungen des § 68b Absatz 1 Satz 3 Nummer 1 eingetreten ist und die Freiheitsstrafe oder Gesamtfreiheitsstrafe oder die Unterbringung wegen eines oder mehrerer Verbrechen gegen das Leben, die körperliche Unversehrtheit, die persönliche Freiheit oder nach den §§ 250, 251, auch in Verbindung mit § 252 oder § 255, verhängt oder angeordnet wurde.

[2] Für die Beendigung der Führungsaufsicht gilt § 68b Absatz 1 Satz 4 entsprechend.

---

[1)] § 68c neu gef. mWv 18.4.2007 durch G v. 13.4.2007 (BGBl. I S. 513); Abs. 3 Satz 1 Nr. 2 neu gef., Satz 2 angef. mWv 1.1.2011 durch G v. 22.12.2010 (BGBl. I S. 2300); Abs. 4 Satz 1 geänd. mWv 1.6. 2013 durch G v. 5.12.2012 (BGBl. I S. 2425).

(4) [1]In den Fällen des § 68 Abs. 1 beginnt die Führungsaufsicht mit der Rechtskraft ihrer Anordnung, in den Fällen des § 67b Abs. 2, des § 67c Absatz 1 Satz 1 und Abs. 2 Satz 4 und des § 67d Absatz 2 Satz 3 mit der Rechtskraft der Aussetzungsentscheidung oder zu einem gerichtlich angeordneten späteren Zeitpunkt. [2]In ihre Dauer wird die Zeit nicht eingerechnet, in welcher die verurteilte Person flüchtig ist, sich verborgen hält oder auf behördliche Anordnung in einer Anstalt verwahrt wird.

**§ 68d[1)] Nachträgliche Entscheidungen; Überprüfungsfrist.** (1) Das Gericht kann Entscheidungen nach § 68a Abs. 1 und 5, den §§ 68b und 68c Abs. 1 Satz 2 und Abs. 2 und 3 auch nachträglich treffen, ändern oder aufheben.

(2) [1]Bei einer Weisung gemäß § 68b Absatz 1 Satz 1 Nummer 12 prüft das Gericht spätestens vor Ablauf von zwei Jahren, ob sie aufzuheben ist. [2]§ 67e Absatz 3 und 4 gilt entsprechend.

**§ 68e[2)] Beendigung oder Ruhen der Führungsaufsicht.** (1) [1]Soweit sie nicht unbefristet oder nach Aussetzung einer freiheitsentziehenden Maßregel (§ 67b Absatz 2, § 67c Absatz 1 Satz 1, Absatz 2 Satz 4, § 67d Absatz 2 Satz 3) eingetreten ist, endet die Führungsaufsicht

1. mit Beginn des Vollzugs einer freiheitsentziehenden Maßregel,
2. mit Beginn des Vollzugs einer Freiheitsstrafe, neben der eine freiheitsentziehende Maßregel angeordnet ist,
3. mit Eintritt einer neuen Führungsaufsicht.

[2]In den übrigen Fällen ruht die Führungsaufsicht während der Dauer des Vollzugs einer Freiheitsstrafe oder einer freiheitsentziehenden Maßregel. [3]Das Gericht ordnet das Entfallen einer nach Aussetzung einer freiheitsentziehenden Maßregel eingetretenen Führungsaufsicht an, wenn es ihrer nach Eintritt eines in Satz 1 Nummer 1 bis 3 genannten Umstandes nicht mehr bedarf. [4]Tritt eine neue Führungsaufsicht zu einer bestehenden unbefristeten oder nach Aussetzung einer freiheitsentziehenden Maßregel eingetretenen Führungsaufsicht hinzu, ordnet das Gericht das Entfallen der neuen Maßregel an, wenn es ihrer neben der bestehenden nicht bedarf.

(2) [1]Das Gericht hebt die Führungsaufsicht auf, wenn zu erwarten ist, dass die verurteilte Person auch ohne sie keine Straftaten mehr begehen wird. [2]Die Aufhebung ist frühestens nach Ablauf der gesetzlichen Mindestdauer zulässig. [3]Das Gericht kann Fristen von höchstens sechs Monaten festsetzen, vor deren Ablauf ein Antrag auf Aufhebung der Führungsaufsicht unzulässig ist.

(3) [1]Ist unbefristete Führungsaufsicht eingetreten, prüft das Gericht

1. in den Fällen des § 68c Abs. 2 Satz 1 spätestens mit Verstreichen der Höchstfrist nach § 68c Abs. 1 Satz 1,
2. in den Fällen des § 68c Abs. 3 vor Ablauf von zwei Jahren,

ob eine Entscheidung nach Absatz 2 Satz 1 geboten ist. [2]Lehnt das Gericht eine Aufhebung der Führungsaufsicht ab, hat es vor Ablauf von zwei Jahren von neuem über eine Aufhebung der Führungsaufsicht zu entscheiden.

---

[1)] § 68d geänd. mWv 18.4.2007 durch G v. 13.4.2007 (BGBl. I S. 513); Überschrift geänd., Abs. 2 *angef. mWv 1.1.2011 durch G v. 22.12.2010* (BGBl. I S. 2300).

[2)] § 68e neu gef. mWv 18.4.2007 durch G v. 13.4.2007 (BGBl. I S. 513); Abs. 1 Satz 1 einl. Satzteil geänd., Satz 3 eingef., bish. Satz 3 wird Satz 4 und geänd. mWv 1.1.2011 durch G v. 22.12.2010 (BGBl. I S. 2300); Abs. 1 Satz 1 einl. Satzteil geänd. mWv 1.6.2013 durch G v. 5.12.2012 (BGBl. I S. 2425).

**§ 68f[1] Führungsaufsicht bei Nichtaussetzung des Strafrestes.** (1) [1]Ist eine Freiheitsstrafe oder Gesamtfreiheitsstrafe von mindestens zwei Jahren wegen vorsätzlicher Straftaten oder eine Freiheitsstrafe oder Gesamtfreiheitsstrafe von mindestens einem Jahr wegen Straftaten der in § 181b genannten Art vollständig vollstreckt worden, tritt mit der Entlassung der verurteilten Person aus dem Strafvollzug Führungsaufsicht ein. [2]Dies gilt nicht, wenn im Anschluss an die Strafverbüßung eine freiheitsentziehende Maßregel der Besserung und Sicherung vollzogen wird.

(2) Ist zu erwarten, dass die verurteilte Person auch ohne die Führungsaufsicht keine Straftaten mehr begehen wird, ordnet das Gericht an, dass die Maßregel entfällt.

**§ 68g[2] Führungsaufsicht und Aussetzung zur Bewährung.** (1) [1]Ist die Strafaussetzung oder Aussetzung des Strafrestes angeordnet oder das Berufsverbot zur Bewährung ausgesetzt und steht der Verurteilte wegen derselben oder einer anderen Tat zugleich unter Führungsaufsicht, so gelten für die Aufsicht und die Erteilung von Weisungen nur die §§ 68a und 68b. [2]Die Führungsaufsicht endet nicht vor Ablauf der Bewährungszeit.

(2) [1]Sind die Aussetzung zur Bewährung und die Führungsaufsicht auf Grund derselben Tat angeordnet, so kann das Gericht jedoch bestimmen, daß die Führungsaufsicht bis zum Ablauf der Bewährungszeit ruht. [2]Die Bewährungszeit wird dann in die Dauer der Führungsaufsicht nicht eingerechnet.

(3) [1]Wird nach Ablauf der Bewährungszeit die Strafe oder der Strafrest erlassen oder das Berufsverbot für erledigt erklärt, so endet damit auch eine wegen derselben Tat angeordnete Führungsaufsicht. [2]Dies gilt nicht, wenn die Führungsaufsicht unbefristet ist (§ 68c Abs. 2 Satz 1 oder Abs. 3).

**Entziehung der Fahrerlaubnis**

**§ 69[3] Entziehung der Fahrerlaubnis.** (1) [1]Wird jemand wegen einer rechtswidrigen Tat, die er bei oder im Zusammenhang mit dem Führen eines Kraftfahrzeuges oder unter Verletzung der Pflichten eines Kraftfahrzeugführers begangen hat, verurteilt oder nur deshalb nicht verurteilt, weil seine Schuldunfähigkeit erwiesen oder nicht auszuschließen ist, so entzieht ihm das Gericht die Fahrerlaubnis, wenn sich aus der Tat ergibt, daß er zum Führen von Kraftfahrzeugen ungeeignet ist. [2]Einer weiteren Prüfung nach § 62 bedarf es nicht.

(2) Ist die rechtswidrige Tat in den Fällen des Absatzes 1 ein Vergehen

1. der Gefährdung des Straßenverkehrs (§ 315c),

1a. des verbotenen Kraftfahrzeugrennens (§ 315d),

2. der Trunkenheit im Verkehr (§ 316),

3. des unerlaubten Entfernens vom Unfallort (§ 142), obwohl der Täter weiß oder wissen kann, daß bei dem Unfall ein Mensch getötet oder nicht unerheblich verletzt worden oder an fremden Sachen bedeutender Schaden entstanden ist, oder

4. des Vollrausches (§ 323a), der sich auf eine der Taten nach den Nummern 1 bis 3 bezieht,

---

[1] § 68f neu gef. mWv 18.4.2007 durch G v. 13.4.2007 (BGBl. I S. 513).
[2] § 68g Abs. 3 Satz 2 angef. mWv 18.4.2007 durch G v. 13.4.2007 (BGBl. I S. 513).
[3] § 69 Abs. 2 Nr. 1a eingef. mWv 13.10.2017 durch G v. 30.9.2017 (BGBl. I S. 3532).

so ist der Täter in der Regel als ungeeignet zum Führen von Kraftfahrzeugen anzusehen.

(3) [1] Die Fahrerlaubnis erlischt mit der Rechtskraft des Urteils. [2] Ein von einer deutschen Behörde ausgestellter Führerschein wird im Urteil eingezogen.

**§ 69a Sperre für die Erteilung einer Fahrerlaubnis.** (1) [1] Entzieht das Gericht die Fahrerlaubnis, so bestimmt es zugleich, daß für die Dauer von sechs Monaten bis zu fünf Jahren keine neue Fahrerlaubnis erteilt werden darf (Sperre). [2] Die Sperre kann für immer angeordnet werden, wenn zu erwarten ist, daß die gesetzliche Höchstfrist zur Abwehr der von dem Täter drohenden Gefahr nicht ausreicht. [3] Hat der Täter keine Fahrerlaubnis, so wird nur die Sperre angeordnet.

(2) Das Gericht kann von der Sperre bestimmte Arten von Kraftfahrzeugen ausnehmen, wenn besondere Umstände die Annahme rechtfertigen, daß der Zweck der Maßregel dadurch nicht gefährdet wird.

(3) Das Mindestmaß der Sperre beträgt ein Jahr, wenn gegen den Täter in den letzten drei Jahren vor der Tat bereits einmal eine Sperre angeordnet worden ist.

(4) [1] War dem Täter die Fahrerlaubnis wegen der Tat vorläufig entzogen (§ 111a der Strafprozeßordnung[1]), so verkürzt sich das Mindestmaß der Sperre um die Zeit, in der die vorläufige Entziehung wirksam war. [2] Es darf jedoch drei Monate nicht unterschreiten.

(5) [1] Die Sperre beginnt mit der Rechtskraft des Urteils. [2] In die Frist wird die Zeit einer wegen der Tat angeordneten vorläufigen Entziehung eingerechnet, soweit sie nach Verkündung des Urteils verstrichen ist, in dem die der Maßregel zugrunde liegenden tatsächlichen Feststellungen letztmals geprüft werden konnten.

(6) Im Sinne der Absätze 4 und 5 steht der vorläufigen Entziehung der Fahrerlaubnis die Verwahrung, Sicherstellung oder Beschlagnahme des Führerscheins (§ 94 der Strafprozeßordnung) gleich.

(7) [1] Ergibt sich Grund zu der Annahme, daß der Täter zum Führen von Kraftfahrzeugen nicht mehr ungeeignet ist, so kann das Gericht die Sperre vorzeitig aufheben. [2] Die Aufhebung ist frühestens zulässig, wenn die Sperre drei Monate, in den Fällen des Absatzes 3 ein Jahr gedauert hat; Absatz 5 Satz 2 und Absatz 6 gelten entsprechend.

**§ 69b Wirkung der Entziehung bei einer ausländischen Fahrerlaubnis.**

(1) [1] Darf der Täter auf Grund einer im Ausland erteilten Fahrerlaubnis im Inland Kraftfahrzeuge führen, ohne daß ihm von einer deutschen Behörde eine Fahrerlaubnis erteilt worden ist, so hat die Entziehung der Fahrerlaubnis die Wirkung einer Aberkennung des Rechts, von der Fahrerlaubnis im Inland Gebrauch zu machen. [2] Mit der Rechtskraft der Entscheidung erlischt das Recht zum Führen von Kraftfahrzeugen im Inland. [3] Während der Sperre darf weder das Recht, von der ausländischen Fahrerlaubnis wieder Gebrauch zu machen, noch eine inländische Fahrerlaubnis erteilt werden.

(2) [1] Ist der ausländische Führerschein von einer Behörde eines Mitgliedstaates der Europäischen Union oder eines anderen Vertragsstaates des Abkommens über den Europäischen Wirtschaftsraum ausgestellt worden und hat der Inhaber seinen ordentlichen Wohnsitz im Inland, so wird der Führerschein im Urteil eingezogen *und an die ausstellende* Behörde zurückgesandt. [2] In anderen Fällen werden die

---

[1] Nr. **90**.

Entziehung der Fahrerlaubnis und die Sperre in den ausländischen Führerscheinen vermerkt.

**Berufsverbot**

**§ 70 Anordnung des Berufsverbots.** (1) [1]Wird jemand wegen einer rechtswidrigen Tat, die er unter Mißbrauch seines Berufs oder Gewerbes oder unter grober Verletzung der mit ihnen verbundenen Pflichten begangen hat, verurteilt oder nur deshalb nicht verurteilt, weil seine Schuldunfähigkeit erwiesen oder nicht auszuschließen ist, so kann ihm das Gericht die Ausübung des Berufs, Berufszweiges, Gewerbes oder Gewerbezweiges für die Dauer von einem Jahr bis zu fünf Jahren verbieten, wenn die Gesamtwürdigung des Täters und der Tat die Gefahr erkennen läßt, daß er bei weiterer Ausübung des Berufs, Berufszweiges, Gewerbes oder Gewerbezweiges erhebliche rechtswidrige Taten der bezeichneten Art begehen wird. [2]Das Berufsverbot kann für immer angeordnet werden, wenn zu erwarten ist, daß die gesetzliche Höchstfrist zur Abwehr der von dem Täter drohenden Gefahr nicht ausreicht.

(2) [1]War dem Täter die Ausübung des Berufs, Berufszweiges, Gewerbes oder Gewerbezweiges vorläufig verboten (§ 132a der Strafprozeßordnung[1)]), so verkürzt sich das Mindestmaß der Verbotsfrist um die Zeit, in der das vorläufige Berufsverbot wirksam war. [2]Es darf jedoch drei Monate nicht unterschreiten.

(3) Solange das Verbot wirksam ist, darf der Täter den Beruf, den Berufszweig, das Gewerbe oder den Gewerbezweig auch nicht für einen anderen ausüben oder durch eine von seinen Weisungen abhängige Person für sich ausüben lassen.

(4) [1]Das Berufsverbot wird mit der Rechtskraft des Urteils wirksam. [2]In die Verbotsfrist wird die Zeit eines wegen der Tat angeordneten vorläufigen Berufsverbots eingerechnet, soweit sie nach Verkündung des Urteils verstrichen ist, in dem die der Maßregel zugrunde liegenden tatsächlichen Feststellungen letztmals geprüft werden konnten. [3]Die Zeit, in welcher der Täter auf behördliche Anordnung in einer Anstalt verwahrt worden ist, wird nicht eingerechnet.

**§ 70a Aussetzung des Berufsverbots.** (1) Ergibt sich nach Anordnung des Berufsverbots Grund zu der Annahme, daß die Gefahr, der Täter werde erhebliche rechtswidrige Taten der in § 70 Abs. 1 bezeichneten Art begehen, nicht mehr besteht, so kann das Gericht das Verbot zur Bewährung aussetzen.

(2) [1]Die Anordnung ist frühestens zulässig, wenn das Verbot ein Jahr gedauert hat. [2]In die Frist wird im Rahmen des § 70 Abs. 4 Satz 2 die Zeit eines vorläufigen Berufsverbots eingerechnet. [3]Die Zeit, in welcher der Täter auf behördliche Anordnung in einer Anstalt verwahrt worden ist, wird nicht eingerechnet.

(3) [1]Wird das Berufsverbot zur Bewährung ausgesetzt, so gelten die §§ 56a und 56c bis 56e entsprechend. [2]Die Bewährungszeit verlängert sich jedoch um die Zeit, in der eine Freiheitsstrafe oder eine freiheitsentziehende Maßregel vollzogen wird, die gegen den Verurteilten wegen der Tat verhängt oder angeordnet worden ist.

**§ 70b[2)] Widerruf der Aussetzung und Erledigung des Berufsverbots.**

(1) Das Gericht widerruft die Aussetzung eines Berufsverbots, wenn die verurteilte Person

[1)] Nr. **90**.

[2)] § 70b Abs. 1 einl. Satzteil, Nr. 1 und 3, Abs. 4 geänd. mWv 18.4.2007 durch G v. 13.4.2007 (BGBl. I S. 513).

1. während der Bewährungszeit unter Mißbrauch ihres Berufs oder Gewerbes oder unter grober Verletzung der mit ihnen verbundenen Pflichten eine rechtswidrige Tat begeht,
2. gegen eine Weisung gröblich oder beharrlich verstößt oder
3. sich der Aufsicht und Leitung der Bewährungshelferin oder des Bewährungshelfers beharrlich entzieht

und sich daraus ergibt, daß der Zweck des Berufsverbots dessen weitere Anwendung erfordert.

(2) Das Gericht widerruft die Aussetzung des Berufsverbots auch dann, wenn Umstände, die ihm während der Bewährungszeit bekannt werden und zur Versagung der Aussetzung geführt hätten, zeigen, daß der Zweck der Maßregel die weitere Anwendung des Berufsverbots erfordert.

(3) Die Zeit der Aussetzung des Berufsverbots wird in die Verbotsfrist nicht eingerechnet.

(4) Leistungen, die die verurteilte Person zur Erfüllung von Weisungen oder Zusagen erbracht hat, werden nicht erstattet.

(5) Nach Ablauf der Bewährungszeit erklärt das Gericht das Berufsverbot für erledigt.

### Gemeinsame Vorschriften

**§ 71 Selbständige Anordnung.** (1) Die Unterbringung in einem psychiatrischen Krankenhaus oder in einer Entziehungsanstalt kann das Gericht auch selbständig anordnen, wenn das Strafverfahren wegen Schuldunfähigkeit oder Verhandlungsunfähigkeit des Täters undurchführbar ist.

(2) Dasselbe gilt für die Entziehung der Fahrerlaubnis und das Berufsverbot.

**§ 72 Verbindung von Maßregeln.** (1) [1] Sind die Voraussetzungen für mehrere Maßregeln erfüllt, ist aber der erstrebte Zweck durch einzelne von ihnen zu erreichen, so werden nur sie angeordnet. [2] Dabei ist unter mehreren geeigneten Maßregeln denen der Vorzug zu geben, die den Täter am wenigsten beschweren.

(2) Im übrigen werden die Maßregeln nebeneinander angeordnet, wenn das Gesetz nichts anderes bestimmt.

(3) [1] Werden mehrere freiheitsentziehende Maßregeln angeordnet, so bestimmt das Gericht die Reihenfolge der Vollstreckung. [2] Vor dem Ende des Vollzugs einer Maßregel ordnet das Gericht jeweils den Vollzug der nächsten an, wenn deren Zweck die Unterbringung noch erfordert. [3] § 67c Abs. 2 Satz 4 und 5 ist anzuwenden.

### Siebenter Titel.[1)] Einziehung

**§ 73 [1)2)] Einziehung von Taterträgen bei Tätern und Teilnehmern.**

(1) Hat der Täter oder Teilnehmer durch eine rechtswidrige Tat oder für sie etwas erlangt, so ordnet das Gericht dessen Einziehung an.

(2) Hat der Täter oder Teilnehmer Nutzungen aus dem Erlangten gezogen, so ordnet das Gericht auch deren Einziehung an.

(3) Das Gericht kann auch die Einziehung der Gegenstände anordnen, die der Täter oder Teilnehmer erworben hat

---

[1)] 7. Titel (§§ 73–76a) neu gef. mWv 1.7.2017 durch G v. 13.4.2017 (BGBl. I S. 872).

[2)] Beachte hierzu Übergangsvorschrift in Art. 316h EGStGB (Nr. **85a**).

1. durch Veräußerung des Erlangten oder als Ersatz für dessen Zerstörung, Beschädigung oder Entziehung oder
2. auf Grund eines erlangten Rechts.

**§ 73a** [1)2)] **Erweiterte Einziehung von Taterträgen bei Tätern und Teilnehmern.** (1) Ist eine rechtswidrige Tat begangen worden, so ordnet das Gericht die Einziehung von Gegenständen des Täters oder Teilnehmers auch dann an, wenn diese Gegenstände durch andere rechtswidrige Taten oder für sie erlangt worden sind.

(2) Hat sich der Täter oder Teilnehmer vor der Anordnung der Einziehung nach Absatz 1 an einer anderen rechtswidrigen Tat beteiligt und ist erneut über die Einziehung seiner Gegenstände zu entscheiden, berücksichtigt das Gericht hierbei die bereits ergangene Anordnung.

**§ 73b** [1)2)] **Einziehung von Taterträgen bei anderen.** (1) [1] Die Anordnung der Einziehung nach den §§ 73 und 73a richtet sich gegen einen anderen, der nicht Täter oder Teilnehmer ist, wenn

1. er durch die Tat etwas erlangt hat und der Täter oder Teilnehmer für ihn gehandelt hat,
2. ihm das Erlangte
   a) unentgeltlich oder ohne rechtlichen Grund übertragen wurde oder
   b) übertragen wurde und er erkannt hat oder hätte erkennen müssen, dass das Erlangte aus einer rechtswidrigen Tat herrührt, oder
3. das Erlangte auf ihn
   a) als Erbe übergegangen ist oder
   b) als Pflichtteilsberechtigter oder Vermächtnisnehmer übertragen worden ist.

[2] Satz 1 Nummer 2 und 3 findet keine Anwendung, wenn das Erlangte zuvor einem Dritten, der nicht erkannt hat oder hätte erkennen müssen, dass das Erlangte aus einer rechtswidrigen Tat herrührt, entgeltlich und mit rechtlichem Grund übertragen wurde.

(2) Erlangt der andere unter den Voraussetzungen des Absatzes 1 Satz 1 Nummer 2 oder Nummer 3 einen Gegenstand, der dem Wert des Erlangten entspricht, oder gezogene Nutzungen, so ordnet das Gericht auch deren Einziehung an.

(3) Unter den Voraussetzungen des Absatzes 1 Satz 1 Nummer 2 oder Nummer 3 kann das Gericht auch die Einziehung dessen anordnen, was erworben wurde

1. durch Veräußerung des erlangten Gegenstandes oder als Ersatz für dessen Zerstörung, Beschädigung oder Entziehung oder
2. auf Grund eines erlangten Rechts.

**§ 73c** [1)2)] **Einziehung des Wertes von Taterträgen.** [1] Ist die Einziehung eines Gegenstandes wegen der Beschaffenheit des Erlangten oder aus einem anderen Grund nicht möglich oder wird von der Einziehung eines Ersatzgegenstandes nach § 73 Absatz 3 oder nach § 73b Absatz 3 abgesehen, so ordnet das Gericht die Einziehung eines Geldbetrages an, der dem Wert des Erlangten entspricht. [2] Eine

---

1) 7. Titel (§§ 73–76a) neu gef. mWv 1.7.2017 durch G v. 13.4.2017 (BGBl. I S. 872).
2) Beachte hierzu Übergangsvorschrift in Art. 316h EGStGB (Nr. **85a**).

solche Anordnung trifft das Gericht auch neben der Einziehung eines Gegenstandes, soweit dessen Wert hinter dem Wert des zunächst Erlangten zurückbleibt.

**§ 73d** [1)2)] **Bestimmung des Wertes des Erlangten; Schätzung.** (1) [1] Bei der Bestimmung des Wertes des Erlangten sind die Aufwendungen des Täters, Teilnehmers oder des anderen abzuziehen. [2] Außer Betracht bleibt jedoch das, was für die Begehung der Tat oder für ihre Vorbereitung aufgewendet oder eingesetzt worden ist, soweit es sich nicht um Leistungen zur Erfüllung einer Verbindlichkeit gegenüber dem Verletzten der Tat handelt.

(2) Umfang und Wert des Erlangten einschließlich der abzuziehenden Aufwendungen können geschätzt werden.

**§ 73e** [3)4)] **Ausschluss der Einziehung des Tatertrages oder des Wertersatzes.** (1) [1] Die Einziehung nach den §§ 73 bis 73c ist ausgeschlossen, soweit der Anspruch, der dem Verletzten aus der Tat auf Rückgewähr des Erlangten oder auf Ersatz des Wertes des Erlangten erwachsen ist, erloschen ist. [2] Dies gilt nicht für Ansprüche, die durch Verjährung erloschen sind.

(2) In den Fällen des § 73b, auch in Verbindung mit § 73c, ist die Einziehung darüber hinaus ausgeschlossen, soweit der Wert des Erlangten zur Zeit der Anordnung nicht mehr im Vermögen des Betroffenen vorhanden ist, es sei denn, dem Betroffenen waren die Umstände, welche die Anordnung der Einziehung gegen den Täter oder Teilnehmer ansonsten zugelassen hätten, zum Zeitpunkt des Wegfalls der Bereicherung bekannt oder infolge von Leichtfertigkeit unbekannt.

**§ 74** [1)] **Einziehung von Tatprodukten, Tatmitteln und Tatobjekten bei Tätern und Teilnehmern.** (1) Gegenstände, die durch eine vorsätzliche Tat hervorgebracht (Tatprodukte) oder zu ihrer Begehung oder Vorbereitung gebraucht worden oder bestimmt gewesen sind (Tatmittel), können eingezogen werden.

(2) Gegenstände, auf die sich eine Straftat bezieht (Tatobjekte), unterliegen der Einziehung nach der Maßgabe besonderer Vorschriften.

(3) [1] Die Einziehung ist nur zulässig, wenn die Gegenstände zur Zeit der Entscheidung dem Täter oder Teilnehmer gehören oder zustehen. [2] Das gilt auch für die Einziehung, die durch eine besondere Vorschrift über Absatz 1 hinaus vorgeschrieben oder zugelassen ist.

**§ 74a** [1)] **Einziehung von Tatprodukten, Tatmitteln und Tatobjekten bei anderen.** Verweist ein Gesetz auf diese Vorschrift, können Gegenstände abweichend von § 74 Absatz 3 auch dann eingezogen werden, wenn derjenige, dem sie zur Zeit der Entscheidung gehören oder zustehen,

1. mindestens leichtfertig dazu beigetragen hat, dass sie als Tatmittel verwendet worden oder Tatobjekt gewesen sind, oder
2. sie in Kenntnis der Umstände, welche die Einziehung zugelassen hätten, in verwerflicher Weise erworben hat.

---

1) 7. Titel (§§ 73–76a) neu gef. mWv 1.7.2017 durch G v. 13.4.2017 (BGBl. I S. 872).

2) *Beachte hierzu Übergangsvorschrift in Art. 316h EGStGB (Nr.* ***85a****).*

3) § 73e neu gef. mWv 1.7.2017 durch G v. 13.4.2017 (BGBl. I S. 872); Abs. 1 Satz 2 angef. mWv 29.12.2020 durch G v. 21.12.2020 (BGBl. I S. 3096).

4) Beachte hierzu Übergangsvorschrift in Art. 316h und 316j EGStGB (Nr. **85a**).

**§ 74b[1] Sicherungseinziehung.** (1) Gefährden Gegenstände nach ihrer Art und nach den Umständen die Allgemeinheit oder besteht die Gefahr, dass sie der Begehung rechtswidriger Taten dienen werden, können sie auch dann eingezogen werden, wenn

1. der Täter oder Teilnehmer ohne Schuld gehandelt hat oder
2. die Gegenstände einem anderen als dem Täter oder Teilnehmer gehören oder zustehen.

(2) [1] In den Fällen des Absatzes 1 Nummer 2 wird der andere aus der Staatskasse unter Berücksichtigung des Verkehrswertes des eingezogenen Gegenstandes angemessen in Geld entschädigt. [2] Das Gleiche gilt, wenn der eingezogene Gegenstand mit dem Recht eines anderen belastet ist, das durch die Entscheidung erloschen oder beeinträchtigt ist.

(3) [1] Eine Entschädigung wird nicht gewährt, wenn

1. der nach Absatz 2 Entschädigungsberechtigte
   a) mindestens leichtfertig dazu beigetragen hat, dass der Gegenstand als Tatmittel verwendet worden oder Tatobjekt gewesen ist, oder
   b) den Gegenstand oder das Recht an dem Gegenstand in Kenntnis der Umstände, welche die Einziehung zulassen, in verwerflicher Weise erworben hat oder
2. es nach den Umständen, welche die Einziehung begründet haben, auf Grund von Rechtsvorschriften außerhalb des Strafrechts zulässig wäre, dem Entschädigungsberechtigten den Gegenstand oder das Recht an dem Gegenstand ohne Entschädigung dauerhaft zu entziehen.

[2] Abweichend von Satz 1 kann eine Entschädigung jedoch gewährt werden, wenn es eine unbillige Härte wäre, sie zu versagen.

**§ 74c[1] Einziehung des Wertes von Tatprodukten, Tatmitteln und Tatobjekten bei Tätern und Teilnehmern.** (1) Ist die Einziehung eines bestimmten Gegenstandes nicht möglich, weil der Täter oder Teilnehmer diesen veräußert, verbraucht oder die Einziehung auf andere Weise vereitelt hat, so kann das Gericht gegen ihn die Einziehung eines Geldbetrages anordnen, der dem Wert des Gegenstandes entspricht.

(2) [1] Eine solche Anordnung kann das Gericht auch neben oder statt der Einziehung eines Gegenstandes treffen, wenn ihn der Täter oder Teilnehmer vor der Entscheidung über die Einziehung mit dem Recht eines Dritten belastet hat, dessen Erlöschen nicht oder ohne Entschädigung nicht angeordnet werden kann (§ 74b Absatz 2 und 3 und § 75 Absatz 2). [2] Trifft das Gericht die Anordnung neben der Einziehung, bemisst sich die Höhe des Wertersatzes nach dem Wert der Belastung des Gegenstandes.

(3) Der Wert des Gegenstandes und der Belastung kann geschätzt werden.

**§ 74d[2] Einziehung von Verkörperungen eines Inhalts und Unbrauchbarmachung.** (1) [1] Verkörperungen eines Inhalts (§ 11 Absatz 3), dessen vorsätzliche Verbreitung den Tatbestand eines Strafgesetzes verwirklichen würde, werden eingezogen, wenn der Inhalt durch eine rechtswidrige Tat verbreitet oder zur Ver-

---

[1] 7. Titel (§§ 73–76a) neu gef. mWv 1.7.2017 durch G v. 13.4.2017 (BGBl. I S. 872).

[2] § 74d neu gef. mWv 1.7.2017 durch G v. 13.4.2017 (BGBl. I S. 872); Überschrift geänd., Abs. 1 Satz 1 neu gef., Satz 2 und Abs. 2 geänd., Abs. 3 Satz 1 neu gef., Satz 2 Nr. 1 geänd., Abs. 4 neu gef. mWv 1.1.2021 durch G v. 30.11.2020 (BGBl. I S. 2600).

breitung bestimmt worden ist. [2] Zugleich wird angeordnet, dass die zur Herstellung der Verkörperungen gebrauchten oder bestimmten Vorrichtungen, die Vorlage für die Vervielfältigung waren oder sein sollten, unbrauchbar gemacht werden.

(2) Die Einziehung erstreckt sich nur auf die Verkörperungen, die sich im Besitz der bei der Verbreitung oder deren Vorbereitung mitwirkenden Personen befinden oder öffentlich ausgelegt oder beim Verbreiten durch Versenden noch nicht dem Empfänger ausgehändigt worden sind.

(3) [1] Absatz 1 gilt entsprechend für Verkörperungen eines Inhalts (§ 11 Absatz 3), dessen vorsätzliche Verbreitung nur bei Hinzutreten weiterer Tatumstände den Tatbestand eines Strafgesetzes verwirklichen würde. [2] Die Einziehung und Unbrauchbarmachung werden jedoch nur angeordnet, soweit

1. die Verkörperungen und die in Absatz 1 Satz 2 bezeichneten Vorrichtungen sich im Besitz des Täters, des Teilnehmers oder eines anderen befinden, für den der Täter oder Teilnehmer gehandelt hat, oder von diesen Personen zur Verbreitung bestimmt sind und
2. die Maßnahmen erforderlich sind, um ein gesetzwidriges Verbreiten durch die in Nummer 1 bezeichneten Personen zu verhindern.

(4) Dem Verbreiten im Sinne der Absätze 1 bis 3 steht es gleich, wenn ein Inhalt (§ 11 Absatz 3) der Öffentlichkeit zugänglich gemacht wird.

(5) [1] Stand das Eigentum an der Sache zur Zeit der Rechtskraft der Entscheidung über die Einziehung oder Unbrauchbarmachung einem anderen als dem Täter oder Teilnehmer zu oder war der Gegenstand mit dem Recht eines Dritten belastet, das durch die Entscheidung erloschen oder beeinträchtigt ist, wird dieser aus der Staatskasse unter Berücksichtigung des Verkehrswertes angemessen in Geld entschädigt. [2] § 74b Absatz 3 gilt entsprechend.

**§ 74e[1)] Sondervorschrift für Organe und Vertreter.** [1] Hat jemand

1. als vertretungsberechtigtes Organ einer juristischen Person oder als Mitglied eines solchen Organs,
2. als Vorstand eines nicht rechtsfähigen Vereins oder als Mitglied eines solchen Vorstandes,
3. als vertretungsberechtigter Gesellschafter einer rechtsfähigen Personengesellschaft,
4. als Generalbevollmächtigter oder in leitender Stellung als Prokurist oder Handlungsbevollmächtigter einer juristischen Person oder einer in Nummer 2 oder 3 genannten Personenvereinigung oder
5. als sonstige Person, die für die Leitung des Betriebs oder Unternehmens einer juristischen Person oder einer in Nummer 2 oder 3 genannten Personenvereinigung verantwortlich handelt, wozu auch die Überwachung der Geschäftsführung oder die sonstige Ausübung von Kontrollbefugnissen in leitender Stellung gehört,

eine Handlung vorgenommen, die ihm gegenüber unter den übrigen Voraussetzungen der §§ 74 bis 74c die Einziehung eines Gegenstandes oder des Wertersatzes zulassen oder den Ausschluss der Entschädigung begründen würde, wird seine Handlung bei Anwendung dieser Vorschriften dem Vertretenen zugerechnet. [2] § 14 Absatz 3 gilt entsprechend.

---

1) 7. Titel (§§ 73–76a) neu gef. mWv 1.7.2017 durch G v. 13.4.2017 (BGBl. I S. 872).

**§ 74f[1] Grundsatz der Verhältnismäßigkeit.** (1) [1] Ist die Einziehung nicht vorgeschrieben, so darf sie in den Fällen der §§ 74 und 74a nicht angeordnet werden, wenn sie zur begangenen Tat und zum Vorwurf, der den von der Einziehung Betroffenen trifft, außer Verhältnis stünde. [2] In den Fällen der §§ 74 bis 74b und 74d ordnet das Gericht an, dass die Einziehung vorbehalten bleibt, wenn ihr Zweck auch durch eine weniger einschneidende Maßnahme erreicht werden kann. [3] In Betracht kommt insbesondere die Anweisung,

1. die Gegenstände unbrauchbar zu machen,
2. an den Gegenständen bestimmte Einrichtungen oder Kennzeichen zu beseitigen oder die Gegenstände sonst zu ändern oder
3. über die Gegenstände in bestimmter Weise zu verfügen.

[4] Wird die Anweisung befolgt, wird der Vorbehalt der Einziehung aufgehoben; andernfalls ordnet das Gericht die Einziehung nachträglich an. [5] Ist die Einziehung nicht vorgeschrieben, kann sie auf einen Teil der Gegenstände beschränkt werden.

(2) In den Fällen der Unbrauchbarmachung nach § 74d Absatz 1 Satz 2 und Absatz 3 gilt Absatz 1 Satz 2 und 3 entsprechend.

**§ 75[1] Wirkung der Einziehung.** (1)[2] [1] Wird die Einziehung eines Gegenstandes angeordnet, so geht das Eigentum an der Sache oder das Recht mit der Rechtskraft der Entscheidung auf den Staat über, wenn der Gegenstand

1. dem von der Anordnung Betroffenen zu dieser Zeit gehört oder zusteht oder
2. einem anderen gehört oder zusteht, der ihn für die Tat oder andere Zwecke in Kenntnis der Tatumstände gewährt hat.

[2] In anderen Fällen geht das Eigentum an der Sache oder das Recht mit Ablauf von sechs Monaten nach der Mitteilung der Rechtskraft der Einziehungsanordnung auf den Staat über, es sei denn, dass vorher derjenige, dem der Gegenstand gehört oder zusteht, sein Recht bei der Vollstreckungsbehörde anmeldet.

(2) [1] Im Übrigen bleiben Rechte Dritter an dem Gegenstand bestehen. [2] In den in § 74b bezeichneten Fällen ordnet das Gericht jedoch das Erlöschen dieser Rechte an. [3] In den Fällen der §§ 74 und 74a kann es das Erlöschen des Rechts eines Dritten anordnen, wenn der Dritte

1. wenigstens leichtfertig dazu beigetragen hat, dass der Gegenstand als Tatmittel verwendet worden oder Tatobjekt gewesen ist, oder
2. das Recht an dem Gegenstand in Kenntnis der Umstände, welche die Einziehung zulassen, in verwerflicher Weise erworben hat.

(3)[2] Bis zum Übergang des Eigentums an der Sache oder des Rechts wirkt die Anordnung der Einziehung oder die Anordnung des Vorbehalts der Einziehung als Veräußerungsverbot im Sinne des § 136 des Bürgerlichen Gesetzbuchs[3].

(4) In den Fällen des § 111d Absatz 1 Satz 2 der Strafprozessordnung[4] findet § 91 der Insolvenzordnung[5] keine Anwendung.

---

[1] 7. Titel (§§ 73–76a) neu gef. mWv 1.7.2017 durch G v. 13.4.2017 (BGBl. I S. 872).
[2] Beachte hierzu Übergangsvorschrift in Art. 316h EGStGB (Nr. **85a**).
[3] Nr. **20**.
[4] Nr. **90**.
[5] Nr. **110**.

**§ 76[1) 2)] Nachträgliche Anordnung der Einziehung des Wertersatzes.** Ist die Anordnung der Einziehung eines Gegenstandes unzureichend oder nicht ausführbar, weil nach der Anordnung eine der in den §§ 73c oder 74c bezeichneten Voraussetzungen eingetreten oder bekanntgeworden ist, so kann das Gericht die Einziehung des Wertersatzes nachträglich anordnen.

**§ 76a[3) 4)] Selbständige Einziehung.** (1) [1]Kann wegen der Straftat keine bestimmte Person verfolgt oder verurteilt werden, so ordnet das Gericht die Einziehung oder die Unbrauchbarmachung selbständig an, wenn die Voraussetzungen, unter denen die Maßnahme vorgeschrieben ist, im Übrigen vorliegen. [2]Ist sie zugelassen, so kann das Gericht die Einziehung unter den Voraussetzungen des Satzes 1 selbständig anordnen. [3]Die Einziehung wird nicht angeordnet, wenn Antrag, Ermächtigung oder Strafverlangen fehlen oder bereits rechtskräftig über sie entschieden worden ist.

(2) [1]Unter den Voraussetzungen der §§ 73, 73b und 73c ist die selbständige Anordnung der Einziehung des Tatertrages und die selbständige Einziehung des Wertes des Tatertrages auch dann zulässig, wenn die Verfolgung der Straftat verjährt ist. [2]Unter den Voraussetzungen der §§ 74b und 74d gilt das Gleiche für die selbständige Anordnung der Sicherungseinziehung, der Einziehung von Verkörperungen eines Inhalts und der Unbrauchbarmachung.

(3) Absatz 1 ist auch anzuwenden, wenn das Gericht von Strafe absieht oder wenn das Verfahren nach einer Vorschrift eingestellt wird, die dies nach dem Ermessen der Staatsanwaltschaft oder des Gerichts oder im Einvernehmen beider zulässt.

(4) [1]Ein wegen des Verdachts einer in Satz 3 genannten Straftat sichergestellter Gegenstand sowie daraus gezogene Nutzungen sollen auch dann selbständig eingezogen werden, wenn der Gegenstand aus einer rechtswidrigen Tat herrührt und der von der Sicherstellung Betroffene nicht wegen der ihr zugrundeliegenden Straftat verfolgt oder verurteilt werden kann. [2]Wird die Einziehung eines Gegenstandes angeordnet, so geht das Eigentum an der Sache oder das Recht mit der Rechtskraft der Entscheidung auf den Staat über; § 75 Absatz 3 gilt entsprechend. [3]Straftaten im Sinne des Satzes 1 sind

1. aus diesem Gesetz:
   a) Vorbereitung einer schweren staatsgefährdenden Gewalttat nach § 89a und Terrorismusfinanzierung nach § 89c Absatz 1 bis 4,
   b) Bildung krimineller Vereinigungen nach § 129 Absatz 1 und Bildung terroristischer Vereinigungen nach § 129a Absatz 1, 2, 4, 5, jeweils auch in Verbindung mit § 129b Absatz 1,
   c) Zuhälterei nach § 181a Absatz 1, auch in Verbindung mit Absatz 3,
   d) Verbreitung, Erwerb und Besitz kinderpornografischer Inhalte in den Fällen des § 184b Absatz 2,
   e) gewerbs- und bandenmäßige Begehung des Menschenhandels, der Zwangsprostitution und der Zwangsarbeit nach den §§ 232 bis 232b sowie bandenmäßige Ausbeutung der Arbeitskraft und Ausbeutung unter Ausnutzung einer Freiheitsberaubung nach den §§ 233 und 233a,

---

1) 7. Titel (§§ 73–76a) neu gef. mWv 1.7.2017 durch G v. 13.4.2017 (BGBl. I S. 872).
2) Beachte hierzu Übergangsvorschrift in Art. 316h EGStGB (Nr. **85a**).
3) *§ 76a neu gef. mWv 1.7.2017 durch G v. 13.4.2017 (BGBl. I S. 872)*; Abs. 2 Satz 2, Abs. 4 Satz 3 Nr. 1 Buchst. d geänd. mWv 1.1.2021 durch G v. 30.11.2020 (BGBl. I S. 2600); Abs. 4 Satz 1, Satz 3 Nr. 1 Buchst. f neu gef. mWv 18.3.2021 durch G v. 9.3.2021 (BGBl. I S. 327).
4) Beachte hierzu Übergangsvorschrift in Art. 316h und 316k EGStGB (Nr. **85a**).

f) Geldwäsche nach § 261 Absatz 1 und 2,

2. aus der Abgabenordnung:
 a) Steuerhinterziehung unter den in § 370 Absatz 3 Nummer 5 genannten Voraussetzungen,
 b) gewerbsmäßiger, gewaltsamer und bandenmäßiger Schmuggel nach § 373,
 c) Steuerhehlerei im Fall des § 374 Absatz 2,
3. aus dem Asylgesetz[1]:
 a) Verleitung zur missbräuchlichen Asylantragstellung nach § 84 Absatz 3,
 b) gewerbs- und bandenmäßige Verleitung zur missbräuchlichen Asylantragstellung nach § 84a,
4. aus dem Aufenthaltsgesetz[2]:
 a) Einschleusen von Ausländern nach § 96 Absatz 2,
 b) Einschleusen mit Todesfolge sowie gewerbs- und bandenmäßiges Einschleusen nach § 97,
5. aus dem Außenwirtschaftsgesetz:
 vorsätzliche Straftaten nach den §§ 17 und 18,
6. aus dem Betäubungsmittelgesetz[3]:
 a) Straftaten nach einer in § 29 Absatz 3 Satz 2 Nummer 1 in Bezug genommenen Vorschrift unter den dort genannten Voraussetzungen,
 b) Straftaten nach den §§ 29a, 30 Absatz 1 Nummer 1, 2 und 4 sowie den §§ 30a und 30b,
7. aus dem Gesetz über die Kontrolle von Kriegswaffen[4]:
 a) Straftaten nach § 19 Absatz 1 bis 3 und § 20 Absatz 1 und 2 sowie § 20a Absatz 1 bis 3, jeweils auch in Verbindung mit § 21,
 b) Straftaten nach § 22a Absatz 1 bis 3,
8. aus dem Waffengesetz[5]:
 a) Straftaten nach § 51 Absatz 1 bis 3,
 b) Straftaten nach § 52 Absatz 1 Nummer 1 und 2 Buchstabe c und d sowie Absatz 5 und 6.

**§ 76b[6] [7] Verjährung der Einziehung von Taterträgen und des Wertes von Taterträgen.** (1) [1] Die erweiterte und die selbständige Einziehung des Tatertrages oder des Wertes des Tatertrages nach den §§ 73a und 76a verjähren in 30 Jahren. [2] Die Verjährung beginnt mit der Beendigung der rechtswidrigen Tat, durch oder für die der Täter oder Teilnehmer oder der andere im Sinne des § 73b etwas erlangt hat. [3] Die §§ 78b und 78c gelten entsprechend.

(2) In den Fällen des § 78 Absatz 2 und des § 5 des Völkerstrafgesetzbuches[8] verjähren die erweiterte und die selbständige Einziehung des Tatertrages oder des Wertes des Tatertrages nach den §§ 73a und 76a nicht.

---

[1] **Sartorius Nr. 567.**
[2] **Sartorius Nr. 565.**
[3] **Schönfelder ErgBd. Nr. 86.**
[4] **Sartorius Nr. 823.**
[5] **Sartorius Nr. 820.**
[6] § 76b eingef. mWv 1.7.2017 durch G v. 13.4.2017 (BGBl. I S. 872).
[7] Beachte hierzu Übergangsvorschrift in Art. 316h EGStGB (Nr. **85a**).
[8] **Schönfelder ErgBd. Nr. 85g.**

## Vierter Abschnitt. Strafantrag, Ermächtigung, Strafverlangen

**§ 77[1] Antragsberechtigte.** (1) Ist die Tat nur auf Antrag verfolgbar, so kann, soweit das Gesetz nichts anderes bestimmt, der Verletzte den Antrag stellen.

(2) [1] Stirbt der Verletzte, so geht sein Antragsrecht in den Fällen, die das Gesetz bestimmt, auf den Ehegatten, den Lebenspartner und die Kinder über. [2] Hat der Verletzte weder einen Ehegatten, oder einen Lebenspartner noch Kinder hinterlassen oder sind sie vor Ablauf der Antragsfrist gestorben, so geht das Antragsrecht auf die Eltern und, wenn auch sie vor Ablauf der Antragsfrist gestorben sind, auf die Geschwister und die Enkel über. [3] Ist ein Angehöriger an der Tat beteiligt oder ist seine Verwandtschaft erloschen, so scheidet er bei dem Übergang des Antragsrechts aus. [4] Das Antragsrecht geht nicht über, wenn die Verfolgung dem erklärten Willen des Verletzten widerspricht.

(3) Ist der Antragsberechtigte geschäftsunfähig oder beschränkt geschäftsfähig, so können der gesetzliche Vertreter in den persönlichen Angelegenheiten und derjenige, dem die Sorge für die Person des Antragsberechtigten zusteht, den Antrag stellen.

(4) Sind mehrere antragsberechtigt, so kann jeder den Antrag selbständig stellen.

**§ 77a Antrag des Dienstvorgesetzten.** (1) Ist die Tat von einem Amtsträger, einem für den öffentlichen Dienst besonders Verpflichteten oder einem Soldaten der Bundeswehr oder gegen ihn begangen und auf Antrag des Dienstvorgesetzten verfolgbar, so ist derjenige Dienstvorgesetzte antragsberechtigt, dem der Betreffende zur Zeit der Tat unterstellt war.

(2) [1] Bei Berufsrichtern ist an Stelle des Dienstvorgesetzten antragsberechtigt, wer die Dienstaufsicht über den Richter führt. [2] Bei Soldaten ist Dienstvorgesetzter der Disziplinarvorgesetzte.

(3) [1] Bei einem Amtsträger oder einem für den öffentlichen Dienst besonders Verpflichteten, der keinen Dienstvorgesetzten hat oder gehabt hat, kann die Dienststelle, für die er tätig war, den Antrag stellen. [2] Leitet der Amtsträger oder der Verpflichtete selbst diese Dienststelle, so ist die staatliche Aufsichtsbehörde antragsberechtigt.

(4) Bei Mitgliedern der Bundesregierung ist die Bundesregierung, bei Mitgliedern einer Landesregierung die Landesregierung antragsberechtigt.

**§ 77b[2] Antragsfrist.** (1) [1] Eine Tat, die nur auf Antrag verfolgbar ist, wird nicht verfolgt, wenn der Antragsberechtigte es unterläßt, den Antrag bis zum Ablauf einer Frist von drei Monaten zu stellen. [2] Fällt das Ende der Frist auf einen Sonntag, einen allgemeinen Feiertag oder einen Sonnabend, so endet die Frist mit Ablauf des nächsten Werktags.

(2) [1] Die Frist beginnt mit Ablauf des Tages, an dem der Berechtigte von der Tat und der Person des Täters Kenntnis erlangt. [2] Für den Antrag des gesetzlichen Vertreters und des Sorgeberechtigten kommt es auf dessen Kenntnis an.

(3) Sind mehrere antragsberechtigt oder mehrere an der Tat beteiligt, so läuft die Frist für und gegen jeden gesondert.

---

[1] § 77 Abs. 2 Sätze 1 und 2 geänd. mWv 1.8.2001 durch G v. 16.2.2001 (BGBl. I S. 266).

[2] § 77b Abs. 5 geänd. mWv 1.9.2004 durch G v. 24.8.2004 (BGBl. I S. 2198); Abs. 2 Satz 2 aufgeh., bish. Satz 3 wird Satz 2 mWv 26.11.2015 durch G v. 20.11.2015 (BGBl. I S. 2010).

(4) Ist durch Tod des Verletzten das Antragsrecht auf Angehörige übergegangen, so endet die Frist frühestens drei Monate und spätestens sechs Monate nach dem Tod des Verletzten.

(5) Der Lauf der Frist ruht, wenn ein Antrag auf Durchführung eines Sühneversuchs gemäß § 380 der Strafprozeßordnung[1)] bei der Vergleichsbehörde eingeht, bis zur Ausstellung der Bescheinigung nach § 380 Abs. 1 Satz 3 der Strafprozeßordnung.

**§ 77c Wechselseitig begangene Taten.** [1] Hat bei wechselseitig begangenen Taten, die miteinander zusammenhängen und nur auf Antrag verfolgbar sind, ein Berechtigter die Strafverfolgung des anderen beantragt, so erlischt das Antragsrecht des anderen, wenn er es nicht bis zur Beendigung des letzten Wortes im ersten Rechtszug ausübt. [2] Er kann den Antrag auch dann noch stellen, wenn für ihn die Antragsfrist schon verstrichen ist.

**§ 77d[2)] Zurücknahme des Antrags.** (1) [1] Der Antrag kann zurückgenommen werden. [2] Die Zurücknahme kann bis zum rechtskräftigen Abschluß des Strafverfahrens erklärt werden. [3] Ein zurückgenommener Antrag kann nicht nochmals gestellt werden.

(2) [1] Stirbt der Verletzte oder der im Falle seines Todes Berechtigte, nachdem er den Antrag gestellt hat, so können der Ehegatte, der Lebenspartner, die Kinder, die Eltern, die Geschwister und die Enkel des Verletzten in der Rangfolge des § 77 Abs. 2 den Antrag zurücknehmen. [2] Mehrere Angehörige des gleichen Ranges können das Recht nur gemeinsam ausüben. [3] Wer an der Tat beteiligt ist, kann den Antrag nicht zurücknehmen.

**§ 77e Ermächtigung und Strafverlangen.** Ist eine Tat nur mit Ermächtigung oder auf Strafverlangen verfolgbar, so gelten die §§ 77 und 77d entsprechend.

## Fünfter Abschnitt. Verjährung

### Erster Titel. Verfolgungsverjährung

**§ 78[3)] Verjährungsfrist.** (1) [1] Die Verjährung schließt die Ahndung der Tat und die Anordnung von Maßnahmen (§ 11 Abs. 1 Nr. 8) aus. [2] § 76a Absatz 2 bleibt unberührt.[4)]

(2)[5)] Verbrechen nach § 211 (Mord) verjähren nicht.

(3) Soweit die Verfolgung verjährt, beträgt die Verjährungsfrist

1. dreißig Jahre bei Taten, die mit lebenslanger Freiheitsstrafe bedroht sind,[6)]

---

[1)] Nr. **90**.

[2)] § 77d Abs. 2 Satz 1 geänd. mWv 1.8.2001 durch G v. 16.2.2001 (BGBl. I S. 266).

[3)] § 78 Abs. 2 geänd. mWv 30.6.2002 durch G v. 26.6.2002 (BGBl. I S. 2254); Abs. 1 Satz 2 geänd. mWv 1.7.2017 durch G v. 13.4.2017 (BGBl. I S. 872).

[4)] Beachte hierzu Übergangsvorschrift in Art. 316h EGStGB (Nr. **85a**).

[5)] § 78 Abs. 2 gilt auch für früher begangene Taten, wenn die Verfolgung am 21.7.1979 noch nicht verjährt ist; vgl. Art. 2 16. StrÄndG v. 16.7.1979 (BGBl. I S. 1046).

[6)] Beachte § 1 G über die Berechnung strafrechtlicher Verjährungsfristen v. 13.4.1965 (BGBl. I S. 315), geänd. durch G v. 25.6.1969 (BGBl. I S. 645):

„**§ 1 Ruhen der Verfolgungsverjährung.** (1) [1] Bei der Berechnung der Verjährungsfrist für die Verfolgung von Verbrechen, die mit lebenslanger Freiheitsstrafe bedroht sind, bleibt die Zeit vom 8. Mai 1945 bis zum 31. Dezember 1949 außer Ansatz. [2] In dieser Zeit hat die Verjährung der Verfolgung dieser Verbrechen geruht.

(2) Absatz 1 gilt nicht für Taten, deren Verfolgung beim Inkrafttreten dieses Gesetzes bereits verjährt ist."

2. zwanzig Jahre bei Taten, die im Höchstmaß mit Freiheitsstrafen von mehr als zehn Jahren bedroht sind,
3. zehn Jahre bei Taten, die im Höchstmaß mit Freiheitsstrafen von mehr als fünf Jahren bis zu zehn Jahren bedroht sind,
4. fünf Jahre bei Taten, die im Höchstmaß mit Freiheitsstrafen von mehr als einem Jahr bis zu fünf Jahren bedroht sind,
5. drei Jahre bei den übrigen Taten.

(4) Die Frist richtet sich nach der Strafdrohung des Gesetzes, dessen Tatbestand die Tat verwirklicht, ohne Rücksicht auf Schärfungen oder Milderungen, die nach den Vorschriften des Allgemeinen Teils oder für besonders schwere oder minder schwere Fälle vorgesehen sind.

**§ 78a Beginn.** [1] Die Verjährung beginnt, sobald die Tat beendet ist. [2] Tritt ein zum Tatbestand gehörender Erfolg erst später ein, so beginnt die Verjährung mit diesem Zeitpunkt.

**§ 78b[1] Ruhen.** (1) Die Verjährung ruht

1. bis zur Vollendung des 30. Lebensjahres des Opfers bei Straftaten nach den §§ 174 bis 174c, 176 bis 178, 182, 184b Absatz 1 Satz 1 Nummer 3, auch in Verbindung mit Absatz 2, §§ 225, 226a und 237,
2. solange nach dem Gesetz die Verfolgung nicht begonnen oder nicht fortgesetzt werden kann; dies gilt nicht, wenn die Tat nur deshalb nicht verfolgt werden kann, weil Antrag, Ermächtigung oder Strafverlangen fehlen.

(2) Steht der Verfolgung entgegen, daß der Täter Mitglied des Bundestages oder eines Gesetzgebungsorgans eines Landes ist, so beginnt die Verjährung erst mit Ablauf des Tages zu ruhen, an dem

1. die Staatsanwaltschaft oder eine Behörde oder ein Beamter des Polizeidienstes von der Tat und der Person des Täters Kenntnis erlangt oder
2. eine Strafanzeige oder ein Strafantrag gegen den Täter angebracht wird (§ 158 der Strafprozeßordnung[2]).

(3) Ist vor Ablauf der Verjährungsfrist ein Urteil des ersten Rechtszuges ergangen, so läuft die Verjährungsfrist nicht vor dem Zeitpunkt ab, in dem das Verfahren rechtskräftig abgeschlossen ist.

(4) Droht das Gesetz strafschärfend für besonders schwere Fälle Freiheitsstrafe von mehr als fünf Jahren an und ist das Hauptverfahren vor dem Landgericht eröffnet worden, so ruht die Verjährung in den Fällen des § 78 Abs. 3 Nr. 4 ab Eröffnung des Hauptverfahrens, höchstens jedoch für einen Zeitraum von fünf Jahren; Absatz 3 bleibt unberührt.

(5) [1] Hält sich der Täter in einem ausländischen Staat auf und stellt die zuständige Behörde ein förmliches Auslieferungsersuchen an diesen Staat, ruht die Verjährung ab dem Zeitpunkt des Zugangs des Ersuchens beim ausländischen Staat

---

[1] § 78b Abs. 1 Nr. 1 geänd. mWv 1.4.2004 durch G v. 27.12.2003 (BGBl. I S. 3007); Abs. 5 angef. mWv 11.8.2005 durch G v. 4.8.2005 (BGBl. I S. 2272); Abs. 1 Nr. 1 geänd. mWv 1.10.2009 durch G v. 29.7.2009 (BGBl. I S. 2280); Abs. 1 Nr. 1 geänd. mWv 30.6.2013 durch G v. 26.6.2013 (BGBl. I S. 1805); Abs. 1 Nr. 1 geänd. mWv 28.9.2013 durch G v. 24.9.2013 (BGBl. I S. 3671); Abs. 1 Nr. 1 geänd. mWv 27.1.2015 durch G v. *21.1.2015 (BGBl. I S. 10)*; Abs. 6 angef. mWv 26.11.2015 durch G v. 20.11.2015 (BGBl. I S. 2025); Abs. 1 Nr. 1 geänd. mWv 10.11.2016 durch G v. 4.11.2016 (BGBl. I S. 2460); Abs. 1 Nr. 1 geänd. mWv 1.7.2021 durch G v. 16.6.2021 (BGBl. I S. 1810).

[2] Nr. **90**.

1. bis zur Übergabe des Täters an die deutschen Behörden,
2. bis der Täter das Hoheitsgebiet des ersuchten Staates auf andere Weise verlassen hat,
3. bis zum Eingang der Ablehnung dieses Ersuchens durch den ausländischen Staat bei den deutschen Behörden oder
4. bis zur Rücknahme dieses Ersuchens.

[2] Lässt sich das Datum des Zugangs des Ersuchens beim ausländischen Staat nicht ermitteln, gilt das Ersuchen nach Ablauf von einem Monat seit der Absendung oder Übergabe an den ausländischen Staat als zugegangen, sofern nicht die ersuchende Behörde Kenntnis davon erlangt, dass das Ersuchen dem ausländischen Staat tatsächlich nicht oder erst zu einem späteren Zeitpunkt zugegangen ist. [3] Satz 1 gilt nicht für ein Auslieferungsersuchen, für das im ersuchten Staat auf Grund des Rahmenbeschlusses des Rates vom 13. Juni 2002 über den Europäischen Haftbefehl und die Übergabeverfahren zwischen den Mitgliedstaaten (ABl. EG Nr. L 190 S. 1) oder auf Grund völkerrechtlicher Vereinbarung eine § 83c des Gesetzes über die internationale Rechtshilfe in Strafsachen[1)] vergleichbare Fristenregelung besteht.

(6) In den Fällen des § 78 Absatz 3 Nummer 1 bis 3 ruht die Verjährung ab der Übergabe der Person an den Internationalen Strafgerichtshof oder den Vollstreckungsstaat bis zu ihrer Rückgabe an die deutschen Behörden oder bis zu ihrer Freilassung durch den Internationalen Strafgerichtshof oder den Vollstreckungsstaat.

**§ 78c[2)] Unterbrechung.** (1) [1] Die Verjährung wird unterbrochen durch

1. die erste Vernehmung des Beschuldigten, die Bekanntgabe, daß gegen ihn das Ermittlungsverfahren eingeleitet ist, oder die Anordnung dieser Vernehmung oder Bekanntgabe,
2. jede richterliche Vernehmung des Beschuldigten oder deren Anordnung,
3. jede Beauftragung eines Sachverständigen durch den Richter oder Staatsanwalt, wenn vorher der Beschuldigte vernommen oder ihm die Einleitung des Ermittlungsverfahrens bekanntgegeben worden ist,
4. jede richterliche Beschlagnahme- oder Durchsuchungsanordnung und richterliche Entscheidungen, welche diese aufrechterhalten,
5. den Haftbefehl, den Unterbringungsbefehl, den Vorführungsbefehl und richterliche Entscheidungen, welche diese aufrechterhalten,
6. die Erhebung der öffentlichen Klage,
7. die Eröffnung des Hauptverfahrens,
8. jede Anberaumung einer Hauptverhandlung,
9. den Strafbefehl oder eine andere dem Urteil entsprechende Entscheidung,
10. die vorläufige gerichtliche Einstellung des Verfahrens wegen Abwesenheit des Angeschuldigten sowie jede Anordnung des Richters oder Staatsanwalts, die nach einer solchen Einstellung des Verfahrens oder im Verfahren gegen Abwesende zur Ermittlung des Aufenthalts des Angeschuldigten oder zur Sicherung von Beweisen ergeht,
11. die vorläufige gerichtliche Einstellung des Verfahrens wegen Verhandlungsunfähigkeit des Angeschuldigten sowie jede Anordnung des Richters oder Staats-

---

[1)] **Habersack, Deutsche Gesetze ErgBd. Nr. 90h.**

[2)] § 78c Abs. 2 Satz 2 geänd. mWv 1.1.2018 durch G v. 5.7.2017 (BGBl. I S. 2208); Abs. 2 Sätze 1 und 2 geänd. mWv 1.7.2021 durch G v. 25.6.2021 (BGBl. I S. 2099).

anwalts, die nach einer solchen Einstellung des Verfahrens zur Überprüfung der Verhandlungsfähigkeit des Angeschuldigten ergeht, oder

12. jedes richterliche Ersuchen, eine Untersuchungshandlung im Ausland vorzunehmen.

[2] Im Sicherungsverfahren und im selbständigen Verfahren wird die Verjährung durch die dem Satz 1 entsprechenden Handlungen zur Durchführung des Sicherungsverfahrens oder des selbständigen Verfahrens unterbrochen.

(2) [1] Die Verjährung ist bei einer schriftlichen Anordnung oder Entscheidung in dem Zeitpunkt unterbrochen, in dem die Anordnung oder Entscheidung abgefasst wird. [2] Ist das Dokument nicht alsbald nach der Abfassung in den Geschäftsgang gelangt, so ist der Zeitpunkt maßgebend, in dem es tatsächlich in den Geschäftsgang gegeben worden ist.

(3) [1] Nach jeder Unterbrechung beginnt die Verjährung von neuem. [2] Die Verfolgung ist jedoch spätestens verjährt, wenn seit dem in § 78a bezeichneten Zeitpunkt das Doppelte der gesetzlichen Verjährungsfrist und, wenn die Verjährungsfrist nach besonderen Gesetzen kürzer ist als drei Jahre, mindestens drei Jahre verstrichen sind. [3] § 78b bleibt unberührt.

(4) Die Unterbrechung wirkt nur gegenüber demjenigen, auf den sich die Handlung bezieht.

(5) Wird ein Gesetz, das bei der Beendigung der Tat gilt, vor der Entscheidung geändert und verkürzt sich hierdurch die Frist der Verjährung, so bleiben Unterbrechungshandlungen, die vor dem Inkrafttreten des neuen Rechts vorgenommen worden sind, wirksam, auch wenn im Zeitpunkt der Unterbrechung die Verfolgung nach dem neuen Recht bereits verjährt gewesen wäre.

### Zweiter Titel. Vollstreckungsverjährung

**§ 79[1)] Verjährungsfrist.** (1) Eine rechtskräftig verhängte Strafe oder Maßnahme (§ 11 Abs. 1 Nr. 8) darf nach Ablauf der Verjährungsfrist nicht mehr vollstreckt werden.

(2) Die Vollstreckung von lebenslangen Freiheitsstrafen verjährt nicht.

(3) Die Verjährungsfrist beträgt

1. fünfundzwanzig Jahre bei Freiheitsstrafe von mehr als zehn Jahren,
2. zwanzig Jahre bei Freiheitsstrafe von mehr als fünf Jahren bis zu zehn Jahren,
3. zehn Jahre bei Freiheitsstrafe von mehr als einem Jahr bis zu fünf Jahren,
4. fünf Jahre bei Freiheitsstrafe bis zu einem Jahr und bei Geldstrafe von mehr als dreißig Tagessätzen,
5. drei Jahre bei Geldstrafe bis zu dreißig Tagessätzen.

(4) [1] Die Vollstreckung der Sicherungsverwahrung und der unbefristeten Führungsaufsicht (§ 68c Abs. 2 Satz 1 oder Abs. 3) verjähren nicht. [2] Die Verjährungsfrist beträgt

1. fünf Jahre in den sonstigen Fällen der Führungsaufsicht sowie bei der ersten Unterbringung in einer Entziehungsanstalt,
2. zehn Jahre bei den übrigen Maßnahmen.

---

1) § 79 Abs. 2 geänd. mWv 30.6.2002 durch G v. 26.6.2002 (BGBl. I S. 2254); Abs. 4 neu gef. mWv 18.4.2007 durch G v. 13.4.2007 (BGBl. I S. 513); Abs. 5 Satz 1 geänd. mWv 1.7.2017 durch G v. 13.4.2017 (BGBl. I S. 872).

(5) [1] Ist auf Freiheitsstrafe und Geldstrafe zugleich oder ist neben einer Strafe auf eine freiheitsentziehende Maßregel, auf Einziehung oder Unbrauchbarmachung erkannt, so verjährt die Vollstreckung der einen Strafe oder Maßnahme nicht früher als die der anderen. [2] Jedoch hindert eine zugleich angeordnete Sicherungsverwahrung die Verjährung der Vollstreckung von Strafen oder anderen Maßnahmen nicht.

(6) Die Verjährung beginnt mit der Rechtskraft der Entscheidung.

**§ 79a[1)] Ruhen.** Die Verjährung ruht,

1. solange nach dem Gesetz die Vollstreckung nicht begonnen oder nicht fortgesetzt werden kann,
2. solange dem Verurteilten
   a) Aufschub oder Unterbrechung der Vollstreckung,
   b) Aussetzung zur Bewährung durch richterliche Entscheidung oder im Gnadenweg oder
   c) Zahlungserleichterung bei Geldstrafe oder Einziehung

   bewilligt ist,
3. solange der Verurteilte im In- oder Ausland auf behördliche Anordnung in einer Anstalt verwahrt wird.

**§ 79b Verlängerung.** Das Gericht kann die Verjährungsfrist vor ihrem Ablauf auf Antrag der Vollstreckungsbehörde einmal um die Hälfte der gesetzlichen Verjährungsfrist verlängern, wenn der Verurteilte sich in einem Gebiet aufhält, aus dem seine Auslieferung oder Überstellung nicht erreicht werden kann.

## Besonderer Teil

## Erster Abschnitt. Friedensverrat, Hochverrat und Gefährdung des demokratischen Rechtsstaates

### Erster Titel. Friedensverrat

**§ 80[2)]** *(aufgehoben)*

**§ 80a[3)] Aufstacheln zum Verbrechen der Aggression.** Wer im räumlichen Geltungsbereich dieses Gesetzes öffentlich, in einer Versammlung oder durch Verbreiten eines Inhalts (§ 11 Absatz 3) zum Verbrechen der Aggression (§ 13 des Völkerstrafgesetzbuches[4)]) aufstachelt, wird mit Freiheitsstrafe von drei Monaten bis zu fünf Jahren bestraft.

### Zweiter Titel. Hochverrat

**§ 81 Hochverrat gegen den Bund.** (1) Wer es unternimmt, mit Gewalt oder durch Drohung mit Gewalt

1. den Bestand der Bundesrepublik Deutschland zu beeinträchtigen oder

---

1) § 79a Nr. 2 Buchst. c geänd. mWv 1.7.2017 durch G v. 13.4.2017 (BGBl. I S. 872).

2) § 80 aufgeh. mWv 1.1.2017 durch G v. 22.12.2016 (BGBl. I S. 3150).

3) § 80a Überschrift und Wortlaut geänd. mWv 1.1.2017 durch G v. 22.12.2016 (BGBl. I S. 3150); geänd. mWv 1.1.2021 durch G v. 30.11.2020 (BGBl. I S. 2600).

4) **Schönfelder ErgBd. Nr. 85g.**

2. die auf dem Grundgesetz[1] der Bundesrepublik Deutschland beruhende verfassungsmäßige Ordnung zu ändern,

wird mit lebenslanger Freiheitsstrafe oder mit Freiheitsstrafe nicht unter zehn Jahren bestraft.

(2) In minder schweren Fällen ist die Strafe Freiheitsstrafe von einem Jahr bis zu zehn Jahren.

**§ 82 Hochverrat gegen ein Land.** (1) Wer es unternimmt, mit Gewalt oder durch Drohung mit Gewalt

1. das Gebiet eines Landes ganz oder zum Teil einem anderen Land der Bundesrepublik Deutschland einzuverleiben oder einen Teil eines Landes von diesem abzutrennen oder
2. die auf der Verfassung eines Landes beruhende verfassungsmäßige Ordnung zu ändern,

wird mit Freiheitsstrafe von einem Jahr bis zu zehn Jahren bestraft.

(2) In minder schweren Fällen ist die Strafe Freiheitsstrafe von sechs Monaten bis zu fünf Jahren.

**§ 83 Vorbereitung eines hochverräterischen Unternehmens.** (1) Wer ein bestimmtes hochverräterisches Unternehmen gegen den Bund vorbereitet, wird mit Freiheitsstrafe von einem Jahr bis zu zehn Jahren, in minder schweren Fällen mit Freiheitsstrafe von einem Jahr bis zu fünf Jahren bestraft.

(2) Wer ein bestimmtes hochverräterisches Unternehmen gegen ein Land vorbereitet, wird mit Freiheitsstrafe von drei Monaten bis zu fünf Jahren bestraft.

**§ 83a Tätige Reue.** (1) In den Fällen der §§ 81 und 82 kann das Gericht die Strafe nach seinem Ermessen mildern (§ 49 Abs. 2) oder von einer Bestrafung nach diesen Vorschriften absehen, wenn der Täter freiwillig die weitere Ausführung der Tat aufgibt und eine von ihm erkannte Gefahr, daß andere das Unternehmen weiter ausführen, abwendet oder wesentlich mindert oder wenn er freiwillig die Vollendung der Tat verhindert.

(2) In den Fällen des § 83 kann das Gericht nach Absatz 1 verfahren, wenn der Täter freiwillig sein Vorhaben aufgibt und eine von ihm verursachte und erkannte Gefahr, daß andere das Unternehmen weiter vorbereiten oder es ausführen, abwendet oder wesentlich mindert oder wenn er freiwillig die Vollendung der Tat verhindert.

(3) Wird ohne Zutun des Täters die bezeichnete Gefahr abgewendet oder wesentlich gemindert oder die Vollendung der Tat verhindert, so genügt sein freiwilliges und ernsthaftes Bemühen, dieses Ziel zu erreichen.

### Dritter Titel. Gefährdung des demokratischen Rechtsstaates

**§ 84[2] Fortführung einer für verfassungswidrig erklärten Partei.**

(1) [1] Wer als Rädelsführer oder Hintermann im räumlichen Geltungsbereich dieses Gesetzes den organisatorischen Zusammenhalt

1. einer vom Bundesverfassungsgericht für verfassungswidrig erklärten Partei oder

---

[1] **Schönfelder ErgBd. Nr. 1.**
[2] § 84 Abs. 2 geänd. mWv 30.7.2016 durch G v. 26.7.2016 (BGBl. I S. 1818).

2. einer Partei, von der das Bundesverfassungsgericht festgestellt hat, daß sie Ersatzorganisation einer verbotenen Partei ist,

aufrechterhält, wird mit Freiheitsstrafe von drei Monaten bis zu fünf Jahren bestraft. 2 Der Versuch ist strafbar.

(2) Wer sich in einer Partei der in Absatz 1 bezeichneten Art als Mitglied betätigt oder wer ihren organisatorischen Zusammenhalt oder ihre weitere Betätigung unterstützt, wird mit Freiheitsstrafe bis zu fünf Jahren oder mit Geldstrafe bestraft.

(3) 1 Wer einer anderen Sachentscheidung des Bundesverfassungsgerichts, die im Verfahren nach Artikel 21 Abs. 2 des Grundgesetzes[1] oder im Verfahren nach § 33 Abs. 2 des Parteiengesetzes[2] erlassen ist, oder einer vollziehbaren Maßnahme zuwiderhandelt, die im Vollzug einer in einem solchen Verfahren ergangenen Sachentscheidung getroffen ist, wird mit Freiheitsstrafe bis zu fünf Jahren oder mit Geldstrafe bestraft. 2 Den in Satz 1 bezeichneten Verfahren steht ein Verfahren nach Artikel 18 des Grundgesetzes gleich.

(4) In den Fällen des Absatzes 1 Satz 2 und der Absätze 2 und 3 Satz 1 kann das Gericht bei Beteiligten, deren Schuld gering und deren Mitwirkung von untergeordneter Bedeutung ist, die Strafe nach seinem Ermessen mildern (§ 49 Abs. 2) oder von einer Bestrafung nach diesen Vorschriften absehen.

(5) In den Fällen der Absätze 1 bis 3 Satz 1 kann das Gericht die Strafe nach seinem Ermessen mildern (§ 49 Abs. 2) oder von einer Bestrafung nach diesen Vorschriften absehen, wenn der Täter sich freiwillig und ernsthaft bemüht, das Fortbestehen der Partei zu verhindern; erreicht er dieses Ziel oder wird es ohne sein Bemühen erreicht, so wird der Täter nicht bestraft.

**§ 85[3] Verstoß gegen ein Vereinigungsverbot.** (1) 1 Wer als Rädelsführer oder Hintermann im räumlichen Geltungsbereich dieses Gesetzes den organisatorischen Zusammenhalt

1. einer Partei oder Vereinigung, von der im Verfahren nach § 33 Abs. 3 des Parteiengesetzes unanfechtbar festgestellt ist, daß sie Ersatzorganisation einer verbotenen Partei ist, oder
2. einer Vereinigung, die unanfechtbar verboten ist, weil sie sich gegen die verfassungsmäßige Ordnung oder gegen den Gedanken der Völkerverständigung richtet, oder von der unanfechtbar festgestellt ist, daß sie Ersatzorganisation einer solchen verbotenen Vereinigung ist,

aufrechterhält, wird mit Freiheitsstrafe bis zu fünf Jahren oder mit Geldstrafe bestraft. 2 Der Versuch ist strafbar.

(2) Wer sich in einer Partei oder Vereinigung der in Absatz 1 bezeichneten Art als Mitglied betätigt oder wer ihren organisatorischen Zusammenhalt oder ihre weitere Betätigung unterstützt, wird mit Freiheitsstrafe bis zu drei Jahren oder mit Geldstrafe bestraft.

(3) § 84 Abs. 4 und 5 gilt entsprechend.

---

[1] **Habersack, Deutsche Gesetze ErgBd. Nr. 1.**
[2] **Sartorius Nr. 58.**
[3] § 85 Abs. 2 geänd. mWv 30.7.2016 durch G v. 26.7.2016 (BGBl. I S. 1818).

**§ 86[1)] Verbreiten von Propagandamitteln verfassungswidriger und terroristischer Organisationen.** (1) Wer Propagandamittel

1. einer vom Bundesverfassungsgericht für verfassungswidrig erklärten Partei oder einer Partei oder Vereinigung, von der unanfechtbar festgestellt ist, daß sie Ersatzorganisation einer solchen Partei ist,
2. einer Vereinigung, die unanfechtbar verboten ist, weil sie sich gegen die verfassungsmäßige Ordnung oder gegen den Gedanken der Völkerverständigung richtet, oder von der unanfechtbar festgestellt ist, daß sie Ersatzorganisation einer solchen verbotenen Vereinigung ist,
3. einer Regierung, Vereinigung oder Einrichtung außerhalb des räumlichen Geltungsbereichs dieses Gesetzes, die für die Zwecke einer der in den Nummern 1 und 2 bezeichneten Parteien oder Vereinigungen tätig ist, oder
4. die nach ihrem Inhalt dazu bestimmt sind, Bestrebungen einer ehemaligen nationalsozialistischen Organisation fortzusetzen,

im Inland verbreitet oder der Öffentlichkeit zugänglich macht oder zur Verbreitung im Inland oder Ausland herstellt, vorrätig hält, einführt oder ausführt, wird mit Freiheitsstrafe bis zu drei Jahren oder mit Geldstrafe bestraft.

(2) Ebenso wird bestraft, wer Propagandamittel einer Organisation, die im Anhang der Durchführungsverordnung (EU) 2021/138 des Rates vom 5. Februar 2021 zur Durchführung des Artikels 2 Absatz 3 der Verordnung (EG) Nr. 2580/2001 über spezifische, gegen bestimmte Personen und Organisationen gerichtete restriktive Maßnahmen zur Bekämpfung des Terrorismus und zur Aufhebung der Durchführungsverordnung (EU) 2020/1128 (ABl. L 43 vom 8.2.2021, S. 1) als juristische Person, Vereinigung oder Körperschaft aufgeführt ist, im Inland verbreitet oder der Öffentlichkeit zugänglich macht oder zur Verbreitung im Inland oder Ausland herstellt, vorrätig hält, einführt oder ausführt.

(3) [1] Propagandamittel im Sinne des Absatzes 1 ist nur ein solcher Inhalt (§ 11 Absatz 3), der gegen die freiheitliche demokratische Grundordnung oder den Gedanken der Völkerverständigung gerichtet ist. [2] Propagandamittel im Sinne des Absatzes 2 ist nur ein solcher Inhalt (§ 11 Absatz 3), der gegen den Bestand oder die Sicherheit eines Staates oder einer internationalen Organisation oder gegen die Verfassungsgrundsätze der Bundesrepublik Deutschland gerichtet ist.

(4) Die Absätze 1 und 2 gelten nicht, wenn die Handlung der staatsbürgerlichen Aufklärung, der Abwehr verfassungswidriger Bestrebungen, der Kunst oder der Wissenschaft, der Forschung oder der Lehre, der Berichterstattung über Vorgänge des Zeitgeschehens oder der Geschichte oder ähnlichen Zwecken dient.

(5) Ist die Schuld gering, so kann das Gericht von einer Bestrafung nach dieser Vorschrift absehen.

**§ 86a[2)] Verwenden von Kennzeichen verfassungswidriger und terroristischer Organisationen.** (1) Mit Freiheitsstrafe bis zu drei Jahren oder mit Geldstrafe wird bestraft, wer

1. im Inland Kennzeichen einer der in § 86 Abs. 1 Nr. 1, 2 und 4 oder Absatz 2 bezeichneten Parteien oder Vereinigungen verbreitet oder öffentlich, in einer

---

[1)] § 86 Abs. 1 Nr. 4 und abschl. Satzteil geänd., Abs. 2 neu gef., Abs. 3 geänd. mWv 1.1.2021 durch G v. 30.11.2020 (*BGBl. I S. 2600*); Überschrift geänd., Abs. 2 eingef., bish. Abs. 2–4 werden Abs. 3–5, neuer Abs. 3 Satz 2 angef., neuer Abs. 4 geänd. mWv 22.9.2021 durch G v. 14.9.2021 (BGBl. I S. 4250).

[2)] § 86a Abs. 1 Nr. 1 und 2 geänd. mWv 1.1.2021 durch G v. 30.11.2020 (BGBl. I S. 2600); Überschrift, Abs. 1 Nr. 1, Abs. 3 geänd. mWv 22.9.2021 durch G v. 14.9.2021 (BGBl. I S. 4250).

Versammlung oder in einem von ihm verbreiteten Inhalt (§ 11 Absatz 3) verwendet oder

2. einen Inhalt (§ 11 Absatz 3), der ein derartiges Kennzeichen darstellt oder enthält, zur Verbreitung oder Verwendung im Inland oder Ausland in der in Nummer 1 bezeichneten Art und Weise herstellt, vorrätig hält, einführt oder ausführt.

(2) [1] Kennzeichen im Sinne des Absatzes 1 sind namentlich Fahnen, Abzeichen, Uniformstücke, Parolen und Grußformen. [2] Den in Satz 1 genannten Kennzeichen stehen solche gleich, die ihnen zum Verwechseln ähnlich sind.

(3) § 86 Abs. 4 und 5 gilt entsprechend.

**§ 87 Agententätigkeit zu Sabotagezwecken.** (1) Mit Freiheitsstrafe bis zu fünf Jahren oder mit Geldstrafe wird bestraft, wer einen Auftrag einer Regierung, Vereinigung oder Einrichtung außerhalb des räumlichen Geltungsbereichs dieses Gesetzes zur Vorbereitung von Sabotagehandlungen, die in diesem Geltungsbereich begangen werden sollen, dadurch befolgt, daß er

1. sich bereit hält, auf Weisung einer der bezeichneten Stellen solche Handlungen zu begehen,
2. Sabotageobjekte auskundschaftet,
3. Sabotagemittel herstellt, sich oder einem anderen verschafft, verwahrt, einem anderen überläßt oder in diesen Bereich einführt,
4. Lager zur Aufnahme von Sabotagemitteln oder Stützpunkte für die Sabotagetätigkeit einrichtet, unterhält oder überprüft,
5. sich zur Begehung von Sabotagehandlungen schulen läßt oder andere dazu schult oder
6. die Verbindung zwischen einem Sabotageagenten (Nummern 1 bis 5) und einer der bezeichneten Stellen herstellt oder aufrechterhält,

und sich dadurch absichtlich oder wissentlich für Bestrebungen gegen den Bestand oder die Sicherheit der Bundesrepublik Deutschland oder gegen Verfassungsgrundsätze einsetzt.

(2) Sabotagehandlungen im Sinne des Absatzes 1 sind

1. Handlungen, die den Tatbestand der §§ 109e, 305, 306 bis 306c, 307 bis 309, 313, 315, 315b, 316b, 316c Abs. 1 Nr. 2, der §§ 317 oder 318 verwirklichen, und
2. andere Handlungen, durch die der Betrieb eines für die Landesverteidigung, den Schutz der Zivilbevölkerung gegen Kriegsgefahren oder für die Gesamtwirtschaft wichtigen Unternehmens dadurch verhindert oder gestört wird, daß eine dem Betrieb dienende Sache zerstört, beschädigt, beseitigt, verändert oder unbrauchbar gemacht oder daß die für den Betrieb bestimmte Energie entzogen wird.

(3) Das Gericht kann von einer Bestrafung nach diesen Vorschriften absehen, wenn der Täter freiwillig sein Verhalten aufgibt und sein Wissen so rechtzeitig einer Dienststelle offenbart, daß Sabotagehandlungen, deren Planung er kennt, noch verhindert werden können.

**§ 88 Verfassungsfeindliche Sabotage.** (1) Wer als Rädelsführer oder Hintermann einer Gruppe oder, ohne mit einer Gruppe oder für eine solche zu handeln, als einzelner absichtlich bewirkt, daß im räumlichen Geltungsbereich dieses Gesetzes durch Störhandlungen

1. Unternehmen oder Anlagen, die der öffentlichen Versorgung mit Postdienstleistungen oder dem öffentlichen Verkehr dienen,
2. Telekommunikationsanlagen, die öffentlichen Zwecken dienen,
3. Unternehmen oder Anlagen, die der öffentlichen Versorgung mit Wasser, Licht, Wärme oder Kraft dienen oder sonst für die Versorgung der Bevölkerung lebenswichtig sind, oder
4. Dienststellen, Anlagen, Einrichtungen oder Gegenstände, die ganz oder überwiegend der öffentlichen Sicherheit oder Ordnung dienen,

ganz oder zum Teil außer Tätigkeit gesetzt oder den bestimmungsmäßigen Zwecken entzogen werden, und sich dadurch absichtlich für Bestrebungen gegen den Bestand oder die Sicherheit der Bundesrepublik Deutschland oder gegen Verfassungsgrundsätze einsetzt, wird mit Freiheitsstrafe bis zu fünf Jahren oder mit Geldstrafe bestraft.

(2) Der Versuch ist strafbar.

**§ 89[1] Verfassungsfeindliche Einwirkung auf Bundeswehr und öffentliche Sicherheitsorgane.** (1) Wer auf Angehörige der Bundeswehr oder eines öffentlichen Sicherheitsorgans planmäßig einwirkt, um deren pflichtmäßige Bereitschaft zum Schutz der Sicherheit der Bundesrepublik Deutschland oder der verfassungsmäßigen Ordnung zu untergraben, und sich dadurch absichtlich für Bestrebungen gegen den Bestand oder die Sicherheit der Bundesrepublik Deutschland oder gegen Verfassungsgrundsätze einsetzt, wird mit Freiheitsstrafe bis zu fünf Jahren oder mit Geldstrafe bestraft.

(2) Der Versuch ist strafbar.

(3) § 86 Absatz 5 gilt entsprechend.

**§ 89a[2] Vorbereitung einer schweren staatsgefährdenden Gewalttat.**

(1) [1] Wer eine schwere staatsgefährdende Gewalttat vorbereitet, wird mit Freiheitsstrafe von sechs Monaten bis zu zehn Jahren bestraft. [2] Eine schwere staatsgefährdende Gewalttat ist eine Straftat gegen das Leben in den Fällen des § 211 oder des § 212 oder gegen die persönliche Freiheit in den Fällen des § 239a oder des § 239b, die nach den Umständen bestimmt und geeignet ist, den Bestand oder die Sicherheit eines Staates oder einer internationalen Organisation zu beeinträchtigen oder Verfassungsgrundsätze der Bundesrepublik Deutschland zu beseitigen, außer Geltung zu setzen oder zu untergraben.

(2) Absatz 1 ist nur anzuwenden, wenn der Täter eine schwere staatsgefährdende Gewalttat vorbereitet, indem er

1. eine andere Person unterweist oder sich unterweisen lässt in der Herstellung von oder im Umgang mit Schusswaffen, Sprengstoffen, Spreng- oder Brandvorrichtungen, Kernbrenn- oder sonstigen radioaktiven Stoffen, Stoffen, die Gift enthalten oder hervorbringen können, anderen gesundheitsschädlichen Stoffen, zur Ausführung der Tat erforderlichen besonderen Vorrichtungen oder in sonstigen Fertigkeiten, die der Begehung einer der in Absatz 1 genannten Straftaten dienen,

---

[1] § 89 Abs. 3 geänd. mWv 22.9.2021 durch G v. 14.9.2021 (BGBl. I S. 4250).

[2] § 89a eingef. mWv 4.8.2009 durch G v. 30.7.2009 (BGBl. I S. 2437); Abs. 2 Nr. 2 und 3 geänd., Nr. 4 aufgeh., Abs. 2a eingef. mWv 20.6.2015 durch G v. 12.6.2015 (BGBl. I S. 926); Abs. 4 Sätze 1 und 2 geänd. mWv 8.9.2015 durch VO v. 31.8.2015 (BGBl. I S. 1474); Abs. 6 geänd. mWv 1.7.2017 durch G v. 13.4.2017 (BGBl. I S. 872).

2. Waffen, Stoffe oder Vorrichtungen der in Nummer 1 bezeichneten Art herstellt, sich oder einem anderen verschafft, verwahrt oder einem anderen überlässt oder
3. Gegenstände oder Stoffe sich verschafft oder verwahrt, die für die Herstellung von Waffen, Stoffen oder Vorrichtungen der in Nummer 1 bezeichneten Art wesentlich sind.

(2a) Absatz 1 ist auch anzuwenden, wenn der Täter eine schwere staatsgefährdende Gewalttat vorbereitet, indem er es unternimmt, zum Zweck der Begehung einer schweren staatsgefährdenden Gewalttat oder der in Absatz 2 Nummer 1 genannten Handlungen aus der Bundesrepublik Deutschland auszureisen, um sich in einen Staat zu begeben, in dem Unterweisungen von Personen im Sinne des Absatzes 2 Nummer 1 erfolgen.

(3) [1] Absatz 1 gilt auch, wenn die Vorbereitung im Ausland begangen wird. [2] Wird die Vorbereitung außerhalb der Mitgliedstaaten der Europäischen Union begangen, gilt dies nur, wenn sie durch einen Deutschen oder einen Ausländer mit Lebensgrundlage im Inland begangen wird oder die vorbereitete schwere staatsgefährdende Gewalttat im Inland oder durch oder gegen einen Deutschen begangen werden soll.

(4) [1] In den Fällen des Absatzes 3 Satz 2 bedarf die Verfolgung der Ermächtigung durch das Bundesministerium der Justiz und für Verbraucherschutz. [2] Wird die Vorbereitung in einem anderen Mitgliedstaat der Europäischen Union begangen, bedarf die Verfolgung der Ermächtigung durch das Bundesministerium der Justiz und für Verbraucherschutz, wenn die Vorbereitung weder durch einen Deutschen erfolgt noch die vorbereitete schwere staatsgefährdende Gewalttat im Inland noch durch oder gegen einen Deutschen begangen werden soll.

(5) In minder schweren Fällen ist die Strafe Freiheitsstrafe von drei Monaten bis zu fünf Jahren.

(6) Das Gericht kann Führungsaufsicht anordnen (§ 68 Abs. 1).

(7) [1] Das Gericht kann die Strafe nach seinem Ermessen mildern (§ 49 Abs. 2) oder von einer Bestrafung nach dieser Vorschrift absehen, wenn der Täter freiwillig die weitere Vorbereitung der schweren staatsgefährdenden Gewalttat aufgibt und eine von ihm verursachte und erkannte Gefahr, dass andere diese Tat weiter vorbereiten oder sie ausführen, abwendet oder wesentlich mindert oder wenn er freiwillig die Vollendung dieser Tat verhindert. [2] Wird ohne Zutun des Täters die bezeichnete Gefahr abgewendet oder wesentlich gemindert oder die Vollendung der schweren staatsgefährdenden Gewalttat verhindert, genügt sein freiwilliges und ernsthaftes Bemühen, dieses Ziel zu erreichen.

**§ 89b[1)] Aufnahme von Beziehungen zur Begehung einer schweren staatsgefährdenden Gewalttat.** (1) Wer in der Absicht, sich in der Begehung einer schweren staatsgefährdenden Gewalttat gemäß § 89a Abs. 2 Nr. 1 unterweisen zu lassen, zu einer Vereinigung im Sinne des § 129a, auch in Verbindung mit § 129b, Beziehungen aufnimmt oder unterhält, wird mit Freiheitsstrafe bis zu drei Jahren oder mit Geldstrafe bestraft.

(2) Absatz 1 gilt nicht, wenn die Handlung ausschließlich der Erfüllung rechtmäßiger beruflicher oder dienstlicher Pflichten dient.

(3) [1] Absatz 1 gilt auch, wenn das Aufnehmen oder Unterhalten von Beziehungen im Ausland erfolgt. [2] Außerhalb der Mitgliedstaaten der Europäischen Union

[1)] § 89b eingef. mWv 4.8.2009 durch G v. 30.7.2009 (BGBl. I S. 2437); Abs. 4 einl. Satzteil geänd. mWv 8.9.2015 durch VO v. 31.8.2015 (BGBl. I S. 1474).

gilt dies nur, wenn das Aufnehmen oder Unterhalten von Beziehungen durch einen Deutschen oder einen Ausländer mit Lebensgrundlage im Inland begangen wird.

(4) Die Verfolgung bedarf der Ermächtigung durch das Bundesministerium der Justiz und für Verbraucherschutz

1. in den Fällen des Absatzes 3 Satz 2 oder
2. wenn das Aufnehmen oder Unterhalten von Beziehungen in einem anderen Mitgliedstaat der Europäischen Union nicht durch einen Deutschen begangen wird.

(5) Ist die Schuld gering, so kann das Gericht von einer Bestrafung nach dieser Vorschrift absehen.

**§ 89c[1)] Terrorismusfinanzierung.** (1) [1]Wer Vermögenswerte sammelt, entgegennimmt oder zur Verfügung stellt mit dem Wissen oder in der Absicht, dass diese von einer anderen Person zur Begehung

1. eines Mordes (§ 211), eines Totschlags (§ 212), eines Völkermordes (§ 6 des Völkerstrafgesetzbuches[2)]), eines Verbrechens gegen die Menschlichkeit (§ 7 des Völkerstrafgesetzbuches), eines Kriegsverbrechens (§§ 8, 9, 10, 11 oder 12 des Völkerstrafgesetzbuches), einer Körperverletzung nach § 224 oder einer Körperverletzung, die einem anderen Menschen schwere körperliche oder seelische Schäden, insbesondere der in § 226 bezeichneten Art, zufügt,
2. eines erpresserischen Menschenraubes (§ 239a) oder einer Geiselnahme (§ 239b),
3. von Straftaten nach den §§ 303b, 305, 305a oder gemeingefährlicher Straftaten in den Fällen der §§ 306 bis 306c oder 307 Absatz 1 bis 3, des § 308 Absatz 1 bis 4, des § 309 Absatz 1 bis 5, der §§ 313, 314 oder 315 Absatz 1, 3 oder 4, des § 316b Absatz 1 oder 3 oder des § 316c Absatz 1 bis 3 oder des § 317 Absatz 1,
4. von Straftaten gegen die Umwelt in den Fällen des § 330a Absatz 1 bis 3,
5. von Straftaten nach § 19 Absatz 1 bis 3, § 20 Absatz 1 oder 2, § 20a Absatz 1 bis 3, § 19 Absatz 2 Nummer 2 oder Absatz 3 Nummer 2, § 20 Absatz 1 oder 2 oder § 20a Absatz 1 bis 3, jeweils auch in Verbindung mit § 21, oder nach § 22a Absatz 1 bis 3 des Gesetzes über die Kontrolle von Kriegswaffen[3)],
6. von Straftaten nach § 51 Absatz 1 bis 3 des Waffengesetzes[4)],
7. einer Straftat nach § 328 Absatz 1 oder 2 oder § 310 Absatz 1 oder 2,
8. einer Straftat nach § 89a Absatz 2a

verwendet werden sollen, wird mit Freiheitsstrafe von sechs Monaten bis zu zehn Jahren bestraft. [2]Satz 1 ist in den Fällen der Nummern 1 bis 7 nur anzuwenden, wenn die dort bezeichnete Tat dazu bestimmt ist, die Bevölkerung auf erhebliche Weise einzuschüchtern, eine Behörde oder eine internationale Organisation rechtswidrig mit Gewalt oder durch Drohung mit Gewalt zu nötigen oder die politischen, verfassungsrechtlichen, wirtschaftlichen oder sozialen Grundstrukturen eines Staates oder einer internationalen Organisation zu beseitigen oder erheblich zu beeinträchtigen, und durch die Art ihrer Begehung oder ihre Auswirkungen einen Staat oder eine internationale Organisation erheblich schädigen kann.

---

[1)] § 89c *eingef. mWv 20.6.2015 durch G v. 12.6.2015* (BGBl. I S. 926).
[2)] **Habersack, Deutsche Gesetze ErgBd. Nr. 85g.**
[3)] **Sartorius Nr. 823.**
[4)] **Sartorius Nr. 820.**

(2) Ebenso wird bestraft, wer unter der Voraussetzung des Absatzes 1 Satz 2 Vermögenswerte sammelt, entgegennimmt oder zur Verfügung stellt, um selbst eine der in Absatz 1 Satz 1 genannten Straftaten zu begehen.

(3) [1] Die Absätze 1 und 2 gelten auch, wenn die Tat im Ausland begangen wird. [2] Wird sie außerhalb der Mitgliedstaaten der Europäischen Union begangen, gilt dies nur, wenn sie durch einen Deutschen oder einen Ausländer mit Lebensgrundlage im Inland begangen wird oder die finanzierte Straftat im Inland oder durch oder gegen einen Deutschen begangen werden soll.

(4) [1] In den Fällen des Absatzes 3 Satz 2 bedarf die Verfolgung der Ermächtigung durch das Bundesministerium der Justiz und für Verbraucherschutz. [2] Wird die Tat in einem anderen Mitgliedstaat der Europäischen Union begangen, bedarf die Verfolgung der Ermächtigung durch das Bundesministerium der Justiz und für Verbraucherschutz, wenn die Tat weder durch einen Deutschen begangen wird noch die finanzierte Straftat im Inland noch durch oder gegen einen Deutschen begangen werden soll.

(5) Sind die Vermögenswerte bei einer Tat nach Absatz 1 oder 2 geringwertig, so ist auf Freiheitsstrafe von drei Monaten bis zu fünf Jahren zu erkennen.

(6) Das Gericht mildert die Strafe (§ 49 Absatz 1) oder kann von Strafe absehen, wenn die Schuld des Täters gering ist.

(7) [1] Das Gericht kann die Strafe nach seinem Ermessen mildern (§ 49 Absatz 2) oder von einer Bestrafung nach dieser Vorschrift absehen, wenn der Täter freiwillig die weitere Vorbereitung der Tat aufgibt und eine von ihm verursachte und erkannte Gefahr, dass andere diese Tat weiter vorbereiten oder sie ausführen, abwendet oder wesentlich mindert oder wenn er freiwillig die Vollendung dieser Tat verhindert. [2] Wird ohne Zutun des Täters die bezeichnete Gefahr abgewendet oder wesentlich gemindert oder die Vollendung der Tat verhindert, genügt sein freiwilliges und ernsthaftes Bemühen, dieses Ziel zu erreichen.

**§ 90[1)] Verunglimpfung des Bundespräsidenten.** (1) Wer öffentlich, in einer Versammlung oder durch Verbreiten eines Inhalts (§ 11 Absatz 3) den Bundespräsidenten verunglimpft, wird mit Freiheitsstrafe von drei Monaten bis zu fünf Jahren bestraft.

(2) In minder schweren Fällen kann das Gericht die Strafe nach seinem Ermessen mildern (§ 49 Abs. 2), wenn nicht die Voraussetzungen des § 188 erfüllt sind.

(3) Die Strafe ist Freiheitsstrafe von sechs Monaten bis zu fünf Jahren, wenn die Tat eine Verleumdung (§ 187) ist oder wenn der Täter sich durch die Tat absichtlich für Bestrebungen gegen den Bestand der Bundesrepublik Deutschland oder gegen Verfassungsgrundsätze einsetzt.

(4) Die Tat wird nur mit Ermächtigung des Bundespräsidenten verfolgt.

**§ 90a[2)] Verunglimpfung des Staates und seiner Symbole.** (1) Wer öffentlich, in einer Versammlung oder durch Verbreiten eines Inhalts (§ 11 Absatz 3)

1. die Bundesrepublik Deutschland oder eines ihrer Länder oder ihre verfassungsmäßige Ordnung beschimpft oder böswillig verächtlich macht oder
2. die Farben, die Flagge, das Wappen oder die Hymne der Bundesrepublik Deutschland oder eines ihrer Länder verunglimpft,

wird mit Freiheitsstrafe bis zu drei Jahren oder mit Geldstrafe bestraft.

---

[1)] § 90 Abs. 1 geänd. mWv 1.1.2021 durch G v. 30.11.2020 (BGBl. I S. 2600).
[2)] § 90a Abs. 1 einl. Satzteil geänd. mWv 1.1.2021 durch G v. 30.11.2020 (BGBl. I S. 2600).

(2) [1] Ebenso wird bestraft, wer eine öffentlich gezeigte Flagge der Bundesrepublik Deutschland oder eines ihrer Länder oder ein von einer Behörde öffentlich angebrachtes Hoheitszeichen der Bundesrepublik Deutschland oder eines ihrer Länder entfernt, zerstört, beschädigt, unbrauchbar oder unkenntlich macht oder beschimpfenden Unfug daran verübt. [2] Der Versuch ist strafbar.

(3) Die Strafe ist Freiheitsstrafe bis zu fünf Jahren oder Geldstrafe, wenn der Täter sich durch die Tat absichtlich für Bestrebungen gegen den Bestand der Bundesrepublik Deutschland oder gegen Verfassungsgrundsätze einsetzt.

**§ 90b[1] Verfassungsfeindliche Verunglimpfung von Verfassungsorganen.**
(1) Wer öffentlich, in einer Versammlung oder durch Verbreiten eines Inhalts (§ 11 Absatz 3) ein Gesetzgebungsorgan, die Regierung oder das Verfassungsgericht des Bundes oder eines Landes oder eines ihrer Mitglieder in dieser Eigenschaft in einer das Ansehen des Staates gefährdenden Weise verunglimpft und sich dadurch absichtlich für Bestrebungen gegen den Bestand der Bundesrepublik Deutschland oder gegen Verfassungsgrundsätze einsetzt, wird mit Freiheitsstrafe von drei Monaten bis zu fünf Jahren bestraft.

(2) Die Tat wird nur mit Ermächtigung des betroffenen Verfassungsorgans oder Mitglieds verfolgt.

**§ 90c[2] Verunglimpfung von Symbolen der Europäischen Union.**
(1) Wer öffentlich, in einer Versammlung oder durch Verbreiten eines Inhalts (§ 11 Absatz 3) die Flagge oder die Hymne der Europäischen Union verunglimpft, wird mit Freiheitsstrafe bis zu drei Jahren oder mit Geldstrafe bestraft.

(2) [1] Ebenso wird bestraft, wer eine öffentlich gezeigte Flagge der Europäischen Union entfernt, zerstört, beschädigt, unbrauchbar oder unkenntlich macht oder beschimpfenden Unfug daran verübt. [2] Der Versuch ist strafbar.

**§ 91[3] Anleitung zur Begehung einer schweren staatsgefährdenden Gewalttat.** (1) Mit Freiheitsstrafe bis zu drei Jahren oder mit Geldstrafe wird bestraft, wer

1. einen Inhalt (§ 11 Absatz 3), der geeignet ist, als Anleitung zu einer schweren staatsgefährdenden Gewalttat (§ 89a Abs. 1) zu dienen, anpreist oder einer anderen Person zugänglich macht, wenn die Umstände seiner Verbreitung geeignet sind, die Bereitschaft anderer zu fördern oder zu wecken, eine schwere staatsgefährdende Gewalttat zu begehen,
2. sich einen Inhalt der in Nummer 1 bezeichneten Art verschafft, um eine schwere staatsgefährdende Gewalttat zu begehen.

(2) Absatz 1 Nr. 1 ist nicht anzuwenden, wenn

1. die Handlung der staatsbürgerlichen Aufklärung, der Abwehr verfassungswidriger Bestrebungen, der Kunst und Wissenschaft, der Forschung oder der Lehre, der Berichterstattung über Vorgänge des Zeitgeschehens oder der Geschichte oder ähnlichen Zwecken dient oder
2. die Handlung ausschließlich der Erfüllung rechtmäßiger beruflicher oder dienstlicher Pflichten dient.

---

[1] § 90b Abs. 1 geänd. mWv 1.1.2021 durch G v. 30.11.2020 (BGBl. I S. 2600).

[2] *§ 90c eingef. mWv 24.6.2020* durch G v. 12.6.2020 (BGBl. I S. 1247); Abs. 1 geänd. mWv 1.1.2021 durch G v. 30.11.2020 (BGBl. I S. 2600).

[3] § 91 eingef. mWv 4.8.2009 durch G v. 30.7.2009 (BGBl. I S. 2437); Abs. 1 Nr. 1 und 2 geänd. mWv 1.1.2021 durch G v. 30.11.2020 (BGBl. I S. 2600).

(3) Ist die Schuld gering, so kann das Gericht von einer Bestrafung nach dieser Vorschrift absehen.

**§ 91a[1] Anwendungsbereich.** Die §§ 84, 85 und 87 gelten nur für Taten, die durch eine im räumlichen Geltungsbereich dieses Gesetzes ausgeübte Tätigkeit begangen werden.

### Vierter Titel. Gemeinsame Vorschriften

**§ 92 Begriffsbestimmungen.** (1) Im Sinne dieses Gesetzes beeinträchtigt den Bestand der Bundesrepublik Deutschland, wer ihre Freiheit von fremder Botmäßigkeit aufhebt, ihre staatliche Einheit beseitigt oder ein zu ihr gehörendes Gebiet abtrennt.

(2) Im Sinne dieses Gesetzes sind Verfassungsgrundsätze

1. das Recht des Volkes, die Staatsgewalt in Wahlen und Abstimmungen und durch besondere Organe der Gesetzgebung, der vollziehenden Gewalt und der Rechtsprechung auszuüben und die Volksvertretung in allgemeiner, unmittelbarer, freier, gleicher und geheimer Wahl zu wählen,
2. die Bindung der Gesetzgebung an die verfassungsmäßige Ordnung und die Bindung der vollziehenden Gewalt und der Rechtsprechung an Gesetz und Recht,
3. das Recht auf die Bildung und Ausübung einer parlamentarischen Opposition,
4. die Ablösbarkeit der Regierung und ihre Verantwortlichkeit gegenüber der Volksvertretung,
5. die Unabhängigkeit der Gerichte und
6. der Ausschluß jeder Gewalt- und Willkürherrschaft.

(3) Im Sinne dieses Gesetzes sind

1. Bestrebungen gegen den Bestand der Bundesrepublik Deutschland solche Bestrebungen, deren Träger darauf hinarbeiten, den Bestand der Bundesrepublik Deutschland zu beeinträchtigen (Absatz 1),
2. Bestrebungen gegen die Sicherheit der Bundesrepublik Deutschland solche Bestrebungen, deren Träger darauf hinarbeiten, die äußere oder innere Sicherheit der Bundesrepublik Deutschland zu beeinträchtigen,
3. Bestrebungen gegen Verfassungsgrundsätze solche Bestrebungen, deren Träger darauf hinarbeiten, einen Verfassungsgrundsatz (Absatz 2) zu beseitigen, außer Geltung zu setzen oder zu untergraben.

**§ 92a Nebenfolgen.** Neben einer Freiheitsstrafe von mindestens sechs Monaten wegen einer Straftat nach diesem Abschnitt kann das Gericht die Fähigkeit, öffentliche Ämter zu bekleiden, die Fähigkeit, Rechte aus öffentlichen Wahlen zu erlangen, und das Recht, in öffentlichen Angelegenheiten zu wählen oder zu stimmen, aberkennen (§ 45 Abs. 2 und 5).

**§ 92b[2] Einziehung.** [1] Ist eine Straftat nach diesem Abschnitt begangen worden, so können

1. Gegenstände, die durch die Tat hervorgebracht oder zu ihrer Begehung oder Vorbereitung gebraucht worden oder bestimmt gewesen sind, und

---

[1] Bish. § 91 wird § 91a mWv 4.8.2009 durch G v. 30.7.2009 (BGBl. I S. 2437).
[2] § 92b Nr. 2 geänd. mWv 4.8.2009 durch G v. 30.7.2009 (BGBl. I S. 2437).

2. Gegenstände, auf die sich eine Straftat nach den §§ 80a, 86, 86a, 89a bis 91 bezieht,

eingezogen werden. [2] § 74a ist anzuwenden.

## Zweiter Abschnitt. Landesverrat und Gefährdung der äußeren Sicherheit

**§ 93 Begriff des Staatsgeheimnisses.** (1) Staatsgeheimnisse sind Tatsachen, Gegenstände oder Erkenntnisse, die nur einem begrenzten Personenkreis zugänglich sind und vor einer fremden Macht geheimgehalten werden müssen, um die Gefahr eines schweren Nachteils für die äußere Sicherheit der Bundesrepublik Deutschland abzuwenden.

(2) Tatsachen, die gegen die freiheitliche demokratische Grundordnung oder unter Geheimhaltung gegenüber den Vertragspartnern der Bundesrepublik Deutschland gegen zwischenstaatlich vereinbarte Rüstungsbeschränkungen verstoßen, sind keine Staatsgeheimnisse.

**§ 94 Landesverrat.** (1) Wer ein Staatsgeheimnis

1. einer fremden Macht oder einem ihrer Mittelsmänner mitteilt oder
2. sonst an einen Unbefugten gelangen läßt oder öffentlich bekanntmacht, um die Bundesrepublik Deutschland zu benachteiligen oder eine fremde Macht zu begünstigen,

und dadurch die Gefahr eines schweren Nachteils für die äußere Sicherheit der Bundesrepublik Deutschland herbeiführt, wird mit Freiheitsstrafe nicht unter einem Jahr bestraft.

(2) [1] In besonders schweren Fällen ist die Strafe lebenslange Freiheitsstrafe oder Freiheitsstrafe nicht unter fünf Jahren. [2] Ein besonders schwerer Fall liegt in der Regel vor, wenn der Täter

1. eine verantwortliche Stellung mißbraucht, die ihn zur Wahrung von Staatsgeheimnissen besonders verpflichtet, oder
2. durch die Tat die Gefahr eines besonders schweren Nachteils für die äußere Sicherheit der Bundesrepublik Deutschland herbeiführt.

**§ 95 Offenbaren von Staatsgeheimnissen.** (1) Wer ein Staatsgeheimnis, das von einer amtlichen Stelle oder auf deren Veranlassung geheimgehalten wird, an einen Unbefugten gelangen läßt oder öffentlich bekanntmacht und dadurch die Gefahr eines schweren Nachteils für die äußere Sicherheit der Bundesrepublik Deutschland herbeiführt, wird mit Freiheitsstrafe von sechs Monaten bis zu fünf Jahren bestraft, wenn die Tat nicht in § 94 mit Strafe bedroht ist.

(2) Der Versuch ist strafbar.

(3) [1] In besonders schweren Fällen ist die Strafe Freiheitsstrafe von einem Jahr bis zu zehn Jahren. [2] § 94 Abs. 2 Satz 2 ist anzuwenden.

**§ 96 Landesverräterische Ausspähung; Auskundschaften von Staatsgeheimnissen.** (1) Wer sich ein Staatsgeheimnis verschafft, um es zu verraten (§ 94), wird mit Freiheitsstrafe von einem Jahr bis zu zehn Jahren bestraft.

(2) [1] Wer sich ein Staatsgeheimnis, das von einer amtlichen Stelle oder auf deren Veranlassung geheimgehalten wird, verschafft, um es zu offenbaren (§ 95), wird mit Freiheitsstrafe von sechs Monaten bis zu fünf Jahren bestraft. [2] Der Versuch ist strafbar.

**§ 97 Preisgabe von Staatsgeheimnissen.** (1) Wer ein Staatsgeheimnis, das von einer amtlichen Stelle oder auf deren Veranlassung geheimgehalten wird, an einen Unbefugten gelangen läßt oder öffentlich bekanntmacht und dadurch fahrlässig die Gefahr eines schweren Nachteils für die äußere Sicherheit der Bundesrepublik Deutschland verursacht, wird mit Freiheitsstrafe bis zu fünf Jahren oder mit Geldstrafe bestraft.

(2) Wer ein Staatsgeheimnis, das von einer amtlichen Stelle oder auf deren Veranlassung geheimgehalten wird und das ihm kraft seines Amtes, seiner Dienststellung oder eines von einer amtlichen Stelle erteilten Auftrags zugänglich war, leichtfertig an einen Unbefugten gelangen läßt und dadurch fahrlässig die Gefahr eines schweren Nachteils für die äußere Sicherheit der Bundesrepublik Deutschland verursacht, wird mit Freiheitsstrafe bis zu drei Jahren oder mit Geldstrafe bestraft.

(3) Die Tat wird nur mit Ermächtigung der Bundesregierung verfolgt.

**§ 97a Verrat illegaler Geheimnisse.** [1] Wer ein Geheimnis, das wegen eines der in § 93 Abs. 2 bezeichneten Verstöße kein Staatsgeheimnis ist, einer fremden Macht oder einem ihrer Mittelsmänner mitteilt und dadurch die Gefahr eines schweren Nachteils für die äußere Sicherheit der Bundesrepublik Deutschland herbeiführt, wird wie ein Landesverräter (§ 94) bestraft. [2] § 96 Abs. 1 in Verbindung mit § 94 Abs. 1 Nr. 1 ist auf Geheimnisse der in Satz 1 bezeichneten Art entsprechend anzuwenden.

**§ 97b Verrat in irriger Annahme eines illegalen Geheimnisses.**

(1) [1] Handelt der Täter in den Fällen der §§ 94 bis 97 in der irrigen Annahme, das Staatsgeheimnis sei ein Geheimnis der in § 97a bezeichneten Art, so wird er, wenn

1. dieser Irrtum ihm vorzuwerfen ist,
2. er nicht in der Absicht handelt, dem vermeintlichen Verstoß entgegenzuwirken, oder
3. die Tat nach den Umständen kein angemessenes Mittel zu diesem Zweck ist,

nach den bezeichneten Vorschriften bestraft. [2] Die Tat ist in der Regel kein angemessenes Mittel, wenn der Täter nicht zuvor ein Mitglied des Bundestages um Abhilfe angerufen hat.

(2) [1] War dem Täter als Amtsträger oder als Soldat der Bundeswehr das Staatsgeheimnis dienstlich anvertraut oder zugänglich, so wird er auch dann bestraft, wenn nicht zuvor der Amtsträger einen Dienstvorgesetzten, der Soldat einen Disziplinarvorgesetzten um Abhilfe angerufen hat. [2] Dies gilt für die für den öffentlichen Dienst besonders Verpflichteten und für Personen, die im Sinne des § 353b Abs. 2 verpflichtet worden sind, sinngemäß.

**§ 98 Landesverräterische Agententätigkeit.** (1) [1] Wer

1. für eine fremde Macht eine Tätigkeit ausübt, die auf die Erlangung oder Mitteilung von Staatsgeheimnissen gerichtet ist, oder
2. gegenüber einer fremden Macht oder einem ihrer Mittelsmänner sich zu einer solchen Tätigkeit bereit erklärt,

wird mit Freiheitsstrafe bis zu fünf Jahren oder mit Geldstrafe bestraft, wenn die Tat nicht in § 94 oder § 96 Abs. 1 mit Strafe bedroht ist. [2] In besonders schweren Fällen ist die Strafe Freiheitsstrafe von einem Jahr bis zu zehn Jahren; § 94 Abs. 2 Satz 2 Nr. 1 gilt entsprechend.

(2) [1]Das Gericht kann die Strafe nach seinem Ermessen mildern (§ 49 Abs. 2) oder von einer Bestrafung nach diesen Vorschriften absehen, wenn der Täter freiwillig sein Verhalten aufgibt und sein Wissen einer Dienststelle offenbart. [2]Ist der Täter in den Fällen des Absatzes 1 Satz 1 von der fremden Macht oder einem ihrer Mittelsmänner zu seinem Verhalten gedrängt worden, so wird er nach dieser Vorschrift nicht bestraft, wenn er freiwillig sein Verhalten aufgibt und sein Wissen unverzüglich einer Dienststelle offenbart.

**§ 99 Geheimdienstliche Agententätigkeit.** (1) Wer

1. für den Geheimdienst einer fremden Macht eine geheimdienstliche Tätigkeit gegen die Bundesrepublik Deutschland ausübt, die auf die Mitteilung oder Lieferung von Tatsachen, Gegenständen oder Erkenntnissen gerichtet ist, oder
2. gegenüber dem Geheimdienst einer fremden Macht oder einem seiner Mittelsmänner sich zu einer solchen Tätigkeit bereit erklärt,

wird mit Freiheitsstrafe bis zu fünf Jahren oder mit Geldstrafe bestraft, wenn die Tat nicht in § 94 oder § 96 Abs. 1, in § 97a oder in § 97b in Verbindung mit § 94 oder § 96 Abs. 1 mit Strafe bedroht ist.

(2) [1]In besonders schweren Fällen ist die Strafe Freiheitsstrafe von einem Jahr bis zu zehn Jahren. [2]Ein besonders schwerer Fall liegt in der Regel vor, wenn der Täter Tatsachen, Gegenstände oder Erkenntnisse, die von einer amtlichen Stelle oder auf deren Veranlassung geheimgehalten werden, mitteilt oder liefert und wenn er

1. eine verantwortliche Stellung mißbraucht, die ihn zur Wahrung solcher Geheimnisse besonders verpflichtet, oder
2. durch die Tat die Gefahr eines schweren Nachteils für die Bundesrepublik Deutschland herbeiführt.

(3) § 98 Abs. 2 gilt entsprechend.

**§ 100 Friedensgefährdende Beziehungen.** (1) Wer als Deutscher, der seine Lebensgrundlage im räumlichen Geltungsbereich dieses Gesetzes hat, in der Absicht, einen Krieg oder ein bewaffnetes Unternehmen gegen die Bundesrepublik Deutschland herbeizuführen, zu einer Regierung, Vereinigung oder Einrichtung außerhalb des räumlichen Geltungsbereichs dieses Gesetzes oder zu einem ihrer Mittelsmänner Beziehungen aufnimmt oder unterhält, wird mit Freiheitsstrafe nicht unter einem Jahr bestraft.

(2) [1]In besonders schweren Fällen ist die Strafe lebenslange Freiheitsstrafe oder Freiheitsstrafe nicht unter fünf Jahren. [2]Ein besonders schwerer Fall liegt in der Regel vor, wenn der Täter durch die Tat eine schwere Gefahr für den Bestand der Bundesrepublik Deutschland herbeiführt.

(3) In minder schweren Fällen ist die Strafe Freiheitsstrafe von einem Jahr bis zu fünf Jahren.

**§ 100a Landesverräterische Fälschung.** (1) Wer wider besseres Wissen gefälschte oder verfälschte Gegenstände, Nachrichten darüber oder unwahre Behauptungen tatsächlicher Art, die im Falle ihrer Echtheit oder Wahrheit für die äußere Sicherheit oder die Beziehungen der Bundesrepublik Deutschland zu einer fremden Macht von Bedeutung wären, an einen anderen gelangen läßt oder öffentlich bekanntmacht, um einer fremden Macht vorzutäuschen, daß es sich um echte Gegenstände oder um Tatsachen handele, und dadurch die Gefahr eines schweren Nachteils für die äußere Sicherheit oder die Beziehungen der Bundesrepublik Deutschland zu einer fremden Macht herbeiführt, wird mit Freiheitsstrafe von sechs Monaten bis zu fünf Jahren bestraft.

(2) Ebenso wird bestraft, wer solche Gegenstände durch Fälschung oder Verfälschung herstellt oder sie sich verschafft, um sie in der in Absatz 1 bezeichneten Weise zur Täuschung einer fremden Macht an einen anderen gelangen zu lassen oder öffentlich bekanntzumachen und dadurch die Gefahr eines schweren Nachteils für die äußere Sicherheit oder die Beziehungen der Bundesrepublik Deutschland zu einer fremden Macht herbeizuführen.

(3) Der Versuch ist strafbar.

(4) [1] In besonders schweren Fällen ist die Strafe Freiheitsstrafe nicht unter einem Jahr. [2] Ein besonders schwerer Fall liegt in der Regel vor, wenn der Täter durch die Tat einen besonders schweren Nachteil für die äußere Sicherheit oder die Beziehungen der Bundesrepublik Deutschland zu einer fremden Macht herbeiführt.

**§ 101 Nebenfolgen.** Neben einer Freiheitsstrafe von mindestens sechs Monaten wegen einer vorsätzlichen Straftat nach diesem Abschnitt kann das Gericht die Fähigkeit, öffentliche Ämter zu bekleiden, die Fähigkeit, Rechte aus öffentlichen Wahlen zu erlangen, und das Recht, in öffentlichen Angelegenheiten zu wählen oder zu stimmen, aberkennen (§ 45 Abs. 2 und 5).

**§ 101a[1)] Einziehung.** [1] Ist eine Straftat nach diesem Abschnitt begangen worden, so können

1. Gegenstände, die durch die Tat hervorgebracht oder zu ihrer Begehung oder Vorbereitung gebraucht worden oder bestimmt gewesen sind, und
2. Gegenstände, die Staatsgeheimnisse sind, und Gegenstände der in § 100a bezeichneten Art, auf die sich die Tat bezieht,

eingezogen werden. [2] § 74a ist anzuwenden. [3] Gegenstände der in Satz 1 Nr. 2 bezeichneten Art werden auch ohne die Voraussetzungen des § 74 Absatz 3 Satz 1 und des § 74b eingezogen, wenn dies erforderlich ist, um die Gefahr eines schweren Nachteils für die äußere Sicherheit der Bundesrepublik Deutschland abzuwenden; dies gilt auch dann, wenn der Täter ohne Schuld gehandelt hat.

## Dritter Abschnitt. Straftaten gegen ausländische Staaten

**§ 102 Angriff gegen Organe und Vertreter ausländischer Staaten.**

(1) Wer einen Angriff auf Leib oder Leben eines ausländischen Staatsoberhaupts, eines Mitglieds einer ausländischen Regierung oder eines im Bundesgebiet beglaubigten Leiters einer ausländischen diplomatischen Vertretung begeht, während sich der Angegriffene in amtlicher Eigenschaft im Inland aufhält, wird mit Freiheitsstrafe bis zu fünf Jahren oder mit Geldstrafe, in besonders schweren Fällen mit Freiheitsstrafe nicht unter einem Jahr bestraft.

(2) Neben einer Freiheitsstrafe von mindestens sechs Monaten kann das Gericht die Fähigkeit, öffentliche Ämter zu bekleiden, die Fähigkeit, Rechte aus öffentlichen Wahlen zu erlangen, und das Recht, in öffentlichen Angelegenheiten zu wählen oder zu stimmen, aberkennen (§ 45 Abs. 2 und 5).

**§ 103[2)]** *(aufgehoben)*

---

1) § 101a Satz 3 geänd. mWv 1.7.2017 durch G v. 13.4.2017 (BGBl. I S. 872).
2) § 103 aufgeh. mWv 1.1.2018 durch G v. 17.7.2017 (BGBl. I S. 2439).

**§ 104[1] Verletzung von Flaggen und Hoheitszeichen ausländischer Staaten.** (1) [1]Wer eine auf Grund von Rechtsvorschriften oder nach anerkanntem Brauch öffentlich gezeigte Flagge eines ausländischen Staates oder wer ein Hoheitszeichen eines solchen Staates, das von einer anerkannten Vertretung dieses Staates öffentlich angebracht worden ist, entfernt, zerstört, beschädigt oder unkenntlich macht oder wer beschimpfenden Unfug daran verübt, wird mit Freiheitsstrafe bis zu zwei Jahren oder mit Geldstrafe bestraft. [2]Ebenso wird bestraft, wer öffentlich die Flagge eines ausländischen Staates zerstört oder beschädigt und dadurch verunglimpft. [3]Den in Satz 2 genannten Flaggen stehen solche gleich, die ihnen zum Verwechseln ähnlich sind.

(2) Der Versuch ist strafbar.

**§ 104a[2] Voraussetzungen der Strafverfolgung.** Straftaten nach diesem Abschnitt werden nur verfolgt, wenn die Bundesrepublik Deutschland zu dem anderen Staat diplomatische Beziehungen unterhält und ein Strafverlangen der ausländischen Regierung vorliegt.

## Vierter Abschnitt. Straftaten gegen Verfassungsorgane sowie bei Wahlen und Abstimmungen

**§ 105 Nötigung von Verfassungsorganen.** (1) Wer

1. ein Gesetzgebungsorgan des Bundes oder eines Landes oder einen seiner Ausschüsse,
2. die Bundesversammlung oder einen ihrer Ausschüsse oder
3. die Regierung oder das Verfassungsgericht des Bundes oder eines Landes

rechtswidrig mit Gewalt oder durch Drohung mit Gewalt nötigt, ihre Befugnisse nicht oder in einem bestimmten Sinne auszuüben, wird mit Freiheitsstrafe von einem Jahr bis zu zehn Jahren bestraft.

(2) In minder schweren Fällen ist die Strafe Freiheitsstrafe von sechs Monaten bis zu fünf Jahren.

**§ 106 Nötigung des Bundespräsidenten und von Mitgliedern eines Verfassungsorgans.** (1) Wer

1. den Bundespräsidenten oder
2. ein Mitglied
   a) eines Gesetzgebungsorgans des Bundes oder eines Landes,
   b) der Bundesversammlung oder
   c) der Regierung oder des Verfassungsgerichts des Bundes oder eines Landes

rechtswidrig mit Gewalt oder durch Drohung mit einem empfindlichen Übel nötigt, seine Befugnisse nicht oder in einem bestimmten Sinne auszuüben, wird mit Freiheitsstrafe von drei Monaten bis zu fünf Jahren bestraft.

(2) Der Versuch ist strafbar.

(3) In besonders schweren Fällen ist die Strafe Freiheitsstrafe von einem Jahr bis zu zehn Jahren.

**§ 106a[3]** *(aufgehoben)*

---

[1] § 104 Abs. 1 Sätze 2 und 3 angef. mWv 24.6.2020 durch G v. 12.6.2020 (BGBl. I S. 1247).
[2] § 104a geänd. mWv 24.6.2020 durch G v. 12.6.2020 (BGBl. I S. 1247).
[3] § 106a aufgeh. durch G v. 11.8.1999 (BGBl. I S. 1818).

**§ 106b Störung der Tätigkeit eines Gesetzgebungsorgans.** (1) Wer gegen Anordnungen verstößt, die ein Gesetzgebungsorgan des Bundes oder eines Landes oder sein Präsident über die Sicherheit und Ordnung im Gebäude des Gesetzgebungsorgans oder auf dem dazugehörenden Grundstück allgemein oder im Einzelfall erläßt, und dadurch die Tätigkeit des Gesetzgebungsorgans hindert oder stört, wird mit Freiheitsstrafe bis zu einem Jahr oder mit Geldstrafe bestraft.

(2) Die Strafvorschrift des Absatzes 1 gilt bei Anordnungen eines Gesetzgebungsorgans des Bundes oder seines Präsidenten weder für die Mitglieder des Bundestages noch für die Mitglieder des Bundesrates und der Bundesregierung sowie ihre Beauftragten, bei Anordnungen eines Gesetzgebungsorgans eines Landes oder seines Präsidenten weder für die Mitglieder der Gesetzgebungsorgane dieses Landes noch für die Mitglieder der Landesregierung und ihre Beauftragten.

**§ 107 Wahlbehinderung.** (1) Wer mit Gewalt oder durch Drohung mit Gewalt eine Wahl oder die Feststellung ihres Ergebnisses verhindert oder stört, wird mit Freiheitsstrafe bis zu fünf Jahren oder mit Geldstrafe, in besonders schweren Fällen mit Freiheitsstrafe nicht unter einem Jahr bestraft.

(2) Der Versuch ist strafbar.

**§ 107a[1] Wahlfälschung.** (1) [1] Wer unbefugt wählt oder sonst ein unrichtiges Ergebnis einer Wahl herbeiführt oder das Ergebnis verfälscht, wird mit Freiheitsstrafe bis zu fünf Jahren oder mit Geldstrafe bestraft. [2] Unbefugt wählt auch, wer im Rahmen zulässiger Assistenz entgegen der Wahlentscheidung des Wahlberechtigten oder ohne eine geäußerte Wahlentscheidung des Wahlberechtigten eine Stimme abgibt.

(2) Ebenso wird bestraft, wer das Ergebnis einer Wahl unrichtig verkündet oder verkünden läßt.

(3) Der Versuch ist strafbar.

**§ 107b Fälschung von Wahlunterlagen.** (1) Wer

1. seine Eintragung in die Wählerliste (Wahlkartei) durch falsche Angaben erwirkt,
2. einen anderen als Wähler einträgt, von dem er weiß, daß er keinen Anspruch auf Eintragung hat,
3. die Eintragung eines Wahlberechtigten als Wähler verhindert, obwohl er dessen Wahlberechtigung kennt,
4. sich als Bewerber für eine Wahl aufstellen läßt, obwohl er nicht wählbar ist,

wird mit Freiheitsstrafe bis zu sechs Monaten oder mit Geldstrafe bis zu einhundertachtzig Tagessätzen bestraft, wenn die Tat nicht in anderen Vorschriften mit schwererer Strafe bedroht ist.

(2) Der Eintragung in die Wählerliste als Wähler entspricht die Ausstellung der Wahlunterlagen für die Urwahlen in der Sozialversicherung.

**§ 107c Verletzung des Wahlgeheimnisses.** Wer einer dem Schutz des Wahlgeheimnisses dienenden Vorschrift in der Absicht zuwiderhandelt, sich oder einem anderen Kenntnis davon zu verschaffen, wie jemand gewählt hat, wird mit Freiheitsstrafe bis zu zwei Jahren oder mit Geldstrafe bestraft.

**§ 108 Wählernötigung.** (1) Wer rechtswidrig mit Gewalt, durch Drohung mit einem empfindlichen Übel, durch Mißbrauch eines beruflichen oder wirtschaftli-

---

[1] § 107a Abs. 1 Satz 2 angef. mWv 1.7.2019 durch G v. 18.6.2019 (BGBl. I S. 834).

chen Abhängigkeitsverhältnisses oder durch sonstigen wirtschaftlichen Druck einen anderen nötigt oder hindert, zu wählen oder sein Wahlrecht in einem bestimmten Sinne auszuüben, wird mit Freiheitsstrafe bis zu fünf Jahren oder mit Geldstrafe, in besonders schweren Fällen mit Freiheitsstrafe von einem Jahr bis zu zehn Jahren bestraft.

(2) Der Versuch ist strafbar.

**§ 108a Wählertäuschung.** (1) Wer durch Täuschung bewirkt, daß jemand bei der Stimmabgabe über den Inhalt seiner Erklärung irrt oder gegen seinen Willen nicht oder ungültig wählt, wird mit Freiheitsstrafe bis zu zwei Jahren oder mit Geldstrafe bestraft.

(2) Der Versuch ist strafbar.

**§ 108b Wählerbestechung.** (1) Wer einem anderen dafür, daß er nicht oder in einem bestimmten Sinne wähle, Geschenke oder andere Vorteile anbietet, verspricht oder gewährt, wird mit Freiheitsstrafe bis zu fünf Jahren oder mit Geldstrafe bestraft.

(2) Ebenso wird bestraft, wer dafür, daß er nicht oder in einem bestimmten Sinne wähle, Geschenke oder andere Vorteile fordert, sich versprechen läßt oder annimmt.

**§ 108c Nebenfolgen.** Neben einer Freiheitsstrafe von mindestens sechs Monaten wegen einer Straftat nach den §§ 107, 107a, 108 und 108b kann das Gericht die Fähigkeit, Rechte aus öffentlichen Wahlen zu erlangen, und das Recht, in öffentlichen Angelegenheiten zu wählen oder zu stimmen, aberkennen (§ 45 Abs. 2 und 5).

**§ 108d[1)] Geltungsbereich.** [1]Die §§ 107 bis 108c gelten für Wahlen zu den Volksvertretungen, für die Wahl der Abgeordneten des Europäischen Parlaments, für sonstige Wahlen und Abstimmungen des Volkes im Bund, in den Ländern, in kommunalen Gebietskörperschaften, für Wahlen und Abstimmungen in Teilgebieten eines Landes oder einer kommunalen Gebietskörperschaft sowie für Urwahlen in der Sozialversicherung. [2]Einer Wahl oder Abstimmung steht das Unterschreiben eines Wahlvorschlags oder das Unterschreiben für ein Volksbegehren gleich.

**§ 108e[2)] Bestechlichkeit und Bestechung von Mandatsträgern.** (1) Wer als Mitglied einer Volksvertretung des Bundes oder der Länder einen ungerechtfertigten Vorteil für sich oder einen Dritten als Gegenleistung dafür fordert, sich versprechen lässt oder annimmt, dass er bei der Wahrnehmung seines Mandates eine Handlung im Auftrag oder auf Weisung vornehme oder unterlasse, wird mit Freiheitsstrafe von einem Jahr bis zu zehn Jahren, in minder schweren Fällen mit Freiheitsstrafe von sechs Monaten bis zu fünf Jahren bestraft.

(2) Ebenso wird bestraft, wer einem Mitglied einer Volksvertretung des Bundes oder der Länder einen ungerechtfertigten Vorteil für dieses Mitglied oder einen Dritten als Gegenleistung dafür anbietet, verspricht oder gewährt, dass es bei der Wahrnehmung seines Mandates eine Handlung im Auftrag oder auf Weisung vornehme oder unterlasse.

---

[1)] § 108d Satz 1 neu gef. mWv 1.9.2014 durch G v. 23.4.2014 (BGBl. I S. 410).

[2)] § 108e neu gef. mWv 1.9.2014 durch G v. 23.4.2014 (BGBl. I S. 410); Abs. 1 geänd. mWv 19.10.2021 durch G v. 8.10.2021 (BGBl. I S. 4650).

(3) Den in den Absätzen 1 und 2 genannten Mitgliedern gleich stehen Mitglieder
1. einer Volksvertretung einer kommunalen Gebietskörperschaft,
2. eines in unmittelbarer und allgemeiner Wahl gewählten Gremiums einer für ein Teilgebiet eines Landes oder einer kommunalen Gebietskörperschaft gebildeten Verwaltungseinheit,
3. der Bundesversammlung,
4. des Europäischen Parlaments,
5. einer parlamentarischen Versammlung einer internationalen Organisation und
6. eines Gesetzgebungsorgans eines ausländischen Staates.

(4) [1] Ein ungerechtfertigter Vorteil liegt insbesondere nicht vor, wenn die Annahme des Vorteils im Einklang mit den für die Rechtsstellung des Mitglieds maßgeblichen Vorschriften steht. [2] Keinen ungerechtfertigten Vorteil stellen dar
1. ein politisches Mandat oder eine politische Funktion sowie
2. eine nach dem Parteiengesetz[1)] oder entsprechenden Gesetzen zulässige Spende.

(5) Neben einer Freiheitsstrafe von mindestens sechs Monaten kann das Gericht die Fähigkeit, Rechte aus öffentlichen Wahlen zu erlangen, und das Recht, in öffentlichen Angelegenheiten zu wählen oder zu stimmen, aberkennen.

## Fünfter Abschnitt. Straftaten gegen die Landesverteidigung

**§ 109 Wehrpflichtentziehung durch Verstümmelung.** (1) Wer sich oder einen anderen mit dessen Einwilligung durch Verstümmelung oder auf andere Weise zur Erfüllung der Wehrpflicht untauglich macht oder machen läßt, wird mit Freiheitsstrafe von drei Monaten bis zu fünf Jahren bestraft.

(2) Führt der Täter die Untauglichkeit nur für eine gewisse Zeit oder für eine einzelne Art der Verwendung herbei, so ist die Strafe Freiheitsstrafe bis zu fünf Jahren oder Geldstrafe.

(3) Der Versuch ist strafbar.

**§ 109a Wehrpflichtentziehung durch Täuschung.** (1) Wer sich oder einen anderen durch arglistige, auf Täuschung berechnete Machenschaften der Erfüllung der Wehrpflicht dauernd oder für eine gewisse Zeit, ganz oder für eine einzelne Art der Verwendung entzieht, wird mit Freiheitsstrafe bis zu fünf Jahren oder mit Geldstrafe bestraft.

(2) Der Versuch ist strafbar.

**§§ 109b und 109c** (weggefallen)

**§ 109d Störpropaganda gegen die Bundeswehr.** (1) Wer unwahre oder gröblich entstellte Behauptungen tatsächlicher Art, deren Verbreitung geeignet ist, die Tätigkeit der Bundeswehr zu stören, wider besseres Wissen zum Zwecke der Verbreitung aufstellt oder solche Behauptungen in Kenntnis ihrer Unwahrheit verbreitet, um die Bundeswehr in der Erfüllung ihrer Aufgabe der Landesverteidigung zu behindern, wird mit Freiheitsstrafe bis zu fünf Jahren oder mit Geldstrafe bestraft.

(2) Der Versuch ist strafbar.

---

[1)] **Sartorius Nr. 58.**

**§ 109e Sabotagehandlungen an Verteidigungsmitteln.** (1) Wer ein Wehrmittel oder eine Einrichtung oder Anlage, die ganz oder vorwiegend der Landesverteidigung oder dem Schutz der Zivilbevölkerung gegen Kriegsgefahren dient, unbefugt zerstört, beschädigt, verändert, unbrauchbar macht oder beseitigt und dadurch die Sicherheit der Bundesrepublik Deutschland, die Schlagkraft der Truppe oder Menschenleben gefährdet, wird mit Freiheitsstrafe von drei Monaten bis zu fünf Jahren bestraft.

(2) Ebenso wird bestraft, wer wissentlich einen solchen Gegenstand oder den dafür bestimmten Werkstoff fehlerhaft herstellt oder liefert und dadurch wissentlich die in Absatz 1 bezeichnete Gefahr herbeiführt.

(3) Der Versuch ist strafbar.

(4) In besonders schweren Fällen ist die Strafe Freiheitsstrafe von einem Jahr bis zu zehn Jahren.

(5) Wer die Gefahr in den Fällen des Absatzes 1 fahrlässig, in den Fällen des Absatzes 2 nicht wissentlich, aber vorsätzlich oder fahrlässig herbeiführt, wird mit Freiheitsstrafe bis zu fünf Jahren oder mit Geldstrafe bestraft, wenn die Tat nicht in anderen Vorschriften mit schwererer Strafe bedroht ist.

**§ 109f Sicherheitsgefährdender Nachrichtendienst.** (1) [1] Wer für eine Dienststelle, eine Partei oder eine andere Vereinigung außerhalb des räumlichen Geltungsbereichs dieses Gesetzes, für eine verbotene Vereinigung oder für einen ihrer Mittelsmänner

1. Nachrichten über Angelegenheiten der Landesverteidigung sammelt,
2. einen Nachrichtendienst betreibt, der Angelegenheiten der Landesverteidigung zum Gegenstand hat, oder
3. für eine dieser Tätigkeiten anwirbt oder sie unterstützt

und dadurch Bestrebungen dient, die gegen die Sicherheit der Bundesrepublik Deutschland oder die Schlagkraft der Truppe gerichtet sind, wird mit Freiheitsstrafe bis zu fünf Jahren oder mit Geldstrafe bestraft, wenn die Tat nicht in anderen Vorschriften mit schwererer Strafe bedroht ist. [2] Ausgenommen ist eine zur Unterrichtung der Öffentlichkeit im Rahmen der üblichen Presse- oder Funkberichterstattung ausgeübte Tätigkeit.

(2) Der Versuch ist strafbar.

**§ 109g Sicherheitsgefährdendes Abbilden.** (1) Wer von einem Wehrmittel, einer militärischen Einrichtung oder Anlage oder einem militärischen Vorgang eine Abbildung oder Beschreibung anfertigt oder eine solche Abbildung oder Beschreibung an einen anderen gelangen läßt und dadurch wissentlich die Sicherheit der Bundesrepublik Deutschland oder die Schlagkraft der Truppe gefährdet, wird mit Freiheitsstrafe bis zu fünf Jahren oder mit Geldstrafe bestraft.

(2) Wer von einem Luftfahrzeug aus eine Lichtbildaufnahme von einem Gebiet oder Gegenstand im räumlichen Geltungsbereich dieses Gesetzes anfertigt oder eine solche Aufnahme oder eine danach hergestellte Abbildung an einen anderen gelangen läßt und dadurch wissentlich die Sicherheit der Bundesrepublik Deutschland oder die Schlagkraft der Truppe gefährdet, wird mit Freiheitsstrafe bis zu zwei Jahren oder mit Geldstrafe bestraft, wenn die Tat nicht in Absatz 1 mit Strafe bedroht ist.

(3) Der Versuch ist strafbar.

(4) [1] Wer in den Fällen des Absatzes 1 die Abbildung oder Beschreibung an einen anderen gelangen läßt und dadurch die Gefahr nicht wissentlich, aber vor-

sätzlich oder leichtfertig herbeiführt, wird mit Freiheitsstrafe bis zu zwei Jahren oder mit Geldstrafe bestraft. [2] Die Tat ist jedoch nicht strafbar, wenn der Täter mit Erlaubnis der zuständigen Dienststelle gehandelt hat.

**§ 109h Anwerben für fremden Wehrdienst.** (1) Wer zugunsten einer ausländischen Macht einen Deutschen zum Wehrdienst in einer militärischen oder militärähnlichen Einrichtung anwirbt oder ihren Werbern oder dem Wehrdienst einer solchen Einrichtung zuführt, wird mit Freiheitsstrafe von drei Monaten bis zu fünf Jahren bestraft.

(2) Der Versuch ist strafbar.

**§ 109i Nebenfolgen.** Neben einer Freiheitsstrafe von mindestens einem Jahr wegen einer Straftat nach den §§ 109e und 109f kann das Gericht die Fähigkeit, öffentliche Ämter zu bekleiden, die Fähigkeit, Rechte aus öffentlichen Wahlen zu erlangen, und das Recht, in öffentlichen Angelegenheiten zu wählen oder zu stimmen, aberkennen (§ 45 Abs. 2 und 5).

**§ 109k[1] Einziehung.** [1] Ist eine Straftat nach den §§ 109d bis 109g begangen worden, so können

1. Gegenstände, die durch die Tat hervorgebracht oder zu ihrer Begehung oder Vorbereitung gebraucht worden oder bestimmt gewesen sind, und
2. Abbildungen, Beschreibungen und Aufnahmen, auf die sich eine Straftat nach § 109g bezieht,

eingezogen werden. [2] § 74a ist anzuwenden. [3] Gegenstände der in Satz 1 Nr. 2 bezeichneten Art werden auch ohne die Voraussetzungen des § 74 Absatz 3 Satz 1 und des § 74b eingezogen, wenn das Interesse der Landesverteidigung es erfordert; dies gilt auch dann, wenn der Täter ohne Schuld gehandelt hat.

## Sechster Abschnitt. Widerstand gegen die Staatsgewalt

**§ 110** (weggefallen)

**§ 111[2] Öffentliche Aufforderung zu Straftaten.** (1) Wer öffentlich, in einer Versammlung oder durch Verbreiten eines Inhalts (§ 11 Absatz 3) zu einer rechtswidrigen Tat auffordert, wird wie ein Anstifter (§ 26) bestraft.

(2) [1] Bleibt die Aufforderung ohne Erfolg, so ist die Strafe Freiheitsstrafe bis zu fünf Jahren oder Geldstrafe. [2] Die Strafe darf nicht schwerer sein als die, die für den Fall angedroht ist, daß die Aufforderung Erfolg hat (Absatz 1); § 49 Abs. 1 Nr. 2 ist anzuwenden.

**§ 112** (weggefallen)

**§ 113[3] Widerstand gegen Vollstreckungsbeamte.** (1) Wer einem Amtsträger oder Soldaten der Bundeswehr, der zur Vollstreckung von Gesetzen, Rechtsverordnungen, Urteilen, Gerichtsbeschlüssen oder Verfügungen berufen ist, bei der Vornahme einer solchen Diensthandlung mit Gewalt oder durch Drohung mit

---

[1] § 109k Satz 3 geänd. mWv 1.7.2017 durch G v. 13.4.2017 (BGBl. I S. 872).

[2] § 111 Abs. 1 geänd. mWv 1.1.2021 durch G v. 30.11.2020 (BGBl. I S. 2600).

[3] § 113 Abs. 1 und Abs. 2 Satz 2 Nr. 1 geänd. mWv 5.11.2011 durch G v. 1.11.2011 (BGBl. I S. 2130); Abs. 1 geänd., Abs. 2 Satz 2 Nr. 1 und 2 geänd., Nr. 3 angef. mWv 30.5.2017 durch G v. 23.5.2017 (BGBl. I S. 1226).

Gewalt Widerstand leistet, wird mit Freiheitsstrafe bis zu drei Jahren oder mit Geldstrafe bestraft.

(2) [1]In besonders schweren Fällen ist die Strafe Freiheitsstrafe von sechs Monaten bis zu fünf Jahren. [2]Ein besonders schwerer Fall liegt in der Regel vor, wenn

1. der Täter oder ein anderer Beteiligter eine Waffe oder ein anderes gefährliches Werkzeug bei sich führt,
2. der Täter durch eine Gewalttätigkeit den Angegriffenen in die Gefahr des Todes oder einer schweren Gesundheitsschädigung bringt oder
3. die Tat mit einem anderen Beteiligten gemeinschaftlich begangen wird.

(3) [1]Die Tat ist nicht nach dieser Vorschrift strafbar, wenn die Diensthandlung nicht rechtmäßig ist. [2]Dies gilt auch dann, wenn der Täter irrig annimmt, die Diensthandlung sei rechtmäßig.

(4) [1]Nimmt der Täter bei Begehung der Tat irrig an, die Diensthandlung sei nicht rechtmäßig, und konnte er den Irrtum vermeiden, so kann das Gericht die Strafe nach seinem Ermessen mildern (§ 49 Abs. 2) oder bei geringer Schuld von einer Bestrafung nach dieser Vorschrift absehen. [2]Konnte der Täter den Irrtum nicht vermeiden und war ihm nach den ihm bekannten Umständen auch nicht zuzumuten, sich mit Rechtsbehelfen gegen die vermeintlich rechtswidrige Diensthandlung zu wehren, so ist die Tat nicht nach dieser Vorschrift strafbar; war ihm dies zuzumuten, so kann das Gericht die Strafe nach seinem Ermessen mildern (§ 49 Abs. 2) oder von einer Bestrafung nach dieser Vorschrift absehen.

**§ 114[1)] Tätlicher Angriff auf Vollstreckungsbeamte.** (1) Wer einen Amtsträger oder Soldaten der Bundeswehr, der zur Vollstreckung von Gesetzen, Rechtsverordnungen, Urteilen, Gerichtsbeschlüssen oder Verfügungen berufen ist, bei einer Diensthandlung tätlich angreift, wird mit Freiheitsstrafe von drei Monaten bis zu fünf Jahren bestraft.

(2) § 113 Absatz 2 gilt entsprechend.

(3) § 113 Absatz 3 und 4 gilt entsprechend, wenn die Diensthandlung eine Vollstreckungshandlung im Sinne des § 113 Absatz 1 ist.

**§ 115[2)] Widerstand gegen oder tätlicher Angriff auf Personen, die Vollstreckungsbeamten gleichstehen.** (1) Zum Schutz von Personen, die die Rechte und Pflichten eines Polizeibeamten haben oder Ermittlungspersonen der Staatsanwaltschaft sind, ohne Amtsträger zu sein, gelten die §§ 113 und 114 entsprechend.

(2) Zum Schutz von Personen, die zur Unterstützung bei der Diensthandlung hinzugezogen sind, gelten die §§ 113 und 114 entsprechend.

(3) [1]Nach § 113 wird auch bestraft, wer bei Unglücksfällen, gemeiner Gefahr oder Not Hilfeleistende der Feuerwehr, des Katastrophenschutzes, eines Rettungsdienstes, eines ärztlichen Notdienstes oder einer Notaufnahme durch Gewalt oder durch Drohung mit Gewalt behindert. [2]Nach § 114 wird bestraft, wer die Hilfeleistenden in diesen Situationen tätlich angreift.

**§§ 116 bis 119** (weggefallen)

---

[1)] § 114 *eingef.* mWv 30.5.2017 *durch* G v. 23.5.2017 (BGBl. I S. 1226).

[2)] *Bish.* § *114* wird § 115 und neu gef. mWv 30.5.2017 durch G v. 23.5.2017 (BGBl. I S. 1226); Abs. 3 Satz 1 geänd. mWv 3.4.2021 durch G v. 30.3.2021 (BGBl. I S. 441, geänd. durch G v. 30.3.2021, BGBl. I S. 448).

**§ 120 Gefangenenbefreiung.** (1) Wer einen Gefangenen befreit, ihn zum Entweichen verleitet oder dabei fördert, wird mit Freiheitsstrafe bis zu drei Jahren oder mit Geldstrafe bestraft.

(2) Ist der Täter als Amtsträger oder als für den öffentlichen Dienst besonders Verpflichteter gehalten, das Entweichen des Gefangenen zu verhindern, so ist die Strafe Freiheitsstrafe bis zu fünf Jahren oder Geldstrafe.

(3) Der Versuch ist strafbar.

(4) Einem Gefangenen im Sinne der Absätze 1 und 2 steht gleich, wer sonst auf behördliche Anordnung in einer Anstalt verwahrt wird.

**§ 121[1)] Gefangenenmeuterei.** (1) Gefangene, die sich zusammenrotten und mit vereinten Kräften

1. einen Anstaltsbeamten, einen anderen Amtsträger oder einen mit ihrer Beaufsichtigung, Betreuung oder Untersuchung Beauftragten nötigen (§ 240) oder tätlich angreifen,
2. gewaltsam ausbrechen oder
3. gewaltsam einem von ihnen oder einem anderen Gefangenen zum Ausbruch verhelfen,

werden mit Freiheitsstrafe von drei Monaten bis zu fünf Jahren bestraft.

(2) Der Versuch ist strafbar.

(3) [1] In besonders schweren Fällen wird die Meuterei mit Freiheitsstrafe von sechs Monaten bis zu zehn Jahren bestraft. [2] Ein besonders schwerer Fall liegt in der Regel vor, wenn der Täter oder ein anderer Beteiligter

1. eine Schußwaffe bei sich führt,
2. eine andere Waffe oder ein anderes gefährliches Werkzeug bei sich führt, um diese oder dieses bei der Tat zu verwenden, oder
3. durch eine Gewalttätigkeit einen anderen in die Gefahr des Todes oder einer schweren Gesundheitsschädigung bringt.

(4) Gefangener im Sinne der Absätze 1 bis 3 ist auch, wer in der Sicherungsverwahrung untergebracht ist.

**§ 122** (weggefallen)

## Siebenter Abschnitt. Straftaten gegen die öffentliche Ordnung

**§ 123 Hausfriedensbruch.** (1) Wer in die Wohnung, in die Geschäftsräume oder in das befriedete Besitztum eines anderen oder in abgeschlossene Räume, welche zum öffentlichen Dienst oder Verkehr bestimmt sind, widerrechtlich eindringt, oder wer, wenn er ohne Befugnis darin verweilt, auf die Aufforderung des Berechtigten sich nicht entfernt, wird mit Freiheitsstrafe bis zu einem Jahr oder mit Geldstrafe bestraft.

(2) Die Tat wird nur auf Antrag verfolgt.

**§ 124 Schwerer Hausfriedensbruch.** Wenn sich eine Menschenmenge öffentlich zusammenrottet und in der Absicht, Gewalttätigkeiten gegen Personen oder Sachen mit vereinten Kräften zu begehen, in die Wohnung, in die Geschäftsräume oder in das befriedete Besitztum eines anderen oder in abgeschlossene Räume, welche zum öffentlichen Dienst bestimmt sind, widerrechtlich eindringt, so wird

[1)] § 121 Abs. 3 Satz 2 Nr. 2 geänd. mWv 5.11.2011 durch G v. 1.11.2011 (BGBl. I S. 2130).

jeder, welcher an diesen Handlungen teilnimmt, mit Freiheitsstrafe bis zu zwei Jahren oder mit Geldstrafe bestraft.

**§ 125[1)] Landfriedensbruch.** (1) Wer sich an
1. Gewalttätigkeiten gegen Menschen oder Sachen oder
2. Bedrohungen von Menschen mit einer Gewalttätigkeit,

die aus einer Menschenmenge in einer die öffentliche Sicherheit gefährdenden Weise mit vereinten Kräften begangen werden, als Täter oder Teilnehmer beteiligt oder wer auf die Menschenmenge einwirkt, um ihre Bereitschaft zu solchen Handlungen zu fördern, wird mit Freiheitsstrafe bis zu drei Jahren oder mit Geldstrafe bestraft.

(2) [1]Soweit die in Absatz 1 Nr. 1, 2 bezeichneten Handlungen in § 113 mit Strafe bedroht sind, gilt § 113 Abs. 3, 4 sinngemäß. [2]Dies gilt auch in Fällen des § 114, wenn die Diensthandlung eine Vollstreckungshandlung im Sinne des § 113 Absatz 1 ist.

**§ 125a[2)] Besonders schwerer Fall des Landfriedensbruchs.** [1]In besonders schweren Fällen des § 125 Abs. 1 ist die Strafe Freiheitsstrafe von sechs Monaten bis zu zehn Jahren. [2]Ein besonders schwerer Fall liegt in der Regel vor, wenn der Täter
1. eine Schußwaffe bei sich führt,
2. eine andere Waffe oder ein anderes gefährliches Werkzeug bei sich führt,
3. durch eine Gewalttätigkeit einen anderen in die Gefahr des Todes oder einer schweren Gesundheitsschädigung bringt oder
4. plündert oder bedeutenden Schaden an fremden Sachen anrichtet.

**§ 126[3)] Störung des öffentlichen Friedens durch Androhung von Straftaten.** (1) Wer in einer Weise, die geeignet ist, den öffentlichen Frieden zu stören,
1. einen der in § 125a Satz 2 Nr. 1 bis 4 bezeichneten Fälle des Landfriedensbruchs,
2. eine Straftat gegen die sexuelle Selbstbestimmung in den Fällen des § 177 Absatz 4 bis 8 oder des § 178,
3. einen Mord (§ 211), Totschlag (§ 212) oder Völkermord (§ 6 des Völkerstrafgesetzbuches[4)]) oder ein Verbrechen gegen die Menschlichkeit (§ 7 des Völkerstrafgesetzbuches) oder ein Kriegsverbrechen (§§ 8, 9, 10, 11 oder 12 des Völkerstrafgesetzbuches),
4. eine gefährliche Körperverletzung (§ 224) oder eine schwere Körperverletzung (§ 226),
5. eine Straftat gegen die persönliche Freiheit in den Fällen des § 232 Absatz 3 Satz 2, des § 232a Absatz 3, 4 oder 5, des § 232b Absatz 3 oder 4, des § 233a

---

[1)] § 125 Abs. 1 abschl. Satzteil geänd., Abs. 2 Satz 2 angef. mWv 30.5.2017 durch G v. 23.5.2017 (BGBl. I S. 1226).

[2)] § 125a Satz 2 Nr. 2 geänd. mWv 5.11.2011 durch G v. 1.11.2011 (BGBl. I S. 2130); Satz 2 Nr. 2 geänd. mWv 30.5.2017 durch G v. 23.5.2017 (BGBl. I S. 1226).

[3)] § 126 Abs. 1 Nr. 2 geänd. mWv 30.6.2002 durch G v. 26.6.2002 (BGBl. I S. 2254); Abs. 1 Nr. 4 geänd. mWv 19.2.2005 durch G v. 11.2.2005 (BGBl. I S. 239); Abs. 1 Nr. 4 geänd. mWv 15.10.2016 durch *G v. 11.10.2016 (BGBl. I S. 2226)*; Abs. 1 Nr. 2 eingef., bish. Nr. 3–7 werden Nr. 4–8, neue Nr. 4 geänd. mWv 3.4.2021 durch G v. 30.3.2021 (BGBl. I S. 441, geänd. durch G v. 30.3.2021, BGBl. I S. 448).

[4)] **Habersack, Deutsche Gesetze ErgBd. Nr. 85g.**

Absatz 3 oder 4, jeweils soweit es sich um Verbrechen handelt, der §§ 234, 234a, 239a oder 239b,
6. einen Raub oder eine räuberische Erpressung (§§ 249 bis 251 oder 255),
7. ein gemeingefährliches Verbrechen in den Fällen der §§ 306 bis 306c oder 307 Abs. 1 bis 3, des § 308 Abs. 1 bis 3, des § 309 Abs. 1 bis 4, der §§ 313, 314 oder 315 Abs. 3, des § 315b Abs. 3, des § 316a Abs. 1 oder 3, des § 316c Abs. 1 oder 3 oder des § 318 Abs. 3 oder 4 oder
8. ein gemeingefährliches Vergehen in den Fällen des § 309 Abs. 6, des § 311 Abs. 1, des § 316b Abs. 1, des § 317 Abs. 1 oder des § 318 Abs. 1

androht, wird mit Freiheitsstrafe bis zu drei Jahren oder mit Geldstrafe bestraft.

(2) Ebenso wird bestraft, wer in einer Weise, die geeignet ist, den öffentlichen Frieden zu stören, wider besseres Wissen vortäuscht, die Verwirklichung einer der in Absatz 1 genannten rechtswidrigen Taten stehe bevor.

**§ 126a[1] Gefährdendes Verbreiten personenbezogener Daten.** (1) Wer öffentlich, in einer Versammlung oder durch Verbreiten eines Inhalts (§ 11 Absatz 3) personenbezogene Daten einer anderen Person in einer Art und Weise verbreitet, die geeignet und nach den Umständen bestimmt ist, diese Person oder eine ihr nahestehende Person der Gefahr

1. eines gegen sie gerichteten Verbrechens oder
2. einer gegen sie gerichteten sonstigen rechtswidrigen Tat gegen die sexuelle Selbstbestimmung, die körperliche Unversehrtheit, die persönliche Freiheit oder gegen eine Sache von bedeutendem Wert

auszusetzen, wird mit Freiheitsstrafe bis zu zwei Jahren oder mit Geldstrafe bestraft.

(2) Handelt es sich um nicht allgemein zugängliche Daten, so ist die Strafe Freiheitsstrafe bis zu drei Jahren oder Geldstrafe.

(3) § 86 Absatz 4 gilt entsprechend.

**§ 127[2] Betreiben krimineller Handelsplattformen im Internet.** (1) [1] Wer eine Handelsplattform im Internet betreibt, deren Zweck darauf ausgerichtet ist, die Begehung von rechtswidrigen Taten zu ermöglichen oder zu fördern, wird mit Freiheitsstrafe bis zu fünf Jahren oder mit Geldstrafe bestraft, wenn die Tat nicht in anderen Vorschriften mit schwererer Strafe bedroht ist. [2] Rechtswidrige Taten im Sinne des Satzes 1 sind

1. Verbrechen,
2. Vergehen nach
   a) den §§ 86, 86a, 91, 130, 147 und 148 Absatz 1 Nummer 3, den §§ 149, 152a und 176a Absatz 2, § 176b Absatz 2, § 180 Absatz 2, § 184b Absatz 1 Satz 2, § 184c Absatz 1, § 184l Absatz 1 und 3, den §§ 202a, 202b, 202c, 202d, 232 *und 232a* Absatz 1, 2, 5 und 6, nach § 232b Absatz 1, 2 und 4 in Verbindung mit § 232a Absatz 5, nach den §§ 233, 233a, 236, 259 und 260, nach § 261 Absatz 1 und 2 unter den in § 261 Absatz 5 Satz 2 genannten Voraussetzungen sowie nach den §§ 263, 263a, 267, 269, 275, 276, 303a und 303b,
   b) § 4 Absatz 1 bis 3 des Anti-Doping-Gesetzes,

[1] § 126a eingef. mWv 22.9.2021 durch G v. 14.9.2021 (BGBl. I S. 4250).
[2] § 127 eingef. mWv 1.10.2021 durch G v. 12.8.2021 (BGBl. I S. 3544).

c) § 29 Absatz 1 Satz 1 Nummer 1, auch in Verbindung mit Absatz 6, sowie Absatz 2 und 3 des Betäubungsmittelgesetzes[1)],
d) § 19 Absatz 1 bis 3 des Grundstoffüberwachungsgesetzes,
e) § 4 Absatz 1 und 2 des Neue-psychoaktive-Stoffe-Gesetzes,
f) § 95 Absatz 1 bis 3 des Arzneimittelgesetzes[2)],
g) § 52 Absatz 1 Nummer 1 und 2 Buchstabe b und c, Absatz 2 und 3 Nummer 1 und 7 sowie Absatz 5 und 6 des Waffengesetzes[3)],
h) § 40 Absatz 1 bis 3 des Sprengstoffgesetzes[4)],
i) § 13 des Ausgangsstoffgesetzes,
j) § 83 Absatz 1 Nummer 4 und 5 sowie Absatz 4 des Kulturgutschutzgesetzes,
k) den §§ 143, 143a und 144 des Markengesetzes[5)] sowie
l) den §§ 51 und 65 des Designgesetzes[6)].

(2) Handelsplattform im Internet im Sinne dieser Vorschrift ist jede virtuelle Infrastruktur im frei zugänglichen wie im durch technische Vorkehrungen zugangsbeschränkten Bereich des Internets, die Gelegenheit bietet, Menschen, Waren, Dienstleistungen oder Inhalte (§ 11 Absatz 3) anzubieten oder auszutauschen.

(3) Mit Freiheitsstrafe von sechs Monaten bis zu zehn Jahren wird bestraft, wer im Fall des Absatzes 1 gewerbsmäßig oder als Mitglied einer Bande handelt, die sich zur fortgesetzten Begehung solcher Taten verbunden hat.

(4) Mit Freiheitsstrafe von einem Jahr bis zu zehn Jahren wird bestraft, wer bei der Begehung einer Tat nach Absatz 1 beabsichtigt oder weiß, dass die Handelsplattform im Internet den Zweck hat, Verbrechen zu ermöglichen oder zu fördern.

**§ 128[7)] Bildung bewaffneter Gruppen.** Wer unbefugt eine Gruppe, die über Waffen oder andere gefährliche Werkzeuge verfügt, bildet oder befehligt oder wer sich einer solchen Gruppe anschließt, sie mit Waffen oder Geld versorgt oder sonst unterstützt, wird mit Freiheitsstrafe bis zu zwei Jahren oder mit Geldstrafe bestraft.

**§ 129[8)] Bildung krimineller Vereinigungen.** (1) [1] Mit Freiheitsstrafe bis zu fünf Jahren oder mit Geldstrafe wird bestraft, wer eine Vereinigung gründet oder sich an einer Vereinigung als Mitglied beteiligt, deren Zweck oder Tätigkeit auf die Begehung von Straftaten gerichtet ist, die im Höchstmaß mit Freiheitsstrafe von mindestens zwei Jahren bedroht sind. [2] Mit Freiheitsstrafe bis zu drei Jahren oder mit Geldstrafe wird bestraft, wer eine solche Vereinigung unterstützt oder für sie um Mitglieder oder Unterstützer wirbt.

(2) Eine Vereinigung ist ein auf längere Dauer angelegter, von einer Festlegung von Rollen der Mitglieder, der Kontinuität der Mitgliedschaft und der Ausprägung

---

1) **Habersack, Deutsche Gesetze ErgBd. Nr. 86.**
2) **Sartorius ErgBd. Nr. 272.**
3) **Sartorius Nr. 820.**
4) **Sartorius ErgBd. Nr. 822.**
5) Nr. **72.**
6) **Habersack, Deutsche Gesetze ErgBd. Nr. 69.**
7) Bish. § 127 wird § 128 mWv 1.10.2021 durch G v. 12.8.2021 (BGBl. I S. 3544).
8) § 129 Abs. 1 neu gef., Abs. 2 eingef., bish. Abs. 2 wird Abs. 3, bish. Abs. 3 wird Abs. 4 und geänd., bish. Abs. 4 wird Abs. 5 und neu gef., bish. Abs. 5 wird Abs. 6 und geänd., bish. Abs. 6 wird Abs. 7 mWv 22.7. 2017 durch G v. 17.7.2017 (BGBl. I S. 2440); Abs. 5 Satz 3 geänd. mWv 24.8.2017 durch G v. 17.8.2017 (BGBl. I S. 3202, ber. S. 3630); Abs. 5 Satz 3 geänd. mWv 1.7.2021 durch G v. 25.6.2021 (BGBl. I S. 2099); Abs. 5 Satz 3 geänd. mWv 1.10.2021 durch G v. 12.8.2021 (BGBl. I S. 3544) (aufgrund der vorhergehenden Änd. teilweise nicht ausführbar).

der Struktur unabhängiger organisierter Zusammenschluss von mehr als zwei Personen zur Verfolgung eines übergeordneten gemeinsamen Interesses.

(3) Absatz 1 ist nicht anzuwenden,

1. wenn die Vereinigung eine politische Partei ist, die das Bundesverfassungsgericht nicht für verfassungswidrig erklärt hat,
2. wenn die Begehung von Straftaten nur ein Zweck oder eine Tätigkeit von untergeordneter Bedeutung ist oder
3. soweit die Zwecke oder die Tätigkeit der Vereinigung Straftaten nach den §§ 84 bis 87 betreffen.

(4) Der Versuch, eine in Absatz 1 Satz 1 und Absatz 2 bezeichnete Vereinigung zu gründen, ist strafbar.

(5) [1] In besonders schweren Fällen des Absatzes 1 Satz 1 ist auf Freiheitsstrafe von sechs Monaten bis zu fünf Jahren zu erkennen. [2] Ein besonders schwerer Fall liegt in der Regel vor, wenn der Täter zu den Rädelsführern oder Hintermännern der Vereinigung gehört. [3] In den Fällen des Absatzes 1 Satz 1 ist auf Freiheitsstrafe von sechs Monaten bis zu zehn Jahren zu erkennen, wenn der Zweck oder die Tätigkeit der Vereinigung darauf gerichtet ist, in § 100b Absatz 2 Nummer 1 *Buchstabe a, c, d, e und g bis n*[1)], Nummer 2 bis 8 und 10 der Strafprozessordnung[2)] genannte Straftaten mit Ausnahme der in § 100b Absatz 2 Nummer 1 Buchstabe h der Strafprozessordnung genannten Straftaten nach den §§ 239a und 239b des Strafgesetzbuches zu begehen.

(6) Das Gericht kann bei Beteiligten, deren Schuld gering und deren Mitwirkung von untergeordneter Bedeutung ist, von einer Bestrafung nach den Absätzen 1 und 4 absehen.

(7) Das Gericht kann die Strafe nach seinem Ermessen mildern (§ 49 Abs. 2) oder von einer Bestrafung nach diesen Vorschriften absehen, wenn der Täter

1. sich freiwillig und ernsthaft bemüht, das Fortbestehen der Vereinigung oder die Begehung einer ihren Zielen entsprechenden Straftat zu verhindern, oder
2. freiwillig sein Wissen so rechtzeitig einer Dienststelle offenbart, daß Straftaten, deren Planung er kennt, noch verhindert werden können;

erreicht der Täter sein Ziel, das Fortbestehen der Vereinigung zu verhindern, oder wird es ohne sein Bemühen erreicht, so wird er nicht bestraft.

**§ 129a[3)] Bildung terroristischer Vereinigungen.** (1) Wer eine Vereinigung (§ 129 Absatz 2) gründet, deren Zwecke oder deren Tätigkeit darauf gerichtet sind,

1. Mord (§ 211) oder Totschlag (§ 212) oder Völkermord (§ 6 des Völkerstrafgesetzbuches[4)]) oder Verbrechen gegen die Menschlichkeit (§ 7 des Völkerstrafgesetzbuches) oder Kriegsverbrechen (§§ 8, 9, 10, 11 oder § 12 des Völkerstrafgesetzbuches) oder

---

[1)] Folgende Änderungsanweisung *im G* v. 12.8.2021 (BGBl. I S. 3544) ist mangels Textübereinstimmung („*g bis m*" *statt* „*g bis n*") nicht ausführbar: „In § 129 Absatz 5 Satz 3 werden die Wörter „§ 100b Absatz 2 Nummer 1 Buchstabe a, c, d, e und g bis m" durch die Wörter „§ 100b Absatz 2 Nummer 1 Buchstabe a, b, d bis f und h bis o" [...] ersetzt."

[2)] Nr. **90**.

[3)] § 129a Abs. 1 Nr. 1 geänd. mWv 30.6.2002 durch G v. 26.6.2002 (BGBl. I S. 2254); Abs. 1 Nr. 1 und 2 geänd., Nr. 3 aufgeh., Abs. 2 und 3 eingef., bish. Abs. 2, 4 und 7 werden Abs. 4, 6 und 9 und geänd., bish. Abs. 3 wird Abs. 5 und neu gef., bish. Abs. 5 und 6 werden Abs. 7 und 8 mWv 28.12.2003 durch G v. 22.12. 2003 (BGBl. I S. 2836); Abs. 9 geänd. mWv 30.7.2016 durch G v. 26.7.2016 (BGBl. I S. 1818); Abs. 1 einl. Satzteil und Abs. 7 geänd. mWv 22.7.2017 durch G v. 17.7.2017 (BGBl. I S. 2440).

[4)] **Habersack, Deutsche Gesetze ErgBd. Nr. 85g.**

2. Straftaten gegen die persönliche Freiheit in den Fällen des § 239a oder des § 239b

zu begehen, oder wer sich an einer solchen Vereinigung als Mitglied beteiligt, wird mit Freiheitsstrafe von einem Jahr bis zu zehn Jahren bestraft.

(2) Ebenso wird bestraft, wer eine Vereinigung gründet, deren Zwecke oder deren Tätigkeit darauf gerichtet sind,

1. einem anderen Menschen schwere körperliche oder seelische Schäden, insbesondere der in § 226 bezeichneten Art, zuzufügen,
2. Straftaten nach den §§ 303b, 305, 305a oder gemeingefährliche Straftaten in den Fällen der §§ 306 bis 306c oder 307 Abs. 1 bis 3, des § 308 Abs. 1 bis 4, des § 309 Abs. 1 bis 5, der §§ 313, 314 oder 315 Abs. 1, 3 oder 4, des § 316b Abs. 1 oder 3 oder des § 316c Abs. 1 bis 3 oder des § 317 Abs. 1,
3. Straftaten gegen die Umwelt in den Fällen des § 330a Abs. 1 bis 3,
4. Straftaten nach § 19 Abs. 1 bis 3, § 20 Abs. 1 oder 2, § 20a Abs. 1 bis 3, § 19 Abs. 2 Nr. 2 oder Abs. 3 Nr. 2, § 20 Abs. 1 oder 2 oder § 20a Abs. 1 bis 3, jeweils auch in Verbindung mit § 21, oder nach § 22a Abs. 1 bis 3 des Gesetzes über die Kontrolle von Kriegswaffen[1)] oder
5. Straftaten nach § 51 Abs. 1 bis 3 des Waffengesetzes[2)]

zu begehen, oder wer sich an einer solchen Vereinigung als Mitglied beteiligt, wenn eine der in den Nummern 1 bis 5 bezeichneten Taten bestimmt ist, die Bevölkerung auf erhebliche Weise einzuschüchtern, eine Behörde oder eine internationale Organisation rechtswidrig mit Gewalt oder durch Drohung mit Gewalt zu nötigen oder die politischen, verfassungsrechtlichen, wirtschaftlichen oder sozialen Grundstrukturen eines Staates oder einer internationalen Organisation zu beseitigen oder erheblich zu beeinträchtigen, und durch die Art ihrer Begehung oder ihre Auswirkungen einen Staat oder eine internationale Organisation erheblich schädigen kann.

(3) Sind die Zwecke oder die Tätigkeit der Vereinigung darauf gerichtet, eine der in Absatz 1 und 2 bezeichneten Straftaten anzudrohen, ist auf Freiheitsstrafe von sechs Monaten bis zu fünf Jahren zu erkennen.

(4) Gehört der Täter zu den Rädelsführern oder Hintermännern, so ist in den Fällen der Absätze 1 und 2 auf Freiheitsstrafe nicht unter drei Jahren, in den Fällen des Absatzes 3 auf Freiheitsstrafe von einem Jahr bis zu zehn Jahren zu erkennen.

(5) [1] Wer eine in Absatz 1, 2 oder Absatz 3 bezeichnete Vereinigung unterstützt, wird in den Fällen der Absätze 1 und 2 mit Freiheitsstrafe von sechs Monaten bis zu zehn Jahren, in den Fällen des Absatzes 3 mit Freiheitsstrafe bis zu fünf Jahren oder mit Geldstrafe bestraft. [2] Wer für eine in Absatz 1 oder Absatz 2 bezeichnete Vereinigung um Mitglieder oder Unterstützer wirbt, wird mit Freiheitsstrafe von sechs Monaten bis zu fünf Jahren bestraft.

(6) Das Gericht kann bei Beteiligten, deren Schuld gering und deren Mitwirkung von untergeordneter Bedeutung ist, in den Fällen der Absätze 1, 2, 3 und 5 die Strafe nach seinem Ermessen (§ 49 Abs. 2) mildern.

(7) § 129 Absatz 7 gilt entsprechend.

(8) Neben einer Freiheitsstrafe von mindestens sechs Monaten kann das Gericht die Fähigkeit, öffentliche Ämter zu bekleiden, und die Fähigkeit, Rechte aus öffentlichen Wahlen zu erlangen, aberkennen (§ 45 Abs. 2).

---

[1)] **Sartorius Nr. 823.**

[2)] **Sartorius Nr. 820.**

(9) In den Fällen der Absätze 1, 2, 4 und 5 kann das Gericht Führungsaufsicht anordnen (§ 68 Abs. 1).

**§ 129b[1] Kriminelle und terroristische Vereinigungen im Ausland; Einziehung.** (1) [1]Die §§ 129 und 129a gelten auch für Vereinigungen im Ausland. [2]Bezieht sich die Tat auf eine Vereinigung außerhalb der Mitgliedstaaten der Europäischen Union, so gilt dies nur, wenn sie durch eine im räumlichen Geltungsbereich dieses Gesetzes ausgeübte Tätigkeit begangen wird oder wenn der Täter oder das Opfer Deutscher ist oder sich im Inland befindet. [3]In den Fällen des Satzes 2 wird die Tat nur mit Ermächtigung des Bundesministeriums der Justiz und für Verbraucherschutz verfolgt. [4]Die Ermächtigung kann für den Einzelfall oder allgemein auch für die Verfolgung künftiger Taten erteilt werden, die sich auf eine bestimmte Vereinigung beziehen. [5]Bei der Entscheidung über die Ermächtigung zieht das Ministerium in Betracht, ob die Bestrebungen der Vereinigung gegen die Grundwerte einer die Würde des Menschen achtenden staatlichen Ordnung oder gegen das friedliche Zusammenleben der Völker gerichtet sind und bei Abwägung aller Umstände als verwerflich erscheinen.

(2) In den Fällen der §§ 129 und 129a, jeweils auch in Verbindung mit Absatz 1, ist § 74a anzuwenden.

**§ 130[2] Volksverhetzung.** (1) Wer in einer Weise, die geeignet ist, den öffentlichen Frieden zu stören,

1. gegen eine nationale, rassische, religiöse oder durch ihre ethnische Herkunft bestimmte Gruppe, gegen Teile der Bevölkerung oder gegen einen Einzelnen wegen dessen Zugehörigkeit zu einer vorbezeichneten Gruppe oder zu einem Teil der Bevölkerung zum Hass aufstachelt, zu Gewalt- oder Willkürmaßnahmen auffordert oder
2. die Menschenwürde anderer dadurch angreift, dass er eine vorbezeichnete Gruppe, Teile der Bevölkerung oder einen Einzelnen wegen dessen Zugehörigkeit zu einer vorbezeichneten Gruppe oder zu einem Teil der Bevölkerung beschimpft, böswillig verächtlich macht oder verleumdet,

wird mit Freiheitsstrafe von drei Monaten bis zu fünf Jahren bestraft.

(2) Mit Freiheitsstrafe bis zu drei Jahren oder mit Geldstrafe wird bestraft, wer

1. einen Inhalt (§ 11 Absatz 3) verbreitet oder der Öffentlichkeit zugänglich macht oder einer Person unter achtzehn Jahren einen Inhalt (§ 11 Absatz 3) anbietet, überlässt oder zugänglich macht, der
   a) zum Hass gegen eine in Absatz 1 Nummer 1 bezeichnete Gruppe, gegen Teile der Bevölkerung oder gegen einen Einzelnen wegen dessen Zugehörigkeit zu einer in Absatz 1 Nummer 1 bezeichneten Gruppe oder zu einem Teil der Bevölkerung aufstachelt,

---

[1] § 129b eingef. *mWv 30.8.2002 durch* G v. 22.8.2002 (BGBl. I S. 3390); Abs. 1 Satz 3 geänd. mWv 8.9. *2015 durch* VO v. 31.8.2015 (BGBl. I S. 1474); Überschrift und Abs. 2 geänd. mWv 1.7.2017 durch G v. 13.4.2017 (BGBl. I S. 872).

[2] § 130 Abs. 3 geänd. mWv 30.6.2002 durch G v. 26.6.2002 (BGBl. I S. 2254); Abs. 4 eingef., bish. Abs. 4 und 5 werden Abs. 5 und 6 und geänd. mWv 1.4.2005 durch G v. 24.3.2005 (BGBl. I S. 969); Abs. 1 neu gef. mWv 22.3.2011 durch G v. 16.3.2011 (BGBl. I S. 418); Abs. 2 und 5 neu gef., Abs. 6 eingef., bish. Abs. 6 wird Abs. 7 mWv 27.1.2015 durch G v. 21.1.2015 (BGBl. I S. 10); Abs. 2 Nr. 1 einl. Satzteil und Buchst. c geänd., Nr. 2 aufgeh., bish. Nr. 3 wird Nr. 2 und neu gef., Abs. 5 neu gef., Abs. 6 und 7 geänd. mWv 1.1.2021 durch G v. 30.11.2020 (BGBl. I S. 2600); Abs. 7 geänd. mWv 22.9.2021 durch G v. 14.9. 2021 (BGBl. I S. 4250); Abs. 1 Nr. 1 und 2, Abs. 2 Nr. 1 Buchst. a geänd., Abs. 5 eingef., bish. Abs. 5–7 werden Abs. 6–8 und geänd. mWv 9.12.2022 durch G v. 4.12.2022 (BGBl. I S. 2146).

b) zu Gewalt- oder Willkürmaßnahmen gegen in Buchstabe a genannte Personen oder Personenmehrheiten auffordert oder

c) die Menschenwürde von in Buchstabe a genannten Personen oder Personenmehrheiten dadurch angreift, dass diese beschimpft, böswillig verächtlich gemacht oder verleumdet werden oder

2. einen in Nummer 1 Buchstabe a bis c bezeichneten Inhalt (§ 11 Absatz 3) herstellt, bezieht, liefert, vorrätig hält, anbietet, bewirbt oder es unternimmt, diesen ein- oder auszuführen, um ihn im Sinne der Nummer 1 zu verwenden oder einer anderen Person eine solche Verwendung zu ermöglichen.

(3) Mit Freiheitsstrafe bis zu fünf Jahren oder mit Geldstrafe wird bestraft, wer eine unter der Herrschaft des Nationalsozialismus begangene Handlung der in § 6 Abs. 1 des Völkerstrafgesetzbuches[1] bezeichneten Art in einer Weise, die geeignet ist, den öffentlichen Frieden zu stören, öffentlich oder in einer Versammlung billigt, leugnet oder verharmlost.

(4) Mit Freiheitsstrafe bis zu drei Jahren oder mit Geldstrafe wird bestraft, wer öffentlich oder in einer Versammlung den öffentlichen Frieden in einer die Würde der Opfer verletzenden Weise dadurch stört, dass er die nationalsozialistische Gewalt- und Willkürherrschaft billigt, verherrlicht oder rechtfertigt.

(5) Mit Freiheitsstrafe bis zu drei Jahren oder mit Geldstrafe wird bestraft, wer eine Handlung der in den §§ 6 bis 12 des Völkerstrafgesetzbuches bezeichneten Art gegen eine der in Absatz 1 Nummer 1 bezeichneten Personenmehrheiten oder gegen einen Einzelnen wegen dessen Zugehörigkeit zu einer dieser Personenmehrheiten öffentlich oder in einer Versammlung in einer Weise billigt, leugnet oder gröblich verharmlost, die geeignet ist, zu Hass oder Gewalt gegen eine solche Person oder Personenmehrheit aufzustacheln und den öffentlichen Frieden zu stören.

(6) Absatz 2 gilt auch für einen in den Absätzen 3 bis 5 bezeichneten Inhalt (§ 11 Absatz 3).

(7) In den Fällen des Absatzes 2 Nummer 1, auch in Verbindung mit Absatz 6, ist der Versuch strafbar.

(8) In den Fällen des Absatzes 2, auch in Verbindung mit den Absätzen 6 und 7, sowie in den Fällen der Absätze 3 bis 5 gilt § 86 Absatz 4 entsprechend.

**§ 130a[2] Anleitung zu Straftaten.** (1) Wer einen Inhalt (§ 11 Absatz 3), der geeignet ist, als Anleitung zu einer in § 126 Abs. 1 genannten rechtswidrigen Tat zu dienen, und dazu bestimmt ist, die Bereitschaft anderer zu fördern oder zu wecken, eine solche Tat zu begehen, verbreitet oder der Öffentlichkeit zugänglich macht, wird mit Freiheitsstrafe bis zu drei Jahren oder mit Geldstrafe bestraft.

(2) Ebenso wird bestraft, wer

1. einen Inhalt (§ 11 Absatz 3), der geeignet ist, als Anleitung zu einer in § 126 Abs. 1 genannten rechtswidrigen Tat zu dienen, verbreitet oder der Öffentlichkeit zugänglich macht oder
2. öffentlich oder in einer Versammlung zu einer in § 126 Abs. 1 genannten rechtswidrigen Tat eine Anleitung gibt,

---

[1] **Habersack, Deutsche Gesetze ErgBd. Nr. 85g.**

[2] § 130a Abs. 1 und Abs. 2 Nr. 1 geänd., Abs. 3 eingef., bish. Abs. 3 wird Abs. 4 mWv 27.1.2015 durch G v. 21.1.2015 (BGBl. I S. 10); Abs. 1 und Abs. 2 Nr. 1 geänd., Abs. 3 aufgeh., bish. Abs. 4 wird Abs. 3 mWv 1.1.2021 durch G v. 30.11.2020 (BGBl. I S. 2600); Abs. 3 geänd. mWv 22.9.2021 durch G v. 14.9.2021 (BGBl. I S. 4250).

um die Bereitschaft anderer zu fördern oder zu wecken, eine solche Tat zu begehen.

(3) § 86 Absatz 4 gilt entsprechend.

**§ 131[1] Gewaltdarstellung.** (1) [1] Mit Freiheitsstrafe bis zu einem Jahr oder mit Geldstrafe wird bestraft, wer

1. einen Inhalt (§ 11 Absatz 3), der grausame oder sonst unmenschliche Gewalttätigkeiten gegen Menschen oder menschenähnliche Wesen in einer Art schildert, die eine Verherrlichung oder Verharmlosung solcher Gewalttätigkeiten ausdrückt oder die das Grausame oder Unmenschliche des Vorgangs in einer die Menschenwürde verletzenden Weise darstellt,
   a) verbreitet oder der Öffentlichkeit zugänglich macht,
   b) einer Person unter achtzehn Jahren anbietet, überlässt oder zugänglich macht oder
2. einen in Nummer 1 bezeichneten Inhalt (§ 11 Absatz 3) herstellt, bezieht, liefert, vorrätig hält, anbietet, bewirbt oder es unternimmt, diesen ein- oder auszuführen, um ihn im Sinne der Nummer 1 zu verwenden oder einer anderen Person eine solche Verwendung zu ermöglichen.

[2] In den Fällen des Satzes 1 Nummer 1 ist der Versuch strafbar.

(2) Absatz 1 gilt nicht, wenn die Handlung der Berichterstattung über Vorgänge des Zeitgeschehens oder der Geschichte dient.

(3) Absatz 1 Satz 1 Nummer 1 Buchstabe b ist nicht anzuwenden, wenn der zur Sorge für die Person Berechtigte handelt; dies gilt nicht, wenn der Sorgeberechtigte durch das Anbieten, Überlassen oder Zugänglichmachen seine Erziehungspflicht gröblich verletzt.

**§ 132 Amtsanmaßung.** Wer unbefugt sich mit der Ausübung eines öffentlichen Amtes befaßt oder eine Handlung vornimmt, welche nur kraft eines öffentlichen Amtes vorgenommen werden darf, wird mit Freiheitsstrafe bis zu zwei Jahren oder mit Geldstrafe bestraft.

**§ 132a Mißbrauch von Titeln, Berufsbezeichnungen und Abzeichen.**

(1) Wer unbefugt

1. inländische oder ausländische Amts- oder Dienstbezeichnungen, akademische Grade, Titel oder öffentliche Würden führt,
2. die Berufsbezeichnung Arzt, Zahnarzt, Psychologischer Psychotherapeut, Kinder- und Jugendlichenpsychotherapeut, Psychotherapeut, Tierarzt, Apotheker, Rechtsanwalt, Patentanwalt, Wirtschaftsprüfer, vereidigter Buchprüfer, Steuerberater oder Steuerbevollmächtigter führt,
3. die Bezeichnung öffentlich bestellter Sachverständiger führt oder
4. *inländische oder* ausländische Uniformen, Amtskleidungen oder Amtsabzeichen trägt,

wird mit Freiheitsstrafe bis zu einem Jahr oder mit Geldstrafe bestraft.

---

[1] § 131 Abs. 1 und 2 geänd., Abs. 4 neu gef. mWv 1.4.2004 durch G v. 27.12.2003 (BGBl. I S. 3007); Abs. 1 neu gef., Abs. 2 aufgeh., bish. Abs. 3 wird Abs. 2 und geänd., bish. Abs. 4 wird Abs. 3 und geänd. mWv 27.1.2015 durch G v. 21.1.2015 (BGBl. I S. 10); Abs. 1 Satz 1 Nr. 1 einl. Satzteil geänd., Nr. 2 aufgeh., bish. Nr. 3 wird Nr. 2 und neu gef., Satz 2 und Abs. 3 geänd. mWv 1.1.2021 durch G v. 30.11. 2020 (BGBl. I S. 2600).

(2) Den in Absatz 1 genannten Bezeichnungen, akademischen Graden, Titeln, Würden, Uniformen, Amtskleidungen oder Amtsabzeichen stehen solche gleich, die ihnen zum Verwechseln ähnlich sind.

(3) Die Absätze 1 und 2 gelten auch für Amtsbezeichnungen, Titel, Würden, Amtskleidungen und Amtsabzeichen der Kirchen und anderen Religionsgesellschaften des öffentlichen Rechts.

(4) Gegenstände, auf die sich eine Straftat nach Absatz 1 Nr. 4, allein oder in Verbindung mit Absatz 2 oder 3, bezieht, können eingezogen werden.

**§ 133 Verwahrungsbruch.** (1) Wer Schriftstücke oder andere bewegliche Sachen, die sich in dienstlicher Verwahrung befinden oder ihm oder einem anderen dienstlich in Verwahrung gegeben worden sind, zerstört, beschädigt, unbrauchbar macht oder der dienstlichen Verfügung entzieht, wird mit Freiheitsstrafe bis zu zwei Jahren oder mit Geldstrafe bestraft.

(2) Dasselbe gilt für Schriftstücke oder andere bewegliche Sachen, die sich in amtlicher Verwahrung einer Kirche oder anderen Religionsgesellschaft des öffentlichen Rechts befinden oder von dieser dem Täter oder einem anderen amtlich in Verwahrung gegeben worden sind.

(3) Wer die Tat an einer Sache begeht, die ihm als Amtsträger oder für den öffentlichen Dienst besonders Verpflichteten anvertraut worden oder zugänglich geworden ist, wird mit Freiheitsstrafe bis zu fünf Jahren oder mit Geldstrafe bestraft.

**§ 134 Verletzung amtlicher Bekanntmachungen.** Wer wissentlich ein dienstliches Schriftstück, das zur Bekanntmachung öffentlich angeschlagen oder ausgelegt ist, zerstört, beseitigt, verunstaltet, unkenntlich macht oder in seinem Sinn entstellt, wird mit Freiheitsstrafe bis zu einem Jahr oder mit Geldstrafe bestraft.

**§ 135** (weggefallen)

**§ 136 Verstrickungsbruch; Siegelbruch.** (1) Wer eine Sache, die gepfändet oder sonst dienstlich in Beschlag genommen ist, zerstört, beschädigt, unbrauchbar macht oder in anderer Weise ganz oder zum Teil der Verstrickung entzieht, wird mit Freiheitsstrafe bis zu einem Jahr oder mit Geldstrafe bestraft.

(2) Ebenso wird bestraft, wer ein dienstliches Siegel beschädigt, ablöst oder unkenntlich macht, das angelegt ist, um Sachen in Beschlag zu nehmen, dienstlich zu verschließen oder zu bezeichnen, oder wer den durch ein solches Siegel bewirkten Verschluß ganz oder zum Teil unwirksam macht.

(3) [1] Die Tat ist nicht nach den Absätzen 1 und 2 strafbar, wenn die Pfändung, die Beschlagnahme oder die Anlegung des Siegels nicht durch eine rechtmäßige Diensthandlung vorgenommen ist. [2] Dies gilt auch dann, wenn der Täter irrig annimmt, die Diensthandlung sei rechtmäßig.

(4) § 113 Abs. 4 gilt sinngemäß.

**§ 137** (weggefallen)

**§ 138[1)] Nichtanzeige geplanter Straftaten.** (1) Wer von dem Vorhaben oder der Ausführung

[1)] § 138 Abs. 1 Nr. 6 geänd. mWv 30.6.2002 durch G v. 26.6.2002 (BGBl. I S. 2254); Abs. 2 neu gef. mWv 30.8.2002 durch G v. 22.8.2002 (BGBl. I S. 3390); Abs. 1 Nr. 4 geänd. mWv 28.12.2003 durch G →

1. *(aufgehoben)*
2. eines Hochverrats in den Fällen der §§ 81 bis 83 Abs. 1,
3. eines Landesverrats oder einer Gefährdung der äußeren Sicherheit in den Fällen der §§ 94 bis 96, 97a oder 100,
4. einer Geld- oder Wertpapierfälschung in den Fällen der §§ 146, 151, 152 oder einer Fälschung von Zahlungskarten mit Garantiefunktion in den Fällen des § 152b Abs. 1 bis 3,
5. eines Mordes (§ 211) oder Totschlags (§ 212) oder eines Völkermordes (§ 6 des Völkerstrafgesetzbuches[1]) oder eines Verbrechens gegen die Menschlichkeit (§ 7 des Völkerstrafgesetzbuches) oder eines Kriegsverbrechens (§§ 8, 9, 10, 11 oder 12 des Völkerstrafgesetzbuches) oder eines Verbrechens der Aggression (§ 13 des Völkerstrafgesetzbuches),
6. einer Straftat gegen die persönliche Freiheit in den Fällen des § 232 Absatz 3 Satz 2, des § 232a Absatz 3, 4 oder 5, des § 232b Absatz 3 oder 4, des § 233a Absatz 3 oder 4, jeweils soweit es sich um Verbrechen handelt, der §§ 234, 234a, 239a oder 239b,
7. eines Raubes oder einer räuberischen Erpressung (§§ 249 bis 251 oder 255) oder
8. einer gemeingefährlichen Straftat in den Fällen der §§ 306 bis 306c oder 307 Abs. 1 bis 3, des § 308 Abs. 1 bis 4, des § 309 Abs. 1 bis 5, der §§ 310, 313, 314 oder 315 Abs. 3, des § 315b Abs. 3 oder der §§ 316a oder 316c

zu einer Zeit, zu der die Ausführung oder der Erfolg noch abgewendet werden kann, glaubhaft erfährt und es unterläßt, der Behörde oder dem Bedrohten rechtzeitig Anzeige zu machen, wird mit Freiheitsstrafe bis zu fünf Jahren oder mit Geldstrafe bestraft.

(2) [1] Ebenso wird bestraft, wer

1. von der Ausführung einer Straftat nach § 89a oder
2. von dem Vorhaben oder der Ausführung einer Straftat nach § 129a, auch in Verbindung mit § 129b Abs. 1 Satz 1 und 2,

zu einer Zeit, zu der die Ausführung noch abgewendet werden kann, glaubhaft erfährt und es unterlässt, der Behörde unverzüglich Anzeige zu erstatten. [2] § 129b Abs. 1 Satz 3 bis 5 gilt im Fall der Nummer 2 entsprechend.

(3) Wer die Anzeige leichtfertig unterläßt, obwohl er von dem Vorhaben oder der Ausführung der rechtswidrigen Tat glaubhaft erfahren hat, wird mit Freiheitsstrafe bis zu einem Jahr oder mit Geldstrafe bestraft.

**§ 139[2]) Straflosigkeit der Nichtanzeige geplanter Straftaten.** (1) Ist in den Fällen des § 138 die Tat nicht versucht worden, so kann von Strafe abgesehen werden.

---

*(Fortsetzung der Anm. von voriger Seite)*
v. 22.12.2003 (BGBl. I S. 2838); Abs. 1 Nr. 5 aufgeh., bish. Nr. 6–9 werden Nr. 5–8, neue Nr. 6 geänd. mWv 19.2.2005 durch G v. 11.2.2005 (BGBl. I S. 239); Abs. 2 neu gef. mWv 4.8.2009 durch G v. 30.7. 2009 (BGBl. I S. 2437); Abs. 1 Nr. 6 geänd. mWv 15.10.2016 durch G v. 11.10.2016 (BGBl. I S. 2226); Abs. 1 Nr. 1 aufgeh., Nr. 5 geänd. mWv 1.1.2017 durch G v. 22.12.2016 (BGBl. I S. 3150); Abs. 1 Nr. 4 geänd. mWv 18.3.2021 durch G v. 10.3.2021 (BGBl. I S. 333).

[1]) **Habersack, Deutsche Gesetze ErgBd. Nr. 85g.**

[2]) § 139 Abs. 3 Satz 1 Nr. 2 geänd. mWv 30.6.2002 durch G v. 26.6.2002 (BGBl. I S. 2254); Abs. 3 Satz 1 Nr. 3 geänd. mWv 30.8.2002 durch G v. 22.8.2002 (BGBl. I S. 3390); Abs. 3 Satz 2 neu gef., Satz 3 angef. mWv 1.4.2004 durch G v. 27.12.2003 (BGBl. I S. 3007); Abs. 3 Satz 2 geänd. mWv 1.9.2020 durch G v. 15.11.2019 (BGBl. I S. 1604).

(2) Ein Geistlicher ist nicht verpflichtet anzuzeigen, was ihm in seiner Eigenschaft als Seelsorger anvertraut worden ist.

(3) [1] Wer eine Anzeige unterläßt, die er gegen einen Angehörigen erstatten müßte, ist straffrei, wenn er sich ernsthaft bemüht hat, ihn von der Tat abzuhalten oder den Erfolg abzuwenden, es sei denn, daß es sich um

1. einen Mord oder Totschlag (§§ 211 oder 212),
2. einen Völkermord in den Fällen des § 6 Abs. 1 Nr. 1 des Völkerstrafgesetzbuches[1)] oder ein Verbrechen gegen die Menschlichkeit in den Fällen des § 7 Abs. 1 Nr. 1 des Völkerstrafgesetzbuches oder ein Kriegsverbrechen in den Fällen des § 8 Abs. 1 Nr. 1 des Völkerstrafgesetzbuches oder
3. einen erpresserischen Menschenraub (§ 239a Abs. 1), eine Geiselnahme (§ 239b Abs. 1) oder einen Angriff auf den Luft- und Seeverkehr (§ 316c Abs. 1) durch eine terroristische Vereinigung (§ 129a, auch in Verbindung mit § 129b Abs. 1)

handelt. [2] Unter denselben Voraussetzungen ist ein Rechtsanwalt, Verteidiger, Arzt, Psychotherapeut, Psychologischer Psychotherapeut oder Kinder- und Jugendlichenpsychotherapeut nicht verpflichtet anzuzeigen, was ihm in dieser Eigenschaft anvertraut worden ist. [3] Die berufsmäßigen Gehilfen der in Satz 2 genannten Personen und die Personen, die bei diesen zur Vorbereitung auf den Beruf tätig sind, sind nicht verpflichtet mitzuteilen, was ihnen in ihrer beruflichen Eigenschaft bekannt geworden ist.

(4) [1] Straffrei ist, wer die Ausführung oder den Erfolg der Tat anders als durch Anzeige abwendet. [2] Unterbleibt die Ausführung oder der Erfolg der Tat ohne Zutun des zur Anzeige Verpflichteten, so genügt zu seiner Straflosigkeit sein ernsthaftes Bemühen, den Erfolg abzuwenden.

**§ 140[2)] Belohnung und Billigung von Straftaten.** Wer eine der in § 138 Absatz 1 Nummer 2 bis 4 und 5 letzte Alternative oder in § 126 Absatz 1 genannten rechtswidrigen Taten oder eine rechtswidrige Tat nach § 176 Absatz 1 oder nach den §§ 176c und 176d

1. belohnt, nachdem sie begangen oder in strafbarer Weise versucht worden ist, oder
2. in einer Weise, die geeignet ist, den öffentlichen Frieden zu stören, öffentlich, in einer Versammlung oder durch Verbreiten eines Inhalts (§ 11 Absatz 3) billigt,

wird mit Freiheitsstrafe bis zu drei Jahren oder mit Geldstrafe bestraft.

**§ 141** (weggefallen)

**§ 142 Unerlaubtes Entfernen vom Unfallort.** (1) Ein Unfallbeteiligter, der sich nach einem Unfall im Straßenverkehr vom Unfallort entfernt, bevor er

1. zugunsten der anderen Unfallbeteiligten und der Geschädigten die Feststellung seiner Person, seines Fahrzeugs und der Art seiner Beteiligung durch seine Anwesenheit und durch die Angabe, daß er an dem Unfall beteiligt ist, ermöglicht hat oder

---

[1)] **Habersack, Deutsche Gesetze ErgBd. Nr. 85g.**

[2)] § 140 einl. Satzteil geänd. mWv 1.4.2004 durch G v. 27.12.2003 (BGBl. I S. 3007); einl. Satzteil geänd. mWv 19.2.2005 durch G v. 11.2.2005 (BGBl. I S. 239); einl. Satzteil geänd. mWv 10.11.2016 durch G v. 4.11.2016 (BGBl. I S. 2460); einl. Satzteil geänd. mWv 1.1.2017 durch G v. 22.12.2016 (BGBl. I S. 3150); Nr. 2 geänd. mWv 1.1.2021 durch G v. 30.11.2020 (BGBl. I S. 2600); einl. Satzteil und Nr. 1 neu gef. mWv 3.4.2021 durch G v. 30.3.2021 (BGBl. I S. 441, geänd. durch G v. 30.3.2021, BGBl. I S. 448); einl. Satzteil geänd. mWv 1.7.2021 durch G v. 16.6.2021 (BGBl. I S. 1810).

Abs. 1 bezeichneten Art verstößt und dadurch den Zweck der Maßregel gefährdet, wird mit Freiheitsstrafe bis zu drei Jahren oder mit Geldstrafe bestraft. [2] Die Tat wird nur auf Antrag der Aufsichtsstelle (§ 68a) verfolgt.

**§ 145b** (weggefallen)

**§ 145c Verstoß gegen das Berufsverbot.** Wer einen Beruf, einen Berufszweig, ein Gewerbe oder einen Gewerbezweig für sich oder einen anderen ausübt oder durch einen anderen für sich ausüben läßt, obwohl dies ihm oder dem anderen strafgerichtlich untersagt ist, wird mit Freiheitsstrafe bis zu einem Jahr oder mit Geldstrafe bestraft.

**§ 145d[1] Vortäuschen einer Straftat.** (1) Wer wider besseres Wissen einer Behörde oder einer zur Entgegennahme von Anzeigen zuständigen Stelle vortäuscht,

1. daß eine rechtswidrige Tat begangen worden sei oder
2. daß die Verwirklichung einer der in § 126 Abs. 1 genannten rechtswidrigen Taten bevorstehe,

wird mit Freiheitsstrafe bis zu drei Jahren oder mit Geldstrafe bestraft, wenn die Tat nicht in § 164, § 258 oder § 258a mit Strafe bedroht ist.

(2) Ebenso wird bestraft, wer wider besseres Wissen eine der in Absatz 1 bezeichneten Stellen über den Beteiligten

1. an einer rechtswidrigen Tat oder
2. an einer bevorstehenden, in § 126 Abs. 1 genannten rechtswidrigen Tat

zu täuschen sucht.

(3) Mit Freiheitsstrafe von drei Monaten bis zu fünf Jahren wird bestraft, wer

1. eine Tat nach Absatz 1 Nr. 1 oder Absatz 2 Nr. 1 begeht oder
2. wider besseres Wissen einer der in Absatz 1 bezeichneten Stellen vortäuscht, dass die Verwirklichung einer der in § 46b Abs. 1 Satz 1 Nr. 2 dieses Gesetzes, in § 31 Satz 1 Nummer 2 des Betäubungsmittelgesetzes[2] oder in § 4a Satz 1 Nummer 2 des Anti-Doping-Gesetzes genannten rechtswidrigen Taten bevorstehe, oder
3. wider besseres Wissen eine dieser Stellen über den Beteiligten an einer bevorstehenden Tat nach Nummer 2 zu täuschen sucht,

um eine Strafmilderung oder ein Absehen von Strafe nach § 46b dieses Gesetzes, § 31 des Betäubungsmittelgesetzes oder § 4a des Anti-Doping-Gesetzes zu erlangen.

(4) In minder schweren Fällen des Absatzes 3 ist die Strafe Freiheitsstrafe bis zu drei Jahren oder Geldstrafe.

## Achter Abschnitt. Geld- und Wertzeichenfälschung

**§ 146[3] Geldfälschung.** (1) Mit Freiheitsstrafe nicht unter einem Jahr wird bestraft, wer

---

[1] § 145d Abs. 3 und 4 angef. mWv 1.9.2009 durch G v. 29.7.2009 (BGBl. I S. 2288); Abs. 3 Nr. 2 und abschl. Satzteil geänd. mWv 1.10.2021 durch G v. 12.8.2021 (BGBl. I S. 3542).

[2] **Habersack, Deutsche Gesetze ErgBd. Nr. 86.**

[3] § 146 Abs. 1 Nr. 2 geänd. mWv 28.12.2003 durch G v. 22.12.2003 (BGBl. I S. 2838).

2. eine nach den Umständen angemessene Zeit gewartet hat, ohne daß jemand bereit war, die Feststellungen zu treffen,

wird mit Freiheitsstrafe bis zu drei Jahren oder mit Geldstrafe bestraft.

(2) Nach Absatz 1 wird auch ein Unfallbeteiligter bestraft, der sich

1. nach Ablauf der Wartefrist (Absatz 1 Nr. 2) oder
2. berechtigt oder entschuldigt

vom Unfallort entfernt hat und die Feststellungen nicht unverzüglich nachträglich ermöglicht.

(3) [1]Der Verpflichtung, die Feststellungen nachträglich zu ermöglichen, genügt der Unfallbeteiligte, wenn er den Berechtigten (Absatz 1 Nr. 1) oder einer nahe gelegenen Polizeidienststelle mitteilt, daß er an dem Unfall beteiligt gewesen ist, und wenn er seine Anschrift, seinen Aufenthalt sowie das Kennzeichen und den Standort seines Fahrzeugs angibt und dieses zu unverzüglichen Feststellungen für eine ihm zumutbare Zeit zur Verfügung hält. [2]Dies gilt nicht, wenn er durch sein Verhalten die Feststellungen absichtlich vereitelt.

(4) Das Gericht mildert in den Fällen der Absätze 1 und 2 die Strafe (§ 49 Abs. 1) oder kann von Strafe nach diesen Vorschriften absehen, wenn der Unfallbeteiligte innerhalb von vierundzwanzig Stunden nach einem Unfall außerhalb des fließenden Verkehrs, der ausschließlich nicht bedeutenden Sachschaden zur Folge hat, freiwillig die Feststellungen nachträglich ermöglicht (Absatz 3).

(5) Unfallbeteiligter ist jeder, dessen Verhalten nach den Umständen zur Verursachung des Unfalls beigetragen haben kann.

**§ 143**[1)] *(aufgehoben)*

**§ 144** (weggefallen)

**§ 145 Mißbrauch von Notrufen und Beeinträchtigung von Unfallverhütungs- und Nothilfemitteln.** (1) Wer absichtlich oder wissentlich

1. Notrufe oder Notzeichen mißbraucht oder
2. vortäuscht, daß wegen eines Unglücksfalles oder wegen gemeiner Gefahr oder Not die Hilfe anderer erforderlich sei,

wird mit Freiheitsstrafe bis zu einem Jahr oder mit Geldstrafe bestraft.

(2) Wer absichtlich oder wissentlich

1. die zur Verhütung von Unglücksfällen oder gemeiner Gefahr dienenden Warn- oder Verbotszeichen beseitigt, unkenntlich macht oder in ihrem Sinn entstellt oder
2. die zur Verhütung von Unglücksfällen oder gemeiner Gefahr dienenden Schutzvorrichtungen oder die zur Hilfeleistung bei Unglücksfällen oder gemeiner Gefahr bestimmten Rettungsgeräte oder anderen Sachen beseitigt, verändert oder unbrauchbar macht,

wird mit Freiheitsstrafe bis zu zwei Jahren oder mit Geldstrafe bestraft, wenn die Tat nicht in § 303 oder § 304 mit Strafe bedroht ist.

**§ 145a**[2)] **Verstoß gegen Weisungen während der Führungsaufsicht.** [1]Wer während der Führungsaufsicht gegen eine bestimmte Weisung der in § 68b

---

1) § 143 aufgeh. mWv 25.4.2006 durch G v. 19.4.2006 (BGBl. I S. 866).
2) § 145a Satz 1 geänd. mWv 18.4.2007 durch G v. 13.4.2007 (BGBl. I S. 513).

1. Geld in der Absicht nachmacht, daß es als echt in Verkehr gebracht oder daß ein solches Inverkehrbringen ermöglicht werde, oder Geld in dieser Absicht so verfälscht, daß der Anschein eines höheren Wertes hervorgerufen wird,
2. falsches Geld in dieser Absicht sich verschafft oder feilhält oder
3. falsches Geld, das er unter den Voraussetzungen der Nummern 1 oder 2 nachgemacht, verfälscht oder sich verschafft hat, als echt in Verkehr bringt.

(2) Handelt der Täter gewerbsmäßig oder als Mitglied einer Bande, die sich zur fortgesetzten Begehung einer Geldfälschung verbunden hat, so ist die Strafe Freiheitsstrafe nicht unter zwei Jahren.

(3) In minder schweren Fällen des Absatzes 1 ist auf Freiheitsstrafe von drei Monaten bis zu fünf Jahren, in minder schweren Fällen des Absatzes 2 auf Freiheitsstrafe von einem Jahr bis zu zehn Jahren zu erkennen.

**§ 147 Inverkehrbringen von Falschgeld.** (1) Wer, abgesehen von den Fällen des § 146, falsches Geld als echt in Verkehr bringt, wird mit Freiheitsstrafe bis zu fünf Jahren oder mit Geldstrafe bestraft.

(2) Der Versuch ist strafbar.

**§ 148 Wertzeichenfälschung.** (1) Mit Freiheitsstrafe bis zu fünf Jahren oder mit Geldstrafe wird bestraft, wer

1. amtliche Wertzeichen in der Absicht nachmacht, daß sie als echt verwendet oder in Verkehr gebracht werden oder daß ein solches Verwenden oder Inverkehrbringen ermöglicht werde, oder amtliche Wertzeichen in dieser Absicht so verfälscht, daß der Anschein eines höheren Wertes hervorgerufen wird,
2. falsche amtliche Wertzeichen in dieser Absicht sich verschafft oder
3. falsche amtliche Wertzeichen als echt verwendet, feilhält oder in Verkehr bringt.

(2) Wer bereits verwendete amtliche Wertzeichen, an denen das Entwertungszeichen beseitigt worden ist, als gültig verwendet oder in Verkehr bringt, wird mit Freiheitsstrafe bis zu einem Jahr oder mit Geldstrafe bestraft.

(3) Der Versuch ist strafbar.

**§ 149[1)] Vorbereitung der Fälschung von Geld und Wertzeichen.**

(1) Wer eine Fälschung von Geld oder Wertzeichen vorbereitet, indem er

1. Platten, Formen, Drucksätze, Druckstöcke, Negative, Matrizen, Computerprogramme oder ähnliche Vorrichtungen, die ihrer Art nach zur Begehung der Tat geeignet sind,
2. Papier, das einer solchen Papierart gleicht oder zum Verwechseln ähnlich ist, die zur Herstellung von Geld oder amtlichen Wertzeichen bestimmt und gegen Nachahmung besonders gesichert ist, oder
3. Hologramme oder andere Bestandteile, die der Sicherung gegen Fälschung dienen,

herstellt, sich oder einem anderen verschafft, feilhält, verwahrt oder einem anderen überläßt, wird, wenn er eine Geldfälschung vorbereitet, mit Freiheitsstrafe bis zu fünf Jahren oder mit Geldstrafe, sonst mit Freiheitsstrafe bis zu zwei Jahren oder mit Geldstrafe bestraft.

(2) Nach Absatz 1 wird nicht bestraft, wer freiwillig

---

[1)] § 149 Abs. 1 Nr. 1 und 2 geänd., Nr. 3 angef. mWv 30.8.2002 durch G v. 22.8.2002 (BGBl. I S. 3387).

1. die Ausführung der vorbereiteten Tat aufgibt und eine von ihm verursachte Gefahr, daß andere die Tat weiter vorbereiten oder sie ausführen, abwendet oder die Vollendung der Tat verhindert und
2. die Fälschungsmittel, soweit sie noch vorhanden und zur Fälschung brauchbar sind, vernichtet, unbrauchbar macht, ihr Vorhandensein einer Behörde anzeigt oder sie dort abliefert.

(3) Wird ohne Zutun des Täters die Gefahr, daß andere die Tat weiter vorbereiten oder sie ausführen, abgewendet oder die Vollendung der Tat verhindert, so genügt an Stelle der Voraussetzungen des Absatzes 2 Nr. 1 das freiwillige und ernsthafte Bemühen des Täters, dieses Ziel zu erreichen.

**§ 150**[1)] **Einziehung.** Ist eine Straftat nach diesem Abschnitt begangen worden, so werden das falsche Geld, die falschen oder entwerteten Wertzeichen und die in § 149 bezeichneten Fälschungsmittel eingezogen.

**§ 151**[2)] **Wertpapiere.** Dem Geld im Sinne der §§ 146, 147, 149 und 150 stehen folgende Wertpapiere gleich, wenn sie durch Druck und Papierart gegen Nachahmung besonders gesichert sind:
1. Inhaber- sowie solche Orderschuldverschreibungen, die Teile einer Gesamtemission sind, wenn in den Schuldverschreibungen die Zahlung einer bestimmten Geldsumme versprochen wird;
2. Aktien;
3. von Kapitalverwaltungsgesellschaften ausgegebene Anteilscheine;
4. Zins-, Gewinnanteil- und Erneuerungsscheine zu Wertpapieren der in den Nummern 1 bis 3 bezeichneten Art sowie Zertifikate über Lieferung solcher Wertpapiere;
5. Reiseschecks.

**§ 152 Geld, Wertzeichen und Wertpapiere eines fremden Währungsgebiets.** Die §§ 146 bis 151 sind auch auf Geld, Wertzeichen und Wertpapiere eines fremden Währungsgebiets anzuwenden.

**§ 152a**[3)] **Fälschung von Zahlungskarten, Schecks, Wechseln und anderen körperlichen unbaren Zahlungsinstrumenten.** (1) Wer zur Täuschung im Rechtsverkehr oder, um eine solche Täuschung zu ermöglichen,
1. inländische oder ausländische Zahlungskarten, Schecks, Wechsel oder andere körperliche unbare Zahlungsinstrumente nachmacht oder verfälscht oder
2. solche falschen Karten, Schecks, Wechsel oder anderen körperlichen unbaren Zahlungsinstrumente sich oder einem anderen verschafft, feilhält, einem anderen überlässt oder gebraucht,

wird mit Freiheitsstrafe bis zu fünf Jahren oder mit Geldstrafe bestraft.

(2) Der Versuch ist strafbar.

---

[1)] § 150 Überschrift geänd., Abs. 1 neu gef. mWv 28.12.2003 durch G v. 22.12.2003 (BGBl. I S. 2838); Überschrift geänd., Abs. 1 aufgeh. mWv 1.7.2017 durch G v. 13.4.2017 (BGBl. I S. 872).

[2)] § 151 Nr. 5 geänd. mWv 28.12.2003 durch G v. 22.12.2003 (BGBl. I S. 2838); Nr. 3 geänd. mWv *22.7.2013 durch G v. 4.7.2013* (BGBl. I S. 1981).

[3)] § 152a neu gef. mWv 28.12.2003 durch G v. 22.12.2003 (BGBl. I S. 2838); Abs. 5 geänd. mWv 1.7.2017 durch G v. 13.4.2017 (BGBl. I S. 872); Überschrift, Abs. 1 Nr. 1 und 2 geänd., Abs. 4 neu gef. mWv 18.3.2021 durch G v. 10.3.2021 (BGBl. I S. 333).

(3) Handelt der Täter gewerbsmäßig oder als Mitglied einer Bande, die sich zur fortgesetzten Begehung von Straftaten nach Absatz 1 verbunden hat, so ist die Strafe Freiheitsstrafe von sechs Monaten bis zu zehn Jahren.

(4) Zahlungskarten und andere körperliche unbare Zahlungsinstrumente im Sinne des Absatzes 1 sind nur solche, die durch Ausgestaltung oder Codierung besonders gegen Nachahmung gesichert sind.

(5) § 149, soweit er sich auf die Fälschung von Wertzeichen bezieht, und § 150 gelten entsprechend.

**§ 152b[1] Fälschung von Zahlungskarten mit Garantiefunktion.** (1) Wer eine der in § 152a Abs. 1 bezeichneten Handlungen in Bezug auf Zahlungskarten mit Garantiefunktion begeht, wird mit Freiheitsstrafe von einem Jahr bis zu zehn Jahren bestraft.

(2) Handelt der Täter gewerbsmäßig oder als Mitglied einer Bande, die sich zur fortgesetzten Begehung von Straftaten nach Absatz 1 verbunden hat, so ist die Strafe Freiheitsstrafe nicht unter zwei Jahren.

(3) In minder schweren Fällen des Absatzes 1 ist auf Freiheitsstrafe von drei Monaten bis zu fünf Jahren, in minder schweren Fällen des Absatzes 2 auf Freiheitsstrafe von einem Jahr bis zu zehn Jahren zu erkennen.

(4) Zahlungskarten mit Garantiefunktion im Sinne des Absatzes 1 sind Kreditkarten und sonstige Karten,

1. die es ermöglichen, den Aussteller im Zahlungsverkehr zu einer garantierten Zahlung zu veranlassen, und
2. durch Ausgestaltung oder Codierung besonders gegen Nachahmung gesichert sind.

(5) § 149, soweit er sich auf die Fälschung von Geld bezieht, und § 150 gelten entsprechend.

**§ 152c[2] Vorbereitung des Diebstahls und der Unterschlagung von Zahlungskarten, Schecks, Wechseln und anderen körperlichen unbaren Zahlungsinstrumenten.** (1) Wer eine Straftat nach § 242 oder § 246, die auf die Erlangung inländischer oder ausländischer Zahlungskarten, Schecks, Wechsel oder anderer körperlicher unbarer Zahlungsinstrumente gerichtet ist, vorbereitet, indem er

1. Computerprogramme oder Vorrichtungen, deren Zweck die Begehung einer solchen Tat ist, herstellt, sich oder einem anderen verschafft oder einem anderen überlässt oder
2. Passwörter oder sonstige Sicherungscodes, die zur Begehung einer solchen Tat geeignet sind, herstellt, sich oder einem anderen verschafft oder einem anderen überlässt,

wird mit Freiheitsstrafe bis zu zwei Jahren oder mit Geldstrafe bestraft.

(2) [1] § 149 Absatz 2 und 3 gilt entsprechend. [2] § 152a Absatz 4 ist anwendbar.

---

[1] § 152b eingef. mWv 28.12.2003 durch G v. 22.12.2003 (BGBl. I S. 2838); Abs. 5 geänd. mWv 1.7.2017 durch G v. 13.4.2017 (BGBl. I S. 872); Überschrift, Abs. 1, Abs. 4 einl. Satzteil geänd. mWv 18.3.2021 durch G v. 10.3.2021 (BGBl. I S. 333).

[2] § 152c eingef. mWv 18.3.2021 durch G v. 10.3.2021 (BGBl. I S. 333).

## Neunter Abschnitt. Falsche uneidliche Aussage und Meineid

**§ 153[1] Falsche uneidliche Aussage.** Wer vor Gericht oder vor einer anderen zur eidlichen Vernehmung von Zeugen oder Sachverständigen zuständigen Stelle als Zeuge oder Sachverständiger uneidlich falsch aussagt, wird mit Freiheitsstrafe von drei Monaten bis zu fünf Jahren bestraft.

**§ 154 Meineid.** (1) Wer vor Gericht oder vor einer anderen zur Abnahme von Eiden zuständigen Stelle falsch schwört, wird mit Freiheitsstrafe nicht unter einem Jahr bestraft.

(2) In minder schweren Fällen ist die Strafe Freiheitsstrafe von sechs Monaten bis zu fünf Jahren.

**§ 155 Eidesgleiche Bekräftigungen.** Dem Eid stehen gleich
1. die den Eid ersetzende Bekräftigung,
2. die Berufung auf einen früheren Eid oder auf eine frühere Bekräftigung.

**§ 156 Falsche Versicherung an Eides Statt.** Wer vor einer zur Abnahme einer Versicherung an Eides Statt zuständigen Behörde eine solche Versicherung falsch abgibt oder unter Berufung auf eine solche Versicherung falsch aussagt, wird mit Freiheitsstrafe bis zu drei Jahren oder mit Geldstrafe bestraft.

**§ 157 Aussagenotstand.** (1) Hat ein Zeuge oder Sachverständiger sich eines Meineids oder einer falschen uneidlichen Aussage schuldig gemacht, so kann das Gericht die Strafe nach seinem Ermessen mildern (§ 49 Abs. 2) und im Falle uneidlicher Aussage auch ganz von Strafe absehen, wenn der Täter die Unwahrheit gesagt hat, um von einem Angehörigen oder von sich selbst die Gefahr abzuwenden, bestraft oder einer freiheitsentziehenden Maßregel der Besserung und Sicherung unterworfen zu werden.

(2) Das Gericht kann auch dann die Strafe nach seinem Ermessen mildern (§ 49 Abs. 2) oder ganz von Strafe absehen, wenn ein noch nicht Eidesmündiger uneidlich falsch ausgesagt hat.

**§ 158 Berichtigung einer falschen Angabe.** (1) Das Gericht kann die Strafe wegen Meineids, falscher Versicherung an Eides Statt oder falscher uneidlicher Aussage nach seinem Ermessen mildern (§ 49 Abs. 2) oder von Strafe absehen, wenn der Täter die falsche Angabe rechtzeitig berichtigt.

(2) Die Berichtigung ist verspätet, wenn sie bei der Entscheidung nicht mehr verwertet werden kann oder aus der Tat ein Nachteil für einen anderen entstanden ist oder wenn schon gegen den Täter eine Anzeige erstattet oder eine Untersuchung eingeleitet worden ist.

(3) Die Berichtigung kann bei der Stelle, der die falsche Angabe gemacht worden ist oder die sie im Verfahren zu prüfen hat, sowie bei einem Gericht, einem Staatsanwalt oder einer Polizeibehörde erfolgen.

**§ 159 Versuch der Anstiftung zur Falschaussage.** Für den Versuch der Anstiftung zu einer falschen uneidlichen Aussage (§ 153) und einer falschen Versicherung an Eides Statt (§ 156) gelten § 30 Abs. 1 und § 31 Abs. 1 Nr. 1 und Abs. 2 entsprechend.

---

[1] § 153 Abs. 2 angef. mWv 26.6.2001 durch G v. 19.6.2001 (BGBl. I S. 1142); Abs. 2 aufgeh. mWv 5.11.2008 durch G v. 31.10.2008 (BGBl. I S. 2149).

**§ 160 Verleitung zur Falschaussage.** (1) Wer einen anderen zur Ableistung eines falschen Eides verleitet, wird mit Freiheitsstrafe bis zu zwei Jahren oder mit Geldstrafe bestraft; wer einen anderen zur Ableistung einer falschen Versicherung an Eides Statt oder einer falschen uneidlichen Aussage verleitet, wird mit Freiheitsstrafe bis zu sechs Monaten oder mit Geldstrafe bis zu einhundertachtzig Tagessätzen bestraft.

(2) Der Versuch ist strafbar.

**§ 161[1] Fahrlässiger Falscheid; fahrlässige falsche Versicherung an Eides Statt.** (1) Wenn eine der in den §§ 154 bis 156 bezeichneten Handlungen aus Fahrlässigkeit begangen worden ist, so tritt Freiheitsstrafe bis zu einem Jahr oder Geldstrafe ein.

(2) [1] Straflosigkeit tritt ein, wenn der Täter die falsche Angabe rechtzeitig berichtigt. [2] Die Vorschriften des § 158 Abs. 2 und 3 gelten entsprechend.

**§ 162[2] Internationale Gerichte; nationale Untersuchungsausschüsse.**

(1) Die §§ 153 bis 161 sind auch auf falsche Angaben in einem Verfahren vor einem internationalen Gericht, das durch einen für die Bundesrepublik Deutschland verbindlichen Rechtsakt errichtet worden ist, anzuwenden.

(2) Die §§ 153 und 157 bis 160, soweit sie sich auf falsche uneidliche Aussagen beziehen, sind auch auf falsche Angaben vor einem Untersuchungsausschuss eines Gesetzgebungsorgans des Bundes oder eines Landes anzuwenden.

**§ 163[3]** *(aufgehoben)*

## Zehnter Abschnitt. Falsche Verdächtigung

**§ 164[4] Falsche Verdächtigung.** (1) Wer einen anderen bei einer Behörde oder einem zur Entgegennahme von Anzeigen zuständigen Amtsträger oder militärischen Vorgesetzten oder öffentlich wider besseres Wissen einer rechtswidrigen Tat oder der Verletzung einer Dienstpflicht in der Absicht verdächtigt, ein behördliches Verfahren oder andere behördliche Maßnahmen gegen ihn herbeizuführen oder fortdauern zu lassen, wird mit Freiheitsstrafe bis zu fünf Jahren oder mit Geldstrafe bestraft.

(2) Ebenso wird bestraft, wer in gleicher Absicht bei einer der in Absatz 1 bezeichneten Stellen oder öffentlich über einen anderen wider besseres Wissen eine sonstige Behauptung tatsächlicher Art aufstellt, die geeignet ist, ein behördliches Verfahren oder andere behördliche Maßnahmen gegen ihn herbeizuführen oder fortdauern zu lassen.

(3) [1] Mit Freiheitsstrafe von sechs Monaten bis zu zehn Jahren wird bestraft, wer die falsche Verdächtigung begeht, um eine Strafmilderung oder ein Absehen von *Strafe nach § 46b dieses Gesetzes, § 31 des* Betäubungsmittelgesetzes[5] oder § 4a des Anti-Doping-Gesetzes zu erlangen. [2] In minder schweren Fällen ist die Strafe Freiheitsstrafe von drei Monaten bis zu fünf Jahren.

---

[1] § 161 eingef. mWv 5.11.2008 durch G v. 31.10.2008 (BGBl. I S. 2149).
[2] § 162 eingef. mWv 5.11.2008 durch G v. 31.10.2008 (BGBl. I S. 2149).
[3] § 163 aufgeh. mWv 5.11.2008 durch G v. 31.10.2008 (BGBl. I S. 2149).
[4] § 164 Abs. 3 angef. mWv 1.9.2009 durch G v. 29.7.2009 (BGBl. I S. 2288); Abs. 3 Satz 1 geänd. mWv 1.10.2021 durch G v. 12.8.2021 (BGBl. I S. 3542).
[5] **Habersack, Deutsche Gesetze ErgBd. Nr. 86.**

**§ 165[1)] Bekanntgabe der Verurteilung.** (1) [1] Ist die Tat nach § 164 öffentlich oder durch Verbreiten eines Inhalts (§ 11 Absatz 3) begangen und wird ihretwegen auf Strafe erkannt, so ist auf Antrag des Verletzten anzuordnen, daß die Verurteilung wegen falscher Verdächtigung auf Verlangen öffentlich bekanntgemacht wird. [2] Stirbt der Verletzte, so geht das Antragsrecht auf die in § 77 Abs. 2 bezeichneten Angehörigen über. [3] § 77 Abs. 2 bis 4 gilt entsprechend.

(2) Für die Art der Bekanntmachung gilt § 200 Abs. 2 entsprechend.

## Elfter Abschnitt. Straftaten, welche sich auf Religion und Weltanschauung beziehen

**§ 166[2)] Beschimpfung von Bekenntnissen, Religionsgesellschaften und Weltanschauungsvereinigungen.** (1) Wer öffentlich oder durch Verbreiten eines Inhalts (§ 11 Absatz 3) den Inhalt des religiösen oder weltanschaulichen Bekenntnisses anderer in einer Weise beschimpft, die geeignet ist, den öffentlichen Frieden zu stören, wird mit Freiheitsstrafe bis zu drei Jahren oder mit Geldstrafe bestraft.

(2) Ebenso wird bestraft, wer öffentlich oder durch Verbreiten eines Inhalts (§ 11 Absatz 3) eine im Inland bestehende Kirche oder andere Religionsgesellschaft oder Weltanschauungsvereinigung, ihre Einrichtungen oder Gebräuche in einer Weise beschimpft, die geeignet ist, den öffentlichen Frieden zu stören.

**§ 167 Störung der Religionsausübung.** (1) Wer

1. den Gottesdienst oder eine gottesdienstliche Handlung einer im Inland bestehenden Kirche oder anderen Religionsgesellschaft absichtlich und in grober Weise stört oder
2. an einem Ort, der dem Gottesdienst einer solchen Religionsgesellschaft gewidmet ist, beschimpfenden Unfug verübt,

wird mit Freiheitsstrafe bis zu drei Jahren oder mit Geldstrafe bestraft.

(2) Dem Gottesdienst stehen entsprechende Feiern einer im Inland bestehenden Weltanschauungsvereinigung gleich.

**§ 167a Störung einer Bestattungsfeier.** Wer eine Bestattungsfeier absichtlich oder wissentlich stört, wird mit Freiheitsstrafe bis zu drei Jahren oder mit Geldstrafe bestraft.

**§ 168 Störung der Totenruhe.** (1) Wer unbefugt aus dem Gewahrsam des Berechtigten den Körper oder Teile des Körpers eines verstorbenen Menschen, eine tote Leibesfrucht, Teile einer solchen oder die Asche eines verstorbenen Menschen wegnimmt oder wer daran beschimpfenden Unfug verübt, wird mit Freiheitsstrafe bis zu drei Jahren oder mit Geldstrafe bestraft.

(2) Ebenso wird bestraft, wer eine Aufbahrungsstätte, Beisetzungsstätte oder öffentliche Totengedenkstätte zerstört oder beschädigt oder wer dort beschimpfenden Unfug verübt.

(3) Der Versuch ist strafbar.

---

[1)] § 165 Abs. 1 Satz 1 geänd. mWv 1.1.2021 durch G v. 30.11.2020 (BGBl. I S. 2600).
[2)] § 166 Abs. 1 und 2 geänd. mWv 1.1.2021 durch G v. 30.11.2020 (BGBl. I S. 2600).

## Zwölfter Abschnitt. Straftaten gegen den Personenstand, die Ehe und die Familie

**§ 169**[1] **Personenstandsfälschung.** (1) Wer ein Kind unterschiebt oder den Personenstand eines anderen gegenüber einer zur Führung von Personenstandsregistern oder zur Feststellung des Personenstands zuständigen Behörde falsch angibt oder unterdrückt, wird mit Freiheitsstrafe bis zu zwei Jahren oder mit Geldstrafe bestraft.

(2) Der Versuch ist strafbar.

**§ 170 Verletzung der Unterhaltspflicht.** (1) Wer sich einer gesetzlichen Unterhaltspflicht entzieht, so daß der Lebensbedarf des Unterhaltsberechtigten gefährdet ist oder ohne die Hilfe anderer gefährdet wäre, wird mit Freiheitsstrafe bis zu drei Jahren oder mit Geldstrafe bestraft.

(2) Wer einer Schwangeren zum Unterhalt verpflichtet ist und ihr diesen Unterhalt in verwerflicher Weise vorenthält und dadurch den Schwangerschaftsabbruch bewirkt, wird mit Freiheitsstrafe bis zu fünf Jahren oder mit Geldstrafe bestraft.

**§ 171 Verletzung der Fürsorge- oder Erziehungspflicht.** Wer seine Fürsorge- oder Erziehungspflicht gegenüber einer Person unter sechzehn Jahren gröblich verletzt und dadurch den Schutzbefohlenen in die Gefahr bringt, in seiner körperlichen oder psychischen Entwicklung erheblich geschädigt zu werden, einen kriminellen Lebenswandel zu führen oder der Prostitution nachzugehen, wird mit Freiheitsstrafe bis zu drei Jahren oder mit Geldstrafe bestraft.

**§ 172**[2] **Doppelehe; doppelte Lebenspartnerschaft.** [1] Mit Freiheitsstrafe bis zu drei Jahren oder mit Geldstrafe wird bestraft, wer verheiratet ist oder eine Lebenspartnerschaft führt und

1. mit einer dritten Person eine Ehe schließt oder
2. gemäß § 1 Absatz 1 des Lebenspartnerschaftsgesetzes[3] gegenüber der für die Begründung der Lebenspartnerschaft zuständigen Stelle erklärt, mit einer dritten Person eine Lebenspartnerschaft führen zu wollen.

[2] Ebenso wird bestraft, wer mit einer dritten Person, die verheiratet ist oder eine Lebenspartnerschaft führt, die Ehe schließt oder gemäß § 1 Absatz 1 des Lebenspartnerschaftsgesetzes gegenüber der für die Begründung der Lebenspartnerschaft zuständigen Stelle erklärt, mit dieser dritten Person eine Lebenspartnerschaft führen zu wollen.

**§ 173 Beischlaf zwischen Verwandten.** (1) Wer mit einem leiblichen Abkömmling den Beischlaf vollzieht, wird mit Freiheitsstrafe bis zu drei Jahren oder mit Geldstrafe bestraft.

(2) [1] Wer mit einem leiblichen Verwandten aufsteigender Linie den Beischlaf vollzieht, wird mit Freiheitsstrafe bis zu zwei Jahren oder mit Geldstrafe bestraft; dies gilt auch dann, wenn das Verwandtschaftsverhältnis erloschen ist. [2] Ebenso werden leibliche Geschwister bestraft, die miteinander den Beischlaf vollziehen.

(3) Abkömmlinge und Geschwister werden nicht nach dieser Vorschrift bestraft, wenn sie zur Zeit der Tat noch nicht achtzehn Jahre alt waren.

---

[1] § 169 Abs. 1 geänd. mWv 1.1.2009 durch G v. 19.2.2007 (BGBl. I S. 122).
[2] § 172 neu gef. mWv 26.11.2015 durch G v. 20.11.2015 (BGBl. I S. 2010).
[3] **Habersack, Deutsche Gesetze ErgBd. Nr. 43.**

## Dreizehnter Abschnitt. Straftaten gegen die sexuelle Selbstbestimmung

**§ 174[1] Sexueller Mißbrauch von Schutzbefohlenen.** (1) [1] Wer sexuelle Handlungen

1. an einer Person unter achtzehn Jahren, die ihm zur Erziehung oder zur Betreuung in der Lebensführung anvertraut ist,
2. an einer Person unter achtzehn Jahren, die ihm im Rahmen eines Ausbildungs-, Dienst- oder Arbeitsverhältnisses untergeordnet ist, unter Missbrauch einer mit dem Ausbildungs-, Dienst- oder Arbeitsverhältnis verbundenen Abhängigkeit oder
3. an einer Person unter achtzehn Jahren, die sein leiblicher oder rechtlicher Abkömmling ist oder der seines Ehegatten, seines Lebenspartners oder einer Person, mit der er in eheähnlicher oder lebenspartnerschaftsähnlicher Gemeinschaft lebt,

vornimmt oder an sich von dem Schutzbefohlenen vornehmen läßt, wird mit Freiheitsstrafe von drei Monaten bis zu fünf Jahren bestraft. [2] Ebenso wird bestraft, wer unter den Voraussetzungen des Satzes 1 den Schutzbefohlenen dazu bestimmt, dass er sexuelle Handlungen an oder vor einer dritten Person vornimmt oder von einer dritten Person an sich vornehmen lässt.

(2) [1] Mit Freiheitsstrafe von drei Monaten bis zu fünf Jahren wird eine Person bestraft, der in einer dazu bestimmten Einrichtung die Erziehung, Ausbildung oder Betreuung in der Lebensführung von Personen unter achtzehn Jahren anvertraut ist, und die sexuelle Handlungen

1. an einer Person unter sechzehn Jahren, die zu dieser Einrichtung in einem Rechtsverhältnis steht, das ihrer Erziehung, Ausbildung oder Betreuung in der Lebensführung dient, vornimmt oder an sich von ihr vornehmen lässt oder
2. unter Ausnutzung ihrer Stellung an einer Person unter achtzehn Jahren, die zu dieser Einrichtung in einem Rechtsverhältnis steht, das ihrer Erziehung, Ausbildung oder Betreuung in der Lebensführung dient, vornimmt oder an sich von ihr vornehmen lässt.

[2] Ebenso wird bestraft, wer unter den Voraussetzungen des Satzes 1 den Schutzbefohlenen dazu bestimmt, dass er sexuelle Handlungen an oder vor einer dritten Person vornimmt oder von einer dritten Person an sich vornehmen lässt.

(3) Wer unter den Voraussetzungen des Absatzes 1 oder 2

1. sexuelle Handlungen vor dem Schutzbefohlenen vornimmt, um sich oder den Schutzbefohlenen hierdurch sexuell zu erregen, oder
2. den Schutzbefohlenen dazu bestimmt, daß er sexuelle Handlungen vor ihm vornimmt,

wird mit Freiheitsstrafe bis zu drei Jahren oder mit Geldstrafe bestraft.

(4) Der Versuch ist strafbar.

(5) In den Fällen des Absatzes 1 Satz 1 Nummer 1, des Absatzes 2 Satz 1 Nummer 1 oder des Absatzes 3 in Verbindung mit Absatz 1 Satz 1 Nummer 1 oder mit Absatz 2 Satz 1 Nummer 1 kann das Gericht von einer Bestrafung nach dieser Vorschrift absehen, wenn das Unrecht der Tat gering ist.

---

[1] § 174 Abs. 1 geänd. mWv 1.4.2004 durch G v. 27.12.2003 (BGBl. I S. 3007); Abs. 1 Nr. 3 neu gef., Abs. 2 *eingef.*, *bish.* Abs. 2 wird Abs. 3 und geänd., bish. Abs. 3 wird Abs. 4, bish. Abs. 4 wird Abs. 5 und geänd. mWv 27.1.2015 durch G v. 21.1.2015 (BGBl. I S. 10); Abs. 1 Satz Nr. 1 geänd., Nr. 2 neu gef., Satz 2, Abs. 2 Satz 2 angef., Abs. 3 Nr. 1, abschl. Satzteil geänd., Abs. 5 neu gef. mWv 1.7.2021 durch G v. 16.6.2021 (BGBl. I S. 1810).

**§ 174a[1] Sexueller Mißbrauch von Gefangenen, behördlich Verwahrten oder Kranken und Hilfsbedürftigen in Einrichtungen.** (1) Wer sexuelle Handlungen an einer gefangenen oder auf behördliche Anordnung verwahrten Person, die ihm zur Erziehung, Ausbildung, Beaufsichtigung oder Betreuung anvertraut ist, unter Mißbrauch seiner Stellung vornimmt oder an sich von der gefangenen oder verwahrten Person vornehmen läßt oder die gefangene oder verwahrte Person zur Vornahme oder Duldung sexueller Handlungen an oder von einer dritten Person bestimmt, wird mit Freiheitsstrafe von drei Monaten bis zu fünf Jahren bestraft.

(2) Ebenso wird bestraft, wer eine Person, die in einer Einrichtung für kranke oder hilfsbedürftige Menschen aufgenommen und ihm zur Beaufsichtigung oder Betreuung anvertraut ist, dadurch mißbraucht, daß er unter Ausnutzung der Krankheit oder Hilfsbedürftigkeit dieser Person sexuelle Handlungen an ihr vornimmt oder an sich von ihr vornehmen läßt oder diese Person zur Vornahme oder Duldung sexueller Handlungen an oder von einer dritten Person bestimmt.

(3) Der Versuch ist strafbar.

**§ 174b[2] Sexueller Mißbrauch unter Ausnutzung einer Amtsstellung.**

(1) Wer als Amtsträger, der zur Mitwirkung an einem Strafverfahren oder an einem Verfahren zur Anordnung einer freiheitsentziehenden Maßregel der Besserung und Sicherung oder einer behördlichen Verwahrung berufen ist, unter Mißbrauch der durch das Verfahren begründeten Abhängigkeit sexuelle Handlungen an demjenigen, gegen den sich das Verfahren richtet, vornimmt oder an sich von dem anderen vornehmen läßt oder die Person zur Vornahme oder Duldung sexueller Handlungen an oder von einer dritten Person bestimmt, wird mit Freiheitsstrafe von drei Monaten bis zu fünf Jahren bestraft.

(2) Der Versuch ist strafbar.

**§ 174c[3] Sexueller Mißbrauch unter Ausnutzung eines Beratungs-, Behandlungs- oder Betreuungsverhältnisses.** (1) Wer sexuelle Handlungen an einer Person, die ihm wegen einer geistigen oder seelischen Krankheit oder Behinderung einschließlich einer Suchtkrankheit oder wegen einer körperlichen Krankheit oder Behinderung zur Beratung, Behandlung oder Betreuung anvertraut ist, unter Mißbrauch des Beratungs-, Behandlungs- oder Betreuungsverhältnisses vornimmt oder an sich von ihr vornehmen läßt oder diese Person zur Vornahme oder Duldung sexueller Handlungen an oder von einer dritten Person bestimmt, wird mit Freiheitsstrafe von drei Monaten bis zu fünf Jahren bestraft.

(2) Ebenso wird bestraft, wer sexuelle Handlungen an einer Person, die ihm zur psychotherapeutischen Behandlung anvertraut ist, unter Mißbrauch des Behandlungsverhältnisses vornimmt oder an sich von ihr vornehmen läßt oder diese Person zur Vornahme oder Duldung sexueller Handlungen an oder von einer dritten Person bestimmt.

(3) Der Versuch ist strafbar.

**§ 175** (weggefallen)

---

[1] § 174a Abs. 1 und 2 geänd. mWv 1.4.2004 durch G v. 27.12.2003 (BGBl. I S. 3007); Abs. 1 und 2 geänd. mWv 1.7.2021 durch G v. 16.6.2021 (BGBl. I S. 1810).

[2] § 174b Abs. 1 geänd. mWv 1.4.2004 durch G v. 27.12.2003 (BGBl. I S. 3007); Abs. 1 geänd. mWv 1.7.2021 durch G v. 16.6.2021 (BGBl. I S. 1810).

[3] § 174c Abs. 1 geänd. mWv 1.4.2004 durch G v. 27.12.2003 (BGBl. I S. 3007); Abs. 1 und 2 geänd. mWv 1.7.2021 durch G v. 16.6.2021 (BGBl. I S. 1810).

**§ 176[1)] Sexueller Missbrauch von Kindern.** (1) Mit Freiheitsstrafe nicht unter einem Jahr wird bestraft, wer

1. sexuelle Handlungen an einer Person unter vierzehn Jahren (Kind) vornimmt oder an sich von dem Kind vornehmen lässt,
2. ein Kind dazu bestimmt, dass es sexuelle Handlungen an einer dritten Person vornimmt oder von einer dritten Person an sich vornehmen lässt,
3. ein Kind für eine Tat nach Nummer 1 oder Nummer 2 anbietet oder nachzuweisen verspricht.

(2) In den Fällen des Absatzes 1 Nummer 1 kann das Gericht von Strafe nach dieser Vorschrift absehen, wenn zwischen Täter und Kind die sexuelle Handlung einvernehmlich erfolgt und der Unterschied sowohl im Alter als auch im Entwicklungsstand oder Reifegrad gering ist, es sei denn, der Täter nutzt die fehlende Fähigkeit des Kindes zur sexuellen Selbstbestimmung aus.

**§ 176a[1)] Sexueller Missbrauch von Kindern ohne Körperkontakt mit dem Kind.** (1) Mit Freiheitsstrafe von sechs Monaten bis zu zehn Jahren wird bestraft, wer

1. sexuelle Handlungen vor einem Kind vornimmt oder vor einem Kind von einer dritten Person an sich vornehmen lässt,
2. ein Kind dazu bestimmt, dass es sexuelle Handlungen vornimmt, soweit die Tat nicht nach § 176 Absatz 1 Nummer 1 oder Nummer 2 mit Strafe bedroht ist, oder
3. auf ein Kind durch einen pornographischen Inhalt (§ 11 Absatz 3) oder durch entsprechende Reden einwirkt.

(2) Ebenso wird bestraft, wer ein Kind für eine Tat nach Absatz 1 anbietet oder nachzuweisen verspricht oder wer sich mit einem anderen zu einer solchen Tat verabredet.

(3) [1] Der Versuch ist in den Fällen des Absatzes 1 Nummer 1 und 2 strafbar. [2] Bei Taten nach Absatz 1 Nummer 3 ist der Versuch in den Fällen strafbar, in denen eine Vollendung der Tat allein daran scheitert, dass der Täter irrig annimmt, sein Einwirken beziehe sich auf ein Kind.

**§ 176b[1)] Vorbereitung des sexuellen Missbrauchs von Kindern.**

(1) Mit Freiheitsstrafe von drei Monaten bis zu fünf Jahren wird bestraft, wer auf ein Kind durch einen Inhalt (§ 11 Absatz 3) einwirkt, um

1. das Kind zu sexuellen Handlungen zu bringen, die es an oder vor dem Täter oder an oder vor einer dritten Person vornehmen oder von dem Täter oder einer dritten Person an sich vornehmen lassen soll, oder
2. eine Tat nach § 184b Absatz 1 Satz 1 Nummer 3 oder nach § 184b Absatz 3 zu begehen.

(2) Ebenso wird bestraft, wer ein Kind für eine Tat nach Absatz 1 anbietet oder nachzuweisen verspricht oder wer sich mit einem anderen zu einer solchen Tat verabredet.

(3) Bei Taten nach Absatz 1 ist der Versuch in den Fällen strafbar, in denen eine Vollendung der Tat allein daran scheitert, dass der Täter irrig annimmt, sein Einwirken beziehe sich auf ein Kind.

---

[1)] §§ 176–176b neu gef. mWv 1.7.2021 durch G v. 16.6.2021 (BGBl. I S. 1810).

**§ 176c[1)] Schwerer sexueller Missbrauch von Kindern.** (1) Der sexuelle Missbrauch von Kindern wird in den Fällen des § 176 Absatz 1 Nummer 1 und 2 mit Freiheitsstrafe nicht unter zwei Jahren bestraft, wenn

1. der Täter innerhalb der letzten fünf Jahre wegen einer solchen Straftat rechtskräftig verurteilt worden ist,
2. der Täter mindestens achtzehn Jahre alt ist und
   a) mit dem Kind den Beischlaf vollzieht oder ähnliche sexuelle Handlungen an ihm vornimmt oder an sich von ihm vornehmen lässt, die mit einem Eindringen in den Körper verbunden sind, oder
   b) das Kind dazu bestimmt, den Beischlaf mit einem Dritten zu vollziehen oder ähnliche sexuelle Handlungen, die mit einem Eindringen in den Körper verbunden sind, an dem Dritten vorzunehmen oder von diesem an sich vornehmen zu lassen,
3. die Tat von mehreren gemeinschaftlich begangen wird oder
4. der Täter das Kind durch die Tat in die Gefahr einer schweren Gesundheitsschädigung oder einer erheblichen Schädigung der körperlichen oder seelischen Entwicklung bringt.

(2) Ebenso wird bestraft, wer in den Fällen des § 176 Absatz 1 Nummer 1 oder Nummer 2, des § 176a Absatz 1 Nummer 1 oder Nummer 2 oder Absatz 3 Satz 1 als Täter oder anderer Beteiligter in der Absicht handelt, die Tat zum Gegenstand eines pornographischen Inhalts (§ 11 Absatz 3) zu machen, der nach § 184b Absatz 1 oder 2 verbreitet werden soll.

(3) Mit Freiheitsstrafe nicht unter fünf Jahren wird bestraft, wer das Kind in den Fällen des § 176 Absatz 1 Nummer 1 oder Nummer 2 bei der Tat körperlich schwer misshandelt oder durch die Tat in die Gefahr des Todes bringt.

(4) [1] In die in Absatz 1 Nummer 1 bezeichnete Frist wird die Zeit nicht eingerechnet, in welcher der Täter auf behördliche Anordnung in einer Anstalt verwahrt worden ist. [2] Eine Tat, die im Ausland abgeurteilt worden ist, steht in den Fällen des Absatzes 1 Nummer 1 einer im Inland abgeurteilten Tat gleich, wenn sie nach deutschem Strafrecht eine solche nach § 176 Absatz 1 Nummer 1 oder Nummer 2 wäre.

**§ 176d[1)] Sexueller Missbrauch von Kindern mit Todesfolge.** Verursacht der Täter durch den sexuellen Missbrauch (§§ 176 bis 176c) mindestens leichtfertig den Tod eines Kindes, so ist die Strafe lebenslange Freiheitsstrafe oder Freiheitsstrafe nicht unter zehn Jahren.

**§ 176e[2)] Verbreitung und Besitz von Anleitungen zu sexuellem Missbrauch von Kindern.** (1) Wer einen Inhalt (§ 11 Absatz 3) verbreitet oder der Öffentlichkeit zugänglich macht, der geeignet ist, als Anleitung zu einer in den §§ 176 bis 176d genannten rechtswidrigen Tat zu dienen, und der dazu bestimmt ist, die Bereitschaft anderer zu fördern oder zu wecken, eine solche Tat zu begehen, wird mit Freiheitsstrafe bis zu drei Jahren oder mit Geldstrafe bestraft.

(2) Ebenso wird bestraft, wer

1. einen Inhalt (§ 11 Absatz 3), der geeignet ist, als Anleitung zu einer in den §§ 176 bis 176d genannten rechtswidrigen Tat zu dienen, verbreitet oder der Öffentlichkeit zugänglich macht oder

---

[1)] §§ 176c, 176d eingef. mWv 1.7.2021 durch G v. 16.6.2021 (BGBl. I S. 1810).
[2)] § 176e eingef. mWv 22.9.2021 durch G v. 14.9.2021 (BGBl. I S. 4250).

2. öffentlich oder in einer Versammlung zu einer in den §§ 176 bis 176d genannten rechtswidrigen Tat eine Anleitung gibt,

um die Bereitschaft anderer zu fördern oder zu wecken, eine solche Tat zu begehen.

(3) Wer einen in Absatz 1 bezeichneten Inhalt abruft, besitzt, einer anderen Person zugänglich macht oder einer anderen Person den Besitz daran verschafft, wird mit Freiheitsstrafe bis zu zwei Jahren oder mit Geldstrafe bestraft.

(4) Absatz 3 gilt nicht für Handlungen, die ausschließlich der rechtmäßigen Erfüllung von Folgendem dienen:

1. staatlichen Aufgaben,
2. Aufgaben, die sich aus Vereinbarungen mit einer zuständigen staatlichen Stelle ergeben, oder
3. dienstlichen oder beruflichen Pflichten.

(5) Die Absätze 1 und 3 gelten nicht für dienstliche Handlungen im Rahmen von strafrechtlichen Ermittlungsverfahren, wenn

1. kein kinderpornographischer Inhalt, der ein tatsächliches Geschehen wiedergibt oder der unter Verwendung einer Bildaufnahme eines Kindes oder Jugendlichen hergestellt worden ist, einer anderen Person oder der Öffentlichkeit zugänglich gemacht, verbreitet oder einer anderen Person der Besitz daran verschafft wird, und
2. die Aufklärung des Sachverhalts auf andere Weise aussichtslos oder wesentlich erschwert wäre.

(6) [1] Gegenstände, auf die sich eine Straftat nach Absatz 3 bezieht, werden eingezogen. [2] § 74a ist anzuwenden.

## § 177[1)] Sexueller Übergriff; sexuelle Nötigung; Vergewaltigung.

(1) Wer gegen den erkennbaren Willen einer anderen Person sexuelle Handlungen an dieser Person vornimmt oder von ihr vornehmen lässt oder diese Person zur Vornahme oder Duldung sexueller Handlungen an oder von einem Dritten bestimmt, wird mit Freiheitsstrafe von sechs Monaten bis zu fünf Jahren bestraft.

(2) Ebenso wird bestraft, wer sexuelle Handlungen an einer anderen Person vornimmt oder von ihr vornehmen lässt oder diese Person zur Vornahme oder Duldung sexueller Handlungen an oder von einem Dritten bestimmt, wenn

1. der Täter ausnutzt, dass die Person nicht in der Lage ist, einen entgegenstehenden Willen zu bilden oder zu äußern,
2. der Täter ausnutzt, dass die Person auf Grund ihres körperlichen oder psychischen Zustands in der Bildung oder Äußerung des Willens erheblich eingeschränkt ist, es sei denn, er hat sich der Zustimmung dieser Person versichert,
3. der Täter ein Überraschungsmoment ausnutzt,
4. der Täter eine Lage ausnutzt, in der dem Opfer bei Widerstand ein empfindliches Übel droht, oder
5. der Täter die Person zur Vornahme oder Duldung der sexuellen Handlung durch Drohung mit einem empfindlichen Übel genötigt hat.

(3) Der Versuch ist strafbar.

---

[1)] § 177 neu gef. mWv 10.11.2016 durch G v. 4.11.2016 (BGBl. I S. 2460).

(4) Auf Freiheitsstrafe nicht unter einem Jahr ist zu erkennen, wenn die Unfähigkeit, einen Willen zu bilden oder zu äußern, auf einer Krankheit oder Behinderung des Opfers beruht.

(5) Auf Freiheitsstrafe nicht unter einem Jahr ist zu erkennen, wenn der Täter

1. gegenüber dem Opfer Gewalt anwendet,
2. dem Opfer mit gegenwärtiger Gefahr für Leib oder Leben droht oder
3. eine Lage ausnutzt, in der das Opfer der Einwirkung des Täters schutzlos ausgeliefert ist.

(6) [1] In besonders schweren Fällen ist auf Freiheitsstrafe nicht unter zwei Jahren zu erkennen. [2] Ein besonders schwerer Fall liegt in der Regel vor, wenn

1. der Täter mit dem Opfer den Beischlaf vollzieht oder vollziehen lässt oder ähnliche sexuelle Handlungen an dem Opfer vornimmt oder von ihm vornehmen lässt, die dieses besonders erniedrigen, insbesondere wenn sie mit einem Eindringen in den Körper verbunden sind (Vergewaltigung), oder
2. die Tat von mehreren gemeinschaftlich begangen wird.

(7) Auf Freiheitsstrafe nicht unter drei Jahren ist zu erkennen, wenn der Täter

1. eine Waffe oder ein anderes gefährliches Werkzeug bei sich führt,
2. sonst ein Werkzeug oder Mittel bei sich führt, um den Widerstand einer anderen Person durch Gewalt oder Drohung mit Gewalt zu verhindern oder zu überwinden, oder
3. das Opfer in die Gefahr einer schweren Gesundheitsschädigung bringt.

(8) Auf Freiheitsstrafe nicht unter fünf Jahren ist zu erkennen, wenn der Täter

1. bei der Tat eine Waffe oder ein anderes gefährliches Werkzeug verwendet oder
2. das Opfer
   a) bei der Tat körperlich schwer misshandelt oder
   b) durch die Tat in die Gefahr des Todes bringt.

(9) In minder schweren Fällen der Absätze 1 und 2 ist auf Freiheitsstrafe von drei Monaten bis zu drei Jahren, in minder schweren Fällen der Absätze 4 und 5 ist auf Freiheitsstrafe von sechs Monaten bis zu zehn Jahren, in minder schweren Fällen der Absätze 7 und 8 ist auf Freiheitsstrafe von einem Jahr bis zu zehn Jahren zu erkennen.

**§ 178[1)] Sexueller Übergriff, sexuelle Nötigung und Vergewaltigung mit Todesfolge.** Verursacht der Täter durch den sexuellen Übergriff, die sexuelle Nötigung oder Vergewaltigung (§ 177) wenigstens leichtfertig den Tod des Opfers, so ist die Strafe lebenslange Freiheitsstrafe oder Freiheitsstrafe nicht unter zehn Jahren.

**§ 179[1)]** *(aufgehoben)*

**§ 180[2)] Förderung sexueller Handlungen Minderjähriger.** (1) [1] Wer sexuellen Handlungen einer Person unter sechzehn Jahren an oder vor einem Dritten oder sexuellen Handlungen eines Dritten an einer Person unter sechzehn Jahren

1. durch seine Vermittlung oder

---

[1)] § 178 neu gef., § 179 aufgeh. mWv 10.11.2016 durch G v. 4.11.2016 (BGBl. I S. 2460).

[2)] § 180 Abs. 3 aufgeh., bish. Abs. 4 wird Abs. 3 und neu gef. mWv 1.7.2021 durch G v. 16.6.2021 (BGBl. I S. 1810).

2. durch Gewähren oder Verschaffen von Gelegenheit

Vorschub leistet, wird mit Freiheitsstrafe bis zu drei Jahren oder mit Geldstrafe bestraft. 2 Satz 1 Nr. 2 ist nicht anzuwenden, wenn der zur Sorge für die Person Berechtigte handelt; dies gilt nicht, wenn der Sorgeberechtigte durch das Vorschubleisten seine Erziehungspflicht gröblich verletzt.

(2) Wer eine Person unter achtzehn Jahren bestimmt, sexuelle Handlungen gegen Entgelt an oder vor einem Dritten vorzunehmen oder von einem Dritten an sich vornehmen zu lassen, oder wer solchen Handlungen durch seine Vermittlung Vorschub leistet, wird mit Freiheitsstrafe bis zu fünf Jahren oder mit Geldstrafe bestraft.

(3) Im Fall des Absatzes 2 ist der Versuch strafbar.

**§ 180a[1] Ausbeutung von Prostituierten.** (1) Wer gewerbsmäßig einen Betrieb unterhält oder leitet, in dem Personen der Prostitution nachgehen und in dem diese in persönlicher oder wirtschaftlicher Abhängigkeit gehalten werden, wird mit Freiheitsstrafe bis zu drei Jahren oder mit Geldstrafe bestraft.

(2) Ebenso wird bestraft, wer

1. einer Person unter achtzehn Jahren zur Ausübung der Prostitution Wohnung, gewerbsmäßig Unterkunft oder gewerbsmäßig Aufenthalt gewährt oder
2. eine andere Person, der er zur Ausübung der Prostitution Wohnung gewährt, zur Prostitution anhält oder im Hinblick auf sie ausbeutet.

**§§ 180b, 181[2]** *(aufgehoben)*

**§ 181a[3] Zuhälterei.** (1) Mit Freiheitsstrafe von sechs Monaten bis zu fünf Jahren wird bestraft, wer

1. eine andere Person, die der Prostitution nachgeht, ausbeutet oder
2. seines Vermögensvorteils wegen eine andere Person bei der Ausübung der Prostitution überwacht, Ort, Zeit, Ausmaß oder andere Umstände der Prostitutionsausübung bestimmt oder Maßnahmen trifft, die sie davon abhalten sollen, die Prostitution aufzugeben,

und im Hinblick darauf Beziehungen zu ihr unterhält, die über den Einzelfall hinausgehen.

(2) Mit Freiheitsstrafe bis zu drei Jahren oder mit Geldstrafe wird bestraft, wer die persönliche oder wirtschaftliche Unabhängigkeit einer anderen Person dadurch beeinträchtigt, dass er gewerbsmäßig die Prostitutionsausübung der anderen Person durch Vermittlung sexuellen Verkehrs fördert und im Hinblick darauf Beziehungen zu ihr unterhält, die über den Einzelfall hinausgehen.

(3) Nach den Absätzen 1 und 2 wird auch bestraft, wer die in Absatz 1 Nr. 1 und 2 genannten Handlungen oder die in Absatz 2 bezeichnete Förderung gegenüber seinem Ehegatten oder Lebenspartner vornimmt.

---

[1] § 180a Überschrift neu gef., Abs. 1 geänd. mWv 1.1.2002 durch G v. 20.12.2001 (BGBl. I S. 3983).

[2] §§ 180b, 181 aufgeh. mWv 19.2.2005 durch G v. 11.2.2005 (BGBl. I S. 239).

[3] § 181a Abs. 2 neu gef. mWv 1.1.2002 durch G v. 20.12.2001 (BGBl. I S. 3983); Abs. 2 geänd. mWv 1.4.2004 durch G v. 27.12.2003 (BGBl. I S. 3007); Abs. 3 geänd. mWv 26.11.2015 durch G v. 20.11.2015 (BGBl. I S. 2010).

**§ 181b**[1] **Führungsaufsicht.** In den Fällen der §§ 174 bis 174c, 176 bis 180, 181a, 182 und 184b kann das Gericht Führungsaufsicht anordnen (§ 68 Abs. 1).

**§ 181c**[2] *(aufgehoben)*

**§ 182**[3] **Sexueller Mißbrauch von Jugendlichen.** (1) Wer eine Person unter achtzehn Jahren dadurch missbraucht, dass er unter Ausnutzung einer Zwangslage

1. sexuelle Handlungen an ihr vornimmt oder an sich von ihr vornehmen lässt oder
2. diese dazu bestimmt, sexuelle Handlungen an einem Dritten vorzunehmen oder von einem Dritten an sich vornehmen zu lassen,

wird mit Freiheitsstrafe bis zu fünf Jahren oder mit Geldstrafe bestraft.

(2) Ebenso wird eine Person über achtzehn Jahren bestraft, die eine Person unter achtzehn Jahren dadurch missbraucht, dass sie gegen Entgelt sexuelle Handlungen an ihr vornimmt oder an sich von ihr vornehmen lässt.

(3) Eine Person über einundzwanzig Jahre, die eine Person unter sechzehn Jahren dadurch mißbraucht, daß sie

1. sexuelle Handlungen an ihr vornimmt oder an sich von ihr vornehmen läßt oder
2. diese dazu bestimmt, sexuelle Handlungen an einem Dritten vorzunehmen oder von einem Dritten an sich vornehmen zu lassen,

und dabei die ihr gegenüber fehlende Fähigkeit des Opfers zur sexuellen Selbstbestimmung ausnutzt, wird mit Freiheitsstrafe bis zu drei Jahren oder mit Geldstrafe bestraft.

(4) Der Versuch ist strafbar.

(5) In den Fällen des Absatzes 3 wird die Tat nur auf Antrag verfolgt, es sei denn, daß die Strafverfolgungsbehörde wegen des besonderen öffentlichen Interesses an der Strafverfolgung ein Einschreiten von Amts wegen für geboten hält.

(6) In den Fällen der Absätze 1 bis 3 kann das Gericht von Strafe nach diesen Vorschriften absehen, wenn bei Berücksichtigung des Verhaltens der Person, gegen die sich die Tat richtet, das Unrecht der Tat gering ist.

**§ 183**[4] **Exhibitionistische Handlungen.** (1) Ein Mann, der eine andere Person durch eine exhibitionistische Handlung belästigt, wird mit Freiheitsstrafe bis zu einem Jahr oder mit Geldstrafe bestraft.

(2) Die Tat wird nur auf Antrag verfolgt, es sei denn, daß die Strafverfolgungsbehörde wegen des besonderen öffentlichen Interesses an der Strafverfolgung ein Einschreiten von Amts wegen für geboten hält.

(3) Das Gericht kann die Vollstreckung einer Freiheitsstrafe auch dann zur Bewährung aussetzen, wenn zu erwarten ist, daß der Täter erst nach einer längeren Heilbehandlung keine exhibitionistischen Handlungen mehr vornehmen wird.

---

[1] § 181b geänd. mWv 19.2.2005 durch G v. 11.2.2005 (BGBl. I S. 239); geänd. mWv 1.7.2021 durch G v. 16.6.2021 (BGBl. I S. 1810).

[2] § 181c aufgeh. mWv 1.7.2017 durch G v. 13.4.2017 (BGBl. I S. 872).

[3] § 182 Abs. 1 neu gef., Abs. 2 und 4 eingef., bish. Abs. 2 wird Abs. 3, bish. Abs. 3 und 4 werden Abs. 5 und 6 und geänd. mWv 5.11.2008 durch G v. 31.10.2008 (BGBl. I S. 2149); Abs. 3 abschl. Satzteil geänd. mWv 27.1.2015 durch G v. 21.1.2015 (BGBl. I S. 10).

[4] § 183 Abs. 4 Nr. 2 geänd. mWv 5.11.2008 durch G v. 31.10.2008 (BGBl. I S. 2149); Abs. 4 Nr. 2 geänd. mWv 27.1.2015 durch G v. 21.1.2015 (BGBl. I S. 10); Abs. 4 Nr. 2 geänd. mWv 1.7.2021 durch G v. 16.6.2021 (BGBl. I S. 1810).

(4) Absatz 3 gilt auch, wenn ein Mann oder eine Frau wegen einer exhibitionistischen Handlung

1. nach einer anderen Vorschrift, die im Höchstmaß Freiheitsstrafe bis zu einem Jahr oder Geldstrafe androht, oder
2. nach § 174 Absatz 3 Nummer 1 oder § 176a Absatz 1 Nummer 1

bestraft wird.

**§ 183a Erregung öffentlichen Ärgernisses.** Wer öffentlich sexuelle Handlungen vornimmt und dadurch absichtlich oder wissentlich ein Ärgernis erregt, wird mit Freiheitsstrafe bis zu einem Jahr oder mit Geldstrafe bestraft, wenn die Tat nicht in § 183 mit Strafe bedroht ist.

**§ 184[1] Verbreitung pornographischer Inhalte.** (1) Wer einen pornographischen Inhalt (§ 11 Absatz 3)

1. einer Person unter achtzehn Jahren anbietet, überläßt oder zugänglich macht,
2. an einem Ort, der Personen unter achtzehn Jahren zugänglich ist oder von ihnen eingesehen werden kann, zugänglich macht,
3. im Einzelhandel außerhalb von Geschäftsräumen, in Kiosken oder anderen Verkaufsstellen, die der Kunde nicht zu betreten pflegt, im Versandhandel oder in gewerblichen Leihbüchereien oder Lesezirkeln einem anderen anbietet oder überläßt,

3a. im Wege gewerblicher Vermietung oder vergleichbarer gewerblicher Gewährung des Gebrauchs, ausgenommen in Ladengeschäften, die Personen unter achtzehn Jahren nicht zugänglich sind und von ihnen nicht eingesehen werden können, einem anderen anbietet oder überläßt,

4. im Wege des Versandhandels einzuführen unternimmt,
5. öffentlich an einem Ort, der Personen unter achtzehn Jahren zugänglich ist oder von ihnen eingesehen werden kann, oder durch Verbreiten von Schriften außerhalb des Geschäftsverkehrs mit dem einschlägigen Handel anbietet oder bewirbt,
6. an einen anderen gelangen läßt, ohne von diesem hierzu aufgefordert zu sein,
7. in einer öffentlichen Filmvorführung gegen ein Entgelt zeigt, das ganz oder überwiegend für diese Vorführung verlangt wird,
8. herstellt, bezieht, liefert, vorrätig hält oder einzuführen unternimmt, um diesen im Sinne der Nummern 1 bis 7 zu verwenden oder einer anderen Person eine solche Verwendung zu ermöglichen, oder
9. auszuführen unternimmt, um diesen im Ausland unter Verstoß gegen die dort geltenden Strafvorschriften zu verbreiten oder der Öffentlichkeit zugänglich zu machen oder eine solche Verwendung zu ermöglichen,

wird mit Freiheitsstrafe bis zu einem Jahr oder mit Geldstrafe bestraft[2].

(2) [1] Absatz 1 Nummer 1 und 2 ist nicht anzuwenden, wenn der zur Sorge für die Person Berechtigte handelt; dies gilt nicht, wenn der Sorgeberechtigte durch das Anbieten, Überlassen oder Zugänglichmachen seine Erziehungspflicht gröblich

---

[1] § 184 Abs. 2 neu gef., Abs. 3–7 aufgeh. mWv 1.4.2004 durch G v. 27.12.2003 (BGBl. I S. 3007); Abs. 1 einl. Satzteil, Nr. 2, 5, 8 und 9 geänd. mWv 27.1.2015 durch G v. 21.1.2015 (BGBl. I S. 10); Überschrift, Abs. 1 einl. Satzteil, Nr. 8 und 9, Abs. 2 Satz 1 geänd. mWv 1.1.2021 durch G v. 30.11.2020 (BGBl. I S. 2600).

[2] Vgl. auch §§ 27 und 28 JugendschutzG **(Sartorius Nr. 400)**.

verletzt. [2] Absatz 1 Nr. 3a gilt nicht, wenn die Handlung im Geschäftsverkehr mit gewerblichen Entleihern erfolgt.

**§ 184a[1)] Verbreitung gewalt- oder tierpornographischer Inhalte.** [1] Mit Freiheitsstrafe bis zu drei Jahren oder mit Geldstrafe wird bestraft, wer einen pornographischen Inhalt (§ 11 Absatz 3), der Gewalttätigkeiten oder sexuelle Handlungen von Menschen mit Tieren zum Gegenstand hat,

1. verbreitet oder der Öffentlichkeit zugänglich macht oder
2. herstellt, bezieht, liefert, vorrätig hält, anbietet, bewirbt oder es unternimmt, diesen ein- oder auszuführen um ihn im Sinne der Nummer 1 zu verwenden oder einer anderen Person eine solche Verwendung zu ermöglichen.

[2] In den Fällen des Satzes 1 Nummer 1 ist der Versuch strafbar.

**§ 184b[2)] Verbreitung, Erwerb und Besitz kinderpornographischer Inhalte.** (1) [1] Mit Freiheitsstrafe von einem Jahr bis zu zehn Jahren wird bestraft, wer

1. einen kinderpornographischen Inhalt verbreitet oder der Öffentlichkeit zugänglich macht; kinderpornographisch ist ein pornographischer Inhalt (§ 11 Absatz 3), wenn er zum Gegenstand hat:
   a) sexuelle Handlungen von, an oder vor einer Person unter vierzehn Jahren (Kind),
   b) die Wiedergabe eines ganz oder teilweise unbekleideten Kindes in aufreizend geschlechtsbetonter Körperhaltung oder
   c) die sexuell aufreizende Wiedergabe der unbekleideten Genitalien oder des unbekleideten Gesäßes eines Kindes,
2. es unternimmt, einer anderen Person einen kinderpornographischen Inhalt, der ein tatsächliches oder wirklichkeitsnahes Geschehen wiedergibt, zugänglich zu machen oder den Besitz daran zu verschaffen,
3. einen kinderpornographischen Inhalt, der ein tatsächliches Geschehen wiedergibt, herstellt oder
4. einen kinderpornographischen Inhalt herstellt, bezieht, liefert, vorrätig hält, anbietet, bewirbt oder es unternimmt, diesen ein- oder auszuführen, um ihn im Sinne der Nummer 1 oder der Nummer 2 zu verwenden oder einer anderen Person eine solche Verwendung zu ermöglichen, soweit die Tat nicht nach Nummer 3 mit Strafe bedroht ist.

[2] Gibt der kinderpornographische Inhalt in den Fällen von Absatz 1 Satz 1 Nummer 1 und 4 kein tatsächliches oder wirklichkeitsnahes Geschehen wieder, so ist auf Freiheitsstrafe von drei Monaten bis zu fünf Jahren zu erkennen.

(2) Handelt der Täter in den Fällen des Absatzes 1 Satz 1 gewerbsmäßig oder als Mitglied einer Bande, die sich zur fortgesetzten Begehung solcher Taten verbunden hat, und gibt der Inhalt in den Fällen des Absatzes 1 Satz 1 Nummer 1, 2 und 4 ein tatsächliches oder wirklichkeitsnahes Geschehen wieder, so ist auf Freiheitsstrafe nicht unter zwei Jahren zu erkennen.

(3) Wer es unternimmt, einen kinderpornographischen Inhalt, der ein tatsächliches oder wirklichkeitsnahes Geschehen wiedergibt, abzurufen oder sich den

---

1) § 184a neu gef. mWv 27.1.2015 durch G v. 21.1.2015 (BGBl. I S. 10); Überschrift, Abs. 1 Satz 1 einl. Satzteil, Nr. 2 geänd. mWv 1.1.2021 durch G v. 30.11.2020 (BGBl. I S. 2600).

2) § 184b neu gef. mWv 1.7.2021 durch G v. 16.6.2021 (BGBl. I S. 1810).

Besitz an einem solchen Inhalt zu verschaffen oder wer einen solchen Inhalt besitzt, wird mit Freiheitsstrafe von einem Jahr bis zu fünf Jahren bestraft.

(4) Der Versuch ist in den Fällen des Absatzes 1 Satz 2 in Verbindung mit Satz 1 Nummer 1 strafbar.

(5) Absatz 1 Satz 1 Nummer 2 und Absatz 3 gelten nicht für Handlungen, die ausschließlich der rechtmäßigen Erfüllung von Folgendem dienen:

1. staatlichen Aufgaben,
2. Aufgaben, die sich aus Vereinbarungen mit einer zuständigen staatlichen Stelle ergeben, oder
3. dienstlichen oder beruflichen Pflichten.

(6) Absatz 1 Satz 1 Nummer 1, 2 und 4 und Satz 2 gilt nicht für dienstliche Handlungen im Rahmen von strafrechtlichen Ermittlungsverfahren, wenn

1. die Handlung sich auf einen kinderpornographischen Inhalt bezieht, der kein tatsächliches Geschehen wiedergibt und auch nicht unter Verwendung einer Bildaufnahme eines Kindes oder Jugendlichen hergestellt worden ist, und
2. die Aufklärung des Sachverhalts auf andere Weise aussichtslos oder wesentlich erschwert wäre.

(7) [1] Gegenstände, auf die sich eine Straftat nach Absatz 1 Satz 1 Nummer 2 oder 3 oder Absatz 3 bezieht, werden eingezogen. [2] § 74a ist anzuwenden.

**§ 184c[1)] Verbreitung, Erwerb und Besitz jugendpornographischer Inhalte.** (1) Mit Freiheitsstrafe bis zu drei Jahren oder mit Geldstrafe wird bestraft, wer

1. einen jugendpornographischen Inhalt verbreitet oder der Öffentlichkeit zugänglich macht; jugendpornographisch ist ein pornographischer Inhalt (§ 11 Absatz 3), wenn er zum Gegenstand hat:
   a) sexuelle Handlungen von, an oder vor einer vierzehn, aber noch nicht achtzehn Jahre alten Person,
   b) die Wiedergabe einer ganz oder teilweise unbekleideten vierzehn, aber noch nicht achtzehn Jahre alten Person in aufreizend geschlechtsbetonter Körperhaltung oder
   c) die sexuell aufreizende Wiedergabe der unbekleideten Genitalien oder des unbekleideten Gesäßes einer vierzehn, aber noch nicht achtzehn Jahre alten Person,
2. es unternimmt, einer anderen Person einen jugendpornographischen Inhalt, der ein tatsächliches oder wirklichkeitsnahes Geschehen wiedergibt, zugänglich zu machen oder den Besitz daran zu verschaffen,
3. einen jugendpornographischen Inhalt, der ein tatsächliches Geschehen wiedergibt, herstellt oder
4. einen jugendpornographischen Inhalt herstellt, bezieht, liefert, vorrätig hält, anbietet, bewirbt oder es unternimmt, diesen ein- oder auszuführen, um ihn im Sinne der Nummer 1 oder 2 zu verwenden oder einer anderen Person eine solche Verwendung zu ermöglichen, soweit die Tat nicht nach Nummer 3 mit Strafe bedroht ist.

---

[1)] § 184c neu gef. mWv 27.1.2015 durch G v. 21.1.2015 (BGBl. I S. 10); Überschrift, Abs. 1 Nr. 1 einl. Satzteil, Buchst. a und b geänd., Buchst. c angef., Nr. 2–4 und Abs. 2 geänd., Abs. 3 neu gef., Abs. 4 geänd. mWv 1.1.2021 durch G v. 30.11.2020 (BGBl. I S. 2600); Abs. 6 geänd. mWv 1.7.2021 durch G v. 16.6.2021 (BGBl. I S. 1810).

(2) Handelt der Täter in den Fällen des Absatzes 1 gewerbsmäßig oder als Mitglied einer Bande, die sich zur fortgesetzten Begehung solcher Taten verbunden hat, und gibt der Inhalt in den Fällen des Absatzes 1 Nummer 1, 2 und 4 ein tatsächliches oder wirklichkeitsnahes Geschehen wieder, so ist auf Freiheitsstrafe von drei Monaten bis zu fünf Jahren zu erkennen.

(3) Wer es unternimmt, einen jugendpornographischen Inhalt, der ein tatsächliches Geschehen wiedergibt, abzurufen oder sich den Besitz an einem solchen Inhalt zu verschaffen, oder wer einen solchen Inhalt besitzt, wird mit Freiheitsstrafe bis zu zwei Jahren oder mit Geldstrafe bestraft.

(4) Absatz 1 Nummer 3, auch in Verbindung mit Absatz 5, und Absatz 3 sind nicht anzuwenden auf Handlungen von Personen in Bezug auf einen solchen jugendpornographischen Inhalt, den sie ausschließlich zum persönlichen Gebrauch mit Einwilligung der dargestellten Personen hergestellt haben.

(5) Der Versuch ist strafbar; dies gilt nicht für Taten nach Absatz 1 Nummer 2 und 4 sowie Absatz 3.

(6) § 184b Absatz 5 bis 7 gilt entsprechend.

**§ 184d**[1)] *(aufgehoben)*

**§ 184e**[1)] **Veranstaltung und Besuch kinder- und jugendpornographischer Darbietungen.** (1) [1] Nach § 184b Absatz 1 wird auch bestraft, wer eine kinderpornographische Darbietung veranstaltet. [2] Nach § 184c Absatz 1 wird auch bestraft, wer eine jugendpornographische Darbietung veranstaltet.

(2) [1] Nach § 184b Absatz 3 wird auch bestraft, wer eine kinderpornographische Darbietung besucht. [2] Nach § 184c Absatz 3 wird auch bestraft, wer eine jugendpornographische Darbietung besucht. [3] § 184b Absatz 5 Nummer 1 und 3 gilt entsprechend.

**§ 184f**[1)] **Ausübung der verbotenen Prostitution.** Wer einem durch Rechtsverordnung erlassenen Verbot, der Prostitution an bestimmten Orten überhaupt oder zu bestimmten Tageszeiten nachzugehen, beharrlich zuwiderhandelt, wird mit Freiheitsstrafe bis zu sechs Monaten oder mit Geldstrafe bis zu einhundertachtzig Tagessätzen bestraft.

**§ 184g**[1)] **Jugendgefährdende Prostitution.** Wer der Prostitution
1. in der Nähe einer Schule oder anderen Örtlichkeit, die zum Besuch durch Personen unter achtzehn Jahren bestimmt ist, oder
2. in einem Haus, in dem Personen unter achtzehn Jahren wohnen,

in einer Weise nachgeht, die diese Personen sittlich gefährdet, wird mit Freiheitsstrafe bis zu einem Jahr oder mit Geldstrafe bestraft.

**§ 184h**[1)] **Begriffsbestimmungen.** Im Sinne dieses Gesetzes sind
1. sexuelle Handlungen
   nur solche, die im Hinblick auf das jeweils geschützte Rechtsgut von einiger Erheblichkeit sind,
2. sexuelle Handlungen vor einer anderen Person
   nur solche, die vor einer anderen Person vorgenommen werden, die den Vorgang wahrnimmt.

---

[1)] § 184d aufgeh. mWv 1.1.2021 durch G v. 30.11.2020 (BGBl. I S. 2600); § 184e eingef., bish. §§ 184e–184g werden §§ 184f–184h, § 184h Nr. 2 geänd. mWv 27.1.2015 durch G v. 21.1.2015 (BGBl. I S. 10).

**§ 184i[1)] Sexuelle Belästigung.** (1) Wer eine andere Person in sexuell bestimmter Weise körperlich berührt und dadurch belästigt, wird mit Freiheitsstrafe bis zu zwei Jahren oder mit Geldstrafe bestraft, wenn nicht die Tat in anderen Vorschriften dieses Abschnitts mit schwererer Strafe bedroht ist.

(2) [1] In besonders schweren Fällen ist die Freiheitsstrafe von drei Monaten bis zu fünf Jahren. [2] Ein besonders schwerer Fall liegt in der Regel vor, wenn die Tat von mehreren gemeinschaftlich begangen wird.

(3) Die Tat wird nur auf Antrag verfolgt, es sei denn, dass die Strafverfolgungsbehörde wegen des besonderen öffentlichen Interesses an der Strafverfolgung ein Einschreiten von Amts wegen für geboten hält.

**§ 184j[1)] Straftaten aus Gruppen.** Wer eine Straftat dadurch fördert, dass er sich an einer Personengruppe beteiligt, die eine andere Person zur Begehung einer Straftat an ihr bedrängt, wird mit Freiheitsstrafe bis zu zwei Jahren oder mit Geldstrafe bestraft, wenn von einem Beteiligten der Gruppe eine Straftat nach den §§ 177 oder 184i begangen wird und die Tat nicht in anderen Vorschriften mit schwererer Strafe bedroht ist.

**§ 184k[2)] Verletzung des Intimbereichs durch Bildaufnahmen.** (1) Mit Freiheitsstrafe bis zu zwei Jahren oder mit Geldstrafe wird bestraft, wer

1. absichtlich oder wissentlich von den Genitalien, dem Gesäß, der weiblichen Brust oder der diese Körperteile bedeckenden Unterwäsche einer anderen Person unbefugt eine Bildaufnahme herstellt oder überträgt, soweit diese Bereiche gegen Anblick geschützt sind,
2. eine durch eine Tat nach Nummer 1 hergestellte Bildaufnahme gebraucht oder einer dritten Person zugänglich macht oder
3. eine befugt hergestellte Bildaufnahme der in der Nummer 1 bezeichneten Art wissentlich unbefugt einer dritten Person zugänglich macht.

(2) Die Tat wird nur auf Antrag verfolgt, es sei denn, dass die Strafverfolgungsbehörde wegen des besonderen öffentlichen Interesses an der Strafverfolgung ein Einschreiten von Amts wegen für geboten hält.

(3) Absatz 1 gilt nicht für Handlungen, die in Wahrnehmung überwiegender berechtigter Interessen erfolgen, namentlich der Kunst oder der Wissenschaft, der Forschung oder der Lehre, der Berichterstattung über Vorgänge des Zeitgeschehens oder der Geschichte oder ähnlichen Zwecken dienen.

(4) [1] Die Bildträger sowie Bildaufnahmegeräte oder andere technische Mittel, die der Täter oder Teilnehmer verwendet hat, können eingezogen werden. [2] § 74a ist anzuwenden.

**§ 184l[3)] Inverkehrbringen, Erwerb und Besitz von Sexpuppen mit kindlichem Erscheinungsbild[4)].** (1) [1] Mit Freiheitsstrafe bis zu fünf Jahren oder Geldstrafe wird bestraft, wer

---

1) §§ 184i, 184j eingef. mWv 10.11.2016 durch G v. 4.11.2016 (BGBl. I S. 2460); § 184i Abs. 1 geänd. mWv 13.3.2020 durch G v. 3.3.2020 (BGBl. I S. 431).

2) § 184k eingef. mWv 1.1.2021 durch G v. 9.10.2020 (BGBl. I S. 2075).

3) § 184l eingef. mWv 1.7.2021 durch G v. 16.6.2021 (BGBl. I S. 1810).

4) **Amtl. Anm.:** Notifiziert gemäß der Richtlinie (EU) 2015/1535 des Europäischen Parlaments und des Rates vom 9. September 2015 über ein Informationsverfahren auf dem Gebiet der technischen Vorschriften und der Vorschriften für die Dienste der Informationsgesellschaft (ABl. L 241 vom 17.9.2015, S. 1).

1. eine körperliche Nachbildung eines Kindes oder eines Körperteiles eines Kindes, die nach ihrer Beschaffenheit zur Vornahme sexueller Handlungen bestimmt ist, herstellt, anbietet oder bewirbt oder
2. mit einer in Nummer 1 beschriebenen Nachbildung Handel treibt oder sie hierzu in oder durch den räumlichen Geltungsbereich dieses Gesetzes verbringt oder
3. ohne Handel zu treiben, eine in Nummer 1 beschriebene Nachbildung veräußert, abgibt oder sonst in Verkehr bringt.

[2] Satz 1 gilt nicht, wenn die Tat nach § 184b mit schwererer Strafe bedroht ist.

(2) [1] Mit Freiheitsstrafe bis zu drei Jahren oder Geldstrafe wird bestraft, wer eine in Absatz 1 Satz 1 Nummer 1 beschriebene Nachbildung erwirbt, besitzt oder in oder durch den räumlichen Geltungsbereich dieses Gesetzes verbringt. [2] Absatz 1 Satz 2 gilt entsprechend.

(3) In den Fällen des Absatzes 1 Satz 1 Nummer 2 und 3 ist der Versuch strafbar.

(4) Absatz 1 Satz 1 Nummer 3 und Absatz 2 gelten nicht für Handlungen, die ausschließlich der rechtmäßigen Erfüllung staatlicher Aufgaben oder dienstlicher oder beruflicher Pflichten dienen.

(5) [1] Gegenstände, auf die sich die Straftat bezieht, werden eingezogen. [2] § 74a ist anzuwenden.

## Vierzehnter Abschnitt. Beleidigung

**§ 185[1)] Beleidigung.** Die Beleidigung wird mit Freiheitsstrafe bis zu einem Jahr oder mit Geldstrafe und, wenn die Beleidigung öffentlich, in einer Versammlung, durch Verbreiten eines Inhalts (§ 11 Absatz 3) oder mittels einer Tätlichkeit begangen wird, mit Freiheitsstrafe bis zu zwei Jahren oder mit Geldstrafe bestraft.

**§ 186[2)] Üble Nachrede.** Wer in Beziehung auf einen anderen eine Tatsache behauptet oder verbreitet, welche denselben verächtlich zu machen oder in der öffentlichen Meinung herabzuwürdigen geeignet ist, wird, wenn nicht diese Tatsache erweislich wahr ist, mit Freiheitsstrafe bis zu einem Jahr oder mit Geldstrafe und, wenn die Tat öffentlich, in einer Versammlung oder durch Verbreiten eines Inhalts (§ 11 Absatz 3) begangen ist, mit Freiheitsstrafe bis zu zwei Jahren oder mit Geldstrafe bestraft.

**§ 187[3)] Verleumdung.** Wer wider besseres Wissen in Beziehung auf einen anderen eine unwahre Tatsache behauptet oder verbreitet, welche denselben verächtlich zu machen oder in der öffentlichen Meinung herabzuwürdigen oder dessen Kredit zu gefährden geeignet ist, wird mit Freiheitsstrafe bis zu zwei Jahren oder mit Geldstrafe und, wenn die Tat öffentlich, in einer Versammlung oder durch Verbreiten eines Inhalts (§ 11 Absatz 3) begangen ist, mit Freiheitsstrafe bis zu fünf Jahren oder mit Geldstrafe bestraft.

**§ 188[4)] Gegen Personen des politischen Lebens gerichtete Beleidigung, üble Nachrede und Verleumdung.** (1) [1] Wird gegen eine im politischen Leben des Volkes

---

[1)] § 185 geänd. mWv 3.4.2021 durch G v. 30.3.2021 (BGBl. I S. 441, geänd. durch G v. 30.3.2021, BGBl. I S. 448).

[2)] § 186 geänd. mWv 1.1.2021 durch G v. 30.11.2020 (BGBl. I S. 2600); geänd. mWv 3.4.2021 durch G v. 30.3.2021 (BGBl. I S. 441, geänd. durch G v. 30.3.2021, BGBl. I S. 448).

[3)] § 187 geänd. mWv 1.1.2021 durch G v. 30.11.2020 (BGBl. I S. 2600).

[4)] § 188 Abs. 1 geänd. mWv 1.1.2021 durch G v. 30.11.2020 (BGBl. I S. 2600); Überschrift neu gef., Abs. 1 Satz 1 geänd., Satz 2 angef., Abs. 2 neu gef. mWv 3.4.2021 durch G v. 30.3.2021 (BGBl. I S. 441, geänd. durch G v. 30.3.2021, BGBl. I S. 448).

stehende Person öffentlich, in einer Versammlung oder durch Verbreiten eines Inhalts (§ 11 Absatz 3) eine Beleidigung (§ 185) aus Beweggründen begangen, die mit der Stellung des Beleidigten im öffentlichen Leben zusammenhängen, und ist die Tat geeignet, sein öffentliches Wirken erheblich zu erschweren, so ist die Strafe Freiheitsstrafe bis zu drei Jahren oder Geldstrafe. [2] Das politische Leben des Volkes reicht bis hin zur kommunalen Ebene.

(2) Unter den gleichen Voraussetzungen wird eine üble Nachrede (§ 186) mit Freiheitsstrafe von drei Monaten bis zu fünf Jahren und eine Verleumdung (§ 187) mit Freiheitsstrafe von sechs Monaten bis zu fünf Jahren bestraft.

**§ 189 Verunglimpfung des Andenkens Verstorbener.** Wer das Andenken eines Verstorbenen verunglimpft, wird mit Freiheitsstrafe bis zu zwei Jahren oder mit Geldstrafe bestraft.

**§ 190 Wahrheitsbeweis durch Strafurteil.** [1] Ist die behauptete oder verbreitete Tatsache eine Straftat, so ist der Beweis der Wahrheit als erbracht anzusehen, wenn der Beleidigte wegen dieser Tat rechtskräftig verurteilt worden ist. [2] Der Beweis der Wahrheit ist dagegen ausgeschlossen, wenn der Beleidigte vor der Behauptung oder Verbreitung rechtskräftig freigesprochen worden ist.

**§ 191** (weggefallen)

**§ 192 Beleidigung trotz Wahrheitsbeweises.** Der Beweis der Wahrheit der behaupteten oder verbreiteten Tatsache schließt die Bestrafung nach § 185 nicht aus, wenn das Vorhandensein einer Beleidigung aus der Form der Behauptung oder Verbreitung oder aus den Umständen, unter welchen sie geschah, hervorgeht.

**§ 192a**[1)] **Verhetzende Beleidigung.** Wer einen Inhalt (§ 11 Absatz 3), der geeignet ist, die Menschenwürde anderer dadurch anzugreifen, dass er eine durch ihre nationale, rassische, religiöse oder ethnische Herkunft, ihre Weltanschauung, ihre Behinderung oder ihre sexuelle Orientierung bestimmte Gruppe oder einen Einzelnen wegen dessen Zugehörigkeit zu einer dieser Gruppen beschimpft, böswillig verächtlich macht oder verleumdet, an eine andere Person, die zu einer der vorbezeichneten Gruppen gehört, gelangen lässt, ohne von dieser Person hierzu aufgefordert zu sein, wird mit Freiheitsstrafe bis zu zwei Jahren oder mit Geldstrafe bestraft.

**§ 193**[2)] **Wahrnehmung berechtigter Interessen.** Tadelnde Urteile über wissenschaftliche, künstlerische oder gewerbliche Leistungen, desgleichen Äußerungen oder Tathandlungen nach § 192a, welche zur Ausführung oder Verteidigung von Rechten oder zur Wahrnehmung berechtigter Interessen vorgenommen werden, sowie Vorhaltungen und Rügen der Vorgesetzten gegen ihre Untergebenen, dienstliche Anzeigen oder Urteile von seiten eines Beamten und ähnliche Fälle sind nur insofern strafbar, als das Vorhandensein einer Beleidigung aus der Form der Äußerung oder aus den Umständen, unter welchen sie geschah, hervorgeht.

---

1) § 192a eingef. mWv 22.9.2021 durch G v. 14.9.2021 (BGBl. I S. 4250); geänd. mWv 9.12.2022 durch G v. 4.12.2022 (BGBl. I S. 2146).

2) § 193 geänd. mWv 22.9.2021 durch G v. 14.9.2021 (BGBl. I S. 4250).

**§ 194[1] Strafantrag.** (1) [1]Die Beleidigung wird nur auf Antrag verfolgt. [2]Ist die Tat in einer Versammlung oder dadurch begangen, dass ein Inhalt (§ 11 Absatz 3) verbreitet oder der Öffentlichkeit zugänglich gemacht worden ist, so ist ein Antrag nicht erforderlich, wenn der Verletzte als Angehöriger einer Gruppe unter der nationalsozialistischen oder einer anderen Gewalt- und Willkürherrschaft verfolgt wurde, diese Gruppe Teil der Bevölkerung ist und die Beleidigung mit dieser Verfolgung zusammenhängt. [3]In den Fällen der §§ 188 und 192a wird die Tat auch dann verfolgt, wenn die Strafverfolgungsbehörde wegen des besonderen öffentlichen Interesses an der Strafverfolgung ein Einschreiten von Amts wegen für geboten hält. [4]Die Taten nach den Sätzen 2 und 3 können jedoch nicht von Amts wegen verfolgt werden, wenn der Verletzte widerspricht. [5]Der Widerspruch kann nicht zurückgenommen werden. [6]Stirbt der Verletzte, so gehen das Antragsrecht und das Widerspruchsrecht auf die in § 77 Abs. 2 bezeichneten Angehörigen über.

(2) [1]Ist das Andenken eines Verstorbenen verunglimpft, so steht das Antragsrecht den in § 77 Abs. 2 bezeichneten Angehörigen zu. [2]Ist die Tat in einer Versammlung oder dadurch begangen, dass ein Inhalt (§ 11 Absatz 3) verbreitet oder der Öffentlichkeit zugänglich gemacht worden ist, so ist ein Antrag nicht erforderlich, wenn der Verstorbene sein Leben als Opfer der nationalsozialistischen oder einer anderen Gewalt- und Willkürherrschaft verloren hat und die Verunglimpfung damit zusammenhängt. [3]Die Tat kann jedoch nicht von Amts wegen verfolgt werden, wenn ein Antragsberechtigter der Verfolgung widerspricht. [4]Der Widerspruch kann nicht zurückgenommen werden.

(3) [1]Ist die Beleidigung gegen einen Amtsträger, einen für den öffentlichen Dienst besonders Verpflichteten oder einen Soldaten der Bundeswehr während der Ausübung seines Dienstes oder in Beziehung auf seinen Dienst begangen, so wird sie auch auf Antrag des Dienstvorgesetzten verfolgt. [2]Richtet sich die Tat gegen eine Behörde oder eine sonstige Stelle, die Aufgaben der öffentlichen Verwaltung wahrnimmt, so wird sie auf Antrag des Behördenleiters oder des Leiters der aufsichtführenden Behörde verfolgt. [3]Dasselbe gilt für Träger von Ämtern und für Behörden der Kirchen und anderen Religionsgesellschaften des öffentlichen Rechts.

(4) Richtet sich die Tat gegen ein Gesetzgebungsorgan des Bundes oder eines Landes oder eine andere politische Körperschaft im räumlichen Geltungsbereich dieses Gesetzes, so wird sie nur mit Ermächtigung der betroffenen Körperschaft verfolgt.

**§§ 195 bis 198** (weggefallen)

**§ 199 Wechselseitig begangene Beleidigungen.** Wenn eine Beleidigung auf der Stelle erwidert wird, so kann der Richter beide Beleidiger oder einen derselben für straffrei erklären.

**§ 200[2] Bekanntgabe der Verurteilung.** (1) Ist die Beleidigung öffentlich oder durch Verbreiten eines Inhalts (§ 11 Absatz 3) begangen und wird ihretwegen auf Strafe erkannt, so ist auf Antrag des Verletzten oder eines sonst zum Strafantrag

---

[1] § 194 Abs. 1 Satz 2 geänd. mWv 27.1.2015 durch G v. 21.1.2015 (BGBl. I S. 10); Abs. 1 Satz 2, Abs. 2 Satz 2 geänd. mWv 1.1.2021 durch G v. 30.11.2020 (BGBl. I S. 2600); Abs. 1 Satz 3 eingef., bish. Sätze 3–5 werden Sätze 4–6, neuer Satz 4 geänd. mWv 3.4.2021 durch G v. 30.3.2021 (BGBl. I S. 441, geänd. 2021, S. 448); Abs. 1 Satz 3 geänd. mWv 22.9.2021 durch G v. 14.9.2021 (BGBl. I S. 4250).

[2] § 200 Abs. 1, Abs. 2 Satz 2 geänd. mWv 1.1.2021 durch G v. 30.11.2020 (BGBl. I S. 2600).

Berechtigten anzuordnen, daß die Verurteilung wegen der Beleidigung auf Verlangen öffentlich bekanntgemacht wird.

(2) [1] Die Art der Bekanntmachung ist im Urteil zu bestimmen. [2] Ist die Beleidigung durch Verbreiten eines Inhalts (§ 11 Absatz 3) begangen, so soll die Bekanntmachung, wenn möglich, auf dieselbe Art erfolgen.

## Fünfzehnter Abschnitt. Verletzung des persönlichen Lebens- und Geheimbereichs

**§ 201 Verletzung der Vertraulichkeit des Wortes.** (1) Mit Freiheitsstrafe bis zu drei Jahren oder mit Geldstrafe wird bestraft, wer unbefugt

1. das nichtöffentlich gesprochene Wort eines anderen auf einen Tonträger aufnimmt oder
2. eine so hergestellte Aufnahme gebraucht oder einem Dritten zugänglich macht.

(2) [1] Ebenso wird bestraft, wer unbefugt

1. das nicht zu seiner Kenntnis bestimmte nichtöffentlich gesprochene Wort eines anderen mit einem Abhörgerät abhört oder
2. das nach Absatz 1 Nr. 1 aufgenommene oder nach Absatz 2 Nr. 1 abgehörte nichtöffentlich gesprochene Wort eines anderen im Wortlaut oder seinem wesentlichen Inhalt nach öffentlich mitteilt.

[2] Die Tat nach Satz 1 Nr. 2 ist nur strafbar, wenn die öffentliche Mitteilung geeignet ist, berechtigte Interessen eines anderen zu beeinträchtigen. [3] Sie ist nicht rechtswidrig, wenn die öffentliche Mitteilung zur Wahrnehmung überragender öffentlicher Interessen gemacht wird.

(3) Mit Freiheitsstrafe bis zu fünf Jahren oder mit Geldstrafe wird bestraft, wer als Amtsträger oder als für den öffentlichen Dienst besonders Verpflichteter die Vertraulichkeit des Wortes verletzt (Absätze 1 und 2).

(4) Der Versuch ist strafbar.

(5) [1] Die Tonträger und Abhörgeräte, die der Täter oder Teilnehmer verwendet hat, können eingezogen werden. [2] § 74a ist anzuwenden.

**§ 201a[1)] Verletzung des höchstpersönlichen Lebensbereichs und von Persönlichkeitsrechten durch Bildaufnahmen.** (1) Mit Freiheitsstrafe bis zu zwei Jahren oder mit Geldstrafe wird bestraft, wer

1. von einer anderen Person, die sich in einer Wohnung oder einem gegen Einblick besonders geschützten Raum befindet, unbefugt eine Bildaufnahme herstellt oder überträgt und dadurch den höchstpersönlichen Lebensbereich der abgebildeten Person verletzt,
2. eine Bildaufnahme, die die Hilflosigkeit einer anderen Person zur Schau stellt, unbefugt herstellt oder überträgt und dadurch den höchstpersönlichen Lebensbereich der abgebildeten Person verletzt,
3. eine Bildaufnahme, die in grob anstößiger Weise eine verstorbene Person zur Schau stellt, unbefugt herstellt oder überträgt,
4. eine durch eine Tat nach den Nummern 1 bis 3 hergestellte Bildaufnahme gebraucht oder einer dritten Person zugänglich macht oder

---

[1)] § 201a neu gef. durch G v. 21.1.2015 (BGBl. I S. 10); Überschr. geänd., Abs. 1 Nr. 3 eingef., bish. Nr. 3, 4 werden Nr. 4, 5 und jeweils geänd., Abs. 2 Satz 2 angef., Abs. 4 geänd. mWv 1.1.2021 durch G v. 9.10.2020 (BGBl. I S. 2075); Abs. 4 geänd. mWv 22.9.2021 durch G v. 14.9.2021 (BGBl. I S. 4250).

5. eine befugt hergestellte Bildaufnahme der in den Nummern 1 bis 3 bezeichneten Art wissentlich unbefugt einer dritten Person zugänglich macht und in den Fällen der Nummern 1 und 2 dadurch den höchstpersönlichen Lebensbereich der abgebildeten Person verletzt.

(2) [1] Ebenso wird bestraft, wer unbefugt von einer anderen Person eine Bildaufnahme, die geeignet ist, dem Ansehen der abgebildeten Person erheblich zu schaden, einer dritten Person zugänglich macht. [2] Dies gilt unter den gleichen Voraussetzungen auch für eine Bildaufnahme von einer verstorbenen Person.

(3) Mit Freiheitsstrafe bis zu zwei Jahren oder mit Geldstrafe wird bestraft, wer eine Bildaufnahme, die die Nacktheit einer anderen Person unter achtzehn Jahren zum Gegenstand hat,

1. herstellt oder anbietet, um sie einer dritten Person gegen Entgelt zu verschaffen, oder
2. sich oder einer dritten Person gegen Entgelt verschafft.

(4) Absatz 1 Nummer 2 und 3, auch in Verbindung mit Absatz 1 Nummer 4 oder 5, Absatz 2 und 3 gelten nicht für Handlungen, die in Wahrnehmung überwiegender berechtigter Interessen erfolgen, namentlich der Kunst oder der Wissenschaft, der Forschung oder der Lehre, der Berichterstattung über Vorgänge des Zeitgeschehens oder der Geschichte oder ähnlichen Zwecken dienen.

(5) [1] Die Bildträger sowie Bildaufnahmegeräte oder andere technische Mittel, die der Täter oder Teilnehmer verwendet hat, können eingezogen werden. [2] § 74a ist anzuwenden.

**§ 202 Verletzung des Briefgeheimnisses.** (1) Wer unbefugt

1. einen verschlossenen Brief oder ein anderes verschlossenes Schriftstück, die nicht zu seiner Kenntnis bestimmt sind, öffnet oder
2. sich vom Inhalt eines solchen Schriftstücks ohne Öffnung des Verschlusses unter Anwendung technischer Mittel Kenntnis verschafft,

wird mit Freiheitsstrafe bis zu einem Jahr oder mit Geldstrafe bestraft, wenn die Tat nicht in § 206 mit Strafe bedroht ist.

(2) Ebenso wird bestraft, wer sich unbefugt vom Inhalt eines Schriftstücks, das nicht zu seiner Kenntnis bestimmt und durch ein verschlossenes Behältnis gegen Kenntnisnahme besonders gesichert ist, Kenntnis verschafft, nachdem er dazu das Behältnis geöffnet hat.

(3) Einem Schriftstück im Sinne der Absätze 1 und 2 steht eine Abbildung gleich.

**§ 202a[1)] Ausspähen von Daten.** (1) Wer unbefugt sich oder einem anderen Zugang zu Daten, die nicht für ihn bestimmt und die gegen unberechtigten Zugang besonders gesichert sind, unter Überwindung der Zugangssicherung verschafft, wird mit Freiheitsstrafe bis zu drei Jahren oder mit Geldstrafe bestraft.

(2) Daten im Sinne des Absatzes 1 sind nur solche, die elektronisch, magnetisch oder sonst nicht unmittelbar wahrnehmbar gespeichert sind oder übermittelt werden.

---

[1)] § 202a Abs. 1 neu gef. mWv 11.8.2007 durch G v. 7.8.2007 (BGBl. I S. 1786).

**§ 202b**[1] **Abfangen von Daten.** Wer unbefugt sich oder einem anderen unter Anwendung von technischen Mitteln nicht für ihn bestimmte Daten (§ 202a Abs. 2) aus einer nichtöffentlichen Datenübermittlung oder aus der elektromagnetischen Abstrahlung einer Datenverarbeitungsanlage verschafft, wird mit Freiheitsstrafe bis zu zwei Jahren oder mit Geldstrafe bestraft, wenn die Tat nicht in anderen Vorschriften mit schwererer Strafe bedroht ist.

**§ 202c**[2] **Vorbereiten des Ausspähens und Abfangens von Daten.**

(1) Wer eine Straftat nach § 202a oder § 202b vorbereitet, indem er

1. Passwörter oder sonstige Sicherungscodes, die den Zugang zu Daten (§ 202a Abs. 2) ermöglichen, oder
2. Computerprogramme, deren Zweck die Begehung einer solchen Tat ist,

herstellt, sich oder einem anderen verschafft, verkauft, einem anderen überlässt, verbreitet oder sonst zugänglich macht, wird mit Freiheitsstrafe bis zu zwei Jahren oder mit Geldstrafe bestraft.

(2) § 149 Abs. 2 und 3 gilt entsprechend.

**§ 202d**[3] **Datenhehlerei.** (1) Wer Daten (§ 202a Absatz 2), die nicht allgemein zugänglich sind und die ein anderer durch eine rechtswidrige Tat erlangt hat, sich oder einem anderen verschafft, einem anderen überlässt, verbreitet oder sonst zugänglich macht, um sich oder einen Dritten zu bereichern oder einen anderen zu schädigen, wird mit Freiheitsstrafe bis zu drei Jahren oder mit Geldstrafe bestraft.

(2) Die Strafe darf nicht schwerer sein als die für die Vortat angedrohte Strafe.

(3) [1] Absatz 1 gilt nicht für Handlungen, die ausschließlich der Erfüllung rechtmäßiger dienstlicher oder beruflicher Pflichten dienen. [2] Dazu gehören insbesondere

1. solche Handlungen von Amtsträgern oder deren Beauftragten, mit denen Daten ausschließlich der Verwertung in einem Besteuerungsverfahren, einem Strafverfahren oder einem Ordnungswidrigkeitenverfahren zugeführt werden sollen, sowie
2. solche beruflichen Handlungen der in § 53 Absatz 1 Satz 1 Nummer 5 der Strafprozessordnung[4] genannten Personen, mit denen Daten entgegengenommen, ausgewertet oder veröffentlicht werden.

**§ 203**[5] **Verletzung von Privatgeheimnissen.** (1) Wer unbefugt ein fremdes Geheimnis, namentlich ein zum persönlichen Lebensbereich gehörendes Geheimnis oder ein Betriebs- oder Geschäftsgeheimnis, offenbart, das ihm als

---

[1] § 202b eingef. mWv 11.8.2007 durch G v. 7.8.2007 (BGBl. I S. 1786).

[2] § 202c eingef. mWv 11.8.2007 durch G v. 7.8.2007 (BGBl. I S. 1786); Abs. 1 abschl. Satzteil geänd. mWv 26.11.2015 durch G v. 20.11.2015 (BGBl. I S. 2025).

[3] § 202d eingef. mWv 18.12.2015 durch G v. 10.12.2015 (BGBl. I S. 2218).

[4] Nr. **90**.

[5] § 203 Abs. 2 Satz 1 Nr. 4 und 5 geänd., Nr. 6 angef. mWv 1.11.2000 durch G v. 2.8.2000 (BGBl. I S. 1253); Abs. 2a eingef. mWv 26.8.2006 durch G v. 22.8.2006 (BGBl. I S. 1970); Abs. 1 Nr. 6 geänd. mWv 1.7.2008 durch G v. 12.12.2007 (BGBl. I S. 2840); Abs. 1 Nr. 6 geänd. mWv 12.4.2008 durch G v. 8.4.2008 (BGBl. I S. 666); Abs. 1 bish. Nr. 4a–6 werden Nr. 5–7, Abs. 2a aufgeh., Abs. 3 neu gef., Abs. 4 eingef., bish. Abs. 4 wird Abs. 5 und geänd., bish. Abs. 5 wird Abs. 6 mWv 9.11.2017 durch G v. 30.10. 2017 (BGBl. I S. 3618); Abs. 4 Satz 1 geänd. mWv 26.11.2019 durch G v. 20.11.2019 (BGBl. I S. 1626); Abs. 2 Satz 1 Nr. 1 geänd. mWv 17.7.2020 durch G v. 10.7.2020 (BGBl. I S. 1648); Abs. 1 Nr. 3 neu gef., Nr. 3a eingef. mWv 1.8.2022 durch G v. 7.7.2021 (BGBl. I S. 2363).

1. Arzt, Zahnarzt, Tierarzt, Apotheker oder Angehörigen eines anderen Heilberufs, der für die Berufsausübung oder die Führung der Berufsbezeichnung eine staatlich geregelte Ausbildung erfordert,
2. Berufspsychologen mit staatlich anerkannter wissenschaftlicher Abschlußprüfung,
3. Rechtsanwalt, Kammerrechtsbeistand, Patentanwalt, Notar, Verteidiger in einem gesetzlich geordneten Verfahren, Wirtschaftsprüfer, vereidigtem Buchprüfer, Steuerberater, Steuerbevollmächtigten,

3a. Organ oder Mitglied eines Organs einer Wirtschaftsprüfungs-, Buchprüfungs- oder einer Berufsausübungsgesellschaft von Steuerberatern und Steuerbevollmächtigten, einer Berufsausübungsgesellschaft von Rechtsanwälten oder europäischen niedergelassenen Rechtsanwälten oder einer Berufsausübungsgesellschaft von Patentanwälten oder niedergelassenen europäischen Patentanwälten im Zusammenhang mit der Beratung und Vertretung der Wirtschaftsprüfungs-, Buchprüfungs- oder Berufsausübungsgesellschaft im Bereich der Wirtschaftsprüfung, Buchprüfung oder Hilfeleistung in Steuersachen oder ihrer rechtsanwaltlichen oder patentanwaltlichen Tätigkeit,

4. Ehe-, Familien-, Erziehungs- oder Jugendberater sowie Berater für Suchtfragen in einer Beratungsstelle, die von einer Behörde oder Körperschaft, Anstalt oder Stiftung des öffentlichen Rechts anerkannt ist,
5. Mitglied oder Beauftragten einer anerkannten Beratungsstelle nach den §§ 3 und 8 des Schwangerschaftskonfliktgesetzes[1],
6. staatlich anerkanntem Sozialarbeiter oder staatlich anerkanntem Sozialpädagogen oder
7. Angehörigen eines Unternehmens der privaten Kranken-, Unfall- oder Lebensversicherung oder einer privatärztlichen, steuerberaterlichen oder anwaltlichen Verrechnungsstelle

anvertraut worden oder sonst bekanntgeworden ist, wird mit Freiheitsstrafe bis zu einem Jahr oder mit Geldstrafe bestraft.

(2) [1] Ebenso wird bestraft, wer unbefugt ein fremdes Geheimnis, namentlich ein zum persönlichen Lebensbereich gehörendes Geheimnis oder ein Betriebs- oder Geschäftsgeheimnis, offenbart, das ihm als

1. Amtsträger oder Europäischer Amtsträger,
2. für den öffentlichen Dienst besonders Verpflichteten,
3. Person, die Aufgaben oder Befugnisse nach dem Personalvertretungsrecht wahrnimmt,
4. Mitglied eines für ein Gesetzgebungsorgan des Bundes oder eines Landes tätigen Untersuchungsausschusses, sonstigen Ausschusses oder Rates, das nicht selbst Mitglied des Gesetzgebungsorgans ist, oder als Hilfskraft eines solchen Ausschusses oder Rates,
5. öffentlich bestelltem Sachverständigen, der auf die gewissenhafte Erfüllung seiner Obliegenheiten auf Grund eines Gesetzes förmlich verpflichtet worden ist, oder
6. Person, die auf die gewissenhafte Erfüllung ihrer Geheimhaltungspflicht bei der Durchführung wissenschaftlicher Forschungsvorhaben auf Grund eines Gesetzes förmlich verpflichtet worden ist,

---

[1] **Habersack, Deutsche Gesetze ErgBd. Nr. 85e.**

anvertraut worden oder sonst bekanntgeworden ist. [2] Einem Geheimnis im Sinne des Satzes 1 stehen Einzelangaben über persönliche oder sachliche Verhältnisse eines anderen gleich, die für Aufgaben der öffentlichen Verwaltung erfaßt worden sind; Satz 1 ist jedoch nicht anzuwenden, soweit solche Einzelangaben anderen Behörden oder sonstigen Stellen für Aufgaben der öffentlichen Verwaltung bekanntgegeben werden und das Gesetz dies nicht untersagt.

(3) [1] Kein Offenbaren im Sinne dieser Vorschrift liegt vor, wenn die in den Absätzen 1 und 2 genannten Personen Geheimnisse den bei ihnen berufsmäßig tätigen Gehilfen oder den bei ihnen zur Vorbereitung auf den Beruf tätigen Personen zugänglich machen. [2] Die in den Absätzen 1 und 2 Genannten dürfen fremde Geheimnisse gegenüber sonstigen Personen offenbaren, die an ihrer beruflichen oder dienstlichen Tätigkeit mitwirken, soweit dies für die Inanspruchnahme der Tätigkeit der sonstigen mitwirkenden Personen erforderlich ist; das Gleiche gilt für sonstige mitwirkende Personen, wenn diese sich weiterer Personen bedienen, die an der beruflichen oder dienstlichen Tätigkeit der in den Absätzen 1 und 2 Genannten mitwirken.

(4) [1] Mit Freiheitsstrafe bis zu einem Jahr oder mit Geldstrafe wird bestraft, wer unbefugt ein fremdes Geheimnis offenbart, das ihm bei der Ausübung oder bei Gelegenheit seiner Tätigkeit als mitwirkende Person oder als bei den in den Absätzen 1 und 2 genannten Personen tätiger Datenschutzbeauftragter bekannt geworden ist. [2] Ebenso wird bestraft, wer

1. als in den Absätzen 1 und 2 genannte Person nicht dafür Sorge getragen hat, dass eine sonstige mitwirkende Person, die unbefugt ein fremdes, ihr bei der Ausübung oder bei Gelegenheit ihrer Tätigkeit bekannt gewordenes Geheimnis offenbart, zur Geheimhaltung verpflichtet wurde; dies gilt nicht für sonstige mitwirkende Personen, die selbst eine in den Absätzen 1 oder 2 genannte Person sind,
2. als im Absatz 3 genannte mitwirkende Person sich einer weiteren mitwirkenden Person, die unbefugt ein fremdes, ihr bei der Ausübung oder bei Gelegenheit ihrer Tätigkeit bekannt gewordenes Geheimnis offenbart, bedient und nicht dafür Sorge getragen hat, dass diese zur Geheimhaltung verpflichtet wurde; dies gilt nicht für sonstige mitwirkende Personen, die selbst eine in den Absätzen 1 oder 2 genannte Person sind, oder
3. nach dem Tod der nach Satz 1 oder nach den Absätzen 1 oder 2 verpflichteten Person ein fremdes Geheimnis unbefugt offenbart, das er von dem Verstorbenen erfahren oder aus dessen Nachlass erlangt hat.

(5) Die Absätze 1 bis 4 sind auch anzuwenden, wenn der Täter das fremde Geheimnis nach dem Tod des Betroffenen unbefugt offenbart.

(6) Handelt der Täter gegen Entgelt oder in der Absicht, sich oder einen anderen zu bereichern oder einen anderen zu schädigen, so ist die Strafe Freiheitsstrafe bis zu zwei Jahren oder Geldstrafe.

**§ 204[1)] Verwertung fremder Geheimnisse.** (1) Wer unbefugt ein fremdes Geheimnis, namentlich ein Betriebs- oder Geschäftsgeheimnis, zu dessen Geheimhaltung er nach § 203 verpflichtet ist, verwertet, wird mit Freiheitsstrafe bis zu zwei Jahren oder mit Geldstrafe bestraft.

(2) § 203 Absatz 5 gilt entsprechend.

---

[1)] § 204 Abs. 2 geänd. mWv 9.11.2017 durch G v. 30.10.2017 (BGBl. I S. 3618).

**§ 205[1)] Strafantrag.** (1) [1]In den Fällen des § 201 Abs. 1 und 2 und der §§ 202, 203 und 204 wird die Tat nur auf Antrag verfolgt. [2]Dies gilt auch in den Fällen der §§ 201a, 202a, 202b und 202d, es sei denn, dass die Strafverfolgungsbehörde wegen des besonderen öffentlichen Interesses an der Strafverfolgung ein Einschreiten von Amts wegen für geboten hält.

(2) [1]Stirbt der Verletzte, so geht das Antragsrecht nach § 77 Abs. 2 auf die Angehörigen über; dies gilt nicht in den Fällen der §§ 202a, 202b und 202d. [2]Gehört das Geheimnis nicht zum persönlichen Lebensbereich des Verletzten, so geht das Antragsrecht bei Straftaten nach den §§ 203 und 204 auf die Erben über. [3]Offenbart oder verwertet der Täter in den Fällen der §§ 203 und 204 das Geheimnis nach dem Tod des Betroffenen, so gelten die Sätze 1 und 2 sinngemäß. [4]In den Fällen des § 201a Absatz 1 Nummer 3 und Absatz 2 Satz 2 steht das Antragsrecht den in § 77 Absatz 2 bezeichneten Angehörigen zu.

**§ 206 Verletzung des Post- oder Fernmeldegeheimnisses.** (1) Wer unbefugt einer anderen Person eine Mitteilung über Tatsachen macht, die dem Post- oder Fernmeldegeheimnis unterliegen und die ihm als Inhaber oder Beschäftigtem eines Unternehmens bekanntgeworden sind, das geschäftsmäßig Post- oder Telekommunikationsdienste erbringt, wird mit Freiheitsstrafe bis zu fünf Jahren oder mit Geldstrafe bestraft.

(2) Ebenso wird bestraft, wer als Inhaber oder Beschäftigter eines in Absatz 1 bezeichneten Unternehmens unbefugt

1. eine Sendung, die einem solchen Unternehmen zur Übermittlung anvertraut worden und verschlossen ist, öffnet oder sich von ihrem Inhalt ohne Öffnung des Verschlusses unter Anwendung technischer Mittel Kenntnis verschafft,
2. eine einem solchen Unternehmen zur Übermittlung anvertraute Sendung unterdrückt oder
3. eine der in Absatz 1 oder in Nummer 1 oder 2 bezeichneten Handlungen gestattet oder fördert.

(3) Die Absätze 1 und 2 gelten auch für Personen, die

1. Aufgaben der Aufsicht über ein in Absatz 1 bezeichnetes Unternehmen wahrnehmen,
2. von einem solchen Unternehmen oder mit dessen Ermächtigung mit dem Erbringen von Post- oder Telekommunikationsdiensten betraut sind oder
3. mit der Herstellung einer dem Betrieb eines solchen Unternehmens dienenden Anlage oder mit Arbeiten daran betraut sind.

(4) Wer unbefugt einer anderen Person eine Mitteilung über Tatsachen macht, die ihm als außerhalb des Post- oder Telekommunikationsbereichs tätigem Amtsträger auf Grund eines befugten oder unbefugten Eingriffs in das Post- oder Fernmeldegeheimnis bekanntgeworden sind, wird mit Freiheitsstrafe bis zu zwei Jahren oder mit Geldstrafe bestraft.

(5) [1]Dem Postgeheimnis unterliegen die näheren Umstände des Postverkehrs bestimmter Personen sowie der Inhalt von Postsendungen. [2]Dem Fernmeldegeheimnis unterliegen der Inhalt der Telekommunikation und ihre näheren Um-

---

[1)] § 205 Abs. 1 geänd. mWv 6.8.2004 durch G v. 30.7.2004 (BGBl. I S. 2012); Abs. 1 Satz 1 geänd., Satz 2 angef., Abs. 2 Satz 1 geänd. mWv 11.8.2007 durch G v. 7.8.2007 (BGBl. I S. 1786); Abs. 1 Sätze 1 und 2 geänd. mWv 27.1.2015 durch G v. 21.1.2015 (BGBl. I S. 10); Abs. 1 Satz 2, Abs. 2 Satz 1 geänd. mWv 18.12.2015 durch G v. 10.12.2015 (BGBl. I S. 2218); Abs. 2 Satz 4 angef. mWv 1.1.2021 durch G v. 9.10.2020 (BGBl. I S. 2075).

stände, insbesondere die Tatsache, ob jemand an einem Telekommunikationsvorgang beteiligt ist oder war. [3]Das Fernmeldegeheimnis erstreckt sich auch auf die näheren Umstände erfolgloser Verbindungsversuche.

**§§ 207 bis 210** (weggefallen)

### Sechzehnter Abschnitt. Straftaten gegen das Leben

**§ 211 Mord.** (1) Der Mörder wird mit lebenslanger Freiheitsstrafe bestraft.

(2) Mörder ist, wer

aus Mordlust, zur Befriedigung des Geschlechtstriebs, aus Habgier oder sonst aus niedrigen Beweggründen,

heimtückisch oder grausam oder mit gemeingefährlichen Mitteln oder

um eine andere Straftat zu ermöglichen oder zu verdecken,

einen Menschen tötet.

**§ 212 Totschlag.** (1) Wer einen Menschen tötet, ohne Mörder zu sein, wird als Totschläger mit Freiheitsstrafe nicht unter fünf Jahren bestraft.

(2) In besonders schweren Fällen ist auf lebenslange Freiheitsstrafe zu erkennen.

**§ 213 Minder schwerer Fall des Totschlags.** War der Totschläger ohne eigene Schuld durch eine ihm oder einem Angehörigen zugefügte Mißhandlung oder schwere Beleidigung von dem getöteten Menschen zum Zorn gereizt und hierdurch auf der Stelle zur Tat hingerissen worden oder liegt sonst ein minder schwerer Fall vor, so ist die Strafe Freiheitsstrafe von einem Jahr bis zu zehn Jahren.

**§§ 214 und 215** (weggefallen)

**§ 216 Tötung auf Verlangen.** (1) Ist jemand durch das ausdrückliche und ernstliche Verlangen des Getöteten zur Tötung bestimmt worden, so ist auf Freiheitsstrafe von sechs Monaten bis zu fünf Jahren zu erkennen.

(2) Der Versuch ist strafbar.

**§ 217**[1) 2)] ***Geschäftsmäßige Förderung der Selbsttötung.*** *(1) Wer in der Absicht, die Selbsttötung eines anderen zu fördern, diesem hierzu geschäftsmäßig die Gelegenheit gewährt, verschafft oder vermittelt, wird mit Freiheitsstrafe bis zu drei Jahren oder mit Geldstrafe bestraft.*

*(2) Als Teilnehmer bleibt straffrei, wer selbst nicht geschäftsmäßig handelt und entweder Angehöriger des in Absatz 1 genannten anderen ist oder diesem nahesteht.*

**§ 218 Schwangerschaftsabbruch.** (1) [1]Wer eine Schwangerschaft abbricht, wird mit Freiheitsstrafe bis zu drei Jahren oder mit Geldstrafe bestraft. [2]Handlungen, deren Wirkung vor Abschluß der Einnistung des befruchteten Eies in der Gebärmutter eintritt, gelten nicht als Schwangerschaftsabbruch im Sinne dieses Gesetzes.

(2) [1]In besonders schweren Fällen ist die Strafe Freiheitsstrafe von sechs Monaten bis zu fünf Jahren. [2]Ein besonders schwerer Fall liegt in der Regel vor, wenn der Täter

---

1) § 217 neu gef. mWv 10.12.2015 durch G v. 3.12.2015 (BGBl. I S. 2177).

2) § 217 ist gem. Urt. des BVerfG v. 26.2.2020 (BGBl. I S. 525) mit Art. 2 Abs. 1 iVm Art. 1 Abs. 1, Art. 2 Abs. 2 Satz 2 iVm Art. 104 Abs. 1 und Art. 12 Abs. 1 GG unvereinbar und nichtig.

1. gegen den Willen der Schwangeren handelt oder
2. leichtfertig die Gefahr des Todes oder einer schweren Gesundheitsschädigung der Schwangeren verursacht.

(3) Begeht die Schwangere die Tat, so ist die Strafe Freiheitsstrafe bis zu einem Jahr oder Geldstrafe.

(4) [1]Der Versuch ist strafbar. [2]Die Schwangere wird nicht wegen Versuchs bestraft.

**§ 218a[1)] Straflosigkeit des Schwangerschaftsabbruchs.** (1) Der Tatbestand des § 218 ist nicht verwirklicht, wenn

1. die Schwangere den Schwangerschaftsabbruch verlangt und dem Arzt durch eine Bescheinigung nach § 219 Abs. 2 Satz 2 nachgewiesen hat, daß sie sich mindestens drei Tage vor dem Eingriff hat beraten lassen,
2. der Schwangerschaftsabbruch von einem Arzt vorgenommen wird und
3. seit der Empfängnis nicht mehr als zwölf Wochen vergangen sind.

(2) Der mit Einwilligung der Schwangeren von einem Arzt vorgenommene Schwangerschaftsabbruch ist nicht rechtswidrig, wenn der Abbruch der Schwangerschaft unter Berücksichtigung der gegenwärtigen und zukünftigen Lebensverhältnisse der Schwangeren nach ärztlicher Erkenntnis angezeigt ist, um eine Gefahr für das Leben oder die Gefahr einer schwerwiegenden Beeinträchtigung des körperlichen oder seelischen Gesundheitszustandes der Schwangeren abzuwenden, und die Gefahr nicht auf eine andere für sie zumutbare Weise abgewendet werden kann.

(3) Die Voraussetzungen des Absatzes 2 gelten bei einem Schwangerschaftsabbruch, der mit Einwilligung der Schwangeren von einem Arzt vorgenommen wird, auch als erfüllt, wenn nach ärztlicher Erkenntnis an der Schwangeren eine rechtswidrige Tat nach den §§ 176 bis 178 des Strafgesetzbuches begangen worden ist, dringende Gründe für die Annahme sprechen, daß die Schwangerschaft auf der Tat beruht, und seit der Empfängnis nicht mehr als zwölf Wochen vergangen sind.

(4) [1]Die Schwangere ist nicht nach § 218 strafbar, wenn der Schwangerschaftsabbruch nach Beratung (§ 219) von einem Arzt vorgenommen worden ist und seit der Empfängnis nicht mehr als zweiundzwanzig Wochen verstrichen sind. [2]Das Gericht kann von Strafe nach § 218 absehen, wenn die Schwangere sich zur Zeit des Eingriffs in besonderer Bedrängnis befunden hat.

**§ 218b[2)] Schwangerschaftsabbruch ohne ärztliche Feststellung; unrichtige ärztliche Feststellung.** (1) [1]Wer in den Fällen des § 218a Abs. 2 oder 3 eine Schwangerschaft abbricht, ohne daß ihm die schriftliche Feststellung eines Arztes, der nicht selbst den Schwangerschaftsabbruch vornimmt, darüber vorgelegen hat, ob die Voraussetzungen des § 218a Abs. 2 oder 3 gegeben sind, wird mit Freiheitsstrafe bis zu einem Jahr oder mit Geldstrafe bestraft, wenn die Tat nicht in § 218 mit Strafe bedroht ist. [2]Wer als Arzt wider besseres Wissen eine unrichtige Feststellung über die Voraussetzungen des § 218a Abs. 2 oder 3 zur Vorlage nach Satz 1 trifft, wird mit Freiheitsstrafe bis zu zwei Jahren oder mit Geldstrafe bestraft, wenn die Tat nicht in § 218 mit Strafe bedroht ist. [3]Die Schwangere ist nicht nach Satz 1 oder 2 strafbar.

---

1) § 218a Abs. 3 geänd. mWv 10.11.2016 durch G v. 4.11.2016 (BGBl. I S. 2460).
2) § 218b Abs. 2 Satz 1 geänd. mWv 19.7.2022 durch G v. 11.7.2022 (BGBl. I S. 1082).

(2) [1] Ein Arzt darf Feststellungen nach § 218a Abs. 2 oder 3 nicht treffen, wenn ihm die zuständige Stelle dies untersagt hat, weil er wegen einer rechtswidrigen Tat nach Absatz 1, den §§ 218 oder 219b oder wegen einer anderen rechtswidrigen Tat, die er im Zusammenhang mit einem Schwangerschaftsabbruch begangen hat, rechtskräftig verurteilt worden ist. [2] Die zuständige Stelle kann einem Arzt vorläufig untersagen, Feststellungen nach § 218a Abs. 2 und 3 zu treffen, wenn gegen ihn wegen des Verdachts einer der in Satz 1 bezeichneten rechtswidrigen Taten das Hauptverfahren eröffnet worden ist.

### § 218c Ärztliche Pflichtverletzung bei einem Schwangerschaftsabbruch.

(1) Wer eine Schwangerschaft abbricht,

1. ohne der Frau Gelegenheit gegeben zu haben, ihm die Gründe für ihr Verlangen nach Abbruch der Schwangerschaft darzulegen,
2. ohne die Schwangere über die Bedeutung des Eingriffs, insbesondere über Ablauf, Folgen, Risiken, mögliche physische und psychische Auswirkungen ärztlich beraten zu haben,
3. ohne sich zuvor in den Fällen des § 218a Abs. 1 und 3 auf Grund ärztlicher Untersuchung von der Dauer der Schwangerschaft überzeugt zu haben oder
4. obwohl er die Frau in einem Fall des § 218a Abs. 1 nach § 219 beraten hat,

wird mit Freiheitsstrafe bis zu einem Jahr oder mit Geldstrafe bestraft, wenn die Tat nicht in § 218 mit Strafe bedroht ist.

(2) Die Schwangere ist nicht nach Absatz 1 strafbar.

### § 219 Beratung der Schwangeren in einer Not- und Konfliktlage.

(1) [1] Die Beratung dient dem Schutz des ungeborenen Lebens. [2] Sie hat sich von dem Bemühen leiten zu lassen, die Frau zur Fortsetzung der Schwangerschaft zu ermutigen und ihr Perspektiven für ein Leben mit dem Kind zu eröffnen; sie soll ihr helfen, eine verantwortliche und gewissenhafte Entscheidung zu treffen. [3] Dabei muß der Frau bewußt sein, daß das Ungeborene in jedem Stadium der Schwangerschaft auch ihr gegenüber ein eigenes Recht auf Leben hat und daß deshalb nach der Rechtsordnung ein Schwangerschaftsabbruch nur in Ausnahmesituationen in Betracht kommen kann, wenn der Frau durch das Austragen des Kindes eine Belastung erwächst, die so schwer und außergewöhnlich ist, daß sie die zumutbare Opfergrenze übersteigt. [4] Die Beratung soll durch Rat und Hilfe dazu beitragen, die in Zusammenhang mit der Schwangerschaft bestehende Konfliktlage zu bewältigen und einer Notlage abzuhelfen. [5] Das Nähere regelt das Schwangerschaftskonfliktgesetz[1)].

(2) [1] Die Beratung hat nach dem Schwangerschaftskonfliktgesetz durch eine anerkannte Schwangerschaftskonfliktberatungsstelle zu erfolgen. [2] Die Beratungsstelle hat der Schwangeren nach Abschluß der Beratung hierüber eine mit dem Datum des letzten Beratungsgesprächs und dem Namen der Schwangeren versehene Bescheinigung nach Maßgabe des Schwangerschaftskonfliktgesetzes auszustellen. [3] Der Arzt, der den Abbruch der Schwangerschaft vornimmt, ist als Berater ausgeschlossen.

### § 219a[2)] *(aufgehoben)*

---

[1)] **Habersack, Deutsche Gesetze ErgBd. Nr. 85e.**

[2)] § 219a aufgeh. mWv 19.7.2022 durch G v. 11.7.2022 (BGBl. I S. 1082).

**§ 219b Inverkehrbringen von Mitteln zum Abbruch der Schwangerschaft.** (1) Wer in der Absicht, rechtswidrige Taten nach § 218 zu fördern, Mittel oder Gegenstände, die zum Schwangerschaftsabbruch geeignet sind, in den Verkehr bringt, wird mit Freiheitsstrafe bis zu zwei Jahren oder mit Geldstrafe bestraft.

(2) Die Teilnahme der Frau, die den Abbruch ihrer Schwangerschaft vorbereitet, ist nicht nach Absatz 1 strafbar.

(3) Mittel oder Gegenstände, auf die sich die Tat bezieht, können eingezogen werden.

**§ 220** (weggefallen)

**§ 220a**[1] *(aufgehoben)*

**§ 221 Aussetzung.** (1) Wer einen Menschen
1. in eine hilflose Lage versetzt oder
2. in einer hilflosen Lage im Stich läßt, obwohl er ihn in seiner Obhut hat oder ihm sonst beizustehen verpflichtet ist,

und ihn dadurch der Gefahr des Todes oder einer schweren Gesundheitsschädigung aussetzt, wird mit Freiheitsstrafe von drei Monaten bis zu fünf Jahren bestraft.

(2) Auf Freiheitsstrafe von einem Jahr bis zu zehn Jahren ist zu erkennen, wenn der Täter
1. die Tat gegen sein Kind oder eine Person begeht, die ihm zur Erziehung oder zur Betreuung in der Lebensführung anvertraut ist, oder
2. durch die Tat eine schwere Gesundheitsschädigung des Opfers verursacht.

(3) Verursacht der Täter durch die Tat den Tod des Opfers, so ist die Strafe Freiheitsstrafe nicht unter drei Jahren.

(4) In minder schweren Fällen des Absatzes 2 ist auf Freiheitsstrafe von sechs Monaten bis zu fünf Jahren, in minder schweren Fällen des Absatzes 3 auf Freiheitsstrafe von einem Jahr bis zu zehn Jahren zu erkennen.

**§ 222 Fahrlässige Tötung.** Wer durch Fahrlässigkeit den Tod eines Menschen verursacht, wird mit Freiheitsstrafe bis zu fünf Jahren oder mit Geldstrafe bestraft.

## Siebzehnter Abschnitt. Straftaten gegen die körperliche Unversehrtheit

**§ 223 Körperverletzung.** (1) Wer eine andere Person körperlich mißhandelt oder an der Gesundheit schädigt, wird mit Freiheitsstrafe bis zu fünf Jahren oder mit Geldstrafe bestraft.

(2) Der Versuch ist strafbar.

**§ 224 Gefährliche Körperverletzung.** (1) Wer die Körperverletzung
1. durch Beibringung von Gift oder anderen gesundheitsschädlichen Stoffen,
2. mittels einer Waffe oder eines anderen gefährlichen Werkzeugs,
3. mittels eines hinterlistigen Überfalls,
4. mit einem anderen Beteiligten gemeinschaftlich oder

---

[1] § 220a aufgeh. mWv 30.6.2002 durch G v. 26.6.2002 (BGBl. I S. 2254).

5. mittels einer das Leben gefährdenden Behandlung

begeht, wird mit Freiheitsstrafe von sechs Monaten bis zu zehn Jahren, in minder schweren Fällen mit Freiheitsstrafe von drei Monaten bis zu fünf Jahren bestraft.

(2) Der Versuch ist strafbar.

**§ 225 Mißhandlung von Schutzbefohlenen.** (1) Wer eine Person unter achtzehn Jahren oder eine wegen Gebrechlichkeit oder Krankheit wehrlose Person, die

1. seiner Fürsorge oder Obhut untersteht,
2. seinem Hausstand angehört,
3. von dem Fürsorgepflichtigen seiner Gewalt überlassen worden oder
4. ihm im Rahmen eines Dienst- oder Arbeitsverhältnisses untergeordnet ist,

quält oder roh mißhandelt, oder wer durch böswillige Vernachlässigung seiner Pflicht, für sie zu sorgen, sie an der Gesundheit schädigt, wird mit Freiheitsstrafe von sechs Monaten bis zu zehn Jahren bestraft.

(2) Der Versuch ist strafbar.

(3) Auf Freiheitsstrafe nicht unter einem Jahr ist zu erkennen, wenn der Täter die schutzbefohlene Person durch die Tat in die Gefahr

1. des Todes oder einer schweren Gesundheitsschädigung oder
2. einer erheblichen Schädigung der körperlichen oder seelischen Entwicklung

bringt.

(4) In minder schweren Fällen des Absatzes 1 ist auf Freiheitsstrafe von drei Monaten bis zu fünf Jahren, in minder schweren Fällen des Absatzes 3 auf Freiheitsstrafe von sechs Monaten bis zu fünf Jahren zu erkennen.

**§ 226 Schwere Körperverletzung.** (1) Hat die Körperverletzung zur Folge, daß die verletzte Person

1. das Sehvermögen auf einem Auge oder beiden Augen, das Gehör, das Sprechvermögen oder die Fortpflanzungsfähigkeit verliert,
2. ein wichtiges Glied des Körpers verliert oder dauernd nicht mehr gebrauchen kann oder
3. in erheblicher Weise dauernd entstellt wird oder in Siechtum, Lähmung oder geistige Krankheit oder Behinderung verfällt,

so ist die Strafe Freiheitsstrafe von einem Jahr bis zu zehn Jahren.

*(Fortsetzung nächstes Blatt)*

(2) Verursacht der Täter eine der in Absatz 1 bezeichneten Folgen absichtlich oder wissentlich, so ist die Strafe Freiheitsstrafe nicht unter drei Jahren.

(3) In minder schweren Fällen des Absatzes 1 ist auf Freiheitsstrafe von sechs Monaten bis zu fünf Jahren, in minder schweren Fällen des Absatzes 2 auf Freiheitsstrafe von einem Jahr bis zu zehn Jahren zu erkennen.

**§ 226a**[1] **Verstümmelung weiblicher Genitalien.** (1) Wer die äußeren Genitalien einer weiblichen Person verstümmelt, wird mit Freiheitsstrafe nicht unter einem Jahr bestraft.

(2) In minder schweren Fällen ist auf Freiheitsstrafe von sechs Monaten bis zu fünf Jahren zu erkennen.

**§ 227**[2] **Körperverletzung mit Todesfolge.** (1) Verursacht der Täter durch die Körperverletzung (§§ 223 bis 226a) den Tod der verletzten Person, so ist die Strafe Freiheitsstrafe nicht unter drei Jahren.

(2) In minder schweren Fällen ist auf Freiheitsstrafe von einem Jahr bis zu zehn Jahren zu erkennen.

**§ 228 Einwilligung.** Wer eine Körperverletzung mit Einwilligung der verletzten Person vornimmt, handelt nur dann rechtswidrig, wenn die Tat trotz der Einwilligung gegen die guten Sitten verstößt.

**§ 229 Fahrlässige Körperverletzung.** Wer durch Fahrlässigkeit die Körperverletzung einer anderen Person verursacht, wird mit Freiheitsstrafe bis zu drei Jahren oder mit Geldstrafe bestraft.

**§ 230 Strafantrag.** (1) [1]Die vorsätzliche Körperverletzung nach § 223 und die fahrlässige Körperverletzung nach § 229 werden nur auf Antrag verfolgt, es sei denn, daß die Strafverfolgungsbehörde wegen des besonderen öffentlichen Interesses an der Strafverfolgung ein Einschreiten von Amts wegen für geboten hält. [2]Stirbt die verletzte Person, so geht bei vorsätzlicher Körperverletzung das Antragsrecht nach § 77 Abs. 2 auf die Angehörigen über.

(2) [1]Ist die Tat gegen einen Amtsträger, einen für den öffentlichen Dienst besonders Verpflichteten oder einen Soldaten der Bundeswehr während der Ausübung seines Dienstes oder in Beziehung auf seinen Dienst begangen, so wird sie auch auf Antrag des Dienstvorgesetzten verfolgt. [2]Dasselbe gilt für Träger von Ämtern der Kirchen und anderen Religionsgesellschaften des öffentlichen Rechts.

**§ 231 Beteiligung an einer Schlägerei.** (1) Wer sich an einer Schlägerei oder an einem von mehreren verübten Angriff beteiligt, wird schon wegen dieser Beteiligung mit Freiheitsstrafe bis zu drei Jahren oder mit Geldstrafe bestraft, wenn durch die Schlägerei oder den Angriff der Tod eines Menschen oder eine schwere Körperverletzung (§ 226) verursacht worden ist.

(2) Nach Absatz 1 ist nicht strafbar, wer an der Schlägerei oder dem Angriff beteiligt war, ohne daß ihm dies vorzuwerfen ist.

---

[1] § 226a eingef. mWv 28.9.2013 durch G v. 24.9.2013 (BGBl. I S. 3671).
[2] § 227 Abs. 1 geänd. mWv 28.9.2013 durch G v. 24.9.2013 (BGBl. I S. 3671).

## Achtzehnter Abschnitt. Straftaten gegen die persönliche Freiheit

**§ 232**[1] **Menschenhandel.** (1) [1] Mit Freiheitsstrafe von sechs Monaten bis zu fünf Jahren wird bestraft, wer eine andere Person unter Ausnutzung ihrer persönlichen oder wirtschaftlichen Zwangslage oder ihrer Hilflosigkeit, die mit dem Aufenthalt in einem fremden Land verbunden ist, oder wer eine andere Person unter einundzwanzig Jahren anwirbt, befördert, weitergibt, beherbergt oder aufnimmt, wenn

1. diese Person ausgebeutet werden soll
   a) bei der Ausübung der Prostitution oder bei der Vornahme sexueller Handlungen an oder vor dem Täter oder einer dritten Person oder bei der Duldung sexueller Handlungen an sich selbst durch den Täter oder eine dritte Person,
   b) durch eine Beschäftigung,
   c) bei der Ausübung der Bettelei oder
   d) bei der Begehung von mit Strafe bedrohten Handlungen durch diese Person,
2. diese Person in Sklaverei, Leibeigenschaft, Schuldknechtschaft oder in Verhältnissen, die dem entsprechen oder ähneln, gehalten werden soll oder
3. dieser Person rechtswidrig ein Organ entnommen werden soll.

[2] Ausbeutung durch eine Beschäftigung im Sinne des Satzes 1 Nummer 1 Buchstabe b liegt vor, wenn die Beschäftigung aus rücksichtslosem Gewinnstreben zu Arbeitsbedingungen erfolgt, die in einem auffälligen Missverhältnis zu den Arbeitsbedingungen solcher Arbeitnehmer stehen, welche der gleichen oder einer vergleichbaren Beschäftigung nachgehen (ausbeuterische Beschäftigung).

(2) Mit Freiheitsstrafe von sechs Monaten bis zu zehn Jahren wird bestraft, wer eine andere Person, die in der in Absatz 1 Satz 1 Nummer 1 bis 3 bezeichneten Weise ausgebeutet werden soll,

1. mit Gewalt, durch Drohung mit einem empfindlichen Übel oder durch List anwirbt, befördert, weitergibt, beherbergt oder aufnimmt oder
2. entführt oder sich ihrer bemächtigt oder ihrer Bemächtigung durch eine dritte Person Vorschub leistet.

(3) [1] In den Fällen des Absatzes 1 ist auf Freiheitsstrafe von sechs Monaten bis zu zehn Jahren zu erkennen, wenn

1. das Opfer zur Zeit der Tat unter achtzehn Jahren alt ist,
2. der Täter das Opfer bei der Tat körperlich schwer misshandelt oder durch die Tat oder eine während der Tat begangene Handlung wenigstens leichtfertig in die Gefahr des Todes oder einer schweren Gesundheitsschädigung bringt oder
3. der Täter gewerbsmäßig handelt oder als Mitglied einer Bande, die sich zur fortgesetzten Begehung solcher Taten verbunden hat.

[2] In den Fällen des Absatzes 2 ist auf Freiheitsstrafe von einem Jahr bis zu zehn Jahren zu erkennen, wenn einer der in Satz 1 Nummer 1 bis 3 bezeichneten Umstände vorliegt.

(4) In den Fällen der Absätze 1, 2 und 3 Satz 1 ist der Versuch strafbar.

**§ 232a**[2] **Zwangsprostitution.** (1) Mit Freiheitsstrafe von sechs Monaten bis zu zehn Jahren wird bestraft, wer eine andere Person unter Ausnutzung ihrer

---

[1] § 232 neu gef. mWv 15.10.2016 durch G v. 11.10.2016 (BGBl. I S. 2226).

[2] § 232a eingef. mWv 15.10.2016 durch G v. 11.10.2016 (BGBl. I S. 2226); Abs. 6 Satz 2 eingef., bish. Satz 2 wird Satz 3 und geänd. mWv 1.10.2021 durch G v. 10.8.2021 (BGBl. I S. 3513).

persönlichen oder wirtschaftlichen Zwangslage oder ihrer Hilflosigkeit, die mit dem Aufenthalt in einem fremden Land verbunden ist, oder wer eine andere Person unter einundzwanzig Jahren veranlasst,

1. die Prostitution aufzunehmen oder fortzusetzen oder
2. sexuelle Handlungen, durch die sie ausgebeutet wird, an oder vor dem Täter oder einer dritten Person vorzunehmen oder von dem Täter oder einer dritten Person an sich vornehmen zu lassen.

(2) Der Versuch ist strafbar.

(3) Mit Freiheitsstrafe von einem Jahr bis zu zehn Jahren wird bestraft, wer eine andere Person mit Gewalt, durch Drohung mit einem empfindlichen Übel oder durch List zu der Aufnahme oder Fortsetzung der Prostitution oder den in Absatz 1 Nummer 2 bezeichneten sexuellen Handlungen veranlasst.

(4) In den Fällen des Absatzes 1 ist auf Freiheitsstrafe von einem Jahr bis zu zehn Jahren und in den Fällen des Absatzes 3 auf Freiheitsstrafe nicht unter einem Jahr zu erkennen, wenn einer der in § 232 Absatz 3 Satz 1 Nummer 1 bis 3 bezeichneten Umstände vorliegt.

(5) In minder schweren Fällen des Absatzes 1 ist auf Freiheitsstrafe von drei Monaten bis zu fünf Jahren zu erkennen, in minder schweren Fällen der Absätze 3 und 4 auf Freiheitsstrafe von sechs Monaten bis zu zehn Jahren.

(6) [1] Mit Freiheitsstrafe von drei Monaten bis zu fünf Jahren wird bestraft, wer an einer Person, die Opfer

1. eines Menschenhandels nach § 232 Absatz 1 Satz 1 Nummer 1 Buchstabe a, auch in Verbindung mit § 232 Absatz 2, oder
2. einer Tat nach den Absätzen 1 bis 5

geworden ist und der Prostitution nachgeht, gegen Entgelt sexuelle Handlungen vornimmt oder von ihr an sich vornehmen lässt und dabei deren persönliche oder wirtschaftliche Zwangslage oder deren Hilflosigkeit, die mit dem Aufenthalt in einem fremden Land verbunden ist, ausnutzt. [2] Verkennt der Täter bei der sexuellen Handlung zumindest leichtfertig die Umstände des Satzes 1 Nummer 1 oder 2 oder die persönliche oder wirtschaftliche Zwangslage des Opfers oder dessen Hilfslosigkeit, so ist die Strafe Freiheitsstrafe bis zu drei Jahren oder Geldstrafe. [3] Nach den Sätzen 1 und 2 wird nicht bestraft, wer eine Tat nach Satz 1 Nummer 1 oder 2, die zum Nachteil der Person, die nach Satz 1 der Prostitution nachgeht, begangen wurde, freiwillig bei der zuständigen Behörde anzeigt oder freiwillig eine solche Anzeige veranlasst, wenn nicht diese Tat zu diesem Zeitpunkt ganz oder zum Teil bereits entdeckt war und der Täter dies wusste oder bei verständiger Würdigung der Sachlage damit rechnen musste.

**§ 232b[1)] Zwangsarbeit.** (1) Mit Freiheitsstrafe von sechs Monaten bis zu zehn Jahren wird bestraft, wer eine andere Person unter Ausnutzung ihrer persönlichen oder wirtschaftlichen Zwangslage oder ihrer Hilflosigkeit, die mit dem Aufenthalt in einem fremden Land verbunden ist, oder wer eine andere Person unter einundzwanzig Jahren veranlasst,

1. eine ausbeuterische Beschäftigung (§ 232 Absatz 1 Satz 2) aufzunehmen oder fortzusetzen,
2. sich in Sklaverei, Leibeigenschaft, Schuldknechtschaft oder in Verhältnisse, die dem entsprechen oder ähneln, zu begeben oder

---

[1)] § 232b eingef. mWv 15.10.2016 durch G v. 11.10.2016 (BGBl. I S. 2226).

3. die Bettelei, bei der sie ausgebeutet wird, aufzunehmen oder fortzusetzen.

(2) Der Versuch ist strafbar.

(3) Mit Freiheitsstrafe von einem Jahr bis zu zehn Jahren wird bestraft, wer eine andere Person mit Gewalt, durch Drohung mit einem empfindlichen Übel oder durch List veranlasst,

1. eine ausbeuterische Beschäftigung (§ 232 Absatz 1 Satz 2) aufzunehmen oder fortzusetzen,
2. sich in Sklaverei, Leibeigenschaft, Schuldknechtschaft oder in Verhältnisse, die dem entsprechen oder ähneln, zu begeben oder
3. die Bettelei, bei der sie ausgebeutet wird, aufzunehmen oder fortzusetzen.

(4) § 232a Absatz 4 und 5 gilt entsprechend.

**§ 233[1)] Ausbeutung der Arbeitskraft.** (1) Mit Freiheitsstrafe bis zu drei Jahren oder mit Geldstrafe wird bestraft, wer eine andere Person unter Ausnutzung ihrer persönlichen oder wirtschaftlichen Zwangslage oder ihrer Hilflosigkeit, die mit dem Aufenthalt in einem fremden Land verbunden ist, oder wer eine andere Person unter einundzwanzig Jahren ausbeutet

1. durch eine Beschäftigung nach § 232 Absatz 1 Satz 2,
2. bei der Ausübung der Bettelei oder
3. bei der Begehung von mit Strafe bedrohten Handlungen durch diese Person.

(2) Auf Freiheitsstrafe von sechs Monaten bis zu zehn Jahren ist zu erkennen, wenn

1. das Opfer zur Zeit der Tat unter achtzehn Jahren alt ist,
2. der Täter das Opfer bei der Tat körperlich schwer misshandelt oder durch die Tat oder eine während der Tat begangene Handlung wenigstens leichtfertig in die Gefahr des Todes oder einer schweren Gesundheitsschädigung bringt,
3. der Täter das Opfer durch das vollständige oder teilweise Vorenthalten der für die Tätigkeit des Opfers üblichen Gegenleistung in wirtschaftliche Not bringt oder eine bereits vorhandene wirtschaftliche Not erheblich vergrößert oder
4. der Täter als Mitglied einer Bande handelt, die sich zur fortgesetzten Begehung solcher Taten verbunden hat.

(3) Der Versuch ist strafbar.

(4) In minder schweren Fällen des Absatzes 1 ist auf Freiheitsstrafe bis zu zwei Jahren oder auf Geldstrafe zu erkennen, in minder schweren Fällen des Absatzes 2 auf Freiheitsstrafe von drei Monaten bis zu fünf Jahren.

(5) [1] Mit Freiheitsstrafe bis zu zwei Jahren oder mit Geldstrafe wird bestraft, wer einer Tat nach Absatz 1 Nummer 1 Vorschub leistet durch die

1. Vermittlung einer ausbeuterischen Beschäftigung (§ 232 Absatz 1 Satz 2),
2. Vermietung von Geschäftsräumen oder
3. Vermietung von Räumen zum Wohnen an die auszubeutende Person.

[2] Satz 1 gilt nicht, wenn die Tat bereits nach anderen Vorschriften mit schwererer Strafe bedroht ist.

---

1) § 233 neu gef. mWv 15.10.2016 durch G v. 11.10.2016 (BGBl. I S. 2226).

**§ 233a**[1] **Ausbeutung unter Ausnutzung einer Freiheitsberaubung.**

(1) Mit Freiheitsstrafe von sechs Monaten bis zu zehn Jahren wird bestraft, wer eine andere Person einsperrt oder auf andere Weise der Freiheit beraubt und sie in dieser Lage ausbeutet

1. bei der Ausübung der Prostitution,
2. durch eine Beschäftigung nach § 232 Absatz 1 Satz 2,
3. bei der Ausübung der Bettelei oder
4. bei der Begehung von mit Strafe bedrohten Handlungen durch diese Person.

(2) Der Versuch ist strafbar.

(3) In den Fällen des Absatzes 1 ist auf Freiheitsstrafe von einem Jahr bis zu zehn Jahren zu erkennen, wenn einer der in § 233 Absatz 2 Nummer 1 bis 4 bezeichneten Umstände vorliegt.

(4) In minder schweren Fällen des Absatzes 1 ist auf Freiheitsstrafe von drei Monaten bis zu fünf Jahren, in minder schweren Fällen des Absatzes 3 auf Freiheitsstrafe von sechs Monaten bis zu zehn Jahren zu erkennen.

**§ 233b**[2] **Führungsaufsicht.** In den Fällen der §§ 232, 232a Absatz 1 bis 5, der §§ 232b, 233 Absatz 1 bis 4 und des § 233a kann das Gericht Führungsaufsicht anordnen (§ 68 Abs. 1).

**§ 234**[3] **Menschenraub.** (1) Wer sich einer anderen Person mit Gewalt, durch Drohung mit einem empfindlichen Übel oder durch List bemächtigt, um sie in hilfloser Lage auszusetzen oder dem Dienst in einer militärischen oder militärähnlichen Einrichtung im Ausland zuzuführen, wird mit Freiheitsstrafe von einem Jahr bis zu zehn Jahren bestraft.

(2) In minder schweren Fällen ist die Strafe Freiheitsstrafe von sechs Monaten bis zu fünf Jahren.

**§ 234a Verschleppung.** (1) Wer einen anderen durch List, Drohung oder Gewalt in ein Gebiet außerhalb des räumlichen Geltungsbereichs dieses Gesetzes verbringt oder veranlaßt, sich dorthin zu begeben, oder davon abhält, von dort zurückzukehren, und dadurch der Gefahr aussetzt, aus politischen Gründen verfolgt zu werden und hierbei im Widerspruch zu rechtsstaatlichen Grundsätzen durch Gewalt- oder Willkürmaßnahmen Schaden an Leib oder Leben zu erleiden, der Freiheit beraubt oder in seiner beruflichen oder wirtschaftlichen Stellung empfindlich beeinträchtigt zu werden, wird mit Freiheitsstrafe nicht unter einem Jahr bestraft.

(2) In minder schweren Fällen ist die Strafe Freiheitsstrafe von drei Monaten bis zu fünf Jahren.

(3) Wer eine solche Tat vorbereitet, wird mit Freiheitsstrafe bis zu fünf Jahren oder mit Geldstrafe bestraft.

**§ 235 Entziehung Minderjähriger.** (1) Mit Freiheitsstrafe bis zu fünf Jahren oder mit Geldstrafe wird bestraft, wer

---

[1] § 233a neu gef. mWv 15.10.2016 durch G v. 11.10.2016 (BGBl. I S. 2226).

[2] § 233b eingef. mWv 19.2.2005 durch G v. 11.2.2005 (BGBl. I S. 239); Abs. 1 und 2 geänd. mWv 15.10.2016 durch G v. 11.10.2016 (BGBl. I S. 2226); Überschrift geänd., Abs. 2 aufgeh. mWv 1.7.2017 durch G v. 13.4.2017 (BGBl. I S. 872).

[3] § 234 neu gef. mWv 19.2.2005 durch G v. 11.2.2005 (BGBl. I S. 239).

1. eine Person unter achtzehn Jahren mit Gewalt, durch Drohung mit einem empfindlichen Übel oder durch List oder
2. ein Kind, ohne dessen Angehöriger zu sein,

den Eltern, einem Elternteil, dem Vormund oder dem Pfleger entzieht oder vorenthält.

(2) Ebenso wird bestraft, wer ein Kind den Eltern, einem Elternteil, dem Vormund oder dem Pfleger

1. entzieht, um es in das Ausland zu verbringen, oder
2. im Ausland vorenthält, nachdem es dorthin verbracht worden ist oder es sich dorthin begeben hat.

(3) In den Fällen des Absatzes 1 Nr. 2 und des Absatzes 2 Nr. 1 ist der Versuch strafbar.

(4) Auf Freiheitsstrafe von einem Jahr bis zu zehn Jahren ist zu erkennen, wenn der Täter

1. das Opfer durch die Tat in die Gefahr des Todes oder einer schweren Gesundheitsschädigung oder einer erheblichen Schädigung der körperlichen oder seelischen Entwicklung bringt oder
2. die Tat gegen Entgelt oder in der Absicht begeht, sich oder einen Dritten zu bereichern.

(5) Verursacht der Täter durch die Tat den Tod des Opfers, so ist die Strafe Freiheitsstrafe nicht unter drei Jahren.

(6) In minder schweren Fällen des Absatzes 4 ist auf Freiheitsstrafe von sechs Monaten bis zu fünf Jahren, in minder schweren Fällen des Absatzes 5 auf Freiheitsstrafe von einem Jahr bis zu zehn Jahren zu erkennen.

(7) Die Entziehung Minderjähriger wird in den Fällen der Absätze 1 bis 3 nur auf Antrag verfolgt, es sei denn, daß die Strafverfolgungsbehörde wegen des besonderen öffentlichen Interesses an der Strafverfolgung ein Einschreiten von Amts wegen für geboten hält.

**§ 236[1)] Kinderhandel.** (1) [1] Wer sein noch nicht achtzehn Jahre altes Kind oder seinen noch nicht achtzehn Jahre alten Mündel oder Pflegling unter grober Vernachlässigung der Fürsorge- oder Erziehungspflicht einem anderen auf Dauer überlässt und dabei gegen Entgelt oder in der Absicht handelt, sich oder einen Dritten zu bereichern, wird mit Freiheitsstrafe bis zu fünf Jahren oder mit Geldstrafe bestraft. [2] Ebenso wird bestraft, wer in den Fällen des Satzes 1 das Kind, den Mündel oder Pflegling auf Dauer bei sich aufnimmt und dafür ein Entgelt gewährt.

(2) [1] Wer unbefugt

1. die Adoption einer Person unter achtzehn Jahren vermittelt oder
2. eine Vermittlungstätigkeit ausübt, die zum Ziel hat, daß ein Dritter eine Person unter achtzehn Jahren auf Dauer bei sich aufnimmt,

und dabei gegen Entgelt oder in der Absicht handelt, sich oder einen Dritten zu bereichern, wird mit Freiheitsstrafe bis zu drei Jahren oder mit Geldstrafe bestraft. [2] Ebenso wird bestraft, wer als Vermittler der Adoption einer Person unter achtzehn Jahren einer Person für die Erteilung der erforderlichen Zustimmung zur

---

1) § 236 Abs. 1 neu gef., Abs. 5 geänd. mWv 1.4.2004 durch G v. 27.12.2003 (BGBl. I S. 3007); Abs. 2 Satz 2 eingef., bish. Satz 2 wird Satz 3 mWv 5.11.2008 durch G v. 31.10.2008 (BGBl. I S. 2149).

Adoption ein Entgelt gewährt. [3]Bewirkt der Täter in den Fällen des Satzes 1, daß die vermittelte Person in das Inland oder in das Ausland verbracht wird, so ist die Strafe Freiheitsstrafe bis zu fünf Jahren oder Geldstrafe.

(3) Der Versuch ist strafbar.

(4) Auf Freiheitsstrafe von sechs Monaten bis zu zehn Jahren ist zu erkennen, wenn der Täter

1. aus Gewinnsucht, gewerbsmäßig oder als Mitglied einer Bande handelt, die sich zur fortgesetzten Begehung eines Kinderhandels verbunden hat, oder
2. das Kind oder die vermittelte Person durch die Tat in die Gefahr einer erheblichen Schädigung der körperlichen oder seelischen Entwicklung bringt.

(5) In den Fällen der Absätze 1 und 3 kann das Gericht bei Beteiligten und in den Fällen der Absätze 2 und 3 bei Teilnehmern, deren Schuld unter Berücksichtigung des körperlichen oder seelischen Wohls des Kindes oder der vermittelten Person gering ist, die Strafe nach seinem Ermessen mildern (§ 49 Abs. 2) oder von Strafe nach den Absätzen 1 bis 3 absehen.

**§ 237[1)] Zwangsheirat.** (1) [1]Wer einen Menschen rechtswidrig mit Gewalt oder durch Drohung mit einem empfindlichen Übel zur Eingehung der Ehe nötigt, wird mit Freiheitsstrafe von sechs Monaten bis zu fünf Jahren bestraft. [2]Rechtswidrig ist die Tat, wenn die Anwendung der Gewalt oder die Androhung des Übels zu dem angestrebten Zweck als verwerflich anzusehen ist.

(2) Ebenso wird bestraft, wer zur Begehung einer Tat nach Absatz 1 den Menschen durch Gewalt, Drohung mit einem empfindlichen Übel oder durch List in ein Gebiet außerhalb des räumlichen Geltungsbereiches dieses Gesetzes verbringt oder veranlasst, sich dorthin zu begeben, oder davon abhält, von dort zurückzukehren.

(3) Der Versuch ist strafbar.

(4) In minder schweren Fällen ist die Strafe Freiheitsstrafe bis zu drei Jahren oder Geldstrafe.

**§ 238[2)] Nachstellung.** (1) Mit Freiheitsstrafe bis zu drei Jahren oder mit Geldstrafe wird bestraft, wer einer anderen Person in einer Weise unbefugt nachstellt, die geeignet ist, deren Lebensgestaltung nicht unerheblich zu beeinträchtigen, indem er wiederholt

1. die räumliche Nähe dieser Person aufsucht,
2. unter Verwendung von Telekommunikationsmitteln oder sonstigen Mitteln der Kommunikation oder über Dritte Kontakt zu dieser Person herzustellen versucht,
3. unter missbräuchlicher Verwendung von personenbezogenen Daten dieser Person
   a) Bestellungen von Waren oder Dienstleistungen für sie aufgibt oder
   b) Dritte veranlasst, Kontakt mit ihr aufzunehmen,
4. diese Person mit der Verletzung von Leben, körperlicher Unversehrtheit, Gesundheit oder Freiheit ihrer selbst, eines ihrer Angehörigen oder einer anderen ihr nahestehenden Person bedroht,

---

[1)] § 237 neu gef. mWv 1.7.2011 durch G v. 23.6.2011 (BGBl. I S. 1266).
[2)] § 238 neu gef. mWv 1.10.2021 durch G v. 10.8.2021 (BGBl. I S. 3513).

5. zulasten dieser Person, eines ihrer Angehörigen oder einer anderen ihr nahestehenden Person eine Tat nach § 202a, § 202b oder § 202c begeht,
6. eine Abbildung dieser Person, eines ihrer Angehörigen oder einer anderen ihr nahestehenden Person verbreitet oder der Öffentlichkeit zugänglich macht,
7. einen Inhalt (§ 11 Absatz 3), der geeignet ist, diese Person verächtlich zu machen oder in der öffentlichen Meinung herabzuwürdigen, unter Vortäuschung der Urheberschaft der Person verbreitet oder der Öffentlichkeit zugänglich macht oder
8. eine mit den Nummern 1 bis 7 vergleichbare Handlung vornimmt.

(2) [1] In besonders schweren Fällen des Absatzes 1 Nummer 1 bis 7 wird die Nachstellung mit Freiheitsstrafe von drei Monaten bis zu fünf Jahren bestraft. [2] Ein besonders schwerer Fall liegt in der Regel vor, wenn der Täter
1. durch die Tat eine Gesundheitsschädigung des Opfers, eines Angehörigen des Opfers oder einer anderen dem Opfer nahestehenden Person verursacht,
2. das Opfer, einen Angehörigen des Opfers oder eine andere dem Opfer nahestehende Person durch die Tat in die Gefahr des Todes oder einer schweren Gesundheitsschädigung bringt,
3. dem Opfer durch eine Vielzahl von Tathandlungen über einen Zeitraum von mindestens sechs Monaten nachstellt,
4. bei einer Tathandlung nach Absatz 1 Nummer 5 ein Computerprogramm einsetzt, dessen Zweck das digitale Ausspähen anderer Personen ist,
5. eine durch eine Tathandlung nach Absatz 1 Nummer 5 erlangte Abbildung bei einer Tathandlung nach Absatz 1 Nummer 6 verwendet,
6. einen durch eine Tathandlung nach Absatz 1 Nummer 5 erlangten Inhalt (§ 11 Absatz 3) bei einer Tathandlung nach Absatz 1 Nummer 7 verwendet oder
7. über einundzwanzig Jahre ist und das Opfer unter sechzehn Jahre ist.

(3) Verursacht der Täter durch die Tat den Tod des Opfers, eines Angehörigen des Opfers oder einer anderen dem Opfer nahestehenden Person, so ist die Strafe Freiheitsstrafe von einem Jahr bis zu zehn Jahren.

**§ 239 Freiheitsberaubung.** (1) Wer einen Menschen einsperrt oder auf andere Weise der Freiheit beraubt, wird mit Freiheitsstrafe bis zu fünf Jahren oder mit Geldstrafe bestraft.

(2) Der Versuch ist strafbar.

(3) Auf Freiheitsstrafe von einem Jahr bis zu zehn Jahren ist zu erkennen, wenn der Täter
1. das Opfer länger als eine Woche der Freiheit beraubt oder
2. durch die Tat oder eine während der Tat begangene Handlung eine schwere Gesundheitsschädigung des Opfers verursacht.

(4) Verursacht der Täter durch die Tat oder eine während der Tat begangene Handlung den Tod des Opfers, so ist die Strafe Freiheitsstrafe nicht unter drei Jahren.

(5) In minder schweren Fällen des Absatzes 3 ist auf Freiheitsstrafe von sechs Monaten bis zu fünf Jahren, in minder schweren Fällen des Absatzes 4 auf Freiheitsstrafe von einem Jahr bis zu zehn Jahren zu erkennen.

**§ 239a Erpresserischer Menschenraub.** (1) Wer einen Menschen entführt oder sich eines Menschen bemächtigt, um die Sorge des Opfers um sein Wohl oder die Sorge eines Dritten um das Wohl des Opfers zu einer Erpressung (§ 253) auszunutzen, oder wer die von ihm durch eine solche Handlung geschaffene Lage eines Menschen zu einer solchen Erpressung ausnutzt, wird mit Freiheitsstrafe nicht unter fünf Jahren bestraft.

(2) In minder schweren Fällen ist die Strafe Freiheitsstrafe nicht unter einem Jahr.

(3) Verursacht der Täter durch die Tat wenigstens leichtfertig den Tod des Opfers, so ist die Strafe lebenslange Freiheitsstrafe oder Freiheitsstrafe nicht unter zehn Jahren.

(4) [1] Das Gericht kann die Strafe nach § 49 Abs. 1 mildern, wenn der Täter das Opfer unter Verzicht auf die erstrebte Leistung in dessen Lebenskreis zurückgelangen läßt. [2] Tritt dieser Erfolg ohne Zutun des Täters ein, so genügt sein ernsthaftes Bemühen, den Erfolg zu erreichen.

**§ 239b Geiselnahme.** (1) Wer einen Menschen entführt oder sich eines Menschen bemächtigt, um ihn oder einen Dritten durch die Drohung mit dem Tod oder einer schweren Körperverletzung (§ 226) des Opfers oder mit dessen Freiheitsentziehung von über einer Woche Dauer zu einer Handlung, Duldung oder Unterlassung zu nötigen, oder wer die von ihm durch eine solche Handlung geschaffene Lage eines Menschen zu einer solchen Nötigung ausnutzt, wird mit Freiheitsstrafe nicht unter fünf Jahren bestraft.

(2) § 239a Abs. 2 bis 4 gilt entsprechend.

*(Fortsetzung nächstes Blatt)*

**§ 239c Führungsaufsicht.** In den Fällen der §§ 239a und 239b kann das Gericht Führungsaufsicht anordnen (§ 68 Abs. 1).

**§ 240[1)] Nötigung.** (1) Wer einen Menschen rechtswidrig mit Gewalt oder durch Drohung mit einem empfindlichen Übel zu einer Handlung, Duldung oder Unterlassung nötigt, wird mit Freiheitsstrafe bis zu drei Jahren oder mit Geldstrafe bestraft.

(2) Rechtswidrig ist die Tat, wenn die Anwendung der Gewalt oder die Androhung des Übels zu dem angestrebten Zweck als verwerflich anzusehen ist.

(3) Der Versuch ist strafbar.

(4) [1] In besonders schweren Fällen ist die Strafe Freiheitsstrafe von sechs Monaten bis zu fünf Jahren. [2] Ein besonders schwerer Fall liegt in der Regel vor, wenn der Täter

1. eine Schwangere zum Schwangerschaftsabbruch nötigt oder
2. seine Befugnisse oder seine Stellung als Amtsträger mißbraucht.

**§ 241[2)] Bedrohung.** (1) Wer einen Menschen mit der Begehung einer gegen ihn oder eine ihm nahestehende Person gerichteten rechtswidrigen Tat gegen die sexuelle Selbstbestimmung, die körperliche Unversehrtheit, die persönliche Freiheit oder gegen eine Sache von bedeutendem Wert bedroht, wird mit Freiheitsstrafe bis zu einem Jahr oder mit Geldstrafe bestraft.

(2) Wer einen Menschen mit der Begehung eines gegen ihn oder eine ihm nahestehende Person gerichteten Verbrechens bedroht, wird mit Freiheitsstrafe bis zu zwei Jahren oder mit Geldstrafe bestraft.

(3) Ebenso wird bestraft, wer wider besseres Wissen einem Menschen vortäuscht, daß die Verwirklichung eines gegen ihn oder eine ihm nahestehende Person gerichteten Verbrechens bevorstehe.

(4) Wird die Tat öffentlich, in einer Versammlung oder durch Verbreiten eines Inhalts (§ 11 Absatz 3) begangen, ist in den Fällen des Absatzes 1 auf Freiheitsstrafe bis zu zwei Jahren oder auf Geldstrafe und in den Fällen der Absätze 2 und 3 auf Freiheitsstrafe bis zu drei Jahren oder auf Geldstrafe zu erkennen.

(5) Die für die angedrohte Tat geltenden Vorschriften über den Strafantrag sind entsprechend anzuwenden.

**§ 241a Politische Verdächtigung.** (1) Wer einen anderen durch eine Anzeige oder eine Verdächtigung der Gefahr aussetzt, aus politischen Gründen verfolgt zu werden und hierbei im Widerspruch zu rechtsstaatlichen Grundsätzen durch Gewalt- oder Willkürmaßnahmen Schaden an Leib oder Leben zu erleiden, der Freiheit beraubt oder in seiner beruflichen oder wirtschaftlichen Stellung empfindlich beeinträchtigt zu werden, wird mit Freiheitsstrafe bis zu fünf Jahren oder mit Geldstrafe bestraft.

(2) Ebenso wird bestraft, wer eine Mitteilung über einen anderen macht oder übermittelt und ihn dadurch der in Absatz 1 bezeichneten Gefahr einer politischen Verfolgung aussetzt.

---

1) § 240 Abs. 4 Satz 2 Nr. 1 geänd. mWv 19.2.2005 durch G v. 11.2.2005 (BGBl. I S. 239); Abs. 4 Satz 2 Nr. 1 geänd. mWv 1.7.2011 durch G v. 23.6.2011 (BGBl. I S. 1266); Abs. 4 Satz 2 Nr. 1 aufgeh., bish. Nr. 2 und 3 werden Nr. 1 und 2 mWv 10.11.2016 durch G v. 4.11.2016 (BGBl. I S. 2460).

2) § 241 Abs. 1 eingef., bish. Abs. 1 wird Abs. 2 und geänd., bish. Abs. 2 wird Abs. 3, Abs. 4 und 5 angef. mWv 3.4.2021 durch G v. 30.3.2021 (BGBl. I S. 441, geänd. durch G v. 30.3.2021, BGBl. I S. 448).

(3) Der Versuch ist strafbar.

(4) Wird in der Anzeige, Verdächtigung oder Mitteilung gegen den anderen eine unwahre Behauptung aufgestellt oder ist die Tat in der Absicht begangen, eine der in Absatz 1 bezeichneten Folgen herbeizuführen, oder liegt sonst ein besonders schwerer Fall vor, so kann auf Freiheitsstrafe von einem Jahr bis zu zehn Jahren erkannt werden.

## Neunzehnter Abschnitt. Diebstahl und Unterschlagung

**§ 242 Diebstahl.** (1) Wer eine fremde bewegliche Sache einem anderen in der Absicht wegnimmt, die Sache sich oder einem Dritten rechtswidrig zuzueignen, wird mit Freiheitsstrafe bis zu fünf Jahren oder mit Geldstrafe bestraft.

(2) Der Versuch ist strafbar.

**§ 243 Besonders schwerer Fall des Diebstahls.** (1) [1]In besonders schweren Fällen wird der Diebstahl mit Freiheitsstrafe von drei Monaten bis zu zehn Jahren bestraft. [2]Ein besonders schwerer Fall liegt in der Regel vor, wenn der Täter

1. zur Ausführung der Tat in ein Gebäude, einen Dienst- oder Geschäftsraum oder in einen anderen umschlossenen Raum einbricht, einsteigt, mit einem falschen Schlüssel oder einem anderen nicht zur ordnungsmäßigen Öffnung bestimmten Werkzeug eindringt oder sich in dem Raum verborgen hält,
2. eine Sache stiehlt, die durch ein verschlossenes Behältnis oder eine andere Schutzvorrichtung gegen Wegnahme besonders gesichert ist,
3. gewerbsmäßig stiehlt,
4. aus einer Kirche oder einem anderen der Religionsausübung dienenden Gebäude oder Raum eine Sache stiehlt, die dem Gottesdienst gewidmet ist oder der religiösen Verehrung dient,
5. eine Sache von Bedeutung für Wissenschaft, Kunst oder Geschichte oder für die technische Entwicklung stiehlt, die sich in einer allgemein zugänglichen Sammlung befindet oder öffentlich ausgestellt ist,
6. stiehlt, indem er die Hilflosigkeit einer anderen Person, einen Unglücksfall oder eine gemeine Gefahr ausnutzt oder
7. eine Handfeuerwaffe, zu deren Erwerb es nach dem Waffengesetz[1)] der Erlaubnis bedarf, ein Maschinengewehr, eine Maschinenpistole, ein voll- oder halbautomatisches Gewehr oder eine Sprengstoff enthaltende Kriegswaffe im Sinne des Kriegswaffenkontrollgesetzes[2)] oder Sprengstoff stiehlt.

(2) In den Fällen des Absatzes 1 Satz 2 Nr. 1 bis 6 ist ein besonders schwerer Fall ausgeschlossen, wenn sich die Tat auf eine geringwertige Sache bezieht.

**§ 244[3)] Diebstahl mit Waffen; Bandendiebstahl; Wohnungseinbruchdiebstahl.** (1) Mit Freiheitsstrafe von sechs Monaten bis zu zehn Jahren wird bestraft, wer

1. einen Diebstahl begeht, bei dem er oder ein anderer Beteiligter
   a) eine Waffe oder ein anderes gefährliches Werkzeug bei sich führt,

---

[1)] **Sartorius Nr. 820.**

[2)] **Sartorius Nr. 823.**

[3)] § 244 Abs. 3 eingef., bish. Abs. 3 wird Abs. 4 und neu gef. mWv 5.11.2011 durch G v. 1.11.2011 (BGBl. I S. 2130); Abs. 4 aufgeh. mWv 1.7.2017 durch G v. 13.4.2017 (BGBl. I S. 872); Abs. 3 geänd., Abs. 4 angef. mWv 22.7.2017 durch G v. 17.7.2017 (BGBl. I S. 2442).

b) sonst ein Werkzeug oder Mittel bei sich führt, um den Widerstand einer anderen Person durch Gewalt oder Drohung mit Gewalt zu verhindern oder zu überwinden,

2. als Mitglied einer Bande, die sich zur fortgesetzten Begehung von Raub oder Diebstahl verbunden hat, unter Mitwirkung eines anderen Bandenmitglieds stiehlt oder
3. einen Diebstahl begeht, bei dem er zur Ausführung der Tat in eine Wohnung einbricht, einsteigt, mit einem falschen Schlüssel oder einem anderen nicht zur ordnungsmäßigen Öffnung bestimmten Werkzeug eindringt oder sich in der Wohnung verborgen hält.

(2) Der Versuch ist strafbar.

(3) In minder schweren Fällen des Absatzes 1 Nummer 1 bis 3 ist die Strafe Freiheitsstrafe von drei Monaten bis zu fünf Jahren.

(4) Betrifft der Wohnungseinbruchdiebstahl nach Absatz 1 Nummer 3 eine dauerhaft genutzte Privatwohnung, so ist die Strafe Freiheitsstrafe von einem Jahr bis zu zehn Jahren.

**§ 244a[1] Schwerer Bandendiebstahl.** (1) Mit Freiheitsstrafe von einem Jahr bis zu zehn Jahren wird bestraft, wer den Diebstahl unter den in § 243 Abs. 1 Satz 2 genannten Voraussetzungen oder in den Fällen des § 244 Abs. 1 Nr. 1 oder 3 als Mitglied einer Bande, die sich zur fortgesetzten Begehung von Raub oder Diebstahl verbunden hat, unter Mitwirkung eines anderen Bandenmitglieds begeht.

(2) In minder schweren Fällen ist die Strafe Freiheitsstrafe von sechs Monaten bis zu fünf Jahren.

**§ 245 Führungsaufsicht.** In den Fällen der §§ 242 bis 244a kann das Gericht Führungsaufsicht anordnen (§ 68 Abs. 1).

**§ 246[2] Unterschlagung.** (1) Wer eine fremde bewegliche Sache sich oder einem Dritten rechtswidrig zueignet, wird mit Freiheitsstrafe bis zu drei Jahren oder mit Geldstrafe bestraft, wenn die Tat nicht in anderen Vorschriften mit schwererer Strafe bedroht ist.

(2) Ist in den Fällen des Absatzes 1 die Sache dem Täter anvertraut, so ist die Strafe Freiheitsstrafe bis zu fünf Jahren oder Geldstrafe.

(3) Der Versuch ist strafbar.

**§ 247 Haus- und Familiendiebstahl.** Ist durch einen Diebstahl oder eine Unterschlagung ein Angehöriger, der Vormund oder der Betreuer verletzt oder lebt der Verletzte mit dem Täter in häuslicher Gemeinschaft, so wird die Tat nur auf Antrag verfolgt.

**§ 248** (weggefallen)

**§ 248a Diebstahl und Unterschlagung geringwertiger Sachen.** Der Diebstahl und die Unterschlagung geringwertiger Sachen werden in den Fällen der §§ 242 und 246 nur auf Antrag verfolgt, es sei denn, daß die Strafverfolgungsbehörde wegen des besonderen öffentlichen Interesses an der Strafverfolgung ein Einschreiten von Amts wegen für geboten hält.

---

[1] § 244a Abs. 3 aufgeh. mWv 1.7.2017 durch G v. 13.4.2017 (BGBl. I S. 872).
[2] Beachte auch §§ 34 ff. DepotG (**Schönfelder ErgBd. Nr. 59**).

**§ 248b Unbefugter Gebrauch eines Fahrzeugs.** (1) Wer ein Kraftfahrzeug oder ein Fahrrad gegen den Willen des Berechtigten in Gebrauch nimmt, wird mit Freiheitsstrafe bis zu drei Jahren oder mit Geldstrafe bestraft, wenn die Tat nicht in anderen Vorschriften mit schwererer Strafe bedroht ist.

(2) Der Versuch ist strafbar.

(3) Die Tat wird nur auf Antrag verfolgt.

(4) Kraftfahrzeuge im Sinne dieser Vorschrift sind die Fahrzeuge, die durch Maschinenkraft bewegt werden, Landkraftfahrzeuge nur insoweit, als sie nicht an Bahngleise gebunden sind.

**§ 248c Entziehung elektrischer Energie.** (1) Wer einer elektrischen Anlage oder Einrichtung fremde elektrische Energie mittels eines Leiters entzieht, der zur ordnungsmäßigen Entnahme von Energie aus der Anlage oder Einrichtung nicht bestimmt ist, wird, wenn er die Handlung in der Absicht begeht, die elektrische Energie sich oder einem Dritten rechtswidrig zuzueignen, mit Freiheitsstrafe bis zu fünf Jahren oder mit Geldstrafe bestraft.

(2) Der Versuch ist strafbar.

(3) Die §§ 247 und 248a gelten entsprechend.

(4) [1] Wird die in Absatz 1 bezeichnete Handlung in der Absicht begangen, einem anderen rechtswidrig Schaden zuzufügen, so ist die Strafe Freiheitsstrafe bis zu zwei Jahren oder Geldstrafe. [2] Die Tat wird nur auf Antrag verfolgt.

## Zwanzigster Abschnitt. Raub und Erpressung

**§ 249 Raub.** (1) Wer mit Gewalt gegen eine Person oder unter Anwendung von Drohungen mit gegenwärtiger Gefahr für Leib oder Leben eine fremde bewegliche Sache einem anderen in der Absicht wegnimmt, die Sache sich oder einem Dritten rechtswidrig zuzueignen, wird mit Freiheitsstrafe nicht unter einem Jahr bestraft.

(2) In minder schweren Fällen ist die Strafe Freiheitsstrafe von sechs Monaten bis zu fünf Jahren.

**§ 250 Schwerer Raub.** (1) Auf Freiheitsstrafe nicht unter drei Jahren ist zu erkennen, wenn

1. der Täter oder ein anderer Beteiligter am Raub
   a) eine Waffe oder ein anderes gefährliches Werkzeug bei sich führt,
   b) sonst ein Werkzeug oder Mittel bei sich führt, um den Widerstand einer anderen Person durch Gewalt oder Drohung mit Gewalt zu verhindern oder zu überwinden,
   c) eine andere Person durch die Tat in die Gefahr einer schweren Gesundheitsschädigung bringt oder
2. der Täter den Raub als Mitglied einer Bande, die sich zur fortgesetzten Begehung von Raub oder Diebstahl verbunden hat, unter Mitwirkung eines anderen Bandenmitglieds begeht.

(2) Auf Freiheitsstrafe nicht unter fünf Jahren ist zu erkennen, wenn der Täter oder ein anderer Beteiligter am Raub

1. bei der Tat eine Waffe oder ein anderes gefährliches Werkzeug verwendet,
2. in den Fällen des Absatzes 1 Nr. 2 eine Waffe bei sich führt oder
3. eine andere Person

a) bei der Tat körperlich schwer mißhandelt oder

b) durch die Tat in die Gefahr des Todes bringt.

(3) In minder schweren Fällen der Absätze 1 und 2 ist die Strafe Freiheitsstrafe von einem Jahr bis zu zehn Jahren.

**§ 251 Raub mit Todesfolge.** Verursacht der Täter durch den Raub (§§ 249 und 250) wenigstens leichtfertig den Tod eines anderen Menschen, so ist die Strafe lebenslange Freiheitsstrafe oder Freiheitsstrafe nicht unter zehn Jahren.

**§ 252 Räuberischer Diebstahl.** Wer, bei einem Diebstahl auf frischer Tat betroffen, gegen eine Person Gewalt verübt oder Drohungen mit gegenwärtiger Gefahr für Leib oder Leben anwendet, um sich im Besitz des gestohlenen Gutes zu erhalten, ist gleich einem Räuber zu bestrafen.

**§ 253 Erpressung.** (1) Wer einen Menschen rechtswidrig mit Gewalt oder durch Drohung mit einem empfindlichen Übel zu einer Handlung, Duldung oder Unterlassung nötigt und dadurch dem Vermögen des Genötigten oder eines anderen Nachteil zufügt, um sich oder einen Dritten zu Unrecht zu bereichern, wird mit Freiheitsstrafe bis zu fünf Jahren oder mit Geldstrafe bestraft.

(2) Rechtswidrig ist die Tat, wenn die Anwendung der Gewalt oder die Androhung des Übels zu dem angestrebten Zweck als verwerflich anzusehen ist.

(3) Der Versuch ist strafbar.

(4) [1] In besonders schweren Fällen ist die Strafe Freiheitsstrafe nicht unter einem Jahr. [2] Ein besonders schwerer Fall liegt in der Regel vor, wenn der Täter gewerbsmäßig oder als Mitglied einer Bande handelt, die sich zur fortgesetzten Begehung einer Erpressung verbunden hat.

**§ 254** (weggefallen)

**§ 255 Räuberische Erpressung.** Wird die Erpressung durch Gewalt gegen eine Person oder unter Anwendung von Drohungen mit gegenwärtiger Gefahr für Leib oder Leben begangen, so ist der Täter gleich einem Räuber zu bestrafen.

**§ 256[1)] Führungsaufsicht.** In den Fällen der §§ 249 bis 255 kann das Gericht Führungsaufsicht anordnen (§ 68 Abs. 1).

## Einundzwanzigster Abschnitt. Begünstigung und Hehlerei

**§ 257 Begünstigung.** (1) Wer einem anderen, der eine rechtswidrige Tat begangen hat, in der Absicht Hilfe leistet, ihm die Vorteile der Tat zu sichern, wird mit Freiheitsstrafe bis zu fünf Jahren oder mit Geldstrafe bestraft.

(2) Die Strafe darf nicht schwerer sein als die für die Vortat angedrohte Strafe.

(3) [1] Wegen Begünstigung wird nicht bestraft, wer wegen Beteiligung an der Vortat strafbar ist. [2] Dies gilt nicht für denjenigen, der einen an der Vortat Unbeteiligten zur Begünstigung anstiftet.

(4) [1] Die Begünstigung wird nur auf Antrag, mit Ermächtigung oder auf Strafverlangen verfolgt, wenn der Begünstiger als Täter oder Teilnehmer der Vortat nur auf Antrag, mit Ermächtigung oder auf Strafverlangen verfolgt werden könnte. [2] § 248a gilt sinngemäß.

---

[1)] § 256 Überschrift geänd., Abs. 2 aufgeh. mWv 1.7.2017 durch G v. 13.4.2017 (BGBl. I S. 872).

**§ 258 Strafvereitelung.** (1) Wer absichtlich oder wissentlich ganz oder zum Teil vereitelt, daß ein anderer dem Strafgesetz gemäß wegen einer rechtswidrigen Tat bestraft oder einer Maßnahme (§ 11 Abs. 1 Nr. 8) unterworfen wird, wird mit Freiheitsstrafe bis zu fünf Jahren oder mit Geldstrafe bestraft.

(2) Ebenso wird bestraft, wer absichtlich oder wissentlich die Vollstreckung einer gegen einen anderen verhängten Strafe oder Maßnahme ganz oder zum Teil vereitelt.

(3) Die Strafe darf nicht schwerer sein als die für die Vortat angedrohte Strafe.

(4) Der Versuch ist strafbar.

(5) Wegen Strafvereitelung wird nicht bestraft, wer durch die Tat zugleich ganz oder zum Teil vereiteln will, daß er selbst bestraft oder einer Maßnahme unterworfen wird oder daß eine gegen ihn verhängte Strafe oder Maßnahme vollstreckt wird.

(6) Wer die Tat zugunsten eines Angehörigen begeht, ist straffrei.

**§ 258a Strafvereitelung im Amt.** (1) Ist in den Fällen des § 258 Abs. 1 der Täter als Amtsträger zur Mitwirkung bei dem Strafverfahren oder dem Verfahren zur Anordnung der Maßnahme (§ 11 Abs. 1 Nr. 8) oder ist er in den Fällen des § 258 Abs. 2 als Amtsträger zur Mitwirkung bei der Vollstreckung der Strafe oder Maßnahme berufen, so ist die Strafe Freiheitsstrafe von sechs Monaten bis zu fünf Jahren, in minder schweren Fällen Freiheitsstrafe bis zu drei Jahren oder Geldstrafe.

(2) Der Versuch ist strafbar.

(3) § 258 Abs. 3 und 6 ist nicht anzuwenden.

**§ 259 Hehlerei.** (1) Wer eine Sache, die ein anderer gestohlen oder sonst durch eine gegen fremdes Vermögen gerichtete rechtswidrige Tat erlangt hat, ankauft oder sonst sich oder einem Dritten verschafft, sie absetzt oder absetzen hilft, um sich oder einen Dritten zu bereichern, wird mit Freiheitsstrafe bis zu fünf Jahren oder mit Geldstrafe bestraft.

(2) Die §§ 247 und 248a gelten sinngemäß.

(3) Der Versuch ist strafbar.

**§ 260**[1] **Gewerbsmäßige Hehlerei; Bandenhehlerei.** (1) Mit Freiheitsstrafe von sechs Monaten bis zu zehn Jahren wird bestraft, wer die Hehlerei

1. gewerbsmäßig oder
2. als Mitglied einer Bande, die sich zur fortgesetzten Begehung von Raub, Diebstahl oder Hehlerei verbunden hat,

begeht.

(2) Der Versuch ist strafbar.

**§ 260a**[2] **Gewerbsmäßige Bandenhehlerei.** (1) Mit Freiheitsstrafe von einem Jahr bis zu zehn Jahren wird bestraft, wer die Hehlerei als Mitglied einer Bande, die sich zur fortgesetzten Begehung von Raub, Diebstahl oder Hehlerei verbunden hat, gewerbsmäßig begeht.

(2) In minder schweren Fällen ist die Strafe Freiheitsstrafe von sechs Monaten bis zu fünf Jahren.

[1] § 260 Abs. 3 aufgeh. mWv 1.7.2017 durch G v. 13.4.2017 (BGBl. I S. 872).
[2] § 260a Abs. 3 aufgeh. mWv 1.7.2017 durch G v. 13.4.2017 (BGBl. I S. 872).

**§ 261[1) ] Geldwäsche.** (1) [1] Wer einen Gegenstand, der aus einer rechtswidrigen Tat herrührt,

1. verbirgt,
2. in der Absicht, dessen Auffinden, dessen Einziehung oder die Ermittlung von dessen Herkunft zu vereiteln, umtauscht, überträgt oder verbringt,
3. sich oder einem Dritten verschafft oder
4. verwahrt oder für sich oder einen Dritten verwendet, wenn er dessen Herkunft zu dem Zeitpunkt gekannt hat, zu dem er ihn erlangt hat,

wird mit Freiheitsstrafe bis zu fünf Jahren oder mit Geldstrafe bestraft. [2] In den Fällen des Satzes 1 Nummer 3 und 4 gilt dies nicht in Bezug auf einen Gegenstand, den ein Dritter zuvor erlangt hat, ohne hierdurch eine rechtswidrige Tat zu begehen. [3] Wer als Strafverteidiger ein Honorar für seine Tätigkeit annimmt, handelt in den Fällen des Satzes 1 Nummer 3 und 4 nur dann vorsätzlich, wenn er zu dem Zeitpunkt der Annahme des Honorars sichere Kenntnis von dessen Herkunft hatte.

(2) Ebenso wird bestraft, wer Tatsachen, die für das Auffinden, die Einziehung oder die Ermittlung der Herkunft eines Gegenstands nach Absatz 1 von Bedeutung sein können, verheimlicht oder verschleiert.

(3) Der Versuch ist strafbar.

(4) Wer eine Tat nach Absatz 1 oder Absatz 2 als Verpflichteter nach § 2 des Geldwäschegesetzes[2)] begeht, wird mit Freiheitsstrafe von drei Monaten bis zu fünf Jahren bestraft.

(5) [1] In besonders schweren Fällen ist die Strafe Freiheitsstrafe von sechs Monaten bis zu zehn Jahren. [2] Ein besonders schwerer Fall liegt in der Regel vor, wenn der Täter gewerbsmäßig handelt oder als Mitglied einer Bande, die sich zur fortgesetzten Begehung von Geldwäsche verbunden hat.

(6) [1] Wer in den Fällen des Absatzes 1 oder 2 leichtfertig nicht erkennt, dass es sich um einen Gegenstand nach Absatz 1 handelt, wird mit Freiheitsstrafe bis zu zwei Jahren oder mit Geldstrafe bestraft. [2] Satz 1 gilt in den Fällen des Absatzes 1 Satz 1 Nummer 3 und 4 nicht für einen Strafverteidiger, der ein Honorar für seine Tätigkeit annimmt.

(7) Wer wegen Beteiligung an der Vortat strafbar ist, wird nach den Absätzen 1 bis 6 nur dann bestraft, wenn er den Gegenstand in den Verkehr bringt und dabei dessen rechtswidrige Herkunft verschleiert.

(8) Nach den Absätzen 1 bis 6 wird nicht bestraft,

1. wer die Tat freiwillig bei der zuständigen Behörde anzeigt oder freiwillig eine solche Anzeige veranlasst, wenn nicht die Tat zu diesem Zeitpunkt bereits ganz oder zum Teil entdeckt war und der Täter dies wusste oder bei verständiger Würdigung der Sachlage damit rechnen musste, und
2. in den Fällen des Absatzes 1 oder des Absatzes 2 unter den in Nummer 1 genannten Voraussetzungen die Sicherstellung des Gegenstandes bewirkt.

(9) Einem Gegenstand im Sinne des Absatzes 1 stehen Gegenstände, die aus einer im Ausland begangenen Tat herrühren, gleich, wenn die Tat nach deutschem Strafrecht eine rechtswidrige Tat wäre und

1. am Tatort mit Strafe bedroht ist oder

---

[1)] § 261 neu gef. mWv 18.3.2021 durch G v. 9.3.2021 (BGBl. I S. 327).

[2)] **Schönfelder ErgBd. Nr. 88a.**

2. nach einer der folgenden Vorschriften und Übereinkommen der Europäischen Union mit Strafe zu bedrohen ist:
   a) Artikel 2 oder Artikel 3 des Übereinkommens vom 26. Mai 1997 aufgrund von Artikel K.3 Absatz 2 Buchstabe c des Vertrags über die Europäische Union über die Bekämpfung der Bestechung, an der Beamte der Europäischen Gemeinschaften oder der Mitgliedstaaten der Europäischen Union beteiligt sind (BGBl. 2002 II S. 2727, 2729),
   b) Artikel 1 des Rahmenbeschlusses 2002/946/JI des Rates vom 28. November 2002 betreffend die Verstärkung des strafrechtlichen Rahmens für die Bekämpfung der Beihilfe zur unerlaubten Ein- und Durchreise und zum unerlaubten Aufenthalt (ABl. L 328 vom 5.12.2002, S. 1),
   c) Artikel 2 oder Artikel 3 des Rahmenbeschlusses 2003/568/JI des Rates vom 22. Juli 2003 zur Bekämpfung der Bestechung im privaten Sektor (ABl. L 192 vom 31.7.2003, S. 54),
   d) Artikel 2 oder Artikel 3 des Rahmenbeschlusses 2004/757/JI des Rates vom 25. Oktober 2004 zur Festlegung von Mindestvorschriften über die Tatbestandsmerkmale strafbarer Handlungen und die Strafen im Bereich des illegalen Drogenhandels (ABl. L 335 vom 11.11.2004, S. 8), der zuletzt durch die Delegierte Richtlinie (EU) 2019/369 (ABl. L 66 vom 7.3.2019, S. 3) geändert worden ist,
   e) Artikel 2 Buchstabe a des Rahmenbeschlusses 2008/841/JI des Rates vom 24. Oktober 2008 zur Bekämpfung der organisierten Kriminalität (ABl. L 300 vom 11.11.2008, S. 42),
   f) Artikel 2 oder Artikel 3 der Richtlinie 2011/36/EU des Europäischen Parlaments und des Rates vom 5. April 2011 zur Verhütung und Bekämpfung des Menschenhandels und zum Schutz seiner Opfer sowie zur Ersetzung des Rahmenbeschlusses 2002/629/JI des Rates (ABl. L 101 vom 15.4.2011, S. 1),
   g) den Artikeln 3 bis 8 der Richtlinie 2011/93/EU des Europäischen Parlaments und des Rates vom 13. Dezember 2011 zur Bekämpfung des sexuellen Missbrauchs und der sexuellen Ausbeutung von Kindern sowie der Kinderpornografie sowie zur Ersetzung des Rahmenbeschlusses 2004/68/JI des Rates (ABl. L 335 vom 17.12.2011, S. 1; L 18 vom 21.1.2012, S. 7) oder
   h) den Artikeln 4 bis 9 Absatz 1 und 2 Buchstabe b oder den Artikeln 10 bis 14 der Richtlinie (EU) 2017/541 des Europäischen Parlaments und des Rates vom 15. März 2017 zur Terrorismusbekämpfung und zur Ersetzung des Rahmenbeschlusses 2002/475/JI des Rates und zur Änderung des Beschlusses 2005/671/JI des Rates (ABl. L 88 vom 31.3.2017, S. 6).

(10) [1] Gegenstände, auf die sich die Straftat bezieht, können eingezogen werden. [2] § 74a ist anzuwenden. [3] Die §§ 73 bis 73e bleiben unberührt und gehen einer Einziehung nach § 74 Absatz 2, auch in Verbindung mit den §§ 74a und 74c, vor.

**§ 262 Führungsaufsicht.** In den Fällen der §§ 259 bis 261 kann das Gericht Führungsaufsicht anordnen (§ 68 Abs. 1).

## Zweiundzwanzigster Abschnitt. Betrug und Untreue

**§ 263**[1) 2)] **Betrug.** (1) Wer in der Absicht, sich oder einem Dritten einen rechtswidrigen Vermögensvorteil zu verschaffen, das Vermögen eines anderen dadurch beschädigt, daß er durch Vorspiegelung falscher oder durch Entstellung oder Unterdrückung wahrer Tatsachen einen Irrtum erregt oder unterhält, wird mit Freiheitsstrafe bis zu fünf Jahren oder mit Geldstrafe bestraft.

(2) Der Versuch ist strafbar.

(3) [1] In besonders schweren Fällen ist die Strafe Freiheitsstrafe von sechs Monaten bis zu zehn Jahren. [2] Ein besonders schwerer Fall liegt in der Regel vor, wenn der Täter

1. gewerbsmäßig oder als Mitglied einer Bande handelt, die sich zur fortgesetzten Begehung von Urkundenfälschung oder Betrug verbunden hat,
2. einen Vermögensverlust großen Ausmaßes herbeiführt oder in der Absicht handelt, durch die fortgesetzte Begehung von Betrug eine große Zahl von Menschen in die Gefahr des Verlustes von Vermögenswerten zu bringen,
3. eine andere Person in wirtschaftliche Not bringt,
4. seine Befugnisse oder seine Stellung als Amtsträger oder Europäischer Amtsträger mißbraucht oder
5. einen Versicherungsfall vortäuscht, nachdem er oder ein anderer zu diesem Zweck eine Sache von bedeutendem Wert in Brand gesetzt oder durch eine Brandlegung ganz oder teilweise zerstört oder ein Schiff zum Sinken oder Stranden gebracht hat.

(4) § 243 Abs. 2 sowie die §§ 247 und 248a gelten entsprechend.

(5) Mit Freiheitsstrafe von einem Jahr bis zu zehn Jahren, in minder schweren Fällen mit Freiheitsstrafe von sechs Monaten bis zu fünf Jahren wird bestraft, wer den Betrug als Mitglied einer Bande, die sich zur fortgesetzten Begehung von Straftaten nach den §§ 263 bis 264 oder 267 bis 269 verbunden hat, gewerbsmäßig begeht.

(6) Das Gericht kann Führungsaufsicht anordnen (§ 68 Abs. 1).

**§ 263a**[3)] **Computerbetrug.** (1) Wer in der Absicht, sich oder einem Dritten einen rechtswidrigen Vermögensvorteil zu verschaffen, das Vermögen eines anderen dadurch beschädigt, daß er das Ergebnis eines Datenverarbeitungsvorgangs durch unrichtige Gestaltung des Programms, durch Verwendung unrichtiger oder unvollständiger Daten, durch unbefugte Verwendung von Daten oder sonst durch unbefugte Einwirkung auf den Ablauf beeinflußt, wird mit Freiheitsstrafe bis zu fünf Jahren oder mit Geldstrafe bestraft.

(2) § 263 Abs. 2 bis 6 gilt entsprechend.

(3) Wer eine Straftat nach Absatz 1 vorbereitet, indem er

1. Computerprogramme, deren Zweck die Begehung einer solchen Tat ist, herstellt, sich oder einem anderen verschafft, feilhält, verwahrt oder einem anderen überlässt oder

---

[1)] § 263 Abs. 3 Satz 2 Nr. 4 geänd. mWv 26.11.2015 durch G v. 20.11.2015 (BGBl. I S. 2025); Abs. 7 aufgeh. mWv 1.7.2017 durch G v. 13.4.2017 (BGBl. I S. 872).

[2)] Vgl. § 49 BörsenG v. 16.7.2007 (BGBl. I S. 1330, 1351), zuletzt geänd. durch G v. 12.5.2021 (BGBl. I S. 990).

[3)] § 263a Abs. 3 und 4 angef. mWv 28.12.2003 durch G v. 22.12.2003 (BGBl. I S. 2838); Abs. 2 geänd. mWv 1.7.2017 durch G v. 13.4.2017 (BGBl. I S. 872); Abs. 3 neu gef. mWv 18.3.2021 durch G v. 10.3.2021 (BGBl. I S. 333).

2. Passwörter oder sonstige Sicherungscodes, die zur Begehung einer solchen Tat geeignet sind, herstellt, sich oder einem anderen verschafft, feilhält, verwahrt oder einem anderen überlässt,

wird mit Freiheitsstrafe bis zu drei Jahren oder mit Geldstrafe bestraft.

(4) In den Fällen des Absatzes 3 gilt § 149 Abs. 2 und 3 entsprechend.

**§ 264[1) 2)] Subventionsbetrug.** (1) Mit Freiheitsstrafe bis zu fünf Jahren oder mit Geldstrafe wird bestraft, wer

1. einer für die Bewilligung einer Subvention zuständigen Behörde oder einer anderen in das Subventionsverfahren eingeschalteten Stelle oder Person (Subventionsgeber) über subventionserhebliche Tatsachen für sich oder einen anderen unrichtige oder unvollständige Angaben macht, die für ihn oder den anderen vorteilhaft sind,
2. einen Gegenstand oder eine Geldleistung, deren Verwendung durch Rechtsvorschriften oder durch den Subventionsgeber im Hinblick auf eine Subvention beschränkt ist, entgegen der Verwendungsbeschränkung verwendet,
3. den Subventionsgeber entgegen den Rechtsvorschriften über die Subventionsvergabe über subventionserhebliche Tatsachen in Unkenntnis läßt oder
4. in einem Subventionsverfahren eine durch unrichtige oder unvollständige Angaben erlangte Bescheinigung über eine Subventionsberechtigung oder über subventionserhebliche Tatsachen gebraucht.

(2) [1] In besonders schweren Fällen ist die Strafe Freiheitsstrafe von sechs Monaten bis zu zehn Jahren. [2] Ein besonders schwerer Fall liegt in der Regel vor, wenn der Täter

1. aus grobem Eigennutz oder unter Verwendung nachgemachter oder verfälschter Belege für sich oder einen anderen eine nicht gerechtfertigte Subvention großen Ausmaßes erlangt,
2. seine Befugnisse oder seine Stellung als Amtsträger oder Europäischer Amtsträger mißbraucht oder
3. die Mithilfe eines Amtsträgers oder Europäischen Amtsträgers ausnutzt, der seine Befugnisse oder seine Stellung mißbraucht.

(3) § 263 Abs. 5 gilt entsprechend.

(4) In den Fällen des Absatzes 1 Nummer 2 ist der Versuch strafbar.

(5) Wer in den Fällen des Absatzes 1 Nr. 1 bis 3 leichtfertig handelt, wird mit Freiheitsstrafe bis zu drei Jahren oder mit Geldstrafe bestraft.

(6) [1] Nach den Absätzen 1 und 5 wird nicht bestraft, wer freiwillig verhindert, daß auf Grund der Tat die Subvention gewährt wird. [2] Wird die Subvention ohne Zutun des Täters nicht gewährt, so wird er straflos, wenn er sich freiwillig und ernsthaft bemüht, das Gewähren der Subvention zu verhindern.

(7) [1] Neben einer Freiheitsstrafe von mindestens einem Jahr wegen einer Straftat nach den Absätzen 1 bis 3 kann das Gericht die Fähigkeit, öffentliche Ämter zu bekleiden, und die Fähigkeit, Rechte aus öffentlichen Wahlen zu erlangen, ab-

---

[1)] § 264 Abs. 2 Satz 2 Nr. 2 und 3 geänd. mWv 26.11.2015 durch G v. 20.11.2015 (BGBl. I S. 2025); Abs. 4 eingef., bish. Abs. 4 wird Abs. 5, bish. Abs. 5 wird Abs. 6 und Satz 1 geänd., bish. Abs. 6 wird Abs. 7, bish. Abs. 7 wird Abs. 8 und Satz 1 Nr. 2 geänd., bish. Abs. 8 wird Abs. 9 und Nr. 2 geänd. mWv 28.6.2019 durch G v. 19.6.2019 (BGBl. I S. 844).

[2)] Beachte hierzu auch G gegen mißbräuchliche Inanspruchnahme von Subventionen (Subventionsgesetz – SubvG) v. 29.7.1976 (BGBl. I S. 2037).

erkennen (§ 45 Abs. 2). [2] Gegenstände, auf die sich die Tat bezieht, können eingezogen werden; § 74a ist anzuwenden.

(8) [1] Subvention im Sinne dieser Vorschrift ist

1. eine Leistung aus öffentlichen Mitteln nach Bundes- oder Landesrecht an Betriebe oder Unternehmen, die wenigstens zum Teil
   a) ohne marktmäßige Gegenleistung gewährt wird und
   b) der Förderung der Wirtschaft dienen soll;
2. eine Leistung aus öffentlichen Mitteln nach dem Recht der Europäischen Union, die wenigstens zum Teil ohne marktmäßige Gegenleistung gewährt wird.

[2] Betrieb oder Unternehmen im Sinne des Satzes 1 Nr. 1 ist auch das öffentliche Unternehmen.

(9) Subventionserheblich im Sinne des Absatzes 1 sind Tatsachen,

1. die durch Gesetz oder auf Grund eines Gesetzes von dem Subventionsgeber als subventionserheblich bezeichnet sind oder
2. von denen die Bewilligung, Gewährung, Rückforderung, Weitergewährung oder das Belassen einer Subvention oder eines Subventionsvorteils gesetzlich oder nach dem Subventionsvertrag abhängig ist.

**§ 264a Kapitalanlagebetrug.** (1) Wer im Zusammenhang mit

1. dem Vertrieb von Wertpapieren, Bezugsrechten oder von Anteilen, die eine Beteiligung an dem Ergebnis eines Unternehmens gewähren sollen, oder
2. dem Angebot, die Einlage auf solche Anteile zu erhöhen,

in Prospekten oder in Darstellungen oder Übersichten über den Vermögensstand hinsichtlich der für die Entscheidung über den Erwerb oder die Erhöhung erheblichen Umstände gegenüber einem größeren Kreis von Personen unrichtige vorteilhafte Angaben macht oder nachteilige Tatsachen verschweigt, wird mit Freiheitsstrafe bis zu drei Jahren oder mit Geldstrafe bestraft.

(2) Absatz 1 gilt entsprechend, wenn sich die Tat auf Anteile an einem Vermögen bezieht, das ein Unternehmen im eigenen Namen, jedoch für fremde Rechnung verwaltet.

(3) [1] Nach den Absätzen 1 und 2 wird nicht bestraft, wer freiwillig verhindert, daß auf Grund der Tat die durch den Erwerb oder die Erhöhung bedingte Leistung erbracht wird. [2] Wird die Leistung ohne Zutun des Täters nicht erbracht, so wird er straflos, wenn er sich freiwillig und ernsthaft bemüht, das Erbringen der Leistung zu verhindern.

**§ 265 Versicherungsmißbrauch.** (1) Wer eine gegen Untergang, Beschädigung, Beeinträchtigung der Brauchbarkeit, Verlust oder Diebstahl versicherte Sache beschädigt, zerstört, in ihrer Brauchbarkeit beeinträchtigt, beiseite schafft oder einem anderen überläßt, um sich oder einem Dritten Leistungen aus der Versicherung zu verschaffen, wird mit Freiheitsstrafe bis zu drei Jahren oder mit Geldstrafe bestraft, wenn die Tat nicht in § 263 mit Strafe bedroht ist.

(2) Der Versuch ist strafbar.

**§ 265a Erschleichen von Leistungen.** (1) Wer die Leistung eines Automaten oder eines öffentlichen Zwecken dienenden Telekommunikationsnetzes, die Beförderung durch ein Verkehrsmittel oder den Zutritt zu einer Veranstaltung oder einer Einrichtung in der Absicht erschleicht, das Entgelt nicht zu entrichten, wird mit Freiheitsstrafe bis zu einem Jahr oder mit Geldstrafe bestraft, wenn die Tat nicht in anderen Vorschriften mit schwererer Strafe bedroht ist.

(2) Der Versuch ist strafbar.

(3) Die §§ 247 und 248a gelten entsprechend.

**§ 265b Kreditbetrug.** (1) Wer einem Betrieb oder Unternehmen im Zusammenhang mit einem Antrag auf Gewährung, Belassung oder Veränderung der Bedingungen eines Kredits für einen Betrieb oder ein Unternehmen oder einen vorgetäuschten Betrieb oder ein vorgetäuschtes Unternehmen

1. über wirtschaftliche Verhältnisse
   a) unrichtige oder unvollständige Unterlagen, namentlich Bilanzen, Gewinn- und Verlustrechnungen, Vermögensübersichten oder Gutachten vorlegt oder
   b) schriftlich unrichtige oder unvollständige Angaben macht,

   die für den Kreditnehmer vorteilhaft und für die Entscheidung über einen solchen Antrag erheblich sind, oder
2. solche Verschlechterungen der in den Unterlagen oder Angaben dargestellten wirtschaftlichen Verhältnisse bei der Vorlage nicht mitteilt, die für die Entscheidung über einen solchen Antrag erheblich sind,

wird mit Freiheitsstrafe bis zu drei Jahren oder mit Geldstrafe bestraft.

(2) [1] Nach Absatz 1 wird nicht bestraft, wer freiwillig verhindert, daß der Kreditgeber auf Grund der Tat die beantragte Leistung erbringt. [2] Wird die Leistung ohne Zutun des Täters nicht erbracht, so wird er straflos, wenn er sich freiwillig und ernsthaft bemüht, das Erbringen der Leistung zu verhindern.

(3) Im Sinne des Absatzes 1 sind

1. Betriebe und Unternehmen unabhängig von ihrem Gegenstand solche, die nach Art und Umfang einen in kaufmännischer Weise eingerichteten Geschäftsbetrieb erfordern;
2. Kredite Gelddarlehen aller Art, Akzeptkredite, der entgeltliche Erwerb und die Stundung von Geldforderungen, die Diskontierung von Wechseln und Schecks und die Übernahme von Bürgschaften, Garantien und sonstigen Gewährleistungen.

**§ 265c[1)] Sportwettbetrug.** (1) Wer als Sportler oder Trainer einen Vorteil für sich oder einen Dritten als Gegenleistung dafür fordert, sich versprechen lässt oder annimmt, dass er den Verlauf oder das Ergebnis eines Wettbewerbs des organisierten Sports zugunsten des Wettbewerbsgegners beeinflusse und infolgedessen ein rechtswidriger Vermögensvorteil durch eine auf diesen Wettbewerb bezogene öffentliche Sportwette erlangt werde, wird mit Freiheitsstrafe bis zu drei Jahren oder mit Geldstrafe bestraft.

(2) Ebenso wird bestraft, wer einem Sportler oder Trainer einen Vorteil für diesen oder einen Dritten als Gegenleistung dafür anbietet, verspricht oder gewährt, dass er den Verlauf oder das Ergebnis eines Wettbewerbs des organisierten Sports zugunsten des Wettbewerbsgegners beeinflusse und infolgedessen ein rechtswidriger Vermögensvorteil durch eine auf diesen Wettbewerb bezogene öffentliche Sportwette erlangt werde.

(3) Wer als Schieds-, Wertungs- oder Kampfrichter einen Vorteil für sich oder einen Dritten als Gegenleistung dafür fordert, sich versprechen lässt oder annimmt,

---

[1)] §§ 265c–265e eingef. mWv 19.4.2017 durch G v. 11.4.2017 (BGBl. I S. 815).

dass er den Verlauf oder das Ergebnis eines Wettbewerbs des organisierten Sports in regelwidriger Weise beeinflusse und infolgedessen ein rechtswidriger Vermögensvorteil durch eine auf diesen Wettbewerb bezogene öffentliche Sportwette erlangt werde, wird mit Freiheitsstrafe bis zu drei Jahren oder mit Geldstrafe bestraft.

(4) Ebenso wird bestraft, wer einem Schieds-, Wertungs- oder Kampfrichter einen Vorteil für diesen oder einen Dritten als Gegenleistung dafür anbietet, verspricht oder gewährt, dass er den Verlauf oder das Ergebnis eines Wettbewerbs des organisierten Sports in regelwidriger Weise beeinflusse und infolgedessen ein rechtswidriger Vermögensvorteil durch eine auf diesen Wettbewerb bezogene öffentliche Sportwette erlangt werde.

(5) Ein Wettbewerb des organisierten Sports im Sinne dieser Vorschrift ist jede Sportveranstaltung im Inland oder im Ausland,

1. die von einer nationalen oder internationalen Sportorganisation oder in deren Auftrag oder mit deren Anerkennung organisiert wird und
2. bei der Regeln einzuhalten sind, die von einer nationalen oder internationalen Sportorganisation mit verpflichtender Wirkung für ihre Mitgliedsorganisationen verabschiedet wurden.

(6) [1] Trainer im Sinne dieser Vorschrift ist, wer bei dem sportlichen Wettbewerb über den Einsatz und die Anleitung von Sportlern entscheidet. [2] Einem Trainer stehen Personen gleich, die aufgrund ihrer beruflichen oder wirtschaftlichen Stellung wesentlichen Einfluss auf den Einsatz oder die Anleitung von Sportlern nehmen können.

**§ 265d[1)] Manipulation von berufssportlichen Wettbewerben.** (1) Wer als Sportler oder Trainer einen Vorteil für sich oder einen Dritten als Gegenleistung dafür fordert, sich versprechen lässt oder annimmt, dass er den Verlauf oder das Ergebnis eines berufssportlichen Wettbewerbs in wettbewerbswidriger Weise zugunsten des Wettbewerbsgegners beeinflusse, wird mit Freiheitsstrafe bis zu drei Jahren oder mit Geldstrafe bestraft.

(2) Ebenso wird bestraft, wer einem Sportler oder Trainer einen Vorteil für diesen oder einen Dritten als Gegenleistung dafür anbietet, verspricht oder gewährt, dass er den Verlauf oder das Ergebnis eines berufssportlichen Wettbewerbs in wettbewerbswidriger Weise zugunsten des Wettbewerbsgegners beeinflusse.

(3) Wer als Schieds-, Wertungs- oder Kampfrichter einen Vorteil für sich oder einen Dritten als Gegenleistung dafür fordert, sich versprechen lässt oder annimmt, dass er den Verlauf oder das Ergebnis eines berufssportlichen Wettbewerbs in regelwidriger Weise beeinflusse, wird mit Freiheitsstrafe bis zu drei Jahren oder mit Geldstrafe bestraft.

(4) Ebenso wird bestraft, wer einem Schieds-, Wertungs- oder Kampfrichter einen Vorteil für diesen oder einen Dritten als Gegenleistung dafür anbietet, verspricht oder gewährt, dass er den Verlauf oder das Ergebnis eines berufssportlichen Wettbewerbs in regelwidriger Weise beeinflusse.

(5) Ein berufssportlicher Wettbewerb im Sinne dieser Vorschrift ist jede Sportveranstaltung im Inland oder im Ausland,

1. die von einem Sportbundesverband oder einer internationalen Sportorganisation veranstaltet oder in deren Auftrag oder mit deren Anerkennung organisiert wird,

---

1) § 265d eingef. mWv 19.4.2017 durch G v. 11.4.2017 (BGBl. I S. 815).

2. bei der Regeln einzuhalten sind, die von einer nationalen oder internationalen Sportorganisation mit verpflichtender Wirkung für ihre Mitgliedsorganisationen verabschiedet wurden, und
3. an der überwiegend Sportler teilnehmen, die durch ihre sportliche Betätigung unmittelbar oder mittelbar Einnahmen von erheblichem Umfang erzielen.

(6) § 265c Absatz 6 gilt entsprechend.

**§ 265e[1] Besonders schwere Fälle des Sportwettbetrugs und der Manipulation von berufssportlichen Wettbewerben.** [1] In besonders schweren Fällen wird eine Tat nach den §§ 265c und 265d mit Freiheitsstrafe von drei Monaten bis zu fünf Jahren bestraft. [2] Ein besonders schwerer Fall liegt in der Regel vor, wenn
1. die Tat sich auf einen Vorteil großen Ausmaßes bezieht oder
2. der Täter gewerbsmäßig handelt oder als Mitglied einer Bande, die sich zur fortgesetzten Begehung solcher Taten verbunden hat.

**§ 266[2] Untreue.** (1) Wer die ihm durch Gesetz, behördlichen Auftrag oder Rechtsgeschäft eingeräumte Befugnis, über fremdes Vermögen zu verfügen oder einen anderen zu verpflichten, mißbraucht oder die ihm kraft Gesetzes, behördlichen Auftrags, Rechtsgeschäfts oder eines Treueverhältnisses obliegende Pflicht, fremde Vermögensinteressen wahrzunehmen, verletzt und dadurch dem, dessen Vermögensinteressen er zu betreuen hat, Nachteil zufügt, wird mit Freiheitsstrafe bis zu fünf Jahren oder mit Geldstrafe bestraft.

(2) § 243 Abs. 2 und die §§ 247, 248a und 263 Abs. 3 gelten entsprechend.

**§ 266a[3] Vorenthalten und Veruntreuen von Arbeitsentgelt.** (1) Wer als Arbeitgeber der Einzugsstelle Beiträge des Arbeitnehmers zur Sozialversicherung einschließlich der Arbeitsförderung, unabhängig davon, ob Arbeitsentgelt gezahlt wird, vorenthält, wird mit Freiheitsstrafe bis zu fünf Jahren oder mit Geldstrafe bestraft.

(2) Ebenso wird bestraft, wer als Arbeitgeber
1. der für den Einzug der Beiträge zuständigen Stelle über sozialversicherungsrechtlich erhebliche Tatsachen unrichtige oder unvollständige Angaben macht oder
2. die für den Einzug der Beiträge zuständige Stelle pflichtwidrig über sozialversicherungsrechtlich erhebliche Tatsachen in Unkenntnis lässt

und dadurch dieser Stelle vom Arbeitgeber zu tragende Beiträge zur Sozialversicherung einschließlich der Arbeitsförderung, unabhängig davon, ob Arbeitsentgelt gezahlt wird, vorenthält.

(3) [1] Wer als Arbeitgeber sonst Teile des Arbeitsentgelts, die er für den Arbeitnehmer an einen anderen zu zahlen hat, dem Arbeitnehmer einbehält, sie jedoch an den anderen nicht zahlt und es unterlässt, den Arbeitnehmer spätestens im Zeitpunkt der Fälligkeit oder unverzüglich danach über das Unterlassen der Zahlung an den anderen zu unterrichten, wird mit Freiheitsstrafe bis zu fünf Jahren

---

[1] § 265e eingef. mWv 19.4.2017 durch G v. 11.4.2017 (BGBl. I S. 815).

[2] Vgl. auch §§ 34 ff. DepotG **(Habersack, Deutsche Gesetze ErgBd. Nr. 59)**.

[3] § 266a Abs. 1 neu gef., Abs. 4 eingef., bish. Abs. 4 und 5 werden Abs. 5 und 6 mWv 1.8.2002 durch G v. 23.7.2002 (BGBl. I S. 2787); Abs. 2 und 3 neu gef., Abs. 4 und 6 geänd. mWv 1.8.2004 durch G v. 23.7.2004 (BGBl. I S. 1842); Abs. 4 Satz 2 Nr. 2 geänd., Nr. 3 und 4 eingef., bish. Nr. 3 wird Nr. 5 mWv 24.8.2017 durch G v. 17.8.2017 (BGBl. I S. 3202).

oder mit Geldstrafe bestraft. [2] Satz 1 gilt nicht für Teile des Arbeitsentgelts, die als Lohnsteuer einbehalten werden.

(4) [1] In besonders schweren Fällen der Absätze 1 und 2 ist die Strafe Freiheitsstrafe von sechs Monaten bis zu zehn Jahren. [2] Ein besonders schwerer Fall liegt in der Regel vor, wenn der Täter

1. aus grobem Eigennutz in großem Ausmaß Beiträge vorenthält,
2. unter Verwendung nachgemachter oder verfälschter Belege fortgesetzt Beiträge vorenthält,
3. fortgesetzt Beiträge vorenthält und sich zur Verschleierung der tatsächlichen Beschäftigungsverhältnisse unrichtige, nachgemachte oder verfälschte Belege von einem Dritten verschafft, der diese gewerbsmäßig anbietet,
4. als Mitglied einer Bande handelt, die sich zum fortgesetzten Vorenthalten von Beiträgen zusammengeschlossen hat und die zur Verschleierung der tatsächlichen Beschäftigungsverhältnisse unrichtige, nachgemachte oder verfälschte Belege vorhält, oder
5. die Mithilfe eines Amtsträgers ausnutzt, der seine Befugnisse oder seine Stellung missbraucht.

(5) Dem Arbeitgeber stehen der Auftraggeber eines Heimarbeiters, Hausgewerbetreibenden oder einer Person, die im Sinne des Heimarbeitsgesetzes[1)] diesen gleichgestellt ist, sowie der Zwischenmeister gleich.

(6) [1] In den Fällen der Absätze 1 und 2 kann das Gericht von einer Bestrafung nach dieser Vorschrift absehen, wenn der Arbeitgeber spätestens im Zeitpunkt der Fälligkeit oder unverzüglich danach der Einzugsstelle schriftlich

1. die Höhe der vorenthaltenen Beiträge mitteilt und
2. darlegt, warum die fristgemäße Zahlung nicht möglich ist, obwohl er sich darum ernsthaft bemüht hat.

[2] Liegen die Voraussetzungen des Satzes 1 vor und werden die Beiträge dann nachträglich innerhalb der von der Einzugsstelle bestimmten angemessenen Frist entrichtet, wird der Täter insoweit nicht bestraft. [3] In den Fällen des Absatzes 3 gelten die Sätze 1 und 2 entsprechend.

**§ 266b Mißbrauch von Scheck- und Kreditkarten.** (1) Wer die ihm durch die Überlassung einer Scheckkarte oder einer Kreditkarte eingeräumte Möglichkeit, den Aussteller zu einer Zahlung zu veranlassen, mißbraucht und diesen dadurch schädigt, wird mit Freiheitsstrafe bis zu drei Jahren oder mit Geldstrafe bestraft.

(2) § 248a gilt entsprechend.

## Dreiundzwanzigster Abschnitt. Urkundenfälschung

**§ 267[2)] Urkundenfälschung.** (1) Wer zur Täuschung im Rechtsverkehr eine unechte Urkunde herstellt, eine echte Urkunde verfälscht oder eine unechte oder verfälschte Urkunde gebraucht, wird mit Freiheitsstrafe bis zu fünf Jahren oder mit Geldstrafe bestraft.

(2) Der Versuch ist strafbar.

---

[1)] **Loseblatt-Textsammlung Arbeitsrecht Nr. 450.**

[2)] § 267 Abs. 3 Satz 2 Nr. 4 geänd. mWv 26.11.2015 durch G v. 20.11.2015 (BGBl. I S. 2025).

(3) [1] In besonders schweren Fällen ist die Strafe Freiheitsstrafe von sechs Monaten bis zu zehn Jahren. [2] Ein besonders schwerer Fall liegt in der Regel vor, wenn der Täter

1. gewerbsmäßig oder als Mitglied einer Bande handelt, die sich zur fortgesetzten Begehung von Betrug oder Urkundenfälschung verbunden hat,
2. einen Vermögensverlust großen Ausmaßes herbeiführt,
3. durch eine große Zahl von unechten oder verfälschten Urkunden die Sicherheit des Rechtsverkehrs erheblich gefährdet oder
4. seine Befugnisse oder seine Stellung als Amtsträger oder Europäischer Amtsträger mißbraucht.

(4) Mit Freiheitsstrafe von einem Jahr bis zu zehn Jahren, in minder schweren Fällen mit Freiheitsstrafe von sechs Monaten bis zu fünf Jahren wird bestraft, wer die Urkundenfälschung als Mitglied einer Bande, die sich zur fortgesetzten Begehung von Straftaten nach den §§ 263 bis 264 oder 267 bis 269 verbunden hat, gewerbsmäßig begeht.

**§ 268 Fälschung technischer Aufzeichnungen.** (1) Wer zur Täuschung im Rechtsverkehr

1. eine unechte technische Aufzeichnung herstellt oder eine technische Aufzeichnung verfälscht oder
2. eine unechte oder verfälschte technische Aufzeichnung gebraucht,

wird mit Freiheitsstrafe bis zu fünf Jahren oder mit Geldstrafe bestraft.

(2) Technische Aufzeichnung ist eine Darstellung von Daten, Meß- oder Rechenwerten, Zuständen oder Geschehensabläufen, die durch ein technisches Gerät ganz oder zum Teil selbsttätig bewirkt wird, den Gegenstand der Aufzeichnung allgemein oder für Eingeweihte erkennen läßt und zum Beweis einer rechtlich erheblichen Tatsache bestimmt ist, gleichviel ob ihr die Bestimmung schon bei der Herstellung oder erst später gegeben wird.

(3) Der Herstellung einer unechten technischen Aufzeichnung steht es gleich, wenn der Täter durch störende Einwirkung auf den Aufzeichnungsvorgang das Ergebnis der Aufzeichnung beeinflußt.

(4) Der Versuch ist strafbar.

(5) § 267 Abs. 3 und 4 gilt entsprechend.

**§ 269 Fälschung beweiserheblicher Daten.** (1) Wer zur Täuschung im Rechtsverkehr beweiserhebliche Daten so speichert oder verändert, daß bei ihrer Wahrnehmung eine unechte oder verfälschte Urkunde vorliegen würde, oder derart gespeicherte oder veränderte Daten gebraucht, wird mit Freiheitsstrafe bis zu fünf Jahren oder mit Geldstrafe bestraft.

(2) Der Versuch ist strafbar.

(3) § 267 Abs. 3 und 4 gilt entsprechend.

**§ 270 Täuschung im Rechtsverkehr bei Datenverarbeitung.** Der Täuschung im Rechtsverkehr steht die fälschliche Beeinflussung einer Datenverarbeitung im Rechtsverkehr gleich.

**§ 271 Mittelbare Falschbeurkundung.** (1) Wer bewirkt, daß Erklärungen, Verhandlungen oder Tatsachen, welche für Rechte oder Rechtsverhältnisse von Erheblichkeit sind, in öffentlichen Urkunden, Büchern, Dateien oder Registern als abgegeben oder geschehen beurkundet oder gespeichert werden, während sie überhaupt nicht oder in anderer Weise oder von einer Person in einer ihr nicht zustehenden Eigenschaft oder von einer anderen Person abgegeben oder geschehen sind, wird mit Freiheitsstrafe bis zu drei Jahren oder mit Geldstrafe bestraft.

(2) Ebenso wird bestraft, wer eine falsche Beurkundung oder Datenspeicherung der in Absatz 1 bezeichneten Art zur Täuschung im Rechtsverkehr gebraucht.

(3) Handelt der Täter gegen Entgelt oder in der Absicht, sich oder einen Dritten zu bereichern oder eine andere Person zu schädigen, so ist die Strafe Freiheitsstrafe von drei Monaten bis zu fünf Jahren.

(4) Der Versuch ist strafbar.

**§ 272** (weggefallen)

**§ 273 Verändern von amtlichen Ausweisen.** (1) Wer zur Täuschung im Rechtsverkehr

1. eine Eintragung in einem amtlichen Ausweis entfernt, unkenntlich macht, überdeckt oder unterdrückt oder eine einzelne Seite aus einem amtlichen Ausweis entfernt oder
2. einen derart veränderten amtlichen Ausweis gebraucht,

wird mit Freiheitsstrafe bis zu drei Jahren oder mit Geldstrafe bestraft, wenn die Tat nicht in § 267 oder § 274 mit Strafe bedroht ist.

(2) Der Versuch ist strafbar.

**§ 274 Urkundenunterdrückung; Veränderung einer Grenzbezeichnung.**

(1) Mit Freiheitsstrafe bis zu fünf Jahren oder mit Geldstrafe wird bestraft, wer

1. eine Urkunde oder eine technische Aufzeichnung, welche ihm entweder überhaupt nicht oder nicht ausschließlich gehört, in der Absicht, einem anderen Nachteil zuzufügen, vernichtet, beschädigt oder unterdrückt,
2. beweiserhebliche Daten (§ 202a Abs. 2), über die er nicht oder nicht ausschließlich verfügen darf, in der Absicht, einem anderen Nachteil zuzufügen, löscht, unterdrückt, unbrauchbar macht oder verändert oder
3. einen Grenzstein oder ein anderes zur Bezeichnung einer Grenze oder eines Wasserstandes bestimmtes Merkmal in der Absicht, einem anderen Nachteil zuzufügen, wegnimmt, vernichtet, unkenntlich macht, verrückt oder fälschlich setzt.

(2) Der Versuch ist strafbar.

**§ 275[1] Vorbereitung der Fälschung von amtlichen Ausweisen; Vorbereitung der Herstellung von unrichtigen Impfausweisen.** (1) Wer eine Fälschung von amtlichen Ausweisen vorbereitet, indem er

1. Platten, Formen, Drucksätze, Druckstöcke, Negative, Matrizen oder ähnliche Vorrichtungen, die ihrer Art nach zur Begehung der Tat geeignet sind,
2. Papier, das einer solchen Papierart gleicht oder zum Verwechseln ähnlich ist, die zur Herstellung von amtlichen Ausweisen bestimmt und gegen Nachahmung besonders gesichert ist, oder
3. Vordrucke für amtliche Ausweise

---

[1] § 275 Überschrift neu gef., Abs. 1a eingef., Abs. 2 geänd. mWv 24.11.2021 durch G v. 22.11.2021 (BGBl. I S. 4906).

herstellt, sich oder einem anderen verschafft, feilhält, verwahrt, einem anderen überläßt oder einzuführen oder auszuführen unternimmt, wird mit Freiheitsstrafe bis zu zwei Jahren oder mit Geldstrafe bestraft.

(1a) Wer die Herstellung eines unrichtigen Impfausweises vorbereitet, indem er in einem Blankett-Impfausweis eine nicht durchgeführte Schutzimpfung dokumentiert oder einen auf derartige Weise ergänzten Blankett-Impfausweis sich oder einem anderen verschafft, feilhält, verwahrt, einem anderen überlässt oder einzuführen oder auszuführen unternimmt, wird mit Freiheitsstrafe bis zu zwei Jahren oder mit Geldstrafe bestraft.

(2) Handelt der Täter gewerbsmäßig oder als Mitglied einer Bande, die sich zur fortgesetzten Begehung von Straftaten nach Absatz 1 oder Absatz 1a verbunden hat, so ist die Strafe Freiheitsstrafe von drei Monaten bis zu fünf Jahren.

(3) § 149 Abs. 2 und 3 gilt entsprechend.

**§ 276 Verschaffen von falschen amtlichen Ausweisen.** (1) Wer einen unechten oder verfälschten amtlichen Ausweis oder einen amtlichen Ausweis, der eine falsche Beurkundung der in den §§ 271 und 348 bezeichneten Art enthält,

1. einzuführen oder auszuführen unternimmt oder
2. in der Absicht, dessen Gebrauch zur Täuschung im Rechtsverkehr zu ermöglichen, sich oder einem anderen verschafft, verwahrt oder einem anderen überläßt,

wird mit Freiheitsstrafe bis zu zwei Jahren oder mit Geldstrafe bestraft.

(2) Handelt der Täter gewerbsmäßig oder als Mitglied einer Bande, die sich zur fortgesetzten Begehung von Straftaten nach Absatz 1 verbunden hat, so ist die Strafe Freiheitsstrafe von drei Monaten bis zu fünf Jahren.

**§ 276a[1] Aufenthaltsrechtliche Papiere; Fahrzeugpapiere.** Die §§ 275 und 276 gelten auch für aufenthaltsrechtliche Papiere, namentlich Aufenthaltstitel und Duldungen, sowie für Fahrzeugpapiere, namentlich Fahrzeugscheine und Fahrzeugbriefe.

**§ 277[2] Unbefugtes Ausstellen von Gesundheitszeugnissen.** (1) Wer zur Täuschung im Rechtsverkehr unter der ihm nicht zustehenden Bezeichnung als Arzt oder als eine andere approbierte Medizinalperson ein Zeugnis über seinen oder eines anderen Gesundheitszustand ausstellt, wird mit Freiheitsstrafe bis zu einem Jahr oder mit Geldstrafe bestraft, wenn die Tat nicht in anderen Vorschriften dieses Abschnitts mit schwererer Strafe bedroht ist.

(2) [1] In besonders schweren Fällen ist die Strafe Freiheitsstrafe von drei Monaten bis zu fünf Jahren. [2] Ein besonders schwerer Fall liegt in der Regel vor, wenn der Täter gewerbsmäßig oder als Mitglied einer Bande, die sich zur fortgesetzten Begehung von unbefugtem Ausstellen von Gesundheitszeugnissen verbunden hat, Impfnachweise oder Testzertifikate betreffend übertragbare Krankheiten unbefugt ausstellt.

**§ 278[3] Ausstellen unrichtiger Gesundheitszeugnisse.** (1) Wer zur Täuschung im Rechtsverkehr als Arzt oder andere approbierte Medizinalperson ein

[1] § 276a geänd. mWv 1.1.2005 durch G v. 30.7.2004 (BGBl. I S. 1950).
[2] § 277 neu gef. mWv 24.11.2021 durch G v. 22.11.2021 (BGBl. I S. 4906).
[3] § 278 neu gef. mWv 24.11.2021 durch G v. 22.11.2021 (BGBl. I S. 4906).

unrichtiges Zeugnis über den Gesundheitszustand eines Menschen ausstellt, wird mit Freiheitsstrafe bis zu zwei Jahren oder mit Geldstrafe bestraft.

(2) [1] In besonders schweren Fällen ist die Strafe Freiheitsstrafe von drei Monaten bis zu fünf Jahren. [2] Ein besonders schwerer Fall liegt in der Regel vor, wenn der Täter gewerbsmäßig oder als Mitglied einer Bande, die sich zur fortgesetzten Begehung von unrichtigem Ausstellen von Gesundheitszeugnissen verbunden hat, Impfnachweise oder Testzertifikate betreffend übertragbare Krankheiten unrichtig ausstellt.

**§ 279[1)] Gebrauch unrichtiger Gesundheitszeugnisse.** Wer zur Täuschung im Rechtsverkehr von einem Gesundheitszeugnis der in den §§ 277 und 278 bezeichneten Art Gebrauch macht, wird mit Freiheitsstrafe bis zu einem Jahr oder mit Geldstrafe bestraft, wenn die Tat nicht in anderen Vorschriften dieses Abschnitts mit schwererer Strafe bedroht ist.

**§ 280** (weggefallen)

**§ 281[2)] Mißbrauch von Ausweispapieren.** (1) [1] Wer ein Ausweispapier, das für einen anderen ausgestellt ist, zur Täuschung im Rechtsverkehr gebraucht, oder wer zur Täuschung im Rechtsverkehr einem anderen ein Ausweispapier überläßt, das nicht für diesen ausgestellt ist, wird mit Freiheitsstrafe bis zu einem Jahr oder mit Geldstrafe bestraft. [2] Der Versuch ist strafbar.

(2) Einem Ausweispapier stehen Gesundheitszeugnisse sowie solche Zeugnisse und andere Urkunden gleich, die im Verkehr als Ausweis verwendet werden.

**§ 282[3)] Einziehung.** [1] Gegenstände, auf die sich eine Straftat nach § 267, § 268, § 271 Abs. 2 und 3, § 273 oder § 276, dieser auch in Verbindung mit § 276a, oder nach § 279 bezieht, können eingezogen werden. [2] In den Fällen des § 275, auch in Verbindung mit § 276a, werden die dort bezeichneten Fälschungsmittel eingezogen.

## Vierundzwanzigster Abschnitt. Insolvenzstraftaten

**§ 283 Bankrott.** (1) Mit Freiheitsstrafe bis zu fünf Jahren oder mit Geldstrafe wird bestraft, wer bei Überschuldung oder bei drohender oder eingetretener Zahlungsunfähigkeit

1. Bestandteile seines Vermögens, die im Falle der Eröffnung des Insolvenzverfahrens zur Insolvenzmasse gehören, beiseite schafft oder verheimlicht oder in einer den Anforderungen einer ordnungsgemäßen Wirtschaft widersprechenden Weise zerstört, beschädigt oder unbrauchbar macht,
2. in einer den Anforderungen einer ordnungsgemäßen Wirtschaft widersprechenden Weise Verlust- oder Spekulationsgeschäfte oder Differenzgeschäfte mit Waren oder Wertpapieren eingeht oder durch unwirtschaftliche Ausgaben, Spiel oder Wette übermäßige Beträge verbraucht oder schuldig wird,
3. Waren oder Wertpapiere auf Kredit beschafft und sie oder die aus diesen Waren hergestellten Sachen erheblich unter ihrem Wert in einer den Anforderungen einer ordnungsgemäßen Wirtschaft widersprechenden Weise veräußert oder sonst abgibt,

---

[1)] § 279 neu gef. mWv 24.11.2021 durch G v. 22.11.2021 (BGBl. I S. 4906).
[2)] § 281 Abs. 2 geänd. mWv 24.11.2021 durch G v. 22.11.2021 (BGBl. I S. 4906).
[3)] § 282 Überschrift geänd., Abs. 1 aufgeh. mWv 1.7.2017 durch G v. 13.4.2017 (BGBl. I S. 872).

4. Rechte anderer vortäuscht oder erdichtete Rechte anerkennt,
5. Handelsbücher, zu deren Führung er gesetzlich verpflichtet ist, zu führen unterläßt oder so führt oder verändert, daß die Übersicht über seinen Vermögensstand erschwert wird,
6. Handelsbücher oder sonstige Unterlagen, zu deren Aufbewahrung ein Kaufmann nach Handelsrecht verpflichtet ist, vor Ablauf der für Buchführungspflichtige bestehenden Aufbewahrungsfristen beiseite schafft, verheimlicht, zerstört oder beschädigt und dadurch die Übersicht über seinen Vermögensstand erschwert,

*(Fortsetzung nächstes Blatt)*

7. entgegen dem Handelsrecht
   a) Bilanzen so aufstellt, daß die Übersicht über seinen Vermögensstand erschwert wird, oder
   b) es unterläßt, die Bilanz seines Vermögens oder das Inventar in der vorgeschriebenen Zeit aufzustellen, oder
8. in einer anderen, den Anforderungen einer ordnungsgemäßen Wirtschaft grob widersprechenden Weise seinen Vermögensstand verringert oder seine wirklichen geschäftlichen Verhältnisse verheimlicht oder verschleiert.

(2) Ebenso wird bestraft, wer durch eine der in Absatz 1 bezeichneten Handlungen seine Überschuldung oder Zahlungsunfähigkeit herbeiführt.

(3) Der Versuch ist strafbar.

(4) Wer in den Fällen
1. des Absatzes 1 die Überschuldung oder die drohende oder eingetretene Zahlungsunfähigkeit fahrlässig nicht kennt oder
2. des Absatzes 2 die Überschuldung oder Zahlungsunfähigkeit leichtfertig verursacht,

wird mit Freiheitsstrafe bis zu zwei Jahren oder mit Geldstrafe bestraft.

(5) Wer in den Fällen
1. des Absatzes 1 Nr. 2, 5 oder 7 fahrlässig handelt und die Überschuldung oder die drohende oder eingetretene Zahlungsunfähigkeit wenigstens fahrlässig nicht kennt oder
2. des Absatzes 2 in Verbindung mit Absatz 1 Nr. 2, 5 oder 7 fahrlässig handelt und die Überschuldung oder Zahlungsunfähigkeit wenigstens leichtfertig verursacht,

wird mit Freiheitsstrafe bis zu zwei Jahren oder mit Geldstrafe bestraft.

(6) Die Tat ist nur dann strafbar, wenn der Täter seine Zahlungen eingestellt hat oder über sein Vermögen das Insolvenzverfahren eröffnet oder der Eröffnungsantrag mangels Masse abgewiesen worden ist.

**§ 283 a Besonders schwerer Fall des Bankrotts.** [1] In besonders schweren Fällen des § 283 Abs. 1 bis 3 wird der Bankrott mit Freiheitsstrafe von sechs Monaten bis zu zehn Jahren bestraft. [2] Ein besonders schwerer Fall liegt in der Regel vor, wenn der Täter
1. aus Gewinnsucht handelt oder
2. wissentlich viele Personen in die Gefahr des Verlustes ihrer ihm anvertrauten Vermögenswerte oder in wirtschaftliche Not bringt.

**§ 283 b Verletzung der Buchführungspflicht.** (1) Mit Freiheitsstrafe bis zu zwei Jahren oder mit Geldstrafe wird bestraft, wer
1. Handelsbücher, zu deren Führung er gesetzlich verpflichtet ist, zu führen unterläßt oder so führt oder verändert, daß die Übersicht über seinen Vermögensstand erschwert wird,
2. Handelsbücher oder sonstige Unterlagen, zu deren Aufbewahrung er nach Handelsrecht verpflichtet ist, vor Ablauf der gesetzlichen Aufbewahrungsfristen beiseite schafft, verheimlicht, zerstört oder beschädigt und dadurch die Übersicht über seinen Vermögensstand erschwert,
3. entgegen dem Handelsrecht

a) Bilanzen so aufstellt, daß die Übersicht über seinen Vermögensstand erschwert wird, oder

b) es unterläßt, die Bilanz seines Vermögens oder das Inventar in der vorgeschriebenen Zeit aufzustellen.

(2) Wer in den Fällen des Absatzes 1 Nr. 1 oder 3 fahrlässig handelt, wird mit Freiheitsstrafe bis zu einem Jahr oder mit Geldstrafe bestraft.

(3) § 283 Abs. 6 gilt entsprechend.

**§ 283 c Gläubigerbegünstigung.** (1) Wer in Kenntnis seiner Zahlungsunfähigkeit einem Gläubiger eine Sicherheit oder Befriedigung gewährt, die dieser nicht oder nicht in der Art oder nicht zu der Zeit zu beanspruchen hat, und ihn dadurch absichtlich oder wissentlich vor den übrigen Gläubigern begünstigt, wird mit Freiheitsstrafe bis zu zwei Jahren oder mit Geldstrafe bestraft.

(2) Der Versuch ist strafbar.

(3) § 283 Abs. 6 gilt entsprechend.

**§ 283 d Schuldnerbegünstigung.** (1) Mit Freiheitsstrafe bis zu fünf Jahren oder mit Geldstrafe wird bestraft, wer

1. in Kenntnis der einem anderen drohenden Zahlungsunfähigkeit oder
2. nach Zahlungseinstellung, in einem Insolvenzverfahren oder in einem Verfahren zur Herbeiführung der Entscheidung über die Eröffnung des Insolvenzverfahrens eines anderen

Bestandteile des Vermögens eines anderen, die im Falle der Eröffnung des Insolvenzverfahrens zur Insolvenzmasse gehören, mit dessen Einwilligung oder zu dessen Gunsten beiseite schafft oder verheimlicht oder in einer den Anforderungen einer ordnungsgemäßen Wirtschaft widersprechenden Weise zerstört, beschädigt oder unbrauchbar macht.

(2) Der Versuch ist strafbar.

(3) [1] In besonders schweren Fällen ist die Strafe Freiheitsstrafe von sechs Monaten bis zu zehn Jahren. [2] Ein besonders schwerer Fall liegt in der Regel vor, wenn der Täter

1. aus Gewinnsucht handelt oder
2. wissentlich viele Personen in die Gefahr des Verlustes ihrer dem anderen anvertrauten Vermögenswerte oder in wirtschaftliche Not bringt.

(4) Die Tat ist nur dann strafbar, wenn der andere seine Zahlungen eingestellt hat oder über sein Vermögen das Insolvenzverfahren eröffnet oder der Eröffnungsantrag mangels Masse abgewiesen worden ist.

## Fünfundzwanzigster Abschnitt. Strafbarer Eigennutz

**§ 284 Unerlaubte Veranstaltung eines Glücksspiels.** (1) Wer ohne behördliche Erlaubnis öffentlich ein Glücksspiel veranstaltet oder hält oder die Einrichtungen hierzu bereitstellt, wird mit Freiheitsstrafe bis zu zwei Jahren oder mit Geldstrafe bestraft.

(2) Als öffentlich veranstaltet gelten auch Glücksspiele in Vereinen oder geschlossenen Gesellschaften, in denen Glücksspiele gewohnheitsmäßig veranstaltet werden.

(3) Wer in den Fällen des Absatzes 1

1. gewerbsmäßig oder
2. als Mitglied einer Bande handelt, die sich zur fortgesetzten Begehung solcher Taten verbunden hat,

wird mit Freiheitsstrafe von drei Monaten bis zu fünf Jahren bestraft.

(4) Wer für ein öffentliches Glücksspiel (Absätze 1 und 2) wirbt, wird mit Freiheitsstrafe bis zu einem Jahr oder mit Geldstrafe bestraft.

**§ 285 Beteiligung am unerlaubten Glücksspiel.** Wer sich an einem öffentlichen Glücksspiel (§ 284) beteiligt, wird mit Freiheitsstrafe bis zu sechs Monaten oder mit Geldstrafe bis zu einhundertachtzig Tagessätzen bestraft.

**§ 286[1] Einziehung.** [1]In den Fällen der §§ 284 und 285 werden die Spieleinrichtungen und das auf dem Spieltisch oder in der Bank vorgefundene Geld eingezogen, wenn sie dem Täter oder Teilnehmer zur Zeit der Entscheidung gehören. [2]Andernfalls können die Gegenstände eingezogen werden; § 74 a ist anzuwenden.

**§ 287 Unerlaubte Veranstaltung einer Lotterie oder einer Ausspielung.**

(1) Wer ohne behördliche Erlaubnis öffentliche Lotterien oder Ausspielungen beweglicher oder unbeweglicher Sachen veranstaltet, namentlich den Abschluß von Spielverträgen für eine öffentliche Lotterie oder Ausspielung anbietet oder auf den Abschluß solcher Spielverträge gerichtete Angebote annimmt, wird mit Freiheitsstrafe bis zu zwei Jahren oder mit Geldstrafe bestraft.

(2) Wer für öffentliche Lotterien oder Ausspielungen (Absatz 1) wirbt, wird mit Freiheitsstrafe bis zu einem Jahr oder mit Geldstrafe bestraft.

**§ 288 Vereiteln der Zwangsvollstreckung.** (1) Wer bei einer ihm drohenden Zwangsvollstreckung in der Absicht, die Befriedigung des Gläubigers zu vereiteln, Bestandteile seines Vermögens veräußert oder beiseite schafft, wird mit Freiheitsstrafe bis zu zwei Jahren oder mit Geldstrafe bestraft.

(2) Die Tat wird nur auf Antrag verfolgt.

**§ 289 Pfandkehr.** (1) Wer seine eigene bewegliche Sache oder eine fremde bewegliche Sache zugunsten des Eigentümers derselben dem Nutznießer, Pfandgläubiger oder demjenigen, welchem an der Sache ein Gebrauchs- oder Zurückbehaltungsrecht zusteht, in rechtswidriger Absicht wegnimmt, wird mit Freiheitsstrafe bis zu drei Jahren oder mit Geldstrafe bestraft.

(2) Der Versuch ist strafbar.

(3) Die Tat wird nur auf Antrag verfolgt.

**§ 290 Unbefugter Gebrauch von Pfandsachen.** Öffentliche Pfandleiher, welche die von ihnen in Pfand genommenen Gegenstände unbefugt in Gebrauch nehmen, werden mit Freiheitsstrafe bis zu einem Jahr oder mit Geldstrafe bestraft.

---

[1] § 286 Überschrift geänd., Abs. 1 aufgeh. mWv 1. 7. 2017 durch G v. 13. 4. 2017 (BGBl. I S. 872).

**§ 291 Wucher.** (1) [1] Wer die Zwangslage, die Unerfahrenheit, den Mangel an Urteilsvermögen oder die erhebliche Willensschwäche eines anderen dadurch ausbeutet, daß er sich oder einem Dritten

1. für die Vermietung von Räumen zum Wohnen oder damit verbundene Nebenleistungen,
2. für die Gewährung eines Kredits,
3. für eine sonstige Leistung oder
4. für die Vermittlung einer der vorbezeichneten Leistungen

Vermögensvorteile versprechen oder gewähren läßt, die in einem auffälligen Mißverhältnis zu der Leistung oder deren Vermittlung stehen, wird mit Freiheitsstrafe bis zu drei Jahren oder mit Geldstrafe bestraft. [2] Wirken mehrere Personen als Leistende, Vermittler oder in anderer Weise mit und ergibt sich dadurch ein auffälliges Mißverhältnis zwischen sämtlichen Vermögensvorteilen und sämtlichen Gegenleistungen, so gilt Satz 1 für jeden, der die Zwangslage oder sonstige Schwäche des anderen für sich oder einen Dritten zur Erzielung eines übermäßigen Vermögensvorteils ausnutzt.

(2) [1] In besonders schweren Fällen ist die Strafe Freiheitsstrafe von sechs Monaten bis zu zehn Jahren. [2] Ein besonders schwerer Fall liegt in der Regel vor, wenn der Täter

1. durch die Tat den anderen in wirtschaftliche Not bringt,
2. die Tat gewerbsmäßig begeht,
3. sich durch Wechsel wucherische Vermögensvorteile versprechen läßt.

**§ 292[1)] Jagdwilderei.** (1) Wer unter Verletzung fremden Jagdrechts oder Jagdausübungsrechts

1. dem Wild nachstellt, es fängt, erlegt oder sich oder einem Dritten zueignet oder
2. eine Sache, die dem Jagdrecht unterliegt, sich oder einem Dritten zueignet, beschädigt oder zerstört,

wird mit Freiheitsstrafe bis zu drei Jahren oder mit Geldstrafe bestraft.

(2) [1] In besonders schweren Fällen ist die Strafe Freiheitsstrafe von drei Monaten bis zu fünf Jahren. [2] Ein besonders schwerer Fall liegt in der Regel vor, wenn die Tat

1. gewerbs- oder gewohnheitsmäßig,
2. zur Nachtzeit, in der Schonzeit, unter Anwendung von Schlingen oder in anderer nicht weidmännischer Weise oder
3. von mehreren mit Schußwaffen ausgerüsteten Beteiligten gemeinschaftlich

begangen wird.

(3) Die Absätze 1 und 2 gelten nicht für die in einem Jagdbezirk zur Ausübung der Jagd befugten Personen hinsichtlich des Jagdrechts auf den zu diesem Jagdbezirk gehörenden nach § 6 a des Bundesjagdgesetzes[2)] für befriedet erklärten Grundflächen.

---

[1)] § 292 Abs. 3 angef. mWv 6. 12. 2013 durch G v. 29. 5. 2013 (BGBl. I S. 1386).
[2)] **Sartorius Nr. 890.**

**§ 293 Fischwilderei.** Wer unter Verletzung fremden Fischereirechts oder Fischereiausübungsrechts
1. fischt oder
2. eine Sache, die dem Fischereirecht unterliegt, sich oder einem Dritten zueignet, beschädigt oder zerstört,

wird mit Freiheitsstrafe bis zu zwei Jahren oder mit Geldstrafe bestraft.

**§ 294 Strafantrag.** In den Fällen des § 292 Abs. 1 und des § 293 wird die Tat nur auf Antrag des Verletzten verfolgt, wenn sie von einem Angehörigen oder an einem Ort begangen worden ist, wo der Täter die Jagd oder die Fischerei in beschränktem Umfang ausüben durfte.

**§ 295 Einziehung.** [1] Jagd- und Fischereigeräte, Hunde und andere Tiere, die der Täter oder Teilnehmer bei der Tat mit sich geführt oder verwendet hat, können eingezogen werden. [2] § 74 a ist anzuwenden.

**§ 296** (weggefallen)

**§ 297[1] Gefährdung von Schiffen, Kraft- und Luftfahrzeugen durch Bannware.** (1) Wer ohne Wissen des Reeders oder des Schiffsführers oder als Schiffsführer ohne Wissen des Reeders eine Sache an Bord eines deutschen Schiffes bringt oder nimmt, deren Beförderung
1. für das Schiff oder die Ladung die Gefahr einer Beschlagnahme oder Einziehung (§§ 74 bis 74 f) oder
2. für den Reeder oder den Schiffsführer die Gefahr einer Bestrafung

verursacht, wird mit Freiheitsstrafe bis zu zwei Jahren oder mit Geldstrafe bestraft.

(2) Ebenso wird bestraft, wer als Reeder ohne Wissen des Schiffsführers eine Sache an Bord eines deutschen Schiffes bringt oder nimmt, deren Beförderung für den Schiffsführer die Gefahr einer Bestrafung verursacht.

(3) Absatz 1 Nr. 1 gilt auch für ausländische Schiffe, die ihre Ladung ganz oder zum Teil im Inland genommen haben.

(4) [1] Die Absätze 1 bis 3 sind entsprechend anzuwenden, wenn Sachen in Kraft- oder Luftfahrzeuge gebracht oder genommen werden. [2] An die Stelle des Reeders und des Schiffsführers treten der Halter und der Führer des Kraft- oder Luftfahrzeuges.

## Sechsundzwanzigster Abschnitt. Straftaten gegen den Wettbewerb

**§ 298[2] Wettbewerbsbeschränkende Absprachen bei Ausschreibungen.**

(1) Wer bei einer Ausschreibung über Waren oder Dienstleistungen ein Angebot abgibt, das auf einer rechtswidrigen Absprache beruht, die darauf abzielt, den Veranstalter zur Annahme eines bestimmten Angebots zu veranlassen, wird mit Freiheitstrafe bis zu fünf Jahren oder mit Geldstrafe bestraft.

(2) Der Ausschreibung im Sinne des Absatzes 1 steht die freihändige Vergabe eines Auftrages nach vorausgegangenem Teilnahmewettbewerb gleich.

---

[1] § 297 Abs. 1 Nr. 1 geänd. mWv 1. 7. 2017 durch G v. 13. 4. 2017 (BGBl. I S. 872).
[2] § 298 Abs. 1 geänd. mWv 26. 11. 2015 durch G v. 20. 11. 2015 (BGBl. I S. 2025).

(3) [1] Nach Absatz 1, auch in Verbindung mit Absatz 2, wird nicht bestraft, wer freiwillig verhindert, daß der Veranstalter das Angebot annimmt oder dieser seine Leistung erbringt. [2] Wird ohne Zutun des Täters das Angebot nicht angenommen oder die Leistung des Veranstalters nicht erbracht, so wird er straflos, wenn er sich freiwillig und ernsthaft bemüht, die Annahme des Angebots oder das Erbringen der Leistung zu verhindern.

**§ 299[1)] Bestechlichkeit und Bestechung im geschäftlichen Verkehr.**

(1) Mit Freiheitsstrafe bis zu drei Jahren oder Geldstrafe wird bestraft, wer im geschäftlichen Verkehr als Angestellter oder Beauftragter eines Unternehmens

1. einen Vorteil für sich oder einen Dritten als Gegenleistung dafür fordert, sich versprechen lässt oder annimmt, dass er bei dem Bezug von Waren oder Dienstleistungen einen anderen im inländischen oder ausländischen Wettbewerb in unlauterer Weise bevorzuge, oder
2. ohne Einwilligung des Unternehmens einen Vorteil für sich oder einen Dritten als Gegenleistung dafür fordert, sich versprechen lässt oder annimmt, dass er bei dem Bezug von Waren oder Dienstleistungen eine Handlung vornehme oder unterlasse und dadurch seine Pflichten gegenüber dem Unternehmen verletze.

(2) Ebenso wird bestraft, wer im geschäftlichen Verkehr einem Angestellten oder Beauftragten eines Unternehmens

1. einen Vorteil für diesen oder einen Dritten als Gegenleistung dafür anbietet, verspricht oder gewährt, dass er bei dem Bezug von Waren oder Dienstleistungen ihn oder einen anderen im inländischen oder ausländischen Wettbewerb in unlauterer Weise bevorzuge, oder
2. ohne Einwilligung des Unternehmens einen Vorteil für diesen oder einen Dritten als Gegenleistung dafür anbietet, verspricht oder gewährt, dass er bei dem Bezug von Waren oder Dienstleistungen eine Handlung vornehme oder unterlasse und dadurch seine Pflichten gegenüber dem Unternehmen verletze.

**§ 299 a[2)] Bestechlichkeit im Gesundheitswesen.** Wer als Angehöriger eines Heilberufs, der für die Berufsausübung oder die Führung der Berufsbezeichnung eine staatlich geregelte Ausbildung erfordert, im Zusammenhang mit der Ausübung seines Berufs einen Vorteil für sich oder einen Dritten als Gegenleistung dafür fordert, sich versprechen lässt oder annimmt, dass er

1. bei der Verordnung von Arznei-, Heil- oder Hilfsmitteln oder von Medizinprodukten,
2. bei dem Bezug von Arznei- oder Hilfsmitteln oder von Medizinprodukten, die jeweils zur unmittelbaren Anwendung durch den Heilberufsangehörigen oder einen seiner Berufshelfer bestimmt sind, oder
3. bei der Zuführung von Patienten oder Untersuchungsmaterial

einen anderen im inländischen oder ausländischen Wettbewerb in unlauterer Weise bevorzuge, wird mit Freiheitsstrafe bis zu drei Jahren oder mit Geldstrafe bestraft.

---

1) § 299 neu gef. mWv 26. 11. 2015 durch G v. 20. 11. 2015 (BGBl. I S. 2025).
2) § 299 a eingef. mWv 4. 6. 2016 durch G v. 30. 5. 2016 (BGBl. I S. 1254).

**§ 299 b**[1] **Bestechung im Gesundheitswesen.** Wer einem Angehörigen eines Heilberufs im Sinne des § 299 a im Zusammenhang mit dessen Berufsausübung einen Vorteil für diesen oder einen Dritten als Gegenleistung dafür anbietet, verspricht oder gewährt, dass er

1. bei der Verordnung von Arznei-, Heil- oder Hilfsmitteln oder von Medizinprodukten,
2. bei dem Bezug von Arznei- oder Hilfsmitteln oder von Medizinprodukten, die jeweils zur unmittelbaren Anwendung durch den Heilberufsangehörigen oder einen seiner Berufshelfer bestimmt sind, oder
3. bei der Zuführung von Patienten oder Untersuchungsmaterial

ihn oder einen anderen im inländischen oder ausländischen Wettbewerb in unlauterer Weise bevorzuge, wird mit Freiheitsstrafe bis zu drei Jahren oder mit Geldstrafe bestraft.

**§ 300**[2] **Besonders schwere Fälle der Bestechlichkeit und Bestechung im geschäftlichen Verkehr und im Gesundheitswesen.** [1] In besonders schweren Fällen wird eine Tat nach den §§ 299, 299 a und 299 b mit Freiheitsstrafe von drei Monaten bis zu fünf Jahren bestraft. [2] Ein besonders schwerer Fall liegt in der Regel vor, wenn

1. die Tat sich auf einen Vorteil großen Ausmaßes bezieht oder
2. der Täter gewerbsmäßig handelt oder als Mitglied einer Bande, die sich zur fortgesetzten Begehung solcher Taten verbunden hat.

**§ 301**[3] **Strafantrag.** (1) Die Bestechlichkeit und Bestechung im geschäftlichen Verkehr nach § 299 wird nur auf Antrag verfolgt, es sei denn, daß die Strafverfolgungsbehörde wegen des besonderen öffentlichen Interesses an der Strafverfolgung ein Einschreiten von Amts wegen für geboten hält.

(2) Das Recht, den Strafantrag nach Absatz 1 zu stellen, haben in den Fällen des § 299 Absatz 1 Nummer 1 und Absatz 2 Nummer 1 neben dem Verletzten auch die in § 8 Absatz 3 Nummer 2 und 4 des Gesetzes gegen den unlauteren Wettbewerb[4] bezeichneten Verbände und Kammern.

**§ 302**[5] *(aufgehoben)*

## Siebenundzwanzigster Abschnitt. Sachbeschädigung

**§ 303**[6] **Sachbeschädigung.** (1) Wer rechtswidrig eine fremde Sache beschädigt oder zerstört, wird mit Freiheitsstrafe bis zu zwei Jahren oder mit Geldstrafe bestraft.

(2) Ebenso wird bestraft, wer unbefugt das Erscheinungsbild einer fremden Sache nicht nur unerheblich und nicht nur vorübergehend verändert.

(3) Der Versuch ist strafbar.

---

[1] § 299 b eingef. mWv 4. 6. 2016 durch G v. 30. 5. 2016 (BGBl. I S. 1254).
[2] § 300 neu gef. mWv 4. 6. 2016 durch G v. 30. 5. 2016 (BGBl. I S. 1254).
[3] § 301 Abs. 2 neu gef. mWv 26. 11. 2015 durch G v. 20. 11. 2015 (BGBl. I S. 2025).
[4] Nr. **73**.
[5] § 302 aufgeh. mWv 1. 7. 2017 durch G v. 13. 4. 2017 (BGBl. I S. 872).
[6] § 303 Abs. 2 eingef., bish. Abs. 2 wird Abs. 3 mWv 8. 9. 2005 durch G v. 1. 9. 2005 (BGBl. I S. 2674).

**§ 303 a[1] Datenveränderung.** (1) Wer rechtswidrig Daten (§ 202 a Abs. 2) löscht, unterdrückt, unbrauchbar macht oder verändert, wird mit Freiheitsstrafe bis zu zwei Jahren oder mit Geldstrafe bestraft.

(2) Der Versuch ist strafbar.

(3) Für die Vorbereitung einer Straftat nach Absatz 1 gilt § 202 c entsprechend.

**§ 303 b[2] Computersabotage.** (1) Wer eine Datenverarbeitung, die für einen anderen von wesentlicher Bedeutung ist, dadurch erheblich stört, dass er

1. eine Tat nach § 303 a Abs. 1 begeht,
2. Daten (§ 202 a Abs. 2) in der Absicht, einem anderen Nachteil zuzufügen, eingibt oder übermittelt oder
3. eine Datenverarbeitungsanlage oder einen Datenträger zerstört, beschädigt, unbrauchbar macht, beseitigt oder verändert,

wird mit Freiheitsstrafe bis zu drei Jahren oder mit Geldstrafe bestraft.

(2) Handelt es sich um eine Datenverarbeitung, die für einen fremden Betrieb, ein fremdes Unternehmen oder eine Behörde von wesentlicher Bedeutung ist, ist die Strafe Freiheitsstrafe bis zu fünf Jahren oder Geldstrafe.

(3) Der Versuch ist strafbar.

(4) [1] In besonders schweren Fällen des Absatzes 2 ist die Strafe Freiheitsstrafe von sechs Monaten bis zu zehn Jahren. [2] Ein besonders schwerer Fall liegt in der Regel vor, wenn der Täter

1. einen Vermögensverlust großen Ausmaßes herbeiführt,
2. gewerbsmäßig oder als Mitglied einer Bande handelt, die sich zur fortgesetzten Begehung von Computersabotage verbunden hat,
3. durch die Tat die Versorgung der Bevölkerung mit lebenswichtigen Gütern oder Dienstleistungen oder die Sicherheit der Bundesrepublik Deutschland beeinträchtigt.

(5) Für die Vorbereitung einer Straftat nach Absatz 1 gilt § 202 c entsprechend.

**§ 303 c[3] Strafantrag.** In den Fällen der §§ 303, 303 a Abs. 1 und 2 sowie 303 b Abs. 1 bis 3 wird die Tat nur auf Antrag verfolgt, es sei denn, daß die Strafverfolgungsbehörde wegen des besonderen öffentlichen Interesses an der Strafverfolgung ein Einschreiten von Amts wegen für geboten hält.

**§ 304[4] Gemeinschädliche Sachbeschädigung.** (1) Wer rechtswidrig Gegenstände der Verehrung einer im Staat bestehenden Religionsgesellschaft oder Sachen, die dem Gottesdienst gewidmet sind, oder Grabmäler, öffentliche Denkmäler, Naturdenkmäler, Gegenstände der Kunst, der Wissenschaft oder des Gewerbes, welche in öffentlichen Sammlungen aufbewahrt werden oder öffentlich aufgestellt sind, oder Gegenstände, welche zum öffentlichen Nutzen oder

---

[1] § 303 a Abs. 3 angef. mWv 11. 8. 2007 durch G v. 7. 8. 2007 (BGBl. I S. 1786).

[2] § 303 b Abs. 1 neu gef., Abs. 2 eingef., bish. Abs. 2 wird Abs. 3, Abs. 4 und 5 angef. mWv 11. 8. 2007 durch G v. 7. 8. 2007 (BGBl. I S. 1786).

[3] § 303 c geänd. mWv 11. 8. 2007 durch G v. 7. 8. 2007 (BGBl. I S. 1786).

[4] § 304 Abs. 2 eingef., bish. Abs. 2 wird Abs. 3 mWv 8. 9. 2005 durch G v. 1. 9. 2005 (BGBl. I S. 2674).

zur Verschönerung öffentlicher Wege, Plätze oder Anlagen dienen, beschädigt oder zerstört, wird mit Freiheitsstrafe bis zu drei Jahren oder mit Geldstrafe bestraft.

(2) Ebenso wird bestraft, wer unbefugt das Erscheinungsbild einer in Absatz 1 bezeichneten Sache oder eines dort bezeichneten Gegenstandes nicht nur unerheblich und nicht nur vorübergehend verändert.

(3) Der Versuch ist strafbar.

**§ 305 Zerstörung von Bauwerken.** (1) Wer rechtswidrig ein Gebäude, ein Schiff, eine Brücke, einen Damm, eine gebaute Straße, eine Eisenbahn oder ein anderes Bauwerk, welche fremdes Eigentum sind, ganz oder teilweise zerstört, wird mit Freiheitsstrafe bis zu fünf Jahren oder mit Geldstrafe bestraft.

(2) Der Versuch ist strafbar.

**§ 305 a[1] Zerstörung wichtiger Arbeitsmittel.** (1) Wer rechtswidrig

1. ein fremdes technisches Arbeitsmittel von bedeutendem Wert, das für die Errichtung einer Anlage oder eines Unternehmens im Sinne des § 316 b Abs. 1 Nr. 1 oder 2 oder einer Anlage, die dem Betrieb oder der Entsorgung einer solchen Anlage oder eines solchen Unternehmens dient, von wesentlicher Bedeutung ist, oder
2. ein für den Einsatz wesentliches technisches Arbeitsmittel der Polizei, der Bundeswehr, der Feuerwehr, des Katastrophenschutzes oder eines Rettungsdienstes, das von bedeutendem Wert ist, oder
3. ein Kraftfahrzeug der Polizei, der Bundeswehr, der Feuerwehr, des Katastrophenschutzes oder eines Rettungsdienstes

ganz oder teilweise zerstört, wird mit Freiheitsstrafe bis zu fünf Jahren oder mit Geldstrafe bestraft.

(2) Der Versuch ist strafbar.

## Achtundzwanzigster Abschnitt. Gemeingefährliche Straftaten

**§ 306 Brandstiftung.** (1) Wer fremde

1. Gebäude oder Hütten,
2. Betriebsstätten oder technische Einrichtungen, namentlich Maschinen,
3. Warenlager oder -vorräte,
4. Kraftfahrzeuge, Schienen-, Luft- oder Wasserfahrzeuge,
5. Wälder, Heiden oder Moore oder
6. land-, ernährungs- oder forstwirtschaftliche Anlagen oder Erzeugnisse

in Brand setzt oder durch eine Brandlegung ganz oder teilweise zerstört, wird mit Freiheitsstrafe von einem Jahr bis zu zehn Jahren bestraft.

(2) In minder schweren Fällen ist die Strafe Freiheitsstrafe von sechs Monaten bis zu fünf Jahren.

**§ 306 a Schwere Brandstiftung.** (1) Mit Freiheitsstrafe nicht unter einem Jahr wird bestraft, wer

---

[1] § 305 a Abs. 1 Nr. 2 neu gef., Nr. 3 angef. mWv 5. 11. 2011 durch G v. 1. 11. 2011 (BGBl. I S. 2130).

1. ein Gebäude, ein Schiff, eine Hütte oder eine andere Räumlichkeit, die der Wohnung von Menschen dient,
2. eine Kirche oder ein anderes der Religionsausübung dienendes Gebäude oder
3. eine Räumlichkeit, die zeitweise dem Aufenthalt von Menschen dient, zu einer Zeit, in der Menschen sich dort aufzuhalten pflegen,

in Brand setzt oder durch eine Brandlegung ganz oder teilweise zerstört.

(2) Ebenso wird bestraft, wer eine in § 306 Abs. 1 Nr. 1 bis 6 bezeichnete Sache in Brand setzt oder durch eine Brandlegung ganz oder teilweise zerstört und dadurch einen anderen Menschen in die Gefahr einer Gesundheitsschädigung bringt.

(3) In minder schweren Fällen der Absätze 1 und 2 ist die Strafe Freiheitsstrafe von sechs Monaten bis zu fünf Jahren.

**§ 306 b Besonders schwere Brandstiftung.** (1) Wer durch eine Brandstiftung nach § 306 oder § 306 a eine schwere Gesundheitsschädigung eines anderen Menschen oder eine Gesundheitsschädigung einer großen Zahl von Menschen verursacht, wird mit Freiheitsstrafe nicht unter zwei Jahren bestraft.

(2) Auf Freiheitsstrafe nicht unter fünf Jahren ist zu erkennen, wenn der Täter in den Fällen des § 306 a

1. einen anderen Menschen durch die Tat in die Gefahr des Todes bringt,
2. in der Absicht handelt, eine andere Straftat zu ermöglichen oder zu verdecken oder
3. das Löschen des Brandes verhindert oder erschwert.

**§ 306 c Brandstiftung mit Todesfolge.** Verursacht der Täter durch eine Brandstiftung nach den §§ 306 bis 306 b wenigstens leichtfertig den Tod eines anderen Menschen, so ist die Strafe lebenslange Freiheitsstrafe oder Freiheitsstrafe nicht unter zehn Jahren.

**§ 306 d Fahrlässige Brandstiftung.** (1) Wer in den Fällen des § 306 Abs. 1 oder des § 306 a Abs. 1 fahrlässig handelt oder in den Fällen des § 306 a Abs. 2 die Gefahr fahrlässig verursacht, wird mit Freiheitsstrafe bis zu fünf Jahren oder mit Geldstrafe bestraft.

(2) Wer in den Fällen des § 306 a Abs. 2 fahrlässig handelt und die Gefahr fahrlässig verursacht, wird mit Freiheitsstrafe bis zu drei Jahren oder mit Geldstrafe bestraft.

**§ 306 e Tätige Reue.** (1) Das Gericht kann in den Fällen der §§ 306, 306 a und 306 b die Strafe nach seinem Ermessen mildern (§ 49 Abs. 2) oder von Strafe nach diesen Vorschriften absehen, wenn der Täter freiwillig den Brand löscht, bevor ein erheblicher Schaden entsteht.

(2) Nach § 306 d wird nicht bestraft, wer freiwillig den Brand löscht, bevor ein erheblicher Schaden entsteht.

(3) Wird der Brand ohne Zutun des Täters gelöscht, bevor ein erheblicher Schaden entstanden ist, so genügt sein freiwilliges und ernsthaftes Bemühen, dieses Ziel zu erreichen.

**§ 306f Herbeiführen einer Brandgefahr.** (1) Wer fremde

1. feuergefährdete Betriebe oder Anlagen,
2. Anlagen oder Betriebe der Land- oder Ernährungswirtschaft, in denen sich deren Erzeugnisse befinden,
3. Wälder, Heiden oder Moore oder
4. bestellte Felder oder leicht entzündliche Erzeugnisse der Landwirtschaft, die auf Feldern lagern,

durch Rauchen, durch offenes Feuer oder Licht, durch Wegwerfen brennender oder glimmender Gegenstände oder in sonstiger Weise in Brandgefahr bringt, wird mit Freiheitsstrafe bis zu drei Jahren oder mit Geldstrafe bestraft.

(2) Ebenso wird bestraft, wer eine in Absatz 1 Nr. 1 bis 4 bezeichnete Sache in Brandgefahr bringt und dadurch Leib oder Leben eines anderen Menschen oder fremde Sachen von bedeutendem Wert gefährdet.

(3) Wer in den Fällen des Absatzes 1 fahrlässig handelt oder in den Fällen des Absatzes 2 die Gefahr fahrlässig verursacht, wird mit Freiheitsstrafe bis zu einem Jahr oder mit Geldstrafe bestraft.

**§ 307 Herbeiführen einer Explosion durch Kernenergie.** (1) Wer es unternimmt, durch Freisetzen von Kernenergie eine Explosion herbeizuführen und dadurch Leib oder Leben eines anderen Menschen oder fremde Sachen von bedeutendem Wert zu gefährden, wird mit Freiheitsstrafe nicht unter fünf Jahren bestraft.

(2) Wer durch Freisetzen von Kernenergie eine Explosion herbeiführt und dadurch Leib oder Leben eines anderen Menschen oder fremde Sachen von bedeutendem Wert fahrlässig gefährdet, wird mit Freiheitsstrafe von einem Jahr bis zu zehn Jahren bestraft.

(3) Verursacht der Täter durch die Tat wenigstens leichtfertig den Tod eines anderen Menschen, so ist die Strafe

1. in den Fällen des Absatzes 1 lebenslange Freiheitsstrafe oder Freiheitsstrafe nicht unter zehn Jahren,
2. in den Fällen des Absatzes 2 Freiheitsstrafe nicht unter fünf Jahren.

(4) Wer in den Fällen des Absatzes 2 fahrlässig handelt und die Gefahr fahrlässig verursacht, wird mit Freiheitsstrafe bis zu drei Jahren oder mit Geldstrafe bestraft.

**§ 308[1] Herbeiführen einer Sprengstoffexplosion.** (1) Wer anders als durch Freisetzen von Kernenergie, namentlich durch Sprengstoff, eine Explosion herbeiführt und dadurch Leib oder Leben eines anderen Menschen oder fremde Sachen von bedeutendem Wert gefährdet, wird mit Freiheitsstrafe nicht unter einem Jahr bestraft.

(2) Verursacht der Täter durch die Tat eine schwere Gesundheitsschädigung eines anderen Menschen oder eine Gesundheitsschädigung einer großen Zahl von Menschen, so ist auf Freiheitsstrafe nicht unter zwei Jahren zu erkennen.

---

[1] Beachte auch G über explosionsgefährliche Stoffe (Sprengstoffgesetz – SprengG) **(Sartorius ErgBd. Nr. 822)**.

(3) Verursacht der Täter durch die Tat wenigstens leichtfertig den Tod eines anderen Menschen, so ist die Strafe lebenslange Freiheitsstrafe oder Freiheitsstrafe nicht unter zehn Jahren.

(4) In minder schweren Fällen des Absatzes 1 ist auf Freiheitsstrafe von sechs Monaten bis zu fünf Jahren, in minder schweren Fällen des Absatzes 2 auf Freiheitsstrafe von einem Jahr bis zu zehn Jahren zu erkennen.

(5) Wer in den Fällen des Absatzes 1 die Gefahr fahrlässig verursacht, wird mit Freiheitsstrafe bis zu fünf Jahren oder mit Geldstrafe bestraft.

(6) Wer in den Fällen des Absatzes 1 fahrlässig handelt und die Gefahr fahrlässig verursacht, wird mit Freiheitsstrafe bis zu drei Jahren oder mit Geldstrafe bestraft.

**§ 309[1] Mißbrauch ionisierender Strahlen.** (1) Wer in der Absicht, die Gesundheit eines anderen Menschen zu schädigen, es unternimmt, ihn einer ionisierenden Strahlung auszusetzen, die dessen Gesundheit zu schädigen geeignet ist, wird mit Freiheitsstrafe von einem Jahr bis zu zehn Jahren bestraft.

(2) Unternimmt es der Täter, eine unübersehbare Zahl von Menschen einer solchen Strahlung auszusetzen, so ist die Strafe Freiheitsstrafe nicht unter fünf Jahren.

(3) Verursacht der Täter in den Fällen des Absatzes 1 durch die Tat eine schwere Gesundheitsschädigung eines anderen Menschen oder eine Gesundheitsschädigung einer großen Zahl von Menschen, so ist auf Freiheitsstrafe nicht unter zwei Jahren zu erkennen.

(4) Verursacht der Täter durch die Tat wenigstens leichtfertig den Tod eines anderen Menschen, so ist die Strafe lebenslange Freiheitsstrafe oder Freiheitsstrafe nicht unter zehn Jahren.

(5) In minder schweren Fällen des Absatzes 1 ist auf Freiheitsstrafe von sechs Monaten bis zu fünf Jahren, in minder schweren Fällen des Absatzes 3 auf Freiheitsstrafe von einem Jahr bis zu zehn Jahren zu erkennen.

(6) [1] Wer in der Absicht,

1. die Brauchbarkeit einer fremden Sache von bedeutendem Wert zu beeinträchtigen,
2. nachhaltig ein Gewässer, die Luft oder den Boden nachteilig zu verändern oder
3. ihm nicht gehörende Tiere oder Pflanzen von bedeutendem Wert zu schädigen,

die Sache, das Gewässer, die Luft, den Boden, die Tiere oder Pflanzen einer ionisierenden Strahlung aussetzt, die geeignet ist, solche Beeinträchtigungen, Veränderungen oder Schäden hervorzurufen, wird mit Freiheitsstrafe bis zu fünf Jahren oder mit Geldstrafe bestraft. [2] Der Versuch ist strafbar.

**§ 310[2] Vorbereitung eines Explosions- oder Strahlungsverbrechens.**

(1) Wer zur Vorbereitung

1. eines bestimmten Unternehmens im Sinne des § 307 Abs. 1 oder des § 309 Abs. 2,

---

[1] § 309 Abs. 6 neu gef. mWv 9.11.2017 durch G v. 30.10.2017 (BGBl. I S. 3618).

[2] § 310 Abs. 1 Nr. 1 geänd., Nr. 3 und 4 angef. und letzter Satzteil geänd., Abs. 3 angef. mWv 1.11.2007 durch G v. 26.10.2007 (BGBl. I S. 2523).

2. einer Straftat nach § 308 Abs. 1, die durch Sprengstoff begangen werden soll,
3. einer Straftat nach § 309 Abs. 1 oder
4. einer Straftat nach § 309 Abs. 6

Kernbrennstoffe, sonstige radioaktive Stoffe, Sprengstoffe oder die zur Ausführung der Tat erforderlichen besonderen Vorrichtungen herstellt, sich oder einem anderen verschafft, verwahrt oder einem anderen überläßt, wird in den Fällen der Nummer 1 mit Freiheitsstrafe von einem Jahr bis zu zehn Jahren, in den Fällen der Nummer 2 und der Nummer 3 mit Freiheitsstrafe von sechs Monaten bis zu fünf Jahren, in den Fällen der Nummer 4 mit Freiheitsstrafe bis zu drei Jahren oder mit Geldstrafe bestraft.

(2) In minder schweren Fällen des Absatzes 1 Nr. 1 ist die Strafe Freiheitsstrafe von sechs Monaten bis zu fünf Jahren.

(3) In den Fällen des Absatzes 1 Nr. 3 und 4 ist der Versuch strafbar.

**§ 311**[1)2)] **Freisetzen ionisierender Strahlen.** (1) Wer unter Verletzung verwaltungsrechtlicher Pflichten (§ 330d Absatz 1 Nummer 4, 5, Absatz 2)

1. ionisierende Strahlen freisetzt oder
2. Kernspaltungsvorgänge bewirkt,

die geeignet sind, Leib oder Leben eines anderen Menschen, fremde Sachen von bedeutendem Wert zu schädigen oder erhebliche Schäden an Tieren oder Pflanzen, Gewässern, der Luft oder dem Boden herbeizuführen, wird mit Freiheitsstrafe bis zu fünf Jahren oder mit Geldstrafe bestraft.

(2) Der Versuch ist strafbar.

(3) Wer fahrlässig

1. beim Betrieb einer Anlage, insbesondere einer Betriebsstätte, eine Handlung im Sinne des Absatzes 1 in einer Weise begeht, die geeignet ist, eine Schädigung außerhalb des zur Anlage gehörenden Bereichs herbeizuführen oder
2. in sonstigen Fällen des Absatzes 1 unter grober Verletzung verwaltungsrechtlicher Pflichten handelt,

wird mit Freiheitsstrafe bis zu zwei Jahren oder mit Geldstrafe bestraft.

**§ 312 Fehlerhafte Herstellung einer kerntechnischen Anlage.** (1) Wer eine kerntechnische Anlage (§ 330d Nr. 2) oder Gegenstände, die zur Errichtung oder zum Betrieb einer solchen Anlage bestimmt sind, fehlerhaft herstellt oder liefert und dadurch eine Gefahr für Leib oder Leben eines anderen Menschen oder für fremde Sachen von bedeutendem Wert herbeiführt, die mit der Wirkung eines Kernspaltungsvorgangs oder der Strahlung eines radioaktiven Stoffes zusammenhängt, wird mit Freiheitsstrafe von drei Monaten bis zu fünf Jahren bestraft.

---

[1)] § 311 Abs. 1 einl. und abschl. Satzteil geänd. mWv 14.12.2011 durch G v. 6.12.2011 (BGBl. I S. 2557).

[2)] Siehe Art. 2 G zu dem Übereinkommen vom 26. Oktober 1979 über den physischen Schutz von Kernmaterial v. 24.4.1990 (BGBl. II S. 326), zuletzt geänd. durch G v. 26.1.1998 (BGBl. I S. 164):

„**Art. 2** § 311 Abs. 1 und 2 sowie § 328 Abs. 1 Nr. 1 des Strafgesetzbuches gelten mit folgender Maßgabe:

Einer verwaltungsrechtlichen Pflicht im Sinne des § 311 Abs. 1 und einer Genehmigung und Untersagung im Sinne des § 328 Abs. 1 Nr. 1 stehen eine entsprechende ausländische verwaltungsrechtliche Pflicht, Genehmigung und Untersagung gleich.“

(2) Der Versuch ist strafbar.

(3) Verursacht der Täter durch die Tat eine schwere Gesundheitsschädigung eines anderen Menschen oder eine Gesundheitsschädigung einer großen Zahl von Menschen, so ist auf Freiheitsstrafe von einem Jahr bis zu zehn Jahren zu erkennen.

(4) Verursacht der Täter durch die Tat den Tod eines anderen Menschen, so ist die Strafe Freiheitsstrafe nicht unter drei Jahren.

(5) In minder schweren Fällen des Absatzes 3 ist auf Freiheitsstrafe von sechs Monaten bis zu fünf Jahren, in minder schweren Fällen des Absatzes 4 auf Freiheitsstrafe von einem Jahr bis zu zehn Jahren zu erkennen.

(6) Wer in den Fällen des Absatzes 1

1. die Gefahr fahrlässig verursacht oder
2. leichtfertig handelt und die Gefahr fahrlässig verursacht,

wird mit Freiheitsstrafe bis zu drei Jahren oder mit Geldstrafe bestraft.

**§ 313 Herbeiführen einer Überschwemmung.** (1) Wer eine Überschwemmung herbeiführt und dadurch Leib oder Leben eines anderen Menschen oder fremde Sachen von bedeutendem Wert gefährdet, wird mit Freiheitsstrafe von einem Jahr bis zu zehn Jahren bestraft.

(2) § 308 Abs. 2 bis 6 gilt entsprechend.

**§ 314 Gemeingefährliche Vergiftung.** (1) Mit Freiheitsstrafe von einem Jahr bis zu zehn Jahren wird bestraft, wer

1. Wasser in gefaßten Quellen, in Brunnen, Leitungen oder Trinkwasserspeichern oder
2. Gegenstände, die zum öffentlichen Verkauf oder Verbrauch bestimmt sind,

vergiftet oder ihnen gesundheitsschädliche Stoffe beimischt oder vergiftete oder mit gesundheitsschädlichen Stoffen vermischte Gegenstände im Sinne der Nummer 2 verkauft, feilhält oder sonst in den Verkehr bringt.

(2) § 308 Abs. 2 bis 4 gilt entsprechend.

**§ 314a Tätige Reue.** (1) Das Gericht kann die Strafe in den Fällen des § 307 Abs. 1 und des § 309 Abs. 2 nach seinem Ermessen mildern (§ 49 Abs. 2), wenn der Täter freiwillig die weitere Ausführung der Tat aufgibt oder sonst die Gefahr abwendet.

(2) Das Gericht kann die in den folgenden Vorschriften angedrohte Strafe nach seinem Ermessen mildern (§ 49 Abs. 2) oder von Strafe nach diesen Vorschriften absehen, wenn der Täter

1. in den Fällen des § 309 Abs. 1 oder § 314 Abs. 1 freiwillig die weitere Ausführung der Tat aufgibt oder sonst die Gefahr abwendet oder
2. in den Fällen des
   a) § 307 Abs. 2,
   b) § 308 Abs. 1 und 5,
   c) § 309 Abs. 6,
   d) § 311 Abs. 1,
   e) § 312 Abs. 1 und 6 Nr. 1,
   f) § 313, auch in Verbindung mit § 308 Abs. 5,

freiwillig die Gefahr abwendet, bevor ein erheblicher Schaden entsteht.

(3) Nach den folgenden Vorschriften wird nicht bestraft, wer

1. in den Fällen des
   a) § 307 Abs. 4,
   b) § 308 Abs. 6,
   c) § 311 Abs. 3,
   d) § 312 Abs. 6 Nr. 2,
   e) § 313 Abs. 2 in Verbindung mit § 308 Abs. 6

   freiwillig die Gefahr abwendet, bevor ein erheblicher Schaden entsteht, oder
2. in den Fällen des § 310 freiwillig die weitere Ausführung der Tat aufgibt oder sonst die Gefahr abwendet.

(4) Wird ohne Zutun des Täters die Gefahr abgewendet, so genügt sein freiwilliges und ernsthaftes Bemühen, dieses Ziel zu erreichen.

**§ 315 Gefährliche Eingriffe in den Bahn-, Schiffs- und Luftverkehr.** (1) Wer die Sicherheit des Schienenbahn-, Schwebebahn-, Schiffs- oder Luftverkehrs dadurch beeinträchtigt, daß er

1. Anlagen oder Beförderungsmittel zerstört, beschädigt oder beseitigt,
2. Hindernisse bereitet,
3. falsche Zeichen oder Signale gibt oder
4. einen ähnlichen, ebenso gefährlichen Eingriff vornimmt,

und dadurch Leib oder Leben eines anderen Menschen oder fremde Sachen von bedeutendem Wert gefährdet, wird mit Freiheitsstrafe von sechs Monaten bis zu zehn Jahren bestraft.

(2) Der Versuch ist strafbar.

(3) Auf Freiheitsstrafe nicht unter einem Jahr ist zu erkennen, wenn der Täter

1. in der Absicht handelt,
   a) einen Unglücksfall herbeizuführen oder
   b) eine andere Straftat zu ermöglichen oder zu verdecken, oder
2. durch die Tat eine schwere Gesundheitsschädigung eines anderen Menschen oder eine Gesundheitsschädigung einer großen Zahl von Menschen verursacht.

(4) In minder schweren Fällen des Absatzes 1 ist auf Freiheitsstrafe von drei Monaten bis zu fünf Jahren, in minder schweren Fällen des Absatzes 3 auf Freiheitsstrafe von sechs Monaten bis zu fünf Jahren zu erkennen.

(5) Wer in den Fällen des Absatzes 1 die Gefahr fahrlässig verursacht, wird mit Freiheitsstrafe bis zu fünf Jahren oder mit Geldstrafe bestraft.

(6) Wer in den Fällen des Absatzes 1 fahrlässig handelt und die Gefahr fahrlässig verursacht, wird mit Freiheitsstrafe bis zu zwei Jahren oder mit Geldstrafe bestraft.

**§ 315a Gefährdung des Bahn-, Schiffs- und Luftverkehrs.** (1) Mit Freiheitsstrafe bis zu fünf Jahren oder mit Geldstrafe wird bestraft, wer

1. ein Schienenbahn- oder Schwebebahnfahrzeug, ein Schiff oder ein Luftfahrzeug führt, obwohl er infolge des Genusses alkoholischer Getränke oder

anderer berauschender Mittel oder infolge geistiger oder körperlicher Mängel nicht in der Lage ist, das Fahrzeug sicher zu führen, oder
2. als Führer eines solchen Fahrzeugs oder als sonst für die Sicherheit Verantwortlicher durch grob pflichtwidriges Verhalten gegen Rechtsvorschriften zur Sicherung des Schienenbahn-, Schwebebahn-, Schiffs- oder Luftverkehrs verstößt

und dadurch Leib oder Leben eines anderen Menschen oder fremde Sachen von bedeutendem Wert gefährdet.

(2) In den Fällen des Absatzes 1 Nr. 1 ist der Versuch strafbar.

(3) Wer in den Fällen des Absatzes 1
1. die Gefahr fahrlässig verursacht oder
2. fahrlässig handelt und die Gefahr fahrlässig verursacht,

wird mit Freiheitsstrafe bis zu zwei Jahren oder mit Geldstrafe bestraft.

**§ 315b Gefährliche Eingriffe in den Straßenverkehr.** (1) Wer die Sicherheit des Straßenverkehrs dadurch beeinträchtigt, daß er
1. Anlagen oder Fahrzeuge zerstört, beschädigt oder beseitigt,
2. Hindernisse bereitet oder
3. einen ähnlichen, ebenso gefährlichen Eingriff vornimmt,

und dadurch Leib oder Leben eines anderen Menschen oder fremde Sachen von bedeutendem Wert gefährdet, wird mit Freiheitsstrafe bis zu fünf Jahren oder mit Geldstrafe bestraft.

(2) Der Versuch ist strafbar.

(3) Handelt der Täter unter den Voraussetzungen des § 315 Abs. 3, so ist die Strafe Freiheitsstrafe von einem Jahr bis zu zehn Jahren, in minder schweren Fällen Freiheitsstrafe von sechs Monaten bis zu fünf Jahren.

(4) Wer in den Fällen des Absatzes 1 die Gefahr fahrlässig verursacht, wird mit Freiheitsstrafe bis zu drei Jahren oder mit Geldstrafe bestraft.

(5) Wer in den Fällen des Absatzes 1 fahrlässig handelt und die Gefahr fahrlässig verursacht, wird mit Freiheitsstrafe bis zu zwei Jahren oder mit Geldstrafe bestraft.

**§ 315c Gefährdung des Straßenverkehrs.** (1) Wer im Straßenverkehr
1. ein Fahrzeug führt, obwohl er
   a) infolge des Genusses alkoholischer Getränke oder anderer berauschender Mittel oder
   b) infolge geistiger oder körperlicher Mängel

   nicht in der Lage ist, das Fahrzeug sicher zu führen, oder
2. grob verkehrswidrig und rücksichtslos
   a) die Vorfahrt nicht beachtet,
   b) falsch überholt oder sonst bei Überholvorgängen falsch fährt,
   c) an Fußgängerüberwegen falsch fährt,
   d) an unübersichtlichen Stellen, an Straßenkreuzungen, Straßeneinmündungen oder Bahnübergängen zu schnell fährt,
   e) an unübersichtlichen Stellen nicht die rechte Seite der Fahrbahn einhält,

f) auf Autobahnen oder Kraftfahrstraßen wendet, rückwärts oder entgegen der Fahrtrichtung fährt oder dies versucht oder

g) haltende oder liegengebliebene Fahrzeuge nicht auf ausreichende Entfernung kenntlich macht, obwohl das zur Sicherung des Verkehrs erforderlich ist,

und dadurch Leib oder Leben eines anderen Menschen oder fremde Sachen von bedeutendem Wert gefährdet, wird mit Freiheitsstrafe bis zu fünf Jahren oder mit Geldstrafe bestraft.

(2) In den Fällen des Absatzes 1 Nr. 1 ist der Versuch strafbar.

(3) Wer in den Fällen des Absatzes 1

1. die Gefahr fahrlässig verursacht oder
2. fahrlässig handelt und die Gefahr fahrlässig verursacht,

wird mit Freiheitsstrafe bis zu zwei Jahren oder mit Geldstrafe bestraft.

**§ 315d[1] Verbotene Kraftfahrzeugrennen.** (1) Wer im Straßenverkehr

1. ein nicht erlaubtes Kraftfahrzeugrennen ausrichtet oder durchführt,
2. als Kraftfahrzeugführer an einem nicht erlaubten Kraftfahrzeugrennen teilnimmt oder
3.[2] sich als Kraftfahrzeugführer mit nicht angepasster Geschwindigkeit und grob verkehrswidrig und rücksichtslos fortbewegt, um eine höchstmögliche Geschwindigkeit zu erreichen,

wird mit Freiheitsstrafe bis zu zwei Jahren oder mit Geldstrafe bestraft.

(2) Wer in den Fällen des Absatzes 1 Nummer 2 oder 3 Leib oder Leben eines anderen Menschen oder fremde Sachen von bedeutendem Wert gefährdet, wird mit Freiheitsstrafe bis zu fünf Jahren oder mit Geldstrafe bestraft.

(3) Der Versuch ist in den Fällen des Absatzes 1 Nummer 1 strafbar.

(4) Wer in den Fällen des Absatzes 2 die Gefahr fahrlässig verursacht, wird mit Freiheitsstrafe bis zu drei Jahren oder mit Geldstrafe bestraft.

(5) Verursacht der Täter in den Fällen des Absatzes 2 durch die Tat den Tod oder eine schwere Gesundheitsschädigung eines anderen Menschen oder eine Gesundheitsschädigung einer großen Zahl von Menschen, so ist die Strafe Freiheitsstrafe von einem Jahr bis zu zehn Jahren, in minder schweren Fällen Freiheitsstrafe von sechs Monaten bis zu fünf Jahren.

**§ 315e[3] Schienenbahnen im Straßenverkehr.** Soweit Schienenbahnen am Straßenverkehr teilnehmen, sind nur die Vorschriften zum Schutz des Straßenverkehrs (§§ 315b und 315c) anzuwenden.

**§ 315f[4] Einziehung.** [1] Kraftfahrzeuge, auf die sich eine Tat nach § 315d Absatz 1 Nummer 2 oder Nummer 3, Absatz 2, 4 oder 5 bezieht, können eingezogen werden. [2] § 74a ist anzuwenden.

**§ 316[5] Trunkenheit im Verkehr.** (1) Wer im Verkehr (§§ 315 bis 315e) ein Fahrzeug führt, obwohl er infolge des Genusses alkoholischer Getränke oder anderer berauschender Mittel nicht in der Lage ist, das Fahrzeug sicher zu führen,

---

[1] § 315d eingef. mWv 13.10.2017 durch G v. 30.9.2017 (BGBl. I S. 3532).
[2] § 315d Abs. 1 Nr. 3 ist gem. Beschl. des BVerfG v. 9.2.2022 (BGBl. I S. 479) mit dem GG vereinbar.
[3] Bish. § 315d wird § 315e mWv 13.10.2017 durch G v. 30.9.2017 (BGBl. I S. 3532).
[4] § 315f eingef. mWv 13.10.2017 durch G v. 30.9.2017 (BGBl. I S. 3532).
[5] § 316 Abs. 1 geänd. mWv 13.10.2017 durch G v. 30.9.2017 (BGBl. I S. 3532).

wird mit Freiheitsstrafe bis zu einem Jahr oder mit Geldstrafe bestraft, wenn die Tat nicht in § 315a oder § 315c mit Strafe bedroht ist.

(2) Nach Absatz 1 wird auch bestraft, wer die Tat fahrlässig begeht.

**§ 316a Räuberischer Angriff auf Kraftfahrer.** (1) Wer zur Begehung eines Raubes (§§ 249 oder 250), eines räuberischen Diebstahls (§ 252) oder einer räuberischen Erpressung (§ 255) einen Angriff auf Leib oder Leben oder die Entschlußfreiheit des Führers eines Kraftfahrzeugs oder eines Mitfahrers verübt und dabei die besonderen Verhältnisse des Straßenverkehrs ausnutzt, wird mit Freiheitsstrafe nicht unter fünf Jahren bestraft.

(2) In minder schweren Fällen ist die Strafe Freiheitsstrafe von einem Jahr bis zu zehn Jahren.

(3) Verursacht der Täter durch die Tat wenigstens leichtfertig den Tod eines anderen Menschen, so ist die Strafe lebenslange Freiheitsstrafe oder Freiheitsstrafe nicht unter zehn Jahren.

**§ 316b Störung öffentlicher Betriebe.** (1) Wer den Betrieb

1. von Unternehmen oder Anlagen, die der öffentlichen Versorgung mit Postdienstleistungen oder dem öffentlichen Verkehr dienen,
2. einer der öffentlichen Versorgung mit Wasser, Licht, Wärme oder Kraft dienenden Anlage oder eines für die Versorgung der Bevölkerung lebenswichtigen Unternehmens oder

*(Fortsetzung nächstes Blatt)*

3. einer der öffentlichen Ordnung oder Sicherheit dienenden Einrichtung oder Anlage

dadurch verhindert oder stört, daß er eine dem Betrieb dienende Sache zerstört, beschädigt, beseitigt, verändert oder unbrauchbar macht oder die für den Betrieb bestimmte elektrische Kraft entzieht, wird mit Freiheitsstrafe bis zu fünf Jahren oder mit Geldstrafe bestraft.

(2) Der Versuch ist strafbar.

(3) [1]In besonders schweren Fällen ist die Strafe Freiheitsstrafe von sechs Monaten bis zu zehn Jahren. [2]Ein besonders schwerer Fall liegt in der Regel vor, wenn der Täter durch die Tat die Versorgung der Bevölkerung mit lebenswichtigen Gütern, insbesondere mit Wasser, Licht, Wärme oder Kraft, beeinträchtigt.

**§ 316c. Angriffe auf den Luft- und Seeverkehr.** (1) [1]Mit Freiheitsstrafe nicht unter fünf Jahren wird bestraft, wer

1. Gewalt anwendet oder die Entschlußfreiheit einer Person angreift oder sonstige Machenschaften vornimmt, um dadurch die Herrschaft über
   a) ein im zivilen Luftverkehr eingesetztes und im Flug befindliches Luftfahrzeug oder
   b) ein im zivilen Seeverkehr eingesetztes Schiff

   zu erlangen oder auf dessen Führung einzuwirken, oder
2. um ein solches Luftfahrzeug oder Schiff oder dessen an Bord befindliche Ladung zu zerstören oder zu beschädigen, Schußwaffen gebraucht oder es unternimmt, eine Explosion oder einen Brand herbeizuführen.

[2]Einem im Flug befindlichen Luftfahrzeug steht ein Luftfahrzeug gleich, das von Mitgliedern der Besatzung oder von Fluggästen bereits betreten ist oder dessen Beladung bereits begonnen hat oder das von Mitgliedern der Besatzung oder von Fluggästen noch nicht planmäßig verlassen ist oder dessen planmäßige Entladung noch nicht abgeschlossen ist.

(2) In minder schweren Fällen ist die Strafe Freiheitsstrafe von einem Jahr bis zu zehn Jahren.

(3) Verursacht der Täter durch die Tat wenigstens leichtfertig den Tod eines anderen Menschen, so ist die Strafe lebenslange Freiheitsstrafe oder Freiheitsstrafe nicht unter zehn Jahren.

(4) Wer zur Vorbereitung einer Straftat nach Absatz 1 Schußwaffen, Sprengstoffe oder sonst zur Herbeiführung einer Explosion oder eines Brandes bestimmte Stoffe oder Vorrichtungen herstellt, sich oder einem anderen verschafft, verwahrt oder einem anderen überläßt, wird mit Freiheitsstrafe von sechs Monaten bis zu fünf Jahren bestraft.

**§ 317. Störung von Telekommunikationsanlagen.** (1) Wer den Betrieb einer öffentlichen Zwecken dienenden Telekommunikationsanlage dadurch verhindert oder gefährdet, daß er eine dem Betrieb dienende Sache zerstört, beschädigt, beseitigt, verändert oder unbrauchbar macht oder die für den Betrieb bestimmte elektrische Kraft entzieht, wird mit Freiheitsstrafe bis zu fünf Jahren oder mit Geldstrafe bestraft.

(2) Der Versuch ist strafbar.

(3) Wer die Tat fahrlässig begeht, wird mit Freiheitsstrafe bis zu einem Jahr oder mit Geldstrafe bestraft.

**§ 318. Beschädigung wichtiger Anlagen.** (1) Wer Wasserleitungen, Schleusen, Wehre, Deiche, Dämme oder andere Wasserbauten oder Brücken, Fähren, Wege oder Schutzwehre oder dem Bergwerksbetrieb dienende Vorrichtungen zur Wasserhaltung, zur Wetterführung oder zum Ein- und Ausfahren der Beschäftigten beschädigt oder zerstört und dadurch Leib oder Leben eines anderen Menschen gefährdet, wird mit Freiheitsstrafe von drei Monaten bis zu fünf Jahren bestraft.

(2) Der Versuch ist strafbar.

(3) Verursacht der Täter durch die Tat eine schwere Gesundheitsschädigung eines anderen Menschen oder eine Gesundheitsschädigung einer großen Zahl von Menschen, so ist auf Freiheitsstrafe von einem Jahr bis zu zehn Jahren zu erkennen.

(4) Verursacht der Täter durch die Tat den Tod eines anderen Menschen, so ist die Strafe Freiheitsstrafe nicht unter drei Jahren.

(5) In minder schweren Fällen des Absatzes 3 ist auf Freiheitsstrafe von sechs Monaten bis zu fünf Jahren, in minder schweren Fällen des Absatzes 4 auf Freiheitsstrafe von einem Jahr bis zu zehn Jahren zu erkennen.

(6) Wer in den Fällen des Absatzes 1

1. die Gefahr fahrlässig verursacht oder
2. fahrlässig handelt und die Gefahr fahrlässig verursacht,

wird mit Freiheitsstrafe bis zu drei Jahren oder mit Geldstrafe bestraft.

**§ 319. Baugefährdung.** (1) Wer bei der Planung, Leitung oder Ausführung eines Baues oder des Abbruchs eines Bauwerks gegen die allgemein anerkannten Regeln der Technik verstößt und dadurch Leib oder Leben eines anderen Menschen gefährdet, wird mit Freiheitsstrafe bis zu fünf Jahren oder mit Geldstrafe bestraft.

(2) Ebenso wird bestraft, wer in Ausübung eines Berufs oder Gewerbes bei der Planung, Leitung oder Ausführung eines Vorhabens, technische Einrichtungen in ein Bauwerk einzubauen oder eingebaute Einrichtungen dieser Art zu ändern, gegen die allgemein anerkannten Regeln der Technik verstößt und dadurch Leib oder Leben eines anderen Menschen gefährdet.

(3) Wer die Gefahr fahrlässig verursacht, wird mit Freiheitsstrafe bis zu drei Jahren oder mit Geldstrafe bestraft.

(4) Wer in den Fällen der Absätze 1 und 2 fahrlässig handelt und die Gefahr fahrlässig verursacht, wird mit Freiheitsstrafe bis zu zwei Jahren oder mit Geldstrafe bestraft.

**§ 320. Tätige Reue.** (1) Das Gericht kann die Strafe in den Fällen des § 316c Abs. 1 nach seinem Ermessen mildern (§ 49 Abs. 2), wenn der Täter freiwillig die weitere Ausführung der Tat aufgibt oder sonst den Erfolg abwendet.

(2) Das Gericht kann die in den folgenden Vorschriften angedrohte Strafe nach seinem Ermessen mildern (§ 49 Abs. 2) oder von Strafe nach diesen Vorschriften absehen, wenn der Täter in den Fällen

1. des § 315 Abs. 1, 3 Nr. 1 oder Abs. 5,
2. des § 315b Abs. 1, 3 oder 4, Abs. 3 in Verbindung mit § 315 Abs. 3 Nr. 1,
3. des § 318 Abs. 1 oder 6 Nr. 1,
4. des § 319 Abs. 1 bis 3

freiwillig die Gefahr abwendet, bevor ein erheblicher Schaden entsteht.

(3) Nach den folgenden Vorschriften wird nicht bestraft, wer

1. in den Fällen des
   a) § 315 Abs. 6,
   b) § 315b Abs. 5,
   c) § 318 Abs. 6 Nr. 2,
   d) § 319 Abs. 4

   freiwillig die Gefahr abwendet, bevor ein erheblicher Schaden entsteht, oder
2. in den Fällen des § 316c Abs. 4 freiwillig die weitere Ausführung der Tat aufgibt oder sonst die Gefahr abwendet.

(4) Wird ohne Zutun des Täters die Gefahr oder der Erfolg abgewendet, so genügt sein freiwilliges und ernsthaftes Bemühen, dieses Ziel zu erreichen.

**§ 321 Führungsaufsicht.** In den Fällen der §§ 306 bis 306c und 307 Abs. 1 bis 3, des § 308 Abs. 1 bis 3, des § 309 Abs. 1 bis 4, des § 310 Abs. 1 und des § 316c Abs. 1 Nr. 2 kann das Gericht Führungsaufsicht anordnen (§ 68 Abs. 1).

**§ 322 Einziehung.** Ist eine Straftat nach den §§ 306 bis 306c, 307 bis 314 oder 316c begangen worden, so können

1. Gegenstände, die durch die Tat hervorgebracht oder zu ihrer Begehung oder Vorbereitung gebraucht worden oder bestimmt gewesen sind, und
2. Gegenstände, auf die sich eine Straftat nach den §§ 310 bis 312, 314 oder 316c bezieht,

eingezogen werden.

**§ 323** (weggefallen)

**§ 323a Vollrausch.** (1) Wer sich vorsätzlich oder fahrlässig durch alkoholische Getränke oder andere berauschende Mittel in einen Rausch versetzt, wird mit Freiheitsstrafe bis zu fünf Jahren oder mit Geldstrafe bestraft, wenn er in diesem Zustand eine rechtswidrige Tat begeht und ihretwegen nicht bestraft werden kann, weil er infolge des Rausches schuldunfähig war oder weil dies nicht auszuschließen ist.

(2) Die Strafe darf nicht schwerer sein als die Strafe, die für die im Rausch begangene Tat angedroht ist.

(3) Die Tat wird nur auf Antrag, mit Ermächtigung oder auf Strafverlangen verfolgt, wenn die Rauschtat nur auf Antrag, mit Ermächtigung oder auf Strafverlangen verfolgt werden könnte.

**§ 323b Gefährdung einer Entziehungskur.** Wer wissentlich einem anderen, der auf Grund behördlicher Anordnung oder ohne seine Einwilligung zu einer Entziehungskur in einer Anstalt untergebracht ist, ohne Erlaubnis des Anstaltsleiters oder seines Beauftragten alkoholische Getränke oder andere berauschende

Mittel verschafft oder überläßt oder ihn zum Genuß solcher Mittel verleitet, wird mit Freiheitsstrafe bis zu einem Jahr oder mit Geldstrafe bestraft.

**§ 323c[1] Unterlassene Hilfeleistung; Behinderung von hilfeleistenden Personen.** (1) Wer bei Unglücksfällen oder gemeiner Gefahr oder Not nicht Hilfe leistet, obwohl dies erforderlich und ihm den Umständen nach zuzumuten, insbesondere ohne erhebliche eigene Gefahr und ohne Verletzung anderer wichtiger Pflichten möglich ist, wird mit Freiheitsstrafe bis zu einem Jahr oder mit Geldstrafe bestraft.

(2) Ebenso wird bestraft, wer in diesen Situationen eine Person behindert, die einem Dritten Hilfe leistet oder leisten will.

## Neunundzwanzigster Abschnitt. Straftaten gegen die Umwelt

**§ 324 Gewässerverunreinigung.** (1) Wer unbefugt ein Gewässer verunreinigt oder sonst dessen Eigenschaften nachteilig verändert, wird mit Freiheitsstrafe bis zu fünf Jahren oder mit Geldstrafe bestraft.

(2) Der Versuch ist strafbar.

(3) Handelt der Täter fahrlässig, so ist die Strafe Freiheitsstrafe bis zu drei Jahren oder Geldstrafe.

**§ 324a Bodenverunreinigung.** (1) Wer unter Verletzung verwaltungsrechtlicher Pflichten Stoffe in den Boden einbringt, eindringen läßt oder freisetzt und diesen dadurch

1. in einer Weise, die geeignet ist, die Gesundheit eines anderen, Tiere, Pflanzen oder andere Sachen von bedeutendem Wert oder ein Gewässer zu schädigen, oder
2. in bedeutendem Umfang

verunreinigt oder sonst nachteilig verändert, wird mit Freiheitsstrafe bis zu fünf Jahren oder mit Geldstrafe bestraft.

(2) Der Versuch ist strafbar.

(3) Handelt der Täter fahrlässig, so ist die Strafe Freiheitsstrafe bis zu drei Jahren oder Geldstrafe.

**§ 325[2] Luftverunreinigung.** (1) [1] Wer beim Betrieb einer Anlage, insbesondere einer Betriebsstätte oder Maschine, unter Verletzung verwaltungsrechtlicher Pflichten Veränderungen der Luft verursacht, die geeignet sind, außerhalb des zur Anlage gehörenden Bereichs die Gesundheit eines anderen, Tiere, Pflanzen oder andere Sachen von bedeutendem Wert zu schädigen, wird mit Freiheitsstrafe bis zu fünf Jahren oder mit Geldstrafe bestraft. [2] Der Versuch ist strafbar.

(2) Wer beim Betrieb einer Anlage, insbesondere einer Betriebsstätte oder Maschine, unter Verletzung verwaltungsrechtlicher Pflichten Schadstoffe in bedeutendem Umfang in die Luft außerhalb des Betriebsgeländes freisetzt, wird mit Freiheitsstrafe bis zu fünf Jahren oder mit Geldstrafe bestraft.

---

[1] § 323c Überschrift neu gef., Abs. 2 angef. mWv 30.5.2017 durch G v. 23.5.2017 (BGBl. I S. 1226).

[2] § 325 Abs. 2 geänd., Abs. 3 eingef., bish. Abs. 3 wird Abs. 4 und geänd., Abs. 5 eingef., bish. Abs. 4 wird Abs. 6 und geänd., bish. Abs. 5 wird Abs. 7 und geänd. mWv 14.12.2011 durch G v. 6.12. 2011 (BGBl. I S. 2557).

(3) Wer unter Verletzung verwaltungsrechtlicher Pflichten Schadstoffe in bedeutendem Umfang in die Luft freisetzt, wird mit Freiheitsstrafe bis zu drei Jahren oder mit Geldstrafe bestraft, wenn die Tat nicht nach Absatz 2 mit Strafe bedroht ist.

(4) Handelt der Täter in den Fällen der Absätze 1 und 2 fahrlässig, so ist die Strafe Freiheitsstrafe bis zu drei Jahren oder Geldstrafe.

(5) Handelt der Täter in den Fällen des Absatzes 3 leichtfertig, so ist die Strafe Freiheitsstrafe bis zu einem Jahr oder Geldstrafe.

(6) Schadstoffe im Sinne der Absätze 2 und 3 sind Stoffe, die geeignet sind,

1. die Gesundheit eines anderen, Tiere, Pflanzen oder andere Sachen von bedeutendem Wert zu schädigen oder
2. nachhaltig ein Gewässer, die Luft oder den Boden zu verunreinigen oder sonst nachteilig zu verändern.

(7) Absatz 1, auch in Verbindung mit Absatz 4, gilt nicht für Kraftfahrzeuge, Schienen-, Luft- oder Wasserfahrzeuge.

**§ 325 a Verursachen von Lärm, Erschütterungen und nichtionisierenden Strahlen.** (1) Wer beim Betrieb einer Anlage, insbesondere einer Betriebsstätte oder Maschine, unter Verletzung verwaltungsrechtlicher Pflichten Lärm verursacht, der geeignet ist, außerhalb des zur Anlage gehörenden Bereichs die Gesundheit eines anderen zu schädigen, wird mit Freiheitsstrafe bis zu drei Jahren oder mit Geldstrafe bestraft.

(2) Wer beim Betrieb einer Anlage, insbesondere einer Betriebsstätte oder Maschine, unter Verletzung verwaltungsrechtlicher Pflichten, die dem Schutz vor Lärm, Erschütterungen oder nichtionisierenden Strahlen dienen, die Gesundheit eines anderen, ihm nicht gehörende Tiere oder fremde Sachen von bedeutendem Wert gefährdet, wird mit Freiheitsstrafe bis zu fünf Jahren oder mit Geldstrafe bestraft.

(3) Handelt der Täter fahrlässig, so ist die Strafe

1. in den Fällen des Absatzes 1 Freiheitsstrafe bis zu zwei Jahren oder Geldstrafe,
2. in den Fällen des Absatzes 2 Freiheitsstrafe bis zu drei Jahren oder Geldstrafe.

(4) Die Absätze 1 bis 3 gelten nicht für Kraftfahrzeuge, Schienen-, Luft- oder Wasserfahrzeuge.

**§ 326[1] Unerlaubter Umgang mit Abfällen.** (1) Wer unbefugt Abfälle, die

1. Gifte oder Erreger von auf Menschen oder Tiere übertragbaren gemeingefährlichen Krankheiten enthalten oder hervorbringen können,
2. für den Menschen krebserzeugend, fortpflanzungsgefährdend oder erbgutverändernd sind,
3. explosionsgefährlich, selbstentzündlich oder nicht nur geringfügig radioaktiv sind oder
4. nach Art, Beschaffenheit oder Menge geeignet sind,
   a) nachhaltig ein Gewässer, die Luft oder den Boden zu verunreinigen oder sonst nachteilig zu verändern oder

---

[1] § 326 Überschrift, Abs. 1 Nr. 2 und abschl. Satzteil geänd. mWv 14. 12. 2011 durch G v. 6. 12. 2011 (BGBl. I S. 2557); Abs. 2 neu gef. mWv 10. 11. 2016 durch G v. 1. 11. 2016 (BGBl. I S. 2452).

b) einen Bestand von Tieren oder Pflanzen zu gefährden,

außerhalb einer dafür zugelassenen Anlage oder unter wesentlicher Abweichung von einem vorgeschriebenen oder zugelassenen Verfahren sammelt, befördert, behandelt, verwertet, lagert, ablagert, ablässt, beseitigt, handelt, makelt oder sonst bewirtschaftet, wird mit Freiheitsstrafe bis zu fünf Jahren oder mit Geldstrafe bestraft.

(2) Ebenso wird bestraft, wer Abfälle im Sinne des Absatzes 1 entgegen einem Verbot oder ohne die erforderliche Genehmigung in den, aus dem oder durch den Geltungsbereich dieses Gesetzes verbringt.

(3) Wer radioaktive Abfälle unter Verletzung verwaltungsrechtlicher Pflichten nicht abliefert, wird mit Freiheitsstrafe bis zu drei Jahren oder mit Geldstrafe bestraft.

(4) In den Fällen der Absätze 1 und 2 ist der Versuch strafbar.

(5) Handelt der Täter fahrlässig, so ist die Strafe

1. in den Fällen der Absätze 1 und 2 Freiheitsstrafe bis zu drei Jahren oder Geldstrafe,
2. in den Fällen des Absatzes 3 Freiheitsstrafe bis zu einem Jahr oder Geldstrafe.

(6) Die Tat ist dann nicht strafbar, wenn schädliche Einwirkungen auf die Umwelt, insbesondere auf Menschen, Gewässer, die Luft, den Boden, Nutztiere oder Nutzpflanzen, wegen der geringen Menge der Abfälle offensichtlich ausgeschlossen sind.

**§ 327**[1] **Unerlaubtes Betreiben von Anlagen.** (1) Wer ohne die erforderliche Genehmigung oder entgegen einer vollziehbaren Untersagung

1. eine kerntechnische Anlage betreibt, eine betriebsbereite oder stillgelegte kerntechnische Anlage innehat oder ganz oder teilweise abbaut oder eine solche Anlage oder ihren Betrieb wesentlich ändert oder
2. eine Betriebsstätte, in der Kernbrennstoffe verwendet werden, oder deren Lage wesentlich ändert,

wird mit Freiheitsstrafe bis zu fünf Jahren oder mit Geldstrafe bestraft.

*(Fortsetzung nächstes Blatt)*

[1] § 327 Abs. 2 Nr. 2 geänd. mWv 1. 3. 2010 durch G v. 31. 7. 2009 (BGBl. I S. 2585); Abs. 2 Satz 2 angef. mWv 14. 12. 2011 durch G v. 6. 12. 2011 (BGBl. I S. 2557); Abs. 2 Satz 1 Nr. 3 geänd. mWv 1. 6. 2012 durch G v. 24. 2. 2012 (BGBl. I S. 212); Abs. 2 Satz 1 Nr. 2 und 3 geänd., Nr. 4 angef. mWv 2. 5. 2013 durch G v. 8. 4. 2013 (BGBl. I S. 734).

(2) [1] Mit Freiheitsstrafe bis zu drei Jahren oder mit Geldstrafe wird bestraft, wer

1. eine genehmigungsbedürftige Anlage oder eine sonstige Anlage im Sinne des Bundes-Immissionsschutzgesetzes[1)], deren Betrieb zum Schutz vor Gefahren untersagt worden ist,
2. eine genehmigungsbedürftige Rohrleitungsanlage zum Befördern wassergefährdender Stoffe im Sinne des Gesetzes über die Umweltverträglichkeitsprüfung[2)],
3. eine Abfallentsorgungsanlage im Sinne des Kreislaufwirtschaftsgesetzes[3)] oder
4. eine Abwasserbehandlungsanlage nach § 60 Absatz 3 des Wasserhaushaltsgesetzes[4)]

ohne die nach dem jeweiligen Gesetz erforderliche Genehmigung oder Planfeststellung oder entgegen einer auf dem jeweiligen Gesetz beruhenden vollziehbaren Untersagung betreibt. [2] Ebenso wird bestraft, wer ohne die erforderliche Genehmigung oder Planfeststellung oder entgegen einer vollziehbaren Untersagung eine Anlage, in der gefährliche Stoffe oder Gemische gelagert oder verwendet oder gefährliche Tätigkeiten ausgeübt werden, in einem anderen Mitgliedstaat der Europäischen Union in einer Weise betreibt, die geeignet ist, außerhalb der Anlage Leib oder Leben eines anderen Menschen zu schädigen oder erhebliche Schäden an Tieren oder Pflanzen, Gewässern, der Luft oder dem Boden herbeizuführen.

(3) Handelt der Täter fahrlässig, so ist die Strafe

1. in den Fällen des Absatzes 1 Freiheitsstrafe bis zu drei Jahren oder Geldstrafe,
2. in den Fällen des Absatzes 2 Freiheitsstrafe bis zu zwei Jahren oder Geldstrafe.

**§ 328[5)] Unerlaubter Umgang mit radioaktiven Stoffen und anderen gefährlichen Stoffen und Gütern.** (1) Mit Freiheitsstrafe bis zu fünf Jahren oder mit Geldstrafe wird bestraft,

1.[6)] wer ohne die erforderliche Genehmigung oder entgegen einer vollziehbaren Untersagung Kernbrennstoffe oder
2. wer ohne die erforderliche Genehmigung oder wer entgegen einer vollziehbaren Untersagung sonstige radioaktive Stoffe, die nach Art, Beschaffenheit oder Menge geeignet sind, durch ionisierende Strahlen den Tod oder eine schwere Gesundheitsschädigung eines anderen oder erhebliche Schäden an Tieren oder Pflanzen, Gewässern, der Luft oder dem Boden herbeizuführen,

herstellt, aufbewahrt, befördert, bearbeitet, verarbeitet oder sonst verwendet, einführt oder ausführt.

(2) Ebenso wird bestraft, wer

1. Kernbrennstoffe, zu deren Ablieferung er auf Grund des Atomgesetzes[7)] verpflichtet ist, nicht unverzüglich abliefert,

---

1) **Sartorius Nr. 296.**
2) **Sartorius Nr. 295.**
3) **Sartorius Nr. 298.**
4) **Sartorius Nr. 845.**
5) § 328 Abs. 1 Nr. 2 und abschl. Satzteil, Abs. 3 einl. Satzteil, Nr. 1 und abschl. Satzteil geänd. mWv 14. 12. 2011 durch G v. 6. 12. 2011 (BGBl. I S. 2557).
6) Beachte dazu Anm. 2) zu § 311 StGB.
7) **Sartorius Nr. 835.**

2. Kernbrennstoffe oder die in Absatz 1 Nr. 2 bezeichneten Stoffe an Unberechtigte abgibt oder die Abgabe an Unberechtigte vermittelt,
3. eine nukleare Explosion verursacht oder
4. einen anderen zu einer in Nummer 3 bezeichneten Handlung verleitet oder eine solche Handlung fördert.

(3) Mit Freiheitsstrafe bis zu fünf Jahren oder mit Geldstrafe wird bestraft, wer unter Verletzung verwaltungsrechtlicher Pflichten

1. beim Betrieb einer Anlage, insbesondere einer Betriebsstätte oder technischen Einrichtung, radioaktive Stoffe oder gefährliche Stoffe und Gemische nach Artikel 3 der Verordnung (EG) Nr. 1272/2008 des Europäischen Parlaments und des Rates vom 16. Dezember 2008 über die Einstufung, Kennzeichnung und Verpackung von Stoffen und Gemischen, zur Änderung und Aufhebung der Richtlinien 67/548/EWG und 1999/45/EG und zur Änderung der Verordnung (EG) Nr. 1907/2006 (ABl. L 353 vom 31. 12. 2008, S. 1), die zuletzt durch die Verordnung (EG) Nr. 790/2009 (ABl. L 235 vom 5. 9. 2009, S. 1) geändert worden ist, lagert, bearbeitet, verarbeitet oder sonst verwendet oder
2. gefährliche Güter befördert, versendet, verpackt oder auspackt, verlädt oder entlädt, entgegennimmt oder anderen überläßt

und dadurch die Gesundheit eines anderen, Tiere oder Pflanzen, Gewässer, die Luft oder den Boden oder fremde Sachen von bedeutendem Wert gefährdet.

(4) Der Versuch ist strafbar.

(5) Handelt der Täter fahrlässig, so ist die Strafe Freiheitsstrafe bis zu drei Jahren oder Geldstrafe.

(6) Die Absätze 4 und 5 gelten nicht für Taten nach Absatz 2 Nr. 4.

**§ 329[1] Gefährdung schutzbedürftiger Gebiete.** (1) [1] Wer entgegen einer auf Grund des Bundes-Immissionsschutzgesetzes[2] erlassenen Rechtsverordnung über ein Gebiet, das eines besonderen Schutzes vor schädlichen Umwelteinwirkungen durch Luftverunreinigungen oder Geräusche bedarf oder in dem während austauscharmer Wetterlagen ein starkes Anwachsen schädlicher Umwelteinwirkungen durch Luftverunreinigungen zu befürchten ist, Anlagen innerhalb des Gebiets betreibt, wird mit Freiheitsstrafe bis zu drei Jahren oder mit Geldstrafe bestraft. [2] Ebenso wird bestraft, wer innerhalb eines solchen Gebiets Anlagen entgegen einer vollziehbaren Anordnung betreibt, die auf Grund einer in Satz 1 bezeichneten Rechtsverordnung ergangen ist. [3] Die Sätze 1 und 2 gelten nicht für Kraftfahrzeuge, Schienen-, Luft- oder Wasserfahrzeuge.

(2) [1] Wer entgegen einer zum Schutz eines Wasser- oder Heilquellenschutzgebietes erlassenen Rechtsvorschrift oder vollziehbaren Untersagung

1. betriebliche Anlagen zum Umgang mit wassergefährdenden Stoffen betreibt,
2. Rohrleitungsanlagen zum Befördern wassergefährdender Stoffe betreibt oder solche Stoffe befördert oder
3. im Rahmen eines Gewerbebetriebes Kies, Sand, Ton oder andere feste Stoffe abbaut,

[1] § 329 Abs. 4 eingef., bish. Abs. 4 wird Abs. 5, Abs. 6 angef. mWv 14. 12. 2011 durch G v. 6. 12. 2011 (BGBl. I S. 2557); Abs. 4 Nr. 1 und 2 geänd. mWv 26. 11. 2015 durch G v. 20. 11. 2015 (BGBl. I S. 2025).

[2] **Sartorius Nr. 296.**

wird mit Freiheitsstrafe bis zu drei Jahren oder mit Geldstrafe bestraft. [2] Betriebliche Anlage im Sinne des Satzes 1 ist auch die Anlage in einem öffentlichen Unternehmen.

(3) Wer entgegen einer zum Schutz eines Naturschutzgebietes, einer als Naturschutzgebiet einstweilig sichergestellten Fläche oder eines Nationalparks erlassenen Rechtsvorschrift oder vollziehbaren Untersagung

1. Bodenschätze oder andere Bodenbestandteile abbaut oder gewinnt,
2. Abgrabungen oder Aufschüttungen vornimmt,
3. Gewässer schafft, verändert oder beseitigt,
4. Moore, Sümpfe, Brüche oder sonstige Feuchtgebiete entwässert,
5. Wald rodet,
6. Tiere einer im Sinne des Bundesnaturschutzgesetzes[1)] besonders geschützten Art tötet, fängt, diesen nachstellt oder deren Gelege ganz oder teilweise zerstört oder entfernt,
7. Pflanzen einer im Sinne des Bundesnaturschutzgesetzes besonders geschützten Art beschädigt oder entfernt oder
8. ein Gebäude errichtet

und dadurch den jeweiligen Schutzzweck nicht unerheblich beeinträchtigt, wird mit Freiheitsstrafe bis zu fünf Jahren oder mit Geldstrafe bestraft.

(4) Wer unter Verletzung verwaltungsrechtlicher Pflichten in einem Natura 2000-Gebiet einen für die Erhaltungsziele oder den Schutzzweck dieses Gebietes maßgeblichen

1. Lebensraum einer Art, die in Artikel 4 Absatz 2 oder Anhang I der Richtlinie 2009/147/EG des Europäischen Parlaments und des Rates vom 30. November 2009 über die Erhaltung der wildlebenden Vogelarten (ABl. L 20 vom 26. 1. 2010, S. 7) oder in Anhang II der Richtlinie 92/43/EWG des Rates vom 21. Mai 1992 zur Erhaltung der natürlichen Lebensräume sowie der wildlebenden Tiere und Pflanzen (ABl. L 206 vom 22. 7. 1992, S. 7), die zuletzt durch die Richtlinie 2013/17/EU (ABl. L 158 vom 10. 6. 2013, S. 193) geändert worden ist, aufgeführt ist, oder
2. natürlichen Lebensraumtyp, der in Anhang I der Richtlinie 92/43/EWG des Rates vom 21. Mai 1992 zur Erhaltung der natürlichen Lebensräume sowie der wildlebenden Tiere und Pflanzen (ABl. L 206 vom 22. 7. 1992, S. 7), die zuletzt durch die Richtlinie 2013/17/EU (ABl. L 158 vom 10. 6. 2013, S. 193) geändert worden ist, aufgeführt ist,

erheblich schädigt, wird mit Freiheitsstrafe bis zu fünf Jahren oder mit Geldstrafe bestraft.

(5) Handelt der Täter fahrlässig, so ist die Strafe

1. in den Fällen der Absätze 1 und 2 Freiheitsstrafe bis zu zwei Jahren oder Geldstrafe,
2. in den Fällen des Absatzes 3 Freiheitsstrafe bis zu drei Jahren oder Geldstrafe.

(6) Handelt der Täter in den Fällen des Absatzes 4 leichtfertig, so ist die Strafe Freiheitsstrafe bis zu drei Jahren oder Geldstrafe.

---

[1)] **Sartorius Nr. 880.**

**§ 330[1] Besonders schwerer Fall einer Umweltstraftat.** (1) [1] In besonders schweren Fällen wird eine vorsätzliche Tat nach den §§ 324 bis 329 mit Freiheitsstrafe von sechs Monaten bis zu zehn Jahren bestraft. [2] Ein besonders schwerer Fall liegt in der Regel vor, wenn der Täter

1. ein Gewässer, den Boden oder ein Schutzgebiet im Sinne des § 329 Abs. 3 derart beeinträchtigt, daß die Beeinträchtigung nicht, nur mit außerordentlichem Aufwand oder erst nach längerer Zeit beseitigt werden kann,
2. die öffentliche Wasserversorgung gefährdet,
3. einen Bestand von Tieren oder Pflanzen einer streng geschützten Art nachhaltig schädigt oder
4. aus Gewinnsucht handelt.

(2) Wer durch eine vorsätzliche Tat nach den §§ 324 bis 329

1. einen anderen Menschen in die Gefahr des Todes oder einer schweren Gesundheitsschädigung oder eine große Zahl von Menschen in die Gefahr einer Gesundheitsschädigung bringt oder
2. den Tod eines anderen Menschen verursacht,

wird in den Fällen der Nummer 1 mit Freiheitsstrafe von einem Jahr bis zu zehn Jahren, in den Fällen der Nummer 2 mit Freiheitsstrafe nicht unter drei Jahren bestraft, wenn die Tat nicht in § 330 a Abs. 1 bis 3 mit Strafe bedroht ist.

(3) In minder schweren Fällen des Absatzes 2 Nr. 1 ist auf Freiheitsstrafe von sechs Monaten bis zu fünf Jahren, in minder schweren Fällen des Absatzes 2 Nr. 2 auf Freiheitsstrafe von einem Jahr bis zu zehn Jahren zu erkennen.

**§ 330 a Schwere Gefährdung durch Freisetzen von Giften.** (1) Wer Stoffe, die Gifte enthalten oder hervorbringen können, verbreitet oder freisetzt und dadurch die Gefahr des Todes oder einer schweren Gesundheitsschädigung eines anderen Menschen oder die Gefahr einer Gesundheitsschädigung einer großen Zahl von Menschen verursacht, wird mit Freiheitsstrafe von einem Jahr bis zu zehn Jahren bestraft.

(2) Verursacht der Täter durch die Tat den Tod eines anderen Menschen, so ist die Strafe Freiheitsstrafe nicht unter drei Jahren.

(3) In minder schweren Fällen des Absatzes 1 ist auf Freiheitsstrafe von sechs Monaten bis zu fünf Jahren, in minder schweren Fällen des Absatzes 2 auf Freiheitsstrafe von einem Jahr bis zu zehn Jahren zu erkennen.

(4) Wer in den Fällen des Absatzes 1 die Gefahr fahrlässig verursacht, wird mit Freiheitsstrafe bis zu fünf Jahren oder mit Geldstrafe bestraft.

(5) Wer in den Fällen des Absatzes 1 leichtfertig handelt und die Gefahr fahrlässig verursacht, wird mit Freiheitsstrafe bis zu drei Jahren oder mit Geldstrafe bestraft.

**§ 330 b Tätige Reue.** (1) [1] Das Gericht kann in den Fällen des § 325 a Abs. 2, des § 326 Abs. 1 bis 3, des § 328 Abs. 1 bis 3 und des § 330 a Abs. 1, 3 und 4 die Strafe nach seinem Ermessen mildern (§ 49 Abs. 2) oder von Strafe nach diesen Vorschriften absehen, wenn der Täter freiwillig die Gefahr abwendet oder den von ihm verursachten Zustand beseitigt, bevor ein erheblicher Schaden

[1] § 330 Abs. 1 Satz 2 Nr. 3 geänd. mWv 14. 12. 2011 durch G v. 6. 12. 2011 (BGBl. I S. 2557).

entsteht. [2] Unter denselben Voraussetzungen wird der Täter nicht nach § 325 a Abs. 3 Nr. 2, § 326 Abs. 5, § 328 Abs. 5 und § 330 a Abs. 5 bestraft.

(2) Wird ohne Zutun des Täters die Gefahr abgewendet oder der rechtswidrig verursachte Zustand beseitigt, so genügt sein freiwilliges und ernsthaftes Bemühen, dieses Ziel zu erreichen.

**§ 330 c[1)] Einziehung.** [1] Ist eine Straftat nach den §§ 326, 327 Abs. 1 oder 2, §§ 328, 329 Absatz 1, 2 oder Absatz 3, dieser auch in Verbindung mit Absatz 5, oder Absatz 4, dieser auch in Verbindung mit Absatz 6, begangen worden, so können

1. Gegenstände, die durch die Tat hervorgebracht oder zu ihrer Begehung oder Vorbereitung gebraucht worden oder bestimmt gewesen sind, und
2. Gegenstände, auf die sich die Tat bezieht,

eingezogen werden. [2] § 74 a ist anzuwenden.

**§ 330 d[2)] Begriffsbestimmungen.** (1) Im Sinne dieses Abschnitts ist

1. ein Gewässer:
   ein oberirdisches Gewässer, das Grundwasser und das Meer;
2. eine kerntechnische Anlage:
   eine Anlage zur Erzeugung oder zur Bearbeitung oder Verarbeitung oder zur Spaltung von Kernbrennstoffen oder zur Aufarbeitung bestrahlter Kernbrennstoffe;
3. ein gefährliches Gut:
   ein Gut im Sinne des Gesetzes über die Beförderung gefährlicher Güter und einer darauf beruhenden Rechtsverordnung und im Sinne der Rechtsvorschriften über die internationale Beförderung gefährlicher Güter im jeweiligen Anwendungsbereich;
4. eine verwaltungsrechtliche Pflicht:
   eine Pflicht, die sich aus
   a) einer Rechtsvorschrift,
   b) einer gerichtlichen Entscheidung,
   c) einem vollziehbaren Verwaltungsakt,
   d) einer vollziehbaren Auflage oder
   e) einem öffentlich-rechtlichen Vertrag, soweit die Pflicht auch durch Verwaltungsakt hätte auferlegt werden können,

   ergibt und dem Schutz vor Gefahren oder schädlichen Einwirkungen auf die Umwelt, insbesondere auf Menschen, Tiere oder Pflanzen, Gewässer, die Luft oder den Boden, dient;
5. ein Handeln ohne Genehmigung, Planfeststellung oder sonstige Zulassung:
   auch ein Handeln auf Grund einer durch Drohung, Bestechung oder Kollusion erwirkten oder durch unrichtige oder unvollständige Angaben erschlichenen Genehmigung, Planfeststellung oder sonstigen Zulassung.

(2) [1] Für die Anwendung der §§ 311, 324 a, 325, 326, 327 und 328 stehen in Fällen, in denen die Tat in einem anderen Mitgliedstaat der Europäischen Union begangen worden ist,

---

[1)] § 330 c Satz 1 einl. Satzteil geänd. mWv 14. 12. 2011 durch G v. 6. 12. 2011 (BGBl. I S. 2557).
[2)] § 330 d Abs. 2 angef. mWv 14. 12. 2011 durch G v. 6. 12. 2011 (BGBl. I S. 2557).

1. einer verwaltungsrechtlichen Pflicht,
2. einem vorgeschriebenen oder zugelassenen Verfahren,
3. einer Untersagung,
4. einem Verbot,
5. einer zugelassenen Anlage,
6. einer Genehmigung und
7. einer Planfeststellung

entsprechende Pflichten, Verfahren, Untersagungen, Verbote, zugelassene Anlagen, Genehmigungen und Planfeststellungen auf Grund einer Rechtsvorschrift des anderen Mitgliedstaats der Europäischen Union oder auf Grund eines Hoheitsakts des anderen Mitgliedstaats der Europäischen Union gleich. [2] Dies gilt nur, soweit damit ein Rechtsakt der Europäischen Union oder ein Rechtsakt der Europäischen Atomgemeinschaft umgesetzt oder angewendet wird, der dem Schutz vor Gefahren oder schädlichen Einwirkungen auf die Umwelt, insbesondere auf Menschen, Tiere oder Pflanzen, Gewässer, die Luft oder den Boden, dient.

## Dreißigster Abschnitt. Straftaten im Amt

**§ 331**[1)] **Vorteilsannahme.** (1) Ein Amtsträger, ein Europäischer Amtsträger oder ein für den öffentlichen Dienst besonders Verpflichteter, der für die Dienstausübung einen Vorteil für sich oder einen Dritten fordert, sich versprechen läßt oder annimmt, wird mit Freiheitsstrafe bis zu drei Jahren oder mit Geldstrafe bestraft.

(2) [1] Ein Richter, Mitglied eines Gerichts der Europäischen Union oder Schiedsrichter, der einen Vorteil für sich oder einen Dritten als Gegenleistung dafür fordert, sich versprechen läßt oder annimmt, daß er eine richterliche Handlung vorgenommen hat oder künftig vornehme, wird mit Freiheitsstrafe bis zu fünf Jahren oder mit Geldstrafe bestraft. [2] Der Versuch ist strafbar.

(3) Die Tat ist nicht nach Absatz 1 strafbar, wenn der Täter einen nicht von ihm geforderten Vorteil sich versprechen läßt oder annimmt und die zuständige Behörde im Rahmen ihrer Befugnisse entweder die Annahme vorher genehmigt hat oder der Täter unverzüglich bei ihr Anzeige erstattet und sie die Annahme genehmigt.

**§ 332**[2)] **Bestechlichkeit.** (1) [1] Ein Amtsträger, ein Europäischer Amtsträger oder ein für den öffentlichen Dienst besonders Verpflichteter, der einen Vorteil für sich oder einen Dritten als Gegenleistung dafür fordert, sich versprechen läßt oder annimmt, daß er eine Diensthandlung vorgenommen hat oder künftig vornehme und dadurch seine Dienstpflichten verletzt hat oder verletzen würde, wird mit Freiheitsstrafe von sechs Monaten bis zu fünf Jahren bestraft. [2] In minder schweren Fällen ist die Strafe Freiheitsstrafe bis zu drei Jahren oder Geldstrafe. [3] Der Versuch ist strafbar.

---

[1)] § 331 Abs. 1 und Abs. 2 Satz 1 geänd. mWv 26. 11. 2015 durch G v. 20. 11. 2015 (BGBl. I S. 2025).

[2)] § 332 Abs. 1 Satz 1 und Abs. 2 Satz 1 geänd. mWv 26. 11. 2015 durch G v. 20. 11. 2015 (BGBl. I S. 2025).

(2) [1]Ein Richter, Mitglied eines Gerichts der Europäischen Union oder Schiedsrichter, der einen Vorteil für sich oder einen Dritten als Gegenleistung dafür fordert, sich versprechen läßt oder annimmt, daß er eine richterliche Handlung vorgenommen hat oder künftig vornehme und dadurch seine richterlichen Pflichten verletzt hat oder verletzen würde, wird mit Freiheitsstrafe von einem Jahr bis zu zehn Jahren bestraft. [2]In minder schweren Fällen ist die Strafe Freiheitsstrafe von sechs Monaten bis zu fünf Jahren.

(3) Falls der Täter den Vorteil als Gegenleistung für eine künftige Handlung fordert, sich versprechen läßt oder annimmt, so sind die Absätze 1 und 2 schon dann anzuwenden, wenn er sich dem anderen gegenüber bereit gezeigt hat,

1. bei der Handlung seine Pflichten zu verletzen oder,
2. soweit die Handlung in seinem Ermessen steht, sich bei Ausübung des Ermessens durch den Vorteil beeinflussen zu lassen

**§ 333[1)] Vorteilsgewährung.** (1) Wer einem Amtsträger, einem Europäischen Amtsträger, einem für den öffentlichen Dienst besonders Verpflichteten oder einem Soldaten der Bundeswehr für die Dienstausübung einen Vorteil für diesen oder einen Dritten anbietet, verspricht oder gewährt, wird mit Freiheitsstrafe bis zu drei Jahren oder mit Geldstrafe bestraft.

(2) Wer einem Richter, Mitglied eines Gerichts der Europäischen Union oder Schiedsrichter einen Vorteil für diesen oder einen Dritten als Gegenleistung dafür anbietet, verspricht oder gewährt, daß er eine richterliche Handlung vorgenommen hat oder künftig vornehme, wird mit Freiheitsstrafe bis zu fünf Jahren oder mit Geldstrafe bestraft.

(3) Die Tat ist nicht nach Absatz 1 strafbar, wenn die zuständige Behörde im Rahmen ihrer Befugnisse entweder die Annahme des Vorteils durch den Empfänger vorher genehmigt hat oder sie auf unverzügliche Anzeige des Empfängers genehmigt.

**§ 334[2)] Bestechung.** (1) [1]Wer einem Amtsträger, einem Europäischen Amtsträger, einem für den öffentlichen Dienst besonders Verpflichteten oder einem Soldaten der Bundeswehr einen Vorteil für diesen oder einen Dritten als Gegenleistung dafür anbietet, verspricht oder gewährt, daß er eine Diensthandlung vorgenommen hat oder künftig vornehme und dadurch seine Dienstpflichten verletzt hat oder verletzen würde, wird mit Freiheitsstrafe von drei Monaten bis zu fünf Jahren bestraft. [2]In minder schweren Fällen ist die Strafe Freiheitsstrafe bis zu zwei Jahren oder Geldstrafe.

(2) [1]Wer einem Richter, Mitglied eines Gerichts der Europäischen Union oder Schiedsrichter einen Vorteil für diesen oder einen Dritten als Gegenleistung dafür anbietet, verspricht oder gewährt, daß er eine richterliche Handlung

1. vorgenommen und dadurch seine richterlichen Pflichten verletzt hat oder
2. künftig vornehme und dadurch seine richterlichen Pflichten verletzen würde,

wird in den Fällen der Nummer 1 mit Freiheitsstrafe von drei Monaten bis zu fünf Jahren, in den Fällen der Nummer 2 mit Freiheitsstrafe von sechs Monaten bis zu fünf Jahren bestraft. [2]Der Versuch ist strafbar.

---

[1)] § 333 Abs. 1 und 2 geänd. mWv 26.11.2015 durch G v. 20.11.2015 (BGBl. I S. 2025).

[2)] § 334 Abs. 1 Satz 1 und Abs. 2 Satz 1 geänd. mWv 26.11.2015 durch G v. 20.11.2015 (BGBl. I S. 2025).

(3) Falls der Täter den Vorteil als Gegenleistung für eine künftige Handlung anbietet, verspricht oder gewährt, so sind die Absätze 1 und 2 schon dann anzuwenden, wenn er den anderen zu bestimmen versucht, daß dieser

1. bei der Handlung seine Pflichten verletzt oder,
2. soweit die Handlung in seinem Ermessen steht, sich bei der Ausübung des Ermessens durch den Vorteil beeinflussen läßt.

**§ 335 Besonders schwere Fälle der Bestechlichkeit und Bestechung.**

(1) In besonders schweren Fällen wird

1. eine Tat nach
   a) § 332 Abs. 1 Satz 1, auch in Verbindung mit Abs. 3, und
   b) § 334 Abs. 1 Satz 1 und Abs. 2, jeweils auch in Verbindung mit Abs. 3,

   mit Freiheitsstrafe von einem Jahr bis zu zehn Jahren und
2. eine Tat nach § 332 Abs. 2, auch in Verbindung mit Abs. 3, mit Freiheitsstrafe nicht unter zwei Jahren

bestraft.

(2) Ein besonders schwerer Fall im Sinne des Absatzes 1 liegt in der Regel vor, wenn

1. die Tat sich auf einen Vorteil großen Ausmaßes bezieht,
2. der Täter fortgesetzt Vorteile annimmt, die er als Gegenleistung dafür gefordert hat, daß er eine Diensthandlung künftig vornehme, oder
3. der Täter gewerbsmäßig oder als Mitglied einer Bande handelt, die sich zur fortgesetzten Begehung solcher Taten verbunden hat.

**§ 335a[1] Ausländische und internationale Bedienstete.** (1) Für die Anwendung des § 331 Absatz 2 und des § 333 Absatz 2 sowie der §§ 332 und 334, diese jeweils auch in Verbindung mit § 335, auf eine Tat, die sich auf eine künftige richterliche Handlung oder eine künftige Diensthandlung bezieht, stehen gleich:

1. einem Richter:
   ein Mitglied eines ausländischen und eines internationalen Gerichts;
2. einem sonstigen Amtsträger:
   a) ein Bediensteter eines ausländischen Staates und eine Person, die beauftragt ist, öffentliche Aufgaben für einen ausländischen Staat wahrzunehmen;
   b) ein Bediensteter einer internationalen Organisation und eine Person, die beauftragt ist, Aufgaben einer internationalen Organisation wahrzunehmen;
   c) ein Soldat eines ausländischen Staates und ein Soldat, der beauftragt ist, Aufgaben einer internationalen Organisation wahrzunehmen.

(2) Für die Anwendung des § 331 Absatz 1 und 3 sowie des § 333 Absatz 1 und 3 auf eine Tat, die sich auf eine künftige Diensthandlung bezieht, stehen gleich:

1. einem Richter:
   ein Mitglied des Internationalen Strafgerichtshofes;
2. einem sonstigen Amtsträger:
   ein Bediensteter des Internationalen Strafgerichtshofes.

---

[1] § 335a eingef. mWv 26.11.2015 durch G v. 20.11.2015 (BGBl. I S. 2025); Abs. 1 einl. Satzteil, Abs. 2 einl. Satzteil geänd. mWv 28.6.2019 durch G v. 19.6.2019 (BGBl. I S. 844).

(3) Für die Anwendung des § 333 Absatz 1 und 3 auf eine Tat, die sich auf eine künftige Diensthandlung bezieht, stehen gleich:

1. einem Soldaten der Bundeswehr:
ein Soldat der in der Bundesrepublik Deutschland stationierten Truppen der nichtdeutschen Vertragsstaaten des Nordatlantikpaktes, die sich zur Zeit der Tat im Inland aufhalten;
2. einem sonstigen Amtsträger:
ein Bediensteter dieser Truppen;
3. einem für den öffentlichen Dienst besonders Verpflichteten:
eine Person, die bei den Truppen beschäftigt oder für sie tätig und auf Grund einer allgemeinen oder besonderen Anweisung einer höheren Dienststelle der Truppen zur gewissenhaften Erfüllung ihrer Obliegenheiten förmlich verpflichtet worden ist.

**§ 336**[1] **Unterlassen der Diensthandlung.** Der Vornahme einer Diensthandlung oder einer richterlichen Handlung im Sinne der §§ 331 bis 335 a steht das Unterlassen der Handlung gleich.

**§ 337 Schiedsrichtervergütung.** Die Vergütung eines Schiedsrichters ist nur dann ein Vorteil im Sinne der §§ 331 bis 335, wenn der Schiedsrichter sie von einer Partei hinter dem Rücken der anderen fordert, sich versprechen läßt oder annimmt oder wenn sie ihm eine Partei hinter dem Rücken der anderen anbietet, verspricht oder gewährt.

**§ 338**[2] *(aufgehoben)*

**§ 339 Rechtsbeugung.** Ein Richter, ein anderer Amtsträger oder ein Schiedsrichter, welcher sich bei der Leitung oder Entscheidung einer Rechtssache zugunsten oder zum Nachteil einer Partei einer Beugung des Rechts schuldig macht, wird mit Freiheitsstrafe von einem Jahr bis zu fünf Jahren bestraft.

**§ 340 Körperverletzung im Amt.** (1) [1] Ein Amtsträger, der während der Ausübung seines Dienstes oder in Beziehung auf seinen Dienst eine Körperverletzung begeht oder begehen läßt, wird mit Freiheitsstrafe von drei Monaten bis zu fünf Jahren bestraft. [2] In minder schweren Fällen ist die Strafe Freiheitsstrafe bis zu fünf Jahren oder Geldstrafe.

(2) Der Versuch ist strafbar.

(3) Die §§ 224 bis 229 gelten für Straftaten nach Absatz 1 Satz 1 entsprechend.

**§§ 341 und 342** (weggefallen)

**§ 343 Aussageerpressung.** (1) Wer als Amtsträger, der zur Mitwirkung an

1. einem Strafverfahren, einem Verfahren zur Anordnung einer behördlichen Verwahrung,
2. einem Bußgeldverfahren oder

---

[1] § 336 geänd. mWv 26. 11. 2015 durch G v. 20. 11. 2015 (BGBl. I S. 2025).

[2] § 338 aufgeh. mWv 1. 7. 2017 durch G v. 13. 4. 2017 (BGBl. I S. 872).

3. einem Disziplinarverfahren oder einem ehrengerichtlichen oder berufsgerichtlichen Verfahren

berufen ist, einen anderen körperlich mißhandelt, gegen ihn sonst Gewalt anwendet, ihm Gewalt androht oder ihn seelisch quält, um ihn zu nötigen, in dem Verfahren etwas auszusagen oder zu erklären oder dies zu unterlassen, wird mit Freiheitsstrafe von einem Jahr bis zu zehn Jahren bestraft.

(2) In minder schweren Fällen ist die Strafe Freiheitsstrafe von sechs Monaten bis zu fünf Jahren.

**§ 344 Verfolgung Unschuldiger.** (1) [1] Wer als Amtsträger, der zur Mitwirkung an einem Strafverfahren, abgesehen von dem Verfahren zur Anordnung einer nicht freiheitsentziehenden Maßnahme (§ 11 Abs. 1 Nr. 8), berufen ist, absichtlich oder wissentlich einen Unschuldigen oder jemanden, der sonst nach dem Gesetz nicht strafrechtlich verfolgt werden darf, strafrechtlich verfolgt oder auf eine solche Verfolgung hinwirkt, wird mit Freiheitsstrafe von einem Jahr bis zu zehn Jahren, in minder schweren Fällen mit Freiheitsstrafe von drei Monaten bis zu fünf Jahren bestraft. [2] Satz 1 gilt sinngemäß für einen Amtsträger, der zur Mitwirkung an einem Verfahren zur Anordnung einer behördlichen Verwahrung berufen ist.

(2) [1] Wer als Amtsträger, der zur Mitwirkung an einem Verfahren zur Anordnung einer nicht freiheitsentziehenden Maßnahme (§ 11 Abs. 1 Nr. 8) berufen ist, absichtlich oder wissentlich jemanden, der nach dem Gesetz nicht strafrechtlich verfolgt werden darf, strafrechtlich verfolgt oder auf eine solche Verfolgung hinwirkt, wird mit Freiheitsstrafe von drei Monaten bis zu fünf Jahren bestraft. [2] Satz 1 gilt sinngemäß für einen Amtsträger, der zur Mitwirkung an

1. einem Bußgeldverfahren oder
2. einem Disziplinarverfahren oder einem ehrengerichtlichen oder berufsgerichtlichen Verfahren

berufen ist. [3] Der Versuch ist strafbar.

**§ 345 Vollstreckung gegen Unschuldige.** (1) Wer als Amtsträger, der zur Mitwirkung bei der Vollstreckung einer Freiheitsstrafe, einer freiheitsentziehenden Maßregel der Besserung und Sicherung oder einer behördlichen Verwahrung berufen ist, eine solche Strafe, Maßregel oder Verwahrung vollstreckt, obwohl sie nach dem Gesetz nicht vollstreckt werden darf, wird mit Freiheitsstrafe von einem Jahr bis zu zehn Jahren, in minder schweren Fällen mit Freiheitsstrafe von drei Monaten bis zu fünf Jahren bestraft.

(2) Handelt der Täter leichtfertig, so ist die Strafe Freiheitsstrafe bis zu einem Jahr oder Geldstrafe.

(3) [1] Wer, abgesehen von den Fällen des Absatzes 1, als Amtsträger, der zur Mitwirkung bei der Vollstreckung einer Strafe oder einer Maßnahme (§ 11 Abs. 1 Nr. 8) berufen ist, eine Strafe oder Maßnahme vollstreckt, obwohl sie nach dem Gesetz nicht vollstreckt werden darf, wird mit Freiheitsstrafe von drei Monaten bis zu fünf Jahren bestraft. [2] Ebenso wird bestraft, wer als Amtsträger, der zur Mitwirkung bei der Vollstreckung

1. eines Jugendarrestes,
2. einer Geldbuße oder Nebenfolge nach dem Ordnungswidrigkeitenrecht,
3. eines Ordnungsgeldes oder einer Ordnungshaft oder

4. einer Disziplinarmaßnahme oder einer ehrengerichtlichen oder berufsgerichtlichen Maßnahme

berufen ist, eine solche Rechtsfolge vollstreckt, obwohl sie nach dem Gesetz nicht vollstreckt werden darf. [3] Der Versuch ist strafbar.

**§§ 346 und 347** (weggefallen)

**§ 348 Falschbeurkundung im Amt.** (1) Ein Amtsträger, der, zur Aufnahme öffentlicher Urkunden befugt, innerhalb seiner Zuständigkeit eine rechtlich erhebliche Tatsache falsch beurkundet oder in öffentliche Register, Bücher oder Dateien falsch einträgt oder eingibt, wird mit Freiheitsstrafe bis zu fünf Jahren oder mit Geldstrafe bestraft.

(2) Der Versuch ist strafbar.

**§§ 349 bis 351** (weggefallen)

**§ 352 Gebührenüberhebung.** (1) Ein Amtsträger, Anwalt oder sonstiger Rechtsbeistand, welcher Gebühren oder andere Vergütungen für amtliche Verrichtungen zu seinem Vorteil zu erheben hat, wird, wenn er Gebühren oder Vergütungen erhebt, von denen er weiß, daß der Zahlende sie überhaupt nicht oder nur in geringerem Betrag schuldet, mit Freiheitsstrafe bis zu einem Jahr oder mit Geldstrafe bestraft.

(2) Der Versuch ist strafbar.

**§ 353 Abgabenüberhebung; Leistungskürzung.** (1) Ein Amtsträger, der Steuern, Gebühren oder andere Abgaben für eine öffentliche Kasse zu erheben hat, wird, wenn er Abgaben, von denen er weiß, daß der Zahlende sie überhaupt nicht oder nur in geringerem Betrag schuldet, erhebt und das rechtswidrig Erhobene ganz oder zum Teil nicht zur Kasse bringt, mit Freiheitsstrafe von drei Monaten bis zu fünf Jahren bestraft.

(2) Ebenso wird bestraft, wer als Amtsträger bei amtlichen Ausgaben an Geld oder Naturalien dem Empfänger rechtswidrig Abzüge macht und die Ausgaben als vollständig geleistet in Rechnung stellt.

**§ 353a Vertrauensbruch im auswärtigen Dienst.** (1) Wer bei der Vertretung der Bundesrepublik Deutschland gegenüber einer fremden Regierung, einer Staatengemeinschaft oder einer zwischenstaatlichen Einrichtung einer amtlichen Anweisung zuwiderhandelt oder in der Absicht, die Bundesregierung irrezuleiten, unwahre Berichte tatsächlicher Art erstattet, wird mit Freiheitsstrafe bis zu fünf Jahren oder mit Geldstrafe bestraft.

(2) Die Tat wird nur mit Ermächtigung der Bundesregierung verfolgt.

**§ 353b[1] Verletzung des Dienstgeheimnisses und einer besonderen Geheimhaltungspflicht.** (1) [1] Wer ein Geheimnis, das ihm als

1. Amtsträger,
2. für den öffentlichen Dienst besonders Verpflichteten,
3. Person, die Aufgaben oder Befugnisse nach dem Personalvertretungsrecht wahrnimmt oder

---

[1] § 353b Abs. 3a eingef. mWv 1.8.2012 durch G v. 25.6.2012 (BGBl. I S. 1374); Abs. 1 Satz 1 Nr. 2, 3 geänd., Nr. 4 und Abs. 4 Satz 2 Nr. 3 eingef., bish. Nr. 3 wird Nr. 4, Satz 3 angef. mWv 17.7.2020 durch G v. 10.7.2020 (BGBl. I S. 1648).

4. Europäischer Amtsträger,

anvertraut worden oder sonst bekanntgeworden ist, unbefugt offenbart und dadurch wichtige öffentliche Interessen gefährdet, wird mit Freiheitsstrafe bis zu fünf Jahren oder mit Geldstrafe bestraft. [2]Hat der Täter durch die Tat fahrlässig wichtige öffentliche Interessen gefährdet, so wird er mit Freiheitsstrafe bis zu einem Jahr oder mit Geldstrafe bestraft.

(2) Wer, abgesehen von den Fällen des Absatzes 1, unbefugt einen Gegenstand oder eine Nachricht, zu deren Geheimhaltung er

1. auf Grund des Beschlusses eines Gesetzgebungsorgans des Bundes oder eines Landes oder eines seiner Ausschüsse verpflichtet ist oder
2. von einer anderen amtlichen Stelle unter Hinweis auf die Strafbarkeit der Verletzung der Geheimhaltungspflicht förmlich verpflichtet worden ist,

an einen anderen gelangen läßt oder öffentlich bekanntmacht und dadurch wichtige öffentliche Interessen gefährdet, wird mit Freiheitsstrafe bis zu drei Jahren oder mit Geldstrafe bestraft.

(3) Der Versuch ist strafbar.

(3a) Beihilfehandlungen einer in § 53 Absatz 1 Satz 1 Nummer 5 der Strafprozessordnung[1)] genannten Person sind nicht rechtswidrig, wenn sie sich auf die Entgegennahme, Auswertung oder Veröffentlichung des Geheimnisses oder des Gegenstandes oder der Nachricht, zu deren Geheimhaltung eine besondere Verpflichtung besteht, beschränken.

(4) [1]Die Tat wird nur mit Ermächtigung verfolgt. [2]Die Ermächtigung wird erteilt

1. von dem Präsidenten des Gesetzgebungsorgans
   a) in den Fällen des Absatzes 1, wenn dem Täter das Geheimnis während seiner Tätigkeit bei einem oder für ein Gesetzgebungsorgan des Bundes oder eines Landes bekanntgeworden ist,
   b) in den Fällen des Absatzes 2 Nr. 1;
2. von der obersten Bundesbehörde
   a) in den Fällen des Absatzes 1, wenn dem Täter das Geheimnis während seiner Tätigkeit sonst bei einer oder für eine Behörde oder bei einer anderen amtlichen Stelle des Bundes oder für eine solche Stelle bekanntgeworden ist,
   b) in den Fällen des Absatzes 2 Nr. 2, wenn der Täter von einer amtlichen Stelle des Bundes verpflichtet worden ist;
3. von der Bundesregierung in den Fällen des Absatzes 1 Satz 1 Nummer 4, wenn dem Täter das Geheimnis während seiner Tätigkeit bei einer Dienststelle der Europäischen Union bekannt geworden ist;
4. von der obersten Landesbehörde in allen übrigen Fällen der Absätze 1 und 2 Nr. 2.

[3]In den Fällen des Satzes 2 Nummer 3 wird die Tat nur verfolgt, wenn zudem ein Strafverlangen der Dienststelle vorliegt.

**§ 353c** (weggefallen)

**§ 353d**[2)] **Verbotene Mitteilungen über Gerichtsverhandlungen.** Mit Freiheitsstrafe bis zu einem Jahr oder mit Geldstrafe wird bestraft, wer

---

[1)] Nr. **90**.

[2)] § 353d Nr. 1–3 geänd. mWv 1.1.2018 durch G v. 5.7.2017 (BGBl. I S. 2208).

1. entgegen einem gesetzlichen Verbot über eine Gerichtsverhandlung, bei der die Öffentlichkeit ausgeschlossen war, oder über den Inhalt eines die Sache betreffenden amtlichen Dokuments öffentlich eine Mitteilung macht,
2. entgegen einer vom Gericht auf Grund eines Gesetzes auferlegten Schweigepflicht Tatsachen unbefugt offenbart, die durch eine nichtöffentliche Gerichtsverhandlung oder durch ein die Sache betreffendes amtliches Dokument zu seiner Kenntnis gelangt sind, oder
3. die Anklageschrift oder andere amtliche Dokumente eines Strafverfahrens, eines Bußgeldverfahrens oder eines Disziplinarverfahrens, ganz oder in wesentlichen Teilen, im Wortlaut öffentlich mitteilt, bevor sie in öffentlicher Verhandlung erörtert worden sind oder das Verfahren abgeschlossen ist.

**§ 354** (weggefallen)

**§ 355**[1] **Verletzung des Steuergeheimnisses.** (1) [1] Wer unbefugt

1. personenbezogene Daten eines anderen, die ihm als Amtsträger
   a) in einem Verwaltungsverfahren, einem Rechnungsprüfungsverfahren oder einem gerichtlichen Verfahren in Steuersachen,
   b) in einem Strafverfahren wegen einer Steuerstraftat oder in einem Bußgeldverfahren wegen einer Steuerordnungswidrigkeit,
   c) im Rahmen einer Weiterverarbeitung nach § 29c Absatz 1 Satz 1 Nummer 4, 5 oder 6 der Abgabenordnung oder aus anderem dienstlichen Anlass, insbesondere durch Mitteilung einer Finanzbehörde oder durch die gesetzlich vorgeschriebene Vorlage eines Steuerbescheids oder einer Bescheinigung über die bei der Besteuerung getroffenen Feststellungen

   bekannt geworden sind, oder
2. ein fremdes Betriebs- oder Geschäftsgeheimnis, das ihm als Amtsträger in einem der in Nummer 1 genannten Verfahren bekannt geworden ist,

offenbart oder verwertet, wird mit Freiheitsstrafe bis zu zwei Jahren oder mit Geldstrafe bestraft. [2] Personenbezogene Daten eines anderen oder fremde Betriebs- oder Geschäftsgeheimnisse sind dem Täter auch dann als Amtsträger in einem in Satz 1 Nummer 1 genannten Verfahren bekannt geworden, wenn sie sich aus Daten ergeben, zu denen er Zugang hatte und die er unbefugt abgerufen hat. [3] Informationen, die sich auf identifizierte oder identifizierbare verstorbene natürliche Personen oder Körperschaften, rechtsfähige oder nicht rechtsfähige Personenvereinigungen oder Vermögensmassen beziehen, stehen personenbezogenen Daten eines anderen gleich.

(2) Den Amtsträgern im Sinne des Absatzes 1 stehen gleich

1. die für den öffentlichen Dienst besonders Verpflichteten,
2. amtlich zugezogene Sachverständige und
3. die Träger von Ämtern der Kirchen und anderen Religionsgesellschaften des öffentlichen Rechts.

(3) [1] Die Tat wird nur auf Antrag des Dienstvorgesetzten oder des Verletzten verfolgt. [2] Bei Taten amtlich zugezogener Sachverständiger ist der Leiter der Behörde, deren Verfahren betroffen ist, neben dem Verletzten antragsberechtigt.

---

[1] § 355 Abs. 1 neu gef. mWv 26.11.2019 durch G v. 20.11.2019 (BGBl. I S. 1626); Abs. 1 Satz 1 Nr. 1 Buchst. c geänd. mWv 1.7.2021 durch G v. 25.6.2021 (BGBl. I S. 2099).

**§ 356 Parteiverrat.** (1) Ein Anwalt oder ein anderer Rechtsbeistand, welcher bei den ihm in dieser Eigenschaft anvertrauten Angelegenheiten in derselben Rechtssache beiden Parteien durch Rat oder Beistand pflichtwidrig dient, wird mit Freiheitsstrafe von drei Monaten bis zu fünf Jahren bestraft.

(2) Handelt derselbe im Einverständnis mit der Gegenpartei zum Nachteil seiner Partei, so tritt Freiheitsstrafe von einem Jahr bis zu fünf Jahren ein.

**§ 357 Verleitung eines Untergebenen zu einer Straftat.** (1) Ein Vorgesetzter, welcher seine Untergebenen zu einer rechtswidrigen Tat im Amt verleitet oder zu verleiten unternimmt oder eine solche rechtswidrige Tat seiner Untergebenen geschehen läßt, hat die für diese rechtswidrige Tat angedrohte Strafe verwirkt.

(2) Dieselbe Bestimmung findet auf einen Amtsträger Anwendung, welchem eine Aufsicht oder Kontrolle über die Dienstgeschäfte eines anderen Amtsträgers übertragen ist, sofern die von diesem letzteren Amtsträger begangene rechtswidrige Tat die zur Aufsicht oder Kontrolle gehörenden Geschäfte betrifft.

**§ 358 Nebenfolgen.** Neben einer Freiheitsstrafe von mindestens sechs Monaten wegen einer Straftat nach den §§ 332, 335, 339, 340, 343, 344, 345 Abs. 1 und 3, §§ 348, 352 bis 353b Abs. 1, §§ 355 und 357 kann das Gericht die Fähigkeit, öffentliche Ämter zu bekleiden (§ 45 Abs. 2), aberkennen.

# 85a. Einführungsgesetz zum Strafgesetzbuch (EGStGB)

Vom 2. März 1974
(BGBl. I S. 469, ber. 1975 I S. 1916 und 1976 I S. 507)

**FNA 450-16**

| Lfd. Nr. | Änderndes Gesetz | Datum | Fundstelle | Betroffen | Hinweis |
|---|---|---|---|---|---|
| 1.–29. | Änderungsgesetze bis einschl. G v. 29.7.2009 (BGBl. I S. 2288) nur noch in den Anmerkungen nachgewiesen | | | | |
| 30. | Art. 51 Bundesrecht-BereinigungsG | 8.12.2010 | BGBl. I S. 1864 | Art. 321 | aufgeh. mWv 15.12.2010 |
| 31. | Art. 4 G zur Neuordnung des Rechts der Sicherungsverwahrung und zu begleitenden Regelungen | 22.12.2010 | BGBl. I S. 2300 | Art. 316e | eingef. mWv 1.1.2011 |
| | | | | Art. 1a | aufgeh. mWv 1.1.2011 |
| 32. | Art. 7 G zur bundesrechtlichen Umsetzung des Abstandsgebotes im Recht der Sicherungsverwahrung | 5.12.2012 | BGBl. I S. 2425 | Art. 316e | geänd. mWv 1.6.2013 |
| | | | | Art. 316f | eingef. mWv 1.6.2013 |
| 33. | Art. 1 Zweites ÄndG | 20.12.2012 | BGBl. I S. 2756 | Art. 316e | geänd. mWv 28.12.2012 |
| 34. | Art. 2 Abs. 7 50. G zur Änd. des StGB – Verbesserung des Schutzes der sexuellen Selbstbestimmung | 4.11.2016 | BGBl. I S. 2460 | Art. 316g | eingef. mWv 10.11.2016 |
| 35. | Art. 2 G zur Reform der strafrechtlichen Vermögensabschöpfung | 13.4.2017 | BGBl. I S. 872 | Art. 3 | geänd. mWv 1.7.2017 |
| | | | | Art. 316h | eingef. mWv 1.7.2017 |
| 36. | Art. 2 53. G zur Änd. des StGB – Ausweitung des Maßregelrechts bei extremistischen Straftätern | 11.6.2017 | BGBl. I S. 1612 | Art. 316i | eingef. mWv 1.7.2017 |
| 37. | Art. 48 JahressteuerG 2020 | 21.12.2020 | BGBl. I S. 3096 | Art. 316j | eingef. mWv 29.12.2020 |
| 38. | Art. 2 G zur Verbesserung der strafrechtlichen Bekämpfung der Geldwäsche | 9.3.2021 | BGBl. I S. 327 | Art. 316k | eingef. mWv 18.3.2021 |
| 39. | Art. 7 G zur Bekämpfung sexualisierter Gewalt gegen Kinder | 16.6.2021 | BGBl. I S. 1810 | Art. 316l | eingef. mWv 1.7.2021 |
| 40. | Art. 9 Transparenzregister- und FinanzinformationsG[1] | 25.6.2021 | BGBl. I S. 2083 | Art. 316k | geänd. mWv 1.7.2021 |

[1] **Amtl. Anm.:** Dieses Gesetz dient der Umsetzung der Richtlinie (EU) 2019/1153 des Europäischen Parlaments und des Rates vom 20. Juni 2019 zur Festlegung von Vorschriften zur Erleichterung der Nutzung von Finanz- und sonstigen Informationen für die Verhütung, Aufdeckung, Untersuchung oder Verfolgung bestimmter Straftaten und zur Aufhebung des Beschlusses 2000/642/JI des Rates (ABl. L 186 vom 11.7.2019, S. 122), der Umsetzung der Richtlinie (EU) 2018/843 des Europäischen Parlaments und des Rates vom 30. Mai 2018 zur Änderung der Richtlinie (EU) 2015/849 zur Verhinderung der Nutzung →

| Lfd. Nr. | Änderndes Gesetz | Datum | Fundstelle | Betroffen | Hinweis |
|---|---|---|---|---|---|
| 41. | Art. 3 G zur Änd. des Anti-Doping-G | 12.8.2021 | BGBl. I S. 3542 | Art. 316m | eingef. mWv 1.10.2021 |
| 42. | Art. 3 Abs. 2 G zur Änd. des StGB – Verbesserung des strafrechtlichen Schutzes gegen sogenannte Feindeslisten, Strafbarkeit der Verbreitung und des Besitzes von Anleitungen zu sexuellem Missbrauch von Kindern und Verbesserung der Bekämpfung verhetzender Inhalte sowie Bekämpfung von Propagandamitteln und Kennzeichen verfassungswidriger und terroristischer Organisationen | 14.9.2021 | BGBl. I S. 4250 | Art. 296 | aufgeh. mit Ablauf des 21.9. 2021 |
| 43. | Art. 4 G zur Änd. des StGB – Aufhebung des Verbots der Werbung für den Schwangerschaftsabbruch (§ 219a StGB), zur Änd. des HeilmittelwerbeG, zur Änd. des SchwangerschaftskonfliktG, zur Änd. des EinführungsG zum StGB und zur Änd. des G zur strafrechtlichen Rehabilitierung der nach dem 8. Mai 1945 wegen einvernehmlicher homosexueller Handlungen verurteilten Personen | 11.7.2022 | BGBl. I S. 1082 | Art. 316n | eingef. mWv 19.7.2022 |
| 44. | Art. 4 G zur Überarbeitung des Sanktionenrechts – Ersatzfreiheitsstrafe, Strafzumessung, Auflagen und Weisungen sowie Unterbringung in einer Entziehungsanstalt | 26.7.2023 | BGBl. 2023 I Nr. 203 | Art. 293<br>Art. 316o | geänd. mWv 1.10.2023<br>eingef. mWv 1.10.2023 |

*(Fortsetzung der Anm. von voriger Seite)*
des Finanzsystems zum Zwecke der Geldwäsche und der Terrorismusfinanzierung und zur Änderung der Richtlinien 2009/138/EG und 2013/36/EU (ABl. L 156 vom 19.6.2018, S. 43) sowie der Umsetzung der Richtlinie (EU) 2019/2177 des Europäischen Parlaments und des Rates vom 18. Dezember 2019 zur Änderung der Richtlinie 2009/138/EG betreffend die Aufnahme und Ausübung der Versicherungs- und der Rückversicherungstätigkeit (Solvabilität II), der Richtlinie 2014/65/EU über Märkte für Finanzinstrumente, und der Richtlinie (EU) 2015/849 zur Verhinderung der Nutzung des Finanzsystems zum Zwecke der Geldwäsche und der Terrorismusfinanzierung (ABl. L 334 vom 27.12.2019, S. 155).

## Erster Abschnitt. Allgemeine Vorschriften

### Erster Titel. Sachliche Geltung des Strafgesetzbuches

**Art. 1 Geltung des Allgemeinen Teils.** (1) Die Vorschriften des Allgemeinen Teils des Strafgesetzbuches[1] gelten für das bei seinem Inkrafttreten bestehende und das zukünftige Bundesrecht, soweit das Gesetz nichts anderes bestimmt.

(2) [1] Die Vorschriften des Allgemeinen Teils des Strafgesetzbuches gelten auch für das bei seinem Inkrafttreten bestehende und das zukünftige Landesrecht. [2] Sie gelten nicht, soweit das Bundesrecht besondere Vorschriften des Landesrechts zuläßt und das Landesrecht derartige Vorschriften enthält.

**Art. 1a**[2] *(aufgehoben)*

**Art. 1b**[3] **Anwendbarkeit der Vorschriften des internationalen Strafrechts.** Soweit das deutsche Strafrecht auf im Ausland begangene Taten Anwendung findet und unterschiedliches Strafrecht im Geltungsbereich dieses Gesetzes gilt, finden diejenigen Vorschriften Anwendung, die an dem Ort gelten, an welchem der Täter seine Lebensgrundlage hat.

**Art. 2 Vorbehalte für das Landesrecht.** Die Vorschriften des Allgemeinen Teils des Strafgesetzbuches[1] lassen Vorschriften des Landesrechts unberührt, die bei einzelnen landesrechtlichen Straftatbeständen

1. den Geltungsbereich abweichend von den §§ 3 bis 7 des Strafgesetzbuches bestimmen oder
2. unter besonderen Voraussetzungen Straflosigkeit vorsehen.

**Art. 3**[4] **Zulässige Rechtsfolgen bei Straftaten nach Landesrecht.** (1) Vorschriften des Landesrechts dürfen bei Straftaten keine anderen Rechtsfolgen vorsehen als

1. Freiheitsstrafe bis zu zwei Jahren und wahlweise Geldstrafe bis zum gesetzlichen Höchstmaß (§ 40 Abs. 1 Satz 2, Abs. 2 Satz 3 des Strafgesetzbuches[1]),
2. Einziehung von Gegenständen im Sinne der §§ 74 bis 74b und 74d des Strafgesetzbuches.

(2) Vorschriften des Landesrechts dürfen

1. weder Freiheitsstrafe noch Geldstrafe allein und
2. bei Freiheitsstrafe kein anderes Mindestmaß als das gesetzliche (§ 38 Abs. 2 des Strafgesetzbuches) und kein niedrigeres Höchstmaß als sechs Monate

androhen.

**Art. 4 Verhältnis des Besonderen Teils zum Bundes- und Landesrecht.** (1) Die Vorschriften des Besonderen Teils des Strafgesetzbuches[1] lassen die Strafvorschriften des Bundesrechts unberührt, soweit sie nicht durch dieses Gesetz aufgehoben oder geändert werden.

---

[1] Nr. **85**.
[2] Art. 1a aufgeh. mWv 1.1.2011 durch G v. 22.12.2010 (BGBl. I S. 2300).
[3] Art. 1b eingef. aufgrund des EVertr. v. 31.8.1990 (BGBl. 1990 II S. 889, 954).
[4] Art. 3 Abs. 1 Nr. 2 geänd. mWv 1.7.2017 durch G v. 13.4.2017 (BGBl. I S. 872).

(2) Die Vorschriften des Besonderen Teils des Strafgesetzbuches lassen auch die Straf- und Bußgeldvorschriften des Landesrechts unberührt, soweit diese nicht eine Materie zum Gegenstand haben, die im Strafgesetzbuch abschließend geregelt ist.

(3) Die Vorschriften des Strafgesetzbuches über Betrug, Hehlerei und Begünstigung lassen die Vorschriften des Landesrechts unberührt, die bei Steuern oder anderen Abgaben

1. die Straf- und Bußgeldvorschriften der Abgabenordnung für anwendbar erklären oder
2. entsprechende Straf- und Bußgeldtatbestände wie die Abgabenordnung enthalten; Artikel 3 bleibt unberührt.

(4) Die Vorschriften des Strafgesetzbuches über Diebstahl, Hehlerei und Begünstigung lassen die Vorschriften des Landesrechts zum Schutze von Feld und Forst unberührt, die bestimmen, daß eine Tat in bestimmten Fällen, die unbedeutend erscheinen, nicht strafbar ist oder nicht verfolgt wird.

(5) Die Vorschriften des Strafgesetzbuches über Hausfriedensbruch, Sachbeschädigung und Urkundenfälschung lassen die Vorschriften des Landesrechts zum Schutze von Feld und Forst unberührt, die

1. bestimmte Taten nur mit Geldbuße bedrohen oder
2. bestimmen, daß eine Tat in bestimmten Fällen,
   a) die unbedeutend erscheinen, nicht strafbar ist oder nicht verfolgt wird, oder
   b) die geringfügig erscheinen, nur auf Antrag oder nur dann verfolgt wird, wenn die Strafverfolgungsbehörde wegen des besonderen öffentlichen Interesses an der Strafverfolgung ein Einschreiten von Amts wegen für geboten hält.

### Zweiter Titel. Gemeinsame Vorschriften für Ordnungs- und Zwangsmittel

**Art. 5 Bezeichnung der Rechtsnachteile.** In Vorschriften des Bundes- und des Landesrechts dürfen Rechtsnachteile, die nicht bei Straftaten angedroht werden, nicht als Freiheitsstrafe, Haftstrafe, Ordnungsstrafe oder Geldstrafe bezeichnet werden.

**Art. 6[1] Mindest- und Höchstmaß von Ordnungs- und Zwangsmitteln.**

(1) [1] Droht das Bundesgesetz Ordnungsgeld oder Zwangsgeld an, ohne dessen Mindest- oder Höchstmaß zu bestimmen, so beträgt das Mindestmaß fünf, das Höchstmaß tausend Euro. [2] Droht das Landesgesetz Ordnungsgeld an, so gilt Satz 1 entsprechend.

(2) [1] Droht das Gesetz Ordnungshaft an, ohne das Mindest- oder Höchstmaß zu bestimmen, so beträgt das Mindestmaß einen Tag, das Höchstmaß sechs Wochen. [2] Die Ordnungshaft wird in diesem Fall nach Tagen bemessen.

**Art. 7 Zahlungserleichterungen bei Ordnungsgeld.** (1) [1] Ist dem Betroffenen nach seinen wirtschaftlichen Verhältnissen nicht zuzumuten, das Ordnungsgeld sofort zu zahlen, so wird ihm eine Zahlungsfrist bewilligt oder gestattet, das Ordnungsgeld in bestimmten Teilbeträgen zu zahlen. [2] Dabei kann angeordnet werden, daß die Vergünstigung, das Ordnungsgeld in bestimmten Teilbeträgen zu zahlen, entfällt, wenn der Betroffene einen Teilbetrag nicht rechtzeitig zahlt.

---

[1] Art. 6 Abs. 1 Satz 1 geänd. mWv 1.1.2002 durch G v. 13.12.2001 (BGBl. I S. 3574).

(2) [1]Nach Festsetzung des Ordnungsgeldes entscheidet über die Bewilligung von Zahlungserleichterungen nach Absatz 1 die Stelle, der die Vollstreckung des Ordnungsgeldes obliegt. [2]Sie kann eine Entscheidung über Zahlungserleichterungen nachträglich ändern oder aufheben. [3]Dabei darf sie von einer vorausgegangenen Entscheidung zum Nachteil des Betroffenen nur auf Grund neuer Tatsachen oder Beweismittel abweichen.

(3) [1]Entfällt die Vergünstigung nach Absatz 1 Satz 2, das Ordnungsgeld in bestimmten Teilbeträgen zu zahlen, so wird dies in den Akten vermerkt. [2]Dem Betroffenen kann erneut eine Zahlungserleichterung bewilligt werden.

(4) Über Einwendungen gegen Anordnungen nach den Absätzen 2 und 3 entscheidet die Stelle, die das Ordnungsgeld festgesetzt hat, wenn einer anderen Stelle die Vollstreckung obliegt.

**Art. 8 Nachträgliche Entscheidungen über die Ordnungshaft.** (1) [1]Kann das Ordnungsgeld nicht beigetrieben werden und ist die Festsetzung der für diesen Fall vorgesehenen Ordnungshaft unterblieben, so wandelt das Gericht das Ordnungsgeld nachträglich in Ordnungshaft um. [2]Das Gericht entscheidet nach Anhörung der Beteiligten durch Beschluß.

(2) Das Gericht ordnet an, daß die Vollstreckung der Ordnungshaft, die an Stelle eines uneinbringlichen Ordnungsgeldes festgesetzt worden ist, unterbleibt, wenn die Vollstreckung für den Betroffenen eine unbillige Härte wäre.

**Art. 9 Verjährung von Ordnungsmitteln.** (1) [1]Die Verjährung schließt die Festsetzung von Ordnungsgeld und Ordnungshaft aus. [2]Die Verjährungsfrist beträgt, soweit das Gesetz nichts anderes bestimmt, zwei Jahre. [3]Die Verjährung beginnt, sobald die Handlung beendet ist. [4]Die Verjährung ruht, solange nach dem Gesetz das Verfahren zur Festsetzung des Ordnungsgeldes nicht begonnen oder nicht fortgesetzt werden kann.

(2) [1]Die Verjährung schließt auch die Vollstreckung des Ordnungsgeldes und der Ordnungshaft aus. [2]Die Verjährungsfrist beträgt zwei Jahre. [3]Die Verjährung beginnt, sobald das Ordnungsmittel vollstreckbar ist. [4]Die Verjährung ruht, solange

1. nach dem Gesetz die Vollstreckung nicht begonnen oder nicht fortgesetzt werden kann,
2. die Vollstreckung ausgesetzt ist oder
3. eine Zahlungserleichterung bewilligt ist.

## Zweiter Abschnitt. Allgemeine Anpassung von Strafvorschriften

**Art. 10 Geltungsbereich.** (1) Die Vorschriften dieses Abschnitts gelten für die Strafvorschriften des Bundesrechts, soweit sie nicht durch Gesetz besonders geändert werden.

(2) Die Vorschriften gelten nicht für die Strafdrohungen des Wehrstrafgesetzes und des Zivildienstgesetzes[1)].

**Art. 11 Freiheitsstrafdrohungen.** Droht das Gesetz Freiheitsstrafe mit einem besonderen Mindestmaß an, das einen Monat oder weniger beträgt, so entfällt die Androhung dieses Mindestmaßes.

---

[1)] **Sartorius Nr. 625.**

**Art. 12 Geldstrafdrohungen.** (1) [1]Droht das Gesetz neben Freiheitsstrafe ohne besonderes Mindestmaß wahlweise keine Geldstrafe an, so tritt neben die Freiheitsstrafe die wahlweise Androhung der Geldstrafe. [2]Dies gilt auch, wenn die Androhung des besonderen Mindestmaßes der Freiheitsstrafe nach Artikel 11 entfällt.

(2) An die Stelle einer neben Freiheitsstrafe wahlweise angedrohten Geldstrafe von unbeschränkter Höhe oder mit einem besonderen Höchstmaß oder mit einem Höchstmaß, das in dem Mehrfachen, Einfachen oder Bruchteil eines bestimmten Betrages besteht, tritt Geldstrafe mit dem gesetzlichen Höchstmaß (§ 40 Abs. 1 Satz 2, Abs. 2 Satz 3 des Strafgesetzbuches[1)]), soweit Absatz 4 nichts anderes bestimmt.

(3) Ist Geldstrafe neben Freiheitsstrafe vorgeschrieben oder zugelassen, so entfällt diese Androhung.

(4) [1]Droht das Gesetz Freiheitsstrafe bis zu sechs Monaten an, so beträgt das Höchstmaß einer wahlweise angedrohten Geldstrafe einhundertachtzig Tagessätze. [2]Dies gilt auch, wenn sich die wahlweise Androhung der Geldstrafe aus Absatz 1 ergibt.

**Art. 13**[2)] *(aufgehoben)*

**Art. 14**[3)] **Polizeiaufsicht.** Soweit Vorschriften die Polizeiaufsicht zulassen, treten sie außer Kraft.

**Art. 15**[3)] **Verfall.** Soweit Vorschriften außerhalb des Allgemeinen Teils des Strafgesetzbuches[1)] den Verfall eines Gegenstandes oder eines ihm entsprechenden Wertersatzes wegen einer Straftat oder einer rechtswidrigen Tat vorschreiben oder zulassen, treten sie außer Kraft.

**Art. 16**[3)] **Rücknahme des Strafantrages.** Soweit Vorschriften außerhalb des Allgemeinen Teils des Strafgesetzbuches[1)] die Rücknahme des Strafantrages regeln, treten sie außer Kraft.

**Art. 17**[3)] **Buße zugunsten des Verletzten.** Soweit Vorschriften bestimmen, daß zugunsten des Verletzten einer Straftat auf eine Buße erkannt werden kann, treten sie außer Kraft.

## Dritter bis Fünfter Abschnitt

**Art. 18–287**[3)] *(nicht wiedergegebene Änderungsvorschriften)*

## Sechster Abschnitt.[3)] Anpassung des Landesrechts

**Art. 288 Geltungsbereich.** Die Vorschriften dieses Abschnitts gelten für die Strafvorschriften des Landesrechts, soweit sie durch ein Landesgesetz nicht besonders geändert werden.

**Art. 289 Allgemeine Anpassung.** Vorschriften sind nicht mehr anzuwenden, soweit sie Rechtsfolgen androhen, die nach Artikel 3 nicht zulässig sind.

---

1) Nr. **85**.

2) Art. 13 aufgeh. mWv 1.1.2002 durch G v. 13.12.2001 (BGBl. I S. 3574).

3) Für das Gebiet der ehem. DDR finden die Art. 14–292 aufgrund des EVertr. v. 31.8.1990 (BGBl. 1990 II S. 889, 957) keine Anwendung.

**Art. 290 Geldstrafdrohungen.** (1) Auf Geldstrafe kann auch dann erkannt werden, wenn das Gesetz neben Freiheitsstrafe wahlweise keine Geldstrafe androht.

(2) [1]Droht das Gesetz neben Freiheitsstrafe mit einem Höchstmaß von mehr als sechs Monaten wahlweise Geldstrafe von unbeschränkter Höhe oder mit einem besonderen Höchstmaß oder mit einem Höchstmaß an, das in dem Mehrfachen, Einfachen oder Bruchteil eines bestimmten Betrages besteht, so kann auf Geldstrafe bis zum gesetzlichen Höchstmaß erkannt werden. [2]Beträgt das Höchstmaß der wahlweise angedrohten Freiheitsstrafe nur sechs Monate, so kann auf Geldstrafe bis zu einhundertachtzig Tagessätzen erkannt werden.

(3) Vorschriften sind nicht mehr anzuwenden, soweit sie Geldstrafe neben Freiheitsstrafe vorschreiben oder zulassen.

**Art. 291 Rücknahme des Strafantrages, Buße zugunsten des Verletzten.** Vorschriften sind nicht mehr anzuwenden, soweit sie

1. die Rücknahme des Strafantrags regeln oder
2. bestimmen, daß zugunsten des Verletzten einer Straftat auf eine Buße erkannt werden kann.

**Art. 292 Nicht mehr anwendbare Straf- und Bußgeldtatbestände.** (1) Straf- und Bußgeldvorschriften des Landesrechts, die eine im Strafgesetzbuch[1)] abschließend geregelte Materie zum Gegenstand haben, sind nicht mehr anzuwenden, soweit sie nicht nach Artikel 4 Abs. 3 bis 5 unberührt bleiben.

(2), (3) *(hier nicht wiedergegeben)*

## Siebenter Abschnitt. Ergänzende strafrechtliche Regelungen

**Art. 293[2)] Abwendung der Vollstreckung der Ersatzfreiheitsstrafe und Erbringung von Arbeitsleistungen.** (1) [1]Die Landesregierungen werden ermächtigt, durch Rechtsverordnung[3)] Regelungen zu treffen, wonach die Vollstre-

---

[1)] Nr. **85**.

[2)] Art. 293 neu gef. durch G v. 13.4.1986 (BGBl. I S. 393); Abs. 1 Satz 1 geänd. durch G v. 15.7.1992 (BGBl. I S. 1302); Überschrift und Abs. 3 neu gef. durch G v. 24.3.1997 (BGBl. I S. 594); Abs. 1 Satz 3 eingef., bish. Sätze 3 und 4 werden Sätze 4 und 5, Abs. 3 geänd. mWv 1.10.2023 durch G v. 26.7.2023 (BGBl. 2023 I Nr. 203).

[3)] Siehe hierzu ua:
- **Baden-Württemberg:** VO des Justizministeriums über die Abwendung der Vollstreckung von Ersatzfreiheitsstrafen durch freie Arbeit v. 30.6.2009 (GBl. S. 338), geänd. durch VO v. 30.3.2021 (GBl. S. 383)
- **Berlin:** VO über die Abwendung der Vollstreckung von Ersatzfreiheitsstrafen durch freie Arbeit (Tilgungsverordnung – TilgV) v. 27.1.2021 (GVBl. S. 130)
- **Brandenburg:** VO über die Abwendung der Vollstreckung einer Ersatzfreiheitsstrafe durch freie Arbeit v. 19.6.2000 (GVBl. II S. 226), zuletzt geänd. durch VO v. 9.2.2016 (GVBl. II Nr. 5)
- **Bremen:** VO über die Tilgung uneinbringlicher Geldstrafen durch gemeinnützige Arbeit v. 6.12.2013 (Brem.GBl. S. 686)
- **Hamburg:** VO über die Abwendung der Vollstreckung von Ersatzfreiheitsstrafen durch gemeinnützige Arbeit (Tilgungsverordnung) v. 11.12.2012 (HmbGVBl. S. 521, ber. S. 8)
- **Hessen:** VO über die Tilgung von Geldstrafen durch freie Arbeit v. 24.1.1997 (GVBl. I S. 17), geänd. durch VO v. 1.3.2015 (GVBl. S. 124)
- **Mecklenburg-Vorpommern:** VO über die Abwendung der Vollstreckung einer Ersatzfreiheitsstrafe durch freie Arbeit v. 23.2.1993 (GVOBl. M-V S. 172), geänd. durch VO v. 6.5.2002 (GVOBl. M-V S. 194)
- **Niedersachsen:** VO über die Abwendung der Vollstreckung von Ersatzfreiheitsstrafe durch freie Arbeit v. 19.4.1996 (Nds. GVBl. S. 215)

→

ckungsbehörde dem Verurteilten gestatten kann, die Vollstreckung einer Ersatzfreiheitsstrafe nach § 43 des Strafgesetzbuches[1)] durch freie Arbeit abzuwenden. [2]Soweit der Verurteilte die freie Arbeit geleistet hat, ist die Ersatzfreiheitsstrafe erledigt. [3]In der Rechtsverordnung ist die Zahl der Arbeitsstunden zu bestimmen, die geleistet werden müssen, um einen Tag Ersatzfreiheitsstrafe zu erledigen. [4]Die Arbeit muß unentgeltlich sein; sie darf nicht erwerbswirtschaftlichen Zwecken dienen. [5]Die Landesregierungen können die Ermächtigung durch Rechtsverordnung auf die Landesjustizverwaltungen übertragen.

(2) [1]Durch die freie Arbeit wird kein Arbeitsverhältnis im Sinne des Arbeitsrechts und kein Beschäftigungsverhältnis im Sinne der Sozialversicherung, einschließlich der Arbeitslosenversicherung, oder des Steuerrechts begründet. [2]Die Vorschriften über den Arbeitsschutz finden sinngemäße Anwendung.

(3) Absatz 1 Satz 3 und Absatz 2 gelten entsprechend für freie Arbeit, die aufgrund einer Anordnung im Gnadenwege ausgeübt wird, Absatz 2 gilt entsprechend für gemeinnützige Leistungen und Arbeitsleistungen nach § 56b Abs. 2 Satz 1 Nr. 3 und § 59a Absatz 2 Satz 1 Nummer 4 des Strafgesetzbuches, § 153a Abs. 1 Satz 1 Nr. 3 der Strafprozeßordnung[2)], § 10 Abs. 1 Satz 3 Nr. 4 und § 15 Abs. 1 Satz 1 Nr. 3 des Jugendgerichtsgesetzes[3)] und § 98 Abs. 1 Satz 1 Nr. 1 des Gesetzes über Ordnungswidrigkeiten[4)] oder aufgrund einer vom Gesetz vorgesehenen entsprechenden Anwendung der genannten Vorschriften.

*(Fortsetzung nächstes Blatt)*

*(Fortsetzung der Anm. von voriger Seite)*

- **Nordrhein-Westfalen:** VO über die Tilgung uneinbringlicher Geldstrafen durch freie Arbeit v. 7.12.2010 (GV. NRW. S. 663), zuletzt geänd. durch VO v. 25.11.2021 (GV. NRW. S. 1438)
- **Rheinland-Pfalz:** LandesVO über die Abwendung der Vollstreckung von Ersatzfreiheitsstrafen durch freie Arbeit v. 6.6.1988 (GVBl. S. 110)
- **Saarland:** VO über die Abwendung der Vollstreckung von Ersatzfreiheitsstrafen durch freie Arbeit v. 21.7.1986 (Amtsbl. S. 632), zuletzt geänd. durch VO v. 13.4.2022 (Amtsbl. I S. 722)
- **Sachsen:** VO des Sächsischen Staatsministeriums der Justiz und für Europa über die Abwendung der Vollstreckung einer Ersatzfreiheitsstrafe durch Arbeit v. 8.1.2014 (SächsGVBl. S. 14)
- **Sachsen-Anhalt:** VO über die Abwendung der Vollstreckung von Ersatzfreiheitsstrafe durch freie Arbeit v. 21.9.1993 (GVBl. LSA S. 564)
- **Schleswig-Holstein:** LandesVO über die Abwendung der Vollstreckung von Ersatzfreiheitsstrafen durch freie Arbeit v. 12.2.1993 (GVOBl. Schl.-H. S. 129), zuletzt geänd. durch G v. 15.6.2004 (GVOBl. Schl.-H. S. 153)
- **Thüringen:** VO über die Tilgung uneinbringlicher Geldstrafen durch freie Arbeit v. 19.1.1993 (GVBl. S. 146)

[1)] Nr. **85**.

[2)] Nr. **90**.

[3)] Nr. **89**.

[4)] Nr. **94**.

**Art. 294 Gerichtshilfe.** [1]Die Gerichtshilfe (§ 160 Abs. 3 Satz 2 der Strafprozeßordnung[1)]) gehört zum Geschäftsbereich der Landesjustizverwaltungen. [2]Die Landesregierung kann durch Rechtsverordnung eine andere Behörde aus dem Bereich der Sozialverwaltung bestimmen.

**Art. 295[2)] Aufsichtsstellen bei Führungsaufsicht.** (1) Die Aufsichtsstellen (§ 68a des Strafgesetzbuches[3)]) gehören zum Geschäftsbereich der Landesjustizverwaltungen.

(2) [1]Die Aufgaben der Aufsichtsstelle werden von Beamten des höheren Dienstes, von staatlich anerkannten Sozialarbeitern oder Sozialpädagogen oder von Beamten des gehobenen Dienstes wahrgenommen. [2]Der Leiter der Aufsichtsstelle muß die Befähigung zum Richteramt besitzen oder ein Beamter des höheren Dienstes sein. [3]Die Leitung der Aufsichtsstelle kann auch einem Richter übertragen werden.

**Art. 296[4)]** *(aufgehoben)*

**Art. 297[5)] Verbot der Prostitution.** (1) [1]Die Landesregierung kann zum Schutze der Jugend oder des öffentlichen Anstandes

1. für das ganze Gebiet einer Gemeinde bis zu fünfzigtausend Einwohnern,
2. für Teile des Gebiets einer Gemeinde über zwanzigtausend Einwohner oder eines gemeindefreien Gebiets,
3. unabhängig von der Zahl der Einwohner für öffentliche Straßen, Wege, Plätze, Anlagen und für sonstige Orte, die von dort aus eingesehen werden können, im ganzen Gebiet oder in Teilen des Gebiets einer Gemeinde oder eines gemeindefreien Gebiets

durch Rechtsverordnung[6)] verbieten, der Prostitution nachzugehen. [2]Sie kann das Verbot nach Satz 1 Nr. 3 auch auf bestimmte Tageszeiten beschränken.

(2) Die Landesregierung kann diese Ermächtigung durch Rechtsverordnung[7)] auf eine oberste Landesbehörde oder andere Behörden übertragen.

---

[1)] Nr. **90**.

[2)] Art. 295 Abs. 2 neu gef. durch G v. 15.8.1974 (BGBl. I S. 1942).

[3)] Nr. **85**.

[4)] Art. 296 aufgeh. mWv 22.9.2021 durch G v. 14.9.2021 (BGBl. I S. 4250).

[5)] Art. 297 Abs. 2 neu gef. mWv 11.5.2000 durch G v. 3.5.2000 (BGBl. I S. 632).

[6)] **Baden-Württemberg:** VO v. 3.3.1976 (GBl. S. 290); **Bayern:** VO v. 26.5.1975 (BayRS II 1983 S. 253), zuletzt geänd. durch VO v. 28.11.2012 (GVBl S. 656); **Bremen:** VO v. 29.3.1976 (Brem.GBl. S. 109), zuletzt geänd. durch VO v. 6.1.2004 (Brem.GBl. S. 17); **Hamburg:** VO v. 21.10.1980 (HmbGVBl. S. 289), geänd. durch VO v. 22.12.1981 (HmbGVBl. S. 389); **Mecklenburg-Vorpommern:** LandesVO v. 30.6.1992 (GVOBl. M-V S. 384); **Saarland:** VO v. 25.1.2018 (Amtsbl. I S. 58); **Sachsen:** VO v. 10.9.1991 (SächsGVBl. S. 351), zuletzt geänd. durch VO v. 1.3.2012 (SächsGVBl. S. 157); VO v. 5.11.2019 (SächsGVBl. S. 732), geänd. durch VO v. 11.5.2020 (SächsGVBl. S. 245); VO v. 5.11. 2019 (SächsGVBl. S. 743); **Thüringen:** VO v. 24.4.1992 (GVBl. S. 157).

[7)] **Baden-Württemberg:** VO v. 3.3.1976 (GBl. S. 290); **Bayern:** VO v. 28.1.2014 (GVBl. S. 22), zuletzt geänd. durch V v. 27.7.2021 (GVBl. S. 499); **Brandenburg:** VO v. 1.10.1993 (GVBl. II S. 676); **Bremen:** VO v. 7.1.2014 (Brem.GBl. S. 12); **Hessen:** VO v. 12.12.2007 (GVBl. I S. 859), zuletzt geänd. durch VO v. 11.12.2018 (GVBl. S. 716); **Mecklenburg-Vorpommern:** LandesVO v. 30.6.1992 (GVOBl. M-V S. 384); **Niedersachsen:** VO v. 9.12.2011 (Nds. GVBl. S. 487), zuletzt geänd. durch VO v. 2.2.2021 (Nds. GVBl. S. 32); **Nordrhein-Westfalen:** VO v. 11.3.1975 (GV. NRW. S. 258); **Rheinland-Pfalz:** LandesVO v. 27.11.1974 (GVBl. S. 595), zuletzt geänd. durch G v. 28.9.2010 (GVBl. S. 280); **Saarland:** VO v. 25.1.2018 (Amtsbl. I S. 58); **Sachsen:** VO v. 10.9.1991 (SächsGVBl. S. 351), zuletzt geänd. durch VO v. 1.3.2012 (SächsGVBl. S. 157); **Sachsen-Anhalt:** VO v. 15.11.1991 (GVBl. LSA S. 451); **Thüringen:** VO v. 24.4.1992 (GVBl. S. 157).

(3) Wohnungsbeschränkungen auf bestimmte Straßen oder Häuserblocks zum Zwecke der Ausübung der Prostitution (Kasernierungen) sind verboten.

## Achter Abschnitt.[1] Schlußvorschriften

**Art. 298 Mindestmaß der Freiheitsstrafe.** (1) Eine Freiheitsstrafe unter einem Monat darf auch wegen solcher Taten nicht verhängt werden, die vor dem 1. Januar 1975 begangen worden sind.

(2) Hätte das Gericht nach bisherigem Recht eine Freiheitsstrafe unter einem Monat verhängt, so erkennt es auf eine Geldstrafe bis zu dreißig Tagessätzen.

**Art. 299 Geldstrafe.** (1) Die Vorschriften des neuen Rechts über die Geldstrafe (§§ 40 bis 43 des Strafgesetzbuches[2]) gelten auch für die vor dem 1. Januar 1975 begangenen Taten, soweit die Absätze 2 und 3 nichts anderes bestimmen.

(2) [1] Die Geldstrafe darf nach Zahl und Höhe der Tagessätze insgesamt das Höchstmaß der bisher angedrohten Geldstrafe nicht übersteigen. [2] Es dürfen nur so viele Tagessätze verhängt werden, daß die Ersatzfreiheitsstrafe nach § 43 des Strafgesetzbuches nicht höher ist als das nach bisherigem Recht angedrohte Höchstmaß der Ersatzfreiheitsstrafe.

(3) Neben Freiheitsstrafe darf eine Geldstrafe nach § 41 des Strafgesetzbuches nur verhängt werden, wenn auch nach bisherigem Recht eine Geldstrafe neben Freiheitsstrafe vorgeschrieben oder zugelassen war.

**Art. 300 Übertretungen.** (1) [1] Auf die vor dem 1. Januar 1975 begangenen Taten, die nach bisherigem Recht Übertretungen waren und nach neuem Recht Vergehen sind, ist das neue Recht mit der Beschränkung anzuwenden, daß sich die Voraussetzungen der Strafbarkeit und das Höchstmaß der Freiheitsstrafe nach bisherigem Recht bestimmen. [2] Artikel 298, 299 sind anzuwenden.

(2) Die vor dem 1. Januar 1975 begangenen Taten, die nach bisherigem Recht Übertretungen waren, bleiben bei der Anwendung des § 48 Abs. 1 des Strafgesetzbuches[2] außer Betracht.

**Art. 301**[3] *(aufgehoben)*

**Art. 302 Anrechnung des Maßregelvollzugs auf die Strafe.** Ist vor dem 1. Januar 1975 die Unterbringung in einer Heil- oder Pflegeanstalt oder in einer Trinkerheilanstalt oder einer Entziehungsanstalt nach § 456b Satz 2 der Strafprozeßordnung[4] in der bisherigen Fassung vor der Freiheitsstrafe vollzogen worden, so wird die Zeit des Vollzuges der Maßregel auf die Strafe angerechnet.

**Art. 303 Führungsaufsicht.** (1) Wegen einer Tat, die vor dem 1. Januar 1975 begangen worden ist, darf Führungsaufsicht nach § 68 Abs. 1 des Strafgesetzbuches[2] nicht angeordnet werden.

---

[1] Für das Gebiet der ehem. DDR finden die Art. 298–306 aufgrund des EVertr. v. 31.8.1990 (BGBl. II S. 889, 957) keine Anwendung.
[2] Nr. **85**.
[3] Art. 301 aufgeh. durch G v. 20.12.1984 (BGBl. I S. 1654).
[4] Nr. **90**.

(2) Nach Verbüßung einer Freiheitsstrafe wegen einer Tat, die vor dem 1. Januar 1975 begangen worden ist, tritt Führungsaufsicht nach § 68 f des Strafgesetzbuches nicht ein.

**Art. 304 Polizeiaufsicht.** [1] Ist vor dem 1. Januar 1975 auf Zulässigkeit von Polizeiaufsicht erkannt worden, so verliert dieser Ausspruch seine Wirkung. [2] Ist im Zentralregister bei einer Verurteilung die Zulässigkeit von Polizeiaufsicht eingetragen worden, so ist die Eintragung insoweit zu tilgen.

**Art. 305 Berufsverbot.** [1] Neben der Strafe, die wegen einer vor dem 1. Januar 1975 begangenen Tat verhängt wird, ordnet das Gericht das Berufsverbot nur an, wenn außer den Voraussetzungen des § 70 des Strafgesetzbuches[1)] auch die Voraussetzungen der Untersagung der Berufsausübung oder der Betriebsführung nach bisherigem Recht vorliegen. [2] Das Berufsverbot darf in diesem Falle nicht für immer angeordnet werden.

**Art. 306 Selbständige Anordnung von Maßregeln.** [1] Die Vorschriften des neuen Rechts über die selbständige Anordnung von Maßregeln der Besserung und Sicherung (§ 71 des Strafgesetzbuches[1)]) gelten auch für Taten, die vor dem 1. Januar 1975 begangen worden sind. [2] Dies gilt nicht, wenn die Maßregel nach den Artikeln 301 und 305 auch neben der Strafe nicht angeordnet werden darf.

**Art. 307 Verfall.** (1) Für die Anordnung des Verfalls wegen einer Tat, die vor dem 1. Januar 1975 begangen worden ist und über die nach diesem Zeitpunkt entschieden wird, gelten die Vorschriften des neuen Rechts

1. über die Voraussetzungen des Verfalls (§§ 73, 73 a des Strafgesetzbuches[1)]), soweit das bisherige Recht den Verfall oder die Einziehung des Entgelts vorschreibt,
2. über die Schätzung, die Entscheidung in Härtefällen, die Wirkung des Verfalls und seine nachträgliche Anordnung (§§ 73 b bis 73 d, 76 des Strafgesetzbuches).

(2) [1] Die Anordnung des Verfalls ist auch insoweit zulässig, als nach § 27 b des Strafgesetzbuches in der bisherigen Fassung eine höhere Geldstrafe hätte verhängt werden können als nach neuem Recht. [2] An die Stelle der Anordnung des Verfalls eines Gegenstandes tritt der Verfall des Wertersatzes.

(3) Absatz 1 Nr. 1 gilt nicht, soweit das bisherige Recht für den Betroffenen günstiger ist.

**Art. 308 Strafantrag, Ermächtigung, Strafverlangen.** (1) Die Vorschriften des neuen Rechts über Strafantrag, Ermächtigung und Strafverlangen (§§ 77 bis 77 e, 194 des Strafgesetzbuches[1)]) gelten auch für Taten, die vor dem 1. Januar 1975 begangen worden sind, soweit die Absätze 2 bis 5 nichts anderes bestimmen.

(2) War nach bisherigem Recht zur Verfolgung ein Antrag erforderlich, so bleibt es dabei.

(3) Ein vor dem 1. Januar 1975 gestellter Antrag bleibt wirksam, auch wenn die Antragsberechtigung nach neuem Recht einem anderen zusteht.

---

[1)] Nr. **85**.

(4) War am 1. Januar 1975 das Recht, einen Strafantrag zu stellen, nach den Vorschriften des bisherigen Rechts bereits erloschen, so bleibt es dabei.

(5) Ist die Tat erst durch die Vorschriften des neuen Rechts nur auf Antrag verfolgbar, so endet die Antragsfrist frühestens am 31. März 1975.

**Art. 309 Verfolgungs- und Vollstreckungsverjährung.** (1) Die Vorschriften des neuen Rechts über die Verfolgungs- und Vollstreckungsverjährung (§§ 78 bis 79 b des Strafgesetzbuches[1]), §§ 31 bis 34 des Gesetzes über Ordnungswidrigkeiten[2]) gelten auch für Taten, die vor dem 1. Januar 1975 begangen worden sind, soweit die Absätze 2 bis 4 nichts anderes bestimmen.

(2) Für Unterbrechungshandlungen, die vor dem 1. Januar 1975 vorgenommen sind, gilt das bisherige Recht.

(3) Soweit die Verjährungsfristen des bisherigen Rechts kürzer sind als die des neuen Rechts, gelten die des bisherigen Rechts.

(4) Ist die Verjährung der Verfolgung oder der Vollstreckung vor dem 1. Januar 1975 unterbrochen worden, so verjährt die Verfolgung oder Vollstreckung, abweichend von § 78 c Abs. 3 Satz 2, § 79 des Strafgesetzbuches, § 33 Abs. 3 Satz 2, § 34 des Gesetzes über Ordnungswidrigkeiten, frühestens mit dem Ablauf der von der letzten Unterbrechungshandlung an zu berechnenden Verjährungsfrist.

(5) Bei der Berechnung der Verjährungsfrist nach § 1 Abs. 1 Satz 1 des Gesetzes über die Berechnung strafrechtlicher Verjährungsfristen vom 13. April 1965 (Bundesgesetzbl. I S. 315), geändert durch das Erste Gesetz zur Reform des Strafrechts vom 25. Juni 1969 (Bundesgesetzbl. I S. 645), ist § 78 Abs. 4 des Strafgesetzbuches entsprechend anzuwenden.

**Art. 310 Bekanntgabe der Verurteilung.** Die Vorschriften des neuen Rechts über die gerichtliche Anordnung, daß eine Verurteilung öffentlich bekanntgemacht wird, gelten auch für Taten, die vor dem 1. Januar 1975 begangen worden sind.

**Art. 311 Verletzung von Privatgeheimnissen durch Amtsträger und besonders Verpflichtete.** (1) Soweit das Offenbaren oder Verwerten eines fremden Geheimnisses, namentlich eines Betriebs- oder Geschäftsgeheimnisses, durch Personen, die nach neuem Recht für den öffentlichen Dienst besonders verpflichtet werden sollen, nach bisherigem Recht mit Strafe oder Geldbuße bedroht war, gelten

1. für die vor dem 1. Januar 1975 begangenen Taten die Vorschriften des bisherigen Rechts über die Verletzung eines fremden Geheimnisses weiter und
2. für die nach dem 1. Januar 1975 begangenen Taten die Strafvorschriften des neuen Rechts (§ 203 Abs. 2, § 204 des Strafgesetzbuches[1]) entsprechend,

sofern die Strafvorschriften des neuen Rechts allein deswegen nicht anwendbar sind, weil der Täter vor dem 1. Januar 1975 nicht für den öffentlichen Dienst besonders verpflichtet worden ist, obwohl die Voraussetzungen, unter denen die Verpflichtung nach neuem Recht vorgenommen werden soll, vorgelegen hatten.

---

[1] Nr. **85**.
[2] Nr. **94**.

(2) In den Fällen des Absatzes 1 Nr. 1 gelten die Vorschriften des neuen Rechts (§ 203 Abs. 2, 5, § 204 des Strafgesetzbuches), soweit sie im übrigen für den Täter günstiger sind.

**Art. 312**[1] **Gerichtsverfassung und Strafverfahren.** (1) Soweit sich auf Grund der Vorschriften dieses Gesetzes die sachliche Zuständigkeit der Gerichte ändert, gilt dies für gerichtlich anhängige Strafsachen nur dann, wenn das Hauptverfahren noch nicht eröffnet ist oder das Revisionsgericht das Urteil aufhebt und die Sache nach § 354 Abs. 2 der Strafprozeßordnung[2] zurückverweist.

(2) Der Bundesgerichtshof ist auch dann zur Verhandlung und Entscheidung über das Rechtsmittel der Revision zuständig, wenn die Revision sich gegen ein Urteil des Richters beim Amtsgericht oder des Schöffengerichts oder gegen ein Berufungsurteil der kleinen oder großen Strafkammer richtet, durch das die Unterbringung des Angeklagten in einer Heil- oder Pflegeanstalt angeordnet ist, und Termin zur Hauptverhandlung vor dem Oberlandesgericht noch nicht bestimmt ist.

(3) Ist vor dem 1. Januar 1975 auf Unterbringung in einer Heil- oder Pflegeanstalt oder in einer Trinkerheilanstalt oder einer Entziehungsanstalt, auf Untersagung der Berufsausübung oder der Betriebsführung oder auf Zulassung der Urteilsbekanntmachung erkannt worden und ist das Revisionsgericht der Auffassung, daß die Revision im übrigen unbegründet ist, so berichtigt es den Urteilsspruch dahin, daß an die Stelle

1. der Unterbringung in einer Heil- oder Pflegeanstalt die Unterbringung in einem psychiatrischen Krankenhaus,
2. der Unterbringung in einer Trinkerheilanstalt oder einer Entziehungsanstalt die Unterbringung in einer Entziehungsanstalt,
3. der Untersagung der Berufsausübung oder der Betriebsführung das Berufsverbot,
4. der Zulässigkeit der Urteilsbekanntmachung deren Anordnung

tritt.

(4) Ist das Revisionsgericht der Auffassung, daß ein vor dem 1. Januar 1975 ergangenes Urteil allein wegen der Artikel 299 und 307 dem Gesetz nicht entspricht, so kann die Revision auch dann verworfen werden, wenn eine wesentlich andere Entscheidung über die Höhe der Geldstrafe oder den Verfall nicht zu erwarten ist.

(5) Das Revisionsgericht kann auch in einem Beschluß nach § 349 Abs. 2 der Strafprozeßordnung nach den Absätzen 3 und 4 verfahren, wenn es die Revision im übrigen einstimmig für offensichtlich unbegründet erachtet.

**Art. 313**[1] **Noch nicht vollstreckte Strafen.** (1) [1] Rechtskräftig verhängte Strafen wegen solcher Taten, die nach neuem Recht nicht mehr strafbar und auch nicht mit Geldbuße bedroht sind, werden mit Inkrafttreten des neuen Rechts erlassen, soweit sie noch nicht vollstreckt sind. [2] Der Straferlaß erstreckt sich auf Nebenstrafen und Nebenfolgen mit Ausnahme der Einziehung und Unbrauchbarmachung, Maßregeln der Besserung und Sicherung, Erziehungs-

---

[1] Für das Gebiet der ehem. DDR finden die Art. 312 und 313 aufgrund des EVertr. v. 31. 8. 1990 (BGBl. II S. 889, 957) keine Anwendung.

[2] Nr. **90**.

maßregeln und Zuchtmittel nach dem Jugendgerichtsgesetz[1] sowie auf rückständige Bußen und Kosten, auch wenn die Strafe bei Inkrafttreten des neuen Rechts bereits vollstreckt war.

(2) Absatz 1 gilt entsprechend, wenn ein vor Inkrafttreten des neuen Rechts erlassenes Urteil nach diesem Zeitpunkt

1. rechtskräftig wird, weil ein Rechtsmittel nicht eingelegt oder zurückgenommen wird oder das Rechtsmittel nicht zulässig ist, oder
2. sonst rechtskräftig wird, ohne daß der Schuldspruch geändert werden konnte.

(3) [1] Ist der Täter wegen einer Handlung verurteilt worden, die eine nach neuem Recht nicht mehr anwendbare Strafvorschrift und zugleich eine andere Strafvorschrift verletzt hat (§ 73 Abs. 2 des Strafgesetzbuches[2] in der bisherigen Fassung), so sind die Absätze 1 und 2 nicht anzuwenden. [2] Das Gericht setzt die auf die andere Gesetzesverletzung entfallende Strafe neu fest, wenn die Strafe einer Strafvorschrift entnommen worden ist, die aufgehoben ist oder die den Sachverhalt, welcher der Verurteilung zugrunde lag, nicht mehr unter Strafe stellt oder mit Geldbuße bedroht. [3] Ist die Strafe der anderen Strafvorschrift entnommen, so wird sie angemessen ermäßigt, wenn anzunehmen ist, daß das Gericht wegen der Verletzung der gemilderten Strafvorschrift auf eine höhere Strafe erkannt hat.

(4) [1] Enthält eine Gesamtstrafe Einzelstrafen im Sinne des Absatzes 1 Satz 1 und andere Einzelstrafen, so ist die Strafe neu festzusetzen. [2] In den Fällen der §§ 31 und 66 des Jugendgerichtsgesetzes gilt dies sinngemäß.

(5) Bei Zweifeln über die sich aus den Absätzen 1 und 2 ergebenden Rechtsfolgen und für die richterlichen Entscheidungen nach den Absätzen 3 und 4 gelten die §§ 458 und 462 der Strafprozeßordnung[3] sinngemäß.

**Art. 314[4] Überleitung der Vollstreckung.** (1) Eine vor dem 1. Januar 1975 verhängte und noch nicht oder erst zum Teil vollzogene Unterbringung in einer Heil- oder Pflegeanstalt wird als Unterbringung in einem psychiatrischen Krankenhaus, eine Unterbringung in einer Trinkerheilanstalt oder einer Entziehungsanstalt als Unterbringung in einer Entziehungsanstalt vollzogen.

(2) [1] Ist die Unterbringung in einer Heil- oder Pflegeanstalt, in einer Trinkerheilanstalt oder einer Entziehungsanstalt oder in der Sicherungsverwahrung vor dem 1. Januar 1975 bedingt ausgesetzt, so tritt Führungsaufsicht ein. [2] Die Auferlegung besonderer Pflichten nach § 42 h Abs. 2 des Strafgesetzbuches[2] in der bisherigen Fassung gilt als Weisung gemäß § 68 b Abs. 2 des Strafgesetzbuches.

(3) Eine vor dem 1. Januar 1975 angeordnete Untersagung der Berufsausübung oder der Betriebsführung hat die Wirkung eines Berufsverbots.

(4) Eine vor dem 1. Januar 1975 ausgesprochene Befugnis zur öffentlichen Bekanntmachung des Urteils wird so vollstreckt, als wenn auf Anordnung der Bekanntmachung des Urteils erkannt wäre.

(5) *(gegenstandslos durch Fristablauf)*

---

[1] Nr. **89**.
[2] Nr. **85**.
[3] Nr. **90**.
[4] Für das Gebiet der ehem. DDR findet Art. 314 aufgrund des EVertr. v. 31. 8. 1990 (BGBl. II S. 889, 957) keine Anwendung.

**Art. 315[1] Geltung des Strafrechts für in der Deutschen Demokratischen Republik begangene Taten.** (1) Auf vor dem Wirksamwerden des Beitritts in der Deutschen Demokratischen Republik begangene Taten findet § 2 des Strafgesetzbuches[2] mit der Maßgabe Anwendung, daß das Gericht von Strafe absieht, wenn nach dem zur Zeit der Tat geltenden Recht der Deutschen Demokratischen Republik weder eine Freiheitsstrafe noch eine Verurteilung auf Bewährung noch eine Geldstrafe verwirkt gewesen wäre.

(2) [1] Die Vorschriften des Strafgesetzbuches über die Geldstrafe (§§ 40 bis 43) gelten auch für die vor dem Wirksamwerden des Beitritts in der Deutschen Demokratischen Republik begangenen Taten, soweit nachfolgend nichts anderes bestimmt ist. [2] Die Geldstrafe darf nach Zahl und Höhe der Tagessätze insgesamt das Höchstmaß der bisher angedrohten Geldstrafe nicht übersteigen. [3] Es dürfen höchstens dreihundertsechzig Tagessätze verhängt werden.

(3) Die Vorschriften des Strafgesetzbuches über die Aussetzung eines Strafrestes sowie den Widerruf ausgesetzter Strafen finden auf Verurteilungen auf Bewährung (§ 33 des Strafgesetzbuches der Deutschen Demokratischen Republik) sowie auf Freiheitsstrafen Anwendung, die wegen vor dem Wirksamwerden des Beitritts in der Deutschen Demokratischen Republik begangener Taten verhängt worden sind, soweit sich nicht aus den Grundsätzen des § 2 Abs. 3 des Strafgesetzbuches etwas anderes ergibt.

(4) Die Absätze 1 bis 3 finden keine Anwendung, soweit für die Tat das Strafrecht der Bundesrepublik Deutschland schon vor dem Wirksamwerden des Beitritts gegolten hat.

**Art. 315 a[3] [4] Vollstreckungs- und Verfolgungsverjährung für in der Deutschen Demokratischen Republik verfolgte und abgeurteilte Taten; Verjährung für während der Herrschaft des SED-Unrechtsregimes nicht geahndete Taten.** (1) [1] Soweit die Verjährung der Verfolgung oder der Vollstreckung nach dem Recht der Deutschen Demokratischen Republik bis zum Wirksamwerden des Beitritts nicht eingetreten war, bleibt es dabei. [2] Dies gilt auch, soweit für die Tat vor dem Wirksamwerden des Beitritts auch das Strafrecht der Bundesrepublik Deutschland gegolten hat. [3] Die Verfolgungsverjährung gilt als am Tag des Wirksamwerdens des Beitritts unterbrochen; § 78 c Abs. 3 des Strafgesetzbuches[2] bleibt unberührt.

(2) Die Verfolgung von Taten, die in dem in Artikel 3 des Einigungsvertrages[5] genannten Gebiet begangen worden sind und die im Höchstmaß mit Freiheitsstrafe von mehr als einem Jahr bis zu fünf Jahren bedroht sind, verjährt frühestens mit Ablauf des 2. Oktober 2000, die Verfolgung der in diesem Gebiet vor Ablauf des 2. Oktober 1990 begangenen und im Höchstmaß mit Freiheitsstrafe bis zu

---

[1] Art. 315 eingef. aufgrund EVertr. v. 31. 8. 1990 (BGBl. II S. 889, 954); Abs. 1 Sätze 2 und 3 aufgeh. mWv 18. 4. 2007 durch G v. 13. 4. 2007 (BGBl. I S. 513).

[2] Nr. **85**.

[3] Art. 315 a eingef. aufgrund EVertr. v. 31. 8. 1990 (BGBl. II S. 889, 954); Satz 2 eingef., bish. Satz 2 wird Satz 3 durch G v. 26. 3. 1993 (BGBl. I S. 392); Abs. 2 und 3 angef. durch G v. 27. 9. 1993 (BGBl. I S. 1657); Abs. 2 geänd. durch G v. 22. 12 .1997 (BGBl. I S. 3223); Überschrift neu gef., Abs. 4 und 5 angef. mWv 30. 11. 2007 durch G v. 23. 11. 2007 (BGBl. I S. 2614).

[4] Art. 315 a Abs. 3 gilt nicht für Taten, deren Verfolgung bei Inkrafttreten (am 30. 9. 1993) des 2. VerjährungsG v. 27. 9. 1993 (BGBl. I S. 1657) bereits verjährt ist.

Art. 315 a Abs. 2 gilt nicht für Taten, deren Verfolgung bei Inkrafttreten (am 31. 12. 1997) des 3. VerjährungsG v. 22. 12 .1997 (BGBl. I S. 3223) bereits verjährt ist.

[5] **Schönfelder II Nr. 2.**

einem Jahr oder mit Geldstrafe bedrohten Taten frühestens mit Ablauf des 31. Dezember 1995.

(3) Verbrechen, die den Tatbestand des Mordes (§ 211 des Strafgesetzbuches) erfüllen, für welche sich die Strafe jedoch nach dem Recht der Deutschen Demokratischen Republik bestimmt, verjähren nicht.

(4) Die Absätze 2 und 3 gelten nicht für Taten, deren Verfolgung am 30. September 1993 bereits verjährt war.

(5) [1] Bei der Berechnung der Verjährungsfrist für die Verfolgung von Taten, die während der Herrschaft des SED-Unrechtsregimes begangen wurden, aber entsprechend dem ausdrücklichen oder mutmaßlichen Willen der Staats- und Parteiführung der ehemaligen Deutschen Demokratischen Republik aus politischen oder sonst mit wesentlichen Grundsätzen einer freiheitlichen rechtsstaatlichen Ordnung unvereinbaren Gründen nicht geahndet worden sind, bleibt die Zeit vom 11. Oktober 1949 bis 2. Oktober 1990 außer Ansatz. [2] In dieser Zeit hat die Verjährung geruht.

**Art. 315 b[1)] Strafantrag bei in der Deutschen Demokratischen Republik begangenen Taten.** [1] Die Vorschriften des Strafgesetzbuches[2)] über den Strafantrag gelten auch für die vor dem Wirksamwerden des Beitritts in der Deutschen Demokratischen Republik begangenen Taten. [2] War nach dem Recht der Deutschen Demokratischen Republik zur Verfolgung ein Antrag erforderlich, so bleibt es dabei. [3] Ein vor dem Wirksamwerden des Beitritts gestellter Antrag bleibt wirksam. [4] War am Tag des Wirksamwerdens des Beitritts das Recht, einen Strafantrag zu stellen, nach dem bisherigen Recht der Deutschen Demokratischen Republik bereits erloschen, so bleibt es dabei. [5] Ist die Tat nach den Vorschriften der Bundesrepublik Deutschland nur auf Antrag verfolgbar, so endet die Antragsfrist frühestens am 31. Dezember 1990.

**Art. 315 c[3)] Anpassung der Strafdrohungen.** [1] Soweit Straftatbestände der Deutschen Demokratischen Republik fortgelten, treten an die Stelle der bisherigen Strafdrohungen die im Strafgesetzbuch[2)] vorgesehenen Strafdrohungen der Freiheitsstrafe und der Geldstrafe. [2] Die übrigen Strafdrohungen entfallen. [3] Die Geldstrafe darf nach Art und Höhe der Tagessätze insgesamt das Höchstmaß der bisher angedrohten Geldstrafe nicht übersteigen. [4] Es dürfen höchstens dreihundertsechzig Tagessätze verhängt werden.

**Art. 316[4)] Übergangsvorschrift zum Neunten Strafrechtsänderungsgesetz.** (1) § 66 Abs. 2 und § 67 Abs. 1 des Strafgesetzbuches[2)] in der Fassung des Artikels 1 des Neunten Strafrechtsänderungsgesetzes vom 4. August 1969 (BGBl. I S. 1065) gelten auch für früher begangene Taten und früher verhängte Strafen, wenn die Verfolgung und Vollstreckung beim Inkrafttreten des Neunten Strafrechtsänderungsgesetzes am 6. August 1969 noch nicht verjährt waren.

(2) § 1 des Gesetzes über die Berechnung strafrechtlicher Verjährungsfristen vom 13. April 1965 (BGBl. I S. 315) bleibt unberührt.

---

1) Art. 315 b eingef. aufgrund EVertr. v. 31. 8. 1990 (BGBl. II S. 889, 954).

2) Nr. **85**.

3) Art. 315 c eingef. aufgrund EVertr. v. 31. 8. 1990 (BGBl. II S. 889, 954); Satz 3 aufgeh., bish. Sätze 4 und 5 werden Sätze 3 und 4 mWv 25. 4. 2006 durch G v. 19. 4. 2006 (BGBl. I S. 866).

4) Art. 316 eingef. mWv 25. 4. 2006 durch G v. 19. 4. 2006 (BGBl. I S. 866).

**Art. 316 a**[1)] **Übergangsvorschrift zum Sechzehnten Strafrechtsänderungsgesetz.** (1) § 78 Abs. 2 des Strafgesetzbuches[2)] in der Fassung des Artikels 1 des Sechzehnten Strafrechtsänderungsgesetzes vom 16. Juli 1979 (BGBl. I S. 1046) gilt auch für früher begangene Taten, wenn die Verfolgung beim Inkrafttreten des Sechzehnten Strafrechtsänderungsgesetzes am 22. Juli 1979 noch nicht verjährt war.

(2) § 1 des Gesetzes über die Berechnung strafrechtlicher Verjährungsfristen vom 13. April 1965 (BGBl. I S. 315) bleibt unberührt.

**Art. 316 b**[1)] **Übergangsvorschrift zum Dreiundzwanzigsten Strafrechtsänderungsgesetz.** (1) § 67 Abs. 4 und § 67 d Abs. 5 des Strafgesetzbuches[2)] finden keine Anwendung auf Unterbringungen, die vor dem 1. Mai 1986 angeordnet worden sind; für die Anrechnung der Zeit des Vollzugs der Maßregel auf die Strafe gilt das bisherige Recht.

(2) Ist jemand vor dem 1. Mai 1986 zu mehreren lebenslangen Freiheitsstrafen oder zu lebenslanger und zeitiger Freiheitsstrafe verurteilt worden, so ist § 460 der Strafprozeßordnung[3)] sinngemäß anzuwenden, wenn nach neuem Recht auf eine lebenslange Freiheitsstrafe als Gesamtstrafe erkannt worden wäre.

**Art. 316 c**[4)] **Übergangsvorschrift zum Dreißigsten Strafrechtsänderungsgesetz.** § 78 b Abs. 1 des Strafgesetzbuches[2)] in der Fassung des Artikels 1 des Dreißigsten Strafrechtsänderungsgesetzes vom 23. Juni 1994 (BGBl. I S. 1310) gilt auch für vor dem Inkrafttreten des Dreißigsten Strafrechtsänderungsgesetzes am 30. Juni 1994 begangene Taten, es sei denn, dass deren Verfolgung zu diesem Zeitpunkt bereits verjährt ist.

**Art. 316 d**[5)] **Übergangsvorschrift zum Dreiundvierzigsten Strafrechtsänderungsgesetz.** § 46 b des Strafgesetzbuches[2)] und § 31 des Betäubungsmittelgesetzes[6)] in der Fassung des Artikels 2 des Dreiundvierzigsten Strafrechtsänderungsgesetzes vom 29. Juli 2009 (BGBl. I S. 2288) sind nicht auf Verfahren anzuwenden, in denen vor dem 1. September 2009 die Eröffnung des Hauptverfahrens beschlossen worden ist.

**Art. 316 e**[7)] **Übergangsvorschrift zum Gesetz zur Neuordnung des Rechts der Sicherungsverwahrung und zu begleitenden Regelungen.**

(1) [1] Die Vorschriften über die Sicherungsverwahrung in der Fassung des Gesetzes zur Neuordnung des Rechts der Sicherungsverwahrung und zu begleitenden Regelungen vom 22. Dezember 2010 (BGBl. I S. 2300) sind nur anzuwenden, wenn die Tat oder mindestens eine der Taten, wegen deren Begehung die Sicherungsverwahrung angeordnet oder vorbehalten werden soll, nach dem 31. Dezember 2010 begangen worden ist. [2] In allen anderen Fällen ist

---

[1)] Art. 316 und 316 a eingef., bish. Art. 316 wird Art. 316 b mWv 25. 4. 2006 durch G v. 19. 4. 2006 (BGBl. I S. 866).

[2)] Nr. **85**.

[3)] Nr. **90**.

[4)] Art. 316 c eingef. mWv 30. 11. 2007 durch G v. 23. 11. 2007 (BGBl. I S. 2614).

[5)] Art. 316 d eingef. mWv 1. 9. 2009 durch G v. 29. 7. 2009 (BGBl. I S. 2288).

[6)] **Schönfelder ErgBd. Nr. 86.**

[7)] Art. 316 e eingef. mWv 1. 1. 2011 durch G v. 22. 12. 2010 (BGBl. I S. 2300); Abs. 1 Satz 2 geänd. mWv 1. 6. 2013 durch G v. 5. 12. 2012 (BGBl. I S. 2425); Abs. 4 angef. mWv 28. 12. 2012 durch G v. 20. 12. 2012 (BGBl. I S. 2756).

das bisherige Recht anzuwenden, soweit in den Absätzen 2 und 3 sowie in Artikel 316 f Absatz 2 und 3 nichts anderes bestimmt ist.

(2) Sind die Taten, wegen deren Begehung die Sicherungsverwahrung nach § 66 des Strafgesetzbuches[1] angeordnet werden soll, vor dem 1. Januar 2011 begangen worden und ist der Täter deswegen noch nicht rechtskräftig verurteilt worden, so ist § 66 des Strafgesetzbuches in der seit dem 1. Januar 2011 geltenden Fassung anzuwenden, wenn diese gegenüber dem bisherigen Recht das mildere Gesetz ist.

(3) [1] Eine nach § 66 des Strafgesetzbuches vor dem 1. Januar 2011 rechtskräftig angeordnete Sicherungsverwahrung erklärt das Gericht für erledigt, wenn die Anordnung ausschließlich auf Taten beruht, die nach § 66 des Strafgesetzbuches in der seit dem 1. Januar 2011 geltenden Fassung nicht mehr Grundlage für eine solche Anordnung sein können. [2] Das Gericht kann, soweit dies zur Durchführung von Entlassungsvorbereitungen geboten ist, als Zeitpunkt der Erledigung spätestens den 1. Juli 2011 festlegen. [3] Zuständig für die Entscheidungen nach den Sätzen 1 und 2 ist das nach den §§ 454, 462 a Absatz 1 der Strafprozessordnung[2] zuständige Gericht. [4] Für das Verfahren ist § 454 Absatz 1, 3 und 4 der Strafprozessordnung entsprechend anzuwenden; die Vollstreckungsbehörde übersendet die Akten unverzüglich an die Staatsanwaltschaft des zuständigen Gerichtes, die diese umgehend dem Gericht zur Entscheidung übergibt. [5] Mit der Entlassung aus dem Vollzug tritt Führungsaufsicht ein.

(4) § 1 des Therapieunterbringungsgesetzes vom 22. Dezember 2010 (BGBl. I S. 2300, 2305) ist unter den dortigen sonstigen Voraussetzungen auch dann anzuwenden, wenn der Betroffene noch nicht in Sicherungsverwahrung untergebracht, gegen ihn aber bereits Sicherungsverwahrung im ersten Rechtszug angeordnet war und aufgrund einer vor dem 4. Mai 2011 ergangenen Revisionsentscheidung festgestellt wurde, dass die Sicherungsverwahrung ausschließlich deshalb nicht rechtskräftig angeordnet werden konnte, weil ein zu berücksichtigendes Verbot rückwirkender Verschärfungen im Recht der Sicherungsverwahrung dem entgegenstand, ohne dass es dabei auf den Grad der Gefährlichkeit des Betroffenen für die Allgemeinheit angekommen wäre.

**Art. 316 f[3] Übergangsvorschrift zum Gesetz zur bundesrechtlichen Umsetzung des Abstandsgebotes im Recht der Sicherungsverwahrung.**

(1) Die bisherigen Vorschriften über die Sicherungsverwahrung sind in der ab dem 1. Juni 2013 geltenden Fassung anzuwenden, wenn die Tat oder mindestens eine der Taten, wegen deren Begehung die Sicherungsverwahrung angeordnet oder vorbehalten werden soll (Anlasstat), nach dem 31. Mai 2013 begangen worden ist.

(2) [1] In allen anderen Fällen sind, soweit Absatz 3 nichts anderes bestimmt, die bis zum 31. Mai 2013 geltenden Vorschriften über die Sicherungsverwahrung nach Maßgabe der Sätze 2 bis 4 anzuwenden. [2] Die Anordnung oder Fortdauer der Sicherungsverwahrung auf Grund einer gesetzlichen Regelung, die zur Zeit der letzten Anlasstat noch nicht in Kraft getreten war, oder eine nachträgliche Anordnung der Sicherungsverwahrung, die nicht die Erledigung einer Unterbringung in einem psychiatrischen Krankenhaus voraussetzt, oder die Fortdauer

[1] Nr. **85**.
[2] Nr. **90**.
[3] Art. 316 f eingef. mWv 1. 6. 2013 durch G v. 5. 12. 2012 (BGBl. I S. 2425).

einer solchen nachträglich angeordneten Sicherungsverwahrung ist nur zulässig, wenn beim Betroffenen eine psychische Störung vorliegt und aus konkreten Umständen in seiner Person oder seinem Verhalten eine hochgradige Gefahr abzuleiten ist, dass er infolge dieser Störung schwerste Gewalt- oder Sexualstraftaten begehen wird. [3] Auf Grund einer gesetzlichen Regelung, die zur Zeit der letzten Anlasstat noch nicht in Kraft getreten war, kann die Anordnung der Sicherungsverwahrung nur vorbehalten werden, wenn beim Betroffenen eine psychische Störung vorliegt und die in Satz 2 genannte Gefahr wahrscheinlich ist oder, wenn es sich bei dem Betroffenen um einen Heranwachsenden handelt, feststeht. [4] Liegen die Voraussetzungen für eine Fortdauer der Sicherungsverwahrung in den in Satz 2 genannten Fällen nicht mehr vor, erklärt das Gericht die Maßregel für erledigt; mit der Entlassung aus dem Vollzug der Unterbringung tritt Führungsaufsicht ein.

(3) [1] Die durch die Artikel 1, 2 Nummer 1 Buchstabe c Doppelbuchstabe cc und Nummer 4 sowie die Artikel 3 bis 6 des Gesetzes zur bundesrechtlichen Umsetzung des Abstandsgebotes im Recht der Sicherungsverwahrung vom 5. Dezember 2012 (BGBl. I S. 2425) geänderten Vorschriften sind auch auf die in Absatz 2 Satz 1 genannten Fälle anzuwenden, § 67c Absatz 1 Satz 1 Nummer 2 des Strafgesetzbuches[1)] jedoch nur dann, wenn nach dem 31. Mai 2013 keine ausreichende Betreuung im Sinne des § 66c des Strafgesetzbuches angeboten worden ist. [2] Die Frist des § 119a Absatz 3 des Strafvollzugsgesetzes[2)] für die erste Entscheidung von Amts wegen beginnt am 1. Juni 2013 zu laufen, wenn die Freiheitsstrafe zu diesem Zeitpunkt bereits vollzogen wird.

**Art. 316g[3)] Übergangsvorschrift zum Gesetz zur Verbesserung des Schutzes der sexuellen Selbstbestimmung.** Als Straftat im Sinne von § 66 Absatz 3 Satz 1 des Strafgesetzbuches[1)] in der Fassung des Gesetzes zur Verbesserung des Schutzes der sexuellen Selbstbestimmung vom 4. November 2016 (BGBl. I S. 2460) gilt auch eine Straftat nach § 179 Absatz 1 bis 4 des Strafgesetzbuches in der bis zum 9. November 2016 geltenden Fassung.

**Art. 316h[4)] Übergangsvorschrift zum Gesetz zur Reform der strafrechtlichen Vermögensabschöpfung.** [1] Wird über die Anordnung der Einziehung des Tatertrages oder des Wertes des Tatertrages wegen einer Tat, die vor dem 1. Juli 2017 begangen worden ist, nach diesem Zeitpunkt entschieden, sind abweichend von § 2 Absatz 5 des Strafgesetzbuches[1)] die §§ 73 bis 73c, 75 Absatz 1 und 3 sowie die §§ 73d, 73e, 76, 76a, 76b und 78 Absatz 1 Satz 2 des Strafgesetzbuches in der Fassung des Gesetzes zur Reform der strafrechtlichen Vermögensabschöpfung vom 13. April 2017 (BGBl. I S. 872) anzuwenden.[5)] [2] Die Vorschriften des Gesetzes zur Reform der strafrechtlichen Vermögensabschöpfung vom 13. April 2017 (BGBl. I S. 872) sind nicht in Verfahren anzuwenden, in denen bis zum 1. Juli 2017 bereits

---

[1)] Nr. **85**.

[2)] **Habersack, Deutsche Gesetze ErgBd. Nr. 91.**

[3)] Art. 316g eingef. mWv 10.11.2016 durch G v. 4.11.2016 (BGBl. I S. 2460).

[4)] Art. 316h eingef. mWv 1.7.2017 durch G v. 13.4.2017 (BGBl. I S. 872).

[5)] Beachte hierzu den Beschl. des BVerfG – 2 BvL 8/19 – v. 10.2.2021 (BGBl. I S. 1098):

„Artikel 316h Satz 1 des Einführungsgesetzes zum Strafgesetzbuch ist mit dem Grundgesetz vereinbar, soweit er § 76a Absatz 2 Satz 1 des Strafgesetzbuches in Verbindung mit § 78 Absatz 1 Satz 2 des Strafgesetzbuches sowie § 76b Absatz 1 des Strafgesetzbuches jeweils in der Fassung des Gesetzes zur Reform der strafrechtlichen Vermögensabschöpfung vom 13. April 2017 (Bundesgesetzblatt I Seite 872) in Fällen für anwendbar erklärt, in denen hinsichtlich der rechtswidrigen Taten, aus denen der von der selbständigen Einziehung Betroffene etwas erlangt hat, bereits vor dem Inkrafttreten der Neuregelung am 1. Juli 2017 Verfolgungsverjährung (§ 78 Absatz 1 Satz 1 des Strafgesetzbuches) eingetreten war."

eine Entscheidung über die Anordnung des Verfalls oder des Verfalls von Wertersatz ergangen ist.

**Art. 316i[1)] Übergangsvorschrift zum Dreiundfünfzigsten Gesetz zur Änderung des Strafgesetzbuches – Ausweitung des Maßregelrechts bei extremistischen Straftätern.** [1] § 66 Absatz 3 Satz 1 des Strafgesetzbuches[2)] in der Fassung des Dreiundfünfzigsten Gesetzes zur Änderung des Strafgesetzbuches vom 11. Juni 2017 (BGBl. I S. 1612), auch in Verbindung mit § 66 Absatz 3 Satz 2, § 66a Absatz 1 Nummer 1 und § 66b Satz 1 Nummer 1 des Strafgesetzbuches, ist nur anzuwenden, wenn die letzte Anlasstat nach dem 30. Juni 2017 begangen worden ist; in allen anderen Fällen ist das bisherige Recht anzuwenden. [2] Soweit in anderen als den in Satz 1 genannten Vorschriften auf § 66 Absatz 3 Satz 1 des Strafgesetzbuches verwiesen wird, ist § 66 Absatz 3 Satz 1 des Strafgesetzbuches in der Fassung des Dreiundfünfzigsten Gesetzes zur Änderung des Strafgesetzbuches vom 11. Juni 2017 (BGBl. I S. 1612) anwendbar. [3] Artikel 316g bleibt unberührt.

**Art. 316j[3)] Übergangsvorschrift zum Jahressteuergesetz 2020.** Wird über die Anordnung der Einziehung des Tatertrages oder des Wertes des Tatertrages wegen einer Tat, die vor dem 29. Dezember 2020 begangen worden ist, nach diesem Zeitpunkt entschieden, so ist abweichend von § 2 Absatz 5 des Strafgesetzbuches[2)] § 73e Absatz 1 Satz 2 des Strafgesetzbuches in der am 29. Dezember 2020 geltenden Fassung anzuwenden, wenn

1. es sich um eine unter den in § 370 Absatz 3 Satz 2 Nummer 1 der Abgabenordnung genannten Voraussetzungen begangene Tat handelt oder
2. das Erlöschen im Sinne von § 73e Absatz 1 Satz 2 des Strafgesetzbuches durch Verjährung nach § 47 der Abgabenordnung nach dem 1. Juli 2020 eingetreten ist oder
3. das Erlöschen im Sinne von § 73e Absatz 1 Satz 2 des Strafgesetzbuches nach dem 29. Dezember 2020 eingetreten ist.

**Art. 316k[4)] Übergangsvorschrift zum Gesetz zur Verbesserung der strafrechtlichen Bekämpfung der Geldwäsche.** Für die Einziehung von Gegenständen, die nach dem 17. März 2021 sichergestellt worden sind, gilt abweichend von § 2 Absatz 5 des Strafgesetzbuches[2)] § 76a Absatz 4 des Strafgesetzbuches in der ab dem 18. März 2021 geltenden Fassung; in allen anderen Fällen gilt das bisherige Recht.

**Art. 316l[5)] Übergangsvorschrift zum Gesetz zur Bekämpfung sexualisierter Gewalt gegen Kinder.** [1] § 66 Absatz 3 Satz 1 des Strafgesetzbuches[2)] in der am 1. Juli 2021 geltenden Fassung, auch in Verbindung mit § 66 Absatz 3 Satz 2, § 66a Absatz 1 Nummer 1 und § 66b Satz 1 Nummer 1 des Strafgesetzbuches, ist im Hinblick auf Taten nach den §§ 176 bis 176d und 184b des Strafgesetzbuches in der am 1. Juli 2021 geltenden Fassung nur anzuwenden, wenn die letzte Anlasstat nach dem 30. Juni 2021 begangen worden ist; in allen anderen Fällen ist das bisherige Recht anzuwenden. [2] Soweit in anderen als den in Satz 1 genannten Vorschriften auf

---

1) Art. 316i eingef. mWv 1.7.2017 durch G v. 11.6.2017 (BGBl. I S. 1612).
2) Nr. **85**.
3) Art. 316j eingef. mWv 29.12.2020 durch G v. 21.12.2020 (BGBl. I S. 3096).
4) Art. 316k eingef. mWv 18.3.2021 durch G v. 9.3.2021 (BGBl. I S. 327); Überschrift geänd. mWv 1.7.2021 durch G v. 25.6.2021 (BGBl. I S. 2083).
5) Art. 316l eingef. mWv 1.7.2021 durch G v. 16.6.2021 (BGBl. I S. 1810).

§ 66 Absatz 3 Satz 1 des Strafgesetzbuches verwiesen wird, sind die Vorschriften in der am 1. Juli 2021 geltenden Fassung anwendbar. [3]Die Artikel 316g und 316i bleiben unberührt.

**Art. 316m[1)] Übergangsvorschrift zum Gesetz zur Änderung des Anti-Doping-Gesetzes.** § 4a des Anti-Doping-Gesetzes in der Fassung des Artikels 1 des Gesetzes zur Änderung des Anti-Doping-Gesetzes vom 12. August 2021 (BGBl. I S. 3542) ist nicht auf Verfahren anzuwenden, in denen vor dem 1. Oktober 2021 die Eröffnung des Hauptverfahrens beschlossen worden ist.

**Art. 316n[2)] Übergangsvorschrift zum Gesetz zur Änderung des Strafgesetzbuches – Aufhebung des Verbots der Werbung für den Schwangerschaftsabbruch (§ 219a StGB), zur Änderung des Heilmittelwerbegesetzes, zur Änderung des Schwangerschaftskonfliktgesetzes, zur Änderung des Einführungsgesetzes zum Strafgesetzbuch und zur Änderung des Gesetzes zur strafrechtlichen Rehabilitierung der nach dem 8. Mai 1945 wegen einvernehmlicher homosexueller Handlungen verurteilten Personen.** (1) Strafgerichtliche Urteile, die aufgrund der folgenden Vorschriften nach dem 3. Oktober 1990 ergangen sind, werden aufgehoben:

1. aufgrund des § 219a des Strafgesetzbuches[3)]
   a) in der vom 16. Juni 1993 bis einschließlich 31. Dezember 1998 geltenden Fassung,
   b) in der vom 1. Januar 1999 bis einschließlich 28. März 2019 geltenden Fassung,
   c) in der vom 29. März 2019 bis einschließlich 31. Dezember 2020 geltenden Fassung oder
   d) in der seit dem 1. Januar 2021 geltenden Fassung sowie
2. aufgrund des § 219b des Strafgesetzbuches in der vom 1. Oktober 1987 bis einschließlich 15. Juni 1993 geltenden Fassung.

(2) Die Verfahren, die den in Absatz 1 genannten Urteilen zugrunde liegen, werden eingestellt.

**Art. 316o[4)] Übergangsvorschrift zum Gesetz zur Überarbeitung des Sanktionenrechts – Ersatzfreiheitsstrafe, Strafzumessung, Auflagen und Weisungen sowie Unterbringung in einer Entziehungsanstalt.** (1) Für die Vollstreckung von vor dem 1. Oktober 2023 rechtskräftig verhängten Geldstrafen gelten § 43 des Strafgesetzbuches[3)] und § 11 des Wehrstrafgesetzes jeweils in der bis zu diesem Tag geltenden Fassung.

(2) Für die Vollstreckung von vor dem 1. Oktober 2023 rechtskräftig angeordneten Unterbringungen nach § 63 oder § 64 des Strafgesetzbuches gilt § 67 des Strafgesetzbuches in der bis zu diesem Tag geltenden Fassung.

(3) Auf die Absätze 1 und 2 ist Artikel 313 Absatz 2 entsprechend anwendbar.

---

[1)] Art. 316m eingef. mWv 1.10.2021 durch G v. 12.8.2021 (BGBl. I S. 3542).
[2)] Art. 316n eingef. mWv 19.7.2022 durch G v. 11.7.2022 (BGBl. I S. 1082).
[3)] Nr. **85**.
[4)] Art. 316o eingef. mWv 1.10.2023 durch G v. 26.7.2023 (BGBl. 2023 I Nr. 203).

**Art. 317[1)] Überleitung des Verfahrens wegen Ordnungswidrigkeiten nach neuem Recht.** (1) [1] Die bei Inkrafttreten des neuen Rechts schwebenden Verfahren wegen einer Zuwiderhandlung, die nach neuem Recht nur noch mit Geldbuße bedroht ist, werden in der Lage, in der sie sich befinden, nach den Vorschriften des Gesetzes über Ordnungswidrigkeiten[2)] fortgesetzt, soweit nichts anderes bestimmt ist. [2] Hat das Gericht wegen einer solchen Zuwiderhandlung bereits das Hauptverfahren eröffnet oder einen Strafbefehl oder eine Strafverfügung erlassen, so bleibt die Staatsanwaltschaft für die Verfolgung auch im Bußgeldverfahren zuständig. [3] § 72 des Gesetzes über Ordnungswidrigkeiten ist in diesem Falle nicht anzuwenden.

(2) [1] Die §§ 79, 80 des Gesetzes über Ordnungswidrigkeiten gelten nicht, wenn das Urteil vor Inkrafttreten des neuen Rechts wegen einer Zuwiderhandlung ergangen ist, die nach neuem Recht nur noch mit Geldbuße bedroht ist; in diesen Fällen gelten die §§ 313 und 334 der Strafprozeßordnung[3)] in der bisherigen Fassung fort. [2] Ist das Revisionsgericht der Auffassung, daß ein solches Urteil allein wegen des neuen Rechts dem Gesetz nicht entspricht, so berichtigt es den Schuldspruch und wandelt eine Verurteilung zu einer Geldstrafe in eine solche zu einer entsprechenden Geldbuße um. [3] Das Revisionsgericht kann auch in einem Beschluß nach § 349 Abs. 2 der Strafprozeßordnung so verfahren, wenn es die Revision im übrigen einstimmig für offensichtlich unbegründet erachtet. [4] Hebt das Revisionsgericht das angefochtene Urteil auf, so kann es abweichend von § 354 Abs. 2 der Strafprozeßordnung die Sache an das Gericht, dessen Urteil aufgehoben wird, zurückverweisen.

**Art. 318[1)] Zuwiderhandlungen nach den Gesetzen auf dem Gebiet der Sozialversicherung.** (1) Auf die vor dem 1. Januar 1975 begangenen Zuwiderhandlungen nach den Gesetzen auf dem Gebiet der Sozialversicherung, die nach bisherigem Recht mit Ordnungsstrafe bedroht waren und nach neuem Recht Ordnungswidrigkeiten sind, ist das neue Recht mit der Beschränkung anzuwenden, daß sich das Höchstmaß der Geldbuße nach dem Höchstmaß der bisherigen Ordnungsstrafe bestimmt.

(2) Ist jedoch vor dem 1. Januar 1975 wegen einer der in Absatz 1 bezeichneten Zuwiderhandlungen ein Ordnungsstrafbescheid erlassen worden, so ist in dem weiteren Verfahren das bisherige Recht anzuwenden.

**Art. 319[1)] Anwendung des bisherigen Kostenrechts.** In Straf- und Bußgeldsachen werden Gebühren nach dem bisherigen Recht erhoben, wenn die über die Kosten ergangene Entscheidung vor dem 1. Januar 1975 rechtskräftig geworden ist.

**Art. 320[4)]** *(aufgehoben)*

**Art. 321[5)]** *(aufgehoben)*

---

[1)] Für das Gebiet der ehem. DDR finden die Art. 317, 318 und 319 aufgrund des EVertr. v. 31.8.1990 (BGBl. 1990 II S. 889, 957) keine Anwendung.

[2)] Nr. **94**.

[3)] Nr. **90**.

[4)] Art. 320 aufgeh. mWv 1.1.2002 durch G v. 13.12.2001 (BGBl. I S. 3574).

[5)] Art. 321 aufgeh. mWv 15.12.2010 durch G v. 8.12.2010 (BGBl. I S. 1864).

**Art. 322**[1] **Verweisungen.** Soweit in anderen Vorschriften auf Vorschriften verwiesen wird, die durch dieses Gesetz geändert werden, treten an deren Stelle die geänderten Vorschriften.

**Art. 323 Ermächtigung zur Neubekanntmachung.** *(hier nicht wiedergegeben)*

**Art. 324**[1] **Sonderregelung für Berlin.** (1) [1] Artikel 18 II Nr. 3, soweit diese Nummer sich auf § 5 Nr. 5 bezieht, 19 Nr. 5 Buchstabe b, Nr. 6 bis 9, 12, 34 bis 41, 207, soweit diese Nummer sich auf die §§ 84 bis 87, 89 und 109 bis 109k bezieht, Artikel 21 Nr. 24 Buchstabe b, Artikel 26 Nr. 52 und 53, Artikel 27, 28, 31, 34, 35, 70, 147, 152 bis 159, 181, 287 Nr. 44, 52, 56, 77 und 81 und Artikel 326 Abs. 5 Nr. 7 bis 9 sind im Land Berlin nicht anzuwenden. [2] Artikel 230 ist in Berlin erst anzuwenden, wenn das durch ihn geänderte Gesetz vom Land Berlin übernommen ist.

(2) Die §§ 113 und 114 des Strafgesetzbuches[2] in der Fassung des Artikels 19 Nr. 43 und 44 sind auch im Land Berlin anzuwenden.

(3) Für folgende Vorschriften des Strafgesetzbuches gelten im Land Berlin die nachstehend bezeichneten Besonderheiten:
1.–6. *(hier nicht wiedergegeben)*

(4) Die zugunsten des Bundes und der Länder, ihrer verfassungsmäßigen Ordnung, ihrer Staatsorgane und deren Mitglieder geltenden Strafvorschriften sind auch hinsichtlich des Landes Berlin anzuwenden.

(5) Für § 74a Abs. 1 des Gerichtsverfassungsgesetzes[3] gelten im Land Berlin die nachstehend bezeichneten Besonderheiten:
1., 2. *(hier nicht wiedergegeben)*

**Art. 325**[4] *(aufgehoben)*

**Art. 326**[5] [1] **Inkrafttreten; Übergangsfassungen.** (1) Dieses Gesetz tritt am 1. Januar 1975 in Kraft, soweit nichts anderes bestimmt ist.

(2) § 78a Abs. 2, 3 des Gerichtsverfassungsgesetzes[3] in der Fassung des Artikels 22 Nr. 6 sowie Artikel 29 Nr. 26 Buchstabe a, Artikel 61 Nr. 1, Artikel 161 Nr. 2 Buchstabe d, Nr. 9 Buchstabe a, Artikel 171 Nr. 2, Artikel 249 Nr. 5 bis 7, Artikel 250 Nr. 3, 4 Buchstabe a, Artikel 287 Nr. 24, 25, Artikel 294 Satz 2, Artikel 302, 315 Abs. 1, auch soweit diese Vorschrift nach Artikel 315 Abs. 3 entsprechend gilt, Artikel 323, 324 Abs. 4 und Artikel 325 Satz 2 treten am Tage nach der Verkündung[6] in Kraft.

(3) Artikel 19 Nr. 148, 159, 194 und 206, soweit in dieser Nummer § 361 Nr. 3 bis 5, 7 und 8 des Strafgesetzbuches[2] aufgehoben wird, sowie Artikel 313 treten einen Monat nach der Verkündung[6] in Kraft.

(4), (5) *(aufgehoben)*

(6) *(hier nicht wiedergegeben)*

---

[1] Für das Gebiet der ehem. DDR finden Art. 322, 324 und 326 aufgrund des EVertr. v. 31.8.1990 (BGBl. 1990 II S. 889, 957) keine Anwendung.

[2] Nr. **85**.

[3] Nr. **95**.

[4] Art. 325 aufgeh. mWv 1.6.2004 durch G v. 12.3.2004 (BGBl. I S. 390).

[5] Art. 326 Abs. 2 geänd. durch G v. 15.8.1974 (BGBl. I S. 1942); Abs. 4 und 5 aufgeh. durch G v. 20.12.1984 (BGBl. I S. 1654).

[6] Verkündet am 9.3.1974.

# 88. Gesetz zur weiteren Vereinfachung des Wirtschaftsstrafrechts (Wirtschaftsstrafgesetz 1954)

In der Fassung der Bekanntmachung vom 3. Juni 1975[1)]
(BGBl. I S. 1313)

**FNA 453-11**

| Lfd. Nr. | Änderndes Gesetz | Datum | Fundstelle | Betroffen | Hinweis |
|---|---|---|---|---|---|
| 1. | Art. 3 G zur Erhöhung des Angebots an Mietwohnungen | 20.12. 1982 | BGBl. I S. 1912 | | |
| 2. | Art. 2 G zur Regelung der Preisangaben | 3.12.1984 | BGBl. I S. 1429 | | |
| 3. | Art. 8 Zweites G zur Bekämpfung der Wirtschaftskriminalität | 15.5.1986 | BGBl. I S. 721 | | |
| 4. | Art. 7 G zur Bekämpfung des illegalen Rauschgifthandels und anderer Erscheinungsformen der Organisierten Kriminalität | 15.7.1992 | BGBl. I S. 1302 | | |
| 5. | Art. 2 Viertes MietrechtsänderungsG | 21.7.1993 | BGBl. I S. 1257 | | |
| 6. | Art. 5 MietrechtsreformG | 19.6.2001 | BGBl. I S. 1149 | § 5 | geänd. mWv 1.9.2001 |
| 7. | Art. 23 EuroeinführungsG | 13.12. 2001 | BGBl. I S. 3574 | §§ 2, 3, 4, 5 | geänd. mWv 1.1.2002 |
| 8. | § 20 Abs. 2 FleischG | 9.4.2008 | BGBl. I S. 714 | § 16 | geänd. mWv 1.11.2008 |
| 9. | Art. 55 Bundesrecht-BereinigungsG | 8.12.2010 | BGBl. I S. 1864 | §§ 20, 21a, 22 | aufgeh. mWv 15.12.2010 |
| 10. | Art. 6 Abs. 29 G zur Reform der strafrechtlichen Vermögensabschöpfung | 13.4.2017 | BGBl. I S. 872 | §§ 8, 11 | geänd. mWv 1.7.2017 |
| 11. | Art. 3 MietrechtsanpassungsG | 18.12. 2018 | BGBl. I S. 2648 | § 6 | eingef. mWv 1.1.2019 |
| 12. | Art. 2 G zur Verlängerung des Betrachtungszeitraums für die ortsübliche Vergleichsmiete | 21.12. 2019 | BGBl. I S. 2911 | § 5 | geänd. mWv 1.1.2020 |
| 13. | Art. 76 PersonengesellschaftsrechtsmodernisierungsG (MoPeG) | 10.8.2021 | BGBl. I S. 3436 | § 10 | geänd. mWv 1.1.2024 |

**Vorbemerkung:**

**Die Änderung durch G v. 10.8.2021 (BGBl. I S. 3436) tritt erst mWv 1.1. 2024 in Kraft und ist im Text noch nicht berücksichtigt.**

[1)] Neubekanntmachung des WiStG (WirtschaftsstrafG 1954) v. 9.7.1954 (BGBl. I S. 175) in der ab 1.1. 1975 geltenden Fassung.

## Erster Abschnitt. Ahndung von Zuwiderhandlungen im Bereich des Wirtschaftsrechts

**§ 1 Strafbare Verstöße gegen Sicherstellungsvorschriften.** (1) Wer eine Zuwiderhandlung nach

1. § 18 des Wirtschaftssicherstellungsgesetzes,
2. § 26 des Verkehrssicherstellungsgesetzes,
3. § 22 des Ernährungssicherstellungsgesetzes,
4. § 28 des Wassersicherstellungsgesetzes

begeht, wird mit Freiheitsstrafe bis zu fünf Jahren oder mit Geldstrafe bestraft.

(2) Der Versuch ist strafbar.

(3) [1] In besonders schweren Fällen ist die Strafe Freiheitsstrafe nicht unter sechs Monaten. [2] Ein besonders schwerer Fall liegt in der Regel vor, wenn

1. durch die Handlung
   a) die Versorgung, sei es auch nur auf einem bestimmten Gebiet in einem örtlichen Bereich, schwer gefährdet wird oder
   b) das Leben oder die Freiheit eines anderen gefährdet wird oder eine Maßnahme nicht rechtzeitig getroffen werden kann, die erforderlich ist, um eine gegenwärtige Gefahr für das Leben oder die Freiheit eines anderen abzuwenden, oder
2. der Täter
   a) bei Begehung der Tat eine einflußreiche Stellung im Wirtschaftsleben oder in der Wirtschaftsverwaltung zur Erzielung von bedeutenden Vermögensvorteilen gröblich mißbraucht,
   b) eine außergewöhnliche Mangellage bei der Versorgung mit Sachen oder Leistungen des lebenswichtigen Bedarfs zur Erzielung von bedeutenden Vermögensvorteilen gewissenlos ausnutzt oder
   c) gewerbsmäßig zur Erzielung von hohen Gewinnen handelt.

(4) Handelt der Täter fahrlässig, so ist die Strafe Freiheitsstrafe bis zu zwei Jahren oder Geldstrafe.

**§ 2[1)] Ordnungswidrige Verstöße gegen Sicherstellungsvorschriften.**

(1) Ordnungswidrig handelt, wer vorsätzlich oder fahrlässig eine der in § 1 Abs. 1 bezeichneten Handlungen begeht, wenn die Tat ihrem Umfang und ihrer Auswirkung nach, namentlich nach Art und Menge der Sachen oder Leistungen, auf die sie sich bezieht, nicht geeignet ist,

1. die Versorgung, sei es auch nur auf einem bestimmten Gebiet in einem örtlichen Bereich, merkbar zu stören und
2. die Verwirklichung der sonstigen Ziele, denen die in § 1 Abs. 1 bezeichneten Rechtsvorschriften im allgemeinen oder im Einzelfall zu dienen bestimmt sind, merkbar zu beeinträchtigen.

(2) Absatz 1 ist nicht anzuwenden, wenn der Täter die Tat beharrlich wiederholt.

(3) Die Ordnungswidrigkeit und der Versuch einer Ordnungswidrigkeit können mit einer Geldbuße bis zu fünfundzwanzigtausend Euro geahndet werden.

---

1) § 2 Abs. 3 geänd. mWv 1.1.2002 durch G v. 13.12.2001 (BGBl. I S. 3574).

**§ 3[1)] Verstöße gegen die Preisregelung.** (1) [1] Ordnungswidrig handelt, wer in anderen als den in den §§ 1, 2 bezeichneten Fällen vorsätzlich oder fahrlässig einer Rechtsvorschrift über

1. Preise, Preisspannen, Zuschläge oder Abschläge,
2. Preisangaben,
3. Zahlungs- oder Lieferungsbedingungen oder
4. andere der Preisbildung oder dem Preisschutz dienende Maßnahmen

oder einer auf Grund einer solchen Rechtsvorschrift ergangenen vollziehbaren Verfügung zuwiderhandelt, soweit die Rechtsvorschrift für einen bestimmten Tatbestand auf diese Vorschrift verweist. [2] Die Verweisung ist nicht erforderlich, soweit § 16 dies bestimmt.

(2) Die Ordnungswidrigkeit kann mit einer Geldbuße bis zu fünfundzwanzigtausend Euro geahndet werden.

**§ 4[2)] Preisüberhöhung in einem Beruf oder Gewerbe.** (1) Ordnungswidrig handelt, wer vorsätzlich oder leichtfertig in befugter oder unbefugter Betätigung in einem Beruf oder Gewerbe für Gegenstände oder Leistungen des lebenswichtigen Bedarfs Entgelte fordert, verspricht, vereinbart, annimmt oder gewährt, die infolge einer Beschränkung des Wettbewerbs oder infolge der Ausnutzung einer wirtschaftlichen Machtstellung oder einer Mangellage unangemessen hoch sind.

(2) Die Ordnungswidrigkeit kann mit einer Geldbuße bis zu fünfundzwanzigtausend Euro geahndet werden.

**§ 5[3)] Mietpreisüberhöhung.** (1) Ordnungswidrig handelt, wer vorsätzlich oder leichtfertig für die Vermietung von Räumen zum Wohnen oder damit verbundene Nebenleistungen unangemessen hohe Entgelte fordert, sich versprechen lässt oder annimmt.

(2) [1] Unangemessen hoch sind Entgelte, die infolge der Ausnutzung eines geringen Angebots an vergleichbaren Räumen die üblichen Entgelte um mehr als 20 vom Hundert übersteigen, die in der Gemeinde oder in vergleichbaren Gemeinden für die Vermietung von Räumen vergleichbarer Art, Größe, Ausstattung, Beschaffenheit und Lage oder damit verbundene Nebenleistungen in den letzten sechs Jahren vereinbart oder, von Erhöhungen der Betriebskosten abgesehen, geändert worden sind. [2] Nicht unangemessen hoch sind Entgelte, die zur Deckung der laufenden Aufwendungen des Vermieters erforderlich sind, sofern sie unter Zugrundelegung der nach Satz 1 maßgeblichen Entgelte nicht in einem auffälligen Missverhältnis zu der Leistung des Vermieters stehen.

(3) Die Ordnungswidrigkeit kann mit einer Geldbuße bis zu fünfzigtausend Euro geahndet werden.

**§ 6[4)] Durchführung einer baulichen Veränderung in missbräuchlicher Weise.** (1) Ordnungswidrig handelt, wer in der Absicht, einen Mieter von Wohnraum hierdurch zur Kündigung oder zur Mitwirkung an der Aufhebung des Miet-

---

[1)] § 3 Abs. 1 Satz 1 Nr. 2 geänd. durch G v. 3.12.1984 (BGBl. I S. 1429); Abs. 2 geänd. mWv 1.1.2002 durch G v. 13.12.2001 (BGBl. I S. 3574).

[2)] § 4 Abs. 2 geänd. mWv 1.1.2002 durch G v. 13.12.2001 (BGBl. I S. 3574).

[3)] § 5 neu gef. mWv 1.9.2001 durch G v. 19.6.2001 (BGBl. I S. 1149); Abs. 3 geänd. mWv 1.1.2002 durch G v. 13.12.2001 (BGBl. I S. 3574); Abs. 2 Satz 1 geänd. mWv 1.1.2020 durch G v. 21.12.2019 (BGBl. I S. 2911).

[4)] § 6 aufgeh. durch G v. 21.7.1993 (BGBl. I S. 1257); eingef. mWv 1.1.2019 durch G v. 18.12.2018 (BGBl. I S. 2648).

verhältnisses zu veranlassen, eine bauliche Veränderung in einer Weise durchführt oder durchführen lässt, die geeignet ist, zu erheblichen, objektiv nicht notwendigen Belastungen des Mieters zu führen.

(2) Die Ordnungswidrigkeit kann mit einer Geldbuße bis zu hunderttausend Euro geahndet werden.

## Zweiter Abschnitt. Ergänzende Vorschriften

**§ 7 Einziehung.** Ist eine Zuwiderhandlung im Sinne der §§ 1 bis 4 begangen worden, so können

1. Gegenstände, auf die sich die Tat bezieht, und
2. Gegenstände, die zu ihrer Begehung oder Vorbereitung gebraucht worden oder bestimmt gewesen sind,

eingezogen werden.

**§ 8[1] Abführung des Mehrerlöses.** (1) [1]Hat der Täter durch eine Zuwiderhandlung im Sinne der §§ 1 bis 6 einen höheren als den zulässigen Preis erzielt, so ist anzuordnen, daß er den Unterschiedsbetrag zwischen dem zulässigen und dem erzielten Preis (Mehrerlös) an das Land abführt, soweit er ihn nicht auf Grund einer rechtlichen Verpflichtung zurückerstattet hat. [2]Die Abführung kann auch angeordnet werden, wenn eine rechtswidrige Tat nach den §§ 1 bis 6 vorliegt, der Täter jedoch nicht schuldhaft gehandelt hat oder die Tat aus anderen Gründen nicht geahndet werden kann.

(2) [1]Wäre die Abführung des Mehrerlöses eine unbillige Härte, so kann die Anordnung auf einen angemessenen Betrag beschränkt werden oder ganz unterbleiben. [2]Sie kann auch unterbleiben, wenn der Mehrerlös gering ist.

(3) [1]Die Höhe des Mehrerlöses kann geschätzt werden. [2]Der abzuführende Betrag ist zahlenmäßig zu bestimmen.

(4) [1]Die Abführung des Mehrerlöses tritt an die Stelle der Einziehung von Taterträgen (§§ 73 bis 73e und 75 des Strafgesetzbuches[2], § 29a des Gesetzes über Ordnungswidrigkeiten). [2]Bei Zuwiderhandlungen im Sinne des § 1 gelten die Vorschriften des Strafgesetzbuches über die Verjährung der Einziehung von Taterträgen entsprechend.

**§ 9 Rückerstattung des Mehrerlöses.** (1) Statt der Abführung kann auf Antrag des Geschädigten die Rückerstattung des Mehrerlöses an ihn angeordnet werden, wenn sein Rückforderungsanspruch gegen den Täter begründet erscheint.

(2) Legt der Täter oder der Geschädigte, nachdem die Abführung des Mehrerlöses angeordnet ist, eine rechtskräftige Entscheidung vor, in welcher der Rückforderungsanspruch gegen den Täter festgestellt ist, so ordnet die Vollstreckungsbehörde an, daß die Anordnung der Abführung des Mehrerlöses insoweit nicht mehr vollstreckt oder der Geschädigte aus dem bereits abgeführten Mehrerlös befriedigt wird.

(3) Die Vorschriften der Strafprozeßordnung[3] über die Entschädigung des Verletzten (§§ 403 bis 406c) sind mit Ausnahme des § 405 Satz 1, § 406a Abs. 3 und § 406c Abs. 2 entsprechend anzuwenden.

---

[1] § 8 Abs. 4 neu gef. durch G v. 15.5.1986 (BGBl. I S. 721); Abs. 4 Satz 1 geänd. durch G v. 15.7.1992 (BGBl. I S. 1302); Abs. 4 Sätze 1 und 2 geänd. mWv 1.7.2017 durch G v. 13.4.2017 (BGBl. I S. 872).

[2] Nr. **85**.

[3] Nr. **90**.

**§ 10 Selbständige Abführung des Mehrerlöses.** (1) Kann ein Straf- oder Bußgeldverfahren nicht durchgeführt werden, so kann die Abführung oder Rückerstattung des Mehrerlöses selbständig angeordnet werden, wenn im übrigen die Voraussetzungen des § 8 oder § 9 vorliegen.

(2) Ist eine rechtswidrige Tat nach diesem Gesetz in einem Betrieb begangen worden, so kann die Abführung des Mehrerlöses gegen den Inhaber oder Leiter des Betriebes und, falls der Inhaber eine juristische Person oder eine Personengesellschaft des Handelsrechts ist, auch gegen diese selbständig angeordnet werden, wenn ihnen der Mehrerlös zugeflossen ist.

**§ 11[1] Verfahren.** (1) [1] Im Strafverfahren ist die Abführung des Mehrerlöses im Urteil auszusprechen. [2] Für das selbständige Verfahren gelten § 435 Absatz 1, 2 und 3 Satz 1 und § 436 Absatz 1 und 2 in Verbindung mit § 434 Absatz 2 oder 3 der Strafprozeßordnung[2] entsprechend.

(2) [1] Im Bußgeldverfahren ist die Abführung des Mehrerlöses im Bußgeldbescheid auszusprechen. [2] Im selbständigen Verfahren steht der von der Verwaltungsbehörde zu erlassende Bescheid einem Bußgeldbescheid gleich.

**§ 12** (weggefallen)

**§ 13 Besondere Vorschriften für das Strafverfahren.** (1) [1] Soweit für Straftaten nach § 1 das Amtsgericht sachlich zuständig ist, ist örtlich zuständig das Amtsgericht, in dessen Bezirk das Landgericht seinen Sitz hat. [2] Die Landesregierung kann durch Rechtsverordnung die örtliche Zuständigkeit des Amtsgerichts abweichend regeln, soweit dies mit Rücksicht auf die Wirtschafts- oder Verkehrsverhältnisse, den Aufbau der Verwaltungsbehörden oder andere örtliche Bedürfnisse zweckmäßig erscheint. [3] Die Landesregierung kann diese Ermächtigung auf die Landesjustizverwaltung übertragen.

(2) Im Strafverfahren wegen einer Zuwiderhandlung im Sinne des § 1 gelten die §§ 49, 63 Abs. 1 bis 3 Satz 1 und § 76 Abs. 1, 4 des Gesetzes über Ordnungswidrigkeiten[3] über die Beteiligung der Verwaltungsbehörde im Verfahren der Staatsanwaltschaft und im gerichtlichen Verfahren entsprechend.

**§ 14** (weggefallen)

## Dritter Abschnitt. Übergangs- und Schlußvorschriften

**§ 15** (weggefallen)

**§ 16[4] Verweisungen.** [1] Verweisen Vorschriften der in § 3 Abs. 1 Satz 1 bezeichneten Art auf die Straf- und Bußgeldvorschriften dieses Gesetzes in der vor dem 1. Januar 1975 geltenden Fassung, auf die Straf- und Bußgeldvorschriften des Wirtschaftsstrafgesetzes in der früher geltenden Fassung, auf dessen § 18 oder auf eine nach § 102 des genannten Gesetzes außer Kraft getretene Vorschrift, so gelten solche Verweisungen als ausdrückliche Verweisungen im Sinne des § 3 Abs. 1 Satz 1. [2] Das gleiche gilt, wenn in Vorschriften der in § 3 Abs. 1 Satz 1 bezeichneten Art auf die Straf- und Bußgeldvorschriften des Getreidegesetzes, des Milch-

---

[1] § 11 Abs. 1 Satz 2 geänd. mWv 1.7.2017 durch G v. 13.4.2017 (BGBl. I S. 872).
[2] Nr. **90**.
[3] Nr. **94**.
[4] § 16 Satz 2 geänd. mWv 1.11.2008 durch G v. 9.4.2008 (BGBl. I S. 714).

und Fettgesetzes sowie des Zuckergesetzes in der vor dem 1. Januar 1975 geltenden Fassung verwiesen wird. [3] Soweit eine Verweisung nach § 104 Abs. 3 des Wirtschaftsstrafgesetzes in der früher geltenden Fassung nicht erforderlich war, bestimmt sich die Ahndung der Zuwiderhandlungen nach § 3 Abs. 1 Satz 1, ohne daß es einer Verweisung bedarf.

**§§ 17–19** (weggefallen)

**§ 20**[1)] *(aufgehoben)*

**§ 21 Begriffsbestimmung.** Wirtschaftsstrafgesetz in der früher geltenden Fassung im Sinne der §§ 15 bis 18 ist das Wirtschaftsstrafgesetz vom 26. Juli 1949 (Gesetzblatt der Verwaltung des Vereinigten Wirtschaftsgebietes S. 193) mit seinen weiteren Fassungen, die durch die Erstreckungsverordnung vom 24. Januar 1950 (Bundesgesetzbl. S. 24), das Gesetz zur Erstreckung und zur Verlängerung der Geltungsdauer des Wirtschaftsstrafgesetzes vom 29. März 1950 (Bundesgesetzbl. S. 78), das Gesetz zur Verlängerung des Wirtschaftsstrafgesetzes vom 30. März 1951 (Bundesgesetzbl. I S. 223), das Gesetz zur Änderung und Verlängerung des Wirtschaftsstrafgesetzes vom 25. März 1952 (Bundesgesetzbl. I S. 188) und das Gesetz zur Verlängerung des Wirtschaftsstrafgesetzes vom 17. Dezember 1952 (Bundesgesetzbl. I S. 805) bestimmt sind.

**§§ 21a, 22**[2)] *(aufgehoben)*

**§ 23**[3)] **Inkrafttreten.** Dieses Gesetz tritt am Tage nach seiner Verkündung[4)] in Kraft.

---

[1)] § 20 aufgeh. mWv 15.12.2010 durch G v. 8.12.2010 (BGBl. I S. 1864).

[2)] §§ 21a und 22 aufgeh. mWv 15.12.2010 durch G v. 8.12.2010 (BGBl. I S. 1864).

[3)] **Amtl. Anm.:** § 23 betrifft das Inkrafttreten des Gesetzes in der ursprünglichen Fassung. Der Zeitpunkt des Inkrafttretens der späteren Änderungen ergibt sich aus den Änderungsgesetzen.

[4)] Verkündet am 9.7.1954.

# 89. Jugendgerichtsgesetz (JGG)

In der Fassung der Bekanntmachung vom 11. Dezember 1974[1)]
(BGBl. I S. 3427)

**FNA 451-1**

| Lfd. Nr. | Änderndes Gesetz | Datum | Fundstelle | Betroffen | Hinweis |
|---|---|---|---|---|---|
| 1.–21. | Änderungsgesetze bis einschl. G v. 13.12.2007 (BGBl. I S. 2894) nur noch in den Anmerkungen nachgewiesen | | | | |
| 22. | Art. 1 G zur Einführung der nachträglichen Sicherungsverwahrung bei Verurteilungen nach Jugendstrafrecht | 8.7.2008 | BGBl. I S. 1212 | §§ 7, 41, 82, 106 | geänd. mWv 12.7.2008 |
| 23. | Art. 84 FGG-ReformG | 17.12.2008 | BGBl. I S. 2586 | §§ 3, 34, 42, 53, 54, 55, 67, 70, 84, 98, 104 | geänd. mWv 1.9.2009 |
| 24. | Art. 3 G zur Änd. des Untersuchungshaftrechts | 29.7.2009 | BGBl. I S. 2274 | §§ 83, 92, 109, 110, 121 | geänd. mWv 1.1.2010 |
| | | | | §§ 72b, 89b, 2. Teil 3. Hauptstück 1. Abschnitt 4. UAbschnitt (§ 89c) | eingef. mWv 1.1.2010 |
| | | | | §§ 91, 93 | aufgeh. mWv 1.1.2010 |
| 25. | Art. 7 Zweites OpferrechtsreformG | 29.7.2009 | BGBl. I S. 2280 | § 80 | geänd. mWv 1.10.2009 |
| 26. | Art. 52 Bundesrecht-BereinigungsG | 8.12.2010 | BGBl. I S. 1864 | §§ 35, 112a, 112c, 112d, 112e, 116 | geänd. mWv 15.12.2010 |
| | | | | §§ 112b, 115, 117, 118, 119, 120, 122, 123, 124 | aufgeh. mWv 15.12.2010 |
| 27. | Art. 3 Abs. 2 G zur Neuordnung des Rechts der Sicherungsverwahrung und zu begleitenden Regelungen | 22.12.2010 | BGBl. I S. 2300 | §§ 7, 104, 106, 109 | geänd. mWv 1.1.2011 |
| | | | | 2. Teil 2. Hauptstück 3. Abschnitt 10. UAbschnitt (§ 81a) | eingef. mWv 1.1.2011 |
| 28. | BVerfG, Urt. | 4.5.2011 | BGBl. I S. 1003 | §§ 7, 106 | |
| 29. | Art. 3 G über die Besetzung der großen Straf- und Jugendkammern in der Hauptverhandlung und zur Änd. weiterer gerichtsverfassungsrechtlicher Vorschriften sowie des BundesdisziplinarG | 6.12.2011 | BGBl. I S. 2554 | §§ 33a, 33b, 108, 121 | geänd. mWv 1.1.2012 |

[1)] Neubekanntmachung des JGG v. 4.8.1953 (BGBl. I S. 751) in der ab 1.1.1975 geltenden Fassung.

| Lfd. Nr. | Änderndes Gesetz | Datum | Fundstelle | Betroffen | Hinweis |
|---|---|---|---|---|---|
| 30. | Art. 1 G zur Erweiterung der jugendgerichtlichen Handlungsmöglichkeiten | 4.9.2012 | BGBl. I S. 1854 | § 105 | geänd. mWv 8.9.2012 |
| | | | | §§ 26, 57, 104, 109 | geänd. mWv 7.10.2012 |
| | | | | § 89 | neu gef. mWv 7.10.2012 |
| | | | | §§ 61, 61a, 61b, 70a | eingef. mWv 7.10.2012 |
| | | | | §§ 8, 21, 26, 30, 31, 59, 61, 61b, 87 | geänd. mWv 7.3.2013 |
| | | | | § 16a | eingef. mWv 7.3.2013 |
| 31. | Art. 2 G zur bundesrechtlichen Umsetzung des Abstandsgebotes im Recht der Sicherungsverwahrung | 5.12.2012 | BGBl. I S. 2425 | §§ 7, 81a, 82, 92, 106, 108 | geänd. mWv 1.6.2013 |
| 32. | Art. 3 G zur Stärkung der Rechte von Opfern sexuellen Missbrauchs | 26.6.2013 | BGBl. I S. 1805 | §§ 36, 109 | geänd. mWv 1.1.2014 |
| 33. | Art. 7 G zur Stärkung des Rechts des Angeklagten auf Vertretung in der Berufungsverhandlung und über die Anerkennung von Abwesenheitsentscheidungen in der Rechtshilfe | 17.7.2015 | BGBl. I S. 1332 | § 69 | geänd. mWv 25.7.2015 |
| 34. | Art. 6 Abs. 28 G zur Reform der strafrechtlichen Vermögensabschöpfung | 13.4.2017 | BGBl. I S. 872 | § 76 | geänd. mWv 1.7.2017 |
| 35. | Art. 2 G zur effektiveren und praxistauglicheren Ausgestaltung des Strafverfahrens | 17.8.2017 | BGBl. I S. 3202 | §§ 8, 89a | geänd. mWv 24.8.2017 |
| 36. | Art. 4 Zweites G zur Stärkung der Verfahrensrechte von Beschuldigten im Strafverfahren und zur Änd. des Schöffenrechts[1] | 27.8.2017 | BGBl. I S. 3295 | §§ 78, 104 | geänd. mWv 5.9.2017 |
| | | | | § 67a | eingef. mWv 5.9.2017 |
| 37. | Art. 7 G zur Stärkung der Rechte von Betroffenen bei Fixierungen im Rahmen von Freiheitsentziehungen | 19.6.2019 | BGBl. I S. 840 | § 93 | neu gef. mWv 28.6.2019 |
| 38. | Art. 5 G zur Modernisierung des Strafverfahrens | 10.12.2019 | BGBl. I S. 2121 | § 80 | geänd. mWv 13.12.2019 |

[1] **Amtl. Anm.:** Die Artikel 1 bis 6 dieses Gesetzes dienen der Umsetzung der Richtlinie 2013/48/EU des Europäischen Parlaments und des Rates vom 22. Oktober 2013 über das Recht auf Zugang zu einem Rechtsbeistand in Strafverfahren und in Verfahren zur Vollstreckung des Europäischen Haftbefehls sowie über das Recht auf Benachrichtigung eines Dritten bei Freiheitsentzug und das Recht auf Kommunikation mit Dritten und mit Konsularbehörden während des Freiheitsentzugs (ABl. L 294 vom 6.11.2013, S. 1).

| Lfd. Nr. | Änderndes Gesetz | Datum | Fundstelle | Betroffen | Hinweis |
|---|---|---|---|---|---|
| 39. | Art. 1 G zur Stärkung der Verfahrensrechte von Beschuldigten im Jugendstrafverfahren[1)] | 9.12.2019 | BGBl. I S. 2146 | §§ 1, 38, 43, 44, 50, 51, 67, 68, 70, 70b, 78, 89c, 92, 93, 104, 109, 110 | geänd. mWv 17.12.2019 |
| | | | | § 67a | neu gef. mWv 17.12.2019 |
| | | | | §§ 46a, 51a, 68a, 68b, 70a, 70c | eingef. mWv 17.12.2019 |
| | | | | § 70c | geänd. mWv 1.1.2020 |
| 40. | Art. 15 Abs. 25 G zur Reform des Vormundschafts- und Betreuungsrechts | 4.5.2021 | BGBl. I S. 882 | § 34 | geänd. mWv 1.1.2023 |
| 41. | Art. 8 Kinder- und JugendstärkungsG | 3.6.2021 | BGBl. I S. 1444 | § 37a | eingef. mWv 10.6.2021 |
| 42. | Art. 6 G zur Bekämpfung sexualisierter Gewalt gegen Kinder | 16.6.2021 | BGBl. I S. 1810 | § 106 | geänd. mWv 1.7.2021 |
| | | | | § 37 | geänd. mWv 1.1.2022 |
| 43. | Art. 21 G zur Fortentwicklung der StrafprozessO und zur Änd. weiterer Vorschriften | 25.6.2021 | BGBl. I S. 2099 | §§ 35, 81, 109 | geänd. mWv 1.7.2021 |

[1)] **Amtl. Anm.:** Dieses Gesetz dient der Umsetzung der Richtlinie (EU) 2016/800 des Europäischen Parlaments und des Rates vom 11. Mai 2016 über Verfahrensgarantien für Kinder, die Verdächtige oder beschuldigte Personen in Strafverfahren sind (ABl. L 132 vom 21.5.2016, S. 1).

## Nichtamtliche Inhaltsübersicht



## Erster Teil. Anwendungsbereich

**§ 1[1] Persönlicher und sachlicher Anwendungsbereich.** (1) Dieses Gesetz gilt, wenn ein Jugendlicher oder ein Heranwachsender eine Verfehlung begeht, die nach den allgemeinen Vorschriften mit Strafe bedroht ist.

(2) Jugendlicher ist, wer zur Zeit der Tat vierzehn, aber noch nicht achtzehn, Heranwachsender, wer zur Zeit der Tat achtzehn, aber noch nicht einundzwanzig Jahre alt ist.

---

[1] § 1 Abs. 3 angef. mWv 17.12.2019 durch G v. 9.12.2019 (BGBl. I S. 2146).

(3) Ist zweifelhaft, ob der Beschuldigte zur Zeit der Tat das achtzehnte Lebensjahr vollendet hat, sind die für Jugendliche geltenden Verfahrensvorschriften anzuwenden.

**§ 2[1)] Ziel des Jugendstrafrechts; Anwendung des allgemeinen Strafrechts.**

(1) [1] Die Anwendung des Jugendstrafrechts soll vor allem erneuten Straftaten eines Jugendlichen oder Heranwachsenden entgegenwirken. [2] Um dieses Ziel zu erreichen, sind die Rechtsfolgen und unter Beachtung des elterlichen Erziehungsrechts auch das Verfahren vorrangig am Erziehungsgedanken auszurichten.

(2) Die allgemeinen Vorschriften gelten nur, soweit in diesem Gesetz nichts anderes bestimmt ist.

## Zweiter Teil. Jugendliche

### Erstes Hauptstück. Verfehlungen Jugendlicher und ihre Folgen

#### Erster Abschnitt. Allgemeine Vorschriften

**§ 3[2)] Verantwortlichkeit.** [1] Ein Jugendlicher ist strafrechtlich verantwortlich, wenn er zur Zeit der Tat nach seiner sittlichen und geistigen Entwicklung reif genug ist, das Unrecht der Tat einzusehen und nach dieser Einsicht zu handeln. [2] Zur Erziehung eines Jugendlichen, der mangels Reife strafrechtlich nicht verantwortlich ist, kann der Richter dieselben Maßnahmen anordnen wie das Familiengericht.

**§ 4 Rechtliche Einordnung der Taten Jugendlicher.** Ob die rechtswidrige Tat eines Jugendlichen als Verbrechen oder Vergehen anzusehen ist und wann sie verjährt, richtet sich nach den Vorschriften des allgemeinen Strafrechts.

**§ 5 Die Folgen der Jugendstraftat.** (1) Aus Anlaß der Straftat eines Jugendlichen können Erziehungsmaßregeln angeordnet werden.

(2) Die Straftat eines Jugendlichen wird mit Zuchtmitteln oder mit Jugendstrafe geahndet, wenn Erziehungsmaßregeln nicht ausreichen.

(3) Von Zuchtmitteln und Jugendstrafe wird abgesehen, wenn die Unterbringung in einem psychiatrischen Krankenhaus oder einer Entziehungsanstalt die Ahndung durch den Richter entbehrlich macht.

**§ 6 Nebenfolgen.** (1) [1] Auf Unfähigkeit, öffentliche Ämter zu bekleiden, Rechte aus öffentlichen Wahlen zu erlangen oder in öffentlichen Angelegenheiten zu wählen oder zu stimmen, darf nicht erkannt werden. [2] Die Bekanntgabe der Verurteilung darf nicht angeordnet werden.

(2) Der Verlust der Fähigkeit, öffentliche Ämter zu bekleiden und Rechte aus öffentlichen Wahlen zu erlangen (§ 45 Abs. 1 des Strafgesetzbuches[3)]), tritt nicht ein.

---

[1)] § 2 Überschrift neu gef., Abs. 1 eingef. mWv 1.1.2008 durch G v. 13.12.2007 (BGBl. I S. 2894).
[2)] § 3 geänd. durch G v. 16.12.1997 (BGBl. I S. 2942); Satz 2 geänd. mWv 1.9.2009 durch G v. 17.12. 2008 (BGBl. I S. 2586).
[3)] Nr. **85**.

**§ 7[1)] Maßregeln der Besserung und Sicherung.** (1) Als Maßregeln der Besserung und Sicherung im Sinne des allgemeinen Strafrechts können die Unterbringung in einem psychiatrischen Krankenhaus oder einer Entziehungsanstalt, die Führungsaufsicht oder die Entziehung der Fahrerlaubnis angeordnet werden (§ 61 Nr. 1, 2, 4 und 5 des Strafgesetzbuches[2)]).

(2) [1]Das Gericht kann im Urteil die Anordnung der Sicherungsverwahrung vorbehalten, wenn

1. der Jugendliche zu einer Jugendstrafe von mindestens sieben Jahren verurteilt wird wegen oder auch wegen eines Verbrechens
   a) gegen das Leben, die körperliche Unversehrtheit oder die sexuelle Selbstbestimmung oder
   b) nach § 251 des Strafgesetzbuches, auch in Verbindung mit § 252 oder § 255 des Strafgesetzbuches,

   durch welches das Opfer seelisch oder körperlich schwer geschädigt oder einer solchen Gefahr ausgesetzt worden ist, und
2. die Gesamtwürdigung des Jugendlichen und seiner Tat oder seiner Taten ergibt, dass er mit hoher Wahrscheinlichkeit erneut Straftaten der in Nummer 1 bezeichneten Art begehen wird.

[2]Das Gericht ordnet die Sicherungsverwahrung an, wenn die Gesamtwürdigung des Verurteilten, seiner Tat oder seiner Taten und ergänzend seiner Entwicklung bis zum Zeitpunkt der Entscheidung ergibt, dass von ihm Straftaten der in Satz 1 Nummer 1 bezeichneten Art zu erwarten sind; § 66a Absatz 3 Satz 1 des Strafgesetzbuches gilt entsprechend. [3]Für die Prüfung, ob die Unterbringung in der Sicherungsverwahrung am Ende des Vollzugs der Jugendstrafe auszusetzen ist, und für den Eintritt der Führungsaufsicht gilt § 67c Absatz 1 des Strafgesetzbuches entsprechend.

(3) [1]Wird neben der Jugendstrafe die Anordnung der Sicherungsverwahrung vorbehalten und hat der Verurteilte das siebenundzwanzigste Lebensjahr noch nicht vollendet, so ordnet das Gericht an, dass bereits die Jugendstrafe in einer sozialtherapeutischen Einrichtung zu vollziehen ist, es sei denn, dass die Resozialisierung des Verurteilten dadurch nicht besser gefördert werden kann. [2]Diese Anordnung kann auch nachträglich erfolgen. [3]Solange der Vollzug in einer sozialtherapeutischen Einrichtung noch nicht angeordnet oder der Gefangene noch nicht in eine sozialtherapeutische Einrichtung verlegt worden ist, ist darüber jeweils nach sechs Monaten neu zu entscheiden. [4]Für die nachträgliche Anordnung nach Satz 2 ist die Strafvollstreckungskammer zuständig, wenn der Betroffene das vierundzwanzigste Lebensjahr vollendet hat, sonst die für die Entscheidung über Vollzugsmaßnahmen nach § 92 Absatz 2 zuständige Jugendkammer. [5]Im Übrigen gelten zum Vollzug der Jugendstrafe § 66c Absatz 2 und § 67a Absatz 2 bis 4 des Strafgesetzbuches entsprechend.

(4) Ist die wegen einer Tat der in Absatz 2 bezeichneten Art angeordnete Unterbringung in einem psychiatrischen Krankenhaus nach § 67d Abs. 6 des Strafgesetzbuches für erledigt erklärt worden, weil der die Schuldfähigkeit ausschließende oder vermindernde Zustand, auf dem die Unterbringung beruhte, im

---

[1)] § 7 geänd. durch G v. 20.12.1984 (BGBl. I S. 1654); Abs. 2–4 angef., mWv 12.7.2008 durch G v. 8.7. 2008 (BGBl. I S. 1212); Abs. 3 Nr. 2 geänd., Abs. 4 Satz 1 aufgeh. mWv 1.1.2011 durch G v. 22.12.2010 (BGBl. I S. 2300); Abs. 2 neu gef., Abs. 3 eingef., bish. Abs. 3 wird Abs. 4, bish. Abs. 4 wird Abs. 5 und geänd. mWv 1.6.2013 durch G v. 5.12.2012 (BGBl. I S. 2425).

[2)] Nr. **85**.

Zeitpunkt der Erledigungsentscheidung nicht bestanden hat, so kann das Gericht nachträglich die Unterbringung in der Sicherungsverwahrung anordnen, wenn

1. die Unterbringung des Betroffenen nach § 63 des Strafgesetzbuches wegen mehrerer solcher Taten angeordnet wurde oder wenn der Betroffene wegen einer oder mehrerer solcher Taten, die er vor der zur Unterbringung nach § 63 des Strafgesetzbuches führenden Tat begangen hat, schon einmal zu einer Jugendstrafe von mindestens drei Jahren verurteilt oder in einem psychiatrischen Krankenhaus untergebracht worden war und
2. die Gesamtwürdigung des Betroffenen, seiner Taten und ergänzend seiner Entwicklung bis zum Zeitpunkt der Entscheidung ergibt, dass er mit hoher Wahrscheinlichkeit erneut Straftaten der in Absatz 2 bezeichneten Art begehen wird.

(5) Die regelmäßige Frist zur Prüfung, ob die weitere Vollstreckung der Unterbringung in der Sicherungsverwahrung zur Bewährung auszusetzen oder für erledigt zu erklären ist (§ 67e des Strafgesetzbuches), beträgt in den Fällen der Absätze 2 und 4 sechs Monate, wenn die untergebrachte Person bei Beginn des Fristlaufs das vierundzwanzigste Lebensjahr noch nicht vollendet hat.

**§ 8[1)] Verbindung von Maßnahmen und Jugendstrafe.** (1) [1] Erziehungsmaßregeln und Zuchtmittel, ebenso mehrere Erziehungsmaßregeln oder mehrere Zuchtmittel können nebeneinander angeordnet werden. [2] Mit der Anordnung von Hilfe zur Erziehung nach § 12 Nr. 2 darf Jugendarrest nicht verbunden werden.

(2) [1] Neben Jugendstrafe können nur Weisungen und Auflagen erteilt und die Erziehungsbeistandschaft angeordnet werden. [2] Unter den Voraussetzungen des § 16a kann neben der Verhängung einer Jugendstrafe oder der Aussetzung ihrer Verhängung auch Jugendarrest angeordnet werden. [3] Steht der Jugendliche unter Bewährungsaufsicht, so ruht eine gleichzeitig bestehende Erziehungsbeistandschaft bis zum Ablauf der Bewährungszeit.

(3) [1] Neben Erziehungsmaßregeln, Zuchtmitteln und Jugendstrafe kann auf die nach diesem Gesetz zulässigen Nebenstrafen und Nebenfolgen erkannt werden. [2] Ein Fahrverbot darf die Dauer von drei Monaten nicht überschreiten.

### Zweiter Abschnitt. Erziehungsmaßregeln

**§ 9[2)] Arten.** Erziehungsmaßregeln sind

1. die Erteilung von Weisungen,
2. die Anordnung, Hilfe zur Erziehung im Sinne des § 12 in Anspruch zu nehmen.

**§ 10[3)] Weisungen.** (1) [1] Weisungen sind Gebote und Verbote, welche die Lebensführung des Jugendlichen regeln und dadurch seine Erziehung fördern und sichern sollen. [2] Dabei dürfen an die Lebensführung des Jugendlichen keine unzumutbaren Anforderungen gestellt werden. [3] Der Richter kann dem Jugendlichen insbesondere auferlegen,

1. Weisungen zu befolgen, die sich auf den Aufenthaltsort beziehen,

---

[1)] § 8 Abs. 1 Satz 2 geänd. durch G v. 26.6.1990 (BGBl. I S. 1163); Abs. 2 Satz 1 neu gef., Satz 2 eingef., bish. Satz 2 wird Satz 3, Abs. 3 neu gef. mWv 7.3.2013 durch G v. 4.9.2012 (BGBl. I S. 1854); Abs. 3 Satz 2 angef. mWv 24.8.2017 durch G v. 17.8.2017 (BGBl. I S. 3202).

[2)] § 9 neu gef. durch G v. 26.6.1990 (BGBl. I S. 1163); Nr. 2 neu gef. durch G v. 16.2.1993 (BGBl. I S. 239).

[3)] § 10 Abs. 1 Satz 3 geänd. durch G v. 30.8.1990 (BGBl. I S. 1853).

2. bei einer Familie oder in einem Heim zu wohnen,
3. eine Ausbildungs- oder Arbeitsstelle anzunehmen,
4. Arbeitsleistungen zu erbringen,
5. sich der Betreuung und Aufsicht einer bestimmten Person (Betreuungshelfer) zu unterstellen,
6. an einem sozialen Trainingskurs teilzunehmen,
7. sich zu bemühen, einen Ausgleich mit dem Verletzten zu erreichen (Täter-Opfer-Ausgleich),
8. den Verkehr mit bestimmten Personen oder den Besuch von Gast- oder Vergnügungsstätten zu unterlassen oder
9. an einem Verkehrsunterricht teilzunehmen.

(2) [1] Der Richter kann dem Jugendlichen auch mit Zustimmung des Erziehungsberechtigten und des gesetzlichen Vertreters auferlegen, sich einer heilerzieherischen Behandlung durch einen Sachverständigen oder einer Entziehungskur zu unterziehen. [2] Hat der Jugendliche das sechzehnte Lebensjahr vollendet, so soll dies nur mit seinem Einverständnis geschehen.

**§ 11[1)] Laufzeit und nachträgliche Änderung von Weisungen; Folgen der Zuwiderhandlung.** (1) [1] Der Richter bestimmt die Laufzeit der Weisungen. [2] Die Laufzeit darf zwei Jahre nicht überschreiten; sie soll bei einer Weisung nach § 10 Abs. 1 Satz 3 Nr. 5 nicht mehr als ein Jahr, bei einer Weisung nach § 10 Abs. 1 Satz 3 Nr. 6 nicht mehr als sechs Monate betragen.

(2) Der Richter kann Weisungen ändern, von ihnen befreien oder ihre Laufzeit vor Ablauf bis auf drei Jahre verlängern, wenn dies aus Gründen der Erziehung geboten ist.

(3) [1] Kommt der Jugendliche Weisungen schuldhaft nicht nach, so kann Jugendarrest verhängt werden, wenn eine Belehrung über die Folgen schuldhafter Zuwiderhandlung erfolgt war. [2] Hiernach verhängter Jugendarrest darf bei einer Verurteilung insgesamt die Dauer von vier Wochen nicht überschreiten. [3] Der Richter sieht von der Vollstreckung des Jugendarrestes ab, wenn der Jugendliche nach Verhängung des Arrestes der Weisung nachkommt.

**§ 12[2)] Hilfe zur Erziehung.** Der Richter kann dem Jugendlichen nach Anhörung des Jugendamts auch auferlegen, unter den im Achten Buch Sozialgesetzbuch genannten Voraussetzungen Hilfe zur Erziehung

1. in Form der Erziehungsbeistandschaft im Sinne des § 30 des Achten Buches Sozialgesetzbuch[3)] oder
2. in einer Einrichtung über Tag und Nacht oder in einer sonstigen betreuten Wohnform im Sinne des § 34 des Achten Buches Sozialgesetzbuch

in Anspruch zu nehmen.

### Dritter Abschnitt. Zuchtmittel

**§ 13 Arten und Anwendung.** (1) Der Richter ahndet die Straftat mit Zuchtmitteln, wenn Jugendstrafe nicht geboten ist, dem Jugendlichen aber eindringlich

---

[1)] § 11 Abs. 1 Satz 2 und Abs. 3 Satz 3 neu gef. durch G v. 30.8.1990 (BGBl. I S. 1853).

[2)] § 12 neu gef. durch G v. 26.6.1990 (BGBl. I S. 1163); einl. Satzteil geänd. durch G v. 16.2.1993 (BGBl. I S. 239).

[3)] **Habersack, Deutsche Gesetze ErgBd. Nr. 46.**

zum Bewußtsein gebracht werden muß, daß er für das von ihm begangene Unrecht einzustehen hat.

(2) Zuchtmittel sind
1. die Verwarnung,
2. die Erteilung von Auflagen,
3. der Jugendarrest.

(3) Zuchtmittel haben nicht die Rechtswirkungen einer Strafe.

**§ 14 Verwarnung.** Durch die Verwarnung soll dem Jugendlichen das Unrecht der Tat eindringlich vorgehalten werden.

**§ 15[1] Auflagen.** (1) [1] Der Richter kann dem Jugendlichen auferlegen,
1. nach Kräften den durch die Tat verursachten Schaden wiedergutzumachen,
2. sich persönlich bei dem Verletzten zu entschuldigen,
3. Arbeitsleistungen zu erbringen oder
4. einen Geldbetrag zugunsten einer gemeinnützigen Einrichtung zu zahlen.

[2] Dabei dürfen an den Jugendlichen keine unzumutbaren Anforderungen gestellt werden.

(2) Der Richter soll die Zahlung eines Geldbetrages nur anordnen, wenn
1. der Jugendliche eine leichte Verfehlung begangen hat und anzunehmen ist, daß er den Geldbetrag aus Mitteln zahlt, über die er selbständig verfügen darf, oder
2. dem Jugendlichen der Gewinn, den er aus der Tat erlangt, oder das Entgelt, das er für sie erhalten hat, entzogen werden soll.

(3) [1] Der Richter kann nachträglich Auflagen ändern oder von ihrer Erfüllung ganz oder zum Teil befreien, wenn dies aus Gründen der Erziehung geboten ist. [2] Bei schuldhafter Nichterfüllung von Auflagen gilt § 11 Abs. 3 entsprechend. [3] Ist Jugendarrest vollstreckt worden, so kann der Richter die Auflagen ganz oder zum Teil für erledigt erklären.

**§ 16[2] Jugendarrest.** (1) Der Jugendarrest ist Freizeitarrest, Kurzarrest oder Dauerarrest.

(2) Der Freizeitarrest wird für die wöchentliche Freizeit des Jugendlichen verhängt und auf eine oder zwei Freizeiten bemessen.

(3) [1] Der Kurzarrest wird statt des Freizeitarrestes verhängt, wenn der zusammenhängende Vollzug aus Gründen der Erziehung zweckmäßig erscheint und weder die Ausbildung noch die Arbeit des Jugendlichen beeinträchtigt werden. [2] Dabei stehen zwei Tage Kurzarrest einer Freizeit gleich.

(4) [1] Der Dauerarrest beträgt mindestens eine Woche und höchstens vier Wochen. [2] Er wird nach vollen Tagen oder Wochen bemessen.

**§ 16a[3] Jugendarrest neben Jugendstrafe.** (1) Wird die Verhängung oder die Vollstreckung der Jugendstrafe zur Bewährung ausgesetzt, so kann abweichend von § 13 Absatz 1 daneben Jugendarrest verhängt werden, wenn

---

[1] § 15 Abs. 1 Satz 1 Nr. 3 eingef., bish. Nr. 3 wird Nr. 4, Abs. 3 Satz 1 neu gef. durch G v. 30.8.1990 (BGBl. I S. 1853).

[2] § 16 Abs. 2 neu gef., Abs. 3 Satz 3 aufgeh. durch G v. 30.8.1990 (BGBl. I S. 1853).

[3] § 16a eingef. mWv 7.3.2013 durch G v. 4.9.2012 (BGBl. I S. 1854).

1. dies unter Berücksichtigung der Belehrung über die Bedeutung der Aussetzung zur Bewährung und unter Berücksichtigung der Möglichkeit von Weisungen und Auflagen geboten ist, um dem Jugendlichen seine Verantwortlichkeit für das begangene Unrecht und die Folgen weiterer Straftaten zu verdeutlichen,
2. dies geboten ist, um den Jugendlichen zunächst für eine begrenzte Zeit aus einem Lebensumfeld mit schädlichen Einflüssen herauszunehmen und durch die Behandlung im Vollzug des Jugendarrests auf die Bewährungszeit vorzubereiten, oder
3. dies geboten ist, um im Vollzug des Jugendarrests eine nachdrücklichere erzieherische Einwirkung auf den Jugendlichen zu erreichen oder um dadurch bessere Erfolgsaussichten für eine erzieherische Einwirkung in der Bewährungszeit zu schaffen.

(2) Jugendarrest nach Absatz 1 Nummer 1 ist in der Regel nicht geboten, wenn der Jugendliche bereits früher Jugendarrest als Dauerarrest verbüßt oder sich nicht nur kurzfristig im Vollzug von Untersuchungshaft befunden hat.

### Vierter Abschnitt. Die Jugendstrafe

**§ 17[1)] Form und Voraussetzungen.** (1) Die Jugendstrafe ist Freiheitsentzug in einer für ihren Vollzug vorgesehenen Einrichtung.

(2) Der Richter verhängt Jugendstrafe, wenn wegen der schädlichen Neigungen des Jugendlichen, die in der Tat hervorgetreten sind, Erziehungsmaßregeln oder Zuchtmittel zur Erziehung nicht ausreichen oder wenn wegen der Schwere der Schuld Strafe erforderlich ist.

**§ 18 Dauer der Jugendstrafe.** (1) [1]Das Mindestmaß der Jugendstrafe beträgt sechs Monate, das Höchstmaß fünf Jahre. [2]Handelt es sich bei der Tat um ein Verbrechen, für das nach dem allgemeinen Strafrecht eine Höchststrafe von mehr als zehn Jahren Freiheitsstrafe angedroht ist, so ist das Höchstmaß zehn Jahre. [3]Die Strafrahmen des allgemeinen Strafrechts gelten nicht.

(2) Die Jugendstrafe ist so zu bemessen, daß die erforderliche erzieherische Einwirkung möglich ist.

**§ 19[2)]** *(aufgehoben)*

### Fünfter Abschnitt. Aussetzung der Jugendstrafe zur Bewährung

**§ 20** (weggefallen)

**§ 21[3)] Strafaussetzung.** (1) [1]Bei der Verurteilung zu einer Jugendstrafe von nicht mehr als einem Jahr setzt das Gericht die Vollstreckung der Strafe zur Bewährung aus, wenn zu erwarten ist, daß der Jugendliche sich schon die Verurteilung zur Warnung dienen lassen und auch ohne die Einwirkung des Strafvollzugs unter der erzieherischen Einwirkung in der Bewährungszeit künftig einen rechtschaffenen Lebenswandel führen wird. [2]Dabei sind namentlich die Persönlichkeit des Jugendlichen, sein Vorleben, die Umstände seiner Tat, sein Verhalten nach der Tat, seine Lebensverhältnisse und die Wirkungen zu berücksichtigen, die von der Aussetzung für ihn zu erwarten sind. [3]Das Gericht setzt die Vollstreckung

---

[1)] § 17 Abs. 1 geänd. mWv 1.1.2008 durch G v. 13.12.2007 (BGBl. I S. 2894).

[2)] § 19 aufgeh. durch G v. 30.8.1990 (BGBl. I S. 1853).

[3)] § 21 Abs. 1 Satz 1 geänd., Abs. 2 neu gef. durch G v. 30.8.1990 (BGBl. I S. 1853); Abs. 1 Satz 1 geänd., Satz 3 angef., Abs. 2 geänd. mWv 7.3.2013 durch G v. 4.9.2012 (BGBl. I S. 1854).

der Strafe auch dann zur Bewährung aus, wenn die in Satz 1 genannte Erwartung erst dadurch begründet wird, dass neben der Jugendstrafe ein Jugendarrest nach § 16a verhängt wird.

(2) Das Gericht setzt unter den Voraussetzungen des Absatzes 1 auch die Vollstreckung einer höheren Jugendstrafe, die zwei Jahre nicht übersteigt, zur Bewährung aus, wenn nicht die Vollstreckung im Hinblick auf die Entwicklung des Jugendlichen geboten ist.

(3) [1]Die Strafaussetzung kann nicht auf einen Teil der Jugendstrafe beschränkt werden. [2]Sie wird durch eine Anrechnung von Untersuchungshaft oder einer anderen Freiheitsentziehung nicht ausgeschlossen.

**§ 22 Bewährungszeit.** (1) [1]Der Richter bestimmt die Dauer der Bewährungszeit. [2]Sie darf drei Jahre nicht überschreiten und zwei Jahre nicht unterschreiten.

(2) [1]Die Bewährungszeit beginnt mit der Rechtskraft der Entscheidung über die Aussetzung der Jugendstrafe. [2]Sie kann nachträglich bis auf ein Jahr verkürzt oder vor ihrem Ablauf bis auf vier Jahre verlängert werden. [3]In den Fällen des § 21 Abs. 2 darf die Bewährungszeit jedoch nur bis auf zwei Jahre verkürzt werden.

**§ 23 Weisungen und Auflagen.** (1) [1]Der Richter soll für die Dauer der Bewährungszeit die Lebensführung des Jugendlichen durch Weisungen erzieherisch beeinflussen. [2]Er kann dem Jugendlichen auch Auflagen erteilen. [3]Diese Anordnungen kann er auch nachträglich treffen, ändern oder aufheben. [4]Die §§ 10, 11 Abs. 3 und § 15 Abs. 1, 2, 3 Satz 2 gelten entsprechend.

(2) Macht der Jugendliche Zusagen für seine künftige Lebensführung oder erbietet er sich zu angemessenen Leistungen, die der Genugtuung für das begangene Unrecht dienen, so sieht der Richter in der Regel von entsprechenden Weisungen oder Auflagen vorläufig ab, wenn die Erfüllung der Zusagen oder des Anerbietens zu erwarten ist.

**§ 24[1)] Bewährungshilfe.** (1) [1]Der Richter unterstellt den Jugendlichen in der Bewährungszeit für höchstens zwei Jahre der Aufsicht und Leitung eines hauptamtlichen Bewährungshelfers. [2]Er kann ihn auch einem ehrenamtlichen Bewährungshelfer unterstellen, wenn dies aus Gründen der Erziehung zweckmäßig erscheint. [3]§ 22 Abs. 2 Satz 1 gilt entsprechend.

(2) [1]Der Richter kann eine nach Absatz 1 getroffene Entscheidung vor Ablauf der Unterstellungszeit ändern oder aufheben; er kann auch die Unterstellung des Jugendlichen in der Bewährungszeit erneut anordnen. [2]Dabei kann das in Absatz 1 Satz 1 bestimmte Höchstmaß überschritten werden.

(3) [1]Der Bewährungshelfer steht dem Jugendlichen helfend und betreuend zur Seite. [2]Er überwacht im Einvernehmen mit dem Richter die Erfüllung der Weisungen, Auflagen, Zusagen und Anerbieten. [3]Der Bewährungshelfer soll die Erziehung des Jugendliche fördern und möglichst mit dem Erziehungsberechtigten und dem gesetzlichen Vertreter vertrauensvoll zusammenwirken. [4]Er hat bei der Ausübung seines Amtes das Recht auf Zutritt zu dem Jugendlichen. [5]Er kann von dem Erziehungsberechtigten, dem gesetzlichen Vertreter, der Schule, dem Ausbildenden Auskunft über die Lebensführung des Jugendlichen verlangen.

---

[1)] § 24 Abs. 1 Satz 1 geänd., Satz 3 angef., Abs. 2 eingef., bish. Abs. 2 wird Abs. 3, neuer Abs. 3 Satz 5 geänd. durch G v. 30.8.1990 (BGBl. I S. 1853).

**§ 25[1] Bestellung und Pflichten des Bewährungshelfers.** [1]Der Bewährungshelfer wird vom Richter bestellt. [2]Der Richter kann ihm für seine Tätigkeit nach § 24 Abs. 3 Anweisungen erteilen. [3]Der Bewährungshelfer berichtet über die Lebensführung des Jugendlichen in Zeitabständen, die der Richter bestimmt. [4]Gröbliche oder beharrliche Verstöße gegen Weisungen, Auflagen, Zusagen oder Anerbieten teilt er dem Richter mit.

**§ 26[2] Widerruf der Strafaussetzung.** (1) [1]Das Gericht widerruft die Aussetzung der Jugendstrafe, wenn der Jugendliche

1. in der Bewährungszeit eine Straftat begeht und dadurch zeigt, daß die Erwartung, die der Strafaussetzung zugrunde lag, sich nicht erfüllt hat,
2. gegen Weisungen gröblich oder beharrlich verstößt oder sich der Aufsicht und Leitung des Bewährungshelfers beharrlich entzieht und dadurch Anlaß zu der Besorgnis gibt, daß er erneut Straftaten begehen wird, oder
3. gegen Auflagen gröblich oder beharrlich verstößt.

[2]Satz 1 Nr. 1 gilt entsprechend, wenn die Tat in der Zeit zwischen der Entscheidung über die Strafaussetzung und deren Rechtskraft begangen worden ist. [3]Wurde die Jugendstrafe nachträglich durch Beschluss ausgesetzt, ist auch § 57 Absatz 5 Satz 2 des Strafgesetzbuches[3] entsprechend anzuwenden.

(2) Das Gericht sieht jedoch von dem Widerruf ab, wenn es ausreicht,

1. weitere Weisungen oder Auflagen zu erteilen,
2. die Bewährungs- oder Unterstellungszeit bis zu einem Höchstmaß von vier Jahren zu verlängern oder
3. den Jugendlichen vor Ablauf der Bewährungszeit erneut einem Bewährungshelfer zu unterstellen.

(3) [1]Leistungen, die der Jugendliche zur Erfüllung von Weisungen, Auflagen, Zusagen oder Anerbieten (§ 23) erbracht hat, werden nicht erstattet. [2]Das Gericht kann jedoch, wenn es die Strafaussetzung widerruft, Leistungen, die der Jugendliche zur Erfüllung von Auflagen oder entsprechenden Anerbieten erbracht hat, auf die Jugendstrafe anrechnen. [3]Jugendarrest, der nach § 16a verhängt wurde, wird in dem Umfang, in dem er verbüßt wurde, auf die Jugendstrafe angerechnet.

**§ 26a Erlaß der Jugendstrafe.** [1]Widerruft der Richter die Strafaussetzung nicht, so erläßt er die Jugendstrafe nach Ablauf der Bewährungszeit. [2]§ 26 Abs. 3 Satz 1 ist anzuwenden.

## Sechster Abschnitt. Aussetzung der Verhängung der Jugendstrafe

**§ 27 Voraussetzungen.** Kann nach Erschöpfung der Ermittlungsmöglichkeiten nicht mit Sicherheit beurteilt werden, ob in der Straftat eines Jugendlichen schädliche Neigungen von einem Umfang hervorgetreten sind, daß eine Jugendstrafe erforderlich ist, so kann der Richter die Schuld des Jugendlichen feststellen, die Entscheidung über die Verhängung der Jugendstrafe aber für eine von ihm zu bestimmende Bewährungszeit aussetzen.

---

[1] § 25 Satz 2 geänd. durch G v. 30.8.1990 (BGBl. I S. 1853).

[2] § 26 Abs. 1 Satz 2 angef., Abs. 2 neu gef. durch G v. 30.8.1990 (BGBl. I S. 1853); Abs. 1 Satz 1 geänd., Satz 3 angef., Abs. 2 einl. Satzteil, Abs. 3 Satz 2 geänd. mWv 7.10.2012, Abs. 3 Satz 3 angef. mWv 7.3.2013 durch G v. 4.9.2012 (BGBl. I S. 1854).

[3] Nr. **85**.

**§ 28 Bewährungszeit.** (1) Die Bewährungszeit darf zwei Jahre nicht überschreiten und ein Jahr nicht unterschreiten.

(2) [1]Die Bewährungszeit beginnt mit der Rechtskraft des Urteils, in dem die Schuld des Jugendlichen festgestellt wird. [2]Sie kann nachträglich bis auf ein Jahr verkürzt oder vor ihrem Ablauf bis auf zwei Jahre verlängert werden.

**§ 29[1)] Bewährungshilfe.** [1]Der Jugendliche wird für die Dauer oder einen Teil der Bewährungszeit der Aufsicht und Leitung eines Bewährungshelfers unterstellt. [2]Die §§ 23, 24 Abs. 1 Satz 1 und 2, Abs. 2 und 3 und die §§ 25, 28 Abs. 2 Satz 1 sind entsprechend anzuwenden.

**§ 30[2)] Verhängung der Jugendstrafe; Tilgung des Schuldspruchs.**

(1) [1]Stellt sich vor allem durch schlechte Führung des Jugendlichen während der Bewährungszeit heraus, daß die in dem Schuldspruch mißbilligte Tat auf schädliche Neigungen von einem Umfang zurückzuführen ist, daß eine Jugendstrafe erforderlich ist, so erkennt das Gericht auf die Strafe, die es im Zeitpunkt des Schuldspruchs bei sicherer Beurteilung der schädlichen Neigungen des Jugendlichen ausgesprochen hätte. [2]§ 26 Absatz 3 Satz 3 gilt entsprechend.

(2) Liegen die Voraussetzungen des Absatzes 1 Satz 1 nach Ablauf der Bewährungszeit nicht vor, so wird der Schuldspruch getilgt.

### Siebenter Abschnitt. Mehrere Straftaten

**§ 31[3)] Mehrere Straftaten eines Jugendlichen.** (1) [1]Auch wenn ein Jugendlicher mehrere Straftaten begangen hat, setzt das Gericht nur einheitlich Erziehungsmaßregeln, Zuchtmittel oder eine Jugendstrafe fest. [2]Soweit es dieses Gesetz zuläßt (§ 8), können ungleichartige Erziehungsmaßregeln und Zuchtmittel nebeneinander angeordnet oder Maßnahmen mit der Strafe verbunden werden. [3]Die gesetzlichen Höchstgrenzen des Jugendarrestes und der Jugendstrafe dürfen nicht überschritten werden.

(2) [1]Ist gegen den Jugendlichen wegen eines Teils der Straftaten bereits rechtskräftig die Schuld festgestellt oder eine Erziehungsmaßregel, ein Zuchtmittel oder eine Jugendstrafe festgesetzt worden, aber noch nicht vollständig ausgeführt, verbüßt oder sonst erledigt, so wird unter Einbeziehung des Urteils in gleicher Weise nur einheitlich auf Maßnahmen oder Jugendstrafe erkannt. [2]Die Anrechnung bereits verbüßten Jugendarrestes steht im Ermessen des Gerichts, wenn es auf Jugendstrafe erkennt. [3]§ 26 Absatz 3 Satz 3 und § 30 Absatz 1 Satz 2 bleiben unberührt.

(3) [1]Ist es aus erzieherischen Gründen zweckmäßig, so kann das Gericht davon absehen, schon abgeurteilte Straftaten in die neue Entscheidung einzubeziehen. [2]Dabei kann es Erziehungsmaßregeln und Zuchtmittel für erledigt erklären, wenn es auf Jugendstrafe erkennt.

**§ 32 Mehrere Straftaten in verschiedenen Alters- und Reifestufen.** [1]Für mehrere Straftaten, die gleichzeitig abgeurteilt werden und auf die teils Jugendstrafrecht und teils allgemeines Strafrecht anzuwenden wäre, gilt einheitlich das

---

[1)] § 29 neu gef. durch G v. 30.8.1990 (BGBl. I S. 1853).

[2)] § 30 Abs. 1 Satz 2 aufgeh. durch G v. 30.8.1990 (BGBl. I S. 1853); Abs. 1 Satz 1 geänd., Satz 2 angef., Abs 2 geänd. mWv 7.3.2013 durch G v. 4.9.2012 (BGBl. I S. 1854).

[3)] § 31 Abs. 1 Satz 1, Abs. 2 Satz 2 geänd., Satz 3 angef., Abs. 3 Sätze 1 und 2 geänd. mWv 7.3.2013 durch G v. 4.9.2012 (BGBl. I S. 1854).

Jugendstrafrecht, wenn das Schwergewicht bei den Straftaten liegt, die nach Jugendstrafrecht zu beurteilen wären. [2] Ist dies nicht der Fall, so ist einheitlich das allgemeine Strafrecht anzuwenden.

## Zweites Hauptstück. Jugendgerichtsverfassung und Jugendstrafverfahren

### Erster Abschnitt. Jugendgerichtsverfassung

**§ 33[1)] Jugendgerichte.** (1) Über Verfehlungen Jugendlicher entscheiden die Jugendgerichte.

(2) Jugendgerichte sind der Strafrichter als Jugendrichter, das Schöffengericht (Jugendschöffengericht) und die Strafkammer (Jugendkammer).

(3) [1] Die Landesregierungen werden ermächtigt, durch Rechtsverordnung zu regeln, daß ein Richter bei einem Amtsgericht zum Jugendrichter für den Bezirk mehrerer Amtsgerichte (Bezirksjugendrichter) bestellt und daß bei einem Amtsgericht ein gemeinsames Jugendschöffengericht für den Bezirk mehrerer Amtsgerichte eingerichtet wird. [2] Die Landesregierungen können die Ermächtigung durch Rechtsverordnung auf die Landesjustizverwaltungen übertragen.[2)]

**§ 33a[3)] Besetzung des Jugendschöffengerichts.** (1) [1] Das Jugendschöffengericht besteht aus dem Jugendrichter als Vorsitzenden und zwei Jugendschöffen. [2] Als Jugendschöffen sollen zu jeder Hauptverhandlung ein Mann und eine Frau herangezogen werden.

(2) Bei Entscheidungen außerhalb der Hauptverhandlung wirken die Jugendschöffen nicht mit.

**§ 33b[4)] Besetzung der Jugendkammer.** (1) Die Jugendkammer ist mit drei Richtern einschließlich des Vorsitzenden und zwei Jugendschöffen (große Jugendkammer), in Verfahren über Berufungen gegen Urteile des Jugendrichters mit dem Vorsitzenden und zwei Jugendschöffen (kleine Jugendkammer) besetzt.

---

[1)] § 33 Abs. 3 aufgeh., bish. Abs. 4 wird Abs. 3 durch G v. 11.1.1993 (BGBl. I S. 50).

[2)] Die Länder haben hierzu ua folgende Vorschriften erlassen: **Baden-Württemberg:** §§ 21 und 23 ZuVOJu v. 20.11.1998 (GBl. S. 680), zuletzt geänd. durch VO v. 21.12.2021 (GBl. 2022 S. 1); **Bayern:** GZVJu v. 11.6.2012 (GVBl. S. 295), zuletzt geänd. durch V v. 12.9.2022 (GVBl. S. 633); **Berlin:** ZuwV v. 8.5.2008 (GVBl. S. 116), zuletzt geänd. durch VO v. 20.12.2021 (GVBl. S. 1396); **Brandenburg:** GerZV v. 2.9.2014 (GVBl. II Nr. 62), zuletzt geänd. durch G v. 30.6.2022 (GVBl. I Nr. 16); **Hamburg:** WeiterübertragungsVO-JugendgerichtsG v. 22.1.2002 (HmbGVBl. S. 11), zuletzt geänd. durch VO v. 6.10.2020 (HmbGVBl. S. 523), VO über die Zuständigkeit des Amtsgerichts Hamburg in Strafsachen gegen Jugendliche und Heranwachsende v. 18.3.2004 (HmbGVBl. S. 182); **Hessen:** JuZuV v. 3.6.2013 (GVBl. S. 386), zuletzt geänd. durch VO v. 17.5.2022 (GVBl. S. 360); **Niedersachsen:** Subdelegations-VO-Justiz v. 6.7.2007 (Nds. GVBl. S. 244), zuletzt geänd. durch VO v. 11.8.2022 (Nds. GVBl. S. 484); **Nordrhein-Westfalen:** VO über die Zuständigkeit der Amtsgerichte in Strafsachen gegen Erwachsene, in Jugendstrafsachen, in Bußgeldverfahren und Abschiebungshaftsachen v. 5.7.2010 (GV. NRW. S. 422), zuletzt geänd. durch VO v. 22.2.2022 (GV. NRW. S. 308); **Rheinland-Pfalz:** LandesVO über die gerichtliche Zuständigkeit in Strafsachen und Bußgeldverfahren v. 19.11.1985 (GVBl. S. 265), zuletzt geänd. durch VO v. 11.8.2017 (GVBl. S. 186); **Sachsen-Anhalt:** VO zur Übertragung von Verordnungsermächtigungen im Bereich der Justiz v. 28.3.2008 (GVBl. LSA S. 137), zuletzt geänd. durch VO v. 14.12.2021 (GVBl. LSA S. 612); **Schleswig-Holstein:** JErmÜVO v. 4.12.1996 (GVOBl. Schl.-H. S. 720), zuletzt geänd. durch VO v. 29.4.2022 (GVOBl. Schl.-H. S. 601).

[3)] § 33a eingef. durch G v. 11.1.1993 (BGBl. I S. 50); Überschrift neu gef. mWv 1.1.2012 durch G v. 6.12.2011 (BGBl. I S. 2554).

[4)] § 33b eingef. mWv 1.3.1993, Abs. 2 aufgeh. mWv 1.1.2012 durch G v. 11.1.1993 (BGBl. I S. 50, geänd. durch G v. 22.12.1997, BGBl. I S. 3223, G v. 19.12.2000, BGBl. I S. 1756, G v. 23.7.2002, BGBl. I S. 2850, G v. 24.8.2004, BGBl. I S. 2198, G v. 22.12.2006, BGBl. I S. 3416, G v. 7.12.2008, BGBl. I S. 2348); Überschrift und Abs. 2 neu gef., Abs. 3–6 eingef., bish. Abs. 3 wird Abs. 7 mWv 1.1.2012 durch G v. 6.12.2011 (BGBl. I S. 2554).

(2) [1] Bei der Eröffnung des Hauptverfahrens beschließt die große Jugendkammer über ihre Besetzung in der Hauptverhandlung. [2] Ist das Hauptverfahren bereits eröffnet, beschließt sie hierüber bei der Anberaumung des Termins zur Hauptverhandlung. [3] Sie beschließt eine Besetzung mit drei Richtern einschließlich des Vorsitzenden und zwei Jugendschöffen, wenn

1. die Sache nach den allgemeinen Vorschriften einschließlich der Regelung des § 74e des Gerichtsverfassungsgesetzes[1)] zur Zuständigkeit des Schwurgerichts gehört,
2. ihre Zuständigkeit nach § 41 Absatz 1 Nummer 5 begründet ist oder
3. nach dem Umfang oder der Schwierigkeit der Sache die Mitwirkung eines dritten Richters notwendig erscheint.

[4] Im Übrigen beschließt die große Jugendkammer eine Besetzung mit zwei Richtern einschließlich des Vorsitzenden und zwei Jugendschöffen.

(3) Die Mitwirkung eines dritten Richters ist nach Absatz 2 Satz 3 Nummer 3 in der Regel notwendig, wenn

1. die Jugendkammer die Sache nach § 41 Absatz 1 Nummer 2 übernommen hat,
2. die Hauptverhandlung voraussichtlich länger als zehn Tage dauern wird oder
3. die Sache eine der in § 74c Absatz 1 Satz 1 des Gerichtsverfassungsgesetzes genannten Straftaten zum Gegenstand hat.

(4) [1] In Verfahren über die Berufung gegen ein Urteil des Jugendschöffengerichts gilt Absatz 2 entsprechend. [2] Die große Jugendkammer beschließt ihre Besetzung mit drei Richtern einschließlich des Vorsitzenden und zwei Jugendschöffen auch dann, wenn mit dem angefochtenen Urteil auf eine Jugendstrafe von mehr als vier Jahren erkannt wurde.

(5) Hat die große Jugendkammer eine Besetzung mit zwei Richtern einschließlich des Vorsitzenden und zwei Jugendschöffen beschlossen und ergeben sich vor Beginn der Hauptverhandlung neue Umstände, die nach Maßgabe der Absätze 2 bis 4 eine Besetzung mit drei Richtern einschließlich des Vorsitzenden und zwei Jugendschöffen erforderlich machen, beschließt sie eine solche Besetzung.

(6) Ist eine Sache vom Revisionsgericht zurückverwiesen oder die Hauptverhandlung ausgesetzt worden, kann die jeweils zuständige Jugendkammer erneut nach Maßgabe der Absätze 2 bis 4 über ihre Besetzung beschließen.

(7) § 33a Abs. 1 Satz 2, Abs. 2 gilt entsprechend.

**§ 34[2)] Aufgaben des Jugendrichters.** (1) Dem Jugendrichter obliegen alle Aufgaben, die ein Richter beim Amtsgericht im Strafverfahren hat.

(2) [1] Dem Jugendrichter sollen für die Jugendlichen die familiengerichtlichen Erziehungsaufgaben übertragen werden. [2] Aus besonderen Gründen, namentlich wenn der Jugendrichter für den Bezirk mehrerer Amtsgerichte bestellt ist, kann hiervon abgewichen werden.

---

[1)] Nr. **95**.

[2)] § 34 Abs. 3 Nr. 2 geänd., Nr. 3 aufgeh. durch G v. 26.6.1990 (BGBl. I S. 1163); Abs. 2 Satz 2, Abs. 3 Nr. 2 geänd. durch G v. 30.8.1990 (BGBl. I S. 1853); Abs. 2 Satz 1 neu gef., Abs. 3 einl. Satzteil und Nr. 2 geänd. durch G v. 16.12.1997 (BGBl. I S. 2942); Abs. 2 Satz 1 und Abs. 3 einl. Satzteil geänd. mWv 1.9. 2009 durch G v. 17.12.2008 (BGBl. I S. 2586); Abs. 3 Nr. 1 neu gef., Nr. 2 geänd. mWv 1.1.2023 durch G v. 4.5.2021 (BGBl. I S. 882).

(3) Familiengerichtliche Erziehungsaufgaben sind

1. die Unterstützung der Eltern, des Vormunds und des Pflegers durch geeignete Maßnahmen (§ 1631 Absatz 3, § 1802 Absatz 1 Satz 1, § 1813 Absatz 1 des Bürgerlichen Gesetzbuchs[1]),
2. die Maßnahmen zur Abwendung einer Gefährdung des Jugendlichen (§§ 1666, 1666a, auch in Verbindung mit § 1802 Absatz 2 Satz 3 und § 1813 Absatz 1 des Bürgerlichen Gesetzbuches).

**§ 35[2] Jugendschöffen.** (1) [1]Die Schöffen der Jugendgerichte (Jugendschöffen) werden auf Vorschlag des Jugendhilfeausschusses für die Dauer von fünf Geschäftsjahren von dem in § 40 des Gerichtsverfassungsgesetzes[3] vorgesehenen Ausschuß gewählt. [2]Dieser soll eine gleiche Anzahl von Männern und Frauen wählen.

(2) [1]Der Jugendhilfeausschuß soll ebensoviele Männer wie Frauen und muss mindestens die doppelte Anzahl von Personen vorschlagen, die als Jugendschöffen und Jugendersatzschöffen benötigt werden. [2]Die Vorgeschlagenen sollen erzieherisch befähigt und in der Jugenderziehung erfahren sein.

(3) [1]Die Vorschlagsliste des Jugendhilfeausschusses gilt als Vorschlagsliste im Sinne des § 36 des Gerichtsverfassungsgesetzes. [2]Für die Aufnahme in die Liste ist die Zustimmung von zwei Dritteln der anwesenden stimmberechtigten Mitglieder, mindestens jedoch der Hälfte aller stimmberechtigten Mitglieder des Jugendhilfeausschusses erforderlich. [3]Die Vorschlagsliste ist im Jugendamt eine Woche lang zu jedermanns Einsicht aufzulegen. [4]Der Zeitpunkt der Auflegung ist vorher öffentlich bekanntzumachen.

(4) Bei der Entscheidung über Einsprüche gegen die Vorschlagsliste des Jugendhilfeausschusses und bei der Wahl der Jugendschöffen und Jugendersatzschöffen führt der Jugendrichter den Vorsitz in dem Schöffenwahlausschuß.

(5) Die Jugendschöffen werden in besondere für Männer und Frauen getrennt zu führende Schöffenlisten aufgenommen.

(6) Die Wahl der Jugendschöffen erfolgt gleichzeitig mit der Wahl der Schöffen für die Schöffengerichte und die Strafkammern.

**§ 36[4] Jugendstaatsanwalt.** (1) [1]Für Verfahren, die zur Zuständigkeit der Jugendgerichte gehören, werden Jugendstaatsanwälte bestellt. [2]Richter auf Probe und Beamte auf Probe sollen im ersten Jahr nach ihrer Ernennung nicht zum Jugendstaatsanwalt bestellt werden.

(2) [1]Jugendstaatsanwaltliche Aufgaben dürfen Amtsanwälten nur übertragen werden, wenn diese die besonderen Anforderungen erfüllen, die für die Wahrnehmung jugendstaatsanwaltlicher Aufgaben an Staatsanwälte gestellt werden. [2]Referendaren kann im Einzelfall die Wahrnehmung jugendstaatsanwaltlicher Aufgaben unter Aufsicht eines Jugendstaatsanwalts übertragen werden. [3]Die Sitzungsvertretung in Verfahren vor den Jugendgerichten dürfen Referendare nur unter Aufsicht und im Beisein eines Jugendstaatsanwalts wahrnehmen.

---

[1] Nr. **20**.

[2] § 35 Abs. 1 Satz 1, Abs. 2 Satz 1, Abs. 3 Satz 1 und Abs. 4 geänd. durch G v. 16.2.1993 (BGBl. I S. 239); Abs. 1 Satz 1, Abs. 2 Satz 1 geänd. mWv 1.1.2005 durch G v. 21.12.2004 (BGBl. I S. 3599); Abs. 3 Satz 2 neu gef., Abs. 6 angef. mWv 15.12.2010 durch G v. 8.12.2010 (BGBl. I S. 1864); Abs. 2 Satz 1, Abs. 4 geänd. mWv 1.7.2021 durch G v. 25.6.2021 (BGBl. I S. 2099).

[3] Nr. **95**.

[4] § 36 Abs. 1 Satz 2 und Abs. 2 angef. mWv 1.1.2014 durch G v. 26.6.2013 (BGBl. I S. 1805).

**§ 37[1)] Auswahl der Jugendrichter und Jugendstaatsanwälte.** (1) [1]Die Richter bei den Jugendgerichten und die Jugendstaatsanwälte sollen erzieherisch befähigt und in der Jugenderziehung erfahren sein. [2]Sie sollen über Kenntnisse auf den Gebieten der Kriminologie, Pädagogik und Sozialpädagogik sowie der Jugendpsychologie verfügen. [3]Einem Richter oder Staatsanwalt, dessen Kenntnisse auf diesen Gebieten nicht belegt sind, sollen die Aufgaben eines Jugendrichters oder Jugendstaatsanwalts erstmals nur zugewiesen werden, wenn der Erwerb der Kenntnisse durch die Wahrnehmung von einschlägigen Fortbildungsangeboten oder eine anderweitige einschlägige Weiterqualifizierung alsbald zu erwarten ist.

(2) Von den Anforderungen des Absatzes 1 kann bei Richtern und Staatsanwälten, die nur im Bereitschaftsdienst zur Wahrnehmung jugendgerichtlicher oder jugendstaatsanwaltlicher Aufgaben eingesetzt werden, abgewichen werden, wenn andernfalls ein ordnungsgemäßer und den betroffenen Richtern und Staatsanwälten zumutbarer Betrieb des Bereitschaftsdiensts nicht gewährleistet wäre.

(3) [1]Als Jugendrichter beim Amtsgericht oder als Vorsitzender einer Jugendkammer sollen nach Möglichkeit Personen eingesetzt werden, die bereits über Erfahrungen aus früherer Wahrnehmung jugendgerichtlicher oder jugendstaatsanwaltlicher Aufgaben verfügen. [2]Davon kann bei Richtern, die nur im Bereitschaftsdienst Geschäfte des Jugendrichters wahrnehmen, abgewichen werden. [3]Ein Richter auf Probe darf im ersten Jahr nach seiner Ernennung Geschäfte des Jugendrichters nicht wahrnehmen.

**§ 37a[2)] Zusammenarbeit in gemeinsamen Gremien.** (1) Jugendrichter und Jugendstaatsanwälte können zum Zweck einer abgestimmten Aufgabenwahrnehmung fallübergreifend mit öffentlichen Einrichtungen und sonstigen Stellen, deren Tätigkeit sich auf die Lebenssituation junger Menschen auswirkt, zusammenarbeiten, insbesondere durch Teilnahme an gemeinsamen Konferenzen und Mitwirkung in vergleichbaren gemeinsamen Gremien.

(2) An einzelfallbezogener derartiger Zusammenarbeit sollen Jugendstaatsanwälte teilnehmen, wenn damit aus ihrer Sicht die Erreichung des Ziels nach § 2 Absatz 1 gefördert wird.

*(Fortsetzung nächstes Blatt)*

---

[1)] § 37 Abs. 1 Sätze 2 und 3, Abs. 2 und 3 angef. mWv 1.1.2022 durch G v. 16.6.2021 (BGBl. I S. 1810).

[2)] § 37a eingef. mWv 10.6.2021 durch G v. 3.6.2021 (BGBl. I S. 1444).

**§ 38[1] Jugendgerichtshilfe.** (1) Die Jugendgerichtshilfe wird von den Jugendämtern im Zusammenwirken mit den Vereinigungen für Jugendhilfe ausgeübt.

(2) [1] Die Vertreter der Jugendgerichtshilfe bringen die erzieherischen, sozialen und sonstigen im Hinblick auf die Ziele und Aufgaben der Jugendhilfe bedeutsamen Gesichtspunkte im Verfahren vor den Jugendgerichten zur Geltung. [2] Sie unterstützen zu diesem Zweck die beteiligten Behörden durch Erforschung der Persönlichkeit, der Entwicklung und des familiären, sozialen und wirtschaftlichen Hintergrundes des Jugendlichen und äußern sich zu einer möglichen besonderen Schutzbedürftigkeit sowie zu den Maßnahmen, die zu ergreifen sind.

(3) [1] Sobald es im Verfahren von Bedeutung ist, soll über das Ergebnis der Nachforschungen nach Absatz 2 möglichst zeitnah Auskunft gegeben werden. [2] In Haftsachen berichten die Vertreter der Jugendgerichtshilfe beschleunigt über das Ergebnis ihrer Nachforschungen. [3] Bei einer wesentlichen Änderung der nach Absatz 2 bedeutsamen Umstände führen sie nötigenfalls ergänzende Nachforschungen durch und berichten der Jugendstaatsanwaltschaft und nach Erhebung der Anklage auch dem Jugendgericht darüber.

(4) [1] Ein Vertreter der Jugendgerichtshilfe nimmt an der Hauptverhandlung teil, soweit darauf nicht nach Absatz 7 verzichtet wird. [2] Entsandt werden soll die Person, die die Nachforschungen angestellt hat. [3] Erscheint trotz rechtzeitiger Mitteilung nach § 50 Absatz 3 Satz 1 kein Vertreter der Jugendgerichtshilfe in der Hauptverhandlung und ist kein Verzicht nach Absatz 7 erklärt worden, so kann dem Träger der öffentlichen Jugendhilfe auferlegt werden, die dadurch verursachten Kosten zu ersetzen; § 51 Absatz 2 der Strafprozessordnung gilt entsprechend.

(5) [1] Soweit nicht ein Bewährungshelfer dazu berufen ist, wacht die Jugendgerichtshilfe darüber, dass der Jugendliche Weisungen und Auflagen nachkommt. [2] Erhebliche Zuwiderhandlungen teilt sie dem Jugendgericht mit. [3] Im Fall der Unterstellung nach § 10 Absatz 1 Satz 3 Nummer 5 übt sie die Betreuung und Aufsicht aus, wenn das Jugendgericht nicht eine andere Person damit betraut. [4] Während der Bewährungszeit arbeitet sie eng mit dem Bewährungshelfer zusammen. [5] Während des Vollzugs bleibt sie mit dem Jugendlichen in Verbindung und nimmt sich seiner Wiedereingliederung in die Gemeinschaft an.

(6) [1] Im gesamten Verfahren gegen einen Jugendlichen ist die Jugendgerichtshilfe heranzuziehen. [2] Dies soll so früh wie möglich geschehen. [3] Vor der Erteilung von Weisungen (§ 10) sind die Vertreter der Jugendgerichtshilfe stets zu hören; kommt eine Betreuungsweisung in Betracht, sollen sie sich auch dazu äußern, wer als Betreuungshelfer bestellt werden soll.

(7) [1] Das Jugendgericht und im Vorverfahren die Jugendstaatsanwaltschaft können auf die Erfüllung der Anforderungen des Absatzes 3 und auf Antrag der Jugendgerichtshilfe auf die Erfüllung der Anforderungen des Absatzes 4 Satz 1 verzichten, soweit dies auf Grund der Umstände des Falles gerechtfertigt und mit dem Wohl des Jugendlichen vereinbar ist. [2] Der Verzicht ist der Jugendgerichtshilfe und den weiteren am Verfahren Beteiligten möglichst frühzeitig mitzuteilen. [3] Im Vorverfahren kommt ein Verzicht insbesondere in Betracht, wenn zu erwarten ist, dass das Verfahren ohne Erhebung der öffentlichen Klage abgeschlossen wird. [4] Der Verzicht auf die Anwesenheit eines Vertreters der Jugendgerichtshilfe in der Hauptverhandlung kann sich auf Teile der Hauptverhandlung beschränken.

---

[1] § 38 Abs. 2 Sätze 3 und 4 eingef., bish. Sätze 3 und 4 werden Sätze 5 und 6, Satz 7 eingef., bish. Sätze 5 und 6 werden Sätze 8 und 9, Abs. 3 Satz 3 geänd. durch G v. 30.8.1990 (BGBl. I S. 1853); Abs. 2 und 3 neu gef., Abs. 4–7 angef. mWv 17.12.2019 durch G v. 9.12.2019 (BGBl. I S. 2146).

[5] Er kann auch während der Hauptverhandlung erklärt werden und bedarf in diesem Fall keines Antrags.

## Zweiter Abschnitt. Zuständigkeit

**§ 39[1)] Sachliche Zuständigkeit des Jugendrichters.** (1) [1] Der Jugendrichter ist zuständig für Verfehlungen Jugendlicher, wenn nur Erziehungsmaßregeln, Zuchtmittel, nach diesem Gesetz zulässige Nebenstrafen und Nebenfolgen oder die Entziehung der Fahrerlaubnis zu erwarten sind und der Staatsanwalt Anklage beim Strafrichter erhebt. [2] Der Jugendrichter ist nicht zuständig in Sachen, die nach § 103 gegen Jugendliche und Erwachsene verbunden sind, wenn für die Erwachsenen nach allgemeinen Vorschriften der Richter beim Amtsgericht nicht zuständig wäre. [3] § 209 Abs. 2 der Strafprozeßordnung[2)] gilt entsprechend.

(2) Der Jugendrichter darf auf Jugendstrafe von mehr als einem Jahr nicht erkennen; die Unterbringung in einem psychiatrischen Krankenhaus darf er nicht anordnen.

**§ 40[3)] Sachliche Zuständigkeit des Jugendschöffengerichts.** (1) [1] Das Jugendschöffengericht ist zuständig für alle Verfehlungen, die nicht zur Zuständigkeit eines anderen Jugendgerichts gehören. [2] § 209 der Strafprozeßordnung[2)] gilt entsprechend.

(2) Das Jugendschöffengericht kann bis zur Eröffnung des Hauptverfahrens von Amts wegen die Entscheidung der Jugendkammer darüber herbeiführen, ob sie eine Sache wegen ihres besonderen Umfangs übernehmen will.

(3) Vor Erlaß des Übernahmebeschlusses fordert der Vorsitzende der Jugendkammer den Angeschuldigten auf, sich innerhalb einer zu bestimmenden Frist zu erklären, ob er die Vornahme einzelner Beweiserhebungen vor der Hauptverhandlung beantragen will.

(4) [1] Der Beschluß, durch den die Jugendkammer die Sache übernimmt oder die Übernahme ablehnt, ist nicht anfechtbar. [2] Der Übernahmebeschluß ist mit dem Eröffnungsbeschluß zu verbinden.

**§ 41[4)] Sachliche Zuständigkeit der Jugendkammer.** (1) Die Jugendkammer ist als erkennendes Gericht des ersten Rechtszuges zuständig in Sachen,

1. die nach den allgemeinen Vorschriften einschließlich der Regelung des § 74e des Gerichtsverfassungsgesetzes[5)] zur Zuständigkeit des Schwurgerichts gehören,
2. die sie nach Vorlage durch das Jugendschöffengericht wegen ihres besonderen Umfangs übernimmt (§ 40 Abs. 2),
3. die nach § 103 gegen Jugendliche und Erwachsene verbunden sind, wenn für die Erwachsenen nach allgemeinen Vorschriften eine große Strafkammer zuständig wäre,

---

[1)] § 39 Abs. 1 Satz 2 eingef., bish. Satz 2 wird Satz 3 und geänd. durch G v. 5.10.1978 (BGBl. I S. 1645); Abs. 2 geänd. durch G v. 30.8.1990 (BGBl. I S. 1853).

[2)] Nr. **90**.

[3)] § 40 Abs. 1 Satz 2 geänd. durch G v. 5.10.1978 (BGBl. I S. 1645).

[4)] § 41 Abs. 1 Nr. 1 und 2 geänd., Nr. 3 angef. durch G v. 5.10.1978 (BGBl. I S. 1645); Abs. 1 Nr. 2 und 3 geänd., Nr. 4 angef. mWv 31.12.2006 durch G v. 22.12.2006 (BGBl. I S. 3416); Abs. 1 Nr. 3 und 4 geänd., Nr. 5 angef. mWv 12.7.2008 durch G v. 8.7.2008 (BGBl. I S. 1212).

[5)] Nr. **95**.

4. bei denen die Staatsanwaltschaft wegen der besonderen Schutzbedürftigkeit von Verletzten der Straftat, die als Zeugen in Betracht kommen, Anklage bei der Jugendkammer erhebt und
5. bei denen dem Beschuldigten eine Tat der in § 7 Abs. 2 bezeichneten Art vorgeworfen wird und eine höhere Strafe als fünf Jahre Jugendstrafe oder die Unterbringung in einem psychiatrischen Krankenhaus zu erwarten ist.

(2) [1] Die Jugendkammer ist außerdem zuständig für die Verhandlung und Entscheidung über das Rechtsmittel der Berufung gegen die Urteile des Jugendrichters und des Jugendschöffengerichts. [2] Sie trifft auch die in § 73 Abs. 1 des Gerichtsverfassungsgesetzes bezeichneten Entscheidungen.

**§ 42[1)] Örtliche Zuständigkeit.** (1) Neben dem Richter, der nach dem allgemeinen Verfahrensrecht oder nach besonderen Vorschriften zuständig ist, sind zuständig
1. der Richter, dem die familiengerichtlichen Erziehungsaufgaben für den Beschuldigten obliegen,
2. der Richter, in dessen Bezirk sich der auf freiem Fuß befindliche Beschuldigte zur Zeit der Erhebung der Anklage aufhält,
3. solange der Beschuldigte eine Jugendstrafe noch nicht vollständig verbüßt hat, der Richter, dem die Aufgaben des Vollstreckungsleiters obliegen.

(2) Der Staatsanwalt soll die Anklage nach Möglichkeit vor dem Richter erheben, dem die familiengerichtlichen Erziehungsaufgaben obliegen, solange aber der Beschuldigte eine Jugendstrafe noch nicht vollständig verbüßt hat, vor dem Richter, dem die Aufgaben des Vollstreckungsleiters obliegen.

(3) [1] Wechselt der Angeklagte seinen Aufenthalt, so kann der Richter das Verfahren mit Zustimmung des Staatsanwalts an den Richter abgeben, in dessen Bezirk sich der Angeklagte aufhält. [2] Hat der Richter, an den das Verfahren abgegeben worden ist, gegen die Übernahme Bedenken, so entscheidet das gemeinschaftliche obere Gericht.

## Dritter Abschnitt. Jugendstrafverfahren

### Erster Unterabschnitt. Das Vorverfahren

**§ 43[2)] Umfang der Ermittlungen.** (1) [1] Nach Einleitung des Verfahrens sollen so bald wie möglich die Lebens- und Familienverhältnisse, der Werdegang, das bisherige Verhalten des Beschuldigten und alle übrigen Umstände ermittelt werden, die zur Beurteilung seiner seelischen, geistigen und charakterlichen Eigenart dienen können. [2] Der Erziehungsberechtigte und der gesetzliche Vertreter, die Schule und der Ausbildende sollen, soweit möglich, gehört werden. [3] Die Anhörung der Schule oder des Ausbildenden unterbleibt, wenn der Jugendliche davon unerwünschte Nachteile, namentlich den Verlust seines Ausbildungs- oder Arbeitsplatzes, zu besorgen hätte. [4] § 38 Absatz 6 und § 70 Absatz 2 sind zu beachten.

---

[1)] § 42 Abs. 1 Nr. 1 und Abs. 2 geänd. durch G v. 16.12.1997 (BGBl. I S. 2942); Abs. 1 Nr. 1 und Abs. 2 geänd. mWv 1.9.2009 durch G v. 17.12.2008 (BGBl. I S. 2586).

[2)] § 43 Abs. 1 Sätze 2 und 3, Abs. 2 neu gef., Abs. 3 Satz 2 geänd. durch G v. 30.8.1990 (BGBl. I S. 1853); Abs. 2 aufgeh., bish. Abs. 3 wird Abs. 2 mWv 1.1.1991 durch G v. 26.6.1990 (BGBl. I S. 1163); Abs. 1 Satz 4 geänd. mWv 17.12.2019 durch G v. 9.12.2019 (BGBl. I S. 2146).

(2) [1]Soweit erforderlich, ist eine Untersuchung des Beschuldigten, namentlich zur Feststellung seines Entwicklungsstandes oder anderer für das Verfahren wesentlicher Eigenschaften, herbeizuführen. [2]Nach Möglichkeit soll ein zur Untersuchung von Jugendlichen befähigter Sachverständiger mit der Durchführung der Anordnung beauftragt werden.

**§ 44[1)] Vernehmung des Beschuldigten bei zu erwartender Jugendstrafe.**

Ist Jugendstrafe zu erwarten, so soll der Staatsanwalt oder der Vorsitzende des Jugendgerichts den Beschuldigten vernehmen, ehe die Anklage erhoben wird.

**§ 45[2)] Absehen von der Verfolgung.** (1) Der Staatsanwalt kann ohne Zustimmung des Richters von der Verfolgung absehen, wenn die Voraussetzungen des § 153 der Strafprozeßordnung[3)] vorliegen.

(2) [1]Der Staatsanwalt sieht von der Verfolgung ab, wenn eine erzieherische Maßnahme bereits durchgeführt oder eingeleitet ist und er weder eine Beteiligung des Richters nach Absatz 3 noch die Erhebung der Anklage für erforderlich hält. [2]Einer erzieherischen Maßnahme steht das Bemühen des Jugendlichen gleich, einen Ausgleich mit dem Verletzten zu erreichen.

(3) [1]Der Staatsanwalt regt die Erteilung einer Ermahnung, von Weisungen nach § 10 Abs. 1 Satz 3 Nr. 4, 7 und 9 oder von Auflagen durch den Jugendrichter an, wenn der Beschuldigte geständig ist und der Staatsanwalt die Anordnung einer solchen richterlichen Maßnahme für erforderlich, die Erhebung der Anklage aber nicht für geboten hält. [2]Entspricht der Jugendrichter der Anregung, so sieht der Staatsanwalt von der Verfolgung ab, bei Erteilung von Weisungen oder Auflagen jedoch nur, nachdem der Jugendliche ihnen nachgekommen ist. [3]§ 11 Abs. 3 und § 15 Abs. 3 Satz 2 sind nicht anzuwenden. [4]§ 47 Abs. 3 findet entsprechende Anwendung.

**§ 46 Wesentliches Ergebnis der Ermittlungen.** Der Staatsanwalt soll das wesentliche Ergebnis der Ermittlungen in der Anklageschrift (§ 200 Abs. 2 der Strafprozeßordnung[3)]) so darstellen, daß die Kenntnisnahme durch den Beschuldigten möglichst keine Nachteile für seine Erziehung verursacht.

**§ 46a[4)] Anklage vor Berichterstattung der Jugendgerichtshilfe.** [1]Abgesehen von Fällen des § 38 Absatz 7 darf die Anklage auch dann vor einer Berichterstattung der Jugendgerichtshilfe nach § 38 Absatz 3 erhoben werden, wenn dies dem Wohl des Jugendlichen dient und zu erwarten ist, dass das Ergebnis der Nachforschungen spätestens zu Beginn der Hauptverhandlung zur Verfügung stehen wird. [2]Nach Erhebung der Anklage ist der Jugendstaatsanwaltschaft und dem Jugendgericht zu berichten.

### Zweiter Unterabschnitt. Das Hauptverfahren

**§ 47[5)] Einstellung des Verfahrens durch den Richter.** (1) [1]Ist die Anklage eingereicht, so kann der Richter das Verfahren einstellen, wenn

1. die Voraussetzungen des § 153 der Strafprozeßordnung[3)] vorliegen,

---

[1)] § 44 Überschrift geänd. mWv 17.12.2019 durch G v. 9.12.2019 (BGBl. I S. 2146).
[2)] § 45 neu gef. durch G v. 30.8.1990 (BGBl. I S. 1853).
[3)] Nr. **90**.
[4)] § 46a eingef. mWv 17.12.2019 durch G v. 9.12.2019 (BGBl. I S. 2146).
[5)] § 47 Abs. 1 und Abs. 2 Satz 1 neu gef. durch G v. 30.8.1990 (BGBl. I S. 1853).

2. eine erzieherische Maßnahme im Sinne des § 45 Abs. 2, die eine Entscheidung durch Urteil entbehrlich macht, bereits durchgeführt oder eingeleitet ist,
3. der Richter eine Entscheidung durch Urteil für entbehrlich hält und gegen den geständigen Jugendlichen eine in § 45 Abs. 3 Satz 1 bezeichnete Maßnahme anordnet oder
4. der Angeklagte mangels Reife strafrechtlich nicht verantwortlich ist.

2 In den Fällen von Satz 1 Nr. 2 und 3 kann der Richter mit Zustimmung des Staatsanwalts das Verfahren vorläufig einstellen und dem Jugendlichen eine Frist von höchstens sechs Monaten setzen, binnen der er den Auflagen, Weisungen oder erzieherischen Maßnahmen nachzukommen hat. 3 Die Entscheidung ergeht durch Beschluß. 4 Der Beschluß ist nicht anfechtbar. 5 Kommt der Jugendliche den Auflagen, Weisungen oder erzieherischen Maßnahmen nach, so stellt der Richter das Verfahren ein. 6 § 11 Abs. 3 und § 15 Abs. 3 Satz 2 sind nicht anzuwenden.

(2) 1 Die Einstellung bedarf der Zustimmung des Staatsanwalts, soweit er nicht bereits der vorläufigen Einstellung zugestimmt hat. 2 Der Einstellungsbeschluß kann auch in der Hauptverhandlung ergehen. 3 Er wird mit Gründen versehen und ist nicht anfechtbar. 4 Die Gründe werden dem Angeklagten nicht mitgeteilt, soweit davon Nachteile für die Erziehung zu befürchten sind.

(3) Wegen derselben Tat kann nur auf Grund neuer Tatsachen oder Beweismittel von neuem Anklage erhoben werden.

**§ 47a[1)] Vorrang der Jugendgerichte.** 1 Ein Jugendgericht darf sich nach Eröffnung des Hauptverfahrens nicht für unzuständig erklären, weil die Sache vor ein für allgemeine Strafsachen zuständiges Gericht gleicher oder niedrigerer Ordnung gehöre. 2 § 103 Abs. 2 Satz 2, 3 bleibt unberührt.

**§ 48[2)] Nichtöffentlichkeit.** (1) Die Verhandlung vor dem erkennenden Gericht einschließlich der Verkündung der Entscheidungen ist nicht öffentlich.

(2) 1 Neben den am Verfahren Beteiligten ist dem Verletzten, seinem Erziehungsberechtigten und seinem gesetzlichen Vertreter und, falls der Angeklagte der Aufsicht und Leitung eines Bewährungshelfers oder der Betreuung und Aufsicht eines Betreuungshelfers untersteht oder für ihn ein Erziehungsbeistand bestellt ist, dem Helfer und dem Erziehungsbeistand die Anwesenheit gestattet. 2 Das gleiche gilt in den Fällen, in denen dem Jugendlichen Hilfe zur Erziehung in einem Heim oder einer vergleichbaren Einrichtung gewährt wird, für den Leiter der Einrichtung. 3 Andere Personen kann der Vorsitzende aus besonderen Gründen, namentlich zu Ausbildungszwecken, zulassen.

(3) 1 Sind in dem Verfahren auch Heranwachsende oder Erwachsene angeklagt, so ist die Verhandlung öffentlich. 2 Die Öffentlichkeit kann ausgeschlossen werden, wenn dies im Interesse der Erziehung jugendlicher Angeklagter geboten ist.

**§ 49[3)]** *(aufgehoben)*

---

1) § 47a eingef. durch G v. 5.10.1978 (BGBl. I S. 1645).

2) § 48 Abs. 2 neu gef. durch G v. 30.8.1990 (BGBl. I S. 1853); Abs. 2 Satz 1 geänd. mWv 31.12.2006 durch G v. 22.12.2006 (BGBl. I S. 3416).

3) § 49 aufgeh. mWv 1.9.2004 durch G v. 24.8.2004 (BGBl. I S. 2198).

**§ 50**[1] **Anwesenheit in der Hauptverhandlung.** (1) Die Hauptverhandlung kann nur dann ohne den Angeklagten stattfinden, wenn dies im allgemeinen Verfahren zulässig wäre, besondere Gründe dafür vorliegen und die Jugendstaatsanwaltschaft zustimmt.

(2) [1] Der Vorsitzende soll auch die Ladung der Erziehungsberechtigten und der gesetzlichen Vertreter anordnen. [2] Die Vorschriften über die Ladung, die Folgen des Ausbleibens und die Entschädigung von Zeugen gelten entsprechend.

(3) [1] Der Jugendgerichtshilfe sind Ort und Zeit der Hauptverhandlung in angemessener Frist vor dem vorgesehenen Termin mitzuteilen. [2] Der Vertreter der Jugendgerichtshilfe erhält in der Hauptverhandlung auf Verlangen das Wort. [3] Ist kein Vertreter der Jugendgerichtshilfe anwesend, kann unter den Voraussetzungen des § 38 Absatz 7 Satz 1 ein schriftlicher Bericht der Jugendgerichtshilfe in der Hauptverhandlung verlesen werden.

(4) [1] Nimmt ein bestellter Bewährungshelfer an der Hauptverhandlung teil, so soll er zu der Entwicklung des Jugendlichen in der Bewährungszeit gehört werden. [2] Satz 1 gilt für einen bestellten Betreuungshelfer und den Leiter eines sozialen Trainingskurses, an dem der Jugendliche teilnimmt, entsprechend.

**§ 51**[2] **Zeitweilige Ausschließung von Beteiligten.** (1) [1] Der Vorsitzende soll den Angeklagten für die Dauer solcher Erörterungen von der Verhandlung ausschließen, aus denen Nachteile für die Erziehung entstehen können. [2] Er hat ihn von dem, was in seiner Abwesenheit verhandelt worden ist, zu unterrichten, soweit es für seine Verteidigung erforderlich ist.

(2) [1] Der Vorsitzende kann auch Erziehungsberechtigte und gesetzliche Vertreter des Angeklagten von der Verhandlung ausschließen, soweit

1. erhebliche erzieherische Nachteile drohen, weil zu befürchten ist, dass durch die Erörterung der persönlichen Verhältnisse des Angeklagten in ihrer Gegenwart eine erforderliche künftige Zusammenarbeit zwischen den genannten Personen und der Jugendgerichtshilfe bei der Umsetzung zu erwartender jugendgerichtlicher Sanktionen in erheblichem Maße erschwert wird,
2. sie verdächtig sind, an der Verfehlung des Angeklagten beteiligt zu sein, oder soweit sie wegen einer Beteiligung verurteilt sind,
3. eine Gefährdung des Lebens, des Leibes oder der Freiheit des Angeklagten, eines Zeugen oder einer anderen Person oder eine sonstige erhebliche Beeinträchtigung des Wohls des Angeklagten zu besorgen ist,
4. zu befürchten ist, dass durch ihre Anwesenheit die Ermittlung der Wahrheit beeinträchtigt wird, oder
5. Umstände aus dem persönlichen Lebensbereich eines Verfahrensbeteiligten, Zeugen oder durch eine rechtswidrige Tat Verletzten zur Sprache kommen, deren Erörterung in ihrer Anwesenheit schutzwürdige Interessen verletzen würde, es sei denn, das Interesse der Erziehungsberechtigten und gesetzlichen Vertreter an der Erörterung dieser Umstände in ihrer Gegenwart überwiegt.

[2] Der Vorsitzende kann in den Fällen des Satzes 1 Nr. 3 bis 5 auch Erziehungsberechtigte und gesetzliche Vertreter des Verletzten von der Verhandlung aus-

---

[1] § 50 Abs. 4 angef. durch G v. 30.8.1990 (BGBl. I S. 1853); Abs. 1 und Abs. 2 Satz 1 geänd., Abs. 3 neu gef. mWv 17.12.2019 durch G v. 9.12.2019 (BGBl. I S. 2146).

[2] § 51 Abs. 2 neu gef., Abs. 3–5 angef. mWv 31.12.2006 durch G v. 22.12.2006 (BGBl. I S. 3416); Abs. 6 und 7 angef. mWv 17.12.2019 durch G v. 9.12.2019 (BGBl. I S. 2146).

schließen, im Fall der Nummer 3 auch dann, wenn eine sonstige erhebliche Beeinträchtigung des Wohls des Verletzten zu besorgen ist. [3] Erziehungsberechtigte und gesetzliche Vertreter sind auszuschließen, wenn die Voraussetzungen des Satzes 1 Nr. 5 vorliegen und der Ausschluss von der Person, deren Lebensbereich betroffen ist, beantragt wird. [4] Satz 1 Nr. 5 gilt nicht, soweit die Personen, deren Lebensbereiche betroffen sind, in der Hauptverhandlung dem Ausschluss widersprechen.

(3) § 177 des Gerichtsverfassungsgesetzes[1)] gilt entsprechend.

(4) [1] In den Fällen des Absatzes 2 ist vor einem Ausschluss auf ein einvernehmliches Verlassen des Sitzungssaales hinzuwirken. [2] Der Vorsitzende hat die Erziehungsberechtigten und gesetzlichen Vertreter des Angeklagten, sobald diese wieder anwesend sind, in geeigneter Weise von dem wesentlichen Inhalt dessen zu unterrichten, was während ihrer Abwesenheit ausgesagt oder sonst verhandelt worden ist.

(5) Der Ausschluss von Erziehungsberechtigten und gesetzlichen Vertretern nach den Absätzen 2 und 3 ist auch zulässig, wenn sie zum Beistand (§ 69) bestellt sind.

(6) [1] Werden die Erziehungsberechtigten und die gesetzlichen Vertreter für einen nicht unerheblichen Teil der Hauptverhandlung ausgeschlossen, so ist für die Dauer ihres Ausschlusses von dem Vorsitzenden einer anderen für den Schutz der Interessen des Jugendlichen geeigneten volljährigen Person die Anwesenheit zu gestatten. [2] Dem Jugendlichen soll Gelegenheit gegeben werden, eine volljährige Person seines Vertrauens zu bezeichnen. [3] Die anwesende andere geeignete Person erhält in der Hauptverhandlung auf Verlangen das Wort. [4] Wird keiner sonstigen anderen Person nach Satz 1 die Anwesenheit gestattet, muss ein für die Betreuung des Jugendlichen in dem Jugendstrafverfahren zuständiger Vertreter der Jugendhilfe anwesend sein.

(7) Sind in der Hauptverhandlung keine Erziehungsberechtigten und keine gesetzlichen Vertreter anwesend, weil sie binnen angemessener Frist nicht erreicht werden konnten, so gilt Absatz 6 entsprechend.

**§ 51a[2)] Neubeginn der Hauptverhandlung.** Ergibt sich erst während der Hauptverhandlung, dass die Mitwirkung eines Verteidigers nach § 68 Nummer 5 notwendig ist, so ist mit der Hauptverhandlung von neuem zu beginnen, wenn der Jugendliche nicht von Beginn der Hauptverhandlung an verteidigt war.

**§ 52 Berücksichtigung von Untersuchungshaft bei Jugendarrest.** Wird auf Jugendarrest erkannt und ist dessen Zweck durch Untersuchungshaft oder eine andere wegen der Tat erlittene Freiheitsentziehung ganz oder teilweise erreicht, so kann der Richter im Urteil aussprechen, daß oder wieweit der Jugendarrest nicht vollstreckt wird.

**§ 52a[3)] Anrechnung von Untersuchungshaft bei Jugendstrafe.** (1) [1] Hat der Angeklagte aus Anlaß einer Tat, die Gegenstand des Verfahrens ist oder gewesen ist, Untersuchungshaft oder eine andere Freiheitsentziehung erlitten, so wird sie auf die Jugendstrafe angerechnet. [2] Der Richter kann jedoch anordnen,

---

[1)] Nr. **95**.
[2)] § 51a eingef. mWv 17.12.2019 durch G v. 9.12.2019 (BGBl. I S. 2146).
[3)] § 52a Abs. 2 aufgeh. mWv 1.1.1996 durch G v. 30.8.1990 (BGBl. I S. 1853).

daß die Anrechnung ganz oder zum Teil unterbleibt, wenn sie im Hinblick auf das Verhalten des Angeklagten nach der Tat oder aus erzieherischen Gründen nicht gerechtfertigt ist. [3] Erzieherische Gründe liegen namentlich vor, wenn bei Anrechnung der Freiheitsentziehung die noch erforderliche erzieherische Einwirkung auf den Angeklagten nicht gewährleistet ist.

(2) *(aufgehoben)*

**§ 53[1)] Überweisung an das Familiengericht.** [1] Der Richter kann dem Familiengericht im Urteil die Auswahl und Anordnung von Erziehungsmaßregeln überlassen, wenn er nicht auf Jugendstrafe erkennt. [2] Das Familiengericht muß dann eine Erziehungsmaßregel anordnen, soweit sich nicht die Umstände, die für das Urteil maßgebend waren, verändert haben.

**§ 54[2)] Urteilsgründe.** (1) [1] Wird der Angeklagte schuldig gesprochen, so wird in den Urteilsgründen auch ausgeführt, welche Umstände für seine Bestrafung, für die angeordneten Maßnahmen, für die Überlassung ihrer Auswahl und Anordnung an das Familiengericht oder für das Absehen von Zuchtmitteln und Strafe bestimmend waren. [2] Dabei soll namentlich die seelische, geistige und körperliche Eigenart des Angeklagten berücksichtigt werden.

(2) Die Urteilsgründe werden dem Angeklagten nicht mitgeteilt, soweit davon Nachteile für die Erziehung zu befürchten sind.

### Dritter Unterabschnitt. Rechtsmittelverfahren

**§ 55[3)] Anfechtung von Entscheidungen.** (1) [1] Eine Entscheidung, in der lediglich Erziehungsmaßregeln oder Zuchtmittel angeordnet oder die Auswahl und Anordnung von Erziehungsmaßregeln dem Familiengericht überlassen sind, kann nicht wegen des Umfangs der Maßnahmen und nicht deshalb angefochten werden, weil andere oder weitere Erziehungsmaßregeln oder Zuchtmittel hätten angeordnet werden sollen oder weil die Auswahl und Anordnung der Erziehungsmaßregeln dem Familiengericht überlassen worden sind. [2] Diese Vorschrift gilt nicht, wenn der Richter angeordnet hat, Hilfe zur Erziehung nach § 12 Nr. 2 in Anspruch zu nehmen.

(2) [1] Wer eine zulässige Berufung eingelegt hat, kann gegen das Berufungsurteil nicht mehr Revision einlegen. [2] Hat der Angeklagte, der Erziehungsberechtigte oder der gesetzliche Vertreter eine zulässige Berufung eingelegt, so steht gegen das Berufungsurteil keinem von ihnen das Rechtsmittel der Revision zu.

(3) Der Erziehungsberechtigte oder der gesetzliche Vertreter kann das von ihm eingelegte Rechtsmittel nur mit Zustimmung des Angeklagten zurücknehmen.

(4) Soweit ein Beteiligter nach Absatz 1 Satz 1 an der Anfechtung einer Entscheidung gehindert ist oder nach Absatz 2 kein Rechtsmittel gegen die Berufungsentscheidung einlegen kann, gilt § 356a der Strafprozessordnung[4)] entsprechend.

---

[1)] § 53 Überschrift, Sätze 1 und 2 geänd. durch G v. 16.12.1997 (BGBl. I S. 2942); Überschrift, Sätze 1 und 2 geänd. mWv 1.9.2009 durch G v. 17.12.2008 (BGBl. I S. 2586).

[2)] § 54 Abs. 1 Satz 1 geänd. durch G v. 16.12.1997 (BGBl. I S. 2942); Abs. 1 Satz 1 geänd. mWv 1.9. 2009 durch G v. 17.12.2008 (BGBl. I S. 2586).

[3)] § 55 Abs. 1 Satz 2 neu gef. durch G v. 16.2.1993 (BGBl. I S. 239); Abs. 1 Satz 1 geänd. durch G v. 16.12.1997 (BGBl. I S. 2942); Abs. 4 angef. mWv 1.1.2005 durch G v. 9.12.2004 (BGBl. I S. 3220); Abs. 1 Satz 1 geänd. mWv 1.9.2009 durch G v. 17.12.2008 (BGBl. I S. 2586).

[4)] Nr. **90**.

**§ 56 Teilvollstreckung einer Einheitsstrafe.** (1) [1] Ist ein Angeklagter wegen mehrerer Straftaten zu einer Einheitsstrafe verurteilt worden, so kann das Rechtsmittelgericht vor der Hauptverhandlung das Urteil für einen Teil der Strafe als vollstreckbar erklären, wenn die Schuldfeststellungen bei einer Straftat oder bei mehreren Straftaten nicht beanstandet worden sind. [2] Die Anordnung ist nur zulässig, wenn sie dem wohlverstandenen Interesse des Angeklagten entspricht. [3] Der Teil der Strafe darf nicht über die Strafe hinausgehen, die einer Verurteilung wegen der Straftaten entspricht, bei denen die Schuldfeststellungen nicht beanstandet worden sind.

(2) Gegen den Beschluß ist sofortige Beschwerde zulässig.

**Vierter Unterabschnitt. Verfahren bei Aussetzung der Jugendstrafe zur Bewährung**

**§ 57[1)] Entscheidung über die Aussetzung.** (1) [1] Die Aussetzung der Jugendstrafe zur Bewährung wird im Urteil oder, solange der Strafvollzug noch nicht begonnen hat, nachträglich durch Beschluß angeordnet. [2] Ist die Entscheidung über die Aussetzung nicht im Urteil vorbehalten worden, so ist für den nachträglichen Beschluss das Gericht zuständig, das in der Sache im ersten Rechtszug erkannt hat; die Staatsanwaltschaft und der Jugendliche sind zu hören.

(2) Hat das Gericht die Entscheidung über die Aussetzung nicht einem nachträglichen Beschluss vorbehalten oder die Aussetzung im Urteil oder in einem nachträglichen Beschluss abgelehnt, so ist ihre nachträgliche Anordnung nur zulässig, wenn seit Erlaß des Urteils oder des Beschlusses Umstände hervorgetreten sind, die allein oder in Verbindung mit den bereits bekannten Umständen eine Aussetzung der Jugendstrafe zur Bewährung rechtfertigen.

(3) [1] Kommen Weisungen oder Auflagen (§ 23) in Betracht, so ist der Jugendliche in geeigneten Fällen zu befragen, ob er Zusagen für seine künftige Lebensführung macht oder sich zu Leistungen erbietet, die der Genugtuung für das begangene Unrecht dienen. [2] Kommt die Weisung in Betracht, sich einer heilerzieherischen Behandlung oder einer Entziehungskur zu unterziehen, so ist der Jugendliche, der das sechzehnte Lebensjahr vollendet hat, zu befragen, ob er hierzu seine Einwilligung gibt.

(4) § 260 Abs. 4 Satz 4 und § 267 Abs. 3 Satz 4 der Strafprozeßordnung[2)] gelten entsprechend.

**§ 58[3)] Weitere Entscheidungen.** (1) [1] Entscheidungen, die infolge der Aussetzung erforderlich werden (§§ 22, 23, 24, 26, 26a), trifft der Richter durch Beschluß. [2] Der Staatsanwalt, der Jugendliche und der Bewährungshelfer sind zu hören. [3] Wenn eine Entscheidung nach § 26 oder die Verhängung von Jugendarrest in Betracht kommt, ist dem Jugendlichen Gelegenheit zur mündlichen Äußerung vor dem Richter zu geben. [4] Der Beschluß ist zu begründen.

(2) Der Richter leitet auch die Vollstreckung der vorläufigen Maßnahmen nach § 453c der Strafprozeßordnung[2)].

(3) [1] Zuständig ist der Richter, der die Aussetzung angeordnet hat. [2] Er kann die Entscheidungen ganz oder teilweise dem Jugendrichter übertragen, in dessen Bezirk sich der Jugendliche aufhält. [3] § 42 Abs. 3 Satz 2 gilt entsprechend.

---

1) § 57 Abs. 1 Satz 2 neu gef., Abs. 2 geänd. mWv 7.10.2012 durch G v. 4.9.2012 (BGBl. I S. 1854).
2) Nr. **90**.
3) § 58 Abs. 1 Satz 3 eingef., bish. Satz 3 wird Satz 4 durch G v. 30.8.1990 (BGBl. I S. 1853); Abs. 2 eingef., bish. Abs. 2 wird Abs. 3 durch G v. 5.10.1978 (BGBl. I S. 1645).

**§ 59**[1] **Anfechtung.** (1) [1] Gegen eine Entscheidung, durch welche die Aussetzung der Jugendstrafe angeordnet oder abgelehnt wird, ist, wenn sie für sich allein oder nur gemeinsam mit der Entscheidung über die Anordnung eines Jugendarrests nach § 16a angefochten wird, sofortige Beschwerde zulässig. [2] Das gleiche gilt, wenn ein Urteil nur deshalb angefochten wird, weil die Strafe nicht ausgesetzt worden ist.

(2) [1] Gegen eine Entscheidung über die Dauer der Bewährungszeit (§ 22), die Dauer der Unterstellungszeit (§ 24), die erneute Anordnung der Unterstellung in der Bewährungszeit (§ 24 Abs. 2) und über Weisungen oder Auflagen (§ 23) ist Beschwerde zulässig. [2] Sie kann nur darauf gestützt werden, daß die Bewährungs- oder die Unterstellungszeit nachträglich verlängert, die Unterstellung erneut angeordnet worden oder daß eine getroffene Anordnung gesetzwidrig ist.

(3) Gegen den Widerruf der Aussetzung der Jugendstrafe (§ 26 Abs. 1) ist sofortige Beschwerde zulässig.

(4) Der Beschluß über den Straferlaß (§ 26a) ist nicht anfechtbar.

(5) Wird gegen ein Urteil eine zulässige Revision und gegen eine Entscheidung, die sich auf eine in dem Urteil angeordnete Aussetzung der Jugendstrafe zur Bewährung bezieht, Beschwerde eingelegt, so ist das Revisionsgericht auch zur Entscheidung über die Beschwerde zuständig.

**§ 60**[2] **Bewährungsplan.** (1) [1] Der Vorsitzende stellt die erteilten Weisungen und Auflagen in einem Bewährungsplan zusammen. [2] Er händigt ihn dem Jugendlichen aus und belehrt ihn zugleich über die Bedeutung der Aussetzung, die Bewährungs- und Unterstellungszeit, die Weisungen und Auflagen sowie über die Möglichkeit des Widerrufs der Aussetzung. [3] Zugleich ist ihm aufzugeben, jeden Wechsel seines Aufenthalts, Ausbildungs- oder Arbeitsplatzes während der Bewährungszeit anzuzeigen. [4] Auch bei nachträglichen Änderungen des Bewährungsplans ist der Jugendliche über den wesentlichen Inhalt zu belehren.

(2) Der Name des Bewährungshelfers wird in den Bewährungsplan eingetragen.

(3) [1] Der Jugendliche soll durch seine Unterschrift bestätigen, daß er den Bewährungsplan gelesen hat, und versprechen, daß er den Weisungen und Auflagen nachkommen will. [2] Auch der Erziehungsberechtigte und der gesetzliche Vertreter sollen den Bewährungsplan unterzeichnen.

**§ 61**[3] **Vorbehalt der nachträglichen Entscheidung über die Aussetzung.**

(1) Das Gericht kann im Urteil die Entscheidung über die Aussetzung der Jugendstrafe zur Bewährung ausdrücklich einem nachträglichen Beschluss vorbehalten, wenn

1. nach Erschöpfung der Ermittlungsmöglichkeiten die getroffenen Feststellungen noch nicht die in § 21 Absatz 1 Satz 1 vorausgesetzte Erwartung begründen können und
2. auf Grund von Ansätzen in der Lebensführung des Jugendlichen oder sonstiger bestimmter Umstände die Aussicht besteht, dass eine solche Erwartung in absehbarer Zeit (§ 61a Absatz 1) begründet sein wird.

---

[1] § 59 Abs. 1 neu gef. durch G v. 30.8.1990 (BGBl. I S. 1853); Abs. 1 Satz 1 geänd. mWv 7.3.2013 durch G v. 4.9.2012 (BGBl. I S. 1854).

[2] § 60 Abs. 1 Sätze 2 und 3 neu gef. durch G v. 30.8.1990 (BGBl. I S. 1853).

[3] § 61 eingef. mWv 7.10.2012, Abs. 3 Satz 1 eingef, bish. Sätze 1–3 werden Sätze 2–4 mWv 7.3.2013 durch G v. 4.9.2012 (BGBl. I S. 1854).

(2) Ein entsprechender Vorbehalt kann auch ausgesprochen werden, wenn
1. in der Hauptverhandlung Umstände der in Absatz 1 Nummer 2 genannten Art hervorgetreten sind, die allein oder in Verbindung mit weiteren Umständen die in § 21 Absatz 1 Satz 1 vorausgesetzte Erwartung begründen könnten,
2. die Feststellungen, die sich auf die nach Nummer 1 bedeutsamen Umstände beziehen, aber weitere Ermittlungen verlangen und
3. die Unterbrechung oder Aussetzung der Hauptverhandlung zu erzieherisch nachteiligen oder unverhältnismäßigen Verzögerungen führen würde.

(3) [1]Wird im Urteil der Vorbehalt ausgesprochen, gilt § 16a entsprechend. [2]Der Vorbehalt ist in die Urteilsformel aufzunehmen. [3]Die Urteilsgründe müssen die dafür bestimmenden Umstände anführen. [4]Bei der Verkündung des Urteils ist der Jugendliche über die Bedeutung des Vorbehalts und seines Verhaltens in der Zeit bis zu der nachträglichen Entscheidung zu belehren.

**§ 61a[1)] Frist und Zuständigkeit für die vorbehaltene Entscheidung.**

(1) [1]Die vorbehaltene Entscheidung ergeht spätestens sechs Monate nach Eintritt der Rechtskraft des Urteils. [2]Das Gericht kann mit dem Vorbehalt eine kürzere Höchstfrist festsetzen. [3]Aus besonderen Gründen und mit dem Einverständnis des Verurteilten kann die Frist nach Satz 1 oder 2 durch Beschluss auf höchstens neun Monate seit Eintritt der Rechtskraft des Urteils verlängert werden.

(2) Zuständig für die vorbehaltene Entscheidung ist das Gericht, in dessen Urteil die zugrunde liegenden tatsächlichen Feststellungen letztmalig geprüft werden konnten.

**§ 61b[2)] Weitere Entscheidungen bei Vorbehalt der Entscheidung über die Aussetzung.** (1) [1]Das Gericht kann dem Jugendlichen für die Zeit zwischen Eintritt der Rechtskraft des Urteils und dem Ablauf der nach § 61a Absatz 1 maßgeblichen Frist Weisungen und Auflagen erteilen; die §§ 10, 15 Absatz 1 und 2, § 23 Absatz 1 Satz 1 bis 3, Absatz 2 gelten entsprechend. [2]Das Gericht soll den Jugendlichen für diese Zeit der Aufsicht und Betreuung eines Bewährungshelfers unterstellen; darauf soll nur verzichtet werden, wenn ausreichende Betreuung und Überwachung durch die Jugendgerichtshilfe gewährleistet sind. [3]Im Übrigen sind die §§ 24 und 25 entsprechend anzuwenden. [4]Bewährungshilfe und Jugendgerichtshilfe arbeiten eng zusammen. [5]Dabei dürfen sie wechselseitig auch personenbezogene Daten über den Verurteilten übermitteln, soweit dies für eine sachgemäße Erfüllung der Betreuungs- und Überwachungsaufgaben der jeweils anderen Stelle erforderlich ist. [6]Für die Entscheidungen nach diesem Absatz gelten § 58 Absatz 1 Satz 1, 2 und 4, Absatz 3 Satz 1 und § 59 Absatz 2 und 5 entsprechend. [7]Die Vorschriften des § 60 sind sinngemäß anzuwenden.

(2) Ergeben sich vor Ablauf der nach § 61a Absatz 1 maßgeblichen Frist hinreichende Gründe für die Annahme, dass eine Aussetzung der Jugendstrafe zur Bewährung abgelehnt wird, so gelten § 453c der Strafprozessordnung[3)] und § 58 Absatz 2 und 3 Satz 1 entsprechend.

(3) Wird die Jugendstrafe zur Bewährung ausgesetzt, so wird die Zeit vom Eintritt der Rechtskraft des Urteils, in dem die Aussetzung einer nachträglichen

---

[1)] § 61a eingef. mWv 7.10.2012 durch G v. 4.9.2012 (BGBl. I S. 1854).
[2)] § 61b eingef. mWv 7.10.2012, Abs. 4 Satz 3 angef. mWv 7.3.2013 durch G v. 4.9.2012 (BGBl. I S. 1854).
[3)] Nr. **90**.

Entscheidung vorbehalten wurde, bis zum Eintritt der Rechtskraft der Entscheidung über die Aussetzung auf die nach § 22 bestimmte Bewährungszeit angerechnet.

(4) [1] Wird die Aussetzung abgelehnt, so kann das Gericht Leistungen, die der Jugendliche zur Erfüllung von Weisungen, Auflagen, Zusagen oder Anerbieten erbracht hat, auf die Jugendstrafe anrechnen. [2] Das Gericht hat die Leistungen anzurechnen, wenn die Rechtsfolgen der Tat andernfalls das Maß der Schuld übersteigen würden. [3] Im Hinblick auf Jugendarrest, der nach § 16a verhängt wurde (§ 61 Absatz 3 Satz 1), gilt § 26 Absatz 3 Satz 3 entsprechend.

### Fünfter Unterabschnitt. Verfahren bei Aussetzung der Verhängung der Jugendstrafe

**§ 62[1)] Entscheidungen.** (1) [1] Entscheidungen nach den §§ 27 und 30 ergehen auf Grund einer Hauptverhandlung durch Urteil. [2] Für die Entscheidung über die Aussetzung der Verhängung der Jugendstrafe gilt § 267 Abs. 3 Satz 4 der Strafprozeßordnung[2)] sinngemäß.

(2) Mit Zustimmung des Staatsanwalts kann die Tilgung des Schuldspruchs nach Ablauf der Bewährungszeit auch ohne Hauptverhandlung durch Beschluß angeordnet werden.

(3) Ergibt eine während der Bewährungszeit durchgeführte Hauptverhandlung nicht, daß eine Jugendstrafe erforderlich ist (§ 30 Abs. 1), so ergeht der Beschluß, daß die Entscheidung über die Verhängung der Strafe ausgesetzt bleibt.

(4) Für die übrigen Entscheidungen, die infolge einer Aussetzung der Verhängung der Jugendstrafe erforderlich werden, gilt § 58 Abs. 1 Satz 1, 2 und 4 und Abs. 3 Satz 1 sinngemäß.

**§ 63 Anfechtung.** (1) Ein Beschluß, durch den der Schuldspruch nach Ablauf der Bewährungszeit getilgt wird (§ 62 Abs. 2) oder die Entscheidung über die Verhängung der Jugendstrafe ausgesetzt bleibt (§ 62 Abs. 3), ist nicht anfechtbar.

(2) Im übrigen gilt § 59 Abs. 2 und 5 sinngemäß.

**§ 64[3)] Bewährungsplan.** [1] § 60 gilt sinngemäß. [2] Der Jugendliche ist über die Bedeutung der Aussetzung, die Bewährungs- und Unterstellungszeit, die Weisungen und Auflagen sowie darüber zu belehren, daß er die Festsetzung einer Jugendstrafe zu erwarten habe, wenn er sich während der Bewährungszeit schlecht führe.

### Sechster Unterabschnitt. Ergänzende Entscheidungen

**§ 65[4)] Nachträgliche Entscheidungen über Weisungen und Auflagen.**

(1) [1] Nachträgliche Entscheidungen, die sich auf Weisungen (§ 11 Abs. 2, 3) oder Auflagen (§ 15 Abs. 3) beziehen, trifft der Richter des ersten Rechtszuges nach Anhören des Staatsanwalts und des Jugendlichen durch Beschluß. [2] Soweit erforderlich, sind der Vertreter der Jugendgerichtshilfe, der nach § 10 Abs. 1 Satz 3 Nr. 5 bestellte Betreuungshelfer und der nach § 10 Abs. 1 Satz 3 Nr. 6 tätige Leiter eines sozialen Trainingskurses zu hören. [3] Wenn die Verhängung von Jugendarrest in Betracht kommt, ist dem Jugendlichen Gelegenheit zur mündlichen Äußerung

---

1) § 62 Abs. 4 neu gef. durch G v. 30.8.1990 (BGBl. I S. 1853).

2) Nr. **90**.

3) § 64 Satz 2 geänd. durch G v. 30.8.1990 (BGBl. I S. 1853).

4) § 65 Abs. 1 Sätze 2 und 3 eingef., bish. Sätze 2 und 3 werden Sätze 4 und 5, neuer Satz 5 geänd. durch G v. 30.8.1990 (BGBl. I S. 1853).

vor dem Richter zu geben. [4] Der Richter kann das Verfahren an den Jugendrichter abgeben, in dessen Bezirk sich der Jugendliche aufhält, wenn dieser seinen Aufenthalt gewechselt hat. [5] § 42 Abs. 3 Satz 2 gilt entsprechend.

(2) [1] Hat der Richter die Änderung von Weisungen abgelehnt, so ist der Beschluß nicht anfechtbar. [2] Hat er Jugendarrest verhängt, so ist gegen den Beschluß sofortige Beschwerde zulässig. [3] Diese hat aufschiebende Wirkung.

**§ 66 Ergänzung rechtskräftiger Entscheidungen bei mehrfacher Verurteilung.** (1) [1] Ist die einheitliche Festsetzung von Maßnahmen oder Jugendstrafe (§ 31) unterblieben und sind die durch die rechtskräftigen Entscheidungen erkannten Erziehungsmaßregeln, Zuchtmittel und Strafen noch nicht vollständig ausgeführt, verbüßt oder sonst erledigt, so trifft der Richter eine solche Entscheidung nachtraglich. [2] Dies gilt nicht, soweit der Richter nach § 31 Abs. 3 von der Einbeziehung rechtskräftig abgeurteilter Straftaten abgesehen hatte.

(2) [1] Die Entscheidung ergeht auf Grund einer Hauptverhandlung durch Urteil, wenn der Staatsanwalt es beantragt oder der Vorsitzende es für angemessen hält. [2] Wird keine Hauptverhandlung durchgeführt, so entscheidet der Richter durch Beschluß. [3] Für die Zuständigkeit und das Beschlußverfahren gilt dasselbe wie für die nachträgliche Bildung einer Gesamtstrafe nach den allgemeinen Vorschriften. [4] Ist eine Jugendstrafe teilweise verbüßt, so ist der Richter zuständig, dem die Aufgaben des Vollstreckungsleiters obliegen.

### Siebenter Unterabschnitt. Gemeinsame Verfahrensvorschriften

**§ 67[1] Stellung der Erziehungsberechtigten und der gesetzlichen Vertreter.** (1) Soweit der Beschuldigte ein Recht darauf hat, gehört zu werden oder Fragen und Anträge zu stellen, steht dieses Recht auch den Erziehungsberechtigten und den gesetzlichen Vertretern zu.

(2) Die Rechte der gesetzlichen Vertreter zur Wahl eines Verteidigers und zur Einlegung von Rechtsbehelfen stehen auch den Erziehungsberechtigten zu.

(3) [1] Bei Untersuchungshandlungen, bei denen der Jugendliche ein Recht darauf hat, anwesend zu sein, namentlich bei seiner Vernehmung, ist den Erziehungsberechtigten und den gesetzlichen Vertretern die Anwesenheit gestattet, soweit

1. dies dem Wohl des Jugendlichen dient und
2. ihre Anwesenheit das Strafverfahren nicht beeinträchtigt.

[2] Die Voraussetzungen des Satzes 1 Nummer 1 und 2 sind in der Regel erfüllt, wenn keiner der in § 51 Absatz 2 genannten Ausschlussgründe und keine entsprechend § 177 des Gerichtsverfassungsgesetzes zu behandelnde Missachtung einer zur Aufrechterhaltung der Ordnung getroffenen Anordnung vorliegt. [3] Ist kein Erziehungsberechtigter und kein gesetzlicher Vertreter anwesend, weil diesen die Anwesenheit versagt wird oder weil binnen angemessener Frist kein Erziehungsberechtigter und kein gesetzlicher Vertreter erreicht werden konnte, so ist einer anderen für den Schutz der Interessen des Jugendlichen geeigneten volljährigen Person die Anwesenheit zu gestatten, wenn die Voraussetzungen des Satzes 1 Nummer 1 und 2 im Hinblick auf diese Person erfüllt sind.

---

[1] § 67 Abs. 4 Satz 3 geänd. mWv 1.9.2009 durch G v. 17.12.2008 (BGBl. I S. 2586); Überschrift neu gef., Abs. 1 geänd., Abs. 2 aufgeh., bish. Abs. 3 wird Abs. 2 und geänd., Abs. 3 eingef., Abs. 4 Sätze 1–3, Abs. 5 Sätze 1–3 geänd. mWv 17.12.2019 durch G v. 9.12.2019 (BGBl. I S. 2146).

(4) [1] Das Jugendgericht kann die Rechte nach den Absätzen 1 bis 3 Erziehungsberechtigten und gesetzlichen Vertretern entziehen, soweit sie verdächtig sind, an der Verfehlung des Beschuldigten beteiligt zu sein, oder soweit sie wegen einer Beteiligung verurteilt sind. [2] Liegen die Voraussetzungen des Satzes 1 bei einem Erziehungsberechtigten oder einem gesetzlichen Vertreter vor, so kann der Richter die Entziehung gegen beide aussprechen, wenn ein Mißbrauch der Rechte zu befürchten ist. [3] Stehen den Erziehungsberechtigten und den gesetzlichen Vertretern ihre Rechte nicht mehr zu, so bestellt das Familiengericht einen Pfleger zur Wahrnehmung der Interessen des Beschuldigten im anhängigen Strafverfahren. [4] Die Hauptverhandlung wird bis zur Bestellung des Pflegers ausgesetzt.

(5) [1] Sind mehrere erziehungsberechtigt, so kann jeder von ihnen die in diesem Gesetz bestimmten Rechte der Erziehungsberechtigten ausüben. [2] In der Hauptverhandlung oder in einer sonstigen gerichtlichen Verhandlung werden abwesende Erziehungsberechtigte als durch anwesende vertreten angesehen. [3] Sind Mitteilungen oder Ladungen vorgeschrieben, so genügt es, wenn sie an eine erziehungsberechtigte Person gerichtet werden.

**§ 67a[1)] Unterrichtung der Erziehungsberechtigten und der gesetzlichen Vertreter.** (1) Ist eine Mitteilung an den Beschuldigten vorgeschrieben, so soll die entsprechende Mitteilung an die Erziehungsberechtigten und die gesetzlichen Vertreter gerichtet werden.

(2) [1] Die Informationen, die der Jugendliche nach § 70a zu erhalten hat, sind jeweils so bald wie möglich auch den Erziehungsberechtigten und den gesetzlichen Vertretern zu erteilen. [2] Wird dem Jugendlichen einstweilig die Freiheit entzogen, sind die Erziehungsberechtigten und die gesetzlichen Vertreter so bald wie möglich über den Freiheitsentzug und die Gründe hierfür zu unterrichten.

(3) Mitteilungen und Informationen nach den Absätzen 1 und 2 an Erziehungsberechtigte und gesetzliche Vertreter unterbleiben, soweit

1. auf Grund der Unterrichtung eine erhebliche Beeinträchtigung des Wohls des Jugendlichen zu besorgen wäre, insbesondere bei einer Gefährdung des Lebens, des Leibes oder der Freiheit des Jugendlichen oder bei Vorliegen der Voraussetzungen des § 67 Absatz 4 Satz 1 oder 2,
2. auf Grund der Unterrichtung der Zweck der Untersuchung erheblich gefährdet würde oder
3. Erziehungsberechtigte oder gesetzliche Vertreter binnen angemessener Frist nicht erreicht werden können.

(4) [1] Werden nach Absatz 3 weder Erziehungsberechtigte noch gesetzliche Vertreter unterrichtet, so ist eine andere für den Schutz der Interessen des Jugendlichen geeignete volljährige Person zu unterrichten. [2] Dem Jugendlichen soll zuvor Gelegenheit gegeben werden, eine volljährige Person seines Vertrauens zu bezeichnen. [3] Eine andere geeignete volljährige Person kann auch der für die Betreuung des Jugendlichen in dem Jugendstrafverfahren zuständige Vertreter der Jugendgerichtshilfe sein.

(5) [1] Liegen Gründe, aus denen Mitteilungen und Informationen nach Absatz 3 unterbleiben können, nicht mehr vor, so sind im weiteren Verfahren vorgeschriebene Mitteilungen und Informationen auch wieder an die betroffenen Erziehungsberechtigten und gesetzlichen Vertreter zu richten. [2] Außerdem erhalten sie in

---

[1)] § 67a neu gef. mWv 17.12.2019 durch G v. 9.12.2019 (BGBl. I S. 2146).

diesem Fall nachträglich auch solche Mitteilungen und Informationen, die der Jugendliche nach § 70a bereits erhalten hat, soweit diese im Laufe des Verfahrens von Bedeutung bleiben oder sobald sie Bedeutung erlangen.

(6) Für den dauerhaften Entzug der Rechte nach den Absätzen 1 und 2 findet das Verfahren nach § 67 Absatz 4 entsprechende Anwendung.

**§ 68[1)] Notwendige Verteidigung.** Ein Fall der notwendigen Verteidigung liegt vor, wenn

1. im Verfahren gegen einen Erwachsenen ein Fall der notwendigen Verteidigung vorliegen würde,
2. den Erziehungsberechtigten und den gesetzlichen Vertretern ihre Rechte nach diesem Gesetz entzogen sind,
3. die Erziehungsberechtigten und die gesetzlichen Vertreter nach § 51 Abs. 2 von der Verhandlung ausgeschlossen worden sind und die Beeinträchtigung in der Wahrnehmung ihrer Rechte durch eine nachträgliche Unterrichtung (§ 51 Abs. 4 Satz 2) oder die Anwesenheit einer anderen geeigneten volljährigen Person nicht hinreichend ausgeglichen werden kann,
4. zur Vorbereitung eines Gutachtens über den Entwicklungsstand des Beschuldigten (§ 73) seine Unterbringung in einer Anstalt in Frage kommt oder
5. die Verhängung einer Jugendstrafe, die Aussetzung der Verhängung einer Jugendstrafe oder die Anordnung der Unterbringung in einem psychiatrischen Krankenhaus oder in einer Entziehungsanstalt zu erwarten ist.

**§ 68a[2)] Zeitpunkt der Bestellung eines Pflichtverteidigers.** (1) [1]In den Fällen der notwendigen Verteidigung wird dem Jugendlichen, der noch keinen Verteidiger hat, ein Pflichtverteidiger spätestens bestellt, bevor eine Vernehmung des Jugendlichen oder eine Gegenüberstellung mit ihm durchgeführt wird. [2]Dies gilt nicht, wenn ein Fall der notwendigen Verteidigung allein deshalb vorliegt, weil dem Jugendlichen ein Verbrechen zur Last gelegt wird, ein Absehen von der Strafverfolgung nach § 45 Absatz 2 oder 3 zu erwarten ist und die Bestellung eines Pflichtverteidigers zu dem in Satz 1 genannten Zeitpunkt auch unter Berücksichtigung des Wohls des Jugendlichen und der Umstände des Einzelfalls unverhältnismäßig wäre.

(2) § 141 Absatz 2 Satz 2 der Strafprozessordnung[3)] ist nicht anzuwenden.

**§ 68b[4)] Vernehmungen und Gegenüberstellungen vor der Bestellung eines Pflichtverteidigers.** [1]Abweichend von § 68a Absatz 1 dürfen im Vorverfahren Vernehmungen des Jugendlichen oder Gegenüberstellungen mit ihm vor der Bestellung eines Pflichtverteidigers durchgeführt werden, soweit dies auch unter Berücksichtigung des Wohls des Jugendlichen

1. zur Abwehr schwerwiegender nachteiliger Auswirkungen auf Leib oder Leben oder die Freiheit einer Person dringend erforderlich ist oder

---

[1)] § 68 Nr. 2 und 3 geänd., Nr. 4 angef. durch G v. 30.8.1990 (BGBl. I S. 1853); Nr. 3 eingef., bish. Nr. 3 und 4 werden Nr. 4 und 5 mWv 31.12.2006 durch G v. 22.12.2006 (BGBl. I S. 3416); einl. Satzteil geänd., Nr. 1 neu gef., Nrn. 2 und 3 geänd., Nr. 5 neu gef. mWv 17.12.2019 durch G v. 9.12.2019 (BGBl. I S. 2146).

[2)] § 68a eingef. mWv 17.12.2019 durch G v. 9.12.2019 (BGBl. I S. 2146).

[3)] Nr. **90**.

[4)] § 68b eingef. mWv 17.12.2019 durch G v. 9.12.2019 (BGBl. I S. 2146).

2. ein sofortiges Handeln der Strafverfolgungsbehörden zwingend geboten ist, um eine erhebliche Gefährdung eines sich auf eine schwere Straftat beziehenden Strafverfahrens abzuwenden.

[2]Das Recht des Jugendlichen, jederzeit, auch schon vor der Vernehmung, einen von ihm zu wählenden Verteidiger zu befragen, bleibt unberührt.

**§ 69**[1)] **Beistand.** (1) Der Vorsitzende kann dem Beschuldigten in jeder Lage des Verfahrens einen Beistand bestellen, wenn kein Fall der notwendigen Verteidigung vorliegt.

(2) Der Erziehungsberechtigte und der gesetzliche Vertreter dürfen nicht zum Beistand bestellt werden, wenn hierdurch ein Nachteil für die Erziehung zu erwarten wäre.

(3) [1]Dem Beistand kann Akteneinsicht gewährt werden. [2]Im übrigen hat er in der Hauptverhandlung die Rechte eines Verteidigers. [3]Zu einer Vertretung des Angeklagten ist er nicht befugt.

**§ 70**[2)] **Mitteilungen an amtliche Stellen.** (1) [1]Die Jugendgerichtshilfe, in geeigneten Fällen auch das Familiengericht und die Schule werden von der Einleitung und dem Ausgang des Verfahrens unterrichtet. [2]Sie benachrichtigen die Jugendstaatsanwaltschaft, wenn ihnen bekannt wird, daß gegen den Beschuldigten noch ein anderes Strafverfahren anhängig ist. [3]Das Familiengericht teilt der Jugendstaatsanwaltschaft ferner familiengerichtliche Maßnahmen sowie ihre Änderung und Aufhebung mit, soweit nicht für das Familiengericht erkennbar ist, daß schutzwürdige Interessen des Beschuldigten oder einer sonst von der Mitteilung betroffenen Person oder Stelle an dem Ausschluß der Übermittlung überwiegen.

(2) [1]Von der Einleitung des Verfahrens ist die Jugendgerichtshilfe spätestens zum Zeitpunkt der Ladung des Jugendlichen zu seiner ersten Vernehmung als Beschuldigter zu unterrichten. [2]Im Fall einer ersten Beschuldigtenvernehmung ohne vorherige Ladung muss die Unterrichtung spätestens unverzüglich nach der Vernehmung erfolgen.

(3) [1]Im Fall des einstweiligen Entzugs der Freiheit des Jugendlichen teilen die den Freiheitsentzug durchführenden Stellen der Jugendstaatsanwaltschaft und dem Jugendgericht von Amts wegen Erkenntnisse mit, die sie auf Grund einer medizinischen Untersuchung erlangt haben, soweit diese Anlass zu Zweifeln geben, ob der Jugendliche verhandlungsfähig oder bestimmten Untersuchungshandlungen oder Maßnahmen gewachsen ist. [2]Im Übrigen bleibt § 114e der Strafprozessordnung[3)] unberührt.

**§ 70a**[4)] **Unterrichtung des Jugendlichen.** (1) [1]Wenn der Jugendliche davon in Kenntnis gesetzt wird, dass er Beschuldigter ist, so ist er unverzüglich über die Grundzüge eines Jugendstrafverfahrens zu informieren. [2]Über die nächsten anstehenden Schritte in dem gegen ihn gerichteten Verfahren wird er ebenfalls unver-

---

[1)] § 69 Abs. 3 Satz 3 angef. mWv 25.7.2015 durch G v. 17.7.2015 (BGBl. I S. 1332).

[2)] § 70 Satz 1 neu gef. durch G v. 30.8.1990 (BGBl. I S. 1853); Satz 3 angef. durch G v. 18.6.1997 (BGBl. I S. 1430); Satz 3 geänd. durch G v. 16.12.1997 (BGBl. I S. 2942); Sätze 1 und 3 geänd. mWv 1.9. 2009 durch G v. 17.12.2008 (BGBl. I S. 2586); Überschrift neu gef., Abs. 1 Sätze 2 und 3 geänd., Abs. 2 und 3 angef. mWv 17.12.2019 durch G v. 9.12.2019 (BGBl. I S. 2146).

[3)] Nr. **90**.

[4)] § 70a eingef. mWv 17.12.2019 durch G v. 9.12.2019 (BGBl. I S. 2146).

züglich informiert, sofern der Zweck der Untersuchung dadurch nicht gefährdet wird. [3] Außerdem ist der Jugendliche unverzüglich darüber zu unterrichten, dass

1. nach Maßgabe des § 67a die Erziehungsberechtigten und die gesetzlichen Vertreter oder eine andere geeignete volljährige Person zu informieren sind,
2. er in den Fällen notwendiger Verteidigung (§ 68) nach Maßgabe des § 141 der Strafprozessordnung[1)] und des § 68a die Mitwirkung eines Verteidigers und nach Maßgabe des § 70c Absatz 4 die Verschiebung oder Unterbrechung seiner Vernehmung für eine angemessene Zeit verlangen kann,
3. nach Maßgabe des § 48 die Verhandlung vor dem erkennenden Gericht grundsätzlich nicht öffentlich ist und dass er bei einer ausnahmsweise öffentlichen Hauptverhandlung unter bestimmten Voraussetzungen den Ausschluss der Öffentlichkeit oder einzelner Personen beantragen kann,
4. er nach § 70c Absatz 2 Satz 4 dieses Gesetzes in Verbindung mit § 58a Absatz 2 Satz 6 und Absatz 3 Satz 1 der Strafprozessordnung der Überlassung einer Kopie der Aufzeichnung seiner Vernehmung in Bild und Ton an die zur Akteneinsicht Berechtigten widersprechen kann und dass die Überlassung der Aufzeichnung oder die Herausgabe von Kopien an andere Stellen seiner Einwilligung bedarf,
5. er nach Maßgabe des § 67 Absatz 3 bei Untersuchungshandlungen von seinen Erziehungsberechtigten und seinen gesetzlichen Vertretern oder einer anderen geeigneten volljährigen Person begleitet werden kann,
6. er wegen einer mutmaßlichen Verletzung seiner Rechte durch eine der beteiligten Behörden oder durch das Gericht eine Überprüfung der betroffenen Maßnahmen und Entscheidungen verlangen kann.

(2) Soweit dies im Verfahren von Bedeutung ist oder sobald dies im Verfahren Bedeutung erlangt, ist der Jugendliche außerdem so früh wie möglich über Folgendes zu informieren:

1. die Berücksichtigung seiner persönlichen Verhältnisse und Bedürfnisse im Verfahren nach Maßgabe der §§ 38, 43 und 46a,
2. das Recht auf medizinische Untersuchung, das ihm nach Maßgabe des Landesrechts oder des Rechts der Polizeien des Bundes im Fall des einstweiligen Entzugs der Freiheit zusteht, sowie über das Recht auf medizinische Unterstützung, sofern sich ergibt, dass eine solche während dieses Freiheitsentzugs erforderlich ist,
3. die Geltung des Verhältnismäßigkeitsgrundsatzes im Fall des einstweiligen Entzugs der Freiheit, namentlich
   a) des Vorrangs anderer Maßnahmen, durch die der Zweck des Freiheitsentzugs erreicht werden kann,
   b) der Begrenzung des Freiheitsentzugs auf den kürzesten angemessenen Zeitraum und
   c) der Berücksichtigung der besonderen Belastungen durch den Freiheitsentzug im Hinblick auf sein Alter und seinen Entwicklungsstand sowie der Berücksichtigung einer anderen besonderen Schutzwürdigkeit,
4. die zur Haftvermeidung in geeigneten Fällen generell in Betracht kommenden anderen Maßnahmen,
5. die vorgeschriebenen Überprüfungen von Amts wegen in Haftsachen,

---

1) Nr. **90**.

6. das Recht auf Anwesenheit der Erziehungsberechtigten und der gesetzlichen Vertreter oder einer anderen geeigneten volljährigen Person in der Hauptverhandlung,
7. sein Recht auf und seine Pflicht zur Anwesenheit in der Hauptverhandlung nach Maßgabe des § 50 Absatz 1 und des § 51 Absatz 1.

(3) Wird Untersuchungshaft gegen den Jugendlichen vollstreckt, so ist er außerdem darüber zu informieren, dass

1. nach Maßgabe des § 89c seine Unterbringung getrennt von Erwachsenen zu erfolgen hat,
2. nach Maßgabe der Vollzugsgesetze der Länder
   a) Fürsorge für seine gesundheitliche, körperliche und geistige Entwicklung zu leisten ist,
   b) sein Recht auf Erziehung und Ausbildung zu gewährleisten ist,
   c) sein Recht auf Familienleben und dabei die Möglichkeit, seine Erziehungsberechtigten und seine gesetzlichen Vertreter zu treffen, zu gewährleisten ist,
   d) ihm der Zugang zu Programmen und Maßnahmen zu gewährleisten ist, die seine Entwicklung und Wiedereingliederung fördern, und
   e) ihm die Religions- und Weltanschauungsfreiheit zu gewährleisten ist.

(4) Im Fall eines anderen einstweiligen Entzugs der Freiheit als der Untersuchungshaft ist der Jugendliche über seine dafür geltenden Rechte entsprechend Absatz 3 Nummer 2 zu informieren, im Fall einer polizeilichen Ingewahrsamnahme auch über sein Recht auf die von Erwachsenen getrennte Unterbringung nach den dafür maßgeblichen Vorschriften.

(5) § 70b dieses Gesetzes und § 168b Absatz 3 der Strafprozessordnung gelten entsprechend.

(6) Sofern einem verhafteten Jugendlichen eine schriftliche Belehrung nach § 114b der Strafprozessordnung ausgehändigt wird, muss diese auch die zusätzlichen Informationen nach diesem Paragrafen enthalten.

(7) Sonstige Informations- und Belehrungspflichten bleiben von den Bestimmungen dieses Paragrafen unberührt.

**§ 70b[1)] Belehrungen.** (1) [1] Vorgeschriebene Belehrungen des Jugendlichen müssen in einer Weise erfolgen, die seinem Alter und seinem Entwicklungs- und Bildungsstand entspricht. [2] Sie sind auch an seine anwesenden Erziehungsberechtigten und gesetzlichen Vertreter zu richten und müssen dabei in einer Weise erfolgen, die es diesen ermöglicht, ihrer Verantwortung im Hinblick auf den Gegenstand der Belehrung gerecht zu werden. [3] Sind Erziehungsberechtigte und gesetzliche Vertreter bei der Belehrung des Jugendlichen über die Bedeutung vom Gericht angeordneter Rechtsfolgen nicht anwesend, muss ihnen die Belehrung darüber schriftlich erteilt werden.

(2) Sind bei einer Belehrung über die Bedeutung der Aussetzung einer Jugendstrafe zur Bewährung oder über die Bedeutung des Vorbehalts einer diesbezüglichen nachträglichen Entscheidung auch jugendliche oder heranwachsende Mitangeklagte anwesend, die nur zu Erziehungsmaßregeln oder Zuchtmitteln ver-

---

[1)] Früherer § 70a eingef. mWv 7.10.2012 durch G v. 4.9.2012 (BGBl. I S. 1854); bish. § 70a wird § 70b und Abs. 1 Satz 1 geänd. mWv 17.12.2019 durch G v. 9.12.2019 (BGBl. I S. 2146).

urteilt werden, soll die Belehrung auch ihnen ein Verständnis von der Bedeutung der Entscheidung vermitteln.

**§ 70c[1] Vernehmung des Beschuldigten.** (1) Die Vernehmung des Beschuldigten ist in einer Art und Weise durchzuführen, die seinem Alter und seinem Entwicklungs- und Bildungsstand Rechnung trägt.

(2) [1] Außerhalb der Hauptverhandlung kann die Vernehmung in Bild und Ton aufgezeichnet werden. [2] Andere als richterliche Vernehmungen sind in Bild und Ton aufzuzeichnen, wenn zum Zeitpunkt der Vernehmung die Mitwirkung eines Verteidigers notwendig ist, ein Verteidiger aber nicht anwesend ist. [3] Im Übrigen bleibt § 136 Absatz 4 Satz 2 der Strafprozessordnung[2], auch in Verbindung mit § 163a Absatz 3 Satz 2 oder Absatz 4 Satz 2 der Strafprozessordnung, unberührt. [4] Wird die Vernehmung in Bild und Ton aufgezeichnet, gilt § 58a Absatz 2 und 3 der Strafprozessordnung entsprechend.

(3) [1] Eine Aufzeichnung in Bild und Ton nach Absatz 2 lässt die Vorschriften der Strafprozessordnung über die Protokollierung von Untersuchungshandlungen unberührt. [2] Wird eine Vernehmung des Beschuldigten außerhalb der Hauptverhandlung nicht in Bild und Ton aufgezeichnet, ist über sie stets ein Protokoll aufzunehmen.

(4) [1] Ist oder wird die Mitwirkung eines Verteidigers zum Zeitpunkt einer Vernehmung des Beschuldigten oder einer Gegenüberstellung (§ 58 Absatz 2 der Strafprozessordnung) notwendig, ist diese für eine angemessene Zeit zu verschieben oder zu unterbrechen, wenn ein Verteidiger nicht anwesend ist und kein Fall des § 68b vorliegt. [2] Satz 1 gilt nicht, wenn der Verteidiger ausdrücklich auf seine Anwesenheit verzichtet hat.

**§ 71[3] Vorläufige Anordnungen über die Erziehung.** (1) Bis zur Rechtskraft des Urteils kann der Richter vorläufige Anordnungen über die Erziehung des Jugendlichen treffen oder die Gewährung von Leistungen nach dem Achten Buch Sozialgesetzbuch anregen.

(2) [1] Der Richter kann die einstweilige Unterbringung in einem geeigneten Heim der Jugendhilfe anordnen, wenn dies auch im Hinblick auf die zu erwartenden Maßnahmen geboten ist, um den Jugendlichen vor einer weiteren Gefährdung seiner Entwicklung, insbesondere vor der Begehung neuer Straftaten, zu bewahren. [2] Für die einstweilige Unterbringung gelten die §§ 114 bis 115a, 117 bis 118b, 120, 125 und 126 der Strafprozeßordnung[2] sinngemäß. [3] Die Ausführung der einstweiligen Unterbringung richtet sich nach den für das Heim der Jugendhilfe geltenden Regelungen.

**§ 72[4] Untersuchungshaft.** (1) [1] Untersuchungshaft darf nur verhängt und vollstreckt werden, wenn ihr Zweck nicht durch eine vorläufige Anordnung über die Erziehung oder durch andere Maßnahmen erreicht werden kann. [2] Bei der Prüfung der Verhältnismäßigkeit (§ 112 Abs. 1 Satz 2 der Strafprozeßordnung[2]) sind

---

[1] § 70c eingef. mWv 17.12.2019, Abs. 2 Satz 3 erst mWv 1.1.2020, durch G v. 9.12.2019 (BGBl. I S. 2146).

[2] Nr. **90**.

[3] § 71 Abs. 1 neu gef. durch G v. 26.6.1990 (BGBl. I S. 1163); Abs. 2 neu gef. durch G v. 30.8.1990 (BGBl. I S. 1853).

[4] § 72 Abs. 1 Sätze 2 und 3 angef., Abs. 2 eingef., bish. Abs. 3–5 werden Abs. 4–6, neuer Abs. 4 Satz 1 geänd. durch G v. 30.8.1990 (BGBl. I S. 1853).

auch die besonderen Belastungen des Vollzuges für Jugendliche zu berücksichtigen. [3] Wird Untersuchungshaft verhängt, so sind im Haftbefehl die Gründe anzuführen, aus denen sich ergibt, daß andere Maßnahmen, insbesondere die einstweilige Unterbringung in einem Heim der Jugendhilfe, nicht ausreichen und die Untersuchungshaft nicht unverhältnismäßig ist.

(2) Solange der Jugendliche das sechzehnte Lebensjahr noch nicht vollendet hat, ist die Verhängung von Untersuchungshaft wegen Fluchtgefahr nur zulässig, wenn er

1. sich dem Verfahren bereits entzogen hatte oder Anstalten zur Flucht getroffen hat oder
2. im Geltungsbereich dieses Gesetzes keinen festen Wohnsitz oder Aufenthalt hat.

(3) Über die Vollstreckung eines Haftbefehls und über die Maßnahmen zur Abwendung seiner Vollstreckung entscheidet der Richter, der den Haftbefehl erlassen hat, in dringenden Fällen der Jugendrichter, in dessen Bezirk die Untersuchungshaft vollzogen werden müßte.

(4) [1] Unter denselben Voraussetzungen, unter denen ein Haftbefehl erlassen werden kann, kann auch die einstweilige Unterbringung in einem Heim der Jugendhilfe (§ 71 Abs. 2) angeordnet werden. [2] In diesem Falle kann der Richter den Unterbringungsbefehl nachträglich durch einen Haftbefehl ersetzen, wenn sich dies als notwendig erweist.

(5) Befindet sich ein Jugendlicher in Untersuchungshaft, so ist das Verfahren mit besonderer Beschleunigung durchzuführen.

(6) Die richterlichen Entscheidungen, welche die Untersuchungshaft betreffen, kann der zuständige Richter aus wichtigen Gründen sämtlich oder zum Teil einem anderen Jugendrichter übertragen.

**§ 72a[1)] Heranziehung der Jugendgerichtshilfe in Haftsachen.** [1] Die Jugendgerichtshilfe ist unverzüglich von der Vollstreckung eines Haftbefehls zu unterrichten; ihr soll bereits der Erlaß eines Haftbefehls mitgeteilt werden. [2] Von der vorläufigen Festnahme eines Jugendlichen ist die Jugendgerichtshilfe zu unterrichten, wenn nach dem Stand der Ermittlungen zu erwarten ist, daß der Jugendliche gemäß § 128 der Strafprozeßordnung[2)] dem Richter vorgeführt wird.

**§ 72b[3)] Verkehr mit Vertretern der Jugendgerichtshilfe, dem Betreuungshelfer und dem Erziehungsbeistand.** [1] Befindet sich ein Jugendlicher in Untersuchungshaft, so ist auch den Vertretern der Jugendgerichtshilfe der Verkehr mit dem Beschuldigten in demselben Umfang wie einem Verteidiger gestattet. [2] Entsprechendes gilt, wenn der Beschuldigte der Betreuung und Aufsicht eines Betreuungshelfers untersteht oder für ihn ein Erziehungsbeistand bestellt ist, für den Helfer oder den Erziehungsbeistand.

**§ 73[4)] Unterbringung zur Beobachtung.** (1) [1] Zur Vorbereitung eines Gutachtens über den Entwicklungsstand des Beschuldigten kann der Richter nach Anhören eines Sachverständigen und des Verteidigers anordnen, daß der Beschuldigte in eine zur Untersuchung Jugendlicher geeignete Anstalt gebracht und dort

---

1) § 72a eingef. durch G v. 30.8.1990 (BGBl. I. S. 1853).
2) Nr. **90**.
3) § 72b eingef. mWv 1.1.2010 durch G v. 29.7.2009 (BGBl. I S. 2274).
4) § 73 Abs. 1 Satz 1 geänd. durch G v. 30.8.1990 (BGBl. I S. 1853).

beobachtet wird. [2]Im vorbereitenden Verfahren entscheidet der Richter, der für die Eröffnung des Hauptverfahrens zuständig wäre.

(2) [1]Gegen den Beschluß ist sofortige Beschwerde zulässig. [2]Sie hat aufschiebende Wirkung.

(3) Die Verwahrung in der Anstalt darf die Dauer von sechs Wochen nicht überschreiten.

**§ 74 Kosten und Auslagen.** Im Verfahren gegen einen Jugendlichen kann davon abgesehen werden, dem Angeklagten Kosten und Auslagen aufzuerlegen.

### Achter Unterabschnitt. Vereinfachtes Jugendverfahren

**§ 75** (weggefallen)

**§ 76[1)] Voraussetzungen des vereinfachten Jugendverfahrens.** [1]Der Staatsanwalt kann bei dem Jugendrichter schriftlich oder mündlich beantragen, im vereinfachten Jugendverfahren zu entscheiden, wenn zu erwarten ist, daß der Jugendrichter ausschließlich Weisungen erteilen, Hilfe zur Erziehung im Sinne des § 12 Nr. 1 anordnen, Zuchtmittel verhängen, auf ein Fahrverbot erkennen, die Fahrerlaubnis entziehen und eine Sperre von nicht mehr als zwei Jahren festsetzen oder die Einziehung aussprechen wird. [2]Der Antrag des Staatsanwalts steht der Anklage gleich.

**§ 77[2)] Ablehnung des Antrags.** (1) [1]Der Jugendrichter lehnt die Entscheidung im vereinfachten Verfahren ab, wenn sich die Sache hierzu nicht eignet, namentlich wenn die Anordnung von Hilfe zur Erziehung im Sinne des § 12 Nr. 2 oder die Verhängung von Jugendstrafe wahrscheinlich oder eine umfangreiche Beweisaufnahme erforderlich ist. [2]Der Beschluß kann bis zur Verkündung des Urteils ergehen. [3]Er ist nicht anfechtbar.

(2) Lehnt der Jugendrichter die Entscheidung im vereinfachten Verfahren ab, so reicht der Staatsanwalt eine Anklageschrift ein.

**§ 78[3)] Verfahren und Entscheidung.** (1) [1]Der Jugendrichter entscheidet im vereinfachten Jugendverfahren auf Grund einer mündlichen Verhandlung durch Urteil. [2]Er darf auf Hilfe zur Erziehung im Sinne des § 12 Nr. 2, Jugendstrafe oder Unterbringung in einer Entziehungsanstalt nicht erkennen.

(2) [1]Der Staatsanwalt ist nicht verpflichtet, an der Verhandlung teilzunehmen. [2]Nimmt er nicht teil, so bedarf es seiner Zustimmung zu einer Einstellung des Verfahrens in der Verhandlung oder zur Durchführung der Verhandlung in Abwesenheit des Angeklagten nicht.

(3) [1]Zur Vereinfachung, Beschleunigung und jugendgemäßen Gestaltung des Verfahrens darf von Verfahrensvorschriften abgewichen werden, soweit dadurch die Erforschung der Wahrheit nicht beeinträchtigt wird. [2]Die Vorschriften über die Anwesenheit des Angeklagten (§ 50), die Stellung der Erziehungsberechtigten und der gesetzlichen Vertreter und deren Unterrichtung (§§ 67, 67a), die Mitteilungen an amtliche Stellen (§ 70) und die Unterrichtung des Jugendlichen

---

1) § 76 Satz 1 neu gef. durch G v. 30.8.1990 (BGBl. I S. 1853); Satz 1 geänd. mWv 1.1.1991 durch G v. 26.6.1990 (BGBl. I S. 1163); Satz 1 geänd. mWv 1.7.2017 durch G v. 13.4.2017 (BGBl. I S. 872).

2) § 77 Abs. 1 Satz 1 geänd. durch G v. 26.6.1990 (BGBl. I S. 1163).

3) § 78 Abs. 1 Satz 2 geänd. durch G v. 26.6.1990 (BGBl. I S. 1163); Abs. 3 Satz 3 angef. mWv 31.12.2006 durch G v. 22.12.2006 (BGBl. I S. 3416); Abs. 3 Satz 2 neu gef. mWv 17.12.2019 durch G v. 9.12.2019 (BGBl. I S. 2146).

(§ 70a) müssen beachtet werden. [3]Bleibt der Beschuldigte der mündlichen Verhandlung fern und ist sein Fernbleiben nicht genügend entschuldigt, so kann die Vorführung angeordnet werden, wenn dies mit der Ladung angedroht worden ist.

### Neunter Unterabschnitt. Ausschluß von Vorschriften des allgemeinen Verfahrensrechts

**§ 79 Strafbefehl und beschleunigtes Verfahren.** (1) Gegen einen Jugendlichen darf kein Strafbefehl erlassen werden.

(2) Das beschleunigte Verfahren des allgemeinen Verfahrensrechts ist unzulässig.

**§ 80[1)] Privatklage und Nebenklage.** (1) [1]Gegen einen Jugendlichen kann Privatklage nicht erhoben werden. [2]Eine Verfehlung, die nach den allgemeinen Vorschriften durch Privatklage verfolgt werden kann, verfolgt der Staatsanwalt auch dann, wenn Gründe der Erziehung oder ein berechtigtes Interesse des Verletzten, das dem Erziehungszweck nicht entgegensteht, es erfordern.

(2) [1]Gegen einen jugendlichen Privatkläger ist Widerklage zulässig. [2]Auf Jugendstrafe darf nicht erkannt werden.

(3) [1]Der erhobenen öffentlichen Klage kann sich als Nebenkläger nur anschließen, wer verletzt worden ist

1. durch ein Verbrechen gegen das Leben, die körperliche Unversehrtheit oder die sexuelle Selbstbestimmung oder nach § 239 Absatz 3, § 239a oder § 239b des Strafgesetzbuches[2)], durch welches das Opfer seelisch oder körperlich schwer geschädigt oder einer solchen Gefahr ausgesetzt worden ist,
2. durch einen besonders schweren Fall eines Vergehens nach § 177 Absatz 6 des Strafgesetzbuches, durch welches das Opfer seelisch oder körperlich schwer geschädigt oder einer solchen Gefahr ausgesetzt worden ist, oder
3. durch ein Verbrechen nach § 251 des Strafgesetzbuches, auch in Verbindung mit § 252 oder § 255 des Strafgesetzbuches.

[2]Im Übrigen gelten § 395 Absatz 2 Nummer 1, Absatz 4 und 5 und §§ 396 bis 402 der Strafprozessordnung[3)] entsprechend.

**§ 81[4)] Adhäsionsverfahren.** Die Vorschriften der Strafprozeßordnung über das Adhäsionsverfahren (§§ 403 bis 406c der Strafprozeßordnung[3)]) werden im Verfahren gegen einen Jugendlichen nicht angewendet.

### Zehnter Unterabschnitt.[5) 6)] Anordnung der Sicherungsverwahrung

**§ 81a[7) 6)] Verfahren und Entscheidung.** Für das Verfahren und die Entscheidung über die Anordnung der Unterbringung in der Sicherungsverwahrung gelten

---

[1)] § 80 Abs. 3 neu gef. mWv 31.12.2006 durch G v. 22.12.2006 (BGBl. I S. 3416); Abs. 3 Satz 2 geänd. mWv 1.10.2009 durch G v. 29.7.2009 (BGBl. I S. 2280); Abs. 3 Satz 1 neu gef. mWv 13.12.2019 durch G v. 10.12.2019 (BGBl. I S. 2121).

[2)] Nr. **85**.

[3)] Nr. **90**.

[4)] § 81 Überschrift neu gef., Wortlaut geänd. mWv 1.7.2021 durch G v. 25.6.2021 (BGBl. I S. 2099).

[5)] 10. UAbschnitt (§ 81a) eingef. mWv 1.1.2011 durch G v. 22.12.2010 (BGBl. I S. 2300).

[6)] Beachte hierzu Übergangsvorschrift in Art. 316f EGStGB (Nr. **85a**).

[7)] § 81a eingef. mWv 1.1.2011 durch G v. 22.12.2010 (BGBl. I S. 2300); Abs. 2 aufgeh. mWv 1.6.2013 durch G v. 5.12.2012 (BGBl. I S. 2425).

§ 275a der Strafprozessordnung[1] und die §§ 74f und 120a des Gerichtsverfassungsgesetzes[2] sinngemäß.

## Drittes Hauptstück. Vollstreckung und Vollzug

### Erster Abschnitt. Vollstreckung

#### Erster Unterabschnitt. Verfassung der Vollstreckung und Zuständigkeit

**§ 82** [3)4)] **Vollstreckungsleiter.** (1) [1]Vollstreckungsleiter ist der Jugendrichter. [2]Er nimmt auch die Aufgaben wahr, welche die Strafprozeßordnung der Strafvollstreckungskammer zuweist.

(2) Soweit der Richter Hilfe zur Erziehung im Sinne des § 12 angeordnet hat, richtet sich die weitere Zuständigkeit nach den Vorschriften des Achten Buches Sozialgesetzbuch.

(3) In den Fällen des § 7 Abs. 2 und 4 richten sich die Vollstreckung der Unterbringung und die Zuständigkeit hierfür nach den Vorschriften der Strafprozessordnung[1], wenn der Betroffene das einundzwanzigste Lebensjahr vollendet hat.

**§ 83** [5)] **Entscheidungen im Vollstreckungsverfahren.** (1) Die Entscheidungen des Vollstreckungsleiters nach den §§ 86 bis 89a und 89b Abs. 2 sowie nach den §§ 462a und 463 der Strafprozeßordnung[1] sind jugendrichterliche Entscheidungen.

(2) Für die bei der Vollstreckung notwendig werdenden gerichtlichen Entscheidungen gegen eine vom Vollstreckungsleiter getroffene Anordnung ist die Jugendkammer in den Fällen zuständig, in denen

1. der Vollstreckungsleiter selbst oder unter seinem Vorsitz das Jugendschöffengericht im ersten Rechtszug erkannt hat,
2. der Vollstreckungsleiter in Wahrnehmung der Aufgaben der Strafvollstreckungskammer über seine eigene Anordnung zu entscheiden hätte.

(3) [1]Die Entscheidungen nach den Absätzen 1 und 2 können, soweit nichts anderes bestimmt ist, mit sofortiger Beschwerde angefochten werden. [2]Die §§ 67 bis 69 gelten sinngemäß.

**§ 84** [6)] **Örtliche Zuständigkeit.** (1) Der Jugendrichter leitet die Vollstreckung in allen Verfahren ein, in denen er selbst oder unter seinem Vorsitz das Jugendschöffengericht im ersten Rechtszuge erkannt hat.

(2) [1]Soweit, abgesehen von den Fällen des Absatzes 1, die Entscheidung eines anderen Richters zu vollstrecken ist, steht die Einleitung der Vollstreckung dem Jugendrichter des Amtsgerichts zu, dem die familiengerichtlichen Erziehungsaufgaben obliegen. [2]Ist in diesen Fällen der Verurteilte volljährig, steht die Einleitung

---

[1] Nr. **90**.

[2] Nr. **95**.

[3] § 82 Abs. 2 neu gef. durch G v. 26.6.1990 (BGBl. I S. 1163); Abs. 3 angef. mWv 12.7.2008 durch G v. 8.7.2008 (BGBl. I S. 1212); Abs. 3 geänd. mWv 1.6.2013 durch G v. 5.12.2012 (BGBl. I S. 2425).

[4] Beachte hierzu Übergangsvorschrift in Art. 316f EGStGB (Nr. **85a**).

[5] § 83 Abs. 1 geänd. durch G v. 30.8.1990 (BGBl. I S. 1853); Abs. 1 geänd. mWv 1.1.2008 durch G v. 13.12.2007 (BGBl. I S. 2894); Abs. 1 geänd. mWv 1.1.2010 durch G v. 29.7.2009 (BGBl. I S. 2274).

[6] § 84 Abs. 2 Satz 2 angef., Satz 1 geänd. durch G v. 16.12.1997 (BGBl. I S. 2942); Abs. 2 Sätze 1 und 2 geänd. mWv 1.9.2009 durch G v. 17.12.2008 (BGBl. I S. 2586).

der Vollstreckung dem Jugendrichter des Amtsgerichts zu, dem die familiengerichtlichen Erziehungsaufgaben bei noch fehlender Volljährigkeit oblägen.

(3) In den Fällen der Absätze 1 und 2 führt der Jugendrichter die Vollstreckung durch, soweit § 85 nichts anderes bestimmt.

**§ 85** [1)2)] **Abgabe und Übergang der Vollstreckung.** (1) Ist Jugendarrest zu vollstrecken, so gibt der zunächst zuständige Jugendrichter die Vollstreckung an den Jugendrichter ab, der nach § 90 Abs. 2 Satz 2 als Vollzugsleiter zuständig ist.

(2) [1] Ist Jugendstrafe zu vollstrecken, so geht nach der Aufnahme des Verurteilten in die Einrichtung für den Vollzug der Jugendstrafe die Vollstreckung auf den Jugendrichter des Amtsgerichts über, in dessen Bezirk die Einrichtung für den Vollzug der Jugendstrafe liegt. [2] Die Landesregierungen werden ermächtigt, durch Rechtsverordnung zu bestimmen, daß die Vollstreckung auf den Jugendrichter eines anderen Amtsgerichts übergeht, wenn dies aus verkehrsmäßigen Gründen günstiger erscheint. [3] Die Landesregierungen können die Ermächtigung durch Rechtsverordnung auf die Landesjustizverwaltungen übertragen.[3)]

(3) [1] Unterhält ein Land eine Einrichtung für den Vollzug der Jugendstrafe auf dem Gebiet eines anderen Landes, so können die beteiligten Länder vereinbaren, daß der Jugendrichter eines Amtsgerichts des Landes, das die Einrichtung für den Vollzug der Jugendstrafe unterhält, zuständig sein soll. [2] Wird eine solche Vereinbarung getroffen, so geht die Vollstreckung auf den Jugendrichter des Amtsgerichts über, in dessen Bezirk die für die Einrichtung für den Vollzug der Jugendstrafe zuständige Aufsichtsbehörde ihren Sitz hat. [3] Die Regierung des Landes, das die Einrichtung für den Vollzug der Jugendstrafe unterhält, wird ermächtigt, durch Rechtsverordnung zu bestimmen, daß der Jugendrichter eines anderen Amtsgerichts zuständig wird, wenn dies aus verkehrsmäßigen Gründen günstiger erscheint. [4] Die Landesregierung kann die Ermächtigung durch Rechtsverordnung auf die Landesjustizverwaltung übertragen.

(4) Absatz 2 gilt entsprechend bei der Vollstreckung einer Maßregel der Besserung und Sicherung nach § 61 Nr. 1 oder 2 des Strafgesetzbuches[4)].

(5) Aus wichtigen Gründen kann der Vollstreckungsleiter die Vollstreckung widerruflich an einen sonst nicht oder nicht mehr zuständigen Jugendrichter abgeben.

(6) [1] Hat der Verurteilte das vierundzwanzigste Lebensjahr vollendet, so kann der nach den Absätzen 2 bis 4 zuständige Vollstreckungsleiter die Vollstreckung

---

[1)] § 85 Abs. 2 neu gef., Abs. 3 und 4 eingef., bish. Abs. 3 wird Abs. 5, Abs. 6 und 7 angef. durch G v. 30.8.1990 (BGBl. I S. 1853); Abs. 2 Satz 1, Abs. 3 Sätze 1–3 geänd. mWv 1.1.2008 durch G v. 13.12.2007 (BGBl. I S. 2894).

[2)] **Amtl. Anm.:** Soweit § 85 Abs. 2 Ermächtigungen der obersten Landesbehörden zum Erlaß von Rechtsverordnungen vorsieht, sind die Landesregierungen zum Erlaß dieser Rechtsverordnungen ermächtigt. Die Landesregierungen können die Ermächtigungen auf oberste Landesbehörden übertragen (Gesetz über Rechtsverordnungen im Bereich der Gerichtsbarkeit vom 1.7.1960, BGBl. I S. 481).

[3)] **Baden-Württemberg:** § 25 ZuständigkeitsVO Justiz v. 20.11.1998 (GBl. S. 680), zuletzt geänd. durch VO v. 9.10.2019 (GBl. S. 426); **Brandenburg:** Justiz-ZuständigkeitsübertragungsVO v. 9.4.2014 (GVBl. II Nr. 23), zuletzt geänd. durch VO v. 27.8.2018 (GVBl. II Nr. 55); **Bremen:** VO über die Bestimmung des Vollstreckungsleiters der Jugendvollzugsanstalt Blockland v. 14.1.1986 (Brem.GBl. S. 15); **Hamburg:** WeiterübertragungsVO-JugendgerichtsG v. 22.1.2002 (HmbGVBl. S. 11), zuletzt geänd. durch VO v. 29.9.2015 (HmbGVBl. S. 250); **Niedersachsen:** SubdelegationsVO-Justiz v. 6.7.2007 (Nds. GVBl. S. 244), zuletzt geänd. durch VO v. 26.7.2019 (Nds. GVBl. S. 217); **Rheinland-Pfalz:** LandesVO über die Vollstreckungsleitung für die Abteilung für Jugendstrafvollzug bei der Justiz Vollzugsanstalt Zweibrücken v. 5.3.1996 (GVBl. S. 160).

[4)] Nr. **85**.

einer nach den Vorschriften des Strafvollzugs für Erwachsene vollzogenen Jugendstrafe oder einer Maßregel der Besserung und Sicherung an die nach den allgemeinen Vorschriften zuständige Vollstreckungsbehörde abgeben, wenn der Straf- oder Maßregelvollzug voraussichtlich noch länger dauern wird und die besonderen Grundgedanken des Jugendstrafrechts unter Berücksichtigung der Persönlichkeit des Verurteilten für die weiteren Entscheidungen nicht mehr maßgebend sind; die Abgabe ist bindend. [2] Mit der Abgabe sind die Vorschriften der Strafprozeßordnung und des Gerichtsverfassungsgesetzes über die Strafvollstreckung anzuwenden.

(7) Für die Zuständigkeit der Staatsanwaltschaft im Vollstreckungsverfahren gilt § 451 Abs. 3 der Strafprozeßordnung[1)] entsprechend.

### Zweiter Unterabschnitt. Jugendarrest

**§ 86 Umwandlung des Freizeitarrestes.** Der Vollstreckungsleiter kann Freizeitarrest in Kurzarrest umwandeln, wenn die Voraussetzungen des § 16 Abs. 3 nachträglich eingetreten sind.

**§ 87[2)] Vollstreckung des Jugendarrestes.** (1) Die Vollstreckung des Jugendarrestes wird nicht zur Bewährung ausgesetzt.

(2) Für die Anrechnung von Untersuchungshaft auf Jugendarrest gilt § 450 der Strafprozeßordnung[1)] sinngemäß.

(3) [1] Der Vollstreckungsleiter sieht von der Vollstreckung des Jugendarrestes ganz oder, ist Jugendarrest teilweise verbüßt, von der Vollstreckung des Restes ab, wenn seit Erlaß des Urteils Umstände hervorgetreten sind, die allein oder in Verbindung mit den bereits bekannten Umständen ein Absehen von der Vollstreckung aus Gründen der Erziehung rechtfertigen. [2] Sind seit Eintritt der Rechtskraft sechs Monate verstrichen, sieht er von der Vollstreckung ganz ab, wenn dies aus Gründen der Erziehung geboten ist. [3] Von der Vollstreckung des Jugendarrestes kann er ganz absehen, wenn zu erwarten ist, daß der Jugendarrest neben einer Strafe, die gegen den Verurteilten wegen einer anderen Tat verhängt worden ist oder die er wegen einer anderen Tat zu erwarten hat, seinen erzieherischen Zweck nicht mehr erfüllen wird. [4] Vor der Entscheidung hört der Vollstreckungsleiter nach Möglichkeit das erkennende Gericht, die Staatsanwaltschaft und die Vertretung der Jugendgerichtshilfe.

(4) [1] Die Vollstreckung des Jugendarrestes ist unzulässig, wenn seit Eintritt der Rechtskraft ein Jahr verstrichen ist. [2] Im Falle des § 16a darf nach Ablauf von drei Monaten seit Eintritt der Rechtskraft der Vollzug nicht mehr begonnen werden. [3] Jugendarrest, der nach § 16a verhängt wurde und noch nicht verbüßt ist, wird nicht mehr vollstreckt, wenn das Gericht

1. die Aussetzung der Jugendstrafe widerruft (§ 26 Absatz 1),
2. auf eine Jugendstrafe erkennt, deren Verhängung zur Bewährung ausgesetzt worden war (§ 30 Absatz 1 Satz 1), oder
3. die Aussetzung der Jugendstrafe in einem nachträglichen Beschluss ablehnt (§ 61a Absatz 1).

---

1) Nr. **90**.

2) § 87 Abs. 3 Satz 1 neu gef., Satz 2 eingef., bish. Sätze 2 und 3 werden Sätze 3 und 4, neuer Satz 4 neu gef. durch G v. 30.8.1990 (BGBl. I S. 1853); Abs. 3 Satz 4 geänd., Abs. 4 Sätze 2 und 3 angef. mWv 7.3.2013 durch G v. 4.9.2012 (BGBl. I S. 1854).

### Dritter Unterabschnitt. Jugendstrafe

**§ 88[1)] Aussetzung des Restes der Jugendstrafe.** (1) Der Vollstreckungsleiter kann die Vollstreckung des Restes der Jugendstrafe zur Bewährung aussetzen, wenn der Verurteilte einen Teil der Strafe verbüßt hat und dies im Hinblick auf die Entwicklung des Jugendlichen, auch unter Berücksichtigung des Sicherheitsinteresses der Allgemeinheit, verantwortet werden kann.

(2) [1] Vor Verbüßung von sechs Monaten darf die Aussetzung der Vollstreckung des Restes nur aus besonders wichtigen Gründen angeordnet werden. [2] Sie ist bei einer Jugendstrafe von mehr als einem Jahr nur zulässig, wenn der Verurteilte mindestens ein Drittel der Strafe verbüßt hat.

(3) [1] Der Vollstreckungsleiter soll in den Fällen der Absätze 1 und 2 seine Entscheidung so frühzeitig treffen, daß die erforderlichen Maßnahmen zur Vorbereitung des Verurteilten auf sein Leben nach der Entlassung durchgeführt werden können. [2] Er kann seine Entscheidung bis zur Entlassung des Verurteilten wieder aufheben, wenn die Aussetzung aufgrund neu eingetretener oder bekanntgewordener Tatsachen im Hinblick auf die Entwicklung des Jugendlichen, auch unter Berücksichtigung des Sicherheitsinteresses der Allgemeinheit, nicht mehr verantwortet werden kann.

(4) [1] Der Vollstreckungsleiter entscheidet nach Anhören des Staatsanwalts und des Vollzugsleiters. [2] Dem Verurteilten ist Gelegenheit zur mündlichen Äußerung zu geben.

(5) Der Vollstreckungsleiter kann Fristen von höchstens sechs Monaten festsetzen, vor deren Ablauf ein Antrag des Verurteilten, den Strafrest zur Bewährung auszusetzen, unzulässig ist.

(6) [1] Ordnet der Vollstreckungsleiter die Aussetzung der Vollstreckung des Restes der Jugendstrafe an, so gelten § 22 Abs. 1, 2 Satz 1 und 2 sowie die §§ 23 bis 26a sinngemäß. [2] An die Stelle des erkennenden Richters tritt der Vollstreckungsleiter. [3] Auf das Verfahren und die Anfechtung von Entscheidungen sind die §§ 58, 59 Abs. 2 bis 4 und § 60 entsprechend anzuwenden. [4] Die Beschwerde der Staatsanwaltschaft gegen den Beschluß, der die Aussetzung des Strafrestes anordnet, hat aufschiebende Wirkung.

**§ 89[2)] Jugendstrafe bei Vorbehalt der Entscheidung über die Aussetzung.**

[1] Hat das Gericht die Entscheidung über die Aussetzung der Jugendstrafe einem nachträglichen Beschluss vorbehalten, darf die Jugendstrafe vor Ablauf der nach § 61a Absatz 1 maßgeblichen Frist nicht vollstreckt werden. [2] Dies gilt nicht, wenn die Aussetzung zuvor in einem auf Grund des Vorbehalts ergangenen Beschluss abgelehnt wurde.

**§ 89a[3)] Unterbrechung und Vollstreckung der Jugendstrafe neben Freiheitsstrafe.** (1) [1] Ist gegen den zu Jugendstrafe Verurteilten auch Freiheitsstrafe zu vollstrecken, so wird die Jugendstrafe in der Regel zuerst vollstreckt. [2] Der Vollstreckungsleiter unterbricht die Vollstreckung der Jugendstrafe, wenn die Hälfte,

---

1) § 88 Überschrift, Abs. 1, 2 Satz 1 geänd, Abs. 3 eingef., bish. Abs. 3–5 werden Abs. 4–6, neuer Abs. 6 neu gef. durch G v. 30.8.1990 (BGBl. I S. 1853); Abs. 1 geänd., Abs. 3 Satz 2 neu gef. durch G v. 26.1. 1998 (BGBl. I S. 160).

2) § 89 eingef. mWv 7.10.2012 durch G v. 4.9.2012 (BGBl. I S. 1854).

3) § 89a eingef. durch G v. 30.8.1990 (BGBl. I S. 1853); Abs. 1 Satz 5 geänd. mWv 24.8.2017 durch G v. 17.8.2017 (BGBl. I S. 3202).

mindestens jedoch sechs Monate, der Jugendstrafe verbüßt sind. [3] Er kann die Vollstreckung zu einem früheren Zeitpunkt unterbrechen, wenn die Aussetzung des Strafrestes in Betracht kommt. [4] Ein Strafrest, der auf Grund des Widerrufs seiner Aussetzung vollstreckt wird, kann unterbrochen werden, wenn die Hälfte, mindestens jedoch sechs Monate, des Strafrestes verbüßt sind und eine erneute Aussetzung in Betracht kommt. [5] § 454b Absatz 4 der Strafprozeßordnung[1)] gilt entsprechend.

(2) [1] Ist gegen einen Verurteilten außer lebenslanger Freiheitsstrafe auch Jugendstrafe zu vollstrecken, so wird, wenn die letzte Verurteilung eine Straftat betrifft, die der Verurteilte vor der früheren Verurteilung begangen hat, nur die lebenslange Freiheitsstrafe vollstreckt; als Verurteilung gilt das Urteil in dem Verfahren, in dem die zugrundeliegenden tatsächlichen Feststellungen letztmals geprüft werden konnten. [2] Wird die Vollstreckung des Restes der lebenslangen Freiheitsstrafe durch das Gericht zur Bewährung ausgesetzt, so erklärt das Gericht die Vollstreckung der Jugendstrafe für erledigt.

(3) In den Fällen des Absatzes 1 gilt § 85 Abs. 6 entsprechend mit der Maßgabe, daß der Vollstreckungsleiter die Vollstreckung der Jugendstrafe abgeben kann, wenn der Verurteilte das einundzwanzigste Lebensjahr vollendet hat.

**§ 89b[2)] Ausnahme vom Jugendstrafvollzug.** (1) [1] An einem Verurteilten, der das 18. Lebensjahr vollendet hat und sich nicht für den Jugendstrafvollzug eignet, kann die Jugendstrafe statt nach den Vorschriften für den Jugendstrafvollzug nach den Vorschriften des Strafvollzuges für Erwachsene vollzogen werden. [2] Hat der Verurteilte das 24. Lebensjahr vollendet, so soll Jugendstrafe nach den Vorschriften des Strafvollzuges für Erwachsene vollzogen werden.

(2) Über die Ausnahme vom Jugendstrafvollzug entscheidet der Vollstreckungsleiter.

### Vierter Unterabschnitt.[3)] Untersuchungshaft

**§ 89c[3)] Vollstreckung der Untersuchungshaft.** (1) [1] Solange zur Tatzeit Jugendliche das 21. Lebensjahr noch nicht vollendet haben, wird die Untersuchungshaft nach den Vorschriften für den Vollzug der Untersuchungshaft an jungen Gefangenen und nach Möglichkeit in den für junge Gefangene vorgesehenen Einrichtungen vollzogen. [2] Ist die betroffene Person bei Vollstreckung des Haftbefehls 21, aber noch nicht 24 Jahre alt, kann die Untersuchungshaft nach diesen Vorschriften und in diesen Einrichtungen vollzogen werden.

(2) [1] Hat der Jugendliche das 18. Lebensjahr noch nicht vollendet, darf er mit jungen Gefangenen, die das 18. Lebensjahr vollendet haben, nur untergebracht werden, wenn eine gemeinsame Unterbringung seinem Wohl nicht widerspricht. [2] Mit Gefangenen, die das 24. Lebensjahr vollendet haben, darf er nur untergebracht werden, wenn dies seinem Wohl dient.

(3) [1] Die Entscheidung nach Absatz 1 Satz 2 trifft das Gericht. [2] Die für die Aufnahme vorgesehene Einrichtung und die Jugendgerichtshilfe sind vor der Entscheidung zu hören.

---

[1)] Nr. **90**.

[2)] § 89b eingef. mWv 1.1.2010 durch G v. 29.7.2009 (BGBl. I S. 2274).

[3)] 4. UAbschnitt (§ 89c) eingef. mWv 1.1.2010 durch G v. 29.7.2009 (BGBl. I S. 2274); § 89c Abs. 1 Sätze 3 und 4 aufgeh., Abs. 2 und 3 angef. mWv 17.12.2019 durch G v. 9.12.2019 (BGBl. I S. 2146).

## Zweiter Abschnitt. Vollzug

**§ 90**[1] **Jugendarrest.** (1) [1]Der Vollzug des Jugendarrestes soll das Ehrgefühl des Jugendlichen wecken und ihm eindringlich zum Bewußtsein bringen, daß er für das von ihm begangene Unrecht einzustehen hat. [2]Der Vollzug des Jugendarrestes soll erzieherisch gestaltet werden. [3]Er soll dem Jugendlichen helfen, die Schwierigkeiten zu bewältigen, die zur Begehung der Straftat beigetragen haben.

(2) [1]Der Jugendarrest wird in Jugendarrestanstalten oder Freizeitarresträumen der Landesjustizverwaltung vollzogen. [2]Vollzugsleiter ist der Jugendrichter am Ort des Vollzugs.

**§ 91**[2] *(aufgehoben)*

**§ 92**[3)4] **Rechtsbehelfe im Vollzug.** (1) [1]Gegen eine Maßnahme zur Regelung einzelner Angelegenheiten auf dem Gebiet des Jugendarrestes, der Jugendstrafe und der Maßregeln der Unterbringung in einem psychiatrischen Krankenhaus oder in einer Entziehungsanstalt (§ 61 Nr. 1 und 2 des Strafgesetzbuches[5]) oder in der Sicherungsverwahrung kann gerichtliche Entscheidung beantragt werden. [2]Für die Überprüfung von Vollzugsmaßnahmen gelten die §§ 109 und 111 bis 120 Abs. 1 des Strafvollzugsgesetzes[6] sowie § 67 Absatz 1, 2 und 5 und § 67a Absatz 1 entsprechend; das Landesrecht kann vorsehen, dass der Antrag erst nach einem Verfahren zur gütlichen Streitbeilegung gestellt werden kann.

(2) [1]Über den Antrag entscheidet die Jugendkammer, in deren Bezirk die beteiligte Vollzugsbehörde ihren Sitz hat. [2]Die Jugendkammer ist auch für Entscheidungen nach § 119a des Strafvollzugsgesetzes zuständig. [3]Unterhält ein Land eine Einrichtung für den Vollzug der Jugendstrafe auf dem Gebiet eines anderen Landes, können die beteiligten Länder vereinbaren, dass die Jugendkammer bei dem Landgericht zuständig ist, in dessen Bezirk die für die Einrichtung zuständige Aufsichtsbehörde ihren Sitz hat.

(3) [1]Die Jugendkammer entscheidet durch Beschluss. [2]Sie bestimmt nach Ermessen, ob eine mündliche Verhandlung durchgeführt wird. [3]Auf Antrag des Jugendlichen ist dieser vor einer Entscheidung persönlich anzuhören. [4]Hierüber ist der Jugendliche zu belehren. [5]Wird eine mündliche Verhandlung nicht durchgeführt, findet die Anhörung in der Regel in der Vollzugseinrichtung statt.

(4) [1]Die Jugendkammer ist außer in den Fällen des Absatzes 2 Satz 2 mit einem Richter besetzt. [2]Ein Richter auf Probe darf dies nur sein, wenn ihm bereits über einen Zeitraum von einem Jahr Rechtsprechungsaufgaben in Strafverfahren übertragen worden sind. [3]Weist die Sache besondere Schwierigkeiten rechtlicher Art auf oder kommt ihr grundsätzliche Bedeutung zu, legt der Richter die Sache der Jugendkammer zur Entscheidung über eine Übernahme vor. [4]Liegt eine der Voraussetzungen für eine Übernahme vor, übernimmt die Jugendkammer den

---

[1] § 90 Abs. 1 Sätze 2 und 3 angef. durch G v. 30.8.1990 (BGBl. I S. 1853); Abs. 2 Satz 3 aufgeh. durch G v. 26.6.1990 (BGBl. I S. 1163).

[2] § 91 aufgeh. mWv 1.1.2010 durch G v. 29.7.2009 (BGBl. I S. 2274).

[3] § 92 neu gef. mWv 1.1.2008 durch G v. 13.12.2007 (BGBl. I S. 2894); Abs. 6 Satz 1 geänd. mWv 1.1.2010 durch G v. 29.7.2009 (BGBl. I S. 2274); Überschrift neu gef., Abs. 1 Sätze 1 und 2 geänd., Abs. 2 Satz 2 neu gef., Abs. 4 Satz 1 und Abs. 6 Sätze 1 und 2 geänd. mWv 1.6.2013 durch G v. 5.12.2012 (BGBl. I S. 2425); Abs. 1 Satz 2 geänd. mWv 17.12.2019 durch G v. 9.12.2019 (BGBl. I S. 2146).

[4] Beachte hierzu Übergangsvorschrift in Art. 316f EGStGB (Nr. **85a**).

[5] Nr. **85**.

[6] **Schönfelder ErgBd. Nr. 91.**

Antrag. [5] Sie entscheidet hierüber durch Beschluss. [6] Eine Rückübertragung ist ausgeschlossen.

(5) Für die Kosten des Verfahrens gilt § 121 des Strafvollzugsgesetzes mit der Maßgabe, dass entsprechend § 74 davon abgesehen werden kann, dem Jugendlichen Kosten und Auslagen aufzuerlegen.

(6) [1] Wird eine Jugendstrafe gemäß § 89b Abs. 1 nach den Vorschriften des Strafvollzugs für Erwachsene vollzogen oder hat der Jugendliche im Vollzug einer freiheitsentziehenden Maßregel das vierundzwanzigste Lebensjahr vollendet, sind die Absätze 1 bis 5 nicht anzuwenden. [2] Für die Überprüfung von Vollzugsmaßnahmen gelten die Vorschriften der §§ 109 bis 121 des Strafvollzugsgesetzes.

**§ 93[1)] Gerichtliche Zuständigkeit und gerichtliches Verfahren bei Maßnahmen, die der vorherigen gerichtlichen Anordnung oder der gerichtlichen Genehmigung bedürfen.** [1] Beim Vollzug des Jugendarrestes, der Jugendstrafe und der Maßregeln der Unterbringung in einem psychiatrischen Krankenhaus oder in einer Entziehungsanstalt oder in der Sicherungsverwahrung ist, soweit nach den Vollzugsgesetzen eine Maßnahme der vorherigen gerichtlichen Anordnung oder der gerichtlichen Genehmigung bedarf, das Amtsgericht zuständig, in dessen Bezirk die Maßnahme durchgeführt wird. [2] Unterhält ein Land eine Einrichtung für den Vollzug der in Satz 1 genannten Freiheitsentziehung auf dem Gebiet eines anderen Landes, können die beteiligten Länder vereinbaren, dass das Amtsgericht zuständig ist, in dessen Bezirk die für die Einrichtung zuständige Aufsichtsbehörde ihren Sitz hat. [3] Für das Verfahren gelten § 121b des Strafvollzugsgesetzes[2)] sowie § 67 Absatz 1, 2 und 5 sowie § 67a Absatz 1, 3 und 5 entsprechend.

**§ 93a Unterbringung in einer Entziehungsanstalt.** (1) Die Maßregel nach § 61 Nr. 2 des Strafgesetzbuches[3)] wird in einer Einrichtung vollzogen, in der die für die Behandlung suchtkranker Jugendlicher erforderlichen besonderen therapeutischen Mittel und sozialen Hilfen zur Verfügung stehen.

(2) Um das angestrebte Behandlungsziel zu erreichen, kann der Vollzug aufgelockert und weitgehend in freien Formen durchgeführt werden.

## Viertes Hauptstück. Beseitigung des Strafmakels

**§§ 94 bis 96** (weggefallen)

**§ 97[4)] Beseitigung des Strafmakels durch Richterspruch.** (1) [1] Hat der Jugendrichter die Überzeugung erlangt, daß sich ein zu Jugendstrafe verurteilter Jugendlicher durch einwandfreie Führung als rechtschaffener Mensch erwiesen hat, so erklärt er von Amts wegen oder auf Antrag des Verurteilten, des Erziehungsberechtigten oder des gesetzlichen Vertreters den Strafmakel als beseitigt. [2] Dies kann auch auf Antrag des Staatsanwalts oder, wenn der Verurteilte im Zeitpunkt der Antragstellung noch minderjährig ist, auf Antrag des Vertreters der Jugendgerichtshilfe geschehen. [3] Die Erklärung ist unzulässig, wenn es sich um eine Verurteilung nach den §§ 174 bis 180 oder 182 des Strafgesetzbuches handelt.

---

1) § 93 neu gef. mWv 28.6.2019 durch G v. 19.6.2019 (BGBl. I S. 840); Satz 3 geänd. mWv 17.12.2019 durch G v. 9.12.2019 (BGBl. I S. 2146).

2) **Schönfelder ErgBd. Nr. 91.**

3) Nr. **85**.

4) § 97 Abs. 1 Satz 3 angef. durch G v. 26.1.1998 (BGBl. I S. 160).

(2) [1]Die Anordnung kann erst zwei Jahre nach Verbüßung oder Erlaß der Strafe ergehen, es sei denn, daß der Verurteilte sich der Beseitigung des Strafmakels besonders würdig gezeigt hat. [2]Während des Vollzugs oder während einer Bewährungszeit ist die Anordnung unzulässig.

**§ 98[1)] Verfahren.** (1) [1]Zuständig ist der Jugendrichter des Amtsgerichts, dem die familiengerichtlichen Erziehungsaufgaben für den Verurteilten obliegen. [2]Ist der Verurteilte volljährig, so ist der Jugendrichter zuständig, in dessen Bezirk der Verurteilte seinen Wohnsitz hat.

(2) [1]Der Jugendrichter beauftragt mit den Ermittlungen über die Führung des Verurteilten und dessen Bewährung vorzugsweise die Stelle, die den Verurteilten nach der Verbüßung der Strafe betreut hat. [2]Er kann eigene Ermittlungen anstellen. [3]Er hört den Verurteilten und, wenn dieser minderjährig ist, den Erziehungsberechtigten und den gesetzlichen Vertreter, ferner die Schule und die zuständige Verwaltungsbehörde.

(3) Nach Abschluß der Ermittlungen ist der Staatsanwalt zu hören.

**§ 99 Entscheidung.** (1) Der Jugendrichter entscheidet durch Beschluß.

(2) Hält er die Voraussetzungen für eine Beseitigung des Strafmakels noch nicht für gegeben, so kann er die Entscheidung um höchstens zwei Jahre aufschieben.

(3) Gegen den Beschluß ist sofortige Beschwerde zulässig.

**§ 100[2)] Beseitigung des Strafmakels nach Erlaß einer Strafe oder eines Strafrestes.** [1]Wird die Strafe oder ein Strafrest bei Verurteilung zu nicht mehr als zwei Jahren Jugendstrafe nach Aussetzung zur Bewährung erlassen, so erklärt der Richter zugleich den Strafmakel als beseitigt. [2]Dies gilt nicht, wenn es sich um eine Verurteilung nach den §§ 174 bis 180 oder 182 des Strafgesetzbuches handelt.

**§ 101 Widerruf.** [1]Wird der Verurteilte, dessen Strafmakel als beseitigt erklärt worden ist, vor der Tilgung des Vermerks wegen eines Verbrechens oder vorsätzlichen Vergehens erneut zu Freiheitsstrafe verurteilt, so widerruft der Richter in dem Urteil oder nachträglich durch Beschluß die Beseitigung des Strafmakels. [2]In besonderen Fällen kann er von dem Widerruf absehen.

## Fünftes Hauptstück. Jugendliche vor Gerichten, die für allgemeine Strafsachen zuständig sind

**§ 102[3)] Zuständigkeit.** [1]Die Zuständigkeit des Bundesgerichtshofes und des Oberlandesgerichts werden durch die Vorschriften dieses Gesetzes nicht berührt. [2]In den zur Zuständigkeit von Oberlandesgerichten im ersten Rechtszug gehörenden Strafsachen (§ 120 Abs. 1 und 2 des Gerichtsverfassungsgesetzes[4)]) entscheidet der Bundesgerichtshof auch über Beschwerden gegen Entscheidungen dieser Oberlandesgerichte, durch welche die Aussetzung der Jugendstrafe zur Bewährung angeordnet oder abgelehnt wird (§ 59 Abs. 1).

---

[1)] § 98 Abs. 1 Satz 1 geänd. durch G v. 16.12.1997 (BGBl. I S. 2942); Abs. 1 Satz 1 geänd. mWv 1.9. 2009 durch G v. 17.12.2008 (BGBl. I S. 2586).

[2)] § 100 Satz 2 angef. durch G v. 26.1.1998 (BGBl. I S. 160).

[3)] § 102 Satz 1 geänd., Satz 3 aufgeh. durch G v. 5.10.1978 (BGBl. I S. 1645).

[4)] Nr. **95**.

**§ 103**[1] **Verbindung mehrerer Strafsachen.** (1) Strafsachen gegen Jugendliche und Erwachsene können nach den Vorschriften des allgemeinen Verfahrensrechts verbunden werden, wenn es zur Erforschung der Wahrheit oder aus anderen wichtigen Gründen geboten ist.

(2) [1] Zuständig ist das Jugendgericht. [2] Dies gilt nicht, wenn die Strafsache gegen Erwachsene nach den allgemeinen Vorschriften einschließlich der Regelung des § 74e des Gerichtsverfassungsgesetzes[2] zur Zuständigkeit der Wirtschaftsstrafkammer oder der Strafkammer nach § 74a des Gerichtsverfassungsgesetzes gehört; in einem solchen Fall sind diese Strafkammern auch für die Strafsache gegen den Jugendlichen zuständig. [3] Für die Prüfung der Zuständigkeit der Wirtschaftsstrafkammer und der Strafkammer nach § 74a des Gerichtsverfassungsgesetzes gelten im Falle des Satzes 2 die §§ 6a, 225a Abs. 4, § 270 Abs. 1 Satz 2 der Strafprozeßordnung[3] entsprechend; § 209a der Strafprozeßordnung ist mit der Maßgabe anzuwenden, daß diese Strafkammern auch gegenüber der Jugendkammer einem Gericht höherer Ordnung gleichstehen.

(3) Beschließt der Richter die Trennung der verbundenen Sachen, so erfolgt zugleich Abgabe der abgetrennten Sache an den Richter, der ohne die Verbindung zuständig gewesen wäre.

**§ 104**[4] **Verfahren gegen Jugendliche.** (1) In Verfahren gegen Jugendliche vor den für allgemeine Strafsachen zuständigen Gerichten gelten die Vorschriften dieses Gesetzes über

1. Verfehlungen Jugendlicher und ihre Folgen (§§ 3 bis 32),
2. die Heranziehung und die Rechtsstellung der Jugendgerichtshilfe (§§ 38, 46a, 50 Abs. 3),
3. den Umfang der Ermittlungen im Vorverfahren (§ 43),
4. das Absehen von der Verfolgung und die Einstellung des Verfahrens durch den Richter (§§ 45, 47),

4a. den Ausschluss der Öffentlichkeit (§ 48 Absatz 3 Satz 2),

5. die Untersuchungshaft (§§ 52, 52a, 72, 89c),
6. die Urteilsgründe (§ 54),
7. das Rechtsmittelverfahren (§§ 55, 56),
8. das Verfahren bei Aussetzung der Jugendstrafe zur Bewährung und der Verhängung der Jugendstrafe (§§ 57 bis 64),
9. die Beteiligung und die Rechtsstellung der Erziehungsberechtigten und der gesetzlichen Vertreter (§ 50 Absatz 2, § 51 Absatz 2 bis 7, §§ 67, 67a),
10. die notwendige Verteidigung (§§ 68, 68a),
11. Mitteilungen an amtliche Stellen (§ 70),

11a. die Unterrichtung des Jugendlichen (§ 70a),

---

[1] § 103 Abs. 2 neu gef. durch G v. 5.10.1978 (BGBl. I S. 1645).

[2] Nr. **95**.

[3] Nr. **90**.

[4] § 104 Abs. 4 Satz 1 geänd. durch G v. 16.12.1997 (BGBl. I S. 2942); Abs. 4 Satz 1 geänd. mWv 1.9. 2009 durch G v. 17.12.2008 (BGBl. I S. 2586); Abs. 1 Nr. 13 und 14 geänd., Nr. 15 angef. mWv 1.1. 2011 durch G v. 22.12.2010 (BGBl. I S. 2300); Abs. 5 neu gef. mWv 7.10.2012 durch G v. 4.9.2012 (BGBl. I S. 1854); Abs. 1 Nr. 9 geänd. mWv 5.9.2017 durch G v. 27.8.2017 (BGBl. I S. 3295); Abs. 1 Nr. 2 geänd., Nr. 4a eingef., Nr. 5, 9, 10, 11 geänd., Nr. 11a–11c eingef., Abs. 2 geänd., Abs. 3 neu gef., Abs. 4 Satz 1 geänd. mWv 17.12.2019 durch G v. 9.12.2019 (BGBl. I S. 2146).

11b. Belehrungen (§ 70b),
11c. die Vernehmung des Beschuldigten (§ 70c),
12. die Unterbringung zur Beobachtung (§ 73),
13. Kosten und Auslagen (§ 74),
14. den Ausschluß von Vorschriften des allgemeinen Verfahrensrechts (§§ 79 bis 81) und
15. Verfahren und Entscheidung bei Anordnung der Sicherungsverwahrung (§ 81a).

(2) Die Anwendung weiterer Verfahrensvorschriften dieses Gesetzes steht im Ermessen des Gerichts.

(3) Soweit es aus Gründen der Staatssicherheit geboten und mit dem Wohl des Jugendlichen vereinbar ist, kann das Gericht anordnen, dass die Heranziehung der Jugendgerichtshilfe unterbleibt und dass die in § 67 Absatz 1 und 2 genannten Rechte der Erziehungsberechtigten und der gesetzlichen Vertreter ruhen.

(4) [1] Hält das Gericht Erziehungsmaßregeln für erforderlich, so hat es deren Auswahl und Anordnung dem Familiengericht zu überlassen. [2] § 53 Satz 2 gilt entsprechend.

(5) Dem Jugendrichter, in dessen Bezirk sich der Jugendliche aufhält, sind folgende Entscheidungen zu übertragen:
1. Entscheidungen, die nach einer Aussetzung der Jugendstrafe zur Bewährung erforderlich werden;
2. Entscheidungen, die nach einer Aussetzung der Verhängung der Jugendstrafe erforderlich werden, mit Ausnahme der Entscheidungen über die Festsetzung der Strafe und die Tilgung des Schuldspruchs (§ 30);
3. Entscheidungen, die nach dem Vorbehalt einer nachträglichen Entscheidung über die Aussetzung der Jugendstrafe erforderlich werden, mit Ausnahme der vorbehaltenen Entscheidung selbst (§ 61a).

## Dritter Teil. Heranwachsende

### Erster Abschnitt. Anwendung des sachlichen Strafrechts

#### § 105[1] Anwendung des Jugendstrafrechts auf Heranwachsende.

(1) Begeht ein Heranwachsender eine Verfehlung, die nach den allgemeinen Vorschriften mit Strafe bedroht ist, so wendet der Richter die für einen Jugendlichen geltenden Vorschriften der §§ 4 bis 8, 9 Nr. 1, §§ 10, 11 und 13 bis 32 entsprechend an, wenn
1. die Gesamtwürdigung der Persönlichkeit des Täters bei Berücksichtigung auch der Umweltbedingungen ergibt, daß er zur Zeit der Tat nach seiner sittlichen und geistigen Entwicklung noch einem Jugendlichen gleichstand, oder
2. es sich nach der Art, den Umständen oder den Beweggründen der Tat um eine Jugendverfehlung handelt.

(2) § 31 Abs. 2 Satz 1, Abs. 3 ist auch dann anzuwenden, wenn der Heranwachsende wegen eines Teils der Straftaten bereits rechtskräftig nach allgemeinem Strafrecht verurteilt worden ist.

---

[1] § 105 Abs. 3 Satz 2 angef. mWv 8.9.2012 durch G v. 4.9.2012 (BGBl. I S. 1854).

(3) [1]Das Höchstmaß der Jugendstrafe für Heranwachsende beträgt zehn Jahre. [2]Handelt es sich bei der Tat um Mord und reicht das Höchstmaß nach Satz 1 wegen der besonderen Schwere der Schuld nicht aus, so ist das Höchstmaß 15 Jahre.

**§ 106[1)] Milderung des allgemeinen Strafrechts für Heranwachsende; Sicherungsverwahrung.** (1) Ist wegen der Straftat eines Heranwachsenden das allgemeine Strafrecht anzuwenden, so kann das Gericht an Stelle von lebenslanger Freiheitsstrafe auf eine Freiheitsstrafe von zehn bis zu fünfzehn Jahren erkennen.

(2) Das Gericht kann anordnen, daß der Verlust der Fähigkeit, öffentliche Ämter zu bekleiden und Rechte aus öffentlichen Wahlen zu erlangen (§ 45 Abs. 1 des Strafgesetzbuches[2)]), nicht eintritt.

(3) [1]Sicherungsverwahrung darf neben der Strafe nicht angeordnet werden. [2]Das Gericht kann im Urteil die Anordnung der Sicherungsverwahrung vorbehalten, wenn

1. der Heranwachsende zu einer Freiheitsstrafe von mindestens fünf Jahren verurteilt wird wegen eines oder mehrerer Verbrechen
   a) gegen das Leben, die körperliche Unversehrtheit oder die sexuelle Selbstbestimmung oder
   b) nach § 251 des Strafgesetzbuches, auch in Verbindung mit § 252 oder § 255 des Strafgesetzbuches,

   durch welche das Opfer seelisch oder körperlich schwer geschädigt oder einer solchen Gefahr ausgesetzt worden ist, und
2. auf Grund der Gesamtwürdigung des Heranwachsenden und seiner Tat oder seiner Taten mit hinreichender Sicherheit feststellbar oder zumindest wahrscheinlich ist, dass bei ihm ein Hang zu Straftaten der in Nummer 1 bezeichneten Art vorliegt und er infolgedessen zum Zeitpunkt der Verurteilung für die Allgemeinheit gefährlich ist.

(4) Unter den übrigen Voraussetzungen des Absatzes 3 Satz 2 kann das Gericht einen solchen Vorbehalt auch aussprechen, wenn

1. die Verurteilung wegen eines oder mehrerer Vergehen nach den §§ 176a und 176b des Strafgesetzbuches erfolgt,
2. die übrigen Voraussetzungen des § 66 Absatz 3 des Strafgesetzbuches erfüllt sind, soweit dieser nicht auf § 66 Absatz 1 Satz 1 Nummer 4 des Strafgesetzbuches verweist, und
3. es sich auch bei den maßgeblichen früheren und künftig zu erwartenden Taten um solche der in Nummer 1 oder Absatz 3 Satz 2 Nummer 1 genannten Art handelt, durch welche das Opfer seelisch oder körperlich schwer geschädigt oder einer solchen Gefahr ausgesetzt worden ist oder würde.

---

[1)] § 106 Abs. 2 Satz 2 geänd. durch G v. 20.12.1984 (BGBl. I S. 1654); Abs. 1 geänd., Abs. 2 Satz 1 aufgeh., bish. Satz 2 geänd., Abs. 3 und 4 angef. mWv 1.4.2004 durch G v. 27.12.2003 (BGBl. I S. 3007); Überschrift neu gef., Abs. 5 und 6 angef. mWv 29.7.2004 durch G v. 23.7.2004 (BGBl. I S. 1838); Abs. 7 angef. mWv 12.7.2008 durch G v. 8.7.2008 (BGBl. I S. 1212); Abs. 6 Nr. 2 geänd., Abs. 7 aufgeh. mWv 1.1.2011 durch G v. 22.12.2010 (BGBl. I S. 2300); Abs. 3 neu gef., Abs. 4 eingef., bish. Abs. 4–6 werden Abs. 5–7, neuer Abs. 5 Sätze 1 und 3 geänd., Satz 5 angef., neuer Abs. 6 neu gef. mWv 1.6.2013 durch G v. 5.12.2012 (BGBl. I S. 2425); Abs. 4 Nr. 1 geänd. mWv 1.7.2021 durch G v. 16.6.2021 (BGBl. I S. 1810).

[2)] Nr. **85**.

(5) [1]Wird neben der Strafe die Anordnung der Sicherungsverwahrung vorbehalten und hat der Verurteilte das siebenundzwanzigste Lebensjahr noch nicht vollendet, so ordnet das Gericht an, dass bereits die Strafe in einer sozialtherapeutischen Einrichtung zu vollziehen ist, es sei denn, dass die Resozialisierung des Täters dadurch nicht besser gefördert werden kann. [2]Diese Anordnung kann auch nachträglich erfolgen. [3]Solange der Vollzug in einer sozialtherapeutischen Einrichtung noch nicht angeordnet oder der Gefangene noch nicht in eine sozialtherapeutische Einrichtung verlegt worden ist, ist darüber jeweils nach sechs Monaten neu zu entscheiden. [4]Für die nachträgliche Anordnung nach Satz 2 ist die Strafvollstreckungskammer zuständig. [5]§ 66c Absatz 2 und § 67a Absatz 2 bis 4 des Strafgesetzbuches bleiben unberührt.

(6) Das Gericht ordnet die Sicherungsverwahrung an, wenn die Gesamtwürdigung des Verurteilten, seiner Tat oder seiner Taten und ergänzend seiner Entwicklung bis zum Zeitpunkt der Entscheidung ergibt, dass von ihm Straftaten der in Absatz 3 Satz 2 Nummer 1 oder Absatz 4 bezeichneten Art zu erwarten sind; § 66a Absatz 3 Satz 1 des Strafgesetzbuches gilt entsprechend.

(7) Ist die wegen einer Tat der in Absatz 3 Satz 2 Nr. 1 bezeichneten Art angeordnete Unterbringung in einem psychiatrischen Krankenhaus nach § 67d Abs. 6 des Strafgesetzbuches für erledigt erklärt worden, weil der die Schuldfähigkeit ausschließende oder vermindernde Zustand, auf dem die Unterbringung beruhte, im Zeitpunkt der Erledigungsentscheidung nicht bestanden hat, so kann das Gericht die Unterbringung in der Sicherungsverwahrung nachträglich anordnen, wenn

1. die Unterbringung des Betroffenen nach § 63 des Strafgesetzbuches wegen mehrerer solcher Taten angeordnet wurde oder wenn der Betroffene wegen einer oder mehrerer solcher Taten, die er vor der zur Unterbringung nach § 63 des Strafgesetzbuches führenden Tat begangen hat, schon einmal zu einer Freiheitsstrafe von mindestens drei Jahren verurteilt oder in einem psychiatrischen Krankenhaus untergebracht worden war und
2. die Gesamtwürdigung des Betroffenen, seiner Taten und ergänzend seiner Entwicklung bis zum Zeitpunkt der Entscheidung ergibt, dass er mit hoher Wahrscheinlichkeit erneut Straftaten der in Absatz 3 Satz 2 Nr. 1 bezeichneten Art begehen wird.

## Zweiter Abschnitt. Gerichtsverfassung und Verfahren

**§ 107[1)] Gerichtsverfassung.** Von den Vorschriften über die Jugendgerichtsverfassung gelten die §§ 33 bis 34 Abs. 1 und §§ 35 bis 38 für Heranwachsende entsprechend.

**§ 108[2) 3)] Zuständigkeit.** (1) Die Vorschriften über die Zuständigkeit der Jugendgerichte (§§ 39 bis 42) gelten auch bei Verfehlungen Heranwachsender.

(2) Der Jugendrichter ist für Verfehlungen Heranwachsender auch zuständig, wenn die Anwendung des allgemeinen Strafrechts zu erwarten ist und nach § 25 des Gerichtsverfassungsgesetzes[4)] der Strafrichter zu entscheiden hätte.

---

[1)] § 107 geänd. durch G v. 11.1.1993 (BGBl. I S. 50).

[2)] § 108 Abs. 3 neu gef. mWv 29.7.2004 durch G v. 23.7.2004 (BGBl. I S. 1838); Abs. 3 Satz 3 angef. mWv 1.1.2012 durch G v. 6.12.2011 (BGBl. I S. 2554); Abs. 3 Satz 2 geänd. mWv 1.6.2013 durch G v. 5.12.2012 (BGBl. I S. 2425).

[3)] Beachte hierzu Übergangsvorschrift in Art. 316f EGStGB (Nr. **85a**).

[4)] Nr. **95**.

(3) [1]Ist wegen der rechtswidrigen Tat eines Heranwachsenden das allgemeine Strafrecht anzuwenden, so gilt § 24 Abs. 2 des Gerichtsverfassungsgesetzes. [2]Ist im Einzelfall eine höhere Strafe als vier Jahre Freiheitsstrafe oder die Unterbringung des Beschuldigten in einem psychiatrischen Krankenhaus, allein oder neben einer Strafe, oder in der Sicherungsverwahrung (§ 106 Absatz 3, 4, 7) zu erwarten, so ist die Jugendkammer zuständig. [3]Der Beschluss einer verminderten Besetzung in der Hauptverhandlung (§ 33b) ist nicht zulässig, wenn die Anordnung der Unterbringung in der Sicherungsverwahrung, deren Vorbehalt oder die Anordnung der Unterbringung in einem psychiatrischen Krankenhaus zu erwarten ist.

**§ 109**[1)] **Verfahren.** (1) [1]Von den Vorschriften über das Jugendstrafverfahren (§§ 43 bis 81a) sind im Verfahren gegen einen Heranwachsenden die §§ 43, 46a, 47a, 50 Absatz 3 und 4, die §§ 51a, 68 Nummer 1, 4 und 5, die §§ 68a, 68b, 70 Absatz 2 und 3, die §§ 70a, 70b Absatz 1 Satz 1 und Absatz 2, die §§ 70c, 72a bis 73 und 81a entsprechend anzuwenden. [2]Die Bestimmungen des § 70a sind nur insoweit anzuwenden, als sich die Unterrichtung auf Vorschriften bezieht, die nach dem für die Heranwachsenden geltenden Recht nicht ausgeschlossen sind. [3]Die Jugendgerichtshilfe und in geeigneten Fällen auch die Schule werden von der Einleitung und dem Ausgang des Verfahrens unterrichtet. [4]Sie benachrichtigen den Staatsanwalt, wenn ihnen bekannt wird, daß gegen den Beschuldigten noch ein anderes Strafverfahren anhängig ist. [5]Die Öffentlichkeit kann ausgeschlossen werden, wenn dies im Interesse des Heranwachsenden geboten ist.

(2) [1]Wendet der Richter Jugendstrafrecht an (§ 105), so gelten auch die §§ 45, 47 Abs. 1 Satz 1 Nr. 1, 2 und 3, Abs. 2, 3, §§ 52, 52a, 54 Abs. 1, §§ 55 bis 66, 74 und 79 Abs. 1 entsprechend. [2]§ 66 ist auch dann anzuwenden, wenn die einheitliche Festsetzung von Maßnahmen oder Jugendstrafe nach § 105 Abs. 2 unterblieben ist. [3]§ 55 Abs. 1 und 2 ist nicht anzuwenden, wenn die Entscheidung im beschleunigten Verfahren des allgemeinen Verfahrensrechts ergangen ist. [4]§ 74 ist im Rahmen einer Entscheidung über die Auslagen des Antragstellers nach § 472a der Strafprozessordnung[2)] nicht anzuwenden.

(3) In einem Verfahren gegen einen Heranwachsenden findet § 407 Abs. 2 Satz 2 der Strafprozeßordnung keine Anwendung.

### Dritter Abschnitt. Vollstreckung, Vollzug und Beseitigung des Strafmakels

**§ 110**[3)] **Vollstreckung und Vollzug.** (1) Von den Vorschriften über die Vollstreckung und den Vollzug bei Jugendlichen gelten § 82 Abs. 1, §§ 83 bis 93a für Heranwachsende entsprechend, soweit der Richter Jugendstrafrecht angewendet (§ 105) und nach diesem Gesetz zulässige Maßnahmen oder Jugendstrafe verhängt hat.

(2) Für die Vollstreckung von Untersuchungshaft an zur Tatzeit Heranwachsenden gilt § 89c Absatz 1 und 3 entsprechend.

---

1) § 109 Abs. 2 Satz 1 geänd. durch G v. 30.8.1990 (BGBl. I S. 1853); Abs. 2 Satz 3 angef. durch G v. 28.10.1994 (BGBl. I S. 3186); Abs. 3 angef. durch G v. 11.1.1993 (BGBl. I S. 50); Abs. 2 Satz 1 geänd., Satz 4 angef. mWv 31.12.2006 durch G v. 22.12.2006 (BGBl. I S. 3416); Abs. 1 Satz 1 neu gef., Satz 2 eingef., bish. Sätze 2–4 werden Sätze 3–5 mWv 17.12.2019 durch G v. 9.12.2019 (BGBl. I S. 2146); Abs. 2 Satz 4 geänd. mWv 1.7.2021 durch G v. 25.6.2021 (BGBl. I S. 2099).

2) Nr. **90**.

3) § 110 Abs. 2 neu gef. mWv 1.1.2010 durch G v. 29.7.2009 (BGBl. I S. 2274); Abs. 2 geänd. mWv 17.12.2019 durch G v. 9.12.2019 (BGBl. I S. 2146).

**§ 111 Beseitigung des Strafmakels.** Die Vorschriften über die Beseitigung des Strafmakels (§§ 97 bis 101) gelten für Heranwachsende entsprechend, soweit der Richter Jugendstrafe verhängt hat.

## Vierter Abschnitt. Heranwachsende vor Gerichten, die für allgemeine Strafsachen zuständig sind

**§ 112 Entsprechende Anwendung.** [1] Die §§ 102, 103, 104 Abs. 1 bis 3 und 5 gelten für Verfahren gegen Heranwachsende entsprechend. [2] Die in § 104 Abs. 1 genannten Vorschriften sind nur insoweit anzuwenden, als sie nach dem für die Heranwachsenden geltenden Recht nicht ausgeschlossen sind. [3] Hält der Richter die Erteilung von Weisungen für erforderlich, so überläßt er die Auswahl und Anordnung dem Jugendrichter, in dessen Bezirk sich der Heranwachsende aufhält.

# Vierter Teil. Sondervorschriften für Soldaten der Bundeswehr

**§ 112a[1] Anwendung des Jugendstrafrechts.** Das Jugendstrafrecht (§§ 3 bis 32, 105) gilt für die Dauer des Wehrdienstverhältnisses eines Jugendlichen oder Heranwachsenden mit folgenden Abweichungen:

1. Hilfe zur Erziehung im Sinne des § 12 darf nicht angeordnet werden.
2. *(aufgehoben)*
3. Bei der Erteilung von Weisungen und Auflagen soll der Richter die Besonderheiten des Wehrdienstes berücksichtigen. Weisungen und Auflagen, die bereits erteilt sind, soll er diesen Besonderheiten anpassen.
4. Als ehrenamtlicher Bewährungshelfer kann ein Soldat bestellt werden. Er untersteht bei seiner Tätigkeit (§ 25 Satz 2) nicht den Anweisungen des Richters.
5. Von der Überwachung durch einen Bewährungshelfer, der nicht Soldat ist, sind Angelegenheiten ausgeschlossen, für welche die militärischen Vorgesetzten des Jugendlichen oder Heranwachsenden zu sorgen haben. Maßnahmen des Disziplinarvorgesetzten haben den Vorrang.

**§ 112b[2]** *(aufgehoben)*

**§ 112c[3] Vollstreckung.** (1) Der Vollstreckungsleiter sieht davon ab, Jugendarrest, der wegen einer vor Beginn des Wehrdienstverhältnisses begangenen Tat verhängt ist, gegenüber Soldaten der Bundeswehr zu vollstrecken, wenn die Besonderheiten des Wehrdienstes es erfordern und ihnen nicht durch einen Aufschub der Vollstreckung Rechnung getragen werden kann.

(2) Die Entscheidung des Vollstreckungsleiters nach Absatz 1 ist eine jugendrichterliche Entscheidung im Sinne des § 83.

---

[1] § 112a Nr. 1 neu gef. durch G v. 26.6.1990 (BGBl. I S. 1163); Nr. 2 aufgeh. mWv 15.12.2010 durch G v. 8.12.2010 (BGBl. I S. 1864).

[2] § 112b aufgeh. mWv 15.12.2010 durch G v. 8.12.2010 (BGBl. I S. 1864).

[3] § 112c Abs. 1 aufgeh., bish. Abs. 2 und 3 werden Abs. 1 und 2, neuer Abs. 2 neu gef. mWv 15.12. 2010 durch G v. 8.12.2010 (BGBl. I S. 1864).

**§ 112d**[1] **Anhörung des Disziplinarvorgesetzten.** Bevor der Richter oder der Vollstreckungsleiter einem Soldaten der Bundeswehr Weisungen oder Auflagen erteilt, von der Vollstreckung des Jugendarrestes nach § 112c Absatz 1 absieht oder einen Soldaten als Bewährungshelfer bestellt, soll er den nächsten Disziplinarvorgesetzten des Jugendlichen oder Heranwachsenden hören.

**§ 112e**[2] **Verfahren vor Gerichten, die für allgemeine Strafsachen zuständig sind.** In Verfahren gegen Jugendliche oder Heranwachsende vor den für allgemeine Strafsachen zuständigen Gerichten (§ 104) sind die §§ 112a und 112d anzuwenden.

## Fünfter Teil. Schluß- und Übergangsvorschriften

**§ 113 Bewährungshelfer.** [1] Für den Bezirk eines jeden Jugendrichters ist mindestens ein hauptamtlicher Bewährungshelfer anzustellen. [2] Die Anstellung kann für mehrere Bezirke erfolgen oder ganz unterbleiben, wenn wegen des geringen Anfalls von Strafsachen unverhältnismäßig hohe Aufwendungen entstehen würden. [3] Das Nähere über die Tätigkeit des Bewährungshelfers ist durch Landesgesetz zu regeln.

**§ 114**[3] **Vollzug von Freiheitsstrafe in der Einrichtung für den Vollzug der Jugendstrafe.** In der Einrichtung für den Vollzug der Jugendstrafe dürfen an Verurteilten, die das vierundzwanzigste Lebensjahr noch nicht vollendet haben und sich für den Jugendstrafvollzug eignen, auch Freiheitsstrafen vollzogen werden, die nach allgemeinem Strafrecht verhängt worden sind.

**§ 115**[4] *(aufgehoben)*

**§ 116**[5] **Zeitlicher Geltungsbereich.** Das Gesetz wird auch auf Verfehlungen angewendet, die vor seinem Inkrafttreten begangen worden sind.

**§§ 117–120**[6] *(aufgehoben)*

**§ 121**[7] **Übergangsvorschrift.** (1) Für am 1. Januar 2008 bereits anhängige Verfahren auf gerichtliche Entscheidung über die Rechtmäßigkeit von Maßnahmen im Vollzug der Jugendstrafe, des Jugendarrestes und der Unterbringung in einem psychiatrischen Krankenhaus oder einer Entziehungsanstalt sind die Vorschriften des Dritten Abschnitts des Einführungsgesetzes zum Gerichtsverfassungsgesetz in ihrer bisherigen Fassung weiter anzuwenden.

---

[1] § 112d geänd. mWv 15.12.2010 durch G v. 8.12.2010 (BGBl. I S. 1864).

[2] § 112e geänd. mWv 15.12.2010 durch G v. 8.12.2010 (BGBl. I S. 1864).

[3] § 114 Überschrift und Wortlaut geänd. mWv 1.1.2008 durch G v. 13.12.2007 (BGBl. I S. 2894).

[4] § 115 aufgeh. mWv 15.12.2010 durch G v. 8.12.2010 (BGBl. I S. 1864).

[5] § 116 Abs. 3 aufgeh. durch G v. 30.8.1990 (BGBl. I S. 1853); Abs. 2 und bish. Abs. 1 Satz 2 aufgeh. mWv 15.12.2010 durch G v. 8.12.2010 (BGBl. I S. 1864).

[6] §§ 117–120 aufgeh. mWv 15.12.2010 durch G v. 8.12.2010 (BGBl. I S. 1864).

[7] § 121 neu gef. mWv 1.1.2008 durch G v. 13.12.2007 (BGBl. I S. 2894); Abs. 2 angef. mWv 1.1.2010 bis 31.12.2011 durch G v. 29.7.2009 (BGBl. I S. 2274); Abs. 2 neu gef., Abs. 3 angef. mWv 1.1.2012 durch G v. 6.12.2011 (BGBl. I S. 2554).

(2) Für Verfahren, die vor dem 1. Januar 2012 bei der Jugendkammer anhängig geworden sind, ist § 33b Absatz 2 in der bis zum 31. Dezember 2011 geltenden Fassung anzuwenden.

(3) Hat die Staatsanwaltschaft in Verfahren, in denen über die im Urteil vorbehaltene oder die nachträgliche Anordnung der Sicherungsverwahrung zu entscheiden ist, die Akten dem Vorsitzenden des zuständigen Gerichts vor dem 1. Januar 2012 übergeben, ist § 74f des Gerichtsverfassungsgesetzes[1] in der bis zum 31. Dezember 2011 geltenden Fassung entsprechend anzuwenden.

**§§ 122–124**[2] *(aufgehoben)*

**§ 125**[3] **Inkrafttreten.** Dieses Gesetz tritt am 1. Oktober 1953 in Kraft.

[1] Nr. **95**.

[2] §§ 122–124 aufgeh. mWv 15.12.2010 durch G v. 8.12.2010 (BGBl. I S. 1864).

[3] **Amtl. Anm.:** § 125 betrifft das Inkrafttreten des Gesetzes in der ursprünglichen Fassung vom 4. August 1953 (BGBl. I S. 751). Der Zeitpunkt des Inkrafttretens der späteren Änderungen ergibt sich aus den Änderungsgesetzen.

# 90. Strafprozeßordnung (StPO)[1]

In der Fassung der Bekanntmachung vom 7. April 1987[2]
(BGBl. I S. 1074, ber. S. 1319)

**FNA 312-2**

| Lfd. Nr. | Änderndes Gesetz | Datum | Fundstelle | Betroffen | Hinweis |
|---|---|---|---|---|---|
| 1.-103. | Änderungsgesetze bis einschl. G v. 30.7.2009 (BGBl. I S. 2437) nur noch in den Anmerkungen nachgewiesen | | | | |
| 104. | BVerfGE – 1 BvR 256/08, 1 BvR 263/08, 1 BvR 586/08 – | 2.3.2010 | BGBl. I S. 272 | § 100g | teilweise nichtig |
| 105. | Art. 1 G zur Stärkung des Schutzes von Vertrauensverhältnissen zu Rechtsanwälten im Strafprozessrecht | 22.12.2010 | BGBl. I S. 2261 | § 160a | geänd. mWv 1.2.2011 |
| 106. | Art. 2 G zur Neuordnung des Rechts der Sicherungsverwahrung und zu begleitenden Regelungen | 22.12.2010 | BGBl. I S. 2300 | §§ 140, 141, 275a, 454, 462a, 463, 463a<br>§ 268d | geänd. mWv 1.1.2011<br>neu gef. mWv 1.1.2011 |
| 107. | Art. 5 G zur Bekämpfung der Zwangsheirat und zum besseren Schutz der Opfer von Zwangsheirat sowie zur Änd. weiterer aufenthalts- und asylrechtlicher Vorschriften | 23.6.2011 | BGBl. I S. 1266 | § 397a | geänd. mWv 1.7.2011 |
| 108. | Art. 2 Abs. 30 G zur Änd. von Vorschriften über Verkündung und Bekanntmachungen sowie der ZPO, des EGZPO und der AO | 22.12.2011 | BGBl. I S. 3044 | §§ 111e, 111i, 291, 292, 293, 371 | geänd. mWv 1.4.2012 |
| 109. | Art. 2 G zur Stärkung der Pressefreiheit im Straf- und Strafprozessrecht | 25.6.2012 | BGBl. I S. 1374 | § 97 | geänd. mWv 1.8.2012 |
| 110. | Art. 2 G über die Vereinfachung des Austauschs von Informationen und Erkenntnissen zwischen den Strafverfolgungsbehörden der Mitgliedstaaten der EU | 21.7.2012 | BGBl. I S. 1566 | §§ 478, 481 | geänd. mWv 26.7.2012 |
| 111. | Art. 1 G zur Stärkung der Täterverantwortung | 15.11.2012 | BGBl. I S. 2298 | § 153a | geänd. mWv 1.3.2013 |
| 112. | Art. 3 G zur bundesrechtlichen Umsetzung des Abstandsgebotes im Recht der Sicherungsverwahrung | 5.12.2012 | BGBl. I S. 2425 | § 463 | geänd. mWv 1.6.2013 |

[1] Paragraphenüberschriften eingef. und Gliederungsüberschriften teilweise neu gef. mWv 25.7.2015 durch G v. 17.7.2015 (BGBl. I S. 1332); diese Änderungen sind nicht einzeln in Fußnoten nachgewiesen.

[2] Neubekanntmachung der StPO idF der Bek. v. 7.1.1975 (BGBl. I S. 129, 650) in der seit 1.4.1987 geltenden Fassung.

| Lfd. Nr. | Änderndes Gesetz | Datum | Fundstelle | Betroffen | Hinweis |
|---|---|---|---|---|---|
| 113. | Art. 1 G für einen Gerichtsstand bei besonderer Auslandsverwendung der Bundeswehr | 21.1.2013 | BGBl. I S. 89 | § 12<br>§ 11a | geänd. mWv 1.4.2013<br>eingef. mWv 1.4.2013 |
| 114. | Art. 6 G zur Intensivierung des Einsatzes von Videokonferenztechnik in gerichtlichen und staatsanwaltschaftlichen Verfahren | 25.4.2013 | BGBl. I S. 935 | §§ 118a, 138d, 163, 163a, 233, 247a, 462<br>§ 58b | geänd. mWv 1.11.2013<br>eingef. mWv 1.11.2013 |
| 115. | Art. 2 Abs. 9 G zur Modernisierung des Außenwirtschaftsrechts | 6.6.2013 | BGBl. I S. 1482 | §§ 100a, 443 | geänd. mWv 1.9.2013 |
| 116. | Art. 2 G zur Änd. des TelekommunikationsG und zur Neuregelung der Bestandsdatenauskunft | 20.6.2013 | BGBl. I S. 1602 | § 100j | eingef. mWv 1.7.2013 |
| 117. | Art. 1 G zur Stärkung der Rechte von Opfern sexuellen Missbrauchs | 26.6.2013 | BGBl. I S. 1805 | §§ 58a, 69, 140, 141, 142, 153a, 246a, 255a, 268, 397a, 406d, 453, 454 | geänd. mWv 1.9.2013 |
| 118. | Art. 2 G zur Stärkung der Verfahrensrechte von Beschuldigten im Strafverfahren[1] | 2.7.2013 | BGBl. I S. 1938 | §§ 37, 114b, 136, 163a, 168b | geänd. mWv 6.7.2013 |
| 119. | Art. 3 Drittes G zur Änd. des TierschutzG[2] | 4.7.2013 | BGBl. I S. 2182 | § 407 | geänd. mWv 13.7.2013 |
| 120. | Art. 7 Fünftes G zur Änd. des StraßenverkehrsG und anderer Gesetze | 28.8.2013 | BGBl. I S. 3313 | § 153a | geänd. mWv 1.5.2014 |
| 121. | Art. 8 G zur Änd. des Prozesskostenhilfe- und Beratungshilferechts | 31.8.2013 | BGBl. I S. 3533 | § 397a | geänd. mWv 1.1.2014 |
| 122. | Art. 2 47. StrafrechtsänderungsG | 24.9.2013 | BGBl. I S. 3671, ber. 2014 I S. 12 | §§ 395, 397a | geänd. mWv 28.9.2013 |
| 123. | Art. 5 Abs. 4 G zur Modernisierung des GeschmacksmusterG sowie zur Änd. der Regelungen über die Bekanntmachungen zum Ausstellungsschutz | 10.10. 2013 | BGBl. I S. 3799 | §§ 374, 395 | geänd. mWv 1.1.2014 |

[1] **Amtl. Anm.:** Dieses Gesetz dient der Umsetzung der Richtlinie 2010/64/EU des Europäischen Parlaments und des Rates vom 20. Oktober 2010 über das Recht auf Dolmetschleistungen und Übersetzungen in Strafverfahren (ABl. L 280 vom 26.10.2010, S. 1) und der Richtlinie 2012/13/EU des Europäischen Parlaments und des Rates vom 22. Mai 2012 über das Recht auf Belehrung und Unterrichtung in Strafverfahren (ABl. L 142 vom 1.6.2012, S. 1).

[2] **Amtl. Anm.:** Die Änderungen dienen unter anderem der Umsetzung folgender Richtlinien: Richtlinie 2010/63/EU des Europäischen Parlaments und des Rates vom 22. September 2010 zum Schutz der für wissenschaftliche Zwecke verwendeten Tiere (ABl. L 276, vom 20.10.2010, S. 33); Richtlinie 2006/123/EG des Europäischen Parlaments und des Rates vom 12. Dezember 2006 über Dienstleistungen im Binnenmarkt (ABl. L 376 vom 27.12.2006, S. 36). Die Verpflichtungen aus der Richtlinie 98/34/EG des Europäischen Parlaments und des Rates vom 22. Juni 1998 über ein Informationsverfahren auf dem Gebiet der Normen und technischen Vorschriften und der Vorschriften für die Dienste der Informationsgesellschaft (ABl. L 204 vom 21.7.1998, S. 37), die zuletzt durch die Richtlinie 2006/96/EG (ABl. L 363 vom 20.12.2006, S. 81) geändert worden ist, sind beachtet worden.

| Lfd. Nr. | Änderndes Gesetz | Datum | Fundstelle | Betroffen | Hinweis |
|---|---|---|---|---|---|
| 124. | Art. 3 48. StrafrechtsänderungsG | 23.4.2014 | BGBl. I S. 410 | §§ 100a, 121, 169, 172 | geänd. mWv 1.9.2014 |
| 125. | Art. 2 Abs. 3 49. G zur Änd. des StGB – Umsetzung europäischer Vorgaben zum Sexualstrafrecht[1)] | 21.1.2015 | BGBl. I S. 10 | §§ 100a, 100c, 255a, 374 | geänd. mWv 27.1.2015 |
| 126. | Art. 2 Abs. 2 GVVG-ÄnderungsG | 12.6.2015 | BGBl. I S. 926 | §§ 100a, 100c, 103, 111, 112a, 443 | geänd. mWv 20.6.2015 |
| 127. | Art. 1 G zur Stärkung des Rechts des Angeklagten auf Vertretung in der Berufungsverhandlung und über die Anerkennung von Abwesenheitsentscheidungen in der Rechtshilfe | 17.7.2015 | BGBl. I S. 1332 | §§ 230, 234, 267, 314, 330, 341, 350, 378, 411, 412 | geänd. mWv 25.7.2015 |
| | | | | Inhaltsübersicht, Gliederungsüberschriften (teilweise), §§ 329, 340 | neu gef. mWv 25.7.2015, die Änderungen der Gliederungsüberschriften sind nicht einzeln in Fußnoten nachgewiesen |
| | | | | Amtliche Paragraphenüberschriften | eingef. mWv 25.7.2015; diese Änderungen sind nicht einzeln in Fußnoten nachgewiesen |
| | | | | §§ 111o, 111p, 459i | aufgeh. mWv 25.7.2015 |
| 128. | Art. 2 G zur Neubestimmung des Bleiberechts und der Aufenthaltsbeendigung | 27.7.2015 | BGBl. I S. 1386 | §§ 154b, 456a, 458 | geänd. mWv 1.8.2015 |
| 129. | Art. 151 Zehnte ZuständigkeitsanpassungsVO | 31.8.2015 | BGBl. I S. 1474 | §§ 484, 494 | geänd. mWv 8.9.2015 |
| 130. | Art. 14 Nr. 7 AsylverfahrensbeschleunigungsG | 20.10.2015 | BGBl. I S. 1722 | §§ 100a, 100c | geänd. mWv 24.10.2015 |
| 131. | Art. 9 G zur Verbesserung der Zusammenarbeit im Bereich des Verfassungsschutzes | 17.11.2015 | BGBl. I S. 1938 | § 492 | geänd. mWv 21.11.2015 |
| 132. | Art. 9 G zur Bekämpfung der Korruption | 20.11.2015 | BGBl. I S. 2025 | §§ 100a, 100c | geänd. mWv 26.11.2015 |
| 133. | Art. 5 G zur Bekämpfung von Doping im Sport | 10.12.2015 | BGBl. I S. 2210 | § 100a | geänd. mWv 18.12.2015 |
| 134. | Art. 1 G zur Einführung einer Speicherpflicht und einer Höchstspeicherfrist für Verkehrsdaten[2)] | 10.12.2015 | BGBl. I S. 2218 | Inhaltsübersicht, §§ 3, 60, 68b, 97, 100j, 101, 102, 138a, 160a, 304, 477 | geänd. mWv 18.12.2015 |

[1)] **Amtl. Anm.:** Umsetzung von Artikel 4 Absatz 4 und Artikel 17 Absatz 1 Buchstabe b, Absatz 4 in Verbindung mit Artikel 3 Absatz 5 und 6 der Richtlinie 2011/93/EU des Europäischen Parlaments und des Rates vom 13. Dezember 2011 zur Bekämpfung des sexuellen Missbrauchs und der sexuellen Ausbeutung von Kindern sowie der Kinderpornografie sowie zur Ersetzung des Rahmenbeschlusses 2004/68/JI des Rates (ABl. L 335 vom 17.12.2011, S. 1, L 18 vom 21.1.2012, S. 7)

[2)] **Amtl. Anm.:** Notifiziert gemäß der Richtlinie 98/34/EG des Europäischen Parlaments und des Rates vom 22. Juni 1998 über ein Informationsverfahren auf dem Gebiet der Normen und technischen Vorschriften und der Vorschriften für die Dienste der Informationsgesellschaft (ABl. L 204 vom 21.07. →

| Lfd. Nr. | Änderndes Gesetz | Datum | Fundstelle | Betroffen | Hinweis |
|---|---|---|---|---|---|
| | | | | § 100g | neu gef. mWv 18.12.2015 |
| | | | | §§ 101a, 101b | eingef. mWv 18.12.2015 |
| 135. | Art. 4 G zur Neuordnung des Rechts der Syndikusanwälte und zur Änd. der FGO | 21.12. 2015 | BGBl. I S. 2517 | § 53 | geänd. mWv 1.1.2016 |
| 136. | Art. 1 3. OpferrechtsreformG[1] | 21.12. 2015 | BGBl. I S. 2525 | Inhaltsübersicht, §§ 48, 140, 158, 161a, 163, 171, 214, 397, 397a, 406d, 406g, 406h, 464b, 472, 473 | geänd. mWv 31.12.2015 |
| | | | | §§ 406i, 406j, 406k, 406l | eingef. mWv 31.12.2015 |
| | | | | §§ 465, 472 | geänd. mWv 1.1.2017 |
| | | | | § 406g | eingef. mWv 1.1.2017 |
| 137. | Art. 2 G zur Novellierung des Rechts der Unterbringung in einem psychiatrischen Krankenhaus gem. § 63 StGB und zur Änd. anderer Vorschriften | 8.7.2016 | BGBl. I S. 1610 | § 463 | geänd. mWv 1.8.2016 |
| 138. | Art. 4 Abs. 5 G zur Verbesserung der Bekämpfung des Menschenhandels und zur Änd. des BZRG sowie des SGB VIII | 11.10. 2016 | BGBl. I S. 2226 | §§ 100a, 100c, 100g, 154c, 397a | geänd. mWv 15.10.2016 |
| 139. | Art. 2 Abs. 5 50. G zur Änd. des StGB – Verbesserung des Schutzes der sexuellen Selbstbestimmung | 4.11.2016 | BGBl. I S. 2460 | §§ 53, 100a, 100c, 100g, 112a, 255a, 395, 397a | geänd. mWv 10.11.2016 |
| 140. | Art. 15 Abs. 2 EU-KontenpfändungsVO-DurchführungsG | 21.11. 2016 | BGBl. I S. 2591 | Inhaltsübersicht, §§ 111f, 459, 459g | geänd. mWv 1.7.2017 |
| 141. | Art. 2 G zur Bekämpfung der Verbreitung neuer psychoaktiver Stoffe[2] | 21.11. 2016 | BGBl. I S. 2615 | §§ 100a, 112a | geänd. mWv 26.11.2016 |
| 142. | Art. 2 Abs. 3 G zur Änd. des Völkerstrafgesetzbuches | 22.12. 2016 | BGBl. I S. 3150 | §§ 100a, 100c, 100g, 112, 153f | geänd. mWv 1.1.2017 |

*(Fortsetzung der Anm. von voriger Seite)*
1998, S. 37), zuletzt geändert durch Artikel 26 Absatz 2 der Verordnung (EU) Nr. 1025/2012 des Europäischen Parlaments und des Rates vom 25. Oktober 2012 (ABl. L 316 vom 14.11.2012, S. 12).

[1] **Amtl. Anm.:** Dieses Gesetz dient der Umsetzung der Richtlinie 2012/29/EU des Europäischen Parlaments und des Rates vom 25. Oktober 2012 über Mindeststandards für die Rechte, die Unterstützung und den Schutz von Opfern von Straftaten sowie zur Ersetzung des Rahmenbeschlusses 2001/220/JI (ABl. L 315 vom 14.11.2012, S. 57).

[2] **Amtl. Anm.:** Notifiziert gemäß der Richtlinie (EU) 2015/1535 des Europäischen Parlaments und des Rates vom 9. September 2015 über ein Informationsverfahren auf dem Gebiet der technischen Vorschriften und der Vorschriften für die Dienste der Informationsgesellschaft (ABl. L 241 vom 17.9.2015, S. 1).

| Lfd. Nr. | Änderndes Gesetz | Datum | Fundstelle | Betroffen | Hinweis |
|---|---|---|---|---|---|
| 143. | Art. 3 Abs. 5 G zur Ausland-Ausland-Fernmeldeaufklärung des Bundesnachrichtendienstes | 23.12.2016 | BGBl. I S. 3346 | §§ 474, 492 | geänd. mWv 31.12.2016 |
| 144. | Art. 2 G zur Verbesserung des Schutzes gegen Nachstellungen | 1.3.2017 | BGBl. I S. 386 | § 374 | geänd. mWv 10.3.2017 |
| 145. | Art. 2 51. G zur Änd. des StGB – Strafbarkeit von Sportwettbetrug und der Manipulation von berufssportlichen Wettbewerben | 11.4.2017 | BGBl. I S. 815 | § 100a | geänd. mWv 19.4.2017 |
| 146. | Art. 3 G zur Reform der strafrechtlichen Vermögensabschöpfung[1] | 13.4.2017 | BGBl. I S. 872, ber. 2018 I S. 1094 | Inhaltsübersicht, §§ 94, 232, 233, 304, 310, 314, 385, 407, 409, 444, 460, 462, 467a, 469, 470, 472b, 473 | geänd. mWv 1.7.2017 |
| | | | | §§ 111b–111i, 111k–111n, 430–439, 459g, 459h | neu gef. mWv 1.7.2017 |
| | | | | §§ 111j, 111o–111q, 421–429, 459i–459o | eingef. mWv 1.7.2017 |
| | | | | §§ 440–442 | aufgeh. mit Ablauf des 30.6. 2017 |
| 147. | Art. 3 53. G zur Änd. des StGB – Ausweitung des Maßregelrechts bei extremistischen Straftätern | 11.6.2017 | BGBl. I S. 1612 | § 463a | geänd. mWv 1.7.2017 |
| 148. | Art. 2 Abs. 4 Erstes G zur Änd. des Sicherheitsüberprüfungs G | 16.6.2017 | BGBl. I S. 1634 | § 492 | geänd. mWv 21.6.2017 |
| 149. | Art. 1, 2 G zur Einführung der elektronischen Akte in der Justiz und zur weiteren Förderung des elektronischen Rechtsverkehrs | 5.7.2017 | BGBl. I S. 2208 | Inhaltsübersicht, § 112a, 8. Buch 3. Abschnitt Überschrift | geänd. mWv 13.7.2017 |
| | | | | Inhaltsübersicht, §§ 41, 58a, 114b, 114d, 118a, 1. Buch Abschnitt 9a und 9b jeweils Überschrift, §§ 138d, 145a, 147, 155b, 168a, 168b, 229, 232, 234, 244, 249, 250, 251, 255a, 256, 266, 268, 273, 275, 314, 323, 325, 329, 341, 350, 378, 381, 385, 387, 404, 406e, 6. Buch Abschnitt 2a Überschrift, §§ 411, 420, 434, 474, 475, 476, 477, 482, 489 | geänd. mWv 1.1.2018 |
| | | | | 1. Buch 8. Abschnitt Überschrift, 8. Buch Überschrift | neu gef. mWv 1.1.2018 |

[1] **Amtl. Anm.:** Die Artikel 1 und 3 dieses Gesetzes dienen der Umsetzung der Richtlinie 2014/42/EU des Europäischen Parlaments und des Rates vom 3. April 2014 über die Sicherstellung und Einziehung von Tatwerkzeugen und Erträgen aus Straftaten in der Europäischen Union (ABl. L 127 vom 29.4.2014, S. 39; L 138 vom 13.5.2014, S. 114).

| Lfd. Nr. | Änderndes Gesetz | Datum | Fundstelle | Betroffen | Hinweis |
|---|---|---|---|---|---|
| | | | | 1. Buch 4. Abschnitt (§§ 32 –32f), 1. Buch Abschnitt 4a und 4b jeweils Überschrift, 8. Buch 4. Abschnitt (§§ 496–499) | eingef. mWv 1.1.2018 |
| | | | | § 41a | aufgeh. mit Ablauf des 31.12. 2017 |
| | | | | § 32d | eingef. mWv 1.1.2022 |
| | | | | § 32 | geänd. mWv 1.7.2025 |
| | | | | §§ 32, 32b | geänd. mWv 1.1.2026 |
| 150. | Art. 2 54. G zur Änd. des StGB – Ums. des Rahmenbeschlusses 2008/841/JI des Rates zur Bekämpfung der organisierten Kriminalität | 17.7.2017 | BGBl. I S. 2440 | §§ 100c, 100g | geänd. mWv 22.7.2017 |
| 151. | Art. 2 55. G zur Änd. des StGB – Wohnungseinbruchdiebstahl | 17.7.2017 | BGBl. I S. 2442 | §§ 100g, 395 | geänd. mWv 22.7.2017 |
| 152. | Art. 11 Abs. 17 eIDAS-DurchführungsG[1) 2)] | 18.7.2017 | BGBl. I S. 2745 | § 41a | geänd. mWv 29.7.2017 |
| 153. | Art. 3 G zur effektiveren und praxistauglicheren Ausgestaltung des Strafverfahrens | 17.8.2017 | BGBl. I S. 3202, ber. S. 3630, geänd. 2019, S. 2146 | Inhaltsübersicht, §§ 26, 26a, 29, 81a, 81e, 81h, 100a, 100c, 100f, 100i, 101, 101a, 136, 141, 153a, 160a, 161, 163, 163d, 163e, 163f, 213, 243, 244, 251, 254, 256, 265, 347, 374, 454b, 458, 464b, 477, 481, 487 | geänd. mWv 24.8.2017 |
| | | | | §§ 100b, 100d, 100e, 101b | neu gef. mWv 24.8.2017 |
| | | | | § 163a | geänd. mWv 1.1.2020 |
| 154. | Art. 1 Zweites G zur Stärkung der Verfahrensrechte von Beschuldigten im Strafverfahren und zur Änd. des Schöffenrechts[3)] | 27.8.2017 | BGBl. I S. 3295 | §§ 58, 114b, 114c, 136, 163a, 168b, 168c, 406h | geänd. mWv 5.9.2017 |

[1)] **Amtl. Anm.:** Dieses Gesetz dient der Durchführung der Verordnung (EU) Nr. 910/2014 des Europäischen Parlaments und des Rates vom 23. Juli 2014 über elektronische Identifizierung und Vertrauensdienste für elektronische Transaktionen im Binnenmarkt und zur Aufhebung der Richtlinie 1999/93/EG.

[2)] **Amtl. Anm.:** Notifiziert gemäß der Richtlinie (EU) 2015/1535 des Europäischen Parlaments und des Rates vom 9. September 2015 über ein Informationsverfahren auf dem Gebiet der technischen Vorschriften und der Vorschriften für die Dienste der Informationsgesellschaft (ABl. L 241 vom 17.9.2015, S. 1).

[3)] **Amtl. Anm.:** Die Artikel 1 bis 6 dieses Gesetzes dienen der Umsetzung der Richtlinie 2013/48/EU des Europäischen Parlaments und des Rates vom 22. Oktober 2013 über das Recht auf Zugang zu einem Rechtsbeistand in Strafverfahren und in Verfahren zur Vollstreckung des Europäischen Haftbefehls sowie über das Recht auf Benachrichtigung eines Dritten bei Freiheitsentzug und das Recht auf Kommunikation mit Dritten und mit Konsularbehörden während des Freiheitsentzugs (ABl. L 294 vom 6.11.2013, S. 1).

| Lfd. Nr. | Änderndes Gesetz | Datum | Fundstelle | Betroffen | Hinweis |
|---|---|---|---|---|---|
| 155. | Art. 2 G zur Neuregelung des Schutzes von Geheimnissen bei der Mitwirkung Dritter an der Berufsausübung schweigepflichtiger Personen | 30.10. 2017 | BGBl. I S. 3618 | Inhaltsübersicht, §§ 53, 97, 160a<br>§ 53a | geänd. mWv 9.11.2017<br>neu gef. mWv 9.11.2017 |
| 156. | Art. 1 G zur Stärkung des Rechts des Angeklagten auf Anwesenheit in der Verhandlung[1] | 17.12. 2018 | BGBl. I S. 2571 | §§ 32a, 35a, 40, 231, 329, 350, 356a | geänd. mWv 21.12.2018 |
| 157. | Art. 12 G zur Umsetzung des G zur Einführung des Rechts auf Eheschließung für Personen gleichen Geschlechts | 18.12. 2018 | BGBl. I S. 2639 | § 52 | geänd. mWv 22.12.2018 |
| 158. | Art. 3 G zur Umsetzung der RL (EU) 2016/943 zum Schutz von Geschäftsgeheimnissen vor rechtswidrigem Erwerb sowie rechtswidriger Nutzung und Offenlegung | 18.4.2019 | BGBl. I S. 466 | §§ 374, 395 | geänd. mWv 26.4.2019 |
| 159. | Art. 2 G zur Stärkung der Rechte von Betroffenen bei Fixierungen im Rahmen von Freiheitsentziehungen | 19.6.2019 | BGBl. I S. 840 | § 126 | geänd. mWv 28.6.2019 |
| 160. | Art. 5 Abs. 20 G zur Einführung einer Karte für Unionsbürger und Angehörige des Europäischen Wirtschaftsraums mit Funktion zum elektronischen Identitätsnachweis sowie zur Änd. des PersonalausweisG und weiterer Vorschriften[2] [3] | 21.6.2019 | BGBl. I S. 846 | § 32c | geänd. mWv 1.11.2019 |
| 161. | Art. 3 G gegen illegale Beschäftigung und Sozialleistungsmissbrauch | 11.7.2019 | BGBl. I S. 1066 | § 100a | geänd. mWv 18.7.2019 |
| 162. | Art. 10 G zur Reform der Psychotherapeutenausbildung | 15.11. 2019 | BGBl. I S. 1604 | § 53 | geänd. mWv 1.9.2020 |

[1] **Amtl. Anm.:** Artikel 1 dieses Gesetzes dient der Umsetzung der Richtlinie (EU) 2016/343 des Europäischen Parlaments und des Rates vom 9. März 2016 über die Stärkung bestimmter Aspekte der Unschuldsvermutung und des Rechts auf Anwesenheit in der Verhandlung in Strafverfahren (ABl. L 65 vom 11.3.2016, S. 1).

[2] **Amtl. Anm.:** Notifiziert gemäß der Richtlinie (EU) 2015/1535 des Europäischen Parlaments und des Rates vom 9. September 2015 über ein Informationsverfahren auf dem Gebiet der technischen Vorschriften und der Vorschriften für die Dienste der Informationsgesellschaft (ABl. L 241 vom 17.9.2015, S. 1).

[3] Die Änd. des Inkrafttretens dieses G durch Art. 154a G v. 20.11.2019 (BGBl. I S. 1626) ist unbeachtlich, da das G bei Erlass des ÄndG bereits in Kraft getreten war.

| Lfd. Nr. | Änderndes Gesetz | Datum | Fundstelle | Betroffen | Hinweis |
|---|---|---|---|---|---|
| 163. | Art. 1 G zur Umsetzung der RL (EU) 2016/680 im Strafverfahren sowie zur Anpassung datenschutzrechtlicher Bestimmungen an die VO (EU) 2016/679[1] | 20.11. 2019 | BGBl. I S. 1724 | Inhaltsübersicht, §§ 81f, 97, 100f, 100g, 100h, 100j, 101, 101b, 110a, 119, 155b, 161, 163d, 163f, 406d, 406e, 475, 476, 481, 483, 484, 485, 487, 488, 490, 492, 493, 494, 495, 496 | geänd. mWv 26.11.2019 |
| | | | | §§ 477, 478, 479, 480, 8. Buch 2. Abschnitt Überschrift, §§ 486, 489, 491 | neu gef. mWv 26.11.2019 |
| | | | | 8. Buch 5. Abschnitt (§ 500) | eingef. mWv 26.11.2019 |
| 164. | Art. 1, 2 G zur Modernisierung des Strafverfahrens | 10.12. 2019 | BGBl. I S. 2121 | Inhaltsübersicht, §§ 25, 26, 58a, 68, 81e, 81g, 100a, 219, 222a, 222b, 229, 244, 245, 255a, 338, 397a, 481, 487 | geänd. mWv 13.12.2019 |
| | | | | § 29 | neu gef. mWv 13.12.2019 |
| | | | | § 397b | eingef. mWv 13.12.2019 |
| | | | | § 100a | geänd. mWv 12.12.2024 |
| 165. | Art. 1 G zur Neuregelung des Rechts der notwendigen Verteidigung[2] | 10.12. 2019 | BGBl. I S. 2128 | Inhaltsübersicht, §§ 58, 68b, 114b, 118a, 136, 138c, 140, 145, 168b, 304, 397a, 406g, 406h, 408b, 428 | geänd. mWv 13.12.2019 |
| | | | | §§ 141, 142, 143 | neu gef. mWv 13.12.2019 |
| | | | | §§ 141a, 143a, 144 | eingef. mWv 13.12.2019 |
| 166. | Art. 2 G zur Stärkung der Verfahrensrechte von Beschuldigten im Jugendstrafverfahren[3] | 9.12.2019 | BGBl. I S. 2146 | § 136 | geänd. mWv 1.1.2020 |

[1] **Amtl. Anm.:** Die Artikel 1, 10, 13 und 15 dieses Gesetzes dienen der Umsetzung der Richtlinie (EU) 2016/680 des Europäischen Parlaments und des Rates vom 27. April 2016 zum Schutz natürlicher Personen bei der Verarbeitung personenbezogener Daten durch die zuständigen Behörden zum Zwecke der Verhütung, Ermittlung, Aufdeckung oder Verfolgung von Straftaten oder der Strafvollstreckung sowie zum freien Datenverkehr und zur Aufhebung des Rahmenbeschlusses 2008/977/JI des Rates (ABl. L 119 vom 4.5.2016, S. 89; L 127 vom 23.5.2018, S. 9).

[2] **Amtl. Anm.:** Dieses Gesetz dient der Umsetzung der Richtlinie (EU) 2016/1919 des Europäischen Parlaments und des Rates vom 26. Oktober 2016 über Prozesskostenhilfe für Verdächtige und beschuldigte Personen in Strafverfahren sowie für gesuchte Personen in Verfahren zur Vollstreckung eines Europäischen Haftbefehls (ABl. L 297 vom 4.11.2016, S. 1; L 91 vom 5.4.2017, S. 40). Artikel 1 Nummer 2, 4, 6, 8, 9 (insbesondere die §§ 141, 142), 11 und 12 sowie Artikel 4 Nummer 4 dienen gleichzeitig der Umsetzung der Richtlinie (EU) 2016/800 des Europäischen Parlaments und des Rates vom 11. Mai 2016 über Verfahrensgarantien in Strafverfahren für Kinder, die Verdächtige oder beschuldigte Personen in Strafverfahren sind (ABl. L 132 vom 21.5.2016, S. 1).

[3] **Amtl. Anm.:** Dieses Gesetz dient der Umsetzung der Richtlinie (EU) 2016/800 des Europäischen Parlaments und des Rates vom 11. Mai 2016 über Verfahrensgarantien für Kinder, die Verdächtige oder beschuldigte Personen in Strafverfahren sind (ABl. L 132 vom 21.5.2016, S. 1).

| Lfd. Nr. | Änderndes Gesetz | Datum | Fundstelle | Betroffen | Hinweis |
|---|---|---|---|---|---|
| 167. | Art. 7 G zur Umsetzung der ÄndRL zur Vierten EU-GeldwäscheRL[1] | 12.12. 2019 | BGBl. I S. 2602 | § 492 | geänd. mWv 1.1.2020 |
| 168. | Art. 15 G zur Regelung des Sozialen Entschädigungsrechts | 12.12. 2019 | BGBl. I S. 2652 | § 406j | geänd. mWv 1.1.2024 |
| 169. | Art. 2 57. G zur Änd. des StGB – Versuchsstrafbarkeit des Cybergroomings | 3.3.2020 | BGBl. I S. 431 | Inhaltsübersicht<br>§ 110d | geänd. mWv 13.3.2020<br>eingef. mWv 13.3.2020 |
| 170. | Art. 3 G zur Verbesserung der Rahmenbedingungen luftsicherheitsrechtlicher Zuverlässigkeitsüberprüfungen | 22.4.2020 | BGBl. I S. 840 | § 492 | geänd. mWv 1.5.2020 |
| 171. | Art. 2 58. G zur Änd. des StGB – Strafrechtlicher Schutz bei Verunglimpfung der Europäischen Union und ihrer Symbole | 12.6.2020 | BGBl. I S. 1247 | § 479 | geänd. mWv 24.6.2020 |
| 172. | Art. 3 G zur Durchführung der VO (EU) 2017/1939 des Rates vom 12.10.2017 zur Durchführung einer Verstärkten Zusammenarbeit zur Errichtung der Europäischen Staatsanwaltschaft und zur Änd. weiterer Vorschriften | 10.7.2020 | BGBl. I S. 1648 | § 16 | geänd. mWv 17.7.2020 |
| 173. | Art. 2 59. G zur Änd. des StGB – Verbesserung des Persönlichkeitsschutzes bei Bildaufnahmen | 9.10.2020 | BGBl. I S. 2075 | §§ 255a, 374, 395, 397a | geänd. mWv 1.1.2021 |
| 174. | Art. 2 60. G zur Änd. des StGB – Modernisierung des Schriftenbegriffs und anderer Begriffe sowie Erweiterung der Strafbarkeit nach den §§ 86, 86a, 111 und 130 des StGB bei Handlungen im Ausland | 30.11. 2020 | BGBl. I S. 2600 | Inhaltsübersicht, §§ 97, 100a, 100b, 100g, 111q | geänd. mWv 1.1.2021 |
| 175. | Art. 2 G zur Durchführung der VO (EU) 2019/1148 des Europäischen Parlaments und des Rates vom 20.6.2019 über die Vermarktung und Verwendung von Ausgangsstoffen für Explosivstoffe, zur Änd. der VO (EG) Nr. 1907/2006 und zur Aufh. der VO (EU) Nr. 98/2013 | 3.12.2020 | BGBl. I S. 2678 | § 100a | geänd. mWv 1.2.2021 |

[1] **Amtl. Anm.:** Dieses Gesetz dient der Umsetzung der Richtlinie (EU) 2018/843 des Europäischen Parlaments und des Rates vom 30. Mai 2018 zur Änderung der Richtlinie (EU) 2015/849 zur Verhinderung der Nutzung des Finanzsystems zum Zwecke der Geldwäsche und der Terrorismusfinanzierung und zur Änderung der Richtlinien 2009/138/EG und 2013/36/EU (ABl. L 156 vom 19.6.2018, S. 43).

| Lfd. Nr. | Änderndes Gesetz | Datum | Fundstelle | Betroffen | Hinweis |
|---|---|---|---|---|---|
| 176. | Art. 49 JahressteuerG 2020 | 21.12. 2020 | BGBl. I S. 3096 | § 459g | geänd. mWv 29.12.2020 |
| 177. | Art. 3 G zur Verbesserung der strafrechtlichen Bekämpfung der Geldwäsche | 9.3.2021 | BGBl. I S. 327 | §§ 53, 100a, 100b, 100g | geänd. mWv 18.3.2021 |
| 178. | Art. 2 G zur Bekämpfung des Rechtsextremismus und der Hasskriminalität[1] | 30.3.2021 | BGBl. I S. 441, aufgeh. durch G v. 30.3. 2021, BGBl. I S. 448 | Inhaltsübersicht, §§ 100g, 100j, 101a, 101b, 374 | geänd. [aufgeh. durch G v. 30.3. 2021, BGBl. I S. 448] |
| 179. | Art. 8 G zur Anpassung der Regelungen über die Bestandsdatenauskunft an die Vorgaben aus der Entscheidung des BVerfG v. 27.5. 2020 | 30.3.2021 | BGBl. I S. 448, ber. S. 1380 | Inhaltsübersicht, §§ 100j, 101a, 101b, 374 | geänd. mWv 2.4.2021 |
| | | | | § 100k | eingef. mWv 2.4.2021 |
| 180. | Art. 9 G zur Änd. des BND-G zur Umsetzung der Vorgaben des Bundesverfassungsgerichts sowie des Bundesverwaltungsgerichts | 19.4.2021 | BGBl. I S. 771 | §§ 474, 492 | geänd. mWv 1.1.2022 |
| 181. | Art. 15 Abs. 6 G zur Reform des Vormundschafts- und Betreuungsrechts | 4.5.2021 | BGBl. I S. 882 | § 126a | geänd. mWv 1.1.2023 |
| 182. | Art. 2 G zur Bekämpfung sexualisierter Gewalt gegen Kinder | 16.6.2021 | BGBl. I S. 1810 | Inhaltsübersicht, §§ 48, 53, 100a, 100b, 100g, 110d, 112, 112a | geänd. mWv 1.7.2021 |
| | | | | § 48a | eingef. mWv 1.7.2021 |
| 183. | Art. 17 TelekommunikationsmodernisierungsG[2] | 23.6.2021 | BGBl. I S. 1858 | §§ 100g, 100j, 101a | geänd. mWv 1.12.2021 |
| 184. | Art. 2 G zur Regelung des Datenschutzes und des Schutzes der Privatsphäre in der Telekommunikation und bei Telemedien | 23.6.2021 | BGBl. I S. 1982 | §§ 100j, 100k | geänd. mWv 1.12.2021 |
| 185. | Art. 1 G zur Fortentwicklung der StrafprozessO und zur Änd. weiterer Vorschriften | 25.6.2021 | BGBl. I S. 2099 | Inhaltsübersicht, §§ 32b, 32e, 32f, 58a, 68, 99, 100, 100a, 100b, 100j, 101, 101a, 104, 110, 111d, 111h, 111i, 111k, 111l, 111n, 111o, 114b, 136, 138d, 145a, 163a, 168, 168a, 168b, 168c, 200, 222, 268, 271, 272, 286, 323, 330, 345, 5. | geänd. mWv 1.7.2021 |

[1] **Amtl. Anm.:** Notifiziert gemäß der Richtlinie (EU) 2015/1535 des Europäischen Parlaments und des Rates vom 9. September 2015 über ein Informationsverfahren auf dem Gebiet der technischen Vorschriften und der Vorschriften für die Dienste der Informationsgesellschaft (ABl. L 241 vom 17.9.2015, S. 1).

[2] **Amtl. Anm.:** Dieses Gesetz dient der Umsetzung der Richtlinie (EU) 2018/1972 des Europäischen Parlaments und des Rates vom 11. Dezember 2018 über den europäischen Kodex für die elektronische Kommunikation (Neufassung) (ABl. L 321 vom 17.12.2018, S. 36).

| Lfd. Nr. | Änderndes Gesetz | Datum | Fundstelle | Betroffen | Hinweis |
|---|---|---|---|---|---|
| | | | | Buch 2. Abschnitt, § 385, 5. Buch 3. und 4. Abschnitt, §§ 403, 404, 405, 5. Buch 5. Abschnitt, §§ 406e, 413, 421, 430, 435, 459g–459m, 462, 472a, 479, 492 | |
| | | | | 5. Buch 4. Abschnitt Überschrift | neu gef. mWv 1.7.2021 |
| | | | | §§ 95a, 163g, 5. Buch 1. Abschnitt (§ 373b), § 463e | eingef. mWv 1.7.2021 |
| 186. | Art. 15 G zur Neuregelung des Berufsrechts der anwaltlichen und steuerberatenden Berufsausübungsgesellschaften sowie zur Änd. weiterer Vorschriften im Bereich der rechtsberatenden Berufe | 7.7.2021 | BGBl. I S. 2363 | §§ 32a, 53a | geänd. mWv 1.8.2022 |
| 187. | Art. 1 G zur Durchf. der VO (EU) 2019/816 sowie zur Änd. weiterer Vorschr. | 10.8.2021 | BGBl. I S. 3420 | § 81b | geänd. mWv 1.10.2022 |
| 188. | Art. 2 G zur Änd. des StGB – Strafbarkeit des Betreibens krimineller Handelsplattformen im Internet[1)] | 12.8.2021 | BGBl. I S. 3544 | §§ 100a, 100b, 100g, 100j | geänd. mWv 1.10.2021 |
| 189. | Art. 2 G zur Änd. des StGB – Verbesserung des strafrechtlichen Schutzes gegen sogenannte Feindeslisten, Strafbarkeit der Verbreitung und des Besitzes von Anleitungen zu sexuellem Missbrauch von Kindern und Verbesserung der Bekämpfung verhetzender Inhalte sowie Bekämpfung von Propagandamitteln und Kennzeichen verfassungswidriger und terroristischer Organisationen | 14.9.2021 | BGBl. I S. 4250 | Inhaltsübersicht, §§ 110d, 112a | geänd. mWv 22.9.2021 |
| 190. | Art. 4 G zum Ausbau des elektron. Rechtsverkehrs mit den Gerichten und zur Änd. weiterer Vorschr.[1)] | 5.10.2021 | BGBl. I S. 4607 | §§ 32a, 111k | geänd. mWv 1.1.2022 |
| 191. | Art. 1 G zur Herstellung materieller Gerechtigkeit | 21.12. 2021 | BGBl. I S. 5252 | § 362 | geänd. mWv 30.12.2021 |
| 192. | Art. 2 G über die Feststellung des Wirtschaftsplans des ERP-Sondervermögens für das Jahr 2022, zur elektronischen Erhebung der Bankenabgabe und zur Änd. der StPO | 25.3.2022 | BGBl. I S. 571 | § 110d | geänd. mWv 2.4.2022 |

[1)] **Amtl. Anm.:** Notifiziert gemäß der Richtlinie (EU) 2015/1535 des Europäischen Parlaments und des Rates vom 9. September 2015 über ein Informationsverfahren auf dem Gebiet der technischen Vorschriften und der Vorschriften für die Dienste der Informationsgesellschaft (ABl. L 241 vom 17.9.2015, S. 1).

| Lfd. Nr. | Änderndes Gesetz | Datum | Fundstelle | Betroffen | Hinweis |
|---|---|---|---|---|---|
| 193. | Art. 2 G zur Überarbeitung des Sanktionenrechts – Ersatzfreiheitsstrafe, Strafzumessung, Auflagen und Weisungen sowie Unterbringung in einer Entziehungsanstalt | 26.7.2023 | BGBl. 2023 I Nr. 203 | §§ 153a, 246a, 459e, 463<br>§ 463d | geänd. mWv 1.10.2023<br>neu gef. mWv 1.10.2023 |

## Nichtamtliche Inhaltsübersicht[1]



[1] Vom Abdruck der durch G v. 17.7.2015 (BGBl. I S. 1332) neu gef. detaillierten Inhaltsübersicht wurde aus Platzgründen abgesehen.

## Erstes Buch. Allgemeine Vorschriften

### Erster Abschnitt. Sachliche Zuständigkeit der Gerichte

**§ 1 Anwendbarkeit des Gerichtsverfassungsgesetzes.** Die sachliche Zuständigkeit der Gerichte wird durch das Gesetz über die Gerichtsverfassung[1] bestimmt.

**§ 2 Verbindung und Trennung von Strafsachen.** (1) [1] Zusammenhängende Strafsachen, die einzeln zur Zuständigkeit von Gerichten verschiedener Ordnung gehören würden, können verbunden bei dem Gericht anhängig gemacht werden, dem die höhere Zuständigkeit beiwohnt. [2] Zusammenhängende Strafsachen, von denen einzelne zur Zuständigkeit besonderer Strafkammern nach § 74 Abs. 2 sowie den §§ 74a und 74c des Gerichtsverfassungsgesetzes[1] gehören würden, können verbunden bei der Strafkammer anhängig gemacht werden, der nach § 74e des Gerichtsverfassungsgesetzes der Vorrang zukommt.

(2) Aus Gründen der Zweckmäßigkeit kann durch Beschluß dieses Gerichts die Trennung der verbundenen Strafsachen angeordnet werden.

**§ 3[2] Begriff des Zusammenhanges.** Ein Zusammenhang ist vorhanden, wenn eine Person mehrerer Straftaten beschuldigt wird oder wenn bei einer Tat mehrere Personen als Täter, Teilnehmer oder der Datenhehlerei, Begünstigung, Strafvereitelung oder Hehlerei beschuldigt werden.

**§ 4 Verbindung und Trennung rechtshängiger Strafsachen.** (1) Eine Verbindung zusammenhängender oder eine Trennung verbundener Strafsachen kann auch nach Eröffnung des Hauptverfahrens auf Antrag der Staatsanwaltschaft oder des Angeklagten oder von Amts wegen durch gerichtlichen Beschluß angeordnet werden.

(2) [1] Zuständig für den Beschluß ist das Gericht höherer Ordnung, wenn die übrigen Gerichte zu seinem Bezirk gehören. [2] Fehlt ein solches Gericht, so entscheidet das gemeinschaftliche obere Gericht.

**§ 5 Maßgebendes Verfahren.** Für die Dauer der Verbindung ist der Straffall, der zur Zuständigkeit des Gerichts höherer Ordnung gehört, für das Verfahren maßgebend.

**§ 6 Prüfung der sachlichen Zuständigkeit.** Das Gericht hat seine sachliche Zuständigkeit in jeder Lage des Verfahrens von Amts wegen zu prüfen.

---

[1] Nr. **95**.
[2] § 3 geänd. mWv 18.12.2015 durch G v. 10.12.2015 (BGBl. I S. 2218).

**§ 6a Zuständigkeit besonderer Strafkammern.** [1] Die Zuständigkeit besonderer Strafkammern nach den Vorschriften des Gerichtsverfassungsgesetzes (§ 74 Abs. 2, §§ 74a, 74c des Gerichtsverfassungsgesetzes[1)]) prüft das Gericht bis zur Eröffnung des Hauptverfahrens von Amts wegen. [2] Danach darf es seine Unzuständigkeit nur auf Einwand des Angeklagten beachten. [3] Der Angeklagte kann den Einwand nur bis zum Beginn seiner Vernehmung zur Sache in der Hauptverhandlung geltend machen.

## Zweiter Abschnitt. Gerichtsstand

**§ 7 Gerichtsstand des Tatortes.** (1) Der Gerichtsstand ist bei dem Gericht begründet, in dessen Bezirk die Straftat begangen ist.

(2) [1] Wird die Straftat durch den Inhalt einer im Geltungsbereich dieses Bundesgesetzes erschienenen Druckschrift verwirklicht, so ist als das nach Absatz 1 zuständige Gericht nur das Gericht anzusehen, in dessen Bezirk die Druckschrift erschienen ist. [2] Jedoch ist in den Fällen der Beleidigung, sofern die Verfolgung im Wege der Privatklage stattfindet, auch das Gericht, in dessen Bezirk die Druckschrift verbreitet worden ist, zuständig, wenn in diesem Bezirk die beleidigte Person ihren Wohnsitz oder gewöhnlichen Aufenthalt hat.

**§ 8 Gerichtsstand des Wohnsitzes oder Aufenthaltsortes.** (1) Der Gerichtsstand ist auch bei dem Gericht begründet, in dessen Bezirk der Angeschuldigte zur Zeit der Erhebung der Klage seinen Wohnsitz hat.

(2) Hat der Angeschuldigte keinen Wohnsitz im Geltungsbereich dieses Bundesgesetzes, so wird der Gerichtsstand auch durch den gewöhnlichen Aufenthaltsort und, wenn ein solcher nicht bekannt ist, durch den letzten Wohnsitz bestimmt.

**§ 9 Gerichtsstand des Ergreifungsortes.** Der Gerichtsstand ist auch bei dem Gericht begründet, in dessen Bezirk der Beschuldigte ergriffen worden ist.

**§ 10 Gerichtsstand bei Auslandstaten auf Schiffen oder in Luftfahrzeugen.** (1) Ist die Straftat auf einem Schiff, das berechtigt ist, die Bundesflagge zu führen, außerhalb des Geltungsbereichs dieses Gesetzes begangen, so ist das Gericht zuständig, in dessen Bezirk der Heimathafen oder der Hafen im Geltungsbereich dieses Gesetzes liegt, den das Schiff nach der Tat zuerst erreicht.

(2) Absatz 1 gilt entsprechend für Luftfahrzeuge, die berechtigt sind, das Staatszugehörigkeitszeichen der Bundesrepublik Deutschland zu führen.[2)]

**§ 10a[3)] Gerichtsstand bei Auslandstaten im Bereich des Meeres.** Ist für eine Straftat, die außerhalb des Geltungsbereichs dieses Gesetzes im Bereich des Meeres begangen wird, ein Gerichtsstand nicht begründet, so ist Hamburg Gerichtsstand; zuständiges Amtsgericht ist das Amtsgericht Hamburg.

**§ 11 Gerichtsstand bei Auslandstaten exterritorialer Deutscher und deutscher Beamter.** (1) [1] Deutsche, die das Recht der Exterritorialität genießen, sowie die im Ausland angestellten Beamten des Bundes oder eines deutschen Landes behalten hinsichtlich des Gerichtsstandes den Wohnsitz, den sie im Inland

---

[1)] Nr. **95**.

[2)] Beachte auch das G zu dem Abkommen vom 14. September 1963 über strafbare und bestimmte andere an Bord von Luftfahrzeugen begangene Handlungen v. 4.2.1969 (BGBl. II S. 121) mit Bek. über das Inkrafttreten v. 20.5.1970 (BGBl. II S. 276).

[3)] § 10a geänd. durch G v. 2.8.1993 (BGBl. I S. 1407).

hatten. [2]Wenn sie einen solchen Wohnsitz nicht hatten, so gilt der Sitz der Bundesregierung als ihr Wohnsitz.

(2) Auf Wahlkonsuln sind diese Vorschriften nicht anzuwenden.

**§ 11a[1)] Gerichtsstand bei Auslandstaten von Soldaten in besonderer Auslandsverwendung.** Wird eine Straftat außerhalb des Geltungsbereiches dieses Gesetzes von Soldatinnen oder Soldaten der Bundeswehr in besonderer Auslandsverwendung (§ 62 Absatz 1 des Soldatengesetzes) begangen, so ist der Gerichtsstand bei dem für die Stadt Kempten zuständigen Gericht begründet.

**§ 12[2)] Zusammentreffen mehrerer Gerichtsstände.** (1) Unter mehreren nach den Vorschriften der §§ 7 bis 11a und 13a zuständigen Gerichten gebührt dem der Vorzug, das die Untersuchung zuerst eröffnet hat.

(2) Jedoch kann die Untersuchung und Entscheidung einem anderen der zuständigen Gerichte durch das gemeinschaftliche obere Gericht übertragen werden.

**§ 13 Gerichtsstand bei zusammenhängenden Strafsachen.** (1) Für zusammenhängende Strafsachen, die einzeln nach den Vorschriften der §§ 7 bis 11 zur Zuständigkeit verschiedener Gerichte gehören würden, ist ein Gerichtsstand bei jedem Gericht begründet, das für eine der Strafsachen zuständig ist.

(2) [1]Sind mehrere zusammenhängende Strafsachen bei verschiedenen Gerichten anhängig gemacht worden, so können sie sämtlich oder zum Teil durch eine den Anträgen der Staatsanwaltschaft entsprechende Vereinbarung dieser Gerichte bei einem unter ihnen verbunden werden. [2]Kommt eine solche Vereinbarung nicht zustande, so entscheidet, wenn die Staatsanwaltschaft oder ein Angeschuldigter hierauf anträgt, das gemeinschaftliche obere Gericht darüber, ob und bei welchem Gericht die Verbindung einzutreten hat.

(3) In gleicher Weise kann die Verbindung wieder aufgehoben werden.

**§ 13a Zuständigkeitsbestimmung durch den Bundesgerichtshof.** Fehlt es im Geltungsbereich dieses Bundesgesetzes an einem zuständigen Gericht oder ist dieses nicht ermittelt, so bestimmt der Bundesgerichtshof das zuständige Gericht.

**§ 14 Zuständigkeitsbestimmung durch das gemeinschaftliche obere Gericht.** Besteht zwischen mehreren Gerichten Streit über die Zuständigkeit, so bestimmt das gemeinschaftliche obere Gericht das Gericht, das sich der Untersuchung und Entscheidung zu unterziehen hat.

**§ 15 Gerichtsstand kraft Übertragung bei Hinderung des zuständigen Gerichts.** Ist das an sich zuständige Gericht in einem einzelnen Falle an der Ausübung des Richteramtes rechtlich oder tatsächlich verhindert oder ist von der Verhandlung vor diesem Gericht eine Gefährdung der öffentlichen Sicherheit zu besorgen, so hat das zunächst obere Gericht die Untersuchung und Entscheidung dem gleichstehenden Gericht eines anderen Bezirks zu übertragen.

**§ 16[3)] Prüfung der örtlichen Zuständigkeit; Einwand der Unzuständigkeit.** (1) [1]Das Gericht prüft seine örtliche Zuständigkeit bis zur Eröffnung des Hauptverfahrens von Amts wegen. [2]Danach darf es seine Unzuständigkeit nur auf Einwand des Angeklagten aussprechen. [3]Der Angeklagte kann den Einwand nur

---

1) § 11a eingef. mWv 1.4.2013 durch G v. 21.1.2013 (BGBl. I S. 89).
2) § 12 Abs. 1 geänd. mWv 1.4.2013 durch G v. 21.1.2013 (BGBl. I S. 89).
3) § 16 Abs. 2 angef. mWv 17.7.2020 durch G v. 10.7.2020 (BGBl. I S. 1648).

bis zum Beginn seiner Vernehmung zur Sache in der Hauptverhandlung geltend machen.

(2) [1] Ist Anklage von der Europäischen Staatsanwaltschaft erhoben worden, so prüft das Gericht auf Einwand des Angeklagten auch, ob die Europäische Staatsanwaltschaft gemäß Artikel 36 Absatz 3 der Verordnung (EU) 2017/1939 des Rates vom 12. Oktober 2017 zur Durchführung einer Verstärkten Zusammenarbeit zur Errichtung der Europäischen Staatsanwaltschaft (EUStA) (ABl. L 283 vom 31.10.2017, S. 1) befugt ist, vor einem Gericht im Geltungsbereich dieses Gesetzes Anklage zu erheben. [2] Absatz 1 Satz 3 gilt entsprechend.

**§§ 17 und 18** (weggefallen)

**§ 19 Zuständigkeitsbestimmung bei Zuständigkeitsstreit.** Haben mehrere Gerichte, von denen eines das zuständige ist, durch Entscheidungen, die nicht mehr anfechtbar sind, ihre Unzuständigkeit ausgesprochen, so bezeichnet das gemeinschaftliche obere Gericht das zuständige Gericht.

**§ 20 Untersuchungshandlungen eines unzuständigen Gerichts.** Die einzelnen Untersuchungshandlungen eines unzuständigen Gerichts sind nicht schon dieser Unzuständigkeit wegen ungültig.

**§ 21 Befugnisse bei Gefahr im Verzug.** Ein unzuständiges Gericht hat sich den innerhalb seines Bezirks vorzunehmenden Untersuchungshandlungen zu unterziehen, bei denen Gefahr im Verzug ist.

## Dritter Abschnitt. Ausschließung und Ablehnung der Gerichtspersonen

**§ 22[1)] Ausschließung von der Ausübung des Richteramtes kraft Gesetzes.** Ein Richter ist von der Ausübung des Richteramtes kraft Gesetzes ausgeschlossen,

1. wenn er selbst durch die Straftat verletzt ist;
2. wenn er Ehegatte, Lebenspartner, Vormund oder Betreuer des Beschuldigten oder des Verletzten ist oder gewesen ist;
3. wenn er mit dem Beschuldigten oder mit dem Verletzten in gerader Linie verwandt oder verschwägert, in der Seitenlinie bis zum dritten Grad verwandt oder bis zum zweiten Grad verschwägert ist oder war;
4. wenn er in der Sache als Beamter der Staatsanwaltschaft, als Polizeibeamter, als Anwalt des Verletzten oder als Verteidiger tätig gewesen ist;
5. wenn er in der Sache als Zeuge oder Sachverständiger vernommen ist.

**§ 23 Ausschließung eines Richters wegen Mitwirkung an der angefochtenen Entscheidung.** (1) Ein Richter, der bei einer durch ein Rechtsmittel angefochtenen Entscheidung mitgewirkt hat, ist von der Mitwirkung bei der Entscheidung in einem höheren Rechtszuge kraft Gesetzes ausgeschlossen.

(2) [1] Ein Richter, der bei einer durch einen Antrag auf Wiederaufnahme des Verfahrens angefochtenen Entscheidung mitgewirkt hat, ist von der Mitwirkung bei Entscheidungen im Wiederaufnahmeverfahren kraft Gesetzes ausgeschlossen. [2] Ist die angefochtene Entscheidung in einem höheren Rechtszug ergangen, so ist auch der Richter ausgeschlossen, der an der ihr zugrunde liegenden Entscheidung

---

[1)] § 22 Nr. 2 geänd. durch G v. 12.9.1990 (BGBl. I S. 2002); Nr. 2 geänd. mWv 1.8.2001 durch G v. 16.2.2001 (BGBl. I S. 266).

in einem unteren Rechtszug mitgewirkt hat. [3]Die Sätze 1 und 2 gelten entsprechend für die Mitwirkung bei Entscheidungen zur Vorbereitung eines Wiederaufnahmeverfahrens.

**§ 24 Ablehnung eines Richters; Besorgnis der Befangenheit.** (1) Ein Richter kann sowohl in den Fällen, in denen er von der Ausübung des Richteramtes kraft Gesetzes ausgeschlossen ist, als auch wegen Besorgnis der Befangenheit abgelehnt werden.

(2) Wegen Besorgnis der Befangenheit findet die Ablehnung statt, wenn ein Grund vorliegt, der geeignet ist, Mißtrauen gegen die Unparteilichkeit eines Richters zu rechtfertigen.

(3) [1]Das Ablehnungsrecht steht der Staatsanwaltschaft, dem Privatkläger und dem Beschuldigten zu. [2]Den zur Ablehnung Berechtigten sind auf Verlangen die zur Mitwirkung bei der Entscheidung berufenen Gerichtspersonen namhaft zu machen.

**§ 25[1)] Ablehnungszeitpunkt.** (1) [1]Die Ablehnung eines erkennenden Richters wegen Besorgnis der Befangenheit ist bis zum Beginn der Vernehmung des ersten Angeklagten über seine persönlichen Verhältnisse, in der Hauptverhandlung über die Berufung oder die Revision bis zum Beginn des Vortrags des Berichterstatters, zulässig. [2]Ist die Besetzung des Gerichts nach § 222a Absatz 1 Satz 2 schon vor Beginn der Hauptverhandlung mitgeteilt worden, so muss das Ablehnungsgesuch unverzüglich angebracht werden. [3]Alle Ablehnungsgründe sind gleichzeitig vorzubringen.

(2) [1]Im Übrigen darf ein Richter nur abgelehnt werden, wenn

1. die Umstände, auf welche die Ablehnung gestützt wird, erst später eingetreten oder dem zur Ablehnung Berechtigten erst später bekanntgeworden sind und
2. die Ablehnung unverzüglich geltend gemacht wird.

[2]Nach dem letzten Wort des Angeklagten ist die Ablehnung nicht mehr zulässig.

**§ 26[2)] Ablehnungsverfahren.** (1) [1]Das Ablehnungsgesuch ist bei dem Gericht, dem der Richter angehört, anzubringen; es kann vor der Geschäftsstelle zu Protokoll erklärt werden. [2]Das Gericht kann dem Antragsteller aufgeben, ein in der Hauptverhandlung angebrachtes Ablehnungsgesuch innerhalb einer angemessenen Frist schriftlich zu begründen.

(2) [1]Der Ablehnungsgrund und in den Fällen des § 25 Absatz 1 Satz 2 und Absatz 2 die Voraussetzungen des rechtzeitigen Vorbringens sind glaubhaft zu machen. [2]Der Eid ist als Mittel der Glaubhaftmachung ausgeschlossen. [3]Zur Glaubhaftmachung kann auf das Zeugnis des abgelehnten Richters Bezug genommen werden.

(3) Der abgelehnte Richter hat sich über den Ablehnungsgrund dienstlich zu äußern.

---

[1)] § 25 Abs. 1 Satz 2 eingef., bish. Satz 2 wird Satz 3, Abs. 2 einl. Satzteil geänd. mWv 13.12.2019 durch G v. 10.12.2019 (BGBl. I S. 2121).

[2)] § 26 Abs. 1 Satz 2 angef. durch G v. 28.10.1994 (BGBl. I S. 3186); Abs. 1 Satz 2 neu gef. mWv 24.8. 2017 durch G v. 17.8.2017 (BGBl. I S. 3202); Abs. 2 Satz 1 geänd. mWv 13.12.2019 durch G v. 10.12. 2019 (BGBl. I S. 2121).

**§ 26a**[1] **Verwerfung eines unzulässigen Ablehnungsantrags.** (1) Das Gericht verwirft die Ablehnung eines Richters als unzulässig, wenn

1. die Ablehnung verspätet ist,
2. ein Grund zur Ablehnung oder ein Mittel zur Glaubhaftmachung nicht oder nicht innerhalb der nach § 26 Absatz 1 Satz 2 bestimmten Frist angegeben wird oder
3. durch die Ablehnung offensichtlich das Verfahren nur verschleppt oder nur verfahrensfremde Zwecke verfolgt werden sollen.

(2) [1]Das Gericht entscheidet über die Verwerfung nach Absatz 1, ohne daß der abgelehnte Richter ausscheidet. [2]Im Falle des Absatzes 1 Nr. 3 bedarf es eines einstimmigen Beschlusses und der Angabe der Umstände, welche den Verwerfungsgrund ergeben. [3]Wird ein beauftragter oder ein ersuchter Richter, ein Richter im vorbereitenden Verfahren oder ein Strafrichter abgelehnt, so entscheidet er selbst darüber, ob die Ablehnung als unzulässig zu verwerfen ist.

**§ 27 Entscheidung über einen zulässigen Ablehnungsantrag.** (1) Wird die Ablehnung nicht als unzulässig verworfen, so entscheidet über das Ablehnungsgesuch das Gericht, dem der Abgelehnte angehört, ohne dessen Mitwirkung.

(2) Wird ein richterliches Mitglied der erkennenden Strafkammer abgelehnt, so entscheidet die Strafkammer in der für Entscheidungen außerhalb der Hauptverhandlung vorgeschriebenen Besetzung.

(3) [1]Wird ein Richter beim Amtsgericht abgelehnt, so entscheidet ein anderer Richter dieses Gerichts. [2]Einer Entscheidung bedarf es nicht, wenn der Abgelehnte das Ablehnungsgesuch für begründet hält.

(4) Wird das zur Entscheidung berufene Gericht durch Ausscheiden des abgelehnten Mitglieds beschlußunfähig, so entscheidet das zunächst obere Gericht.

**§ 28 Rechtsmittel.** (1) Der Beschluß, durch den die Ablehnung für begründet erklärt wird, ist nicht anfechtbar.

(2) [1]Gegen den Beschluß, durch den die Ablehnung als unzulässig verworfen oder als unbegründet zurückgewiesen wird, ist sofortige Beschwerde zulässig. [2]Betrifft die Entscheidung einen erkennenden Richter, so kann sie nur zusammen mit dem Urteil angefochten werden.

**§ 29**[2] **Verfahren nach Ablehnung eines Richters.** (1) Ein abgelehnter Richter hat vor Erledigung des Ablehnungsgesuchs nur solche Handlungen vorzunehmen, die keinen Aufschub gestatten.

(2) [1]Die Durchführung der Hauptverhandlung gestattet keinen Aufschub; sie findet bis zur Entscheidung über das Ablehnungsgesuch unter Mitwirkung des abgelehnten Richters statt. [2]Entscheidungen, die auch außerhalb der Hauptverhandlung ergehen können, dürfen nur dann unter Mitwirkung des abgelehnten Richters getroffen werden, wenn sie keinen Aufschub gestatten.

(3) [1]Über die Ablehnung ist spätestens vor Ablauf von zwei Wochen und stets vor Urteilsverkündung zu entscheiden. [2]Die zweiwöchige Frist für die Entscheidung über die Ablehnung beginnt

1. mit dem Tag, an dem das Ablehnungsgesuch angebracht wird, wenn ein Richter vor oder während der Hauptverhandlung abgelehnt wird,

---

[1] § 26a Abs. 1 Nr. 2 geänd. mWv 24.8.2017 durch G v. 17.8.2017 (BGBl. I S. 3202).

[2] § 29 neu gef. mWv 13.12.2019 durch G v. 10.12.2019 (BGBl. I S. 2121).

2. mit dem Tag des Eingangs der schriftlichen Begründung, wenn das Gericht dem Antragsteller gemäß § 26 Absatz 1 Satz 2 aufgegeben hat, das Ablehnungsgesuch innerhalb der vom Gericht bestimmten Frist schriftlich zu begründen.

[3] Findet der übernächste Verhandlungstag erst nach Ablauf von zwei Wochen statt, so kann über die Ablehnung spätestens bis zu dessen Beginn entschieden werden.

(4) [1] Wird die Ablehnung für begründet erklärt und muss die Hauptverhandlung nicht deshalb ausgesetzt werden, so ist ihr nach der Anbringung des Ablehnungsgesuchs liegender Teil zu wiederholen. [2] Dies gilt nicht für solche Teile der Hauptverhandlung, deren Wiederholung nicht oder nur mit unzumutbarem Aufwand möglich ist.

**§ 30 Ablehnung eines Richters bei Selbstanzeige und von Amts wegen.** Das für die Erledigung eines Ablehnungsgesuchs zuständige Gericht hat auch dann zu entscheiden, wenn ein solches Gesuch nicht angebracht ist, ein Richter aber von einem Verhältnis Anzeige macht, das seine Ablehnung rechtfertigen könnte, oder wenn aus anderer Veranlassung Zweifel darüber entstehen, ob ein Richter kraft Gesetzes ausgeschlossen ist.

**§ 31 Schöffen, Urkundsbeamte.** (1) Die Vorschriften dieses Abschnitts gelten für Schöffen sowie für Urkundsbeamte der Geschäftsstelle und andere als Protokollführer zugezogene Personen entsprechend.

(2) [1] Die Entscheidung trifft der Vorsitzende. [2] Bei der großen Strafkammer und beim Schwurgericht entscheiden die richterlichen Mitglieder. [3] Ist der Protokollführer einem Richter beigegeben, so entscheidet dieser über die Ablehnung oder Ausschließung.

## Vierter Abschnitt.[1)] Aktenführung und Kommunikation im Verfahren

**§ 32[2)] Elektronische Aktenführung; Verordnungsermächtigungen.**

(1) ***[Satz 1 bis 31.12.2025:]*** [1] Die Akten können elektronisch geführt werden. ***[Satz 1 ab 1.1.2026:]*** [1] *Die Akten werden elektronisch geführt.* ***[Satz 2 bis 30.6.2025:]*** [2] Die Bundesregierung und die Landesregierungen bestimmen jeweils für ihren Bereich durch Rechtsverordnung den Zeitpunkt, von dem an die Akten elektronisch geführt werden. ***[Satz 2 ab 1.7.2025:]*** [2] *Die Bundesregierung und die Landesregierungen können jeweils für ihren Bereich durch Rechtsverordnung bestimmen, dass Akten, die in Papierform angelegt wurden, in Papierform weitergeführt werden.* ***[Satz 3 bis 30.6.2025:]*** [3] Sie können die Einführung der elektronischen Aktenführung dabei auf einzelne Gerichte oder Strafverfolgungsbehörden oder auf allgemein bestimmte Verfahren beschränken und bestimmen, dass Akten, die in Papierform angelegt wurden, auch nach Einführung der elektronischen Aktenführung in Papierform weitergeführt werden; wird von der Beschränkungsmöglichkeit Gebrauch gemacht, kann in der Rechtsverordnung bestimmt werden, dass durch Verwaltungsvorschrift, die öffentlich bekanntzumachen ist, geregelt wird, in welchen Verfahren die Akten elektronisch zu führen sind. [4] ***[ab 1.7.2025: [3]]*** Die Ermächtigung kann durch Rechtsverordnung auf die zuständigen Bundes- oder Landesministerien übertragen werden.

---

1) 4. Abschnitt (§§ 32–32c, 32e und 32f) eingef. mWv 1.1.2018, § 32d eingef. mWv 1.1.2022 durch G v. 5.7.2017 (BGBl. I S. 2208).

2) § 32 eingef. mWv 1.1.2018, Abs. 1 Satz 2 neu gef., Satz 3 aufgeh., bish. Satz 4 wird Satz 3 **mWv 1.7. 2025**, Satz 1 neu gef. **mWv 1.1.2026** durch G v. 5.7.2017 (BGBl. I S. 2208).

(2) [1]Die Bundesregierung und die Landesregierungen bestimmen jeweils für ihren Bereich durch Rechtsverordnung die für die elektronische Aktenführung geltenden organisatorischen und dem Stand der Technik entsprechenden technischen Rahmenbedingungen einschließlich der einzuhaltenden Anforderungen des Datenschutzes, der Datensicherheit und der Barrierefreiheit. [2]Sie können die Ermächtigung durch Rechtsverordnung auf die zuständigen Bundes- oder Landesministerien übertragen.

(3) [1]Die Bundesregierung bestimmt durch Rechtsverordnung mit Zustimmung des Bundesrates die für die Übermittlung elektronischer Akten zwischen Strafverfolgungsbehörden und Gerichten geltenden Standards. [2]Sie kann die Ermächtigung durch Rechtsverordnung ohne Zustimmung des Bundesrates auf die zuständigen Bundesministerien übertragen.

**§ 32a[1)] Elektronischer Rechtsverkehr mit Strafverfolgungsbehörden und Gerichten; Verordnungsermächtigungen.** (1) Elektronische Dokumente können bei Strafverfolgungsbehörden und Gerichten nach Maßgabe der folgenden Absätze eingereicht werden.

(2) [1]Das elektronische Dokument muss für die Bearbeitung durch die Strafverfolgungsbehörde oder das Gericht geeignet sein. [2]Die Bundesregierung bestimmt durch Rechtsverordnung mit Zustimmung des Bundesrates technische Rahmenbedingungen für die Übermittlung und die Eignung zur Bearbeitung durch die Strafverfolgungsbehörde oder das Gericht.

(3) Ein Dokument, das schriftlich abzufassen, zu unterschreiben oder zu unterzeichnen ist, muss als elektronisches Dokument mit einer qualifizierten elektronischen Signatur der verantwortenden Person versehen sein oder von der verantwortenden Person signiert und auf einem sicheren Übermittlungsweg eingereicht werden.

(4) [1]Sichere Übermittlungswege sind

1. der Postfach- und Versanddienst eines De-Mail-Kontos, wenn der Absender bei Versand der Nachricht sicher im Sinne des § 4 Absatz 1 Satz 2 des De-Mail-Gesetzes angemeldet ist und er sich die sichere Anmeldung gemäß § 5 Absatz 5 des De-Mail-Gesetzes bestätigen lässt,
2. der Übermittlungsweg zwischen den besonderen elektronischen Anwaltspostfächern nach den §§ 31a und 31b der Bundesrechtsanwaltsordnung[2)] oder einem entsprechenden, auf gesetzlicher Grundlage errichteten elektronischen Postfach und der elektronischen Poststelle der Behörde oder des Gerichts,
3. der Übermittlungsweg zwischen einem nach Durchführung eines Identifizierungsverfahrens eingerichteten Postfach einer Behörde oder einer juristischen Person des öffentlichen Rechts und der elektronischen Poststelle der Behörde oder des Gerichts,
4. der Übermittlungsweg zwischen einem nach Durchführung eines Identifizierungsverfahrens eingerichteten elektronischen Postfach einer natürlichen oder juristischen Person oder einer sonstigen Vereinigung und der elektronischen Poststelle der Behörde oder des Gerichts,

[1)] § 32a eingef. mWv 1.1.2018 durch G v. 5.7.2017 (BGBl. I S. 2208); Abs. 4 Nr. 3 geänd. mWv 21.12. 2018 durch G v. 17.12.2018 (BGBl. I S. 2571); Abs. 4 Nr. 2 neu gef. mWv 1.8.2022 durch G v. 7.7.2021 (BGBl. I S. 2363); Abs. 2 Satz 2 neu gef., Abs. 4 Satz 1 Nr. 3 geänd., Nr. 4 und 5 eingef., bish. Nr. 4 wird Nr. 6, Satz 2 angef., Abs. 6 Satz 1 geänd. mWv 1.1.2022 durch G v. 5.10.2021 (BGBl. I S. 4607).

[2)] **Habersack, Deutsche Gesetze ErgBd. Nr. 98.**

5. der Übermittlungsweg zwischen einem nach Durchführung eines Identifizierungsverfahrens genutzten Postfach- und Versanddienst eines Nutzerkontos im Sinne des § 2 Absatz 5 des Onlinezugangsgesetzes und der elektronischen Poststelle der Behörde oder des Gerichts,
6. sonstige bundeseinheitliche Übermittlungswege, die durch Rechtsverordnung der Bundesregierung mit Zustimmung des Bundesrates festgelegt werden, bei denen die Authentizität und Integrität der Daten sowie die Barrierefreiheit gewährleistet sind.

[2] Das Nähere zu den Übermittlungswegen gemäß Satz 1 Nummer 3 bis 5 regelt die Rechtsverordnung nach Absatz 2 Satz 2.

(5) [1] Ein elektronisches Dokument ist eingegangen, sobald es auf der für den Empfang bestimmten Einrichtung der Behörde oder des Gerichts gespeichert ist. [2] Dem Absender ist eine automatisierte Bestätigung über den Zeitpunkt des Eingangs zu erteilen.

(6) [1] Ist ein elektronisches Dokument für die Bearbeitung durch die Behörde oder das Gericht nicht geeignet, ist dies dem Absender unter Hinweis auf die Unwirksamkeit des Eingangs unverzüglich mitzuteilen. [2] Das elektronische Dokument gilt als zum Zeitpunkt seiner früheren Einreichung eingegangen, sofern der Absender es unverzüglich in einer für die Behörde oder für das Gericht zur Bearbeitung geeigneten Form nachreicht und glaubhaft macht, dass es mit dem zuerst eingereichten Dokument inhaltlich übereinstimmt.

## § 32b[1)] Erstellung und Übermittlung strafverfolgungsbehördlicher und gerichtlicher elektronischer Dokumente; Verordnungsermächtigung.

(1) [1] Wird ein strafverfolgungsbehördliches oder gerichtliches Dokument als elektronisches Dokument erstellt, müssen ihm alle verantwortenden Personen ihre Namen hinzufügen. [2] Ein Dokument, das zu unterschreiben oder zu unterzeichnen ist, muss darüber hinaus mit einer qualifizierten elektronischen Signatur aller verantwortenden Personen versehen sein.

(2) Ein elektronisches Dokument ist zu den Akten gebracht, sobald es von einer verantwortenden Person oder auf deren Veranlassung in der elektronischen Akte gespeichert ist.

(3) ***[Satz 1 bis 31.12.2025:]*** [1] Werden die Akten elektronisch geführt, sollen Strafverfolgungsbehörden und Gerichte einander Dokumente als elektronisches Dokument übermitteln. ***[Satz 1 ab 1.1.2026:]*** *[1] Strafverfolgungsbehörden und Gerichte sollen einander Dokumente als elektronisches Dokument übermitteln.* [2] Die Anklageschrift, der Antrag auf Erlass eines Strafbefehls außerhalb einer Hauptverhandlung, die Berufung und ihre Begründung, die Revision, ihre Begründung und die Gegenerklärung sowie als elektronisches Dokument erstellte gerichtliche Entscheidungen sind als elektronisches Dokument zu übermitteln. [3] Ist dies aus technischen Gründen vorübergehend nicht möglich, ist die Übermittlung in Papierform zulässig; auf Anforderung ist ein elektronisches Dokument nachzureichen.

(4) [1] Abschriften und beglaubigte Abschriften können in Papierform oder als elektronisches Dokument erteilt werden. [2] Elektronische beglaubigte Abschriften müssen mit einer qualifizierten elektronischen Signatur der beglaubigenden Person versehen sein. [3] Wird eine beglaubigte Abschrift in Papierform durch Übertragung eines elektronischen Dokuments erstellt, das mit einer qualifizierten elektronischen

---

[1)] § 32b eingef. mWv 1.1.2018, Abs. 3 Satz 1 geänd. **mWv 1.1.2026** durch G v. 5.7.2017 (BGBl. I S. 2208); Abs. 1 Satz 2 geänd. mWv 1.7.2021 durch G v. 25.6.2021 (BGBl. I S. 2099).

Signatur versehen ist oder auf einem sicheren Übermittlungsweg eingereicht wurde, muss der Beglaubigungsvermerk das Ergebnis der Prüfung der Authentizität und Integrität des elektronischen Dokuments enthalten.

(5) [1]Die Bundesregierung bestimmt durch Rechtsverordnung mit Zustimmung des Bundesrates die für die Erstellung elektronischer Dokumente und deren Übermittlung zwischen Strafverfolgungsbehörden und Gerichten geltenden Standards. [2]Sie kann die Ermächtigung durch Rechtsverordnung ohne Zustimmung des Bundesrates auf die zuständigen Bundesministerien übertragen.

**§ 32c[1)] Elektronische Formulare; Verordnungsermächtigung.** [1]Die Bundesregierung kann durch Rechtsverordnung mit Zustimmung des Bundesrates elektronische Formulare einführen. [2]Die Rechtsverordnung kann bestimmen, dass die in den Formularen enthaltenen Angaben ganz oder teilweise in strukturierter maschinenlesbarer Form zu übermitteln sind. [3]Die Formulare sind auf einer in der Rechtsverordnung zu bestimmenden Kommunikationsplattform im Internet zur Nutzung bereitzustellen. [4]Die Rechtsverordnung kann bestimmen, dass eine Identifikation des Formularverwenders abweichend von § 32a Absatz 3 durch Nutzung des elektronischen Identitätsnachweises nach § 18 des Personalausweisgesetzes[2)], § 12 des eID-Karte-Gesetzes oder § 78 Absatz 5 des Aufenthaltsgesetzes[3)] erfolgen kann. [5]Die Bundesregierung kann die Ermächtigung durch Rechtsverordnung ohne Zustimmung des Bundesrates auf die zuständigen Bundesministerien übertragen.

**§ 32d[4)] Pflicht zur elektronischen Übermittlung.** [1]Verteidiger und Rechtsanwälte sollen den Strafverfolgungsbehörden und Gerichten Schriftsätze und deren Anlagen sowie schriftlich einzureichende Anträge und Erklärungen als elektronisches Dokument übermitteln. [2]Die Berufung und ihre Begründung, die Revision, ihre Begründung und die Gegenerklärung sowie die Privatklage und die Anschlusserklärung bei der Nebenklage müssen sie als elektronisches Dokument übermitteln. [3]Ist dies aus technischen Gründen vorübergehend nicht möglich, ist die Übermittlung in Papierform zulässig. [4]Die vorübergehende Unmöglichkeit ist bei der Ersatzeinreichung oder unverzüglich danach glaubhaft zu machen; auf Anforderung ist ein elektronisches Dokument nachzureichen.

**§ 32e[5)] Übertragung von Dokumenten zu Aktenführungszwecken.**

(1) [1]Dokumente, die nicht der Form entsprechen, in der die Akte geführt wird (Ausgangsdokumente), sind in die entsprechende Form zu übertragen. [2]Ausgangsdokumente, die als Beweismittel sichergestellt sind, können in die entsprechende Form übertragen werden.

(2) Bei der Übertragung ist nach dem Stand der Technik sicherzustellen, dass das übertragene Dokument mit dem Ausgangsdokument bildlich und inhaltlich übereinstimmt.

(3) [1]Bei der Übertragung eines nicht elektronischen Ausgangsdokuments in ein elektronisches Dokument ist dieses mit einem Übertragungsnachweis zu versehen,

---

[1)] § 32c eingef. mWv 1.1.2018 durch G v. 5.7.2017 (BGBl. I S. 2208); Satz 4 geänd. mWv 1.11.2019 durch G v. 21.6.2019 (BGBl. I S. 846).

[2)] **Sartorius Nr. 255.**

[3)] **Sartorius Nr. 565.**

[4)] § 32d eingef. mWv 1.1.2022 durch G v. 5.7.2017 (BGBl. I S. 2208).

[5)] § 32e eingef. mWv 1.1.2018 durch G v. 5.7.2017 (BGBl. I S. 2208); Abs. 3 Satz 2 neu gef., Abs. 4 Satz 2 aufgeh., bish. Satz 3 wird Satz 2 und geänd. mWv 1.7.2021 durch G v. 25.6.2021 (BGBl. I S. 2099).

der das bei der Übertragung angewandte Verfahren und die bildliche und inhaltliche Übereinstimmung dokumentiert. [2] Wird ein von den verantwortenden Personen handschriftlich unterzeichnetes staatsanwaltschaftliches oder gerichtliches Schriftstück übertragen, so ist der Übertragungsnachweis vom Urkundsbeamten der Staatsanwaltschaft oder des Gerichts mit einer qualifizierten elektronischen Signatur zu versehen. [3] Bei der Übertragung eines mit einer qualifizierten elektronischen Signatur versehenen oder auf einem sicheren Übermittlungsweg eingereichten elektronischen Ausgangsdokuments ist in den Akten zu vermerken, welches Ergebnis die Prüfung der Authentizität und Integrität des Ausgangsdokuments erbracht hat.

(4) [1] Ausgangsdokumente, die nicht als Beweismittel sichergestellt sind, müssen während des laufenden Verfahrens im Anschluss an die Übertragung mindestens sechs Monate lang gespeichert oder aufbewahrt werden. [2] Ist das Verfahren abgeschlossen oder ist Verjährung eingetreten, dürfen Ausgangsdokumente, die nicht als Beweismittel sichergestellt sind, längstens bis zum Ablauf des zweiten auf den Abschluss des Verfahrens folgenden Kalenderjahres gespeichert oder aufbewahrt werden.

(5) [1] Ausgangsdokumente, die nicht als Beweismittel sichergestellt sind, können unter denselben Voraussetzungen wie sichergestellte Beweisstücke besichtigt werden. [2] Zur Besichtigung ist berechtigt, wer befugt ist, die Akten einzusehen.

**§ 32f[1)] Form der Gewährung von Akteneinsicht; Verordnungsermächtigung.** (1) [1] Einsicht in elektronische Akten wird durch Bereitstellen des Inhalts der Akte zum Abruf oder durch Übermittlung des Inhalts der Akte auf einem sicheren Übermittlungsweg gewährt. [2] Auf besonderen Antrag wird Akteneinsicht durch Einsichtnahme in die elektronischen Akten in Diensträumen gewährt. [3] Ein Aktenausdruck oder ein Datenträger mit dem Inhalt der elektronischen Akten wird auf besonders zu begründenden Antrag nur übermittelt, wenn der Antragsteller hieran ein berechtigtes Interesse hat. [4] Stehen der Akteneinsicht in der nach Satz 1 vorgesehenen Form wichtige Gründe entgegen, kann die Akteneinsicht in der nach den Sätzen 2 und 3 vorgesehenen Form auch ohne Antrag gewährt werden.

(2) [1] Einsicht in Akten, die in Papierform vorliegen, wird durch Einsichtnahme in die Akten in Diensträumen gewährt. [2] Die Akteneinsicht kann, soweit nicht wichtige Gründe entgegenstehen, auch durch Bereitstellen des Inhalts der Akten zum Abruf, durch Übermittlung des Inhalts der Akte auf einem sicheren Übermittlungsweg oder durch Bereitstellen einer Aktenkopie zur Mitnahme gewährt werden. [3] Auf besonderen Antrag werden einem Verteidiger oder Rechtsanwalt, soweit nicht wichtige Gründe entgegenstehen, die Akten zur Einsichtnahme in seine Geschäftsräume oder in seine Wohnung mitgegeben.

(3) Entscheidungen über die Form der Gewährung von Akteneinsicht nach den Absätzen 1 und 2 sind nicht anfechtbar.

(4) [1] Durch technische und organisatorische Maßnahmen ist zu gewährleisten, dass Dritte im Rahmen der Akteneinsicht keine Kenntnis vom Akteninhalt nehmen können. [2] Der Name der Person, der Akteneinsicht gewährt wird, soll durch technische Maßnahmen in abgerufenen Akten und auf übermittelten elektronischen Dokumenten nach dem Stand der Technik dauerhaft erkennbar gemacht werden.

---

[1)] § 32f eingef. mWv 1.1.2018 durch G v. 5.7.2017 (BGBl. I S. 2208); Abs. 1 Satz 1, Abs. 2 Satz 2 geänd. mWv 1.7.2021 durch G v. 25.6.2021 (BGBl. I S. 2099).

(5) [1] Personen, denen Akteneinsicht gewährt wird, dürfen Akten, Dokumente, Ausdrucke oder Abschriften, die ihnen nach Absatz 1 oder 2 überlassen worden sind, weder ganz noch teilweise öffentlich verbreiten oder sie Dritten zu verfahrensfremden Zwecken übermitteln oder zugänglich machen. [2] Nach Absatz 1 oder 2 erlangte personenbezogene Daten dürfen sie nur zu dem Zweck verwenden, für den die Akteneinsicht gewährt wurde. [3] Für andere Zwecke dürfen sie diese Daten nur verwenden, wenn dafür Auskunft oder Akteneinsicht gewährt

*(Fortsetzung nächstes Blatt)*

werden dürfte. [4] Personen, denen Akteneinsicht gewährt wird, sind auf die Zweckbindung hinzuweisen.

(6) [1] Die Bundesregierung bestimmt durch Rechtsverordnung mit Zustimmung des Bundesrates die für die Einsicht in elektronische Akten geltenden Standards. [2] Sie kann die Ermächtigung durch Rechtsverordnung ohne Zustimmung des Bundesrates auf die zuständigen Bundesministerien übertragen.

## Abschnitt 4a.[1)] Gerichtliche Entscheidungen

**§ 33 Gewährung rechtlichen Gehörs vor einer Entscheidung.** (1) Eine Entscheidung des Gerichts, die im Laufe einer Hauptverhandlung ergeht, wird nach Anhörung der Beteiligten erlassen.

(2) Eine Entscheidung des Gerichts, die außerhalb einer Hauptverhandlung ergeht, wird nach schriftlicher oder mündlicher Erklärung der Staatsanwaltschaft erlassen.

(3) Bei einer in Absatz 2 bezeichneten Entscheidung ist ein anderer Beteiligter zu hören, bevor zu seinem Nachteil Tatsachen oder Beweisergebnisse, zu denen er noch nicht gehört worden ist, verwertet werden.

(4) [1] Bei Anordnung der Untersuchungshaft, der Beschlagnahme oder anderer Maßnahmen ist Absatz 3 nicht anzuwenden, wenn die vorherige Anhörung den Zweck der Anordnung gefährden würde. [2] Vorschriften, welche die Anhörung der Beteiligten besonders regeln, werden durch Absatz 3 nicht berührt.

**§ 33a[2)] Wiedereinsetzung in den vorigen Stand bei Nichtgewährung rechtlichen Gehörs.** [1] Hat das Gericht in einem Beschluss den Anspruch eines Beteiligten auf rechtliches Gehör in entscheidungserheblicher Weise verletzt und steht ihm gegen den Beschluss keine Beschwerde und kein anderer Rechtsbehelf zu, versetzt es, sofern der Beteiligte dadurch noch beschwert ist, von Amts wegen oder auf Antrag insoweit das Verfahren durch Beschluss in die Lage zurück, die vor dem Erlass der Entscheidung bestand. [2] § 47 gilt entsprechend.

**§ 34 Begründung anfechtbarer und ablehnender Entscheidungen.** Die durch ein Rechtsmittel anfechtbaren Entscheidungen sowie die, durch welche ein Antrag abgelehnt wird, sind mit Gründen zu versehen.

**§ 34a Eintritt der Rechtskraft bei Verwerfung eines Rechtsmittels durch Beschluss.** Führt nach rechtzeitiger Einlegung eines Rechtsmittels ein Beschluß unmittelbar die Rechtskraft der angefochtenen Entscheidung herbei, so gilt die Rechtskraft als mit Ablauf des Tages der Beschlußfassung eingetreten.

**§ 35 Bekanntmachung.** (1) [1] Entscheidungen, die in Anwesenheit der davon betroffenen Person ergehen, werden ihr durch Verkündung bekanntgemacht. [2] Auf Verlangen ist ihr eine Abschrift zu erteilen.

(2) [1] Andere Entscheidungen werden durch Zustellung bekanntgemacht. [2] Wird durch die Bekanntmachung der Entscheidung keine Frist in Lauf gesetzt, so genügt formlose Mitteilung.

(3) Dem nicht auf freiem Fuß Befindlichen ist das zugestellte Schriftstück auf Verlangen vorzulesen.

---

1) Abschnitt 4a Überschrift eingef. mWv 1.1.2018 durch G v. 5.7.2017 (BGBl. I S. 2208).
2) § 33a neu gef. mWv 1.1.2005 durch G v. 9.12.2004 (BGBl. I S. 3220).

**§ 35a[1] Rechtsmittelbelehrung.** [1]Bei der Bekanntmachung einer Entscheidung, die durch ein befristetes Rechtsmittel angefochten werden kann, ist der Betroffene über die Möglichkeiten der Anfechtung und die dafür vorgeschriebenen Fristen und Formen zu belehren. [2]Bei der Bekanntmachung eines Urteils ist der Angeklagte auch über die Rechtsfolgen des § 40 Absatz 3 und des § 350 Absatz 2 sowie, wenn gegen das Urteil Berufung zulässig ist, über die Rechtsfolgen der §§ 329 und 330 zu belehren. [3]Ist einem Urteil eine Verständigung (§ 257c) vorausgegangen, ist der Betroffene auch darüber zu belehren, dass er in jedem Fall frei in seiner Entscheidung ist, ein Rechtsmittel einzulegen.

### Abschnitt 4b.[2] Verfahren bei Zustellungen

**§ 36 Zustellung und Vollstreckung.** (1) [1]Die Zustellung von Entscheidungen ordnet der Vorsitzende an. [2]Die Geschäftsstelle sorgt dafür, daß die Zustellung bewirkt wird.

(2) [1]Entscheidungen, die der Vollstreckung bedürfen, sind der Staatsanwaltschaft zu übergeben, die das Erforderliche veranlaßt. [2]Dies gilt nicht für Entscheidungen, welche die Ordnung in den Sitzungen betreffen.

**§ 37[3] Zustellungsverfahren.** (1) Für das Verfahren bei Zustellungen gelten die Vorschriften der Zivilprozeßordnung[4] [5] entsprechend.

(2) Wird die für einen Beteiligten bestimmte Zustellung an mehrere Empfangsberechtigte bewirkt, so richtet sich die Berechnung einer Frist nach der zuletzt bewirkten Zustellung.

(3) [1]Ist einem Prozessbeteiligten gemäß § 187 Absatz 1 und 2 des Gerichtsverfassungsgesetzes[6] eine Übersetzung des Urteils zur Verfügung zu stellen, so ist das Urteil zusammen mit der Übersetzung zuzustellen. [2]Die Zustellung an die übrigen Prozessbeteiligten erfolgt in diesen Fällen gleichzeitig mit der Zustellung nach Satz 1.

**§ 38 Unmittelbare Ladung.** Die bei dem Strafverfahren beteiligten Personen, denen die Befugnis beigelegt ist, Zeugen und Sachverständige unmittelbar zu laden, haben mit der Zustellung der Ladung den Gerichtsvollzieher zu beauftragen.

**§ 39** (weggefallen)

**§ 40[7] Öffentliche Zustellung.** (1) [1]Kann eine Zustellung an einen Beschuldigten, dem eine Ladung zur Hauptverhandlung noch nicht zugestellt war, nicht in der vorgeschriebenen Weise im Inland bewirkt werden und erscheint die Befolgung der für Zustellungen im Ausland bestehenden Vorschriften unausführbar oder voraussichtlich erfolglos, so ist die öffentliche Zustellung zulässig. [2]Die

---

[1] § 35a Satz 3 angef. mWv 4.8.2009 durch G v. 29.7.2009 (BGBl. I S. 2353); Satz 2 neu gef. mWv 21.12.2018 durch G v. 17.12.2018 (BGBl. I S. 2571).

[2] Abschnitt 4b Überschrift eingef. mWv 1.1.2018 durch G v. 5.7.2017 (BGBl. I S. 2208).

[3] § 37 Abs. 2 eingef., bish. Abs. 2 wird Abs. 3 durch G v. 11.1.1993 (BGBl. I S. 50); Abs. 1 Satz 2 und Abs. 2 aufgeh., bish. Abs. 3 wird Abs. 2 mWv 1.7.2002 durch G v. 25.6.2001 (BGBl. I S. 1206); Abs. 3 angef. mWv 6.7.2013 durch G v. 2.7.2013 (BGBl. I S. 1938).

[4] Nr. **100**.

[5] Vgl. §§ 166–195 ZPO (Nr. **100**).

[6] Nr. **95**.

[7] § 40 Abs. 1 und 2 neu gef. mWv 1.9.2004 durch G v. 24.8.2004 (BGBl. I S. 2198); Abs. 3 geänd. mWv 21.12.2018 durch G v. 17.12.2018 (BGBl. I S. 2571).

Zustellung gilt als erfolgt, wenn seit dem Aushang der Benachrichtigung zwei Wochen vergangen sind.

(2) War die Ladung zur Hauptverhandlung dem Angeklagten schon vorher zugestellt, dann ist die öffentliche Zustellung an ihn zulässig, wenn sie nicht in der vorgeschriebenen Weise im Inland bewirkt werden kann.

(3) Die öffentliche Zustellung ist im Verfahren über eine vom Angeklagten eingelegte Berufung oder Revision bereits zulässig, wenn eine Zustellung nicht unter einer Anschrift möglich ist, unter der letztmals zugestellt wurde oder die der Angeklagte zuletzt angegeben hat.

**§ 41[1)] Zustellungen an die Staatsanwaltschaft.** [1] Zustellungen an die Staatsanwaltschaft erfolgen durch elektronische Übermittlung (§ 32b Absatz 3) oder durch Vorlegung der Urschrift des zuzustellenden Schriftstücks. [2] Wenn mit der Zustellung der Lauf einer Frist beginnt und die Zustellung durch Vorlegung der Urschrift erfolgt, so ist der Tag der Vorlegung von der Staatsanwaltschaft auf der Urschrift zu vermerken. [3] Bei elektronischer Übermittlung muss der Zeitpunkt des Eingangs (§ 32a Absatz 5 Satz 1) aktenkundig sein.

**§ 41a[2)]** *(aufgehoben)*

## Fünfter Abschnitt. Fristen und Wiedereinsetzung in den vorigen Stand

**§ 42 Berechnung von Tagesfristen.** Bei der Berechnung einer Frist, die nach Tagen bestimmt ist, wird der Tag nicht mitgerechnet, auf den der Zeitpunkt oder das Ereignis fällt, nach dem der Anfang der Frist sich richten soll.

**§ 43 Berechnung von Wochen- und Monatsfristen.** (1) Eine Frist, die nach Wochen oder Monaten bestimmt ist, endet mit Ablauf des Tages der letzten Woche oder des letzten Monats, der durch seine Benennung oder Zahl dem Tag entspricht, an dem die Frist begonnen hat; fehlt dieser Tag in dem letzten Monat, so endet die Frist mit dem Ablauf des letzten Tages dieses Monats.

(2) Fällt das Ende einer Frist auf einen Sonntag, einen allgemeinen Feiertag oder einen Sonnabend, so endet die Frist mit Ablauf des nächsten Werktages.

**§ 44[3)] Wiedereinsetzung in den vorigen Stand bei Fristversäumung.** [1] War jemand ohne Verschulden verhindert, eine Frist einzuhalten, so ist ihm auf Antrag Wiedereinsetzung in den vorigen Stand zu gewähren. [2] Die Versäumung einer Rechtsmittelfrist ist als unverschuldet anzusehen, wenn die Belehrung nach den § 35a Satz 1 und 2, § 319 Abs. 2 Satz 3 oder nach § 346 Abs. 2 Satz 3 unterblieben ist.

**§ 45 Anforderungen an einen Wiedereinsetzungsantrag.** (1) [1] Der Antrag auf Wiedereinsetzung in den vorigen Stand ist binnen einer Woche nach Wegfall des Hindernisses bei dem Gericht zu stellen, bei dem die Frist wahrzunehmen gewesen wäre. [2] Zur Wahrung der Frist genügt es, wenn der Antrag rechtzeitig bei dem Gericht gestellt wird, das über den Antrag entscheidet.

(2) [1] Die Tatsachen zur Begründung des Antrags sind bei der Antragstellung oder im Verfahren über den Antrag glaubhaft zu machen. [2] Innerhalb der Antrags-

---

[1)] § 41 Sätze 1 und 2 geänd., Satz 3 angef. mWv 1.1.2018 durch G v. 5.7.2017 (BGBl. I S. 2208).
[2)] § 41a aufgeh. mWv 1.1.2018 durch G v. 5.7.2017 (BGBl. I S. 2208).
[3)] § 44 Satz 2 geänd. mWv 4.8.2009 durch G v. 29.7.2009 (BGBl. I S. 2353).

frist ist die versäumte Handlung nachzuholen. [3] Ist dies geschehen, so kann Wiedereinsetzung auch ohne Antrag gewährt werden.

**§ 46 Zuständigkeit; Rechtsmittel.** (1) Über den Antrag entscheidet das Gericht, das bei rechtzeitiger Handlung zur Entscheidung in der Sache selbst berufen gewesen wäre.

(2) Die dem Antrag stattgebende Entscheidung unterliegt keiner Anfechtung.

(3) Gegen die den Antrag verwerfende Entscheidung ist sofortige Beschwerde zulässig.

**§ 47[1)] Keine Vollstreckungshemmung.** (1) Durch den Antrag auf Wiedereinsetzung in den vorigen Stand wird die Vollstreckung einer gerichtlichen Entscheidung nicht gehemmt.

(2) Das Gericht kann jedoch einen Aufschub der Vollstreckung anordnen.

(3) [1] Durchbricht die Wiedereinsetzung die Rechtskraft einer gerichtlichen Entscheidung, werden Haft- und Unterbringungsbefehle sowie sonstige Anordnungen, die zum Zeitpunkt des Eintritts der Rechtskraft bestanden haben, wieder wirksam. [2] Bei einem Haft- oder Unterbringungsbefehl ordnet das die Wiedereinsetzung gewährende Gericht dessen Aufhebung an, wenn sich ohne weiteres ergibt, dass dessen Voraussetzungen nicht mehr vorliegen. [3] Anderenfalls hat das nach § 126 Abs. 2 zuständige Gericht unverzüglich eine Haftprüfung durchzuführen.

## Sechster Abschnitt. Zeugen

**§ 48[2)] Zeugenpflichten; Ladung.** (1) [1] Zeugen sind verpflichtet, zu dem zu ihrer Vernehmung bestimmten Termin vor dem Richter zu erscheinen. [2] Sie haben die Pflicht auszusagen, wenn keine im Gesetz zugelassene Ausnahme vorliegt.

(2) Die Ladung der Zeugen geschieht unter Hinweis auf verfahrensrechtliche Bestimmungen, die dem Interesse des Zeugen dienen, auf vorhandene Möglichkeiten der Zeugenbetreuung und auf die gesetzlichen Folgen des Ausbleibens.

**§ 48a[3)] Besonders schutzbedürftige Zeugen; Beschleunigungsgebot.**

(1) [1] Ist der Zeuge zugleich der Verletzte, so sind die ihn betreffenden Verhandlungen, Vernehmungen und sonstigen Untersuchungshandlungen stets unter Berücksichtigung seiner besonderen Schutzbedürftigkeit durchzuführen. [2] Insbesondere ist zu prüfen,

1. ob die dringende Gefahr eines schwerwiegenden Nachteils für das Wohl des Zeugen Maßnahmen nach den §§ 168e oder 247a erfordert,
2. ob überwiegende schutzwürdige Interessen des Zeugen den Ausschluss der Öffentlichkeit nach § 171b Absatz 1 des Gerichtsverfassungsgesetzes[4)] erfordern und
3. inwieweit auf nicht unerlässliche Fragen zum persönlichen Lebensbereich des Zeugen nach § 68a Absatz 1 verzichtet werden kann.

---

[1)] § 47 Abs. 3 angef. mWv 31.12.2006 durch G v. 22.12.2006 (BGBl. I S. 3416).

[2)] § 48 neu gef. mWv 1.9.2004 durch G v. 24.6.2004 (BGBl. I S. 1354); Abs. 1 eingef. mWv 1.10.2009 durch G v. 29.7.2009 (BGBl. I S. 2280); Abs. 3 angef. mWv 31.12.2015 durch G v. 21.12.2015 (BGBl. I S. 2525); Abs. 3 aufgeh. mWv 1.7.2021 durch G v. 16.6.2021 (BGBl. I S. 1810).

[3)] § 48a eingef. mWv 1.7.2021 durch G v. 16.6.2021 (BGBl. I S. 1810).

[4)] Nr. **95**.

[3] Dabei sind die persönlichen Verhältnisse des Zeugen sowie Art und Umstände der Straftat zu berücksichtigen.

(2) Bei Taten zum Nachteil eines minderjährigen Verletzten müssen die ihn betreffenden Verhandlungen, Vernehmungen und sonstigen Untersuchungshandlungen besonders beschleunigt durchgeführt werden, soweit dies unter Berücksichtigung der persönlichen Verhältnisse des Zeugen sowie der Art und Umstände der Straftat zu seinem Schutz oder zur Vermeidung von Beweisverlusten geboten ist.

**§ 49 Vernehmung des Bundespräsidenten.** [1] Der Bundespräsident ist in seiner Wohnung zu vernehmen. [2] Zur Hauptverhandlung wird er nicht geladen. [3] Das Protokoll über seine gerichtliche Vernehmung ist in der Hauptverhandlung zu verlesen.

**§ 50 Vernehmung von Abgeordneten und Mitgliedern einer Regierung.**

(1) Die Mitglieder des Bundestages, des Bundesrates, eines Landtages oder einer zweiten Kammer sind während ihres Aufenthaltes am Sitz der Versammlung dort zu vernehmen.

(2) Die Mitglieder der Bundesregierung oder einer Landesregierung sind an ihrem Amtssitz oder, wenn sie sich außerhalb ihres Amtssitzes aufhalten, an ihrem Aufenthaltsort zu vernehmen.

(3) Zu einer Abweichung von den vorstehenden Vorschriften bedarf es

für die Mitglieder eines in Absatz 1 genannten Organs der Genehmigung dieses Organs,

für die Mitglieder der Bundesregierung der Genehmigung der Bundesregierung,

für die Mitglieder einer Landesregierung der Genehmigung der Landesregierung.

(4) [1] Die Mitglieder der in Absatz 1 genannten Organe der Gesetzgebung und die Mitglieder der Bundesregierung oder einer Landesregierung werden, wenn sie außerhalb der Hauptverhandlung vernommen worden sind, zu dieser nicht geladen. [2] Das Protokoll über ihre richterliche Vernehmung ist in der Hauptverhandlung zu verlesen.

**§ 51 Folgen des Ausbleibens eines Zeugen.** (1) [1] Einem ordnungsgemäß geladenen Zeugen, der nicht erscheint, werden die durch das Ausbleiben verursachten Kosten auferlegt. [2] Zugleich wird gegen ihn ein Ordnungsgeld und für den Fall, daß dieses nicht beigetrieben werden kann, Ordnungshaft festgesetzt. [3] Auch ist die zwangsweise Vorführung des Zeugen zulässig; § 135 gilt entsprechend. [4] Im Falle wiederholten Ausbleibens kann das Ordnungsmittel noch einmal festgesetzt werden.

(2) [1] Die Auferlegung der Kosten und die Festsetzung eines Ordnungsmittels unterbleiben, wenn das Ausbleiben des Zeugen rechtzeitig genügend entschuldigt wird. [2] Erfolgt die Entschuldigung nach Satz 1 nicht rechtzeitig, so unterbleibt die Auferlegung der Kosten und die Festsetzung eines Ordnungsmittels nur dann, wenn glaubhaft gemacht wird, daß den Zeugen an der Verspätung der Entschuldigung kein Verschulden trifft. [3] Wird der Zeuge nachträglich genügend entschuldigt, so werden die getroffenen Anordnungen unter den Voraussetzungen des Satzes 2 aufgehoben.

(3) Die Befugnis zu diesen Maßregeln steht auch dem Richter im Vorverfahren sowie dem beauftragten und ersuchten Richter zu.

**§ 52[1] Zeugnisverweigerungsrecht der Angehörigen des Beschuldigten.**

(1) Zur Verweigerung des Zeugnisses sind berechtigt

1. der Verlobte des Beschuldigten;
2. der Ehegatte des Beschuldigten, auch wenn die Ehe nicht mehr besteht;

2a. der Lebenspartner des Beschuldigten, auch wenn die Lebenspartnerschaft nicht mehr besteht;

3. wer mit dem Beschuldigten in gerader Linie verwandt oder verschwägert, in der Seitenlinie bis zum dritten Grad verwandt oder bis zum zweiten Grad verschwägert ist oder war.

(2) [1] Haben Minderjährige wegen mangelnder Verstandesreife oder haben Minderjährige oder Betreute wegen einer psychischen Krankheit oder einer geistigen oder seelischen Behinderung von der Bedeutung des Zeugnisverweigerungsrechts keine genügende Vorstellung, so dürfen sie nur vernommen werden, wenn sie zur Aussage bereit sind und auch ihr gesetzlicher Vertreter der Vernehmung zustimmt. [2] Ist der gesetzliche Vertreter selbst Beschuldigter, so kann er über die Ausübung des Zeugnisverweigerungsrechts nicht entscheiden; das gleiche gilt für den nicht beschuldigten Elternteil, wenn die gesetzliche Vertretung beiden Eltern zusteht.

(3) [1] Die zur Verweigerung des Zeugnisses berechtigten Personen, in den Fällen des Absatzes 2 auch deren zur Entscheidung über die Ausübung des Zeugnisverweigerungsrechts befugte Vertreter, sind vor jeder Vernehmung über ihr Recht zu belehren. [2] Sie können den Verzicht auf dieses Recht auch während der Vernehmung widerrufen.

**§ 53[2] Zeugnisverweigerungsrecht der Berufsgeheimnisträger.** (1) [1] Zur Verweigerung des Zeugnisses sind ferner berechtigt

1. Geistliche über das, was ihnen in ihrer Eigenschaft als Seelsorger anvertraut worden oder bekanntgeworden ist;
2. Verteidiger des Beschuldigten über das, was ihnen in dieser Eigenschaft anvertraut worden oder bekanntgeworden ist;
3. Rechtsanwälte und Kammerrechtsbeistände, Patentanwälte, Notare, Wirtschaftsprüfer, vereidigte Buchprüfer, Steuerberater und Steuerbevollmächtigte, Ärzte, Zahnärzte, Psychotherapeuten, Psychologische Psychotherapeuten, Kinder- und Jugendlichenpsychotherapeuten, Apotheker und Hebammen über das, was ihnen in dieser Eigenschaft anvertraut worden oder bekanntgeworden ist; für Syndikusrechtsanwälte (§ 46 Absatz 2 der Bundesrechtsanwaltsordnung[3]) und Syndikuspatentanwälte (§ 41a Absatz 2 der Patent-

---

[1] § 52 Abs. 2 Satz 1 neu gef. durch G v. 12.9.1990 (BGBl. I S. 2002); Abs. 1 Nr. 2a eingef. mWv 1.8. 2001 durch G v. 16.2.2001 (BGBl. I S. 266); Abs. 1 Nr. 1 geänd. mWv 1.1.2005 durch G v. 15.12.2004 (BGBl. I S. 3396); Abs. 1 Nr. 1 geänd. mWv 22.12.2018 durch G v. 18.12.2018 (BGBl. I S. 2639).

[2] § 53 Abs. 1 Nr. 3a geänd. durch G v. 27.7.1992 (BGBl. I S. 1398); Abs. 1 Nr. 3b eingef., Abs. 2 geänd. durch G v. 23.7.1992 (BGBl. I S. 1366); Abs. 1 Nr. 3a geänd. durch G v. 21.8.1995 (BGBl. I S. 1050); Abs. 1 Nr. 3 geänd. durch G v. 16.6.1998 (BGBl. I S. 1311); Abs. 1 Nr. 3 geänd. durch G v. 31.8.1998 (BGBl. I S. 2585); Abs. 1 Satz 1 Nr. 5 neu gef., Sätze 2 und 3 angef., Abs. 2 Satz 1 geänd., Sätze 2 und 3 angef. mWv 23.2.2002 durch G v. 15.2.2002 (BGBl. I S. 682); Abs. 1 Satz 1 Nr. 4 neu gef. mWv 1.8.2009 durch G v. 26.6.2009 (BGBl. I S. 1597); Abs. 1 Satz 1 Nr. 3 geänd. mWv 1.1.2016 durch G v. 21.12.2015 (BGBl. I S. 2517); Abs. 2 Satz 2 Nr. 2 geänd. mWv 10.11.2016 durch G v. 4.11.2016 (BGBl. I S. 2460); Abs. 1 Satz 1 Nr. 3 geänd. mWv 9.11.2017 durch G v. 30.10.2017 (BGBl. I S. 3618); Abs. 1 Satz 1 Nr. 3 geänd. mWv 1.9.2020 durch G v. 15.11.2019 (BGBl. I S. 1604); Abs. 2 Satz 2 Nr. 3 neu gef. mWv 18.3.2021 durch G v. 9.3.2021 (BGBl. I S. 327); Abs. 2 Satz 2 Nr. 2 geänd. mWv 1.7.2021 durch G v. 16.6.2021 (BGBl. I S. 1810).

[3] **Habersack, Deutsche Gesetze ErgBd. Nr. 98.**

anwaltsordnung) gilt dies vorbehaltlich des § 53a nicht hinsichtlich dessen, was ihnen in dieser Eigenschaft anvertraut worden oder bekanntgeworden ist;

3a. Mitglieder oder Beauftragte einer anerkannten Beratungsstelle nach den §§ 3 und 8 des Schwangerschaftskonfliktgesetzes[1] über das, was ihnen in dieser Eigenschaft anvertraut worden oder bekanntgeworden ist;

3b. Berater für Fragen der Betäubungsmittelabhängigkeit in einer Beratungsstelle, die eine Behörde oder eine Körperschaft, Anstalt oder Stiftung des öffentlichen Rechts anerkannt oder bei sich eingerichtet hat, über das, was ihnen in dieser Eigenschaft anvertraut worden oder bekanntgeworden ist;

4. Mitglieder des Deutschen Bundestages, der Bundesversammlung, des Europäischen Parlaments aus der Bundesrepublik Deutschland oder eines Landtages über Personen, die ihnen in ihrer Eigenschaft als Mitglieder dieser Organe oder denen sie in dieser Eigenschaft Tatsachen anvertraut haben, sowie über diese Tatsachen selbst;

5. Personen, die bei der Vorbereitung, Herstellung oder Verbreitung von Druckwerken, Rundfunksendungen, Filmberichten oder der Unterrichtung oder Meinungsbildung dienenden Informations- und Kommunikationsdiensten berufsmäßig mitwirken oder mitgewirkt haben.

[2]Die in Satz 1 Nr. 5 genannten Personen dürfen das Zeugnis verweigern über die Person des Verfassers oder Einsenders von Beiträgen und Unterlagen oder des sonstigen Informanten sowie über die ihnen im Hinblick auf ihre Tätigkeit gemachten Mitteilungen, über deren Inhalt sowie über den Inhalt selbst erarbeiteter Materialien und den Gegenstand berufsbezogener Wahrnehmungen. [3]Dies gilt nur, soweit es sich um Beiträge, Unterlagen, Mitteilungen und Materialien für den redaktionellen Teil oder redaktionell aufbereitete Informations- und Kommunikationsdienste handelt.

(2) [1]Die in Absatz 1 Satz 1 Nr. 2 bis 3b Genannten dürfen das Zeugnis nicht verweigern, wenn sie von der Verpflichtung zur Verschwiegenheit entbunden sind. [2]Die Berechtigung zur Zeugnisverweigerung der in Absatz 1 Satz 1 Nr. 5 Genannten über den Inhalt selbst erarbeiteter Materialien und den Gegenstand entsprechender Wahrnehmungen entfällt, wenn die Aussage zur Aufklärung eines Verbrechens beitragen soll oder wenn Gegenstand der Untersuchung

1. eine Straftat des Friedensverrats und der Gefährdung des demokratischen Rechtsstaats oder des Landesverrats und der Gefährdung der äußeren Sicherheit (§§ 80a, 85, 87, 88, 95, auch in Verbindung mit § 97b, §§ 97a, 98 bis 100a des Strafgesetzbuches[2]),
2. eine Straftat gegen die sexuelle Selbstbestimmung nach den §§ 174 bis 174c, 176a, 176b, 177 Absatz 2 Nummer 1 des Strafgesetzbuches oder
3. eine Geldwäsche nach § 261 des Strafgesetzbuches, deren Vortat mit einer im Mindestmaß erhöhten Freiheitsstrafe bedroht ist,

ist und die Erforschung des Sachverhalts oder die Ermittlung des Aufenthaltsortes des Beschuldigten auf andere Weise aussichtslos oder wesentlich erschwert wäre. [3]Der Zeuge kann jedoch auch in diesen Fällen die Aussage verweigern, soweit sie zur Offenbarung der Person des Verfassers oder Einsenders von Beiträgen und Unterlagen oder des sonstigen Informanten oder der ihm im Hinblick auf seine

---

[1] **Habersack, Deutsche Gesetze ErgBd. Nr. 85e.**
[2] Nr. **85**.

Tätigkeit nach Absatz 1 Satz 1 Nr. 5 gemachten Mitteilungen oder deren Inhalts führen würde.

**§ 53a**[1] **Zeugnisverweigerungsrecht der mitwirkenden Personen.**

(1) [1]Den Berufsgeheimnisträgern nach § 53 Absatz 1 Satz 1 Nummer 1 bis 4 stehen die Personen gleich, die im Rahmen

1. eines Vertragsverhältnisses einschließlich der gemeinschaftlichen Berufsausübung,
2. einer berufsvorbereitenden Tätigkeit oder
3. einer sonstigen Hilfstätigkeit

an deren beruflicher Tätigkeit mitwirken. [2]Über die Ausübung des Rechts dieser Personen, das Zeugnis zu verweigern, entscheiden die Berufsgeheimnisträger, es sei denn, dass diese Entscheidung in absehbarer Zeit nicht herbeigeführt werden kann.

(2) Die Entbindung von der Verpflichtung zur Verschwiegenheit (§ 53 Absatz 2 Satz 1) gilt auch für die nach Absatz 1 mitwirkenden Personen.

**§ 54**[2] **Aussagegenehmigung für Angehörige des öffentlichen Dienstes.**

(1) Für die Vernehmung von Richtern, Beamten und anderen Personen des öffentlichen Dienstes als Zeugen über Umstände, auf die sich ihre Pflicht zur Amtsverschwiegenheit bezieht, und für die Genehmigung zur Aussage gelten die besonderen beamtenrechtlichen Vorschriften.[3]

(2) Für die Mitglieder des Bundestages, eines Landtages, der Bundes- oder einer Landesregierung sowie für die Angestellten einer Fraktion des Bundestages und eines Landtages gelten die für sie maßgebenden besonderen Vorschriften.[4]

(3) Der Bundespräsident kann das Zeugnis verweigern, wenn die Ablegung des Zeugnisses dem Wohl des Bundes oder eines deutschen Landes Nachteile bereiten würde.

(4) Diese Vorschriften gelten auch, wenn die vorgenannten Personen nicht mehr im öffentlichen Dienst oder Angestellte einer Fraktion sind oder ihre Mandate beendet sind, soweit es sich um Tatsachen handelt, die sich während ihrer Dienst-, Beschäftigungs- oder Mandatszeit ereignet haben oder ihnen während ihrer Dienst-, Beschäftigungs- oder Mandatszeit zur Kenntnis gelangt sind.

**§ 55 Auskunftsverweigerungsrecht.** (1) Jeder Zeuge kann die Auskunft auf solche Fragen verweigern, deren Beantwortung ihm selbst oder einem der in § 52 Abs. 1 bezeichneten Angehörigen die Gefahr zuziehen würde, wegen einer Straftat oder einer Ordnungswidrigkeit verfolgt zu werden.

(2) Der Zeuge ist über sein Recht zur Verweigerung der Auskunft zu belehren.

**§ 56 Glaubhaftmachung des Verweigerungsgrundes.** [1]Die Tatsache, auf die der Zeuge die Verweigerung des Zeugnisses in den Fällen der §§ 52, 53 und 55

---

[1] § 53a neu gef. mWv 9.11.2017 durch G v. 30.10.2017 (BGBl. I S. 3618); Abs. 1 Satz 1 Nr. 1 geänd. mWv 1.8.2022 durch G v. 7.7.2021 (BGBl. I S. 2363).

[2] § 54 Abs. 2 und 4 neu gef. durch G v. 4.11.1994 (BGBl. I S. 3346).

[3] Vgl. § 67 BundesbeamtenG **(Sartorius Nr. 160)**, die entsprechenden Vorschriften der Beamtengesetze der Länder und § 37 BeamtenstatusG **(Sartorius Nr. 150)**.

[4] Vgl. §§ 6 und 7 BundesministerG **(Sartorius Nr. 45)** sowie § 7 G über die Rechtsverhältnisse der Parlamentarischen Staatssekretäre v. 24.7.1974 (BGBl. I S. 1538), zuletzt geänd. durch G v. 17.7.2015 (BGBl. I S. 1322).

stützt, ist auf Verlangen glaubhaft zu machen. [2]Es genügt die eidliche Versicherung des Zeugen.

**§ 57[1)] Belehrung.** [1]Vor der Vernehmung werden die Zeugen zur Wahrheit ermahnt und über die strafrechtlichen Folgen einer unrichtigen oder unvollständigen Aussage belehrt. [2]Auf die Möglichkeit der Vereidigung werden sie hingewiesen. [3]Im Fall der Vereidigung sind sie über die Bedeutung des Eides und darüber zu belehren, dass der Eid mit oder ohne religiöse Beteuerung geleistet werden kann.

**§ 58[2)] Vernehmung; Gegenüberstellung.** (1) Die Zeugen sind einzeln und in Abwesenheit der später zu hörenden Zeugen zu vernehmen.

(2) [1]Eine Gegenüberstellung mit anderen Zeugen oder mit dem Beschuldigten im Vorverfahren ist zulässig, wenn es für das weitere Verfahren geboten erscheint. [2]Bei einer Gegenüberstellung mit dem Beschuldigten ist dem Verteidiger die Anwesenheit gestattet. [3]Von dem Termin ist der Verteidiger vorher zu benachrichtigen. [4]Auf die Verlegung eines Termins wegen Verhinderung hat er keinen Anspruch. [5]Hat der Beschuldigte keinen Verteidiger, so ist er darauf hinzuweisen, dass er in den Fällen des § 140 die Bestellung eines Pflichtverteidigers nach Maßgabe des § 141 Absatz 1 und des § 142 Absatz 1 beantragen kann.

**§ 58a[3)] Aufzeichnung der Vernehmung in Bild und Ton.** (1) [1]Die Vernehmung eines Zeugen kann in Bild und Ton aufgezeichnet werden. [2]Sie soll nach Würdigung der dafür jeweils maßgeblichen Umstände aufgezeichnet werden und als richterliche Vernehmung erfolgen, wenn

1. damit die schutzwürdigen Interessen von Personen unter 18 Jahren sowie von Personen, die als Kinder oder Jugendliche durch eine der in § 255a Absatz 2 genannten Straftaten verletzt worden sind, besser gewahrt werden können oder
2. zu besorgen ist, dass der Zeuge in der Hauptverhandlung nicht vernommen werden kann und die Aufzeichnung zur Erforschung der Wahrheit erforderlich ist.

[3]Die Vernehmung muss nach Würdigung der dafür jeweils maßgeblichen Umstände aufgezeichnet werden und als richterliche Vernehmung erfolgen, wenn damit die schutzwürdigen Interessen von Personen, die durch Straftaten gegen die sexuelle Selbstbestimmung (§§ 174 bis 184j des Strafgesetzbuches[4)]) verletzt worden sind, besser gewahrt werden können und der Zeuge der Bild-Ton-Aufzeichnung vor der Vernehmung zugestimmt hat.

(2) [1]Die Verwendung der Bild-Ton-Aufzeichnung ist nur für Zwecke der Strafverfolgung und nur insoweit zulässig, als dies zur Erforschung der Wahrheit erforderlich ist. [2]§ 101 Abs. 8 gilt entsprechend. [3]Die §§ 147, 406e sind ent-

---

[1)] § 57 neu gef. mWv 1.10.2009 durch G v. 29.7.2009 (BGBl. I S. 2280).

[2)] § 58 Abs. 1 Satz 2 angef. mWv 1.9.2004 durch G v. 24.6.2004 (BGBl. I S. 1354); Abs. 1 Satz 2 aufgeh. mWv 1.10.2009 durch G v. 29.7.2009 (BGBl. I S. 2280); Abs. 2 Sätze 2–4 angef. mWv 5.9.2017 durch G v. 27.8.2017 (BGBl. I S. 3295); Abs. 2 Satz 5 angef. mWv 13.12.2019 durch G v. 10.12.2019 (BGBl. I S. 2128).

[3)] § 58a eingef. durch G v. 30.4.1998 (BGBl. I S. 820); Abs. 2 Satz 2 neu gef., Sätze 3–6 angef., Abs. 3 angef. mWv 1.9.2004 durch G v. 24.6.2004 (BGBl. I S. 1354); Abs. 2 Satz 2 geänd. mWv 1.1.2008 durch G v. 21.12.2007 (BGBl. I S. 3198); Abs. 1 Satz 2 neu gef. mWv 1.9.2013 durch G v. 26.6.2013 (BGBl. I S. 1805); Abs. 1 Satz 1 geänd. mWv 1.1.2018 durch G v. 5.7.2017 (BGBl. I S. 2208); Abs. 1 Satz 3 angef. mWv 13.12.2019 durch G v. 10.12.2019 (BGBl. I S. 2121); Abs. 3 Satz 1 geänd., Satz 2 aufgeh., bis. Sätze 3 und 4 werden Sätze 2 und 3 mWv 1.7.2021 durch G v. 25.6.2021 (BGBl. I S. 2099).

[4)] Nr. **85**.

sprechend anzuwenden, mit der Maßgabe, dass den zur Akteneinsicht Berechtigten Kopien der Aufzeichnung überlassen werden können. [4]Die Kopien dürfen weder vervielfältigt noch weitergegeben werden. [5]Sie sind an die Staatsanwaltschaft herauszugeben, sobald kein berechtigtes Interesse an der weiteren Verwendung besteht. [6]Die Überlassung der Aufzeichnung oder die Herausgabe von Kopien an andere als die vorbezeichneten Stellen bedarf der Einwilligung des Zeugen.

(3) [1]Widerspricht der Zeuge der Überlassung einer Kopie der Aufzeichnung seiner Vernehmung nach Absatz 2 Satz 3, so tritt an deren Stelle die Überlassung des Protokolls an die zur Akteneinsicht Berechtigten nach Maßgabe der §§ 147, 406e. [2]Das Recht zur Besichtigung der Aufzeichnung nach Maßgabe der §§ 147, 406e bleibt unberührt. [3]Der Zeuge ist auf sein Widerspruchsrecht nach Satz 1 hinzuweisen.

**§ 58b[1)] Vernehmung im Wege der Bild- und Tonübertragung.** Die Vernehmung eines Zeugen außerhalb der Hauptverhandlung kann in der Weise erfolgen, dass dieser sich an einem anderen Ort als die vernehmende Person aufhält und die Vernehmung zeitgleich in Bild und Ton an den Ort, an dem sich der Zeuge aufhält, und in das Vernehmungszimmer übertragen wird.

**§ 59[2)] Vereidigung.** (1) [1]Zeugen werden nur vereidigt, wenn es das Gericht wegen der ausschlaggebenden Bedeutung der Aussage oder zur Herbeiführung einer wahren Aussage nach seinem Ermessen für notwendig hält. [2]Der Grund dafür, dass der Zeuge vereidigt wird, braucht im Protokoll nicht angegeben zu werden, es sei denn, der Zeuge wird außerhalb der Hauptverhandlung vernommen.

(2) [1]Die Vereidigung der Zeugen erfolgt einzeln und nach ihrer Vernehmung. [2]Soweit nichts anderes bestimmt ist, findet sie in der Hauptverhandlung statt.

**§ 60[3)] Vereidigungsverbote.** Von der Vereidigung ist abzusehen

1. bei Personen, die zur Zeit der Vernehmung das 18. Lebensjahr noch nicht vollendet haben oder die wegen mangelnder Verstandesreife oder wegen einer psychischen Krankheit oder einer geistigen oder seelischen Behinderung vom Wesen und der Bedeutung des Eides keine genügende Vorstellung haben;
2. bei Personen, die der Tat, welche den Gegenstand der Untersuchung bildet, oder der Beteiligung an ihr oder der Datenhehlerei, Begünstigung, Strafvereitelung oder Hehlerei verdächtig oder deswegen bereits verurteilt sind.

**§ 61[4)] Recht zur Eidesverweigerung.** Die in § 52 Abs. 1 bezeichneten Angehörigen des Beschuldigten haben das Recht, die Beeidigung des Zeugnisses zu verweigern; darüber sind sie zu belehren.

**§ 62[5)] Vereidigung im vorbereitenden Verfahren.** Im vorbereitenden Verfahren ist die Vereidigung zulässig, wenn

1. Gefahr im Verzug ist oder

---

[1)] § 58b eingef. mWv 1.11.2013 durch G v. 25.4.2013 (BGBl. I S. 935).

[2)] § 59 neu gef. mWv 1.9.2004 durch G v. 24.8.2004 (BGBl. I S. 2198).

[3)] § 60 Nr. 1 geänd. durch G v. 12.9.1990 (BGBl. I S. 2002); Nr. 1 geänd. mWv 1.10.2009 durch G v. 29.7.2009 (BGBl. I S. 2280); Nr. 2 geänd. mWv 18.12.2015 durch G v. 10.12.2015 (BGBl. I S. 2218).

[4)] § 61 neu gef. mWv 1.9.2004 durch G v. 24.8.2004 (BGBl. I S. 2198).

[5)] § 62 neu gef. mWv 1.9.2004 durch G v. 24.8.2004 (BGBl. I S. 2198).

2. der Zeuge voraussichtlich am Erscheinen in der Hauptverhandlung verhindert sein wird

und die Voraussetzungen des § 59 Abs. 1 vorliegen.

**§ 63[1)] Vereidigung bei Vernehmung durch den beauftragten oder ersuchten Richter.** Wird ein Zeuge durch einen beauftragten oder ersuchten Richter vernommen, muss die Vereidigung, soweit sie zulässig ist, erfolgen, wenn es in dem Auftrag oder in dem Ersuchen des Gerichts verlangt wird.

**§ 64[1)] Eidesformel.** (1) Der Eid mit religiöser Beteuerung wird in der Weise geleistet, dass der Richter an den Zeugen die Worte richtet:

„Sie schwören bei Gott dem Allmächtigen und Allwissenden, dass Sie nach bestem Wissen die reine Wahrheit gesagt und nichts verschwiegen haben"

und der Zeuge hierauf die Worte spricht:

„Ich schwöre es, so wahr mir Gott helfe".

(2) Der Eid ohne religiöse Beteuerung wird in der Weise geleistet, dass der Richter an den Zeugen die Worte richtet:

„Sie schwören, dass Sie nach bestem Wissen die reine Wahrheit gesagt und nichts verschwiegen haben"

und der Zeuge hierauf die Worte spricht:

„Ich schwöre es".

(3) Gibt ein Zeuge an, dass er als Mitglied einer Religions- oder Bekenntnisgemeinschaft eine Beteuerungsformel dieser Gemeinschaft verwenden wolle, so kann er diese dem Eid anfügen.

(4) Der Schwörende soll bei der Eidesleistung die rechte Hand erheben.

**§ 65[1)] Eidesgleiche Bekräftigung der Wahrheit von Aussagen.** (1) [1] Gibt ein Zeuge an, dass er aus Glaubens- oder Gewissensgründen keinen Eid leisten wolle, so hat er die Wahrheit der Aussage zu bekräftigen. [2] Die Bekräftigung steht dem Eid gleich; hierauf ist der Zeuge hinzuweisen.

(2) Die Wahrheit der Aussage wird in der Weise bekräftigt, dass der Richter an den Zeugen die Worte richtet:

„Sie bekräftigen im Bewusstsein Ihrer Verantwortung vor Gericht, dass Sie nach bestem Wissen die reine Wahrheit gesagt und nichts verschwiegen haben"

und der Zeuge hierauf spricht:

„Ja".

(3) § 64 Abs. 3 gilt entsprechend.

**§ 66[1)] Eidesleistung bei Hör- oder Sprachbehinderung.** (1) [1] Eine hör- oder sprachbehinderte Person leistet den Eid nach ihrer Wahl mittels Nachsprechens der Eidesformel, mittels Abschreibens und Unterschreibens der Eidesformel oder mit Hilfe einer die Verständigung ermöglichenden Person, die vom Gericht hinzuzuziehen ist. [2] Das Gericht hat die geeigneten technischen Hilfsmittel bereitzustellen. [3] Die hör- oder sprachbehinderte Person ist auf ihr Wahlrecht hinzuweisen.

(2) Das Gericht kann eine schriftliche Eidesleistung verlangen oder die Hinzuziehung einer die Verständigung ermöglichenden Person anordnen, wenn die

---

[1)] §§ 63–66 neu gef. mWv 1.9.2004 durch G v. 24.8.2004 (BGBl. I S. 2198).

hör- oder sprachbehinderte Person von ihrem Wahlrecht nach Absatz 1 keinen Gebrauch gemacht hat oder eine Eidesleistung in der nach Absatz 1 gewählten Form nicht oder nur mit unverhältnismäßigem Aufwand möglich ist.

(3) Die §§ 64 und 65 gelten entsprechend.

**§§ 66a–66e**[1] *(aufgehoben)*

**§ 67 Berufung auf einen früheren Eid.** Wird der Zeuge, nachdem er eidlich vernommen worden ist, in demselben Vorverfahren oder in demselben Hauptverfahren nochmals vernommen, so kann der Richter statt der nochmaligen Vereidigung den Zeugen die Richtigkeit seiner Aussage unter Berufung auf den früher geleisteten Eid versichern lassen.

**§ 68**[2] **Vernehmung zur Person; Beschränkung von Angaben, Zeugenschutz.** (1) [1]Die Vernehmung beginnt damit, dass der Zeuge über Vornamen, Nachnamen, Geburtsnamen, Alter, Beruf und vollständige Anschrift befragt wird. [2]In richterlichen Vernehmungen in Anwesenheit des Beschuldigten und in der Hauptverhandlung wird außer bei Zweifeln über die Identität des Zeugen nicht die vollständige Anschrift, sondern nur dessen Wohn- oder Aufenthaltsort abgefragt. [3]Ein Zeuge, der Wahrnehmungen in amtlicher Eigenschaft gemacht hat, kann statt der vollständigen Anschrift den Dienstort angeben.

(2) [1]Einem Zeugen soll zudem gestattet werden, statt der vollständigen Anschrift seinen Geschäfts- oder Dienstort oder eine andere ladungsfähige Anschrift anzugeben, wenn ein begründeter Anlass zu der Besorgnis besteht, dass durch die Angabe der vollständigen Anschrift Rechtsgüter des Zeugen oder einer anderen Person gefährdet werden oder dass auf Zeugen oder eine andere Person in unlauterer Weise eingewirkt werden wird. [2]In richterlichen Vernehmungen in Anwesenheit des Beschuldigten und in der Hauptverhandlung soll dem Zeugen gestattet werden, seinen Wohn- oder Aufenthaltsort nicht anzugeben, wenn die Voraussetzungen des Satzes 1 bei dessen Angabe vorliegen.

(3) [1]Besteht ein begründeter Anlass zu der Besorgnis, dass durch die Offenbarung der Identität oder des Wohn- oder Aufenthaltsortes des Zeugen Leben, Leib oder Freiheit des Zeugen oder einer anderen Person gefährdet wird, so kann ihm gestattet werden, Angaben zur Person nicht oder nur über eine frühere Identität zu machen. [2]Er hat jedoch in der Hauptverhandlung auf Befragen anzugeben, in welcher Eigenschaft ihm die Tatsachen, die er bekundet, bekannt geworden sind. [3]Ist dem Zeugen unter den Voraussetzungen des Satzes 1 gestattet worden, Angaben zur Person nicht oder nur über eine frühere Identität zu machen, darf er sein Gesicht entgegen § 176 Absatz 2 Satz 1 des Gerichtsverfassungsgesetzes[3] ganz oder teilweise verhüllen.

(4) [1]Liegen Anhaltspunkte dafür vor, dass die Voraussetzungen der Absätze 2 oder 3 vorliegen, ist der Zeuge auf die dort vorgesehenen Befugnisse hinzuweisen. [2]Im Fall des Absatzes 2 soll der Zeuge bei der Benennung einer ladungsfähigen Anschrift unterstützt werden. [3]Die Unterlagen, die die Feststellung des Wohn- oder Aufenthaltsortes, der vollständigen Anschrift oder der Identität des Zeugen

---

[1] §§ 66a–66e aufgeh. mWv 1.9.2004 durch G v. 24.8.2004 (BGBl. I S. 2198).

[2] § 68 neu gef. mWv 1.10.2009 durch G v. 29.7.2009 (BGBl. I S. 2280); Abs. 3 Satz 3 angef. mWv 13.12.2019 durch G v. 10.12.2019 (BGBl. I S. 2121); Abs. 1 Satz 1 geänd., Satz 2 eingef., bish. Satz 2 wird Satz 3 und geänd., Abs. 2 Satz 1 geänd., Satz 2 neu gef., Abs. 4 Satz 3 geänd., Satz 5 angef. mWv 1.7.2021 durch G v. 25.6.2021 (BGBl. I S. 2099).

[3] Nr. **95**.

gewährleisten, werden bei der Staatsanwaltschaft verwahrt. [4] Zu den Akten sind sie erst zu nehmen, wenn die Besorgnis der Gefährdung entfällt. [5] Wurde dem Zeugen eine Beschränkung seiner Angaben nach Absatz 2 Satz 1 gestattet, veranlasst die Staatsanwaltschaft von Amts wegen bei der Meldebehörde eine Auskunftssperre nach § 51 Absatz 1 des Bundesmeldegesetzes[1)], wenn der Zeuge zustimmt.

(5) [1] Die Absätze 2 bis 4 gelten auch nach Abschluss der Zeugenvernehmung. [2] Soweit dem Zeugen gestattet wurde, Daten nicht anzugeben, ist bei Auskünften aus und Einsichtnahmen in Akten sicherzustellen, dass diese Daten anderen Personen nicht bekannt werden, es sei denn, dass eine Gefährdung im Sinne der Absätze 2 und 3 ausgeschlossen erscheint.

**§ 68a[2)] Beschränkung des Fragerechts aus Gründen des Persönlichkeitsschutzes.** (1) Fragen nach Tatsachen, die dem Zeugen oder einer Person, die im Sinne des § 52 Abs. 1 sein Angehöriger ist, zur Unehre gereichen können oder deren persönlichen Lebensbereich betreffen, sollen nur gestellt werden, wenn es unerläßlich ist.

(2) [1] Fragen nach Umständen, die die Glaubwürdigkeit des Zeugen in der vorliegenden Sache betreffen, insbesondere nach seinen Beziehungen zu dem Beschuldigten oder der verletzten Person, sind zu stellen, soweit dies erforderlich ist. [2] Der Zeuge soll nach Vorstrafen nur gefragt werden, wenn ihre Feststellung notwendig ist, um über das Vorliegen der Voraussetzungen des § 60 Nr. 2 zu entscheiden oder um seine Glaubwürdigkeit zu beurteilen.

**§ 68b[3)] Zeugenbeistand.** (1) [1] Zeugen können sich eines anwaltlichen Beistands bedienen. [2] Einem zur Vernehmung des Zeugen erschienenen anwaltlichen Beistand ist die Anwesenheit gestattet. [3] Er kann von der Vernehmung ausgeschlossen werden, wenn bestimmte Tatsachen die Annahme rechtfertigen, dass seine Anwesenheit die geordnete Beweiserhebung nicht nur unwesentlich beeinträchtigen würde. [4] Dies wird in der Regel der Fall sein, wenn aufgrund bestimmter Tatsachen anzunehmen ist, dass

1. der Beistand an der zu untersuchenden Tat oder an einer mit ihr im Zusammenhang stehenden Datenhehlerei, Begünstigung, Strafvereitelung oder Hehlerei beteiligt ist,
2. das Aussageverhalten des Zeugen dadurch beeinflusst wird, dass der Beistand nicht nur den Interessen des Zeugen verpflichtet erscheint, oder
3. der Beistand die bei der Vernehmung erlangten Erkenntnisse für Verdunkelungshandlungen im Sinne des § 112 Absatz 2 Nummer 3 nutzt oder in einer den Untersuchungszweck gefährdenden Weise weitergibt.

(2) [1] Einem Zeugen, der bei seiner Vernehmung keinen anwaltlichen Beistand hat und dessen schutzwürdigen Interessen nicht auf andere Weise Rechnung getragen werden kann, ist für deren Dauer ein solcher beizuordnen, wenn besondere Umstände vorliegen, aus denen sich ergibt, dass der Zeuge seine Befugnisse bei seiner Vernehmung nicht selbst wahrnehmen kann. [2] § 142 Absatz 5 Satz 1 und 3 gilt entsprechend.

---

[1)] **Sartorius Nr. 256.**

[2)] § 68a Abs. 2 geänd. mWv 1.9.2004 durch G v. 24.8.2004 (BGBl. I S. 2198); Abs. 2 Satz 1 eingef., bish. Wortlaut wird Satz 2 mWv 1.10.2009 durch G v. 29.7.2009 (BGBl. I S. 2280).

[3)] § 68b neu gef. mWv 1.10.2009 durch G v. 29.7.2009 (BGBl. I S. 2280); Abs. 1 Satz 4 Nr. 1 geänd. mWv 18.12.2015 durch G v. 10.12.2015 (BGBl. I S. 2218); Abs. 2 Satz 2 geänd. mWv 13.12.2019 durch G v. 10.12.2019 (BGBl. I S. 2128).

(3) [1]Entscheidungen nach Absatz 1 Satz 3 und Absatz 2 Satz 1 sind unanfechtbar. [2]Ihre Gründe sind aktenkundig zu machen, soweit dies den Untersuchungszweck nicht gefährdet.

**§ 69[1)] Vernehmung zur Sache.** (1) [1]Der Zeuge ist zu veranlassen, das, was ihm von dem Gegenstand seiner Vernehmung bekannt ist, im Zusammenhang anzugeben. [2]Vor seiner Vernehmung ist dem Zeugen der Gegenstand der Untersuchung und die Person des Beschuldigten, sofern ein solcher vorhanden ist, zu bezeichnen.

(2) [1]Zur Aufklärung und zur Vervollständigung der Aussage sowie zur Erforschung des Grundes, auf dem das Wissen des Zeugen beruht, sind nötigenfalls weitere Fragen zu stellen. [2]Zeugen, die durch die Straftat verletzt sind, ist insbesondere Gelegenheit zu geben, sich zu den Auswirkungen, die die Tat auf sie hatte, zu äußern.

(3) Die Vorschrift des § 136a gilt für die Vernehmung des Zeugen entsprechend.

**§ 70 Folgen unberechtigter Zeugnis- oder Eidesverweigerung.** (1) [1]Wird das Zeugnis oder die Eidesleistung ohne gesetzlichen Grund verweigert, so werden dem Zeugen die durch die Weigerung verursachten Kosten auferlegt. [2]Zugleich wird gegen ihn ein Ordnungsgeld und für den Fall, daß dieses nicht beigetrieben werden kann, Ordnungshaft festgesetzt.

(2) Auch kann zur Erzwingung des Zeugnisses die Haft angeordnet werden, jedoch nicht über die Zeit der Beendigung des Verfahrens in dem Rechtszug, auch nicht über die Zeit von sechs Monaten hinaus.

(3) Die Befugnis zu diesen Maßregeln steht auch dem Richter im Vorverfahren sowie dem beauftragten und ersuchten Richter zu.

(4) Sind die Maßregeln erschöpft, so können sie in demselben oder in einem anderen Verfahren, das dieselbe Tat zum Gegenstand hat, nicht wiederholt werden.

**§ 71[2)] Zeugenentschädigung.** Der Zeuge wird nach dem Justizvergütungs- und -entschädigungsgesetz[3)] entschädigt.

## Siebter Abschnitt. Sachverständige und Augenschein

**§ 72 Anwendung der Vorschriften über Zeugen auf Sachverständige.** Auf Sachverständige ist der sechste Abschnitt über Zeugen entsprechend anzuwenden, soweit nicht in den nachfolgenden Paragraphen abweichende Vorschriften getroffen sind.

**§ 73 Auswahl des Sachverständigen.** (1) [1]Die Auswahl der zuzuziehenden Sachverständigen und die Bestimmung ihrer Anzahl erfolgt durch den Richter. [2]Er soll mit diesen eine Absprache treffen, innerhalb welcher Frist die Gutachten erstattet werden können.

(2) Sind für gewisse Arten von Gutachten Sachverständige öffentlich bestellt, so sollen andere Personen nur dann gewählt werden, wenn besondere Umstände es erfordern.

---

1) § 69 Abs. 2 Satz 2 angef. mWv 1.9.2013 durch G v. 26.6.2013 (BGBl. I S. 1805).
2) § 71 geänd. mWv 1.7.2004 durch G v. 5.5.2004 (BGBl. I S. 718).
3) Nr. **116**.

**§ 74 Ablehnung des Sachverständigen.** (1) [1] Ein Sachverständiger kann aus denselben Gründen, die zur Ablehnung eines Richters berechtigen, abgelehnt werden. [2] Ein Ablehnungsgrund kann jedoch nicht daraus entnommen werden, daß der Sachverständige als Zeuge vernommen worden ist.

(2) [1] Das Ablehnungsrecht steht der Staatsanwaltschaft, dem Privatkläger und dem Beschuldigten zu. [2] Die ernannten Sachverständigen sind den zur Ablehnung Berechtigten namhaft zu machen, wenn nicht besondere Umstände entgegenstehen.

(3) Der Ablehnungsgrund ist glaubhaft zu machen; der Eid ist als Mittel der Glaubhaftmachung ausgeschlossen.

**§ 75 Pflicht des Sachverständigen zur Erstattung des Gutachtens.**

(1) Der zum Sachverständigen Ernannte hat der Ernennung Folge zu leisten, wenn er zur Erstattung von Gutachten der erforderten Art öffentlich bestellt ist oder wenn er die Wissenschaft, die Kunst oder das Gewerbe, deren Kenntnis Voraussetzung der Begutachtung ist, öffentlich zum Erwerb ausübt oder wenn er zu ihrer Ausübung öffentlich bestellt oder ermächtigt ist.

(2) Zur Erstattung des Gutachtens ist auch der verpflichtet, welcher sich hierzu vor Gericht bereiterklärt hat.

**§ 76 Gutachtenverweigerungsrecht des Sachverständigen.** (1) [1] Dieselben Gründe, die einen Zeugen berechtigen, das Zeugnis zu verweigern, berechtigen einen Sachverständigen zur Verweigerung des Gutachtens. [2] Auch aus anderen Gründen kann ein Sachverständiger von der Verpflichtung zur Erstattung des Gutachtens entbunden werden.

(2) [1] Für die Vernehmung von Richtern, Beamten und anderen Personen des öffentlichen Dienstes als Sachverständige gelten die besonderen beamtenrechtlichen Vorschriften. [2] Für die Mitglieder der Bundes- oder einer Landesregierung gelten die für sie maßgebenden besonderen Vorschriften.

**§ 77 Ausbleiben oder unberechtigte Gutachtenverweigerung des Sachverständigen.** (1) [1] Im Falle des Nichterscheinens oder der Weigerung eines zur Erstattung des Gutachtens verpflichteten Sachverständigen wird diesem auferlegt, die dadurch verursachten Kosten zu ersetzen. [2] Zugleich wird gegen ihn ein Ordnungsgeld festgesetzt. [3] Im Falle wiederholten Ungehorsams kann neben der Auferlegung der Kosten das Ordnungsgeld noch einmal festgesetzt werden.

(2) [1] Weigert sich ein zur Erstattung des Gutachtens verpflichteter Sachverständiger, nach § 73 Abs. 1 Satz 2 eine angemessene Frist abzusprechen, oder versäumt er die abgesprochene Frist, so kann gegen ihn ein Ordnungsgeld festgesetzt werden. [2] Der Festsetzung des Ordnungsgeldes muß eine Androhung unter Setzung einer Nachfrist vorausgehen. [3] Im Falle wiederholter Fristversäumnis kann das Ordnungsgeld noch einmal festgesetzt werden.

**§ 78 Richterliche Leitung der Tätigkeit des Sachverständigen.** Der Richter hat, soweit ihm dies erforderlich erscheint, die Tätigkeit der Sachverständigen zu leiten.

**§ 79[1)] Vereidigung des Sachverständigen.** (1) Der Sachverständige kann nach dem Ermessen des Gerichts vereidigt werden.

---

[1)] § 79 Abs. 1 Satz 2 aufgeh. mWv 1.9.2004 durch G v. 24.8.2004 (BGBl. I S. 2198).

(2) Der Eid ist nach Erstattung des Gutachtens zu leisten; er geht dahin, daß der Sachverständige das Gutachten unparteiisch und nach bestem Wissen und Gewissen erstattet habe.

(3) Ist der Sachverständige für die Erstattung von Gutachten der betreffenden Art im allgemeinen vereidigt, so genügt die Berufung auf den geleisteten Eid.

**§ 80 Vorbereitung des Gutachtens durch weitere Aufklärung.** (1) Dem Sachverständigen kann auf sein Verlangen zur Vorbereitung des Gutachtens durch Vernehmung von Zeugen oder des Beschuldigten weitere Aufklärung verschafft werden.

(2) Zu demselben Zweck kann ihm gestattet werden, die Akten einzusehen, der Vernehmung von Zeugen oder des Beschuldigten beizuwohnen und an sie unmittelbar Fragen zu stellen.

**§ 80a Vorbereitung des Gutachtens im Vorverfahren.** Ist damit zu rechnen, daß die Unterbringung des Beschuldigten in einem psychiatrischen Krankenhaus, einer Entziehungsanstalt oder in der Sicherungsverwahrung angeordnet werden wird, so soll schon im Vorverfahren einem Sachverständigen Gelegenheit zur Vorbereitung des in der Hauptverhandlung zu erstattenden Gutachtens gegeben werden.

**§ 81 Unterbringung des Beschuldigten zur Vorbereitung eines Gutachtens.** (1) Zur Vorbereitung eines Gutachtens über den psychischen Zustand des Beschuldigten kann das Gericht nach Anhörung eines Sachverständigen und des Verteidigers anordnen, daß der Beschuldigte in ein öffentliches psychiatrisches Krankenhaus gebracht und dort beobachtet wird.

(2) [1] Das Gericht trifft die Anordnung nach Absatz 1 nur, wenn der Beschuldigte der Tat dringend verdächtig ist. [2] Das Gericht darf diese Anordnung nicht treffen, wenn sie zu der Bedeutung der Sache und der zu erwartenden Strafe oder Maßregel der Besserung und Sicherung außer Verhältnis steht.

(3) Im vorbereitenden Verfahren entscheidet das Gericht, das für die Eröffnung des Hauptverfahrens zuständig wäre.

(4) [1] Gegen den Beschluß ist sofortige Beschwerde zulässig. [2] Sie hat aufschiebende Wirkung.

(5) Die Unterbringung in einem psychiatrischen Krankenhaus nach Absatz 1 darf die Dauer von insgesamt sechs Wochen nicht überschreiten.

**§ 81a[1)] Körperliche Untersuchung des Beschuldigten; Zulässigkeit körperlicher Eingriffe.** (1) [1] Eine körperliche Untersuchung des Beschuldigten darf zur Feststellung von Tatsachen angeordnet werden, die für das Verfahren von Bedeutung sind. [2] Zu diesem Zweck sind Entnahmen von Blutproben und andere körperliche Eingriffe, die von einem Arzt nach den Regeln der ärztlichen Kunst zu Untersuchungszwecken vorgenommen werden, ohne Einwilligung des Beschuldigten zulässig, wenn kein Nachteil für seine Gesundheit zu befürchten ist.

(2) [1] Die Anordnung steht dem Richter, bei Gefährdung des Untersuchungserfolges durch Verzögerung auch der Staatsanwaltschaft und ihren Ermittlungs-

---

[1)] § 81a Abs. 3 angef. durch G v. 17.3.1997 (BGBl. I S. 534); Abs. 2 geänd. mWv 1.9.2004 durch G v. 24.8.2004 (BGBl. I S. 2198); Abs. 2 Satz 2 angef. mWv 24.8.2017 durch G v. 17.8.2017 (BGBl. I S. 3202).

personen (§ 152 des Gerichtsverfassungsgesetzes[1]) zu. [2]Die Entnahme einer Blutprobe bedarf abweichend von Satz 1 keiner richterlichen Anordnung, wenn bestimmte Tatsachen den Verdacht begründen, dass eine Straftat nach § 315a Absatz 1 Nummer 1, Absatz 2 und 3, § 315c Absatz 1 Nummer 1 Buchstabe a, Absatz 2 und 3 oder § 316 des Strafgesetzbuchs[2]) begangen worden ist.

(3) Dem Beschuldigten entnommene Blutproben oder sonstige Körperzellen dürfen nur für Zwecke des der Entnahme zugrundeliegenden oder eines anderen anhängigen Strafverfahrens verwendet werden; sie sind unverzüglich zu vernichten, sobald sie hierfür nicht mehr erforderlich sind.

**§ 81b[3]) Erkennungsdienstliche Maßnahmen bei dem Beschuldigten.**

(1) Soweit es für die Zwecke der Durchführung des Strafverfahrens oder für die Zwecke des Erkennungsdienstes notwendig ist, dürfen Lichtbilder und Fingerabdrücke des Beschuldigten auch gegen seinen Willen aufgenommen und Messungen und ähnliche Maßnahmen an ihm vorgenommen werden.

(2) [1]Über die Fälle des Absatzes 1 hinaus sind die Fingerabdrücke des Beschuldigten für die Erstellung eines Datensatzes gemäß Artikel 5 Absatz 1 Buchstabe b der Verordnung (EU) 2019/816 des Europäischen Parlaments und des Rates vom 17. April 2019 zur Einrichtung eines zentralisierten Systems für die Ermittlung der Mitgliedstaaten, in denen Informationen zu Verurteilungen von Drittstaatsangehörigen und Staatenlosen (ECRIS-TCN) vorliegen, zur Ergänzung des Europäischen Strafregisterinformationssystems und zur Änderung der Verordnung (EU) 2018/1726 (ABl. L 135 vom 22.5.2019, S. 1), die durch die Verordnung (EU) 2019/818 (ABl. L 135 vom 22.5.2019, S. 85) geändert worden ist, auch gegen dessen Willen aufzunehmen, sofern

1. es sich bei dem Beschuldigten um einen Drittstaatsangehörigen im Sinne des Artikels 3 Nummer 7 der Verordnung (EU) 2019/816 handelt,
2. der Beschuldigte rechtskräftig zu einer Freiheitsstrafe oder Jugendstrafe verurteilt oder gegen ihn rechtskräftig allein eine freiheitsentziehende Maßregel der Besserung und Sicherung angeordnet worden ist,
3. keine Fingerabdrücke des Beschuldigten vorhanden sind, die im Rahmen eines Strafverfahrens aufgenommen worden sind, und
4. die entsprechende Eintragung im Bundeszentralregister noch nicht getilgt ist.

[2]Wenn auf Grund bestimmter Tatsachen und bei Würdigung der Umstände des Einzelfalles die Gefahr besteht, dass der Beschuldigte sich dieser Maßnahme entziehen werde, dann dürfen die Fingerabdrücke abweichend von Satz 1 Nummer 2 bereits vor der Rechtskraft der Entscheidung aufgenommen werden.

(3) Für die Erstellung eines Datensatzes gemäß Artikel 5 Absatz 1 Buchstabe b der Verordnung (EU) 2019/816 sind die nach Absatz 1 für die Zwecke der Durchführung des Strafverfahrens, die nach Absatz 2 oder die nach § 163b Absatz 1 Satz 3 aufgenommenen Fingerabdrücke an das Bundeskriminalamt zu übermitteln.

(4) [1]Für die Erstellung eines Datensatzes gemäß Artikel 5 Absatz 1 Buchstabe b der Verordnung (EU) 2019/816 darf das Bundeskriminalamt die nach den Absätzen 1 und 2 sowie die nach § 163b Absatz 1 Satz 3 aufgenommenen und ihm übermittelten Fingerabdrücke verarbeiten. [2]Bei den nach Absatz 1 für die Zwecke der Durchführung des Strafverfahrens, den nach Absatz 2 Satz 2 und den nach

---

[1]) Nr. **95**.
[2]) Nr. **85**.
[3]) § 81b Abs. 2–5 angef. mWv 1.10.2022 durch G v. 10.8.2021 (BGBl. I S. 3420).

§ 163b Absatz 1 Satz 3 aufgenommenen Fingerabdrücken ist eine über die Speicherung hinausgehende Verarbeitung nach Satz 1 unzulässig, solange die Entscheidung noch nicht rechtskräftig ist. [3]Die Verarbeitung nach Satz 1 ist ferner unzulässig, wenn

1. der Beschuldigte rechtskräftig freigesprochen wurde,
2. das Verfahren nicht nur vorläufig eingestellt wurde oder
3. die alleinige Anordnung einer freiheitsentziehenden Maßregel der Besserung und Sicherung gegen den Beschuldigten rechtskräftig unterbleibt.

[4]Satz 3 gilt entsprechend in den Fällen des Absatzes 2 Satz 2, wenn der Beschuldigte rechtskräftig zu einer anderen Strafe als Freiheitsstrafe oder Jugendstrafe verurteilt wurde. [5]Ist die Verarbeitung der Fingerabdrücke nach Satz 3 oder 4 unzulässig, so sind die Fingerabdrücke zu löschen.

(5) [1]Für die Verarbeitung für andere Zwecke als die Erstellung eines Datensatzes gemäß Artikel 5 Absatz 1 Buchstabe b der Verordnung (EU) 2019/816 gelten die §§ 481 bis 485. [2]Die Verarbeitung der nach Absatz 2 Satz 2 aufgenommenen Fingerabdrücke ist jedoch erst zulässig, wenn die Entscheidung rechtskräftig und die Verarbeitung für die Erstellung eines Datensatzes nicht nach Absatz 4 Satz 3 oder 4 unzulässig ist. [3]Die übrigen Bestimmungen über die Verarbeitung der nach Absatz 1 oder 2 oder nach § 163b aufgenommenen Fingerabdrücke bleiben unberührt.

**§ 81c[1)] Untersuchung anderer Personen.** (1) Andere Personen als Beschuldigte dürfen, wenn sie als Zeugen in Betracht kommen, ohne ihre Einwilligung nur untersucht werden, soweit zur Erforschung der Wahrheit festgestellt werden muß, ob sich an ihrem Körper eine bestimmte Spur oder Folge einer Straftat befindet.

(2) [1]Bei anderen Personen als Beschuldigten sind Untersuchungen zur Feststellung der Abstammung und die Entnahme von Blutproben ohne Einwilligung des zu Untersuchenden zulässig, wenn kein Nachteil für seine Gesundheit zu befürchten und die Maßnahme zur Erforschung der Wahrheit unerläßlich ist. [2]Die Untersuchungen und die Entnahme von Blutproben dürfen stets nur von einem Arzt vorgenommen werden.

(3) [1]Untersuchungen oder Entnahmen von Blutproben können aus den gleichen Gründen wie das Zeugnis verweigert werden. [2]Haben Minderjährige wegen mangelnder Verstandesreife oder haben Minderjährige oder Betreute wegen einer psychischen Krankheit oder einer geistigen oder seelischen Behinderung von der Bedeutung ihres Weigerungsrechts keine genügende Vorstellung, so entscheidet der gesetzliche Vertreter; § 52 Abs. 2 Satz 2 und Abs. 3 gilt entsprechend. [3]Ist der gesetzliche Vertreter von der Entscheidung ausgeschlossen (§ 52 Abs. 2 Satz 2) oder aus sonstigen Gründen an einer rechtzeitigen Entscheidung gehindert und erscheint die sofortige Untersuchung oder Entnahme von Blutproben zur Beweissicherung erforderlich, so sind diese Maßnahmen nur auf besondere Anordnung des Gerichts und, wenn dieses nicht rechtzeitig erreichbar ist, der Staatsanwaltschaft zulässig. [4]Der die Maßnahmen anordnende Beschluß ist unanfechtbar. [5]Die nach Satz 3 erhobenen Beweise dürfen im weiteren Verfahren nur mit Einwilligung des hierzu befugten gesetzlichen Vertreters verwertet werden.

---

[1)] § 81c Abs. 3 Satz 2 neu gef. durch G v. 12.9.1990 (BGBl. I S. 2002); Abs. 5 Satz 2 angef. durch G v. 17.3.1997 (BGBl. I S. 534); Abs. 5 Satz 1 geänd. mWv 1.9.2004 durch G v. 24.8.2004 (BGBl. I S. 2198); Abs. 3 Satz 3, Abs. 5 Satz 1 geänd. mWv 1.10.2009 durch G v. 29.7.2009 (BGBl. I S. 2280).

(4) Maßnahmen nach den Absätzen 1 und 2 sind unzulässig, wenn sie dem Betroffenen bei Würdigung aller Umstände nicht zugemutet werden können.

(5) [1] Die Anordnung steht dem Gericht, bei Gefährdung des Untersuchungserfolges durch Verzögerung auch der Staatsanwaltschaft und ihren Ermittlungspersonen (§ 152 des Gerichtsverfassungsgesetzes[1)]) zu; Absatz 3 Satz 3 bleibt unberührt. [2] § 81a Abs. 3 gilt entsprechend.

(6) [1] Bei Weigerung des Betroffenen gilt die Vorschrift des § 70 entsprechend. [2] Unmittelbarer Zwang darf nur auf besondere Anordnung des Richters angewandt werden. [3] Die Anordnung setzt voraus, daß der Betroffene trotz Festsetzung eines Ordnungsgeldes bei der Weigerung beharrt oder daß Gefahr im Verzuge ist.

**§ 81d[2)] Durchführung körperlicher Untersuchungen durch Personen gleichen Geschlechts.** (1) [1] Kann die körperliche Untersuchung das Schamgefühl verletzen, so wird sie von einer Person gleichen Geschlechts oder von einer Ärztin oder einem Arzt vorgenommen. [2] Bei berechtigtem Interesse soll dem Wunsch, die Untersuchung einer Person oder einem Arzt bestimmten Geschlechts zu übertragen, entsprochen werden. [3] Auf Verlangen der betroffenen Person soll eine Person des Vertrauens zugelassen werden. [4] Die betroffene Person ist auf die Regelungen der Sätze 2 und 3 hinzuweisen.

(2) Diese Vorschrift gilt auch dann, wenn die betroffene Person in die Untersuchung einwilligt.

**§ 81e[3)] Molekulargenetische Untersuchung.** (1) [1] An dem durch Maßnahmen nach § 81a Absatz 1 oder § 81c erlangten Material dürfen mittels molekulargenetischer Untersuchung das DNA-Identifizierungsmuster, die Abstammung und das Geschlecht der Person festgestellt und diese Feststellungen mit Vergleichsmaterial abgeglichen werden, soweit dies zur Erforschung des Sachverhalts erforderlich ist. [2] Andere Feststellungen dürfen nicht erfolgen; hierauf gerichtete Untersuchungen sind unzulässig.

(2) [1] Nach Absatz 1 zulässige Untersuchungen dürfen auch an aufgefundenem, sichergestelltem oder beschlagnahmtem Material durchgeführt werden. [2] Ist unbekannt, von welcher Person das Spurenmaterial stammt, dürfen zusätzlich Feststellungen über die Augen-, Haar- und Hautfarbe sowie das Alter der Person getroffen werden. [3] Absatz 1 Satz 2 und § 81a Abs. 3 erster Halbsatz gelten entsprechend. [4] Ist bekannt, von welcher Person das Material stammt, gilt § 81f Absatz 1 entsprechend.

**§ 81f[4)] Verfahren bei der molekulargenetischen Untersuchung.**

(1) [1] Untersuchungen nach § 81e Abs. 1 dürfen ohne schriftliche Einwilligung der betroffenen Person nur durch das Gericht, bei Gefahr im Verzug auch durch die Staatsanwaltschaft und ihre Ermittlungspersonen (§ 152 des Gerichtsverfassungsgesetzes[1)]) angeordnet werden. [2] Die einwilligende Person ist darüber zu belehren, für welchen Zweck die zu erhebenden Daten verwendet werden.

---

[1)] Nr. **95**.

[2)] § 81d neu gef. mWv 1.9.2004 durch G v. 24.6.2004 (BGBl. I S. 1354).

[3)] § 81e eingef. durch G v. 17.3.1997 (BGBl. I S. 534); Abs. 1 neu gef., Abs. 2 Sätze 1 und 2 geänd., Satz 3 angef. mWv 24.8.2017 durch G v. 17.8.2017 (BGBl. I S. 3202); Abs. 2 Satz 2 eingef., bish. Sätze 2 und 3 werden Sätze 3 und 4 mWv 13.12.2019 durch G v. 10.12.2019 (BGBl. I S. 2121).

[4)] § 81f eingef. durch G v. 17.3.1997 (BGBl. I S. 534); Abs. 1 neu gef., Abs. 2 Sätze 1 und 4 geänd. mWv 1.11.2005 durch G v. 12.8.2005 (BGBl. I S. 2360); Abs. 2 Satz 3 geänd., Satz 4 neu gef. mWv 26.11.2019 durch G v. 20.11.2019 (BGBl. I S. 1724).

(2) [1]Mit der Untersuchung nach § 81e sind in der schriftlichen Anordnung Sachverständige zu beauftragen, die öffentlich bestellt oder nach dem Verpflichtungsgesetz verpflichtet oder Amtsträger sind, die der ermittlungsführenden Behörde nicht angehören oder einer Organisationseinheit dieser Behörde angehören, die von der ermittlungsführenden Dienststelle organisatorisch und sachlich getrennt ist. [2]Diese haben durch technische und organisatorische Maßnahmen zu gewährleisten, daß unzulässige molekulargenetische Untersuchungen und unbefugte Kenntnisnahme Dritter ausgeschlossen sind. [3]Dem Sachverständigen ist das Untersuchungsmaterial ohne Mitteilung des Namens, der Anschrift und des Geburtstages und -monats der betroffenen Person zu übergeben. [4]Ist der Sachverständige eine nichtöffentliche Stelle, finden die Vorschriften der Verordnung (EU) 2016/679[1)] des Europäischen Parlaments und des Rates vom 27. April 2016 zum Schutz natürlicher Personen bei der Verarbeitung personenbezogener Daten, zum freien Datenverkehr und zur Aufhebung der Richtlinie 95/46/EG (Datenschutz-Grundverordnung) (ABl. L 119 vom 4.5.2016, S. 1; L 314 vom 22.11.2016, S. 72; L 127 vom 23.5.2018, S. 2) und des Bundesdatenschutzgesetzes[2)] auch dann

*(Fortsetzung nächstes Blatt)*

---

**1) Sartorius Nr. 246.**
**2) Sartorius Nr. 245.**

Anwendung, wenn die personenbezogenen Daten nicht automatisiert verarbeitet und die Daten nicht in einem Dateisystem gespeichert sind oder gespeichert werden sollen.

**§ 81g[1] DNA-Identitätsfeststellung.** (1) [1]Ist der Beschuldigte einer Straftat von erheblicher Bedeutung oder einer Straftat gegen die sexuelle Selbstbestimmung verdächtig, dürfen ihm zur Identitätsfeststellung in künftigen Strafverfahren Körperzellen entnommen und zur Feststellung des DNA-Identifizierungsmusters sowie des Geschlechts molekulargenetisch untersucht werden, wenn wegen der Art oder Ausführung der Tat, der Persönlichkeit des Beschuldigten oder sonstiger Erkenntnisse Grund zu der Annahme besteht, dass gegen ihn künftig Strafverfahren wegen einer Straftat von erheblicher Bedeutung zu führen sind. [2]Die wiederholte Begehung sonstiger Straftaten kann im Unrechtsgehalt einer Straftat von erheblicher Bedeutung gleichstehen.

(2) [1]Die entnommenen Körperzellen dürfen nur für die in Absatz 1 genannte molekulargenetische Untersuchung verwendet werden; sie sind unverzüglich zu vernichten, sobald sie hierfür nicht mehr erforderlich sind. [2]Bei der Untersuchung dürfen andere Feststellungen als diejenigen, die zur Ermittlung des DNA-Identifizierungsmusters sowie des Geschlechts erforderlich sind, nicht getroffen werden; hierauf gerichtete Untersuchungen sind unzulässig.

(3) [1]Die Entnahme der Körperzellen darf ohne schriftliche Einwilligung des Beschuldigten nur durch das Gericht, bei Gefahr im Verzug auch durch die Staatsanwaltschaft und ihre Ermittlungspersonen (§ 152 des Gerichtsverfassungsgesetzes) angeordnet werden. [2]Die molekulargenetische Untersuchung der Körperzellen darf ohne schriftliche Einwilligung des Beschuldigten nur durch das Gericht angeordnet werden. [3]Die einwilligende Person ist darüber zu belehren, für welchen Zweck die zu erhebenden Daten verwendet werden. [4]§ 81f Abs. 2 gilt entsprechend. [5]In der schriftlichen Begründung des Gerichts sind einzelfallbezogen darzulegen

1. die für die Beurteilung der Erheblichkeit der Straftat bestimmenden Tatsachen,
2. die Erkenntnisse, auf Grund derer Grund zu der Annahme besteht, dass gegen den Beschuldigten künftig Strafverfahren zu führen sein werden, sowie
3. die Abwägung der jeweils maßgeblichen Umstände.

(4) Die Absätze 1 bis 3 gelten entsprechend, wenn die betroffene Person wegen der Tat rechtskräftig verurteilt oder nur wegen

1. erwiesener oder nicht auszuschließender Schuldunfähigkeit,
2. auf Geisteskrankheit beruhender Verhandlungsunfähigkeit oder
3. fehlender oder nicht auszuschließender fehlender Verantwortlichkeit (§ 3 des Jugendgerichtsgesetzes)

nicht verurteilt worden ist und die entsprechende Eintragung im Bundeszentralregister oder Erziehungsregister noch nicht getilgt ist.

(5) [1]Die erhobenen Daten dürfen beim Bundeskriminalamt gespeichert und nach Maßgabe des Bundeskriminalamtgesetzes verwendet werden. [2]Das Gleiche gilt

---

[1] § 81g eingef. durch G v. 7.9.1998 (BGBl. I S. 2646); Abs. 2 Satz 2 geänd. mWv 1.4.2004 durch G v. 27.12.2003 (BGBl. I S. 3007); Abs. 1, 3 neu gef., Abs. 4, 5 angef. mWv 1.11.2005 durch G v. 12.8.2005 (BGBl. I S. 2360); Abs. 5 Satz 2 Nr. 2 geänd. mWv 13.12.2019 durch G v. 10.12.2019 (BGBl. I S. 2121).

1. unter den in Absatz 1 genannten Voraussetzungen für die nach § 81e Abs. 1 erhobenen Daten eines Beschuldigten sowie
2. für die nach § 81e Abs. 2 Satz 1 erhobenen Daten.

[3] Die Daten dürfen nur für Zwecke eines Strafverfahrens, der Gefahrenabwehr und der internationalen Rechtshilfe hierfür übermittelt werden. [4] Im Fall des Satzes 2 Nr. 1 ist der Beschuldigte unverzüglich von der Speicherung zu benachrichtigen und darauf hinzuweisen, dass er die gerichtliche Entscheidung beantragen kann.

**§ 81h[1)] DNA-Reihenuntersuchung.** (1) Begründen bestimmte Tatsachen den Verdacht, dass ein Verbrechen gegen das Leben, die körperliche Unversehrtheit, die persönliche Freiheit oder die sexuelle Selbstbestimmung begangen worden ist, dürfen Personen, die bestimmte, auf den Täter vermutlich zutreffende Prüfungsmerkmale erfüllen, mit ihrer schriftlichen Einwilligung

1. Körperzellen entnommen,
2. diese zur Feststellung des DNA-Identifizierungsmusters und des Geschlechts molekulargenetisch untersucht und
3. die festgestellten DNA-Identifizierungsmuster mit den DNA-Identifizierungsmustern von Spurenmaterial automatisiert abgeglichen werden,

soweit dies zur Feststellung erforderlich ist, ob das Spurenmaterial von diesen Personen oder von ihren Verwandten in gerader Linie oder in der Seitenlinie bis zum dritten Grad stammt, und die Maßnahme insbesondere im Hinblick auf die Anzahl der von ihr betroffenen Personen nicht außer Verhältnis zur Schwere der Tat steht.

(2) [1] Eine Maßnahme nach Absatz 1 bedarf der gerichtlichen Anordnung. [2] Diese ergeht schriftlich. [3] Sie muss die betroffenen Personen anhand bestimmter Prüfungsmerkmale bezeichnen und ist zu begründen. [4] Einer vorherigen Anhörung der betroffenen Personen bedarf es nicht. [5] Die Entscheidung, mit der die Maßnahme angeordnet wird, ist nicht anfechtbar.

(3) [1] Für die Durchführung der Maßnahme gilt § 81f Absatz 2 entsprechend. [2] Die entnommenen Körperzellen sind unverzüglich zu vernichten, sobald sie für die Untersuchung nach Absatz 1 nicht mehr benötigt werden. [3] Soweit die Aufzeichnungen über die durch die Maßnahme festgestellten DNA-Identifizierungsmuster zur Erforschung des Sachverhalts nicht mehr erforderlich sind, sind sie unverzüglich zu löschen. [4] Die Vernichtung und die Löschung sind zu dokumentieren.

(4) [1] Die betroffenen Personen sind schriftlich darüber zu belehren, dass die Maßnahme nur mit ihrer Einwilligung durchgeführt werden darf. [2] Vor Erteilung der Einwilligung sind sie schriftlich auch darauf hinzuweisen, dass

1. die entnommenen Körperzellen ausschließlich zur Feststellung des DNA-Identifizierungsmusters, der Abstammung und des Geschlechts untersucht werden und dass sie unverzüglich vernichtet werden, sobald sie hierfür nicht mehr erforderlich sind,
2. das Untersuchungsergebnis mit den DNA-Identifizierungsmustern von Spurenmaterial automatisiert daraufhin abgeglichen wird, ob das Spurenmaterial von

[1)] § 81h eingef. mWv 1.11.2005 durch G v. 12.8.2005 (BGBl. I S. 2360); Abs. 1 abschl. Satzteil geänd., Abs. 3 und 4 Satz 2 neu gef. mWv 24.8.2017 durch G v. 17.8.2017 (BGBl. I S. 3202).

ihnen oder von ihren Verwandten in gerader Linie oder in der Seitenlinie bis zum dritten Grad stammt,

3. das Ergebnis des Abgleichs zu Lasten der betroffenen Person oder mit ihr in gerader Linie oder in der Seitenlinie bis zum dritten Grad verwandter Personen verwertet werden darf und
4. die festgestellten DNA-Identifizierungsmuster nicht zur Identitätsfeststellung in künftigen Strafverfahren beim Bundeskriminalamt gespeichert werden.

**§ 82 Form der Erstattung eines Gutachtens im Vorverfahren.** Im Vorverfahren hängt es von der Anordnung des Richters ab, ob die Sachverständigen ihr Gutachten schriftlich oder mündlich zu erstatten haben.

**§ 83 Anordnung einer neuen Begutachtung.** (1) Der Richter kann eine neue Begutachtung durch dieselben oder durch andere Sachverständige anordnen, wenn er das Gutachten für ungenügend erachtet.

(2) Der Richter kann die Begutachtung durch einen anderen Sachverständigen anordnen, wenn ein Sachverständiger nach Erstattung des Gutachtens mit Erfolg abgelehnt ist.

(3) In wichtigeren Fällen kann das Gutachten einer Fachbehörde eingeholt werden.

**§ 84[1] Sachverständigenvergütung.** Der Sachverständige erhält eine Vergütung nach dem Justizvergütungs- und -entschädigungsgesetz[2].

**§ 85 Sachverständige Zeugen.** Soweit zum Beweis vergangener Tatsachen oder Zustände, zu deren Wahrnehmung eine besondere Sachkunde erforderlich war, sachkundige Personen zu vernehmen sind, gelten die Vorschriften über den Zeugenbeweis.

**§ 86 Richterlicher Augenschein.** Findet die Einnahme eines richterlichen Augenscheins statt, so ist im Protokoll der vorgefundene Sachbestand festzustellen und darüber Auskunft zu geben, welche Spuren oder Merkmale, deren Vorhandensein nach der besonderen Beschaffenheit des Falles vermutet werden konnte, gefehlt haben.

**§ 87 Leichenschau, Leichenöffnung, Ausgrabung der Leiche.** (1) [1]Die Leichenschau wird von der Staatsanwaltschaft, auf Antrag der Staatsanwaltschaft auch vom Richter, unter Zuziehung eines Arztes vorgenommen. [2]Ein Arzt wird nicht zugezogen, wenn dies zur Aufklärung des Sachverhalts offensichtlich entbehrlich ist.

(2) [1]Die Leichenöffnung wird von zwei Ärzten vorgenommen. [2]Einer der Ärzte muß Gerichtsarzt oder Leiter eines öffentlichen gerichtsmedizinischen oder pathologischen Instituts oder ein von diesem beauftragter Arzt des Instituts mit gerichtsmedizinischen Fachkenntnissen sein. [3]Dem Arzt, welcher den Verstorbenen in der dem Tod unmittelbar vorausgegangenen Krankheit behandelt hat, ist die Leichenöffnung nicht zu übertragen. [4]Er kann jedoch aufgefordert werden, der Leichenöffnung beizuwohnen, um aus der Krankheitsgeschichte Aufschlüsse

[1] § 84 neu gef. mWv 1.7.2004 durch G v. 5.5.2004 (BGBl. I S. 718).
[2] Nr. **116**.

zu geben. [5]Die Staatsanwaltschaft kann an der Leichenöffnung teilnehmen. [6]Auf ihren Antrag findet die Leichenöffnung im Beisein des Richters statt.

(3) Zur Besichtigung oder Öffnung einer schon beerdigten Leiche ist ihre Ausgrabung statthaft.

(4) [1]Die Leichenöffnung und die Ausgrabung einer beerdigten Leiche werden vom Richter angeordnet; die Staatsanwaltschaft ist zu der Anordnung befugt, wenn der Untersuchungserfolg durch Verzögerung gefährdet würde. [2]Wird die Ausgrabung angeordnet, so ist zugleich die Benachrichtigung eines Angehörigen des Toten anzuordnen, wenn der Angehörige ohne besondere Schwierigkeiten ermittelt werden kann und der Untersuchungszweck durch die Benachrichtigung nicht gefährdet wird.

**§ 88[1)] Identifizierung des Verstorbenen vor Leichenöffnung.** (1) [1]Vor der Leichenöffnung soll die Identität des Verstorbenen festgestellt werden. [2]Zu diesem Zweck können insbesondere Personen, die den Verstorbenen gekannt haben, befragt und Maßnahmen erkennungsdienstlicher Art durchgeführt werden. [3]Zur Feststellung der Identität und des Geschlechts sind die Entnahme von Körperzellen und deren molekulargenetische Untersuchung zulässig; für die molekulargenetische Untersuchung gilt § 81f Abs. 2 entsprechend.

(2) Ist ein Beschuldigter vorhanden, so soll ihm die Leiche zur Anerkennung vorgezeigt werden.

**§ 89 Umfang der Leichenöffnung.** Die Leichenöffnung muß sich, soweit der Zustand der Leiche dies gestattet, stets auf die Öffnung der Kopf-, Brust- und Bauchhöhle erstrecken.

**§ 90 Öffnung der Leiche eines Neugeborenen.** Bei Öffnung der Leiche eines neugeborenen Kindes ist die Untersuchung insbesondere auch darauf zu richten, ob es nach oder während der Geburt gelebt hat und ob es reif oder wenigstens fähig gewesen ist, das Leben außerhalb des Mutterleibes fortzusetzen.

**§ 91 Untersuchung der Leiche bei Verdacht einer Vergiftung.** (1) Liegt der Verdacht einer Vergiftung vor, so ist die Untersuchung der in der Leiche oder sonst gefundenen verdächtigen Stoffe durch einen Chemiker oder durch eine für solche Untersuchungen bestehende Fachbehörde vorzunehmen.

(2) Es kann angeordnet werden, daß diese Untersuchung unter Mitwirkung oder Leitung eines Arztes stattzufinden hat.

**§ 92 Gutachten bei Verdacht einer Geld- oder Wertzeichenfälschung.**

(1) [1]Liegt der Verdacht einer Geld- oder Wertzeichenfälschung vor, so sind das Geld oder die Wertzeichen erforderlichenfalls der Behörde vorzulegen, von der echtes Geld oder echte Wertzeichen dieser Art in Umlauf gesetzt werden. [2]Das Gutachten dieser Behörde ist über die Unechtheit oder Verfälschung sowie darüber einzuholen, in welcher Art die Fälschung mutmaßlich begangen worden ist.

(2) Handelt es sich um Geld oder Wertzeichen eines fremden Währungsgebietes, so kann an Stelle des Gutachtens der Behörde des fremden Währungsgebietes das einer deutschen erfordert werden.

---

1) § 88 neu gef. mWv 1.4.2004 durch G v. 27.12.2003 (BGBl. I S. 3007).

**§ 93 Schriftgutachten.** Zur Ermittlung der Echtheit oder Unechtheit eines Schriftstücks sowie zur Ermittlung seines Urhebers kann eine Schriftvergleichung unter Zuziehung von Sachverständigen vorgenommen werden.

## Achter Abschnitt.[1] Ermittlungsmaßnahmen

**§ 94[2] Sicherstellung und Beschlagnahme von Gegenständen zu Beweiszwecken.** (1) Gegenstände, die als Beweismittel für die Untersuchung von Bedeutung sein können, sind in Verwahrung zu nehmen oder in anderer Weise sicherzustellen.

(2) Befinden sich die Gegenstände in dem Gewahrsam einer Person und werden sie nicht freiwillig herausgegeben, so bedarf es der Beschlagnahme.

(3) Die Absätze 1 und 2 gelten auch für Führerscheine, die der Einziehung unterliegen.

(4) Die Herausgabe beweglicher Sachen richtet sich nach den §§ 111n und 111o.

**§ 95 Herausgabepflicht.** (1) Wer einen Gegenstand der vorbezeichneten Art in seinem Gewahrsam hat, ist verpflichtet, ihn auf Erfordern vorzulegen und auszuliefern.

(2) [1] Im Falle der Weigerung können gegen ihn die in § 70 bestimmten Ordnungs- und Zwangsmittel festgesetzt werden. [2] Das gilt nicht bei Personen, die zur Verweigerung des Zeugnisses berechtigt sind.

**§ 95a[3] Zurückstellung der Benachrichtigung des Beschuldigten; Offenbarungsverbot.** (1) Bei der gerichtlichen Anordnung oder Bestätigung der Beschlagnahme eines Gegenstandes, den eine nicht beschuldigte Person im Gewahrsam hat, kann die Benachrichtigung des von der Beschlagnahme betroffenen Beschuldigten zurückgestellt werden, solange sie den Untersuchungszweck gefährden würde, wenn

1. bestimmte Tatsachen den Verdacht begründen, dass der Beschuldigte als Täter oder Teilnehmer eine Straftat von auch im Einzelfall erheblicher Bedeutung, insbesondere eine in § 100a Absatz 2 bezeichnete Straftat, begangen, in Fällen, in denen der Versuch strafbar ist, zu begehen versucht, oder durch eine Straftat vorbereitet hat und
2. die Erforschung des Sachverhalts oder die Ermittlung des Aufenthaltsortes des Beschuldigten auf andere Weise wesentlich erschwert oder aussichtslos wäre.

(2) [1] Die Zurückstellung der Benachrichtigung des Beschuldigten nach Absatz 1 darf nur durch das Gericht angeordnet werden. [2] Die Zurückstellung ist auf höchstens sechs Monate zu befristen. [3] Eine Verlängerung der Anordnung durch das Gericht um jeweils nicht mehr als drei Monate ist zulässig, wenn die Voraussetzungen der Anordnung fortbestehen.

(3) [1] Wird binnen drei Tagen nach der nichtgerichtlichen Beschlagnahme eines Gegenstandes, den eine unverdächtige Person im Gewahrsam hat, die gerichtliche Bestätigung der Beschlagnahme sowie die Zurückstellung der Benachrichtigung des Beschuldigten nach Absatz 1 beantragt, kann von einer Belehrung des von der Beschlagnahme betroffenen Beschuldigten nach § 98 Absatz 2 Satz 5 abgesehen

---

[1] 8. Abschnitt Überschrift neu gef. mWv 1.1.2018 durch G v. 5.7.2017 (BGBl. I S. 2208).
[2] § 94 Abs. 4 angef. mWv 1.7.2017 durch G v. 13.4.2017 (BGBl. I S. 872).
[3] § 95a eingef. mWv 1.7.2021 durch G v. 25.6.2021 (BGBl. I S. 2099).

werden. [2] Im Verfahren nach § 98 Absatz 2 bedarf es der vorherigen Anhörung des Beschuldigten durch das Gericht (§ 33 Absatz 3) nicht.

(4) [1] Die nach Absatz 1 zurückgestellte Benachrichtigung des Beschuldigten erfolgt, sobald dies ohne Gefährdung des Untersuchungszweckes möglich ist. [2] Bei der Benachrichtigung ist der Beschuldigte auf die Möglichkeit des nachträglichen Rechtsschutzes nach Absatz 5 und die dafür vorgesehene Frist hinzuweisen.

(5) [1] Der Beschuldigte kann bei dem für die Anordnung der Maßnahme zuständigen Gericht auch nach Beendigung der Zurückstellung nach Absatz 1 bis zu zwei Wochen nach seiner Benachrichtigung nach Absatz 4 die Überprüfung der Rechtmäßigkeit der Beschlagnahme, der Art und Weise ihres Vollzugs und der Zurückstellung der Benachrichtigung beantragen. [2] Gegen die gerichtliche Entscheidung ist die sofortige Beschwerde statthaft. [3] Ist die öffentliche Klage erhoben und der Angeklagte benachrichtigt worden, entscheidet über den Antrag das mit der Sache befasste Gericht in der das Verfahren abschließenden Entscheidung.

(6) [1] Wird die Zurückstellung der Benachrichtigung des Beschuldigten nach Absatz 1 angeordnet, kann unter Würdigung aller Umstände und nach Abwägung der Interessen der Beteiligten im Einzelfall zugleich angeordnet werden, dass der Betroffene für die Dauer der Zurückstellung gegenüber dem Beschuldigten und Dritten die Beschlagnahme sowie eine ihr vorausgehende Durchsuchung nach den §§ 103 und 110 oder Herausgabeanordnung nach § 95 nicht offenbaren darf. [2] Absatz 2 gilt mit der Maßgabe entsprechend, dass bei Gefahr im Verzug auch die Staatsanwaltschaft und ihre Ermittlungspersonen (§ 152 des Gerichtsverfassungsgesetzes[1)]) die Anordnung nach Satz 1 treffen können, wenn nach Absatz 3 von der Belehrung abgesehen und die gerichtliche Bestätigung der Beschlagnahme und die Zurückstellung der Benachrichtigung des Beschuldigten beantragt wird. [3] Treffen die Staatsanwaltschaft oder ihre Ermittlungspersonen eine solche Anordnung, ist die gerichtliche Bestätigung binnen drei Tagen zu beantragen.

(7) Im Falle des Verstoßes gegen das Offenbarungsverbot des Absatzes 6 gilt § 95 Absatz 2 entsprechend.

**§ 96[2)] Amtlich verwahrte Schriftstücke.** [1] Die Vorlegung oder Auslieferung von Akten oder anderen in amtlicher Verwahrung befindlichen Schriftstücken durch Behörden und öffentliche Beamte darf nicht gefordert werden, wenn deren oberste Dienstbehörde erklärt, daß das Bekanntwerden des Inhalts dieser Akten oder Schriftstücke dem Wohl des Bundes oder eines deutschen Landes Nachteile bereiten würde. [2] Satz 1 gilt entsprechend für Akten und sonstige Schriftstücke, die sich im Gewahrsam eines Mitglieds des Bundestages oder eines Landtages beziehungsweise eines Angestellten einer Fraktion des Bundestages oder eines Landtages befinden, wenn die für die Erteilung einer Aussagegenehmigung zuständige Stelle eine solche Erklärung abgegeben hat.

---

[1)] Nr. **95**.

[2)] § 96 Satz 2 angef. durch G v. 4.11.1994 (BGBl. I S. 3346).

**§ 97**[1] **Beschlagnahmeverbot.** (1) Der Beschlagnahme unterliegen nicht

1. schriftliche Mitteilungen zwischen dem Beschuldigten und den Personen, die nach § 52 oder § 53 Abs. 1 Satz 1 Nr. 1 bis 3b das Zeugnis verweigern dürfen;
2. Aufzeichnungen, welche die in § 53 Abs. 1 Satz 1 Nr. 1 bis 3b Genannten über die ihnen vom Beschuldigten anvertrauten Mitteilungen oder über andere Umstände gemacht haben, auf die sich das Zeugnisverweigerungsrecht erstreckt;
3. andere Gegenstände einschließlich der ärztlichen Untersuchungsbefunde, auf die sich das Zeugnisverweigerungsrecht der in § 53 Abs. 1 Satz 1 Nr. 1 bis 3b Genannten erstreckt.

(2) [1] Diese Beschränkungen gelten nur, wenn die Gegenstände im Gewahrsam der zur Verweigerung des Zeugnisses Berechtigten sind, es sei denn, es handelt sich um eine elektronische Gesundheitskarte im Sinne des § 291a des Fünften Buches Sozialgesetzbuch[2]. [2] Die Beschränkungen der Beschlagnahme gelten nicht, wenn bestimmte Tatsachen den Verdacht begründen, dass die zeugnisverweigerungsberechtigte Person an der Tat oder an einer Datenhehlerei, Begünstigung, Strafvereitelung oder Hehlerei beteiligt ist, oder wenn es sich um Gegenstände handelt, die durch eine Straftat hervorgebracht oder zur Begehung einer Straftat gebraucht oder bestimmt sind oder die aus einer Straftat herrühren.

(3) Die Absätze 1 und 2 sind entsprechend anzuwenden, soweit die Personen, die nach § 53a Absatz 1 Satz 1 an der beruflichen Tätigkeit der in § 53 Absatz 1 Satz 1 Nummer 1 bis 3b genannten Personen mitwirken, das Zeugnis verweigern dürfen.

(4) [1] Soweit das Zeugnisverweigerungsrecht der in § 53 Abs. 1 Satz 1 Nr. 4 genannten Personen reicht, ist die Beschlagnahme von Gegenständen unzulässig. [2] Dieser Beschlagnahmeschutz erstreckt sich auch auf Gegenstände, die von den in § 53 Abs. 1 Satz 1 Nr. 4 genannten Personen den an ihrer Berufstätigkeit nach § 53a Absatz 1 Satz 1 mitwirkenden Personen anvertraut sind. [3] Satz 1 gilt entsprechend, soweit die Personen, die nach § 53a Absatz 1 Satz 1 an der beruflichen Tätigkeit der in § 53 Absatz 1 Satz 1 Nummer 4 genannten Personen mitwirken, das Zeugnis verweigern dürften.

(5) [1] Soweit das Zeugnisverweigerungsrecht der in § 53 Abs. 1 Satz 1 Nr. 5 genannten Personen reicht, ist die Beschlagnahme von Verkörperungen eines Inhalts (§ 11 Absatz 3 des Strafgesetzbuches[3]), die sich im Gewahrsam dieser Personen oder der Redaktion, des Verlages, der Druckerei oder der Rundfunkanstalt befinden, unzulässig. [2] Absatz 2 Satz 2 und § 160a Abs. 4 Satz 2 gelten entsprechend, die Beteiligungsregelung in Absatz 2 Satz 2 jedoch nur dann, wenn die bestimmten Tatsachen einen dringenden Verdacht der Beteiligung begründen; die Beschlagnahme ist jedoch auch in diesen Fällen nur zulässig, wenn sie unter Berücksichtigung der Grundrechte aus Artikel 5 Abs. 1 Satz 2 des Grundgesetzes[4]

---

[1] § 97 Abs. 1 Nr. 1–3 geänd. durch G v. 23.7.1992 (BGBl. I S. 1366); Abs. 1 Nr. 1–3, Abs. 5 Satz 1 geänd., Satz 2 neu gef. mWv 23.2.2002 durch G v. 15.2.2002 (BGBl. I S. 682); Abs. 2 Satz 1 geänd. mWv 1.1.2004 durch G v. 14.11.2003 (BGBl. I S. 2190); Abs. 2 Satz 1 geänd., Satz 3 neu gef., Abs. 5 Satz 2 geänd. mWv 1.1.2008 durch G v. 21.12.2007 (BGBl. I S. 3198); Abs. 3 und 4 neu gef. mWv 1.8.2009 durch G v. 26.6.2009 (BGBl. I S. 1597); Abs. 5 Satz 2 geänd. mWv 1.8.2012 durch G v. 25.6.2012 (BGBl. I S. 1374); Abs. 2 Satz 3 geänd. mWv 18.12.2015 durch G v. 10.12.2015 (BGBl. I S. 2218); Abs. 2 Satz 2 aufgeh., bish. Satz 3 wird Satz 2, Abs. 3 und 4 Sätze 2 und 3 geänd. mWv 9.11.2017 durch G v. 30.10.2017 (BGBl. I S. 3618); Abs. 5 Satz 2 geänd. mWv 26.11.2019 durch G v. 20.11.2019 (BGBl. I S. 1724); Abs. 5 Satz 1 geänd. mWv 1.1.2021 durch G v. 30.11.2020 (BGBl. I S. 2600).

[2] **Aichberger, SGB Nr. 5.**

[3] Nr. **85**.

[4] **Habersack, Deutsche Gesetze ErgBd. Nr. 1.**

nicht außer Verhältnis zur Bedeutung der Sache steht und die Erforschung des Sachverhaltes oder die Ermittlung des Aufenthaltsortes des Täters auf andere Weise aussichtslos oder wesentlich erschwert wäre.

**§ 98[1] Verfahren bei der Beschlagnahme.** (1) [1]Beschlagnahmen dürfen nur durch das Gericht, bei Gefahr im Verzug auch durch die Staatsanwaltschaft und ihre Ermittlungspersonen (§ 152 des Gerichtsverfassungsgesetzes[2]) angeordnet werden. [2]Die Beschlagnahme nach § 97 Abs. 5 Satz 2 in den Räumen einer Redaktion, eines Verlages, einer Druckerei oder einer Rundfunkanstalt darf nur durch das Gericht angeordnet werden.

(2) [1]Der Beamte, der einen Gegenstand ohne gerichtliche Anordnung beschlagnahmt hat, soll binnen drei Tagen die gerichtliche Bestätigung beantragen, wenn bei der Beschlagnahme weder der davon Betroffene noch ein erwachsener Angehöriger anwesend war oder wenn der Betroffene und im Falle seiner Abwesenheit ein erwachsener Angehöriger des Betroffenen gegen die Beschlagnahme ausdrücklichen Widerspruch erhoben hat. [2]Der Betroffene kann jederzeit die gerichtliche Entscheidung beantragen. [3]Die Zuständigkeit des Gerichts bestimmt sich nach § 162. [4]Der Betroffene kann den Antrag auch bei dem Amtsgericht einreichen, in dessen Bezirk die Beschlagnahme stattgefunden hat; dieses leitet den Antrag dem zuständigen Gericht zu. [5]Der Betroffene ist über seine Rechte zu belehren.

(3) Ist nach erhobener öffentlicher Klage die Beschlagnahme durch die Staatsanwaltschaft oder eine ihrer Ermittlungspersonen erfolgt, so ist binnen drei Tagen dem Gericht von der Beschlagnahme Anzeige zu machen; die beschlagnahmten Gegenstände sind ihm zur Verfügung zu stellen.

(4) [1]Wird eine Beschlagnahme in einem Dienstgebäude oder einer nicht allgemein zugänglichen Einrichtung oder Anlage der Bundeswehr erforderlich, so wird die vorgesetzte Dienststelle der Bundeswehr um ihre Durchführung ersucht. [2]Die ersuchende Stelle ist zur Mitwirkung berechtigt. [3]Des Ersuchens bedarf es nicht, wenn die Beschlagnahme in Räumen vorzunehmen ist, die ausschließlich von anderen Personen als Soldaten bewohnt werden.

**§ 98a[3] Rasterfahndung.** (1) [1]Liegen zureichende tatsächliche Anhaltspunkte dafür vor, daß eine Straftat von erheblicher Bedeutung

1. auf dem Gebiet des unerlaubten Betäubungsmittel- oder Waffenverkehrs, der Geld- oder Wertzeichenfälschung,
2. auf dem Gebiet des Staatsschutzes (§§ 74a, 120 des Gerichtsverfassungsgesetzes[2]),
3. auf dem Gebiet der gemeingefährlichen Straftaten,
4. gegen Leib oder Leben, die sexuelle Selbstbestimmung oder die persönliche Freiheit,
5. gewerbs- oder gewohnheitsmäßig oder
6. von einem Bandenmitglied oder in anderer Weise organisiert

---

[1] § 98 Abs. 1 Satz 1 und Abs. 3 geänd. mWv 1.9.2004 durch G v. 24.8.2004 (BGBl. I S. 2198); Abs. 1 Sätze 1 und 2, Abs. 2 Sätze 1 und 2 sowie Abs. 3 geänd., Abs. 2 bish. Sätze 3–6 durch neue Sätze 3–5 ersetzt, bish. Satz 7 wird Satz 6 mWv 1.1.2008 durch G v. 21.12.2007 (BGBl. I S. 3198); Abs. 2 Satz 3 neu gef., Satz 4 aufgeh., bish. Sätze 5 und 6 werden Sätze 4 und 5 mWv 1.1.2010 durch G v. 29.7.2009 (BGBl. I S. 2274).

[2] Nr. **95**.

[3] § 98a eingef. durch G v. 15.7.1992 (BGBl. I S. 1302).

begangen worden ist, so dürfen, unbeschadet §§ 94, 110, 161, personenbezogene Daten von Personen, die bestimmte, auf den Täter vermutlich zutreffende Prüfungsmerkmale erfüllen, mit anderen Daten maschinell abgeglichen werden, um Nichtverdächtige auszuschließen oder Personen festzustellen, die weitere für die Ermittlungen bedeutsame Prüfungsmerkmale erfüllen. [2]Die Maßnahme darf nur angeordnet werden, wenn die Erforschung des Sachverhalts oder die Ermittlung des Aufenthaltsortes des Täters auf andere Weise erheblich weniger erfolgversprechend oder wesentlich erschwert wäre.

(2) Zu dem in Absatz 1 bezeichneten Zweck hat die speichernde Stelle die für den Abgleich erforderlichen Daten aus den Datenbeständen auszusondern und den Strafverfolgungsbehörden zu übermitteln.

(3) [1]Soweit die zu übermittelnden Daten von anderen Daten nur mit unverhältnismäßigem Aufwand getrennt werden können, sind auf Anordnung auch die anderen Daten zu übermitteln [2]Ihre Nutzung ist nicht zulässig.

(4) Auf Anforderung der Staatsanwaltschaft hat die speichernde Stelle die Stelle, die den Abgleich durchführt, zu unterstützen.

(5) § 95 Abs. 2 gilt entsprechend.

**§ 98b[1)] Verfahren bei der Rasterfahndung.** (1) [1]Der Abgleich und die Übermittlung der Daten dürfen nur durch das Gericht, bei Gefahr im Verzug auch durch die Staatsanwaltschaft angeordnet werden. [2]Hat die Staatsanwaltschaft die Anordnung getroffen, so beantragt sie unverzüglich die gerichtliche Bestätigung. [3]Die Anordnung tritt außer Kraft, wenn sie nicht binnen drei Werktagen vom Gericht bestätigt wird. [4]Die Anordnung ergeht schriftlich. [5]Sie muß den zur Übermittlung Verpflichteten bezeichnen und ist auf die Daten und Prüfungsmerkmale zu beschränken, die für den Einzelfall benötigt werden. [6]Die Übermittlung von Daten, deren Verwendung besondere bundesgesetzliche oder entsprechende landesgesetzliche Verwendungsregelungen entgegenstehen, darf nicht angeordnet werden. [7]Die §§ 96, 97, 98 Abs. 1 Satz 2 gelten entsprechend.

(2) Ordnungs- und Zwangsmittel (§ 95 Abs. 2) dürfen nur durch das Gericht, bei Gefahr im Verzug auch durch die Staatsanwaltschaft angeordnet werden; die Festsetzung von Haft bleibt dem Gericht vorbehalten.

(3) [1]Sind die Daten auf Datenträgern übermittelt worden, so sind diese nach Beendigung des Abgleichs unverzüglich zurückzugeben. [2]Personenbezogene Daten, die auf andere Datenträger übertragen wurden, sind unverzüglich zu löschen, sobald sie für das Strafverfahren nicht mehr benötigt werden.

(4) Nach Beendigung einer Maßnahme nach § 98a ist die Stelle zu unterrichten, die für die Kontrolle der Einhaltung der Vorschriften über den Datenschutz bei öffentlichen Stellen zuständig ist.

**§ 98c[2)] Maschineller Abgleich mit vorhandenen Daten.** [1]Zur Aufklärung einer Straftat oder zur Ermittlung des Aufenthaltsortes einer Person, nach der für Zwecke eines Strafverfahrens gefahndet wird, dürfen personenbezogene Daten aus einem Strafverfahren mit anderen zur Strafverfolgung oder Strafvollstreckung oder zur Gefahrenabwehr gespeicherten Daten maschinell abgeglichen werden. [2]Ent-

---

[1)] § 98b eingef. durch G v. 15.7.1992 (BGBl. I S. 1302); Abs. 1 Sätze 1 und 2 geänd., Satz 3 neu gef., Abs. 2 geänd., Abs. 3 Satz 3 aufgeh., Abs. 4 Satz 1 aufgeh., bish. Satz 2 geänd. mWv 1.1.2008 durch G v. 21.12.2007 (BGBl. I S. 3198).

[2)] § 98c eingef. durch G v. 15.7.1992 (BGBl. I S. 1302)

gegenstehende besondere bundesgesetzliche oder entsprechende landesgesetzliche Verwendungsregelungen bleiben unberührt.

**§ 99**[1)] **Postbeschlagnahme und Auskunftsverlangen.** (1) [1]Zulässig ist die Beschlagnahme der an den Beschuldigten gerichteten Postsendungen und Telegramme, die sich im Gewahrsam von Personen oder Unternehmen befinden, die geschäftsmäßig Post- oder Telekommunikationsdienste erbringen oder daran mitwirken. [2]Ebenso ist eine Beschlagnahme von Postsendungen und Telegrammen zulässig, bei denen aus vorliegenden Tatsachen zu schließen ist, daß sie von dem Beschuldigten herrühren oder für ihn bestimmt sind und daß ihr Inhalt für die Untersuchung Bedeutung hat.

(2) [1]Unter den Voraussetzungen des Absatzes 1 ist es auch zulässig, von Personen oder Unternehmen, die geschäftsmäßig Postdienste erbringen oder daran mitwirken, Auskunft über Postsendungen zu verlangen, die an den Beschuldigten gerichtet sind, von ihm herrühren oder für ihn bestimmt sind. [2]Die Auskunft umfasst ausschließlich die aufgrund von Rechtsvorschriften außerhalb des Strafrechts erhobenen Daten, sofern sie Folgendes betreffen:

1. Namen und Anschriften von Absendern, Empfängern und, soweit abweichend, von denjenigen Personen, welche die jeweilige Postsendung eingeliefert oder entgegengenommen haben,
2. Art des in Anspruch genommenen Postdienstes,
3. Maße und Gewicht der jeweiligen Postsendung,
4. die vom Postdienstleister zugeteilte Sendungsnummer der jeweiligen Postsendung sowie, sofern der Empfänger eine Abholstation mit Selbstbedienungs-Schließfächern nutzt, dessen persönliche Postnummer,
5. Zeit- und Ortsangaben zum jeweiligen Postsendungsverlauf sowie
6. Bildaufnahmen von der Postsendung, die zu Zwecken der Erbringung der Postdienstleistung erstellt wurden.

[3]Auskunft über den Inhalt der Postsendung darf darüber hinaus nur verlangt werden, wenn die in Satz 1 bezeichneten Personen oder Unternehmen davon auf rechtmäßige Weise Kenntnis erlangt haben. [4]Auskunft nach den Sätzen 2 und 3 müssen sie auch über solche Postsendungen erteilen, die sich noch nicht oder nicht mehr in ihrem Gewahrsam befinden.

**§ 100**[2)] **Verfahren bei der Postbeschlagnahme und Auskunftsverlangen.**

(1) Zur Anordnung der Maßnahmen nach § 99 ist nur das Gericht, bei Gefahr im Verzug auch die Staatsanwaltschaft befugt.

(2) Anordnungen der Staatsanwaltschaft nach Absatz 1 treten, auch wenn sie eine Auslieferung nach § 99 Absatz 1 oder eine Auskunftserteilung nach § 99 Absatz 2 noch nicht zur Folge gehabt haben, außer Kraft, wenn sie nicht binnen drei Werktagen gerichtlich bestätigt werden.

(3) [1]Die Öffnung der ausgelieferten Postsendungen steht dem Gericht zu. [2]Es kann diese Befugnis der Staatsanwaltschaft übertragen, soweit dies erforderlich ist, um den Untersuchungserfolg nicht durch Verzögerung zu gefährden. [3]Die

---

1) § 99 neu gef. durch G v. 17.12.1997 (BGBl. I S. 3108); Überschrift neu gef., Abs. 2 angef. mWv 1.7. 2021 durch G v. 25.6.2021 (BGBl. I S. 2099).

2) § 100 Abs. 3 Sätze 1, 2 und 4, Abs. 4 Satz 2 geänd., Abs. 5 und 6 angef. mWv 1.1.2008 durch G v. 21.12.2007 (BGBl. I S. 3198); Überschrift, Abs. 1 und 2, Abs. 4 Satz 1 neu gef. mWv 1.7.2021 durch G v. 25.6.2021 (BGBl. I S. 2099).

Übertragung ist nicht anfechtbar; sie kann jederzeit widerrufen werden. [4] Solange eine Anordnung nach Satz 2 nicht ergangen ist, legt die Staatsanwaltschaft die ihr ausgelieferten Postsendungen sofort, und zwar verschlossene Postsendungen ungeöffnet, dem Gericht vor.

(4) [1] Über eine von der Staatsanwaltschaft verfügte Maßnahme nach § 99 entscheidet das nach § 98 zuständige Gericht. [2] Über die Öffnung einer ausgelieferten Postsendung entscheidet das Gericht, das die Beschlagnahme angeordnet oder bestätigt hat.

(5) [1] Postsendungen, deren Öffnung nicht angeordnet worden ist, sind unverzüglich an den vorgesehenen Empfänger weiterzuleiten. [2] Dasselbe gilt, soweit nach der Öffnung die Zurückbehaltung nicht erforderlich ist.

(6) Der Teil einer zurückbehaltenen Postsendung, dessen Vorenthaltung nicht mit Rücksicht auf die Untersuchung geboten erscheint, ist dem vorgesehenen Empfänger abschriftlich mitzuteilen.

**§ 100a[1)] Telekommunikationsüberwachung.** (1) [1] Auch ohne Wissen der Betroffenen darf die Telekommunikation überwacht und aufgezeichnet werden, wenn

1. bestimmte Tatsachen den Verdacht begründen, dass jemand als Täter oder Teilnehmer eine in Absatz 2 bezeichnete schwere Straftat begangen, in Fällen, in denen der Versuch strafbar ist, zu begehen versucht, oder durch eine Straftat vorbereitet hat,
2. die Tat auch im Einzelfall schwer wiegt und
3. die Erforschung des Sachverhalts oder die Ermittlung des Aufenthaltsortes des Beschuldigten auf andere Weise wesentlich erschwert oder aussichtslos wäre.

[2] Die Überwachung und Aufzeichnung der Telekommunikation darf auch in der Weise erfolgen, dass mit technischen Mitteln in von dem Betroffenen genutzte informationstechnische Systeme eingegriffen wird, wenn dies notwendig ist, um die Überwachung und Aufzeichnung insbesondere in unverschlüsselter Form zu ermöglichen. [3] Auf dem informationstechnischen System des Betroffenen gespeicherte Inhalte und Umstände der Kommunikation dürfen überwacht und aufgezeichnet werden, wenn sie auch während des laufenden Übertragungsvorgangs im öffent-

---

[1)] § 100a neu gef. mWv 1.1.2008 durch G v. 21.12.2007 (BGBl. I S. 3198); Abs. 2 Nr. 8 geänd. mWv 19.3.2008 durch G v. 11.3.2008 (BGBl. I S. 306); Abs. 2 Nr. 1 Buchst. g geänd. mWv 5.11.2008 durch G v. 31.10.2008 (BGBl. I S. 2149); Abs. 2 Nr. 1 Buchst. a geänd. mWv 4.8.2009 durch G v. 30.7.2009 (BGBl. I S. 2437); Abs. 2 Nr. 6 geänd. mWv 1.9.2013 durch G v. 6.6.2013 (BGBl. I S. 1482); Abs. 2 Nr. 1 Buchst. b geänd. mWv 1.9.2014 durch G v. 23.4.2014 (BGBl. I S. 410); Abs. 2 Nr. 1 Buchst. g geänd. mWv 27.1.2015 durch G v. 21.1.2015 (BGBl. I S. 10); Abs. 2 Nr. 1 Buchst. a geänd. mWv 20.6.2015 durch G v. 12.6.2015 (BGBl. I S. 926); Abs. 2 Nr. 4 einl. Satzteil geänd. mWv 24.10.2015 durch G v. 20.10.2015 (BGBl. I S. 1722); Abs. 2 Nr. 3 neu gef. mWv 18.12.2015 durch G v. 10.12.2015 (BGBl. I S. 2210); Abs. 2 Nr. 1 Buchst. i geänd. mWv 15.10.2016 durch G v. 11.10.2016 (BGBl. I S. 2226); Abs. 2 Nr. 1 Buchst. f geänd. mWv 10.11.2016 durch G v. 4.11.2016 (BGBl. I S. 2460); Abs. 2 Nr. 9a eingef. mWv 26.11.2016 durch G v. 21.11.2016 (BGBl. I S. 2615); Abs. 2 Nr. 1 Buchst. a geänd., Nr. 10 Buchst. d angef. mWv 1.1.2017 durch G v. 22.12.2016 (BGBl. I S. 3150); Abs. 2 Nr. 1 Buchst. p eingef., bish. Buchst. p–t werden Buchst. q–u mWv 19.4.2017 durch G v. 11.4.2017 (BGBl. I S. 815); Abs. 1 Sätze 2 und 3 angef., Abs. 3 geänd., Abs. 4 neu gef., Abs. 5 und 6 angef. mWv 24.8.2017 durch G v. 17.8.2017 (BGBl. I S. 3202); Abs. 2 Nr. 1 Buchst. q eingef., bish. Buchst. q–u werden Buchst. r–v mWv 18.7.2019 durch G v. 11.7.2019 (BGBl. I S. 1066); Abs. 2 Nr. 1 Buchst. j geänd. mWv 13.12.2019 und geänd. **mWv 12.12.2024** durch G v. 10.12.2019 (BGBl. I S. 2121); Abs. 2 Nr. 1 Buchst. g geänd. mWv 1.1.2021 durch G v. 30.11.2020 (BGBl. I S. 2600); Abs. 2 Nr. 5a eingef. mWv 1.2.2021 durch G v. 3.12.2020 (BGBl. I S. 2678); Abs. 2 Nr. 1 Buchst. m neu gef. mWv 18.3.2021 durch G v. 9.3.2021 (BGBl. I S. 327); Abs. 2 Nr. 1 Buchst. f und g geänd. mWv 1.7.2021 durch G v. 16.6.2021 (BGBl. I S. 1810); Abs. 2 Nr. 2 Buchst. a neu gef. mWv 1.7.2021 durch G v. 25.6.2021 (BGBl. I S. 2099); Abs. 2 Nr. 1 Buchst. d geänd. mWv 1.10.2021 durch G v. 12.8.2021 (BGBl. I S. 3544).

lichen Telekommunikationsnetz in verschlüsselter Form hätten überwacht und aufgezeichnet werden können.

(2) Schwere Straftaten im Sinne des Absatzes 1 Nr. 1 sind:

1. aus dem Strafgesetzbuch[1]:
   a) Straftaten des Friedensverrats, des Hochverrats und der Gefährdung des demokratischen Rechtsstaates sowie des Landesverrats und der Gefährdung der äußeren Sicherheit nach den §§ 80a bis 82, 84 bis 86, 87 bis 89a, 89c Absatz 1 bis 4, 94 bis 100a,
   b) Bestechlichkeit und Bestechung von Mandatsträgern nach § 108e,
   c) Straftaten gegen die Landesverteidigung nach den §§ 109d bis 109h,
   d) Straftaten gegen die öffentliche Ordnung nach § 127 Absatz 3 und 4 sowie den §§ 129 bis 130,
   e) Geld- und Wertzeichenfälschung nach den §§ 146 und 151, jeweils auch in Verbindung mit § 152, sowie nach § 152a Abs. 3 und § 152b Abs. 1 bis 4,
   f) Straftaten gegen die sexuelle Selbstbestimmung in den Fällen der §§ 176, 176c, 176d und, unter den in § 177 Absatz 6 Satz 2 Nummer 2 genannten Voraussetzungen, des § 177,
   g) Verbreitung, Erwerb und Besitz kinder- und jugendpornographischer Inhalte nach § 184b, § 184c Absatz 2,
   h) Mord und Totschlag nach den §§ 211 und 212,
   i) Straftaten gegen die persönliche Freiheit nach den §§ 232, 232a Absatz 1 bis 5, den §§ 232b, 233 Absatz 2, den §§ 233a, 234, 234a, 239a und 239b,
   j) Bandendiebstahl nach § 244 Abs. 1 Nr. 2 ***[bis 11.12.2024:*** , Wohnungseinbruchdiebstahl nach § 244 Absatz 4***]*** und schwerer Bandendiebstahl nach § 244a,
   k) Straftaten des Raubes und der Erpressung nach den §§ 249 bis 255,
   l) gewerbsmäßige Hehlerei, Bandenhehlerei und gewerbsmäßige Bandenhehlerei nach den §§ 260 und 260a,
   m) Geldwäsche nach § 261, wenn die Vortat eine der in den Nummern 1 bis 11 genannten schweren Straftaten ist,
   n) Betrug und Computerbetrug unter den in § 263 Abs. 3 Satz 2 genannten Voraussetzungen und im Falle des § 263 Abs. 5, jeweils auch in Verbindung mit § 263a Abs. 2,
   o) Subventionsbetrug unter den in § 264 Abs. 2 Satz 2 genannten Voraussetzungen und im Falle des § 264 Abs. 3 in Verbindung mit § 263 Abs. 5,
   p) Sportwettbetrug und Manipulation von berufssportlichen Wettbewerben unter den in § 265e Satz 2 genannten Voraussetzungen,
   q) Vorenthalten und Veruntreuen von Arbeitsentgelt unter den in § 266a Absatz 4 Satz 2 Nummer 4 genannten Voraussetzungen,
   r) Straftaten der Urkundenfälschung unter den in § 267 Abs. 3 Satz 2 genannten Voraussetzungen und im Fall des § 267 Abs. 4, jeweils auch in Verbindung mit § 268 Abs. 5 oder § 269 Abs. 3, sowie nach § 275 Abs. 2 und § 276 Abs. 2,
   s) Bankrott unter den in § 283a Satz 2 genannten Voraussetzungen,
   t) Straftaten gegen den Wettbewerb nach § 298 und, unter den in § 300 Satz 2 genannten Voraussetzungen, nach § 299,

[1] Nr. **85**.

u) gemeingefährliche Straftaten in den Fällen der §§ 306 bis 306c, 307 Abs. 1 bis 3, des § 308 Abs. 1 bis 3, des § 309 Abs. 1 bis 4, des § 310 Abs. 1, der §§ 313, 314, 315 Abs. 3, des § 315b Abs. 3 sowie der §§ 316a und 316c,

v) Bestechlichkeit und Bestechung nach den §§ 332 und 334,

2. aus der Abgabenordnung:

a) Steuerhinterziehung unter den in § 370 Absatz 3 Satz 2 Nummer 1 genannten Voraussetzungen, sofern der Täter als Mitglied einer Bande, die sich zur fortgesetzten Begehung von Taten nach § 370 Absatz 1 verbunden hat, handelt, oder unter den in § 370 Absatz 3 Satz 2 Nummer 5 genannten Voraussetzungen,

b) gewerbsmäßiger, gewaltsamer und bandenmäßiger Schmuggel nach § 373,

c) Steuerhehlerei im Falle des § 374 Abs. 2,

3. aus dem Anti-Doping-Gesetz:
Straftaten nach § 4 Absatz 4 Nummer 2 Buchstabe b,

4. aus dem Asylgesetz[1]:

a) Verleitung zur missbräuchlichen Asylantragstellung nach § 84 Abs. 3,

b) gewerbs- und bandenmäßige Verleitung zur missbräuchlichen Asylantragstellung nach § 84a,

5. aus dem Aufenthaltsgesetz[2]:

a) Einschleusen von Ausländern nach § 96 Abs. 2,

b) Einschleusen mit Todesfolge und gewerbs- und bandenmäßiges Einschleusen nach § 97,

5a. aus dem Ausgangsstoffgesetz:
Straftaten nach § 13 Absatz 3,

6. aus dem Außenwirtschaftsgesetz:
vorsätzliche Straftaten nach den §§ 17 und 18 des Außenwirtschaftsgesetzes,

7. aus dem Betäubungsmittelgesetz[3]:

a) Straftaten nach einer in § 29 Abs. 3 Satz 2 Nr. 1 in Bezug genommenen Vorschrift unter den dort genannten Voraussetzungen,

b) Straftaten nach den §§ 29a, 30 Abs. 1 Nr. 1, 2 und 4 sowie den §§ 30a und 30b,

8. aus dem Grundstoffüberwachungsgesetz:
Straftaten nach § 19 Abs. 1 unter den in § 19 Abs. 3 Satz 2 genannten Voraussetzungen,

9. aus dem Gesetz über die Kontrolle von Kriegswaffen[4]:

a) Straftaten nach § 19 Abs. 1 bis 3 und § 20 Abs. 1 und 2 sowie § 20a Abs. 1 bis 3, jeweils auch in Verbindung mit § 21,

b) Straftaten nach § 22a Abs. 1 bis 3,

9a. aus dem Neue-psychoaktive-Stoffe-Gesetz:
Straftaten nach § 4 Absatz 3 Nummer 1 Buchstabe a,

---

[1] **Sartorius Nr. 567.**
[2] **Sartorius Nr. 565.**
[3] **Habersack, Deutsche Gesetze ErgBd. Nr. 86.**
[4] **Sartorius Nr. 823.**

10. aus dem Völkerstrafgesetzbuch[1]:
   a) Völkermord nach § 6,
   b) Verbrechen gegen die Menschlichkeit nach § 7,
   c) Kriegsverbrechen nach den §§ 8 bis 12,
   d) Verbrechen der Aggression nach § 13,
11. aus dem Waffengesetz[2]:
   a) Straftaten nach § 51 Abs. 1 bis 3,
   b) Straftaten nach § 52 Abs. 1 Nr. 1 und 2 Buchstabe c und d sowie Abs. 5 und 6.

(3) Die Anordnung darf sich nur gegen den Beschuldigten oder gegen Personen richten, von denen auf Grund bestimmter Tatsachen anzunehmen ist, dass sie für den Beschuldigten bestimmte oder von ihm herrührende Mitteilungen entgegennehmen oder weitergeben oder dass der Beschuldigte ihren Anschluss oder ihr informationstechnisches System benutzt.

(4) [1] Auf Grund der Anordnung einer Überwachung und Aufzeichnung der Telekommunikation hat jeder, der Telekommunikationsdienste erbringt oder daran mitwirkt, dem Gericht, der Staatsanwaltschaft und ihren im Polizeidienst tätigen Ermittlungspersonen (§ 152 des Gerichtsverfassungsgesetzes[3]) diese Maßnahmen zu ermöglichen und die erforderlichen Auskünfte unverzüglich zu erteilen. [2] Ob und in welchem Umfang hierfür Vorkehrungen zu treffen sind, bestimmt sich nach dem Telekommunikationsgesetz[4] und der Telekommunikations-Überwachungsverordnung. [3] § 95 Absatz 2 gilt entsprechend.

(5) [1] Bei Maßnahmen nach Absatz 1 Satz 2 und 3 ist technisch sicherzustellen, dass

1. ausschließlich überwacht und aufgezeichnet werden können:
   a) die laufende Telekommunikation (Absatz 1 Satz 2), oder
   b) Inhalte und Umstände der Kommunikation, die ab dem Zeitpunkt der Anordnung nach § 100e Absatz 1 auch während des laufenden Übertragungsvorgangs im öffentlichen Telekommunikationsnetz hätten überwacht und aufgezeichnet werden können (Absatz 1 Satz 3),
2. an dem informationstechnischen System nur Veränderungen vorgenommen werden, die für die Datenerhebung unerlässlich sind, und
3. die vorgenommenen Veränderungen bei Beendigung der Maßnahme, soweit technisch möglich, automatisiert rückgängig gemacht werden.

[2] Das eingesetzte Mittel ist nach dem Stand der Technik gegen unbefugte Nutzung zu schützen. [3] Kopierte Daten sind nach dem Stand der Technik gegen Veränderung, unbefugte Löschung und unbefugte Kenntnisnahme zu schützen.

(6) Bei jedem Einsatz des technischen Mittels sind zu protokollieren

1. die Bezeichnung des technischen Mittels und der Zeitpunkt seines Einsatzes,
2. die Angaben zur Identifizierung des informationstechnischen Systems und die daran vorgenommenen nicht nur flüchtigen Veränderungen,
3. die Angaben, die die Feststellung der erhobenen Daten ermöglichen, und
4. die Organisationseinheit, die die Maßnahme durchführt.

---

[1] **Habersack, Deutsche Gesetze ErgBd. Nr. 85g.**
[2] **Sartorius Nr. 820.**
[3] Nr. **95**.
[4] **Sartorius ErgBd. Nr. 920.**

**§ 100b[1] Online-Durchsuchung.** (1) Auch ohne Wissen des Betroffenen darf mit technischen Mitteln in ein von dem Betroffenen genutztes informationstechnisches System eingegriffen und dürfen Daten daraus erhoben werden (Online-Durchsuchung), wenn

1. bestimmte Tatsachen den Verdacht begründen, dass jemand als Täter oder Teilnehmer eine in Absatz 2 bezeichnete besonders schwere Straftat begangen oder in Fällen, in denen der Versuch strafbar ist, zu begehen versucht hat,
2. die Tat auch im Einzelfall besonders schwer wiegt und
3. die Erforschung des Sachverhalts oder die Ermittlung des Aufenthaltsortes des Beschuldigten auf andere Weise wesentlich erschwert oder aussichtslos wäre.

(2) Besonders schwere Straftaten im Sinne des Absatzes 1 Nummer 1 sind:

1. aus dem Strafgesetzbuch[2]:
   a) Straftaten des Hochverrats und der Gefährdung des demokratischen Rechtsstaates sowie des Landesverrats und der Gefährdung der äußeren Sicherheit nach den §§ 81, 82, 89a, 89c Absatz 1 bis 4, nach den §§ 94, 95 Absatz 3 und § 96 Absatz 1, jeweils auch in Verbindung mit § 97b, sowie nach den §§ 97a, 98 Absatz 1 Satz 2, § 99 Absatz 2 und den §§ 100, 100a Absatz 4,
   b) Betreiben krimineller Handelsplattformen im Internet in den Fällen des § 127 Absatz 3 und 4, sofern der Zweck der Handelsplattform im Internet darauf ausgerichtet ist, in den Buchstaben a und c bis o sowie in den Nummern 2 bis 10 genannte besonders schwere Straftaten zu ermöglichen oder zu fördern,
   c) Bildung krimineller Vereinigungen nach § 129 Absatz 1 in Verbindung mit Absatz 5 Satz 3 und Bildung terroristischer Vereinigungen nach § 129a Absatz 1, 2, 4, 5 Satz 1 erste Alternative, jeweils auch in Verbindung mit § 129b Absatz 1,
   d) Geld- und Wertzeichenfälschung nach den §§ 146 und 151, jeweils auch in Verbindung mit § 152, sowie nach § 152a Absatz 3 und § 152b Absatz 1 bis 4,
   e) Straftaten gegen die sexuelle Selbstbestimmung in den Fällen des § 176 Absatz 1 und der §§ 176c, 176d und, unter den in § 177 Absatz 6 Satz 2 Nummer 2 genannten Voraussetzungen, des § 177,
   f) Verbreitung, Erwerb und Besitz kinderpornografischer Inhalte in den Fällen des § 184b Absatz 1 Satz 1 und Absatz 2,
   g) Mord und Totschlag nach den §§ 211, 212,
   h) Straftaten gegen die persönliche Freiheit in den Fällen des § 232 Absatz 2 und 3, des § 232a Absatz 1, 3, 4 und 5 zweiter Halbsatz, des § 232b Absatz 1 und 3 sowie Absatz 4, dieser in Verbindung mit § 232a Absatz 4 und 5 zweiter Halbsatz, des § 233 Absatz 2, des § 233a Absatz 1, 3 und 4 zweiter Halbsatz, der §§ 234 und 234a Absatz 1 und 2 sowie der §§ 239a und 239b,
   i) Bandendiebstahl nach § 244 Absatz 1 Nummer 2 und schwerer Bandendiebstahl nach § 244a,

---

[1] § 100b neu gef. mWv 24.8.2017 durch G v. 17.8.2017 (BGBl. I S. 3202); Abs. 2 Nr. 1 Buchst. e geänd. mWv 1.1.2021 durch G v. 30.11.2020 (BGBl. I S. 2600); Abs. 2 Nr. 1 Buchst. l neu gef. mWv 18.3.2021 durch G v. 9.3.2021 (BGBl. I S. 327); Abs. 2 Nr. 1 Buchst. d und e geänd. mWv 1.7.2021 durch G v. 16.6. 2021 (BGBl. I S. 1810); Abs. 2 Nr. 1 Buchst. g neu gef., Buchst. m eingef., bish. Buchst. m wird Buchst. n, Nr. 4 eingef., bish. Nr. 4 und 5 werden Nr. 5 und 6, Nr. 7 und 8 eingef., bish. Nr. 6 und 7 werden Nr. 9 und 10 mWv 1.7.2021 durch G v. 25.6.2021 (BGBl. I S. 2099); Abs. 2 Nr. 1 Buchst. b eingef., bish. Buchst. b–n werden Buchst. c–o mWv 1.10.2021 durch G v. 12.8.2021 (BGBl. I S. 3544).

[2] Nr. **85**.

j) schwerer Raub und Raub mit Todesfolge nach § 250 Absatz 1 oder Absatz 2, § 251,
k) räuberische Erpressung nach § 255 und besonders schwerer Fall einer Erpressung nach § 253 unter den in § 253 Absatz 4 Satz 2 genannten Voraussetzungen,
l) gewerbsmäßige Hehlerei, Bandenhehlerei und gewerbsmäßige Bandenhehlerei nach den §§ 260, 260a,
m) besonders schwerer Fall der Geldwäsche nach § 261 unter den in § 261 Absatz 5 Satz 2 genannten Voraussetzungen, wenn die Vortat eine der in den Nummern 1 bis 7 genannten besonders schweren Straftaten ist,
n) Computerbetrug in den Fällen des § 263a Absatz 2 in Verbindung mit § 263 Absatz 5,
o) besonders schwerer Fall der Bestechlichkeit und Bestechung nach § 335 Absatz 1 unter den in § 335 Absatz 2 Nummer 1 bis 3 genannten Voraussetzungen,

2. aus dem Asylgesetz[1]:
a) Verleitung zur missbräuchlichen Asylantragstellung nach § 84 Absatz 3,
b) gewerbs- und bandenmäßige Verleitung zur missbräuchlichen Asylantragstellung nach § 84a Absatz 1,

3. aus dem Aufenthaltsgesetz[2]:
a) Einschleusen von Ausländern nach § 96 Absatz 2,
b) Einschleusen mit Todesfolge oder gewerbs- und bandenmäßiges Einschleusen nach § 97,

4. aus dem Außenwirtschaftsgesetz:
a) Straftaten nach § 17 Absatz 1, 2 und 3, jeweils auch in Verbindung mit Absatz 6 oder 7,
b) Straftaten nach § 18 Absatz 7 und 8, jeweils auch in Verbindung mit Absatz 10,

5. aus dem Betäubungsmittelgesetz[3]:
a) besonders schwerer Fall einer Straftat nach § 29 Absatz 1 Satz 1 Nummer 1, 5, 6, 10, 11 oder 13, Absatz 3 unter der in § 29 Absatz 3 Satz 2 Nummer 1 genannten Voraussetzung,
b) eine Straftat nach den §§ 29a, 30 Absatz 1 Nummer 1, 2, 4, § 30a,

6. aus dem Gesetz über die Kontrolle von Kriegswaffen[4]:
a) eine Straftat nach § 19 Absatz 2 oder § 20 Absatz 1, jeweils auch in Verbindung mit § 21,
b) besonders schwerer Fall einer Straftat nach § 22a Absatz 1 in Verbindung mit Absatz 2,

7. aus dem Grundstoffüberwachungsgesetz:
Straftaten nach § 19 Absatz 3,

8. aus dem Neue-psychoaktive-Stoffe-Gesetz:
Straftaten nach § 4 Absatz 3 Nummer 1,

---

[1] **Sartorius Nr. 567.**
[2] **Sartorius Nr. 565.**
[3] **Habersack, Deutsche Gesetze ErgBd. Nr. 86.**
[4] **Sartorius Nr. 823.**

9. aus dem Völkerstrafgesetzbuch[1]:
   a) Völkermord nach § 6,
   b) Verbrechen gegen die Menschlichkeit nach § 7,
   c) Kriegsverbrechen nach den §§ 8 bis 12,
   d) Verbrechen der Aggression nach § 13,
10. aus dem Waffengesetz[2]:
   a) besonders schwerer Fall einer Straftat nach § 51 Absatz 1 in Verbindung mit Absatz 2,
   b) besonders schwerer Fall einer Straftat nach § 52 Absatz 1 Nummer 1 in Verbindung mit Absatz 5.

(3) [1]Die Maßnahme darf sich nur gegen den Beschuldigten richten. [2]Ein Eingriff in informationstechnische Systeme anderer Personen ist nur zulässig, wenn auf Grund bestimmter Tatsachen anzunehmen ist, dass
1. der in der Anordnung nach § 100e Absatz 3 bezeichnete Beschuldigte informationstechnische Systeme der anderen Person benutzt, und
2. die Durchführung des Eingriffs in informationstechnische Systeme des Beschuldigten allein nicht zur Erforschung des Sachverhalts oder zur Ermittlung des Aufenthaltsortes eines Mitbeschuldigten führen wird.

[3]Die Maßnahme darf auch durchgeführt werden, wenn andere Personen unvermeidbar betroffen werden.

(4) § 100a Absatz 5 und 6 gilt mit Ausnahme von Absatz 5 Satz 1 Nummer 1 entsprechend.

**§ 100c[3] Akustische Wohnraumüberwachung.** (1) Auch ohne Wissen der Betroffenen darf das in einer Wohnung nichtöffentlich gesprochene Wort mit technischen Mitteln abgehört und aufgezeichnet werden, wenn
1. bestimmte Tatsachen den Verdacht begründen, dass jemand als Täter oder Teilnehmer eine in § 100b Absatz 2 bezeichnete besonders schwere Straftat begangen oder in Fällen, in denen der Versuch strafbar ist, zu begehen versucht hat,
2. die Tat auch im Einzelfall besonders schwer wiegt,
3. auf Grund tatsächlicher Anhaltspunkte anzunehmen ist, dass durch die Überwachung Äußerungen des Beschuldigten erfasst werden, die für die Erforschung des Sachverhalts oder die Ermittlung des Aufenthaltsortes eines Mitbeschuldigten von Bedeutung sind, und
4. die Erforschung des Sachverhalts oder die Ermittlung des Aufenthaltsortes eines Mitbeschuldigten auf andere Weise unverhältnismäßig erschwert oder aussichtslos wäre.

(2) [1]Die Maßnahme darf sich nur gegen den Beschuldigten richten und nur in Wohnungen des Beschuldigten durchgeführt werden. [2]In Wohnungen anderer Personen ist die Maßnahme nur zulässig, wenn auf Grund bestimmter Tatsachen anzunehmen ist, dass

---

[1] **Habersack, Deutsche Gesetze ErgBd. Nr. 85g.**
[2] **Sartorius Nr. 820.**
[3] § 100c eingef. durch G v. 15.7.1992 (BGBl. I S. 1302); neu gef. mWv 1.7.2005 durch G v. 24.6.2005 (BGBl. I S. 1841); Abs. 1 einl. Satzteil und Nr. 1 geänd. mWv 1.1.2008 durch G v. 21.12.2007 (BGBl. I S. 3198); Abs. 1 Nr. 1 geänd., Abs. 2 aufgeh., bish. Abs. 3 wird Abs. 2 und Satz 2 Nr. 1 geänd., Abs. 4–7 aufgeh. mWv 24.8.2017 durch G v. 17.8.2017 (BGBl. I S. 3202).

1. der in der Anordnung nach § 100e Absatz 3 bezeichnete Beschuldigte sich dort aufhält und
2. die Maßnahme in Wohnungen des Beschuldigten allein nicht zur Erforschung des Sachverhalts oder zur Ermittlung des Aufenthaltsortes eines Mitbeschuldigten führen wird.

[3] Die Maßnahme darf auch durchgeführt werden, wenn andere Personen unvermeidbar betroffen werden.

**§ 100d[1)] Kernbereich privater Lebensgestaltung; Zeugnisverweigerungsberechtigte.** (1) Liegen tatsächliche Anhaltspunkte für die Annahme vor, dass durch eine Maßnahme nach den §§ 100a bis 100c allein Erkenntnisse aus dem Kernbereich privater Lebensgestaltung erlangt werden, ist die Maßnahme unzulässig.

(2) [1] Erkenntnisse aus dem Kernbereich privater Lebensgestaltung, die durch eine Maßnahme nach den §§ 100a bis 100c erlangt wurden, dürfen nicht verwertet werden. [2] Aufzeichnungen über solche Erkenntnisse sind unverzüglich zu löschen. [3] Die Tatsache ihrer Erlangung und Löschung ist zu dokumentieren.

(3) [1] Bei Maßnahmen nach § 100b ist, soweit möglich, technisch sicherzustellen, dass Daten, die den Kernbereich privater Lebensgestaltung betreffen, nicht erhoben werden. [2] Erkenntnisse, die durch Maßnahmen nach § 100b erlangt wurden und den Kernbereich privater Lebensgestaltung betreffen, sind unverzüglich zu löschen oder von der Staatsanwaltschaft dem anordnenden Gericht zur Entscheidung über die Verwertbarkeit und Löschung der Daten vorzulegen. [3] Die Entscheidung des Gerichts über die Verwertbarkeit ist für das weitere Verfahren bindend.

(4) [1] Maßnahmen nach § 100c dürfen nur angeordnet werden, soweit auf Grund tatsächlicher Anhaltspunkte anzunehmen ist, dass durch die Überwachung Äußerungen, die dem Kernbereich privater Lebensgestaltung zuzurechnen sind, nicht erfasst werden. [2] Das Abhören und Aufzeichnen ist unverzüglich zu unterbrechen, wenn sich während der Überwachung Anhaltspunkte dafür ergeben, dass Äußerungen, die dem Kernbereich privater Lebensgestaltung zuzurechnen sind, erfasst werden. [3] Ist eine Maßnahme unterbrochen worden, so darf sie unter den in Satz 1 genannten Voraussetzungen fortgeführt werden. [4] Im Zweifel hat die Staatsanwaltschaft über die Unterbrechung oder Fortführung der Maßnahme unverzüglich eine Entscheidung des Gerichts herbeizuführen; § 100e Absatz 5 gilt entsprechend. [5] Auch soweit für bereits erlangte Erkenntnisse ein Verwertungsverbot nach Absatz 2 in Betracht kommt, hat die Staatsanwaltschaft unverzüglich eine Entscheidung des Gerichts herbeizuführen. [6] Absatz 3 Satz 3 gilt entsprechend.

(5) [1] In den Fällen des § 53 sind Maßnahmen nach den §§ 100b und 100c unzulässig; ergibt sich während oder nach Durchführung der Maßnahme, dass ein Fall des § 53 vorliegt, gilt Absatz 2 entsprechend. [2] In den Fällen der §§ 52 und 53a dürfen aus Maßnahmen nach den §§ 100b und 100c gewonnene Erkenntnisse nur verwertet werden, wenn dies unter Berücksichtigung der Bedeutung des zugrunde liegenden Vertrauensverhältnisses nicht außer Verhältnis zum Interesse an der Erforschung des Sachverhalts oder der Ermittlung des Aufenthaltsortes eines Beschuldigten steht. [3] § 160a Absatz 4 gilt entsprechend.

---

[1)] § 100d neu gef. mWv 24.8.2017 durch G v. 17.8.2017 (BGBl. I S. 3202, ber. S. 3630).

## § 100e[1] Verfahren bei Maßnahmen nach den §§ 100a bis 100c.

(1) [1] Maßnahmen nach § 100a dürfen nur auf Antrag der Staatsanwaltschaft durch das Gericht angeordnet werden. [2] Bei Gefahr im Verzug kann die Anordnung auch durch die Staatsanwaltschaft getroffen werden. [3] Soweit die Anordnung der Staatsanwaltschaft nicht binnen drei Werktagen von dem Gericht bestätigt wird, tritt sie außer Kraft. [4] Die Anordnung ist auf höchstens drei Monate zu befristen. [5] Eine Verlängerung um jeweils nicht mehr als drei Monate ist zulässig, soweit die Voraussetzungen der Anordnung unter Berücksichtigung der gewonnenen Ermittlungsergebnisse fortbestehen.

(2) [1] Maßnahmen nach den §§ 100b und 100c dürfen nur auf Antrag der Staatsanwaltschaft durch die in § 74a Absatz 4 des Gerichtsverfassungsgesetzes[2] genannte Kammer des Landgerichts angeordnet werden, in dessen Bezirk die Staatsanwaltschaft ihren Sitz hat. [2] Bei Gefahr im Verzug kann diese Anordnung auch durch den Vorsitzenden getroffen werden. [3] Dessen Anordnung tritt außer Kraft, wenn sie nicht binnen drei Werktagen von der Strafkammer bestätigt wird. [4] Die Anordnung ist auf höchstens einen Monat zu befristen. [5] Eine Verlängerung um jeweils nicht mehr als einen Monat ist zulässig, soweit die Voraussetzungen unter Berücksichtigung der gewonnenen Ermittlungsergebnisse fortbestehen. [6] Ist die Dauer der Anordnung auf insgesamt sechs Monate verlängert worden, so entscheidet über weitere Verlängerungen das Oberlandesgericht.

(3) [1] Die Anordnung ergeht schriftlich. [2] In ihrer Entscheidungsformel sind anzugeben:

1. soweit möglich, der Name und die Anschrift des Betroffenen, gegen den sich die Maßnahme richtet,
2. der Tatvorwurf, auf Grund dessen die Maßnahme angeordnet wird,
3. Art, Umfang, Dauer und Endzeitpunkt der Maßnahme,
4. die Art der durch die Maßnahme zu erhebenden Informationen und ihre Bedeutung für das Verfahren,
5. bei Maßnahmen nach § 100a die Rufnummer oder eine andere Kennung des zu überwachenden Anschlusses oder des Endgerätes, sofern sich nicht aus bestimmten Tatsachen ergibt, dass diese zugleich einem anderen Endgerät zugeordnet ist; im Fall des § 100a Absatz 1 Satz 2 und 3 eine möglichst genaue Bezeichnung des informationstechnischen Systems, in das eingegriffen werden soll,
6. bei Maßnahmen nach § 100b eine möglichst genaue Bezeichnung des informationstechnischen Systems, aus dem Daten erhoben werden sollen,
7. bei Maßnahmen nach § 100c die zu überwachende Wohnung oder die zu überwachenden Wohnräume.

(4) [1] In der Begründung der Anordnung oder Verlängerung von Maßnahmen nach den §§ 100a bis 100c sind deren Voraussetzungen und die wesentlichen Abwägungsgesichtspunkte darzulegen. [2] Insbesondere sind einzelfallbezogen anzugeben:

1. die bestimmten Tatsachen, die den Verdacht begründen,
2. die wesentlichen Erwägungen zur Erforderlichkeit und Verhältnismäßigkeit der Maßnahme,
3. bei Maßnahmen nach § 100c die tatsächlichen Anhaltspunkte im Sinne des § 100d Absatz 4 Satz 1.

---

[1] § 100e neu gef. mWv 24.8.2017 durch G v. 17.8.2017 (BGBl. I S. 3202).
[2] Nr. **95**.

(5) [1] Liegen die Voraussetzungen der Anordnung nicht mehr vor, so sind die auf Grund der Anordnung ergriffenen Maßnahmen unverzüglich zu beenden. [2] Das anordnende Gericht ist nach Beendigung der Maßnahme über deren Ergebnisse zu unterrichten. [3] Bei Maßnahmen nach den §§ 100b und 100c ist das anordnende Gericht auch über den Verlauf zu unterrichten. [4] Liegen die Voraussetzungen der Anordnung nicht mehr vor, so hat das Gericht den Abbruch der Maßnahme anzuordnen, sofern der Abbruch nicht bereits durch die Staatsanwaltschaft veranlasst wurde. [5] Die Anordnung des Abbruchs einer Maßnahme nach den §§ 100b und 100c kann auch durch den Vorsitzenden erfolgen.

(6) Die durch Maßnahmen nach den §§ 100b und 100c erlangten und verwertbaren personenbezogenen Daten dürfen für andere Zwecke nach folgenden Maßgaben verwendet werden:

1. Die Daten dürfen in anderen Strafverfahren ohne Einwilligung der insoweit überwachten Personen nur zur Aufklärung einer Straftat, auf Grund derer Maßnahmen nach § 100b oder § 100c angeordnet werden könnten, oder zur Ermittlung des Aufenthalts der einer solchen Straftat beschuldigten Person verwendet werden.
2. [1] Die Verwendung der Daten, auch solcher nach § 100d Absatz 5 Satz 1 zweiter Halbsatz, zu Zwecken der Gefahrenabwehr ist nur zur Abwehr einer im Einzelfall bestehenden Lebensgefahr oder einer dringenden Gefahr für Leib oder Freiheit einer Person, für die Sicherheit oder den Bestand des Staates oder für Gegenstände von bedeutendem Wert, die der Versorgung der Bevölkerung dienen, von kulturell herausragendem Wert oder in § 305 des Strafgesetzbuches[1)] genannt sind, zulässig. [2] Die Daten dürfen auch zur Abwehr einer im Einzelfall bestehenden dringenden Gefahr für sonstige bedeutende Vermögenswerte verwendet werden. [3] Sind die Daten zur Abwehr der Gefahr oder für eine vorgerichtliche oder gerichtliche Überprüfung der zur Gefahrenabwehr getroffenen Maßnahmen nicht mehr erforderlich, so sind Aufzeichnungen über diese Daten von der für die Gefahrenabwehr zuständigen Stelle unverzüglich zu löschen. [4] Die Löschung ist aktenkundig zu machen. [5] Soweit die Löschung lediglich für eine etwaige vorgerichtliche oder gerichtliche Überprüfung zurückgestellt ist, dürfen die Daten nur für diesen Zweck verwendet werden; für eine Verwendung zu anderen Zwecken sind sie zu sperren.
3. Sind verwertbare personenbezogene Daten durch eine entsprechende polizeirechtliche Maßnahme erlangt worden, dürfen sie in einem Strafverfahren ohne Einwilligung der insoweit überwachten Personen nur zur Aufklärung einer Straftat, auf Grund derer die Maßnahmen nach § 100b oder § 100c angeordnet werden könnten, oder zur Ermittlung des Aufenthalts der einer solchen Straftat beschuldigten Person verwendet werden.

**§ 100f[2)] Akustische Überwachung außerhalb von Wohnraum.** (1) Auch ohne Wissen der betroffenen Personen darf außerhalb von Wohnungen das nichtöffentlich gesprochene Wort mit technischen Mitteln abgehört und aufgezeichnet werden, wenn bestimmte Tatsachen den Verdacht begründen, dass jemand als Täter oder Teilnehmer eine in § 100a Abs. 2 bezeichnete, auch im Einzelfall schwerwiegende Straftat begangen oder in Fällen, in denen der Versuch strafbar ist, zu begehen versucht hat, und die Erforschung des Sachverhalts oder die Ermittlung des Auf-

---

[1)] Nr. **85**.

[2)] § 100f eingef. durch G v. 4.5.1998 (BGBl. I S. 845); neu gef. mWv 1.1.2008 durch G v. 21.12.2007 (BGBl. I S. 3198); Abs. 1 geänd., Abs. 4 neu gef. mWv 26.11.2019 durch G v. 20.11.2019 (BGBl. I S. 1724).

enthaltsortes eines Beschuldigten auf andere Weise aussichtslos oder wesentlich erschwert wäre.

(2) [1]Die Maßnahme darf sich nur gegen einen Beschuldigten richten. [2]Gegen andere Personen darf die Maßnahme nur angeordnet werden, wenn auf Grund bestimmter Tatsachen anzunehmen ist, dass sie mit einem Beschuldigten in Verbindung stehen oder eine solche Verbindung hergestellt wird, die Maßnahme zur Erforschung des Sachverhalts oder zur Ermittlung des Aufenthaltsortes eines Beschuldigten führen wird und dies auf andere Weise aussichtslos oder wesentlich erschwert wäre.

(3) Die Maßnahme darf auch durchgeführt werden, wenn Dritte unvermeidbar betroffen werden.

(4) § 100d Absatz 1 und 2 sowie § 100e Absatz 1, 3, 5 Satz 1 gelten entsprechend.

**§ 100g[1)] Erhebung von Verkehrsdaten.** (1) [1]Begründen bestimmte Tatsachen den Verdacht, dass jemand als Täter oder Teilnehmer

1. eine Straftat von auch im Einzelfall erheblicher Bedeutung, insbesondere eine in § 100a Absatz 2 bezeichnete Straftat, begangen hat, in Fällen, in denen der Versuch strafbar ist, zu begehen versucht hat oder durch eine Straftat vorbereitet hat oder
2. eine Straftat mittels Telekommunikation begangen hat,

so dürfen Verkehrsdaten (§§ 9 und 12 des Telekommunikation-Telemedien-Datenschutz-Gesetzes und § 2a Absatz 1 des Gesetzes über die Errichtung einer Bundesanstalt für den Digitalfunk der Behörden und Organisationen mit Sicherheitsaufgaben) erhoben werden, soweit dies für die Erforschung des Sachverhalts erforderlich ist und die Erhebung der Daten in einem angemessenen Verhältnis zur Bedeutung der Sache steht. [2]Im Fall des Satzes 1 Nummer 2 ist die Maßnahme nur zulässig, wenn die Erforschung des Sachverhalts auf andere Weise aussichtslos wäre. [3]Die Erhebung gespeicherter (retrograder) Standortdaten ist nach diesem Absatz nur unter den Voraussetzungen des Absatzes 2 zulässig. [4]Im Übrigen ist die Erhebung von Standortdaten nur für künftig anfallende Verkehrsdaten oder in Echtzeit und nur im Fall des Satzes 1 Nummer 1 zulässig, soweit sie für die Erforschung des Sachverhalts oder die Ermittlung des Aufenthaltsortes des Beschuldigten erforderlich ist.

(2) [1]Begründen bestimmte Tatsachen den Verdacht, dass jemand als Täter oder Teilnehmer eine der in Satz 2 bezeichneten besonders schweren Straftaten begangen hat oder in Fällen, in denen der Versuch strafbar ist, eine solche Straftat zu

[1)] § 100g neu gef. mWv 18.12.2015 durch G v. 10.12.2015 (BGBl. I S. 2218); Abs. 2 Satz 2 Nr. 1 Buchst. f geänd. mWv 15.10.2016 durch G v. 11.10.2016 (BGBl. I S. 2226); Abs. 2 Satz 2 Nr. 1 Buchst. c geänd. mWv 10.11.2016 durch G v. 4.11.2016 (BGBl. I S. 2460); Abs. 2 Satz 2 Nr. 1 Buchst. a geänd., Nr. 7 Buchst. d angef. mWv 1.1.2017 durch G v. 22.12.2016 (BGBl. I S. 3150); Abs. 2 Satz 2 Nr. 1 Buchst. g geänd. mWv 22.7.2017 durch G v. 17.7.2017 (BGBl. I S. 2442); Abs. 1 Satz 1 abschl. Satzteil geänd., Satz 3 neu gef., Satz 4 angef., Abs. 5 geänd. mWv 26.11.2019 durch G v. 20.11.2019 (BGBl. I S. 1724); Abs. 2 Satz 2 Nr. 1 Buchst. d geänd. mWv 1.1.2021 durch G v. 30.11.2020 (BGBl. I S. 2600); Abs. 2 Satz 2 Nr. 1 Buchst. g geänd. mWv 18.3.2021 durch G v. 9.3.2021 (BGBl. I S. 327); Überschrift neu gef., Abs. 1 Satz 2 eingef., bish. Sätze 2–4 werden Sätze 3–5, neuer Satz 5 und Abs. 5 geänd. mWv 1.7.2021 durch G v. 30.3.2021 (BGBl. I S. 441, insoweit aufgeh. durch G v. 30.3.2021, BGBl. I S. 448); Abs. 2 Satz 2 Nr. 1 Buchst. c und d geänd. mWv 1.7.2021 durch G v. 16.6.2021 (BGBl. I S. 1810); Abs. 1 Satz 1 abschl. Satzteil, Abs. 2 Satz 1, Abs. 3 Satz 2 geänd. mWv 1.12.2021 durch G v. 23.6.2021 (BGBl. I S. 1858); Abs. 2 Satz 2 Nr. 1 Buchst. b neu gef., Buchst. c eingef., bish. Buchst. c–h werden Buchst. d–i mWv 1.10.2021 durch G v. 12.8.2021 (BGBl. I S. 3544).

begehen versucht hat, und wiegt die Tat auch im Einzelfall besonders schwer, dürfen die nach § 176 des Telekommunikationsgesetzes gespeicherten Verkehrsdaten erhoben werden, soweit die Erforschung des Sachverhalts oder die Ermittlung des Aufenthaltsortes des Beschuldigten auf andere Weise wesentlich erschwert oder aussichtslos wäre und die Erhebung der Daten in einem angemessenen Verhältnis zur Bedeutung der Sache steht. [2]Besonders schwere Straftaten im Sinne des Satzes 1 sind:

1. aus dem Strafgesetzbuch[1)]:
   a) Straftaten des Hochverrats und der Gefährdung des demokratischen Rechtsstaates sowie des Landesverrats und der Gefährdung der äußeren Sicherheit nach den §§ 81, 82, 89a, nach den §§ 94, 95 Absatz 3 und § 96 Absatz 1, jeweils auch in Verbindung mit § 97b, sowie nach den §§ 97a, 98 Absatz 1 Satz 2, § 99 Absatz 2 und den §§ 100, 100a Absatz 4,
   b) besonders schwerer Fall des Landfriedensbruchs nach § 125a sowie Betreiben krimineller Handelsplattformen im Internet in den Fällen des § 127 Absatz 3 und 4,
   c) Bildung krimineller Vereinigungen nach § 129 Absatz 1 in Verbindung mit Absatz 5 Satz 3 sowie Bildung terroristischer Vereinigungen nach § 129a Absatz 1, 2, 4, 5 Satz 1 erste Alternative, jeweils auch in Verbindung mit § 129b Absatz 1,
   d) Straftaten gegen die sexuelle Selbstbestimmung in den Fällen der §§ 176, 176c, 176d und, unter den in § 177 Absatz 6 Satz 2 Nummer 2 genannten Voraussetzungen, des § 177,
   e) Verbreitung, Erwerb und Besitz kinder- und jugendpornographischer Inhalte in den Fällen des § 184b Absatz 1 Satz 1, Absatz 2 und 3 sowie des § 184c Absatz 2,
   f) Mord und Totschlag nach den §§ 211 und 212,
   g) Straftaten gegen die persönliche Freiheit in den Fällen der §§ 234, 234a Absatz 1, 2, §§ 239a, 239b und Zwangsprostitution und Zwangsarbeit nach § 232a Absatz 3, 4 oder 5 zweiter Halbsatz, § 232b Absatz 3 oder 4 in Verbindung mit § 232a Absatz 4 oder 5 zweiter Halbsatz und Ausbeutung unter Ausnutzung einer Freiheitsberaubung nach § 233a Absatz 3 oder 4 zweiter Halbsatz,
   h) Einbruchdiebstahl in eine dauerhaft genutzte Privatwohnung nach § 244 Absatz 4, schwerer Bandendiebstahl nach § 244a Absatz 1, schwerer Raub nach § 250 Absatz 1 oder Absatz 2, Raub mit Todesfolge nach § 251, räuberische Erpressung nach § 255 und besonders schwerer Fall einer Erpressung nach § 253 unter den in § 253 Absatz 4 Satz 2 genannten Voraussetzungen, gewerbsmäßige Bandenhehlerei nach § 260a Absatz 1, besonders schwerer Fall der Geldwäsche nach § 261 unter den in § 261 Absatz 5 Satz 2 genannten Voraussetzungen, wenn die Vortat eine der in den Nummern 1 bis 8 genannten besonders schweren Straftaten ist,
   i) gemeingefährliche Straftaten in den Fällen der §§ 306 bis 306c, 307 Absatz 1 bis 3, des § 308 Absatz 1 bis 3, des § 309 Absatz 1 bis 4, des § 310 Absatz 1, der §§ 313, 314, 315 Absatz 3, des § 315b Absatz 3 sowie der §§ 316a und 316c,

---

[1)] Nr. **85**.

2. aus dem Aufenthaltsgesetz[1]:
   a) Einschleusen von Ausländern nach § 96 Absatz 2,
   b) Einschleusen mit Todesfolge oder gewerbs- und bandenmäßiges Einschleusen nach § 97,
3. aus dem Außenwirtschaftsgesetz:
   Straftaten nach § 17 Absatz 1 bis 3 und § 18 Absatz 7 und 8,
4. aus dem Betäubungsmittelgesetz[2]:
   a) besonders schwerer Fall einer Straftat nach § 29 Absatz 1 Satz 1 Nummer 1, 5, 6, 10, 11 oder 13, Absatz 3 unter der in § 29 Absatz 3 Satz 2 Nummer 1 genannten Voraussetzung,
   b) eine Straftat nach den §§ 29a, 30 Absatz 1 Nummer 1, 2, 4, § 30a,
5. aus dem Grundstoffüberwachungsgesetz:
   eine Straftat nach § 19 Absatz 1 unter den in § 19 Absatz 3 Satz 2 genannten Voraussetzungen,
6. aus dem Gesetz über die Kontrolle von Kriegswaffen[3]:
   a) eine Straftat nach § 19 Absatz 2 oder § 20 Absatz 1, jeweils auch in Verbindung mit § 21,
   b) besonders schwerer Fall einer Straftat nach § 22a Absatz 1 in Verbindung mit Absatz 2,
7. aus dem Völkerstrafgesetzbuch[4]:
   a) Völkermord nach § 6,
   b) Verbrechen gegen die Menschlichkeit nach § 7,
   c) Kriegsverbrechen nach den §§ 8 bis 12,
   d) Verbrechen der Aggression nach § 13,
8. aus dem Waffengesetz[5]:
   a) besonders schwerer Fall einer Straftat nach § 51 Absatz 1 in Verbindung mit Absatz 2,
   b) besonders schwerer Fall einer Straftat nach § 52 Absatz 1 in Verbindung mit Absatz 5.

(3) [1]Die Erhebung aller in einer Funkzelle angefallenen Verkehrsdaten (Funkzellenabfrage) ist nur zulässig,

1. wenn die Voraussetzungen des Absatzes 1 Satz 1 Nummer 1 erfüllt sind,
2. soweit die Erhebung der Daten in einem angemessenen Verhältnis zur Bedeutung der Sache steht und
3. soweit die Erforschung des Sachverhalts oder die Ermittlung des Aufenthaltsortes des Beschuldigten auf andere Weise aussichtslos oder wesentlich erschwert wäre.

[2]Auf nach § 176 des Telekommunikationsgesetzes gespeicherte Verkehrsdaten darf für eine Funkzellenabfrage nur unter den Voraussetzungen des Absatzes 2 zurückgegriffen werden.

(4) [1]Die Erhebung von Verkehrsdaten nach Absatz 2, auch in Verbindung mit Absatz 3 Satz 2, die sich gegen eine der in § 53 Absatz 1 Satz 1 Nummer 1 bis 5

---

[1] **Sartorius Nr. 565.**
[2] **Habersack, Deutsche Gesetze ErgBd. Nr. 86.**
[3] **Sartorius Nr. 823.**
[4] **Habersack, Deutsche Gesetze ErgBd. Nr. 85g.**
[5] **Sartorius Nr. 820.**

genannten Personen richtet und die voraussichtlich Erkenntnisse erbringen würde, über die diese das Zeugnis verweigern dürfte, ist unzulässig. [2]Dennoch erlangte Erkenntnisse dürfen nicht verwendet werden. [3]Aufzeichnungen hierüber sind unverzüglich zu löschen. [4]Die Tatsache ihrer Erlangung und der Löschung der Aufzeichnungen ist aktenkundig zu machen. [5]Die Sätze 2 bis 4 gelten entsprechend, wenn durch eine Ermittlungsmaßnahme, die sich nicht gegen eine in § 53 Absatz 1 Satz 1 Nummer 1 bis 5 genannte Person richtet, von dieser Person Erkenntnisse erlangt werden, über die sie das Zeugnis verweigern dürfte. [6]§ 160a Absatz 3 und 4 gilt entsprechend.

(5) Erfolgt die Erhebung von Verkehrsdaten nicht beim Erbringer von Telekommunikationsdiensten, bestimmt sie sich nach Abschluss des Kommunikationsvorgangs nach den allgemeinen Vorschriften.

**§ 100h[1)] Weitere Maßnahmen außerhalb von Wohnraum.** (1) [1]Auch ohne Wissen der betroffenen Personen dürfen außerhalb von Wohnungen

1. Bildaufnahmen hergestellt werden,
2. sonstige besondere für Observationszwecke bestimmte technische Mittel verwendet werden,

wenn die Erforschung des Sachverhalts oder die Ermittlung des Aufenthaltsortes eines Beschuldigten auf andere Weise weniger erfolgversprechend oder erschwert wäre. [2]Eine Maßnahme nach Satz 1 Nr. 2 ist nur zulässig, wenn Gegenstand der Untersuchung eine Straftat von erheblicher Bedeutung ist.

(2) [1]Die Maßnahmen dürfen sich nur gegen einen Beschuldigten richten. [2]Gegen andere Personen sind

1. Maßnahmen nach Absatz 1 Nr. 1 nur zulässig, wenn die Erforschung des Sachverhalts oder die Ermittlung des Aufenthaltsortes eines Beschuldigten auf andere Weise erheblich weniger erfolgversprechend oder wesentlich erschwert wäre,
2. Maßnahmen nach Absatz 1 Nr. 2 nur zulässig, wenn auf Grund bestimmter Tatsachen anzunehmen ist, dass sie mit einem Beschuldigten in Verbindung stehen oder eine solche Verbindung hergestellt wird, die Maßnahme zur Erforschung des Sachverhalts oder zur Ermittlung des Aufenthaltsortes eines Beschuldigten führen wird und dies auf andere Weise aussichtslos oder wesentlich erschwert wäre.

(3) Die Maßnahmen dürfen auch durchgeführt werden, wenn Dritte unvermeidbar mitbetroffen werden.

(4) § 100d Absatz 1 und 2 gilt entsprechend.

**§ 100i[2)] Technische Ermittlungsmaßnahmen bei Mobilfunkendgeräten.**

(1) Begründen bestimmte Tatsachen den Verdacht, dass jemand als Täter oder Teilnehmer eine Straftat von auch im Einzelfall erheblicher Bedeutung, insbesondere eine in § 100a Abs. 2 bezeichnete Straftat, begangen hat, in Fällen, in denen der Versuch strafbar ist, zu begehen versucht hat oder durch eine Straftat vorbereitet hat, so dürfen durch technische Mittel

1. die Gerätenummer eines Mobilfunkendgerätes und die Kartennummer der darin verwendeten Karte sowie

---

[1)] § 100h neu gef. mWv 1.1.2008 durch G v. 21.12.2007 (BGBl. I S. 3198); Abs. 1 Satz 1 einl. Satzteil geänd., Abs. 4 angef. mWv 26.11.2019 durch G v. 20.11.2019 (BGBl. I S. 1724).

[2)] § 100i neu gef. mWv 1.1.2008 durch G v. 21.12.2007 (BGBl. I S. 3198); Abs. 3 geänd. mWv 24.8.2017 durch G v. 17.8.2017 (BGBl. I S. 3202).

2. der Standort eines Mobilfunkendgerätes

ermittelt werden, soweit dies für die Erforschung des Sachverhalts oder die Ermittlung des Aufenthaltsortes des Beschuldigten erforderlich ist.

(2) [1] Personenbezogene Daten Dritter dürfen anlässlich solcher Maßnahmen nur erhoben werden, wenn dies aus technischen Gründen zur Erreichung des Zwecks nach Absatz 1 unvermeidbar ist. [2] Über den Datenabgleich zur Ermittlung der gesuchten Geräte- und Kartennummer hinaus dürfen sie nicht verwendet werden und sind nach Beendigung der Maßnahme unverzüglich zu löschen.

(3) [1] § 100a Abs. 3 und § 100e Absatz 1 Satz 1 bis 3, Absatz 3 Satz 1 und Absatz 5 Satz 1 gelten entsprechend. [2] Die Anordnung ist auf höchstens sechs Monate zu befristen. [3] Eine Verlängerung um jeweils nicht mehr als sechs weitere Monate ist zulässig, soweit die in Absatz 1 bezeichneten Voraussetzungen fortbestehen.

**§ 100j[1)] Bestandsdatenauskunft.** (1) [1] Soweit dies für die Erforschung des Sachverhalts oder die Ermittlung des Aufenthaltsortes eines Beschuldigten erforderlich ist, darf Auskunft verlangt werden

1. über Bestandsdaten gemäß § 3 Nummer 6 des Telekommunikationsgesetzes und über die nach § 172 des Telekommunikationsgesetzes erhobenen Daten (§ 174 Absatz 1 Satz 1 des Telekommunikationsgesetzes) von demjenigen, der geschäftsmäßig Telekommunikationsdienste erbringt oder daran mitwirkt, und
2. über Bestandsdaten gemäß § 2 Absatz 2 Nummer 2 des Telekommunikation-Telemedien-Datenschutz-Gesetzes (§ 22 Absatz 1 Satz 1 des Telekommunikation-Telemedien-Datenschutz-Gesetzes) von demjenigen, der geschäftsmäßig eigene oder fremde Telemedien zur Nutzung bereithält oder den Zugang zur Nutzung vermittelt.

[2] Bezieht sich das Auskunftsverlangen nach Satz 1 Nummer 1 auf Daten, mittels derer der Zugriff auf Endgeräte oder auf Speichereinrichtungen, die in diesen Endgeräten oder hiervon räumlich getrennt eingesetzt werden, geschützt wird (§ 174 Absatz 1 Satz 2 des Telekommunikationsgesetzes), darf die Auskunft nur verlangt werden, wenn die gesetzlichen Voraussetzungen für die Nutzung der Daten vorliegen. [3] Bezieht sich das Auskunftsverlangen nach Satz 1 Nummer 2 auf als Bestandsdaten erhobene Passwörter oder andere Daten, mittels derer der Zugriff auf Endgeräte oder auf Speichereinrichtungen, die in diesen Endgeräten oder hiervon räumlich getrennt eingesetzt werden, geschützt wird (§ 23 des Telekommunikation-Telemedien-Datenschutz-Gesetzes), darf die Auskunft nur verlangt werden, wenn die gesetzlichen Voraussetzungen für ihre Nutzung zur Verfolgung einer besonders schweren Straftat nach § 100b Absatz 2 Nummer 1 Buchstabe a, c, e, f, g, h oder m, Nummer 3 Buchstabe b erste Alternative oder Nummer 5, 6, 9 oder 10 vorliegen.

---

[1)] § 100j eingef. mWv 1.7.2013 durch G v. 20.6.2013 (BGBl. I S. 1602); Abs. 2 geänd. mWv 18.12.2015 durch G v. 10.12.2015 (BGBl. I S. 2218); Abs. 3 Satz 4 geänd. mWv 26.11.2019 durch G v. 20.11.2019 (BGBl. I S. 1724); Abs. 1 Satz 2, Abs. 2 Satz 1, Abs. 5 Satz 1 geänd. mWv 1.7.2021 durch G v. 30.3.2021 (BGBl. I S. 441, insoweit aufgeh. durch G v. 30.3.2021, BGBl. I S. 448); Abs. 1 Satz 1 neu gef., Satz 2 geänd., Satz 3 angef., Abs. 2 Satz 1 geänd., Satz 2 angef., Abs. 3 Sätze 1 und 4 geänd., Satz 2 neu gef., Abs. 4 Satz 1, Abs. 5 Satz 1 geänd. mWv 2.4.2021 durch G v. 30.3.2021 (BGBl. I S. 448, ber. S. 1380); Abs. 1 Satz 1 Nr. 1, Satz 2, Abs. 2 Satz 1 geänd. mWv 1.12.2021 durch G v. 23.6.2021 (BGBl. I S. 1858); Abs. 1 Satz 1 Nr. 2, Satz 3, Abs. 2 Satz 1 geänd. mWv 1.12.2021 durch G v. 23.6.2021 (BGBl. I S. 1982); Abs. 1 Satz 3 geänd. mWv 1.7.2021 durch G v. 25.6.2021 (BGBl. I S. 2099); Abs. 1 Satz 3 geänd. mWv 1.10.2021 durch G v. 12.8.2021 (BGBl. I S. 3544).

(2) [1] Die Auskunft nach Absatz 1 darf auch anhand einer zu einem bestimmten Zeitpunkt zugewiesenen Internetprotokoll-Adresse verlangt werden (§ 174 Absatz 1 Satz 3, § 177 Absatz 1 Nummer 3 des Telekommunikationsgesetzes und § 22 Absatz 1 Satz 3 und 4 des Telekommunikation-Telemedien-Datenschutz-Gesetzes). [2] Das Vorliegen der Voraussetzungen für ein Auskunftsverlangen nach Satz 1 ist aktenkundig zu machen.

(3) [1] Auskunftsverlangen nach Absatz 1 Satz 2 und 3 dürfen nur auf Antrag der Staatsanwaltschaft durch das Gericht angeordnet werden. [2] Im Fall von Auskunftsverlangen nach Absatz 1 Satz 2 kann die Anordnung bei Gefahr im Verzug auch durch die Staatsanwaltschaft oder ihre Ermittlungspersonen (§ 152 des Gerichtsverfassungsgesetzes[1]) getroffen werden. [3] In diesem Fall ist die gerichtliche Entscheidung unverzüglich nachzuholen. [4] Die Sätze 1 bis 3 finden bei Auskunftsverlangen nach Absatz 1 Satz 2 keine Anwendung, wenn die betroffene Person vom Auskunftsverlangen bereits Kenntnis hat oder haben muss oder wenn die Nutzung der Daten bereits durch eine gerichtliche Entscheidung gestattet wird. [5] Das Vorliegen der Voraussetzungen nach Satz 4 ist aktenkundig zu machen.

(4) [1] Die betroffene Person ist in den Fällen des Absatzes 1 Satz 2 und 3 und des Absatzes 2 über die Beauskunftung zu benachrichtigen. [2] Die Benachrichtigung erfolgt, soweit und sobald hierdurch der Zweck der Auskunft nicht vereitelt wird. [3] Sie unterbleibt, wenn ihr überwiegende schutzwürdige Belange Dritter oder der betroffenen Person selbst entgegenstehen. [4] Wird die Benachrichtigung nach Satz 2 zurückgestellt oder nach Satz 3 von ihr abgesehen, sind die Gründe aktenkundig zu machen.

(5) [1] Auf Grund eines Auskunftsverlangens nach Absatz 1 oder 2 hat derjenige, der geschäftsmäßig Telekommunikationsdienste oder Telemediendienste erbringt oder daran mitwirkt, die zur Auskunftserteilung erforderlichen Daten unverzüglich zu übermitteln. [2] § 95 Absatz 2 gilt entsprechend.

## § 100k[2] Erhebung von Nutzungsdaten bei Telemediendiensten.

(1) [1] Begründen bestimmte Tatsachen den Verdacht, dass jemand als Täter oder Teilnehmer eine Straftat von auch im Einzelfall erheblicher Bedeutung, insbesondere eine in § 100a Absatz 2 bezeichnete Straftat, begangen hat, in Fällen, in denen der Versuch strafbar ist, zu begehen versucht hat oder durch eine Straftat vorbereitet hat, dürfen von demjenigen, der geschäftsmäßig eigene oder fremde Telemedien zur Nutzung bereithält oder den Zugang zur Nutzung vermittelt, Nutzungsdaten (§ 2 Absatz 2 Nummer 3 des Telekommunikation-Telemedien-Datenschutz-Gesetzes) erhoben werden, soweit dies für die Erforschung des Sachverhalts erforderlich ist und die Erhebung der Daten in einem angemessenen Verhältnis zur Bedeutung der Sache steht. [2] Die Erhebung gespeicherter (retrograder) Standortdaten ist nur unter den Voraussetzungen von § 100g Absatz 2 zulässig. [3] Im Übrigen ist die Erhebung von Standortdaten nur für künftig anfallende Nutzungsdaten oder in Echtzeit zulässig, soweit sie für die Erforschung des Sachverhalts oder die Ermittlung des Aufenthaltsortes des Beschuldigten erforderlich ist.

(2) [1] Soweit die Straftat nicht von Absatz 1 erfasst wird, dürfen Nutzungsdaten auch dann erhoben werden, wenn bestimmte Tatsachen den Verdacht begründen, dass jemand als Täter oder Teilnehmer mittels Telemedien eine der folgenden

---

[1] Nr. **95**.

[2] § 100k eingef. mWv 2.4.2021 durch G v. 30.3.2021 (BGBl. I S. 448, ber. S. 1380); Abs. 1 Satz 1, Abs. 3 geänd. mWv 1.12.2021 durch G v. 23.6.2021 (BGBl. I S. 1982).

Straftaten begangen hat und die Erforschung des Sachverhalts auf andere Weise aussichtslos wäre:

1. aus dem Strafgesetzbuch[1]
   a) Verwenden von Kennzeichen verfassungswidriger Organisationen nach § 86a,
   b) Anleitung zur Begehung einer schweren staatsgefährdenden Gewalttat nach § 91,
   c) Öffentliche Aufforderung zu Straftaten nach § 111,
   d) Straftaten gegen die öffentliche Ordnung nach den §§ 126, 131 und 140,
   e) Beschimpfung von Bekenntnissen, Religionsgesellschaften und Weltanschauungsvereinigungen nach § 166,
   f) Verbreitung, Erwerb und Besitz kinderpornographischer Inhalte nach § 184b,
   g) Beleidigung, üble Nachrede und Verleumdung nach den §§ 185 bis 187 und Verunglimpfung des Andenkens Verstorbener nach § 189,
   h) Verletzungen des persönlichen Lebens- und Geheimbereichs nach den §§ 201a, 202a und 202c,
   i) Nachstellung nach § 238,
   j) Bedrohung nach § 241,
   k) Vorbereitung eines Computerbetruges nach § 263a Absatz 3,
   l) Datenveränderung und Computersabotage nach den §§ 303a und 303b Absatz 1,
2. aus dem Gesetz über Urheberrecht und verwandte Schutzrechte[2] Straftaten nach den §§ 106 bis 108b,
3. aus dem Bundesdatenschutzgesetz[3] nach § 42.

[2] Satz 1 gilt nicht für die Erhebung von Standortdaten.

(3) Abweichend von Absatz 1 und 2 darf die Staatsanwaltschaft ausschließlich zur Identifikation des Nutzers Auskunft über die nach § 2 Absatz 2 Nummer 3 Buchstabe a des Telekommunikation-Telemedien-Datenschutz-Gesetzes erhobenen Daten verlangen, wenn ihr der Inhalt der Nutzung des Telemediendienstes bereits bekannt ist.

(4) Die Erhebung von Nutzungsdaten nach Absatz 1 und 2 ist nur zulässig, wenn aufgrund von Tatsachen die Annahme gerechtfertigt ist, dass die betroffene Person den Telemediendienst nutzt, den derjenige, gegen den sich die Anordnung richtet, geschäftsmäßig zur Nutzung bereithält oder zu dem er den Zugang zur Nutzung vermittelt.

(5) Erfolgt die Erhebung von Nutzungsdaten oder Inhalten der Nutzung eines Telemediendienstes nicht bei einem Diensteanbieter, der geschäftsmäßig Telemedien zur Nutzung bereithält, bestimmt sie sich nach Abschluss des Kommunikationsvorgangs nach den allgemeinen Vorschriften.

**§ 101[4] Verfahrensregelungen bei verdeckten Maßnahmen.** (1) Für Maßnahmen nach den §§ 98a, 99, 100a bis 100f, 100h, 100i, 110a, 163d bis 163g gelten, soweit nichts anderes bestimmt ist, die nachstehenden Regelungen.

---

[1] Nr. **85**.
[2] Nr. **65**.
[3] **Sartorius Nr. 245.**
[4] § 101 neu gef. mWv 1.1.2008 durch G v. 21.12.2007 (BGBl. I S. 3198); Abs. 4 Satz 1 Nr. 6 aufgeh., bish. Nr. 7–12 werden Nr. 6–11, Satz 4 geänd. mWv 18.12.2015 durch G v. 10.12.2015 (BGBl. I S. 2218); Abs. 2 Satz 1 geänd., Abs. 4 Satz 1 Nr. 4 eingef., bish. Nr. 4–11 werden Nr. 5–12, Abs. 6 Satz 5 geänd. →

(2) [1] Entscheidungen und sonstige Unterlagen über Maßnahmen nach den §§ 100b, 100c, 100f, 100h Abs. 1 Nr. 2 und § 110a werden bei der Staatsanwaltschaft verwahrt. [2] Zu den Akten sind sie erst zu nehmen, wenn die Voraussetzungen für eine Benachrichtigung nach Absatz 5 erfüllt sind.

(3) [1] Personenbezogene Daten, die durch Maßnahmen nach Absatz 1 erhoben wurden, sind entsprechend zu kennzeichnen. [2] Nach einer Übermittlung an eine andere Stelle ist die Kennzeichnung durch diese aufrechtzuerhalten.

(4) [1] Von den in Absatz 1 genannten Maßnahmen sind im Falle

1. des § 98a die betroffenen Personen, gegen die nach Auswertung der Daten weitere Ermittlungen geführt wurden,
2. des § 99 der Absender und der Adressat der Postsendung,
3. des § 100a die Beteiligten der überwachten Telekommunikation,
4. des § 100b die Zielperson sowie die erheblich mitbetroffenen Personen,
5. des § 100c
   a) der Beschuldigte, gegen den sich die Maßnahme richtete,
   b) sonstige überwachte Personen,
   c) Personen, die die überwachte Wohnung zur Zeit der Durchführung der Maßnahme innehatten oder bewohnten,
6. des § 100f die Zielperson sowie die erheblich mitbetroffenen Personen,
7. des § 100h Abs. 1 die Zielperson sowie die erheblich mitbetroffenen Personen,
8. des § 100i die Zielperson,
9. des § 110a
   a) die Zielperson,
   b) die erheblich mitbetroffenen Personen,
   c) die Personen, deren nicht allgemein zugängliche Wohnung der Verdeckte Ermittler betreten hat,
10. des § 163d die betroffenen Personen, gegen die nach Auswertung der Daten weitere Ermittlungen geführt wurden,
11. des § 163e die Zielperson und die Person, deren personenbezogene Daten gemeldet worden sind,
12. des § 163f die Zielperson sowie die erheblich mitbetroffenen Personen,
13. des § 163g die Zielperson

zu benachrichtigen. [2] Dabei ist auf die Möglichkeit nachträglichen Rechtsschutzes nach Absatz 7 und die dafür vorgesehene Frist hinzuweisen. [3] Die Benachrichtigung unterbleibt, wenn ihr überwiegende schutzwürdige Belange einer betroffenen Person entgegenstehen. [4] Zudem kann die Benachrichtigung einer in Satz 1 Nummer 2 und 3 bezeichneten Person, gegen die sich die Maßnahme nicht gerichtet hat, unterbleiben, wenn diese von der Maßnahme nur unerheblich betroffen wurde und anzunehmen ist, dass sie kein Interesse an einer Benachrichtigung hat. [5] Nachforschungen zur Feststellung der Identität einer in Satz 1 bezeichneten Person sind nur vorzunehmen, wenn dies unter Berücksichtigung der Eingriffsintensität der Maßnahme gegenüber dieser Person, des Aufwands für

---

*(Fortsetzung der Anm. von voriger Seite)*
mWv 24.8.2017 durch G v. 17.8.2017 (BGBl. I S. 3202); Abs. 8 Satz 3 geänd. mWv 26.11.2019 durch G v. 20.11.2019 (BGBl. I S. 1724); Abs. 1 neu gef., Abs. 4 Satz 1 Nr. 12 geänd., Nr. 13 angef. mWv 1.7. 2021 durch G v. 25.6.2021 (BGBl. I S. 2099).

die Feststellung ihrer Identität sowie der daraus für diese oder andere Personen folgenden Beeinträchtigungen geboten ist.

(5) [1]Die Benachrichtigung erfolgt, sobald dies ohne Gefährdung des Untersuchungszwecks, des Lebens, der körperlichen Unversehrtheit und der persönlichen Freiheit einer Person und von bedeutenden Vermögenswerten, im Fall des § 110a auch der Möglichkeit der weiteren Verwendung des Verdeckten Ermittlers möglich ist. [2]Wird die Benachrichtigung nach Satz 1 zurückgestellt, sind die Gründe aktenkundig zu machen.

(6) [1]Erfolgt die nach Absatz 5 zurückgestellte Benachrichtigung nicht binnen zwölf Monaten nach Beendigung der Maßnahme, bedürfen weitere Zurückstellungen der gerichtlichen Zustimmung. [2]Das Gericht bestimmt die Dauer weiterer Zurückstellungen. [3]Es kann dem endgültigen Absehen von der Benachrichtigung zustimmen, wenn die Voraussetzungen für eine Benachrichtigung mit an Sicherheit grenzender Wahrscheinlichkeit auch in Zukunft nicht eintreten werden. [4]Sind mehrere Maßnahmen in einem engen zeitlichen Zusammenhang durchgeführt worden, so beginnt die in Satz 1 genannte Frist mit der Beendigung der letzten Maßnahme. [5]Bei Maßnahmen nach den §§ 100b und 100c beträgt die in Satz 1 genannte Frist sechs Monate.

(7) [1]Gerichtliche Entscheidungen nach Absatz 6 trifft das für die Anordnung der Maßnahme zuständige Gericht, im Übrigen das Gericht am Sitz der zuständigen Staatsanwaltschaft. [2]Die in Absatz 4 Satz 1 genannten Personen können bei dem nach Satz 1 zuständigen Gericht auch nach Beendigung der Maßnahme bis zu zwei Wochen nach ihrer Benachrichtigung die Überprüfung der Rechtmäßigkeit der Maßnahme sowie der Art und Weise ihres Vollzugs beantragen. [3]Gegen die Entscheidung ist die sofortige Beschwerde statthaft. [4]Ist die öffentliche Klage erhoben und der Angeklagte benachrichtigt worden, entscheidet über den Antrag das mit der Sache befasste Gericht in der das Verfahren abschließenden Entscheidung.

(8) [1]Sind die durch die Maßnahme erlangten personenbezogenen Daten zur Strafverfolgung und für eine etwaige gerichtliche Überprüfung der Maßnahme nicht mehr erforderlich, so sind sie unverzüglich zu löschen. [2]Die Löschung ist aktenkundig zu machen. [3]Soweit die Löschung lediglich für eine etwaige gerichtliche Überprüfung der Maßnahme zurückgestellt ist, dürfen die Daten ohne Einwilligung der betroffenen Personen nur zu diesem Zweck verwendet werden; ihre Verarbeitung ist entsprechend einzuschränken.

### § 101a[1)] Gerichtliche Entscheidung; Datenkennzeichnung und -auswertung; Benachrichtigungspflichten bei Verkehrs- und Nutzungsdaten.

(1) [1]Bei Erhebungen von Verkehrsdaten nach § 100g gelten § 100a Absatz 3 und 4 und § 100e entsprechend mit der Maßgabe, dass

1. in der Entscheidungsformel nach § 100e Absatz 3 Satz 2 auch die zu übermittelnden Daten und der Zeitraum, für den sie übermittelt werden sollen, eindeutig anzugeben sind,

---

[1)] § 101a eingef. mWv 18.12.2015 durch G v. 10.12.2015 (BGBl. I S. 2218); Abs. 1 Satz 1 einl. Satzteil, Nr. 1, 2, Sätze 2 und 3 geänd. mWv 24.8.2017 durch G v. 17.8.2017 (BGBl. I S. 3202); Abs. 1 Satz 1 einl. Satzteil, Abs. 6 Satz 1 geänd. mWv 1.7.2021 durch G v. 30.3.2021 (BGBl. I S. 441, insoweit aufgeh. durch G v. 30.3.2021, BGBl. I S. 448); Überschrift neu gef., Abs. 1a eingef., Abs. 2, 3 Satz 1 und Abs. 6 Satz 1 geänd., Abs. 7 angef. mWv 2.4.2021 durch G v. 30.3.2021 (BGBl. I S. 448, ber. S. 1380); Abs. 1 Satz 1 Nr. 2, Abs. 3 Satz 2, Abs. 4 Satz 1 Nr. 2, Abs. 5 geänd. mWv 1.12.2021 durch G v. 23.6.2021 (BGBl. I S. 1858); Abs. 4 Satz 1 einl. Satzteil, Nr. 1 geänd. mWv 1.7.2021 durch G v. 25.6.2021 (BGBl. I S. 2099).

2. der nach § 100a Absatz 4 Satz 1 zur Auskunft Verpflichtete auch mitzuteilen hat, welche der von ihm übermittelten Daten nach § 176 des Telekommunikationsgesetzes gespeichert wurden.

[2] In den Fällen des § 100g Absatz 2, auch in Verbindung mit § 100g Absatz 3 Satz 2, findet abweichend von Satz 1 § 100e Absatz 1 Satz 2 keine Anwendung. [3] Bei Funkzellenabfragen nach § 100g Absatz 3 genügt abweichend von § 100e Absatz 3 Satz 2 Nummer 5 eine räumlich und zeitlich eng begrenzte und hinreichend bestimmte Bezeichnung der Telekommunikation.

(1a) Bei der Erhebung und Beauskunftung von Nutzungsdaten eines Telemediendienstes nach § 100k gilt § 100a Absatz 3 und 4, bei der Erhebung von Nutzungsdaten nach § 100k Absatz 1 und 2 zudem § 100e Absatz 1 und 3 bis 5 entsprechend mit der Maßgabe, dass in der Entscheidungsformel nach § 100e Absatz 3 Satz 2 an die Stelle der Rufnummer (§ 100e Absatz 3 Satz 2 Nummer 5), soweit möglich eine eindeutige Kennung des Nutzerkontos des Betroffenen, ansonsten eine möglichst genaue Bezeichnung des Telemediendienstes tritt, auf den sich das Auskunftsverlangen bezieht.

(2) Wird eine Maßnahme nach § 100g oder § 100k Absatz 1 oder Absatz 2 angeordnet oder verlängert, sind in der Begründung einzelfallbezogen insbesondere die wesentlichen Erwägungen zur Erforderlichkeit und Angemessenheit der Maßnahme, auch hinsichtlich des Umfangs der zu erhebenden Daten und des Zeitraums, für den sie erhoben werden sollen, darzulegen.

(3) [1] Personenbezogene Daten, die durch Maßnahmen nach § 100g oder § 100k Absatz 1 oder Absatz 2 erhoben wurden, sind entsprechend zu kennzeichnen und unverzüglich auszuwerten. [2] Bei der Kennzeichnung ist erkennbar zu machen, ob es sich um Daten handelt, die nach § 176 des Telekommunikationsgesetzes gespeichert waren. [3] Nach einer Übermittlung an eine andere Stelle ist die Kennzeichnung durch diese aufrechtzuerhalten. [4] Für die Löschung personenbezogener Daten gilt § 101 Absatz 8 entsprechend.

(4) [1] Verwertbare personenbezogene Daten, die durch Maßnahmen nach § 100g Absatz 2, auch in Verbindung mit § 100g Absatz 1 Satz 3 oder Absatz 3 Satz 2, erhoben wurden, dürfen ohne Einwilligung der Beteiligten der betroffenen Telekommunikation nur für folgende andere Zwecke und nur nach folgenden Maßgaben verwendet werden:

1. in anderen Strafverfahren zur Aufklärung einer Straftat, auf Grund derer eine Maßnahme nach § 100g Absatz 2, auch in Verbindung mit § 100g Absatz 1 Satz 3 oder Absatz 3 Satz 2, angeordnet werden könnte, oder zur Ermittlung des Aufenthalts der einer solchen Straftat beschuldigten Person,
2. Übermittlung zu Zwecken der Abwehr von konkreten Gefahren für Leib, Leben oder Freiheit einer Person oder für den Bestand des Bundes oder eines Landes (§ 177 Absatz 1 Nummer 2 des Telekommunikationsgesetzes).

[2] Die Stelle, die die Daten weiterleitet, macht die Weiterleitung und deren Zweck aktenkundig. [3] Sind die Daten nach Satz 1 Nummer 2 nicht mehr zur Abwehr der Gefahr oder nicht mehr für eine vorgerichtliche oder gerichtliche Überprüfung der zur Gefahrenabwehr getroffenen Maßnahmen erforderlich, so sind Aufzeichnungen über diese Daten von der für die Gefahrenabwehr zuständigen Stelle unverzüglich zu löschen. [4] Die Löschung ist aktenkundig zu machen. [5] Soweit die Löschung lediglich für eine etwaige vorgerichtliche oder gerichtliche Überprüfung zurückgestellt ist, dürfen die Daten nur für diesen Zweck verwendet werden; für eine Verwendung zu anderen Zwecken sind sie zu sperren.

(5) Sind verwertbare personenbezogene Daten, die nach § 176 des Telekommunikationsgesetzes gespeichert waren, durch eine entsprechende polizeirechtliche Maßnahme erlangt worden, dürfen sie in einem Strafverfahren ohne Einwilligung der Beteiligten der betroffenen Telekommunikation nur zur Aufklärung einer Straftat, auf Grund derer eine Maßnahme nach § 100g Absatz 2, auch in Verbindung mit Absatz 3 Satz 2, angeordnet werden könnte, oder zur Ermittlung des Aufenthalts der einer solchen Straftat beschuldigten Person verwendet werden.

(6) [1] Die Beteiligten der betroffenen Telekommunikation und die betroffenen Nutzer des Telemediendienstes sind von der Erhebung der Verkehrsdaten nach § 100g oder der Nutzungsdaten nach § 100k Absatz 1 und 2 zu benachrichtigen. [2] § 101 Absatz 4 Satz 2 bis 5 und Absatz 5 bis 7 gilt entsprechend mit der Maßgabe, dass

1. das Unterbleiben der Benachrichtigung nach § 101 Absatz 4 Satz 3 der Anordnung des zuständigen Gerichts bedarf;
2. abweichend von § 101 Absatz 6 Satz 1 die Zurückstellung der Benachrichtigung nach § 101 Absatz 5 Satz 1 stets der Anordnung des zuständigen Gerichts bedarf und eine erstmalige Zurückstellung auf höchstens zwölf Monate zu befristen ist.

(7) [1] Die betroffene Person ist in den Fällen des § 100k Absatz 3 über die Beauskunftung zu benachrichtigen. [2] Die Benachrichtigung erfolgt, soweit und sobald hierdurch der Zweck der Beauskunftung nicht vereitelt wird. [3] Sie unterbleibt, wenn ihr überwiegende schutzwürdige Belange Dritter oder der betroffenen Person selbst entgegenstehen. [4] Wird die Benachrichtigung nach Satz 2 zurückgestellt oder nach Satz 3 von ihr abgesehen, sind die Gründe aktenkundig zu machen.

**§ 101b**[1) 2)] **Statistische Erfassung; Berichtspflichten.** (1) [1] Die Länder und der Generalbundesanwalt berichten dem Bundesamt für Justiz kalenderjährlich jeweils bis zum 30. Juni des dem Berichtsjahr folgenden Jahres über in ihrem Zuständigkeitsbereich angeordnete Maßnahmen nach den §§ 100a, 100b, 100c, 100g und 100k Absatz 1 und 2. [2] Das Bundesamt für Justiz erstellt eine Übersicht zu den im Berichtsjahr bundesweit angeordneten Maßnahmen und veröffentlicht diese im Internet. [3] Über die im jeweils vorangegangenen Kalenderjahr nach § 100c angeordneten Maßnahmen berichtet die Bundesregierung dem Deutschen Bundestag vor der Veröffentlichung im Internet.

(2) In den Übersichten über Maßnahmen nach § 100a sind anzugeben:

1. die Anzahl der Verfahren, in denen Maßnahmen nach § 100a Absatz 1 angeordnet worden sind;
2. die Anzahl der Überwachungsanordnungen nach § 100a Absatz 1, unterschieden nach Erst- und Verlängerungsanordnungen;
3. die jeweils zugrunde liegende Anlassstraftat nach der Unterteilung in § 100a Absatz 2;
4. die Anzahl der Verfahren, in denen ein Eingriff in ein von dem Betroffenen genutztes informationstechnisches System nach § 100a Absatz 1 Satz 2 und 3
   a) im richterlichen Beschluss angeordnet wurde und

---

[1)] § 101b neu gef. mWv 24.8.2017 durch G v. 17.8.2017 (BGBl. I S. 3202); Abs. 4 Nr. 8 geänd. mWv 26.11.2019 durch G v. 20.11.2019 (BGBl. I S. 1724); Abs. 5 Nr. 2 einl. Satzteil geänd. mWv 1.7.2021 durch G v. 30.3.2021 (BGBl. I S. 441, insoweit aufgeh. durch G v. 30.3.2021, BGBl. I S. 448); Abs. 1 Satz 1 geänd., Abs. 6 angef. mWv 2.4.2021 durch G v. 30.3.2021 (BGBl. I S. 448, ber. S. 1380).

[2)] Beachte hierzu Übergangsvorschriften in §§ 16 und 18 EGStPO (Nr. **90a**).

b) tatsächlich durchgeführt wurde.

(3) In den Übersichten über Maßnahmen nach § 100b sind anzugeben:

1. die Anzahl der Verfahren, in denen Maßnahmen nach § 100b Absatz 1 angeordnet worden sind;
2. die Anzahl der Überwachungsanordnungen nach § 100b Absatz 1, unterschieden nach Erst- und Verlängerungsanordnungen;
3. die jeweils zugrunde liegende Anlassstraftat nach Maßgabe der Unterteilung in § 100b Absatz 2;
4. die Anzahl der Verfahren, in denen ein Eingriff in ein vom Betroffenen genutztes informationstechnisches System tatsächlich durchgeführt wurde.

(4) In den Berichten über Maßnahmen nach § 100c sind anzugeben:

1. die Anzahl der Verfahren, in denen Maßnahmen nach § 100c Absatz 1 angeordnet worden sind;
2. die jeweils zugrunde liegende Anlassstraftat nach Maßgabe der Unterteilung in § 100b Absatz 2;
3. ob das Verfahren einen Bezug zur Verfolgung organisierter Kriminalität aufweist;
4. die Anzahl der überwachten Objekte je Verfahren nach Privatwohnungen und sonstigen Wohnungen sowie nach Wohnungen des Beschuldigten und Wohnungen dritter Personen;
5. die Anzahl der überwachten Personen je Verfahren nach Beschuldigten und nichtbeschuldigten Personen;
6. die Dauer der einzelnen Überwachung nach Dauer der Anordnung, Dauer der Verlängerung und Abhördauer;
7. wie häufig eine Maßnahme nach § 100d Absatz 4, § 100e Absatz 5 unterbrochen oder abgebrochen worden ist;
8. ob eine Benachrichtigung der betroffenen Personen (§ 101 Absatz 4 bis 6) erfolgt ist oder aus welchen Gründen von einer Benachrichtigung abgesehen worden ist;
9. ob die Überwachung Ergebnisse erbracht hat, die für das Verfahren relevant sind oder voraussichtlich relevant sein werden;
10. ob die Überwachung Ergebnisse erbracht hat, die für andere Strafverfahren relevant sind oder voraussichtlich relevant sein werden;
11. wenn die Überwachung keine relevanten Ergebnisse erbracht hat: die Gründe hierfür, differenziert nach technischen Gründen und sonstigen Gründen;
12. die Kosten der Maßnahme, differenziert nach Kosten für Übersetzungsdienste und sonstigen Kosten.

(5) In den Übersichten über Maßnahmen nach § 100g sind anzugeben:

1. unterschieden nach Maßnahmen nach § 100g Absatz 1, 2 und 3
   a) die Anzahl der Verfahren, in denen diese Maßnahmen durchgeführt wurden;
   b) die Anzahl der Erstanordnungen, mit denen diese Maßnahmen angeordnet wurden;
   c) die Anzahl der Verlängerungsanordnungen, mit denen diese Maßnahmen angeordnet wurden;
2. untergliedert nach der Anzahl der zurückliegenden Wochen, für die die Erhebung von Verkehrsdaten angeordnet wurde, jeweils bemessen ab dem Zeitpunkt der Anordnung

a) die Anzahl der Anordnungen nach § 100g Absatz 1;
b) die Anzahl der Anordnungen nach § 100g Absatz 2;
c) die Anzahl der Anordnungen nach § 100g Absatz 3;
d) die Anzahl der Anordnungen, die teilweise ergebnislos geblieben sind, weil die abgefragten Daten teilweise nicht verfügbar waren;
e) die Anzahl der Anordnungen, die ergebnislos geblieben sind, weil keine Daten verfügbar waren.

(6) In den Übersichten über Maßnahmen nach § 100k sind jeweils unterschieden nach Maßnahmen nach den Absätzen 1 und 2 anzugeben:

1. die Anzahl der Verfahren, in denen Maßnahmen angeordnet worden sind;
2. die Anzahl der Anordnungen, unterschieden nach Erst- und Verlängerungsanordnungen;
3. untergliedert nach der Anzahl der zurückliegenden Wochen, für die die Erhebung von Nutzungsdaten angeordnet wurde, jeweils bemessen ab dem Zeitpunkt der Anordnung
   a) die Anzahl der Anordnungen, die teilweise ergebnislos geblieben sind, weil die abgefragten Daten teilweise nicht verfügbar waren;
   b) die Anzahl der Anordnungen, die ergebnislos geblieben sind, weil keine Daten verfügbar waren.

**§ 102**[1] **Durchsuchung bei Beschuldigten.** Bei dem, welcher als Täter oder Teilnehmer einer Straftat oder der Datenhehlerei, Begünstigung, Strafvereitelung oder Hehlerei verdächtig ist, kann eine Durchsuchung der Wohnung und anderer Räume sowie seiner Person und der ihm gehörenden Sachen sowohl zum Zweck seiner Ergreifung als auch dann vorgenommen werden, wenn zu vermuten ist, daß die Durchsuchung zur Auffindung von Beweismitteln führen werde.

**§ 103**[2] **Durchsuchung bei anderen Personen.** (1) [1]Bei anderen Personen sind Durchsuchungen nur zur Ergreifung des Beschuldigten oder zur Verfolgung von Spuren einer Straftat oder zur Beschlagnahme bestimmter Gegenstände und nur dann zulässig, wenn Tatsachen vorliegen, aus denen zu schließen ist, daß die gesuchte Person, Spur oder Sache sich in den zu durchsuchenden Räumen befindet. [2]Zum Zwecke der Ergreifung eines Beschuldigten, der dringend verdächtig ist, eine Straftat nach § 89a oder § 89c Absatz 1 bis 4 des Strafgesetzbuchs[3] oder nach § 129a, auch in Verbindung mit § 129b Abs. 1, des Strafgesetzbuches oder eine der in dieser Vorschrift bezeichneten Straftaten begangen zu haben, ist eine Durchsuchung von Wohnungen und anderen Räumen auch zulässig, wenn diese sich in einem Gebäude befinden, von dem auf Grund von Tatsachen anzunehmen ist, daß sich der Beschuldigte in ihm aufhält.

(2) Die Beschränkungen des Absatzes 1 Satz 1 gelten nicht für Räume, in denen der Beschuldigte ergriffen worden ist oder die er während der Verfolgung betreten hat.

---

[1] § 102 geänd. mWv 18.12.2015 durch G v. 10.12.2015 (BGBl. I S. 2218).
[2] § 103 Abs. 1 Satz 2 geänd. mWv 30.8.2002 durch G v. 22.8.2002 (BGBl. I S. 3390); Abs. 1 Satz 2 geänd. mWv 4.8.2009 durch G v. 30.7.2009 (BGBl. I S. 2437); Abs. 1 Satz 2 geänd. mWv 20.6.2015 durch G v. 12.6.2015 (BGBl. I S. 926).
[3] Nr. **85**.

**§ 104[1]) Durchsuchung von Räumen zur Nachtzeit.** (1) Zur Nachtzeit dürfen die Wohnung, die Geschäftsräume und das befriedete Besitztum nur in folgenden Fällen durchsucht werden:

1. bei Verfolgung auf frischer Tat,
2. bei Gefahr im Verzug,
3. wenn bestimmte Tatsachen den Verdacht begründen, dass während der Durchsuchung auf ein elektronisches Speichermedium zugegriffen werden wird, das als Beweismittel in Betracht kommt, und ohne die Durchsuchung zur Nachtzeit die Auswertung des elektronischen Speichermediums, insbesondere in unverschlüsselter Form, aussichtslos oder wesentlich erschwert wäre oder
4. zur Wiederergreifung eines entwichenen Gefangenen.

(2) Diese Beschränkung gilt nicht für Räume, die zur Nachtzeit jedermann zugänglich oder die der Polizei als Herbergen oder Versammlungsorte bestrafter Personen, als Niederlagen von Sachen, die mittels Straftaten erlangt sind, oder als Schlupfwinkel des Glücksspiels, des unerlaubten Betäubungsmittel- und Waffenhandels oder der Prostitution bekannt sind.

(3) Die Nachtzeit umfasst den Zeitraum von 21 bis 6 Uhr.

**§ 105[2]) Verfahren bei der Durchsuchung.** (1) [1]Durchsuchungen dürfen nur durch den Richter, bei Gefahr im Verzug auch durch die Staatsanwaltschaft und ihre Ermittlungspersonen (§ 152 des Gerichtsverfassungsgesetzes[3])) angeordnet werden. [2]Durchsuchungen nach § 103 Abs. 1 Satz 2 ordnet der Richter an; die Staatsanwaltschaft ist hierzu befugt, wenn Gefahr im Verzug ist.

(2) [1]Wenn eine Durchsuchung der Wohnung, der Geschäftsräume oder des befriedeten Besitztums ohne Beisein des Richters oder des Staatsanwalts stattfindet, so sind, wenn möglich, ein Gemeindebeamter oder zwei Mitglieder der Gemeinde, in deren Bezirk die Durchsuchung erfolgt, zuzuziehen. [2]Die als Gemeindemitglieder zugezogenen Personen dürfen nicht Polizeibeamte oder Ermittlungspersonen der Staatsanwaltschaft sein.

(3) [1]Wird eine Durchsuchung in einem Dienstgebäude oder einer nicht allgemein zugänglichen Einrichtung oder Anlage der Bundeswehr erforderlich, so wird die vorgesetzte Dienststelle der Bundeswehr um ihre Durchführung ersucht. [2]Die ersuchende Stelle ist zur Mitwirkung berechtigt. [3]Des Ersuchens bedarf es nicht, wenn die Durchsuchung von Räumen vorzunehmen ist, die ausschließlich von anderen Personen als Soldaten bewohnt werden.

**§ 106 Hinzuziehung des Inhabers eines Durchsuchungsobjekts.**

(1) [1]Der Inhaber der zu durchsuchenden Räume oder Gegenstände darf der Durchsuchung beiwohnen. [2]Ist er abwesend, so ist, wenn möglich, sein Vertreter oder ein erwachsener Angehöriger, Hausgenosse oder Nachbar zuzuziehen.

(2) [1]Dem Inhaber oder der in dessen Abwesenheit zugezogenen Person ist in den Fällen des § 103 Abs. 1 der Zweck der Durchsuchung vor deren Beginn bekanntzumachen. [2]Diese Vorschrift gilt nicht für die Inhaber der in § 104 Abs. 2 bezeichneten Räume.

---

[1]) § 104 Abs. 1 und 3 neu gef. mWv 1.7.2021 durch G v. 25.6.2021 (BGBl. I S. 2099).
[2]) § 105 Abs. 1 Satz 1 und Abs. 2 Satz 2 geänd. mWv 1.9.2004 durch G v. 24.8.2004 (BGBl. I S. 2198).
[3]) Nr. **95**.

**§ 107 Durchsuchungsbescheinigung; Beschlagnahmeverzeichnis.** [1]Dem von der Durchsuchung Betroffenen ist nach deren Beendigung auf Verlangen eine schriftliche Mitteilung zu machen, die den Grund der Durchsuchung (§§ 102, 103) sowie im Falle des § 102 die Straftat bezeichnen muß. [2]Auch ist ihm auf Verlangen ein Verzeichnis der in Verwahrung oder in Beschlag genommenen Gegenstände, falls aber nichts Verdächtiges gefunden wird, eine Bescheinigung hierüber zu geben.

**§ 108[1)] Beschlagnahme anderer Gegenstände.** (1) [1]Werden bei Gelegenheit einer Durchsuchung Gegenstände gefunden, die zwar in keiner Beziehung zu der Untersuchung stehen, aber auf die Verübung einer anderen Straftat hindeuten, so sind sie einstweilen in Beschlag zu nehmen. [2]Der Staatsanwaltschaft ist hiervon Kenntnis zu geben. [3]Satz 1 findet keine Anwendung, soweit eine Durchsuchung nach § 103 Abs. 1 Satz 2 stattfindet.

(2) Werden bei einem Arzt Gegenstände im Sinne von Absatz 1 Satz 1 gefunden, die den Schwangerschaftsabbruch einer Patientin betreffen, ist ihre Verwertung zu Beweiszwecken in einem Strafverfahren gegen die Patientin wegen einer Straftat nach § 218 des Strafgesetzbuches[2)] unzulässig.

(3) Werden bei einer in § 53 Abs. 1 Satz 1 Nr. 5 genannten Person Gegenstände im Sinne von Absatz 1 Satz 1 gefunden, auf die sich das Zeugnisverweigerungsrecht der genannten Person erstreckt, ist die Verwertung des Gegenstandes zu Beweiszwecken in einem Strafverfahren nur insoweit zulässig, als Gegenstand dieses Strafverfahrens eine Straftat ist, die im Höchstmaß mit mindestens fünf Jahren Freiheitsstrafe bedroht ist und bei der es sich nicht um eine Straftat nach § 353b des Strafgesetzbuches handelt.

**§ 109 Kenntlichmachung beschlagnahmter Gegenstände.** Die in Verwahrung oder in Beschlag genommenen Gegenstände sind genau zu verzeichnen und zur Verhütung von Verwechslungen durch amtliche Siegel oder in sonst geeigneter Weise kenntlich zu machen.

**§ 110[3)] Durchsicht von Papieren und elektronischen Speichermedien.**

(1) Die Durchsicht der Papiere des von der Durchsuchung Betroffenen steht der Staatsanwaltschaft und auf deren Anordnung ihren Ermittlungspersonen (§ 152 des Gerichtsverfassungsgesetzes[4)]) zu.

(2) [1]Im Übrigen sind Beamte zur Durchsicht der aufgefundenen Papiere nur dann befugt, wenn der Inhaber die Durchsicht genehmigt. [2]Andernfalls haben sie die Papiere, deren Durchsicht sie für geboten erachten, in einem Umschlag, der in Gegenwart des Inhabers mit dem Amtssiegel zu verschließen ist, an die Staatsanwaltschaft abzuliefern.

(3) [1]Nach Maßgabe der Absätze 1 und 2 ist auch die Durchsicht von elektronischen Speichermedien bei dem von der Durchsuchung Betroffenen zulässig. [2]Diese Durchsicht darf auch auf hiervon räumlich getrennte Speichermedien erstreckt werden, soweit auf sie von dem elektronischen Speichermedium aus

---

[1)] § 108 Abs. 2 angef. durch G v. 27.7.1992 (BGBl. I S. 1398); Abs. 2 geänd., Abs. 3 angef. mWv 1.1. 2008 durch G v. 21.12.2007 (BGBl. I S. 3198).

[2)] Nr. **85**.

[3)] § 110 Abs. 1 und Abs. 2 Satz 1 geänd., Abs. 3 aufgeh. mWv 1.9.2004 durch G v. 24.8.2004 (BGBl. I S. 2198); Abs. 3 angef. mWv 1.1.2008 durch G v. 21.12.2007 (BGBl. I S. 3198); Abs. 3 neu gef., Abs. 4 angef. mWv 1.7.2021 durch G v. 25.6.2021 (BGBl. I S. 2099).

[4)] Nr. **95**.

zugegriffen werden kann, wenn andernfalls der Verlust der gesuchten Daten zu befürchten ist. [3]Daten, die für die Untersuchung von Bedeutung sein können, dürfen gesichert werden.

(4) Werden Papiere zur Durchsicht mitgenommen oder Daten vorläufig gesichert, gelten die §§ 95a und 98 Absatz 2 entsprechend.

**§ 110a[1)] Verdeckter Ermittler.** (1) [1]Verdeckte Ermittler dürfen zur Aufklärung von Straftaten eingesetzt werden, wenn zureichende tatsächliche Anhaltspunkte dafür vorliegen, daß eine Straftat von erheblicher Bedeutung

1. auf dem Gebiet des unerlaubten Betäubungsmittel- oder Waffenverkehrs, der Geld- oder Wertzeichenfälschung,
2. auf dem Gebiet des Staatsschutzes (§§ 74a, 120 des Gerichtsverfassungsgesetzes[2)]),
3. gewerbs- oder gewohnheitsmäßig oder
4. von einem Bandenmitglied oder in anderer Weise organisiert

begangen worden ist. [2]Zur Aufklärung von Verbrechen dürfen Verdeckte Ermittler auch eingesetzt werden, soweit auf Grund bestimmter Tatsachen die Gefahr der Wiederholung besteht. [3]Der Einsatz ist nur zulässig, soweit die Aufklärung auf andere Weise aussichtslos oder wesentlich erschwert wäre. [4]Zur Aufklärung von Verbrechen dürfen Verdeckte Ermittler außerdem eingesetzt werden, wenn die besondere Bedeutung der Tat den Einsatz gebietet und andere Maßnahmen aussichtslos wären. [5]§ 100d Absatz 1 und 2 gilt entsprechend.

(2) [1]Verdeckte Ermittler sind Beamte des Polizeidienstes, die unter einer ihnen verliehenen, auf Dauer angelegten, veränderten Identität (Legende) ermitteln. [2]Sie dürfen unter der Legende am Rechtsverkehr teilnehmen.

(3) Soweit es für den Aufbau oder die Aufrechterhaltung der Legende unerläßlich ist, dürfen entsprechende Urkunden hergestellt, verändert und gebraucht werden.

**§ 110b[3)] Verfahren beim Einsatz eines Verdeckten Ermittlers.** (1) [1]Der Einsatz eines Verdeckten Ermittlers ist erst nach Zustimmung der Staatsanwaltschaft zulässig. [2]Besteht Gefahr im Verzug und kann die Entscheidung der Staatsanwaltschaft nicht rechtzeitig eingeholt werden, so ist sie unverzüglich herbeizuführen; die Maßnahme ist zu beenden, wenn nicht die Staatsanwaltschaft binnen drei Werktagen zustimmt. [3]Die Zustimmung ist schriftlich zu erteilen und zu befristen. [4]Eine Verlängerung ist zulässig, solange die Voraussetzungen für den Einsatz fortbestehen.

(2) [1]Einsätze,

1. die sich gegen einen bestimmten Beschuldigten richten oder
2. bei denen der Verdeckte Ermittler eine Wohnung betritt, die nicht allgemein zugänglich ist,

bedürfen der Zustimmung des Gerichts. [2]Bei Gefahr im Verzug genügt die Zustimmung der Staatsanwaltschaft. [3]Kann die Entscheidung der Staatsanwaltschaft nicht rechtzeitig eingeholt werden, so ist sie unverzüglich herbeizuführen.

---

1) § 110a eingef. durch G v. 15.7.1992 (BGBl. I S. 1302); Abs. 1 Satz 5 angef. mWv 26.11.2019 durch G v. 20.11.2019 (BGBl. I S. 1724).

2) Nr. **95**.

3) § 110b eingef. durch G v. 15.7.1992 (BGBl. I S. 1302); Abs. 1 Satz 2, Abs. 2 Sätze 1 und 4, Abs. 3 Satz 2 geänd. mWv 1.1.2008 durch G v. 21.12.2007 (BGBl. I S. 3198).

[4]Die Maßnahme ist zu beenden, wenn nicht das Gericht binnen drei Werktagen zustimmt. [5]Absatz 1 Satz 3 und 4 gilt entsprechend.

(3) [1]Die Identität des Verdeckten Ermittlers kann auch nach Beendigung des Einsatzes geheimgehalten werden. [2]Die Staatsanwaltschaft und das Gericht, die für die Entscheidung über die Zustimmung zu dem Einsatz zuständig sind, können verlangen, daß die Identität ihnen gegenüber offenbart wird. [3]Im übrigen ist in einem Strafverfahren die Geheimhaltung der Identität nach Maßgabe des § 96 zulässig, insbesondere dann, wenn Anlaß zu der Besorgnis besteht, daß die Offenbarung Leben, Leib oder Freiheit des Verdeckten Ermittlers oder einer anderen Person oder die Möglichkeit der weiteren Verwendung des Verdeckten Ermittlers gefährden würde.

**§ 110c[1)] Befugnisse des Verdeckten Ermittlers.** [1]Verdeckte Ermittler dürfen unter Verwendung ihrer Legende eine Wohnung mit dem Einverständnis des Berechtigten betreten. [2]Das Einverständnis darf nicht durch ein über die Nutzung der Legende hinausgehendes Vortäuschen eines Zutrittsrechts herbeigeführt werden. [3]Im übrigen richten sich die Befugnisse des Verdeckten Ermittlers nach diesem Gesetz und anderen Rechtsvorschriften.

**§ 110d[2)] Besonderes Verfahren bei Einsätzen zur Ermittlung von Straftaten nach den §§ 176e und 184b des Strafgesetzbuches.** [1]Einsätze, bei denen entsprechend § 176e Absatz 5 oder § 184b Absatz 6 des Strafgesetzbuches[3)] Handlungen im Sinne des § 176e Absatz 1 und 3 oder § 184b Absatz 1 Satz 1 Nummer 1, 2 und 4 sowie Satz 2 des Strafgesetzbuches vorgenommen werden, bedürfen der Zustimmung des Gerichts. [2]In dem Antrag ist darzulegen, dass die handelnden Polizeibeamten auf den Einsatz umfassend vorbereitet wurden. [3]Bei Gefahr im Verzug genügt die Zustimmung der Staatsanwaltschaft. [4]Die Maßnahme ist zu beenden, wenn nicht das Gericht binnen drei Werktagen zustimmt. [5]Die Zustimmung ist schriftlich zu erteilen und zu befristen. [6]Eine Verlängerung ist zulässig, solange die Voraussetzungen für den Einsatz fortbestehen.

**§ 110e[4)]** *(aufgehoben)*

**§ 111[5)] Errichtung von Kontrollstellen an öffentlich zugänglichen Orten.**

(1) [1]Begründen bestimmte Tatsachen den Verdacht, daß eine Straftat nach § 89a oder § 89c Absatz 1 bis 4 des Strafgesetzbuchs[3)] oder nach § 129a, auch in Verbindung mit § 129b Abs. 1, des Strafgesetzbuches, eine der in dieser Vorschrift bezeichneten Straftaten oder eine Straftat nach § 250 Abs. 1 Nr. 1 des Strafgesetzbuches begangen worden ist, so können auf öffentlichen Straßen und Plätzen und an anderen öffentlich zugänglichen Orten Kontrollstellen eingerichtet werden, wenn Tatsachen die Annahme rechtfertigen, daß diese Maßnahme zur Ergreifung des Täters oder zur Sicherstellung von Beweismitteln führen kann, die der Auf-

[1)] § 110c eingef. durch G v. 15.7.1992 (BGBl. I S. 1302).

[2)] § 110d eingef. mWv 13.3.2020 durch G v. 3.3.2020 (BGBl. I S. 431); Überschrift neu gef. mWv 22.9.2021 durch G v. 14.9.2021 (BGBl. I S. 4250); Satz 1 neu gef. mWv 2.4.2022 durch G v. 25.3.2022 (BGBl. I S. 571).

[3)] Nr. **85**.

[4)] § 110e eingef. durch G v. 15.7.1992 (BGBl. I S. 1302); aufgeh. mWv 1.1.2008 durch G v. 21.12.2007 (BGBl. I S. 3198).

[5)] § 111 Abs. 1 Satz 1 geänd. mWv 30.8.2002 durch G v. 22.8.2002 (BGBl. I S. 3390); Abs. 2 geänd. mWv 1.9.2004 durch G v. 24.8.2004 (BGBl. I S. 2198); Abs. 1 Satz 1 geänd. mWv 4.8.2009 durch G v. 30.7.2009 (BGBl. I S. 2437); Abs. 1 Satz 1 geänd. mWv 20.6.2015 durch G v. 12.6.2015 (BGBl. I S. 926).

klärung der Straftat dienen können. [2] An einer Kontrollstelle ist jedermann verpflichtet, seine Identität feststellen und sich sowie mitgeführte Sachen durchsuchen zu lassen.

(2) Die Anordnung, eine Kontrollstelle einzurichten, trifft der Richter; die Staatsanwaltschaft und ihre Ermittlungspersonen (§ 152 des Gerichtsverfassungsgesetzes[1]) sind hierzu befugt, wenn Gefahr im Verzug ist.

(3) Für die Durchsuchung und die Feststellung der Identität nach Absatz 1 gelten § 106 Abs. 2 Satz 1, § 107 Satz 2 erster Halbsatz, die §§ 108, 109, 110 Abs. 1 und 2 sowie die §§ 163b und 163c entsprechend.

**§ 111a[2] Vorläufige Entziehung der Fahrerlaubnis.** (1) [1] Sind dringende Gründe für die Annahme vorhanden, daß die Fahrerlaubnis entzogen werden wird (§ 69 des Strafgesetzbuches[3]), so kann der Richter dem Beschuldigten durch Beschluß die Fahrerlaubnis vorläufig entziehen. [2] Von der vorläufigen Entziehung können bestimmte Arten von Kraftfahrzeugen ausgenommen werden, wenn besondere Umstände die Annahme rechtfertigen, daß der Zweck der Maßnahme dadurch nicht gefährdet wird.

(2) Die vorläufige Entziehung der Fahrerlaubnis ist aufzuheben, wenn ihr Grund weggefallen ist oder wenn das Gericht im Urteil die Fahrerlaubnis nicht entzieht.

(3) [1] Die vorläufige Entziehung der Fahrerlaubnis wirkt zugleich als Anordnung oder Bestätigung der Beschlagnahme des von einer deutschen Behörde ausgestellten Führerscheins. [2] Dies gilt auch, wenn der Führerschein von einer Behörde eines Mitgliedstaates der Europäischen Union oder eines anderen Vertragsstaates des Abkommens über den Europäischen Wirtschaftsraum ausgestellt worden ist, sofern der Inhaber seinen ordentlichen Wohnsitz im Inland hat.

(4) Ist ein Führerschein beschlagnahmt, weil er nach § 69 Abs. 3 Satz 2 des Strafgesetzbuches eingezogen werden kann, und bedarf es einer richterlichen Entscheidung über die Beschlagnahme, so tritt an deren Stelle die Entscheidung über die vorläufige Entziehung der Fahrerlaubnis.

(5) [1] Ein Führerschein, der in Verwahrung genommen, sichergestellt oder beschlagnahmt ist, weil er nach § 69 Abs. 3 Satz 2 des Strafgesetzbuches eingezogen werden kann, ist dem Beschuldigten zurückzugeben, wenn der Richter die vorläufige Entziehung der Fahrerlaubnis wegen Fehlens der in Absatz 1 bezeichneten Voraussetzungen ablehnt, wenn er sie aufhebt oder wenn das Gericht im Urteil die Fahrerlaubnis nicht entzieht. [2] Wird jedoch im Urteil ein Fahrverbot nach § 44 des Strafgesetzbuches verhängt, so kann die Rückgabe des Führerscheins aufgeschoben werden, wenn der Beschuldigte nicht widerspricht.

(6) [1] In anderen als in Absatz 3 Satz 2 genannten ausländischen Führerscheinen ist die vorläufige Entziehung der Fahrerlaubnis zu vermerken. [2] Bis zur Eintragung dieses Vermerkes kann der Führerschein beschlagnahmt werden (§ 94 Abs. 3, § 98).

---

[1] Nr. **95**.

[2] § 111a Abs. 3 Satz 1 und Abs. 6 Sätze 1 und 2 geänd., Abs. 3 Satz 2 angef. durch G v. 24.4.1998 (BGBl. I S. 747).

[3] Nr. **85**.

**§ 111b[1)] Beschlagnahme zur Sicherung der Einziehung oder Unbrauchbarmachung.** (1) [1]Ist die Annahme begründet, dass die Voraussetzungen der Einziehung oder Unbrauchbarmachung eines Gegenstandes vorliegen, so kann er zur Sicherung der Vollstreckung beschlagnahmt werden. [2]Liegen dringende Gründe für diese Annahme vor, so soll die Beschlagnahme angeordnet werden. [3]§ 94 Absatz 3 bleibt unberührt.

(2) Die §§ 102 bis 110 gelten entsprechend.

**§ 111c[1)] Vollziehung der Beschlagnahme.** (1) [1]Die Beschlagnahme einer beweglichen Sache wird dadurch vollzogen, dass die Sache in Gewahrsam genommen wird. [2]Die Beschlagnahme kann auch dadurch vollzogen werden, dass sie durch Siegel oder in anderer Weise kenntlich gemacht wird.

(2) [1]Die Beschlagnahme einer Forderung oder eines anderen Vermögensrechtes, das nicht den Vorschriften über die Zwangsvollstreckung in das unbewegliche Vermögen unterliegt, wird durch Pfändung vollzogen. [2]Die Vorschriften der Zivilprozessordnung[2)] über die Zwangsvollstreckung in Forderungen und andere Vermögensrechte sind insoweit sinngemäß anzuwenden. [3]Die Aufforderung zur Abgabe der in § 840 Absatz 1 der Zivilprozessordnung bezeichneten Erklärungen ist in den Pfändungsbeschluss aufzunehmen.

(3) [1]Die Beschlagnahme eines Grundstücks oder eines Rechts, das den Vorschriften über die Zwangsvollstreckung in das unbewegliche Vermögen unterliegt, wird durch ihre Eintragung im Grundbuch vollzogen. [2]Die Vorschriften des Gesetzes über die Zwangsversteigerung und Zwangsverwaltung[3)] über den Umfang der Beschlagnahme bei der Zwangsversteigerung gelten entsprechend.

(4) [1]Die Beschlagnahme eines Schiffes, eines Schiffsbauwerks oder eines Luftfahrzeugs wird nach Absatz 1 vollzogen. [2]Ist der Gegenstand im Schiffs- oder Schiffsbauregister oder im Register für Pfandrechte an Luftfahrzeugen eingetragen, ist die Beschlagnahme in diesem Register einzutragen. [3]Zu diesem Zweck können eintragungsfähige Schiffsbauwerke oder Luftfahrzeuge zur Eintragung angemeldet werden; die Vorschriften, die bei der Anmeldung durch eine Person, die auf Grund eines vollstreckbaren Titels eine Eintragung im Register verlangen kann, anzuwenden sind, gelten hierbei entsprechend.

**§ 111d[4)] Wirkung der Vollziehung der Beschlagnahme; Rückgabe beweglicher Sachen.** (1) [1]Die Vollziehung der Beschlagnahme eines Gegenstandes hat die Wirkung eines Veräußerungsverbotes im Sinne des § 136 des Bürgerlichen Gesetzbuchs[5)]. [2]Die Wirkung der Beschlagnahme wird von der Eröffnung des Insolvenzverfahrens über das Vermögen des Betroffenen nicht berührt; Maßnahmen nach § 111c können in einem solchen Verfahren nicht angefochten werden.

(2) [1]Eine beschlagnahmte bewegliche Sache kann dem Betroffenen zurückgegeben werden, wenn er einen den Wert der Sache entsprechenden Geldbetrag beibringt. [2]Der beigebrachte Betrag tritt an die Stelle der Sache. [3]Sie kann dem Betroffenen auch unter dem Vorbehalt jederzeitigen Widerrufs zur vorläufigen weiteren Benutzung bis zum Abschluss des Verfahrens überlassen werden; die

---

[1)] §§ 111b und 111c neu gef. mWv 1.7.2017 durch G v. 13.4.2017 (BGBl. I S. 872).
[2)] Nr. **100**.
[3)] Nr. **108**.
[4)] § 111d neu gef. mWv 1.7.2017 durch G v. 13.4.2017 (BGBl. I S. 872); Abs. 3 angef. mWv 1.7.2021 durch G v. 25.6.2021 (BGBl. I S. 2099).
[5)] Nr. **20**.

Maßnahme kann davon abhängig gemacht werden, dass der Betroffene Sicherheit leistet oder bestimmte Auflagen erfüllt.

(3) [1] Beschlagnahmtes Bargeld kann hinterlegt oder auf ein Konto der Justiz eingezahlt werden. [2] Der mit der Einzahlung entstandene Auszahlungsanspruch tritt an die Stelle des Bargeldes.

**§ 111e[1)] Vermögensarrest zur Sicherung der Wertersatzeinziehung.**

(1) [1] Ist die Annahme begründet, dass die Voraussetzungen der Einziehung von Wertersatz vorliegen, so kann zur Sicherung der Vollstreckung der Vermögensarrest in das bewegliche und unbewegliche Vermögen des Betroffenen angeordnet werden. [2] Liegen dringende Gründe für diese Annahme vor, so soll der Vermögensarrest angeordnet werden.

(2) Der Vermögensarrest kann auch zur Sicherung der Vollstreckung einer Geldstrafe und der voraussichtlichen Kosten des Strafverfahrens angeordnet werden, wenn gegen den Beschuldigten ein Urteil ergangen oder ein Strafbefehl erlassen worden ist.

(3) Zur Sicherung der Vollstreckungskosten ergeht kein Arrest.

(4) [1] In der Anordnung ist der zu sichernde Anspruch unter Angabe des Geldbetrages zu bezeichnen. [2] Zudem ist in der Anordnung ein Geldbetrag festzusetzen, durch dessen Hinterlegung der Betroffene die Vollziehung des Arrestes abwenden und die Aufhebung der Vollziehung des Arrestes verlangen kann; § 108 Absatz 1 der Zivilprozessordnung[2)] gilt entsprechend.

(5) Die §§ 102 bis 110 gelten entsprechend.

(6) Die Möglichkeit einer Anordnung nach § 324 der Abgabenordnung steht einer Anordnung nach Absatz 1 nicht entgegen.

**§ 111f[3)] Vollziehung des Vermögensarrestes.** (1) [1] Der Vermögensarrest in eine bewegliche Sache, in eine Forderung oder ein anderes Vermögensrecht, das nicht der Zwangsvollstreckung in das unbewegliche Vermögen unterliegt, wird durch Pfändung vollzogen. [2] Die §§ 928 und 930 der Zivilprozessordnung[2)] gelten sinngemäß. [3] § 111c Absatz 2 Satz 3 gilt entsprechend.

(2) [1] Der Vermögensarrest in ein Grundstück oder ein Recht, das den Vorschriften über die Zwangsvollstreckung in das unbewegliche Vermögen unterliegt, wird durch Eintragung einer Sicherungshypothek bewirkt. [2] Die §§ 928 und 932 der Zivilprozessordung gelten sinngemäß.

(3) [1] Der Vermögensarrest in ein Schiff, ein Schiffsbauwerk oder ein Luftfahrzeug wird nach Absatz 1 bewirkt. [2] Ist der Gegenstand im Schiffs- oder Schiffsbauregister oder im Register für Pfandrechte an Luftfahrzeugen eingetragen, gelten die §§ 928 und 931 der Zivilprozessordung sinngemäß.

(4) In den Fällen der Absätze 2 und 3 Satz 2 wird auch das Veräußerungsverbot nach § 111h Absatz 1 Satz 1 in Verbindung mit § 136 des Bürgerlichen Gesetzbuchs[4)] eingetragen.

---

[1)] § 111e neu gef. mWv 1.7.2017 durch G v. 13.4.2017 (BGBl. I S. 872).
[2)] Nr. **100**.
[3)] § 111f neu gef. mWv 1.7.2017 durch G v. 13.4.2017 (BGBl. I S. 872).
[4)] Nr. **20**.

**§ 111g**[1] **Aufhebung der Vollziehung des Vermögensarrestes.** (1) Hinterlegt der Betroffene den nach § 111e Absatz 4 festgesetzten Geldbetrag, wird die Vollziehungsmaßnahme aufgehoben.

(2) Ist der Arrest wegen einer Geldstrafe oder der voraussichtlich entstehenden Kosten des Strafverfahrens angeordnet worden, so ist eine Vollziehungsmaßnahme auf Antrag des Beschuldigten aufzuheben, soweit der Beschuldigte den Pfandgegenstand zur Aufbringung der Kosten seiner Verteidigung, seines Unterhalts oder des Unterhalts seiner Familie benötigt.

**§ 111h**[2] **Wirkung der Vollziehung des Vermögensarrestes.** (1) [1] Die Vollziehung des Vermögensarrestes in einen Gegenstand hat die Wirkung eines Veräußerungsverbots im Sinne des § 136 des Bürgerlichen Gesetzbuchs[3]. [2] Für das Sicherungsrecht, das in Vollziehung des Vermögensarrestes entsteht, gilt § 80 Absatz 2 Satz 2 der Insolvenzordnung[4].

(2) [1] Zwangsvollstreckungen in Gegenstände, die im Wege der Arrestvollziehung nach § 111f gesichert worden sind, sind während der Dauer der Arrestvollziehung nicht zulässig. [2] Die Vollziehung einer Arrestanordnung nach § 324 der Abgabenordnung bleibt unberührt, soweit der Arrestanspruch aus der Straftat erwachsen ist.

**§ 111i**[5] **Insolvenzverfahren.** (1) [1] Ist jemandem aus der Tat ein Anspruch auf Ersatz des Wertes des Erlangten erwachsen und wird das Insolvenzverfahren über das Vermögen des Arrestschuldners eröffnet, so erlischt das Sicherungsrecht nach § 111h Absatz 1 an dem Gegenstand oder an dem durch dessen Verwertung erzielten Erlös, sobald dieser vom Insolvenzbeschlag erfasst wird. [2] Das Sicherungsrecht erlischt nicht an Gegenständen, die in einem Staat belegen sind, in dem die Eröffnung des Insolvenzverfahrens nicht anerkannt wird. [3] Die Sätze 1 und 2 gelten entsprechend für das Pfandrecht an der nach § 111g Absatz 1 hinterlegten Sicherheit.

(2) [1] Sind mehrere Anspruchsberechtigte im Sinne des Absatzes 1 Satz 1 vorhanden und reicht der Wert des in Vollziehung des Vermögensarrestes gesicherten Gegenstandes oder des durch seine Verwertung erzielten Erlöses zur Befriedigung der von ihnen geltend gemachten Ansprüche nicht aus, so stellt die Staatsanwaltschaft einen Antrag auf Eröffnung des Insolvenzverfahrens über das Vermögen des Arrestschuldners. [2] Die Staatsanwaltschaft sieht von der Stellung eines Eröffnungsantrags ab, wenn begründete Zweifel daran bestehen, dass das Insolvenzverfahren auf Grund des Antrags eröffnet wird.

(3) [1] Verbleibt bei der Schlussverteilung ein Überschuss, so erwirbt der Staat bis zur Höhe des Vermögensarrestes ein Pfandrecht am Anspruch des Schuldners auf Herausgabe des Überschusses. [2] In diesem Umfang hat der Insolvenzverwalter den Überschuss an die Staatsanwaltschaft herauszugeben.

---

[1] § 111g neu gef. mWv 1.7.2017 durch G v. 13.4.2017 (BGBl. I S. 872).

[2] § 111h neu gef. mWv 1.7.2017 durch G v. 13.4.2017 (BGBl. I S. 872); Abs. 2 Satz 1 geänd. mWv 1.7.2021 durch G v. 25.6.2021 (BGBl. I S. 2099).

[3] Nr. **20**.

[4] Nr. **110**.

[5] § 111i neu gef. mWv 1.7.2017 durch G v. 13.4.2017 (BGBl. I S. 872); Abs. 1 Satz 1 geänd., Abs. 2 Satz 1 neu gef. mWv 1.7.2021 durch G v. 25.6.2021 (BGBl. I S. 2099).

**§ 111j[1] Verfahren bei der Anordnung der Beschlagnahme und des Vermögensarrestes.** (1) [1] Beschlagnahme und Vermögensarrest werden durch das Gericht angeordnet. [2] Bei Gefahr im Verzug kann die Anordnung auch durch die Staatsanwaltschaft erfolgen. [3] Unter der Voraussetzung des Satzes 2 sind zur Beschlagnahme einer beweglichen Sache auch die Ermittlungspersonen der Staatsanwaltschaft (§ 152 des Gerichtsverfassungsgesetzes[2]) befugt.

(2) [1] Hat die Staatsanwaltschaft die Beschlagnahme oder den Arrest angeordnet, so beantragt sie innerhalb einer Woche die gerichtliche Bestätigung der Anordnung. [2] Dies gilt nicht, wenn die Beschlagnahme einer beweglichen Sache angeordnet ist. [3] Der Betroffene kann in allen Fällen die Entscheidung des Gerichts beantragen. [4] Die Zuständigkeit des Gerichts bestimmt sich nach § 162.

**§ 111k[3] Verfahren bei der Vollziehung der Beschlagnahme und des Vermögensarrestes.** (1) [1] Beschlagnahme und Vermögensarrest werden durch die Staatsanwaltschaft vollzogen. [2] Die erforderlichen Eintragungen in das Grundbuch und in die in § 111c Absatz 4 genannten Register sowie die in § 111c Absatz 4 genannten Anmeldungen werden auf Ersuchen der Staatsanwaltschaft bewirkt. [3] Soweit ein Arrest nach den Vorschriften über die Pfändung in bewegliche Sachen zu vollziehen ist, kann dies durch die in § 2 des Justizbeitreibungsgesetzes[4] bezeichnete Behörde, den Gerichtsvollzieher, die Staatsanwaltschaft oder durch deren Ermittlungspersonen (§ 152 des Gerichtsverfassungsgesetzes[2]) vollzogen werden. [4] Die Beschlagnahme beweglicher Sachen kann auch durch die Ermittlungspersonen der Staatsanwaltschaft (§ 152 des Gerichtsverfassungsgesetzes) vollzogen werden. [5] § 98 Absatz 4 gilt entsprechend.

(2) [1] Für die Zustellung gilt § 37 Absatz 1 mit der Maßgabe, dass auch die Ermittlungspersonen der Staatsanwaltschaft (§ 152 des Gerichtsverfassungsgesetzes) mit der Ausführung beauftragt werden können. [2] Für Zustellungen an ein im Inland zum Geschäftsbetrieb befugtes Kreditinstitut gelten die §§ 173 und 175 der Zivilprozessordnung[5] entsprechend.

(3) Gegen Maßnahmen, die in Vollziehung der Beschlagnahme oder des Vermögensarrestes getroffen werden, kann der Betroffene die Entscheidung des nach § 162 zuständigen Gerichts beantragen.

**§ 111l[6] Mitteilungen.** (1) Die Staatsanwaltschaft teilt die Vollziehung der Beschlagnahme oder des Vermögensarrests demjenigen mit, dem ein Anspruch auf Rückgewähr des Erlangten oder auf Ersatz des Wertes des Erlangten aus der Tat erwachsen ist.

(2) In den Fällen der Beschlagnahme einer beweglichen Sache ist die Mitteilung mit dem Hinweis auf den Regelungsgehalt des Verfahrens über die Herausgabe nach den §§ 111n und 111o zu verbinden.

---

[1] § 111j eingef. mWv 1.7.2017 durch G v. 13.4.2017 (BGBl. I S. 872).

[2] Nr. **95**.

[3] § 111k neu gef. mWv 1.7.2017 durch G v. 13.4.2017 (BGBl. I S. 872); Abs. 1 Satz 2 eingef., bish. Sätze 2–4 werden Sätze 3–5 mWv 1.7.2021 durch G v. 25.6.2021 (BGBl. I S. 2099); Abs. 2 Satz 2 geänd. mWv 1.1.2022 durch G v. 5.10.2021 (BGBl. I S. 4607).

[4] Nr. **122**.

[5] Nr. **100**.

[6] § 111l neu gef. mWv 1.7.2017 durch G v. 13.4.2017 (BGBl. I S. 872); Abs. 1 neu gef., Abs. 3 Satz 1, Abs. 4 Satz 1 geänd., Satz 3 neu gef., Satz 4 geänd. mWv 1.7.2021 durch G v. 25.6.2021 (BGBl. I S. 2099).

(3) [1] Wird ein Vermögensarrest vollzogen, so fordert die Staatsanwaltschaft den Anspruchsinhaber zugleich mit der Mitteilung auf zu erklären, ob und in welcher Höhe er den Anspruch auf Ersatz des Wertes des Erlangten, der ihm aus der Tat erwachsen ist, geltend machen wolle. [2] Die Mitteilung ist mit dem Hinweis auf den Regelungsgehalt des § 111h Absatz 2 und der Verfahren nach § 111i Absatz 2, § 459h Absatz 2 sowie § 459k zu verbinden.

(4) [1] Die Mitteilung kann durch einmalige Bekanntmachung im Bundesanzeiger erfolgen, wenn eine Mitteilung gegenüber jedem einzelnen mit unverhältnismäßigem Aufwand verbunden wäre. [2] Zusätzlich kann die Mitteilung auch in anderer geeigneter Weise veröffentlicht werden. [3] Gleiches gilt, wenn unbekannt ist, wem ein Anspruch auf Rückgewähr des Erlangten oder auf Ersatz des Wertes des Erlangten aus der Tat erwachsen ist, oder wenn der Anspruchsinhaber unbekannten Aufenthalts ist. [4] Personendaten dürfen nur veröffentlicht werden, soweit ihre Angabe zur Wahrung der Rechte der Anspruchsinhaber unerlässlich ist. [5] Nach Beendigung der Sicherungsmaßnahmen veranlasst die Staatsanwaltschaft die Löschung der Bekanntmachung.

**§ 111m[1)] Verwaltung beschlagnahmter oder gepfändeter Gegenstände.**

(1) [1] Die Verwaltung von Gegenständen, die nach § 111c beschlagnahmt oder auf Grund eines Vermögensarrestes nach § 111f gepfändet worden sind, obliegt der Staatsanwaltschaft. [2] Sie kann ihre Ermittlungspersonen (§ 152 des Gerichtsverfassungsgesetzes[2)]) oder den Gerichtsvollzieher mit der Verwaltung beauftragen. [3] In geeigneten Fällen kann auch eine andere Person mit der Verwaltung beauftragt werden.

(2) Gegen Maßnahmen, die im Rahmen der Verwaltung nach Absatz 1 getroffen werden, kann der Betroffene die Entscheidung des nach § 162 zuständigen Gerichts beantragen.

**§ 111n[3)] Herausgabe beweglicher Sachen.** (1) Wird eine bewegliche Sache, die nach § 94 beschlagnahmt oder auf andere Weise sichergestellt oder nach § 111c Absatz 1 beschlagnahmt worden ist, für Zwecke des Strafverfahrens nicht mehr benötigt, so wird sie an den letzten Gewahrsamsinhaber herausgegeben.

(2) Abweichend von Absatz 1 wird die Sache an denjenigen herausgegeben, dem sie durch die Straftat unmittelbar entzogen worden ist, wenn dieser bekannt ist.

(3) Steht der Herausgabe nach Absatz 1 oder Absatz 2 der Anspruch eines Dritten entgegen, wird die Sache an den Dritten herausgegeben, wenn dieser bekannt ist.

(4) Die Herausgabe erfolgt nur, wenn ihre Voraussetzungen offenkundig sind.

**§ 111o[4)] Verfahren bei der Herausgabe.** (1) Über die Herausgabe entscheidet im vorbereitenden Verfahren und nach rechtskräftigem Abschluss des Verfahrens die Staatsanwaltschaft, im Übrigen das mit der Sache befasste Gericht.

(2) Gegen die Verfügung der Staatsanwaltschaft können die Betroffenen die Entscheidung des nach § 162 zuständigen Gerichts beantragen.

---

[1)] § 111m neu gef. mWv 1.7.2017 durch G v. 13.4.2017 (BGBl. I S. 872).

[2)] Nr. **95**.

[3)] § 111n neu gef. mWv 1.7.2017 durch G v. 13.4.2017 (BGBl. I S. 872, ber. 2018 I S. 1094); Abs. 2 und 3 geänd. mWv 1.7.2021 durch G v. 25.6.2021 (BGBl. I S. 2099).

[4)] § 111o eingef. mWv 1.7.2017 durch G v. 13.4.2017 (BGBl. I S. 872); Abs. 2 geänd. mWv 1.7.2021 durch G v. 25.6.2021 (BGBl. I S. 2099).

**§ 111p[1] Notveräußerung.** (1) [1]Ein Gegenstand, der nach § 111c beschlagnahmt oder nach § 111f gepfändet worden ist, kann veräußert werden, wenn sein Verderb oder ein erheblicher Wertverlust droht oder seine Aufbewahrung, Pflege oder Erhaltung mit erheblichen Kosten oder Schwierigkeiten verbunden ist (Notveräußerung). [2]Der Erlös tritt an die Stelle des veräußerten Gegenstandes.

(2) [1]Die Notveräußerung wird durch die Staatsanwaltschaft angeordnet. [2]Ihren Ermittlungspersonen (§ 152 des Gerichtsverfassungsgesetzes[2]) steht diese Befugnis zu, wenn der Gegenstand zu verderben droht, bevor die Entscheidung der Staatsanwaltschaft herbeigeführt werden kann.

(3) [1]Die von der Beschlagnahme oder Pfändung Betroffenen sollen vor der Anordnung gehört werden. [2]Die Anordnung sowie Zeit und Ort der Veräußerung sind ihnen, soweit dies ausführbar erscheint, mitzuteilen.

(4) [1]Die Durchführung der Notveräußerung obliegt der Staatsanwaltschaft. [2]Die Staatsanwaltschaft kann damit auch ihre Ermittlungspersonen (§ 152 des Gerichtsverfassungsgesetzes) beauftragen. [3]Für die Notveräußerung gelten im Übrigen die Vorschriften der Zivilprozessordnung[3] über die Verwertung von Gegenständen sinngemäß.

(5) [1]Gegen die Notveräußerung und ihre Durchführung kann der Betroffene die Entscheidung des nach § 162 zuständigen Gerichts beantragen. [2]Das Gericht, in dringenden Fällen der Vorsitzende, kann die Aussetzung der Veräußerung anordnen.

**§ 111q[4] Beschlagnahme von Verkörperungen eines Inhalts und Vorrichtungen.** (1) Die Beschlagnahme einer Verkörperung eines Inhalts (§ 11 Absatz 3 des Strafgesetzbuches) oder einer Vorrichtung im Sinne des § 74d des Strafgesetzbuches[5] darf nach § 111b Absatz 1 nicht angeordnet werden, wenn ihre nachteiligen Folgen, insbesondere die Gefährdung des öffentlichen Interesses an unverzögerter Verbreitung, offenbar außer Verhältnis zu der Bedeutung der Sache stehen.

(2) [1]Ausscheidbare Teile der Verkörperung, die nichts Strafbares enthalten, sind von der Beschlagnahme auszuschließen. [2]Die Beschlagnahme kann in der Anordnung weiter beschränkt werden.

(3) Die Beschlagnahme kann dadurch abgewendet werden, dass der Betroffene den Teil eines Inhalts, der zur Beschlagnahme Anlass gibt, von der Vervielfältigung oder der Verbreitung ausschließt.

(4) [1]Die Beschlagnahme einer periodisch erscheinenden Verkörperung eines Inhalts (§ 11 Absatz 3 des Strafgesetzbuches) oder einer zu deren Herstellung gebrauchten oder bestimmten Vorrichtung im Sinne des § 74d des Strafgesetzbuches ordnet das Gericht an. [2]Die Beschlagnahme einer Verkörperung eines anderen Inhalts (§ 11 Absatz 3 des Strafgesetzbuches) oder einer zu deren Herstellung gebrauchten oder bestimmten Vorrichtung im Sinne des § 74d des Strafgesetzbuches kann bei Gefahr in Verzug auch die Staatsanwaltschaft anordnen. [3]Die Anordnung der Staatsanwaltschaft tritt außer Kraft, wenn sie nicht binnen

---

[1] § 111p eingef. mWv 1.7.2017 durch G v. 13.4.2017 (BGBl. I S. 872).

[2] Nr. **95**.

[3] Nr. **100**.

[4] § 111q eingef. mWv 1.7.2017 durch G v. 13.4.2017 (BGBl. I S. 872); Überschrift, Abs. 1, 2 Satz 1, Abs. 3, 4 Sätze 1, 2 und 4 geänd. mWv 1.1.2021 durch G v. 30.11.2020 (BGBl. I S. 2600).

[5] Nr. **85**.

drei Tagen von dem Gericht bestätigt wird. [4]In der Anordnung der Beschlagnahme ist der genaue Inhalt, der zur Beschlagnahme Anlass gibt, zu bezeichnen.

(5) [1]Eine Beschlagnahme nach Absatz 4 ist aufzuheben, wenn nicht binnen zwei Monaten die öffentliche Klage erhoben oder die selbständige Einziehung beantragt ist. [2]Reicht die in Satz 1 bezeichnete Frist wegen des besonderen Umfanges der Ermittlungen nicht aus, kann das Gericht auf Antrag der Staatsanwaltschaft die Frist um weitere zwei Monate verlängern. [3]Der Antrag kann einmal wiederholt werden. [4]Vor Erhebung der öffentlichen Klage oder vor Beantragung der selbständigen Einziehung ist die Beschlagnahme aufzuheben, wenn die Staatsanwaltschaft dies beantragt.

## Neunter Abschnitt. Verhaftung und vorläufige Festnahme

**§ 112**[1)] **Voraussetzungen der Untersuchungshaft; Haftgründe.** (1) [1]Die Untersuchungshaft darf gegen den Beschuldigten angeordnet werden, wenn er der Tat dringend verdächtig ist und ein Haftgrund besteht. [2]Sie darf nicht angeordnet werden, wenn sie zu der Bedeutung der Sache und der zu erwartenden Strafe oder Maßregel der Besserung und Sicherung außer Verhältnis steht.

(2) Ein Haftgrund besteht, wenn auf Grund bestimmter Tatsachen

1. festgestellt wird, daß der Beschuldigte flüchtig ist oder sich verborgen hält,
2. bei Würdigung der Umstände des Einzelfalles die Gefahr besteht, daß der Beschuldigte sich dem Strafverfahren entziehen werde (Fluchtgefahr), oder
3. das Verhalten des Beschuldigten den dringenden Verdacht begründet, er werde
   a) Beweismittel vernichten, verändern, beiseite schaffen, unterdrücken oder fälschen oder
   b) auf Mitbeschuldigte, Zeugen oder Sachverständige in unlauterer Weise einwirken oder
   c) andere zu solchem Verhalten veranlassen,

   und wenn deshalb die Gefahr droht, daß die Ermittlung der Wahrheit erschwert werde (Verdunkelungsgefahr).

(3) Gegen den Beschuldigten, der einer Straftat nach § 6 Absatz 1 Nummer 1 oder § 13 Absatz 1 des Völkerstrafgesetzbuches[2)] oder § 129a Abs. 1 oder Abs. 2, auch in Verbindung mit § 129b Abs. 1, oder nach den §§ 176c, 176d, 211, 212, 226, 306b oder 306c des Strafgesetzbuches[3)] oder, soweit durch die Tat Leib oder Leben eines anderen gefährdet worden ist, nach § 308 Abs. 1 bis 3 des Strafgesetzbuches dringend verdächtig ist, darf die Untersuchungshaft auch angeordnet werden, wenn ein Haftgrund nach Absatz 2 nicht besteht.

**§ 112a**[4)] **Haftgrund der Wiederholungsgefahr.** (1) [1]Ein Haftgrund besteht auch, wenn der Beschuldigte dringend verdächtig ist,

---

[1)] § 112 Abs. 3 geänd. durch G v. 28.10.1994 (BGBl. I S. 3186); Abs. 3 geänd. durch G v. 26.1.1998 (BGBl. I S. 164); Abs. 3 geänd. mWv 30.6.2002 durch G v. 26.6.2002 (BGBl. I S. 2254); Abs. 3 geänd. mWv 30.8.2002 durch G v. 22.8.2002 (BGBl. I S. 3390); Abs. 3 geänd. mWv 28.12.2003 durch G v. 22.12.2003 (BGBl. I S. 2836); Abs. 3 geänd. mWv 1.1.2017 durch G v. 22.12.2016 (BGBl. I S. 3150); Abs. 3 geänd. mWv 1.7.2021 durch G v. 16.6.2021 (BGBl. I S. 1810).

[2)] **Habersack, Deutsche Gesetze ErgBd. Nr. 85g.**

[3)] Nr. **85**.

[4)] § 112a Abs. 1 Satz 1 Nr. 2 geänd. durch G v. 9.6.1989 (BGBl. I S. 1059); Abs. 1 Satz 1 Nr. 2 geänd. durch G v. 15.7.1992 (BGBl. I S. 1302); Abs. 1 Satz 2 aufgeh. durch G v. 28.10.1994 (BGBl. I S. 3186); Abs. 1 Nr. 1 geänd. durch G v. 1.7.1997 (BGBl. I S. 1607); Abs. 1 Nr. 1 und 2 geänd. durch G v. 26.1.1998 (BGBl. I S. 164); Abs. 1 Nr. 1 geänd. mWv 31.3.2007 durch G v. 22.3.2007 (BGBl. I S. 354); Abs. 1 →

1. eine Straftat nach den §§ 174, 174a, 176 bis 176d, 177, 178, 184b Absatz 2 oder nach § 238 Abs. 2 und 3 des Strafgesetzbuches[1] oder
2. wiederholt oder fortgesetzt eine die Rechtsordnung schwerwiegend beeinträchtigende Straftat nach den §§ 89a, 89c Absatz 1 bis 4, nach § 125a, nach den §§ 224 bis 227, nach den §§ 243, 244, 249 bis 255, 260, nach § 263, nach den §§ 306 bis 306c oder § 316a des Strafgesetzbuches oder nach § 29 Absatz 1 Satz 1 Nummer 1, 10 oder Abs. 3, § 29a Abs. 1, § 30 Abs. 1, § 30a Abs. 1 des Betäubungsmittelgesetzes[2] oder nach § 4 Absatz 3 Nummer 1 Buchstabe a des Neue-psychoaktive-Stoffe-Gesetzes

begangen zu haben, und bestimmte Tatsachen die Gefahr begründen, daß er vor rechtskräftiger Aburteilung weitere erhebliche Straftaten gleicher Art begehen oder die Straftat fortsetzen werde, die Haft zur Abwendung der drohenden Gefahr erforderlich und in den Fällen der Nummer 2 eine Freiheitsstrafe von mehr als einem Jahr zu erwarten ist. [2]In die Beurteilung des dringenden Verdachts einer Tatbegehung im Sinne des Satzes 1 Nummer 2 sind auch solche Taten einzubeziehen, die Gegenstand anderer, auch rechtskräftig abgeschlossener, Verfahren sind oder waren.

(2) Absatz 1 findet keine Anwendung, wenn die Voraussetzungen für den Erlaß eines Haftbefehls nach § 112 vorliegen und die Voraussetzungen für die Aussetzung des Vollzugs des Haftbefehls nach § 116 Abs. 1, 2 nicht gegeben sind.

**§ 113 Untersuchungshaft bei leichteren Taten.** (1) Ist die Tat nur mit Freiheitsstrafe bis zu sechs Monaten oder mit Geldstrafe bis zu einhundertachtzig Tagessätzen bedroht, so darf die Untersuchungshaft wegen Verdunkelungsgefahr nicht angeordnet werden.

(2) In diesen Fällen darf die Untersuchungshaft wegen Fluchtgefahr nur angeordnet werden, wenn der Beschuldigte

1. sich dem Verfahren bereits einmal entzogen hatte oder Anstalten zur Flucht getroffen hat,
2. im Geltungsbereich dieses Gesetzes keinen festen Wohnsitz oder Aufenthalt hat oder
3. sich über seine Person nicht ausweisen kann.

**§ 114 Haftbefehl.** (1) Die Untersuchungshaft wird durch schriftlichen Haftbefehl des Richters angeordnet.

(2) In dem Haftbefehl sind anzuführen

1. der Beschuldigte,
2. die Tat, deren er dringend verdächtig ist, Zeit und Ort ihrer Begehung, die gesetzlichen Merkmale der Straftat und die anzuwendenden Strafvorschriften,
3. der Haftgrund sowie

---

*(Fortsetzung der Anm. von voriger Seite)*
Satz 2 angef. mWv 1.10.2009 durch G v. 29.7.2009 (BGBl. I S. 2280); Abs. 1 Satz 1 Nr. 2 geänd. mWv 4.8.2009 durch G v. 30.7.2009 (BGBl. I S. 2437); Abs. 1 Satz 1 Nr. 2 geänd. mWv 20.6.2015 durch G v. 12.6.2015 (BGBl. I S. 926); Abs. 1 Satz 1 Nr. 1 geänd. mWv 10.11.2016 durch G v. 4.11.2016 (BGBl. I S. 2460); Abs. 1 Satz 1 Nr. 2 geänd. mWv 26.11.2016 durch G v. 21.11.2016 (BGBl. I S. 2615); Abs. 1 Satz 1 Nr. 2 geänd. mWv 13.7.2017 durch G v. 5.7.2017 (BGBl. I S. 2208); Abs. 1 Satz 1 Nr. 1 geänd. mWv 1.7.2021 durch G v. 16.6.2021 (BGBl. I S. 1810); Abs. 1 Satz 1 Nr. 1 geänd. mWv 22.9.2021 durch G v. 14.9.2021 (BGBl. I S. 4250).

[1] Nr. **85**.

[2] **Habersack, Deutsche Gesetze ErgBd. Nr. 86.**

4. die Tatsachen, aus denen sich der dringende Tatverdacht und der Haftgrund ergibt, soweit nicht dadurch die Staatssicherheit gefährdet wird.

(3) Wenn die Anwendung des § 112 Abs. 1 Satz 2 naheliegt oder der Beschuldigte sich auf diese Vorschrift beruft, sind die Gründe dafür anzugeben, daß sie nicht angewandt wurde.

**§ 114a**[1)] **Aushändigung des Haftbefehls; Übersetzung.** [1] Dem Beschuldigten ist bei der Verhaftung eine Abschrift des Haftbefehls auszuhändigen; beherrscht er die deutsche Sprache nicht hinreichend, erhält er zudem eine Übersetzung in einer für ihn verständlichen Sprache. [2] Ist die Aushändigung einer Abschrift und einer etwaigen Übersetzung nicht möglich, ist ihm unverzüglich in einer für ihn verständlichen Sprache mitzuteilen, welches die Gründe für die Verhaftung sind und welche Beschuldigungen gegen ihn erhoben werden. [3] In diesem Fall ist die Aushändigung der Abschrift des Haftbefehls sowie einer etwaigen Übersetzung unverzüglich nachzuholen.

**§ 114b**[2)] **Belehrung des verhafteten Beschuldigten.** (1) [1] Der verhaftete Beschuldigte ist unverzüglich und schriftlich in einer für ihn verständlichen Sprache über seine Rechte zu belehren. [2] Ist eine schriftliche Belehrung erkennbar nicht ausreichend, hat zudem eine mündliche Belehrung zu erfolgen. [3] Entsprechend ist zu verfahren, wenn eine schriftliche Belehrung nicht möglich ist; sie soll jedoch nachgeholt werden, sofern dies in zumutbarer Weise möglich ist. [4] Der Beschuldigte soll schriftlich bestätigen, dass er belehrt wurde; falls er sich weigert, ist dies zu dokumentieren.

(2) [1] In der Belehrung nach Absatz 1 ist der Beschuldigte darauf hinzuweisen, dass er

1. unverzüglich, spätestens am Tag nach der Ergreifung, dem Gericht vorzuführen ist, das ihn zu vernehmen und über seine weitere Inhaftierung zu entscheiden hat,
2. das Recht hat, sich zur Beschuldigung zu äußern oder nicht zur Sache auszusagen,
3. zu seiner Entlastung einzelne Beweiserhebungen beantragen kann,
4. jederzeit, auch schon vor seiner Vernehmung, einen von ihm zu wählenden Verteidiger befragen kann; dabei sind ihm Informationen zur Verfügung zu stellen, die es ihm erleichtern, einen Verteidiger zu kontaktieren; auf bestehende anwaltliche Notdienste ist dabei hinzuweisen,

4a. in den Fällen des § 140 die Bestellung eines Pflichtverteidigers nach Maßgabe des § 141 Absatz 1 und des § 142 Absatz 1 beantragen kann; dabei ist auf die mögliche Kostenfolge des § 465 hinzuweisen,

5. das Recht hat, die Untersuchung durch einen Arzt oder eine Ärztin seiner Wahl zu verlangen,
6. einen Angehörigen oder eine Person seines Vertrauens benachrichtigen kann, soweit der Zweck der Untersuchung dadurch nicht erheblich gefährdet wird,

---

1) § 114a neu gef. mWv 1.1.2010 durch G v. 29.7.2009 (BGBl. I S. 2274).

2) § 114b neu gef. mWv 1.1.2010 durch G v. 29.7.2009 (BGBl. I S. 2274); Abs. 2 Satz 1 Nr. 4a eingef., Nr. 5 und 6 geänd., Nr. 7 und 8 angef., Satz 2 neu gef., Satz 3 eingef., bish. Satz 3 wird Satz 4 mWv 6.7. 2013 durch G v. 2.7.2013 (BGBl. I S. 1938); Abs. 2 Satz 1 Nr. 7 geänd. mWv 1.1.2018 durch G v. 5.7. 2017 (BGBl. I S. 2208); Abs. 2 Satz 1 Nr. 6 geänd. mWv 5.9.2017 durch G v. 27.8.2017 (BGBl. I S. 3295); Abs. 2 Satz 1 Nr. 4a neu gef. mWv 13.12.2019 durch G v. 10.12.2019 (BGBl. I S. 2128); Abs. 2 Satz 1 Nr. 4 und 4a geänd., Satz 3 neu gef. mWv 1.7.2021 durch G v. 25.6.2021 (BGBl. I S. 2099).

7. nach Maßgabe des § 147 Absatz 4 beantragen kann, die Akten einzusehen und unter Aufsicht amtlich verwahrte Beweisstücke zu besichtigen, soweit er keinen Verteidiger hat, und
8. bei Aufrechterhaltung der Untersuchungshaft nach Vorführung vor den zuständigen Richter
   a) eine Beschwerde gegen den Haftbefehl einlegen oder eine Haftprüfung (§ 117 Absatz 1 und 2) und eine mündliche Verhandlung (§ 118 Absatz 1 und 2) beantragen kann,
   b) bei Unstatthaftigkeit der Beschwerde eine gerichtliche Entscheidung nach § 119 Absatz 5 beantragen kann und
   c) gegen behördliche Entscheidungen und Maßnahmen im Untersuchungshaftvollzug eine gerichtliche Entscheidung nach § 119a Absatz 1 beantragen kann.

[2]Der Beschuldigte ist auf das Akteneinsichtsrecht des Verteidigers nach § 147 hinzuweisen. [3]Ein Beschuldigter, der der deutschen Sprache nicht hinreichend mächtig ist, ist in einer ihm verständlichen Sprache darauf hinzuweisen, dass er nach Maßgabe des § 187 Absatz 1 bis 3 des Gerichtsverfassungsgesetzes[1)] für das gesamte Strafverfahren die unentgeltliche Hinzuziehung eines Dolmetschers oder Übersetzers beanspruchen kann; ein hör- oder sprachbehinderter Beschuldigter ist auf sein Wahlrecht nach § 186 Absatz 1 und 2 des Gerichtsverfassungsgesetzes hinzuweisen. [4]Ein ausländischer Staatsangehöriger ist darüber zu belehren, dass er die Unterrichtung der konsularischen Vertretung seines Heimatstaates verlangen und dieser Mitteilungen zukommen lassen kann.

**§ 114c[2)] Benachrichtigung von Angehörigen.** (1) Einem verhafteten Beschuldigten ist unverzüglich Gelegenheit zu geben, einen Angehörigen oder eine Person seines Vertrauens zu benachrichtigen, sofern der Zweck der Untersuchung dadurch nicht erheblich gefährdet wird.

(2) [1]Wird gegen einen verhafteten Beschuldigten nach der Vorführung vor das Gericht Haft vollzogen, hat das Gericht die unverzügliche Benachrichtigung eines seiner Angehörigen oder einer Person seines Vertrauens anzuordnen. [2]Die gleiche Pflicht besteht bei jeder weiteren Entscheidung über die Fortdauer der Haft.

**§ 114d[3)] Mitteilungen an die Vollzugsanstalt.** (1) [1]Das Gericht übermittelt der für den Beschuldigten zuständigen Vollzugsanstalt mit dem Aufnahmeersuchen eine Abschrift des Haftbefehls. [2]Darüber hinaus teilt es ihr mit

1. die das Verfahren führende Staatsanwaltschaft und das nach § 126 zuständige Gericht,
2. die Personen, die nach § 114c benachrichtigt worden sind,
3. Entscheidungen und sonstige Maßnahmen nach § 119 Abs. 1 und 2,
4. weitere im Verfahren ergehende Entscheidungen, soweit dies für die Erfüllung der Aufgaben der Vollzugsanstalt erforderlich ist,
5. Hauptverhandlungstermine und sich aus ihnen ergebende Erkenntnisse, die für die Erfüllung der Aufgaben der Vollzugsanstalt erforderlich sind,

---

1) Nr. **95**.

2) § 114c eingef. mWv 1.1.2010 durch G v. 29.7.2009 (BGBl. I S. 2274); Abs. 1 geänd. mWv 5.9.2017 durch G v. 27.8.2017 (BGBl. I S. 3295).

3) § 114d eingef. mWv 1.1.2010 durch G v. 29.7.2009 (BGBl. I S. 2274); Abs. 2 Satz 2 geänd. mWv 1.1.2018 durch G v. 5.7.2017 (BGBl. I S. 2208).

6. den Zeitpunkt der Rechtskraft des Urteils sowie
7. andere Daten zur Person des Beschuldigten, die für die Erfüllung der Aufgaben der Vollzugsanstalt erforderlich sind, insbesondere solche über seine Persönlichkeit und weitere relevante Strafverfahren.

[3]Die Sätze 1 und 2 gelten bei Änderungen der mitgeteilten Tatsachen entsprechend. [4]Mitteilungen unterbleiben, soweit die Tatsachen der Vollzugsanstalt bereits anderweitig bekannt geworden sind.

(2) [1]Die Staatsanwaltschaft unterstützt das Gericht bei der Erfüllung seiner Aufgaben nach Absatz 1 und teilt der Vollzugsanstalt von Amts wegen insbesondere Daten nach Absatz 1 Satz 2 Nr. 7 sowie von ihr getroffene Entscheidungen und sonstige Maßnahmen nach § 119 Abs. 1 und 2 mit. [2]Zudem übermittelt die Staatsanwaltschaft der Vollzugsanstalt eine Abschrift der Anklageschrift und teilt dem nach § 126 Abs. 1 zuständigen Gericht die Anklageerhebung mit.

**§ 114e[1)] Übermittlung von Erkenntnissen durch die Vollzugsanstalt.** [1]Die Vollzugsanstalt übermittelt dem Gericht und der Staatsanwaltschaft von Amts wegen beim Vollzug der Untersuchungshaft erlangte Erkenntnisse, soweit diese aus Sicht der Vollzugsanstalt für die Erfüllung der Aufgaben der Empfänger von Bedeutung sind und diesen nicht bereits anderweitig bekannt geworden sind. [2]Sonstige Befugnisse der Vollzugsanstalt, dem Gericht und der Staatsanwaltschaft Erkenntnisse mitzuteilen, bleiben unberührt.

**§ 115[2)] Vorführung vor den zuständigen Richter.** (1) Wird der Beschuldigte auf Grund des Haftbefehls ergriffen, so ist er unverzüglich dem zuständigen Gericht vorzuführen.

(2) Das Gericht hat den Beschuldigten unverzüglich nach der Vorführung, spätestens am nächsten Tage, über den Gegenstand der Beschuldigung zu vernehmen.

(3) [1]Bei der Vernehmung ist der Beschuldigte auf die ihn belastenden Umstände und sein Recht hinzuweisen, sich zur Beschuldigung zu äußern oder nicht zur Sache auszusagen. [2]Ihm ist Gelegenheit zu geben, die Verdachts- und Haftgründe zu entkräften und die Tatsachen geltend zu machen, die zu seinen Gunsten sprechen.

(4) [1]Wird die Haft aufrechterhalten, so ist der Beschuldigte über das Recht der Beschwerde und die anderen Rechtsbehelfe (§ 117 Abs. 1, 2, § 118 Abs. 1, 2, § 119 Abs. 5, § 119a Abs. 1) zu belehren. [2]§ 304 Abs. 4 und 5 bleibt unberührt.

**§ 115a[3)] Vorführung vor den Richter des nächsten Amtsgerichts.** (1) Kann der Beschuldigte nicht spätestens am Tag nach der Ergreifung dem zuständigen Gericht vorgeführt werden, so ist er unverzüglich, spätestens am Tage nach der Ergreifung, dem nächsten Amtsgericht vorzuführen.

(2) [1]Das Gericht hat den Beschuldigten unverzüglich nach der Vorführung, spätestens am nächsten Tage, zu vernehmen. [2]Bei der Vernehmung wird, soweit möglich, § 115 Abs. 3 angewandt. [3]Ergibt sich bei der Vernehmung, dass der Haftbefehl aufgehoben, seine Aufhebung durch die Staatsanwaltschaft beantragt (§ 120 Abs. 3) oder der Ergriffene nicht die in dem Haftbefehl bezeichnete Person

---

[1)] § 114e eingef. mWv 1.1.2010 durch G v. 29.7.2009 (BGBl. I S. 2274).
[2)] § 115 Abs. 1 und 2 geänd., Abs. 4 neu gef. mWv 1.1.2010 durch G v. 29.7.2009 (BGBl. I S. 2274).
[3)] § 115a Abs. 1 und 2 neu gef., Abs. 3 Satz 1 geänd. mWv 1.1.2010 durch G v. 29.7.2009 (BGBl. I S. 2274).

ist, so ist der Ergriffene freizulassen. [4] Erhebt dieser sonst gegen den Haftbefehl oder dessen Vollzug Einwendungen, die nicht offensichtlich unbegründet sind, oder hat das Gericht Bedenken gegen die Aufrechterhaltung der Haft, so teilt es diese dem zuständigen Gericht und der zuständigen Staatsanwaltschaft unverzüglich und auf dem nach den Umständen angezeigten schnellsten Wege mit; das zuständige Gericht prüft unverzüglich, ob der Haftbefehl aufzuheben oder außer Vollzug zu setzen ist.

(3) [1] Wird der Beschuldigte nicht freigelassen, so ist er auf sein Verlangen dem zuständigen Gericht zur Vernehmung nach § 115 vorzuführen. [2] Der Beschuldigte ist auf dieses Recht hinzuweisen und gemäß § 115 Abs. 4 zu belehren.

**§ 116[1)] Aussetzung des Vollzugs des Haftbefehls.** (1) [1] Der Richter setzt den Vollzug eines Haftbefehls, der lediglich wegen Fluchtgefahr gerechtfertigt ist, aus, wenn weniger einschneidende Maßnahmen die Erwartung hinreichend begrün-

*(Fortsetzung nächstes Blatt)*

[1)] Nach dem verfassungsrechtlichen Grundsatz der Verhältnismäßigkeit ist auch bei einem auf § 112 Abs. 4 [jetzt: § 112 Abs. 3] StPO gestützten Haftbefehl eine Haftverschonung in entsprechender Anwendung des § 116 StPO möglich; vgl. Beschl. des BVerfG v. 15.12.1965 – 1 BvR 513/65 – (NJW 1966 S. 243 = BVerfGE Bd. 19 S. 342 = JZ 1966 S. 146 = MDR 1966 S. 300).

den, daß der Zweck der Untersuchungshaft auch durch sie erreicht werden kann. [2]In Betracht kommen namentlich

1. die Anweisung, sich zu bestimmten Zeiten bei dem Richter, der Strafverfolgungsbehörde oder einer von ihnen bestimmten Dienststelle zu melden,
2. die Anweisung, den Wohn- oder Aufenthaltsort oder einen bestimmten Bereich nicht ohne Erlaubnis des Richters oder der Strafverfolgungsbehörde zu verlassen,
3. die Anweisung, die Wohnung nur unter Aufsicht einer bestimmten Person zu verlassen,
4. die Leistung einer angemessenen Sicherheit durch den Beschuldigten oder einen anderen.

(2) [1]Der Richter kann auch den Vollzug eines Haftbefehls, der wegen Verdunkelungsgefahr gerechtfertigt ist, aussetzen, wenn weniger einschneidende Maßnahmen die Erwartung hinreichend begründen, daß sie die Verdunkelungsgefahr erheblich vermindern werden. [2]In Betracht kommt namentlich die Anweisung, mit Mitbeschuldigten, Zeugen oder Sachverständigen keine Verbindung aufzunehmen.

(3) Der Richter kann den Vollzug eines Haftbefehls, der nach § 112a erlassen worden ist, aussetzen, wenn die Erwartung hinreichend begründet ist, daß der Beschuldigte bestimmte Anweisungen befolgen und daß dadurch der Zweck der Haft erreicht wird.

(4) Der Richter ordnet in den Fällen der Absätze 1 bis 3 den Vollzug des Haftbefehls an, wenn

1. der Beschuldigte den ihm auferlegten Pflichten oder Beschränkungen gröblich zuwiderhandelt,
2. der Beschuldigte Anstalten zur Flucht trifft, auf ordnungsgemäße Ladung ohne genügende Entschuldigung ausbleibt oder sich auf andere Weise zeigt, daß das in ihn gesetzte Vertrauen nicht gerechtfertigt war, oder
3. neu hervorgetretene Umstände die Verhaftung erforderlich machen.

**§ 116a[1)] Aussetzung gegen Sicherheitsleistung.** (1) [1]Die Sicherheit ist durch Hinterlegung in barem Geld, in Wertpapieren, durch Pfandbestellung oder durch Bürgschaft geeigneter Personen zu leisten. [2]Davon abweichende Regelungen in einer auf Grund des Gesetzes über den Zahlungsverkehr mit Gerichten und Justizbehörden erlassenen Rechtsverordnung bleiben unberührt.

(2) Der Richter setzt Höhe und Art der Sicherheit nach freiem Ermessen fest.

(3) Der Beschuldigte, der die Aussetzung des Vollzugs des Haftbefehls gegen Sicherheitsleistung beantragt und nicht im Geltungsbereich dieses Gesetzes wohnt, ist verpflichtet, eine im Bezirk des zuständigen Gerichts wohnende Person zum Empfang von Zustellungen zu bevollmächtigen.

**§ 116b[2)] Verhältnis von Untersuchungshaft zu anderen freiheitsentziehenden Maßnahmen.** [1]Die Vollstreckung der Untersuchungshaft geht der Vollstreckung der Auslieferungshaft, der vorläufigen Auslieferungshaft, der Abschiebungshaft und der Zurückweisungshaft vor. [2]Die Vollstreckung anderer freiheits-

---

[1)] § 116a Abs. 1 Satz 2 angef. mWv 31.12.2006 durch G v. 22.12.2006 (BGBl. I S. 3416).
[2)] § 116b eingef. mWv 1.1.2010 durch G v. 29.7.2009 (BGBl. I S. 2274).

entziehender Maßnahmen geht der Vollstreckung von Untersuchungshaft vor, es sei denn, das Gericht trifft eine abweichende Entscheidung, weil der Zweck der Untersuchungshaft dies erfordert.

**§ 117[1)] Haftprüfung.** (1) Solange der Beschuldigte in Untersuchungshaft ist, kann er jederzeit die gerichtliche Prüfung beantragen, ob der Haftbefehl aufzuheben oder dessen Vollzug nach § 116 auszusetzen ist (Haftprüfung).

(2) [1] Neben dem Antrag auf Haftprüfung ist die Beschwerde unzulässig. [2] Das Recht der Beschwerde gegen die Entscheidung, die auf den Antrag ergeht, wird dadurch nicht berührt.

(3) Der Richter kann einzelne Ermittlungen anordnen, die für die künftige Entscheidung über die Aufrechterhaltung der Untersuchungshaft von Bedeutung sind, und nach Durchführung dieser Ermittlungen eine neue Prüfung vornehmen.

**§ 118 Verfahren bei der Haftprüfung.** (1) Bei der Haftprüfung wird auf Antrag des Beschuldigten oder nach dem Ermessen des Gerichts von Amts wegen nach mündlicher Verhandlung entschieden.

(2) Ist gegen den Haftbefehl Beschwerde eingelegt, so kann auch im Beschwerdeverfahren auf Antrag des Beschuldigten oder von Amts wegen nach mündlicher Verhandlung entschieden werden.

(3) Ist die Untersuchungshaft nach mündlicher Verhandlung aufrechterhalten worden, so hat der Beschuldigte einen Anspruch auf eine weitere mündliche Verhandlung nur, wenn die Untersuchungshaft mindestens drei Monate und seit der letzten mündlichen Verhandlung mindestens zwei Monate gedauert hat.

(4) Ein Anspruch auf mündliche Verhandlung besteht nicht, solange die Hauptverhandlung andauert oder wenn ein Urteil ergangen ist, das auf eine Freiheitsstrafe oder eine freiheitsentziehende Maßregel der Besserung und Sicherung erkennt.

(5) Die mündliche Verhandlung ist unverzüglich durchzuführen; sie darf ohne Zustimmung des Beschuldigten nicht über zwei Wochen nach dem Eingang des Antrags anberaumt werden.

**§ 118a[2)] Mündliche Verhandlung bei der Haftprüfung.** (1) Von Ort und Zeit der mündlichen Verhandlung sind die Staatsanwaltschaft sowie der Beschuldigte und der Verteidiger zu benachrichtigen.

(2) [1] Der Beschuldigte ist zu der Verhandlung vorzuführen, es sei denn, daß er auf die Anwesenheit in der Verhandlung verzichtet hat oder daß der Vorführung weite Entfernung oder Krankheit des Beschuldigten oder andere nicht zu beseitigende Hindernisse entgegenstehen. [2] Das Gericht kann anordnen, dass unter den Voraussetzungen des Satzes 1 die mündliche Verhandlung in der Weise erfolgt, dass sich der Beschuldigte an einem anderen Ort als das Gericht aufhält und die Verhandlung zeitgleich in Bild und Ton an den Ort, an dem sich der Beschuldigte aufhält, und in das Sitzungszimmer übertragen wird. [3] Wird der Beschuldigte zur

---

[1)] § 117 Abs. 4 und 5 aufgeh. mWv 1.1.2010 durch G v. 29.7.2009 (BGBl. I S. 2274).

[2)] § 118a Abs. 2 Satz 2 neu gef., Satz 3 eingef., bish. Sätze 3 und 4 werden Sätze 4 und 5 mWv 1.11. 2013 durch G v. 25.4.2013 (BGBl. I S. 935); Abs. 3 Satz 3 geänd. mWv 1.1.2018 durch G v. 5.7.2017 (BGBl. I S. 2208); Abs. 2 Sätze 4 und 5 aufgeh. mWv 13.12.2019 durch G v. 10.12.2019 (BGBl. I S. 2128).

mündlichen Verhandlung nicht vorgeführt und nicht nach Satz 2 verfahren, so muss ein Verteidiger seine Rechte in der Verhandlung wahrnehmen.

(3) [1] In der mündlichen Verhandlung sind die anwesenden Beteiligten zu hören. [2] Art und Umfang der Beweisaufnahme bestimmt das Gericht. [3] Über die Verhandlung ist ein Protokoll aufzunehmen; die §§ 271 bis 273 gelten entsprechend.

(4) [1] Die Entscheidung ist am Schluß der mündlichen Verhandlung zu verkünden. [2] Ist dies nicht möglich, so ist die Entscheidung spätestens binnen einer Woche zu erlassen.

**§ 118b Anwendung von Rechtsmittelvorschriften.** Für den Antrag auf Haftprüfung (§ 117 Abs. 1) und den Antrag auf mündliche Verhandlung gelten die §§ 297 bis 300 und 302 Abs. 2 entsprechend.

**§ 119[1)] Haftgrundbezogene Beschränkungen während der Untersuchungshaft.** (1) [1] Soweit dies zur Abwehr einer Flucht-, Verdunkelungs- oder Wiederholungsgefahr (§§ 112, 112a) erforderlich ist, können einem inhaftierten Beschuldigten Beschränkungen auferlegt werden. [2] Insbesondere kann angeordnet werden, dass

1. der Empfang von Besuchen und die Telekommunikation der Erlaubnis bedürfen,
2. Besuche, Telekommunikation sowie der Schrift- und Paketverkehr zu überwachen sind,
3. die Übergabe von Gegenständen bei Besuchen der Erlaubnis bedarf,
4. der Beschuldigte von einzelnen oder allen anderen Inhaftierten getrennt wird,
5. die gemeinsame Unterbringung und der gemeinsame Aufenthalt mit anderen Inhaftierten eingeschränkt oder ausgeschlossen werden.

[3] Die Anordnungen trifft das Gericht. [4] Kann dessen Anordnung nicht rechtzeitig herbeigeführt werden, kann die Staatsanwaltschaft oder die Vollzugsanstalt eine vorläufige Anordnung treffen. [5] Die Anordnung ist dem Gericht binnen drei Werktagen zur Genehmigung vorzulegen, es sei denn, sie hat sich zwischenzeitlich erledigt. [6] Der Beschuldigte ist über Anordnungen in Kenntnis zu setzen. [7] Die Anordnung nach Satz 2 Nr. 2 schließt die Ermächtigung ein, Besuche und Telekommunikation abzubrechen sowie Schreiben und Pakete anzuhalten.

(2) [1] Die Ausführung der Anordnungen obliegt der anordnenden Stelle. [2] Das Gericht kann die Ausführung von Anordnungen widerruflich auf die Staatsanwaltschaft übertragen, die sich bei der Ausführung der Hilfe durch ihre Ermittlungspersonen und die Vollzugsanstalt bedienen kann. [3] Die Übertragung ist unanfechtbar.

(3) [1] Ist die Überwachung der Telekommunikation nach Absatz 1 Satz 2 Nr. 2 angeordnet, ist die beabsichtigte Überwachung den Gesprächspartnern des Beschuldigten unmittelbar nach Herstellung der Verbindung mitzuteilen. [2] Die Mitteilung kann durch den Beschuldigten selbst erfolgen. [3] Der Beschuldigte ist rechtzeitig vor Beginn der Telekommunikation über die Mitteilungspflicht zu unterrichten.

(4) [1] Die §§ 148, 148a bleiben unberührt. [2] Sie gelten entsprechend für den Verkehr des Beschuldigten mit

---

[1)] § 119 neu gef. mWv 1.1.2010 durch G v. 29.7.2009 (BGBl. I S. 2274); Abs. 4 Satz 2 Nr. 7 geänd. mWv 26.11.2019 durch G v. 20.11.2019 (BGBl. I S. 1724).

1. der für ihn zuständigen Bewährungshilfe,
2. der für ihn zuständigen Führungsaufsichtsstelle,
3. der für ihn zuständigen Gerichtshilfe,
4. den Volksvertretungen des Bundes und der Länder,
5. dem Bundesverfassungsgericht und dem für ihn zuständigen Landesverfassungsgericht,
6. dem für ihn zuständigen Bürgerbeauftragten eines Landes,
7. dem oder der Bundesbeauftragten für den Datenschutz und die Informationsfreiheit, den für die Kontrolle der Einhaltung der Vorschriften über den Datenschutz in den Ländern zuständigen Stellen der Länder und den Aufsichtsbehörden nach § 40 des Bundesdatenschutzgesetzes[1],
8. dem Europäischen Parlament,
9. dem Europäischen Gerichtshof für Menschenrechte,
10. dem Europäischen Gerichtshof,
11. dem Europäischen Datenschutzbeauftragten,
12. dem Europäischen Bürgerbeauftragten,
13. dem Europäischen Ausschuss zur Verhütung von Folter und unmenschlicher oder erniedrigender Behandlung oder Strafe,
14. der Europäischen Kommission gegen Rassismus und Intoleranz,
15. dem Menschenrechtsausschuss der Vereinten Nationen,
16. den Ausschüssen der Vereinten Nationen für die Beseitigung der Rassendiskriminierung und für die Beseitigung der Diskriminierung der Frau,
17. dem Ausschuss der Vereinten Nationen gegen Folter, dem zugehörigen Unterausschuss zur Verhütung von Folter und den entsprechenden Nationalen Präventionsmechanismen,
18. den in § 53 Abs. 1 Satz 1 Nr. 1 und 4 genannten Personen in Bezug auf die dort bezeichneten Inhalte,
19. soweit das Gericht nichts anderes anordnet,
    a) den Beiräten bei den Justizvollzugsanstalten und
    b) der konsularischen Vertretung seines Heimatstaates.

[3] Die Maßnahmen, die erforderlich sind, um das Vorliegen der Voraussetzungen nach den Sätzen 1 und 2 festzustellen, trifft die nach Absatz 2 zuständige Stelle.

(5) [1] Gegen nach dieser Vorschrift ergangene Entscheidungen oder sonstige Maßnahmen kann gerichtliche Entscheidung beantragt werden, soweit nicht das Rechtsmittel der Beschwerde statthaft ist. [2] Der Antrag hat keine aufschiebende Wirkung. [3] Das Gericht kann jedoch vorläufige Anordnungen treffen.

(6) [1] Die Absätze 1 bis 5 gelten auch, wenn gegen einen Beschuldigten, gegen den Untersuchungshaft angeordnet ist, eine andere freiheitsentziehende Maßnahme vollstreckt wird (§ 116b). [2] Die Zuständigkeit des Gerichts bestimmt sich auch in diesem Fall nach § 126.

**§ 119a[2] Gerichtliche Entscheidung über eine Maßnahme der Vollzugsbehörde.** (1) [1] Gegen eine behördliche Entscheidung oder Maßnahme im Unter-

[1] **Sartorius Nr. 245.**
[2] § 119a eingef. mWv 1.1.2010 durch G v. 29.7.2009 (BGBl. I S. 2274).

suchungshaftvollzug kann gerichtliche Entscheidung beantragt werden. [2] Eine gerichtliche Entscheidung kann zudem beantragt werden, wenn eine im Untersuchungshaftvollzug beantragte behördliche Entscheidung nicht innerhalb von drei Wochen ergangen ist.

(2) [1] Der Antrag auf gerichtliche Entscheidung hat keine aufschiebende Wirkung. [2] Das Gericht kann jedoch vorläufige Anordnungen treffen.

(3) Gegen die Entscheidung des Gerichts kann auch die für die vollzugliche Entscheidung oder Maßnahme zuständige Stelle Beschwerde erheben.

**§ 120[1)] Aufhebung des Haftbefehls.** (1) [1] Der Haftbefehl ist aufzuheben, sobald die Voraussetzungen der Untersuchungshaft nicht mehr vorliegen oder sich ergibt, daß die weitere Untersuchungshaft zu der Bedeutung der Sache und der zu erwartenden Strafe oder Maßregel der Besserung und Sicherung außer Verhältnis stehen würde. [2] Er ist namentlich aufzuheben, wenn der Beschuldigte freigesprochen oder die Eröffnung des Hauptverfahrens abgelehnt oder das Verfahren nicht bloß vorläufig eingestellt wird.

(2) Durch die Einlegung eines Rechtsmittels darf die Freilassung des Beschuldigten nicht aufgehalten werden.

(3) [1] Der Haftbefehl ist auch aufzuheben, wenn die Staatsanwaltschaft es vor Erhebung der öffentlichen Klage beantragt. [2] Gleichzeitig mit dem Antrag kann die Staatsanwaltschaft die Freilassung des Beschuldigten anordnen.

**§ 121[2)] Fortdauer der Untersuchungshaft über sechs Monate.** (1) Solange kein Urteil ergangen ist, das auf Freiheitsstrafe oder eine freiheitsentziehende Maßregel der Besserung und Sicherung erkennt, darf der Vollzug der Untersuchungshaft wegen derselben Tat über sechs Monate hinaus nur aufrechterhalten werden, wenn die besondere Schwierigkeit oder der besondere Umfang der Ermittlungen oder ein anderer wichtiger Grund das Urteil noch nicht zulassen und die Fortdauer der Haft rechtfertigen.

(2) In den Fällen des Absatzes 1 ist der Haftbefehl nach Ablauf der sechs Monate aufzuheben, wenn nicht der Vollzug des Haftbefehls nach § 116 ausgesetzt wird oder das Oberlandesgericht die Fortdauer der Untersuchungshaft anordnet.

(3) [1] Werden die Akten dem Oberlandesgericht vor Ablauf der in Absatz 2 bezeichneten Frist vorgelegt, so ruht der Fristenlauf bis zu dessen Entscheidung. [2] Hat die Hauptverhandlung begonnen, bevor die Frist abgelaufen ist, so ruht der Fristenlauf auch bis zur Verkündung des Urteils. [3] Wird die Hauptverhandlung ausgesetzt und werden die Akten unverzüglich nach der Aussetzung dem Oberlandesgericht vorgelegt, so ruht der Fristenlauf ebenfalls bis zu dessen Entscheidung.

(4) [1] In den Sachen, in denen eine Strafkammer nach § 74a des Gerichtsverfassungsgesetzes[3)] zuständig ist, entscheidet das nach § 120 des Gerichtsverfassungsgesetzes zuständige Oberlandesgericht. [2] In den Sachen, in denen ein Oberlandesgericht nach den §§ 120 oder 120b des Gerichtsverfassungsgesetzes zuständig ist, tritt an dessen Stelle der Bundesgerichtshof.

---

[1)] Vgl. hierzu auch Gesetz über die Entschädigung für Strafverfolgungsmaßnahmen (StrEG) **(Schönfelder ErgBd. Nr. 93)**.

[2)] § 121 Abs. 4 Satz 2 geänd. mWv 1.9.2014 durch G v. 23.4.2014 (BGBl. I S. 410).

[3)] Nr. **95**.

**§ 122 Besondere Haftprüfung durch das Oberlandesgericht.** (1) In den Fällen des § 121 legt das zuständige Gericht die Akten durch Vermittlung der Staatsanwaltschaft dem Oberlandesgericht zur Entscheidung vor, wenn es die Fortdauer der Untersuchungshaft für erforderlich hält oder die Staatsanwaltschaft es beantragt.

(2) [1] Vor der Entscheidung sind der Beschuldigte und der Verteidiger zu hören. [2] Das Oberlandesgericht kann über die Fortdauer der Untersuchungshaft nach mündlicher Verhandlung entscheiden; geschieht dies, so gilt § 118a entsprechend.

(3) [1] Ordnet das Oberlandesgericht die Fortdauer der Untersuchungshaft an, so gilt § 114 Abs. 2 Nr. 4 entsprechend. [2] Für die weitere Haftprüfung (§ 117 Abs. 1) ist das Oberlandesgericht zuständig, bis ein Urteil ergeht, das auf Freiheitsstrafe oder eine freiheitsentziehende Maßregel der Besserung und Sicherung erkennt. [3] Es kann die Haftprüfung dem Gericht, das nach den allgemeinen Vorschriften dafür zuständig ist, für die Zeit von jeweils höchstens drei Monaten übertragen. [4] In den Fällen des § 118 Abs. 1 entscheidet das Oberlandesgericht über einen Antrag auf mündliche Verhandlung nach seinem Ermessen.

(4) [1] Die Prüfung der Voraussetzungen nach § 121 Abs. 1 ist auch im weiteren Verfahren dem Oberlandesgericht vorbehalten. [2] Die Prüfung muß jeweils spätestens nach drei Monaten wiederholt werden.

(5) Das Oberlandesgericht kann den Vollzug des Haftbefehls nach § 116 aussetzen.

(6) Sind in derselben Sache mehrere Beschuldigte in Untersuchungshaft, so kann das Oberlandesgericht über die Fortdauer der Untersuchungshaft auch solcher Beschuldigter entscheiden, für die es nach § 121 und den vorstehenden Vorschriften noch nicht zuständig wäre.

(7) Ist der Bundesgerichtshof zur Entscheidung zuständig, so tritt dieser an die Stelle des Oberlandesgerichts.

**§ 122a Höchstdauer der Untersuchungshaft bei Wiederholungsgefahr.** In den Fällen des § 121 Abs. 1 darf der Vollzug der Haft nicht länger als ein Jahr aufrechterhalten werden, wenn sie auf den Haftgrund des § 112a gestützt ist.

**§ 123 Aufhebung der Vollzugsaussetzung dienender Maßnahmen.** (1) Eine Maßnahme, die der Aussetzung des Haftvollzugs dient (§ 116), ist aufzuheben, wenn

1. der Haftbefehl aufgehoben wird oder
2. die Untersuchungshaft oder die erkannte Freiheitsstrafe oder freiheitsentziehende Maßregel der Besserung und Sicherung vollzogen wird.

(2) Unter denselben Voraussetzungen wird eine noch nicht verfallene Sicherheit frei.

(3) Wer für den Beschuldigten Sicherheit geleistet hat, kann deren Freigabe dadurch erlangen, daß er entweder binnen einer vom Gericht zu bestimmenden Frist die Gestellung des Beschuldigten bewirkt oder die Tatsachen, die den Verdacht einer vom Beschuldigten beabsichtigten Flucht begründen, so rechtzeitig mitteilt, daß der Beschuldigte verhaftet werden kann.

**§ 124 Verfall der geleisteten Sicherheit.** (1) Eine noch nicht frei gewordene Sicherheit verfällt der Staatskasse, wenn der Beschuldigte sich der Untersuchung oder dem Antritt der erkannten Freiheitsstrafe oder freiheitsentziehenden Maßregel der Besserung und Sicherung entzieht.

(2) [1] Vor der Entscheidung sind der Beschuldigte sowie derjenige, welcher für den Beschuldigten Sicherheit geleistet hat, zu einer Erklärung aufzufordern. [2] Gegen die Entscheidung steht ihnen nur die sofortige Beschwerde zu. [3] Vor der Entscheidung über die Beschwerde ist ihnen und der Staatsanwaltschaft Gelegenheit zur mündlichen Begründung ihrer Anträge sowie zur Erörterung über durchgeführte Ermittlungen zu geben.

(3) Die den Verfall aussprechende Entscheidung hat gegen denjenigen, welcher für den Beschuldigten Sicherheit geleistet hat, die Wirkungen eines von dem Zivilrichter erlassenen, für vorläufig vollstreckbar erklärten Endurteils und nach Ablauf der Beschwerdefrist die Wirkungen eines rechtskräftigen Zivilendurteils.

**§ 125 Zuständigkeit für den Erlass des Haftbefehls.** (1) Vor Erhebung der öffentlichen Klage erläßt der Richter bei dem Amtsgericht, in dessen Bezirk ein Gerichtsstand begründet ist oder der Beschuldigte sich aufhält, auf Antrag der Staatsanwaltschaft oder, wenn ein Staatsanwalt nicht erreichbar und Gefahr im Verzug ist, von Amts wegen den Haftbefehl.

(2) [1] Nach Erhebung der öffentlichen Klage erläßt den Haftbefehl das Gericht, das mit der Sache befaßt ist, und, wenn Revision eingelegt ist, das Gericht, dessen Urteil angefochten ist. [2] In dringenden Fällen kann auch der Vorsitzende den Haftbefehl erlassen.

**§ 126[1)] Zuständigkeit für weitere gerichtliche Entscheidungen.** (1) [1] Vor Erhebung der öffentlichen Klage ist für die weiteren gerichtlichen Entscheidungen und Maßnahmen, die sich auf die Untersuchungshaft, die Aussetzung ihres Vollzugs (§ 116), ihre Vollstreckung (§ 116b) sowie auf Anträge nach § 119a beziehen, das Gericht zuständig, das den Haftbefehl erlassen hat. [2] Hat das Beschwerdegericht den Haftbefehl erlassen, so ist das Gericht zuständig, das die vorangegangene Entscheidung getroffen hat. [3] Wird das vorbereitende Verfahren an einem anderen Ort geführt oder die Untersuchungshaft an einem anderen Ort vollzogen, so kann das Gericht seine Zuständigkeit auf Antrag der Staatsanwaltschaft auf das für diesen Ort zuständige Amtsgericht übertragen. [4] Ist der Ort in mehrere Gerichtsbezirke geteilt, so bestimmt die Landesregierung durch Rechtsverordnung das zuständige Amtsgericht. [5] Die Landesregierung kann diese Ermächtigung auf die Landesjustizverwaltung übertragen.

(2) [1] Nach Erhebung der öffentlichen Klage ist das Gericht zuständig, das mit der Sache befaßt ist. [2] Während des Revisionsverfahrens ist das Gericht zuständig, dessen Urteil angefochten ist. [3] Einzelne Maßnahmen, insbesondere nach § 119, ordnet der Vorsitzende an. [4] In dringenden Fällen kann er auch den Haftbefehl aufheben oder den Vollzug aussetzen (§ 116), wenn die Staatsanwaltschaft zustimmt; andernfalls ist unverzüglich die Entscheidung des Gerichts herbeizuführen.

(3) Das Revisionsgericht kann den Haftbefehl aufheben, wenn es das angefochtene Urteil aufhebt und sich bei dieser Entscheidung ohne weiteres ergibt, daß die Voraussetzungen des § 120 Abs. 1 vorliegen.

(4) Die §§ 121 und 122 bleiben unberührt.

(5) [1] Soweit nach den Gesetzen der Länder über den Vollzug der Untersuchungshaft eine Maßnahme der vorherigen gerichtlichen Anordnung oder der gericht-

---

[1)] § 126 Abs. 1 Sätze 1 und 3 neu gef., Satz 2 und Abs. 2 Satz 2 geänd. mWv 1.1.2010 durch G v. 29.7. 2009 (BGBl. I S. 2274); Abs. 5 angef. mWv 28.6.2019 durch G v. 19.6.2019 (BGBl. I S. 840).

lichen Genehmigung bedarf, ist das Amtsgericht zuständig, in dessen Bezirk die Maßnahme durchgeführt wird. [2]Unterhält ein Land für den Vollzug der Untersuchungshaft eine Einrichtung auf dem Gebiet eines anderen Landes, können die beteiligten Länder vereinbaren, dass das Amtsgericht zuständig ist, in dessen Bezirk die für die Einrichtung zuständige Aufsichtsbehörde ihren Sitz hat. [3]Für das Verfahren gilt § 121b des Strafvollzugsgesetzes[1)] entsprechend.

**§ 126a[2)] Einstweilige Unterbringung.** (1) Sind dringende Gründe für die Annahme vorhanden, daß jemand eine rechtswidrige Tat im Zustand der Schuldunfähigkeit oder verminderten Schuldfähigkeit (§§ 20, 21 des Strafgesetzbuches[3)]) begangen hat und daß seine Unterbringung in einem psychiatrischen Krankenhaus oder einer Entziehungsanstalt angeordnet werden wird, so kann das Gericht durch Unterbringungsbefehl die einstweilige Unterbringung in einer dieser Anstalten anordnen, wenn die öffentliche Sicherheit es erfordert.

(2) [1]Für die einstweilige Unterbringung gelten die §§ 114 bis 115a, 116 Abs. 3 und 4, §§ 117 bis 119a, 123, 125 und 126 entsprechend. [2]Die §§ 121, 122 gelten entsprechend mit der Maßgabe, dass das Oberlandesgericht prüft, ob die Voraussetzungen der einstweiligen Unterbringung weiterhin vorliegen.

(3) [1]Der Unterbringungsbefehl ist aufzuheben, wenn die Voraussetzungen der einstweiligen Unterbringung nicht mehr vorliegen oder wenn das Gericht im Urteil die Unterbringung in einem psychiatrischen Krankenhaus oder einer Entziehungsanstalt nicht anordnet. [2]Durch die Einlegung eines Rechtsmittels darf die Freilassung nicht aufgehalten werden. [3]§ 120 Abs. 3 gilt entsprechend.

(4) Hat der Untergebrachte einen gesetzlichen Vertreter oder einen Bevollmächtigten im Sinne des § 1831 Absatz 5 und des § 1820 Absatz 2 Nummer 2 des Bürgerlichen Gesetzbuches[4)], so sind Entscheidungen nach Absatz 1 bis 3 auch diesem bekannt zu geben.

**§ 127[5)] Vorläufige Festnahme.** (1) [1]Wird jemand auf frischer Tat betroffen oder verfolgt, so ist, wenn er der Flucht verdächtig ist oder seine Identität nicht sofort festgestellt werden kann, jedermann befugt, ihn auch ohne richterliche Anordnung vorläufig festzunehmen. [2]Die Feststellung der Identität einer Person durch die Staatsanwaltschaft oder die Beamten des Polizeidienstes bestimmt sich nach § 163b Abs. 1.

(2) Die Staatsanwaltschaft und die Beamten des Polizeidienstes sind bei Gefahr im Verzug auch dann zur vorläufigen Festnahme befugt, wenn die Voraussetzungen eines Haftbefehls oder eines Unterbringungsbefehls vorliegen.

(3) [1]Ist eine Straftat nur auf Antrag verfolgbar, so ist die vorläufige Festnahme auch dann zulässig, wenn ein Antrag noch nicht gestellt ist. [2]Dies gilt entsprechend, wenn eine Straftat nur mit Ermächtigung oder auf Strafverlangen verfolgbar ist.

(4) Für die vorläufige Festnahme durch die Staatsanwaltschaft und die Beamten des Polizeidienstes gelten die §§ 114a bis 114c entsprechend.

---

[1)] **Habersack, Deutsche Gesetze ErgBd. Nr. 91.**

[2)] § 126a Abs. 2 Satz 1 geänd., Satz 2 neu gef., Abs. 4 angef. mWv 20.7.2007 durch G v. 16.7.2007 (BGBl. I S. 1327); Abs. 2 Satz 1 geänd. mWv 1.1.2010 durch G v. 29.7.2009 (BGBl. I S. 2274); Abs. 4 geänd. mWv 1.1.2023 durch G v. 4.5.2021 (BGBl. I S. 882).

[3)] Nr. **85**.

[4)] Nr. **20**.

[5)] § 127 Abs. 4 angef. mWv 1.1.2010 durch G v. 29.7.2009 (BGBl. I S. 2274).

**§ 127a Absehen von der Anordnung oder Aufrechterhaltung der vorläufigen Festnahme.** (1) Hat der Beschuldigte im Geltungsbereich dieses Gesetzes keinen festen Wohnsitz oder Aufenthalt und liegen die Voraussetzungen eines Haftbefehls nur wegen Fluchtgefahr vor, so kann davon abgesehen werden, seine Festnahme anzuordnen oder aufrechtzuerhalten, wenn

1. nicht damit zu rechnen ist, daß wegen der Tat eine Freiheitsstrafe verhängt oder eine freiheitsentziehende Maßregel der Besserung und Sicherung angeordnet wird und
2. der Beschuldigte eine angemessene Sicherheit für die zu erwartende Geldstrafe und die Kosten des Verfahrens leistet.

(2) § 116a Abs. 1 und 3 gilt entsprechend.

**§ 127b[1] Vorläufige Festnahme und Haftbefehl bei beschleunigtem Verfahren.** (1) [1]Die Staatsanwaltschaft und die Beamten des Polizeidienstes sind zur vorläufigen Festnahme eines auf frischer Tat Betroffenen oder Verfolgten auch dann befugt, wenn

1. eine unverzügliche Entscheidung im beschleunigten Verfahren wahrscheinlich ist und
2. auf Grund bestimmter Tatsachen zu befürchten ist, daß der Festgenommene der Hauptverhandlung fernbleiben wird.

[2]Die §§ 114a bis 114c gelten entsprechend.

(2) [1]Ein Haftbefehl (§ 128 Abs. 2 Satz 2) darf aus den Gründen des Absatzes 1 gegen den der Tat dringend Verdächtigen nur ergehen, wenn die Durchführung der Hauptverhandlung binnen einer Woche nach der Festnahme zu erwarten ist. [2]Der Haftbefehl ist auf höchstens eine Woche ab dem Tage der Festnahme zu befristen.

(3) Über den Erlaß des Haftbefehls soll der für die Durchführung des beschleunigten Verfahrens zuständige Richter entscheiden.

**§ 128 Vorführung bei vorläufiger Festnahme.** (1) [1]Der Festgenommene ist, sofern er nicht wieder in Freiheit gesetzt wird, unverzüglich, spätestens am Tage nach der Festnahme, dem Richter bei dem Amtsgericht, in dessen Bezirk er festgenommen worden ist, vorzuführen. [2]Der Richter vernimmt den Vorgeführten gemäß § 115 Abs. 3.

(2) [1]Hält der Richter die Festnahme nicht für gerechtfertigt oder ihre Gründe für beseitigt, so ordnet er die Freilassung an. [2]Andernfalls erläßt er auf Antrag der Staatsanwaltschaft oder, wenn ein Staatsanwalt nicht erreichbar ist, von Amts wegen einen Haftbefehl oder einen Unterbringungsbefehl. [3]§ 115 Abs. 4 gilt entsprechend.

**§ 129 Vorführung bei vorläufiger Festnahme nach Anklageerhebung.**

Ist gegen den Festgenommenen bereits die öffentliche Klage erhoben, so ist er entweder sofort oder auf Verfügung des Richters, dem er zunächst vorgeführt worden ist, dem zuständigen Gericht vorzuführen; dieses hat spätestens am Tage nach der Festnahme über Freilassung, Verhaftung oder einstweilige Unterbringung des Festgenommenen zu entscheiden.

---

[1] § 127b eingef. durch G v. 17.7.1997 (BGBl. I S. 1822); Abs. 1 Satz 2 angef. mWv 1.1.2010 durch G v. 29.7.2009 (BGBl. I S. 2274).

**§ 130 Haftbefehl vor Stellung eines Strafantrags.** [1] Wird wegen Verdachts einer Straftat, die nur auf Antrag verfolgbar ist, ein Haftbefehl erlassen, bevor der Antrag gestellt ist, so ist der Antragsberechtigte, von mehreren wenigstens einer, sofort von dem Erlaß des Haftbefehls in Kenntnis zu setzen und davon zu unterrichten, daß der Haftbefehl aufgehoben werden wird, wenn der Antrag nicht innerhalb einer vom Richter zu bestimmenden Frist, die eine Woche nicht überschreiten soll, gestellt wird. [2] Wird innerhalb der Frist Strafantrag nicht gestellt, so ist der Haftbefehl aufzuheben. [3] Dies gilt entsprechend, wenn eine Straftat nur mit Ermächtigung oder auf Strafverlangen verfolgbar ist. [4] § 120 Abs. 3 ist anzuwenden.

### Abschnitt 9a.[1] Weitere Maßnahmen zur Sicherstellung der Strafverfolgung und Strafvollstreckung

**§ 131[2] Ausschreibung zur Festnahme.** (1) Auf Grund eines Haftbefehls oder eines Unterbringungsbefehls können der Richter oder die Staatsanwaltschaft und, wenn Gefahr im Verzug ist, ihre Ermittlungspersonen (§ 152 des Gerichtsverfassungsgesetzes[3]) die Ausschreibung zur Festnahme veranlassen.

(2) [1] Liegen die Voraussetzungen eines Haftbefehls oder Unterbringungsbefehls vor, dessen Erlass nicht ohne Gefährdung des Fahndungserfolges abgewartet werden kann, so können die Staatsanwaltschaft und ihre Ermittlungspersonen (§ 152 des Gerichtsverfassungsgesetzes) Maßnahmen nach Absatz 1 veranlassen, wenn dies zur vorläufigen Festnahme erforderlich ist. [2] Die Entscheidung über den Erlass des Haft- oder Unterbringungsbefehls ist unverzüglich, spätestens binnen einer Woche herbeizuführen.

(3) [1] Bei einer Straftat von erheblicher Bedeutung können in den Fällen der Absätze 1 und 2 der Richter und die Staatsanwaltschaft auch Öffentlichkeitsfahndungen veranlassen, wenn andere Formen der Aufenthaltsermittlung erheblich weniger Erfolg versprechend oder wesentlich erschwert wären. [2] Unter den gleichen Voraussetzungen steht diese Befugnis bei Gefahr im Verzug und wenn der Richter oder die Staatsanwaltschaft nicht rechtzeitig erreichbar ist auch den Ermittlungspersonen der Staatsanwaltschaft (§ 152 des Gerichtsverfassungsgesetzes) zu. [3] In den Fällen des Satzes 2 ist die Entscheidung der Staatsanwaltschaft unverzüglich herbeizuführen. [4] Die Anordnung tritt außer Kraft, wenn diese Bestätigung nicht binnen 24 Stunden erfolgt.

(4) [1] Der Beschuldigte ist möglichst genau zu bezeichnen und soweit erforderlich zu beschreiben; eine Abbildung darf beigefügt werden. [2] Die Tat, derer er verdächtig ist, Ort und Zeit ihrer Begehung sowie Umstände, die für die Ergreifung von Bedeutung sein können, können angegeben werden.

(5) Die §§ 115 und 115a gelten entsprechend.

**§ 131a[4] Ausschreibung zur Aufenthaltsermittlung.** (1) Die Ausschreibung zur Aufenthaltsermittlung eines Beschuldigten oder eines Zeugen darf angeordnet werden, wenn sein Aufenthalt nicht bekannt ist.

---

[1] Abschnitt 9a Überschrift neu gef. mWv 1.11.2000 durch G v. 2.8.2000 (BGBl. I S. 1253); Überschrift geänd. mWv 1.1.2018 durch G v. 5.7.2017 (BGBl. I S. 2208).

[2] § 131 in Abschnitt 9a eingestellt und neu gef. mWv 1.11.2000 durch G v. 2.8.2000 (BGBl. I S. 1253); Abs. 1, Abs. 2 Satz 1 und Abs. 3 Satz 2 geänd. mWv 1.9.2004 durch G v. 24.8.2004 (BGBl. I S. 2198).

[3] Nr. **95**.

[4] § 131a eingef. mWv 1.11.2000 durch G v. 2.8.2000 (BGBl. I S. 1253).

(2) Absatz 1 gilt auch für Ausschreibungen des Beschuldigten, soweit sie zur Sicherstellung eines Führerscheins, zur erkennungsdienstlichen Behandlung, zur Anfertigung einer DNA-Analyse oder zur Feststellung seiner Identität erforderlich sind.

(3) Auf Grund einer Ausschreibung zur Aufenthaltsermittlung eines Beschuldigten oder Zeugen darf bei einer Straftat von erheblicher Bedeutung auch eine Öffentlichkeitsfahndung angeordnet werden, wenn der Beschuldigte der Begehung der Straftat dringend verdächtig ist und die Aufenthaltsermittlung auf andere Weise erheblich weniger Erfolg versprechend oder wesentlich erschwert wäre.

(4) [1] § 131 Abs. 4 gilt entsprechend. [2] Bei der Aufenthaltsermittlung eines Zeugen ist erkennbar zu machen, dass die gesuchte Person nicht Beschuldigter ist. [3] Die Öffentlichkeitsfahndung nach einem Zeugen unterbleibt, wenn überwiegende schutzwürdige Interessen des Zeugen entgegenstehen. [4] Abbildungen des Zeugen dürfen nur erfolgen, soweit die Aufenthaltsermittlung auf andere Weise aussichtslos oder wesentlich erschwert wäre.

(5) Ausschreibungen nach den Absätzen 1 und 2 dürfen in allen Fahndungshilfsmitteln der Strafverfolgungsbehörden vorgenommen werden.

**§ 131b[1)] Veröffentlichung von Abbildungen des Beschuldigten oder Zeugen.** (1) Die Veröffentlichung von Abbildungen eines Beschuldigten, der einer Straftat von erheblicher Bedeutung verdächtig ist, ist auch zulässig, wenn die Aufklärung einer Straftat, insbesondere die Feststellung der Identität eines unbekannten Täters auf andere Weise erheblich weniger Erfolg versprechend oder wesentlich erschwert wäre.

(2) [1] Die Veröffentlichung von Abbildungen eines Zeugen und Hinweise auf das der Veröffentlichung zugrunde liegende Strafverfahren sind auch zulässig, wenn die Aufklärung einer Straftat von erheblicher Bedeutung, insbesondere die Feststellung der Identität des Zeugen, auf andere Weise aussichtslos oder wesentlich erschwert wäre. [2] Die Veröffentlichung muss erkennbar machen, dass die abgebildete Person nicht Beschuldigter ist.

(3) § 131 Abs. 4 Satz 1 erster Halbsatz und Satz 2 gilt entsprechend.

**§ 131c[2)] Anordnung und Bestätigung von Fahndungsmaßnahmen.**

(1) [1] Fahndungen nach § 131a Abs. 3 und § 131b dürfen nur durch den Richter, bei Gefahr im Verzug auch durch die Staatsanwaltschaft und ihre Ermittlungspersonen (§ 152 des Gerichtsverfassungsgesetzes[3)]) angeordnet werden. [2] Fahndungen nach § 131a Abs. 1 und 2 bedürfen der Anordnung durch die Staatsanwaltschaft; bei Gefahr im Verzug dürfen sie auch durch ihre Ermittlungspersonen (§ 152 des Gerichtsverfassungsgesetzes) angeordnet werden.

(2) [1] In Fällen andauernder Veröffentlichung in elektronischen Medien sowie bei wiederholter Veröffentlichung im Fernsehen oder in periodischen Druckwerken tritt die Anordnung der Staatsanwaltschaft und ihrer Ermittlungspersonen (§ 152 des Gerichtsverfassungsgesetzes) nach Absatz 1 Satz 1 außer Kraft, wenn sie nicht binnen einer Woche von dem Richter bestätigt wird. [2] Im Übrigen treten

---

1) § 131b eingef. mWv 1.11.2000 durch G v. 2.8.2000 (BGBl. I S. 1253).

2) § 131c eingef. mWv 1.11.2000 durch G v. 2.8.2000 (BGBl. I S. 1253); Abs. 1 und 2 geänd. mWv 1.9.2004 durch G v. 24.8.2004 (BGBl. I S. 2198).

3) Nr. **95**.

Fahndungsanordnungen der Ermittlungspersonen der Staatsanwaltschaft (§ 152 des Gerichtsverfassungsgesetzes) außer Kraft, wenn sie nicht binnen einer Woche von der Staatsanwaltschaft bestätigt werden.

**§ 132**[1] **Sicherheitsleistung, Zustellungsbevollmächtigter.** (1) [1] Hat der Beschuldigte, der einer Straftat dringend verdächtig ist, im Geltungsbereich dieses Gesetzes keinen festen Wohnsitz oder Aufenthalt, liegen aber die Voraussetzungen eines Haftbefehls nicht vor, so kann, um die Durchführung des Strafverfahrens sicherzustellen, angeordnet werden, daß der Beschuldigte

1. eine angemessene Sicherheit für die zu erwartende Geldstrafe und die Kosten des Verfahrens leistet und
2. eine im Bezirk des zuständigen Gerichts wohnende Person zum Empfang von Zustellungen bevollmächtigt.

[2] § 116a Abs. 1 gilt entsprechend.

(2) Die Anordnung dürfen nur der Richter, bei Gefahr im Verzuge auch die Staatsanwaltschaft und ihre Ermittlungspersonen (§ 152 des Gerichtsverfassungsgesetzes[2]) treffen.

(3) [1] Befolgt der Beschuldigte die Anordnung nicht, so können Beförderungsmittel und andere Sachen, die der Beschuldigte mit sich führt und die ihm gehören, beschlagnahmt werden. [2] Die §§ 94 und 98 gelten entsprechend.

## Abschnitt 9b.[3] Vorläufiges Berufsverbot

**§ 132a Anordnung und Aufhebung eines vorläufigen Berufsverbots.**

(1) [1] Sind dringende Gründe für die Annahme vorhanden, daß ein Berufsverbot angeordnet werden wird (§ 70 des Strafgesetzbuches[4]), so kann der Richter dem Beschuldigten durch Beschluß die Ausübung des Berufs, Berufszweiges, Gewerbes oder Gewerbezweiges vorläufig verbieten. [2] § 70 Abs. 3 des Strafgesetzbuches gilt entsprechend.

(2) Das vorläufige Berufsverbot ist aufzuheben, wenn sein Grund weggefallen ist oder wenn das Gericht im Urteil das Berufsverbot nicht anordnet.

## Zehnter Abschnitt. Vernehmung des Beschuldigten

**§ 133 Ladung.** (1) Der Beschuldigte ist zur Vernehmung schriftlich zu laden.

(2) Die Ladung kann unter der Androhung geschehen, daß im Falle des Ausbleibens seine Vorführung erfolgen werde.

**§ 134 Vorführung.** (1) Die sofortige Vorführung des Beschuldigten kann verfügt werden, wenn Gründe vorliegen, die den Erlaß eines Haftbefehls rechtfertigen würden.

(2) In dem Vorführungsbefehl ist der Beschuldigte genau zu bezeichnen und die ihm zur Last gelegte Straftat sowie der Grund der Vorführung anzugeben.

**§ 135 Sofortige Vernehmung.** [1] Der Beschuldigte ist unverzüglich dem Richter vorzuführen und von diesem zu vernehmen. [2] Er darf auf Grund des Vor-

---

1) § 132 Abs. 2 geänd. mWv 1.9.2004 durch G v. 24.8.2004 (BGBl. I S. 2198).
2) Nr. **95**.
3) Abschnitt 9b Überschrift geänd. mWv 1.1.2018 durch G v. 5.7.2017 (BGBl. I S. 2208).
4) Nr. **85**.

führungsbefehls nicht länger festgehalten werden als bis zum Ende des Tages, der dem Beginn der Vorführung folgt.

**§ 136[1)] Vernehmung.** (1) [1]Bei Beginn der Vernehmung ist dem Beschuldigten zu eröffnen, welche Tat ihm zur Last gelegt wird und welche Strafvorschriften in Betracht kommen. [2]Er ist darauf hinzuweisen, daß es ihm nach dem Gesetz freistehe, sich zu der Beschuldigung zu äußern oder nicht zur Sache auszusagen und jederzeit, auch schon vor seiner Vernehmung, einen von ihm zu wählenden Verteidiger zu befragen. [3]Möchte der Beschuldigte vor seiner Vernehmung einen Verteidiger befragen, sind ihm Informationen zur Verfügung zu stellen, die es ihm erleichtern, einen Verteidiger zu kontaktieren. [4]Auf bestehende anwaltliche Notdienste ist dabei hinzuweisen. [5]Er ist ferner darüber zu belehren, daß er zu seiner Entlastung einzelne Beweiserhebungen beantragen und unter den Voraussetzungen des § 140 die Bestellung eines Pflichtverteidigers nach Maßgabe des § 141 Absatz 1 und des § 142 Absatz 1 beantragen kann; zu Letzterem ist er dabei auf die Kostenfolge des § 465 hinzuweisen. [6]In geeigneten Fällen soll der Beschuldigte auch darauf, dass er sich schriftlich äußern kann, sowie auf die Möglichkeit eines Täter-Opfer-Ausgleichs hingewiesen werden.

(2) Die Vernehmung soll dem Beschuldigten Gelegenheit geben, die gegen ihn vorliegenden Verdachtsgründe zu beseitigen und die zu seinen Gunsten sprechenden Tatsachen geltend zu machen.

(3) Bei der Vernehmung des Beschuldigten ist zugleich auf die Ermittlung seiner persönlichen Verhältnisse Bedacht zu nehmen.

(4) [1]Die Vernehmung des Beschuldigten kann in Bild und Ton aufgezeichnet werden. [2]Sie ist aufzuzeichnen, wenn

1. dem Verfahren ein vorsätzlich begangenes Tötungsdelikt zugrunde liegt und der Aufzeichnung weder die äußeren Umstände noch die besondere Dringlichkeit der Vernehmung entgegenstehen oder
2. die schutzwürdigen Interessen von Beschuldigten, die erkennbar unter eingeschränkten geistigen Fähigkeiten oder einer schwerwiegenden seelischen Störung leiden, durch die Aufzeichnung besser gewahrt werden können.

[3]§ 58a Absatz 2 gilt entsprechend.

(5) § 58b gilt entsprechend.

**§ 136a Verbotene Vernehmungsmethoden; Beweisverwertungsverbote.**

(1) [1]Die Freiheit der Willensentschließung und der Willensbetätigung des Beschuldigten darf nicht beeinträchtigt werden durch Mißhandlung, durch Ermüdung, durch körperlichen Eingriff, durch Verabreichung von Mitteln, durch Quälerei, durch Täuschung oder durch Hypnose. [2]Zwang darf nur angewandt werden, soweit das Strafverfahrensrecht dies zuläßt. [3]Die Drohung mit einer nach seinen Vorschriften unzulässigen Maßnahme und das Versprechen eines gesetzlich nicht vorgesehenen Vorteils sind verboten.

---

[1)] § 136 Abs. 1 Satz 4 neu gef. mWv 1.9.2004 durch G v. 24.6.2004 (BGBl. I S. 1354); Abs. 1 Satz 3 geänd. mWv 6.7.2013 durch G v. 2.7.2013 (BGBl. I S. 1938); Abs. 1 Satz 3 geänd. mWv 24.8.2017 durch G v. 17.8.2017 (BGBl. I S. 3202, geänd. durch G v. 9.12.2019, BGBl. I S. 2146); Abs. 1 Sätze 3 und 4 eingef., bish. Sätze 3 und 4 werden Sätze 5 und 6 mWv 5.9.2017 durch G v. 27.8.2017 (BGBl. I S. 3295); Abs. 1 Satz 5 geänd. mWv 13.12.2019 durch G v. 10.12.2019 (BGBl. I S. 2128); Abs. 4 angef. mWv 1.1.2020 durch G v. 9.12.2019 (BGBl. I S. 2146); Überschrift, Abs. 1 Satz 1, Abs. 3 geänd., Abs. 5 angef. mWv 1.7.2021 durch G v. 25.6.2021 (BGBl. I S. 2099).

(2) Maßnahmen, die das Erinnerungsvermögen oder die Einsichtsfähigkeit des Beschuldigten beeinträchtigen, sind nicht gestattet.

(3) [1]Das Verbot der Absätze 1 und 2 gilt ohne Rücksicht auf die Einwilligung des Beschuldigten. [2]Aussagen, die unter Verletzung dieses Verbots zustande gekommen sind, dürfen auch dann nicht verwertet werden, wenn der Beschuldigte der Verwertung zustimmt.

## Elfter Abschnitt. Verteidigung

### § 137 Recht des Beschuldigten auf Hinzuziehung eines Verteidigers.

(1) [1]Der Beschuldigte kann sich in jeder Lage des Verfahrens des Beistandes eines Verteidigers bedienen. [2]Die Zahl der gewählten Verteidiger darf drei nicht übersteigen.

(2) [1]Hat der Beschuldigte einen gesetzlichen Vertreter, so kann auch dieser selbständig einen Verteidiger wählen. [2]Absatz 1 Satz 2 gilt entsprechend.

**§ 138[1)] Wahlverteidiger.** (1) Zu Verteidigern können Rechtsanwälte sowie die Rechtslehrer an deutschen Hochschulen im Sinne des Hochschulrahmengesetzes[2)] mit Befähigung zum Richteramt gewählt werden.[3)]

(2) [1]Andere Personen können nur mit Genehmigung des Gerichts gewählt werden. [2]Gehört die gewählte Person im Fall der notwendigen Verteidigung nicht zu den Personen, die zu Verteidigern bestellt werden dürfen, kann sie zudem nur in Gemeinschaft mit einer solchen als Wahlverteidiger zugelassen werden.

(3) Können sich Zeugen, Privatkläger, Nebenkläger, Nebenklagebefugte und Verletzte eines Rechtsanwalts als Beistand bedienen oder sich durch einen solchen vertreten lassen, können sie nach Maßgabe der Absätze 1 und 2 Satz 1 auch die übrigen dort genannten Personen wählen.

**§ 138a[4)] Ausschließung des Verteidigers.** (1) Ein Verteidiger ist von der Mitwirkung in einem Verfahren auszuschließen, wenn er dringend oder in einem die Eröffnung des Hauptverfahrens rechtfertigenden Grade verdächtig ist, daß er

1. an der Tat, die den Gegenstand der Untersuchung bildet, beteiligt ist,
2. den Verkehr mit dem nicht auf freiem Fuß befindlichen Beschuldigten dazu mißbraucht, Straftaten zu begehen oder die Sicherheit einer Vollzugsanstalt erheblich zu gefährden, oder
3. eine Handlung begangen hat, die für den Fall der Verurteilung des Beschuldigten Datenhehlerei, Begünstigung, Strafvereitelung oder Hehlerei wäre.

(2) Von der Mitwirkung in einem Verfahren, das eine Straftat nach § 129a, auch in Verbindung mit § 129b Abs. 1, des Strafgesetzbuches[5)] zum Gegenstand hat, ist ein Verteidiger auch auszuschließen, wenn bestimmte Tatsachen den Verdacht begründen, daß er eine der in Absatz 1 Nr. 1 und 2 bezeichneten Handlungen begangen hat oder begeht.

---

[1)] § 138 Abs. 1 geänd. mWv 1.9.2004 durch G v. 24.8.2004 (BGBl. I S. 2198); Abs. 1 geänd. mWv 1.6.2007 durch G v. 26.3.2007 (BGBl. I S. 358); Abs. 2 neu gef., Abs. 3 angef. mWv 1.10.2009 durch G v. 29.7.2009 (BGBl. I S. 2280).

[2)] **Sartorius Nr. 500.**

[3)] Beachte hierzu auch § 392 Abgabenordnung (AO) **(Habersack, Deutsche Gesetze ErgBd. Nr. 88b).**

[4)] § 138a Abs. 2 Satz 1, Abs. 5 Satz 1 geänd. mWv 30.8.2002 durch G v. 22.8.2002 (BGBl. I S. 3390); Abs. 1 Nr. 3 geänd. mWv 18.12.2015 durch G v. 10.12.2015 (BGBl. I S. 2218).

[5)] Nr. **85.**

(3) [1] Die Ausschließung ist aufzuheben,

1. sobald ihre Voraussetzungen nicht mehr vorliegen, jedoch nicht allein deshalb, weil der Beschuldigte auf freien Fuß gesetzt worden ist,
2. wenn der Verteidiger in einem wegen des Sachverhalts, der zur Ausschließung geführt hat, eröffneten Hauptverfahren freigesprochen oder wenn in einem Urteil des Ehren- oder Berufsgerichts eine schuldhafte Verletzung der Berufspflichten im Hinblick auf diesen Sachverhalt nicht festgestellt wird,
3. wenn nicht spätestens ein Jahr nach der Ausschließung wegen des Sachverhalts, der zur Ausschließung geführt hat, das Hauptverfahren im Strafverfahren oder im ehren- oder berufsgerichtlichen Verfahren eröffnet oder ein Strafbefehl erlassen worden ist.

[2] Eine Ausschließung, die nach Nummer 3 aufzuheben ist, kann befristet, längstens jedoch insgesamt für die Dauer eines weiteren Jahres, aufrechterhalten werden, wenn die besondere Schwierigkeit oder der besondere Umfang der Sache oder ein anderer wichtiger Grund die Entscheidung über die Eröffnung des Hauptverfahrens noch nicht zuläßt.

(4) [1] Solange ein Verteidiger ausgeschlossen ist, kann er den Beschuldigten auch in anderen gesetzlich geordneten Verfahren nicht verteidigen. [2] In sonstigen Angelegenheiten darf er den Beschuldigten, der sich nicht auf freiem Fuß befindet, nicht aufsuchen.

(5) [1] Andere Beschuldigte kann ein Verteidiger, solange er ausgeschlossen ist, in demselben Verfahren nicht verteidigen, in anderen Verfahren dann nicht, wenn diese eine Straftat nach § 129a, auch in Verbindung mit § 129b Abs. 1, des Strafgesetzbuches zum Gegenstand haben und die Ausschließung in einem Verfahren erfolgt ist, das ebenfalls eine solche Straftat zum Gegenstand hat. [2] Absatz 4 gilt entsprechend.

**§ 138b Ausschließung bei Gefahr für die Sicherheit der Bundesrepublik Deutschland.** [1] Von der Mitwirkung in einem Verfahren, das eine der in § 74a Abs. 1 Nr. 3 und § 120 Abs. 1 Nr. 3 des Gerichtsverfassungsgesetzes[1)] genannten Straftaten oder die Nichterfüllung der Pflichten nach § 138 des Strafgesetzbuches[2)] hinsichtlich der Straftaten des Landesverrates oder einer Gefährdung der äußeren Sicherheit nach den §§ 94 bis 96, 97a und 100 des Strafgesetzbuches zum Gegenstand hat, ist ein Verteidiger auch dann auszuschließen, wenn auf Grund bestimmter Tatsachen die Annahme begründet ist, daß seine Mitwirkung eine Gefahr für die Sicherheit der Bundesrepublik Deutschland herbeiführen würde. [2] § 138a Abs. 3 Satz 1 Nr. 1 gilt entsprechend.

**§ 138c[3)] Zuständigkeit für die Ausschließungsentscheidung.** (1) [1] Die Entscheidungen nach den §§ 138a und 138b trifft das Oberlandesgericht. [2] Werden im vorbereitenden Verfahren die Ermittlungen vom Generalbundesanwalt geführt oder ist das Verfahren vor dem Bundesgerichtshof anhängig, so entscheidet der Bundesgerichtshof. [3] Ist das Verfahren vor einem Senat eines Oberlandesgerichtes oder des Bundesgerichtshofes anhängig, so entscheidet ein anderer Senat.

---

1) Nr. **95**.
2) Nr. **85**.
3) § 138c Abs. 2 Sätze 3 und 4 neu gef. durch G v. 31.8.1998 (BGBl. I S. 2585); Abs. 2 Satz 4 geänd. mWv 1.9.2004 durch G v. 24.6.2004 (BGBl. I S. 1354); Abs. 3 Satz 5 geänd. mWv 13.12.2019 durch G v. 10.12.2019 (BGBl. I S. 2128).

(2) [1]Das nach Absatz 1 zuständige Gericht entscheidet nach Erhebung der öffentlichen Klage bis zum rechtskräftigen Abschluß des Verfahrens auf Vorlage des Gerichts, bei dem das Verfahren anhängig ist, sonst auf Antrag der Staatsanwaltschaft. [2]Die Vorlage erfolgt auf Antrag der Staatsanwaltschaft oder von Amts wegen durch Vermittlung der Staatsanwaltschaft. [3]Soll ein Verteidiger ausgeschlossen werden, der Mitglied einer Rechtsanwaltskammer ist, so ist eine Abschrift des Antrages der Staatsanwaltschaft nach Satz 1 oder die Vorlage des Gerichts dem Vorstand der zuständigen Rechtsanwaltskammer mitzuteilen. [4]Dieser kann sich im Verfahren äußern.

(3) [1]Das Gericht, bei dem das Verfahren anhängig ist, kann anordnen, daß die Rechte des Verteidigers aus den §§ 147 und 148 bis zur Entscheidung des nach Absatz 1 zuständigen Gerichts über die Ausschließung ruhen; es kann das Ruhen dieser Rechte auch für die in § 138a Abs. 4 und 5 bezeichneten Fälle anordnen. [2]Vor Erhebung der öffentlichen Klage und nach rechtskräftigem Abschluß des Verfahrens trifft die Anordnung nach Satz 1 das Gericht, das über die Ausschließung des Verteidigers zu entscheiden hat. [3]Die Anordnung ergeht durch unanfechtbaren Beschluß. [4]Für die Dauer der Anordnung hat das Gericht zur Wahrnehmung der Rechte aus den §§ 147 und 148 einen anderen Verteidiger zu bestellen. [5]§ 142 Absatz 5 bis 7 gilt entsprechend.

(4) [1]Legt das Gericht, bei dem das Verfahren anhängig ist, gemäß Absatz 2 während der Hauptverhandlung vor, so hat es zugleich mit der Vorlage die Hauptverhandlung bis zur Entscheidung durch das nach Absatz 1 zuständige Gericht zu unterbrechen oder auszusetzen. [2]Die Hauptverhandlung kann bis zu dreißig Tagen unterbrochen werden.

(5) [1]Scheidet der Verteidiger aus eigenem Entschluß oder auf Veranlassung des Beschuldigten von der Mitwirkung in einem Verfahren aus, nachdem gemäß Absatz 2 der Antrag auf Ausschließung gegen ihn gestellt oder die Sache dem zur Entscheidung zuständigen Gericht vorgelegt worden ist, so kann dieses Gericht das Ausschließungsverfahren weiterführen mit dem Ziel der Feststellung, ob die Mitwirkung des ausgeschiedenen Verteidigers in dem Verfahren zulässig ist. [2]Die Feststellung der Unzulässigkeit steht im Sinne der §§ 138a, 138b, 138d der Ausschließung gleich.

(6) [1]Ist der Verteidiger von der Mitwirkung in dem Verfahren ausgeschlossen worden, so können ihm die durch die Aussetzung verursachten Kosten auferlegt werden. [2]Die Entscheidung hierüber trifft das Gericht, bei dem das Verfahren anhängig ist.

**§ 138d[1)] Verfahren bei Ausschließung des Verteidigers.** (1) Über die Ausschließung des Verteidigers wird nach mündlicher Verhandlung entschieden.

(2) [1]Der Verteidiger ist zu dem Termin der mündlichen Verhandlung zu laden. [2]Die Ladungsfrist beträgt eine Woche; sie kann auf drei Tage verkürzt werden. [3]Die Staatsanwaltschaft, der Beschuldigte und in den Fällen des § 138c Abs. 2 Satz 3 der Vorstand der Rechtsanwaltskammer sind von dem Termin zur mündlichen Verhandlung zu benachrichtigen.

(3) Die mündliche Verhandlung kann ohne den Verteidiger durchgeführt werden, wenn er ordnungsgemäß geladen und in der Ladung darauf hingewiesen worden ist, daß in seiner Abwesenheit verhandelt werden kann.

---

[1)] § 138d Abs. 4 Satz 2 eingef., bish. Sätze 2 und 3 werden Sätze 3 und 4 mWv 1.11.2013 durch G v. 25.4.2013 (BGBl. I S. 935); Abs. 4 Satz 4 geänd. mWv 1.1.2018 durch G v. 5.7.2017 (BGBl. I S. 2208); Abs. 4 Satz 2 geänd. mWv 1.7.2021 durch G v. 25.6.2021 (BGBl. I S. 2099).

(4) [1]In der mündlichen Verhandlung sind die anwesenden Beteiligten zu hören. [2]Für die Anhörung des Vorstands der Rechtsanwaltskammer gilt § 247a Absatz 2 Satz 1 und 3 entsprechend. [3]Den Umfang der Beweisaufnahme bestimmt das Gericht nach pflichtgemäßem Ermessen. [4]Über die Verhandlung ist ein Protokoll aufzunehmen; die §§ 271 bis 273 gelten entsprechend.

(5) [1]Die Entscheidung ist am Schluß der mündlichen Verhandlung zu verkünden. [2]Ist dies nicht möglich, so ist die Entscheidung spätestens binnen einer Woche zu erlassen.

(6) [1]Gegen die Entscheidung, durch die ein Verteidiger aus den in § 138a genannten Gründen ausgeschlossen wird oder die einen Fall des § 138b betrifft, ist sofortige Beschwerde zulässig. [2]Dem Vorstand der Rechtsanwaltskammer steht ein Beschwerderecht nicht zu. [3]Eine die Ausschließung des Verteidigers nach § 138a ablehnende Entscheidung ist nicht anfechtbar.

**§ 139 Übertragung der Verteidigung auf einen Referendar.** Der als Verteidiger gewählte Rechtsanwalt kann mit Zustimmung dessen, der ihn gewählt hat, die Verteidigung einem Rechtskundigen, der die erste Prüfung für den Justizdienst bestanden hat und darin seit mindestens einem Jahr und drei Monaten beschäftigt ist, übertragen.

**§ 140[1)] Notwendige Verteidigung.** (1) Ein Fall der notwendigen Verteidigung liegt vor, wenn

1. zu erwarten ist, dass die Hauptverhandlung im ersten Rechtszug vor dem Oberlandesgericht, dem Landgericht oder dem Schöffengericht stattfindet;
2. dem Beschuldigten ein Verbrechen zur Last gelegt wird;
3. das Verfahren zu einem Berufsverbot führen kann;
4. der Beschuldigte nach den §§ 115, 115a, 128 Absatz 1 oder § 129 einem Gericht zur Entscheidung über Haft oder einstweilige Unterbringung vorzuführen ist;
5. der Beschuldigte sich auf Grund richterlicher Anordnung oder mit richterlicher Genehmigung in einer Anstalt befindet;
6. zur Vorbereitung eines Gutachtens über den psychischen Zustand des Beschuldigten seine Unterbringung nach § 81 in Frage kommt;
7. zu erwarten ist, dass ein Sicherungsverfahren durchgeführt wird;
8. der bisherige Verteidiger durch eine Entscheidung von der Mitwirkung in dem Verfahren ausgeschlossen ist;
9. dem Verletzten nach den §§ 397a und 406h Absatz 3 und 4 ein Rechtsanwalt beigeordnet worden ist;
10. bei einer richterlichen Vernehmung die Mitwirkung eines Verteidigers auf Grund der Bedeutung der Vernehmung zur Wahrung der Rechte des Beschuldigten geboten erscheint;
11. ein seh-, hör- oder sprachbehinderter Beschuldigter die Bestellung beantragt.

(2) Ein Fall der notwendigen Verteidigung liegt auch vor, wenn wegen der Schwere der Tat, der Schwere der zu erwartenden Rechtsfolge oder wegen der Schwierigkeit der Sach- oder Rechtslage die Mitwirkung eines Verteidigers gebo-

---

1) § 140 Abs. 1 Nr. 8 geänd., Nr. 9 angef. mWv 1.9.2013 durch G v. 26.6.2013 (BGBl. I S. 1805); Abs. 1 Nr. 9 geänd. mWv 31.12.2015 durch G v. 21.12.2015 (BGBl. I S. 2525); Abs. 1 einl. Satzteil geänd., Nr. 1, 4 und 5 neu gef., Nr. 7 und 9 geänd., Nr. 10 und 11 angef., Abs. 2 neu gef., Abs. 3 aufgeh. mWv 13.12.2019 durch G v. 10.12.2019 (BGBl. I S. 2128).

ten erscheint oder wenn ersichtlich ist, dass sich der Beschuldigte nicht selbst verteidigen kann.

**§ 141[1)] Zeitpunkt der Bestellung eines Pflichtverteidigers.** (1) [1] In den Fällen der notwendigen Verteidigung wird dem Beschuldigten, dem der Tatvorwurf eröffnet worden ist und der noch keinen Verteidiger hat, unverzüglich ein Pflichtverteidiger bestellt, wenn der Beschuldigte dies nach Belehrung ausdrücklich beantragt. [2] Über den Antrag ist spätestens vor einer Vernehmung des Beschuldigten oder einer Gegenüberstellung mit ihm zu entscheiden.

(2) [1] Unabhängig von einem Antrag wird dem Beschuldigten, der noch keinen Verteidiger hat, in den Fällen der notwendigen Verteidigung ein Pflichtverteidiger bestellt, sobald

1. er einem Gericht zur Entscheidung über Haft oder einstweilige Unterbringung vorgeführt werden soll;
2. bekannt wird, dass der Beschuldigte, dem der Tatvorwurf eröffnet worden ist, sich auf Grund richterlicher Anordnung oder mit richterlicher Genehmigung in einer Anstalt befindet;
3. im Vorverfahren ersichtlich ist, dass sich der Beschuldigte, insbesondere bei einer Vernehmung des Beschuldigten oder einer Gegenüberstellung mit ihm, nicht selbst verteidigen kann, oder
4. er gemäß § 201 zur Erklärung über die Anklageschrift aufgefordert worden ist; ergibt sich erst später, dass die Mitwirkung eines Verteidigers notwendig ist, so wird er sofort bestellt.

[2] Erfolgt die Vorführung in den Fällen des Satzes 1 Nummer 1 zur Entscheidung über den Erlass eines Haftbefehls nach § 127b Absatz 2 oder über die Vollstreckung eines Haftbefehls gemäß § 230 Absatz 2 oder § 329 Absatz 3, so wird ein Pflichtverteidiger nur bestellt, wenn der Beschuldigte dies nach Belehrung ausdrücklich beantragt. [3] In den Fällen des Satzes 1 Nummer 2 und 3 kann die Bestellung unterbleiben, wenn beabsichtigt ist, das Verfahren alsbald einzustellen und keine anderen Untersuchungshandlungen als die Einholung von Registerauskünften oder die Beiziehung von Urteilen oder Akten vorgenommen werden sollen.

**§ 141a[2)] Vernehmungen und Gegenüberstellungen vor der Bestellung eines Pflichtverteidigers.** [1] Im Vorverfahren dürfen Vernehmungen des Beschuldigten oder Gegenüberstellungen mit dem Beschuldigten vor der Bestellung eines Pflichtverteidigers abweichend von § 141 Absatz 2 und, wenn der Beschuldigte hiermit ausdrücklich einverstanden ist, auch abweichend von § 141 Absatz 1 durchgeführt werden, soweit dies

1. zur Abwehr einer gegenwärtigen Gefahr für Leib oder Leben oder für die Freiheit einer Person dringend erforderlich ist oder
2. zur Abwendung einer erheblichen Gefährdung eines Strafverfahrens zwingend geboten ist.

[2] Das Recht des Beschuldigten, jederzeit, auch schon vor der Vernehmung, einen von ihm zu wählenden Verteidiger zu befragen, bleibt unberührt.

---

[1)] § 141 neu gef. mWv 13.12.2019 durch G v. 10.12.2019 (BGBl. I S. 2128).
[2)] § 141a eingef. mWv 13.12.2019 durch G v. 10.12.2019 (BGBl. I S. 2128).

**§ 142[1)] Zuständigkeit und Bestellungsverfahren.** (1) [1]Der Antrag des Beschuldigten nach § 141 Absatz 1 Satz 1 ist vor Erhebung der Anklage bei den Behörden oder Beamten des Polizeidienstes oder bei der Staatsanwaltschaft anzubringen. [2]Die Staatsanwaltschaft legt ihn mit einer Stellungnahme unverzüglich dem Gericht zur Entscheidung vor, sofern sie nicht nach Absatz 4 verfährt. [3]Nach Erhebung der Anklage ist der Antrag des Beschuldigten bei dem nach Absatz 3 Nummer 3 zuständigen Gericht anzubringen.

(2) Ist dem Beschuldigten im Vorverfahren ein Pflichtverteidiger gemäß § 141 Absatz 2 Satz 1 Nummer 1 bis 3 zu bestellen, so stellt die Staatsanwaltschaft unverzüglich den Antrag, dem Beschuldigten einen Pflichtverteidiger zu bestellen, sofern sie nicht nach Absatz 4 verfährt.

(3) Über die Bestellung entscheidet

1. das Amtsgericht, in dessen Bezirk die Staatsanwaltschaft oder ihre zuständige Zweigstelle ihren Sitz hat, oder das nach § 162 Absatz 1 Satz 3 zuständige Gericht;
2. in den Fällen des § 140 Absatz 1 Nummer 4 das Gericht, dem der Beschuldigte vorzuführen ist;
3. nach Erhebung der Anklage der Vorsitzende des Gerichts, bei dem das Verfahren anhängig ist.

(4) [1]Bei besonderer Eilbedürftigkeit kann auch die Staatsanwaltschaft über die Bestellung entscheiden. [2]Sie beantragt unverzüglich, spätestens innerhalb einer Woche nach ihrer Entscheidung, die gerichtliche Bestätigung der Bestellung oder der Ablehnung des Antrags des Beschuldigten. [3]Der Beschuldigte kann jederzeit die gerichtliche Entscheidung beantragen.

(5) [1]Vor der Bestellung eines Pflichtverteidigers ist dem Beschuldigten Gelegenheit zu geben, innerhalb einer zu bestimmenden Frist einen Verteidiger zu bezeichnen. [2]§ 136 Absatz 1 Satz 3 und 4 gilt entsprechend. [3]Ein von dem Beschuldigten innerhalb der Frist bezeichneter Verteidiger ist zu bestellen, wenn dem kein wichtiger Grund entgegensteht; ein wichtiger Grund liegt auch vor, wenn der Verteidiger nicht oder nicht rechtzeitig zur Verfügung steht.

(6) [1]Wird dem Beschuldigten ein Pflichtverteidiger bestellt, den er nicht bezeichnet hat, ist er aus dem Gesamtverzeichnis der Bundesrechtsanwaltskammer (§ 31 der Bundesrechtsanwaltsordnung[2)]) auszuwählen. [2]Dabei soll aus den dort eingetragenen Rechtsanwälten entweder ein Fachanwalt für Strafrecht oder ein anderer Rechtsanwalt, der gegenüber der Rechtsanwaltskammer sein Interesse an der Übernahme von Pflichtverteidigungen angezeigt hat und für die Übernahme der Verteidigung geeignet ist, ausgewählt werden.

(7) [1]Gerichtliche Entscheidungen über die Bestellung eines Pflichtverteidigers sind mit der sofortigen Beschwerde anfechtbar. [2]Sie ist ausgeschlossen, wenn der Beschuldigte einen Antrag nach § 143a Absatz 2 Satz 1 Nummer 1 stellen kann.

**§ 143[3)] Dauer und Aufhebung der Bestellung.** (1) Die Bestellung des Pflichtverteidigers endet mit der Einstellung oder dem rechtskräftigen Abschluss des Strafverfahrens einschließlich eines Verfahrens nach den §§ 423 oder 460.

(2) [1]Die Bestellung kann aufgehoben werden, wenn kein Fall notwendiger Verteidigung mehr vorliegt. [2]In den Fällen des § 140 Absatz 1 Nummer 5 gilt dies

[1)] § 142 neu gef. mWv 13.12.2019 durch G v. 10.12.2019 (BGBl. I S. 2128).
[2)] **Habersack, Deutsche Gesetze ErgBd. Nr. 98.**
[3)] § 143 neu gef. mWv 13.12.2019 durch G v. 10.12.2019 (BGBl. I S. 2128).

nur, wenn der Beschuldigte mindestens zwei Wochen vor Beginn der Hauptverhandlung aus der Anstalt entlassen wird. [3] Beruht der Freiheitsentzug in den Fällen des § 140 Absatz 1 Nummer 5 auf einem Haftbefehl gemäß § 127b Absatz 2, § 230 Absatz 2 oder § 329 Absatz 3, soll die Bestellung mit der Aufhebung oder Außervollzugsetzung des Haftbefehls, spätestens zum Schluss der Hauptverhandlung, aufgehoben werden. [4] In den Fällen des § 140 Absatz 1 Nummer 4 soll die Bestellung mit dem Ende der Vorführung aufgehoben werden, falls der Beschuldigte auf freien Fuß gesetzt wird.

(3) Beschlüsse nach Absatz 2 sind mit der sofortigen Beschwerde anfechtbar.

**§ 143a[1)] Verteidigerwechsel.** (1) [1] Die Bestellung des Pflichtverteidigers ist aufzuheben, wenn der Beschuldigte einen anderen Verteidiger gewählt und dieser die Wahl angenommen hat. [2] Dies gilt nicht, wenn zu besorgen ist, dass der neue Verteidiger das Mandat demnächst niederlegen und seine Beiordnung als Pflichtverteidiger beantragen wird, oder soweit die Aufrechterhaltung der Bestellung aus den Gründen des § 144 erforderlich ist.

(2) [1] Die Bestellung des Pflichtverteidigers ist aufzuheben und ein neuer Pflichtverteidiger zu bestellen, wenn

1. der Beschuldigte, dem ein anderer als der von ihm innerhalb der nach § 142 Absatz 5 Satz 1 bestimmten Frist bezeichnete Verteidiger beigeordnet wurde oder dem zur Auswahl des Verteidigers nur eine kurze Frist gesetzt wurde, innerhalb von drei Wochen nach Bekanntmachung der gerichtlichen Entscheidung über die Bestellung beantragt, ihm einen anderen von ihm bezeichneten Verteidiger zu bestellen, und dem kein wichtiger Grund entgegensteht;
2. der anlässlich einer Vorführung vor den nächsten Richter gemäß § 115a bestellte Pflichtverteidiger die Aufhebung seiner Beiordnung aus wichtigem Grund, insbesondere wegen unzumutbarer Entfernung zum künftigen Aufenthaltsort des Beschuldigten, beantragt; der Antrag ist unverzüglich zu stellen, nachdem das Verfahren gemäß § 115a beendet ist; oder
3. das Vertrauensverhältnis zwischen Verteidiger und Beschuldigtem endgültig zerstört ist oder aus einem sonstigen Grund keine angemessene Verteidigung des Beschuldigten gewährleistet ist.

[2] In den Fällen der Nummern 2 und 3 gilt § 142 Absatz 5 und 6 entsprechend.

(3) [1] Für die Revisionsinstanz ist die Bestellung des bisherigen Pflichtverteidigers aufzuheben und dem Beschuldigten ein neuer, von ihm bezeichneter Pflichtverteidiger zu bestellen, wenn er dies spätestens binnen einer Woche nach Beginn der Revisionsbegründungsfrist beantragt und der Bestellung des bezeichneten Verteidigers kein wichtiger Grund entgegensteht. [2] Der Antrag ist bei dem Gericht zu stellen, dessen Urteil angefochten wird.

(4) Beschlüsse nach den Absätzen 1 bis 3 sind mit der sofortigen Beschwerde anfechtbar.

**§ 144[2)] Zusätzliche Pflichtverteidiger.** (1) In den Fällen der notwendigen Verteidigung können dem Beschuldigten zu seinem gewählten oder einem gemäß § 141 bestellten Verteidiger bis zu zwei Pflichtverteidiger zusätzlich bestellt werden, wenn dies zur Sicherung der zügigen Durchführung des Verfahrens, insbesondere wegen dessen Umfang oder Schwierigkeit, erforderlich ist.

---

1) § 143a eingef. mWv 13.12.2019 durch G v. 10.12.2019 (BGBl. I S. 2128).
2) § 144 neu eingef. mWv 13.12.2019 durch G v. 10.12.2019 (BGBl. I S. 2128).

(2) [1]Die Bestellung eines zusätzlichen Verteidigers ist aufzuheben, sobald seine Mitwirkung zur zügigen Durchführung des Verfahrens nicht mehr erforderlich ist. [2]§ 142 Absatz 5 bis 7 Satz 1 gilt entsprechend.

**§ 145[1)] Ausbleiben oder Weigerung des Pflichtverteidigers.** (1) [1]Wenn in einem Falle, in dem die Verteidigung notwendig ist, der Verteidiger in der Hauptverhandlung ausbleibt, sich unzeitig entfernt oder sich weigert, die Verteidigung zu führen, so hat der Vorsitzende dem Angeklagten sogleich einen anderen Verteidiger zu bestellen. [2]Das Gericht kann jedoch auch eine Aussetzung der Verhandlung beschließen.

(2) Wird der notwendige Verteidiger erst im Laufe der Hauptverhandlung bestellt, so kann das Gericht eine Aussetzung der Verhandlung beschließen.

(3) Erklärt der neu bestellte Verteidiger, daß ihm die zur Vorbereitung der Verteidigung erforderliche Zeit nicht verbleiben würde, so ist die Verhandlung zu unterbrechen oder auszusetzen.

(4) Wird durch die Schuld des Verteidigers eine Aussetzung erforderlich, so sind ihm die hierdurch verursachten Kosten aufzuerlegen.

**§ 145a[2)] Zustellungen an den Verteidiger.** (1) [1]Der gewählte Verteidiger, dessen Bevollmächtigung nachgewiesen ist, sowie der bestellte Verteidiger gelten als ermächtigt, Zustellungen und sonstige Mitteilungen für den Beschuldigten in Empfang zu nehmen. [2]Zum Nachweis der Bevollmächtigung genügt die Übermittlung einer Kopie der Vollmacht durch den Verteidiger. [3]Die Nachreichung der Vollmacht im Original kann verlangt werden; hierfür kann eine Frist bestimmt werden.

(2) [1]Eine Ladung des Beschuldigten darf an den Verteidiger nur zugestellt werden, wenn er in seiner nachgewiesenen Vollmacht ausdrücklich zur Empfangnahme von Ladungen ermächtigt ist. [2]§ 116a Abs. 3 bleibt unberührt.

(3) [1]Wird eine Entscheidung dem Verteidiger nach Absatz 1 zugestellt, so wird der Beschuldigte hiervon unterrichtet; zugleich erhält er formlos eine Abschrift der Entscheidung. [2]Wird eine Entscheidung dem Beschuldigten zugestellt, so wird der Verteidiger hiervon zugleich unterrichtet, auch wenn eine Vollmacht bei den Akten nicht vorliegt; dabei erhält er formlos eine Abschrift der Entscheidung.

**§ 146 Verbot der Mehrfachverteidigung.** [1]Ein Verteidiger kann nicht gleichzeitig mehrere derselben Tat Beschuldigte verteidigen. [2]In einem Verfahren kann er auch nicht gleichzeitig mehrere verschiedener Taten Beschuldigte verteidigen.

**§ 146a Zurückweisung eines Wahlverteidigers.** (1) [1]Ist jemand als Verteidiger gewählt worden, obwohl die Voraussetzungen des § 137 Abs. 1 Satz 2 oder des § 146 vorliegen, so ist er als Verteidiger zurückzuweisen, sobald dies erkennbar wird; gleiches gilt, wenn die Voraussetzungen des § 146 nach der Wahl eintreten. [2]Zeigen in den Fällen des § 137 Abs. 1 Satz 2 mehrere Verteidiger gleichzeitig ihre Wahl an und wird dadurch die Höchstzahl der wählbaren Verteidiger überschritten, so sind sie alle zurückzuweisen. [3]Über die Zurückweisung entscheidet das Gericht, bei dem das Verfahren anhängig ist oder das für das Hauptverfahren zuständig wäre.

---

1) § 145 Abs. 2 geänd. mWv 13.12.2019 durch G v. 10.12.2019 (BGBl. I S. 2128).

2) § 145a Abs. 3 Satz 2 geänd. mWv 1.1.2018 durch G v. 5.7.2017 (BGBl. I S. 2208); Abs. 1 Satz 1 geänd., Sätze 2 und 3 angef., Abs. 2 Satz 1 geänd. mWv 1.7.2021 durch G v. 25.6.2021 (BGBl. I S. 2099).

(2) Handlungen, die ein Verteidiger vor der Zurückweisung vorgenommen hat, sind nicht deshalb unwirksam, weil die Voraussetzungen des § 137 Abs. 1 Satz 2 oder des § 146 vorlagen.

**§ 147[1)] Akteneinsichtsrecht, Besichtigungsrecht; Auskunftsrecht des Beschuldigten.** (1) Der Verteidiger ist befugt, die Akten, die dem Gericht vorliegen oder diesem im Falle der Erhebung der Anklage vorzulegen wären, einzusehen sowie amtlich verwahrte Beweisstücke zu besichtigen.

(2) [1] Ist der Abschluss der Ermittlungen noch nicht in den Akten vermerkt, kann dem Verteidiger die Einsicht in die Akten oder einzelne Aktenteile sowie die Besichtigung von amtlich verwahrten Beweisgegenständen versagt werden, soweit dies den Untersuchungszweck gefährden kann. [2] Liegen die Voraussetzungen von Satz 1 vor und befindet sich der Beschuldigte in Untersuchungshaft oder ist diese im Fall der vorläufigen Festnahme beantragt, sind dem Verteidiger die für die Beurteilung der Rechtmäßigkeit der Freiheitsentziehung wesentlichen Informationen in geeigneter Weise zugänglich zu machen; in der Regel ist insoweit Akteneinsicht zu gewähren.

(3) Die Einsicht in die Protokolle über die Vernehmung des Beschuldigten und über solche richterlichen Untersuchungshandlungen, bei denen dem Verteidiger die Anwesenheit gestattet worden ist oder hätte gestattet werden müssen, sowie in die Gutachten von Sachverständigen darf dem Verteidiger in keiner Lage des Verfahrens versagt werden.

(4) [1] Der Beschuldigte, der keinen Verteidiger hat, ist in entsprechender Anwendung der Absätze 1 bis 3 befugt, die Akten einzusehen und unter Aufsicht amtlich verwahrte Beweisstücke zu besichtigen, soweit der Untersuchungszweck auch in einem anderen Strafverfahren nicht gefährdet werden kann und überwiegende schutzwürdige Interessen Dritter nicht entgegenstehen. [2] Werden die Akten nicht elektronisch geführt, können ihm an Stelle der Einsichtnahme in die Akten Kopien aus den Akten bereitgestellt werden.

(5) [1] Über die Gewährung der Akteneinsicht entscheidet im vorbereitenden Verfahren und nach rechtskräftigem Abschluss des Verfahrens die Staatsanwaltschaft, im Übrigen der Vorsitzende des mit der Sache befassten Gerichts. [2] Versagt die Staatsanwaltschaft die Akteneinsicht, nachdem sie den Abschluss der Ermittlungen in den Akten vermerkt hat, versagt sie die Einsicht nach Absatz 3 oder befindet sich der Beschuldigte nicht auf freiem Fuß, so kann gerichtliche Entscheidung durch das nach § 162 zuständige Gericht beantragt werden. [3] Die §§ 297 bis 300, 302, 306 bis 309, 311a und 473a gelten entsprechend. [4] Diese Entscheidungen werden nicht mit Gründen versehen, soweit durch deren Offenlegung der Untersuchungszweck gefährdet werden könnte.

(6) [1] Ist der Grund für die Versagung der Akteneinsicht nicht vorher entfallen, so hebt die Staatsanwaltschaft die Anordnung spätestens mit dem Abschluß der Ermittlungen auf. [2] Dem Verteidiger oder dem Beschuldigten, der keinen Ver-

*(Fortsetzung nächstes Blatt)*

---

[1)] § 147 Abs. 5 neu gef., Abs. 7 angef. mWv 1.11.2000 durch G v. 2.8.2000 (BGBl. I S. 1253); Abs. 2 und 7 neu gef. mWv 1.1.2010 durch G v. 29.7.2009 (BGBl. I S. 2274); Abs. 5 Satz 2 geänd., Satz 3 eingef., bish. Satz 3 wird Satz 4 mWv 1.10.2009 durch G v. 29.7.2009 (BGBl. I S. 2280); Abs. 3 und 6 Satz 2 geänd., Abs. 4 neu gef., Abs. 7 aufgeh. mWv 1.1.2018 durch G v. 5.7.2017 (BGBl. I S. 2208).

teidiger hat, ist Mitteilung zu machen, sobald das Recht zur Akteneinsicht wieder uneingeschränkt besteht.

**§ 148[1] Kommunikation des Beschuldigten mit dem Verteidiger.**

(1) Dem Beschuldigten ist, auch wenn er sich nicht auf freiem Fuß befindet, schriftlicher und mündlicher Verkehr mit dem Verteidiger gestattet.

(2) [1] Ist ein nicht auf freiem Fuß befindlicher Beschuldigter einer Tat nach § 129a, auch in Verbindung mit § 129b Abs. 1, des Strafgesetzbuches[2] dringend verdächtig, soll das Gericht anordnen, dass im Verkehr mit Verteidigern Schriftstücke und andere Gegenstände zurückzuweisen sind, sofern sich der Absender nicht damit einverstanden erklärt, dass sie zunächst dem nach § 148a zuständigen Gericht vorgelegt werden. [2] Besteht kein Haftbefehl wegen einer Straftat nach § 129a, auch in Verbindung mit § 129b Abs. 1, des Strafgesetzbuches, trifft die Entscheidung das Gericht, das für den Erlass eines Haftbefehls zuständig wäre. [3] Ist der schriftliche Verkehr nach Satz 1 zu überwachen, sind für Gespräche mit Verteidigern Vorrichtungen vorzusehen, die die Übergabe von Schriftstücken und anderen Gegenständen ausschließen.

**§ 148a Durchführung von Überwachungsmaßnahmen.** (1) [1] Für die Durchführung von Überwachungsmaßnahmen nach § 148 Abs. 2 ist der Richter bei dem Amtsgericht zuständig, in dessen Bezirk die Vollzugsanstalt liegt. [2] Ist eine Anzeige nach § 138 des Strafgesetzbuches[2] zu erstatten, so sind Schriftstücke oder andere Gegenstände, aus denen sich die Verpflichtung zur Anzeige ergibt, vorläufig in Verwahrung zu nehmen; die Vorschriften über die Beschlagnahme bleiben unberührt.

(2) [1] Der Richter, der mit Überwachungsmaßnahmen betraut ist, darf mit dem Gegenstand der Untersuchung weder befaßt sein noch befaßt werden. [2] Der Richter hat über Kenntnisse, die er bei der Überwachung erlangt, Verschwiegenheit zu bewahren; § 138 des Strafgesetzbuches bleibt unberührt.

**§ 149[3] Zulassung von Beiständen.** (1) [1] Der Ehegatte oder Lebenspartner eines Angeklagten ist in der Hauptverhandlung als Beistand zuzulassen und auf sein Verlangen zu hören. [2] Zeit und Ort der Hauptverhandlung sollen ihm rechtzeitig mitgeteilt werden.

(2) Dasselbe gilt von dem gesetzlichen Vertreter eines Angeklagten.

(3) Im Vorverfahren unterliegt die Zulassung solcher Beistände dem richterlichen Ermessen.

**§ 150** (weggefallen)

## Zweites Buch. Verfahren im ersten Rechtszug

### Erster Abschnitt. Öffentliche Klage

**§ 151 Anklagegrundsatz.** Die Eröffnung einer gerichtlichen Untersuchung ist durch die Erhebung einer Klage bedingt.

**§ 152 Anklagebehörde; Legalitätsgrundsatz.** (1) Zur Erhebung der öffentlichen Klage ist die Staatsanwaltschaft berufen.

---

[1] § 148 Abs. 2 neu gef. mWv 1.1.2010 durch G v. 29.7.2009 (BGBl. I S. 2274).

[2] Nr. **85**.

[3] § 149 Abs. 1 Satz 1 geänd. mWv 1.8.2001 durch G v. 16.2.2001 (BGBl. I S. 266).

(2) Sie ist, soweit nicht gesetzlich ein anderes bestimmt ist, verpflichtet, wegen aller verfolgbaren Straftaten einzuschreiten, sofern zureichende tatsächliche Anhaltspunkte vorliegen.

**§ 152a Landesgesetzliche Vorschriften über die Strafverfolgung von Abgeordneten.** Landesgesetzliche Vorschriften über die Voraussetzungen, unter denen gegen Mitglieder eines Organs der Gesetzgebung eine Strafverfolgung eingeleitet oder fortgesetzt werden kann, sind auch für die anderen Länder der Bundesrepublik Deutschland und den Bund wirksam.

**§ 153[1)] Absehen von der Verfolgung bei Geringfügigkeit.** (1) [1] Hat das Verfahren ein Vergehen zum Gegenstand, so kann die Staatsanwaltschaft mit Zustimmung des für die Eröffnung des Hauptverfahrens zuständigen Gerichts von der Verfolgung absehen, wenn die Schuld des Täters als gering anzusehen wäre und kein öffentliches Interesse an der Verfolgung besteht. [2] Der Zustimmung des Gerichtes bedarf es nicht bei einem Vergehen, das nicht mit einer im Mindestmaß erhöhten Strafe bedroht ist und bei dem die durch die Tat verursachten Folgen gering sind.

(2) [1] Ist die Klage bereits erhoben, so kann das Gericht in jeder Lage des Verfahrens unter den Voraussetzungen des Absatzes 1 mit Zustimmung der Staatsanwaltschaft und des Angeschuldigten das Verfahren einstellen. [2] Der Zustimmung des Angeschuldigten bedarf es nicht, wenn die Hauptverhandlung aus den in § 205 angeführten Gründen nicht durchgeführt werden kann oder in den Fällen des § 231 Abs. 2 und der §§ 232 und 233 in seiner Abwesenheit durchgeführt wird. [3] Die Entscheidung ergeht durch Beschluß. [4] Der Beschluß ist nicht anfechtbar.

**§ 153a[2)] Absehen von der Verfolgung unter Auflagen und Weisungen.**

(1) [1] Mit Zustimmung des für die Eröffnung des Hauptverfahrens zuständigen Gerichts und des Beschuldigten kann die Staatsanwaltschaft bei einem Vergehen vorläufig von der Erhebung der öffentlichen Klage absehen und zugleich dem Beschuldigten Auflagen und Weisungen erteilen, wenn diese geeignet sind, das öffentliche Interesse an der Strafverfolgung zu beseitigen, und die Schwere der Schuld nicht entgegensteht. [2] Als Auflagen oder Weisungen kommen insbesondere in Betracht,

1. zur Wiedergutmachung des durch die Tat verursachten Schadens eine bestimmte Leistung zu erbringen,
2. einen Geldbetrag zugunsten einer gemeinnützigen Einrichtung oder der Staatskasse zu zahlen,
3. sonst gemeinnützige Leistungen zu erbringen,
4. Unterhaltspflichten in einer bestimmten Höhe nachzukommen,

---

1) § 153 Abs. 1 Satz 2 neu gef. durch G v. 11.1.1993 (BGBl. I S. 50).

2) § 153a Abs. 1 Sätze 2 und 6 geänd. durch G v. 24.4.1998 (BGBl. I S. 747); Abs. 1 Satz 1 neu gef., Satz 2 eingef., bish. Sätze 2–6 werden Sätze 3–7, neue Sätze 3 und 7 geänd., Abs. 2 Sätze 1 und 2 geänd. durch G v. 20.12.1999 (BGBl. I S. 2491), Abs. 1 Satz 2 Nr. 5 geänd., Nr. 6 eingef., bish. Nr. 6 wird Nr. 7, Sätze 3 und 7 geänd., Abs. 4 angef. mWv 1.3.2013 durch G v. 15.11.2012 (BGBl. I S. 2298); Abs. 1 Satz 8 angef., Abs. 2 Satz 2 geänd. mWv 1.9.2013 durch G v. 26.6.2013 (BGBl. I S. 1805); Abs. 1 Satz 2 Nr. 7 neu gef. mWv 1.5.2014 durch G v. 28.8.2013 (BGBl. I S. 3313); Abs. 2 Satz 1 geänd. mWv 24.8.2017 durch G v. 17.8.2017 (BGBl. I S. 3202); Abs. 1 Satz 2 Nr. 6 und 7 geänd., Nr. 8 angef., Satz 3 geänd. mWv 1.10.2023 durch G v. 26.7.2023 (BGBl. 2023 I Nr. 203).

5. sich ernsthaft zu bemühen, einen Ausgleich mit dem Verletzten zu erreichen (Täter-Opfer-Ausgleich) und dabei seine Tat ganz oder zum überwiegenden Teil wieder gut zu machen oder deren Wiedergutmachung zu erstreben,
6. an einem sozialen Trainingskurs teilzunehmen,
7. an einem Aufbauseminar nach § 2b Absatz 2 Satz 2 oder an einem Fahreignungsseminar nach § 4a des Straßenverkehrsgesetzes[1)] teilzunehmen oder
8. sich psychiatrisch, psycho- oder sozialtherapeutisch betreuen und behandeln zu lassen (Therapieweisung).

[3] Zur Erfüllung der Auflagen und Weisungen setzt die Staatsanwaltschaft dem Beschuldigten eine Frist, die in den Fällen des Satzes 2 Nummer 1 bis 3, 5 und 7 höchstens sechs Monate, in den Fällen des Satzes 2 Nummer 4, 6 und 8 höchstens ein Jahr beträgt. [4] Die Staatsanwaltschaft kann Auflagen und Weisungen nachträglich aufheben und die Frist einmal für die Dauer von drei Monaten verlängern; mit Zustimmung des Beschuldigten kann sie auch Auflagen und Weisungen nachträglich auferlegen und ändern. [5] Erfüllt der Beschuldigte die Auflagen und Weisungen, so kann die Tat nicht mehr als Vergehen verfolgt werden. [6] Erfüllt der Beschuldigte die Auflagen und Weisungen nicht, so werden Leistungen, die er zu ihrer Erfüllung erbracht hat, nicht erstattet. [7] § 153 Abs. 1 Satz 2 gilt in den Fällen des Satzes 2 Nummer 1 bis 6 entsprechend. [8] § 246a Absatz 2 gilt entsprechend.

(2) [1] Ist die Klage bereits erhoben, so kann das Gericht mit Zustimmung der Staatsanwaltschaft und des Angeschuldigten das Verfahren vorläufig einstellen und zugleich dem Angeschuldigten die in Absatz 1 Satz 1 und 2 bezeichneten Auflagen und Weisungen erteilen. [2] Absatz 1 Satz 3 bis 6 und 8 gilt entsprechend. [3] Die Entscheidung nach Satz 1 ergeht durch Beschluß. [4] Der Beschluß ist nicht anfechtbar. [5] Satz 4 gilt auch für eine Feststellung, daß gemäß Satz 1 erteilte Auflagen und Weisungen erfüllt worden sind.

(3) Während des Laufes der für die Erfüllung der Auflagen und Weisungen gesetzten Frist ruht die Verjährung.

(4) [1] § 155b findet im Fall des Absatzes 1 Satz 2 Nummer 6, auch in Verbindung mit Absatz 2, entsprechende Anwendung mit der Maßgabe, dass personenbezogene Daten aus dem Strafverfahren, die nicht den Beschuldigten betreffen, an die mit der Durchführung des sozialen Trainingskurses befasste Stelle nur übermittelt werden dürfen, soweit die betroffenen Personen in die Übermittlung eingewilligt haben. [2] Satz 1 gilt entsprechend, wenn nach sonstigen strafrechtlichen Vorschriften die Weisung erteilt wird, an einem sozialen Trainingskurs teilzunehmen.

### § 153b Absehen von der Verfolgung bei möglichem Absehen von Strafe.

(1) Liegen die Voraussetzungen vor, unter denen das Gericht von Strafe absehen könnte, so kann die Staatsanwaltschaft mit Zustimmung des Gerichts, das für die Hauptverhandlung zuständig wäre, von der Erhebung der öffentlichen Klage absehen.

(2) Ist die Klage bereits erhoben, so kann das Gericht bis zum Beginn der Hauptverhandlung mit Zustimmung der Staatsanwaltschaft und des Angeschuldigten das Verfahren einstellen.

---

[1)] Nr. **35**.

**§ 153c[1] Absehen von der Verfolgung bei Auslandstaten.** (1) [1]Die Staatsanwaltschaft kann von der Verfolgung von Straftaten absehen,

1. die außerhalb des räumlichen Geltungsbereichs dieses Gesetzes begangen sind oder die ein Teilnehmer an einer außerhalb des räumlichen Geltungsbereichs dieses Gesetzes begangenen Handlung in diesem Bereich begangen hat,
2. die ein Ausländer im Inland auf einem ausländischen Schiff oder Luftfahrzeug begangen hat,
3. wenn in den Fällen der §§ 129 und 129a, jeweils auch in Verbindung mit § 129b Abs. 1, des Strafgesetzbuches[2] die Vereinigung nicht oder nicht überwiegend im Inland besteht und die im Inland begangenen Beteiligungshandlungen von untergeordneter Bedeutung sind oder sich auf die bloße Mitgliedschaft beschränken.

[2]Für Taten, die nach dem Völkerstrafgesetzbuch[3] strafbar sind, gilt § 153f.

(2) Die Staatsanwaltschaft kann von der Verfolgung einer Tat absehen, wenn wegen der Tat im Ausland schon eine Strafe gegen den Beschuldigten vollstreckt worden ist und die im Inland zu erwartende Strafe nach Anrechnung der ausländischen nicht ins Gewicht fiele oder der Beschuldigte wegen der Tat im Ausland rechtskräftig freigesprochen worden ist.

(3) Die Staatsanwaltschaft kann auch von der Verfolgung von Straftaten absehen, die im räumlichen Geltungsbereich dieses Gesetzes durch eine außerhalb dieses Bereichs ausgeübte Tätigkeit begangen sind, wenn die Durchführung des Verfahrens die Gefahr eines schweren Nachteils für die Bundesrepublik Deutschland herbeiführen würde oder wenn der Verfolgung sonstige überwiegende öffentliche Interessen entgegenstehen.

(4) Ist die Klage bereits erhoben, so kann die Staatsanwaltschaft in den Fällen des Absatzes 1 Nr. 1, 2 und des Absatzes 3 die Klage in jeder Lage des Verfahrens zurücknehmen und das Verfahren einstellen, wenn die Durchführung des Verfahrens die Gefahr eines schweren Nachteils für die Bundesrepublik Deutschland herbeiführen würde oder wenn der Verfolgung sonstige überwiegende öffentliche Interessen entgegenstehen.

(5) Hat das Verfahren Straftaten der in § 74a Abs. 1 Nr. 2 bis 6 und § 120 Abs. 1 Nr. 2 bis 7 des Gerichtsverfassungsgesetzes[4] bezeichneten Art zum Gegenstand, so stehen diese Befugnisse dem Generalbundesanwalt zu.

**§ 153d Absehen von der Verfolgung bei Staatsschutzdelikten wegen überwiegender öffentlicher Interessen.** (1) Der Generalbundesanwalt kann von der Verfolgung von Straftaten der in § 74a Abs. 1 Nr. 2 bis 6 und in § 120 Abs. 1 Nr. 2 bis 7 des Gerichtsverfassungsgesetzes[4] bezeichneten Art absehen, wenn die Durchführung des Verfahrens die Gefahr eines schweren Nachteils für die Bundesrepublik Deutschland herbeiführen würde oder wenn der Verfolgung sonstige überwiegende öffentliche Interessen entgegenstehen.

---

[1] § 153c Abs. 1 Satz 1 Nr. 2 geänd., Satz 2 angef., bish. Nr. 3 wird Abs. 2 und geänd., bish. Abs. 2–4 werden Abs. 3–5 mWv 30.6.2002 durch G v. 26.6.2002 (BGBl. I S. 2254); Abs. 1 Satz 1 Nr. 4 angef. mWv 30.8.2002 durch G v. 22.8.2002 (BGBl. I S. 3390); Abs. 1 Satz 1 bish. Nr. 4 wird Nr. 3, Abs. 4 geänd. mWv 1.4.2004 durch G v. 27.12.2003 (BGBl. I S. 3007).

[2] Nr. **85**.

[3] **Habersack, Deutsche Gesetze ErgBd. Nr. 85g.**

[4] Nr. **95**.

(2) Ist die Klage bereits erhoben, so kann der Generalbundesanwalt unter den in Absatz 1 bezeichneten Voraussetzungen die Klage in jeder Lage des Verfahrens zurücknehmen und das Verfahren einstellen.

**§ 153e Absehen von der Verfolgung bei Staatsschutzdelikten wegen tätiger Reue.** (1) [1]Hat das Verfahren Straftaten der in § 74a Abs. 1 Nr. 2 bis 4 und in § 120 Abs. 1 Nr. 2 bis 7 des Gerichtsverfassungsgesetzes[1)] bezeichneten Art zum Gegenstand, so kann der Generalbundesanwalt mit Zustimmung des nach § 120 des Gerichtsverfassungsgesetzes zuständigen Oberlandesgerichts von der Verfolgung einer solchen Tat absehen, wenn der Täter nach der Tat, bevor ihm deren Entdeckung bekanntgeworden ist, dazu beigetragen hat, eine Gefahr für den Bestand oder die Sicherheit der Bundesrepublik Deutschland oder die verfassungsmäßige Ordnung abzuwenden. [2]Dasselbe gilt, wenn der Täter einen solchen Beitrag dadurch geleistet hat, daß er nach der Tat sein mit ihr zusammenhängendes Wissen über Bestrebungen des Hochverrats, der Gefährdung des demokratischen Rechtsstaates oder des Landesverrats und der Gefährdung der äußeren Sicherheit einer Dienststelle offenbart hat.

(2) Ist die Klage bereits erhoben, so kann das nach § 120 des Gerichtsverfassungsgesetzes zuständige Oberlandesgericht mit Zustimmung des Generalbundesanwalts das Verfahren unter den in Absatz 1 bezeichneten Voraussetzungen einstellen.

**§ 153f[2)] Absehen von der Verfolgung bei Straftaten nach dem Völkerstrafgesetzbuch.** (1) [1]Die Staatsanwaltschaft kann von der Verfolgung einer Tat, die nach den §§ 6 bis 15 des Völkerstrafgesetzbuches[3)] strafbar ist, in den Fällen des § 153c Abs. 1 Nr. 1 und 2 absehen, wenn sich der Beschuldigte nicht im Inland aufhält und ein solcher Aufenthalt auch nicht zu erwarten ist. [2]Ist in den Fällen des § 153c Abs. 1 Nr. 1 der Beschuldigte Deutscher, so gilt dies jedoch nur dann, wenn die Tat vor einem internationalen Gerichtshof oder durch einen Staat, auf dessen Gebiet die Tat begangen oder dessen Angehöriger durch die Tat verletzt wurde, verfolgt wird.

(2) [1]Die Staatsanwaltschaft kann insbesondere von der Verfolgung einer Tat, die nach den §§ 6 bis 12, 14 und 15 des Völkerstrafgesetzbuches strafbar ist, in den Fällen des § 153c Abs. 1 Nr. 1 und 2 absehen, wenn

1. kein Tatverdacht gegen einen Deutschen besteht,
2. die Tat nicht gegen einen Deutschen begangen wurde,
3. kein Tatverdächtiger sich im Inland aufhält und ein solcher Aufenthalt auch nicht zu erwarten ist und
4. die Tat vor einem internationalen Gerichtshof oder durch einen Staat, auf dessen Gebiet die Tat begangen wurde, dessen Angehöriger der Tat verdächtig ist oder dessen Angehöriger durch die Tat verletzt wurde, verfolgt wird.

[2]Dasselbe gilt, wenn sich ein wegen einer im Ausland begangenen Tat beschuldigter Ausländer im Inland aufhält, aber die Voraussetzungen nach Satz 1 Nr. 2 und 4 erfüllt sind und die Überstellung an einen internationalen Gerichtshof oder die Auslieferung an den verfolgenden Staat zulässig und beabsichtigt ist.

---

[1)] Nr. 95.

[2)] § 153f eingef. mWv 30.6.2002 durch G v. 26.6.2002 (BGBl. I S. 2254); Abs. 1 Satz 1, Abs. 2 Satz 1 einl. Satzteil geänd. mWv 1.1.2017 durch G v. 22.12.2016 (BGBl. I S. 3150).

[3)] **Schönfelder ErgBd. Nr. 85g.**

(3) Ist in den Fällen des Absatzes 1 oder 2 die öffentliche Klage bereits erhoben, so kann die Staatsanwaltschaft die Klage in jeder Lage des Verfahrens zurücknehmen und das Verfahren einstellen.

**§ 154 Teileinstellung bei mehreren Taten.** (1) Die Staatsanwaltschaft kann von der Verfolgung einer Tat absehen,

1. wenn die Strafe oder die Maßregel der Besserung und Sicherung, zu der die Verfolgung führen kann, neben einer Strafe oder Maßregel der Besserung und Sicherung, die gegen den Beschuldigten wegen einer anderen Tat rechtskräftig verhängt worden ist oder die er wegen einer anderen Tat zu erwarten hat, nicht beträchtlich ins Gewicht fällt oder
2. darüber hinaus, wenn ein Urteil wegen dieser Tat in angemessener Frist nicht zu erwarten ist und wenn eine Strafe oder Maßregel der Besserung und Sicherung, die gegen den Beschuldigten rechtskräftig verhängt worden ist oder die er wegen einer anderen Tat zu erwarten hat, zur Einwirkung auf den Täter und zur Verteidigung der Rechtsordnung ausreichend erscheint.

(2) Ist die öffentliche Klage bereits erhoben, so kann das Gericht auf Antrag der Staatsanwaltschaft das Verfahren in jeder Lage vorläufig einstellen.

(3) Ist das Verfahren mit Rücksicht auf eine wegen einer anderen Tat bereits rechtskräftig erkannten Strafe oder Maßregel der Besserung und Sicherung vorläufig eingestellt worden, so kann es, falls nicht inzwischen Verjährung eingetreten ist, wieder aufgenommen werden, wenn die rechtskräftig erkannte Strafe oder Maßregel der Besserung und Sicherung nachträglich wegfällt.

(4) Ist das Verfahren mit Rücksicht auf eine wegen einer anderen Tat zu erwartende Strafe oder Maßregel der Besserung und Sicherung vorläufig eingestellt worden, so kann es, falls nicht inzwischen Verjährung eingetreten ist, binnen drei Monaten nach Rechtskraft des wegen der anderen Tat ergehenden Urteils wieder aufgenommen werden.

(5) Hat das Gericht das Verfahren vorläufig eingestellt, so bedarf es zur Wiederaufnahme eines Gerichtsbeschlusses.

**§ 154a Beschränkung der Verfolgung.** (1) [1] Fallen einzelne abtrennbare Teile einer Tat oder einzelne von mehreren Gesetzesverletzungen, die durch dieselbe Tat begangen worden sind,

1. für die zu erwartende Strafe oder Maßregel der Besserung und Sicherung oder
2. neben einer Strafe oder Maßregel der Besserung und Sicherung, die gegen den Beschuldigten wegen einer anderen Tat rechtskräftig verhängt worden ist oder die er wegen einer anderen Tat zu erwarten hat,

nicht beträchtlich ins Gewicht, so kann die Verfolgung auf die übrigen Teile der Tat oder die übrigen Gesetzesverletzungen beschränkt werden. [2] § 154 Abs. 1 Nr. 2 gilt entsprechend. [3] Die Beschränkung ist aktenkundig zu machen.

(2) Nach Einreichung der Anklageschrift kann das Gericht in jeder Lage des Verfahrens mit Zustimmung der Staatsanwaltschaft die Beschränkung vornehmen.

(3) [1] Das Gericht kann in jeder Lage des Verfahrens ausgeschiedene Teile einer Tat oder Gesetzesverletzungen in das Verfahren wieder einbeziehen. [2] Einem Antrag der Staatsanwaltschaft auf Einbeziehung ist zu entsprechen. [3] Werden ausgeschiedene Teile einer Tat wieder einbezogen, so ist § 265 Abs. 4 entsprechend anzuwenden.

**§ 154b[1) ] Absehen von der Verfolgung bei Auslieferung und Ausweisung.**

(1) Von der Erhebung der öffentlichen Klage kann abgesehen werden, wenn der Beschuldigte wegen der Tat einer ausländischen Regierung ausgeliefert wird.

(2) Dasselbe gilt, wenn er wegen einer anderen Tat einer ausländischen Regierung ausgeliefert oder an einen internationalen Strafgerichtshof überstellt wird und die Strafe oder die Maßregel der Besserung und Sicherung, zu der die inländische Verfolgung führen kann, neben der Strafe oder der Maßregel der Besserung und Sicherung, die gegen ihn im Ausland rechtskräftig verhängt worden ist oder die er im Ausland zu erwarten hat, nicht ins Gewicht fällt.

(3) Von der Erhebung der öffentlichen Klage kann auch abgesehen werden, wenn der Beschuldigte aus dem Geltungsbereich dieses Bundesgesetzes abgeschoben, zurückgeschoben oder zurückgewiesen wird.

(4) [1] Ist in den Fällen der Absätze 1 bis 3 die öffentliche Klage bereits erhoben, so stellt das Gericht auf Antrag der Staatsanwaltschaft das Verfahren vorläufig ein. [2] § 154 Abs. 3 bis 5 gilt mit der Maßgabe entsprechend, daß die Frist in Absatz 4 ein Jahr beträgt.

**§ 154c[2)] Absehen von der Verfolgung des Opfers einer Nötigung oder Erpressung.** (1) Ist eine Nötigung oder Erpressung (§§ 240, 253 des Strafgesetzbuches[3)]) durch die Drohung begangen worden, eine Straftat zu offenbaren, so kann die Staatsanwaltschaft von der Verfolgung der Tat, deren Offenbarung angedroht worden ist, absehen, wenn nicht wegen der Schwere der Tat eine Sühne unerläßlich ist.

(2) Zeigt das Opfer einer Nötigung oder Erpressung oder eines Menschenhandels (§§ 240, 253, 232 des Strafgesetzbuches) diese Straftat an (§ 158) und wird hierdurch bedingt ein vom Opfer begangenes Vergehen bekannt, so kann die Staatsanwaltschaft von der Verfolgung des Vergehens absehen, wenn nicht wegen der Schwere der Tat eine Sühne unerlässlich ist.

**§ 154d Verfolgung bei zivil- oder verwaltungsrechtlicher Vorfrage.**

[1] Hängt die Erhebung der öffentlichen Klage wegen eines Vergehens von der Beurteilung einer Frage ab, die nach bürgerlichem Recht oder nach Verwaltungsrecht zu beurteilen ist, so kann die Staatsanwaltschaft zur Austragung der Frage im bürgerlichen Streitverfahren oder im Verwaltungsstreitverfahren eine Frist bestimmen. [2] Hiervon ist der Anzeigende zu benachrichtigen. [3] Nach fruchtlosem Ablauf der Frist kann die Staatsanwaltschaft das Verfahren einstellen.

**§ 154e[4)] Absehen von der Verfolgung bei falscher Verdächtigung oder Beleidigung.** (1) Von der Erhebung der öffentlichen Klage wegen einer falschen Verdächtigung oder Beleidigung (§§ 164, 185 bis 188 des Strafgesetzbuches[3)]) soll abgesehen werden, solange wegen der angezeigten oder behaupteten Handlung ein Straf- oder Disziplinarverfahren anhängig ist.

---

[1)] § 154b Abs. 2 geänd. mWv. 1.7.2002 durch G v. 21.6.2002 (BGBl. I S. 2144); Abs. 3 geänd. mWv 1.8.2015 durch G v. 27.7.2015 (BGBl. I S. 1386).

[2)] § 154c Abs. 2 angef. mWv 19.2.2005 durch G v. 11.2.2005 (BGBl. I S. 239); Abs. 2 neu gef. mWv 15.10.2016 durch G v. 11.10.2016 (BGBl. I S. 2226).

[3)] Nr. **85**.

[4)] § 154e Abs. 1 geänd. durch G v. 26.1.1998 (BGBl. I S. 164).

(2) Ist die öffentliche Klage oder eine Privatklage bereits erhoben, so stellt das Gericht das Verfahren bis zum Abschluß des Straf- oder Disziplinarverfahrens wegen der angezeigten oder behaupteten Handlung ein.

(3) Bis zum Abschluß des Straf- oder Disziplinarverfahrens wegen der angezeigten oder behaupteten Handlung ruht die Verjährung der Verfolgung der falschen Verdächtigung oder Beleidigung.

**§ 154f[1)] Einstellung des Verfahrens bei vorübergehenden Hindernissen.**

Steht der Eröffnung oder Durchführung des Hauptverfahrens für längere Zeit die Abwesenheit des Beschuldigten oder ein anderes in seiner Person liegendes Hindernis entgegen und ist die öffentliche Klage noch nicht erhoben, so kann die Staatsanwaltschaft das Verfahren vorläufig einstellen, nachdem sie den Sachverhalt so weit wie möglich aufgeklärt und die Beweise so weit wie nötig gesichert hat.

**§ 155 Umfang der gerichtlichen Untersuchung und Entscheidung.**

(1) Die Untersuchung und Entscheidung erstreckt sich nur auf die in der Klage bezeichnete Tat und auf die durch die Klage beschuldigten Personen.

(2) Innerhalb dieser Grenzen sind die Gerichte zu einer selbständigen Tätigkeit berechtigt und verpflichtet; insbesondere sind sie bei Anwendung des Strafgesetzes an die gestellten Anträge nicht gebunden.

**§ 155a[2)] Täter-Opfer-Ausgleich.** [1] Die Staatsanwaltschaft und das Gericht sollen in jedem Stadium des Verfahrens die Möglichkeiten prüfen, einen Ausgleich zwischen Beschuldigtem und Verletztem zu erreichen. [2] In geeigneten Fällen sollen sie darauf hinwirken. [3] Gegen den ausdrücklichen Willen des Verletzten darf die Eignung nicht angenommen werden.

**§ 155b[3)] Durchführung des Täter-Opfer-Ausgleichs.** (1) [1] Die Staatsanwaltschaft und das Gericht können zum Zweck des Täter-Opfer-Ausgleichs oder der Schadenswiedergutmachung einer von ihnen mit der Durchführung beauftragten Stelle von Amts wegen oder auf deren Antrag die hierfür erforderlichen personenbezogenen Daten übermitteln. [2] Der beauftragten Stelle kann Akteneinsicht gewährt werden, soweit die Erteilung von Auskünften einen unverhältnismäßigen Aufwand erfordern würde. [3] Eine nicht-öffentliche Stelle ist darauf hinzuweisen, dass sie die übermittelten Daten nur für Zwecke des Täter-Opfer-Ausgleichs oder der Schadenswiedergutmachung verwenden darf.

(2) [1] Die beauftragte Stelle darf die nach Absatz 1 übermittelten personenbezogenen Daten nur verarbeiten, soweit dies für die Durchführung des Täter-Opfer-Ausgleichs oder der Schadenswiedergutmachung erforderlich ist und schutzwürdige Interessen der betroffenen Person nicht entgegenstehen. [2] Sie darf personenbezogene Daten nur verarbeiten, soweit dies für die Durchführung des Täter-Opfer-Ausgleichs oder der Schadenswiedergutmachung erforderlich ist und die betroffene Person eingewilligt hat. [3] Nach Abschluss ihrer Tätigkeit berichtet sie in dem erforderlichen Umfang der Staatsanwaltschaft oder dem Gericht.

---

[1)] § 154f eingef. mWv 1.10.2009 durch G v. 29.7.2009 (BGBl. I S. 2280).

[2)] § 155a eingef. durch G v. 20.12.1999 (BGBl. I S. 2491).

[3)] § 155b eingef. durch G v. 20.12.1999 (BGBl. I S. 2491); Abs. 1 Sätze 1 und 3, Abs. 2 Satz 1, Abs. 4 Satz 1 geänd. mWv 1.1.2008 durch G v. 21.12.2007 (BGBl. I S. 3198); Abs. 1 Satz 2 neu gef. mWv 1.1.2018 durch G v. 5.7.2017 (BGBl. I S. 2208); Abs. 2 Satz 1 geänd., Satz 2 und Abs. 3 neu gef. mWv 26.11.2019 durch G v. 20.11.2019 (BGBl. I S. 1724).

(3) Ist die beauftragte Stelle eine nichtöffentliche Stelle, finden die Vorschriften der Verordnung (EU) 2016/679[1] und des Bundesdatenschutzgesetzes[2] auch dann Anwendung, wenn die personenbezogenen Daten nicht automatisiert verarbeitet werden und nicht in einem Dateisystem gespeichert sind oder gespeichert werden.

(4) [1]Die Unterlagen mit den in Absatz 2 Satz 1 und 2 bezeichneten personenbezogenen Daten sind von der beauftragten Stelle nach Ablauf eines Jahres seit Abschluss des Srafverfahrens zu vernichten. [2]Die Staatsanwaltschaft oder das Gericht teilt der beauftragten Stelle unverzüglich von Amts wegen den Zeitpunkt des Verfahrensabschlusses mit.

**§ 156 Anklagerücknahme.** Die öffentliche Klage kann nach Eröffnung des Hauptverfahrens nicht zurückgenommen werden.

**§ 157 Bezeichnung als Angeschuldigter oder Angeklagter.** Im Sinne dieses Gesetzes ist

Angeschuldigter der Beschuldigte, gegen den die öffentliche Klage erhoben ist,

Angeklagter der Beschuldigte oder Angeschuldigte, gegen den die Eröffnung des Hauptverfahrens beschlossen ist.

## Zweiter Abschnitt. Vorbereitung der öffentlichen Klage

**§ 158[3] Strafanzeige; Strafantrag.** (1) [1]Die Anzeige einer Straftat und der Strafantrag können bei der Staatsanwaltschaft, den Behörden und Beamten des Polizeidienstes und den Amtsgerichten mündlich oder schriftlich angebracht werden. [2]Die mündliche Anzeige ist zu beurkunden. [3]Dem Verletzten ist auf Antrag der Eingang seiner Anzeige schriftlich zu bestätigen. [4]Die Bestätigung soll eine kurze Zusammenfassung der Angaben des Verletzten zu Tatzeit, Tatort und angezeigter Tat enthalten. [5]Die Bestätigung kann versagt werden, soweit der Untersuchungszweck, auch in einem anderen Strafverfahren, gefährdet erscheint.

(2) Bei Straftaten, deren Verfolgung nur auf Antrag eintritt, muß der Antrag bei einem Gericht oder der Staatsanwaltschaft schriftlich oder zu Protokoll, bei einer anderen Behörde schriftlich angebracht werden.

(3) [1]Zeigt ein im Inland wohnhafter Verletzter eine in einem anderen Mitgliedstaat der Europäischen Union begangene Straftat an, so übermittelt die Staatsanwaltschaft die Anzeige auf Antrag des Verletzten an die zuständige Strafverfolgungsbehörde des anderen Mitgliedstaats, wenn für die Tat das deutsche Strafrecht nicht gilt oder von der Verfolgung der Tat nach § 153c Absatz 1 Satz 1 Nummer1, auch in Verbindung mit § 153f, abgesehen wird. [2]Von der Übermittlung kann abgesehen werden, wenn

1. die Tat und die für ihre Verfolgung wesentlichen Umstände der zuständigen ausländischen Behörde bereits bekannt sind oder
2. der Unrechtsgehalt der Tat gering ist und der verletzten Person die Anzeige im Ausland möglich gewesen wäre.

(4) [1]Ist der Verletzte der deutschen Sprache nicht mächtig, erhält er die notwendige Hilfe bei der Verständigung, um die Anzeige in einer ihm verständlichen

---

[1] **Sartorius Nr. 246.**
[2] **Sartorius Nr. 245.**
[3] § 158 Abs. 3 angef. mWv 1.10.2009 durch G v. 29.7.2009 (BGBl. I S. 2280); Abs. 1 Sätze 3–5 und Abs. 4 angef. mWv 31.12.2015 durch G v. 21.12.2015 (BGBl. I S. 2525).

Sprache anzubringen. [2]Die schriftliche Anzeigebestätigung nach Absatz 1 Satz 3 und 4 ist dem Verletzten in diesen Fällen auf Antrag in eine ihm verständliche Sprache zu übersetzen; Absatz 1 Satz 5 bleibt unberührt.

**§ 159 Anzeigepflicht bei Leichenfund und Verdacht auf unnatürlichen Tod.** (1) Sind Anhaltspunkte dafür vorhanden, daß jemand eines nicht natürlichen Todes gestorben ist, oder wird der Leichnam eines Unbekannten gefunden, so sind die Polizei- und Gemeindebehörden zur sofortigen Anzeige an die Staatsanwaltschaft oder an das Amtsgericht verpflichtet.

(2) Zur Bestattung ist die schriftliche Genehmigung der Staatsanwaltschaft erforderlich.

**§ 160[1)] Pflicht zur Sachverhaltsaufklärung.** (1) Sobald die Staatsanwaltschaft durch eine Anzeige oder auf anderem Wege von dem Verdacht einer Straftat Kenntnis erhält, hat sie zu ihrer Entschließung darüber, ob die öffentliche Klage zu erheben ist, den Sachverhalt zu erforschen.

(2) Die Staatsanwaltschaft hat nicht nur die zur Belastung, sondern auch die zur Entlastung dienenden Umstände zu ermitteln und für die Erhebung der Beweise Sorge zu tragen, deren Verlust zu besorgen ist.

(3) [1]Die Ermittlungen der Staatsanwaltschaft sollen sich auch auf die Umstände erstrecken, die für die Bestimmung der Rechtsfolgen der Tat von Bedeutung sind. [2]Dazu kann sie sich der Gerichtshilfe bedienen.

(4) Eine Maßnahme ist unzulässig, soweit besondere bundesgesetzliche oder entsprechende landesgesetzliche Verwendungsregelungen entgegenstehen.

**§ 160a[2)] Maßnahmen bei zeugnisverweigerungsberechtigten Berufsgeheimnisträgern.** (1) [1]Eine Ermittlungsmaßnahme, die sich gegen eine in § 53 Absatz 1 Satz 1 Nummer 1, 2 oder Nummer 4 genannte Person, einen Rechtsanwalt oder einen Kammerrechtsbeistand richtet und voraussichtlich Erkenntnisse erbringen würde, über die diese das Zeugnis verweigern dürfte, ist unzulässig. [2]Dennoch erlangte Erkenntnisse dürfen nicht verwendet werden. [3]Aufzeichnungen hierüber sind unverzüglich zu löschen. [4]Die Tatsache ihrer Erlangung und der Löschung der Aufzeichnungen ist aktenkundig zu machen. [5]Die Sätze 2 bis 4 gelten entsprechend, wenn durch eine Ermittlungsmaßnahme, die sich nicht gegen eine in Satz 1 in Bezug genommene Person richtet, von dieser Person Erkenntnisse erlangt werden, über die sie das Zeugnis verweigern dürfte.

(2) [1]Soweit durch eine Ermittlungsmaßnahme eine in § 53 Abs. 1 Satz 1 Nr. 3 bis 3b oder Nr. 5 genannte Person betroffen wäre und dadurch voraussichtlich Erkenntnisse erlangt würden, über die diese Person das Zeugnis verweigern dürfte, ist dies im Rahmen der Prüfung der Verhältnismäßigkeit besonders zu berücksichtigen; betrifft das Verfahren keine Straftat von erheblicher Bedeutung, ist in der Regel nicht von einem Überwiegen des Strafverfolgungsinteresses auszugehen. [2]Soweit geboten, ist die Maßnahme zu unterlassen oder, soweit dies nach der Art der Maßnahme möglich ist, zu beschränken. [3]Für die Verwertung von Erkennt-

---

1) § 160 Abs. 4 angef. mWv 1.11.2000 durch G v. 2.8.2000 (BGBl. I S. 1253).

2) § 160a eingef. mWv 1.1.2008 durch G v. 21.12.2007 (BGBl. I S. 3198); Abs. 1 Sätze 1 und 5 neu gef., Abs. 2 Satz 4 angef. mWv 1.2.2011 durch G v. 22.12.2010 (BGBl. I S. 2261); Abs. 4 Satz 1 und Abs. 5 geänd. mWv 18.12.2015 durch G v. 10.12.2015 (BGBl. I S. 2218); Abs. 5 geänd. mWv 24.8.2017 durch G v. 17.8.2017 (BGBl. I S. 3202); Abs. 1 Satz 1, Abs. 2 Satz 4 geänd. mWv 9.11.2017 durch G v. 30.10. 2017 (BGBl. I S. 3618).

nissen zu Beweiszwecken gilt Satz 1 entsprechend. [4]Die Sätze 1 bis 3 gelten nicht für Rechtsanwälte und Kammerrechtsbeistände.

(3) Die Absätze 1 und 2 sind entsprechend anzuwenden, soweit die in § 53a Genannten das Zeugnis verweigern dürften.

(4) [1]Die Absätze 1 bis 3 sind nicht anzuwenden, wenn bestimmte Tatsachen den Verdacht begründen, dass die zeugnisverweigerungsberechtigte Person an der Tat oder an einer Datenhehlerei, Begünstigung, Strafvereitelung oder Hehlerei beteiligt ist. [2]Ist die Tat nur auf Antrag oder nur mit Ermächtigung verfolgbar, ist Satz 1 in den Fällen des § 53 Abs. 1 Satz 1 Nr. 5 anzuwenden, sobald und soweit der Strafantrag gestellt oder die Ermächtigung erteilt ist.

(5) Die §§ 97, 100d Absatz 5 und § 100g Absatz 4 bleiben unberührt.

**§ 160b[1)] Erörterung des Verfahrensstands mit den Verfahrensbeteiligten.**

[1]Die Staatsanwaltschaft kann den Stand des Verfahrens mit den Verfahrensbeteiligten erörtern, soweit dies geeignet erscheint, das Verfahren zu fördern. [2]Der wesentliche Inhalt dieser Erörterung ist aktenkundig zu machen.

**§ 161[2)] Allgemeine Ermittlungsbefugnis der Staatsanwaltschaft.**

(1) [1]Zu dem in § 160 Abs. 1 bis 3 bezeichneten Zweck ist die Staatsanwaltschaft befugt, von allen Behörden Auskunft zu verlangen und Ermittlungen jeder Art entweder selbst vorzunehmen oder durch die Behörden und Beamten des Polizeidienstes vornehmen zu lassen, soweit nicht andere gesetzliche Vorschriften ihre Befugnisse besonders regeln. [2]Die Behörden und Beamten des Polizeidienstes sind verpflichtet, dem Ersuchen oder Auftrag der Staatsanwaltschaft zu genügen, und in diesem Falle befugt, von allen Behörden Auskunft zu verlangen.

(2) Soweit in diesem Gesetz die Löschung personenbezogener Daten ausdrücklich angeordnet wird, ist § 58 Absatz 3 des Bundesdatenschutzgesetzes[3)] nicht anzuwenden.

(3) [1]Ist eine Maßnahme nach diesem Gesetz nur bei Verdacht bestimmter Straftaten zulässig, so dürfen die auf Grund einer entsprechenden Maßnahme nach anderen Gesetzen erlangten personenbezogenen Daten ohne Einwilligung der von der Maßnahme betroffenen Personen zu Beweiszwecken im Strafverfahren nur zur Aufklärung solcher Straftaten verwendet werden, zu deren Aufklärung eine solche Maßnahme nach diesem Gesetz hätte angeordnet werden dürfen. [2]§ 100e Absatz 6 Nummer 3 bleibt unberührt.

(4) In oder aus einer Wohnung erlangte personenbezogene Daten aus einem Einsatz technischer Mittel zur Eigensicherung im Zuge nicht offener Ermittlungen auf polizeirechtlicher Grundlage dürfen unter Beachtung des Grundsatzes der Verhältnismäßigkeit zu Beweiszwecken nur verwendet werden (Artikel 13 Abs. 5 des Grundgesetzes[4)]), wenn das Amtsgericht (§ 162 Abs. 1), in dessen Bezirk die anordnende Stelle ihren Sitz hat, die Rechtmäßigkeit der Maßnahme festgestellt

---

[1)] § 160b eingef. mWv 4.8.2009 durch G v. 29.7.2009 (BGBl. I S. 2353).

[2)] § 161 neu gef. mWv 1.11.2000 durch G v. 2.8.2000 (BGBl. I S. 1253); Abs. 2 eingef., bish. Abs. 2 wird Abs. 3 und geänd. mWv 1.1.2008 durch G v. 21.12.2007 (BGBl. I S. 3198); Abs. 2 Satz 2 geänd. mWv 24.8.2017 durch G v. 17.8.2017 (BGBl. I S. 3202); Abs. 2 eingef., bish. Abs. 2 und 3 werden Abs. 3 und 4 mWv 26.11.2019 durch G v. 20.11.2019 (BGBl. I S. 1724).

[3)] **Sartorius Nr. 245.**

[4)] **Schönfelder ErgBd. Nr. 1.**

hat; bei Gefahr im Verzug ist die richterliche Entscheidung unverzüglich nachzuholen.

**§ 161a**[1] **Vernehmung von Zeugen und Sachverständigen durch die Staatsanwaltschaft.** (1) [1] Zeugen und Sachverständige sind verpflichtet, auf Ladung vor der Staatsanwaltschaft zu erscheinen und zur Sache auszusagen oder ihr Gutachten zu erstatten. [2] Soweit nichts anderes bestimmt ist, gelten die Vorschriften des sechsten und siebenten Abschnitts des ersten Buches über Zeugen und Sachverständige entsprechend. [3] Die eidliche Vernehmung bleibt dem Richter vorbehalten.

(2) [1] Bei unberechtigtem Ausbleiben oder unberechtigter Weigerung eines Zeugen oder Sachverständigen steht die Befugnis zu den in den §§ 51, 70 und 77 vorgesehenen Maßregeln der Staatsanwaltschaft zu. [2] Jedoch bleibt die Festsetzung der Haft dem nach § 162 zuständigen Gericht vorbehalten.

(3) [1] Gegen Entscheidungen der Staatsanwaltschaft nach Absatz 2 Satz 1 kann gerichtliche Entscheidung durch das nach § 162 zuständige Gericht beantragt werden. [2] Gleiches gilt, wenn die Staatsanwaltschaft Entscheidungen im Sinne des § 68b getroffen hat. [3] Die §§ 297 bis 300, 302, 306 bis 309, 311a und 473a gelten jeweils entsprechend. [4] Gerichtliche Entscheidungen nach den Sätzen 1 und 2 sind unanfechtbar.

(4) Ersucht eine Staatsanwaltschaft eine andere Staatsanwaltschaft um die Vernehmung eines Zeugen oder Sachverständigen, so stehen die Befugnisse nach Absatz 2 Satz 1 auch der ersuchten Staatsanwaltschaft zu.

(5) § 185 Absatz 1 und 2 des Gerichtsverfassungsgesetzes[2] gilt entsprechend.

**§ 162**[3] **Ermittlungsrichter.** (1) [1] Erachtet die Staatsanwaltschaft die Vornahme einer gerichtlichen Untersuchungshandlung für erforderlich, so stellt sie ihre Anträge vor Erhebung der öffentlichen Klage bei dem Amtsgericht, in dessen Bezirk sie oder ihre den Antrag stellende Zweigstelle ihren Sitz hat. [2] Hält sie daneben den Erlass eines Haft- oder Unterbringungsbefehls für erforderlich, so kann sie, unbeschadet der §§ 125, 126a, auch einen solchen Antrag bei dem in Satz 1 bezeichneten Gericht stellen. [3] Für gerichtliche Vernehmungen und Augenscheinnahmen ist das Amtsgericht zuständig, in dessen Bezirk diese Untersuchungshandlungen vorzunehmen sind, wenn die Staatsanwaltschaft dies zur Beschleunigung des Verfahrens oder zur Vermeidung von Belastungen Betroffener dort beantragt.

(2) Das Gericht hat zu prüfen, ob die beantragte Handlung nach den Umständen des Falles gesetzlich zulässig ist.

(3) [1] Nach Erhebung der öffentlichen Klage ist das Gericht zuständig, das mit der Sache befasst ist. [2] Während des Revisionsverfahrens ist das Gericht zuständig, dessen Urteil angefochten ist. [3] Nach rechtskräftigem Abschluss des Verfahrens gelten die Absätze 1 und 2 entsprechend. [4] Nach einem Antrag auf Wiederaufnahme ist das für die Entscheidungen im Wiederaufnahmeverfahren zuständige Gericht zuständig.

---

[1] § 161a Abs. 2 Satz 2, Abs. 3 neu gef. mWv 1.10.2009 durch G v. 29.7.2009 (BGBl. I S. 2280); Abs. 5 angef. mWv 31.12.2015 durch G v. 21.12.2015 (BGBl. I S. 2525).

[2] Nr. **95**.

[3] § 162 neu gef. mWv 1.1.2008 durch G v. 21.12.2007 (BGBl. I S. 3198); Abs. 1 Satz 1 geänd., Abs. 3 angef. mWv 1.1.2010 durch G v. 29.7.2009 (BGBl. I S. 2274).

**§ 163**[1] **Aufgaben der Polizei im Ermittlungsverfahren.** (1) [1]Die Behörden und Beamten des Polizeidienstes haben Straftaten zu erforschen und alle keinen Aufschub gestattenden Anordnungen zu treffen, um die Verdunkelung der Sache zu verhüten. [2]Zu diesem Zweck sind sie befugt, alle Behörden um Auskunft zu ersuchen, bei Gefahr im Verzug auch, die Auskunft zu verlangen, sowie Ermittlungen jeder Art vorzunehmen, soweit nicht andere gesetzliche Vorschriften ihre Befugnisse besonders regeln.

(2) [1]Die Behörden und Beamten des Polizeidienstes übersenden ihre Verhandlungen ohne Verzug der Staatsanwaltschaft. [2]Erscheint die schleunige Vornahme richterlicher Untersuchungshandlungen erforderlich, so kann die Übersendung unmittelbar an das Amtsgericht erfolgen.

(3) [1]Zeugen sind verpflichtet, auf Ladung vor Ermittlungspersonen der Staatsanwaltschaft zu erscheinen und zur Sache auszusagen, wenn der Ladung ein Auftrag der Staatsanwaltschaft zugrunde liegt. [2]Soweit nichts anderes bestimmt ist, gelten die Vorschriften des Sechsten Abschnitts des Ersten Buches entsprechend. [3]Die eidliche Vernehmung bleibt dem Gericht vorbehalten.

(4) [1]Die Staatsanwaltschaft entscheidet

1. über die Zeugeneigenschaft oder das Vorliegen von Zeugnis- oder Auskunftsverweigerungsrechten, sofern insoweit Zweifel bestehen oder im Laufe der Vernehmung aufkommen,
2. über eine Gestattung nach § 68 Absatz 3 Satz 1, Angaben zur Person nicht oder nur über eine frühere Identität zu machen,
3. über die Beiordnung eines Zeugenbeistands nach § 68b Absatz 2 und
4. bei unberechtigtem Ausbleiben oder unberechtigter Weigerung des Zeugen über die Verhängung der in den §§ 51 und 70 vorgesehenen Maßregeln; dabei bleibt die Festsetzung der Haft dem nach § 162 zuständigen Gericht vorbehalten.

[2]Im Übrigen trifft die erforderlichen Entscheidungen die die Vernehmung leitende Person.

(5) [1]Gegen Entscheidungen von Beamten des Polizeidienstes nach § 68b Absatz 1 Satz 3 sowie gegen Entscheidungen der Staatsanwaltschaft nach Absatz 4 Satz 1 Nummer 3 und 4 kann gerichtliche Entscheidung durch das nach § 162 zuständige Gericht beantragt werden. [2]Die §§ 297 bis 300, 302, 306 bis 309, 311a und 473a gelten jeweils entsprechend. [3]Gerichtliche Entscheidungen nach Satz 1 sind unanfechtbar.

(6) [1]Für die Belehrung des Sachverständigen durch Beamte des Polizeidienstes gelten § 52 Absatz 3 und § 55 Absatz 2 entsprechend. [2]In den Fällen des § 81c Absatz 3 Satz 1 und 2 gilt § 52 Absatz 3 auch bei Untersuchungen durch Beamte des Polizeidienstes sinngemäß.

(7) § 185 Absatz 1 und 2 des Gerichtsverfassungsgesetzes[2] gilt entsprechend.

**§ 163a**[3] **Vernehmung des Beschuldigten.** (1) [1]Der Beschuldigte ist spätestens vor dem Abschluß der Ermittlungen zu vernehmen, es sei denn, daß das

---

[1] § 163 Abs. 1 Satz 2 angef. mWv 1.11.2000 durch G v. 2.8.2000 (BGBl. I S. 1253); Abs. 3 angef. mWv 1.10.2009 durch G v. 29.7.2009 (BGBl. I S. 2280); Abs. 3 neu gef., Abs. 4–7 angef. mWv 24.8. 2017 durch G v. 17.8.2017 (BGBl. I S. 3202).

[2] Nr. **95**.

[3] § 163a Abs. 3 Satz 3 neu gef., Sätze 4 und 5 angef., Abs. 5 aufgeh. mWv 1.10.2009 durch G v. 29.7. 2009 (BGBl. I S. 2280); Abs. 1 Satz 2 eingef., bish. Satz 2 wird Satz 3 mWv 1.11.2013 durch G v. 25.4. →

Verfahren zur Einstellung führt. [2]In einfachen Sachen genügt es, daß ihm Gelegenheit gegeben wird, sich schriftlich zu äußern.

(2) Beantragt der Beschuldigte zu seiner Entlastung die Aufnahme von Beweisen, so sind sie zu erheben, wenn sie von Bedeutung sind.

(3) [1]Der Beschuldigte ist verpflichtet, auf Ladung vor der Staatsanwaltschaft zu erscheinen. [2]Die §§ 133 bis 136a und 168c Abs. 1 und 5 gelten entsprechend. [3]Über die Rechtmäßigkeit der Vorführung entscheidet auf Antrag des Beschuldigten das nach § 162 zuständige Gericht. [4]Die §§ 297 bis 300, 302, 306 bis 309, 311a und 473a gelten entsprechend. [5]Die Entscheidung des Gerichts ist unanfechtbar.

(4) [1]Bei der Vernehmung des Beschuldigten durch Beamte des Polizeidienstes ist dem Beschuldigten zu eröffnen, welche Tat ihm zur Last gelegt wird. [2]Im übrigen sind bei der Vernehmung des Beschuldigten durch Beamte des Polizeidienstes § 136 Absatz 1 Satz 2 bis 6, Absatz 2 bis 5 und § 136a anzuwenden. [3]§ 168c Absatz 1 und 5 gilt für den Verteidiger entsprechend.

(5) Die §§ 186 und 187 Absatz 1 bis 3 sowie § 189 Absatz 4 des Gerichtsverfassungsgesetzes[1)] gelten entsprechend.

**§ 163b Maßnahmen zur Identitätsfeststellung.** (1) [1]Ist jemand einer Straftat verdächtig, so können die Staatsanwaltschaft und die Beamten des Polizeidienstes die zur Feststellung seiner Identität erforderlichen Maßnahmen treffen; § 163a Abs. 4 Satz 1 gilt entsprechend. [2]Der Verdächtige darf festgehalten werden, wenn die Identität sonst nicht oder nur unter erheblichen Schwierigkeiten festgestellt werden kann. [3]Unter den Voraussetzungen von Satz 2 sind auch die Durchsuchung der Person des Verdächtigen und der von ihm mitgeführten Sachen sowie die Durchführung erkennungsdienstlicher Maßnahmen zulässig.

(2) [1]Wenn und soweit dies zur Aufklärung einer Straftat geboten ist, kann auch die Identität einer Person festgestellt werden, die einer Straftat nicht verdächtig ist; § 69 Abs. 1 Satz 2 gilt entsprechend. [2]Maßnahmen der in Absatz 1 Satz 2 bezeichneten Art dürfen nicht getroffen werden, wenn sie zur Bedeutung der Sache außer Verhältnis stehen; Maßnahmen der in Absatz 1 Satz 3 bezeichneten Art dürfen nicht gegen den Willen der betroffenen Person getroffen werden.

**§ 163c[2)] Freiheitsentziehung zur Identitätsfeststellung.** (1) [1]Eine von einer Maßnahme nach § 163b betroffene Person darf in keinem Fall länger als zur Feststellung ihrer Identität unerläßlich festgehalten werden. [2]Die festgehaltene Person ist unverzüglich dem Richter bei dem Amtsgericht, in dessen Bezirk sie ergriffen worden ist, zum Zwecke der Entscheidung über Zulässigkeit und Fortdauer der Freiheitsentziehung vorzuführen, es sei denn, daß die Herbeiführung der richterlichen Entscheidung voraussichtlich längere Zeit in Anspruch nehmen würde, als zur Feststellung der Identität notwendig wäre. [3]Die §§ 114a bis 114c gelten entsprechend.

---

*(Fortsetzung der Anm. von voriger Seite)*
2013 (BGBl. I S. 935); Abs. 5 angef. mWv 6.7.2013 durch G v. 2.7.2013 (BGBl. I S. 1938); Abs. 1 Satz 2 aufgeh., bish. Satz 3 wird Satz 2, Abs. 4 Satz 2 geänd. mWv 1.1.2020 durch G v. 17.8.2017 (BGBl. I S. 3202); Abs. 4 Satz 2 geänd., Satz 3 angef. mWv 5.9.2017 durch G v. 27.8.2017 (BGBl. I S. 3295); Abs. 4 Sätze 1 und 2 geänd., Abs. 5 neu gef. mWv 1.7.2021 durch G v. 25.6.2021 (BGBl. I S. 2099).

[1)] Nr. **95**.

[2)] § 163c Abs. 1 Satz 3 angef., Abs. 2 aufgeh., bish. Abs. 3 und 4 werden Abs. 2 und 3 mWv 1.1.2010 durch G v. 29.7.2009 (BGBl. I S. 2274).

(2) Eine Freiheitsentziehung zum Zwecke der Feststellung der Identität darf die Dauer von insgesamt zwölf Stunden nicht überschreiten.

(3) Ist die Identität festgestellt, so sind in den Fällen des § 163b Abs. 2 die im Zusammenhang mit der Feststellung angefallenen Unterlagen zu vernichten.

## § 163d[1] Speicherung und Abgleich von Daten aus Kontrollen.

(1) [1] Begründen bestimmte Tatsachen den Verdacht, daß

1. eine der in § 111 bezeichneten Straftaten
   oder
2. eine der in § 100a Abs. 2 Nr. 6 bis 9 und 11 bezeichneten Straftaten

begangen worden ist, so dürfen die anläßlich einer grenzpolizeilichen Kontrolle, im Falle der Nummer 1 auch die bei einer Personenkontrolle nach § 111 anfallenden Daten über die Identität von Personen sowie Umstände, die für die Aufklärung der Straftat oder für die Ergreifung des Täters von Bedeutung sein können, in einem Dateisystem gespeichert werden, wenn Tatsachen die Annahme rechtfertigen, daß die Auswertung der Daten zur Ergreifung des Täters oder zur Aufklärung der Straftat führen kann und die Maßnahme nicht außer Verhältnis zur Bedeutung der Sache steht. [2] Dies gilt auch, wenn im Falle des Satzes 1 Pässe und Personalausweise automatisch gelesen werden. [3] Die Übermittlung der Daten ist nur an Strafverfolgungsbehörden zulässig.

(2) [1] Maßnahmen der in Absatz 1 bezeichneten Art dürfen nur durch den Richter, bei Gefahr im Verzug auch durch die Staatsanwaltschaft und ihre Ermittlungspersonen (§ 152 des Gerichtsverfassungsgesetzes[2]) angeordnet werden. [2] Hat die Staatsanwaltschaft oder eine ihrer Ermittlungspersonen die Anordnung getroffen, so beantragt die Staatsanwaltschaft unverzüglich die richterliche Bestätigung der Anordnung. [3] § 100e Absatz 1 Satz 3 gilt entsprechend.

(3) [1] Die Anordnung ergeht schriftlich. [2] Sie muß die Personen, deren Daten gespeichert werden sollen, nach bestimmten Merkmalen oder Eigenschaften so genau bezeichnen, wie dies nach der zur Zeit der Anordnung vorhandenen Kenntnis von dem oder den Tatverdächtigen möglich ist. [3] Art und Dauer der Maßnahmen sind festzulegen. [4] Die Anordnung ist räumlich zu begrenzen und auf höchstens drei Monate zu befristen. [5] Eine einmalige Verlängerung um nicht mehr als drei weitere Monate ist zulässig, soweit die in Absatz 1 bezeichneten Voraussetzungen fortbestehen.

(4) [1] Liegen die Voraussetzungen für den Erlaß der Anordnung nicht mehr vor oder ist der Zweck der sich aus der Anordnung ergebenden Maßnahmen erreicht, so sind diese unverzüglich zu beenden. [2] Die durch die Maßnahmen erlangten personenbezogenen Daten sind unverzüglich zu löschen, sobald sie für das Strafverfahren nicht oder nicht mehr benötigt werden; eine Speicherung, die die Laufzeit der Maßnahmen (Absatz 3) um mehr als drei Monate überschreitet, ist unzulässig. [3] Über die Löschung ist die Staatsanwaltschaft zu unterrichten.

---

[1] § 163d Abs. 2 Sätze 1 und 2 geänd. mWv 1.9.2004 durch G v. 24.8.2004 (BGBl. I S. 2198); Abs. 2 Satz 2 geänd. mWv 1.7.2005 durch G v. 24.6.2005 (BGBl. I S. 1841); Abs. 1 Satz 1 Nr. 2 geänd., Abs. 2 Satz 3 neu gef., Abs. 4 Sätze 4 und 5 sowie Abs. 5 aufgeh. mWv 1.1.2008 durch G v. 21.12.2007 (BGBl. I S. 3198); Abs. 2 Satz 3 geänd. mWv 24.8.2017 durch G v. 17.8.2017 (BGBl. I S. 3202); Abs. 1 Satz 1 abschl. Satzteil geänd. mWv 26.11.2019 durch G v. 20.11.2019 (BGBl. I S. 1724).

[2] Nr. **95**.

**§ 163e[1] Ausschreibung zur Beobachtung bei polizeilichen Kontrollen.**

(1) [1]Die Ausschreibung zur Beobachtung anläßlich von polizeilichen Kontrollen, die die Feststellung der Personalien zulassen, kann angeordnet werden, wenn zureichende tatsächliche Anhaltspunkte dafür vorliegen, daß eine Straftat von erheblicher Bedeutung begangen wurde. [2]Die Anordnung darf sich nur gegen den Beschuldigten richten und nur dann getroffen werden, wenn die Erforschung des Sachverhalts oder die Ermittlung des Aufenthaltsortes des Täters auf andere Weise erheblich weniger erfolgversprechend oder wesentlich erschwert wäre. [3]Gegen andere Personen ist die Maßnahme zulässig, wenn auf Grund bestimmter Tatsachen anzunehmen ist, daß sie mit dem Täter in Verbindung stehen oder eine solche Verbindung hergestellt wird, daß die Maßnahme zur Erforschung des Sachverhalts oder zur Ermittlung des Aufenthaltsortes des Täters führen wird und dies auf andere Weise erheblich weniger erfolgversprechend oder wesentlich erschwert wäre.

(2) Das Kennzeichen eines Kraftfahrzeuges, die Identifizierungsnummer oder äußere Kennzeichnung eines Wasserfahrzeuges, Luftfahrzeuges oder eines Containers kann ausgeschrieben werden, wenn das Fahrzeug auf eine nach Absatz 1 ausgeschriebene Person zugelassen ist oder das Fahrzeug oder der Container von ihr oder einer bisher namentlich nicht bekannten Person genutzt wird, die einer Straftat von erheblicher Bedeutung verdächtig ist.

(3) Im Falle eines Antreffens können auch personenbezogene Daten eines Begleiters der ausgeschriebenen Person, des Führers eines nach Absatz 2 ausgeschriebenen Fahrzeuges oder des Nutzers eines nach Absatz 2 ausgeschriebenen Containers gemeldet werden.

(4) [1]Die Ausschreibung zur polizeilichen Beobachtung darf nur durch das Gericht angeordnet werden. [2]Bei Gefahr im Verzug kann die Anordnung auch durch die Staatsanwaltschaft getroffen werden. [3]Hat die Staatsanwaltschaft die Anordnung getroffen, so beantragt sie unverzüglich die gerichtliche Bestätigung der Anordnung. [4]§ 100e Absatz 1 Satz 3 gilt entsprechend. [5]Die Anordnung ist auf höchstens ein Jahr zu befristen. [6]Eine Verlängerung um jeweils nicht mehr als drei Monate ist zulässig, soweit die Voraussetzungen der Anordnung fortbestehen.

**§ 163f[2] Längerfristige Observation.** (1) [1]Liegen zureichende tatsächliche Anhaltspunkte dafür vor, dass eine Straftat von erheblicher Bedeutung begangen worden ist, so darf eine planmäßig angelegte Beobachtung des Beschuldigten angeordnet werden, die

1. durchgehend länger als 24 Stunden dauern oder
2. an mehr als zwei Tagen stattfinden

soll (längerfristige Observation). [2]Die Maßnahme darf nur angeordnet werden, wenn die Erforschung des Sachverhalts oder die Ermittlung des Aufenthaltsortes des Täters auf andere Weise erheblich weniger Erfolg versprechend oder wesentlich erschwert wäre. [3]Gegen andere Personen ist die Maßnahme zulässig, wenn auf

---

[1] § 163e eingef. durch G v. 15.7.1992 (BGBl. I S. 1302); Abs. 4 Sätze 1 und 3 geänd., Sätze 4 und 6 neu gef. mWv 1.1.2008 durch G v. 21.12.2007 (BGBl. I S. 3198); Abs. 2 und 3 neu gef. mWv 18.6.2009 durch G v. 6.6.2009 (BGBl. I S. 1226); Abs. 4 Satz 4 geänd. mWv 24.8.2017 durch G v. 17.8.2017 (BGBl. I S. 3202).

[2] § 163f eingef. mWv 1.11.2000 durch G v. 2.8.2000 (BGBl. I S. 1253); Abs. 3 neu gef., Abs. 4 aufgeh. mWv 1.1.2008 durch G v. 21.12.2007 (BGBl. I S. 3198); Abs. 3 Satz 3 geänd. mWv 24.8.2017 durch G v. 17.8.2017 (BGBl. I S. 3202); Abs. 2 Satz 2 angef. mWv 26.11.2019 durch G v. 20.11.2019 (BGBl. I S. 1724).

Grund bestimmter Tatsachen anzunehmen ist, dass sie mit dem Täter in Verbindung stehen oder eine solche Verbindung hergestellt wird, dass die Maßnahme zur Erforschung des Sachverhalts oder zur Ermittlung des Aufenthaltsortes des Täters führen wird und dies auf andere Weise erheblich weniger Erfolg versprechend oder wesentlich erschwert wäre.

(2) [1] Die Maßnahme darf auch durchgeführt werden, wenn Dritte unvermeidbar betroffen werden. [2] § 100d Absatz 1 und 2 gilt entsprechend.

(3) [1] Die Maßnahme darf nur durch das Gericht, bei Gefahr im Verzug auch durch die Staatsanwaltschaft und ihre Ermittlungspersonen (§ 152 des Gerichtsverfassungsgesetzes[1)]) angeordnet werden. [2] Die Anordnung der Staatsanwaltschaft oder ihrer Ermittlungspersonen tritt außer Kraft, wenn sie nicht binnen drei Werktagen von dem Gericht bestätigt wird. [3] § 100e Absatz 1 Satz 4 und 5, Absatz 3 Satz 1 gilt entsprechend.

**§ 163g[2)] Automatische Kennzeichenerfassung.** (1) [1] Örtlich begrenzt dürfen im öffentlichen Verkehrsraum ohne das Wissen der betroffenen Personen Kennzeichen von Kraftfahrzeugen sowie Ort, Datum, Uhrzeit und Fahrtrichtung durch den Einsatz technischer Mittel automatisch erhoben werden, wenn zureichende tatsächliche Anhaltspunkte dafür vorliegen, dass eine Straftat von erheblicher Bedeutung begangen worden ist, und die Annahme gerechtfertigt ist, dass diese Maßnahme zur Ermittlung der Identität oder des Aufenthaltsorts des Beschuldigten führen kann. [2] Die automatische Datenerhebung darf nur vorübergehend und nicht flächendeckend erfolgen.

(2) [1] Die nach Absatz 1 erhobenen Kennzeichen von Kraftfahrzeugen dürfen automatisch abgeglichen werden mit Kennzeichen von Kraftfahrzeugen,

1. die auf den Beschuldigten zugelassen sind oder von ihm genutzt werden oder
2. die auf andere Personen als den Beschuldigten zugelassen sind oder von ihnen genutzt werden, wenn aufgrund bestimmter Tatsachen anzunehmen ist, dass sie mit dem Beschuldigten in Verbindung stehen oder eine solche Verbindung hergestellt wird, und die Ermittlung des Aufenthaltsortes des Beschuldigten auf andere Weise erheblich weniger erfolgversprechend oder wesentlich erschwert wäre.

[2] Der automatische Abgleich hat unverzüglich nach der automatischen Datenerhebung nach Absatz 1 zu erfolgen. [3] Im Trefferfall ist unverzüglich die Übereinstimmung zwischen den nach Absatz 1 erhobenen Kennzeichen und den in Satz 1 bezeichneten weiteren Kennzeichen manuell zu überprüfen. [4] Wenn kein Treffer vorliegt oder die manuelle Überprüfung den Treffer nicht bestätigt, sind die nach Absatz 1 erhobenen Daten sofort und spurenlos zu löschen.

(3) [1] Die Anordnung der Maßnahmen nach den Absätzen 1 und 2 ergeht schriftlich durch die Staatsanwaltschaft. [2] Sie muss das Vorliegen der Voraussetzungen der Maßnahmen darlegen und diejenigen Kennzeichen, mit denen die automatisch erhobenen Daten nach Absatz 2 Satz 1 abgeglichen werden sollen, genau bezeichnen. [3] Die örtliche Begrenzung im öffentlichen Verkehrsraum (Absatz 1 Satz 1) ist zu benennen und die Anordnung ist zu befristen. [4] Bei Gefahr im Verzug darf die Anordnung auch mündlich und durch die Ermittlungspersonen der Staatsanwaltschaft (§ 152 des Gerichtsverfassungsgesetzes[1)]) ergehen; in diesem Fall sind

---

[1)] Nr. **95**.

[2)] § 163g eingef. mWv 1.7.2021 durch G v. 25.6.2021 (BGBl. I S. 2099).

die schriftlichen Darlegungen nach den Sätzen 2 und 3 binnen drei Tagen vom Anordnenden nachzuholen.

(4) Liegen die Voraussetzungen der Anordnung nicht mehr vor oder ist der Zweck der Maßnahmen erreicht, sind diese unverzüglich zu beenden.

**§ 164 Festnahme von Störern.** Bei Amtshandlungen an Ort und Stelle ist der Beamte, der sie leitet, befugt, Personen, die seine amtliche Tätigkeit vorsätzlich stören oder sich den von ihm innerhalb seiner Zuständigkeit getroffenen Anordnungen widersetzen, festnehmen und bis zur Beendigung seiner Amtsverrichtungen, jedoch nicht über den nächstfolgenden Tag hinaus, festhalten zu lassen.

**§ 165 Richterliche Untersuchungshandlungen bei Gefahr im Verzug.**

Bei Gefahr im Verzug kann der Richter die erforderlichen Untersuchungshandlungen auch ohne Antrag vornehmen, wenn ein Staatsanwalt nicht erreichbar ist.

**§ 166 Beweisanträge des Beschuldigten bei richterlichen Vernehmungen.** (1) Wird der Beschuldigte von dem Richter vernommen und beantragt er bei dieser Vernehmung zu seiner Entlastung einzelne Beweiserhebungen, so hat der Richter diese, soweit er sie für erheblich erachtet, vorzunehmen, wenn der Verlust der Beweise zu besorgen ist oder die Beweiserhebung die Freilassung des Beschuldigten begründen kann.

(2) Der Richter kann, wenn die Beweiserhebung in einem anderen Amtsbezirk vorzunehmen ist, den Richter des letzteren um ihre Vornahme ersuchen.

**§ 167 Weitere Verfügung der Staatsanwaltschaft.** In den Fällen der §§ 165 und 166 gebührt der Staatsanwaltschaft die weitere Verfügung.

**§ 168[1] Protokoll über richterliche Untersuchungshandlungen.** [1] Über jede richterliche Untersuchungshandlung ist ein Protokoll aufzunehmen. [2] Für die Protokollführung ist ein Urkundsbeamter der Geschäftsstelle zuzuziehen; hiervon kann der Richter absehen, wenn er die Zuziehung eines Protokollführers nicht für erforderlich hält. [3] In dringenden Fällen kann der Richter eine von ihm zu vereidigende Person als Protokollführer zuziehen. [4] Das Protokoll ist von dem Richter und, sofern ein solcher zugezogen wurde, dem Protokollführer zu unterschreiben.

**§ 168a[2] Art der Protokollierung; Aufzeichnungen.** (1) [1] Das Protokoll muß Ort und Tag der Verhandlung sowie die Namen der mitwirkenden und beteiligten Personen angeben und ersehen lassen, ob die wesentlichen Förmlichkeiten des Verfahrens beachtet sind. [2] § 68 Abs. 2, 3 bleibt unberührt.

(2) [1] Das Protokoll kann in Form einer wörtlichen Wiedergabe der Verhandlung (Wortprotokoll) oder in Form einer Zusammenfassung ihres Inhalts (Inhaltsprotokoll) sowohl während der Verhandlung als auch nach ihrer Beendigung erstellt werden. [2] Die Verhandlung kann wörtlich oder in Form einer Zusammenfassung ihres Inhalts (zusammenfassende Aufzeichnung) aufgezeichnet werden. [3] Der Nachweis der Unrichtigkeit des Protokolls anhand der Aufzeichnung ist zulässig.

(3) Wird das Protokoll während der Verhandlung erstellt oder wird die Verhandlung in Form einer Zusammenfassung ihres Inhalts aufgezeichnet, so ist das

---

[1] § 168 Satz 4 angef. mWv 1.7.2021 durch G v. 25.6.2021 (BGBl. I S. 2099).

[2] § 168a Abs. 1 Satz 2 angef. durch G v. 15.7.1992 (BGBl. I S. 1302); Abs. 1 Satz 1 geänd. mWv 1.9. 2004 durch G v. 24.8.2004 (BGBl. I S. 2198); Überschrift und Abs. 2–4 neu gef., Abs. 5 und 6 angef. mWv 1.7.2021 durch G v. 25.6.2021 (BGBl. I S. 2099).

Protokoll oder die zusammenfassende Aufzeichnung den an der Verhandlung beteiligten Personen, soweit es sie betrifft, zur Genehmigung auf einem Bildschirm anzuzeigen, vorzulesen, abzuspielen oder zur Durchsicht vorzulegen, es sei denn, sie verzichten darauf.

(4) Wird das Protokoll nach Beendigung der Verhandlung als Inhaltsprotokoll erstellt, so ist es den an der Verhandlung beteiligten Personen, soweit es sie betrifft, zur Genehmigung zu übermitteln, es sei denn, sie verzichten darauf.

(5) Wird das Protokoll nach Beendigung der Verhandlung durch die wörtliche Übertragung einer Aufzeichnung erstellt, so versieht die Person, welche die Übertragung hergestellt oder eine maschinelle Übertragung überprüft hat, diese mit ihrem Namen und dem Zusatz, dass die Richtigkeit der Übertragung bestätigt wird.

(6) [1] Die Art der Protokollierung und der Aufzeichnung, die Genehmigung des Protokolls oder einer zusammenfassenden Aufzeichnung, Einwendungen dagegen sowie ein Verzicht auf die Vorlage zur Genehmigung sind im Protokoll zu vermerken oder sonst aktenkundig zu machen. [2] Aufzeichnungen sind zu den Akten zu nehmen, bei der Geschäftsstelle mit den Akten aufzubewahren oder in anderer Weise zu speichern. [3] Sie können gelöscht werden, wenn das Verfahren rechtskräftig abgeschlossen oder sonst beendet ist; § 58a Absatz 2 Satz 2 und § 136 Absatz 4 Satz 3 bleiben unberührt. [4] Die Art der Aufbewahrung oder Speicherung und die Löschung sind aktenkundig zu machen.

**§ 168b[1)] Protokoll über ermittlungsbehördliche Untersuchungshandlungen.** (1) Das Ergebnis der Untersuchungshandlungen der Ermittlungsbehörden ist aktenkundig zu machen.

(2) [1] Über die Vernehmung des Beschuldigten, der Zeugen und Sachverständigen soll ein Protokoll nach § 168a aufgenommen werden, soweit dies ohne erhebliche Verzögerung der Ermittlungen geschehen kann. [2] Wird über die Vernehmung des Beschuldigten kein Protokoll gefertigt, ist die Teilnahme seines Verteidigers an der Vernehmung aktenkundig zu machen.

(3) [1] Die in § 163a vorgeschriebenen Belehrungen des Beschuldigten vor seiner Vernehmung sowie die in § 58 Absatz 2 Satz 5 vorgeschriebene Belehrung vor einer Gegenüberstellung sind zu dokumentieren. [2] Dies gilt auch für die Entscheidung des Beschuldigten darüber, ob er vor seiner Vernehmung einen von ihm zu wählenden Verteidiger befragen möchte, und für das Einverständnis des Beschuldigten gemäß § 141a Satz 1.

**§ 168c[2)] Anwesenheitsrecht bei richterlichen Vernehmungen.** (1) [1] Bei der richterlichen Vernehmung des Beschuldigten ist der Staatsanwaltschaft und dem Verteidiger die Anwesenheit gestattet. [2] Diesen ist nach der Vernehmung Gelegenheit zu geben, sich dazu zu erklären oder Fragen an den Beschuldigten zu stellen. [3] Ungeeignete oder nicht zur Sache gehörende Fragen oder Erklärungen können zurückgewiesen werden.

(2) [1] Bei der richterlichen Vernehmung eines Zeugen oder Sachverständigen ist der Staatsanwaltschaft, dem Beschuldigten und dem Verteidiger die Anwesenheit

---

[1)] § 168b Abs. 1 geänd., Abs. 3 angef. mWv 6.7.2013 durch G v. 2.7.2013 (BGBl. I S. 1938); Überschrift geänd. mWv 1.1.2018 durch G v. 5.7.2017 (BGBl. I S. 2208); Abs. 2 Satz 2 angef. mWv 5.9.2017 durch G v. 27.8.2017 (BGBl. I S. 3295); Abs. 3 neu gef. mWv 13.12.2019 durch G v. 10.12.2019 (BGBl. I S. 2128); Abs. 2 Satz 1 geänd. mWv 1.7.2021 durch G v. 25.6.2021 (BGBl. I S. 2099).

[2)] § 168c Abs. 1 Sätze 2 und 3, Abs. 2 Sätze 2–4 angef. mWv 5.9.2017 durch G v. 27.8.2017 (BGBl. I S. 3295); Abs. 5 Satz 2 geänd. mWv 1.7.2021 durch G v. 25.6.2021 (BGBl. I S. 2099).

gestattet. [2]Diesen ist nach der Vernehmung Gelegenheit zu geben, sich dazu zu erklären oder Fragen an die vernommene Person zu stellen. [3]Ungeeignete oder nicht zur Sache gehörende Fragen oder Erklärungen können zurückgewiesen werden. [4]§ 241a gilt entsprechend.

(3) [1]Der Richter kann einen Beschuldigten von der Anwesenheit bei der Verhandlung ausschließen, wenn dessen Anwesenheit den Untersuchungszweck gefährden würde. [2]Dies gilt namentlich dann, wenn zu befürchten ist, daß ein Zeuge in Gegenwart des Beschuldigten nicht die Wahrheit sagen werde.

(4) Hat ein nicht in Freiheit befindlicher Beschuldigter einen Verteidiger, so steht ihm ein Anspruch auf Anwesenheit nur bei solchen Terminen zu, die an der Gerichtsstelle des Ortes abgehalten werden, wo er in Haft ist.

(5) [1]Von den Terminen sind die zur Anwesenheit Berechtigten vorher zu benachrichtigen. [2]In den Fällen des Absatzes 2 unterbleibt die Benachrichtigung, soweit sie den Untersuchungserfolg gefährden würde. [3]Auf die Verlegung eines Termins wegen Verhinderung haben die zur Anwesenheit Berechtigten keinen Anspruch.

**§ 168d Anwesenheitsrecht bei Einnahme eines richterlichen Augenscheins.** (1) [1]Bei der Einnahme eines richterlichen Augenscheins ist der Staatsanwaltschaft, dem Beschuldigten und dem Verteidiger die Anwesenheit bei der Verhandlung gestattet. [2]§ 168c Abs. 3 Satz 1, Abs. 4 und 5 gilt entsprechend.

(2) [1]Werden bei der Einnahme eines richterlichen Augenscheins Sachverständige zugezogen, so kann der Beschuldigte beantragen, daß die von ihm für die Hauptverhandlung vorzuschlagenden Sachverständigen zu dem Termin geladen werden, und, wenn der Richter den Antrag ablehnt, sie selbst laden lassen. [2]Den vom Beschuldigten benannten Sachverständigen ist die Teilnahme am Augenschein und an den erforderlichen Untersuchungen insoweit gestattet, als dadurch die Tätigkeit der vom Richter bestellten Sachverständigen nicht behindert wird.

**§ 168e[1)] Vernehmung von Zeugen getrennt von Anwesenheitsberechtigten.** [1]Besteht die dringende Gefahr eines schwerwiegenden Nachteils für das Wohl des Zeugen, wenn er in Gegenwart der Anwesenheitsberechtigten vernommen wird, und kann sie nicht in anderer Weise abgewendet werden, so soll der Richter die Vernehmung von den Anwesenheitsberechtigten getrennt durchführen. [2]Die Vernehmung wird diesen zeitgleich in Bild und Ton übertragen. [3]Die Mitwirkungsbefugnisse der Anwesenheitsberechtigten bleiben im übrigen unberührt. [4]Die §§ 58a und 241a finden entsprechende Anwendung. [5]Die Entscheidung nach Satz 1 ist unanfechtbar.

**§ 169[2)] Ermittlungsrichter des Oberlandesgerichts und des Bundesgerichtshofes.** (1) [1]In Sachen, die nach den §§ 120 oder 120b des Gerichtsverfassungsgesetzes[3)] zur Zuständigkeit des Oberlandesgerichts im ersten Rechtszug gehören, können die im vorbereitenden Verfahren dem Richter beim Amtsgericht obliegenden Geschäfte auch durch Ermittlungsrichter dieses Oberlandesgerichts wahrgenommen werden. [2]Führt der Generalbundesanwalt die Ermittlungen, so sind an deren Stelle Ermittlungsrichter des Bundesgerichtshofes zuständig.

---

1) § 168e eingef. durch G v. 30.4.1998 (BGBl. I S. 820).
2) § 169 Abs. 1 Satz 1 geänd. mWv 1.9.2014 durch G v. 23.4.2014 (BGBl. I S. 410).
3) Nr. **95**.

(2) Der für eine Sache zuständige Ermittlungsrichter des Oberlandesgerichts kann Untersuchungshandlungen auch dann anordnen, wenn sie nicht im Bezirk dieses Gerichts vorzunehmen sind.

**§ 169a Vermerk über den Abschluss der Ermittlungen.** Erwägt die Staatsanwaltschaft, die öffentliche Klage zu erheben, so vermerkt sie den Abschluß der Ermittlungen in den Akten.

**§ 170 Entscheidung über eine Anklageerhebung.** (1) Bieten die Ermittlungen genügenden Anlaß zur Erhebung der öffentlichen Klage, so erhebt die Staatsanwaltschaft sie durch Einreichung einer Anklageschrift bei dem zuständigen Gericht.

(2) [1] Andernfalls stellt die Staatsanwaltschaft das Verfahren ein. [2] Hiervon setzt sie den Beschuldigten in Kenntnis, wenn er als solcher vernommen worden ist oder ein Haftbefehl gegen ihn erlassen war; dasselbe gilt, wenn er um einen Bescheid gebeten hat oder wenn ein besonderes Interesse an der Bekanntgabe ersichtlich ist.

**§ 171[1)] Einstellungsbescheid.** [1] Gibt die Staatsanwaltschaft einem Antrag auf Erhebung der öffentlichen Klage keine Folge oder verfügt sie nach dem Abschluß der Ermittlungen die Einstellung des Verfahrens, so hat sie den Antragsteller unter Angabe der Gründe zu bescheiden. [2] In dem Bescheid ist der Antragsteller, der zugleich der Verletzte ist, über die Möglichkeit der Anfechtung und die dafür vorgesehene Frist (§ 172 Abs. 1) zu belehren. [3] § 187 Absatz 1 Satz 1 und Absatz 2 des Gerichtsverfassungsgesetzes[2)] gilt entsprechend für Verletzte, die nach § 395 der Strafprozessordnung berechtigt wären, sich der öffentlichen Klage mit der Nebenklage anzuschließen, soweit sie einen Antrag auf Übersetzung stellen.

**§ 172[3)] Beschwerde des Verletzten; Klageerzwingungsverfahren.**

(1) [1] Ist der Antragsteller zugleich der Verletzte, so steht ihm gegen den Bescheid nach § 171 binnen zwei Wochen nach der Bekanntmachung die Beschwerde an den vorgesetzten Beamten der Staatsanwaltschaft zu. [2] Durch die Einlegung der Beschwerde bei der Staatsanwaltschaft wird die Frist gewahrt. [3] Sie läuft nicht, wenn die Belehrung nach § 171 Satz 2 unterblieben ist.

(2) [1] Gegen den ablehnenden Bescheid des vorgesetzten Beamten der Staatsanwaltschaft kann der Antragsteller binnen einem Monat nach der Bekanntmachung gerichtliche Entscheidung beantragen. [2] Hierüber und über die dafür vorgesehene Form ist er zu belehren; die Frist läuft nicht, wenn die Belehrung unterblieben ist. [3] Der Antrag ist nicht zulässig, wenn das Verfahren ausschließlich eine Straftat zum Gegenstand hat, die vom Verletzten im Wege der Privatklage verfolgt werden kann, oder wenn die Staatsanwaltschaft nach § 153 Abs. 1, § 153a Abs. 1 Satz 1, 7 oder § 153b Abs. 1 von der Verfolgung der Tat abgesehen hat; dasselbe gilt in den Fällen der §§ 153c bis 154 Abs. 1 sowie der §§ 154b und 154c.

(3) [1] Der Antrag auf gerichtliche Entscheidung muß die Tatsachen, welche die Erhebung der öffentlichen Klage begründen sollen, und die Beweismittel angeben. [2] Er muß von einem Rechtsanwalt unterzeichnet sein; für die Prozeßkostenhilfe

---

1) § 171 Satz 3 angef. mWv 31.12.2015 durch G v. 21.12.2015 (BGBl. I S. 2525)

2) Nr. **95**.

3) § 172 Abs. 2 Satz 3 geänd. durch G v. 20.12.1999 (BGBl. I S. 2491); Abs. 4 Satz 2 geänd. mWv 1.9. 2014 durch G v. 23.4.2014 (BGBl. I S. 410).

gelten dieselben Vorschriften wie in bürgerlichen Rechtsstreitigkeiten. [3]Der Antrag ist bei dem für die Entscheidung zuständigen Gericht einzureichen.

(4) [1]Zur Entscheidung über den Antrag ist das Oberlandesgericht zuständig. [2]Die §§ 120 und 120b des Gerichtsverfassungsgesetzes[1)] sind sinngemäß anzuwenden.

**§ 173 Verfahren des Gerichts nach Antragstellung.** (1) Auf Verlangen des Gerichts hat ihm die Staatsanwaltschaft die bisher von ihr geführten Verhandlungen vorzulegen.

(2) Das Gericht kann den Antrag unter Bestimmung einer Frist dem Beschuldigten zur Erklärung mitteilen.

(3) Das Gericht kann zur Vorbereitung seiner Entscheidung Ermittlungen anordnen und mit ihrer Vornahme einen beauftragten oder ersuchten Richter betrauen.

**§ 174 Verwerfung des Antrags.** (1) Ergibt sich kein genügender Anlaß zur Erhebung der öffentlichen Klage, so verwirft das Gericht den Antrag und setzt den Antragsteller, die Staatsanwaltschaft und den Beschuldigten von der Verwerfung in Kenntnis.

(2) Ist der Antrag verworfen, so kann die öffentliche Klage nur auf Grund neuer Tatsachen oder Beweismittel erhoben werden.

**§ 175 Anordnung der Anklageerhebung.** [1]Erachtet das Gericht nach Anhörung des Beschuldigten den Antrag für begründet, so beschließt es die Erhebung der öffentlichen Klage. [2]Die Durchführung dieses Beschlusses liegt der Staatsanwaltschaft ob.

**§ 176[2)] Sicherheitsleistung durch den Antragsteller.** (1) [1]Durch Beschluß des Gerichts kann dem Antragsteller vor der Entscheidung über den Antrag die Leistung einer Sicherheit für die Kosten auferlegt werden, die durch das Verfahren über den Antrag voraussichtlich der Staatskasse und dem Beschuldigten erwachsen. [2]Die Sicherheitsleistung ist durch Hinterlegung in barem Geld oder in Wertpapieren zu bewirken. [3]Davon abweichende Regelungen in einer auf Grund des Gesetzes über den Zahlungsverkehr mit Gerichten und Justizbehörden erlassenen Rechtsverordnung bleiben unberührt. [4]Die Höhe der zu leistenden Sicherheit wird vom Gericht nach freiem Ermessen festgesetzt. [5]Es hat zugleich eine Frist zu bestimmen, binnen welcher die Sicherheit zu leisten ist.

(2) Wird die Sicherheit in der bestimmten Frist nicht geleistet, so hat das Gericht den Antrag für zurückgenommen zu erklären.

**§ 177 Kosten.** Die durch das Verfahren über den Antrag veranlaßten Kosten sind in den Fällen der §§ 174 und 176 Abs. 2 dem Antragsteller aufzuerlegen.

**Dritter Abschnitt.** (weggefallen)

**§§ 178 bis 197** (weggefallen)

---

[1)] Nr. **95**.

[2)] § 176 Abs. 1 Satz 3 eingef., bish. Sätze 3 und 4 werden Sätze 4 und 5 mWv 31.12.2006 durch G v. 22.12.2006 (BGBl. I S. 3416).

## Vierter Abschnitt. Entscheidung über die Eröffnung des Hauptverfahrens

**§ 198** (weggefallen)

**§ 199 Entscheidung über die Eröffnung des Hauptverfahrens.** (1) Das für die Hauptverhandlung zuständige Gericht entscheidet darüber, ob das Hauptverfahren zu eröffnen oder das Verfahren vorläufig einzustellen ist.

(2) [1]Die Anklageschrift enthält den Antrag, das Hauptverfahren zu eröffnen. [2]Mit ihr werden die Akten dem Gericht vorgelegt.

**§ 200[1] Inhalt der Anklageschrift.** (1) [1]Die Anklageschrift hat den Angeschuldigten, die Tat, die ihm zur Last gelegt wird, Zeit und Ort ihrer Begehung, die gesetzlichen Merkmale der Straftat und die anzuwendenden Strafvorschriften zu bezeichnen (Anklagesatz). [2]In ihr sind ferner die Beweismittel, das Gericht, vor dem die Hauptverhandlung stattfinden soll, und der Verteidiger anzugeben. [3]Bei der Benennung von Zeugen ist nicht deren vollständige Anschrift, sondern nur deren Wohn- oder Aufenthaltsort anzugeben. [4]In den Fällen des § 68 Absatz 1 Satz 3, Absatz 2 Satz 1 genügt die Angabe des Namens des Zeugen. [5]Wird ein Zeuge benannt, dessen Identität ganz oder teilweise nicht offenbart werden soll, so ist dies anzugeben; für die Geheimhaltung des Wohn- oder Aufenthaltsortes des Zeugen gilt dies entsprechend.

(2) [1]In der Anklageschrift wird auch das wesentliche Ergebnis der Ermittlungen dargestellt. [2]Davon kann abgesehen werden, wenn Anklage beim Strafrichter erhoben wird.

**§ 201[2] Übermittlung der Anklageschrift.** (1) [1]Der Vorsitzende des Gerichts teilt die Anklageschrift dem Angeschuldigten mit und fordert ihn zugleich auf, innerhalb einer zu bestimmenden Frist zu erklären, ob er die Vornahme einzelner Beweiserhebungen vor der Entscheidung über die Eröffnung des Hauptverfahrens beantragen oder Einwendungen gegen die Eröffnung des Hauptverfahrens vorbringen wolle. [2]Die Anklageschrift ist auch dem Nebenkläger und dem Nebenklagebefugten, der dies beantragt hat, zu übersenden; § 145a Absatz 1 und 3 gilt entsprechend.

(2) [1]Über Anträge und Einwendungen beschließt das Gericht. [2]Die Entscheidung ist unanfechtbar.

**§ 202 Anordnung ergänzender Beweiserhebungen.** [1]Bevor das Gericht über die Eröffnung des Hauptverfahrens entscheidet, kann es zur besseren Aufklärung der Sache einzelne Beweiserhebungen anordnen. [2]Der Beschluß ist nicht anfechtbar.

**§ 202a[3] Erörterung des Verfahrensstands mit den Verfahrensbeteiligten.** [1]Erwägt das Gericht die Eröffnung des Hauptverfahrens, kann es den Stand des Verfahrens mit den Verfahrensbeteiligten erörtern, soweit dies geeignet erscheint, das Verfahren zu fördern. [2]Der wesentliche Inhalt dieser Erörterung ist aktenkundig zu machen.

---

[1] § 200 Abs. 1 Sätze 3 und 4 angef. durch G v. 15.7.1992 (BGBl. I S. 1302); Abs. 1 Satz 4 eingef., bish. Satz 4 wird Satz 5 mWv 1.10.2009 durch G v. 29.7.2009 (BGBl. I S. 2280); Abs. 1 Satz 3 neu gef., Satz 4 geänd. mWv 1.7.2021 durch G v. 25.6.2021 (BGBl. I S. 2099).

[2] § 201 Abs. 1 Satz 2 angef. mWv 1.10.2009 durch G v. 29.7.2009 (BGBl. I S. 2280).

[3] § 202a eingef. mWv 4.8.2009 durch G v. 29.7.2009 (BGBl. I S. 2353).

**§ 203 Eröffnungsbeschluss.** Das Gericht beschließt die Eröffnung des Hauptverfahrens, wenn nach den Ergebnissen des vorbereitenden Verfahrens der Angeschuldigte einer Straftat hinreichend verdächtig erscheint.

**§ 204 Nichteröffnungsbeschluss.** (1) Beschließt das Gericht, das Hauptverfahren nicht zu eröffnen, so muß aus dem Beschluß hervorgehen, ob er auf tatsächlichen oder auf Rechtsgründen beruht.

(2) Der Beschluß ist dem Angeschuldigten bekanntzumachen.

**§ 205 Einstellung des Verfahrens bei vorübergehenden Hindernissen.** [1] Steht der Hauptverhandlung für längere Zeit die Abwesenheit des Angeschuldigten oder ein anderes in seiner Person liegendes Hindernis entgegen, so kann das Gericht das Verfahren durch Beschluß vorläufig einstellen. [2] Der Vorsitzende sichert, soweit nötig, die Beweise.

**§ 206 Keine Bindung an Anträge.** Das Gericht ist bei der Beschlußfassung an die Anträge der Staatsanwaltschaft nicht gebunden.

**§ 206a Einstellung des Verfahrens bei Verfahrenshindernis.** (1) Stellt sich nach Eröffnung des Hauptverfahrens ein Verfahrenshindernis heraus, so kann das Gericht außerhalb der Hauptverhandlung das Verfahren durch Beschluß einstellen.

(2) Der Beschluß ist mit sofortiger Beschwerde anfechtbar.

**§ 206b Einstellung des Verfahrens wegen Gesetzesänderung.** [1] Wird ein Strafgesetz, das bei Beendigung der Tat gilt, vor der Entscheidung geändert und hat ein gerichtlich anhängiges Strafverfahren eine Tat zum Gegenstand, die nach dem bisherigen Recht strafbar war, nach dem neuen Recht aber nicht mehr strafbar ist, so stellt das Gericht außerhalb der Hauptverhandlung das Verfahren durch Beschluß ein. [2] Der Beschluß ist mit sofortiger Beschwerde anfechtbar.

**§ 207 Inhalt des Eröffnungsbeschlusses.** (1) In dem Beschluß, durch den das Hauptverfahren eröffnet wird, läßt das Gericht die Anklage zur Hauptverhandlung zu und bezeichnet das Gericht, vor dem die Hauptverhandlung stattfinden soll.

(2) Das Gericht legt in dem Beschluß dar, mit welchen Änderungen es die Anklage zur Hauptverhandlung zuläßt, wenn

1. wegen mehrerer Taten Anklage erhoben ist und wegen einzelner von ihnen die Eröffnung des Hauptverfahrens abgelehnt wird,
2. die Verfolgung nach § 154a auf einzelne abtrennbare Teile einer Tat beschränkt wird oder solche Teile in das Verfahren wieder einbezogen werden,
3. die Tat rechtlich abweichend von der Anklageschrift gewürdigt wird oder
4. die Verfolgung nach § 154a auf einzelne von mehreren Gesetzesverletzungen, die durch dieselbe Straftat begangen worden sind, beschränkt wird oder solche Gesetzesverletzungen in das Verfahren wieder einbezogen werden.

(3) [1] In den Fällen des Absatzes 2 Nr. 1 und 2 reicht die Staatsanwaltschaft eine dem Beschluß entsprechende neue Anklageschrift ein. [2] Von der Darstellung des wesentlichen Ergebnisses der Ermittlungen kann abgesehen werden.

(4) Das Gericht beschließt zugleich von Amts wegen über die Anordnung oder Fortdauer der Untersuchungshaft oder der einstweiligen Unterbringung.

**§ 208** (weggefallen)

**§ 209 Eröffnungszuständigkeit.** (1) Hält das Gericht, bei dem die Anklage eingereicht ist, die Zuständigkeit eines Gerichts niedrigerer Ordnung in seinem Bezirk für begründet, so eröffnet es das Hauptverfahren vor diesem Gericht.

(2) Hält das Gericht, bei dem die Anklage eingereicht ist, die Zuständigkeit eines Gerichts höherer Ordnung, zu dessen Bezirk es gehört, für begründet, so legt es die Akten durch Vermittlung der Staatsanwaltschaft diesem zur Entscheidung vor.

**§ 209a Besondere funktionelle Zuständigkeiten.** Im Sinne des § 4 Abs. 2, des § 209 sowie des § 210 Abs. 2 stehen

1. die besonderen Strafkammern nach § 74 Abs. 2 sowie den §§ 74a und 74c des Gerichtsverfassungsgesetzes[1] für ihren Bezirk gegenüber den allgemeinen Strafkammern und untereinander in der in § 74e des Gerichtsverfassungsgesetzes bezeichneten Rangfolge und
2. die Jugendgerichte für die Entscheidung, ob Sachen
   a) nach § 33 Abs. 1, § 103 Abs. 2 Satz 1 und § 107 des Jugendgerichtsgesetzes[2] oder
   b) als Jugendschutzsachen (§ 26 Abs. 1 Satz 1, § 74b Satz 1 des Gerichtsverfassungsgesetzes)

   vor die Jugendgerichte gehören, gegenüber den für allgemeine Strafsachen zuständigen Gerichten gleicher Ordnung

Gerichten höherer Ordnung gleich.

**§ 210 Rechtsmittel gegen den Eröffnungs- oder Ablehnungsbeschluss.**

(1) Der Beschluß, durch den das Hauptverfahren eröffnet worden ist, kann von dem Angeklagten nicht angefochten werden.

(2) Gegen den Beschluß, durch den die Eröffnung des Hauptverfahrens abgelehnt oder abweichend von dem Antrag der Staatsanwaltschaft die Verweisung an ein Gericht niederer Ordnung ausgesprochen worden ist, steht der Staatsanwaltschaft sofortige Beschwerde zu.

(3) [1] Gibt das Beschwerdegericht der Beschwerde statt, so kann es zugleich bestimmen, daß die Hauptverhandlung vor einer anderen Kammer des Gerichts, das den Beschluß nach Absatz 2 erlassen hat, oder vor einem zu demselben Land gehörenden benachbarten Gericht gleicher Ordnung stattzufinden hat. [2] In Verfahren, in denen ein Oberlandesgericht im ersten Rechtszug entschieden hat, kann der Bundesgerichtshof bestimmen, daß die Hauptverhandlung vor einem anderen Senat dieses Gerichts stattzufinden hat.

**§ 211 Wiederaufnahme nach Ablehnungsbeschluss.** Ist die Eröffnung des Hauptverfahrens durch einen nicht mehr anfechtbaren Beschluß abgelehnt, so kann die Klage nur auf Grund neuer Tatsachen oder Beweismittel wieder aufgenommen werden.

---

[1] Nr. **95**.
[2] Nr. **89**.

## Fünfter Abschnitt. Vorbereitung der Hauptverhandlung

**§ 212**[1] **Erörterung des Verfahrensstands mit den Verfahrensbeteiligten.** Nach Eröffnung des Hauptverfahrens gilt § 202a entsprechend.

**§ 213**[2] **Bestimmung eines Termins zur Hauptverhandlung.** (1) Der Termin zur Hauptverhandlung wird von dem Vorsitzenden des Gerichts anberaumt.

(2) In besonders umfangreichen erstinstanzlichen Verfahren vor dem Land- oder Oberlandesgericht, in denen die Hauptverhandlung voraussichtlich länger als zehn Tage dauern wird, soll der Vorsitzende den äußeren Ablauf der Hauptverhandlung vor der Terminbestimmung mit dem Verteidiger, der Staatsanwaltschaft und dem Nebenklägervertreter abstimmen.

**§ 214**[3] **Ladungen durch den Vorsitzenden; Herbeischaffung der Beweismittel.** (1) [1] Die zur Hauptverhandlung erforderlichen Ladungen ordnet der Vorsitzende an. [2] Zugleich veranlasst er die nach § 397 Absatz 2 Satz 3, § 406d Absatz 1 und § 406h Absatz 2 Satz 2 erforderlichen Benachrichtigungen vom Termin; § 406d Absatz 4 gilt entsprechend. [3] Die Geschäftsstelle sorgt dafür, dass die Ladungen bewirkt und die Mitteilungen versandt werden.

(2) Ist anzunehmen, daß sich die Hauptverhandlung auf längere Zeit erstreckt, so soll der Vorsitzende die Ladung sämtlicher oder einzelner Zeugen und Sachverständigen zu einem späteren Zeitpunkt als dem Beginn der Hauptverhandlung anordnen.

(3) Der Staatsanwaltschaft steht das Recht der unmittelbaren Ladung weiterer Personen zu.

(4) [1] Die Staatsanwaltschaft bewirkt die Herbeischaffung der als Beweismittel dienenden Gegenstände. [2] Diese kann auch vom Gericht bewirkt werden.

**§ 215 Zustellung des Eröffnungsbeschlusses.** [1] Der Beschluß über die Eröffnung des Hauptverfahrens ist dem Angeklagten spätestens mit der Ladung zuzustellen. [2] Entsprechendes gilt in den Fällen des § 207 Abs. 3 für die nachgereichte Anklageschrift.

**§ 216 Ladung des Angeklagten.** (1) [1] Die Ladung eines auf freiem Fuß befindlichen Angeklagten geschieht schriftlich unter der Warnung, daß im Falle seines unentschuldigten Ausbleibens seine Verhaftung oder Vorführung erfolgen werde. [2] Die Warnung kann in den Fällen des § 232 unterbleiben.

(2) [1] Der nicht auf freiem Fuß befindliche Angeklagte wird durch Bekanntmachung des Termins zur Hauptverhandlung gemäß § 35 geladen. [2] Dabei ist der Angeklagte zu befragen, ob und welche Anträge er zu seiner Verteidigung für die Hauptverhandlung zu stellen habe.

**§ 217 Ladungsfrist.** (1) Zwischen der Zustellung der Ladung (§ 216) und dem Tag der Hauptverhandlung muß eine Frist von mindestens einer Woche liegen.

---

[1] § 212 aufgeh. durch G v. 28.10.1994 (BGBl. I S. 3186); neu eingef. mWv 4.8.2009 durch G v. 29.7. 2009 (BGBl. I S. 2353).

[2] § 213 Abs. 2 angef. mWv 24.8.2017 durch G v. 17.8.2017 (BGBl. I S. 3202).

[3] § 214 Abs. 2 geänd. mWv 1.9.2004 durch G v. 24.6.2004 (BGBl. I S. 1354); Abs. 1 neu gef. mWv 1.10.2009 durch G v. 29.7.2009 (BGBl. I S. 2280); Abs. 1 Satz 2 neu gef. mWv 31.12.2015 durch G v. 21.12.2015 (BGBl. I S. 2525).

(2) Ist die Frist nicht eingehalten worden, so kann der Angeklagte bis zum Beginn seiner Vernehmung zur Sache die Aussetzung der Verhandlung verlangen.

(3) Der Angeklagte kann auf die Einhaltung der Frist verzichten.

**§ 218 Ladung des Verteidigers.** [1]Neben dem Angeklagten ist der bestellte Verteidiger stets, der gewählte Verteidiger dann zu laden, wenn die Wahl dem Gericht angezeigt worden ist. [2]§ 217 gilt entsprechend.

**§ 219[1)] Beweisanträge des Angeklagten.** (1) [1]Beweisanträge hat der Angeklagte bei dem Vorsitzenden des Gerichts zu stellen. [2]Die hierauf ergehende Verfügung ist ihm bekanntzumachen.

(2) Beweisanträge des Angeklagten sind, soweit ihnen stattgegeben ist, der Staatsanwaltschaft mitzuteilen.

**§ 220 Unmittelbare Ladung durch den Angeklagten.** (1) [1]Lehnt der Vorsitzende den Antrag auf Ladung einer Person ab, so kann der Angeklagte sie unmittelbar laden lassen. [2]Hierzu ist er auch ohne vorgängigen Antrag befugt.

(2) Eine unmittelbar geladene Person ist nur dann zum Erscheinen verpflichtet, wenn ihr bei der Ladung die gesetzliche Entschädigung für Reisekosten und Versäumnis bar dargeboten oder deren Hinterlegung bei der Geschäftsstelle nachgewiesen wird.

(3) Ergibt sich in der Hauptverhandlung, daß die Vernehmung einer unmittelbar geladenen Person zur Aufklärung der Sache dienlich war, so hat das Gericht auf Antrag anzuordnen, daß ihr die gesetzliche Entschädigung aus der Staatskasse zu gewähren ist.

**§ 221 Herbeischaffung von Beweismitteln von Amts wegen.** Der Vorsitzende des Gerichts kann auch von Amts wegen die Herbeischaffung weiterer als Beweismittel dienender Gegenstände anordnen.

**§ 222[2)] Namhaftmachung von Zeugen und Sachverständigen.** (1) [1]Das Gericht hat die geladenen Zeugen und Sachverständigen der Staatsanwaltschaft und dem Angeklagten rechtzeitig namhaft zu machen. [2]Macht die Staatsanwaltschaft von ihrem Recht nach § 214 Abs. 3 Gebrauch, so hat sie die geladenen Zeugen und Sachverständigen dem Gericht und dem Angeklagten rechtzeitig namhaft zu machen. [3]§ 200 Abs. 1 Satz 3 bis 5 gilt sinngemäß.

(2) Der Angeklagte hat die von ihm unmittelbar geladenen oder zur Hauptverhandlung zu stellenden Zeugen und Sachverständigen rechtzeitig dem Gericht und der Staatsanwaltschaft namhaft zu machen und ihre vollständige Anschrift anzugeben.

**§ 222a[3)] Mitteilung der Besetzung des Gerichts.** (1) [1]Findet die Hauptverhandlung im ersten Rechtszug vor dem Landgericht oder dem Oberlandesgericht statt, so ist spätestens zu Beginn der Hauptverhandlung die Besetzung des Gerichts unter Hervorhebung des Vorsitzenden und hinzugezogener Ergänzungsrichter und Ergänzungsschöffen mitzuteilen. [2]Die Besetzung kann auf Anordnung des

---

[1)] § 219 Abs. 1 Satz 1 neu gef. mWv 13.12.2019 durch G v. 10.12.2019 (BGBl. I S. 2121).

[2)] § 222 Abs. 1 Satz 3 angef. durch G v. 15.7.1992 (BGBl. I S. 1302); Abs. 1 Satz 3 geänd. mWv 1.10. 2009 durch G v. 29.7.2009 (BGBl. I S. 2280); Abs. 1 Sätze 1 und 2, Abs. 2 geänd. mWv 1.7.2021 durch G v. 25.6.2021 (BGBl. I S. 2099).

[3)] § 222a Abs. 1 Satz 2 und Abs. 2 geänd. geänd. mWv 13.12.2019 durch G v. 10.12.2019 (BGBl. I S. 2121).

Vorsitzenden schon vor der Hauptverhandlung mitgeteilt werden; die Mitteilung ist zuzustellen. [3] Ändert sich die mitgeteilte Besetzung, so ist dies spätestens zu Beginn der Hauptverhandlung mitzuteilen.

(2) Ist die Mitteilung der Besetzung oder einer Besetzungsänderung später als eine Woche vor Beginn der Hauptverhandlung zugestellt oder erst zu Beginn der Hauptverhandlung bekanntgemacht worden, so kann das Gericht auf Antrag des Angeklagten, des Verteidigers oder der Staatsanwaltschaft die Hauptverhandlung zur Prüfung der Besetzung unterbrechen, wenn dies spätestens bis zum Beginn der Vernehmung des ersten Angeklagten zur Sache verlangt wird und absehbar ist, dass die Hauptverhandlung vor Ablauf der in § 222b Absatz 1 Satz 1 genannten Frist beendet sein könnte.

(3) In die für die Besetzung maßgebenden Unterlagen kann für den Angeklagten nur sein Verteidiger oder ein Rechtsanwalt, für den Nebenkläger nur ein Rechtsanwalt Einsicht nehmen.

**§ 222b[1)] Besetzungseinwand.** (1) [1] Ist die Besetzung des Gerichts nach § 222a mitgeteilt worden, so kann der Einwand, daß das Gericht vorschriftswidrig besetzt sei, nur innerhalb einer Woche nach Zustellung der Besetzungsmitteilung oder, soweit eine Zustellung nicht erfolgt ist, ihrer Bekanntmachung in der Hauptverhandlung geltend gemacht werden. [2] Die Tatsachen, aus denen sich die vorschriftswidrige Besetzung ergeben soll, sind dabei anzugeben. [3] Alle Beanstandungen sind gleichzeitig vorzubringen. [4] Außerhalb der Hauptverhandlung ist der Einwand schriftlich geltend zu machen; § 345 Abs. 2 und für den Nebenkläger § 390 Abs. 2 gelten entsprechend.

(2) [1] Über den Einwand entscheidet das Gericht in der für Entscheidungen außerhalb der Hauptverhandlung vorgeschriebenen Besetzung. [2] Hält es den Einwand für begründet, so stellt es fest, daß es nicht vorschriftsmäßig besetzt ist. [3] Führt ein Einwand zu einer Änderung der Besetzung, so ist auf die neue Besetzung § 222a nicht anzuwenden.

(3) [1] Hält das Gericht den Einwand für nicht begründet, so ist er spätestens vor Ablauf von drei Tagen dem Rechtsmittelgericht vorzulegen. [2] Die Entscheidung des Rechtsmittelgerichts ergeht ohne mündliche Verhandlung. [3] Den Verfahrensbeteiligten ist zuvor Gelegenheit zur Stellungnahme einzuräumen. [4] Erachtet das Rechtsmittelgericht den Einwand für begründet, stellt es fest, dass das Gericht nicht vorschriftsmäßig besetzt ist.

**§ 223[2)] Vernehmungen durch beauftragte oder ersuchte Richter.**

(1) Wenn dem Erscheinen eines Zeugen oder Sachverständigen in der Hauptverhandlung für eine längere oder ungewisse Zeit Krankheit oder Gebrechlichkeit oder andere nicht zu beseitigende Hindernisse entgegenstehen, so kann das Gericht seine Vernehmung durch einen beauftragten oder ersuchten Richter anordnen.

(2) Dasselbe gilt, wenn einem Zeugen oder Sachverständigen das Erscheinen wegen großer Entfernung nicht zugemutet werden kann.

**§ 224 Benachrichtigung der Beteiligten über den Termin.** (1) [1] Von den zum Zweck dieser Vernehmung anberaumten Terminen sind die Staatsanwalt-

---

1) § 222b Abs. 1 Satz 1 geänd., Abs. 3 angef. mWv 13.12.2019 durch G v. 10.12.2019 (BGBl. I S. 2121).

2) § 223 Abs. 3 aufgeh. mWv 1.9.2004 durch G v. 24.8.2004 (BGBl. I S. 2198).

schaft, der Angeklagte und der Verteidiger vorher zu benachrichtigen; ihrer Anwesenheit bei der Vernehmung bedarf es nicht. [2]Die Benachrichtigung unterbleibt, wenn sie den Untersuchungserfolg gefährden würde. [3]Das aufgenommene Protokoll ist der Staatsanwaltschaft und dem Verteidiger vorzulegen.

(2) Hat ein nicht in Freiheit befindlicher Angeklagter einen Verteidiger, so steht ihm ein Anspruch auf Anwesenheit nur bei solchen Terminen zu, die an der Gerichtsstelle des Ortes abgehalten werden, wo er in Haft ist.

**§ 225 Einnahme des richterlichen Augenscheins durch beauftragte oder ersuchte Richter.** Ist zur Vorbereitung der Hauptverhandlung noch ein richterlicher Augenschein einzunehmen, so sind die Vorschriften des § 224 anzuwenden.

**§ 225a Zuständigkeitsänderung vor der Hauptverhandlung.** (1) [1]Hält ein Gericht vor Beginn einer Hauptverhandlung die sachliche Zuständigkeit eines Gerichts höherer Ordnung für begründet, so legt es die Akten durch Vermittlung der Staatsanwaltschaft diesem vor; § 209a Nr. 2 Buchstabe a gilt entsprechend. [2]Das Gericht, dem die Sache vorgelegt worden ist, entscheidet durch Beschluß darüber, ob es die Sache übernimmt.

(2) [1]Werden die Akten von einem Strafrichter oder einem Schöffengericht einem Gericht höherer Ordnung vorgelegt, so kann der Angeklagte innerhalb einer bei der Vorlage zu bestimmenden Frist die Vornahme einzelner Beweiserhebungen beantragen. [2]Über den Antrag entscheidet der Vorsitzende des Gerichts, dem die Sache vorgelegt worden ist.

(3) [1]In dem Übernahmebeschluß sind der Angeklagte und das Gericht, vor dem die Hauptverhandlung stattfinden soll, zu bezeichnen. [2]§ 207 Abs. 2 Nr. 2 bis 4, Abs. 3 und 4 gilt entsprechend. [3]Die Anfechtbarkeit des Beschlusses bestimmt sich nach § 210.

(4) [1]Nach den Absätzen 1 bis 3 ist auch zu verfahren, wenn das Gericht vor Beginn der Hauptverhandlung einen Einwand des Angeklagten nach § 6a für begründet hält und eine besondere Strafkammer zuständig wäre, der nach § 74e des Gerichtsverfassungsgesetzes[1)] der Vorrang zukommt. [2]Kommt dem Gericht, das die Zuständigkeit einer anderen Strafkammer für begründet hält, vor dieser nach § 74e des Gerichtsverfassungsgesetzes der Vorrang zu, so verweist es die Sache

*(Fortsetzung nächstes Blatt)*

---

[1)] Nr. **95**.

an diese mit bindender Wirkung; die Anfechtbarkeit des Verweisungsbeschlusses bestimmt sich nach § 210.

## Sechster Abschnitt. Hauptverhandlung

**§ 226[1)] Ununterbrochene Gegenwart.** (1) Die Hauptverhandlung erfolgt in ununterbrochener Gegenwart der zur Urteilsfindung berufenen Personen sowie der Staatsanwaltschaft und eines Urkundsbeamten der Geschäftsstelle.

(2) [1]Der Strafrichter kann in der Hauptverhandlung von der Hinzuziehung eines Urkundsbeamten der Geschäftsstelle absehen. [2]Die Entscheidung ist unanfechtbar.

**§ 227 Mehrere Staatsanwälte und Verteidiger.** Es können mehrere Beamte der Staatsanwaltschaft und mehrere Verteidiger in der Hauptverhandlung mitwirken und ihre Verrichtungen unter sich teilen.

**§ 228 Aussetzung und Unterbrechung.** (1) [1]Über die Aussetzung einer Hauptverhandlung oder deren Unterbrechung nach § 229 Abs. 2 entscheidet das Gericht. [2]Kürzere Unterbrechungen ordnet der Vorsitzende an.

(2) Eine Verhinderung des Verteidigers gibt, unbeschadet der Vorschrift des § 145, dem Angeklagten kein Recht, die Aussetzung der Verhandlung zu verlangen.

(3) Ist die Frist des § 217 Abs. 1 nicht eingehalten worden, so soll der Vorsitzende den Angeklagten mit der Befugnis, Aussetzung der Verhandlung zu verlangen, bekanntmachen.

**§ 229[2)] Höchstdauer einer Unterbrechung.** (1) Eine Hauptverhandlung darf bis zu drei Wochen unterbrochen werden.

(2) Eine Hauptverhandlung darf auch bis zu einem Monat unterbrochen werden, wenn sie davor jeweils an mindestens zehn Tagen stattgefunden hat.

(3) [1]Hat eine Hauptverhandlung bereits an mindestens zehn Tagen stattgefunden, so ist der Lauf der in den Absätzen 1 und 2 genannten Fristen gehemmt, solange

1. ein Angeklagter oder eine zur Urteilsfindung berufene Person wegen Krankheit oder
2. eine zur Urteilsfindung berufene Person wegen gesetzlichen Mutterschutzes oder der Inanspruchnahme von Elternzeit

nicht zu der Hauptverhandlung erscheinen kann, längstens jedoch für zwei Monate. [2]Die in den Absätzen 1 und 2 genannten Fristen enden frühestens zehn Tage nach Ablauf der Hemmung. [3]Beginn und Ende der Hemmung stellt das Gericht durch unanfechtbaren Beschluß fest.

(4) [1]Wird die Hauptverhandlung nicht spätestens am Tage nach Ablauf der in den vorstehenden Absätzen bezeichneten Frist fortgesetzt, so ist mit ihr von neuem zu beginnen. [2]Ist der Tag nach Ablauf der Frist ein Sonntag, ein allgemeiner

---

[1)] § 226 Abs. 2 angef. mWv 1.9.2004 durch G v. 24.8.2004 (BGBl. I S. 2198).

[2)] § 229 Abs. 1 geänd., Abs. 2 neu gef. mWv 1.9.2004 durch G v. 24.8.2004 (BGBl. I S. 2198); Abs. 5 angef. mWv 1.1.2018 durch G v. 5.7.2017 (BGBl. I S. 2208); Abs. 3 Satz 1 neu gef., Satz 2 eingef., bish. Satz 2 wird Satz 3 mWv 13.12.2019 durch G v. 10.12.2019 (BGBl. I S. 2121).

Feiertag oder ein Sonnabend, so kann die Hauptverhandlung am nächsten Werktag fortgesetzt werden.

(5) [1] Ist dem Gericht wegen einer vorübergehenden technischen Störung die Fortsetzung der Hauptverhandlung am Tag nach Ablauf der in den vorstehenden Absätzen bezeichneten Frist oder im Fall des Absatzes 4 Satz 2 am nächsten Werktag unmöglich, ist es abweichend von Absatz 4 Satz 1 zulässig, die Hauptverhandlung unverzüglich nach der Beseitigung der technischen Störung, spätestens aber innerhalb von zehn Tagen nach Fristablauf fortzusetzen. [2] Das Vorliegen einer technischen Störung im Sinne des Satzes 1 stellt das Gericht durch unanfechtbaren Beschluss fest.

**§ 230[1)] Ausbleiben des Angeklagten.** (1) Gegen einen ausgebliebenen Angeklagten findet eine Hauptverhandlung nicht statt.

(2) Ist das Ausbleiben des Angeklagten nicht genügend entschuldigt, so ist die Vorführung anzuordnen oder ein Haftbefehl zu erlassen, soweit dies zur Durchführung der Hauptverhandlung geboten ist.

**§ 231[2)] Anwesenheitspflicht des Angeklagten.** (1) [1] Der erschienene Angeklagte darf sich aus der Verhandlung nicht entfernen. [2] Der Vorsitzende kann die geeigneten Maßregeln treffen, um die Entfernung zu verhindern; auch kann er den Angeklagten während einer Unterbrechung der Verhandlung in Gewahrsam halten lassen.

(2) Entfernt der Angeklagte sich dennoch oder bleibt er bei der Fortsetzung einer unterbrochenen Hauptverhandlung aus, so kann diese in seiner Abwesenheit zu Ende geführt werden, wenn er über die Anklage schon vernommen war, das Gericht seine fernere Anwesenheit nicht für erforderlich erachtet und er in der Ladung darauf hingewiesen worden ist, dass die Verhandlung in diesen Fällen in seiner Abwesenheit zu Ende geführt werden kann.

**§ 231a Herbeiführung der Verhandlungsunfähigkeit durch den Angeklagten.** (1) [1] Hat sich der Angeklagte vorsätzlich und schuldhaft in einen seine Verhandlungsfähigkeit ausschließenden Zustand versetzt und verhindert er dadurch wissentlich die ordnungsmäßige Durchführung oder Fortsetzung der Hauptverhandlung in seiner Gegenwart, so wird die Hauptverhandlung, wenn er noch nicht über die Anklage vernommen war, in seiner Abwesenheit durchgeführt oder fortgesetzt, soweit das Gericht seine Anwesenheit nicht für unerläßlich hält. [2] Nach Satz 1 ist nur zu verfahren, wenn der Angeklagte nach Eröffnung des Hauptverfahrens Gelegenheit gehabt hat, sich vor dem Gericht oder einem beauftragten Richter zur Anklage zu äußern.

(2) Sobald der Angeklagte wieder verhandlungsfähig ist, hat ihn der Vorsitzende, solange mit der Verkündung des Urteils noch nicht begonnen worden ist, von dem wesentlichen Inhalt dessen zu unterrichten, was in seiner Abwesenheit verhandelt worden ist.

(3) [1] Die Verhandlung in Abwesenheit des Angeklagten nach Absatz 1 beschließt das Gericht nach Anhörung eines Arztes als Sachverständigen. [2] Der Beschluß kann bereits vor Beginn der Hauptverhandlung gefaßt werden. [3] Gegen den Beschluß ist sofortige Beschwerde zulässig; sie hat aufschiebende Wirkung. [4] Eine bereits be-

[1)] § 230 Abs. 2 geänd. mWv 25.7.2015 durch G v. 17.7.2015 (BGBl. I S. 1332).
[2)] § 231 Abs. 2 geänd. mWv 21.12.2018 durch G v. 17.12.2018 (BGBl. I S. 2571).

gonnene Hauptverhandlung ist bis zur Entscheidung über die sofortige Beschwerde zu unterbrechen; die Unterbrechung darf, auch wenn die Voraussetzungen des § 229 Abs. 2 nicht vorliegen, bis zu dreißig Tagen dauern.

(4) Dem Angeklagten, der keinen Verteidiger hat, ist ein Verteidiger zu bestellen, sobald eine Verhandlung ohne den Angeklagten nach Absatz 1 in Betracht kommt.

**§ 231b Fortsetzung nach Entfernung des Angeklagten zur Aufrechterhaltung der Ordnung.** (1) [1] Wird der Angeklagte wegen ordnungswidrigen Benehmens aus dem Sitzungszimmer entfernt oder zur Haft abgeführt (§ 177 des Gerichtsverfassungsgesetzes[1)]), so kann in seiner Abwesenheit verhandelt werden, wenn das Gericht seine fernere Anwesenheit nicht für unerläßlich hält und solange zu befürchten ist, daß die Anwesenheit des Angeklagten den Ablauf der Hauptverhandlung in schwerwiegender Weise beeinträchtigen würde. [2] Dem Angeklagten ist in jedem Fall Gelegenheit zu geben, sich zur Anklage zu äußern.

(2) Sobald der Angeklagte wieder vorgelassen ist, ist nach § 231a Abs. 2 zu verfahren.

**§ 231c Beurlaubung einzelner Angeklagter und ihrer Pflichtverteidiger.** [1] Findet die Hauptverhandlung gegen mehrere Angeklagte statt, so kann durch Gerichtsbeschluß einzelnen Angeklagten, im Falle der notwendigen Verteidigung auch ihren Verteidigern, auf Antrag gestattet werden, sich während einzelner Teile der Verhandlung zu entfernen, wenn sie von diesen Verhandlungsteilen nicht betroffen sind. [2] In dem Beschluß sind die Verhandlungsteile zu bezeichnen, für die die Erlaubnis gilt. [3] Die Erlaubnis kann jederzeit widerrufen werden.

**§ 232[2)] Durchführung der Hauptverhandlung trotz Ausbleibens des Angeklagten.** (1) [1] Die Hauptverhandlung kann ohne den Angeklagten durchgeführt werden, wenn er ordnungsgemäß geladen und in der Ladung darauf hingewiesen worden ist, daß in seiner Abwesenheit verhandelt werden kann, und wenn nur Geldstrafe bis zu einhundertachtzig Tagessätzen, Verwarnung mit Strafvorbehalt, Fahrverbot, Einziehung, Vernichtung oder Unbrauchbarmachung, allein oder nebeneinander, zu erwarten ist. [2] Eine höhere Strafe oder eine Maßregel der Besserung und Sicherung darf in diesem Verfahren nicht verhängt werden. [3] Die Entziehung der Fahrerlaubnis ist zulässig, wenn der Angeklagte in der Ladung auf diese Möglichkeit hingewiesen worden ist.

(2) Auf Grund einer Ladung durch öffentliche Bekanntmachung findet die Hauptverhandlung ohne den Angeklagten nicht statt.

(3) Das Protokoll über eine richterliche Vernehmung des Angeklagten wird in der Hauptverhandlung verlesen.

(4) Das in Abwesenheit des Angeklagten ergehende Urteil muß ihm mit den Urteilsgründen durch Übergabe zugestellt werden, wenn es nicht nach § 145a Abs. 1 dem Verteidiger zugestellt wird.

---

1) Nr. **95**.

2) § 232 Abs. 1 Satz 1 geänd. mWv 1.7.2017 durch G v. 13.4.2017 (BGBl. I S. 872); Abs. 3 geänd. mWv 1.1.2018 durch G v. 5.7.2017 (BGBl. I S. 2208).

**§ 233[1)] Entbindung des Angeklagten von der Pflicht zum Erscheinen.**

(1) [1] Der Angeklagte kann auf seinen Antrag von der Verpflichtung zum Erscheinen in der Hauptverhandlung entbunden werden, wenn nur Freiheitsstrafe bis zu sechs Monaten, Geldstrafe bis zu einhundertachtzig Tagessätzen, Verwarnung mit Strafvorbehalt, Fahrverbot, Einziehung, Vernichtung oder Unbrauchbarmachung, allein oder nebeneinander, zu erwarten ist. [2] Eine höhere Strafe oder eine Maßregel der Besserung und Sicherung darf in seiner Abwesenheit nicht verhängt werden. [3] Die Entziehung der Fahrerlaubnis ist zulässig.

(2) [1] Wird der Angeklagte von der Verpflichtung zum Erscheinen in der Hauptverhandlung entbunden, so muß er durch einen beauftragten oder ersuchten Richter über die Anklage vernommen werden. [2] Dabei wird er über die bei Verhandlung in seiner Abwesenheit zulässigen Rechtsfolgen belehrt sowie befragt, ob er seinen Antrag auf Befreiung vom Erscheinen in der Hauptverhandlung aufrechterhalte. [3] Statt eines Ersuchens oder einer Beauftragung nach Satz 1 kann außerhalb der Hauptverhandlung auch das Gericht die Vernehmung über die Anklage in der Weise durchführen, dass sich der Angeklagte an einem anderen Ort als das Gericht aufhält und die Vernehmung zeitgleich in Bild und Ton an den Ort, an dem sich der Angeklagte aufhält, und in das Sitzungszimmer übertragen wird.

(3) [1] Von dem zum Zweck der Vernehmung anberaumten Termin sind die Staatsanwaltschaft und der Verteidiger zu benachrichtigen; ihrer Anwesenheit bei der Vernehmung bedarf es nicht. [2] Das Protokoll über die Vernehmung ist in der Hauptverhandlung zu verlesen.

**§ 234[2)] Vertretung des abwesenden Angeklagten.** Soweit die Hauptverhandlung ohne Anwesenheit des Angeklagten stattfinden kann, ist er befugt, sich durch einen Verteidiger mit nachgewiesener Vertretungsvollmacht vertreten zu lassen.

**§ 234a[3)] Befugnisse des Verteidigers bei Vertretung des abwesenden Angeklagten.** Findet die Hauptverhandlung ohne Anwesenheit des Angeklagten statt, so genügt es, wenn die nach § 265 Abs. 1 und 2 erforderlichen Hinweise dem Verteidiger gegeben werden; das Einverständnis des Angeklagten nach § 245 Abs. 1 Satz 2 und nach § 251 Abs. 1 Nr. 1, Abs. 2 Nr. 3 ist nicht erforderlich, wenn ein Verteidiger an der Hauptverhandlung teilnimmt.

**§ 235 Wiedereinsetzung in den vorigen Stand bei Verhandlung ohne den Angeklagten.** [1] Hat die Hauptverhandlung gemäß § 232 ohne den Angeklagten stattgefunden, so kann er gegen das Urteil binnen einer Woche nach seiner Zustellung die Wiedereinsetzung in den vorigen Stand unter den gleichen Voraussetzungen wie gegen die Versäumung einer Frist nachsuchen; hat er von der Ladung zur Hauptverhandlung keine Kenntnis erlangt, so kann er stets die Wiedereinsetzung in den vorigen Stand beanspruchen. [2] Hierüber ist der Angeklagte bei der Zustellung des Urteils zu belehren.

---

1) § 233 Abs. 2 Satz 3 angef. mWv 1.11.2013 durch G v. 25.4.2013 (BGBl. I S. 935); Abs. 1 Satz 1 geänd. mWv 1.7.2017 durch G v. 13.4.2017 (BGBl. I S. 872).

2) § 234 geänd. mWv 25.7.2015 durch G v. 17.7.2015 (BGBl. I S. 1332); geänd. mWv 1.1.2018 durch G v. 5.7.2017 (BGBl. I S. 2208).

3) § 234a geänd. mWv 1.9.2004 durch G v. 24.8.2004 (BGBl. I S. 2198).

**§ 236 Anordnung des persönlichen Erscheinens des Angeklagten.** Das Gericht ist stets befugt, das persönliche Erscheinen des Angeklagten anzuordnen und durch einen Vorführungsbefehl oder Haftbefehl zu erzwingen.

**§ 237 Verbindung mehrerer Strafsachen.** Das Gericht kann im Falle eines Zusammenhangs zwischen mehreren bei ihm anhängigen Strafsachen ihre Verbindung zum Zwecke gleichzeitiger Verhandlung anordnen, auch wenn dieser Zusammenhang nicht der in § 3 bezeichnete ist.

**§ 238 Verhandlungsleitung.** (1) Die Leitung der Verhandlung, die Vernehmung des Angeklagten und die Aufnahme des Beweises erfolgt durch den Vorsitzenden.

(2) Wird eine auf die Sachleitung bezügliche Anordnung des Vorsitzenden von einer bei der Verhandlung beteiligten Person als unzulässig beanstandet, so entscheidet das Gericht.

**§ 239 Kreuzverhör.** (1) [1]Die Vernehmung der von der Staatsanwaltschaft und dem Angeklagten benannten Zeugen und Sachverständigen ist der Staatsanwaltschaft und dem Verteidiger auf deren übereinstimmenden Antrag von dem Vorsitzenden zu überlassen. [2]Bei den von der Staatsanwaltschaft benannten Zeugen und Sachverständigen hat diese, bei den von dem Angeklagten benannten der Verteidiger in erster Reihe das Recht zur Vernehmung.

(2) Der Vorsitzende hat auch nach dieser Vernehmung die ihm zur weiteren Aufklärung der Sache erforderlich scheinenden Fragen an die Zeugen und Sachverständigen zu richten.

**§ 240 Fragerecht.** (1) Der Vorsitzende hat den beisitzenden Richtern auf Verlangen zu gestatten, Fragen an den Angeklagten, die Zeugen und die Sachverständigen zu stellen.

(2) [1]Dasselbe hat der Vorsitzende der Staatsanwaltschaft, dem Angeklagten und dem Verteidiger sowie den Schöffen zu gestatten. [2]Die unmittelbare Befragung eines Angeklagten durch einen Mitangeklagten ist unzulässig.

**§ 241 Zurückweisung von Fragen durch den Vorsitzenden.** (1) Dem, welcher im Falle des § 239 Abs. 1 die Befugnis der Vernehmung mißbraucht, kann sie von dem Vorsitzenden entzogen werden.

(2) In den Fällen des § 239 Abs. 1 und des § 240 Abs. 2 kann der Vorsitzende ungeeignete oder nicht zur Sache gehörende Fragen zurückweisen.

**§ 241a[1)] Vernehmung minderjähriger Zeugen durch den Vorsitzenden.**

(1) Die Vernehmung von Zeugen unter 18 Jahren wird allein von dem Vorsitzenden durchgeführt.

(2) [1]Die in § 240 Abs. 1 und Abs. 2 Satz 1 bezeichneten Personen können verlangen, daß der Vorsitzende den Zeugen weitere Fragen stellt. [2]Der Vorsitzende kann diesen Personen eine unmittelbare Befragung der Zeugen gestatten, wenn nach pflichtgemäßem Ermessen ein Nachteil für das Wohl der Zeugen nicht zu befürchten ist.

(3) § 241 Abs. 2 gilt entsprechend.

---

[1)] § 241a Abs. 1 geänd. mWv 1.10.2009 durch G v. 29.7.2009 (BGBl. I S. 2280).

**§ 242 Entscheidung über die Zulässigkeit von Fragen.** Zweifel über die Zulässigkeit einer Frage entscheidet in allen Fällen das Gericht.

**§ 243[1] Gang der Hauptverhandlung.** (1) [1]Die Hauptverhandlung beginnt mit dem Aufruf der Sache. [2]Der Vorsitzende stellt fest, ob der Angeklagte und der Verteidiger anwesend und die Beweismittel herbeigeschafft, insbesondere die geladenen Zeugen und Sachverständigen erschienen sind.

(2) [1]Die Zeugen verlassen den Sitzungssaal. [2]Der Vorsitzende vernimmt den Angeklagten über seine persönlichen Verhältnisse.

(3) [1]Darauf verliest der Staatsanwalt den Anklagesatz. [2]Dabei legt er in den Fällen des § 207 Abs. 3 die neue Anklageschrift zugrunde. [3]In den Fällen des § 207 Abs. 2 Nr. 3 trägt der Staatsanwalt den Anklagesatz mit der dem Eröffnungsbeschluß zugrunde liegenden rechtlichen Würdigung vor; außerdem kann er seine abweichende Rechtsauffassung äußern. [4]In den Fällen des § 207 Abs. 2 Nr. 4 berücksichtigt er die Änderungen, die das Gericht bei der Zulassung der Anklage zur Hauptverhandlung beschlossen hat.

(4) [1]Der Vorsitzende teilt mit, ob Erörterungen nach den §§ 202a, 212 stattgefunden haben, wenn deren Gegenstand die Möglichkeit einer Verständigung (§ 257c) gewesen ist und wenn ja, deren wesentlichen Inhalt. [2]Diese Pflicht gilt auch im weiteren Verlauf der Hauptverhandlung, soweit sich Änderungen gegenüber der Mitteilung zu Beginn der Hauptverhandlung ergeben haben.

(5) [1]Sodann wird der Angeklagte darauf hingewiesen, daß es ihm freistehe, sich zu der Anklage zu äußern oder nicht zur Sache auszusagen. [2]Ist der Angeklagte zur Äußerung bereit, so wird er nach Maßgabe des § 136 Abs. 2 zur Sache vernommen. [3]Auf Antrag erhält der Verteidiger in besonders umfangreichen erstinstanzlichen Verfahren vor dem Land- oder Oberlandesgericht, in denen die Hauptverhandlung voraussichtlich länger als zehn Tage dauern wird, Gelegenheit, vor der Vernehmung des Angeklagten für diesen eine Erklärung zur Anklage abzugeben, die den Schlussvortrag nicht vorwegnehmen darf. [4]Der Vorsitzende kann dem Verteidiger aufgeben, die weitere Erklärung schriftlich einzureichen, wenn ansonsten der Verfahrensablauf erheblich verzögert würde; § 249 Absatz 2 Satz 1 gilt entsprechend. [5]Vorstrafen des Angeklagten sollen nur insoweit festgestellt werden, als sie für die Entscheidung von Bedeutung sind. [6]Wann sie festgestellt werden, bestimmt der Vorsitzende.

**§ 244[2] Beweisaufnahme; Untersuchungsgrundsatz; Ablehnung von Beweisanträgen.** (1) Nach der Vernehmung des Angeklagten folgt die Beweisaufnahme.

(2) Das Gericht hat zur Erforschung der Wahrheit die Beweisaufnahme von Amts wegen auf alle Tatsachen und Beweismittel zu erstrecken, die für die Entscheidung von Bedeutung sind.

---

[1] § 243 Abs. 2 Satz 2 eingef., bish. Satz 2 wird Satz 3 mWv 1.9.2004 durch G v. 24.6.2004 (BGBl. I S. 1354); Abs. 2 Satz 2 aufgeh., bish. Satz 3 wird Satz 2 mWv 1.10.2009 durch G v. 29.7.2009 (BGBl. I S. 2280); Abs. 4 eingef., bish. Abs. 4 wird Abs. 5 mWv 4.8.2009 durch G v. 29.7.2009 (BGBl. I S. 2353); Abs. 5 Sätze 3 und 4 eingef., bish. Sätze 3 und 4 werden Sätze 5 und 6 mWv 24.8.2017 durch G v. 17.8. 2017 (BGBl. I S. 3202).

[2] § 244 Abs. 5 Satz 2 angef. durch G v. 11.1.1993 (BGBl. I S. 50); Abs. 5 Satz 3 angef. mWv 1.1.2018 durch G v. 5.7.2017 (BGBl. I S. 2208); Abs. 6 Sätze 2–4 angef. mWv 24.8.2017 durch G v. 17.8.2017 (BGBl. I S. 3202); Abs. 3 neu gef., Abs. 6 Satz 2 eingef., bish. Sätze 2–4 werden Sätze 3–5 mWv 13.12. 2019 durch G v. 10.12.2019 (BGBl. I S. 2121).

(3) [1] Ein Beweisantrag liegt vor, wenn der Antragsteller ernsthaft verlangt, Beweis über eine bestimmt behauptete konkrete Tatsache, die die Schuld- oder Rechtsfolgenfrage betrifft, durch ein bestimmt bezeichnetes Beweismittel zu erheben und dem Antrag zu entnehmen ist, weshalb das bezeichnete Beweismittel die behauptete Tatsache belegen können soll. [2] Ein Beweisantrag ist abzulehnen, wenn die Erhebung des Beweises unzulässig ist. [3] Im Übrigen darf ein Beweisantrag nur abgelehnt werden, wenn

1. eine Beweiserhebung wegen Offenkundigkeit überflüssig ist,
2. die Tatsache, die bewiesen werden soll, für die Entscheidung ohne Bedeutung ist,
3. die Tatsache, die bewiesen werden soll, schon erwiesen ist,
4. das Beweismittel völlig ungeeignet ist,
5. das Beweismittel unerreichbar ist oder
6. eine erhebliche Behauptung, die zur Entlastung des Angeklagten bewiesen werden soll, so behandelt werden kann, als wäre die behauptete Tatsache wahr.

(4) [1] Ein Beweisantrag auf Vernehmung eines Sachverständigen kann, soweit nichts anderes bestimmt ist, auch abgelehnt werden, wenn das Gericht selbst die erforderliche Sachkunde besitzt. [2] Die Anhörung eines weiteren Sachverständigen kann auch dann abgelehnt werden, wenn durch das frühere Gutachten das Gegenteil der behaupteten Tatsache bereits erwiesen ist; dies gilt nicht, wenn die Sachkunde des früheren Gutachters zweifelhaft ist, wenn sein Gutachten von unzutreffenden tatsächlichen Voraussetzungen ausgeht, wenn das Gutachten Widersprüche enthält oder wenn der neue Sachverständige über Forschungsmittel verfügt, die denen eines früheren Gutachters überlegen erscheinen.

(5) [1] Ein Beweisantrag auf Einnahme eines Augenscheins kann abgelehnt werden, wenn der Augenschein nach dem pflichtgemäßen Ermessen des Gerichts zur Erforschung der Wahrheit nicht erforderlich ist. [2] Unter derselben Voraussetzung kann auch ein Beweisantrag auf Vernehmung eines Zeugen abgelehnt werden, dessen Ladung im Ausland zu bewirken wäre. [3] Ein Beweisantrag auf Verlesung eines Ausgangsdokuments kann abgelehnt werden, wenn nach pflichtgemäßem Ermessen des Gerichts kein Anlass besteht, an der inhaltlichen Übereinstimmung mit dem übertragenen Dokument zu zweifeln.

(6) [1] Die Ablehnung eines Beweisantrages bedarf eines Gerichtsbeschlusses. [2] Einer Ablehnung nach Satz 1 bedarf es nicht, wenn die beantragte Beweiserhebung nichts Sachdienliches zu Gunsten des Antragstellers erbringen kann, der Antragsteller sich dessen bewusst ist und er die Verschleppung des Verfahrens bezweckt; die Verfolgung anderer verfahrensfremder Ziele steht der Verschleppungsabsicht nicht entgegen. [3] Nach Abschluss der von Amts wegen vorgesehenen Beweisaufnahme kann der Vorsitzende eine angemessene Frist zum Stellen von Beweisanträgen bestimmen. [4] Beweisanträge, die nach Fristablauf gestellt werden, können im Urteil beschieden werden; dies gilt nicht, wenn die Stellung des Beweisantrags vor Fristablauf nicht möglich war. [5] Wird ein Beweisantrag nach Fristablauf gestellt, sind die Tatsachen, die die Einhaltung der Frist unmöglich gemacht haben, mit dem Antrag glaubhaft zu machen.

**§ 245[1)] Umfang der Beweisaufnahme; präsente Beweismittel.** (1) [1] Die Beweisaufnahme ist auf alle vom Gericht vorgeladenen und auch erschienenen Zeugen und Sachverständigen sowie auf die sonstigen nach § 214 Abs. 4 vom

---

[1)] § 245 Abs. 2 Satz 3 geänd. mWv 13.12.2019 durch G v. 10.12.2019 (BGBl. I S. 2121).

Gericht oder der Staatsanwaltschaft herbeigeschafften Beweismittel zu erstrecken, es sei denn, daß die Beweiserhebung unzulässig ist. [2] Von der Erhebung einzelner Beweise kann abgesehen werden, wenn die Staatsanwaltschaft, der Verteidiger und der Angeklagte damit einverstanden sind.

(2) [1] Zu einer Erstreckung der Beweisaufnahme auf die vom Angeklagten oder der Staatsanwaltschaft vorgeladenen und auch erschienenen Zeugen und Sachverständigen sowie auf die sonstigen herbeigeschafften Beweismittel ist das Gericht nur verpflichtet, wenn ein Beweisantrag gestellt wird. [2] Der Antrag ist abzulehnen, wenn die Beweiserhebung unzulässig ist. [3] Im übrigen darf er nur abgelehnt werden, wenn die Tatsache, die bewiesen werden soll, schon erwiesen oder offenkundig ist, wenn zwischen ihr und dem Gegenstand der Urteilsfindung kein Zusammenhang besteht oder wenn das Beweismittel völlig ungeeignet ist.

**§ 246 Ablehnung von Beweisanträgen wegen Verspätung.** (1) Eine Beweiserhebung darf nicht deshalb abgelehnt werden, weil das Beweismittel oder die zu beweisende Tatsache zu spät vorgebracht worden sei.

(2) Ist jedoch ein zu vernehmender Zeuge oder Sachverständiger dem Gegner des Antragstellers so spät namhaft gemacht oder eine zu beweisende Tatsache so spät vorgebracht worden, daß es dem Gegner an der zur Einziehung von Erkundigungen erforderlichen Zeit gefehlt hat, so kann er bis zum Schluß der Beweisaufnahme die Aussetzung der Hauptverhandlung zum Zweck der Erkundigung beantragen.

(3) Dieselbe Befugnis haben die Staatsanwaltschaft und der Angeklagte bei den auf Anordnung des Vorsitzenden oder des Gerichts geladenen Zeugen oder Sachverständigen.

(4) Über die Anträge entscheidet das Gericht nach freiem Ermessen.

**§ 246a[1)] Vernehmung eines Sachverständigen vor Entscheidung über eine Unterbringung.** (1) [1] Kommt in Betracht, dass die Unterbringung des Angeklagten in einem psychiatrischen Krankenhaus oder in der Sicherungsverwahrung angeordnet oder vorbehalten werden wird, so ist in der Hauptverhandlung ein Sachverständiger über den Zustand des Angeklagten und die Behandlungsaussichten zu vernehmen. [2] Gleiches gilt, wenn das Gericht erwägt, die Unterbringung des Angeklagten in einer Entziehungsanstalt anzuordnen.

(2) Ist Anklage erhoben worden wegen einer in § 181b des Strafgesetzbuchs[2)] genannten Straftat zum Nachteil eines Minderjährigen und kommt die Erteilung einer Weisung nach § 153a Absatz 1 Satz 2 Nummer 8 dieses Gesetzes oder nach § 56c Absatz 2 Nummer 6, § 59a Absatz 2 Satz 1 Nummer 5 oder § 68b Absatz 2 Satz 2 des Strafgesetzbuchs in Betracht, wonach sich der Angeklagte psychiatrisch, psycho- oder sozialtherapeutisch betreuen und behandeln zu lassen hat (Therapieweisung), soll ein Sachverständiger über den Zustand des Angeklagten und die Behandlungsaussichten vernommen werden, soweit dies erforderlich ist, um festzustellen, ob der Angeklagte einer solchen Betreuung und Behandlung bedarf.

---

[1)] § 246a Satz 1 neu gef., Satz 2 eingef., bish. Satz 2 wird Satz 3 mWv 20.7.2007 durch G v. 16.7.2007 (BGBl. I S. 1327); Sätze 1 und 2 werden Abs. 1, Abs. 2 eingef., Satz 3 wird Abs. 3 mWv 1.9.2013 durch G v. 26.6.2013 (BGBl. I S. 1805); Abs. 2 geänd. mWv 1.10.2023 durch G v. 26.7.2023 (BGBl. 2023 I Nr. 203).

[2)] Nr. **85**.

(3) Hat der Sachverständige den Angeklagten nicht schon früher untersucht, so soll ihm dazu vor der Hauptverhandlung Gelegenheit gegeben werden.

**§ 247**[1] **Entfernung des Angeklagten bei Vernehmung von Mitangeklagten und Zeugen.** [1]Das Gericht kann anordnen, daß sich der Angeklagte während einer Vernehmung aus dem Sitzungszimmer entfernt, wenn zu befürchten ist, ein Mitangeklagter oder ein Zeuge werde bei seiner Vernehmung in Gegenwart des Angeklagten die Wahrheit nicht sagen. [2]Das gleiche gilt, wenn bei der Vernehmung einer Person unter 18 Jahren als Zeuge in Gegenwart des Angeklagten ein erheblicher Nachteil für das Wohl des Zeugen zu befürchten ist oder wenn bei einer Vernehmung einer anderen Person als Zeuge in Gegenwart des Angeklagten die dringende Gefahr eines schwerwiegenden Nachteils für ihre Gesundheit besteht. [3]Die Entfernung des Angeklagten kann für die Dauer von Erörterungen über den Zustand des Angeklagten und die Behandlungsaussichten angeordnet werden, wenn ein erheblicher Nachteil für seine Gesundheit zu befürchten ist. [4]Der Vorsitzende hat den Angeklagten, sobald dieser wieder anwesend ist, von dem wesentlichen Inhalt dessen zu unterrichten, was während seiner Abwesenheit ausgesagt oder sonst verhandelt worden ist.

**§ 247a**[2] **Anordnung einer audiovisuellen Vernehmung von Zeugen.**

(1) [1]Besteht die dringende Gefahr eines schwerwiegenden Nachteils für das Wohl des Zeugen, wenn er in Gegenwart der in der Hauptverhandlung Anwesenden vernommen wird, so kann das Gericht anordnen, daß der Zeuge sich während der Vernehmung an einem anderen Ort aufhält; eine solche Anordnung ist auch unter den Voraussetzungen des § 251 Abs. 2 zulässig, soweit dies zur Erforschung der Wahrheit erforderlich ist. [2]Die Entscheidung ist unanfechtbar. [3]Die Aussage wird zeitgleich in Bild und Ton in das Sitzungszimmer übertragen. [4]Sie soll aufgezeichnet werden, wenn zu besorgen ist, daß der Zeuge in einer weiteren Hauptverhandlung nicht vernommen werden kann und die Aufzeichnung zur Erforschung der Wahrheit erforderlich ist. [5]§ 58a Abs. 2 findet entsprechende Anwendung.

(2) [1]Das Gericht kann anordnen, dass die Vernehmung eines Sachverständigen in der Weise erfolgt, dass dieser sich an einem anderen Ort als das Gericht aufhält und die Vernehmung zeitgleich in Bild und Ton an den Ort, an dem sich der Sachverständige aufhält, und in das Sitzungszimmer übertragen wird. [2]Dies gilt nicht in den Fällen des § 246a. [3]Die Entscheidung nach Satz 1 ist unanfechtbar.

**§ 248 Entlassung der Zeugen und Sachverständigen.** [1]Die vernommenen Zeugen und Sachverständigen dürfen sich nur mit Genehmigung oder auf Anweisung des Vorsitzenden von der Gerichtsstelle entfernen. [2]Die Staatsanwaltschaft und der Angeklagte sind vorher zu hören.

**§ 249**[3] **Führung des Urkundenbeweises durch Verlesung; Selbstleseverfahren.** (1) [1]Urkunden sind zum Zweck der Beweiserhebung über ihren Inhalt in

---

[1] § 247 Satz 2 geänd. mWv 1.10.2009 durch G v. 29.7.2009 (BGBl. I S. 2280).

[2] § 247a eingef. durch G v. 30.4.1998 (BGBl. I S. 820); Satz 1 geänd. mWv 1.9.2004 durch G v. 24.6. 2004 (BGBl. I S. 1354) und G v. 24.8.2004 (BGBl. I S. 2198); Abs. 2 angef. mWv 1.11.2013 durch G v. 25.4.2013 (BGBl. I S. 935).

[3] § 249 Abs. 2 Satz 1 geänd. durch G v. 28.10.1994 (BGBl. I S. 3186); Abs. 1 neu gef., Abs. 2 Satz 1 geänd. mWv 1.1.2018 durch G v. 5.7.2017 (BGBl. I S. 2208).

der Hauptverhandlung zu verlesen. [2]Elektronische Dokumente sind Urkunden, soweit sie verlesbar sind.

(2) [1]Von der Verlesung kann, außer in den Fällen der §§ 253 und 254, abgesehen werden, wenn die Richter und Schöffen vom Wortlaut der Urkunde Kenntnis genommen haben und die übrigen Beteiligten hierzu Gelegenheit hatten. [2]Widerspricht der Staatsanwalt, der Angeklagte oder der Verteidiger unverzüglich der Anordnung des Vorsitzenden, nach Satz 1 zu verfahren, so entscheidet das Gericht. [3]Die Anordnung des Vorsitzenden, die Feststellungen über die Kenntnisnahme und die Gelegenheit hierzu und der Widerspruch sind in das Protokoll aufzunehmen.

**§ 250[1)] Grundsatz der persönlichen Vernehmung.** [1]Beruht der Beweis einer Tatsache auf der Wahrnehmung einer Person, so ist diese in der Hauptverhandlung zu vernehmen. [2]Die Vernehmung darf nicht durch Verlesung des über eine frühere Vernehmung aufgenommenen Protokolls oder einer Erklärung ersetzt werden.

**§ 251[2)] Urkundenbeweis durch Verlesung von Protokollen.** (1) Die Vernehmung eines Zeugen, Sachverständigen oder Mitbeschuldigten kann durch die Verlesung eines Protokolls über eine Vernehmung oder einer Urkunde, die eine von ihm erstellte Erklärung enthält, ersetzt werden,

1. wenn der Angeklagte einen Verteidiger hat und der Staatsanwalt, der Verteidiger und der Angeklagte damit einverstanden sind;
2. wenn die Verlesung lediglich der Bestätigung eines Geständnisses des Angeklagten dient und der Angeklagte, der keinen Verteidiger hat, sowie der Staatsanwalt der Verlesung zustimmen;
3. wenn der Zeuge, Sachverständige oder Mitbeschuldigte verstorben ist oder aus einem anderen Grunde in absehbarer Zeit gerichtlich nicht vernommen werden kann;
4. soweit das Protokoll oder die Urkunde das Vorliegen oder die Höhe eines Vermögensschadens betrifft.

(2) Die Vernehmung eines Zeugen, Sachverständigen oder Mitbeschuldigten darf durch die Verlesung des Protokolls über seine frühere richterliche Vernehmung auch ersetzt werden, wenn

1. dem Erscheinen des Zeugen, Sachverständigen oder Mitbeschuldigten in der Hauptverhandlung für eine längere oder ungewisse Zeit Krankheit, Gebrechlichkeit oder andere nicht zu beseitigende Hindernisse entgegenstehen;
2. dem Zeugen oder Sachverständigen das Erscheinen in der Hauptverhandlung wegen großer Entfernung unter Berücksichtigung der Bedeutung seiner Aussage nicht zugemutet werden kann;
3. der Staatsanwalt, der Verteidiger und der Angeklagte mit der Verlesung einverstanden sind.

---

[1)] § 250 Satz 2 geänd. mWv 1.1.2018 durch G v. 5.7.2017 (BGBl. I S. 2208).

[2)] § 251 Abs. 1 und 2 neu gef. mWv 1.9.2004 durch G v. 24.8.2004 (BGBl. I S. 2198); Abs. 1 einl. Satzteil und Nr. 3, Abs. 2 einl. Satzteil, Abs. 3 und 4 Satz 3 geänd. mWv 1.1.2018 durch G v. 5.7.2017 (BGBl. I S. 2208); Abs. 1 Nr. 2 eingef., bish. Nr. 2 und 3 werden Nr. 3 und 4 mWv 24.8.2017 durch G v. 17.8.2017 (BGBl. I S. 3202).

(3) Soll die Verlesung anderen Zwecken als unmittelbar der Urteilsfindung, insbesondere zur Vorbereitung der Entscheidung darüber dienen, ob die Ladung und Vernehmung einer Person erfolgen sollen, so dürfen Protokolle und Urkunden auch sonst verlesen werden.

(4) [1] In den Fällen der Absätze 1 und 2 beschließt das Gericht, ob die Verlesung angeordnet wird. [2] Der Grund der Verlesung wird bekanntgegeben. [3] Wird das Protokoll über eine richterliche Vernehmung verlesen, so wird festgestellt, ob der Vernommene vereidigt worden ist. [4] Die Vereidigung wird nachgeholt, wenn sie dem Gericht notwendig erscheint und noch ausführbar ist.

**§ 252 Verbot der Protokollverlesung nach Zeugnisverweigerung.** Die Aussage eines vor der Hauptverhandlung vernommenen Zeugen, der erst in der Hauptverhandlung von seinem Recht, das Zeugnis zu verweigern, Gebrauch macht, darf nicht verlesen werden.

**§ 253 Protokollverlesung zur Gedächtnisunterstützung.** (1) Erklärt ein Zeuge oder Sachverständiger, daß er sich einer Tatsache nicht mehr erinnere, so kann der hierauf bezügliche Teil des Protokolls über seine frühere Vernehmung zur Unterstützung seines Gedächtnisses verlesen werden.

(2) Dasselbe kann geschehen, wenn ein in der Vernehmung hervortretender Widerspruch mit der früheren Aussage nicht auf andere Weise ohne Unterbrechung der Hauptverhandlung festgestellt oder behoben werden kann.

**§ 254[1)] Verlesung eines richterlichen Protokolls bei Geständnis oder Widersprüchen.** (1) Erklärungen des Angeklagten, die in einem richterlichen Protokoll oder in einer Bild-Ton-Aufzeichnung einer Vernehmung enthalten sind, können zum Zweck der Beweisaufnahme über ein Geständnis verlesen beziehungsweise vorgeführt werden.

(2) Dasselbe kann geschehen, wenn ein in der Vernehmung hervortretender Widerspruch mit der früheren Aussage nicht auf andere Weise ohne Unterbrechung der Hauptverhandlung festgestellt oder behoben werden kann.

**§ 255 Protokollierung der Verlesung.** In den Fällen der §§ 253 und 254 ist die Verlesung und ihr Grund auf Antrag der Staatsanwaltschaft oder des Angeklagten im Protokoll zu erwähnen.

**§ 255a[2)] Vorführung einer aufgezeichneten Zeugenvernehmung.**

(1) Für die Vorführung der Bild-Ton-Aufzeichnung einer Zeugenvernehmung gelten die Vorschriften zur Verlesung eines Protokolls über eine Vernehmung gemäß §§ 251, 252, 253 und 255 entsprechend.

---

[1)] § 254 Abs. 1 geänd. mWv 24.8.2017 durch G v. 17.8.2017 (BGBl. I S. 3202).

[2)] § 255a eingef. durch G v. 30.4.1998 (BGBl. I S. 820); Abs. 2 Satz 1 geänd. mWv 1.4.2004 durch G v. 27.12.2003 (BGBl. I S. 3007); Abs. 2 Satz 1 geänd. mWv 19.2.2005 durch G v. 11.2.2005 (BGBl. I S. 239); Abs. 2 Satz 1 geänd. mWv 5.11.2008 durch G v. 31.10.2008 (BGBl. I S. 2149); Abs. 2 Satz 1 geänd. mWv 1.10.2009 durch G v. 29.7.2009 (BGBl. I S. 2280); Abs. 2 Sätze 2 und 3 eingef., bish. Satz 2 wird Satz 4 mWv 1.9.2013 durch G v. 26.6.2013 (BGBl. I S. 1805); Abs. 2 Satz 1 geänd. mWv 27.1.2015 durch G v. 21.1.2015 (BGBl. I S. 10); Abs. 2 Satz 1 geänd. mWv 10.11.2016 durch G v. 4.11.2016 (BGBl. I S. 2460); Abs. 1 geänd. mWv 1.1.2018 durch G v. 5.7.2017 (BGBl. I S. 2208); Abs. 2 Sätze 1 und 2 geänd. mWv 13.12.2019 durch G v. 10.12.2019 (BGBl. I S. 2121); Abs. 2 Sätze 1 und 2 geänd. mWv 1.1.2021 durch G v. 9.10.2020 (BGBl. I S. 2075).

(2) [1] In Verfahren wegen Straftaten gegen die sexuelle Selbstbestimmung (§§ 174 bis 184k des Strafgesetzbuches[1)]) oder gegen das Leben (§§ 211 bis 222 des Strafgesetzbuches), wegen Misshandlung von Schutzbefohlenen (§ 225 des Strafgesetzbuches) oder wegen Straftaten gegen die persönliche Freiheit nach den §§ 232 bis 233a des Strafgesetzbuches kann die Vernehmung eines Zeugen unter 18 Jahren durch die Vorführung der Bild-Ton-Aufzeichnung seiner früheren richterlichen Vernehmung ersetzt werden, wenn der Angeklagte und sein Verteidiger Gelegenheit hatten, an dieser mitzuwirken, und wenn der Zeuge, dessen Vernehmung nach § 58a Absatz 1 Satz 3 in Bild und Ton aufgezeichnet worden ist, der vernehmungsersetzenden Vorführung dieser Aufzeichnung in der Hauptverhandlung nicht unmittelbar nach der aufgezeichneten Vernehmung widersprochen hat. [2] Dies gilt auch für Zeugen, die Verletzte einer dieser Straftaten sind und zur Zeit der Tat unter 18 Jahre alt waren oder Verletzte einer Straftat gegen die sexuelle Selbstbestimmung (§§ 174 bis 184k des Strafgesetzbuches) sind. [3] Das Gericht hat bei seiner Entscheidung auch die schutzwürdigen Interessen des Zeugen zu berücksichtigen und den Grund für die Vorführung bekanntzugeben. [4] Eine ergänzende Vernehmung des Zeugen ist zulässig.

**§ 256[2)] Verlesung der Erklärungen von Behörden und Sachverständigen.**

(1) Verlesen werden können

1. die ein Zeugnis oder ein Gutachten enthaltenden Erklärungen
   a) öffentlicher Behörden,
   b) der Sachverständigen, die für die Erstellung von Gutachten der betreffenden Art allgemein vereidigt sind, sowie
   c) der Ärzte eines gerichtsärztlichen Dienstes mit Ausschluss von Leumundszeugnissen,
2. unabhängig vom Tatvorwurf ärztliche Atteste über Körperverletzungen,
3. ärztliche Berichte zur Entnahme von Blutproben,
4. Gutachten über die Auswertung eines Fahrtschreibers, die Bestimmung der Blutgruppe oder des Blutalkoholgehalts einschließlich seiner Rückrechnung,
5. Protokolle sowie in einer Urkunde enthaltene Erklärungen der Strafverfolgungsbehörden über Ermittlungshandlungen, soweit diese nicht eine Vernehmung zum Gegenstand haben und
6. Übertragungsnachweise und Vermerke nach § 32e Absatz 3.

(2) Ist das Gutachten einer kollegialen Fachbehörde eingeholt worden, so kann das Gericht die Behörde ersuchen, eines ihrer Mitglieder mit der Vertretung des Gutachtens in der Hauptverhandlung zu beauftragen und dem Gericht zu bezeichnen.

**§ 257 Befragung des Angeklagten und Erklärungsrechte nach einer Beweiserhebung.** (1) Nach der Vernehmung eines jeden Mitangeklagten und nach jeder einzelnen Beweiserhebung soll der Angeklagte befragt werden, ob er dazu etwas zu erklären habe.

---

1) Nr. **85**.

2) § 256 Abs. 1 neu gef. mWv 1.9.2004 durch G v. 24.8.2004 (BGBl. I S. 2198); Abs. 1 Nr. 4 und 5 geänd., Nr. 6 angef. mWv 1.1.2018 durch G v. 5.7.2017 (BGBl. I S. 2208); Abs. 1 Nr. 2 neu gef. mWv 24.8.2017 durch G v. 17.8.2017 (BGBl. I S. 3202).

(2) Auf Verlangen ist auch dem Staatsanwalt und dem Verteidiger nach der Vernehmung des Angeklagten und nach jeder einzelnen Beweiserhebung Gelegenheit zu geben, sich dazu zu erklären.

(3) Die Erklärungen dürfen den Schlußvortrag nicht vorwegnehmen.

**§ 257a[1] Form von Anträgen und Anregungen zu Verfahrensfragen.**

[1] Das Gericht kann den Verfahrensbeteiligten aufgeben, Anträge und Anregungen zu Verfahrensfragen schriftlich zu stellen. [2] Dies gilt nicht für die in § 258 bezeichneten Anträge. [3] § 249 findet entsprechende Anwendung.

**§ 257b[2] Erörterung des Verfahrensstands mit den Verfahrensbeteiligten.**

Das Gericht kann in der Hauptverhandlung den Stand des Verfahrens mit den Verfahrensbeteiligten erörtern, soweit dies geeignet erscheint, das Verfahren zu fördern.

**§ 257c[3] Verständigung zwischen Gericht und Verfahrensbeteiligten.**

(1) [1] Das Gericht kann sich in geeigneten Fällen mit den Verfahrensbeteiligten nach Maßgabe der folgenden Absätze über den weiteren Fortgang und das Ergebnis des Verfahrens verständigen. [2] § 244 Absatz 2 bleibt unberührt.

(2) [1] Gegenstand dieser Verständigung dürfen nur die Rechtsfolgen sein, die Inhalt des Urteils und der dazugehörigen Beschlüsse sein können, sonstige verfahrensbezogene Maßnahmen im zugrundeliegenden Erkenntnisverfahren sowie das Prozessverhalten der Verfahrensbeteiligten. [2] Bestandteil jeder Verständigung soll ein Geständnis sein. [3] Der Schuldspruch sowie Maßregeln der Besserung und Sicherung dürfen nicht Gegenstand einer Verständigung sein.

(3) [1] Das Gericht gibt bekannt, welchen Inhalt die Verständigung haben könnte. [2] Es kann dabei unter freier Würdigung aller Umstände des Falles sowie der allgemeinen Strafzumessungserwägungen auch eine Ober- und Untergrenze der Strafe angeben. [3] Die Verfahrensbeteiligten erhalten Gelegenheit zur Stellungnahme. [4] Die Verständigung kommt zustande, wenn Angeklagter und Staatsanwaltschaft dem Vorschlag des Gerichtes zustimmen.

(4) [1] Die Bindung des Gerichtes an eine Verständigung entfällt, wenn rechtlich oder tatsächlich bedeutsame Umstände übersehen worden sind oder sich neu ergeben haben und das Gericht deswegen zu der Überzeugung gelangt, dass der in Aussicht gestellte Strafrahmen nicht mehr tat- oder schuldangemessen ist. [2] Gleiches gilt, wenn das weitere Prozessverhalten des Angeklagten nicht dem Verhalten entspricht, das der Prognose des Gerichtes zugrunde gelegt worden ist. [3] Das Geständnis des Angeklagten darf in diesen Fällen nicht verwertet werden. [4] Das Gericht hat eine Abweichung unverzüglich mitzuteilen.

(5) Der Angeklagte ist über die Voraussetzungen und Folgen einer Abweichung des Gerichtes von dem in Aussicht gestellten Ergebnis nach Absatz 4 zu belehren.

**§ 258 Schlussvorträge; Recht des letzten Wortes.** (1) Nach dem Schluß der Beweisaufnahme erhalten der Staatsanwalt und sodann der Angeklagte zu ihren Ausführungen und Anträgen das Wort.

---

[1] § 257a eingef. durch G v. 28.10.1994 (BGBl. I S. 3186).
[2] § 257b eingef. mWv 4.8.2009 durch G v. 29.7.2009 (BGBl. I S. 2353).
[3] § 257c eingef. mWv 4.8.2009 durch G v. 29.7.2009 (BGBl. I S. 2353).

(2) Dem Staatsanwalt steht das Recht der Erwiderung zu; dem Angeklagten gebührt das letzte Wort.

(3) Der Angeklagte ist, auch wenn ein Verteidiger für ihn gesprochen hat, zu befragen, ob er selbst noch etwas zu seiner Verteidigung anzuführen habe.

**§ 259[1)] Dolmetscher.** (1) Einem der Gerichtssprache nicht mächtigen Angeklagten müssen aus den Schlußvorträgen mindestens die Anträge des Staatsanwalts und des Verteidigers durch den Dolmetscher bekanntgemacht werden.

(2) Dasselbe gilt nach Maßgabe des § 186 des Gerichtsverfassungsgesetzes[2)] für einen hör- oder sprachbehinderten Angeklagten.

**§ 260[3)] Urteil.** (1) Die Hauptverhandlung schließt mit der auf die Beratung folgenden Verkündung des Urteils.

(2) Wird ein Berufsverbot angeordnet, so ist im Urteil der Beruf, der Berufszweig, das Gewerbe oder der Gewerbezweig, dessen Ausübung verboten wird, genau zu bezeichnen.

(3) Die Einstellung des Verfahrens ist im Urteil auszusprechen, wenn ein Verfahrenshindernis besteht.

(4) [1]Die Urteilsformel gibt die rechtliche Bezeichnung der Tat an, deren der Angeklagte schuldig gesprochen wird. [2]Hat ein Straftatbestand eine gesetzliche Überschrift, so soll diese zur rechtlichen Bezeichnung der Tat verwendet werden. [3]Wird eine Geldstrafe verhängt, so sind Zahl und Höhe der Tagessätze in die Urteilsformel aufzunehmen. [4]Wird die Entscheidung über die Sicherungsverwahrung vorbehalten, die Strafe oder Maßregel der Besserung und Sicherung zur Bewährung ausgesetzt, der Angeklagte mit Strafvorbehalt verwarnt oder von Strafe abgesehen, so ist dies in der Urteilsformel zum Ausdruck zu bringen. [5]Im übrigen unterliegt die Fassung der Urteilsformel dem Ermessen des Gerichts.

(5) [1]Nach der Urteilsformel werden die angewendeten Vorschriften nach Paragraph, Absatz, Nummer, Buchstabe und mit der Bezeichnung des Gesetzes aufgeführt. [2]Ist bei einer Verurteilung, durch die auf Freiheitsstrafe oder Gesamtfreiheitsstrafe von nicht mehr als zwei Jahren erkannt wird, die Tat oder der ihrer Bedeutung nach überwiegende Teil der Taten auf Grund einer Betäubungsmittelabhängigkeit begangen worden, so ist außerdem § 17 Abs. 2 des Bundeszentralregistergesetzes[4)] anzuführen.

**§ 261 Grundsatz der freien richterlichen Beweiswürdigung.** Über das Ergebnis der Beweisaufnahme entscheidet das Gericht nach seiner freien, aus dem Inbegriff der Verhandlung geschöpften Überzeugung.

**§ 262 Entscheidung zivilrechtlicher Vorfragen.** (1) Hängt die Strafbarkeit einer Handlung von der Beurteilung eines bürgerlichen Rechtsverhältnisses ab, so entscheidet das Strafgericht auch über dieses nach den für das Verfahren und den Beweis in Strafsachen geltenden Vorschriften.

---

[1)] § 259 Abs. 2 neu gef. mWv 1.8.2002 durch G v. 23.7.2002 (BGBl. I S. 2850).
[2)] Nr. **95**.
[3)] § 260 Abs. 4 Satz 4 geänd. mWv 28.8.2002 durch G v. 21.8.2002 (BGBl. I S. 3344).
[4)] Nr. **92**.

(2) Das Gericht ist jedoch befugt, die Untersuchung auszusetzen und einem der Beteiligten zur Erhebung der Zivilklage eine Frist zu bestimmen oder das Urteil des Zivilgerichts abzuwarten.

**§ 263 Abstimmung.** (1) Zu jeder dem Angeklagten nachteiligen Entscheidung über die Schuldfrage und die Rechtsfolgen der Tat ist eine Mehrheit von zwei Dritteln der Stimmen erforderlich.

(2) Die Schuldfrage umfaßt auch solche vom Strafgesetz besonders vorgesehene Umstände, welche die Strafbarkeit ausschließen, vermindern oder erhöhen.

(3) Die Schuldfrage umfaßt nicht die Voraussetzungen der Verjährung.

**§ 264 Gegenstand des Urteils.** (1) Gegenstand der Urteilsfindung ist die in der Anklage bezeichnete Tat, wie sie sich nach dem Ergebnis der Verhandlung darstellt.

(2) Das Gericht ist an die Beurteilung der Tat, die dem Beschluß über die Eröffnung des Hauptverfahrens zugrunde liegt, nicht gebunden.

**§ 265[1] Veränderung des rechtlichen Gesichtspunktes oder der Sachlage.**

(1) Der Angeklagte darf nicht auf Grund eines anderen als des in der gerichtlich zugelassenen Anklage angeführten Strafgesetzes verurteilt werden, ohne daß er zuvor auf die Veränderung des rechtlichen Gesichtspunktes besonders hingewiesen und ihm Gelegenheit zur Verteidigung gegeben worden ist.

(2) Ebenso ist zu verfahren, wenn

1. sich erst in der Verhandlung vom Strafgesetz besonders vorgesehene Umstände ergeben, welche die Strafbarkeit erhöhen oder die Anordnung einer Maßnahme oder die Verhängung einer Nebenstrafe oder Nebenfolge rechtfertigen,
2. das Gericht von einer in der Verhandlung mitgeteilten vorläufigen Bewertung der Sach- oder Rechtslage abweichen will oder
3. der Hinweis auf eine veränderte Sachlage zur genügenden Verteidigung des Angeklagten erforderlich ist.

(3) Bestreitet der Angeklagte unter der Behauptung, auf die Verteidigung nicht genügend vorbereitet zu sein, neu hervorgetretene Umstände, welche die Anwendung eines schwereren Strafgesetzes gegen den Angeklagten zulassen als des in der gerichtlich zugelassenen Anklage angeführten oder die zu den in Absatz 2 Nummer 1 bezeichneten gehören, so ist auf seinen Antrag die Hauptverhandlung auszusetzen.

(4) Auch sonst hat das Gericht auf Antrag oder von Amts wegen die Hauptverhandlung auszusetzen, falls dies infolge der veränderten Sachlage zur genügenden Vorbereitung der Anklage oder der Verteidigung angemessen erscheint.

**§ 265a Befragung des Angeklagten vor Erteilung von Auflagen oder Weisungen.** [1]Kommen Auflagen oder Weisungen (§§ 56b, 56c, 59a Abs. 2 des Strafgesetzbuches[2]) in Betracht, so ist der Angeklagte in geeigneten Fällen zu befragen, ob er sich zu Leistungen erbietet, die der Genugtuung für das begangene Unrecht dienen, oder Zusagen für seine künftige Lebensführung macht. [2]Kommt die Weisung in Betracht, sich einer Heilbehandlung oder einer Entziehungskur zu

---

[1] § 265 Abs. 2 neu gef., Abs. 3 geänd. mWv 24.8.2017 durch G v. 17.8.2017 (BGBl. I S. 3202).
[2] Nr. **85**.

unterziehen oder in einem geeigneten Heim oder einer geeigneten Anstalt Aufenthalt zu nehmen, so ist er zu befragen, ob er hierzu seine Einwilligung gibt.

**§ 266[1)] Nachtragsanklage.** (1) Erstreckt der Staatsanwalt in der Hauptverhandlung die Anklage auf weitere Straftaten des Angeklagten, so kann das Gericht sie durch Beschluß in das Verfahren einbeziehen, wenn es für sie zuständig ist und der Angeklagte zustimmt.

(2) [1] Die Nachtragsanklage kann mündlich erhoben werden. [2] Ihr Inhalt entspricht dem § 200 Abs. 1. [3] Sie wird in das Sitzungsprotokoll aufgenommen. [4] Der Vorsitzende gibt dem Angeklagten Gelegenheit, sich zu verteidigen.

(3) [1] Die Verhandlung wird unterbrochen, wenn es der Vorsitzende für erforderlich hält oder wenn der Angeklagte es beantragt und sein Antrag nicht offenbar mutwillig oder nur zur Verzögerung des Verfahrens gestellt ist. [2] Auf das Recht, die Unterbrechung zu beantragen, wird der Angeklagte hingewiesen.

**§ 267[2)] Urteilsgründe.** (1) [1] Wird der Angeklagte verurteilt, so müssen die Urteilsgründe die für erwiesen erachteten Tatsachen angeben, in denen die gesetzlichen Merkmale der Straftat gefunden werden. [2] Soweit der Beweis aus anderen Tatsachen gefolgert wird, sollen auch diese Tatsachen angegeben werden. [3] Auf Abbildungen, die sich bei den Akten befinden, kann hierbei wegen der Einzelheiten verwiesen werden.

(2) Waren in der Verhandlung vom Strafgesetz besonders vorgesehene Umstände behauptet worden, welche die Strafbarkeit ausschließen, vermindern oder erhöhen, so müssen die Urteilsgründe sich darüber aussprechen, ob diese Umstände für festgestellt oder für nicht festgestellt erachtet werden.

(3) [1] Die Gründe des Strafurteils müssen ferner das zur Anwendung gebrachte Strafgesetz bezeichnen und die Umstände anführen, die für die Zumessung der Strafe bestimmend gewesen sind. [2] Macht das Strafgesetz Milderungen von dem Vorliegen minder schwerer Fälle abhängig, so müssen die Urteilsgründe ergeben, weshalb diese Umstände angenommen oder einem in der Verhandlung gestellten Antrag entgegen verneint werden; dies gilt entsprechend für die Verhängung einer Freiheitsstrafe in den Fällen des § 47 des Strafgesetzbuches[3)]. [3] Die Urteilsgründe müssen auch ergeben, weshalb ein besonders schwerer Fall nicht angenommen wird, wenn die Voraussetzungen erfüllt sind, unter denen nach dem Strafgesetz in der Regel ein solcher Fall vorliegt; liegen diese Voraussetzungen nicht vor, wird aber gleichwohl ein besonders schwerer Fall angenommen, so gilt Satz 2 entsprechend. [4] Die Urteilsgründe müssen ferner ergeben, weshalb die Strafe zur Bewährung ausgesetzt oder einem in der Verhandlung gestellten Antrag entgegen nicht ausgesetzt worden ist; dies gilt entsprechend für die Verwarnung mit Strafvorbehalt und das Absehen von Strafe. [5] Ist dem Urteil eine Verständigung (§ 257c) vorausgegangen, ist auch dies in den Urteilsgründen anzugeben.

(4) [1] Verzichten alle zur Anfechtung Berechtigten auf Rechtsmittel oder wird innerhalb der Frist kein Rechtsmittel eingelegt, so müssen die erwiesenen Tatsa-

---

[1)] § 266 Abs. 2 Satz 3 geänd. mWv 1.1.2018 durch G v. 5.7.2017 (BGBl. I S. 2208).

[2)] § 267 Abs. 4 Satz 1 geänd. durch G v. 28.10.1994 (BGBl. I S. 3186); Abs. 6 Satz 1 neu gef. mWv 28.8.2002 durch G v. 21.8.2002 (BGBl. I S. 3344); Abs. 4 Satz 1 geänd. mWv 31.12.2006 durch G v. 22.12.2006 (BGBl. I S. 3416); Abs. 3 Satz 5 angef., Abs. 4 Satz 2 eingef., bish. Sätze 2 und 3 werden Sätze 3 und 4 mWv 4.8.2009 durch G v. 29.7.2009 (BGBl. I S. 2353); Abs. 5 Satz 3 geänd. mWv 25.7.2015 durch G v. 17.7.2015 (BGBl. I S. 1332).

[3)] Nr. **85**.

chen, in denen die gesetzlichen Merkmale der Straftat gefunden werden, und das angewendete Strafgesetz angegeben werden; bei Urteilen, die nur auf Geldstrafe lauten oder neben einer Geldstrafe ein Fahrverbot oder die Entziehung der Fahrerlaubnis und damit zusammen die Einziehung des Führerscheins anordnen, oder bei Verwarnungen mit Strafvorbehalt kann hierbei auf den zugelassenen Anklagesatz, auf die Anklage gemäß § 418 Abs. 3 Satz 2 oder den Strafbefehl sowie den Strafbefehlsantrag verwiesen werden. [2] Absatz 3 Satz 5 gilt entsprechend. [3] Den weiteren Inhalt der Urteilsgründe bestimmt das Gericht unter Berücksichtigung der Umstände des Einzelfalls nach seinem Ermessen. [4] Die Urteilsgründe können innerhalb der in § 275 Abs. 1 Satz 2 vorgesehenen Frist ergänzt werden, wenn gegen die Versäumung der Frist zur Einlegung des Rechtsmittels Wiedereinsetzung in den vorigen Stand gewährt wird.

(5) [1] Wird der Angeklagte freigesprochen, so müssen die Urteilsgründe ergeben, ob der Angeklagte für nicht überführt oder ob und aus welchen Gründen die für erwiesen angenommene Tat für nicht strafbar erachtet worden ist. [2] Verzichten alle zur Anfechtung Berechtigten auf Rechtsmittel oder wird innerhalb der Frist kein Rechtsmittel eingelegt, so braucht nur angegeben zu werden, ob die dem Angeklagten zur Last gelegte Straftat aus tatsächlichen oder rechtlichen Gründen nicht festgestellt worden ist. [3] Absatz 4 Satz 4 ist anzuwenden.

(6) [1] Die Urteilsgründe müssen auch ergeben, weshalb eine Maßregel der Besserung und Sicherung angeordnet, eine Entscheidung über die Sicherungsverwahrung vorbehalten oder einem in der Verhandlung gestellten Antrag entgegen nicht angeordnet oder nicht vorbehalten worden ist. [2] Ist die Fahrerlaubnis nicht entzogen oder eine Sperre nach § 69a Abs. 1 Satz 3 des Strafgesetzbuches nicht angeordnet worden, obwohl dies nach der Art der Straftat in Betracht kam, so müssen die Urteilsgründe stets ergeben, weshalb die Maßregel nicht angeordnet worden ist.

**§ 268[1)] Urteilsverkündung.** (1) Das Urteil ergeht im Namen des Volkes.

(2) [1] Das Urteil wird durch Verlesung der Urteilsformel und Eröffnung der Urteilsgründe verkündet. [2] Die Eröffnung der Urteilsgründe geschieht durch Verlesung oder durch mündliche Mitteilung ihres wesentlichen Inhalts. [3] Bei der Entscheidung, ob die Urteilsgründe verlesen werden oder ihr wesentlicher Inhalt mündlich mitgeteilt wird, sowie im Fall der mündlichen Mitteilung des wesentlichen Inhalts der Urteilsgründe soll auf die schutzwürdigen Interessen von Prozessbeteiligten, Zeugen oder Verletzten Rücksicht genommen werden. [4] Die Verlesung der Urteilsformel hat in jedem Falle der Mitteilung der Urteilsgründe voranzugehen.

(3) [1] Das Urteil soll am Schluß der Verhandlung verkündet werden. [2] Es muß spätestens zwei Wochen danach verkündet werden, andernfalls mit der Hauptverhandlung von neuem zu beginnen ist. [3] § 229 Absatz 3, 4 Satz 2 und Absatz 5 gilt entsprechend.

**§ 268a Aussetzung der Vollstreckung von Strafen oder Maßregeln zur Bewährung.** (1) Wird in dem Urteil die Strafe zur Bewährung ausgesetzt oder der Angeklagte mit Strafvorbehalt verwarnt, so trifft das Gericht die in den §§ 56a

---

[1)] § 268 Abs. 2 Satz 3 eingef., bish. Satz 3 wird Satz 4 mWv 1.9.2013 durch G v. 26.6.2013 (BGBl. I S. 1805); Abs. 3 Satz 3 neu gef. mWv 1.1.2018 durch G v. 5.7.2017 (BGBl. I S. 2208); Abs. 3 Satz 2 geänd., Abs. 4 aufgeh. mWv 1.7.2021 durch G v. 25.6.2021 (BGBl. I S. 2099).

bis 56d und 59a des Strafgesetzbuches[1] bezeichneten Entscheidungen durch Beschluß; dieser ist mit dem Urteil zu verkünden.

(2) Absatz 1 gilt entsprechend, wenn in dem Urteil eine Maßregel der Besserung und Sicherung zur Bewährung ausgesetzt oder neben der Strafe Führungsaufsicht angeordnet wird und das Gericht Entscheidungen nach den §§ 68a bis 68c des Strafgesetzbuches trifft.

(3) [1] Der Vorsitzende belehrt den Angeklagten über die Bedeutung der Aussetzung der Strafe oder Maßregel zur Bewährung, der Verwarnung mit Strafvorbehalt oder der Führungsaufsicht, über die Dauer der Bewährungszeit oder der Führungsaufsicht, über die Auflagen und Weisungen sowie über die Möglichkeit des Widerrufs der Aussetzung oder der Verurteilung zu der vorbehaltenen Strafe (§ 56f Abs. 1, §§ 59b, 67g Abs. 1 des Strafgesetzbuches). [2] Erteilt das Gericht dem Angeklagten Weisungen nach § 68b Abs. 1 des Strafgesetzbuches, so belehrt der Vorsitzende ihn auch über die Möglichkeit einer Bestrafung nach § 145a des Strafgesetzbuches. [3] Die Belehrung ist in der Regel im Anschluß an die Verkündung des Beschlusses nach den Absätzen 1 oder 2 zu erteilen. [4] Wird die Unterbringung in einem psychiatrischen Krankenhaus zur Bewährung ausgesetzt, so kann der Vorsitzende von der Belehrung über die Möglichkeit des Widerrufs der Aussetzung absehen.

**§ 268b Beschluss über die Fortdauer der Untersuchungshaft.** [1] Bei der Urteilsfällung ist zugleich von Amts wegen über die Fortdauer der Untersuchungshaft oder einstweiligen Unterbringung zu entscheiden. [2] Der Beschluß ist mit dem Urteil zu verkünden.

**§ 268c[2] Belehrung bei Anordnung eines Fahrverbots.** [1] Wird in dem Urteil ein Fahrverbot angeordnet, so belehrt der Vorsitzende den Angeklagten über den Beginn der Verbotsfrist (§ 44 Abs. 3 Satz 1 des Strafgesetzbuches[1]). [2] Die Belehrung wird im Anschluß an die Urteilsverkündung erteilt. [3] Ergeht das Urteil in Abwesenheit des Angeklagten, so ist er schriftlich zu belehren.

**§ 268d[3] Belehrung bei vorbehaltener Sicherungsverwahrung.** Ist in dem Urteil die Anordnung der Sicherungsverwahrung nach § 66a Absatz 1 oder 2 des Strafgesetzbuches[1] vorbehalten, so belehrt der Vorsitzende den Angeklagten über die Bedeutung des Vorbehalts sowie über den Zeitraum, auf den sich der Vorbehalt erstreckt.

**§ 269 Verbot der Verweisung bei Zuständigkeit eines Gerichts niederer Ordnung.** Das Gericht darf sich nicht für unzuständig erklären, weil die Sache vor ein Gericht niederer Ordnung gehöre.

**§ 270 Verweisung bei Zuständigkeit eines Gerichts höherer Ordnung.**

(1) [1] Hält ein Gericht nach Beginn einer Hauptverhandlung die sachliche Zuständigkeit eines Gerichts höherer Ordnung für begründet, so verweist es die Sache durch Beschluß an das zuständige Gericht; § 209a Nr. 2 Buchstabe a gilt entsprechend. [2] Ebenso ist zu verfahren, wenn das Gericht einen rechtzeitig geltend gemachten Einwand des Angeklagten nach § 6a für begründet hält.

---

[1] Nr. **85**.
[2] § 268c geänd. durch G v. 24.4.1998 (BGBl. I S. 747).
[3] § 268d neu gef. mWv 1.1.2011 durch G v. 22.12.2010 (BGBl. I S. 2300).

(2) In dem Beschluß bezeichnet das Gericht den Angeklagten und die Tat gemäß § 200 Abs. 1 Satz 1.

(3) [1]Der Beschluß hat die Wirkung eines das Hauptverfahren eröffnenden Beschlusses. [2]Seine Anfechtbarkeit bestimmt sich nach § 210.

(4) [1]Ist der Verweisungsbeschluß von einem Strafrichter oder einem Schöffengericht ergangen, so kann der Angeklagte innerhalb einer bei der Bekanntmachung des Beschlusses zu bestimmenden Frist die Vornahme einzelner Beweiserhebungen vor der Hauptverhandlung beantragen. [2]Über den Antrag entscheidet der Vorsitzende des Gerichts, an das die Sache verwiesen worden ist.

**§ 271[1)] Hauptverhandlungsprotokoll.** (1) [1]Über die Hauptverhandlung ist ein Protokoll aufzunehmen und von dem Vorsitzenden und dem Urkundsbeamten der Geschäftsstelle, soweit dieser in der Hauptverhandlung anwesend war, zu unterschreiben. [2]Der Tag der Fertigstellung ist darin anzugeben oder aktenkundig zu machen.

(2) [1]Ist der Vorsitzende verhindert, so unterschreibt für ihn der älteste beisitzende Richter. [2]Ist der Vorsitzende das einzige richterliche Mitglied des Gerichts, so genügt bei seiner Verhinderung die Unterschrift des Urkundsbeamten der Geschäftsstelle.

**§ 272[2)] Inhalt des Hauptverhandlungsprotokolls.** Das Protokoll über die Hauptverhandlung enthält

1. den Ort und den Tag der Verhandlung;
2. die Namen der Richter und Schöffen, des Beamten der Staatsanwaltschaft, des Urkundsbeamten der Geschäftsstelle und des zugezogenen Dolmetschers;
3. die Bezeichnung der Straftat nach der Anklage;
4. die Namen der Angeklagten, ihrer Verteidiger, der Privatkläger, der Nebenkläger, der Anspruchsteller nach § 403, der sonstigen Nebenbeteiligten, der gesetzlichen Vertreter, der Bevollmächtigten und der Beistände;
5. die Angabe, daß öffentlich verhandelt oder die Öffentlichkeit ausgeschlossen ist.

**§ 273[3)] Beurkundung der Hauptverhandlung.** (1) [1]Das Protokoll muß den Gang und die Ergebnisse der Hauptverhandlung im wesentlichen wiedergeben und die Beachtung aller wesentlichen Förmlichkeiten ersichtlich machen, auch die Bezeichnung der verlesenen Urkunden oder derjenigen, von deren Verlesung nach § 249 Abs. 2 abgesehen worden ist, sowie die im Laufe der Verhandlung gestellten Anträge, die ergangenen Entscheidungen und die Urteilsformel enthalten. [2]In das Protokoll muss auch der wesentliche Ablauf und Inhalt einer Erörterung nach§ 257b aufgenommen werden.

(1a) [1]Das Protokoll muss auch den wesentlichen Ablauf und Inhalt sowie das Ergebnis einer Verständigung nach § 257c wiedergeben. [2]Gleiches gilt für die Beachtung der in § 243 Absatz 4, § 257c Absatz 4 Satz 4 und Absatz 5 vor-

---

[1)] § 271 Abs. 1 Satz 1 geänd. mWv 1.9.2004 durch G v. 24.8.2004 (BGBl. I S. 2198); Abs. 1 Satz 2 geänd. mWv 1.7.2021 durch G v. 25.6.2021 (BGBl. I S. 2099).

[2)] § 272 Nr. 4 neu gef. mWv 1.7.2021 durch G v. 25.6.2021 (BGBl. I S. 2099).

[3)] § 273 Abs. 2 Sätze 2–4 angef. mWv 1.9.2004 durch G v. 24.6.2004 (BGBl. I S. 1354); Abs. 1 Satz 1 geänd., Satz 2 angef., Abs. 1a eingef. mWv 4.8.2009 durch G v. 29.7.2009 (BGBl. I S. 2353); Abs. 1 Satz 1, Abs. 2 Satz 2 und Abs. 3 Satz 1 geänd., Abs. 2 Satz 3 aufgeh., bish. Satz 4 wird Satz 3 mWv 1.1.2018 durch G v. 5.7.2017 (BGBl. I S. 2208).

geschriebenen Mitteilungen und Belehrungen. [3] Hat eine Verständigung nicht stattgefunden, ist auch dies im Protokoll zu vermerken.

(2) [1] Aus der Hauptverhandlung vor dem Strafrichter und dem Schöffengericht sind außerdem die wesentlichen Ergebnisse der Vernehmungen in das Protokoll aufzunehmen; dies gilt nicht, wenn alle zur Anfechtung Berechtigten auf Rechtsmittel verzichten oder innerhalb der Frist kein Rechtsmittel eingelegt wird. [2] Der Vorsitzende kann anordnen, dass anstelle der Aufnahme der wesentlichen Vernehmungsergebnisse in das Protokoll einzelne Vernehmungen im Zusammenhang als Tonaufzeichnung zur Akte genommen werden. [3] § 58a Abs. 2 Satz 1 und 3 bis 6 gilt entsprechend.

(3) [1] Kommt es auf die Feststellung eines Vorgangs in der Hauptverhandlung oder des Wortlauts einer Aussage oder einer Äußerung an, so hat der Vorsitzende von Amts wegen oder auf Antrag einer an der Verhandlung beteiligten Person die vollständige Protokollierung und Verlesung anzuordnen. [2] Lehnt der Vorsitzende die Anordnung ab, so entscheidet auf Antrag einer an der Verhandlung beteiligten Person das Gericht. [3] In dem Protokoll ist zu vermerken, daß die Verlesung geschehen und die Genehmigung erfolgt ist oder welche Einwendungen erhoben worden sind.

(4) Bevor das Protokoll fertiggestellt ist, darf das Urteil nicht zugestellt werden.

**§ 274 Beweiskraft des Protokolls.** [1] Die Beobachtung der für die Hauptverhandlung vorgeschriebenen Förmlichkeiten kann nur durch das Protokoll bewiesen werden. [2] Gegen den diese Förmlichkeiten betreffenden Inhalt des Protokolls ist nur der Nachweis der Fälschung zulässig.

**§ 275[1)] Absetzungsfrist und Form des Urteils.** (1) [1] Ist das Urteil mit den Gründen nicht bereits vollständig in das Protokoll aufgenommen worden, so ist es unverzüglich zu den Akten zu bringen. [2] Dies muß spätestens fünf Wochen nach der Verkündung geschehen; diese Frist verlängert sich, wenn die Hauptverhandlung länger als drei Tage gedauert hat, um zwei Wochen, und wenn die Hauptverhandlung länger als zehn Tage gedauert hat, für jeden begonnenen Abschnitt von zehn Hauptverhandlungstagen um weitere zwei Wochen. [3] Nach Ablauf der Frist dürfen die Urteilsgründe nicht mehr geändert werden. [4] Die Frist darf nur überschritten werden, wenn und solange das Gericht durch einen im Einzelfall nicht voraussehbaren unabwendbaren Umstand an ihrer Einhaltung gehindert worden ist. [5] Der Zeitpunkt, zu dem das Urteil zu den Akten gebracht ist, und der Zeitpunkt einer Änderung der Gründe müssen aktenkundig sein.

(2) [1] Das Urteil ist von den Richtern, die bei der Entscheidung mitgewirkt haben, zu unterschreiben. [2] Ist ein Richter verhindert, seine Unterschrift beizufügen, so wird dies unter der Angabe des Verhinderungsgrundes von dem Vorsitzenden und bei dessen Verhinderung von dem ältesten beisitzenden Richter unter dem Urteil vermerkt. [3] Der Unterschrift der Schöffen bedarf es nicht.

(3) Die Bezeichnung des Tages der Sitzung sowie die Namen der Richter, der Schöffen, des Beamten der Staatsanwaltschaft, des Verteidigers und des Urkundsbeamten der Geschäftsstelle, die an der Sitzung teilgenommen haben, sind in das Urteil aufzunehmen.

---

1) § 275 Abs. 1 Satz 5 neu gef., Abs. 4 aufgeh. mWv 1.1.2018 durch G v. 5.7.2017 (BGBl. I S. 2208).

## Siebter Abschnitt.[1] Entscheidung über die im Urteil vorbehaltene oder die nachträgliche Anordnung der Sicherungsverwahrung

**§ 275a[2] Einleitung des Verfahrens; Hauptverhandlung; Unterbringungsbefehl.** (1) [1]Ist im Urteil die Anordnung der Sicherungsverwahrung vorbehalten (§ 66a des Strafgesetzbuches[3]), übersendet die Vollstreckungsbehörde die Akten rechtzeitig an die Staatsanwaltschaft des zuständigen Gerichts. [2]Diese übergibt die Akten so rechtzeitig dem Vorsitzenden des Gerichts, dass eine Entscheidung bis zu dem in Absatz 5 genannten Zeitpunkt ergehen kann. [3]Ist die Unterbringung in einem psychiatrischen Krankenhaus gemäß § 67d Absatz 6 Satz 1 des Strafgesetzbuches für erledigt erklärt worden, übersendet die Vollstreckungsbehörde die Akten unverzüglich an die Staatsanwaltschaft des Gerichts, das für eine nachträgliche Anordnung der Sicherungsverwahrung (§ 66b des Strafgesetzbuches) zuständig ist. [4]Beabsichtigt diese, eine nachträgliche Anordnung der Sicherungsverwahrung zu beantragen, teilt sie dies der betroffenen Person mit. [5]Die Staatsanwaltschaft soll den Antrag auf nachträgliche Anordnung der Sicherungsverwahrung unverzüglich stellen und ihn zusammen mit den Akten dem Vorsitzenden des Gerichts übergeben.

(2) Für die Vorbereitung und die Durchführung der Hauptverhandlung gelten die §§ 213 bis 275 entsprechend, soweit nachfolgend nichts anderes geregelt ist.

(3) [1]Nachdem die Hauptverhandlung nach Maßgabe des § 243 Abs. 1 begonnen hat, hält ein Berichterstatter in Abwesenheit der Zeugen einen Vortrag über die Ergebnisse des bisherigen Verfahrens. [2]Der Vorsitzende verliest das frühere Urteil, soweit es für die Entscheidung über die vorbehaltene oder die nachträgliche Anordnung der Sicherungsverwahrung von Bedeutung ist. [3]Sodann erfolgt die Vernehmung des Verurteilten und die Beweisaufnahme.

(4) [1]Das Gericht holt vor der Entscheidung das Gutachten eines Sachverständigen ein. [2]Ist über die nachträgliche Anordnung der Sicherungsverwahrung zu entscheiden, müssen die Gutachten von zwei Sachverständigen eingeholt werden. [3]Die Gutachter dürfen im Rahmen des Strafvollzugs oder des Vollzugs der Unterbringung nicht mit der Behandlung des Verurteilten befasst gewesen sein.

(5) Das Gericht soll über die vorbehaltene Anordnung der Sicherungsverwahrung spätestens sechs Monate vor der vollständigen Vollstreckung der Freiheitsstrafe entscheiden.

(6) [1]Sind dringende Gründe für die Annahme vorhanden, dass die nachträgliche Sicherungsverwahrung angeordnet wird, so kann das Gericht bis zur Rechtskraft des Urteils einen Unterbringungsbefehl erlassen. [2]Für den Erlass des Unterbringungsbefehls ist das für die Entscheidung nach § 67d Absatz 6 des Strafgesetzbuches zuständige Gericht so lange zuständig, bis der Antrag auf Anordnung der nachträglichen Sicherungsverwahrung bei dem für diese Entscheidung zuständigen Gericht eingeht. [3]In den Fällen des § 66a des Strafgesetzbuches kann das Gericht bis zur Rechtskraft des Urteils einen Unterbringungsbefehl erlassen, wenn es im ersten Rechtszug bis zu dem in § 66a Absatz 3 Satz 1 des Strafgesetzbuches

---

[1] 7. Abschnitt (§ 275a) eingef. mWv 28.8.2002 durch G v. 21.8.2002 (BGBl. I S. 3344); neu gef. mWv 29.7.2004 durch G v. 23.7.2004 (BGBl. I S. 1838).

[2] § 275a eingef. mWv 28.8.2002 durch G v. 21.8.2002 (BGBl. I S. 3344); neu gef. mWv 29.7.2004 durch G v. 23.7.2004 (BGBl. I S. 1838); Abs. 5 Sätze 2 und 3 geänd. mWv 12.7.2008 durch G v. 8.7.2008 (BGBl. I S. 1212); Abs. 5 Satz 4 geänd. mWv 1.1.2010 durch G v. 29.7.2009 (BGBl. I S. 2274); Abs. 1 neu gef., Abs. 5 eingef., bish. Abs. 5 wird Abs. 6 und Satz 2 neu gef., Satz 3 geänd. mWv 1.1.2011 durch G v. 22.12.2010 (BGBl. I S. 2300).

[3] Nr. **85**.

bestimmten Zeitpunkt die vorbehaltene Sicherungsverwahrung angeordnet hat. [4]Die §§ 114 bis 115a, 117 bis 119a und 126a Abs. 3 gelten entsprechend.

### Achter Abschnitt.[1)] Verfahren gegen Abwesende

**§ 276 Begriff der Abwesenheit.** Ein Beschuldigter gilt als abwesend, wenn sein Aufenthalt unbekannt ist oder wenn er sich im Ausland aufhält und seine Gestellung vor das zuständige Gericht nicht ausführbar oder nicht angemessen erscheint.

**§§ 277 bis 284** (weggefallen)

**§ 285 Beweissicherungszweck.** (1) [1]Gegen einen Abwesenden findet keine Hauptverhandlung statt. [2]Das gegen einen Abwesenden eingeleitete Verfahren hat die Aufgabe, für den Fall seiner künftigen Gestellung die Beweise zu sichern.

(2) Für dieses Verfahren gelten die Vorschriften der §§ 286 bis 294.

**§ 286[2)] Vertretung von Abwesenden.** [1]Für den Beschuldigten kann ein Verteidiger auftreten. [2]Auch Angehörige des Beschuldigten sind, auch ohne Vollmacht, als Vertreter zuzulassen.

**§ 287 Benachrichtigung von Abwesenden.** (1) Dem abwesenden Beschuldigten steht ein Anspruch auf Benachrichtigung über den Fortgang des Verfahrens nicht zu.

(2) Der Richter ist jedoch befugt, einem Abwesenden, dessen Aufenthalt bekannt ist, Benachrichtigungen zugehen zu lassen.

**§ 288 Öffentliche Aufforderung zum Erscheinen oder zur Aufenthaltsortsanzeige.** Der Abwesende, dessen Aufenthalt unbekannt ist, kann in einem oder mehreren öffentlichen Blättern zum Erscheinen vor Gericht oder zur Anzeige seines Aufenthaltsortes aufgefordert werden.

**§ 289 Beweisaufnahme durch beauftragte oder ersuchte Richter.** Stellt sich erst nach Eröffnung des Hauptverfahrens die Abwesenheit des Angeklagten heraus, so erfolgen die noch erforderlichen Beweisaufnahmen durch einen beauftragten oder ersuchten Richter.

**§ 290 Vermögensbeschlagnahme.** (1) Liegen gegen den Abwesenden, gegen den die öffentliche Klage erhoben ist, Verdachtsgründe vor, die den Erlaß eines Haftbefehls rechtfertigen würden, so kann sein im Geltungsbereich dieses Bundesgesetzes befindliches Vermögen durch Beschluß des Gerichts mit Beschlag belegt werden.

(2) Wegen Straftaten, die nur mit Freiheitsstrafe bis zu sechs Monaten oder mit Geldstrafe bis zu einhundertachtzig Tagessätzen bedroht sind, findet keine Vermögensbeschlagnahme statt.

---

1) Bish. 7. Abschnitt wird 8. Abschnitt mWv 28.8.2002 durch G v. 21.8.2002 (BGBl. I S. 3344).

2) § 286 Abs. 2 aufgeh. mWv 1.9.2004 durch G v. 24.8.2004 (BGBl. I S. 2198); Sätze 1 und 2 geänd. mWv 1.7.2021 durch G v. 25.6.2021 (BGBl. I S. 2099).

**§ 291**[1] **Bekanntmachung der Beschlagnahme.** Der die Beschlagnahme verhängende Beschluß ist im Bundesanzeiger bekanntzumachen und kann nach dem Ermessen des Gerichts auch auf andere geeignete Weise veröffentlicht werden.

**§ 292**[2] **Wirkung der Bekanntmachung.** (1) Mit dem Zeitpunkt der ersten Bekanntmachung im Bundesanzeiger verliert der Angeschuldigte das Recht, über das in Beschlag genommene Vermögen unter Lebenden zu verfügen.

(2) [1] Der die Beschlagnahme verhängende Beschluß ist der Behörde mitzuteilen, die für die Einleitung einer Pflegschaft über Abwesende zuständig ist. [2] Diese Behörde hat eine Pflegschaft einzuleiten.

**§ 293**[3] **Aufhebung der Beschlagnahme.** (1) Die Beschlagnahme ist aufzuheben, wenn ihre Gründe weggefallen sind.

(2) [1] Die Aufhebung der Beschlagnahme ist auf dieselbe Weise bekannt zu machen, wie die Bekanntmachung der Beschlagnahme. [2] Ist die Veröffentlichung nach § 291 im Bundesanzeiger erfolgt, ist zudem deren Löschung zu veranlassen; die Veröffentlichung der Aufhebung der Beschlagnahme im Bundesanzeiger ist nach Ablauf von einem Monat zu löschen.

**§ 294 Verfahren nach Anklageerhebung.** (1) Für das nach Erhebung der öffentlichen Klage eintretende Verfahren gelten im übrigen die Vorschriften über die Eröffnung des Hauptverfahrens entsprechend.

(2) In dem nach Beendigung dieses Verfahrens ergehenden Beschluß (§ 199) ist zugleich über die Fortdauer oder Aufhebung der Beschlagnahme zu entscheiden.

**§ 295 Sicheres Geleit.** (1) Das Gericht kann einem abwesenden Beschuldigten sicheres Geleit erteilen; es kann diese Erteilung an Bedingungen knüpfen.

(2) Das sichere Geleit gewährt Befreiung von der Untersuchungshaft, jedoch nur wegen der Straftat, für die es erteilt ist.

(3) Es erlischt, wenn ein auf Freiheitsstrafe lautendes Urteil ergeht oder wenn der Beschuldigte Anstalten zur Flucht trifft oder wenn er die Bedingungen nicht erfüllt, unter denen ihm das sichere Geleit erteilt worden ist.

## Drittes Buch. Rechtsmittel

### Erster Abschnitt. Allgemeine Vorschriften

**§ 296 Rechtsmittelberechtigte.** (1) Die zulässigen Rechtsmittel gegen gerichtliche Entscheidungen stehen sowohl der Staatsanwaltschaft als dem Beschuldigten zu.

(2) Die Staatsanwaltschaft kann von ihnen auch zugunsten des Beschuldigten Gebrauch machen.

**§ 297 Einlegung durch den Verteidiger.** Für den Beschuldigten kann der Verteidiger, jedoch nicht gegen dessen ausdrücklichen Willen, Rechtsmittel einlegen.

---

[1] § 291 geänd. mWv 1.1.2007 durch G v. 24.10.2006 (BGBl. I S. 2350); geänd. mWv 1.4.2012 durch G v. 22.12.2011 (BGBl. I S. 3044).

[2] § 292 Abs. 1 geänd. mWv 1.1.2007 durch G v. 24.10.2006 (BGBl. I S. 2350); Abs. 1 geänd. mWv 1.4.2012 durch G v. 22.12.2011 (BGBl. I S. 3044).

[3] § 293 Abs. 2 neu gef. mWv 1.1.2007 durch G v. 24.10.2006 (BGBl. I S. 2350); Abs. 2 Satz 2 geänd. mWv 1.4.2012 durch G v. 22.12.2011 (BGBl. I S. 3044).

**§ 298 Einlegung durch den gesetzlichen Vertreter.** (1) Der gesetzliche Vertreter eines Beschuldigten kann binnen der für den Beschuldigten laufenden Frist selbständig von den zulässigen Rechtsmitteln Gebrauch machen.

(2) Auf ein solches Rechtsmittel und auf das Verfahren sind die für die Rechtsmittel des Beschuldigten geltenden Vorschriften entsprechend anzuwenden.

**§ 299 Abgabe von Erklärungen bei Freiheitsentzug.** (1) Der nicht auf freiem Fuß befindliche Beschuldigte kann die Erklärungen, die sich auf Rechtsmittel beziehen, zu Protokoll der Geschäftsstelle des Amtsgerichts geben, in dessen Bezirk die Anstalt liegt, wo er auf behördliche Anordnung verwahrt wird.

(2) Zur Wahrung einer Frist genügt es, wenn innerhalb der Frist das Protokoll aufgenommen wird.

**§ 300 Falschbezeichnung eines zulässigen Rechtsmittels.** Ein Irrtum in der Bezeichnung des zulässigen Rechtsmittels ist unschädlich.

**§ 301 Wirkung eines Rechtsmittels der Staatsanwaltschaft.** Jedes von der Staatsanwaltschaft eingelegte Rechtsmittel hat die Wirkung, daß die angefochtene Entscheidung auch zugunsten des Beschuldigten abgeändert oder aufgehoben werden kann.

**§ 302[1)] Zurücknahme und Verzicht.** (1) [1] Die Zurücknahme eines Rechtsmittels sowie der Verzicht auf die Einlegung eines Rechtsmittels können auch vor Ablauf der Frist zu seiner Einlegung wirksam erfolgen. [2] Ist dem Urteil eine Verständigung (§ 257c) vorausgegangen, ist ein Verzicht ausgeschlossen. [3] Ein von der Staatsanwaltschaft zugunsten des Beschuldigten eingelegtes Rechtsmittel kann ohne dessen Zustimmung nicht zurückgenommen werden.

(2) Der Verteidiger bedarf zur Zurücknahme einer ausdrücklichen Ermächtigung.

**§ 303 Zustimmungserfordernis bei Zurücknahme.** [1] Wenn die Entscheidung über das Rechtsmittel auf Grund mündlicher Verhandlung stattzufinden hat, so kann die Zurücknahme nach Beginn der Hauptverhandlung nur mit Zustimmung des Gegners erfolgen. [2] Die Zurücknahme eines Rechtsmittels des Angeklagten bedarf jedoch nicht der Zustimmung des Nebenklägers.

## Zweiter Abschnitt. Beschwerde

**§ 304[2)] Zulässigkeit.** (1) Die Beschwerde ist gegen alle von den Gerichten im ersten Rechtszug oder im Berufungsverfahren erlassenen Beschlüsse und gegen die Verfügungen des Vorsitzenden, des Richters im Vorverfahren und eines beauftragten oder ersuchten Richters zulässig, soweit das Gesetz sie nicht ausdrücklich einer Anfechtung entzieht.

(2) Auch Zeugen, Sachverständige und andere Personen können gegen Beschlüsse und Verfügungen, durch die sie betroffen werden, Beschwerde erheben.

---

1) § 302 Abs. 1 Satz 1 geänd., Satz 2 eingef., bish. Satz 2 wird Satz 3 und geänd. mWv 4.8.2009 durch G v. 29.7.2009 (BGBl. I S. 2353).

2) § 304 Abs. 4 Satz 2 Nr. 5 geänd. durch G v. 26.1.1998 (BGBl. I S. 160); Abs. 3 neu gef. mWv 1.7.2004 durch G v. 5.5.2004 (BGBl. I S. 718); Abs. 4 Satz 2 Nr. 1 und Abs. 5 neu gef. mWv 1.1.2008 durch G v. 21.12.2007 (BGBl. I S. 3198); Abs. 4 Satz 2 Nr. 1 geänd. mWv 18.12.2015 durch G v. 10.12.2015 (BGBl. I S. 2218); Abs. 4 Satz 2 Nr. 5 geänd. mWv 1.7.2017 durch G v. 13.4.2017 (BGBl. I S. 872); Abs. 4 Satz 2 Nr. 1 und Abs. 5 geänd. mWv 13.12.2019 durch G v. 10.12.2019 (BGBl. I S. 2128).

(3) Gegen Entscheidungen über Kosten oder notwendige Auslagen ist die Beschwerde nur zulässig, wenn der Wert des Beschwerdegegenstands 200 Euro übersteigt.

(4) [1] Gegen Beschlüsse und Verfügungen des Bundesgerichtshofes ist keine Beschwerde zulässig. [2] Dasselbe gilt für Beschlüsse und Verfügungen der Oberlandesgerichte; in Sachen, in denen die Oberlandesgerichte im ersten Rechtszug zuständig sind, ist jedoch die Beschwerde zulässig gegen Beschlüsse und Verfügungen, welche

1. die Verhaftung, einstweilige Unterbringung, Unterbringung zur Beobachtung, Bestellung eines Pflichtverteidigers oder deren Aufhebung, Beschlagnahme, Durchsuchung oder die in § 101 Abs. 1 oder § 101a Absatz 1 bezeichneten Maßnahmen betreffen,
2. die Eröffnung des Hauptverfahrens ablehnen oder das Verfahren wegen eines Verfahrenshindernisses einstellen,
3. die Hauptverhandlung in Abwesenheit des Angeklagten (§ 231a) anordnen oder die Verweisung an ein Gericht niederer Ordnung aussprechen,
4. die Akteneinsicht betreffen oder
5. den Widerruf der Strafaussetzung, den Widerruf des Straferlasses und die Verurteilung zu der vorbehaltenen Strafe (§ 453 Abs. 2 Satz 3), die Anordnung vorläufiger Maßnahmen zur Sicherung des Widerrufs (§ 453c), die Aussetzung des Strafrestes und deren Widerruf (§ 454 Abs. 3 und 4), die Wiederaufnahme des Verfahrens (§ 372 Satz 1) oder die Einziehung oder die Unbrauchbarmachung nach den §§ 435, 436 Absatz 2 in Verbindung mit § 434 Absatz 2 und § 439 betreffen.

[3] § 138d Abs. 6 bleibt unberührt.

(5) Gegen Verfügungen des Ermittlungsrichters des Bundesgerichtshofes und des Oberlandesgerichts (§ 169 Abs. 1) ist die Beschwerde nur zulässig, wenn sie die Verhaftung, einstweilige Unterbringung, Bestellung eines Pflichtverteidigers oder deren Aufhebung, Beschlagnahme, Durchsuchung oder die in § 101 Abs. 1 bezeichneten Maßnahmen betreffen.

**§ 305 Nicht der Beschwerde unterliegende Entscheidungen.** [1] Entscheidungen der erkennenden Gerichte, die der Urteilsfällung vorausgehen, unterliegen nicht der Beschwerde. [2] Ausgenommen sind Entscheidungen über Verhaftungen, die einstweilige Unterbringung, Beschlagnahmen, die vorläufige Entziehung der Fahrerlaubnis, das vorläufige Berufsverbot oder die Festsetzung von Ordnungs- oder Zwangsmitteln sowie alle Entscheidungen, durch die dritte Personen betroffen werden.

**§ 305a Beschwerde gegen Strafaussetzungsbeschluss.** (1) [1] Gegen den Beschluß nach § 268a Abs. 1, 2 ist Beschwerde zulässig. [2] Sie kann nur darauf gestützt werden, daß eine getroffene Anordnung gesetzwidrig ist.

(2) Wird gegen den Beschluß Beschwerde und gegen das Urteil eine zulässige Revision eingelegt, so ist das Revisionsgericht auch zur Entscheidung über die Beschwerde zuständig.

**§ 306 Einlegung; Abhilfeverfahren.** (1) Die Beschwerde wird bei dem Gericht, von dem oder von dessen Vorsitzenden die angefochtene Entscheidung erlassen ist, zu Protokoll der Geschäftsstelle oder schriftlich eingelegt.

(2) Erachtet das Gericht oder der Vorsitzende, dessen Entscheidung angefochten wird, die Beschwerde für begründet, so haben sie ihr abzuhelfen; andernfalls ist die Beschwerde sofort, spätestens vor Ablauf von drei Tagen, dem Beschwerdegericht vorzulegen.

(3) Diese Vorschriften gelten auch für die Entscheidungen des Richters im Vorverfahren und des beauftragten oder ersuchten Richters.

**§ 307 Keine Vollzugshemmung.** (1) Durch Einlegung der Beschwerde wird der Vollzug der angefochtenen Entscheidung nicht gehemmt.

(2) Jedoch kann das Gericht, der Vorsitzende oder der Richter, dessen Entscheidung angefochten wird, sowie auch das Beschwerdegericht anordnen, daß die Vollziehung der angefochtenen Entscheidung auszusetzen ist.

**§ 308 Befugnisse des Beschwerdegerichts.** (1) [1] Das Beschwerdegericht darf die angefochtene Entscheidung nicht zum Nachteil des Gegners des Beschwerdeführers ändern, ohne daß diesem die Beschwerde zur Gegenerklärung mitgeteilt worden ist. [2] Dies gilt nicht in den Fällen des § 33 Abs. 4 Satz 1.

(2) Das Beschwerdegericht kann Ermittlungen anordnen oder selbst vornehmen.

**§ 309 Entscheidung.** (1) Die Entscheidung über die Beschwerde ergeht ohne mündliche Verhandlung, in geeigneten Fällen nach Anhörung der Staatsanwaltschaft.

(2) Wird die Beschwerde für begründet erachtet, so erläßt das Beschwerdegericht zugleich die in der Sache erforderliche Entscheidung.

**§ 310[1)] Weitere Beschwerde.** (1) Beschlüsse, die von dem Landgericht oder von dem nach § 120 Abs. 3 des Gerichtsverfassungsgesetzes[2)] zuständigen Oberlandesgericht auf die Beschwerde hin erlassen worden sind, können durch weitere Beschwerde angefochten werden, wenn sie

1. eine Verhaftung,
2. eine einstweilige Unterbringung oder
3. einen Vermögensarrest nach § 111e über einen Betrag von mehr als 20 000 Euro

betreffen.

(2) Im übrigen findet eine weitere Anfechtung der auf eine Beschwerde ergangenen Entscheidungen nicht statt.

**§ 311 Sofortige Beschwerde.** (1) Für die Fälle der sofortigen Beschwerde gelten die nachfolgenden besonderen Vorschriften.

(2) Die Beschwerde ist binnen einer Woche einzulegen; die Frist beginnt mit der Bekanntmachung (§ 35) der Entscheidung.

(3) [1] Das Gericht ist zu einer Abänderung seiner durch Beschwerde angefochtenen Entscheidung nicht befugt. [2] Es hilft jedoch der Beschwerde ab, wenn es zum Nachteil des Beschwerdeführers Tatsachen oder Beweisergebnisse verwertet hat, zu denen dieser noch nicht gehört worden ist, und es auf Grund des nachträglichen Vorbringens die Beschwerde für begründet erachtet.

---

[1)] § 310 Abs. 1 neu gef. mWv 1.1.2007 durch G v. 24.10.2006 (BGBl. I S. 2350); Abs. 1 Nr. 3 geänd. mWv 1.7.2017 durch G v. 13.4.2017 (BGBl. I S. 872).

[2)] Nr. **95**.

**§ 311a Nachträgliche Anhörung des Gegners.** (1) [1]Hat das Beschwerdegericht einer Beschwerde ohne Anhörung des Gegners des Beschwerdeführers stattgegeben und kann seine Entscheidung nicht angefochten werden, so hat es diesen, sofern der ihm dadurch entstandene Nachteil noch besteht, von Amts wegen oder auf Antrag nachträglich zu hören und auf einen Antrag zu entscheiden. [2]Das Beschwerdegericht kann seine Entscheidung auch ohne Antrag ändern.

(2) Für das Verfahren gelten die §§ 307, 308 Abs. 2 und § 309 Abs. 2 entsprechend.

## Dritter Abschnitt. Berufung

**§ 312 Zulässigkeit.** Gegen die Urteile des Strafrichters und des Schöffengerichts ist Berufung zulässig.

**§ 313[1)] Annahmeberufung bei geringen Geldstrafen und Geldbußen.**

(1) [1]Ist der Angeklagte zu einer Geldstrafe von nicht mehr als fünfzehn Tagessätzen verurteilt worden, beträgt im Falle einer Verwarnung die vorbehaltene Strafe nicht mehr als fünfzehn Tagessätze oder ist eine Verurteilung zu einer Geldbuße erfolgt, so ist die Berufung nur zulässig, wenn sie angenommen wird. [2]Das gleiche gilt, wenn der Angeklagte freigesprochen oder das Verfahren eingestellt worden ist und die Staatsanwaltschaft eine Geldstrafe von nicht mehr als dreißig Tagessätzen beantragt hatte.

(2) [1]Die Berufung wird angenommen, wenn sie nicht offensichtlich unbegründet ist. [2]Andernfalls wird die Berufung als unzulässig verworfen.

(3) [1]Die Berufung gegen ein auf Geldbuße, Freispruch oder Einstellung wegen einer Ordnungswidrigkeit lautendes Urteil ist stets anzunehmen, wenn die Rechtsbeschwerde nach § 79 Abs. 1 des Gesetzes über Ordnungswidrigkeiten[2)] zulässig oder nach § 80 Abs. 1 und 2 des Gesetzes über Ordnungswidrigkeiten zuzulassen wäre. [2]Im übrigen findet Absatz 2 Anwendung.

**§ 314[3)] Form und Frist.** (1) Die Berufung muß bei dem Gericht des ersten Rechtszuges binnen einer Woche nach Verkündung des Urteils zu Protokoll der Geschäftsstelle oder schriftlich eingelegt werden.

(2) Hat die Verkündung des Urteils nicht in Anwesenheit des Angeklagten stattgefunden, so beginnt für diesen die Frist mit der Zustellung, sofern nicht in den Fällen der §§ 234, 387 Abs. 1, § 411 Abs. 2 und § 428 Absatz 1 Satz 1 die Verkündung in Anwesenheit des Verteidigers mit nachgewiesener Vertretungsvollmacht stattgefunden hat.

**§ 315 Berufung und Wiedereinsetzungsantrag.** (1) Der Beginn der Frist zur Einlegung der Berufung wird dadurch nicht ausgeschlossen, daß gegen ein auf Ausbleiben des Angeklagten ergangenes Urteil eine Wiedereinsetzung in den vorigen Stand nachgesucht werden kann.

(2) [1]Stellt der Angeklagte einen Antrag auf Wiedereinsetzung in den vorigen Stand, so wird die Berufung dadurch gewahrt, daß sie sofort für den Fall der Verwerfung jenes Antrags rechtzeitig eingelegt wird. [2]Die weitere Verfügung in

---

1) § 313 eingef. durch G v. 11.1.1993 (BGBl. I S. 50).

2) Nr. **94**.

3) § 314 Abs. 2 geänd. mWv 1.9.2004 durch G v. 24.8.2004 (BGBl. I S. 2198); Abs. 2 geänd. mWv 25.7.2015 durch G v. 17.7.2015 (BGBl. I S. 1332); Abs. 2 geänd. mWv 1.7.2017 durch G v. 13.4.2017 (BGBl. I S. 872); Abs. 2 geänd. mWv 1.1.2018 durch G v. 5.7.2017 (BGBl. I S. 2208).

bezug auf die Berufung bleibt dann bis zur Erledigung des Antrags auf Wiedereinsetzung in den vorigen Stand ausgesetzt.

(3) Die Einlegung der Berufung ohne Verbindung mit dem Antrag auf Wiedereinsetzung in den vorigen Stand gilt als Verzicht auf die letztere.

**§ 316 Hemmung der Rechtskraft.** (1) Durch rechtzeitige Einlegung der Berufung wird die Rechtskraft des Urteils, soweit es angefochten ist, gehemmt.

(2) Dem Beschwerdeführer, dem das Urteil mit den Gründen noch nicht zugestellt war, ist es nach Einlegung der Berufung sofort zuzustellen.

**§ 317 Berufungsbegründung.** Die Berufung kann binnen einer weiteren Woche nach Ablauf der Frist zur Einlegung des Rechtsmittels oder, wenn zu dieser Zeit das Urteil noch nicht zugestellt war, nach dessen Zustellung bei dem Gericht des ersten Rechtszuges zu Protokoll der Geschäftsstelle oder in einer Beschwerdeschrift gerechtfertigt werden.

**§ 318 Berufungsbeschränkung.** [1] Die Berufung kann auf bestimmte Beschwerdepunkte beschränkt werden. [2] Ist dies nicht geschehen oder eine Rechtfertigung überhaupt nicht erfolgt, so gilt der ganze Inhalt des Urteils als angefochten.

**§ 319 Verspätete Einlegung.** (1) Ist die Berufung verspätet eingelegt, so hat das Gericht des ersten Rechtszuges das Rechtsmittel als unzulässig zu verwerfen.

(2) [1] Der Beschwerdeführer kann binnen einer Woche nach Zustellung des Beschlusses auf die Entscheidung des Berufungsgerichts antragen. [2] In diesem Falle sind die Akten an das Berufungsgericht einzusenden; die Vollstreckung des Urteils wird jedoch hierdurch nicht gehemmt. [3] Die Vorschrift des § 35a gilt entsprechend.

**§ 320 Aktenübermittlung an die Staatsanwaltschaft.** [1] Ist die Berufung rechtzeitig eingelegt, so hat nach Ablauf der Frist zur Rechtfertigung die Geschäftsstelle ohne Rücksicht darauf, ob eine Rechtfertigung stattgefunden hat oder nicht, die Akten der Staatsanwaltschaft vorzulegen. [2] Diese stellt, wenn die Berufung von ihr eingelegt ist, dem Angeklagten die Schriftstücke über Einlegung und Rechtfertigung der Berufung zu.

**§ 321 Aktenübermittlung an das Berufungsgericht.** [1] Die Staatsanwaltschaft übersendet die Akten an die Staatsanwaltschaft bei dem Berufungsgericht. [2] Diese übergibt die Akten binnen einer Woche dem Vorsitzenden des Gerichts.

**§ 322[1)] Verwerfung ohne Hauptverhandlung.** (1) [1] Erachtet das Berufungsgericht die Vorschriften über die Einlegung der Berufung nicht für beobachtet, so kann es das Rechtsmittel durch Beschluß als unzulässig verwerfen. [2] Andernfalls entscheidet es darüber durch Urteil; § 322a bleibt unberührt.

(2) Der Beschluß kann mit sofortiger Beschwerde angefochten werden.

**§ 322a[2)] Entscheidung über die Annahme der Berufung.** [1] Über die Annahme einer Berufung (§ 313) entscheidet das Berufungsgericht durch Beschluß. [2] Die Entscheidung ist unanfechtbar. [3] Der Beschluß, mit dem die Berufung angenommen wird, bedarf keiner Begründung.

---

1) § 322 Abs. 1 Satz 2 geänd. durch G v. 11.1.1993 (BGBl. I S. 50).
2) § 322a eingef. durch G v. 11.1.1993 (BGBl. I S. 50).

**§ 323[1)] Vorbereitung der Berufungshauptverhandlung.** (1) [1] Für die Vorbereitung der Hauptverhandlung gelten die Vorschriften der §§ 214 und 216 bis 225a. [2] In der Ladung ist der Angeklagte auf die Folgen des Ausbleibens ausdrücklich hinzuweisen.

(2) [1] Die Ladung der im ersten Rechtszug vernommenen Zeugen und Sachverständigen kann nur dann unterbleiben, wenn ihre wiederholte Vernehmung zur Aufklärung der Sache nicht erforderlich erscheint. [2] Sofern es erforderlich erscheint, ordnet das Berufungsgericht die Übertragung einer als Tonaufzeichnung zur Akte genommenen Vernehmung gemäß § 273 Abs. 2 Satz 2 in ein Protokoll an. [3] Wer die Übertragung hergestellt hat, versieht diese mit dem Vermerk, dass die Richtigkeit der Übertragung bestätigt wird. [4] Der Staatsanwaltschaft, dem Verteidiger und dem Angeklagten ist eine Abschrift des Protokolls zu erteilen. [5] Der Nachweis der Unrichtigkeit der Übertragung ist zulässig. [6] Das Protokoll kann nach Maßgabe des § 325 verlesen werden.

(3) Neue Beweismittel sind zulässig.

(4) Bei der Auswahl der zu ladenden Zeugen und Sachverständigen ist auf die von dem Angeklagten zur Rechtfertigung der Berufung benannten Personen Rücksicht zu nehmen.

**§ 324 Gang der Berufungshauptverhandlung.** (1) [1] Nachdem die Hauptverhandlung nach Vorschrift des § 243 Abs. 1 begonnen hat, hält ein Berichterstatter in Abwesenheit der Zeugen einen Vortrag über die Ergebnisse des bisherigen Verfahrens. [2] Das Urteil des ersten Rechtszuges ist zu verlesen, soweit es für die Berufung von Bedeutung ist; von der Verlesung der Urteilsgründe kann abgesehen werden, soweit die Staatsanwaltschaft, der Verteidiger und der Angeklagte darauf verzichten.

(2) Sodann erfolgt die Vernehmung des Angeklagten und die Beweisaufnahme.

**§ 325[2)] Verlesung von Urkunden.** Bei der Berichterstattung und der Beweisaufnahme können Urkunden verlesen werden; Protokolle über Aussagen der in der Hauptverhandlung des ersten Rechtszuges vernommenen Zeugen und Sachverständigen dürfen, abgesehen von den Fällen der §§ 251 und 253, ohne die Zustimmung der Staatsanwaltschaft und des Angeklagten nicht verlesen werden, wenn die wiederholte Vorladung der Zeugen oder Sachverständigen erfolgt ist oder von dem Angeklagten rechtzeitig vor der Hauptverhandlung beantragt worden war.

**§ 326 Schlussvorträge.** [1] Nach dem Schluß der Beweisaufnahme werden die Staatsanwaltschaft sowie der Angeklagte und sein Verteidiger mit ihren Ausführungen und Anträgen, und zwar der Beschwerdeführer zuerst, gehört. [2] Dem Angeklagten gebührt das letzte Wort.

**§ 327 Umfang der Urteilsprüfung.** Der Prüfung des Gerichts unterliegt das Urteil nur, soweit es angefochten ist.

---

[1)] § 323 Abs. 2 Sätze 2–6 angef. mWv 1.9.2004 durch G v. 24.6.2004 (BGBl. I S. 1354); Abs. 2 Sätze 2–4 und 6 geänd. mWv 1.1.2018 durch G v. 5.7.2017 (BGBl. I S. 2208); Abs. 1 Satz 1 geänd. mWv 1.7. 2021 durch G v. 25.6.2021 (BGBl. I S. 2099).

[2)] § 325 geänd. mWv 1.1.2018 durch G v. 5.7.2017 (BGBl. I S. 2208).

**§ 328 Inhalt des Berufungsurteils.** (1) Soweit die Berufung für begründet befunden wird, hat das Berufungsgericht unter Aufhebung des Urteils in der Sache selbst zu erkennen.

(2) Hat das Gericht des ersten Rechtszuges mit Unrecht seine Zuständigkeit angenommen, so hat das Berufungsgericht unter Aufhebung des Urteils die Sache an das zuständige Gericht zu verweisen.

**§ 329[1)] Ausbleiben des Angeklagten; Vertretung in der Berufungshauptverhandlung.** (1) [1] Ist bei Beginn eines Hauptverhandlungstermins weder der Angeklagte noch ein Verteidiger mit nachgewiesener Vertretungsvollmacht erschienen und das Ausbleiben nicht genügend entschuldigt, so hat das Gericht eine Berufung des Angeklagten ohne Verhandlung zur Sache zu verwerfen. [2] Ebenso ist zu verfahren, wenn die Fortführung der Hauptverhandlung in dem Termin dadurch verhindert wird, dass

1. sich der Verteidiger ohne genügende Entschuldigung entfernt hat und eine Abwesenheit des Angeklagten nicht genügend entschuldigt ist oder der Verteidiger den ohne genügende Entschuldigung nicht anwesenden Angeklagten nicht weiter vertritt,
2. sich der Angeklagte ohne genügende Entschuldigung entfernt hat und kein Verteidiger mit nachgewiesener Vertretungsvollmacht anwesend ist oder
3. sich der Angeklagte vorsätzlich und schuldhaft in einen seine Verhandlungsfähigkeit ausschließenden Zustand versetzt hat und kein Verteidiger mit nachgewiesener Vertretungsvollmacht anwesend ist.

[3] Über eine Verwerfung wegen Verhandlungsunfähigkeit nach diesem Absatz entscheidet das Gericht nach Anhörung eines Arztes als Sachverständigen. [4] Die Sätze 1 bis 3 finden keine Anwendung, wenn das Berufungsgericht erneut verhandelt, nachdem die Sache vom Revisionsgericht zurückverwiesen worden ist.

(2) [1] Soweit die Anwesenheit des Angeklagten nicht erforderlich ist, findet die Hauptverhandlung auch ohne ihn statt, wenn er durch einen Verteidiger mit nachgewiesener Vertretungsvollmacht vertreten wird oder seine Abwesenheit im Fall der Verhandlung auf eine Berufung der Staatsanwaltschaft nicht genügend entschuldigt ist. [2] § 231b bleibt unberührt.

(3) Kann die Hauptverhandlung auf eine Berufung der Staatsanwaltschaft hin nicht ohne den Angeklagten abgeschlossen werden oder ist eine Verwerfung der Berufung nach Absatz 1 Satz 4 nicht zulässig, ist die Vorführung oder Verhaftung des Angeklagten anzuordnen, soweit dies zur Durchführung der Hauptverhandlung geboten ist.

(4) [1] Ist die Anwesenheit des Angeklagten in der auf seine Berufung hin durchgeführten Hauptverhandlung trotz der Vertretung durch einen Verteidiger erforderlich, hat das Gericht den Angeklagten zur Fortsetzung der Hauptverhandlung zu laden und sein persönliches Erscheinen anzuordnen. [2] Erscheint der Angeklagte zu diesem Fortsetzungstermin ohne genügende Entschuldigung nicht und bleibt seine Anwesenheit weiterhin erforderlich, hat das Gericht die Berufung zu verwerfen. [3] Über die Möglichkeit der Verwerfung ist der Angeklagte mit der Ladung zu belehren.

---

1) § 329 neu gef. mWv 25.7.2015 durch G v. 17.7.2015 (BGBl. I S. 1332); Abs. 1 Sätze 1, 2 Nr. 2 und 3, Abs. 2 Satz 1, Abs. 5 Satz 1 geänd. mWv 1.1.2018 durch G v. 5.7.2017 (BGBl. I S. 2208); Abs. 7 Satz 2 angef. mWv 21.12.2018 durch G v. 17.12.2018 (BGBl. I S. 2571).

(5) [1]Wurde auf eine Berufung der Staatsanwaltschaft hin nach Absatz 2 verfahren, ohne dass ein Verteidiger mit nachgewiesener Vertretungsvollmacht anwesend war, hat der Vorsitzende, solange mit der Verkündung des Urteils noch nicht begonnen worden ist, einen erscheinenden Angeklagten oder Verteidiger mit nachgewiesener Vertretungsvollmacht von dem wesentlichen Inhalt dessen zu unterrichten, was in seiner Abwesenheit verhandelt worden ist. [2]Eine Berufung der Staatsanwaltschaft kann in den Fällen des Absatzes 1 Satz 1 und 2 auch ohne Zustimmung des Angeklagten zurückgenommen werden, es sei denn, dass die Voraussetzungen des Absatzes 1 Satz 4 vorliegen.

(6) Ist die Verurteilung wegen einzelner von mehreren Taten weggefallen, so ist bei der Verwerfung der Berufung der Inhalt des aufrechterhaltenen Urteils klarzustellen; die erkannten Strafen können vom Berufungsgericht auf eine neue Gesamtstrafe zurückgeführt werden.

(7) [1]Der Angeklagte kann binnen einer Woche nach der Zustellung des Urteils die Wiedereinsetzung in den vorigen Stand unter den in den §§ 44 und 45 bezeichneten Voraussetzungen beanspruchen. [2]Hierüber ist er bei der Zustellung des Urteils zu belehren.

**§ 330[1)] Maßnahmen bei Berufung des gesetzlichen Vertreters.** (1) Ist von dem gesetzlichen Vertreter die Berufung eingelegt worden, so hat das Gericht auch den Angeklagten zu der Hauptverhandlung zu laden.

(2) [1]Bleibt allein der gesetzliche Vertreter in der Hauptverhandlung aus, so ist ohne ihn zu verhandeln. [2]Ist weder der gesetzliche Vertreter noch der Angeklagte noch ein Verteidiger mit nachgewiesener Vertretungsvollmacht bei Beginn eines Hauptverhandlungstermins erschienen, so gilt § 329 Absatz 1 Satz 1 entsprechend; ist lediglich der Angeklagte nicht erschienen, so gilt § 329 Absatz 2 und 3 entsprechend.

**§ 331 Verbot der Verschlechterung.** (1) Das Urteil darf in Art und Höhe der Rechtsfolgen der Tat nicht zum Nachteil des Angeklagten geändert werden, wenn lediglich der Angeklagte, zu seinen Gunsten die Staatsanwaltschaft oder sein gesetzlicher Vertreter Berufung eingelegt hat.

(2) Diese Vorschrift steht der Anordnung der Unterbringung in einem psychiatrischen Krankenhaus oder einer Entziehungsanstalt nicht entgegen.

**§ 332 Anwendbarkeit der Vorschriften über die erstinstanzliche Hauptverhandlung.** Im übrigen gelten die im sechsten Abschnitt des zweiten Buches über die Hauptverhandlung gegebenen Vorschriften.

## Vierter Abschnitt. Revision

**§ 333 Zulässigkeit.** Gegen die Urteile der Strafkammern und der Schwurgerichte sowie gegen die im ersten Rechtszug ergangenen Urteile der Oberlandesgerichte ist Revision zulässig.

**§ 334** (weggefallen)

**§ 335 Sprungrevision.** (1) Ein Urteil, gegen das Berufung zulässig ist, kann statt mit Berufung mit Revision angefochten werden.

---

[1)] § 330 Abs. 1 und 2 Satz 2 geänd. mWv 25.7.2015 durch G v. 17.7.2015 (BGBl. I S. 1332); Abs. 2 Satz 2 geänd. mWv 1.7.2021 durch G v. 25.6.2021 (BGBl. I S. 2099).

(2) Über die Revision entscheidet das Gericht, das zur Entscheidung berufen wäre, wenn die Revision nach durchgeführter Berufung eingelegt worden wäre.

(3) [1]Legt gegen das Urteil ein Beteiligter Revision und ein anderer Berufung ein, so wird, solange die Berufung nicht zurückgenommen oder als unzulässig verworfen ist, die rechtzeitig und in der vorgeschriebenen Form eingelegte Revision als Berufung behandelt. [2]Die Revisionsanträge und deren Begründung sind gleichwohl in der vorgeschriebenen Form und Frist anzubringen und dem Gegner zuzustellen (§§ 344 bis 347). [3]Gegen das Berufungsurteil ist Revision nach den allgemein geltenden Vorschriften zulässig.

**§ 336 Überprüfung der dem Urteil vorausgegangenen Entscheidungen.**

[1]Der Beurteilung des Revisionsgerichts unterliegen auch die Entscheidungen, die dem Urteil vorausgegangen sind, sofern es auf ihnen beruht. [2]Dies gilt nicht für Entscheidungen, die ausdrücklich für unanfechtbar erklärt oder mit der sofortigen Beschwerde anfechtbar sind.

**§ 337 Revisionsgründe.** (1) Die Revision kann nur darauf gestützt werden, daß das Urteil auf einer Verletzung des Gesetzes beruhe.

(2) Das Gesetz ist verletzt, wenn eine Rechtsnorm nicht oder nicht richtig angewendet worden ist.

**§ 338[1)] Absolute Revisionsgründe.** Ein Urteil ist stets als auf einer Verletzung des Gesetzes beruhend anzusehen,

1. wenn das erkennende Gericht nicht vorschriftsmäßig besetzt war; war nach § 222a die Mitteilung der Besetzung vorgeschrieben, so kann die Revision auf die vorschriftswidrige Besetzung nur gestützt werden, wenn
   a) das Gericht in einer Besetzung entschieden hat, deren Vorschriftswidrigkeit nach § 222b Absatz 2 Satz 2 oder Absatz 3 Satz 4 festgestellt worden ist, oder
   b) das Rechtsmittelgericht nicht nach § 222b Absatz 3 entschieden hat und
      aa) die Vorschriften über die Mitteilung verletzt worden sind,
      bb) der rechtzeitig und in der vorgeschriebenen Form geltend gemachte Einwand der vorschriftswidrigen Besetzung übergangen oder zurückgewiesen worden ist oder
      cc) die Besetzung nach § 222b Absatz 1 Satz 1 nicht mindestens eine Woche geprüft werden konnte, obwohl ein Antrag nach § 222a Absatz 2 gestellt wurde;
2. wenn bei dem Urteil ein Richter oder Schöffe mitgewirkt hat, der von der Ausübung des Richteramtes kraft Gesetzes ausgeschlossen war;
3. wenn bei dem Urteil ein Richter oder Schöffe mitgewirkt hat, nachdem er wegen Besorgnis der Befangenheit abgelehnt war und das Ablehnungsgesuch entweder für begründet erklärt war oder mit Unrecht verworfen worden ist;
4. wenn das Gericht seine Zuständigkeit mit Unrecht angenommen hat;
5. wenn die Hauptverhandlung in Abwesenheit der Staatsanwaltschaft oder einer Person, deren Anwesenheit das Gesetz vorschreibt, stattgefunden hat;
6. wenn das Urteil auf Grund einer mündlichen Verhandlung ergangen ist, bei der die Vorschriften über die Öffentlichkeit des Verfahrens verletzt sind;

---

1) § 338 Nr. 1 neu gef. mWv 13.12.2019 durch G v. 10.12.2019 (BGBl. I S. 2121).

7. wenn das Urteil keine Entscheidungsgründe enthält oder diese nicht innerhalb des sich aus § 275 Abs. 1 Satz 2 und 4 ergebenden Zeitraums zu den Akten gebracht worden sind;
8. wenn die Verteidigung in einem für die Entscheidung wesentlichen Punkt durch einen Beschluß des Gerichts unzulässig beschränkt worden ist.

**§ 339 Rechtsnormen zugunsten des Angeklagten.** Die Verletzung von Rechtsnormen, die lediglich zugunsten des Angeklagten gegeben sind, kann von der Staatsanwaltschaft nicht zu dem Zweck geltend gemacht werden, um eine Aufhebung des Urteils zum Nachteil des Angeklagten herbeizuführen.

**§ 340[1] Revision gegen Berufungsurteile bei Vertretung des Angeklagten.** Ist nach § 329 Absatz 2 verfahren worden, kann der Angeklagte die Revision gegen das auf seine Berufung hin ergangene Urteil nicht darauf stützen, dass seine Anwesenheit in der Berufungshauptverhandlung erforderlich gewesen wäre.

**§ 341[2] Form und Frist.** (1) Die Revision muß bei dem Gericht, dessen Urteil angefochten wird, binnen einer Woche nach Verkündung des Urteils zu Protokoll der Geschäftsstelle oder schriftlich eingelegt werden.

(2) Hat die Verkündung des Urteils nicht in Anwesenheit des Angeklagten stattgefunden, so beginnt für diesen die Frist mit der Zustellung, sofern nicht in den Fällen der §§ 234, 329 Absatz 2, § 387 Absatz 1, § 411 Absatz 2 und § 434 Absatz 1 Satz 1 die Verkündung in Anwesenheit des Verteidigers mit nachgewiesener Vertretungsvollmacht stattgefunden hat.

**§ 342 Revision und Wiedereinsetzungsantrag.** (1) Der Beginn der Frist zur Einlegung der Revision wird dadurch nicht ausgeschlossen, daß gegen ein auf Ausbleiben des Angeklagten ergangenes Urteil eine Wiedereinsetzung in den vorigen Stand nachgesucht werden kann.

(2) [1] Stellt der Angeklagte einen Antrag auf Wiedereinsetzung in den vorigen Stand, so wird die Revision dadurch gewahrt, daß sie sofort für den Fall der Verwerfung jenes Antrags rechtzeitig eingelegt und begründet wird. [2] Die weitere Verfügung in bezug auf die Revision bleibt dann bis zur Erledigung des Antrags auf Wiedereinsetzung in den vorigen Stand ausgesetzt.

(3) Die Einlegung der Revision ohne Verbindung mit dem Antrag auf Wiedereinsetzung in den vorigen Stand gilt als Verzicht auf die letztere.

**§ 343 Hemmung der Rechtskraft.** (1) Durch rechtzeitige Einlegung der Revision wird die Rechtskraft des Urteils, soweit es angefochten ist, gehemmt.

(2) Dem Beschwerdeführer, dem das Urteil mit den Gründen noch nicht zugestellt war, ist es nach Einlegung der Revision zuzustellen.

**§ 344 Revisionsbegründung.** (1) Der Beschwerdeführer hat die Erklärung abzugeben, inwieweit er das Urteil anfechte und dessen Aufhebung beantrage (Revisionsanträge), und die Anträge zu begründen.

(2) [1] Aus der Begründung muß hervorgehen, ob das Urteil wegen Verletzung einer Rechtsnorm über das Verfahren oder wegen Verletzung einer anderen

---

[1] § 340 neu gef. mWv 25.7.2015 durch G v. 17.7.2015 (BGBl. I S. 1332).

[2] § 341 Abs. 2 geänd. mWv 1.9.2004 durch G v. 24.8.2004 (BGBl. I S. 2198); Abs. 2 geänd. mWv 25.7.2015 durch G v. 17.7.2015 (BGBl. I S. 1332); Abs. 2 geänd. mWv 1.1.2018 durch G v. 5.7.2017 (BGBl. I S. 2208).

Rechtsnorm angefochten wird. [2]Ersterenfalls müssen die den Mangel enthaltenden Tatsachen angegeben werden.

**§ 345[1)] Revisionsbegründungsfrist.** (1) [1]Die Revisionsanträge und ihre Begründung sind spätestens binnen eines Monats nach Ablauf der Frist zur Einlegung des Rechtsmittels bei dem Gericht, dessen Urteil angefochten wird, anzubringen. [2]Die Revisionsbegründungsfrist verlängert sich, wenn das Urteil später als einundzwanzig Wochen nach der Verkündung zu den Akten gebracht worden ist, um einen Monat und, wenn es später als fünfunddreißig Wochen nach der Verkündung zu den Akten gebracht worden ist, um einen weiteren Monat. [3]War bei Ablauf der Frist zur Einlegung des Rechtsmittels das Urteil noch nicht zugestellt, so beginnt die Frist mit der Zustellung des Urteils und in den Fällen des Satzes 2 der Mitteilung des Zeitpunktes, zu dem es zu den Akten gebracht ist.

(2) Seitens des Angeklagten kann dies nur in einer von dem Verteidiger oder einem Rechtsanwalt unterzeichneten Schrift oder zu Protokoll der Geschäftsstelle geschehen.

**§ 346 Verspätete oder formwidrige Einlegung.** (1) Ist die Revision verspätet eingelegt oder sind die Revisionsanträge nicht rechtzeitig oder nicht in der in § 345 Abs. 2 vorgeschriebenen Form angebracht worden, so hat das Gericht, dessen Urteil angefochten wird, das Rechtsmittel durch Beschluß als unzulässig zu verwerfen.

(2) [1]Der Beschwerdeführer kann binnen einer Woche nach Zustellung des Beschlusses auf die Entscheidung des Revisionsgerichts antragen. [2]In diesem Falle sind die Akten an das Revisionsgericht einzusenden; die Vollstreckung des Urteils wird jedoch hierdurch nicht gehemmt. [3]Die Vorschrift des § 35a gilt entsprechend.

**§ 347[2)] Zustellung; Gegenerklärung; Vorlage der Akten an das Revisionsgericht.** (1) [1]Ist die Revision rechtzeitig eingelegt und sind die Revisionsanträge rechtzeitig und in der vorgeschriebenen Form angebracht, so ist die Revisionsschrift dem Gegner des Beschwerdeführers zuzustellen. [2]Diesem steht frei, binnen einer Woche eine schriftliche Gegenerklärung einzureichen. [3]Wird das Urteil wegen eines Verfahrensmangels angefochten, so gibt der Staatsanwalt in dieser Frist eine Gegenerklärung ab, wenn anzunehmen ist, dass dadurch die Prüfung der Revisionsbeschwerde erleichtert wird. [4]Der Angeklagte kann die Gegenerklärung auch zu Protokoll der Geschäftsstelle abgeben.

(2) Nach Eingang der Gegenerklärung oder nach Ablauf der Frist sendet die Staatsanwaltschaft die Akten an das Revisionsgericht.

**§ 348 Unzuständigkeit des Gerichts.** (1) Findet das Gericht, an das die Akten gesandt sind, daß die Verhandlung und Entscheidung über das Rechtsmittel zur Zuständigkeit eines anderen Gerichts gehört, so hat es durch Beschluß seine Unzuständigkeit auszusprechen.

(2) Dieser Beschluß, in dem das zuständige Revisionsgericht zu bezeichnen ist, unterliegt keiner Anfechtung und ist für das in ihm bezeichnete Gericht bindend.

(3) Die Abgabe der Akten erfolgt durch die Staatsanwaltschaft.

---

[1)] § 345 Abs. 1 Satz 2 eingef., bish. Satz 2 wird Satz 3 und geänd. mWv 1.7.2021 durch G v. 25.6.2021 (BGBl. I S. 2099).

[2)] § 347 Abs. 1 Satz 3 eingef., bish. Satz 3 wird Satz 4 und geänd. mWv 24.8.2017 durch G v. 17.8.2017 (BGBl. I S. 3202).

**§ 349 Entscheidung ohne Hauptverhandlung durch Beschluss.**

(1) Erachtet das Revisionsgericht die Vorschriften über die Einlegung der Revision oder die über die Anbringung der Revisionsanträge nicht für beobachtet, so kann es das Rechtsmittel durch Beschluß als unzulässig verwerfen.

(2) Das Revisionsgericht kann auf einen Antrag der Staatsanwaltschaft, der zu begründen ist, auch dann durch Beschluß entscheiden, wenn es die Revision einstimmig für offensichtlich unbegründet erachtet.

(3) [1] Die Staatsanwaltschaft teilt den Antrag nach Absatz 2 mit den Gründen dem Beschwerdeführer mit. [2] Der Beschwerdeführer kann binnen zwei Wochen eine schriftliche Gegenerklärung beim Revisionsgericht einreichen.

(4) Erachtet das Revisionsgericht die zugunsten des Angeklagten eingelegte Revision einstimmig für begründet, so kann es das angefochtene Urteil durch Beschluß aufheben

(5) Wendet das Revisionsgericht Absatz 1, 2 oder 4 nicht an, so entscheidet es über das Rechtsmittel durch Urteil.

**§ 350[1)] Revisionshauptverhandlung.** (1) [1] Dem Angeklagten, seinem gesetzlichen Vertreter und dem Verteidiger sowie dem Nebenkläger und den Personen, die nach § 214 Absatz 1 Satz 2 vom Termin zu benachrichtigen sind, sind Ort und Zeit der Hauptverhandlung mitzuteilen. [2] Ist die Mitwirkung eines Verteidigers notwendig, so ist dieser zu laden.

(2) [1] Der Angeklagte kann in der Hauptverhandlung erscheinen oder sich durch einen Verteidiger mit nachgewiesener Vertretungsvollmacht vertreten lassen. [2] Die Hauptverhandlung kann, soweit nicht die Mitwirkung eines Verteidigers notwendig ist, auch durchgeführt werden, wenn weder der Angeklagte noch ein Verteidiger anwesend ist. [3] Die Entscheidung darüber, ob der Angeklagte, der nicht auf freiem Fuß ist, zu der Hauptverhandlung vorgeführt wird, liegt im Ermessen des Gerichts.

**§ 351 Gang der Revisionshauptverhandlung.** (1) Die Hauptverhandlung beginnt mit dem Vortrag eines Berichterstatters.

(2) [1] Hierauf werden die Staatsanwaltschaft sowie der Angeklagte und sein Verteidiger mit ihren Ausführungen und Anträgen, und zwar der Beschwerdeführer zuerst, gehört. [2] Dem Angeklagten gebührt das letzte Wort.

**§ 352 Umfang der Urteilsprüfung.** (1) Der Prüfung des Revisionsgerichts unterliegen nur die gestellten Revisionsanträge und, soweit die Revision auf Mängel des Verfahrens gestützt wird, nur die Tatsachen, die bei Anbringung der Revisionsanträge bezeichnet worden sind.

(2) Eine weitere Begründung der Revisionsanträge als die in § 344 Abs. 2 vorgeschriebene ist nicht erforderlich und, wenn sie unrichtig ist, unschädlich.

**§ 353 Aufhebung des Urteils und der Feststellungen.** (1) Soweit die Revision für begründet erachtet wird, ist das angefochtene Urteil aufzuheben.

(2) Gleichzeitig sind die dem Urteil zugrunde liegenden Feststellungen aufzuheben, sofern sie durch die Gesetzesverletzung betroffen werden, wegen deren das Urteil aufgehoben wird.

---

1) § 350 Abs. 2 Satz 1 geänd. mWv 25.7.2015 durch G v. 17.7.2015 (BGBl. I S. 1332); Abs. 2 Satz 1 geänd. mWv 1.1.2018 durch G v. 5.7.2017 (BGBl. I S. 2208); Abs. 1 Satz 1 geänd., Satz 2 neu gef., Abs. 2 Satz 2 neu gef., Satz 3 angef., Abs. 3 aufgeh. mWv 21.12.2018 durch G v. 17.12.2018 (BGBl. I S. 2571).

**§ 354[1] Eigene Entscheidung in der Sache; Zurückverweisung.**

(1) Erfolgt die Aufhebung des Urteils nur wegen Gesetzesverletzung bei Anwendung des Gesetzes auf die dem Urteil zugrunde liegenden Feststellungen, so hat das Revisionsgericht in der Sache selbst zu entscheiden, sofern ohne weitere tatsächliche Erörterungen nur auf Freisprechung oder auf Einstellung oder auf eine absolut bestimmte Strafe zu erkennen ist oder das Revisionsgericht in Übereinstimmung mit dem Antrag der Staatsanwaltschaft die gesetzlich niedrigste Strafe oder das Absehen von Strafe für angemessen erachtet.

(1a) 1 Wegen einer Gesetzesverletzung nur bei Zumessung der Rechtsfolgen kann das Revisionsgericht von der Aufhebung des angefochtenen Urteils absehen, sofern die verhängte Rechtsfolge angemessen ist. 2 Auf Antrag der Staatsanwaltschaft kann es die Rechtsfolgen angemessen herabsetzen.

(1b) 1 Hebt das Revisionsgericht das Urteil nur wegen Gesetzesverletzung bei Bildung einer Gesamtstrafe (§§ 53, 54, 55 des Strafgesetzbuches[2]) auf, kann dies mit der Maßgabe geschehen, dass eine nachträgliche gerichtliche Entscheidung über die Gesamtstrafe nach den §§ 460, 462 zu treffen ist. 2 Entscheidet das Revisionsgericht nach Absatz 1 oder Absatz 1a hinsichtlich einer Einzelstrafe selbst, gilt Satz 1 entsprechend. 3 Die Absätze 1 und 1a bleiben im Übrigen unberührt.

(2) 1 In anderen Fällen ist die Sache an eine andere Abteilung oder Kammer des Gerichtes, dessen Urteil aufgehoben wird, oder an ein zu demselben Land gehörendes anderes Gericht gleicher Ordnung zurückzuverweisen. 2 In Verfahren, in denen ein Oberlandesgericht im ersten Rechtszug entschieden hat, ist die Sache an einen anderen Senat dieses Gerichts zurückzuverweisen.

(3) Die Zurückverweisung kann an ein Gericht niederer Ordnung erfolgen, wenn die noch in Frage kommende strafbare Handlung zu dessen Zuständigkeit gehört.

**§ 354a Entscheidung bei Gesetzesänderung.** Das Revisionsgericht hat auch dann nach § 354 zu verfahren, wenn es das Urteil aufhebt, weil zur Zeit der Entscheidung des Revisionsgerichts ein anderes Gesetz gilt als zur Zeit des Erlasses der angefochtenen Entscheidung.

**§ 355 Verweisung an das zuständige Gericht.** Wird ein Urteil aufgehoben, weil das Gericht des vorangehenden Rechtszuges sich mit Unrecht für zuständig erachtet hat, so verweist das Revisionsgericht gleichzeitig die Sache an das zuständige Gericht.

**§ 356 Urteilsverkündung.** Die Verkündung des Urteils erfolgt nach Maßgabe des § 268.

**§ 356a[3] Verletzung des Anspruchs auf rechtliches Gehör bei einer Revisionsentscheidung.** 1 Hat das Gericht bei einer Revisionsentscheidung den Anspruch eines Beteiligten auf rechtliches Gehör in entscheidungserheblicher Weise verletzt, versetzt es insoweit auf Antrag das Verfahren durch Beschluss in die Lage zurück, die vor dem Erlass der Entscheidung bestand. 2 Der Antrag ist binnen einer Woche nach Kenntnis von der Verletzung des rechtlichen Gehörs schriftlich oder

---

[1] § 354 Abs. 1a und 1b eingef. mWv 1.9.2004 durch G v. 24.8.2004 (BGBl. I S. 2198).

[2] Nr. **85**.

[3] § 356a eingef. mWv 1.1.2005 durch G v. 9.12.2004 (BGBl. I S. 3220); Satz 4 eingef., bish. Satz 4 wird Satz 5 mWv 21.12.2018 durch G v. 17.12.2018 (BGBl. I S. 2571).

zu Protokoll der Geschäftsstelle beim Revisionsgericht zu stellen und zu begründen. [3] Der Zeitpunkt der Kenntniserlangung ist glaubhaft zu machen. [4] Hierüber ist der Angeklagte bei der Bekanntmachung eines Urteils, das ergangen ist, obwohl weder er selbst noch ein Verteidiger mit nachgewiesener Vertretungsvollmacht anwesend war, zu belehren. [5] § 47 gilt entsprechend.

**§ 357[1)] Revisionserstreckung auf Mitverurteilte.** [1] Erfolgt zugunsten eines Angeklagten die Aufhebung des Urteils wegen Gesetzesverletzung bei Anwendung des Strafgesetzes und erstreckt sich das Urteil, soweit es aufgehoben wird, noch auf andere Angeklagte, die nicht Revision eingelegt haben, so ist zu erkennen, als ob sie gleichfalls Revision eingelegt hätten. [2] § 47 Abs. 3 gilt entsprechend.

**§ 358[2)] Bindung des Tatgerichts; Verbot der Schlechterstellung.** (1) Das Gericht, an das die Sache zur anderweiten Verhandlung und Entscheidung verwiesen ist, hat die rechtliche Beurteilung, die der Aufhebung des Urteils zugrunde gelegt ist, auch seiner Entscheidung zugrunde zu legen.

(2) [1] Das angefochtene Urteil darf in Art und Höhe der Rechtsfolgen der Tat nicht zum Nachteil des Angeklagten geändert werden, wenn lediglich der Angeklagte, zu seinen Gunsten die Staatsanwaltschaft oder sein gesetzlicher Vertreter Revision eingelegt hat. [2] Wird die Anordnung der Unterbringung in einem psychiatrischen Krankenhaus aufgehoben, hindert diese Vorschrift nicht, an Stelle der Unterbringung eine Strafe zu verhängen. [3] Satz 1 steht auch nicht der Anordnung der Unterbringung in einem psychiatrischen Krankenhaus oder einer Entziehungsanstalt entgegen.

## Viertes Buch. Wiederaufnahme eines durch rechtskräftiges Urteil abgeschlossenen Verfahrens

**§ 359[3) 4)] Wiederaufnahme zugunsten des Verurteilten.** Die Wiederaufnahme eines durch rechtskräftiges Urteil abgeschlossenen Verfahrens zugunsten des Verurteilten ist zulässig,

1. wenn eine in der Hauptverhandlung zu seinen Ungunsten als echt vorgebrachte Urkunde unecht oder verfälscht war;
2. wenn der Zeuge oder Sachverständige sich bei einem zuungunsten des Verurteilten abgelegten Zeugnis oder abgegebenen Gutachten einer vorsätzlichen oder fahrlässigen Verletzung der Eidespflicht oder einer vorsätzlichen falschen uneidlichen Aussage schuldig gemacht hat;
3. wenn bei dem Urteil ein Richter oder Schöffe mitgewirkt hat, der sich in Beziehung auf die Sache einer strafbaren Verletzung seiner Amtspflichten schuldig gemacht hat, sofern die Verletzung nicht vom Verurteilten selbst veranlaßt ist;
4. wenn ein zivilgerichtliches Urteil, auf welches das Strafurteil gegründet ist, durch ein anderes rechtskräftig gewordenes Urteil aufgehoben ist;
5. wenn neue Tatsachen oder Beweismittel beigebracht sind, die allein oder in Verbindung mit den früher erhobenen Beweisen die Freisprechung des Angeklagten oder in Anwendung eines milderen Strafgesetzes eine geringere Be-

---

1) § 357 Satz 2 angef. mWv 31.12.2006 durch G v. 22.12.2006 (BGBl. I S. 3416).
2) § 358 Abs. 2 Satz 2 neu gef., Satz 3 angef. mWv 20.7.2007 durch G v. 16.7.2007 (BGBl. I S. 1327).
3) § 359 Nr. 6 angef. durch G v. 8.7.1998 (BGBl. I S. 1802).
4) Beachte hierzu auch § 79 Abs. 1 BundesverfassungsgerichtsG **(Sartorius Nr. 40)**.

strafung oder eine wesentlich andere Entscheidung über eine Maßregel der Besserung und Sicherung zu begründen geeignet sind;
6. wenn der Europäische Gerichtshof für Menschenrechte eine Verletzung der Europäischen Konvention zum Schutze der Menschenrechte und Grundfreiheiten oder ihre Protokolle festgestellt hat und das Urteil auf dieser Verletzung beruht.

**§ 360 Keine Hemmung der Vollstreckung.** (1) Durch den Antrag auf Wiederaufnahme des Verfahrens wird die Vollstreckung des Urteils nicht gehemmt.

(2) Das Gericht kann jedoch einen Aufschub sowie eine Unterbrechung der Vollstreckung anordnen.

**§ 361[1] Wiederaufnahme nach Vollstreckung oder Tod des Verurteilten.** (1) Der Antrag auf Wiederaufnahme des Verfahrens wird weder durch die erfolgte Strafvollstreckung noch durch den Tod des Verurteilten ausgeschlossen.

(2) Im Falle des Todes sind der Ehegatte, der Lebenspartner, die Verwandten auf- und absteigender Linie sowie die Geschwister des Verstorbenen zu dem Antrag befugt.

**§ 362[2] Wiederaufnahme zuungunsten des Verurteilten.** Die Wiederaufnahme eines durch rechtskräftiges Urteil abgeschlossenen Verfahrens zuungunsten des Angeklagten ist zulässig,

1. wenn eine in der Hauptverhandlung zu seinen Gunsten als echt vorgebrachte Urkunde unecht oder verfälscht war;
2. wenn der Zeuge oder Sachverständige sich bei einem zugunsten des Angeklagten abgelegten Zeugnis oder abgegebenen Gutachten einer vorsätzlichen oder fahrlässigen Verletzung der Eidespflicht oder einer vorsätzlichen falschen uneidlichen Aussage schuldig gemacht hat;
3. wenn bei dem Urteil ein Richter oder Schöffe mitgewirkt hat, der sich in Beziehung auf die Sache einer strafbaren Verletzung seiner Amtspflichten schuldig gemacht hat;
4. wenn von dem Freigesprochenen vor Gericht oder außergerichtlich ein glaubwürdiges Geständnis der Straftat abgelegt wird;
5. wenn neue Tatsachen oder Beweismittel beigebracht werden, die allein oder in Verbindung mit früher erhobenen Beweisen dringende Gründe dafür bilden, dass der freigesprochene Angeklagte wegen Mordes (§ 211 des Strafgesetzbuches)[3], Völkermordes (§ 6 Absatz 1 des Völkerstrafgesetzbuches[4]), des Verbrechens gegen die Menschlichkeit (§ 7 Absatz 1 Nummer 1 und 2 des Völkerstrafgesetzbuches) oder Kriegsverbrechens gegen eine Person (§ 8 Absatz 1 Nummer 1 des Völkerstrafgesetzbuches) verurteilt wird.

**§ 363 Unzulässigkeit.** (1) Eine Wiederaufnahme des Verfahrens zu dem Zweck, eine andere Strafbemessung auf Grund desselben Strafgesetzes herbeizuführen, ist nicht zulässig.

---

[1] § 361 Abs. 2 geänd. mWv 1.8.2001 durch G v. 16.2.2001 (BGBl. I S. 266).
[2] § 362 Nr. 4 geänd., Nr. 5 angef. mWv 30.12.2021 durch G v. 21.12.2021 (BGBl. I S. 5252).
[3] Nr. **85**.
[4] **Habersack, Deutsche Gesetze ErgBd. Nr. 85g.**

(2) Eine Wiederaufnahme des Verfahrens zu dem Zweck, eine Milderung der Strafe wegen verminderter Schuldfähigkeit (§ 21 des Strafgesetzbuches[1)]) herbeizuführen, ist gleichfalls ausgeschlossen.

**§ 364 Behauptung einer Straftat.** [1] Ein Antrag auf Wiederaufnahme des Verfahrens, der auf die Behauptung einer Straftat gegründet werden soll, ist nur dann zulässig, wenn wegen dieser Tat eine rechtskräftige Verurteilung ergangen ist oder wenn die Einleitung oder Durchführung eines Strafverfahrens aus anderen Gründen als wegen Mangels an Beweis nicht erfolgen kann. [2] Dies gilt nicht im Falle des § 359 Nr. 5.

*(Fortsetzung nächstes Blatt)*

[1)] Nr. **85**.

**§ 364a Bestellung eines Verteidigers für das Wiederaufnahmeverfahren.** Das für die Entscheidungen im Wiederaufnahmeverfahren zuständige Gericht bestellt dem Verurteilten, der keinen Verteidiger hat, auf Antrag einen Verteidiger für das Wiederaufnahmeverfahren, wenn wegen der Schwierigkeit der Sach- oder Rechtslage die Mitwirkung eines Verteidigers geboten erscheint.

**§ 364b Bestellung eines Verteidigers für die Vorbereitung des Wiederaufnahmeverfahrens.** (1) [1]Das für die Entscheidungen im Wiederaufnahmeverfahren zuständige Gericht bestellt dem Verurteilten, der keinen Verteidiger hat, auf Antrag einen Verteidiger schon für die Vorbereitung eines Wiederaufnahmeverfahrens, wenn

1. hinreichende tatsächliche Anhaltspunkte dafür vorliegen, daß bestimmte Nachforschungen zu Tatsachen oder Beweismitteln führen, welche die Zulässigkeit eines Antrags auf Wiederaufnahme des Verfahrens begründen können,
2. wegen der Schwierigkeit der Sach- oder Rechtslage die Mitwirkung eines Verteidigers geboten erscheint und
3. der Verurteilte außerstande ist, ohne Beeinträchtigung des für ihn und seine Familie notwendigen Unterhalts auf eigene Kosten einen Verteidiger zu beauftragen.

[2]Ist dem Verurteilten bereits ein Verteidiger bestellt, so stellt das Gericht auf Antrag durch Beschluß fest, daß die Voraussetzungen der Nummern 1 bis 3 des Satzes 1 vorliegen.

(2) Für das Verfahren zur Feststellung der Voraussetzungen des Absatzes 1 Satz 1 Nr. 3 gelten § 117 Abs. 2 bis 4 und § 118 Abs. 2 Satz 1, 2 und 4 der Zivilprozeßordnung[1)] entsprechend.

**§ 365 Geltung der allgemeinen Vorschriften über Rechtsmittel für den Antrag.** Die allgemeinen Vorschriften über Rechtsmittel gelten auch für den Antrag auf Wiederaufnahme des Verfahrens.

**§ 366 Inhalt und Form des Antrags.** (1) In dem Antrag müssen der gesetzliche Grund der Wiederaufnahme des Verfahrens sowie die Beweismittel angegeben werden.

(2) Von dem Angeklagten und den in § 361 Abs. 2 bezeichneten Personen kann der Antrag nur mittels einer von dem Verteidiger oder einem Rechtsanwalt unterzeichneten Schrift oder zu Protokoll der Geschäftsstelle angebracht werden.

**§ 367 Zuständigkeit des Gerichts; Entscheidung ohne mündliche Verhandlung.** (1) [1]Die Zuständigkeit des Gerichts für die Entscheidungen im Wiederaufnahmeverfahren und über den Antrag zur Vorbereitung eines Wiederaufnahmeverfahrens richtet sich nach den besonderen Vorschriften des Gerichtsverfassungsgesetzes[2)].[3)] [2]Der Verurteilte kann Anträge nach den §§ 364a und 364b oder einen Antrag auf Zulassung der Wiederaufnahme des Verfahrens auch bei dem Gericht einreichen, dessen Urteil angefochten wird; dieses leitet den Antrag dem zuständigen Gericht zu.

---

[1)] Nr. **100**.
[2)] Nr. **95**.
[3)] § 140a GVG (Nr. **95**).

(2) Die Entscheidungen über Anträge nach den §§ 364a und 364b und den Antrag auf Zulassung der Wiederaufnahme des Verfahrens ergehen ohne mündliche Verhandlung.

**§ 368 Verwerfung wegen Unzulässigkeit.** (1) Ist der Antrag nicht in der vorgeschriebenen Form angebracht oder ist darin kein gesetzlicher Grund der Wiederaufnahme geltend gemacht oder kein geeignetes Beweismittel angeführt, so ist der Antrag als unzulässig zu verwerfen.

(2) Andernfalls ist er dem Gegner des Antragstellers unter Bestimmung einer Frist zur Erklärung zuzustellen.

**§ 369 Beweisaufnahme.** (1) Wird der Antrag für zulässig befunden, so beauftragt das Gericht mit der Aufnahme der angetretenen Beweise, soweit dies erforderlich ist, einen Richter.

(2) Dem Ermessen des Gerichts bleibt es überlassen, ob die Zeugen und Sachverständigen eidlich vernommen werden sollen.

(3) [1] Bei der Vernehmung eines Zeugen oder Sachverständigen und bei der Einnahme eines richterlichen Augenscheins ist der Staatsanwaltschaft, dem Angeklagten und dem Verteidiger die Anwesenheit zu gestatten. [2] § 168c Abs. 3, § 224 Abs. 1 und § 225 gelten entsprechend. [3] Befindet sich der Angeklagte nicht auf freiem Fuß, so hat er keinen Anspruch auf Anwesenheit, wenn der Termin nicht an der Gerichtsstelle des Ortes abgehalten wird, wo er sich in Haft befindet, und seine Mitwirkung der mit der Beweiserhebung bezweckten Klärung nicht dienlich ist.

(4) Nach Schluß der Beweisaufnahme sind die Staatsanwaltschaft und der Angeklagte unter Bestimmung einer Frist zu weiterer Erklärung aufzufordern.

**§ 370 Entscheidung über die Begründetheit.** (1) Der Antrag auf Wiederaufnahme des Verfahrens wird ohne mündliche Verhandlung als unbegründet verworfen, wenn die darin aufgestellten Behauptungen keine genügende Bestätigung gefunden haben oder wenn in den Fällen des § 359 Nr. 1 und 2 oder des § 362 Nr. 1 und 2 nach Lage der Sache die Annahme ausgeschlossen ist, daß die in diesen Vorschriften bezeichnete Handlung auf die Entscheidung Einfluß gehabt hat.

(2) Andernfalls ordnet das Gericht die Wiederaufnahme des Verfahrens und die Erneuerung der Hauptverhandlung an.

**§ 371[1)] Freisprechung ohne erneute Hauptverhandlung.** (1) Ist der Verurteilte bereits verstorben, so hat ohne Erneuerung der Hauptverhandlung das Gericht nach Aufnahme des etwa noch erforderlichen Beweises entweder auf Freisprechung zu erkennen oder den Antrag auf Wiederaufnahme abzulehnen.

(2) Auch in anderen Fällen kann das Gericht, bei öffentlichen Klagen jedoch nur mit Zustimmung der Staatsanwaltschaft, den Verurteilten sofort freisprechen, wenn dazu genügende Beweise bereits vorliegen.

(3) [1] Mit der Freisprechung ist die Aufhebung des früheren Urteils zu verbinden. [2] War lediglich auf eine Maßregel der Besserung und Sicherung erkannt, so tritt an die Stelle der Freisprechung die Aufhebung des früheren Urteils.

---

[1)] § 371 Abs. 4 neu gef. mWv 1.1.2007 durch G v. 24.10.2006 (BGBl. I S. 2350); Abs. 4 geänd. mWv 1.4.2012 durch G v. 22.12.2011 (BGBl. I S. 3044).

(4) Die Aufhebung ist auf Verlangen des Antragstellers im Bundesanzeiger bekannt zu machen und kann nach dem Ermessen des Gerichts auch auf andere geeignete Weise veröffentlicht werden.

**§ 372 Sofortige Beschwerde.** [1] Alle Entscheidungen, die aus Anlaß eines Antrags auf Wiederaufnahme des Verfahrens von dem Gericht im ersten Rechtszug erlassen werden, können mit sofortiger Beschwerde angefochten werden. [2] Der Beschluß, durch den das Gericht die Wiederaufnahme des Verfahrens und die Erneuerung der Hauptverhandlung anordnet, kann von der Staatsanwaltschaft nicht angefochten werden.

**§ 373 Urteil nach erneuter Hauptverhandlung; Verbot der Schlechterstellung.** (1) In der erneuten Hauptverhandlung ist entweder das frühere Urteil aufrechtzuerhalten oder unter seiner Aufhebung anderweit in der Sache zu erkennen.

(2) [1] Das frühere Urteil darf in Art und Höhe der Rechtsfolgen der Tat nicht zum Nachteil des Verurteilten geändert werden, wenn lediglich der Verurteilte, zu seinen Gunsten die Staatsanwaltschaft oder sein gesetzlicher Vertreter die Wiederaufnahme des Verfahrens beantragt hat. [2] Diese Vorschrift steht der Anordnung der Unterbringung in einem psychiatrischen Krankenhaus oder einer Entziehungsanstalt nicht entgegen.

**§ 373a Verfahren bei Strafbefehl.** (1) Die Wiederaufnahme eines durch rechtskräftigen Strafbefehl abgeschlossenen Verfahrens zuungunsten des Verurteilten ist auch zulässig, wenn neue Tatsachen oder Beweismittel beigebracht sind, die allein oder in Verbindung mit den früheren Beweisen geeignet sind, die Verurteilung wegen eines Verbrechens zu begründen.

(2) Im übrigen gelten für die Wiederaufnahme eines durch rechtskräftigen Strafbefehl abgeschlossenen Verfahrens die §§ 359 bis 373 entsprechend.

## Fünftes Buch. Beteiligung des Verletzten am Verfahren

### Erster Abschnitt.[1)] Definition

**§ 373b[1)] Begriff des Verletzten.** (1) Im Sinne dieses Gesetzes sind Verletzte diejenigen, die durch die Tat, ihre Begehung unterstellt oder rechtskräftig festgestellt, in ihren Rechtsgütern unmittelbar beeinträchtigt worden sind oder unmittelbar einen Schaden erlitten haben.

(2) Verletzten im Sinne des Absatzes 1 gleichgestellt sind

1. der Ehegatte oder der Lebenspartner,
2. der in einem gemeinsamen Haushalt lebende Lebensgefährte,
3. die Verwandten in gerader Linie,
4. die Geschwister und
5. die Unterhaltsberechtigten

einer Person, deren Tod eine direkte Folge der Tat, ihre Begehung unterstellt oder rechtskräftig festgestellt, gewesen ist.

---

[1)] 1. Abschnitt (§ 373b) eingef. mWv 1.7.2021 durch G v. 25.6.2021 (BGBl. I S. 2099).

## Zweiter Abschnitt.[1] Privatklage

**§ 374[2] Zulässigkeit; Privatklageberechtigte.** (1) Im Wege der Privatklage können vom Verletzten verfolgt werden, ohne daß es einer vorgängigen Anrufung der Staatsanwaltschaft bedarf,

1. ein Hausfriedensbruch (§ 123 des Strafgesetzbuches[3]),
2. eine Beleidigung (§§ 185 bis 189 des Strafgesetzbuches), wenn sie nicht gegen eine der in § 194 Abs. 4 des Strafgesetzbuches genannten politischen Körperschaften gerichtet ist,

2a. eine Verletzung des höchstpersönlichen Lebensbereichs und von Persönlichkeitsrechten durch Bildaufnahmen (§ 201a Absatz 1 und 2 des Strafgesetzbuches),

3. eine Verletzung des Briefgeheimnisses (§ 202 des Strafgesetzbuches),
4. eine Körperverletzung (§§ 223 und 229 des Strafgesetzbuches),
5. eine Nötigung (§ 240 Absatz 1 bis 3 des Strafgesetzbuches) oder eine Bedrohung (§ 241 Absatz 1 bis 3 des Strafgesetzbuches),

5a. eine Bestechlichkeit oder Bestechung im geschäftlichen Verkehr (§ 299 des Strafgesetzbuches),

6. eine Sachbeschädigung (§ 303 des Strafgesetzbuches),

6a. eine Straftat nach § 323a des Strafgesetzbuches, wenn die im Rausch begangene Tat ein in den Nummern 1 bis 6 genanntes Vergehen ist,

7. eine Straftat nach § 16 des Gesetzes gegen den unlauteren Wettbewerb[4] und § 23 des Gesetzes zum Schutz von Geschäftsgeheimnissen[5],
8. eine Straftat nach § 142 Abs. 1 des Patentgesetzes[6], § 25 Abs. 1 des Gebrauchsmustergesetzes[7], § 10 Abs. 1 des Halbleiterschutzgesetzes, § 39 Abs. 1 des Sortenschutzgesetzes, § 143 Abs. 1, § 143a Abs. 1 und § 144 Abs. 1 und 2 des Markengesetzes[8], § 51 Abs. 1 und § 65 Abs. 1 des Designgesetzes[9], den §§ 106 bis 108 sowie § 108b Abs. 1 und 2 des Urheberrechtsgesetzes[10] und § 33 des

---

[1] Bish. 1. Abschnitt wird 2. Abschnitt mWv 1.7.2021 durch G v. 25.6.2021 (BGBl. I S. 2099).

[2] § 374 Abs. 1 Nr. 8 neu gef. durch G v. 7.3.1990 (BGBl. I S. 422); Abs. 1 Nr. 8 geänd. durch G v. 25.10.1994 (BGBl. I S. 3082) und G v. 19.7.1996 (BGBl. I S. 1014); Abs. 1 Nr. 5a eingef., Nr. 7 geänd. durch G v. 13.8.1997 (BGBl. I S. 2038); Abs. 1 Nr. 2 und 4 geänd. durch G v. 26.1.1998 (BGBl. I S. 164); Abs. 1 Nr. 8 geänd. mWv 20.12.2002 durch G v. 13.12.2001 (BGBl. I S. 3656); Abs. 1 Nr. 8 geänd. mWv 13.9.2003 durch G v. 10.9.2003 (BGBl. I S. 1774); Abs. 1 Nr. 8 geänd. mWv 1.6.2004 durch G v. 12.3.2004 (BGBl. I S. 390); Abs. 1 Nr. 7 geänd. mWv 8.7.2004 durch G v. 3.7.2004 (BGBl. I S. 1414); Abs. 1 Nr. 6a eingef. mWv 1.9.2004 durch G v. 24.8.2004 (BGBl. I S. 2198); Abs. 1 Nr. 5 neu gef. mWv 31.3.2007 durch G v. 22.3.2007 (BGBl. I S. 354); Abs. 1 Nr. 8 geänd. mWv 1.1.2014 durch G v. 10.10.2013 (BGBl. I S. 3799); Abs. 1 Nr. 2a eingef. mWv 27.1.2015 durch G v. 21.1.2015 (BGBl. I S. 10); Abs. 1 Nr. 5 geänd. mWv 10.3.2017 durch G v. 1.3.2017 (BGBl. I S. 386); Abs. 1 Nr. 5 geänd. mWv 24.8.2017 durch G v. 17.8.2017 (BGBl. I S. 3202, ber. S. 3630); Abs. 1 Nr. 7 geänd. mWv 26.4.2019 durch G v. 18.4.2019 (BGBl. I S. 466); Abs. 1 Nr. 2a geänd. mWv 1.1.2021 durch G v. 9.10.2020 (BGBl. I S. 2075); Abs. 1 Nr. 5 geänd. mWv 1.7.2021 durch G v. 30.3.2021 (BGBl. I S. 441, insoweit aufgeh. durch G v. 30.3.2021, BGBl. I S. 448); Abs. 1 Nr. 5 geänd. mWv 2.4.2021 durch G v. 30.3.2021 (BGBl. I S. 448).

[3] Nr. **85**.

[4] Nr. **73**.

[5] **Habersack, Deutsche Gesetze ErgBd. Nr. 75.**

[6] **Habersack, Deutsche Gesetze ErgBd. Nr. 70.**

[7] **Habersack, Deutsche Gesetze ErgBd. Nr. 71.**

[8] Nr. **72**.

[9] **Habersack, Deutsche Gesetze ErgBd. Nr. 69.**

[10] Nr. **65**.

Gesetzes betreffend das Urheberrecht an Werken der bildenden Künste und der Photographie[1]).

(2) [1]Die Privatklage kann auch erheben, wer neben dem Verletzten oder an seiner Stelle berechtigt ist, Strafantrag zu stellen. [2]Die in § 77 Abs. 2 des Strafgesetzbuches genannten Personen können die Privatklage auch dann erheben, wenn der vor ihnen Berechtigte den Strafantrag gestellt hat.

(3) Hat der Verletzte einen gesetzlichen Vertreter, so wird die Befugnis zur Erhebung der Privatklage durch diesen und, wenn Körperschaften, Gesellschaften und andere Personenvereine, die als solche in bürgerlichen Rechtsstreitigkeiten klagen können, die Verletzten sind, durch dieselben Personen wahrgenommen, durch die sie in bürgerlichen Rechtsstreitigkeiten vertreten werden.

**§ 375 Mehrere Privatklageberechtigte.** (1) Sind wegen derselben Straftat mehrere Personen zur Privatklage berechtigt, so ist bei Ausübung dieses Rechts ein jeder von dem anderen unabhängig.

(2) Hat jedoch einer der Berechtigten die Privatklage erhoben, so steht den übrigen nur der Beitritt zu dem eingeleiteten Verfahren, und zwar in der Lage zu, in der es sich zur Zeit der Beitrittserklärung befindet.

(3) Jede in der Sache selbst ergangene Entscheidung äußert zugunsten des Beschuldigten ihre Wirkung auch gegenüber solchen Berechtigten, welche die Privatklage nicht erhoben haben.

**§ 376 Anklageerhebung bei Privatklagedelikten.** Die öffentliche Klage wird wegen der in § 374 bezeichneten Straftaten von der Staatsanwaltschaft nur dann erhoben, wenn dies im öffentlichen Interesse liegt.

**§ 377 Beteiligung der Staatsanwaltschaft; Übernahme der Verfolgung.**

(1) [1]Im Privatklageverfahren ist der Staatsanwalt zu einer Mitwirkung nicht verpflichtet. [2]Das Gericht legt ihm die Akten vor, wenn es die Übernahme der Verfolgung durch ihn für geboten hält.

(2) [1]Auch kann die Staatsanwaltschaft in jeder Lage der Sache bis zum Eintritt der Rechtskraft des Urteils durch eine ausdrückliche Erklärung die Verfolgung übernehmen. [2]In der Einlegung eines Rechtsmittels ist die Übernahme der Verfolgung enthalten.

**§ 378[2]) Beistand und Vertreter des Privatklägers.** [1]Der Privatkläger kann im Beistand eines Rechtsanwalts erscheinen oder sich durch einen Rechtsanwalt mit nachgewiesener Vertretungsvollmacht vertreten lassen. [2]Im letzteren Falle können die Zustellungen an den Privatkläger mit rechtlicher Wirkung an den Anwalt erfolgen.

**§ 379[3]) Sicherheitsleistung; Prozesskostenhilfe.** (1) Der Privatkläger hat für die dem Beschuldigten voraussichtlich erwachsenden Kosten unter denselben Voraussetzungen Sicherheit zu leisten, unter denen in bürgerlichen Rechtsstreitigkeiten der Kläger auf Verlangen des Beklagten Sicherheit wegen der Prozeßkosten zu leisten hat.

---

[1]) Nr. **67**.

[2]) § 378 Satz 1 geänd. mWv 25.7.2015 durch G v. 17.7.2015 (BGBl. I S. 1332); Satz 1 geänd. mWv 1.1. 2018 durch G v. 5.7.2017 (BGBl. I S. 2208).

[3]) § 379 Abs. 2 Satz 2 angef. mWv 31.12.2006 durch G v. 22.12.2006 (BGBl. I S. 3416).

(2) [1]Die Sicherheitsleistung ist durch Hinterlegung in barem Geld oder in Wertpapieren zu bewirken. [2]Davon abweichende Regelungen in einer auf Grund des Gesetzes über den Zahlungsverkehr mit Gerichten und Justizbehörden erlassenen Rechtsverordnung bleiben unberührt.

(3) Für die Höhe der Sicherheit und die Frist zu ihrer Leistung sowie für die Prozeßkostenhilfe gelten dieselben Vorschriften wie in bürgerlichen Rechtsstreitigkeiten.[1)]

**§ 379a**[2)] **Gebührenvorschuss.** (1) Zur Zahlung des Gebührenvorschusses nach § 16 Abs. 1 des Gerichtskostengesetzes[3)] [1)] soll, sofern nicht dem Privatkläger die Prozeßkostenhilfe bewilligt ist oder Gebührenfreiheit zusteht, vom Gericht eine Frist bestimmt werden; hierbei soll auf die nach Absatz 3 eintretenden Folgen hingewiesen werden.

(2) Vor Zahlung des Vorschusses soll keine gerichtliche Handlung vorgenommen werden, es sei denn, daß glaubhaft gemacht wird, daß die Verzögerung dem Privatkläger einen nicht oder nur schwer zu ersetzenden Nachteil bringen würde.

(3) [1]Nach fruchtlosem Ablauf der nach Absatz 1 gestellten Frist wird die Privatklage zurückgewiesen. [2]Der Beschluß kann mit sofortiger Beschwerde angefochten werden. [3]Er ist von dem Gericht, das ihn erlassen hat, von Amts wegen aufzuheben, wenn sich herausstellt, daß die Zahlung innerhalb der gesetzten Frist eingegangen ist.

**§ 380**[4)] **Erfolgloser Sühneversuch als Zulässigkeitsvoraussetzung.**

(1) [1]Wegen Hausfriedensbruchs, Beleidigung, Verletzung des Briefgeheimnisses, Körperverletzung (§§ 223 und 229 des Strafgesetzbuches[5)]), Bedrohung und Sachbeschädigung ist die Erhebung der Klage erst zulässig, nachdem von einer durch die Landesjustizverwaltung[6)] zu bezeichnenden Vergleichsbehörde die Sühne erfolglos versucht worden ist. [2]Gleiches gilt wegen einer Straftat nach § 323a

---

[1)] §§ 114–127 ZPO (Nr. **100**).

[2)] § 379a Abs. 1 geänd. mWv 1.7.2004 durch G v. 5.5.2004 (BGBl. I S. 718).

[3)] Nr. **115**.

[4)] § 380 Abs. 1 Satz 1 und Abs. 3 geänd. durch G v. 26.1.1998 (BGBl. I S. 164); Abs. 1 Satz 2 eingef., bish. Satz 2 wird Satz 3 mWv 1.9.2004 durch G v. 24.8.2004 (BGBl. I S. 2198).

[5)] Nr. **85**.

[6)] Beachte hierzu folgende landesrechtliche Vorschriften:

- **Baden-Württemberg:** §§ 37–41 AusführungsG zum GVG v. 16.12.1975 (GBl. S. 868), zuletzt geänd. durch G v. 17.12.2020 (GBl. 2021 S. 1); VO des Justizministeriums über das Sühneverfahren in Privatklagesachen v. 23.10.1971 (GBl. S. 422)
- **Bayern:** Art. 49 AusführungsG zum GVG v. 23.6.1981 (BayRS IV S. 483), zuletzt geänd. durch V v. 26.3.2019 (GVBl. S. 98); VO über den Sühneversuch in Privatklagesachen v. 13.12.1956 (BayRS II S. 490)
- **Berlin:** §§ 35–41 Berliner SchiedsamtsG **(Habersack II Nr. 259f)**
- **Brandenburg:** §§ 32–36 SchiedsstellenG **(Habersack II Nr. 259a)**
- **Bremen:** § 2 AusführungsG zur StPO v. 18.12.1958 (Brem.GBl. S. 103), zuletzt geänd. durch Bek. v. 16.8.1988 (Brem.GBl. S. 223); VO über das Sühneverfahren in Privatklagesachen v. 30.12.1958 (Brem.GBl. S. 105), geänd. durch G v. 4.12.2001 (Brem.GBl. S. 407)
- **Hamburg:** §§ 1, 6 G über die Öffentliche Rechtsauskunft- und Vergleichsstelle v. 16.11.2010 (HmbGVBl. S. 603, ber. S. 16), zuletzt geänd. durch G v. 12.11.2013 (HmbGVBl. S. 461); § 7 VO über die Öffentliche Rechtsauskunft- und Vergleichsstelle v. 1.2.2011 (HmbGVBl. S. 49), geänd. durch VO v. 18.12.2012 (HmbGVBl. S. 532)
- **Hessen:** §§ 30–36 Hessisches SchiedsamtsG v. 23.3.1994 (GVBl. I S. 148), zuletzt geänd. durch G v. 22.8.2018 (GVBl. S. 362)
- **Mecklenburg-Vorpommern:** §§ 35–39 Schiedsstellen- und SchlichtungsG **(Habersack II Nr. 259b)**
- **Niedersachsen:** §§ 37–42 Niedersächsisches SchiedsämterG v. 1.12.1989 (Nds. GVBl. S. 389), zuletzt geänd. durch G v. 16.12.2014 (Nds. GVBl. S. 436)

→

des Strafgesetzbuches, wenn die im Rausch begangene Tat ein in Satz 1 genanntes Vergehen ist. [3]Der Kläger hat die Bescheinigung hierüber mit der Klage einzureichen.

(2) Die Landesjustizverwaltung kann bestimmen, daß die Vergleichsbehörde ihre Tätigkeit von der Einzahlung eines angemessenen Kostenvorschusses abhängig machen darf.

(3) Die Vorschriften der Absätze 1 und 2 gelten nicht, wenn der amtliche Vorgesetzte nach § 194 Abs. 3 oder § 230 Abs. 2 des Strafgesetzbuches befugt ist, Strafantrag zu stellen.

(4) Wohnen die Parteien nicht in demselben Gemeindebezirk, so kann nach näherer Anordnung der Landesjustizverwaltung von einem Sühneversuch abgesehen werden.

**§ 381[1)] Erhebung der Privatklage.** [1]Die Erhebung der Klage geschieht zu Protokoll der Geschäftsstelle oder durch Einreichung einer Anklageschrift. [2]Die Klage muß den in § 200 Abs. 1 bezeichneten Erfordernissen entsprechen. [3]Mit der Anklageschrift sind zwei Abschriften einzureichen. [4]Der Einreichung von Abschriften bedarf es nicht, wenn die Anklageschrift elektronisch übermittelt wird.

**§ 382 Mitteilung der Privatklage an den Beschuldigten.** Ist die Klage vorschriftsmäßig erhoben, so teilt das Gericht sie dem Beschuldigten unter Bestimmung einer Frist zur Erklärung mit.

**§ 383 Eröffnungs- oder Zurückweisungsbeschluss; Einstellung bei geringer Schuld.** (1) [1]Nach Eingang der Erklärung des Beschuldigten oder Ablauf der Frist entscheidet das Gericht darüber, ob das Hauptverfahren zu eröffnen oder die Klage zurückzuweisen ist, nach Maßgabe der Vorschriften, die bei einer von der Staatsanwaltschaft unmittelbar erhobenen Anklage anzuwenden sind. [2]In dem Beschluß, durch den das Hauptverfahren eröffnet wird, bezeichnet das Gericht den Angeklagten und die Tat gemäß § 200 Abs. 1 Satz 1.

(2) [1]Ist die Schuld des Täters gering, so kann das Gericht das Verfahren einstellen. [2]Die Einstellung ist auch noch in der Hauptverhandlung zulässig. [3]Der Beschluß kann mit sofortiger Beschwerde angefochten werden.

**§ 384 Weiteres Verfahren.** (1) [1]Das weitere Verfahren richtet sich nach den Vorschriften, die für das Verfahren auf erhobene öffentliche Klage gegeben sind.

---

*(Fortsetzung der Anm. von voriger Seite)*
- **Nordrhein-Westfalen:** §§ 34–40 SchiedsamtsG v. 16.12.1992 (GV. NRW. 1993 S. 32), zuletzt geänd. durch G v. 23.1.2018 (GV. NRW. S. 90)
- **Rheinland-Pfalz:** §§ 9–30a SchiedsamtsO v. 12.4.1991 (GVBl. S. 209), zuletzt geänd. durch G v. 15.10.2020 (GVBl. S. 571)
- **Saarland:** §§ 30–36 Saarländische SchiedsO idF der Bek. v. 19.4.2001 (Amtsbl. S. 974), zuletzt geänd. durch G v. 13.10.2015 (Amtsbl. I S. 790)
- **Sachsen:** §§ 37–43 Sächsisches Schieds- und GütestellenG **(Habersack II Nr. 259c)**
- **Sachsen-Anhalt:** §§ 35–39 Schiedsstellen- und SchlichtungsG **(Habersack II Nr. 259d)**; VwV zum Schiedsstellen- und SchlichtungsG v. 25.6.2012 (JMBl. LSA S. 98), zuletzt geänd. durch Allgemeine Verfügung v. 16.8.2016 (JMBl. LSA S. 103)
- **Schleswig-Holstein:** §§ 35–39 SchiedsO für das Land Schleswig-Holstein v. 10.4.1991 (GVOBl. Schl.-H. S. 232), zuletzt geänd. durch VO v. 16.1.2019 (GVOBl. Schl.-H. S. 30)
- **Thüringen:** §§ 35–39 Thüringer SchiedsstellenG **(Habersack II Nr. 259e)**

[1)] § 381 Satz 4 angef. mWv 1.1.2018 durch G v. 5.7.2017 (BGBl. I S. 2208).

[2] Jedoch dürfen Maßregeln der Besserung und Sicherung nicht angeordnet werden.

(2) § 243 ist mit der Maßgabe anzuwenden, daß der Vorsitzende den Beschluß über die Eröffnung des Hauptverfahrens verliest.

(3) Das Gericht bestimmt unbeschadet des § 244 Abs. 2 den Umfang der Beweisaufnahme.

(4) Die Vorschrift des § 265 Abs. 3 über das Recht, die Aussetzung der Hauptverhandlung zu verlangen, ist nicht anzuwenden.

(5) Vor dem Schwurgericht kann eine Privatklagesache nicht gleichzeitig mit einer auf öffentliche Klage anhängig gemachten Sache verhandelt werden.

**§ 385[1)] Stellung des Privatklägers; Ladung; Akteneinsicht.** (1) [1] Soweit in dem Verfahren auf erhobene öffentliche Klage die Staatsanwaltschaft zuzuziehen und zu hören ist, wird in dem Verfahren auf erhobene Privatklage der Privatkläger zugezogen und gehört. [2] Alle Entscheidungen, die dort der Staatsanwaltschaft bekanntgemacht werden, sind hier dem Privatkläger bekanntzugeben.

(2) Zwischen der Zustellung der Ladung des Privatklägers zur Hauptverhandlung und dem Tag der letzteren muß eine Frist von mindestens einer Woche liegen.

(3) [1] Für den Privatkläger kann ein Rechtsanwalt die Akten, die dem Gericht vorliegen oder von der Staatsanwaltschaft im Falle der Erhebung einer Anklage vorzulegen wären, einsehen sowie amtlich verwahrte Beweisstücke besichtigen, soweit der Untersuchungszweck in einem anderen Strafverfahren nicht gefährdet werden kann und überwiegende schutzwürdige Interessen des Beschuldigten oder Dritter nicht entgegenstehen. [2] Der Privatkläger, der nicht durch einen Rechtsanwalt vertreten wird, ist in entsprechender Anwendung des Satzes 1 befugt, die Akten einzusehen und amtlich verwahrte Beweisstücke unter Aufsicht zu besichtigen. [3] Werden die Akten nicht elektronisch geführt, können dem Privatkläger, der nicht durch einen Rechtsanwalt vertreten wird, an Stelle der Einsichtnahme in die Akten Kopien aus den Akten übermittelt werden. [4] § 406e Absatz 5 gilt entsprechend.

(4) In den Fällen der §§ 154a und 421 ist deren Absatz 3 Satz 2 nicht anzuwenden.

(5) [1] Im Revisionsverfahren ist ein Antrag des Privatklägers nach § 349 Abs. 2 nicht erforderlich. [2] § 349 Abs. 3 ist nicht anzuwenden.

**§ 386 Ladung von Zeugen und Sachverständigen.** (1) Der Vorsitzende des Gerichts bestimmt, welche Personen als Zeugen oder Sachverständige zur Hauptverhandlung geladen werden sollen.

(2) Dem Privatkläger wie dem Angeklagten steht das Recht der unmittelbaren Ladung zu.

**§ 387[2)] Vertretung in der Hauptverhandlung.** (1) In der Hauptverhandlung kann auch der Angeklagte im Beistand eines Rechtsanwalts erscheinen oder sich auf Grund einer nachgewiesenen Vollmacht durch einen solchen vertreten lassen.

---

[1)] § 385 Abs. 3 Satz 2 angef. mWv 1.11.2000 durch G v. 2.8.2000 (BGBl. I S. 1253); Abs. 4 geänd. mWv 1.7.2017 durch G v. 13.4.2017 (BGBl. I S. 872); Abs. 3 neu gef. mWv 1.1.2018 durch G v. 5.7.2017 (BGBl. I S. 2208); Abs. 3 Satz 4 neu gef. mWv 1.7.2021 durch G v. 25.6.2021 (BGBl. I S. 2099).

[2)] § 387 Abs. 1 geänd. mWv 1.1.2018 durch G v. 5.7.2017 (BGBl. I S. 2208).

(2) Die Vorschrift des § 139 gilt für den Anwalt des Klägers und für den des Angeklagten.

(3) Das Gericht ist befugt, das persönliche Erscheinen des Klägers sowie des Angeklagten anzuordnen, auch den Angeklagten vorführen zu lassen.

**§ 388 Widerklage.** (1) Hat der Verletzte die Privatklage erhoben, so kann der Beschuldigte bis zur Beendigung des letzten Wortes (§ 258 Abs. 2 Halbsatz 2) im ersten Rechtszug mittels einer Widerklage die Bestrafung des Klägers beantragen, wenn er von diesem gleichfalls durch eine Straftat verletzt worden ist, die im Wege der Privatklage verfolgt werden kann und mit der den Gegenstand der Klage bildenden Straftat in Zusammenhang steht.

(2) [1] Ist der Kläger nicht der Verletzte (§ 374 Abs. 2), so kann der Beschuldigte die Widerklage gegen den Verletzten erheben. [2] In diesem Falle bedarf es der Zustellung der Widerklage an den Verletzten und dessen Ladung zur Hauptverhandlung, sofern die Widerklage nicht in der Hauptverhandlung in Anwesenheit des Verletzten erhoben wird.

(3) Über Klage und Widerklage ist gleichzeitig zu erkennen.

(4) Die Zurücknahme der Klage ist auf das Verfahren über die Widerklage ohne Einfluß.

**§ 389 Einstellung durch Urteil bei Verdacht eines Offizialdelikts.**

(1) Findet das Gericht nach verhandelter Sache, daß die für festgestellt zu erachtenden Tatsachen eine Straftat darstellen, auf die das in diesem Abschnitt vorgeschriebene Verfahren nicht anzuwenden ist, so hat es durch Urteil, das diese Tatsachen hervorheben muß, die Einstellung des Verfahrens auszusprechen.

(2) Die Verhandlungen sind in diesem Falle der Staatsanwaltschaft mitzuteilen.

**§ 390 Rechtsmittel des Privatklägers.** (1) [1] Dem Privatkläger stehen die Rechtsmittel zu, die in dem Verfahren auf erhobene öffentliche Klage der Staatsanwaltschaft zustehen. [2] Dasselbe gilt von dem Antrag auf Wiederaufnahme des Verfahrens in den Fällen des § 362. [3] Die Vorschrift des § 301 ist auf das Rechtsmittel des Privatklägers anzuwenden.

(2) Revisionsanträge und Anträge auf Wiederaufnahme des durch ein rechtskräftiges Urteil abgeschlossenen Verfahrens kann der Privatkläger nur mittels einer von einem Rechtsanwalt unterzeichneten Schrift anbringen.

(3) [1] Die in den §§ 320, 321 und 347 angeordnete Vorlage und Einsendung der Akten erfolgt wie im Verfahren auf erhobene öffentliche Klage an und durch die Staatsanwaltschaft. [2] Die Zustellung der Berufungs- und Revisionsschriften an den Gegner des Beschwerdeführers wird durch die Geschäftsstelle bewirkt.

(4) Die Vorschrift des § 379a über die Zahlung des Gebührenvorschusses und die Folgen nicht rechtzeitiger Zahlung gilt entsprechend.

(5) [1] Die Vorschrift des § 383 Abs. 2 Satz 1 und 2 über die Einstellung wegen Geringfügigkeit gilt auch im Berufungsverfahren. [2] Der Beschluß ist nicht anfechtbar.

**§ 391 Rücknahme der Privatklage; Verwerfung bei Versäumung; Wiedereinsetzung.** (1) [1] Die Privatklage kann in jeder Lage des Verfahrens zurückgenommen werden. [2] Nach Beginn der Vernehmung des Angeklagten zur Sache in der Hauptverhandlung des ersten Rechtszuges bedarf die Zurücknahme der Zustimmung des Angeklagten.

(2) Als Zurücknahme gilt es im Verfahren des ersten Rechtszuges und, soweit der Angeklagte die Berufung eingelegt hat, im Verfahren des zweiten Rechtszuges, wenn der Privatkläger in der Hauptverhandlung weder erscheint noch durch einen Rechtsanwalt vertreten wird oder in der Hauptverhandlung oder einem anderen Termin ausbleibt, obwohl das Gericht sein persönliches Erscheinen angeordnet hatte, oder eine Frist nicht einhält, die ihm unter Androhung der Einstellung des Verfahrens gesetzt war.

(3) Soweit der Privatkläger die Berufung eingelegt hat, ist sie im Falle der vorbezeichneten Versäumungen unbeschadet der Vorschrift des § 301 sofort zu verwerfen.

(4) Der Privatkläger kann binnen einer Woche nach der Versäumung die Wiedereinsetzung in den vorigen Stand unter den in den §§ 44 und 45 bezeichneten Voraussetzungen beanspruchen.

**§ 392 Wirkung der Rücknahme.** Die zurückgenommene Privatklage kann nicht von neuem erhoben werden.

**§ 393 Tod des Privatklägers.** (1) Der Tod des Privatklägers hat die Einstellung des Verfahrens zur Folge.

(2) Die Privatklage kann jedoch nach dem Tode des Klägers von den nach § 374 Abs. 2 zur Erhebung der Privatklage Berechtigten fortgesetzt werden.

(3) Die Fortsetzung ist von dem Berechtigten bei Verlust des Rechts binnen zwei Monaten, vom Tode des Privatklägers an gerechnet, bei Gericht zu erklären.

**§ 394 Bekanntmachung an den Beschuldigten.** Die Zurücknahme der Privatklage und der Tod des Privatklägers sowie die Fortsetzung der Privatklage sind dem Beschuldigten bekanntzumachen.

## Dritter Abschnitt.[1] Nebenklage

**§ 395[2] Befugnis zum Anschluss als Nebenkläger.** (1) Der erhobenen öffentlichen Klage oder dem Antrag im Sicherungsverfahren kann sich mit der Nebenklage anschließen, wer verletzt ist durch eine rechtswidrige Tat nach

1. den §§ 174 bis 182, 184i bis 184k des Strafgesetzbuches[3],
2. den §§ 211 und 212 des Strafgesetzbuches, die versucht wurde,
3. den §§ 221, 223 bis 226a und 340 des Strafgesetzbuches,
4. den §§ 232 bis 238, 239 Absatz 3, §§ 239a, 239b und 240 Absatz 4 des Strafgesetzbuches,
5. § 4 des Gewaltschutzgesetzes[4],
6. § 142 des Patentgesetzes[5], § 25 des Gebrauchsmustergesetzes[6], § 10 des Halbleiterschutzgesetzes, § 39 des Sortenschutzgesetzes, den §§ 143 bis 144 des

[1] Bish. 2. Abschnitt wird 3. Abschnitt mWv 1.7.2021 durch G v. 25.6.2021 (BGBl. I S. 2099).

[2] § 395 neu gef. mWv 1.10.2009 durch G v. 29.7.2009 (BGBl. I S. 2280); Abs. 1 Nr. 3 geänd. mWv 28.9.2013 durch G v. 24.9.2013 (BGBl. I S. 3671); Abs. 1 Nr. 6 geänd. mWv 1.1.2014 durch G v. 10.10. 2013 (BGBl. I S. 3799); Abs. 1 Nr. 1 geänd. mWv 10.11.2016 durch G v. 4.11.2016 (BGBl. I S. 2460); Abs. 3 geänd. mWv 22.7.2017 durch G v. 17.7.2017 (BGBl. I S. 2442); Abs. 1 Nr. 6 geänd. mWv 26.4. 2019 durch G v. 18.4.2019 (BGBl. I S. 466); Abs. 1 Nr. 1 geänd. mWv 1.1.2021 durch G v. 9.10.2020 (BGBl. I S. 2075).

[3] Nr. 85.

[4] **Habersack, Deutsche Gesetze ErgBd. Nr. 49.**

[5] **Habersack, Deutsche Gesetze ErgBd. Nr. 70.**

[6] **Habersack, Deutsche Gesetze ErgBd. Nr. 71.**

Markengesetzes[1], den §§ 51 und 65 des Designgesetzes[2], den §§ 106 bis 108b des Urheberrechtsgesetzes[3], § 33 des Gesetzes betreffend das Urheberrecht an Werken der bildenden Künste und der Photographie[4], § 16 des Gesetzes gegen den unlauteren Wettbewerb[5] und § 23 des Gesetzes zum Schutz von Geschäftsgeheimnissen[6].

(2) Die gleiche Befugnis steht Personen zu,

1. deren Kinder, Eltern, Geschwister, Ehegatten oder Lebenspartner durch eine rechtswidrige Tat getötet wurden oder
2. die durch einen Antrag auf gerichtliche Entscheidung (§ 172) die Erhebung der öffentlichen Klage herbeigeführt haben.

(3) Wer durch eine andere rechtswidrige Tat, insbesondere nach den §§ 185 bis 189, 229, 244 Absatz 1 Nummer 3, Absatz 4, §§ 249 bis 255 und 316a des Strafgesetzbuches, verletzt ist, kann sich der erhobenen öffentlichen Klage mit der Nebenklage anschließen, wenn dies aus besonderen Gründen, insbesondere wegen der schweren Folgen der Tat, zur Wahrnehmung seiner Interessen geboten erscheint.

(4) [1]Der Anschluss ist in jeder Lage des Verfahrens zulässig. [2]Er kann nach ergangenem Urteil auch zur Einlegung von Rechtsmitteln geschehen.

(5) [1]Wird die Verfolgung nach § 154a beschränkt, so berührt dies nicht das Recht, sich der erhobenen öffentlichen Klage als Nebenkläger anzuschließen. [2]Wird der Nebenkläger zum Verfahren zugelassen, entfällt eine Beschränkung nach § 154a Absatz 1 oder 2, soweit sie die Nebenklage betrifft.

**§ 396 Anschlusserklärung; Entscheidung über die Befugnis zum Anschluss.** (1) [1]Die Anschlußerklärung ist bei dem Gericht schriftlich einzureichen. [2]Eine vor Erhebung der öffentlichen Klage bei der Staatsanwaltschaft oder dem Gericht eingegangene Anschlußerklärung wird mit der Erhebung der öffentlichen Klage wirksam. [3]Im Verfahren bei Strafbefehlen wird der Anschluß wirksam, wenn Termin zur Hauptverhandlung anberaumt (§ 408 Abs. 3 Satz 2, § 411 Abs. 1) oder der Antrag auf Erlaß eines Strafbefehls abgelehnt worden ist.

(2) [1]Das Gericht entscheidet über die Berechtigung zum Anschluß als Nebenkläger nach Anhörung der Staatsanwaltschaft. [2]In den Fällen des § 395 Abs. 3 entscheidet es nach Anhörung auch des Angeschuldigten darüber, ob der Anschluß aus den dort genannten Gründen geboten ist; diese Entscheidung ist unanfechtbar.

(3) Erwägt das Gericht, das Verfahren nach § 153 Abs. 2, § 153a Abs. 2, § 153b Abs. 2 oder § 154 Abs. 2 einzustellen, so entscheidet es zunächst über die Berechtigung zum Anschluß.

**§ 397[7] Verfahrensrechte des Nebenklägers.** (1) [1]Der Nebenkläger ist, auch wenn er als Zeuge vernommen werden soll, zur Anwesenheit in der Hauptverhandlung berechtigt. [2]Er ist zur Hauptverhandlung zu laden; § 145a Absatz 2 Satz 1 und § 217 Absatz 1 und 3 gelten entsprechend. [3]Die Befugnis zur Ablehnung

---

[1] Nr. 72.
[2] **Habersack, Deutsche Gesetze ErgBd. Nr. 69.**
[3] Nr. 65.
[4] Nr. 67.
[5] Nr. 73.
[6] **Habersack, Deutsche Gesetze ErgBd. Nr. 75.**
[7] § 397 neu gef. mWv 1.10.2009 durch G v. 29.7.2009 (BGBl. I S. 2280); Abs. 3 angef. mWv 31.12.2015 durch G v. 21.12.2015 (BGBl. I S. 2525).

eines Richters (§§ 24, 31) oder Sachverständigen (§ 74), das Fragerecht (§ 240 Absatz 2), das Recht zur Beanstandung von Anordnungen des Vorsitzenden (§ 238 Absatz 2) und von Fragen (§ 242), das Beweisantragsrecht (§ 244 Absatz 3 bis 6) sowie das Recht zur Abgabe von Erklärungen (§§ 257, 258) stehen auch dem Nebenkläger zu. [4]Dieser ist, soweit gesetzlich nichts anderes bestimmt ist, im selben Umfang zuzuziehen und zu hören wie die Staatsanwaltschaft. [5]Entscheidungen, die der Staatsanwaltschaft bekannt gemacht werden, sind auch dem Nebenkläger bekannt zu geben; § 145a Absatz 1 und 3 gilt entsprechend.

(2) [1]Der Nebenkläger kann sich des Beistands eines Rechtsanwalts bedienen oder sich durch einen solchen vertreten lassen. [2]Der Rechtsanwalt ist zur Anwesenheit in der Hauptverhandlung berechtigt. [3]Er ist vom Termin der Hauptverhandlung zu benachrichtigen, wenn seine Wahl dem Gericht angezeigt oder er als Beistand bestellt wurde.

(3) Ist der Nebenkläger der deutschen Sprache nicht mächtig, erhält er auf Antrag nach Maßgabe des § 187 Absatz 2 des Gerichtsverfassungsgesetzes[1)] eine Übersetzung schriftlicher Unterlagen, soweit dies zur Ausübung seiner strafprozessualen Rechte erforderlich ist.

**§ 397a[2)] Bestellung eines Beistands; Prozesskostenhilfe.** (1) Dem Nebenkläger ist auf seinen Antrag ein Rechtsanwalt als Beistand zu bestellen, wenn er

1. durch ein Verbrechen nach den §§ 177, 232 bis 232b und 233a des Strafgesetzbuches[3)] oder durch einen besonders schweren Fall eines Vergehens nach § 177 Absatz 6 des Strafgesetzbuches verletzt ist,

1a. durch eine Straftat nach § 184j des Strafgesetzbuches[3)] verletzt ist und der Begehung dieser Straftat ein Verbrechen nach § 177 des Strafgesetzbuches oder ein besonders schwerer Fall eines Vergehens nach § 177 Absatz 6 des Strafgesetzbuches zugrunde liegt,

2. durch eine versuchte rechtswidrige Tat nach den §§ 211 und 212 des Strafgesetzbuches verletzt oder Angehöriger eines durch eine rechtswidrige Tat Getöteten im Sinne des § 395 Absatz 2 Nummer 1 ist,

3. durch ein Verbrechen nach den §§ 226, 226a, 234 bis 235, 238 bis 239b, 249, 250, 252, 255 und 316a des Strafgesetzbuches verletzt ist, das bei ihm zu schweren körperlichen oder seelischen Schäden geführt hat oder voraussichtlich führen wird,

4. durch eine rechtswidrige Tat nach den §§ 174 bis 182, 184i bis 184k und 225 des Strafgesetzbuchs verletzt ist und er zur Zeit der Tat das 18. Lebensjahr noch nicht vollendet hatte oder seine Interessen selbst nicht ausreichend wahrnehmen kann oder

---

[1)] Nr. **95**.

[2)] § 397a neu gef. mWv 1.10.2009 durch G v. 29.7.2009 (BGBl. I S. 2280); Abs. 1 Nr. 4 geänd. mWv 1.7.2011 durch G v. 23.6.2011 (BGBl. I S. 1266); Abs. 1 Nr. 3 geänd., Nr. 4 eingef., bish. Nr. 4 wird Nr. 5 und geänd., Abs. 3 Satz 3 aufgeh. mWv 1.9.2013 durch G v. 26.6.2013 (BGBl. I S. 1805); Abs. 2 Satz 2 geänd. mWv 1.1.2014 durch G v. 31.8.2013 (BGBl. I S. 3533); Abs. 1 Nr. 3 und 5 geänd. mWv 28.9. 2013 durch G v. 24.9.2013 (BGBl. I S. 3671, ber. 2014 I S. 12); Abs. 1 Nr. 1 geänd. mWv 31.12.2015 durch G v. 21.12.2015 (BGBl. I S. 2525); Abs. 1 Nr. 1 geänd. mWv 15.10.2016 durch G v. 11.10.2016 (BGBl. I S. 2226); Abs. 1 Nr. 1a eingef., Nr. 4 geänd. mWv 10.11.2016 durch G v. 4.11.2016 (BGBl. I S. 2460); Abs. 1 Nr. 1 und 1a geänd. mWv 13.12.2019 durch G v. 10.12.2019 (BGBl. I S. 2121); Abs. 3 Satz 2 geänd. mWv 13.12.2019 durch G v. 10.12.2019 (BGBl. I S. 2128); Abs. 1 Nr. 4 geänd. mWv 1.1. 2021 durch G v. 9.10.2020 (BGBl. I S. 2075).

[3)] Nr. **85**.

5. durch eine rechtswidrige Tat nach den §§ 221, 226, 226a, 232 bis 235, 237, 238 Absatz 2 und 3, §§ 239a, 239b, 240 Absatz 4, §§ 249, 250, 252, 255 und 316a des Strafgesetzbuches verletzt ist und er bei Antragstellung das 18. Lebensjahr noch nicht vollendet hat oder seine Interessen selbst nicht ausreichend wahrnehmen kann.

(2) [1] Liegen die Voraussetzungen für eine Bestellung nach Absatz 1 nicht vor, so ist dem Nebenkläger für die Hinzuziehung eines Rechtsanwalts auf Antrag Prozesskostenhilfe nach denselben Vorschriften wie in bürgerlichen Rechtsstreitigkeiten zu bewilligen, wenn er seine Interessen selbst nicht ausreichend wahrnehmen kann oder ihm dies nicht zuzumuten ist. [2] § 114 Absatz 1 Satz 1 zweiter Halbsatz sowie Absatz 2 und § 121 Absatz 1 bis 3 der Zivilprozessordnung[1)] sind nicht anzuwenden.

(3) [1] Anträge nach den Absätzen 1 und 2 können schon vor der Erklärung des Anschlusses gestellt werden. [2] Über die Bestellung des Rechtsanwalts, für die § 142 Absatz 5 Satz 1 und 3 entsprechend gilt, und die Bewilligung der Prozesskostenhilfe entscheidet der Vorsitzende des mit der Sache befassten Gerichts.

**§ 397b[2)] Gemeinschaftliche Nebenklagevertretung.** (1) [1] Verfolgen mehrere Nebenkläger gleichgelagerte Interessen, so kann ihnen das Gericht einen gemeinschaftlichen Rechtsanwalt als Beistand bestellen oder beiordnen. [2] Gleichgelagerte Interessen liegen in der Regel bei mehreren Angehörigen eines durch eine rechtswidrige Tat Getöteten im Sinne des § 395 Absatz 2 Nummer 1 vor.

(2) [1] Vor der Bestellung oder Beiordnung eines gemeinschaftlichen Rechtsanwalts soll den betroffenen Nebenklägern Gelegenheit gegeben werden, sich dazu zu äußern. [2] Wird ein gemeinschaftlicher Rechtsanwalt nach Absatz 1 bestellt oder hinzugezogen, sind bereits erfolgte Bestellungen oder Beiordnungen aufzuheben.

(3) Wird ein Rechtsanwalt nicht als Beistand bestellt oder nicht beigeordnet, weil nach Absatz 1 ein anderer Rechtsanwalt bestellt oder beigeordnet worden ist, so stellt das Gericht fest, ob die Voraussetzungen nach § 397a Absatz 3 Satz 2 in Bezug auf den nicht als Beistand bestellten oder nicht beigeordneten Rechtsanwalt vorgelegen hätten.

**§ 398 Fortgang des Verfahrens bei Anschluss.** (1) Der Fortgang des Verfahrens wird durch den Anschluß nicht aufgehalten.

(2) Die bereits anberaumte Hauptverhandlung sowie andere Termine finden an den bestimmten Tagen statt, auch wenn der Nebenkläger wegen Kürze der Zeit nicht mehr geladen oder benachrichtigt werden konnte.

**§ 399 Bekanntmachung und Anfechtbarkeit früherer Entscheidungen.**

(1) Entscheidungen, die schon vor dem Anschluß ergangen und der Staatsanwaltschaft bekanntgemacht waren, bedürfen außer in den Fällen des § 401 Abs. 1 Satz 2 keiner Bekanntmachung an den Nebenkläger.

(2) Die Anfechtung solcher Entscheidungen steht auch dem Nebenkläger nicht mehr zu, wenn für die Staatsanwaltschaft die Frist zur Anfechtung abgelaufen ist.

**§ 400 Rechtsmittelbefugnis des Nebenklägers.** (1) Der Nebenkläger kann das Urteil nicht mit dem Ziel anfechten, daß eine andere Rechtsfolge der Tat

---

1) Nr. **100**.
2) § 397b eingef. mWv 13.12.2019 durch G v. 10.12.2019 (BGBl. I S. 2121).

verhängt wird oder daß der Angeklagte wegen einer Gesetzesverletzung verurteilt wird, die nicht zum Anschluß des Nebenklägers berechtigt.

(2) [1] Dem Nebenkläger steht die sofortige Beschwerde gegen den Beschluß zu, durch den die Eröffnung des Hauptverfahrens abgelehnt oder das Verfahren nach den §§ 206a und 206b eingestellt wird, soweit er die Tat betrifft, auf Grund deren der Nebenkläger zum Anschluß befugt ist. [2] Im übrigen ist der Beschluß, durch den das Verfahren eingestellt wird, für den Nebenkläger unanfechtbar.

**§ 401 Einlegung eines Rechtsmittels durch den Nebenkläger.** (1) [1] Der Rechtsmittel kann sich der Nebenkläger unabhängig von der Staatsanwaltschaft bedienen. [2] Geschieht der Anschluß nach ergangenem Urteil zur Einlegung eines Rechtsmittels, so ist dem Nebenkläger das angefochtene Urteil sofort zuzustellen. [3] Die Frist zur Begründung des Rechtsmittels beginnt mit Ablauf der für die Staatsanwaltschaft laufenden Frist zur Einlegung des Rechtsmittels oder, wenn das Urteil dem Nebenkläger noch nicht zugestellt war, mit der Zustellung des Urteils an ihn auch dann, wenn eine Entscheidung über die Berechtigung des Nebenklägers zum Anschluß noch nicht ergangen ist.

(2) [1] War der Nebenkläger in der Hauptverhandlung anwesend oder durch einen Anwalt vertreten, so beginnt für ihn die Frist zur Einlegung des Rechtsmittels auch dann mit der Verkündung des Urteils, wenn er bei dieser nicht mehr zugegen oder vertreten war; er kann die Wiedereinsetzung in den vorigen Stand gegen die Versäumung der Frist nicht wegen fehlender Rechtsmittelbelehrung beanspruchen. [2] Ist der Nebenkläger in der Hauptverhandlung überhaupt nicht anwesend oder vertreten gewesen, so beginnt die Frist mit der Zustellung der Urteilsformel an ihn.

(3) [1] Hat allein der Nebenkläger Berufung eingelegt, so ist diese, wenn bei Beginn einer Hauptverhandlung weder der Nebenkläger noch für ihn ein Rechtsanwalt erschienen ist, unbeschadet der Vorschrift des § 301 sofort zu verwerfen. [2] Der Nebenkläger kann binnen einer Woche nach der Versäumung unter den Voraussetzungen der §§ 44 und 45 die Wiedereinsetzung in den vorigen Stand beanspruchen.

(4) Wird auf ein nur von dem Nebenkläger eingelegtes Rechtsmittel die angefochtene Entscheidung aufgehoben, so liegt der Betrieb der Sache wiederum der Staatsanwaltschaft ob.

**§ 402 Widerruf der Anschlusserklärung; Tod des Nebenklägers.** Die Anschlußerklärung verliert durch Widerruf sowie durch den Tod des Nebenklägers ihre Wirkung.

### Vierter Abschnitt.[1)] Adhäsionsverfahren

**§ 403[2)] Geltendmachung eines Anspruchs im Adhäsionsverfahren.** [1] Der Verletzte oder sein Erbe kann gegen den Beschuldigten einen aus der Straftat erwachsenen vermögensrechtlichen Anspruch, der zur Zuständigkeit der ordentlichen Gerichte gehört und noch nicht anderweit gerichtlich anhängig gemacht ist, im Strafverfahren geltend machen, im Verfahren vor dem Amtsgericht ohne Rück-

---

[1)] Bish. 3. Abschnitt wird 4. Abschnitt und Überschrift neu gef. mWv 1.7.2021 durch G v. 25.6.2021 (BGBl. I S. 2099).

[2)] § 403 Abs. 2 aufgeh. mWv 1.9.2004 durch G v. 24.6.2004 (BGBl. I S. 1354); Satz 2 angef. mWv 1.7. 2021 durch G v. 25.6.2021 (BGBl. I S. 2099).

sicht auf den Wert des Streitgegenstandes. [2]Das gleiche Recht steht auch anderen zu, die einen solchen Anspruch geltend machen.

**§ 404[1)] Antrag; Prozesskostenhilfe.** (1) [1]Der Antrag, durch den der Anspruch geltend gemacht wird, kann schriftlich oder mündlich zu Protokoll des Urkundsbeamten, in der Hauptverhandlung auch mündlich bis zum Beginn der Schlußvorträge gestellt werden. [2]Er muß den Gegenstand und Grund des Anspruchs bestimmt bezeichnen und soll die Beweismittel enthalten. [3]Ist der Antrag außerhalb der Hauptverhandlung gestellt, so wird er dem Beschuldigten zugestellt.

(2) [1]Die Antragstellung hat dieselben Wirkungen wie die Erhebung der Klage im bürgerlichen Rechtsstreit. [2]Sie treten mit Eingang des Antrages bei Gericht ein.

(3) [1]Ist der Antrag vor Beginn der Hauptverhandlung gestellt, so wird der Antragsteller von Ort und Zeit der Hauptverhandlung benachrichtigt. [2]Der Antragsteller, sein gesetzlicher Vertreter und der Ehegatte oder Lebenspartner des Antragsberechtigten können an der Hauptverhandlung teilnehmen.

(4) Der Antrag kann bis zur Verkündung des Urteils zurückgenommen werden.

(5) [1]Dem Antragsteller und dem Angeschuldigten ist auf Antrag Prozeßkostenhilfe nach denselben Vorschriften wie in bürgerlichen Rechtsstreitigkeiten zu bewilligen, sobald die Klage erhoben ist. [2]§ 121 Abs. 2 der Zivilprozeßordnung[2)] gilt mit der Maßgabe, daß dem Angeschuldigten, der einen Verteidiger hat, dieser beigeordnet werden soll; dem Antragsteller, der sich im Hauptverfahren des Beistandes eines Rechtsanwalts bedient, soll dieser beigeordnet werden. [3]Zuständig für die Entscheidung ist das mit der Sache befaßte Gericht; die Entscheidung ist nicht anfechtbar.

**§ 405[3)] Vergleich.** (1) [1]Auf Antrag der nach § 403 zur Geltendmachung eines Anspruchs Berechtigten und des Angeklagten nimmt das Gericht einen Vergleich über die aus der Straftat erwachsenen Ansprüche in das Protokoll auf. [2]Es soll auf übereinstimmenden Antrag der in Satz 1 Genannten einen Vergleichsvorschlag unterbreiten.

(2) Für die Entscheidung über Einwendungen gegen die Rechtswirksamkeit des Vergleichs ist das Gericht der bürgerlichen Rechtspflege zuständig, in dessen Bezirk das Strafgericht des ersten Rechtszuges seinen Sitz hat.

**§ 406[4)] Entscheidung über den Antrag im Strafurteil; Absehen von einer Entscheidung.** (1) [1]Das Gericht gibt dem Antrag in dem Urteil statt, mit dem der Angeklagte wegen einer Straftat schuldig gesprochen oder gegen ihn eine Maßregel der Besserung und Sicherung angeordnet wird, soweit der Antrag wegen dieser Straftat begründet ist. [2]Die Entscheidung kann sich auf den Grund oder einen Teil des geltend gemachten Anspruchs beschränken; § 318 der Zivilprozessordnung[2)] gilt entsprechend. [3]Das Gericht sieht von einer Entscheidung ab, wenn

---

[1)] § 404 Abs. 3 Satz 2 geänd. mWv 1.8.2001 durch G v. 16.2.2001 (BGBl. I S. 266); Abs. 2 Satz 2 angef., Abs. 5 Satz 2 geänd. mWv 1.9.2004 durch G v. 24.6.2004 (BGBl. I S. 1354); Abs. 1 Satz 1 geänd. mWv 1.1.2018 durch G v. 5.7.2017 (BGBl. I S. 2208); Überschrift neu gef. mWv 1.7.2021 durch G v. 25.6.2021 (BGBl. I S. 2099).

[2)] Nr. **100**.

[3)] § 405 neu gef. mWv 1.9.2004 durch G v. 24.6.2004 (BGBl. I S. 1354); Abs. 1 Satz 1 neu gef. mWv 1.7.2021 durch G v. 25.6.2021 (BGBl. I S. 2099).

[4)] § 406 Abs. 1 und 2 neu gef., Abs. 3 Satz 2 eingef., bish. Sätze 2 und 3 werden Sätze 3 und 4, Abs. 5 angef. mWv 1.9.2004 durch G v. 24.6.2004 (BGBl. I S. 1354).

der Antrag unzulässig ist oder soweit er unbegründet erscheint. [4] Im Übrigen kann das Gericht von einer Entscheidung nur absehen, wenn sich der Antrag auch unter Berücksichtigung der berechtigten Belange des Antragstellers zur Erledigung im Strafverfahren nicht eignet. [5] Der Antrag ist insbesondere dann zur Erledigung im Strafverfahren nicht geeignet, wenn seine weitere Prüfung, auch soweit eine Entscheidung nur über den Grund oder einen Teil des Anspruchs in Betracht kommt, das Verfahren erheblich verzögern würde. [6] Soweit der Antragsteller den Anspruch auf Zuerkennung eines Schmerzensgeldes (§ 253 Abs. 2 des Bürgerlichen Gesetzbuches[1)]) geltend macht, ist das Absehen von einer Entscheidung nur nach Satz 3 zulässig.

(2) Erkennt der Angeklagte den vom Antragsteller gegen ihn geltend gemachten Anspruch ganz oder teilweise an, ist er gemäß dem Anerkenntnis zu verurteilen.

(3) [1] Die Entscheidung über den Antrag steht einem im bürgerlichen Rechtsstreit ergangenen Urteil gleich. [2] Das Gericht erklärt die Entscheidung für vorläufig vollstreckbar; die §§ 708 bis 712 sowie die §§ 714 und 716 der Zivilprozessordnung gelten entsprechend. [3] Soweit der Anspruch nicht zuerkannt ist, kann er anderweit geltend gemacht werden. [4] Ist über den Grund des Anspruchs rechtskräftig entschieden, so findet die Verhandlung über den Betrag nach § 304 Abs. 2 der Zivilprozeßordnung vor dem zuständigen Zivilgericht statt.

(4) Der Antragsteller erhält eine Abschrift des Urteils mit Gründen oder einen Auszug daraus.

(5) [1] Erwägt das Gericht, von einer Entscheidung über den Antrag abzusehen, weist es die Verfahrensbeteiligten so früh wie möglich darauf hin. [2] Sobald das Gericht nach Anhörung des Antragstellers die Voraussetzungen für eine Entscheidung über den Antrag für nicht gegeben erachtet, sieht es durch Beschluss von einer Entscheidung über den Antrag ab.

**§ 406a[2)] Rechtsmittel.** (1) [1] Gegen den Beschluss, mit dem nach § 406 Abs. 5 Satz 2 von einer Entscheidung über den Antrag abgesehen wird, ist sofortige Beschwerde zulässig, wenn der Antrag vor Beginn der Hauptverhandlung gestellt worden und solange keine den Rechtszug abschließende Entscheidung ergangen ist. [2] Im Übrigen steht dem Antragsteller ein Rechtsmittel nicht zu.

(2) [1] Soweit das Gericht dem Antrag stattgibt, kann der Angeklagte die Entscheidung auch ohne den strafrechtlichen Teil des Urteils mit dem sonst zulässigen Rechtsmittel anfechten. [2] In diesem Falle kann über das Rechtsmittel durch Beschluss in nichtöffentlicher Sitzung entschieden werden. [3] Ist das zulässige Rechtsmittel die Berufung, findet auf Antrag des Angeklagten oder des Antragstellers eine mündliche Anhörung der Beteiligten statt.

(3) [1] Die dem Antrag stattgebende Entscheidung ist aufzuheben, wenn der Angeklagte unter Aufhebung der Verurteilung wegen der Straftat, auf welche die Entscheidung über den Antrag gestützt worden ist, weder schuldig gesprochen noch gegen ihn eine Maßregel der Besserung und Sicherung angeordnet wird. [2] Dies gilt auch, wenn das Urteil insoweit nicht angefochten ist.

**§ 406b[3)] Vollstreckung.** [1] Die Vollstreckung richtet sich nach den Vorschriften, die für die Vollstreckung von Urteilen und Prozessvergleichen in bürgerlichen Rechtsstreitigkeiten gelten. [2] Für das Verfahren nach den §§ 323, 731, 767, 768,

---

[1)] Nr. **20**.
[2)] § 406a neu gef. mWv 1.9.2004 durch G v. 24.6.2004 (BGBl. I S. 1354).
[3)] § 406b Sätze 1–3 geänd. mWv 1.9.2004 durch G v. 24.6.2004 (BGBl. I S. 1354).

887 bis 890 der Zivilprozeßordnung[1] ist das Gericht der bürgerlichen Rechtspflege zuständig, in dessen Bezirk das Strafgericht des ersten Rechtszuges seinen Sitz hat. [3] Einwendungen, die den im Urteil festgestellten Anspruch selbst betreffen, sind nur insoweit zulässig, als die Gründe, auf denen sie beruhen, nach Schluß der Hauptverhandlung des ersten Rechtszuges und, wenn das Berufungsgericht entschieden hat, nach Schluß der Hauptverhandlung im Berufungsrechtszug entstanden sind.

**§ 406c Wiederaufnahme des Verfahrens.** (1) [1] Den Antrag auf Wiederaufnahme des Verfahrens kann der Angeklagte darauf beschränken, eine wesentlich andere Entscheidung über den Anspruch herbeizuführen. [2] Das Gericht entscheidet dann ohne Erneuerung der Hauptverhandlung durch Beschluß.

(2) Richtet sich der Antrag auf Wiederaufnahme des Verfahrens nur gegen den strafrechtlichen Teil des Urteils, so gilt § 406a Abs. 3 entsprechend.

## Fünfter Abschnitt.[2] Sonstige Befugnisse des Verletzten

**§ 406d[3] Auskunft über den Stand des Verfahrens.** (1) [1] Dem Verletzten ist, soweit es ihn betrifft, auf Antrag mitzuteilen:
1. die Einstellung des Verfahrens,
2. der Ort und Zeitpunkt der Hauptverhandlung sowie die gegen den Angeklagten erhobenen Beschuldigungen,
3. der Ausgang des gerichtlichen Verfahrens.

[2] Ist der Verletzte der deutschen Sprache nicht mächtig, so werden ihm auf Antrag Ort und Zeitpunkt der Hauptverhandlung in einer ihm verständlichen Sprache mitgeteilt.

(2) [1] Dem Verletzten ist auf Antrag mitzuteilen, ob
1. dem Verurteilten die Weisung erteilt worden ist, zu dem Verletzten keinen Kontakt aufzunehmen oder mit ihm nicht zu verkehren;
2. freiheitsentziehende Maßnahmen gegen den Beschuldigten oder den Verurteilten angeordnet oder beendet oder ob erstmalig Vollzugslockerungen oder Urlaub gewährt werden, wenn er ein berechtigtes Interesse darlegt und kein überwiegendes schutzwürdiges Interesse der betroffenen Person am Ausschluss der Mitteilung vorliegt; in den in § 395 Absatz 1 Nummer 1 bis 5 genannten Fällen sowie in den Fällen des § 395 Absatz 3, in denen der Verletzte zur Nebenklage zugelassen wurde, bedarf es der Darlegung eines berechtigten Interesses nicht;
3. der Beschuldigte oder Verurteilte sich einer freiheitsentziehenden Maßnahme durch Flucht entzogen hat und welche Maßnahmen zum Schutz des Verletzten deswegen gegebenenfalls getroffen worden sind;
4. dem Verurteilten erneut Vollzugslockerung oder Urlaub gewährt wird, wenn dafür ein berechtigtes Interesse dargelegt oder ersichtlich ist und kein über-

---

[1] Nr. **100**.

[2] Bish. 4. Abschnitt wird 5. Abchnitt mWv 1.7.2021 durch G v. 25.6.2021 (BGBl. I S. 2099).

[3] § 406d neu gef. mWv 1.9.2004 durch G v. 24.6.2004 (BGBl. I S. 1354); Abs. 2 neu gef. mWv 18.4. 2007 durch G v. 13.4.2007 (BGBl. I S. 513); Abs. 2 Nr. 2 geänd. mWv 1.10.2009 durch G v. 29.7.2009 (BGBl. I S. 2280); Abs. 2 Nr. 2 geänd., Nr. 3 angef. mWv 1.9.2013 durch G v. 26.6.2013 (BGBl. I S. 1805); Abs. 1 neu gef., Abs. 2 Satz 1 Nr. 3 eingef., bish. Nr. 3 wird Nr. 4, Satz 2 angef., Abs. 3 eingef., bish Abs. 3 wird Abs. 4 mWv 31.12.2015 durch G v. 21.12.2015 (BGBl. I S. 2525); Abs. 2 Satz 1 Nr. 2 geänd. mWv 26.11.2019 durch G v. 20.11.2019 (BGBl. I S. 1724).

wiegendes schutzwürdiges Interesse des Verurteilten am Ausschluss der Mitteilung vorliegt.

[2] Die Mitteilung erfolgt durch die Stelle, welche die Entscheidung gegenüber dem Beschuldigten oder Verurteilten getroffen hat; in den Fällen des Satzes 1 Nummer 3 erfolgt die Mitteilung durch die zuständige Staatsanwaltschaft.

(3) [1] Der Verletzte ist über die Informationsrechte aus Absatz 2 Satz 1 nach der Urteilsverkündung oder Einstellung des Verfahrens zu belehren. [2] Über die Informationsrechte aus Absatz 2 Satz 1 Nummer 2 und 3 ist der Verletzte zudem bei Anzeigeerstattung zu belehren, wenn die Anordnung von Untersuchungshaft gegen den Beschuldigten zu erwarten ist.

(4) [1] Mitteilungen können unterbleiben, sofern sie nicht unter einer Anschrift möglich sind, die der Verletzte angegeben hat. [2] Hat der Verletzte einen Rechtsanwalt als Beistand gewählt, ist ihm ein solcher beigeordnet worden oder wird er durch einen solchen vertreten, so gilt § 145a entsprechend.

**§ 406e[1)] Akteneinsicht.** (1) [1] Für den Verletzten kann ein Rechtsanwalt die Akten, die dem Gericht vorliegen oder diesem im Falle der Erhebung der öffentlichen Klage vorzulegen wären, einsehen sowie amtlich verwahrte Beweisstücke besichtigen, soweit er hierfür ein berechtigtes Interesse darlegt. [2] In den in § 395 genannten Fällen bedarf es der Darlegung eines berechtigten Interesses nicht.

(2) [1] Die Einsicht in die Akten ist zu versagen, soweit überwiegende schutzwürdige Interessen des Beschuldigten oder anderer Personen entgegenstehen. [2] Sie kann versagt werden, soweit der Untersuchungszweck, auch in einem anderen Strafverfahren, gefährdet erscheint. [3] Sie kann auch versagt werden, wenn durch sie das Verfahren erheblich verzögert würde, es sei denn, dass die Staatsanwaltschaft in den in § 395 genannten Fällen den Abschluss der Ermittlungen in den Akten vermerkt hat.

(3) [1] Der Verletzte, der nicht durch einen Rechtsanwalt vertreten wird, ist in entsprechender Anwendung der Absätze 1 und 2 befugt, die Akten einzusehen und amtlich verwahrte Beweisstücke unter Aufsicht zu besichtigen. [2] Werden die Akten nicht elektronisch geführt, können ihm an Stelle der Einsichtnahme in die Akten Kopien aus den Akten übermittelt werden. [3] § 480 Absatz 1 Satz 3 und 4 gilt entsprechend.

(4) Die Absätze 1 bis 3 gelten auch für die in § 403 Satz 2 Genannten.

(5) [1] Über die Gewährung der Akteneinsicht entscheidet im vorbereitenden Verfahren und nach rechtskräftigem Abschluß des Verfahrens die Staatsanwaltschaft, im übrigen der Vorsitzende des mit der Sache befaßten Gerichts. [2] Gegen die Entscheidung der Staatsanwaltschaft nach Satz 1 kann gerichtliche Entscheidung durch das nach § 162 zuständige Gericht beantragt werden. [3] Die §§ 297 bis 300, 302, 306 bis 309, 311a und 473a gelten entsprechend. [4] Die Entscheidung des Gerichts ist unanfechtbar, solange die Ermittlungen noch nicht abgeschlossen sind. [5] Diese Entscheidungen werden nicht mit Gründen versehen, soweit durch deren Offenlegung der Untersuchungszweck gefährdet werden könnte.

---

[1)] § 406e Abs. 4 Satz 2 neu gef., Sätze 3 und 4 angef., Abs. 6 angef. mWv 1.11.2000 durch G v. 2.8. 2000 (BGBl. I S. 1253); Abs. 2 Satz 2 geänd. mWv 1.1.2010 durch G v. 29.7.2009 (BGBl. I S. 2274); Abs. 2 Satz 2 geänd., Satz 3 angef., Abs. 4 Satz 2 geänd., Satz 3 neu gef., Satz 4 eingef., bish. Satz 4 wird Satz 5 mWv 1.10.2009 durch G v. 29.7.2009 (BGBl. I S. 2280); Überschrift geänd., Abs. 3 neu gef., Abs. 5 und 6 aufgeh. mWv 1.1.2018 durch G v. 5.7.2017 (BGBl. I S. 2208); Abs. 3 Satz 3 neu gef. mWv 26.11. 2019 durch G v. 20.11.2019 (BGBl. I S. 1724); Abs. 4 eingef., bish. Abs. 4 wird Abs. 5 mWv 1.7.2021 durch G v. 25.6.2021 (BGBl. I S. 2099).

**§ 406f[1)] Verletztenbeistand.** (1) [1]Verletzte können sich des Beistands eines Rechtsanwalts bedienen oder sich durch einen solchen vertreten lassen. [2]Einem zur Vernehmung des Verletzten erschienenen anwaltlichen Beistand ist die Anwesenheit gestattet.

(2) [1]Bei einer Vernehmung von Verletzten ist auf deren Antrag einer zur Vernehmung erschienenen Person ihres Vertrauens die Anwesenheit zu gestatten, es sei denn, dass dies den Untersuchungszweck gefährden könnte. [2]Die Entscheidung trifft die die Vernehmung leitende Person; die Entscheidung ist nicht anfechtbar. [3]Die Gründe einer Ablehnung sind aktenkundig zu machen.

**§ 406g[2)] Psychosoziale Prozessbegleitung.** (1) [1]Verletzte können sich des Beistands eines psychosozialen Prozessbegleiters bedienen. [2]Dem psychosozialen Prozessbegleiter ist es gestattet, bei Vernehmungen des Verletzten und während der Hauptverhandlung gemeinsam mit dem Verletzten anwesend zu sein.

(2) Die Grundsätze der psychosozialen Prozessbegleitung sowie die Anforderungen an die Qualifikation und die Vergütung des psychosozialen Prozessbegleiters richten sich nach dem Gesetz über die psychosoziale Prozessbegleitung im Strafverfahren vom 21. Dezember 2015 (BGBl. I S. 2525, 2529) in der jeweils geltenden Fassung.

(3) [1]Unter den in § 397a Absatz 1 Nummer 4 und 5 bezeichneten Voraussetzungen ist dem Verletzten auf seinen Antrag ein psychosozialer Prozessbegleiter beizuordnen. [2]Unter den in § 397a Absatz 1 Nummer 1 bis 3 bezeichneten Voraussetzungen kann dem Verletzten auf seinen Antrag ein psychosozialer Prozessbegleiter beigeordnet werden, wenn die besondere Schutzbedürftigkeit des Verletzten dies erfordert. [3]Die Beiordnung ist für den Verletzten kostenfrei. [4]Für die Beiordnung gilt § 142 Absatz 5 Satz 1 und 3 entsprechend. [5]Im Vorverfahren entscheidet das nach § 162 zuständige Gericht.

(4) [1]Einem nicht beigeordneten psychosozialen Prozessbegleiter kann die Anwesenheit bei einer Vernehmung des Verletzten untersagt werden, wenn dies den Untersuchungszweck gefährden könnte. [2]Die Entscheidung trifft die die Vernehmung leitende Person; die Entscheidung ist nicht anfechtbar. [3]Die Gründe einer Ablehnung sind aktenkundig zu machen.

**§ 406h[3)] Beistand des nebenklageberechtigten Verletzten.** (1) [1]Nach § 395 zum Anschluss mit der Nebenklage Befugte können sich auch vor Erhebung der öffentlichen Klage und ohne Erklärung eines Anschlusses eines Rechtsanwalts als Beistand bedienen oder sich durch einen solchen vertreten lassen. [2]Sie sind zur Anwesenheit in der Hauptverhandlung berechtigt, auch wenn sie als Zeugen vernommen werden sollen. [3]Ist zweifelhaft, ob eine Person nebenklagebefugt ist, entscheidet über das Anwesenheitsrecht das Gericht nach Anhörung der Person und der Staatsanwaltschaft; die Entscheidung ist unanfechtbar.

(2) [1]Der Rechtsanwalt des Nebenklagebefugten ist zur Anwesenheit in der Hauptverhandlung berechtigt; Absatz 1 Satz 3 gilt entsprechend. [2]Er ist vom

---

[1)] § 406f neu gef. mWv 1.10.2009 durch G v. 29.7.2009 (BGBl. I S. 2280).

[2)] § 406g eingef. mWv 1.1.2017 durch G v. 21.12.2015 (BGBl. I S. 2525); Abs. 3 Satz 4 geänd. mWv 13.12.2019 durch G v. 10.12.2019 (BGBl. I S. 2128).

[3)] Früherer § 406g Abs. 4 neu gef. durch G v. 30.4.1998 (BGBl. I S. 820); Abs. 1–3 neu gef. mWv 1.10. 2009 durch G v. 29.7.2009 (BGBl. I S. 2280); bish. § 406g wird § 406h und Abs. 1 Satz 4 aufgeh. mWv 31.12.2015 durch G v. 21.12.2015 (BGBl. I S. 2525); Abs. 2 Sätze 4–6 angef. mWv 5.9.2017 durch G v. 27.8.2017 (BGBl. I S. 3295); Abs. 4 Satz 2 geänd. mWv 13.12.2019 durch G v. 10.12.2019 (BGBl. I S. 2128).

Termin der Hauptverhandlung zu benachrichtigen, wenn seine Wahl dem Gericht angezeigt oder er als Beistand bestellt wurde. [3]Die Sätze 1 und 2 gelten bei richterlichen Vernehmungen und der Einnahme richterlichen Augenscheins entsprechend, es sei denn, dass die Anwesenheit oder die Benachrichtigung des Rechtsanwalts den Untersuchungszweck gefährden könnte. [4]Nach richterlichen Vernehmungen ist dem Rechtsanwalt Gelegenheit zu geben, sich dazu zu erklären oder Fragen an die vernommene Person zu stellen. [5]Ungeeignete oder nicht zur Sache gehörende Fragen oder Erklärungen können zurückgewiesen werden. [6]§ 241a gilt entsprechend.

(3) [1]§ 397a gilt entsprechend für

1. die Bestellung eines Rechtsanwalts und
2. die Bewilligung von Prozesskostenhilfe für die Hinzuziehung eines Rechtsanwalts.

[2]Im vorbereitenden Verfahren entscheidet das nach § 162 zuständige Gericht.

(4) [1]Auf Antrag dessen, der zum Anschluß als Nebenkläger berechtigt ist, kann in den Fällen des § 397a Abs. 2 einstweilen ein Rechtsanwalt als Beistand bestellt werden, wenn

1. dies aus besonderen Gründen geboten ist,
2. die Mitwirkung eines Beistands eilbedürftig ist und
3. die Bewilligung von Prozeßkostenhilfe möglich erscheint, eine rechtzeitige Entscheidung hierüber aber nicht zu erwarten ist.

[2]Für die Bestellung gelten § 142 Absatz 5 Satz 1 und 3 und § 162 entsprechend. [3]Die Bestellung endet, wenn nicht innerhalb einer vom Richter zu bestimmenden Frist ein Antrag auf Bewilligung von Prozeßkostenhilfe gestellt oder wenn die Bewilligung von Prozeßkostenhilfe abgelehnt wird.

**§ 406i[1)] Unterrichtung des Verletzten über seine Befugnisse im Strafverfahren.** (1) Verletzte sind möglichst frühzeitig, regelmäßig schriftlich und soweit möglich in einer für sie verständlichen Sprache über ihre aus den §§ 406d bis 406h folgenden Befugnisse im Strafverfahren zu unterrichten und insbesondere auch auf Folgendes hinzuweisen:

1. sie können nach Maßgabe des § 158 eine Straftat zur Anzeige bringen oder einen Strafantrag stellen;
2. sie können sich unter den Voraussetzungen der §§ 395 und 396 oder des § 80 Absatz 3 des Jugendgerichtsgesetzes[2)] der erhobenen öffentlichen Klage mit der Nebenklage anschließen und dabei
   a) nach § 397a beantragen, dass ihnen ein anwaltlicher Beistand bestellt oder für dessen Hinzuziehung Prozesskostenhilfe bewilligt wird,
   b) nach Maßgabe des § 397 Absatz 3 und der §§ 185 und 187 des Gerichtsverfassungsgesetzes[3)] einen Anspruch auf Dolmetschung und Übersetzung im Strafverfahren geltend machen;
3. sie können einen aus der Straftat erwachsenen vermögensrechtlichen Anspruch nach Maßgabe der §§ 403 bis 406c und des § 81 des Jugendgerichtsgesetzes im Strafverfahren geltend machen;

---

[1)] § 406i eingef. mWv 31.12.2015 durch G v. 21.12.2015 (BGBl. I S. 2525).
[2)] Nr. **89**.
[3)] Nr. **95**.

4. sie können, soweit sie als Zeugen von der Staatsanwaltschaft oder dem Gericht vernommen werden, einen Anspruch auf Entschädigung nach Maßgabe des Justizvergütungs- und -entschädigungsgesetzes[1] geltend machen;
5. sie können nach Maßgabe des § 155a eine Wiedergutmachung im Wege eines Täter-Opfer-Ausgleichs erreichen.

(2) Liegen Anhaltspunkte für eine besondere Schutzbedürftigkeit des Verletzten vor, soll der Verletzte im weiteren Verfahren an geeigneter Stelle auf die Vorschriften hingewiesen werden, die seinem Schutze dienen, insbesondere auf § 68a Absatz 1, die §§ 247 und 247a sowie die §§ 171b und 172 Nummer 1a des Gerichtsverfassungsgesetzes.

(3) Minderjährige Verletzte und ihre Vertreter sollten darüber hinaus im weiteren Verfahren an geeigneter Stelle auf die Vorschriften hingewiesen werden, die ihrem Schutze dienen, insbesondere auf die §§ 58a und 255a Absatz 2, wenn die Anwendung dieser Vorschriften in Betracht kommt, sowie auf § 241a.

**§ 406j[2] Unterrichtung des Verletzten über seine Befugnisse außerhalb des Strafverfahrens.** Verletzte sind möglichst frühzeitig, regelmäßig schriftlich und soweit möglich in einer für sie verständlichen Sprache über folgende Befugnisse zu unterrichten, die sie außerhalb des Strafverfahrens haben:

1. sie können einen aus der Straftat erwachsenen vermögensrechtlichen Anspruch, soweit er nicht nach Maßgabe der §§ 403 bis 406c und des § 81 des Jugendgerichtsgesetzes[3] im Strafverfahren geltend gemacht wird, auf dem Zivilrechtsweg geltend machen und dabei beantragen, dass ihnen für die Hinzuziehung eines anwaltlichen Beistands Prozesskostenhilfe bewilligt wird;
2. sie können nach Maßgabe des Gewaltschutzgesetzes[4] den Erlass von Anordnungen gegen den Beschuldigten beantragen;
3. sie können nach Maßgabe des ***[bis 31.12.2023:*** Opferentschädigungsgesetzes[5]***]*** ***[ab 1.1.2024:*** *Vierzehnten Buches Sozialgesetzbuch*[6]***]*** einen ***[bis 31.12.2023:*** Versorgungsanspruch***]*** ***[ab 1.1.2024:*** *Anspruch auf Soziale Entschädigung****]*** geltend machen;
4. sie können nach Maßgabe von Verwaltungsvorschriften des Bundes oder der Länder gegebenenfalls Entschädigungsansprüche geltend machen;
5. sie können Unterstützung und Hilfe durch Opferhilfeeinrichtungen erhalten, etwa
   a) in Form einer Beratung,
   b) durch Bereitstellung oder Vermittlung einer Unterkunft in einer Schutzeinrichtung oder
   c) durch Vermittlung von therapeutischen Angeboten wie medizinischer oder psychologischer Hilfe oder weiteren verfügbaren Unterstützungsangeboten im psychosozialen Bereich.

---

[1] Nr. **116**.

[2] § 406j eingef. mWv 31.12.2015 durch G v. 21.12.2015 (BGBl. I S. 2525); Nr. 3 geänd. **mWv 1.1. 2024** durch G v. 12.12.2019 (BGBl. I S. 2652).

[3] Nr. **89**.

[4] **Habersack, Deutsche Gesetze ErgBd. Nr. 49.**

[5] **Habersack, Deutsche Gesetze ErgBd. Nr. 93a.**

[6] **Aichberger, SGB Nr. 14.**

**§ 406k[1] Weitere Informationen.** (1) Die Informationen nach den §§ 406i und 406j sollen jeweils Angaben dazu enthalten,

1. an welche Stellen sich die Verletzten wenden können, um die beschriebenen Möglichkeiten wahrzunehmen, und
2. wer die beschriebenen Angebote gegebenenfalls erbringt.

(2) [1] Liegen die Voraussetzungen einer bestimmten Befugnis im Einzelfall offensichtlich nicht vor, kann die betreffende Unterrichtung unterbleiben. [2] Gegenüber Verletzten, die keine zustellungsfähige Anschrift angegeben haben, besteht keine schriftliche Hinweispflicht.

**§ 406l[2] Befugnisse von Angehörigen und Erben von Verletzten.** § 406i Absatz 1 sowie die §§ 406j und 406k gelten auch für Angehörige und Erben von Verletzten, soweit ihnen die entsprechenden Befugnisse zustehen.

## Sechstes Buch. Besondere Arten des Verfahrens

### Erster Abschnitt. Verfahren bei Strafbefehlen

**§ 407[3] Zulässigkeit.** (1) [1] Im Verfahren vor dem Strafrichter und im Verfahren, das zur Zuständigkeit des Schöffengerichts gehört, können bei Vergehen auf schriftlichen Antrag der Staatsanwaltschaft die Rechtsfolgen der Tat durch schriftlichen Strafbefehl ohne Hauptverhandlung festgesetzt werden. [2] Die Staatsanwaltschaft stellt diesen Antrag, wenn sie nach dem Ergebnis der Ermittlungen eine Hauptverhandlung nicht für erforderlich erachtet. [3] Der Antrag ist auf bestimmte Rechtsfolgen zu richten. [4] Durch ihn wird die öffentliche Klage erhoben.

(2) [1] Durch Strafbefehl dürfen nur die folgenden Rechtsfolgen der Tat, allein oder nebeneinander, festgesetzt werden:

1. Geldstrafe, Verwarnung mit Strafvorbehalt, Fahrverbot, Einziehung, Vernichtung, Unbrauchbarmachung, Bekanntgabe der Verurteilung und Geldbuße gegen eine juristische Person oder Personenvereinigung,
2. Entziehung der Fahrerlaubnis, bei der die Sperre nicht mehr als zwei Jahre beträgt

2a. Verbot des Haltens oder Betreuens von sowie des Handels oder des sonstigen berufsmäßigen Umgangs mit Tieren jeder oder einer bestimmten Art für die Dauer von einem Jahr bis zu drei Jahren sowie

3. Absehen von Strafe.

[2] Hat der Angeschuldigte einen Verteidiger, so kann auch Freiheitsstrafe bis zu einem Jahr festgesetzt werden, wenn deren Vollstreckung zur Bewährung ausgesetzt wird.

(3) Der vorherigen Anhörung des Angeschuldigten durch das Gericht (§ 33 Abs. 3) bedarf es nicht.

**§ 408 Richterliche Entscheidung über einen Strafbefehlsantrag.**

(1) [1] Hält der Vorsitzende des Schöffengerichts die Zuständigkeit des Strafrichters für begründet, so gibt er die Sache durch Vermittlung der Staatsanwaltschaft an

---

[1] § 406k eingef. mWv 31.12.2015 durch G v. 21.12.2015 (BGBl. I S. 2525).

[2] § 406l eingef. mWv 31.12.2015 durch G v. 21.12.2015 (BGBl. I S. 2525).

[3] § 407 Abs. 2 Satz 1 Nr. 1 und 2 geänd., Nr. 3 und Satz 2 angef. durch G v. 11.1.1993 (BGBl. I S. 50); Abs. 2 Satz 1 Nr. 2 geänd., Nr. 2a eingef. mWv 13.7.2013 durch G v. 4.7.2013 (BGBl. I S. 2182); Abs. 2 Satz 1 Nr. 1 geänd. mWv 1.7.2017 durch G v. 13.4.2017 (BGBl. I S. 872).

diesen ab; der Beschluß ist für den Strafrichter bindend, der Staatsanwaltschaft steht sofortige Beschwerde zu. [2] Hält der Strafrichter die Zuständigkeit des Schöffengerichts für begründet, so legt er die Akten durch Vermittlung der Staatsanwaltschaft dessen Vorsitzenden zur Entscheidung vor.

(2) [1] Erachtet der Richter den Angeschuldigten nicht für hinreichend verdächtig, so lehnt er den Erlaß eines Strafbefehls ab. [2] Die Entscheidung steht dem Beschluß gleich, durch den die Eröffnung des Hauptverfahrens abgelehnt worden ist (§§ 204, 210 Abs. 2, § 211).

(3) [1] Der Richter hat dem Antrag der Staatsanwaltschaft zu entsprechen, wenn dem Erlaß des Strafbefehls keine Bedenken entgegenstehen. [2] Er beraumt Hauptverhandlung an, wenn er Bedenken hat, ohne eine solche zu entscheiden, oder wenn er von der rechtlichen Beurteilung im Strafbefehlsantrag abweichen oder eine andere als die beantragte Rechtsfolge festsetzen will und die Staatsanwaltschaft bei ihrem Antrag beharrt. [3] Mit der Ladung ist dem Angeklagten eine Abschrift des Strafbefehlsantrags ohne die beantragte Rechtsfolge mitzuteilen.

**§ 408a[1)] Strafbefehlsantrag nach Eröffnung des Hauptverfahrens.**

(1) [1] Ist das Hauptverfahren bereits eröffnet, so kann im Verfahren vor dem Strafrichter und dem Schöffengericht die Staatsanwaltschaft einen Strafbefehlsantrag stellen, wenn die Voraussetzungen des § 407 Abs. 1 Satz 1 und 2 vorliegen und wenn der Durchführung einer Hauptverhandlung das Ausbleiben oder die Abwesenheit des Angeklagten oder ein anderer wichtiger Grund entgegensteht. [2] In der Hauptverhandlung kann der Staatsanwalt den Antrag mündlich stellen; der wesentliche Inhalt des Strafbefehlsantrages ist in das Sitzungsprotokoll aufzunehmen. [3] § 407 Abs. 1 Satz 4, § 408 finden keine Anwendung.

(2) [1] Der Richter hat dem Antrag zu entsprechen, wenn die Voraussetzungen des § 408 Abs. 3 Satz 1 vorliegen. [2] Andernfalls lehnt er den Antrag durch unanfechtbaren Beschluß ab und setzt das Hauptverfahren fort.

**§ 408b[2)] Bestellung eines Verteidigers bei beantragter Freiheitsstrafe.**

Erwägt der Richter, dem Antrag der Staatsanwaltschaft auf Erlaß eines Strafbefehls mit der in § 407 Abs. 2 Satz 2 genannten Rechtsfolge zu entsprechen, so bestellt er dem Angeschuldigten, der noch keinen Verteidiger hat, einen Pflichtverteidiger.

**§ 409[3)] Inhalt des Strafbefehls.** (1) [1] Der Strafbefehl enthält

1. die Angaben zur Person des Angeklagten und etwaiger Nebenbeteiligter,
2. den Namen des Verteidigers,
3. die Bezeichnung der Tat, die dem Angeklagten zur Last gelegt wird, Zeit und Ort ihrer Begehung und die Bezeichnung der gesetzlichen Merkmale der Straftat,
4. die angewendeten Vorschriften nach Paragraph, Absatz, Nummer, Buchstabe und mit der Bezeichnung des Gesetzes,

---

1) § 408a Abs. 1 Satz 2 eingef., bish. Satz 2 wird Satz 3 mWv 1.9.2004 durch G v. 24.8.2004 (BGBl. I S. 2198).

2) § 408b eingef. durch G v. 11.1.1993 (BGBl. I S. 50); bish. Satz 1 geänd., Satz 2 aufgeh. mWv 13.12. 2019 durch G v. 10.12.2019 (BGBl. I S. 2128).

3) § 409 Abs. 1 Satz 2 neu gef. durch G v. 11.1.1993 (BGBl. I S. 50); Abs. 1 Satz 3 neu gef. mWv 1.1. 2007 durch G v. 24.10.2006 (BGBl. I S. 2350); Abs. 1 Satz 3 geänd. mWv 1.7.2017 durch G v. 13.4.2017 (BGBl. I S. 872).

5. die Beweismittel,
6. die Festsetzung der Rechtsfolgen,
7. die Belehrung über die Möglichkeit des Einspruchs und die dafür vorgeschriebene Frist und Form sowie den Hinweis, daß der Strafbefehl rechtskräftig und vollstreckbar wird, soweit gegen ihn kein Einspruch nach § 410 eingelegt wird.

[2] Wird gegen den Angeklagten eine Freiheitsstrafe verhängt, wird er mit Strafvorbehalt verwarnt oder wird gegen ihn ein Fahrverbot angeordnet, so ist er zugleich nach § 268a Abs. 3 oder § 268c Satz 1 zu belehren. [3] § 267 Abs. 6 Satz 2 gilt entsprechend.

(2) Der Strafbefehl wird auch dem gesetzlichen Vertreter des Angeklagten mitgeteilt.

**§ 410 Einspruch; Form und Frist des Einspruchs; Rechtskraft.**

(1) [1] Der Angeklagte kann gegen den Strafbefehl innerhalb von zwei Wochen nach Zustellung bei dem Gericht, das den Strafbefehl erlassen hat, schriftlich oder zu Protokoll der Geschäftsstelle Einspruch einlegen. [2] Die §§ 297 bis 300 und § 302 Abs. 1 Satz 1, Abs. 2 gelten entsprechend.

(2) Der Einspruch kann auf bestimmte Beschwerdepunkte beschränkt werden.

(3) Soweit gegen einen Strafbefehl nicht rechtzeitig Einspruch erhoben worden ist, steht er einem rechtskräftigen Urteil gleich.

**§ 411[1)] Verwerfung wegen Unzulässigkeit; Termin zur Hauptverhandlung.** (1) [1] Ist der Einspruch verspätet eingelegt oder sonst unzulässig, so wird er ohne Hauptverhandlung durch Beschluß verworfen; gegen den Beschluß ist sofortige Beschwerde zulässig. [2] Andernfalls wird Termin zur Hauptverhandlung anberaumt. [3] Hat der Angeklagte seinen Einspruch auf die Höhe der Tagessätze einer festgesetzten Geldstrafe beschränkt, kann das Gericht mit Zustimmung des Angeklagten, des Verteidigers und der Staatsanwaltschaft ohne Hauptverhandlung durch Beschluss entscheiden; von der Festsetzung im Strafbefehl darf nicht zum Nachteil des Angeklagten abgewichen werden; gegen den Beschluss ist sofortige Beschwerde zulässig.

(2) [1] Der Angeklagte kann sich in der Hauptverhandlung durch einen Verteidiger mit nachgewiesener Vertretungsvollmacht vertreten lassen. [2] § 420 ist anzuwenden.

(3) [1] Die Klage und der Einspruch können bis zur Verkündung des Urteils im ersten Rechtszug zurückgenommen werden. [2] § 303 gilt entsprechend. [3] Ist der Strafbefehl im Verfahren nach § 408a erlassen worden, so kann die Klage nicht zurückgenommen werden.

(4) Bei der Urteilsfällung ist das Gericht an den im Strafbefehl enthaltenen Ausspruch nicht gebunden, soweit Einspruch eingelegt ist.

**§ 412[2)] Ausbleiben des Angeklagten; Einspruchsverwerfung.** [1] § 329 Absatz 1, 3, 6 und 7 ist entsprechend anzuwenden. [2] Hat der gesetzliche Vertreter Einspruch eingelegt, so ist auch § 330 entsprechend anzuwenden.

---

1) § 411 Abs. 2 Satz 2 angef. durch G v. 28.10.1994 (BGBl. I S. 3186); Abs. 1 Satz 3 angef. mWv 1.9.2004 durch G v. 24.8.2004 (BGBl. I S. 2198); Abs. 2 Satz 1 geänd. mWv 25.7.2015 durch G v. 17.7.2015 (BGBl. I S. 1332); Abs. 2 Satz 1 geänd. mWv 1.1.2018 durch G v. 5.7.2017 (BGBl. I S. 2208).

2) § 412 Satz 1 neu gef. mWv 25.7.2015 durch G v. 17.7.2015 (BGBl. I S. 1332).

## Zweiter Abschnitt. Sicherungsverfahren

**§ 413**[1)] **Zulässigkeit.** Führt die Staatsanwaltschaft das Strafverfahren wegen Schuldunfähigkeit oder Verhandlungsunfähigkeit des Täters nicht durch, so kann sie den Antrag stellen, Maßregeln der Besserung und Sicherung sowie als Nebenfolge die Einziehung selbständig anzuordnen, wenn dies gesetzlich zulässig ist und die Anordnung nach dem Ergebnis der Ermittlungen zu erwarten ist (Sicherungsverfahren).

**§ 414 Verfahren; Antragsschrift.** (1) Für das Sicherungsverfahren gelten sinngemäß die Vorschriften über das Strafverfahren, soweit nichts anderes bestimmt ist.

(2) [1] Der Antrag steht der öffentlichen Klage gleich. [2] An die Stelle der Anklageschrift tritt eine Antragsschrift, die den Erfordernissen der Anklageschrift entsprechen muß. [3] In der Antragsschrift ist die Maßregel der Besserung und Sicherung zu bezeichnen, deren Anordnung die Staatsanwaltschaft beantragt. [4] Wird im Urteil eine Maßregel der Besserung und Sicherung nicht angeordnet, so ist auf Ablehnung des Antrages zu erkennen.

(3) Im Vorverfahren soll einem Sachverständigen Gelegenheit zur Vorbereitung des in der Hauptverhandlung zu erstattenden Gutachtens gegeben werden.

**§ 415 Hauptverhandlung ohne Beschuldigten.** (1) Ist im Sicherungsverfahren das Erscheinen des Beschuldigten vor Gericht wegen seines Zustandes unmöglich oder aus Gründen der öffentlichen Sicherheit oder Ordnung unangebracht, so kann das Gericht die Hauptverhandlung durchführen, ohne daß der Beschuldigte zugegen ist.

(2) [1] In diesem Falle ist der Beschuldigte vor der Hauptverhandlung durch einen beauftragten Richter unter Zuziehung eines Sachverständigen zu vernehmen. [2] Von dem Vernehmungstermin sind die Staatsanwaltschaft, der Beschuldigte, der Verteidiger und der gesetzliche Vertreter zu benachrichtigen. [3] Der Anwesenheit des Staatsanwalts, des Verteidigers und des gesetzlichen Vertreters bei der Vernehmung bedarf es nicht.

(3) Fordert es die Rücksicht auf den Zustand des Beschuldigten oder ist eine ordnungsgemäße Durchführung der Hauptverhandlung sonst nicht möglich, so kann das Gericht im Sicherungsverfahren nach der Vernehmung des Beschuldigten zur Sache die Hauptverhandlung durchführen, auch wenn der Beschuldigte nicht oder nur zeitweise zugegen ist.

(4) [1] Soweit eine Hauptverhandlung ohne den Beschuldigten stattfindet, können seine früheren Erklärungen, die in einem richterlichen Protokoll enthalten sind, verlesen werden. [2] Das Protokoll über die Vorvernehmung nach Absatz 2 Satz 1 ist zu verlesen.

(5) [1] In der Hauptverhandlung ist ein Sachverständiger über den Zustand des Beschuldigten zu vernehmen. [2] Hat der Sachverständige den Beschuldigten nicht schon früher untersucht, so soll ihm dazu vor der Hauptverhandlung Gelegenheit gegeben werden.

**§ 416 Übergang in das Strafverfahren.** (1) [1] Ergibt sich im Sicherungsverfahren nach Eröffnung des Hauptverfahrens die Schuldfähigkeit des Beschuldigten und ist das Gericht für das Strafverfahren nicht zuständig, so spricht es durch Beschluß seine Unzuständigkeit aus und verweist die Sache an das zuständige Gericht. [2] § 270 Abs. 2 und 3 gilt entsprechend.

---

[1)] § 413 geänd. mWv 1.7.2021 durch G v. 25.6.2021 (BGBl. I S. 2099).

(2) [1]Ergibt sich im Sicherungsverfahren nach Eröffnung des Hauptverfahrens die Schuldfähigkeit des Beschuldigten und ist das Gericht auch für das Strafverfahren zuständig, so ist der Beschuldigte auf die veränderte Rechtslage hinzuweisen und ihm Gelegenheit zur Verteidigung zu geben. [2]Behauptet er, auf die Verteidigung nicht genügend vorbereitet zu sein, so ist auf seinen Antrag die Hauptverhandlung auszusetzen. [3]Ist auf Grund des § 415 in Abwesenheit des Beschuldigten verhandelt worden, so sind diejenigen Teile der Hauptverhandlung zu wiederholen, bei denen der Beschuldigte nicht zugegen war.

(3) Die Absätze 1 und 2 gelten entsprechend, wenn sich im Sicherungsverfahren nach Eröffnung des Hauptverfahrens ergibt, daß der Beschuldigte verhandlungsfähig ist und das Sicherungsverfahren wegen seiner Verhandlungsunfähigkeit durchgeführt wird.

## Abschnitt 2a.[1)] Beschleunigtes Verfahren

**§ 417**[2)] **Zulässigkeit.** Im Verfahren vor dem Strafrichter und dem Schöffengericht stellt die Staatsanwaltschaft schriftlich oder mündlich den Antrag auf Entscheidung im beschleunigten Verfahren, wenn die Sache auf Grund des einfachen Sachverhalts oder der klaren Beweislage zur sofortigen Verhandlung geeignet ist.

**§ 418**[3)] **Durchführung der Hauptverhandlung.** (1) [1]Stellt die Staatsanwaltschaft den Antrag, so wird die Hauptverhandlung sofort oder in kurzer Frist durchgeführt, ohne daß es einer Entscheidung über die Eröffnung des Hauptverfahrens bedarf. [2]Zwischen dem Eingang des Antrags bei Gericht und dem Beginn der Hauptverhandlung sollen nicht mehr als sechs Wochen liegen.

(2) [1]Der Beschuldigte wird nur dann geladen, wenn er sich nicht freiwillig zur Hauptverhandlung stellt oder nicht dem Gericht vorgeführt wird. [2]Mit der Ladung wird ihm mitgeteilt, was ihm zur Last gelegt wird. [3]Die Ladungsfrist beträgt vierundzwanzig Stunden.

(3) [1]Der Einreichung einer Anklageschrift bedarf es nicht. [2]Wird eine solche nicht eingereicht, so wird die Anklage bei Beginn der Hauptverhandlung mündlich erhoben und ihr wesentlicher Inhalt in das Sitzungsprotokoll aufgenommen. [3]§ 408a gilt entsprechend.

(4) Ist eine Freiheitsstrafe von mindestens sechs Monaten zu erwarten, so wird dem Beschuldigten, der noch keinen Verteidiger hat, für das beschleunigte Verfahren vor dem Amtsgericht ein Verteidiger bestellt.

**§ 419**[4)] **Entscheidung des Gerichts; Strafmaß.** (1) [1]Der Strafrichter oder das Schöffengericht hat dem Antrag zu entsprechen, wenn sich die Sache zur Verhandlung in diesem Verfahren eignet. [2]Eine höhere Freiheitsstrafe als Freiheitsstrafe von einem Jahr oder eine Maßregel der Besserung und Sicherung darf in diesem Verfahren nicht verhängt werden. [3]Die Entziehung der Fahrerlaubnis ist zulässig.

(2) [1]Die Entscheidung im beschleunigten Verfahren kann auch in der Hauptverhandlung bis zur Verkündung des Urteils abgelehnt werden. [2]Der Beschluß ist nicht anfechtbar.

---

1) Abschnitt 2a (§§ 417–420) eingef. durch G v. 28.10.1994 (BGBl. I S. 3186); Überschrift geänd. mWv 1.1.2018 durch G v. 5.7.2017 (BGBl. I S. 2208).

2) § 417 eingef. durch G v. 28.10.1994 (BGBl. I S. 3186).

3) § 418 eingef. durch G v. 28.10.1994 (BGBl. I S. 3186); Abs. 1 Satz 2 und Abs. 3 Satz 3 angef. mWv 1.9.2004 durch G v. 24.8.2004 (BGBl. I S. 2198).

4) § 419 eingef. durch G v. 28.10.1994 (BGBl. I S. 3186).

(3) Wird die Entscheidung im beschleunigten Verfahren abgelehnt, so beschließt das Gericht die Eröffnung des Hauptverfahrens, wenn der Angeschuldigte einer Straftat hinreichend verdächtig erscheint (§ 203); wird nicht eröffnet und die Entscheidung im beschleunigten Verfahren abgelehnt, so kann von der Einreichung einer neuen Anklageschrift abgesehen werden.

**§ 420**[1)] **Beweisaufnahme.** (1) Die Vernehmung eines Zeugen, Sachverständigen oder Mitbeschuldigten darf durch Verlesung von Protokollen über eine frühere Vernehmung sowie von Urkunden, die eine von ihnen erstellte Äußerung enthalten, ersetzt werden.

(2) Erklärungen von Behörden und sonstigen Stellen über ihre dienstlichen Wahrnehmungen, Untersuchungen und Erkenntnisse sowie über diejenigen ihrer Angehörigen dürfen auch dann verlesen werden, wenn die Voraussetzungen des § 256 nicht vorliegen.

(3) Das Verfahren nach den Absätzen 1 und 2 bedarf der Zustimmung des Angeklagten, des Verteidigers und der Staatsanwaltschaft, soweit sie in der Hauptverhandlung anwesend sind.

(4) Im Verfahren vor dem Strafrichter bestimmt dieser unbeschadet des § 244 Abs. 2 den Umfang der Beweisaufnahme.

## Dritter Abschnitt. Verfahren bei Einziehung und Vermögensbeschlagnahme

**§ 421**[2)] **Absehen von der Einziehung.** (1) Das Gericht kann mit Zustimmung der Staatsanwaltschaft von der Einziehung absehen, wenn

1. das Erlangte nur einen geringen Wert hat,
2. die Einziehung nach den §§ 74 und 74c des Strafgesetzbuchs[3)] neben der zu erwartenden Strafe oder Maßregel der Besserung und Sicherung nicht ins Gewicht fällt oder
3. das Verfahren, soweit es die Einziehung betrifft, einen unangemessenen Aufwand erfordern oder die Herbeiführung der Entscheidung über die anderen Rechtsfolgen der Tat unangemessen erschweren würde.

(2) [1] Das Gericht kann die Wiedereinbeziehung in jeder Lage des Verfahrens anordnen. [2] Einem darauf gerichteten Antrag der Staatsanwaltschaft hat es zu entsprechen. [3] § 265 gilt entsprechend.

(3) [1] Im vorbereitenden Verfahren kann die Staatsanwaltschaft das Verfahren auf die anderen Rechtsfolgen beschränken. [2] Die Beschränkung ist aktenkundig zu machen.

**§ 422**[4)] **Abtrennung der Einziehung.** [1] Würde die Herbeiführung einer Entscheidung über die Einziehung nach den §§ 73 bis 73c des Strafgesetzbuches[3)] die Entscheidung über die anderen Rechtsfolgen der Tat unangemessen erschweren oder verzögern, kann das Gericht das Verfahren über die Einziehung abtrennen. [2] Das Gericht kann die Verbindung in jeder Lage des Verfahrens wieder anordnen.

---

[1)] § 420 eingef. durch G v. 28.10.1994 (BGBl. I S. 3186); Abs. 1 geänd. mWv 1.1.2018 durch G v. 5.7. 2017 (BGBl. I S. 2208).

[2)] § 421 neu eingef. mWv 1.7.2017 durch G v. 13.4.2017 (BGBl. I S. 872); Abs. 1 Nr. 2 geänd. mWv 1.7.2021 durch G v. 25.6.2021 (BGBl. I S. 2099).

[3)] Nr. **85**.

[4)] § 422 neu eingef. mWv 1.7.2017 durch G v. 13.4.2017 (BGBl. I S. 872).

**§ 423[1]) Einziehung nach Abtrennung.** (1) [1]Trennt das Gericht das Verfahren nach § 422 ab, trifft es die Entscheidung über die Einziehung nach der Rechtskraft des Urteils in der Hauptsache. [2]Das Gericht ist an die Entscheidung in der Hauptsache und die tatsächlichen Feststellungen, auf denen diese beruht, gebunden.

(2) Die Entscheidung über die Einziehung soll spätestens sechs Monate nach dem Eintritt der Rechtskraft des Urteils in der Hauptsache getroffen werden.

(3) [1]Das Gericht entscheidet durch Beschluss. [2]Die Entscheidung ist mit sofortiger Beschwerde anfechtbar.

(4) [1]Abweichend von Absatz 3 kann das Gericht anordnen, dass die Entscheidung auf Grund mündlicher Verhandlung durch Urteil ergeht. [2]Das Gericht muss die Anordnung nach Satz 1 treffen, wenn die Staatsanwaltschaft oder derjenige, gegen den sich die Einziehung richtet, dies beantragt. [3]Die §§ 324 und 427 bis 431 gelten entsprechend; ergänzend finden die Vorschriften über die Hauptverhandlung entsprechende Anwendung.

**§ 424[2]) Einziehungsbeteiligte am Strafverfahren.** (1) Richtet sich die Einziehung gegen eine Person, die nicht Beschuldigter ist, so wird sie auf Anordnung des Gerichts am Strafverfahren beteiligt, soweit dieses die Einziehung betrifft (Einziehungsbeteiligter).

(2) [1]Die Anordnung der Verfahrensbeteiligung unterbleibt, wenn derjenige, der von ihr betroffen wäre, bei Gericht oder bei der Staatsanwaltschaft schriftlich oder zu Protokoll oder bei einer anderen Behörde schriftlich erklärt, dass er gegen die Einziehung des Gegenstandes keine Einwendungen vorbringen wolle. [2]War die Anordnung zum Zeitpunkt der Erklärung bereits ergangen, wird sie aufgehoben.

(3) Die Verfahrensbeteiligung kann bis zum Ausspruch der Einziehung und, wenn eine zulässige Berufung eingelegt ist, bis zur Beendigung der Schlussvorträge im Berufungsverfahren angeordnet werden.

(4) [1]Der Beschluss, durch den die Verfahrensbeteiligung angeordnet wird, kann nicht angefochten werden. [2]Wird die Verfahrensbeteiligung abgelehnt, ist sofortige Beschwerde zulässig.

(5) Durch die Verfahrensbeteiligung wird der Fortgang des Verfahrens nicht aufgehalten.

**§ 425[3]) Absehen von der Verfahrensbeteiligung.** (1) In den Fällen der §§ 74a und 74b des Strafgesetzbuches[4]) kann das Gericht von der Anordnung der Verfahrensbeteiligung absehen, wenn wegen bestimmter Tatsachen anzunehmen ist, dass sie nicht ausgeführt werden kann.

(2) [1]Absatz 1 gilt entsprechend, wenn

1. eine Partei, Vereinigung oder Einrichtung außerhalb des räumlichen Geltungsbereichs dieses Gesetzes zu beteiligen wäre, die Bestrebungen gegen den Bestand oder die Sicherheit der Bundesrepublik Deutschland oder gegen einen der in § 92 Absatz 2 des Strafgesetzbuches bezeichneten Verfassungsgrundsätze verfolgt, und

---

[1]) § 423 neu eingef. mWv 1.7.2017 durch G v. 13.4.2017 (BGBl. I S. 872).
[2]) § 424 neu eingef. mWv 1.7.2017 durch G v. 13.4.2017 (BGBl. I S. 872).
[3]) § 425 neu eingef. mWv 1.7.2017 durch G v. 13.4.2017 (BGBl. I S. 872).
[4]) Nr. **85**.

2. den Umständen nach anzunehmen ist, dass diese Partei, Vereinigung oder Einrichtung oder einer ihrer Mittelsmänner den Gegenstand zur Förderung ihrer Bestrebungen zur Verfügung gestellt hat.

2 Vor der Entscheidung über die Einziehung des Gegenstandes ist der Besitzer der Sache oder der zur Verfügung über das Recht Befugte zu hören, wenn dies ausführbar ist.

**§ 426[1)] Anhörung von möglichen Einziehungsbeteiligten im vorbereitenden Verfahren.** (1) 1 Ergeben sich im vorbereitenden Verfahren Anhaltspunkte dafür, dass jemand als Einziehungsbeteiligter in Betracht kommt, ist er zu hören. 2 Dies gilt nur, wenn die Anhörung ausführbar erscheint. 3 § 425 Absatz 2 gilt entsprechend.

(2) Erklärt derjenige, der als Einziehungsbeteiligter in Betracht kommt, dass er gegen die Einziehung Einwendungen vorbringen wolle, gelten im Fall seiner Vernehmung die Vorschriften über die Vernehmung des Beschuldigten insoweit entsprechend, als seine Verfahrensbeteiligung in Betracht kommt.

**§ 427[2)] Befugnisse des Einziehungsbeteiligten im Hauptverfahren.**

(1) 1 Von der Eröffnung des Hauptverfahrens an hat der Einziehungsbeteiligte, soweit dieses Gesetz nichts anderes bestimmt, die Befugnisse, die einem Angeklagten zustehen. 2 Im beschleunigten Verfahren gilt dies vom Beginn der Hauptverhandlung, im Strafbefehlsverfahren vom Erlass des Strafbefehls an.

(2) 1 Das Gericht kann zur Aufklärung des Sachverhalts das persönliche Erscheinen des Einziehungsbeteiligten anordnen. 2 Bleibt der Einziehungsbeteiligte, dessen persönliches Erscheinen angeordnet ist, ohne genügende Entschuldigung aus, so kann das Gericht seine Vorführung anordnen, wenn er unter Hinweis auf diese Möglichkeit durch Zustellung geladen worden ist.

**§ 428[3)] Vertretung des Einziehungsbeteiligten.** (1) 1 Der Einziehungsbeteiligte kann sich in jeder Lage des Verfahrens durch einen Rechtsanwalt mit nachgewiesener Vertretungsvollmacht vertreten lassen. 2 Die für die Verteidigung geltenden Vorschriften der §§ 137 bis 139, 145a bis 149 und 218 sind entsprechend anzuwenden.

(2) 1 Der Vorsitzende bestellt dem Einziehungsbeteiligten auf Antrag oder von Amts wegen einen Rechtsanwalt, wenn wegen der Schwierigkeit der Sach- oder Rechtslage, soweit sie die Einziehung betrifft, die Mitwirkung eines Rechtsanwalts geboten erscheint oder wenn ersichtlich ist, dass der Einziehungsbeteiligte seine Rechte nicht selbst wahrnehmen kann. 2 Dem Antrag eines seh-, hör- oder sprachbehinderten Einziehungsbeteiligten ist zu entsprechen.

(3) Für das vorbereitende Verfahren gilt Absatz 1 entsprechend.

**§ 429[4)] Terminsnachricht an den Einziehungsbeteiligten.** (1) Dem Einziehungsbeteiligten wird der Termin zur Hauptverhandlung durch Zustellung bekanntgemacht; § 40 gilt entsprechend.

---

1) § 426 neu eingef. mWv 1.7.2017 durch G v. 13.4.2017 (BGBl. I S. 872).
2) § 427 neu eingef. mWv 1.7.2017 durch G v. 13.4.2017 (BGBl. I S. 872).
3) § 428 neu eingef. mWv 1.7.2017 durch G v. 13.4.2017 (BGBl. I S. 872); Abs. 2 Satz 2 neu gef. mWv 13.12.2019 durch G v. 10.12.2019 (BGBl. I S. 2128).
4) § 429 neu eingef. mWv 1.7.2017 durch G v. 13.4.2017 (BGBl. I S. 872).

(2) Mit der Terminsnachricht wird dem Einziehungsbeteiligten, soweit er an dem Verfahren beteiligt ist, die Anklageschrift und in den Fällen des § 207 Absatz 2 der Eröffnungsbeschluss mitgeteilt.

(3) Zugleich wird der Einziehungsbeteiligte darauf hingewiesen, dass

1. auch ohne ihn verhandelt werden kann,
2. er sich durch einen Rechtsanwalt mit nachgewiesener Vertretungsvollmacht vertreten lassen kann und
3. über die Einziehung auch ihm gegenüber entschieden wird.

**§ 430[1)] Stellung in der Hauptverhandlung.** (1) [1] Bleibt der Einziehungsbeteiligte in der Hauptverhandlung trotz ordnungsgemäßer Terminsnachricht aus, kann ohne ihn verhandelt werden; § 235 ist nicht anzuwenden. [2] Gleiches gilt, wenn sich der Einziehungsbeteiligte aus der Hauptverhandlung entfernt oder bei der Fortsetzung einer unterbrochenen Hauptverhandlung ausbleibt.

(2) Auf Beweisanträge des Einziehungsbeteiligten zur Frage der Schuld des Angeklagten ist § 244 Absatz 3 Satz 2, Absatz 4 bis 6 nicht anzuwenden.

(3) [1] Ordnet das Gericht die Einziehung eines Gegenstandes nach § 74b Absatz 1 des Strafgesetzbuches[2)] an, ohne dass eine Entschädigung nach § 74b Absatz 2 des Strafgesetzbuches zu gewähren ist, spricht es zugleich aus, dass dem Einziehungsbeteiligten eine Entschädigung nicht zusteht. [2] Dies gilt nicht, wenn das Gericht eine Entschädigung des Einziehungsbeteiligten nach § 74b Absatz 3 Satz 2 des Strafgesetzbuches für geboten hält; in diesem Fall entscheidet es zugleich über die Höhe der Entschädigung. [3] Das Gericht weist den Einziehungsbeteiligten zuvor auf die Möglichkeit einer solchen Entscheidung hin und gibt ihm Gelegenheit, sich zu äußern.

(4) [1] War der Einziehungsbeteiligte bei der Verkündung des Urteils nicht zugegen und auch nicht vertreten, so beginnt die Frist zur Einlegung eines Rechtsmittels mit der Zustellung der Urteilsformel an ihn. [2] Bei der Zustellung des Urteils kann das Gericht anordnen, dass Teile des Urteils, welche die Einziehung nicht betreffen, ausgeschieden werden.

**§ 431[3)] Rechtsmittelverfahren.** (1) [1] Im Rechtsmittelverfahren erstreckt sich die Prüfung, ob die Einziehung dem Einziehungsbeteiligten gegenüber gerechtfertigt ist, auf den Schuldspruch des angefochtenen Urteils nur, wenn der Einziehungsbeteiligte

1. insoweit Einwendungen vorbringt und
2. im vorausgegangenen Verfahren ohne sein Verschulden zum Schuldspruch nicht gehört worden ist.

[2] Erstreckt sich hiernach die Prüfung auch auf den Schuldspruch, legt das Gericht die zur Schuld getroffenen Feststellungen zugrunde, soweit nicht das Vorbringen des Einziehungsbeteiligten eine erneute Prüfung erfordert.

(2) Im Berufungsverfahren gilt Absatz 1 nicht, wenn zugleich auf ein Rechtsmittel eines anderen Beteiligten über den Schuldspruch zu entscheiden ist.

---

[1)] § 430 neu gef. mWv 1.7.2017 durch G v. 13.4.2017 (BGBl. I S. 872); Abs. 4 Sätze 1 und 2 geänd. mWv 1.7.2021 durch G v. 25.6.2021 (BGBl. I S. 2099).

[2)] Nr. **85**.

[3)] § 431 neu gef. mWv 1.7.2017 durch G v. 13.4.2017 (BGBl. I S. 872).

(3) Im Revisionsverfahren sind die Einwendungen gegen den Schuldspruch innerhalb der Begründungsfrist vorzubringen.

(4) [1] Wird nur die Entscheidung über die Höhe der Entschädigung angefochten, kann über das Rechtsmittel durch Beschluss entschieden werden, wenn die Beteiligten nicht widersprechen. [2] Das Gericht weist sie zuvor auf die Möglichkeit eines solchen Verfahrens und des Widerspruchs hin und gibt ihnen Gelegenheit, sich zu äußern.

**§ 432[1)] Einziehung durch Strafbefehl.** (1) [1] Wird die Einziehung durch Strafbefehl angeordnet, so wird der Strafbefehl auch dem Einziehungsbeteiligten zugestellt, soweit er an dem Verfahren beteiligt ist. [2] § 429 Absatz 3 Nummer 2 gilt entsprechend.

(2) Ist nur über den Einspruch des Einziehungsbeteiligten zu entscheiden, so gilt § 434 Absatz 2 und 3 entsprechend.

**§ 433[2)] Nachverfahren.** (1) Ist die Einziehung rechtskräftig angeordnet worden und macht jemand glaubhaft, dass er seine Rechte als Einziehungsbeteiligter ohne sein Verschulden weder im Verfahren des ersten Rechtszuges noch im Berufungsverfahren hat wahrnehmen können, so kann er in einem Nachverfahren geltend machen, dass die Einziehung ihm gegenüber nicht gerechtfertigt sei.

(2) [1] Das Nachverfahren ist binnen eines Monats nach Ablauf des Tages zu beantragen, an dem der Antragsteller von der rechtskräftigen Entscheidung Kenntnis erlangt hat. [2] Der Antrag ist unzulässig, wenn seit Eintritt der Rechtskraft zwei Jahre verstrichen sind und die Vollstreckung beendet ist.

(3) [1] Durch den Antrag auf Durchführung des Nachverfahrens wird die Vollstreckung der Anordnung der Einziehung nicht gehemmt; das Gericht kann jedoch einen Aufschub sowie eine Unterbrechung der Vollstreckung anordnen. [2] Wird in den Fällen des § 73b des Strafgesetzbuches[3)], auch in Verbindung mit § 73c des Strafgesetzbuches, unter den Voraussetzungen des Absatzes 1 ein Nachverfahren beantragt, sollen bis zu dessen Abschluss Vollstreckungsmaßnahmen gegen den Antragsteller unterbleiben.

(4) [1] Für den Umfang der Prüfung gilt § 431 Absatz 1 entsprechend. [2] Wird das vom Antragsteller behauptete Recht nicht erwiesen, ist der Antrag unbegründet.

(5) Vor der Entscheidung kann das Gericht unter den Voraussetzungen des § 421 Absatz 1 mit Zustimmung der Staatsanwaltschaft die Anordnung der Einziehung aufheben.

(6) Eine Wiederaufnahme des Verfahrens nach § 359 Nummer 5 zu dem Zweck, die Einwendungen nach Absatz 1 geltend zu machen, ist ausgeschlossen.

**§ 434[4)] Entscheidung im Nachverfahren.** (1) Die Entscheidung über die Einziehung im Nachverfahren trifft das Gericht des ersten Rechtszuges.

(2) Das Gericht entscheidet durch Beschluss, gegen den sofortige Beschwerde zulässig ist.

---

1) § 432 neu gef. mWv 1.7.2017 durch G v. 13.4.2017 (BGBl. I S. 872).

2) § 433 neu gef. mWv 1.7.2017 durch G v. 13.4.2017 (BGBl. I S. 872).

3) Nr. **85**.

4) § 434 neu gef. mWv 1.7.2017 durch G v. 13.4.2017 (BGBl. I S. 872); Änd. von Abs. 1 mWv 1.1.2018 durch G v. 5.7.2017 (BGBl. I S. 2208) aufgrund vorheriger Neufassung durch G v. 13.4.2017 (BGBl. I S. 872) nicht ausführbar.

(3) [1]Über einen zulässigen Antrag wird auf Grund mündlicher Verhandlung durch Urteil entschieden, wenn die Staatsanwaltschaft oder sonst der Antragsteller es beantragt oder das Gericht dies anordnet; die Vorschriften über die Hauptverhandlung gelten entsprechend. [2]Wer gegen das Urteil eine zulässige Berufung eingelegt hat, kann gegen das Berufungsurteil nicht mehr Revision einlegen.

(4) Ist durch Urteil entschieden, so gilt § 431 Absatz 4 entsprechend.

**§ 435[1)] Selbständiges Einziehungsverfahren.** (1) [1]Die Staatsanwaltschaft und der Privatkläger können den Antrag stellen, die Einziehung selbständig anzuordnen, wenn dies gesetzlich zulässig und die Anordnung nach dem Ergebnis der Ermittlungen zu erwarten ist. [2]Die Staatsanwaltschaft kann insbesondere von dem Antrag absehen, wenn das Erlangte nur einen geringen Wert hat oder das Verfahren einen unangemessenen Aufwand erfordern würde.

(2) [1]In dem Antrag ist der Gegenstand oder der Geldbetrag, der dessen Wert entspricht, zu bezeichnen. [2]Ferner ist anzugeben, welche Tatsachen die Zulässigkeit der selbständigen Einziehung begründen. [3]Im Übrigen gilt § 200 entsprechend.

(3) [1]Für das weitere Verfahren gelten die §§ 201 bis 204, 207, 210 und 211 entsprechend, soweit dies ausführbar ist. [2]Im Übrigen finden die §§ 424 bis 430 und 433 entsprechende Anwendung.

(4) [1]Für Ermittlungen, die ausschließlich der Durchführung des selbständigen Einziehungsverfahrens dienen, gelten sinngemäß die Vorschriften über das Strafverfahren. [2]Ermittlungsmaßnahmen, die nur gegen einen Beschuldigten zulässig sind, und verdeckte Maßnahmen im Sinne des § 101 Absatz 1 sind nicht zulässig.

**§ 436[2)] Entscheidung im selbständigen Einziehungsverfahren.** (1) [1]Die Entscheidung über die selbständige Einziehung trifft das Gericht, das im Fall der Strafverfolgung einer bestimmten Person zuständig wäre. [2]Für die Entscheidung über die selbständige Einziehung ist örtlich zuständig auch das Gericht, in dessen Bezirk der Gegenstand sichergestellt worden ist.

(2) § 423 Absatz 1 Satz 2 und § 434 Absatz 2 bis 4 gelten entsprechend.

**§ 437[3)] Besondere Regelungen für das selbständige Einziehungsverfahren.** [1]Bei der Entscheidung über die selbständige Einziehung nach § 76a Absatz 4 des Strafgesetzbuches[4)] kann das Gericht seine Überzeugung davon, dass der Gegenstand aus einer rechtswidrigen Tat herrührt, insbesondere auf ein grobes Missverhältnis zwischen dem Wert des Gegenstandes und den rechtmäßigen Einkünften des Betroffenen stützen. [2]Darüber hinaus kann es bei seiner Entscheidung insbesondere auch berücksichtigen

1. das Ergebnis der Ermittlungen zu der Tat, die Anlass für das Verfahren war,
2. die Umstände, unter denen der Gegenstand aufgefunden und sichergestellt worden ist, sowie
3. die sonstigen persönlichen und wirtschaftlichen Verhältnisse des Betroffenen.

---

[1)] § 435 neu gef. mWv 1.7.2017 durch G v. 13.4.2017 (BGBl. I S. 872); Abs. 4 angef. mWv 1.7.2021 durch G v. 25.6.2021 (BGBl. I S. 2099).

[2)] § 436 neu gef. mWv 1.7.2017 durch G v. 13.4.2017 (BGBl. I S. 872).

[3)] § 437 neu gef. mWv 1.7.2017 durch G v. 13.4.2017 (BGBl. I S. 872).

[4)] Nr. **85**.

**§ 438[1)] Nebenbetroffene am Strafverfahren.** (1) [1]Ist über die Einziehung eines Gegenstandes zu entscheiden, ordnet das Gericht an, dass eine Person, die weder Angeschuldigte ist noch als Einziehungsbeteiligte in Betracht kommt, als Nebenbetroffene an dem Verfahren beteiligt wird, soweit es die Einziehung betrifft, wenn es glaubhaft erscheint, dass

1. dieser Person der Gegenstand gehört oder zusteht oder
2. diese Person an dem Gegenstand ein sonstiges Recht hat, dessen Erlöschen nach § 75 Absatz 2 Satz 2 und 3 des Strafgesetzbuches[2)] im Falle der Einziehung angeordnet werden könnte.

[2]Für die Anordnung der Verfahrensbeteiligung gelten § 424 Absatz 2 bis 5 und § 425 entsprechend.

(2) [1]Das Gericht kann anordnen, dass sich die Beteiligung nicht auf die Frage der Schuld des Angeschuldigten erstreckt, wenn

1. die Einziehung im Fall des Absatzes 1 Nummer 1 nur unter der Voraussetzung in Betracht kommt, dass der Gegenstand demjenigen gehört oder zusteht, gegen den sich die Einziehung richtet, oder
2. der Gegenstand nach den Umständen, welche die Einziehung begründen können, auch auf Grund von Rechtsvorschriften außerhalb des Strafrechts ohne Entschädigung dauerhaft entzogen werden könnte.

[2]§ 424 Absatz 4 Satz 2 gilt entsprechend.

(3) Im Übrigen gelten die §§ 426 bis 434 entsprechend mit der Maßgabe, dass in den Fällen des § 432 Absatz 2 und des § 433 das Gericht den Schuldspruch nicht nachprüft, wenn nach den Umständen, welche die Einziehung begründet haben, eine Anordnung nach Absatz 2 zulässig wäre.

**§ 439[3)] Der Einziehung gleichstehende Rechtsfolgen.** Vernichtung, Unbrauchbarmachung und Beseitigung eines gesetzwidrigen Zustandes stehen im Sinne der §§ 421 bis 436 der Einziehung gleich.

**§§ 440–442[4)]** *(aufgehoben)*

**§ 443[5)] Vermögensbeschlagnahme.** (1) [1]Das im Geltungsbereich dieses Gesetzes befindliche Vermögen oder einzelne Vermögensgegenstände eines Beschuldigten, gegen den wegen einer Straftat nach

1. den §§ 81 bis 83 Abs. 1, § 89a oder § 89c Absatz 1 bis 4, den §§ 94 oder 96 Abs. 1, den §§ 97a oder 100, den §§ 129 oder 129a, auch in Verbindung mit § 129b Abs. 1, des Strafgesetzbuches[2)],
2. einer in § 330 Abs. 1 Satz 1 des Strafgesetzbuches in Bezug genommenen Vorschrift unter der Voraussetzung, daß der Beschuldigte verdächtig ist, vor-

---

[1)] § 438 neu gef. mWv 1.7.2017 durch G v. 13.4.2017 (BGBl. I S. 872).

[2)] Nr. **85**.

[3)] § 439 neu gef. mWv 1.7.2017 durch G v. 13.4.2017 (BGBl. I S. 872).

[4)] §§ 440–442 aufgeh. mWv 1.7.2017 durch G v. 13.4.2017 (BGBl. I S. 872).

[5)] § 443 Abs. 1 Sätze 1 und 3 neu gef. durch G v. 15.7.1992 (BGBl. I S. 1302); Abs. 1 Satz 1 Nr. 2 neu gef. durch G v. 27.6.1994 (BGBl. I S. 1440); Abs. 1 Satz 1 Nr. 2 geänd. durch G v. 26.1.1998 (BGBl. I S. 164); Abs. 1 Satz 1 Nr. 1 geänd. mWv 30.8.2002 durch G v. 22.8.2002 (BGBl. I S. 3390); Abs. 1 Satz 1 Nr. 3 geänd. mWv 1.4.2003 durch G v. 11.10.2002 (BGBl. I S. 3970); Abs. 1 Satz 1 Nr. 1 geänd. mWv 4.8.2009 durch G v. 30.7.2009 (BGBl. I S. 2437); Abs. 1 Satz 1 Nr. 3 geänd. mWv 1.9.2013 durch G v. 6.6.2013 (BGBl. I S. 1482); Abs. 1 Satz 1 Nr. 1 geänd. mWv 20.6.2015 durch G v. 12.6.2015 (BGBl. I S. 926).

sätzlich Leib oder Leben eines anderen oder fremde Sachen von bedeutendem Wert gefährdet zu haben, oder unter einer der in § 330 Abs. 1 Satz 2 Nr. 1 bis 3 des Strafgesetzbuches genannten Voraussetzungen oder nach § 330 Abs. 2, § 330a Abs. 1, 2 des Strafgesetzbuches,

3. den §§ 51, 52 Abs. 1 Nr. 1, 2 Buchstabe c und d, Abs. 5, 6 des Waffengesetzes[1], den §§ 17 und 18 des Außenwirtschaftsgesetzes, wenn die Tat vorsätzlich begangen wird, oder nach § 19 Abs. 1 bis 3, § 20 Abs. 1 oder 2, jeweils auch in Verbindung mit § 21, oder § 22a Abs. 1 bis 3 des Gesetzes über die Kontrolle von Kriegswaffen[2] oder
4. einer in § 29 Abs. 3 Satz 2 Nr. 1 des Betäubungsmittelgesetzes[3] in Bezug genommenen Vorschrift unter den dort genannten Voraussetzungen oder einer Straftat nach den §§ 29a, 30 Abs. 1 Nr. 1, 2, 4, § 30a oder § 30b des Betäubungsmittelgesetzes

die öffentliche Klage erhoben oder Haftbefehl erlassen worden ist, können mit Beschlag belegt werden. [2]Die Beschlagnahme umfaßt auch das Vermögen, das dem Beschuldigten später zufällt. [3]Die Beschlagnahme ist spätestens nach Beendigung der Hauptverhandlung des ersten Rechtszuges aufzuheben.

(2) [1]Die Beschlagnahme wird durch den Richter angeordnet. [2]Bei Gefahr im Verzug kann die Staatsanwaltschaft die Beschlagnahme vorläufig anordnen; die vorläufige Anordnung tritt außer Kraft, wenn sie nicht binnen drei Tagen vom Richter bestätigt wird.

(3) Die Vorschriften der §§ 291 bis 293 gelten entsprechend.

### Vierter Abschnitt. Verfahren bei Festsetzung von Geldbußen gegen juristische Personen und Personenvereinigungen

**§ 444[4] Verfahren.** (1) [1]Ist im Strafverfahren über die Festsetzung einer Geldbuße gegen eine juristische Person oder eine Personenvereinigung zu entscheiden (§ 30 des Gesetzes über Ordnungswidrigkeiten[5]), so ordnet das Gericht deren Beteiligung an dem Verfahren an, soweit es die Tat betrifft. [2]§ 424 Absatz 3 und 4 gilt entsprechend.

(2) [1]Die juristische Person oder die Personenvereinigung wird zur Hauptverhandlung geladen; bleibt ihr Vertreter ohne genügende Entschuldigung aus, so kann ohne sie verhandelt werden. [2]Für ihre Verfahrensbeteiligung gelten im übrigen die §§ 426 bis 428, 429 Absatz 2 und 3 Nummer 1, § 430 Absatz 2 und 4, § 431 Absatz 1 bis 3, § 432 Absatz 1 und, soweit nur über ihren Einspruch zu entscheiden ist, § 434 Absatz 2 und 3 sinngemäß.

(3) [1]Für das selbständige Verfahren gelten die §§ 435, 436 Absatz 1 und 2 in Verbindung mit § 434 Absatz 2 oder 3 sinngemäß. [2]Örtlich zuständig ist auch das Gericht, in dessen Bezirk die juristische Person oder die Personenvereinigung ihren Sitz oder eine Zweigniederlassung hat.

**§§ 445 bis 448** (weggefallen)

---

[1] **Sartorius Nr. 820.**
[2] **Sartorius Nr. 823.**
[3] **Habersack, Deutsche Gesetze ErgBd. Nr. 86.**
[4] § 444 Abs. 1 Satz 2, Abs. 2 Satz 2 und Abs. 3 Satz 1 geänd. mWv 1.7.2017 durch G v. 13.4.2017 (BGBl. I S. 872).
[5] Nr. **94**.

## Siebentes Buch. Strafvollstreckung und Kosten des Verfahrens

### Erster Abschnitt. Strafvollstreckung[1)]

**§ 449 Vollstreckbarkeit.** Strafurteile sind nicht vollstreckbar, bevor sie rechtskräftig geworden sind.

**§ 450 Anrechnung von Untersuchungshaft und Führerscheinentziehung.**

(1) Auf die zu vollstreckende Freiheitsstrafe ist unverkürzt die Untersuchungshaft anzurechnen, die der Angeklagte erlitten hat, seit er auf Einlegung eines Rechtsmittels verzichtet oder das eingelegte Rechtsmittel zurückgenommen hat oder seitdem die Einlegungsfrist abgelaufen ist, ohne daß er eine Erklärung abgegeben hat.

(2) Hat nach dem Urteil eine Verwahrung, Sicherstellung oder Beschlagnahme des Führerscheins auf Grund des § 111a Abs. 5 Satz 2 fortgedauert, so ist diese Zeit unverkürzt auf das Fahrverbot (§ 44 des Strafgesetzbuches[2)]) anzurechnen.

**§ 450a Anrechnung einer im Ausland erlittenen Freiheitsentziehung.**

(1) [1] Auf die zu vollstreckende Freiheitsstrafe ist auch die im Ausland erlittene Freiheitsentziehung anzurechnen, die der Verurteilte in einem Auslieferungsverfahren zum Zwecke der Strafvollstreckung erlitten hat. [2] Dies gilt auch dann, wenn der Verurteilte zugleich zum Zwecke der Strafverfolgung ausgeliefert worden ist.

(2) Bei Auslieferung zum Zwecke der Vollstreckung mehrerer Strafen ist die im Ausland erlittene Freiheitsentziehung auf die höchste Strafe, bei Strafen gleicher Höhe auf die Strafe anzurechnen, die nach der Einlieferung des Verurteilten zuerst vollstreckt wird.

(3) [1] Das Gericht kann auf Antrag der Staatsanwaltschaft anordnen, daß die Anrechnung ganz oder zum Teil unterbleibt, wenn sie im Hinblick auf das Verhalten des Verurteilten nach dem Erlaß des Urteils, in dem die dem Urteil zugrunde liegenden tatsächlichen Feststellungen letztmalig geprüft werden konnten, nicht gerechtfertigt ist. [2] Trifft das Gericht eine solche Anordnung, so wird die im Ausland erlittene Freiheitsentziehung, soweit ihre Dauer die Strafe nicht überschreitet, auch in einem anderen Verfahren auf die Strafe nicht angerechnet.

**§ 451 Vollstreckungsbehörde.** (1) Die Strafvollstreckung erfolgt durch die Staatsanwaltschaft als Vollstreckungsbehörde auf Grund einer von dem Urkundsbeamten der Geschäftsstelle zu erteilenden, mit der Bescheinigung der Vollstreckbarkeit versehenen, beglaubigten Abschrift der Urteilsformel.

(2) Den Amtsanwälten steht die Strafvollstreckung nur insoweit zu, als die Landesjustizverwaltung sie ihnen übertragen hat.

(3) [1] Die Staatsanwaltschaft, die Vollstreckungsbehörde ist, nimmt auch gegenüber der Strafvollstreckungskammer bei einem anderen Landgericht die staatsanwaltschaftlichen Aufgaben wahr. [2] Sie kann ihre Aufgaben der für dieses Gericht zuständigen Staatsanwaltschaft übertragen, wenn dies im Interesse des Verurteilten geboten erscheint und die Staatsanwaltschaft am Ort der Strafvollstreckungskammer zustimmt.

---

1) Vgl. dazu StrafvollstreckungsO **(Habersack, Deutsche Gesetze ErgBd. Nr. 90d)**.
Wegen des Strafvollzugs vgl. StrafvollzugsG **(Habersack, Deutsche Gesetze ErgBd. Nr. 91)**.
2) Nr. **85**.

**§ 452[1)] Begnadigungsrecht.** [1]In Sachen, in denen im ersten Rechtszug in Ausübung von Gerichtsbarkeit des Bundes entschieden worden ist, steht das Begnadigungsrecht dem Bund zu. [2]In allen anderen Sachen steht es den Ländern zu.

**§ 453[2)] Nachträgliche Entscheidung über Strafaussetzung zur Bewährung oder Verwarnung mit Strafvorbehalt.** (1) [1]Die nachträglichen Entscheidungen, die sich auf eine Strafaussetzung zur Bewährung oder eine Verwarnung mit Strafvorbehalt beziehen (§§ 56a bis 56g, 58, 59a, 59b des Strafgesetzbuches), trifft das Gericht ohne mündliche Verhandlung durch Beschluß. [2]Die Staatsanwaltschaft und der Angeklagte sind zu hören. [3]§ 246a Absatz 2 und § 454

---

[1)] **Begnadigungsrecht.** Vgl. Art. 60 GG **(Habersack, Deutsche Gesetze ErgBd. Nr. 1)** betr. das Begnadigungsrecht des Bundespräsidenten und die AO des Bundespräsidenten über die Ausübung des Begnadigungsrechts des Bundes **(Sartorius Nr. 615)**.
- **Baden-Württemberg:** Art. 52 Verfassung des Landes Baden-Württemberg v. 11.11.1953 (GBl. S. 173), zuletzt geänd. durch G v. 26.5.2020 (GBl. S. 305); AO des Ministerpräsidenten über die Ausübung des Gnadenrechts v. 25.9.2001 (GBl. S. 567); GnadenO v. 20.9.2001 (Die Justiz S. 506)
- **Bayern:** Art. 47 Bayerische Verfassung idF der Bek. v. 15.12.1998 (GVBl. S. 991, 992), zuletzt geänd. durch G v. 11.11.2013 (GVBl. S. 642); Bek. des Bayerischen Ministerpräsidenten über die Ausübung des Begnadigungsrechts v. 20.9.1973 (BayRS IV S. 545); Bayerische GnadenO v. 29.5.2006 (GVBl. S. 321), geänd. durch Bek. v. 19.1.2021 (GVBl. S. 65)
- **Berlin:** Art. 81 Verfassung von Berlin idF der Bek. v. 23.11.1995 (GVBl. S. 779), zuletzt geänd. durch G v. 17.5.2021 (GVBl. S. 502); G über den Ausschuß für Gnadensachen v. 19.12.1968 (GVBl. S. 1767), zuletzt geänd. durch G v. 25.3.2004 (GVBl. S. 137); GnadenO v. 8.8.2019 (ABl. S. 5407, ber. S. 6038)
- **Brandenburg:** Art. 92 Verfassung des Landes Brandenburg v. 20.8.1992 (GVBl. I S. 298), zuletzt geänd. durch G v. 16.5.2019 (GVBl. I Nr. 16); Erl. des Ministerpräsidenten über die Ausübung des Begnadigungsrechts v. 19.4.1995 (ABl. S. 442); GnadenO v. 11.9.2007 (JMBl. S. 150)
- **Bremen:** Art. 121 Landesverfassung der Freien Hansestadt Bremen idF der Bek. v. 12.8.2019 (Brem.GBl. S. 524), zuletzt geänd. durch G v. 11.5.2021 (Brem.GBl. S. 475); AO des Senats über die Ausübung des Begnadigungsrechts v. 4.11.1958 (Brem.GBl. S. 87), zuletzt geänd. durch G v. 19.12.2014 (Brem.GBl. S. 775); Bremische GnadenO v. 6.11.1984 (Brem.ABl. S. 385)
- **Hamburg:** Art. 44 Verfassung der Freien und Hansestadt Hamburg v. 6.6.1952 (BS Hbg I S. 1), zuletzt geänd. durch G v. 3.11.2020 (HmbGVBl. S. 559); AO über Gnadenangelegenheiten v. 27.12.1966 (Amtl. Anz. 1967 S. 21), geänd. durch AO v. 4.12.1967 (Amtl. Anz. S. 1543); Hamburgische GnadenO v. 10.11.2010 (JVBl S. 76)
- **Hessen:** Art. 109 Hessische Verfassung v. 1.12.1946 (GVBl. I S. 229, ber. 1947 S. 106, 1948 S. 68), zuletzt geänd. durch G v. 12.12.2018 (GVBl. S. 752); Erl. des Ministerpräsidenten über die Ausübung des Gnadenrechts v. 7.12.2009 (GVBl. I S. 519), geänd. durch Erl. v. 10.11.2014 (GVBl. S. 277); Hessische GnadenO v. 25.10.2010 (JMBl. S. 319)
- **Mecklenburg-Vorpommern:** Art. 49 Verfassung des Landes Mecklenburg-Vorpommern v. 23.5.1993 (GVOBl. M-V S. 372), zuletzt geänd. durch G v. 14.7.2016 (GVOBl. M-V S. 573); GnadenO v. 23.11.1998 (AmtsBl. M-V S. 1556)
- **Niedersachsen:** Art. 36 Niedersächsische Verfassung v. 19.5.1993 (Nds. GVBl. S. 107), zuletzt geänd. durch G v. 10.11.2020 (Nds. GVBl. S. 464); Erl. des Niedersächsischen Ministerpräsidenten über die Ausübung des Gnadenrechts v. 2.9.1952 (Nds. MBl. S. 482), zuletzt geänd. durch Erl. v. 23.4.1971 (NdsMBl. S. 494); GnadenO v. 13.1.1977 (Nds. RPfl. S. 34), zuletzt geänd. durch AV v. 13.1.1999 (NdsRpfl. S. 53)
- **Nordrhein-Westfalen:** Art. 59 Verfassung für das Land Nordrhein-Westfalen v. 28.6.1950 (GV. NRW. S. 127), zuletzt geänd. durch G v. 30.6.2020 (GV. NRW. S. 644); Erl. des Ministerpräsidenten über die Ausübung des Rechts der Begnadigung v. 12.11.1951 (GSNW S. 569), zuletzt geänd. durch Erl. vom 7.9.2000 (GV. NRW. S. 674); GnadenO für das Land Nordrhein-Westfalen v. 26.11.1975 (GV. NRW. 1976 S. 16), zuletzt geänd. durch AV v. 24.6.1987 (JMBl. S. 169)
- **Rheinland-Pfalz:** Art. 103 Verfassung für Rheinland-Pfalz v. 18.5.1947 (VOBl. S. 209), zuletzt geänd. durch G v. 8.5.2015 (GVBl. S. 35); LandesG über die Ausübung des Gnadenrechts v. 2.3.1998 (GVBl. S. 29); LandesVO zur Übertragung der Ausübung des Gnadenrechts im Geschäftsbereich des Ministeriums der Justiz v. 11.5.1998 (GVBl. S. 162), zuletzt geänd. durch VO v. 4.3.2013 (GVBl. S. 37); GnadenO v. 16.10.1995 (JBl. S. 229), zuletzt geänd. durch VwV v. 14.11.2019 (JBl. S. 150)
- **Saarland:** Saarländisches GnadenG v. 16.3.1994 (Amtsbl. S. 742), zuletzt geänd. durch G v. 21.1.2015 (Amtsbl. I S. 187)

→

Absatz 2 Satz 4 gelten entsprechend. [4] Hat das Gericht über einen Widerruf der Strafaussetzung wegen Verstoßes gegen Auflagen oder Weisungen zu entscheiden, so soll es dem Verurteilten Gelegenheit zur mündlichen Anhörung geben. [5] Ist ein Bewährungshelfer bestellt, so unterrichtet ihn das Gericht, wenn eine Entscheidung über den Widerruf der Strafaussetzung oder den Straferlaß in Betracht kommt; über Erkenntnisse, die dem Gericht aus anderen Strafverfahren bekannt geworden sind, soll es ihn unterrichten, wenn der Zweck der Bewährungsaufsicht dies angezeigt erscheinen läßt.

(2) [1] Gegen die Entscheidungen nach Absatz 1 ist Beschwerde zulässig. [2] Sie kann nur darauf gestützt werden, daß eine getroffene Anordnung gesetzwidrig ist oder daß die Bewährungszeit nachträglich verlängert worden ist. [3] Der Widerruf der Aussetzung, der Erlaß der Strafe, der Widerruf des Erlasses, die Verurteilung zu der vorbehaltenen Strafe und die Feststellung, daß es bei der Verwarnung sein Bewenden hat (§§ 56f, 56g, 59b des Strafgesetzbuches), können mit sofortiger Beschwerde angefochten werden.

**§ 453a Belehrung bei Strafaussetzung oder Verwarnung mit Strafvorbehalt.** (1) [1] Ist der Angeklagte nicht nach § 268a Abs. 3 belehrt worden, so wird die Belehrung durch das für die Entscheidungen nach § 453 zuständige Gericht erteilt. [2] Der Vorsitzende kann mit der Belehrung einen beauftragten oder ersuchten Richter betrauen.

(2) Die Belehrung soll außer in Fällen von geringer Bedeutung mündlich erteilt werden.

(3) [1] Der Angeklagte soll auch über die nachträglichen Entscheidungen belehrt werden. [2] Absatz 1 gilt entsprechend.

**§ 453b Bewährungsüberwachung.** (1) Das Gericht überwacht während der Bewährungszeit die Lebensführung des Verurteilten, namentlich die Erfüllung von Auflagen und Weisungen sowie von Anerbieten und Zusagen.

(2) Die Überwachung obliegt dem für die Entscheidungen nach § 453 zuständigen Gericht.

---

*(Fortsetzung der Anm. von voriger Seite)*

– **Sachsen:** Art. 67 Verfassung des Freistaates Sachsen v. 27.5.1992 (SächsGVBl. S. 243), geänd. durch G v. 11.7.2013 (SächsGVBl. S. 502); GnadenO v. 10.12.1999 (SächsABl. 2000 S. 3, ber. S. 346), zuletzt geänd. durch VwV v. 6.12.2004 (SächsABl. S. 1313)
– **Sachsen-Anhalt:** Art. 85 Verfassung des Landes Sachsen-Anhalt v. 16.7.1992 (GVBl. LSA S. 600), zuletzt geänd. durch G v. 20.3.2020 (GVBl. LSA S. 64); Erl. über die Ausübung des Gnadenrechts v. 27.5.1994 (MBl. LSA S. 1475); GnadenO für das Land Sachsen-Anhalt v. 14.6.2004 (JMBl. LSA S. 171), zuletzt geänd. durch Allgemeine Verfügung v. 25.2.2019 (JMBl. LSA S. 60)
– **Schleswig-Holstein:** Art. 39 Verfassung des Landes Schleswig-Holstein idF der Bek. v. 2.12.2014 (GVOBl. Schl.-H. S. 344, ber. 2015 S. 41), zuletzt geänd. durch G v. 20.4.2021 (GVOBl. Schl.-H. S. 438); Erl. über die Ausübung des Begnadigungsrechts v. 6.12.1983 (Amtsbl. Schl.-H. 1984 S. 2), zuletzt geänd. durch VO v. 12.10.2005 (GVOBl. Schl.-H. S. 487, ber. S. 241); GnadenO v. 3.5.1984 (SchlHA S. 91)
– **Thüringen:** Art. 78 Verfassung des Freistaats Thüringen v. 25.10.1993 (GVBl. S. 625), zuletzt geänd. durch G v. 11.10.2004 (GVBl. S. 745); AO des Ministerpräsidenten über die Ausübung des Gnadenrechts v. 30.3.1994 (GVBl. S. 405); Thüringer GnadenO v. 16.10.2008 (JMBl. S. 58), zuletzt geänd. durch G v. 1.2.2018 (JMBl. S. 68)

[2)] § 453 Abs. 1 Satz 4 geänd. durch G v. 18.6.1997 (BGBl. I S. 1430); Abs. 1 Satz 3 eingef., bish. Sätze 3 und 4 werden Sätze 4 und 5 mWv 1.9.2013 durch G v. 26.6.2013 (BGBl. I S. 1805).

**§ 453c**[1] **Vorläufige Maßnahmen vor Widerruf der Aussetzung.** (1) Sind hinreichende Gründe für die Annahme vorhanden, daß die Aussetzung widerrufen wird, so kann das Gericht bis zur Rechtskraft des Widerrufsbeschlusses, um sich der Person des Verurteilten zu versichern, vorläufige Maßnahmen treffen, notfalls, unter den Voraussetzungen des § 112 Abs. 2 Nr. 1 oder 2, oder, wenn bestimmte Tatsachen die Gefahr begründen, daß der Verurteilte erhebliche Straftaten begehen werde, einen Haftbefehl erlassen.

(2) [1] Die auf Grund eines Haftbefehls nach Absatz 1 erlittene Haft wird auf die zu vollstreckende Freiheitsstrafe angerechnet. [2] § 33 Abs. 4 Satz 1 sowie die §§ 114 bis 115a, 119 und 119a gelten entsprechend.

**§ 454**[2] **Aussetzung des Restes einer Freiheitsstrafe zur Bewährung.** (1) [1] Die Entscheidung, ob die Vollstreckung des Restes einer Freiheitsstrafe zur Bewährung ausgesetzt werden soll (§§ 57 bis 58 des Strafgesetzbuches[3]) sowie die Entscheidung, daß vor Ablauf einer bestimmten Frist ein solcher Antrag des Verurteilten unzulässig ist, trifft das Gericht ohne mündliche Verhandlung durch Beschluß. [2] Die Staatsanwaltschaft, der Verurteilte und die Vollzugsanstalt sind zu hören. [3] Der Verurteilte ist mündlich zu hören. [4] Von der mündlichen Anhörung des Verurteilten kann abgesehen werden, wenn

1. die Staatsanwaltschaft und die Vollzugsanstalt die Aussetzung einer zeitigen Freiheitsstrafe befürworten und das Gericht die Aussetzung beabsichtigt,
2. der Verurteilte die Aussetzung beantragt hat, zur Zeit der Antragstellung
   a) bei zeitiger Freiheitsstrafe noch nicht die Hälfte oder weniger als zwei Monate,
   b) bei lebenslanger Freiheitsstrafe weniger als dreizehn Jahre

   der Strafe verbüßt hat und das Gericht den Antrag wegen verfrühter Antragstellung ablehnt oder
3. der Antrag des Verurteilten unzulässig ist (§ 57 Abs. 7, § 57a Abs. 4 des Strafgesetzbuches).

[5] Das Gericht entscheidet zugleich, ob eine Anrechnung nach § 43 Abs. 10 Nr. 3 des Strafvollzugsgesetzes[4] ausgeschlossen wird.

(2) [1] Das Gericht holt das Gutachten eines Sachverständigen über den Verurteilten ein, wenn es erwägt, die Vollstreckung des Restes

1. der lebenslangen Freiheitsstrafe auszusetzen oder
2. einer zeitigen Freiheitsstrafe von mehr als zwei Jahren wegen einer Straftat der in § 66 Abs. 3 Satz 1 des Strafgesetzbuches bezeichneten Art auszusetzen und nicht auszuschließen ist, daß Gründe der öffentlichen Sicherheit einer vorzeitigen Entlassung des Verurteilten entgegenstehen.

[2] Das Gutachten hat sich namentlich zu der Frage zu äußern, ob bei dem Verurteilten keine Gefahr mehr besteht, daß dessen durch die Tat zutage getretene

---

[1] § 453c Abs. 2 Satz 2 geänd. mWv 1.1.2010 durch G v. 29.7.2009 (BGBl. I S. 2274).

[2] § 454 Abs. 1 Satz 5 aufgeh., Abs. 2 eingef., bish. Abs. 2 und 3 werden Abs. 3 und 4 durch G v. 26.1. 1998 (BGBl. I S. 160); Abs. 1 Satz 5 angef. mWv 1.1.2001 durch G v. 27.12.2000 (BGBl. I S. 2043); Abs. 2 Satz 3 neu gef., Sätze 4–6 aufgeh., bish. Satz 7 wird Satz 4 mWv 28.8.2002 durch G v. 21.8.2002 (BGBl. I S. 3344); Abs. 1 Satz 4 Nr. 3 geänd. mWv 31.12.2006 durch G v. 22.12.2006 (BGBl. I S. 3416); Abs. 4 Satz 1 neu gef. mWv 1.1.2011 durch G v. 22.12.2010 (BGBl. I S. 2300); Abs. 4 Satz 1 geänd. mWv 1.9.2013 durch G v. 26.6.2013 (BGBl. I S. 1805).

[3] Nr. **85**.

[4] **Habersack, Deutsche Gesetze ErgBd. Nr. 91.**

Gefährlichkeit fortbesteht. [3]Der Sachverständige ist mündlich zu hören, wobei der Staatsanwaltschaft, dem Verurteilten, seinem Verteidiger und der Vollzugsanstalt Gelegenheit zur Mitwirkung zu geben ist. [4]Das Gericht kann von der mündlichen Anhörung des Sachverständigen absehen, wenn der Verurteilte, sein Verteidiger und die Staatsanwaltschaft darauf verzichten.

(3) [1]Gegen die Entscheidungen nach Absatz 1 ist sofortige Beschwerde zulässig. [2]Die Beschwerde der Staatsanwaltschaft gegen den Beschluß, der die Aussetzung des Strafrestes anordnet, hat aufschiebende Wirkung.

(4) [1]Im Übrigen sind § 246a Absatz 2, § 268a Absatz 3, die §§ 268d, 453, 453a Absatz 1 und 3 sowie die §§ 453b und 453c entsprechend anzuwenden. [2]Die Belehrung über die Aussetzung des Strafrestes wird mündlich erteilt; die Belehrung kann auch der Vollzugsanstalt übertragen werden. [3]Die Belehrung soll unmittelbar vor der Entlassung erteilt werden.

**§ 454a[1)] Beginn der Bewährungszeit; Aufhebung der Aussetzung des Strafrestes.** (1) Beschließt das Gericht die Aussetzung der Vollstreckung des Restes einer Freiheitsstrafe mindestens drei Monate vor dem Zeitpunkt der Entlassung, so verlängert sich die Bewährungszeit um die Zeit von der Rechtskraft der Aussetzungsentscheidung bis zur Entlassung.

(2) [1]Das Gericht kann die Aussetzung der Vollstreckung des Restes einer Freiheitsstrafe bis zur Entlassung des Verurteilten wieder aufheben, wenn die Aussetzung aufgrund neu eingetretener oder bekanntgewordener Tatsachen unter Berücksichtigung des Sicherheitsinteresses der Allgemeinheit nicht mehr verantwortet werden kann; § 454 Abs. 1 Satz 1 und 2 sowie Abs. 3 Satz 1 gilt entsprechend. [2]§ 57 Abs. 5 des Strafgesetzbuches[2)] bleibt unberührt.

**§ 454b[3)] Vollstreckungsreihenfolge bei Freiheits- und Ersatzfreiheitsstrafen; Unterbrechung.** (1) Freiheitsstrafen und Ersatzfreiheitsstrafen sollen unmittelbar nacheinander vollstreckt werden.

(2) [1]Sind mehrere Freiheitsstrafen oder Freiheitsstrafen und Ersatzfreiheitsstrafen nacheinander zu vollstrecken, so unterbricht die Vollstreckungsbehörde die Vollstreckung der zunächst zu vollstreckenden Freiheitsstrafe, wenn

1. unter den Voraussetzungen des § 57 Abs. 2 Nr. 1 des Strafgesetzbuches[2)] die Hälfte, mindestens jedoch sechs Monate,
2. im übrigen bei zeitiger Freiheitsstrafe zwei Drittel, mindestens jedoch zwei Monate, oder
3. bei lebenslanger Freiheitsstrafe fünfzehn Jahre

der Strafe verbüßt sind. [2]Dies gilt nicht für Strafreste, die auf Grund Widerrufs ihrer Aussetzung vollstreckt werden. [3]Treten die Voraussetzungen für eine Unterbrechung der zunächst zu vollstreckenden Freiheitsstrafe bereits vor Vollstreckbarkeit der später zu vollstreckenden Freiheitsstrafe ein, erfolgt die Unterbrechung rückwirkend auf den Zeitpunkt des Eintritts der Vollstreckbarkeit.

(3) Auf Antrag des Verurteilten kann die Vollstreckungsbehörde von der Unterbrechung der Vollstreckung von Freiheitsstrafen in den Fällen des Absatzes 2 Satz 1 Nummer 1 oder Nummer 2 absehen, wenn zu erwarten ist, dass nach deren

---

[1)] § 454a Abs. 2 Satz 1 geänd. durch G v. 26.1.1998 (BGBl. I S. 160); Abs. 2 Satz 2 geänd. mWv 31.12. 2006 durch G v. 22.12.2006 (BGBl. I S. 3416).

[2)] Nr. **85**.

[3)] § 454b Abs. 2 Satz 3 angef. mWv 31.12.2006 durch G v. 22.12.2006 (BGBl. I S. 3416); Abs. 3 eingef., bish. Abs. 3 wird Abs. 4 mWv 24.8.2017 durch G v. 17.8.2017 (BGBl. I S. 3202).

vollständiger Verbüßung die Voraussetzungen einer Zurückstellung der Strafvollstreckung nach § 35 des Betäubungsmittelgesetzes[1] für eine weitere zu vollstreckende Freiheitsstrafe erfüllt sein werden.

(4) Hat die Vollstreckungsbehörde die Vollstreckung nach Absatz 2 unterbrochen, so trifft das Gericht die Entscheidungen nach den §§ 57 und 57a des Strafgesetzbuches erst, wenn über die Aussetzung der Vollstreckung der Reste aller Strafen gleichzeitig entschieden werden kann.

**§ 455 Strafausstand wegen Vollzugsuntauglichkeit.** (1) Die Vollstreckung einer Freiheitsstrafe ist aufzuschieben, wenn der Verurteilte in Geisteskrankheit verfällt.

(2) Dasselbe gilt bei anderen Krankheiten, wenn von der Vollstreckung eine nahe Lebensgefahr für den Verurteilten zu besorgen ist.

(3) Die Strafvollstreckung kann auch dann aufgeschoben werden, wenn sich der Verurteilte in einem körperlichen Zustand befindet, bei dem eine sofortige Vollstreckung mit der Einrichtung der Strafanstalt unverträglich ist.

(4) [1] Die Vollstreckungsbehörde kann die Vollstreckung einer Freiheitsstrafe unterbrechen, wenn

1. der Verurteilte in Geisteskrankheit verfällt,
2. wegen einer Krankheit von der Vollstreckung eine nahe Lebensgefahr für den Verurteilten zu besorgen ist oder
3. der Verurteilte sonst schwer erkrankt und die Krankheit in einer Vollzugsanstalt oder einem Anstaltskrankenhaus nicht erkannt oder behandelt werden kann

und zu erwarten ist, daß die Krankheit voraussichtlich für eine erhebliche Zeit fortbestehen wird. [2] Die Vollstreckung darf nicht unterbrochen werden, wenn überwiegende Gründe, namentlich der öffentlichen Sicherheit, entgegenstehen.

**§ 455a Strafausstand aus Gründen der Vollzugsorganisation.** (1) Die Vollstreckungsbehörde kann die Vollstreckung einer Freiheitsstrafe oder einer freiheitsentziehenden Maßregel der Besserung und Sicherung aufschieben oder ohne Einwilligung des Gefangenen unterbrechen, wenn dies aus Gründen der Vollzugsorganisation erforderlich ist und überwiegende Gründe der öffentlichen Sicherheit nicht entgegenstehen.

(2) Kann die Entscheidung der Vollstreckungsbehörde nicht rechtzeitig eingeholt werden, so kann der Anstaltsleiter die Vollstreckung unter den Voraussetzungen des Absatzes 1 ohne Einwilligung des Gefangenen vorläufig unterbrechen.

**§ 456 Vorübergehender Aufschub.** (1) Auf Antrag des Verurteilten kann die Vollstreckung aufgeschoben werden, sofern durch die sofortige Vollstreckung dem Verurteilten oder seiner Familie erhebliche, außerhalb des Strafzwecks liegende Nachteile erwachsen.

(2) Der Strafaufschub darf den Zeitraum von vier Monaten nicht übersteigen.

(3) Die Bewilligung kann an eine Sicherheitsleistung oder andere Bedingungen geknüpft werden.

[1] **Habersack, Deutsche Gesetze ErgBd. Nr. 86.**

**§ 456a[1)] Absehen von Vollstreckung bei Auslieferung, Überstellung oder Ausweisung.** (1) Die Vollstreckungsbehörde kann von der Vollstreckung einer Freiheitsstrafe, einer Ersatzfreiheitsstrafe oder einer Maßregel der Besserung und Sicherung absehen, wenn der Verurteilte wegen einer anderen Tat einer ausländischen Regierung ausgeliefert, an einen internationalen Strafgerichtshof überstellt oder wenn er aus dem Geltungsbereich dieses Bundesgesetzes abgeschoben, zurückgeschoben oder zurückgewiesen wird.

(2) [1]Kehrt der Verurteilte zurück, so kann die Vollstreckung nachgeholt werden. [2]Für die Nachholung einer Maßregel der Besserung und Sicherung gilt § 67c Abs. 2 des Strafgesetzbuches[2)] entsprechend. [3]Die Vollstreckungsbehörde kann zugleich mit dem Absehen von der Vollstreckung die Nachholung für den Fall anordnen, dass der Verurteilte zurückkehrt, und hierzu einen Haftbefehl oder einen Unterbringungsbefehl erlassen sowie die erforderlichen Fahndungsmaßnahmen, insbesondere die Ausschreibung zur Festnahme, veranlassen; § 131 Abs. 4 sowie § 131a Abs. 3 gelten entsprechend. [4]Der Verurteilte ist zu belehren.

**§ 456b** (weggefallen)

**§ 456c Aufschub und Aussetzung des Berufsverbotes.** (1) [1]Das Gericht kann bei Erlaß des Urteils auf Antrag oder mit Einwilligung des Verurteilten das Wirksamwerden des Berufsverbots durch Beschluß aufschieben, wenn das sofortige Wirksamwerden des Verbots für den Verurteilten oder seine Angehörigen eine erhebliche, außerhalb seines Zweckes liegende, durch späteres Wirksamwerden vermeidbare Härte bedeuten würde. [2]Hat der Verurteilte einen gesetzlichen Vertreter, so ist dessen Einwilligung erforderlich. [3]§ 462 Abs. 3 gilt entsprechend.

(2) Die Vollstreckungsbehörde kann unter denselben Voraussetzungen das Berufsverbot aussetzen.

(3) [1]Der Aufschub und die Aussetzung können an die Leistung einer Sicherheit oder an andere Bedingungen geknüpft werden. [2]Aufschub und Aussetzung dürfen den Zeitraum von sechs Monaten nicht übersteigen.

(4) Die Zeit des Aufschubs und der Aussetzung wird auf die für das Berufsverbot festgesetzte Frist nicht angerechnet.

**§ 457[3)] Ermittlungshandlungen; Vorführungsbefehl, Vollstreckungshaftbefehl.** (1) § 161 gilt sinngemäß für die in diesem Abschnitt bezeichneten Zwecke.

(2) [1]Die Vollstreckungsbehörde ist befugt, zur Vollstreckung einer Freiheitsstrafe einen Vorführungs- oder Haftbefehl zu erlassen, wenn der Verurteilte auf die an ihn ergangene Ladung zum Antritt der Strafe sich nicht gestellt hat oder der Flucht verdächtig ist. [2]Sie kann einen Vorführungs- oder Haftbefehl auch erlassen, wenn ein Strafgefangener entweicht oder sich sonst dem Vollzug entzieht.

(3) [1]Im übrigen hat in den Fällen des Absatzes 2 die Vollstreckungsbehörde die gleichen Befugnisse wie die Strafverfolgungsbehörde, soweit die Maßnahmen bestimmt und geeignet sind, den Verurteilten festzunehmen. [2]Bei der Prüfung der Verhältnismäßigkeit ist auf die Dauer der noch zu vollstreckenden Freiheitsstrafe

---

[1)] § 456a Abs. 2 Satz 3 neu gef. mWv 1.11.2000 durch G v. 2.8.2000 (BGBl. I S. 1253); Abs. 1, 2 Sätze 1 und 3 geänd. mWv 1.7.2002 durch G v. 21.6.2002 (BGBl. I S. 2144); Abs. 1, 2 Sätze 1 und 3 geänd. mWv 1.8.2015 durch G v. 27.7.2015 (BGBl. I S. 1386).

[2)] Nr. **85**.

[3)] § 457 Abs. 1 eingef., bish. Abs. 1 wird Abs. 2, bish. Abs. 2 aufgeh., Abs. 3 angef. durch G v. 15.7. 1992 (BGBl. I S. 1302).

besonders Bedacht zu nehmen. [3]Die notwendig werdenden gerichtlichen Entscheidungen trifft das Gericht des ersten Rechtszuges.

**§ 458[1)] Gerichtliche Entscheidungen bei Strafvollstreckung.** (1) Wenn über die Auslegung eines Strafurteils oder über die Berechnung der erkannten Strafe Zweifel entstehen oder wenn Einwendungen gegen die Zulässigkeit der Strafvollstreckung erhoben werden, so ist die Entscheidung des Gerichts herbeizuführen.

(2) Das Gericht entscheidet ferner, wenn in den Fällen des § 454b Absatz 1 bis 3 sowie der §§ 455, 456 und 456c Abs. 2 Einwendungen gegen die Entscheidung der Vollstreckungsbehörde erhoben werden oder wenn die Vollstreckungsbehörde anordnet, daß an einem Ausgelieferten, Abgeschobenen, Zurückgeschobenen oder Zurückgewiesenen die Vollstreckung einer Strafe oder einer Maßregel der Besserung und Sicherung nachgeholt werden soll, und Einwendungen gegen diese Anordnung erhoben werden.

(3) [1]Der Fortgang der Vollstreckung wird hierdurch nicht gehemmt; das Gericht kann jedoch einen Aufschub oder eine Unterbrechung der Vollstreckung anordnen. [2]In den Fällen des § 456c Abs. 2 kann das Gericht eine einstweilige Anordnung treffen.

**§ 459[2)] Vollstreckung der Geldstrafe; Anwendung des Justizbeitreibungsgesetzes.** Für die Vollstreckung der Geldstrafe gelten die Vorschriften des Justizbeitreibungsgesetzes[3)], soweit dieses Gesetz nichts anderes bestimmt.

**§ 459a[4)] Bewilligung von Zahlungserleichterungen.** (1) Nach Rechtskraft des Urteils entscheidet über die Bewilligung von Zahlungserleichterungen bei Geldstrafen (§ 42 des Strafgesetzbuches[5)]) die Vollstreckungsbehörde.

(2) [1]Die Vollstreckungsbehörde kann eine Entscheidung über Zahlungserleichterungen nach Absatz 1 oder nach § 42 des Strafgesetzbuches nachträglich ändern oder aufheben. [2]Dabei darf sie von einer vorausgegangenen Entscheidung zum Nachteil des Verurteilten nur auf Grund neuer Tatsachen oder Beweismittel abweichen.

(3) [1]Entfällt die Vergünstigung nach § 42 Satz 2 des Strafgesetzbuches, die Geldstrafe in bestimmten Teilbeträgen zu zahlen, so wird dies in den Akten vermerkt. [2]Die Vollstreckungsbehörde kann erneut eine Zahlungserleichterung bewilligen.

(4) [1]Die Entscheidung über Zahlungserleichterungen erstreckt sich auch auf die Kosten des Verfahrens. [2]Sie kann auch allein hinsichtlich der Kosten getroffen werden.

**§ 459b Anrechnung von Teilbeträgen.** Teilbeträge werden, wenn der Verurteilte bei der Zahlung keine Bestimmung trifft, zunächst auf die Geldstrafe, dann auf die etwa angeordneten Nebenfolgen, die zu einer Geldzahlung verpflichten, und zuletzt auf die Kosten des Verfahrens angerechnet.

---

1) § 458 Abs. 2 geänd. mWv 1.8.2015 durch G v. 27.7.2015 (BGBl. I S. 1386); Abs. 2 geänd. mWv 24.8.2017 durch G v. 17.8.2017 (BGBl. I S. 3202).

2) § 459 Überschrift und Wortlaut geänd. mWv 1.7.2017 durch G v. 21.11.2016 (BGBl. I S. 2591).

3) Nr. **122**.

4) § 459a Abs. 1 Satz 2 aufgeh. mWv 31.12.2006 durch G v. 22.12.2006 (BGBl. I S. 3416).

5) Nr. **85**.

**§ 459c Beitreibung der Geldstrafe.** (1) Die Geldstrafe oder der Teilbetrag der Geldstrafe wird vor Ablauf von zwei Wochen nach Eintritt der Fälligkeit nur beigetrieben, wenn auf Grund bestimmter Tatsachen erkennbar ist, daß sich der Verurteilte der Zahlung entziehen will.

(2) Die Vollstreckung kann unterbleiben, wenn zu erwarten ist, daß sie in absehbarer Zeit zu keinem Erfolg führen wird.

(3) In den Nachlaß des Verurteilten darf die Geldstrafe nicht vollstreckt werden.

**§ 459d Unterbleiben der Vollstreckung einer Geldstrafe.** (1) Das Gericht kann anordnen, daß die Vollstreckung der Geldstrafe ganz oder zum Teil unterbleibt, wenn

1. in demselben Verfahren Freiheitsstrafe vollstreckt oder zur Bewährung ausgesetzt worden ist oder
2. in einem anderen Verfahren Freiheitsstrafe verhängt ist und die Voraussetzungen des § 55 des Strafgesetzbuches[1)] nicht vorliegen

und die Vollstreckung der Geldstrafe die Wiedereingliederung des Verurteilten erschweren kann.

(2) Das Gericht kann eine Entscheidung nach Absatz 1 auch hinsichtlich der Kosten des Verfahrens treffen.

**§ 459e[2)] Vollstreckung der Ersatzfreiheitsstrafe.** (1) Die Ersatzfreiheitsstrafe wird auf Anordnung der Vollstreckungsbehörde vollstreckt.

(2) [1] Die Anordnung setzt voraus, daß die Geldstrafe nicht eingebracht werden kann oder die Vollstreckung nach § 459c Abs. 2 unterbleibt. [2] Vor der Anordnung ist der Verurteilte darauf hinzuweisen, dass ihm gemäß § 459a Zahlungserleichterungen bewilligt werden können und ihm gemäß Rechtsverordnung nach Artikel 293 des Einführungsgesetzes zum Strafgesetzbuch[3)] oder sonst landesrechtlich gestattet werden kann, die Vollstreckung der Ersatzfreiheitsstrafe durch freie Arbeit abzuwenden; besteht Anlass zu der Annahme, dass der Verurteilte der deutschen Sprache nicht hinreichend mächtig ist, hat der Hinweis in einer ihm verständlichen Sprache zu erfolgen.

(2a) [1] Die Vollstreckungsbehörde und die gemäß § 463d Satz 2 Nummer 2 eingebundene Gerichtshilfe können zu dem Zweck, dem Verurteilten Möglichkeiten aufzuzeigen, die Geldstrafe mittels Zahlungserleichterungen zu tilgen oder die Vollstreckung einer Ersatzfreiheitsstrafe durch freie Arbeit abzuwenden, einer von der Vollstreckungsbehörde beauftragten nichtöffentlichen Stelle die hierfür erforderlichen personenbezogenen Daten übermitteln. [2] Die beauftragte Stelle ist darauf hinzuweisen, dass sie die übermittelten Daten nur für die in Satz 1 genannten Zwecke verwenden und verarbeiten darf. [3] Sie darf personenbezogene Daten nur erheben sowie die erhobenen Daten verarbeiten und nutzen, soweit der Verurteilte eingewilligt hat und dies für die in Satz 1 genannten Zwecke erforderlich ist. [4] Die Vorschriften der Verordnung (EU) 2016/679[4)] und des Bundesdatenschutzgesetzes[5)] finden auch dann Anwendung, wenn die personenbezogenen Daten nicht automatisiert verarbeitet werden und nicht in einem Dateisystem

---

1) Nr. **85**.

2) § 459e Abs. 2 Satz 2 angef., Abs. 2a eingef. mWv 1.10.2023 durch G v. 26.7.2023 (BGBl. 2023 I Nr. 203).

3) Nr. **85a**.

4) **Sartorius Nr. 246.**

5) **Sartorius Nr. 245.**

gespeichert sind oder gespeichert werden. [5]Die personenbezogenen Daten sind von der beauftragten Stelle nach Ablauf eines Jahres nach Beendigung der beauftragten Tätigkeit zu vernichten.

(3) Wegen eines Teilbetrages, der keinem vollen Tage Freiheitsstrafe entspricht, darf die Vollstreckung der Ersatzfreiheitsstrafe nicht angeordnet werden.

(4) [1]Die Ersatzfreiheitsstrafe wird nicht vollstreckt, soweit die Geldstrafe entrichtet oder beigetrieben wird oder die Vollstreckung nach § 459d unterbleibt. [2]Absatz 3 gilt entsprechend.

**§ 459f Unterbleiben der Vollstreckung einer Ersatzfreiheitsstrafe.** Das Gericht ordnet an, daß die Vollstreckung der Ersatzfreiheitsstrafe unterbleibt, wenn die Vollstreckung für den Verurteilten eine unbillige Härte wäre.

**§ 459g[1)] Vollstreckung von Nebenfolgen.** (1) [1]Die Anordnung der Einziehung oder der Unbrauchbarmachung einer Sache wird dadurch vollstreckt, dass die Sache demjenigen, gegen den sich die Anordnung richtet, weggenommen wird. [2]Für die Vollstreckung gelten die Vorschriften des Justizbeitreibungsgesetzes[2)].

(2) Für die Vollstreckung der Nebenfolgen, die zu einer Geldzahlung verpflichten, gelten die §§ 459, 459a sowie 459c Absatz 1 und 2 entsprechend.

(3) [1]Für die Vollstreckung nach den Absätzen 1 und 2 gelten außerdem die §§ 94 bis 98 entsprechend mit Ausnahme von § 98 Absatz 2 Satz 3, die §§ 102 bis 110, § 111c Absatz 1 und 2, § 111f Absatz 1, § 111k Absatz 1 und 2 sowie § 131 Absatz 1. [2]§ 457 Absatz 1 bleibt unberührt. [3]Vor gerichtlichen Entscheidungen unterbleibt die Anhörung des Betroffenen, wenn sie den Zweck der Anordnung gefährden würde.

(4) [1]Das Gericht ordnet den Ausschluss der Vollstreckung der Einziehung nach den §§ 73 bis 73c des Strafgesetzbuchs[3)] an, soweit der aus der Tat erwachsene Anspruch auf Rückgewähr des Erlangten oder auf Ersatz des Wertes des Erlangten erloschen ist. [2]Dies gilt nicht für Ansprüche, die durch Verjährung erloschen sind.

(5) [1]In den Fällen des Absatzes 2 unterbleibt auf Anordnung des Gerichts die Vollstreckung, soweit sie unverhältnismäßig wäre. [2]Die Vollstreckung wird auf Anordnung des Gerichts wieder aufgenommen, wenn nachträglich Umstände bekannt werden oder eintreten, die einer Anordnung nach Satz 1 entgegenstehen. [3]Vor der Anordnung nach Satz 2 unterbleibt die Anhörung des Betroffenen, wenn sie den Zweck der Anordnung gefährden würde. [4]Die Anordnung nach Satz 1 steht Ermittlungen dazu, ob die Voraussetzungen für eine Wiederaufnahme der Vollstreckung vorliegen, nicht entgegen.

**§ 459h[4)] Entschädigung.** (1) [1]Ein nach den §§ 73 bis 73b des Strafgesetzbuches[3)] eingezogener Gegenstand wird demjenigen, dem ein Anspruch auf Rückgewähr des Erlangten aus der Tat erwachsen ist, oder dessen Rechtsnachfolger zurückübertragen. [2]Gleiches gilt, wenn der Gegenstand nach § 76a Absatz 1 des Strafgesetzbuches, auch in Verbindung mit § 76a Absatz 3 des Strafgesetz-

---

[1)] § 459g neu gef. mWv 1.7.2017 durch G v. 13.4.2017 (BGBl. I S. 872); Abs. 3 und 4 neu gef., Abs. 5 Satz 1 neu gef., Satz 2 geänd., Sätze 3 und 4 angef. mWv 1.7.2021 durch G v. 25.6.2021 (BGBl. I S. 2099).

[2)] Nr. **122**.

[3)] Nr. **85**.

[4)] § 459h neu gef. mWv 1.7.2017 durch G v. 13.4.2017 (BGBl. I S. 872); Überschrift, Abs. 1 Sätze 1 und 3, Abs. 2 Satz 1 geänd. mWv 1.7.2021 durch G v. 25.6.2021 (BGBl. I S. 2099).

buches, eingezogen worden ist. [3] In den Fällen des § 75 Absatz 1 Satz 2 des Strafgesetzbuches wird der eingezogene Gegenstand demjenigen, dem der Gegenstand gehört oder zusteht, herausgegeben, wenn dieser sein Recht fristgerecht bei der Vollstreckungsbehörde angemeldet hat.

(2) [1] Hat das Gericht die Einziehung des Wertersatzes nach den §§ 73c und 76a Absatz 1 Satz 1 des Strafgesetzbuches, auch in Verbindung mit § 76a Absatz 3 des Strafgesetzbuches, angeordnet, wird der Erlös aus der Verwertung der auf Grund des Vermögensarrestes oder der Einziehungsanordnung gepfändeten Gegenstände demjenigen, dem ein Anspruch auf Ersatz des Wertes des Erlangten aus der Tat erwachsen ist, oder an dessen Rechtsnachfolger ausgekehrt. [2] § 111i gilt entsprechend.

**§ 459i[1)] Mitteilungen.** (1) [1] Der Eintritt der Rechtskraft der Einziehungsanordnung nach den §§ 73 bis 73c und 76a Absatz 1 Satz 1 des Strafgesetzbuches[2)], auch in Verbindung mit § 76a Absatz 3 des Strafgesetzbuches, wird demjenigen, dem ein Anspruch auf Rückgewähr des Erlangten oder auf Ersatz des Wertes des Erlangten aus der Tat erwachsen ist, unverzüglich mitgeteilt. [2] Die Mitteilung ist zuzustellen; § 111l Absatz 4 gilt entsprechend.

(2) [1] Die Mitteilung ist im Fall der Einziehung des Gegenstandes mit dem Hinweis auf den Anspruch nach § 459h Absatz 1 und auf das Verfahren nach § 459j zu verbinden. [2] Im Fall der Einziehung des Wertersatzes ist sie mit dem Hinweis auf den Anspruch nach § 459h Absatz 2 und das Verfahren nach den §§ 459k bis 459m zu verbinden.

**§ 459j[3)] Verfahren bei Rückübertragung und Herausgabe.** (1) Der Anspruchsinhaber hat seinen Anspruch auf Rückübertragung oder Herausgabe nach § 459h Absatz 1 binnen sechs Monaten nach der Mitteilung der Rechtskraft der Einziehungsanordnung bei der Vollstreckungsbehörde anzumelden.

(2) [1] Ergibt sich die Anspruchsberechtigung des Antragstellers ohne weiteres aus der Einziehungsanordnung und den ihr zugrundeliegenden Feststellungen, so wird der eingezogene Gegenstand an den Antragsteller zurückübertragen oder herausgegeben. [2] Andernfalls bedarf es der Zulassung durch das Gericht. [3] Das Gericht lässt die Rückübertragung oder Herausgabe nach Maßgabe des § 459h Absatz 1 zu. [4] Die Zulassung ist zu versagen, wenn der Antragsteller seine Anspruchsberechtigung nicht glaubhaft macht; § 294 der Zivilprozessordnung[4)] ist anzuwenden.

(3) [1] Vor der Entscheidung über die Rückübertragung oder Herausgabe ist derjenige, gegen den sich die Anordnung der Einziehung richtet, zu hören. [2] Dies gilt nur, wenn die Anhörung ausführbar erscheint.

(4) Bei Versäumung der in Absatz 1 Satz 1 genannten Frist ist unter den in den §§ 44 und 45 bezeichneten Voraussetzungen die Wiedereinsetzung in den vorigen Stand zu gewähren.

(5) Unbeschadet des Verfahrens nach Absatz 1 kann der Anspruchsinhaber seinen Anspruch auf Rückübertragung oder Herausgabe nach § 459h Absatz 1 geltend machen, indem er ein vollstreckbares Endurteil im Sinne des § 704 der Zivilprozessordnung oder einen anderen Vollstreckungstitel im Sinne des § 794

---

[1)] § 459i eingef. mWv 1.7.2017 durch G v. 13.4.2017 (BGBl. I S. 872); Abs. 1 Satz 1 geänd. mWv 1.7. 2021 durch G v. 25.6.2021 (BGBl. I S. 2099).

[2)] Nr. **85**.

[3)] § 459j eingef. mWv 1.7.2017 durch G v. 13.4.2017 (BGBl. I S. 872); Abs. 1 und 5 geänd. mWv 1.7. 2021 durch G v. 25.6.2021 (BGBl. I S. 2099).

[4)] Nr. **100**.

der Zivilprozessordnung vorlegt, aus dem sich der geltend gemachte Anspruch ergibt.

**§ 459k[1)] Verfahren bei Auskehrung des Verwertungserlöses.** (1) [1]Der Anspruchsinhaber hat seinen Anspruch auf Auskehrung des Verwertungserlöses nach § 459h Absatz 2 binnen sechs Monaten nach der Mitteilung der Rechtskraft der Einziehungsanordnung bei der Vollstreckungsbehörde anzumelden. [2]Bei der Anmeldung ist die Höhe des Anspruchs zu bezeichnen.

(2) [1]Ergeben sich die Anspruchsberechtigung des Antragstellers und die Anspruchshöhe ohne weiteres aus der Einziehungsanordnung und den ihr zugrunde liegenden Feststellungen, so wird der Verwertungserlös in diesem Umfang an den Antragsteller ausgekehrt. [2]Andernfalls bedarf es der Zulassung durch das Gericht. [3]Das Gericht lässt die Auskehrung des Verwertungserlöses nach Maßgabe des § 459h Absatz 2 zu. [4]Die Zulassung ist zu versagen, wenn der Antragsteller seine Anspruchsberechtigung nicht glaubhaft macht; § 294 der Zivilprozessordnung[2)] ist anzuwenden.

(3) [1]Vor der Entscheidung über die Auskehrung ist derjenige, gegen den sich die Anordnung der Einziehung richtet, zu hören. [2]Dies gilt nur, wenn die Anhörung ausführbar erscheint.

(4) Bei Versäumung der in Absatz 1 Satz 1 genannten Frist ist unter den in den §§ 44 und 45 bezeichneten Voraussetzungen die Wiedereinsetzung in den vorigen Stand zu gewähren.

(5) [1]Unbeschadet des Verfahrens nach Absatz 1 kann der Anspruchsinhaber seinen Anspruch auf Auskehrung des Verwertungserlöses nach § 459h Absatz 2 geltend machen, indem er ein vollstreckbares Endurteil im Sinne des § 704 der Zivilprozessordnung oder einen anderen Vollstreckungstitel im Sinne des § 794 der Zivilprozessordnung vorlegt, aus dem sich der geltend gemachte Anspruch ergibt. [2]Einem vollstreckbaren Endurteil im Sinne des § 704 der Zivilprozessordnung stehen bestandskräftige öffentlich-rechtliche Vollstreckungstitel über Geldforderungen gleich.

**§ 459l[3)] Ansprüche des Betroffenen.** (1) [1]Legt derjenige, gegen den sich die Anordnung der Einziehung richtet, ein vollstreckbares Endurteil im Sinne des § 704 der Zivilprozessordnung[2)] oder einen anderen Vollstreckungstitel im Sinne des § 794 der Zivilprozessordnung vor, aus dem sich ergibt, dass der Anspruch auf Rückgewähr des Erlangten aus der Tat erwachsen ist, kann er verlangen, dass der eingezogene Gegenstand nach Maßgabe des § 459h Absatz 1 an den Anspruchsinhaber zurückübertragen oder herausgegeben wird. [2]§ 459j Absatz 2 gilt entsprechend.

(2) [1]Befriedigt derjenige, gegen den sich die Anordnung der Einziehung des Wertersatzes richtet, den Anspruch, der dem Anspruchsinhaber aus der Tat auf Rückgewähr des Erlangten oder auf Ersatz des Wertes des Erlangten erwachsen ist, kann er im Umfang der Befriedigung Ausgleich aus dem Verwertungserlös verlangen, soweit unter den Voraussetzungen des § 459k Absatz 2 Satz 1 der Verwertungserlös an den Anspruchsinhaber nach § 459h Absatz 2 auszukehren gewesen wäre. [2]§ 459k Absatz 2 Satz 2 bis 4 gilt entsprechend. [3]Die Befriedigung des

---

[1)] § 459k eingef. mWv 1.7.2017 durch G v. 13.4.2017 (BGBl. I S. 872); Abs. 1 Satz 1, Abs. 5 geänd. mWv 1.7.2021 durch G v. 25.6.2021 (BGBl. I S. 2099).

[2)] Nr. **100**.

[3)] § 459l eingef. mWv 1.7.2017 durch G v. 13.4.2017 (BGBl. I S. 872); Abs. 1 Satz 1 neu gef., Abs. 2 Sätze 1, 3 und 4 geänd. mWv 1.7.2021 durch G v. 25.6.2021 (BGBl. I S. 2099).

Anspruchs muss in allen Fällen durch eine Quittung des Anspruchsinhabers glaubhaft gemacht werden. [4]Der Anspruchsinhaber ist vor der Entscheidung über den Ausgleichsanspruch zu hören, wenn dies ausführbar erscheint.

**§ 459m[1)] Entschädigung in sonstigen Fällen.** (1) [1]In den Fällen des § 111i Absatz 3 wird der Überschuss an den Anspruchsinhaber ausgekehrt, der ein vollstreckbares Endurteil im Sinne des § 704 der Zivilprozessordnung[2)] oder einen anderen Vollstreckungstitel im Sinne des § 794 der Zivilprozessordnung vorlegt, aus dem sich der geltend gemachte Anspruch ergibt. [2]§ 459k Absatz 2 und 5 Satz 2 gilt entsprechend. [3]Die Auskehrung ist ausgeschlossen, wenn zwei Jahre seit der Aufhebung des Insolvenzverfahrens verstrichen sind. [4]In den Fällen des § 111i Absatz 2 gelten die Sätze 1 bis 3 entsprechend, wenn ein Insolvenzverfahren nicht durchgeführt wird.

(2) Absatz 1 Satz 1 und 2 gilt entsprechend, wenn nach Aufhebung des Insolvenzverfahrens oder nach Abschluss der Auskehrung des Verwertungserlöses bei der Vollstreckung der Wertersatzeinziehung nach den §§ 73c und 76a Absatz 1 Satz 1 des Strafgesetzbuches[3)], auch in Verbindung mit § 76a Absatz 3 des Strafgesetzbuches, ein Gegenstand gepfändet wird.

**§ 459n[4)] Zahlungen auf Wertersatzeinziehung.** Leistet derjenige, gegen den sich die Anordnung richtet, Zahlungen auf die Anordnung der Einziehung des Wertersatzes nach den §§ 73c und 76a Absatz 1 Satz 1 des Strafgesetzbuches[3)], auch in Verbindung mit § 76a Absatz 3 des Strafgesetzbuches, so gelten § 459h Absatz 2 sowie die §§ 459k und 459m entsprechend.

**§ 459o[5)] Einwendungen gegen vollstreckungsrechtliche Entscheidungen.**

Über Einwendungen gegen die Entscheidung der Vollstreckungsbehörde nach den §§ 459a, 459c, 459e sowie 459g bis 459m entscheidet das Gericht.

**§ 460[6)] Nachträgliche Gesamtstrafenbildung.** Ist jemand durch verschiedene rechtskräftige Urteile zu Strafen verurteilt worden und sind dabei die Vorschriften über die Zuerkennung einer Gesamtstrafe (§ 55 des Strafgesetzbuches[3)]) außer Betracht geblieben, so sind die erkannten Strafen durch eine nachträgliche gerichtliche Entscheidung auf eine Gesamtstrafe zurückzuführen.

**§ 461 Anrechnung des Aufenthalts in einem Krankenhaus.** (1) Ist der Verurteilte nach Beginn der Strafvollstreckung wegen Krankheit in eine von der Strafanstalt getrennte Krankenanstalt gebracht worden, so ist die Dauer des Aufenthalts in der Krankenanstalt in die Strafzeit einzurechnen, wenn nicht der Verurteilte mit der Absicht, die Strafvollstreckung zu unterbrechen, die Krankheit herbeigeführt hat.

(2) Die Staatsanwaltschaft hat im letzteren Falle eine Entscheidung des Gerichts herbeizuführen.

---

1) § 459m eingef. mWv 1.7.2017 durch G v. 13.4.2017 (BGBl. I S. 872); Abs. 1 Satz 1 geänd. mWv 1.7.2021 durch G v. 25.6.2021 (BGBl. I S. 2099).
2) Nr. **100**.
3) Nr. **85**.
4) § 459n eingef. mWv 1.7.2017 durch G v. 13.4.2017 (BGBl. I S. 872).
5) § 459o eingef. mWv 1.7.2017 durch G v. 13.4.2017 (BGBl. I S. 872).
6) § 460 Satz 2 aufgeh. mWv 1.7.2017 durch G v. 13.4.2017 (BGBl. I S. 872).

**§ 462[1)] Verfahren bei gerichtlichen Entscheidungen; sofortige Beschwerde.** (1) [1]Die nach § 450a Abs. 3 Satz 1 und den §§ 458 bis 461 notwendig werdenden gerichtlichen Entscheidungen trifft das Gericht ohne mündliche Verhandlung durch Beschluß. [2]Dies gilt auch für die Wiederverleihung verlorener Fähigkeiten und Rechte (§ 45b des Strafgesetzbuches[2)]), die Aufhebung des Vorbehalts der Einziehung und die nachträgliche Anordnung der Einziehung eines Gegenstandes (§ 74f Absatz 1 Satz 4 des Strafgesetzbuches), die nachträgliche Anordnung der Einziehung des Wertersatzes (§ 76 des Strafgesetzbuches) sowie für die Verlängerung der Verjährungsfrist (§ 79b des Strafgesetzbuches).

(2) [1]Vor der Entscheidung sind die Staatsanwaltschaft und der Verurteilte zu hören. [2]Das Gericht kann von der Anhörung des Verurteilten in den Fällen einer Entscheidung nach § 79b des Strafgesetzbuches absehen, wenn infolge bestimmter Tatsachen anzunehmen ist, daß die Anhörung nicht ausführbar ist.

(3) [1]Der Beschluß ist mit sofortiger Beschwerde anfechtbar. [2]Die sofortige Beschwerde der Staatsanwaltschaft gegen den Beschluß, der die Unterbrechung der Vollstreckung anordnet, hat aufschiebende Wirkung.

**§ 462a[3)] Zuständigkeit der Strafvollstreckungskammer und des erstinstanzlichen Gerichts.** (1) [1]Wird gegen den Verurteilten eine Freiheitsstrafe vollstreckt, so ist für die nach den §§ 453, 454, 454a und 462 zu treffenden Entscheidungen die Strafvollstreckungskammer zuständig, in deren Bezirk die Strafanstalt liegt, in die der Verurteilte zu dem Zeitpunkt, in dem das Gericht mit der Sache befaßt wird, aufgenommen ist. [2]Diese Strafvollstreckungskammer bleibt auch zuständig für Entscheidungen, die zu treffen sind, nachdem die Vollstreckung einer Freiheitsstrafe unterbrochen oder die Vollstreckung des Restes der Freiheitsstrafe zur Bewährung ausgesetzt wurde. [3]Die Strafvollstreckungskammer kann einzelne Entscheidungen nach § 462 in Verbindung mit § 458 Abs. 1 an das Gericht des ersten Rechtszuges abgeben; die Abgabe ist bindend.

(2) [1]In anderen als den in Absatz 1 bezeichneten Fällen ist das Gericht des ersten Rechtszuges zuständig. [2]Das Gericht kann die nach § 453 zu treffenden Entscheidungen ganz oder zum Teil an das Amtsgericht abgeben, in dessen Bezirk der Verurteilte seinen Wohnsitz oder in Ermangelung eines Wohnsitzes seinen gewöhnlichen Aufenthaltsort hat; die Abgabe ist bindend. [3]Abweichend von Absatz 1 ist in den dort bezeichneten Fällen das Gericht des ersten Rechtszuges zuständig, wenn es die Anordnung der Sicherungsverwahrung vorbehalten hat und eine Entscheidung darüber gemäß § 66a Absatz 3 Satz 1 des Strafgesetzbuches[2)] noch möglich ist.

(3) [1]In den Fällen des § 460 entscheidet das Gericht des ersten Rechtszuges. [2]Waren die verschiedenen Urteile von verschiedenen Gerichten erlassen, so steht die Entscheidung dem Gericht zu, das auf die schwerste Strafart oder bei Strafen gleicher Art auf die höchste Strafe erkannt hat, und falls hiernach mehrere Gerichte zuständig sein würden, dem Gericht, dessen Urteil zuletzt ergangen ist. [3]War das hiernach maßgebende Urteil von einem Gericht eines höheren Rechtszuges erlassen, so setzt das Gericht des ersten Rechtszuges die Gesamtstrafe fest; war eines der Urteile von einem Oberlandesgericht im ersten Rechtszuge erlassen,

---

[1)] § 462 Abs. 2 Satz 2 eingef., bish. Satz 2 wird Satz 3 mWv 1.11.2013 durch G v. 25.4.2013 (BGBl. I S. 935); Abs. 1 Satz 2 geänd. mWv 1.7.2017 durch G v. 13.4.2017 (BGBl. I S. 872); Abs. 2 Satz 2 aufgeh., bish. Satz 3 wird Satz 2 mWv 1.7.2021 durch G v. 25.6.2021 (BGBl. I S. 2099).

[2)] Nr. **85**.

[3)] § 462a Abs. 2 Satz 3 angef. mWv 1.1.2011 durch G v. 22.12.2010 (BGBl. I S. 2300).

so setzt das Oberlandesgericht die Gesamtstrafe fest. [4] Wäre ein Amtsgericht zur Bildung der Gesamtstrafe zuständig und reicht seine Strafgewalt nicht aus, so entscheidet die Strafkammer des ihm übergeordneten Landgerichts.

(4) [1] Haben verschiedene Gerichte den Verurteilten in anderen als den in § 460 bezeichneten Fällen rechtskräftig zu Strafe verurteilt oder unter Strafvorbehalt verwarnt, so ist nur eines von ihnen für die nach den §§ 453, 454, 454a und 462 zu treffenden Entscheidungen zuständig. [2] Absatz 3 Satz 2 und 3 gilt entsprechend. [3] In den Fällen des Absatzes 1 entscheidet die Strafvollstreckungskammer; Absatz 1 Satz 3 bleibt unberührt.

(5) [1] An Stelle der Strafvollstreckungskammer entscheidet das Gericht des ersten Rechtszuges, wenn das Urteil von einem Oberlandesgericht im ersten Rechtszuge erlassen ist. [2] Das Oberlandesgericht kann die nach den Absätzen 1 und 3 zu treffenden Entscheidungen ganz oder zum Teil an die Strafvollstreckungskammer abgeben. [3] Die Abgabe ist bindend; sie kann jedoch vom Oberlandesgericht widerrufen werden.

(6) Gericht des ersten Rechtszuges ist in den Fällen des § 354 Abs. 2 und des § 355 das Gericht, an das die Sache zurückverwiesen worden ist, und in den Fällen, in denen im Wiederaufnahmeverfahren eine Entscheidung nach § 373 ergangen ist, das Gericht, das diese Entscheidung getroffen hat.

### § 463[1)] Vollstreckung von Maßregeln der Besserung und Sicherung.

(1) Die Vorschriften über die Strafvollstreckung gelten für die Vollstreckung von Maßregeln der Besserung und Sicherung sinngemäß, soweit nichts anderes bestimmt ist.

(2) § 453 gilt auch für die nach den §§ 68a bis 68d des Strafgesetzbuches[2)] zu treffenden Entscheidungen.

(3) [1] § 454 Abs. 1, 3 und 4 gilt auch für die nach § 67c Abs. 1, § 67d Abs. 2 und 3, § 67e Abs. 3, den §§ 68e, 68f Abs. 2 und § 72 Abs. 3 des Strafgesetzbuches zu treffenden Entscheidungen. [2] In den Fällen des § 68e des Strafgesetzbuches bedarf es einer mündlichen Anhörung des Verurteilten nicht. [3] § 454 Abs. 2 findet in den Fällen des § 67d Absatz 2 und 3 und des § 72 Absatz 3 des Strafgesetzbuches unabhängig von den dort genannten Straftaten sowie bei Prüfung der Voraussetzungen des § 67c Absatz 1 Satz 1 Nummer 1 des Strafgesetzbuches auch unabhängig davon, ob das Gericht eine Aussetzung erwägt, entsprechende Anwendung, soweit das Gericht über die Vollstreckung der Sicherungsverwahrung zu entscheiden hat; im Übrigen findet § 454 Abs. 2 bei den dort genannten Straftaten Anwendung. [4] Zur Vorbereitung der Entscheidung nach § 67d Abs. 3 des Strafgesetzbuches sowie der nachfolgenden Entscheidungen nach § 67d Abs. 2 des Strafgesetzbuches hat das Gericht das Gutachten eines Sachverständigen namentlich zu der Frage einzuholen, ob von dem Verurteilten weiterhin erhebliche rechtswidrige Taten zu erwarten sind. [5] Ist die Unterbringung in der Sicherungs-

---

[1)] § 463 Abs. 3 Satz 1 geänd., Sätze 3–5 angef. durch G v. 26.1.1998 (BGBl. I S. 160); Abs. 5 geänd. mWv 29.7.2004 durch G v. 23.7.2004 (BGBl. I S. 1838); Abs. 5 Satz 1 geänd., Satz 2 angef. mWv 18.4. 2007 durch G v. 13.4.2007 (BGBl. I S. 513); Abs. 3 Satz 3 neu gef., Abs. 4 eingef., bish. Abs. 4, 5 werden Abs. 5, 6, bish. Abs. 6 wird Abs. 7 und geänd. mWv 20.7.2007 durch G v. 16.7.2007 (BGBl. I S. 1327); Abs. 3 Satz 4 geänd. mWv 1.1.2011 durch G v. 22.12.2010 (BGBl. I S. 2300); Abs. 3 Satz 3 geänd., Satz 5 neu gef., Abs. 8 angef. mWv 1.6.2013 durch G v. 5.12.2012 (BGBl. I S. 2425); Abs. 4 Satz 1 eingef., bish. Sätze 1, 2 werden Sätze 2, 3 und geänd., Sätze 4, 5 eingef., bish. Sätze 3–5 werden Sätze 6–8, neuer Satz 8 geänd., Abs. 6 Satz 1 geänd., Satz 2 eingef., bish. Satz 2 wird Satz 3 mWv 1.8.2016 durch G v. 8.7.2016 (BGBl. I S. 1610); Abs. 6 Satz 3 geänd. mWv 1.10.2023 durch G v. 26.7.2023 (BGBl. 2023 I Nr. 203).

[2)] Nr. **85**.

verwahrung angeordnet worden, bestellt das Gericht dem Verurteilten, der keinen Verteidiger hat, rechtzeitig vor einer Entscheidung nach § 67c Absatz 1 des Strafgesetzbuches einen Verteidiger.

(4)[1)] [1]Im Rahmen der Überprüfung der Unterbringung in einem psychiatrischen Krankenhaus (§ 63 des Strafgesetzbuches) nach § 67e des Strafgesetzbuches ist eine gutachterliche Stellungnahme der Maßregelvollzugseinrichtung einzuholen, in der der Verurteilte untergebracht ist. [2]Das Gericht soll nach jeweils drei Jahren, ab einer Dauer der Unterbringung von sechs Jahren nach jeweils zwei Jahren vollzogener Unterbringung in einem psychiatrischen Krankenhaus das Gutachten eines Sachverständigen einholen. [3]Der Sachverständige darf weder im Rahmen des Vollzugs der Unterbringung mit der Behandlung der untergebrachten Person befasst gewesen sein noch in dem psychiatrischen Krankenhaus arbeiten, in dem sich die untergebrachte Person befindet, noch soll er das letzte Gutachten bei einer vorangegangenen Überprüfung erstellt haben. [4]Der Sachverständige, der für das erste Gutachten im Rahmen einer Überprüfung der Unterbringung herangezogen wird, soll auch nicht das Gutachten in dem Verfahren erstellt haben, in dem die Unterbringung oder deren späterer Vollzug angeordnet worden ist. [5]Mit der Begutachtung sollen nur ärztliche oder psychologische Sachverständige beauftragt werden, die über forensisch-psychiatrische Sachkunde und Erfahrung verfügen. [6]Dem Sachverständigen ist Einsicht in die Patientendaten des Krankenhauses über die untergebrachte Person zu gewähren. [7]§ 454 Abs. 2 gilt entsprechend. [8]Der untergebrachten Person, die keinen Verteidiger hat, bestellt das Gericht für die Überprüfung der Unterbringung, bei der nach Satz 2 das Gutachten eines Sachverständigen eingeholt werden soll, einen Verteidiger.

(5) [1]§ 455 Abs. 1 ist nicht anzuwenden, wenn die Unterbringung in einem psychiatrischen Krankenhaus angeordnet ist. [2]Ist die Unterbringung in einer Entziehungsanstalt oder in der Sicherungsverwahrung angeordnet worden und verfällt der Verurteilte in Geisteskrankheit, so kann die Vollstreckung der Maßregel aufgeschoben werden. [3]§ 456 ist nicht anzuwenden, wenn die Unterbringung des Verurteilten in der Sicherungsverwahrung angeordnet ist.

(6) [1]§ 462 gilt auch für die nach § 67 Absatz 3, 5 Satz 2 und Absatz 6, den §§ 67a und 67c Abs. 2, § 67d Abs. 5 und 6, den §§ 67g, 67h und 69a Abs. 7 sowie den §§ 70a und 70b des Strafgesetzbuches zu treffenden Entscheidungen. [2]In den Fällen des § 67d Absatz 6 des Strafgesetzbuches ist der Verurteilte mündlich zu hören. [3]Das Gericht erklärt die Anordnung von Maßnahmen nach § 67h Abs. 1 Satz 1 und 2 des Strafgesetzbuchs für sofort vollziehbar, wenn erhebliche rechtswidrige Taten des Verurteilten drohen; für Entscheidungen nach § 67d Absatz 5 Satz 1 des Strafgesetzbuches bleibt es bei der sofortigen Vollziehbarkeit (§§ 307 und 462 Absatz 3 Satz 2).

(7) Für die Anwendung des § 462a Abs. 1 steht die Führungsaufsicht in den Fällen des § 67c Abs. 1, des § 67d Abs. 2 bis 6 und des § 68f des Strafgesetzbuches der Aussetzung eines Strafrestes gleich.

(8) [1]Wird die Unterbringung in der Sicherungsverwahrung vollstreckt, bestellt das Gericht dem Verurteilten, der keinen Verteidiger hat, für die Verfahren über die auf dem Gebiet der Vollstreckung zu treffenden gerichtlichen Entscheidungen einen Verteidiger. [2]Die Bestellung hat rechtzeitig vor der ersten gerichtlichen Entscheidung zu erfolgen und gilt auch für jedes weitere Verfahren, solange die Bestellung nicht aufgehoben wird.

---

[1)] Beachte hierzu Übergangsvorschrift in § 13 EGStPO (Nr. **90a**).

**§ 463a[1)] Zuständigkeit und Befugnisse der Aufsichtsstellen.** (1) [1]Die Aufsichtsstellen (§ 68a des Strafgesetzbuches[2)]) können zur Überwachung des Verhaltens des Verurteilten und der Erfüllung von Weisungen von allen öffentlichen Behörden Auskunft verlangen und Ermittlungen jeder Art, mit Ausschluß eidlicher Vernehmungen, entweder selbst vornehmen oder durch andere Behörden im Rahmen ihrer Zuständigkeit vornehmen lassen. [2]Ist der Aufenthalt des Verurteilten nicht bekannt, kann der Leiter der Führungsaufsichtsstelle seine Ausschreibung zur Aufenthaltsermittlung (§ 131a Abs. 1) anordnen.

(2) [1]Die Aufsichtsstelle kann für die Dauer der Führungsaufsicht oder für eine kürzere Zeit anordnen, daß der Verurteilte zur Beobachtung anläßlich von polizeilichen Kontrollen, die die Feststellung der Personalien zulassen, ausgeschrieben wird. [2]§ 163e Abs. 2 gilt entsprechend. [3]Die Anordnung trifft der Leiter der Führungsaufsichtsstelle. [4]Die Erforderlichkeit der Fortdauer der Maßnahme ist mindestens jährlich zu überprüfen.

(3) [1]Auf Antrag der Aufsichtsstelle kann das Gericht einen Vorführungsbefehl erlassen, wenn der Verurteilte einer Weisung nach § 68b Abs. 1 Satz 1 Nr. 7 oder Nr. 11 des Strafgesetzbuchs ohne genügende Entschuldigung nicht nachgekommen ist und er in der Ladung darauf hingewiesen wurde, dass in diesem Fall seine Vorführung zulässig ist. [2]Soweit das Gericht des ersten Rechtszuges zuständig ist, entscheidet der Vorsitzende.

(4) [1]Die Aufsichtsstelle erhebt und speichert bei einer Weisung nach § 68b Absatz 1 Satz 1 Nummer 12 des Strafgesetzbuches mit Hilfe der von der verurteilten Person mitgeführten technischen Mittel automatisiert Daten über deren Aufenthaltsort sowie über etwaige Beeinträchtigungen der Datenerhebung; soweit es technisch möglich ist, ist sicherzustellen, dass innerhalb der Wohnung der verurteilten Person keine über den Umstand ihrer Anwesenheit hinausgehenden Aufenthaltsdaten erhoben werden. [2]Die Daten dürfen ohne Einwilligung der betroffenen Person nur verwendet werden, soweit dies erforderlich ist für die folgenden Zwecke:

1. zur Feststellung des Verstoßes gegen eine Weisung nach § 68b Absatz 1 Satz 1 Nummer 1, 2 oder 12 des Strafgesetzbuches,
2. zur Ergreifung von Maßnahmen der Führungsaufsicht, die sich an einen Verstoß gegen eine Weisung nach § 68b Absatz 1 Satz 1 Nummer 1, 2 oder 12 des Strafgesetzbuches anschließen können,
3. zur Ahndung eines Verstoßes gegen eine Weisung nach § 68b Absatz 1 Satz 1 Nummer 1, 2 oder 12 des Strafgesetzbuches,
4. zur Abwehr einer erheblichen gegenwärtigen Gefahr für das Leben, die körperliche Unversehrtheit, die persönliche Freiheit oder die sexuelle Selbstbestimmung Dritter oder
5. zur Verfolgung einer Straftat der in § 66 Absatz 3 Satz 1 des Strafgesetzbuches genannten Art oder einer Straftat nach § 129a Absatz 5 Satz 2, auch in Verbindung mit § 129b Absatz 1 des Strafgesetzbuches.

[3]Zur Einhaltung der Zweckbindung nach Satz 2 hat die Verarbeitung der Daten zur Feststellung von Verstößen nach Satz 2 Nummer 1 in Verbindung mit § 68b

[1)] § 463a Abs. 2 eingef., bish. Abs. 2 wird Abs. 3 durch G v. 15.7.1992 (BGBl. I S. 1302); Abs. 1 Satz 2 angef., Abs. 3 eingef., bish. Abs. 3 wird Abs. 4 mWv 18.4.2007 durch G v. 13.4.2007 (BGBl. I S. 513); Abs. 4 eingef., bish. Abs. 4 wird Abs. 5 mWv 1.1.2011 durch G v. 22.12.2010 (BGBl. I S. 2300); Abs. 4 Satz 2 Nr. 5 geänd. mWv 1.7.2017 durch G v. 11.6.2017 (BGBl. I S. 1612).

[2)] Nr. **85**.

Absatz 1 Satz 1 Nummer 1 oder 2 des Strafgesetzbuches automatisiert zu erfolgen und sind die Daten gegen unbefugte Kenntnisnahme besonders zu sichern. [4]Die Aufsichtsstelle kann die Erhebung und Verarbeitung der Daten durch die Behörden und Beamten des Polizeidienstes vornehmen lassen; diese sind verpflichtet, dem Ersuchen der Aufsichtsstelle zu genügen. [5]Die in Satz 1 genannten Daten sind spätestens zwei Monate nach ihrer Erhebung zu löschen, soweit sie nicht für die in Satz 2 genannten Zwecke verwendet werden. [6]Bei jedem Abruf der Daten sind zumindest der Zeitpunkt, die abgerufenen Daten und der Bearbeiter zu protokollieren; § 488 Absatz 3 Satz 5 gilt entsprechend. [7]Werden innerhalb der Wohnung der verurteilten Person über den Umstand ihrer Anwesenheit hinausgehende Aufenthaltsdaten erhoben, dürfen diese nicht verwertet werden und sind unverzüglich nach Kenntnisnahme zu löschen. [8]Die Tatsache ihrer Kenntnisnahme und Löschung ist zu dokumentieren.

(5) [1]Örtlich zuständig ist die Aufsichtsstelle, in deren Bezirk der Verurteilte seinen Wohnsitz hat. [2]Hat der Verurteilte keinen Wohnsitz im Geltungsbereich dieses Gesetzes, so ist die Aufsichtsstelle örtlich zuständig, in deren Bezirk er seinen gewöhnlichen Aufenthaltsort hat und, wenn ein solcher nicht bekannt ist, seinen letzten Wohnsitz oder gewöhnlichen Aufenthaltsort hatte.

**§ 463b[1)] Beschlagnahme von Führerscheinen.** (1) Ist ein Führerschein nach § 44 Abs. 2 Satz 2 und 3 des Strafgesetzbuches[2)] amtlich zu verwahren und wird er nicht freiwillig herausgegeben, so ist er zu beschlagnahmen.

(2) Ausländische Führerscheine können zur Eintragung eines Vermerks über das Fahrverbot oder über die Entziehung der Fahrerlaubnis und die Sperre (§ 44 Abs. 2 Satz 4, § 69b Abs. 2 des Strafgesetzbuches) beschlagnahmt werden.

(3) [1]Der Verurteilte hat, wenn der Führerschein bei ihm nicht vorgefunden wird, auf Antrag der Vollstreckungsbehörde bei dem Amtsgericht eine eidesstattliche Versicherung über den Verbleib abzugeben. [2]§ 883 Abs. 2 und 3 der Zivilprozeßordnung[3)] gilt entsprechend.

**§ 463c[4)] Öffentliche Bekanntmachung der Verurteilung.** (1) Ist die öffentliche Bekanntmachung der Verurteilung angeordnet worden, so wird die Entscheidung dem Berechtigten zugestellt.

(2) Die Anordnung nach Absatz 1 wird nur vollzogen, wenn der Antragsteller oder ein an seiner Stelle Antragsberechtigter es innerhalb eines Monats nach Zustellung der rechtskräftigen Entscheidung verlangt.

(3) [1]Kommt der Verleger oder der verantwortliche Redakteur einer periodischen Druckschrift seiner Verpflichtung nicht nach, eine solche Bekanntmachung in das Druckwerk aufzunehmen, so hält ihn das Gericht auf Antrag der Vollstreckungsbehörde durch Festsetzung eines Zwangsgeldes bis zu fünfundzwanzigtausend Euro oder von Zwangshaft bis zu sechs Wochen dazu an. [2]Zwangsgeld kann wiederholt festgesetzt werden. [3]§ 462 gilt entsprechend.

(4) Für die Bekanntmachung im Rundfunk gilt Absatz 3 entsprechend, wenn der für die Programmgestaltung Verantwortliche seiner Verpflichtung nicht nachkommt.

---

[1)] § 463b Abs. 2 Satz 3 geänd. durch G v. 17.12.1997 (BGBl. I S. 3039); Abs. 1, 2 und 3 geänd. durch G v. 24.4.1998 (BGBl. I S. 747); Abs. 3 Satz 2 geänd. mWv 1.1.2013 durch G v. 29.7.2009 (BGBl. I S. 2258).

[2)] Nr. **85**.

[3)] Nr. **100**.

[4)] § 463c Abs. 3 Satz 1 geänd. mWv 1.1.2002 durch G v. 13.12.2001 (BGBl. I S. 3574).

**§ 463d[1)] Gerichtshilfe.** [1]Zur Vorbereitung der nach den §§ 453 bis 461 zu treffenden Entscheidungen kann sich das Gericht oder die Vollstreckungsbehörde der Gerichtshilfe bedienen. [2]Die Gerichtshilfe soll einbezogen werden vor einer Entscheidung

1. über den Widerruf der Strafaussetzung oder der Aussetzung eines Strafrestes, sofern nicht ein Bewährungshelfer bestellt ist,
2. über die Anordnung der Vollstreckung der Ersatzfreiheitsstrafe, um die Abwendung der Anordnung oder Vollstreckung durch Zahlungserleichterungen oder durch freie Arbeit zu fördern.

**§ 463e[2)] Mündliche Anhörung im Wege der Bild- und Tonübertragung.**

(1) [1]Wird der Verurteilte vor einer nach diesem Abschnitt zu treffenden gerichtlichen Entscheidung mündlich gehört, kann das Gericht bestimmen, dass er sich bei der mündlichen Anhörung an einem anderen Ort als das Gericht aufhält und die Anhörung zeitgleich in Bild und Ton an den Ort, an dem sich der Verurteilte aufhält, und in das Sitzungszimmer übertragen wird. [2]Das Gericht soll die Bild- und Tonübertragung nur mit der Maßgabe anordnen, dass sich der Verurteilte bei der mündlichen Anhörung in einem Dienstraum oder in einem Geschäftsraum eines Verteidigers oder Rechtsanwalts aufhält. [3]Satz 1 gilt nicht, wenn der Verurteilte zu einer lebenslangen Freiheitsstrafe verurteilt oder die Unterbringung des Verurteilten in einem psychiatrischen Krankenhaus oder in der Sicherungsverwahrung angeordnet worden ist.

(2) Wird der vom Gericht ernannte Sachverständige vor einer nach diesem Abschnitt zu treffenden gerichtlichen Entscheidung mündlich gehört, gilt Absatz 1 Satz 1 und 3 entsprechend.

*(Fortsetzung nächstes Blatt)*

[1)] § 463d neu gef. mWv 1.10.2023 durch G v. 26.7.2023 (BGBl. 2023 I Nr. 203).
[2)] § 463e eingef. mWv 1.7.2021 durch G v. 25.6.2021 (BGBl. I S. 2099).

## Zweiter Abschnitt. Kosten des Verfahrens[1)]

### § 464 Kosten- und Auslagenentscheidung; sofortige Beschwerde.

(1) Jedes Urteil, jeder Strafbefehl und jede eine Untersuchung einstellende Entscheidung muß darüber Bestimmung treffen, von wem die Kosten des Verfahrens zu tragen sind.

(2) Die Entscheidung darüber, wer die notwendigen Auslagen trägt, trifft das Gericht in dem Urteil oder in dem Beschluß, der das Verfahren abschließt.

(3) [1] Gegen die Entscheidung über die Kosten und die notwendigen Auslagen ist die sofortige Beschwerde zulässig; sie ist unzulässig, wenn eine Anfechtung der in Absatz 1 genannten Hauptentscheidung durch den Beschwerdeführer nicht statthaft ist. [2] Das Beschwerdegericht ist an die tatsächlichen Feststellungen, auf denen die Entscheidung beruht, gebunden. [3] Wird gegen das Urteil, soweit es die Entscheidung über die Kosten und die notwendigen Auslagen betrifft, sofortige Beschwerde und im übrigen Berufung oder Revision eingelegt, so ist das Berufungs- oder Revisionsgericht, solange es mit der Berufung oder Revision befaßt ist, auch für die Entscheidung über die sofortige Beschwerde zuständig.

**§ 464a Kosten des Verfahrens; notwendige Auslagen.** (1) [1] Kosten des Verfahrens sind die Gebühren und Auslagen der Staatskasse. [2] Zu den Kosten gehören auch die durch die Vorbereitung der öffentlichen Klage entstandenen sowie die Kosten der Vollstreckung einer Rechtsfolge der Tat. [3] Zu den Kosten eines Antrags auf Wiederaufnahme des durch ein rechtskräftiges Urteil abgeschlossenen Verfahrens gehören auch die zur Vorbereitung eines Wiederaufnahmeverfahrens (§§ 364a und 364b) entstandenen Kosten, soweit sie durch einen Antrag des Verurteilten verursacht sind.

(2) Zu den notwendigen Auslagen eines Beteiligten gehören auch

1. die Entschädigung für eine notwendige Zeitversäumnis nach den Vorschriften, die für die Entschädigung von Zeugen gelten, und
2. die Gebühren und Auslagen eines Rechtsanwalts, soweit sie nach § 91 Abs. 2 der Zivilprozeßordnung[2)] zu erstatten sind.

**§ 464b[3)] Kostenfestsetzung.** [1] Die Höhe der Kosten und Auslagen, die ein Beteiligter einem anderen Beteiligten zu erstatten hat, wird auf Antrag eines Beteiligten durch das Gericht des ersten Rechtszuges festgesetzt. [2] Auf Antrag ist auszusprechen, dass die festgesetzten Kosten und Auslagen von der Anbringung des Festsetzungsantrags an zu verzinsen sind. [3] Auf die Höhe des Zinssatzes, das Verfahren und auf die Vollstreckung der Entscheidung sind die Vorschriften der Zivilprozessordnung[2)] entsprechend anzuwenden. [4] Abweichend von § 311 Absatz 2 beträgt die Frist zur Einlegung der sofortigen Beschwerde zwei Wochen. [5] Zur Bezeichnung des Nebenklägers kann im Kostenfestsetzungsbeschluss die Angabe der vollständigen Anschrift unterbleiben.

---

[1)] Vgl. auch JustizbeitreibungsG (Nr. **122**).

[2)] Nr. **100**.

[3)] § 464b Satz 1 geänd. durch G v. 24.6.1994 (BGBl. I S. 1325); Sätze 2 und 3 neu gef. mWv 1.8.2002 durch G v. 23.7.2002 (BGBl. I S. 2850); Satz 4 angef. mWv 31.12.2015 durch G v. 21.12.2015 (BGBl. I S. 2525); Satz 4 eingef., bish. Satz 4 wird Satz 5 mWv 24.8.2017 durch G v. 17.8.2017 (BGBl. I S. 3202).

**§ 464c[1] Kosten bei Bestellung eines Dolmetschers oder Übersetzers für den Angeschuldigten.** Ist für einen Angeschuldigten, der der deutschen Sprache nicht mächtig, hör- oder sprachbehindert ist, ein Dolmetscher oder Übersetzer herangezogen worden, so werden die dadurch entstandenen Auslagen dem Angeschuldigten auferlegt, soweit er diese durch schuldhafte Säumnis oder in sonstiger Weise schuldhaft unnötig verursacht hat; dies ist außer im Falle des § 467 Abs. 2 ausdrücklich auszusprechen.

**§ 464d[2] Verteilung der Auslagen nach Bruchteilen.** Die Auslagen der Staatskasse und die notwendigen Auslagen der Beteiligten können nach Bruchteilen verteilt werden.

**§ 465[3] Kostentragungspflicht des Verurteilten.** (1) [1]Die Kosten des Verfahrens hat der Angeklagte insoweit zu tragen, als sie durch das Verfahren wegen einer Tat entstanden sind, wegen derer er verurteilt oder eine Maßregel der Besserung und Sicherung gegen ihn angeordnet wird. [2]Eine Verurteilung im Sinne dieser Vorschrift liegt auch dann vor, wenn der Angeklagte mit Strafvorbehalt verwarnt wird oder das Gericht von Strafe absieht.

(2) [1]Sind durch Untersuchungen zur Aufklärung bestimmter belastender oder entlastender Umstände besondere Auslagen entstanden und sind diese Untersuchungen zugunsten des Angeklagten ausgegangen, so hat das Gericht die entstandenen Auslagen teilweise oder auch ganz der Staatskasse aufzuerlegen, wenn es unbillig wäre, den Angeklagten damit zu belasten. [2]Dies gilt namentlich dann, wenn der Angeklagte wegen einzelner abtrennbarer Teile einer Tat oder wegen einzelner von mehreren Gesetzesverletzungen nicht verurteilt wird. [3]Die Sätze 1 und 2 gelten entsprechend für die notwendigen Auslagen des Angeklagten. [4]Das Gericht kann anordnen, dass die Erhöhung der Gerichtsgebühren im Falle der Beiordnung eines psychosozialen Prozessbegleiters ganz oder teilweise unterbleibt, wenn es unbillig wäre, den Angeklagten damit zu belasten.

(3) Stirbt ein Verurteilter vor eingetretener Rechtskraft des Urteils, so haftet sein Nachlaß nicht für die Kosten.

**§ 466 Haftung Mitverurteilter für Auslagen als Gesamtschuldner.** [1]Mitangeklagte, gegen die in bezug auf dieselbe Tat auf Strafe erkannt oder eine Maßregel der Besserung und Sicherung angeordnet wird, haften für die Auslagen als Gesamtschuldner. [2]Dies gilt nicht für die durch die Tätigkeit eines bestellten Verteidigers oder eines Dolmetschers und die durch die Vollstreckung, die einstweilige Unterbringung oder die Untersuchungshaft entstandenen Kosten sowie für Auslagen, die durch Untersuchungshandlungen, die ausschließlich gegen einen Mitangeklagten gerichtet waren, entstanden sind.

**§ 467[4] Kosten und notwendige Auslagen bei Freispruch, Nichteröffnung und Einstellung.** (1) Soweit der Angeschuldigte freigesprochen, die Eröffnung des Hauptverfahrens gegen ihn abgelehnt oder das Verfahren gegen ihn eingestellt wird, fallen die Auslagen der Staatskasse und die notwendigen Auslagen des Angeschuldigten der Staatskasse zur Last.

---

[1] § 464c eingef. durch G v. 15.6.1989 (BGBl. I S. 1082); geänd. mWv 1.8.2002 durch G v. 23.7.2002 (BGBl. I S. 2850).

[2] § 464d eingef. durch G v. 24.6.1994 (BGBl. I S. 1325).

[3] § 465 Abs. 2 Satz 4 angef. mWv 1.1.2017 durch G v. 21.12.2015 (BGBl. I S. 2525)

[4] § 467 Abs. 1 neu gef. durch G v. 24.6.1994 (BGBl. I S. 1325).

(2) [1]Die Kosten des Verfahrens, die der Angeschuldigte durch eine schuldhafte Säumnis verursacht hat, werden ihm auferlegt. [2]Die ihm insoweit entstandenen Auslagen werden der Staatskasse nicht auferlegt.

(3) [1]Die notwendigen Auslagen des Angeschuldigten werden der Staatskasse nicht auferlegt, wenn der Angeschuldigte die Erhebung der öffentlichen Klage dadurch veranlaßt hat, daß er in einer Selbstanzeige vorgetäuscht hat, die ihm zur Last gelegte Tat begangen zu haben. [2]Das Gericht kann davon absehen, die notwendigen Auslagen des Angeschuldigten der Staatskasse aufzuerlegen, wenn er

1. die Erhebung der öffentlichen Klage dadurch veranlaßt hat, daß er sich selbst in wesentlichen Punkten wahrheitswidrig oder im Widerspruch zu seinen späteren Erklärungen belastet oder wesentliche entlastende Umstände verschwiegen hat, obwohl er sich zur Beschuldigung geäußert hat, oder
2. wegen einer Straftat nur deshalb nicht verurteilt wird, weil ein Verfahrenshindernis besteht.

(4) Stellt das Gericht das Verfahren nach einer Vorschrift ein, die dies nach seinem Ermessen zuläßt, so kann es davon absehen, die notwendigen Auslagen des Angeschuldigten der Staatskasse aufzuerlegen.

(5) Die notwendigen Auslagen des Angeschuldigten werden der Staatskasse nicht auferlegt, wenn das Verfahren nach vorangegangener vorläufiger Einstellung (§ 153a) endgültig eingestellt wird.

**§ 467a[1)] Auslagen der Staatskasse bei Einstellung nach Anklagerücknahme.** (1) [1]Nimmt die Staatsanwaltschaft die öffentliche Klage zurück und stellt sie das Verfahren ein, so hat das Gericht, bei dem die öffentliche Klage erhoben war, auf Antrag der Staatsanwaltschaft oder des Angeschuldigten die diesem erwachsenen notwendigen Auslagen der Staatskasse aufzuerlegen. [2]§ 467 Abs. 2 bis 5 gilt sinngemäß.

(2) Die einem Nebenbeteiligten (§ 424 Absatz 1, § 438 Absatz 1, §§ 439, 444 Abs. 1 Satz 1) erwachsenen notwendigen Auslagen kann das Gericht in den Fällen des Absatzes 1 Satz 1 auf Antrag der Staatsanwaltschaft oder des Nebenbeteiligten der Staatskasse oder einem anderen Beteiligten auferlegen.

(3) Die Entscheidung nach den Absätzen 1 und 2 ist unanfechtbar.

**§ 468[2)] Kosten bei Straffreierklärung.** Bei wechselseitigen Beleidigungen wird die Verurteilung eines oder beider Teile in die Kosten dadurch nicht ausgeschlossen, daß einer oder beide für straffrei erklärt werden.

**§ 469[3)] Kostentragungspflicht des Anzeigenden bei leichtfertiger oder vorsätzlicher Erstattung einer unwahren Anzeige.** (1) [1]Ist ein, wenn auch nur außergerichtliches Verfahren durch eine vorsätzlich oder leichtfertig erstattete unwahre Anzeige veranlaßt worden, so hat das Gericht dem Anzeigenden, nachdem er gehört worden ist, die Kosten des Verfahrens und die dem Beschuldigten erwachsenen notwendigen Auslagen aufzuerlegen. [2]Die einem Nebenbeteiligten (§ 424 Absatz 1, § 438 Absatz 1, §§ 439, 444 Abs. 1 Satz 1) erwachsenen notwendigen Auslagen kann das Gericht dem Anzeigenden auferlegen.

---

[1)] § 467a Abs. 2 geänd. mWv 1.7.2017 durch G v. 13.4.2017 (BGBl. I S. 872).
[2)] § 468 geänd. mWv 1.9.2004 durch G v. 24.8.2004 (BGBl. I S. 2198).
[3)] § 469 Abs. 1 Satz 2 geänd. mWv 1.7.2017 durch G v. 13.4.2017 (BGBl. I S. 872).

(2) War noch kein Gericht mit der Sache befaßt, so ergeht die Entscheidung auf Antrag der Staatsanwaltschaft durch das Gericht, das für die Eröffnung des Hauptverfahrens zuständig gewesen wäre.

(3) Die Entscheidung nach den Absätzen 1 und 2 ist unanfechtbar.

**§ 470[1)] Kosten bei Zurücknahme des Strafantrags.** [1]Wird das Verfahren wegen Zurücknahme des Antrags, durch den es bedingt war, eingestellt, so hat der Antragsteller die Kosten sowie die dem Beschuldigten und einem Nebenbeteiligten (§ 424 Absatz 1, § 438 Absatz 1, §§ 439, 444 Abs. 1 Satz 1) erwachsenen notwendigen Auslagen zu tragen. [2]Sie können dem Angeklagten oder einem Nebenbeteiligten auferlegt werden, soweit er sich zur Übernahme bereit erklärt, der Staatskasse, soweit es unbillig wäre, die Beteiligten damit zu belasten.

**§ 471 Kosten bei Privatklage.** (1) In einem Verfahren auf erhobene Privatklage hat der Verurteilte auch die dem Privatkläger erwachsenen notwendigen Auslagen zu erstatten.

(2) Wird die Klage gegen den Beschuldigten zurückgewiesen oder wird dieser freigesprochen oder wird das Verfahren eingestellt, so fallen dem Privatkläger die Kosten des Verfahrens sowie die dem Beschuldigten erwachsenen notwendigen Auslagen zur Last.

(3) Das Gericht kann die Kosten des Verfahrens und die notwendigen Auslagen der Beteiligten angemessen verteilen oder nach pflichtgemäßem Ermessen einem der Beteiligten auferlegen, wenn

1. es den Anträgen des Privatklägers nur zum Teil entsprochen hat;
2. es das Verfahren nach § 383 Abs. 2 (§ 390 Abs. 5) wegen Geringfügigkeit eingestellt hat;
3. Widerklage erhoben worden ist.

(4) [1]Mehrere Privatkläger haften als Gesamtschuldner. [2]Das gleiche gilt hinsichtlich der Haftung mehrerer Beschuldigter für die dem Privatkläger erwachsenen notwendigen Auslagen.

**§ 472[2)] Notwendige Auslagen des Nebenklägers.** (1) [1]Die dem Nebenkläger erwachsenen notwendigen Auslagen sind dem Angeklagten aufzuerlegen, wenn er wegen einer Tat verurteilt wird, die den Nebenkläger betrifft. [2]Die notwendigen Auslagen für einen psychosozialen Prozessbegleiter des Nebenklägers können dem Angeklagten nur bis zu der Höhe auferlegt werden, in der sich im Falle der Beiordnung des psychosozialen Prozessbegleiters die Gerichtsgebühren erhöhen würden. [3]Von der Auferlegung der notwendigen Auslagen kann ganz oder teilweise abgesehen werden, soweit es unbillig wäre, den Angeklagten damit zu belasten.

(2) [1]Stellt das Gericht das Verfahren nach einer Vorschrift, die dies nach seinem Ermessen zuläßt, ein, so kann es die in Absatz 1 genannten notwendigen Auslagen ganz oder teilweise dem Angeschuldigten auferlegen, soweit dies aus besonderen Gründen der Billigkeit entspricht. [2]Stellt das Gericht das Verfahren nach vorangegangener vorläufiger Einstellung (§ 153a) endgültig ein, gilt Absatz 1 entsprechend.

---

[1)] § 470 Satz 1 geänd. mWv 1.7.2017 durch G v. 13.4.2017 (BGBl. I S. 872).

[2)] § 472 Abs. 1 Satz 2 eingef., bish. Satz 2 wird Satz 3 und geänd. mWv 1.1.2017, Abs. 3 Satz 1 geänd. mWv 31.12.2015 durch G v. 21.12.2015 (BGBl. I S. 2525)

(3) [1]Die Absätze 1 und 2 gelten entsprechend für die notwendigen Auslagen, die einem zum Anschluß als Nebenkläger Berechtigten in Wahrnehmung seiner Befugnisse nach § 406h erwachsen sind. [2]Gleiches gilt für die notwendigen Auslagen eines Privatklägers, wenn die Staatsanwaltschaft nach § 377 Abs. 2 die Verfolgung übernommen hat.

(4) § 471 Abs. 4 Satz 2 gilt entsprechend.

**§ 472a[1)] Kosten und notwendige Auslagen bei Adhäsionsverfahren.**

(1) Soweit dem Antrag auf Zuerkennung eines aus der Straftat erwachsenen Anspruchs stattgegeben wird, hat der Angeklagte auch die dadurch entstandenen besonderen Kosten und die notwendigen Auslagen des Antragstellers im Sinne der §§ 403 und 404 zu tragen.

(2) [1]Sieht das Gericht von der Entscheidung über den Adhäsionsantrag ab, wird ein Teil des Anspruchs dem Antragsteller nicht zuerkannt oder nimmt dieser den Antrag zurück, so entscheidet das Gericht nach pflichtgemäßem Ermessen, wer die insoweit entstandenen gerichtlichen Auslagen und die insoweit den Beteiligten erwachsenden notwendigen Auslagen trägt. [2]Die gerichtlichen Auslagen können der Staatskasse auferlegt werden, soweit es unbillig wäre, die Beteiligten damit zu belasten.

**§ 472b[2)] Kosten und notwendige Auslagen bei Nebenbeteiligung.**

(1) [1]Wird die Einziehung, der Vorbehalt der Einziehung, die Vernichtung, Unbrauchbarmachung oder Beseitigung eines gesetzwidrigen Zustandes angeordnet, so können dem Nebenbeteiligten die durch seine Beteiligung erwachsenen besonderen Kosten auferlegt werden. [2]Die dem Nebenbeteiligten erwachsenen notwendigen Auslagen können, soweit es der Billigkeit entspricht, dem Angeklagten, im selbständigen Verfahren auch einem anderen Nebenbeteiligten auferlegt werden.

(2) Wird eine Geldbuße gegen eine juristische Person oder eine Personenvereinigung festgesetzt, so hat diese die Kosten des Verfahrens entsprechend den §§ 465, 466 zu tragen.

(3) Wird von der Anordnung einer der in Absatz 1 Satz 1 bezeichneten Nebenfolgen oder der Festsetzung einer Geldbuße gegen eine juristische Person oder eine Personenvereinigung abgesehen, so können die dem Nebenbeteiligten erwachsenen notwendigen Auslagen der Staatskasse oder einem anderen Beteiligten auferlegt werden.

**§ 473[3)] Kosten bei zurückgenommenem oder erfolglosem Rechtsmittel; Kosten der Wiedereinsetzung.** (1) [1]Die Kosten eines zurückgenommenen oder erfolglos eingelegten Rechtsmittels treffen den, der es eingelegt hat. [2]Hat der Beschuldigte das Rechtsmittel erfolglos eingelegt oder zurückgenommen, so sind ihm die dadurch dem Nebenkläger oder dem zum Anschluß als Nebenkläger Berechtigten in Wahrnehmung seiner Befugnisse nach § 406h erwachsenen notwendigen Auslagen aufzuerlegen. [3]Hat im Falle des Satzes 1 allein der Nebenkläger ein Rechtsmittel eingelegt oder durchgeführt, so sind ihm die dadurch

---

1) § 472a Abs. 1 geänd., Abs. 2 Satz 1 neu gef. mWv 1.7.2021 durch G v. 25.6.2021 (BGBl. I S. 2099).

2) § 472b Abs. 1 Satz 1 geänd., Abs. 2 eingef., bish. Abs. 2 wird Abs. 3 und neu gef. durch G v. 24.6. 1994 (BGBl. I S. 1325); Abs. 1 Satz 1 geänd. mWv 1.7.2017 durch G v. 13.4.2017 (BGBl. I S. 872).

3) § 473 Abs. 1 Satz 4 angef. mWv 1.9.2004 durch G v. 24.6.2004 (BGBl. I S. 1354); Abs. 1 Satz 2 geänd. mWv 31.12.2015 durch G v. 21.12.2015 (BGBl. I S. 2525); Abs. 2 Satz 1 und Abs. 6 Nr. 2 geänd. mWv 1.7.2017 durch G v. 13.4.2017 (BGBl. I S. 872).

erwachsenen notwendigen Auslagen des Beschuldigten aufzuerlegen. [4] Für die Kosten des Rechtsmittels und die notwendigen Auslagen der Beteiligten gilt § 472a Abs. 2 entsprechend, wenn eine zulässig erhobene sofortige Beschwerde nach § 406a Abs. 1 Satz 1 durch eine den Rechtszug abschließende Entscheidung unzulässig geworden ist.

(2) [1] Hat im Falle des Absatzes 1 die Staatsanwaltschaft das Rechtsmittel zuungunsten des Beschuldigten oder eines Nebenbeteiligten (§ 424 Absatz 1, §§ 439, 444 Abs. 1 Satz 1) eingelegt, so sind die ihm erwachsenen notwendigen Auslagen der Staatskasse aufzuerlegen. [2] Dasselbe gilt, wenn das von der Staatsanwaltschaft zugunsten des Beschuldigten oder eines Nebenbeteiligten eingelegte Rechtsmittel Erfolg hat.

(3) Hat der Beschuldigte oder ein anderer Beteiligter das Rechtsmittel auf bestimmte Beschwerdepunkte beschränkt und hat ein solches Rechtsmittel Erfolg, so sind die notwendigen Auslagen des Beteiligten der Staatskasse aufzuerlegen.

(4) [1] Hat das Rechtsmittel teilweise Erfolg, so hat das Gericht die Gebühr zu ermäßigen und die entstandenen Auslagen teilweise oder auch ganz der Staatskasse aufzuerlegen, soweit es unbillig wäre, die Beteiligten damit zu belasten. [2] Dies gilt entsprechend für die notwendigen Auslagen der Beteiligten.

(5) Ein Rechtsmittel gilt als erfolglos, soweit eine Anordnung nach § 69 Abs. 1 oder § 69b Abs. 1 des Strafgesetzbuches[1)] nur deshalb nicht aufrechterhalten wird, weil ihre Voraussetzungen wegen der Dauer einer vorläufigen Entziehung der Fahrerlaubnis (§ 111a Abs. 1) oder einer Verwahrung, Sicherstellung oder Beschlagnahme des Führerscheins (§ 69a Abs. 6 des Strafgesetzbuches) nicht mehr vorliegen.

(6) Die Absätze 1 bis 4 gelten entsprechend für die Kosten und die notwendigen Auslagen, die durch einen Antrag

1. auf Wiederaufnahme des durch ein rechtskräftiges Urteil abgeschlossenen Verfahrens oder
2. auf ein Nachverfahren (§ 433)

verursacht worden sind.

(7) Die Kosten der Wiedereinsetzung in den vorigen Stand fallen dem Antragsteller zur Last, soweit sie nicht durch einen unbegründeten Widerspruch des Gegners entstanden sind.

**§ 473a[2)] Kosten und notwendige Auslagen bei gesonderter Entscheidung über die Rechtmäßigkeit einer Ermittlungsmaßnahme.** [1] Hat das Gericht auf Antrag des Betroffenen in einer gesonderten Entscheidung über die Rechtmäßigkeit einer Ermittlungsmaßnahme oder ihres Vollzuges zu befinden, bestimmt es zugleich, von wem die Kosten und die notwendigen Auslagen der Beteiligten zu tragen sind. [2] Diese sind, soweit die Maßnahme oder ihr Vollzug für rechtswidrig erklärt wird, der Staatskasse, im Übrigen dem Antragsteller aufzuerlegen. [3] § 304 Absatz 3 und § 464 Absatz 3 Satz 1 gelten entsprechend.

---

[1)] Nr. **85**.
[2)] § 473a eingef. mWv 1.10.2009 durch G v. 29.7.2009 (BGBl. I S. 2280).

## Achtes Buch.[1] Schutz und Verwendung von Daten

### Erster Abschnitt.[2] Erteilung von Auskünften und Akteneinsicht, sonstige Verwendung von Daten für verfahrensübergreifende Zwecke

**§ 474[3] Auskünfte und Akteneinsicht für Justizbehörden und andere öffentliche Stellen.** (1) Gerichte, Staatsanwaltschaften und andere Justizbehörden erhalten Akteneinsicht, wenn dies für Zwecke der Rechtspflege erforderlich ist.

(2) [1]Im Übrigen sind Auskünfte aus Akten an öffentliche Stellen zulässig, soweit

1. die Auskünfte zur Feststellung, Durchsetzung oder zur Abwehr von Rechtsansprüchen im Zusammenhang mit der Straftat erforderlich sind,
2. diesen Stellen in sonstigen Fällen auf Grund einer besonderen Vorschrift von Amts wegen personenbezogene Daten aus Strafverfahren übermittelt werden dürfen oder soweit nach einer Übermittlung von Amts wegen die Übermittlung weiterer personenbezogener Daten zur Aufgabenerfüllung erforderlich ist oder
3. die Auskünfte zur Vorbereitung von Maßnahmen erforderlich sind, nach deren Erlass auf Grund einer besonderen Vorschrift von Amts wegen personenbezogene Daten aus Strafverfahren an diese Stellen übermittelt werden dürfen.

[2]Die Erteilung von Auskünften an die Nachrichtendienste richtet sich nach § 18 des Bundesverfassungsschutzgesetzes[4], § 12 des Sicherheitsüberprüfungsgesetzes, § 10 des MAD-Gesetzes und ***[bis 31.12.2021:*** § 23 des BND-Gesetzes***]*** ***[ab 1.1. 2022:*** *§ 10 des BND-Gesetzes****]*** sowie den entsprechenden landesrechtlichen Vorschriften.

(3) Unter den Voraussetzungen des Absatzes 2 kann Akteneinsicht gewährt werden, wenn die Erteilung von Auskünften einen unverhältnismäßigen Aufwand erfordern würde oder die Akteneinsicht begehrende Stelle unter Angabe von Gründen erklärt, dass die Erteilung einer Auskunft zur Erfüllung ihrer Aufgabe nicht ausreichen würde.

(4) Unter den Voraussetzungen der Absätze 1 oder 3 können amtlich verwahrte Beweisstücke besichtigt werden.

(5) Akten, die noch in Papierform vorliegen, können in den Fällen der Absätze 1 und 3 zur Einsichtnahme übersandt werden.

(6) Landesgesetzliche Regelungen, die parlamentarischen Ausschüssen ein Recht auf Akteneinsicht einräumen, bleiben unberührt.

**§ 475[5] Auskünfte und Akteneinsicht für Privatpersonen und sonstige Stellen.** (1) [1]Für eine Privatperson und für sonstige Stellen kann unbeschadet des

---

[1] 8. Buch eingef. durch G v. 28.10.1994 (BGBl. I S. 3186); Überschrift neu gef. mWv 1.1.2018 durch G v. 5.7.2017 (BGBl. I S. 2208).

[2] 1. Abschnitt (§§ 474–482) eingef. mWv 1.11.2000 durch G v. 2.8.2000 (BGBl. I S. 1253), wobei §§ 476 und 477 Abs. 2 bereits am 12.8.2000 in Kraft getreten sind; Überschrift geänd. mWv 1.1.2008 durch G v. 21.12.2007 (BGBl. I S. 3198).

[3] § 474 eingef. mWv 1.11.2000 durch G v. 2.8.2000 (BGBl. I S. 1253); Abs. 2 Satz 1 Nr. 2 und 3 geänd. mWv 1.1.2008 durch G v. 21.12.2007 (BGBl. I S. 3198); Abs. 2 Satz 2 geänd. mWv 31.12.2016 durch G v. 23.12.2016 (BGBl. I S. 3346); Abs. 2 Satz 2 und Abs. 5 geänd. mWv 1.1.2018 durch G v. 5.7. 2017 (BGBl. I S. 2208); Abs. 2 Satz 2 geänd. **mWv 1.1.2022** durch G v. 19.4.2021 (BGBl. I S. 771).

[4] **Sartorius Nr. 80.**

[5] § 475 eingef. mWv 1.11.2000 durch G v. 2.8.2000 (BGBl. I S. 1253); Abs. 3 Sätze 2 und 3 aufgeh. mWv 1.1.2018 durch G v. 5.7.2017 (BGBl. I S. 2208); Abs. 1 Satz 1 geänd. mWv 26.11.2019 durch G v. 20.11.2019 (BGBl. I S. 1724).

§ 57 des Bundesdatenschutzgesetzes[1] ein Rechtsanwalt Auskünfte aus Akten erhalten, die dem Gericht vorliegen oder diesem im Falle der Erhebung der öffentlichen Klage vorzulegen wären, soweit er hierfür ein berechtigtes Interesse darlegt. [2]Auskünfte sind zu versagen, wenn der hiervon Betroffene ein schutzwürdiges Interesse an der Versagung hat.

(2) Unter den Voraussetzungen des Absatzes 1 kann Akteneinsicht gewährt werden, wenn die Erteilung von Auskünften einen unverhältnismäßigen Aufwand erfordern oder nach Darlegung dessen, der Akteneinsicht begehrt, zur Wahrnehmung des berechtigten Interesses nicht ausreichen würde.

(3) Unter den Voraussetzungen des Absatzes 2 können amtlich verwahrte Beweisstücke besichtigt werden.

(4) Unter den Voraussetzungen des Absatzes 1 können auch Privatpersonen und sonstigen Stellen Auskünfte aus den Akten erteilt werden.

**§ 476[2] Auskünfte und Akteneinsicht zu Forschungszwecken.** (1) [1]Die Übermittlung personenbezogener Daten in Akten an Hochschulen, andere Einrichtungen, die wissenschaftliche Forschung betreiben, und öffentliche Stellen ist zulässig, soweit

1. dies für die Durchführung bestimmter wissenschaftlicher Forschungsarbeiten erforderlich ist,
2. eine Nutzung anonymisierter Daten zu diesem Zweck nicht möglich oder die Anonymisierung mit einem unverhältnismäßigen Aufwand verbunden ist und
3. das öffentliche Interesse an der Forschungsarbeit das schutzwürdige Interesse des Betroffenen an dem Ausschluss der Übermittlung erheblich überwiegt.

[2]Bei der Abwägung nach Satz 1 Nr. 3 ist im Rahmen des öffentlichen Interesses das wissenschaftliche Interesse an dem Forschungsvorhaben besonders zu berücksichtigen.

(2) [1]Die Übermittlung der Daten erfolgt durch Erteilung von Auskünften, wenn hierdurch der Zweck der Forschungsarbeit erreicht werden kann und die Erteilung keinen unverhältnismäßigen Aufwand erfordert. [2]Andernfalls kann auch Akteneinsicht gewährt werden. [3]Die Akten, die in Papierform vorliegen, können zur Einsichtnahme übersandt werden.

(3) [1]Personenbezogene Daten werden nur an solche Personen übermittelt, die Amtsträger oder für den öffentlichen Dienst besonders Verpflichtete sind oder die zur Geheimhaltung verpflichtet worden sind. [2]§ 1 Abs. 2, 3 und 4 Nr. 2 des Verpflichtungsgesetzes findet auf die Verpflichtung zur Geheimhaltung entsprechende Anwendung.

(4) [1]Die personenbezogenen Daten dürfen nur für die Forschungsarbeit verwendet werden, für die sie übermittelt worden sind. [2]Die Verwendung für andere Forschungsarbeiten oder die Weitergabe richtet sich nach den Absätzen 1 bis 3 und bedarf der Zustimmung der Stelle, die die Übermittlung der Daten angeordnet hat.

---

[1] **Sartorius Nr. 245.**

[2] § 476 eingef. mWv 12.8.2000 durch G v. 2.8.2000 (BGBl. I S. 1253); Abs. 1 Satz 1 einl. Satzteil und Nr. 2, Abs. 2 Satz 1, Abs. 3 Satz 1, Abs. 4 Sätze 1 und 2, Abs. 5 Sätze 1 und 2, Abs. 6 Satz 1, Abs. 7 Sätze 1 und 2 geänd. mWv 1.1.2008 durch G v. 21.12.2007 (BGBl. I S. 3198); Abs. 2 Satz 3 geänd. mWv 1.1.2018 durch G v. 5.7.2017 (BGBl. I S. 2208); Abs. 8 neu gef. mWv 26.11.2019 durch G v. 20.11.2019 (BGBl. I S. 1724).

(5) [1]Die Daten sind gegen unbefugte Kenntnisnahme durch Dritte zu schützen. [2]Die wissenschaftliche Forschung betreibende Stelle hat dafür zu sorgen, dass die Verwendung der personenbezogenen Daten räumlich und organisatorisch getrennt von der Erfüllung solcher Verwaltungsaufgaben oder Geschäftszwecke erfolgt, für die diese Daten gleichfalls von Bedeutung sein können.

(6) [1]Sobald der Forschungszweck es erlaubt, sind die personenbezogenen Daten zu anonymisieren. [2]Solange dies noch nicht möglich ist, sind die Merkmale gesondert aufzubewahren, mit denen Einzelangaben über persönliche oder sachliche Verhältnisse einer bestimmten oder bestimmbaren Person zugeordnet werden können. [3]Sie dürfen mit den Einzelangaben nur zusammengeführt werden, soweit der Forschungszweck dies erfordert.

(7) [1]Wer nach den Absätzen 1 bis 3 personenbezogene Daten erhalten hat, darf diese nur veröffentlichen, wenn dies für die Darstellung von Forschungsergebnissen über Ereignisse der Zeitgeschichte unerlässlich ist. [2]Die Veröffentlichung bedarf der Zustimmung der Stelle, die die Daten übermittelt hat.

(8) Ist der Empfänger eine nichtöffentliche Stelle, finden die Vorschriften der Verordnung (EU) 2016/679[1)] und des Bundesdatenschutzgesetzes[2)] auch dann Anwendung, wenn die personenbezogenen Daten nicht automatisiert verarbeitet werden und nicht in einem Dateisystem gespeichert sind oder gespeichert werden.

**§ 477[3)] Datenübermittlung von Amts wegen.** (1) Von Amts wegen dürfen personenbezogene Daten aus Strafverfahren Strafverfolgungsbehörden und Strafgerichten für Zwecke der Strafverfolgung sowie den zuständigen Behörden und Gerichten für Zwecke der Verfolgung von Ordnungswidrigkeiten übermittelt werden, soweit diese Daten aus der Sicht der übermittelnden Stelle hierfür erforderlich sind.

(2) Eine von Amts wegen erfolgende Übermittlung personenbezogener Daten aus Strafverfahren ist auch zulässig, wenn die Kenntnis der Daten aus der Sicht der übermittelnden Stelle erforderlich ist für

1. die Vollstreckung von Strafen oder von Maßnahmen im Sinne des § 11 Absatz 1 Nummer 8 des Strafgesetzbuches[4)] oder für die Vollstreckung oder Durchführung von Erziehungsmaßregeln oder von Zuchtmitteln im Sinne des Jugendgerichtsgesetzes[5)],
2. den Vollzug von freiheitsentziehenden Maßnahmen oder
3. Entscheidungen in Strafsachen, insbesondere über die Strafaussetzung zur Bewährung oder deren Widerruf, oder in Bußgeld- oder Gnadensachen.

**§ 478[6)] Form der Datenübermittlung.** Auskünfte nach den §§ 474 bis 476 und Datenübermittlungen von Amts wegen nach § 477 können auch durch Überlassung von Kopien aus den Akten erfolgen.

---

[1)] **Sartorius Nr. 246.**
[2)] **Sartorius Nr. 245.**
[3)] § 477 neu gef. mWv 26.11.2019 durch G v. 20.11.2019 (BGBl. I S. 1724).
[4)] Nr. **85**.
[5)] Nr. **89**.
[6)] § 478 neu gef. mWv 26.11.2019 durch G v. 20.11.2019 (BGBl. I S. 1724).

**§ 479[1] Übermittlungsverbote und Verwendungsbeschränkungen.**

(1) Auskünfte nach den §§ 474 bis 476 und Datenübermittlungen von Amts wegen nach § 477 sind zu versagen, wenn ihnen Zwecke des Strafverfahrens, auch die Gefährdung des Untersuchungszwecks in einem anderen Strafverfahren, oder besondere bundesgesetzliche oder landesgesetzliche Verwendungsregelungen entgegenstehen.

(2) [1] Ist eine Maßnahme nach diesem Gesetz nur bei Verdacht bestimmter Straftaten zulässig, so gilt für die Verwendung der auf Grund einer solchen Maßnahme erlangten Daten in anderen Strafverfahren § 161 Absatz 3 entsprechend. [2] Darüber hinaus dürfen verwertbare personenbezogene Daten, die durch eine Maßnahme der nach Satz 1 bezeichneten Art erlangt worden sind, ohne Einwilligung der von der Maßnahme betroffenen Personen nur verwendet werden

1. zu Zwecken der Gefahrenabwehr, soweit sie dafür durch eine entsprechende Maßnahme nach den für die zuständige Stelle geltenden Gesetzen erhoben werden könnten,
2. zur Abwehr einer Gefahr für Leib, Leben oder Freiheit einer Person oder für die Sicherheit oder den Bestand des Bundes oder eines Landes oder für bedeutende Vermögenswerte, wenn sich aus den Daten im Einzelfall jeweils konkrete Ansätze zur Abwehr einer solchen Gefahr erkennen lassen,
3. für Zwecke, für die eine Übermittlung nach § 18 des Bundesverfassungsschutzgesetzes[2] zulässig ist, sowie
4. nach Maßgabe des § 476.

[3] § 100i Absatz 2 Satz 2 und § 108 Absatz 2 und 3 bleiben unberührt.

(3) Wenn in den Fällen der §§ 474 bis 476

1. der Angeklagte freigesprochen, die Eröffnung des Hauptverfahrens abgelehnt oder das Verfahren eingestellt wurde oder
2. die Verurteilung nicht in ein Führungszeugnis für Behörden aufgenommen wird und seit der Rechtskraft der Entscheidung mehr als zwei Jahre verstrichen sind,

dürfen Auskünfte aus den Akten und Akteneinsicht an nichtöffentliche Stellen nur gewährt werden, wenn ein rechtliches Interesse an der Kenntnis der Information glaubhaft gemacht ist und der frühere Beschuldigte kein schutzwürdiges Interesse an der Versagung hat.

(4) [1] Die Verantwortung für die Zulässigkeit der Übermittlung trägt die übermittelnde Stelle. [2] Abweichend hiervon trägt in den Fällen der §§ 474 bis 476 der Empfänger die Verantwortung für die Zulässigkeit der Übermittlung, sofern dieser eine öffentliche Stelle oder ein Rechtsanwalt ist. [3] Die übermittelnde Stelle prüft in diesem Falle nur, ob das Übermittlungsersuchen im Rahmen der Aufgaben des Empfängers liegt, es sei denn, dass ein besonderer Anlass zu einer weitergehenden Prüfung der Zulässigkeit der Übermittlung vorliegt.

(5) § 32f Absatz 5 Satz 2 und 3 gilt mit folgenden Maßgaben entsprechend:

1. Eine Verwendung der nach den §§ 474 und 475 erlangten personenbezogenen Daten für andere Zwecke ist zulässig, wenn dafür Auskunft oder Akteneinsicht gewährt werden dürfte und im Falle des § 475 die Stelle, die Auskunft oder Akteneinsicht gewährt hat, zustimmt;

---

[1] § 479 neu gef. mWv 26.11.2019 durch G v. 20.11.2019 (BGBl. I S. 1724); Abs. 1 neu gef. mWv 24.6.2020 durch G v. 12.6.2020 (BGBl. I S. 1247); Abs. 3 aufgeh., bish. Abs. 4–6 werden Abs. 3–5 mWv 1.7.2021 durch G v. 25.6.2021 (BGBl. I S. 2099).

[2] **Sartorius Nr. 80.**

2. eine Verwendung der nach § 477 erlangten personenbezogenen Daten für andere Zwecke ist zulässig, wenn dafür eine Übermittlung nach § 477 erfolgen dürfte.

**§ 480**[1] **Entscheidung über die Datenübermittlung.** (1) [1] Über die Übermittlungen nach den §§ 474 bis 477 entscheidet im vorbereitenden Verfahren und nach rechtskräftigem Abschluss des Verfahrens die Staatsanwaltschaft, im Übrigen der Vorsitzende des mit der Sache befassten Gerichts. [2] Die Staatsanwaltschaft ist auch nach Erhebung der öffentlichen Klage befugt, personenbezogene Daten zu übermitteln. [3] Die Staatsanwaltschaft kann die Behörden des Polizeidienstes, die die Ermittlungen geführt haben oder führen, ermächtigen, in den Fällen des § 475 Akteneinsicht und Auskünfte zu erteilen. [4] Gegen deren Entscheidung kann die Entscheidung der Staatsanwaltschaft eingeholt werden. [5] Die Übermittlung personenbezogener Daten zwischen Behörden des Polizeidienstes oder eine entsprechende Akteneinsicht ist ohne Entscheidung nach Satz 1 zulässig, sofern keine Zweifel an der Zulässigkeit der Übermittlung oder der Akteneinsicht bestehen.

(2) [1] Aus beigezogenen Akten, die nicht Aktenbestandteil sind, dürfen Übermittlungen nur mit Zustimmung der Stelle erfolgen, um deren Akten es sich handelt; Gleiches gilt für die Akteneinsicht. [2] In den Fällen der §§ 474 bis 476 sind Auskünfte und Akteneinsicht nur zulässig, wenn der Antragsteller die Zustimmung nachweist.

(3) [1] In den Fällen des § 475 kann gegen die Entscheidung der Staatsanwaltschaft nach Absatz 1 gerichtliche Entscheidung durch das nach § 162 zuständige Gericht beantragt werden. [2] Die §§ 297 bis 300, 302, 306 bis 309, 311a und 473a gelten entsprechend. [3] Die Entscheidung des Gerichts ist unanfechtbar, solange die Ermittlungen noch nicht abgeschlossen sind. [4] Diese Entscheidungen werden nicht mit Gründen versehen, soweit durch deren Offenlegung der Untersuchungszweck gefährdet werden könnte.

(4) Die übermittelnde Stelle hat die Übermittlung und deren Zweck aktenkundig zu machen.

**§ 481**[2] **Verwendung personenbezogener Daten für polizeiliche Zwecke.**

(1) [1] Die Polizeibehörden dürfen nach Maßgabe der Polizeigesetze personenbezogene Daten aus Strafverfahren verwenden. [2] Zu den dort genannten Zwecken dürfen Strafverfolgungsbehörden und Gerichte an Polizeibehörden personenbezogene Daten aus Strafverfahren übermitteln oder Akteneinsicht gewähren. [3] Mitteilungen nach Satz 2 können auch durch Bewährungshelfer und Führungsaufsichtsstellen erfolgen, wenn dies zur Abwehr einer Gefahr für ein bedeutendes Rechtsgut erforderlich und eine rechtzeitige Übermittlung durch die in Satz 2 genannten Stellen nicht gewährleistet ist. [4] Die Sätze 1 und 2 gelten nicht in den Fällen, in denen die Polizei ausschließlich zum Schutz privater Rechte tätig wird.

(2) Die Verwendung ist unzulässig, soweit besondere bundesgesetzliche oder entsprechende landesgesetzliche Verwendungsregelungen entgegenstehen.

---

[1] § 480 neu gef. mWv 26.11.2019 durch G v. 20.11.2019 (BGBl. I S. 1724).

[2] § 481 eingef. mWv 1.11.2000 durch G v. 2.8.2000 (BGBl. I S. 1253); Abs. 1 Sätze 1 und 2 geänd. mWv 1.1.2008 durch G v. 21.12.2007 (BGBl. I S. 3198); Abs. 1 Satz 2 geänd., Abs. 3 angef. mWv 26.7. 2012 durch G v. 21.7.2012 (BGBl. I S. 1566); Abs. 1 Satz 3 eingef., bish. Satz 3 wird Satz 4 mWv 24.8. 2017 durch G v. 17.8.2017 (BGBl. I S. 3202); Abs. 3 geänd. mWv 26.11.2019 durch G v. 20.11.2019 (BGBl. I S. 1724); Abs. 1 Satz 3 geänd. mWv 13.12.2019 durch G v. 10.12.2019 (BGBl. I S. 2121).

(3) Hat die Polizeibehörde Zweifel, ob eine Verwendung personenbezogener Daten nach dieser Bestimmung zulässig ist, gilt § 480 Absatz 1 Satz 1 und 2 entsprechend.

**§ 482[1] Mitteilung des Aktenzeichens und des Verfahrensausgangs an die Polizei.** (1) Die Staatsanwaltschaft teilt der Polizeibehörde, die mit der Angelegenheit befasst war, ihr Aktenzeichen mit.

(2) [1] Sie unterrichtet die Polizeibehörde in den Fällen des Absatzes 1 über den Ausgang des Verfahrens durch Mitteilung der Entscheidungsformel, der entscheidenden Stelle sowie des Datums und der Art der Entscheidung. [2] Die Übersendung der Mitteilung zum Bundeszentralregister ist zulässig, im Falle des Erforderns auch des Urteils oder einer mit Gründen versehenen Einstellungsentscheidung.

(3) In Verfahren gegen Unbekannt sowie bei Verkehrsstrafsachen, soweit sie nicht unter die §§ 142, 315 bis 315c des Strafgesetzbuches[2] fallen, wird der Ausgang des Verfahrens nach Absatz 2 von Amts wegen nicht mitgeteilt.

(4) Wird ein Urteil übersandt, das angefochten worden ist, so ist anzugeben, wer Rechtsmittel eingelegt hat.

## Zweiter Abschnitt.[3] Regelungen über die Datenverarbeitung

**§ 483[4] Datenverarbeitung für Zwecke des Strafverfahrens.** (1) [1] Gerichte, Strafverfolgungsbehörden einschließlich Vollstreckungsbehörden, Bewährungshelfer, Aufsichtsstellen bei Führungsaufsicht und die Gerichtshilfe dürfen personenbezogene Daten in Dateisystemen verarbeiten, soweit dies für Zwecke des Strafverfahrens erforderlich ist. [2] Die Polizei darf unter der Voraussetzung des Satzes 1 personenbezogene Daten auch in einem Informationssystem verarbeiten, welches nach Maßgabe eines anderen Gesetzes errichtet ist. [3] Für dieses Informationssystem wird mindestens festgelegt:

1. die Kennzeichnung der personenbezogenen Daten durch die Bezeichnung
   a) des Verfahrens, in dem die Daten erhoben wurden,
   b) der Maßnahme, wegen der die Daten erhoben wurden, sowie der Rechtsgrundlage der Erhebung und
   c) der Straftat, zu deren Aufklärung die Daten erhoben wurden,
2. die Zugriffsberechtigungen,
3. die Fristen zur Prüfung, ob gespeicherte Daten zu löschen sind sowie die Speicherungsdauer der Daten.

(2) Die Daten dürfen auch für andere Strafverfahren, die internationale Rechtshilfe in Strafsachen und Gnadensachen genutzt werden.

(3) Erfolgt in einem Dateisystem der Polizei die Speicherung zusammen mit Daten, deren Speicherung sich nach den Polizeigesetzen richtet, so ist für die Verarbeitung personenbezogener Daten und die Rechte der Betroffenen das für die speichernde Stelle geltende Recht maßgeblich.

---

[1] § 482 eingef. mWv 1.11.2000 durch G v. 2.8.2000 (BGBl. I S. 1253); Abs. 2 Satz 2 geänd. mWv 1.1. 2018 durch G v. 5.7.2017 (BGBl. I S. 2208).

[2] Nr. **85**.

[3] 2. Abschnitt (§§ 483–491) eingef. mWv 1.11.2000 durch G v. 2.8.2000 (BGBl. I S. 1253); Überschrift neu gef. mWv 26.11.2019 durch G v. 20.11.2019 (BGBl. I S. 1724).

[4] § 483 eingef. mWv 1.11.2000 durch G v. 2.8.2000 (BGBl. I S. 1253); Abs. 1 neu gef., Abs. 3 geänd. mWv 26.11.2019 durch G v. 20.11.2019 (BGBl. I S. 1724).

**§ 484[1)] Datenverarbeitung für Zwecke künftiger Strafverfahren; Verordnungsermächtigung.** (1) Strafverfolgungsbehörden dürfen für Zwecke künftiger Strafverfahren

1. die Personendaten des Beschuldigten und, soweit erforderlich, andere zur Identifizierung geeignete Merkmale,
2. die zuständige Stelle und das Aktenzeichen,
3. die nähere Bezeichnung der Straftaten, insbesondere die Tatzeiten, die Tatorte und die Höhe etwaiger Schäden,
4. die Tatvorwürfe durch Angabe der gesetzlichen Vorschriften,
5. die Einleitung des Verfahrens sowie die Verfahrenserledigungen bei der Staatsanwaltschaft und bei Gericht nebst Angabe der gesetzlichen Vorschriften

in Dateisystemen verarbeiten.

(2) [1] Weitere personenbezogene Daten von Beschuldigten und Tatbeteiligten dürfen sie in Dateisystemen nur verarbeiten, soweit dies erforderlich ist, weil wegen der Art oder Ausführung der Tat, der Persönlichkeit des Beschuldigten oder Tatbeteiligten oder sonstiger Erkenntnisse Grund zu der Annahme besteht, dass weitere Strafverfahren gegen den Beschuldigten zu führen sind. [2] Wird der Beschuldigte rechtskräftig freigesprochen, die Eröffnung des Hauptverfahrens gegen ihn unanfechtbar abgelehnt oder das Verfahren nicht nur vorläufig eingestellt, so ist die Verarbeitung nach Satz 1 unzulässig, wenn sich aus den Gründen der Entscheidung ergibt, dass die betroffene Person die Tat nicht oder nicht rechtswidrig begangen hat.

(3) [1] Das Bundesministerium der Justiz und für Verbraucherschutz und die Landesregierungen bestimmen für ihren jeweiligen Geschäftsbereich durch Rechtsverordnung das Nähere über die Art der Daten, die nach Absatz 2 für Zwecke künftiger Strafverfahren gespeichert werden dürfen. [2] Dies gilt nicht für Daten in Dateisystemen, die nur vorübergehend vorgehalten und innerhalb von drei Monaten nach ihrer Erstellung gelöscht werden. [3] Die Landesregierungen können die Ermächtigung durch Rechtsverordnung auf die zuständigen Landesministerien übertragen.

(4) Die Verarbeitung personenbezogener Daten, die für Zwecke künftiger Strafverfahren von der Polizei gespeichert sind oder werden, richtet sich, ausgenommen die Verarbeitung für Zwecke eines Strafverfahrens, nach den Polizeigesetzen.

**§ 485[2)] Datenverarbeitung für Zwecke der Vorgangsverwaltung.** [1] Gerichte, Strafverfolgungsbehörden einschließlich Vollstreckungsbehörden, Bewährungshelfer, Aufsichtsstellen bei Führungsaufsicht und die Gerichtshilfe dürfen personenbezogene Daten in Dateisystemen verarbeiten, soweit dies für Zwecke der Vorgangsverwaltung erforderlich ist. [2] Eine Nutzung für die in § 483 bezeichneten Zwecke ist zulässig. [3] Eine Nutzung für die in § 484 bezeichneten Zwecke ist zulässig, soweit die Speicherung auch nach dieser Vorschrift zulässig wäre. [4] § 483 Absatz 1 Satz 2 und Absatz 3 ist entsprechend anwendbar.

---

[1)] § 484 eingef. mWv 1.11.2000 durch G v. 2.8.2000 (BGBl. I S. 1253); Abs. 1 Nr. 3 neu gef., Nr. 4 geänd. mWv 1.3.2005 durch G v. 10.9.2004 (BGBl. I S. 2318); Abs. 3 Satz 1 geänd. mWv 8.9.2015 durch VO v. 31.8.2015 (BGBl. I S. 1474); Abs. 1 abschl. Satzteil, Abs. 2 Sätze 1 und 2, Abs. 3 Satz 2, Abs. 4 geänd. mWv 26.11.2019 durch G v. 20.11.2019 (BGBl. I S. 1724).

[2)] § 485 eingef. mWv 1.11.2000 durch G v. 2.8.2000 (BGBl. I S. 1253); Satz 1 geänd., Satz 4 neu gef. mWv 26.11.2019 durch G v. 20.11.2019 (BGBl. I S. 1724).

**§ 486[1] Gemeinsame Dateisysteme.** [1]Die personenbezogenen Daten können für die in den §§ 483 bis 485 genannten Stellen in gemeinsamen Dateisystemen gespeichert werden. [2]Dies gilt für Fälle des § 483 Absatz 1 Satz 2, auch in Verbindung mit § 485 Satz 4, entsprechend.

**§ 487[2] Übermittlung gespeicherter Daten; Auskunft.** (1) [1]Die nach den §§ 483 bis 485 gespeicherten Daten dürfen den zuständigen Stellen übermittelt werden, soweit dies für die in diesen Vorschriften genannten Zwecke, für Zwecke eines Gnadenverfahrens, des Vollzugs von freiheitsentziehenden Maßnahmen oder der internationalen Rechtshilfe in Strafsachen erforderlich ist. [2]§ 479 Absatz 1 und 2 und § 485 Satz 3 gelten entsprechend. [3]Bewährungshelfer und Führungsaufsichtsstellen dürfen personenbezogene Daten von Verurteilten, die unter Aufsicht gestellt sind, an die Einrichtungen des Justiz- und Maßregelvollzugs übermitteln, wenn diese Daten für den Vollzug der Freiheitsentziehung, insbesondere zur Förderung der Vollzugs- und Behandlungsplanung oder der Entlassungsvorbereitung, erforderlich sind; das Gleiche gilt für Mitteilungen an Vollstreckungsbehörden, soweit diese Daten für die in § 477 Absatz 2 Nummer 1 oder 3 genannten Zwecke erforderlich sind.

(2) [1]Außerdem kann, unbeschadet des § 57 des Bundesdatenschutzgesetzes[3], Auskunft erteilt werden, soweit nach den Vorschriften dieses Gesetzes Akteneinsicht oder Auskunft aus den Akten gewährt werden könnte. [2]Entsprechendes gilt für Mitteilungen nach den §§ 477 und 481 Absatz 1 Satz 2 sowie für andere besondere gesetzliche Bestimmungen, die die Übermittlung personenbezogener Daten aus Strafverfahren anordnen oder erlauben.

(3) [1]Die Verantwortung für die Zulässigkeit der Übermittlung trägt die übermittelnde Stelle. [2]Erfolgt die Übermittlung auf Ersuchen des Empfängers, trägt dieser die Verantwortung. [3]In diesem Falle prüft die übermittelnde Stelle nur, ob das Übermittlungsersuchen im Rahmen der Aufgaben des Empfängers liegt, es sei denn, dass besonderer Anlass zu einer weitergehenden Prüfung der Zulässigkeit der Übermittlung besteht.

(4) [1]Die nach den §§ 483 bis 485 gespeicherten Daten dürfen auch für wissenschaftliche Zwecke übermittelt werden. [2]§ 476 gilt entsprechend.

(5) Besondere gesetzliche Bestimmungen, die die Übermittlung von Daten aus einem Strafverfahren anordnen oder erlauben, bleiben unberührt.

(6) [1]Die Daten dürfen nur zu dem Zweck verwendet werden, für den sie übermittelt worden sind. [2]Eine Verwendung für andere Zwecke ist zulässig, soweit die Daten auch dafür hätten übermittelt werden dürfen.

**§ 488[4][5] Automatisierte Verfahren für Datenübermittlungen.** (1) [1]Die Einrichtung eines automatisierten Abrufverfahrens oder eines automatisierten Anfrage- und Auskunftsverfahrens ist für Übermittlungen nach § 487 Abs. 1 zwischen

---

[1] § 486 neu gef. mWv 26.11.2019 durch G v. 20.11.2019 (BGBl. I S. 1724).

[2] § 487 eingef. mWv 1.11.2000 durch G v. 2.8.2000 (BGBl. I S. 1253); Abs. 1 Satz 1 geänd., Satz 3 angef. mWv 24.8.2017 durch G v. 17.8.2017 (BGBl. I S. 3202); Überschrift, Abs. 1 Satz 2 geänd., Abs. 2 neu gef. mWv 26.11.2019 durch G v. 20.11.2019 (BGBl. I S. 1724); Abs. 1 Satz 3 geänd. mWv 13.12.2019 durch G v. 10.12.2019 (BGBl. I S. 2121).

[3] **Sartorius Nr. 245.**

[4] § 488 eingef. mWv 1.11.2000 durch G v. 2.8.2000 (BGBl. I S. 1253); Abs. 1 neu gef. mWv 1.3.2005 durch G v. 10.9.2004 (BGBl. I S. 2318); Abs. 1 Satz 1 geänd., Abs. 2 Satz 1 neu gef., Satz 2 eingef., bish. Sätze 2 und 3 werden Sätze 3 und 4, neuer Satz 3 geänd., Abs. 3 Satz 3 geänd., Sätze 4 und 5 neu gef., Abs. 4 angef. mWv 26.11.2019 durch G v. 20.11.2019 (BGBl. I S. 1724).

[5] Beachte hierzu Übergangsvorschrift in § 17 EGStPO (Nr. **90a**).

den in § 483 Abs. 1 genannten Stellen zulässig, soweit diese Form der Datenübermittlung unter Berücksichtigung der schutzwürdigen Interessen der betroffenen Personen wegen der Vielzahl der Übermittlungen oder wegen ihrer besonderen Eilbedürftigkeit angemessen ist. [2] Die beteiligten Stellen haben zu gewährleisten, dass dem jeweiligen Stand der Technik entsprechende Maßnahmen zur Sicherstellung von Datenschutz und Datensicherheit getroffen werden, die insbesondere die Vertraulichkeit und Unversehrtheit der Daten gewährleisten; im Falle der Nutzung allgemein zugänglicher Netze sind dem jeweiligen Stand der Technik entsprechende Verschlüsselungsverfahren anzuwenden.

(2) [1] Bei der Festlegung zur Einrichtung eines automatisierten Abrufverfahrens haben die beteiligten Stellen zu gewährleisten, dass die Zulässigkeit des Abrufverfahrens kontrolliert werden kann. [2] Hierzu haben sie Folgendes schriftlich festzulegen:

1. den Anlass und den Zweck des Abrufverfahrens,
2. die Dritten, an die übermittelt wird,
3. die Art der zu übermittelnden Daten und
4. die nach § 64 des Bundesdatenschutzgesetzes[1)] erforderlichen technischen und organisatorischen Maßnahmen.

[3] Die Festlegung bedarf der Zustimmung der für die speichernde und die abrufende Stelle jeweils zuständigen Bundes- und Landesministerien. [4] Die speichernde Stelle übersendet die Festlegungen der Stelle, die für die Kontrolle der Einhaltung der Vorschriften über den Datenschutz bei öffentlichen Stellen zuständig ist.

(3) [1] Die Verantwortung für die Zulässigkeit des einzelnen Abrufs trägt der Empfänger. [2] Die speichernde Stelle prüft die Zulässigkeit der Abrufe nur, wenn dazu Anlass besteht. [3] Die speichernde Stelle hat zu gewährleisten, dass die Übermittlung personenbezogener Daten festgestellt und überprüft werden kann. [4] Im Rahmen der Protokollierung nach § 76 des Bundesdatenschutzgesetzes hat sie ergänzend zu den dort in Absatz 2 aufgeführten Daten die abgerufenen Daten, die Kennung der abrufenden Stelle und das Aktenzeichen des Empfängers zu protokollieren. [5] Die Protokolldaten sind nach zwölf Monaten zu löschen.

(4) Die Absätze 2 und 3 gelten für das automatisierte Anfrage- und Auskunftsverfahren entsprechend.

### § 489[2)] Löschung und Einschränkung der Verarbeitung von Daten.

(1) Zu löschen sind, unbeschadet der anderen, in § 75 Absatz 2 des Bundesdatenschutzgesetzes[1)] genannten Gründe für die Pflicht zur Löschung,

1. die nach § 483 gespeicherten Daten mit der Erledigung des Verfahrens, soweit ihre Speicherung nicht nach den §§ 484 und 485 zulässig ist,
2. die nach § 484 gespeicherten Daten, soweit die dortigen Voraussetzungen nicht mehr vorliegen und ihre Speicherung nicht nach § 485 zulässig ist, und
3. die nach § 485 gespeicherten Daten, sobald ihre Speicherung zur Vorgangsverwaltung nicht mehr erforderlich ist.

(2) [1] Als Erledigung des Verfahrens gilt die Erledigung bei der Staatsanwaltschaft oder, sofern die öffentliche Klage erhoben wurde, bei Gericht. [2] Ist eine Strafe oder eine sonstige Sanktion angeordnet worden, so ist der Abschluss der Vollstreckung oder der Erlass maßgeblich. [3] Wird das Verfahren eingestellt und hindert die

[1)] **Sartorius Nr. 245.**
[2)] § 489 neu gef. mWv 26.11.2019 durch G v. 20.11.2019 (BGBl. I S. 1724).

Einstellung die Wiederaufnahme der Verfolgung nicht, so ist das Verfahren mit Eintritt der Verjährung als erledigt anzusehen.

(3) [1]Der Verantwortliche prüft nach festgesetzten Fristen, ob gespeicherte Daten zu löschen sind. [2]Die Frist zur Überprüfung der Notwendigkeit der Speicherung nach § 75 Absatz 4 des Bundesdatenschutzgesetzes beträgt für die nach § 484 gespeicherten Daten

1. bei Beschuldigten, die zur Tatzeit das achtzehnte Lebensjahr vollendet hatten, zehn Jahre,
2. bei Jugendlichen fünf Jahre,
3. in den Fällen des rechtskräftigen Freispruchs, der unanfechtbaren Ablehnung der Eröffnung des Hauptverfahrens und der nicht nur vorläufigen Verfahrenseinstellung drei Jahre,
4. bei nach § 484 Absatz 1 gespeicherten Daten zu Personen, die zur Tatzeit nicht strafmündig waren, zwei Jahre.

(4) Der Verantwortliche kann in der Errichtungsanordnung nach § 490 kürzere Prüffristen festlegen.

(5) Die Fristen nach Absatz 3 beginnen mit dem Tag, an dem das letzte Ereignis eingetreten ist, das zur Speicherung der Daten geführt hat, jedoch nicht vor

1. Entlassung der betroffenen Person aus einer Justizvollzugsanstalt oder
2. Beendigung einer mit Freiheitsentziehung verbundenen Maßregel der Besserung und Sicherung.

(6) [1]§ 58 Absatz 3 Satz 1 Nummer 1 und 3 des Bundesdatenschutzgesetzes gilt für die Löschung nach Absatz 1 entsprechend. [2]Darüber hinaus ist an Stelle der Löschung personenbezogener Daten deren Verarbeitung einzuschränken, soweit die Daten für laufende Forschungsarbeiten benötigt werden. [3]Die Verarbeitung personenbezogener Daten ist ferner einzuschränken, soweit sie nur zu Zwecken der Datensicherung oder der Datenschutzkontrolle gespeichert sind. [4]Daten, deren Verarbeitung nach den Sätzen 1 oder 2 eingeschränkt ist, dürfen nur zu dem Zweck verwendet werden, für den ihre Löschung unterblieben ist. [5]Sie dürfen auch verwendet werden, soweit dies zur Behebung einer bestehenden Beweisnot unerlässlich ist.

(7) Anstelle der Löschung der Daten sind die Datenträger an ein Staatsarchiv abzugeben, soweit besondere archivrechtliche Regelungen dies vorsehen.

**§ 490[1)] Errichtungsanordnung für automatisierte Dateisysteme.** [1]Der Verantwortliche legt für jedes automatisierte Dateisystem in einer Errichtungsanordnung mindestens fest:

1. die Bezeichnung des Dateisystems,
2. die Rechtsgrundlage und den Zweck des Dateisystems,
3. den Personenkreis, über den Daten in dem Dateisystem verarbeitet werden,
4. die Art der zu verarbeitenden Daten,
5. die Anlieferung oder Eingabe der zu verarbeitenden Daten,
6. die Voraussetzungen, unter denen in dem Dateisystem verarbeitete Daten an welche Empfänger und in welchem Verfahren übermittelt werden,
7. Prüffristen und Speicherungsdauer.

---

[1)] § 490 eingef. mWv 1.11.2000 durch G v. 2.8.2000 (BGBl. I S. 1253); Überschrift, Satz 1 einl. Satzteil, Nr. 1–3 und 6, Satz 2 geänd. mWv 26.11.2019 durch G v. 20.11.2019 (BGBl. I S. 1724).

[2]Dies gilt nicht für Dateisysteme, die nur vorübergehend vorgehalten und innerhalb von drei Monaten nach ihrer Erstellung gelöscht werden, und Informationssysteme gemäß § 483 Absatz 1 Satz 2.

**§ 491[1)] Auskunft an betroffene Personen.** (1) [1]Ist die betroffene Person bei einem gemeinsamen Dateisystem nicht in der Lage, den Verantwortlichen festzustellen, so kann sie sich zum Zweck der Auskunft nach § 57 des Bundesdatenschutzgesetzes[2)] an jede beteiligte speicherungsberechtigte Stelle wenden. [2]Über die Erteilung einer Auskunft entscheidet die ersuchte speicherungsberechtigte Stelle im Einvernehmen mit dem Verantwortlichen.

(2) Für den Auskunftsanspruch betroffener Personen gilt § 57 des Bundesdatenschutzgesetzes.

## Dritter Abschnitt.[3)] Länderübergreifendes staatsanwaltschaftliches Verfahrensregister

**§ 492[4)] Zentrales staatsanwaltschaftliches Verfahrensregister.** (1) Das Bundesamt für Justiz (Registerbehörde) führt ein zentrales staatsanwaltschaftliches Verfahrensregister.

(2) [1]In das Register sind

1. die Personendaten des Beschuldigten und, soweit erforderlich, andere zur Identifizierung geeignete Merkmale,
2. die zuständige Stelle und das Aktenzeichen,
3. die nähere Bezeichnung der Straftaten, insbesondere die Tatzeiten, die Tatorte und die Höhe etwaiger Schäden,
4. die Tatvorwürfe durch Angabe der gesetzlichen Vorschriften,
5. die Einleitung des Verfahrens sowie die Verfahrenserledigungen bei der Staatsanwaltschaft und bei Gericht nebst Angabe der gesetzlichen Vorschriften

einzutragen. [2]Die Daten dürfen nur für Strafverfahren gespeichert und verändert werden.

(3) [1]Die Staatsanwaltschaften teilen die einzutragenden Daten der Registerbehörde zu dem in Absatz 2 Satz 2 genannten Zweck mit. [2]Auskünfte aus dem Verfahrensregister dürfen nur Strafverfolgungsbehörden für Zwecke eines Strafverfahrens erteilt werden. [3]Dem Bundeskriminalamt dürfen Auskünfte auch erteilt werden, soweit dies im Einzelfall zur Erfüllung seiner Aufgaben nach § 5 Absatz 1,

---

1) § 491 neu gef. mWv 26.11.2019 durch G v. 20.11.2019 (BGBl. I S. 1724).

2) **Sartorius Nr. 245.**

3) 3. Abschnitt als 8. Buch eingef. durch G v. 28.10.1994 (BGBl. I S. 3186); wird 3. Abschnitt mWv 1.11.2000 durch G v. 2.8.2000 (BGBl. I S. 1253); Überschrift geänd. mWv 13.7.2017 durch G v. 5.7.2017 (BGBl. I S. 2208).

4) § 492 als § 474 eingef. durch G v. 28.10.1994 (BGBl. I S. 3186); bish. § 474 wird § 492 mWv 12.8. 2000 durch G v. 2.8.2000 (BGBl. I S. 1253); Abs. 3 Satz 3 angef., Abs. 6 geänd. mWv 1.4.2003 durch G v. 11.10.2002 (BGBl. I S. 3970); Abs. 2 Satz 1 Nr. 3 neu gef., Nr. 4 geänd., Abs. 4a eingef. mWv 1.3.2005 durch G v. 10.9.2004 (BGBl. I S. 2318); Abs. 1 neu gef. mWv 1.1.2007 durch G v. 17.12.2006 (BGBl. I S. 3171); Abs. 3 Satz 3 geänd. mWv 1.10.2009 durch G v. 17.7.2009 (BGBl. I S. 2062); Abs. 4 Satz 1 geänd. mWv 21.11.2015 durch G v. 17.11.2015 (BGBl. I S. 1938); Abs. 4 Satz 1 geänd. mWv 31.12.2016 durch G v. 23.12.2016 (BGBl. I S. 3346); Abs. 3 Satz 3 geänd. mWv 21.6.2017 durch G v. 16.6.2017 (BGBl. I S. 1634); Abs. 4a Satz 2 geänd. mWv 26.11.2019 durch G v. 20.11.2019 (BGBl. I S. 1724); Abs. 3 Satz 3 geänd. mWv 1.1.2020 durch G v. 12.12.2019 (BGBl. I S. 2602); Abs. 3 Satz 3 geänd. mWv 1.5. 2020 durch G v. 22.4.2020 (BGBl. I S. 840); Abs. 4 Satz 1 geänd. **mWv 1.1.2022** durch G v. 19.4.2021 (BGBl. I S. 771); Abs. 3 Satz 3 eingef., bish. Satz 3 wird Satz 4, Abs. 6 geänd. mWv 1.7.2021 durch G v. 25.6.2021 (BGBl. I S. 2099).

§ 6 Absatz 1 oder § 7 Absatz 1 und 2 des Bundeskriminalamtgesetzes[1] erforderlich ist. [4] § 5 Abs. 5 Satz 1 Nr. 2 des Waffengesetzes[2], § 8a Absatz 5 Satz 1 Nummer 2 des Sprengstoffgesetzes[3], § 7 Absatz 3 Satz 1 Nummer 3 des Luftsicherheitsgesetzes[4], § 12 Absatz 1 Nummer 2 des Sicherheitsüberprüfungsgesetzes und § 31 Absatz 4a Satz 1 des Geldwäschegesetzes[5] bleiben unberührt; die Auskunft über die Eintragung wird insoweit im Einvernehmen mit der Staatsanwaltschaft, die die personenbezogenen Daten zur Eintragung in das Verfahrensregister mitgeteilt hat, erteilt, wenn hiervon eine Gefährdung des Untersuchungszwecks nicht zu besorgen ist.

(4) [1] Die in Absatz 2 Satz 1 Nummer 1 und 2 und, wenn dies erforderlich ist, Nummer 3 und 4 genannten Daten dürfen nach Maßgabe des § 18 Abs. 3 des Bundesverfassungsschutzgesetzes[6], auch in Verbindung mit § 10 Abs. 2 des Gesetzes über den Militärischen Abschirmdienst und ***[bis 31.12.2021:*** § 23 Absatz 3 des BND-Gesetzes***] [ab 1.1.2022:*** *§ 10 Absatz 3 des BND-Gesetzes]*, auf Ersuchen auch an die Verfassungsschutzbehörden des Bundes und der Länder, den Militärischen Abschirmdienst und den Bundesnachrichtendienst übermittelt werden. [2] § 18 Abs. 5 Satz 2 des Bundesverfassungsschutzgesetzes gilt entsprechend.

(4a) [1] Kann die Registerbehörde eine Mitteilung oder ein Ersuchen einem Datensatz nicht eindeutig zuordnen, übermittelt sie an die ersuchende Stelle zur Identitätsfeststellung Datensätze zu Personen mit ähnlichen Personalien. [2] Nach erfolgter Identifizierung hat die ersuchende Stelle alle Daten, die sich nicht auf die betroffene Person beziehen, unverzüglich zu löschen. [3] Ist eine Identifizierung nicht möglich, sind alle übermittelten Daten zu löschen. [4] In der Rechtsverordnung nach § 494 Abs. 4 ist die Anzahl der Datensätze, die auf Grund eines Abrufs übermittelt werden dürfen, auf das für eine Identifizierung notwendige Maß zu begrenzen.

(5) [1] Die Verantwortung für die Zulässigkeit der Übermittlung trägt der Empfänger. [2] Die Registerbehörde prüft die Zulässigkeit der Übermittlung nur, wenn besonderer Anlaß hierzu besteht.

(6) Die Daten dürfen unbeschadet des Absatzes 3 Satz 3 und 4 sowie des Absatzes 4 nur in Strafverfahren verwendet werden.

**§ 493[7] [8] Automatisiertes Verfahren für Datenübermittlungen.** (1) [1] Die Übermittlung der Daten erfolgt im Wege eines automatisierten Abrufverfahrens oder eines automatisierten Anfrage- und Auskunftsverfahrens, im Falle einer Störung der Datenfernübertragung oder bei außergewöhnlicher Dringlichkeit telefonisch oder durch Telefax. [2] Die beteiligten Stellen haben zu gewährleisten, dass dem jeweiligen Stand der Technik entsprechende Maßnahmen zur Sicherstellung von Datenschutz und Datensicherheit getroffen werden, die insbesondere die Vertraulichkeit und Unversehrtheit der Daten gewährleisten; im Falle der

---

[1] **Sartorius Nr. 450.**
[2] **Sartorius Nr. 820.**
[3] **Sartorius ErgBd. Nr. 822.**
[4] **Sartorius ErgBd. Nr. 976.**
[5] **Habersack, Deutsche Gesetze ErgBd. Nr. 88a.**
[6] **Sartorius Nr. 80.**
[7] § 493 als § 475 eingef. durch G v. 28.10.1994 (BGBl. I S. 3186); bish. § 475 wird § 493 mWv 12.8. 2000 durch G v. 2.8.2000 (BGBl. I S. 1253); Abs. 1 und 4 neu gef. mWv 1.3.2005 durch G v. 10.9.2004 (BGBl. I S. 2318); Abs. 2 Satz 1, Abs. 3 Sätze 3 und 4 neu gef. mWv 26.11.2019 durch G v. 20.11.2019 (BGBl. I S. 1724).
[8] Beachte hierzu Übergangsvorschrift in § 17 EGStPO (Nr. **90a**).

Nutzung allgemein zugänglicher Netze sind dem jeweiligen Stand der Technik entsprechende Verschlüsselungsverfahren anzuwenden.

(2) [1] Bei der Festlegung zur Einrichtung eines automatisierten Abrufverfahrens gilt § 488 Absatz 2 Satz 1 und 2 entsprechend. [2] Die Registerbehörde übersendet die Festlegungen dem Bundesbeauftragten für den Datenschutz.

(3) [1] Die Verantwortung für die Zulässigkeit des einzelnen automatisierten Abrufs trägt der Empfänger. [2] Die Registerbehörde prüft die Zulässigkeit der Abrufe nur, wenn dazu Anlaß besteht. [3] Im Rahmen der Protokollierung nach § 76 des Bundesdatenschutzgesetzes[1)] hat sie ergänzend zu den dort in Absatz 2 aufgeführten Daten die abgerufenen Daten, die Kennung der abrufenden Stelle und das Aktenzeichen des Empfängers zu protokollieren. [4] Die Protokolldaten sind nach sechs Monaten zu löschen.

(4) Die Absätze 2 und 3 gelten für das automatisierte Anfrage- und Auskunftsverfahren entsprechend.

**§ 494[2)] Berichtigung, Löschung und Einschränkung der Verarbeitung von Daten; Verordnungsermächtigung.** (1) In den Fällen des § 58 Absatz 1 und des § 75 Absatz 1 des Bundesdatenschutzgesetzes[1)] teilt der Verantwortliche insbesondere der Registerbehörde die Unrichtigkeit unverzüglich mit; der Verantwortliche trägt die Verantwortung für die Richtigkeit und Aktualität der Daten.

(2) [1] Die Daten sind zu löschen, sobald sich aus dem Bundeszentralregister ergibt, dass in dem Strafverfahren, aus dem die Daten übermittelt worden sind, eine nach § 20 des Bundeszentralregistergesetzes[3)] mitteilungspflichtige gerichtliche Entscheidung oder Verfügung der Strafverfolgungsbehörde ergangen ist. [2] Wird der Beschuldigte rechtskräftig freigesprochen, die Eröffnung des Hauptverfahrens gegen ihn unanfechtbar abgelehnt oder das Verfahren nicht nur vorläufig eingestellt, so sind die Daten zwei Jahre nach der Erledigung des Verfahrens zu löschen, es sei denn, vor Eintritt der Löschungsfrist wird ein weiteres Verfahren zur Eintragung in das Verfahrensregister mitgeteilt. [3] In diesem Fall bleiben die Daten gespeichert, bis für alle Eintragungen die Löschungsvoraussetzungen vorliegen. [4] Die Staatsanwaltschaft teilt der Registerbehörde unverzüglich den Eintritt der Löschungsvoraussetzungen oder den Beginn der Löschungsfrist nach Satz 2 mit.

(3) § 489 Absatz 7 gilt entsprechend.

(4) Das Bundesministerium der Justiz und für Verbraucherschutz bestimmt durch Rechtsverordnung mit Zustimmung des Bundesrates die näheren Einzelheiten, insbesondere

1. die Art der zu verarbeitenden Daten,
2. die Anlieferung der zu verarbeitenden Daten,
3. die Voraussetzungen, unter denen in dem Dateisystem verarbeitete Daten an welche Empfänger und in welchem Verfahren übermittelt werden,
4. die Einrichtung eines automatisierten Abrufverfahrens,

---

1) **Sartorius Nr. 245.**

2) § 494 als § 476 eingef. durch G v. 28.10.1994 (BGBl. I S. 3186); bish. § 476 wird § 494 mWv 12.8. 2000, Abs. 3 neu gef., Abs. 4 aufgeh., bish. Abs. 5 wird Abs. 4 mWv 1.11.2000 durch G v. 2.8.2000 (BGBl. I S. 1253); Abs. 4 geänd. mWv 1.3.2005 durch G v. 10.9.2004 (BGBl. I S. 2318); Abs. 4 geänd. mWv 8.9.2015 durch VO v. 31.8.2015 (BGBl. I S. 1474); Überschrift geänd., Abs. 1 und 2 neu gef., Abs. 3, Abs. 4 Nr. 3 und 5 geänd. mWv 26.11.2019 durch G v. 20.11.2019 (BGBl. I S. 1724).

3) Nr. **92**.

5. die nach den §§ 64, 71 und 72 des Bundesdatenschutzgesetzes erforderlichen technischen und organisatorischen Maßnahmen.

**§ 495[1)] Auskunft an betroffene Personen.** [1]Der betroffenen Person ist entsprechend § 57 des Bundesdatenschutzgesetzes[2)] Auskunft aus dem Verfahrensregister zu erteilen; § 491 Absatz 2 gilt entsprechend. [2]Über die Erteilung einer Auskunft entscheidet die Registerbehörde im Einvernehmen mit der Staatsanwaltschaft, die die personenbezogenen Daten zur Eintragung in das Verfahrensregister mitgeteilt hat. [3]Soweit eine Auskunft aus dem Verfahrensregister an eine öffentliche Stelle erteilt wurde und die betroffene Person von dieser Stelle Auskunft über die so erhobenen Daten begehrt, entscheidet hierüber diese Stelle im Einvernehmen mit der Staatsanwaltschaft, die die personenbezogenen Daten zur Eintragung in das Verfahrensregister mitgeteilt hat.

## Vierter Abschnitt.[3)] Schutz personenbezogener Daten in einer elektronischen Akte; Verwendung personenbezogener Daten aus elektronischen Akten

**§ 496[4)] Verwendung personenbezogener Daten in einer elektronischen Akte.** (1) Das Verarbeiten und Nutzen personenbezogener Daten in einer elektronischen Akte oder in elektronischen Aktenkopien ist zulässig, soweit dies für die Zwecke des Strafverfahrens erforderlich ist.

(2) Dabei sind

1. die organisatorischen und technischen Maßnahmen zu treffen, die erforderlich sind, um den besonderen Anforderungen des Datenschutzes und der Datensicherheit gerecht zu werden, und
2. die Grundsätze einer ordnungsgemäßen Datenverarbeitung einzuhalten, insbesondere die Daten ständig verfügbar zu halten und Vorkehrungen gegen einen Datenverlust zu treffen.

(3) Elektronische Akten und elektronische Aktenkopien sind keine Dateisysteme im Sinne des Zweiten Abschnitts.

**§ 497[3)] Datenverarbeitung im Auftrag.** (1) Mit der dauerhaften rechtsverbindlichen Speicherung elektronischer Akten dürfen nichtöffentliche Stellen nur dann beauftragt werden, wenn eine öffentliche Stelle den Zutritt und den Zugang zu den Datenverarbeitungsanlagen, in denen die elektronischen Akten rechtsverbindlich gespeichert werden, tatsächlich und ausschließlich kontrolliert.

(2) [1]Eine Begründung von Unterauftragsverhältnissen durch nichtöffentliche Stellen im Rahmen des dauerhaften rechtsverbindlichen Speicherns der elektronischen Akte ist zulässig, wenn der Auftraggeber im Einzelfall zuvor eingewilligt hat. [2]Die Einwilligung darf nur erteilt werden, wenn der Zutritt und der Zugang zu den Datenverarbeitungsanlagen in dem Unterauftragsverhältnis entsprechend Absatz 1 vertraglich geregelt sind.

---

[1)] § 495 als § 477 eingef. durch G v. 28.10.1994 (BGBl. I S. 3186); bish. § 477 wird § 495 mWv 12.8. 2000 durch G v. 2.8.2000 (BGBl. I S. 1253); neu gef. mWv 1.3.2005 durch G v. 10.9.2004 (BGBl. I S. 2318); Überschrift und Satz 3 geänd., Satz 1 neu gef. mWv 26.11.2019 durch G v. 20.11.2019 (BGBl. I S. 1724).

[2)] **Sartorius Nr. 245.**

[3)] 4. Abschnitt (§§ 496–499) angef. mWv 1.1.2018 durch G v. 5.7.2017 (BGBl. I S. 2208).

[4)] § 496 angef. mWv 1.1.2018 durch G v. 5.7.2017 (BGBl. I S. 2208); Abs. 3 geänd. mWv 26.11.2019 durch G v. 20.11.2019 (BGBl. I S. 1724).

(3) [1] Eine Pfändung von Einrichtungen, in denen eine nichtöffentliche Stelle im Auftrag einer öffentlichen Stelle Daten verarbeitet, ist unzulässig. [2] Eine Beschlagnahme solcher Einrichtungen setzt voraus, dass die öffentliche Stelle im Einzelfall eingewilligt hat.

**§ 498[1)] Verwendung personenbezogener Daten aus elektronischen Akten.** (1) Das Verarbeiten und Nutzen personenbezogener Daten aus elektronischen Akten oder elektronischen Aktenkopien ist zulässig, soweit eine Rechtsvorschrift die Verwendung personenbezogener Daten aus einem Strafverfahren erlaubt oder anordnet.

(2) Der maschinelle Abgleich personenbezogener Daten mit elektronischen Akten oder elektronischen Aktenkopien gemäß § 98c ist unzulässig, es sei denn, er erfolgt mit einzelnen, zuvor individualisierten Akten oder Aktenkopien.

**§ 499[1)] Löschung elektronischer Aktenkopien.** Elektronische Aktenkopien sind unverzüglich zu löschen, wenn sie nicht mehr erforderlich sind.

### Fünfter Abschnitt.[2)] Anwendbarkeit des Bundesdatenschutzgesetzes

**§ 500[2)] Entsprechende Anwendung.** (1) Soweit öffentliche Stellen der Länder im Anwendungsbereich dieses Gesetzes personenbezogene Daten verarbeiten, ist Teil 3 des Bundesdatenschutzgesetzes[3)] entsprechend anzuwenden.

(2) Absatz 1 gilt

1. nur, soweit nicht in diesem Gesetz etwas anderes bestimmt ist, und
2. nur mit der Maßgabe, dass die Landesbeauftragte oder der Landesbeauftragte an die Stelle der oder des Bundesbeauftragten tritt.

---

[1)] 4. Abschnitt (§§ 496–499) angef. mWv 1.1.2018 durch G v. 5.7.2017 (BGBl. I S. 2208).
[2)] 5. Abschnitt (§ 500) angef. mWv 26.11.2019 durch G v. 20.11.2019 (BGBl. I S. 1724).
[3)] **Sartorius Nr. 245.**

# 90a. Einführungsgesetz zur Strafprozeßordnung (EGStPO)

Vom 1. Februar 1877
(RGBl. S. 346)

**BGBl. III/FNA 312-1**

| Lfd. Nr. | Änderndes Gesetz | Datum | Fundstelle | Betroffen | Hinweis |
|---|---|---|---|---|---|
| 1. | VereinsG | 19.4.1908 | RGBl. S. 151 | § 6 | |
| 2. | G zur Wiederherstellung der Rechtseinheit auf dem Gebiete der Gerichtsverfassung, der bürgerl. Rechtspflege, des Strafverfahrens und des Kostenrechts | 12.9.1950 | BGBl. I S. 455 | §§ 5, 6 | |
| 3. | EGAO 1977 | 14.12. 1976 | BGBl. I S. 3341 | § 6 | |
| 4. | Art. 8 JustizmitteilungsG und G zur Änd. kostenrechtl. Vorschr. u. anderer G | 18.6.1997 | BGBl. I S. 1430 | § 8 | |
| 5. | Art. 6 Strafverfahrensänderungs G 1999 | 2.8.2000 | BGBl. I S. 1253 | § 9 | |
| 6. | Art. 5 OpferrechtsreformG | 24.6.2004 | BGBl. I S. 1354 | §§ 10, 11, 12 | |
| 7. | Art. 2 G zur Novellierung der forensischen DNA-Analyse | 12.8.2005 | BGBl. I S. 2360 | § 11 | |
| 8. | Art. 67 Erstes G über die Bereinigung von Bundesrecht im Zuständigkeitsbereich des BMJ | 19.4.2006 | BGBl. I S. 866 | §§ 1, 5 | |
| 9. | Art. 9 Telekommunikationsüberwachung-NeuregelungsG | 21.12. 2007 | BGBl. I S. 3198 | § 12 | |
| 10. | Art. 1a, 8 Abs. 2 G zur Änd. des Untersuchungshaftrechts | 29.7.2009 | BGBl. I S. 2274 | § 13<br>§ 13 | eingef. mWv 1.1.2010<br>aufgeh. mWv 1.1.2012 |
| 11. | Art. 150 Zehnte ZuständigkeitsanpassungsVO | 31.8.2015 | BGBl. I S. 1474 | § 8 | geänd. mWv 8.9.2015 |
| 12. | Art. 3 G zur Einführung einer Speicherpflicht und einer Höchstspeicherfrist für Verkehrsdaten[1)] | 10.12. 2015 | BGBl. I S. 2218 | § 12 | neu gef. mWv 18.12.2015 |
| 13. | Art. 3 G zur Novellierung d. Rechts d. Unterbringung in einem psychiatr. Krankenhaus gem. § 63 StGB und zur Änd. and. Vorschr. | 8.7.2016 | BGBl. I S. 1610 | § 13 | eingef. mWv 1.8.2016 |

[1)] **Amtl. Anm.:** Notifiziert gemäß der Richtlinie 98/34/EG des Europäischen Parlaments und des Rates vom 22. Juni 1998 über ein Informationsverfahren auf dem Gebiet der Normen und technischen Vorschriften und der Vorschriften für die Dienste der Informationsgesellschaft (ABl. L 204 vom 21.07. 1998, S. 37), zuletzt geändert durch Artikel 26 Absatz 2 der Verordnung (EU) Nr. 1025/2012 des Europäischen Parlaments und des Rates vom 25. Oktober 2012 (ABl. L 316 vom 14.11.2012, S. 12).

| Lfd. Nr. | Änderndes Gesetz | Datum | Fundstelle | Betroffen | Hinweis |
|---|---|---|---|---|---|
| 14. | Art. 4 G zur Reform der strafrechtlichen Vermögensabschöpfung | 13.4.2017 | BGBl. I S. 872 | § 14 | eingef. mWv 1.7.2017 |
| 15. | Art. 11 G zur Umsetzung der BerufsanerkennungsRL und zur Änd. weiterer Vorschriften im Bereich der rechtsberatenden Berufe[1] | 12.5.2017 | BGBl. I S. 1121 | §§ 3, 6, 7, 8 | geänd. mWv 18.5.2017 |
| | | | | §§ 9, 11 | neu gef. mWv 18.5.2017 |
| 16. | Art. 3 G zur Einf. der elektron. Akte in der Justiz und zur weiteren Förderung des elektron. Rechtsverkehrs | 5.7.2017 | BGBl. I S. 2208 | § 15 | eingef. mWv 13.7.2017 |
| 17. | Art. 8 G zur effektiveren und praxistauglicheren Ausgestaltung des Strafverf. | 17.8.2017 | BGBl. I S. 3202 | § 16 | eingef. mWv 24.8.2017 |
| 18. | Art. 9 G zur Reform der Psychotherapeutenausbildung | 15.11. 2019 | BGBl. I S. 1604 | § 9 | geänd. mWv 1.9.2020 |
| 19. | Art. 2 G zur Umsetzung der RL (EU) 2016/680 im Strafverfahren sowie zur Anpassung datenschutzrechtl. Bestimmungen an die VO (EU) 2016/679 | 20.11. 2019 | BGBl. I S. 1724 | § 17 | eingef. mWv 26.11.2019 |
| 20. | Art. 3, 4 G zur Abmilderung der Folgen der COVID-19-Pandemie im Zivil-, Insolvenz- und Strafverfahrensrecht | 27.3.2020 | BGBl. I S. 569, geänd. 2020, S. 3229 und 2022, S. 482 | § 10 | neu gef. mWv 28.3.2020 |
| | | | | § 10 | aufgeh. mit Ablauf des 29.6. 2022 |
| 21. | Art. 3 G zur Bekämpfung des Rechtsextremismus und der Hasskriminalität[2] | 30.3.2021 | BGBl. I S. 441, aufgeh. 2021, S. 448 | § 18 | eingef. [aufgeh. durch G v. 30.3. 2021, BGBl. I S. 448] |
| 22. | Art. 9 G zur Anpassung der Regelungen über die Bestandsdatenauskunft an die Vorgaben aus der Entscheidung des BVerfG v. 27.5. 2020 | 30.3.2021 | BGBl. I S. 448, ber. S. 1380 | § 18 | eingef. mWv 2.4.2021 |

[1] **Amtl. Anm.:** Dieses Gesetz dient der Umsetzung der Richtlinie 2005/36/EG des Europäischen Parlaments und des Rates vom 7. September 2005 über die Anerkennung von Berufsqualifikationen (ABl. L 255 vom 30.9.2005, S. 22; L 271 vom 16.10.2007, S. 18; L 93 vom 4.4.2008, S. 28; L 33 vom 3.2. 2009, S. 49; L 305 vom 24.10.2014, S. 115), die zuletzt durch die Richtlinie 2013/55/EU (ABl. L 354 vom 28.12.2013, S. 132; L 268 vom 15.10.2015, S. 35; L 95 vom 9.4.2016, S. 20) geändert worden ist, sowie der Umsetzung der Richtlinie 2013/55/EU des Europäischen Parlaments und des Rates vom 20. November 2013 zur Änderung der Richtlinie 2005/36/EG über die Anerkennung von Berufsqualifikationen und der Verordnung (EU) Nr. 1024/2012 über die Verwaltungszusammenarbeit mit Hilfe des Binnenmarkt-Informationssystems („IMI-Verordnung") (ABl. L 354 vom 28.12.2013, S. 132; L 268 vom 15.10.2015, S. 35; L 95 vom 9.4.2016, S. 20).

[2] **Amtl. Anm.:** Notifiziert gemäß der Richtlinie (EU) 2015/1535 des Europäischen Parlaments und des Rates vom 9. September 2015 über ein Informationsverfahren auf dem Gebiet der technischen Vorschriften und der Vorschriften für die Dienste der Informationsgesellschaft (ABl. L 241 vom 17.9.2015, S. 1).

| Lfd. Nr. | Änderndes Gesetz | Datum | Fundstelle | Betroffen | Hinweis |
|---|---|---|---|---|---|
| 23. | Art. 6a, 6b G zur Stärkung des Schutzes der Bevölkerung und insbesondere vulnerabler Personengruppen vor COVID-19 | 16.9.2022 | BGBl. I S. 1454 | § 10<br>§ 10 | neu gef. mWv 17.9.2022<br>aufgeh. mit Ablauf des 7.4.2023 |

**§ 1**[1)] *(aufgehoben)*

**§ 2** *(gegenstandslos)*

**§ 3**[2)] **Anwendungsbereich der Strafprozessordnung.** (1) Die Strafprozeßordnung[3)] findet auf alle Strafsachen Anwendung, welche vor die ordentlichen Gerichte gehören.

(2) Insoweit die Gerichtsbarkeit in Strafsachen, für welche besondere Gerichte zugelassen sind, durch die Landesgesetzgebung den ordentlichen Gerichten übertragen wird, kann diese ein abweichendes Verfahren gestatten.

(3) Die Landesgesetze können anordnen, daß Forst- und Feldrügesachen durch die Amtsgerichte in einem besonderen Verfahren, sowie ohne Zuziehung von Schöffen verhandelt und entschieden werden.

**§ 4** *(gegenstandslos)*

**§ 5**[1)] *(aufgehoben)*

**§ 6**[4)] **Verhältnis zu landesgesetzlichen Vorschriften.** (1) [1] Die prozeßrechtlichen Vorschriften der Landesgesetze treten für alle Strafsachen, über die gemäß § 3 nach den Vorschriften der Strafprozeßordnung[3)] zu entscheiden ist, außer Kraft, soweit nicht in der Strafprozeßordnung auf sie verwiesen ist. [2] Außer Kraft treten insbesondere die Vorschriften über die Befugnis zum Erlaß polizeilicher Strafverfügungen.

(2) Unberührt bleiben landesgesetzliche Vorschriften:

1. über die Voraussetzungen, unter denen gegen Mitglieder eines Organs der Gesetzgebung eine Strafverfolgung eingeleitet oder fortgesetzt werden kann;
2. über das Verfahren bei Zuwiderhandlungen gegen die Vorschriften über die Erhebung öffentlicher Abgaben und Gefälle, soweit sie auf die Abgabenordnung verweisen.

**§ 7**[2)] **Begriff des Gesetzes.** Gesetz im Sinne der Strafprozeßordnung[3)] und dieses Gesetzes ist jede Rechtsnorm.

**§ 8**[5)] **Mitteilungen in Strafsachen gegen Mandatsträger.** (1) [1] In Strafsachen gegen Mitglieder der gesetzgebenden Körperschaften des Bundes oder eines Landes oder gegen Mitglieder des Europäischen Parlaments ist dem Präsidenten der

[1)] §§ 1 und 5 aufgeh. mWv 25.4.2006 durch G v. 19.4.2006 (BGBl. I S. 866).

[2)] §§ 3 und 7 jeweils Überschrift neu gef. mWv 18.5.2017 durch G v. 12.5.2017 (BGBl. I S. 1121).

[3)] Nr. **90**.

[4)] § 6 neu gef. durch G v. 12.9.1950 (BGBl. S. 455); Abs. 2 Nr. 2 geänd. durch G v. 14.12.1976 (BGBl. I S. 3341); Überschrift neu gef. mWv 18.5.2017 durch G v. 12.5.2017 (BGBl. I S. 1121).

[5)] § 8 neu gef. durch G v. 18.6.1997 (BGBl. I S. 1430); Abs. 1 Satz 2 geänd. mWv 8.9.2015 durch VO v. 31.8.2015 (BGBl. I S. 1474); Überschrift neu gef. mWv 18.5.2017 durch G v. 12.5.2017 (BGBl. I S. 1121).

Körperschaft, dem das Mitglied angehört, nach nicht nur vorläufiger Einstellung oder nach rechtskräftigem Abschluß des Verfahrens zur Sicherstellung der Funktionsfähigkeit oder zur Wahrung des Ansehens der jeweiligen Körperschaft die das Verfahren abschließende Entscheidung mit Begründung zu übermitteln; ist mit dieser Entscheidung ein Rechtsmittel verworfen worden, so ist auch die angefochtene Entscheidung zu übermitteln. [2]Bei Mitgliedern des Deutschen Bundestages oder des Europäischen Parlaments erfolgt die Übermittlung über das Bundesministerium der Justiz und für Verbraucherschutz. [3]Die Übermittlung veranlaßt die Strafverfolgungs- oder Strafvollstreckungsbehörde.

(2) Die Übermittlung unterbleibt, wenn die jeweilige Körperschaft darauf verzichtet hat.

**§ 9[1)] Vorwarnmechanismus.** (1) [1]Das Gericht unterrichtet die zuständigen Behörden der anderen Mitgliedstaaten der Europäischen Union, der anderen Vertragsstaaten des Abkommens über den Europäischen Wirtschaftsraum und der Schweiz mittels des durch die Verordnung (EU) Nr. 1024/2012 des Europäischen Parlaments und des Rates vom 25. Oktober 2012 über die Verwaltungszusammenarbeit mit Hilfe des Binnenmarkt-Informationssystems und zur Aufhebung der Entscheidung 2008/49/EG der Kommission („IMI-Verordnung") (ABl. L 316 vom 14.11.2012, S. 1), die zuletzt durch die Richtlinie 2014/67/EU (ABl. L 159 vom 28.5.2014, S. 11) geändert worden ist, in der jeweils geltenden Fassung eingerichteten Binnenmarkt-Informationssystems über Entscheidungen in Strafsachen, durch die ein vorläufiges Berufsverbot nach § 132a der Strafprozessordnung[2)] oder ein Berufsverbot nach § 70 des Strafgesetzbuches[3)] gegen Angehörige folgender Berufe angeordnet wurde:

1. Heilberufe:
   a) Ärztinnen und Ärzte,
   b) Altenpflegerinnen und -pfleger,
   c) Apothekerinnen und Apotheker,
   d) Diätassistentinnen und -assistenten,
   e) Ergotherapeutinnen und -therapeuten,
   f) Hebammen und Entbindungspfleger,
   g) Heilpraktikerinnen und -praktiker,
   h) Kinder- und Jugendlichenpsychotherapeutinnen und -therapeuten,
   i) Krankenschwestern und -pfleger,
   j) Logopädinnen und Logopäden,
   k) Masseurinnen und Masseure sowie medizinische Bademeisterinnen und -meister,
   l) Medizinisch-technische Assistentinnen und Assistenten,
   m) Notfallsanitäterinnen und -sanitäter,
   n) Orthoptistinnen und Orthoptisten,
   o) Pharmazeutisch-technische Assistentinnen und Assistenten,
   p) Physiotherapeutinnen und -therapeuten,
   q) Podologinnen und Podologen,

[1)] § 9 neu gef. mWv 18.5.2017 durch G v. 12.5.2017 (BGBl. I S. 1121); Abs. 1 Satz 1 Nr. 1 Buchst. r eingef., bish. Buchst. r–v werden Buchst. s–w mWv 1.9.2020 durch G v. 15.11.2019 (BGBl. I S. 1604).

[2)] Nr. **90**.

[3)] Nr. **85**.

r) Psychotherapeutinnen und Psychotherapeuten,
s) Psychologische Psychotherapeutinnen und -therapeuten,
t) Rettungsassistentinnen und -assistenten,
u) Tierärztinnen und Tierärzte,
v) Zahnärztinnen und Zahnärzte und
w) sonstige Angehörige reglementierter Berufe, die Tätigkeiten ausüben, die Auswirkungen auf die Patientensicherheit haben;

2. Erziehungsberufe:
a) Erzieherinnen und Erzieher,
b) Lehrerinnen und Lehrer und
c) sonstige Angehörige reglementierter Berufe, die Tätigkeiten im Bereich der Erziehung Minderjähriger ausüben.

[2] Die Unterrichtung erfolgt im Fall eines vorläufigen Berufsverbots spätestens drei Tage nach dessen Anordnung durch das entscheidende Gericht, im Fall eines Berufsverbots spätestens drei Tage nach dessen Rechtskraft durch das Gericht, bei dem das Verfahren im Zeitpunkt der Rechtskraft anhängig ist. [3] Dabei sind folgende Daten mitzuteilen:

1. Angaben zur Identität der betroffenen Person,
2. betroffener Beruf,
3. Angabe des Gerichts, das die Anordnung getroffen hat,
4. Umfang des Berufsverbots und
5. Zeitraum, für den das Berufsverbot gilt.

(2) [1] Wird eine Person verurteilt, weil sie bei einem Antrag auf Anerkennung ihrer Berufsqualifikation nach der Richtlinie 2005/36/EG des Europäischen Parlaments und des Rates vom 7. September 2005 über die Anerkennung von Berufsqualifikationen (ABl. L 255 vom 30.9.2005, S. 22; L 271 vom 16.10.2007, S. 18; L 93 vom 4.4.2008, S. 28; L 33 vom 3.2.2009, S. 49; L 305 vom 24.10.2014, S. 115), die zuletzt durch die Richtlinie 2013/55/EU (ABl. L 354 vom 28.12.2013, S. 132; L 268 vom 15.10.2015, S. 35; L 95 vom 9.4.2016, S. 20) geändert worden ist, in der jeweils geltenden Fassung einen gefälschten Berufsqualifikationsnachweis verwendet hat, unterrichtet das Gericht, bei dem das Verfahren im Zeitpunkt der Rechtskraft der Verurteilung anhängig ist, die zuständigen Behörden der anderen in Absatz 1 Satz 1 genannten Staaten mittels des Binnenmarkt-Informationssystems spätestens drei Tage nach Rechtskraft hierüber. [2] Dabei sind folgende Daten mitzuteilen:

1. Angaben zur Identität der betroffenen Person,
2. betroffener Beruf und
3. Angabe des verurteilenden Gerichts.

(3) [1] Unverzüglich nach der Mitteilung nach Absatz 1 oder 2 unterrichtet das Gericht die betroffene Person schriftlich über die Mitteilung und belehrt sie über die Rechtsbehelfe, die ihr gegen die Entscheidung, die Mitteilung zu veranlassen, zustehen. [2] Legt die betroffene Person gegen die Entscheidung einen Rechtsbehelf ein, ist die Mitteilung unverzüglich um einen entsprechenden Hinweis zu ergänzen.

(4) [1] Spätestens drei Tage nach der Aufhebung eines vorläufigen Berufsverbots unterrichtet das Gericht die zuständigen Behörden der anderen in Absatz 1 Satz 1 genannten Staaten mittels des Binnenmarkt-Informationssystems hierüber und

veranlasst die Löschung der ursprünglichen Mitteilung. [2] Wird ein rechtskräftig angeordnetes Berufsverbot aufgehoben, ändert sich der Zeitraum, für den es gilt, oder wird die Vollstreckung unterbrochen, so unterrichtet das Gericht die zuständigen Behörden hierüber und veranlasst gegebenenfalls die Löschung der ursprünglichen Mitteilung. [3] Bei einer Aufhebung oder Veränderung des Geltungszeitraums des Berufsverbots auf Grund einer Gnadenentscheidung, auf Grund einer Entscheidung nach § 456c Absatz 2 der Strafprozessordnung oder auf Grund des § 70 Absatz 4 Satz 3 des Strafgesetzbuches nimmt die Staatsanwaltschaft die Unterrichtung vor und veranlasst gegebenenfalls die Löschung der ursprünglichen Mitteilung.

*[§ 10 bis 7.4.2023:]*

**§ 10[1)] Hemmung der Unterbrechungsfristen wegen Infektionsschutzmaßnahmen.** (1) [1] Unabhängig von der Dauer der Hauptverhandlung ist der Lauf der in § 229 Absatz 1 und 2 der Strafprozessordnung[2)] genannten Unterbrechungsfristen gehemmt, solange die Hauptverhandlung auf Grund von Schutzmaßnahmen zur Verhinderung der Verbreitung von Infektionen mit dem SARS-CoV-2-Virus (COVID-19-Pandemie) nicht durchgeführt werden kann, längstens jedoch für einen Monat; diese Fristen enden frühestens zehn Tage nach Ablauf der Hemmung. [2] Beginn und Ende der Hemmung stellt das Gericht durch unanfechtbaren Beschluss fest.

(2) Absatz 1 gilt entsprechend für die in § 268 Absatz 3 Satz 2 der Strafprozessordnung genannte Frist zur Urteilsverkündung.

*[§ 10 ab 8.4.2023:]*

**§ 10[1)]** *(aufgehoben)*

**§ 11[3)] Übergangsregelung zum Gesetz zur Novellierung der forensischen DNA-Analyse.** Für die nach dem DNA-Identitätsfeststellungsgesetz vom 7. September 1998 (BGBl. I S. 2646), das zuletzt durch Artikel 4 des Gesetzes vom 27. Dezember 2003 (BGBl. I S. 3007) geändert worden ist, erhobenen und verwendeten Daten finden ab dem 1. November 2005 die Regelungen der Strafprozessordnung[2)] Anwendung.

**§ 12[4)] Übergangsregelung zum Gesetz zur Einführung einer Speicherpflicht und einer Höchstspeicherfrist für Verkehrsdaten.** (1) Nach § 96 Absatz 1 Satz 1 Nummer 1 des Telekommunikationsgesetzes gespeicherte Standortdaten dürfen erhoben werden bis zum 29. Juli 2017 auf der Grundlage des § 100g Absatz 1 der Strafprozessordnung[2)] in der bis zum Inkrafttreten des Gesetzes zur Einführung einer Speicherpflicht und einer Höchstspeicherfrist für Verkehrsdaten vom 10. Dezember 2015 (BGBl. I S. 2218) geltenden Fassung.

(2) [1] Die Übersicht nach § 101b der Strafprozessordnung in der Fassung des Artikels 1 des Gesetzes vom 10. Dezember 2015 (BGBl. I S. 2218) ist erstmalig für das Berichtsjahr 2018 zu erstellen. [2] Für die vorangehenden Berichtsjahre ist § 100g Absatz 4 der Strafprozessordnung in der bis zum Inkrafttreten des Gesetzes zur Einführung einer Speicherpflicht und einer Höchstspeicherfrist für Verkehrsdaten geltenden Fassung anzuwenden.

---

[1)] § 10 neu gef. mWv 17.9.2022 und aufgeh. **mWv 8.4.2023** durch G v. 16.9.2022 (BGBl. I S. 1454).
[2)] Nr. **90**.
[3)] § 11 neu gef. mWv 18.5.2017 durch G v. 12.5.2017 (BGBl. I S. 1121).
[4)] § 12 neu gef. mWv 18.12.2015 durch G v. 10.12.2015 (BGBl. I S. 2218).

**§ 13[1)] Übergangsvorschrift zum Gesetz zur Novellierung des Rechts der Unterbringung in einem psychiatrischen Krankenhaus gemäß § 63 des Strafgesetzbuches und zur Änderung anderer Vorschriften.** [1]Auf am 1. August 2016 bereits anhängige Vollstreckungsverfahren ist § 463 Absatz 4 Satz 2 und 8 der Strafprozessordnung[2)] in der seit dem 1. August 2016 geltenden Fassung erst ab dem 1. August 2018 anwendbar; die Pflicht des Gerichts zur Sachaufklärung, namentlich für die nach § 67d Absatz 6 Satz 2 und 3 des Strafgesetzbuches[3)] in der seit dem 1. August 2016 geltenden Fassung gebotenen Überprüfungen, bleibt unberührt. [2]§ 463 Absatz 4 Satz 3 und 4 der Strafprozessordnung in der seit dem 1. August 2016 geltenden Fassung ist auf am 1. August 2016 bereits anhängige Vollstreckungsverfahren erst ab dem 1. Februar 2017 anwendbar. [3]Bis zur Anwendbarkeit des neuen Rechts nach Satz 1 ist § 463 Absatz 4 Satz 1 und 5 der Strafprozessordnung und bis zur Anwendbarkeit des neuen Rechts nach Satz 2 ist § 463 Absatz 4 Satz 2 der Strafprozessordnung für die genannten Vollstreckungsverfahren in der jeweils am 31. Juli 2016 geltenden Fassung weiter anzuwenden.

**§ 14[4)] Übergangsregelung zum Gesetz zur Reform der strafrechtlichen Vermögensabschöpfung.** Das Gesetz zur Reform der strafrechtlichen Vermögensabschöpfung vom 13. April 2017 (BGBl. I S. 872) gilt nicht für Verfahren, in denen bis zum Inkrafttreten[5)] dieses Gesetzes im Urteil oder Strafbefehl festgestellt wurde, dass deshalb nicht auf Verfall erkannt wird, weil Ansprüche eines Verletzten im Sinne des § 73 Absatz 1 Satz 2 des Strafgesetzbuches[3)] entgegenstehen.

**§ 15[6)] Übergangsregelung zum Gesetz zur Einführung der elektronischen Akte in der Justiz und zur weiteren Förderung des elektronischen Rechtsverkehrs; Verordnungsermächtigungen.** [1]Die Bundesregierung und die Landesregierungen können jeweils für ihren Bereich durch Rechtsverordnung bestimmen, dass die Einreichung elektronischer Dokumente abweichend von § 32a der Strafprozessordnung[2)] erst zum 1. Januar des Jahres 2019 oder 2020 möglich ist und § 41a der Strafprozessordnung in der am 31. Dezember 2017 geltenden Fassung bis jeweils zum 31. Dezember des Jahres 2018 oder 2019 weiter Anwendung findet. [2]Sie können die Ermächtigung nach Satz 1 durch Rechtsverordnung auf die zuständigen Bundes- oder Landesministerien übertragen.

**§ 16[7)] Übergangsregelung zum Gesetz zur effektiveren und praxistauglicheren Ausgestaltung des Strafverfahrens.** [1]Die Übersichten nach § 101b der Strafprozessordnung[2)] sind erstmalig für das Berichtsjahr 2019 zu erstellen. [2]Für die vorangehenden Berichtsjahre sind § 100b Absatz 6, § 100e Absatz 2 und § 101b Nummer 2 der Strafprozessordnung in der bis zum 23. August 2017 geltenden Fassung weiter anzuwenden.

---

1) § 13 angef. mWv 1.8.2016 durch G v. 8.7.2016 (BGBl. I S. 1610).
2) Nr. **90**.
3) Nr. **85**.
4) § 14 angef. mWv 1.7.2017 durch G v. 13.4.2017 (BGBl. I S. 872).
5) Das G tritt am 1.7.2017 in Kraft.
6) § 15 angef. mWv 13.7.2017 durch G v. 5.7.2017 (BGBl. I S. 2208).
7) § 16 angef. mWv 24.8.2017 durch G v. 17.8.2017 (BGBl. I S. 3202).

**§ 17[1] Übergangsregelung zum Gesetz zur Umsetzung der Richtlinie (EU) 2016/680 im Strafverfahren sowie zur Anpassung datenschutzrechtlicher Bestimmungen an die Verordnung (EU) 2016/679 und zu § 76 des Bundesdatenschutzgesetzes vom 30. Juni 2017.** (1) [1] Für vor dem 6. Mai 2016 eingerichtete automatisierte Verarbeitungssysteme sind die durch das Gesetz zur Umsetzung der Richtlinie (EU) 2016/680 im Strafverfahren sowie zur Anpassung datenschutzrechtlicher Bestimmungen an die Verordnung (EU) 2016/679 vom 20. November 2019 (BGBl. I S. 1724) neu gefassten Vorgaben zur Protokollierung in den §§ 488 und 493 der Strafprozessordnung[2] sowie in § 76 des Bundesdatenschutzgesetzes[3] vom 30. Juni 2017 (BGBl. I S. 2097) erst ab dem 6. Mai 2023 anzuwenden. [2] Bis zum 5. Mai 2023 sind für vor dem 6. Mai 2016 eingerichtete automatisierte Abrufverfahren die Vorschriften zur Protokollierung des § 488 Absatz 3 der Strafprozessordnung in der bis zum Inkrafttreten des Gesetzes zur Umsetzung der Richtlinie (EU) 2016/680 im Strafverfahren sowie zur Anpassung datenschutzrechtlicher Bestimmungen an die Verordnung (EU) 2016/679 geltenden Fassung anzuwenden.

(2) Für die IT-Anwendungen der Staatsanwaltschaften und Gerichte zur Verarbeitung und Verwaltung von Verfahrensdaten (Fachverfahren) tritt an die Stelle des 6. Mai 2023 in Absatz 1 Satz 1 der 6. Mai 2026 und an die Stelle des 5. Mai 2023 in Absatz 1 Satz 2 der 5. Mai 2026.

**§ 18[4] Übergangsregelung zum Gesetz zur Bekämpfung des Rechtsextremismus und der Hasskriminalität.** [1] Die Übersichten nach § 101b Absatz 5 und 6 der Strafprozessordnung[2] in der vom 2. April 2021 an geltenden Fassung sind erstmalig für das auf den 2. April 2021 folgende Berichtsjahr zu erstellen. [2] Für die vorangehenden Berichtsjahre ist § 101b Absatz 5 der Strafprozessordnung in der bis zum 1. April 2021 geltenden Fassung anzuwenden.

---

[1] § 17 angef. mWv 26.11.2019 durch G v. 20.11.2019 (BGBl. I S. 1724).

[2] Nr. **90**.

[3] **Sartorius Nr. 245.**

[4] § 18 angef. mWv 1.7.2021 durch G v. 30.3.2021 (BGBl. I S. 441, insoweit aufgeh. durch G v. 30.3. 2021, BGBl. I S. 448); angef. mWv 2.4.2021 durch G v. 30.3.2021 (BGBl. I S. 448, ber. S. 1380).

# 92. Gesetz über das Zentralregister und das Erziehungsregister (Bundeszentralregistergesetz – BZRG)

In der Fassung der Bekanntmachung vom 21. September 1984[1) (BGBl. I S. 1229, ber. 1985 I S. 195)

**FNA 312-7**

| Lfd. Nr. | Änderndes Gesetz | Datum | Fundstelle | Betroffen | Hinweis |
|---|---|---|---|---|---|
| 1.–34. | Änderungsgesetze bis einschl. G v. 21.8.2007 (BGBl. I S. 2118) nur noch in den Anmerkungen nachgewiesen | | | | |
| 35. | Art. 34 FGG-ReformG | 17.12.2008 | BGBl. I S. 2586 | §§ 60, 61 | geänd. mWv 1.9.2009 |
| 36. | Fünftes ÄndG | 16.7.2009 | BGBl. I S. 1952 | §§ 31, 32, 34, 39, 41, 46, 69 | geänd. mWv 1.5.2010 |
| | | | | § 30a | eingef. mWv 1.5.2010 |
| | | | | § 21 | aufgeh. mWv 1.5.2010 |
| 37. | Art. 3 Abs. 2 Viertes G zur Änd. des SprengstoffG[2) 3)] | 17.7.2009 | BGBl. I S. 2062 | § 10 | geänd. mWv 1.10.2009 |
| 38. | Art. 2 Abs. 2 G zur Modernisierung von Verfahren im patentanwaltl. BerufsR[4)] | 14.8.2009 | BGBl. I S. 2827 | § 41 | geänd. mWv 1.9.2009 |
| 39. | Art. 4 Viertes DDR-RehabilitierungsG | 2.12.2010 | BGBl. I S. 1744 | § 64b | geänd. mWv 9.12.2010 |
| 40. | Art. 110 Abs. 1 Bundesrecht-BereinigungsG | 8.12.2010 | BGBl. I S. 1864 | § 60 | geänd. mWv 15.12.2010 |
| 41. | Art. 5 G zur Durchf. der VO (EG) Nr. 4/2009 und zur NeuO bestehender Aus- und Durchführungsbestimmungen auf dem Gebiet des internationalen Unterhaltsverfahrensrechts | 23.5.2011 | BGBl. I S. 898 | § 27 | geänd. mWv 18.6.2011 |

[1)] Neubekanntmachung des BZRG v. 18.3.1971 (BGBl. I S. 243) in der ab 31.1.1985 geltenden Fassung.

[2)] **Amtl. Anm.:** Dieses Gesetz dient der Umsetzung der Richtlinie 2007/23/EG des Europäischen Parlaments und des Rates vom 23. Mai 2007 über das Inverkehrbringen pyrotechnischer Gegenstände (ABl. L 154 vom 14.6.2007, S. 1), der Richtlinie 2008/43/EG der Kommission vom 4. April 2008 zur Kennzeichnung und Nachverfolgung von Explosivstoffen für zivile Zwecke gemäß der Richtlinie 93/15/EWG des Rates (ABl. L 94 vom 5.4.2008, S. 8) sowie der Richtlinie 2005/36/EG des Europäischen Parlaments und des Rates vom 7. September 2005 über die Anerkennung von Berufsqualifikationen (ABl. L 255 vom 30.9.2005, S. 22) und der Richtlinie 2006/123/EG des Europäischen Parlaments und des Rates vom 12. Dezember 2006 über Dienstleistungen im Binnenmarkt (ABl. L 376 vom 27.12.2006, S. 36).

[3)] **Amtl. Anm.:** *(vom Abdruck wurde abgesehen)*

[4)] **Amtl. Anm.:** Dieses Gesetz dient der Umsetzung der Richtlinie 2006/123/EG des Europäischen Parlaments und des Rates vom 12. Dezember 2006 über Dienstleistungen im Binnenmarkt (ABl. L 376 vom 27.12.2006, S. 36).

| Lfd. Nr. | Änderndes Gesetz | Datum | Fundstelle | Betroffen | Hinweis |
|---|---|---|---|---|---|
| 42. | Art. 1 G zur Verbesserung des Austauschs von strafregisterrechtlicher Daten zwischen den Mitgliedstaaten der EU und zur Änd. registerrechtlicher Vorschriften[1] | 15.12. 2011 | BGBl. I S. 2714 | § 42a | geänd. mWv 22.12.2011 |
| | | | | §§ 43a, 56a | eingef. mWv 22.12.2011 |
| | | | | §§ 1, 10, 13, 15, 22, 2. Teil 3. Abschnitt Überschrift, §§ 30, 34, 2. Teil 3. Abschnitt 2. UAbschnitt Überschrift, §§ 41, 44, 44a, 46, 54, 56, 57, 59, 60, 64a, 64b, 69 | geänd. mWv 27.4.2012 |
| | | | | 2. Teil 7. Abschnitt Überschrift | neu gef. mWv 27.4.2012 |
| | | | | §§ 30b, 53a, 56b, 57a | eingef. mWv 27.4.2012 |
| 43. | Art. 1 G zur Änd. des BZRG und anderer registerrechtlicher Vorschriften | 6.9.2013 | BGBl. I S. 3556 | §§ 21a, 30, 41, 42, 46 | geänd. mWv 14.9.2013 |
| | | | | §§ 20, 20a | geänd. mWv 1.9.2014 |
| | | | | § 30c | eingef. mWv 1.9.2014 |
| 44. | Art. 3 G zur Änd. des StraßenverkehrsG, der GewerbeO und des BZRG | 28.11. 2014 | BGBl. I S. 1802 | § 52 | geänd. mWv 5.12.2014 |
| 45. | Art. 2 Abs. 4 49. G zur Änd. des StGB[2] | 21.1.2015 | BGBl. I S. 10 | §§ 32, 34, 41, 46 | geänd. mWv 27.1.2015 |
| 46. | Art. 11 G zur Verbesserung der Zusammenarbeit im Bereich des Verfassungsschutzes | 17.11. 2015 | BGBl. I S. 1938 | §§ 21a, 61 | geänd. mWv 21.11.2015 |
| 47. | Sechstes ÄndG | 20.11. 2015 | BGBl. I S. 2017 | §§ 21a, 69 | geänd. mWv 26.11.2015 |
| 48. | Art. 11 G zur Neuordnung der Organisationsstruktur im Bereich der Endlagerung | 26.7.2016 | BGBl. I S. 1843 | § 41 | geänd. mWv 30.7.2016 |
| 49. | Art. 2 G zur Verbesserung der Bekämpfung des Menschenhandels und zur Änd. des BZRG sowie des SGB VIII | 11.10. 2016 | BGBl. I S. 2226 | §§ 32, 34, 41, 46 | geänd. mWv 15.10.2016 |

[1] **Amtl. Anm.:** Dieses Gesetz dient der Umsetzung des Rahmenbeschlusses 2009/315/JI des Rates vom 26. Februar 2009 über die Durchführung und den Inhalt des Austauschs von Informationen aus dem Strafregister zwischen den Mitgliedstaaten (ABl. L 93 vom 7.4.2009, S. 23), des Beschlusses 2009/316/JI des Rates vom 6. April 2009 zur Errichtung des Europäischen Strafregisterinformationssystems (ECRIS) gemäß Artikel 11 des Rahmenbeschlusses 2009/315/JI (ABl. L 93 vom 7.4.2009, S. 33) und der Richtlinie 2006/123/EG des Europäischen Parlaments und des Rates vom 12. Dezember 2006 über Dienstleistungen im Binnenmarkt (ABl. L 376 vom 27.12.2006, S. 36).

[2] **Amtl. Anm.:** Umsetzung von Artikel 4 Absatz 4 und Artikel 17 Absatz 1 Buchstabe b, Absatz 4 in Verbindung mit Artikel 3 Absatz 5 und 6 der Richtlinie 2011/93/EU des Europäischen Parlaments und des Rates vom 13. Dezember 2011 zur Bekämpfung des sexuellen Missbrauchs und der sexuellen Ausbeutung von Kindern sowie der Kinderpornografie sowie zur Ersetzung des Rahmenbeschlusses 2004/68/JI des Rates (ABl. L 335 vom 17.12.2011, S. 1, L 18 vom 21.1.2012, S. 7)

| Lfd. Nr. | Änderndes Gesetz | Datum | Fundstelle | Betroffen | Hinweis |
|---|---|---|---|---|---|
| 50. | Art. 2 Abs. 6 50. G zur Änd. des StGB – Verbesserung des Schutzes der sexuellen Selbstbestimmung | 4.11.2016 | BGBl. I S. 2460 | §§ 32, 34, 41, 46 | geänd. mWv 10.11.2016 |
| 51. | Art. 5 G zur Umsetzung der Vierten EU-GeldwäscheRL, zur Ausführung der EU-GeldtransferVO und zur Neuorganisation der Zentralstelle für Finanztransaktionsuntersuchungen[1] | 23.6.2017 | BGBl. I S. 1822 | § 41 | geänd. mWv 26.6.2017 |
| 52. | Art. 1 Siebtes G zur Änd des BundeszentralregisterG | 18.7.2017 | BGBl. I S. 2732 | §§ 1, 3, 7, 10, 13, 19, 20a, 21, 21a, 25, 26, 27, 28, 29, 30, 30a, 30c, 31, 32, 34, 35, 37, 39, 40, 41, 42, 42a, 44a, 45, 49, 50, 51, 52, 53, 54, 55, 57, 58, 60, 61, 62, 63, 64, 64b, 65, 69 | geänd. mWv 29.7.2017 |
| | | | | § 48 | neu gef. mWv 29.7.2017 |
| | | | | § 21a | eingef. mWv 29.7.2017 |
| | | | | §§ 42c, 56a | aufgeh. mit Ablauf des 28.7. 2017 |
| | | | | § 30b | geänd. mWv 31.8.2018 |
| | | | | §§ 3, 11, 15, 24, 60 | geänd. mWv 31.8.2020 |
| | | | | § 8 | aufgeh. mit Ablauf des 30.8. 2020 |
| 53. | Art. 5 Abs. 3 G zur Einführung einer Karte für Unionsbürger und Angehörige des Europäischen Wirtschaftsraums mit Funktion zum elektronischen Identitätsnachweis sowie zur Änd. des PersonalausweisG und weiterer Vorschriften[2] [3] | 21.6.2019 | BGBl. I S. 846 | § 30c | geänd. mWv 1.11.2019 |

[1] **Amtl. Anm.:** Dieses Gesetz dient der Umsetzung der Richtlinie (EU) 2015/849 des Europäischen Parlaments und des Rates vom 20. Mai 2015 zur Verhinderung der Nutzung des Finanzsystems zum Zwecke der Geldwäsche und der Terrorismusfinanzierung, zur Änderung der Verordnung (EU) Nr. 648/2012 des Europäischen Parlaments und des Rates und zur Aufhebung der Richtlinie 2005/60/EG des Europäischen Parlaments und des Rates und der Richtlinie 2006/70/EG der Kommission (ABl. L 141 vom 5.6.2015, S. 73).

[2] **Amtl. Anm.:** Notifiziert gemäß der Richtlinie (EU) 2015/1535 des Europäischen Parlaments und des Rates vom 9. September 2015 über ein Informationsverfahren auf dem Gebiet der technischen Vorschriften und der Vorschriften für die Dienste der Informationsgesellschaft (ABl. L 241 vom 17.9.2015, S. 1).

[3] Die Änd. des Inkrafttretens dieses G durch Art. 154a G v. 20.11.2019 (BGBl. I S. 1626) ist unbeachtlich, da das G bei Erlass des ÄndG bereits in Kraft getreten war.

| Lfd. Nr. | Änderndes Gesetz | Datum | Fundstelle | Betroffen | Hinweis |
|---|---|---|---|---|---|
| 54. | Art. 52 Zweites Datenschutz-Anpassungs- und Umsetzungsgesetz EU[1] | 20.11. 2019 | BGBl. I S. 1626 | §§ 5, 11, 20, 21, 21a, 42, 42a, 57, 64, 64b, 69 | geänd. mWv 26.11.2019 |
| 55. | Art. 26 Abs. 3 G zur Umsetzung der RL (EU) 2016/680 im Strafverfahren sowie zur Anpassung datenschutzrechtlicher Bestimmungen an die VO (EU) 2016/679 | 20.11. 2019 | BGBl. I S. 1724 | § 20a | geänd. mWv 26.11.2019 |
| 56. | Art. 4 G zur Verbesserung rehabilitierungsrechtlicher Vorschriften für Opfer der politischen Verfolgung in der ehemaligen DDR und zur Änd. des AdoptionsvermittlungsG | 22.11. 2019 | BGBl. I S. 1752 | § 64b | geänd. mWv 29.11.2019 |
| 57. | Art. 2 G zur Durchführung der Eurojust-VO | 9.12.2019 | BGBl. I S. 2010 | § 41 | geänd. mWv 12.12.2019 |
| 58. | Art. 7 G zur Änd. des UmweltauditG, des AtomG, des StandortauswahlG, der EndlagervorausleistungsVO und anderer G und VO | 12.12. 2019 | BGBl. I S. 2510 | § 41 | geänd. mWv 1.1.2020 |
| 59. | Art. 4 G zur Verbesserung der Rahmenbedingungen luftsicherheitsrechtl. Zuverlässigkeitsüberprüfungen | 22.4.2020 | BGBl. I S. 840 | § 61 | geänd. mWv 1.5.2020 |
| 60. | Art. 4 G zur Durchführung der VO (EU) 2017/1939 des Rates vom 12.10.2017 zur Durchführung einer Verstärkten Zusammenarbeit zur Errichtung der Europäischen Staatsanwaltschaft und zur Änd. weiterer Vorschriften[2] | 10.7.2020 | BGBl. I S. 1648 | §§ 42, 57a<br>§ 30b | geänd. mWv 17.7.2020<br>neu gef. mWv 17.7.2020 |
| 61. | Art. 3 Abs. 3 59. G zur Änd. des StGB – Verbesserung des Persönlichkeitsschutzes bei Bildaufnahmen | 9.10.2020 | BGBl. I S. 2075 | §§ 32, 34, 41, 46 | geänd. mWv 1.1.2021 |
| 62. | Art. 4 G zur Anpassung der Kostenvorschriften im Bereich der Entsorgung radioaktiver Abfälle sowie zur Änd. weiterer Vorschriften | 7.12.2020 | BGBl. I S. 2760 | § 41 | geänd. mWv 1.1.2021 |

[1] **Amtl. Anm.:** Dieses Gesetz dient der Umsetzung der Richtlinie (EU) 2016/680 des Europäischen Parlaments und des Rates vom 27. April 2016 zum Schutz natürlicher Personen bei der Verarbeitung personenbezogener Daten durch die zuständigen Behörden zum Zweck der Verhütung, Ermittlung, Aufdeckung oder Verfolgung von Straftaten oder der Strafvollstreckung sowie zum freien Datenverkehr und zur Aufhebung des Rahmenbeschlusses 2008/977/JI des Rates (ABl. L 119 vom 4.5.2016, S. 89; L 127 vom 23.5.2018, S. 9).

[2] **Amtl. Anm.:** Artikel 4 dieses Gesetzes dient der Umsetzung der Richtlinie (EU) 2019/884 des Europäischen Parlaments und des Rates vom 17. April 2019 zur Änderung des Rahmenbeschlusses 2009/315/JI des Rates im Hinblick auf den Austausch von Informationen über Drittstaatsangehörige und auf das Europäische Strafregisterinformationssystem (ECRIS) sowie zur Ersetzung des Beschlusses 2009/316/JI des Rates (ABl. L 151 vom 7.6.2019, S. 143).

| Lfd. Nr. | Änderndes Gesetz | Datum | Fundstelle | Betroffen | Hinweis |
|---|---|---|---|---|---|
| 63. | Art. 15 Abs. 7 G zur Reform des Vormundschafts- und Betreuungsrechts | 4.5.2021 | BGBl. I S. 882 | § 60 | geänd. mWv 1.1.2023 |
| 64. | Art. 4 G zur Bekämpfung sexualisierter Gewalt gegen Kinder | 16.6.2021 | BGBl. I S. 1810 | §§ 32, 33, 34, 41, 45, 46, 69 | geänd. mWv 1.7.2022 |
| 65. | Art. 2 G zur Durchführung der VO (EU) 2019/816 sowie zur Änd. weiterer Vorschriften | 10.8.2021 | BGBl. I S. 3420 | §§ 5, 21, 41 | geänd. mWv 18.8.2021 |
| | | | | § 20b | eingef. mWv 18.8.2021 |
| | | | | §§ 5, 21a, 32, 41, 57, 57a | geänd. mWv 1.10.2022 |
| | | | | 2. Teil 8. Abschnitt (§§ 58a, 58b, 58c) | eingef. mWv 1.10.2022 |
| 66. | Art. 1 G zur Änd. des BundeszentralregisterG und des Strafgesetzbuches | 4.12.2022 | BGBl. I S. 2146 | §§ 1, 5, 25, 30a, 30b, 30c, 39, 42, 42a, 49, 55, 56, 57a, 69 | geänd. mWv 9.12.2022 |
| | | | | § 57b | eingef. mWv 9.12.2022 |
| | | | | § 58d | eingef. mWv 1.4.2023 |
| | | | | § 17 | geänd. mWv 1.10.2023 |

**Nichtamtliche Inhaltsübersicht**



## Erster Teil. Registerbehörde

**§ 1**[1)] **Bundeszentralregister.** (1) Für den Geltungsbereich dieses Gesetzes führt das Bundesamt für Justiz ein Zentralregister und ein Erziehungsregister (Bundeszentralregister).

(2) [1]Die näheren Bestimmungen trifft das Bundesministerium der Justiz. [2]Soweit die Bestimmungen die Erfassung und Aufbereitung der Daten sowie die Auskunftserteilung betreffen, werden sie von der Bundesregierung mit Zustimmung des Bundesrates erlassen.

**§ 2**[2)] *(aufgehoben)*

## Zweiter Teil. Das Zentralregister

### Erster Abschnitt. Inhalt und Führung des Registers

**§ 3**[3)] **Inhalt des Registers.** In das Register werden eingetragen

1. strafgerichtliche Verurteilungen (§§ 4 bis 7),
2. *(aufgehoben)*
3. Entscheidungen von Verwaltungsbehörden und Gerichten (§ 10),
4. gerichtliche Entscheidungen und Verfügungen von Strafverfolgungsbehörden wegen Schuldunfähigkeit (§ 11),
5. gerichtliche Feststellungen nach § 17 Abs. 2, § 18,
6. nachträgliche Entscheidungen und Tatsachen, die sich auf eine der in den Nummern 1 bis 4 genannten Eintragungen beziehen (§§ 12 bis 16, § 17 Abs. 1).

---

[1)] § 1 neu gef. mWv 1.1.2007 durch G v. 17.12.2006 (BGBl. I S. 3171); Abs. 1 geänd. mWv 27.4.2012 durch G v. 15.12.2011 (BGBl. I S. 2714); Abs. 1 und 2 Satz 1 geänd. mWv 29.7.2017 durch G v. 18.7. 2017 (BGBl. I S. 2732); Abs. 2 Satz 1 geänd. mWv 9.12.2022 durch G v. 4.12.2022 (BGBl. I S. 2146).

[2)] § 2 aufgeh. mWv 1.1.2007 durch G v. 17.12.2006 (BGBl. I S. 3171).

[3)] § 3 Nr. 2 aufgeh., Nr. 6 geänd. durch G v. 12.9.1990 (BGBl. I S. 2002); Nr. 4 neu gef. mWv 29.7. 2017, Nr. 1 geänd. mWv 31.8.2020 durch G v. 18.7.2017 (BGBl. I S. 2732).

**§ 4 Verurteilungen.** In das Register sind die rechtskräftigen Entscheidungen einzutragen, durch die ein deutsches Gericht im Geltungsbereich dieses Gesetzes wegen einer rechtswidrigen Tat

1. auf Strafe erkannt,
2. eine Maßregel der Besserung und Sicherung angeordnet,
3. jemanden nach § 59 des Strafgesetzbuchs[1] mit Strafvorbehalt verwarnt oder
4. nach § 27 des Jugendgerichtsgesetzes[2] die Schuld eines Jugendlichen oder Heranwachsenden festgestellt

hat.

**§ 5[3] Inhalt der Eintragung.** (1) Einzutragen sind

1. die Personendaten der betroffenen Person; dazu gehören der Geburtsname, ein hiervon abweichender Familienname, die Vornamen, das Geschlecht, das Geburtsdatum, der Geburtsort, die Staatsangehörigkeit und die Anschrift sowie abweichende Personendaten,
2. die entscheidende Stelle samt Geschäftsnummer,
3. der Tag der (letzten) Tat,
4. der Tag des ersten Urteils; bei Strafbefehlen gilt als Tag des ersten Urteils der Tag der Unterzeichnung durch den Richter; ist gegen den Strafbefehl Einspruch eingelegt worden, so ist der Tag der auf den Einspruch ergehenden Entscheidung Tag des ersten Urteils, außer wenn der Einspruch verworfen wurde,
5. der Tag der Rechtskraft,
6. die rechtliche Bezeichnung der Tat, deren die verurteilte Person schuldig gesprochen worden ist, unter Angabe der angewendeten Strafvorschriften,
7. die verhängten Strafen, die nach § 59 des Strafgesetzbuchs[1] vorbehaltene Strafe sowie alle kraft Gesetzes eintretenden oder in der Entscheidung neben einer Strafe oder neben Freisprechung oder selbständig angeordneten oder vorbehaltenen Maßnahmen (§ 11 Abs. 1 Nr. 8 des Strafgesetzbuchs) und Nebenfolgen,
8. bei Drittstaatsangehörigen im Sinne des Artikels 3 Nummer 7 der Verordnung (EU) 2019/816 des Europäischen Parlaments und des Rates vom 17. April 2019 zur Einrichtung eines zentralisierten Systems für die Ermittlung der Mitgliedstaaten, in denen Informationen zu Verurteilungen von Drittstaatsangehörigen und Staatenlosen (ECRIS-TCN) vorliegen, zur Ergänzung des Europäischen Strafregisterinformationssystems und zur Änderung der Verordnung (EU) 2018/1726 (ABl. L 135 vom 22.5.2019, S. 1), die zuletzt durch die Verordnung (EU) 2021/1151 (ABl. L 249 vom 14.7.2021, S. 7) geändert worden ist, oder Personen, die neben einer Unionsstaatsangehörigkeit auch die Staatsangehörigkeit eines Drittstaats besitzen, die daktyloskopische Nummer, wenn sie für die Erstellung eines Datensatzes gemäß Artikel 5 Absatz 1 Buchstabe b der Verordnung (EU) 2019/816 erforderlich ist.

---

[1] Nr. **85**.

[2] Nr. **89**.

[3] § 5 Abs. 1 Nr. 7 geänd., Abs. 3 Satz 2 angef. durch G v. 15.7.1992 (BGBl. I S. 1302); Abs. 1 Nr. 1 neu gef. mWv 30.4.2002 durch G v. 23.4.2002 (BGBl. I S. 1406); Abs. 1 Nr. 7 geänd. mWv 28.8.2002 durch G v. 21.8.2002 (BGBl. I S. 3344); Abs. 1 Nr. 1 geänd. mWv 26.11.2019 durch G v. 20.11.2019 (BGBl. I S. 1626); Abs. 1 Nr. 6 geänd. mWv 18.8.2021, Nr. 7 geänd., Nr. 8 angef. mWv 1.10.2022 durch G v. 10.8.2021 (BGBl. I S. 3420); Abs. 1 Nr. 8 geänd. mWv 9.12.2022 durch G v. 4.12.2022 (BGBl. I S. 2146).

(2) Die Anordnung von Erziehungsmaßregeln und Zuchtmitteln sowie von Nebenstrafen und Nebenfolgen, auf die bei Anwendung von Jugendstrafrecht erkannt worden ist, wird in das Register eingetragen, wenn sie mit einem Schuldspruch nach § 27 des Jugendgerichtsgesetzes[1], einer Verurteilung zu Jugendstrafe oder der Anordnung einer Maßregel der Besserung und Sicherung verbunden ist.

(3) [1] Ist auf Geldstrafe erkannt, so sind die Zahl der Tagessätze und die Höhe eines Tagessatzes einzutragen. [2] Ist auf Vermögensstrafe erkannt, so sind deren Höhe und die Dauer der Ersatzfreiheitsstrafe einzutragen.

**§ 6 Gesamtstrafe und Einheitsstrafe.** Wird aus mehreren Einzelstrafen nachträglich eine Gesamtstrafe gebildet oder eine einheitliche Jugendstrafe festgesetzt, so ist auch diese in das Register einzutragen.

**§ 7[2] Aussetzung zur Bewährung; Vorbehalt der Entscheidung über die Aussetzung.** (1) [1] Wird die Vollstreckung einer Strafe oder eine Maßregel der Besserung und Sicherung zur Bewährung ausgesetzt oder wird die Entscheidung über die Aussetzung einer Jugendstrafe zur Bewährung im Urteil einem nachträglichen Beschluss vorbehalten, so ist dies in das Register einzutragen. [2] Dabei ist das Ende der Bewährungszeit, der Führungsaufsicht oder einer vom Gericht für die Entscheidung über die Aussetzung einer Jugendstrafe zur Bewährung gesetzten Frist zu vermerken.

(2) Hat das Gericht den Verurteilten nach § 56d des Strafgesetzbuchs[3] oder nach § 61b Absatz 1 Satz 2 des Jugendgerichtsgesetzes[1] der Aufsicht und Leitung eines Bewährungshelfers unterstellt, so ist auch diese Entscheidung einzutragen.

(3) Wird jemand mit Strafvorbehalt verwarnt (§ 59 des Strafgesetzbuchs) oder wird die Entscheidung über die Verhängung einer Jugendstrafe zur Bewährung ausgesetzt (§ 27 des Jugendgerichtsgesetzes), so ist das Ende der Bewährungszeit einzutragen.

**§§ 8, 9[4]** *(aufgehoben)*

**§ 10[5] Entscheidungen von Verwaltungsbehörden und Gerichten.**

(1) [1] In das Register sind die vollziehbaren und die nicht mehr anfechtbaren Entscheidungen einer Verwaltungsbehörde einzutragen, durch die

1. von einer deutschen Behörde die Entfernung eines Mitgliedes einer Truppe oder eines zivilen Gefolges der Stationierungsstreitkräfte nach Artikel III Abs. 5 des NATO-Truppenstatuts verlangt wird,
2. ein Paß versagt, entzogen oder in seinem Geltungsbereich beschränkt oder angeordnet wird, daß ein Personalausweis nicht zum Verlassen des Gebiets des Geltungsbereichs des Grundgesetzes[6] über eine Auslandsgrenze berechtigt,

---

[1] Nr. **89**.

[2] § 7 Überschrift und Abs. 1 neu gef., Abs. 2 geänd. durch G v. 18.7.2017 (BGBl. I S. 2732).

[3] Nr. **85**.

[4] § 8 aufgeh. mWv 31.8.2020 durch G v. 18.7.2017 (BGBl. I S. 2732); § 9 aufgeh. durch G v. 12.9. 1990 (BGBl. I S. 2002).

[5] § 10 Abs. 1 Nr. 1 und 2 aufgeh., bish. Nr. 3–5 werden Nr. 1–3 mWv 1.10.2002 durch G v. 23.4.2002 (BGBl. I S. 1406); Abs. 1 Nr. 3 Buchst. b geänd. mWv 1.9.2005 durch G v. 15.6.2005 (BGBl. I S. 1626); Abs. 1 Nr. 3 Buchst. a neu gef., Buchst. b geänd. mWv 27.4.2012 durch G v. 15.12.2011 (BGBl. I S. 2714); Abs. 1 Satz 2 angef., Abs. 2 Satz 1 Nr. 1 und 2, abschl. Satzteil geänd., Satz 2 angef. mWv 29.7. 2017 durch G v. 18.7.2017 (BGBl. I S. 2732).

[6] Nr. **1**.

3. a) nach dem Waffengesetz[1] der Besitz und Erwerb von Waffen und Munition untersagt wird,
   b) die Erteilung einer Waffenbesitzkarte, eines Munitionserwerbscheins, eines Waffenscheins, eines Jagdscheins oder einer Erlaubnis nach § 27 des Sprengstoffgesetzes wegen Unzuverlässigkeit oder fehlender persönlicher Eignung abgelehnt oder nach § 34 des Sprengstoffgesetzes[2] zurückgenommen oder widerrufen wird.

2 Einzutragen sind auch der Verzicht auf die Erlaubnis zum Erwerb und Besitz von Waffen (§ 10 Absatz 1 des Waffengesetzes) oder Munition (§ 10 Absatz 3 des Waffengesetzes), zum Führen einer Waffe (§ 10 Absatz 4 des Waffengesetzes), zur Ausübung der Jagd (§ 15 des Bundesjagdgesetzes[3]) sowie der Verzicht auf die Erlaubnis nach § 27 des Sprengstoffgesetzes, wenn der jeweilige Verzicht während eines Rücknahme- oder Widerrufsverfahrens wegen Unzuverlässigkeit oder fehlender persönlicher Eignung oder nach § 34 des Sprengstoffgesetzes erfolgt.

(2) 1 In das Register sind auch die vollziehbaren und die nicht mehr anfechtbaren Entscheidungen einer Verwaltungsbehörde sowie rechtskräftige gerichtliche Entscheidungen einzutragen, durch die wegen Unzuverlässigkeit, Ungeeignetheit oder Unwürdigkeit

1. ein Antrag auf Zulassung zu einem Beruf abgelehnt oder eine erteilte Erlaubnis zurückgenommen oder widerrufen,
2. die Ausübung eines Berufes untersagt,
3. die Befugnis zur Einstellung oder Ausbildung von Auszubildenden entzogen oder
4. die Beschäftigung, Beaufsichtigung, Anweisung oder Ausbildung von Kindern und Jugendlichen verboten

wird; richtet sich die Entscheidung nicht gegen eine natürliche Person, so ist die Eintragung bei der vertretungsberechtigten natürlichen Person vorzunehmen, die unzuverlässig, ungeeignet oder unwürdig ist. 2 Einzutragen sind auch Verzichte auf eine Zulassung zu einem Beruf während eines Rücknahme- oder Widerrufsverfahrens wegen Unzuverlässigkeit, Ungeeignetheit oder Unwürdigkeit.

(3) Wird eine nach Absatz 1 oder 2 eingetragene vollziehbare Entscheidung unanfechtbar, so ist dies in das Register einzutragen.

**§ 11**[4] [5] **Schuldunfähigkeit.** (1) 1 In das Register sind einzutragen

1. gerichtliche Entscheidungen und Verfügungen einer Strafverfolgungsbehörde, durch die ein Strafverfahren wegen erwiesener oder nicht auszuschließender Schuldunfähigkeit oder auf psychischer Krankheit beruhender Verhandlungsunfähigkeit ohne Verurteilung abgeschlossen wird,
2. gerichtliche Entscheidungen, durch die der Antrag der Staatsanwaltschaft, eine Maßregel der Besserung und Sicherung selbständig anzuordnen (§ 413 der Strafprozessordnung[6]), mit der Begründung abgelehnt wird, dass von dem

---

[1] **Sartorius Nr. 820.**

[2] **Sartorius ErgBd. Nr. 822.**

[3] **Sartorius Nr. 890.**

[4] § 11 Abs. 1 neu gef., Abs. 2 eingef., bish. Abs. 2 wird Abs. 3 mWv 1.10.2002 durch G v. 23.4.2002 (BGBl. I S. 1406); Abs. 1 Satz 1 abschl. Satzteil geänd. mWv 31.8.2020 durch G v. 18.7.2017 (BGBl. I S. 2732); Abs. 2 geänd. mWv 26.11.2019 durch G v. 20.11.2019 (BGBl. I S. 1626).

[5] Beachte hierzu Übergangsvorschrift in § 69 Abs. 3.

[6] Nr. **90**.

Beschuldigten erhebliche rechtswidrige Taten nicht zu erwarten seien oder dass er für die Allgemeinheit trotzdem nicht gefährlich sei,

sofern die Entscheidung oder Verfügung auf Grund eines medizinischen Sachverständigengutachtens in einem Strafverfahren ergangen ist und das Gutachten bei der Entscheidung nicht älter als fünf Jahre ist. [2]Das Datum des Gutachtens ist einzutragen. [3]Verfügungen der Staatsanwaltschaft werden eingetragen, wenn auf Grund bestimmter Tatsachen davon auszugehen ist, dass weitere Ermittlungen zur Erhebung der öffentlichen Klage führen würden. [4]§ 5 findet entsprechende Anwendung. [6]Ferner ist einzutragen, ob es sich bei der Tat um ein Vergehen oder ein Verbrechen handelt.

(2) Die Registerbehörde unterrichtet die betroffene Person von der Eintragung.

(3) Absatz 1 gilt nicht, wenn lediglich die fehlende Verantwortlichkeit eines Jugendlichen (§ 3 des Jugendgerichtsgesetzes[1)]) festgestellt wird oder nicht ausgeschlossen werden kann.

## § 12[2)] Nachträgliche Entscheidungen nach allgemeinem Strafrecht.

(1) In das Register sind einzutragen

1. die nachträgliche Aussetzung der Strafe, eines Strafrestes oder einer Maßregel der Besserung und Sicherung; dabei ist das Ende der Bewährungszeit oder der Führungsaufsicht zu vermerken,
2. die nachträgliche Unterstellung des Verurteilten unter die Aufsicht und Leitung eines Bewährungshelfers sowie die Abkürzung oder Verlängerung der Bewährungszeit oder der Führungsaufsicht,
3. der Erlaß oder Teilerlaß der Strafe,
4. die Überweisung des Täters in den Vollzug einer anderen Maßregel der Besserung und Sicherung,
5. der Widerruf der Aussetzung einer Strafe, eines Strafrestes oder einer Maßregel der Besserung und Sicherung zur Bewährung und der Widerruf des Straferlasses,
6. die Aufhebung der Unterstellung unter die Aufsicht und Leitung eines Bewährungshelfers,
7. der Tag des Ablaufs des Verlustes der Amtsfähigkeit, der Wählbarkeit und des Wahl- und Stimmrechts,
8. die vorzeitige Aufhebung der Sperre für die Erteilung der Fahrerlaubnis,
9. Entscheidungen über eine vorbehaltene Sicherungsverwahrung,
10. die nachträgliche Anordnung der Unterbringung in der Sicherungsverwahrung.

(2) [1]Wird nach einer Verwarnung mit Strafvorbehalt auf die vorbehaltene Strafe erkannt, so ist diese Entscheidung in das Register einzutragen. [2]Stellt das Gericht nach Ablauf der Bewährungszeit fest, daß es bei der Verwarnung sein Bewenden hat (§ 59b Abs. 2 des Strafgesetzbuchs[3)]), so wird die Eintragung über die Verwarnung mit Strafvorbehalt aus dem Register entfernt.

---

[1)] Nr. **89**.

[2)] § 12 Abs. 1 Nr. 8 geänd., Nr. 9 angef. mWv 28.8.2002 durch G v. 21.8.2002 (BGBl. I S. 3344); Abs. 1 Nr. 9 geänd., Nr. 10 angef. mWv 29.7.2004 durch G v. 23.7.2004 (BGBl. I S. 1838).

[3)] Nr. **85**.

**§ 13**[1] **Nachträgliche Entscheidungen nach Jugendstrafrecht.** (1) In das Register sind einzutragen
1. die Aussetzung der Jugendstrafe zur Bewährung durch Beschluß; dabei ist das Ende der Bewährungszeit zu vermerken,
2. die Aussetzung des Strafrestes; dabei ist das Ende der Bewährungszeit zu vermerken,
3. die Abkürzung oder Verlängerung der Bewährungszeit,
4. der Erlaß oder Teilerlaß der Jugendstrafe,
5. die Beseitigung des Strafmakels,
6. der Widerruf der Aussetzung einer Jugendstrafe oder eines Strafrestes und der Beseitigung des Strafmakels,
7. Entscheidungen über eine vorbehaltene Sicherungsverwahrung,
8. die nachträgliche Anordnung der Unterbringung in der Sicherungsverwahrung.

(2) [1] Wird nach § 30 Abs. 1 des Jugendgerichtsgesetzes[2] auf Jugendstrafe erkannt, so ist auch diese in das Register einzutragen; § 7 Abs. 1 gilt entsprechend. [2] Die Eintragung über einen Schuldspruch wird aus dem Register entfernt, wenn der Schuldspruch
1. nach § 30 Abs. 2 des Jugendgerichtsgesetzes getilgt wird oder
2. nach § 31 Abs. 2, § 66 des Jugendgerichtsgesetzes in eine Entscheidung einbezogen wird, die in das Erziehungsregister einzutragen ist.

(3) Die Eintragung über eine Verurteilung wird aus dem Register entfernt, wenn diese in eine Entscheidung einbezogen wird, die in das Erziehungsregister einzutragen ist.

**§ 14 Gnadenerweise und Amnestien.** In das Register sind einzutragen
1. die Aussetzung einer im Register eingetragenen Strafe oder einer Maßregel der Besserung und Sicherung sowie deren Widerruf; wird eine Bewährungszeit festgesetzt, so ist auch deren Ende zu vermerken,
2. die Unterstellung des Verurteilten unter die Aufsicht und Leitung eines Bewährungshelfers sowie die Abkürzung oder Verlängerung der Bewährungszeit,
3. der Erlaß, der Teilerlaß, die Ermäßigung oder die Umwandlung einer im Register eingetragenen Strafe oder einer Maßregel der Besserung und Sicherung sowie die Wiederverleihung von Fähigkeiten und Rechten, die der Verurteilte nach dem Strafgesetz infolge der Verurteilung verloren hatte,
4. die Aufhebung der Unterstellung unter die Aufsicht und Leitung eines Bewährungshelfers.

**§ 15**[3] **Eintragung der Vollstreckung und des Freiheitsentzugs.** Ist eine Freiheitsstrafe, ein Strafarrest, eine Jugendstrafe oder eine Maßregel der Besserung und Sicherung zu vollstrecken, sind in das Register das Datum einzutragen,

---

[1] § 13 Abs. 2 Satz 1 geänd. durch G v. 30.8.1990 (BGBl. I S. 1853); Abs. 1 Nr. 2 neu gef. mWv 30.4. 2002 durch G v. 23.4.2002 (BGBl. I S. 1406); Abs. 3 angef. mWv 27.4.2012 durch G v. 15.12.2011 (BGBl. I S. 2714); Abs. 1 Nr. 6 geänd., Nr. 7 und 8 angef. mWv 29.7.2017 durch G v. 18.7.2017 (BGBl. I S. 2732).

[2] Nr. **89**.

[3] 15 neu gef. mWv 27.4.2012 durch G v. 15.12.2011 (BGBl. I S. 2714); einl. Satzteil, Nr. 2 und 3 geänd., Nr. 4 angef. mWv 31.8.2020 durch G v. 18.7.2017 (BGBl. I S. 2732).

1. an dem die Vollstreckung der Freiheitsstrafe, des Strafarrests, der Jugendstrafe oder der Maßregel der Besserung und Sicherung endet oder in sonstiger Weise erledigt ist,
2. an dem nach einer Aussetzung zur Bewährung der Freiheitsentzug tatsächlich endet,
3. an dem eine Freiheitsstrafe und eine freiheitsentziehende Maßregel der Besserung und Sicherung, die auf Grund einer Entscheidung zu vollstrecken sind, jeweils beginnt oder endet und
4. an dem bei Anordnung einer Sperre für die Erteilung einer Fahrerlaubnis (§ 69a des Strafgesetzbuchs[1]) deren Ablauf der Sperre eintritt.

**§ 16 Wiederaufnahme des Verfahrens.** (1) In das Register ist der rechtskräftige Beschluß einzutragen, durch den das Gericht wegen einer registerpflichtigen Verurteilung die Wiederaufnahme des Verfahrens anordnet (§ 370 Abs. 2 der Strafprozeßordnung[2]).

(2) [1] Ist die endgültige Entscheidung in dem Wiederaufnahmeverfahren (§§ 371, 373 der Strafprozeßordnung) rechtskräftig geworden, so wird die Eintragung nach Absatz 1 aus dem Register entfernt. [2] Wird durch die Entscheidung das frühere Urteil aufrechterhalten, so wird dies im Register vermerkt. [3] Andernfalls wird die auf die erneute Hauptverhandlung ergangene Entscheidung in das Register eingetragen, wenn sie eine registerpflichtige Verurteilung enthält, die frühere Eintragung wird aus dem Register entfernt.

**§ 17[3] Sonstige Entscheidungen und gerichtliche Feststellungen.**

(1) [1] Wird die Vollstreckung einer Strafe, eines Strafrestes oder der Unterbringung in einer Entziehungsanstalt nach § 35 – auch in Verbindung mit § 38 – des Betäubungsmittelgesetzes[4] zurückgestellt, so ist dies in das Register einzutragen. [2] Dabei ist zu vermerken, bis zu welchem Tage die Vollstreckung zurückgestellt worden ist. [3] Wird nachträglich ein anderer Tag festgesetzt oder die Zurückstellung der Vollstreckung widerrufen, so ist auch dies mitzuteilen. ***[Satz 4 ab 1.10.2023:]*** *[4] Wird die Vollstreckung der Strafe, des Strafrestes oder die Unterbringung in einer Entziehungsanstalt ohne Widerruf der Zurückstellung begonnen oder fortgesetzt, so ist dies im Register zu vermerken.*

(2) Wird auf Freiheitsstrafe von nicht mehr als zwei Jahren erkannt und hat das Gericht festgestellt, daß der Verurteilte die Tat auf Grund einer Betäubungsmittelabhängigkeit begangen hat, so ist diese Feststellung in das Register einzutragen; dies gilt auch bei einer Gesamtstrafe von nicht mehr als zwei Jahren, wenn der Verurteilte alle oder den ihrer Bedeutung nach überwiegenden Teil der abgeurteilten Straftaten auf Grund einer Betäubungsmittelabhängigkeit begangen hat.

**§ 18 Straftaten im Zusammenhang mit der Ausübung eines Gewerbes.**

Ist eine Verurteilung im Falle des § 32 Abs. 4 in ein Führungszeugnis aufzunehmen, so ist dies in das Register einzutragen.

---

[1] Nr. **85**.
[2] Nr. **90**.
[3] § 17 Abs. 1 Satz 4 angef. **mWv 1.10.2023** durch G v. 4.12.2022 (BGBl. I S. 2146).
[4] **Habersack, Deutsche Gesetze ErgBd. Nr. 86.**

**§ 19[1] Aufhebung von Entscheidungen.** (1) Wird eine nach § 10 eingetragene Entscheidung aufgehoben oder durch eine neue Entscheidung gegenstandslos, so wird die Eintragung aus dem Register entfernt.

(2) Entsprechend wird verfahren, wenn

1. die Vollziehbarkeit einer nach § 10 eingetragenen Entscheidung aufgrund behördlicher oder gerichtlicher Entscheidung entfällt,
2. die Verwaltungsbehörde eine befristete Entscheidung erlassen oder in der Mitteilung an das Register bestimmt hat, daß die Entscheidung nur für eine bestimmte Frist eingetragen werden soll, und diese Frist abgelaufen ist,
3. ein nach § 10 Absatz 1 Satz 1 Nummer 3 Buchstabe b oder Absatz 2 Satz 2 eingetragener Verzicht durch eine spätere Entscheidung gegenstandslos wird.

**§ 20[2] Mitteilungen, Berichtigungen, Sperrvermerke.** (1) [1]Gerichte und Behörden teilen der Registerbehörde die in den §§ 4 bis 19 bezeichneten Entscheidungen, Feststellungen und Tatsachen mit. [2]Stellen sie fest, dass die mitgeteilten Daten unrichtig sind, haben sie der Registerbehörde dies und, soweit und sobald sie bekannt sind, die richtigen Daten unverzüglich anzugeben. [3]Stellt die Registerbehörde eine Unrichtigkeit fest, hat sie die mitteilende Stelle zu ersuchen, die richtigen Daten mitzuteilen. [4]In beiden Fällen hat die Registerbehörde die unrichtige Eintragung zu berichtigen. [5]Die mitteilende Stelle sowie Stellen, denen nachweisbar eine unrichtige Auskunft erteilt worden ist, sind hiervon zu unterrichten, sofern es sich nicht um eine offenbare Unrichtigkeit handelt. [6]Die Unterrichtung der mitteilenden Stelle unterbleibt, wenn seit Eingang der Mitteilung nach Satz 1 mehr als zehn Jahre verstrichen sind. [7]Dies gilt nicht bei Verurteilung zu lebenslanger Freiheitsstrafe sowie bei Anordnung der Unterbringung in der Sicherungsverwahrung oder in einem psychiatrischen Krankenhaus. [8]Die Frist verlängert sich bei Verurteilung zu Freiheitsstrafe, Strafarrest oder Jugendstrafe um deren Dauer.

(2) [1]Legt die betroffene Person schlüssig dar, dass eine Eintragung unrichtig ist, so hat die Registerbehörde die Eintragung mit einem Sperrvermerk zu versehen, solange sich weder die Richtigkeit noch die Unrichtigkeit der Eintragung feststellen lässt. [2]Die betroffene Person kann nur in diesem Fall abweichend von Artikel 18 Absatz 1 Buchstabe a der Verordnung (EU) 2016/679[3] des Europäischen Parlaments und des Rates vom 27. April 2016 zum Schutz natürlicher Personen bei der Verarbeitung personenbezogener Daten, zum freien Datenverkehr und zur Aufhebung der Richtlinie 95/46/EG (Datenschutz-Grundverordnung) (ABl. L 119 vom 4.5.2016, S. 1; L 314 vom 22.11.2016, S. 72; L 127 vom 23.5.2018, S. 2) in der jeweils geltenden Fassung die Einschränkung der Verarbeitung der gespeicherten Daten von der Registerbehörde verlangen. [3]Die Daten dürfen außer zur Prüfung der Richtigkeit und außer in den Fällen des Absatzes 3 Satz 1 ohne Einwilligung der betroffenen Person nicht verarbeitet werden. [4]Absatz 1 Satz 5 bis 8 gilt entsprechend.

(3) [1]Sind Eintragungen mit einem Sperrvermerk versehen, wird eine Auskunft über sie nur den in § 41 Abs. 1 Nr. 1, 3 bis 5 genannten Stellen erteilt. [2]In der

---

[1] § 19 neu gef. durch G v. 12.9.1990 (BGBl. I S. 2002); Abs. 2 Nr. 2 geänd., Nr. 3 angef. mWv 29.7.2017 durch G v. 18.7.2017 (BGBl. I S. 2732).

[2] § 20 neu gef. mWv 1.10.2002 durch G v. 23.4.2002 (BGBl. I S. 1406); Abs. 1 Sätze 6–8 angef. mWv 1.9.2014 durch G v. 6.9.2013 (BGBl. I S. 3556); Abs. 2 neu gef. mWv 26.11.2019 durch G v. 20.11.2019 (BGBl. I S. 1626).

[3] **Sartorius Nr. 246.**

Auskunft ist auf den Sperrvermerk hinzuweisen. [3]Im Übrigen wird nur auf den Sperrvermerk hingewiesen.

**§ 20a[1)] Änderung von Personendaten.** (1) [1]Die Meldebehörden haben der Registerbehörde bei Änderung des Geburtsnamens, Familiennamens, Vornamens oder Geburtsdatums einer Person für die in den Absätzen 2 und 3 genannten Zwecke neben dem bisherigen Namen oder Geburtsdatum folgende weitere Daten zu übermitteln:

1. Geburtsname,
2. Familienname,
3. Vorname,
4. Geburtsdatum,
5. Geburtsort,
6. Anschrift,
7. Bezeichnung der Behörde, die die Änderung im Melderegister veranlaßt hat, sowie
8. Datum und Aktenzeichen des zugrundeliegenden Rechtsaktes.

[2]Die Mitteilung ist ungeachtet des Offenbarungsverbots nach § 5 Abs. 1 des Transsexuellengesetzes und des Adoptionsgeheimnisses nach § 1758 Abs. 1 des Bürgerlichen Gesetzbuchs[2)] zulässig.

(2) Enthält das Register eine Eintragung oder einen Suchvermerk über diejenige Person, deren Geburtsname, Familienname, Vorname oder Geburtsdatum sich geändert hat, ist der geänderte Name oder das geänderte Geburtsdatum in den Eintrag oder den Suchvermerk aufzunehmen.

(3) [1]Eine Mitteilung nach Absatz 1 darf nur für die in Absatz 2, § 494 Absatz 1 der Strafprozeßordnung[3)] oder in § 153a Abs. 2 der Gewerbeordnung[4)] genannten Zwecke verwendet werden. [2]Liegen diese Voraussetzungen nicht vor, so ist die Mitteilung von der Registerbehörde unverzüglich zu vernichten.

**§ 20b[5)] Identifizierungsverfahren.** [1]Soweit dies zur Durchführung der Aufgaben der Registerbehörde, insbesondere nach diesem Gesetz erforderlich ist, darf die Registerbehörde bei Zweifeln an der Identität einer Person, für die eine Eintragung im Bundeszentralregister gespeichert ist, ausschließlich zur Feststellung der Identität dieser Person, allein oder nebeneinander, insbesondere Auskünfte von den folgenden öffentlichen Stellen einholen:

1. aus dem Melderegister,
2. aus dem Ausländerzentralregister sowie
3. von Ausländerbehörden und Standesämtern.

[2]Im Rahmen eines solchen Auskunftsersuchens darf die Registerbehörde den ersuchten öffentlichen Stellen die hierzu erforderlichen personenbezogenen Daten

---

[1)] § 20a eingef. mWv 1.6.1998 durch G v. 18.6.1997 (BGBl. I S. 1430); Abs. 1 Satz 2 angef. mWv 30.4.2002 durch G v. 23.4.2002 (BGBl. I S. 1406); Abs. 1 Satz 1 geänd. mWv 1.9.2014 durch G v. 6.9.2013 (BGBl. I S. 3556); Überschrift neu gef., Abs. 1 Satz 1 einl. Satzteil und Nr. 7 geänd., Abs. 2 neu gef., Abs. 3 Satz 1 geänd. mWv 29.7.2017 durch G v. 18.7.2017 (BGBl. I S. 2732); Abs. 3 Satz 1 geänd. mWv 26.11.2019 durch G v. 20.11.2019 (BGBl. I S. 1724).

[2)] Nr. **20**.

[3)] Nr. **90**.

[4)] **Sartorius Nr. 800.**

[5)] § 20b eingef. mWv 18.8.2021 durch G v. 10.8.2021 (BGBl. I S. 3420).

übermitteln. [3]Die ersuchten öffentlichen Stellen haben die von der Registerbehörde übermittelten personenbezogenen Daten spätestens nach Erteilung der Auskunft unverzüglich zu löschen.

**§ 21[1)] [2)] Automatisiertes Auskunftsverfahren.** [1]Die Einrichtung eines automatisierten Anfrage- und Auskunftsverfahrens für die Übermittlung personenbezogener Daten ist zulässig, soweit diese Form der Datenübermittlung unter Berücksichtigung der schutzwürdigen Interessen der betroffenen Personen wegen der Vielzahl der Übermittlungen oder wegen ihrer besonderen Eilbedürftigkeit angemessen ist und wenn gewährleistet ist, dass die Daten gegen den unbefugten Zugriff Dritter bei der Übermittlung wirksam geschützt werden. [2]§ 493 Absatz 2 und 3 Satz 1 und 2 der Strafprozessordnung[3)] gilt entsprechend; für Auskunftsersuchen der Verfassungsschutzbehörden des Bundes und der Länder, des Bundesnachrichtendienstes und des Militärischen Abschirmdienstes gelten darüber hinaus § 492 Absatz 4a der Strafprozessordnung und § 8 der Verordnung über den Betrieb des Zentralen Staatsanwaltschaftlichen Verfahrensregisters entsprechend.

**§ 21a[4)] Protokollierungen.** (1) Die Registerbehörde fertigt zu den von ihr erteilten Auskünften, Mitteilungen und Hinweisen Protokolle, die folgende Daten enthalten:

1. die Vorschrift, auf der die Auskunft oder der Hinweis beruht,
2. den Zweck der Auskunft,
3. die in der Anfrage und der Auskunft verarbeiteten Personendaten,
4. die Person oder Stelle, die um Erteilung der Auskunft ersucht hat, den Empfänger eines Hinweises sowie die Behörde in den Fällen des § 30 Absatz 5 oder deren Kennung,
5. den Zeitpunkt der Übermittlung,
6. die Namen der Bediensteten, die die Mitteilung gemacht haben, oder eine Kennung, außer bei Abrufen im automatisierten Verfahren,
7. das Aktenzeichen, außer bei Führungszeugnissen nach § 30 Absatz 1, den §§ 30a und 30b.

(2) [1]Die Protokolldaten nach Absatz 1 dürfen nur für Mitteilungen über Berichtigungen nach § 20, zu internen Prüfzwecken, zur Datenschutzkontrolle und zur Auskunft aus Protokolldaten entsprechend Absatz 3 verarbeitet werden. [2]Sie sind durch geeignete Vorkehrungen gegen Missbrauch zu schützen. [3]Protokolldaten, soweit sie sich nicht auf Datenverarbeitungsvorgänge nach Artikel 31 der Verordnung (EU) 2019/816 beziehen, sowie Nachweise nach § 30c Absatz 3 sind nach einem Jahr zu löschen, es sei denn, sie werden für Zwecke nach Satz 1 benötigt. [4]Danach sind sie unverzüglich zu löschen.

(3) [1]Soweit sich das Auskunftsrecht der betroffenen Person nach Artikel 15 der Verordnung (EU) 2016/679[5)] auf Auskünfte bezieht, die einer Stelle nach den

---

[1)] Früherer § 21a eingef. mWv 30.4.2002 durch G v. 23.4.2002 (BGBl. I S. 1406); Satz 2 neu gef. mWv 26.11.2015 durch G v. 20.11.2015 (BGBl. I S. 2017); bish. § 21a wird § 21 mWv 29.7.2017 durch G v. 18.7.2017 (BGBl. I S. 2732); Satz 1 geänd. mWv 26.11.2019 durch G v. 20.11.2019 (BGBl. I S. 1626); Satz 1 geänd. mWv 18.8.2021 durch G v. 10.8.2021 (BGBl. I S. 3420).

[2)] Beachte hierzu Übergangsvorschrift in § 69 Abs. 5.

[3)] Nr. **90**.

[4)] § 21a eingef. mWv 29.7.2017 durch G v. 18.7.2017 (BGBl. I S. 2732); Abs. 1 Nr. 3 und Abs. 2 Satz 1 geänd., Abs. 3 angef. mWv 26.11.2019 durch G v. 20.11.2019 (BGBl. I S. 1626); Abs. 2 Satz 3 geänd. mWv 1.10.2022 durch G v. 10.8.2021 (BGBl. I S. 3420).

[5)] **Sartorius Nr. 246.**

§§ 31 und 41 erteilt wurden, entscheidet die Registerbehörde über die Beschränkung des Auskunftsrechts nach Maßgabe des Bundesdatenschutzgesetzes[1] im Einvernehmen mit dieser Stelle. [2] Für die Antragsberechtigung und das Verfahren gilt § 30 entsprechend. [3] Wird mit der Protokolldatenauskunft eine Selbstauskunft nach § 42 beantragt, gilt § 42 Satz 2 bis 5 entsprechend.

**§ 22[2] Hinweispflicht der Registerbehörde.** (1) [1] Erhält das Register eine Mitteilung über

1. eine Verwarnung mit Strafvorbehalt,
2. die Aussetzung der Verhängung einer Jugendstrafe,
3. die Zurückstellung der Vollstreckung oder die Aussetzung einer Strafe, eines Strafrestes oder einer Maßregel der Besserung und Sicherung zur Bewährung,
4. den Erlaß oder Teilerlaß der Strafe,

so wird die Behörde, welche die Mitteilung gemacht hat, von der Registerbehörde unterrichtet, wenn eine Mitteilung über eine weitere Verurteilung eingeht, bevor sich aus dem Register ergibt, daß die Entscheidung nicht mehr widerrufen werden kann. [2] Ist eine Maßregel der Besserung und Sicherung ausgesetzt, so stehen in den Fällen der Nummer 3 Mitteilungen nach § 11 einer Mitteilung über eine Verurteilung gleich.

(2) Das Gleiche gilt, wenn eine Mitteilung über die Bewilligung einer weiteren in Absatz 1 bezeichneten Anordnung oder ein Suchvermerk eingeht.

(3) Wird eine in Absatz 1 bezeichnete Entscheidung widerrufen und ist im Register eine weitere Entscheidung nach Absatz 1 eingetragen, so hat die Registerbehörde die Behörde, welche die weitere Entscheidung mitgeteilt hat, von dem Widerruf zu benachrichtigen.

(4) Ist im Register eine Führungsaufsicht, aber noch nicht deren Beendigung eingetragen, unterrichtet die Registerbehörde, sobald sie eine Mitteilung über die Anordnung oder den Eintritt einer neuen Führungsaufsicht erhält, die Behörde, welche die bereits eingetragene Führungsaufsicht mitgeteilt hat, über die neue Eintragung.

**§ 23 Hinweis auf Gesamtstrafenbildung.** Ist bei Eintragung einer Verurteilung in das Register ersichtlich, daß im Register eine weitere Verurteilung eingetragen ist, bei der die Bildung einer Gesamtstrafe mit der neu einzutragenden Verurteilung in Betracht kommt, so weist die Registerbehörde die Behörde, welche die letzte Mitteilung gemacht hat, auf die Möglichkeit einer Gesamtstrafenbildung hin.

**§ 24[3] Entfernung von Eintragungen.** (1) [1] Eintragungen über Personen, deren Tod der Registerbehörde amtlich mitgeteilt worden ist, werden drei Jahre nach dem Eingang der Mitteilung aus dem Register entfernt. [2] Während dieser Zeit darf nur den Gerichten und Staatsanwaltschaften Auskunft erteilt werden.

(2) Eintragungen, die eine über 90 Jahre alte Person betreffen, werden ebenfalls aus dem Register entfernt.

---

[1] **Sartorius Nr. 245.**

[2] § 22 Abs. 2 neu gef. mWv 30.4.2002 durch G v. 23.4.2002 (BGBl. I S. 1406); Abs. 4 angef. mWv 27.4.2012 durch G v. 15.12.2011 (BGBl. I S. 2714).

[3] § 24 Abs. 1 neu gef., Abs. 3 und 4 angef. mWv 30.4.2002 durch G v. 23.4.2002 (BGBl. I S. 1406); Abs. 5 angef. mWv 31.8.2020 durch G v. 18.7.2017 (BGBl. I S. 2732).

(3) [1]Eintragungen nach § 11 werden bei Verfahren wegen eines Vergehens nach zehn Jahren, bei Verfahren wegen eines Verbrechens nach 20 Jahren aus dem Register entfernt. [2]Bei Straftaten nach den §§ 174 bis 180 oder § 182 des Strafgesetzbuches[1)] beträgt die Frist 20 Jahre. [3]Die Frist beginnt mit dem Tag der Entscheidung oder Verfügung.

(4) Sind im Register mehrere Eintragungen nach § 11 vorhanden, so ist die Entfernung einer Eintragung erst zulässig, wenn für alle Eintragungen die Voraussetzungen der Entfernung vorliegen.

(5) [1]Eine zu entfernende Eintragung nach § 11 wird ein Jahr nach Eintritt der Entfernungsreife aus dem Register gelöscht. [2]Während dieser Frist darf über die Eintragung nur der betroffenen Person Auskunft erteilt werden.

**§ 25[2)] Anordnung der Entfernung.** (1) [1]Die Registerbehörde kann auf Antrag oder von Amts wegen im Benehmen mit der Stelle, welche die Entscheidung getroffen hat, insbesondere im Interesse der Rehabilitierung der betroffenen Person anordnen, daß Eintragungen nach den §§ 10 und 11 vorzeitig aus dem Register entfernt werden, soweit nicht das öffentliche Interesse einer solchen Anordnung entgegensteht. [2]Vor ihrer Entscheidung soll sie in den Fällen des § 11 die Anhörung einer oder eines in der Psychiatrie erfahrenen medizinischen Sachverständigen durchführen.

(2) [1]Gegen die Ablehnung eines Antrags auf Entfernung einer Eintragung steht der antragstellenden Person innerhalb zwei Wochen nach der Bekanntgabe der Entscheidung die Beschwerde zu. [2]Hilft die Registerbehörde der Beschwerde nicht ab, so entscheidet das Bundesministerium der Justiz.

**§ 26[3)] Zu Unrecht entfernte Eintragungen.** Die Registerbehörde hat vor ihrer Entscheidung darüber, ob eine zu Unrecht aus dem Register entfernte Eintragung wieder in das Register aufgenommen wird, der betroffenen Person Gelegenheit zur Stellungnahme zu geben.

## Zweiter Abschnitt.[4)] Suchvermerke

**§ 27[5)] Speicherung.** Auf Grund einer Ausschreibung zur Festnahme oder zur Feststellung des Aufenthalts einer Person wird auf Ersuchen einer Behörde ein Suchvermerk im Register gespeichert, wenn der Suchvermerk der Erfüllung hoheitlicher Aufgaben oder der Durchführung von Maßnahmen der Zentralen Behörde nach § 7 des Internationalen Familienrechtsverfahrensgesetzes[6)] vom 26. Januar 2005 (BGBl. I S. 162), § 4 Abs. 3 des Erwachsenenschutzübereinkommens-Ausführungsgesetzes vom 17. März 2007 (BGBl. I S. 314) oder nach den §§ 16 und 17 des Auslandsunterhaltsgesetzes vom 23. Mai 2011 (BGBl. I S. 898)

---

[1)] Nr. **85**.

[2)] § 25 Abs. 1 Sätze 1 und 2 geänd. durch G v. 12.9.1990 (BGBl. I S. 2002); Abs. 1 Satz 1, Abs. 2 Satz 2 geänd. mWv 30.4.2002 durch G v. 23.4.2002 (BGBl. I S. 1406); Abs. 1 Sätze 1 und 2, Abs. 2 Satz 2 geänd. mWv 1.1.2007 durch G v. 17.12.2006 (BGBl. I S. 3171); Abs. 1 Sätze 1 und 2, Abs. 2 Sätze 1 und 2 geänd. mWv 29.7.2017 durch G v. 18.7.2017 (BGBl. I S. 2732); Abs. 2 Satz 2 geänd. mWv 9.12.2022 durch G v. 4.12.2022 (BGBl. I S. 2146).

[3)] § 26 neu gef. mWv 1.1.2007 durch G v. 17.12.2006 (BGBl. I S. 3171); geänd. mWv 29.7.2017 durch G v. 18.7.2017 (BGBl. I S. 2732).

[4)] 2. Abschnitt Überschrift neu gef. mWv 30.4.2002 durch G v. 23.4.2002 (BGBl. I S. 1406).

[5)] § 27 neu gef. mWv 30.4.2002 durch G v. 23.4.2002 (BGBl. I S. 1406); geänd. mWv 1.3.2005 durch G v. 26.1.2005 (BGBl. I S. 162); mWv 1.1.2009 durch G v. 17.3.2007 (BGBl. I S. 314); mWv 18.6.2011 durch G v. 23.5.2011 (BGBl. I S. 898); mWv 29.7.2017 durch G v. 18.7.2017 (BGBl. I S. 2732).

[6)] **Habersack, Deutsche Gesetze ErgBd. Nr. 103n.**

dient und der Aufenthaltsort der betroffenen Person zum Zeitpunkt des Ersuchens unbekannt ist.

**§ 28[1] Behandlung.** (1) [1]Enthält das Register eine Eintragung oder erhält es eine Mitteilung über die gesuchte Person, gibt die Registerbehörde der suchenden Behörde bekannt

1. das Datum und die Geschäftsnummer der Entscheidung,
2. die Behörde, die mitgeteilt hat, sowie
3. die letzte mitgeteilte Anschrift der gesuchten Person.

[2]Entsprechend ist zu verfahren, wenn ein Antrag auf Erteilung eines Führungszeugnisses oder auf Auskunft aus dem Register eingeht.

(2) [1]Liegen von verschiedenen Behörden Anfragen vor, welche dieselbe Person betreffen, so ist jeder Behörde von der Anfrage der anderen Behörde Mitteilung zu machen. [2]Entsprechendes gilt, wenn Anfragen von derselben Behörde unter verschiedenen Geschäftsnummern vorliegen.

**§ 29[2] Erledigung.** (1) Erledigt sich ein Suchvermerk vor Ablauf von drei Jahren seit der Speicherung, so ist dies der Registerbehörde mitzuteilen.

(2) Der Suchvermerk wird entfernt, wenn seine Erledigung mitgeteilt wird, spätestens jedoch nach Ablauf von drei Jahren seit der Speicherung.

## Dritter Abschnitt.[3] Auskunft aus dem Register

### 1. Führungszeugnis

**§ 30[4] Antrag.** (1) [1]Jeder Person, die das 14. Lebensjahr vollendet hat, wird auf Antrag ein Zeugnis über den sie betreffenden Inhalt des Registers erteilt (Führungszeugnis). [2]Hat sie eine gesetzliche Vertretung, ist auch diese antragsberechtigt. [3]Ist die Person geschäftsunfähig, ist nur ihre gesetzliche Vertretung antragsberechtigt.

(2) [1]Wohnt die antragstellende Person innerhalb des Geltungsbereichs dieses Gesetzes, ist der Antrag persönlich oder mit amtlich oder öffentlich beglaubigter Unterschrift schriftlich bei der Meldebehörde zu stellen. [2]Bei der Antragstellung sind die Identität und im Fall der gesetzlichen Vertretung die Vertretungsmacht nachzuweisen. [3]Die antragstellende Person und ihre gesetzliche Vertretung können sich bei der Antragstellung nicht durch Bevollmächtigte vertreten lassen. [4]Die Meldebehörde nimmt die Gebühr für das Führungszeugnis entgegen, behält davon zwei Fünftel ein und führt den Restbetrag an die Bundeskasse ab.

(3) [1]Wohnt die antragstellende Person außerhalb des Geltungsbereichs dieses Gesetzes, so kann sie den Antrag unmittelbar bei der Registerbehörde stellen. [2]Absatz 2 Satz 2 und 3 gilt entsprechend.

(4) Die Übersendung des Führungszeugnisses ist nur an die antragstellende Person zulässig.

---

[1] § 28 Abs. 1 Satz 1 neu gef. mWv 29.7.2017 durch G v. 18.7.2017 (BGBl. I S. 2732).

[2] § 29 Abs. 1 geänd., Abs. 2 neu gef. mWv 29.7.2017 durch G v. 18.7.2017 (BGBl. I S. 2732).

[3] 3. Abschnitt Überschrift geänd. mWv 27.4.2012 durch G v. 15.12.2011 (BGBl. I S. 2714).

[4] § 30 Abs. 1 Satz 1 geänd. mWv 27.4.2012 durch G v. 15.12.2011 (BGBl. I S. 2714); Abs. 2 Satz 1 neu gef. mWv 14.9.2013 durch G v. 6.9.2013 (BGBl. I S. 3556); Abs. 1 Sätze 2, 3 und Abs. 2 neu gef., Abs. 3 Satz 1 geänd., Abs. 4 neu gef., Abs. 5 Sätze 2–6 geänd., Abs. 6 Satz 1 neu gef. mWv 29.7.2017 durch G v. 18.7.2017 (BGBl. I S. 2732).

(5) [1] Wird das Führungszeugnis zur Vorlage bei einer Behörde beantragt, so ist es der Behörde unmittelbar zu übersenden. [2] Die Behörde hat der antragstellenden Person auf Verlangen Einsicht in das Führungszeugnis zu gewähren. [3] Die antragstellende Person kann verlangen, daß das Führungszeugnis, wenn es Eintragungen enthält, zunächst an ein von ihr benanntes Amtsgericht zur Einsichtnahme durch sie übersandt wird. [4] Die Meldebehörde hat die antragstellende Person in den Fällen, in denen der Antrag bei ihr gestellt wird, auf diese Möglichkeit hinzuweisen. [5] Das Amtsgericht darf die Einsicht nur der antragstellenden Person persönlich gewähren. [6] Nach Einsichtnahme ist das Führungszeugnis an die Behörde weiterzuleiten oder, falls die antragstellende Person dem widerspricht, vom Amtsgericht zu vernichten.

(6) [1] Wohnt die antragstellende Person außerhalb des Geltungsbereichs dieses Gesetzes, so kann sie verlangen, dass das Führungszeugnis, wenn es Eintragungen enthält, zunächst an eine von ihr benannte amtliche Vertretung der Bundesrepublik Deutschland zur Einsichtnahme durch sie übersandt wird. [2] Absatz 5 Satz 5 und 6 gilt für die amtliche Vertretung der Bundesrepublik Deutschland entsprechend.

**§ 30a[1)] Antrag auf ein erweitertes Führungszeugnis.** (1) Einer Person wird auf Antrag ein erweitertes Führungszeugnis erteilt,

1. wenn die Erteilung in gesetzlichen Bestimmungen unter Bezugnahme auf diese Vorschrift vorgesehen ist oder
2. wenn dieses Führungszeugnis benötigt wird für
   a) eine berufliche oder ehrenamtliche Beaufsichtigung, Betreuung, Erziehung oder Ausbildung Minderjähriger oder
   b) eine Tätigkeit, die in einer Buchstabe a vergleichbaren Weise geeignet ist, Kontakt zu Minderjährigen aufzunehmen.

(2) [1] Wer einen Antrag auf Erteilung eines erweiterten Führungszeugnisses stellt, hat eine schriftliche Aufforderung vorzulegen, in der die Person, die das erweiterte Führungszeugnis von der antragstellenden Person verlangt, bestätigt, dass die Voraussetzungen nach Absatz 1 vorliegen. [2] Im Übrigen gilt § 30 entsprechend.

(3) [1] Die Daten aus einem erweiterten Führungszeugnis dürfen von der entgegennehmenden Stelle nur verarbeitet werden, soweit dies zur Prüfung der Eignung der Person für eine Tätigkeit, die Anlass zu der Vorlage des Führungszeugnisses gewesen ist, erforderlich ist. [2] Die Daten sind vor dem Zugriff Unbefugter zu schützen. [3] Sie sind unverzüglich zu löschen, wenn die Person die Tätigkeit, die Anlass zu der Vorlage des Führungszeugnisses gewesen ist, nicht ausübt. [4] Die Daten sind spätestens sechs Monate nach der letztmaligen Ausübung der Tätigkeit zu löschen.

**§ 30b[2)] Europäisches Führungszeugnis.** (1) [1] Sofern der Mitgliedstaat eine Übermittlung nach seinem Recht vorsieht, wird in das Führungszeugnis nach § 30 oder § 30a Absatz 1 die Mitteilung über Eintragungen in den Strafregistern anderer Mitgliedstaaten der Europäischen Union vollständig und in der übermittelten

---

[1)] § 30a eingef. mWv 1.5.2010 durch G v. 16.7.2009 (BGBl. I S. 1952); Abs. 1 Nr. 2 Buchst. a aufgeh., bish. Buchst. b und c werden Buchst. a und b und geänd., Abs. 2 Satz 1 geänd. mWv 29.7.2017 durch G v. 18.7.2017 (BGBl. I S. 2732); Abs. 3 angef. mWv 9.12.2022 durch G v. 4.12.2022 (BGBl. I S. 2146).

[2)] § 30b neu gef. mWv 17.7.2020 durch G v. 10.7.2020 (BGBl. I S. 1648); Abs. 1a eingef., Abs. 3 neu gef., Abs. 4 Satz 2 geänd. mWv 9.12.2022 durch G v. 4.12.2022 (BGBl. I S. 2146).

Sprache (Europäisches Führungszeugnis) für die folgenden Personen aufgenommen:

1. für Personen, die die Staatsangehörigkeit eines anderen Mitgliedstaates der Europäischen Union besitzen, sowie
2. für Drittstaatsangehörige.

[2] Nicht aufgenommen werden Entscheidungen deutscher Gerichte. [3] § 30 gilt entsprechend.

(1a) [1] Absatz 1 gilt entsprechend für die Mitteilung über Eintragungen im Strafregister eines Partnerstaates zu dessen Staatsangehörigen. [2] Partnerstaat nach Satz 1 ist ein Drittstaat, mit dem die Europäische Union in einem Abkommen den elektronischen Austausch von Strafregisterinformationen vereinbart hat.

(2) Ersuchen der Registerbehörde um Übermittlung der nach Absatz 1 in das Führungszeugnis zusätzlich aufzunehmenden Eintragungen für ein Europäisches Führungszeugnis von Personen, die die Staatsangehörigkeit eines anderen Mitgliedstaates der Europäischen Union besitzen, sind an den Herkunftsmitgliedstaat zu richten.

(3) Ersuchen der Registerbehörde um Übermittlung der nach Absatz 1 oder Absatz 1a in das Führungszeugnis zusätzlich aufzunehmenden Eintragungen für ein Führungszeugnis von Drittstaatsangehörigen sind zu richten

1. im Fall des Absatzes 1 unter Nutzung von ECRIS-TCN an die in diesem System ausgewiesenen Mitgliedstaaten der Europäischen Union und
2. im Fall des Absatzes 1a an den jeweiligen Partnerstaat, dessen Staatsangehörigkeit die Person besitzt.

(4) [1] Das Führungszeugnis soll spätestens 20 Werktage nach der Übermittlung der Ersuchen der Registerbehörde erteilt werden. [2] Haben die Mitgliedstaaten oder hat der Partnerstaat keine Auskunft aus ihrem Strafregister erteilt, ist hierauf im Führungszeugnis hinzuweisen.

**§ 30c[1)] Elektronische Antragstellung.** (1) [1] Erfolgt die Antragstellung abweichend von § 30 Absatz 2 oder Absatz 3 elektronisch, ist der Antrag unter Nutzung des im Internet angebotenen Zugangs unmittelbar bei der Registerbehörde oder über das Nutzerkonto nach § 3 Absatz 2 Satz 1 des Onlinezugangsgesetzes zu stellen. [2] Die antragstellende Person kann sich nicht durch Bevollmächtigte vertreten lassen. [3] Handelt sie in gesetzlicher Vertretung, hat sie ihre Vertretungsmacht nachzuweisen.

(2) [1] Der elektronische Identitätsnachweis nach § 18 des Personalausweisgesetzes[2)], nach § 12 des eID-Karte-Gesetzes oder nach § 78 Absatz 5 des Aufenthaltsgesetzes[3)] ist zu führen. [2] Der Nachweis ist ausschließlich über elektronische Identifizierungssysteme zulässig, die mit dem Vertrauensniveau „hoch" im Sinne des Artikels 8 Absatz 2 Buchstabe c der Verordnung (EU) Nr. 910/2014 des Europäischen Parlaments und des Rates vom 23. Juli 2014 über elektronische Identifizierung und Vertrauensdienste für elektronische Transaktionen im Binnenmarkt und

---

[1)] § 30c eingef. mWv 1.9.2014 durch G v. 6.9.2013 (BGBl. I S. 3556); Abs. 1 Sätze 2 und 3 neu gef. mWv 29.7.2017 durch G v. 18.7.2017 (BGBl. I S. 2732); Abs. 2 Sätze 1, 2 einl. Satzteil und Nr. 1 geänd. mWv 1.11.2019 durch G v. 21.6.2019 (BGBl. I S. 846); Abs. 1 Satz 1 geänd., Abs. 2 Satz 2 eingef., bish. Satz 2 wird Satz 3 und einl. Satzteil geänd., bish. Sätze 3 und 4 werden Sätze 4 und 5 mWv 9.12.2022 durch G v. 4.12.2022 (BGBl. I S. 2146).

[2)] **Sartorius Nr. 255.**

[3)] **Sartorius Nr. 565.**

zur Aufhebung der Richtlinie 1999/93/EG (ABl. L 257 vom 28.8.2014, S. 73; L 23 vom 29.1.2015, S. 19; L 155 vom 14.6.2016, S. 44) notifiziert sind. [3]Um den elektronischen Identitätsnachweis führen zu können, müssen aus dem elektronischen Speicher- und Verarbeitungsmedium des Personalausweises, der eID-Karte oder des elektronischen Aufenthaltstitels oder aus einem elektronischen Speicher- und Verarbeitungsmedium eines mobilen Endgeräts an die Registerbehörde übermittelt werden:

1. die Daten nach § 18 Absatz 3 Satz 1 des Personalausweisgesetzes, nach § 12 Absatz 3 Satz 2 des eID-Karte-Gesetzes in Verbindung mit § 18 Absatz 3 Satz 1 des Personalausweisgesetzes oder nach § 78 Absatz 5 Satz 2 des Aufenthaltsgesetzes in Verbindung mit § 18 Absatz 3 Satz 1 des Personalausweisgesetzes und
2. Familienname, Geburtsname, Vornamen, Geburtsort sowie Geburtsdatum, Staatsangehörigkeit und Anschrift.

[4]Lässt das elektronische Speicher- und Verarbeitungsmedium die Übermittlung des Geburtsnamens nicht zu, ist der Geburtsname im Antrag anzugeben und nachzuweisen. [5]Bei der Datenübermittlung ist ein dem jeweiligen Stand der Technik entsprechendes sicheres Verfahren zu verwenden, das die Vertraulichkeit und Integrität des elektronisch übermittelten Datensatzes gewährleistet.

(3) [1]Vorzulegende Nachweise sind gleichzeitig mit dem Antrag elektronisch einzureichen und ihre Echtheit sowie inhaltliche Richtigkeit sind an Eides statt zu versichern. [2]Bei vorzulegenden Schriftstücken kann die Registerbehörde im Einzelfall die Vorlage des Originals verlangen.

(4) [1]Die näheren Einzelheiten des elektronischen Verfahrens regelt die Registerbehörde. [2]Im Übrigen gilt § 30 entsprechend.

**§ 31[1)] Erteilung des Führungszeugnisses und des erweiterten Führungszeugnisses an Behörden.** (1) [1]Behörden erhalten über eine bestimmte Person ein Führungszeugnis, soweit sie es zur Erledigung ihrer hoheitlichen Aufgaben benötigen und eine Aufforderung an die betroffene Person, ein Führungszeugnis vorzulegen, nicht sachgemäß ist oder erfolglos bleibt. [2]Die Behörde hat der betroffenen Person auf Verlangen Einsicht in das Führungszeugnis zu gewähren.

(2) [1]Behörden erhalten zum Zweck des Schutzes Minderjähriger ein erweitertes Führungszeugnis unter den Voraussetzungen des Absatzes 1. [2]Absatz 1 Satz 2 gilt entsprechend.

**§ 32[2)] Inhalt des Führungszeugnisses.** (1) [1]In das Führungszeugnis werden die in den §§ 4 bis 16 bezeichneten Eintragungen aufgenommen. [2]Soweit in Absatz 2 Nr. 3 bis 9 hiervon Ausnahmen zugelassen werden, gelten diese nicht bei

---

[1)] § 31 Überschrift neu gef., Abs. 2 angef. mWv 1.5.2010 durch G v. 16.7.2009 (BGBl. I S. 1952); Abs. 1 Sätze 1 und 2 geänd. mWv 29.7.2017 durch G v. 18.7.2017 (BGBl. I S. 2732).

[2)] § 32 Abs. 2 Nr. 10 aufgeh. durch G v. 12.9.1990 (BGBl. I S. 2002); Abs. 1 Satz 2 angef. durch G v. 26.1.1998 (BGBl. I S. 160); Abs. 2 Nr. 10 eingef., Abs. 3 Nr. 3 neu gef., Nr. 4 angef. mWv 1.10.2002 durch G v. 23.4.2002 (BGBl. I S. 1406); Abs. 2 Nr. 11 geänd., Nr. 12 angef. mWv 28.8.2002 durch G v. 21.8.2002 (BGBl. I S. 3344); Abs. 5 angef. mWv 1.5.2010 durch G v. 16.7.2009 (BGBl. I S. 1952); Abs. 5 geänd. mWv 27.1.2015 durch G v. 21.1.2015 (BGBl. I S. 10); Abs. 5 geänd. mWv 15.10.2016 durch G v. 11.10.2016 (BGBl. I S. 2226); Abs. 5 geänd. mWv 10.11.2016 durch G v. 4.11.2016 (BGBl. I S. 2460); Abs. 3 Nr. 2, Abs. 4 Nr. 2 Buchst. b und abschl. Satzteil geänd. mWv 29.7.2017 durch G v. 18.7.2017 (BGBl. I S. 2732); Abs. 5 geänd. mWv 1.1.2021 durch G v. 9.10.2020 (BGBl. I S. 2075); Abs. 5 geänd. mWv 1.7.2022 durch G v. 16.6.2021 (BGBl. I S. 1810); Abs. 2 Nr. 10 geänd. mWv 1.10.2022 durch G v. 10.8.2021 (BGBl. I S. 3420).

Verurteilungen wegen einer Straftat nach den §§ 174 bis 180 oder 182 des Strafgesetzbuches[1)].

(2) Nicht aufgenommen werden

1. die Verwarnung mit Strafvorbehalt nach § 59 des Strafgesetzbuchs,
2. der Schuldspruch nach § 27 des Jugendgerichtsgesetzes[2)],
3. Verurteilungen, durch die auf Jugendstrafe von nicht mehr als zwei Jahren erkannt worden ist, wenn die Vollstreckung der Strafe oder eines Strafrestes gerichtlich oder im Gnadenwege zur Bewährung ausgesetzt oder nach § 35 des Betäubungsmittelgesetzes[3)] zurückgestellt und diese Entscheidung nicht widerrufen worden ist,
4. Verurteilungen, durch die auf Jugendstrafe erkannt worden ist, wenn der Strafmakel gerichtlich oder im Gnadenwege als beseitigt erklärt und die Beseitigung nicht widerrufen worden ist,
5. Verurteilungen, durch die auf
   a) Geldstrafe von nicht mehr als neunzig Tagessätzen,
   b) Freiheitsstrafe oder Strafarrest von nicht mehr als drei Monaten

   erkannt worden ist, wenn im Register keine weitere Strafe eingetragen ist,
6. Verurteilungen, durch die auf Freiheitsstrafe von nicht mehr als zwei Jahren erkannt worden ist, wenn die Vollstreckung der Strafe oder eines Strafrestes
   a) nach § 35 oder § 36 des Betäubungsmittelgesetzes zurückgestellt oder zur Bewährung ausgesetzt oder
   b) nach § 56 oder § 57 des Strafgesetzbuchs zur Bewährung ausgesetzt worden ist und sich aus dem Register ergibt, daß der Verurteilte die Tat oder bei Gesamtstrafen alle oder den ihrer Bedeutung nach überwiegenden Teil der Taten auf Grund einer Betäubungsmittelabhängigkeit begangen hat,

   diese Entscheidungen nicht widerrufen worden sind und im Register keine weitere Strafe eingetragen ist,
7. Verurteilungen, durch die neben Jugendstrafe oder Freiheitsstrafe von nicht mehr als zwei Jahren die Unterbringung in einer Entziehungsanstalt angeordnet worden ist, wenn die Vollstreckung der Strafe, des Strafrestes oder der Maßregel nach § 35 des Betäubungsmittelgesetzes zurückgestellt worden ist und im übrigen die Voraussetzungen der Nummer 3 oder 6 erfüllt sind,
8. Verurteilungen, durch die Maßregeln der Besserung und Sicherung, Nebenstrafen oder Nebenfolgen allein oder in Verbindung miteinander oder in Verbindung mit Erziehungsmaßregeln oder Zuchtmitteln angeordnet worden sind,
9. Verurteilungen, bei denen die Wiederaufnahme des gesamten Verfahrens vermerkt ist; ist die Wiederaufnahme nur eines Teils des Verfahrens angeordnet, so ist im Führungszeugnis darauf hinzuweisen,
10. abweichende Personendaten gemäß § 5 Abs. 1 Nr. 1 und die Angabe nach § 5 Absatz 1 Nummer 8,
11. Eintragungen nach den §§ 10 und 11,
12. die vorbehaltene Sicherungsverwahrung, falls von der Anordnung der Sicherungsverwahrung rechtskräftig abgesehen worden ist.

---

[1)] Nr. **85**.
[2)] Nr. **89**.
[3)] **Habersack, Deutsche Gesetze ErgBd. Nr. 86.**

(3) In ein Führungszeugnis für Behörden (§ 30 Abs. 5, § 31) sind entgegen Absatz 2 auch aufzunehmen

1. Verurteilungen, durch die eine freiheitsentziehende Maßregel der Besserung und Sicherung angeordnet worden ist,
2. Eintragungen nach § 10, wenn die Entscheidung oder der Verzicht nicht länger als zehn Jahre zurückliegt,
3. Eintragungen nach § 11, wenn die Entscheidung oder Verfügung nicht länger als fünf Jahre zurückliegt,
4. abweichende Personendaten gemäß § 5 Abs. 1 Nr. 1, sofern unter diesen Daten Eintragungen erfolgt sind, die in ein Führungszeugnis für Behörden aufzunehmen sind.

(4) In ein Führungszeugnis für Behörden (§ 30 Abs. 5, § 31) sind ferner die in Absatz 2 Nr. 5 bis 9 bezeichneten Verurteilungen wegen Straftaten aufzunehmen, die

1. bei oder in Zusammenhang mit der Ausübung eines Gewerbes oder dem Betrieb einer sonstigen wirtschaftlichen Unternehmung oder
2. bei der Tätigkeit in einem Gewerbe oder einer sonstigen wirtschaftlichen Unternehmung
   a) von einem Vertreter oder Beauftragten im Sinne des § 14 des Strafgesetzbuchs oder
   b) von einer Person, die in einer Rechtsvorschrift ausdrücklich als verantwortlich bezeichnet ist,

begangen worden sind, wenn das Führungszeugnis für die in § 149 Abs. 2 Satz 1 Nr. 1 der Gewerbeordnung[1] bezeichneten Entscheidungen bestimmt ist.

(5) Soweit in Absatz 2 Nummer 3 bis 9 Ausnahmen für die Aufnahme von Eintragungen zugelassen werden, gelten diese nicht bei einer Verurteilung wegen einer Straftat nach den §§ 171, 180a, 181a, 183 bis 184g, 184i bis 184l, 201a Absatz 3, den §§ 225, 232 bis 233a, 234, 235 oder § 236 des Strafgesetzbuchs, wenn ein erweitertes Führungszeugnis nach § 30a oder § 31 Absatz 2 erteilt wird.

**§ 33[2] Nichtaufnahme von Verurteilungen nach Fristablauf.** (1) Nach Ablauf einer bestimmten Frist werden Verurteilungen nicht mehr in das Führungszeugnis aufgenommen.

(2) Dies gilt nicht bei Verurteilungen, durch die

1. auf lebenslange Freiheitsstrafe erkannt worden ist, wenn der Strafrest nicht nach § 57a Abs. 3 Satz 2 in Verbindung mit § 56g des Strafgesetzbuches[3] oder im Gnadenwege erlassen ist,
2. Sicherungsverwahrung angeordnet worden ist,
3. die Unterbringung in einem psychiatrischen Krankenhaus angeordnet worden ist, wenn ein Führungszeugnis für Behörden (§ 30 Abs. 5, § 31) beantragt wird oder
4. wegen einer Straftat nach den §§ 176c oder 176d des Strafgesetzbuches erkannt worden ist
   a) auf Freiheitsstrafe von mindestens fünf Jahren oder

---

[1] **Sartorius Nr. 800.**

[2] § 33 Abs. 2 Nr. 3 ber. durch BGBl. 1985 I S. 195; Abs. 2 Nr. 2 und 3 geänd., Nr. 4 angef. mWv 1.7. 2022 durch G v. 16.6.2021 (BGBl. I S. 1810).

[3] Nr. **85**.

b) auf Freiheitsstrafe von mindestens drei Jahren bei zwei oder mehr im Register eingetragenen Verurteilungen nach den §§ 176c oder 176d des Strafgesetzbuches,

wenn ein erweitertes Führungszeugnis oder ein erweitertes Führungszeugnis für Behörden (§ 30 Absatz 5, § 31) beantragt wird.

**§ 34[1)] Länge der Frist.** (1) Die Frist, nach deren Ablauf eine Verurteilung nicht mehr in das Führungszeugnis aufgenommen wird, beträgt

1. drei Jahre bei
   a) Verurteilungen zu
      aa) Geldstrafe und
      bb) Freiheitsstrafe oder Strafarrest von nicht mehr als drei Monaten,

      wenn die Voraussetzungen des § 32 Absatz 2 nicht vorliegen,
   b) Verurteilungen zu Freiheitsstrafe oder Strafarrest von mehr als drei Monaten, aber nicht mehr als einem Jahr, wenn die Vollstreckung der Strafe oder eines Strafrestes gerichtlich oder im Gnadenweg zur Bewährung ausgesetzt, diese Entscheidung nicht widerrufen worden und im Register nicht außerdem Freiheitsstrafe, Strafarrest oder Jugendstrafe eingetragen ist,
   c) Verurteilungen zu Jugendstrafe von nicht mehr als einem Jahr, wenn die Voraussetzungen des § 32 Absatz 2 nicht vorliegen,
   d) Verurteilungen zu Jugendstrafe von mehr als zwei Jahren, wenn ein Strafrest nach Ablauf der Bewährungszeit gerichtlich oder im Gnadenweg erlassen worden ist,
2. zehn Jahre bei Verurteilungen wegen einer Straftat nach den §§ 174 bis 180 oder 182 des Strafgesetzbuches[2)] zu einer Freiheitsstrafe oder Jugendstrafe von mehr als einem Jahr,
3. fünf Jahre in den übrigen Fällen.

(2) Die Frist, nach deren Ablauf eine Verurteilung wegen einer Straftat nach den §§ 171, 174 bis 180a, 181a, 182 bis 184g, 184i bis 184l, 201a Absatz 3, den §§ 225, 232 bis 233a, 234, 235 oder § 236 des Strafgesetzbuches nicht mehr in ein erweitertes Führungszeugnis aufgenommen wird, beträgt

1. zehn Jahre
   a) bei Verurteilungen zu Geldstrafe oder Freiheitsstrafe oder Strafarrest oder Jugendstrafe,
   b) bei einer Verurteilung, durch die eine freiheitsentziehende Maßregel der Besserung und Sicherung allein angeordnet worden ist,
2. zwanzig Jahre bei einer Verurteilung wegen einer Straftat nach den §§ 176 bis 176d des Strafgesetzbuches zu Freiheitsstrafe oder Jugendstrafe von mehr als einem Jahr.

(3) [1]In den Fällen des Absatzes 1 Nummer 1 Buchstabe d, Nummer 2 und 3 verlängert sich die Frist um die Dauer der Freiheitsstrafe, des Strafarrests oder der Jugendstrafe. [2]In den Fällen des Absatzes 2 verlängert sich die Frist bei einer

[1)] § 34 Abs. 2 geänd. durch G v. 15.7.1992 (BGBl. I S. 1302); Abs. 1 Nr. 2 eingef., bish. Nr. 2 wird Nr. 3, Abs. 2 Satz 1 geänd. durch G v. 26.1.1998 (BGBl. I S. 160); Abs. 2 eingef., bish. Abs. 2 wird Abs. 3 mWv 1.5.2010 durch G v. 16.7.2009 (BGBl. I S. 1952); Abs. 1 Nr. 1 neu gef. mWv 29.7.2017 durch G v. 18.7.2017 (BGBl. I S. 2732); Abs. 2 und 3 Satz 1 neu gef., Satz 2 eingef., bish. Satz 2 wird Satz 3 mWv 1.7.2022 durch G v. 16.6.2021 (BGBl. I S. 1810).

[2)] Nr. **85**.

Verurteilung zu einer Freiheitsstrafe oder Jugendstrafe von mehr als einem Jahr um die Dauer der Freiheitsstrafe oder der Jugendstrafe. [3]Bei Erlaß des Restes einer lebenslangen Freiheitsstrafe verlängert sich die Frist um den zwischen dem Tag des ersten Urteils und dem Ende der Bewährungszeit liegenden Zeitraum, mindestens jedoch um zwanzig Jahre.

**§ 35[1)] Gesamtstrafe, Einheitsstrafe und Nebenentscheidungen.** (1) Ist eine Gesamtstrafe oder eine einheitliche Jugendstrafe gebildet oder ist nach § 30 Abs. 1 des Jugendgerichtsgesetzes[2)] auf Jugendstrafe erkannt worden, so ist allein die neue Entscheidung für § 32 Abs. 2 und § 34 maßgebend.

(2) Bei der Feststellung der Frist nach § 34 bleiben Nebenstrafen, Nebenfolgen und neben Freiheitsstrafe oder Strafarrest ausgesprochene Geldstrafen sowie Maßregeln der Besserung und Sicherung unberücksichtigt.

**§ 36 Beginn der Frist.** [1]Die Frist beginnt mit dem Tag des ersten Urteils (§ 5 Abs. 1 Nr. 4). [2]Dieser Tag bleibt auch maßgebend, wenn

1. eine Gesamtstrafe oder eine einheitliche Jugendstrafe gebildet,
2. nach § 30 Abs. 1 des Jugendgerichtsgesetzes[2)] auf Jugendstrafe erkannt wird oder
3. eine Entscheidung im Wiederaufnahmeverfahren ergeht, die eine registerpflichtige Verurteilung enthält.

**§ 37[3)] Ablaufhemmung.** (1) Haben Verurteilte infolge der Verurteilung die Fähigkeit, öffentliche Ämter zu bekleiden und Rechte aus öffentlichen Wahlen zu erlangen, oder das Recht, in öffentlichen Angelegenheiten zu wählen oder zu stimmen, verloren, so läuft die Frist nicht ab, solange sie diese Fähigkeit oder dieses Recht nicht wiedererlangt haben.

(2) Die Frist läuft ferner nicht ab, solange sich aus dem Register ergibt, daß die Vollstreckung einer Strafe oder eine der in § 61 des Strafgesetzbuchs[4)] aufgeführten Maßregeln der Besserung und Sicherung mit Ausnahme der Sperre für die Erteilung einer Fahrerlaubnis noch nicht erledigt oder die Strafe noch nicht erlassen ist.

**§ 38 Mehrere Verurteilungen.** (1) Sind im Register mehrere Verurteilungen eingetragen, so sind sie alle in das Führungszeugnis aufzunehmen, solange eine von ihnen in das Zeugnis aufzunehmen ist.

(2) Außer Betracht bleiben

1. Verurteilungen, die nur in ein Führungszeugnis für Behörden aufzunehmen sind (§ 32 Abs. 3, 4, § 33 Abs. 2 Nr. 3),
2. Verurteilungen in den Fällen des § 32 Abs. 2 Nr. 1 bis 4,
3. Verurteilungen, durch die auf Geldstrafe von nicht mehr als neunzig Tagessätzen oder auf Freiheitsstrafe oder Strafarrest von nicht mehr als drei Monaten erkannt worden ist.

---

[1)] § 35 Abs. 2 neu gef. mWv 29.7.2017 durch G v. 18.7.2017 (BGBl. I S. 2732).

[2)] Nr. **89**.

[3)] § 37 Abs. 2 geänd. mWv 1.10.2002 durch G v. 23.4.2002 (BGBl. I S. 1406); Abs. 1 geänd. mWv 29.7.2017 durch G v. 18.7.2017 (BGBl. I S. 2732).

[4)] Nr. **85**.

**§ 39[1)] Anordnung der Nichtaufnahme.** (1) [1]Die Registerbehörde kann auf Antrag oder von Amts wegen anordnen, daß Verurteilungen und Eintragungen nach § 11 entgegen diesem Gesetz nicht in das Führungszeugnis aufgenommen werden. [2]Dies gilt nicht, soweit das öffentliche Interesse der Anordnung entgegensteht. [3]Die Anordnung kann auf Führungszeugnisse ohne Einbeziehung der Führungszeugnisse für Behörden, auf Führungszeugnisse ohne Einbeziehung der erweiterten Führungszeugnisse, auf Führungszeugnisse ohne Einbeziehung der erweiterten Führungszeugnisse für Behörden oder auf die einmalige Erteilung eines Führungszeugnisses beschränkt werden. [4]Die Registerbehörde soll das erkennende Gericht und die sonst zuständige Behörde hören. [5]Betrifft die Eintragung eine solche der in § 11 bezeichneten Art oder eine Verurteilung, durch die eine freiheitsentziehende Maßregel der Besserung und Sicherung angeordnet worden ist, soll sie auch die Stellungnahme eines oder einer in der Psychiatrie erfahrenen medizinischen Sachverständigen einholen.

(2) Haben Verurteilte infolge der Verurteilung durch ein Gericht im Geltungsbereich dieses Gesetzes die Fähigkeit, öffentliche Ämter zu bekleiden und Rechte aus öffentlichen Wahlen zu erlangen, oder das Recht, in öffentlichen Angelegenheiten zu wählen oder zu stimmen, verloren, so darf eine Anordnung nach Absatz 1 nicht ergehen, solange sie diese Fähigkeit oder dieses Recht nicht wiedererlangt haben.

(3) [1]Gegen die Ablehnung einer Anordnung nach Absatz 1 steht der antragstellenden Person innerhalb zwei Wochen nach der Bekanntgabe der Entscheidung die Beschwerde zu. [2]Hilft die Registerbehörde der Beschwerde nicht ab, so entscheidet das Bundesministerium der Justiz.

**§ 40[2)] Nachträgliche Eintragung.** [1]Wird eine weitere Verurteilung im Register eingetragen oder erfolgt eine weitere Eintragung nach § 11, so kommt der betroffenen Person eine Anordnung nach § 39 nicht zugute, solange die spätere Eintragung in das Führungszeugnis aufzunehmen ist. [2]§ 38 Abs. 2 gilt entsprechend.

### 2.[3)] Unbeschränkte Auskunft aus dem Register

**§ 41[4)] Umfang der Auskunft.** (1) Eintragungen, die in ein Führungszeugnis nicht aufgenommen werden, sowie Suchvermerke dürfen, unbeschadet der §§ 42 und 57, nur zur Kenntnis gegeben werden

---

[1)] § 39 Überschrift, Abs. 1 Satz 1, Abs. 3 Satz 2 geänd., Abs. 1 Satz 4 neu gef. mWv 30.4.2002 durch G v. 23.4.2002 (BGBl. I S. 1406); Abs. 1 Sätze 1, 4, Abs. 3 Satz 2 geänd. mWv 1.1.2007 durch G v. 17.12. 2006 (BGBl. I S. 3171); Abs. 1 Satz 3 eingef., bish. Sätze 3, 4 werden Sätze 4, 5 mWv 1.5.2010 durch G v. 16.7.2009 (BGBl. I S. 1952); Abs. 1 Satz 4 neu gef., Satz 5, Abs. 2, Abs. 3 Sätze 1, 2 geänd. mWv 29.7. 2017 durch G v. 18.7.2017 (BGBl. I S. 2732); Abs. 3 Satz 2 geänd. mWv 9.12.2022 durch G v. 4.12.2022 (BGBl. I S. 2146).

[2)] § 40 neu gef. mWv 30.4.2002 durch G v. 23.4.2002 (BGBl. I S. 1406); Satz 1 geänd. mWv 29.7.2017 durch G v. 18.7.2017 (BGBl. I S. 2732).

[3)] 2. UAbschnitt Überschrift geänd. mWv 27.4.2012 durch G v. 15.12.2011 (BGBl. I S. 2714).

[4)] § 41 Abs. 2 aufgeh. durch G v. 12.9.1990 (BGBl. I S. 2002); Abs. 1 Nr. 10 geänd. durch G v. 24.6. 1994 (BGBl. I S. 1416); Abs. 1 Nr. 9 neu gef. durch G v. 23.11.1994 (BGBl. I S. 3475); Abs. 3 Satz 2 angef. durch G v. 26.1.1998 (BGBl. I S. 160); Abs. 1 Nr. 10 geänd., Nr. 11 eingef. durch G v. 31.8.1998 (BGBl. I S. 2600); Abs. 1 Nr. 13 angef. mWv 1.1.2002 durch G v. 9.1.2002 (BGBl. I S. 361); Abs. 1 einl. Satzteil, Nr. 1, 3, 7 und 9 geänd., Nr. 12 eingef. mWv 30.4.2002 durch G v. 23.4.2002 (BGBl. I S. 1406); Abs. 1 Nr. 13 geänd. mWv 15.1.2005 durch G v. 11.1.2005 (BGBl. I S. 78); Abs. 1 Nr. 7 geänd. mWv 28.8.2007 durch G v. 19.8.2007 (BGBl. I S. 1970); Abs. 3 Satz 2 neu gef., Abs. 5 geänd. mWv 1.5.2010 durch G v. 16.7.2009 (BGBl. I S. 1952); Abs. 5 aufgeh. mWv 27.4.2012 durch G v. 15.12.2011 (BGBl. I S. 2714); Abs. 1 Nr. 4 und Abs. 4 Satz 1 geänd. mWv 14.9.2013 durch G v. 6.9.2013 (BGBl. I S. 3556); →

1. den Gerichten, Gerichtsvorständen, Staatsanwaltschaften, dem nationalen Mitglied nach Maßgabe des § 5 Absatz 1 Nummer 2 des Eurojust-Gesetzes, den Aufsichtsstellen nach § 68a des Strafgesetzbuchs[1)] sowie der Bewährungshilfe für Zwecke der Rechtspflege sowie den Justizvollzugsbehörden für Zwecke des Strafvollzugs einschließlich der Überprüfung aller im Strafvollzug tätigen Personen,
2. den obersten Bundes- und Landesbehörden,
3. den Verfassungsschutzbehörden des Bundes und der Länder, dem Bundesnachrichtendienst und dem Militärischen Abschirmdienst für die diesen Behörden übertragenen Sicherheitsaufgaben,
4. den Finanzbehörden für die Verfolgung von Straftaten, die zu ihrer Zuständigkeit gehören,
5. den Kriminaldienst verrichtenden Dienststellen der Polizei für Zwecke der Verhütung und Verfolgung von Straftaten,
6. den Einbürgerungsbehörden für Einbürgerungsverfahren,
7. den Ausländerbehörden, den mit der polizeilichen Kontrolle des grenzüberschreitenden Verkehrs beauftragten Behörden und dem Bundesamt für Migration und Flüchtlinge, wenn sich die Auskunft auf einen Ausländer bezieht,
8. den Gnadenbehörden für Gnadensachen,
9. den für waffenrechtliche oder sprengstoffrechtliche Erlaubnisse, für die Erteilung von Jagdscheinen, für Erlaubnisse zum Halten eines gefährlichen Hundes oder für Erlaubnisse für das Bewachungsgewerbe und die Überprüfung des Bewachungspersonals zuständigen Behörden,
10. dem Bundesinstitut für Arzneimittel und Medizinprodukte im Rahmen des Erlaubnisverfahrens nach dem Betäubungsmittelgesetz[2)],
11. den Rechtsanwaltskammern oder der Patentanwaltskammer für Entscheidungen in Zulassungs-, Aufnahme- und Aufsichtsverfahren nach der Bundesrechtsanwaltsordnung[3)], der Patentanwaltsordnung, dem Gesetz über die Tätigkeit europäischer Rechtsanwälte in Deutschland[4)] oder dem Gesetz über die Tätigkeit europäischer Patentanwälte in Deutschland[5)],
12. dem Bundesamt für die Sicherheit der nuklearen Entsorgung, dem Eisenbahn-Bundesamt und den zuständigen Landesbehörden im Rahmen der atom- und strahlenschutzrechtlichen Zuverlässigkeitsüberprüfung nach dem Atomgesetz[6)] und dem Strahlenschutzgesetz,

---

*(Fortsetzung der Anm. von voriger Seite)*
Abs. 3 Satz 2 geänd. mWv 27.1.2015 durch G v. 21.1.2015 (BGBl. I S. 10); Abs. 3 Satz 2 geänd. mWv 15.10.2016 durch G v. 11.10.2016 (BGBl. I S. 2226); Abs. 3 Satz 2 geänd. mWv 10.11.2016 durch G v. 4.11.2016 (BGBl. I S. 2460); Abs. 1 Satz 1 Nr. 13 geänd., Nr. 14 angef. mWv 26.6.2017 durch G v. 23.6.2017 (BGBl. I S. 1822); Abs. 1 einl. Satzteil und Nr. 11 neu gef., Nr. 1 geänd., bish. Abs. 3 wird Abs. 2 und Satz 1 geänd., bish. Abs. 4 wird Abs. 3 und Satz 1 geänd. mWv 29.7.2017 durch G v. 18.7.2017 (BGBl. I S. 2732); Abs. 1 Nr. 1 geänd. mWv 12.12.2019 durch G v. 9.12.2019 (BGBl. I S. 2010); Abs. 2 Satz 2 geänd. mWv 1.1.2021 durch G v. 9.10.2020 (BGBl. I S. 2075); Abs. 1 Nr. 12 neu gef. mWv 1.1.2021 durch G v. 7.12.2020 (BGBl. I S. 2760); Abs. 2 Satz 2 geänd. mWv 1.7.2022 durch G v. 16.6.2021 (BGBl. I S. 1810); Abs. 1 Nr. 1 geänd. mWv 18.8.2021, Abs. 1 Nr. 7 geänd., Abs. 2 Satz 3 angef. mWv 1.10.2022 durch G v. 10.8.2021 (BGBl. I S. 3420).

[1)] Nr. **85**.

[2)] **Habersack, Deutsche Gesetze ErgBd. Nr. 86.**

[3)] **Habersack, Deutsche Gesetze ErgBd. Nr. 98.**

[4)] **Habersack, Deutsche Gesetze ErgBd. Nr. 98/4.**

[5)] **Habersack, Deutsche Gesetze ErgBd. Nr. 98/5.**

[6)] **Sartorius Nr. 835.**

13. den Luftsicherheitsbehörden für Zwecke der Zuverlässigkeitsüberprüfung nach § 7 des Luftsicherheitsgesetzes[1)],
14. der Zentralstelle für Finanztransaktionsuntersuchungen zur Erfüllung ihrer Aufgaben nach dem Geldwäschegesetz[2)].

(2) [1] Eintragungen nach § 17 und Verurteilungen zu Jugendstrafe, bei denen der Strafmakel als beseitigt erklärt ist, dürfen nicht nach Absatz 1 mitgeteilt werden; über sie wird nur noch den Strafgerichten und Staatsanwaltschaften für ein Strafverfahren gegen die betroffene Person Auskunft erteilt. [2] Dies gilt nicht für Verurteilungen wegen einer Straftat nach den §§ 171, 174 bis 180a, 181a, 182 bis 184g, 184i bis 184l, 201a Absatz 3, den §§ 225, 232 bis 233a, 234, 235 oder § 236 des Strafgesetzbuchs. [3] Die Angabe nach § 5 Absatz 1 Nummer 8 darf nicht nach Absatz 1 mitgeteilt werden.

(3) [1] Die Auskunft nach den Absätzen 1 und 2 wird nur auf ausdrückliches Ersuchen erteilt. [2] Die in Absatz 1 genannten Stellen haben den Zweck anzugeben, für den die Auskunft benötigt wird; sie darf nur für diesen Zweck verwertet werden.

**§ 42[3)] Auskunft an die betroffene Person.** [1] Das Auskunftsrecht nach Artikel 15 Absatz 1 der Verordnung (EU) 2016/679[4)] wird dadurch gewährleistet, dass der betroffenen Person mitgeteilt wird, welche Eintragungen über sie im Register enthalten sind. [2] Für die Antragsberechtigung und das Verfahren gilt § 30 Absatz 1 entsprechend. [3] Erfolgt die Mitteilung nicht durch Einsichtnahme bei der Registerbehörde, so ist sie an ein von ihr benanntes Amtsgericht zu senden, bei dem sie die Mitteilung persönlich einsehen kann. [4] Befindet sich die betroffene Person in amtlichem Gewahrsam einer Justizbehörde, so tritt die Anstaltsleitung an die Stelle des Amtsgerichts. [5] Wohnt die antragstellende Person außerhalb des Geltungsbereichs dieses Gesetzes, so kann sie die Mitteilung auch an eine von ihr benannte amtliche Vertretung der Bundesrepublik Deutschland senden lassen, bei der sie die Mitteilung persönlich einsehen kann. [6] Nach Einsichtnahme ist die Mitteilung vom Amtsgericht, der Anstaltsleitung oder der amtlichen Vertretung der Bundesrepublik Deutschland zu vernichten. [7] Zum Schutz der betroffenen Personen ist die Aushändigung der Mitteilung oder einer Kopie unzulässig.

**§ 42a[5)] Auskunft für wissenschaftliche Zwecke.** (1) [1] Die Übermittlung personenbezogener Daten aus dem Register an Hochschulen, andere Einrichtungen, die wissenschaftliche Forschung betreiben, und öffentliche Stellen ist zulässig, soweit

---

[1)] **Sartorius ErgBd. Nr. 976.**

[2)] **Habersack, Deutsche Gesetze ErgBd. Nr. 88a.**

[3)] § 42 Überschrift neu gef., Abs. 2 aufgeh., bish. Abs. 1 Satz 3 neu gef. und Satz 5 geänd. mWv 30.4. 2002 durch G v. 23.4.2002 (BGBl. I S. 1406); Satz 5 geänd. mWv 14.9.2013 durch G v. 6.9.2013 (BGBl. I S. 3556); Überschrift, Sätze 3–5 geänd., Satz 7 angef. mWv 29.7.2017 durch G v. 18.7.2017 (BGBl. I S. 2732); Überschrift geänd., Sätze 1 und 2 neu gef., Satz 7 geänd. mWv 26.11.2019 durch G v. 20.11. 2019 (BGBl. I S. 1626); Satz 2 geänd. mWv 17.7.2020 durch G v. 10.7.2020 (BGBl. I S. 1648); Sätze 2, 3 und 5 geänd. mWv 9.12.2022 durch G v. 4.12.2022 (BGBl. I S. 2146).

[4)] **Sartorius Nr. 246.**

[5)] § 42a eingef. mWv 1.10.2002 durch G v. 23.4.2002 (BGBl. I S. 1406); Abs. 3 Satz 2 und Abs. 6 Satz 2 geänd. mWv 1.1.2007 durch G v. 17.12.2006 (BGBl. I S. 3171); Abs. 1a eingef., Abs. 3 Satz 2 neu gef. mWv 22.12.2011 durch G v. 15.12.2011 (BGBl. I S. 2714); Abs. 1 Satz 1 Nr. 3, Abs. 1a Satz 1 einl. Satzteil geänd. mWv 29.7.2017 durch G v. 18.7.2017 (BGBl. I S. 2732); Abs. 3 Sätze 1 und 2, Abs. 4 Satz 2 geänd., Abs. 7 neu gef. mWv 26.11.2019 durch G v. 20.11.2019 (BGBl. I S. 1626); Abs. 1a Satz 1 einl. Satzteil geänd. mWv 9.12.2022 durch G v. 4.12.2022 (BGBl. I S. 2146).

1. dies für die Durchführung bestimmter wissenschaftlicher Forschungsarbeiten erforderlich ist,
2. eine Nutzung anonymisierter Daten zu diesem Zweck nicht möglich oder die Anonymisierung mit einem unverhältnismäßigen Aufwand verbunden ist und
3. das öffentliche Interesse an der Forschungsarbeit das schutzwürdige Interesse der betroffenen Person an dem Ausschluss der Übermittlung erheblich überwiegt.

[2] Bei der Abwägung nach Satz 1 Nr. 3 ist im Rahmen des öffentlichen Interesses das wissenschaftliche Interesse an dem Forschungsvorhaben besonders zu berücksichtigen.

(1a) [1] Die mehrfache Übermittlung von personenbezogenen Daten für eine wissenschaftliche Forschungsarbeit kann für einen angemessenen Zeitraum nach Anhörung des Bundesbeauftragten für den Datenschutz und die Informationsfreiheit mit Zustimmung des Bundesministeriums der Justiz zugelassen werden, wenn

1. die Voraussetzungen von Absatz 1 Nummer 1 und 2 vorliegen,
2. ein bedeutendes öffentliches Interesse an der Forschungsarbeit besteht und
3. das bedeutende öffentliche Interesse an der Forschungsarbeit das schutzwürdige Interesse der betroffenen Personen an dem Ausschluss der Übermittlung erheblich überwiegt.

[2] Die übermittelten Daten sollen pseudonymisiert werden; ein Verzicht auf eine Pseudonymisierung ist nur zulässig, wenn dies zur Erreichung des Forschungszweckes unerlässlich ist. [3] Absatz 1 Satz 2 gilt entsprechend. [4] Der Zeitraum ist insbesondere unter Berücksichtigung des Forschungszweckes, einer beabsichtigten Pseudonymisierung der Daten, der Schwere der untersuchten Straftaten und der Länge der gesetzlichen Tilgungsfristen festzusetzen; ein Übermittlungszeitraum, der im Ergebnis die Tilgungsfristen mehr als verdoppelt, ist in der Regel nicht mehr angemessen. [5] Die Sätze 1 bis 4 gelten entsprechend, wenn bei einmaliger Übermittlung personenbezogene Daten mit früher übermittelten, noch nicht anonymisierten Daten eines anderen Forschungsvorhabens zusammengeführt werden sollen.

(2) [1] Personenbezogene Daten werden nur an solche Personen übermittelt, die Amtsträger oder für den öffentlichen Dienst besonders Verpflichtete sind oder die zur Geheimhaltung verpflichtet worden sind. [2] § 1 Abs. 2, 3 und Abs. 4 Nr. 2 des Verpflichtungsgesetzes findet auf die Verpflichtung zur Geheimhaltung entsprechende Anwendung.

(3) [1] Die personenbezogenen Daten dürfen nur für den Zweck verarbeitet werden, für den sie übermittelt worden sind. [2] Die Verarbeitung für andere Forschungsvorhaben oder die Weitergabe richtet sich nach den Absätzen 1 und 2 und bedarf der Zustimmung der Registerbehörde; Absatz 1a gilt entsprechend, wenn mehrfach von der Registerbehörde übermittelte personenbezogene Daten verknüpft werden sollen.

(4) [1] Die Daten sind gegen unbefugte Kenntnisnahme durch Dritte zu schützen. [2] Die wissenschaftliche Forschung betreibende Stelle hat dafür zu sorgen, dass die Verarbeitung der personenbezogenen Daten räumlich und organisatorisch getrennt von der Erfüllung solcher Verwaltungsaufgaben oder Geschäftszwecke erfolgt, für die diese Daten gleichfalls von Bedeutung sein können.

(5) [1] Sobald der Forschungszweck es erlaubt, sind die personenbezogenen Daten zu anonymisieren. [2] Solange dies noch nicht möglich ist, sind die Merkmale gesondert aufzubewahren, mit denen Einzelangaben über persönliche oder sachli-

che Verhältnisse einer bestimmten oder bestimmbaren Person zugeordnet werden können. [3] Sie dürfen mit den Einzelangaben nur zusammengeführt werden, soweit der Forschungszweck dies erfordert.

(6) [1] Wer nach den Absätzen 1 und 2 personenbezogene Daten erhalten hat, darf diese nur veröffentlichen, wenn dies für die Darstellung von Forschungsergebnissen über Ereignisse der Zeitgeschichte unerlässlich ist. [2] Die Veröffentlichung bedarf der Zustimmung der Registerbehörde.

(7) Ist der Empfänger eine nichtöffentliche Stelle, finden die Vorschriften der Verordnung (EU) 2016/679[1)] auch Anwendung für die nichtautomatisierte Verarbeitung personenbezogener Daten, die nicht in einem Dateisystem gespeichert sind oder gespeichert werden sollen.

(8) Ist es der Registerbehörde mit vertretbarem Aufwand möglich, kann sie mit den Registerdaten vorbereitende Analysen durchführen.

**§ 42b[2)] Auskünfte zur Vorbereitung von Rechtsvorschriften und allgemeinen Verwaltungsvorschriften.** [1] Die Registerbehörde kann öffentlichen Stellen zur Vorbereitung und Überprüfung von Rechtsvorschriften und allgemeinen Verwaltungsvorschriften Auskünfte in anonymisierter Form erteilen. [2] § 42a Abs. 8 gilt entsprechend.

**§ 42c[3)]** *(aufgehoben)*

**§ 43 Weiterleitung von Auskünften.** Oberste Bundes- oder Landesbehörden dürfen Eintragungen, die in ein Führungszeugnis nicht aufgenommen werden, einer nachgeordneten oder ihrer Aufsicht unterstehenden Behörde nur mitteilen, wenn dies zur Vermeidung von Nachteilen für den Bund oder ein Land unerläßlich ist oder wenn andernfalls die Erfüllung öffentlicher Aufgaben erheblich gefährdet oder erschwert würde.

### 3. Auskünfte an Behörden

**§ 43a[4)] Verfahrensübergreifende Mitteilungen von Amts wegen.** (1) In Verfahren nach den §§ 25, 39, 49, 55 Absatz 2 und § 63 Absatz 3 ist die Übermittlung personenbezogener Daten zulässig, wenn die Kenntnis der Daten aus der Sicht der übermittelnden Stelle

1. zur Verfolgung einer Straftat,
2. zur Abwehr eines erheblichen Nachteils für das Gemeinwohl oder einer Gefahr für die öffentliche Sicherheit,
3. zur Abwehr einer schwerwiegenden Beeinträchtigung der Rechte einer anderen Person,
4. zur Abwehr einer erheblichen Gefährdung des Wohls einer minderjährigen Person oder
5. zur Erledigung eines Suchvermerks

erforderlich ist.

(2) Die §§ 18 bis 22 des Einführungsgesetzes zum Gerichtsverfassungsgesetz[5)] gelten entsprechend.

---

[1)] **Sartorius Nr. 246.**
[2)] § 42b eingef. mWv 1.10.2002 durch G v. 23.4.2002 (BGBl. I S. 1406).
[3)] § 42c aufgeh. mWv 29.7.2017 durch G v. 18.7.2017 (BGBl. I S. 2732).
[4)] § 43a eingef. mWv 22.12.2011 durch G v. 15.12.2011 (BGBl. I S. 2714).
[5)] Nr. **95a**.

**§ 44[1] Vertrauliche Behandlung der Auskünfte.** Auskünfte aus dem Register an Behörden (§ 30 Abs. 5, §§ 31, 41, 43) dürfen nur den mit der Entgegennahme oder Bearbeitung betrauten Bediensteten zur Kenntnis gebracht werden.

#### 4.[2] Versagung der Auskunft zu Zwecken des Zeugenschutzes

**§ 44a[3] Versagung der Auskunft.** (1) Die Registerbehörde sperrt den Datensatz einer im Register eingetragenen Person für die Auskunftserteilung, wenn eine Zeugenschutzstelle mitteilt, dass dies zum Schutz der Person als Zeuge oder Zeugin erforderlich ist.

(2) [1]Die Registerbehörde soll die Erteilung einer Auskunft aus dem Register über die gesperrten Personendaten versagen, soweit entgegenstehende öffentliche Interessen oder schutzwürdige Interessen Dritter nicht überwiegen. [2]Sie gibt der Zeugenschutzstelle zuvor Gelegenheit zur Stellungnahme; die Beurteilung der Zeugenschutzstelle, dass die Versagung der Auskunft für Zwecke des Zeugenschutzes erforderlich ist, ist für die Registerbehörde bindend. [3]Die Versagung der Auskunft bedarf keiner Begründung.

(3) [1]Die Registerbehörde legt über eine Person, über die keine Eintragung vorhanden ist, einen besonders gekennzeichneten Personendatensatz an, wenn die Zeugenschutzstelle darlegt, dass dies zum Schutze dieser Person als Zeuge oder Zeugin vor Ausforschung durch missbräuchliche Auskunftsersuchen erforderlich ist. [2]Über diesen Datensatz werden Auskünfte nicht erteilt. [3]Die Registerbehörde unterrichtet die Zeugenschutzstelle über jeden Antrag auf Erteilung einer Auskunft, der zu dieser Person oder zu sonst von der Zeugenschutzstelle bestimmten Daten eingeht.

(4) Die §§ 161, 161a der Strafprozessordnung[4] bleiben unberührt.

### Vierter Abschnitt. Tilgung

**§ 45[5] Tilgung nach Fristablauf.** (1) Eintragungen über Verurteilungen (§ 4) werden nach Ablauf einer bestimmten Frist getilgt.

(2) [1]Eine zu tilgende Eintragung wird ein Jahr nach Eintritt der Tilgungsreife aus dem Register entfernt. [2]Während dieser Zeit darf über die Eintragung nur der betroffenen Person Auskunft erteilt werden.

(3) Absatz 1 gilt nicht

1. bei Verurteilungen zu lebenslanger Freiheitsstrafe,
2. bei Anordnung der Unterbringung in der Sicherungsverwahrung oder in einem psychiatrischen Krankenhaus oder
3. bei Verurteilungen wegen einer Straftat nach den §§ 176c oder 176d des Strafgesetzbuches[6], durch die erkannt worden ist
   a) auf Freiheitsstrafe von mindestens fünf Jahren oder

---

[1] § 44 geänd. mWv 27.4.2012 durch G v. 15.12.2011 (BGBl. I S. 2714).

[2] 4. UAbschnitt (§ 44a) eingef. mWv 30.4.2002 durch G v. 23.4.2002 (BGBl. I S. 1406).

[3] § 44a eingef. mWv 30.4.2002 durch G v. 23.4.2002 (BGBl. I S. 1406); Abs. 2 Satz 1 geänd. mWv 27.4.2012 durch G v. 15.12.2011 (BGBl. I S. 2714); Abs. 1 und 3 Satz 1 geänd. mWv 29.7.2017 durch G v. 18.7.2017 (BGBl. I S. 2732).

[4] Nr. **90**.

[5] § 45 Abs. 3 Nr. 2 ber. durch BGBl. 1985 I S. 195; Abs. 2 Satz 2 geänd. mWv 29.7.2017 durch G v. 18.7.2017 (BGBl. I S. 2732); Abs. 3 Nr. 2 geänd., Nr. 3 angef. mWv 1.7.2022 durch G v. 16.6.2021 (BGBl. I S. 1810).

[6] Nr. **85**.

b) auf Freiheitsstrafe von mindestens drei Jahren bei zwei oder mehr im Register eingetragenen Verurteilungen nach den §§ 176c oder 176d des Strafgesetzbuches.

**§ 46[1)] Länge der Tilgungsfrist.** (1) Die Tilgungsfrist beträgt

1. fünf Jahre
   bei Verurteilungen
   a) zu Geldstrafe von nicht mehr als neunzig Tagessätzen, wenn keine Freiheitsstrafe, kein Strafarrest und keine Jugendstrafe im Register eingetragen ist,
   b) zu Freiheitsstrafe oder Strafarrest von nicht mehr als drei Monaten, wenn im Register keine weitere Strafe eingetragen ist,
   c) zu Jugendstrafe von nicht mehr als einem Jahr,
   d) zu Jugendstrafe von nicht mehr als zwei Jahren, wenn die Vollstreckung der Strafe oder eines Strafrestes gerichtlich oder im Gnadenwege zur Bewährung ausgesetzt worden ist,
   e) zu Jugendstrafe von mehr als zwei Jahren, wenn ein Strafrest nach Ablauf der Bewährungszeit gerichtlich oder im Gnadenwege erlassen worden ist,
   f) zu Jugendstrafe, wenn der Strafmakel gerichtlich oder im Gnadenwege als beseitigt erklärt worden ist,
   g) durch welche eine Maßnahme (§ 11 Abs. 1 Nr. 8 des Strafgesetzbuchs[2)]) mit Ausnahme der Sperre für die Erteilung einer Fahrerlaubnis für immer und des Berufsverbots für immer, eine Nebenstrafe oder eine Nebenfolge allein oder in Verbindung miteinander oder in Verbindung mit Erziehungsmaßregeln oder Zuchtmitteln angeordnet worden ist,

1a. zehn Jahre
   bei Verurteilungen wegen einer Straftat nach den §§ 171, 174 bis 180a, 181a, 182 bis 184g, 184i bis 184l, 201a Absatz 3, den §§ 225, 232 bis 233a, 234, 235 oder § 236 des Strafgesetzbuches, wenn
   a) es sich um Fälle der Nummer 1 Buchstabe a bis f handelt,
   b) durch sie allein die Unterbringung in einer Entziehungsanstalt angeordnet worden ist,

2. zehn Jahre
   bei Verurteilungen zu
   a) Geldstrafe und Freiheitsstrafe oder Strafarrest von nicht mehr als drei Monaten, wenn die Voraussetzungen der Nummer 1 Buchstabe a und b nicht vorliegen,
   b) Freiheitsstrafe oder Strafarrest von mehr als drei Monaten, aber nicht mehr als einem Jahr, wenn die Vollstreckung der Strafe oder eines Strafrestes gerichtlich oder im Gnadenwege zur Bewährung ausgesetzt worden und im Register nicht außerdem Freiheitsstrafe, Strafarrest oder Jugendstrafe eingetragen ist,

---

[1)] § 46 Abs. 3 geänd. durch G v. 15.7.1992 (BGBl. I S. 1302); Abs. 1 Nr. 3 eingef., bish. Nr. 3 wird Nr. 4, Abs. 3 geänd. durch G v. 26.1.1998 (BGBl. I S. 160); Abs. 1 Nr. 2 Buchst. d angef., Abs. 3 geänd. mWv 1.5.2010 durch G v. 16.7.2009 (BGBl. I S. 1952); Abs. 3 geänd. mWv 27.4.2012 durch G v. 15.12. 2011 (BGBl. I S. 2714); Abs. 1 Nr. 2 Buchst. a und c, Abs. 3 geänd. mWv 14.9.2013 durch G v. 6.9.2013 (BGBl. I S. 3556); Abs. 1 Nr. 1a eingef., Nr. 2 Buchst. d aufgeh., Abs. 3 Satz 1 geänd., Satz 2 angef. mWv 1.7.2022 durch G v. 16.6.2021 (BGBl. I S. 1810).

[2)] Nr. **85**.

c) Jugendstrafe von mehr als einem Jahr, außer in den Fällen der Nummer 1 Buchstabe d bis f,

3. zwanzig Jahre bei Verurteilungen wegen einer Straftat nach den §§ 174 bis 180 oder 182 des Strafgesetzbuches zu einer Freiheitsstrafe oder Jugendstrafe von mehr als einem Jahr,
4. fünfzehn Jahre
   in allen übrigen Fällen.

(2) Die Aussetzung der Strafe oder eines Strafrestes zur Bewährung oder die Beseitigung des Strafmakels bleiben bei der Berechnung der Frist unberücksichtigt, wenn diese Entscheidungen widerrufen worden sind.

(3) [1] In den Fällen des Absatzes 1 Nr. 1 Buchstabe e, Nr. 2 Buchstabe c sowie Nummer 3 und 4 verlängert sich die Frist um die Dauer der Freiheitsstrafe, des Strafarrestes oder der Jugendstrafe. [2] In den Fällen des Absatzes 1 Nummer 1a verlängert sich die Frist bei einer Verurteilung zu einer Jugendstrafe von mehr als einem Jahr um die Dauer der Jugendstrafe.

**§ 47[1)] Feststellung der Frist und Ablaufhemmung.** (1) Für die Feststellung und Berechnung der Frist gelten die §§ 35, 36 entsprechend.

(2) [1] Die Tilgungsfrist läuft nicht ab, solange sich aus dem Register ergibt, daß die Vollstreckung einer Strafe oder eine der in § 61 des Strafgesetzbuchs[2)] aufgeführten Maßregeln der Besserung und Sicherung noch nicht erledigt oder die Strafe noch nicht erlassen ist. [2] § 37 Abs. 1 gilt entsprechend.

(3) [1] Sind im Register mehrere Verurteilungen eingetragen, so ist die Tilgung einer Eintragung erst zulässig, wenn für alle Verurteilungen die Voraussetzungen der Tilgung vorliegen. [2] Die Eintragung einer Verurteilung, durch die eine Sperre für die Erteilung der Fahrerlaubnis für immer angeordnet worden ist, hindert die Tilgung anderer Verurteilungen nur, wenn zugleich auf eine Strafe erkannt worden ist, für die allein die Tilgungsfrist nach § 46 noch nicht abgelaufen wäre.

**§ 48[3)] Anordnung der Tilgung wegen Gesetzesänderung.** Ist die Verurteilung ausschließlich wegen einer Handlung eingetragen, für die das nach der Verurteilung geltende Gesetz keine Strafe mehr vorsieht, oder droht das neue Gesetz für die Handlung nur noch Geldbuße allein oder Geldbuße in Verbindung mit einer Nebenfolge an, wird die Eintragung auf Antrag der betroffenen Person getilgt.

**§ 49[4)] Anordnung der Tilgung in besonderen Fällen.** (1) [1] Die Registerbehörde kann auf Antrag oder von Amts wegen anordnen, daß Eintragungen entgegen den §§ 45, 46 zu tilgen sind, falls die Vollstreckung erledigt ist und das öffentliche Interesse der Anordnung nicht entgegensteht. [2] Die Registerbehörde soll das erkennende Gericht und die sonst zuständige Behörde hören. [3] Betrifft die Eintragung eine Verurteilung, durch welche eine freiheitsentziehende Maßregel der Besserung und Sicherung angeordnet worden ist, so soll sie auch die Stellung-

---

1) § 47 Abs. 2 Satz 1 geänd. mWv 30.4.2002 durch G v. 23.4.2002 (BGBl. I S. 1406).

2) Nr. **85**.

3) § 48 neu gef. mWv 29.7.2017 durch G v. 18.7.2017 (BGBl. I S. 2732).

4) § 49 Abs. 3 Satz 2 geänd. mWv 30.4.2002 durch G v. 23.4.2002 (BGBl. I S. 1406); Abs. 1 Sätze 1, 2 und 3, Abs. 3 Satz 2 geänd. mWv 1.1.2007 durch G v. 17.12.2006 (BGBl. I S. 3171); Abs. 1 Satz 2 neu gef., Satz 3 und Abs. 3 Satz 2 geänd. mWv 29.7.2017 durch G v. 18.7.2017 (BGBl. I S. 2732); Abs. 3 Satz 2 geänd. mWv 9.12.2022 durch G v. 4.12.2022 (BGBl. I S. 2146).

nahme eines oder einer in der Psychiatrie erfahrenen medizinischen Sachverständigen einholen.

(2) Hat der Verurteilte infolge der Verurteilung durch ein Gericht im Geltungsbereich dieses Gesetzes die Fähigkeit, öffentliche Ämter zu bekleiden und Rechte aus öffentlichen Wahlen zu erlangen, oder das Recht, in öffentlichen Angelegenheiten zu wählen oder zu stimmen, verloren, so darf eine Anordnung nach Absatz 1 nicht ergehen, solange er diese Fähigkeit oder dieses Recht nicht wiedererlangt hat.

(3) [1] Gegen die Ablehnung einer Anordnung nach Absatz 1 steht dem Antragsteller innerhalb zwei Wochen nach der Bekanntgabe der Entscheidung die Beschwerde zu. [2] Hilft die Registerbehörde der Beschwerde nicht ab, so entscheidet das Bundesministerium der Justiz.

**§ 50[1)] Zu Unrecht getilgte Eintragungen.** Die Registerbehörde hat vor ihrer Entscheidung darüber, ob eine zu Unrecht im Register getilgte Eintragung wieder in das Register aufgenommen wird, der betroffenen Person Gelegenheit zur Stellungnahme zu geben.

## Fünfter Abschnitt. Rechtswirkungen der Tilgung

**§ 51[2)] Verwertungsverbot.** (1) Ist die Eintragung über eine Verurteilung im Register getilgt worden oder ist sie zu tilgen, so dürfen die Tat und die Verurteilung der betroffenen Person im Rechtsverkehr nicht mehr vorgehalten und nicht zu ihrem Nachteil verwertet werden.

(2) Aus der Tat oder der Verurteilung entstandene Rechte Dritter, gesetzliche Rechtsfolgen der Tat oder der Verurteilung und Entscheidungen von Gerichten oder Verwaltungsbehörden, die im Zusammenhang mit der Tat oder der Verurteilung ergangen sind, bleiben unberührt.

**§ 52[3)] Ausnahmen.** (1) Die frühere Tat darf abweichend von § 51 Abs. 1 nur berücksichtigt werden, wenn

1. die Sicherheit der Bundesrepublik Deutschland oder eines ihrer Länder eine Ausnahme zwingend gebietet,
2. in einem erneuten Strafverfahren ein Gutachten über die Voraussetzungen der §§ 20, 21, 63, 64, 66, 66a oder 66b des Strafgesetzbuchs[4)] zu erstatten ist, falls die Umstände der früheren Tat für die Beurteilung der Schuldfähigkeit oder Gefährlichkeit der betroffenen Person von Bedeutung sind,
3. die Wiederaufnahme des früheren Verfahrens beantragt wird,
4. die betroffene Person die Zulassung zu einem Beruf oder einem Gewerbe, die Einstellung in den öffentlichen Dienst oder die Erteilung einer Waffenbesitzkarte, eines Munitionserwerbscheins, Waffenscheins, Jagdscheins oder einer Erlaubnis nach § 27 des Sprengstoffgesetzes[5)] beantragt, falls die Zulassung, Einstellung

---

[1)] § 50 neu gef. mWv 1.1.2007 durch G v. 17.12.2006 (BGBl. I S. 3171); geänd. mWv 29.7.2017 durch G v. 18.7.2017 (BGBl. I S. 2732).

[2)] § 51 Abs. 1 geänd. mWv 29.7.2017 durch G v. 18.7.2017 (BGBl. I S. 2732).

[3)] § 52 Abs. 2 neu gef. durch G v. 24.4.1998 (BGBl. I S. 747); Abs. 2 Satz 2 geänd. mWv 30.4.2002 durch G v. 23.4.2002 (BGBl. I S. 1406); Abs. 2 Satz 1 neu gef. mWv 5.12.2014 durch G v. 28.11.2014 (BGBl. I S. 1802); Abs. 1 Nr. 2–4 geänd., Nr. 5 angef. mWv 29.7.2017 durch G v. 18.7.2017 (BGBl. I S. 2732).

[4)] Nr. **85**.

[5)] **Sartorius ErgBd. Nr. 822.**

oder Erteilung der Erlaubnis sonst zu einer erheblichen Gefährdung der Allgemeinheit führen würde; das gleiche gilt, wenn die betroffene Person die Aufhebung einer die Ausübung eines Berufes oder Gewerbes untersagenden Entscheidung beantragt oder

5. dies in gesetzlichen Bestimmungen unter Bezugnahme auf diese Vorschrift vorgesehen ist.

(2) [1] Abweichend von § 51 Absatz 1 darf eine frühere Tat ferner

1. in einem Verfahren, das die Erteilung oder Entziehung einer Fahrerlaubnis zum Gegenstand hat,
2. zur Ergreifung von Maßnahmen nach dem Fahreignungs-Bewertungssystem nach § 4 Absatz 5 des Straßenverkehrsgesetzes[1)]

berücksichtigt werden, solange die Verurteilung nach den Vorschriften der §§ 28 bis 30b des Straßenverkehrsgesetzes verwertet werden darf. [2] Außerdem dürfen für die Prüfung der Berechtigung zum Führen von Kraftfahrzeugen Entscheidungen der Gerichte nach den §§ 69 bis 69b des Strafgesetzbuches verwertet werden.

## Sechster Abschnitt. Begrenzung von Offenbarungspflichten des Verurteilten

**§ 53[2)] Offenbarungspflicht bei Verurteilungen.** (1) Verurteilte dürfen sich als unbestraft bezeichnen und brauchen den der Verurteilung zugrunde liegenden Sachverhalt nicht zu offenbaren, wenn die Verurteilung

1. nicht in das Führungszeugnis oder nur in ein Führungszeugnis nach § 32 Abs. 3, 4 aufzunehmen oder
2. zu tilgen ist.

(2) Soweit Gerichte oder Behörden ein Recht auf unbeschränkte Auskunft haben, können Verurteilte ihnen gegenüber keine Rechte aus Absatz 1 Nr. 1 herleiten, falls sie hierüber belehrt werden.

## Siebter Abschnitt.[3)] Internationaler Austausch von Registerinformationen

**§ 53a[4)] Grenzen der internationalen Zusammenarbeit.** [1] Die Eintragung einer Verurteilung, die nicht durch ein deutsches Gericht im Geltungsbereich dieses Gesetzes ergangen ist, in das Register oder die Erteilung einer Auskunft aus dem Register an eine Stelle eines anderen Staates oder an eine über- und zwischenstaatliche Stelle ist unzulässig, wenn die Verurteilung oder die Erteilung der Auskunft wesentlichen Grundsätzen der deutschen Rechtsordnung widerspricht. [2] Liegt eine Verurteilung oder ein Ersuchen eines Mitgliedstaates der Europäischen Union vor, ist die Eintragung der Verurteilung oder die Erledigung des Ersuchens unzulässig, wenn die Verurteilung oder die Erledigung des Ersuchens im Widerspruch zur Charta der Grundrechte der Europäischen Union[5)] steht.

---

[1)] Nr. **35**.
[2)] § 53 Abs. 1 einl. Satzteil und Abs. 2 geänd. mWv 29.7.2017 durch G v. 18.7.2017 (BGBl. I S. 2732).
[3)] 7. Abschnitt Überschrift neu gef. mWv 27.4.2012 durch G v. 15.12.2011 (BGBl. I S. 2714).
[4)] § 53a eingef. mWv 27.4.2012 durch G v. 15.12.2011 (BGBl. I S. 2714).
[5)] **Sartorius Nr. 1002.**

**§ 54[1)] Eintragungen in das Register.** (1) Strafrechtliche Verurteilungen, die nicht durch deutsche Gerichte im Geltungsbereich dieses Gesetzes ergangen sind, werden in das Register eingetragen, wenn

1. die verurteilte Person die deutsche Staatsangehörigkeit besitzt oder im Geltungsbereich dieses Gesetzes geboren oder wohnhaft ist,
2. wegen des der Verurteilung zugrunde liegenden oder sinngemäß umgestellten Sachverhalts auch nach dem im Geltungsbereich dieses Gesetzes geltenden Recht, ungeachtet etwaiger Verfahrenshindernisse, eine Strafe oder eine Maßregel der Besserung und Sicherung hätte verhängt werden können,
3. die Entscheidung rechtskräftig ist.

(2) Erfüllt eine Verurteilung die Voraussetzungen des Absatzes 1 Nr. 2 nur hinsichtlich eines Teils der abgeurteilten Tat oder Taten, so wird die ganze Verurteilung eingetragen.

(3) [1] Ist eine Verurteilung einzutragen oder ist sie bereits eingetragen, wird auch Folgendes eingetragen:

1. als Folgemaßnahmen spätere Entscheidungen oder sonstige Tatsachen, die sich auf die Verurteilung beziehen,
2. bei der Übermittlung einer Strafnachricht mitgeteilte Bedingungen, die die Verwendung des Mitgeteilten beschränken,
3. soweit es sich um eine Verurteilung aus einem Mitgliedstaat der Europäischen Union handelt, Mitteilungen zu
   a) der Tilgung,
   b) dem Ort der Tatbegehung und
   c) den Rechtsverlusten, die sich aus der Verurteilung ergeben,
4. eine deutsche Entscheidung, durch die die ausländische Freiheitsstrafe oder Maßregel der Besserung und Sicherung für vollstreckbar erklärt wurde.

[2] Wird eine eingetragene Verurteilung durch die Eintragung einer Folgemaßnahme ergänzt, ist § 55 Absatz 2 nicht anzuwenden.

**§ 55[2)] Verfahren bei der Eintragung.** (1) Die Registerbehörde trägt eine Verurteilung, die nicht durch ein deutsches Gericht im Geltungsbereich dieses Gesetzes ergangen ist, ein, wenn ihr die Verurteilung von einer Behörde des Staates, der sie ausgesprochen hat, mitgeteilt worden ist und sich aus der Mitteilung nicht ergibt, daß die Voraussetzungen des § 54 nicht vorliegen.

(2) [1] Die betroffene Person soll unverzüglich zu der Eintragung gehört werden, wenn ihr Aufenthalt feststellbar ist. [2] Ergibt sich, daß bei einer Verurteilung oder einem abtrennbaren Teil einer Verurteilung die Voraussetzungen des § 54 Abs. 1 nicht vorliegen, so ist die Eintragung insoweit zu entfernen. [3] Lehnt die Registerbehörde einen Antrag der betroffenen Person auf Entfernung der Eintragung ab, so steht der betroffenen Person innerhalb von zwei Wochen nach der Bekanntgabe der Entscheidung die Beschwerde zu. [4] Hilft die Registerbehörde der Beschwerde nicht ab, so entscheidet das Bundesministerium der Justiz.

---

[1)] § 54 Abs. 3 angef. mWv 27.4.2012 durch G v. 15.12.2011 (BGBl. I S. 2714); Abs. 1 Nr. 1 geänd. mWv 29.7.2017 durch G v. 18.7.2017 (BGBl. I S. 2732).

[2)] § 55 Abs. 2 Satz 4 geänd. mWv 30.4.2002 durch G v. 23.4.2002 (BGBl. I S. 1406); Abs. 2 Sätze 3 und 4 geänd. mWv 1.1.2007 durch G v. 17.12.2006 (BGBl. I S. 3171); Abs. 2 Sätze 1, 3 und 4 geänd. mWv 29.7.2017 durch G v. 18.7.2017 (BGBl. I S. 2732); Abs. 2 Satz 4 geänd. mWv 9.12.2022 durch G v. 4.12.2022 (BGBl. I S. 2146).

**§ 56[1)] Behandlung von Eintragungen.** (1) [1]Eintragungen nach § 54 werden bei der Anwendung dieses Gesetzes wie Eintragungen von Verurteilungen durch deutsche Gerichte im Geltungsbereich dieses Gesetzes behandelt. [2]Hierbei steht eine Rechtsfolge der im Geltungsbereich dieses Gesetzes geltenden Rechtsfolge gleich, der sie am meisten entspricht; Nebenstrafen und Nebenfolgen haben für die Anwendung dieses Gesetzes keine Rechtswirkung.

(2) [1]Für die Nichtaufnahme einer nach § 54 eingetragenen Verurteilung in das Führungszeugnis und für die Tilgung der Eintragung bedarf es nicht der Erledigung der Vollstreckung. [2]Satz 1 gilt nicht, soweit die Verurteilung im Geltungsbereich dieses Gesetzes vollstreckt wird.

(3) Die §§ 39 und 49 gelten entsprechend.

**§ 56a[2)]** *(aufgehoben)*

**§ 56b[3)] Speicherung zum Zweck der Auskunftserteilung an Mitgliedstaaten der Europäischen Union.** (1) [1]Übermittelt eine Zentralbehörde eines anderen Mitgliedstaates eine strafrechtliche Verurteilung über eine Person, die die deutsche Staatsangehörigkeit besitzt, und ist die Eintragung der Verurteilung nicht zulässig, weil die Voraussetzungen des § 54 Absatz 1 Nummer 2 nicht vorliegen, werden die Verurteilung sowie eintragungsfähige Folgemaßnahmen im Register gesondert gespeichert. [2]Speicherungen nach dieser Vorschrift dürfen an einen anderen Mitgliedstaat nur zur Unterstützung eines strafrechtlichen Verfahrens in diesem Staat auf Grund eines Ersuchens übermittelt werden.

(2) Die §§ 42 und 55 Absatz 2 gelten entsprechend.

(3) Die Speicherung wird im Register gelöscht, wenn

1. mitgeteilt wird, dass eine Tilgung durch den Urteilsmitgliedstaat erfolgt ist, oder
2. fünf Jahre abgelaufen sind; § 47 Absatz 1 gilt bei der Fristberechnung entsprechend.

**§ 57[4)] Auskunft an ausländische sowie über- und zwischenstaatliche Stellen.** (1) Ersuchen von Stellen eines anderen Staates sowie von über- und zwischenstaatlichen Stellen um Erteilung einer unbeschränkten Auskunft aus dem Register oder um Erteilung eines Führungszeugnisses an Behörden werden nach den hierfür geltenden völkerrechtlichen Verträgen, soweit an ihnen nach Artikel 59 Absatz 2 Satz 1 des Grundgesetzes[5)] die gesetzgebenden Körperschaften mitgewirkt haben, von der Registerbehörde ausgeführt.

(2) [1]Soweit kein völkerrechtlicher Vertrag im Sinne des Absatzes 1 vorliegt, kann die Registerbehörde als ausführende Behörde den in Absatz 1 genannten Stellen für die gleichen Zwecke und in gleichem Umfang eine unbeschränkte Auskunft aus dem Register oder ein Führungszeugnis an Behörden erteilen wie vergleichbaren deutschen Stellen. [2]Die empfangende Stelle ist darauf hinzuweisen,

---

1) § 56 Abs. 3 angef. mWv 27.4.2012 durch G v. 15.12.2011 (BGBl. I S. 2714); Abs. 2 Satz 2 angef. mWv 9.12.2022 durch G v. 4.12.2022 (BGBl. I S. 2146).

2) § 56a aufgeh. mWv 29.7.2017 durch G v. 18.7.2017 (BGBl. I S. 2732).

3) § 56b eingef. mWv 27.4.2012 durch G v. 15.12.2011 (BGBl. I S. 2714).

4) § 57 neu gef. mWv 30.4.2002 durch G v. 23.4.2002 (BGBl. I S. 1406); Abs. 1 und 2 Satz 1 neu gef., Abs. 3 Satz 1 geänd., Satz 3 und Abs. 5 angef. mWv 27.4.2012 durch G v. 15.12.2011 (BGBl. I S. 2714); Abs. 2 Sätze 2 und 3, Abs. 3 Satz 3 geänd. mWv 29.7.2017 durch G v. 18.7.2017 (BGBl. I S. 2732); Abs. 2 Satz 3 neu gef. mWv 26.11.2019 durch G v. 20.11.2019 (BGBl. I S. 1626); Abs. 6 angef. mWv 1.10.2022 durch G v. 10.8.2021 (BGBl. I S. 3420).

5) Nr. 1.

dass sie die Auskunft nur zu dem Zweck verwenden darf, für den sie erteilt worden ist. [3]Die Übermittlung personenbezogener Daten muss im Einklang mit Kapitel V der Verordnung (EU) 2016/679[1)] und den sonstigen allgemeinen datenschutzrechtlichen Vorschriften stehen.

(3) [1]Regelmäßige Benachrichtigungen über strafrechtliche Verurteilungen und nachfolgende Maßnahmen, die im Register eingetragen werden (Strafnachrichten), werden nach den hierfür geltenden völkerrechtlichen Verträgen, die der Mitwirkung der gesetzgebenden Körperschaften nach Artikel 59 Abs. 2 des Grundgesetzes bedurften, erstellt und übermittelt. [2]Absatz 2 Satz 2 gilt entsprechend. [3]Ist eine Strafnachricht übermittelt worden, wird der empfangenden Stelle auch die Entfernung der Eintragung aus dem Register mitgeteilt.

(4) Die Verantwortung für die Zulässigkeit der Übermittlung trägt die übermittelnde Stelle.

(5) [1]Eine nach § 54 Absatz 3 Satz 1 Nummer 2 eingetragene Bedingung ist bei der Ausführung von Ersuchen nach den Absätzen 1 und 2 zu beachten. [2]Ist im Register zu einer nach § 54 eingetragenen Verurteilung eines anderen Mitgliedstaates die Tilgung der Verurteilung im Urteilsmitgliedstaat eingetragen, unterbleibt eine Auskunft aus dem Register über diese Verurteilung.

(6) Die Registerbehörde erteilt Eurojust die Zustimmung gemäß Artikel 17 Absatz 3 der Verordnung (EU) 2019/816, wenn ein Ersuchen des anfragenden Drittstaates oder einer internationalen Organisation nach den Absätzen 1 bis 5 voraussichtlich beantwortet werden würde.

**§ 57a[2)] Austausch von Registerinformationen mit Mitgliedstaaten der Europäischen Union.** (1) [1]Strafnachrichten über Personen, die die Staatsangehörigkeit eines anderen Mitgliedstaates der Europäischen Union besitzen, werden erstellt und der Registerbehörde des Mitgliedstaates übermittelt, dessen Staatsangehörigkeit die verurteilte Person besitzt. [2]Besitzt die Person die Staatsangehörigkeit mehrerer Mitgliedstaaten, ist jedem betroffenen Mitgliedstaat eine Strafnachricht zu übermitteln. [3]Die Sätze 1 und 2 sind auch anzuwenden, wenn die verurteilte Person zugleich die deutsche Staatsangehörigkeit besitzt. [4]§ 57 Absatz 3 Satz 3 gilt entsprechend.

(2) [1]Ersuchen eines anderen Mitgliedstaates um Erteilung einer unbeschränkten Auskunft aus dem Register zur Unterstützung eines strafrechtlichen Verfahrens werden von der Registerbehörde erledigt; in die Auskunft sind auch die Eintragungen nach § 56b aufzunehmen. [2]§ 57 Absatz 5 gilt entsprechend.

(3) [1]Für Ersuchen eines anderen Mitgliedstaates um Erteilung einer unbeschränkten Auskunft aus dem Register oder um Erteilung eines Führungszeugnisses an Behörden zur Unterstützung eines nichtstrafrechtlichen Verfahrens oder eines Verfahrens wegen einer Ordnungswidrigkeit gilt § 57 Absatz 1, 2 und 5 entsprechend. [2]Enthält die im Register eingetragene Verurteilung eines anderen Mitgliedstaates eine nach § 54 Absatz 3 Satz 1 Nummer 2 eingetragene Bedingung, die die Verwendung der Mitteilung der Verurteilung auf strafrechtliche Verfahren beschränkt, wird dem ersuchenden Mitgliedstaat, falls dem Ersuchen stattgegeben wird, nur mitgeteilt,

---

[1)] **Sartorius Nr. 246.**

[2)] § 57a eingef. mWv 27.4.2012 durch G v. 15.12.2011 (BGBl. I S. 2714); Abs. 5 Satz 2 eingef., bish. Sätze 2 und 3 werden Sätze 3 und 4 mWv 17.7.2020 durch G v. 10.7.2020 (BGBl. I S. 1648); Abs. 5 Satz 1 geänd. mWv 1.10.2022 durch G v. 10.8.2021 (BGBl. I S. 3420); Abs. 5 Satz 2 aufgeh., bish. Satz 3 wird Satz 2, bish. Satz 4 wird Satz 3 und geänd. mWv 9.12.2022 durch G v. 4.12.2022 (BGBl. I S. 2146).

1. dass eine strafrechtliche Verurteilung eines anderen Mitgliedstaates vorhanden ist, deren Verwendung auf strafrechtliche Verfahren beschränkt ist, und
2. in welchem Mitgliedstaat die Verurteilung ergangen ist.

(4) [1] Ersuchen eines Mitgliedstaates der Europäischen Union um Erteilung einer Auskunft aus dem Register für nichtstrafrechtliche Zwecke, deren Art oder Umfang in diesem Gesetz nicht vorgesehen ist, erledigt die Registerbehörde, soweit die Erteilung nach Maßgabe von Rechtsakten der Europäischen Union geboten ist, es sei denn, dass eine besondere fachliche Bewertung zur Beschränkung der Auskunft erforderlich ist. [2] Ist eine solche Bewertung erforderlich, erhält die für die internationale Amtshilfe zuständige Behörde eine Auskunft aus dem Register. [3] § 57 Absatz 1, 2 und 4 sowie § 8e des Verwaltungsverfahrensgesetzes[1)] gelten entsprechend.

(5) [1] Zur Aufnahme von deutschen Registerinformationen in das Führungszeugnis eines anderen Mitgliedstaates ist diesem auf sein Ersuchen ein Führungszeugnis für Private oder zur Vorlage bei einer Behörde nach § 30 über eine Person zu erteilen. [2] Aus dem Ersuchen muss hervorgehen, dass ein entsprechender Antrag der Person im ersuchenden Mitgliedstaat vorliegt. [3] Ein Führungszeugnis nach § 30a wird zu dem in Satz 1 genannten Zweck erteilt, wenn die Voraussetzungen nach § 30a Absatz 1 und 2 Satz 2 vorliegen.

(6) Die Verantwortung für die Zulässigkeit der Übermittlung trägt die übermittelnde Stelle.

(7) Ersuchen, die ausschließlich die Erteilung einer Auskunft aus dem Strafregister eines anderen Mitgliedstaates der Europäischen Union zum Inhalt haben und ihrem Umfang nach einer unbeschränkten Auskunft nach § 41 oder einem Behördenführungszeugnis nach § 31 vergleichbar sind, werden über die Registerbehörde an die Zentralbehörde des ersuchten Mitgliedstaates gerichtet.

**§ 57b[2)] Speicherung und Austausch von Registerinformationen im Zusammenhang mit einem Partnerstaat.** Die §§ 56b und 57a Absatz 1 bis 3 und 5 bis 7 gelten entsprechend für die Speicherung und den Austausch von Registerinformationen im Zusammenhang mit einem Partnerstaat.

**§ 58[3)] Berücksichtigung von Verurteilungen.** [1] Eine strafrechtliche Verurteilung gilt, auch wenn sie nicht nach § 54 in das Register eingetragen ist, als tilgungsreif, sobald eine ihr vergleichbare Verurteilung im Geltungsbereich dieses Gesetzes tilgungsreif wäre. [2] § 53 gilt auch zugunsten der außerhalb des Geltungsbereichs dieses Gesetzes Verurteilten.

## Achter Abschnitt.[4)] Verarbeitung personenbezogener Daten zu den Zwecken der Verordnung (EU) 2019/816 und der Verordnung (EU) 2019/818

**§ 58a[4)] Ersuchen um Übermittlung personenbezogener Daten von ECRIS-TCN.** Die Registerbehörde darf das zentralisierte System zur Ermittlung der Mitgliedstaaten, in denen Informationen zu Verurteilungen von Drittstaatsangehörigen und Staatenlosen vorliegen (ECRIS-TCN), um Übermittlung der erforderlichen personenbezogenen Daten ersuchen und die empfangenen per-

---

[1)] **Sartorius Nr. 100.**
[2)] § 57b eingef. mWv 9.12.2022 durch G v. 4.12.2022 (BGBl. I S. 2146).
[3)] § 58 Satz 2 geänd. mWv 29.7.2017 durch G v. 18.7.2017 (BGBl. I S. 2732).
[4)] 8. Abschnitt (§§ 58a–58c) eingef. mWv 1.10.2022 durch G v. 10.8.2021 (BGBl. I S. 3420).

sonenbezogenen Daten verarbeiten, soweit dies neben den Zwecken der Verordnung (EU) 2019/816 erforderlich ist

1. für die Erteilung einer Auskunft aus dem Register für nichtstrafrechtliche Zwecke oder
2. für die Erteilung eines Führungszeugnisses.

**§ 58b[1] Austausch von personenbezogenen Daten zwischen der Registerbehörde und dem Bundeskriminalamt.** (1) Die Registerbehörde darf das Bundeskriminalamt zu Zwecken der Verordnung (EU) 2019/816 um Übermittlung der nach § 81b oder § 163b Absatz 1 Satz 3 der Strafprozessordnung[2] aufgenommenen Fingerabdrücke ersuchen.

(2) [1] Die Registerbehörde darf die auf Ersuchen nach Absatz 1 übermittelten Fingerabdrücke erheben, speichern und verwenden, soweit dies zu Zwecken der Verordnung (EU) 2019/816 erforderlich ist. [2] Ist eine Verwendung zu diesen Zwecken nicht mehr erforderlich, so sind die Fingerabdrücke unverzüglich zu löschen.

(3) [1] Werden der Registerbehörde bei Ersuchen nach § 57a Absatz 2 bis 4 infolge eines Treffers in ECRIS-TCN Fingerabdrücke der betroffenen Person übermittelt, darf die Registerbehörde dem Bundeskriminalamt die erforderlichen personenbezogenen Daten einschließlich der Fingerabdrücke übermitteln und um einen Abgleich der Identität ersuchen. [2] Dies gilt auch zur Prüfung von Mehrfachidentitäten nach Artikel 29 der Verordnung (EU) 2019/818 des Europäischen Parlaments und des Rates vom 20. Mai 2019 zur Errichtung eines Rahmens für die Interoperabilität zwischen EU-Informationssystemen (polizeiliche und justizielle Zusammenarbeit, Asyl und Migration) und zur Änderung der Verordnungen (EU) 2018/1726, (EU) 2018/1862 und (EU) 2019/816 (ABl. L 135 vom 22.5. 2019, S. 85; L 10 vom 15.1.2020, S. 5).

(4) Das Bundeskriminalamt darf

1. auf Ersuchen nach Absatz 1 zu Zwecken der Verordnung (EU) 2019/816 die nach § 81b oder § 163b Absatz 1 Satz 3 der Strafprozessordnung aufgenommenen Fingerabdrücke an die Registerbehörde übermitteln,
2. auf Ersuchen nach Absatz 3 Amtshilfe bei der Auswertung der in Absatz 3 genannten Daten zur Identitätsfeststellung leisten und das Ergebnis der Auswertung der Registerbehörde übermitteln.

**§ 58c[1] Ablauf der Speicherfrist in ECRIS-TCN.** Die Speicherfrist nach Artikel 8 der Verordnung (EU) 2019/816 endet mit dem Eintritt der Tilgungsreife.

**§ 58d[3] Kennzeichnung eines Datensatzes.** (1) Zur Kennzeichnung eines Datensatzes in ECRIS-TCN nach Artikel 5 Absatz 1 Buchstabe c der Verordnung (EU) 2019/816 unterrichtet die für die Mitteilung nach § 20 Absatz 1 Satz 1 zuständige Stelle die Registerbehörde darüber, ob eine strafgerichtliche Verurteilung aufgrund einer terroristischen oder aufgrund einer sonstigen Straftat erfolgt ist, die

1. mit einer Freiheitsstrafe im Höchstmaß von mindestens drei Jahren bedroht ist und

---

[1] 8. Abschnitt (§§ 58a–58c) eingef. mWv 1.10.2022 durch G v. 10.8.2021 (BGBl. I S. 3420).
[2] Nr. **90**.
[3] § 58d eingef. mWv 1.4.2023 durch G v. 4.12.2022 (BGBl. I S. 2146).

2. zu einer der im Anhang zur Verordnung (EU) 2018/1240 des Europäischen Parlaments und des Rates vom 12. September 2018 über die Einrichtung eines Europäischen Reiseinformations- und -genehmigungssystems (ETIAS) und zur Änderung der Verordnungen (EU) Nr. 1077/2011, (EU) Nr. 515/2014, (EU) 2016/399, (EU) 2016/1624 und (EU) 2017/2226 (ABl. L 236 vom 19.9.2018, S. 1; L 323 vom 19.12.2018, S. 37; L 193 vom 17.6.2020, S. 16), die zuletzt durch die Verordnung (EU) 2021/1152 (ABl. L 249 vom 14.7.2021, S. 15) geändert worden ist, aufgeführten Deliktsgruppen gehört.

(2) [1] Die Registerbehörde darf die nach Absatz 1 übermittelten personenbezogenen Daten erheben, speichern und verwenden, soweit dies zu Zwecken der Verordnung (EU) 2019/816 erforderlich ist. [2] Ist eine Verwendung zu diesen Zwecken nicht mehr erforderlich, so sind die personenbezogenen Daten unverzüglich zu löschen.

## Dritter Teil. Das Erziehungsregister

**§ 59[1)] Führung des Erziehungsregisters.** Für das Erziehungsregister gelten die Vorschriften des Zweiten Teils, soweit die §§ 60 bis 64 nicht etwas anderes bestimmen.

**§ 60[2)] Eintragungen in das Erziehungsregister.** (1) In das Erziehungsregister werden die folgenden Entscheidungen und Anordnungen eingetragen, soweit sie nicht nach § 5 Abs. 2 in das Zentralregister einzutragen sind:

1. die Anordnung von Maßnahmen nach § 3 Satz 2 des Jugendgerichtsgesetzes[3)],
2. die Anordnung von Erziehungsmaßregeln oder Zuchtmitteln sowie eines diesbezüglich verhängten Ungehorsamsarrestes (§§ 9 bis 16 des Jugendgerichtsgesetzes), Nebenstrafen oder Nebenfolgen (§ 8 Abs. 3, § 76 des Jugendgerichtsgesetzes) allein oder in Verbindung miteinander,
3. der Schuldspruch, der nach § 13 Absatz 2 Satz 2 aus dem Zentralregister entfernt worden ist, sowie die Entscheidung, die nach § 13 Absatz 3 aus dem Zentralregister entfernt worden ist,
4. Entscheidungen, in denen das Gericht die Auswahl und Anordnung von Erziehungsmaßregeln dem Familiengericht überläßt (§§ 53, 104 Abs. 4 des Jugendgerichtsgesetzes),
5. Anordnungen des Familiengerichts, die auf Grund einer Entscheidung nach Nummer 4 ergehen,
6. der Freispruch wegen mangelnder Reife und die Einstellung des Verfahrens aus diesem Grunde (§ 3 Satz 1 des Jugendgerichtsgesetzes),
7. das Absehen von der Verfolgung nach § 45 des Jugendgerichtsgesetzes und die Einstellung des Verfahrens nach § 47 des Jugendgerichtsgesetzes,
8. *(aufgehoben)*

---

1) § 59 Satz 1 aufgeh. mWv 27.4.2012 durch G v. 15.12.2011 (BGBl. I S. 2714).

2) § 60 Abs. 1 Nr. 8, Abs. 3 und 4 aufgeh. durch G v. 26.6.1990 (BGBl. I S. 1163); Abs. 2 geänd. durch G v. 30.8.1990 (BGBl. I S. 1853); Abs. 1 Nr. 4 und 5 geänd., Nr. 9 neu gef. durch G v. 16.12.1997 (BGBl. I S. 2942); Abs. 1 Nr. 4, 5 und 9 geänd. mWv 1.9.2009 durch G v. 17.12.2008 (BGBl. I S. 2586); Abs. 1 Nr. 2 geänd. mWv 15.12.2010 durch G v. 8.12.2010 (BGBl. I S. 1864); Abs. 1 Nr. 3 neu gef., Abs. 3 angef. mWv 27.4.2012 durch G v. 15.12.2011 (BGBl. I S. 2714); Abs. 1 Nr. 2 und 4, Abs. 2 geänd. mWv 29.7.2017, Abs. 1 Nr. 3 geänd. mWv 31.8.2020 durch G v. 18.7.2017 (BGBl. I S. 2732); Abs. 1 Nr. 9 geänd. mWv 1.1.2023 durch G v. 4.5.2021 (BGBl. I S. 882).

3) Nr. **89**.

9. vorläufige und endgültige Entscheidungen des Familiengerichts nach § 1666 Abs. 1 und § 1666a des Bürgerlichen Gesetzbuchs sowie Entscheidungen des Familiengerichts nach § 1802 Absatz 2 Satz 3 in Verbindung mit § 1666 Abs. 1 und § 1666a des Bürgerlichen Gesetzbuchs, welche die Sorge für die Person des Minderjährigen betreffen; ferner die Entscheidungen, durch welche die vorgenannten Entscheidungen aufgehoben oder geändert werden.

(2) In den Fällen des Absatzes 1 Nr. 7 ist zugleich die vom Gericht nach § 45 Abs. 3 oder § 47 Abs. 1 Satz 1 Nr. 3 des Jugendgerichtsgesetzes getroffene Maßnahme einzutragen.

(3) Ist ein Jugendarrest angeordnet worden, wird auch seine vollständige Nichtvollstreckung eingetragen.

**§ 61[1)] Auskunft aus dem Erziehungsregister.** (1) Eintragungen im Erziehungsregister dürfen – unbeschadet der §§ 21a, 42a – nur mitgeteilt werden

1. den Strafgerichten und Staatsanwaltschaften für Zwecke der Rechtspflege sowie den Justizvollzugsbehörden für Zwecke des Strafvollzugs einschließlich der Überprüfung aller im Strafvollzug tätigen Personen,
2. den Familiengerichten für Verfahren, welche die Sorge für die Person des im Register Geführten betreffen,
3. den Jugendämtern und den Landesjugendämtern für die Wahrnehmung von Erziehungsaufgaben der Jugendhilfe,
4. den Gnadenbehörden für Gnadensachen,
5. den für waffen- und sprengstoffrechtliche Erlaubnisse sowie den für luftsicherheitsrechtliche Zuverlässigkeitsüberprüfungen zuständigen Behörden mit der Maßgabe, dass nur Entscheidungen und Anordnungen nach § 60 Abs. 1 Nr. 1 bis 7 mitgeteilt werden dürfen,
6. den Verfassungsschutzbehörden des Bundes und der Länder, dem Bundesnachrichtendienst und dem Militärischen Abschirmdienst für die diesen Behörden übertragenen Sicherheitsaufgaben, wenn eine Auskunft nach § 41 Absatz 1 Nummer 3 im Einzelfall nicht ausreicht, und mit der Maßgabe, dass nur Entscheidungen und Anordnungen nach § 60 Absatz 1 Nummer 1 bis 7 mitgeteilt werden dürfen.

(2) Soweit Behörden sowohl aus dem Zentralregister als auch aus dem Erziehungsregister Auskunft zu erteilen ist, werden auf ein Ersuchen um Auskunft aus dem Zentralregister (§ 41 Absatz 3) auch die in das Erziehungsregister aufgenommenen Eintragungen mitgeteilt.

(3) Auskünfte aus dem Erziehungsregister dürfen nicht an andere als die in Absatz 1 genannten Behörden weitergeleitet werden.

**§ 62[2)] Suchvermerke.** Im Erziehungsregister können Suchvermerke unter den Voraussetzungen des § 27 nur von den Behörden gespeichert werden, denen Auskunft aus dem Erziehungsregister erteilt wird.

---

[1)] § 61 Abs. 1 einl. Satzteil und Nr. 1 geänd. mWv 30.4.2002 durch G v. 23.4.2002 (BGBl. I S. 1406); Abs. 1 Nr. 4 geänd., Nr. 5 angef. mWv 1.4.2003 durch G v. 11.10.2002 (BGBl. I S. 3970); Abs. 1 Nr. 5 geänd. mWv 1.9.2005 durch G v. 15.6.2005 (BGBl. I S. 1626); Abs. 1 Nr. 2 geänd. mWv 1.9.2009 durch G v. 17.12.2008 (BGBl. I S. 2586); Abs. 1 Nr. 5 geänd., Nr. 6 angef. mWv 21.11.2015 durch G v. 17.11. 2015 (BGBl. I S. 1938); Abs. 1 einl. Satzteil und Abs. 2 geänd. mWv 29.7.2017 durch G v. 18.7.2017 (BGBl. I S. 2732); Abs. 1 Nr. 5 geänd. mWv 1.5.2020 durch G v. 22.4.2020 (BGBl. I S. 840).

[2)] § 62 neu gef. mWv 30.4.2002 durch G v. 23.4.2002 (BGBl. I S. 1406); geänd. mWv 29.7.2017 durch G v. 18.7.2017 (BGBl. I S. 2732).

**§ 63**[1] **Entfernung von Eintragungen.** (1) Eintragungen im Erziehungsregister werden entfernt, sobald die betroffene Person das 24. Lebensjahr vollendet hat.

(2) Die Entfernung unterbleibt, solange im Zentralregister eine Verurteilung zu Freiheitsstrafe, Strafarrest oder Jugendstrafe oder eine freiheitsentziehende Maßregel der Besserung und Sicherung eingetragen ist.

(3) [1]Die Registerbehörde kann auf Antrag oder von Amts wegen anordnen, daß Eintragungen vorzeitig entfernt werden, wenn die Vollstreckung erledigt ist und das öffentliche Interesse einer solchen Anordnung nicht entgegensteht. [2]§ 49 Abs. 3 ist anzuwenden.

(4) Die §§ 51, 52 gelten entsprechend.

**§ 64**[2] **Begrenzung von Offenbarungspflichten der betroffenen Person.** (1) Eintragungen in das Erziehungsregister und die ihnen zugrunde liegenden Sachverhalte braucht die betroffene Person nicht zu offenbaren.

(2) Soweit Gerichte oder Behörden ein Recht auf Auskunft aus dem Erziehungsregister haben, kann die betroffene Person ihnen gegenüber keine Rechte aus Absatz 1 herleiten, falls sie hierüber belehrt wird.

## Vierter Teil.[3] Übernahme des Strafregisters beim Generalstaatsanwalt der Deutschen Demokratischen Republik

**§ 64a**[4] **Strafregister der Deutschen Demokratischen Republik.** (1) Die Registerbehörde ist für das Speichern, Verändern, Übermitteln, Sperren und Löschen der Eintragungen und der zugrunde liegenden Unterlagen des bisher beim Generalstaatsanwalt der Deutschen Demokratischen Republik geführten Strafregisters zuständig; sie trägt als speichernde Stelle insoweit die datenschutzrechtliche Verantwortung.

(2) [1]Eintragungen des bisher beim Generalstaatsanwalt der Deutschen Demokratischen Republik geführten Strafregisters werden in das Zentralregister oder das Erziehungsregister übernommen. [2]Die Übernahme der Eintragungen in das Zentralregister oder das Erziehungsregister erfolgt spätestens anlässlich der Bearbeitung einer Auskunft aus dem Zentralregister oder dem Erziehungsregister nach Prüfung durch die Registerbehörde unter Beachtung von Absatz 3. [3]Die Entscheidung über die Übernahme aller Eintragungen hat innerhalb von drei Jahren zu erfolgen.

(3) [1]Nicht übernommen werden Eintragungen

1. über Verurteilungen oder Erkenntnisse, bei denen der zugrunde liegende Sachverhalt im Zeitpunkt der Übernahme dieses Gesetzes nicht mehr mit Strafe bedroht oder mit Ordnungsmitteln belegt ist,
2. über Verurteilungen oder Erkenntnisse, bei denen sich ergibt, daß diese mit rechtsstaatlichen Maßstäben nicht vereinbar sind,

---

[1] § 63 Abs. 1 ber. durch BGBl. 1985 I S. 195; Abs. 3 Satz 1 geänd. mWv 1.1.2007 durch G v. 17.12. 2006 (BGBl. I S. 3171); Abs. 1 geänd. mWv 29.7.2017 durch G v. 18.7.2017 (BGBl. I S. 2732).

[2] § 64 Abs. 1 und 2 geänd. mWv 29.7.2017 durch G v. 18.7.2017 (BGBl. I S. 2732); Überschrift geänd. mWv 26.11.2019 durch G v. 20.11.2019 (BGBl. I S. 1626).

[3] 4. Teil (§§ 64a und 64b) eingef. aufgrund EVertr. v. 31.8.1990 (BGBl. II S. 889, 956)

[4] § 64a eingef. aufgrund EVertr. v. 31.8.1990 (BGBl. II S. 889, 956); Abs. 3 Satz 2 angef. durch G v. 16.6.1995 (BGBl. I S. 818); Abs. 1 geänd. mWv 1.1.2007 durch G v. 17.12.2006 (BGBl. I S. 3171); Abs. 1, 2 Satz 1, Abs. 4 Sätze 1 und 3 geänd., Abs. 2 Satz 2 neu gef. mWv 27.4.2012 durch G v. 15.12.2011 (BGBl. I S. 2714).

3. von Untersuchungsorganen und von Staatsanwaltschaften im Sinne des Strafregistergesetzes der Deutschen Demokratischen Republik.

[2] Für Verurteilungen, die nicht übernommen wurden, gelten die §§ 51 bis 53.

(4) [1] Bis zur Entscheidung über die Übernahme sind die Eintragungen nach Absatz 1 außerhalb des Zentralregisters oder des Erziehungsregisters zu speichern und für Auskünfte nach diesem Gesetz zu sperren. [2] Dies gilt auch für Eintragungen, deren Übernahme abgelehnt worden ist. [3] Die in das Zentralregister oder das Erziehungsregister zu übernehmenden Eintragungen werden vom Zeitpunkt der Übernahmeentscheidung an nach den Vorschriften dieses Gesetzes behandelt.

(5) [1] Die Tilgungsfrist berechnet sich weiterhin nach den bisherigen Bestimmungen (§§ 26 bis 34 des Strafregistergesetzes der Deutschen Demokratischen Republik). [2] Erfolgt eine Neueintragung nach Übernahme des Bundeszentralregistergesetzes, gelten für die Feststellung und Berechnung der Tilgungsfrist die Vorschriften dieses Gesetzes.

**§ 64b[1)] Eintragungen und Eintragungsunterlagen.** (1) [1] Die nach § 64a Absatz 1 gespeicherten Eintragungen und Eintragungsunterlagen aus dem ehemaligen Strafregister der Deutschen Demokratischen Republik dürfen den für die Rehabilitierung zuständigen Stellen für Zwecke der Rehabilitierung übermittelt werden. [2] Eine Verarbeitung für andere Zwecke ist nur mit Einwilligung der betroffenen Person zulässig.

(2) [1] Auf Anforderung darf den zuständigen Stellen mitgeteilt werden, welche Eintragungen gemäß § 64a Abs. 3 nicht in das Zentralregister oder das Erziehungsregister übernommen worden sind, soweit dies bei Richtern und Staatsanwälten wegen ihrer dienstlichen Tätigkeit in der Deutschen Demokratischen Republik für dienstrechtliche Maßnahmen oder zur Rehabilitierung betroffener Personen erforderlich ist. [2] Die Mitteilung kann alle Eintragungen, die die anfordernde Stelle für ihre Entscheidung nach Satz 1 benötigt, oder nur solche Eintragungen umfassen, die bestimmte, von der anfordernden Stelle vorgegebene Eintragungsmerkmale erfüllen.

## Fünfter Teil.[2)] Übergangs- und Schlußvorschriften

**§ 65[3)] Übernahme von Eintragungen in das Zentralregister.** (1) Eintragungen, die vor dem Inkrafttreten dieses Gesetzes in das Strafregister aufgenommen worden sind, werden in das Zentralregister übernommen.

(2) Nicht übernommen werden Eintragungen über Verurteilungen zu

1. Geldstrafe, die mehr als zwei Jahre vor dem Inkrafttreten dieses Gesetzes ausgesprochen worden ist, wenn die Ersatzfreiheitsstrafe nicht mehr als drei Monate beträgt und keine weitere Eintragung im Register enthalten ist,
2. Geldstrafe, bei der die Voraussetzungen der Nummer 1 nicht vorliegen, Freiheitsstrafe und Jugendstrafe von nicht mehr als neun Monaten sowie Strafarrest,

---

1) § 64b eingef. aufgrund EVertr. v. 31.8.1990 (BGBl. II S. 889, 956); neu gef. durch G v. 29.10.1992 (BGBl. I S. 1814); Abs. 1 neu gef. mWv 1.1.2000 durch G v. 17.12.1999 (BGBl. I S. 2662); Abs. 2 Satz 1 geänd. mWv 27.4.2012 durch G v. 15.12.2011 (BGBl. I S. 2714); Abs. 1 Satz 3 geänd. mWv 29.7.2017 durch G v. 18.7.2017 (BGBl. I S. 2732); Abs. 1 Satz 3 und Abs. 2 Satz 1 geänd. mWv 26.11.2019 durch G v. 20.11.2019 (BGBl. I S. 1626); Abs. 1 Satz 1 neu gef., Satz 2 aufgeh., bish. Satz 3 wird Satz 2 mWv 29.11.2019 durch G v. 22.11.2019 (BGBl. I S. 1752).

2) Bish. 4. Teil wird 5. Teil aufgrund EVertr. v. 31.8.1990 (BGBl. II S. 889, 956).

3) § 65 Abs. 3 Nr. 1 und 2 geänd. mWv 29.7.2017 durch G v. 18.7.2017 (BGBl. I S. 2732).

wenn die Strafe mehr als fünf Jahre vor dem Inkrafttreten dieses Gesetzes ausgesprochen worden ist,

3. Freiheitsstrafe und Jugendstrafe von mehr als neun Monaten, aber nicht mehr als drei Jahren, die mehr als zehn Jahre vor dem Inkrafttreten dieses Gesetzes ausgesprochen worden ist,
4. Freiheitsstrafe und Jugendstrafe von mehr als drei, aber nicht mehr als fünf Jahren, die mehr als fünfzehn Jahre vor dem Inkrafttreten dieses Gesetzes ausgesprochen worden ist.

(3) Absatz 2 gilt nicht, wenn

1. die betroffene Person als gefährlicher Gewohnheitsverbrecher oder innerhalb der letzten zehn Jahre vor dem Inkrafttreten dieses Gesetzes zu Freiheitsstrafe oder Jugendstrafe von mehr als neun Monaten verurteilt worden ist,
2. gegen die betroffene Person auf Unterbringung in einer Heil- oder Pflegeanstalt oder auf Untersagung der Erteilung der Fahrerlaubnis für immer erkannt worden ist.

(4) Nicht übernommen werden ferner Eintragungen über Entscheidungen von Verwaltungsbehörden aus der Zeit bis zum 23. Mai 1945.

(5) Die in das Zentralregister zu übernehmenden Eintragungen werden nach den Vorschriften dieses Gesetzes behandelt.

**§ 66 Bei Inkrafttreten dieses Gesetzes getilgte oder tilgungsreife Eintragungen.** Für die Verurteilungen, die bei dem Inkrafttreten dieses Gesetzes im Strafregister getilgt oder tilgungsreif sind oder die nach § 65 Abs. 2 nicht in das Zentralregister übernommen werden, gelten die §§ 51 bis 53.

**§ 67 Eintragungen in der Erziehungskartei.** Die bei dem Inkrafttreten dieses Gesetzes vorhandenen Eintragungen in der gerichtlichen Erziehungskartei sind in das Erziehungsregister zu übernehmen.

**§ 68 Bestimmungen und Bezeichnungen in anderen Vorschriften.** Soweit in anderen Vorschriften auf das Gesetz über beschränkte Auskunft aus dem Strafregister und die Tilgung von Strafvermerken oder auf Bestimmungen des Jugendgerichtsgesetzes[1)], welche die Behandlung von Verurteilungen nach Jugendstrafrecht im Strafregister betreffen, verwiesen wird oder Bezeichnungen verwendet werden, die durch dieses Gesetz aufgehoben oder geändert werden, treten an ihre Stelle die entsprechenden Bestimmungen und Bezeichnungen dieses Gesetzes.

**§ 69[2)] Übergangsvorschriften.** (1) Sind strafrechtliche Verurteilungen, die nicht durch deutsche Gerichte im Geltungsbereich dieses Gesetzes ergangen sind, vor dem 1. August 1984 in das Zentralregister oder das Erziehungsregister eingetragen worden, so ist die Eintragung nach den bis zum Inkrafttreten des Zweiten Gesetzes zur Änderung des Bundeszentralregistergesetzes vom 17. Juli 1984 (BGBl. I S. 990) geltenden Vorschriften zu behandeln.

---

[1)] Nr. **89**.

[2)] § 69 neu gef. mWv 1.10.2002 durch G v. 23.4.2002 (BGBl. I S. 1406); Abs. 1 eingef., bish. Abs. 1 und 2 werden Abs. 2 und 3 mWv 25.4.2006 durch G v. 19.4.2006 (BGBl. I S. 866); Abs. 4 angef. mWv 1.5.2010 durch G v. 16.7.2009 (BGBl. I S. 1952); Abs. 1 und Abs. 3 Satz 1 geänd. mWv 27.4.2012 durch G v. 15.12.2011 (BGBl. I S. 2714); Abs. 5 angef. mWv 26.11.2015 durch G v. 20.11.2015 (BGBl. I S. 2017); Abs. 5 neu gef. mWv 26.11.2019 durch G v. 20.11.2019 (BGBl. I S. 1626); Abs. 4 neu gef. mWv 1.7.2022 durch G v. 16.6.2021 (BGBl. I S. 1810); Abs. 4 geänd. mWv 9.12.2022 durch G v. 4.12. 2022 (BGBl. I S. 2146).

(2) [1] Verurteilungen wegen einer Straftat nach den §§ 174 bis 180 oder § 182 des Strafgesetzbuches[1)] zu einer Freiheitsstrafe oder Jugendstrafe, die vor dem 1. Juli 1998 in das Zentralregister eingetragen wurden, werden nach den Vorschriften dieses Gesetzes in der ab dem 1. Juli 1998 gültigen Fassung behandelt. [2] In ein Führungszeugnis oder eine unbeschränkte Auskunft werden vor dem 30. Januar 1998 erfolgte Verurteilungen nur aufgenommen, soweit sie zu diesem Zeitpunkt in ein Führungszeugnis oder eine unbeschränkte Auskunft aufzunehmen waren.

(3) [1] Eintragungen nach § 11, die vor dem 1. Oktober 2002 erfolgt sind, werden nach 20 Jahren aus dem Zentralregister entfernt. [2] Die Frist beginnt mit dem Tag der Entscheidung oder Verfügung. [3] § 24 Abs. 4 gilt entsprechend.

(4) Verurteilungen wegen einer Straftat nach den §§ 171, 174 bis 180a, 181a, 182 bis 184g, 184i bis 184l, 201a Absatz 3, den §§ 225, 232 bis 233a, 234, 235 oder § 236 des Strafgesetzbuches, die vor dem 1. Juli 2022 in das Zentralregister eingetragen wurden, werden nach den Vorschriften dieses Gesetzes in der ab 1. Juli 2022 geltenden Fassung behandelt.

(5) [1] § 21 Satz 2 in der ab dem 29. Juli 2017 geltenden Fassung ist erst ab dem 1. Mai 2018 anzuwenden. [2] Bis zum 30. April 2018 ist § 21a Satz 2 in der am 20. November 2015 geltenden Fassung weiter anzuwenden.

## §§ 70, 71[2)] *(aufgehoben)*

[1)] Nr. **85**.
[2)] §§ 70 und 71 aufgeh. mWv 30.4.2002 durch G v. 23.4.2002 (BGBl. I S. 1406).

# 94. Gesetz über Ordnungswidrigkeiten (OWiG)

In der Fassung der Bekanntmachung vom 19. Februar 1987[1)]

(BGBl. I S. 602)

**FNA 454-1**

| Lfd. Nr. | Änderndes Gesetz | Datum | Fundstelle | Betroffen | Hinweis |
|---|---|---|---|---|---|
| 1.-30. | Änderungsgesetze bis einschl. G v. 7.8.2007 (BGBl. I S. 1786) nur noch in den Anmerkungen nachgewiesen | | | | |
| 31. | Art. 4 Abs. 11 G zur Reform der Sachaufklärung in der Zwangsvollstreckung | 29.7.2009 | BGBl. I S. 2258 | § 90 | geänd. mWv 1.1.2013 |
| 32. | Art. 2 G zur Regelung der Verständigung im Strafverfahren | 29.7.2009 | BGBl. I S. 2353 | § 78 | geänd. mWv 4.8.2009 |
| 33. | Art. 4 Achtes G zur Änd. des GWB | 26.6.2013 | BGBl. I S. 1738 | §§ 30, 130 | geänd. mWv 30.6.2013 |
| 34. | Art. 30 2. KostenrechtsmodernisierungsG | 23.7.2013 | BGBl. I S. 2586 | § 107 | geänd. mWv 1.8.2013 |
| 35. | Art. 2 Abs. 70 und Art. 4 Abs. 58 G zur Strukturreform des Gebührenrechts des Bundes | 7.8.2013 | BGBl. I S. 3154, geänd. durch G v. 18.7. 2016, BGBl. I S. 1666 | § 107<br>§ 107 | geänd. mWv 15.8.2013<br>geänd. mWv 14.8.2018, insoweit aufgeh. durch G v. 18.7. 2016 (BGBl. I S. 1666) |
| 36. | Art. 8 Fünftes G zur Änd. des StraßenverkehrsG und anderer Gesetze | 28.8.2013 | BGBl. I S. 3313 | § 56 | geänd. mWv 1.5.2014 |
| 37. | Art. 18 G zur Förderung des elektronischen Rechtsverkehrs mit den Gerichten | 10.10. 2013 | BGBl. I S. 3786 | §§ 46, 110d<br>§ 110d | geänd. mWv 1.7.2014<br>geänd. mWv 1.1.2018 |
| 38. | Art. 4 Bundeswehr-AttraktivitätssteigerungsG | 13.5.2015 | BGBl. I S. 706 | § 131 | geänd. mWv 23.5.2015 |
| 39. | Art. 4 Abs. 55 G zur Aktualisierung der Strukturreform des Gebührenrechts des Bundes | 18.7.2016 | BGBl. I S. 1666 | § 107 | geänd. mWv 1.10.2021 |
| 40. | Art. 4 G zur Regulierung des Prostitutionsgewerbes | 21.10. 2016 | BGBl. I S. 2372 | §§ 120, 123 | geänd. mWv 1.7.2017 |
| 41. | Art. 5 G zur Reform der strafrechtlichen Vermögensabschöpfung | 13.4.2017 | BGBl. I S. 872 | 1. Teil 5. Abschnitt Überschrift, § 22, 1. Teil 6. Abschnitt Überschrift, §§ 30, 87, 88, 90, 99, 110b, 133<br>§ 29a | geänd. mWv 1.7.2017<br>neu gef. mWv 1.7.2017 |

[1)] Neubekanntmachung des OWiG v. 24.5.1968 (BGBl. I S. 481) in der ab 1.4.1987 geltenden Fassung.

| Lfd. Nr. | Änderndes Gesetz | Datum | Fundstelle | Betroffen | Hinweis |
|---|---|---|---|---|---|
| 42. | Art. 8, 9 G zur Einführung der elektronischen Akte in der Justiz und zur weiteren Förderung des elektronischen Rechtsverkehrs | 5.7.2017 | BGBl. I S. 2208 | § 134 | eingef. mWv 13.7.2017 |
| | | | | §§ 33, 49, 49b, 49c, 51, 73, 74, 77a, 78, 79, 107 | geänd. mWv 1.1.2018 |
| | | | | § 49d, 2. Teil 12. Abschnitt (§§ 110a, 110b, 110c) | neu gef. mWv 1.1.2018 |
| | | | | §§ 110d, 110e | aufgeh. mit Ablauf des 31.12. 2017 |
| | | | | § 110a | geänd. mWv 1.7.2025 |
| | | | | § 110a | geänd. mWv 1.1.2026 |
| 43. | Art. 11 Abs. 33 eIDAS-DurchführungsG[1) 2)] | 18.7.2017 | BGBl. I S. 2745 | §§ 110a, 110b, 110c, 110d | geänd. mWv 29.7.2017 |
| 44. | Art. 5 G zur effektiveren und praxistauglicheren Ausgestaltung des Strafverfahrens | 17.8.2017 | BGBl. I S. 3202 | §§ 46, 77a | geänd. mWv 24.8.2017 |
| 45. | Art. 5 Zweites G zur Stärkung der Verfahrensrechte von Beschuldigten im Strafverfahren und zur Änd. des Schöffenrechts[3)] | 27.8.2017 | BGBl. I S. 3295 | § 55 | geänd. mWv 5.9.2017 |
| 46. | Art. 3 G zur Stärkung des Rechts des Angeklagten auf Anwesenheit in der Verhandlung | 17.12. 2018 | BGBl. I S. 2571 | § 110a | geänd. mWv 21.12.2018 |
| 47. | Art. 5 Abs. 15 G zur Einführung einer Karte für Unionsbürger und Angehörige des Europäischen Wirtschaftsraums mit Funktion zum elektronischen Identitätsnachweis sowie zur Änd. des PersonalausweisG und weiterer Vorschriften[2) 4)] | 21.6.2019 | BGBl. I S. 846 | § 110b | geänd. mWv 1.11.2019 |

[1)] **Amtl. Anm.:** Dieses Gesetz dient der Durchführung der Verordnung (EU) Nr. 910/2014 des Europäischen Parlaments und des Rates vom 23. Juli 2014 über elektronische Identifizierung und Vertrauensdienste für elektronische Transaktionen im Binnenmarkt und zur Aufhebung der Richtlinie 1999/93/EG.

[2)] **Amtl. Anm.:** Notifiziert gemäß der Richtlinie (EU) 2015/1535 des Europäischen Parlaments und des Rates vom 9. September 2015 über ein Informationsverfahren auf dem Gebiet der technischen Vorschriften und der Vorschriften für die Dienste der Informationsgesellschaft (ABl. L 241 vom 17.9.2015, S. 1).

[3)] **Amtl. Anm.:** Die Artikel 1 bis 6 dieses Gesetzes dienen der Umsetzung der Richtlinie 2013/48/EU des Europäischen Parlaments und des Rates vom 22. Oktober 2013 über das Recht auf Zugang zu einem Rechtsbeistand in Strafverfahren und in Verfahren zur Vollstreckung des Europäischen Haftbefehls sowie über das Recht auf Benachrichtigung eines Dritten bei Freiheitsentzug und das Recht auf Kommunikation mit Dritten und mit Konsularbehörden während des Freiheitsentzugs (ABl. L 294 vom 6.11.2013, S. 1).

[4)] Die Änd. des Inkrafttretens dieses G durch Art. 154a G v. 20.11.2019 (BGBl. I S. 1626) ist unbeachtlich, da das G bei Erlass des ÄndG bereits in Kraft getreten war.

| Lfd. Nr. | Änderndes Gesetz | Datum | Fundstelle | Betroffen | Hinweis |
|---|---|---|---|---|---|
| 48. | Art. 26 Abs. 6 G zur Umsetzung der RL (EU) 2016/680 im Strafverfahren sowie zur Anpassung datenschutzrechtl. Bestimmungen an die VO (EU) 2016/679 | 20.11.2019 | BGBl. I S. 1724 | §§ 49a, 49b, 49c | geänd. mWv 26.11.2019 |
| 49. | Art. 8 G zur Neuregelung des Rechts der notwendigen Verteidigung[1)] | 10.12.2019 | BGBl. I S. 2128 | § 60 | geänd. mWv 13.12.2019 |
| 50. | Art. 5 G zur Stärkung der Verfahrensrechte von Beschuldigten im Jugendstrafverfahren[2)] | 9.12.2019 | BGBl. I S. 2146 | § 107 | geänd. mWv 17.12.2019 |
| 51. | Art. 185 Elfte ZuständigkeitsanpassungsVO | 19.6.2020 | BGBl. I S. 1328 | § 131 | geänd. mWv 27.6.2020 |
| 52. | Art. 3 60. G zur Änd. des Strafgesetzbuches – Modernisierung des Schriftenbegriffs und anderer Begriffe sowie Erweiterung der Strafbarkeit nach den §§ 86, 86a, 111 und 130 des Strafgesetzbuches bei Handlungen im Ausland | 30.11.2020 | BGBl. I S. 2600 | §§ 12, 116, 119, 123 | geänd. mWv 1.1.2021 |
| 53. | Art. 2 61. G zur Änd. des Strafgesetzbuches – Umsetzung der RL (EU) 2019/713 des Europäischen Parlaments und des Rates vom 17. April 2019 zur Bekämpfung von Betrug und Fälschung im Zusammenhang mit unbaren Zahlungsmitteln und zur Ersetzung des Rahmenbeschlusses 2001/413/JI des Rates[3)] | 10.3.2021 | BGBl. I S. 333 | § 127 | geänd. mWv 18.3.2021 |
| 54. | Art. 9a G zur Anpassung der Regelungen über die Bestandsdatenauskunft an die Vorgaben aus der Entscheidung des BVerfG v. 27.5.2020 | 30.3.2021 | BGBl. I S. 448 | § 46 | geänd. mWv 2.4.2021 |
| 55. | Art. 23 G zur Fortentwicklung der StrafprozessO und zur Änd. weiterer Vorschriften | 25.6.2021 | BGBl. I S. 2099 | §§ 33, 51 | geänd. mWv 1.7.2021 |

[1)] **Amtl. Anm.:** Dieses Gesetz dient der Umsetzung der Richtlinie (EU) 2016/1919 des Europäischen Parlaments und des Rates vom 26. Oktober 2016 über Prozesskostenhilfe für Verdächtige und beschuldigte Personen in Strafverfahren sowie für gesuchte Personen in Verfahren zur Vollstreckung eines Europäischen Haftbefehls (ABl. L 297 vom 4.11.2016, S. 1; L 91 vom 5.4.2017, S. 40). […]

[2)] **Amtl. Anm.:** Dieses Gesetz dient der Umsetzung der Richtlinie (EU) 2016/800 des Europäischen Parlaments und des Rates vom 11. Mai 2016 über Verfahrensgarantien für Kinder, die Verdächtige oder beschuldigte Personen in Strafverfahren sind (ABl. L 132 vom 21.5.2016, S. 1).

[3)] **Amtl. Anm.:** (ABl. L 123 vom 10.5.2019, S. 18).

| Lfd. Nr. | Änderndes Gesetz | Datum | Fundstelle | Betroffen | Hinweis |
|---|---|---|---|---|---|
| 56. | Art. 31 G zum Ausbau des elektronischen Rechtsverkehrs mit den Gerichten und zur Änd. weiterer Vorschriften[1)] | 5.10.2021 | BGBl. I S. 4607 | § 110c | geänd. mWv 1.1.2022 |
| 57. | Art. 5 Zweites G zur Änd. schifffahrtsrechtlicher Vorschriften | 14.3.2023 | BGBl. 2023 I Nr. 73 | § 46 | geänd. mWv 21.3.2023 |

[1)] **Amtl. Anm.:** Notifiziert gemäß der Richtlinie (EU) 2015/1535 des Europäischen Parlaments und des Rates vom 9. September 2015 über ein Informationsverfahren auf dem Gebiet der technischen Vorschriften und der Vorschriften für die Dienste der Informationsgesellschaft (ABl. L 241 vom 17.9.2015, S. 1).

## Inhaltsübersicht[1) 2)]

§§

### Erster Teil. Allgemeine Vorschriften (§§ 1–34)

Erster Abschnitt. Geltungsbereich (§§ 1–7)



Zweiter Abschnitt. Grundlagen der Ahndung (§§ 8–16)



Dritter Abschnitt. Geldbuße (§§ 17, 18)



Vierter Abschnitt. Zusammentreffen mehrerer Gesetzesverletzungen (§§ 19–21)



Fünfter Abschnitt. *[Einziehung von Gegenständen]* (§§ 22–29)



Sechster Abschnitt. *[Einziehung des Wertes von Taterträgen; Geldbuße gegen juristische Personen und Personenvereinigungen]* (§§ 29a, 30)



Siebenter Abschnitt. Verjährung (§§ 31–34)



---

[1)] Inhaltsübersicht geänd. mWv 30.8.2002 durch G v. 22.8.2002 (BGBl. I S. 3387); mWv 1.10.2002 durch G v. 26.7.2002 (BGBl. I S. 2864, ber. S. 3516); mWv 1.7.2004 durch G v. 5.5.2004 (BGBl. I S. 718); mWv 1.9.2004 durch G v. 24.8.2004 (BGBl. I S. 2198); mWv 1.4.2005 durch G v. 22.3.2005 (BGBl. I S. 837); mWv 1.2.2006 durch G v. 12.8.2005 (BGBl. I S. 2354); sie wurde nichtamtlich an die nachträglichen Änderungen durch G v. 21.10.2016 (BGBl. I S. 2372), G v. 13.4.2017 (BGBl. I S. 872) und G v. 5.7.2017 (BGBl. I S. 2208) angepasst.

[2)] Zur besseren Übersichtlichkeit wurden den Gliederungsüberschriften redaktionell die zugehörigen §§ angefügt.

§§

**Zweiter Teil. Bußgeldverfahren (§§ 35–110e)**

Erster Abschnitt. Zuständigkeit zur Verfolgung und Ahndung von Ordnungswidrigkeiten (§§ 35–45)



Zweiter Abschnitt. Allgemeine Verfahrensvorschriften (§§ 46–52)



Dritter Abschnitt. Vorverfahren (§§ 53–64)

I. Allgemeine Vorschriften



II. Verwarnungsverfahren



III. Verfahren der Verwaltungsbehörde



IV. Verfahren der Staatsanwaltschaft



Vierter Abschnitt. Bußgeldbescheid (§§ 65, 66)



Fünfter Abschnitt. Einspruch und gerichtliches Verfahren (§§ 67–80a)

I. Einspruch

§§

II. Hauptverfahren



III. Rechtsmittel



Sechster Abschnitt. Bußgeld- und Strafverfahren (§§ 81–83)



Siebenter Abschnitt. Rechtskraft und Wiederaufnahme des Verfahrens (§§ 84–86)



Achter Abschnitt. Verfahren bei Anordnung von Nebenfolgen oder der Festsetzung einer Geldbuße gegen eine juristische Person oder Personenvereinigung (§§ 87, 88)



Neunter Abschnitt. Vollstreckung der Bußgeldentscheidungen (§§ 89–104)



Zehnter Abschnitt. Kosten (§§ 105–109a)

I. Verfahren der Verwaltungsbehörde

§§

II. Verfahren der Staatsanwaltschaft (§ 108a)

III. Verfahren über die Zulässigkeit des Einspruchs (§ 109)

IV. Auslagen des Betroffenen (§ 109a)

Elfter Abschnitt. Entschädigung für Verfolgungsmaßnahmen (§ 110)

Zwölfter Abschnitt. *[Aktenführung und Kommunikation im Verfahren]* (§§ 110a–110e)



**Dritter Teil. Einzelne Ordnungswidrigkeiten (§§ 111–131)**

Erster Abschnitt. Verstöße gegen staatliche Anordnungen (§§ 111–115)



Zweiter Abschnitt. Verstöße gegen die öffentliche Ordnung (§§ 116–123)



Dritter Abschnitt. Mißbrauch staatlicher oder staatlich geschützter Zeichen (§§ 124–129)



Vierter Abschnitt. Verletzung der Aufsichtspflicht in Betrieben und Unternehmen (§ 130)

Fünfter Abschnitt. Gemeinsame Vorschriften (§ 131)

**Vierter Teil. Schlußvorschriften (§§ 132–135)**

# Erster Teil. Allgemeine Vorschriften

## Erster Abschnitt. Geltungsbereich

**§ 1 Begriffsbestimmung.** (1) Eine Ordnungswidrigkeit ist eine rechtswidrige und vorwerfbare Handlung, die den Tatbestand eines Gesetzes verwirklicht, das die Ahndung mit einer Geldbuße zuläßt.

*(Fortsetzung nächstes Blatt)*

(2) Eine mit Geldbuße bedrohte Handlung ist eine rechtswidrige Handlung, die den Tatbestand eines Gesetzes im Sinne des Absatzes 1 verwirklicht, auch wenn sie nicht vorwerfbar begangen ist.

**§ 2 Sachliche Geltung.** Dieses Gesetz gilt für Ordnungswidrigkeiten nach Bundesrecht und nach Landesrecht.

**§ 3 Keine Ahndung ohne Gesetz.** Eine Handlung kann als Ordnungswidrigkeit nur geahndet werden, wenn die Möglichkeit der Ahndung gesetzlich bestimmt war, bevor die Handlung begangen wurde.

**§ 4 Zeitliche Geltung.** (1) Die Geldbuße bestimmt sich nach dem Gesetz, das zur Zeit der Handlung gilt.

(2) Wird die Bußgelddrohung während der Begehung der Handlung geändert, so ist das Gesetz anzuwenden, das bei Beendigung der Handlung gilt.

(3) Wird das Gesetz, das bei Beendigung der Handlung gilt, vor der Entscheidung geändert, so ist das mildeste Gesetz anzuwenden.

(4) [1] Ein Gesetz, das nur für eine bestimmte Zeit gelten soll, ist auf Handlungen, die während seiner Geltung begangen sind, auch dann anzuwenden, wenn es außer Kraft getreten ist. [2] Dies gilt nicht, soweit ein Gesetz etwas anderes bestimmt.

(5) Für Nebenfolgen einer Ordnungswidrigkeit gelten die Absätze 1 bis 4 entsprechend.

**§ 5[1)] Räumliche Geltung.** Wenn das Gesetz nichts anderes bestimmt, können nur Ordnungswidrigkeiten geahndet werden, die im räumlichen Geltungsbereich dieses Gesetzes oder außerhalb dieses Geltungsbereichs auf einem Schiff oder in einem Luftfahrzeug begangen werden, das berechtigt ist, die Bundesflagge oder das Staatszugehörigkeitszeichen der Bundesrepublik Deutschland zu führen.

**§ 6 Zeit der Handlung.** [1] Eine Handlung ist zu der Zeit begangen, zu welcher der Täter tätig geworden ist oder im Falle des Unterlassens hätte tätig werden müssen. [2] Wann der Erfolg eintritt, ist nicht maßgebend.

**§ 7 Ort der Handlung.** (1) Eine Handlung ist an jedem Ort begangen, an dem der Täter tätig geworden ist oder im Falle des Unterlassens hätte tätig werden müssen oder an dem der zum Tatbestand gehörende Erfolg eingetreten ist oder nach der Vorstellung des Täters eintreten sollte.

(2) Die Handlung eines Beteiligten ist auch an dem Ort begangen, an dem der Tatbestand des Gesetzes, das die Ahndung mit einer Geldbuße zuläßt, verwirklicht worden ist oder nach der Vorstellung des Beteiligten verwirklicht werden sollte.

## Zweiter Abschnitt. Grundlagen der Ahndung

**§ 8 Begehen durch Unterlassen.** Wer es unterläßt, einen Erfolg abzuwenden, der zum Tatbestand einer Bußgeldvorschrift gehört, handelt nach dieser Vorschrift nur dann ordnungswidrig, wenn er rechtlich dafür einzustehen hat, daß der Erfolg nicht eintritt, und wenn das Unterlassen der Verwirklichung des gesetzlichen Tatbestandes durch ein Tun entspricht.

**§ 9[2)] Handeln für einen anderen.** (1) Handelt jemand

---

1) § 5 geänd. durch G v. 25.8.1998 (BGBl. I S. 2432).

2) § 9 Abs. 1 Nr. 2 geänd. mWv 30.8.2002 durch G v. 22.8.2002 (BGBl. I S. 3387).

1. als vertretungsberechtigtes Organ einer juristischen Person oder als Mitglied eines solchen Organs,
2. als vertretungsberechtigter Gesellschafter einer rechtsfähigen Personengesellschaft oder
3. als gesetzlicher Vertreter eines anderen,

so ist ein Gesetz, nach dem besondere persönliche Eigenschaften, Verhältnisse oder Umstände (besondere persönliche Merkmale) die Möglichkeit der Ahndung begründen, auch auf den Vertreter anzuwenden, wenn diese Merkmale zwar nicht bei ihm, aber bei dem Vertretenen vorliegen.

(2) [1] Ist jemand von dem Inhaber eines Betriebes oder einem sonst dazu Befugten

1. beauftragt, den Betrieb ganz oder zum Teil zu leiten, oder
2. ausdrücklich beauftragt, in eigener Verantwortung Aufgaben wahrzunehmen, die dem Inhaber des Betriebes obliegen,

und handelt er auf Grund dieses Auftrages, so ist ein Gesetz, nach dem besondere persönliche Merkmale die Möglichkeit der Ahndung begründen, auch auf den Beauftragten anzuwenden, wenn diese Merkmale zwar nicht bei ihm, aber bei dem Inhaber des Betriebes vorliegen. [2] Dem Betrieb im Sinne des Satzes 1 steht das Unternehmen gleich. [3] Handelt jemand auf Grund eines entsprechenden Auftrages für eine Stelle, die Aufgaben der öffentlichen Verwaltung wahrnimmt, so ist Satz 1 sinngemäß anzuwenden.

(3) Die Absätze 1 und 2 sind auch dann anzuwenden, wenn die Rechtshandlung, welche die Vertretungsbefugnis oder das Auftragsverhältnis begründen sollte, unwirksam ist.

**§ 10 Vorsatz und Fahrlässigkeit.** Als Ordnungswidrigkeit kann nur vorsätzliches Handeln geahndet werden, außer wenn das Gesetz fahrlässiges Handeln ausdrücklich mit Geldbuße bedroht.

**§ 11 Irrtum.** (1) [1] Wer bei Begehung einer Handlung einen Umstand nicht kennt, der zum gesetzlichen Tatbestand gehört, handelt nicht vorsätzlich. [2] Die Möglichkeit der Ahndung wegen fahrlässigen Handelns bleibt unberührt.

(2) Fehlt dem Täter bei Begehung der Handlung die Einsicht, etwas Unerlaubtes zu tun, namentlich weil er das Bestehen oder die Anwendbarkeit einer Rechtsvorschrift nicht kennt, so handelt er nicht vorwerfbar, wenn er diesen Irrtum nicht vermeiden konnte.

**§ 12[1)] Verantwortlichkeit.** (1) [1] Nicht vorwerfbar handelt, wer bei Begehung einer Handlung noch nicht vierzehn Jahre alt ist. [2] Ein Jugendlicher handelt nur unter den Voraussetzungen des § 3 Satz 1 des Jugendgerichtsgesetzes[2)] vorwerfbar.

(2) Nicht vorwerfbar handelt, wer bei Begehung der Handlung wegen einer krankhaften seelischen Störung, wegen einer tiefgreifenden Bewußtseinsstörung oder wegen einer Intelligenzminderung oder einer schweren anderen seelischen Störung unfähig ist, das Unerlaubte der Handlung einzusehen oder nach dieser Einsicht zu handeln.

**§ 13 Versuch.** (1) Eine Ordnungswidrigkeit versucht, wer nach seiner Vorstellung von der Handlung zur Verwirklichung des Tatbestandes unmittelbar ansetzt.

---

[1)] § 12 Abs. 2 geänd. mWv 1.1.2021 durch G v. 30.11.2020 (BGBl. I S. 2600).
[2)] Nr. **89**.

(2) Der Versuch kann nur geahndet werden, wenn das Gesetz es ausdrücklich bestimmt.

(3) [1]Der Versuch wird nicht geahndet, wenn der Täter freiwillig die weitere Ausführung der Handlung aufgibt oder deren Vollendung verhindert. [2]Wird die Handlung ohne Zutun des Zurücktretenden nicht vollendet, so genügt sein freiwilliges und ernsthaftes Bemühen, die Vollendung zu verhindern.

(4) [1]Sind an der Handlung mehrere beteiligt, so wird der Versuch desjenigen nicht geahndet, der freiwillig die Vollendung verhindert. [2]Jedoch genügt sein freiwilliges und ernsthaftes Bemühen, die Vollendung der Handlung zu verhindern, wenn sie ohne sein Zutun nicht vollendet oder unabhängig von seiner früheren Beteiligung begangen wird.

**§ 14 Beteiligung.** (1) [1]Beteiligen sich mehrere an einer Ordnungswidrigkeit, so handelt jeder von ihnen ordnungswidrig. [2]Dies gilt auch dann, wenn besondere persönliche Merkmale (§ 9 Abs. 1), welche die Möglichkeit der Ahndung begründen, nur bei einem Beteiligten vorliegen.

(2) Die Beteiligung kann nur dann geahndet werden, wenn der Tatbestand eines Gesetzes, das die Ahndung mit einer Geldbuße zuläßt, rechtswidrig verwirklicht wird oder in Fällen, in denen auch der Versuch geahndet werden kann, dies wenigstens versucht wird.

(3) [1]Handelt einer der Beteiligten nicht vorwerfbar, so wird dadurch die Möglichkeit der Ahndung bei den anderen nicht ausgeschlossen. [2]Bestimmt das Gesetz, daß besondere persönliche Merkmale die Möglichkeit der Ahndung ausschließen, so gilt dies nur für den Beteiligten, bei dem sie vorliegen.

(4) Bestimmt das Gesetz, daß eine Handlung, die sonst eine Ordnungswidrigkeit wäre, bei besonderen persönlichen Merkmalen des Täters eine Straftat ist, so gilt dies nur für den Beteiligten, bei dem sie vorliegen.

**§ 15 Notwehr.** (1) Wer eine Handlung begeht, die durch Notwehr geboten ist, handelt nicht rechtswidrig.

(2) Notwehr ist die Verteidigung, die erforderlich ist, um einen gegenwärtigen rechtswidrigen Angriff von sich oder einem anderen abzuwenden.

(3) Überschreitet der Täter die Grenzen der Notwehr aus Verwirrung, Furcht oder Schrecken, so wird die Handlung nicht geahndet.

**§ 16 Rechtfertigender Notstand.** [1]Wer in einer gegenwärtigen, nicht anders abwendbaren Gefahr für Leben, Leib, Freiheit, Ehre, Eigentum oder ein anderes Rechtsgut eine Handlung begeht, um die Gefahr von sich oder einem anderen abzuwenden, handelt nicht rechtswidrig, wenn bei Abwägung der widerstreitenden Interessen, namentlich der betroffenen Rechtsgüter und des Grades der ihnen drohenden Gefahren, das geschützte Interesse das beeinträchtigte wesentlich überwiegt. [2]Dies gilt jedoch nur, soweit die Handlung ein angemessenes Mittel ist, die Gefahr abzuwenden.

## Dritter Abschnitt. Geldbuße

**§ 17[1)] Höhe der Geldbuße.** (1) Die Geldbuße beträgt mindestens fünf Euro und, wenn das Gesetz nichts anderes bestimmt, höchstens eintausend Euro.

---

[1)] § 17 Abs. 1 geänd. durch G v. 26.1.1998 (BGBl. I S. 156); Abs. 1 geänd. mWv 1.1.2002 durch G v. 13.12.2001 (BGBl. I S. 3574).

(2) Droht das Gesetz für vorsätzliches und fahrlässiges Handeln Geldbuße an, ohne im Höchstmaß zu unterscheiden, so kann fahrlässiges Handeln im Höchstmaß nur mit der Hälfte des angedrohten Höchstbetrages der Geldbuße geahndet werden.

(3) [1] Grundlage für die Zumessung der Geldbuße sind die Bedeutung der Ordnungswidrigkeit und der Vorwurf, der den Täter trifft. [2] Auch die wirtschaftlichen Verhältnisse des Täters kommen in Betracht; bei geringfügigen Ordnungswidrigkeiten bleiben sie jedoch in der Regel unberücksichtigt.

(4) [1] Die Geldbuße soll den wirtschaftlichen Vorteil, den der Täter aus der Ordnungswidrigkeit gezogen hat, übersteigen. [2] Reicht das gesetzliche Höchstmaß hierzu nicht aus, so kann es überschritten werden.

**§ 18 Zahlungserleichterungen.** [1] Ist dem Betroffenen nach seinen wirtschaftlichen Verhältnissen nicht zuzumuten, die Geldbuße sofort zu zahlen, so wird ihm eine Zahlungsfrist bewilligt oder gestattet, die Geldbuße in bestimmten Teilbeträgen zu zahlen. [2] Dabei kann angeordnet werden, daß die Vergünstigung, die Geldbuße in bestimmten Teilbeträgen zu zahlen, entfällt, wenn der Betroffene einen Teilbetrag nicht rechtzeitig zahlt.

## Vierter Abschnitt. Zusammentreffen mehrerer Gesetzesverletzungen

**§ 19 Tateinheit.** (1) Verletzt dieselbe Handlung mehrere Gesetze, nach denen sie als Ordnungswidrigkeit geahndet werden kann, oder ein solches Gesetz mehrmals, so wird nur eine einzige Geldbuße festgesetzt.

(2) [1] Sind mehrere Gesetze verletzt, so wird die Geldbuße nach dem Gesetz bestimmt, das die höchste Geldbuße androht. [2] Auf die in dem anderen Gesetz angedrohten Nebenfolgen kann erkannt werden.

**§ 20 Tatmehrheit.** Sind mehrere Geldbußen verwirkt, so wird jede gesondert festgesetzt.

**§ 21 Zusammentreffen von Straftat und Ordnungswidrigkeit.** (1) [1] Ist eine Handlung gleichzeitig Straftat und Ordnungswidrigkeit, so wird nur das Strafgesetz angewendet. [2] Auf die in dem anderen Gesetz angedrohten Nebenfolgen kann erkannt werden.

(2) Im Falle des Absatzes 1 kann die Handlung jedoch als Ordnungswidrigkeit geahndet werden, wenn eine Strafe nicht verhängt wird.

*(Fortsetzung nächstes Blatt)*

## Fünfter Abschnitt.[1] Einziehung von Gegenständen

**§ 22**[1] **Einziehung von Gegenständen.** (1) Als Nebenfolge einer Ordnungswidrigkeit dürfen Gegenstände nur eingezogen werden, soweit das Gesetz es ausdrücklich zuläßt.

(2) Die Einziehung ist nur zulässig, wenn

1. die Gegenstände zur Zeit der Entscheidung dem Täter gehören oder zustehen oder
2. die Gegenstände nach ihrer Art und den Umständen die Allgemeinheit gefährden oder die Gefahr besteht, daß sie der Begehung von Handlungen dienen werden, die mit Strafe oder mit Geldbuße bedroht sind.

(3) Unter den Voraussetzungen des Absatzes 2 Nr. 2 ist die Einziehung der Gegenstände auch zulässig, wenn der Täter nicht vorwerfbar gehandelt hat.

**§ 23 Erweiterte Voraussetzungen der Einziehung.** Verweist das Gesetz auf diese Vorschrift, so dürfen die Gegenstände abweichend von § 22 Abs. 2 Nr. 1 auch dann eingezogen werden, wenn derjenige, dem sie zur Zeit der Entscheidung gehören oder zustehen,

1. wenigstens leichtfertig dazu beigetragen hat, daß die Sache oder das Recht Mittel oder Gegenstand der Handlung oder ihrer Vorbereitung gewesen ist, oder
2. die Gegenstände in Kenntnis der Umstände, welche die Einziehung zugelassen hätten, in verwerflicher Weise erworben hat.

**§ 24 Grundsatz der Verhältnismäßigkeit.** (1) Die Einziehung darf in den Fällen des § 22 Abs. 2 Nr. 1 und des § 23 nicht angeordnet werden, wenn sie zur Bedeutung der begangenen Handlung und zum Vorwurf, der den von der Einziehung betroffenen Täter oder in den Fällen des § 23 den Dritten trifft, außer Verhältnis steht.

(2) [1] In den Fällen der §§ 22 und 23 wird angeordnet, daß die Einziehung vorbehalten bleibt, und eine weniger einschneidende Maßnahme getroffen, wenn der Zweck der Einziehung auch durch sie erreicht werden kann. [2] In Betracht kommt namentlich die Anweisung,

1. die Gegenstände unbrauchbar zu machen,
2. an den Gegenständen bestimmte Einrichtungen oder Kennzeichen zu beseitigen oder die Gegenstände sonst zu ändern oder
3. über die Gegenstände in bestimmter Weise zu verfügen.

[3] Wird die Anweisung befolgt, so wird der Vorbehalt der Einziehung aufgehoben; andernfalls wird die Einziehung nachträglich angeordnet.

(3) Die Einziehung kann auf einen Teil der Gegenstände beschränkt werden.

**§ 25 Einziehung des Wertersatzes.** (1) Hat der Täter den Gegenstand, der ihm zur Zeit der Handlung gehörte oder zustand und dessen Einziehung hätte angeordnet werden können, vor der Anordnung der Einziehung verwertet, namentlich veräußert oder verbraucht, oder hat er die Einziehung des Gegenstandes sonst vereitelt, so kann die Einziehung eines Geldbetrages gegen den

[1] 5. Abschnitt Überschrift geänd., § 22 Überschrift neu gef. mWv 1. 7. 2017 durch G v. 13. 4. 2017 (BGBl. I S. 872).

Täter bis zu der Höhe angeordnet werden, die dem Wert des Gegenstandes entspricht.

(2) Eine solche Anordnung kann auch neben der Einziehung eines Gegenstandes oder an deren Stelle getroffen werden, wenn ihn der Täter vor der Anordnung der Einziehung mit dem Recht eines Dritten belastet hat, dessen Erlöschen ohne Entschädigung nicht angeordnet werden kann oder im Falle der Einziehung nicht angeordnet werden könnte (§ 26 Abs. 2, § 28); wird die Anordnung neben der Einziehung getroffen, so bemißt sich die Höhe des Wertersatzes nach dem Wert der Belastung des Gegenstandes.

(3) Der Wert des Gegenstandes und der Belastung kann geschätzt werden.

(4) Ist die Anordnung der Einziehung eines Gegenstandes nicht ausführbar oder unzureichend, weil nach der Anordnung eine der in den Absätzen 1 oder 2 bezeichneten Voraussetzungen eingetreten oder bekanntgeworden ist, so kann die Einziehung des Wertersatzes nachträglich angeordnet werden.

(5) Für die Bewilligung von Zahlungserleichterungen gilt § 18.

**§ 26 Wirkung der Einziehung.** (1) Wird ein Gegenstand eingezogen, so geht das Eigentum an der Sache oder das eingezogene Recht mit der Rechtskraft der Entscheidung auf den Staat oder, soweit das Gesetz dies bestimmt, auf die Körperschaft oder Anstalt des öffentlichen Rechts über, deren Organ oder Stelle die Einziehung angeordnet hat.

(2) [1] Rechte Dritter an dem Gegenstand bleiben bestehen. [2] Das Erlöschen dieser Rechte wird jedoch angeordnet, wenn die Einziehung darauf gestützt wird, daß die Voraussetzungen des § 22 Abs. 2 Nr. 2 vorliegen. [3] Das Erlöschen des Rechts eines Dritten kann auch dann angeordnet werden, wenn diesem eine Entschädigung nach § 28 Abs. 2 Nr. 1 oder 2 nicht zu gewähren ist.

(3) [1] Vor der Rechtskraft wirkt die Anordnung der Einziehung als Veräußerungsverbot im Sinne des § 136 des Bürgerlichen Gesetzbuches[1)]; das Verbot umfaßt auch andere Verfügungen als Veräußerungen. [2] Die gleiche Wirkung hat die Anordnung des Vorbehalts der Einziehung, auch wenn sie noch nicht rechtskräftig ist.

**§ 27 Selbständige Anordnung.** (1) Kann wegen der Ordnungswidrigkeit aus tatsächlichen Gründen keine bestimmte Person verfolgt oder eine Geldbuße gegen eine bestimmte Person nicht festgesetzt werden, so kann die Einziehung des Gegenstandes oder des Wertersatzes selbständig angeordnet werden, wenn die Voraussetzungen, unter denen die Maßnahme zugelassen ist, im übrigen vorliegen.

(2) [1] Unter den Voraussetzungen des § 22 Abs. 2 Nr. 2 oder Abs. 3 ist Absatz 1 auch dann anzuwenden, wenn

1. die Verfolgung der Ordnungswidrigkeit verjährt ist oder
2. sonst aus rechtlichen Gründen keine bestimmte Person verfolgt werden kann und das Gesetz nichts anderes bestimmt.

[2] Die Einziehung darf jedoch nicht angeordnet werden, wenn Antrag oder Ermächtigung fehlen.

---

[1)] Nr. **20**.

(3) Absatz 1 ist auch anzuwenden, wenn nach § 47 die Verfolgungsbehörde von der Verfolgung der Ordnungswidrigkeit absieht oder das Gericht das Verfahren einstellt.

**§ 28 Entschädigung.** (1) [1]Stand das Eigentum an der Sache oder das eingezogene Recht zur Zeit der Rechtskraft der Entscheidung über die Einziehung einem Dritten zu oder war der Gegenstand mit dem Recht eines Dritten belastet, das durch die Entscheidung erloschen oder beeinträchtigt ist, so wird der Dritte unter Berücksichtigung des Verkehrswertes angemessen in Geld entschädigt. [2]Die Entschädigungspflicht trifft den Staat oder die Körperschaft oder Anstalt des öffentlichen Rechts, auf die das Eigentum an der Sache oder das eingezogene Recht übergegangen ist.

(2) Eine Entschädigung wird nicht gewährt, wenn

1. der Dritte wenigstens leichtfertig dazu beigetragen hat, daß die Sache oder das Recht Mittel oder Gegenstand der Handlung oder ihrer Vorbereitung gewesen ist,
2. der Dritte den Gegenstand oder das Recht an dem Gegenstand in Kenntnis der Umstände, welche die Einziehung zulassen, in verwerflicher Weise erworben hat oder
3. es nach den Umständen, welche die Einziehung begründet haben, auf Grund von Rechtsvorschriften außerhalb des Ordnungswidrigkeitenrechts zulässig wäre, den Gegenstand dem Dritten ohne Entschädigung dauernd zu entziehen.

(3) In den Fällen des Absatzes 2 kann eine Entschädigung gewährt werden, soweit es eine unbillige Härte wäre, sie zu versagen.

**§ 29[1)] Sondervorschrift für Organe und Vertreter.** (1) Hat jemand

1. als vertretungsberechtigtes Organ einer juristischen Person oder als Mitglied eines solchen Organs,
2. als Vorstand eines nicht rechtsfähigen Vereins oder als Mitglied eines solchen Vorstandes,
3. als vertretungsberechtigter Gesellschafter einer rechtsfähigen Personengesellschaft,
4. als Generalbevollmächtigter oder in leitender Stellung als Prokurist oder Handlungsbevollmächtigter einer juristischen Person oder einer in Nummer 2 oder 3 genannten Personenvereinigung oder
5. als sonstige Person, die für die Leitung des Betriebs oder Unternehmens einer juristischen Person oder einer in Nummer 2 oder 3 genannten Personenvereinigung verantwortlich handelt, wozu auch die Überwachung der Geschäftsführung oder die sonstige Ausübung von Kontrollbefugnissen in leitender Stellung gehört,

eine Handlung vorgenommen, die ihm gegenüber unter den übrigen Voraussetzungen der §§ 22 bis 25 und 28 die Einziehung eines Gegenstandes oder des Wertersatzes zulassen oder den Ausschluß der Entschädigung begründen würde, so wird seine Handlung bei Anwendung dieser Vorschriften dem Vertretenen zugerechnet.

(2) § 9 Abs. 3 gilt entsprechend.

---

[1)] § 29 Abs. 1 Nr. 2 und 3 geänd., Nr. 4 angef. durch G v. 27.6.1994 (BGBl. I S. 1440); Abs. 1 Nr. 3 und 4 geänd., Nr. 5 angef. mWv 30.8.2002 durch G v. 22.8.2002 (BGBl. I S. 3387).

## Sechster Abschnitt.[1] Einziehung des Wertes von Taterträgen; Geldbuße gegen juristische Personen und Personenvereinigungen

**§ 29a[2] Einziehung des Wertes von Taterträgen.** (1) Hat der Täter durch eine mit Geldbuße bedrohte Handlung oder für sie etwas erlangt und wird gegen ihn wegen der Handlung eine Geldbuße nicht festgesetzt, so kann gegen ihn die Einziehung eines Geldbetrages bis zu der Höhe angeordnet werden, die dem Wert des Erlangten entspricht.

(2) [1]Die Anordnung der Einziehung eines Geldbetrages bis zu der in Absatz 1 genannten Höhe kann sich gegen einen anderen, der nicht Täter ist, richten, wenn

1. er durch eine mit Geldbuße bedrohte Handlung etwas erlangt hat und der Täter für ihn gehandelt hat,
2. ihm das Erlangte
   a) unentgeltlich oder ohne rechtlichen Grund übertragen wurde oder
   b) übertragen wurde und er erkannt hat oder hätte erkennen müssen, dass das Erlangte aus einer mit Geldbuße bedrohten Handlung herrührt, oder
3. das Erlangte auf ihn
   a) als Erbe übergegangen ist oder
   b) als Pflichtteilsberechtigter oder Vermächtnisnehmer übertragen worden ist.

[2]Satz 1 Nummer 2 und 3 findet keine Anwendung, wenn das Erlangte zuvor einem Dritten, der nicht erkannt hat oder hätte erkennen müssen, dass das Erlangte aus einer mit Geldbuße bedrohten Handlung herrührt, entgeltlich und mit rechtlichem Grund übertragen wurde.

(3) [1]Bei der Bestimmung des Wertes des Erlangten sind die Aufwendungen des Täters oder des anderen abzuziehen. [2]Außer Betracht bleibt jedoch das, was für die Begehung der Tat oder für ihre Vorbereitung aufgewendet oder eingesetzt worden ist.

(4) [1]Umfang und Wert des Erlangten einschließlich der abzuziehenden Aufwendungen können geschätzt werden. [2]§ 18 gilt entsprechend.

(5) Wird gegen den Täter ein Bußgeldverfahren nicht eingeleitet oder wird es eingestellt, so kann die Einziehung selbständig angeordnet werden.

**§ 30[3] Geldbuße gegen juristische Personen und Personenvereinigungen.**

(1) Hat jemand

1. als vertretungsberechtigtes Organ einer juristischen Person oder als Mitglied eines solchen Organs,
2. als Vorstand eines nicht rechtsfähigen Vereins oder als Mitglied eines solchen Vorstandes,

---

[1] 6. Abschnitt Überschrift geänd. durch G v. 15.7.1992 (BGBl. I S. 1302); geänd. mWv 1.7.2017 durch G v. 13.4.2017 (BGBl. I S. 872).

[2] § 29a neu gef. mWv 1.7.2017 durch G v. 13.4.2017 (BGBl. I S. 872).

[3] § 30 Abs. 1 neu gef. durch G v. 27.6.1994 (BGBl. I S. 1440); Abs. 2 Satz 3 angef., Abs. 4 Satz 2 eingef., bish. Satz 2 wird Satz 3 und geänd. durch G v. 13.8.1997 (BGBl. I S. 2038); Abs. 2 Satz 1 Nr. 1 und 2 geänd. mWv 1.1.2002 durch G v. 13.12.2001 (BGBl. I S. 3574); Abs. 1 Nr. 3 und 4, Abs. 2 Satz 1 Nr. 1 und 2 geänd., Abs. 1 Nr. 5 angef. mWv 30.8.2002 durch G v. 22.8.2002 (BGBl. I S. 3387); Abs. 2 Satz 1 Nr. 1 und 2 geänd., Satz 3 eingef., bish. Satz 3 wird Satz 4, Abs. 2a eingef., Abs. 6 angef. mWv 30.6.2013 durch G v. 26.6.2013 (BGBl. I S. 1738); Abs. 5 und 6 geänd. mWv 1.7.2017 durch G v. 13.4.2017 (BGBl. I S. 872).

3. als vertretungsberechtigter Gesellschafter einer rechtsfähigen Personengesellschaft,
4. als Generalbevollmächtigter oder in leitender Stellung als Prokurist oder Handlungsbevollmächtigter einer juristischen Person oder einer in Nummer 2 oder 3 genannten Personenvereinigung oder
5. als sonstige Person, die für die Leitung des Betriebs oder Unternehmens einer juristischen Person oder einer in Nummer 2 oder 3 genannten Personenvereinigung verantwortlich handelt, wozu auch die Überwachung der Geschäftsführung oder die sonstige Ausübung von Kontrollbefugnissen in leitender Stellung gehört,

eine Straftat oder Ordnungswidrigkeit begangen, durch die Pflichten, welche die juristische Person oder die Personenvereinigung treffen, verletzt worden sind oder die juristische Person oder die Personenvereinigung bereichert worden ist oder werden sollte, so kann gegen diese eine Geldbuße festgesetzt werden.

(2) [1] Die Geldbuße beträgt

1. im Falle einer vorsätzlichen Straftat bis zu zehn Millionen Euro,
2. im Falle einer fahrlässigen Straftat bis zu fünf Millionen Euro.

[2] Im Falle einer Ordnungswidrigkeit bestimmt sich das Höchstmaß der Geldbuße nach dem für die Ordnungswidrigkeit angedrohten Höchstmaß der Geldbuße. [3] Verweist das Gesetz auf diese Vorschrift, so verzehnfacht sich das Höchstmaß der Geldbuße nach Satz 2 für die im Gesetz bezeichneten Tatbestände. [4] Satz 2 gilt auch im Falle einer Tat, die gleichzeitig Straftat und Ordnungswidrigkeit ist, wenn das für die Ordnungswidrigkeit angedrohte Höchstmaß der Geldbuße das Höchstmaß nach Satz 1 übersteigt.

(2a) [1] Im Falle einer Gesamtrechtsnachfolge oder einer partiellen Gesamtrechtsnachfolge durch Aufspaltung (§ 123 Absatz 1 des Umwandlungsgesetzes[1)]) kann die Geldbuße nach Absatz 1 und 2 gegen den oder die Rechtsnachfolger festgesetzt werden. [2] Die Geldbuße darf in diesen Fällen den Wert des übernommenen Vermögens sowie die Höhe der gegenüber dem Rechtsvorgänger angemessenen Geldbuße nicht übersteigen. [3] Im Bußgeldverfahren tritt der Rechtsnachfolger oder treten die Rechtsnachfolger in die Verfahrensstellung ein, in der sich der Rechtsvorgänger zum Zeitpunkt des Wirksamwerdens der Rechtsnachfolge befunden hat.

(3) § 17 Abs. 4 und § 18 gelten entsprechend.

(4) [1] Wird wegen der Straftat oder Ordnungswidrigkeit ein Straf- oder Bußgeldverfahren nicht eingeleitet oder wird es eingestellt oder wird von Strafe abgesehen, so kann die Geldbuße selbständig festgesetzt werden. [2] Durch Gesetz kann bestimmt werden, daß die Geldbuße auch in weiteren Fällen selbständig festgesetzt werden kann. [3] Die selbständige Festsetzung einer Geldbuße gegen die juristische Person oder Personenvereinigung ist jedoch ausgeschlossen, wenn die Straftat oder Ordnungswidrigkeit aus rechtlichen Gründen nicht verfolgt werden kann; § 33 Abs. 1 Satz 2 bleibt unberührt.

(5) Die Festsetzung einer Geldbuße gegen die juristische Person oder Personenvereinigung schließt es aus, gegen sie wegen derselben Tat die Einziehung nach den §§ 73 oder 73c des Strafgesetzbuches[2)] oder nach § 29a anzuordnen.

---

[1)] Nr. **52a**.
[2)] Nr. **85**.

(6) Bei Erlass eines Bußgeldbescheids ist zur Sicherung der Geldbuße § 111e Absatz 2 der Strafprozessordnung[1] mit der Maßgabe anzuwenden, dass an die Stelle des Urteils der Bußgeldbescheid tritt.

### Siebenter Abschnitt. Verjährung

**§ 31[2] Verfolgungsverjährung.** (1) [1] Durch die Verjährung werden die Verfolgung von Ordnungswidrigkeiten und die Anordnung von Nebenfolgen ausgeschlossen. [2] § 27 Abs. 2 Satz 1 Nr. 1 bleibt unberührt.

(2) Die Verfolgung von Ordnungswidrigkeiten verjährt, wenn das Gesetz nichts anderes bestimmt,

1. in drei Jahren bei Ordnungswidrigkeiten, die mit Geldbuße im Höchstmaß von mehr als fünfzehntausend Euro bedroht sind,
2. in zwei Jahren bei Ordnungswidrigkeiten, die mit Geldbuße im Höchstmaß von mehr als zweitausendfünfhundert bis zu fünfzehntausend Euro bedroht sind,
3. in einem Jahr bei Ordnungswidrigkeiten, die mit Geldbuße im Höchstmaß von mehr als eintausend bis zu zweitausendfünfhundert Euro bedroht sind,
4. in sechs Monaten bei den übrigen Ordnungswidrigkeiten.

(3) [1] Die Verjährung beginnt, sobald die Handlung beendet ist. [2] Tritt ein zum Tatbestand gehörender Erfolg erst später ein, so beginnt die Verjährung mit diesem Zeitpunkt.

**§ 32 Ruhen der Verfolgungsverjährung.** (1) [1] Die Verjährung ruht, solange nach dem Gesetz die Verfolgung nicht begonnen oder nicht fortgesetzt werden kann. [2] Dies gilt nicht, wenn die Handlung nur deshalb nicht verfolgt werden kann, weil Antrag oder Ermächtigung fehlen.

(2) Ist vor Ablauf der Verjährungsfrist ein Urteil des ersten Rechtszuges oder ein Beschluß nach § 72 ergangen, so läuft die Verjährungsfrist nicht vor dem Zeitpunkt ab, in dem das Verfahren rechtskräftig abgeschlossen ist.

**§ 33[3] Unterbrechung der Verfolgungsverjährung.** (1) [1] Die Verjährung wird unterbrochen durch

1. die erste Vernehmung des Betroffenen, die Bekanntgabe, daß gegen ihn das Ermittlungsverfahren eingeleitet ist, oder die Anordnung dieser Vernehmung oder Bekanntgabe,
2. jede richterliche Vernehmung des Betroffenen oder eines Zeugen oder die Anordnung dieser Vernehmung,
3. jede Beauftragung eines Sachverständigen durch die Verfolgungsbehörde oder den Richter, wenn vorher der Betroffene vernommen oder ihm die Einleitung des Ermittlungsverfahrens bekanntgegeben worden ist,
4. jede Beschlagnahme- oder Durchsuchungsanordnung der Verfolgungsbehörde oder des Richters und richterliche Entscheidungen, welche diese aufrechterhalten,

---

[1] Nr. **90**.

[2] § 31 Abs. 2 Nr. 2 und 3 geänd. durch G v. 26.1.1998 (BGBl. I S. 156); Abs. 2 Nr. 1–3 geänd. mWv 1.1.2002 durch G v. 13.12.2001 (BGBl. I S. 3574).

[3] § 33 Abs. 1 Satz 2 geänd. durch G v. 27.6.1994 (BGBl. I S. 1440); Abs. 1 Satz 1 Nr. 8–10 neu gef. durch G v. 26.1.1998 (BGBl. I S. 156); Abs. 2 Satz 2 geänd. mWv 1.1.2018 durch G v. 5.7.2017 (BGBl. I S. 2208); Abs. 2 Sätze 1 und 2 geänd. mWv 1.7.2021 durch G v. 25.6.2021 (BGBl. I S. 2099).

5. die vorläufige Einstellung des Verfahrens wegen Abwesenheit des Betroffenen durch die Verfolgungsbehörde oder den Richter sowie jede Anordnung der Verfolgungsbehörde oder des Richters, die nach einer solchen Einstellung des Verfahrens zur Ermittlung des Aufenthalts des Betroffenen oder zur Sicherung von Beweisen ergeht,
6. jedes Ersuchen der Verfolgungsbehörde oder des Richters, eine Untersuchungshandlung im Ausland vorzunehmen,
7. die gesetzlich bestimmte Anhörung einer anderen Behörde durch die Verfolgungsbehörde vor Abschluß der Ermittlungen,
8. die Abgabe der Sache durch die Staatsanwaltschaft an die Verwaltungsbehörde nach § 43,
9. den Erlaß des Bußgeldbescheides, sofern er binnen zwei Wochen zugestellt wird, ansonsten durch die Zustellung,
10. den Eingang der Akten beim Amtsgericht gemäß § 69 Abs. 3 Satz 1 und Abs. 5 Satz 2 und die Zurückverweisung der Sache an die Verwaltungsbehörde nach § 69 Abs. 5 Satz 1,
11. jede Anberaumung einer Hauptverhandlung,
12. den Hinweis auf die Möglichkeit, ohne Hauptverhandlung zu entscheiden (§ 72 Abs. 1 Satz 2),
13. die Erhebung der öffentlichen Klage,
14. die Eröffnung des Hauptverfahrens,
15. den Strafbefehl oder eine andere dem Urteil entsprechende Entscheidung.

[2] Im selbständigen Verfahren wegen der Anordnung einer Nebenfolge oder der Festsetzung einer Geldbuße gegen eine juristische Person oder Personenvereinigung wird die Verjährung durch die dem Satz 1 entsprechenden Handlungen zur Durchführung des selbständigen Verfahrens unterbrochen.

(2) [1] Die Verjährung ist bei einer schriftlichen Anordnung oder Entscheidung in dem Zeitpunkt unterbrochen, in dem die Anordnung oder Entscheidung abgefasst wird. [2] Ist das Dokument nicht alsbald nach der Abfassung in den Geschäftsgang gelangt, so ist der Zeitpunkt maßgebend, in dem es tatsächlich in den Geschäftsgang gegeben worden ist.

(3) [1] Nach jeder Unterbrechung beginnt die Verjährung von neuem. [2] Die Verfolgung ist jedoch spätestens verjährt, wenn seit dem in § 31 Abs. 3 bezeichneten Zeitpunkt das Doppelte der gesetzlichen Verjährungsfrist, mindestens jedoch zwei Jahre verstrichen sind. [3] Wird jemandem in einem bei Gericht anhängigen Verfahren eine Handlung zur Last gelegt, die gleichzeitig Straftat und Ordnungswidrigkeit ist, so gilt als gesetzliche Verjährungsfrist im Sinne des Satzes 2 die Frist, die sich aus der Strafdrohung ergibt. [4] § 32 bleibt unberührt.

(4) [1] Die Unterbrechung wirkt nur gegenüber demjenigen, auf den sich die Handlung bezieht. [2] Die Unterbrechung tritt in den Fällen des Absatzes 1 Satz 1 Nr. 1 bis 7, 11 und 13 bis 15 auch dann ein, wenn die Handlung auf die Verfolgung der Tat als Straftat gerichtet ist.

**§ 34[1)] Vollstreckungsverjährung.** (1) Eine rechtskräftig festgesetzte Geldbuße darf nach Ablauf der Verjährungsfrist nicht mehr vollstreckt werden.

---

[1)] § 34 Abs. 2 Nr. 1 und 2 geänd. durch G v. 26.1.1998 (BGBl. I S. 156); Abs. 2 Nr. 1 und 2 geänd. mWv 1.1.2002 durch G v. 13.12.2001 (BGBl. I S. 3574).

(2) Die Verjährungsfrist beträgt
1. fünf Jahre bei einer Geldbuße von mehr als eintausend Euro,
2. drei Jahre bei einer Geldbuße bis zu eintausend Euro.

(3) Die Verjährung beginnt mit der Rechtskraft der Entscheidung.

(4) Die Verjährung ruht, solange
1. nach dem Gesetz die Vollstreckung nicht begonnen oder nicht fortgesetzt werden kann,
2. die Vollstreckung ausgesetzt ist oder
3. eine Zahlungserleichterung bewilligt ist.

(5) [1]Die Absätze 1 bis 4 gelten entsprechend für Nebenfolgen, die zu einer Geldzahlung verpflichten. [2]Ist eine solche Nebenfolge neben einer Geldbuße angeordnet, so verjährt die Vollstreckung der einen Rechtsfolge nicht früher als die der anderen.

## Zweiter Teil. Bußgeldverfahren

### Erster Abschnitt. Zuständigkeit zur Verfolgung und Ahndung von Ordnungswidrigkeiten

**§ 35 Verfolgung und Ahndung durch die Verwaltungsbehörde.** (1) Für die Verfolgung von Ordnungswidrigkeiten ist die Verwaltungsbehörde zuständig, soweit nicht hierzu nach diesem Gesetz die Staatsanwaltschaft oder an ihrer Stelle für einzelne Verfolgungshandlungen der Richter berufen ist.

(2) Die Verwaltungsbehörde ist auch für die Ahndung von Ordnungswidrigkeiten zuständig, soweit nicht hierzu nach diesem Gesetz das Gericht berufen ist.

**§ 36[1)] Sachliche Zuständigkeit der Verwaltungsbehörde.** (1) Sachlich zuständig ist
1. die Verwaltungsbehörde, die durch Gesetz bestimmt wird,
2. mangels einer solchen Bestimmung
   a) die fachlich zuständige oberste Landesbehörde oder
   b) das fachlich zuständige Bundesministerium, soweit das Gesetz von Bundesbehörden ausgeführt wird.

(2) [1]Die Landesregierung kann die Zuständigkeit nach Absatz 1 Nr. 2 Buchstabe a durch Rechtsverordnung auf eine andere Behörde oder sonstige Stelle übertragen. [2]Die Landesregierung kann die Ermächtigung auf die oberste Landesbehörde übertragen.

(3) Das nach Absatz 1 Nr. 2 Buchstabe b zuständige Bundesministerium kann seine Zuständigkeit durch Rechtsverordnung, die nicht der Zustimmung des Bundesrates bedarf, auf eine andere Behörde oder sonstige Stelle übertragen.

**§ 37 Örtliche Zuständigkeit der Verwaltungsbehörde.** (1) Örtlich zuständig ist die Verwaltungsbehörde, in deren Bezirk
1. die Ordnungswidrigkeit begangen oder entdeckt worden ist oder
2. der Betroffene zur Zeit der Einleitung des Bußgeldverfahrens seinen Wohnsitz hat.

---

1) § 36 Abs. 1 Nr. 2 Buchst. b, Abs. 3 geänd. durch G v. 26.1.1998 (BGBl. I S. 156).

(2) Ändert sich der Wohnsitz des Betroffenen nach Einleitung des Bußgeldverfahrens, so ist auch die Verwaltungsbehörde örtlich zuständig, in deren Bezirk der neue Wohnsitz liegt.

(3) Hat der Betroffene im räumlichen Geltungsbereich dieses Gesetzes keinen Wohnsitz, so wird die Zuständigkeit auch durch den gewöhnlichen Aufenthaltsort bestimmt.

(4) [1] Ist die Ordnungswidrigkeit auf einem Schiff, das berechtigt ist, die Bundesflagge zu führen, außerhalb des räumlichen Geltungsbereichs dieses Gesetzes begangen worden, so ist auch die Verwaltungsbehörde örtlich zuständig, in deren Bezirk der Heimathafen oder der Hafen im räumlichen Geltungsbereich dieses Gesetzes liegt, den das Schiff nach der Tat zuerst erreicht. [2] Satz 1 gilt entsprechend für Luftfahrzeuge, die berechtigt sind, das Staatszugehörigkeitszeichen der Bundesrepublik Deutschland zu führen.

**§ 38 Zusammenhängende Ordnungswidrigkeiten.** [1] Bei zusammenhängenden Ordnungswidrigkeiten, die einzeln nach § 37 zur Zuständigkeit verschiedener Verwaltungsbehörden gehören würden, ist jede dieser Verwaltungsbehörden zuständig. [2] Zwischen mehreren Ordnungswidrigkeiten besteht ein Zusammenhang, wenn jemand mehrerer Ordnungswidrigkeiten beschuldigt wird oder wenn hinsichtlich derselben Tat mehrere Personen einer Ordnungswidrigkeit beschuldigt werden.

**§ 39 Mehrfache Zuständigkeit.** (1) [1] Sind nach den §§ 36 bis 38 mehrere Verwaltungsbehörden zuständig, so gebührt der Vorzug der Verwaltungsbehörde, die wegen der Tat den Betroffenen zuerst vernommen hat, ihn durch die Polizei zuerst hat vernehmen lassen oder der die Akten von der Polizei nach der Vernehmung des Betroffenen zuerst übersandt worden sind. [2] Diese Verwaltungsbehörde kann in den Fällen des § 38 das Verfahren wegen der zusammenhängenden Tat wieder abtrennen.

(2) [1] In den Fällen des Absatzes 1 Satz 1 kann die Verfolgung und Ahndung jedoch einer anderen der zuständigen Verwaltungsbehörden durch eine Vereinbarung dieser Verwaltungsbehörden übertragen werden, wenn dies zur Beschleunigung oder Vereinfachung des Verfahrens oder aus anderen Gründen sachdienlich erscheint. [2] Sind mehrere Verwaltungsbehörden sachlich zuständig, so soll die Verwaltungsbehörde, der nach Absatz 1 Satz 1 der Vorzug gebührt, die anderen sachlich zuständigen Verwaltungsbehörden spätestens vor dem Abschluß der Ermittlungen hören.

(3) Kommt eine Vereinbarung nach Absatz 2 Satz 1 nicht zustande, so entscheidet auf Antrag einer der beteiligten Verwaltungsbehörden

1. die gemeinsame nächsthöhere Verwaltungsbehörde,
2. wenn eine gemeinsame höhere Verwaltungsbehörde fehlt, das nach § 68 zuständige gemeinsame Gericht und,
3. wenn nach § 68 verschiedene Gerichte zuständig wären, das für diese Gerichte gemeinsame obere Gericht.

(4) In den Fällen der Absätze 2 und 3 kann die Übertragung in gleicher Weise wieder aufgehoben werden.

**§ 40[1] Verfolgung durch die Staatsanwaltschaft.** Im Strafverfahren ist die Staatsanwaltschaft für die Verfolgung der Tat auch unter dem rechtlichen Gesichtspunkt einer Ordnungswidrigkeit zuständig, soweit ein Gesetz nichts anderes bestimmt.

**§ 41 Abgabe an die Staatsanwaltschaft.** (1) Die Verwaltungsbehörde gibt die Sache an die Staatsanwaltschaft ab, wenn Anhaltspunkte dafür vorhanden sind, daß die Tat eine Straftat ist.

(2) Sieht die Staatsanwaltschaft davon ab, ein Strafverfahren einzuleiten, so gibt sie die Sache an die Verwaltungsbehörde zurück.

**§ 42 Übernahme durch die Staatsanwaltschaft.** (1) [1]Die Staatsanwaltschaft kann bis zum Erlaß des Bußgeldbescheides die Verfolgung der Ordnungswidrigkeit übernehmen, wenn sie eine Straftat verfolgt, die mit der Ordnungswidrigkeit zusammenhängt. [2]Zwischen einer Straftat und einer Ordnungswidrigkeit besteht ein Zusammenhang, wenn jemand sowohl einer Straftat als auch einer Ordnungswidrigkeit oder wenn hinsichtlich derselben Tat eine Person einer Straftat und eine andere einer Ordnungswidrigkeit beschuldigt wird.

(2) Die Staatsanwaltschaft soll die Verfolgung nur übernehmen, wenn dies zur Beschleunigung des Verfahrens oder wegen des Sachzusammenhangs oder aus anderen Gründen für die Ermittlungen oder die Entscheidung sachdienlich erscheint.

**§ 43 Abgabe an die Verwaltungsbehörde.** (1) Stellt die Staatsanwaltschaft in den Fällen des § 40 das Verfahren nur wegen der Straftat ein oder übernimmt sie in den Fällen des § 42 die Verfolgung nicht, sind aber Anhaltspunkte dafür vorhanden, daß die Tat als Ordnungswidrigkeit verfolgt werden kann, so gibt sie die Sache an die Verwaltungsbehörde ab.

(2) Hat die Staatsanwaltschaft die Verfolgung übernommen, so kann sie die Sache an die Verwaltungsbehörde abgeben, solange das Verfahren noch nicht bei Gericht anhängig ist; sie hat die Sache abzugeben, wenn sie das Verfahren nur wegen der zusammenhängenden Straftat einstellt.

**§ 44 Bindung der Verwaltungsbehörde.** Die Verwaltungsbehörde ist an die Entschließung der Staatsanwaltschaft gebunden, ob eine Tat als Straftat verfolgt wird oder nicht.

**§ 45 Zuständigkeit des Gerichts.** Verfolgt die Staatsanwaltschaft die Ordnungswidrigkeit mit einer zusammenhängenden Straftat, so ist für die Ahndung der Ordnungswidrigkeit das Gericht zuständig, das für die Strafsache zuständig ist.

## Zweiter Abschnitt. Allgemeine Verfahrensvorschriften

**§ 46[2] Anwendung der Vorschriften über das Strafverfahren.** (1) Für das Bußgeldverfahren gelten, soweit dieses Gesetz nichts anderes bestimmt, sinngemäß

[1] § 40 geänd. durch G v. 13.8.1997 (BGBl. I S. 2038).

[2] § 46 Abs. 3 Satz 4 geänd. durch G v. 28.10.1994 (BGBl. I S. 3186); Abs. 4 Sätze 2 und 3 angef. durch G v. 17.3.1997 (BGBl. I S. 534); Abs. 3 Satz 4 geänd. durch G v. 18.6.1997 (BGBl. I S. 1430); Abs. 8 angef. mWv 1.10.2002 durch G v. 26.7.2002 (BGBl. I S. 2864, ber. S. 3516); Abs. 5 Satz 2 angef. mWv 1.9.2004 durch G v. 24.8.2004 (BGBl. I S. 2198); Abs. 8 geänd. mWv 1.7.2014 durch G v. 10.10.2013 (BGBl. I S. 3786); Abs. 4 Satz 2 eingef., bish. Sätze 2 und 3 werden Sätze 3 und 4 mWv 24.8.2017 durch G v. 17.8.2017 (BGBl. I S. 3202); Abs. 4a eingef. mWv 2.4.2021 durch G v. 30.3.2021 (BGBl. I S. 448); Abs. 4 Satz 2 neu gef. mWv 21.3.2023 durch G v. 14.3.2023 (BGBl. 2023 I Nr. 73).

die Vorschriften der allgemeinen Gesetze über das Strafverfahren, namentlich der Strafprozeßordnung[1)], des Gerichtsverfassungsgesetzes[2)] und des Jugendgerichtsgesetzes[3)].

(2) Die Verfolgungsbehörde hat, soweit dieses Gesetz nichts anderes bestimmt, im Bußgeldverfahren dieselben Rechte und Pflichten wie die Staatsanwaltschaft bei der Verfolgung von Straftaten.

(3) [1] Anstaltsunterbringung, Verhaftung und vorläufige Festnahme, Beschlagnahme von Postsendungen und Telegrammen sowie Auskunftsersuchen über Umstände, die dem Post- und Fernmeldegeheimnis unterliegen, sind unzulässig. [2] § 160 Abs. 3 Satz 2 der Strafprozeßordnung über die Gerichtshilfe ist nicht anzuwenden. [3] Ein Klageerzwingungsverfahren findet nicht statt. [4] Die Vorschriften über die Beteiligung des Verletzten am Verfahren und über das länderübergreifende staatsanwaltliche Verfahrensregister sind nicht anzuwenden; dies gilt nicht für § 406e der Strafprozeßordnung.

(4) [1] § 81a Abs. 1 Satz 2 der Strafprozeßordnung ist mit der Einschränkung anzuwenden, daß nur die Entnahme von Blutproben und andere geringfügige Eingriffe zulässig sind. [2] Die Entnahme einer Blutprobe bedarf abweichend von § 81a Absatz 2 Satz 1 der Strafprozessordnung keiner richterlichen Anordnung, wenn bestimmte Tatsachen den Verdacht begründen, dass eine Ordnungswidrigkeit begangen worden ist

1. nach den §§ 24a und 24c des Straßenverkehrsgesetzes[4)] oder
2. nach § 7 Absatz 1 des Binnenschifffahrtsaufgabengesetzes in Verbindung mit einer Vorschrift einer auf Grund des § 3 Absatz 1 Satz 1 Nummer 1 des Binnenschifffahrtsaufgabengesetzes erlassenen Rechtsverordnung, sofern diese Vorschrift das Verhalten im Verkehr im Sinne des § 3 Absatz 1 Satz 1 Nummer 1 Buchstabe a Doppelbuchstabe aa des Binnenschifffahrtsaufgabengesetzes regelt.

[3] In einem Strafverfahren entnommene Blutproben und sonstige Körperzellen, deren Entnahme im Bußgeldverfahren nach Satz 1 zulässig gewesen wäre, dürfen verwendet werden. [4] Die Verwendung von Blutproben und sonstigen Körperzellen zur Durchführung einer Untersuchung im Sinne des § 81e der Strafprozeßordnung ist unzulässig.

(4a) § 100j Absatz 1 Satz 1 Nummer 2 der Strafprozessordnung, auch in Verbindung mit § 100j Absatz 2 der Strafprozessordnung, ist mit der Einschränkung anzuwenden, dass die Erhebung von Bestandsdaten nur zur Verfolgung von Ordnungswidrigkeiten zulässig ist, die gegenüber natürlichen Personen mit Geldbußen im Höchstmaß von mehr als fünfzehntausend Euro bedroht sind.

(5) [1] Die Anordnung der Vorführung des Betroffenen und der Zeugen, die einer Ladung nicht nachkommen, bleibt dem Richter vorbehalten. [2] Die Haft zur Erzwingung des Zeugnisses (§ 70 Abs. 2 der Strafprozessordnung) darf sechs Wochen nicht überschreiten.

(6) Im Verfahren gegen Jugendliche und Heranwachsende kann von der Heranziehung der Jugendgerichtshilfe (§ 38 des Jugendgerichtsgesetzes) abgesehen werden, wenn ihre Mitwirkung für die sachgemäße Durchführung des Verfahrens entbehrlich ist.

---

[1)] Nr. **90**.
[2)] Nr. **95**.
[3)] Nr. **89**.
[4)] Nr. **35**.

(7) Im gerichtlichen Verfahren entscheiden beim Amtsgericht Abteilungen für Bußgeldsachen, beim Landgericht Kammern für Bußgeldsachen und beim Oberlandesgericht sowie beim Bundesgerichtshof Senate für Bußgeldsachen.

(8) Die Vorschriften zur Durchführung des § 191a Absatz 1 Satz 1 bis 4 des Gerichtsverfassungsgesetzes im Bußgeldverfahren sind in der Rechtsverordnung nach § 191a Abs. 2 des Gerichtsverfassungsgesetzes zu bestimmen.

**§ 47[1)] Verfolgung von Ordnungswidrigkeiten.** (1) [1] Die Verfolgung von Ordnungswidrigkeiten liegt im pflichtgemäßen Ermessen der Verfolgungsbehörde. [2] Solange das Verfahren bei ihr anhängig ist, kann sie es einstellen.

(2) [1] Ist das Verfahren bei Gericht anhängig und hält dieses eine Ahndung nicht für geboten, so kann es das Verfahren mit Zustimmung der Staatsanwaltschaft in jeder Lage einstellen. [2] Die Zustimmung ist nicht erforderlich, wenn durch den Bußgeldbescheid eine Geldbuße bis zu einhundert Euro verhängt worden ist und die Staatsanwaltschaft erklärt hat, sie nehme an der Hauptverhandlung nicht teil. [3] Der Beschluß ist nicht anfechtbar.

(3) Die Einstellung des Verfahrens darf nicht von der Zahlung eines Geldbetrages an eine gemeinnützige Einrichtung oder sonstige Stelle abhängig gemacht oder damit in Zusammenhang gebracht werden.

**§ 48[2)]** *(aufgehoben)*

**§ 49[3)] Akteneinsicht des Betroffenen und der Verwaltungsbehörde.**

(1) [1] Die Verwaltungsbehörde gewährt dem Betroffenen auf Antrag Einsicht in die Akten, soweit der Untersuchungszweck, auch in einem anderen Straf- oder Bußgeldverfahren, nicht gefährdet werden kann und nicht überwiegende schutzwürdige Interessen Dritter entgegenstehen. [2] Werden die Akten nicht elektronisch geführt, können an Stelle der Einsichtnahme in die Akten Kopien aus den Akten übermittelt werden.

(2) [1] Ist die Staatsanwaltschaft Verfolgungsbehörde, so ist die sonst zuständige Verwaltungsbehörde befugt, die Akten, die dem Gericht vorliegen oder im gerichtlichen Verfahren vorzulegen wären, einzusehen sowie sichergestellte und beschlagnahmte Gegenstände zu besichtigen. [2] Akten, die in Papierform geführt werden, werden der Verwaltungsbehörde auf Antrag zur Einsichtnahme übersandt.

**§ 49a[4)] Verfahrensübergreifende Mitteilungen von Amts wegen.** (1) [1] Von Amts wegen dürfen Gerichte, Staatsanwaltschaften und Verwaltungsbehörden personenbezogene Daten aus Bußgeldverfahren den zuständigen Behörden und Gerichten übermitteln, soweit dies aus Sicht der übermittelnden Stelle erforderlich ist für

1. die Verfolgung von Straftaten oder von anderen Ordnungswidrigkeiten,

---

[1)] § 47 Abs. 2 Satz 2 eingef., bish. Satz 2 wird Satz 3 durch G v. 26.1.1998 (BGBl. I S. 156); Abs. 2 Satz 2 geänd. mWv 1.1.2002 durch G v. 13.12.2001 (BGBl. I S. 3574).

[2)] § 48 aufgeh. mWv 1.9.2004 durch G v. 24.8.2004 (BGBl. I S. 2198).

[3)] § 49 Überschrift geänd., Abs. 1 eingef. durch G v. 18.6.1997 (BGBl. I S. 1430); Abs. 1 neu gef., Abs. 2 Satz 2 geänd. mWv 1.1.2018 durch G v. 5.7.2017 (BGBl. I S. 2208).

[4)] § 49a eingef. durch G v. 18.6.1997 (BGBl. I S. 1430); Abs. 1 neu gef., Abs. 2–3 eingef., bish. Abs. 2 wird Abs. 4, neuer Abs. 4 Satz 1 einl. Satzteil und Nr. 1 geänd., Abs. 5 angef. mWv 1.10.2002 durch G v. 26.7.2002 (BGBl. I S. 2864, ber. S. 3516); Abs. 1 Satz 1 Nr. 3 und abschl. Satzteil geänd., Satz 2, Abs. 5 Satz 1 neu gef. mWv 26.11.2019 durch G v. 20.11.2019 (BGBl. I S. 1724).

2. Entscheidungen in anderen Bußgeldsachen einschließlich der Entscheidungen bei der Vollstreckung von Bußgeldentscheidungen oder in Gnadensachen oder
3. sonstige Entscheidungen oder Maßnahmen nach § 477 Absatz 2 der Strafprozessordnung;

Gleiches gilt für die Behörden des Polizeidienstes, soweit dies die entsprechende Anwendung von § 480 Absatz 1 der Strafprozessordnung gestattet. [2]Die §§ 478, 479 Absatz 1, 2, 5 Satz 1 und Absatz 6 sowie § 480 Absatz 1 und 2 der Strafprozessordnung gelten sinngemäß.

(2) Die Übermittlung ist auch zulässig, wenn besondere Umstände des Einzelfalls die Übermittlung für die in § 14 Abs. 1 Nr. 4 bis 9 des Einführungsgesetzes zum Gerichtsverfassungsgesetz genannten Zwecke in Verbindung mit Absatz 2 Satz 2 und 4 jener Vorschrift in sinngemäßer Anwendung erfordern.

(3) Eine Übermittlung nach den Absätzen 1 und 2 unterbleibt, soweit für die übermittelnde Stelle offensichtlich ist, dass schutzwürdige Interessen des Betroffenen an dem Ausschluss der Übermittlung überwiegen.

(4) [1]Für die Übermittlung durch Verwaltungsbehörden sind zusätzlich sinngemäß anzuwenden

1. die §§ 12, 13, 16, 17 Nr. 2 bis 5 und §§ 18 bis 21 des Einführungsgesetzes zum Gerichtsverfassungsgesetz und
2. § 22 des Einführungsgesetzes zum Gerichtsverfassungsgesetz mit der Maßgabe, daß an die Stelle des Verfahrens nach den §§ 23 bis 30 dieses Gesetzes das Verfahren nach § 62 Abs. 1 Satz 1, Abs. 2 und an die Stelle des in § 25 des Einführungsgesetzes zum Gerichtsverfassungsgesetz bezeichneten Gerichts das in § 68 bezeichnete Gericht tritt.

[2]Die für das Bußgeldverfahren zuständige Behörde darf darüber hinaus die dieses Verfahren abschließende Entscheidung derjenigen Verwaltungsbehörde übermitteln, die das Bußgeldverfahren veranlaßt oder sonst an dem Verfahren mitgewirkt hat, wenn dies aus der Sicht der übermittelnden Stelle zur Erfüllung einer in der Zuständigkeit des Empfängers liegenden Aufgabe, die im Zusammenhang mit dem Gegenstand des Verfahrens steht, erforderlich ist; ist mit der Entscheidung ein Rechtsmittel verworfen worden, so darf auch die angefochtene Enscheidung übermittelt werden. [3]Das Bundesministerium, das für bundesrechtliche Bußgeldvorschriften in seinem Geschäftsbereich zuständig ist, kann insoweit mit Zustimmung des Bundesrates allgemeine Verwaltungsvorschriften im Sinne des § 12 Abs. 5 des Einführungsgesetzes zum Gerichtsverfassungsgesetz erlassen.

(5) [1]§ 481 der Strafprozessordnung ist sinngemäß anzuwenden. [2]Eine Übermittlung entsprechend § 481 Abs. 1 Satz 2 der Strafprozessordnung unterbleibt unter der Voraussetzung des Absatzes 3. [3]Von § 482 der Strafprozessordnung ist nur Absatz 1 sinngemäß anzuwenden, wobei die Mitteilung des Aktenzeichens auch an eine andere Verwaltungsbehörde, die das Bußgeldverfahren veranlasst oder sonst an dem Verfahren mitgewirkt hat, erfolgt.

**§ 49b[1)] Verfahrensübergreifende Mitteilungen auf Ersuchen; sonstige Verwendung von Daten für verfahrensübergreifende Zwecke.** Für die Erteilung von Auskünften und Gewährung von Akteneinsicht auf Ersuchen sowie

---

[1)] § 49b eingef. mWv 1.10.2002 durch G v. 26.7.2002 (BGBl. I S. 2864, ber. S. 3516); Nr. 3 und 4 geänd., Nr. 5 angef. mWv 1.4.2005 durch G v. 22.3.2005 (BGBl. I S. 837); einl. Satzteil geänd. mWv 1.1. 2018 durch G v. 5.7.2017 (BGBl. I S. 2208); einl. Satzteil, Nr. 1–5 geänd. mWv 26.11.2019 durch G v. 20.11.2019 (BGBl. I S. 1724).

die sonstige Verwendung von Daten aus Bußgeldverfahren für verfahrensübergreifende Zwecke gelten die §§ 474 bis 476, 478 bis 481 und 498 Absatz 2 der Strafprozessordnung[1)] sinngemäß, wobei

1. in § 474 Absatz 2 Satz 1 Nummer 1 der Strafprozessordnung an die Stelle der Straftat die Ordnungswidrigkeit tritt,
2. in § 474 Absatz 2 Satz 1 Nummer 2 und 3 und § 481 der Strafprozessordnung an die Stelle besonderer Vorschriften über die Übermittlung oder Verwendung personenbezogener Informationen aus Strafverfahren solche über die Übermittlung oder Verwendung personenbezogener Daten aus Bußgeldverfahren treten,
3. in § 479 Absatz 1 der Strafprozessordnung an die Stelle der Zwecke des Strafverfahrens die Zwecke des Bußgeldverfahrens treten,
4. in § 479 Absatz 4 Nummer 2 der Strafprozessordnung an die Stelle der Frist von zwei Jahren eine Frist von einem Jahr tritt und
5. § 480 Absatz 3 Satz 1 der Strafprozessordnung mit der Maßgabe anzuwenden ist, dass für die Übermittlung durch Verwaltungsbehörden über den Antrag auf gerichtliche Entscheidung das in § 68 bezeichnete Gericht im Verfahren nach § 62 Abs. 1 Satz 1, Abs. 2 entscheidet.

**§ 49c[2)] Dateiregelungen.** (1) Für die Verarbeitung und Nutzung personenbezogener Daten in Dateien gelten vorbehaltlich des § 496 Absatz 3 der Strafprozessordnung[1)] und besonderer Regelungen in anderen Gesetzen die Vorschriften des Zweiten Abschnitts des Achten Buches der Strafprozessordnung nach Maßgabe der folgenden Vorschriften sinngemäß.

(2) [1] Die Speicherung, Veränderung und Nutzung darf vorbehaltlich des Absatzes 3 nur bei Gerichten, Staatsanwaltschaften und Verwaltungsbehörden einschließlich Vollstreckungsbehörden sowie den Behörden des Polizeidienstes erfolgen, soweit dies entsprechend den §§ 483, 484 Abs. 1 und § 485 der Strafprozessordnung zulässig ist; dabei treten an die Stelle der Zwecke des Strafverfahrens die Zwecke des Bußgeldverfahrens. [2] Personenbezogene Daten aus Bußgeldverfahren dürfen auch verwendet werden, soweit es für Zwecke eines Strafverfahrens, Gnadenverfahrens oder der internationalen Rechts- und Amtshilfe in Straf- und Bußgeldsachen erforderlich ist. [3] Die Speicherung personenbezogener Daten von Personen, die zur Tatzeit nicht strafmündig waren, für Zwecke künftiger Bußgeldverfahren ist unzulässig.

(3) Die Errichtung einer gemeinsamen automatisierten Datei entsprechend § 486 der Strafprozessordnung für die in Absatz 2 genannten Stellen, die den Geschäftsbereichen verschiedener Bundes- oder Landesministerien angehören, ist nur zulässig, wenn sie zur ordnungsgemäßen Aufgabenerfüllung erforderlich und unter Berücksichtigung der schutzwürdigen Interessen der Betroffenen angemessen ist.

(4) [1] § 487 Abs. 1 Satz 1 der Strafprozessordnung ist mit der Maßgabe anzuwenden, dass die nach den Absätzen 1 bis 3 gespeicherten Daten den zuständigen Stellen nur für die in Absatz 2 genannten Zwecke übermittelt werden dürfen; § 49a Abs. 3 gilt für Übermittlungen von Amts wegen entsprechend. [2] § 487 Abs. 2

---

[1)] Nr. **90**.

[2)] § 49c eingef. mWv 1.10.2002 durch G v. 26.7.2002 (BGBl. I S. 2864, ber. S. 3516); Abs. 1 geänd. mWv 1.1.2018 durch G v. 5.7.2017 (BGBl. I S. 2208); Abs. 5 geänd. mWv 26.11.2019 durch G v. 20.11. 2019 (BGBl. I S. 1724).

der Strafprozessordnung ist mit der Maßgabe anzuwenden, dass die Übermittlung erfolgen kann, soweit sie nach diesem Gesetz aus den Akten erfolgen könnte.

(5) Soweit personenbezogene Daten für Zwecke der künftigen Verfolgung von Ordnungswidrigkeiten gespeichert werden, darf die Frist im Sinne von § 489 Absatz 3 Satz 2 Nummer 1 der Strafprozessordnung bei einer Geldbuße von mehr als 250 Euro fünf Jahre, in allen übrigen Fällen des § 489 Absatz 3 Satz 2 Nummer 1 bis 3 der Strafprozessordnung zwei Jahre nicht übersteigen.

**§ 49d[1)] Schutz personenbezogener Daten in einer elektronischen Akte.**

§ 496 Absatz 1 und 2 sowie die §§ 497 und 498 Absatz 1 der Strafprozessordnung[2)] gelten entsprechend, wobei in § 496 Absatz 1 und § 498 Absatz 1 der Strafprozessordnung an die Stelle des jeweiligen Strafverfahrens das jeweilige Bußgeldverfahren tritt.

**§ 50 Bekanntmachung von Maßnahmen der Verwaltungsbehörde.**

(1) [1] Anordnungen, Verfügungen und sonstige Maßnahmen der Verwaltungsbehörde werden der Person, an die sich die Maßnahme richtet, formlos bekanntgemacht. [2] Ist gegen die Maßnahme ein befristeter Rechtsbehelf zulässig, so wird sie in einem Bescheid durch Zustellung bekanntgemacht.

(2) Bei der Bekanntmachung eines Bescheides der Verwaltungsbehörde, der durch einen befristeten Rechtsbehelf angefochten werden kann, ist die Person, an die sich die Maßnahme richtet, über die Möglichkeit der Anfechtung und die dafür vorgeschriebene Frist und Form zu belehren.

**§ 51[3)] Verfahren bei Zustellungen der Verwaltungsbehörde.** (1) [1] Für das Zustellungsverfahren der Verwaltungsbehörde gelten die Vorschriften des Verwaltungszustellungsgesetzes[4)], wenn eine Verwaltungsbehörde des Bundes das Verfahren durchführt, sonst die entsprechenden landesrechtlichen Vorschriften, soweit die Absätze 2 bis 5 nichts anderes bestimmen. [2] Wird ein Dokument mit Hilfe automatischer Einrichtungen erstellt, so wird das so hergestellte Dokument zugestellt.

(2) Ein Bescheid (§ 50 Abs. 1 Satz 2) wird dem Betroffenen zugestellt und, wenn er einen gesetzlichen Vertreter hat, diesem mitgeteilt.

(3) [1] Der gewählte Verteidiger, dessen Bevollmächtigung nachgewiesen ist, sowie der bestellte Verteidiger gelten als ermächtigt, Zustellungen und sonstige Mitteilungen für den Betroffenen in Empfang zu nehmen; für die Zustellung einer Ladung des Betroffenen gilt dies nur, wenn der Verteidiger in der Vollmacht ausdrücklich zur Empfangnahme von Ladungen ermächtigt ist. [2] Zum Nachweis der Bevollmächtigung genügt die Übermittlung einer Kopie der Vollmacht durch den Verteidiger. [3] Die Nachreichung der Vollmacht im Original kann verlangt werden; hierfür kann eine Frist bestimmt werden. [4] Wird ein Bescheid dem Verteidiger nach Satz 1 Halbsatz 1 zugestellt, so wird der Betroffene hiervon zugleich unterrichtet; dabei erhält er formlos eine Abschrift des Bescheides. [5] Wird ein Bescheid dem Betroffenen zugestellt, so wird der Verteidiger hiervon zugleich

---

1) § 49d neu gef. mWv 1.1.2018 durch G v. 5.7.2017 (BGBl. I S. 2208).

2) Nr. **90**.

3) § 51 Abs. 1 Satz 1, Abs. 5 Sätze 1 und 2 geänd. mWv 1.2.2006, Abs. 5 Satz 3 aufgeh. mWv 1.8.2006 durch G v. 12.8.2005 (BGBl. I S. 2354); Abs. 1 Satz 2 geänd. mWv 1.1.2018 durch G v. 5.7.2017 (BGBl. I S. 2208); Abs. 3 Satz 1 geänd., Sätze 2 und 3 eingef., bish. Sätze 2 und 3 werden Sätze 4 und 5 mWv 1.7. 2021 durch G v. 25.6.2021 (BGBl. I S. 2099).

4) **Sartorius Nr. 110.**

unterrichtet, auch wenn eine Vollmacht bei den Akten nicht vorliegt; dabei erhält er formlos eine Abschrift des Bescheides.

(4) Wird die für den Beteiligten bestimmte Zustellung an mehrere Empfangsberechtigte bewirkt, so richtet sich die Berechnung einer Frist nach der zuletzt bewirkten Zustellung.

(5) [1] § 6 Abs. 1 des Verwaltungszustellungsgesetzes und die entsprechenden landesrechtlichen Vorschriften sind nicht anzuwenden. [2] Hat der Betroffene einen Verteidiger, so sind auch § 7 Abs. 1 Satz 1 und 2 und Abs. 2 des Verwaltungszustellungsgesetzes des und die entsprechenden landesrechtlichen Vorschriften nicht anzuwenden.

**§ 52 Wiedereinsetzung in den vorigen Stand.** (1) Für den befristeten Rechtsbehelf gegen den Bescheid der Verwaltungsbehörde gelten die §§ 44, 45, 46 Abs. 2 und 3 und § 47 der Strafprozeßordnung[1)] über die Wiedereinsetzung in den vorigen Stand entsprechend, soweit Absatz 2 nichts anderes bestimmt.

(2) [1] Über die Gewährung der Wiedereinsetzung in den vorigen Stand und den Aufschub der Vollstreckung entscheidet die Verwaltungsbehörde. [2] Ist das Gericht, das bei rechtzeitigem Rechtsbehelf zur Entscheidung in der Sache selbst zuständig gewesen wäre, mit dem Rechtsbehelf befaßt, so entscheidet es auch über die Gewährung der Wiedereinsetzung in den vorigen Stand und den Aufschub der Vollstreckung. [3] Verwirft die Verwaltungsbehörde den Antrag auf Wiedereinsetzung in den vorigen Stand, so ist gegen den Bescheid innerhalb von zwei Wochen nach Zustellung der Antrag auf gerichtliche Entscheidung nach § 62 zulässig.

## Dritter Abschnitt. Vorverfahren

### I. Allgemeine Vorschriften

**§ 53[2)] Aufgaben der Polizei.** (1) [1] Die Behörden und Beamten des Polizeidienstes haben nach pflichtgemäßem Ermessen Ordnungswidrigkeiten zu erforschen und dabei alle unaufschiebbaren Anordnungen zu treffen, um die Verdunkelung der Sache zu verhüten. [2] Sie haben bei der Erforschung von Ordnungswidrigkeiten, soweit dieses Gesetz nichts anderes bestimmt, dieselben Rechte und Pflichten wie bei der Verfolgung von Straftaten. [3] Ihre Akten übersenden sie unverzüglich der Verwaltungsbehörde, in den Fällen des Zusammenhangs (§ 42) der Staatsanwaltschaft.

(2) Die Beamten des Polizeidienstes, die zu Ermittlungspersonen der Staatsanwaltschaft bestellt sind (§ 152 des Gerichtsverfassungsgesetzes[3)]), können nach den für sie geltenden Vorschriften der Strafprozeßordnung[1)] Beschlagnahmen, Durchsuchungen, Untersuchungen und sonstige Maßnahmen anordnen.

**§ 54** (weggefallen)

**§ 55[4)] Anhörung des Betroffenen.** (1) § 163a Abs. 1 der Strafprozeßordnung[1)] ist mit der Einschränkung anzuwenden, daß es genügt, wenn dem Betroffenen Gelegenheit gegeben wird, sich zu der Beschuldigung zu äußern.

---

1) Nr. **90**.
2) § 53 Abs. 2 geänd. mWv 1.9.2004 durch G v. 24.8.2004 (BGBl. I S. 2198).
3) Nr. **95**.
4) § 55 Abs. 2 Satz 2 geänd. mWv 5.9.2017 durch G v. 27.8.2017 (BGBl. I S. 3295).

(2) [1]Der Betroffene braucht nicht darauf hingewiesen zu werden, daß er auch schon vor seiner Vernehmung einen von ihm zu wählenden Verteidiger befragen kann. [2]§ 136 Absatz 1 Satz 3 bis 5 der Strafprozeßordnung ist nicht anzuwenden.

### II. Verwarnungsverfahren

**§ 56[1)] Verwarnung durch die Verwaltungsbehörde.** (1) [1]Bei geringfügigen Ordnungswidrigkeiten kann die Verwaltungsbehörde den Betroffenen verwarnen und ein Verwarnungsgeld von fünf bis fünfundfünfzig Euro erheben. [2]Sie kann eine Verwarnung ohne Verwarnungsgeld erteilen.

(2) [1]Die Verwarnung nach Absatz 1 Satz 1 ist nur wirksam, wenn der Betroffene nach Belehrung über sein Weigerungsrecht mit ihr einverstanden ist und das Verwarnungsgeld entsprechend der Bestimmung der Verwaltungsbehörde entweder sofort zahlt oder innerhalb einer Frist, die eine Woche betragen soll, bei der hierfür bezeichneten Stelle oder bei der Post zur Überweisung an diese Stelle einzahlt. [2]Eine solche Frist soll bewilligt werden, wenn der Betroffene das Verwarnungsgeld nicht sofort zahlen kann oder wenn es höher ist als zehn Euro.

(3) [1]Über die Verwarnung nach Absatz 1 Satz 1, die Höhe des Verwarnungsgeldes und die Zahlung oder die etwa bestimmte Zahlungsfrist wird eine Bescheinigung erteilt. [2]Kosten (Gebühren und Auslagen) werden nicht erhoben.

(4) Ist die Verwarnung nach Absatz 1 Satz 1 wirksam, so kann die Tat nicht mehr unter den tatsächlichen und rechtlichen Gesichtspunkten verfolgt werden, unter denen die Verwarnung erteilt worden ist.

**§ 57 Verwarnung durch Beamte des Außen- und Polizeidienstes.**

(1) Personen, die ermächtigt sind, die Befugnis nach § 56 für die Verwaltungsbehörde im Außendienst wahrzunehmen, haben sich entsprechend auszuweisen.

(2) Die Befugnis nach § 56 steht auch den hierzu ermächtigten Beamten des Polizeidienstes zu, die eine Ordnungswidrigkeit entdecken oder im ersten Zugriff verfolgen und sich durch ihre Dienstkleidung oder in anderer Weise ausweisen.

**§ 58[2)] Ermächtigung zur Erteilung der Verwarnung.** (1) [1]Die Ermächtigung nach § 57 Abs. 2 erteilt die oberste Dienstbehörde des Beamten oder die von ihr bestimmte Stelle. [2]Die oberste Dienstbehörde soll sich wegen der Frage, bei welchen Ordnungswidrigkeiten Ermächtigungen erteilt werden sollen, mit der zuständigen Behörde ins Benehmen setzen. [3]Zuständig ist bei Ordnungswidrigkeiten, für deren Verfolgung und Ahndung eine Verwaltungsbehörde des Bundes zuständig ist, das fachlich zuständige Bundesministerium, sonst die fachlich zuständige oberste Landesbehörde.

(2) Soweit bei bestimmten Ordnungswidrigkeiten im Hinblick auf ihre Häufigkeit und Gleichartigkeit eine möglichst gleichmäßige Behandlung angezeigt ist, sollen allgemeine Ermächtigungen an Verwaltungsangehörige und Beamte des Polizeidienstes zur Erteilung einer Verwarnung nähere Bestimmungen darüber enthalten, in welchen Fällen und unter welchen Voraussetzungen die Verwarnung erteilt und in welcher Höhe das Verwarnungsgeld erhoben werden soll.

---

[1)] § 56 Abs. 1 Satz 1 geänd., Satz 2 neu gef. durch G v. 26.1.1998 (BGBl. I S. 156); Abs. 1 Satz 1, Abs. 2 Satz 2 geänd. mWv 1.1.2002 durch G v. 13.12.2001 (BGBl. I S. 3574); Abs. 1 Satz 1 geänd. mWv 1.5.2014 durch G v. 28.8.2013 (BGBl. I S. 3313).

[2)] § 58 Abs. 1 Satz 3 geänd. durch G v. 26.1.1998 (BGBl. I S. 156).

### III. Verfahren der Verwaltungsbehörde

**§ 59[1)] Vergütung von Sachverständigen, Dolmetschern und Übersetzern, Entschädigung von Zeugen und Dritten.** Für die Vergütung von Sachverständigen, Dolmetschern und Übersetzern sowie die Entschädigung von Zeugen und Dritten (§ 23 des Justizvergütungs- und -entschädigungsgesetzes[2)]) ist das Justizvergütungs- und -entschädigungsgesetz anzuwenden.

**§ 60[3)] Verteidigung.** [1] Ist die Mitwirkung eines Verteidigers im Verfahren der Verwaltungsbehörde geboten (§ 140 Absatz 2 der Strafprozeßordnung[4)]), so ist für dessen Bestellung die Verwaltungsbehörde zuständig. [2] Sie entscheidet auch über die Zulassung anderer Personen als Verteidiger und die Zurückweisung eines Verteidigers (§ 138 Abs. 2, § 146a Abs. 1 Satz 1, 2 der Strafprozeßordnung).

**§ 61 Abschluß der Ermittlungen.** Sobald die Verwaltungsbehörde die Ermittlungen abgeschlossen hat, vermerkt sie dies in den Akten, wenn sie die weitere Verfolgung der Ordnungswidrigkeit erwägt.

**§ 62 Rechtsbehelf gegen Maßnahmen der Verwaltungsbehörde.** (1) [1] Gegen Anordnungen, Verfügungen und sonstige Maßnahmen, die von der Verwaltungsbehörde im Bußgeldverfahren getroffen werden, können der Betroffene und andere Personen, gegen die sich die Maßnahme richtet, gerichtliche Entscheidung beantragen. [2] Dies gilt nicht für Maßnahmen, die nur zur Vorbereitung der Entscheidung, ob ein Bußgeldbescheid erlassen oder das Verfahren eingestellt wird, getroffen werden und keine selbständige Bedeutung haben.

(2) [1] Über den Antrag entscheidet das nach § 68 zuständige Gericht. [2] Die §§ 297 bis 300, 302, 306 bis 309 und 311a der Strafprozeßordnung[4)] sowie die Vorschriften der Strafprozeßordnung über die Auferlegung der Kosten des Beschwerdeverfahrens gelten sinngemäß. [3] Die Entscheidung des Gerichts ist nicht anfechtbar, soweit das Gesetz nichts anderes bestimmt.

### IV. Verfahren der Staatsanwaltschaft

**§ 63[5)] Beteiligung der Verwaltungsbehörde.** (1) [1] Hat die Staatsanwaltschaft die Verfolgung der Ordnungswidrigkeit übernommen (§ 42), so haben die mit der Ermittlung von Ordnungswidrigkeiten betrauten Angehörigen der sonst zuständigen Verwaltungsbehörde dieselben Rechte und Pflichten wie die Beamten des Polizeidienstes im Bußgeldverfahren. [2] Die sonst zuständige Verwaltungsbehörde kann Beschlagnahmen, Notveräußerungen, Durchsuchungen und Un-

*(Fortsetzung nächstes Blatt)*

---

[1)] § 59 neu gef. mWv 1.7.2004 durch G v. 5.5.2004 (BGBl. I S. 718).
[2)] Nr. **116**.
[3)] § 60 Satz 1 geänd. durch G v. 17.5.1988 (BGBl. I S. 606); Satz 1 geänd. mWv 13.12.2019 durch G v. 10.12.2019 (BGBl. I S. 2128).
[4)] Nr. **90**.
[5)] § 63 Abs. 1 Satz 2 geänd. mWv 1.9.2004 durch G v. 24.8.2004 (BGBl. I S. 2198).

tersuchungen nach den für Ermittlungspersonen der Staatsanwaltschaft geltenden Vorschriften der Strafprozeßordnung[1)] anordnen.

(2) Der sonst zuständigen Verwaltungsbehörde sind die Anklageschrift und der Antrag auf Erlaß eines Strafbefehls mitzuteilen, soweit sie sich auf eine Ordnungswidrigkeit beziehen.

(3) [1] Erwägt die Staatsanwaltschaft in den Fällen des § 40 oder § 42, das Verfahren wegen der Ordnungswidrigkeit einzustellen, so hat sie die sonst zuständige Verwaltungsbehörde zu hören. [2] Sie kann davon absehen, wenn für die Entschließung die besondere Sachkunde der Verwaltungsbehörde entbehrt werden kann.

**§ 64 Erstreckung der öffentlichen Klage auf die Ordnungswidrigkeit.** Erhebt die Staatsanwaltschaft in den Fällen des § 42 wegen der Straftat die öffentliche Klage, so erstreckt sie diese auf die Ordnungswidrigkeit, sofern die Ermittlungen hierfür genügenden Anlaß bieten.

## Vierter Abschnitt. Bußgeldbescheid

**§ 65 Allgemeines.** Die Ordnungswidrigkeit wird, soweit dieses Gesetz nichts anderes bestimmt, durch Bußgeldbescheid geahndet.

**§ 66 Inhalt des Bußgeldbescheides.** (1) Der Bußgeldbescheid enthält

1. die Angaben zur Person des Betroffenen und etwaiger Nebenbeteiligter,
2. den Namen und die Anschrift des Verteidigers,
3. die Bezeichnung der Tat, die dem Betroffenen zur Last gelegt wird, Zeit und Ort ihrer Begehung, die gesetzlichen Merkmale der Ordnungswidrigkeit und die angewendeten Bußgeldvorschriften,
4. die Beweismittel,
5. die Geldbuße und die Nebenfolgen.

(2) Der Bußgeldbescheid enthält ferner

1. den Hinweis, daß
   a) der Bußgeldbescheid rechtskräftig und vollstreckbar wird, wenn kein Einspruch nach § 67 eingelegt wird,
   b) bei einem Einspruch auch eine für den Betroffenen nachteiligere Entscheidung getroffen werden kann,
2. die Aufforderung an den Betroffenen, spätestens zwei Wochen nach Rechtskraft oder einer etwa bestimmten späteren Fälligkeit (§ 18)
   a) die Geldbuße oder die bestimmten Teilbeträge an die zuständige Kasse zu zahlen oder
   b) im Falle der Zahlungsunfähigkeit der Vollstreckungsbehörde (§ 92) schriftlich oder zur Niederschrift darzutun, warum ihm die fristgemäße Zahlung nach seinen wirtschaftlichen Verhältnissen nicht zuzumuten ist, und
3. die Belehrung, daß Erzwingungshaft (§ 96) angeordnet werden kann, wenn der Betroffene seiner Pflicht nach Nummer 2 nicht genügt.

(3) Über die Angaben nach Absatz 1 Nr. 3 und 4 hinaus braucht der Bußgeldbescheid nicht begründet zu werden.

---

[1)] Nr. **90**.

## Fünfter Abschnitt. Einspruch und gerichtliches Verfahren

### I. Einspruch

**§ 67[1)] Form und Frist.** (1) [1] Der Betroffene kann gegen den Bußgeldbescheid innerhalb von zwei Wochen nach Zustellung schriftlich oder zur Niederschrift bei der Verwaltungsbehörde, die den Bußgeldbescheid erlassen hat, Einspruch einlegen. [2] Die §§ 297 bis 300 und 302 der Strafprozeßordnung[2)] über Rechtsmittel gelten entsprechend.

(2) Der Einspruch kann auf bestimmte Beschwerdepunkte beschränkt werden.

**§ 68 Zuständiges Gericht.** (1) [1] Bei einem Einspruch gegen den Bußgeldbescheid entscheidet das Amtsgericht, in dessen Bezirk die Verwaltungsbehörde ihren Sitz hat. [2] Der Richter beim Amtsgericht entscheidet allein.

(2) Im Verfahren gegen Jugendliche und Heranwachsende ist der Jugendrichter zuständig.

(3) [1] Sind in dem Bezirk der Verwaltungsbehörde eines Landes mehrere Amtsgerichtsbezirke oder mehrere Teile solcher Bezirke vorhanden, so kann die Landesregierung durch Rechtsverordnung die Zuständigkeit des Amtsgerichts abweichend von Absatz 1 danach bestimmen, in welchem Bezirk

1. die Ordnungswidrigkeit oder eine der Ordnungswidrigkeiten begangen worden ist (Begehungsort) oder
2. der Betroffene seinen Wohnsitz hat (Wohnort),

soweit es mit Rücksicht auf die große Zahl von Verfahren oder die weite Entfernung zwischen Begehungs- oder Wohnort und dem Sitz des nach Absatz 1 zuständigen Amtsgerichts sachdienlich erscheint, die Verfahren auf mehrere Amtsgerichte aufzuteilen; § 37 Abs. 3 gilt entsprechend. [2] Der Bezirk, von dem die Zuständigkeit des Amtsgerichts nach Satz 1 abhängt, kann die Bezirke mehrerer Amtsgerichte umfassen. [3] Die Landesregierung kann die Ermächtigung auf die Landesjustizverwaltung übertragen.

**§ 69[3)] Zwischenverfahren.** (1) [1] Ist der Einspruch nicht rechtzeitig, nicht in der vorgeschriebenen Form oder sonst nicht wirksam eingelegt, so verwirft ihn die Verwaltungsbehörde als unzulässig. [2] Gegen den Bescheid ist innerhalb von zwei Wochen nach Zustellung der Antrag auf gerichtliche Entscheidung nach § 62 zulässig.

(2) [1] Ist der Einspruch zulässig, so prüft die Verwaltungsbehörde, ob sie den Bußgeldbescheid aufrechterhält oder zurücknimmt. [2] Zu diesem Zweck kann sie

1. weitere Ermittlungen anordnen oder selbst vornehmen,
2. von Behörden und sonstigen Stellen die Abgabe von Erklärungen über dienstliche Wahrnehmungen, Untersuchungen und Erkenntnisse (§ 77a Abs. 2) verlangen.

[3] Die Verwaltungsbehörde kann auch dem Betroffenen Gelegenheit geben, sich innerhalb einer zu bestimmenden Frist dazu zu äußern, ob und welche Tatsachen und Beweismittel er im weiteren Verfahren zu seiner Entlastung vorbringen will;

---

1) § 67 Abs. 2 neu gef. durch G v. 26.1.1998 (BGBl. I S. 156).

2) Nr. **90**.

3) § 69 Überschrift und Abs. 3 Satz 1 geänd., Abs. 4 Satz 2 und Abs. 5 neu gef., Abs. 4 Satz 3 aufgeh. durch G v. 26.1.1998 (BGBl. I S. 156); Abs. 3 Satz 2 neu gef. mWv 1.10.2002 durch G v. 26.7.2002 (BGBl. I S. 2864, ber. S. 3516).

dabei ist er darauf hinzuweisen, daß es ihm nach dem Gesetz freistehe, sich zu der Beschuldigung zu äußern oder nicht zur Sache auszusagen.

(3) [1] Die Verwaltungsbehörde übersendet die Akten über die Staatsanwaltschaft an das Amtsgericht, wenn sie den Bußgeldbescheid nicht zurücknimmt und nicht nach Absatz 1 Satz 1 verfährt; sie vermerkt die Gründe dafür in den Akten, soweit dies nach der Sachlage angezeigt ist. [2] Die Entscheidung über einen Antrag auf Akteneinsicht und deren Gewährung (§ 49 Abs. 1 dieses Gesetzes, § 147 der Strafprozessordnung[1)]) erfolgen vor Übersendung der Akten.

(4) [1] Mit dem Eingang der Akten bei der Staatsanwaltschaft gehen die Aufgaben der Verfolgungsbehörde auf sie über. [2] Die Staatsanwaltschaft legt die Akten dem Richter beim Amtsgericht vor, wenn sie weder das Verfahren einstellt noch weitere Ermittlungen durchführt.

(5) [1] Bei offensichtlich ungenügender Aufklärung des Sachverhalts kann der Richter beim Amtsgericht die Sache unter Angabe der Gründe mit Zustimmung der Staatsanwaltschaft an die Verwaltungsbehörde zurückverweisen; diese wird mit dem Eingang der Akten wieder für die Verfolgung und Ahndung zuständig. [2] Verneint der Richter beim Amtsgericht bei erneuter Übersendung den hinreichenden Tatverdacht einer Ordnungswidrigkeit, so kann er die Sache durch Beschluß endgültig an die Verwaltungsbehörde zurückgeben. [3] Der Beschluß ist unanfechtbar.

**§ 70 Entscheidung des Gerichts über die Zulässigkeit des Einspruchs.**

(1) Sind die Vorschriften über die Einlegung des Einspruchs nicht beachtet, so verwirft das Gericht den Einspruch als unzulässig.

(2) Gegen den Beschluß ist die sofortige Beschwerde zulässig.

### II. Hauptverfahren

**§ 71 Hauptverhandlung.** (1) Das Verfahren nach zulässigem Einspruch richtet sich, soweit dieses Gesetz nichts anderes bestimmt, nach den Vorschriften der Strafprozeßordnung[1)], die nach zulässigem Einspruch gegen einen Strafbefehl gelten.

(2) [1] Zur besseren Aufklärung der Sache kann das Gericht
1. einzelne Beweiserhebungen anordnen,
2. von Behörden und sonstigen Stellen die Abgabe von Erklärungen über dienstliche Wahrnehmungen, Untersuchungen und Erkenntnisse (§ 77a Abs. 2) verlangen.

[2] Zur Vorbereitung der Hauptverhandlung kann das Gericht auch dem Betroffenen Gelegenheit geben, sich innerhalb einer zu bestimmenden Frist dazu zu äußern, ob und welche Tatsachen und Beweismittel er zu seiner Entlastung vorbringen will; § 69 Abs. 2 Satz 3 Halbsatz 2 ist anzuwenden.

**§ 72[2)] Entscheidung durch Beschluß.** (1) [1] Hält das Gericht eine Hauptverhandlung nicht für erforderlich, so kann es durch Beschluß entscheiden, wenn der Betroffene und die Staatsanwaltschaft diesem Verfahren nicht widersprechen. [2] Das Gericht weist sie zuvor auf die Möglichkeit eines solchen Verfahrens und des Widerspruchs hin und gibt ihnen Gelegenheit, sich innerhalb von zwei

---

1) Nr. **90**.
2) § 72 Abs. 6 angef. durch G v. 26.1.1998 (BGBl. I S. 156).

Wochen nach Zustellung des Hinweises zu äußern; § 145a Abs. 1 und 3 der Strafprozeßordnung[1)] gilt entsprechend. [3] Das Gericht kann von einem Hinweis an den Betroffenen absehen und auch gegen seinen Widerspruch durch Beschluß entscheiden, wenn es den Betroffenen freispricht.

(2) [1] Geht der Widerspruch erst nach Ablauf der Frist ein, so ist er unbeachtlich. [2] In diesem Falle kann jedoch gegen den Beschluß innerhalb einer Woche nach Zustellung die Wiedereinsetzung in den vorigen Stand unter den gleichen Voraussetzungen wie gegen die Versäumung einer Frist beantragt werden; hierüber ist der Betroffene bei der Zustellung des Beschlusses zu belehren.

(3) [1] Das Gericht entscheidet darüber, ob der Betroffene freigesprochen, gegen ihn eine Geldbuße festgesetzt, eine Nebenfolge angeordnet oder das Verfahren eingestellt wird. [2] Das Gericht darf von der im Bußgeldbescheid getroffenen Entscheidung nicht zum Nachteil des Betroffenen abweichen.

(4) [1] Wird eine Geldbuße festgesetzt, so gibt der Beschluß die Ordnungswidrigkeit an; hat der Bußgeldtatbestand eine gesetzliche Überschrift, so soll diese zur Bezeichnung der Ordnungswidrigkeit verwendet werden. [2] § 260 Abs. 5 Satz 1 der Strafprozeßordnung gilt entsprechend. [3] Die Begründung des Beschlusses enthält die für erwiesen erachteten Tatsachen, in denen das Gericht die gesetzlichen Merkmale der Ordnungswidrigkeit sieht. [4] Soweit der Beweis aus anderen Tatsachen gefolgert wird, sollen auch diese Tatsachen angegeben werden. [5] Ferner sind die Umstände anzuführen, die für die Zumessung der Geldbuße und die Anordnung einer Nebenfolge bestimmend sind.

(5) [1] Wird der Betroffene freigesprochen, so muß die Begründung ergeben, ob der Betroffene für nicht überführt oder ob und aus welchen Gründen die als erwiesen angenommene Tat nicht als Ordnungswidrigkeit angesehen worden ist. [2] Kann der Beschluß nicht mit der Rechtsbeschwerde angefochten werden, so braucht nur angegeben zu werden, ob die dem Betroffenen zur Last gelegte Ordnungswidrigkeit aus tatsächlichen oder rechtlichen Gründen nicht festgestellt worden ist.

(6) [1] Von einer Begründung kann abgesehen werden, wenn die am Verfahren Beteiligten hierauf verzichten. [2] In diesem Fall reicht der Hinweis auf den Inhalt des Bußgeldbescheides; das Gericht kann unter Berücksichtigung der Umstände des Einzelfalls nach seinem Ermessen zusätzliche Ausführungen machen. [3] Die vollständigen Gründe sind innerhalb von fünf Wochen zu den Akten zu bringen, wenn gegen den Beschluß Rechtsbeschwerde eingelegt wird.

**§ 73[2)] Anwesenheit des Betroffenen in der Hauptverhandlung.** (1) Der Betroffene ist zum Erscheinen in der Hauptverhandlung verpflichtet.

(2) Das Gericht entbindet ihn auf seinen Antrag von dieser Verpflichtung, wenn er sich zur Sache geäußert oder erklärt hat, daß er sich in der Hauptverhandlung nicht zur Sache äußern werde, und seine Anwesenheit zur Aufklärung wesentlicher Gesichtspunkte des Sachverhalts nicht erforderlich ist.

(3) Hat das Gericht den Betroffenen von der Verpflichtung zum persönlichen Erscheinen entbunden, so kann er sich durch einen mit nachgewiesener Vollmacht versehenen Verteidiger vertreten lassen.

---

1) Nr. **90**.

2) § 73 neu gef. durch G v. 26.1.1998 (BGBl. I S. 156); Abs. 3 geänd. mWv 1.1.2018 durch G v. 5.7.2017 (BGBl. I S. 2208).

**§ 74[1)] Verfahren bei Abwesenheit.** (1) [1]Die Hauptverhandlung wird in Abwesenheit des Betroffenen durchgeführt, wenn er nicht erschienen ist und von der Verpflichtung zum persönlichen Erscheinen entbunden war. [2]Frühere Vernehmungen des Betroffenen und seine protokollierten und sonstigen Erklärungen sind durch Mitteilung ihres wesentlichen Inhalts oder durch Verlesung in die Hauptverhandlung einzuführen. [3]Es genügt, wenn die nach § 265 Abs. 1 und 2 der Strafprozeßordnung[2)] erforderlichen Hinweise dem Verteidiger gegeben werden.

(2) Bleibt der Betroffene ohne genügende Entschuldigung aus, obwohl er von der Verpflichtung zum Erscheinen nicht entbunden war, hat das Gericht den Einspruch ohne Verhandlung zur Sache durch Urteil zu verwerfen.

(3) Der Betroffene ist in der Ladung über die Absätze 1 und 2 und die §§ 73 und 77b Abs. 1 Satz 1 und 3 zu belehren.

(4) [1]Hat die Hauptverhandlung nach Absatz 1 oder Absatz 2 ohne den Betroffenen stattgefunden, so kann er gegen das Urteil binnen einer Woche nach Zustellung die Wiedereinsetzung in den vorigen Stand unter den gleichen Voraussetzungen wie gegen die Versäumung einer Frist nachsuchen. [2]Hierüber ist er bei der Zustellung des Urteils zu belehren.

**§ 75[3)] Teilnahme der Staatsanwaltschaft an der Hauptverhandlung.**

(1) [1]Die Staatsanwaltschaft ist zur Teilnahme an der Hauptverhandlung nicht verpflichtet. [2]Das Gericht macht der Staatsanwaltschaft Mitteilung, wenn es ihre Mitwirkung für angemessen hält.

(2) Nimmt die Staatsanwaltschaft an der Hauptverhandlung nicht teil, so bedarf es ihrer Zustimmung zur Einstellung des Verfahrens (§ 47 Abs. 2) und zur Rücknahme des Einspruchs in der Hauptverhandlung nicht.

**§ 76 Beteiligung der Verwaltungsbehörde.** (1) [1]Das Gericht gibt der Verwaltungsbehörde Gelegenheit, die Gesichtspunkte vorzubringen, die von ihrem Standpunkt für die Entscheidung von Bedeutung sind. [2]Dies gilt auch, wenn das Gericht erwägt, das Verfahren nach § 47 Abs. 2 einzustellen. [3]Der Termin zur Hauptverhandlung wird der Verwaltungsbehörde mitgeteilt. [4]Ihr Vertreter erhält in der Hauptverhandlung auf Verlangen das Wort.

(2) Das Gericht kann davon absehen, die Verwaltungsbehörde nach Absatz 1 zu beteiligen, wenn ihre besondere Sachkunde für die Entscheidung entbehrt werden kann.

(3) Erwägt die Staatsanwaltschaft, die Klage zurückzunehmen, so gilt § 63 Abs. 3 entsprechend.

(4) Das Urteil und andere das Verfahren abschließende Entscheidungen sind der Verwaltungsbehörde mitzuteilen.

**§ 77[4)] Umfang der Beweisaufnahme.** (1) [1]Das Gericht bestimmt, unbeschadet der Pflicht, die Wahrheit von Amts wegen zu erforschen, den Umfang der Beweisaufnahme. [2]Dabei berücksichtigt es auch die Bedeutung der Sache.

---

1) § 74 neu gef. durch G v. 26.1.1998 (BGBl. I S. 156); Abs. 1 Satz 2 geänd. mWv 1.1.2018 durch G v. 5.7.2017 (BGBl. I S. 2208).

2) Nr. **90**.

3) § 75 Abs. 2 geänd. durch G v. 26.1.1998 (BGBl. I S. 156).

4) § 77 Abs. 2 Nr. 2 geänd. durch G v. 26.1.1998 (BGBl. I S. 156).

(2) Hält das Gericht den Sachverhalt nach dem bisherigen Ergebnis der Beweisaufnahme für geklärt, so kann es außer in den Fällen des § 244 Abs. 3 der Strafprozeßordnung[1)] einen Beweisantrag auch dann ablehnen, wenn

1. nach seinem pflichtgemäßen Ermessen die Beweiserhebung zur Erforschung der Wahrheit nicht erforderlich ist oder
2. nach seiner freien Würdigung das Beweismittel oder die zu beweisende Tatsache ohne verständigen Grund so spät vorgebracht wird, daß die Beweiserhebung zur Aussetzung der Hauptverhandlung führen würde.

(3) Die Begründung für die Ablehnung eines Beweisantrages nach Absatz 2 Nr. 1 kann in dem Gerichtsbeschluß (§ 244 Abs. 6 der Strafprozeßordnung) in der Regel darauf beschränkt werden, daß die Beweiserhebung zur Erforschung der Wahrheit nicht erforderlich ist.

**§ 77a[2)] Vereinfachte Art der Beweisaufnahme.** (1) Die Vernehmung eines Zeugen, Sachverständigen oder Mitbetroffenen darf durch Verlesung von Protokollen über eine frühere Vernehmung sowie von Urkunden, die eine von ihnen stammende Äußerung enthalten, ersetzt werden.

(2) Erklärungen von Behörden und sonstigen Stellen über ihre dienstlichen Wahrnehmungen, Untersuchungen und Erkenntnisse sowie über diejenigen ihrer Angehörigen dürfen auch dann verlesen werden, wenn die Voraussetzungen des § 256 der Strafprozeßordnung[1)] nicht vorliegen.

(3) [1] Das Gericht kann eine behördliche Erklärung (Absatz 2) auch fernmündlich einholen und deren wesentlichen Inhalt in der Hauptverhandlung bekanntgeben. [2] Der Inhalt der bekanntgegebenen Erklärung ist auf Antrag in das Protokoll aufzunehmen.

(4) [1] Das Verfahren nach den Absätzen 1 bis 3 bedarf der Zustimmung des Betroffenen, des Verteidigers und der Staatsanwaltschaft, soweit sie in der Hauptverhandlung anwesend sind. [2] § 251 Absatz 1 Nummer 3 und 4, Abs. 2 Nr. 1 und 2, Abs. 3 und 4 sowie die §§ 252 und 253 der Strafprozeßordnung bleiben unberührt.

**§ 77b[3)] Absehen von Urteilsgründen.** (1) [1] Von einer schriftlichen Begründung des Urteils kann abgesehen werden, wenn alle zur Anfechtung Berechtigten auf die Einlegung der Rechtsbeschwerde verzichten oder wenn innerhalb der Frist Rechtsbeschwerde nicht eingelegt wird. [2] Hat die Staatsanwaltschaft an der Hauptverhandlung nicht teilgenommen, so ist ihre Verzichterklärung entbehrlich; eine schriftliche Begründung des Urteils ist jedoch erforderlich, wenn die Staatsanwaltschaft dies vor der Hauptverhandlung beantragt hat. [3] Die Verzichtserklärung des Betroffenen ist entbehrlich, wenn er von der Verpflichtung zum Erscheinen in der Hauptverhandlung entbunden worden ist, im Verlaufe der Hauptverhandlung von einem Verteidiger vertreten worden ist und im Urteil lediglich eine Geldbuße von nicht mehr als zweihundertfünfzig Euro festgesetzt worden ist.

---

[1)] Nr. **90**.

[2)] § 77a Abs. 4 Satz 2 geänd. mWv 1.9.2004 durch G v. 24.8.2004 (BGBl. I S. 2198); Abs. 1 geänd. mWv 1.1.2018 durch G v. 5.7.2017 (BGBl. I S. 2208); Abs. 4 Satz 2 geänd. mWv 24.8.2017 durch G v. 17.8.2017 (BGBl. I S. 3202).

[3)] § 77b Abs. 1 Satz 3 angef., Abs. 2 neu gef. durch G v. 26.1.1998 (BGBl. I S. 156); Abs. 1 Satz 3 geänd. mWv 1.1.2002 durch G v. 13.12.2001 (BGBl. I S. 3574).

(2) Die Urteilsgründe sind innerhalb der in § 275 Abs. 1 Satz 2 der Strafprozeßordnung[1)] vorgesehenen Frist zu den Akten zu bringen, wenn gegen die Versäumung der Frist für die Rechtsbeschwerde Wiedereinsetzung in den vorigen Stand gewährt, in den Fällen des Absatzes 1 Satz 2 erster Halbsatz von der Staatsanwaltschaft oder in den Fällen des Absatzes 1 Satz 3 von dem Betroffenen Rechtsbeschwerde eingelegt wird.

**§ 78[2)] Weitere Verfahrensvereinfachungen.** (1) [1] Statt der Verlesung einer Urkunde kann das Gericht dessen wesentlichen Inhalt bekanntgeben; dies gilt jedoch nicht, soweit es auf den Wortlaut der Urkunde ankommt. [2] Haben der Betroffene, der Verteidiger und der in der Hauptverhandlung anwesende Vertreter der Staatsanwaltschaft von dem Wortlaut der Urkunde Kenntnis genommen oder dazu Gelegenheit gehabt, so genügt es, die Feststellung hierüber in das Protokoll aufzunehmen. [3] Soweit die Verlesung von Urkunden von der Zustimmung der Verfahrensbeteiligten abhängig ist, gilt dies auch für das Verfahren nach den Sätzen 1 und 2.

(2) § 243 Absatz 4 der Strafprozessordnung[1)] gilt nur, wenn eine Erörterung stattgefunden hat; § 273 Absatz 1a Satz 3 und Absatz 2 der Strafprozessordnung ist nicht anzuwenden.

(3) Im Verfahren gegen Jugendliche gilt § 78 Abs. 3 des Jugendgerichtsgesetzes[3)] entsprechend.

(4) Wird gegen einen Jugendlichen oder Heranwachsenden eine Geldbuße festgesetzt, so kann der Jugendrichter zugleich eine Vollstreckungsanordnung nach § 98 Abs. 1 treffen.

### III. Rechtsmittel

**§ 79[4)] Rechtsbeschwerde.** (1) [1] Gegen das Urteil und den Beschluß nach § 72 ist Rechtsbeschwerde zulässig, wenn

1. gegen den Betroffenen eine Geldbuße von mehr als zweihundertfünfzig Euro festgesetzt worden ist,
2. eine Nebenfolge angeordnet worden ist, es sei denn, daß es sich um eine Nebenfolge vermögensrechtlicher Art handelt, deren Wert im Urteil oder im Beschluß nach § 72 auf nicht mehr als zweihundertfünfzig Euro festgesetzt worden ist,
3. der Betroffene wegen einer Ordnungswidrigkeit freigesprochen oder das Verfahren eingestellt oder von der Verhängung eines Fahrverbotes abgesehen worden ist und wegen der Tat im Bußgeldbescheid oder Strafbefehl eine Geldbuße von mehr als sechshundert Euro festgesetzt, ein Fahrverbot verhängt oder eine solche Geldbuße oder ein Fahrverbot von der Staatsanwaltschaft beantragt worden war,

---

1) Nr. **90**.

2) § 78 Abs. 5 angef. durch G v. 26.1.1998 (BGBl. I S. 156); Abs. 5 aufgeh. mWv 1.9.2004 durch G v. 24.8.2004 (BGBl. I S. 2198); Abs. 2 neu gef. mWv 4.8.2009 durch G v. 29.7.2009 (BGBl. I S. 2353); Abs. 1 Sätze 1–3 geänd. mWv 1.1.2018 durch G v. 5.7.2017 (BGBl. I S. 2208).

3) Nr. **89**.

4) § 79 Abs. 1 Satz 1 Nr. 1 und 2 geänd., Nr. 3 neu gef. durch G v. 26.1.1998 (BGBl. I S. 156); Abs. 1 Satz 1 Nr. 1–3 geänd. mWv 1.1.2002 durch G v. 13.12.2001 (BGBl. I S. 3574); Abs. 4 und 6 geänd. mWv 1.9.2004 durch G v. 24.8.2004 (BGBl. I S. 2198); Abs. 1 Satz 1 Nr. 5 geänd. mWv 1.1.2005 durch G v. 9.12.2004 (BGBl. I S. 3220); Abs. 4 geänd. mWv 1.1.2018 durch G v. 5.7.2017 (BGBl. I S. 2208).

4. der Einspruch durch Urteil als unzulässig verworfen worden ist oder
5. durch Beschluß nach § 72 entschieden worden ist, obwohl der Beschwerdeführer diesem Verfahren rechtzeitig widersprochen hatte oder ihm in sonstiger Weise das rechtliche Gehör versagt wurde.

[2] Gegen das Urteil ist die Rechtsbeschwerde ferner zulässig, wenn sie zugelassen wird (§ 80).

(2) Hat das Urteil oder der Beschluß nach § 72 mehrere Taten zum Gegenstand und sind die Voraussetzungen des Absatzes 1 Satz 1 Nr. 1 bis 3 oder Satz 2 nur hinsichtlich einzelner Taten gegeben, so ist die Rechtsbeschwerde nur insoweit zulässig.

(3) [1] Für die Rechtsbeschwerde und das weitere Verfahren gelten, soweit dieses Gesetz nichts anderes bestimmt, die Vorschriften der Strafprozeßordnung[1)] und des Gerichtsverfassungsgesetzes[2)] über die Revision entsprechend. [2] § 342 der Strafprozeßordnung gilt auch entsprechend für den Antrag auf Wiedereinsetzung in den vorigen Stand nach § 72 Abs. 2 Satz 2 Halbsatz 1.

(4) Die Frist für die Einlegung der Rechtsbeschwerde beginnt mit der Zustellung des Beschlusses nach § 72 oder des Urteils, wenn es in Abwesenheit des Beschwerdeführers verkündet und dieser dabei auch nicht nach § 73 Abs. 3 durch einen mit nachgewiesener Vollmacht versehenen Verteidiger vertreten worden ist.

(5) [1] Das Beschwerdegericht entscheidet durch Beschluß. [2] Richtet sich die Rechtsbeschwerde gegen ein Urteil, so kann das Beschwerdegericht auf Grund einer Hauptverhandlung durch Urteil entscheiden.

(6) Hebt das Beschwerdegericht die angefochtene Entscheidung auf, so kann es abweichend von § 354 der Strafprozeßordnung in der Sache selbst entscheiden oder sie an das Amtsgericht, dessen Entscheidung aufgehoben wird, oder an ein anderes Amtsgericht desselben Landes zurückverweisen.

**§ 80[3)] Zulassung der Rechtsbeschwerde.** (1) Das Beschwerdegericht läßt die Rechtsbeschwerde nach § 79 Abs. 1 Satz 2 auf Antrag zu, wenn es geboten ist,

1. die Nachprüfung des Urteils zur Fortbildung des Rechts oder zur Sicherung einer einheitlichen Rechtsprechung zu ermöglichen, soweit Absatz 2 nichts anderes bestimmt, oder
2. das Urteil wegen Versagung des rechtlichen Gehörs aufzuheben.

(2) Die Rechtsbeschwerde wird wegen der Anwendung von Rechtsnormen über das Verfahren nicht und wegen der Anwendung von anderen Rechtsnormen nur zur Fortbildung des Rechts zugelassen, wenn

1. gegen den Betroffenen eine Geldbuße von nicht mehr als einhundert Euro festgesetzt oder eine Nebenfolge vermögensrechtlicher Art angeordnet worden ist, deren Wert im Urteil auf nicht mehr als einhundert Euro festgesetzt worden ist, oder
2. der Betroffene wegen einer Ordnungswidrigkeit freigesprochen oder das Verfahren eingestellt worden ist und wegen der Tat im Bußgeldbescheid oder im

---

1) Nr. **90**.

2) Nr. **95**.

3) § 80 Abs. 2 Nr. 1 und 2, Abs. 4 Satz 3 geänd. durch G v. 26.1.1998 (BGBl. I S. 156); Abs. 2 Nr. 1 und 2 geänd. mWv 1.1.2002 durch G v. 13.12.2001 (BGBl. I S. 3574).

Strafbefehl eine Geldbuße von nicht mehr als einhundertfünfzig Euro festgesetzt oder eine solche Geldbuße von der Staatsanwaltschaft beantragt worden war.

(3) [1] Für den Zulassungsantrag gelten die Vorschriften über die Einlegung der Rechtsbeschwerde entsprechend. [2] Der Antrag gilt als vorsorglich eingelegte Rechtsbeschwerde. [3] Die Vorschriften über die Anbringung der Beschwerdeanträge und deren Begründung (§§ 344, 345 der Strafprozeßordnung[1]) sind zu beachten. [4] Bei der Begründung der Beschwerdeanträge soll der Antragsteller zugleich angeben, aus welchen Gründen die in Absatz 1 bezeichneten Voraussetzungen vorliegen. [5] § 35a der Strafprozeßordnung gilt entsprechend.

(4) [1] Das Beschwerdegericht entscheidet über den Antrag durch Beschluß. [2] Die §§ 346 bis 348 der Strafprozeßordnung gelten entsprechend. [3] Der Beschluß, durch den der Antrag verworfen wird, bedarf keiner Begründung. [4] Wird der Antrag verworfen, so gilt die Rechtsbeschwerde als zurückgenommen.

(5) Stellt sich vor der Entscheidung über den Zulassungsantrag heraus, daß ein Verfahrenshindernis besteht, so stellt das Beschwerdegericht das Verfahren nur dann ein, wenn das Verfahrenshindernis nach Erlaß des Urteils eingetreten ist.

**§ 80a[2] Besetzung der Bußgeldsenate der Oberlandesgerichte.** (1) Die Bußgeldsenate der Oberlandesgerichte sind mit einem Richter besetzt, soweit nichts anderes bestimmt ist.

(2) Die Bußgeldsenate der Oberlandesgerichte sind mit drei Richtern einschließlich des Vorsitzenden besetzt in Verfahren über Rechtsbeschwerden in den in § 79 Abs. 1 Satz 1 bezeichneten Fällen, wenn eine Geldbuße von mehr als fünftausend Euro oder eine Nebenfolge vermögensrechtlicher Art im Wert von mehr als fünftausend Euro festgesetzt oder beantragt worden ist. [3] Der Wert einer Geldbuße und der Wert einer vermögensrechtlichen Nebenfolge werden gegebenenfalls zusammengerechnet.

(3) [1] In den in Absatz 1 bezeichneten Fällen überträgt der Richter die Sache dem Bußgeldsenat in der Besetzung mit drei Richtern, wenn es geboten ist, das Urteil oder den Beschluss nach § 72 zur Fortbildung des Rechts oder zur Sicherung einer einheitlichen Rechtsprechung nachzuprüfen. [2] Dies gilt auch in Verfahren über eine zugelassene Rechtsbeschwerde, nicht aber in Verfahren über deren Zulassung.

## Sechster Abschnitt. Bußgeld- und Strafverfahren

**§ 81 Übergang vom Bußgeld- zum Strafverfahren.** (1) [1] Das Gericht ist im Bußgeldverfahren an die Beurteilung der Tat als Ordnungswidrigkeit nicht gebunden. [2] Jedoch darf es auf Grund eines Strafgesetzes nur entscheiden, wenn der Betroffene zuvor auf die Veränderung des rechtlichen Gesichtspunktes hingewiesen und ihm Gelegenheit zur Verteidigung gegeben worden ist.

(2) [1] Der Betroffene wird auf die Veränderung des rechtlichen Gesichtspunktes auf Antrag der Staatsanwaltschaft oder von Amts wegen hingewiesen. [2] Mit diesem Hinweis erhält er die Rechtsstellung des Angeklagten. [3] Die Verhandlung wird unterbrochen, wenn das Gericht es für erforderlich hält oder wenn der

---

[1] Nr. **90**.

[2] § 80a neu gef. mWv 1.9.2004 durch G v. 24.8.2004 (BGBl. I S. 2198).

Angeklagte es beantragt. [4]Über sein Recht, die Unterbrechung zu beantragen, wird der Angeklagte belehrt.

(3) [1]In dem weiteren Verfahren sind die besonderen Vorschriften dieses Gesetzes nicht mehr anzuwenden. [2]Jedoch kann die bisherige Beweisaufnahme, die in Anwesenheit des Betroffenen stattgefunden hat, auch dann verwertet werden, wenn sie nach diesen Vorschriften durchgeführt worden ist; dies gilt aber nicht für eine Beweisaufnahme nach den §§ 77a und 78 Abs. 1.

**§ 82 Bußgelderkenntnis im Strafverfahren.** (1) Im Strafverfahren beurteilt das Gericht die in der Anklage bezeichnete Tat zugleich unter dem rechtlichen Gesichtspunkt einer Ordnungswidrigkeit.

(2) Läßt das Gericht die Anklage zur Hauptverhandlung nur unter dem rechtlichen Gesichtspunkt einer Ordnungswidrigkeit zu, so sind in dem weiteren Verfahren die besonderen Vorschriften dieses Gesetzes anzuwenden.

**§ 83[1)] Verfahren bei Ordnungswidrigkeiten und Straftaten.** (1) Hat das Verfahren Ordnungswidrigkeiten und Straftaten zum Gegenstand und werden einzelne Taten nur als Ordnungswidrigkeiten verfolgt, so gelten für das Verfahren wegen dieser Taten auch § 46 Abs. 3, 4, 5 Satz 2 und Abs. 7, die §§ 47, 49, 55, 76 bis 78, 79 Abs. 1 bis 3 sowie § 80.

(2) [1]Wird in den Fällen des Absatzes 1 gegen das Urteil, soweit es nur Ordnungswidrigkeiten betrifft, Rechtsbeschwerde und im übrigen Berufung eingelegt, so wird eine rechtzeitig und in der vorgeschriebenen Form eingelegte Rechtsbeschwerde, solange die Berufung nicht zurückgenommen oder als unzulässig verworfen ist, als Berufung behandelt. [2]Die Beschwerdeanträge und deren Begründung sind gleichwohl in der vorgeschriebenen Form anzubringen und dem Gegner zuzustellen (§§ 344 bis 347 der Strafprozeßordnung[2)]); einer Zulassung nach § 79 Abs. 1 Satz 2 bedarf es jedoch nicht. [3]Gegen das Berufungsurteil ist die Rechtsbeschwerde nach § 79 Abs. 1 und 2 sowie § 80 zulässig.

(3) Hebt das Beschwerdegericht das Urteil auf, soweit es nur Ordnungswidrigkeiten betrifft, so kann es in der Sache selbst entscheiden.

### Siebenter Abschnitt. Rechtskraft und Wiederaufnahme des Verfahrens

**§ 84 Wirkung der Rechtskraft.** (1) Ist der Bußgeldbescheid rechtskräftig geworden oder hat das Gericht über die Tat als Ordnungswidrigkeit oder als Straftat rechtskräftig entschieden, so kann dieselbe Tat nicht mehr als Ordnungswidrigkeit verfolgt werden.

(2) [1]Das rechtskräftige Urteil über die Tat als Ordnungswidrigkeit steht auch ihrer Verfolgung als Straftat entgegen. [2]Dem rechtskräftigen Urteil stehen der Beschluß nach § 72 und der Beschluß des Beschwerdegerichts über die Tat als Ordnungswidrigkeit gleich.

**§ 85[3)] Wiederaufnahme des Verfahrens.** (1) Für die Wiederaufnahme eines durch rechtskräftige Bußgeldentscheidung abgeschlossenen Verfahrens gelten die

[1)] § 83 Abs. 1 geänd. mWv 1.9.2004 durch G v. 24.8.2004 (BGBl. I S. 2198).

[2)] Nr. **90**.

[3)] § 85 Abs. 2 Satz 1 Nr. 1 und Satz 2 geänd. durch G v. 26.1.1998 (BGBl. I S. 156); Abs. 2 Satz 1 Nr. 1 und Satz 2 geänd. mWv 1.1.2002 durch G v. 13.12.2001 (BGBl. I S. 3574).

§§ 359 bis 373a der Strafprozeßordnung[1)] entsprechend, soweit die nachstehenden Vorschriften nichts anderes bestimmen.

(2) [1] Die Wiederaufnahme des Verfahrens zugunsten des Betroffenen, die auf neue Tatsachen oder Beweismittel gestützt wird (§ 359 Nr. 5 der Strafprozeßordnung), ist nicht zulässig, wenn

1. gegen den Betroffenen lediglich eine Geldbuße bis zu zweihundertfünfzig Euro festgesetzt ist oder
2. seit Rechtskraft der Bußgeldentscheidung drei Jahre verstrichen sind.

[2] Satz 1 Nr. 1 gilt entsprechend, wenn eine Nebenfolge vermögensrechtlicher Art angeordnet ist, deren Wert zweihundertfünfzig Euro nicht übersteigt.

(3) [1] Die Wiederaufnahme des Verfahrens zuungunsten des Betroffenen ist unter den Voraussetzungen des § 362 der Strafprozeßordnung nur zu dem Zweck zulässig, die Verurteilung nach einem Strafgesetz herbeizuführen. [2] Zu diesem Zweck ist sie auch zulässig, wenn neue Tatsachen oder Beweismittel beigebracht sind, die allein oder in Verbindung mit den früher erhobenen Beweisen geeignet sind, die Verurteilung des Betroffenen wegen eines Verbrechens zu begründen.

(4) [1] Im Wiederaufnahmeverfahren gegen den Bußgeldbescheid entscheidet das nach § 68 zuständige Gericht. [2] Wird ein solches Wiederaufnahmeverfahren von dem Betroffenen beantragt oder werden der Verwaltungsbehörde Umstände bekannt, die eine Wiederaufnahme des Verfahrens zulassen, so übersendet sie die Akten der Staatsanwaltschaft. [3] § 69 Abs. 4 Satz 1 gilt entsprechend.

**§ 86 Aufhebung des Bußgeldbescheides im Strafverfahren.** (1) [1] Ist gegen den Betroffenen ein Bußgeldbescheid ergangen und wird er später wegen derselben Handlung in einem Strafverfahren verurteilt, so wird der Bußgeldbescheid insoweit aufgehoben. [2] Dasselbe gilt, wenn es im Strafverfahren nicht zu einer Verurteilung kommt, jedoch die Feststellungen, die das Gericht in der abschließenden Entscheidung trifft, dem Bußgeldbescheid entgegenstehen.

(2) Geldbeträge, die auf Grund des aufgehobenen Bußgeldbescheides gezahlt oder beigetrieben worden sind, werden zunächst auf eine erkannte Geldstrafe, dann auf angeordnete Nebenfolgen, die zu einer Geldzahlung verpflichten, und zuletzt auf die Kosten des Strafverfahrens angerechnet.

(3) Die Entscheidungen nach den Absätzen 1 und 2 werden in dem Urteil oder in der sonstigen abschließenden Entscheidung getroffen.

*(Fortsetzung nächstes Blatt)*

---

1) Nr. **90**.

## Achter Abschnitt.[1] Verfahren bei Anordnung von Nebenfolgen oder der Festsetzung einer Geldbuße gegen eine juristische Person oder Personenvereinigung

**§ 87[2] Anordnung der Einziehung.** (1) Hat die Verwaltungsbehörde im Bußgeldverfahren über die Einziehung eines Gegenstandes zu entscheiden, so ist sie auch für die Anordnung der Verfahrensbeteiligung, die Beiordnung eines Rechtsanwalts oder einer anderen Person, die als Verteidiger bestellt werden darf, und die Entscheidung über die Entschädigung zuständig (§§ 424, 425, 428 Absatz 2, § 430 Absatz 3, § 438 Absatz 1 und 2 der Strafprozessordnung); § 60 Satz 2 gilt entsprechend.

(2) [1] Vom Erlaß des Bußgeldbescheides an hat der Einziehungsbeteiligte, soweit das Gesetz nichts anderes bestimmt, die Befugnisse, die einem Betroffenen zustehen. [2] Ihm wird der Bußgeldbescheid, in dem die Einziehung angeordnet wird, zugestellt. [3] Zugleich wird er darauf hingewiesen, daß über die Einziehung auch ihm gegenüber entschieden ist.

(3) [1] Im selbständigen Verfahren wird die Einziehung in einem selbständigen Einziehungsbescheid angeordnet; § 66 Abs. 1, 2 Nr. 1 Buchstabe a und Abs. 3 gilt entsprechend. [2] Der Einziehungsbescheid steht einem Bußgeldbescheid gleich. [3] Zuständig ist die Verwaltungsbehörde, die im Falle der Verfolgung einer bestimmten Person zuständig wäre; örtlich zuständig ist auch die Verwaltungsbehörde, in deren Bezirk der Gegenstand sichergestellt worden ist.

(4) [1] Das Nachverfahren (§ 433 der Strafprozessordnung) gegen einen Bußgeldbescheid ist bei der Verwaltungsbehörde zu beantragen, welche die Einziehung angeordnet hat. [2] Die Entscheidung trifft das nach § 68 zuständige Gericht. [3] Die Verwaltungsbehörde übersendet die Akten der Staatsanwaltschaft, die sie dem Gericht vorlegt; § 69 Abs. 4 Satz 1 gilt entsprechend.

(5) Die Entscheidung des Gerichts über die Einziehung eines Gegenstandes, dessen Wert zweihundertfünfzig Euro nicht übersteigt, ist nicht anfechtbar.

(6) Absatz 2 Satz 3, Absatz 3 Satz 3 zweiter Halbsatz und Absatz 4 gelten nicht im Verfahren bei Anordnung der Einziehung nach § 29 a.

**§ 88[3] Festsetzung der Geldbuße gegen juristische Personen und Personenvereinigungen.** (1) Hat die Verwaltungsbehörde im Bußgeldverfahren über die Festsetzung einer Geldbuße gegen eine juristische Person oder eine Personenvereinigung zu entscheiden (§ 30), so ist sie auch für die Anordnung der Verfahrensbeteiligung und die Beiordnung eines Rechtsanwalts oder einer anderen Person, die als Verteidiger bestellt werden darf, zuständig (§ 444 Abs. 1, § 428 Absatz 2 der Strafprozessordnung); § 60 Satz 2 gilt entsprechend.

(2) [1] Im selbständigen Verfahren setzt die Verwaltungsbehörde die Geldbuße in einem selbständigen Bußgeldbescheid fest. [2] Zuständig ist die Verwaltungsbehörde, die im Falle der Verfolgung einer bestimmten Person zuständig wäre; örtlich zuständig ist auch die Verwaltungsbehörde, in deren Bezirk die juristische Person oder Personenvereinigung ihren Sitz oder eine Zweigniederlassung hat.

(3) § 87 Abs. 2 Satz 1 und 2 sowie Abs. 5 gilt entsprechend.

---

[1] 8. Abschnitt Überschrift geänd. mWv 30. 8. 2002 durch G v. 22. 8. 2002 (BGBl. I S. 3387).

[2] § 87 Abs. 5 geänd. durch G v. 26. 1. 1998 (BGBl. I S. 156); Abs. 5 geänd. mWv 1. 1. 2002 durch G v. 13. 12. 2001 (BGBl. I S. 3574); Überschrift neu gef., Abs. 1, Abs. 4 Satz 1 geänd., Abs. 6 neu gef. mWv 1. 7. 2017 durch G v. 13. 4. 2017 (BGBl. I S. 872).

[3] § 88 Abs. 1 geänd. mWv 1. 7. 2017 durch G v. 13. 4. 2017 (BGBl. I S. 872).

## Neunter Abschnitt. Vollstreckung der Bußgeldentscheidungen

**§ 89 Vollstreckbarkeit der Bußgeldentscheidungen.** Bußgeldentscheidungen sind vollstreckbar, wenn sie rechtskräftig geworden sind.

**§ 90[1] Vollstreckung des Bußgeldbescheides.** (1) Der Bußgeldbescheid wird, soweit das Gesetz nichts anderes bestimmt, nach den Vorschriften des Verwaltungs-Vollstreckungsgesetzes[2] vom 27. April 1953 (BGBl. I S. 157) in der jeweils geltenden Fassung vollstreckt, wenn eine Verwaltungsbehörde des Bundes den Bußgeldbescheid erlassen hat, sonst nach den entsprechenden landesrechtlichen Vorschriften.

(2) [1] Die Geldbußen fließen, soweit das Gesetz nichts anderes bestimmt, in die Bundeskasse, wenn eine Verwaltungsbehörde des Bundes den Bußgeldbescheid erlassen hat, sonst in die Landeskasse. [2] Satz 1 gilt für Nebenfolgen, die zu einer Geldzahlung verpflichten, entsprechend.

(3) [1] Ist die Einziehung eines Gegenstandes oder Unbrauchbarmachung einer Sache angeordnet worden, so wird die Anordnung dadurch vollstreckt, daß die Sache dem Betroffenen oder dem Einziehungsbeteiligten weggenommen wird. [2] Wird die Sache bei diesen Personen nicht vorgefunden, so haben sie auf Antrag der Verwaltungsbehörde bei dem Amtsgericht eine eidesstattliche Versicherung über den Verbleib der Sache abzugeben. [3] § 883 Abs. 2 und 3 der Zivilprozeßordnung gilt entsprechend.

(4) Absatz 1 gilt für die Vollstreckung eines von der Verwaltungsbehörde festgesetzten Ordnungsgeldes entsprechend.

**§ 91[3] Vollstreckung der gerichtlichen Bußgeldentscheidung.** Für die Vollstreckung der gerichtlichen Bußgeldentscheidung gelten § 451 Abs. 1 und 2, die §§ 459 und 459 g Abs. 1 sowie Abs. 2 in Verbindung mit § 459 der Strafprozeßordnung[4], im Verfahren gegen Jugendliche und Heranwachsende auch § 82 Abs. 1, § 83 Abs. 2 sowie die §§ 84 und 85 Abs. 5 des Jugendgerichtsgesetzes[5] sinngemäß.

**§ 92 Vollstreckungsbehörde.** Vollstreckungsbehörde im Sinne der nachfolgenden Vorschriften dieses Abschnitts ist in den Fällen des § 90 die Verwaltungsbehörde, die den Bußgeldbescheid erlassen hat, sonst die Stelle, der nach § 91 die Vollstreckung obliegt.

**§ 93 Zahlungserleichterungen.** (1) Nach Rechtskraft der Bußgeldentscheidung entscheidet über die Bewilligung von Zahlungserleichterungen (§ 18) die Vollstreckungsbehörde.

(2) [1] Die Vollstreckungsbehörde kann eine Entscheidung über Zahlungserleichterungen nach Absatz 1 oder nach § 18 nachträglich ändern oder aufheben. [2] Dabei darf sie von einer vorausgegangenen Entscheidung zum Nachteil des Betroffenen nur auf Grund neuer Tatsachen oder Beweismittel abweichen.

---

[1] § 90 Abs. 3 Satz 3 geänd. durch G v. 17. 12. 1997 (BGBl. I S. 3039); Abs. 3 Satz 3 geänd. mWv 1. 1. 2013 durch G v. 29. 7. 2009 (BGBl. I S. 2258); Abs. 3 Satz 1 geänd. mWv 1. 7. 2017 durch G v. 13. 4. 2017 (BGBl. I S. 872).

[2] **Sartorius Nr. 112.**

[3] § 91 geänd. durch G v. 30. 8. 1990 (BGBl. I S. 1853).

[4] Nr. **90**.

[5] Nr. **89**.

(3) [1] Für Entscheidungen über Zahlungserleichterungen gilt § 66 Abs. 2 Nr. 2 und 3 sinngemäß. [2] Die Entscheidung erstreckt sich auch auf die Kosten des Verfahrens; sie kann auch allein hinsichtlich der Kosten getroffen werden.

(4) [1] Entfällt die Vergünstigung nach § 18 Satz 2, die Geldbuße in bestimmten Teilbeträgen zu zahlen, so wird dies in den Akten vermerkt. [2] Die Vollstreckungsbehörde kann dem Betroffenen erneut eine Zahlungserleichterung bewilligen.

**§ 94 Verrechnung von Teilbeträgen.** Teilbeträge werden, wenn der Betroffene bei der Zahlung keine Bestimmung trifft, zunächst auf die Geldbuße, dann auf die etwa angeordneten Nebenfolgen, die zu einer Geldzahlung verpflichten, und zuletzt auf die Kosten des Verfahrens angerechnet.

**§ 95 Beitreibung der Geldbuße.** (1) Die Geldbuße oder der Teilbetrag einer Geldbuße wird vor Ablauf von zwei Wochen nach Eintritt der Fälligkeit nur beigetrieben, wenn auf Grund bestimmter Tatsachen erkennbar ist, daß sich der Betroffene der Zahlung entziehen will.

(2) Ergibt sich, daß dem Betroffenen nach seinen wirtschaftlichen Verhältnissen die Zahlung in absehbarer Zeit nicht möglich ist, so kann die Vollstreckungsbehörde anordnen, daß die Vollstreckung unterbleibt.

**§ 96 Anordnung von Erzwingungshaft.** (1) Nach Ablauf der in § 95 Abs. 1 bestimmten Frist kann das Gericht auf Antrag der Vollstreckungsbehörde oder, wenn ihm selbst die Vollstreckung obliegt, von Amts wegen Erzwingungshaft anordnen, wenn

1. die Geldbuße oder der bestimmte Teilbetrag einer Geldbuße nicht gezahlt ist,
2. der Betroffene seine Zahlungsunfähigkeit nicht dargetan hat (§ 66 Abs. 2 Nr. 2 Buchstabe b),
3. er nach § 66 Abs. 2 Nr. 3 belehrt ist und
4. keine Umstände bekannt sind, welche seine Zahlungsunfähigkeit ergeben.

(2) [1] Ergibt sich, daß dem Betroffenen nach seinen wirtschaftlichen Verhältnissen nicht zuzumuten ist, den zu zahlenden Betrag der Geldbuße sofort zu entrichten, so bewilligt das Gericht eine Zahlungserleichterung oder überläßt die Entscheidung darüber der Vollstreckungsbehörde. [2] Eine bereits ergangene Anordnung der Erzwingungshaft wird aufgehoben.

(3) [1] Die Dauer der Erzwingungshaft wegen einer Geldbuße darf sechs Wochen, wegen mehrerer in einer Bußgeldentscheidung festgesetzter Geldbußen drei Monate nicht übersteigen. [2] Sie wird, auch unter Berücksichtigung des zu zahlenden Betrages der Geldbuße, nach Tagen bemessen und kann nachträglich nicht verlängert, jedoch abgekürzt werden. [3] Wegen desselben Betrages darf die Erzwingungshaft nicht wiederholt werden.

**§ 97[1)] Vollstreckung der Erzwingungshaft.** (1) Für die Vollstreckung der Erzwingungshaft gilt § 451 Abs. 1 und 2 der Strafprozeßordnung[2)], im Verfahren gegen Jugendliche und Heranwachsende gelten auch § 82 Abs. 1, § 83 Abs. 2 sowie die §§ 84 und 85 Abs. 5 des Jugendgerichtsgesetzes[3)] sinngemäß.

---

1) § 97 Abs. 1 geänd. durch G v. 30. 8. 1990 (BGBl. I S. 1853).
2) Nr. **90**.
3) Nr. **89**.

(2) Der Betroffene kann die Vollstreckung der Erzwingungshaft jederzeit dadurch abwenden, daß er den zu zahlenden Betrag der Geldbuße entrichtet.

(3) [1] Macht der Betroffene nach Anordnung der Erzwingungshaft geltend, daß ihm nach seinen wirtschaftlichen Verhältnissen nicht zuzumuten ist, den zu zahlenden Betrag der Geldbuße sofort zu entrichten, so wird dadurch die Vollziehung der Anordnung nicht gehemmt. [2] Das Gericht kann jedoch die Vollziehung aussetzen.

**§ 98[1)] Vollstreckung gegen Jugendliche und Heranwachsende.** (1) [1] Wird die gegen einen Jugendlichen festgesetzte Geldbuße auch nach Ablauf der in § 95 Abs. 1 bestimmten Frist nicht gezahlt, so kann der Jugendrichter auf Antrag der Vollstreckungsbehörde oder, wenn ihm selbst die Vollstreckung obliegt, von Amts wegen dem Jugendlichen auferlegen, an Stelle der Geldbuße

1. Arbeitsleistungen zu erbringen,
2. nach Kräften den durch die Handlung verursachten Schaden wiedergutzumachen,
3. bei einer Verletzung von Verkehrsvorschriften an einem Verkehrsunterricht teilzunehmen,
4. sonst eine bestimmte Leistung zu erbringen,

wenn die Bewilligung einer Zahlungserleichterung, die Beitreibung der Geldbuße oder die Anordnung der Erzwingungshaft nicht möglich oder angebracht erscheint. [2] Der Jugendrichter kann die Anordnungen nach Satz 1 nebeneinander treffen und nachträglich ändern.

(2) [1] Kommt der Jugendliche einer Anordnung nach Absatz 1 schuldhaft nicht nach und zahlt er auch nicht die Geldbuße, so kann Jugendarrest (§ 16 Jugendgerichtsgesetz[2)]) gegen ihn verhängt werden, wenn er entsprechend belehrt worden ist. [2] Hiernach verhängter Jugendarrest darf bei einer Bußgeldentscheidung eine Woche nicht übersteigen. [3] Vor der Verhägung von Jugendarrest ist dem Jugendlichen Gelegenheit zur mündlichen Äußerung vor dem Richter zu geben.

(3) [1] Wegen desselben Betrags darf Jugendarrest nicht wiederholt angeordnet werden. [2] Der Richter sieht von der Vollstreckung des Jugendarrests ab, wenn der Jugendliche nach Verhängung der Weisung nachkommt oder die Geldbuße zahlt. [3] Ist Jugendarrest vollstreckt worden, so kann der Jugendrichter die Vollstreckung der Geldbuße ganz oder zum Teil für erledigt erklären.

(4) Die Absätze 1 bis 3 gelten auch für die Vollstreckung der gegen einen Heranwachsenden festgesetzten Geldbuße.

**§ 99[3)] Vollstreckung von Nebenfolgen, die zu einer Geldzahlung verpflichten.** (1) Für die Vollstreckung von Nebenfolgen, die zu einer Geldzahlung verpflichten, gelten die §§ 93 und 95 entsprechend, für die Vollstreckung der Geldbuße gegen eine juristische Person oder eine Personenvereinigung gelten auch die §§ 94, 96 und 97.

---

1) § 98 Abs. 1 Satz 1 Nr. 1 und Abs. 2 neu gef., Abs. 3 eingef., bish. Abs. 3 wird Abs. 4 und geänd. durch G v. 30. 8. 1990 (BGBl. I S. 1853).

2) Nr. **89**.

3) § 99 Abs. 2 Sätze 1 und 2 geänd. mWv 1. 7. 2017 durch G v. 13. 4. 2017 (BGBl. I S. 872).

(2) [1] Ist die Einziehung eines Geldbetrages (§ 29 a) rechtskräftig angeordnet worden und legt der Betroffene oder der Einziehungsbeteiligte eine rechtskräftige Entscheidung vor, in der gegen ihn wegen der mit Geldbuße bedrohten Handlung ein dem Verletzten erwachsener Anspruch festgestellt ist, so ordnet die Vollstreckungsbehörde an, daß die Anordnung der Einziehung insoweit nicht mehr vollstreckt wird. [2] Ist der eingezogene Geldbetrag bereits gezahlt oder beigetrieben worden und wird die Zahlung auf Grund der rechtskräftigen Entscheidung an den Verletzten nachgewiesen, so ordnet die Vollstreckungsbehörde insoweit die Rückerstattung an den Betroffenen oder den Einziehungsbeteiligten an.

**§ 100[1)] Nachträgliche Entscheidungen über die Einziehung.** (1) Über die Aufhebung des Vorbehalts der Einziehung und die nachträgliche Anordnung der Einziehung eines Gegenstandes oder des Wertersatzes (§ 24 Abs. 2 Satz 3, § 25 Abs. 4) entscheidet

1. die Verwaltungsbehörde, die den Bußgeldbescheid erlassen hat,
2. bei einer gerichtlichen Bußgeldentscheidung das Gericht.

(2) [1] Gegen die nachträgliche Anordnung der Einziehung ist in den Fällen des Absatzes 1 Nr. 1 innerhalb von zwei Wochen nach Zustellung des Bescheides der Antrag auf gerichtliche Entscheidung nach § 62 zulässig. [2] Gegen die Entscheidung des Gerichts ist sofortige Beschwerde zulässig, wenn der Wert des Beschwerdegegenstandes zweihundertfünfzig Euro übersteigt.

**§ 101 Vollstreckung in den Nachlaß.** In den Nachlaß des Betroffenen darf eine Geldbuße nicht vollstreckt werden.

**§ 102 Nachträgliches Strafverfahren.** (1) Wird nach Rechtskraft des Bußgeldbescheides wegen derselben Handlung die öffentliche Klage erhoben, so soll die Vollstreckungsbehörde die Vollstreckung des Bußgeldbescheides insoweit aussetzen.

(2) Sind die Entscheidungen nach § 86 Abs. 1 und 2 im Strafverfahren unterblieben, so sind sie von dem Gericht nachträglich zu treffen.

**§ 103 Gerichtliche Entscheidung.** (1) Über Einwendungen gegen

1. die Zulässigkeit der Vollstreckung,
2. die von der Vollstreckungsbehörde nach den §§ 93, 99 Abs. 2 und § 102 Abs. 1 getroffenen Anordnungen,
3. die sonst bei der Vollstreckung eines Bußgeldbescheides getroffenen Maßnahmen

entscheidet das Gericht.

(2) [1] Durch Einwendungen nach Absatz 1 wird die Vollstreckung nicht gehemmt. [2] Das Gericht kann jedoch die Vollstreckung aussetzen.

---

[1)] § 100 Abs. 2 Satz 2 geänd. durch G v. 26. 1. 1998 (BGBl. I S. 156); Abs. 2 Satz 2 geänd. mWv 1. 1. 2002 durch G v. 13. 12. 2001 (BGBl. I S. 3574).

**§ 104**[1)] **Verfahren bei gerichtlicher Entscheidung.** (1) Die bei der Vollstreckung notwendig werdenden gerichtlichen Entscheidungen werden erlassen

1. von dem nach § 68 zuständigen Gericht, wenn ein Bußgeldbescheid zu vollstrecken ist,
2. von dem Gericht des ersten Rechtszuges, wenn eine gerichtliche Bußgeldentscheidung zu vollstrecken ist,
3. von dem Jugendrichter, dem die Vollstreckung einer gerichtlichen Bußgeldentscheidung obliegt, soweit nicht eine Entscheidung nach § 100 Abs. 1 Nr. 2 zu treffen ist,
4. von dem Gericht des ersten Rechtszuges im Strafverfahren, wenn eine Entscheidung nach § 102 Abs. 2 zu treffen ist.

(2) [1] Die Entscheidung ergeht ohne mündliche Verhandlung. [2] Vor der Entscheidung ist den Beteiligten Gelegenheit zu geben, Anträge zu stellen und zu begründen.

(3) [1] Die sofortige Beschwerde ist zulässig gegen die

1. Anordnung der Erzwingungshaft und die Verhängung des Jugendarrestes,
2. nachträgliche Entscheidung über die Einziehung (§ 100 Abs. 1 Nr. 2),
3. gerichtliche Entscheidung in den Fällen des § 103 Abs. 1 Nr. 2 in Verbindung mit § 99 Abs. 2;

dies gilt in den Fällen der Nummern 2 und 3 jedoch nur dann, wenn der Wert des Beschwerdegegenstandes zweihundertfünfzig Euroübersteigt. [2] In den übrigen Fällen ist die Entscheidung nicht anfechtbar.

## Zehnter Abschnitt. Kosten

### I. Verfahren der Verwaltungsbehörde

**§ 105**[2)] **Kostenentscheidung.** (1) Im Verfahren der Verwaltungsbehörde gelten § 464 Abs. 1 und 2, § 464 a, § 464 c, soweit die Kosten für Gebärdensprachdolmetscher betroffen sind, die §§ 464 d, 465, 466, 467 a Abs. 1 und 2, § 469 Abs. 1 und 2 sowie die §§ 470, 472 b und 473 Abs. 7 der Strafprozeßordnung[3)] sinngemäß, im Verfahren gegen Jugendliche und Heranwachsende ferner § 74 des Jugendgerichtsgesetzes[4)].

(2) Die notwendigen Auslagen, die nach Absatz 1 in Verbindung mit § 465 Abs. 2, § 467 a Abs. 1 und 2 sowie den §§ 470 und 472 b der Strafprozeßordnung die Staatskasse zu tragen hat, werden, soweit das Gesetz nichts anderes bestimmt, der Bundeskasse auferlegt, wenn eine Verwaltungsbehörde des Bundes das Verfahren durchführt, sonst der Landeskasse.

**§ 106**[5)] **Kostenfestsetzung.** (1) [1] Die Höhe der Kosten und Auslagen, die ein Beteiligter einem anderen zu erstatten hat, wird auf Antrag durch die Verwal-

[1)] § 104 Abs. 3 Satz 1 geänd. durch G v. 26. 1. 1998 (BGBl. I S. 156); Abs. 3 Satz 1 geänd. mWv 1. 1. 2002 durch G v. 13. 12. 2001 (BGBl. I S. 3574).

[2)] § 105 Abs. 1 geänd. durch G v. 24. 6. 1994 (BGBl. I S. 1325); Abs. 1 geänd. durch G v. 23. 7. 2002 (BGBl. I S. 2850).

[3)] Nr. **90**.

[4)] Nr. **89**.

[5)] § 106 Abs. 1 Satz 5 geänd. durch G v. 24. 6. 1994 (BGBl. I S. 1325); Abs. 1 Satz 2 geänd. mWv 1. 8 2002 durch G v. 23. 7. 2002 (BGBl. I S. 2850).

tungsbehörde festgesetzt. [2]Auf Antrag ist auszusprechen, daß die festgesetzten Kosten und Auslagen von der Anbringung des Festsetzungsantrages an entsprechend § 104 Abs. 1 Satz 2 der Zivilprozessordnung[1)] zu verzinsen sind. [3]Dem Festsetzungsantrag sind eine Berechnung der dem Antragsteller entstandenen Kosten, eine zur Mitteilung an den anderen Beteiligten bestimmte Abschrift und die Belege zur Rechtfertigung der einzelnen Ansätze beizufügen. [4]Zur Berücksichtigung eines Ansatzes genügt es, daß er glaubhaft gemacht ist. [5]Hinsichtlich der einem Rechtsanwalt erwachsenen Auslagen für Post- und Telekommunikationsdienstleistungen genügt die Versicherung des Rechtsanwalts, daß die Auslagen entstanden sind.

(2) [1]Für die Zwangsvollstreckung aus dem Kostenfestsetzungsbescheid gelten die Vorschriften der Zivilprozeßordnung über die Zwangsvollstreckung aus Kostenfestsetzungsbeschlüssen sinngemäß. [2]Die Zwangsvollstreckung ist erst zulässig, wenn der Kostenfestsetzungsbescheid unanfechtbar geworden ist. [3]Die vollstreckbare Ausfertigung wird vom Urkundsbeamten der Geschäftsstelle des nach § 68 zuständigen Gerichts erteilt.

**§ 107[2)] Gebühren und Auslagen.** (1) [1]Im Verfahren der Verwaltungsbehörde bemißt sich die Gebühr nach der Geldbuße, die gegen den Betroffenen im Bußgeldbescheid festgesetzt ist. [2]Wird gegen eine juristische Person oder eine Personenvereinigung eine Geldbuße nach § 30 festgesetzt, so ist von der juristischen Person oder der Personenvereinigung eine Gebühr zu erheben, die sich nach der gegen sie festgesetzten Geldbuße bemißt. [3]Als Gebühr werden bei der Festsetzung einer Geldbuße fünf vom Hundert des Betrages der festgesetzten Geldbuße erhoben, jedoch mindestens 25 Euro und höchstens 7 500 Euro.

(2) Hat die Verwaltungsbehörde im Falle des § 25a des Straßenverkehrsgesetzes[3)] eine abschließende Entscheidung getroffen, so beträgt die Gebühr 20 Euro.

(3) Als Auslagen werden erhoben

1. Entgelte für Telegramme;
2. für jede Zustellung mit Zustellungsurkunde, Einschreiben gegen Rückschein oder durch Bedienstete der Verwaltungsbehörde pauschal 3,50 Euro;
3. *(aufgehoben)*
4. Auslagen für öffentliche Bekanntmachungen; Auslagen werden nicht erhoben für die Bekanntmachung in einem elektronischen Informations- und Kommunikationssystem, wenn das Entgelt nicht für den Einzelfall oder nicht für ein einzelnes Verfahren berechnet wird;

---

1) Nr. **100**.

2) § 107 Abs. 1 Satz 2 eingef., bish. Satz 2 wird Satz 3 und geänd., Abs. 2 geänd. durch G v. 24.6.1994 (BGBl. I S. 1325); Abs. 1 Satz 3, Abs. 2 geänd. mWv 1.1.2002 durch G v. 13.12.2001 (BGBl. I S. 3574); Abs. 5 angef. mWv 1.8.2002 durch G v. 23.7.2002 (BGBl. I S. 2850); Abs. 1 Satz 3, Abs. 2 und 5 geänd., Abs. 3 neu gef. mWv 1.7.2004 durch G v. 5.5.2004 (BGBl. I S. 718); Abs. 5 Satz 2 angef. mWv 1.4.2005 durch G v. 22.3.2005 (BGBl. I S. 837); Abs. 5 Satz 1 geänd. mWv 31.12.2006 durch G v. 22.12.2006 (BGBl. I S. 3416); Abs. 3 Nr. 2 neu gef., Nr. 3 aufgeh. mWv 1.1.2008 durch G v. 22.12.2006 (BGBl. I S. 3416); Abs. 1 Satz 3 und Abs. 2 geänd., Abs. 3 Nr. 4 und 13 neu gef. mWv 1.8.2013 durch G v. 23.7. 2013 (BGBl. I S. 2586); Abs. 4 geänd. mWv 15.8.2013 durch G v. 7.8.2013 (BGBl. I S. 3154); Abs. 3 Nr. 12 geänd. **mWv 1.10.2021** durch G v. 18.7.2016 (BGBl. I S. 1666); Abs. 5 Satz 2 geänd. mWv 1.1. 2018 durch G v. 5.7.2017 (BGBl. I S. 2208); Abs. 3 Nr. 5 geänd. mWv 17.12.2019 durch G v. 9.12.2019 (BGBl. I S. 2146).

3) Nr. **35**.

5. nach dem Justizvergütungs- und -entschädigungsgesetz[1] zu zahlende Beträge, und zwar auch dann, wenn aus Gründen der Gegenseitigkeit, der Verwaltungsvereinfachung oder aus vergleichbaren Gründen keine Zahlungen zu leisten sind; ist aufgrund des § 1 Abs. 2 Satz 2 des Justizvergütungs- und -entschädigungsgesetzes keine Vergütung zu zahlen, ist der Betrag zu erheben, der ohne diese Vorschrift zu zahlen wäre; sind die Auslagen durch verschiedene Rechtssachen veranlasst, werden sie auf die einzelnen Rechtssachen angemessen verteilt; Auslagen für Übersetzer, die zur Erfüllung der Rechte blinder oder sehbehinderter Personen herangezogen werden (§ 191a Abs. 1 des Gerichtsverfassungsgesetzes[2]), sowie für Sachverständige, die durch die Untersuchung eines Beschuldigten nach § 43 Absatz 2 des Jugendgerichtsgesetzes[3] entstanden sind, werden nicht, Auslagen für Gebärdensprachdolmetscher werden nur entsprechend den §§ 464c, 467a Abs. 1 Satz 2 in Verbindung mit § 467 Abs. 2 Satz 1 der Strafprozessordnung[4] erhoben;
6. bei Geschäften außerhalb der Dienststelle
   a) die den Bediensteten der Verwaltungsbehörde aufgrund gesetzlicher Vorschriften gewährte Vergütung (Reisekosten, Auslagenersatz),
   b) die Auslagen für die Bereitstellung von Räumen,
   c) für den Einsatz von Dienstkraftfahrzeugen für jeden gefahrenen Kilometer 0,30 Euro;

   sind die Auslagen durch verschiedene Rechtssachen veranlasst, werden sie auf die einzelnen Rechtssachen angemessen verteilt;
7. an Rechtsanwälte zu zahlende Beträge;
8. Auslagen für die Beförderung von Personen;
9. Beträge, die mittellosen Personen für die Reise zum Ort einer Verhandlung, Vernehmung oder Untersuchung und für die Rückreise gezahlt werden, bis zur Höhe der nach dem Justizvergütungs- und -entschädigungsgesetz an Zeugen zu zahlenden Beträge;
10. an Dritte zu zahlende Beträge für
    a) die Beförderung von Tieren und Sachen mit Ausnahme der für Postdienstleistungen zu zahlenden Entgelte, die Verwahrung von Tieren und Sachen sowie die Fütterung von Tieren,
    b) die Durchsuchung oder Untersuchung von Räumen und Sachen einschließlich der die Durchsuchung oder Untersuchung vorbereitenden Maßnahmen,
    c) die Bewachung von Schiffen und Luftfahrzeugen;
11. Kosten einer Erzwingungshaft;
12. nach ***[bis 30.9.2021:*** dem Auslandskostengesetz***]*** ***[ab 1.10.2021:*** *§ 12 des Bundesgebührengesetzes*[5]*, dem 5. Abschnitt des Konsulargesetzes*[6] *und der Besonderen Gebührenverordnung des Auswärtigen Amts nach § 22 Absatz 4 des Bundesgebührengesetzes****]*** im Rahmen der Amtshilfe zu zahlende Beträge;

---

[1] Nr. **116.**
[2] Nr. **95.**
[3] Nr. **89.**
[4] Nr. **90.**
[5] **Sartorius Nr. 120.**
[6] **Sartorius Nr. 570.**

13. Gebühren, die an deutsche Behörden für die Erfüllung von deren eigenen Aufgaben zu zahlen sind, und Beträge, die diesen Behörden, öffentlichen Einrichtungen oder deren Bediensteten als Ersatz für Auslagen der in den Nummern 1 bis 11 bezeichneten Art zustehen, und zwar auch dann, wenn aus Gründen der Gegenseitigkeit, der Verwaltungsvereinfachung oder aus vergleichbaren Gründen keine Zahlungen zu leisten sind; die Auslagen sind in ihrer Höhe durch die Höchstsätze für die bezeichneten Auslagen begrenzt;
14. Beträge, die ausländischen Behörden, Einrichtungen oder Personen im Ausland zustehen, sowie Kosten des Amts- und Rechtshilfeverkehrs mit dem Ausland, und zwar auch dann, wenn aus Gründen der Gegenseitigkeit, der Verwaltungsvereinfachung oder aus vergleichbaren Gründen keine Zahlungen zu leisten sind.

(4) Hat eine Verwaltungsbehörde des Bundes den Bußgeldbescheid erlassen, so sind für die Niederschlagung der Kosten bei unrichtiger Sachbehandlung sowie die Niederschlagung, den Erlaß, die Verjährung und die Erstattung von Kosten § 14 Abs. 2 sowie die §§ 19 bis 21 des Verwaltungskostengesetzes vom 23. Juni 1970 (BGBl. I S. 821) in der bis zum 14. August 2013 geltenden Fassung anzuwenden, sonst die entsprechenden landesrechtlichen Vorschriften.

(5) [1] Von demjenigen, der die Versendung von Akten beantragt, werden je durchgeführte Sendung einschließlich der Rücksendung durch Behörden pauschal 12 Euro als Auslagen erhoben. [2] Wird die Akte elektronisch geführt und erfolgt ihre Übermittlung elektronisch, wird eine Pauschale nicht erhoben.

**§ 108[1)] Rechtsbehelf und Vollstreckung.** (1) [1] Im Verfahren der Verwaltungsbehörde ist gegen den

1. selbständigen Kostenbescheid,
2. Kostenfestsetzungsbescheid (§ 106) und
3. Ansatz der Gebühren und Auslagen

der Antrag auf gerichtliche Entscheidung nach § 62 zulässig. [2] In den Fällen der Nummern 1 und 2 ist der Antrag innerhalb von zwei Wochen nach Zustellung des Bescheides zu stellen; gegen die Entscheidung des Gerichts ist in den Fällen der Nummer 2 sofortige Beschwerde zulässig, wenn der Wert des Beschwerdegegenstandes zweihundert Euro übersteigt.

(2) Für die Vollstreckung der Kosten des Bußgeldverfahrens gelten die §§ 89 und 90 Abs. 1 entsprechend.

### II. Verfahren der Staatsanwaltschaft

**§ 108a [Verfahren der Staatsanwaltschaft]** (1) Stellt die Staatsanwaltschaft nach Einspruch gegen den Bußgeldbescheid das Verfahren ein, bevor sie die Akten dem Gericht vorlegt, so trifft sie die Entscheidungen nach § 467a Abs. 1 und 2 der Strafprozeßordnung[2)].

(2) Gegen die Entscheidung der Staatsanwaltschaft kann innerhalb von zwei Wochen nach Zustellung gerichtliche Entscheidung beantragt werden; § 50 Abs. 2 sowie die §§ 52 und 62 Abs. 2 gelten entsprechend.

---

[1)] § 108 Abs. 1 Satz 2 geänd. mWv 1.1.2002 durch G v. 13.12.2001 (BGBl. I S. 3574); Abs. 1 Satz 2 geänd. mWv 1.7.2004 durch G v. 5.5.2004 (BGBl. I S. 718).

[2)] Nr. **90**.

(3) [1] Die Entscheidung über den Festsetzungsantrag (§ 464b Satz 1 der Strafprozeßordnung) trifft der Urkundsbeamte der Geschäftsstelle der Staatsanwaltschaft. [2] Über die Erinnerung gegen den Festsetzungsbeschluß des Urkundsbeamten der Geschäftsstelle entscheidet das nach § 68 zuständige Gericht.

### III. Verfahren über die Zulässigkeit des Einspruchs

**§ 109**[1)] **[Verfahren über die Zulässigkeit des Einspruchs]** (1) Wird der Bescheid der Verwaltungsbehörde über die Verwerfung

1. des Einspruchs (§ 69 Abs. 1) oder
2. des Antrags auf Wiedereinsetzung in den vorigen Stand wegen Versäumung der Einspruchsfrist

im Verfahren nach § 62 aufgehoben, so gilt auch für die Kosten und Auslagen dieses Verfahrens die abschließende Entscheidung nach § 464 Abs. 1 und 2 der Strafprozeßordnung[2)].

(2) Wird der Einspruch des Betroffenen gegen den Bußgeldbescheid verworfen (§§ 70, 74 Abs. 2), so trägt er auch die Kosten des gerichtlichen Verfahrens.

### IV. Auslagen des Betroffenen

**§ 109a**[3)] **[Auslagen des Betroffenen]** (1) War gegen den Betroffenen in einem Bußgeldbescheid wegen einer Tat lediglich eine Geldbuße bis zu zehn Euro festgesetzt worden, so gehören die Gebühren und Auslagen eines Rechtsanwalts nur dann zu den notwendigen Auslagen (§ 464a Abs. 2 Nr. 2 der Strafprozeßordnung[2)]), wenn wegen der schwierigen Sach- oder Rechtslage oder der Bedeutung der Sache für den Betroffenen die Beauftragung eines Rechtsanwalts geboten war.

(2) Soweit dem Betroffenen Auslagen entstanden sind, die er durch ein rechtzeitiges Vorbringen entlastender Umstände hätte vermeiden können, kann davon abgesehen werden, diese der Staatskasse aufzuerlegen.

## Elfter Abschnitt. Entschädigung für Verfolgungsmaßnahmen

**§ 110 [Entschädigung für Verfolgungsmaßnahmen]** (1) Die Entscheidung über die Entschädigungspflicht für einen Vermögensschaden, der durch eine Verfolgungsmaßnahme im Bußgeldverfahren verursacht worden ist (§ 8 des Gesetzes über die Entschädigung für Strafverfolgungsmaßnahmen[4)]), trifft die Verwaltungsbehörde, wenn sie das Bußgeldverfahren abgeschlossen hat, in einem selbständigen Bescheid.

(2) [1] Gegen den Bescheid ist innerhalb von zwei Wochen nach Zustellung der Antrag auf gerichtliche Entscheidung nach § 62 zulässig. [2] Gegen die Entscheidung des Gerichts ist sofortige Beschwerde zulässig.

(3) Über den Anspruch auf Entschädigung (§ 10 des Gesetzes über die Entschädigung für Strafverfolgungsmaßnahmen) entscheidet in den Fällen des Absatzes 1 die Verwaltungsbehörde.

(4) Ersatzpflichtig ist (§ 15 des Gesetzes über die Entschädigung für Strafverfolgungsmaßnahmen) in den Fällen des Absatzes 1, soweit das Gesetz nichts

---

1) § 109 Abs. 2 geänd. durch G v. 26.1.1998 (BGBl. I S. 156).
2) Nr. **90**.
3) § 109a Abs. 1 geänd. mWv 1.1.2002 durch G v. 13.12.2001 (BGBl. I S. 3574).
4) **Schönfelder ErgBd. Nr. 93.**

anderes bestimmt, der Bund, wenn eine Verwaltungsbehörde des Bundes das Verfahren durchführt, sonst das Land.

### Zwölfter Abschnitt.[1] Aktenführung und Kommunikation im Verfahren

**§ 110a[2] Elektronische Aktenführung; Verordnungsermächtigungen.**

(1) ***[Satz 1 bis 31.12.2025:]*** [1] Die Akten können elektronisch geführt werden. ***[Satz 1 ab 1.1.2026:]*** [1] *Die Akten werden elektronisch geführt.* ***[Satz 2 bis 30.6.2025:]*** [2] Die Bundesregierung und die Landesregierungen bestimmen jeweils für ihren Bereich durch Rechtsverordnung den Zeitpunkt, von dem an die Akten elektronisch geführt werden. ***[Satz 2 ab 1.7.2025:]*** [2] *Die Landesregierungen können durch Rechtsverordnung bestimmen, dass Akten, die in Papierform angelegt wurden, in Papierform weitergeführt werden.* ***[Satz 3 bis 30.6.2025:]*** [3] Sie können die Einführung der elektronischen Aktenführung dabei auf einzelne Gerichte oder Behörden oder auf allgemein bestimmte Verfahren beschränken und bestimmen, dass Akten, die in Papierform angelegt wurden, auch nach Einführung der elektronischen Aktenführung in Papierform weitergeführt werden; wird von der Beschränkungsmöglichkeit Gebrauch gemacht, kann in der Rechtsverordnung bestimmt werden, dass durch Verwaltungsvorschrift, die öffentlich bekanntzumachen ist, geregelt wird, in welchen Verfahren die Akten elektronisch zu führen sind. [4] ***[ab 1.7.2025: [3]]*** Die Ermächtigung kann durch Rechtsverordnung auf die zuständigen Bundes- oder Landesministerien übertragen werden.

(2) [1] Die Bundesregierung und die Landesregierungen bestimmen jeweils für ihren Bereich durch Rechtsverordnung die für die elektronische Aktenführung geltenden organisatorischen und dem Stand der Technik entsprechenden technischen Rahmenbedingungen einschließlich der einzuhaltenden Anforderungen des Datenschutzes, der Datensicherheit und der Barrierefreiheit. [2] Sie können die Ermächtigung durch Rechtsverordnung auf die zuständigen Bundes- oder Landesministerien übertragen.

(3) [1] Die Bundesregierung bestimmt durch Rechtsverordnung mit Zustimmung des Bundesrates die für die Übermittlung elektronischer Akten zwischen Behörden und Gerichten geltenden Standards. [2] Sie kann die Ermächtigung durch Rechtsverordnung ohne Zustimmung des Bundesrates auf die zuständigen Bundesministerien übertragen.

(4) Behörden im Sinne dieses Abschnitts sind die Staatsanwaltschaften und Verwaltungsbehörden einschließlich der Vollstreckungsbehörden sowie die Behörden des Polizeidienstes, soweit diese Aufgaben im Bußgeldverfahren wahrnehmen.

**§ 110b[3] Elektronische Formulare; Verordnungsermächtigung.** [1] Die Bundesregierung kann durch Rechtsverordnung mit Zustimmung des Bundesrates elektronische Formulare einführen. [2] Die Rechtsverordnung kann bestimmen, dass die in den Formularen enthaltenen Angaben ganz oder teilweise in strukturierter maschinenlesbarer Form zu übermitteln sind. [3] Die Formulare sind auf einer in der Rechtsverordnung zu bestimmenden Kommunikationsplattform im Internet zur Nutzung bereitzustellen. [4] Die Rechtsverordnung kann bestimmen, dass eine Iden-

---

[1] 12. Abschnitt (§§ 110a–110c) neu gef. mWv 1.1.2018 durch G v. 5.7.2017 (BGBl. I S. 2208).

[2] § 110a neu gef. mWv 1.1.2018, Abs. 1 Satz 2 neu gef., Satz 3 aufgeh., bish. Satz 4 wird Satz 3 **mWv 1.7.2025**, Satz 1 neu gef. **mWv 1.1.2026** durch G v. 5.7.2017 (BGBl. I S. 2208); Abs. 3 Satz 1 geänd. mWv 21.12.2018 durch G v. 17.12.2018 (BGBl. I S. 2571).

[3] § 110b neu gef. mWv 1.1.2018 durch G v. 5.7.2017 (BGBl. I S. 2208); Satz 4 geänd. mWv 1.11.2019 durch G v. 21.6.2019 (BGBl. I S. 846).

tifikation des Formularverwenders abweichend von § 32a Absatz 3 der Strafprozessordnung[1)] durch Nutzung des elektronischen Identitätsnachweises nach § 18 des Personalausweisgesetzes[2)], § 12 des eID-Karte-Gesetzes oder § 78 Absatz 5 des Aufenthaltsgesetzes[3)] erfolgen kann. [5]Die Bundesregierung kann die Ermächtigung durch Rechtsverordnung ohne Zustimmung des Bundesrates auf die zuständigen Bundesministerien übertragen.

**§ 110c[4)] Entsprechende Geltung der Strafprozessordnung für Aktenführung und Kommunikation im Verfahren.** [1]Im Übrigen gelten die §§ 32a, 32b und 32d bis 32f der Strafprozessordnung[1)] sowie die auf der Grundlage des § 32a Absatz 2 Satz 2 und Absatz 4 Satz 1 Nummer 6, des § 32b Absatz 5 und des § 32f Absatz 6 der Strafprozessordnung erlassenen Rechtsverordnungen entsprechend. [2]Abweichend von § 32b Absatz 1 Satz 2 der Strafprozessordnung ist bei der automatisierten Herstellung eines zu signierenden elektronischen Dokuments statt seiner die begleitende Verfügung zu signieren. [3]Abweichend von § 32e Absatz 4 Satz 1 der Strafprozessordnung müssen Ausgangsdokumente nicht gespeichert oder aufbewahrt werden, wenn die übertragenen Dokumente zusätzlich einen mit einer qualifizierten elektronischen Signatur versehenen Vermerk darüber enthalten, dass das Ausgangsdokument mit dem zur Akte zu nehmenden Dokument inhaltlich und bildlich übereinstimmt.

**§§ 110d, 110e[5)]** *(aufgehoben)*

## Dritter Teil. Einzelne Ordnungswidrigkeiten

### Erster Abschnitt. Verstöße gegen staatliche Anordnungen

**§ 111[6)] Falsche Namensangabe.** (1) Ordnungswidrig handelt, wer einer zuständigen Behörde, einem zuständigen Amtsträger oder einem zuständigen Soldaten der Bundeswehr über seinen Vor-, Familien- oder Geburtsnamen, den Ort oder Tag seiner Geburt, seinen Familienstand, seinen Beruf, seinen Wohnort, seine Wohnung oder seine Staatsangehörigkeit eine unrichtige Angabe macht oder die Angabe verweigert.

(2) Ordnungswidrig handelt auch der Täter, der fahrlässig nicht erkennt, daß die Behörde, der Amtsträger oder der Soldat zuständig ist.

(3) Die Ordnungswidrigkeit kann, wenn die Handlung nicht nach anderen Vorschriften geahndet werden kann, in den Fällen des Absatzes 1 mit einer Geldbuße bis zu eintausend Euro, in den Fällen des Absatzes 2 mit einer Geldbuße bis zu fünfhundert Euro geahndet werden.

**§ 112[7)] Verletzung der Hausordnung eines Gesetzgebungsorgans.**

(1) Ordnungswidrig handelt, wer gegen Anordnungen verstößt, die ein Gesetzgebungsorgan des Bundes oder eines Landes oder sein Präsident über das Betreten

---

1) Nr. **90**.

2) **Sartorius Nr. 255.**

3) **Sartorius Nr. 565.**

4) § 110c neu gef. mWv 1.1.2018 durch G v. 5.7.2017 (BGBl. I S. 2208); Satz 1 geänd. mWv 1.1.2022 durch G v. 5.10.2021 (BGBl. I S. 4607).

5) §§ 110d und 110e aufgeh. mWv 1.1.2018 durch G v. 5.7.2017 (BGBl. I S. 2208).

6) § 111 Abs. 3 geänd. durch G v. 26.1.1998 (BGBl. I S. 156); Abs. 3 geänd. mWv 1.1.2002 durch G v. 13.12.2001 (BGBl. I S. 3574).

7) § 112 Abs. 2 geänd. mWv 1.1.2002 durch G v. 13.12.2001 (BGBl. I S. 3574).

des Gebäudes des Gesetzgebungsorgans oder des dazugehörigen Grundstücks oder über das Verweilen oder die Sicherheit und Ordnung im Gebäude oder auf dem Grundstück allgemein oder im Einzelfall erlassen hat.

(2) Die Ordnungswidrigkeit kann mit einer Geldbuße bis zu fünftausend Euro geahndet werden.

(3) Die Absätze 1 und 2 gelten bei Anordnungen eines Gesetzgebungsorgans des Bundes oder seines Präsidenten weder für die Mitglieder des Bundestages noch für die Mitglieder des Bundesrates und der Bundesregierung sowie deren Beauftragte, bei Anordnungen eines Gesetzgebungsorgans eines Landes oder seines Präsidenten weder für die Mitglieder der Gesetzgebungsorgane dieses Landes noch für die Mitglieder der Landesregierung und deren Beauftragte.

**§ 113**[1] **Unerlaubte Ansammlung.** (1) Ordnungswidrig handelt, wer sich einer öffentlichen Ansammlung anschließt oder sich nicht aus ihr entfernt, obwohl ein Träger von Hoheitsbefugnissen die Menge dreimal rechtmäßig aufgefordert hat, auseinanderzugehen.

(2) Ordnungswidrig handelt auch der Täter, der fahrlässig nicht erkennt, daß die Aufforderung rechtmäßig ist.

(3) Die Ordnungswidrigkeit kann in den Fällen des Absatzes 1 mit einer Geldbuße bis zu eintausend Euro, in den Fällen des Absatzes 2 mit einer Geldbuße bis zu fünfhundert Euro geahndet werden.

**§ 114 Betreten militärischer Anlagen.** (1) Ordnungswidrig handelt, wer vorsätzlich oder fahrlässig entgegen einem Verbot der zuständigen Dienststelle eine militärische Einrichtung oder Anlage oder eine Örtlichkeit betritt, die aus Sicherheitsgründen zur Erfüllung dienstlicher Aufgaben der Bundeswehr gesperrt ist.

(2) Die Ordnungswidrigkeit kann mit einer Geldbuße geahndet werden.

**§ 115 Verkehr mit Gefangenen.** (1) Ordnungswidrig handelt, wer unbefugt

1. einem Gefangenen Sachen oder Nachrichten übermittelt oder sich von ihm übermitteln läßt oder
2. sich mit einem Gefangenen, der sich innerhalb einer Vollzugsanstalt befindet, von außen durch Worte oder Zeichen verständigt.

(2) Gefangener ist, wer sich auf Grund strafgerichtlicher Entscheidung oder als vorläufig Festgenommener in behördlichem Gewahrsam befindet.

(3) Die Ordnungswidrigkeit und der Versuch einer Ordnungswidrigkeit können mit einer Geldbuße geahndet werden.

## Zweiter Abschnitt. Verstöße gegen die öffentliche Ordnung

**§ 116**[2] **Öffentliche Aufforderung zu Ordnungswidrigkeiten.** (1) Ordnungswidrig handelt, wer öffentlich, in einer Versammlung oder durch Verbreiten eines Inhalts (§ 11 Absatz 3 des Strafgesetzbuches[3]) zu einer mit Geldbuße bedrohten Handlung auffordert.

---

[1] § 113 Abs. 3 geänd. durch G v. 26.1.1998 (BGBl. I S. 156); Abs. 3 geänd. mWv 1.1.2002 durch G v. 13.12.2001 (BGBl. I S. 3574).

[2] § 116 Abs. 1 geänd. durch G v. 22.7.1997 (BGBl. I S. 1870); Abs. 1 geänd. mWv 1.1.2021 durch G v. 30.11.2020 (BGBl. I S. 2600).

[3] Nr. **85**.

(2) [1]Die Ordnungswidrigkeit kann mit einer Geldbuße geahndet werden. [2]Das Höchstmaß der Geldbuße bestimmt sich nach dem Höchstmaß der Geldbuße für die Handlung, zu der aufgefordert wird.

**§ 117[1)] Unzulässiger Lärm.** (1) Ordnungswidrig handelt, wer ohne berechtigten Anlaß oder in einem unzulässigen oder nach den Umständen vermeidbaren Ausmaß Lärm erregt, der geeignet ist, die Allgemeinheit oder die Nachbarschaft erheblich zu belästigen oder die Gesundheit eines anderen zu schädigen.

(2) Die Ordnungswidrigkeit kann mit einer Geldbuße bis zu fünftausend Euro geahndet werden, wenn die Handlung nicht nach anderen Vorschriften geahndet werden kann.

**§ 118 Belästigung der Allgemeinheit.** (1) Ordnungswidrig handelt, wer eine grob ungehörige Handlung vornimmt, die geeignet ist, die Allgemeinheit zu belästigen oder zu gefährden und die öffentliche Ordnung zu beeinträchtigen.

(2) Die Ordnungswidrigkeit kann mit einer Geldbuße geahndet werden, wenn die Handlung nicht nach anderen Vorschriften geahndet werden kann.

**§ 119[2)] Grob anstößige und belästigende Handlungen.** (1) Ordnungswidrig handelt, wer

1. öffentlich in einer Weise, die geeignet ist, andere zu belästigen, oder
2. in grob anstößiger Weise dadurch, dass er einen Inhalt (§ 11 Absatz 3 des Strafgesetzbuches[3)]) verbreitet oder der Öffentlichkeit zugänglich macht,

Gelegenheit zu sexuellen Handlungen anbietet, ankündigt, anpreist oder Erklärungen solchen Inhalts bekanntgibt.

(2) Ordnungswidrig handelt auch, wer auf die in Absatz 1 bezeichnete Weise Mittel oder Gegenstände, die dem sexuellen Gebrauch dienen, anbietet, ankündigt, anpreist oder Erklärungen solchen Inhalts bekanntgibt.

(3) Ordnungswidrig handelt ferner, wer einen sexuellen Inhalt (§ 11 Absatz 3 des Strafgesetzbuches) an Orten der Öffentlichkeit zugänglich macht, an denen dies grob anstößig wirkt.

(4) Die Ordnungswidrigkeit kann in den Fällen des Absatzes 1 Nr. 1 mit einer Geldbuße bis zu eintausend Euro, in den übrigen Fällen mit einer Geldbuße bis zu zehntausend Euro geahndet werden.

**§ 120[4)] Verbotene Ausübung der Prostitution.** (1) Ordnungswidrig handelt, wer einem durch Rechtsverordnung erlassenen Verbot, der Prostitution an bestimmten Orten überhaupt oder zu bestimmten Tageszeiten nachzugehen, zuwiderhandelt.

(2) Die Ordnungswidrigkeit kann mit einer Geldbuße geahndet werden.

**§ 121 Halten gefährlicher Tiere.** (1) Ordnungswidrig handelt, wer vorsätzlich oder fahrlässig

---

[1)] § 117 Abs. 2 geänd. mWv 1.1.2002 durch G v. 13.12.2001 (BGBl. I S. 3574).

[2)] § 119 Abs. 1 Nr. 2 und Abs. 3 geänd. durch G v. 22.7.1997 (BGBl. I S. 1870); Abs. 4 geänd. durch G v. 26.1.1998 (BGBl. I S. 156); Abs. 4 geänd. mWv 1.1.2002 durch G v. 13.12.2001 (BGBl. I S. 3574); Abs. 1 Nr. 2 und Abs. 3 geänd. mWv 1.1.2021 durch G v. 30.11.2020 (BGBl. I S. 2600).

[3)] Nr. **85**.

[4)] § 120 Abs. 1 Nr. 2 geänd. durch G v. 22.7.1997 (BGBl. I S. 1870); Überschrift geänd. und Abs. 1 neu gef. mWv 1.7.2017 durch G v. 21.10.2016 (BGBl. I S. 2372).

1. ein gefährliches Tier einer wildlebenden Art oder ein bösartiges Tier sich frei umherbewegen läßt oder
2. als Verantwortlicher für die Beaufsichtigung eines solchen Tieres es unterläßt, die nötigen Vorsichtsmaßnahmen zu treffen, um Schäden durch das Tier zu verhüten.

(2) Die Ordnungswidrigkeit kann mit einer Geldbuße geahndet werden.

**§ 122 Vollrausch.** (1) Wer sich vorsätzlich oder fahrlässig durch alkoholische Getränke oder andere berauschende Mittel in einen Rausch versetzt, handelt ordnungswidrig, wenn er in diesem Zustand eine mit Geldbuße bedrohte Handlung begeht und ihretwegen gegen ihn keine Geldbuße festgesetzt werden kann, weil er infolge des Rausches nicht vorwerfbar gehandelt hat oder weil dies nicht auszuschließen ist.

(2) [1] Die Ordnungswidrigkeit kann mit einer Geldbuße geahndet werden. [2] Die Geldbuße darf nicht höher sein als die Geldbuße, die für die im Rausch begangene Handlung angedroht ist.

**§ 123[1)] Einziehung; Unbrauchbarmachung.** (1) Gegenstände, auf die sich eine Ordnungswidrigkeit nach § 119 bezieht, können eingezogen werden.

(2) [1] Bei der Einziehung von Verkörperungen eines Inhalts (§ 11 Absatz 3 des Strafgesetzbuches[2)]) kann in den Fällen des § 119 Abs. 1 und 2 angeordnet werden, daß

1. sich die Einziehung auf alle Verkörperungen erstreckt und
2. die zur Herstellung gebrauchten oder bestimmten Vorrichtungen unbrauchbar gemacht werden,

soweit die Verkörperungen und Vorrichtungen sich im Besitz des Täters oder eines anderen befinden, für den der Täter gehandelt hat, oder von diesen Personen zur Verbreitung bestimmt sind. [2] Eine solche Anordnung wird jedoch nur getroffen, soweit sie erforderlich ist, um Handlungen, die nach § 119 Abs. 1 oder 2 mit Geldbuße bedroht sind, zu verhindern. [3] Für die Einziehung gilt § 27 Abs. 2, für die Unbrauchbarmachung gelten die §§ 27 und 28 entsprechend.

(3) In den Fällen des § 119 Abs. 2 gelten die Absätze 1 und 2 nur für das Werbematerial und die zu seiner Herstellung gebrauchten oder bestimmten Vorrichtungen.

### Dritter Abschnitt. Mißbrauch staatlicher oder staatlich geschützter Zeichen

**§ 124[3)] Benutzen von Wappen oder Dienstflaggen.** (1) Ordnungswidrig handelt, wer unbefugt

1. das Wappen des Bundes oder eines Landes oder den Bundesadler oder den entsprechenden Teil eines Landeswappens oder
2. eine Dienstflagge des Bundes oder eines Landes

benutzt.

---

[1)] § 123 Abs. 2 Satz 1 geänd. durch G v. 22.7.1997 (BGBl. I S. 1870); Abs. 1, Abs. 2 Satz 1 einl. Satzteil und Satz 2 geänd. mWv 1.7.2017 durch G v. 21.10.2016 (BGBl. I S. 2372); Abs. 2 Satz 1 einl. Satzteil, Nr. 1 und 2 und abschl. Satzteil geänd. mWv 1.1.2021 durch G v. 30.11.2020 (BGBl. I S. 2600).

[2)] Nr. **85**.

[3)] VO über die Zuständigkeit für die Verfolgung und Ahndung von Ordnungswidrigkeiten nach § 124 des Gesetzes über Ordnungswidrigkeiten v. 2.1.1975 (BGBl. I S. 209).

(2) Den in Absatz 1 genannten Wappen, Wappenteilen und Flaggen stehen solche gleich, die ihnen zum Verwechseln ähnlich sind.

(3) Die Ordnungswidrigkeit kann mit einer Geldbuße geahndet werden.

**§ 125 Benutzen des Roten Kreuzes oder des Schweizer Wappens.**

(1) Ordnungswidrig handelt, wer unbefugt das Wahrzeichen des roten Kreuzes auf weißem Grund oder die Bezeichnung „Rotes Kreuz" oder „Genfer Kreuz" benutzt.

(2) Ordnungswidrig handelt auch, wer unbefugt das Wappen der Schweizerischen Eidgenossenschaft benutzt.

(3) Den in den Absätzen 1 und 2 genannten Wahrzeichen, Bezeichnungen und Wappen stehen solche gleich, die ihnen zum Verwechseln ähnlich sind.

(4) Die Absätze 1 und 3 gelten für solche Wahrzeichen oder Bezeichnungen entsprechend, die nach Völkerrecht dem Wahrzeichen des roten Kreuzes auf weißem Grund oder der Bezeichnung „Rotes Kreuz" gleichstehen.

(5) Die Ordnungswidrigkeit kann mit einer Geldbuße geahndet werden.

**§ 126 Mißbrauch von Berufstrachten oder Berufsabzeichen.** (1) Ordnungswidrig handelt, wer unbefugt

1. eine Berufstracht oder ein Berufsabzeichen für eine Tätigkeit in der Kranken- oder Wohlfahrtspflege trägt, die im Inland staatlich anerkannt oder genehmigt sind, oder
2. eine Berufstracht oder ein Berufsabzeichen einer religiösen Vereinigung trägt, die von einer Kirche oder einer anderen Religionsgesellschaft des öffentlichen Rechts anerkannt ist.

(2) Den in Absatz 1 genannten Trachten und Abzeichen stehen solche gleich, die ihnen zum Verwechseln ähnlich sind.

(3) Die Ordnungswidrigkeit kann mit einer Geldbuße geahndet werden.

**§ 127[1] Herstellen oder Verwenden von Sachen, die zur Geld- oder Urkundenfälschung benutzt werden können.** (1) Ordnungswidrig handelt, wer ohne schriftliche Erlaubnis der zuständigen Stelle oder des sonst dazu Befugten

1. Platten, Formen, Drucksätze, Druckstöcke, Negative, Matrizen, Computerprogramme oder ähnliche Vorrichtungen, die ihrer Art nach geeignet sind zur Herstellung von
   a) Geld, diesem gleichstehenden Wertpapieren (§ 151 des Strafgesetzbuches[2]), amtlichen Wertzeichen, Zahlungskarten im Sinne des § 152a Absatz 4 des Strafgesetzbuches, Schecks, Wechseln oder Zahlungskarten mit Garantiefunktion im Sinne des § 152b Absatz 4 des Strafgesetzbuches oder
   b) öffentlichen Urkunden oder Beglaubigungszeichen,
2. Vordrucke für öffentliche Urkunden oder Beglaubigungszeichen,
3. Papier, das einer solchen Papierart gleicht oder zum Verwechseln ähnlich ist, die zur Herstellung der in den Nummern 1 oder 2 bezeichneten Papiere bestimmt und gegen Nachahmung besonders gesichert ist, oder

---

[1] § 127 Abs. 1 geänd. durch G v. 28.10.1994 (BGBl. I S. 3186); Abs. 4 geänd. durch G v. 26.1.1998 (BGBl. I S. 156); Abs. 4 geänd. mWv 1.1.2002 durch G v. 13.12.2001 (BGBl. I S. 3574); Abs. 1 Nr. 1, 2 und 3 geänd., Nr. 4 angef. mWv 30.8.2002 durch G v. 22.8.2002 (BGBl. I S. 3387); Abs. 1 Nr. 1 Buchst. a, Abs. 3 neu gef. mWv 18.3.2021 durch G v. 10.3.2021 (BGBl. I S. 333).

[2] Nr. **85**.

4. Hologramme oder andere Bestandteile, die der Sicherung der in der Nummer 1 Buchstabe a bezeichneten Gegenstände gegen Fälschung dienen,

herstellt, sich oder einem anderen verschafft, feilhält, verwahrt, einem anderen überläßt, einführt oder ausführt.

(2) Ordnungswidrig handelt auch der Täter, der fahrlässig nicht erkennt, daß eine schriftliche Erlaubnis der zuständigen Stelle oder des sonst dazu Befugten nicht vorliegt.

(3) Absatz 1 gilt auch für Geld, Wertpapiere, Wertzeichen, Urkunden, Beglaubigungszeichen, Zahlungskarten im Sinne des § 152a Absatz 4 des Strafgesetzbuches, Schecks, Wechsel und Zahlungskarten mit Garantiefunktion im Sinne des § 152b Absatz 4 des Strafgesetzbuches aus einem fremden Währungsgebiet.

(4) Die Ordnungswidrigkeit kann in den Fällen des Absatzes 1 mit einer Geldbuße bis zu zehntausend Euro, in den Fällen des Absatzes 2 mit einer Geldbuße bis zu fünftausend Euro geahndet werden.

**§ 128[1] Herstellen oder Verbreiten von papiergeldähnlichen Drucksachen oder Abbildungen.** (1) Ordnungswidrig handelt, wer

1. Drucksachen oder Abbildungen herstellt oder verbreitet, die ihrer Art nach geeignet sind,
   a) im Zahlungsverkehr mit Papiergeld oder diesem gleichstehenden Wertpapieren (§ 151 des Strafgesetzbuches[2]) verwechselt zu werden oder
   b) dazu verwendet zu werden, solche verwechslungsfähigen Papiere herzustellen, oder
2. Platten, Formen, Drucksätze, Druckstöcke, Negative, Matrizen, Computerprogramme oder ähnliche Vorrichtungen, die ihrer Art nach zur Herstellung der in der Nummer 1 bezeichneten Drucksachen oder Abbildungen geeignet sind, herstellt, sich oder einem anderen verschafft, feilhält, verwahrt, einem anderen überläßt, einführt oder ausführt.

(2) Ordnungswidrig handelt auch der Täter, der fahrlässig nicht erkennt, daß die Eignung zur Verwechslung oder Herstellung im Sinne von Absatz 1 Nr. 1 gegeben ist.

(3) Absatz 1 gilt auch für Papiergeld und Wertpapiere eines fremden Währungsgebietes.

(4) Die Ordnungswidrigkeit kann in den Fällen des Absatzes 1 mit einer Geldbuße bis zu zehntausend Euro, in den Fällen des Absatzes 2 mit einer Geldbuße bis zu fünftausend Euro geahndet werden.

**§ 129[3] Einziehung.** Gegenstände, auf die sich eine Ordnungswidrigkeit nach den §§ 124, 126 bis 128 bezieht, können eingezogen werden.

---

[1] § 128 Abs. 1 Nr. 2 geänd. durch G v. 28.10.1994 (BGBl. I S. 3186); Abs. 4 geänd. durch G v. 26.1. 1998 (BGBl. I S. 156); Abs. 4 geänd. mWv 1.1.2002 durch G v. 13.12.2001 (BGBl. I S. 3574); Abs. 1 Nr. 2 geänd. mWv 30.8.2002 durch G v. 22.8.2002 (BGBl. I S. 3387).

[2] Nr. **85**.

[3] § 129 geänd. mWv 31.12.2006 durch G v. 22.12.2006 (BGBl. I S. 3416).

## Vierter Abschnitt. Verletzung der Aufsichtspflicht in Betrieben und Unternehmen

**§ 130**[1)] **[Verletzung der Aufsichtspflicht in Betrieben und Unternehmen]**

(1) [1] Wer als Inhaber eines Betriebes oder Unternehmens vorsätzlich oder fahrlässig die Aufsichtsmaßnahmen unterläßt, die erforderlich sind, um in dem Betrieb oder Unternehmen Zuwiderhandlungen gegen Pflichten zu verhindern, die den Inhaber treffen und deren Verletzung mit Strafe oder Geldbuße bedroht ist, handelt ordnungswidrig, wenn eine solche Zuwiderhandlung begangen wird, die durch gehörige Aufsicht verhindert oder wesentlich erschwert worden wäre. [2] Zu den erforderlichen Aufsichtsmaßnahmen gehören auch die Bestellung, sorgfältige Auswahl und Überwachung von Aufsichtspersonen.

(2) Betrieb oder Unternehmen im Sinne des Absatzes 1 ist auch das öffentliche Unternehmen.

(3) [1] Die Ordnungswidrigkeit kann, wenn die Pflichtverletzung mit Strafe bedroht ist, mit einer Geldbuße bis zu einer Million Euro geahndet werden. [2] § 30 Absatz 2 Satz 3 ist anzuwenden. [3] Ist die Pflichtverletzung mit Geldbuße bedroht, so bestimmt sich das Höchstmaß der Geldbuße wegen der Aufsichtspflichtverletzung nach dem für die Pflichtverletzung angedrohten Höchstmaß der Geldbuße. [4] Satz 3 gilt auch im Falle einer Pflichtverletzung, die gleichzeitig mit Strafe und Geldbuße bedroht ist, wenn das für die Pflichtverletzung angedrohte Höchstmaß der Geldbuße das Höchstmaß nach Satz 1 übersteigt.

## Fünfter Abschnitt. Gemeinsame Vorschriften

**§ 131**[2)] **[Gemeinsame Vorschriften]** (1) [1] Verwaltungsbehörde im Sinne des § 36 Abs. 1 Nr. 1 ist

1. bei Ordnungswidrigkeiten nach § 112, soweit es sich um Verstöße gegen Anordnungen
   a) des Bundestages oder seines Präsidenten handelt, der Direktor beim Deutschen Bundestag,
   b) des Bundesrates oder seines Präsidenten handelt, der Direktor des Bundesrates,
2. bei Ordnungswidrigkeiten nach § 114 das Bundesamt für Infrastruktur, Umweltschutz und Dienstleistungen der Bundeswehr,
3. bei Ordnungswidrigkeiten nach § 124, soweit es sich um ein Wappen oder eine Dienstflagge des Bundes handelt, das Bundesministerium des Innern, für Bau und Heimat,
4. bei Ordnungswidrigkeiten nach den §§ 127 und 128, soweit es sich um

---

1) § 130 Abs. 1 Satz 1 geänd., Abs. 2 aufgeh., bish. Abs. 3 und 4 werden Abs. 2 und 3, neuer Abs. 2 geänd. durch G v. 27.6.1994 (BGBl. I S. 1440); Abs. 3 Satz 3 angef. durch G v. 13.8.1997 (BGBl. I S. 2038); Abs. 3 Satz 1 geänd. mWv 1.1.2002 durch G v. 13.12.2001 (BGBl. I S. 3574); Abs. 3 Satz 1 geänd. mWv 30.8.2002 durch G v. 22.8.2002 (BGBl. I S. 3387); Abs. 1 Satz 1 geänd. mWv 11.8.2007 durch G v. 7.8.2007 (BGBl. I S. 1786); Abs. 3 Satz 2 eingef., bish. Sätze 2 und 3 werden Sätze 3 und 4, neuer Satz 4 geänd. mWv 30.6.2013 durch G v. 26.6.2013 (BGBl. I S. 1738).

2) § 131 Abs. 1 Satz 1 Nr. 3 und 4 Buchst. c geänd. durch G v. 26.1.1998 (BGBl. I S. 156); Abs. 1 Satz 1 Nr. 4 Buchst. a geänd. mWv 1.1.2002 durch G v. 11.12.2001 (BGBl. I S. 3519); Abs. 1 Satz 1 Nr. 4 Buchst. a geänd. mWv 1.8.2006 durch G v. 12.7.2006 (BGBl. I S. 1466); Abs. 1 Satz 1 Nr. 2 geänd. mWv 23.5.2015 durch G v. 13.5.2015 (BGBl. I S. 706); Abs. 1 Satz 1 Nr. 3 geänd. mWv 27.6.2020 durch VO v. 19.6.2020 (BGBl. I S. 1328).

a) Wertpapiere des Bundes oder seiner Sondervermögen handelt, die Bundesanstalt für Finanzdienstleistungsaufsicht,
b) Geld oder Papier zur Herstellung von Geld handelt, die Deutsche Bundesbank,
c) amtliche Wertzeichen handelt, das Bundesministerium, zu dessen Geschäftsbereich die Herstellung oder Ausgabe der Wertzeichen gehört.

[2] Satz 1 Nr. 4 Buchstaben a und c gilt auch bei Ordnungswidrigkeiten, die sich auf entsprechende Wertpapiere oder Wertzeichen eines fremden Währungsgebietes beziehen. [3] In den Fällen des Satzes 1 Nr. 3 und 4 Buchstabe c gilt § 36 Abs. 3 entsprechend.

(2) In den Fällen der §§ 122 und 130 wird die Ordnungswidrigkeit nur auf Antrag oder mit Ermächtigung verfolgt, wenn die im Rausch begangene Handlung oder die Pflichtverletzung nur auf Antrag oder mit Ermächtigung verfolgt werden könnte.

(3) Für die Verfolgung von Ordnungswidrigkeiten nach den §§ 116, 122 und 130 gelten auch die Verfahrensvorschriften entsprechend, die bei der Verfolgung der Handlung, zu der aufgefordert worden ist, der im Rausch begangenen Handlung oder der Pflichtverletzung anzuwenden sind oder im Falle des § 130 dann anzuwenden wären, wenn die mit Strafe bedrohte Pflichtverletzung nur mit Geldbuße bedroht wäre.

## Vierter Teil. Schlußvorschriften

**§ 132 Einschränkung von Grundrechten.** Die Grundrechte der körperlichen Unversehrtheit (Artikel 2 Abs. 2 Satz 1 des Grundgesetzes[1)]), der Freiheit der Person (Artikel 2 Abs. 2 Satz 2 des Grundgesetzes) und der Unverletzlichkeit der Wohnung (Artikel 13 des Grundgesetzes) werden nach Maßgabe dieses Gesetzes eingeschränkt.

**§ 133[2)] Übergangsvorschriften.** (1) Die Anwesenheit des Betroffenen in der Hauptverhandlung und das Verfahren bei seiner Abwesenheit richten sich nach dem Recht, das zu dem Zeitpunkt gilt, zu dem die erste Ladung des Betroffenen zur Hauptverhandlung abgesandt wird.

(2) Die Zulässigkeit und die Zulassung von Rechtsmitteln richten sich nach dem Recht, das zu dem Zeitpunkt gilt, zu dem ein Urteil verkündet wird oder ein Beschluß bei der Geschäftsstelle eingeht.

(3) Die Wiederaufnahme des Verfahrens richtet sich nach dem Recht, das zu dem Zeitpunkt gilt, zu dem ein Antrag bei Gericht eingeht.

(4) Im Verfahren der Verwaltungsbehörde werden Gebühren und Auslagen nach dem Recht erhoben, das zu dem Zeitpunkt gilt, in dem der Bußgeldbescheid erlassen ist.

(5) Für Dateien, die am 1. Oktober 2002 bestehen, ist § 49c erst ab dem 1. Oktober 2003 anzuwenden.

(6) [1] Wird die Anordnung der Einziehung des Wertes des Tatertrages wegen einer mit Geldbuße bedrohten Handlung, die vor dem 1. Juli 2017 begangen

---

[1)] **Schönfelder ErgBd. Nr. 1.**

[2)] § 133 neu gef. durch G v. 24.6.1994 (BGBl. I S. 1325); Überschrift neu gef., Abs. 1–3 eingef. durch G v. 26.1.1998 (BGBl. I S. 156); Abs. 5 angef. mWv 1.10.2002 durch G v. 26.7.2002 (BGBl. I S. 2864, ber. S. 3516); Abs. 6 angef. mWv 1.7.2017 durch G v. 13.4.2017 (BGBl. I S. 872).

worden ist, nach diesem Zeitpunkt entschieden, ist § 29a in der Fassung des Gesetzes zur Reform der strafrechtlichen Vermögensabschöpfung vom 13. April 2017 (BGBl. I S. 872) anzuwenden. [2]In Verfahren, in denen bis zum 1. Juli 2017 bereits eine Entscheidung über den Verfall des Wertersatzes ergangen ist, ist § 29a in der bis zum 1. Juli 2017 geltenden Fassung anzuwenden.

**§ 134[1)] Übergangsregelung zum Gesetz zur Einführung der elektronischen Akte in Strafsachen und zur weiteren Förderung des elektronischen Rechtsverkehrs; Verordnungsermächtigungen.** [1]Die Bundesregierung und die Landesregierungen können jeweils für ihren Bereich durch Rechtsverordnung bestimmen, dass die Einreichung elektronischer Dokumente abweichend von § 32a der Strafprozessordnung[2)] erst zum 1. Januar des Jahres 2019 oder 2020 möglich ist und § 110a in der am 31. Dezember 2017 geltenden Fassung bis jeweils zum 31. Dezember des Jahres 2018 oder 2019 weiter Anwendung findet. [2]Sie können die Ermächtigung nach Satz 1 durch Rechtsverordnung auf die zuständigen Bundes- oder Landesministerien übertragen.

**§ 135** (Inkrafttreten)

---

[1)] § 134 neu eingef. mWv 13.7.2017 durch G v. 5.7.2017 (BGBl. I S. 2208).
[2)] Nr. **90**.

# 95. Gerichtsverfassungsgesetz (GVG)[1)]

In der Fassung der Bekanntmachung vom 9. Mai 1975[2)]
(BGBl. I S. 1077)

**FNA 300-2**

| Lfd. Nr. | Änderndes Gesetz | Datum | Fundstelle | Betroffen | Hinweis |
|---|---|---|---|---|---|
| 1.–93. | Änderungsgesetze bis einschl. G v. 21.12.2007 (BGBl. I S. 3198) nur noch in den Anmerkungen nachgewiesen | | | | |
| 94. | § 62 Abs. 8 BeamtenstatusG | 17.6.2008 | BGBl. I S. 1010 | § 153 | geänd. mWv 1.4.2009 |
| 95. | Art. 3 G zur Einführung der nachträglichen Sicherungsverwahrung bei Verurteilungen nach Jugendstrafrecht | 8.7.2008 | BGBl. I S. 1212 | §§ 74f, 120a | geänd. mWv 12.7.2008 |
| 96. | Art. 6a G zur Modernisierung des GmbH-Rechts und zur Bekämpfung von Missbräuchen | 23.10.2008 | BGBl. I S. 2026 | § 74c | geänd. mWv 1.11.2008 |
| 97. | Art. 2 G zur Verbesserung der grenzüberschreitenden Forderungsdurchsetzung und Zustellung | 30.10.2008 | BGBl. I S. 2122 | § 189 | geänd. mWv 12.12.2008 |

[1)] Die Länder haben ua folgende Ausführungsvorschriften erlassen:
- **Baden-Württemberg:** GVG-AusführungsG v. 16.12.1975 (GBl. S. 868), zuletzt geänd. durch G v. 17.12.2020 (GBl. 2021 S. 1)
- **Bayern:** GVG-AusführungsG v. 23.6.1981 (BayRS IV S. 483), zuletzt geänd. durch V v. 26.3.2019 (GVBl. S. 98)
- **Berlin:** JustizG Berlin v. 22.1.2021 (GVBl. S. 75)
- **Brandenburg:** Brandenburgisches GerichtsorganisationsG v. 19.12.2011 (GVBl. I Nr. 32), geänd. durch G v. 19.12.2011 (GVBl. I Nr. 32 S. 1)
- **Bremen:** GVG-AusführungsG idF der Bek. v. 21.8.1974 (Brem.GBl. S. 297), zuletzt geänd. durch G v. 25.11.2014 (Brem.GBl. S. 639)
- **Hamburg:** GVG-AusführungsG v. 31.5.1965 (HmbGVBl. S. 99), zuletzt geänd. durch G v. 10.9.2002 (GVBl. S. 252)
- **Hessen:** GVG-AusführungsG v. 3.9.1878 (Hess. Reg.Bl. S. 101), zuletzt geänd. durch G v. 25.9.1990 (GVBl. I S. 563)
- **Mecklenburg-Vorpommern:** GerichtsstrukturG **(Schönfelder II Nr. 245b)**
- **Niedersachsen:** Niedersächsisches JustizG v. 16.12.2014 (Nds. GVBl. S. 436), zuletzt geänd. durch G v. 11.11.2020 (Nds. GVBl. S. 391)
- **Nordrhein-Westfalen:** JustizG Nordrhein-Westfalen v. 26.1.2010 (GV. NRW. S. 30), zuletzt geänd. durch G v. 1.9.2020 (GV. NRW. S. 818)
- **Rheinland-Pfalz:** GVG-AusführungsG v. 6.11.1989 (GVBl. S. 225), zuletzt geänd. durch G v. 3.9.2018 (GVBl. S. 276)
- **Saarland:** GVG-AusführungsG v. 4.10.1972 (Amtsbl. S. 601), zuletzt geänd. durch G v. 11.11.2020 (Amtsbl. I S. 1262)
- **Sachsen:** Sächsisches JustizG **(Schönfelder II Nr. 245c)**
- **Sachsen-Anhalt:** GVG-AusführungsG **(Schönfelder II Nr. 245d)**
- **Schleswig-Holstein:** LandesjustizG v. 17.4.2018 (GVOBl. Schl.-H. S. 231, ber. S. 441)
- **Thüringen:** GVG-AusführungsG **(Schönfelder II Nr. 245h)**

[2)] Neubekanntmachung des GVG v. 27.1.1877 (RGBl. S. 41) in der seit 1.1.1975 geltenden Fassung.

| Lfd. Nr. | Änderndes Gesetz | Datum | Fundstelle | Betroffen | Hinweis |
|---|---|---|---|---|---|
| 98. | Art. 22 FGG-ReformG | 17.12. 2008 | BGBl. I S. 2586 | §§ 12, 13, 17a, 17b, 21b, 22, 23b, 23d, 71, 72, 95, 119, 156, 185, 189 | geänd. mWv 1.9.2009 |
| | | | | §§ 23a, 133, 170 | neu gef. mWv 1.9.2009 |
| | | | | § 23c | eingef. mWv 1.9.2009 |
| 99. | Art. 2 Zweites Opferrechtsreform G | 29.7.2009 | BGBl. I S. 2280 | §§ 73, 135, 139, 172 | geänd. mWv 1.10.2009 |
| 100. | Art. 2 G zur Verfolgung der Vorbereitung von schweren staatsgefährdenden Gewalttaten | 30.7.2009 | BGBl. I S. 2437 | § 120 | geänd. mWv 4.8.2009 |
| 101. | Art. 9 Abs. 1 G zur Modernisierung von Verfahren im anwaltlichen und notariellen Berufsrecht, zur Errichtung einer Schlichtungsstelle der Rechtsanwaltschaft sowie zur Änd. sonstiger Vorschriften[1] | 30.7.2009 | BGBl. I S. 2449 | § 140 | geänd. mWv 5.8.2009 |
| | | | | § 23 | geänd. mWv 1.9.2009 |
| 102. | Art. 5 G über die Internetversteigerung in der Zwangsvollstreckung und zur Änd. anderer Gesetze | 30.7.2009 | BGBl. I S. 2474 | § 23a | geänd. mWv 1.9.2009 |
| 103. | Art. 1 Viertes ÄndG | 24.7.2010 | BGBl. I S. 976 | §§ 33, 109, 121 | geänd. mWv 30.7.2010 |
| 104. | Art. 7 G zur Umsetzung der DienstleistungsRL in der Justiz und zur Änd. weiterer Vorschriften | 22.12. 2010 | BGBl. I S. 2248 | § 51 | neu gef. mWv 28.12.2010 |
| 105. | Art. 3 Abs. 1 G zur Neuordnung des Rechts der Sicherungsverwahrung und zu begleitenden Regelungen | 22.12. 2010 | BGBl. I S. 2300 | §§ 74f, 120a | geänd. mWv 1.1.2011 |
| 106. | Art. 1 G über den Rechtsschutz bei überlangen Gerichtsverfahren und strafrechtlichen Ermittlungsverfahren | 24.11. 2011 | BGBl. I S. 2302 | 17. Titel (§§ 198, 199, 200, 201) | eingef. mWv 3.12.2011 |
| 107. | Art. 12 G zur Novellierung des Finanzanlagenvermittler- und Vermögensanlagenrechts | 6.12.2011 | BGBl. I S. 2481 | § 95 | geänd. mWv 1.6.2012 |
| 108. | Art. 1 G über die Besetzung der großen Straf- und Jugendkammern in der Hauptverhandlung und zur Änd. weiterer gerichtsverfassungsrechtl. Vorschriften sowie des BDG | 6.12.2011 | BGBl. I S. 2554 | §§ 74, 74c, 74f, 76, 199, 201 | geänd. mWv 1.1.2012 |

[1] **Amtl. Anm.:** Dieses Gesetz dient der Umsetzung der Richtlinie 2006/123/EG des Europäischen Parlaments und des Rates vom 12. Dezember 2006 über Dienstleistungen im Binnenmarkt (ABl. L 376 vom 27.12.2006, S. 36).

| Lfd. Nr. | Änderndes Gesetz | Datum | Fundstelle | Betroffen | Hinweis |
|---|---|---|---|---|---|
| 109. | Art. 4 G zur weiteren Erleichterung der Sanierung von Unternehmen | 7.12.2011 | BGBl. I S. 2582 | § 22 | geänd. mWv 1.1.2013 |
| 110. | Art. 3 G zur Reform des KapMuG und zur Änd. anderer Vorschriften | 19.10. 2012 | BGBl. I S. 2182 | § 71 | geänd. mWv 1.11.2012 |
| 111. | Art. 3 G zur Einführung einer Rechtsbehelfsbelehrung im Zivilprozess und zur Änd. anderer Vorschriften | 5.12.2012 | BGBl. I S. 2418 | § 173 | geänd. mWv 1.1.2013 |
| 112. | Art. 2 G für einen Gerichtsstand bei besonderer Auslandsverwendung der Bundeswehr | 21.1.2013 | BGBl. I S. 89 | § 143 | geänd. mWv 1.4.2013 |
| 113. | Art. 1 G zur Intensivierung des Einsatzes von Videokonferenztechnik in gerichtl. und staatsanwaltschaftl. Verfahren | 25.4.2013 | BGBl. I S. 935 | § 185 | geänd. mWv 1.11.2013 |
| 114. | Art. 5 Abs. 7 Achtes G zur Änd. des GWB | 26.6.2013 | BGBl. I S. 1738 | § 95 | geänd. mWv 30.6.2013 |
| 115. | Art. 1 G zur Übertragung von Aufgaben im Bereich der freiwilligen Gerichtsbarkeit auf Notare | 26.6.2013 | BGBl. I S. 1800 | § 23a | geänd. mWv 1.9.2013 |
| 116. | Art. 2 G zur Stärkung der Rechte von Opfern sexuellen Missbrauchs | 26.6.2013 | BGBl. I S. 1805 | §§ 24, 26 | geänd. mWv 1.9.2013 |
| | | | | § 171b | neu gef. mWv 1.9.2013 |
| 117. | Art. 1 G zur Stärkung der Verfahrensrechte von Beschuldigten im Strafverfahren[1)] | 2.7.2013 | BGBl. I S. 1938 | § 189 | geänd. mWv 6.7.2013 |
| | | | | § 187 | neu gef. mWv 6.7.2013 |
| 118. | Art. 19 G zur Förderung des elektronischen Rechtsverkehrs mit den Gerichten | 10.10. 2013 | BGBl. I S. 3786 | § 191a | geänd. mWv 1.7.2014 |
| | | | | § 191a | geänd. mWv 1.1.2018 |
| 119. | Art. 5 Abs. 1 G zur Modernisierung des GeschmacksmusterG sowie zur Änd. der Regelungen über die Bek. zum Ausstellungsschutz | 10.10. 2013 | BGBl. I S. 3799 | §§ 74c, 95 | geänd. mWv 1.1.2014 |
| 120. | Art. 2 48. StrafrechtsänderungsG | 23.4.2014 | BGBl. I S. 410 | §§ 24, 74c, 142a | geänd. mWv 1.9.2014 |
| | | | | § 120b | eingef. mWv 1.9.2014 |
| 121. | Art. 2 Abs. 2 49. G zur Änd. des StGB[1)] | 21.1.2015 | BGBl. I S. 10 | § 171b | geänd. mWv 27.1.2015 |
| 122. | Art. 1 G zur Ums. von Empfehlungen des NSU-Untersuchungsausschusses des Deutschen Bundestages | 12.6.2015 | BGBl. I S. 925 | §§ 74a, 120, 142a, 143 | geänd. mWv 1.8.2015 |

[1)] **Amtl. Anm.:** *(abgedruckt in Änderungstabelle Nr.* **90***)*

| Lfd. Nr. | Änderndes Gesetz | Datum | Fundstelle | Betroffen | Hinweis |
|---|---|---|---|---|---|
| 123. | Art. 8 Abs. 2 Bilanzrichtlinie-UmsetzungsG | 17.7.2015 | BGBl. I S. 1245 | § 71 | geänd. mWv 23.7.2015 |
| 124. | Art. 2 G zur Verbesserung der internationalen Rechtshilfe bei der Vollstreckung von freiheitsentziehenden Sanktionen und bei der Überwachung von Bewährungsmaßnahmen[1] sowie zur Änd. des Jugoslawien-StrafgerichtshofG und des Ruanda-StrafgerichtshofG | 17.7.2015 | BGBl. I S. 1349 | § 78a | geänd. mWv 25.7.2015 |
| 125. | Art. 131 Zehnte ZuständigkeitsanpassungsVO | 31.8.2015 | BGBl. I S. 1474 | §§ 125, 130, 147, 149, 154, 191a | geänd. mWv 8.9.2015 |
| 126. | Art. 2 3. OpferrechtsreformG[2] | 21.12. 2015 | BGBl. I S. 2525 | § 171b | geänd. mWv 31.12.2015 |
| 127. | Art. 2 G zur Bekämpfung von Korruption im Gesundheitswesen | 30.5.2016 | BGBl. I S. 1254 | § 74c | geänd. mWv 4.6.2016 |
| 128. | Art. 2 Abs. 4 50. G zur Änd. des StGB – Verbesserung des Schutzes der sexuellen Selbstbestimmung | 4.11.2016 | BGBl. I S. 2460 | §§ 74, 171b | geänd. mWv 10.11.2016 |
| 129. | Art. 2 Abs. 2 G zur Änd. des Völkerstrafgesetzbuches | 22.12. 2016 | BGBl. I S. 3150 | § 120 | geänd. mWv 1.1.2017 |
| 130. | Art. 6 Abs. 16 G zur Reform der strafrechtlichen Vermögensabschöpfung | 13.4.2017 | BGBl. I S. 872 | § 142a | geänd. mWv 1.7.2017 |
| 131. | Art. 5 G zur Reform des Bauvertragsrechts, zur Änd. der kaufrechtlichen Mängelhaftung, zur Stärkung des zivilprozessualen Rechtsschutzes und zum maschinellen Siegel im Grundbuch- und Schiffsregisterverfahren | 28.4.2017 | BGBl. I S. 969 | §§ 71, 72<br>§§ 72a, 119a | geänd. mWv 1.1.2018<br>eingef. mWv 1.1.2018 |

[1] **Amtl. Anm.:** Dieses Gesetz dient der Umsetzung
- des Rahmenbeschlusses 2008/909/JI des Rates vom 27. November 2008 über die Anwendung des Grundsatzes der gegenseitigen Anerkennung auf Urteile in Strafsachen, durch die eine freiheitsentziehende Strafe oder Maßnahme verhängt wird, für die Zwecke ihrer Vollstreckung in der Europäischen Union (ABl. L 327 vom 5.12.2008, S. 27),
- des Rahmenbeschlusses 2008/947/JI des Rates vom 27. November 2008 über die Anwendung des Grundsatzes der gegenseitigen Anerkennung auf Urteile und Bewährungsentscheidungen im Hinblick auf die Überwachung von Bewährungsmaßnahmen und alternativen Sanktionen (ABl. L 337 vom 16.12.2008, S. 102) sowie
- des Rahmenbeschlusses 2009/299/JI des Rates vom 26. Februar 2009 zur Änderung der Rahmenbeschlüsse 2002/584/JI, 2005/214/JI, 2006/783/JI, 2008/909/JI und 2008/947/JI zur Stärkung der Verfahrensrechte von Personen und zur Förderung der Anwendung des Grundsatzes der gegenseitigen Anerkennung auf Entscheidungen, die im Anschluss an eine Verhandlung ergangen sind, zu der die betroffene Person nicht erschienen ist (ABl. L 81 vom 27.3.2009, S. 24), sofern sich die Regelungen des Rahmenbeschlusses 2009/299/JI auf die Rahmenbeschlüsse 2008/909/JI und 2008/947/JI beziehen.

[2] **Amtl. Anm.:** *(abgedruckt in Änderungstabelle Nr.* ***90****)*

| Lfd. Nr. | Änderndes Gesetz | Datum | Fundstelle | Betroffen | Hinweis |
|---|---|---|---|---|---|
| 132. | Art. 6 Neuntes G zur Änd. des G gegen Wettbewerbsbeschränkungen[1)] | 1.6.2017 | BGBl. I S. 1416 | § 95 | geänd. mWv 9.6.2017 |
| 133. | Art. 28 G zur Einführung der elektronischen Akte in der Justiz und zur weiteren Förderung des elektronischen Rechtsverkehrs | 5.7.2017 | BGBl. I S. 2208 | § 17c | eingef. mWv 13.7.2017 |
| 134. | Art. 4 G zur effektiveren und praxistauglicheren Ausgestaltung des Strafverfahrens | 17.8.2017 | BGBl. I S. 3202, ber. S. 3630 | §§ 74a, 78a, 78b, 120 | geänd. mWv 24.8.2017 |
| 135. | Art. 7 Zweites G zur Stärkung der Verfahrensrechte von Beschuldigten im Strafverfahren und zur Änd. des Schöffenrechts | 27.8.2017 | BGBl. I S. 3295 | §§ 34, 35 | geänd. mWv 5.9.2017 |
| 136. | Art. 1 G über die Erweiterung der Medienöffentlichkeit in Gerichtsverfahren | 8.10.2017 | BGBl. I S. 3546 | §§ 186, 187<br>§ 169 | geänd. mWv 19.10.2017<br>geänd. mWv 18.4.2018 |
| 137. | Art. 10 Abs. 6 G zur Neuregelung des Schutzes von Geheimnissen bei der Mitwirkung Dritter an der Berufsausübung schweigepflichtiger Personen | 30.10. 2017 | BGBl. I S. 3618 | § 193 | geänd. mWv 9.11.2017 |
| 138. | Art. 13 Abs. 1 G zur Ausübung von Optionen der EU-ProspektVO und zur Anpassung weiterer Finanzmarktgesetze | 10.7.2018 | BGBl. I S. 1102 | § 95 | geänd. mWv 21.7.2018 |
| 139. | Art. 1 G zur Einführung einer zivilprozessualen Musterfeststellungsklage | 12.7.2018 | BGBl. I S. 1151 | § 119 | geänd. mWv 18.7.2018 |
| 140. | Art. 2 G zur Umsetzung der RL (EU) 2016/943 zum Schutz von Geschäftsgeheimnissen vor rechtswidrigem Erwerb sowie rechtswidriger Nutzung und Offenlegung | 18.4.2019 | BGBl. I S. 466 | § 74c | geänd. mWv 26.4.2019 |
| 141. | Art. 4 G zur Stärkung der Rechte von Betroffenen bei Fixierungen im Rahmen von Freiheitsentziehungen | 19.6.2019 | BGBl. I S. 840 | §§ 22c, 23d | geänd. mWv 28.6.2019 |
| 142. | Art. 3 G zur Umsetzung der RL (EU) 2017/1371[2)] | 19.6.2019 | BGBl. I S. 844 | § 74c | geänd. mWv 28.6.2019 |

[1)] **Amtl. Anm.:** Dieses Gesetz dient der Umsetzung der Richtlinie 2014/104/EU des Europäischen Parlaments und des Rates vom 26. November 2014 über bestimmte Vorschriften für Schadensersatzklagen nach nationalem Recht wegen Zuwiderhandlungen gegen wettbewerbsrechtliche Bestimmungen der Mitgliedstaaten und der Europäischen Union (ABl. L 349 vom 5.12.2014, S. 1).

[2)] **Amtl. Anm.:** ABl. L 198 vom 28.7.2017, S. 29; L 350 vom 29.12.2017, S. 50.

| Lfd. Nr. | Änderndes Gesetz | Datum | Fundstelle | Betroffen | Hinweis |
|---|---|---|---|---|---|
| 143. | Art. 8 Abs. 1 G zur weiteren Ausführung der EU-ProspektVO und zur Änd. von Finanzmarktgesetzen | 8.7.2019 | BGBl. I S. 1002 | § 95 | geänd. mWv 21.7.2019 |
| 144. | Art. 3, 4 G zur Modernisierung des Strafverfahrens | 10.12. 2019 | BGBl. I S. 2121, | §§ 121, 135, 176, 189 | geänd. mWv 13.12.2019 |
| | | | geänd. 2022, S. 1982 | § 189 | geänd. mWv 1.1.2027 |
| 145. | Art. 3 G zur Regelung der Wertgrenze für die Nichtzulassungsbeschwerde in Zivilsachen, zum Ausbau der Spezialisierung bei den Gerichten sowie zur Änd. weiterer prozessrechtlicher Vorschriften | 12.12. 2019 | BGBl. I S. 2633 | §§ 13a, 60, 72a, 119a | neu gef. mWv 1.1.2021 |
| 146. | Art. 2 Abs. 2 G zur Änd. des EG-VerbraucherschutzdurchsetzungsG sowie des G über die Errichtung des Bundesamts für Justiz | 25.6.2020 | BGBl. I S. 1474 | § 95 | geänd. mWv 30.6.2020 |
| 147. | Art. 2 G zur Durchführung der VO (EU) 2017/1939 des Rates vom 12.10.2017 zur Durchführung einer Verstärkten Zusammenarbeit zur Errichtung der Europäischen Staatsanwaltschaft und zur Änd. weiterer Vorschriften | 10.7.2020 | BGBl. I S. 1648 | § 143 | geänd. mWv 17.7.2020 |
| | | | | § 142b | eingef. mWv 17.7.2020 |
| 148. | Art. 3 Abs. 2 59. G zur Änd. des Strafgesetzbuches | 9.10.2020 | BGBl. I S. 2075 | § 171b | geänd. mWv 1.1.2021 |
| 149. | Art. 4 Wohnungseigentumsmodernisierungsgesetz (WEMoG) | 16.10. 2020 | BGBl. I S. 2187 | §§ 23, 72 | geänd. mWv 1.12.2020 |
| 150. | Art. 2 Sanierungs- und InsolvenzrechtsfortentwicklungsG[1] | 22.12. 2020 | BGBl. I S. 3256 | §§ 22, 71, 72a, 74c, 119a | geänd. mWv 1.1.2021 |
| 151. | Art. 4 G zur Verbesserung der strafrechtlichen Bekämpfung der Geldwäsche | 9.3.2021 | BGBl. I S. 327 | § 74c | geänd. mWv 18.3.2021 |
| 152. | Art. 3 G zur Bekämpfung sexualisierter Gewalt gegen Kinder | 16.6.2021 | BGBl. I S. 1810 | § 74 | geänd. mWv 1.7.2021 |
| | | | | §§ 22, 23b, 119 | geänd. mWv 1.1.2022 |
| 153. | Art. 4 G zur Fortentwicklung der StrafprozessO und zur Änd. weiterer Vorschriften | 25.6.2021 | BGBl. I S. 2099 | §§ 36, 42, 43, 44, 45, 46, 47, 48, 49, 52, 54, 58, 74c, 77, 78, 120 | geänd. mWv 1.7.2021 |

[1] **Amtl. Anm.:** Dieses Gesetz dient der weiteren Umsetzung der Richtlinie (EU) 2019/1023 des Europäischen Parlaments und des Rates vom 20. Juni 2019 über präventive Restrukturierungsrahmen, über Entschuldung und über Tätigkeitsverbote sowie über Maßnahmen zur Steigerung der Effizienz von Restrukturierungs-, Insolvenz- und Entschuldungsverfahren und zur Änderung der Richtlinie (EU) 2017/1132 (Richtlinie über Restrukturierung und Insolvenz) (ABl. L 172 vom 26.6.2019, S. 18).

| Lfd. Nr. | Änderndes Gesetz | Datum | Fundstelle | Betroffen | Hinweis |
|---|---|---|---|---|---|
| 154. | Art. 8 G zur Neuregelung des Berufsrechts der anwaltlichen und steuerberatenden Berufsausübungsgesellschaften sowie zur Änd. weiterer Vorschriften im Bereich der rechtsberatenden Berufe | 7.7.2021 | BGBl. I S. 2363 | § 172 | geänd. mWv 1.8.2022 |
| 155. | Art. 5 SanktionsdurchsetzungsG II | 19.12. 2022 | BGBl. I S. 2606 | § 74c | geänd. mWv 28.12.2022 |

**Nichtamtliche Gliederungsübersicht**



## Erster Titel. Gerichtsbarkeit

**§ 1 [Richterliche Unabhängigkeit]** Die richterliche Gewalt wird durch unabhängige, nur dem Gesetz unterworfene Gerichte ausgeübt.

**§§ 2 bis 9** (weggefallen)

**§ 10 [Referendare]** [1] Unter Aufsicht des Richters können Referendare Rechtshilfeersuchen erledigen und außer in Strafsachen Verfahrensbeteiligte anhören, Beweise erheben und die mündliche Verhandlung leiten. [2] Referendare sind nicht befugt, eine Beeidigung anzuordnen oder einen Eid abzunehmen.

**§ 11** (weggefallen)

**§ 12[1)] [Ordentliche Gerichte]** Die ordentliche Gerichtsbarkeit wird durch Amtsgerichte, Landgerichte, Oberlandesgerichte und durch den Bundesgerichtshof (den obersten Gerichtshof des Bundes für das Gebiet der ordentlichen Gerichtsbarkeit) ausgeübt.

**§ 13[2)] [Zuständigkeit der ordentlichen Gerichte]** Vor die ordentlichen Gerichte gehören die bürgerlichen Rechtsstreitigkeiten, die Familiensachen und die Angelegenheiten der freiwilligen Gerichtsbarkeit (Zivilsachen) sowie die Strafsachen, für die nicht entweder die Zuständigkeit von Verwaltungsbehörden oder Verwaltungsgerichten begründet ist oder auf Grund von Vorschriften des Bundesrechts besondere Gerichte bestellt oder zugelassen sind.

**§ 13a[3)] [Zuweisung durch Landesrecht]** (1) [1] Die Landesregierungen werden ermächtigt, durch Rechtsverordnung einem Gericht für die Bezirke mehrerer Gerichte Sachen aller Art ganz oder teilweise zuzuweisen sowie auswärtige

---

1) § 12 geänd. mWv 1.9.2009 durch G v. 17.12.2008 (BGBl. I S. 2586).
2) § 13 geänd. mWv 1.9.2009 durch G v. 17.12.2008 (BGBl. I S. 2586).
3) § 13a neu gef. mWv 1.1.2021 durch G v. 12.12.2019 (BGBl. I S. 2633).

Spruchkörper von Gerichten einzurichten, sofern dies für die sachdienliche Förderung oder schnellere Erledigung von Verfahren zweckmäßig ist. [2]Die Landesregierungen können die Ermächtigung auf die Landesjustizverwaltungen übertragen. [3]Besondere Ermächtigungen der Landesregierungen zum Erlass von Rechtsverordnungen gehen vor.

(2) Mehrere Länder können die Einrichtung eines gemeinsamen Gerichts oder gemeinsamer Spruchkörper eines Gerichts oder die Ausdehnung von Gerichtsbezirken über die Landesgrenzen hinaus, auch für einzelne Sachgebiete, vereinbaren.

**§ 14[1)] [Besondere Gerichte]** Als besondere Gerichte werden Gerichte der Schiffahrt für die in den Staatsverträgen bezeichneten Angelegenheiten zugelassen.

**§ 15** (weggefallen)

**§ 16 [Ausnahmegerichte]** [1]Ausnahmegerichte sind unstatthaft. [2]Niemand darf seinem gesetzlichen Richter entzogen werden.

**§ 17[2)] [Rechtshängigkeit; Entscheidung des Rechtsstreits]** (1) [1]Die Zulässigkeit des beschrittenen Rechtsweges wird durch eine nach Rechtshängigkeit eintretende Veränderung der sie begründenden Umstände nicht berührt. [2]Während der Rechtshängigkeit kann die Sache von keiner Partei anderweitig anhängig gemacht werden.

(2) [1]Das Gericht des zulässigen Rechtsweges entscheidet den Rechtsstreit unter allen in Betracht kommenden rechtlichen Gesichtspunkten. [2]Artikel 14 Abs. 3 Satz 4 und Artikel 34 Satz 3 des Grundgesetzes bleiben unberührt.

**§ 17a[3)] [Rechtsweg]** (1) Hat ein Gericht den zu ihm beschrittenen Rechtsweg rechtskräftig für zulässig erklärt, sind andere Gerichte an diese Entscheidung gebunden.

(2) [1]Ist der beschrittene Rechtsweg unzulässig, spricht das Gericht dies nach Anhörung der Parteien von Amts wegen aus und verweist den Rechtsstreit zugleich an das zuständige Gericht des zulässigen Rechtsweges. [2]Sind mehrere Gerichte zuständig, wird an das vom Kläger oder Antragsteller auszuwählende Gericht verwiesen oder, wenn die Wahl unterbleibt, an das vom Gericht bestimmte. [3]Der Beschluß ist für das Gericht, an das der Rechtsstreit verwiesen worden ist, hinsichtlich des Rechtsweges bindend.

(3) [1]Ist der beschrittene Rechtsweg zulässig, kann das Gericht dies vorab aussprechen. [2]Es hat vorab zu entscheiden, wenn eine Partei die Zulässigkeit des Rechtsweges rügt.

(4) [1]Der Beschluß nach den Absätzen 2 und 3 kann ohne mündliche Verhandlung ergehen. [2]Er ist zu begründen. [3]Gegen den Beschluß ist die sofortige Beschwerde nach den Vorschriften der jeweils anzuwendenden Verfahrensordnung gegeben. [4]Den Beteiligten steht die Beschwerde gegen einen Beschluß des oberen Landesgerichts an den obersten Gerichtshof des Bundes nur zu, wenn sie in dem Beschluß zugelassen worden ist. [5]Die Beschwerde ist zuzulassen, wenn die Rechts-

---

1) Siehe das G über das gerichtliche Verfahren in Binnenschiffahrtssachen v. 27.9.1952 (BGBl. I S. 641), zuletzt geänd. durch G v. 20.4.2013 (BGBl. I S. 831).

2) § 17 neu gef. durch G v. 17.12.1990 (BGBl. I S. 2809).

3) § 17a neu gef. durch G v. 17.12.1990 (BGBl. I S. 2809); Abs. 6 angef. mWv 1.9.2009 durch G v. 17.12.2008 (BGBl. I S. 2586).

frage grundsätzliche Bedeutung hat oder wenn das Gericht von der Entscheidung eines obersten Gerichtshofes des Bundes oder des Gemeinsamen Senats der obersten Gerichtshöfe des Bundes abweicht. [6] Der oberste Gerichtshof des Bundes ist an die Zulassung der Beschwerde gebunden.

(5) Das Gericht, das über ein Rechtsmittel gegen eine Entscheidung in der Hauptsache entscheidet, prüft nicht, ob der beschrittene Rechtsweg zulässig ist.

(6) Die Absätze 1 bis 5 gelten für die in bürgerlichen Rechtsstreitigkeiten, Familiensachen und Angelegenheiten der freiwilligen Gerichtsbarkeit zuständigen Spruchkörper in ihrem Verhältnis zueinander entsprechend.

**§ 17b[1)] [Anhängigkeit nach Verweisung; Kosten]** (1) [1] Nach Eintritt der Rechtskraft des Verweisungsbeschlusses wird der Rechtsstreit mit Eingang der Akten bei dem im Beschluß bezeichneten Gericht anhängig. [2] Die Wirkungen der Rechtshängigkeit bleiben bestehen.

(2) [1] Wird ein Rechtsstreit an ein anderes Gericht verwiesen, so werden die Kosten im Verfahren vor dem angegangenen Gericht als Teil der Kosten behandelt, die bei dem Gericht erwachsen, an das der Rechtsstreit verwiesen wurde. [2] Dem Kläger sind die entstandenen Mehrkosten auch dann aufzuerlegen, wenn er in der Hauptsache obsiegt.

(3) Absatz 2 Satz 2 gilt nicht in Familiensachen und in Angelegenheiten der freiwilligen Gerichtsbarkeit.

**§ 17c[2)] [Zuständigkeitskonzentrationen, Änderungen der Gerichtsbezirksgrenzen]** (1) Werden Zuständigkeitskonzentrationen oder Änderungen der Gerichtsbezirksgrenzen aufgrund dieses Gesetzes, aufgrund anderer bundesgesetzlicher Regelungen oder aufgrund Landesrechts vorgenommen, stehen in diesen Fällen bundesrechtliche Bestimmungen, die die gerichtliche Zuständigkeit in anhängigen und rechtshängigen Verfahren unberührt lassen, einer landesrechtlichen Zuweisung dieser Verfahren an das neu zuständige Gericht nicht entgegen.

(2) [1] Ist im Zeitpunkt der Zuweisung die Hauptverhandlung in einer Straf- oder Bußgeldsache begonnen, aber noch nicht beendet, so kann sie vor dem nach dem Inkrafttreten der Zuständigkeitsänderung zuständigen Gericht nur fortgesetzt werden, wenn die zur Urteilsfindung berufenen Personen personenidentisch mit denen zu Beginn der Hauptverhandlung sind. [2] Soweit keine Personenidentität gegeben ist, bleibt das Gericht zuständig, das die Hauptverhandlung begonnen hat.

**§ 18 [Exterritorialität von Mitgliedern der diplomatischen Missionen]**

[1] Die Mitglieder der im Geltungsbereich dieses Gesetzes errichteten diplomatischen Missionen, ihre Familienmitglieder und ihre privaten Hausangestellten sind nach Maßgabe des Wiener Übereinkommens über diplomatische Beziehungen vom 18. April 1961 (Bundesgesetzbl. 1964 II S. 957 ff.) von der deutschen Gerichtsbarkeit befreit. [2] Dies gilt auch, wenn ihr Entsendestaat nicht Vertragspartei dieses Übereinkommens ist; in diesem Falle findet Artikel 2 des Gesetzes vom 6. August 1964 zu dem Wiener Übereinkommen vom 18. April 1961 über diplomatische Beziehungen (Bundesgesetzbl. 1964 II S. 957) entsprechende Anwendung.

---

[1)] § 17b eingef. durch G v. 17.12.1990 (BGBl. I S. 2809); Abs. 3 angef. mWv 1.9.2009 durch G v. 17.12.2008 (BGBl. I S. 2586).

[2)] § 17c eingef. mWv 13.7.2017 durch G v. 5.7.2017 (BGBl. I S. 2208).

**§ 19 [Exterritorialität von Mitgliedern der konsularischen Vertretungen]**

(1) [1] Die Mitglieder der im Geltungsbereich dieses Gesetzes errichteten konsularischen Vertretungen einschließlich der Wahlkonsularbeamten sind nach Maßgabe des Wiener Übereinkommens über konsularische Beziehungen vom 24. April 1963 (Bundesgesetzbl. 1969 II S. 1585 ff.) von der deutschen Gerichtsbarkeit befreit. [2] Dies gilt auch, wenn ihr Entsendestaat nicht Vertragspartei dieses Übereinkommens ist; in diesem Falle findet Artikel 2 des Gesetzes vom 26. August 1969 zu dem Wiener Übereinkommen vom 24. April 1963 über konsularische Beziehungen (Bundesgesetzbl. 1969 II S. 1585) entsprechende Anwendung.

(2) Besondere völkerrechtliche Vereinbarungen über die Befreiung der in Absatz 1 genannten Personen von der deutschen Gerichtsbarkeit bleiben unberührt.

**§ 20[1)] [Weitere Exterritoriale]** (1) Die deutsche Gerichtsbarkeit erstreckt sich auch nicht auf Repräsentanten anderer Staaten und deren Begleitung, die sich auf amtliche Einladung der Bundesrepublik Deutschland im Geltungsbereich dieses Gesetzes aufhalten.

(2) Im übrigen erstreckt sich die deutsche Gerichtsbarkeit auch nicht auf andere als die in Absatz 1 und in den §§ 18 und 19 genannten Personen, soweit sie nach den allgemeinen Regeln des Völkerrechts, auf Grund völkerrechtlicher Vereinbarungen oder sonstiger Rechtsvorschriften von ihr befreit sind.

**§ 21[2)] [Ersuchen eines internationalen Strafgerichtshofes]** Die §§ 18 bis 20 stehen der Erledigung eines Ersuchens um Überstellung und Rechtshilfe eines internationalen Strafgerichtshofes, der durch einen für die Bundesrepublik Deutschland verbindlichen Rechtsakt errichtet wurde, nicht entgegen.

## Zweiter Titel. Allgemeine Vorschriften über das Präsidium und die Geschäftsverteilung

**§ 21a[3)] [Präsidium]** (1) Bei jedem Gericht wird ein Präsidium gebildet.

(2) Das Präsidium besteht aus dem Präsidenten oder aufsichtführenden Richter als Vorsitzenden und

1. bei Gerichten mit mindestens achtzig Richterplanstellen aus zehn gewählten Richtern,
2. bei Gerichten mit mindestens vierzig Richterplanstellen aus acht gewählten Richtern,
3. bei Gerichten mit mindestens zwanzig Richterplanstellen aus sechs gewählten Richtern,
4. bei Gerichten mit mindestens acht Richterplanstellen aus vier gewählten Richtern,
5. bei den anderen Gerichten aus den nach § 21b Abs. 1 wählbaren Richtern.

**§ 21b[4)] [Wahl zum Präsidium]** (1) [1] Wahlberechtigt sind die Richter auf Lebenszeit und die Richter auf Zeit, denen bei dem Gericht ein Richteramt übertragen ist, sowie die bei dem Gericht tätigen Richter auf Probe, die Richter kraft

[1)] § 20 neu gef. durch G v. 17.7.1984 (BGBl. I S. 990).
[2)] § 21 eingef. mWv 1.7.2002 durch G v. 21.6.2002 (BGBl. I S. 2144).
[3)] § 21a Abs. 2 neu gef. durch G v. 22.12.1999 (BGBl. I S. 2598).
[4)] § 21b Abs. 1 Satz 3 geänd., Abs. 2 und 3 neu gef. durch G v. 22.12.1999 (BGBl. I S. 2598); Abs. 6 Satz 4 neu gef. mWv 1.9.2009 durch G v. 17.12.2008 (BGBl. I S. 2586).

Auftrags und die für eine Dauer von mindestens drei Monaten abgeordneten Richter, die Aufgaben der Rechtsprechung wahrnehmen. [2] Wählbar sind die Richter auf Lebenszeit und die Richter auf Zeit, denen bei dem Gericht ein Richteramt übertragen ist. [3] Nicht wahlberechtigt und nicht wählbar sind Richter, die für mehr als drei Monate an ein anderes Gericht abgeordnet, für mehr als drei Monate beurlaubt oder an eine Verwaltungsbehörde abgeordnet sind.

(2) Jeder Wahlberechtigte wählt höchstens die vorgeschriebene Zahl von Richtern.

(3) [1] Die Wahl ist unmittelbar und geheim. [2] Gewählt ist, wer die meisten Stimmen auf sich vereint. [3] Durch Landesgesetz können andere Wahlverfahren für die Wahl zum Präsidium bestimmt werden; in diesem Fall erlässt die Landesregierung durch Rechtsverordnung die erforderlichen Wahlordnungsvorschriften; sie kann die Ermächtigung hierzu auf die Landesjustizverwaltung übertragen. [4] Bei Stimmengleichheit entscheidet das Los.

(4) [1] Die Mitglieder werden für vier Jahre gewählt. [2] Alle zwei Jahre scheidet die Hälfte aus. [3] Die zum ersten Mal ausscheidenden Mitglieder werden durch das Los bestimmt.

(5) Das Wahlverfahren wird durch eine Rechtsverordnung[1)] geregelt, die von der Bundesregierung mit Zustimmung des Bundesrates erlassen wird.

(6) [1] Ist bei der Wahl ein Gesetz verletzt worden, so kann die Wahl von den in Absatz 1 Satz 1 bezeichneten Richtern angefochten werden. [2] Über die Wahlanfechtung entscheidet ein Senat des zuständigen Oberlandesgerichts, bei dem Bundesgerichtshof ein Senat dieses Gerichts. [3] Wird die Anfechtung für begründet erklärt, so kann ein Rechtsmittel gegen eine gerichtliche Entscheidung nicht darauf gestützt werden, das Präsidium sei deswegen nicht ordnungsgemäß zusammengesetzt gewesen. [4] Im Übrigen sind auf das Verfahren die Vorschriften des Gesetzes über das Verfahren in Familiensachen und in den Angelegenheiten[2)] der freiwilligen Gerichtsbarkeit entsprechend anzuwenden.

**§ 21e[3)] [Vertretung der Mitglieder des Präsidiums]** (1) [1] Bei einer Verhinderung des Präsidenten oder aufsichtführenden Richters tritt sein Vertreter (§ 21h) an seine Stelle. [2] Ist der Präsident oder aufsichtführende Richter anwesend, so kann sein Vertreter, wenn er nicht selbst gewählt ist, an den Sitzungen des Präsidiums mit beratender Stimme teilnehmen. [3] Die gewählten Mitglieder des Präsidiums werden nicht vertreten.

(2) Scheidet ein gewähltes Mitglied des Präsidiums aus dem Gericht aus, wird es für mehr als drei Monate an ein anderes Gericht abgeordnet oder für mehr als drei Monate beurlaubt, wird es an eine Verwaltungsbehörde abgeordnet oder wird es kraft Gesetzes Mitglied des Präsidiums, so tritt an seine Stelle der durch die letzte Wahl Nächstberufene.

**§ 21d[4)] [Größe des Präsidiums]** (1) Für die Größe des Präsidiums ist die Zahl der Richterplanstellen am Ablauf des Tages maßgebend, der dem Tage, an dem das Geschäftsjahr beginnt, um sechs Monate vorhergeht.

---

1) Siehe die WahlO für die Präsidien der Gerichte v. 19.9.1972 (BGBl. I S. 1821), zuletzt geänd. durch G v. 19.4.2006 (BGBl. I S. 866).

2) Nr. **112**.

3) § 21c Abs. 2 neu gef. durch G v. 22.12.1999 (BGBl. I S. 2598).

4) § 21d Abs. 2 und 3 neu gef. durch G v. 22.12.1999 (BGBl. I S. 2598).

(2) [1]Ist die Zahl der Richterplanstellen bei einem Gericht mit einem Präsidium nach § 21a Abs. 2 Nr. 1 bis 3 unter die jeweils genannte Mindestzahl gefallen, so ist bei der nächsten Wahl, die nach § 21b Abs. 4 stattfindet, die folgende Zahl von Richtern zu wählen:

1. bei einem Gericht mit einem Präsidium nach § 21a Abs. 2 Nr. 1 vier Richter,
2. bei einem Gericht mit einem Präsidium nach § 21a Abs. 2 Nr. 2 drei Richter,
3. bei einem Gericht mit einem Präsidium nach § 21a Abs. 2 Nr. 3 zwei Richter.

[2]Neben den nach § 21b Abs. 4 ausscheidenden Mitgliedern scheidet jeweils ein weiteres Mitglied, das durch das Los bestimmt wird, aus.

(3) [1]Ist die Zahl der Richterplanstellen bei einem Gericht mit einem Präsidium nach § 21a Abs. 2 Nr. 2 bis 4 über die für die bisherige Größe des Präsidiums maßgebende Höchstzahl gestiegen, so ist bei der nächsten Wahl, die nach § 21b Abs. 4 stattfindet, die folgende Zahl von Richtern zu wählen:

1. bei einem Gericht mit einem Präsidium nach § 21a Abs. 2 Nr. 2 sechs Richter,
2. bei einem Gericht mit einem Präsidium nach § 21a Abs. 2 Nr. 3 fünf Richter,
3. bei einem Gericht mit einem Präsidium nach § 21a Abs. 2 Nr. 4 vier Richter.

[2]Hiervon scheidet jeweils ein Mitglied, das durch das Los bestimmt wird, nach zwei Jahren aus.

## § 21e[1)] [Aufgaben und Befugnisse des Präsidiums; Geschäftsverteilung]

(1) [1]Das Präsidium bestimmt die Besetzung der Spruchkörper, bestellt die Ermittlungsrichter, regelt die Vertretung und verteilt die Geschäfte. [2]Es trifft diese Anordnungen vor dem Beginn des Geschäftsjahres für dessen Dauer. [3]Der Präsident bestimmt, welche richterlichen Aufgaben er wahrnimmt. [4]Jeder Richter kann mehreren Spruchkörpern angehören.

(2) Vor der Geschäftsverteilung ist den Richtern, die nicht Mitglied des Präsidiums sind, Gelegenheit zur Äußerung zu geben.

(3) [1]Die Anordnungen nach Absatz 1 dürfen im Laufe des Geschäftsjahres nur geändert werden, wenn dies wegen Überlastung oder ungenügender Auslastung eines Richters oder Spruchkörpers oder infolge Wechsels oder dauernder Verhinderung einzelner Richter nötig wird. [2]Vor der Änderung ist den Vorsitzenden Richtern, deren Spruchkörper von der Änderung der Geschäftsverteilung berührt wird, Gelegenheit zu einer Äußerung zu geben.

(4) Das Präsidium kann anordnen, daß ein Richter oder Spruchkörper, der in einer Sache tätig geworden ist, für diese nach einer Änderung der Geschäftsverteilung zuständig bleibt.

(5) Soll ein Richter einem anderen Spruchkörper zugeteilt oder soll sein Zuständigkeitsbereich geändert werden, so ist ihm, außer in Eilfällen, vorher Gelegenheit zu einer Äußerung zu geben.

(6) Soll ein Richter für Aufgaben der Justizverwaltung ganz oder teilweise freigestellt werden, so ist das Präsidium vorher zu hören.

(7) [1]Das Präsidium entscheidet mit Stimmenmehrheit. [2]§ 21i Abs. 2 gilt entsprechend.

---

1) § 21e Abs. 2 und 7 neu gef., Abs. 8 eingef., bish. Abs. 8 wird Abs. 9 durch G v. 22.12.1999 (BGBl. I S. 2598).

(8) [1]Das Präsidium kann beschließen, dass Richter des Gerichts bei den Beratungen und Abstimmungen des Präsidiums für die gesamte Dauer oder zeitweise zugegen sein können. [2]§ 171b gilt entsprechend.

(9) Der Geschäftsverteilungsplan des Gerichts ist in der von dem Präsidenten oder aufsichtführenden Richter bestimmten Geschäftsstelle des Gerichts zur Einsichtnahme aufzulegen; einer Veröffentlichung bedarf es nicht.

**§ 21f [Vorsitz in den Spruchkörpern]** (1) Den Vorsitz in den Spruchkörpern bei den Landgerichten, bei den Oberlandesgerichten sowie bei dem Bundesgerichtshof führen der Präsident und die Vorsitzenden Richter.

(2) [1]Bei Verhinderung des Vorsitzenden führt den Vorsitz das vom Präsidium bestimmte Mitglied des Spruchkörpers. [2]Ist auch dieser Vertreter verhindert, führt das dienstälteste, bei gleichem Dienstalter das lebensälteste Mitglied des Spruchkörpers den Vorsitz.

**§ 21g[1)] [Geschäftsverteilung innerhalb der Spruchkörper]** (1) [1]Innerhalb des mit mehreren Richtern besetzten Spruchkörpers werden die Geschäfte durch Beschluss aller dem Spruchkörper angehörenden Berufsrichter auf die Mitglieder verteilt. [2]Bei Stimmengleichheit entscheidet das Präsidium.

(2) Der Beschluss bestimmt vor Beginn des Geschäftsjahres für dessen Dauer, nach welchen Grundsätzen die Mitglieder an den Verfahren mitwirken; er kann nur geändert werden, wenn es wegen Überlastung, ungenügender Auslastung, Wechsels oder dauernder Verhinderung einzelner Mitglieder des Spruchkörpers nötig wird.

(3) Absatz 2 gilt entsprechend, soweit nach den Vorschriften der Prozessordnungen die Verfahren durch den Spruchkörper einem seiner Mitglieder zur Entscheidung als Einzelrichter übertragen werden können.

(4) Ist ein Berufsrichter an der Beschlussfassung verhindert, tritt der durch den Geschäftsverteilungsplan bestimmte Vertreter an seine Stelle.

(5) § 21i Abs. 2 findet mit der Maßgabe entsprechende Anwendung, dass die Bestimmung durch den Vorsitzenden getroffen wird.

(6) Vor der Beschlussfassung ist den Berufsrichtern, die von dem Beschluss betroffen werden, Gelegenheit zur Äußerung zu geben.

(7) § 21e Abs. 9 findet entsprechende Anwendung.

**§ 21h [Vertretung des Präsidenten und des aufsichtführenden Richters]** [1]Der Präsident oder aufsichtführende Richter wird in seinen durch dieses Gesetz bestimmten Geschäften, die nicht durch das Präsidium zu verteilen sind, durch seinen ständigen Vertreter, bei mehreren ständigen Vertretern durch den dienstältesten, bei gleichem Dienstalter durch den lebensältesten von ihnen vertreten. [2]Ist ein ständiger Vertreter nicht bestellt oder ist er verhindert, wird der Präsident oder aufsichtführende Richter durch den dienstältesten, bei gleichem Dienstalter durch den lebensältesten Richter vertreten.

**§ 21i [Beschlussfähigkeit des Präsidiums]** (1) Das Präsidium ist beschlußfähig, wenn mindestens die Hälfte seiner gewählten Mitglieder anwesend ist.

(2) [1]Sofern eine Entscheidung des Präsidiums nicht rechtzeitig ergehen kann, werden die in § 21e bezeichneten Anordnungen von dem Präsidenten oder

---

1) § 21g neu gef. durch G v. 22.12.1999 (BGBl. I S. 2598).

aufsichtführenden Richter getroffen. [2]Die Gründe für die getroffene Anordnung sind schriftlich niederzulegen. [3]Die Anordnung ist dem Präsidium unverzüglich zur Genehmigung vorzulegen. [4]Sie bleibt in Kraft, solange das Präsidium nicht anderweit beschließt.

**§ 21j[1)] [Anordnungen durch den Präsidenten; Frist zur Bildung des Präsidiums]** (1) [1]Wird ein Gericht errichtet und ist das Präsidium nach § 21a Abs. 2 Nr. 1 bis 4 zu bilden, so werden die in § 21e bezeichneten Anordnungen bis zur Bildung des Präsidiums von dem Präsidenten oder aufsichtführenden Richter getroffen. [2]§ 21i Abs. 2 Satz 2 bis 4 gilt entsprechend.

(2) [1]Ein Präsidium nach § 21a Abs. 2 Nr. 1 bis 4 ist innerhalb von drei Monaten nach der Errichtung des Gerichts zu bilden. [2]Die in § 21b Abs. 4 Satz 1 bestimmte Frist beginnt mit dem auf die Bildung des Präsidiums folgenden Geschäftsjahr, wenn das Präsidium nicht zu Beginn eines Geschäftsjahres gebildet wird.

(3) An die Stelle des in § 21d Abs. 1 bezeichneten Zeitpunkts tritt der Tag der Errichtung des Gerichts.

(4) [1]Die Aufgaben nach § 1 Abs. 2 Satz 2 und 3 und Abs. 3 der Wahlordnung für die Präsidien der Gerichte vom 19. September 1972 (BGBl. I S. 1821) nimmt bei der erstmaligen Bestellung des Wahlvorstandes der Präsident oder aufsichtführende Richter wahr. [2]Als Ablauf des Geschäftsjahres in § 1 Abs. 2 Satz 2 und § 3 Satz 1 der Wahlordnung für die Präsidien der Gerichte gilt der Ablauf der in Absatz 2 Satz 1 genannten Frist.

## Dritter Titel. Amtsgerichte

**§ 22[2)] [Richter beim Amtsgericht]** (1) Den Amtsgerichten stehen Einzelrichter vor.

(2) Einem Richter beim Amtsgericht kann zugleich ein weiteres Richteramt bei einem anderen Amtsgericht oder bei einem Landgericht übertragen werden.

(3) [1]Die allgemeine Dienstaufsicht kann von der Landesjustizverwaltung dem Präsidenten des übergeordneten Landgerichts übertragen werden. [2]Geschieht dies nicht, so ist, wenn das Amtsgericht mit mehreren Richtern besetzt ist, einem von ihnen von der Landesjustizverwaltung die allgemeine Dienstaufsicht zu übertragen.

(4) Jeder Richter beim Amtsgericht erledigt die ihm obliegenden Geschäfte, soweit dieses Gesetz nichts anderes bestimmt, als Einzelrichter.

(5) [1]Es können Richter kraft Auftrags verwendet werden. [2]Richter auf Probe können verwendet werden, soweit sich aus Absatz 6, ***[bis 31.12.2021:*** § 23b Abs. 3 Satz 2***] [ab 1.1.2022:*** *§ 23b Absatz 3 Satz 2 bis 5****]***, § 23c Abs. 2 oder § 29 Abs. 1 Satz 2 nichts anderes ergibt.

(6) [1]Ein Richter auf Probe darf im ersten Jahr nach seiner Ernennung Geschäfte in Insolvenz- und Restrukturierungssachen nicht wahrnehmen. [2]Richter in Insolvenz- und Restrukturierungssachen sollen, soweit dies zur Erfüllung der jeweiligen Richtergeschäftsaufgabe erforderlich ist, über belegbare Kenntnisse auf den Gebieten des Insolvenzrechts, des Restrukturierungsrechts, des Handels- und Gesellschaftsrechts sowie über Grundkenntnisse der für das Insolvenz- und Restrukturie-

---

[1)] § 21j eingef. mWv 25.4.2006 durch G v. 19.4.2006 (BGBl. I S. 866).

[2)] § 22 Abs. 5 neu gef., Abs. 6 eingef. durch G. v. 5.10.1994 (BGBl. I S. 2911); Abs. 5 Satz 2 geänd. mWv 1.9.2009 durch G v. 17.12.2008 (BGBl. I S. 2586); Abs. 6 neu gef. mWv 1.1.2021 durch G v. 22.12.2020 (BGBl. I S. 3256); Abs. 5 Satz 2 geänd. **mWv 1.1.2022** durch G v. 16.6.2021 (BGBl. I S. 1810).

rungsverfahren notwendigen Teile des Arbeits-, Sozial- und Steuerrechts und des Rechnungswesens verfügen. [3] Einem Richter, dessen Kenntnisse auf diesen Gebieten nicht belegt sind, dürfen die Aufgaben eines Insolvenz- oder Restrukturierungsrichters nur zugewiesen werden, wenn der Erwerb der Kenntnisse alsbald zu erwarten ist.

**§ 22a[1)] [Präsident des LG oder AG als Vorsitzender des Präsidiums]**

Bei Amtsgerichten mit einem aus allen wählbaren Richtern bestehenden Präsidium (§ 21a Abs. 2 Nr. 5) gehört der Präsident des übergeordneten Landgerichts oder, wenn der Präsident eines anderen Amtsgerichts die Dienstaufsicht ausübt, dieser Präsident dem Präsidium als Vorsitzender an.

**§ 22b [Vertretung von Richtern]** (1) Ist ein Amtsgericht nur mit einem Richter besetzt, so beauftragt das Präsidium des Landgerichts einen Richter seines Bezirks mit der ständigen Vertretung dieses Richters.

(2) Wird an einem Amtsgericht die vorübergehende Vertretung durch einen Richter eines anderen Gerichts nötig, so beauftragt das Präsidium des Landgerichts einen Richter seines Bezirks längstens für zwei Monate mit der Vertretung.

(3) [1] In Eilfällen kann der Präsident des Landgerichts einen zeitweiligen Vertreter bestellen. [2] Die Gründe für die getroffene Anordnung sind schriftlich niederzulegen.

(4) Bei Amtsgerichten, über die der Präsident eines anderen Amtsgerichts die Dienstaufsicht ausübt, ist in den Fällen der Absätze 1 und 2 das Präsidium des anderen Amtsgerichts und im Falle des Absatzes 3 dessen Präsident zuständig.

**§ 22c[2)] [Bereitschaftsdienst]** (1) [1] Die Landesregierungen werden ermächtigt, durch Rechtsverordnung zu bestimmen, dass für mehrere Amtsgerichte im Bezirk eines Landgerichts oder mehrerer Landgerichte im Bezirk eines Oberlandesgerichts ein gemeinsamer Bereitschaftsdienstplan aufgestellt wird oder ein Amtsgericht Geschäfte des Bereitschaftsdienstes ganz oder teilweise wahrnimmt, wenn dies zur Sicherstellung einer gleichmäßigeren Belastung der Richter mit Bereitschaftsdiensten angezeigt ist. [2] Zu dem Bereitschaftsdienst sind die Richter der in Satz 1 bezeichneten Amtsgerichte heranzuziehen. [3] In der Verordnung nach Satz 1 kann bestimmt werden, dass auch die Richter der Landgerichte heranzuziehen sind. [4] Über die Verteilung der Geschäfte des Bereitschaftsdienstes beschließen nach Maßgabe des § 21e im Einvernehmen die Präsidien der Landgerichte sowie im Einvernehmen mit den Präsidien der betroffenen Amtsgerichte. [5] Kommt eine Einigung nicht zustande, obliegt die Beschlussfassung dem Präsidium des Oberlandesgerichts, zu dessen Bezirk die Landgerichte gehören.

(2) Die Landesregierungen können die Ermächtigung nach Absatz 1 auf die Landesjustizverwaltungen übertragen.

**§ 22d [Handlungen eines unzuständigen Richters]** Die Gültigkeit der Handlung eines Richters beim Amtsgericht wird nicht dadurch berührt, daß die Handlung nach der Geschäftsverteilung von einem anderen Richter wahrzunehmen gewesen wäre.

---

1) § 22a geänd. durch G v. 22.12.1999 (BGBl. I S. 2598, ber. BGBl. 2000 I S. 1415).

2) § 22c neu gef. durch G v. 24.6.1994 (BGBl. I S. 1374); Abs. 1 neu gef. mWv 1.8.2002 durch G v. 23.7.2002 (BGBl. I S. 2850); Abs. 1 Sätze 1 und 3–5 geänd. mWv 28.6.2019 durch G v. 19.6.2019 (BGBl. I S. 840).

**§ 23**[1] **[Zuständigkeit in Zivilsachen]** Die Zuständigkeit der Amtsgerichte umfaßt in bürgerlichen Rechtsstreitigkeiten, soweit sie nicht ohne Rücksicht auf den Wert des Streitgegenstandes den Landgerichten zugewiesen sind:

1. Streitigkeiten über Ansprüche, deren Gegenstand an Geld oder Geldeswert die Summe von fünftausend Euro nicht übersteigt;
2. ohne Rücksicht auf den Wert des Streitgegenstandes:
   a) Streitigkeiten über Ansprüche aus einem Mietverhältnis über Wohnraum oder über den Bestand eines solchen Mietverhältnisses; diese Zuständigkeit ist ausschließlich;
   b) Streitigkeiten zwischen Reisenden und Wirten, Fuhrleuten, Schiffern oder Auswanderungsexpedienten in den Einschiffungshäfen, die über Wirtszechen, Fuhrlohn, Überfahrtsgelder, Beförderung der Reisenden und ihrer Habe und über Verlust und Beschädigung der letzteren, sowie Streitigkeiten zwischen Reisenden und Handwerkern, die aus Anlaß der Reise entstanden sind;
   c) Streitigkeiten nach § 43 Absatz 2 des Wohnungseigentumsgesetzes[2]; diese Zuständigkeit ist ausschließlich;
   d) Streitigkeiten wegen Wildschadens;
   e) (weggefallen)
   f) (weggefallen)
   g) Ansprüche aus einem mit der Überlassung eines Grundstücks in Verbindung stehenden Leibgedings-, Leibzuchts-, Altenteils- oder Auszugsvertrag.

**§ 23a**[3] **[Zuständigkeit in Familiensachen und in Angelegenheiten der freiwilligen Gerichtsbarkeit]** (1) [1] Die Amtsgerichte sind ferner zuständig für

1. Familiensachen;
2. Angelegenheiten der freiwilligen Gerichtsbarkeit, soweit nicht durch gesetzliche Vorschriften eine anderweitige Zuständigkeit begründet ist.

[2] Die Zuständigkeit nach Satz 1 Nummer 1 ist eine ausschließliche.

(2) Angelegenheiten der freiwilligen Gerichtsbarkeit sind

1. Betreuungssachen, Unterbringungssachen sowie betreuungsgerichtliche Zuweisungssachen,
2. Nachlass- und Teilungssachen,
3. Registersachen,
4. unternehmensrechtliche Verfahren nach § 375 des Gesetzes über das Verfahren in Familiensachen und in den Angelegenheiten der freiwilligen Gerichtsbarkeit[4],

---

[1] § 23 Nr. 1 geänd. durch G v. 17.12.1990 (BGBl. I S. 2847); Nr. 1 geänd., Nr. 2 Buchst. a neu gef. durch G v. 11.1.1993 (BGBl. I S. 50); Nr. 2 Buchst. b geänd. durch G v. 25.8.1998 (BGBl. I S. 2489); Nr. 1 geänd. mWv 1.1.2002 durch G v. 27.7.2001 (BGBl. I S. 1887); Nr. 2 Buchst. c aufgeh. mWv 1.1.2002 durch G v. 26.11.2001 (BGBl. I S. 3138); Nr. 2 Buchst. c eingef. mWv 1.7.2007 durch G v. 26.3.2007 (BGBl. I S. 370); Nr. 2 Buchst. g geänd., Buchst. h aufgeh. mWv 1.9.2009 durch G v. 30.7.2009 (BGBl. I S. 2449); Nr. 2 Buchst. c geänd. mWv 1.12.2020 durch G v. 16.10.2020 (BGBl. I S. 2187).

[2] Nr. **37**.

[3] § 23a neu gef. mWv 1.9.2009 durch G v. 17.12.2008 (BGBl. I S. 2586); Abs. 1 Satz 2 angef. mWv 1.9.2009 durch G v. 30.7.2009 (BGBl. I S. 2474); Abs. 3 angef. mWv 1.9.2013 durch G v. 26.6.2013 (BGBl. I S. 1800).

[4] Nr. **112**.

5. die weiteren Angelegenheiten der freiwilligen Gerichtsbarkeit nach § 410 des Gesetzes über das Verfahren in Familiensachen und in den Angelegenheiten der freiwilligen Gerichtsbarkeit,
6. Verfahren in Freiheitsentziehungssachen nach § 415 des Gesetzes über das Verfahren in Familiensachen und in den Angelegenheiten der freiwilligen Gerichtsbarkeit,
7. Aufgebotsverfahren,
8. Grundbuchsachen,
9. Verfahren nach § 1 Nr. 1 und 2 bis 6 des Gesetzes über das gerichtliche Verfahren in Landwirtschaftssachen[1]),
10. Schiffsregistersachen sowie
11. sonstige Angelegenheiten der freiwilligen Gerichtsbarkeit, soweit sie durch Bundesgesetz den Gerichten zugewiesen sind.

(3) Abweichend von Absatz 1 Satz 1 Nummer 2 sind für die den Amtsgerichten obliegenden Verrichtungen in Teilungssachen im Sinne von § 342 Absatz 2 Nummer 1 des Gesetzes über das Verfahren in Familiensachen und in den Angelegenheiten der freiwilligen Gerichtsbarkeit anstelle der Amtsgerichte die Notare zuständig.

**§ 23b[2]) [Familiengerichte]** (1) Bei den Amtsgerichten werden Abteilungen für Familiensachen (Familiengerichte) gebildet.

(2) [1] Werden mehrere Abteilungen für Familiensachen gebildet, so sollen alle Familiensachen, die denselben Personenkreis betreffen, derselben Abteilung zugewiesen werden. [2] Wird eine Ehesache rechtshängig, während eine andere Familiensache, die denselben Personenkreis oder ein gemeinschaftliches Kind der Ehegatten betrifft, bei einer anderen Abteilung im ersten Rechtszug anhängig ist, ist diese von Amts wegen an die Abteilung der Ehesache abzugeben. [3] Wird bei einer Abteilung ein Antrag in einem Verfahren nach den §§ 10 bis 12 des Internationalen Familienrechtsverfahrensgesetzes[3]) vom 26. Januar 2005 (BGBl. I S. 162) anhängig, während eine Familiensache, die dasselbe Kind betrifft, bei einer anderen Abteilung im ersten Rechtszug anhängig ist, ist diese von Amts wegen an die erstgenannte Abteilung abzugeben; dies gilt nicht, wenn der Antrag offensichtlich unzulässig ist. [4] Auf übereinstimmenden Antrag beider Elternteile sind die Regelungen des Satzes 3 auch auf andere Familiensachen anzuwenden, an denen diese beteiligt sind.

(3) [1] Die Abteilungen für Familiensachen werden mit Familienrichtern besetzt. [2] Ein Richter auf Probe darf im ersten Jahr nach seiner Ernennung Geschäfte des Familienrichters nicht wahrnehmen. ***[Satz 3 ab 1.1.2022:]*** *[3] Richter in Familiensachen sollen über belegbare Kenntnisse auf den Gebieten des Familienrechts, insbesondere des Kindschaftsrechts, des Familienverfahrensrechts und der für das Verfahren in Familiensachen notwendigen Teile des Kinder- und Jugendhilferechts sowie über belegbare Grundkenntnisse der Psychologie, insbesondere der Entwicklungspsychologie des Kindes, und der Kommunikation mit Kindern verfügen.* ***[Satz 4 ab 1.1.2022:]*** *[4] Einem Richter, dessen Kenntnisse auf diesen Gebieten nicht belegt sind, dürfen die Aufgaben eines Familienrichters*

---

[1]) **Habersack, Deutsche Gesetze ErgBd. Nr. 39a.**

[2]) § 23b eingef. durch G v. 14.6.1976 (BGBl. I S. 1421); Abs. 1 Satz 2 Nr. 2 geänd. durch G v. 18.7.1979 (BGBl. I S. 1061); Abs. 3 Satz 2 neu gef. durch G v. 11.1.1993 (BGBl. I S. 50); Abs. 1 Satz 2 aufgeh., Abs. 2 neu gef. mWv 1.9.2009 durch G v. 17.12.2008 (BGBl. I S. 2586); Abs. 3 Sätze 3–5 angef. **mWv 1.1.2022** durch G v. 16.6.2021 (BGBl. I S. 1810).

[3]) **Habersack, Deutsche Gesetze ErgBd. Nr. 103n.**

*nur zugewiesen werden, wenn der Erwerb der Kenntnisse alsbald zu erwarten ist.* **[Satz 5 ab 1.1.2022:]** *5 Von den Anforderungen nach den Sätzen 3 und 4 kann bei Richtern, die nur im Rahmen eines Bereitschaftsdiensts mit der Wahrnehmung familiengerichtlicher Aufgaben befasst sind, abgewichen werden, wenn andernfalls ein ordnungsgemäßer und den betroffenen Richtern zumutbarer Betrieb des Bereitschaftsdiensts nicht gewährleistet wäre.*

**§ 23c[1)] [Betreuungsgerichte]** (1) Bei den Amtsgerichten werden Abteilungen für Betreuungssachen, Unterbringungssachen und betreuungsgerichtliche Zuweisungssachen (Betreuungsgerichte) gebildet.

(2) 1 Die Betreuungsgerichte werden mit Betreuungsrichtern besetzt. 2 Ein Richter auf Probe darf im ersten Jahr nach seiner Ernennung Geschäfte des Betreuungsrichters nicht wahrnehmen.

**§ 23d[2)] [Gemeinsames Amtsgericht in Familien- und Handelssachen sowie in Angelegenheiten der freiwilligen Gerichtsbarkeit]** 1 Die Landesregierungen werden ermächtigt, durch Rechtsverordnung[3)] einem Amtsgericht für die Bezirke mehrerer Amtsgerichte die Familiensachen sowie ganz oder teilweise die Handelssachen, die Angelegenheiten der freiwilligen Gerichtsbarkeit und Entscheidungen über Maßnahmen, die nach den Vollzugsgesetzen der vorherigen gerichtlichen Anordnung oder gerichtlichen Genehmigung bedürfen zuzuweisen, sofern die Zusammenfassung der sachlichen Förderung der Verfahren dient oder zur Sicherung einer einheitlichen Rechtsprechung geboten erscheint. 2 Die Landesregierungen können die Ermächtigungen auf die Landesjustizverwaltungen übertragen.

**§ 24[4)] [Zuständigkeit in Strafsachen]** (1) 1 In Strafsachen sind die Amtsgerichte zuständig, wenn nicht

1. die Zuständigkeit des Landgerichts nach § 74 Abs. 2 oder § 74a oder des Oberlandesgerichts nach den §§ 120 oder 120b begründet ist,
2. im Einzelfall eine höhere Strafe als vier Jahre Freiheitsstrafe oder die Unterbringung des Beschuldigten in einem psychiatrischen Krankenhaus, allein oder neben einer Strafe, oder in der Sicherungsverwahrung (§§ 66 bis 66b des Strafgesetzbuches[5)]) zu erwarten ist oder
3. die Staatsanwaltschaft wegen der besonderen Schutzbedürftigkeit von Verletzten der Straftat, die als Zeugen in Betracht kommen, des besonderen Umfangs oder der besonderen Bedeutung des Falles Anklage beim Landgericht erhebt.

---

1) § 23c eingef. mWv 1.9.2009 durch G v. 17.12.2008 (BGBl. I S. 2586).

2) Bish. § 23c wird § 23d und Satz 1 geänd. mWv 1.9.2009 durch G v. 17.12.2008 (BGBl. I S. 2586); Satz 1 geänd. mWv 28.6.2019 durch G v. 19.6.2019 (BGBl. I S. 840).

3) Siehe hierzu ua: **Baden-Württemberg:** § 3 VO v. 20.11.1998 (GBl. S. 680), zuletzt geänd. durch VO v. 26.11.2020 (GBl. S. 1099); **Berlin:** §§ 5 und 15 ZuwV v. 8.5.2008 (GVBl. S. 116), zuletzt geänd. durch VO v. 16.9.2019 (GVBl. S. 627); **Hessen:** § 5 VO v. 3.6.2013 (GVBl. S. 386), zuletzt geänd. durch G v. 8.10.2020 (GVBl. S. 710); **Nordrhein-Westfalen:** VO v. 8.6.1998 (GV. NRW. S. 431), zuletzt geänd. durch VO v. 9.2.2000 (GV. NRW. S. 136); **Rheinland-Pfalz:** LandesVO v. 15.12.1982 (GVBl. S. 460), zuletzt geänd. durch VO v. 6.11.2017 (GVBl. S. 246); **Schleswig-Holstein:** LandesVO v. 4.12. 1996 (GVOBl. Schl.-H. S. 720), zuletzt geänd. durch VO v. 26.11.2020 (GVOBl. Schl.-H. S. 923).

4) § 24 Abs. 1 Nr. 2, Abs. 2 geänd. durch G v. 20.12.1984 (BGBl. I S. 1654); Abs. 1 Nr. 2, Abs. 2 geänd. durch G v. 11.1.1993 (BGBl. I S. 50); Abs. 1 Nr. 3 geänd. mWv 1.9.2004 durch G v. 24.6.2004 (BGBl. I S. 1354); Abs. 1 Nr. 2 geänd. mWv 29.7.2004 durch G v. 23.7.2004 (BGBl. I S. 1838); Abs. 1 Satz 2 angef. mWv 1.9.2013 durch G v. 26.6.2013 (BGBl. I S. 1805); Abs. 1 Satz 1 Nr. 1 geänd. mWv 1.9.2014 durch G v. 23.4.2014 (BGBl. I S. 410).

5) Nr. **85**.

²Eine besondere Schutzbedürftigkeit nach Satz 1 Nummer 3 liegt insbesondere vor, wenn zu erwarten ist, dass die Vernehmung für den Verletzten mit einer besonderen Belastung verbunden sein wird, und deshalb mehrfache Vernehmungen vermieden werden sollten.

(2) Das Amtsgericht darf nicht auf eine höhere Strafe als vier Jahre Freiheitsstrafe und nicht auf die Unterbringung in einem psychiatrischen Krankenhaus, allein oder neben einer Strafe, oder in der Sicherungsverwahrung erkennen.

**§ 25**[1)] **[Zuständigkeit des Strafrichters]** Der Richter beim Amtsgericht entscheidet als Strafrichter bei Vergehen,

1. wenn sie im Wege der Privatklage verfolgt werden oder
2. wenn eine höhere Strafe als Freiheitsstrafe von zwei Jahren nicht zu erwarten ist.

**§ 26**[2)] **[Zuständigkeit in Jugendschutzsachen]** (1) ¹Für Straftaten Erwachsener, durch die ein Kind oder ein Jugendlicher verletzt oder unmittelbar gefährdet wird, sowie für Verstöße Erwachsener gegen Vorschriften, die dem Jugendschutz oder der Jugenderziehung dienen, sind neben den für allgemeine Strafsachen zuständigen Gerichten auch die Jugendgerichte zuständig. ²Die §§ 24 und 25 gelten entsprechend.

(2) ¹In Jugendschutzsachen soll die Staatsanwaltschaft Anklage bei den Jugendgerichten erheben, wenn damit die schutzwürdigen Interessen von Kindern oder Jugendlichen, die in dem Verfahren als Zeugen benötigt werden, besser gewahrt werden können. ²Im Übrigen soll die Staatsanwaltschaft Anklage bei den Jugendgerichten nur erheben, wenn aus sonstigen Gründen eine Verhandlung vor dem Jugendgericht zweckmäßig erscheint.

(3) Die Absätze 1 und 2 gelten entsprechend für die Beantragung gerichtlicher Untersuchungshandlungen im Ermittlungsverfahren.

**§ 26a** (weggefallen)

**§ 27 [Sonstige Zuständigkeit und Geschäftskreis]** Im übrigen wird die Zuständigkeit und der Geschäftskreis der Amtsgerichte durch die Vorschriften dieses Gesetzes und der Prozeßordnungen bestimmt.

## Vierter Titel. Schöffengerichte

**§ 28 [Zuständigkeit]** Für die Verhandlung und Entscheidung der zur Zuständigkeit der Amtsgerichte gehörenden Strafsachen werden, soweit nicht der Strafrichter entscheidet, bei den Amtsgerichten Schöffengerichte gebildet.

**§ 29 [Zusammensetzung; erweitertes Schöffengericht]** (1) ¹Das Schöffengericht besteht aus dem Richter beim Amtsgericht als Vorsitzenden und zwei Schöffen. ²Ein Richter auf Probe darf im ersten Jahr nach seiner Ernennung nicht Vorsitzender sein.

(2) ¹Bei Eröffnung des Hauptverfahrens kann auf Antrag der Staatsanwaltschaft die Zuziehung eines zweiten Richters beim Amtsgericht beschlossen werden, wenn dessen Mitwirkung nach dem Umfang der Sache notwendig erscheint.

---

1) § 25 Nr. 1 geänd., Nr. 2 neu gef., Nr. 3 aufgeh. durch G v. 11.1.1993 (BGBl. I S. 50).

2) § 26 Abs. 2 neu gef., Abs. 3 angef. mWv 1.9.2013 durch G v. 26.6.2013 (BGBl. I S. 1805).

[2] Eines Antrages der Staatsanwaltschaft bedarf es nicht, wenn ein Gericht höherer Ordnung das Hauptverfahren vor dem Schöffengericht eröffnet.

**§ 30 [Befugnisse der Schöffen]** (1) Insoweit das Gesetz nicht Ausnahmen bestimmt, üben die Schöffen während der Hauptverhandlung das Richteramt in vollem Umfang und mit gleichem Stimmrecht wie die Richter beim Amtsgericht aus und nehmen auch an den im Laufe einer Hauptverhandlung zu erlassenden Entscheidungen teil, die in keiner Beziehung zu der Urteilsfällung stehen und die auch ohne mündliche Verhandlung erlassen werden können.

(2) Die außerhalb der Hauptverhandlung erforderlichen Entscheidungen werden von dem Richter beim Amtsgericht erlassen.

**§ 31 [Ehrenamt]** [1] Das Amt eines Schöffen ist ein Ehrenamt. [2] Es kann nur von Deutschen versehen werden.

**§ 32[1)] [Unfähigkeit zum Schöffenamt]** Unfähig zu dem Amt eines Schöffen sind:

1. Personen, die infolge Richterspruchs die Fähigkeit zur Bekleidung öffentlicher Ämter nicht besitzen oder wegen einer vorsätzlichen Tat zu einer Freiheitsstrafe von mehr als sechs Monaten verurteilt sind;
2. Personen, gegen die ein Ermittlungsverfahren wegen einer Tat schwebt, die den Verlust der Fähigkeit zur Bekleidung öffentlicher Ämter zur Folge haben kann.

**§ 33[2)] [Nicht zu berufende Personen]** Zu dem Amt eines Schöffen sollen nicht berufen werden:

1. Personen, die bei Beginn der Amtsperiode das fünfundzwanzigste Lebensjahr noch nicht vollendet haben würden;
2. Personen, die das siebzigste Lebensjahr vollendet haben oder es bis zum Beginn der Amtsperiode vollenden würden;
3. Personen, die zur Zeit der Aufstellung der Vorschlagsliste nicht in der Gemeinde wohnen;
4. Personen, die aus gesundheitlichen Gründen für das Amt nicht geeignet sind;
5. Personen, die mangels ausreichender Beherrschung der deutschen Sprache für das Amt nicht geeignet sind;
6. Personen, die in Vermögensverfall geraten sind.

**§ 34[3)] [Weitere nicht zu berufende Personen]** (1) Zu dem Amt eines Schöffen sollen ferner nicht berufen werden:

1. der Bundespräsident;
2. die Mitglieder der Bundesregierung oder einer Landesregierung;
3. Beamte, die jederzeit einstweilig in den Warte- oder Ruhestand versetzt werden können;
4. Richter und Beamte der Staatsanwaltschaft, Notare und Rechtsanwälte;

---

[1)] § 32 Nr. 3 aufgeh., Nr. 2 geänd. durch G. v. 4.10.1994 (BGBl. I S. 2911).

[2)] § 33 Nr. 5 angef. durch G. v. 5.10.1994 (BGBl. I S. 2911); Nr. 4 neu gef. mWv 1.5.2002 durch G v. 27.4.2002 (BGBl. I S. 1467); Nr. 3 geänd. mWv 1.1.2005 durch G v. 21.12.2004 (BGBl. I S. 3599); Nr. 4 geänd., Nr. 5 eingef., bish. Nr. 5 wird Nr. 6 mWv 30.7.2010 durch G v. 24.7.2010 (BGBl. I S. 976).

[3)] § 34 Abs. 1 Nr. 6 geänd., Nr. 7 aufgeh. mWv 5.9.2017 durch G v. 27.8.2017 (BGBl. I S. 3295).

5. gerichtliche Vollstreckungsbeamte, Polizeivollzugsbeamte, Bedienstete des Strafvollzugs sowie hauptamtliche Bewährungs- und Gerichtshelfer;
6. Religionsdiener und Mitglieder solcher religiösen Vereinigungen, die satzungsgemäß zum gemeinsamen Leben verpflichtet sind.

(2) Die Landesgesetze können außer den vorbezeichneten Beamten höhere Verwaltungsbeamte bezeichnen, die zu dem Amt eines Schöffen nicht berufen werden sollen.

**§ 35[1)] [Ablehnung des Schöffenamts]** Die Berufung zum Amt eines Schöffen dürfen ablehnen:
1. Mitglieder des Bundestages, des Bundesrates, des Europäischen Parlaments, eines Landtages oder einer zweiten Kammer;
2. Personen, die
   a) in zwei aufeinanderfolgenden Amtsperioden als ehrenamtlicher Richter in der Strafrechtspflege tätig gewesen sind, sofern die letzte Amtsperiode zum Zeitpunkt der Aufstellung der Vorschlagsliste noch andauert,
   b) in der vorhergehenden Amtsperiode die Verpflichtung eines ehrenamtlichen Richters in der Strafrechtspflege an mindestens vierzig Tagen erfüllt haben oder
   c) bereits als ehrenamtliche Richter tätig sind;
3. Ärzte, Zahnärzte, Krankenschwestern, Kinderkrankenschwestern, Krankenpfleger und Hebammen;
4. Apothekenleiter, die keinen weiteren Apotheker beschäftigen;
5. Personen, die glaubhaft machen, daß ihnen die unmittelbare persönliche Fürsorge für ihre Familie die Ausübung des Amtes in besonderem Maße erschwert;
6. Personen, die das fünfundsechzigste Lebensjahr vollendet haben oder es bis zum Ende der Amtsperiode vollendet haben würden;
7. Personen, die glaubhaft machen, daß die Ausübung des Amtes für sie oder einen Dritten wegen Gefährdung oder erheblicher Beeinträchtigung einer ausreichenden wirtschaftlichen Lebensgrundlage eine besondere Härte bedeutet.

**§ 36[2)] [Vorschlagsliste]** (1) [1]Die Gemeinde stellt in jedem fünften Jahr eine Vorschlagsliste für Schöffen auf. [2]Für die Aufnahme in die Liste ist die Zustimmung von zwei Dritteln der anwesenden Mitglieder der Gemeindevertretung, mindestens jedoch der Hälfte der gesetzlichen Zahl der Mitglieder der Gemeindevertretung erforderlich. [3]Die jeweiligen Regelungen zur Beschlussfassung der Gemeindevertretung bleiben unberührt.

(2) [1]Die Vorschlagsliste soll alle Gruppen der Bevölkerung nach Geschlecht, Alter, Beruf und sozialer Stellung angemessen berücksichtigen. [2]Sie muss Familienname, Vornamen, gegebenenfalls einen vom Familiennamen abweichenden Geburtsnamen, Geburtsjahr, Wohnort einschließlich Postleitzahl sowie Beruf der vorgeschlagenen Person enthalten; bei häufig vorkommenden Namen ist auch der Stadt- oder Ortsteil des Wohnortes aufzunehmen.

---

[1)] § 35 Nr. 1 geänd., Nr. 7 angef. durch G v. 17.12.1990 (BGBl. I S. 2847); Nr. 2 neu gef. mWv 5.9. 2017 durch G v. 27.8.2017 (BGBl. I S. 3295).

[2)] § 36 Abs. 4 neu gef. durch G v. 27.1.1987 (BGBl. I S. 475); Abs. 1 Sätze 1 und 2 geänd., Satz 3 angef. mWv 1.1.2005 durch G v. 21.12.2004 (BGBl. I S. 3599); Abs. 2 Satz 2 neu gef., Abs. 4 Satz 1 geänd. mWv 1.7.2021 durch G v. 25.6.2021 (BGBl. I S. 2099).

(3) [1]Die Vorschlagsliste ist in der Gemeinde eine Woche lang zu jedermanns Einsicht aufzulegen. [2]Der Zeitpunkt der Auflegung ist vorher öffentlich bekanntzumachen.

(4) [1]In die Vorschlagslisten des Bezirks des Amtsgerichts sind mindestens doppelt so viele Personen aufzunehmen, wie als erforderliche Zahl von Haupt- und Ersatzschöffen nach § 43 bestimmt sind. [2]Die Verteilung auf die Gemeinden des Bezirks erfolgt durch den Präsidenten des Landgerichts (Präsidenten des Amtsgerichts) in Anlehnung an die Einwohnerzahl der Gemeinden.

**§ 37 [Einspruch gegen die Vorschlagsliste]** Gegen die Vorschlagsliste kann binnen einer Woche, gerechnet vom Ende der Auflegungsfrist, schriftlich oder zu Protokoll mit der Begründung Einspruch erhoben werden, daß in die Vorschlagsliste Personen aufgenommen sind, die nach § 32 nicht aufgenommen werden durften oder nach den §§ 33, 34 nicht aufgenommen werden sollten.

**§ 38 [Übersendung der Vorschlagsliste]** (1) Der Gemeindevorsteher sendet die Vorschlagsliste nebst den Einsprüchen an den Richter beim Amtsgericht des Bezirks.

(2) Wird nach Absendung der Vorschlagsliste ihre Berichtigung erforderlich, so hat der Gemeindevorsteher hiervon dem Richter beim Amtsgericht Anzeige zu machen.

**§ 39 [Vorbereitung der Ausschussberatung]** [1]Der Richter beim Amtsgericht stellt die Vorschlagslisten der Gemeinden zur Liste des Bezirks zusammen und bereitet den Beschluß über die Einsprüche vor. [2]Er hat die Beachtung der Vorschriften des § 36 Abs. 3 zu prüfen und die Abstellung etwaiger Mängel zu veranlassen.

**§ 40[1)] [Ausschuss]** (1) Bei dem Amtsgericht tritt jedes fünfte Jahr ein Ausschuß zusammen.

(2) [1]Der Ausschuß besteht aus dem Richter beim Amtsgericht als Vorsitzenden und einem von der Landesregierung zu bestimmenden Verwaltungsbeamten sowie sieben Vertrauenspersonen als Beisitzern. [2]Die Landesregierungen werden ermächtigt, durch Rechtsverordnung die Zuständigkeit für die Bestimmung des Verwaltungsbeamten abweichend von Satz 1 zu regeln. [3]Sie können diese Ermächtigung durch Rechtsverordnung auf oberste Landesbehörden übertragen.

(3) [1]Die Vertrauenspersonen werden aus den Einwohnern des Amtsgerichtsbezirks von der Vertretung des ihm entsprechenden unteren Verwaltungsbezirks mit einer Mehrheit von zwei Dritteln der anwesenden Mitglieder, mindestens jedoch mit der Hälfte der gesetzlichen Mitgliederzahl gewählt. [2]Die jeweiligen Regelungen zur Beschlussfassung dieser Vertretung bleiben unberührt. [3]Umfaßt der Amtsgerichtsbezirk mehrere Verwaltungsbezirke oder Teile mehrerer Verwaltungsbezirke, so bestimmt die zuständige oberste Landesbehörde die Zahl der Vertrauenspersonen, die von den Vertretungen dieser Verwaltungsbezirke zu wählen sind.

(4) Der Ausschuß ist beschlußfähig, wenn wenigstens der Vorsitzende, der Verwaltungsbeamte und drei Vertrauenspersonen anwesend sind.

---

[1)] § 40 Abs. 1 und 4 geänd., Abs. 2 Satz 1 geänd., Sätze 2 und 3 angef., Abs. 3 Satz 1 geänd., Satz 2 eingef., bish. Satz 2 wird Satz 3 mWv 1.1.2005 durch G v. 21.12.2004 (BGBl. I S. 3599).

**§ 41 [Entscheidung über Einsprüche]** [1]Der Ausschuß entscheidet mit einfacher Mehrheit über die gegen die Vorschlagsliste erhobenen Einsprüche. [2]Bei Stimmengleichheit entscheidet die Stimme des Vorsitzenden. [3]Die Entscheidungen sind zu Protokoll zu vermerken. [4]Sie sind nicht anfechtbar.

**§ 42[1)] [Schöffenwahl]** (1) Aus der berichtigten Vorschlagsliste wählt der Ausschuß mit einer Mehrheit von zwei Dritteln der Stimmen für die nächsten fünf Geschäftsjahre:

1. die erforderliche Zahl von Schöffen;
2. die erforderliche Zahl der Personen, die an die Stelle wegfallender Schöffen treten oder in den Fällen der §§ 46, 47 als Schöffen benötigt werden (Ersatzschöffen). Zu wählen sind Personen, die am Sitz des Amtsgerichts oder in dessen nächster Umgebung wohnen.

(2) Bei der Wahl soll darauf geachtet werden, daß alle Gruppen der Bevölkerung nach Geschlecht, Alter, Beruf und sozialer Stellung angemessen berücksichtigt werden.

**§ 43[2)] [Bestimmung der Schöffenzahl]** (1) Die für jedes Amtsgericht erforderliche Zahl von Haupt- und Ersatzschöffen wird durch den Präsidenten des Landgerichts (Präsidenten des Amtsgerichts) bestimmt.

(2) Die Zahl der Hauptschöffen ist so zu bemessen, daß voraussichtlich jeder zu nicht mehr als zwölf ordentlichen Sitzungstagen im Jahr herangezogen wird.

**§ 44[3)] [Schöffenliste]** Die Namen der gewählten Hauptschöffen und Ersatzschöffen werden bei jedem Amtsgericht in gesonderte Verzeichnisse aufgenommen (Schöffenlisten).

**§ 45[4)] [Feststellung der Sitzungstage]** (1) Die Tage der ordentlichen Sitzungen des Schöffengerichts werden für das ganze Jahr im voraus festgestellt.

(2) [1]Die Reihenfolge, in der die Hauptschöffen an den einzelnen ordentlichen Sitzungen des Jahres teilnehmen, wird durch Auslosung in öffentlicher Sitzung des Amtsgerichts bestimmt. [2]Sind bei einem Amtsgericht mehrere Schöffengerichte eingerichtet, so kann die Auslosung in einer Weise bewirkt werden, nach der jeder Hauptschöffe nur an den Sitzungen eines Schöffengerichts teilnimmt. [3]Die Auslosung ist so vorzunehmen, daß jeder ausgeloste Hauptschöffe möglichst zu zwölf Sitzungstagen herangezogen wird. [4]Satz 1 gilt entsprechend für die Reihenfolge, in der die Ersatzschöffen an die Stelle wegfallender Schöffen treten (Ersatzschöffenliste); Satz 2 ist auf sie nicht anzuwenden.

(3) Das Los zieht der Richter beim Amtsgericht.

(4) [1]Die Schöffenlisten werden bei einem Urkundsbeamten der Geschäftsstelle (Schöffengeschäftsstelle) geführt. [2]Er nimmt ein Protokoll über die Auslosung auf. [3]Der Richter beim Amtsgericht benachrichtigt die Schöffen von der Auslosung. [4]Zugleich sind die Hauptschöffen von den Sitzungstagen, an denen sie tätig werden müssen, unter Hinweis auf die gesetzlichen Folgen des Ausbleibens in

---

1) § 42 Abs. 1 Nr. 2 geänd. durch G v. 5.10.1978 (BGBl. I S. 1645); Abs. 1 einl. Satzteil geänd. mWv 1.1.2005 durch G v. 21.12.2004 (BGBl. I S. 3599); Abs. 1 Nr. 2 geänd. mWv 1.7.2021 durch G v. 25.6.2021 (BGBl. I S. 2099).

2) § 43 Abs. 1 geänd. mWv 1.7.2021 durch G v. 25.6.2021 (BGBl. I S. 2099).

3) § 44 geänd. mWv 1.7.2021 durch G v. 25.6.2021 (BGBl. I S. 2099).

4) § 45 Abs. 2 Satz 2 eingef., bish. Satz 2 wird Satz 3, Satz 4 angef., Abs. 4 neu gef. durch G v. 5.10.1978 (BGBl. I S. 1645); Abs. 2 Satz 4 geänd. mWv 1.7.2021 durch G v. 25.6.2021 (BGBl. I S. 2099).

Kenntnis zu setzen. [5] Ein Schöffe, der erst im Laufe des Geschäftsjahres zu einem Sitzungstag herangezogen wird, ist sodann in gleicher Weise zu benachrichtigen.

**§ 46[1)] [Bildung eines weiteren Schöffengerichts]** [1] Wird bei einem Amtsgericht während des Geschäftsjahres ein weiteres Schöffengericht gebildet, so werden für dessen ordentliche Sitzungen die benötigten Hauptschöffen gemäß § 45 Abs. 1, 2 Satz 1, Abs. 3, 4 aus der Ersatzschöffenliste ausgelost. [2] Die ausgelosten Schöffen werden in der Ersatzschöffenliste gestrichen.

**§ 47[2)] [Außerordentliche Sitzungen]** Wenn die Geschäfte die Anberaumung außerordentlicher Sitzungen erforderlich machen oder wenn zu einzelnen Sitzungen die Zuziehung anderer als der zunächst berufenen Schöffen oder Ergänzungsschöffen erforderlich wird, so werden Schöffen aus der Ersatzschöffenliste herangezogen.

**§ 48[3)] [Zuziehung von Ergänzungsschöffen]** (1) Ergänzungsschöffen (§ 192 Abs. 2, 3) werden aus der Ersatzschöffenliste zugewiesen.

(2) Im Fall der Verhinderung eines Hauptschöffen tritt der zunächst zugewiesene Ergänzungsschöffe auch dann an seine Stelle, wenn die Verhinderung vor Beginn der Sitzung bekannt wird.

**§ 49[4)] [Heranziehung aus der Ersatzschöffenliste]** (1) Wird die Heranziehung von Ersatzschöffen zu einzelnen Sitzungen erforderlich (§§ 47, 48 Abs. 1), so werden sie aus der Ersatzschöffenliste in deren Reihenfolge zugewiesen.

(2) [1] Wird ein Hauptschöffe von der Schöffenliste gestrichen, so tritt der Ersatzschöffe, der nach der Reihenfolge der Ersatzschöffenliste an nächster Stelle steht, unter seiner Streichung in der Ersatzschöffenliste an die Stelle des gestrichenen Hauptschöffen. [2] Die Schöffengeschäftsstelle benachrichtigt den neuen Hauptschöffen gemäß § 45 Abs. 4 Satz 3, 4.

(3) [1] Maßgebend für die Reihenfolge ist der Eingang der Anordnung oder Feststellung, aus der sich die Notwendigkeit der Heranziehung ergibt, bei der Schöffengeschäftsstelle. [2] Die Schöffengeschäftsstelle vermerkt Datum und Uhrzeit des Eingangs auf der Anordnung oder Feststellung. [3] In der Reihenfolge des Eingangs weist sie die Ersatzschöffen nach Absatz 1 den verschiedenen Sitzungen zu oder überträgt sie nach Absatz 2 in die Hauptschöffenliste. [4] Gehen mehrere Anordnungen oder Feststellungen gleichzeitig ein, so sind zunächst Übertragungen aus der Ersatzschöffenliste in die Hauptschöffenliste nach Absatz 2 in der alphabetischen Reihenfolge der Familiennamen der von der Schöffenliste gestrichenen Hauptschöffen vorzunehmen; im übrigen ist die alphabetische Reihenfolge der Familiennamen der an erster Stelle Angeklagten maßgebend.

(4) [1] Ist ein Ersatzschöffe einem Sitzungstag zugewiesen, so ist er erst wieder heranzuziehen, nachdem alle anderen Ersatzschöffen ebenfalls zugewiesen oder von der Dienstleistung entbunden oder nicht erreichbar (§ 54) gewesen sind.

---

1) § 46 neu gef. durch G v. 5.10.1978 (BGBl. I S. 1645); Sätze 1 und 2 geänd. mWv 1.7.2021 durch G v. 25.6.2021 (BGBl. I S. 2099).

2) § 47 neu gef. durch G v. 5.10.1978 (BGBl. I S. 1645); geänd. mWv 1.7.2021 durch G v. 25.6.2021 (BGBl. I S. 2099).

3) § 48 neu gef. durch G v. 5.10.1978 (BGBl. I S. 1645); Abs. 1 geänd. mWv 1.7.2021 durch G v. 25.6. 2021 (BGBl. I S. 2099).

4) § 49 neu gef. durch G v. 5.10.1978 (BGBl. I S. 1645); Abs. 1, Abs. 2 Satz 1, Abs. 3 Sätze 3 und 4, Abs. 4 Satz 1 geänd. mWv 1.7.2021 durch G v. 25.6.2021 (BGBl. I S. 2099).

[2]Dies gilt auch, wenn er selbst nach seiner Zuweisung von der Dienstleistung entbunden worden oder nicht erreichbar gewesen ist.

**§ 50 [Mehrtägige Sitzung]** Erstreckt sich die Dauer einer Sitzung über die Zeit hinaus, für die der Schöffe zunächst einberufen ist, so hat er bis zur Beendigung der Sitzung seine Amtstätigkeit fortzusetzen.

**§ 51[1)] [Amtsenthebung von Schöffen]** (1) Ein Schöffe ist seines Amtes zu entheben, wenn er seine Amtspflichten gröblich verletzt hat.

(2) [1]Die Entscheidung trifft ein Strafsenat des Oberlandesgerichts auf Antrag des Richters beim Amtsgericht durch Beschluss nach Anhörung der Staatsanwaltschaft und des beteiligten Schöffen. [2]Die Entscheidung ist nicht anfechtbar.

(3) [1]Der nach Absatz 2 Satz 1 zuständige Senat kann anordnen, dass der Schöffe bis zur Entscheidung über die Amtsenthebung nicht zu Sitzungen heranzuziehen ist. [2]Die Anordnung ist nicht anfechtbar.

**§ 52[2)] [Streichung von der Schöffenliste]** (1) [1]Ein Schöffe ist von der Schöffenliste zu streichen, wenn

1. seine Unfähigkeit zum Amt eines Schöffen eintritt oder bekannt wird, oder
2. Umstände eintreten oder bekannt werden, bei deren Vorhandensein eine Berufung zum Schöffenamt nicht erfolgen soll.

[2]Im Falle des § 33 Nr. 3 gilt dies jedoch nur, wenn der Schöffe seinen Wohnsitz im Landgerichtsbezik aufgibt.

(2) [1]Auf seinen Antrag ist ein Schöffe aus der Schöffenliste zu streichen, wenn er

1. seinen Wohnsitz im Amtsgerichtsbezirk, in dem er tätig ist, aufgibt oder
2. während eines Geschäftsjahres an mehr als 24 Sitzungstagen an Sitzungen teilgenommen hat.

[2]Bei Hauptschöffen wird die Streichung nur für Sitzungen wirksam, die später als zwei Wochen nach dem Tag beginnen, an dem der Antrag bei der Schöffengeschäftsstelle eingeht. [3]Ist einem Ersatzschöffen eine Mitteilung über seine Heranziehung zu einem bestimmten Sitzungstag bereits zugegangen, so wird seine Streichung erst nach Abschluß der an diesem Sitzungstag begonnenen Hauptverhandlung wirksam.

(3) [1]Ist der Schöffe verstorben oder aus dem Landgerichtsbezirk verzogen, ordnet der Richter beim Amtsgericht seine Streichung an. [2]Im Übrigen entscheidet er nach Anhörung der Staatsanwaltschaft und des beteiligten Schöffen.

(4) Die Entscheidung ist nicht anfechtbar.

(5) Wird ein Ersatzschöffe in die Hauptschöffenliste übertragen, so gehen die Dienstleistungen vor, zu denen er zuvor als Ersatzschöffe herangezogen war.

(6) [1]Hat sich die ursprüngliche Zahl der Ersatzschöffen in der Ersatzschöffenliste auf die Hälfte verringert, so findet aus den vorhandenen Vorschlagslisten eine Ergänzungswahl durch den Ausschuß statt, der die Schöffenwahl vorgenommen hatte. [2]Der Richter beim Amtsgericht kann von der Ergänzungswahl absehen,

---

[1)] § 51 neu gef. mWv 28.12.2010 durch G v. 22.12.2010 (BGBl. I S. 2248).

[2)] § 52 Abs. 1 und 2 neu gef., Abs. 5 und 6 angef. durch G v. 5.10.1978 (BGBl. I S. 1645); Abs. 1 Satz 2 angef., Abs. 2 Satz 1 und Abs. 3 neu gef. mWv 1.1.2005 durch G v. 21.12.2004 (BGBl. I S. 3599); Abs. 2 Satz 3, Abs. 5, Abs. 6 Sätze 1 und 3 geänd. mWv 1.7.2021 durch G v. 25.6.2021 (BGBl. I S. 2099).

wenn sie in den letzten sechs Monaten des Zeitraums stattfinden müßte, für den die Schöffen gewählt sind. [3] Für die Bestimmung der Reihenfolge der neuen Ersatzschöffen gilt § 45 entsprechend mit der Maßgabe, daß die Plätze im Anschluß an den im Zeitpunkt der Auslosung an letzter Stelle der Ersatzschöffenliste stehenden Schöffen ausgelost werden.

**§ 53 [Ablehnungsgründe]** (1) [1] Ablehnungsgründe sind nur zu berücksichtigen, wenn sie innerhalb einer Woche, nachdem der beteiligte Schöffe von seiner Einberufung in Kenntnis gesetzt worden ist, von ihm geltend gemacht werden. [2] Sind sie später entstanden oder bekannt geworden, so ist die Frist erst von diesem Zeitpunkt zu berechnen.

(2) [1] Der Richter beim Amtsgericht entscheidet über das Gesuch nach Anhörung der Staatsanwaltschaft. [2] Die Entscheidung ist nicht anfechtbar.

**§ 54[1)] [Entbindung vom Schöffenamt an einzelnen Sitzungstagen]**

(1) [1] Der Richter beim Amtsgericht kann einen Schöffen auf dessen Antrag wegen eingetretener Hinderungsgründe von der Dienstleistung an bestimmten Sitzungstagen entbinden. [2] Ein Hinderungsgrund liegt vor, wenn der Schöffe an der Dienstleistung durch unabwendbare Umstände gehindert ist oder wenn ihm die Dienstleistung nicht zugemutet werden kann.

(2) [1] Für die Heranziehung von Ersatzschöffen steht es der Verhinderung eines Schöffen gleich, wenn der Schöffe nicht erreichbar ist. [2] Ein Schöffe, der sich zur Sitzung nicht einfindet und dessen Erscheinen ohne erhebliche Verzögerung ihres Beginns voraussichtlich nicht herbeigeführt werden kann, gilt als nicht erreichbar. [3] Ein Ersatzschöffe ist auch dann als nicht erreichbar anzusehen, wenn seine Heranziehung eine Vertagung der Verhandlung oder eine erhebliche Verzögerung ihres Beginns notwendig machen würde. [4] Die Entscheidung darüber, daß ein Schöffe nicht erreichbar ist, trifft der Richter beim Amtsgericht. [5] § 56 bleibt unberührt.

(3) [1] Die Entscheidung ist nicht anfechtbar. [2] Der Antrag nach Absatz 1 und die Entscheidung sind aktenkundig zu machen.

**§ 55[2)] [Entschädigung]** Die Schöffen und Vertrauenspersonen des Ausschusses erhalten eine Entschädigung nach dem Justizvergütungs- und -entschädigungsgesetz[3)].

**§ 56 [Unentschuldigtes Ausbleiben]** (1) [1] Gegen Schöffen und Vertrauenspersonen des Ausschusses, die sich ohne genügende Entschuldigung zu den Sitzungen nicht rechtzeitig einfinden oder sich ihren Obliegenheiten in anderer Weise entziehen, wird ein Ordnungsgeld festgesetzt. [2] Zugleich werden ihnen auch die verursachten Kosten auferlegt.

(2) [1] Die Entscheidung trifft der Richter beim Amtsgericht nach Anhörung der Staatsanwaltschaft. [2] Bei nachträglicher genügender Entschuldigung kann die Entscheidung ganz oder zum Teil zurückgenommen werden. [3] Gegen die Entscheidung ist Beschwerde des Betroffenen nach den Vorschriften der Strafprozeßordnung zulässig.

---

[1)] § 54 Abs. 1 Satz 2 angef., Abs. 2 eingef., bish. Abs. 2 wird Abs. 3 und neu gef. durch G v. 5.10.1978 (BGBl. I S. 1645); Abs. 2 Sätze 1 und 3 geänd. mWv 1.7.2021 durch G v. 25.6.2021 (BGBl. I S. 2099).

[2)] § 55 geänd. mWv 1.7.2004 durch G v. 5.5.2004 (BGBl. I S. 718).

[3)] Nr. **116**.

**§ 57 [Bestimmung der Fristen]** Bis zu welchem Tag die Vorschlagslisten aufzustellen und dem Richter beim Amtsgericht einzureichen sind, der Ausschuß zu berufen und die Auslosung der Schöffen zu bewirken ist, wird durch die Landesjustizverwaltung bestimmt.

**§ 58[1)] [Gemeinsames Amtsgericht]** (1) [1]Die Landesregierungen werden ermächtigt, durch Rechtsverordnung[2)] einem Amtsgericht für die Bezirke mehrerer Amtsgerichte die Strafsachen ganz oder teilweise, Entscheidungen bestimmter Art in Strafsachen sowie Rechtshilfeersuchen in strafrechtlichen Angelegenheiten von Stellen außerhalb des räumlichen Geltungsbereichs dieses Gesetzes zuzuweisen, sofern die Zusammenfassung für eine sachdienliche Förderung oder schnellere Erledigung der Verfahren zweckmäßig ist. [2]Die Landesregierungen können die Ermächtigung durch Rechtsverordnung auf die Landesjustizverwaltungen übertragen.

(2) [1]Wird ein gemeinsames Schöffengericht für die Bezirke mehrerer Amtsgerichte eingerichtet, so bestimmt der Präsident des Landgerichts (Präsident des Amtsgerichts) die erforderliche Zahl von Haupt- und Ersatzschöffen und die Verteilung der Zahl der Hauptschöffen auf die einzelnen Amtsgerichtsbezirke. [2]Ist Sitz des Amtsgerichts, bei dem ein gemeinsames Schöffengericht eingerichtet ist, eine Stadt, die Bezirke der anderen Amtsgerichte oder Teile davon umfaßt, so verteilt der Präsident des Landgerichts (Präsident des Amtsgerichts) die Zahl der Ersatzschöffen auf diese Amtsgerichte; die Landesjustizverwaltung kann bestimmte Amtsgerichte davon ausnehmen. [3]Der Präsident des Amtsgerichts tritt nur dann an die Stelle des Präsidenten des Landgerichts, wenn alle beteiligten Amtsgerichte seiner Dienstaufsicht unterstehen.

(3) Die übrigen Vorschriften dieses Titels sind entsprechend anzuwenden.

## Fünfter Titel. Landgerichte

**§ 59 [Besetzung]** (1) Die Landgerichte werden mit einem Präsidenten sowie mit Vorsitzenden Richtern und weiteren Richtern besetzt.

(2) Den Richtern kann gleichzeitig ein weiteres Richteramt bei einem Amtsgericht übertragen werden.

(3) Es können Richter auf Probe und Richter kraft Auftrags verwendet werden.

**§ 60[3)] [Zivil- und Strafkammern]** (1) Bei jedem Landgericht werden, soweit nichts anders bestimmt ist, sowohl Zivil- als auch Strafkammern gebildet.

(2) [1]Die Landesregierungen werden ermächtigt, durch Rechtsverordnung bei einem Landgericht mit mindestens 100 Richterstellen ausschließlich Zivil- oder

---

[1)] § 58 Abs. 1 Satz 2 geänd. durch G v. 16.3.1976 (BGBl. I S. 581); Abs. 2 Satz 1 geänd., Sätze 2 und 3 angef. durch G v. 27.1.1987 (BGBl. I S. 475); Abs. 2 Sätze 1 und 2 geänd. mWv 1.7.2021 durch G v. 25.6.2021 (BGBl. I S. 2099).

[2)] Siehe hierzu ua: **Baden-Württemberg:** §§ 20–23 VO v. 20.11.1998 (GBl. S. 680), zuletzt geänd. durch VO v. 26.11.2020 (GBl. S. 1099); **Bayern:** § 54 VO v. 11.6.2012 (GVBl. S. 295), zuletzt geänd. durch V v. 24.11.2020 (GVBl. S. 654); **Berlin:** ZuwV v. 8.5.2008 (GVBl. S. 116), zuletzt geänd. durch VO v. 16.9.2019 (GVBl. S. 627); **Hamburg:** VO v. 11.11.1975 (HmbGVBl. S. 193), zuletzt geänd. durch VO v. 21.4.2009 (HmbGVBl. S. 117); **Hessen:** § 53 VO v. 3.6.2013 (GVBl. S. 386), zuletzt geänd. durch G v. 8.10.2020 (GVBl. S. 710); **Nordrhein-Westfalen:** VO v. 5.7.2010 (GV. NRW. S. 422), zuletzt geänd. durch VO v. 8.8.2018 (GV. NRW. S. 462): **Rheinland-Pfalz:** LandesVO v. 19.11.1985 (GVBl. S. 265), zuletzt geänd. durch VO v. 11.8.2017 (GVBl. S. 186); **Schleswig-Holstein:** § 13 JZVO v. 15.11. 2019 (GVOBl. Schl.-H. S. 546, 548), geänd. durch VO v. 7.12.2020 (GVOBl. Schl.-H. S. 994).

[3)] § 60 neu gef. mWv 1.1.2021 durch G v. 12.12.2019 (BGBl. I S. 2633).

Strafkammern zu bilden und diesem für die Bezirke mehrerer Landgerichte die Zivil- oder Strafsachen zuzuweisen. [2] Die Landesregierungen können die Ermächtigung nach Satz 1 auf die Landesjustizverwaltungen übertragen.

**§§ 61 bis 69** (weggefallen)

**§ 70 [Vertretung der Kammermitglieder]** (1) Soweit die Vertretung eines Mitgliedes nicht durch ein Mitglied desselben Gerichts möglich ist, wird sie auf den Antrag des Präsidiums durch die Landesjustizverwaltung geordnet.

(2) Die Beiordnung eines Richters auf Probe oder eines Richters kraft Auftrags ist auf eine bestimmte Zeit auszusprechen und darf vor Ablauf dieser Zeit nicht widerrufen werden.

(3) Unberührt bleiben die landesgesetzlichen Vorschriften, nach denen richterliche Geschäfte nur von auf Lebenszeit ernannten Richtern wahrgenommen werden können, sowie die, welche die Vertretung durch auf Lebenszeit ernannte Richter regeln.

**§ 71[1)] [Zuständigkeit in Zivilsachen in 1. Instanz]** (1) Vor die Zivilkammern, einschließlich der Kammern für Handelssachen, gehören alle bürgerlichen Rechtsstreitigkeiten, die nicht den Amtsgerichten zugewiesen sind.

(2) Die Landgerichte sind ohne Rücksicht auf den Wert des Streitgegenstandes ausschließlich zuständig

1.[2)] für die Ansprüche, die auf Grund der Beamtengesetze gegen den Fiskus erhoben werden;
2. für die Ansprüche gegen Richter und Beamte wegen Überschreitung ihrer amtlichen Befugnisse oder wegen pflichtwidriger Unterlassung von Amtshandlungen;
3. für Ansprüche, die auf eine falsche, irreführende oder unterlassene öffentliche Kapitalmarktinformation, auf die Verwendung einer falschen oder irreführenden öffentlichen Kapitalmarktinformation oder auf die Unterlassung der gebotenen Aufklärung darüber, dass eine öffentliche Kapitalmarktinformation falsch oder irreführend ist, gestützt werden;
4. für Verfahren nach
   a) *(aufgehoben)*
   b) den §§ 98, 99, 132, 142, 145, 258, 260, 293c und 315 des Aktiengesetzes[3)],
   c) § 26 des SE-Ausführungsgesetzes,
   d) § 10 des Umwandlungsgesetzes[4)],
   e) dem Spruchverfahrensgesetz[5)],

---

[1)] § 71 Abs. 2 Nr. 2 geänd., Nr. 3 angef. mWv 1.11.2005 durch G v. 16.8.2005 (BGBl. I S. 2437, geänd. durch G v. 22.12.2006, BGBl. I S. 3416); Abs. 2 Nr. 4, Abs. 4 angef. mWv 1.9.2009 durch G v. 17.12. 2008 (BGBl. I S. 2586); Abs. 2 Nr. 3 neu gef. mWv 1.11.2012 durch G v. 19.10.2012 (BGBl. I S. 2182); Abs. 2 Nr. 4 Buchst. a aufgeh. mWv 23.7.2015 durch G v. 17.7.2015 (BGBl. I S. 1245); Abs. 2 Nr. 4 geänd., Nr. 5 angef., Abs. 4 neu gef. mWv 1.1.2018 durch G v. 28.4.2017 (BGBl. I S. 969); Abs. 2 Nr. 5 Buchst. b geänd., Nr. 6 angef. mWv 1.1.2021 durch G v. 22.12.2020 (BGBl. I S. 3256).

[2)] § 71 Abs. 2 Nr. 1 ist praktisch gegenstandslos, weil für alle Klagen aus dem Beamten- oder Richterverhältnis der Verwaltungsrechtsweg gegeben ist; vgl. § 126 BeamtenrechtsrahmenG **(Sartorius Nr. 150a)**, § 126 BundesbeamtenG **(Sartorius Nr. 160)**, §§ 46, 71 Deutsches RichterG **(Habersack, Deutsche Gesetze ErgBd. Nr. 97)**, § 54 BeamtenstatusG **(Sartorius Nr. 150)**.

[3)] Nr. **51**.

[4)] Nr. **52a**.

[5)] **Habersack, Deutsche Gesetze ErgBd. Nr. 51b.**

f) den §§ 39a und 39b des Wertpapiererwerbs- und Übernahmegesetzes;
5. in Streitigkeiten
   a) über das Anordnungsrecht des Bestellers gemäß § 650b des Bürgerlichen Gesetzbuchs[1],
   b) über die Höhe des Vergütungsanspruchs infolge einer Anordnung des Bestellers (§ 650c des Bürgerlichen Gesetzbuchs);
6. für Ansprüche aus dem Unternehmensstabilisierungs- und -restrukturierungsgesetz[2].

(3) Der Landesgesetzgebung bleibt überlassen, Ansprüche gegen den Staat oder eine Körperschaft des öffentlichen Rechts wegen Verfügungen der Verwaltungsbehörden sowie Ansprüche wegen öffentlicher Abgaben ohne Rücksicht auf den Wert des Streitgegenstandes den Landgerichten ausschließlich zuzuweisen.

(4) ¹Die Landesregierungen werden ermächtigt, durch Rechtsverordnung die Entscheidungen in Verfahren nach Absatz 2 Nummer 4 Buchstabe a bis e und Nummer 5 einem Landgericht für die Bezirke mehrerer Landgerichte zu übertragen. ²In Verfahren nach Absatz 2 Nummer 4 Buchstabe a bis e darf die Übertragung nur erfolgen, wenn dies der Sicherung einer einheitlichen Rechtsprechung dient. ³Die Landesregierungen können die Ermächtigung auf die Landesjustizverwaltungen übertragen.

**§ 72[3] [Zuständigkeit in Zivilsachen in 2. Instanz]** (1) ¹Die Zivilkammern, einschließlich der Kammern für Handelssachen und der in § 72a genannten Kammern, sind die Berufungs- und Beschwerdegerichte in den vor den Amtsgerichten verhandelten bürgerlichen Rechtsstreitigkeiten, soweit nicht die Zuständigkeit der Oberlandesgerichte begründet ist. ²Die Landgerichte sind ferner die Beschwerdegerichte in Freiheitsentziehungssachen und in den von den Betreuungsgerichten entschiedenen Sachen.

(2) ¹In Streitigkeiten nach § 43 Absatz 2 des Wohnungseigentumsgesetzes[4] ist das für den Sitz des Oberlandesgerichts zuständige Landgericht gemeinsames Berufungs- und Beschwerdegericht für den Bezirk des Oberlandesgerichts, in dem das Amtsgericht seinen Sitz hat. ²Die Landesregierungen werden ermächtigt, durch Rechtsverordnung anstelle dieses Gerichts ein anderes Landgericht im Bezirk des Oberlandesgerichts zu bestimmen. ³Sie können die Ermächtigung auf die Landesjustizverwaltungen übertragen.

## § 72a[5] [6] [Obligatorische Einrichtung spezialisierter Spruchkörper]

(1) Bei den Landgerichten werden eine oder mehrere Zivilkammern für folgende Sachgebiete gebildet:
1. Streitigkeiten aus Bank- und Finanzgeschäften,

---

[1] Nr. **20**.
[2] **Habersack, Deutsche Gesetze ErgBd. Nr. 110e.**
[3] § 72 neu gef. mWv 1.1.2002 durch G v. 27.7.2001 (BGBl. I S. 1887); Abs. 2 angef. mWv 1.7.2007 durch G v. 13.4.2007 (BGBl. I S. 509); Abs. 1 Satz 2 angef., Abs. 2 Satz 2 aufgeh., bish. Sätze 3 und 4 werden Sätze 2 und 3 mWv 1.9.2009 durch G v. 17.12.2008 (BGBl. I S. 2586); Abs. 1 Satz 1 geänd. mWv 1.1.2018 durch G v. 28.4.2017 (BGBl. I S. 969); Abs. 2 Satz 1 geänd. mWv 1.12.2020 durch G v. 16.10.2020 (BGBl. I S. 2187).
[4] Nr. **37**.
[5] § 72a neu gef. mWv 1.1.2021 durch G v. 12.12.2019 (BGBl. I S. 2633); Abs. 1 Nr. 7 geänd. mWv 1.1.2021 durch G v. 22.12.2020 (BGBl. I S. 3256).
[6] Beachte hierzu die Übergangsvorschrift in § 40a EGGVG (Nr. **95a**).

2. Streitigkeiten aus Bau- und Architektenverträgen sowie aus Ingenieurverträgen, soweit sie im Zusammenhang mit Bauleistungen stehen,
3. Streitigkeiten aus Heilbehandlungen,
4. Streitigkeiten aus Versicherungsvertragsverhältnissen,
5. Streitigkeiten über Ansprüche aus Veröffentlichungen durch Druckerzeugnisse, Bild- und Tonträger jeder Art, insbesondere in Presse, Rundfunk, Film und Fernsehen,
6. erbrechtliche Streitigkeiten und
7. insolvenzrechtliche Streitigkeiten und Beschwerden, Anfechtungssachen nach dem Anfechtungsgesetz[1)] sowie Streitigkeiten und Beschwerden aus dem Unternehmensstabilisierungs- und -restrukturierungsgesetz[2)].

(2) [1] Die Landesregierungen werden ermächtigt, durch Rechtsverordnung bei den Landgerichten eine oder mehrere Zivilkammern für weitere Sachgebiete einzurichten. [2] Die Landesregierungen können die Ermächtigung auf die Landesjustizverwaltungen übertragen.

(3) Den Zivilkammern nach den Absätzen 1 und 2 können auch Streitigkeiten nach den §§ 71 und 72 zugewiesen werden.

**§ 73[3)] [Allgemeine Zuständigkeit in Strafsachen]** (1) Die Strafkammern entscheiden über Beschwerden gegen Verfügungen des Richters beim Amtsgericht sowie gegen Entscheidungen des Richters beim Amtsgericht und der Schöffengerichte.

(2) Die Strafkammern erledigen außerdem die in der Strafprozeßordnung[4)] den Landgerichten zugewiesenen Geschäfte.

**§ 73a** (weggefallen)

**§ 74[5)] [6)] [Zuständigkeit in Strafsachen in 1. und 2. Instanz]** (1) [1] Die Strafkammern sind als erkennende Gerichte des ersten Rechtszuges zuständig für alle Verbrechen, die nicht zur Zuständigkeit des Amtsgerichts oder des Oberlandesgerichts gehören. [2] Sie sind auch zuständig für alle Straftaten, bei denen eine höhere Strafe als vier Jahre Freiheitsstrafe oder die Unterbringung in einem psychiatrischen Krankenhaus, allein oder neben einer Strafe, oder in der Sicherungsverwahrung zu erwarten ist oder bei denen die Staatsanwaltschaft in den Fällen des § 24 Abs. 1 Nr. 3 Anklage beim Landgericht erhebt.

---

[1)] Nr. **111**.

[2)] **Habersack, Deutsche Gesetze ErgBd. Nr. 110e.**

[3)] § 73 Abs. 1 geänd. mWv 1.10.2009 durch G v. 29.7.2009 (BGBl. I S. 2280).

[4)] Nr. **90**.

[5)] § 74 Abs. 1 Satz 2 geänd. durch G v. 20.12.1984 (BGBl. I S. 1654); Abs. 2 Satz 1 Nr. 22 und 23 geänd. durch G v. 28.3.1980 (BGBl. I S. 373); Abs. 1 Satz 2 geänd. durch G v. 11.1.1993 (BGBl. I S. 50); Abs. 2 Satz 1 Nr. 2 neu gef., Nr. 3 aufgeh. durch G v. 1.7.1997 (BGBl. I S. 1607); Abs. 2 Satz 1 Nr. 1, 2, 7, 8 und 10 geänd., Nr. 3 eingef., Nr. 6 aufgeh., Nr. 9, 16–23 neu gef., Nr. 24–26 angef. durch G v. 26.1. 1998 (BGBl. I S. 164); Abs. 2 Satz 1 Nr. 3 geänd. mWv 1.4.2004 durch G v. 27.12.2003 (BGBl. I S. 3007); Abs. 1 Satz 2 geänd. mWv 1.9.2004 durch G v. 24.6.2004 (BGBl. I S. 1354); Abs. 2 Satz 1 Nr. 9a eingef., Nr. 11, 12 und 26 geänd., Nr. 27–30 angef. mWv 1.1.2012 durch G v. 6.12.2011 (BGBl. I S. 2554); Abs. 2 Satz 1 Nr. 2 neu gef., Nr. 3 aufgeh., bish. Nr. 4–30 werden Nr. 3–29 mWv 10.11.2016 durch G v. 4.11. 2016 (BGBl. I S. 2460); Abs. 2 Satz 1 Nr. 1 neu gef. mWv 1.7.2021 durch G v. 16.6.2021 (BGBl. I S. 1810).

[6)] Beachte hierzu Übergangsvorschrift in § 41 EGGVG (Nr. **95a**).

(2) [1] Für die Verbrechen

1. des sexuellen Missbrauchs von Kindern mit Todesfolge (§ 176d des Strafgesetzbuches[1)]),
2. des sexuellen Übergriffs, der sexuellen Nötigung und Vergewaltigung mit Todesfolge (§ 178 des Strafgesetzbuches),
3. des Mordes (§ 211 des Strafgesetzbuches),
4. des Totschlags (§ 212 des Strafgesetzbuches),
5. *(aufgehoben)*
6. der Aussetzung mit Todesfolge (§ 221 Abs. 3 des Strafgesetzbuches),
7. der Körperverletzung mit Todesfolge (§ 227 des Strafgesetzbuches),
8. der Entziehung Minderjähriger mit Todesfolge (§ 235 Abs. 5 des Strafgesetzbuches),

8a. der Nachstellung mit Todesfolge (§ 238 Absatz 3 des Strafgesetzbuches),

9. der Freiheitsberaubung mit Todesfolge (§ 239 Abs. 4 des Strafgesetzbuches),
10. des erpresserischen Menschenraubes mit Todesfolge (§ 239a Absatz 3 des Strafgesetzbuches),
11. der Geiselnahme mit Todesfolge (§ 239b Abs. 2 in Verbindung mit § 239a Absatz 3 des Strafgesetzbuches),
12. des Raubes mit Todesfolge (§ 251 des Strafgesetzbuches),
13. des räuberischen Diebstahls mit Todesfolge (§ 252 in Verbindung mit § 251 des Strafgesetzbuches),
14. der räuberischen Erpressung mit Todesfolge (§ 255 in Verbindung mit § 251 des Strafgesetzbuches),
15. der Brandstiftung mit Todesfolge (§ 306c des Strafgesetzbuches),
16. des Herbeiführens einer Explosion durch Kernenergie (§ 307 Abs. 1 bis 3 des Strafgesetzbuches),
17. des Herbeiführens einer Sprengstoffexplosion mit Todesfolge (§ 308 Abs. 3 des Strafgesetzbuches),
18. des Mißbrauchs ionisierender Strahlen gegenüber einer unübersehbaren Zahl von Menschen (§ 309 Abs. 2 und 4 des Strafgesetzbuches),
19. der fehlerhaften Herstellung einer kerntechnischen Anlage mit Todesfolge (§ 312 Abs. 4 des Strafgesetzbuches),
20. des Herbeiführens einer Überschwemmung mit Todesfolge (§ 313 in Verbindung mit § 308 Abs. 3 des Strafgesetzbuches),
21. der gemeingefährlichen Vergiftung mit Todesfolge (§ 314 in Verbindung mit § 308 Abs. 3 des Strafgesetzbuches),
22. des räuberischen Angriffs auf Kraftfahrer mit Todesfolge (§ 316a Abs. 3 des Strafgesetzbuches),
23. des Angriffs auf den Luft- und Seeverkehr mit Todesfolge (§ 316c Abs. 3 des Strafgesetzbuches),
24. der Beschädigung wichtiger Anlagen mit Todesfolge (§ 318 Abs. 4 des Strafgesetzbuches),
25. einer vorsätzlichen Umweltstraftat mit Todesfolge (§ 330 Abs. 2 Nr. 2 des Strafgesetzbuches),

---

[1)] Nr. **85**.

26. der schweren Gefährdung durch Freisetzen von Giften mit Todesfolge (§ 330a Absatz 2 des Strafgesetzbuches),
27. der Körperverletzung im Amt mit Todesfolge (§ 340 Absatz 3 in Verbindung mit § 227 des Strafgesetzbuches),
28. des Abgebens, Verabreichens oder Überlassens von Betäubungsmitteln zum unmittelbaren Verbrauch mit Todesfolge (§ 30 Absatz 1 Nummer 3 des Betäubungsmittelgesetzes[1]),
29. des Einschleusens mit Todesfolge (§ 97 Absatz 1 des Aufenthaltsgesetzes[2])

ist eine Strafkammer als Schwurgericht zuständig. [2] § 120 bleibt unberührt.

(3) Die Strafkammern sind außerdem zuständig für die Verhandlung und Entscheidung über das Rechtsmittel der Berufung gegen die Urteile des Strafrichters und des Schöffengerichts.

**§ 74a[3] [Zuständigkeit der Staatsschutzkammer]** (1) Bei den Landgerichten, in deren Bezirk ein Oberlandesgericht seinen Sitz hat, ist eine Strafkammer für den Bezirk dieses Oberlandesgerichts als erkennendes Gericht des ersten Rechtszuges zuständig für Straftaten

1. des Friedensverrats in den Fällen des § 80a des Strafgesetzbuches[4],
2. der Gefährdung des demokratischen Rechtsstaates in den Fällen der §§ 84 bis 86, 87 bis 90, 90a Abs. 3 und des § 90b des Strafgesetzbuches,
3. der Gefährdung der Landesverteidigung in den Fällen der §§ 109d bis 109g des Strafgesetzbuches,
4. der Zuwiderhandlung gegen ein Vereinigungsverbot in den Fällen des § 129, auch in Verbindung mit § 129b Abs. 1, des Strafgesetzbuches und des § 20 Abs. 1 Satz 1 Nr. 1 bis 4 des Vereinsgesetzes[5]; dies gilt nicht, wenn dieselbe Handlung eine Straftat nach dem Betäubungsmittelgesetz[1] darstellt,
5. der Verschleppung (§ 234a des Strafgesetzbuches) und
6. der politischen Verdächtigung (§ 241a des Strafgesetzbuches).

(2) Die Zuständigkeit des Landgerichts entfällt, wenn der Generalbundesanwalt wegen der besonderen Bedeutung des Falles vor der Eröffnung des Hauptverfahrens die Verfolgung übernimmt, es sei denn, daß durch Abgabe nach § 142a Abs. 4 oder durch Verweisung nach § 120 Absatz 2 Satz 3 die Zuständigkeit des Landgerichts begründet wird.

(3) In den Sachen, in denen die Strafkammer nach Absatz 1 zuständig ist, trifft sie auch die in § 73 Abs. 1 bezeichneten Entscheidungen.

(4) Für die Anordnung von Maßnahmen nach den §§ 100b und 100c der Strafprozessordnung[6] ist eine nicht mit Hauptverfahren in Strafsachen befasste Kammer bei den Landgerichten, in deren Bezirk ein Oberlandesgericht seinen Sitz hat, für den Bezirk dieses Oberlandesgerichts zuständig.

---

[1] **Habersack, Deutsche Gesetze ErgBd. Nr. 86.**

[2] **Sartorius Nr. 565.**

[3] § 74a Abs. 1 Nr. 4 geänd. durch G v. 28.7.1981 (BGBl. I S. 681); Abs. 2 geänd. durch G v. 5.10.1978 (BGBl. I S. 1645); Abs. 1 Nr. 4 geänd. durch G v. 26.1.1998 (BGBl. I S. 164); geänd. mWv 30.8.2002 durch G v. 22.8.2002 (BGBl. I S. 3390); Abs. 4 eingef., bish. Abs. 4 wird Abs. 5 und geänd. mWv 1.7. 2005 durch G v. 24.6.2005 (BGBl. I S. 1841); Abs. 2 geänd. mWv 1.8.2015 durch G v. 12.6.2015 (BGBl. I S. 925); Abs. 4 geänd. mWv 24.8.2017 durch G v. 17.8.2017 (BGBl. I S. 3202).

[4] Nr. **85**.

[5] **Sartorius Nr. 425.**

[6] Nr. **90**.

(5) Im Rahmen der Absätze 1, 3 und 4 erstreckt sich der Bezirk des Landgerichts auf den Bezirk des Oberlandesgerichts.

**§ 74b [Zuständigkeit in Jugendschutzsachen]** [1] In Jugendschutzsachen (§ 26 Abs. 1 Satz 1) ist neben der für allgemeine Strafsachen zuständigen Strafkammer auch die Jugendkammer als erkennendes Gericht des ersten Rechtszuges zuständig. [2] § 26 Abs. 2 und §§ 73 und 74 gelten entsprechend.

**§ 74c[1) 2)] [Zuständigkeit der Wirtschaftsstrafkammer]** (1) [1] Für Straftaten

1. nach dem Patentgesetz[3)], dem Gebrauchsmustergesetz[4)], dem Halbleiterschutzgesetz, dem Sortenschutzgesetz, dem Markengesetz[5)], dem Designgesetz[6)], dem Urheberrechtsgesetz[7)], dem Gesetz gegen den unlauteren Wettbewerb[8)], dem Gesetz zum Schutz von Geschäftsgeheimnissen[9)], der Insolvenzordnung[10)], dem Unternehmensstabilisierungs- und -restrukturierungsgesetz[11)], dem Aktiengesetz[12)], dem Gesetz über die Rechnungslegung von bestimmten Unternehmen und Konzernen[13)], dem Gesetz betreffend die Gesellschaften mit beschränkter Haftung[14)], dem Handelsgesetzbuch[15)], dem SE-Ausführungsgesetz, dem Gesetz zur Ausführung der EWG-Verordnung über die Europäische wirtschaftliche Interessenvereinigung, dem Genossenschaftsgesetz[16)], dem SCE-Ausführungsgesetz und dem Umwandlungsgesetz[17)],

---

1) § 74c neu gef. durch G v. 5.10.1978 (BGBl. I S. 1645); Abs. 1 Nr. 1 geänd., Nr. 5 neu gef. durch G v. 15.5.1986 (BGBl. I S. 721); Abs. 1 Nr. 1 geänd. durch G v. 14.4.1988 (BGBl. I S. 514), G v. 7.3.1990 (BGBl. I S. 422), G v. 25.10.1994 (BGBl. I S. 3082) und G v. 28.10.1994 (BGBl. I S. 3210); Abs. 1 abschl. Satzteil geänd. durch G v. 11.1.1993 (BGBl. I S. 50); Abs. 1 Nr. 2 geänd. durch G v. 26.7.1994 (BGBl. I S. 1749); Abs. 1 Nr. 5a eingef. durch G v. 13.8.1997 (BGBl. I S. 2038); Abs. 1 Nr. 5 geänd. mWv 1.11.2000 durch G v. 2.8.2000 (BGBl. I S. 1253); Abs. 1 Nr. 6 neu gef. mWv 1.8.2002 durch G v. 23.7.2002 (BGBl. I S. 2787); Abs. 1 Nr. 6 Buchst. b geänd. mWv 1.8.2004 durch G v. 23.7.2004 (BGBl. I S. 1842); Abs. 1 Nr. 1 geänd. mWv 29.12.2004 durch G v. 22.12.2004 (BGBl. I S. 3675); Abs. 1 Nr. 1 geänd. mWv 18.8.2006 durch G v. 14.8.2006 (BGBl. I S. 1911); Abs. 1 Satz 2 angef. mWv 31.12.2006 durch G v. 22.12.2006 (BGBl. I S. 3416); Abs. 1 Satz 1 Nr. 1 geänd. mWv 1.11.2008 durch G v. 23.10.2008 (BGBl. I S. 2026); Abs. 1 Satz 1 Nr. 2, 5, 6 Buchst. a und b geänd. mWv 1.1.2012 durch G v. 6.12.2011 (BGBl. I S. 2554); Abs. 1 Satz 1 Nr. 1 geänd. mWv 1.1.2014 durch G v. 10.10.2013 (BGBl. I S. 3799); Abs. 1 Satz 2 geänd. mWv 1.9.2014 durch G v. 23.4.2014 (BGBl. I S. 410); Abs. 1 Satz 1 Nr. 5a geänd. mWv 4.6.2016 durch G v. 30.5.2016 (BGBl. I S. 1254); Abs. 1 Satz 1 Nr. 1 geänd. mWv 26.4.2019 durch G v. 18.4.2019 (BGBl. I S. 466); Abs. 1 Satz 1 Nr. 6 Buchst. b geänd. mWv 28.6.2019 durch G v. 19.6.2019 (BGBl. I S. 844); Abs. 1 Satz 1 Nr. 1 geänd. mWv 1.1.2021 durch G v. 22.12.2020 (BGBl. I S. 3256); Abs. 1 Satz 1 Nr. 6 Buchst. a geänd. mWv 18.3.2021 durch G v. 9.3.2021 (BGBl. I S. 327); Abs. 1 Satz 1 Nr. 5a geänd. mWv 1.7.2021 durch G v. 25.6.2021 (BGBl. I S. 2099); Abs. 1 Satz 1 Nr. 3 geänd. mWv 28.12.2022 durch G v. 19.12.2022 (BGBl. I S. 2606).

2) Beachte hierzu Übergangsvorschrift in § 41 EGGVG (Nr. **95a**).

3) **Habersack, Deutsche Gesetze ErgBd. Nr. 70.**

4) **Habersack, Deutsche Gesetze ErgBd. Nr. 71.**

5) Nr. **72**.

6) **Habersack, Deutsche Gesetze ErgBd. Nr. 69.**

7) Nr. **65**.

8) Nr. **73**.

9) **Habersack, Deutsche Gesetze ErgBd. Nr. 75.**

10) Nr. **110**.

11) **Habersack, Deutsche Gesetze ErgBd. Nr. 110e.**

12) Nr. **51**.

13) Nr. **52b**.

14) Nr. **52**.

15) Nr. **50**.

16) Nr. **53**.

17) Nr. **52a**.

2. nach den Gesetzen über das Bank-, Depot-, Börsen- und Kreditwesen sowie nach dem Versicherungsaufsichtsgesetz, dem Zahlungsdiensteaufsichtsgesetz und dem Wertpapierhandelsgesetz[1],
3. nach dem Wirtschaftsstrafgesetz 1954[2], dem Außenwirtschaftsgesetz, dem Sanktionsdurchsetzungsgesetz, den Devisenbewirtschaftungsgesetzen sowie dem Finanzmonopol-, Steuer- und Zollrecht, auch soweit dessen Strafvorschriften nach anderen Gesetzen anwendbar sind; dies gilt nicht, wenn dieselbe Handlung eine Straftat nach dem Betäubungsmittelgesetz[3] darstellt, und nicht für Steuerstraftaten, welche die Kraftfahrzeugsteuer betreffen,
4. nach dem Weingesetz und dem Lebensmittelrecht,
5. des Subventionsbetruges, des Kapitalanlagebetruges, des Kreditbetruges, des Bankrotts, der Verletzung der Buchführungspflicht, der Gläubigerbegünstigung und der Schuldnerbegünstigung,

5a. der wettbewerbsbeschränkenden Absprachen bei Ausschreibungen, der Bestechlichkeit und Bestechung im geschäftlichen Verkehr, der Bestechlichkeit im Gesundheitswesen, der Bestechung im Gesundheitswesen, der Bestechlichkeit und der Bestechung ausländischer und internationaler Bediensteter sowie nach dem Gesetz zur Bekämpfung internationaler Bestechung,

6. a) der Geldwäsche, des Betruges, des Computerbetruges, der Untreue, des Vorenthaltens und Veruntreuens von Arbeitsentgelt, des Wuchers, der Vorteilsannahme, der Bestechlichkeit, der Vorteilsgewährung und der Bestechung,
   b) nach dem Arbeitnehmerüberlassungsgesetz[4], dem EU-Finanzschutzstärkungsgesetz und dem Schwarzarbeitsbekämpfungsgesetz[5],

   soweit zur Beurteilung des Falles besondere Kenntnisse des Wirtschaftslebens erforderlich sind,

ist, soweit nach § 74 Abs. 1 als Gericht des ersten Rechtszuges und nach § 74 Abs. 3 für die Verhandlung und Entscheidung über das Rechtsmittel der Berufung gegen die Urteile des Schöffengerichts das Landgericht zuständig ist, eine Strafkammer als Wirtschaftsstrafkammer zuständig. ²Die §§ 120 und 120b bleiben unberührt.

(2) In den Sachen, in denen die Wirtschaftsstrafkammer nach Absatz 1 zuständig ist, trifft sie auch die in § 73 Abs. 1 bezeichneten Entscheidungen.

(3) ¹Die Landesregierungen werden ermächtigt, zur sachdienlichen Förderung oder schnelleren Erledigung der Verfahren durch Rechtsverordnung[6] einem Land-

---

[1] **Habersack, Deutsche Gesetze ErgBd. Nr. 58.**
[2] Nr. **88.**
[3] **Habersack, Deutsche Gesetze ErgBd. Nr. 86.**
[4] **Habersack, Deutsche Gesetze ErgBd. Nr. 84a.**
[5] **Habersack, Deutsche Gesetze ErgBd. Nr. 94b.**
[6] Siehe hierzu ua:
- **Baden-Württemberg:** SubdelegationsVO Justiz v. 2.4.2019 (GBl. S. 109), geänd. durch VO v. 20.9.2022 (GBl. S. 485)
- **Bayern:** Gerichtliche ZuständigkeitsVO Justiz v. 11.6.2012 (GVBl. S. 295), zuletzt geänd. durch V v. 13.12.2022 (GVBl. S. 727)
- **Berlin:** JustizG Berlin v. 22.1.2021 (GVBl. S. 75), geänd. durch G v. 8.12.2022 (GVBl. S. 719)
- **Brandenburg:** GerichtszuständigkeitsVO v. 2.9.2014 (GVBl. II Nr. 62), zuletzt geänd. durch G v. 30.6. 2022 (GVBl. I Nr. 16)
- **Bremen:** VO über die Strafkammer und die Strafvollstreckungskammer in Bremerhaven v. 3.12.2019 (Brem.GBl. S. 698)
- **Hessen:** JustizzuständigkeitsVO v. 3.6.2013 (GVBl. S. 386), zuletzt geänd. durch G v. 14.12.2022 (GVBl. S. 782)
- **Nordrhein-Westfalen:** JustizG Nordrhein-Westfalen v. 26.1.2010 (GV. NRW. S. 30), zuletzt geänd. durch G v. 6.12.2022 (GV. NRW. S. 1072)

→

gericht für die Bezirke mehrerer Landgerichte ganz oder teilweise Strafsachen zuzuweisen, welche die in Absatz 1 bezeichneten Straftaten zum Gegenstand haben. [2]Die Landesregierungen können die Ermächtigung durch Rechtsverordnung auf die Landesjustizverwaltungen übertragen.

(4) Im Rahmen des Absatzes 3 erstreckt sich der Bezirk des danach bestimmten Landgerichts auf die Bezirke der anderen Landgerichte.

**§ 74d[1)] [Strafkammer als gemeinsames Schwurgericht]** (1) [1]Die Landesregierungen werden ermächtigt, durch Rechtsverordnung einem Landgericht für die Bezirke mehrerer Landgerichte die in § 74 Abs. 2 bezeichneten Strafsachen zuzuweisen, sofern dies der sachlichen Förderung der Verfahren dient. [2]Die Landesregierungen können die Ermächtigung auf die Landesjustizverwaltungen übertragen.

(2) *(aufgehoben)*

**§ 74e[2)] [Vorrang bei Zuständigkeitsüberschneidungen]** Unter verschiedenen nach den Vorschriften der §§ 74 bis 74d zuständigen Strafkammern kommt

1. in erster Linie dem Schwurgericht (§ 74 Abs. 2, § 74d),
2. in zweiter Linie der Wirtschaftsstrafkammer (§ 74c),
3. in dritter Linie der Strafkammer nach § 74a

der Vorrang zu.

**§ 74f[3)] [4)] [Zuständigkeit bei vorbehaltener oder nachträglicher Anordnung der Sicherungsverwahrung]** (1) Hat im ersten Rechtszug eine Strafkammer die Anordnung der Sicherungsverwahrung vorbehalten oder im Fall des § 66b des Strafgesetzbuches[5)] als Tatgericht entschieden, ist diese Strafkammer im ersten Rechtszug für die Verhandlung und Entscheidung über die im Urteil vorbehaltene oder die nachträgliche Anordnung der Sicherungsverwahrung zuständig.

(2) Hat im Fall des § 66b des Strafgesetzbuches im ersten Rechtszug ausschließlich das Amtsgericht als Tatgericht entschieden, ist im ersten Rechtszug eine Strafkammer des ihm übergeordneten Landgerichts für die Verhandlung und Entscheidung über die nachträgliche Anordnung der Sicherungsverwahrung zuständig.

(3) Im Fall des § 66b des Strafgesetzbuches gilt § 462a Absatz 3 Satz 2 und 3 der Strafprozessordnung entsprechend.

---

*(Fortsetzung der Anm. von voriger Seite)*
– **Rheinland-Pfalz:** LandesVO über die gerichtliche Zuständigkeit in Strafsachen und Bußgeldverfahren v. 19.11.1985 (GVBl. S. 265), zuletzt geänd. durch VO v. 7.11.2022 (GVBl. S. 439)
– **Sachsen:** Sächsisches JustizG **(Habersack II Nr. 245c)**
– **Sachsen-Anhalt:** VO über die amtsgerichtliche Zuständigkeit in Wirtschaftssachen v. 12.7.2004 (GVBl. LSA S. 391)
– **Schleswig-Holstein:** JustizzuständigkeitsVO v. 15.11.2019 (GVOBl. Schl.-H. S. 546, 548), zuletzt geänd. durch VO v. 4.1.2023 (GVOBl. Schl.-H. S. 47)
– **Thüringen:** Thüringer VO über gerichtliche Zuständigkeiten in der ordentlichen Gerichtsbarkeit v. 17.11.2011 (GVBl. S. 511), zuletzt geänd. durch VO v. 22.12.2022 (GVBl. 2023 S. 13)

[1)] § 74d Abs. 2 aufgeh. durch G v. 5.10.1978 (BGBl. I S. 1645).

[2)] § 74e eingef. durch G v. 5.10.1978 (BGBl. I S. 1645).

[3)] § 74f eingef. mWv 29.7.2004 durch G v. 23.7.2004 (BGBl. I S. 1838); Abs. 1 geänd. mWv 12.7.2008 durch G v. 8.7.2008 (BGBl. I S. 1212); Abs. 1–3 geänd. mWv 1.1.2011 durch G v. 22.12.2010 (BGBl. I S. 2300); Abs. 3 neu gef., Abs. 4 angef. mWv 1.1.2012 durch G v. 6.12.2011 (BGBl. I S. 2554).

[4)] Beachte hierzu Übergangsvorschrift in § 41 EGGVG (Nr. **95a**).

[5)] Nr. **85**.

(4) [1] In Verfahren, in denen über die im Urteil vorbehaltene oder die nachträgliche Anordnung der Sicherungsverwahrung zu entscheiden ist, ist die große Strafkammer mit drei Richtern einschließlich des Vorsitzenden und zwei Schöffen besetzt. [2] Bei Entscheidungen außerhalb der Hauptverhandlung wirken die Schöffen nicht mit.

**§ 75 [Besetzung der Zivilkammern]** Die Zivilkammern sind, soweit nicht nach den Vorschriften der Prozeßgesetze an Stelle der Kammer der Einzelrichter zu entscheiden hat, mit drei Mitgliedern einschließlich des Vorsitzenden besetzt.

**§ 76[1) 2)] [Besetzung der Strafkammern]** (1) [1] Die Strafkammern sind mit drei Richtern einschließlich des Vorsitzenden und zwei Schöffen (große Strafkammer), in Verfahren über Berufungen gegen ein Urteil des Strafrichters oder des Schöffengerichts mit dem Vorsitzenden und zwei Schöffen (kleine Strafkammer) besetzt. [2] Bei Entscheidungen außerhalb der Hauptverhandlung wirken die Schöffen nicht mit.

(2) [1] Bei der Eröffnung des Hauptverfahrens beschließt die große Strafkammer über ihre Besetzung in der Hauptverhandlung. [2] Ist das Hauptverfahren bereits eröffnet, beschließt sie hierüber bei der Anberaumung des Termins zur Hauptverhandlung. [3] Sie beschließt eine Besetzung mit drei Richtern einschließlich des Vorsitzenden und zwei Schöffen, wenn

1. sie als Schwurgericht zuständig ist,
2. die Anordnung der Unterbringung in der Sicherungsverwahrung, deren Vorbehalt oder die Anordnung der Unterbringung in einem psychiatrischen Krankenhaus zu erwarten ist oder
3. nach dem Umfang oder der Schwierigkeit der Sache die Mitwirkung eines dritten Richters notwendig erscheint.

[4] Im Übrigen beschließt die große Strafkammer eine Besetzung mit zwei Richtern einschließlich des Vorsitzenden und zwei Schöffen.

(3) Die Mitwirkung eines dritten Richters nach Absatz 2 Satz 3 Nummer 3 ist in der Regel notwendig, wenn die Hauptverhandlung voraussichtlich länger als zehn Tage dauern wird oder die große Strafkammer als Wirtschaftsstrafkammer zuständig ist.

(4) Hat die Strafkammer eine Besetzung mit zwei Richtern einschließlich des Vorsitzenden und zwei Schöffen beschlossen und ergeben sich vor Beginn der Hauptverhandlung neue Umstände, die nach Maßgabe der Absätze 2 und 3 eine Besetzung mit drei Richtern einschließlich des Vorsitzenden und zwei Schöffen erforderlich machen, beschließt sie eine solche Besetzung.

(5) Ist eine Sache vom Revisionsgericht zurückverwiesen oder ist die Hauptverhandlung ausgesetzt worden, kann die jeweils zuständige Strafkammer erneut nach Maßgabe der Absätze 2 und 3 über ihre Besetzung beschließen.

(6) [1] In Verfahren über Berufungen gegen ein Urteil des erweiterten Schöffengerichts (§ 29 Abs. 2) ist ein zweiter Richter hinzuzuziehen. [2] Außerhalb der Hauptverhandlung entscheidet der Vorsitzende allein.

---

[1)] § 76 neu gef. durch G v. 27.1.1987 (BGBl. I S. 475); Abs. 1 Satz 1 geänd., Abs. 2 und 3 angef. mWv 1.3.1993, Abs. 2 aufgeh. mWv 1.1.2012 durch G v. 11.1.1993 (BGBl. I S. 50, geänd. durch G v. 22.12.1997, BGBl. I S. 3223, G v. 19.12.2000, BGBl. I S. 1756, G v. 23.7.2002, BGBl. I S. 2850, G v. 24.8.2004, BGBl. I S. 2198, G v. 22.12.2006, BGBl. I S. 3416, G v. 7.12.2008, BGBl. I S. 2348); Abs. 2 neu gef., Abs. 3–5 eingef., bish. Abs. 3 wird Abs. 6 mWv 1.1.2012 durch G v. 6.12.2011 (BGBl. I S. 2554).

[2)] Beachte hierzu Übergangsvorschrift in § 41 EGGVG (Nr. **95a**).

**§ 77**[1)] **[Schöffen der Strafkammern]** (1) Für die Schöffen der Strafkammern gelten entsprechend die Vorschriften über die Schöffen des Schöffengerichts mit folgender Maßgabe:

(2) [1] Der Präsident des Landgerichts verteilt die Zahl der erforderlichen Hauptschöffen für die Strafkammern auf die zum Bezirk des Landgerichts gehörenden Amtsgerichtsbezirke. [2] Die Ersatzschöffen wählt der Ausschuß bei dem Amtsgericht, in dessen Bezirk das Landgericht seinen Sitz hat. [3] Hat das Landgericht seinen Sitz außerhalb seines Bezirks, so bestimmt die Landesjustizverwaltung, welcher Ausschuß der zum Bezirk des Landgerichts gehörigen Amtsgerichte die Ersatzschöffen wählt. [4] Ist Sitz des Landgerichts eine Stadt, die Bezirke von zwei oder mehr zum Bezirk des Landgerichts gehörenden Amtsgerichten oder Teile davon umfaßt, so gilt für die Wahl der Ersatzschöffen durch die bei diesen Amtsgerichten gebildeten Ausschüsse Satz 1 entsprechend; die Landesjustizverwaltung kann bestimmte Amtsgerichte davon ausnehmen. [5] Die Namen der gewählten Hauptschöffen und der Ersatzschöffen werden von dem Richter beim Amtsgericht dem Präsidenten des Landgerichts mitgeteilt. [6] Der Präsident des Landgerichts stellt die Namen der Hauptschöffen zur Schöffenliste des Landgerichts zusammen.

(3) [1] An die Stelle des Richters beim Amtsgericht tritt für die Auslosung der Reihenfolge, in der die Hauptschöffen an den einzelnen ordentlichen Sitzungen teilnehmen, und der Reihenfolge, in der die Ersatzschöffen an die Stelle wegfallender Schöffen treten, der Präsident des Landgerichts; § 45 Abs. 4 Satz 3, 4 gilt entsprechend. [2] Ist der Schöffe verstorben oder aus dem Landgerichtsbezirk verzogen, ordnet der Vorsitzende der Strafkammer die Streichung von der Schöffenliste an; in anderen Fällen wird die Entscheidung darüber, ob ein Schöffe von der Schöffenliste zu streichen ist, sowie über die von einem Schöffen vorgebrachten Ablehnungsgründe von einer Strafkammer getroffen. [3] Im übrigen tritt an die Stelle des Richters beim Amtsgericht der Vorsitzende der Strafkammer.

(4) [1] Ein ehrenamtlicher Richter darf für dasselbe Geschäftsjahr nur entweder als Schöffe für das Schöffengericht oder als Schöffe für die Strafkammern bestimmt werden. [2] Ist jemand für dasselbe Geschäftsjahr in einem Bezirk zu mehreren dieser Ämter oder in mehreren Bezirken zu diesen Ämtern bestimmt worden, so hat der Einberufene das Amt zu übernehmen, zu dem er zuerst einberufen wird.

(5) § 52 Abs. 2 Satz 1 Nr. 1 findet keine Anwendung.

**§ 78**[2)] **[Auswärtige Strafkammern bei Amtsgerichten]** (1) [1] Die Landesregierungen werden ermächtigt, durch Rechtsverordnung[3)] wegen großer Entfernung zu dem Sitz eines Landgerichts bei einem Amtsgericht für den Bezirk eines oder mehrerer Amtsgerichte eine Strafkammer zu bilden und ihr für diesen Bezirk die gesamte Tätigkeit der Strafkammer des Landgerichts oder einen Teil dieser Tätigkeit zuzuweisen. [2] Die in § 74 Abs. 2 bezeichneten Verbrechen dürfen einer nach Satz 1 gebildeten Strafkammer nicht zugewiesen werden. [3] Die Landesregierungen können die Ermächtigung auf die Landesjustizverwaltungen übertragen.

---

1) § 77 Abs. 1 und 2 Satz 1 geänd., Abs. 2 Satz 5 und Abs. 3 Satz 1 neu gef., Abs. 4 Satz 1 geänd. durch G v. 5.10.1978 (BGBl. I S. 1645); Abs. 2 Satz 4 eingef., bish. Sätze 4 und 5 werden Sätze 5 und 6 durch G v. 27.1.1987 (BGBl. I S. 475); Abs. 3 Satz 2 neu gef., Abs. 5 angef. mWv 1.1.2005 durch G v. 21.12.2004 (BGBl. I S. 3599); Abs. 2 Sätze 2–5, Abs. 3 Satz 1 geänd. mWv 1.7.2021 durch G v. 25.6.2021 (BGBl. I S. 2099).

2) § 78 Abs. 3 Satz 2 geänd. mWv 1.7.2021 durch G v. 25.6.2021 (BGBl. I S. 2099).

3) **Bremen:** VO v. 3.12.2019 (Brem.GBl. S. 698); **Niedersachsen:** VO v. 18.12.2009 (Nds. GVBl. S. 506, ber. S. 283), zuletzt geänd. durch VO v. 12.1.2021 (Nds. GVBl. S. 12); **Nordrhein-Westfalen:** VO v. 28.10.2008 (GV. NRW. S. 685), zuletzt geänd. durch VO v. 30.11.2018 (GV. NRW. S. 665).

(2) [1]Die Kammer wird aus Mitgliedern des Landgerichts oder Richtern beim Amtsgericht des Bezirks besetzt, für den sie gebildet wird. [2]Der Vorsitzende und die übrigen Mitglieder werden durch das Präsidium des Landgerichts bezeichnet.

(3) [1]Der Präsident des Landgerichts verteilt die Zahl der erforderlichen Hauptschöffen auf die zum Bezirk der Strafkammer gehörenden Amtsgerichtsbezirke. [2]Die Ersatzschöffen wählt der Ausschuß bei dem Amtsgericht, bei dem die auswärtige Strafkammer gebildet worden ist. [3]Die sonstigen in § 77 dem Präsidenten des Landgerichts zugewiesenen Geschäfte nimmt der Vorsitzende der Strafkammer wahr.

## 5a. Titel. Strafvollstreckungskammern

**§ 78a[1)] [Zuständigkeit]** (1) [1]Bei den Landgerichten werden, soweit in ihrem Bezirk für Erwachsene Anstalten unterhalten werden, in denen Freiheitsstrafe oder freiheitsentziehende Maßregeln der Besserung und Sicherung vollzogen werden, oder soweit in ihrem Bezirk andere Vollzugsbehörden ihren Sitz haben, Strafvollstreckungskammern gebildet. [2]Diese sind zuständig für die Entscheidungen

1. nach den §§ 462a, 463 der Strafprozeßordnung, soweit sich nicht aus der Strafprozeßordnung etwas anderes ergibt,
2. nach den § 50 Abs. 5, §§ 109, 138 Abs. 3 des Strafvollzugsgesetzes[2)],
3. nach den §§ 50, 58 Absatz 2, § 84g Absatz 1, den §§ 84j, 90h Absatz 1, § 90j Absatz 1 und 2 und § 90k Absatz 1 und 2 des Gesetzes über die internationale Rechtshilfe in Strafsachen[3)].

[3]Ist nach § 454b Absatz 3 oder Absatz 4 der Strafprozeßordnung[4)] über die Aussetzung der Vollstreckung mehrerer Freiheitsstrafen gleichzeitig zu entscheiden, so entscheidet eine Strafvollstreckungskammer über die Aussetzung der Vollstreckung aller Strafen.

(2)[5)] [1]Die Landesregierungen weisen Strafsachen nach Absatz 1 Satz 2 Nr. 3 für die Bezirke der Landgerichte, bei denen keine Strafvollstreckungskammern zu

---

1) § 78a Abs. 1 neu gef. durch G v. 16.3.1976 (BGBl. I S. 581); Abs. 1 Satz 2 Nr. 2 geänd. durch G v. 20.1.1984 (BGBl. I S. 97, ber. S. 360); Abs. 1 Satz 2 Nr. 3 angef. durch G v. 23.12.1982 (BGBl. I S. 2071); Abs. 1 Satz 3 angef. durch G v. 13.4.1986 (BGBl. I S. 393); Abs. 2 Satz 1 eingef., bish. Sätze 1 und 2 werden Sätze 2 und 3, neuer Satz 3 geänd. durch G v. 23.12.1982 (BGBl. I S. 2071); Abs. 1 Satz 2 Nr. 2 geänd. mWv 15.12.2001 durch G v. 10.12.2001 (BGBl. I S. 3442); Abs. 1 Satz 2 Nr. 3 geänd. mWv 1.9. 2004 durch G v. 24.6.2004 (BGBl. I S. 1354); Abs. 1 Satz 2 Nr. 3 geänd. mWv 25.7.2015 durch G v. 17.7. 2015 (BGBl. I S. 1349); Abs. 1 Satz 3 geänd. mWv 24.8.2017 durch G v. 17.8.2017 (BGBl. I S. 3202).

2) **Habersack, Deutsche Gesetze ErgBd. Nr. 91.**

3) **Habersack, Deutsche Gesetze ErgBd. Nr. 90h.**

4) Nr. **90**.

5) Siehe hierzu ua:
- **Baden-Württemberg:** SubdelegationsVO Justiz v. 2.4.2019 (GBl. S. 109)
- **Bayern:** Gerichtliche ZuständigkeitsVO Justiz v. 11.6.2012 (GVBl. S. 295), zuletzt geänd. durch V v. 24.11.2020 (GVBl. S. 654)
- **Berlin:** JustizG Berlin v. 22.1.2021 (GVBl. S. 75)
- **Brandenburg:** GerichtszuständigkeitsVO v. 2.9.2014 (GVBl. II Nr. 62), zuletzt geänd. durch VO v. 26.11.2018 (GVBl. II Nr. 89)
- **Bremen:** VO über die Strafkammer und die Strafvollstreckungskammer in Bremerhaven v. 3.12.2019 (Brem.GBl. S. 698)
- **Hessen:** JustizzuständigkeitsVO v. 3.6.2013 (GVBl. S. 386), zuletzt geänd. durch G v. 8.10.2020 (GVBl. S. 710)
- **Niedersachsen:** VO zur Regelung von Zuständigkeiten in der Gerichtsbarkeit und der Justizverwaltung v. 18.12.2009 (Nds. GVBl. S. 506, ber. S. 283), zuletzt geänd. durch VO v. 12.1.2021 (Nds. GVBl. S. 12)

→

bilden sind, in Absatz 1 Satz 1 bezeichneten Landgerichten durch Rechtsverordnung zu. [2]Die Landesregierungen werden ermächtigt, durch Rechtsverordnung einem der in Absatz 1 bezeichneten Landgerichte für die Bezirke mehrerer Landgerichte die in die Zuständigkeit der Strafvollstreckungskammern fallenden Strafsachen zuzuweisen und zu bestimmen, daß Strafvollstreckungskammern ihren Sitz innerhalb ihres Bezirkes auch oder ausschließlich an Orten haben, an denen das Landgericht seinen Sitz nicht hat, sofern diese Bestimmungen für eine sachdienliche Förderung oder schnellere Erledigung der Verfahren zweckmäßig sind. [3]Die Landesregierungen können die Ermächtigungen nach den Sätzen 1 und 2 durch Rechtsverordnung auf die Landesjustizverwaltungen übertragen.

(3) Unterhält ein Land eine Anstalt, in der Freiheitsstrafe oder freiheitsentziehende Maßregeln der Besserung und Sicherung vollzogen werden, auf dem Gebiete eines anderen Landes, so können die beteiligten Länder vereinbaren, daß die Strafvollstreckungskammer bei dem Landgericht zuständig ist, in dessen Bezirk die für die Anstalt zuständige Aufsichtsbehörde ihren Sitz hat.[1)]

**§ 78b**[2)] **[Besetzung]** (1) Die Strafvollstreckungskammern sind besetzt

1. in Verfahren über die Aussetzung der Vollstreckung des Restes einer lebenslangen Freiheitsstrafe oder die Aussetzung der Vollstreckung der Unterbringung in einem psychiatrischen Krankenhaus oder in der Sicherungsverwahrung mit drei Richtern unter Einschluß des Vorsitzenden; ist nach § 454b Absatz 4 der Strafprozessordnung[3)] über mehrere Freiheitsstrafen gleichzeitig zu entscheiden, so entscheidet die Strafvollstreckungskammer über alle Freiheitsstrafen mit drei Richtern, wenn diese Besetzung für die Entscheidung über eine der Freiheitsstrafen vorgeschrieben ist,
2. in den sonstigen Fällen mit einem Richter.

(2) Die Mitglieder der Strafvollstreckungskammern werden vom Präsidium des Landgerichts aus der Zahl der Mitglieder des Landgerichts und der in seinem Bezirk angestellten Richter beim Amtsgericht bestellt.

## Sechster Titel. Schwurgerichte

**§§ 79 bis 92** (weggefallen)

---

*(Fortsetzung der Anm. von voriger Seite)*
– **Nordrhein-Westfalen:** JustizG Nordrhein-Westfalen v. 26.1.2010 (GV. NRW. S. 30), zuletzt geänd. durch G v. 1.9.2020 (GV. NRW. S. 818)
– **Rheinland-Pfalz:** LandesVO über die gerichtliche Zuständigkeit in Strafsachen und Bußgeldverfahren v. 19.11.1985 (GVBl. S. 265), zuletzt geänd. durch VO v. 11.8.2017 (GVBl. S. 186)
– **Sachsen:** JustizorganisationsVO **(Habersack II Nr. 245c/2)**
– **Sachsen-Anhalt:** VO über die amtsgerichtliche Zuständigkeit in Wirtschaftssachen v. 12.7.2004 (GVBl. LSA S. 391)
– **Schleswig-Holstein:** JustizzuständigkeitsVO v. 15.11.2019 (GVOBl. Schl.-H. S. 546, 548), geänd. durch VO v. 7.12.2020 (GVOBl. Schl.-H. S. 994)

[1)] **Schleswig-Holstein:** Abkommen über die Zuständigkeit der Strafvollstreckungskammer bei dem Landgericht Hamburg v. 10.10.1974 (Hamburg: G v. 18.11.1974, GVBl. S. 331 und Bek. v. 6.1.1975, GVBl. S. 6; Schleswig-Holstein: G v. 18.12.1974, GVOBl. S. 475 und Bek. v. 3.1.1975, GVOBl. S. 5).

[2)] § 78b Abs. 1 neu gef. durch G v. 11.1.1993 (BGBl. I S. 50); Abs. 1 Nr. 1 geänd. durch G v. 16.6.1995 (BGBl. I S. 818); Abs. 1 Nr. 1 geänd. mWv 24.8.2017 durch G v. 17.8.2017 (BGBl. I S. 3202, ber. S. 3630).

[3)] Nr. **90**.

## Siebenter Titel. Kammern für Handelssachen

**§ 93**[1] **[Bildung]** (1) [1]Die Landesregierungen werden ermächtigt, durch Rechtsverordnung[2] bei den Landgerichten für deren Bezirke oder für örtlich abgegrenzte Teile davon Kammern für Handelssachen zu bilden. [2]Solche Kammern können ihren Sitz innerhalb des Landgerichtsbezirks auch an Orten haben, an denen das Landgericht seinen Sitz nicht hat.

(2) Die Landesregierungen können die Ermächtigung nach Absatz 1 auf die Landesjustizverwaltungen übertragen.[3]

**§ 94 [Zuständigkeit]** Ist bei einem Landgericht eine Kammer für Handelssachen gebildet, so tritt für Handelssachen diese Kammer an die Stelle der Zivilkammern nach Maßgabe der folgenden Vorschriften.

**§ 95**[4] **[Begriff der Handelssachen]** (1) Handelssachen im Sinne dieses Gesetzes sind die bürgerlichen Rechtsstreitigkeiten, in denen durch die Klage ein Anspruch geltend gemacht wird:

1. gegen einen Kaufmann im Sinne des Handelsgesetzbuches[5], sofern er in das Handelsregister oder Genossenschaftsregister eingetragen ist oder auf Grund einer gesetzlichen Sonderregelung für juristische Personen des öffentlichen Rechts nicht eingetragen zu werden braucht, aus Geschäften, die für beide Teile Handelsgeschäfte sind;

---

[1] § 93 neu gef. mWv 25.4.2006 durch G v. 19.4.2006 (BGBl. I S. 866).

[2] Siehe hierzu ua:
- **Baden-Württemberg:** § 12 ZuVOJu v. 20.11.1998 (GBl. S. 680), zuletzt geänd. durch VO v. 26.11. 2020 (GBl. S. 1099)
- **Bayern:** § 2 GZVJu v. 11.6.2012 (GVBl. S. 295), zuletzt geänd. durch V v. 24.11.2020 (GVBl. S. 654)
- **Brandenburg:** § 1 GerZV v. 2.9.2014 (GVBl. II Nr. 62), zuletzt geänd. durch VO v. 26.11.2018 (GVBl. II Nr. 89)
- **Hessen:** § 4 JuZuV v. 3.6.2013 (GVBl. S. 386), zuletzt geänd. durch G v. 8.10.2020 (GVBl. S. 710)
- **Mecklenburg-Vorpommern:** VO v. 29.6.1992 (GVOBl. M-V S. 376)
- **Niedersachsen:** § 1 ZustVO-Justiz v. 18.12.2009 (Nds. GVBl. S. 506, ber. S. 283), zuletzt geänd. durch VO v. 12.1.2021 (Nds. GVBl. S. 12)
- **Nordrhein-Westfalen:** VO v. 10.9.2007 (GV. NRW. S. 370)
- **Rheinland-Pfalz:** VO v. 15.7.1971 (GVBl. S. 187), zuletzt geänd. durch VO v. 9.12.2002 (GVBl. S. 508)
- **Sachsen-Anhalt:** § 4 VO v. 1.9.1992 (GVBl. LSA S. 664), zuletzt geänd. durch VO v. 12.2.2021 (GVBl. LSA S. 57)
- **Schleswig-Holstein:** § 16 JZVO v. 15.11.2019 (GVOBl. Schl.-H. S. 546, 548), geänd. durch VO v. 7.12.2020 (GVOBl. Schl.-H. S. 994)
- **Thüringen:** § 1 ThürGerZustVO v. 17.11.2011 (GVBl. S. 511), zuletzt geänd. durch VO v. 6.12.2019 (GVBl. S. 562)

[3] Siehe hierzu ua **Berlin:** § 1 VO v. 22.12.2015 (GVBl. S. 599).

[4] § 95 Abs. 1 Nr. 5 neu gef. durch G v. 25.7.1986 (BGBl. I S. 1169); Abs. 1 Nr. 4 Buchst. c geänd. durch G v. 19.7.1996 (BGBl. I S. 1014); Abs. 1 Nr. 1 geänd. durch G v. 22.6.1998 (BGBl. I S. 1474); Abs. 1 Nr. 4 Buchst. f geänd. mWv 8.10.2002 durch G v. 16.5.2001 (BGBl. I S. 898); Abs. 1 Nr. 4 Buchst. c geänd. mWv 1.6.2004 durch G v. 12.3.2004 (BGBl. I S. 390); Abs. 1 Nr. 5 geänd. mWv 8.7. 2004 durch G v. 3.7.2004 (BGBl. I S. 1414); Abs. 1 Nr. 4 Buchst. a geänd. mWv 18.8.2006 durch G v. 14.8.2006 (BGBl. I S. 1911); Abs. 2 neu gef. mWv 1.9.2009 durch G v. 17.12.2008 (BGBl. I S. 2586); Abs. 1 Nr. 6 neu gef. mWv 1.6.2012 durch G v. 6.12.2011 (BGBl. I S. 2481); Abs. 2 Nr. 1 geänd. mWv 30.6.2013 durch G v. 26.6.2013 (BGBl. I S. 1738); Abs. 1 Nr. 4 Buchst. c geänd. mWv 1.1.2014 durch G v. 10.10.2013 (BGBl. I S. 3799); Abs. 2 Nr. 1 geänd. mWv 9.6.2017 durch G v. 1.6.2017 (BGBl. I S. 1416); Abs. 1 Nr. 6 geänd. mWv 21.7.2018 durch G v. 10.7.2018 (BGBl. I S. 1102); Abs. 2 Nr. 1 geänd. mWv 30.6.2020 durch G v. 25.6.2020 (BGBl. I S. 1474).

[5] Nr. **50**.

2. aus einem Wechsel im Sinne des Wechselgesetzes[1] oder aus einer der im § 363 des Handelsgesetzbuchs bezeichneten Urkunden;
3. auf Grund des Scheckgesetzes[2];
4. aus einem der nachstehend bezeichneten Rechtsverhältnisse:
   a) aus dem Rechtsverhältnis zwischen den Mitgliedern einer Handelsgesellschaft oder Genossenschaft oder zwischen dieser und ihren Mitgliedern oder zwischen dem stillen Gesellschafter und dem Inhaber des Handelsgeschäfts, sowohl während des Bestehens als auch nach Auflösung des Gesellschaftsverhältnisses, und aus dem Rechtsverhältnis zwischen den Vorstehern oder den Liquidatoren einer Handelsgesellschaft oder Genossenschaft und der Gesellschaft oder deren Mitgliedern;
   b) aus dem Rechtsverhältnis, welches das Recht zum Gebrauch der Handelsfirma betrifft;
   c) den Rechtsverhältnissen, die sich auf den Schutz der Marken und sonstigen Kennzeichen sowie der eingetragenen Designs beziehen;
   d) aus dem Rechtsverhältnis, das durch den Erwerb eines bestehenden Handelsgeschäfts unter Lebenden zwischen dem bisherigen Inhaber und dem Erwerber entsteht;
   e) aus dem Rechtsverhältnis zwischen einem Dritten und dem, der wegen mangelnden Nachweises der Prokura oder Handlungsvollmacht haftet;
   f) aus den Rechtsverhältnissen des Seerechts, insbesondere aus denen, die sich auf die Reederei, auf die Rechte und Pflichten des Reeders oder Schiffseigners, des Korrespondentreeders und der Schiffsbesatzung, auf die Haverei, auf den Schadensersatz im Falle des Zusammenstoßes von Schiffen, auf die Bergung und auf die Ansprüche der Schiffsgläubiger beziehen;
5. auf Grund des Gesetzes gegen den unlauteren Wettbewerb;
6. aus den §§ 9, 10, 11, 14 und 15 des Wertpapierprospektgesetzes oder den §§ 20 bis 22 des Vermögensanlagengesetzes.

(2) Handelssachen im Sinne dieses Gesetzes sind ferner
1. die Rechtsstreitigkeiten, in denen sich die Zuständigkeit des Landgerichts nach § 246 Abs. 3 Satz 1, § 396 Abs. 1 Satz 2 des Aktiengesetzes[3], § 51 Abs. 3 Satz 3 oder nach § 81 Abs. 1 Satz 2 des Genossenschaftsgesetzes[4], § 87 des Gesetzes gegen Wettbewerbsbeschränkungen[5], es sei denn, es handelt sich um kartellrechtliche Auskunfts- oder Schadensersatzansprüche, und § 13 Abs. 4 des EU-Verbraucherschutzdurchführungsgesetzes richtet,
2. die in § 71 Abs. 2 Nr. 4 Buchstabe b bis f genannten Verfahren.

## § 96[6] [Antrag auf Verhandlung vor der Kammer für Handelssachen]

(1) Der Rechtsstreit wird vor der Kammer für Handelssachen verhandelt, wenn der Kläger dies in der Klageschrift beantragt hat.

(2) Ist ein Rechtsstreit nach den Vorschriften der §§ 281, 506 der Zivilprozeßordnung[7] vom Amtsgericht an das Landgericht zu verweisen, so hat der Kläger

---

1) **Habersack, Deutsche Gesetze ErgBd. Nr. 54.**
2) **Habersack, Deutsche Gesetze ErgBd. Nr. 56.**
3) Nr. **51**.
4) Nr. **53**.
5) Nr. **74**.
6) § 96 Abs. 2 geänd. durch G v. 3.12.1976 (BGBl. I S. 3281) und G v. 17.12.1990 (BGBl. I S. 2847).
7) Nr. **100**.

den Antrag auf Verhandlung vor der Kammer für Handelssachen vor dem Amtsgericht zu stellen.

**§ 97 [Verweisung an Zivilkammer wegen ursprünglicher Unzuständigkeit]** (1) Wird vor der Kammer für Handelssachen eine nicht vor sie gehörige Klage zur Verhandlung gebracht, so ist der Rechtsstreit auf Antrag des Beklagten an die Zivilkammer zu verweisen.

(2) [1] Gehört die Klage oder die im Falle des § 506 der Zivilprozeßordnung[1)] erhobene Widerklage als Klage nicht vor die Kammer für Handelssachen, so ist diese auch von Amts wegen befugt, den Rechtsstreit an die Zivilkammer zu verweisen, solange nicht eine Verhandlung zur Hauptsache erfolgt und darauf ein Beschluß verkündet ist. [2] Die Verweisung von Amts wegen kann nicht aus dem Grund erfolgen, daß der Beklagte nicht Kaufmann ist.

**§ 98[2)] [Verweisung an Kammer für Handelssachen]** (1) [1] Wird vor der Zivilkammer eine vor die Kammer für Handelssachen gehörige Klage zur Verhandlung gebracht, so ist der Rechtsstreit auf Antrag des Beklagten an die Kammer für Handelssachen zu verweisen. [2] Ein Beklagter, der nicht in das Handelsregister oder Genossenschaftsregister eingetragen ist, kann den Antrag nicht darauf stützen, daß er Kaufmann ist.

(2) Der Antrag ist zurückzuweisen, wenn die im Falle des § 506 der Zivilprozeßordnung[1)] erhobene Widerklage als Klage vor die Kammer für Handelssachen nicht gehören würde.

(3) Zu einer Verweisung von Amts wegen ist die Zivilkammer nicht befugt.

(4) Die Zivilkammer ist zur Verwerfung des Antrags auch dann befugt, wenn der Kläger ihm zugestimmt hat.

**§ 99[3)] [Verweisung an Zivilkammer wegen nachträglicher Unzuständigkeit]** (1) Wird in einem bei der Kammer für Handelssachen anhängigen Rechtsstreit die Klage nach § 256 Abs. 2 der Zivilprozeßordnung[1)] durch den Antrag auf Feststellung eines Rechtsverhältnisses erweitert oder eine Widerklage erhoben und gehört die erweiterte Klage oder die Widerklage als Klage nicht vor die Kammer für Handelssachen, so ist der Rechtsstreit auf Antrag des Gegners an die Zivilkammer zu verweisen.

(2) [1] Unter der Beschränkung des § 97 Abs. 2 ist die Kammer zu der Verweisung auch von Amts wegen befugt. [2] Diese Befugnis tritt auch dann ein, wenn durch eine Klageänderung ein Anspruch geltend gemacht wird, der nicht vor die Kammer für Handelssachen gehört.

**§ 100 [Zuständigkeit in 2. Instanz]** Die §§ 96 bis 99 sind auf das Verfahren im zweiten Rechtszuge vor den Kammern für Handelssachen entsprechend anzuwenden.

**§ 101[4)] [Antrag auf Verweisung]** (1) [1] Der Antrag auf Verweisung des Rechtsstreits an eine andere Kammer ist nur vor der Verhandlung des Antragstellers zur Sache zulässig. [2] Ist dem Antragsteller vor der mündlichen Verhandlung eine Frist

---

[1)] Nr. **100**.
[2)] § 98 Abs. 1 Satz 2 geänd. durch G v. 17.12.1990 (BGBl. I S. 2847).
[3)] § 99 Abs. 1 geänd. durch G v. 3.12.1976 (BGBl. I S. 3281).
[4)] § 101 Abs. 1 Sätze 2 und 3 angef., Abs. 2 neu gef. mWv 1.4.1991 durch G v. 17.12.1990 (BGBl. I S. 2847).

zur Klageerwiderung oder Berufungserwiderung gesetzt, so hat er den Antrag innerhalb der Frist zu stellen. [3] § 296 Abs. 3 der Zivilprozeßordnung gilt entsprechend; der Entschuldigungsgrund ist auf Verlangen des Gerichts glaubhaft zu machen.

(2) [1] Über den Antrag ist vorab zu entscheiden. [2] Die Entscheidung kann ohne mündliche Verhandlung ergehen.

**§ 102 [Unanfechtbarkeit der Verweisung]** [1] Die Entscheidung über Verweisung eines Rechtsstreits an die Zivilkammer oder an die Kammer für Handelssachen ist nicht anfechtbar. [2] Erfolgt die Verweisung an eine andere Kammer, so ist diese Entscheidung für die Kammer, an die der Rechtsstreit verwiesen wird, bindend. [3] Der Termin zur weiteren mündlichen Verhandlung wird von Amts wegen bestimmt und den Parteien bekanntgemacht.

**§ 103 [Hauptintervention]** Bei der Kammer für Handelssachen kann ein Anspruch nach § 64 der Zivilprozeßordnung nur dann geltend gemacht werden, wenn der Rechtsstreit nach den Vorschriften der §§ 94, 95 vor die Kammer für Handelssachen gehört.

**§ 104 [Verweisung in Beschwerdesachen]** (1) [1] Wird die Kammer für Handelssachen als Beschwerdegericht mit einer vor sie nicht gehörenden Beschwerde befaßt, so ist die Beschwerde von Amts wegen an die Zivilkammer zu verweisen. [2] Ebenso hat die Zivilkammer, wenn sie als Beschwerdegericht in einer Handelssache mit einer Beschwerde befaßt wird, diese von Amts wegen an die Kammer für Handelssachen zu verweisen. [3] Die Vorschriften des § 102 Satz 1, 2 sind entsprechend anzuwenden.

(2) Eine Beschwerde kann nicht an eine andere Kammer verwiesen werden, wenn bei der Kammer, die mit der Beschwerde befaßt wird, die Hauptsache anhängig ist oder diese Kammer bereits eine Entscheidung in der Hauptsache erlassen hat.

**§ 105[1)] [Besetzung]** (1) Die Kammern für Handelssachen entscheiden in der Besetzung mit einem Mitglied des Landgerichts als Vorsitzenden und zwei ehrenamtlichen Richtern, soweit nicht nach den Vorschriften der Prozeßgesetze an Stelle der Kammer der Vorsitzende zu entscheiden hat.

(2) Sämtliche Mitglieder der Kammer für Handelssachen haben gleiches Stimmrecht.

**§ 106[2)] [Auswärtige Kammer für Handelssachen]** Im Falle des § 93 Abs. 1 Satz 2 kann ein Richter beim Amtsgericht Vorsitzender der Kammer für Handelssachen sein.

**§ 107[3)] [Entschädigung]** (1) Die ehrenamtlichen Richter, die weder ihren Wohnsitz noch ihre gewerbliche Niederlassung am Sitz der Kammer für Handelssachen haben, erhalten Tage- und Übernachtungsgelder nach den für Richter am Landgericht geltenden Vorschriften.

---

[1)] § 105 Abs. 3 aufgeh. mWv 1.1.2002 durch G v. 27.7.2001 (BGBl. I S. 1887).

[2)] § 106 geänd. mWv 25.4.2006 durch G v. 19.4.2006 (BGBl. I S. 866).

[3)] § 107 neu gef. durch G v. 9.12.1986 (BGBl. I S. 2326); Abs. 2 geänd. mWv 1.7.2004 durch G v. 5.5. 2004 (BGBl. I S. 718).

(2) Den ehrenamtlichen Richtern werden die Fahrtkosten in entsprechender Anwendung des § 5 des Justizvergütungs- und -entschädigungsgesetzes[1] ersetzt.

**§ 108**[2] **[Dauer der Ernennung]** Die ehrenamtlichen Richter werden auf gutachtlichen Vorschlag der Industrie- und Handelskammern für die Dauer von fünf Jahren ernannt; eine wiederholte Ernennung ist nicht ausgeschlossen.

**§ 109**[3] **[Voraussetzungen der Ernennung]** (1) Zum ehrenamtlichen Richter kann ernannt werden, wer

1. Deutscher ist,
2. das dreißigste Lebensjahr vollendet hat und
3. als Kaufmann, Vorstandsmitglied oder Geschäftsführer einer juristischen Person oder als Prokurist in das Handelsregister oder das Genossenschaftsregister eingetragen ist oder eingetragen war oder als Vorstandsmitglied einer juristischen Person des öffentlichen Rechts aufgrund einer gesetzlichen Sonderregelung für diese juristische Person nicht eingetragen zu werden braucht.

(2) [1] Wer diese Voraussetzungen erfüllt, soll nur ernannt werden, wenn er

1. in dem Bezirk der Kammer für Handelssachen wohnt oder
2. in diesem Bezirk eine Handelsniederlassung hat oder
3. einem Unternehmen angehört, das in diesem Bezirk seinen Sitz oder seine Niederlassung hat.

[2] Darüber hinaus soll nur ernannt werden

1. ein Prokurist, wenn er im Unternehmen eine der eigenverantwortlichen Tätigkeit des Unternehmers vergleichbare selbständige Stellung einnimmt,
2. ein Vorstandsmitglied einer Genossenschaft, wenn es hauptberuflich in einer Genossenschaft tätig ist, die in ähnlicher Weise wie eine Handelsgesellschaft am Handelsverkehr teilnimmt.

(3) [1] Zum ehrenamtlichen Richter kann nicht ernannt werden, wer zu dem Amt eines Schöffen unfähig ist oder nach § 33 Nr. 4 zu dem Amt eines Schöffen nicht berufen werden soll. [2] Zum ehrenamtlichen Richter soll nicht ernannt werden, wer nach § 33 Nr. 6 zu dem Amt eines Schöffen nicht berufen werden soll.

**§ 110 [Ehrenamtliche Richter an Seeplätzen]** An Seeplätzen können ehrenamtliche Richter auch aus dem Kreis der Schiffahrtskundigen ernannt werden.

**§ 111** (weggefallen)

**§ 112 [Rechte und Pflichten]** Die ehrenamtlichen Richter haben während der Dauer ihres Amts in Beziehung auf dasselbe alle Rechte und Pflichten eines Richters.

---

[1] Nr. **116**.

[2] § 108 geänd. durch G v. 17.12.1990 (BGBl. I S. 2847); geänd. mWv 1.1.2005 durch G v. 21.12.2004 (BGBl. I S. 3599).

[3] § 109 neu gef. durch G v. 17.12.1990 (BGBl. I S. 2847); Abs. 1 Nr. 3 geänd. durch G v. 22.6.1998 (BGBl. I S. 1474); Abs. 3 Satz 2 angef. durch G v. 4.10.1994 (BGBl. I S. 2911); Abs. 3 Satz 2 geänd. mWv 30.7.2010 durch G v. 24.7.2010 (BGBl. I S. 976).

**§ 113**[1)] **[Amtsenthebung]** (1) Ein ehrenamtlicher Richter ist seines Amtes zu entheben, wenn er

1. eine der für seine Ernennung erforderlichen Eigenschaften verliert oder Umstände eintreten oder nachträglich bekanntwerden, die einer Ernennung nach § 109 entgegenstehen, oder
2. seine Amtspflichten gröblich verletzt hat.

(2) Ein ehrenamtlicher Richter soll seines Amtes enthoben werden, wenn Umstände eintreten oder bekannt werden, bei deren Vorhandensein eine Ernennung nach § 109 Abs. 3 Satz 2 nicht erfolgen soll.

(3) [1] Die Entscheidung trifft der erste Zivilsenat des Oberlandesgerichts durch Beschluß nach Anhörung des Beteiligten. [2] Sie ist unanfechtbar.

(4) Beantragt der ehrenamtliche Richter selbst die Entbindung von seinem Amt, so trifft die Entscheidung die Landesjustizverwaltung.

**§ 114 [Entscheidung auf Grund eigener Sachkunde]** Über Gegenstände, zu deren Beurteilung eine kaufmännische Begutachtung genügt, sowie über das Bestehen von Handelsgebräuchen kann die Kammer für Handelssachen auf Grund eigener Sachkunde und Wissenschaft entscheiden.

## Achter Titel. Oberlandesgerichte

**§ 115 [Besetzung]** Die Oberlandesgerichte werden mit einem Präsidenten sowie mit Vorsitzenden Richtern und weiteren Richtern besetzt.

**§ 115a** (weggefallen)

**§ 116**[2)] **[Zivil- und Strafsenate, Ermittlungsrichter]** (1) [1] Bei den Oberlandesgerichten werden Zivil- und Strafsenate gebildet. [2] Bei den nach § 120 zuständigen Oberlandesgerichten werden Ermittlungsrichter bestellt; zum Ermittlungsrichter kann auch jedes Mitglied eines anderen Oberlandesgerichts, das in dem in § 120 bezeichneten Gebiet seinen Sitz hat, bestellt werden.

(2) [1] Die Landesregierungen werden ermächtigt, durch Rechtsverordnung[3)] außerhalb des Sitzes des Oberlandesgerichts für den Bezirk eines oder mehrerer Landgerichte Zivil- oder Strafsenate zu bilden und ihnen für diesen Bezirk die gesamte Tätigkeit des Zivil- oder Strafsenats des Oberlandesgerichts oder einen Teil dieser Tätigkeit zuzuweisen. [2] Ein auswärtiger Senat für Familiensachen kann für die Bezirke mehrerer Familiengerichte gebildet werden.

(3) Die Landesregierungen können die Ermächtigung nach Absatz 2 auf die Landesjustizverwaltungen übertragen.

**§ 117 [Vertretung der Senatsmitglieder]** Die Vorschrift des § 70 Abs. 1 ist entsprechend anzuwenden.

---

[1)] § 113 neu gef. durch G v. 17.12.1990 (BGBl. I S. 2847); Abs. 2 eingef., bish. Abs. 2 und 3 werden Abs. 3 und 4 durch G. v. 4.10.1994 (BGBl. I S. 2911).

[2)] § 116 Abs. 2 Satz 2 angef. durch G v. 17.12.1990 (BGBl. I S. 2847); bish. Abs. 2 aufgeh., neuer Abs. 2 und 3 angef. mWv 25.4.2006 durch G v. 19.4.2006 (BGBl. I S. 866).

[3)] **Baden-Württemberg:** Zuständigkeit der Zivilsenate des OLG Karlsruhe in Freiburg gem. § 16 ZuVOJu v. 20.11.1998 (GBl. S. 680), zuletzt geänd. durch VO v. 26.11.2020 (GBl. S. 1099).

**Bayern:** Zuständigkeit der Zivilsenate des OLG München in Augsburg gem. § 1 GZVJu v. 11.6.2012 (GVBl. S. 295), zuletzt geänd. durch V v. 24.11.2020 (GVBl. S. 654).

**§ 118**[1] **[Zuständigkeit in Musterverfahren]** Die Oberlandesgerichte sind in bürgerlichen Rechtsstreitigkeiten im ersten Rechtszug zuständig für die Verhandlung und Entscheidung über Musterverfahren nach dem Kapitalanleger-Musterverfahrensgesetz[2].

**§ 119**[3] [4] **[Zuständigkeit in Zivilsachen]** (1) Die Oberlandesgerichte sind in Zivilsachen zuständig für die Verhandlung und Entscheidung über die Rechtsmittel:

1. der Beschwerde gegen Entscheidungen der Amtsgerichte
   a) in den von den Familiengerichten entschiedenen Sachen;
   b) in den Angelegenheiten der freiwilligen Gerichtsbarkeit mit Ausnahme der Freiheitsentziehungssachen und der von den Betreuungsgerichten entschiedenen Sachen;
2. der Berufung und der Beschwerde gegen Entscheidungen der Landgerichte.

***[Abs. 2 bis 31.12.2021:]***

(2) § 23b Abs. 1 und 2 gilt entsprechend.

***[Abs. 2 ab 1.1.2022:]***

*(2) § 23b Absatz 1, 2 und 3 Satz 3 und 4 gilt entsprechend.*

(3) [1] In Zivilsachen sind Oberlandesgerichte ferner zuständig für die Verhandlung und Entscheidung von Musterfeststellungsverfahren nach Buch 6 der Zivilprozessordnung[5] im ersten Rechtszug. [2] Ein Land, in dem mehrere Oberlandesgerichte errichtet sind, kann durch Rechtsverordnung der Landesregierung einem Oberlandesgericht die Entscheidung und Verhandlung für die Bezirke mehrerer Oberlandesgerichte oder dem Obersten Landesgericht zuweisen, sofern die Zuweisung für eine sachdienliche Förderung oder schnellere Erledigung der Verfahren zweckmäßig ist. [3] Die Landesregierungen können die Ermächtigung durch Rechtsverordnung auf die Landesjustizverwaltungen übertragen.

**§ 119a**[6] [7] **[Obligatorische Einrichtung spezialisierter Senate]** (1) Bei den Oberlandesgerichten werden ein oder mehrere Zivilsenate für folgende Sachgebiete gebildet:

1. Streitigkeiten aus Bank- und Finanzgeschäften,
2. Streitigkeiten aus Bau- und Architektenverträgen sowie aus Ingenieurverträgen, soweit sie im Zusammenhang mit Bauleistungen stehen,
3. Streitigkeiten aus Heilbehandlungen,
4. Streitigkeiten aus Versicherungsvertragsverhältnissen,
5. Streitigkeiten über Ansprüche aus Veröffentlichungen durch Druckerzeugnisse, Bild- und Tonträger jeder Art, insbesondere in Presse, Rundfunk, Film und Fernsehen,

---

[1] § 118 eingef. mWv 1.11.2005 durch G v. 16.8.2005 (BGBl. I S. 2437, geänd. durch G v. 22.12.2006, BGBl. I S. 3416).

[2] **Habersack, Deutsche Gesetze ErgBd. Nr. 105d.**

[3] § 119 neu gef. mWv 1.1.2002 durch G v. 27.7.2001 (BGBl. I S. 1887); Abs. 1 neu gef., Abs. 3–6 aufgeh. mWv 1.9.2009 durch G v. 17.12.2008 (BGBl. I S. 2586); Abs. 3 angef. mWv 18.7.2018 durch G v. 12.7.2018 (BGBl. I S. 1151); Abs. 2 neu gef. **mWv 1.1.2022** durch G v. 16.6.2021 (BGBl. I S. 1810).

[4] Beachte hierzu Übergangsvorschrift in § 40 EGGVG (Nr. **95a**).

[5] Nr. **100**.

[6] § 119a neu gef. mWv 1.1.2021 durch G v. 12.12.2019 (BGBl. I S. 2633); Abs. 1 Nr. 7 geänd. mWv 1.1.2021 durch G v. 22.12.2020 (BGBl. I S. 3256).

[7] Beachte hierzu die Übergangsvorschrift in § 40a EGGVG (Nr. **95a**).

6. erbrechtliche Streitigkeiten und
7. insolvenzrechtliche Streitigkeiten, Anfechtungssachen nach dem Anfechtungsgesetz[1] sowie Streitigkeiten aus dem Unternehmensstabilisierungs- und -restrukturierungsgesetz[2].

(2) [1]Die Landesregierungen werden ermächtigt, durch Rechtsverordnung bei den Oberlandesgerichten einen oder mehrere Zivilsenate für weitere Sachgebiete einzurichten. [2]Die Landesregierungen können die Ermächtigung auf die Landesjustizverwaltungen übertragen.

(3) Den Zivilsenaten nach den Absätzen 1 und 2 können auch Streitigkeiten nach § 119 Absatz 1 zugewiesen werden.

**§ 120[3] [Zuständigkeit in Strafsachen in 1. Instanz]** (1) In Strafsachen sind die Oberlandesgerichte, in deren Bezirk die Landesregierungen ihren Sitz haben, für das Gebiet des Landes zuständig für die Verhandlung und Entscheidung im ersten Rechtszug

1. *(aufgehoben)*
2. bei Hochverrat (§§ 81 bis 83 des Strafgesetzbuches),
3. bei Landesverrat und Gefährdung der äußeren Sicherheit (§§ 94 bis 100a des Strafgesetzbuches) sowie bei Straftaten nach § 52 Abs. 2 des Patentgesetzes[4], nach § 9 Abs. 2 des Gebrauchsmustergesetzes[5] in Verbindung mit § 52 Abs. 2 des Patentgesetzes oder nach § 4 Abs. 4 des Halbleiterschutzgesetzes in Verbindung mit § 9 Abs. 2 des Gebrauchsmustergesetzes und § 52 Abs. 2 des Patentgesetzes,
4. bei einem Angriff gegen Organe und Vertreter ausländischer Staaten (§ 102 des Strafgesetzbuches),
5. bei einer Straftat gegen Verfassungsorgane in den Fällen der §§ 105, 106 des Strafgesetzbuches,
6. bei einer Zuwiderhandlung gegen das Vereinigungsverbot des § 129a, auch in Verbindung mit § 129b Abs. 1, des Strafgesetzbuches,
7. bei Nichtanzeige von Straftaten nach § 138 des Strafgesetzbuches, wenn die Nichtanzeige eine Straftat betrifft, die zur Zuständigkeit der Oberlandesgerichte gehört, und
8. bei Straftaten nach dem Völkerstrafgesetzbuch[6].

---

[1] Nr. **111.**

[2] **Habersack, Deutsche Gesetze ErgBd. Nr. 110e.**

[3] § 120 Abs. 1 Nr. 3 neu gef. durch G v. 22.10.1987 (BGBl. I S. 2294); Abs. 1 Nr. 6 eingef., bish. Nr. 6 und 7 werden Nr. 7 und 8 durch G v. 18.8.1976 (BGBl. I S. 2181); Abs. 2 neu gef. durch G v. 19.12.1986 (BGBl. I S. 2566); Abs. 3 Satz 2 neu gef. durch G v. 27.1.1987 (BGBl. I S. 475); Abs. 1 Nr. 8 neu gef. mWv 3.8.2002 durch G v. 26.7.2002 (BGBl. I S. 2914); Abs. 1 Nr. 6 geänd. mWv 30.8.2002 durch G v. 22.8.2002 (BGBl. I S. 3390); Abs. 2 Satz 1 Nr. 2 geänd. mWv 28.12.2003 durch G v. 22.12.2003 (BGBl. I S. 2836); Abs. 4 Satz 2 angef. mWv 1.7.2005 durch G v. 24.6.2005 (BGBl. I S. 1841); Abs. 7 angef. mWv 25.4.2006 durch G v. 19.4.2006 (BGBl. I S. 866); Abs. 2 Satz 1 Nr. 4 angef., Satz 2 geänd. mWv 31.12.2006 durch G v. 22.12.2006 (BGBl. I S. 3416); Abs. 4 Satz 2 geänd. mWv 1.1.2008 durch G v. 21.12.2007 (BGBl. I S. 3198); Abs. 2 Satz 1 Nr. 3 neu gef. mWv 4.8.2009 durch G v. 30.7.2009 (BGBl. I S. 2437); Abs. 2 Satz 1 Nr. 3 einl. Satzteil geänd., Satz 2 eingef., bish. Satz 2 wird Satz 3 und geänd. mWv 1.8.2015 durch G v. 12.6.2015 (BGBl. I S. 925); Abs. 1 Nr. 1 aufgeh. mWv 1.1.2017 durch G v. 22.12.2016 (BGBl. I S. 3150); Abs. 4 Satz 2 geänd. mWv 24.8.2017 durch G v. 17.8.2017 (BGBl. I S. 3202); Abs. 2 Satz 1 Nr. 4 einl. Satzteil geänd. mWv 1.7.2021 durch G v. 25.6.2021 (BGBl. I S. 2099).

[4] **Habersack, Deutsche Gesetze ErgBd. Nr. 70.**

[5] **Habersack, Deutsche Gesetze ErgBd. Nr. 71.**

[6] **Habersack, Deutsche Gesetze ErgBd. Nr. 85g.**

(2) [1]Diese Oberlandesgerichte sind ferner für die Verhandlung und Entscheidung im ersten Rechtszug zuständig

1. bei den in § 74a Abs. 1 bezeichneten Straftaten, wenn der Generalbundesanwalt wegen der besonderen Bedeutung des Falles nach § 74a Abs. 2 die Verfolgung übernimmt,
2. bei Mord (§ 211 des Strafgesetzbuches), Totschlag (§ 212 des Strafgesetzbuches) und den in § 129a Abs. 1 Nr. 2 und Abs. 2 des Strafgesetzbuches bezeichneten Straftaten, wenn ein Zusammenhang mit der Tätigkeit einer nicht oder nicht nur im Inland bestehenden Vereinigung besteht, deren Zweck oder Tätigkeit die Begehung von Straftaten dieser Art zum Gegenstand hat, und der Generalbundesanwalt wegen der besonderen Bedeutung des Falles die Verfolgung übernimmt,
3. bei Mord (§ 211 des Strafgesetzbuchs), Totschlag (§ 212 des Strafgesetzbuchs), erpresserischem Menschenraub (§ 239a des Strafgesetzbuchs), Geiselnahme (§ 239b des Strafgesetzbuchs), schwerer und besonders schwerer Brandstiftung (§§ 306a und 306b des Strafgesetzbuchs), Brandstiftung mit Todesfolge (§ 306c des Strafgesetzbuchs), Herbeiführen einer Explosion durch Kernenergie in den Fällen des § 307 Abs. 1 und 3 Nr. 1 des Strafgesetzbuchs, Herbeiführen einer Sprengstoffexplosion in den Fällen des § 308 Abs. 1 bis 3 des Strafgesetzbuchs, Missbrauch ionisierender Strahlen in den Fällen des § 309 Abs. 1 bis 4 des Strafgesetzbuchs, Vorbereitung eines Explosions- oder Strahlungsverbrechens in den Fällen des § 310 Abs. 1 Nr. 1 bis 3 des Strafgesetzbuchs, Herbeiführen einer Überschwemmung in den Fällen des § 313 Abs. 2 in Verbindung mit § 308 Abs. 2 und 3 des Strafgesetzbuchs, gemeingefährlicher Vergiftung in den Fällen des § 314 Abs. 2 in Verbindung mit § 308 Abs. 2 und 3 des Strafgesetzbuchs und Angriff auf den Luft- und Seeverkehr in den Fällen des § 316c Abs. 1 und 3 des Strafgesetzbuchs, wenn die Tat nach den Umständen geeignet ist,
   a) den Bestand oder die Sicherheit eines Staates zu beeinträchtigen,
   b) Verfassungsgrundsätze der Bundesrepublik Deutschland zu beseitigen, außer Geltung zu setzen oder zu untergraben,
   c) die Sicherheit der in der Bundesrepublik Deutschland stationierten Truppen des Nordatlantik-Pakts oder seiner nichtdeutschen Vertragsstaaten zu beeinträchtigen oder
   d) den Bestand oder die Sicherheit einer internationalen Organisation zu beeinträchtigen,

   und der Generalbundesanwalt wegen der besonderen Bedeutung des Falles die Verfolgung übernimmt,
4. bei Straftaten nach dem Außenwirtschaftsgesetz sowie bei Straftaten nach dem Gesetz über die Kontrolle von Kriegswaffen[1)], wenn die Tat oder im Falle des strafbaren Versuchs auch ihre unterstellte Vollendung nach den Umständen
   a) geeignet ist, die äußere Sicherheit oder die auswärtigen Beziehungen der Bundesrepublik Deutschland erheblich zu gefährden, oder
   b) bestimmt und geeignet ist, das friedliche Zusammenleben der Völker zu stören,

   und der Generalbundesanwalt wegen der besonderen Bedeutung des Falles die Verfolgung übernimmt.

[1)] **Sartorius Nr. 823.**

2 Eine besondere Bedeutung des Falles ist auch anzunehmen, wenn in den Fällen des Satzes 1 eine Ermittlungszuständigkeit des Generalbundesanwalts wegen des länderübergreifenden Charakters der Tat geboten erscheint. 3 Die Oberlandesgerichte verweisen bei der Eröffnung des Hauptverfahrens die Sache in den Fällen der Nummer 1 an das Landgericht, in den Fällen der Nummern 2 bis 4 an das Land- oder Amtsgericht, wenn eine besondere Bedeutung des Falles nicht vorliegt.

(3) 1 In den Sachen, in denen diese Oberlandesgerichte nach Absatz 1 oder 2 zuständig sind, treffen sie auch die in § 73 Abs. 1 bezeichneten Entscheidungen. 2 Sie entscheiden ferner über die Beschwerde gegen Verfügungen der Ermittlungsrichter der Oberlandesgerichte (§ 169 Abs. 1 Satz 1 der Strafprozeßordnung[1)]) in den in § 304 Abs. 5 der Strafprozeßordnung bezeichneten Fällen.

(4) 1 Diese Oberlandesgerichte entscheiden auch über die Beschwerde gegen Verfügungen und Entscheidungen des nach § 74a zuständigen Gerichts. 2 Für Entscheidungen über die Beschwerde gegen Verfügungen und Entscheidungen des nach § 74a Abs. 4 zuständigen Gerichts sowie in den Fällen des § 100e Absatz 2 Satz 6 der Strafprozessordnung ist ein nicht mit Hauptverfahren in Strafsachen befasster Senat zuständig.

(5) 1 Für den Gerichtsstand gelten die allgemeinen Vorschriften. 2 Die beteiligten Länder können durch Vereinbarung die den Oberlandesgerichten in den Absätzen 1 bis 4 zugewiesenen Aufgaben dem hiernach zuständigen Gericht eines Landes auch für das Gebiet eines anderen Landes übertragen.[2)]

(6) Soweit nach § 142a für die Verfolgung der Strafsachen die Zuständigkeit des Bundes begründet ist, üben diese Oberlandesgerichte Gerichtsbarkeit nach Artikel 96 Abs. 5 des Grundgesetzes aus.

(7) Soweit die Länder aufgrund von Strafverfahren, in denen die Oberlandesgerichte in Ausübung von Gerichtsbarkeit des Bundes entscheiden, Verfahrenskosten und Auslagen von Verfahrensbeteiligten zu tragen oder Entschädigungen zu leisten haben, können sie vom Bund Erstattung verlangen.

**§ 120a[3)] [Zuständigkeit bei vorbehaltener oder nachträglicher Anordnung der Sicherungsverwahrung]** (1) Hat im ersten Rechtszug ein Strafsenat die Anordnung der Sicherungsverwahrung vorbehalten oder im Fall des § 66b des Strafgesetzbuches[4)] als Tatgericht entschieden, ist dieser Strafsenat im ersten

---

[1)] Nr. **90**.

[2)] Abkommen zwischen den Ländern Freie Hansestadt **Bremen** und Freie und Hansestadt **Hamburg** über die Zuständigkeit des Hanseatischen Oberlandesgerichts Hamburg in Staatsschutz-Strafsachen v. 28.5.1970 (Bremen: G zu dem Abkommen v. 29.9.1970, Brem-GBl. S. 123, mit Bek. v. 17.12.1970, GBl. 1971 S. 1, sowie Änderung durch Abkommen v. 1.2.1978 mit G v. 19.6.1978, GBl. S. 163, mit Bek. v. 15.8.1978, GBl. S. 194; Hamburg: G zu dem Abkommen v. 12.10.1970, HambGVBl. S. 271, mit Bek. v. 28.12.1970, GVBl. 1971 S. 1, sowie Änderung durch Abkommen v. 1.2.1978 mit G v. 13.3.1978, GVBl. S. 73, mit Bek. v. 1.8.1978, GVBl. S. 325). Staatsvertrag zwischen dem Land **Rheinland-Pfalz** und dem **Saarland** über die Übertragung der Zuständigkeit in Staatsschutz-Strafsachen v. 16./18.8.1971 (Rheinland-Pfalz: G zu dem Abkommen v. 20.12.1971, RhPfGVBl. S. 304, mit Bek. v. 31.1.1972, GVBl. S. 106, sowie Änderung durch Staatsvertrag v. 10.4.1978 mit G v. 21.7.1978, GVBl. S. 584, sowie Bek. über das Inkrafttreten v. 31.8.1978, GVBl. S. 639; Saarland: G über die Zustimmung v. 15.12.1971, Amtsbl. S. 848, mit Bek. v. 1.2.1972, Amtsbl. S. 61, sowie Änderung durch Staatsvertrag v. 12.4.1978 mit G v. 12.7.1978, Amtsbl. S. 696).

[3)] § 120a eingef. mWv 29.7.2004 durch G v. 23.7.2004 (BGBl. I S. 1838); Abs. 1 und 2 geänd. mWv 12.7.2008 durch G v. 8.7.2008 (BGBl. I S. 1212); Abs. 1 und 2 geänd. mWv 1.1.2011 durch G v. 22.12.2010 (BGBl. I S. 2300).

[4)] Nr. **85**.

Rechtszug für die Verhandlung und Entscheidung über die im Urteil vorbehaltene oder die nachträgliche Anordnung der Sicherungsverwahrung zuständig.

(2) Im Fall des § 66b des Strafgesetzbuches gilt § 462a Abs. 3 Satz 2 und 3 der Strafprozessordnung[1] entsprechend.

**§ 120b[2] [Zuständigkeit bei Bestechlichkeit und Bestechung von Mandatsträgern]** [1] In Strafsachen sind die Oberlandesgerichte, in deren Bezirk die Landesregierungen ihren Sitz haben, zuständig für die Verhandlung und Entscheidung im ersten Rechtszug bei Bestechlichkeit und Bestechung von Mandatsträgern (§ 108e des Strafgesetzbuches[3]). [2] § 120 Absatz 3 und 5 gilt entsprechend.

**§ 121[4] [Zuständigkeit in Strafsachen in der Rechtsmittelinstanz]**

(1) Die Oberlandesgerichte sind in Strafsachen ferner zuständig für die Verhandlung und Entscheidung über die Rechtsmittel:

1. der Revision gegen
   a) die mit der Berufung nicht anfechtbaren Urteile des Strafrichters;
   b) die Berufungsurteile der kleinen und großen Strafkammern;
   c) die Urteile des Landgerichts im ersten Rechtszug, wenn die Revision ausschließlich auf die Verletzung einer in den Landesgesetzen enthaltenen Rechtsnorm gestützt wird;
2. der Beschwerde gegen strafrichterliche Entscheidungen, soweit nicht die Zuständigkeit der Strafkammern oder des Bundesgerichtshofes begründet ist;
3. der Rechtsbeschwerde gegen Entscheidungen der Strafvollstreckungskammern nach den § 50 Abs. 5, §§ 116, 138 Abs. 3 des Strafvollzugsgesetzes[5] und der Jugendkammern nach § 92 Abs. 2 des Jugendgerichtsgesetzes[6];
4. des Einwands gegen die Besetzung einer Strafkammer im Fall des § 222b Absatz 3 Satz 1 der Strafprozessordnung[1].

(2) Will ein Oberlandesgericht bei seiner Entscheidung

1. nach Absatz 1 Nummer 1 Buchstabe a oder Buchstabe b von einer nach dem 1. April 1950 ergangenen Entscheidung,
2. nach Absatz 1 Nummer 3 von einer nach dem 1. Januar 1977 ergangenen Entscheidung,
3. nach Absatz 1 Nummer 2 über die Erledigung einer Maßregel der Unterbringung in der Sicherungsverwahrung oder in einem psychiatrischen Krankenhaus oder über die Zulässigkeit ihrer weiteren Vollstreckung von einer nach dem 1. Januar 2010 ergangenen Entscheidung oder
4. nach Absatz 1 Nummer 4 von einer Entscheidung

eines anderen Oberlandesgerichtes oder von einer Entscheidung des Bundesgerichtshofes abweichen, so hat es die Sache dem Bundesgerichtshof vorzulegen.

---

[1] Nr. **90**.
[2] § 120b eingef. mWv 1.9.2014 durch G v. 23.4.2014 (BGBl. I S. 410).
[3] Nr. **85**.
[4] § 121 Abs. 1 Nr. 3, Abs. 3 angef. durch G v. 16.3.1976 (BGBl. I S. 581); Abs. 1 Nr. 3 geänd. durch G v. 20.1.1984 (BGBl. I S. 97, ber. S. 360); Abs. 1 Nr. 3 geänd. mWv 15.12.2001 durch G v. 10.12.2001 (BGBl. I S. 3422); Abs. 1 Nr. 3 geänd. mWv 1.1.2008 durch G v. 13.12.2007 (BGBl. I S. 2894); Abs. 2 neu gef. mWv 30.7.2010 durch G v. 24.7.2010 (BGBl. I S. 976); Abs. 1 Nr. 3 geänd., Nr. 4 angef., Abs. 2 Nr. 2 und 3 geänd., Nr. 4 angef. mWv 13.12.2019 durch G v. 10.12.2019 (BGBl. I S. 2121).
[5] **Habersack, Deutsche Gesetze ErgBd. Nr. 91.**
[6] Nr. **89**.

(3) [1]Ein Land, in dem mehrere Oberlandesgerichte errichtet sind, kann durch Rechtsverordnung der Landesregierung die Entscheidungen nach Absatz 1 Nr. 3 einem Oberlandesgericht für die Bezirke mehrerer Oberlandesgerichte oder dem Obersten Landesgericht zuweisen, sofern die Zuweisung für eine sachdienliche Förderung oder schnellere Erledigung der Verfahren zweckmäßig ist. [2]Die Landesregierungen können die Ermächtigung durch Rechtsverordnung auf die Landesjustizverwaltungen übertragen.

**§ 122[1)] [Besetzung der Senate]** (1) Die Senate der Oberlandesgerichte entscheiden, soweit nicht nach den Vorschriften der Prozeßgesetze an Stelle des Senats der Einzelrichter zu entscheiden hat, in der Besetzung von drei Mitgliedern mit Einschluß des Vorsitzenden.

(2) [1]Die Strafsenate entscheiden über die Eröffnung des Hauptverfahrens des ersten Rechtszuges mit einer Besetzung von fünf Richtern einschließlich des Vorsitzenden. [2]Bei der Eröffnung des Hauptverfahrens beschließt der Strafsenat, daß er in der Hauptverhandlung mit drei Richtern einschließlich des Vorsitzenden besetzt ist, wenn nicht nach dem Umfang oder der Schwierigkeit der Sache die Mitwirkung zweier weiterer Richter notwendig erscheint. [3]Über die Einstellung des Hauptverfahrens wegen eines Verfahrenshindernisses entscheidet der Strafsenat in der für die Hauptverhandlung bestimmten Besetzung. [4]Ist eine Sache vom Revisionsgericht zurückverwiesen worden, kann der nunmehr zuständige Strafsenat erneut nach Satz 2 über seine Besetzung beschließen.

## Neunter Titel. Bundesgerichtshof

**§ 123 [Sitz]** Sitz des Bundesgerichtshofes ist Karlsruhe.

**§ 124 [Besetzung]** Der Bundesgerichtshof wird mit einem Präsidenten sowie mit Vorsitzenden Richtern und weiteren Richtern besetzt.

**§ 125[2)] [Ernennung der Mitglieder]** (1) Die Mitglieder des Bundesgerichtshofes werden durch den Bundesminister der Justiz und für Verbraucherschutz gemeinsam mit dem Richterwahlausschuß gemäß dem Richterwahlgesetz[3)] berufen und vom Bundespräsidenten ernannt.

(2) Zum Mitglied des Bundesgerichtshofes kann nur berufen werden, wer das fünfunddreißigste Lebensjahr vollendet hat.

**§§ 126 bis 129** (weggefallen)

**§ 130[4)] [Zivil- und Strafsenate; Ermittlungsrichter]** (1) [1]Bei dem Bundesgerichtshof werden Zivil- und Strafsenate gebildet und Ermittlungsrichter bestellt. [2]Ihre Zahl bestimmt der Bundesminister der Justiz und für Verbraucherschutz.[5)]

---

[1)] § 122 Abs. 2 neu gef. durch G v. 28.10.1994 (BGBl. I S. 3186); Abs. 2 Satz 4 angef. mWv 23.12.2000 durch G v. 19.12.2000 (BGBl. I S. 1756).

[2)] § 125 Abs. 1 geänd. mWv 8.9.2015 durch VO v. 31.8.2015 (BGBl. I S. 1474).

[3)] **Sartorius Nr. 610.**

[4)] § 130 Abs. 1 Satz 2 und Abs. 2 geänd. mWv 8.9.2015 durch VO v. 31.8.2015 (BGBl. I S. 1474).

[5)] Z. Zt. 13 Zivilsenate, 6 Strafsenate, 1 Großer Senat für Zivilsachen, 1 Großer Senat für Strafsachen, 1 Vereinigter Großer Senat, 1 Kartellsenat, 1 Dienstgericht des Bundes, 1 Senat für Notarsachen, 1 Senat für Anwaltssachen, 1 Senat für Patentanwaltssachen, 1 Senat für Wirtschaftsprüfersachen, 1 Senat für Steuerberater- und Steuerbevollmächtigtensachen, 1 Senat für Landwirtschaftssachen.

(2) Der Bundesminister der Justiz und für Verbraucherschutz wird ermächtigt, Zivil- und Strafsenate auch außerhalb des Sitzes des Bundesgerichtshofes zu bilden und die Dienstsitze für Ermittlungsrichter des Bundesgerichtshofes zu bestimmen.

**§§ 131, 131a** (weggefallen)

**§ 132**[1)] **[Große Senate]** (1) [1] Beim Bundesgerichtshof werden ein Großer Senat für Zivilsachen und ein Großer Senat für Strafsachen gebildet. [2] Die Großen Senate bilden die Vereinigten Großen Senate.

(2) Will ein Senat in einer Rechtsfrage von der Entscheidung eines anderen Senats abweichen, so entscheiden der Große Senat für Zivilsachen, wenn ein Zivilsenat von einem anderen Zivilsenat oder von dem Großen Zivilsenat, der Große Senat für Strafsachen, wenn ein Strafsenat von einem anderen Strafsenat oder von dem Großen Senat für Strafsachen, die Vereinigten Großen Senate, wenn ein Zivilsenat von einem Strafsenat oder von dem Großen Senat für Strafsachen oder ein Strafsenat von einem Zivilsenat oder von dem Großen Senat für Zivilsachen oder ein Senat von den Vereinigten Großen Senaten abweichen will.

(3) [1] Eine Vorlage an den Großen Senat oder die Vereinigten Großen Senate ist nur zulässig, wenn der Senat, von dessen Entscheidung abgewichen werden soll, auf Anfrage des erkennenden Senats erklärt hat, daß er an seiner Rechtsauffassung festhält. [2] Kann der Senat, von dessen Entscheidung abgewichen werden soll, wegen einer Änderung des Geschäftsverteilungsplanes mit der Rechtsfrage nicht mehr befaßt werden, tritt der Senat an seine Stelle, der nach dem Geschäftsverteilungsplan für den Fall, in dem abweichend entschieden wurde, zuständig wäre. [3] Über die Anfrage und die Antwort entscheidet der jeweilige Senat durch Beschluß in der für Urteile erforderlichen Besetzung; § 97 Abs. 2 Satz 1 des Steuerberatungsgesetzes und § 74 Abs. 2 Satz 1 der Wirtschaftsprüferordnung bleiben unberührt.

(4) Der erkennende Senat kann eine Frage von grundsätzlicher Bedeutung dem Großen Senat zur Entscheidung vorlegen, wenn das nach seiner Auffassung zur Fortbildung des Rechts oder zur Sicherung einer einheitlichen Rechtsprechung erforderlich ist.

(5) [1] Der Große Senat für Zivilsachen besteht aus dem Präsidenten und je einem Mitglied der Zivilsenate, der Große Senat für Strafsachen aus dem Präsidenten und je zwei Mitgliedern der Strafsenate. [2] Legt ein anderer Senat vor oder soll von dessen Entscheidung abgewichen werden, ist auch ein Mitglied dieses Senats im Großen Senat vertreten. [3] Die Vereinigten Großen Senate bestehen aus dem Präsidenten und den Mitgliedern der Großen Senate.

(6) [1] Die Mitglieder und die Vertreter werden durch das Präsidium für ein Geschäftsjahr bestellt. [2] Dies gilt auch für das Mitglied eines anderen Senats nach Absatz 5 Satz 2 und für seinen Vertreter. [3] Den Vorsitz in den Großen Senaten und den Vereinigten Großen Senaten führt der Präsident, bei Verhinderung das dienstälteste Mitglied. [4] Bei Stimmengleichheit gibt die Stimme des Vorsitzenden den Ausschlag.

**§ 133**[2)] **[Zuständigkeit in Zivilsachen]** In Zivilsachen ist der Bundesgerichtshof zuständig für die Verhandlung und Entscheidung über die Rechtsmittel der

[1)] § 132 neu gef. durch G v. 17.12.1990 (BGBl. I S. 2847).
[2)] § 133 neu gef. mWv 1.9.2009 durch G v. 17.12.2008 (BGBl. I S. 2586).

Revision, der Sprungrevision, der Rechtsbeschwerde und der Sprungrechtsbeschwerde.

**§§ 134, 134a** (weggefallen)

**§ 135**[1)] **[Zuständigkeit in Strafsachen]** (1) In Strafsachen ist der Bundesgerichtshof zuständig zur Verhandlung und Entscheidung über das Rechtsmittel der Revision gegen die Urteile der Oberlandesgerichte im ersten Rechtszug sowie gegen die Urteile der Landgerichte im ersten Rechtszug, soweit nicht die Zuständigkeit der Oberlandesgerichte begründet ist.

(2) Der Bundesgerichtshof entscheidet ferner über

1. Beschwerden gegen Beschlüsse und Verfügungen der Oberlandesgerichte in den in § 138d Absatz 6 Satz 1, § 304 Absatz 4 Satz 2 und § 310 Absatz 1 der Strafprozessordnung[2)] bezeichneten Fällen,
2. Beschwerden gegen Verfügungen des Ermittlungsrichters des Bundesgerichtshofes (§ 169 Absatz 1 Satz 2 der Strafprozessordnung) in den in § 304 Absatz 5 der Strafprozessordnung bezeichneten Fällen sowie
3. Einwände gegen die Besetzung eines Oberlandesgerichts im Fall des § 222b Absatz 3 Satz 1 der Strafprozessordnung.

**§§ 136, 137**[3)] *(aufgehoben)*

**§ 138**[4)] **[Verfahren vor den Großen Senaten]** (1) [1]Die Großen Senate und die Vereinigten Großen Senate entscheiden nur über die Rechtsfrage. [2]Sie können ohne mündliche Verhandlung entscheiden. [3]Die Entscheidung ist in der vorliegenden Sache für den erkennenden Senat bindend.

(2) [1]Vor der Entscheidung des Großen Senats für Strafsachen oder der Vereinigten Großen Senate und in Rechtsstreitigkeiten, welche die Anfechtung einer Todeserklärung zum Gegenstand haben, ist der Generalbundesanwalt zu hören. [2]Der Generalbundesanwalt kann auch in der Sitzung seine Auffassung darlegen.

(3) Erfordert die Entscheidung der Sache eine erneute mündliche Verhandlung vor dem erkennenden Senat, so sind die Beteiligten unter Mitteilung der ergangenen Entscheidung der Rechtsfrage zu der Verhandlung zu laden.

**§ 139**[5)] **[Besetzung der Senate]** (1) Die Senate des Bundesgerichtshofes entscheiden in der Besetzung von fünf Mitgliedern einschließlich des Vorsitzenden.

(2) [1]Die Strafsenate entscheiden über Beschwerden in der Besetzung von drei Mitgliedern einschließlich des Vorsitzenden. [2]Dies gilt nicht für die Entscheidung über Beschwerden gegen Beschlüsse, durch welche die Eröffnung des Hauptverfahrens abgelehnt oder das Verfahren wegen eines Verfahrenshindernisses eingestellt wird.

---

[1)] § 135 Abs. 2 neu gef. mWv 13.12.2019 durch G v. 10.12.2019 (BGBl. I S. 2121).

[2)] Nr. **90**.

[3)] §§ 136, 137 aufgeh. durch G v . 14.6.1990 (BGBl. I S. 2847).

[4)] § 138 Abs. 2 Satz 1 neu gef. durch G v.14.6.1976 (BGBl. I S. 1421) und geänd. durch G v. 12.9.1990 (BGBl. I S. 2002); Abs. 1 neu gef., Abs. 3 aufgeh., bish. Abs. 4 wird Abs. 3 durch G v. 17.12.1990 (BGBl. I S. 2847); Abs. 2 Satz 1 geänd. mWv 1.8.2001 durch G v. 16.2.2001 (BGBl. I S. 266).

[5)] § 139 Abs. 2 Satz 1 geänd. mWv 1.10.2009 durch G v. 29.7.2009 (BGBl. I S. 2280).

**§ 140**[1] **[Geschäftsordnung]** Der Geschäftsgang wird durch eine Geschäftsordnung geregelt, die das Plenum beschließt.[2]

## 9a. Titel. Zuständigkeit für Wiederaufnahmeverfahren in Strafsachen

**§ 140a [Zuständigkeit für Wiederaufnahmeverfahren in Strafsachen]**

(1) [1] Im Wiederaufnahmeverfahren entscheidet ein anderes Gericht mit gleicher sachlicher Zuständigkeit als das Gericht, gegen dessen Entscheidung sich der Antrag auf Wiederaufnahme des Verfahrens richtet. [2] Über einen Antrag gegen ein im Revisionsverfahren erlassenes Urteil entscheidet ein anderes Gericht der Ordnung des Gerichts, gegen dessen Urteil die Revision eingelegt war.

(2) Das Präsidium des Oberlandesgerichts bestimmt vor Beginn des Geschäftsjahres die Gerichte, die innerhalb seines Bezirks für die Entscheidungen in Wiederaufnahmeverfahren örtlich zuständig sind.

(3) [1] Ist im Bezirk eines Oberlandesgerichts nur ein Landgericht eingerichtet, so entscheidet über den Antrag, für den nach Absatz 1 das Landgericht zuständig ist, eine andere Strafkammer des Landgerichts, die vom Präsidium des Oberlandesgerichts vor Beginn des Geschäftsjahres bestimmt wird. [2] Die Landesregierungen werden ermächtigt, durch Rechtsverordnung die nach Absatz 2 zu treffende Entscheidung des Präsidiums eines Oberlandesgerichts, in dessen Bezirk nur ein Landgericht eingerichtet ist, dem Präsidium eines benachbarten Oberlandesgerichts für solche Anträge zuzuweisen, für die nach Absatz 1 das Landgericht zuständig ist. [3] Die Landesregierungen können die Ermächtigung durch Rechtsverordnung auf die Landesjustizverwaltungen übertragen.

(4) [1] In den Ländern, in denen nur ein Oberlandesgericht und nur ein Landgericht eingerichtet sind, gilt Absatz 3 Satz 1 entsprechend. [2] Die Landesregierungen dieser Länder werden ermächtigt, mit einem benachbarten Land zu vereinbaren, daß die Aufgaben des Präsidiums des Oberlandesgerichts nach Absatz 2 einem benachbarten, zu einem anderen Land gehörenden Oberlandesgericht für Anträge übertragen werden, für die nach Absatz 1 das Landgericht zuständig ist.

(5) In den Ländern, in denen nur ein Landgericht eingerichtet ist und einem Amtsgericht die Strafsachen für die Bezirke der anderen Amtsgerichte zugewiesen sind, gelten Absatz 3 Satz 1 und Absatz 4 Satz 2 entsprechend.

(6) [1] Wird die Wiederaufnahme des Verfahrens beantragt, das von einem Oberlandesgericht im ersten Rechtszug entschieden worden war, so ist ein anderer Senat dieses Oberlandesgerichts zuständig. [2] § 120 Abs. 5 Satz 2 gilt entsprechend.

(7) Für Entscheidungen über Anträge zur Vorbereitung eines Wiederaufnahmeverfahrens gelten die Absätze 1 bis 6 entsprechend.

## Zehnter Titel. Staatsanwaltschaft

**§ 141 [Sitz]** Bei jedem Gericht soll eine Staatsanwaltschaft bestehen.

**§ 142 [Sachliche Zuständigkeit]** (1) Das Amt der Staatsanwaltschaft wird ausgeübt:

---

[1] § 140 geänd. mWv 5.8.2009 durch G v. 30.7.2009 (BGBl. I S. 2449).

[2] GeschäftsO des BGH v. 3.3.1952 (BAnz. Nr. 83), geänd. durch Bek. v. 15.4.1970 (BAnz. Nr. 74) und v. 21.6.1971 (BAnz. Nr. 114).

1. bei dem Bundesgerichtshof durch einen Generalbundesanwalt und durch einen oder mehrere Bundesanwälte;
2. bei den Oberlandesgerichten und den Landgerichten durch einen oder mehrere Staatsanwälte;
3. bei den Amtsgerichten durch einen oder mehrere Staatsanwälte oder Amtsanwälte.

(2) Die Zuständigkeit der Amtsanwälte erstreckt sich nicht auf das amtsrichterliche Verfahren zur Vorbereitung der öffentlichen Klage in den Strafsachen, die zur Zuständigkeit anderer Gerichte als der Amtsgerichte gehören.

(3) Referendaren kann die Wahrnehmung der Aufgaben eines Amtsanwalts und im Einzelfall die Wahrnehmung der Aufgaben eines Staatsanwalts unter dessen Aufsicht übertragen werden.

**§ 142a**[1] **[Zuständigkeit des Generalbundesanwalts]** (1) [1]Der Generalbundesanwalt übt in den zur Zuständigkeit von Oberlandesgerichten im ersten Rechtszug gehörenden Strafsachen gemäß § 120 Absatz 1 und 2 das Amt der Staatsanwaltschaft auch bei diesen Gerichten aus. [2]Für die Übernahme der Strafverfolgung durch den Generalbundesanwalt genügt es, dass zureichende tatsächliche Anhaltspunkte für die seine Zuständigkeit begründenden Voraussetzungen gegeben sind. [3]Vorgänge, die Anlass zu der Prüfung einer Übernahme der Strafverfolgung durch den Generalbundesanwalt geben, übersendet die Staatsanwaltschaft diesem unverzüglich. [4]Können in den Fällen des § 120 Abs. 1 die Beamten der Staatsanwaltschaft eines Landes und der Generalbundesanwalt sich nicht darüber einigen, wer von ihnen die Verfolgung zu übernehmen hat, so entscheidet der Generalbundesanwalt.

(2) Der Generalbundesanwalt gibt das Verfahren vor Einreichung einer Anklageschrift oder einer Antragsschrift (§ 435 der Strafprozessordnung[2]) an die Landesstaatsanwaltschaft ab,

1. wenn es folgende Straftaten zum Gegenstand hat:
   a) Straftaten nach den §§ 82, 83 Abs. 2, §§ 98, 99 oder 102 des Strafgesetzbuches[3],
   b) Straftaten nach den §§ 105 oder 106 des Strafgesetzbuches, wenn die Tat sich gegen ein Organ eines Landes oder gegen ein Mitglied eines solchen Organs richtet,
   c) Straftaten nach § 138 des Strafgesetzbuches in Verbindung mit einer der in Buchstabe a bezeichneten Strafvorschriften oder
   d) Straftaten nach § 52 Abs. 2 des Patentgesetzes[4], nach § 9 Abs. 2 des Gebrauchsmustergesetzes[5] in Verbindung mit § 52 Abs. 2 des Patentgesetzes oder nach § 4 Abs. 4 des Halbleiterschutzgesetzes in Verbindung mit § 9 Abs. 2 des Gebrauchsmustergesetzes und § 52 Abs. 2 des Patentgesetzes;

---

[1] § 142a Abs. 1 Satz 2 angef., Abs. 2 geänd. durch G v. 18.8.1976 (BGBl. I S. 2181); Abs. 2 Nr. 1 Buchst. d neu gef. durch G v. 22.10.1987 (BGBl. I S. 2294); Abs. 4 neu gef. durch G v. 19.12.1986 (BGBl. I S. 2566); Abs. 4 geänd. mWv 1.1.2008 durch G v. 21.12.2007 (BGBl. I S. 3198); Abs. 1 Satz 1 geänd. mWv 1.9.2014 durch G v. 23.4.2014 (BGBl. I S. 410); Abs. 1 Sätze 2 und 3 eingef., bish. Satz 2 wird Satz 4, Abs. 4 geänd. mWv 1.8.2015 durch G v. 12.6.2015 (BGBl. I S. 925); Abs. 2 einl. Satzteil geänd. mWv 1.7.2017 durch G v. 13.4.2017 (BGBl. I S. 872).

[2] Nr. **90**.

[3] Nr. **85**.

[4] **Habersack, Deutsche Gesetze ErgBd. Nr. 70.**

[5] **Habersack, Deutsche Gesetze ErgBd. Nr. 71.**

2. in Sachen von minderer Bedeutung.

(3) Eine Abgabe an die Landesstaatsanwaltschaft unterbleibt,

1. wenn die Tat die Interessen des Bundes in besonderem Maße berührt oder
2. wenn es im Interesse der Rechtseinheit geboten ist, daß der Generalbundesanwalt die Tat verfolgt.

(4) Der Generalbundesanwalt gibt eine Sache, die er nach § 120 Abs. 2 Satz 1 Nr. 2 bis 4 oder § 74a Abs. 2 übernommen hat, wieder an die Landesstaatsanwaltschaft ab, wenn eine besondere Bedeutung des Falles nicht mehr vorliegt.

**§ 142b[1)] Europäische Staatsanwaltschaft.** (1) [1]In Verfahren, in denen die Europäische Staatsanwaltschaft nach den Artikeln 22 und 23 der Verordnung (EU) 2017/1939 des Rates vom 12. Oktober 2017 zur Durchführung einer Verstärkten Zusammenarbeit zur Errichtung der Europäischen Staatsanwaltschaft (EUStA) (ABl. L 283 vom 31.10.2017, S. 1) zuständig ist und gemäß Artikel 25 dieser Verordnung die Verfolgung übernommen hat, wird das Amt der Staatsanwaltschaft durch Staatsanwälte ausgeübt, die zugleich als Delegierte Europäische Staatsanwälte für die Bundesrepublik Deutschland gemäß dieser Verordnung ernannt sind. [2]Bei Verfahren vor dem Bundesgerichtshof wird das Amt der Staatsanwaltschaft durch einen Bundesanwalt ausgeübt, der zugleich als Delegierter Europäischer Staatsanwalt gemäß der Verordnung (EU) 2017/1939 ernannt ist. [3]Wird der gemäß der Verordnung (EU) 2017/1939 für die Bundesrepublik Deutschland ernannte Europäische Staatsanwalt gemäß Artikel 28 Absatz 4 dieser Verordnung tätig, wird das Amt der Staatsanwaltschaft durch diesen ausgeübt.

(2) [1]Im Falle des Artikels 25 Absatz 6 der Verordnung (EU) 2017/1939 entscheidet der Generalbundesanwalt auf Antrag der betroffenen Staatsanwaltschaft oder der Europäischen Staatsanwaltschaft. [2]Gegen die Entscheidung des Generalbundesanwalts kann die betroffene Staatsanwaltschaft oder die Europäische Staatsanwaltschaft Beschwerde beim Bundesgerichtshof erheben.

**§ 143[2)] [Örtliche Zuständigkeit]** (1) [1]Die örtliche Zuständigkeit der Staatsanwaltschaft bestimmt sich nach der örtlichen Zuständigkeit des Gerichts, bei dem die Staatsanwaltschaft besteht. [2]Fehlt es im Geltungsbereich dieses Gesetzes an einem zuständigen Gericht oder ist dieses nicht ermittelt, ist die zuerst mit der Sache befasste Staatsanwaltschaft zuständig. [3]Ergibt sich in den Fällen des Satzes 2 die Zuständigkeit eines Gerichts, ist das Verfahren an die nach Satz 1 zuständige Staatsanwaltschaft abzugeben, sobald alle notwendigen verfahrenssichernden Maßnahmen ergriffen worden sind und der Verfahrensstand eine geordnete Abgabe zulässt. [4]Satz 3 gilt entsprechend, wenn die Zuständigkeit einer Staatsanwaltschaft entfallen ist und eine andere Staatsanwaltschaft zuständig geworden ist.

(2) Ein unzuständiger Beamter der Staatsanwaltschaft hat sich den innerhalb seines Bezirks vorzunehmenden Amtshandlungen zu unterziehen, bei denen Gefahr im Verzug ist.

(3) [1]Können die Staatsanwaltschaften verschiedener Länder sich nicht darüber einigen, welche von ihnen die Verfolgung zu übernehmen hat, so entscheidet der Generalbundesanwalt. [2]Er entscheidet auf Antrag einer Staatsanwaltschaft auch,

---

[1)] § 142b eingef. mWv 17.7.2020 durch G v. 10.7.2020 (BGBl. I S. 1648).

[2)] § 143 Abs. 4 angef. durch G v. 5.10.1978 (BGBl. I S. 1645); Abs. 5 angef. mWv 11.5.2000 durch G v. 3.5.2000 (BGBl. I S. 632); Abs. 1 neu gef. mWv 1.4.2013 durch G v. 21.1.2013 (BGBl. I S. 89); Abs. 3 neu gef. mWv 1.8.2015 durch G v. 12.6.2015 (BGBl. I S. 925); Abs. 6 angef. mWv 17.7.2020 durch G v. 10.7.2020 (BGBl. I S. 1648).

wenn die Staatsanwaltschaften verschiedener Länder sich nicht über die Verbindung zusammenhängender Strafsachen einigen.

(4) Den Beamten einer Staatsanwaltschaft kann für die Bezirke mehrerer Land- oder Oberlandesgerichte die Zuständigkeit für die Verfolgung bestimmter Arten von Strafsachen, die Strafvollstreckung in diesen Sachen sowie die Bearbeitung von Rechtshilfeersuchen von Stellen außerhalb des räumlichen Geltungsbereichs dieses Gesetzes zugewiesen werden, sofern dies für eine sachdienliche Förderung oder schnellere Erledigung der Verfahren zweckmäßig ist; in diesen Fällen erstreckt sich die örtliche Zuständigkeit der Beamten der Staatsanwaltschaft in den ihnen zugewiesenen Sachen auf alle Gerichte der Bezirke, für die ihnen diese Sachen zugewiesen sind.

(5) [1] Die Landesregierungen werden ermächtigt, durch Rechtsverordnung einer Staatsanwaltschaft für die Bezirke mehrerer Land- oder Oberlandesgerichte die Zuständigkeit für die Strafvollstreckung und die Vollstreckung von Maßregeln der Besserung und Sicherung ganz oder teilweise zuzuweisen, sofern dies für eine sachdienliche Förderung oder schnellere Erledigung der Vollstreckungsverfahren zweckmäßig ist. [2] Die Landesregierungen können die Ermächtigung durch Rechtsverordnung den Landesjustizverwaltungen übertragen.

(6) [1] Abweichend von Absatz 1 Satz 1 sind die in der Bundesrepublik Deutschland als Delegierte Europäische Staatsanwälte gemäß der Verordnung (EU) 2017/1939 ernannten Staatsanwälte unabhängig von ihrem Dienstsitz für alle Strafsachen im Geltungsbereich dieses Gesetzes zuständig, mit denen sie nach Maßgabe der Verordnung (EU) 2017/1939 befasst sind. [2] Satz 1 gilt entsprechend für den deutschen Europäischen Staatsanwalt, der gemäß Artikel 28 Absatz 4 der Verordnung (EU) 2017/1939 tätig wird.

**§ 144 [Organisation]** Besteht die Staatsanwaltschaft eines Gerichts aus mehreren Beamten, so handeln die dem ersten Beamten beigeordneten Personen als dessen Vertreter; sie sind, wenn sie für ihn auftreten, zu allen Amtsverrichtungen desselben ohne den Nachweis eines besonderen Auftrags berechtigt.

**§ 145 [Befugnisse der ersten Beamten]** (1) Die ersten Beamten der Staatsanwaltschaft bei den Oberlandesgerichten und den Landgerichten sind befugt, bei allen Gerichten ihres Bezirks die Amtsverrichtungen der Staatsanwaltschaft selbst zu übernehmen oder mit ihrer Wahrnehmung einen anderen als den zunächst zuständigen Beamten zu beauftragen.

(2) Amtsanwälte können das Amt der Staatsanwaltschaft nur bei den Amtsgerichten versehen.

**§ 145a** (weggefallen)

**§ 146 [Weisungsgebundenheit]** Die Beamten der Staatsanwaltschaft haben den dienstlichen Anweisungen ihres Vorgesetzten nachzukommen.

**§ 147[1)] [Dienstaufsicht]** Das Recht der Aufsicht und Leitung steht zu:

1. dem Bundesminister der Justiz und für Verbraucherschutz hinsichtlich des Generalbundesanwalts und der Bundesanwälte;
2. der Landesjustizverwaltung hinsichtlich aller staatsanwaltschaftlichen Beamten des betreffenden Landes;

---

[1)] § 147 Nr. 1 geänd. mWv 8.9.2015 durch VO v. 31.8.2015 (BGBl. I S. 1474).

3. dem ersten Beamten der Staatsanwaltschaft bei den Oberlandesgerichten und den Landgerichten hinsichtlich aller Beamten der Staatsanwaltschaft ihres Bezirks.

**§ 148 [Bundesanwälte]** Der Generalbundesanwalt und die Bundesanwälte sind Beamte.

**§ 149**[1] **[Ernennung der Bundesanwälte]** Der Generalbundesanwalt und die Bundesanwälte werden auf Vorschlag des Bundesministers der Justiz und für Verbraucherschutz, der der Zustimmung des Bundesrates bedarf, vom Bundespräsidenten ernannt.

**§ 150 [Unabhängigkeit von den Gerichten]** Die Staatsanwaltschaft ist in ihren amtlichen Verrichtungen von den Gerichten unabhängig.

**§ 151 [Ausschluss von richterlichen Geschäften]** [1] Die Staatsanwälte dürfen richterliche Geschäfte nicht wahrnehmen. [2] Auch darf ihnen eine Dienstaufsicht über die Richter nicht übertragen werden.

**§ 152**[2] **[Ermittlungspersonen der Staatsanwaltschaft]** (1) Die Ermittlungspersonen der Staatsanwaltschaft sind in dieser Eigenschaft verpflichtet, den Anordnungen der Staatsanwaltschaft ihres Bezirks und der dieser vorgesetzten Beamten Folge zu leisten.

*(Fortsetzung nächstes Blatt)*

[1] § 149 geänd. mWv 8.9.2015 durch VO v. 31.8.2015 (BGBl. I S. 1474).
[2] § 152 Abs. 1 geänd. mWv 1.9.2004 durch G v. 24.8.2004 (BGBl. I S. 2198).

(2) 1 Die Landesregierungen werden ermächtigt, durch Rechtsverordnung[1)] diejenigen Beamten- und Angestelltengruppen zu bezeichnen, auf die diese Vorschrift anzuwenden ist. 2 Die Angestellten müssen im öffentlichen Dienst stehen, das 21. Lebensjahr vollendet haben und mindestens zwei Jahre in den bezeichneten Beamten- oder Angestelltengruppen tätig gewesen sein. 3 Die Landesregierungen können die Ermächtigung durch Rechtsverordnung auf die Landesjustizverwaltungen übertragen.

## Elfter Titel. Geschäftsstelle

**§ 153[2)] [Geschäftsstelle]** (1) Bei jedem Gericht und jeder Staatsanwaltschaft wird eine Geschäftsstelle eingerichtet, die mit der erforderlichen Zahl von Urkundsbeamten besetzt wird.

(2) 1 Mit den Aufgaben eines Urkundsbeamten der Geschäftsstelle kann betraut werden, wer einen Vorbereitungsdienst von zwei Jahren abgeleistet und die Prüfung für den mittleren Justizdienst oder für den mittleren Dienst bei der Arbeitsgerichtsbarkeit bestanden hat. 2 Sechs Monate des Vorbereitungsdienstes sollen auf einen Fachlehrgang entfallen.

(3) Mit den Aufgaben eines Urkundsbeamten der Geschäftsstelle kann auch betraut werden,

1. wer die Rechtspflegerprüfung oder die Prüfung für den gehobenen Dienst bei der Arbeitsgerichtsbarkeit bestanden hat,
2. wer nach den Vorschriften über den Laufbahnwechsel die Befähigung für die Laufbahn des mittleren Justizdienstes erhalten hat,
3. wer als anderer Bewerber nach den landesrechtlichen Vorschriften in die Laufbahn des mittleren Justizdienstes übernommen worden ist.

(4) 1 Die näheren Vorschriften zur Ausführung der Absätze 1 bis 3 erlassen der Bund und die Länder für ihren Bereich. 2 Sie können auch bestimmen, ob und inwieweit Zeiten einer dem Ausbildungsziel förderlichen sonstigen Ausbildung oder Tätigkeit auf den Vorbereitungsdienst angerechnet werden können.

(5) 1 Der Bund und die Länder können ferner bestimmen, daß mit Aufgaben eines Urkundsbeamten der Geschäftsstelle auch betraut werden kann, wer auf dem Sachgebiet, das ihm übertragen werden soll, einen Wissens- und Leistungsstand aufweist, der dem durch die Ausbildung nach Absatz 2 vermittelten Stand gleich-

---

[1)] Siehe hierzu ua: **Baden-Württemberg:** VO v. 12.2.1996 (GBl. S. 184), zuletzt geänd. durch G v. 23.7.2013 (GBl. S. 233); **Bayern:** VO v. 21.12.1995 (GVBl. 1996 S. 4), zuletzt geänd. durch V v. 15.6. 2018 (GVBl. S. 515); **Berlin:** VO v. 25.10.2005 (GVBl. S. 758); **Brandenburg:** VO v. 28.12.1995 (GVBl. 1996 II S. 62), geänd. durch VO v. 6.1.2005 (GVBl. II S. 44); **Bremen:** VO v. 8.9.2020 (Brem.GBl. S. 948): **Hamburg:** VO v. 2.4.1996 (HmbGVBl. S. 44), zuletzt geänd. durch VO v. 16.1. 2018 (HmbGVBl. S. 31); **Hessen:** VO v. 26.9.2011 (GVBl. I S. 582), geänd. durch VO v. 5.11.2019 (GVBl. S. 322); **Mecklenburg-Vorpommern:** VO v. 2.7.1996 (GVOBl. M-V S. 311); **Niedersachsen:** VO v. 28.11.2014 (Nds. GVBl. S. 394): **Nordrhein-Westfalen:** VO v. 30.4.1996 (GV. NRW. S. 180), zuletzt geänd. durch VO v. 16.2.2016 (GV. NRW. S. 120); **Rheinland-Pfalz:** LandesVO v. 19.6.2013 (GVBl. S. 263), geänd. durch VO v. 10.9.2020 (GVBl. S. 454); **Saarland:** VO v. 11.7.1996 (Amtsbl. S. 784), zuletzt geänd. durch VO v. 19.9.2018 (Amtsbl. I S. 690); **Sachsen:** VO v. 5.4.2005 (SächsGVBl. S. 72), geänd. durch VO v. 7.10.2015 (SächsGVBl. S. 611); **Sachsen-Anhalt:** VO v. 9.8.2001 (GVBl. LSA S. 334), zuletzt geänd. durch VO v. 18.12.2018 (GVBl. LSA S. 430); **Schleswig-Holstein:** LandesVO v. 23.8.2010 (GVOBl. Schl.-H. S. 568); **Thüringen:** VO v. 8.8.2015 (GVBl. S. 143), geänd. durch VO v. 12.6.2020 (GVBl. S. 347).

[2)] § 153 neu gef. durch G v. 19.12.1979 (BGBl. I S. 2306); Abs. 5 Satz 2 angef. mWv 25.4.2006 durch G v. 19.4.2006 (BGBl. I S. 866); Abs. 3 Nr. 3 geänd. mWv 1.4.2009 durch G v. 17.6.2008 (BGBl. I S. 1010).

wertig ist. 2 In den Ländern Brandenburg, Mecklenburg-Vorpommern, Sachsen, Sachsen-Anhalt und Thüringen dürfen solche Personen weiterhin mit den Aufgaben eines Urkundsbeamten der Geschäftsstelle betraut werden, die bis zum 25. April 2006 gemäß Anlage I Kapitel III Sachgebiet A Abschnitt III Nr. 1 Buchstabe q Abs. 1 zum Einigungsvertrag[1)] vom 31. August 1990 (BGBl. 1990 II S. 889, 922) mit diesen Aufgaben betraut worden sind.

## Zwölfter Titel. Zustellungs- und Vollstreckungsbeamte

**§ 154[2)] [Gerichtsvollzieher]** Die Dienst- und Geschäftsverhältnisse der mit den Zustellungen, Ladungen und Vollstreckungen zu betrauenden Beamten (Gerichtsvollzieher) werden bei dem Bundesgerichtshof durch den Bundesminister der Justiz und für Verbraucherschutz, bei den Landesgerichten durch die Landesjustizverwaltung bestimmt.

**§ 155[3)] [Ausschließung des Gerichtsvollziehers]** Der Gerichtsvollzieher ist von der Ausübung seines Amts kraft Gesetzes ausgeschlossen:

I. in bürgerlichen Rechtsstreitigkeiten:
 1. wenn er selbst Partei oder gesetzlicher Vertreter einer Partei ist oder zu einer Partei in dem Verhältnis eines Mitberechtigten, Mitverpflichteten oder Schadensersatzpflichtigen steht;
 2. wenn sein Ehegatte oder Lebenspartner Partei ist, auch wenn die Ehe oder Lebenspartnerschaft nicht mehr besteht;
 3. wenn eine Person Partei ist, mit der er in gerader Linie verwandt oder verschwägert, in der Seitenlinie bis zum dritten Grad verwandt oder bis zum zweiten Grad verschwägert ist oder war;

II. in Strafsachen:
 1. wenn er selbst durch die Straftat verletzt ist;
 2. wenn er der Ehegatte oder Lebenspartner des Beschuldigten oder Verletzten ist oder gewesen ist;
 3. wenn er mit dem Beschuldigten oder Verletzten in dem unter Nummer I 3 bezeichneten Verwandtschafts- oder Schwägerschaftsverhältnis steht oder stand.

## Dreizehnter Titel. Rechtshilfe

**§ 156[4)] [Rechtshilfepflicht]** Die Gerichte haben sich in Zivilsachen und in Strafsachen Rechtshilfe zu leisten.

**§ 157[5)] [Rechtshilfegericht]** (1) Das Ersuchen um Rechtshilfe ist an das Amtsgericht zu richten, in dessen Bezirk die Amtshandlung vorgenommen werden soll.

(2) 1 Die Landesregierungen werden ermächtigt, durch Rechtsverordnung die Erledigung von Rechtshilfeersuchen für die Bezirke mehrerer Amtsgerichte einem von ihnen ganz oder teilweise zuzuweisen, sofern dadurch der Rechtshilfeverkehr

---

1) **Schönfelder II Nr. 2.**

2) § 154 geänd. mWv 8.9.2015 durch VO v. 31.8.2015 (BGBl. I S. 1474).

3) § 155 Nr. I 3 neu gef., Nr. II 3 geänd. durch G v. 2.7.1976 (BGBl. I S. 1749); Nr. I 2 neu gef., Nr. II 2 geänd. mWv 1.8.2001 durch G v. 16.2.2001 (BGBl. I S. 266).

4) § 156 geänd. mWv 1.9.2009 durch G v. 17.12.2008 (BGBl. I S. 2586).

5) § 157 Abs. 2 angef. durch G v. 3.12.1976 (BGBl. I S. 3281).

erleichtert oder beschleunigt wird. [2]Die Landesregierungen können diese Ermächtigung durch Rechtsverordnung auf die Landesjustizverwaltungen übertragen.

**§ 158 [Ablehnung der Rechtshilfe]** (1) Das Ersuchen darf nicht abgelehnt werden.

(2) [1]Das Ersuchen eines nicht im Rechtszuge vorgesetzten Gerichts ist jedoch abzulehnen, wenn die vorzunehmende Handlung nach dem Recht des ersuchten Gerichts verboten ist. [2]Ist das ersuchte Gericht örtlich nicht zuständig, so gibt es das Ersuchen an das zuständige Gericht ab.

**§ 159 [Entscheidung des Oberlandesgerichts]** (1) [1]Wird das Ersuchen abgelehnt oder wird der Vorschrift des § 158 Abs. 2 zuwider dem Ersuchen stattgegeben, so entscheidet das Oberlandesgericht, zu dessen Bezirk das ersuchte Gericht gehört. [2]Die Entscheidung ist nur anfechtbar, wenn sie die Rechtshilfe für unzulässig erklärt und das ersuchende und das ersuchte Gericht den Bezirken verschiedener Oberlandesgerichte angehören. [3]Über die Beschwerde entscheidet der Bundesgerichtshof.

(2) Die Entscheidungen ergehen auf Antrag der Beteiligten oder des ersuchenden Gerichts ohne mündliche Verhandlung.

**§ 160 [Vollstreckungen, Ladungen, Zustellungen]** Vollstreckungen, Ladungen und Zustellungen werden nach Vorschrift der Prozeßordnungen bewirkt ohne Rücksicht darauf, ob sie in dem Land, dem das Prozeßgericht angehört, oder in einem anderen deutschen Land vorzunehmen sind.

**§ 161 [Vermittlung bei Beauftragung eines Gerichtsvollziehers]** [1]Gerichte, Staatsanwaltschaften und Geschäftsstellen der Gerichte können wegen Erteilung eines Auftrags an einen Gerichtsvollzieher die Mitwirkung der Geschäftsstelle des Amtsgerichts in Anspruch nehmen, in dessen Bezirk der Auftrag ausgeführt werden soll. [2]Der von der Geschäftsstelle beauftragte Gerichtsvollzieher gilt als unmittelbar beauftragt.

**§ 162 [Vollstreckung von Freiheitsstrafen]** Hält sich ein zu einer Freiheitsstrafe Verurteilter außerhalb des Bezirks der Strafvollstreckungsbehörde auf, so kann diese Behörde die Staatsanwaltschaft des Landgerichts, in dessen Bezirk sich der Verurteilte befindet, um die Vollstreckung der Strafe ersuchen.

**§ 163 [Vollstreckung, Ergreifung, Ablieferung außerhalb des Gerichtsbezirks]** Soll eine Freiheitsstrafe in dem Bezirk eines anderen Gerichts vollstreckt oder ein in dem Bezirk eines anderen Gerichts befindlicher Verurteilter zum Zwecke der Strafverbüßung ergriffen und abgeliefert werden, so ist die Staatsanwaltschaft bei dem Landgericht des Bezirks um die Ausführung zu ersuchen.

**§ 164 [Kostenersatz]** (1) Kosten und Auslagen der Rechtshilfe werden von der ersuchenden Behörde nicht erstattet.

(2) Gebühren oder andere öffentliche Abgaben, denen die von der ersuchenden Behörde übersendeten Schriftstücke (Urkunden, Protokolle) nach dem Recht der ersuchten Behörde unterliegen, bleiben außer Ansatz.

**§ 165** (weggefallen)

**§ 166**[1] **[Amtshandlungen außerhalb des Gerichtsbezirks]** Ein Gericht darf Amtshandlungen im Geltungsbereich dieses Gesetzes auch außerhalb seines Bezirks vornehmen.

**§ 167 [Verfolgung von Flüchtigen über Landesgrenzen]** (1) Die Polizeibeamten eines deutschen Landes sind ermächtigt, die Verfolgung eines Flüchtigen auf das Gebiet eines anderen deutschen Landes fortzusetzen und den Flüchtigen dort zu ergreifen.

(2) Der Ergriffene ist unverzüglich an das nächste Gericht oder die nächste Polizeibehörde des Landes, in dem er ergriffen wurde, abzuführen.

**§ 168 [Mitteilung von Akten]** Die in einem deutschen Land bestehenden Vorschriften über die Mitteilung von Akten einer öffentlichen Behörde an ein Gericht dieses Landes sind auch dann anzuwenden, wenn das ersuchende Gericht einem anderen deutschen Land angehört.

## Vierzehnter Titel. Öffentlichkeit und Sitzungspolizei

**§ 169**[2] **[Öffentlichkeit]** (1) [1] Die Verhandlung vor dem erkennenden Gericht einschließlich der Verkündung der Urteile und Beschlüsse ist öffentlich. [2] Ton- und Fernseh-Rundfunkaufnahmen sowie Ton- und Filmaufnahmen zum Zwecke der öffentlichen Vorführung oder Veröffentlichung ihres Inhalts sind unzulässig. [3] Die Tonübertragung in einen Arbeitsraum für Personen, die für Presse, Hörfunk, Fernsehen oder für andere Medien berichten, kann von dem Gericht zugelassen werden. [4] Die Tonübertragung kann zur Wahrung schutzwürdiger Interessen der Beteiligten oder Dritter oder zur Wahrung eines ordnungsgemäßen Ablaufs des Verfahrens teilweise untersagt werden. [5] Im Übrigen gilt für den in den Arbeitsraum übertragenen Ton Satz 2 entsprechend.

(2)[3] [1] Tonaufnahmen der Verhandlung einschließlich der Verkündung der Urteile und Beschlüsse können zu wissenschaftlichen und historischen Zwecken von dem Gericht zugelassen werden, wenn es sich um ein Verfahren von herausragender zeitgeschichtlicher Bedeutung für die Bundesrepublik Deutschland handelt. [2] Zur Wahrung schutzwürdiger Interessen der Beteiligten oder Dritter oder zur Wahrung eines ordnungsgemäßen Ablaufs des Verfahrens können die Aufnahmen teilweise untersagt werden. [3] Die Aufnahmen sind nicht zu den Akten zu nehmen und dürfen weder herausgegeben noch für Zwecke des aufgenommenen oder eines anderen Verfahrens genutzt oder verwertet werden. [4] Sie sind vom Gericht nach Abschluss des Verfahrens demjenigen zuständigen Bundes- oder Landesarchiv zur Übernahme anzubieten, das nach dem Bundesarchivgesetz oder einem Landesarchivgesetz festzustellen hat, ob den Aufnahmen ein bleibender Wert zukommt. [5] Nimmt das Bundesarchiv oder das jeweilige Landesarchiv die Aufnahmen nicht an, sind die Aufnahmen durch das Gericht zu löschen.

(3) [1] Abweichend von Absatz 1 Satz 2 kann das Gericht für die Verkündung von Entscheidungen des Bundesgerichtshofs in besonderen Fällen Ton- und Fernseh-Rundfunkaufnahmen sowie Ton- und Filmaufnahmen zum Zwecke der öffentlichen Vorführung oder der Veröffentlichung ihres Inhalts zulassen. [2] Zur Wahrung schutzwürdiger Interessen der Beteiligten oder Dritter sowie eines ordnungsgemä-

[1] § 166 neu gef. durch G v. 17.12.1990 (BGBl. I S. 2847).
[2] § 169 Abs. 1 Sätze 3–5, Abs. 2–4 angef. mWv 18.4.2018 durch G v. 8.10.2017 (BGBl. I S. 3546).
[3] Beachte hierzu Übergangsvorschrift in § 43 EGGVG (Nr. **95a**).

ßen Ablaufs des Verfahrens können die Aufnahmen oder deren Übertragung teilweise untersagt oder von der Einhaltung von Auflagen abhängig gemacht werden.

(4) Die Beschlüsse des Gerichts nach den Absätzen 1 bis 3 sind unanfechtbar.

**§ 170[1)] [Nicht öffentliche Verhandlung in Familiensachen sowie in Angelegenheiten der freiwilligen Gerichtsbarkeit]** (1) [1]Verhandlungen, Erörterungen und Anhörungen in Familiensachen sowie in Angelegenheiten der freiwilligen Gerichtsbarkeit sind nicht öffentlich. [2]Das Gericht kann die Öffentlichkeit zulassen, jedoch nicht gegen den Willen eines Beteiligten. [3]In Betreuungs- und Unterbringungssachen ist auf Verlangen des Betroffenen einer Person seines Vertrauens die Anwesenheit zu gestatten.

(2) Das Rechtsbeschwerdegericht kann die Öffentlichkeit zulassen, soweit nicht das Interesse eines Beteiligten an der nicht öffentlichen Erörterung überwiegt.

**§ 171[2)]** *(aufgehoben)*

**§ 171a[3)] [Ausschluss der Öffentlichkeit in Unterbringungssachen]** Die Öffentlichkeit kann für die Hauptverhandlung oder für einen Teil davon ausgeschlossen werden, wenn das Verfahren die Unterbringung des Beschuldigten in einem psychiatrischen Krankenhaus oder einer Entziehungsanstalt, allein oder neben einer Strafe, zum Gegenstand hat.

**§ 171b[4)] [Ausschluss der Öffentlichkeit zum Schutz der Privatsphäre]**

(1) [1]Die Öffentlichkeit kann ausgeschlossen werden, soweit Umstände aus dem persönlichen Lebensbereich eines Prozessbeteiligten, eines Zeugen oder eines durch eine rechtswidrige Tat (§ 11 Absatz 1 Nummer 5 des Strafgesetzbuchs[5)]) Verletzten zur Sprache kommen, deren öffentliche Erörterung schutzwürdige Interessen verletzen würde. [2]Das gilt nicht, soweit das Interesse an der öffentlichen Erörterung dieser Umstände überwiegt. [3]Die besonderen Belastungen, die für Kinder und Jugendliche mit einer öffentlichen Hauptverhandlung verbunden sein können, sind dabei zu berücksichtigen. [4]Entsprechendes gilt bei volljährigen Personen, die als Kinder oder Jugendliche durch die Straftat verletzt worden sind.

(2) [1]Die Öffentlichkeit soll ausgeschlossen werden, soweit in Verfahren wegen Straftaten gegen die sexuelle Selbstbestimmung (§§ 174 bis 184k des Strafgesetzbuchs) oder gegen das Leben (§§ 211 bis 222 des Strafgesetzbuchs), wegen Misshandlung von Schutzbefohlenen (§ 225 des Strafgesetzbuchs) oder wegen Straftaten gegen die persönliche Freiheit nach den §§ 232 bis 233a des Strafgesetzbuchs ein Zeuge unter 18 Jahren vernommen wird. [2]Absatz 1 Satz 4 gilt entsprechend.

(3) [1]Die Öffentlichkeit ist auszuschließen, wenn die Voraussetzungen der Absätze 1 oder 2 vorliegen und der Ausschluss von der Person, deren Lebensbereich betroffen ist, beantragt wird. [2]Für die Schlussanträge in Verfahren wegen der in Absatz 2 genannten Straftaten ist die Öffentlichkeit auszuschließen, ohne dass es eines hierauf gerichteten Antrags bedarf, wenn die Verhandlung unter den Voraus-

---

[1)] § 170 neu gef. mWv 1.9.2009 durch G v. 17.12.2008 (BGBl. I S. 2586).

[2)] § 171 aufgeh. durch G v. 12.9.1990 (BGBl. I S. 2002).

[3)] § 171a geänd. durch G v. 20.12.1984 (BGBl. I S. 1654).

[4)] § 171b neu gef. mWv 1.9.2013 durch G v. 26.6.2013 (BGBl. I S. 1805); Abs. 2 Satz 1 geänd. mWv 27.1.2015 durch G v. 21.1.2015 (BGBl. I S. 10); Abs. 2 Satz 2 geänd. mWv 31.12.2015 durch G v. 21.12.2015 (BGBl. I S. 2525); Abs. 2 Satz 1 geänd. mWv 10.11.2016 durch G v. 4.11.2016 (BGBl. I S. 2460); Abs. 2 Satz 1 geänd. mWv 1.1.2021 durch G v. 9.10.2020 (BGBl. I S. 2075).

[5)] Nr. **85**.

setzungen der Absätze 1 oder 2 oder des § 172 Nummer 4 ganz oder zum Teil unter Ausschluss der Öffentlichkeit stattgefunden hat.

(4) Abweichend von den Absätzen 1 und 2 darf die Öffentlichkeit nicht ausgeschlossen werden, soweit die Personen, deren Lebensbereiche betroffen sind, dem Ausschluss der Öffentlichkeit widersprechen.

(5) Die Entscheidungen nach den Absätzen 1 bis 4 sind unanfechtbar.

**§ 172[1)] [Gründe für Ausschluss der Öffentlichkeit]** Das Gericht kann für die Verhandlung oder für einen Teil davon die Öffentlichkeit ausschließen, wenn

1. eine Gefährdung der Staatssicherheit, der öffentlichen Ordnung oder der Sittlichkeit zu besorgen ist,

1a. eine Gefährdung des Lebens, des Leibes oder der Freiheit eines Zeugen oder einer anderen Person zu besorgen ist,

2. ein wichtiges Geschäfts-, Betriebs-, Erfindungs- oder Steuergeheimnis zur Sprache kommt, durch dessen öffentliche Erörterung überwiegende schutzwürdige Interessen verletzt würden,

3. ein privates Geheimnis erörtert wird, dessen unbefugte Offenbarung mit Strafe bedroht ist,

4. eine Person unter 18 Jahren vernommen wird.

**§ 173[2)] [Öffentliche Urteilsverkündung]** (1) Die Verkündung des Urteils sowie der Endentscheidung in Ehesachen und Familienstreitsachen erfolgt in jedem Falle öffentlich.

(2) Durch einen besonderen Beschluß des Gerichts kann unter den Voraussetzungen der §§ 171b und 172 auch für die Verkündung der Entscheidungsgründe oder eines Teiles davon die Öffentlichkeit ausgeschlossen werden.

*(Fortsetzung nächstes Blatt)*

---

[1)] § 172 Nr. 1a eingef. durch G v. 15.7.1992 (BGBl. I S. 1302); Nr. 2 neu gef. durch G v. 18.12.1986 (BGBl. I S. 2496); Nr. 4 geänd. mWv 1.10.2009 durch G v. 29.7.2009 (BGBl. I S. 2280); Nr. 3 geänd. mWv 1.8.2022 durch G v. 7.7.2021 (BGBl. I S. 2363).

[2)] § 173 Abs. 2 geänd. durch G v. 18.12.1986 (BGBl. I S. 2496); Abs. 1 und 2 geänd. mWv 1.1.2013 durch G v. 5.12.2012 (BGBl. I S. 2418).

**§ 174[1)] [Verhandlung über Ausschluss der Öffentlichkeit; Schweigepflicht]** (1) [1] Über die Ausschließung der Öffentlichkeit ist in nicht öffentlicher Sitzung zu verhandeln, wenn ein Beteiligter es beantragt oder das Gericht es für angemessen erachtet. [2] Der Beschluß, der die Öffentlichkeit ausschließt, muß öffentlich verkündet werden; er kann in nicht öffentlicher Sitzung verkündet werden, wenn zu befürchten ist, daß seine öffentliche Verkündung eine erhebliche Störung der Ordnung in der Sitzung zur Folge haben würde. [3] Bei der Verkündung ist in den Fällen der §§ 171b, 172 und 173 anzugeben, aus welchem Grund die Öffentlichkeit ausgeschlossen worden ist.

(2) Soweit die Öffentlichkeit wegen Gefährdung der Staatssicherheit ausgeschlossen wird, dürfen Presse, Rundfunk und Fernsehen keine Berichte über die Verhandlung und den Inhalt eines die Sache betreffenden amtlichen Schriftstücks veröffentlichen.

(3) [1] Ist die Öffentlichkeit wegen Gefährdung der Staatssicherheit oder aus den in §§ 171b und 172 Nr. 2 und 3 bezeichneten Gründen ausgeschlossen, so kann das Gericht den anwesenden Personen die Geheimhaltung von Tatsachen, die durch die Verhandlung oder durch ein die Sache betreffendes amtliches Schriftstück zu ihrer Kenntnis gelangen, zur Pflicht machen. [2] Der Beschluß ist in das Sitzungsprotokoll aufzunehmen. [3] Er ist anfechtbar. [4] Die Beschwerde hat keine aufschiebende Wirkung.

**§ 175[2)] [Versagung des Zutritts]** (1) Der Zutritt zu öffentlichen Verhandlungen kann unerwachsenen und solchen Personen versagt werden, die in einer der Würde des Gerichts nicht entsprechenden Weise erscheinen.

(2) [1] Zu nicht öffentlichen Verhandlungen kann der Zutritt einzelnen Personen vom Gericht gestattet werden. [2] In Strafsachen soll dem Verletzten der Zutritt gestattet werden. [3] Einer Anhörung der Beteiligten bedarf es nicht.

(3) Die Ausschließung der Öffentlichkeit steht der Anwesenheit der die Dienstaufsicht führenden Beamten der Justizverwaltung bei den Verhandlungen vor dem erkennenden Gericht nicht entgegen.

**§ 176[3)] [Sitzungspolizei]** (1) Die Aufrechterhaltung der Ordnung in der Sitzung obliegt dem Vorsitzenden.

(2) [1] An der Verhandlung beteiligte Personen dürfen ihr Gesicht während der Sitzung weder ganz noch teilweise verhüllen. [2] Der Vorsitzende kann Ausnahmen gestatten, wenn und soweit die Kenntlichmachung des Gesichts weder zur Identitätsfeststellung noch zur Beweiswürdigung notwendig ist.

**§ 177 [Maßnahmen zur Aufrechterhaltung der Ordnung]** [1] Parteien, Beschuldigte, Zeugen, Sachverständige oder bei der Verhandlung nicht beteiligte Personen, die den zur Aufrechterhaltung der Ordnung getroffenen Anordnungen nicht Folge leisten, können aus dem Sitzungszimmer entfernt sowie zur Ordnungshaft abgeführt und während einer zu bestimmenden Zeit, die vierundzwanzig Stunden nicht übersteigen darf, festgehalten werden. [2] Über Maßnahmen nach Satz 1 entscheidet gegenüber Personen, die bei der Verhandlung nicht beteiligt sind, der Vorsitzende, in den übrigen Fällen das Gericht.

---

1) § 174 Abs. 1 Satz 3 und Abs. 3 Satz 1 geänd. durch G v. 18.12.1986 (BGBl. I S. 2496).
2) § 175 Abs. 2 Satz 2 eingef., bish. Satz 2 wird Satz 3 durch G v. 18.12.1986 (BGBl. I S. 2496).
3) § 176 Abs. 2 angef. mWv 13.12.2019 durch G v. 10.12.2019 (BGBl. I S. 2121).

**§ 178**[1)2)] **[Ordnungsmittel wegen Ungebühr]** (1) [1] Gegen Parteien, Beschuldigte, Zeugen, Sachverständige oder bei der Verhandlung nicht beteiligte Personen, die sich in der Sitzung einer Ungebühr schuldig machen, kann vorbehaltlich der strafgerichtlichen Verfolgung ein Ordnungsgeld bis zu eintausend Euro oder Ordnungshaft bis zu einer Woche festgesetzt und sofort vollstreckt werden. [2] Bei der Festsetzung von Ordnungsgeld ist zugleich für den Fall, daß dieses nicht beigetrieben werden kann, zu bestimmen, in welchem Maße Ordnungshaft an seine Stelle tritt.

(2) Über die Festsetzung von Ordnungsmitteln entscheidet gegenüber Personen, die bei der Verhandlung nicht beteiligt sind, der Vorsitzende, in den übrigen Fällen das Gericht.

(3) Wird wegen derselben Tat später auf Strafe erkannt, so sind das Ordnungsgeld oder die Ordnungshaft auf die Strafe anzurechnen.

**§ 179 [Vollstreckung der Ordnungsmittel]** Die Vollstreckung der vorstehend bezeichneten Ordnungsmittel hat der Vorsitzende unmittelbar zu veranlassen.

**§ 180 [Befugnisse außerhalb der Sitzung]** Die in den §§ 176 bis 179 bezeichneten Befugnisse stehen auch einem einzelnen Richter bei der Vornahme von Amtshandlungen außerhalb der Sitzung zu.

**§ 181 [Beschwerde gegen Ordnungsmittel]** (1) Ist in den Fällen der §§ 178, 180 ein Ordnungsmittel festgesetzt, so kann gegen die Entscheidung binnen der Frist von einer Woche nach ihrer Bekanntmachung Beschwerde eingelegt werden, sofern sie nicht von dem Bundesgerichtshof oder einem Oberlandesgericht getroffen ist.

(2) Die Beschwerde hat in dem Falle des § 178 keine aufschiebende Wirkung, in dem Falle des § 180 aufschiebende Wirkung.

(3) Über die Beschwerde entscheidet das Oberlandesgericht.

**§ 182 [Protokollierung]** Ist ein Ordnungsmittel wegen Ungebühr festgesetzt oder eine Person zur Ordnungshaft abgeführt oder eine bei der Verhandlung beteiligte Person entfernt worden, so ist der Beschluß des Gerichts und dessen Veranlassung in das Protokoll aufzunehmen.

**§ 183 [Straftaten in der Sitzung]** [1] Wird eine Straftat in der Sitzung begangen, so hat das Gericht den Tatbestand festzustellen und der zuständigen Behörde das darüber aufgenommene Protokoll mitzuteilen. [2] In geeigneten Fällen ist die vorläufige Festnahme des Täters zu verfügen.

## Fünfzehnter Titel.[3)] Gerichtssprache

**§ 184**[4)] **[Deutsche Sprache]** [1] Die Gerichtssprache ist deutsch. [2] Das Recht der Sorben, in den Heimatkreisen der sorbischen Bevölkerung vor Gericht sorbisch zu sprechen, ist gewährleistet.

---

1) § 178 Abs. 1 Satz 1 geänd. mWv 1.1.2002 durch G v. 27.7.2001 (BGBl. I S. 1887).
2) Beachte hierzu Übergangsvorschrift in § 26 Nr. 2 EGZPO (Nr. **101**).
3) 15. Titel Überschrift neu gef. mWv 1.8.2002 durch G v. 23.7.2002 (BGBl. I S. 2850); geänd. mWv 1.9.2004 durch G v. 24.8.2004 (BGBl. I S. 2198).
4) § 184 Satz 2 angef. mWv 25.4.2006 durch G v. 19.4.2006 (BGBl. I S. 866).

**§ 185**[1)] **[Dolmetscher]** (1) [1] Wird unter Beteiligung von Personen verhandelt, die der deutschen Sprache nicht mächtig sind, so ist ein Dolmetscher zuzuziehen. [2] Ein Nebenprotokoll in der fremden Sprache wird nicht geführt; jedoch sollen Aussagen und Erklärungen in fremder Sprache, wenn und soweit der Richter dies mit Rücksicht auf die Wichtigkeit der Sache für erforderlich erachtet, auch in der fremden Sprache in das Protokoll oder in eine Anlage niedergeschrieben werden. [3] In den dazu geeigneten Fällen soll dem Protokoll eine durch den Dolmetscher zu beglaubigende Übersetzung beigefügt werden.

(1a) [1] Das Gericht kann gestatten, dass sich der Dolmetscher während der Verhandlung, Anhörung oder Vernehmung an einem anderen Ort aufhält. [2] Die Verhandlung, Anhörung oder Vernehmung wird zeitgleich in Bild und Ton an diesen Ort und in das Sitzungszimmer übertragen.

(2) Die Zuziehung eines Dolmetschers kann unterbleiben, wenn die beteiligten Personen sämtlich der fremden Sprache mächtig sind.

(3) In Familiensachen und in Angelegenheiten der freiwilligen Gerichtsbarkeit bedarf es der Zuziehung eines Dolmetschers nicht, wenn der Richter der Sprache, in der sich die beteiligten Personen erklären, mächtig ist.

**§ 186**[2)] **[Verständigung mit hör- oder sprachbehinderter Person]**

(1) [1] Die Verständigung mit einer hör- oder sprachbehinderten Person erfolgt nach ihrer Wahl mündlich, schriftlich oder mit Hilfe einer die Verständigung ermöglichenden Person, die vom Gericht hinzuzuziehen ist. [2] Für die mündliche und schriftliche Verständigung hat das Gericht die geeigneten technischen Hilfsmittel bereitzustellen. [3] Die hör- oder sprachbehinderte Person ist auf ihr Wahlrecht hinzuweisen.

(2) Das Gericht kann eine schriftliche Verständigung verlangen oder die Hinzuziehung einer Person als Dolmetscher anordnen, wenn die hör- oder sprachbehinderte Person von ihrem Wahlrecht nach Absatz 1 keinen Gebrauch gemacht hat oder eine ausreichende Verständigung in der nach Absatz 1 gewählten Form nicht oder nur mit unverhältnismäßigem Aufwand möglich ist.

(3) Das Bundesministerium der Justiz und für Verbraucherschutz bestimmt durch Rechtsverordnung, die der Zustimmung des Bundesrates bedarf,

1. den Umfang des Anspruchs auf Bereitstellung von geeigneten Kommunikationshilfen gemäß den Absätzen 1 und 2,
2. die Grundsätze einer angemessenen Vergütung für den Einsatz von Kommunikationshilfen gemäß den Absätzen 1 und 2,
3. die geeigneten Kommunikationshilfen, mit Hilfe derer die in den Absätzen 1 und 2 genannte Verständigung zu gewährleisten ist, und
4. ob und wie die Person mit Hör- oder Sprachbehinderung mitzuwirken hat.

**§ 187**[3)] **[Dolmetscher oder Übersetzer für Beschuldigten oder Verurteilten]** (1) [1] Das Gericht zieht für den Beschuldigten oder Verurteilten, der der deutschen Sprache nicht mächtig ist, einen Dolmetscher oder Übersetzer heran, soweit dies zur Ausübung seiner strafprozessualen Rechte erforderlich ist. [2] Das

---

[1)] § 185 Abs. 3 angef. mWv 1.9.2009 durch G v. 17.12.2008 (BGBl. I S. 2586); Abs. 1a eingef. mWv 1.11.2013 durch G v. 25.4.2013 (BGBl. I S. 935).

[2)] § 186 neu gef. mWv 1.8.2002 durch G v. 23.7.2002 (BGBl. I S. 2850); Abs. 1 Satz 1 geänd., Abs. 3 angef. mWv 19.10.2017 durch G v. 8.10.2017 (BGBl. I S. 3546).

[3)] § 187 neu gef. mWv 6.7.2013 durch G v. 2.7.2013 (BGBl. I S. 1938); Abs. 1 Satz 1 geänd. mWv 19.10.2017 durch G v. 8.10.2017 (BGBl. I S. 3546).

Gericht weist den Beschuldigten in einer ihm verständlichen Sprache darauf hin, dass er insoweit für das gesamte Strafverfahren die unentgeltliche Hinzuziehung eines Dolmetschers oder Übersetzers beanspruchen kann.

(2) [1] Erforderlich zur Ausübung der strafprozessualen Rechte des Beschuldigten, der der deutschen Sprache nicht mächtig ist, ist in der Regel die schriftliche Übersetzung von freiheitsentziehenden Anordnungen sowie von Anklageschriften, Strafbefehlen und nicht rechtskräftigen Urteilen. [2] Eine auszugsweise schriftliche Übersetzung ist ausreichend, wenn hierdurch die strafprozessualen Rechte des Beschuldigten gewahrt werden. [3] Die schriftliche Übersetzung ist dem Beschuldigten unverzüglich zur Verfügung zu stellen. [4] An die Stelle der schriftlichen Übersetzung kann eine mündliche Übersetzung der Unterlagen oder eine mündliche Zusammenfassung des Inhalts der Unterlagen treten, wenn hierdurch die strafprozessualen Rechte des Beschuldigten gewahrt werden. [5] Dies ist in der Regel dann anzunehmen, wenn der Beschuldigte einen Verteidiger hat.

(3) [1] Der Beschuldigte kann auf eine schriftliche Übersetzung nur wirksam verzichten, wenn er zuvor über sein Recht auf eine schriftliche Übersetzung nach den Absätzen 1 und 2 und über die Folgen eines Verzichts auf eine schriftliche Übersetzung belehrt worden ist. [2] Die Belehrung nach Satz 1 und der Verzicht des Beschuldigten sind zu dokumentieren.

(4) Absatz 1 gilt entsprechend für Personen, die nach § 395 der Strafprozessordnung[1)] berechtigt sind, sich der öffentlichen Klage mit der Nebenklage anzuschließen.

**§ 188 [Eide Fremdsprachiger]** Personen, die der deutschen Sprache nicht mächtig sind, leisten Eide in der ihnen geläufigen Sprache.

**§ 189[2)] [Dolmetschereid]** (1) [1] Der Dolmetscher hat einen Eid dahin zu leisten:

daß er treu und gewissenhaft übertragen werde.

[2] Gibt der Dolmetscher an, daß er aus Glaubens- oder Gewissensgründen keinen Eid leisten wolle, so hat er eine Bekräftigung abzugeben. [3] Diese Bekräftigung steht dem Eid gleich; hierauf ist der Dolmetscher hinzuweisen.

(2) Ist der Dolmetscher für Übertragungen der betreffenden Art nach dem Gerichtsdolmetschergesetz[3)] ***[bis 31.12.2026:*** oder in einem Land nach den landesrechtlichen Vorschriften***]*** allgemein beeidigt, so genügt vor allen Gerichten des Bundes und der Länder die Berufung auf diesen Eid.

(3) In Familiensachen und in Angelegenheiten der freiwilligen Gerichtsbarkeit ist die Beeidigung des Dolmetschers nicht erforderlich, wenn die beteiligten Personen darauf verzichten.

(4) [1] Der Dolmetscher oder Übersetzer soll über Umstände, die ihm bei seiner Tätigkeit zur Kenntnis gelangen, Verschwiegenheit wahren. [2] Hierauf weist ihn das Gericht hin.

---

[1)] Nr. **90**.

[2)] § 189 Abs. 2 neu gef. mWv 12.12.2008 durch G v. 30.10.2008 (BGBl. I S. 2122); Abs. 3 angef. mWv 1.9.2009 durch G v. 17.12.2008 (BGBl. I S. 2586); Abs. 4 angef. mWv 6.7.2013 durch G v. 2.7.2013 (BGBl. I S. 1938); Abs. 2 neu gef. mWv 13.12.2019 und geänd. **mWv 1.1.2027** durch G v. 10.12.2019 (BGBl. I S. 2121, geänd. durch G v. 7.11.2022, BGBl. I S. 1982).

[3)] **Habersack, Deutsche Gesetze ErgBd. Nr. 95c.**

**§ 190 [Urkundsbeamter als Dolmetscher]** [1] Der Dienst des Dolmetschers kann von dem Urkundsbeamten der Geschäftsstelle wahrgenommen werden. [2] Einer besonderen Beeidigung bedarf es nicht.

**§ 191 [Ausschließung und Ablehnung des Dolmetschers]** [1] Auf den Dolmetscher sind die Vorschriften über Ausschließung und Ablehnung der Sachverständigen entsprechend anzuwenden. [2] Es entscheidet das Gericht oder der Richter, von dem der Dolmetscher zugezogen ist.

**§ 191a[1)] [Zugänglichmachung von Schriftstücken für blinde oder sehbehinderte Personen]** (1) [1] Eine blinde oder sehbehinderte Person kann Schriftsätze und andere Dokumente in einer für sie wahrnehmbaren Form bei Gericht einreichen. [2] Sie kann nach Maßgabe der Rechtsverordnung nach Absatz 2 verlangen, dass ihr Schriftsätze und andere Dokumente eines gerichtlichen Verfahrens barrierefrei zugänglich gemacht werden. [3] Ist der blinden oder sehbehinderten Person Akteneinsicht zu gewähren, kann sie verlangen, dass ihr die Akteneinsicht nach Maßgabe der Rechtsverordnung nach Absatz 2 barrierefrei gewährt wird. [4] Ein Anspruch im Sinne der Sätze 1 bis 3 steht auch einer blinden oder sehbehinderten Person zu, die von einer anderen Person mit der Wahrnehmung ihrer Rechte beauftragt oder hierfür bestellt worden ist. [5] Auslagen für die barrierefreie Zugänglichmachung nach diesen Vorschriften werden nicht erhoben.

(2) Das Bundesministerium der Justiz und für Verbraucherschutz bestimmt durch Rechtsverordnung, die der Zustimmung des Bundesrates bedarf, unter welchen Voraussetzungen und in welcher Weise die in Absatz 1 genannten Dokumente und Dokumente, die von den Parteien zur Akte gereicht werden, einer blinden oder sehbehinderten Person zugänglich gemacht werden, sowie ob und wie diese Person bei der Wahrnehmung ihrer Rechte mitzuwirken hat.

(3) [1] Elektronische Dokumente sind für blinde oder sehbehinderte Personen barrierefrei zu gestalten, soweit sie in Schriftzeichen wiedergegeben werden. [2] Erfolgt die Übermittlung eines elektronischen Dokuments auf einem sicheren Übermittlungsweg, ist dieser barrierefrei auszugestalten. [3] Sind elektronische Formulare eingeführt (§ 130c der Zivilprozessordnung[2)], § 14a des Gesetzes über das Verfahren in Familiensachen und in den Angelegenheiten der freiwilligen Gerichtsbarkeit[3)], § 46f des Arbeitsgerichtsgesetzes[4)], § 65c des Sozialgerichtsgesetzes[5)], § 55c der Verwaltungsgerichtsordnung[6)], § 52c der Finanzgerichtsordnung), sind diese blinden oder sehbehinderten Personen barrierefrei zugänglich zu machen. [4] Dabei sind die Standards von § 3 der Barrierefreie-Informationstechnik-Verordnung[7)] vom 12. September 2011 (BGBl. I S. 1843) in der jeweils geltenden Fassung maßgebend.

---

[1)] § 191a eingef. mWv 1.8.2002 durch G v. 23.7.2002 (BGBl. I S. 2850); Abs. 2 geänd. mWv 1.4. 2005 durch G v. 22.3.2005 (BGBl. I S. 837); Abs. 1 neu gef., Abs. 3 angef. mWv 1.7.2014, Abs. 3 Sätze 1 und 2 eingef., bish. Sätze 1 und 2 werden Sätze 3 und 4 mWv 1.1.2018 durch G v. 10.10.2013 (BGBl. I S. 3786); Abs. 2 geänd. mWv 8.9.2015 durch VO v. 31.8.2015 (BGBl. I S. 1474).

[2)] Nr. **100**.

[3)] Nr. **112**.

[4)] Nr. **83**.

[5)] **Sartorius ErgBd. Nr. 415.**

[6)] **Sartorius Nr. 600.**

[7)] **Aichberger, SGB Nr. 9/23.**

## Sechzehnter Titel. Beratung und Abstimmung

**§ 192 [Mitwirkende Richter und Schöffen]** (1) Bei Entscheidungen dürfen Richter nur in der gesetzlich bestimmten Anzahl mitwirken.

(2) Bei Verhandlungen von längerer Dauer kann der Vorsitzende die Zuziehung von Ergänzungsrichtern anordnen, die der Verhandlung beizuwohnen und im Falle der Verhinderung eines Richters für ihn einzutreten haben.

(3) Diese Vorschriften sind auch auf Schöffen anzuwenden.

**§ 193[1)] [Anwesenheit von auszubildenden Personen und ausländischen Juristen; Verpflichtung zur Geheimhaltung]** (1) Bei der Beratung und Abstimmung dürfen außer den zur Entscheidung berufenen Richtern nur die bei demselben Gericht zu ihrer juristischen Ausbildung beschäftigten Personen und die dort beschäftigten wissenschaftlichen Hilfskräfte zugegen sein, soweit der Vorsitzende deren Anwesenheit gestattet.

(2) [1] Ausländische Berufsrichter, Staatsanwälte und Anwälte, die einem Gericht zur Ableistung eines Studienaufenthaltes zugewiesen worden sind, können bei demselben Gericht bei der Beratung und Abstimmung zugegen sein, soweit der Vorsitzende deren Anwesenheit gestattet und sie gemäß den Absätzen 3 und 4 verpflichtet sind. [2] Satz 1 gilt entsprechend für ausländische Juristen, die im Entsendestaat in einem Ausbildungsverhältnis stehen.

(3) [1] Die in Absatz 2 genannten Personen sind auf ihren Antrag zur Geheimhaltung besonders zu verpflichten. [2] § 1 Abs. 2 und 3 des Verpflichtungsgesetzes vom 2. März 1974 (BGBl. I S. 469, 547 – Artikel 42) gilt entsprechend. [3] Personen, die nach Satz 1 besonders verpflichtet worden sind, stehen für die Anwendung der Vorschriften des Strafgesetzbuches[2)] über die Verletzung von Privatgeheimnissen (§ 203 Absatz 2 Satz 1 Nummer 2, Satz 2, Absatz 5 und 6, § 205), Verwertung fremder Geheimnisse (§§ 204, 205), Verletzung des Dienstgeheimnisses (§ 353b Abs. 1 Satz 1 Nr. 2, Satz 2, Abs. 3 und 4) sowie Verletzung des Steuergeheimnisses (§ 355) den für den öffentlichen Dienst besonders Verpflichteten gleich.

(4) [1] Die Verpflichtung wird vom Präsidenten oder vom aufsichtsführenden Richter des Gerichts vorgenommen. [2] Er kann diese Befugnis auf den Vorsitzenden des Spruchkörpers oder auf den Richter übertragen, dem die in Absatz 2 genannten Personen zugewiesen sind. [3] Einer erneuten Verpflichtung bedarf es während der Dauer des Studienaufenthaltes nicht. [4] In den Fällen des § 355 des Strafgesetzbuches ist der Richter, der die Verpflichtung vorgenommen hat, neben dem Verletzten antragsberechtigt.

**§ 194 [Gang der Beratung]** (1) Der Vorsitzende leitet die Beratung, stellt die Fragen und sammelt die Stimmen.

(2) Meinungsverschiedenheiten über den Gegenstand, die Fassung und die Reihenfolge der Fragen oder über das Ergebnis der Abstimmung entscheidet das Gericht.

---

[1)] § 193 neu gef. durch G v. 24.6.1994 (BGBl. I S. 1374); Abs. 3 Satz 3 geänd. mWv 9.11.2017 durch G v. 30.10.2017 (BGBl. I S. 3618).

[2)] Nr. **85**.

**§ 195 [Keine Verweigerung der Abstimmung]** Kein Richter oder Schöffe darf die Abstimmung über eine Frage verweigern, weil er bei der Abstimmung über eine vorhergegangene Frage in der Minderheit geblieben ist.

**§ 196[1)] [Absolute Mehrheit; Meinungsmehrheit]** (1) Das Gericht entscheidet, soweit das Gesetz nicht ein anderes bestimmt, mit der absoluten Mehrheit der Stimmen.

(2) Bilden sich in Beziehung auf Summen, über die zu entscheiden ist, mehr als zwei Meinungen, deren keine die Mehrheit für sich hat, so werden die für die größte Summe abgegebenen Stimmen den für die zunächst geringere abgegebenen so lange hinzugerechnet, bis sich eine Mehrheit ergibt.

(3) [1] Bilden sich in einer Strafsache, von der Schuldfrage abgesehen, mehr als zwei Meinungen, deren keine die erforderliche Mehrheit für sich hat, so werden die dem Beschuldigten nachteiligsten Stimmen den zunächst minder nachteiligen so lange hinzugerechnet, bis sich die erforderliche Mehrheit ergibt. [2] Bilden sich in der Straffrage zwei Meinungen, ohne daß eine die erforderliche Mehrheit für sich hat, so gilt die mildere Meinung.

(4) Ergibt sich in dem mit zwei Richtern und zwei Schöffen besetzten Gericht in einer Frage, über die mit einfacher Mehrheit zu entscheiden ist, Stimmengleichheit, so gibt die Stimme des Vorsitzenden den Ausschlag.

**§ 197 [Reihenfolge der Stimmabgabe]** [1] Die Richter stimmen nach dem Dienstalter, bei gleichem Dienstalter nach dem Lebensalter, ehrenamtliche Richter und Schöffen nach dem Lebensalter; der jüngere stimmt vor dem älteren. [2] Die Schöffen stimmen vor den Richtern. [3] Wenn ein Berichterstatter ernannt ist, so stimmt er zuerst. [4] Zuletzt stimmt der Vorsitzende.

## Siebzehnter Titel.[2)3)] Rechtsschutz bei überlangen Gerichtsverfahren und strafrechtlichen Ermittlungsverfahren

**§ 198[2)] [Entschädigung; Verzögerungsrüge]** (1) [1] Wer infolge unangemessener Dauer eines Gerichtsverfahrens als Verfahrensbeteiligter einen Nachteil erleidet, wird angemessen entschädigt. [2] Die Angemessenheit der Verfahrensdauer richtet sich nach den Umständen des Einzelfalles, insbesondere nach der Schwierigkeit und Bedeutung des Verfahrens und nach dem Verhalten der Verfahrensbeteiligten und Dritter.

---

1) § 196 Abs. 4 geänd. durch G v. 11.1.1993 (BGBl. I S. 50).

2) 17. Titel (§§ 198–201) angef. mWv 3.12.2011 durch G v. 24.11.2011 (BGBl. I S. 2302).

3) Beachte hierzu Übergangsvorschrift in Art. 23 G v. 24.11.2011 (BGBl. I S. 2302):

„**Art. 23 Übergangsvorschrift.** [1] Dieses Gesetz gilt auch für Verfahren, die bei seinem Inkrafttreten bereits anhängig waren, sowie für abgeschlossene Verfahren, deren Dauer bei seinem Inkrafttreten Gegenstand von anhängigen Beschwerden beim Europäischen Gerichtshof für Menschenrechte ist oder noch werden kann. [2] Für anhängige Verfahren, die bei seinem Inkrafttreten schon verzögert sind, gilt § 198 Absatz 3 des Gerichtsverfassungsgesetzes mit der Maßgabe, dass die Verzögerungsrüge unverzüglich nach Inkrafttreten erhoben werden muss. [3] In diesem Fall wahrt die Verzögerungsrüge einen Anspruch nach § 198 des Gerichtsverfassungsgesetzes auch für den vorausgehenden Zeitraum. [4] Ist bei einem anhängigen Verfahren die Verzögerung in einer schon abgeschlossenen Instanz erfolgt, bedarf es keiner Verzögerungsrüge. [5] Auf abgeschlossene Verfahren gemäß Satz 1 ist § 198 Absatz 3 und 5 des Gerichtsverfassungsgesetzes nicht anzuwenden. [6] Die Klage zur Durchsetzung eines Anspruchs nach § 198 Absatz 1 des Gerichtsverfassungsgesetzes kann bei abgeschlossenen Verfahren sofort erhoben werden und muss spätestens am 3. Juni 2012 erhoben werden."

(2) [1] Ein Nachteil, der nicht Vermögensnachteil ist, wird vermutet, wenn ein Gerichtsverfahren unangemessen lange gedauert hat. [2] Hierfür kann Entschädigung nur beansprucht werden, soweit nicht nach den Umständen des Einzelfalles Wiedergutmachung auf andere Weise gemäß Absatz 4 ausreichend ist. [3] Die Entschädigung gemäß Satz 2 beträgt 1 200 Euro für jedes Jahr der Verzögerung. [4] Ist der Betrag gemäß Satz 3 nach den Umständen des Einzelfalles unbillig, kann das Gericht einen höheren oder niedrigeren Betrag festsetzen.

(3) [1] Entschädigung erhält ein Verfahrensbeteiligter nur, wenn er bei dem mit der Sache befassten Gericht die Dauer des Verfahrens gerügt hat (Verzögerungsrüge). [2] Die Verzögerungsrüge kann erst erhoben werden, wenn Anlass zur Besorgnis besteht, dass das Verfahren nicht in einer angemessenen Zeit abgeschlossen wird; eine Wiederholung der Verzögerungsrüge ist frühestens nach sechs Monaten möglich, außer wenn ausnahmsweise eine kürzere Frist geboten ist. [3] Kommt es für die Verfahrensförderung auf Umstände an, die noch nicht in das Verfahren eingeführt worden sind, muss die Rüge hierauf hinweisen. [4] Anderenfalls werden sie von dem Gericht, das über die Entschädigung zu entscheiden hat (Entschädigungsgericht), bei der Bestimmung der angemessenen Verfahrensdauer nicht berücksichtigt. [5] Verzögert sich das Verfahren bei einem anderen Gericht weiter, bedarf es einer erneuten Verzögerungsrüge.

(4) [1] Wiedergutmachung auf andere Weise ist insbesondere möglich durch die Feststellung des Entschädigungsgerichts, dass die Verfahrensdauer unangemessen war. [2] Die Feststellung setzt keinen Antrag voraus. [3] Sie kann in schwerwiegenden Fällen neben der Entschädigung ausgesprochen werden; ebenso kann sie ausgesprochen werden, wenn eine oder mehrere Voraussetzungen des Absatzes 3 nicht erfüllt sind.

(5) [1] Eine Klage zur Durchsetzung eines Anspruchs nach Absatz 1 kann frühestens sechs Monate nach Erhebung der Verzögerungsrüge erhoben werden. [2] Die Klage muss spätestens sechs Monate nach Eintritt der Rechtskraft der Entscheidung, die das Verfahren beendet, oder einer anderen Erledigung des Verfahrens erhoben werden. [3] Bis zur rechtskräftigen Entscheidung über die Klage ist der Anspruch nicht übertragbar.

(6) Im Sinne dieser Vorschrift ist

1. ein Gerichtsverfahren jedes Verfahren von der Einleitung bis zum rechtskräftigen Abschluss einschließlich eines Verfahrens auf Gewährung vorläufigen Rechtsschutzes und zur Bewilligung von Prozess- oder Verfahrenskostenhilfe; ausgenommen ist das Insolvenzverfahren nach dessen Eröffnung; im eröffneten Insolvenzverfahren gilt die Herbeiführung einer Entscheidung als Gerichtsverfahren;
2. ein Verfahrensbeteiligter jede Partei und jeder Beteiligte eines Gerichtsverfahrens mit Ausnahme der Verfassungsorgane, der Träger öffentlicher Verwaltung und sonstiger öffentlicher Stellen, soweit diese nicht in Wahrnehmung eines Selbstverwaltungsrechts an einem Verfahren beteiligt sind.

**§ 199**[1)] **[Strafverfahren]** (1) Für das Strafverfahren einschließlich des Verfahrens auf Vorbereitung der öffentlichen Klage ist § 198 nach Maßgabe der Absätze 2 bis 4 anzuwenden.

---

1) § 199 angef. mWv 3.12.2011 durch G v. 24.11.2011 (BGBl. I S. 2302); Abs. 1 geänd., Abs. 4 angef. mWv 1.1.2012 durch G v. 6.12.2011 (BGBl. I S. 2554).

(2) Während des Verfahrens auf Vorbereitung der öffentlichen Klage tritt die Staatsanwaltschaft und in Fällen des § 386 Absatz 2 der Abgabenordnung die Finanzbehörde an die Stelle des Gerichts; für das Verfahren nach Erhebung der öffentlichen Klage gilt § 198 Absatz 3 Satz 5 entsprechend.

(3) [1] Hat ein Strafgericht oder die Staatsanwaltschaft die unangemessene Dauer des Verfahrens zugunsten des Beschuldigten berücksichtigt, ist dies eine ausreichende Wiedergutmachung auf andere Weise gemäß § 198 Absatz 2 Satz 2; insoweit findet § 198 Absatz 4 keine Anwendung. [2] Begehrt der Beschuldigte eines Strafverfahrens Entschädigung wegen überlanger Verfahrensdauer, ist das Entschädigungsgericht hinsichtlich der Beurteilung der Angemessenheit der Verfahrensdauer an eine Entscheidung des Strafgerichts gebunden.

(4) Ein Privatkläger ist nicht Verfahrensbeteiligter im Sinne von § 198 Absatz 6 Nummer 2.

**§ 200[1)] [Haftende Körperschaft]** [1] Für Nachteile, die auf Grund von Verzögerungen bei Gerichten eines Landes eingetreten sind, haftet das Land. [2] Für Nachteile, die auf Grund von Verzögerungen bei Gerichten des Bundes eingetreten sind, haftet der Bund. [3] Für Staatsanwaltschaften und Finanzbehörden in Fällen des § 386 Absatz 2 der Abgabenordnung gelten die Sätze 1 und 2 entsprechend.

**§ 201[2)] [Zuständigkeit für die Entschädigungsklage; Verfahren]** (1) [1] Zuständig für die Klage auf Entschädigung gegen ein Land ist das Oberlandesgericht, in dessen Bezirk das streitgegenständliche Verfahren durchgeführt wurde. [2] Zuständig für die Klage auf Entschädigung gegen den Bund ist der Bundesgerichtshof. [3] Diese Zuständigkeiten sind ausschließliche.

(2) [1] Die Vorschriften der Zivilprozessordnung[3)] über das Verfahren vor den Landgerichten im ersten Rechtszug sind entsprechend anzuwenden. [2] Eine Entscheidung durch den Einzelrichter ist ausgeschlossen. [3] Gegen die Entscheidung des Oberlandesgerichts findet die Revision nach Maßgabe des § 543 der Zivilprozessordnung statt; § 544 der Zivilprozessordnung ist entsprechend anzuwenden.

(3) [1] Das Entschädigungsgericht kann das Verfahren aussetzen, wenn das Gerichtsverfahren, von dessen Dauer ein Anspruch nach § 198 abhängt, noch andauert. [2] In Strafverfahren, einschließlich des Verfahrens auf Vorbereitung der öffentlichen Klage, hat das Entschädigungsgericht das Verfahren auszusetzen, solange das Strafverfahren noch nicht abgeschlossen ist.

(4) Besteht ein Entschädigungsanspruch nicht oder nicht in der geltend gemachten Höhe, wird aber eine unangemessene Verfahrensdauer festgestellt, entscheidet das Gericht über die Kosten nach billigem Ermessen.

---

1) § 200 angef. mWv 3.12.2011 durch G v. 24.11.2011 (BGBl. I S. 2302).

2) § 201 angef. mWv 3.12.2011 durch G v. 24.11.2011 (BGBl. I S. 2302); Abs. 1 Satz 1 geänd., Satz 4 aufgeh. mWv 1.1.2012 durch G v. 6.12.2011 (BGBl. I S. 2554).

3) Nr. **100**.

# 95a. Einführungsgesetz zum Gerichtsverfassungsgesetz

Vom 27. Januar 1877

(RGBl. S. 77)

**BGBl. III/FNA 300-1**

| Lfd. Nr. | Änderndes Gesetz | Datum | Fundstelle | Betroffen | Hinweis |
|---|---|---|---|---|---|
| 1.–29. | Änderungsgesetze bis einschl. G v. 13.12.2007 (BGBl. I S. 2894) nur noch in den Anmerkungen nachgewiesen | | | | |
| 30. | Art. 21 FGG-ReformG | 17.12. 2008 | BGBl. I S. 2586, geänd. 2009, S. 2449 | §§ 2, 29, 30a | geänd. mWv 1.9.2009 |
| | | | | § 40 | eingef. mWv 1.9.2009 |
| 31. | Art. 2 G über die Besetzung der großen Straf- und Jugendkammern in der Hauptverhandlung und zur Änd. weiterer gerichtsverfassungsrechtlicher Vorschriften sowie des BDG | 6.12.2011 | BGBl. I S. 2554 | § 41 | eingef. mWv 1.1.2012 |
| 32. | Art. 8 G zur weiteren Erleichterung der Sanierung von Unternehmen | 7.12.2011 | BGBl. I S. 2582 | § 39 | aufgeh. mWv 1.1.2013 |
| 33. | Art. 2 G zur Einführung einer Rechtsbehelfsbelehrung im Zivilprozess und zur Änd. anderer Vorschriften | 5.12.2012 | BGBl. I S. 2418 | §§ 26, 28, 29, 30a | geänd. mWv 1.1.2014 |
| 34. | Art. 13 2. Kostenrechtsmodernisierungs G | 23.7.2013 | BGBl. I S. 2586 | §§ 30, 30a | geänd. mWv 1.8.2013 |
| | | | | § 42 | eingef. mWv 1.8.2013 |
| 35. | Art. 20 G zum Internationalen Erbrecht und zur Änd. von Vorschriften zum Erbschein sowie zur Änd. sonstiger Vorschriften | 29.6.2015 | BGBl. I S. 1042 | § 30a | geänd. mWv 4.7.2015 |
| 36. | Art. 130 Zehnte ZuständigkeitsanpassungsVO | 31.8.2015 | BGBl. I S. 1474 | §§ 12, 16, 32, 35 | geänd. mWv 8.9.2015 |
| 37. | Art. 4 G zur Neuregelung des Kulturgutschutzrechts | 31.7.2016 | BGBl. I S. 1914 | § 14 | geänd. mWv 6.8.2016 |
| 38. | Art. 6 G zur Reform des Bauvertragsrechts, zur Änd. der kaufrechtlichen Mängelhaftung, zur Stärkung des zivilprozessualen Rechtsschutzes und zum maschinellen Siegel im Grundbuch- und Schiffsregisterverfahren | 28.4.2017 | BGBl. I S. 969 | § 40a | eingef. mWv 1.1.2018 |

| Lfd. Nr. | Änderndes Gesetz | Datum | Fundstelle | Betroffen | Hinweis |
|---|---|---|---|---|---|
| 39. | Art. 2 G zur Änd. von Vorschriften im Bereich des Internationalen Privat- und Zivilverfahrensrechts | 11.6.2017 | BGBl. I S. 1607 | § 16a | geänd. mWv 17.6.2017 |
| 40. | Art. 2 Zweites G zur Stärkung der Verfahrensrechte von Beschuldigten im Strafverfahren und zur Änd. des Schöffenrechts[1)] | 27.8.2017 | BGBl. I S. 3295 | §§ 31, 33, 34, 34a | geänd. mWv 5.9.2017 |
| 41. | Art. 5 Abs. 1 G über die Erweiterung der Medienöffentlichkeit in Gerichtsverfahren | 8.10.2017 | BGBl. I S. 3546 | § 43 | eingef. mWv 19.10.2017 |
| 42. | Art. 3 G zur Umsetzung der RL (EU) 2016/680 im Strafverfahren sowie zur Anpassung datenschutzrechtlicher Bestimmungen an die VO (EU) 2016/679 | 20.11. 2019 | BGBl. I S. 1724 | §§ 13, 14, 18, 19, 20, 21, 22<br>§ 21a | geänd. mWv 26.11.2019<br>eingef. mWv 26.11.2019 |
| 43. | Art. 4 G zur Regelung der Wertgrenze für die Nichtzulassungsbeschwerde in Zivilsachen, zum Ausbau der Spezialisierung bei den Gerichten sowie zur Änd. weiterer prozessrechtlicher Vorschriften | 12.12. 2019 | BGBl. I S. 2633 | § 40a | neu gef. mWv 1.1.2021 |
| 44. | Art. 9 Kinder- und JugendstärkungsG | 3.6.2021 | BGBl. I S. 1444 | § 17 | geänd. mWv 10.6.2021 |
| 45. | Art. 3 G zur Fortentwicklung der StrafprozessO und zur Änd. weiterer Vorschriften | 25.6.2021 | BGBl. I S. 2099 | § 9 | geänd. mWv 1.7.2021 |

[1)] **Amtl. Anm.:** Die Artikel 1 bis 6 dieses Gesetzes dienen der Umsetzung der Richtlinie 2013/48/EU des Europäischen Parlaments und des Rates vom 22. Oktober 2013 über das Recht auf Zugang zu einem Rechtsbeistand in Strafverfahren und in Verfahren zur Vollstreckung des Europäischen Haftbefehls sowie über das Recht auf Benachrichtigung eines Dritten bei Freiheitsentzug und das Recht auf Kommunikation mit Dritten und mit Konsularbehörden während des Freiheitsentzugs (ABl. L 294 vom 6.11.2013, S. 1).

## Erster Abschnitt.[1] Allgemeine Vorschriften

**§ 1**[2] *(aufgehoben)*

**§ 2**[3] **[Anwendungsbereich]** Die Vorschriften des Gerichtsverfassungsgesetzes[4] finden auf die ordentliche Gerichtsbarkeit und deren Ausübung Anwendung.

**§ 3**[5] **[Übertragung der Gerichtsbarkeit]** (1) [1]Die Gerichtsbarkeit in bürgerlichen Rechtsstreitigkeiten und Strafsachen, für welche besondere Gerichte zugelassen sind, kann den ordentlichen Landesgerichten durch die Landesgesetzgebung übertragen werden. [2]Die Übertragung darf nach anderen als den durch das Gerichtsverfassungsgesetz[4] vorgeschriebenen Zuständigkeitsnormen erfolgen.

(2) *(aufgehoben)*

(3) Insoweit für bürgerliche Rechtsstreitigkeiten ein von den Vorschriften der Zivilprozeßordnung[6] abweichendes Verfahren gestattet ist, kann die Zuständigkeit der ordentlichen Landesgerichte durch die Landesgesetzgebung nach anderen als den durch das Gerichtsverfassungsgesetz vorgeschriebenen Normen bestimmt werden.

**§ 4**[7] *(aufgehoben)*

**§ 4a**[8] **[Ermächtigung der Länder Berlin und Hamburg]** (1) [1]Die Länder Berlin und Hamburg bestimmen, welche Stellen die Aufgaben erfüllen, die im Gerichtsverfassungsgesetz[4] den Landesbehörden, den Gemeinden oder den unteren Verwaltungsbezirken sowie deren Vertretungen zugewiesen sind. [2]Das Land Berlin kann bestimmen, dass die Wahl der Schöffen und Jugendschöffen bei einem gemeinsamen Amtsgericht stattfindet, bei diesem mehrere Schöffenwahlausschüsse gebildet werden und deren Zuständigkeit sich nach den Grenzen der Verwaltungsbezirke bestimmt.

(2) *(aufgehoben)*

**§ 5** *(gegenstandslos)*

**§ 6**[9] **[Wahl, Ernennung und Amtsperiode ehrenamtlicher Richter]**

(1) Vorschriften über die Wahl oder Ernennung ehrenamtlicher Richter in der ordentlichen Gerichtsbarkeit einschließlich ihrer Vorbereitung, über die Voraussetzung hierfür, die Zuständigkeit und das dabei einzuschlagende Verfahren sowie über die allgemeinen Regeln über Auswahl und Zuziehung dieser ehrenamtlichen Richter zu den einzelnen Sitzungen sind erstmals auf die erste Amtsperiode der

---

[1] 1. Abschnitt Überschrift eingef. durch G v. 18.6.1997 (BGBl. I S. 1430).

[2] § 1 aufgeh. mWv 25.4.2006 durch G v. 19.4.2006 (BGBl. I S. 866).

[3] § 2 geänd. mWv 1.9.2009 durch G v. 17.12.2008 (BGBl. I S. 2586).

[4] Nr. **95**.

[5] § 3 Abs. 2 aufgeh. mWv 25.4.2006 durch G v. 19.4.2006 (BGBl. I S. 866).

[6] Nr. **100**.

[7] § 4 aufgeh. mWv 25.4.2006 durch G v. 19.4.2006 (BGBl. I S. 866).

[8] § 4a eingef. durch G v. 17.12.1990 (BGBl. I S. 2847); Abs. 2 angef. durch G v. 24.6.1994 (BGBl. I S. 1374); Abs. 1 Satz 2 angef. durch G v. 5.11.1999 (BGBl. I S. 2146); Abs. 2 aufgeh. mWv 25.4.2006 durch G v. 19.4.2006 (BGBl. I S. 866).

[9] § 6 aufgeh. durch G v. 12.9.1950 (BGBl. S. 455) und neu eingef. durch G v. 27.1.1987 (BGBl. I S. 475).

ehrenamtlichen Richter anzuwenden, die nicht früher als am ersten Tag des auf ihr Inkrafttreten folgenden zwölften Kalendermonats beginnt.

(2) Vorschriften über die Dauer der Amtsperiode ehrenamtlicher Richter in der ordentlichen Gerichtsbarkeit sind erstmals auf die erste nach ihrem Inkrafttreten beginnende Amtsperiode anzuwenden.

**§ 7** *(gegenstandslos)*

**§ 8[1)] [Oberstes Landesgericht]** (1) Durch die Gesetzgebung eines Landes, in dem mehrere Oberlandesgerichte errichtet werden, kann die Verhandlung und Entscheidung der zur Zuständigkeit des Bundesgerichtshofes gehörenden Revisionen und Rechtsbeschwerden in bürgerlichen Rechtsstreitigkeiten einem obersten Landesgericht zugewiesen werden.

(2) Diese Vorschrift findet jedoch auf bürgerliche Rechtsstreitigkeiten, in denen für die Entscheidung Bundesrecht in Betracht kommt, keine Anwendung, es sei denn, daß es sich im wesentlichen um Rechtsnormen handelt, die in den Landesgesetzen enthalten sind.

**§ 9[2)] [Ausschließliche Zuständigkeit in Strafsachen]** [1]Durch die Gesetzgebung eines Landes, in dem mehrere Oberlandesgerichte errichtet werden, können die zur Zuständigkeit der Oberlandesgerichte gehörenden Entscheidungen in Strafsachen oder in Verfahren nach dem Gesetz über die internationale Rechtshilfe in Strafsachen[3)] ganz oder teilweise ausschließlich einem der mehreren Oberlandesgerichte oder an Stelle eines solchen Oberlandesgerichts dem Obersten Landesgericht zugewiesen werden. [2]Dem Obersten Landesgericht können auch die zur Zuständigkeit eines Oberlandesgerichts nach den §§ 120 und 120b des Gerichtsverfassungsgesetzes[4)] gehörenden Entscheidungen zugewiesen werden.

**§ 10[5)] [Besetzung und Verfassung des obersten Landesgerichts]** (1) Die allgemeinen sowie die in § 116 Abs. 1 Satz 2, §§ 124, 130 Abs. 1 und § 181 Abs. 1 enthaltenen besonderen Vorschriften des Gerichtsverfassungsgesetzes[4)] finden auf die obersten Landesgerichte der ordentlichen Gerichtsbarkeit entsprechende Anwendung; ferner sind die Vorschriften der §§ 132, 138 des Gerichtsverfassungsgesetzes mit der Maßgabe entsprechend anzuwenden, daß durch Landesgesetz die Zahl der Mitglieder der Großen Senate anderweitig geregelt oder die Bildung eines einzigen Großen Senats angeordnet werden kann, der aus dem Präsidenten und mindestens acht Mitgliedern zu bestehen hat und an die Stelle der Großen Senate für Zivilsachen und für Strafsachen sowie der Vereinigten Großen Senate tritt.

(2) Die Besetzung der Senate bestimmt sich in Strafsachen, in Grundbuchsachen und in Angelegenheiten der freiwilligen Gerichtsbarkeit nach den Vorschriften über die Oberlandesgerichte, im übrigen nach den Vorschriften über den Bundesgerichtshof.

---

1) § 8 neu gef. durch G v. 12.9.1950 (BGBl. S. 455); Abs. 1 geänd. mWv 1.1.2002 durch G v. 27.7.2001 (BGBl. I S. 1887).

2) § 9 neu gef. durch G v. 12.9.1950 (BGBl. S. 455); geänd. durch G v. 8.12.1981 (BGBl. I S. 1329) und G v. 23.12.1982 (BGBl. I S. 2071); Satz 2 angef. durch G v. 8.9.1969 (BGBl. I S. 1582); Satz 2 geänd. mWv 1.7.2021 durch G v. 25.6.2021 (BGBl. I S. 2099).

3) **Habersack, Deutsche Gesetze ErgBd. Nr. 90h.**

4) Nr. **95**.

5) § 10 neu gef. durch G v. 12.9.1950 (BGBl. S. 455); Abs. 1 geänd. durch G v. 26.5.1972 (BGBl. I S. 841) und G v. 17.12.1990 (BGBl. I S. 2847).

**§ 11**[1)] *(aufgehoben)*

## Zweiter Abschnitt.[2)] Verfahrensübergreifende Mitteilungen von Amts wegen

**§ 12**[3)] **[Geltungsbereich, Verantwortung; Erlass von Verwaltungsvorschriften]** (1) [1]Die Vorschriften dieses Abschnitts gelten für die Übermittlung personenbezogener Daten von Amts wegen durch Gerichte der ordentlichen Gerichtsbarkeit und Staatsanwaltschaften an öffentliche Stellen des Bundes oder eines Landes für andere Zwecke als die des Verfahrens, für die die Daten erhoben worden sind. [2]Besondere Rechtsvorschriften des Bundes oder, wenn die Daten aus einem landesrechtlich geregelten Verfahren übermittelt werden, eines Landes, die von den §§ 18 bis 22 abweichen, gehen diesen Vorschriften vor.

(2) Absatz 1 gilt entsprechend für die Übermittlung personenbezogener Daten an Stellen der öffentlich-rechtlichen Religionsgesellschaften, sofern sichergestellt ist, daß bei dem Empfänger ausreichende Datenschutzmaßnahmen getroffen werden.

(3) Eine Übermittlung unterbleibt, wenn ihr eine besondere bundes- oder entsprechende landesgesetzliche Verwendungsregelung entgegensteht.

(4) Die Verantwortung für die Zulässigkeit der Übermittlung trägt die übermittelnde Stelle.

(5) [1]Das Bundesministerium der Justiz und für Verbraucherschutz kann mit Zustimmung des Bundesrates allgemeine Verwaltungsvorschriften zu den nach diesem Abschnitt zulässigen Mitteilungen erlassen. [2]Ermächtigungen zum Erlaß von Verwaltungsvorschriften über Mitteilungen in besonderen Rechtsvorschriften bleiben unberührt.

**§ 13**[4)] **[Übermittlung personenbezogener Daten durch Gerichte und Staatsanwaltschaften]** (1) Gerichte und Staatsanwaltschaften dürfen personenbezogene Daten zur Erfüllung der in der Zuständigkeit des Empfängers liegenden Aufgaben übermitteln, wenn

1. eine besondere Rechtsvorschrift dies vorsieht oder zwingend voraussetzt,
2. die betroffene Person eingewilligt hat,
3. offensichtlich ist, daß die Übermittlung im Interesse der betroffenen Person liegt, und kein Grund zu der Annahme besteht, daß sie in Kenntnis dieses Zwecks ihre Einwilligung verweigern würde,
4. die Daten auf Grund einer Rechtsvorschrift von Amts wegen öffentlich bekanntzumachen sind oder in ein von einem Gericht geführtes, für jedermann unbeschränkt einsehbares öffentliches Register einzutragen sind oder es sich um die Abweisung des Antrags auf Eröffnung des Insolvenzverfahrens mangels Masse handelt oder
5. auf Grund einer Entscheidung
   a) bestimmte Rechtsfolgen eingetreten sind, insbesondere der Verlust der Rechtsstellung aus einem öffentlich-rechtlichen Amts- oder Dienstverhältnis,

---

1) § 11 aufgeh. mWv 25.4.2006 durch G v. 19.4.2006 (BGBl. I S. 866).

2) 2. Abschnitt (§§ 12–22) eingef. durch G v. 18.6.1997 (BGBl. I S. 1430).

3) § 12 eingef. durch G v. 18.6.1997 (BGBl. I S. 1430); Abs. 5 Satz 1 geänd. mWv 8.9.2015 durch VO v. 31.8.2015 (BGBl. I S. 1474).

4) § 13 eingef. durch G v. 18.6.1997 (BGBl. I S. 1430); Abs. 1 Nr. 2 und 3, abschl. Satzteil, Abs. 2 Sätze 1 und 2 geänd. mWv 26.11.2019 durch G v. 20.11.2019 (BGBl. I S. 1724).

der Ausschluß vom Wehr- oder Zivildienst, der Verlust des Wahlrechts oder der Wählbarkeit oder der Wegfall von Leistungen aus öffentlichen Kassen, und

b) die Kenntnis der Daten aus der Sicht der übermittelnden Stelle für die Verwirklichung der Rechtsfolgen erforderlich ist;

dies gilt auch, wenn auf Grund der Entscheidung der Erlaß eines Verwaltungsaktes vorgeschrieben ist, ein Verwaltungsakt nicht erlassen werden darf oder wenn die betroffene Person ihr durch Verwaltungsakt gewährte Rechte auch nur vorläufig nicht wahrnehmen darf.

(2) [1] In anderen als in den in Absatz 1 genannten Fällen dürfen Gerichte und Staatsanwaltschaften personenbezogene Daten zur Erfüllung der in der Zuständigkeit des Empfängers liegenden Aufgaben einschließlich der Wahrnehmung personalrechtlicher Befugnisse übermitteln, wenn eine Übermittlung nach den §§ 14 bis 17 zulässig ist und soweit nicht für die übermittelnde Stelle offensichtlich ist, daß schutzwürdige Interessen der betroffenen Person an dem Ausschluß der Übermittlung überwiegen. [2] Übermittelte Daten dürfen auch für die Wahrnehmung der Aufgaben nach dem Sicherheitsüberprüfungsgesetz oder einem entsprechenden Landesgesetz verarbeitet werden.

## § 14[1)] [Zulässigkeit der Datenübermittlung in Strafsachen; Annahmen]

(1) In Strafsachen ist die Übermittlung personenbezogener Daten des Beschuldigten, die den Gegenstand des Verfahrens betreffen, zulässig, wenn die Kenntnis der Daten aus der Sicht der übermittelnden Stelle erforderlich ist für

1.–3. *(aufgehoben)*

4. dienstrechtliche Maßnahmen oder Maßnahmen der Aufsicht, falls

a) die betroffene Person wegen ihres Berufs oder Amtsverhältnisses einer Dienst-, Staats- oder Standesaufsicht unterliegt, Geistlicher einer Kirche ist oder ein entsprechendes Amt bei einer anderen öffentlich-rechtlichen Religionsgesellschaft bekleidet oder Beamter einer Kirche oder einer Religionsgesellschaft ist und

b) die Daten auf eine Verletzung von Pflichten schließen lassen, die bei der Ausübung des Berufs oder der Wahrnehmung der Aufgaben aus dem Amtsverhältnis zu beachten sind oder in anderer Weise geeignet sind, Zweifel an der Eignung, Zuverlässigkeit oder Befähigung hervorzurufen,

5. die Entscheidung über eine Kündigung oder für andere arbeitsrechtliche Maßnahmen, für die Entscheidung über eine Amtsenthebung, für den Widerruf, die Rücknahme, die Einschränkung einer behördlichen Erlaubnis, Genehmigung oder Zulassung zur Ausübung eines Gewerbes, einer sonstigen wirtschaftlichen Unternehmung oder eines Berufs oder zum Führen einer Berufsbezeichnung, für die Untersagung der beruflichen, gewerblichen oder ehrenamtlichen Tätigkeit oder der sonstigen wirtschaftlichen Unternehmung oder für die Untersagung der Einstellung, Beschäftigung, Beaufsichtigung von Kindern und Jugendlichen, für die Untersagung der Durchführung der Berufsausbildung oder für die Anordnung einer Auflage, falls

---

1) § 14 eingef. durch G v. 18.6.1997 (BGBl. I S. 1430); Abs. 1 Nr. 7 Buchst. b geänd. durch G v. 16.12. 1997 (BGBl. I S. 2970); Abs. 1 Nr. 1–3 aufgeh. mWv 1.11.2000 durch G v. 2.8.2000 (BGBl. I S. 1253); Abs. 1 Nr. 9 geänd. mWv 6.8.2016 durch G v. 31.7.2016 (BGBl. I S. 1914); Abs. 1 Nr. 4 Buchst. a, Nr. 5 Buchst. a, Nr. 6 und 7 einl. Satzteil, Abs. 2 Satz 2 geänd. mWv 26.11.2019 durch G v. 20.11.2019 (BGBl. I S. 1724).

a) die betroffene Person ein nicht unter Nummer 4 fallender Angehöriger des öffentlichen Dienstes oder des Dienstes einer öffentlich-rechtlichen Religionsgesellschaft, ein Gewerbetreibender oder ein Vertretungsberechtigter eines Gewerbetreibenden oder eine mit der Leitung eines Gewerbebetriebes oder einer sonstigen wirtschaftlichen Unternehmung beauftragte Person, ein sonstiger Berufstätiger oder Inhaber eines Ehrenamtes ist und

b) die Daten auf eine Verletzung von Pflichten schließen lassen, die bei der Ausübung des Dienstes, des Gewerbes, der sonstigen wirtschaftlichen Unternehmung, des Berufs oder des Ehrenamtes zu beachten sind oder in anderer Weise geeignet sind, Zweifel an der Eignung, Zuverlässigkeit oder Befähigung hervorzurufen,

6. Dienstordnungsmaßnahmen mit versorgungsrechtlichen Folgen oder für den Entzug von Hinterbliebenenversorgung, falls die betroffene Person aus einem öffentlich-rechtlichen Amts- oder Dienstverhältnis oder aus einem Amts- oder Dienstverhältnis mit einer Kirche oder anderen öffentlich-rechtlichen Religionsgesellschaft Versorgungsbezüge erhält oder zu beanspruchen hat,

7. den Widerruf, die Rücknahme, die Versagung oder Einschränkung der Berechtigung, der Erlaubnis oder der Genehmigung oder für die Anordnung einer Auflage, falls die betroffene Person

a) in einem besonderen gesetzlichen Sicherheitsanforderungen unterliegenden genehmigungs- oder erlaubnispflichtigen Betrieb verantwortlich tätig oder

b) Inhaber einer atom-, waffen-, sprengstoff-, gefahrstoff-, immissionsschutz-, abfall-, wasser-, seuchen-, tierseuchen-, betäubungsmittel- oder arzneimittelrechtlichen Berechtigung, Erlaubnis oder Genehmigung, einer Genehmigung nach dem Gentechnikgesetz, dem Gesetz über die Kontrolle von Kriegswaffen[1] oder dem Außenwirtschaftsgesetz, einer Erlaubnis zur Arbeitsvermittlung nach dem Dritten Buch Sozialgesetzbuch[2], einer Verleiherlaubnis nach dem Arbeitnehmerüberlassungsgesetz[3], einer Erlaubnis nach tierschutzrechtlichen Vorschriften, eines Jagdscheins, eines Fischereischeins, einer verkehrsrechtlichen oder im übrigen einer sicherheitsrechtlichen Erlaubnis oder Befähigung ist oder einen entsprechenden Antrag gestellt hat,

8. Maßnahmen der Aufsicht, falls es sich

a) um Strafsachen im Zusammenhang mit Betriebsunfällen, in denen Zuwiderhandlungen gegen Unfallverhütungsvorschriften bekannt werden, oder

b) um Straftaten gegen Vorschriften zum Schutz der Arbeitskraft oder zum Schutz der Gesundheit von Arbeitnehmern handelt, oder

9. die Abwehr erheblicher Nachteile für Tiere und Pflanzen, Boden, Wasser, Luft, Klima und Landschaft sowie das kulturelle Erbe.

(2) [1] In Privatklageverfahren, in Verfahren wegen fahrlässig begangener Straftaten, in sonstigen Verfahren bei Verurteilung zu einer anderen Maßnahme als einer Strafe oder einer Maßnahme im Sinne des § 11 Abs. 1 Nr. 8 des Strafgesetzbuches[4], oder wenn das Verfahren eingestellt worden ist, unterbleibt die Über-

---

[1] **Sartorius Nr. 823.**
[2] **Aichberger, SGB Nr. 3.**
[3] **Habersack, Deutsche Gesetze ErgBd. Nr. 84a.**
[4] Nr. 85.

mittlung in den Fällen des Absatzes 1 Nr. 4 bis 9, wenn nicht besondere Umstände des Einzelfalles die Übermittlung erfordern. [2]Die Übermittlung ist insbesondere erforderlich, wenn die Tat bereits ihrer Art nach geeignet ist, Zweifel an der Zuverlässigkeit oder Eignung der betroffenen Person für die gerade von ihr ausgeübte berufliche, gewerbliche oder ehrenamtliche Tätigkeit oder für die Wahrnehmung von Rechten aus einer ihr erteilten Berechtigung, Genehmigung oder Erlaubnis hervorzurufen. [3]Die Sätze 1 und 2 gelten nicht bei Straftaten, durch die der Tod eines Menschen verursacht worden ist, und bei gefährlicher Körperverletzung. [4]Im Falle der Einstellung des Verfahrens ist zu berücksichtigen, wie gesichert die zu übermittelnden Erkenntnisse sind.

**§ 15[1)] [Datenübermittlung in Zivilsachen]** In Zivilsachen einschließlich der Angelegenheiten der freiwilligen Gerichtsbarkeit ist die Übermittlung personenbezogener Daten zulässig, wenn die Kenntnis der Daten aus der Sicht der übermittelnden Stelle erforderlich ist

1. zur Berichtigung oder Ergänzung des Grundbuchs oder eines von einem Gericht geführten Registers oder Verzeichnisses, dessen Führung durch eine Rechtsvorschrift angeordnet ist, und wenn die Daten Gegenstand des Verfahrens sind, oder
2. zur Führung des in § 2 Abs. 2 der Grundbuchordnung[2)] bezeichneten amtlichen Verzeichnisses und wenn Grenzstreitigkeiten Gegenstand eines Urteils, eines Vergleichs oder eines dem Gericht mitgeteilten außergerichtlichen Vergleichs sind.

**§ 16[3)] [Datenübermittlung an ausländische öffentliche Stellen]** Werden personenbezogene Daten an ausländische öffentliche Stellen oder an über- oder zwischenstaatliche Stellen nach den hierfür geltenden Rechtsvorschriften übermittelt, so ist eine Übermittlung dieser Daten auch zulässig

1. an das Bundesministerium der Justiz und für Verbraucherschutz und das Auswärtige Amt,
2. in Strafsachen gegen Mitglieder einer ausländischen konsularischen Vertretung zusätzlich an die Staats- oder Senatskanzlei des Landes, in dem die konsularische Vertretung ihren Sitz hat.

**§ 16a[4)] [Kontaktstellen]** (1) Das Bundesamt für Justiz nach Maßgabe des Absatzes 2 und die von den Landesregierungen durch Rechtsverordnung bestimmten weiteren Stellen nehmen die Aufgaben der Kontaktstellen im Sinne des Artikels 2 der Entscheidung 2001/470/EG des Rates vom 28. Mai 2001 über die Einrichtung eines Europäischen Justiziellen Netzes für Zivil- und Handelssachen (ABl. EG Nr. L 174 S. 25), die durch die Entscheidung 568/2009/EG (ABl. L 168 vom 30.6.2009, S. 35) geändert worden ist, wahr.

(2) Das Bundesamt für Justiz stellt die Koordinierung zwischen den Kontaktstellen sicher.

---

[1)] § 15 eingef. durch G v. 18.6.1997 (BGBl. I S. 1430).

[2)] Nr. **114**.

[3)] § 16 eingef. durch G v. 18.6.1997 (BGBl. I S. 1430); Nr. 1 geänd. mWv 8.9.2015 durch VO v. 31.8.2015 (BGBl. I S. 1474).

[4)] § 16a eingef. mWv 1.8.2002 durch G v. 23.7.2002 (BGBl. I S. 2850); Abs. 1 und 2 geänd. mWv 1.1.2007 durch G v. 17.12.2006 (BGBl. I S. 3171); Abs. 1 geänd. mWv 17.6.2017 durch G v. 11.6.2017 (BGBl. I S. 1607).

(3) [1]Die Landesregierungen werden ermächtigt, durch Rechtsverordnung die Aufgaben der Kontaktstelle einer Landesbehörde zuzuweisen. [2]Sie können die Befugnis zum Erlass einer Rechtsverordnung nach Absatz 1 einer obersten Landesbehörde übertragen.

**§ 17[1)] [Datenübermittlung in anderen Fällen]** Die Übermittlung personenbezogener Daten ist ferner zulässig, wenn die Kenntnis der Daten aus der Sicht der übermittelnden Stelle

1. zur Verfolgung von Straftaten oder Ordnungswidrigkeiten,
2. für ein Verfahren der internationalen Rechtshilfe,
3. zur Abwehr erheblicher Nachteile für das Gemeinwohl oder einer Gefahr für die öffentliche Sicherheit,
4. zur Abwehr einer schwerwiegenden Beeinträchtigung der Rechte einer anderen Person oder
5. zur Prüfung gewichtiger Anhaltspunkte für die Gefährdung des Wohls eines Kindes oder Jugendlichen

erforderlich ist.

**§ 18[2)] [Verbindung mit weiteren Daten des Betroffenen oder Dritter, Ermessen]** (1) [1]Sind mit personenbezogenen Daten, die nach diesem Abschnitt übermittelt werden dürfen, weitere personenbezogene Daten der betroffenen Person oder eines Dritten so verbunden, daß eine Trennung nicht oder nur mit unvertretbarem Aufwand möglich ist, so ist die Übermittlung auch dieser Daten zulässig, soweit nicht berechtigte Interessen der betroffenen Person oder eines Dritten an deren Geheimhaltung offensichtlich überwiegen. [2]Eine Verwendung der Daten durch den Empfänger ist unzulässig; für Daten der betroffenen Person gilt § 19 Abs. 1 Satz 2 entsprechend.

(2) [1]Die übermittelnde Stelle bestimmt die Form der Übermittlung nach pflichtgemäßem Ermessen. [2]Soweit dies nach der Art der zu übermittelnden Daten und der Organisation des Empfängers geboten ist, trifft sie angemessene Vorkehrungen, um sicherzustellen, daß die Daten unmittelbar den beim Empfänger funktionell zuständigen Bediensteten erreichen.

**§ 19[3)] [Zweckgebundenheit, Erforderlichkeit]** (1) [1]Die übermittelten Daten dürfen nur zu dem Zweck verarbeitet werden, zu dessen Erfüllung sie übermittelt worden sind. [2]Eine Verarbeitung für andere Zwecke ist zulässig, soweit die Daten auch dafür hätten übermittelt werden dürfen.

(2) [1]Der Empfänger prüft, ob die übermittelten Daten für die in Absatz 1 genannten Zwecke erforderlich sind. [2]Sind die Daten hierfür nicht erforderlich, so schickt er die Unterlagen an die übermittelnde Stelle zurück. [3]Ist der Empfänger nicht zuständig und ist ihm die für die Verarbeitung der Daten zuständige Stelle bekannt, so leitet er die übermittelten Unterlagen dorthin weiter und benachrichtigt hiervon die übermittelnde Stelle.

---

1) § 17 eingef. durch G v. 18.6.1997 (BGBl. I S. 1430); Nr. 5 neu gef. mWv 10.6.2021 durch G v. 3.6.2021 (BGBl. I S. 1444).

2) § 18 eingef. durch G v. 18.6.1997 (BGBl. I S. 1430); Abs. 1 Sätze 1 und 2 geänd. mWv 26.11.2019 durch G v. 20.11.2019 (BGBl. I S. 1724).

3) § 19 eingef. durch G v. 18.6.1997 (BGBl. I S. 1430); Abs. 1 Sätze 1 und 2, Abs. 2 Satz 3 geänd. mWv 26.11.2019 durch G v. 20.11.2019 (BGBl. I S. 1724).

**§ 20**[1)] **[Unterrichtung des Empfängers]** (1) [1]Betreffen Daten, die vor Beendigung eines Verfahrens übermittelt worden sind, den Gegenstand dieses Verfahrens, so ist der Empfänger vom Ausgang des Verfahrens zu unterrichten; das gleiche gilt, wenn eine übermittelte Entscheidung abgeändert oder aufgehoben wird, das Verfahren, außer in den Fällen des § 153a der Strafprozeßordnung[2)], auch nur vorläufig eingestellt worden ist oder nach den Umständen angenommen werden kann, daß das Verfahren auch nur vorläufig nicht weiter betrieben wird. [2]Der Empfänger ist über neue Erkenntnisse unverzüglich zu unterrichten, wenn dies erforderlich erscheint, um bis zu einer Unterrichtung nach Satz 1 drohende Nachteile für die betroffene Person zu vermeiden.

(2) [1]Erweist sich, daß unrichtige Daten übermittelt worden sind, so ist der Empfänger unverzüglich zu unterrichten. [2]Der Empfänger berichtigt die Daten oder vermerkt ihre Unrichtigkeit in den Akten.

(3) Die Unterrichtung nach Absatz 1 oder 2 Satz 1 kann unterbleiben, wenn sie erkennbar weder zur Wahrung der schutzwürdigen Interessen der betroffenen Person noch zur Erfüllung der Aufgaben des Empfängers erforderlich ist.

**§ 21**[3)] **[Auskunftserteilung und Unterrichtung; Antrag; Ablehnung]**

(1) [1]Der betroffenen Person ist auf Antrag Auskunft über die übermittelten Daten und deren Empfänger zu erteilen. [2]Der Antrag ist schriftlich zu stellen. [3]Die Auskunft wird nur erteilt, soweit die betroffene Person Angaben macht, die das Auffinden der Daten ermöglichen, und der für die Erteilung der Auskunft erforderliche Aufwand nicht außer Verhältnis zu dem geltend gemachten Informationsinteresse steht. [4]Die übermittelnde Stelle bestimmt das Verfahren, insbesondere die Form der Auskunftserteilung, nach pflichtgemäßem Ermessen.

(2) [1]Die betroffene Person ist gleichzeitig mit der Übermittlung personenbezogener Daten über den Inhalt und den Empfänger zu unterrichten. [2]Die Unterrichtung des gesetzlichen Vertreters eines Minderjährigen, des Bevollmächtigten oder Verteidigers reicht aus. [3]Die übermittelnde Stelle bestimmt die Form der Unterrichtung nach pflichtgemäßem Ermessen. [4]Eine Pflicht zur Unterrichtung besteht nicht, wenn die Anschrift des zu Unterrichtenden nur mit unvertretbarem Aufwand festgestellt werden kann.

(3) Bezieht sich die Auskunftserteilung oder die Unterrichtung auf die Übermittlung personenbezogener Daten an Verfassungsschutzbehörden, den Bundesnachrichtendienst, den Militärischen Abschirmdienst oder, soweit die Sicherheit des Bundes berührt wird, andere Behörden des Bundesministers der Verteidigung, ist sie nur mit Zustimmung dieser Stellen zulässig.

(4) [1]Die Auskunftserteilung und die Unterrichtung unterbleiben, soweit

1. sie die ordnungsgemäße Erfüllung der Aufgaben der übermittelnden Stelle oder des Empfängers gefährden würden,
2. sie die öffentliche Sicherheit oder Ordnung gefährden oder sonst dem Wohle des Bundes oder eines Landes Nachteile bereiten würden oder

---

[1)] § 20 eingef. durch G v. 18.6.1997 (BGBl. I S. 1430); Abs. 1 Satz 2, Abs. 3 geänd. mWv 26.11.2019 durch G v. 20.11.2019 (BGBl. I S. 1724).

[2)] Nr. **90**.

[3)] § 21 eingef. durch G v. 18.6.1997 (BGBl. I S. 1430); Abs. 1 Sätze 1 und 3 geänd., Abs. 2 Satz 1 neu gef., Abs. 4 Satz 1 abschl. Satzteil, Satz 2 geänd, Abs. 6 angef. mWv 26.11.2019 durch G v. 20.11.2019 (BGBl. I S. 1724).

3. die Daten oder die Tatsache ihrer Übermittlung nach einer Rechtsvorschrift oder ihrem Wesen nach, insbesondere wegen der überwiegenden berechtigten Interessen eines Dritten, geheimgehalten werden müssen

und deswegen das Interesse der betroffenen Person an der Auskunftserteilung oder Unterrichtung zurücktreten muß. [2]Die Unterrichtung der betroffenen Person unterbleibt ferner, wenn erhebliche Nachteile für seine Gesundheit zu befürchten sind.

(5) Die Ablehnung der Auskunftserteilung bedarf keiner Begründung, soweit durch die Mitteilung der tatsächlichen und rechtlichen Gründe, auf die die Entscheidung gestützt wird, der mit der Auskunftsverweigerung verfolgte Zweck gefährdet würde.

(6) Die Absätze 1 bis 5 gelten nicht im Anwendungsbereich der Verordnung (EU) 2016/679[1)] des Europäischen Parlaments und des Rates vom 27. April 2016 zum Schutz natürlicher Personen bei der Verarbeitung personenbezogener Daten, zum freien Datenverkehr und zur Aufhebung der Richtlinie 95/46/EG (Datenschutz-Grundverordnung) (ABl. L 119 vom 4.5.2016, S. 1; L 314 vom 22.11. 2016, S. 72; L 127 vom 23.5.2018, S. 2).

**§ 21a[2)] [Rechte und Pflichten bei verfahrensübergreifenden Mitteilungen von Amts wegen]** [1]Bei verfahrensübergreifenden Mitteilungen von Amts wegen im Sinne dieses Abschnitts gelten für Rechte und Pflichten nach den Artikeln 12 bis 15 und 19 Satz 2 der Verordnung (EU) 2016/679[1)] die Bestimmungen des § 21 Absatz 3 bis 5 entsprechend. [2]Rechte nach den Artikeln 18 und 21 der Verordnung (EU) 2016/679 bestehen bei verfahrensübergreifenden Mitteilungen von Amts wegen im Sinne dieses Abschnitts nicht. [3]Die Sätze 1 und 2 gelten entsprechend für Bestimmungen des Artikels 5 der Verordnung (EU) 2016/679, soweit sie den Rechten und Pflichten nach den in den Sätzen 1 und 2 genannten Artikeln der Verordnung (EU) 2016/679 entsprechen.

### § 22[3)] [Überprüfung der Rechtmäßigkeit der Datenübermittlung]

(1) [1]Ist die Rechtsgrundlage für die Übermittlung personenbezogener Daten nicht in den Vorschriften enthalten, die das Verfahren der übermittelnden Stelle regeln, sind für die Überprüfung der Rechtmäßigkeit der Übermittlung die §§ 23 bis 30 nach Maßgabe der Absätze 2 und 3 anzuwenden. [2]Hat der Empfänger auf Grund der übermittelten Daten eine Entscheidung oder andere Maßnahmen getroffen und dies der betroffenen Person bekanntgegeben, bevor ein Antrag auf gerichtliche Entscheidung gestellt worden ist, so wird die Rechtmäßigkeit der Übermittlung ausschließlich von dem Gericht, das gegen die Entscheidung oder Maßnahme des Empfängers angerufen werden kann, in der dafür vorgesehenen Verfahrensart überprüft.

(2) [1]Wird ein Antrag auf gerichtliche Entscheidung gestellt, ist der Empfänger zu unterrichten. [2]Dieser teilt dem nach § 25 zuständigen Gericht mit, ob die Voraussetzungen des Absatzes 1 oder 2 vorliegen.

(3) [1]War die Übermittlung rechtswidrig, so spricht das Gericht dies aus. [2]Die Entscheidung ist auch für den Empfänger bindend und ist ihm bekanntzumachen.

---

1) **Sartorius Nr. 246.**

2) § 21a eingef. mWv 26.11.2019 durch G v. 20.11.2019 (BGBl. I S. 1724).

3) § 22 eingef. durch G v. 18.6.1997 (BGBl. I S. 1430); Abs. 1 Satz 2, Abs. 3 Satz 3 geänd. mWv 26.11. 2019 durch G v. 20.11.2019 (BGBl. I S. 1724).

[3] Die Verarbeitung der übermittelten Daten ist unzulässig, wenn die Rechtswidrigkeit der Übermittlung festgestellt worden ist.

## Dritter Abschnitt.[1)] Anfechtung von Justizverwaltungsakten

**§ 23[2)] [Rechtsweg bei Justizverwaltungsakten]** (1) [1] Über die Rechtmäßigkeit der Anordnungen, Verfügungen oder sonstigen Maßnahmen, die von den Justizbehörden zur Regelung einzelner Angelegenheiten auf den Gebieten des bürgerlichen Rechts einschließlich des Handelsrechts, des Zivilprozesses, der freiwilligen Gerichtsbarkeit und der Strafrechtspflege getroffen werden, entscheiden auf Antrag die ordentlichen Gerichte. [2] Das gleiche gilt für Anordnungen, Verfügungen oder sonstige Maßnahmen der Vollzugsbehörden im Vollzug der Untersuchungshaft sowie derjenigen Freiheitsstrafen und Maßregeln der Besserung und Sicherung, die außerhalb des Justizvollzuges vollzogen werden.

(2) Mit dem Antrag auf gerichtliche Entscheidung kann auch die Verpflichtung der Justiz- oder Vollzugsbehörde zum Erlaß eines abgelehnten oder unterlassenen Verwaltungsaktes begehrt werden.

(3) Soweit die ordentlichen Gerichte bereits auf Grund anderer Vorschriften angerufen werden können, behält es hierbei sein Bewenden.

**§ 24[3)] [Zulässigkeit des Antrags]** (1) Der Antrag auf gerichtliche Entscheidung ist nur zulässig, wenn der Antragsteller geltend macht, durch die Maßnahme oder ihre Ablehnung oder Unterlassung in seinen Rechten verletzt zu sein.

(2) Soweit Maßnahmen der Justiz- oder Vollzugsbehörden der Beschwerde oder einem anderen förmlichen Rechtsbehelf im Verwaltungsverfahren unterliegen, kann der Antrag auf gerichtliche Entscheidung erst nach vorausgegangenem Beschwerdeverfahren gestellt werden.

**§ 25[4)] [Zuständigkeit des OLG oder des Obersten Landesgerichts]**

(1) [1] Über den Antrag entscheidet ein Zivilsenat oder, wenn der Antrag eine Angelegenheit der Strafrechtspflege oder des Vollzugs betrifft, ein Strafsenat des Oberlandesgerichts, in dessen Bezirk die Justiz- oder Vollzugsbehörde ihren Sitz hat. [2] Ist ein Beschwerdeverfahren (§ 24 Abs. 2) vorausgegangen, so ist das Oberlandesgericht zuständig, in dessen Bezirk die Beschwerdebehörde ihren Sitz hat.

(2) Ein Land, in dem mehrere Oberlandesgerichte errichtet sind, kann durch Gesetz die nach Absatz 1 zur Zuständigkeit des Zivilsenats oder des Strafsenats gehörenden Entscheidungen ausschließlich einem der Oberlandesgerichte oder dem Obersten Landesgericht zuweisen.

**§ 26[5)] [Antragsfrist]** (1) Der Antrag auf gerichtliche Entscheidung muß innerhalb eines Monats nach Zustellung oder schriftlicher Bekanntgabe des Bescheides oder, soweit ein Beschwerdeverfahren (§ 24 Abs. 2) vorausgegangen ist, nach Zustellung des Beschwerdebescheides schriftlich oder zur Niederschrift der Geschäftsstelle des Oberlandesgerichts oder eines Amtsgerichts gestellt werden.

---

[1)] 3. Abschnitt Überschrift eingef. durch G v. 18.6.1997 (BGBl. I S. 1430).

[2)] § 23 eingef. durch VO v. 21.1.1960 (BGBl. I S. 17); Abs. 1 Satz 2 neu gef. durch G v. 16.3.1976 (BGBl. I S. 581); Abs. 1 Satz 2 geänd. mWv 1.1.2008 durch G v. 13.12.2007 (BGBl. I S. 2894).

[3)] § 24 eingef. durch VO v. 21.1.1960 (BGBl. I S. 17).

[4)] § 25 eingef. durch VO v. 21.1.1960 (BGBl. I S. 17).

[5)] § 26 eingef. durch VO v. 21.1.1960 (BGBl. I S. 17); Abs. 2 Satz 2 angef. mWv 1.1.2014 durch G v. 5.12.2012 (BGBl. I S. 2418).

(2) [1] War der Antragsteller ohne Verschulden verhindert, die Frist einzuhalten, so ist ihm auf Antrag Wiedereinsetzung in den vorigen Stand zu gewähren. [2] Ein Fehlen des Verschuldens wird vermutet, wenn in dem Bescheid oder, soweit ein Beschwerdeverfahren (§ 24 Absatz 2) vorausgegangen ist, in dem Beschwerdebescheid eine Belehrung über die Zulässigkeit des Antrags auf gerichtliche Entscheidung sowie über das Gericht, bei dem er zu stellen ist, dessen Sitz und die einzuhaltende Form und Frist unterblieben oder unrichtig erteilt ist.

(3) [1] Der Antrag auf Wiedereinsetzung ist binnen zwei Wochen nach Wegfall des Hindernisses zu stellen. [2] Die Tatsachen zur Begründung des Antrags sind bei der Antragstellung oder im Verfahren über den Antrag glaubhaft zu machen. [3] Innerhalb der Antragsfrist ist die versäumte Rechtshandlung nachzuholen. [4] Ist dies geschehen, so kann die Wiedereinsetzung auch ohne Antrag gewährt werden.

(4) Nach einem Jahr seit dem Ende der versäumten Frist ist der Antrag auf Wiedereinsetzung unzulässig, außer wenn der Antrag vor Ablauf der Jahresfrist infolge höherer Gewalt unmöglich war.

**§ 27[1)] [Antragstellung bei Untätigkeit der Behörde]** (1) [1] Ein Antrag auf gerichtliche Entscheidung kann auch gestellt werden, wenn über einen Antrag, eine Maßnahme zu treffen, oder über eine Beschwerde oder einen anderen förmlichen Rechtsbehelf ohne zureichenden Grund nicht innerhalb von drei Monaten entschieden ist. [2] Das Gericht kann vor Ablauf dieser Frist angerufen werden, wenn dies wegen besonderer Umstände des Falles geboten ist.

(2) [1] Liegt ein zureichender Grund dafür vor, daß über die Beschwerde oder den förmlichen Rechtsbehelf noch nicht entschieden oder die beantragte Maßnahme noch nicht erlassen ist, so setzt das Gericht das Verfahren bis zum Ablauf einer von ihm bestimmten Frist, die verlängert werden kann, aus. [2] Wird der Beschwerde innerhalb der vom Gericht gesetzten Frist stattgegeben oder der Verwaltungsakt innerhalb dieser Frist erlassen, so ist die Hauptsache für erledigt zu erklären.

(3) Der Antrag nach Absatz 1 ist nur bis zum Ablauf eines Jahres seit der Einlegung der Beschwerde oder seit der Stellung des Antrags auf Vornahme der Maßnahme zulässig, außer wenn die Antragstellung vor Ablauf der Jahresfrist infolge höherer Gewalt unmöglich war oder unter den besonderen Verhältnissen des Einzelfalles unterblieben ist.

**§ 28[2)] [Entscheidung über den Antrag]** (1) [1] Soweit die Maßnahme rechtswidrig und der Antragsteller dadurch in seinen Rechten verletzt ist, hebt das Gericht die Maßnahme und, soweit ein Beschwerdeverfahren (§ 24 Abs. 2) vorausgegangen ist, den Beschwerdebescheid auf. [2] Ist die Maßnahme schon vollzogen, so kann das Gericht auf Antrag auch aussprechen, daß und wie die Justiz- oder Vollzugsbehörde die Vollziehung rückgängig zu machen hat. [3] Dieser Ausspruch ist nur zulässig, wenn die Behörde dazu in der Lage und diese Frage spruchreif ist. [4] Hat sich die Maßnahme vorher durch Zurücknahme oder anders erledigt, so spricht das Gericht auf Antrag aus, daß die Maßnahme rechtswidrig gewesen ist, wenn der Antragsteller ein berechtigtes Interesse an dieser Feststellung hat.

---

[1)] § 27 eingef. durch VO v. 21.1.1960 (BGBl. I S. 17).

[2)] § 28 eingef. durch VO v. 21.1.1960 (BGBl. I S. 17); Abs. 4 angef. mWv 1.1.2014 durch G v. 5.12. 2012 (BGBl. I S. 2418).

(2) [1]Soweit die Ablehnung oder Unterlassung der Maßnahme rechtswidrig und der Antragsteller dadurch in seinen Rechten verletzt ist, spricht das Gericht die Verpflichtung der Justiz- oder Vollzugsbehörde aus, die beantragte Amtshandlung vorzunehmen, wenn die Sache spruchreif ist. [2]Andernfalls spricht es die Verpflichtung aus, den Antragsteller unter Beachtung der Rechtsauffassung des Gerichts zu bescheiden.

(3) Soweit die Justiz- oder Vollzugsbehörde ermächtigt ist, nach ihrem Ermessen zu handeln, prüft das Gericht auch, ob die Maßnahme oder ihre Ablehnung oder Unterlassung rechtswidrig ist, weil die gesetzlichen Grenzen des Ermessens überschritten sind oder von dem Ermessen in einer dem Zweck der Ermächtigung nicht entsprechenden Weise Gebrauch gemacht ist.

(4) Hat das Gericht die Rechtsbeschwerde gegen seine Entscheidung zugelassen (§ 29), ist dem Beschluss eine Belehrung über das Rechtsmittel sowie über das Gericht, bei dem es einzulegen ist, dessen Sitz und über die einzuhaltende Form und Frist beizufügen.

**§ 29[1)] [Rechtsbeschwerde; Prozesskostenhilfe]** (1) Gegen einen Beschluss des Oberlandesgerichts ist die Rechtsbeschwerde statthaft, wenn sie das Oberlandesgericht im ersten Rechtszug in dem Beschluss zugelassen hat.

(2) [1]Die Rechtsbeschwerde ist zuzulassen, wenn

1. die Rechtssache grundsätzliche Bedeutung hat oder
2. die Fortbildung des Rechts oder die Sicherung einer einheitlichen Rechtsprechung eine Entscheidung des Rechtsbeschwerdegerichts erfordert.

[2]Das Rechtsbeschwerdegericht ist an die Zulassung gebunden.

(3) Auf das weitere Verfahren sind § 17 sowie die §§ 71 bis 74a des Gesetzes über das Verfahren in Familiensachen und in den Angelegenheiten der freiwilligen Gerichtsbarkeit[2)] entsprechend anzuwenden.

(4) Auf die Bewilligung der Prozesskostenhilfe sind die Vorschriften der Zivilprozessordnung[3) 4)] entsprechend anzuwenden.

**§ 30[5)] [Kosten]** [1]Das Oberlandesgericht kann nach billigem Ermessen bestimmen, daß die außergerichtlichen Kosten des Antragstellers, die zur zweckentsprechenden Rechtsverfolgung notwendig waren, ganz oder teilweise aus der Staatskasse zu erstatten sind. [2]Die Vorschriften des § 91 Abs. 1 Satz 2 und der §§ 103 bis 107 der Zivilprozeßordnung[3)] gelten entsprechend. [3]Die Entscheidung des Oberlandesgerichts kann nicht angefochten werden.

**§ 30a[6) 7)] [Verwaltungsakt im Bereich von Kostenvorschriften]** (1) [1]Verwaltungsakte, die im Bereich der Justizverwaltung beim Vollzug des Gerichts-

---

[1)] § 29 neu gef. mWv 1.9.2009 durch G v. 17.12.2008 (BGBl. I S. 2586, geänd. durch G v. 30.7.2009, BGBl. I S. 2449); Abs. 3 geänd. mWv 1.1.2014 durch G v. 5.12.2012 (BGBl. I S. 2418).

[2)] Nr. **112**.

[3)] Nr. **100**.

[4)] Vgl. §§ 114 ff. ZPO (Nr. **100**).

[5)] § 30 eingef. durch VO v. 21.1.1960 (BGBl. I S. 17); Abs. 1 und 3 aufgeh., Satz 2 geänd. mWv 1.8.2013 durch G v. 23.7.2013 (BGBl. I S. 2586).

[6)] § 30a eingef. mWv 25.4.2006 durch G v. 19.4.2006 (BGBl. I S. 866); Abs. 3 Satz 1 geänd. mWv 1.9.2009 durch G v. 17.12.2008 (BGBl. I S. 2586); Abs. 1 Satz 1 und Abs. 3 Satz 1 geänd. mWv 1.8.2013 durch G v. 23.7.2013 (BGBl. I S. 2586); Abs. 2 Satz 3 neu gef. mWv 4.7.2015 durch G v. 29.6.2015 (BGBl. I S. 1042).

[7)] Siehe hierzu Übergangsvorschrift in § 42.

kostengesetzes[1)], des Gesetzes über Kosten in Familiensachen[2)], des Gerichts- und Notarkostengesetzes[3)], des Gerichtsvollzieherkostengesetzes[4)], des Justizvergütungs- und -entschädigungsgesetzes[5)] oder sonstiger für gerichtliche Verfahren oder Verfahren der Justizverwaltung geltender Kostenvorschriften, insbesondere hinsichtlich der Einforderung oder Zurückzahlung ergehen, können durch einen Antrag auf gerichtliche Entscheidung auch dann angefochten werden, wenn es nicht ausdrücklich bestimmt ist. [2]Der Antrag kann nur darauf gestützt werden, dass der Verwaltungsakt den Antragsteller in seinen Rechten beeinträchtige, weil er rechtswidrig sei. [3]Soweit die Verwaltungsbehörde ermächtigt ist, nach ihrem Ermessen zu befinden, kann der Antrag nur darauf gestützt werden, dass die gesetzlichen Grenzen des Ermessens überschritten seien, oder dass von dem Ermessen in einer dem Zweck der Ermächtigung nicht entsprechenden Weise Gebrauch gemacht worden sei.

(2) [1]Über den Antrag entscheidet das Amtsgericht, in dessen Bezirk die für die Einziehung oder Befriedigung des Anspruchs zuständige Kasse ihren Sitz hat. [2]In dem Verfahren ist die Staatskasse zu hören. [3]Die §§ 7a, 81 Absatz 2 bis 8 und § 84 des Gerichts- und Notarkostengesetzes gelten entsprechend.

(3) [1]Durch die Gesetzgebung eines Landes, in dem mehrere Oberlandesgerichte errichtet sind, kann die Entscheidung über das Rechtsmittel der weiteren Beschwerde nach Absatz 1 und 2 sowie nach § 81 des Gerichts- und Notarkostengesetzes, über den Antrag nach § 127 des Gerichts- und Notarkostengesetzes, über das Rechtsmittel der Beschwerde nach § 66 des Gerichtskostengesetzes, nach § 57 des Gesetzes über Kosten in Familiensachen, nach § 81 des Gerichts- und Notarkostengesetzes und nach § 4 des Justizvergütungs- und -entschädigungsgesetzes einem der mehreren Oberlandesgerichte oder anstelle eines solchen Oberlandesgerichts einem obersten Landesgericht zugewiesen werden. [2]Dies gilt auch für die Entscheidung über das Rechtsmittel der weiteren Beschwerde nach § 33 des Rechtsanwaltsvergütungsgesetzes[6)], soweit nach dieser Vorschrift das Oberlandesgericht zuständig ist.

(4) Für die Beschwerde finden die vor dem Inkrafttreten des Kostenrechtsmodernisierungsgesetzes vom 5. Mai 2004 (BGBl. I S. 718) am 1. Juli 2004 geltenden Vorschriften weiter Anwendung, wenn die anzufechtende Entscheidung vor dem 1. Juli 2004 der Geschäftsstelle übermittelt worden ist.

## Vierter Abschnitt.[7)] Kontaktsperre

**§ 31[8)] [Feststellung der Voraussetzungen für Kontaktsperre]** (1) [1]Besteht eine gegenwärtige Gefahr für Leben, Leib oder Freiheit einer Person, begründen bestimmte Tatsachen den Verdacht, daß die Gefahr von einer terroristischen Vereinigung ausgeht, und ist es zur Abwehr dieser Gefahr geboten, jedwede Verbindung von Gefangenen untereinander und mit der Außenwelt zu unterbrechen,

---

[1)] Nr. **115**.

[2)] Nr. **118**.

[3)] Nr. **119**.

[4)] Nr. **123**.

[5)] Nr. **116**.

[6)] Nr. **117**.

[7)] 4. Abschnitt Überschrift eingef. durch G v. 18.6.1997 (BGBl. I S. 1430).

[8)] § 31 eingef. durch G v. 30.9.1977 (BGBl. I S. 1877); Satz 2 geänd. mWv 30.8.2002 durch G v. 22.8. 2002 (BGBl. I S. 3390); Abs. 1 Satz 1 geänd., Satz 5 und Abs. 2 angef. mWv 5.9.2017 durch G v. 27.8. 2017 (BGBl. I S. 3295).

so kann eine entsprechende Feststellung getroffen werden. ²Die Feststellung darf sich nur auf Gefangene beziehen, die wegen einer Straftat nach § 129a, auch in Verbindung mit § 129b Abs. 1, des Strafgesetzbuches[1] oder wegen einer der in dieser Vorschrift bezeichneten Straftaten rechtskräftig verurteilt sind oder gegen die ein Haftbefehl wegen des Verdachts einer solchen Straftat besteht; das gleiche gilt für solche Gefangene, die wegen einer anderen Straftat verurteilt oder die wegen des Verdachts einer anderen Straftat in Haft sind und gegen die der dringende Verdacht besteht, daß sie diese Tat im Zusammenhang mit einer Tat nach § 129a, auch in Verbindung mit § 129b Abs. 1, des Strafgesetzbuches begangen haben. ³Die Feststellung ist auf bestimmte Gefangene oder Gruppen von Gefangenen zu beschränken, wenn dies zur Abwehr der Gefahr ausreicht. ⁴Die Feststellung ist nach pflichtgemäßem Ermessen zu treffen. ⁵§ 148 der Strafprozessordnung[2] bleibt unberührt.

(2) Für Gefangene, gegen die die öffentliche Klage noch nicht erhoben wurde oder die rechtskräftig verurteilt sind, kann die Feststellung nach Absatz 1 auf die Unterbrechung des mündlichen und schriftlichen Verkehrs mit dem Verteidiger erstreckt werden.

**§ 32[3] [Zuständigkeit für die Feststellung]** ¹Die Feststellung nach § 31 trifft die Landesregierung oder die von ihr bestimmte oberste Landesbehörde. ²Ist es zur Abwendung der Gefahr geboten, die Verbindung in mehreren Ländern zu unterbrechen, so kann die Feststellung der Bundesminister der Justiz und für Verbraucherschutz treffen.

**§ 33[4] [Maßnahmen zur Kontaktsperre]** ¹Ist eine Feststellung nach § 31 erfolgt, so treffen die zuständigen Behörden der Länder die Maßnahmen, die zur Unterbrechung der Verbindung erforderlich sind. ²Die Maßnahmen sind zu begründen und dem Gefangenen schriftlich bekannt zu machen. ³§ 37 Absatz 3 gilt entsprechend.

**§ 34[5] [Rechtswirkungen der Kontaktsperre]** (1) Sind Gefangene von Maßnahmen nach § 33 betroffen, so gelten für sie, von der ersten sie betreffenden Maßnahme an, solange sie von einer Feststellung erfaßt sind, die in den Absätzen 2 bis 4 nachfolgenden besonderen Vorschriften.

(2) Gegen die Gefangenen laufende Fristen werden gehemmt, wenn sie nicht nach anderen Vorschriften unterbrochen werden.

(3) In Strafverfahren und anderen gerichtlichen Verfahren, für die die Vorschriften der Strafprozeßordnung[2] als anwendbar erklärt sind, gilt ergänzend folgendes:
1. Gefangenen, die keinen Verteidiger haben, wird ein Verteidiger bestellt.
2. ¹Gefangene dürfen bei Vernehmungen und anderen Ermittlungshandlungen auch dann nicht anwesend sein, wenn sie nach allgemeinen Vorschriften ein Recht auf Anwesenheit haben; Gleiches gilt für ihre Verteidiger, soweit ein von der Feststellung nach § 31 erfaßter Mitgefangener anwesend ist und soweit die

---

[1] Nr. **85**.
[2] Nr. **90**.
[3] § 32 eingef. durch G v. 30.9.1977 (BGBl. I S. 1877); Satz 2 geänd. mWv 8.9.2015 durch VO v. 31.8. 2015 (BGBl. I S. 1474).
[4] § 33 eingef. durch G v. 30.9.1977 (BGBl. I S. 1877); Sätze 2 und 3 angef. mWv 5.9.2017 durch G v. 27.8.2017 (BGBl. I S. 3295).
[5] § 34 eingef. durch G v. 30.9.1977 (BGBl. I S. 1877); Abs. 3 Nr. 2 Satz 1 geänd., Satz 3, Nr. 3, 4 Satz 1, Nr. 5 Satz 1, Nr. 8 Satz 2 neu gef. mWv 5.9.2017 durch G v. 27.8.2017 (BGBl. I S. 3295).

gemäß § 31 Absatz 1 getroffene Feststellung nach § 31 Absatz 2 auf den schriftlichen und mündlichen Verkehr mit dem Verteidiger erstreckt wurde. [2]Solche Maßnahmen dürfen nur stattfinden, wenn der Gefangene oder der Verteidiger ihre Durchführung verlangt und derjenige, der nach Satz 1 nicht anwesend sein darf, auf seine Anwesenheit verzichtet. [3]Wurde die gemäß § 31 Absatz 1 getroffene Feststellung nach § 31 Absatz 2 auf den schriftlichen und mündlichen Verkehr mit dem Verteidiger erstreckt, ist § 147 Absatz 3 der Strafprozessordnung nicht anzuwenden, soweit der Zweck der Untersuchung gefährdet würde.

3. Wurde die gemäß § 31 Absatz 1 getroffene Feststellung nach § 31 Absatz 2 auf den schriftlichen und mündlichen Verkehr mit dem Verteidiger erstreckt, findet eine Vernehmung des Gefangenen als Beschuldigter, bei der der Verteidiger nach allgemeinen Vorschriften ein Anwesenheitsrecht hat, nur statt, wenn der Gefangene und der Verteidiger auf die Anwesenheit des Verteidigers verzichten.
4. [1]Wurde die gemäß § 31 Absatz 1 getroffene Feststellung nach § 31 Absatz 2 auf den schriftlichen und mündlichen Verkehr mit dem Verteidiger erstreckt, hat der Verteidiger bei der Verkündung eines Haftbefehls kein Recht auf Anwesenheit; er ist von der Verkündung des Haftbefehls zu unterrichten. [2]Der Richter hat dem Verteidiger das wesentliche Ergebnis der Vernehmung des Gefangenen bei der Verkündung, soweit der Zweck der Unterbrechung nicht gefährdet wird, und die Entscheidung mitzuteilen.
5. [1]Wurde die gemäß § 31 Absatz 1 getroffene Feststellung nach § 31 Absatz 2 auf den schriftlichen und mündlichen Verkehr mit dem Verteidiger erstreckt, finden mündliche Haftprüfungen sowie andere mündliche Verhandlungen, deren Durchführung innerhalb bestimmter Fristen vorgesehen ist, soweit der Gefangene anwesend ist, ohne den Verteidiger statt; Nummer 4 Satz 2 gilt entsprechend. [2]Eine mündliche Verhandlung bei der Haftprüfung ist auf Antrag des Gefangenen oder seines Verteidigers nach Ende der Maßnahmen nach § 33 zu wiederholen, auch wenn die Voraussetzungen des § 118 Abs. 3 der Strafprozeßordnung nicht vorliegen.
6. [1]Eine Hauptverhandlung findet nicht statt und wird, wenn sie bereits begonnen hat, nicht fortgesetzt. [2]Die Hauptverhandlung darf bis zur Dauer von dreißig Tagen unterbrochen werden; § 229 Abs. 2 der Strafprozeßordnung bleibt unberührt.
7. Eine Unterbringung zur Beobachtung des psychischen Zustandes nach § 81 der Strafprozeßordnung darf nicht vollzogen werden.
8. [1]Der Gefangene darf sich in einem gegen ihn gerichteten Strafverfahren schriftlich an das Gericht oder die Staatsanwaltschaft wenden. [2]Wurde die gemäß § 31 Absatz 1 getroffene Feststellung nach § 31 Absatz 2 auf den schriftlichen und mündlichen Verkehr mit dem Verteidiger erstreckt, darf dem Verteidiger für die Dauer der Feststellung keine Einsicht in diese Schriftstücke gewährt werden.

(4) Ein anderer Rechtsstreit oder ein anderes gerichtliches Verfahren, in dem der Gefangene Partei oder Beteiligter ist, wird unterbrochen; das Gericht kann einstweilige Maßnahmen treffen.

**§ 34a[1)] [Beiordnung eines Rechtsanwalts als Kontaktperson]** (1) [1]Wurde die gemäß § 31 Absatz 1 getroffene Feststellung nach § 31 Absatz 2 auf den

---

[1)] § 34a eingef. durch G v. 4.12.1985 (BGBl. I S. 2141); Abs. 1 Satz 1 neu gef., Abs. 6 geänd. mWv 5.9. 2017 durch G v. 27.8.2017 (BGBl. I S. 3295).

schriftlichen und mündlichen Verkehr mit dem Verteidiger erstreckt, ist dem Gefangenen auf seinen Antrag ein Rechtsanwalt als Kontaktperson beizuordnen. [2]Der Kontaktperson obliegt, unter Wahrung der Ziele der nach § 31 getroffenen Feststellung, die rechtliche Betreuung des Gefangenen, soweit dafür infolge der nach § 33 getroffenen Maßnahmen ein Bedürfnis besteht; die Kontaktperson kann insbesondere durch Anträge und Anregungen auf die Ermittlung entlastender Tatsachen und Umstände hinwirken, die im Interesse des Gefangenen unverzüglicher Aufklärung bedürfen.

(2) [1]Soweit der Gefangene damit einverstanden ist, teilt die Kontaktperson dem Gericht und der Staatsanwaltschaft die bei dem Gespräch mit dem Gefangenen und im weiteren Verlauf ihrer Tätigkeit gewonnenen Erkenntnisse mit; sie kann im Namen des Gefangenen Anträge stellen. [2]Die Kontaktperson ist im Einverständnis mit dem Gefangenen befugt, an Vernehmungen und Ermittlungshandlungen teilzunehmen, bei denen der Verteidiger nach § 34 Abs. 3 Nr. 3, Nr. 4 Satz 1 und Nr. 5 Satz 1 nicht anwesend sein darf. [3]Die Kontaktperson darf Verbindung mit Dritten aufnehmen, soweit dies zur Erfüllung ihrer Aufgaben nach Absatz 1 unabweisbar ist.

(3) [1]Über die Beiordnung einer Kontaktperson und deren Auswahl aus dem Kreis der im Geltungsbereich dieses Gesetzes zugelassenen Rechtsanwälte entscheidet der Präsident des Landgerichts, in dessen Bezirk die Justizvollzugsanstalt liegt, innerhalb von 48 Stunden nach Eingang des Antrags. [2]Der Verteidiger des Gefangenen darf nicht beigeordnet werden. [3]Der Präsident ist hinsichtlich der Beiordnung und der Auswahl Weisungen nicht unterworfen; seine Vertretung richtet sich nach § 21h des Gerichtsverfassungsgesetzes[1)]. [4]Dritte dürfen über die Person des beigeordneten Rechtsanwalts, außer durch ihn selbst im Rahmen seiner Aufgabenerfüllung nach Absatz 1 und 2, nicht unterrichtet werden. [5]Der beigeordnete Rechtsanwalt muß die Aufgaben einer Kontaktperson übernehmen. [6]Der Rechtsanwalt kann beantragen, die Beiordnung aufzuheben, wenn hierfür wichtige Gründe vorliegen.

(4) Der Gefangene hat nicht das Recht, einen bestimmten Rechtsanwalt als Kontaktperson vorzuschlagen.

(5) [1]Dem Gefangenen ist mündlicher Verkehr mit der Kontaktperson gestattet. [2]Für das Gespräch sind Vorrichtungen vorzusehen, die die Übergabe von Schriftstücken und anderen Gegenständen ausschließen.

(6) Der Gefangene ist bei Bekanntgabe der Feststellung nach § 31, die nach dessen Absatz 2 auf den schriftlichen und mündlichen Verkehr mit dem Verteidiger erstreckt wird, über sein Recht, die Beiordnung einer Kontaktperson zu beantragen, und über die übrigen Regelungen der Absätze 1 bis 5 zu belehren.

**§ 35[2)] [Gerichtliche Bestätigung der Kontaktsperre]** [1]Die Feststellung nach § 31 verliert ihre Wirkung, wenn sie nicht innerhalb von zwei Wochen nach ihrem Erlaß bestätigt worden ist. [2]Für die Bestätigung einer Feststellung, die eine Landesbehörde getroffen hat, ist ein Strafsenat des Oberlandesgerichts zuständig, in dessen Bezirk die Landesregierung ihren Sitz hat, für die Bestätigung einer Feststellung des Bundesministers der Justiz und für Verbraucherschutz ein Strafsenat des Bundesgerichtshofes; § 25 Abs. 2 gilt entsprechend.

---

[1)] Nr. **95**.

[2)] § 35 eingef. durch G v. 30.9.1977 (BGBl. I S. 1877); Satz 2 geänd. mWv 8.9.2015 durch VO v. 31.8. 2015 (BGBl. I S. 1474).

**§ 36**[1] **[Beendigung der Kontaktsperre; Wiederholung]** [1]Die Feststellung nach § 31 ist zurückzunehmen, sobald ihre Voraussetzungen nicht mehr vorliegen. [2]Sie verliert spätestens nach Ablauf von dreißig Tagen ihre Wirkung; die Frist beginnt mit Ablauf des Tages, unter dem die Feststellung ergeht. [3]Eine Feststellung, die bestätigt worden ist, kann mit ihrem Ablauf erneut getroffen werden, wenn die Voraussetzungen noch vorliegen; für die erneute Feststellung gilt § 35. [4]War eine Feststellung nicht bestätigt, so kann eine erneute Feststellung nur getroffen werden, wenn neue Tatsachen es erfordern. [5]§ 34 Abs. 3 Nr. 6 Satz 2 ist bei erneuten Feststellungen nicht mehr anwendbar.

**§ 37**[2] **[Anfechtung von Einzelmaßnahmen]** (1) Über die Rechtmäßigkeit einzelner Maßnahmen nach § 33 entscheidet auf Antrag ein Strafsenat des Oberlandesgerichts, in dessen Bezirk die Landesregierung ihren Sitz hat.

(2) Stellt ein Gefangener einen Antrag nach Absatz 1, so ist der Antrag von einem Richter bei dem Amtsgericht aufzunehmen, in dessen Bezirk der Gefangene verwahrt wird.

(3) [1]Bei der Anhörung werden Tatsachen und Umstände soweit und solange nicht mitgeteilt, als die Mitteilung den Zweck der Unterbrechung gefährden würde. [2]§ 33a der Strafprozeßordnung[3] gilt entsprechend.

(4) Die Vorschriften des § 23 Abs. 2, des § 24 Abs. 1, des § 25 Abs. 2 und der §§ 26 bis 30 gelten entsprechend.

**§ 38**[4] **[Kontaktsperre bei Maßregel der Besserung und Sicherung oder einstweiliger Unterbringung]** Die Vorschriften der §§ 31 bis 37 gelten entsprechend, wenn eine Maßregel der Besserung und Sicherung vollzogen wird oder wenn ein Unterbringungsbefehl nach § 126a der Strafprozeßordnung[3] besteht.

**§ 38a**[5] **[Kontaktsperre bei Verdacht der Bildung einer kriminellen Vereinigung]** (1) [1]Die §§ 31 bis 38 finden entsprechende Anwendung, wenn gegen einen Gefangenen ein Strafverfahren wegen des Verdachts der Bildung einer kriminellen Vereinigung (§ 129 des Strafgesetzbuches[6]) eingeleitet worden ist oder eingeleitet wird, deren Zweck oder deren Tätigkeit darauf gerichtet ist,

1. Mord oder Totschlag (§§ 211, 212) oder Völkermord (§ 6 des Völkerstrafgesetzbuches[7]),
2. Straftaten gegen die persönliche Freiheit in den Fällen des § 239a oder des § 239b oder
3. gemeingefährliche Straftaten in den Fällen der §§ 306 bis 308, des § 310b Abs. 1, des § 311 Abs. 1, des § 311a Abs. 1, der §§ 312, 316c Abs. 1 oder des § 319

zu begehen. [2]Sie finden entsprechende Anwendung auch für den Fall, dass der nach § 31 Satz 2 zweiter Halbsatz erforderliche dringende Tatverdacht sich auf eine Straftat nach § 129 des Strafgesetzbuches bezieht, die die Voraussetzungen des Satzes 1 Nr. 1 bis 3 erfüllt.

(2) Das Gleiche gilt, wenn der Gefangene wegen einer solchen Straftat rechtskräftig verurteilt worden ist.

---

[1] § 36 eingef. durch G v. 30.9.1977 (BGBl. I S. 1877).
[2] § 37 eingef. durch G v. 30.9.1977 (BGBl. I S. 1877).
[3] Nr. **90**.
[4] § 38 eingef. durch G v. 30.9.1977 (BGBl. I S. 1877).
[5] § 38a eingef. mWv 25.4.2006 durch G v. 19.4.2006 (BGBl. I S. 866).
[6] Nr. **85**.
[7] **Habersack, Deutsche Gesetze ErgBd. Nr. 85g.**

## Fünfter Abschnitt.[1] Insolvenzstatistik

**§ 39**[2] *(aufgehoben)*

## Sechster Abschnitt.[3] Übergangsvorschriften

**§ 40**[3] **[Anwendung des § 119 GVG]** § 119 findet im Fall einer Entscheidung über Ansprüche, die von einer oder gegen eine Partei erhoben worden sind, die ihren allgemeinen Gerichtsstand im Zeitpunkt der Rechtshängigkeit in erster Instanz außerhalb des Geltungsbereichs des Gerichtsverfassungsgesetzes[4] hatte, sowie im Fall einer Entscheidung, in der das Amtsgericht ausländisches Recht angewendet und dies in den Entscheidungsgründen ausdrücklich festgestellt hat, in der bis zum 31. August 2009 geltenden Fassung auf Berufungs- und Beschwerdeverfahren Anwendung, wenn die anzufechtende Entscheidung vor dem 1. September 2009 erlassen wurde.

**§ 40a**[5] **[Anwendung der §§ 72a und 119a GVG]** (1) Die §§ 72a und 119a des Gerichtsverfassungsgesetzes[4] in der bis einschließlich 31. Dezember 2020 geltenden Fassung sind auf Verfahren, die vor dem 1. Januar 2018 anhängig geworden sind, nicht anzuwenden.

(2) Auf Verfahren, die ab dem 1. Januar 2018 bis einschließlich 31. Dezember 2020 anhängig geworden sind, sind die §§ 72a und 119a des Gerichtsverfassungsgesetzes in der bis einschließlich 31. Dezember 2020 geltenden Fassung anzuwenden.

**§ 41**[6] **[Anwendung der §§ 74, 74c, 74f und 76 GVG]** (1) Für Verfahren, die vor dem 1. Januar 2012 beim Landgericht anhängig geworden sind, sind die §§ 74, 74c und 76 des Gerichtsverfassungsgesetzes in der bis zum 31. Dezember 2011 geltenden Fassung anzuwenden.

(2) Hat die Staatsanwaltschaft in Verfahren, in denen über die im Urteil vorbehaltene oder die nachträgliche Anordnung der Sicherungsverwahrung zu entscheiden ist, die Akten dem Vorsitzenden des zuständigen Gerichts vor dem 1. Januar 2012 übergeben, ist § 74f des Gerichtsverfassungsgesetzes[4] in der bis zum 31. Dezember 2011 geltenden Fassung entsprechend anzuwenden.

**§ 42**[7] **[Weitergeltung von § 30a]** § 30a ist auf Verwaltungsakte im Bereich der Kostenordnung auch nach dem Inkrafttreten des 2. Kostenrechtsmodernisierungsgesetzes vom 23. Juli 2013 (BGBl. I S. 2586) weiter anzuwenden.

**§ 43**[8] **[Anwendung von § 169 Abs. 2 GVG]** § 169 Absatz 2 des Gerichtsverfassungsgesetzes[4] findet keine Anwendung auf Verfahren, die am 18. April 2018 bereits anhängig sind.

---

[1] 5. Abschnitt (§ 39) eingef. durch G v. 15.12.1999 (BGBl. I S. 2398).
[2] § 39 aufgeh. mWv 1.1.2013 durch G v. 7.12.2011 (BGBl. I S. 2582).
[3] 6. Abschnitt (§ 40) eingef. mWv 1.9.2009 durch G v. 17.12.2008 (BGBl. I S. 2586).
[4] Nr. **95**.
[5] § 40a neu gef. mWv 1.1.2021 durch G v. 12.12.2019 (BGBl. I S. 2633).
[6] § 41 angef. mWv 1.1.2012 durch G v. 6.12.2011 (BGBl. I S. 2554).
[7] § 42 angef. mWv 1.8.2013 durch G v. 23.7.2013 (BGBl. I S. 2586).
[8] § 43 angef. mWv 19.10.2017 durch G v. 8.10.2017 (BGBl. I S. 3546).

# 96. Rechtspflegergesetz (RPflG)[1)]

In der Fassung der Bekanntmachung vom 14. April 2013[2)]
(BGBl. I S. 778, ber. 2014 I S. 46)

**FNA 302-2**

| Lfd. Nr. | Änderndes Gesetz | Datum | Fundstelle | Betroffen | Hinweis |
|---|---|---|---|---|---|
| 1. | Art. 6 G zur Änd. der BundesnotarO und anderer Gesetze | 15.7.2009 | BGBl. I S. 1798, geänd. 2017, S. 1396 | § 33<br>§§ 35, 36 | geänd. mWv 1.1.2018, insoweit aufgeh. 2017, S. 1396<br>aufgeh. mWv 1.1.2018 |
| 2. | Art. 3 G zum deutsch-französischen Abkommen v. 4.2.2010 über den Güterstand der Wahl-Zugewinngemeinschaft | 15.3.2012 | BGBl. II S. 178 iVm Bek. v. 22.4. 2013, BGBl. II S. 413 | § 25 | geänd. mWv 1.5.2013 |
| 3. | Art. 4 G zur Einführung einer Rechtsbehelfsbelehrung im Zivilprozess und zur Änd. anderer Vorschriften | 5.12.2012 | BGBl. I S. 2418 | §§ 11, 24a, 35 | geänd. mWv 1.1.2014 |
| 4. | Art. 5 G zur Regelung der betreuungsrechtlichen Einwilligung in eine ärztliche Zwangsmaßnahme | 18.2.2013 | BGBl. I S. 266, aufgeh. 2017, S. 1396 | § 33 | geänd. mWv 1.1.2018, insoweit aufgeh. 2017, S. 1396 |
| 5. | Art. 3 G zur Reform der elterlichen Sorge nicht miteinander verheirateter Eltern | 16.4.2013 | BGBl. I S. 795 | § 14 | geänd. mWv 19.5.2013 |
| 6. | Art. 6 G zur Reform des Seehandelsrechts | 20.4.2013 | BGBl. I S. 831 | § 17 | geänd. mWv 25.4.2013 |
| 7. | Art. 2 G zur Übertragung von Aufgaben im Bereich der freiwilligen Gerichtsbarkeit auf Notare | 26.6.2013 | BGBl. I S. 1800 | §§ 3, 35 | geänd. mWv 1.9.2013 |
| 8. | Art. 3 G zur Stärkung der Rechte des leiblichen, nicht rechtlichen Vaters | 4.7.2013 | BGBl. I S. 2176 | § 14 | geänd. mWv 13.7.2013 |
| 9. | Art. 2 G zur Verkürzung des Restschuldbefreiungsverfahrens und zur Stärkung der Gläubigerrechte | 15.7.2013 | BGBl. I S. 2379 | § 18 | geänd. mWv 1.7.2014 |
| 10. | Art. 3 G zur Änd. des Prozesskostenhilfe- und Beratungshilferechts | 31.8.2013 | BGBl. I S. 3533 | §§ 20, 24a | geänd. mWv 1.1.2014 |

1) Überschrift ber. BGBl. 2014 I S. 46.

2) Neubekanntmachung des RPflG v. 5.11.1969 (BGBl. I S. 2065) in der ab 1.1.2013 geltenden Fassung.

| Lfd. Nr. | Änderndes Gesetz | Datum | Fundstelle | Betroffen | Hinweis |
|---|---|---|---|---|---|
| 11. | Art. 5 Abs. 2 G zur Modernisierung des GeschmMG sowie zur Änd. der Regelungen über die Bek. zum Ausstellungsschutz | 10.10. 2013 | BGBl. I S. 3799 | § 23 | geänd. mWv 1.1.2014 |
| 12. | Art. 3 G zur Durchführung der VO (EU) Nr. 1215/ 2012 sowie zur Änd. sonstiger Vorschriften | 8.7.2014 | BGBl. I S. 890 | §§ 20, 25a<br>§ 20 | geänd. mWv 16.7.2014<br>geänd. mWv 10.1.2015 |
| 13. | Art. 1 G zur Erleichterung der Umsetzung der Grundbuchamtsreform in Baden-Württemberg sowie zur Änd. des EGZPO und des WEG | 5.12.2014 | BGBl. I S. 1962 | § 35a | eingef. mWv 13.12.2014 |
| 14. | Art. 2 G zur Umsetzung der RL 2011/99/EU über die Europäische SchutzAnO und zur Durchführung der VO (EU) Nr. 606/2013 über die gegenseitige Anerkennung von Schutzmaßnahmen in Zivilsachen[1] | 5.12.2014 | BGBl. I S. 1964 | § 25 | geänd. mWv 11.1.2015 |
| 15. | Art. 2 G zur Durchführung des Haager Übereinkommens v. 30.6.2005 über Gerichtsstandsvereinbarungen sowie zur Änd. des RPflG, des GNotKG, des AltersteilzeitG und des SGB III | 10.12. 2014 | BGBl. I S. 2082 iVm Bek. v. 23.6. 2015, BGBl. I S. 1034 | § 25a<br>§ 20 | geänd. mWv 19.12.2014<br>geänd. mWv 1.10.2015 |
| 16. | Art. 2 Abs. 2 G zur Modernisierung der Finanzaufsicht über Versicherungen | 1.4.2015 | BGBl. I S. 434 | § 17 | geänd. mWv 1.1.2016 |
| 17. | Art. 4 G zum Internationalen Erbrecht und zur Änd. von Vorschriften zum Erbschein sowie zur Änd. sonstiger Vorschriften | 29.6.2015 | BGBl. I S. 1042 | §§ 3, 16, 19, 20, 35 | geänd. mWv 17.8.2015 |
| 18. | Art. 134 Zehnte ZuständigkeitsanpassungsVO | 31.8.2015 | BGBl. I S. 1474 | § 31 | geänd. mWv 8.9.2015 |
| 19. | Art. 9 G zur Änd. des DesignG und weiterer Vorschriften des gewerblichen Rechtsschutzes | 4.4.2016 | BGBl. I S. 558 | § 23 | geänd. mWv 1.7.2016 |
| 20. | Art. 5 EU-KontenpfändungsVO-DurchführungsG | 21.11. 2016 | BGBl. I S. 2591 | § 20 | geänd. mWv 18.1.2017 |
| 21. | Art. 2 G zur Erleichterung der Bewältigung von Konzerninsolvenzen | 13.4.2017 | BGBl. I S. 866 | § 18 | geänd. mWv 21.4.2018 |
| 22. | Art. 6 Abs. 17 G zur Reform der strafrechtlichen Vermögensabschöpfung | 13.4.2017 | BGBl. I S. 872 | § 31<br>§ 22 | geänd. mWv 1.7.2017<br>neu gef. mWv 1.7.2017 |

[1] **Amtl. Anm.:** Dieses Gesetz dient der Umsetzung der Richtlinie 2011/99/EU des Europäischen Parlaments und des Rates über die Europäische Schutzanordnung (ABl. L 338 vom 21.12.2011, S. 2).

| Lfd. Nr. | Änderndes Gesetz | Datum | Fundstelle | Betroffen | Hinweis |
|---|---|---|---|---|---|
| 23. | Art. 3 G zur Neuordnung der Aufbewahrung von Notariatsunterlagen und zur Einrichtung des Elektron. Urkundenarchivs bei der Bundesnotarkammer sowie zur Änd. weiterer Gesetze | 1.6.2017 | BGBl. I S. 1396 | § 33 | geänd. mWv 1.1.2018 |
| 24. | Art. 1 G zur Durchführung der VO (EU) 2015/848 über Insolvenzverfahren[1] | 5.6.2017 | BGBl. I S. 1476 | §§ 3, 19a | geänd. mWv 26.6.2017 |
| 25. | Art. 6 Abs. 1 G zur Änd. von Vorschriften im Bereich des Internationalen Privat- und Zivilverfahrensrechts | 11.6.2017 | BGBl. I S. 1607 | §§ 20, 36b | geänd. mWv 17.6.2017 |
| 26. | Art. 6 G zur Bekämpfung von Kinderehen | 17.7.2017 | BGBl. I S. 2429 | § 14 | geänd. mWv 22.7.2017 |
| 27. | Art. 4 G zum Internationalen Güterrecht und zur Änd. von Vorschriften des Internationalen Privatrechts | 17.12. 2018 | BGBl. I S. 2573 | § 20 | geänd. mWv 29.1.2019 |
| 28. | Art. 3 G zur Umsetzung der Entscheidung des Bundesverfassungsgerichts vom 26. März 2019 zum Ausschluss der Stiefkindadoption in nichtehel. Familien | 19.3.2020 | BGBl. I S. 541 | § 14 | geänd. mWv 31.3.2020 |
| 29. | Art. 4 G zur Reform des Vormundschafts- und Betreuungsrechts | 4.5.2021 | BGBl. I S. 882 | §§ 14, 15, 19, 33 | geänd. mWv 1.1.2023 |
| 30. | Art. 4 G zum Schutz von Kindern mit Varianten der Geschlechtsentwicklung | 12.5.2021 | BGBl. I S. 1082 | § 14 | geänd. mWv 22.5.2021 |
| 31. | Art. 6 G zur Fortentwicklung der StrafprozessO und zur Änd. weiterer Vorschr. | 25.6.2021 | BGBl. I S. 2099 | § 31 | geänd. mWv 1.7.2021 |
| 32. | Art. 24 Abs. 4 G zur Modernisierung des notariellen Berufsrechts und zur Änd. weiterer Vorschriften | 25.6.2021 | BGBl. I S. 2154 | §§ 20, 23, 36b | geänd. mWv 1.8.2021 |
| 33. | Art. 9 G zur Neuregelung des Berufsrechts der anwaltlichen und steuerberatenden Berufsausübungsgesellschaften sowie zur Änd. weiterer Vorschriften im Bereich der rechtsberatenden Berufe | 7.7.2021 | BGBl. I S. 2363 | §§ 3, 20, 23, 25a, 26, 31, 36b<br>§ 39 | geänd. mWv 1.8.2022<br>aufgeh. mit Ablauf des 31.7. 2022 |
| 34. | Art. 2 G zur Durchführung der VO (EU) 2019/1111 sowie zur Änd. sonstiger Vorschriften | 10.8.2021 | BGBl. I S. 3424 | § 14 | geänd. mWv 1.8.2022 |

[1] **Amtl. Anm.:** Dieses Gesetz dient der Durchführung der Verordnung (EU) 2015/848 des Europäischen Parlaments und des Rates vom 20. Mai 2015 über Insolvenzverfahren (ABl. L 141 vom 5.6.2015, S. 19; L 349 vom 21.12.2016, S. 6), die zuletzt durch die Verordnung (EU) 2017/353 (ABl. L 57 vom 3.3. 2017, S. 19) geändert worden ist.

| Lfd. Nr. | Änderndes Gesetz | Datum | Fundstelle | Betroffen | Hinweis |
|---|---|---|---|---|---|
| 35. | Art. 30 PersonengesellschaftsrechtsmodernisierungsG (MoPeG) | 10.8.2021 | BGBl. I S. 3436 | §§ 3, 17 | geänd. mWv 1.1.2024 |
| 36. | Art. 11 Abs. 1 Zweites G zur Vereinfachung und Modernisierung des Patentrechts | 10.8.2021 | BGBl. I S. 3490 | § 23 | geänd. mWv 1.5.2022 |
| 37. | Art. 7 Abs. 1 G zur Abschaffung des Güterrechtsregisters und zur Änd. des COVID-19-InsolvenzaussetzungsG | 31.10. 2022 | BGBl. I S. 1966 | § 3 | geänd. mWv 1.1.2023 |
| 38. | Art. 3 G zur Durchführung des Haager Übereinkommens über die Anerkennung und Vollstreckung ausländischer Entscheidungen in Zivil- und Handelssachen sowie zur Änd. der ZPO, des BGB, des WohnungseigentumsG und des G zur Modernisierung des Strafverfahrens | 7.11.2022 | BGBl. I S. 1982 | § 20 | geänd. mit noch nicht bestimmtem Inkrafttreten |
| 39. | Art. 20 G zur Umsetzung der UmwandlungsRL und zur Änd. weiterer Gesetze | 22.2.2023 | BGBl. 2023 I Nr. 51 | § 19 | geänd. mWv 1.3.2023 |

**Vorbemerkung:**

**Die Änderungen durch G v. 10.8.2021 (BGBl. I S. 3436) treten erst mWv 1.1.2024 in Kraft und sind im Text noch nicht berücksichtigt.**

**Die Änderung durch G v. 7.11.2022 (BGBl. I S. 1982) tritt gem. Art. 9 Satz 2 dieses G erst an dem Tag in Kraft, an dem das Haager Übereinkommen vom 2. Juli 2019 über die Anerkennung und Vollstreckung ausländischer Entscheidungen in Zivil- und Handelssachen nach seinem Art. 28 für die Europäische Union mit Ausnahme des Königreiches Dänemark in Kraft tritt; sie ist im Text noch nicht berücksichtigt.**

## Erster Abschnitt. Aufgaben und Stellung des Rechtspflegers

**§ 1 Allgemeine Stellung des Rechtspflegers.** Der Rechtspfleger nimmt die ihm durch dieses Gesetz übertragenen Aufgaben der Rechtspflege wahr.

**§ 2 Voraussetzungen für die Tätigkeit als Rechtspfleger.** (1) [1] Mit den Aufgaben eines Rechtspflegers kann ein Beamter des Justizdienstes betraut werden, der einen Vorbereitungsdienst von drei Jahren abgeleistet und die Rechtspflegerprüfung bestanden hat. [2] Der Vorbereitungsdienst vermittelt in einem Studiengang einer Fachhochschule oder in einem gleichstehenden Studiengang dem Beamten die wissenschaftlichen Erkenntnisse und Methoden sowie die berufspraktischen Fähigkeiten und Kenntnisse, die zur Erfüllung der Aufgaben eines Rechtspflegers erforderlich sind. [3] Der Vorbereitungsdienst besteht aus Fachstudien von mindestens achtzehnmonatiger Dauer und berufspraktischen Studienzeiten. [4] Die berufspraktischen Studienzeiten umfassen die Ausbildung in den Schwerpunktbereichen der Aufgaben eines Rechtspflegers; die praktische Ausbildung darf die Dauer von einem Jahr nicht unterschreiten.

(2) [1] Zum Vorbereitungsdienst kann zugelassen werden, wer eine zu einem Hochschulstudium berechtigende Schulbildung besitzt oder einen als gleichwertig anerkannten Bildungsstand nachweist. [2] Beamte des mittleren Justizdienstes können zur Rechtspflegerausbildung zugelassen werden, wenn sie nach der Laufbahnprüfung mindestens drei Jahre im mittleren Justizdienst tätig waren und nach ihrer Persönlichkeit sowie ihren bisherigen Leistungen für den Dienst als Rechtspfleger geeignet erscheinen. [3] Die Länder können bestimmen, dass die Zeit der Tätigkeit im mittleren Justizdienst bis zu einer Dauer von sechs Monaten auf die berufspraktischen Studienzeiten angerechnet werden kann.

(3) Mit den Aufgaben eines Rechtspflegers kann auf seinen Antrag auch betraut werden, wer die Befähigung zum Richteramt besitzt.

(4) [1] Auf den Vorbereitungsdienst können ein erfolgreich abgeschlossenes Studium der Rechtswissenschaften bis zur Dauer von zwölf Monaten und ein Vorbereitungsdienst nach § 5b des Deutschen Richtergesetzes[1)] bis zur Dauer von sechs Monaten angerechnet werden. [2] Auf Teilnehmer einer Ausbildung nach § 5b des Deutschen Richtergesetzes in der Fassung des Gesetzes vom 10. September 1971 (BGBl. I S. 1557) ist Satz 1 entsprechend anzuwenden.

(5) Referendare können mit der zeitweiligen Wahrnehmung der Geschäfte eines Rechtspflegers beauftragt werden.

(6) Die Länder erlassen die näheren Vorschriften.[2)]

---

[1)] **Habersack, Deutsche Gesetze ErgBd. Nr. 97.**

[2)] Siehe ua die folgenden landesrechtlichen Bestimmungen:
- **Baden-Württemberg:** VO des Justizministeriums über die Ausbildung und Prüfung der Rechtspflegerinnen und Rechtspfleger v. 27.7.2011 (GBl. S. 429), zuletzt geänd. durch VO v. 22.12.2021 (GBl. 2022 S. 25)
- **Bayern:** AusbildungsO Justiz v. 16.6.2016 (GVBl. S. 123), zuletzt geänd. durch V v. 8.3.2021 (GVBl. S. 137)
- **Berlin:** Ausbildungs- und PrüfungsO für Rechtspflegerinnen und Rechtspfleger v. 11.2.2020 (GVBl. S. 39)
- **Brandenburg:** RechtspflegerausbildungsVO v. 8.12.2020 (GVBl. II Nr. 118)
- **Bremen:** Bremische VO über die Ausbildung und Prüfung für die Laufbahngruppe 2, erstes Einstiegsamt in der Fachrichtung Justiz zur Verwendung im Rechtspflegerdienst v. 27.9.2022 (Brem.GBl. S. 538)
- **Hamburg:** Ausbildungs- und PrüfungsO Rechtspflegerdienst v. 6.9.2022 (HmbGVBl. S. 459)
- **Hessen:** Ausbildungs- und PrüfungsO für die Anwärter der Rechtspflegerlaufbahn v. 23.7.1980 (JMBl. S. 645)

→

(7) Das Berufsqualifikationsfeststellungsgesetz ist nicht anzuwenden.

**§ 3[1] Übertragene Geschäfte.** Dem Rechtspfleger werden folgende Geschäfte übertragen:

1. in vollem Umfange die nach den gesetzlichen Vorschriften vom Richter wahrzunehmenden Geschäfte des Amtsgerichts in
   a) Vereinssachen nach den §§ 29, 37, 55 bis 79 des Bürgerlichen Gesetzbuchs[2] sowie nach Buch 5 des Gesetzes über das Verfahren in Familiensachen und in den Angelegenheiten der freiwilligen Gerichtsbarkeit[3],
   b) den weiteren Angelegenheiten der freiwilligen Gerichtsbarkeit nach § 410 des Gesetzes über das Verfahren in Familiensachen und in den Angelegenheiten der freiwilligen Gerichtsbarkeit sowie den Verfahren nach § 84 Absatz 2, § 189 des Versicherungsvertragsgesetzes[4],
   c) Aufgebotsverfahren nach Buch 8 des Gesetzes über das Verfahren in Familiensachen und in den Angelegenheiten der freiwilligen Gerichtsbarkeit,
   d) Pachtkreditsachen im Sinne des Pachtkreditgesetzes[5],
   e) *(aufgehoben)*
   f) Urkundssachen einschließlich der Entgegennahme der Erklärung,
   g) Verschollenheitssachen,
   h) Grundbuchsachen, Schiffsregister- und Schiffsbauregistersachen sowie Sachen des Registers für Pfandrechte an Luftfahrzeugen,
   i) Verfahren nach dem Gesetz über die Zwangsversteigerung und die Zwangsverwaltung[6],

*(Fortsetzung der Anm. von voriger Seite)*
– **Mecklenburg-Vorpommern:** RechtspflegerausbildungsO- und PrüfungsO v. 8.7.2022 (GVOBl. M-V S. 434)
– **Niedersachsen:** VO über die Ausbildung und Prüfung für den Rechtspflegerdienst in der Laufbahn der Laufbahngruppe 2 der Fachrichtung Justiz v. 28.7.2022 (Nds. GVBl. S. 489)
– **Nordrhein-Westfalen:** RechtspflegerausbildungsO v. 8.10.2018 (GV. NRW. S. 546), geänd. durch VO v. 5.8.2019 (GV. NRW. S. 533)
– **Rheinland-Pfalz:** Rechtspfleger-Ausbildungs- und PrüfungsO v. 12.8.2011 (GVBl. S. 333), zuletzt geänd. durch VO v. 9.4.2020 (GVBl. S. 135)
– **Saarland:** RechtspflegerausbildungsO v. 2.8.2011 (Amtsbl. I S. 266), geänd. durch VO v. 23.4.2018 (Amtsbl. I S. 249)
– **Sachsen:** Sächsische Ausbildungs- und PrüfungsO Rechtspfleger v. 15.7.2020 (SächsGVBl. S. 438)
– **Sachsen-Anhalt:** Ausbildungs-, Prüfungs- und AufstiegsVO für die Laufbahn des Rechtspfleger- und Justizverwaltungsdienstes v. 23.9.2002 (GVBl. LSA S. 394), zuletzt geänd. durch VO v. 28.9.2020 (GVBl. LSA S. 563)
– **Schleswig-Holstein:** LandesVO über die Laufbahn, Ausbildung und Prüfung für den Rechtspflegerdienst der Laufbahngruppe 2 der Fachrichtung Justiz v. 24.8.2022 (GVOBl. Schl.-H. S. 791)
– **Thüringen:** Thüringer Rechtspflegerausbildungs- und -prüfungsO v. 19.11.2018 (GVBl. S. 712)

[1] § 3 Nr. 2 Buchst. c geänd. mWv 1.9.2013 durch G v. 26.6.2013 (BGBl. I S. 1800); Nr. 2 Buchst. h geänd., Buchst. i angef. mWv 17.8.2015 durch G v. 29.6.2015 (BGBl. I S. 1042); Nr. 2 Buchst. g neu gef. mWv 26.6.2017 durch G v. 5.6.2017 (BGBl. I S. 1476); Nr. 3 Buchst. d geänd. mWv 1.8.2022 durch G v. 7.7.2021 (BGBl. I S. 2363); Nr. 1 Buchst. e aufgeh. mWv 1.1.2023 durch G v. 31.10.2022 (BGBl. I S. 1966).

[2] Nr. **20**.

[3] Nr. **112**.

[4] Nr. **62**.

[5] **Habersack, Deutsche Gesetze ErgBd. Nr. 42.**

[6] Nr. **108**.

k) Verteilungsverfahren, die außerhalb der Zwangsvollstreckung nach den Vorschriften der Zivilprozessordnung[1] über das Verteilungsverfahren durchzuführen sind,

l) Verteilungsverfahren, die außerhalb der Zwangsversteigerung nach den für die Verteilung des Erlöses im Falle der Zwangsversteigerung geltenden Vorschriften durchzuführen sind,

m) Verteilungsverfahren nach § 75 Absatz 2 des Flurbereinigungsgesetzes, § 54 Absatz 3 des Landbeschaffungsgesetzes, § 119 Absatz 3 des Baugesetzbuchs[2] und § 94 Absatz 4 des Bundesberggesetzes[3];

2. vorbehaltlich der in den §§ 14 bis 19b dieses Gesetzes aufgeführten Ausnahmen die nach den gesetzlichen Vorschriften vom Richter wahrzunehmenden Geschäfte des Amtsgerichts in

a) Kindschaftssachen und Adoptionssachen sowie entsprechenden Lebenspartnerschaftssachen nach den §§ 151, 186 und 269 des Gesetzes über das Verfahren in Familiensachen und in den Angelegenheiten der freiwilligen Gerichtsbarkeit,

b) Betreuungssachen sowie betreuungsgerichtlichen Zuweisungssachen nach den §§ 271 und 340 des Gesetzes über das Verfahren in Familiensachen und in den Angelegenheiten der freiwilligen Gerichtsbarkeit,

c) Nachlass- und Teilungssachen nach § 342 Absatz 1 und 2 Nummer 2 des Gesetzes über das Verfahren in Familiensachen und in den Angelegenheiten der freiwilligen Gerichtsbarkeit,

d) Handels-, Genossenschafts- und Partnerschaftsregistersachen sowie unternehmensrechtlichen Verfahren nach den §§ 374 und 375 des Gesetzes über das Verfahren in Familiensachen und in den Angelegenheiten der freiwilligen Gerichtsbarkeit,

e) Verfahren nach der Insolvenzordnung[4],

f) (weggefallen)

g) Verfahren nach der Verordnung (EG) Nr. 1346/2000 des Rates vom 29. Mai 2000 über Insolvenzverfahren (ABl. L 160 vom 30.6.2000, S. 1; L 350 vom 6.12.2014, S. 15), die zuletzt durch die Durchführungsverordnung (EU) 2016/1792 (ABl. L 274 vom 11.10.2016, S. 35) geändert worden ist, Verfahren nach der Verordnung (EU) 2015/848[5] des Europäischen Parlaments und des Rates vom 20. Mai 2015 über Insolvenzverfahren (ABl. L 141 vom 5.6.2015, S. 19; L 349 vom 21.12.2016, S. 6), die zuletzt durch die Verordnung (EU) 2017/353 (ABl. L 57 vom 3.3.2017, S. 19) geändert worden ist, Verfahren nach den Artikeln 102 und 102c des Einführungsgesetzes zur Insolvenzordnung[6] sowie Verfahren nach dem Ausführungsgesetz zum deutsch-österreichischen Konkursvertrag vom 8. März 1985 (BGBl. I S. 535),

h) Verfahren nach der Schifffahrtsrechtlichen Verteilungsordnung,

i) Verfahren nach § 33 des Internationalen Erbrechtsverfahrensgesetzes[7] vom 29. Juni 2015 (BGBl. I S. 1042) über die Ausstellung, Berichtigung, Ände-

---

[1] Nr. **100**.
[2] **Sartorius Nr. 300.**
[3] **Habersack II Nr. 27a.**
[4] Nr. **110**.
[5] **Habersack, Deutsche Gesetze ErgBd. Nr. 110b.**
[6] Nr. **110a**.
[7] **Habersack, Deutsche Gesetze ErgBd. Nr. 103p.**

rung oder den Widerruf eines Europäischen Nachlasszeugnisses, über die Erteilung einer beglaubigten Abschrift eines Europäischen Nachlasszeugnisses oder die Verlängerung der Gültigkeitsfrist einer beglaubigten Abschrift sowie über die Aussetzung der Wirkungen eines Europäischen Nachlasszeugnisses;

3. die in den §§ 20 bis 24a, 25 und 25a dieses Gesetzes einzeln aufgeführten Geschäfte
   a) in Verfahren nach der Zivilprozessordnung,
   b) in Festsetzungsverfahren,
   c) des Gerichts in Straf- und Bußgeldverfahren,
   d) in Verfahren vor dem Bundespatentgericht,
   e) auf dem Gebiet der Aufnahme von Erklärungen,
   f) auf dem Gebiet der Beratungshilfe,
   g) auf dem Gebiet der Familiensachen,
   h) in Verfahren über die Verfahrenskostenhilfe nach dem Gesetz über das Verfahren in Familiensachen und in den Angelegenheiten der freiwilligen Gerichtsbarkeit;
4. die in den §§ 29 und 31 dieses Gesetzes einzeln aufgeführten Geschäfte
   a) im internationalen Rechtsverkehr,
   b) (weggefallen)
   c) der Staatsanwaltschaft im Strafverfahren und der Vollstreckung in Straf- und Bußgeldsachen sowie von Ordnungs- und Zwangsmitteln.

**§ 4 Umfang der Übertragung.** (1) Der Rechtspfleger trifft alle Maßnahmen, die zur Erledigung der ihm übertragenen Geschäfte erforderlich sind.

(2) Der Rechtspfleger ist nicht befugt,

1. eine Beeidigung anzuordnen oder einen Eid abzunehmen,
2. Freiheitsentziehungen anzudrohen oder anzuordnen, sofern es sich nicht um Maßnahmen zur Vollstreckung
   a) einer Freiheitsstrafe nach § 457 der Strafprozessordnung[1] oder einer Ordnungshaft nach § 890 der Zivilprozessordnung[2],
   b) einer Maßregel der Besserung und Sicherung nach § 463 der Strafprozessordnung oder
   c) der Erzwingungshaft nach § 97 des Gesetzes über Ordnungswidrigkeiten[3]

   handelt.

(3) Hält der Rechtspfleger Maßnahmen für geboten, zu denen er nach Absatz 2 Nummer 1 und 2 nicht befugt ist, so legt er deswegen die Sache dem Richter zur Entscheidung vor.

---

[1] Nr. **90**.
[2] Nr. **100**.
[3] Nr. **94**.

**§ 5 Vorlage an den Richter.** (1) Der Rechtspfleger hat ihm übertragene Geschäfte dem Richter vorzulegen, wenn

1. sich bei der Bearbeitung der Sache ergibt, dass eine Entscheidung des Bundesverfassungsgerichts oder eines für Verfassungsstreitigkeiten zuständigen Gerichts eines Landes nach Artikel 100 des Grundgesetzes[1] einzuholen ist;
2. zwischen dem übertragenen Geschäft und einem vom Richter wahrzunehmenden Geschäft ein so enger Zusammenhang besteht, dass eine getrennte Behandlung nicht sachdienlich ist.

(2) Der Rechtspfleger kann ihm übertragene Geschäfte dem Richter vorlegen, wenn die Anwendung ausländischen Rechts in Betracht kommt.

(3) [1] Die vorgelegten Sachen bearbeitet der Richter, solange er es für erforderlich hält. [2] Er kann die Sachen dem Rechtspfleger zurückgeben. [3] Gibt der Richter eine Sache an den Rechtspfleger zurück, so ist dieser an eine von dem Richter mitgeteilte Rechtsauffassung gebunden.

**§ 6 Bearbeitung übertragener Sachen durch den Richter.** Steht ein übertragenes Geschäft mit einem vom Richter wahrzunehmenden Geschäft in einem so engen Zusammenhang, dass eine getrennte Bearbeitung nicht sachdienlich wäre, so soll der Richter die gesamte Angelegenheit bearbeiten.

**§ 7 Bestimmung des zuständigen Organs der Rechtspflege.** [1] Bei Streit oder Ungewissheit darüber, ob ein Geschäft von dem Richter oder dem Rechtspfleger zu bearbeiten ist, entscheidet der Richter über die Zuständigkeit durch Beschluss. [2] Der Beschluss ist unanfechtbar.

**§ 8 Gültigkeit von Geschäften.** (1) Hat der Richter ein Geschäft wahrgenommen, das dem Rechtspfleger übertragen ist, so wird die Wirksamkeit des Geschäfts hierdurch nicht berührt.

(2) Hat der Rechtspfleger ein Geschäft wahrgenommen, das ihm der Richter nach diesem Gesetz übertragen kann, so ist das Geschäft nicht deshalb unwirksam, weil die Übertragung unterblieben ist oder die Voraussetzungen für die Übertragung im Einzelfalle nicht gegeben waren.

(3) Ein Geschäft ist nicht deshalb unwirksam, weil es der Rechtspfleger entgegen § 5 Absatz 1 dem Richter nicht vorgelegt hat.

(4) [1] Hat der Rechtspfleger ein Geschäft des Richters wahrgenommen, das ihm nach diesem Gesetz weder übertragen ist noch übertragen werden kann, so ist das Geschäft unwirksam. [2] Das gilt nicht, wenn das Geschäft dem Rechtspfleger durch eine Entscheidung nach § 7 zugewiesen worden war.

(5) Hat der Rechtspfleger ein Geschäft des Urkundsbeamten der Geschäftsstelle wahrgenommen, so wird die Wirksamkeit des Geschäfts hierdurch nicht berührt.

**§ 9 Weisungsfreiheit des Rechtspflegers.** Der Rechtspfleger ist sachlich unabhängig und nur an Recht und Gesetz gebunden.

**§ 10 Ausschließung und Ablehnung des Rechtspflegers.** [1] Für die Ausschließung und Ablehnung des Rechtspflegers sind die für den Richter geltenden Vorschriften entsprechend anzuwenden. [2] Über die Ablehnung des Rechtspflegers entscheidet der Richter.

---

[1] Nr. 1.

**§ 11[1] Rechtsbehelfe.** (1) Gegen die Entscheidungen des Rechtspflegers ist das Rechtsmittel gegeben, das nach den allgemeinen verfahrensrechtlichen Vorschriften zulässig ist.

(2) [1] Kann gegen die Entscheidung nach den allgemeinen verfahrensrechtlichen Vorschriften ein Rechtsmittel nicht eingelegt werden, so findet die Erinnerung statt, die innerhalb einer Frist von zwei Wochen einzulegen ist. [2] Hat der Erinnerungsführer die Frist ohne sein Verschulden nicht eingehalten, ist ihm auf Antrag Wiedereinsetzung in den vorigen Stand zu gewähren, wenn er die Erinnerung binnen zwei Wochen nach der Beseitigung des Hindernisses einlegt und die Tatsachen, welche die Wiedereinsetzung begründen, glaubhaft macht. [3] Ein Fehlen des Verschuldens wird vermutet, wenn eine Rechtsbehelfsbelehrung unterblieben oder fehlerhaft ist. [4] Die Wiedereinsetzung kann nach Ablauf eines Jahres, von dem Ende der versäumten Frist an gerechnet, nicht mehr beantragt werden. [5] Der Rechtspfleger kann der Erinnerung abhelfen. [6] Erinnerungen, denen er nicht abhilft, legt er dem Richter zur Entscheidung vor. [7] Auf die Erinnerung sind im Übrigen die Vorschriften der Zivilprozessordnung[2] über die sofortige Beschwerde sinngemäß anzuwenden.

(3) [1] Gerichtliche Verfügungen, Beschlüsse oder Zeugnisse, die nach den Vorschriften der Grundbuchordnung[3], der Schiffsregisterordnung oder des Gesetzes über das Verfahren in Familiensachen und in den Angelegenheiten der freiwilligen Gerichtsbarkeit[4] wirksam geworden sind und nicht mehr geändert werden können, sind mit der Erinnerung nicht anfechtbar. [2] Die Erinnerung ist ferner in den Fällen der §§ 694, 700 der Zivilprozessordnung und gegen die Entscheidungen über die Gewährung eines Stimmrechts (§ 77 der Insolvenzordnung[5]) ausgeschlossen.

(4) [1] Das Erinnerungsverfahren ist gerichtsgebührenfrei.

**§ 12 Bezeichnung des Rechtspflegers.** Im Schriftverkehr und bei der Aufnahme von Urkunden in übertragenen Angelegenheiten hat der Rechtspfleger seiner Unterschrift das Wort „Rechtspfleger" beizufügen.

**§ 13 Ausschluss des Anwaltszwangs.** § 78 Absatz 1 der Zivilprozessordnung[2] und § 114 Absatz 1 des Gesetzes über das Verfahren in Familiensachen und in den Angelegenheiten der freiwilligen Gerichtsbarkeit[4] sind auf Verfahren vor dem Rechtspfleger nicht anzuwenden.

## Zweiter Abschnitt. Dem Richter vorbehaltene Geschäfte in Familiensachen und auf dem Gebiet der freiwilligen Gerichtsbarkeit sowie in Insolvenzverfahren und schifffahrtsrechtlichen Verteilungsverfahren

**§ 14[6] Kindschafts- und Adoptionssachen.** (1) Von den dem Familiengericht übertragenen Angelegenheiten in Kindschafts- und Adoptionssachen sowie den entsprechenden Lebenspartnerschaftssachen bleiben dem Richter vorbehalten:

---

[1] § 11 Abs. 2 neu gef. mWv 1.1.2014 durch G v. 5.12.2012 (BGBl. I S. 2418).
[2] Nr. **100**.
[3] Nr. **114**.
[4] Nr. **112**.
[5] Nr. **110**.
[6] § 14 Abs. 1 Nr. 3 geänd., Nr. 6 aufgeh. mWv 19.5.2013 durch G v. 16.4.2013 (BGBl. I S. 795); Abs. 1 Nr. 7 geänd. mWv 13.7.2013 durch G v. 4.7.2013 (BGBl. I S. 2176); Abs. 1 Nr. 12 Buchst. b geänd., →

1. Verfahren, die die Feststellung des Bestehens oder Nichtbestehens der elterlichen Sorge eines Beteiligten für den anderen zum Gegenstand haben;
2. die Maßnahmen auf Grund des § 1666 des Bürgerlichen Gesetzbuchs[1] zur Abwendung der Gefahr für das körperliche, geistige oder seelische Wohl des Kindes;
3. die Übertragung der elterlichen Sorge nach den §§ 1626a, 1671, 1678 Absatz 2, § 1680 Absatz 2 und 3 sowie § 1681 Absatz 1 und 2 des Bürgerlichen Gesetzbuchs;
4. die Entscheidung über die Übertragung von Angelegenheiten der elterlichen Sorge auf die Pflegeperson nach § 1630 Absatz 3 des Bürgerlichen Gesetzbuchs;
5. die Entscheidung von Meinungsverschiedenheiten zwischen den Sorgeberechtigten;
6. die Genehmigung einer freiheitsentziehenden Unterbringung oder einer freiheitsentziehenden Maßnahme nach § 1631b des Bürgerlichen Gesetzbuchs und die Genehmigung einer Einwilligung nach § 1631e Absatz 3 des Bürgerlichen Gesetzbuchs;
7. die Regelung des persönlichen Umgangs zwischen Eltern und Kindern sowie Kindern und Dritten nach § 1684 Absatz 3 und 4, § 1685 Absatz 3 und § 1686a Absatz 2 des Bürgerlichen Gesetzbuchs, die Entscheidung über die Beschränkung oder den Ausschluss des Rechts zur alleinigen Entscheidung in Angelegenheiten des täglichen Lebens nach den §§ 1687, 1687a des Bürgerlichen Gesetzbuchs sowie über Streitigkeiten, die eine Angelegenheit nach § 1632 Absatz 2 des Bürgerlichen Gesetzbuchs betreffen;
8. die Entscheidung über den Anspruch auf Herausgabe eines Kindes nach § 1632 Absatz 1 des Bürgerlichen Gesetzbuchs sowie die Entscheidung über den Verbleib des Kindes bei der Pflegeperson nach § 1632 Absatz 4 oder bei dem Ehegatten, Lebenspartner oder Umgangsberechtigten nach § 1682 des Bürgerlichen Gesetzbuchs;
9. die Anordnung einer Betreuung oder Pflegschaft auf Grund dienstrechtlicher Vorschriften, soweit hierfür das Familiengericht zuständig ist;
10. *(aufgehoben)*
11. die religiöse Kindererziehung betreffenden Maßnahmen nach den §§ 2, 3 und 7 des Gesetzes über die religiöse Kindererziehung[2];
12. die Ersetzung der Zustimmung
    a) eines Sorgeberechtigten zu einem Rechtsgeschäft,
    b) eines gesetzlichen Vertreters zu der Sorgeerklärung eines beschränkt geschäftsfähigen Elternteils nach § 1626c Absatz 2 Satz 1 des Bürgerlichen Gesetzbuchs;

---

*(Fortsetzung der Anm. von voriger Seite)*
Buchst. c und Nr. 13 aufgeh., bish. Nr. 14–17 werden Nr. 13–16, neue Nr. 14 geänd. mWv 22.7.2017 durch G v. 17.7.2017 (BGBl. I S. 2429); Abs. 1 Nr. 14 geänd. mWv 31.3.2020 durch G v. 19.3.2020 (BGBl. I S. 541); Abs. 1 Nr. 10 aufgeh., Nr. 11 geänd. mWv 1.1.2023 durch G v. 4.5.2021 (BGBl. I S. 882); Abs. 1 Nr. 6 neu gef. mWv 22.5.2021 durch G v. 12.5.2021 (BGBl. I S. 1082); Abs. 2 neu gef. mWv 1.8.2022 durch G v. 10.8.2021 (BGBl. I S. 3424).

[1] Nr. **20**.

[2] **Habersack, Deutsche Gesetze ErgBd. Nr. 45k.**

13. die im Jugendgerichtsgesetz[1] genannten Verrichtungen mit Ausnahme der Bestellung eines Pflegers nach § 67 Absatz 4 Satz 3 des Jugendgerichtsgesetzes;
14. die Ersetzung der Einwilligung oder der Zustimmung zu einer Annahme als Kind nach § 1746 Absatz 3 sowie nach den §§ 1748 und 1749 Absatz 1 des Bürgerlichen Gesetzbuchs, die Entscheidung über die Annahme als Kind einschließlich der Entscheidung über den Namen des Kindes nach den §§ 1752, 1768 und 1757 Absatz 3 des Bürgerlichen Gesetzbuchs, die Aufhebung des Annahmeverhältnisses nach den §§ 1760, 1763 und 1771 des Bürgerlichen Gesetzbuchs sowie die Entscheidungen nach § 1751 Absatz 3, § 1764 Absatz 4, § 1765 Absatz 2 des Bürgerlichen Gesetzbuchs und nach dem Adoptionswirkungsgesetz[2] vom 5. November 2001 (BGBl. I S. 2950, 2953), soweit sie eine richterliche Entscheidung enthalten;
15. die Befreiung vom Eheverbot der durch die Annahme als Kind begründeten Verwandtschaft in der Seitenlinie nach § 1308 Absatz 2 des Bürgerlichen Gesetzbuchs;
16. die Genehmigung für den Antrag auf Scheidung oder Aufhebung der Ehe oder auf Aufhebung der Lebenspartnerschaft durch den gesetzlichen Vertreter eines geschäftsunfähigen Ehegatten oder Lebenspartners nach § 125 Absatz 2 Satz 2, § 270 Absatz 1 Satz 1 des Gesetzes über das Verfahren in Familiensachen und in den Angelegenheiten der freiwilligen Gerichtsbarkeit[3].

(2) Soweit die Maßnahmen und Anordnungen nach den §§ 10 bis 15, 20, 21, 32 bis 35, 38 bis 41, 44 bis 44c, 44f, 44h, 44j und 47 bis 50 des Internationalen Familienrechtsverfahrensgesetzes[4] dem Familiengericht obliegen, bleiben sie dem Richter vorbehalten.

## § 15[5] Betreuungssachen und betreuungsgerichtliche Zuweisungssachen.

(1) Von den Angelegenheiten, die dem Betreuungsgericht übertragen sind, bleiben dem Richter vorbehalten:

1. Verrichtungen aufgrund der §§ 1814 bis 1816, 1817 Absatz 1 bis 4, der §§ 1818, 1819, 1820 Absatz 3 bis 5 und des § 1868 Absatz 1 bis 4 und 7 des Bürgerlichen Gesetzbuchs[6] sowie die anschließende Bestellung eines neuen Betreuers;
2. die Bestellung eines neuen Betreuers im Fall des Todes des Betreuers nach § 1869 des Bürgerlichen Gesetzbuchs;
3. Verrichtungen auf Grund des § 1871 des Bürgerlichen Gesetzbuchs, des § 291 des Gesetzes über das Verfahren in Familiensachen und in den Angelegenheiten der freiwilligen Gerichtsbarkeit[3];
4. Verrichtungen auf Grund der §§ 1825, 1829 und 1830 des Bürgerlichen Gesetzbuchs;
5. *(aufgehoben)*
6. die Anordnung einer Betreuung oder Pflegschaft auf Grund dienstrechtlicher Vorschriften;

---

[1] Nr. **89**.
[2] **Habersack, Deutsche Gesetze ErgBd. Nr. 45j.**
[3] Nr. **112**.
[4] **Habersack, Deutsche Gesetze ErgBd. Nr. 103n.**
[5] § 15 Abs. 1 Nr. 1 neu gef., Nr. 2–4 geänd., Nr. 5 aufgeh., Nr. 7 neu gef., Satz 2 aufgeh. mWv 1.1. 2023 durch G v. 4.5.2021 (BGBl. I S. 882).
[6] Nr. **20**.

7. die Entscheidung nach § 1834 des Bürgerlichen Gesetzbuchs;
8. die Genehmigung nach § 6 des Gesetzes über die freiwillige Kastration und andere Behandlungsmethoden;
9. die Genehmigung nach § 3 Absatz 1 Satz 2 sowie nach § 6 Absatz 2 Satz 1, § 7 Absatz 3 Satz 2 und § 9 Absatz 3 Satz 1, jeweils in Verbindung mit § 3 Absatz 1 Satz 2 des Gesetzes über die Änderung der Vornamen und die Feststellung der Geschlechtszugehörigkeit in besonderen Fällen;
10. die Genehmigung für den Antrag auf Scheidung oder Aufhebung der Ehe oder auf Aufhebung der Lebenspartnerschaft durch den gesetzlichen Vertreter eines geschäftsunfähigen Ehegatten oder Lebenspartners nach § 125 Absatz 2 Satz 2, § 270 Absatz 1 Satz 1 des Gesetzes über das Verfahren in Familiensachen und in den Angelegenheiten der freiwilligen Gerichtsbarkeit.

(2) Die Maßnahmen und Anordnungen nach den §§ 6 bis 12 des Erwachsenenschutzübereinkommens-Ausführungsgesetzes vom 17. März 2007 (BGBl. I S. 314) bleiben dem Richter vorbehalten.

**§ 16[1)] Nachlass- und Teilungssachen; Europäisches Nachlasszeugnis.**

(1) In Nachlass- und Teilungssachen bleiben dem Richter vorbehalten
1. die Geschäfte des Nachlassgerichts, die bei einer Nachlasspflegschaft oder Nachlassverwaltung erforderlich werden, soweit sie den nach § 14 dieses Gesetzes von der Übertragung ausgeschlossenen Geschäften in Kindschaftssachen entsprechen;
2. die Ernennung von Testamentsvollstreckern (§ 2200 des Bürgerlichen Gesetzbuchs[2)]);
3. die Entscheidung über Anträge, eine vom Erblasser für die Verwaltung des Nachlasses durch letztwillige Verfügung getroffene Anordnung außer Kraft zu setzen (§ 2216 Absatz 2 Satz 2 des Bürgerlichen Gesetzbuchs);
4. die Entscheidung von Meinungsverschiedenheiten zwischen mehreren Testamentsvollstreckern (§ 2224 des Bürgerlichen Gesetzbuchs);
5. die Entlassung eines Testamentsvollstreckers aus wichtigem Grund (§ 2227 des Bürgerlichen Gesetzbuchs);
6. die Erteilung von Erbscheinen (§ 2353 des Bürgerlichen Gesetzbuchs) sowie Zeugnissen nach den §§ 36, 37 der Grundbuchordnung[3)] oder den §§ 42, 74 der Schiffsregisterordnung, sofern eine Verfügung von Todes wegen vorliegt oder die Anwendung ausländischen Rechts in Betracht kommt, ferner die Erteilung von Testamentsvollstreckerzeugnissen (§ 2368 des Bürgerlichen Gesetzbuchs);
7. die Einziehung von Erbscheinen (§ 2361 des Bürgerlichen Gesetzbuchs) und von Zeugnissen nach den §§ 36, 37 der Grundbuchordnung und den §§ 42, 74 der Schiffsregisterordnung, wenn die Erbscheine oder Zeugnisse vom Richter erteilt oder wegen einer Verfügung von Todes wegen einzuziehen sind, ferner die Einziehung von Testamentsvollstreckerzeugnissen (§ 2368 des Bürgerlichen Gesetzbuchs) und von Zeugnissen über die Fortsetzung einer Gütergemeinschaft (§ 1507 des Bürgerlichen Gesetzbuchs).

---

[1)] § 16 Abs. 1 Nr. 6 ber. BGBl. 2014 I S. 46; Überschrift neu gef., Abs. 2 eingef., bish. Abs. 2 wird Abs. 3 und Satz 1 neu gef. mWv 17.8.2015 durch G v. 29.6.2015 (BGBl. I S. 1042).
[2)] Nr. **20**.
[3)] Nr. **114**.

(2) In Verfahren im Zusammenhang mit dem Europäischen Nachlasszeugnis bleiben die Ausstellung, Berichtigung, Änderung oder der Widerruf eines Europäischen Nachlasszeugnisses (§ 33 Nummer 1 des Internationalen Erbrechtsverfahrensgesetzes[1]) sowie die Aussetzung der Wirkungen eines Europäischen Nachlasszeugnisses (§ 33 Nummer 3 des Internationalen Erbrechtsverfahrensgesetzes) dem Richter vorbehalten, sofern eine Verfügung von Todes wegen vorliegt oder die Anwendung ausländischen Rechts in Betracht kommt.

(3) [1] Wenn trotz Vorliegens einer Verfügung von Todes wegen die gesetzliche Erbfolge maßgeblich ist und deutsches Erbrecht anzuwenden ist, kann der Richter dem Rechtspfleger folgende Angelegenheiten übertragen:

1. die Erteilung eines Erbscheins;
2. die Ausstellung eines Europäischen Nachlasszeugnisses;
3. die Erteilung eines Zeugnisses nach den §§ 36 und 37 der Grundbuchordnung oder den §§ 42 und 74 der Schiffsregisterordnung.

[2] Der Rechtspfleger ist an die ihm mitgeteilte Auffassung des Richters gebunden.

**§ 17[2] Registersachen und unternehmensrechtliche Verfahren.** In Handels-, Genossenschafts- und Partnerschaftsregistersachen sowie in unternehmensrechtlichen Verfahren nach dem Buch 5 des Gesetzes über das Verfahren in Familiensachen und in den Angelegenheiten der freiwilligen Gerichtsbarkeit[3] bleiben dem Richter vorbehalten

1. bei Aktiengesellschaften, Kommanditgesellschaften auf Aktien, Gesellschaften mit beschränkter Haftung und Versicherungsvereinen auf Gegenseitigkeit folgende Verfügungen beim Gericht des Sitzes und, wenn es sich um eine Gesellschaft mit Sitz im Ausland handelt, beim Gericht der Zweigniederlassung:
   a) auf erste Eintragung,
   b) auf Eintragung von Satzungsänderungen, die nicht nur die Fassung betreffen,
   c) auf Eintragung der Eingliederung oder der Umwandlung,
   d) auf Eintragung des Bestehens, der Änderung oder der Beendigung eines Unternehmensvertrages,
   e) auf Löschung im Handelsregister nach den §§ 394, 395, 397 und 398 des Gesetzes über das Verfahren in Familiensachen und in den Angelegenheiten der freiwilligen Gerichtsbarkeit und nach § 6 Absatz 4 Satz 1 des Versicherungsaufsichtsgesetzes,
   f) Beschlüsse nach § 399 des Gesetzes über das Verfahren in Familiensachen und in den Angelegenheiten der freiwilligen Gerichtsbarkeit;
2. die nach § 375 Nummer 1 bis 6, 9 bis 14 und 16 des Gesetzes über das Verfahren in Familiensachen und in den Angelegenheiten der freiwilligen Gerichtsbarkeit zu erledigenden Geschäfte mit Ausnahme der in
   a) § 146 Absatz 2, § 147 und § 157 Absatz 2 des Handelsgesetzbuchs[4],
   b) § 166 Absatz 3 und § 233 Absatz 3 des Handelsgesetzbuchs,
   c) § 264 Absatz 2, § 273 Absatz 4 und § 290 Absatz 3 des Aktiengesetzes[5],

---

[1] **Habersack, Deutsche Gesetze ErgBd. Nr. 103p.**

[2] § 17 Nr. 2 Buchst. e aufgeh. mWv 25.4.2013 durch G v. 20.4.2013 (BGBl. I S. 831); Nr. 1 Buchst. e geänd. mWv 1.1.2016 durch G v. 1.4.2015 (BGBl. I S. 434).

[3] Nr. **112**.

[4] Nr. **50**.

[5] Nr. **51**.

d) § 66 Absatz 2, 3 und 5 sowie § 74 Absatz 2 und 3 des Gesetzes betreffend die Gesellschaften mit beschränkter Haftung[1],[2]

geregelten Geschäfte.

**§ 18[3] Insolvenzverfahren.** (1) In Verfahren nach der Insolvenzordnung[4] bleiben dem Richter vorbehalten:

1. das Verfahren bis zur Entscheidung über den Eröffnungsantrag unter Einschluss dieser Entscheidung und der Ernennung des Insolvenzverwalters sowie des Verfahrens über einen Schuldenbereinigungsplan nach den §§ 305 bis 310 der Insolvenzordnung,
2. das Verfahren über einen Insolvenzplan nach den §§ 217 bis 256 und den §§ 258 bis 269 der Insolvenzordnung,
3. die Entscheidung über die Begründung des Gruppen-Gerichtsstands nach § 3a Absatz 1 der Insolvenzordnung, die Entscheidung über den Antrag auf Verweisung an das Gericht des Gruppen-Gerichtsstands nach § 3d Absatz 1 der Insolvenzordnung sowie das Koordinationsverfahren nach den §§ 269d bis 269i der Insolvenzordnung,
4. bei einem Antrag des Schuldners auf Erteilung der Restschuldbefreiung die Entscheidungen nach den §§ 287a, 290, 296 bis 297a und 300 der Insolvenzordnung, wenn ein Insolvenzgläubiger die Versagung der Restschuldbefreiung beantragt, sowie die Entscheidung über den Widerruf der Restschuldbefreiung nach § 303 der Insolvenzordnung,
5. Entscheidungen nach den §§ 344 bis 346 der Insolvenzordnung.

(2) [1] Der Richter kann sich das Insolvenzverfahren ganz oder teilweise vorbehalten, wenn er dies für geboten erachtet. [2] Hält er den Vorbehalt nicht mehr für erforderlich, kann er das Verfahren dem Rechtspfleger übertragen. [3] Auch nach der Übertragung kann er das Verfahren wieder an sich ziehen, wenn und solange er dies für erforderlich hält.

(3) Hat sich die Entscheidung des Rechtspflegers über die Gewährung des Stimmrechts nach § 77 der Insolvenzordnung auf das Ergebnis einer Abstimmung ausgewirkt, so kann der Richter auf Antrag eines Gläubigers oder des Insolvenzverwalters das Stimmrecht neu festsetzen und die Wiederholung der Abstimmung anordnen; der Antrag kann nur bis zum Schluss des Termins gestellt werden, in dem die Abstimmung stattfindet.

(4) [1] Ein Beamter auf Probe darf im ersten Jahr nach seiner Ernennung Geschäfte des Rechtspflegers in Insolvenzsachen nicht wahrnehmen. [2] Rechtspfleger in Insolvenzsachen sollen über belegbare Kenntnisse des Insolvenzrechts und Grundkenntnisse des Handels- und Gesellschaftsrechts und der für das Insolvenzverfahren notwendigen Teile des Arbeits-, Sozial- und Steuerrechts und des Rechnungswesens verfügen. [3] Einem Rechtspfleger, dessen Kenntnisse auf diesen Gebieten nicht belegt sind, dürfen die Aufgaben eines Rechtspflegers in Insolvenzsachen nur zugewiesen werden, wenn der Erwerb der Kenntnisse alsbald zu erwarten ist.

---

[1] Nr. **52**.

[2] Zeichensetzung amtlich.

[3] § 18 Abs. 1 Nr. 3 geänd. mWv 1.7.2014 durch G v. 15.7.2013 (BGBl. I S. 2379); Abs. 1 einl. Satzteil ber. 2014 I S. 46; Abs. 1 Nr. 3 eingef., bish. Nr. 3 und 4 werden Nr. 4 und 5 mWv 21.4.2018 durch G v. 13.4.2017 (BGBl. I S. 866).

[4] Nr. **110**.

**§ 19**[1] **Aufhebung von Richtervorbehalten.** (1) [1]Die Landesregierungen werden ermächtigt, durch Rechtsverordnung die in den vorstehenden Vorschriften bestimmten Richtervorbehalte ganz oder teilweise aufzuheben, soweit sie folgende Angelegenheiten betreffen:

1. die Geschäfte nach § 14 Absatz 1 Nummer 9 sowie § 15 Absatz 1 Nummer 1 bis 6, soweit sie nicht die Entscheidung über die Anordnung einer Betreuung und die Festlegung des Aufgabenkreises des Betreuers aufgrund der §§ 1814, 1815 und 1820 Absatz 3 des Bürgerlichen Gesetzbuchs[2] sowie die Verrichtungen aufgrund des § 1820 Absatz 4 und 5, der §§ 1825, 1829 und 1830 und 1871 des Bürgerlichen Gesetzbuchs und von § 278 Absatz 5 und § 283 des Gesetzes über das Verfahren in Familiensachen und in den Angelegenheiten der freiwilligen Gerichtsbarkeit[3] betreffen;
2. die Geschäfte nach § 16 Absatz 1 Nummer 1, soweit sie den nach § 14 Absatz 1 Nummer 9 dieses Gesetzes ausgeschlossenen Geschäften in Kindschaftssachen entsprechen;
3. die Geschäfte nach § 16 Absatz 1 Nummer 2;
4. die Geschäfte nach § 16 Absatz 1 Nummer 5, soweit der Erblasser den Testamentsvollstrecker nicht selbst ernannt oder einen Dritten zu dessen Ernennung bestimmt hat;
5. die Geschäfte nach § 16 Absatz 1 Nummer 6 und 7 sowie Absatz 2;
6. die Geschäfte nach § 17 Nummer 1, soweit sie nicht die Prüfung und Entscheidung nach § 316 Absatz 3, gegebenenfalls in Verbindung mit § 329 Satz 1, und § 343 Absatz 3 des Umwandlungsgesetzes[4] betreffen.

[2]Die Landesregierungen können die Ermächtigung auf die Landesjustizverwaltungen übertragen.

(2) In der Verordnung nach Absatz 1 ist vorzusehen, dass der Rechtspfleger das Verfahren dem Richter zur weiteren Bearbeitung vorzulegen hat, soweit bei den Geschäften nach Absatz 1 Satz 1 Nummer 2 bis 5 gegen den Erlass der beantragten Entscheidung Einwände erhoben werden.

(3) Soweit von der Ermächtigung nach Absatz 1 Nummer 1 hinsichtlich der Auswahl und Bestellung eines Betreuers Gebrauch gemacht wird, sind die Vorschriften des Gesetzes über das Verfahren in Familiensachen und in den Angelegenheiten der freiwilligen Gerichtsbarkeit über die Bestellung eines Betreuers auch für die Anordnung einer Betreuung und Festlegung des Aufgabenkreises des Betreuers nach den §§ 1814 und 1815 des Bürgerlichen Gesetzbuchs anzuwenden.

**§ 19a**[5] **Verfahren nach dem internationalen Insolvenzrecht.** (1) In Verfahren nach der Verordnung (EG) Nr. 1346/2000 des Rates vom 29. Mai 2000 über Insolvenzverfahren (ABl. EG Nr. L 160 S. 1) und nach Artikel 102 des Einführungsgesetzes zur Insolvenzordnung[6] bleiben dem Richter vorbehalten:

1. die Einstellung eines Insolvenzverfahrens zugunsten der Gerichte eines anderen Mitgliedstaats nach Artikel 102 § 4 des Einführungsgesetzes zur Insolvenzordnung,

---

[1] § 19 Abs. 1 Satz 1 Nr. 5 neu gef. mWv 17.8.2015 durch G v. 29.6.2015 (BGBl. I S. 1042); Abs. 1 Satz 1 Nr. 1 neu gef., Nr. 2 und Abs. 3 geänd. mWv 1.1.2023 durch G v. 4.5.2021 (BGBl. I S. 882); Abs. 1 Satz 1 Nr. 6 geänd. mWv 1.3.2023 durch G v. 22.2.2023 (BGBl. 2023 I Nr. 51).

[2] Nr. **20**.

[3] Nr. **112**.

[4] Nr. **52a**.

[5] § 19a Abs. 3 angef. mWv 26.6.2017 durch G v. 5.6.2017 (BGBl. I S. 1476).

[6] Nr. **110a**.

2. die Anordnung von Sicherungsmaßnahmen nach Artikel 38 der Verordnung (EG) Nr. 1346/2000.

(2) Im Verfahren nach dem Ausführungsgesetz zum deutsch-österreichischen Konkursvertrag vom 8. März 1985 (BGBl. I S. 535) bleiben dem Richter vorbehalten:

1. die Einstellung eines Verfahrens zugunsten der österreichischen Gerichte (§§ 3, 24 des Ausführungsgesetzes),
2. die Bestellung eines besonderen Konkurs- oder besonderen Vergleichsverwalters, wenn der Konkurs- oder Vergleichsverwalter von dem Richter ernannt worden ist (§§ 4, 24 des Ausführungsgesetzes),
3. die Anordnung von Zwangsmaßnahmen einschließlich der Haft (§§ 11, 15, 24 des Ausführungsgesetzes),
4. die Entscheidung über die Postsperre (§§ 17, 24 des Ausführungsgesetzes).

(3) In Verfahren nach der Verordnung (EU) 2015/848[1)] und nach Artikel 102c des Einführungsgesetzes zur Insolvenzordnung bleiben dem Richter vorbehalten:

1. die Entscheidung über die Fortführung eines Insolvenzverfahrens als Sekundärinsolvenzverfahren nach Artikel 102c § 2 Absatz 1 Satz 2 des Einführungsgesetzes zur Insolvenzordnung,
2. die Einstellung eines Insolvenzverfahrens zugunsten eines anderen Mitgliedstaats nach Artikel 102c § 2 Absatz 1 Satz 2 des Einführungsgesetzes zur Insolvenzordnung,
3. die Entscheidung über das Stimmrecht nach Artikel 102c § 18 Absatz 1 Satz 2 des Einführungsgesetzes zur Insolvenzordnung,
4. die Entscheidung über Rechtsbehelfe und Anträge nach Artikel 102c § 21 des Einführungsgesetzes zur Insolvenzordnung,
5. die Anordnung von Sicherungsmaßnahmen nach Artikel 52 der Verordnung (EU) 2015/848,
6. die Zuständigkeit für das Gruppen-Koordinationsverfahren nach Kapitel V Abschnitt 2 der Verordnung (EU) 2015/848.

**§ 19b Schifffahrtsrechtliches Verteilungsverfahren.** (1) Im Verfahren nach der Schifffahrtsrechtlichen Verteilungsordnung bleiben dem Richter vorbehalten:

1. das Verfahren bis zur Entscheidung über den Eröffnungsantrag unter Einschluss dieser Entscheidung und der Ernennung des Sachwalters;
2. die Entscheidung, dass und in welcher Weise eine im Verlaufe des Verfahrens unzureichend gewordene Sicherheit zu ergänzen oder anderweitige Sicherheit zu leisten ist (§ 6 Absatz 5 der Schifffahrtsrechtlichen Verteilungsordnung);
3. die Entscheidung über die Erweiterung des Verfahrens auf Ansprüche wegen Personenschäden (§§ 16, 30 und 44 der Schifffahrtsrechtlichen Verteilungsordnung);
4. die Entscheidung über die Zulassung einer Zwangsvollstreckung nach § 17 Absatz 4 der Schifffahrtsrechtlichen Verteilungsordnung;
5. die Anordnung, bei der Verteilung Anteile nach § 26 Absatz 5 der Schifffahrtsrechtlichen Verteilungsordnung zurückzubehalten.

(2) [1]Der Richter kann sich das Verteilungsverfahren ganz oder teilweise vorbehalten, wenn er dies für geboten erachtet. [2]Hält er den Vorbehalt nicht mehr für

---

[1)] **Habersack, Deutsche Gesetze ErgBd. Nr. 110b.**

erforderlich, kann er das Verfahren dem Rechtspfleger übertragen. [3] Auch nach der Übertragung kann er das Verfahren wieder an sich ziehen, wenn und solange er dies für erforderlich hält.

## Dritter Abschnitt. Dem Rechtspfleger nach § 3 Nummer 3 übertragene Geschäfte

**§ 20[1)] Bürgerliche Rechtsstreitigkeiten.** (1) Folgende Geschäfte im Verfahren nach der Zivilprozessordnung[2)] werden dem Rechtspfleger übertragen:

1. das Mahnverfahren im Sinne des Siebenten Buchs der Zivilprozessordnung einschließlich der Bestimmung der Einspruchsfrist nach § 700 Absatz 1 in Verbindung mit § 339 Absatz 2 und 3 der Zivilprozessordnung sowie der Abgabe an das für das streitige Verfahren als zuständig bezeichnete Gericht, auch soweit das Mahnverfahren maschinell bearbeitet wird; jedoch bleibt das Streitverfahren dem Richter vorbehalten;
2. (weggefallen)
3. die nach den §§ 109, 715 der Zivilprozessordnung zu treffenden Entscheidungen bei der Rückerstattung von Sicherheiten;
4. im Verfahren über die Prozesskostenhilfe
   a) die in § 118 Absatz 2 der Zivilprozessordnung bezeichneten Maßnahmen einschließlich der Beurkundung von Vergleichen nach § 118 Absatz 1 Satz 3 zweiter Halbsatz, wenn der Vorsitzende den Rechtspfleger damit beauftragt;
   b) die Bestimmung des Zeitpunktes für die Einstellung und eine Wiederaufnahme der Zahlungen nach § 120 Absatz 3 der Zivilprozessordnung;
   c) die Änderung und die Aufhebung der Bewilligung der Prozesskostenhilfe nach den §§ 120a, 124 Absatz 1 Nummer 2 bis 5 der Zivilprozessordnung;
5. das Verfahren über die Bewilligung der Prozesskostenhilfe in den Fällen, in denen außerhalb oder nach Abschluss eines gerichtlichen Verfahrens die Bewilligung der Prozesskostenhilfe lediglich für die Zwangsvollstreckung beantragt wird; jedoch bleibt dem Richter das Verfahren über die Bewilligung der Prozesskostenhilfe in den Fällen vorbehalten, in welchen dem Prozessgericht die Vollstreckung obliegt oder in welchen die Prozesskostenhilfe für eine Rechtsverfolgung oder Rechtsverteidigung beantragt wird, die eine sonstige richterliche Handlung erfordert;
6. im Verfahren über die grenzüberschreitende Prozesskostenhilfe innerhalb der Europäischen Union die in § 1077 der Zivilprozessordnung bezeichneten Maßnahmen sowie die dem Vollstreckungsgericht nach § 1078 der Zivilprozessordnung obliegenden Entscheidungen; wird Prozesskostenhilfe für eine Rechtsverfolgung oder Rechtsverteidigung beantragt, die eine richterliche

---

1) § 20 Abs. 1 Nr. 4 Buchst. c geänd., Abs. 2 und 3 angef. mWv 1.1.2014 durch G v. 31.8.2013 (BGBl. I S. 3533); Abs. 2 Satz 1 geänd. mWv 16.7.2014 und Abs. 1 Nr. 11 neu gef. mWv 10.1.2015 durch G v. 8.7.2014 (BGBl. I S. 890); Abs. 1 Nr. 8 neu gef. mWv 1.10.2015 durch G v. 10.12.2014 (BGBl. I S. 2082) iVm Bek. v. 23.6.2015 (BGBl. I S. 1034); Abs. 1 Nr. 16a geänd. mWv 17.8.2015 durch G v. 29.6.2015 (BGBl. I S. 1042); Abs. 1 Nr. 1 geänd. mWv 17.6.2017 durch G v. 11.6.2017 (BGBl. I S. 1607); Abs. 1 Nr. 11 und 16a geänd. mWv 29.1.2019 durch G v. 17.12.2018 (BGBl. I S. 2573); Abs. 1 Nr. 13 geänd. mWv 1.8.2021 durch G v. 25.6.2021 (BGBl. I S. 2154); Abs. 1 Nr. 17 neu gef. mWv 1.8.2022 durch G v. 7.7.2021 (BGBl. I S. 2363).

2) Nr. **100**.

Handlung erfordert, bleibt die Entscheidung nach § 1078 der Zivilprozessordnung dem Richter vorbehalten;

6a. die Entscheidungen nach § 22 Absatz 3 des Auslandsunterhaltsgesetzes[1] vom 23. Mai 2011 (BGBl. I S. 898);

7. das Europäische Mahnverfahren im Sinne des Abschnitts 5 des Elften Buchs der Zivilprozessordnung einschließlich der Abgabe an das für das streitige Verfahren als zuständig bezeichnete Gericht, auch soweit das Europäische Mahnverfahren maschinell bearbeitet wird; jedoch bleiben die Überprüfung des Europäischen Zahlungsbefehls und das Streitverfahren dem Richter vorbehalten;

8. die Ausstellung von Bescheinigungen nach Artikel 13 Absatz 1 Buchstabe e und Absatz 3 des Haager Übereinkommens vom 30. Juni 2005 über Gerichtsstandsvereinbarungen;

9. (weggefallen)

10. die Anfertigung eines Auszugs nach Artikel 20 Absatz 1 Buchstabe b der Verordnung (EG) Nr. 4/2009[2] des Rates vom 18. Dezember 2008 über die Zuständigkeit, das anwendbare Recht, die Anerkennung und Vollstreckung von Entscheidungen und die Zusammenarbeit in Unterhaltssachen;

11. die Ausstellung, die Berichtigung und der Widerruf einer Bestätigung nach den §§ 1079 bis 1081 der Zivilprozessordnung, die Ausstellung der Bestätigung nach § 1106 der Zivilprozessordnung, die Ausstellung der Bescheinigung nach § 1110 der Zivilprozessordnung und die Ausstellung einer Bescheinigung nach Artikel 45 Absatz 3 Buchstabe b, Artikel 59 Absatz 2 und Artikel 60 Absatz 2 der Verordnung (EU) 2016/1103[3] oder nach Artikel 45 Absatz 3 Buchstabe b, Artikel 59 Absatz 2 und Artikel 60 Absatz 2 der Verordnung (EU) 2016/1104[4];

12. die Erteilung der vollstreckbaren Ausfertigungen in den Fällen des § 726 Absatz 1, der §§ 727 bis 729, 733, 738, 742, 744, 745 Absatz 2 sowie des § 749 der Zivilprozessordnung;

13. die Erteilung von weiteren vollstreckbaren Ausfertigungen gerichtlicher Urkunden und die Entscheidung über den Antrag auf Erteilung weiterer vollstreckbarer Ausfertigungen notarieller Urkunden nach § 797 Absatz 2 Nummer 2 Buchstabe c der Zivilprozessordnung und die Entscheidung über die Erteilung weiterer vollstreckbarer Ausfertigungen nach § 60 Satz 3 Nummer 2 des Achten Buches Sozialgesetzbuch[5];

14. die Anordnung, dass die Partei, welche einen Arrestbefehl oder eine einstweilige Verfügung erwirkt hat, binnen einer zu bestimmenden Frist Klage zu erheben habe (§ 926 Absatz 1, § 936 der Zivilprozessordnung);

15. die Entscheidung über Anträge auf Aufhebung eines vollzogenen Arrestes gegen Hinterlegung des in dem Arrestbefehl festgelegten Geldbetrages (§ 934 Absatz 1 der Zivilprozessordnung);

16. die Pfändung von Forderungen sowie die Anordnung der Pfändung von eingetragenen Schiffen oder Schiffsbauwerken aus einem Arrestbefehl, soweit

---

[1] **Habersack, Deutsche Gesetze ErgBd. Nr. 103o.**
[2] **Habersack, Deutsche Gesetze ErgBd. Nr. 21d.**
[3] **Habersack, Deutsche Gesetze ErgBd. Nr. 103i.**
[4] **Habersack, Deutsche Gesetze ErgBd. Nr. 103k.**
[5] **Habersack, Deutsche Gesetze ErgBd. Nr. 46.**

der Arrestbefehl nicht zugleich den Pfändungsbeschluss oder die Anordnung der Pfändung enthält;

16a. die Anordnung, dass die Sache versteigert und der Erlös hinterlegt werde, nach § 21 des Anerkennungs- und Vollstreckungsausführungsgesetzes[1] vom 19. Februar 2001 (BGBl. I S. 288, 436), nach § 51 des Auslandsunterhaltsgesetzes vom 23. Mai 2011 (BGBl. I S. 898), nach § 17 des Internationalen Erbrechtsverfahrensgesetzes[2] und § 17 des Internationalen Güterrechtsverfahrensgesetzes[3];

17. die Geschäfte im Zwangsvollstreckungsverfahren nach dem Achten Buch der Zivilprozessordnung, soweit sie zu erledigen sind
    a) von dem Vollstreckungsgericht oder einem von diesem ersuchten Gericht,
    b) in den Fällen der §§ 848, 854 und 855 der Zivilprozessordnung von einem anderen Amtsgericht oder
    c) von dem Verteilungsgericht nach § 873 der Zivilprozessordnung

    mit der Maßgabe, dass dem Richter die Entscheidungen nach § 766 der Zivilprozessordnung sowie nach Artikel 34 Absatz 1 Buchstabe b und Absatz 2 der Verordnung (EU) Nr. 655/2014[4] des Europäischen Parlaments und des Rates vom 15. Mai 2014 zur Einführung eines Verfahrens für einen Europäischen Beschluss zur vorläufigen Kontenpfändung im Hinblick auf die Erleichterung der grenzüberschreitenden Eintreibung von Forderungen in Zivil- und Handelssachen (ABl. L 189 vom 27.6.2014, S. 59) vorbehalten bleiben.

(2) [1]Die Landesregierungen werden ermächtigt, durch Rechtsverordnung zu bestimmen, dass die Prüfung der persönlichen und wirtschaftlichen Verhältnisse nach den §§ 114 bis 116 der Zivilprozessordnung einschließlich der in § 118 Absatz 2 der Zivilprozessordnung bezeichneten Maßnahmen, der Beurkundung von Vergleichen nach § 118 Absatz 1 Satz 3 der Zivilprozessordnung und der Entscheidungen nach § 118 Absatz 2 Satz 4 der Zivilprozessordnung durch den Rechtspfleger vorzunehmen ist, wenn der Vorsitzende das Verfahren dem Rechtspfleger insoweit überträgt. [2]In diesem Fall ist § 5 Absatz 1 Nummer 2 nicht anzuwenden. [3]Liegen die Voraussetzungen für die Bewilligung der Prozesskostenhilfe hiernach nicht vor, erlässt der Rechtspfleger die den Antrag ablehnende Entscheidung; anderenfalls vermerkt der Rechtspfleger in den Prozessakten, dass dem Antragsteller nach seinen persönlichen und wirtschaftlichen Verhältnissen Prozesskostenhilfe gewährt werden kann und in welcher Höhe gegebenenfalls Monatsraten oder Beträge aus dem Vermögen zu zahlen sind.

(3) Die Landesregierungen können die Ermächtigung nach Absatz 2 auf die Landesjustizverwaltungen übertragen.

**§ 21 Festsetzungsverfahren.** Folgende Geschäfte im Festsetzungsverfahren werden dem Rechtspfleger übertragen:

1. die Festsetzung der Kosten in den Fällen, in denen die §§ 103 ff. der Zivilprozessordnung[5] anzuwenden sind;
2. die Festsetzung der Vergütung des Rechtsanwalts nach § 11 des Rechtsanwaltsvergütungsgesetzes[6];

---

[1] **Habersack, Deutsche Gesetze ErgBd. Nr. 103a.**
[2] **Habersack, Deutsche Gesetze ErgBd. Nr. 103p.**
[3] **Habersack, Deutsche Gesetze ErgBd. Nr. 103q.**
[4] **Habersack, Deutsche Gesetze ErgBd. Nr. 103h.**
[5] Nr. **100**.
[6] Nr. **117**.

3. die Festsetzung der Gerichtskosten nach den Gesetzen und Verordnungen zur Ausführung von Verträgen mit ausländischen Staaten über die Rechtshilfe sowie die Anerkennung und Vollstreckung gerichtlicher Entscheidungen und anderer Schuldtitel in Zivil- und Handelssachen.

**§ 22[1)] Gerichtliche Geschäfte in Straf- und Bußgeldverfahren.** Von den gerichtlichen Geschäften in Straf- und Bußgeldverfahren wird dem Rechtspfleger die Entscheidung über Feststellungsanträge nach § 52 Absatz 2 und § 53 Absatz 3 des Rechtsanwaltsvergütungsgesetzes[2)] übertragen.

**§ 23[3)] Verfahren vor dem Bundespatentgericht.** (1) Im Verfahren vor dem Bundespatentgericht werden dem Rechtspfleger die folgenden Geschäfte übertragen:

1. die nach den §§ 109, 715 der Zivilprozessordnung[4)] in Verbindung mit § 99 Absatz 1 des Patentgesetzes[5)] zu treffenden Entscheidungen bei der Rückerstattung von Sicherheiten in den Fällen des § 81 Absatz 6 und des § 85 Absatz 2 und 6 des Patentgesetzes sowie des § 20 des Gebrauchsmustergesetzes[6)];
2. bei Verfahrenskostenhilfe (§§ 129 bis 137 des Patentgesetzes, § 21 Absatz 2 des Gebrauchsmustergesetzes, § 81a Absatz 2 des Markengesetzes[7)], § 24 des Designgesetzes[8)], § 11 Absatz 2 des Halbleiterschutzgesetzes, § 36 des Sortenschutzgesetzes) die in § 20 Absatz 1 Nummer 4 bezeichneten Maßnahmen;
3. (weggefallen)
4. der Ausspruch, dass eine Klage, ein Antrag auf einstweilige Verfügung, ein Antrag auf gerichtliche Entscheidung im Einspruchsverfahren sowie eine Beschwerde als nicht erhoben gilt (§ 6 Absatz 2 des Patentkostengesetzes[9)]) oder eine Klage nach § 81 Absatz 6 Satz 3 des Patentgesetzes als zurückgenommen gilt;
5. die Bestimmung einer Frist für die Nachreichung der schriftlichen Vollmacht (§ 97 Absatz 5 Satz 2 des Patentgesetzes, § 18 Absatz 2 des Gebrauchsmustergesetzes, § 4 Absatz 4 Satz 3 des Halbleiterschutzgesetzes, § 81 Absatz 5 Satz 3 des Markengesetzes, § 23 Absatz 4 Satz 4 des Designgesetzes);
6. die Anordnung, Urschriften, Ablichtungen oder beglaubigte Abschriften von Druckschriften, die im Deutschen Patent- und Markenamt und im Bundespatentgericht nicht vorhanden sind, einzureichen (§ 125 Absatz 1 des Patentgesetzes, § 18 Absatz 2 des Gebrauchsmustergesetzes, § 4 Absatz 4 Satz 3 des Halbleiterschutzgesetzes);

---

[1)] § 22 neu gef. mWv 1.7.2017 durch G v. 13.4.2017 (BGBl. I S. 872).
[2)] Nr. **117**.
[3)] § 23 Abs. 1 Nr. 2, 5, 7, 9–13 geänd. (Änd. von Nr. 7 und 12 mangels Textübereinstimmung nicht ausführbar) mWv 1.1.2014 durch G v. 10.10.2013 (BGBl. I S. 3799); Abs. 1 Nr. 5, 7 und 9–12 geänd. mWv 1.7.2016 durch G v. 4.4.2016 (BGBl. I S. 558); Abs. 1 Nr. 10 geänd. mWv 1.8.2021 durch G v. 25.6.2021 (BGBl. I S. 2154); Überschrift neu gef., Abs. 1 einl. Satzteil, Nr. 2, 6 und 9 geänd. mWv 1.8. 2022 durch G v. 7.7.2021 (BGBl. I S. 2363); Abs. 1 Nr. 13 geänd. mWv 1.5.2022 durch G v. 10.8.2021 (BGBl. I S. 3490).
[4)] Nr. **100**.
[5)] **Habersack, Deutsche Gesetze ErgBd. Nr. 70.**
[6)] **Habersack, Deutsche Gesetze ErgBd. Nr. 71.**
[7)] Nr. **72**.
[8)] **Habersack, Deutsche Gesetze ErgBd. Nr. 69.**
[9)] **Habersack, Deutsche Gesetze ErgBd. Nr. 70b.**

7. die Aufforderung zur Benennung eines Vertreters nach § 25 des Patentgesetzes, § 28 des Gebrauchsmustergesetzes, § 11 Absatz 2 des Halbleiterschutzgesetzes, § 96 des Markengesetzes, § 58 des Designgesetzes;
8. (weggefallen)
9. die Erteilung der vollstreckbaren Ausfertigungen in den Fällen des § 20 Absatz 1 Nummer 12 dieses Gesetzes in Verbindung mit § 99 Absatz 1 des Patentgesetzes, § 18 Absatz 2 des Gebrauchsmustergesetzes, § 4 Absatz 4 Satz 3 des Halbleiterschutzgesetzes, § 82 Absatz 1 des Markengesetzes, § 23 Absatz 4 Satz 4 des Designgesetzes;
10. die Erteilung von weiteren vollstreckbaren Ausfertigungen gerichtlicher Urkunden nach § 797 Absatz 2 Nummer 1 der Zivilprozessordnung in Verbindung mit § 99 Absatz 1 des Patentgesetzes, § 18 Absatz 2 des Gebrauchsmustergesetzes, § 4 Absatz 4 Satz 3 des Halbleiterschutzgesetzes, § 82 Absatz 1 des Markengesetzes, § 23 Absatz 4 Satz 4 des Designgesetzes;
11. die Entscheidung über Anträge auf Gewährung von Akteneinsicht an dritte Personen, sofern kein Beteiligter Einwendungen erhebt und es sich nicht um Akten von Patentanmeldungen, Patenten, Gebrauchsmusteranmeldungen, Gebrauchsmustern, angemeldeter oder eingetragener Topographien handelt, für die jede Bekanntmachung unterbleibt (§§ 50, 99 Absatz 3 des Patentgesetzes, §§ 9, 18 Absatz 2 des Gebrauchsmustergesetzes, § 4 Absatz 4 Satz 3 des Halbleiterschutzgesetzes, § 82 Absatz 3 des Markengesetzes, § 23 Absatz 4 Satz 4 des Designgesetzes;
12. die Festsetzung der Kosten nach §§ 103 ff. der Zivilprozessordnung in Verbindung mit § 80 Absatz 5, § 84 Absatz 2 Satz 2, § 99 Absatz 1, § 109 Absatz 3 des Patentgesetzes, § 18 Absatz 2 des Gebrauchsmustergesetzes, § 4 Absatz 4 Satz 3 des Halbleiterschutzgesetzes, § 71 Absatz 5, § 82 Absatz 1, § 90 Absatz 4 des Markengesetzes, § 23 Absatz 4 und 5 des Designgesetzes;
13. die Erteilung der vollstreckbaren Ausfertigungen in den Fällen des § 125a des Markengesetzes und § 64 des Designgesetzes.

(2) [1] Gegen die Entscheidungen des Rechtspflegers nach Absatz 1 ist die Erinnerung zulässig. [2] Sie ist binnen einer Frist von zwei Wochen einzulegen. [3] § 11 Absatz 1 und 2 Satz 1 ist nicht anzuwenden.

**§ 24 Aufnahme von Erklärungen.** (1) Folgende Geschäfte der Geschäftsstelle werden dem Rechtspfleger übertragen:

1. die Aufnahme von Erklärungen über die Einlegung und Begründung
   a) der Rechtsbeschwerde und der weiteren Beschwerde,
   b) der Revision in Strafsachen;
2. die Aufnahme eines Antrags auf Wiederaufnahme des Verfahrens (§ 366 Absatz 2 der Strafprozessordnung, § 85 des Gesetzes über Ordnungswidrigkeiten).

(2) Ferner soll der Rechtspfleger aufnehmen:

1. sonstige Rechtsbehelfe, soweit sie gleichzeitig begründet werden;
2. Klagen und Klageerwiderungen;
3. andere Anträge und Erklärungen, die zur Niederschrift der Geschäftsstelle abgegeben werden können, soweit sie nach Schwierigkeit und Bedeutung den in den Nummern 1 und 2 genannten Geschäften vergleichbar sind.

(3) § 5 ist nicht anzuwenden.

**§ 24a**[1] **Beratungshilfe.** (1) Folgende Geschäfte werden dem Rechtspfleger übertragen:

1. die Entscheidung über Anträge auf Gewährung und Aufhebung von Beratungshilfe einschließlich der grenzüberschreitenden Beratungshilfe nach § 10 Absatz 4 des Beratungshilfegesetzes[2];
2. die dem Amtsgericht nach § 3 Absatz 2 des Beratungshilfegesetzes zugewiesenen Geschäfte.

(2) § 11 Absatz 2 Satz 1 bis 4 und Absatz 3 ist nicht anzuwenden.

**§ 24b Amtshilfe.** (1) Die Landesregierungen werden ermächtigt, durch Rechtsverordnung die Geschäfte der Amtshilfe dem Rechtspfleger zu übertragen.

(2) Die Landesregierungen können die Ermächtigung auf die Landesjustizverwaltungen übertragen.

**§ 25**[3] **Sonstige Geschäfte auf dem Gebiet der Familiensachen.** Folgende weitere Geschäfte in Familiensachen einschließlich der entsprechenden Lebenspartnerschaftssachen werden dem Rechtspfleger übertragen:

1. (weggefallen)
2. in Unterhaltssachen
   a) Verfahren nach § 231 Absatz 2 des Gesetzes über das Verfahren in Familiensachen und in den Angelegenheiten der freiwilligen Gerichtsbarkeit, soweit nicht ein Verfahren nach § 231 Absatz 1 des Gesetzes über das Verfahren in Familiensachen und in den Angelegenheiten der freiwilligen Gerichtsbarkeit anhängig ist,
   b) die Bezifferung eines Unterhaltstitels nach § 245 des Gesetzes über das Verfahren in Familiensachen und in den Angelegenheiten der freiwilligen Gerichtsbarkeit,
   c) das vereinfachte Verfahren über den Unterhalt Minderjähriger;
3. in Güterrechtssachen
   a) die Ersetzung der Zustimmung eines Ehegatten, Lebenspartners oder Abkömmlings nach § 1452 des Bürgerlichen Gesetzbuchs,
   b) die Entscheidung über die Stundung einer Ausgleichsforderung und Übertragung von Vermögensgegenständen nach den §§ 1382 und 1383 des Bürgerlichen Gesetzbuchs[4], jeweils auch in Verbindung mit § 6 Satz 2 des Lebenspartnerschaftsgesetzes[5], mit Ausnahme der Entscheidung im Fall des § 1382 Absatz 5 und des § 1383 Absatz 3 des Bürgerlichen Gesetzbuchs, jeweils auch in Verbindung mit § 6 Satz 2 des Lebenspartnerschaftsgesetzes,
   c) die Entscheidung über die Stundung einer Ausgleichsforderung und Übertragung von Vermögensgegenständen nach § 1519 des Bürgerlichen Gesetzbuchs in Verbindung mit Artikel 12 Absatz 2 Satz 2 und Artikel 17 des Abkommens vom 4. Februar 2010 zwischen der Bundesrepublik Deutschland und der Französischen Republik über den Güterstand der Wahl-Zugewinn-

---

[1] § 24a Abs. 2 geänd. mWv 1.1.2014 durch G v. 5.12.2012 (BGBl. I S. 2418); Abs. 1 Nr. 1 geänd. mWv 1.1.2014 durch G v. 31.8.2013 (BGBl. I S. 3533).

[2] **Habersack, Deutsche Gesetze ErgBd. Nr. 98b.**

[3] § 25 Nr. 3 Buchst. b geänd., Buchst. c angef. mWv 1.5.2013 durch G v. 15.3.2012 (BGBl. II S. 178) iVm Bek. v. 22.4.2013 (BGBl. II S. 413); Nr. 3 Buchst. c geänd., Nr. 4 angef. mWv 11.1.2015 durch G v. 5.12.2014 (BGBl. I S. 1964).

[4] Nr. **20**.

[5] **Habersack, Deutsche Gesetze ErgBd. Nr. 43.**

gemeinschaft, jeweils auch in Verbindung mit § 7 des Lebenspartnerschaftsgesetzes, soweit nicht über die Ausgleichsforderung ein Rechtsstreit anhängig wird;

4. in Verfahren nach dem EU-Gewaltschutzverfahrensgesetz vom 5. Dezember 2014 (BGBl. I S. 1964) die Ausstellung von Bescheinigungen nach Artikel 5 Absatz 1 und Artikel 14 Absatz 1 der Verordnung (EU) Nr. 606/2013 des Europäischen Parlaments und des Rates vom 12. Juni 2013 über die gegenseitige Anerkennung von Schutzmaßnahmen in Zivilsachen (ABl. L 181 vom 29.6.2013, S. 4) sowie deren Berichtigung und Aufhebung gemäß Artikel 9 Absatz 1 der Verordnung (EU) Nr. 606/2013.

**§ 25a[1] Verfahrenskostenhilfe.** [1] In Verfahren über die Verfahrenskostenhilfe nach dem Gesetz über das Verfahren in Familiensachen und in den Angelegenheiten der freiwilligen Gerichtsbarkeit[2] werden dem Rechtspfleger die dem § 20 Absatz 1 Nummer 4 und 5 entsprechenden Geschäfte übertragen. [2] § 20 Absatz 2 und 3 gilt entsprechend.

## Vierter Abschnitt.[3] Sonstige Vorschriften auf dem Gebiet der Gerichtsverfassung

**§ 26[4] Verhältnis des Rechtspflegers zum Urkundsbeamten der Geschäftsstelle.** Die Zuständigkeit des Urkundsbeamten der Geschäftsstelle nach Maßgabe der gesetzlichen Vorschriften bleibt unberührt, soweit sich nicht aus § 20 Absatz 1 Nummer 12 (zu den §§ 726 ff. der Zivilprozessordnung[5]), aus § 21 Nummer 1 (Festsetzungsverfahren) und aus § 24 (Aufnahme von Erklärungen) etwas anderes ergibt.

**§ 27 Pflicht zur Wahrnehmung sonstiger Dienstgeschäfte.** (1) Durch die Beschäftigung eines Beamten als Rechtspfleger wird seine Pflicht, andere Dienstgeschäfte einschließlich der Geschäfte des Urkundsbeamten der Geschäftsstelle wahrzunehmen, nicht berührt.

(2) Die Vorschriften dieses Gesetzes sind auf die sonstigen Dienstgeschäfte eines mit den Aufgaben des Rechtspflegers betrauten Beamten nicht anzuwenden.

**§ 28 Zuständiger Richter.** Soweit mit Angelegenheiten, die dem Rechtspfleger zur selbständigen Wahrnehmung übertragen sind, nach diesem Gesetz der Richter befasst wird, ist hierfür das nach den allgemeinen Verfahrensvorschriften zu bestimmende Gericht in der für die jeweilige Amtshandlung vorgeschriebenen Besetzung zuständig.

---

[1] § 25a geänd. mWv 16.7.2014 durch G v. 8.7.2014 (BGBl. I S. 890); Satz 1 geänd., Satz 2 angef. mWv 19.12.2014 durch G v. 10.12.2014 (BGBl. I S. 2082); Satz 1 geänd. mWv 1.8.2022 durch G v. 7.7.2021 (BGBl. I S. 2363).

[2] Nr. **112**.

[3] 4. Abschnitt ber. BGBl. 2014 I S. 46.

[4] § 26 geänd. mWv 1.8.2022 durch G v. 7.7.2021 (BGBl. I S. 2363).

[5] Nr. **100**.

## Fünfter Abschnitt. Dem Rechtspfleger übertragene Geschäfte in anderen Bereichen

**§ 29 Geschäfte im internationalen Rechtsverkehr.** Dem Rechtspfleger werden folgende Aufgaben übertragen:
1. die der Geschäftsstelle des Amtsgerichts gesetzlich zugewiesene Ausführung ausländischer Zustellungsanträge;
2. die Entgegennahme von Anträgen auf Unterstützung in Unterhaltssachen nach § 7 des Auslandsunterhaltsgesetzes[1] vom 23. Mai 2011 (BGBl. I S. 898) sowie die Entscheidung über Anträge nach § 10 Absatz 3 des Auslandsunterhaltsgesetzes;
3. die Entgegennahme von Anträgen nach § 42 Absatz 1 und die Entscheidung über Anträge nach § 5 Absatz 2 des Internationalen Familienrechtsverfahrensgesetzes[2] vom 26. Januar 2005 (BGBl. I S. 162).

**§ 30** (weggefallen)

**§ 31[3] Geschäfte der Staatsanwaltschaft im Straf- und Bußgeldverfahren und Vollstreckung in Straf- und Bußgeldsachen sowie von Ordnungs- und Zwangsmitteln.** (1) [1] Von den Geschäften der Staatsanwaltschaft im Strafverfahren werden dem Rechtspfleger übertragen:
1. die Geschäfte bei der Vollziehung der Beschlagnahme (§ 111c Absatz 3 Satz 1 und Absatz 4 Satz 2 und 3 der Strafprozessordnung[4]),
2. die Geschäfte bei der Vollziehung der Beschlagnahme und der Vollziehung des Vermögensarrestes sowie die Anordnung der Notveräußerung und die weiteren Anordnungen bei deren Durchführung (§§ 111k, 111l und 111p der Strafprozessordnung), soweit die entsprechenden Geschäfte im Zwangsvollstreckungs- und Arrestverfahren dem Rechtspfleger übertragen sind,
3. die Geschäfte im Zusammenhang mit Insolvenzverfahren (§ 111i der Strafprozessordnung),
4. die Geschäfte bei der Verwaltung beschlagnahmter oder gepfändeter Gegenstände (§ 111m der Strafprozessordnung) und
5. die Geschäfte bei der Vollziehung der Herausgabe von beschlagnahmten beweglichen Sachen (§ 111n in Verbindung mit § 111c Absatz 1 der Strafprozessordnung).

[2] In Bußgeldverfahren gilt für die Geschäfte der Staatsanwaltschaft Satz 1 entsprechend.

(2) [1] Die der Vollstreckungsbehörde in Straf- und Bußgeldsachen obliegenden Geschäfte werden dem Rechtspfleger übertragen. [2] Ausgenommen sind Entscheidungen nach § 114 des Jugendgerichtsgesetzes[5]. [3] Satz 1 gilt entsprechend, soweit Ordnungs- und Zwangsmittel von der Staatsanwaltschaft vollstreckt werden.

---

[1] **Habersack, Deutsche Gesetze ErgBd. Nr. 103o.**

[2] **Habersack, Deutsche Gesetze ErgBd. Nr. 103n.**

[3] § 31 Abs. 5 Satz 3 geänd. mWv 8.9.2015 durch VO v. 31.8.2015 (BGBl. I S. 1474); Abs. 1 neu gef. mWv 1.7.2017 durch G v. 13.4.2017 (BGBl. I S. 872); Überschrift neu gef., Abs. 1 Satz 1 Nr. 2–4 geänd., Nr. 5 und Satz 2 angef. mWv 1.7.2021 durch G v. 25.6.2021 (BGBl. I S. 2099); Abs. 5 Satz 3 geänd. mWv 1.8.2022 durch G v. 7.7.2021 (BGBl. I S. 2363).

[4] Nr. **90**.

[5] Nr. **89**.

(2a) Der Rechtspfleger hat die ihm nach Absatz 2 Satz 1 übertragenen Sachen dem Staatsanwalt vorzulegen, wenn

1. er von einer ihm bekannten Stellungnahme des Staatsanwalts abweichen will oder
2. zwischen dem übertragenen Geschäft und einem vom Staatsanwalt wahrzunehmenden Geschäft ein so enger Zusammenhang besteht, dass eine getrennte Sachbearbeitung nicht sachdienlich ist, oder
3. ein Ordnungs- oder Zwangsmittel von dem Staatsanwalt verhängt ist und dieser sich die Vorlage ganz oder teilweise vorbehalten hat.

(2b) Der Rechtspfleger kann die ihm nach Absatz 2 Satz 1 übertragenen Geschäfte dem Staatsanwalt vorlegen, wenn

1. sich bei der Bearbeitung Bedenken gegen die Zulässigkeit der Vollstreckung ergeben oder
2. ein Urteil vollstreckt werden soll, das von einem Mitangeklagten mit der Revision angefochten ist.

(2c) [1] Die vorgelegten Sachen bearbeitet der Staatsanwalt, solange er es für erforderlich hält. [2] Er kann die Sachen dem Rechtspfleger zurückgeben. [3] An eine dabei mitgeteilte Rechtsauffassung oder erteilte Weisungen ist der Rechtspfleger gebunden.

(3) Die gerichtliche Vollstreckung von Ordnungs- und Zwangsmitteln wird dem Rechtspfleger übertragen, soweit sich nicht der Richter im Einzelfall die Vollstreckung ganz oder teilweise vorbehält.

(4) (weggefallen)

(5) [1] Die Leitung der Vollstreckung im Jugendstrafverfahren bleibt dem Richter vorbehalten. [2] Dem Rechtspfleger werden die Geschäfte der Vollstreckung übertragen, durch die eine richterliche Vollstreckungsanordnung oder eine die Leitung der Vollstreckung nicht betreffende allgemeine Verwaltungsvorschrift ausgeführt wird. [3] Das Bundesministerium der Justiz und für Verbraucherschutz wird ermächtigt, durch Rechtsverordnung mit Zustimmung des Bundesrates auf dem Gebiet der Vollstreckung im Jugendstrafverfahren dem Rechtspfleger nichtrichterliche Geschäfte zu übertragen, soweit nicht die Leitung der Vollstreckung durch den Jugendrichter beeinträchtigt wird oder das Vollstreckungsgeschäft wegen seiner rechtlichen Schwierigkeit, wegen der Bedeutung für den Betroffenen, vor allem aus erzieherischen Gründen, oder zur Sicherung einer einheitlichen Rechtsanwendung dem Vollstreckungsleiter vorbehalten bleiben muss. [4] Der Richter kann die Vorlage von übertragenen Vollstreckungsgeschäften anordnen.

(6) [1] Gegen die Maßnahmen des Rechtspflegers ist der Rechtsbehelf gegeben, der nach den allgemeinen verfahrensrechtlichen Vorschriften zulässig ist. [2] Ist hiernach ein Rechtsbehelf nicht gegeben, entscheidet über Einwendungen der Richter oder Staatsanwalt, an dessen Stelle der Rechtspfleger tätig geworden ist. [3] Er kann dem Rechtspfleger Weisungen erteilen. [4] Die Befugnisse des Behördenleiters aus den §§ 145, 146 des Gerichtsverfassungsgesetzes[1)] bleiben unberührt.

(7) Unberührt bleiben ferner bundes- und landesrechtliche Vorschriften, welche die Vollstreckung von Vermögensstrafen im Verwaltungszwangsverfahren regeln.

**§ 32 Nicht anzuwendende Vorschriften.** Auf die nach den §§ 29 und 31 dem Rechtspfleger übertragenen Geschäfte sind die §§ 5 bis 11 nicht anzuwenden.

---

[1)] Nr. **95**.

## Sechster Abschnitt. Schlussvorschriften

**§ 33[1)] Regelung für die Übergangszeit; Befähigung zum Amt des Bezirksnotars.** (1) Justizbeamte, die die Voraussetzungen des § 2 nicht erfüllen, können mit den Aufgaben eines Rechtspflegers betraut werden, wenn sie vor dem 1. September 1976 nach den jeweils geltenden Vorschriften die Prüfung für den gehobenen Justizdienst bestanden haben oder, soweit sie eine Prüfung nicht abgelegt haben, vor dem 1. Juli 1970 nicht nur zeitweilig als Rechtspfleger tätig waren.

(2) Mit den Aufgaben eines Rechtspflegers kann auch ein Beamter des Justizdienstes betraut werden, der im Lande Baden-Württemberg die Befähigung zum Amt des Bezirksnotars erworben hat.

(3) [1]Nimmt ein Beamter des Justizdienstes nach Absatz 2 Aufgaben nach § 3 Nummer 2 Buchstabe b, c oder i wahr, gelten weder § 15 Absatz 1 Nummer 1 bis 3 noch § 16. [2]Dem Richter bleiben vorbehalten:

1. die Anordnung einer Vorführung nach § 278 Absatz 5 des Gesetzes über das Verfahren in Familiensachen und in den Angelegenheiten der freiwilligen Gerichtsbarkeit[2)],
2. die Anordnung, Erweiterung oder Aufhebung eines Einwilligungsvorbehalts und
3. der Erlass einer Maßregel in Bezug auf eine Untersuchung des Gesundheitszustandes, auf eine Heilbehandlung oder einen ärztlichen Eingriff nach § 1867 auch in Verbindung mit § 1888 Absatz 1 des Bürgerlichen Gesetzbuchs[3)].

**§ 33a Übergangsregelung für die Jugendstrafvollstreckung.** Bis zum Inkrafttreten der auf Grund der Ermächtigung nach § 31 Absatz 5 zu erlassenden Rechtsverordnung gelten die Bestimmungen über die Entlastung des Jugendrichters in Strafvollstreckungsgeschäften weiter.

**§ 34 Wahrnehmung von Rechtspflegeraufgaben durch Bereichsrechtspfleger.** (1) Mit Ablauf des 31. Dezember 1996 ist die Maßgabe zu diesem Gesetz in Anlage I Kapitel III Sachgebiet A Abschnitt III Nummer 3 des Einigungsvertrages[4)] vom 31. August 1990 (BGBl. 1990 II S. 889) nicht mehr anzuwenden.

(2) Beschäftigte, die nach dieser Maßgabe mit Rechtspflegeraufgaben betraut worden sind (Bereichsrechtspfleger), dürfen die Aufgaben eines Rechtspflegers auf den ihnen übertragenen Sachgebieten auch nach Ablauf der in Absatz 1 genannten Frist wahrnehmen.

(3) [1]Bereichsrechtspfleger können auch nach dem 31. Dezember 1996 auf weiteren Sachgebieten mit Rechtspflegeraufgaben betraut werden, wenn sie auf Grund von Fortbildungsmaßnahmen zur Erledigung von Aufgaben auf diesen Sachgebieten geeignet sind. [2]Dies gilt entsprechend für Beschäftigte, die bis zu diesem Zeitpunkt nur an Fortbildungsmaßnahmen für die Aufgaben der Justizverwaltung, die von Beamten des gehobenen Dienstes wahrgenommen werden, erfolgreich teilgenommen haben.

---

[1)] § 33 Überschrift ber. BGBl. 2014 I S. 46; Abs. 3 angef. mWv 1.1.2018 durch G v. 1.6.2017 (BGBl. I S. 1396); Abs. 3 Satz 1, Satz 2 Nr. 3 geänd. mWv 1.1.2023 durch G v. 4.5.2021 (BGBl. I S. 882).

[2)] Nr. **112**.

[3)] Nr. **20**.

[4)] **Habersack II Nr. 2.**

**§ 34a Ausbildung von Bereichsrechtspflegern zu Rechtspflegern.**

(1) [1]Bereichsrechtspfleger, die an für sie bestimmten Lehrgängen einer Fachhochschule teilgenommen und diese Ausbildung mit einer Prüfung erfolgreich abgeschlossen haben, erwerben die Stellung eines Rechtspflegers und dürfen mit allen Rechtspflegeraufgaben betraut werden. [2]Die Lehrgänge dauern insgesamt achtzehn Monate und vermitteln den Teilnehmern die wissenschaftlichen Erkenntnisse und Methoden sowie die berufspraktischen Fähigkeiten und Kenntnisse, die zur Erfüllung der Aufgaben eines Rechtspflegers erforderlich sind.

(2) [1]Erfolgreich abgeschlossene Aus- und Fortbildungslehrgänge, an denen ein Bereichsrechtspfleger seit dem 3. Oktober 1990 teilgenommen hat, können auf die für die betreffenden Sachgebiete bestimmten Lehrgänge nach Absatz 1 angerechnet werden. [2]Auf diesen Sachgebieten kann eine Prüfung nach Absatz 1 entfallen.

(3) Die Länder können vorsehen, dass die Prüfung nach Absatz 1 jeweils für die einzelnen Sachgebiete am Ende der Lehrgänge abgelegt wird.

(4) Das Nähere regelt das Landesrecht.

**§ 35**[1] *(aufgehoben)*

**§ 35a**[2] **Ratschreiber und Beschlussfertiger in Baden-Württemberg.**

(1) [1]Ratschreiber mit Befähigung zum gehobenen Verwaltungs- oder Justizdienst, die bis 31. Dezember 2017 das Amt im Sinne des § 32 des Landesgesetzes über die freiwillige Gerichtsbarkeit mindestens drei Jahre nicht nur zeitweilig ausgeübt haben, dürfen als Beamte im Landesdienst die Aufgaben eines Rechtspflegers in Grundbuchsachen wahrnehmen. [2]Das Land stellt die fachliche Qualifikation durch geeignete Fortbildungsmaßnahmen sicher.

(2) [1]Beamte des mittleren Dienstes, die seit mindestens fünf Jahren im Justizdienst beschäftigt sind und die vor dem 1. Januar 2018 überwiegend als Beschlussfertiger in Grundbuchämtern tätig waren, dürfen als Beamte im Landesdienst die Aufgaben eines Rechtspflegers in Grundbuchsachen wahrnehmen. [2]Vor Wahrnehmung der Rechtspflegeraufgaben haben diese Beamten an für sie bestimmten Lehrgängen einer Fachhochschule erfolgreich teilzunehmen, die insgesamt mindestens acht Monate dauern und die wissenschaftlichen Erkenntnisse und Methoden sowie die berufspraktischen Fähigkeiten und Kenntnisse, die zur Erfüllung der Aufgaben eines Rechtspflegers in Grundbuchsachen erforderlich sind, vermitteln.

(3) Das Nähere regelt das Landesrecht.

**§ 36**[3] *(aufgehoben)*

**§ 36a Vorbehalt für die Freie und Hansestadt Hamburg.** In der Freien und Hansestadt Hamburg gilt § 24 Absatz 2 mit der Maßgabe, dass der Rechtspfleger die dort bezeichneten Anträge und Erklärungen nur dann aufnehmen soll, wenn dies wegen des Zusammenhangs mit einem von ihm wahrzunehmenden Geschäft, wegen rechtlicher Schwierigkeiten oder aus sonstigen Gründen geboten ist.

---

[1] § 35 aufgeh. mWv 1.1.2018 durch G v. 15.7.2009 (BGBl. I S. 1798).
[2] § 35a eingef. mWv 13.12.2014 durch G v. 5.12.2014 (BGBl. I S. 1962).
[3] § 36 aufgeh. mWv 1.1.2018 durch G v. 15.7.2009 (BGBl. I S. 1798).

**§ 36b[1)] Übertragung von Rechtspflegeraufgaben auf den Urkundsbeamten der Geschäftsstelle.** (1) [1]Die Landesregierungen werden ermächtigt, durch Rechtsverordnung folgende nach diesem Gesetz vom Rechtspfleger wahrzunehmende Geschäfte ganz oder teilweise dem Urkundsbeamten der Geschäftsstelle zu übertragen:

1. die Geschäfte bei der Annahme von Testamenten und Erbverträgen zur amtlichen Verwahrung nach den §§ 346, 347 des Gesetzes über das Verfahren in Familiensachen und in den Angelegenheiten der freiwilligen Gerichtsbarkeit[2)] (§ 3 Nummer 2 Buchstabe c);
2. das Mahnverfahren im Sinne des Siebenten Buchs der Zivilprozessordnung[3)] einschließlich der Bestimmung der Einspruchsfrist nach § 700 Absatz 1 in Verbindung mit § 339 Absatz 2 und 3 der Zivilprozessordnung sowie der Abgabe an das für das streitige Verfahren als zuständig bezeichnete Gericht, auch soweit das Mahnverfahren maschinell bearbeitet wird (§ 20 Absatz 1 Nummer 1);
3. die Erteilung einer weiteren vollstreckbaren Ausfertigung in den Fällen des § 733 der Zivilprozessordnung (§ 20 Absatz 1 Nummer 12);
4. die Erteilung von weiteren vollstreckbaren Ausfertigungen gerichtlicher Urkunden nach § 797 Absatz 2 Nummer 1 der Zivilprozessordnung (§ 20 Absatz 1 Nummer 13);
5. die der Staatsanwaltschaft als Vollstreckungsbehörde in Straf- und Bußgeldsachen obliegenden Geschäfte bei der Vollstreckung von Geldstrafen und Geldbußen (§ 31 Absatz 2); hierzu gehört nicht die Vollstreckung von Ersatzfreiheitsstrafen.

[2]Die Landesregierungen können die Ermächtigung auf die Landesjustizverwaltungen übertragen.

(2) [1]Der Urkundsbeamte der Geschäftsstelle trifft alle Maßnahmen, die zur Erledigung der ihm übertragenen Geschäfte erforderlich sind. [2]Die Vorschriften über die Vorlage einzelner Geschäfte durch den Rechtspfleger an den Richter oder Staatsanwalt (§§ 5, 28, 31 Absatz 2a und 2b) gelten entsprechend.

(3) Bei der Wahrnehmung von Geschäften nach Absatz 1 Satz 1 Nummer 2 kann in den Fällen der §§ 694, 696 Absatz 1, § 700 Absatz 3 der Zivilprozessordnung eine Entscheidung des Prozessgerichts zur Änderung einer Entscheidung des Urkundsbeamten der Geschäftsstelle (§ 573 der Zivilprozessordnung) nicht nachgesucht werden.

(4) [1]Bei der Wahrnehmung von Geschäften nach Absatz 1 Satz 1 Nummer 5 entscheidet über Einwendungen gegen Maßnahmen des Urkundsbeamten der Geschäftsstelle der Rechtspfleger, an dessen Stelle der Urkundsbeamte tätig geworden ist. [2]Er kann dem Urkundsbeamten Weisungen erteilen. [3]Die Befugnisse des Behördenleiters aus den §§ 145, 146 des Gerichtsverfassungsgesetzes[4)] bleiben unberührt.

**§ 37 Rechtspflegergeschäfte nach Landesrecht.** Die Länder können Aufgaben, die den Gerichten durch landesrechtliche Vorschriften zugewiesen sind, auf den Rechtspfleger übertragen.

---

[1)] § 36b Abs. 1 Satz 1 Nr. 2 geänd. mWv 17.6.2017 durch G v. 11.6.2017 (BGBl. I S. 1607); Abs. 1 Satz 1 Nr. 4 geänd. mWv 1.8.2021 durch G v. 25.6.2021 (BGBl. I S. 2154); Abs. 1 Satz 1 Nr. 2–4 geänd. mWv 1.8.2022 durch G v. 7.7.2021 (BGBl. I S. 2363).

[2)] Nr. **112**.

[3)] Nr. **100**.

[4)] Nr. **95**.

**§ 38 Aufhebung und Änderung von Vorschriften.** (1) (Aufhebung von Vorschriften)

(2) (Änderung von Vorschriften)

(3) (weggefallen)

**§ 39**[1] *(aufgehoben)*

**§ 40** (Inkrafttreten)

[1] § 39 aufgeh. mWv 1.8.2022 durch G v. 7.7.2021 (BGBl. I S. 2363).

# 100. Zivilprozessordnung

In der Fassung der Bekanntmachung vom 5. Dezember 2005[1]
(BGBl. I S. 3202, ber. 2006 I S. 431 und 2007 I S. 1781)

**FNA 310-4**

| Lfd. Nr. | Änderndes Gesetz | Datum | Fundstelle | Betroffen | Hinweis |
|---|---|---|---|---|---|
| 1.–20. | Änderungsgesetze bis einschl. G v. 24.9.2009 (BGBl. I S. 3145) nur noch in den Anmerkungen nachgewiesen | | | | |
| 21. | Art. 8 G zur Umsetzung der DienstleistungsRL in der Justiz und zur Änd. weiterer Vorschriften[2] | 22.12. 2010 | BGBl. I S. 2248 | §§ 142, 850k, 850l | geänd. mWv 28.12.2010 |
| 22. | Art. 6 G zur Ermittlung von Regelbedarfen und zur Änd. des Zweiten und Zwölften Buches Sozialgesetzbuch | 24.3.2011 | BGBl. I S. 453 | § 115 | geänd. mWv 30.3.2011 |
| 23. | Art. 3 Zweites ErbrechtsgleichstellungsG | 12.4.2011 | BGBl. I S. 615 | §§ 835, 850k | geänd. mWv 16.4.2011 |
| 24. | Art. 2 G zur Regelung von De-Mail-Diensten und zur Änd. weiterer Vorschriften | 28.4.2011 | BGBl. I S. 666 | § 174 | geänd. mWv 3.5.2011 |
| 25. | Art. 4 G zur Durchführung der VO (EG) Nr. 4/2009 und zur Neuordnung bestehender Aus- und Durchführungsbestimmungen auf dem Gebiet des internationalen Unterhaltsverfahrensrechts | 23.5.2011 | BGBl. I S. 898 | § 1077 | geänd. mWv 18.6.2011 |
| 26. | Art. 1 G zur Änderung des § 522 ZPO | 21.10. 2011 | BGBl. I S. 2082 | §§ 522, 586, 708 | geänd. mWv 27.10.2011 |
| 27. | Art. 5 G über den Rechtsschutz bei überlangen Gerichtsverfahren und strafrechtlichen Ermittlungsverfahren | 24.11. 2011 | BGBl. I S. 2302 | § 41 | geänd. mWv 3.12.2011 |
| 28. | Art. 2 Abs. 27 und Art. 3 G zur Änd. von Vorschriften über Verkündung und Bekanntmachungen sowie der ZPO, des EGZPO und der AO | 22.12. 2011 | BGBl. I S. 3044 | § 802k | geänd. mWv 30.12.2011 |
| | | | | § 187 | geänd. mWv 1.4.2012 |
| | | | | Inhaltsübersicht, §§ 802c, 802f, 802k, 829a | geänd. mWv 1.1.2013 |

[1] Neubekanntmachung der ZPO idF der Bek. v. 12.9.1950 (BGBl. I S. 533) in der ab 21.10.2005 geltenden Fassung.

[2] **Amtl. Anm.:** Artikel 1 Nummer 1 und 2, Artikel 2 bis 5 und 8 Nummer 1, Artikel 9 bis 11 und 15 Nummer 2 und 4 und Artikel 18 dieses Gesetzes dienen der Umsetzung der Richtlinie 2006/123/EG des Europäischen Parlaments und des Rates vom 12. Dezember 2006 über Dienstleistungen im Binnenmarkt (ABl. L 376 vom 27.12.2006, S. 36).

| Lfd. Nr. | Änderndes Gesetz | Datum | Fundstelle | Betroffen | Hinweis |
|---|---|---|---|---|---|
| 29. | Art. 2 G zur Förderung der Mediation und anderer Verfahren der außergerichtlichen Konfliktbeilegung[1] | 21.7.2012 | BGBl. I S. 1577 | Inhaltsübersicht, §§ 41, 159, 253, 278 | geänd. mWv 26.7.2012 |
| | | | | § 278a | eingef. mWv 26.7.2012 |
| 30. | Art. 2 G zur Reform des KapMuG und zur Änd. anderer Vorschriften | 19.10. 2012 | BGBl. I S. 2182 | §§ 32b, 145 | geänd. mWv 1.11.2012 |
| 31. | Art. 1 G zur Einführung einer Rechtsbehelfsbelehrung im Zivilprozess und zur Änd. anderer Vorschriften | 5.12.2012 | BGBl. I S. 2418 | §§ 145, 550, 692, 703b, 851c | geänd. mWv 1.1.2013 |
| | | | | Inhaltsübersicht, Buch 1 Abschnitt 3 Titel 4 Überschrift, §§ 233, 338, 699, 938 | geänd. mWv 1.1.2014 |
| | | | | § 232 | neu gef. mWv 1.1.2014 |
| 32. | Art. 2 G zur Änd. des AZR-Gesetzes | 20.12. 2012 | BGBl. I S. 2745 | § 755 | geänd. mWv 1.1.2013 |
| 33. | Art. 4 MietrechtsänderungsG | 11.3.2013 | BGBl. I S. 434 | Inhaltsübersicht, §§ 272, 760, 885 | geänd. mWv 1.5.2013 |
| | | | | § 940a | neu gef. mWv 1.5.2013 |
| | | | | §§ 283a, 885a | eingef. mWv 1.5.2013 |
| 34. | Art. 7 G zur Reform des Seehandelsrechts | 20.4.2013 | BGBl. I S. 831 | Inhaltsübersicht, §§ 305a, 786a, 870a, 917, 930, 931, 1031 | geänd. mWv 25.4.2013 |
| | | | | § 30 | neu gef. mWv 25.4.2013 |
| | | | | § 30a | eingef. mWv 25.4.2013 |
| 35. | Art. 2 G zur Intensivierung des Einsatzes von Videokonferenztechnik in gerichtlichen und staatsanwaltschaftlichen Verfahren | 25.4.2013 | BGBl. I S. 935 | § 128a | neu gef. mWv 1.11.2013 |
| 36. | Art. 4 G zur Übertragung von Aufgaben im Bereich der freiwilligen Gerichtsbarkeit auf Notare | 26.6.2013 | BGBl. I S. 1800 | § 797 | geänd. mWv 1.9.2013 |
| 37. | Art. 22 Amtshilferichtlinie-UmsetzungsG | 26.6.2013 | BGBl. I S. 1809 | § 759 | geänd. mWv 30.6.2013 |
| 38. | Art. 3 G zur Verkürzung des Restschuldbefreiungsverfahrens und zur Stärkung der Gläubigerrechte | 15.7.2013 | BGBl. I S. 2379 | §§ 882b, 882e | geänd. mWv 1.7.2014 |
| 39. | Art. 1 G zur Änd. des Prozesskostenhilfe- und Beratungshilferechts | 31.8.2013 | BGBl. I S. 3533 | Inhaltsübersicht, §§ 114, 115, 116, 117, 118, 120, 124, 127, 269 | geänd. mWv 1.1.2014 |
| | | | | § 120a | eingef. mWv 1.1.2014 |

[1] **Amtl. Anm.:** Dieses Gesetz dient der Umsetzung der Richtlinie 2008/52/EG des Europäischen Parlaments und des Rates vom 21. Mai 2008 über bestimmte Aspekte der Mediation in Zivil- und Handelssachen (ABl. L 136 vom 24.5.2008, S. 3).

| Lfd. Nr. | Änderndes Gesetz | Datum | Fundstelle | Betroffen | Hinweis |
|---|---|---|---|---|---|
| 40. | Art. 8 G zur Umsetzung der VerbraucherrechteRL und zur Änd. des G zur Regelung der Wohnungsvermittlung | 20.9.2013 | BGBl. I S. 3642 | § 29c | geänd. mWv 13.6.2014 |
| 41. | Art. 1 G zur Förderung des elektronischen Rechtsverkehrs mit den Gerichten | 10.10. 2013 | BGBl. I S. 3786, geänd. 2017, S. 2208 | Inhaltsübersicht<br>§ 371b<br>§§ 555, 565<br>Inhaltsübersicht, §§ 131, 169, 182, 317, 329, 371a, 416a, 593, 689, 697, 829a<br>§§ 130c, 945b<br>Inhaltsübersicht<br>§ 945a<br>Inhaltsübersicht, §§ 174, 195, 298a, 416a, 1088<br>§§ 130a, 298<br>Inhaltsübersicht<br>§ 130d | geänd. mWv 17.10.2013<br>eingef. mWv 17.10.2013<br>geänd. mWv 1.1.2014<br>geänd. mWv 1.7.2014<br>eingef. mWv 1.7.2014<br>geänd. mWv 1.1.2016<br>eingef. mWv 1.1.2016<br>geänd. mWv 1.1.2018<br>neu gef. mWv 1.1.2018<br>geänd. mWv 1.1.2022<br>eingef. mWv 1.1.2022 |
| 42. | Art. 1 G zur Durchführung der VO (EU) Nr. 1215/2012 sowie zur Änd. sonstiger Vorschriften | 8.7.2014 | BGBl. I S. 890 | Inhaltsübersicht, §§ 183, 363, 688, 794, 795, 1067, 1072, 1079, 1086, 1087, 1096, 1097<br>Buch 11 Abschnitt 7 (§§ 1110–1117) | geänd. mWv 10.1.2015<br>eingef. mWv 10.1.2015 |
| 43. | Art. 145 Zehnte ZuständigkeitsanpassungsVO | 31.8.2015 | BGBl. I S. 1474 | §§ 19, 115, 117, 130c, 190, 703b, 703c, 753, 758a, 802k, 829, 850c, 850f, 882g, 882h, 945b, 1077 | geänd. mWv 8.9.2015 |
| 44. | Art. 14 G zur Bereinigung des Rechts der Lebenspartner | 20.11. 2015 | BGBl. I S. 2010 | Inhaltsübersicht, §§ 305, 740, 741, 742, 743, 744, 745, 774, 850a, 852, 860 | geänd. mWv 26.11.2015 |
| 45. | Art. 6 G zur Änd. des Unterhaltsrechts und des Unterhaltsverfahrensrechts sowie zur Änd. der ZPO und kostenrechtl. Vorschriften | 20.11. 2015 | BGBl. I S. 2018 | § 945b<br>§ 945a | geänd. mWv 26.11.2015<br>geänd. mWv 1.1.2016 |
| 46. | Art. 3 G zur Umsetzung der WohnimmobilienkreditRL und zur Änd. handelsrechtlicher Vorschriften | 11.3.2016 | BGBl. I S. 396 | §§ 688, 690 | geänd. mWv 21.3.2016 |
| 47. | Art. 2 Zweites G zur Änd. der Haftungsbeschränkung in der Binnenschifffahrt | 5.7.2016 | BGBl. I S. 1578 iVm Bek. 2019, S. 196 | §§ 305a, 786a | geänd. mWv 1.7.2019 |

| Lfd. Nr. | Änderndes Gesetz | Datum | Fundstelle | Betroffen | Hinweis |
|---|---|---|---|---|---|
| 48. | Art. 1 G zur Änd. des Sachverständigenrechts und zur weiteren Änd. des FamFG sowie zur Änd. des SGG, der VwGO, der FGO und des GKG | 11.10. 2016 | BGBl. I S. 2222 | §§ 404, 407a, 411 | geänd. mWv 15.10.2016 |
| 49. | Art. 1, 2 und 3 EU-KontenpfändungsVO-DurchführungsG | 21.11. 2016 | BGBl. I S. 2591, geänd. 2017, S. 2208 | Inhaltsübersicht, §§ 79, 119, 753, 755, 802d, 802f, 802g, 802l, 829, 829a, 845, 850f, 850k, 882c, 882d, 882f | geänd. mWv 26.11.2016 |
| | | | | § 754a | eingef. mWv 26.11.2016 |
| | | | | Buch 8 Abschnitt 6 (§§ 946–959) | eingef. mWv 18.1.2017 |
| | | | | §§ 882c, 882f, 882g | geänd. mWv 1.11.2017 |
| | | | | §§ 754a, 829a | geänd. mWv 1.1.2018 |
| 50. | Art. 7 G zur Reform des Bauvertragsrechts, zur Änd. der kaufrechtlichen Mängelhaftung, zur Stärkung des zivilprozessualen Rechtsschutzes und zum maschinellen Siegel im Grundbuch- und Schiffsregisterverfahren | 28.4.2017 | BGBl. I S. 969 | § 348 | geänd. mWv 1.1.2018 |
| 51. | Art. 10 G zur Umsetzung der BerufsanerkennungsRL und zur Änd. weiterer Vorschriften im Bereich der rechtsberatenden Berufe[1] | 12.5.2017 | BGBl. I S. 1121 | §§ 130, 169 | geänd. mWv 18.5.2017 |
| | | | | § 169 | geänd. mWv 1.1.2018 |
| 52. | Art. 1 G zur Änd. von Vorschriften im Bereich des Internationalen Privat- und Zivilverfahrensrechts | 11.6.2017 | BGBl. I S. 1607 | Inhaltsübersicht, §§ 183, 184, 192, 274, 276, 339, 363, 688, 1067, 1068, 1069, 1090, 1095 | geänd. mWv 17.6.2017 |
| | | | | §§ 1070, 1092a | eingef. mWv 17.6.2017 |
| | | | | Inhaltsübersicht, §§ 688, 794, 1100, 1101, 1104 | geänd. mWv 14.7.2017 |
| | | | | § 1104a | eingef. mWv 14.7.2017 |
| 53. | Art. 11, 12 G zur Einführung der elektronischen Akte in der Justiz und zur weiteren Förderung des elektronischen Rechtsverkehrs | 5.7.2017 | BGBl. I S. 2208 | Inhaltsübersicht, § 298a | geänd. mWv 13.7.2017 |
| | | | | §§ 130b, 169, 298a, 299, 317, 690, 691, 699, 702, 753 | geänd. mWv 1.1.2018 |
| | | | | §§ 692, 702 | geänd. mWv 1.1.2020 |
| | | | | § 753 | geänd. mWv 1.1.2022 |
| | | | | §§ 298a, 689 | geänd. mWv 1.1.2026 |

[1] **Amtl. Anm.:** *(abgedruckt in Änderungstabelle Nr.* ***90a****)*

| Lfd. Nr. | Änderndes Gesetz | Datum | Fundstelle | Betroffen | Hinweis |
|---|---|---|---|---|---|
| 54. | Art. 11 Abs. 15 eIDAS-DurchführungsG[1) 2)] | 18.7.2017 | BGBl. I S. 2745 | §§ 130a, 174, 371a | geänd. mWv 29.7.2017 |
| 55. | Art. 2 G zur Einführung einer zivilprozessualen Musterfeststellungsklage | 12.7.2018 | BGBl. I S. 1151 | § 609 Abs. 7 | neu gef. mWv 18.7.2018 |
| | | | | Inhaltsübersicht, §§ 29c, 148 | geänd. mWv 1.11.2018 |
| | | | | Buch 6 (§§ 606–687) | neu gef. mWv 1.11.2018 |
| | | | | § 32c | eingef. mWv 1.11.2018 |
| 56. | Art. 11 G zur Ums. des G zur Einführung des Rechts auf Eheschließung für Personen gleichen Geschlechts | 18.12. 2018 | BGBl. I S. 2639 | §§ 383, 739 | geänd. mWv 22.12.2018 |
| 57. | Art. 1 G zur Förderung der Freizügigkeit von EU-Bürgerinnen und -Bürgern sowie zur Neuregelung verschiedener Aspekte des Internationalen AdoptionsR | 31.1.2019 | BGBl. I S. 54 | Inhaltsübersicht | geänd. mWv 16.2.2019 |
| | | | | Buch 11 Abschnitt 8 (§§ 1118, 1119, 1120) | eingef. mWv 16.2.2019 |
| 58. | Art. 5 Abs. 26 G zur Einführung einer Karte für Unionsbürger und Angehörige des Europäischen Wirtschaftsraums mit Funktion zum elektronischen Identitätsnachweis sowie zur Änd. des PersonalausweisG und weiterer Vorschriften[2) 3)] | 21.6.2019 | BGBl. I S. 846 | §§ 130c, 702, 814 | geänd. mWv 1.11.2019 |
| 59. | Art. 10 G zur Umsetzung der RL (EU) 2016/680 im Strafverfahren sowie zur Anpassung datenschutzrechtlicher Bestimmungen an die VO (EU) 2016/679[4)] | 20.11. 2019 | BGBl. I S. 1724 | Inhaltsübersicht, §§ 755, 802d, 802k, 802l, 850k, 882f, 882g, 882h, 947 | geänd. mWv 26.11.2019 |
| | | | | § 882i | eingef. mWv 26.11.2019 |
| 60. | Art. 2 G zur Regelung der Wertgrenze für die Nichtzulassungsbeschwerde in Zivilsachen, zum Ausbau der Spezialisierung bei den Gerichten sowie zur Änd. weiterer prozessrechtlicher Vorschriften | 12.12. 2019 | BGBl. I S. 2633 | §§ 44, 67, 127, 128, 130a, 139, 144, 169, 174, 278, 320, 321, 348, 544, 549, 550, 551, 695, 697, 718 | geänd. mWv 1.1.2020 |

[1)] **Amtl. Anm.:** Dieses Gesetz dient der Durchführung der Verordnung (EU) Nr. 910/2014 des Europäischen Parlaments und des Rates vom 23. Juli 2014 über elektronische Identifizierung und Vertrauensdienste für elektronische Transaktionen im Binnenmarkt und zur Aufhebung der Richtlinie 1999/93/EG.

[2)] **Amtl. Anm.:** Notifiziert gemäß der Richtlinie (EU) 2015/1535 des Europäischen Parlaments und des Rates vom 9. September 2015 über ein Informationsverfahren auf dem Gebiet der technischen Vorschriften und der Vorschriften für die Dienste der Informationsgesellschaft (ABl. L 241 vom 17.9.2015, S. 1).

[3)] Die Änd. des Inkrafttretens dieses G durch Art. 154a G v. 20.11.2019 (BGBl. I S. 1626) ist unbeachtlich, da das G bei Erlass des ÄndG bereits in Kraft getreten war.

[4)] **Amtl. Anm.:** *(abgedruckt in Änderungstabelle Nr.* **90***)*

| Lfd. Nr. | Änderndes Gesetz | Datum | Fundstelle | Betroffen | Hinweis |
|---|---|---|---|---|---|
| 61. | Art. 1 Pfändungsschutzkonto-FortentwicklungsG | 22.11. 2020 | BGBl. I S. 2466, geänd. 2021, S. 850 | §§ 850c, 850f | geänd. mWv 8.5.2021 |
| | | | | Inhaltsübersicht, §§ 788, 811, 835, 840, 882a, 954 | geänd. mWv 1.12.2021 |
| | | | | §§ 850k, 850l, Buch 8 Abschnitt 2 Titel 5 Überschrift, Abschnitt 4 (§§ 899 –910) | neu gef. mWv 1.12.2021 |
| | | | | Anl. | aufgeh. mit Ablauf des 30.11. 2021 |
| 62. | Art. 10 KostenrechtsänderungsG 2021 | 21.12. 2020 | BGBl. I S. 3229 | § 115 | geänd. mWv 1.1.2021 |
| 63. | Art. 3 Sanierungs- und InsolvenzrechtsfortentwicklungsG[1] | 22.12. 2020 | BGBl. I S. 3256 | Inhaltsübersicht | geänd. mWv 1.1.2021 |
| | | | | § 19b | eingef. mWv 1.1.2021 |
| 64. | Art. 8 G zur Verbesserung des Verbraucherschutzes im Inkassorecht und zur Änd. weiterer Vorschriften | 22.12. 2020 | BGBl. I S. 3320 | Inhaltsübersicht, § 79 | geänd. mWv 1.1.2021 |
| | | | | § 753a | eingef. mWv 1.1.2021 |
| 65. | Art. 1 G zur Verbesserung des Schutzes von Gerichtsvollziehern vor Gewalt sowie zur Änd. weiterer zwangsvollstreckungsrechtlicher Vorschriften und zur Änd. des InfektionsschutzG | 7.5.2021 | BGBl. I S. 850 | § 850l | geänd. mWv 1.12.2021 |
| | | | | Inhaltsübersicht, §§ 755, 802c, 802d, 802l, 811a, 813, 850a, 850b, 851c, 929 | geänd. mWv 1.1.2022 |
| | | | | § 811 | neu gef. mWv 1.1.2022 |
| | | | | § 757a | eingef. mWv 1.1.2022 |
| | | | | §§ 811c, 812 | aufgeh. mit Ablauf des 31.12. 2021 |
| 66. | Art. 7 G zur Reform des Vormundschafts- und Betreuungsrechts | 4.5.2021 | BGBl. I S. 882 | Inhaltsübersicht, §§ 51, 52 | geänd. mWv 1.1.2023 |
| | | | | § 53 | neu gef. mWv 1.1.2023 |
| | | | | § 170a | eingef. mWv 1.1.2023 |
| 67. | Art. 8 G zur Fortentwicklung der StrafprozessO und zur Änd. weiterer Vorschriften | 25.6.2021 | BGBl. I S. 2099 | § 299 | geänd. mWv 1.7.2021 |
| 68. | Art. 14 G zur Modernisierung des notariellen Berufsrechts und zur Änd. weiterer Vorschriften | 25.6.2021 | BGBl. I S. 2154, ber. 2022 S. 666 | § 797 | neu gef. mWv 1.8.2021 |

[1] **Amtl. Anm.:** Dieses Gesetz dient der weiteren Umsetzung der Richtlinie (EU) 2019/1023 des Europäischen Parlaments und des Rates vom 20. Juni 2019 über präventive Restrukturierungsrahmen, über Entschuldung und über Tätigkeitsverbote sowie über Maßnahmen zur Steigerung der Effizienz von Restrukturierungs-, Insolvenz- und Entschuldungsverfahren und zur Änderung der Richtlinie (EU) 2017/1132 (Richtlinie über Restrukturierung und Insolvenz) (ABl. L 172 vom 26.6.2019, S. 18).

| Lfd. Nr. | Änderndes Gesetz | Datum | Fundstelle | Betroffen | Hinweis |
|---|---|---|---|---|---|
| 69. | Art. 13 G zur Neuregelung des Berufsrechts der anwaltlichen und steuerberatenden Berufsausübungsgesellschaften sowie zur Änd. weiterer Vorschriften im Bereich der rechtsberatenden Berufe | 7.7.2021 | BGBl. I S. 2363 | § 130a | geänd. mWv 1.8.2022 |
| 70. | Art. 3 G zur Durchführung der VO (EU) 2019/1111 sowie zur Änd. sonstiger Vorschriften | 10.8.2021 | BGBl. I S. 3424 | §§ 1080, 1111 | geänd. mWv 18.8.2021 |
| 71. | Art. 34 PersonengesellschaftsrechtsmodernisierungsG (MoPeG) | 10.8.2021 | BGBl. I S. 3436 | Inhaltsübersicht, § 50 | geänd. mWv 1.1.2024 |
| | | | | §§ 736, 859 | neu gef. mWv 1.1.2024 |
| | | | | § 735 | aufgeh. mit Ablauf des 31.12. 2023 |
| 72. | Art. 1–3 G zum Ausbau des elektronischen Rechtsverkehrs mit den Gerichten und zur Änd. weiterer Vorschriften[1] | 5.10.2021 | BGBl. I S. 4607 | Inhaltsübersicht, §§ 91, 130a, 168, 174, 183, 186, 193, 195, 278, 317, 699, 702, 724, 753, 829, 840 | geänd. mWv 1.1.2022 |
| | | | | §§ 175, 176, 192 | neu gef. mWv 1.1.2022 |
| | | | | §§ 173, 193a | eingef. mWv 1.1.2022 |
| | | | | Bish. § 174 | aufgeh. mit Ablauf des 31.12. 2021 |
| | | | | § 173 | geänd. mWv 1.1.2023 |
| | | | | § 173 | geänd. mWv 1.1.2024 |
| 73. | Art. 1 G zur Durchführung der EU-Verordnungen über grenzüberschreitende Zustellungen und grenzüberschreitende Beweisaufnahmen in Zivil- oder Handelssachen sowie zur Änd. sonstiger Vorschriften | 24.6.2022 | BGBl. I S. 959 | Inhaltsübersicht, §§ 183, 829, 845, Buch 11 Abschnitt 1 Überschrift, §§ 1067, 1069, 1071, Buch 11 Abschnitt 2 Überschrift, §§ 1072, 1073, 1074, 1075, 1089 | geänd. mWv 1.7.2022 |
| | | | | §§ 363, 1068 | neu gef. mWv 1.7.2022 |
| | | | | § 1070 | eingef. mWv 1.7.2022 |
| 74. | Art. 7 Abs. 2 G zur Abschaffung des Güterrechtsregisters und zur Änd. des COVID-19-InsolvenzaussetzungsG | 31.10. 2022 | BGBl. I S. 1966 | § 741 | neu gef. mWv 1.1.2023 |

[1] **Amtl. Anm.:** Notifiziert gemäß der Richtlinie (EU) 2015/1535 des Europäischen Parlaments und des Rates vom 9. September 2015 über ein Informationsverfahren auf dem Gebiet der technischen Vorschriften und der Vorschriften für die Dienste der Informationsgesellschaft (ABl. L 241 vom 17.9.2015, S. 1).

| Lfd. Nr. | Änderndes Gesetz | Datum | Fundstelle | Betroffen | Hinweis |
|---|---|---|---|---|---|
| 75. | Art. 2 G zur Durchführung des Haager Übereinkommens über die Anerkennung und Vollstreckung ausländischer Entscheidungen in Zivil- und Handelssachen sowie zur Änd. der ZPO, des BGB, des WohnungseigentumsG und des G zur Modernisierung des Strafverfahrens | 7.11.2022 | BGBl. I S. 1982 | § 183<br>Inhaltsübersicht, § 722 | geänd. mWv 12.11.2022<br>geänd. mit noch nicht bestimmtem Inkrafttreten |
| 76. | Art. 19 G zur Umsetzung der UmwandlungsRL und zur Änd. weiterer Gesetze | 22.2.2023 | BGBl. 2023 I Nr. 51 | Inhaltsübersicht<br>§ 305b | geänd. mWv 1.3.2023<br>eingef. mWv 1.3.2023 |

**Vorbemerkung:**

**Die Änderungen durch G v. 10.8.2021 (BGBl. I S. 3436) treten erst mWv 1.1.2024 in Kraft und sind im Text noch nicht berücksichtigt.**

**Die Änderungen durch G v. 7.11.2022 (BGBl. I S. 1982) treten gem. Art. 9 Satz 2 dieses G teilweise erst an dem Tag in Kraft, an dem das Haager Übereinkommen vom 2. Juli 2019 über die Anerkennung und Vollstreckung ausländischer Entscheidungen in Zivil- und Handelssachen nach seinem Art. 28 für die Europäische Union mit Ausnahme des Königreiches Dänemark in Kraft tritt; sie sind insoweit im Text noch nicht berücksichtigt.**

**Nichtamtliche Inhaltsübersicht**[1)]



[1)] Von der Darstellung der einzelnen Paragraphen wurde abgesehen.

# Buch 1. Allgemeine Vorschriften[1]

## Abschnitt 1. Gerichte

### Titel 1. Sachliche Zuständigkeit der Gerichte und Wertvorschriften

**§ 1 Sachliche Zuständigkeit.** Die sachliche Zuständigkeit der Gerichte wird durch das Gesetz über die Gerichtsverfassung[2] bestimmt.

**§ 2 Bedeutung des Wertes.** Kommt es nach den Vorschriften dieses Gesetzes oder des Gerichtsverfassungsgesetzes[2] auf den Wert des Streitgegenstandes, des Beschwerdegegenstandes, der Beschwer oder der Verurteilung an, so gelten die nachfolgenden Vorschriften.

**§ 3 Wertfestsetzung nach freiem Ermessen.** Der Wert wird von dem Gericht nach freiem Ermessen festgesetzt; es kann eine beantragte Beweisaufnahme sowie von Amts wegen die Einnahme des Augenscheins und die Begutachtung durch Sachverständige anordnen.

**§ 4 Wertberechnung; Nebenforderungen.** (1) Für die Wertberechnung[3] ist der Zeitpunkt der Einreichung der Klage, in der Rechtsmittelinstanz der Zeitpunkt der Einlegung des Rechtsmittels, bei der Verurteilung der Zeitpunkt des Schlusses der mündlichen Verhandlung, auf die das Urteil ergeht, entscheidend; Früchte, Nutzungen, Zinsen und Kosten bleiben unberücksichtigt, wenn sie als Nebenforderungen geltend gemacht werden.

(2) Bei Ansprüchen aus Wechseln im Sinne des Wechselgesetzes[4] sind Zinsen, Kosten und Provision, die außer der Wechselsumme gefordert werden, als Nebenforderungen anzusehen.

**§ 5 Mehrere Ansprüche.** Mehrere in einer Klage geltend gemachte Ansprüche werden zusammengerechnet; dies gilt nicht für den Gegenstand der Klage und der Widerklage.

**§ 6 Besitz; Sicherstellung; Pfandrecht.** [1] Der Wert wird bestimmt: durch den Wert einer Sache, wenn es auf deren Besitz, und durch den Betrag einer Forderung, wenn es auf deren Sicherstellung oder ein Pfandrecht ankommt. [2] Hat der Gegenstand des Pfandrechts einen geringeren Wert, so ist dieser maßgebend.

**§ 7 Grunddienstbarkeit.** Der Wert einer Grunddienstbarkeit wird durch den Wert, den sie für das herrschende Grundstück hat, und wenn der Betrag, um den sich der Wert des dienenden Grundstücks durch die Dienstbarkeit mindert, größer ist, durch diesen Betrag bestimmt.

---

[1] Für den internationalen Rechtsverkehr vgl. das Haager Übereinkommen v. 1.3.1954 über den Zivilprozess, das durch G v. 18.12.1958 (BGBl. II S. 576) ratifiziert und veröffentlicht wurde. Es regelt: I. Zustellung gerichtlicher und außergerichtlicher Schriftstücke, II. Rechtshilfeersuchen, III. Sicherheitsleistung für die Prozesskosten, IV. Armenrecht, V. Kostenfreie Ausstellung von Personenstandsurkunden, VI. Personalhaft. Bek. über das Inkrafttreten v. 2.12.1959 (BGBl. II S. 1388). Vgl. dazu auch das Ausführungsgesetz v. 18.12.1958 (BGBl. I S. 939).

[2] Nr. **95**.

[3] Vgl. auch §§ 40 und 43 GKG (Nr. **115**) sowie § 23 RVG (Nr. **117**).

[4] **Schönfelder ErgBd. Nr. 54.**

**§ 8[1] Pacht- oder Mietverhältnis.** Ist das Bestehen oder die Dauer eines Pacht- oder Mietverhältnisses streitig, so ist der Betrag der auf die gesamte streitige Zeit entfallenden Pacht oder Miete und, wenn der 25fache Betrag des einjährigen Entgelts geringer ist, dieser Betrag für die Wertberechnung entscheidend.

**§ 9[2] Wiederkehrende Nutzungen oder Leistungen.** [1]Der Wert des Rechts auf wiederkehrende Nutzungen oder Leistungen wird nach dem dreieinhalbfachen Wert des einjährigen Bezuges berechnet. [2]Bei bestimmter Dauer des Bezugsrechts ist der Gesamtbetrag der künftigen Bezüge maßgebend, wenn er der geringere ist.

**§ 10** (weggefallen)

**§ 11 Bindende Entscheidung über Unzuständigkeit.** Ist die Unzuständigkeit eines Gerichts auf Grund der Vorschriften über die sachliche Zuständigkeit der Gerichte rechtskräftig ausgesprochen, so ist diese Entscheidung für das Gericht bindend, bei dem die Sache später anhängig wird.

### Titel 2. Gerichtsstand

**§ 12[3] Allgemeiner Gerichtsstand; Begriff.** Das Gericht, bei dem eine Person ihren allgemeinen Gerichtsstand hat, ist für alle gegen sie zu erhebenden Klagen zuständig, sofern nicht für eine Klage ein ausschließlicher Gerichtsstand begründet ist.

**§ 13 Allgemeiner Gerichtsstand des Wohnsitzes.** Der allgemeine Gerichtsstand einer Person wird durch den Wohnsitz bestimmt.

**§ 14** (weggefallen)

**§ 15 Allgemeiner Gerichtsstand für exterritoriale Deutsche.** (1) [1]Deutsche, die das Recht der Exterritorialität genießen, sowie die im Ausland beschäftigten deutschen Angehörigen des öffentlichen Dienstes behalten den Gerichtsstand ihres letzten inländischen Wohnsitzes. [2]Wenn sie einen solchen Wohnsitz nicht hatten, haben sie ihren allgemeinen Gerichtsstand beim Amtsgericht Schöneberg in Berlin.

(2) Auf Honorarkonsuln ist diese Vorschrift nicht anzuwenden.

**§ 16 Allgemeiner Gerichtsstand wohnsitzloser Personen.** Der allgemeine Gerichtsstand einer Person, die keinen Wohnsitz hat, wird durch den Aufenthaltsort im Inland und, wenn ein solcher nicht bekannt ist, durch den letzten Wohnsitz bestimmt.

**§ 17 Allgemeiner Gerichtsstand juristischer Personen.** (1) [1]Der allgemeine Gerichtsstand der Gemeinden, der Korporationen sowie derjenigen Gesellschaften, Genossenschaften oder anderen Vereine und derjenigen Stiftungen, Anstalten und Vermögensmassen, die als solche verklagt werden können, wird durch ihren Sitz bestimmt. [2]Als Sitz gilt, wenn sich nichts anderes ergibt, der Ort, wo die Verwaltung geführt wird.

(2) Gewerkschaften haben den allgemeinen Gerichtsstand bei dem Gericht, in dessen Bezirk das Bergwerk liegt, Behörden, wenn sie als solche verklagt werden können, bei dem Gericht ihres Amtssitzes.

---

[1] Vgl. ferner § 41 GKG (Nr. **115**).

[2] Vgl. auch § 42 GKG (Nr. **115**).

[3] Beachte für Streitigkeiten aus einem Fernunterrichtsvertrag oder über das Bestehen eines solchen Vertrages § 26 G zum Schutz der Teilnehmer am Fernunterricht (Fernunterrichtsschutzgesetz – FernUSG) idF der Bek. v. 4.12.2000 (BGBl. I S. 1670), zuletzt geänd. durch G v. 3.12.2020 (BGBl. I S. 2702).

(3) Neben dem durch die Vorschriften dieses Paragraphen bestimmten Gerichtsstand ist ein durch Statut oder in anderer Weise besonders geregelter Gerichtsstand zulässig.

**§ 18 Allgemeiner Gerichtsstand des Fiskus.** Der allgemeine Gerichtsstand des Fiskus wird durch den Sitz der Behörde bestimmt, die berufen ist, den Fiskus in dem Rechtsstreit zu vertreten.

**§ 19[1] Mehrere Gerichtsbezirke am Behördensitz.** Ist der Ort, an dem eine Behörde ihren Sitz hat, in mehrere Gerichtsbezirke geteilt, so wird der Bezirk, der im Sinne der §§ 17, 18 als Sitz der Behörde gilt, für die Bundesbehörden von dem Bundesministerium der Justiz und für Verbraucherschutz, im Übrigen von der Landesjustizverwaltung durch allgemeine Anordnung bestimmt.

**§ 19a Allgemeiner Gerichtsstand des Insolvenzverwalters.** Der allgemeine Gerichtsstand eines Insolvenzverwalters für Klagen, die sich auf die Insolvenzmasse beziehen, wird durch den Sitz des Insolvenzgerichts bestimmt.

**§ 19b[2] Ausschließlicher Gerichtsstand bei restrukturierungsbezogenen Klagen; Verordnungsermächtigung.** (1) Für Klagen, die sich auf Restrukturierungssachen nach dem Unternehmensstabilisierungs- und -restrukturierungsgesetz beziehen, ist ausschließlich das Gericht zuständig, in dessen Bezirk das für die Restrukturierungssache zuständige Restrukturierungsgericht seinen Sitz hat.

(2) [1] Die Landesregierungen werden ermächtigt, durch Rechtsverordnung die in Absatz 1 genannten Klagen einem Landgericht für die Bezirke mehrerer Oberlandesgerichte zuzuweisen, sofern dies der sachlichen Förderung oder schnelleren Erledigung der Verfahren dienlich ist. [2] Die Landesregierungen können diese Ermächtigung durch Rechtsverordnung auf die Landesjustizverwaltungen übertragen.

**§ 20 Besonderer Gerichtsstand des Aufenthaltsorts.** Wenn Personen an einem Ort unter Verhältnissen, die ihrer Natur nach auf einen Aufenthalt von längerer Dauer hinweisen, insbesondere als Hausgehilfen, Arbeiter, Gewerbegehilfen, Studierende, Schüler oder Lehrlinge sich aufhalten, so ist das Gericht des Aufenthaltsortes für alle Klagen zuständig, die gegen diese Personen wegen vermögensrechtlicher Ansprüche erhoben werden.

**§ 21 Besonderer Gerichtsstand der Niederlassung.** (1) Hat jemand zum Betrieb einer Fabrik, einer Handlung oder eines anderen Gewerbes eine Niederlassung, von der aus unmittelbar Geschäfte geschlossen werden, so können gegen ihn alle Klagen, die auf den Geschäftsbetrieb der Niederlassung Bezug haben, bei dem Gericht des Ortes erhoben werden, wo die Niederlassung sich befindet.

(2) Der Gerichtsstand der Niederlassung ist auch für Klagen gegen Personen begründet, die ein mit Wohn- und Wirtschaftsgebäuden versehenes Gut als Eigentümer, Nutznießer oder Pächter bewirtschaften, soweit diese Klagen die auf die Bewirtschaftung des Gutes sich beziehenden Rechtsverhältnisse betreffen.

**§ 22[3] Besonderer Gerichtsstand der Mitgliedschaft.** Das Gericht, bei dem Gemeinden, Korporationen, Gesellschaften, Genossenschaften oder andere Vereine den allgemeinen Gerichtsstand haben, ist für die Klagen zuständig, die von ihnen oder von

---

[1] § 19 geänd. mWv 8.9.2015 durch VO v. 31.8.2015 (BGBl. I S. 1474).
[2] § 19b eingef. mWv 1.1.2021 durch G v. 22.12.2020 (BGBl. I S. 3256).
[3] § 22 geänd. mWv 1.11.2008 durch G v. 23.10.2008 (BGBl. I S. 2026).

dem Insolvenzverwalter gegen die Mitglieder als solche oder von den Mitgliedern in dieser Eigenschaft gegeneinander erhoben werden.

**§ 23[1)] Besonderer Gerichtsstand des Vermögens und des Gegenstands.** [1] Für Klagen wegen vermögensrechtlicher Ansprüche gegen eine Person, die im Inland keinen Wohnsitz hat, ist das Gericht zuständig, in dessen Bezirk sich Vermögen derselben oder der mit der Klage in Anspruch genommene Gegenstand befindet. [2] Bei Forderungen gilt als der Ort, wo das Vermögen sich befindet, der Wohnsitz des Schuldners und, wenn für die Forderungen eine Sache zur Sicherheit haftet, auch der Ort, wo die Sache sich befindet.

**§ 23a[2)]** *(aufgehoben)*

**§ 24 Ausschließlicher dinglicher Gerichtsstand.** (1) Für Klagen, durch die das Eigentum, eine dingliche Belastung oder die Freiheit von einer solchen geltend gemacht wird, für Grenzscheidungs-, Teilungs- und Besitzklagen ist, sofern es sich um unbewegliche Sachen handelt, das Gericht ausschließlich zuständig, in dessen Bezirk die Sache belegen ist.

(2) Bei den eine Grunddienstbarkeit, eine Reallast oder ein Vorkaufsrecht betreffenden Klagen ist die Lage des dienenden oder belasteten Grundstücks entscheidend.

**§ 25 Dinglicher Gerichtsstand des Sachzusammenhanges.** In dem dinglichen Gerichtsstand kann mit der Klage aus einer Hypothek, Grundschuld oder Rentenschuld die Schuldklage, mit der Klage auf Umschreibung oder Löschung einer Hypothek, Grundschuld oder Rentenschuld die Klage auf Befreiung von der persönlichen Verbindlichkeit, mit der Klage auf Anerkennung einer Reallast die Klage auf rückständige Leistungen erhoben werden, wenn die verbundenen Klagen gegen denselben Beklagten gerichtet sind.

**§ 26 Dinglicher Gerichtsstand für persönliche Klagen.** In dem dinglichen Gerichtsstand können persönliche Klagen, die gegen den Eigentümer oder Besitzer einer unbeweglichen Sache als solche gerichtet werden, sowie Klagen wegen Beschädigung eines Grundstücks oder hinsichtlich der Entschädigung wegen Enteignung eines Grundstücks erhoben werden.

**§ 27 Besonderer Gerichtsstand der Erbschaft.** (1) Klagen, welche die Feststellung des Erbrechts, Ansprüche des Erben gegen einen Erbschaftsbesitzer, Ansprüche aus Vermächtnissen oder sonstigen Verfügungen von Todes wegen, Pflichtteilsansprüche oder die Teilung der Erbschaft zum Gegenstand haben, können vor dem Gericht erhoben werden, bei dem der Erblasser zur Zeit seines Todes den allgemeinen Gerichtsstand gehabt hat.

(2) Ist der Erblasser ein Deutscher und hatte er zur Zeit seines Todes im Inland keinen allgemeinen Gerichtsstand, so können die im Absatz 1 bezeichneten Klagen vor dem Gericht erhoben werden, in dessen Bezirk der Erblasser seinen letzten inländischen Wohnsitz hatte; wenn er einen solchen Wohnsitz nicht hatte, so gilt die Vorschrift des § 15 Abs. 1 Satz 2 entsprechend.

---

1) Beachte Art. 5 VO (EU) Nr. 1215/2012 über die gerichtliche Zuständigkeit und die Anerkennung und Vollstreckung von Entscheidungen in Zivil- und Handelssachen **(Schönfelder ErgBd. Nr. 103)**.

2) § 23a aufgeh. mWv 1.9.2009 durch G v. 17.12.2008 (BGBl. I S. 2586).

**§ 28 Erweiterter Gerichtsstand der Erbschaft.** In dem Gerichtsstand der Erbschaft können auch Klagen wegen anderer Nachlassverbindlichkeiten erhoben werden, solange sich der Nachlass noch ganz oder teilweise im Bezirk des Gerichts befindet oder die vorhandenen mehreren Erben noch als Gesamtschuldner haften.

**§ 29 Besonderer Gerichtsstand des Erfüllungsorts.** (1) Für Streitigkeiten aus einem Vertragsverhältnis und über dessen Bestehen ist das Gericht des Ortes zuständig, an dem die streitige Verpflichtung zu erfüllen ist.

(2) Eine Vereinbarung über den Erfüllungsort begründet die Zuständigkeit nur, wenn die Vertragsparteien Kaufleute, juristische Personen des öffentlichen Rechts oder öffentlich-rechtliche Sondervermögen sind.

**§ 29a Ausschließlicher Gerichtsstand bei Miet- oder Pachträumen.**

(1) Für Streitigkeiten über Ansprüche aus Miet- oder Pachtverhältnissen über Räume oder über das Bestehen solcher Verhältnisse ist das Gericht ausschließlich zuständig, in dessen Bezirk sich die Räume befinden.

(2) Absatz 1 ist nicht anzuwenden, wenn es sich um Wohnraum der in § 549 Abs. 2 Nr. 1 bis 3 des Bürgerlichen Gesetzbuchs[1)] genannten Art handelt.

**§ 29b**[2)] *(aufgehoben)*

**§ 29c**[3)] **Besonderer Gerichtsstand für Haustürgeschäfte.** (1) [1] Für Klagen aus außerhalb von Geschäftsräumen geschlossenen Verträgen (§ 312b des Bürgerlichen Gesetzbuchs[1)]) ist das Gericht zuständig, in dessen Bezirk der Verbraucher zur Zeit der Klageerhebung seinen Wohnsitz, in Ermangelung eines solchen seinen gewöhnlichen Aufenthalt hat. [2] Für Klagen gegen den Verbraucher ist dieses Gericht ausschließlich zuständig.

(2) Verbraucher ist jede natürliche Person, die bei dem Erwerb des Anspruchs oder der Begründung des Rechtsverhältnisses nicht überwiegend im Rahmen ihrer gewerblichen oder selbständigen beruflichen Tätigkeit handelt.

(3) § 33 Abs. 2 findet auf Widerklagen der anderen Vertragspartei keine Anwendung.

(4) Eine von Absatz 1 abweichende Vereinbarung ist zulässig für den Fall, dass der Verbraucher nach Vertragsschluss seinen Wohnsitz oder gewöhnlichen Aufenthalt aus dem Geltungsbereich dieses Gesetzes verlegt oder sein Wohnsitz oder gewöhnlicher Aufenthalt im Zeitpunkt der Klageerhebung nicht bekannt ist.

**§ 30**[4)] **Gerichtsstand bei Beförderungen.** (1) [1] Für Rechtsstreitigkeiten aus einer Güterbeförderung ist auch das Gericht zuständig, in dessen Bezirk der Ort der Übernahme des Gutes oder der für die Ablieferung des Gutes vorgesehene Ort liegt. [2] Eine Klage gegen den ausführenden Frachtführer oder ausführenden Verfrachter kann auch in dem Gerichtsstand des Frachtführers oder Verfrachters erhoben werden. [3] Eine Klage gegen den Frachtführer oder Verfrachter kann

---

[1)] Nr. **20**.

[2)] § 29b aufgeh. mWv 1.7.2007 durch G v. 26.3.2007 (BGBl. I S. 370).

[3)] § 29c Abs. 1 Satz 1 geänd. mWv 13.6.2014 durch G v. 20.9.2013 (BGBl. I S. 3642); Abs. 2 eingef., bish. Abs. 2 und 3 werden Abs. 3 und 4 **mWv 1.11.2018** durch G v. 12.7.2018 (BGBl. I S. 1151).

[4)] § 30 neu gef. mWv 25.4.2013 durch G v. 20.4.2013 (BGBl. I S. 831).

auch in dem Gerichtsstand des ausführenden Frachtführers oder ausführenden Verfrachters erhoben werden.

(2) [1] Für Rechtsstreitigkeiten wegen einer Beförderung von Fahrgästen und ihrem Gepäck auf Schiffen ist auch das Gericht zuständig, in dessen Bezirk sich der im Beförderungsvertrag bestimmte Abgangs- oder Bestimmungsort befindet. [2] Eine von Satz 1 abweichende Vereinbarung ist unwirksam, wenn sie vor Eintritt des Ereignisses getroffen wird, das den Tod oder die Körperverletzung des Fahrgasts oder den Verlust, die Beschädigung oder die verspätete Aushändigung des Gepäcks verursacht hat.

**§ 30a[1)] Gerichtsstand bei Bergungsansprüchen.** Für Klagen wegen Ansprüchen aus Bergung von Schiffen oder sonstigen Vermögensgegenständen in einem Gewässer gegen eine Person, die im Inland keinen Gerichtsstand hat, ist das Gericht zuständig, bei dem der Kläger im Inland seinen allgemeinen Gerichtsstand hat.

**§ 31 Besonderer Gerichtsstand der Vermögensverwaltung.** Für Klagen, die aus einer Vermögensverwaltung von dem Geschäftsherrn gegen den Verwalter oder von dem Verwalter gegen den Geschäftsherrn erhoben werden, ist das Gericht des Ortes zuständig, wo die Verwaltung geführt ist.

**§ 32 Besonderer Gerichtsstand der unerlaubten Handlung.** Für Klagen aus unerlaubten Handlungen ist das Gericht zuständig, in dessen Bezirk die Handlung begangen ist.

**§ 32a Ausschließlicher Gerichtsstand der Umwelteinwirkung.** [1] Für Klagen gegen den Inhaber einer im Anhang 1 des Umwelthaftungsgesetzes[2)] genannten Anlage, mit denen der Ersatz eines durch eine Umwelteinwirkung verursachten Schadens geltend gemacht wird, ist das Gericht ausschließlich zuständig, in dessen Bezirk die Umwelteinwirkung von der Anlage ausgegangen ist. [2] Dies gilt nicht, wenn die Anlage im Ausland belegen ist.

**§ 32b[3) 4)] Ausschließlicher Gerichtsstand bei falschen, irreführenden oder unterlassenen öffentlichen Kapitalmarktinformationen.** (1) Für Klagen, in denen

1. ein Schadensersatzanspruch wegen falscher, irreführender oder unterlassener öffentlicher Kapitalmarktinformation,
2. ein Schadensersatzanspruch wegen Verwendung einer falschen oder irreführenden öffentlichen Kapitalmarktinformation oder wegen Unterlassung der gebotenen Aufklärung darüber, dass eine öffentliche Kapitalmarktinformation falsch oder irreführend ist, oder
3. ein Erfüllungsanspruch aus Vertrag, der auf einem Angebot nach dem Wertpapiererwerbs- und Übernahmegesetz beruht,

geltend gemacht wird, ist das Gericht ausschließlich am Sitz des betroffenen Emittenten, des betroffenen Anbieters von sonstigen Vermögensanlagen oder der Zielgesellschaft zuständig, wenn sich dieser Sitz im Inland befindet und die Klage

---

1) § 30a eingef. mWv 25.4.2013 durch G v. 20.4.2013 (BGBl. I S. 831).
2) Nr. **28**.
3) § 32b Abs. 1 neu gef. mWv 1.11.2012 durch G v. 19.10.2012 (BGBl. I S. 2182).
4) Beachte hierzu Übergangsvorschrift in § 31 EGZPO (Nr. **101**).

zumindest auch gegen den Emittenten, den Anbieter oder die Zielgesellschaft gerichtet wird.

(2) [1] Die Landesregierungen werden ermächtigt, durch Rechtsverordnung die in Absatz 1 genannten Klagen einem Landgericht für die Bezirke mehrerer Landgerichte zuzuweisen, sofern dies der sachlichen Förderung oder schnelleren Erledigung der Verfahren dienlich ist. [2] Die Landesregierungen können diese Ermächtigung auf die Landesjustizverwaltungen übertragen.

**§ 32c[1)] Ausschließlicher Gerichtsstand bei Musterfeststellungsverfahren.** Für Klagen in Musterfeststellungsverfahren nach Buch 6 ist das Gericht des allgemeinen Gerichtsstands des Beklagten ausschließlich zuständig, sofern sich dieser im Inland befindet.

**§ 33 Besonderer Gerichtsstand der Widerklage.** (1) Bei dem Gericht der Klage kann eine Widerklage erhoben werden, wenn der Gegenanspruch mit dem in der Klage geltend gemachten Anspruch oder mit den gegen ihn vorgebrachten Verteidigungsmitteln in Zusammenhang steht.

(2) Dies gilt nicht, wenn für eine Klage wegen des Gegenanspruchs die Vereinbarung der Zuständigkeit des Gerichts nach § 40 Abs. 2 unzulässig ist.

**§ 34 Besonderer Gerichtsstand des Hauptprozesses.** Für Klagen der Prozessbevollmächtigten, der Beistände, der Zustellungsbevollmächtigten und der Gerichtsvollzieher wegen Gebühren und Auslagen ist das Gericht des Hauptprozesses zuständig.

**§ 35 Wahl unter mehreren Gerichtsständen.** Unter mehreren zuständigen Gerichten hat der Kläger die Wahl.

**§ 35a[2)]** *(aufgehoben)*

**§ 36 Gerichtliche Bestimmung der Zuständigkeit.** (1) Das zuständige Gericht wird durch das im Rechtszug zunächst höhere Gericht bestimmt:

1. wenn das an sich zuständige Gericht in einem einzelnen Fall an der Ausübung des Richteramtes rechtlich oder tatsächlich verhindert ist;
2. wenn es mit Rücksicht auf die Grenzen verschiedener Gerichtsbezirke ungewiss ist, welches Gericht für den Rechtsstreit zuständig sei;
3. wenn mehrere Personen, die bei verschiedenen Gerichten ihren allgemeinen Gerichtsstand haben, als Streitgenossen im allgemeinen Gerichtsstand verklagt werden sollen und für den Rechtsstreit ein gemeinschaftlicher besonderer Gerichtsstand nicht begründet ist;
4. wenn die Klage in dem dinglichen Gerichtsstand erhoben werden soll und die Sache in den Bezirken verschiedener Gerichte belegen ist;
5. wenn in einem Rechtsstreit verschiedene Gerichte sich rechtskräftig für zuständig erklärt haben;
6. wenn verschiedene Gerichte, von denen eines für den Rechtsstreit zuständig ist, sich rechtskräftig für unzuständig erklärt haben.

---

[1)] § 32c eingef. **mWv 1.11.2018** durch G v. 12.7.2018 (BGBl. I S. 1151).
[2)] § 35a aufgeh. mWv 1.9.2009 durch G v. 17.12.2008 (BGBl. I S. 2586).

(2) Ist das zunächst höhere gemeinschaftliche Gericht der Bundesgerichtshof, so wird das zuständige Gericht durch das Oberlandesgericht bestimmt, zu dessen Bezirk das zuerst mit der Sache befasste Gericht gehört.

(3) [1] Will das Oberlandesgericht bei der Bestimmung des zuständigen Gerichts in einer Rechtsfrage von der Entscheidung eines anderen Oberlandesgerichts oder des Bundesgerichtshofs abweichen, so hat es die Sache unter Begründung seiner Rechtsauffassung dem Bundesgerichtshof vorzulegen. [2] In diesem Fall entscheidet der Bundesgerichtshof.

**§ 37 Verfahren bei gerichtlicher Bestimmung.** (1) Die Entscheidung über das Gesuch um Bestimmung des zuständigen Gerichts ergeht durch Beschluss.

(2) Der Beschluss, der das zuständige Gericht bestimmt, ist nicht anfechtbar.

### Titel 3. Vereinbarung über die Zuständigkeit der Gerichte

**§ 38 Zugelassene Gerichtsstandsvereinbarung.** (1) Ein an sich unzuständiges Gericht des ersten Rechtszuges wird durch ausdrückliche oder stillschweigende Vereinbarung der Parteien zuständig, wenn die Vertragsparteien Kaufleute, juristische Personen des öffentlichen Rechts oder öffentlich-rechtliche Sondervermögen sind.

(2)[1)] [1] Die Zuständigkeit eines Gerichts des ersten Rechtszuges kann ferner vereinbart werden, wenn mindestens eine der Vertragsparteien keinen allgemeinen Gerichtsstand im Inland hat. [2] Die Vereinbarung muss schriftlich abgeschlossen oder, falls sie mündlich getroffen wird, schriftlich bestätigt werden. [3] Hat eine der Parteien einen inländischen allgemeinen Gerichtsstand, so kann für das Inland nur ein Gericht gewählt werden, bei dem diese Partei ihren allgemeinen Gerichtsstand hat oder ein besonderer Gerichtsstand begründet ist.

(3) Im Übrigen ist eine Gerichtsstandsvereinbarung nur zulässig, wenn sie ausdrücklich und schriftlich

1. nach dem Entstehen der Streitigkeit oder
2. für den Fall geschlossen wird, dass die im Klageweg in Anspruch zu nehmende Partei nach Vertragsschluss ihren Wohnsitz oder gewöhnlichen Aufenthaltsort aus dem Geltungsbereich dieses Gesetzes verlegt oder ihr Wohnsitz oder gewöhnlicher Aufenthalt im Zeitpunkt der Klageerhebung nicht bekannt ist.

**§ 39 Zuständigkeit infolge rügeloser Verhandlung.** [1] Die Zuständigkeit eines Gerichts des ersten Rechtszuges wird ferner dadurch begründet, dass der Beklagte, ohne die Unzuständigkeit geltend zu machen, zur Hauptsache mündlich verhandelt. [2] Dies gilt nicht, wenn die Belehrung nach § 504 unterblieben ist.

**§ 40 Unwirksame und unzulässige Gerichtsstandsvereinbarung.** (1) Die Vereinbarung hat keine rechtliche Wirkung, wenn sie nicht auf ein bestimmtes Rechtsverhältnis und die aus ihm entspringenden Rechtsstreitigkeiten sich bezieht.

(2) [1] Eine Vereinbarung ist unzulässig, wenn

---

1) Beachte auch Art. 25 VO (EU) Nr. 1215/2012 über die gerichtliche Zuständigkeit und die Anerkennung und Vollstreckung von Entscheidungen in Zivil- und Handelssachen **(Schönfelder ErgBd. Nr. 103)**.

1. der Rechtsstreit nichtvermögensrechtliche Ansprüche betrifft, die den Amtsgerichten ohne Rücksicht auf den Wert des Streitgegenstandes zugewiesen sind, oder
2. für die Klage ein ausschließlicher Gerichtsstand begründet ist.

[2] In diesen Fällen wird die Zuständigkeit eines Gerichts auch nicht durch rügeloses Verhandeln zur Hauptsache begründet.

### Titel 4. Ausschließung und Ablehnung der Gerichtspersonen

**§ 41[1)] Ausschluss von der Ausübung des Richteramtes.** Ein Richter ist von der Ausübung des Richteramtes kraft Gesetzes ausgeschlossen:

1. in Sachen, in denen er selbst Partei ist oder bei denen er zu einer Partei in dem Verhältnis eines Mitberechtigten, Mitverpflichteten oder Regresspflichtigen steht;
2. in Sachen seines Ehegatten, auch wenn die Ehe nicht mehr besteht;

2a. in Sachen seines Lebenspartners, auch wenn die Lebenspartnerschaft nicht mehr besteht;

3. in Sachen einer Person, mit der er in gerader Linie verwandt oder verschwägert, in der Seitenlinie bis zum dritten Grad verwandt oder bis zum zweiten Grad verschwägert ist oder war;
4. in Sachen, in denen er als Prozessbevollmächtigter oder Beistand einer Partei bestellt oder als gesetzlicher Vertreter einer Partei aufzutreten berechtigt ist oder gewesen ist;
5. in Sachen, in denen er als Zeuge oder Sachverständiger vernommen ist;
6. in Sachen, in denen er in einem früheren Rechtszug oder im schiedsrichterlichen Verfahren bei dem Erlass der angefochtenen Entscheidung mitgewirkt hat, sofern es sich nicht um die Tätigkeit eines beauftragten oder ersuchten Richters handelt;
7. in Sachen wegen überlanger Gerichtsverfahren, wenn er in dem beanstandeten Verfahren in einem Rechtszug mitgewirkt hat, auf dessen Dauer der Entschädigungsanspruch gestützt wird;
8. in Sachen, in denen er an einem Mediationsverfahren oder einem anderen Verfahren der außergerichtlichen Konfliktbeilegung mitgewirkt hat.

**§ 42 Ablehnung eines Richters.** (1) Ein Richter kann sowohl in den Fällen, in denen er von der Ausübung des Richteramts kraft Gesetzes ausgeschlossen ist, als auch wegen Besorgnis der Befangenheit abgelehnt werden.

(2) Wegen Besorgnis der Befangenheit findet die Ablehnung statt, wenn ein Grund vorliegt, der geeignet ist, Misstrauen gegen die Unparteilichkeit eines Richters zu rechtfertigen.

(3) Das Ablehnungsrecht steht in jedem Fall beiden Parteien zu.

**§ 43 Verlust des Ablehnungsrechts.** Eine Partei kann einen Richter wegen Besorgnis der Befangenheit nicht mehr ablehnen, wenn sie sich bei ihm, ohne den

---

[1)] § 41 Nr. 6 geänd., Nr. 7 angef. mWv 3.12.2011 durch G v. 24.11.2011 (BGBl. I S. 2302); Nr. 7 geänd., Nr. 8 angef. mWv 26.7.2012 durch G v. 21.7.2012 (BGBl. I S. 1577).

ihr bekannten Ablehnungsgrund geltend zu machen, in eine Verhandlung eingelassen oder Anträge gestellt hat.

**§ 44[1) ] Ablehnungsgesuch.** (1) Das Ablehnungsgesuch ist bei dem Gericht, dem der Richter angehört, anzubringen; es kann vor der Geschäftsstelle zu Protokoll erklärt werden.

(2) [1] Der Ablehnungsgrund ist glaubhaft zu machen; zur Versicherung an Eides statt darf die Partei nicht zugelassen werden. [2] Zur Glaubhaftmachung kann auf das Zeugnis des abgelehnten Richters Bezug genommen werden.

(3) Der abgelehnte Richter hat sich über den Ablehnungsgrund dienstlich zu äußern.

(4) [1] Wird ein Richter, bei dem die Partei sich in eine Verhandlung eingelassen oder Anträge gestellt hat, wegen Besorgnis der Befangenheit abgelehnt, so ist glaubhaft zu machen, dass der Ablehnungsgrund erst später entstanden oder der Partei bekannt geworden sei. [2] Das Ablehnungsgesuch ist unverzüglich anzubringen.

**§ 45 Entscheidung über das Ablehnungsgesuch.** (1) Über das Ablehnungsgesuch entscheidet das Gericht, dem der Abgelehnte angehört, ohne dessen Mitwirkung.

(2) [1] Wird ein Richter beim Amtsgericht abgelehnt, so entscheidet ein anderer Richter des Amtsgerichts über das Gesuch. [2] Einer Entscheidung bedarf es nicht, wenn der abgelehnte Richter das Ablehnungsgesuch für begründet hält.

(3) Wird das zur Entscheidung berufene Gericht durch Ausscheiden des abgelehnten Mitglieds beschlussunfähig, so entscheidet das im Rechtszug zunächst höhere Gericht.

**§ 46 Entscheidung und Rechtsmittel.** (1) Die Entscheidung über das Ablehnungsgesuch ergeht durch Beschluss.

(2) Gegen den Beschluss, durch den das Gesuch für begründet erklärt wird, findet kein Rechtsmittel, gegen den Beschluss, durch den das Gesuch für unbegründet erklärt wird, findet sofortige Beschwerde statt.

**§ 47 Unaufschiebbare Amtshandlungen.** (1) Ein abgelehnter Richter hat vor Erledigung des Ablehnungsgesuchs nur solche Handlungen vorzunehmen, die keinen Aufschub gestatten.

(2) [1] Wird ein Richter während der Verhandlung abgelehnt und würde die Entscheidung über die Ablehnung eine Vertagung der Verhandlung erfordern, so kann der Termin unter Mitwirkung des abgelehnten Richters fortgesetzt werden. [2] Wird die Ablehnung für begründet erklärt, so ist der nach Anbringung des Ablehnungsgesuchs liegende Teil der Verhandlung zu wiederholen.

**§ 48 Selbstablehnung; Ablehnung von Amts wegen.** Das für die Erledigung eines Ablehnungsgesuchs zuständige Gericht hat auch dann zu entscheiden, wenn ein solches Gesuch nicht angebracht ist, ein Richter aber von einem Verhältnis Anzeige macht, das seine Ablehnung rechtfertigen könnte, oder wenn aus anderer Veranlassung Zweifel darüber entstehen, ob ein Richter kraft Gesetzes ausgeschlossen sei.

---

[1)] § 44 Abs. 4 Satz 2 angef. mWv 1.1.2020 durch G v. 12.12.2019 (BGBl. I S. 2633).

**§ 49 Urkundsbeamte.** Die Vorschriften dieses Titels sind auf den Urkundsbeamten der Geschäftsstelle entsprechend anzuwenden; die Entscheidung ergeht durch das Gericht, bei dem er angestellt ist.

## Abschnitt 2. Parteien

### Titel 1. Parteifähigkeit; Prozessfähigkeit

**§ 50[1] Parteifähigkeit.** (1) Parteifähig ist, wer rechtsfähig ist.

(2) Ein Verein, der nicht rechtsfähig ist, kann klagen und verklagt werden; in dem Rechtsstreit hat der Verein die Stellung eines rechtsfähigen Vereins.

**§ 51[2] Prozessfähigkeit; gesetzliche Vertretung; Prozessführung.** (1) Die Fähigkeit einer Partei, vor Gericht zu stehen, die Vertretung nicht prozessfähiger Parteien durch andere Personen (gesetzliche Vertreter) und die Notwendigkeit einer besonderen Ermächtigung zur Prozessführung bestimmt sich nach den Vorschriften des bürgerlichen Rechts, soweit nicht die nachfolgenden Paragraphen abweichende Vorschriften enthalten.

(2) Das Verschulden eines gesetzlichen Vertreters steht dem Verschulden der Partei gleich.

(3) Hat eine nicht prozessfähige Partei, die eine volljährige natürliche Person ist, wirksam eine andere natürliche Person schriftlich mit ihrer gerichtlichen Vertretung bevollmächtigt, so steht diese Person einem gesetzlichen Vertreter gleich, wenn die Bevollmächtigung geeignet ist, gemäß § 1814 Absatz 3 Satz 2 Nummer 1 des Bürgerlichen Gesetzbuchs[3] die Erforderlichkeit einer Betreuung entfallen zu lassen.

**§ 52[4] Umfang der Prozessfähigkeit.** Eine Person ist insoweit prozessfähig, als sie sich durch Verträge verpflichten kann.

**§ 53[5] Prozessfähigkeit bei rechtlicher Betreuung.** (1) Bei Personen, für die ein Betreuer bestellt ist, richtet sich die Prozessfähigkeit nach den allgemeinen Vorschriften.

(2) [1] Wird ein Betreuter in einem Rechtsstreit durch einen Betreuer vertreten, kann der Betreuer in jeder Lage des Verfahrens gegenüber dem Prozessgericht schriftlich oder zu Protokoll der Geschäftsstelle erklären, dass der Rechtsstreit fortan ausschließlich durch ihn geführt wird (Ausschließlichkeitserklärung). [2] Mit Eingang der Ausschließlichkeitserklärung steht der Betreute für den weiteren Rechtsstreit einer nicht prozessfähigen Person gleich. [3] Der Betreuer kann die Ausschließlichkeitserklärung jederzeit mit Wirkung für die Zukunft zurücknehmen.

**§ 53a[6]** *(aufgehoben)*

**§ 54 Besondere Ermächtigung zu Prozesshandlungen.** Einzelne Prozesshandlungen, zu denen nach den Vorschriften des bürgerlichen Rechts eine besondere Ermächtigung erforderlich ist, sind ohne sie gültig, wenn die Ermächtigung zur Prozessführung im Allgemeinen erteilt oder die Prozessführung auch ohne eine solche Ermächtigung im Allgemeinen statthaft ist.

---

[1] § 50 Abs. 2 geänd. mWv 30.9.2009 durch G v. 24.9.2009 (BGBl. I S. 3145).
[2] § 51 Abs. 3 geänd. mWv 1.1.2023 durch G v. 4.5.2021 (BGBl. I S. 882).
[3] Nr. **20**.
[4] § 52 geänd. mWv 1.1.2023 durch G v. 4.5.2021 (BGBl. I S. 882).
[5] § 53 neu gef. mWv 1.1.2023 durch G v. 4.5.2021 (BGBl. I S. 882).
[6] § 53a aufgeh. mWv 1.9.2009 durch G v. 17.12.2008 (BGBl. I S. 2586).

**§ 55 Prozessfähigkeit von Ausländern.** Ein Ausländer, dem nach dem Recht seines Landes die Prozessfähigkeit mangelt, gilt als prozessfähig, wenn ihm nach dem Recht des Prozessgerichts die Prozessfähigkeit zusteht.

**§ 56 Prüfung von Amts wegen.** (1) Das Gericht hat den Mangel der Parteifähigkeit, der Prozessfähigkeit, der Legitimation eines gesetzlichen Vertreters und der erforderlichen Ermächtigung zur Prozessführung von Amts wegen zu berücksichtigen.

(2) [1]Die Partei oder deren gesetzlicher Vertreter kann zur Prozessführung mit Vorbehalt der Beseitigung des Mangels zugelassen werden, wenn mit dem Verzug Gefahr für die Partei verbunden ist. [2]Das Endurteil darf erst erlassen werden, nachdem die für die Beseitigung des Mangels zu bestimmende Frist abgelaufen ist.

**§ 57 Prozesspfleger.** (1) Soll eine nicht prozessfähige Partei verklagt werden, die ohne gesetzlichen Vertreter ist, so hat ihr der Vorsitzende des Prozessgerichts, falls mit dem Verzug Gefahr verbunden ist, auf Antrag bis zu dem Eintritt des gesetzlichen Vertreters einen besonderen Vertreter zu bestellen.

(2) Der Vorsitzende kann einen solchen Vertreter auch bestellen, wenn in den Fällen des § 20 eine nicht prozessfähige Person bei dem Gericht ihres Aufenthaltsortes verklagt werden soll.

**§ 58 Prozesspfleger bei herrenlosem Grundstück oder Schiff.** (1) Soll ein Recht an einem Grundstück, das von dem bisherigen Eigentümer nach § 928 des Bürgerlichen Gesetzbuchs[1)] aufgegeben und von dem Aneignungsberechtigten noch nicht erworben worden ist, im Wege der Klage geltend gemacht werden, so hat der Vorsitzende des Prozessgerichts auf Antrag einen Vertreter zu bestellen, dem bis zur Eintragung eines neuen Eigentümers die Wahrnehmung der sich aus dem Eigentum ergebenden Rechte und Verpflichtungen im Rechtsstreit obliegt.

(2) Absatz 1 gilt entsprechend, wenn im Wege der Klage ein Recht an einem eingetragenen Schiff oder Schiffsbauwerk geltend gemacht werden soll, das von dem bisherigen Eigentümer nach § 7 des Gesetzes über Rechte an eingetragenen Schiffen und Schiffsbauwerken vom 15. November 1940 (RGBl. I S. 1499) aufgegeben und von dem Aneignungsberechtigten noch nicht erworben worden ist.

### Titel 2. Streitgenossenschaft

**§ 59 Streitgenossenschaft bei Rechtsgemeinschaft oder Identität des Grundes.** Mehrere Personen können als Streitgenossen gemeinschaftlich klagen oder verklagt werden, wenn sie hinsichtlich des Streitgegenstandes in Rechtsgemeinschaft stehen oder wenn sie aus demselben tatsächlichen und rechtlichen Grund berechtigt oder verpflichtet sind.

**§ 60 Streitgenossenschaft bei Gleichartigkeit der Ansprüche.** Mehrere Personen können auch dann als Streitgenossen gemeinschaftlich klagen oder verklagt werden, wenn gleichartige und auf einem im Wesentlichen gleichartigen tatsächlichen und rechtlichen Grund beruhende Ansprüche oder Verpflichtungen den Gegenstand des Rechtsstreits bilden.

**§ 61 Wirkung der Streitgenossenschaft.** Streitgenossen stehen, soweit nicht aus den Vorschriften des bürgerlichen Rechts oder dieses Gesetzes sich ein anderes

---

[1)] Nr. **20**.

ergibt, dem Gegner dergestalt als *Einzelne*[1] gegenüber, dass die Handlungen des einen Streitgenossen dem anderen weder zum Vorteil noch zum Nachteil gereichen.

**§ 62 Notwendige Streitgenossenschaft.** (1) Kann das streitige Rechtsverhältnis allen Streitgenossen gegenüber nur einheitlich festgestellt werden oder ist die Streitgenossenschaft aus einem sonstigen Grund eine notwendige, so werden, wenn ein Termin oder eine Frist nur von einzelnen Streitgenossen versäumt wird, die säumigen Streitgenossen als durch die nicht säumigen vertreten angesehen.

(2) Die säumigen Streitgenossen sind auch in dem späteren Verfahren zuzuziehen.

**§ 63 Prozessbetrieb; Ladungen.** Das Recht zur Betreibung des Prozesses steht jedem Streitgenossen zu; zu allen Terminen sind sämtliche Streitgenossen zu laden.

### Titel 3. Beteiligung Dritter am Rechtsstreit

**§ 64 Hauptintervention.** Wer die Sache oder das Recht, worüber zwischen anderen Personen ein Rechtsstreit anhängig geworden ist, ganz oder teilweise für sich in Anspruch nimmt, ist bis zur rechtskräftigen Entscheidung dieses Rechtsstreits berechtigt, seinen Anspruch durch eine gegen beide Parteien gerichtete Klage bei dem Gericht geltend zu machen, vor dem der Rechtsstreit im ersten Rechtszug anhängig wurde.

**§ 65 Aussetzung des Hauptprozesses.** Der Hauptprozess kann auf Antrag einer Partei bis zur rechtskräftigen Entscheidung über die Hauptintervention ausgesetzt werden.

**§ 66 Nebenintervention.** (1) Wer ein rechtliches Interesse daran hat, dass in einem zwischen anderen Personen anhängigen Rechtsstreit die eine Partei obsiege, kann dieser Partei zum Zwecke ihrer Unterstützung beitreten.

(2) Die Nebenintervention kann in jeder Lage des Rechtsstreits bis zur rechtskräftigen Entscheidung, auch in Verbindung mit der Einlegung eines Rechtsmittels, erfolgen.

**§ 67[2] Rechtsstellung des Nebenintervenienten.** [1]Der Nebenintervenient muss den Rechtsstreit in der Lage annehmen, in der er sich zur Zeit seines Beitritts befindet; er ist berechtigt, Angriffs- und Verteidigungsmittel geltend zu machen und alle Prozesshandlungen wirksam vorzunehmen, insoweit nicht seine Erklärungen und Handlungen mit Erklärungen und Handlungen der Hauptpartei in Widerspruch stehen. [2]Für ihn gelten die §§ 141 und 278 Absatz 3 entsprechend.

**§ 68 Wirkung der Nebenintervention.** Der Nebenintervenient wird im Verhältnis zu der Hauptpartei mit der Behauptung nicht gehört, dass der Rechtsstreit, wie er dem Richter vorgelegen habe, unrichtig entschieden sei; er wird mit der Behauptung, dass die Hauptpartei den Rechtsstreit mangelhaft geführt habe, nur insoweit gehört, als er durch die Lage des Rechtsstreits zur Zeit seines Beitritts oder durch Erklärungen und Handlungen der Hauptpartei verhindert worden ist, Angriffs- oder Verteidigungsmittel geltend zu machen, oder als Angriffs- oder Verteidigungsmittel, die ihm unbekannt waren, von der Hauptpartei absichtlich oder durch grobes Verschulden nicht geltend gemacht sind.

---

[1] Richtig wohl: „einzelne".

[2] § 67 Satz 2 angef. mWv 1.1.2020 durch G v. 12.12.2019 (BGBl. I S. 2633).

**§ 69 Streitgenössische Nebenintervention.** Insofern nach den Vorschriften des bürgerlichen Rechts die Rechtskraft der in dem Hauptprozess erlassenen Entscheidung auf das Rechtsverhältnis des Nebenintervenienten zu dem Gegner von Wirksamkeit ist, gilt der Nebenintervenient im Sinne des § 61 als Streitgenosse der Hauptpartei.

**§ 70 Beitritt des Nebenintervenienten.** (1) [1]Der Beitritt des Nebenintervenienten erfolgt durch Einreichung eines Schriftsatzes bei dem Prozessgericht und, wenn er mit der Einlegung eines Rechtsmittels verbunden wird, durch Einreichung eines Schriftsatzes bei dem Rechtsmittelgericht. [2]Der Schriftsatz ist beiden Parteien zuzustellen und muss enthalten:

1. die Bezeichnung der Parteien und des Rechtsstreits;
2. die bestimmte Angabe des Interesses, das der Nebenintervenient hat;
3. die Erklärung des Beitritts.

(2) Außerdem gelten die allgemeinen Vorschriften über die vorbereitenden Schriftsätze.

**§ 71 Zwischenstreit über Nebenintervention.** (1) [1]Über den Antrag auf Zurückweisung einer Nebenintervention wird nach mündlicher Verhandlung unter den Parteien und dem Nebenintervenienten entschieden. [2]Der Nebenintervenient ist zuzulassen, wenn er sein Interesse glaubhaft macht.

(2) Gegen das Zwischenurteil findet sofortige Beschwerde statt.

(3) Solange nicht die Unzulässigkeit der Intervention rechtskräftig ausgesprochen ist, wird der Intervenient im Hauptverfahren zugezogen.

**§ 72[1)] Zulässigkeit der Streitverkündung.** (1) Eine Partei, die für den Fall des ihr ungünstigen Ausganges des Rechtsstreits einen Anspruch auf Gewährleistung oder Schadloshaltung gegen einen Dritten erheben zu können glaubt oder den Anspruch eines Dritten besorgt, kann bis zur rechtskräftigen Entscheidung des Rechtsstreits dem Dritten gerichtlich den Streit verkünden.

(2) [1]Das Gericht und ein vom Gericht ernannter Sachverständiger sind nicht Dritter im Sinne dieser Vorschrift. [2]§ 73 Satz 2 ist nicht anzuwenden.

(3) Der Dritte ist zu einer weiteren Streitverkündung berechtigt.

**§ 73 Form der Streitverkündung.** [1]Zum Zwecke der Streitverkündung hat die Partei einen Schriftsatz einzureichen, in dem der Grund der Streitverkündung und die Lage des Rechtsstreits anzugeben ist. [2]Der Schriftsatz ist dem Dritten zuzustellen und dem Gegner des Streitverkünders in Abschrift mitzuteilen. [3]Die Streitverkündung wird erst mit der Zustellung an den Dritten wirksam.

**§ 74 Wirkung der Streitverkündung.** (1) Wenn der Dritte dem Streitverkünder beitritt, so bestimmt sich sein Verhältnis zu den Parteien nach den Grundsätzen über die Nebenintervention.

(2) Lehnt der Dritte den Beitritt ab oder erklärt er sich nicht, so wird der Rechtsstreit ohne Rücksicht auf ihn fortgesetzt.

---

[1)] § 72 Abs. 2 eingef., bish. Abs. 2 wird Abs. 3 mWv 31.12.2006 durch G v. 22.12.2006 (BGBl. I S. 3416).

(3) In allen Fällen dieses Paragraphen sind gegen den Dritten die Vorschriften des § 68 mit der Abweichung anzuwenden, dass statt der Zeit des Beitritts die Zeit entscheidet, zu welcher der Beitritt infolge der Streitverkündung möglich war.

**§ 75 Gläubigerstreit.** [1] Wird von dem verklagten Schuldner einem Dritten, der die geltend gemachte Forderung für sich in Anspruch nimmt, der Streit verkündet und tritt der Dritte in den Streit ein, so ist der Beklagte, wenn er den Betrag der Forderung zugunsten der streitenden Gläubiger unter Verzicht auf das Recht zur Rücknahme hinterlegt, auf seinen Antrag aus dem Rechtsstreit unter Verurteilung in die durch seinen unbegründeten Widerspruch veranlassten Kosten zu entlassen und der Rechtsstreit über die Berechtigung an der Forderung zwischen den streitenden Gläubigern allein fortzusetzen. [2] Dem Obsiegenden ist der hinterlegte Betrag zuzusprechen und der Unterliegende auch zur Erstattung der dem Beklagten entstandenen, nicht durch dessen unbegründeten Widerspruch veranlassten Kosten, einschließlich der Kosten der Hinterlegung, zu verurteilen.

**§ 76 Urheberbenennung bei Besitz.** (1) [1] Wer als Besitzer einer Sache verklagt ist, die er auf Grund eines Rechtsverhältnisses der im § 868 des Bürgerlichen Gesetzbuchs[1)] bezeichneten Art zu besitzen behauptet, kann vor der Verhandlung zur Hauptsache unter Einreichung eines Schriftsatzes, in dem er den mittelbaren Besitzer benennt, und einer Streitverkündungsschrift die Ladung des mittelbaren Besitzers zur Erklärung beantragen. [2] Bis zu dieser Erklärung oder bis zum Schluss des Termins, in dem sich der Benannte zu erklären hat, kann der Beklagte die Verhandlung zur Hauptsache verweigern.

(2) Bestreitet der Benannte die Behauptung des Beklagten oder erklärt er sich nicht, so ist der Beklagte berechtigt, dem Klageantrage zu genügen.

(3) [1] Wird die Behauptung des Beklagten von dem Benannten als richtig anerkannt, so ist dieser berechtigt, mit Zustimmung des Beklagten an dessen Stelle den Prozess zu übernehmen. [2] Die Zustimmung des Klägers ist nur insoweit erforderlich, als er Ansprüche geltend macht, die unabhängig davon sind, dass der Beklagte auf Grund eines Rechtsverhältnisses der im Absatz 1 bezeichneten Art besitzt.

(4) [1] Hat der Benannte den Prozess übernommen, so ist der Beklagte auf seinen Antrag von der Klage zu entbinden. [2] Die Entscheidung ist in Ansehung der Sache selbst auch gegen den Beklagten wirksam und vollstreckbar.

**§ 77 Urheberbenennung bei Eigentumsbeeinträchtigung.** Ist von dem Eigentümer einer Sache oder von demjenigen, dem ein Recht an einer Sache zusteht, wegen einer Beeinträchtigung des Eigentums oder seines Rechts Klage auf Beseitigung der Beeinträchtigung oder auf Unterlassung weiterer Beeinträchtigungen erhoben, so sind die Vorschriften des § 76 entsprechend anzuwenden, sofern der Beklagte die Beeinträchtigung in Ausübung des Rechtes eines Dritten vorgenommen zu haben behauptet.

---

1) Nr. **20**.

### Titel 4. Prozessbevollmächtigte und Beistände

**§ 78[1] Anwaltsprozess.** (1) [1] Vor den Landgerichten und Oberlandesgerichten müssen sich die Parteien durch einen Rechtsanwalt vertreten lassen. [2] Ist in einem Land auf Grund des § 8 des Einführungsgesetzes zum Gerichtsverfassungsgesetz[2] ein oberstes Landesgericht errichtet, so müssen sich die Parteien vor diesem ebenfalls durch einen Rechtsanwalt vertreten lassen. [3] Vor dem Bundesgerichtshof müssen sich die Parteien durch einen bei dem Bundesgerichtshof zugelassenen Rechtsanwalt vertreten lassen.

(2) Behörden und juristische Personen des öffentlichen Rechts einschließlich der von ihnen zur Erfüllung ihrer öffentlichen Aufgaben gebildeten Zusammenschlüsse können sich als Beteiligte für die Nichtzulassungsbeschwerde durch eigene Beschäftigte mit Befähigung zum Richteramt oder durch Beschäftigte mit Befähigung zum Richteramt anderer Behörden oder juristischer Personen des öffentlichen Rechts einschließlich der von ihnen zur Erfüllung ihrer öffentlichen Aufgaben gebildeten Zusammenschlüsse vertreten lassen.

(3) Diese Vorschriften sind auf das Verfahren vor einem beauftragten oder ersuchten Richter sowie auf Prozesshandlungen, die vor dem Urkundsbeamten der Geschäftsstelle vorgenommen werden können, nicht anzuwenden.

(4) Ein Rechtsanwalt, der nach Maßgabe der Absätze 1 und 2 zur Vertretung berechtigt ist, kann sich selbst vertreten.

**§ 78a** (weggefallen)

**§ 78b Notanwalt.** (1) Insoweit eine Vertretung durch Anwälte geboten ist, hat das Prozessgericht einer Partei auf ihren Antrag durch Beschluss für den Rechtszug einen Rechtsanwalt zur Wahrnehmung ihrer Rechte beizuordnen, wenn sie einen zu ihrer Vertretung bereiten Rechtsanwalt nicht findet und die Rechtsverfolgung oder Rechtsverteidigung nicht mutwillig oder aussichtslos erscheint.

(2) Gegen den Beschluss, durch den die Beiordnung eines Rechtsanwalts abgelehnt wird, findet die sofortige Beschwerde statt.

**§ 78c[3] Auswahl des Rechtsanwalts.** (1) Der nach § 78b beizuordnende Rechtsanwalt wird durch den Vorsitzenden des Gerichts aus der Zahl der in dem Bezirk des Prozessgerichts niedergelassenen Rechtsanwälte ausgewählt.

(2) Der beigeordnete Rechtsanwalt kann die Übernahme der Vertretung davon abhängig machen, dass die Partei ihm einen Vorschuss zahlt, der nach dem Rechtsanwaltsvergütungsgesetz[4] zu bemessen ist.

(3) [1] Gegen eine Verfügung, die nach Absatz 1 getroffen wird, steht der Partei und dem Rechtsanwalt die sofortige Beschwerde zu. [2] Dem Rechtsanwalt steht die sofortige Beschwerde auch zu, wenn der Vorsitzende des Gerichts den Antrag, die Beiordnung aufzuheben (§ 48 Abs. 2 der Bundesrechtsanwaltsordnung[5]), ablehnt.

---

[1] § 78 Abs. 1 neu gef. mWv 1.6.2007 durch G v. 26.3.2007 (BGBl. I S. 358); Abs. 4 neu gef. mWv 1.7.2008 durch G v. 12.12.2007 (BGBl. I S. 2840); Abs. 1 Satz 4, Abs. 2 und 3 aufgeh., bish. Abs. 4 wird Abs. 2 und geänd., bish. Abs. 5 und 6 werden Abs. 3 und 4 mWv 1.9.2009 durch G v. 17.12.2008 (BGBl. I S. 2586).

[2] Nr. **95a**.

[3] § 78c Abs. 1 geänd. mWv 1.6.2007 durch G v. 26.3.2007 (BGBl. I S. 358).

[4] Nr. **117**.

[5] **Schönfelder ErgBd. Nr. 98.**

**§ 79[1)] Parteiprozess.** (1) [1]Soweit eine Vertretung durch Rechtsanwälte nicht geboten ist, können die Parteien den Rechtsstreit selbst führen. [2]Parteien, die eine fremde oder ihnen zum Zweck der Einziehung auf fremde Rechnung abgetretene Geldforderung geltend machen, müssen sich durch einen Rechtsanwalt als Bevollmächtigten vertreten lassen, soweit sie nicht nach Maßgabe des Absatzes 2 zur Vertretung des Gläubigers befugt wären oder eine Forderung einziehen, deren ursprünglicher Gläubiger sie sind.

(2) [1]Die Parteien können sich durch einen Rechtsanwalt als Bevollmächtigten vertreten lassen. [2]Darüber hinaus sind als Bevollmächtigte vertretungsbefugt nur

1. Beschäftigte der Partei oder eines mit ihr verbundenen Unternehmens (§ 15 des Aktiengesetzes[2)]); Behörden und juristische Personen des öffentlichen Rechts einschließlich der von ihnen zur Erfüllung ihrer öffentlichen Aufgaben gebildeten Zusammenschlüsse können sich auch durch Beschäftigte anderer Behörden oder juristischer Personen des öffentlichen Rechts einschließlich der von ihnen zur Erfüllung ihrer öffentlichen Aufgaben gebildeten Zusammenschlüsse vertreten lassen,
2. volljährige Familienangehörige (§ 15 der Abgabenordnung, § 11 des Lebenspartnerschaftsgesetzes[3)]), Personen mit Befähigung zum Richteramt und Streitgenossen, wenn die Vertretung nicht im Zusammenhang mit einer entgeltlichen Tätigkeit steht,
3. Verbraucherzentralen und andere mit öffentlichen Mitteln geförderte Verbraucherverbände bei der Einziehung von Forderungen von Verbrauchern im Rahmen ihres Aufgabenbereichs,
4. Personen, die Inkassodienstleistungen erbringen (registrierte Personen nach § 10 Absatz 1 Satz 1 Nummer 1 des Rechtsdienstleistungsgesetzes[4)]) im Mahnverfahren bis zur Abgabe an das Streitgericht und im Verfahren der Zwangsvollstreckung wegen Geldforderungen in das bewegliche Vermögen mit Ausnahme von Handlungen, die ein streitiges Verfahren einleiten oder innerhalb eines streitigen Verfahrens vorzunehmen sind.

[3]Bevollmächtigte, die keine natürlichen Personen sind, handeln durch ihre Organe und mit der Prozessvertretung beauftragten Vertreter.

(3) [1]Das Gericht weist Bevollmächtigte, die nicht nach Maßgabe des Absatzes 2 vertretungsbefugt sind, durch unanfechtbaren Beschluss zurück. [2]Prozesshandlungen eines nicht vertretungsbefugten Bevollmächtigten und Zustellungen oder Mitteilungen an diesen Bevollmächtigten sind bis zu seiner Zurückweisung wirksam. [3]Das Gericht kann den in Absatz 2 Satz 2 Nr. 1 bis 3 bezeichneten Bevollmächtigten durch unanfechtbaren Beschluss die weitere Vertretung untersagen, wenn sie nicht in der Lage sind, das Sach- und Streitverhältnis sachgerecht darzustellen.

(4) [1]Richter dürfen nicht als Bevollmächtigte vor einem Gericht auftreten, dem sie angehören. [2]Ehrenamtliche Richter dürfen, außer in den Fällen des Absatzes 2 Satz 2 Nr. 1, nicht vor einem Spruchkörper auftreten, dem sie angehören. [3]Absatz 3 Satz 1 und 2 gilt entsprechend.

---

[1)] § 79 neu gef. mWv 1.7.2008 durch G v. 12.12.2007 (BGBl. I S. 2840); Abs. 2 Satz 2 Nr. 4 neu gef. mWv 1.1.2021 durch G v. 22.12.2020 (BGBl. I S. 3320).

[2)] Nr. **51**.

[3)] **Schönfelder ErgBd. Nr. 43.**

[4)] **Schönfelder ErgBd. Nr. 99.**

**§ 80[1)] Prozessvollmacht.** [1]Die Vollmacht ist schriftlich zu den Gerichtsakten einzureichen. [2]Sie kann nachgereicht werden; hierfür kann das Gericht eine Frist bestimmen.

**§ 81 Umfang der Prozessvollmacht.** Die Prozessvollmacht ermächtigt zu allen den Rechtsstreit betreffenden Prozesshandlungen, einschließlich derjenigen, die durch eine Widerklage, eine Wiederaufnahme des Verfahrens, eine Rüge nach § 321a und die Zwangsvollstreckung veranlasst werden; zur Bestellung eines Vertreters sowie eines Bevollmächtigten für die höheren Instanzen; zur Beseitigung des Rechtsstreits durch Vergleich, Verzichtleistung auf den Streitgegenstand oder Anerkennung des von dem Gegner geltend gemachten Anspruchs; zur Empfangnahme der von dem Gegner oder aus der Staatskasse zu erstattenden Kosten.

**§ 82 Geltung für Nebenverfahren.** Die Vollmacht für den Hauptprozess umfasst die Vollmacht für das eine Hauptintervention, einen Arrest oder eine einstweilige Verfügung betreffende Verfahren.

**§ 83 Beschränkung der Prozessvollmacht.** (1) Eine Beschränkung des gesetzlichen Umfanges der Vollmacht hat dem Gegner gegenüber nur insoweit rechtliche Wirkung, als diese Beschränkung die Beseitigung des Rechtsstreits durch Vergleich, Verzichtleistung auf den Streitgegenstand oder Anerkennung des von dem Gegner geltend gemachten Anspruchs betrifft.

(2) Insoweit eine Vertretung durch Anwälte nicht geboten ist, kann eine Vollmacht für einzelne Prozesshandlungen erteilt werden.

**§ 84 Mehrere Prozessbevollmächtigte.** [1]Mehrere Bevollmächtigte sind berechtigt, sowohl gemeinschaftlich als einzeln die Partei zu vertreten. [2]Eine abweichende Bestimmung der Vollmacht hat dem Gegner gegenüber keine rechtliche Wirkung.

**§ 85 Wirkung der Prozessvollmacht.** (1) [1]Die von dem Bevollmächtigten vorgenommenen Prozesshandlungen sind für die Partei in gleicher Art verpflichtend, als wenn sie von der Partei selbst vorgenommen wären. [2]Dies gilt von Geständnissen und anderen tatsächlichen Erklärungen, insoweit sie nicht von der miterschienenen Partei sofort widerrufen oder berichtigt werden.

(2) Das Verschulden des Bevollmächtigten steht dem Verschulden der Partei gleich.

**§ 86 Fortbestand der Prozessvollmacht.** Die Vollmacht wird weder durch den Tod des Vollmachtgebers noch durch eine Veränderung in seiner Prozessfähigkeit oder seiner gesetzlichen Vertretung aufgehoben; der Bevollmächtigte hat jedoch, wenn er nach Aussetzung des Rechtsstreits für den Nachfolger im Rechtsstreit auftritt, dessen Vollmacht beizubringen.

**§ 87 Erlöschen der Vollmacht.** (1) Dem Gegner gegenüber erlangt die Kündigung des Vollmachtvertrags erst durch die Anzeige des Erlöschens der Vollmacht, in Anwaltsprozessen erst durch die Anzeige der Bestellung eines anderen Anwalts rechtliche Wirksamkeit.

---

[1)] § 80 neu gef. mWv 1.7.2008 durch G v. 12.12.2007 (BGBl. I S. 2840).

(2) Der Bevollmächtigte wird durch die von seiner Seite erfolgte Kündigung nicht gehindert, für den Vollmachtgeber so lange zu handeln, bis dieser für Wahrnehmung seiner Rechte in anderer Weise gesorgt hat.

**§ 88 Mangel der Vollmacht.** (1) Der Mangel der Vollmacht kann von dem Gegner in jeder Lage des Rechtsstreits gerügt werden.

(2) Das Gericht hat den Mangel der Vollmacht von Amts wegen zu berücksichtigen, wenn nicht als Bevollmächtigter ein Rechtsanwalt auftritt.

**§ 89 Vollmachtloser Vertreter.** (1) [1] Handelt jemand für eine Partei als Geschäftsführer ohne Auftrag oder als Bevollmächtigter ohne Beibringung einer Vollmacht, so kann er gegen oder ohne Sicherheitsleistung für Kosten und Schäden zur Prozessführung einstweilen zugelassen werden. [2] Das Endurteil darf erst erlassen werden, nachdem die für die Beibringung der Genehmigung zu bestimmende Frist abgelaufen ist. [3] Ist zu der Zeit, zu der das Endurteil erlassen wird, die Genehmigung nicht beigebracht, so ist der einstweilen zur Prozessführung Zugelassene zum Ersatz der dem Gegner infolge der Zulassung erwachsenen Kosten zu verurteilen; auch hat er dem Gegner die infolge der Zulassung entstandenen Schäden zu ersetzen.

(2) Die Partei muss die Prozessführung gegen sich gelten lassen, wenn sie auch nur mündlich Vollmacht erteilt oder wenn sie die Prozessführung ausdrücklich oder stillschweigend genehmigt hat.

**§ 90[1] Beistand.** (1) [1] In der Verhandlung können die Parteien mit Beiständen erscheinen. [2] Beistand kann sein, wer in Verfahren, in denen die Partei den Rechtsstreit selbst führen kann, als Bevollmächtigter zur Vertretung in der Verhandlung befugt ist. [3] Das Gericht kann andere Personen als Beistand zulassen, wenn dies sachdienlich ist und hierfür nach den Umständen des Einzelfalls ein Bedürfnis besteht. [4] § 79 Abs. 3 Satz 1 und 3 und Abs. 4 gilt entsprechend.

(2) Das von dem Beistand Vorgetragene gilt als von der Partei vorgebracht, insoweit es nicht von dieser sofort widerrufen oder berichtigt wird.

## Titel 5. Prozesskosten

**§ 91[2] Grundsatz und Umfang der Kostenpflicht.** (1) [1] Die unterliegende Partei hat die Kosten des Rechtsstreits zu tragen, insbesondere die dem Gegner erwachsenen Kosten zu erstatten, soweit sie zur zweckentsprechenden Rechtsverfolgung oder Rechtsverteidigung notwendig waren. [2] Die Kostenerstattung umfasst auch die Entschädigung des Gegners für die durch notwendige Reisen oder durch die notwendige Wahrnehmung von Terminen entstandene Zeitversäumnis; die für die Entschädigung von Zeugen geltenden Vorschriften sind entsprechend anzuwenden.

(2) [1] Die gesetzlichen Gebühren und Auslagen des Rechtsanwalts der obsiegenden Partei sind in allen Prozessen zu erstatten, Reisekosten eines Rechtsanwalts, der nicht in dem Bezirk des Prozessgerichts niedergelassen ist und am Ort des Prozessgerichts auch nicht wohnt, jedoch nur insoweit, als die Zuziehung zur zweckentsprechenden Rechtsverfolgung oder Rechtsverteidigung notwendig war. [2] Die Kosten mehrerer Rechtsanwälte sind nur insoweit zu erstatten, als sie die

---

[1] § 90 Abs. 1 neu gef. mWv 1.7.2008 durch G v. 12.12.2007 (BGBl. I S. 2840).

[2] § 91 Abs. 2 Satz 1 geänd. mWv 1.6.2007 durch G v. 26.3.2007 (BGBl. I S. 358); Abs. 5 angef. mWv 1.1.2022 durch G v. 5.10.2021 (BGBl. I S. 4607).

Kosten eines Rechtsanwalts nicht übersteigen oder als in der Person des Rechtsanwalts ein Wechsel eintreten musste. [3]In eigener Sache sind dem Rechtsanwalt die Gebühren und Auslagen zu erstatten, die er als Gebühren und Auslagen eines bevollmächtigten Rechtsanwalts erstattet verlangen könnte.

(3) Zu den Kosten des Rechtsstreits im Sinne der Absätze 1, 2 gehören auch die Gebühren, die durch ein Güteverfahren vor einer durch die Landesjustizverwaltung eingerichteten oder anerkannten Gütestelle entstanden sind; dies gilt nicht, wenn zwischen der Beendigung des Güteverfahrens und der Klageerhebung mehr als ein Jahr verstrichen ist.

(4) Zu den Kosten des Rechtsstreits im Sinne von Absatz 1 gehören auch Kosten, die die obsiegende Partei der unterlegenen Partei im Verlaufe des Rechtsstreits gezahlt hat.

(5) Wurde in einem Rechtsstreit über einen Anspruch nach Absatz 1 Satz 1 entschieden, so ist die Verjährung des Anspruchs gehemmt, bis die Entscheidung rechtskräftig geworden ist oder der Rechtsstreit auf andere Weise beendet wird.

**§ 91a Kosten bei Erledigung der Hauptsache.** (1) [1]Haben die Parteien in der mündlichen Verhandlung oder durch Einreichung eines Schriftsatzes oder zu Protokoll der Geschäftsstelle den Rechtsstreit in der Hauptsache für erledigt erklärt, so entscheidet das Gericht über die Kosten unter Berücksichtigung des bisherigen Sach- und Streitstandes nach billigem Ermessen durch Beschluss. [2]Dasselbe gilt, wenn der Beklagte der Erledigungserklärung des Klägers nicht innerhalb einer Notfrist von zwei Wochen seit der Zustellung des Schriftsatzes widerspricht, wenn der Beklagte zuvor auf diese Folge hingewiesen worden ist.

(2) [1]Gegen die Entscheidung findet die sofortige Beschwerde statt. [2]Dies gilt nicht, wenn der Streitwert der Hauptsache den in § 511 genannten Betrag nicht übersteigt. [3]Vor der Entscheidung über die Beschwerde ist der Gegner zu hören.

**§ 92 Kosten bei teilweisem Obsiegen.** (1) [1]Wenn jede Partei teils obsiegt, teils unterliegt, so sind die Kosten gegeneinander aufzuheben oder verhältnismäßig zu teilen. [2]Sind die Kosten gegeneinander aufgehoben, so fallen die Gerichtskosten jeder Partei zur Hälfte zur Last.

(2) Das Gericht kann der einen Partei die gesamten Prozesskosten auferlegen, wenn

1. die Zuvielforderung der anderen Partei verhältnismäßig geringfügig war und keine oder nur geringfügig höhere Kosten veranlasst hat oder
2. der Betrag der Forderung der anderen Partei von der Festsetzung durch richterliches Ermessen, von der Ermittlung durch Sachverständige oder von einer gegenseitigen Berechnung abhängig war.

**§ 93 Kosten bei sofortigem Anerkenntnis.** Hat der Beklagte nicht durch sein Verhalten zur Erhebung der Klage Veranlassung gegeben, so fallen dem Kläger die Prozesskosten zur Last, wenn der Beklagte den Anspruch sofort anerkennt.

**§ 93a**[1)] *(aufgehoben)*

**§ 93b Kosten bei Räumungsklagen.** (1) [1]Wird einer Klage auf Räumung von Wohnraum mit Rücksicht darauf stattgegeben, dass ein Verlangen des Beklagten auf Fortsetzung des Mietverhältnisses auf Grund der §§ 574 bis 574b des

[1)] § 93a aufgeh. mWv 1.9.2009 durch G v. 17.12.2008 (BGBl. I S. 2586).

Bürgerlichen Gesetzbuchs[1)] wegen der berechtigten Interessen des Klägers nicht gerechtfertigt ist, so kann das Gericht die Kosten ganz oder teilweise dem Kläger auferlegen, wenn der Beklagte die Fortsetzung des Mietverhältnisses unter Angabe von Gründen verlangt hatte und der Kläger aus Gründen obsiegt, die erst nachträglich entstanden sind (§ 574 Abs. 3 des Bürgerlichen Gesetzbuchs). [2] Dies gilt in einem Rechtsstreit wegen Fortsetzung des Mietverhältnisses bei Abweisung der Klage entsprechend.

(2) [1] Wird eine Klage auf Räumung von Wohnraum mit Rücksicht darauf abgewiesen, dass auf Verlangen des Beklagten die Fortsetzung des Mietverhältnisses auf Grund der §§ 574 bis 574b des Bürgerlichen Gesetzbuchs bestimmt wird, so kann das Gericht die Kosten ganz oder teilweise dem Beklagten auferlegen, wenn er auf Verlangen des Klägers nicht unverzüglich über die Gründe des Widerspruchs Auskunft erteilt hat. [2] Dies gilt in einem Rechtsstreit wegen Fortsetzung des Mietverhältnisses entsprechend, wenn der Klage stattgegeben wird.

(3) Erkennt der Beklagte den Anspruch auf Räumung von Wohnraum sofort an, wird ihm jedoch eine Räumungsfrist bewilligt, so kann das Gericht die Kosten ganz oder teilweise dem Kläger auferlegen, wenn der Beklagte bereits vor Erhebung der Klage unter Angabe von Gründen die Fortsetzung des Mietverhältnisses oder eine den Umständen nach angemessene Räumungsfrist vom Kläger vergeblich begehrt hatte.

**§§ 93c, 93d**[2)] *(aufgehoben)*

**§ 94 Kosten bei übergegangenem Anspruch.** Macht der Kläger einen auf ihn *übergangenen*[3)] Anspruch geltend, ohne dass er vor der Erhebung der Klage dem Beklagten den Übergang mitgeteilt und auf Verlangen nachgewiesen hat, so fallen ihm die Prozesskosten insoweit zur Last, als sie dadurch entstanden sind, dass der Beklagte durch die Unterlassung der Mitteilung oder des Nachweises veranlasst worden ist, den Anspruch zu bestreiten.

**§ 95 Kosten bei Säumnis oder Verschulden.** Die Partei, die einen Termin oder eine Frist versäumt oder die Verlegung eines Termins, die Vertagung einer Verhandlung, die Anberaumung eines Termins zur Fortsetzung der Verhandlung oder die Verlängerung einer Frist durch ihr Verschulden veranlasst, hat die dadurch verursachten Kosten zu tragen.[4)]

**§ 96 Kosten erfolgloser Angriffs- oder Verteidigungsmittel.** Die Kosten eines ohne Erfolg gebliebenen Angriffs- oder Verteidigungsmittels können der Partei auferlegt werden, die es geltend gemacht hat, auch wenn sie in der Hauptsache obsiegt.

**§ 97**[5)] **Rechtsmittelkosten.** (1) Die Kosten eines ohne Erfolg eingelegten Rechtsmittels fallen der Partei zur Last, die es eingelegt hat.

(2) Die Kosten des Rechtsmittelverfahrens sind der obsiegenden Partei ganz oder teilweise aufzuerlegen, wenn sie auf Grund eines neuen Vorbringens obsiegt, das sie in einem früheren Rechtszug geltend zu machen imstande war.

---

[1)] Nr. **20**.
[2)] §§ 93c und 93d aufgeh. mWv 1.9.2009 durch G v. 17.12.2008 (BGBl. I S. 2586).
[3)] Richtig wohl: „übergegangenen".
[4)] Vgl. auch § 38 GKG (Nr. **115**).
[5)] § 97 Abs. 3 aufgeh. mWv 1.9.2009 durch G v. 17.12.2008 (BGBl. I S. 2586).

**§ 98 Vergleichskosten.** [1]Die Kosten eines abgeschlossenen Vergleichs sind als gegeneinander aufgehoben anzusehen, wenn nicht die Parteien ein anderes vereinbart haben. [2]Das Gleiche gilt von den Kosten des durch Vergleich erledigten Rechtsstreits, soweit nicht über sie bereits rechtskräftig erkannt ist.

**§ 99 Anfechtung von Kostenentscheidungen.** (1) Die Anfechtung der Kostenentscheidung ist unzulässig, wenn nicht gegen die Entscheidung in der Hauptsache ein Rechtsmittel eingelegt wird.

(2) [1]Ist die Hauptsache durch eine auf Grund eines Anerkenntnisses ausgesprochene Verurteilung erledigt, so findet gegen die Kostenentscheidung die sofortige Beschwerde statt. [2]Dies gilt nicht, wenn der Streitwert der Hauptsache den in § 511 genannten Betrag nicht übersteigt. [3]Vor der Entscheidung über die Beschwerde ist der Gegner zu hören.

**§ 100 Kosten bei Streitgenossen.** (1) Besteht der unterliegende Teil aus mehreren Personen, so haften sie für die Kostenerstattung nach Kopfteilen.

(2) Bei einer erheblichen Verschiedenheit der Beteiligung am Rechtsstreit kann nach dem Ermessen des Gerichts die Beteiligung zum Maßstab genommen werden.

(3) Hat ein Streitgenosse ein besonderes Angriffs- oder Verteidigungsmittel geltend gemacht, so haften die übrigen Streitgenossen nicht für die dadurch veranlassten Kosten.

(4) [1]Werden mehrere Beklagte als Gesamtschuldner verurteilt, so haften sie auch für die Kostenerstattung, unbeschadet der Vorschrift des Absatzes 3, als Gesamtschuldner. [2]Die Vorschriften des bürgerlichen Rechts, nach denen sich diese Haftung auf die im Absatz 3 bezeichneten Kosten erstreckt, bleiben unberührt.

**§ 101 Kosten einer Nebenintervention.** (1) Die durch eine Nebenintervention verursachten Kosten sind dem Gegner der Hauptpartei aufzuerlegen, soweit er nach den Vorschriften der §§ 91 bis 98 die Kosten des Rechtsstreits zu tragen hat; soweit dies nicht der Fall ist, sind sie dem Nebenintervenienten aufzuerlegen.

(2) Gilt der Nebenintervenient als Streitgenosse der Hauptpartei (§ 69), so sind die Vorschriften des § 100 maßgebend.

**§ 102** (weggefallen)

**§ 103 Kostenfestsetzungsgrundlage; Kostenfestsetzungsantrag.**
(1) Der Anspruch auf Erstattung der Prozesskosten kann nur auf Grund eines zur Zwangsvollstreckung geeigneten Titels geltend gemacht werden.

(2) [1]Der Antrag auf Festsetzung des zu erstattenden Betrages ist bei dem Gericht des ersten Rechtszuges anzubringen. [2]Die Kostenberechnung, ihre zur Mitteilung an den Gegner bestimmte Abschrift und die zur Rechtfertigung der einzelnen Ansätze dienenden Belege sind beizufügen.

**§ 104[1)] Kostenfestsetzungsverfahren.** (1) [1]Über den Festsetzungsantrag entscheidet das Gericht des ersten Rechtszuges. [2]Auf Antrag ist auszusprechen, dass die festgesetzten Kosten vom Eingang des Festsetzungsantrags, im Falle des § 105 Abs. 3 von der Verkündung des Urteils ab mit fünf Prozentpunkten über dem Basiszinssatz nach § 247 des Bürgerlichen Gesetzbuchs[2)] zu verzinsen sind. [3]Die

---

[1)] § 104 Abs. 1 Satz 2 geänd. mWv 31.12.2006 durch G v. 22.12.2006 (BGBl. I S. 3416).
[2)] Nr. **20**.

Entscheidung ist, sofern dem Antrag ganz oder teilweise entsprochen wird, dem Gegner des Antragstellers unter Beifügung einer Abschrift der Kostenrechnung von Amts wegen zuzustellen. [4]Dem Antragsteller ist die Entscheidung nur dann von Amts wegen zuzustellen, wenn der Antrag ganz oder teilweise zurückgewiesen wird; im Übrigen ergeht die Mitteilung formlos.

(2) [1]Zur Berücksichtigung eines Ansatzes genügt, dass er glaubhaft gemacht ist. [2]Hinsichtlich der einem Rechtsanwalt erwachsenden Auslagen für Post- und Telekommunikationsdienstleistungen genügt die Versicherung des Rechtsanwalts, dass diese Auslagen entstanden sind. [3]Zur Berücksichtigung von Umsatzsteuerbeträgen genügt die Erklärung des Antragstellers, dass er die Beträge nicht als Vorsteuer abziehen kann.

(3) [1]Gegen die Entscheidung findet sofortige Beschwerde statt. [2]Das Beschwerdegericht kann das Verfahren aussetzen, bis die Entscheidung, auf die der Festsetzungsantrag gestützt wird, rechtskräftig ist.

**§ 105 Vereinfachter Kostenfestsetzungsbeschluss.** (1) [1]Der Festsetzungsbeschluss kann auf das Urteil und die Ausfertigungen gesetzt werden, sofern bei Eingang des Antrags eine Ausfertigung des Urteils noch nicht erteilt ist und eine Verzögerung der Ausfertigung nicht eintritt. [2]Erfolgt der Festsetzungsbeschluss in der Form des § 130b, ist er in einem gesonderten elektronischen Dokument festzuhalten. [3]Das Dokument ist mit dem Urteil untrennbar zu verbinden.

(2) [1]Eine besondere Ausfertigung und Zustellung des Festsetzungsbeschlusses findet in den Fällen des Absatzes 1 nicht statt. [2]Den Parteien ist der festgesetzte Betrag mitzuteilen, dem Gegner des Antragstellers unter Beifügung der Abschrift der Kostenberechnung. [3]Die Verbindung des Festsetzungsbeschlusses mit dem Urteil soll unterbleiben, sofern dem Festsetzungsantrag auch nur teilweise nicht entsprochen wird.

(3) Eines Festsetzungsantrags bedarf es nicht, wenn die Partei vor der Verkündung des Urteils die Berechnung ihrer Kosten eingereicht hat; in diesem Fall ist die dem Gegner mitzuteilende Abschrift der Kostenberechnung von Amts wegen anzufertigen.

**§ 106 Verteilung nach Quoten.** (1) [1]Sind die Prozesskosten ganz oder teilweise nach Quoten verteilt, so hat nach Eingang des Festsetzungsantrags das Gericht den Gegner aufzufordern, die Berechnung seiner Kosten binnen einer Woche bei Gericht einzureichen. [2]Die Vorschriften des § 105 sind nicht anzuwenden.

(2) [1]Nach fruchtlosem Ablauf der einwöchigen Frist ergeht die Entscheidung ohne Rücksicht auf die Kosten des Gegners, unbeschadet des Rechts des letzteren, den Anspruch auf Erstattung nachträglich geltend zu machen. [2]Der Gegner haftet für die Mehrkosten, die durch das nachträgliche Verfahren entstehen.

**§ 107 Änderung nach Streitwertfestsetzung.** (1) [1]Ergeht nach der Kostenfestsetzung eine Entscheidung, durch die der Wert des Streitgegenstandes festgesetzt wird, so ist, falls diese Entscheidung von der Wertberechnung abweicht, die der Kostenfestsetzung zugrunde liegt, auf Antrag die Kostenfestsetzung entsprechend abzuändern. [2]Über den Antrag entscheidet das Gericht des ersten Rechtszuges.

(2) [1]Der Antrag ist binnen der Frist von einem Monat bei der Geschäftsstelle anzubringen. [2]Die Frist beginnt mit der Zustellung und, wenn es einer solchen

nicht bedarf, mit der Verkündung des den Wert des Streitgegenstandes festsetzenden Beschlusses.

(3) Die Vorschriften des § 104 Abs. 3 sind anzuwenden.

### Titel 6. Sicherheitsleistung

**§ 108 Art und Höhe der Sicherheit.** (1) [1] In den Fällen der Bestellung einer prozessualen Sicherheit kann das Gericht nach freiem Ermessen bestimmen, in welcher Art und Höhe die Sicherheit zu leisten ist. [2] Soweit das Gericht eine Bestimmung nicht getroffen hat und die Parteien ein anderes nicht vereinbart haben, ist die Sicherheitsleistung durch die schriftliche, unwiderrufliche, unbedingte und unbefristete Bürgschaft eines im Inland zum Geschäftsbetrieb befugten Kreditinstituts oder durch Hinterlegung von Geld oder solchen Wertpapieren zu bewirken, die nach § 234 Abs. 1 und 3 des Bürgerlichen Gesetzbuchs[1)] zur Sicherheitsleistung geeignet sind.

(2) Die Vorschriften des § 234 Abs. 2 und des § 235 des Bürgerlichen Gesetzbuchs sind entsprechend anzuwenden.

**§ 109 Rückgabe der Sicherheit.** (1) Ist die Veranlassung für eine Sicherheitsleistung weggefallen, so hat auf Antrag das Gericht, das die Bestellung der Sicherheit angeordnet oder zugelassen hat, eine Frist zu bestimmen, binnen der ihm die Partei, zu deren Gunsten die Sicherheit geleistet ist, die Einwilligung in die Rückgabe der Sicherheit zu erklären oder die Erhebung der Klage wegen ihrer Ansprüche nachzuweisen hat.

(2) [1] Nach Ablauf der Frist hat das Gericht auf Antrag die Rückgabe der Sicherheit anzuordnen, wenn nicht inzwischen die Erhebung der Klage nachgewiesen ist; ist die Sicherheit durch eine Bürgschaft bewirkt worden, so ordnet das Gericht das Erlöschen der Bürgschaft an. [2] Die Anordnung wird erst mit der Rechtskraft wirksam.

(3) [1] Die Anträge und die Einwilligung in die Rückgabe der Sicherheit können vor der Geschäftsstelle zu Protokoll erklärt werden. [2] Die Entscheidungen ergehen durch Beschluss.

(4) Gegen den Beschluss, durch den der im Absatz 1 vorgesehene Antrag abgelehnt wird, steht dem Antragsteller, gegen die im Absatz 2 bezeichnete Entscheidung steht beiden Teilen die sofortige Beschwerde zu.

**§ 110[2)] Prozesskostensicherheit.** (1) Kläger, die ihren gewöhnlichen Aufenthalt nicht in einem Mitgliedstaat der Europäischen Union oder einem Vertragsstaat des Abkommens über den Europäischen Wirtschaftsraum haben, leisten auf Verlangen des Beklagten wegen der Prozesskosten Sicherheit.

(2) Diese Verpflichtung tritt nicht ein:

1. wenn auf Grund völkerrechtlicher Verträge keine Sicherheit verlangt werden kann;
2. wenn die Entscheidung über die Erstattung der Prozesskosten an den Beklagten auf Grund völkerrechtlicher Verträge vollstreckt würde;

---

[1)] Nr. **20**.

[2)] Vgl. §§ 18 bis 20 GVG (Nr. **95**) und Art. 17 Haager Übereinkommen über den Zivilprozess v. 1.3. 1954 (BGBl. 1958 II S. 576, 577). Siehe ferner § 11 G über die Rechtsstellung heimatloser Ausländer im Bundesgebiet **(Sartorius Nr. 563)** und für Mitglieder der in der Bundesrepublik stationierten ausländischen Truppen vgl. Art. 31 Zusatzabkommen zum NATO-Truppenstatut v. 3.8.1959 (BGBl. 1961 II S. 1218), zuletzt geänd. durch Abk. v. 28.9.1994 (BGBl. II S. 2598).

3. wenn der Kläger im Inland ein zur Deckung der Prozesskosten hinreichendes Grundvermögen oder dinglich gesicherte Forderungen besitzt;
4. bei Widerklagen;
5. bei Klagen, die auf Grund einer öffentlichen Aufforderung erhoben werden.

**§ 111 Nachträgliche Prozesskostensicherheit.** Der Beklagte kann auch dann Sicherheit verlangen, wenn die Voraussetzungen für die Verpflichtung zur Sicherheitsleistung erst im Laufe des Rechtsstreits eintreten und nicht ein zur Deckung ausreichender Teil des erhobenen Anspruchs unbestritten ist.

**§ 112 Höhe der Prozesskostensicherheit.** (1) Die Höhe der zu leistenden Sicherheit wird von dem Gericht nach freiem Ermessen festgesetzt.

(2) [1]Bei der Festsetzung ist derjenige Betrag der Prozesskosten zugrunde zu legen, den der Beklagte wahrscheinlich aufzuwenden haben wird. [2]Die dem Beklagten durch eine Widerklage erwachsenden Kosten sind hierbei nicht zu berücksichtigen.

(3) Ergibt sich im Laufe des Rechtsstreits, dass die geleistete Sicherheit nicht hinreicht, so kann der Beklagte die Leistung einer weiteren Sicherheit verlangen, sofern nicht ein zur Deckung ausreichender Teil des erhobenen Anspruchs unbestritten ist.

**§ 113 Fristbestimmung für Prozesskostensicherheit.** [1]Das Gericht hat dem Kläger bei Anordnung der Sicherheitsleistung eine Frist zu bestimmen, binnen der die Sicherheit zu leisten ist. [2]Nach Ablauf der Frist ist auf Antrag des Beklagten, wenn die Sicherheit bis zur Entscheidung nicht geleistet ist, die Klage für zurückgenommen zu erklären oder, wenn über ein Rechtsmittel des Klägers zu verhandeln ist, dieses zu verwerfen.

### Titel 7. Prozesskostenhilfe[1)] und Prozesskostenvorschuss

**§ 114[2)] Voraussetzungen.** (1) [1]Eine Partei, die nach ihren persönlichen und wirtschaftlichen Verhältnissen die Kosten der Prozessführung nicht, nur zum Teil oder nur in Raten aufbringen kann, erhält auf Antrag Prozesskostenhilfe, wenn die beabsichtigte Rechtsverfolgung oder Rechtsverteidigung hinreichende Aussicht auf Erfolg bietet und nicht mutwillig erscheint. [2]Für die grenzüberschreitende Prozesskostenhilfe innerhalb der Europäischen Union gelten ergänzend die §§ 1076 bis 1078.

(2) Mutwillig ist die Rechtsverfolgung oder Rechtsverteidigung, wenn eine Partei, die keine Prozesskostenhilfe beansprucht, bei verständiger Würdigung aller Umstände von der Rechtsverfolgung oder Rechtsverteidigung absehen würde, obwohl eine hinreichende Aussicht auf Erfolg besteht.

---

[1)] Vgl. Art. 20 bis 24 Haager Übereinkommen über den Zivilprozess v. 1.3.1954 (BGBl. 1958 II S. 576, 577). Siehe ferner § 11 G über die Rechtsstellung heimatloser Ausländer im Bundesgebiet **(Sartorius Nr. 563)** und für Mitglieder der in der Bundesrepublik stationierten ausländischen Truppen vgl. Art. 31 Zusatzabkommen zum NATO-Truppenstatut v. 3.8.1959 (BGBl. 1961 II S. 1218), zuletzt geänd. durch Abk. v. 28.9.1994 (BGBl. II S. 2598).

[2)] § 114 Abs. 2 angef. mWv 1.1.2014 durch G v. 31.8.2013 (BGBl. I S. 3533).

**§ 115[1)] Einsatz von Einkommen und Vermögen.** (1) [1]Die Partei hat ihr Einkommen einzusetzen. [2]Zum Einkommen gehören alle Einkünfte in Geld oder Geldeswert. [3]Von ihm sind abzusetzen:

1. a) die in § 82 Abs. 2 des Zwölften Buches Sozialgesetzbuch[2)] bezeichneten Beträge;
   b) bei Parteien, die ein Einkommen aus Erwerbstätigkeit erzielen, ein Betrag in Höhe von 50 vom Hundert des Regelsatzes, der für den alleinstehenden oder alleinerziehenden Leistungsberechtigten vom Bund gemäß der Regelbedarfsstufe 1 nach der Anlage zu § 28 des Zwölften Buches Sozialgesetzbuch festgesetzt oder fortgeschrieben worden ist;
2. a) für die Partei und ihren Ehegatten oder ihren Lebenspartner jeweils ein Betrag in Höhe des um 10 vom Hundert erhöhten Regelsatzes, der für den alleinstehenden oder alleinerziehenden Leistungsberechtigten vom Bund gemäß der Regelbedarfsstufe 1 nach der Anlage zu § 28 des Zwölften Buches Sozialgesetzbuch festgesetzt oder fortgeschrieben worden ist;
   b) bei weiteren Unterhaltsleistungen auf Grund gesetzlicher Unterhaltspflicht für jede unterhaltsberechtigte Person jeweils ein Betrag in Höhe des um 10 vom Hundert erhöhten Regelsatzes, der für eine Person ihres Alters vom Bund gemäß den Regelbedarfsstufen 3 bis 6 nach der Anlage zu § 28 des Zwölften Buches Sozialgesetzbuch festgesetzt oder fortgeschrieben worden ist;
3. die Kosten der Unterkunft und Heizung, soweit sie nicht in einem auffälligen Missverhältnis zu den Lebensverhältnissen der Partei stehen;

---

[1)] § 115 Abs. 1 Satz 3 Nr. 1 Buchst. b, Nr. 2, Satz 5 neu gef. mWv 30.3.2011 durch G v. 24.3.2011 (BGBl. I S. 453); Abs. 1 Satz 3 Nr. 4 eingef., bish. Nr. 4 wird Nr. 5, Abs. 2 neu gef. mWv 1.1.2014 durch G v. 31.8.2013 (BGBl. I S. 3533); Abs. 1 Satz 5 geänd. mWv 8.9.2015 durch VO v. 31.8.2015 (BGBl. I S. 1474); Abs. 1 Satz 3 Nr. 1 Buchst. b, Nr. 2 Buchst. a, b geänd., Satz 5 eingef., bish. Sätze 5–8 werden Sätze 6–9, neuer Satz 6 geänd. mWv 1.1.2021 durch G v. 21.12.2020 (BGBl. I S. 3229).

[2)] § 82 Abs. 2 und 3 des Zwölften Buches Sozialgesetzbuch **(Sartorius ErgBd. Nr. 412)** lauten:

„(2) [1]Von dem Einkommen sind abzusetzen
1. auf das Einkommen entrichtete Steuern,
2. Pflichtbeiträge zur Sozialversicherung einschließlich der Beiträge zur Arbeitsförderung,
3. Beiträge zu öffentlichen oder privaten Versicherungen oder ähnlichen Einrichtungen, soweit diese Beiträge gesetzlich vorgeschrieben oder nach Grund und Höhe angemessen sind, sowie geförderte Altersvorsorgebeiträge nach § 82 des Einkommensteuergesetzes, soweit sie den Mindesteigenbeitrag nach § 86 des Einkommensteuergesetzes nicht überschreiten, und
4. die mit der Erzielung des Einkommens verbundenen notwendigen Ausgaben.

[2]Erhält eine leistungsberechtigte Person aus einer Tätigkeit Bezüge oder Einnahmen, die als Taschengeld nach § 2 Nummer 4 des Bundesfreiwilligendienstgesetzes oder nach § 2 Absatz 1 Nummer 4 des Jugendfreiwilligendienstgesetzes gezahlt werden, ist abweichend von Satz 1 Nummer 2 bis 4 und den Absätzen 3 und 6 ein Betrag von bis zu 250 Euro monatlich nicht als Einkommen zu berücksichtigen. [3]Soweit ein Betrag nach Satz 2 in Anspruch genommen wird, gelten die Beträge nach Absatz 3 Satz 1 zweiter Halbsatz und nach Absatz 6 Satz 1 zweiter Halbsatz insoweit als ausgeschöpft.

(3) [1]Bei der Hilfe zum Lebensunterhalt und Grundsicherung im Alter und bei Erwerbsminderung ist ferner ein Betrag in Höhe von 30 vom Hundert des Einkommens aus selbständiger und nichtselbständiger Tätigkeit der Leistungsberechtigten abzusetzen, höchstens jedoch 50 vom Hundert der Regelbedarfsstufe 1 nach der Anlage zu § 28. [2]Abweichend von Satz 1 ist bei einer Beschäftigung in einer Werkstatt für behinderte Menschen oder bei einem anderen Leistungsanbieter nach § 60 des Neunten Buches von dem Entgelt ein Achtel der Regelbedarfsstufe 1 nach der Anlage zu § 28 zuzüglich 50 vom Hundert des diesen Betrag übersteigenden Entgelts abzusetzen. [3]Im Übrigen kann in begründeten Fällen ein anderer als in Satz 1 festgelegter Betrag vom Einkommen abgesetzt werden."

4. Mehrbedarfe nach § 21 des Zweiten Buches Sozialgesetzbuch[1)] und nach § 30 des Zwölften Buches Sozialgesetzbuch[2)];
5. weitere Beträge, soweit dies mit Rücksicht auf besondere Belastungen angemessen ist; § 1610a des Bürgerlichen Gesetzbuchs[3)] gilt entsprechend.

[4] Maßgeblich sind die Beträge, die zum Zeitpunkt der Bewilligung der Prozesskostenhilfe gelten. [5] Soweit am Wohnsitz der Partei aufgrund einer Neufestsetzung oder Fortschreibung nach § 29 Absatz 2 bis 4 des Zwölften Buches Sozialgesetzbuch höhere Regelsätze gelten, sind diese heranzuziehen. [6] Das Bundesministerium der Justiz und für Verbraucherschutz gibt bei jeder Neufestsetzung oder jeder Fortschreibung die maßgebenden Beträge nach Satz 3 Nummer 1 Buchstabe b und Nummer 2 und nach Satz 5 im Bundesgesetzblatt bekannt.[4)] [7] Diese Beträge sind, soweit sie nicht volle Euro ergeben, bis zu 0,49 Euro abzurunden und von 0,50 Euro an aufzurunden. [8] Die Unterhaltsfreibeträge nach Satz 3 Nr. 2 vermindern sich um eigenes Einkommen der unterhaltsberechtigten Person. [9] Wird eine

---

[1)] **Sartorius ErgBd. Nr. 402.**
[2)] **Sartorius ErgBd. Nr. 412.**
[3)] Nr. **20**.
[4)] Siehe die Prozesskostenhilfebek. 2023 v. 22.12.2022 (BGBl. I S. 2843):

„Auf Grund des § 115 Absatz 1 Satz 6 der Zivilprozessordnung, der zuletzt durch Artikel 10 Nummer 3 des Gesetzes vom 21. Dezember 2020 (BGBl. I S. 3229) geändert worden ist, werden die ab dem 1. Januar 2023 maßgebenden Beträge, die nach § 115 Absatz 1 Satz 3 Nummer 1 Buchstabe b und Nummer 2 sowie Satz 5 der Zivilprozessordnung vom Einkommen der Partei abzusetzen sind, bekannt gemacht:

| | Freibetrag Bund | Freibetrag im Landkreis Fürstenfeldbruck und Starnberg | Freibetrag im Landkreis München | Freibetrag in der Landeshauptstadt München |
|---|---|---|---|---|
| Parteien, die ein Einkommen aus Erwerbstätigkeit erzielen (§ 115 Abs. 1 Satz 3 Nr. 1 Buchstabe b ZPO) | 251 € | 265 € | 259 € | 264 € |
| Partei, Ehegatte oder Lebenspartner (§ 115 Abs. 1 Satz 3 Nr. 2 Buchstabe a ZPO) | 552 € | 582 € | 569 € | 580 € |
| Freibetrag für unterhaltsberechtigte Erwachsene (§ 115 Abs. 1 Satz 3 Nr. 2 Buchstabe b ZPO *Regelbedarfsstufe 3*) | 442 € | 466 € | 445 € | 463 € |
| Freibetrag für unterhaltsberechtigte Jugendliche vom Beginn des 15. bis zur Vollendung des 18. Lebensjahres (§ 115 Abs. 1 Satz 3 Nr. 2 Buchstabe b ZPO *Regelbedarfsstufe 4*) | 462 € | 484 € | 475 € | 483 € |
| Freibetrag für unterhaltsberechtigte Kinder vom Beginn des siebten bis zur Vollendung des 14. Lebensjahres (§ 115 Abs. 1 Satz 3 Nr. 2 Buchstabe b ZPO *Regelbedarfsstufe 5*) | 383 € | 397 € | 394 € | 397 € |
| Freibetrag für unterhaltsberechtigte Kinder bis zur Vollendung des sechsten Lebensjahres (§ 115 Abs. 1 Satz 3 Nr. 2 Buchstabe b ZPO *Regelbedarfsstufe 6*) | 350 € | 365 € | 360 € | 363 €“ |

Geldrente gezahlt, so ist sie anstelle des Freibetrages abzusetzen, soweit dies angemessen ist.

(2) [1] Von dem nach den Abzügen verbleibenden Teil des monatlichen Einkommens (einzusetzendes Einkommen) sind Monatsraten in Höhe der Hälfte des einzusetzenden Einkommens festzusetzen; die Monatsraten sind auf volle Euro abzurunden. [2] Beträgt die Höhe einer Monatsrate weniger als 10 Euro, ist von der Festsetzung von Monatsraten abzusehen. [3] Bei einem einzusetzenden Einkommen von mehr als 600 Euro beträgt die Monatsrate 300 Euro zuzüglich des Teils des einzusetzenden Einkommens, der 600 Euro übersteigt. [4] Unabhängig von der Zahl der Rechtszüge sind höchstens 48 Monatsraten aufzubringen.

(3) [1] Die Partei hat ihr Vermögen einzusetzen, soweit dies zumutbar ist. [2] § 90 des Zwölften Buches Sozialgesetzbuch gilt entsprechend.

(4) Prozesskostenhilfe wird nicht bewilligt, wenn die Kosten der Prozessführung der Partei vier Monatsraten und die aus dem Vermögen aufzubringenden Teilbeträge voraussichtlich nicht übersteigen.

**§ 116[1)] Partei kraft Amtes; juristische Person; parteifähige Vereinigung.**

[1] Prozesskostenhilfe erhalten auf Antrag

1. eine Partei kraft Amtes, wenn die Kosten aus der verwalteten Vermögensmasse nicht aufgebracht werden können und den am Gegenstand des Rechtsstreits wirtschaftlich Beteiligten nicht zuzumuten ist, die Kosten aufzubringen;
2. eine juristische Person oder parteifähige Vereinigung, die im Inland, in einem anderen Mitgliedstaat der Europäischen Union oder einem anderen Vertragsstaat des Abkommens über den Europäischen Wirtschaftsraum gegründet und dort ansässig ist, wenn die Kosten weder von ihr noch von den am Gegenstand des Rechtsstreits wirtschaftlich Beteiligten aufgebracht werden können und wenn die Unterlassung der Rechtsverfolgung oder Rechtsverteidigung allgemeinen Interessen zuwiderlaufen würde.

[2] § 114 Absatz 1 Satz 1 letzter Halbsatz und Absatz 2 ist anzuwenden. [3] Können die Kosten nur zum Teil oder nur in Teilbeträgen aufgebracht werden, so sind die entsprechenden Beträge zu zahlen.

**§ 117[2)] Antrag.** (1) [1] Der Antrag auf Bewilligung der Prozesskostenhilfe ist bei dem Prozessgericht zu stellen; er kann vor der Geschäftsstelle zu Protokoll erklärt werden. [2] In dem Antrag ist das Streitverhältnis unter Angabe der Beweismittel darzustellen. [3] Der Antrag auf Bewilligung von Prozesskostenhilfe für die Zwangsvollstreckung ist bei dem für die Zwangsvollstreckung zuständigen Gericht zu stellen.

(2) [1] Dem Antrag sind eine Erklärung der Partei über ihre persönlichen und wirtschaftlichen Verhältnisse (Familienverhältnisse, Beruf, Vermögen, Einkommen und Lasten) sowie entsprechende Belege beizufügen. [2] Die Erklärung und die Belege dürfen dem Gegner nur mit Zustimmung der Partei zugänglich gemacht werden;[3)] es sei denn, der Gegner hat gegen den Antragsteller nach den Vor-

---

[1)] § 116 Satz 2 geänd. mWv 31.12.2006 durch G v. 22.12.2006 (BGBl. I S. 3416); Satz 2 geänd. mWv 1.1.2014 durch G v. 31.8.2013 (BGBl. I S. 3533).

[2)] § 117 Abs. 2 Satz 2 geänd., Sätze 3, 4 angef. mWv 1.9.2009 durch G v. 17.12.2008 (BGBl. I S. 2586); Abs. 3 Satz 2 angef. mWv 1.1.2014 durch G v. 31.8.2013 (BGBl. I S. 3533); Abs. 3 Satz 1 geänd. mWv 8.9.2015 durch VO v. 31.8.2015 (BGBl. I S. 1474).

[3)] Zeichensetzung amtlich.

schriften des bürgerlichen Rechts einen Anspruch auf Auskunft über Einkünfte und Vermögen des Antragstellers. 3 Dem Antragsteller ist vor der Übermittlung seiner Erklärung an den Gegner Gelegenheit zur Stellungnahme zu geben. 4 Er ist über die Übermittlung seiner Erklärung zu unterrichten.

(3) 1 Das Bundesministerium der Justiz und für Verbraucherschutz wird ermächtigt, zur Vereinfachung und Vereinheitlichung des Verfahrens durch Rechtsverordnung[1)] mit Zustimmung des Bundesrates Formulare für die Erklärung einzuführen. 2 Die Formulare enthalten die nach § 120a Absatz 2 Satz 4 erforderliche Belehrung.

(4) Soweit Formulare für die Erklärung eingeführt sind, muss sich die Partei ihrer bedienen.

**§ 118[2)] Bewilligungsverfahren.** (1) 1 Dem Gegner ist Gelegenheit zur Stellungnahme zu geben, ob er die Voraussetzungen für die Bewilligung von Prozesskostenhilfe für gegeben hält, soweit dies aus besonderen Gründen nicht unzweckmäßig erscheint. 2 Die Stellungnahme kann vor der Geschäftsstelle zu Protokoll erklärt werden. 3 Das Gericht kann die Parteien zur mündlichen Erörterung laden, wenn eine Einigung zu erwarten ist; ein Vergleich ist zu gerichtlichem Protokoll zu nehmen. 4 Dem Gegner entstandene Kosten werden nicht erstattet. 5 Die durch die Vernehmung von Zeugen und Sachverständigen nach Absatz 2 Satz 3 entstandenen Auslagen sind als Gerichtskosten von der Partei zu tragen, der die Kosten des Rechtsstreits auferlegt sind.

(2) 1 Das Gericht kann verlangen, dass der Antragsteller seine tatsächlichen Angaben glaubhaft macht, es kann insbesondere auch die Abgabe einer Versicherung an Eides statt fordern. 2 Es kann Erhebungen anstellen, insbesondere die Vorlegung von Urkunden anordnen und Auskünfte einholen. 3 Zeugen und Sachverständige werden nicht vernommen, es sei denn, dass auf andere Weise nicht geklärt werden kann, ob die Rechtsverfolgung oder Rechtsverteidigung hinreichende Aussicht auf Erfolg bietet und nicht mutwillig erscheint; eine Beeidigung findet nicht statt. 4 Hat der Antragsteller innerhalb einer von dem Gericht gesetzten Frist Angaben über seine persönlichen und wirtschaftlichen Verhältnisse nicht glaubhaft gemacht oder bestimmte Fragen nicht oder ungenügend beantwortet, so lehnt das Gericht die Bewilligung von Prozesskostenhilfe insoweit ab.

(3) Die in Absatz 1, 2 bezeichneten Maßnahmen werden von dem Vorsitzenden oder einem von ihm beauftragten Mitglied des Gerichts durchgeführt.

**§ 119[3)] Bewilligung.** (1) 1 Die Bewilligung der Prozesskostenhilfe erfolgt für jeden Rechtszug besonders. 2 In einem höheren Rechtszug ist nicht zu prüfen, ob die Rechtsverfolgung oder Rechtsverteidigung hinreichende Aussicht auf Erfolg bietet oder mutwillig erscheint, wenn der Gegner das Rechtsmittel eingelegt hat.

(2) Die Bewilligung von Prozesskostenhilfe für die Zwangsvollstreckung in das bewegliche Vermögen umfasst alle Vollstreckungshandlungen im Bezirk des Vollstreckungsgerichts einschließlich des Verfahrens auf Abgabe der Vermögensauskunft und der eidesstattlichen Versicherung.

---

1) Siehe die Prozesskostenhilfeformularverordnung – PKHFV v. 6.1.2014 (BGBl. I S. 34).

2) § 118 Abs. 1 Satz 1 neu gef., Abs. 2 Satz 1 geänd. mWv 1.1.2014 durch G v. 31.8.2013 (BGBl. I S. 3533).

3) § 119 Abs. 2 geänd. mWv 26.11.2016 durch G v. 21.11.2016 (BGBl. I S. 2591).

**§ 120**[1) 2)] **Festsetzung von Zahlungen.** (1) [1] Mit der Bewilligung der Prozesskostenhilfe setzt das Gericht zu zahlende Monatsraten und aus dem Vermögen zu zahlende Beträge fest. [2] Setzt das Gericht nach § 115 Absatz 1 Satz 3 Nummer 5 mit Rücksicht auf besondere Belastungen von dem Einkommen Beträge ab und ist anzunehmen, dass die Belastungen bis zum Ablauf von vier Jahren ganz oder teilweise entfallen werden, so setzt das Gericht zugleich diejenigen Zahlungen fest, die sich ergeben, wenn die Belastungen nicht oder nur in verringertem Umfang berücksichtigt werden, und bestimmt den Zeitpunkt, von dem an sie zu erbringen sind.

(2) Die Zahlungen sind an die Landeskasse zu leisten, im Verfahren vor dem Bundesgerichtshof an die Bundeskasse, wenn Prozesskostenhilfe in einem vorherigen Rechtszug nicht bewilligt worden ist.

(3) Das Gericht soll die vorläufige Einstellung der Zahlungen bestimmen,
1. wenn die Zahlungen der Partei die voraussichtlich entstehenden Kosten decken;
2. wenn die Partei, ein ihr beigeordneter Rechtsanwalt oder die Bundes- oder Landeskasse die Kosten gegen einen anderen am Verfahren Beteiligten geltend machen kann.

**§ 120a**[3) 2)] **Änderung der Bewilligung.** (1) [1] Das Gericht soll die Entscheidung über die zu leistenden Zahlungen ändern, wenn sich die für die Prozesskostenhilfe maßgebenden persönlichen oder wirtschaftlichen Verhältnisse wesentlich verändert haben. [2] Eine Änderung der nach § 115 Absatz 1 Satz 3 Nummer 1 Buchstabe b und Nummer 2 maßgebenden Beträge ist nur auf Antrag und nur dann zu berücksichtigen, wenn sie dazu führt, dass keine Monatsrate zu zahlen ist. [3] Auf Verlangen des Gerichts muss die Partei jederzeit erklären, ob eine Veränderung der Verhältnisse eingetreten ist. [4] Eine Änderung zum Nachteil der Partei ist ausgeschlossen, wenn seit der rechtskräftigen Entscheidung oder der sonstigen Beendigung des Verfahrens vier Jahre vergangen sind.

(2) [1] Verbessern sich vor dem in Absatz 1 Satz 4 genannten Zeitpunkt die wirtschaftlichen Verhältnisse der Partei wesentlich oder ändert sich ihre Anschrift, hat sie dies dem Gericht unverzüglich mitzuteilen. [2] Bezieht die Partei ein laufendes monatliches Einkommen, ist eine Einkommensverbesserung nur wesentlich, wenn die Differenz zu dem bisher zu Grunde gelegten Bruttoeinkommen nicht nur einmalig 100 Euro übersteigt. [3] Satz 2 gilt entsprechend, soweit abzugsfähige Belastungen entfallen. [4] Hierüber und über die Folgen eines Verstoßes ist die Partei bei der Antragstellung in dem gemäß § 117 Absatz 3 eingeführten Formular zu belehren.

(3) [1] Eine wesentliche Verbesserung der wirtschaftlichen Verhältnisse kann insbesondere dadurch eintreten, dass die Partei durch die Rechtsverfolgung oder Rechtsverteidigung etwas erlangt. [2] Das Gericht soll nach der rechtskräftigen Entscheidung oder der sonstigen Beendigung des Verfahrens prüfen, ob eine Änderung der Entscheidung über die zu leistenden Zahlungen mit Rücksicht auf das durch die Rechtsverfolgung oder Rechtsverteidigung Erlangte geboten ist. [3] Eine Änderung der Entscheidung ist ausgeschlossen, soweit die Partei bei rechtzeitiger Leistung des durch die Rechtsverfolgung oder Rechtsverteidigung Erlangten ratenfreie Prozesskostenhilfe erhalten hätte.

---

1) § 120 Abs. 1 Satz 2 geänd., Abs. 3 Nr. 1 neu gef., Abs. 4 aufgeh. mWv 1.1.2014 durch G v. 31.8. 2013 (BGBl. I S. 3533).

2) Beachte hierzu Übergangsvorschrift in § 40 EGZPO (Nr. **101**).

3) § 120a eingef. mWv 1.1.2014 durch G v. 31.8.2013 (BGBl. I S. 3533).

(4) [1] Für die Erklärung über die Änderung der persönlichen oder wirtschaftlichen Verhältnisse nach Absatz 1 Satz 3 muss die Partei das gemäß § 117 Absatz 3 eingeführte Formular benutzen. [2] Für die Überprüfung der persönlichen und wirtschaftlichen Verhältnisse gilt § 118 Absatz 2 entsprechend.

**§ 121[1)] Beiordnung eines Rechtsanwalts.** (1) Ist eine Vertretung durch Anwälte vorgeschrieben, wird der Partei ein zur Vertretung bereiter Rechtsanwalt ihrer Wahl beigeordnet.

(2) Ist eine Vertretung durch Anwälte nicht vorgeschrieben, wird der Partei auf ihren Antrag ein zur Vertretung bereiter Rechtsanwalt ihrer Wahl beigeordnet, wenn die Vertretung durch einen Rechtsanwalt erforderlich erscheint oder der Gegner durch einen Rechtsanwalt vertreten ist.

(3) Ein nicht in dem Bezirk des Prozessgerichts niedergelassener Rechtsanwalt kann nur beigeordnet werden, wenn dadurch weitere Kosten nicht entstehen.

(4) Wenn besondere Umstände dies erfordern, kann der Partei auf ihren Antrag ein zur Vertretung bereiter Rechtsanwalt ihrer Wahl zur Wahrnehmung eines Termins zur Beweisaufnahme vor dem ersuchten Richter oder zur Vermittlung des Verkehrs mit dem Prozessbevollmächtigten beigeordnet werden.

(5) Findet die Partei keinen zur Vertretung bereiten Anwalt, ordnet der Vorsitzende ihr auf Antrag einen Rechtsanwalt bei.

**§ 122 Wirkung der Prozesskostenhilfe.** (1) Die Bewilligung der Prozesskostenhilfe bewirkt, dass

1. die Bundes- oder Landeskasse
   a) die rückständigen und die entstehenden Gerichtskosten und Gerichtsvollzieherkosten,
   b) die auf sie übergegangenen Ansprüche der beigeordneten Rechtsanwälte gegen die Partei

   nur nach den Bestimmungen, die das Gericht trifft, gegen die Partei geltend machen kann,
2. die Partei von der Verpflichtung zur Sicherheitsleistung für die Prozesskosten befreit ist,
3. die beigeordneten Rechtsanwälte Ansprüche auf Vergütung gegen die Partei nicht geltend machen können.

(2) Ist dem Kläger, dem Berufungskläger oder dem Revisionskläger Prozesskostenhilfe bewilligt und ist nicht bestimmt worden, dass Zahlungen an die Bundes- oder Landeskasse zu leisten sind, so hat dies für den Gegner die einstweilige Befreiung von den in Absatz 1 Nr. 1 Buchstabe a bezeichneten Kosten zur Folge.

**§ 123 Kostenerstattung.** Die Bewilligung der Prozesskostenhilfe hat auf die Verpflichtung, die dem Gegner entstandenen Kosten zu erstatten, keinen Einfluss.

---

[1)] § 121 Abs. 3 geänd. mWv 1.6.2007 durch G v. 26.3.2007 (BGBl. I S. 358).

**§ 124[1] Aufhebung der Bewilligung.** (1) Das Gericht soll die Bewilligung der Prozesskostenhilfe aufheben, wenn

1. die Partei durch unrichtige Darstellung des Streitverhältnisses die für die Bewilligung der Prozesskostenhilfe maßgebenden Voraussetzungen vorgetäuscht hat;
2. die Partei absichtlich oder aus grober Nachlässigkeit unrichtige Angaben über die persönlichen oder wirtschaftlichen Verhältnisse gemacht oder eine Erklärung nach § 120a Absatz 1 Satz 3 nicht oder ungenügend abgegeben hat;
3. die persönlichen oder wirtschaftlichen Voraussetzungen für die Prozesskostenhilfe nicht vorgelegen haben; in diesem Fall ist die Aufhebung ausgeschlossen, wenn seit der rechtskräftigen Entscheidung oder sonstigen Beendigung des Verfahrens vier Jahre vergangen sind;
4. die Partei entgegen § 120a Absatz 2 Satz 1 bis 3 dem Gericht wesentliche Verbesserungen ihrer Einkommens- und Vermögensverhältnisse oder Änderungen ihrer Anschrift absichtlich oder aus grober Nachlässigkeit unrichtig oder nicht unverzüglich mitgeteilt hat;
5. die Partei länger als drei Monate mit der Zahlung einer Monatsrate oder mit der Zahlung eines sonstigen Betrages im Rückstand ist.

(2) Das Gericht kann die Bewilligung der Prozesskostenhilfe aufheben, soweit die von der Partei beantragte Beweiserhebung auf Grund von Umständen, die im Zeitpunkt der Bewilligung der Prozesskostenhilfe noch nicht berücksichtigt werden konnten, keine hinreichende Aussicht auf Erfolg bietet oder der Beweisantritt mutwillig erscheint.

**§ 125 Einziehung der Kosten.** (1) Die Gerichtskosten und die Gerichtsvollzieherkosten können von dem Gegner erst eingezogen werden, wenn er rechtskräftig in die Prozesskosten verurteilt ist.

(2) Die Gerichtskosten, von deren Zahlung der Gegner einstweilen befreit ist, sind von ihm einzuziehen, soweit er rechtskräftig in die Prozesskosten verurteilt oder der Rechtsstreit ohne Urteil über die Kosten beendet ist.

**§ 126 Beitreibung der Rechtsanwaltskosten.** (1) Die für die Partei bestellten Rechtsanwälte sind berechtigt, ihre Gebühren und Auslagen von dem in die Prozesskosten verurteilten Gegner im eigenen Namen beizutreiben.

(2) [1] Eine Einrede aus der Person der Partei ist nicht zulässig. [2] Der Gegner kann mit Kosten aufrechnen, die nach der in demselben Rechtsstreit über die Kosten erlassenen Entscheidung von der Partei zu erstatten sind.

**§ 127[2] Entscheidungen.** (1) [1] Entscheidungen im Verfahren über die Prozesskostenhilfe ergehen ohne mündliche Verhandlung. [2] Zuständig ist das Gericht des ersten Rechtszuges; ist das Verfahren in einem höheren Rechtszug anhängig, so ist das Gericht dieses Rechtszuges zuständig. [3] Soweit die Gründe der Entscheidung Angaben über die persönlichen und wirtschaftlichen Verhältnisse der Partei enthalten, dürfen sie dem Gegner nur mit Zustimmung der Partei zugänglich gemacht werden.

(2) [1] Die Bewilligung der Prozesskostenhilfe kann nur nach Maßgabe des Absatzes 3 angefochten werden. [2] Im Übrigen findet die sofortige Beschwerde statt;

---

[1] § 124 Abs. 1 einl. Satzteil und Nr. 2 geänd., Nr. 4 eingef., bish. Nr. 4 wird Nr. 5, Abs. 2 angef. mWv 1.1.2014 durch G v. 31.8.2013 (BGBl. I S. 3533).

[2] § 127 Abs. 2 Satz 3 und Abs. 3 Satz 3 geänd. mWv 1.1.2014 durch G v. 31.8.2013 (BGBl. I S. 3533); Abs. 3 Satz 2 neu gef. mWv 1.1.2020 durch G v. 12.12.2019 (BGBl. I S. 2633).

dies gilt nicht, wenn der Streitwert der Hauptsache den in § 511 genannten Betrag nicht übersteigt, es sei denn, das Gericht hat ausschließlich die persönlichen oder wirtschaftlichen Voraussetzungen für die Prozesskostenhilfe verneint. 3 Die Notfrist beträgt einen Monat.

(3) 1 Gegen die Bewilligung der Prozesskostenhilfe findet die sofortige Beschwerde der Staatskasse statt, wenn weder Monatsraten noch aus dem Vermögen zu zahlende Beträge festgesetzt worden sind. 2 Die Beschwerde kann nur darauf gestützt werden, dass die Partei gemäß § 115 Absatz 1 bis 3 nach ihren persönlichen und wirtschaftlichen Verhältnissen Zahlungen zu leisten oder gemäß § 116 Satz 3 Beträge zu zahlen hat. 3 Die Notfrist beträgt einen Monat und beginnt mit der Bekanntgabe des Beschlusses. 4 Nach Ablauf von drei Monaten seit der Verkündung der Entscheidung ist die Beschwerde unstatthaft. 5 Wird die Entscheidung nicht verkündet, so tritt an die Stelle der Verkündung der Zeitpunkt, in dem die unterschriebene Entscheidung der Geschäftsstelle übermittelt wird. 6 Die Entscheidung wird der Staatskasse nicht von Amts wegen mitgeteilt.

(4) Die Kosten des Beschwerdeverfahrens werden nicht erstattet.

**§ 127a**[1] *(aufgehoben)*

## Abschnitt 3. Verfahren[2]

### Titel 1. Mündliche Verhandlung

**§ 128**[3] **Grundsatz der Mündlichkeit; schriftliches Verfahren.** (1) Die Parteien verhandeln über den Rechtsstreit vor dem erkennenden Gericht mündlich.

(2) 1 Mit Zustimmung der Parteien, die nur bei einer wesentlichen Änderung der Prozesslage widerruflich ist, kann das Gericht eine Entscheidung ohne mündliche Verhandlung treffen. 2 Es bestimmt alsbald den Zeitpunkt, bis zu dem Schriftsätze eingereicht werden können, und den Termin zur Verkündung der Entscheidung. 3 Eine Entscheidung ohne mündliche Verhandlung ist unzulässig, wenn seit der Zustimmung der Parteien mehr als drei Monate verstrichen sind.

(3) Ist nur noch über die Kosten oder Nebenforderungen zu entscheiden, kann die Entscheidung ohne mündliche Verhandlung ergehen.

(4) Entscheidungen des Gerichts, die nicht Urteile sind, können ohne mündliche Verhandlung ergehen, soweit nichts anderes bestimmt ist.

**§ 128a**[4] **Verhandlung im Wege der Bild- und Tonübertragung.** (1) 1 Das Gericht kann den Parteien, ihren Bevollmächtigten und Beiständen auf Antrag oder von Amts wegen gestatten, sich während einer mündlichen Verhandlung an einem anderen Ort aufzuhalten und dort Verfahrenshandlungen vorzunehmen. 2 Die Verhandlung wird zeitgleich in Bild und Ton an diesen Ort und in das Sitzungszimmer übertragen.

(2) 1 Das Gericht kann auf Antrag gestatten, dass sich ein Zeuge, ein Sachverständiger oder eine Partei während einer Vernehmung an einem anderen Ort aufhält. 2 Die Vernehmung wird zeitgleich in Bild und Ton an diesen Ort und in das Sitzungszimmer übertragen. 3 Ist Parteien, Bevollmächtigten und Beiständen nach

---

1) § 127a aufgeh. mWv 1.9.2009 durch G v. 17.12.2008 (BGBl. I S. 2586).
2) Vgl. §§ 169–197 GVG (Nr. **95**).
3) § 128 Abs. 3 geänd. mWv 1.1.2020 durch G v. 12.12.2019 (BGBl. I S. 2633).
4) § 128a neu gef. mWv 1.11.2013 durch G v. 25.4.2013 (BGBl. I S. 935).

Absatz 1 Satz 1 gestattet worden, sich an einem anderen Ort aufzuhalten, so wird die Vernehmung auch an diesen Ort übertragen.

(3) [1]Die Übertragung wird nicht aufgezeichnet. [2]Entscheidungen nach Absatz 1 Satz 1 und Absatz 2 Satz 1 sind unanfechtbar.

**§ 129 Vorbereitende Schriftsätze.** (1) In Anwaltsprozessen wird die mündliche Verhandlung durch Schriftsätze vorbereitet.

(2) In anderen Prozessen kann den Parteien durch richterliche Anordnung aufgegeben werden, die mündliche Verhandlung durch Schriftsätze oder zu Protokoll der Geschäftsstelle abzugebende Erklärungen vorzubereiten.

**§ 129a Anträge und Erklärungen zu Protokoll.** (1) Anträge und Erklärungen, deren Abgabe vor dem Urkundsbeamten der Geschäftsstelle zulässig ist, können vor der Geschäftsstelle eines jeden Amtsgerichts zu Protokoll abgegeben werden.

(2) [1]Die Geschäftsstelle hat das Protokoll unverzüglich an das Gericht zu übermitteln, an das der Antrag oder die Erklärung gerichtet ist. [2]Die Wirkung einer Prozesshandlung tritt frühestens ein, wenn das Protokoll dort eingeht. [3]Die Übermittlung des Protokolls kann demjenigen, der den Antrag oder die Erklärung zu Protokoll abgegeben hat, mit seiner Zustimmung überlassen werden.

**§ 130[1)] Inhalt der Schriftsätze.** Die vorbereitenden Schriftsätze sollen enthalten:

1. die Bezeichnung der Parteien und ihrer gesetzlichen Vertreter nach Namen, Stand oder Gewerbe, Wohnort und Parteistellung; die Bezeichnung des Gerichts und des Streitgegenstandes; die Zahl der Anlagen;

1a. die für eine Übermittlung elektronischer Dokumente erforderlichen Angaben, sofern eine solche möglich ist;

2. die Anträge, welche die Partei in der Gerichtssitzung zu stellen beabsichtigt;
3. die Angabe der zur Begründung der Anträge dienenden tatsächlichen Verhältnisse;
4. die Erklärung über die tatsächlichen Behauptungen des Gegners;
5. die Bezeichnung der Beweismittel, deren sich die Partei zum Nachweis oder zur Widerlegung tatsächlicher Behauptungen bedienen will, sowie die Erklärung über die von dem Gegner bezeichneten Beweismittel;
6. die Unterschrift der Person, die den Schriftsatz verantwortet, bei Übermittlung durch einen Telefaxdienst (Telekopie) die Wiedergabe der Unterschrift in der Kopie.

**§ 130a[2)] Elektronisches Dokument; Verordnungsermächtigung.**

(1) Vorbereitende Schriftsätze und deren Anlagen, schriftlich einzureichende Anträge und Erklärungen der Parteien sowie schriftlich einzureichende Auskünfte, Aussagen, Gutachten, Übersetzungen und Erklärungen Dritter können nach Maßgabe der folgenden Absätze als elektronische Dokumente bei Gericht eingereicht werden.

---

[1)] § 130 Nr. 1a eingef. mWv 18.5.2017 durch G v. 12.5.2017 (BGBl. I S. 1121).

[2)] § 130a neu gef. mWv 1.1.2018 durch G v. 10.10.2013 (BGBl. I S. 3786); Abs. 1 geänd., Abs. 3 Satz 2 angef. mWv 1.1.2020 durch G v. 12.12.2019 (BGBl. I S. 2633); Abs. 4 Nr. 2 neu gef. mWv 1.8.2022 durch G v. 7.7.2021 (BGBl. I S. 2363); Überschrift geänd., Abs. 2 Satz 2 neu gef., Abs. 4 Satz 1 Nr. 3 geänd., Nr. 4 und 5 eingef., bish. Nr. 4 wird Nr. 6, Satz 2 angef., Abs. 6 Satz 1 geänd. mWv 1.1.2022 durch G v. 5.10. 2021 (BGBl. I S. 4607).

(2) [1]Das elektronische Dokument muss für die Bearbeitung durch das Gericht geeignet sein. [2]Die Bundesregierung bestimmt durch Rechtsverordnung mit Zustimmung des Bundesrates technische Rahmenbedingungen für die Übermittlung und die Eignung zur Bearbeitung durch das Gericht.

(3) [1]Das elektronische Dokument muss mit einer qualifizierten elektronischen Signatur der verantwortenden Person versehen sein oder von der verantwortenden Person signiert und auf einem sicheren Übermittlungsweg eingereicht werden. [2]Satz 1 gilt nicht für Anlagen, die vorbereitenden Schriftsätzen beigefügt sind.

(4) [1]Sichere Übermittlungswege sind

1. der Postfach- und Versanddienst eines De-Mail-Kontos, wenn der Absender bei Versand der Nachricht sicher im Sinne des § 4 Absatz 1 Satz 2 des De-Mail-Gesetzes angemeldet ist und er sich die sichere Anmeldung gemäß § 5 Absatz 5 des De-Mail-Gesetzes bestätigen lässt,
2. der Übermittlungsweg zwischen den besonderen elektronischen Anwaltspostfächern nach den §§ 31a und 31b der Bundesrechtsanwaltsordnung[1)] oder einem entsprechenden, auf gesetzlicher Grundlage errichteten elektronischen Postfach und der elektronischen Poststelle des Gerichts,
3. der Übermittlungsweg zwischen einem nach Durchführung eines Identifizierungsverfahrens eingerichteten Postfach einer Behörde oder einer juristischen Person des öffentlichen Rechts und der elektronischen Poststelle des Gerichts,
4. der Übermittlungsweg zwischen einem nach Durchführung eines Identifizierungsverfahrens eingerichteten elektronischen Postfach einer natürlichen oder juristischen Person oder einer sonstigen Vereinigung und der elektronischen Poststelle des Gerichts,
5. der Übermittlungsweg zwischen einem nach Durchführung eines Identifizierungsverfahrens genutzten Postfach- und Versanddienst eines Nutzerkontos im Sinne des § 2 Absatz 5 des Onlinezugangsgesetzes und der elektronischen Poststelle des Gerichts,
6. sonstige bundeseinheitliche Übermittlungswege, die durch Rechtsverordnung der Bundesregierung mit Zustimmung des Bundesrates festgelegt werden, bei denen die Authentizität und Integrität der Daten sowie die Barrierefreiheit gewährleistet sind.

[2]Das Nähere zu den Übermittlungswegen gemäß Satz 1 Nummer 3 bis 5 regelt die Rechtsverordnung nach Absatz 2 Satz 2.

(5) [1]Ein elektronisches Dokument ist eingegangen, sobald es auf der für den Empfang bestimmten Einrichtung des Gerichts gespeichert ist. [2]Dem Absender ist eine automatisierte Bestätigung über den Zeitpunkt des Eingangs zu erteilen.

(6) [1]Ist ein elektronisches Dokument für das Gericht zur Bearbeitung nicht geeignet, ist dies dem Absender unter Hinweis auf die Unwirksamkeit des Eingangs unverzüglich mitzuteilen. [2]Das Dokument gilt als zum Zeitpunkt der früheren Einreichung eingegangen, sofern der Absender es unverzüglich in einer für das Gericht zur Bearbeitung geeigneten Form nachreicht und glaubhaft macht, dass es mit dem zuerst eingereichten Dokument inhaltlich übereinstimmt.

**§ 130b[2)] Gerichtliches elektronisches Dokument.** [1]Soweit dieses Gesetz dem Richter, dem Rechtspfleger, dem Urkundsbeamten der Geschäftsstelle oder dem

---

[1)] **Habersack, Deutsche Gesetze ErgBd. Nr. 98.**

[2)] § 130b Satz 2 angef. mWv 1.1.2018 durch G v. 5.7.2017 (BGBl. I S. 2208).

Gerichtsvollzieher die handschriftliche Unterzeichnung vorschreibt, genügt dieser Form die Aufzeichnung als elektronisches Dokument, wenn die verantwortenden Personen am Ende des Dokuments ihren Namen hinzufügen und das Dokument mit einer qualifizierten elektronischen Signatur versehen. 2 Der in Satz 1 genannten Form genügt auch ein elektronisches Dokument, in welches das handschriftlich unterzeichnete Schriftstück gemäß § 298a Absatz 2 übertragen worden ist.

**§ 130c[1)] Formulare; Verordnungsermächtigung.** 1 Das Bundesministerium der Justiz und für Verbraucherschutz kann durch Rechtsverordnung mit Zustimmung des Bundesrates elektronische Formulare einführen. 2 Die Rechtsverordnung kann bestimmen, dass die in den Formularen enthaltenen Angaben ganz oder teilweise in strukturierter maschinenlesbarer Form zu übermitteln sind. 3 Die Formulare sind auf einer in der Rechtsverordnung zu bestimmenden Kommunikationsplattform im Internet zur Nutzung bereitzustellen. 4 Die Rechtsverordnung kann bestimmen, dass eine Identifikation des Formularverwenders abweichend von § 130a Absatz 3 auch durch Nutzung des elektronischen Identitätsnachweises nach § 18 des Personalausweisgesetzes[2)], § 12 des eID-Karte-Gesetzes oder § 78 Absatz 5 des Aufenthaltsgesetzes[3)] erfolgen kann.

**§ 130d[4)] Nutzungspflicht für Rechtsanwälte und Behörden.** 1 Vorbereitende Schriftsätze und deren Anlagen sowie schriftlich einzureichende Anträge und Erklärungen, die durch einen Rechtsanwalt, durch eine Behörde oder durch eine juristische Person des öffentlichen Rechts einschließlich der von ihr zur Erfüllung ihrer öffentlichen Aufgaben gebildeten Zusammenschlüsse eingereicht werden, sind als elektronisches Dokument zu übermitteln. 2 Ist dies aus technischen Gründen vorübergehend nicht möglich, bleibt die Übermittlung nach den allgemeinen Vorschriften zulässig. 3 Die vorübergehende Unmöglichkeit ist bei der Ersatzeinreichung oder unverzüglich danach glaubhaft zu machen; auf Anforderung ist ein elektronisches Dokument nachzureichen.

**§ 131[5)] Beifügung von Urkunden.** (1) Dem vorbereitenden Schriftsatz sind die in den Händen der Partei befindlichen Urkunden, auf die in dem Schriftsatz Bezug genommen wird, in Abschrift beizufügen.

(2) Kommen nur einzelne Teile einer Urkunde in Betracht, so genügt die Beifügung eines Auszugs, der den Eingang, die zur Sache gehörende Stelle, den Schluss, das Datum und die Unterschrift enthält.

(3) Sind die Urkunden dem Gegner bereits bekannt oder von bedeutendem Umfang, so genügt ihre genaue Bezeichnung mit dem Erbieten, Einsicht zu gewähren.

**§ 132 Fristen für Schriftsätze.** (1) 1 Der vorbereitende Schriftsatz, der neue Tatsachen oder ein anderes neues Vorbringen enthält, ist so rechtzeitig einzureichen, dass er mindestens eine Woche vor der mündlichen Verhandlung zugestellt

---

1) § 130c eingef. mWv 1.7.2014 durch G v. 10.10.2013 (BGBl. I S. 3786); Satz 1 geänd. mWv 8.9.2015 durch VO v. 31.8.2015 (BGBl. I S. 1474); Satz 4 geänd. mWv 1.11.2019 durch G v. 21.6.2019 (BGBl. I S. 846).

2) **Sartorius Nr. 255.**

3) **Sartorius Nr. 565.**

4) § 130d eingef. mWv 1.1.2022 durch G v. 10.10.2013 (BGBl. I S. 3786).

5) § 131 Abs. 1 geänd. mWv 1.7.2014 durch G v. 10.10.2013 (BGBl. I S. 3786).

werden kann. [2]Das Gleiche gilt für einen Schriftsatz, der einen Zwischenstreit betrifft.

(2) [1]Der vorbereitende Schriftsatz, der eine Gegenerklärung auf neues Vorbringen enthält, ist so rechtzeitig einzureichen, dass er mindestens drei Tage vor der mündlichen Verhandlung zugestellt werden kann. [2]Dies gilt nicht, wenn es sich um eine schriftliche Gegenerklärung in einem Zwischenstreit handelt.

**§ 133 Abschriften.** (1) [1]Die Parteien sollen den Schriftsätzen, die sie bei dem Gericht einreichen, die für die Zustellung erforderliche Zahl von Abschriften der Schriftsätze und deren Anlagen beifügen. [2]Das gilt nicht für elektronisch übermittelte Dokumente sowie für Anlagen, die dem Gegner in Urschrift oder in Abschrift vorliegen.

(2) Im Falle der Zustellung von Anwalt zu Anwalt (§ 195) haben die Parteien sofort nach der Zustellung eine für das Prozessgericht bestimmte Abschrift ihrer vorbereitenden Schriftsätze und der Anlagen bei dem Gericht einzureichen.

**§ 134 Einsicht von Urkunden.** (1) Die Partei ist, wenn sie rechtzeitig aufgefordert wird, verpflichtet, die in ihren Händen befindlichen Urkunden, auf die sie in einem vorbereitenden Schriftsatz Bezug genommen hat, vor der mündlichen Verhandlung auf der Geschäftsstelle niederzulegen und den Gegner von der Niederlegung zu benachrichtigen.

(2) [1]Der Gegner hat zur Einsicht der Urkunden eine Frist von drei Tagen. [2]Die Frist kann auf Antrag von dem Vorsitzenden verlängert oder abgekürzt werden.

**§ 135 Mitteilung von Urkunden unter Rechtsanwälten.** (1) Den Rechtsanwälten steht es frei, die Mitteilung von Urkunden von Hand zu Hand gegen Empfangsbescheinigung zu bewirken.

(2) Gibt ein Rechtsanwalt die ihm eingehändigte Urkunde nicht binnen der bestimmten Frist zurück, so ist er auf Antrag nach mündlicher Verhandlung zur unverzüglichen Rückgabe zu verurteilen.

(3) Gegen das Zwischenurteil findet sofortige Beschwerde statt.

**§ 136 Prozessleitung durch Vorsitzenden.** (1) Der Vorsitzende eröffnet und leitet die Verhandlung.

(2) [1]Er erteilt das Wort und kann es demjenigen, der seinen Anordnungen nicht Folge leistet, entziehen. [2]Er hat jedem Mitglied des Gerichts auf Verlangen zu gestatten, Fragen zu stellen.

(3) Er hat Sorge zu tragen, dass die Sache erschöpfend erörtert und die Verhandlung ohne Unterbrechung zu Ende geführt wird; erforderlichenfalls hat er die Sitzung zur Fortsetzung der Verhandlung sofort zu bestimmen.

(4) Er schließt die Verhandlung, wenn nach Ansicht des Gerichts die Sache vollständig erörtert ist, und verkündet die Urteile und Beschlüsse des Gerichts.

**§ 137 Gang der mündlichen Verhandlung.** (1) Die mündliche Verhandlung wird dadurch eingeleitet, dass die Parteien ihre Anträge stellen.

(2) Die Vorträge der Parteien sind in freier Rede zu halten; sie haben das Streitverhältnis in tatsächlicher und rechtlicher Beziehung zu umfassen.

(3) [1]Eine Bezugnahme auf Dokumente ist zulässig, soweit keine der Parteien widerspricht und das Gericht sie für angemessen hält. [2]Die Vorlesung von Dokumenten findet nur insoweit statt, als es auf ihren wörtlichen Inhalt ankommt.

(4) In Anwaltsprozessen ist neben dem Anwalt auch der Partei selbst auf Antrag das Wort zu gestatten.

**§ 138 Erklärungspflicht über Tatsachen; Wahrheitspflicht.** (1) Die Parteien haben ihre Erklärungen über tatsächliche Umstände vollständig und der Wahrheit gemäß abzugeben.

(2) Jede Partei hat sich über die von dem Gegner behaupteten Tatsachen zu erklären.

(3) Tatsachen, die nicht ausdrücklich bestritten werden, sind als zugestanden anzusehen, wenn nicht die Absicht, sie bestreiten zu wollen, aus den übrigen Erklärungen der Partei hervorgeht.

(4) Eine Erklärung mit Nichtwissen ist nur über Tatsachen zulässig, die weder eigene Handlungen der Partei noch Gegenstand ihrer eigenen Wahrnehmung gewesen sind.

**§ 139[1] Materielle Prozessleitung.** (1) [1] Das Gericht hat das Sach- und Streitverhältnis, soweit erforderlich, mit den Parteien nach der tatsächlichen und rechtlichen Seite zu erörtern und Fragen zu stellen. [2] Es hat dahin zu wirken, dass die Parteien sich rechtzeitig und vollständig über alle erheblichen Tatsachen erklären, insbesondere ungenügende Angaben zu den geltend gemachten Tatsachen ergänzen, die Beweismittel bezeichnen und die sachdienlichen Anträge stellen. [3] Das Gericht kann durch Maßnahmen der Prozessleitung das Verfahren strukturieren und den Streitstoff abschichten.

(2) [1] Auf einen Gesichtspunkt, den eine Partei erkennbar übersehen oder für unerheblich gehalten hat, darf das Gericht, soweit nicht nur eine Nebenforderung betroffen ist, seine Entscheidung nur stützen, wenn es darauf hingewiesen und Gelegenheit zur Äußerung dazu gegeben hat. [2] Dasselbe gilt für einen Gesichtspunkt, den das Gericht anders beurteilt als beide Parteien.

(3) Das Gericht hat auf die Bedenken aufmerksam zu machen, die hinsichtlich der von Amts wegen zu berücksichtigenden Punkte bestehen.

(4) [1] Hinweise nach dieser Vorschrift sind so früh wie möglich zu erteilen und aktenkundig zu machen. [2] Ihre Erteilung kann nur durch den Inhalt der Akten bewiesen werden. [3] Gegen den Inhalt der Akten ist nur der Nachweis der Fälschung zulässig.

(5) Ist einer Partei eine sofortige Erklärung zu einem gerichtlichen Hinweis nicht möglich, so soll auf ihren Antrag das Gericht eine Frist bestimmen, in der sie die Erklärung in einem Schriftsatz nachbringen kann.

**§ 140 Beanstandung von Prozessleitung oder Fragen.** Wird eine auf die Sachleitung bezügliche Anordnung des Vorsitzenden oder eine von dem Vorsitzenden oder einem Gerichtsmitglied gestellte Frage von einer bei der Verhandlung beteiligten Person als unzulässig beanstandet, so entscheidet das Gericht.

**§ 141 Anordnung des persönlichen Erscheinens.** (1) [1] Das Gericht soll das persönliche Erscheinen beider Parteien anordnen, wenn dies zur Aufklärung des Sachverhalts geboten erscheint. [2] Ist einer Partei wegen großer Entfernung oder aus sonstigem wichtigen Grund die persönliche Wahrnehmung des Termins nicht zuzumuten, so sieht das Gericht von der Anordnung ihres Erscheinens ab.

---

[1] § 139 Abs. 1 Satz 3 angef. mWv 1.1.2020 durch G v. 12.12.2019 (BGBl. I S. 2633).

(2) [1]Wird das Erscheinen angeordnet, so ist die Partei von Amts wegen zu laden. [2]Die Ladung ist der Partei selbst mitzuteilen, auch wenn sie einen Prozessbevollmächtigten bestellt hat; der Zustellung bedarf die Ladung nicht.

(3) [1]Bleibt die Partei im Termin aus, so kann gegen sie Ordnungsgeld wie gegen einen im Vernehmungstermin nicht erschienenen Zeugen festgesetzt werden. [2]Dies gilt nicht, wenn die Partei zur Verhandlung einen Vertreter entsendet, der zur Aufklärung des Tatbestandes in der Lage und zur Abgabe der gebotenen Erklärungen, insbesondere zu einem Vergleichsabschluss, ermächtigt ist. [3]Die Partei ist auf die Folgen ihres Ausbleibens in der Ladung hinzuweisen.

**§ 142[1)] Anordnung der Urkundenvorlegung.** (1) [1]Das Gericht kann anordnen, dass eine Partei oder ein Dritter die in ihrem oder seinem Besitz befindlichen Urkunden und sonstigen Unterlagen, auf die sich eine Partei bezogen hat, vorlegt. [2]Das Gericht kann hierfür eine Frist setzen sowie anordnen, dass die vorgelegten Unterlagen während einer von ihm zu bestimmenden Zeit auf der Geschäftsstelle verbleiben.

(2) [1]Dritte sind zur Vorlegung nicht verpflichtet, soweit ihnen diese nicht zumutbar ist oder sie zur Zeugnisverweigerung gemäß den §§ 383 bis 385 berechtigt sind. [2]Die §§ 386 bis 390 gelten entsprechend.

(3) [1]Das Gericht kann anordnen, dass von in fremder Sprache abgefassten Urkunden eine Übersetzung beigebracht wird, die ein Übersetzer angefertigt hat, der für Sprachübertragungen der betreffenden Art in einem Land nach den landesrechtlichen Vorschriften ermächtigt oder öffentlich bestellt wurde oder einem solchen Übersetzer jeweils gleichgestellt ist. [2]Eine solche Übersetzung gilt als richtig und vollständig, wenn dies von dem Übersetzer bescheinigt wird. [3]Die Bescheinigung soll auf die Übersetzung gesetzt werden, Ort und Tag der Übersetzung sowie die Stellung des Übersetzers angeben und von ihm unterschrieben werden. [4]Der Beweis der Unrichtigkeit oder Unvollständigkeit der Übersetzung ist zulässig. [5]Die Anordnung nach Satz 1 kann nicht gegenüber dem Dritten ergehen.

**§ 143 Anordnung der Aktenübermittlung.** Das Gericht kann anordnen, dass die Parteien die in ihrem Besitz befindlichen Akten vorlegen, soweit diese aus Dokumenten bestehen, welche die Verhandlung und Entscheidung der Sache betreffen.

**§ 144[2)] Augenschein; Sachverständige.** (1) [1]Das Gericht kann die Einnahme des Augenscheins sowie die Hinzuziehung von Sachverständigen anordnen. [2]Es kann zu diesem Zweck einer Partei oder einem Dritten die Vorlegung eines in ihrem oder seinem Besitz befindlichen Gegenstandes aufgeben und hierfür eine Frist setzen. [3]Es kann auch die Duldung der Maßnahme nach Satz 1 aufgeben, sofern nicht eine Wohnung betroffen ist.

(2) [1]Dritte sind zur Vorlegung oder Duldung nicht verpflichtet, soweit ihnen diese nicht zumutbar ist oder sie zur Zeugnisverweigerung gemäß den §§ 383 bis 385 berechtigt sind. [2]Die §§ 386 bis 390 gelten entsprechend.

---

[1)] § 142 Abs. 3 Sätze 2–4 eingef., bish. Satz 2 wird Satz 5 und geänd. mWv 25.4.2006 durch G v. 19.4. 2006 (BGBl. I S. 866); Abs. 3 Satz 1 neu gef. mWv 12.12.2008 durch G v. 30.10.2008 (BGBl. I S. 2122); Abs. 3 Satz 1 geänd. mWv 28.12.2010 durch G v. 22.12.2010 (BGBl. I S. 2248).

[2)] § 144 Abs. 1 Satz 1 geänd., Abs. 3 neu gef. mWv 1.1.2020 durch G v. 12.12.2019 (BGBl. I S. 2633).

(3) Die Vorschriften, die eine auf Antrag angeordnete Einnahme des Augenscheins oder Begutachtung durch Sachverständige zum Gegenstand haben, sind entsprechend anzuwenden.

**§ 145[1)] Prozesstrennung.** (1) [1]Das Gericht kann anordnen, dass mehrere in einer Klage erhobene Ansprüche in getrennten Prozessen verhandelt werden, wenn dies aus sachlichen Gründen gerechtfertigt ist. [2]Die Entscheidung ergeht durch Beschluss und ist zu begründen.

(2) Das Gleiche gilt, wenn der Beklagte eine Widerklage erhoben hat und der Gegenanspruch mit dem in der Klage geltend gemachten Anspruch nicht in rechtlichem Zusammenhang steht.

(3) Macht der Beklagte die Aufrechnung einer Gegenforderung geltend, die mit der in der Klage geltend gemachten Forderung nicht in rechtlichem Zusammenhang steht, so kann das Gericht anordnen, dass über die Klage und über die Aufrechnung getrennt verhandelt werde; die Vorschriften des § 302 sind anzuwenden.

**§ 146 Beschränkung auf einzelne Angriffs- und Verteidigungsmittel.** Das Gericht kann anordnen, dass bei mehreren auf denselben Anspruch sich beziehenden selbständigen Angriffs- oder Verteidigungsmitteln (Klagegründen, Einreden, Repliken usw.) die Verhandlung zunächst auf eines oder einige dieser Angriffs- oder Verteidigungsmittel zu beschränken sei.

**§ 147 Prozessverbindung.** Das Gericht kann die Verbindung mehrerer bei ihm anhängiger Prozesse derselben oder verschiedener Parteien zum Zwecke der gleichzeitigen Verhandlung und Entscheidung anordnen, wenn die Ansprüche, die den Gegenstand dieser Prozesse bilden, in rechtlichem Zusammenhang stehen oder in einer Klage hätten geltend gemacht werden können.

**§ 148[2)] Aussetzung bei Vorgreiflichkeit.** (1) Das Gericht kann, wenn die Entscheidung des Rechtsstreits ganz oder zum Teil von dem Bestehen oder Nichtbestehen eines Rechtsverhältnisses abhängt, das den Gegenstand eines anderen anhängigen Rechtsstreits bildet oder von einer Verwaltungsbehörde festzustellen ist, anordnen, dass die Verhandlung bis zur Erledigung des anderen Rechtsstreits oder bis zur Entscheidung der Verwaltungsbehörde auszusetzen sei.

(2) Das Gericht kann ferner, wenn die Entscheidung des Rechtsstreits von Feststellungszielen abhängt, die den Gegenstand eines anhängigen Musterfeststellungsverfahrens bilden, auf Antrag des Klägers, der nicht Verbraucher ist, anordnen, dass die Verhandlung bis zur Erledigung des Musterfeststellungsverfahrens auszusetzen sei.

**§ 149 Aussetzung bei Verdacht einer Straftat.** (1) Das Gericht kann, wenn sich im Laufe eines Rechtsstreits der Verdacht einer Straftat ergibt, deren Ermittlung auf die Entscheidung von Einfluss ist, die Aussetzung der Verhandlung bis zur Erledigung des Strafverfahrens anordnen.

(2) [1]Das Gericht hat die Verhandlung auf Antrag einer Partei fortzusetzen, wenn seit der Aussetzung ein Jahr vergangen ist. [2]Dies gilt nicht, wenn gewichtige Gründe für die Aufrechterhaltung der Aussetzung sprechen.

---

1) § 145 Abs. 1 neu gef. mWv 1.1.2013 durch G v. 5.12.2012 (BGBl. I S. 2418).
2) § 148 Abs. 2 angef. mWv 1.11.2018 durch G v. 12.7.2018 (BGBl. I S. 1151).

**§ 150 Aufhebung von Trennung, Verbindung oder Aussetzung.** [1] Das Gericht kann die von ihm erlassenen, eine Trennung, Verbindung oder Aussetzung betreffenden Anordnungen wieder aufheben. [2] § 149 Abs. 2 bleibt unberührt.

**§ 151** (weggefallen)

**§ 152 Aussetzung bei Eheaufhebungsantrag.** [1] Hängt die Entscheidung eines Rechtsstreits davon ab, ob eine Ehe aufhebbar ist,[1)] und ist die Aufhebung beantragt, so hat das Gericht auf Antrag das Verfahren auszusetzen. [2] Ist das Verfahren über die Aufhebung erledigt, so findet die Aufnahme des ausgesetzten Verfahrens statt.

**§ 153 Aussetzung bei Vaterschaftsanfechtungsklage.** Hängt die Entscheidung eines Rechtsstreits davon ab, ob ein Mann, dessen Vaterschaft im Wege der Anfechtungsklage angefochten worden ist, der Vater des Kindes ist, so gelten die Vorschriften des § 152 entsprechend.

**§ 154 Aussetzung bei Ehe- oder Kindschaftsstreit.** (1) Wird im Laufe eines Rechtsstreits streitig, ob zwischen den Parteien eine Ehe oder eine Lebenspartnerschaft bestehe oder nicht bestehe, und hängt von der Entscheidung dieser Frage die Entscheidung des Rechtsstreits ab, so hat das Gericht auf Antrag das Verfahren auszusetzen, bis der Streit über das Bestehen oder Nichtbestehen der Ehe oder der Lebenspartnerschaft im Wege der Feststellungsklage erledigt ist.

(2) Diese Vorschrift gilt entsprechend, wenn im Laufe eines Rechtsstreits streitig wird, ob zwischen den Parteien ein Eltern- und Kindesverhältnis bestehe oder nicht bestehe oder ob der einen Partei die elterliche Sorge für die andere zustehe oder nicht zustehe, und von der Entscheidung dieser Fragen die Entscheidung des Rechtsstreits abhängt.

**§ 155 Aufhebung der Aussetzung bei Verzögerung.** In den Fällen der §§ 152, 153 kann das Gericht auf Antrag die Anordnung, durch die das Verfahren ausgesetzt ist, aufheben, wenn die Betreibung des Rechtsstreits, der zu der Aussetzung Anlass gegeben hat, verzögert wird.

**§ 156 Wiedereröffnung der Verhandlung.** (1) Das Gericht kann die Wiedereröffnung einer Verhandlung, die geschlossen war, anordnen.

(2) Das Gericht hat die Wiedereröffnung insbesondere anzuordnen, wenn

1. das Gericht einen entscheidungserheblichen und rügbaren Verfahrensfehler (§ 295), insbesondere eine Verletzung der Hinweis- und Aufklärungspflicht (§ 139) oder eine Verletzung des Anspruchs auf rechtliches Gehör, feststellt,
2. nachträglich Tatsachen vorgetragen und glaubhaft gemacht werden, die einen Wiederaufnahmegrund (§§ 579, 580) bilden, oder
3. zwischen dem Schluss der mündlichen Verhandlung und dem Schluss der Beratung und Abstimmung (§§ 192 bis 197 des Gerichtsverfassungsgesetzes[2)]) ein Richter ausgeschieden ist.

**§ 157[3)] Untervertretung in der Verhandlung.** Der bevollmächtigte Rechtsanwalt kann in Verfahren, in denen die Parteien den Rechtsstreit selbst führen

[1)] Vgl. dazu §§ 1313 ff. BGB (Nr. **20**).
[2)] Nr. **95**.
[3)] § 157 neu gef. mWv 1.7.2008 durch G v. 12.12.2007 (BGBl. I S. 2840).

können, zur Vertretung in der Verhandlung einen Referendar bevollmächtigen, der im Vorbereitungsdienst bei ihm beschäftigt ist.

**§ 158[1)] Entfernung infolge Prozessleitungsanordnung.** Ist eine bei der Verhandlung beteiligte Person zur Aufrechterhaltung der Ordnung von dem Ort der Verhandlung entfernt worden, so kann auf Antrag gegen sie in gleicher Weise verfahren werden, als wenn sie freiwillig sich entfernt hätte.

**§ 159[2)] Protokollaufnahme.** (1) [1]Über die Verhandlung und jede Beweisaufnahme ist ein Protokoll aufzunehmen. [2]Für die Protokollführung kann ein Urkundsbeamter der Geschäftsstelle zugezogen werden, wenn dies auf Grund des zu erwartenden Umfangs des Protokolls, in Anbetracht der besonderen Schwierigkeit der Sache oder aus einem sonstigen wichtigen Grund erforderlich ist.

(2) [1]Absatz 1 gilt entsprechend für Verhandlungen, die außerhalb der Sitzung vor Richtern beim Amtsgericht oder vor beauftragten oder ersuchten Richtern stattfinden. [2]Ein Protokoll über eine Güteverhandlung oder weitere Güteversuche vor einem Güterichter nach § 278 Absatz 5 wird nur auf übereinstimmenden Antrag der Parteien aufgenommen.

**§ 160 Inhalt des Protokolls.** (1) Das Protokoll enthält

1. den Ort und den Tag der Verhandlung;
2. die Namen der Richter, des Urkundsbeamten der Geschäftsstelle und des etwa zugezogenen Dolmetschers;
3. die Bezeichnung des Rechtsstreits;
4. die Namen der erschienenen Parteien, Nebenintervenienten, Vertreter, Bevollmächtigten, Beistände, Zeugen und Sachverständigen und im Falle des § 128a den Ort, von dem aus sie an der Verhandlung teilnehmen;
5. die Angabe, dass öffentlich verhandelt oder die Öffentlichkeit ausgeschlossen worden ist.

(2) Die wesentlichen Vorgänge der Verhandlung sind aufzunehmen.

(3) Im Protokoll sind festzustellen

1. Anerkenntnis, Anspruchsverzicht und Vergleich;
2. die Anträge;
3. Geständnis und Erklärung über einen Antrag auf Parteivernehmung sowie sonstige Erklärungen, wenn ihre Feststellung vorgeschrieben ist;
4. die Aussagen der Zeugen, Sachverständigen und vernommenen Parteien; bei einer wiederholten Vernehmung braucht die Aussage nur insoweit in das Protokoll aufgenommen zu werden, als sie von der früheren abweicht;
5. das Ergebnis eines Augenscheins;
6. die Entscheidungen (Urteile, Beschlüsse und Verfügungen) des Gerichts;
7. die Verkündung der Entscheidungen;
8. die Zurücknahme der Klage oder eines Rechtsmittels;
9. der Verzicht auf Rechtsmittel;
10. das Ergebnis der Güteverhandlung.

(4) [1]Die Beteiligten können beantragen, dass bestimmte Vorgänge oder Äußerungen in das Protokoll aufgenommen werden. [2]Das Gericht kann von der Auf-

---

1) § 158 Satz 2 aufgeh. mWv 1.7.2008 durch G v. 12.12.2007 (BGBl. I S. 2840).

2) § 159 Abs. 2 Satz 2 angef. mWv 26.7.2012 durch G v. 21.7.2012 (BGBl. I S. 1577).

nahme absehen, wenn es auf die Feststellung des Vorgangs oder der Äußerung nicht ankommt. [3]Dieser Beschluss ist unanfechtbar; er ist in das Protokoll aufzunehmen.

(5) Der Aufnahme in das Protokoll steht die Aufnahme in eine Schrift gleich, die dem Protokoll als Anlage beigefügt und in ihm als solche bezeichnet ist.

**§ 160a**[1)] **Vorläufige Protokollaufzeichnung.** (1) Der Inhalt des Protokolls kann in einer gebräuchlichen Kurzschrift, durch verständliche Abkürzungen oder auf einem Ton- oder Datenträger vorläufig aufgezeichnet werden.

(2) [1]Das Protokoll ist in diesem Fall unverzüglich nach der Sitzung herzustellen. [2]Soweit Feststellungen nach § 160 Abs. 3 Nr. 4 und 5 mit einem Tonaufnahmegerät vorläufig aufgezeichnet worden sind, braucht lediglich dies in dem Protokoll vermerkt zu werden. [3]Das Protokoll ist um die Feststellungen zu ergänzen, wenn eine Partei dies bis zum rechtskräftigen Abschluss des Verfahrens beantragt oder das Rechtsmittelgericht die Ergänzung anfordert. [4]Sind Feststellungen nach § 160 Abs. 3 Nr. 4 unmittelbar aufgenommen und ist zugleich das wesentliche Ergebnis der Aussagen vorläufig aufgezeichnet worden, so kann eine Ergänzung des Protokolls nur um das wesentliche Ergebnis der Aussagen verlangt werden.

(3) [1]Die vorläufigen Aufzeichnungen sind zu den Prozessakten zu nehmen oder, wenn sie sich nicht dazu eignen, bei der Geschäftsstelle mit den Prozessakten aufzubewahren. [2]Aufzeichnungen auf Ton- oder Datenträgern können gelöscht werden,

1. soweit das Protokoll nach der Sitzung hergestellt oder um die vorläufig aufgezeichneten Feststellungen ergänzt ist, wenn die Parteien innerhalb eines Monats nach Mitteilung der Abschrift keine Einwendungen erhoben haben;
2. nach rechtskräftigem Abschluss des Verfahrens.

[3]Soweit das Gericht über eine zentrale Datenspeichereinrichtung verfügt, können die vorläufigen Aufzeichnungen an Stelle der Aufbewahrung nach Satz 1 auf der zentralen Datenspeichereinrichtung gespeichert werden.

(4) Die endgültige Herstellung durch Aufzeichnung auf Datenträger in der Form des § 130b ist möglich.

**§ 161 Entbehrliche Feststellungen.** (1) Feststellungen nach § 160 Abs. 3 Nr. 4 und 5 brauchen nicht in das Protokoll aufgenommen zu werden,

1. wenn das Prozessgericht die Vernehmung oder den Augenschein durchführt und das Endurteil der Berufung oder der Revision nicht unterliegt;
2. soweit die Klage zurückgenommen, der geltend gemachte Anspruch anerkannt oder auf ihn verzichtet wird, auf ein Rechtsmittel verzichtet oder der Rechtsstreit durch einen Vergleich beendet wird.

(2) [1]In dem Protokoll ist zu vermerken, dass die Vernehmung oder der Augenschein durchgeführt worden ist. [2]§ 160a Abs. 3 gilt entsprechend.

**§ 162 Genehmigung des Protokolls.** (1) [1]Das Protokoll ist insoweit, als es Feststellungen nach § 160 Abs. 3 Nr. 1, 3, 4, 5, 8, 9 oder zu Protokoll erklärte Anträge enthält, den Beteiligten vorzulesen oder zur Durchsicht vorzulegen. [2]Ist der Inhalt des Protokolls nur vorläufig aufgezeichnet worden, so genügt es, wenn die Aufzeichnungen vorgelesen oder abgespielt werden. [3]In dem Protokoll

---

[1)] § 160a Abs. 3 Satz 3 angef. mWv 18.12.2007 durch G v. 12.12.2007 (BGBl. I S. 2840).

ist zu vermerken, dass dies geschehen und die Genehmigung erteilt ist oder welche Einwendungen erhoben worden sind.

(2) [1]Feststellungen nach § 160 Abs. 3 Nr. 4 brauchen nicht abgespielt zu werden, wenn sie in Gegenwart der Beteiligten unmittelbar aufgezeichnet worden sind; der Beteiligte, dessen Aussage aufgezeichnet ist, kann das Abspielen verlangen. [2]Soweit Feststellungen nach § 160 Abs. 3 Nr. 4 und 5 in Gegenwart der Beteiligten diktiert worden sind, kann das Abspielen, das Vorlesen oder die Vorlage zur Durchsicht unterbleiben, wenn die Beteiligten nach der Aufzeichnung darauf verzichten; in dem Protokoll ist zu vermerken, dass der Verzicht ausgesprochen worden ist.

**§ 163 Unterschreiben des Protokolls.** (1) [1]Das Protokoll ist von dem Vorsitzenden und von dem Urkundsbeamten der Geschäftsstelle zu unterschreiben. [2]Ist der Inhalt des Protokolls ganz oder teilweise mit einem Tonaufnahmegerät vorläufig aufgezeichnet worden, so hat der Urkundsbeamte der Geschäftsstelle die Richtigkeit der Übertragung zu prüfen und durch seine Unterschrift zu bestätigen; dies gilt auch dann, wenn der Urkundsbeamte der Geschäftsstelle zur Sitzung nicht zugezogen war.

(2) [1]Ist der Vorsitzende verhindert, so unterschreibt für ihn der älteste beisitzende Richter; war nur ein Richter tätig und ist dieser verhindert, so genügt die Unterschrift des zur Protokollführung zugezogenen Urkundsbeamten der Geschäftsstelle. [2]Ist dieser verhindert, so genügt die Unterschrift des Richters. [3]Der Grund der Verhinderung soll im Protokoll vermerkt werden.

**§ 164 Protokollberichtigung.** (1) Unrichtigkeiten des Protokolls können jederzeit berichtigt werden.

(2) Vor der Berichtigung sind die Parteien und, soweit es die in § 160 Abs. 3 Nr. 4 genannten Feststellungen betrifft, auch die anderen Beteiligten zu hören.

(3) [1]Die Berichtigung wird auf dem Protokoll vermerkt; dabei kann auf eine mit dem Protokoll zu verbindende Anlage verwiesen werden. [2]Der Vermerk ist von dem Richter, der das Protokoll unterschrieben hat, oder von dem allein tätig gewesenen Richter, selbst wenn dieser an der Unterschrift verhindert war, und von dem Urkundsbeamten der Geschäftsstelle, soweit er zur Protokollführung zugezogen war, zu unterschreiben.

(4) [1]Erfolgt der Berichtigungsvermerk in der Form des § 130b, ist er in einem gesonderten elektronischen Dokument festzuhalten. [2]Das Dokument ist mit dem Protokoll untrennbar zu verbinden.

**§ 165 Beweiskraft des Protokolls.** [1]Die Beachtung der für die Verhandlung vorgeschriebenen Förmlichkeiten kann nur durch das Protokoll bewiesen werden. [2]Gegen seinen diese Förmlichkeiten betreffenden Inhalt ist nur der Nachweis der Fälschung zulässig.

### Titel 2. Verfahren bei Zustellungen

#### Untertitel 1. Zustellungen von Amts wegen

**§ 166 Zustellung.** (1) Zustellung ist die Bekanntgabe eines Dokuments an eine Person in der in diesem Titel bestimmten Form.

(2) Dokumente, deren Zustellung vorgeschrieben oder vom Gericht angeordnet ist, sind von Amts wegen zuzustellen, soweit nicht anderes bestimmt ist.

**§ 167 Rückwirkung der Zustellung.** Soll durch die Zustellung eine Frist gewahrt werden oder die Verjährung neu beginnen oder nach § 204 des Bürgerlichen Gesetzbuchs[1] gehemmt werden, tritt diese Wirkung bereits mit Eingang des Antrags oder der Erklärung ein, wenn die Zustellung demnächst erfolgt.

**§ 168[2] Aufgaben der Geschäftsstelle.** (1) [1]Die Geschäftsstelle führt die Zustellung nach §§ 173 bis 176 Absatz 1 aus. [2]Sie kann einen nach § 33 Abs. 1 des Postgesetzes[3] beliehenen Unternehmer (Post) oder einen Justizbediensteten mit der Ausführung der Zustellung beauftragen. [3]Den Auftrag an die Post erteilt die Geschäftsstelle auf dem dafür vorgesehenen Vordruck.

(2) Der Vorsitzende des Prozessgerichts oder ein von ihm bestimmtes Mitglied können einen Gerichtsvollzieher oder eine andere Behörde mit der Ausführung der Zustellung beauftragen, wenn eine Zustellung nach Absatz 1 keinen Erfolg verspricht.

**§ 169[4] Bescheinigung des Zeitpunktes der Zustellung; Beglaubigung.** (1) Die Geschäftsstelle bescheinigt auf Antrag den Zeitpunkt der Zustellung.

(2) [1]Die Beglaubigung der zuzustellenden Schriftstücke wird von der Geschäftsstelle vorgenommen. [2]Dies gilt auch, soweit von einem Anwalt eingereichte Schriftstücke nicht bereits von diesem beglaubigt wurden.

(3) [1]Eine in Papierform zuzustellende Abschrift kann auch durch maschinelle Bearbeitung beglaubigt werden. [2]Anstelle der handschriftlichen Unterzeichnung ist die Abschrift mit dem Gerichtssiegel zu versehen. [3]Dasselbe gilt, wenn eine Abschrift per Telekopie zugestellt wird.

(4) [1]Ein Schriftstück oder ein elektronisches Dokument kann in beglaubigter elektronischer Abschrift zugestellt werden. [2]Die Beglaubigung erfolgt mit einer qualifizierten elektronischen Signatur des Urkundsbeamten der Geschäftsstelle.

(5) Ein elektronisches Dokument kann ohne Beglaubigung elektronisch zugestellt werden, wenn es

1. nach § 130a oder § 130b Satz 1 mit einer qualifizierten elektronischen Signatur der verantwortenden Personen versehen ist,
2. nach § 130a auf einem sicheren Übermittlungsweg eingereicht wurde und mit einem Authentizitäts- und Integritätsnachweis versehen ist oder
3. nach Maßgabe des § 298a errichtet wurde und mit einem Übertragungsnachweis nach § 298a Absatz 2 Satz 3 oder 4 versehen ist.

**§ 170 Zustellung an Vertreter.** (1) [1]Bei nicht prozessfähigen Personen ist an ihren gesetzlichen Vertreter zuzustellen. [2]Die Zustellung an die nicht prozessfähige Person ist unwirksam.

(2) Ist der Zustellungsadressat keine natürliche Person, genügt die Zustellung an den Leiter.

(3) Bei mehreren gesetzlichen Vertretern oder Leitern genügt die Zustellung an einen von ihnen.

---

[1] Nr. **20**.

[2] § 168 Abs. 1 Satz 1 geänd. mWv 1.1.2022 durch G v. 5.10.2021 (BGBl. I S. 4607).

[3] **Sartorius ErgBd. Nr. 910.**

[4] § 169 Abs. 3–5 angef. mWv 1.7.2014 durch G v. 10.10.2013 (BGBl. I S. 3786); Abs. 4 und 5 neu gef. mWv 1.1.2018 durch G v. 5.7.2017 (BGBl. I S. 2208); Abs. 4 Satz 1 geänd. mWv 1.1.2020 durch G v. 12.12.2019 (BGBl. I S. 2633).

**§ 170a[1] Zustellung bei rechtlicher Betreuung.** (1) Wird an eine Person zugestellt, für die ein Betreuer bestellt ist, ist diesem eine Abschrift des zugestellten Dokuments mitzuteilen, soweit er bekannt ist und sein Aufgabenkreis betroffen ist.

(2) Wird nach § 170 Absatz 1 an den Betreuer zugestellt, ist dem Betreuten eine Abschrift des zugestellten Dokuments mitzuteilen.

**§ 171 Zustellung an Bevollmächtigte.** [1] An den rechtsgeschäftlich bestellten Vertreter kann mit gleicher Wirkung wie an den Vertretenen zugestellt werden. [2] Der Vertreter hat eine schriftliche Vollmacht vorzulegen.

**§ 172 Zustellung an Prozessbevollmächtigte.** (1) [1] In einem anhängigen Verfahren hat die Zustellung an den für den Rechtszug bestellten Prozessbevollmächtigten zu erfolgen. [2] Das gilt auch für die Prozesshandlungen, die das Verfahren vor diesem Gericht infolge eines Einspruchs, einer Aufhebung des Urteils dieses Gerichts, einer Wiederaufnahme des Verfahrens, einer Rüge nach § 321a oder eines neuen Vorbringens in dem Verfahren der Zwangsvollstreckung betreffen. [3] Das Verfahren vor dem Vollstreckungsgericht gehört zum ersten Rechtszug.

(2) [1] Ein Schriftsatz, durch den ein Rechtsmittel eingelegt wird, ist dem Prozessbevollmächtigten des Rechtszuges zuzustellen, dessen Entscheidung angefochten wird. [2] Wenn bereits ein Prozessbevollmächtigter für den höheren Rechtszug bestellt ist, ist der Schriftsatz diesem zuzustellen. [3] Der Partei ist selbst zuzustellen, wenn sie einen Prozessbevollmächtigten nicht bestellt hat.

**§ 173[2] Zustellung von elektronischen Dokumenten.** (1) Ein elektronisches Dokument kann elektronisch nur auf einem sicheren Übermittlungsweg zugestellt werden.

***[Abs. 2 bis 31.12.2023:]***

(2) [1] Einen sicheren Übermittlungsweg für die elektronische Zustellung eines elektronischen Dokuments haben zu eröffnen:

1. Rechtsanwälte, Notare, Gerichtsvollzieher, Steuerberater sowie
2. Behörden, Körperschaften oder Anstalten des öffentlichen Rechts.

[2] *sonstige*[3] in professioneller Eigenschaft am Prozess beteiligte Personen, Vereinigungen und Organisationen, bei denen von einer erhöhten Zuverlässigkeit ausgegangen werden kann, sollen einen sicheren Übermittlungsweg für die elektronische Zustellung eröffnen.

***[Abs. 2 ab 1.1.2024:]***

*(2) Einen sicheren Übermittlungsweg für die elektronische Zustellung eines elektronischen Dokuments haben zu eröffnen:*

*1. Rechtsanwälte, Notare, Gerichtsvollzieher, Steuerberater sowie sonstige in professioneller Eigenschaft am Prozess beteiligte Personen, Vereinigungen und Organisationen, bei denen von einer erhöhten Zuverlässigkeit ausgegangen werden kann, sowie*

*2. Behörden, Körperschaften oder Anstalten des öffentlichen Rechts.*

---

[1] § 170a eingef. mWv 1.1.2023 durch G v. 4.5.2021 (BGBl. I S. 882).

[2] § 173 eingef. mWv 1.1.2022, Abs. 2 Satz 1 Nr. 1 und Satz 2 geänd. mWv 1.1.2023, Abs. 2 bish. Satz 1 Nr. 1 geänd., Satz 2 aufgeh. **mWv 1.1.2024** durch G v. 5.10.2021 (BGBl. I S. 4607).

[3] Richtig wohl: „Sonstige".

(3) [1]Die elektronische Zustellung an die in Absatz 2 Genannten wird durch ein elektronisches Empfangsbekenntnis nachgewiesen, das an das Gericht zu übermitteln ist. [2]Für die Übermittlung ist der vom Gericht mit der Zustellung zur Verfügung gestellte strukturierte Datensatz zu verwenden. [3]Stellt das Gericht keinen strukturierten Datensatz zur Verfügung, so ist dem Gericht das elektronische Empfangsbekenntnis als elektronisches Dokument (§ 130a) zu übermitteln.

(4) [1]An andere als die in Absatz 2 Genannten kann ein elektronisches Dokument elektronisch nur zugestellt werden, wenn sie der Zustellung elektronischer Dokumente für das jeweilige Verfahren zugestimmt haben. [2]Die Zustimmung gilt mit der Einreichung eines elektronischen Dokuments im jeweiligen Verfahren auf einem sicheren Übermittlungsweg als erteilt. [3]Andere als natürliche Personen können die Zustimmung auch allgemein erteilen. [4]Ein elektronisches Dokument gilt am dritten Tag nach dem auf der automatisierten Eingangsbestätigung ausgewiesenen Tag des Eingangs in dem vom Empfänger eröffneten elektronischen Postfach als zugestellt. [5]Satz 4 gilt nicht, wenn der Empfänger nachweist, dass das Dokument nicht oder zu einem späteren Zeitpunkt zugegangen ist.

**§ 174[1)] Zustellung durch Aushändigung an der Amtsstelle.** [1]Ein Schriftstück kann dem Adressaten oder seinem rechtsgeschäftlich bestellten Vertreter durch Aushändigung an der Amtsstelle zugestellt werden. [2]Zum Nachweis der Zustellung ist auf dem Schriftstück und in den Akten zu vermerken, dass es zum Zwecke der Zustellung ausgehändigt wurde und wann das geschehen ist; bei Aushändigung an den Vertreter ist dies mit dem Zusatz zu vermerken, an wen das Schriftstück ausgehändigt wurde und dass die Vollmacht nach § 171 Satz 2 vorgelegt wurde. [3]Der Vermerk ist von dem Bediensteten zu unterschreiben, der die Aushändigung vorgenommen hat.

**§ 175[2)] Zustellung von Schriftstücken gegen Empfangsbekenntnis.**

(1) Ein Schriftstück kann den in § 173 Absatz 2 Genannten gegen Empfangsbekenntnis zugestellt werden.

(2) [1]Eine Zustellung gegen Empfangsbekenntnis kann auch durch Telekopie erfolgen. [2]Die Übermittlung soll mit dem Hinweis „Zustellung gegen Empfangsbekenntnis" eingeleitet werden und die absendende Stelle, den Namen und die Anschrift des Zustellungsadressaten sowie den Namen des Justizbediensteten erkennen lassen, der das Dokument zur Übermittlung aufgegeben hat.

(3) Die Zustellung nach den Absätzen 1 und 2 wird durch das mit Datum und Unterschrift des Adressaten versehene Empfangsbekenntnis nachgewiesen.

(4) Das Empfangsbekenntnis muss schriftlich, durch Telekopie oder als elektronisches Dokument (§ 130a) an das Gericht gesandt werden.

**§ 176[3)] Zustellung durch Einschreiben mit Rückschein; Zustellungsauftrag.** (1) [1]Ein Schriftstück kann durch Einschreiben mit Rückschein zugestellt werden. [2]Zum Nachweis der Zustellung genügt der Rückschein.

(2) [1]Wird die Post, ein Justizbediensteter oder ein Gerichtsvollzieher mit der Zustellung eines Schriftstücks beauftragt oder wird eine andere Behörde um die Zustellung ersucht, so übergibt die Geschäftsstelle das zuzustellende Schriftstück in

---

[1)] § 174 aufgeh., bish. § 173 wird § 174 mWv 1.1.2022 durch G v. 5.10.2021 (BGBl. I S. 4607).
[2)] § 175 neu gef. mWv 1.1.2022 durch G v. 5.10.2021 (BGBl. I S. 4607).
[3)] § 176 neu gef. mWv 1.1.2022 durch G v. 5.10.2021 (BGBl. I S. 4607).

einem verschlossenen Umschlag und ein vorbereitetes Formular einer Zustellungsurkunde. [2]Die Zustellung erfolgt nach den §§ 177 bis 181.

**§ 177 Ort der Zustellung.** Das Schriftstück kann der Person, der zugestellt werden soll, an jedem Ort übergeben werden, an dem sie angetroffen wird.

**§ 178[1)] Ersatzzustellung in der Wohnung, in Geschäftsräumen und Einrichtungen.** (1) Wird die Person, der zugestellt werden soll, in ihrer Wohnung, in dem Geschäftsraum oder in einer Gemeinschaftseinrichtung, in der sie wohnt, nicht angetroffen, kann das Schriftstück zugestellt werden

1. in der Wohnung einem erwachsenen Familienangehörigen, einer in der Familie beschäftigten Person oder einem erwachsenen ständigen Mitbewohner,
2. in Geschäftsräumen einer dort beschäftigten Person,
3. in Gemeinschaftseinrichtungen dem Leiter der Einrichtung oder einem dazu ermächtigten Vertreter.

(2) Die Zustellung an eine der in Absatz 1 bezeichneten Personen ist unwirksam, wenn diese an dem Rechtsstreit als Gegner der Person, der zugestellt werden soll, beteiligt ist.

**§ 179 Zustellung bei verweigerter Annahme.** [1]Wird die Annahme des zuzustellenden Schriftstücks unberechtigt verweigert, so ist das Schriftstück in der Wohnung oder in dem Geschäftsraum zurückzulassen. [2]Hat der Zustellungsadressat keine Wohnung oder ist kein Geschäftsraum vorhanden, ist das zuzustellende Schriftstück zurückzusenden. [3]Mit der Annahmeverweigerung gilt das Schriftstück als zugestellt.

**§ 180 Ersatzzustellung durch Einlegen in den Briefkasten.** [1]Ist die Zustellung nach § 178 Abs. 1 Nr. 1 oder 2 nicht ausführbar, kann das Schriftstück in einen zu der Wohnung oder dem Geschäftsraum gehörenden Briefkasten oder in eine ähnliche Vorrichtung eingelegt werden, die der Adressat für den Postempfang eingerichtet hat und die in der allgemein üblichen Art für eine sichere Aufbewahrung geeignet ist. [2]Mit der Einlegung gilt das Schriftstück als zugestellt. [3]Der Zusteller vermerkt auf dem Umschlag des zuzustellenden Schriftstücks das Datum der Zustellung.

**§ 181 Ersatzzustellung durch Niederlegung.** (1) [1]Ist die Zustellung nach § 178 Abs. 1 Nr. 3 oder § 180 nicht ausführbar, kann das zuzustellende Schriftstück auf der Geschäftsstelle des Amtsgerichts, in dessen Bezirk der Ort der Zustellung liegt, niedergelegt werden. [2]Wird die Post mit der Ausführung der Zustellung beauftragt, ist das zuzustellende Schriftstück am Ort der Zustellung oder am Ort des Amtsgerichts bei einer von der Post dafür bestimmten Stelle niederzulegen. [3]Über die Niederlegung ist eine schriftliche Mitteilung auf dem vorgesehenen Formular unter der Anschrift der Person, der zugestellt werden soll, in der bei gewöhnlichen Briefen üblichen Weise abzugeben oder, wenn das nicht möglich ist, an der Tür der Wohnung, des Geschäftsraums oder der Gemeinschaftseinrichtung anzuheften. [4]Das Schriftstück gilt mit der Abgabe der schriftlichen Mitteilung als zugestellt. [5]Der Zusteller vermerkt auf dem Umschlag des zuzustellenden Schriftstücks das Datum der Zustellung.

---

[1)] § 178 Abs. 2 ber. BGBl. 2007 I S. 1781.

(2) [1] Das niedergelegte Schriftstück ist drei Monate zur Abholung bereitzuhalten. [2] Nicht abgeholte Schriftstücke sind danach an den Absender zurückzusenden.

**§ 182**[1)] **Zustellungsurkunde.** (1) [1] Zum Nachweis der Zustellung nach den §§ 171, 177 bis 181 ist eine Urkunde auf dem hierfür vorgesehenen Formular anzufertigen. [2] Für diese Zustellungsurkunde gilt § 418.

(2) Die Zustellungsurkunde muss enthalten:

1. die Bezeichnung der Person, der zugestellt werden soll,
2. die Bezeichnung der Person, an die der Brief oder das Schriftstück übergeben wurde,
3. im Falle des § 171 die Angabe, dass die Vollmachtsurkunde vorgelegen hat,
4. im Falle der §§ 178, 180 die Angabe des Grundes, der diese Zustellung rechtfertigt und wenn nach § 181 verfahren wurde, die Bemerkung, wie die schriftliche Mitteilung abgegeben wurde,
5. im Falle des § 179 die Erwähnung, wer die Annahme verweigert hat und dass der Brief am Ort der Zustellung zurückgelassen oder an den Absender zurückgesandt wurde,
6. die Bemerkung, dass der Tag der Zustellung auf dem Umschlag, der das zuzustellende Schriftstück enthält, vermerkt ist,
7. den Ort, das Datum und auf Anordnung der Geschäftsstelle auch die Uhrzeit der Zustellung,
8. Name, Vorname und Unterschrift des Zustellers sowie die Angabe des beauftragten Unternehmens oder der ersuchten Behörde.

(3) Die Zustellungsurkunde ist der Geschäftsstelle in Urschrift oder als elektronisches Dokument unverzüglich zurückzuleiten.

**§ 183**[2)] **Zustellung im Ausland.** (1) [1] Für die Durchführung

1. der Verordnung (EU) 2020/1784[3)] des Europäischen Parlaments und des Rates vom 25. November 2020 über die Zustellung gerichtlicher und außergerichtlicher Schriftstücke in Zivil- oder Handelssachen in den Mitgliedstaaten (Zustellung von Schriftstücken) (ABl. L 405 vom 2.12.2020, S. 40; L 173 vom 30.6. 2022, S. 133) in ihrer jeweils geltenden Fassung sowie
2. des Abkommens zwischen der Europäischen Gemeinschaft und dem Königreich Dänemark vom 19. Oktober 2005 über die Zustellung gerichtlicher und außergerichtlicher Schriftstücke in Zivil- oder Handelssachen (ABl. L 300 vom 17.11.2005, S. 55; L 120 vom 5.5.2006, S. 23), das durch die Mitteilung Dänemarks vom 22. Dezember 2020 (ABl. L 19 vom 21.1.2021, S. 1) geändert worden ist,

gelten § 1067 Absatz 1, § 1069 Absatz 1 sowie die §§ 1070 und 1071. [2] Soweit nicht für die Zustellung im Ausland die vorgenannten Regelungen maßgeblich sind, gelten für die Zustellung im Ausland die Absätze 2 bis 6.

---

[1)] § 182 Abs. 3 neu gef. mWv 1.7.2014 durch G v. 10.10.2013 (BGBl. I S. 3786).

[2)] § 183 neu gef. mWv 13.11.2008 durch G v. 30.10.2008 (BGBl. I S. 2122); Abs. 1 eingef., bish. Abs. 1 wird Abs. 2, bish. Abs. 2 wird Abs. 3 und Satz 1 geänd., bish. Abs. 3 und 4 werden Abs. 4 und 5 und neu gef., bish. Abs. 5 aufgeh. mWv 17.6.2017 durch G v. 11.6.2017 (BGBl. I S. 1607); Abs. 2 Satz 2 neu gef., Abs. 5 Satz 1 geänd. mWv 1.1.2022 durch G v. 5.10.2021 (BGBl. I S. 4607); Abs. 1 neu gef., Abs. 2 Sätze 1 und 2 geänd., Satz 3 angef., Abs. 3 und 4, Abs. 5 Satz 2 neu gef., Abs. 6 angef. mWv 1.7.2022 durch G v. 24.6.2022 (BGBl. I S. 959); Abs. 1 Satz 1 Nr. 1 geänd. mWv 12.11.2022 durch G v. 7.11.2022 (BGBl. I S. 1982).

[3)] **Habersack, Deutsche Gesetze ErgBd. Nr. 103c.**

(2) [1] Eine Zustellung im Ausland ist nach den völkerrechtlichen Vereinbarungen vorzunehmen, die im Verhältnis zu dem jeweiligen Staat gelten. [2] Wenn Schriftstücke aufgrund solcher Vereinbarungen unmittelbar durch die Post zugestellt werden dürfen, dann soll dies durch Einschreiben mit Rückschein oder mittels eines gleichwertigen Nachweises bewirkt werden, anderenfalls soll die Zustellung auf Ersuchen des Vorsitzenden des Prozessgerichts unmittelbar durch die Behörden des ausländischen Staates erfolgen. [3] Eine Zustellung durch die zuständige deutsche Auslandsvertretung soll nur in den Fällen des Absatzes 4 erfolgen.

(3) Bestehen keine völkerrechtlichen Vereinbarungen zur Zustellung, so erfolgt die Zustellung vorbehaltlich des Absatzes 4 auf Ersuchen des Vorsitzenden des Prozessgerichts durch die Behörden des ausländischen Staates.

(4) Folgende Zustellungen in den Fällen der Absätze 2 und 3 erfolgen auf Ersuchen des Vorsitzenden des Prozessgerichts durch die zuständige deutsche Auslandsvertretung:

1. Zustellungen, deren Erledigung durch die Behörden des ausländischen Staates nicht oder nicht innerhalb einer angemessenen Zeit zu erwarten ist oder für die ein sonstiger begründeter Ausnahmefall vorliegt,
2. Zustellungen an ausländische Staaten sowie
3. Zustellungen an entsandte Beschäftigte einer deutschen Auslandsvertretung und die in ihrer Privatwohnung lebenden Personen.

(5) [1] Zum Nachweis der Zustellung nach Absatz 2 Satz 2 erster Halbsatz genügt der Rückschein oder ein gleichwertiger Nachweis. [2] Im Übrigen wird die Zustellung durch das Zeugnis der ersuchten Behörde nachgewiesen.

(6) [1] Soweit völkerrechtliche Vereinbarungen eine Zustellung außergerichtlicher Schriftstücke ermöglichen, ist für die Übermittlung solcher Schriftstücke in das Ausland das Amtsgericht zuständig, in dessen Bezirk die Person, die die Zustellung betreibt, ihren Wohnsitz oder gewöhnlichen Aufenthalt hat. [2] Bei notariellen Urkunden ist auch das Amtsgericht zuständig, in dessen Bezirk der beurkundende Notar seinen Amtssitz hat. [3] Bei juristischen Personen tritt an die Stelle des Wohnsitzes oder des gewöhnlichen Aufenthalts der Sitz der juristischen Person.

**§ 184[1)] Zustellungsbevollmächtigter; Zustellung durch Aufgabe zur Post.** (1) [1] Das Gericht kann bei der Zustellung nach § 183 Absatz 2 bis 5 anordnen, dass die Partei innerhalb einer angemessenen Frist einen Zustellungsbevollmächtigten benennt, der im Inland wohnt oder dort einen Geschäftsraum hat, falls sie nicht einen Prozessbevollmächtigten bestellt hat. [2] Wird kein Zustellungsbevollmächtigter benannt, so können spätere Zustellungen bis zur nachträglichen Benennung dadurch bewirkt werden, dass das Schriftstück unter der Anschrift der Partei zur Post gegeben wird.

(2) [1] Das Schriftstück gilt zwei Wochen nach Aufgabe zur Post als zugestellt. [2] Das Gericht kann eine längere Frist bestimmen. [3] In der Anordnung nach Absatz 1 ist auf diese Rechtsfolgen hinzuweisen. [4] Zum Nachweis der Zustellung ist in den Akten zu vermerken, zu welcher Zeit und unter welcher Anschrift das Schriftstück zur Post gegeben wurde.

---

[1)] § 184 Abs. 1 neu gef. mWv 13.11.2008 durch G v. 30.10.2008 (BGBl. I S. 2122); Abs. 1 Satz 1 geänd. mWv 17.6.2017 durch G v. 11.6.2017 (BGBl. I S. 1607).

**§ 185[1] Öffentliche Zustellung.** Die Zustellung kann durch öffentliche Bekanntmachung (öffentliche Zustellung) erfolgen, wenn

1. der Aufenthaltsort einer Person unbekannt und eine Zustellung an einen Vertreter oder Zustellungsbevollmächtigten nicht möglich ist,
2. bei juristischen Personen, die zur Anmeldung einer inländischen Geschäftsanschrift zum Handelsregister verpflichtet sind, eine Zustellung weder unter der eingetragenen Anschrift noch unter einer im Handelsregister eingetragenen Anschrift einer für Zustellungen empfangsberechtigten Person oder einer ohne Ermittlungen bekannten anderen inländischen Anschrift möglich ist,
3. eine Zustellung im Ausland nicht möglich ist oder keinen Erfolg verspricht oder

*(Fortsetzung nächstes Blatt)*

[1] § 185 Nr. 2 eingef., bish. Nr. 2 und 3 werden Nr. 3 und 4 mWv 1.11.2008 durch G v. 23.10.2008 (BGBl. I S. 2026).

4. die Zustellung nicht erfolgen kann, weil der Ort der Zustellung die Wohnung einer Person ist, die nach den §§ 18 bis 20 des Gerichtsverfassungsgesetzes[1] der Gerichtsbarkeit nicht unterliegt.

**§ 186[2] Bewilligung und Ausführung der öffentlichen Zustellung.**

(1) [1] Über die Bewilligung der öffentlichen Zustellung entscheidet das Prozessgericht. [2] Die Entscheidung kann ohne mündliche Verhandlung ergehen.

(2) [1] Die öffentliche Zustellung erfolgt durch Aushang einer Benachrichtigung an der Gerichtstafel oder durch Veröffentlichung der Benachrichtigung in einem elektronischen Informations- und Kommunikationssystem, das im Gericht öffentlich zugänglich ist. [2] Die Benachrichtigung muss erkennen lassen

1. die Person, für die zugestellt wird,
2. den Namen und die letzte bekannte Anschrift des Zustellungsadressaten,
3. das Datum, das Aktenzeichen des Schriftstücks und die Bezeichnung des Prozessgegenstandes sowie
4. die Stelle, wo das Schriftstück eingesehen werden kann.

[3] Die Benachrichtigung muss den Hinweis enthalten, dass ein Schriftstück öffentlich zugestellt wird und Fristen in Gang gesetzt werden können, nach deren Ablauf Rechtsverluste drohen können. [4] Bei der Zustellung einer Ladung muss die Benachrichtigung den Hinweis enthalten, dass das Schriftstück eine Ladung zu einem Termin enthält, dessen Versäumung Rechtsnachteile zur Folge haben kann.

(3) In den Akten ist zu vermerken, wann die Benachrichtigung ausgehängt und wann sie abgenommen wurde.

**§ 187[3] Veröffentlichung der Benachrichtigung.** Das Prozessgericht kann zusätzlich anordnen, dass die Benachrichtigung einmal oder mehrfach im Bundesanzeiger oder in anderen Blättern zu veröffentlichen ist.

**§ 188 Zeitpunkt der öffentlichen Zustellung.** [1] Das Schriftstück gilt als zugestellt, wenn seit dem Aushang der Benachrichtigung ein Monat vergangen ist. [2] Das Prozessgericht kann eine längere Frist bestimmen.

**§ 189 Heilung von Zustellungsmängeln.** Lässt sich die formgerechte Zustellung eines Dokuments nicht nachweisen oder ist das Dokument unter Verletzung zwingender Zustellungsvorschriften zugegangen, so gilt es in dem Zeitpunkt als zugestellt, in dem das Dokument der Person, an die die Zustellung dem Gesetz gemäß gerichtet war oder gerichtet werden konnte, tatsächlich zugegangen ist.

**§ 190[4] Einheitliche Zustellungsformulare.** Das Bundesministerium der Justiz und für Verbraucherschutz wird ermächtigt, durch Rechtsverordnung mit Zustimmung des Bundesrates zur Vereinfachung und Vereinheitlichung der Zustellung Formulare einzuführen.

---

[1] Nr. **95**.

[2] § 186 Abs. 2 Satz 1 geänd., Satz 2 aufgeh., bish. Sätze 3–5 werden Sätze 2–4 mWv 1.1.2022 durch G v. 5.10.2021 (BGBl. I S. 4607).

[3] § 187 geänd. mWv 1.4.2012 durch G v. 22.12.2011 (BGBl. I S. 3044).

[4] § 190 geänd. mWv 8.9.2015 durch VO v. 31.8.2015 (BGBl. I S. 1474).

**Untertitel 2. Zustellungen auf Betreiben der Parteien**

**§ 191 Zustellung.** Ist eine Zustellung auf Betreiben der Parteien zugelassen oder vorgeschrieben, finden die Vorschriften über die Zustellung von Amts wegen entsprechende Anwendung, soweit sich nicht aus den nachfolgenden Vorschriften Abweichungen ergeben.

**§ 192[1)] Zustellung durch Gerichtsvollzieher.** [1] Die von den Parteien zu betreibenden Zustellungen erfolgen unbeschadet der Zustellung im Ausland (§ 183) durch den Gerichtsvollzieher. [2] Im Verfahren vor dem Amtsgericht kann die Partei den Gerichtsvollzieher durch Vermittlung durch die Geschäftsstelle des Prozessgerichts mit der Zustellung beauftragen. [3] Insoweit hat diese den Gerichtsvollzieher mit der Zustellung zu beauftragen.

**§ 193[2)] Zustellung von Schriftstücken.** (1) [1] Soll ein Dokument als Schriftstück zugestellt werden, so übermittelt die Partei dem Gerichtsvollzieher das zuzustellende Dokument

1. in Papierform zusammen mit den erforderlichen Abschriften oder
2. als elektronisches Dokument auf einem sicheren Übermittlungsweg.

[2] Im Falle des Satzes 1 Nummer 1 beglaubigt der Gerichtsvollzieher die Abschriften; er kann fehlende Abschriften selbst herstellen. [3] Im Falle des Satzes 1 Nummer 2 fertigt der Gerichtsvollzieher die erforderlichen Abschriften als Ausdrucke selbst und beglaubigt diese.

(2) [1] Der Gerichtsvollzieher beurkundet im Falle des Absatzes 1 Satz 1 Nummer 1 auf der Urschrift des zuzustellenden Schriftstücks oder auf dem mit der Urschrift zu verbindenden hierfür vorgesehenen Formular die Ausführung der Zustellung nach § 182 Abs. 2 und vermerkt die Person, in deren Auftrag er zugestellt hat. [2] Im Falle des Absatzes 1 Satz 1 Nummer 2 gilt Satz 1 mit der Maßgabe, dass der Gerichtsvollzieher die Beurkundung auf einem Ausdruck des zuzustellenden elektronischen Dokuments oder auf dem mit dem Ausdruck zu verbindenden hierfür vorgesehenen Formular vornimmt. [3] Bei Zustellung durch Aufgabe zur Post ist das Datum und die Anschrift, unter der die Aufgabe erfolgte, zu vermerken.

(3) Der Gerichtsvollzieher vermerkt auf dem zu übergebenden Schriftstück den Tag der Zustellung, sofern er nicht eine beglaubigte Abschrift der Zustellungsurkunde übergibt.

(4) Die Zustellungsurkunde ist der Partei zu übermitteln, für die zugestellt wurde.

**§ 193a[3)] Zustellung von elektronischen Dokumenten.** (1) [1] Soll ein Dokument als elektronisches Dokument zugestellt werden, so übermittelt die Partei dem Gerichtsvollzieher das zuzustellende Dokument

1. elektronisch auf einem sicheren Übermittlungsweg oder
2. als Schriftstück.

[2] Im Falle des Satzes 1 Nummer 2 überträgt der Gerichtsvollzieher das Schriftstück in ein elektronisches Dokument.

---

[1)] § 192 neu gef. mWv 1.1.2022 durch G v. 5.10.2021 (BGBl. I S. 4607).

[2)] § 193 Überschrift neu gef., Abs. 1 eingef., bish. Abs. 1–3 werden Abs. 2–4, neuer Abs. 2 Satz 1 geänd., Satz 2 eingef., bish. Satz 2 wird Satz 3 mWv 1.1.2022 durch G v. 5.10.2021 (BGBl. I S. 4607).

[3)] § 193a eingef. mWv 1.1.2022 durch G v. 5.10.2021 (BGBl. I S. 4607).

(2) [1] Als Nachweis der Zustellung dient die automatisierte Eingangsbestätigung. [2] Der Zeitpunkt der Zustellung ist der in der automatisierten Eingangsbestätigung ausgewiesene Zeitpunkt des Eingangs in dem vom Empfänger eröffneten elektronischen Postfach. [3] Im Falle des Absatzes 1 Satz 1 Nummer 1 ist die automatisierte Eingangsbestätigung mit dem zuzustellenden elektronischen Dokument zu verbinden und der Partei zu übermitteln, für die zugestellt wurde. [4] Im Falle des Absatzes 1 Satz 1 Nummer 2 fertigt der Gerichtsvollzieher einen Ausdruck der automatisierten Eingangsbestätigung, verbindet den Ausdruck mit dem zuzustellenden Schriftstück und übermittelt dieses der Partei, für die zugestellt wurde.

**§ 194 Zustellungsauftrag.** (1) [1] Beauftragt der Gerichtsvollzieher die Post mit der Ausführung der Zustellung, vermerkt er auf dem zuzustellenden Schriftstück, im Auftrag welcher Person er es der Post übergibt. [2] Auf der Urschrift des zuzustellenden Schriftstücks oder auf einem mit ihr zu verbindenden Übergabebogen bezeugt er, dass die mit der Anschrift des Zustellungsadressaten, der Bezeichnung des absendenden Gerichtsvollziehers und einem Aktenzeichen versehene Sendung der Post übergeben wurde.

(2) Die Post leitet die Zustellungsurkunde unverzüglich an den Gerichtsvollzieher zurück.

**§ 195[1)] Zustellung von Anwalt zu Anwalt.** (1) [1] Sind die Parteien durch Anwälte vertreten, so kann ein Dokument auch dadurch zugestellt werden, dass der zustellende Anwalt das Dokument dem anderen Anwalt übermittelt (Zustellung von Anwalt zu Anwalt). [2] Auch Schriftsätze, die nach den Vorschriften dieses Gesetzes von Amts wegen zugestellt werden, können stattdessen von Anwalt zu Anwalt zugestellt werden, wenn nicht gleichzeitig dem Gegner eine gerichtliche Anordnung mitzuteilen ist. [3] In dem Schriftsatz soll die Erklärung enthalten sein, dass von Anwalt zu Anwalt zugestellt werde. [4] Die Zustellung ist dem Gericht, sofern dies für die zu treffende Entscheidung erforderlich ist, nachzuweisen. [5] Für die Zustellung von Anwalt zu Anwalt gelten § 173 Absatz 1 und § 175 Absatz 2 Satz 1 entsprechend.

(2) [1] Zum Nachweis der Zustellung eines Schriftstücks genügt das mit Datum und Unterschrift versehene Empfangsbekenntnis desjenigen Anwalts, dem zugestellt worden ist [2] § 175 Absatz 4 gilt entsprechend. [3] Die Zustellung eines elektronischen Dokuments ist durch ein elektronisches Empfangsbekenntnis in Form eines strukturierten Datensatzes nachzuweisen. [4] Der Anwalt, der zustellt, hat dem anderen Anwalt auf Verlangen eine Bescheinigung über die Zustellung zu erteilen.

**§§ 195a bis 213a** (weggefallen)

### Titel 3. Ladungen, Termine und Fristen

**§ 214 Ladung zum Termin.** Die Ladung zu einem Termin wird von Amts wegen veranlasst.

---

[1)] § 195 Abs. 2 Satz 2 neu gef. mWv 1.1.2018 durch G v. 10.10.2013 (BGBl. I S. 3786); Abs. 1 Satz 5, Abs. 2 Satz 1 neu gef., Satz 2 geänd., Satz 3 eingef., bish. Satz 3 wird Satz 4 mWv 1.1.2022 durch G v. 5.10.2021 (BGBl. I S. 4607).

**§ 215 Notwendiger Inhalt der Ladung zur mündlichen Verhandlung.**

(1) [1]In der Ladung zur mündlichen Verhandlung ist über die Folgen einer Versäumung des Termins zu belehren (§§ 330 bis 331a). [2]Die Belehrung hat die Rechtsfolgen aus den §§ 91 und 708 Nr. 2 zu umfassen.

(2) In Anwaltsprozessen muss die Ladung zur mündlichen Verhandlung, sofern die Zustellung nicht an einen Rechtsanwalt erfolgt, die Aufforderung enthalten, einen Anwalt zu bestellen.

**§ 216 Terminsbestimmung.** (1) Die Termine werden von Amts wegen bestimmt, wenn Anträge oder Erklärungen eingereicht werden, über die nur nach mündlicher Verhandlung entschieden werden kann oder über die mündliche Verhandlung vom Gericht angeordnet ist.

(2) Der Vorsitzende hat die Termine unverzüglich zu bestimmen.

(3) Auf Sonntage, allgemeine Feiertage oder Sonnabende sind Termine nur in Notfällen anzuberaumen.

**§ 217 Ladungsfrist.** Die Frist, die in einer anhängigen Sache zwischen der Zustellung der Ladung und dem Terminstag liegen soll (Ladungsfrist), beträgt in Anwaltsprozessen mindestens eine Woche, in anderen Prozessen mindestens drei Tage.

**§ 218 Entbehrlichkeit der Ladung.** Zu Terminen, die in verkündeten Entscheidungen bestimmt sind, ist eine Ladung der Parteien unbeschadet der Vorschriften des § 141 Abs. 2 nicht erforderlich.

**§ 219 Terminsort.** (1) Die Termine werden an der Gerichtsstelle abgehalten, sofern nicht die Einnahme eines Augenscheins an Ort und Stelle, die Verhandlung mit einer am Erscheinen vor Gericht verhinderten Person oder eine sonstige Handlung erforderlich ist, die an der Gerichtsstelle nicht vorgenommen werden kann.

(2) Der Bundespräsident ist nicht verpflichtet, persönlich an der Gerichtsstelle zu erscheinen.

**§ 220 Aufruf der Sache; versäumter Termin.** (1) Der Termin beginnt mit dem Aufruf der Sache.

(2) Der Termin ist von einer Partei versäumt, wenn sie bis zum Schluss nicht verhandelt.

**§ 221 Fristbeginn.** *(1)*[1)] Der Lauf einer richterlichen Frist beginnt, sofern nicht bei ihrer Festsetzung ein anderes bestimmt wird, mit der Zustellung des Dokuments, in dem die Frist festgesetzt ist, und, wenn es einer solchen Zustellung nicht bedarf, mit der Verkündung der Frist.

**§ 222 Fristberechnung.** (1) Für die Berechnung der Fristen gelten die Vorschriften des Bürgerlichen Gesetzbuchs.[2)]

(2) Fällt das Ende einer Frist auf einen Sonntag, einen allgemeinen Feiertag oder einen Sonnabend, so endet die Frist mit Ablauf des nächsten Werktages.

(3) Bei der Berechnung einer Frist, die nach Stunden bestimmt ist, werden Sonntage, allgemeine Feiertage und Sonnabende nicht mitgerechnet.

---

[1)] Absatzzähler amtlich.

[2)] Vgl. §§ 187–193 BGB (Nr. **20**).

**§ 223** (weggefallen)

**§ 224 Fristkürzung; Fristverlängerung.** (1) [1] Durch Vereinbarung der Parteien können Fristen, mit Ausnahme der Notfristen, abgekürzt werden. [2] Notfristen sind nur diejenigen Fristen, die in diesem Gesetz als solche bezeichnet sind.

(2) Auf Antrag können richterliche und gesetzliche Fristen abgekürzt oder verlängert werden, wenn erhebliche Gründe glaubhaft gemacht sind, gesetzliche Fristen jedoch nur in den besonders bestimmten Fällen.

(3) Im Falle der Verlängerung wird die neue Frist von dem Ablauf der vorigen Frist an berechnet, wenn nicht im einzelnen Fall ein anderes bestimmt ist.

**§ 225 Verfahren bei Friständerung.** (1) Über das Gesuch um Abkürzung oder Verlängerung einer Frist kann ohne mündliche Verhandlung entschieden werden.

(2) Die Abkürzung oder wiederholte Verlängerung darf nur nach Anhörung des Gegners bewilligt werden.

(3) Eine Anfechtung des Beschlusses, durch den das Gesuch um Verlängerung einer Frist zurückgewiesen ist, findet nicht statt.

**§ 226 Abkürzung von Zwischenfristen.** (1) Einlassungsfristen, Ladungsfristen sowie diejenigen Fristen, die für die Zustellung vorbereitender Schriftsätze bestimmt sind, können auf Antrag abgekürzt werden.

(2) Die Abkürzung der Einlassungs- und der Ladungsfristen wird dadurch nicht ausgeschlossen, dass infolge der Abkürzung die mündliche Verhandlung durch Schriftsätze nicht vorbereitet werden kann.

(3) Der Vorsitzende kann bei Bestimmung des Termins die Abkürzung ohne Anhörung des Gegners und des sonst Beteiligten verfügen; diese Verfügung ist dem Beteiligten abschriftlich mitzuteilen.

**§ 227[1)] Terminsänderung.** (1) [1] Aus erheblichen Gründen kann ein Termin aufgehoben oder verlegt sowie eine Verhandlung vertagt werden. [2] Erhebliche Gründe sind insbesondere nicht

1. das Ausbleiben einer Partei oder die Ankündigung, nicht zu erscheinen, wenn nicht das Gericht dafür hält, dass die Partei ohne ihr Verschulden am Erscheinen verhindert ist;
2. die mangelnde Vorbereitung einer Partei, wenn nicht die Partei dies genügend entschuldigt;
3. das Einvernehmen der Parteien allein.

(2) Die erheblichen Gründe sind auf Verlangen des Vorsitzenden, für eine Vertagung auf Verlangen des Gerichts glaubhaft zu machen.

(3) [1] Ein für die Zeit vom 1. Juli bis 31. August bestimmter Termin, mit Ausnahme eines Termins zur Verkündung einer Entscheidung, ist auf Antrag innerhalb einer Woche nach Zugang der Ladung oder Terminsbestimmung zu verlegen. [2] Dies gilt nicht für

1. Arrestsachen oder die eine einstweilige Verfügung oder einstweilige Anordnung betreffenden Sachen,

---

1) § 227 Abs. 3 Satz 2 Nr. 3 aufgeh. mWv 1.9.2009 durch G v. 17.12.2008 (BGBl. I S. 2586).

2. Streitigkeiten wegen Überlassung, Benutzung, Räumung oder Herausgabe von Räumen oder wegen Fortsetzung des Mietverhältnisses über Wohnraum auf Grund der §§ 574 bis 574b des Bürgerlichen Gesetzbuchs[1)],
3. *(aufgehoben)*
4. Wechsel- oder Scheckprozesse,
5. Bausachen, wenn über die Fortsetzung eines angefangenen Baues gestritten wird,
6. Streitigkeiten wegen Überlassung oder Herausgabe einer Sache an eine Person, bei der die Sache nicht der Pfändung unterworfen ist,
7. Zwangsvollstreckungsverfahren oder
8. Verfahren der Vollstreckbarerklärung oder zur Vornahme richterlicher Handlungen im Schiedsverfahren;

dabei genügt es, wenn nur einer von mehreren Ansprüchen die Voraussetzungen erfüllt. [3] Wenn das Verfahren besonderer Beschleunigung bedarf, ist dem Verlegungsantrag nicht zu entsprechen.

(4) [1] Über die Aufhebung sowie Verlegung eines Termins entscheidet der Vorsitzende ohne mündliche Verhandlung; über die Vertagung einer Verhandlung entscheidet das Gericht. [2] Die Entscheidung ist kurz zu begründen. [3] Sie ist unanfechtbar.

**§ 228** (weggefallen)

**§ 229 Beauftragter oder ersuchter Richter.** Die in diesem Titel dem Gericht und dem Vorsitzenden beigelegten Befugnisse stehen dem beauftragten oder ersuchten Richter in Bezug auf die von diesen zu bestimmenden Termine und Fristen zu.

### Titel 4.[2)] Folgen der Versäumung; Rechtsbehelfsbelehrung; Wiedereinsetzung in den vorigen Stand

**§ 230 Allgemeine Versäumungsfolge.** Die Versäumung einer Prozesshandlung hat zur allgemeinen Folge, dass die Partei mit der vorzunehmenden Prozesshandlung ausgeschlossen wird.

**§ 231 Keine Androhung; Nachholung der Prozesshandlung.** (1) Einer Androhung der gesetzlichen Folgen der Versäumung bedarf es nicht; sie treten von selbst ein, sofern nicht dieses Gesetz einen auf Verwirklichung des Rechtsnachteils gerichteten Antrag erfordert.

(2) Im letzteren Fall kann, solange nicht der Antrag gestellt und die mündliche Verhandlung über ihn geschlossen ist, die versäumte Prozesshandlung nachgeholt werden.

**§ 232[3)] Rechtsbehelfsbelehrung.** [1] Jede anfechtbare gerichtliche Entscheidung hat eine Belehrung über das statthafte Rechtsmittel, den Einspruch, den Widerspruch oder die Erinnerung sowie über das Gericht, bei dem der Rechtsbehelf einzulegen ist, über den Sitz des Gerichts und über die einzuhaltende Form und Frist zu enthalten. [2] Dies gilt nicht in Verfahren, in denen sich die Parteien durch einen Rechtsanwalt vertreten lassen müssen, es sei denn, es ist über einen Ein-

---

[1)] Nr. **20**.
[2)] Titel 4 Überschrift geänd. mWv 1.1.2014 durch G v. 5.12.2012 (BGBl. I S. 2418).
[3)] § 232 neu gef. mWv 1.1.2014 durch G v. 5.12.2012 (BGBl. I S. 2418).

spruch oder Widerspruch zu belehren oder die Belehrung ist an einen Zeugen oder Sachverständigen zu richten. [3] Über die Möglichkeit der Sprungrevision muss nicht belehrt werden.

**§ 233[1)] Wiedereinsetzung in den vorigen Stand.** [1] War eine Partei ohne ihr Verschulden verhindert, eine Notfrist oder die Frist zur Begründung der Berufung, der Revision, der Nichtzulassungsbeschwerde oder der Rechtsbeschwerde oder die Frist des § 234 Abs. 1 einzuhalten, so ist ihr auf Antrag Wiedereinsetzung in den vorigen Stand zu gewähren. [2] Ein Fehlen des Verschuldens wird vermutet, wenn eine Rechtsbehelfsbelehrung unterblieben oder fehlerhaft ist.

**§ 234[2)] Wiedereinsetzungsfrist.** (1) [1] Die Wiedereinsetzung muss innerhalb einer zweiwöchigen Frist beantragt werden. [2] Die Frist beträgt einen Monat, wenn die Partei verhindert ist, die Frist zur Begründung der Berufung, der Revision, der Nichtzulassungsbeschwerde oder der Rechtsbeschwerde einzuhalten.

(2) Die Frist beginnt mit dem Tag, an dem das Hindernis behoben ist.

(3) Nach Ablauf eines Jahres, von dem Ende der versäumten Frist an gerechnet, kann die Wiedereinsetzung nicht mehr beantragt werden.

**§ 235** (weggefallen)

**§ 236 Wiedereinsetzungsantrag.** (1) Die Form des Antrags auf Wiedereinsetzung richtet sich nach den Vorschriften, die für die versäumte Prozesshandlung gelten.

(2) [1] Der Antrag muss die Angabe der die Wiedereinsetzung begründenden Tatsachen enthalten; diese sind bei der Antragstellung oder im Verfahren über den Antrag glaubhaft zu machen. [2] Innerhalb der Antragsfrist ist die versäumte Prozesshandlung nachzuholen; ist dies geschehen, so kann Wiedereinsetzung auch ohne Antrag gewährt werden.

**§ 237 Zuständigkeit für Wiedereinsetzung.** Über den Antrag auf Wiedereinsetzung entscheidet das Gericht, dem die Entscheidung über die nachgeholte Prozesshandlung zusteht.

**§ 238 Verfahren bei Wiedereinsetzung.** (1) [1] Das Verfahren über den Antrag auf Wiedereinsetzung ist mit dem Verfahren über die nachgeholte Prozesshandlung zu verbinden. [2] Das Gericht kann jedoch das Verfahren zunächst auf die Verhandlung und Entscheidung über den Antrag beschränken.

(2) [1] Auf die Entscheidung über die Zulässigkeit des Antrags und auf die Anfechtung der Entscheidung sind die Vorschriften anzuwenden, die in diesen Beziehungen für die nachgeholte Prozesshandlung gelten. [2] Der Partei, die den Antrag gestellt hat, steht jedoch der Einspruch nicht zu.

(3) Die Wiedereinsetzung ist unanfechtbar.

(4) Die Kosten der Wiedereinsetzung fallen dem Antragsteller zur Last, soweit sie nicht durch einen unbegründeten Widerspruch des Gegners entstanden sind.

---

[1)] § 233 geänd. mWv 1.9.2009 durch G v. 17.12.2008 (BGBl. I S. 2586); Satz 2 angef. mWv 1.1.2014 durch G v. 5.12.2012 (BGBl. I S. 2418).

[2)] § 234 Abs. 1 Satz 2 geänd. mWv 1.9.2009 durch G v. 17.12.2008 (BGBl. I S. 2586).

### Titel 5. Unterbrechung und Aussetzung des Verfahrens

**§ 239 Unterbrechung durch Tod der Partei.** (1) Im Falle des Todes einer Partei tritt eine Unterbrechung des Verfahrens bis zu dessen Aufnahme durch die Rechtsnachfolger ein.

(2) Wird die Aufnahme verzögert, so sind auf Antrag des Gegners die Rechtsnachfolger zur Aufnahme und zugleich zur Verhandlung der Hauptsache zu laden.

(3) [1]Die Ladung ist mit dem den Antrag enthaltenden Schriftsatz den Rechtsnachfolgern selbst zuzustellen. [2]Die Ladungsfrist wird von dem Vorsitzenden bestimmt.

(4) Erscheinen die Rechtsnachfolger in dem Termin nicht, so ist auf Antrag die behauptete Rechtsnachfolge als zugestanden anzunehmen und zur Hauptsache zu verhandeln.

(5) Der Erbe ist vor der Annahme der Erbschaft zur Fortsetzung des Rechtsstreits nicht verpflichtet.

**§ 240 Unterbrechung durch Insolvenzverfahren.** [1]Im Falle der Eröffnung des Insolvenzverfahrens über das Vermögen einer Partei wird das Verfahren, wenn es die Insolvenzmasse betrifft, unterbrochen, bis es nach den für das Insolvenzverfahren geltenden Vorschriften aufgenommen oder das Insolvenzverfahren beendet wird. [2]Entsprechendes gilt, wenn die Verwaltungs- und Verfügungsbefugnis über das Vermögen des Schuldners auf einen vorläufigen Insolvenzverwalter übergeht.

**§ 241 Unterbrechung durch Prozessunfähigkeit.** (1) Verliert eine Partei die Prozessfähigkeit oder stirbt der gesetzliche Vertreter einer Partei oder hört seine Vertretungsbefugnis auf, ohne dass die Partei prozessfähig geworden ist, so wird das Verfahren unterbrochen, bis der gesetzliche Vertreter oder der neue gesetzliche Vertreter von seiner Bestellung dem Gericht Anzeige macht oder der Gegner seine Absicht, das Verfahren fortzusetzen, dem Gericht angezeigt und das Gericht diese Anzeige von Amts wegen zugestellt hat.

(2) Die Anzeige des gesetzlichen Vertreters ist dem Gegner der durch ihn vertretenen Partei, die Anzeige des Gegners ist dem Vertreter zuzustellen.

(3) Diese Vorschriften sind entsprechend anzuwenden, wenn eine Nachlassverwaltung angeordnet wird.

**§ 242 Unterbrechung durch Nacherbfolge.** Tritt während des Rechtsstreits zwischen einem Vorerben und einem Dritten über einen der Nacherbfolge unterliegenden Gegenstand der Fall der Nacherbfolge ein, so gelten, sofern der Vorerbe befugt war, ohne Zustimmung des Nacherben über den Gegenstand zu verfügen, hinsichtlich der Unterbrechung und der Aufnahme des Verfahrens die Vorschriften des § 239 entsprechend.

**§ 243 Aufnahme bei Nachlasspflegschaft und Testamentsvollstreckung.** Wird im Falle der Unterbrechung des Verfahrens durch den Tod einer Partei ein Nachlasspfleger bestellt oder ist ein zur Führung des Rechtsstreits berechtigter Testamentsvollstrecker vorhanden, so sind die Vorschriften des § 241 und, wenn über den Nachlass das Insolvenzverfahren eröffnet wird, die Vorschriften des § 240 bei der Aufnahme des Verfahrens anzuwenden.

**§ 244 Unterbrechung durch Anwaltsverlust.** (1) Stirbt in Anwaltsprozessen der Anwalt einer Partei oder wird er unfähig, die Vertretung der Partei fortzuführen, so tritt eine Unterbrechung des Verfahrens ein, bis der bestellte neue Anwalt seine Bestellung dem Gericht angezeigt und das Gericht die Anzeige dem Gegner von Amts wegen zugestellt hat.

(2) [1] Wird diese Anzeige verzögert, so ist auf Antrag des Gegners die Partei selbst zur Verhandlung der Hauptsache zu laden oder zur Bestellung eines neuen Anwalts binnen einer von dem Vorsitzenden zu bestimmenden Frist aufzufordern. [2] Wird dieser Aufforderung nicht Folge geleistet, so ist das Verfahren als aufgenommen anzusehen. [3] Bis zur nachträglichen Anzeige der Bestellung eines neuen Anwalts erfolgen alle Zustellungen an die zur Anzeige verpflichtete Partei.

**§ 245[1)] Unterbrechung durch Stillstand der Rechtspflege.** Hört infolge eines Krieges oder eines anderen Ereignisses die Tätigkeit des Gerichts auf, so wird für die Dauer dieses Zustandes das Verfahren unterbrochen.

**§ 246 Aussetzung bei Vertretung durch Prozessbevollmächtigten.**

(1) Fand in den Fällen des Todes, des Verlustes der Prozessfähigkeit, des Wegfalls des gesetzlichen Vertreters, der Anordnung einer Nachlassverwaltung oder des Eintritts der Nacherbfolge (§§ 239, 241, 242) eine Vertretung durch einen Prozessbevollmächtigten statt, so tritt eine Unterbrechung des Verfahrens nicht ein; das Prozessgericht hat jedoch auf Antrag des Bevollmächtigten, in den Fällen des Todes und der Nacherbfolge auch auf Antrag des Gegners die Aussetzung des Verfahrens anzuordnen.

(2) Die Dauer der Aussetzung und die Aufnahme des Verfahrens richten sich nach den Vorschriften der §§ 239, 241 bis 243; in den Fällen des Todes und der Nacherbfolge ist die Ladung mit dem Schriftsatz, in dem sie beantragt ist, auch dem Bevollmächtigten zuzustellen.

**§ 247 Aussetzung bei abgeschnittenem Verkehr.** Hält sich eine Partei an einem Ort auf, der durch obrigkeitliche Anordnung oder durch Krieg oder durch andere Zufälle von dem Verkehr mit dem Prozessgericht abgeschnitten ist, so kann das Gericht auch von Amts wegen die Aussetzung des Verfahrens bis zur Beseitigung des Hindernisses anordnen.

**§ 248 Verfahren bei Aussetzung.** (1) Das Gesuch um Aussetzung des Verfahrens ist bei dem Prozessgericht anzubringen; es kann vor der Geschäftsstelle zu Protokoll erklärt werden.

(2) Die Entscheidung kann ohne mündliche Verhandlung ergehen.

**§ 249 Wirkung von Unterbrechung und Aussetzung.** (1) Die Unterbrechung und Aussetzung des Verfahrens hat die Wirkung, dass der Lauf einer jeden Frist aufhört und nach Beendigung der Unterbrechung oder Aussetzung die volle Frist von neuem zu laufen beginnt.

(2) Die während der Unterbrechung oder Aussetzung von einer Partei in Ansehung der Hauptsache vorgenommenen Prozesshandlungen sind der anderen Partei gegenüber ohne rechtliche Wirkung.

(3) Durch die nach dem Schluss einer mündlichen Verhandlung eintretende Unterbrechung wird die Verkündung der auf Grund dieser Verhandlung zu erlassenden Entscheidung nicht gehindert.

---

[1)] Wegen der Aufnahme von Verfahren, die am 8.5.1945 bei Gerichten anhängig waren, an denen deutsche Gerichtsbarkeit nicht mehr ausgeübt wird, siehe das ZuständigkeitsergänzungsG v. 7.8.1952 (BGBl. I S. 407), geänd. durch G v. 19.4.2006 (BGBl. I S. 866).

**§ 250 Form von Aufnahme und Anzeige.** Die Aufnahme eines unterbrochenen oder ausgesetzten Verfahrens und die in diesem Titel erwähnten Anzeigen erfolgen durch Zustellung eines bei Gericht einzureichenden Schriftsatzes.

**§ 251 Ruhen des Verfahrens.** [1] Das Gericht hat das Ruhen des Verfahrens anzuordnen, wenn beide Parteien dies beantragen und anzunehmen ist, dass wegen Schwebens von Vergleichsverhandlungen oder aus sonstigen wichtigen Gründen diese Anordnung zweckmäßig ist. [2] Die Anordnung hat auf den Lauf der im § 233 bezeichneten Fristen keinen Einfluss.

**§ 251a Säumnis beider Parteien; Entscheidung nach Lage der Akten.**

(1) Erscheinen oder verhandeln in einem Termin beide Parteien nicht, so kann das Gericht nach Lage der Akten entscheiden.

(2) [1] Ein Urteil nach Lage der Akten darf nur ergehen, wenn in einem früheren Termin mündlich verhandelt worden ist. [2] Es darf frühestens in zwei Wochen verkündet werden. [3] Das Gericht hat der nicht erschienenen Partei den Verkündungstermin formlos mitzuteilen. [4] Es bestimmt neuen Termin zur mündlichen Verhandlung, wenn die Partei dies spätestens am siebenten Tag vor dem zur Verkündung bestimmten Termin beantragt und glaubhaft macht, dass sie ohne ihr Verschulden ausgeblieben ist und die Verlegung des Termins nicht rechtzeitig beantragen konnte.

(3) Wenn das Gericht nicht nach Lage der Akten entscheidet und nicht nach § 227 vertagt, ordnet es das Ruhen des Verfahrens an.

**§ 252 Rechtsmittel bei Aussetzung.** Gegen die Entscheidung, durch die auf Grund der Vorschriften dieses Titels oder auf Grund anderer gesetzlicher Bestimmungen die Aussetzung des Verfahrens angeordnet oder abgelehnt wird, findet die sofortige Beschwerde statt.

## Buch 2. Verfahren im ersten Rechtszug

### Abschnitt 1. Verfahren vor den Landgerichten

#### Titel 1. Verfahren bis zum Urteil

**§ 253[1)] Klageschrift.** (1) Die Erhebung der Klage erfolgt durch Zustellung eines Schriftsatzes (Klageschrift).

(2) Die Klageschrift muss enthalten:

1. die Bezeichnung der Parteien und des Gerichts;
2. die bestimmte Angabe des Gegenstandes und des Grundes des erhobenen Anspruchs, sowie einen bestimmten Antrag.

(3) Die Klageschrift soll ferner enthalten:

1. die Angabe, ob der Klageerhebung der Versuch einer Mediation oder eines anderen Verfahrens der außergerichtlichen Konfliktbeilegung vorausgegangen ist, sowie eine Äußerung dazu, ob einem solchen Verfahren Gründe entgegenstehen;
2. die Angabe des Wertes des Streitgegenstandes, wenn hiervon die Zuständigkeit des Gerichts abhängt und der Streitgegenstand nicht in einer bestimmten Geldsumme besteht;

---

[1)] § 253 Abs. 3 neu gef. mWv 26.7.2012 durch G v. 21.7.2012 (BGBl. I S. 1577).

3. eine Äußerung dazu, ob einer Entscheidung der Sache durch den Einzelrichter Gründe entgegenstehen.

(4) Außerdem sind die allgemeinen Vorschriften über die vorbereitenden Schriftsätze auch auf die Klageschrift anzuwenden.

(5) [1] Die Klageschrift sowie sonstige Anträge und Erklärungen einer Partei, die zugestellt werden sollen, sind bei dem Gericht schriftlich unter Beifügung der für ihre Zustellung oder Mitteilung erforderlichen Zahl von Abschriften einzureichen. [2] Einer Beifügung von Abschriften bedarf es nicht, soweit die Klageschrift elektronisch eingereicht wird.

**§ 254 Stufenklage.** Wird mit der Klage auf Rechnungslegung oder auf Vorlegung eines Vermögensverzeichnisses oder auf Abgabe einer eidesstattlichen Versicherung die Klage auf Herausgabe desjenigen verbunden, was der Beklagte aus dem zugrunde liegenden Rechtsverhältnis schuldet, so kann die bestimmte Angabe der Leistungen, die der Kläger beansprucht, vorbehalten werden, bis die Rechnung mitgeteilt, das Vermögensverzeichnis vorgelegt oder die eidesstattliche Versicherung abgegeben ist.

**§ 255 Fristbestimmung im Urteil.** (1) Hat der Kläger für den Fall, dass der Beklagte nicht vor dem Ablauf einer ihm zu bestimmenden Frist den erhobenen Anspruch befriedigt, das Recht, Schadensersatz wegen Nichterfüllung zu fordern oder die Aufhebung eines Vertrages herbeizuführen, so kann er verlangen, dass die Frist im Urteil bestimmt wird.

(2) Das Gleiche gilt, wenn dem Kläger das Recht, die Anordnung einer Verwaltung zu verlangen, für den Fall zusteht, dass der Beklagte nicht vor dem Ablauf einer ihm zu bestimmenden Frist die beanspruchte Sicherheit leistet, sowie im Falle des § 2193 Abs. 2 des Bürgerlichen Gesetzbuchs[1)] für die Bestimmung einer Frist zur Vollziehung der Auflage.

**§ 256 Feststellungsklage.** (1) Auf Feststellung des Bestehens oder Nichtbestehens eines Rechtsverhältnisses, auf Anerkennung einer Urkunde oder auf Feststellung ihrer Unechtheit kann Klage erhoben werden, wenn der Kläger ein rechtliches Interesse daran hat, dass das Rechtsverhältnis oder die Echtheit oder Unechtheit der Urkunde durch richterliche Entscheidung alsbald festgestellt werde.

(2) Bis zum Schluss derjenigen mündlichen Verhandlung, auf die das Urteil ergeht, kann der Kläger durch Erweiterung des Klageantrags, der Beklagte durch Erhebung einer Widerklage beantragen, dass ein im Laufe des Prozesses streitig gewordenes Rechtsverhältnis, von dessen Bestehen oder Nichtbestehen die Entscheidung des Rechtsstreits ganz oder zum Teil abhängt, durch richterliche Entscheidung festgestellt werde.

**§ 257 Klage auf künftige Zahlung oder Räumung.** Ist die Geltendmachung einer nicht von einer Gegenleistung abhängigen Geldforderung oder die Geltendmachung des Anspruchs auf Räumung eines Grundstücks oder eines Raumes, der anderen als Wohnzwecken dient, an den Eintritt eines Kalendertages geknüpft, so kann Klage auf künftige Zahlung oder Räumung erhoben werden.

**§ 258 Klage auf wiederkehrende Leistungen.** Bei wiederkehrenden Leistungen kann auch wegen der erst nach Erlass des Urteils fällig werdenden Leistungen Klage auf künftige Entrichtung erhoben werden.

---

[1)] Nr. **20**.

**§ 259 Klage wegen Besorgnis nicht rechtzeitiger Leistung.** Klage auf künftige Leistung kann außer den Fällen der §§ 257, 258 erhoben werden, wenn den Umständen nach die Besorgnis gerechtfertigt ist, dass der Schuldner sich der rechtzeitigen Leistung entziehen werde.

**§ 260 Anspruchshäufung.** Mehrere Ansprüche des Klägers gegen denselben Beklagten können, auch wenn sie auf verschiedenen Gründen beruhen, in einer Klage verbunden werden, wenn für sämtliche Ansprüche das Prozessgericht zuständig und dieselbe Prozessart zulässig ist.

**§ 261 Rechtshängigkeit.** (1) Durch die Erhebung der Klage wird die Rechtshängigkeit der Streitsache begründet.

(2) Die Rechtshängigkeit eines erst im Laufe des Prozesses erhobenen Anspruchs tritt mit dem Zeitpunkt ein, in dem der Anspruch in der mündlichen Verhandlung geltend gemacht oder ein den Erfordernissen des § 253 Abs. 2 Nr. 2 entsprechender Schriftsatz zugestellt wird.

(3) Die Rechtshängigkeit hat folgende Wirkungen:

1. während der Dauer der Rechtshängigkeit kann die Streitsache von keiner Partei anderweitig anhängig gemacht werden;
2. die Zuständigkeit des Prozessgerichts wird durch eine Veränderung der sie begründenden Umstände nicht berührt.

**§ 262 Sonstige Wirkungen der Rechtshängigkeit.** [1] Die Vorschriften des bürgerlichen Rechts über die sonstigen Wirkungen der Rechtshängigkeit bleiben unberührt. [2] Diese Wirkungen sowie alle Wirkungen, die durch die Vorschriften des bürgerlichen Rechts an die Anstellung, Mitteilung oder gerichtliche Anmeldung der Klage, an die Ladung oder Einlassung des Beklagten geknüpft werden, treten unbeschadet der Vorschrift des § 167 mit der Erhebung der Klage ein.

**§ 263 Klageänderung.** Nach dem Eintritt der Rechtshängigkeit ist eine Änderung der Klage zulässig, wenn der Beklagte einwilligt oder das Gericht sie für sachdienlich erachtet.

**§ 264 Keine Klageänderung.** Als eine Änderung der Klage ist es nicht anzusehen, wenn ohne Änderung des Klagegrundes

1. die tatsächlichen oder rechtlichen Anführungen ergänzt oder berichtigt werden;
2. der Klageantrag in der Hauptsache oder in Bezug auf Nebenforderungen erweitert oder beschränkt wird;
3. statt des ursprünglich geforderten Gegenstandes wegen einer später eingetretenen Veränderung ein anderer Gegenstand oder das Interesse gefordert wird.

**§ 265 Veräußerung oder Abtretung der Streitsache.** (1) Die Rechtshängigkeit schließt das Recht der einen oder der anderen Partei nicht aus, die in Streit befangene Sache zu veräußern oder den geltend gemachten Anspruch abzutreten.

(2) [1] Die Veräußerung oder Abtretung hat auf den Prozess keinen Einfluss. [2] Der Rechtsnachfolger ist nicht berechtigt, ohne Zustimmung des Gegners den Prozess als Hauptpartei an Stelle des Rechtsvorgängers zu übernehmen oder eine Hauptintervention zu erheben. [3] Tritt der Rechtsnachfolger als Nebenintervenient auf, so ist § 69 nicht anzuwenden.

(3) Hat der Kläger veräußert oder abgetreten, so kann ihm, sofern das Urteil nach § 325 gegen den Rechtsnachfolger nicht wirksam sein würde, der Einwand

entgegengesetzt werden, dass er zur Geltendmachung des Anspruchs nicht mehr befugt sei.

**§ 266 Veräußerung eines Grundstücks.** (1) [1]Ist über das Bestehen oder Nichtbestehen eines Rechts, das für ein Grundstück in Anspruch genommen wird, oder einer Verpflichtung, die auf einem Grundstück ruhen soll, zwischen dem Besitzer und einem Dritten ein Rechtsstreit anhängig, so ist im Falle der Veräußerung des Grundstücks der Rechtsnachfolger berechtigt und auf Antrag des Gegners verpflichtet, den Rechtsstreit in der Lage, in der er sich befindet, als Hauptpartei zu übernehmen. [2]Entsprechendes gilt für einen Rechtsstreit über das Bestehen oder Nichtbestehen einer Verpflichtung, die auf einem eingetragenen Schiff oder Schiffsbauwerk ruhen soll.

(2) [1]Diese Bestimmung ist insoweit nicht anzuwenden, als ihr Vorschriften des bürgerlichen Rechts zugunsten derjenigen, die Rechte von einem Nichtberechtigten herleiten, entgegenstehen. [2]In einem solchen Fall gilt, wenn der Kläger veräußert hat, die Vorschrift des § 265 Abs. 3.

**§ 267 Vermutete Einwilligung in die Klageänderung.** Die Einwilligung des Beklagten in die Änderung der Klage ist anzunehmen, wenn er, ohne der Änderung zu widersprechen, sich in einer mündlichen Verhandlung auf die abgeänderte Klage eingelassen hat.

**§ 268 Unanfechtbarkeit der Entscheidung.** Eine Anfechtung der Entscheidung, dass eine Änderung der Klage nicht vorliege oder dass die Änderung zuzulassen sei, findet nicht statt.

**§ 269[1)] Klagerücknahme.** (1) Die Klage kann ohne Einwilligung des Beklagten nur bis zum Beginn der mündlichen Verhandlung des Beklagten zur Hauptsache zurückgenommen werden.

(2) [1]Die Zurücknahme der Klage und, soweit sie zur Wirksamkeit der Zurücknahme erforderlich ist, auch die Einwilligung des Beklagten sind dem Gericht gegenüber zu erklären. [2]Die Zurücknahme der Klage erfolgt, wenn sie nicht bei der mündlichen Verhandlung erklärt wird, durch Einreichung eines Schriftsatzes. [3]Der Schriftsatz ist dem Beklagten zuzustellen, wenn seine Einwilligung zur Wirksamkeit der Zurücknahme der Klage erforderlich ist. [4]Widerspricht der Beklagte der Zurücknahme der Klage nicht innerhalb einer Notfrist von zwei Wochen seit der Zustellung des Schriftsatzes, so gilt seine Einwilligung als erteilt, wenn der Beklagte zuvor auf diese Folge hingewiesen worden ist.

(3) [1]Wird die Klage zurückgenommen, so ist der Rechtsstreit als nicht anhängig geworden anzusehen; ein bereits ergangenes, noch nicht rechtskräftiges Urteil wird wirkungslos, ohne dass es seiner ausdrücklichen Aufhebung bedarf. [2]Der Kläger ist verpflichtet, die Kosten des Rechtsstreits zu tragen, soweit nicht bereits rechtskräftig über sie erkannt ist oder sie dem Beklagten aus einem anderen Grund aufzuerlegen sind. [3]Ist der Anlass zur Einreichung der Klage vor Rechtshängigkeit weggefallen und wird die Klage daraufhin zurückgenommen, so bestimmt sich die Kostentragungspflicht unter Berücksichtigung des bisherigen Sach- und Streitstandes nach billigem Ermessen; dies gilt auch, wenn die Klage nicht zugestellt wurde.

---

[1)] § 269 Abs. 4 Satz 2 angef. mWv 1.1.2014 durch G v. 31.8.2013 (BGBl. I S. 3533).

(4) [1]Das Gericht entscheidet auf Antrag über die nach Absatz 3 eintretenden Wirkungen durch Beschluss. [2]Ist einem Beklagten Prozesskostenhilfe bewilligt worden, hat das Gericht über die Kosten von Amts wegen zu entscheiden.

(5) [1]Gegen den Beschluss findet die sofortige Beschwerde statt, wenn der Streitwert der Hauptsache den in § 511 genannten Betrag übersteigt. [2]Die Beschwerde ist unzulässig, wenn gegen die Entscheidung über den Festsetzungsantrag (§ 104) ein Rechtsmittel nicht mehr zulässig ist.

(6) Wird die Klage von neuem angestellt, so kann der Beklagte die Einlassung verweigern, bis die Kosten erstattet sind.

**§ 270 Zustellung; formlose Mitteilung.** [1]Mit Ausnahme der Klageschrift und solcher Schriftsätze, die Sachanträge enthalten, sind Schriftsätze und sonstige Erklärungen der Parteien, sofern nicht das Gericht die Zustellung anordnet, ohne besondere Form mitzuteilen. [2]Bei Übersendung durch die Post gilt die Mitteilung, wenn die Wohnung der Partei im Bereich des Ortsbestellverkehrs liegt, an dem folgenden, im Übrigen an dem zweiten Werktag nach der Aufgabe zur Post als bewirkt, sofern nicht die Partei glaubhaft macht, dass ihr die Mitteilung nicht oder erst in einem späteren Zeitpunkt zugegangen ist.

**§ 271 Zustellung der Klageschrift.** (1) Die Klageschrift ist unverzüglich zuzustellen.

(2) Mit der Zustellung ist der Beklagte aufzufordern, einen Rechtsanwalt zu bestellen, wenn er eine Verteidigung gegen die Klage beabsichtigt.

**§ 272[1)] Bestimmung der Verfahrensweise.** (1) Der Rechtsstreit ist in der Regel in einem umfassend vorbereiteten Termin zur mündlichen Verhandlung (Haupttermin) zu erledigen.

(2) Der Vorsitzende bestimmt entweder einen frühen ersten Termin zur mündlichen Verhandlung (§ 275) oder veranlasst ein schriftliches Vorverfahren (§ 276).

(3) Die Güteverhandlung und die mündliche Verhandlung sollen so früh wie möglich stattfinden.

(4) Räumungssachen sind vorrangig und beschleunigt durchzuführen.

**§ 273 Vorbereitung des Termins.** (1) Das Gericht hat erforderliche vorbereitende Maßnahmen rechtzeitig zu veranlassen.

(2) Zur Vorbereitung jedes Termins kann der Vorsitzende oder ein von ihm bestimmtes Mitglied des Prozessgerichts insbesondere

1. den Parteien die Ergänzung oder Erläuterung ihrer vorbereitenden Schriftsätze aufgeben, insbesondere eine Frist zur Erklärung über bestimmte klärungsbedürftige Punkte setzen;
2. Behörden oder Träger eines öffentlichen Amtes um Mitteilung von Urkunden oder um Erteilung amtlicher Auskünfte ersuchen;
3. das persönliche Erscheinen der Parteien anordnen;
4. Zeugen, auf die sich eine Partei bezogen hat, und Sachverständige zur mündlichen Verhandlung laden sowie eine Anordnung nach § 378 treffen;
5. Anordnungen nach den §§ 142, 144 treffen.

(3) [1]Anordnungen nach Absatz 2 Nr. 4 und, soweit die Anordnungen nicht gegenüber einer Partei zu treffen sind, 5 sollen nur ergehen, wenn der Beklagte

---

1) § 272 Abs. 4 angef. mWv 1.5.2013 durch G v. 11.3.2013 (BGBl. I S. 434).

dem Klageanspruch bereits widersprochen hat. [2] Für die Anordnungen nach Absatz 2 Nr. 4 gilt § 379 entsprechend.

(4) [1] Die Parteien sind von jeder Anordnung zu benachrichtigen. [2] Wird das persönliche Erscheinen der Parteien angeordnet, so gelten die Vorschriften des § 141 Abs. 2, 3.

**§ 274[1)] Ladung der Parteien; Einlassungsfrist.** (1) Nach der Bestimmung des Termins zur mündlichen Verhandlung ist die Ladung der Parteien durch die Geschäftsstelle zu veranlassen.

(2) Die Ladung ist dem Beklagten mit der Klageschrift zuzustellen, wenn das Gericht einen frühen ersten Verhandlungstermin bestimmt.

(3) [1] Zwischen der Zustellung der Klageschrift und dem Termin zur mündlichen Verhandlung muss ein Zeitraum von mindestens zwei Wochen liegen (Einlassungsfrist). [2] Ist die Zustellung im Ausland vorzunehmen, so beträgt die Einlassungsfrist einen Monat. [3] Der Vorsitzende kann auch eine längere Frist bestimmen.

**§ 275 Früher erster Termin.** (1) [1] Zur Vorbereitung des frühen ersten Termins zur mündlichen Verhandlung kann der Vorsitzende oder ein von ihm bestimmtes Mitglied des Prozessgerichts dem Beklagten eine Frist zur schriftlichen Klageerwiderung setzen. [2] Andernfalls ist der Beklagte aufzufordern, etwa vorzubringende Verteidigungsmittel unverzüglich durch den zu bestellenden Rechtsanwalt in einem Schriftsatz dem Gericht mitzuteilen; § 277 Abs. 1 Satz 2 gilt entsprechend.

(2) Wird das Verfahren in dem frühen ersten Termin zur mündlichen Verhandlung nicht abgeschlossen, so trifft das Gericht alle Anordnungen, die zur Vorbereitung des Haupttermins noch erforderlich sind.

(3) Das Gericht setzt in dem Termin eine Frist zur schriftlichen Klageerwiderung, wenn der Beklagte noch nicht oder nicht ausreichend auf die Klage erwidert hat und ihm noch keine Frist nach Absatz 1 Satz 1 gesetzt war.

(4) [1] Das Gericht kann dem Kläger in dem Termin oder nach Eingang der Klageerwiderung eine Frist zur schriftlichen Stellungnahme auf die Klageerwiderung setzen. [2] Außerhalb der mündlichen Verhandlung kann der Vorsitzende die Frist setzen.

**§ 276[2)] Schriftliches Vorverfahren.** (1) [1] Bestimmt der Vorsitzende keinen frühen ersten Termin zur mündlichen Verhandlung, so fordert er den Beklagten mit der Zustellung der Klage auf, wenn er sich gegen die Klage verteidigen wolle, dies binnen einer Notfrist von zwei Wochen nach Zustellung der Klageschrift dem Gericht schriftlich anzuzeigen; der Kläger ist von der Aufforderung zu unterrichten. [2] Zugleich ist dem Beklagten eine Frist von mindestens zwei weiteren Wochen zur schriftlichen Klageerwiderung zu setzen. [3] Ist die Zustellung der Klage im Ausland vorzunehmen, so beträgt die Frist nach Satz 1 einen Monat. [4] Der Vorsitzende kann in diesem Fall auch eine längere Frist bestimmen.

(2) [1] Mit der Aufforderung ist der Beklagte über die Folgen einer Versäumung der ihm nach Absatz 1 Satz 1 gesetzten Frist sowie darüber zu belehren, dass er die Erklärung, der Klage entgegentreten zu wollen, nur durch den zu bestellenden Rechtsanwalt abgeben kann. [2] Die Belehrung über die Möglichkeit des Erlasses

---

1) § 274 Abs. 3 Satz 2 neu gef., Satz 3 angef. mWv 17.6.2017 durch G v. 11.6.2017 (BGBl. I S. 1607).

2) § 276 Abs. 1 Satz 3 neu gef., Satz 4 angef. mWv 17.6.2017 durch G v. 11.6.2017 (BGBl. I S. 1607).

eines Versäumnisurteils nach § 331 Abs. 3 hat die Rechtsfolgen aus den §§ 91 und 708 Nr. 2 zu umfassen.

(3) Der Vorsitzende kann dem Kläger eine Frist zur schriftlichen Stellungnahme auf die Klageerwiderung setzen.

**§ 277 Klageerwiderung; Replik.** (1) [1] In der Klageerwiderung hat der Beklagte seine Verteidigungsmittel vorzubringen, soweit es nach der Prozesslage einer sorgfältigen und auf Förderung des Verfahrens bedachten Prozessführung entspricht. [2] Die Klageerwiderung soll ferner eine Äußerung dazu enthalten, ob einer Entscheidung der Sache durch den Einzelrichter Gründe entgegenstehen.

(2) Der Beklagte ist darüber, dass die Klageerwiderung durch den zu bestellenden Rechtsanwalt bei Gericht einzureichen ist, und über die Folgen einer Fristversäumung zu belehren.

(3) Die Frist zur schriftlichen Klageerwiderung nach § 275 Abs. 1 Satz 1, Abs. 3 beträgt mindestens zwei Wochen.

(4) Für die schriftliche Stellungnahme auf die Klageerwiderung gelten Absatz 1 Satz 1 und Absätze 2 und 3 entsprechend.

**§ 278[1)] Gütliche Streitbeilegung, Güteverhandlung, Vergleich.** (1) Das Gericht soll in jeder Lage des Verfahrens auf eine gütliche Beilegung des Rechtsstreits oder einzelner Streitpunkte bedacht sein.

(2) [1] Der mündlichen Verhandlung geht zum Zwecke der gütlichen Beilegung des Rechtsstreits eine Güteverhandlung voraus, es sei denn, es hat bereits ein Einigungsversuch vor einer außergerichtlichen Gütestelle stattgefunden oder die Güteverhandlung erscheint erkennbar aussichtslos. [2] Das Gericht hat in der Güteverhandlung den Sach- und Streitstand mit den Parteien unter freier Würdigung aller Umstände zu erörtern und, soweit erforderlich, Fragen zu stellen. [3] Die erschienenen Parteien sollen hierzu persönlich gehört werden. [4] § 128a Absatz 1 und 3 gilt entsprechend.

(3) [1] Für die Güteverhandlung sowie für weitere Güteversuche soll das persönliche Erscheinen der Parteien angeordnet werden. [2] § 141 Abs. 1 Satz 2, Abs. 2 und 3 gilt entsprechend.

(4) Erscheinen beide Parteien in der Güteverhandlung nicht, ist das Ruhen des Verfahrens anzuordnen.

(5) [1] Das Gericht kann die Parteien für die Güteverhandlung sowie für weitere Güteversuche vor einen hierfür bestimmten und nicht entscheidungsbefugten Richter (Güterichter) verweisen. [2] Der Güterichter kann alle Methoden der Konfliktbeilegung einschließlich der Mediation einsetzen.

(6) [1] Ein gerichtlicher Vergleich kann auch dadurch geschlossen werden, dass die Parteien dem Gericht einen schriftlichen Vergleichsvorschlag unterbreiten oder einen schriftlichen oder zu Protokoll der mündlichen Verhandlung erklärten Vergleichsvorschlag des Gerichts durch Schriftsatz oder durch Erklärung zu Protokoll der mündlichen Verhandlung gegenüber dem Gericht annehmen. [2] Das Gericht stellt das Zustandekommen und den Inhalt eines nach Satz 1 geschlossenen Vergleichs durch Beschluss fest. [3] § 164 gilt entsprechend.

---

[1)] § 278 Abs. 5 neu gef. mWv 26.7.2012 durch G v. 21.7.2012 (BGBl. I S. 1577); Abs. 6 Satz 1 neu gef. mWv 1.1.2020 durch G v. 12.12.2019 (BGBl. I S. 2633); Abs. 2 Satz 4 angef. mWv 1.1.2022 durch G v. 5.10.2021 (BGBl. I S. 4607).

**§ 278a[1] Mediation, außergerichtliche Konfliktbeilegung.** (1) Das Gericht kann den Parteien eine Mediation oder ein anderes Verfahren der außergerichtlichen Konfliktbeilegung vorschlagen.

(2) Entscheiden sich die Parteien zur Durchführung einer Mediation oder eines anderen Verfahrens der außergerichtlichen Konfliktbeilegung, ordnet das Gericht das Ruhen des Verfahrens an.

**§ 279 Mündliche Verhandlung.** (1) [1] Erscheint eine Partei in der Güteverhandlung nicht oder ist die Güteverhandlung erfolglos, soll sich die mündliche Verhandlung (früher erster Termin oder Haupttermin) unmittelbar anschließen. [2] Andernfalls ist unverzüglich Termin zur mündlichen Verhandlung zu bestimmen.

(2) Im Haupttermin soll der streitigen Verhandlung die Beweisaufnahme unmittelbar folgen.

(3) Im Anschluss an die Beweisaufnahme hat das Gericht erneut den Sach- und Streitstand und, soweit bereits möglich, das Ergebnis der Beweisaufnahme mit den Parteien zu erörtern.

**§ 280 Abgesonderte Verhandlung über Zulässigkeit der Klage.** (1) Das Gericht kann anordnen, dass über die Zulässigkeit der Klage abgesondert verhandelt wird.

(2) [1] Ergeht ein Zwischenurteil, so ist es in Betreff der Rechtsmittel als Endurteil anzusehen. [2] Das Gericht kann jedoch auf Antrag anordnen, dass zur Hauptsache zu verhandeln ist.

**§ 281[2] Verweisung bei Unzuständigkeit.** (1) [1] Ist auf Grund der Vorschriften über die örtliche oder sachliche Zuständigkeit der Gerichte die Unzuständigkeit des Gerichts auszusprechen, so hat das angegangene Gericht, sofern das zuständige Gericht bestimmt werden kann, auf Antrag des Klägers durch Beschluss sich für unzuständig zu erklären und den Rechtsstreit an das zuständige Gericht zu verweisen. [2] Sind mehrere Gerichte zuständig, so erfolgt die Verweisung an das vom Kläger gewählte Gericht.

(2) [1] Anträge und Erklärungen zur Zuständigkeit des Gerichts können vor dem Urkundsbeamten der Geschäftsstelle abgegeben werden. [2] Der Beschluss ist unanfechtbar. [3] Der Rechtsstreit wird bei dem im Beschluss bezeichneten Gericht mit Eingang der Akten anhängig. [4] Der Beschluss ist für dieses Gericht bindend.

(3) [1] Die im Verfahren vor dem angegangenen Gericht erwachsenen Kosten werden als Teil der Kosten behandelt, die bei dem im Beschluss bezeichneten Gericht erwachsen. [2] Dem Kläger sind die entstandenen Mehrkosten auch dann aufzuerlegen, wenn er in der Hauptsache obsiegt.

**§ 282 Rechtzeitigkeit des Vorbringens.** (1) Jede Partei hat in der mündlichen Verhandlung ihre Angriffs- und Verteidigungsmittel, insbesondere Behauptungen, Bestreiten, Einwendungen, Einreden, Beweismittel und Beweiseinreden, so zeitig vorzubringen, wie es nach der Prozesslage einer sorgfältigen und auf Förderung des Verfahrens bedachten Prozessführung entspricht.

---

[1] § 278a eingef. mWv 26.7.2012 durch G v. 21.7.2012 (BGBl. I S. 1577).

[2] Über die Abgabe in Ehesachen bei Ansprüchen hinsichtlich der Ehewohnung oder des Hausrats vgl. § 202 G über das Verfahren in Familiensachen und in den Angelegenheiten der freiwilligen Gerichtsbarkeit (FamFG) (Nr. **112**), über die Abgabe in Landwirtschaftssachen vgl. § 12 G über das gerichtliche Verfahren in Landwirtschaftssachen **(Habersack, Deutsche Gesetze ErgBd. Nr. 39a)**.

(2) Anträge sowie Angriffs- und Verteidigungsmittel, auf die der Gegner voraussichtlich ohne vorhergehende Erkundigung keine Erklärung abgeben kann, sind vor der mündlichen Verhandlung durch vorbereitenden Schriftsatz so zeitig mitzuteilen, dass der Gegner die erforderliche Erkundigung noch einzuziehen vermag.

(3) [1] Rügen, die die Zulässigkeit der Klage betreffen, hat der Beklagte gleichzeitig und vor seiner Verhandlung zur Hauptsache vorzubringen. [2] Ist ihm vor der mündlichen Verhandlung eine Frist zur Klageerwiderung gesetzt, so hat er die Rügen schon innerhalb der Frist geltend zu machen.

**§ 283 Schriftsatzfrist für Erklärungen zum Vorbringen des Gegners.**

[1] Kann sich eine Partei in der mündlichen Verhandlung auf ein Vorbringen des Gegners nicht erklären, weil es ihr nicht rechtzeitig vor dem Termin mitgeteilt worden ist, so kann auf ihren Antrag das Gericht eine Frist bestimmen, in der sie die Erklärung in einem Schriftsatz nachbringen kann; gleichzeitig wird ein Termin zur Verkündung einer Entscheidung anberaumt. [2] Eine fristgemäß eingereichte Erklärung muss, eine verspätet eingereichte Erklärung kann das Gericht bei der Entscheidung berücksichtigen.

**§ 283a[1)] Sicherungsanordnung.** (1) [1] Wird eine Räumungsklage mit einer Zahlungsklage aus demselben Rechtsverhältnis verbunden, ordnet das Prozessgericht auf Antrag des Klägers an, dass der Beklagte wegen der Geldforderungen, die nach Rechtshängigkeit der Klage fällig geworden sind, Sicherheit zu leisten hat, soweit

1. die Klage auf diese Forderungen hohe Aussicht auf Erfolg hat und
2. die Anordnung nach Abwägung der beiderseitigen Interessen zur Abwendung besonderer Nachteile für den Kläger gerechtfertigt ist. Hinsichtlich der abzuwägenden Interessen genügt deren Glaubhaftmachung.

[2] Streiten die Parteien um das Recht des Klägers, die Geldforderung zu erhöhen, erfasst die Sicherungsanordnung den Erhöhungsbetrag nicht. [3] Gegen die Entscheidung über die Sicherungsanordnung findet die sofortige Beschwerde statt.

(2) Der Beklagte hat die Sicherheitsleistung binnen einer vom Gericht zu bestimmenden Frist nachzuweisen.

(3) Soweit der Kläger obsiegt, ist in einem Endurteil oder einer anderweitigen den Rechtsstreit beendenden Regelung auszusprechen, dass er berechtigt ist, sich aus der Sicherheit zu befriedigen.

(4) [1] Soweit dem Kläger nach dem Endurteil oder nach der anderweitigen Regelung ein Anspruch in Höhe der Sicherheitsleistung nicht zusteht, hat er den Schaden zu ersetzen, der dem Beklagten durch die Sicherheitsleistung entstanden ist. [2] § 717 Absatz 2 Satz 2 gilt entsprechend.

**§ 284 Beweisaufnahme.** [1] Die Beweisaufnahme und die Anordnung eines besonderen Beweisaufnahmeverfahrens durch Beweisbeschluss wird durch die Vorschriften des fünften bis elften Titels bestimmt. [2] Mit Einverständnis der Parteien kann das Gericht die Beweise in der ihm geeignet erscheinenden Art aufnehmen. [3] Das Einverständnis kann auf einzelne Beweiserhebungen beschränkt werden. [4] Es kann nur bei einer wesentlichen Änderung der Prozesslage vor Beginn der Beweiserhebung, auf die es sich bezieht, widerrufen werden.

---

1) § 283a eingef. mWv 1.5.2013 durch G v. 11.3.2013 (BGBl. I S. 434).

**§ 285 Verhandlung nach Beweisaufnahme.** (1) Über das Ergebnis der Beweisaufnahme haben die Parteien unter Darlegung des Streitverhältnisses zu verhandeln.

(2) Ist die Beweisaufnahme nicht vor dem Prozessgericht erfolgt, so haben die Parteien ihr Ergebnis auf Grund der Beweisverhandlungen vorzutragen.

**§ 286 Freie Beweiswürdigung.** (1) [1]Das Gericht hat unter Berücksichtigung des gesamten Inhalts der Verhandlungen und des Ergebnisses einer etwaigen Beweisaufnahme nach freier Überzeugung zu entscheiden, ob eine tatsächliche Behauptung für wahr oder für nicht wahr zu erachten sei. [2]In dem Urteil sind die Gründe anzugeben, die für die richterliche Überzeugung leitend gewesen sind.

(2) An gesetzliche Beweisregeln ist das Gericht nur in den durch dieses Gesetz bezeichneten Fällen gebunden.

**§ 287 Schadensermittlung; Höhe der Forderung.** (1) [1]Ist unter den Parteien streitig, ob ein Schaden entstanden sei und wie hoch sich der Schaden oder ein zu ersetzendes Interesse belaufe, so entscheidet hierüber das Gericht unter Würdigung aller Umstände nach freier Überzeugung. [2]Ob und inwieweit eine beantragte Beweisaufnahme oder von Amts wegen die Begutachtung durch Sachverständige anzuordnen sei, bleibt dem Ermessen des Gerichts überlassen. [3]Das Gericht kann den Beweisführer über den Schaden oder das Interesse vernehmen; die Vorschriften des § 452 Abs. 1 Satz 1, Abs. 2 bis 4 gelten entsprechend.

(2) Die Vorschriften des Absatzes 1 Satz 1, 2 sind bei vermögensrechtlichen Streitigkeiten auch in anderen Fällen entsprechend anzuwenden, soweit unter den Parteien die Höhe einer Forderung streitig ist und die vollständige Aufklärung aller hierfür maßgebenden Umstände mit Schwierigkeiten verbunden ist, die zu der Bedeutung des streitigen Teiles der Forderung in keinem Verhältnis stehen.

**§ 288 Gerichtliches Geständnis.** (1) Die von einer Partei behaupteten Tatsachen bedürfen insoweit keines Beweises, als sie im Laufe des Rechtsstreits von dem Gegner bei einer mündlichen Verhandlung oder zum Protokoll eines beauftragten oder ersuchten Richters zugestanden sind.

(2) Zur Wirksamkeit des gerichtlichen Geständnisses ist dessen Annahme nicht erforderlich.

**§ 289 Zusätze beim Geständnis.** (1) Die Wirksamkeit des gerichtlichen Geständnisses wird dadurch nicht beeinträchtigt, dass ihm eine Behauptung hinzugefügt wird, die ein selbständiges Angriffs- oder Verteidigungsmittel enthält.

(2) Inwiefern eine vor Gericht erfolgte einräumende Erklärung ungeachtet anderer zusätzlicher oder einschränkender Behauptungen als ein Geständnis anzusehen sei, bestimmt sich nach der Beschaffenheit des einzelnen Falles.

**§ 290 Widerruf des Geständnisses.** [1]Der Widerruf hat auf die Wirksamkeit des gerichtlichen Geständnisses nur dann Einfluss, wenn die widerrufende Partei beweist, dass das Geständnis der Wahrheit nicht entspreche und durch einen Irrtum veranlasst sei. [2]In diesem Fall verliert das Geständnis seine Wirksamkeit.

**§ 291 Offenkundige Tatsachen.** Tatsachen, die bei dem Gericht offenkundig sind, bedürfen keines Beweises.

**§ 292 Gesetzliche Vermutungen.** [1]Stellt das Gesetz für das Vorhandensein einer Tatsache eine Vermutung auf, so ist der Beweis des Gegenteils zulässig, sofern nicht das Gesetz ein anderes vorschreibt. [2] Dieser Beweis kann auch durch den Antrag auf Parteivernehmung nach § 445 geführt werden.

**§ 292a** (weggefallen)

**§ 293 Fremdes Recht; Gewohnheitsrecht; Statuten.** [1] Das in einem anderen Staat geltende Recht, die Gewohnheitsrechte und Statuten bedürfen des Beweises nur insofern, als sie dem Gericht unbekannt sind. [2] Bei Ermittlung dieser Rechtsnormen ist das Gericht auf die von den Parteien beigebrachten Nachweise nicht beschränkt; es ist befugt, auch andere Erkenntnisquellen zu benutzen und zum Zwecke einer solchen Benutzung das Erforderliche anzuordnen.

**§ 294 Glaubhaftmachung.** (1) Wer eine tatsächliche Behauptung glaubhaft zu machen hat, kann sich aller Beweismittel bedienen, auch zur Versicherung an Eides statt zugelassen werden.

(2) Eine Beweisaufnahme, die nicht sofort erfolgen kann, ist unstatthaft.

**§ 295 Verfahrensrügen.** (1) Die Verletzung einer das Verfahren und insbesondere die Form einer Prozesshandlung betreffenden Vorschrift kann nicht mehr gerügt werden, wenn die Partei auf die Befolgung der Vorschrift verzichtet, oder wenn sie bei der nächsten mündlichen Verhandlung, die auf Grund des betreffenden Verfahrens stattgefunden hat oder in der darauf Bezug genommen ist, den Mangel nicht gerügt hat, obgleich sie erschienen und ihr der Mangel bekannt war oder bekannt sein musste.

(2) Die vorstehende Bestimmung ist nicht anzuwenden, wenn Vorschriften verletzt sind, auf deren Befolgung eine Partei wirksam nicht verzichten kann.

**§ 296 Zurückweisung verspäteten Vorbringens.** (1) Angriffs- und Verteidigungsmittel, die erst nach Ablauf einer hierfür gesetzten Frist (§ 273 Abs. 2 Nr. 1 und, soweit die Fristsetzung gegenüber einer Partei ergeht, 5, § 275 Abs. 1 Satz 1, Abs. 3, 4, § 276 Abs. 1 Satz 2, Abs. 3, § 277) vorgebracht werden, sind nur zuzulassen, wenn nach der freien Überzeugung des Gerichts ihre Zulassung die Erledigung des Rechtsstreits nicht verzögern würde oder wenn die Partei die Verspätung genügend entschuldigt.

(2) Angriffs- und Verteidigungsmittel, die entgegen § 282 Abs. 1 nicht rechtzeitig vorgebracht oder entgegen § 282 Abs. 2 nicht rechtzeitig mitgeteilt werden, können zurückgewiesen werden, wenn ihre Zulassung nach der freien Überzeugung des Gerichts die Erledigung des Rechtsstreits verzögern würde und die Verspätung auf grober Nachlässigkeit beruht.

(3) Verspätete Rügen, die die Zulässigkeit der Klage betreffen und auf die der Beklagte verzichten kann, sind nur zuzulassen, wenn der Beklagte die Verspätung genügend entschuldigt.

(4) In den Fällen der Absätze 1 und 3 ist der Entschuldigungsgrund auf Verlangen des Gerichts glaubhaft zu machen.

**§ 296a Vorbringen nach Schluss der mündlichen Verhandlung.** [1] Nach Schluss der mündlichen Verhandlung, auf die das Urteil ergeht, können Angriffs- und Verteidigungsmittel nicht mehr vorgebracht werden. [2] § 139 Abs. 5, §§ 156, 283 bleiben unberührt.

**§ 297 Form der Antragstellung.** (1) [1] Die Anträge sind aus den vorbereitenden Schriftsätzen zu verlesen. [2] Soweit sie darin nicht enthalten sind, müssen sie aus einer dem Protokoll als Anlage beizufügenden Schrift verlesen werden. [3]Der Vorsitzende kann auch gestatten, dass die Anträge zu Protokoll erklärt werden.

(2) Die Verlesung kann dadurch ersetzt werden, dass die Parteien auf die Schriftsätze Bezug nehmen, die die Anträge enthalten.

**§ 298[1)] Aktenausdruck.** (1) [1]Werden die Akten in Papierform geführt, ist von einem elektronischen Dokument ein Ausdruck für die Akten zu fertigen. [2]Kann dies bei Anlagen zu vorbereitenden Schriftsätzen nicht oder nur mit unverhältnismäßigem Aufwand erfolgen, so kann ein Ausdruck unterbleiben. [3]Die Daten sind in diesem Fall dauerhaft zu speichern; der Speicherort ist aktenkundig zu machen.

(2) Wird das elektronische Dokument auf einem sicheren Übermittlungsweg eingereicht, so ist dies aktenkundig zu machen.

(3) Ist das elektronische Dokument mit einer qualifizierten elektronischen Signatur versehen und nicht auf einem sicheren Übermittlungsweg eingereicht, muss der Ausdruck einen Vermerk darüber enthalten,

1. welches Ergebnis die Integritätsprüfung des Dokumentes ausweist,
2. wen die Signaturprüfung als Inhaber der Signatur ausweist,
3. welchen Zeitpunkt die Signaturprüfung für die Anbringung der Signatur ausweist.

(4) Ein eingereichtes elektronisches Dokument kann nach Ablauf von sechs Monaten gelöscht werden.

**§ 298a[2)] Elektronische Akte; Verordnungsermächtigung.**
***[Abs. 1 bis 31.12.2025:]***

(1) [1]Die Prozessakten können elektronisch geführt werden. [2]Die Bundesregierung und die Landesregierungen bestimmen für ihren Bereich durch Rechtsverordnung den Zeitpunkt, von dem an elektronische Akten geführt werden sowie die hierfür geltenden organisatorisch-technischen Rahmenbedingungen für die Bildung, Führung und Aufbewahrung der elektronischen Akten. [3]Die Landesregierungen können die Ermächtigung durch Rechtsverordnung auf die Landesjustizverwaltungen übertragen. [4]Die Zulassung der elektronischen Akte kann auf einzelne Gerichte oder Verfahren beschränkt werden; wird von dieser Möglichkeit Gebrauch gemacht, kann in der Rechtsverordnung bestimmt werden, dass durch Verwaltungsvorschrift, die öffentlich bekanntzumachen ist, geregelt wird, in welchen Verfahren die Akten elektronisch zu führen sind.

(1a) ***[ab 1.1.2026: (1)]*** [1]Die Prozessakten werden ***[bis 31.12.2025:*** ab dem 1. Januar 2026***]*** elektronisch geführt. [2]Die Bundesregierung und die Landesregierungen bestimmen jeweils für ihren Bereich durch Rechtsverordnung die organisatorischen und dem Stand der Technik entsprechenden technischen Rahmenbedingungen für die Bildung, Führung und Aufbewahrung der elektronischen Akten einschließlich der einzuhaltenden Anforderungen der Barrierefreiheit. [3]Die Bundesregierung und die Landesregierungen können jeweils für ihren Bereich durch Rechtsverordnung bestimmen, dass Akten, die in Papierform angelegt wurden, in Papierform weitergeführt werden. [4]Die Landesregierungen können die Ermächti-

---

1) § 298 neu gef. mWv 1.1.2018 durch G v. 10.10.2013 (BGBl. I S. 3786).

2) § 298a Abs. 3 aufgeh. mWv 1.1.2018 durch G v. 10.10.2013 (BGBl. I S. 3786); Überschrift neu gef., Abs. 1 Satz 4 geänd. mWv 13.7.2017, Abs. 1a eingef., Abs. 2 neu gef. mWv 1.1.2018, Abs. 1 aufgeh., bish. Abs. 1a wird Abs. 1 und Satz 1 geänd. **mWv 1.1.2026** durch G v. 5.7.2017 (BGBl. I S. 2208).

gungen nach den Sätzen 2 und 3 durch Rechtsverordnung auf die für die Zivilgerichtsbarkeit zuständigen obersten Landesbehörden übertragen. [5]Die Rechtsverordnungen der Bundesregierung bedürfen nicht der Zustimmung des Bundesrates.

(2) [1]Werden die Prozessakten elektronisch geführt, sind in Papierform vorliegende Schriftstücke und sonstige Unterlagen nach dem Stand der Technik zur Ersetzung der Urschrift in ein elektronisches Dokument zu übertragen. [2]Es ist sicherzustellen, dass das elektronische Dokument mit den vorliegenden Schriftstücken und sonstigen Unterlagen bildlich und inhaltlich übereinstimmt. [3]Das elektronische Dokument ist mit einem Übertragungsnachweis zu versehen, der das bei der Übertragung angewandte Verfahren und die bildliche und inhaltliche Übereinstimmung dokumentiert. [4]Wird ein von den verantwortenden Personen handschriftlich unterzeichnetes gerichtliches Schriftstück übertragen, ist der Übertragungsnachweis mit einer qualifizierten elektronischen Signatur des Urkundsbeamten der Geschäftsstelle zu versehen. [5]Die in Papierform vorliegenden Schriftstücke und sonstigen Unterlagen können sechs Monate nach der Übertragung vernichtet werden, sofern sie nicht rückgabepflichtig sind.

**§ 299[1)] Akteneinsicht; Abschriften.** (1) Die Parteien können die Prozessakten einsehen und sich aus ihnen durch die Geschäftsstelle Ausfertigungen, Auszüge und Abschriften erteilen lassen.

(2) Dritten Personen kann der Vorstand des Gerichts ohne Einwilligung der Parteien die Einsicht der Akten nur gestatten, wenn ein rechtliches Interesse glaubhaft gemacht wird.

(3) [1]Werden die Prozessakten elektronisch geführt, gewährt die Geschäftsstelle Akteneinsicht durch Bereitstellung des Inhalts der Akten zum Abruf oder durch Übermittlung des Inhalts der Akten auf einem sicheren Übermittlungsweg. [2]Auf besonderen Antrag wird Akteneinsicht durch Einsichtnahme in die Akten in Diensträumen gewährt. [3]Ein Aktenausdruck oder ein Datenträger mit dem Inhalt der Akte wird auf besonders zu begründenden Antrag nur übermittelt, wenn der Antragsteller hieran ein berechtigtes Interesse darlegt. [4]Stehen der Akteneinsicht in der nach Satz 1 vorgesehenen Form wichtige Gründe entgegen, kann die Akteneinsicht in der nach den Sätzen 2 und 3 vorgesehenen Form auch ohne Antrag gewährt werden. [5]Eine Entscheidung über einen Antrag nach Satz 3 ist nicht anfechtbar.

(4) Die Entwürfe zu Urteilen, Beschlüssen und Verfügungen, die zu ihrer Vorbereitung gelieferten Arbeiten sowie die Dokumente, die Abstimmungen betreffen, werden weder vorgelegt noch abschriftlich mitgeteilt.

**§ 299a Datenträgerarchiv.** [1]Sind die Prozessakten nach ordnungsgemäßen Grundsätzen zur Ersetzung der Urschrift auf einen Bild- oder anderen Datenträger übertragen worden und liegt der schriftliche Nachweis darüber vor, dass die Wiedergabe mit der Urschrift übereinstimmt, so können Ausfertigungen, Auszüge und Abschriften von dem Bild- oder dem Datenträger erteilt werden. [2]Auf der Urschrift anzubringende Vermerke werden in diesem Fall bei dem Nachweis angebracht.

---

[1)] § 299 Abs. 3 neu gef. mWv 1.1.2018 durch G v. 5.7.2017 (BGBl. I S. 2208); Abs. 3 Satz 1 geänd. mWv 1.7.2021 durch G v. 25.6.2021 (BGBl. I S. 2099).

## Titel 2. Urteil

**§ 300 Endurteil.** (1) Ist der Rechtsstreit zur Endentscheidung reif, so hat das Gericht sie durch Endurteil zu erlassen.

(2) Das Gleiche gilt, wenn von mehreren zum Zwecke gleichzeitiger Verhandlung und Entscheidung verbundenen Prozessen nur der eine zur Endentscheidung reif ist.

**§ 301 Teilurteil.** (1) [1] Ist von mehreren in einer Klage geltend gemachten Ansprüchen nur der eine oder ist nur ein Teil eines Anspruchs oder bei erhobener Widerklage nur die Klage oder die Widerklage zur Endentscheidung reif, so hat das Gericht sie durch Endurteil (Teilurteil) zu erlassen. [2] Über einen Teil eines einheitlichen Anspruchs, der nach Grund und Höhe streitig ist, kann durch Teilurteil nur entschieden werden, wenn zugleich ein Grundurteil über den restlichen Teil des Anspruchs ergeht.

(2) Der Erlass eines Teilurteils kann unterbleiben, wenn es das Gericht nach Lage der Sache nicht für angemessen erachtet.

**§ 302 Vorbehaltsurteil.** (1) Hat der Beklagte die Aufrechnung einer Gegenforderung geltend gemacht, so kann, wenn nur die Verhandlung über die Forderung zur Entscheidung reif ist, diese unter Vorbehalt der Entscheidung über die Aufrechnung ergehen.

(2) Enthält das Urteil keinen Vorbehalt, so kann die Ergänzung des Urteils nach Vorschrift des § 321 beantragt werden.

(3) Das Urteil, das unter Vorbehalt der Entscheidung über die Aufrechnung ergeht, ist in Betreff der Rechtsmittel und der Zwangsvollstreckung als Endurteil anzusehen.

(4) [1] In Betreff der Aufrechnung, über welche die Entscheidung vorbehalten ist, bleibt der Rechtsstreit anhängig. [2] Soweit sich in dem weiteren Verfahren ergibt, dass der Anspruch des Klägers unbegründet war, ist das frühere Urteil aufzuheben, der Kläger mit dem Anspruch abzuweisen und über die Kosten anderweit zu entscheiden. [3] Der Kläger ist zum Ersatz des Schadens verpflichtet, der dem Beklagten durch die Vollstreckung des Urteils oder durch eine zur Abwendung der Vollstreckung gemachte Leistung entstanden ist. [4] Der Beklagte kann den Anspruch auf Schadensersatz in dem anhängigen Rechtsstreit geltend machen; wird der Anspruch geltend gemacht, so ist er als zur Zeit der Zahlung oder Leistung rechtshängig geworden anzusehen.

**§ 303 Zwischenurteil.** Ist ein Zwischenstreit zur Entscheidung reif, so kann die Entscheidung durch Zwischenurteil ergehen.

**§ 304 Zwischenurteil über den Grund.** (1) Ist ein Anspruch nach Grund und Betrag streitig, so kann das Gericht über den Grund vorab entscheiden.

(2) Das Urteil ist in Betreff der Rechtsmittel als Endurteil anzusehen; das Gericht kann jedoch, wenn der Anspruch für begründet erklärt ist, auf Antrag anordnen, dass über den Betrag zu verhandeln sei.

**§ 305[1)] Urteil unter Vorbehalt erbrechtlich beschränkter Haftung.** (1) Durch die Geltendmachung der dem Erben nach den §§ 2014, 2015 des Bürgerlichen Gesetzbuchs zustehenden Einreden wird eine unter dem Vorbehalt der beschränkten Haftung ergehende Verurteilung des Erben nicht ausgeschlossen.

(2) Das Gleiche gilt für die Geltendmachung der Einreden, die im Falle der fortgesetzten Gütergemeinschaft dem überlebenden Ehegatten oder Lebenspartner

---

[1)] § 305 Abs. 2 geänd. mWv 26.11.2015 durch G v. 20.11.2015 (BGBl. I S. 2010).

nach dem § 1489 Abs. 2 und den §§ 2014, 2015 des Bürgerlichen Gesetzbuchs zustehen.

**§ 305a**[1] **Urteil unter Vorbehalt seerechtlich beschränkter Haftung.**

(1) [1]Unterliegt der in der Klage geltend gemachte Anspruch der Haftungsbeschränkung nach § 611 Absatz 1 oder 3, §§ 612 bis 616 des Handelsgesetzbuchs[2] und macht der Beklagte geltend, dass

1. aus demselben Ereignis weitere Ansprüche, für die er die Haftung beschränken kann, entstanden sind und
2. die Summe der Ansprüche die Haftungshöchstbeträge übersteigt, die für diese Ansprüche in Artikel 6 oder 7 des Haftungsbeschränkungsübereinkommens (§ 611 Absatz 1 Satz 1 des Handelsgesetzbuchs) oder in den §§ 612, 613 oder 615 des Handelsgesetzbuchs bestimmt sind,

so kann das Gericht das Recht auf Beschränkung der Haftung bei der Entscheidung unberücksichtigt lassen, wenn die Erledigung des Rechtsstreits wegen Ungewissheit über Grund oder Betrag der weiteren Ansprüche nach der freien Überzeugung des Gerichts nicht unwesentlich erschwert wäre. [2]Das Gleiche gilt, wenn der in der Klage geltend gemachte Anspruch der Haftungsbeschränkung nach den §§ 4 bis 5n des Binnenschifffahrtsgesetzes unterliegt und der Beklagte geltend macht, dass aus demselben Ereignis weitere Ansprüche entstanden sind, für die er die Haftung beschränken kann und die in ihrer Summe die für sie in den §§ 5e bis 5k des Binnenschifffahrtsgesetzes bestimmten Haftungshöchstbeträge übersteigen.

(2) Lässt das Gericht das Recht auf Beschränkung der Haftung unberücksichtigt, so ergeht das Urteil

1. im Falle des Absatzes 1 Satz 1 unter dem Vorbehalt, dass der Beklagte das Recht auf Beschränkung der Haftung geltend machen kann, wenn ein Fonds nach dem Haftungsbeschränkungsübereinkommen errichtet worden ist oder bei Geltendmachung des Rechts auf Beschränkung der Haftung errichtet wird,
2. im Falle des Absatzes 1 Satz 2 unter dem Vorbehalt, dass der Beklagte das Recht auf Beschränkung der Haftung geltend machen kann, wenn ein Fonds nach § 5d des Binnenschifffahrtsgesetzes errichtet worden ist oder bei Geltendmachung des Rechts auf Beschränkung der Haftung errichtet wird.

**§ 305b**[3] **Urteil unter Vorbehalt spaltungsrechtlicher Haftungsbeschränkung.** Durch die Geltendmachung der dem Rechtsträger nach § 133 Absatz 3 Satz 2 des Umwandlungsgesetzes[4] zustehenden Einrede wird eine unter dem Vorbehalt der beschränkten Haftung ergehende Verurteilung des Rechtsträgers nicht ausgeschlossen.

**§ 306 Verzicht.** Verzichtet der Kläger bei der mündlichen Verhandlung auf den geltend gemachten Anspruch, so ist er auf Grund des Verzichts mit dem Anspruch abzuweisen, wenn der Beklagte die Abweisung beantragt.

---

[1] § 305a Abs. 1 Satz 1 einl. Satzteil und Nr. 2 geänd. mWv 25.4.2013 durch G v. 20.4.2013 (BGBl. I S. 831); Abs. 1 Satz 2 geänd. mWv 1.7.2019 durch G v. 5.7.2016 (BGBl. I S. 1578) iVm Bek. v. 20.2.2019 (BGBl. I S. 196).

[2] Nr. **50**.

[3] § 305b eingef. mWv 1.3.2023 durch G v. 22.2.2023 (BGBl. 2023 I Nr. 51).

[4] Nr. **52a**.

**§ 307 Anerkenntnis.** [1]Erkennt eine Partei den gegen sie geltend gemachten Anspruch ganz oder zum Teil an, so ist sie dem Anerkenntnis gemäß zu verurteilen. [2]Einer mündlichen Verhandlung bedarf es insoweit nicht.

**§ 308 Bindung an die Parteianträge.** (1) [1]Das Gericht ist nicht befugt, einer Partei etwas zuzusprechen, was nicht beantragt ist. [2]Dies gilt insbesondere von Früchten, Zinsen und anderen Nebenforderungen.

(2) Über die Verpflichtung, die Prozesskosten zu tragen, hat das Gericht auch ohne Antrag zu erkennen.

**§ 308a Entscheidung ohne Antrag in Mietsachen.** (1) [1]Erachtet das Gericht in einer Streitigkeit zwischen dem Vermieter und dem Mieter oder dem Mieter und dem Untermieter wegen Räumung von Wohnraum den Räumungsanspruch für unbegründet, weil der Mieter nach den §§ 574 bis 574b des Bürgerlichen Gesetzbuchs[1)] eine Fortsetzung des Mietverhältnisses verlangen kann, so hat es in dem Urteil auch ohne Antrag auszusprechen, für welche Dauer und unter welchen Änderungen der Vertragsbedingungen das Mietverhältnis fortgesetzt wird. [2]Vor dem Ausspruch sind die Parteien zu hören.

(2) Der Ausspruch ist selbständig anfechtbar.

**§ 309 Erkennende Richter.** Das Urteil kann nur von denjenigen Richtern gefällt werden, welche der dem Urteil zugrunde liegenden Verhandlung beigewohnt haben.

**§ 310 Termin der Urteilsverkündung.** (1) [1]Das Urteil wird in dem Termin, in dem die mündliche Verhandlung geschlossen wird, oder in einem sofort anzuberaumenden Termin verkündet. [2]Dieser wird nur dann über drei Wochen hinaus angesetzt, wenn wichtige Gründe, insbesondere der Umfang oder die Schwierigkeit der Sache, dies erfordern.

(2) Wird das Urteil nicht in dem Termin, in dem die mündliche Verhandlung geschlossen wird, verkündet, so muss es bei der Verkündung in vollständiger Form abgefasst sein.

(3) [1]Bei einem Anerkenntnisurteil und einem Versäumnisurteil, die nach §§ 307, 331 Abs. 3 ohne mündliche Verhandlung ergehen, wird die Verkündung durch die Zustellung des Urteils ersetzt. [2]Dasselbe gilt bei einem Urteil, das den Einspruch gegen ein Versäumnisurteil verwirft (§ 341 Abs. 2).

**§ 311 Form der Urteilsverkündung.** (1) Das Urteil ergeht im Namen des Volkes.

(2) [1]Das Urteil wird durch Vorlesung der Urteilsformel verkündet. [2]Die Vorlesung der Urteilsformel kann durch eine Bezugnahme auf die Urteilsformel ersetzt werden, wenn bei der Verkündung von den Parteien niemand erschienen ist. [3]Versäumnisurteile, Urteile, die auf Grund eines Anerkenntnisses erlassen werden, sowie Urteile, welche die Folge der Zurücknahme der Klage oder des Verzichts auf den Klageanspruch aussprechen, können verkündet werden, auch wenn die Urteilsformel noch nicht schriftlich abgefasst ist.

(3) Die Entscheidungsgründe werden, wenn es für angemessen erachtet wird, durch Vorlesung der Gründe oder durch mündliche Mitteilung des wesentlichen Inhalts verkündet.

---

[1)] Nr. **20**.

(4) Wird das Urteil nicht in dem Termin verkündet, in dem die mündliche Verhandlung geschlossen wird, so kann es der Vorsitzende in Abwesenheit der anderen Mitglieder des Prozessgerichts verkünden.

**§ 312 Anwesenheit der Parteien.** (1) [1] Die Wirksamkeit der Verkündung eines Urteils ist von der Anwesenheit der Parteien nicht abhängig. [2] Die Verkündung gilt auch derjenigen Partei gegenüber als bewirkt, die den Termin versäumt hat.

(2) Die Befugnis einer Partei, auf Grund eines verkündeten Urteils das Verfahren fortzusetzen oder von dem Urteil in anderer Weise Gebrauch zu machen, ist von der Zustellung an den Gegner nicht abhängig, soweit nicht dieses Gesetz ein anderes bestimmt.

**§ 313 Form und Inhalt des Urteils.** (1) Das Urteil enthält:
1. die Bezeichnung der Parteien, ihrer gesetzlichen Vertreter und der Prozessbevollmächtigten;
2. die Bezeichnung des Gerichts und die Namen der Richter, die bei der Entscheidung mitgewirkt haben;
3. den Tag, an dem die mündliche Verhandlung geschlossen worden ist;
4. die Urteilsformel;
5. den Tatbestand;
6. die Entscheidungsgründe.

(2) [1] Im Tatbestand sollen die erhobenen Ansprüche und die dazu vorgebrachten Angriffs- und Verteidigungsmittel unter Hervorhebung der gestellten Anträge nur ihrem wesentlichen Inhalt nach knapp dargestellt werden. [2] Wegen der Einzelheiten des Sach- und Streitstandes soll auf Schriftsätze, Protokolle und andere Unterlagen verwiesen werden.

(3) Die Entscheidungsgründe enthalten eine kurze Zusammenfassung der Erwägungen, auf denen die Entscheidung in tatsächlicher und rechtlicher Hinsicht beruht.

**§ 313a[1)] Weglassen von Tatbestand und Entscheidungsgründen.**

(1) [1] Des Tatbestandes bedarf es nicht, wenn ein Rechtsmittel gegen das Urteil unzweifelhaft nicht zulässig ist. [2] In diesem Fall bedarf es auch keiner Entscheidungsgründe, wenn die Parteien auf sie verzichten oder wenn ihr wesentlicher Inhalt in das Protokoll aufgenommen worden ist.

(2) [1] Wird das Urteil in dem Termin, in dem die mündliche Verhandlung geschlossen worden ist, verkündet, so bedarf es des Tatbestands und der Entscheidungsgründe nicht, wenn beide Parteien auf Rechtsmittel gegen das Urteil verzichten. [2] Ist das Urteil nur für eine Partei anfechtbar, so genügt es, wenn diese verzichtet.

(3) Der Verzicht nach Absatz 1 oder 2 kann bereits vor der Verkündung des Urteils erfolgen; er muss spätestens binnen einer Woche nach dem Schluss der mündlichen Verhandlung gegenüber dem Gericht erklärt sein.

(4) Die Absätze 1 bis 3 sind nicht anzuwenden im Fall der Verurteilung zu künftig fällig werdenden wiederkehrenden Leistungen oder wenn zu erwarten ist, dass das Urteil im Ausland geltend gemacht werden wird.

---

1) § 313a Abs. 4 neu gef. mWv 1.9.2009 durch G v. 17.12.2008 (BGBl. I S. 2586).

(5) Soll ein ohne Tatbestand und Entscheidungsgründe hergestelltes Urteil im Ausland geltend gemacht werden, so gelten die Vorschriften über die Vervollständigung von Versäumnis- und Anerkenntnisurteilen entsprechend.

**§ 313b Versäumnis-, Anerkenntnis- und Verzichtsurteil.** (1) [1] Wird durch Versäumnisurteil, Anerkenntnisurteil oder Verzichtsurteil erkannt, so bedarf es nicht des Tatbestandes und der Entscheidungsgründe. [2] Das Urteil ist als Versäumnis-, Anerkenntnis- oder Verzichtsurteil zu bezeichnen.

(2) [1] Das Urteil kann in abgekürzter Form nach Absatz 1 auf die bei den Akten befindliche Urschrift oder Abschrift der Klage oder auf ein damit zu verbindendes Blatt gesetzt werden. [2] Die Namen der Richter braucht das Urteil nicht zu enthalten. [3] Die Bezeichnung der Parteien, ihrer gesetzlichen Vertreter und der Prozessbevollmächtigten sind in das Urteil nur aufzunehmen, soweit von den Angaben der Klageschrift abgewichen wird. [4] Wird nach dem Antrag des Klägers erkannt, so kann in der Urteilsformel auf die Klageschrift Bezug genommen werden. [5] Wird das Urteil auf ein Blatt gesetzt, das mit der Klageschrift verbunden wird, so soll die Verbindungsstelle mit dem Gerichtssiegel versehen oder die Verbindung mit Schnur und Siegel bewirkt werden.

(3) Absatz 1 ist nicht anzuwenden, wenn zu erwarten ist, dass das Versäumnisurteil oder das Anerkenntnisurteil im Ausland geltend gemacht werden soll.

(4) Absatz 2 ist nicht anzuwenden, wenn die Prozessakten elektronisch geführt werden.

**§ 314 Beweiskraft des Tatbestandes.** [1] Der Tatbestand des Urteils liefert Beweis für das mündliche Parteivorbringen. [2] Der Beweis kann nur durch das Sitzungsprotokoll entkräftet werden.

**§ 315 Unterschrift der Richter.** (1) [1] Das Urteil ist von den Richtern, die bei der Entscheidung mitgewirkt haben, zu unterschreiben. [2] Ist ein Richter verhindert, seine Unterschrift beizufügen, so wird dies unter Angabe des Verhinderungsgrundes von dem Vorsitzenden und bei dessen Verhinderung von dem ältesten beisitzenden Richter unter dem Urteil vermerkt.

(2) [1] Ein Urteil, das in dem Termin, in dem die mündliche Verhandlung geschlossen wird, verkündet wird, ist vor Ablauf von drei Wochen, vom Tage der Verkündung an gerechnet, vollständig abgefasst der Geschäftsstelle zu übermitteln. [2] Kann dies ausnahmsweise nicht geschehen, so ist innerhalb dieser Frist das von den Richtern unterschriebene Urteil ohne Tatbestand und Entscheidungsgründe der Geschäftsstelle zu übermitteln. [3] In diesem Fall sind Tatbestand und Entscheidungsgründe alsbald nachträglich anzufertigen, von den Richtern besonders zu unterschreiben und der Geschäftsstelle zu übermitteln.

(3) [1] Der Urkundsbeamte der Geschäftsstelle hat auf dem Urteil den Tag der Verkündung oder der Zustellung nach § 310 Abs. 3 zu vermerken und diesen Vermerk zu unterschreiben. [2] Werden die Prozessakten elektronisch geführt, hat der Urkundsbeamte der Geschäftsstelle den Vermerk in einem gesonderten Dokument festzuhalten. [3] Das Dokument ist mit dem Urteil untrennbar zu verbinden.

**§ 316** (weggefallen)

**§ 317**[1] **Urteilszustellung und -ausfertigung.** (1) [1]Die Urteile werden den Parteien, verkündete Versäumnisurteile nur der unterliegenden Partei in Abschrift zugestellt. [2]Eine Zustellung nach § 310 Abs. 3 genügt. [3]Auf übereinstimmenden Antrag der Parteien kann der Vorsitzende die Zustellung verkündeter Urteile bis zum Ablauf von fünf Monaten nach der Verkündung hinausschieben.

(2) [1]Ausfertigungen werden nur auf Antrag und nur in Papierform erteilt. [2]Solange das Urteil nicht verkündet und nicht unterschrieben ist, dürfen von ihm Ausfertigungen, Auszüge und Abschriften nicht erteilt werden. [3]Die von einer Partei beantragte Ausfertigung eines Urteils erfolgt ohne Tatbestand und Entscheidungsgründe; dies gilt nicht, wenn die Partei eine vollständige Ausfertigung beantragt.

(3) Ausfertigungen, Auszüge und Abschriften eines als elektronisches Dokument (§ 130b) vorliegenden Urteils können von einem Urteilsausdruck erteilt werden.

(4) Die Ausfertigung und Auszüge der Urteile sind von dem Urkundsbeamten der Geschäftsstelle zu unterschreiben und mit dem Gerichtssiegel zu versehen.

(5) [1]Ist das Urteil nach § 313b Abs. 2 in abgekürzter Form hergestellt, so erfolgt die Ausfertigung in gleicher Weise unter Benutzung einer beglaubigten Abschrift der Klageschrift oder in der Weise, dass das Urteil durch Aufnahme der in § 313 Abs. 1 Nr. 1 bis 4 bezeichneten Angaben vervollständigt wird. [2]Die Abschrift der Klageschrift kann durch den Urkundsbeamten der Geschäftsstelle oder durch den Rechtsanwalt des Klägers beglaubigt werden.

**§ 318 Bindung des Gerichts.** Das Gericht ist an die Entscheidung, die in den von ihm erlassenen End- und Zwischenurteilen enthalten ist, gebunden.

**§ 319 Berichtigung des Urteils.** (1) Schreibfehler, Rechnungsfehler und ähnliche offenbare Unrichtigkeiten, die in dem Urteil vorkommen, sind jederzeit von dem Gericht auch von Amts wegen zu berichtigen.

(2) [1]Der Beschluss, der eine Berichtigung ausspricht, wird auf dem Urteil und den Ausfertigungen vermerkt. [2]Erfolgt der Berichtigungsbeschluss in der Form des § 130b, ist er in einem gesonderten elektronischen Dokument festzuhalten. [3]Das Dokument ist mit dem Urteil untrennbar zu verbinden.

(3) Gegen den Beschluss, durch den der Antrag auf Berichtigung zurückgewiesen wird, findet kein Rechtsmittel, gegen den Beschluss, der eine Berichtigung ausspricht, findet sofortige Beschwerde statt.

**§ 320**[2] **Berichtigung des Tatbestandes.** (1) Enthält der Tatbestand des Urteils Unrichtigkeiten, die nicht unter die Vorschriften des vorstehenden Paragraphen fallen, Auslassungen, Dunkelheiten oder Widersprüche, so kann die Berichtigung binnen einer zweiwöchigen Frist durch Einreichung eines Schriftsatzes beantragt werden.

(2) [1]Die Frist beginnt mit der Zustellung des in vollständiger Form abgefassten Urteils. [2]Der Antrag kann schon vor dem Beginn der Frist gestellt werden. [3]Die

---

[1] § 317 Abs. 1 Satz 1 geänd., Abs. 2 Satz 1 eingef., bish. Sätze 1 und 2 werden Sätze 2 und 3, Abs. 5 aufgeh., bish Abs. 6 wird Abs. 5 mWv 1.7.2014 durch G v. 10.10.2013 (BGBl. I S. 3786); Abs. 3 geänd. mWv 1.1.2018 durch G v. 5.7.2017 (BGBl. I S. 2208); Abs. 3 geänd. mWv 1.1.2022 durch G v. 5.10.2021 (BGBl. I S. 4607).

[2] § 320 Abs. 3 aufgeh., bish. Abs. 4 und 5 werden Abs. 3 und 4 mWv 1.1.2020 durch G v. 12.12.2019 (BGBl. I S. 2633).

Berichtigung des Tatbestandes ist ausgeschlossen, wenn sie nicht binnen drei Monaten seit der Verkündung des Urteils beantragt wird.

(3) [1] Das Gericht entscheidet ohne Beweisaufnahme. [2] Bei der Entscheidung wirken nur diejenigen Richter mit, die bei dem Urteil mitgewirkt haben. [3] Ist ein Richter verhindert, so gibt bei Stimmengleichheit die Stimme des Vorsitzenden und bei dessen Verhinderung die Stimme des ältesten Richters den Ausschlag. [4] Eine Anfechtung des Beschlusses findet nicht statt. [5] Der Beschluss, der eine Berichtigung ausspricht, wird auf dem Urteil und den Ausfertigungen vermerkt. [6] Erfolgt der Berichtigungsbeschluss in der Form des § 130b, ist er in einem gesonderten elektronischen Dokument festzuhalten. [7] Das Dokument ist mit dem Urteil untrennbar zu verbinden.

(4) Die Berichtigung des Tatbestandes hat eine Änderung des übrigen Teils des Urteils nicht zur Folge.

**§ 321[1)] Ergänzung des Urteils.** (1) Wenn ein nach dem ursprünglich festgestellten oder nachträglich berichtigten Tatbestand von einer Partei geltend gemachter Haupt- oder Nebenanspruch oder wenn der Kostenpunkt bei der Endentscheidung ganz oder teilweise übergangen ist, so ist auf Antrag das Urteil durch nachträgliche Entscheidung zu ergänzen.

(2) Die nachträgliche Entscheidung muss binnen einer zweiwöchigen Frist, die mit der Zustellung des Urteils beginnt, durch Einreichung eines Schriftsatzes beantragt werden.

(3) [1] Auf einen Antrag, der die Ergänzung des Urteils um einen Hauptanspruch zum Gegenstand hat, ist ein Termin zur mündlichen Verhandlung anzuberaumen. [2] Dem Gegner des Antragstellers ist mit der Ladung zu diesem Termin der den Antrag enthaltende Schriftsatz zuzustellen. [3] Über einen Antrag, der die Ergänzung des Urteils um einen Nebenanspruch oder den Kostenpunkt zum Gegenstand hat, kann ohne mündliche Verhandlung entschieden werden, wenn die Bedeutung der Sache keine mündliche Verhandlung erfordert; § 128 Absatz 2 Satz 2 gilt entsprechend.

(4) Eine mündliche Verhandlung hat nur den nicht erledigten Teil des Rechtsstreits zum Gegenstand.

**§ 321a Abhilfe bei Verletzung des Anspruchs auf rechtliches Gehör.**

(1) [1] Auf die Rüge der durch die Entscheidung beschwerten Partei ist das Verfahren fortzuführen, wenn

1. ein Rechtsmittel oder ein anderer Rechtsbehelf gegen die Entscheidung nicht gegeben ist und
2. das Gericht den Anspruch dieser Partei auf rechtliches Gehör in entscheidungserheblicher Weise verletzt hat.

[2] Gegen eine der Endentscheidung vorausgehende Entscheidung findet die Rüge nicht statt.

(2) [1] Die Rüge ist innerhalb einer Notfrist von zwei Wochen nach Kenntnis von der Verletzung des rechtlichen Gehörs zu erheben; der Zeitpunkt der Kenntniserlangung ist glaubhaft zu machen. [2] Nach Ablauf eines Jahres seit Bekanntgabe der angegriffenen Entscheidung kann die Rüge nicht mehr erhoben werden. [3] Formlos mitgeteilte Entscheidungen gelten mit dem dritten Tage nach Aufgabe zur Post als bekannt gegeben. [4] Die Rüge ist schriftlich bei dem Gericht zu erheben, dessen

---

[1)] § 321 Abs. 3 neu gef., Abs. 4 geänd. mWv 1.1.2020 durch G v. 12.12.2019 (BGBl. I S. 2633).

Entscheidung angegriffen wird. [5]Die Rüge muss die angegriffene Entscheidung bezeichnen und das Vorliegen der in Absatz 1 Satz 1 Nr. 2 genannten Voraussetzungen darlegen.

(3) Dem Gegner ist, soweit erforderlich, Gelegenheit zur Stellungnahme zu geben.

*(Fortsetzung nächstes Blatt)*

(4) [1] Das Gericht hat von Amts wegen zu prüfen, ob die Rüge an sich statthaft und ob sie in der gesetzlichen Form und Frist erhoben ist. [2] Mangelt es an einem dieser Erfordernisse, so ist die Rüge als unzulässig zu verwerfen. [3] Ist die Rüge unbegründet, weist das Gericht sie zurück. [4] Die Entscheidung ergeht durch unanfechtbaren Beschluss. [5] Der Beschluss soll kurz begründet werden.

(5) [1] Ist die Rüge begründet, so hilft ihr das Gericht ab, indem es das Verfahren fortführt, soweit dies auf Grund der Rüge geboten ist. [2] Das Verfahren wird in die Lage zurückversetzt, in der es sich vor dem Schluss der mündlichen Verhandlung befand. [3] § 343 gilt entsprechend. [4] In schriftlichen Verfahren tritt an die Stelle des Schlusses der mündlichen Verhandlung der Zeitpunkt, bis zu dem Schriftsätze eingereicht werden können.

**§ 322 Materielle Rechtskraft.** (1) Urteile sind der Rechtskraft nur insoweit fähig, als über den durch die Klage oder durch die Widerklage erhobenen Anspruch entschieden ist.

(2) Hat der Beklagte die Aufrechnung einer Gegenforderung geltend gemacht, so ist die Entscheidung, dass die Gegenforderung nicht besteht, bis zur Höhe des Betrages, für den die Aufrechnung geltend gemacht worden ist, der Rechtskraft fähig.

**§ 323[1] Abänderung von Urteilen.** (1) [1] Enthält ein Urteil eine Verpflichtung zu künftig fällig werdenden wiederkehrenden Leistungen, kann jeder Teil die Abänderung beantragen. [2] Die Klage ist nur zulässig, wenn der Kläger Tatsachen vorträgt, aus denen sich eine wesentliche Veränderung der der Entscheidung zugrunde liegenden tatsächlichen oder rechtlichen Verhältnisse ergibt.

(2) Die Klage kann nur auf Gründe gestützt werden, die nach Schluss der Tatsachenverhandlung des vorausgegangenen Verfahrens entstanden sind und deren Geltendmachung durch Einspruch nicht möglich ist oder war.

(3) Die Abänderung ist zulässig für die Zeit ab Rechtshängigkeit der Klage.

(4) Liegt eine wesentliche Veränderung der tatsächlichen oder rechtlichen Verhältnisse vor, ist die Entscheidung unter Wahrung ihrer Grundlagen anzupassen.

**§ 323a[2] Abänderung von Vergleichen und Urkunden.** (1) [1] Enthält ein Vergleich nach § 794 Abs. 1 Nr. 1 oder eine vollstreckbare Urkunde eine Verpflichtung zu künftig fällig werdenden wiederkehrenden Leistungen, kann jeder Teil auf Abänderung des Titels klagen. [2] Die Klage ist nur zulässig, wenn der Kläger Tatsachen vorträgt, die die Abänderung rechtfertigen.

(2) Die weiteren Voraussetzungen und der Umfang der Abänderung richten sich nach den Vorschriften des bürgerlichen Rechts.

**§ 323b[2] Verschärfte Haftung.** Die Rechtshängigkeit einer auf Herabsetzung gerichteten Abänderungsklage steht bei der Anwendung des § 818 Abs. 4 des Bürgerlichen Gesetzbuchs[3] der Rechtshängigkeit einer Klage auf Rückzahlung der geleisteten Beträge gleich.

---

[1] § 323 neu gef. mWv 1.9.2009 durch G v. 17.12.2008 (BGBl. I S. 2586).
[2] §§ 323a und 323b eingef. mWv 1.9.2009 durch G v. 17.12.2008 (BGBl. I S. 2586).
[3] Nr. **20**.

**§ 324 Nachforderungsklage zur Sicherheitsleistung.** Ist bei einer nach den §§ 843 bis 845 oder §§ 1569 bis 1586b des Bürgerlichen Gesetzbuchs[1] erfolgten Verurteilung zur Entrichtung einer Geldrente nicht auf Sicherheitsleistung erkannt, so kann der Berechtigte gleichwohl Sicherheitsleistung verlangen, wenn sich die Vermögensverhältnisse des Verpflichteten erheblich verschlechtert haben; unter der gleichen Voraussetzung kann er eine Erhöhung der in dem Urteil bestimmten Sicherheit verlangen.

**§ 325 Subjektive Rechtskraftwirkung.** (1) Das rechtskräftige Urteil wirkt für und gegen die Parteien und die Personen, die nach dem Eintritt der Rechtshängigkeit Rechtsnachfolger der Parteien geworden sind oder den Besitz der in Streit befangenen Sache in solcher Weise erlangt haben, dass eine der Parteien oder ihr Rechtsnachfolger mittelbarer Besitzer geworden ist.

(2) Die Vorschriften des bürgerlichen Rechts zugunsten derjenigen, die Rechte von einem Nichtberechtigten herleiten, gelten entsprechend.

(3) [1] Betrifft das Urteil einen Anspruch aus einer eingetragenen Reallast, Hypothek, Grundschuld oder Rentenschuld, so wirkt es im Falle einer Veräußerung des belasteten Grundstücks in Ansehung des Grundstücks gegen den Rechtsnachfolger auch dann, wenn dieser die Rechtshängigkeit nicht gekannt hat. [2] Gegen den Ersteher eines im Wege der Zwangsversteigerung veräußerten Grundstücks wirkt das Urteil nur dann, wenn die Rechtshängigkeit spätestens im Versteigerungstermin vor der Aufforderung zur Abgabe von Geboten angemeldet worden ist.

(4) Betrifft das Urteil einen Anspruch aus einer eingetragenen Schiffshypothek, so gilt Absatz 3 Satz 1 entsprechend.

**§ 325a[2] Feststellungswirkung des Musterentscheids.** Für die weitergehenden Wirkungen des Musterentscheids gelten die Vorschriften des Kapitalanleger-Musterverfahrensgesetzes.

**§ 326 Rechtskraft bei Nacherbfolge.** (1) Ein Urteil, das zwischen einem Vorerben und einem Dritten über einen gegen den Vorerben als Erben gerichteten Anspruch oder über einen der Nacherbfolge unterliegenden Gegenstand ergeht, wirkt, sofern es vor dem Eintritt der Nacherbfolge rechtskräftig wird, für den Nacherben.

(2) Ein Urteil, das zwischen einem Vorerben und einem Dritten über einen der Nacherbfolge unterliegenden Gegenstand ergeht, wirkt auch gegen den Nacherben, sofern der Vorerbe befugt ist, ohne Zustimmung des Nacherben über den Gegenstand zu verfügen.

**§ 327 Rechtskraft bei Testamentsvollstreckung.** (1) Ein Urteil, das zwischen einem Testamentsvollstrecker und einem Dritten über ein der Verwaltung des Testamentsvollstreckers unterliegendes Recht ergeht, wirkt für und gegen den Erben.

(2) Das Gleiche gilt von einem Urteil, das zwischen einem Testamentsvollstrecker und einem Dritten über einen gegen den Nachlass gerichteten Anspruch

---

[1] Nr. **20**.

[2] **Amtl. Anm.:** § 325a gilt gemäß Artikel 2 in Verbindung mit Artikel 9 des Gesetzes vom 16. August 2005 (BGBl. I S. 2437) erst seit dem 1. November 2005.

ergeht, wenn der Testamentsvollstrecker zur Führung des Rechtsstreits berechtigt ist.

**§ 328**[1) 2)] **Anerkennung ausländischer Urteile.** (1) Die Anerkennung des Urteils eines ausländischen Gerichts ist ausgeschlossen:

1. wenn die Gerichte des Staates, dem das ausländische Gericht angehört, nach den deutschen Gesetzen nicht zuständig sind;
2. wenn dem Beklagten, der sich auf das Verfahren nicht eingelassen hat und sich hierauf beruft, das verfahrenseinleitende Dokument nicht ordnungsmäßig oder nicht so rechtzeitig zugestellt worden ist, dass er sich verteidigen konnte;
3. wenn das Urteil mit einem hier erlassenen oder einem anzuerkennenden früheren ausländischen Urteil oder wenn das ihm zugrunde liegende Verfahren mit einem früher hier rechtshängig gewordenen Verfahren unvereinbar ist;
4. wenn die Anerkennung des Urteils zu einem Ergebnis führt, das mit wesentlichen Grundsätzen des deutschen Rechts offensichtlich unvereinbar ist, insbesondere wenn die Anerkennung mit den Grundrechten unvereinbar ist;
5. wenn die Gegenseitigkeit nicht verbürgt ist.

(2) Die Vorschrift der Nummer 5 steht der Anerkennung des Urteils nicht entgegen, wenn das Urteil einen nichtvermögensrechtlichen Anspruch betrifft und nach den deutschen Gesetzen ein Gerichtsstand im Inland nicht begründet war.

**§ 329**[3)] **Beschlüsse und Verfügungen.** (1) [1] Die auf Grund einer mündlichen Verhandlung ergehenden Beschlüsse des Gerichts müssen verkündet werden. [2] Die Vorschriften der §§ 309, 310 Abs. 1 und des § 311 Abs. 4 sind auf Beschlüsse des Gerichts, die Vorschriften des § 312 und des § 317 Abs. 2 Satz 1, 2, Absatz 3 und 4 auf Beschlüsse des Gerichts und auf Verfügungen des Vorsitzenden sowie eines beauftragten oder ersuchten Richters entsprechend anzuwenden.

(2) [1] Nicht verkündete Beschlüsse des Gerichts und nicht verkündete Verfügungen des Vorsitzenden oder eines beauftragten oder ersuchten Richters sind den Parteien formlos mitzuteilen. [2] Enthält die Entscheidung eine Terminsbestimmung oder setzt sie eine Frist in Lauf, so ist sie zuzustellen.

(3) Entscheidungen, die einen Vollstreckungstitel bilden oder die der sofortigen Beschwerde oder der Erinnerung nach § 573 Abs. 1 unterliegen, sind zuzustellen.

### Titel 3. Versäumnisurteil

**§ 330 Versäumnisurteil gegen den Kläger.** Erscheint der Kläger im Termin zur mündlichen Verhandlung nicht, so ist auf Antrag das Versäumnisurteil dahin zu erlassen, dass der Kläger mit der Klage abzuweisen sei.

---

[1)] § 328 Abs. 2 geänd. mWv 1.9.2009 durch G v. 17.12.2008 (BGBl. I S. 2586).

[2)] Die Anerkennung ausländischer Entscheidungen in Ehesachen ist in Art. 30 Brüssel IIb-VO / VO (EU) 2019/1111 **(Habersack, Deutsche Gesetze ErgBd. Nr. 103b/1)** bzw. in § 107 FamFG (Nr. **112**) geregelt.

Vgl. auch: G zu dem Übereinkommen vom 15. April 1958 über die Anerkennung und Vollstreckung von Entscheidungen auf dem Gebiet der Unterhaltspflicht gegenüber Kindern v. 18.7.1961 (BGBl. II S. 1005); AusführungsG zum Unterhaltsvollstreckungsübereinkommen v. 18.7.1961 (BGBl. I S. 1033), zuletzt geänd. durch G v. 27.7.2001 (BGBl. I S. 1887); G zu den Haager Übereinkommen vom 2. Oktober 1973 über die Anerkennung und Vollstreckung von Unterhaltsentscheidungen sowie über das auf Unterhaltspflichten anzuwendende Recht v. 25.7.1986 (BGBl. II S. 825) und das Unterhaltsvollstreckungs-Übereinkommens-AusführungsG v. 25.7.1986 (BGBl. I S. 1156).

[3)] § 329 Abs. 1 Satz 2 geänd. mWv 1.7.2014 durch G v. 10.10.2013 (BGBl. I S. 3786).

**§ 331 Versäumnisurteil gegen den Beklagten.** (1) [1]Beantragt der Kläger gegen den im Termin zur mündlichen Verhandlung nicht erschienenen Beklagten das Versäumnisurteil, so ist das tatsächliche mündliche Vorbringen des Klägers als zugestanden anzunehmen. [2]Dies gilt nicht für Vorbringen zur Zuständigkeit des Gerichts nach § 29 Abs. 2, § 38.

(2) Soweit es den Klageantrag rechtfertigt, ist nach dem Antrag zu erkennen; soweit dies nicht der Fall, ist die Klage abzuweisen.

(3) [1]Hat der Beklagte entgegen § 276 Abs. 1 Satz 1, Abs. 2 nicht rechtzeitig angezeigt, dass er sich gegen die Klage verteidigen wolle, so trifft auf Antrag des Klägers das Gericht die Entscheidung ohne mündliche Verhandlung; dies gilt nicht, wenn die Erklärung des Beklagten noch eingeht, bevor das von den Richtern unterschriebene Urteil der Geschäftsstelle übermittelt ist. [2]Der Antrag kann schon in der Klageschrift gestellt werden. [3]Eine Entscheidung ohne mündliche Verhandlung ist auch insoweit zulässig, als das Vorbringen des Klägers den Klageantrag in einer Nebenforderung nicht rechtfertigt, sofern der Kläger vor der Entscheidung auf diese Möglichkeit hingewiesen worden ist.

**§ 331a Entscheidung nach Aktenlage.** [1]Beim Ausbleiben einer Partei im Termin zur mündlichen Verhandlung kann der Gegner statt eines Versäumnisurteils eine Entscheidung nach Lage der Akten beantragen; dem Antrag ist zu entsprechen, wenn der Sachverhalt für eine derartige Entscheidung hinreichend geklärt erscheint. [2]§ 251a Abs. 2 gilt entsprechend.

**§ 332 Begriff des Verhandlungstermins.** Als Verhandlungstermine im Sinne der vorstehenden Paragraphen sind auch diejenigen Termine anzusehen, auf welche die mündliche Verhandlung vertagt ist oder die zu ihrer Fortsetzung vor oder nach dem Erlass eines Beweisbeschlusses bestimmt sind.

**§ 333 Nichtverhandeln der erschienenen Partei.** Als nicht erschienen ist auch die Partei anzusehen, die in dem Termin zwar erscheint, aber nicht verhandelt.

**§ 334 Unvollständiges Verhandeln.** Wenn eine Partei in dem Termin verhandelt, sich jedoch über Tatsachen, Urkunden oder Anträge auf Parteivernehmung nicht erklärt, so sind die Vorschriften dieses Titels nicht anzuwenden.

**§ 335[1)] Unzulässigkeit einer Versäumnisentscheidung.** (1) Der Antrag auf Erlass eines Versäumnisurteils oder einer Entscheidung nach Lage der Akten ist zurückzuweisen:

1. wenn die erschienene Partei die vom Gericht wegen eines von Amts wegen zu berücksichtigenden Umstandes erforderte Nachweisung nicht zu beschaffen vermag;
2. wenn die nicht erschienene Partei nicht ordnungsmäßig, insbesondere nicht rechtzeitig geladen war;
3. wenn der nicht erschienenen Partei ein tatsächliches mündliches Vorbringen oder ein Antrag nicht rechtzeitig mittels Schriftsatzes mitgeteilt war;
4. wenn im Falle des § 331 Abs. 3 dem Beklagten die Frist des § 276 Abs. 1 Satz 1 nicht mitgeteilt oder er nicht gemäß § 276 Abs. 2 belehrt worden ist;

---

1) § 335 Abs. 1 Nr. 4 geänd., Nr. 5 angef. mWv 1.7.2008 durch G v. 12.12.2007 (BGBl. I S. 2840).

5. wenn in den Fällen des § 79 Abs. 3 die Zurückweisung des Bevollmächtigten oder die Untersagung der weiteren Vertretung erst in dem Termin erfolgt oder der nicht erschienenen Partei nicht rechtzeitig mitgeteilt worden ist.

(2) Wird die Verhandlung vertagt, so ist die nicht erschienene Partei zu dem neuen Termin zu laden.

**§ 336 Rechtsmittel bei Zurückweisung.** (1) [1]Gegen den Beschluss, durch den der Antrag auf Erlass des Versäumnisurteils zurückgewiesen wird, findet sofortige Beschwerde statt. [2]Wird der Beschluss aufgehoben, so ist die nicht erschienene Partei zu dem neuen Termin nicht zu laden.

(2) Die Ablehnung eines Antrages auf Entscheidung nach Lage der Akten ist unanfechtbar.

**§ 337 Vertagung von Amts wegen.** [1]Das Gericht vertagt die Verhandlung über den Antrag auf Erlass des Versäumnisurteils oder einer Entscheidung nach Lage der Akten, wenn es dafür hält, dass die von dem Vorsitzenden bestimmte Einlassungs- oder Ladungsfrist zu kurz bemessen oder dass die Partei ohne ihr Verschulden am Erscheinen verhindert ist. [2]Die nicht erschienene Partei ist zu dem neuen Termin zu laden.

**§ 338[1] Einspruch.** Der Partei, gegen die ein Versäumnisurteil erlassen ist, steht gegen das Urteil der Einspruch zu.

**§ 339[2] Einspruchsfrist.** (1) Die Einspruchsfrist beträgt zwei Wochen; sie ist eine Notfrist und beginnt mit der Zustellung des Versäumnisurteils.

(2) [1]Muss die Zustellung im Ausland erfolgen, so beträgt die Einspruchsfrist einen Monat. [2]Das Gericht kann im Versäumnisurteil auch eine längere Frist bestimmen.

(3) Muss die Zustellung durch öffentliche Bekanntmachung erfolgen, so hat das Gericht die Einspruchsfrist im Versäumnisurteil oder nachträglich durch besonderen Beschluss zu bestimmen.

**§ 340 Einspruchsschrift.** (1) Der Einspruch wird durch Einreichung der Einspruchsschrift bei dem Prozessgericht eingelegt.

(2) [1]Die Einspruchsschrift muss enthalten:

1. die Bezeichnung des Urteils, gegen das der Einspruch gerichtet wird;
2. die Erklärung, dass gegen dieses Urteil Einspruch eingelegt werde.

[2]Soll das Urteil nur zum Teil angefochten werden, so ist der Umfang der Anfechtung zu bezeichnen.

(3) [1]In der Einspruchsschrift hat die Partei ihre Angriffs- und Verteidigungsmittel, soweit es nach der Prozesslage einer sorgfältigen und auf Förderung des Verfahrens bedachten Prozessführung entspricht, sowie Rügen, die die Zulässigkeit der Klage betreffen, vorzubringen. [2]Auf Antrag kann der Vorsitzende für die Begründung die Frist verlängern, wenn nach seiner freien Überzeugung der Rechtsstreit durch die Verlängerung nicht verzögert wird oder wenn die Partei erhebliche Gründe darlegt. [3]§ 296 Abs. 1, 3, 4 ist entsprechend anzuwenden.

---

[1] § 338 Satz 2 aufgeh. mWv 1.1.2014 durch G v. 5.12.2012 (BGBl. I S. 2418).
[2] § 339 Abs. 2 neu gef., Abs. 3 angef. mWv 17.6.2017 durch G v. 11.6.2017 (BGBl. I S. 1607).

[4] Auf die Folgen einer Fristversäumung ist bei der Zustellung des Versäumnisurteils hinzuweisen.

**§ 340a Zustellung der Einspruchsschrift.** [1] Die Einspruchsschrift ist der Gegenpartei zuzustellen. [2] Dabei ist mitzuteilen, wann das Versäumnisurteil zugestellt und Einspruch eingelegt worden ist. [3] Die erforderliche Zahl von Abschriften soll die Partei mit der Einspruchsschrift einreichen. [4] Dies gilt nicht, wenn die Einspruchsschrift als elektronisches Dokument übermittelt wird.

**§ 341 Einspruchsprüfung.** (1) [1] Das Gericht hat von Amts wegen zu prüfen, ob der Einspruch an sich statthaft und ob er in der gesetzlichen Form und Frist eingelegt ist. [2] Fehlt es an einem dieser Erfordernisse, so ist der Einspruch als unzulässig zu verwerfen.

(2) Das Urteil kann ohne mündliche Verhandlung ergehen.

**§ 341a Einspruchstermin.** Wird der Einspruch nicht als unzulässig verworfen, so ist der Termin zur mündlichen Verhandlung über den Einspruch und die Hauptsache zu bestimmen und den Parteien bekannt zu machen.

**§ 342 Wirkung des zulässigen Einspruchs.** Ist der Einspruch zulässig, so wird der Prozess, soweit der Einspruch reicht, in die Lage zurückversetzt, in der er sich vor Eintritt der Versäumnis befand.

**§ 343 Entscheidung nach Einspruch.** [1] Insoweit die Entscheidung, die auf Grund der neuen Verhandlung zu erlassen ist, mit der in dem Versäumnisurteil enthaltenen Entscheidung übereinstimmt, ist auszusprechen, dass diese Entscheidung aufrechtzuerhalten sei. [2] Insoweit diese Voraussetzung nicht zutrifft, wird das Versäumnisurteil in dem neuen Urteil aufgehoben.

**§ 344 Versäumniskosten.** Ist das Versäumnisurteil in gesetzlicher Weise ergangen, so sind die durch die Versäumnis veranlassten Kosten, soweit sie nicht durch einen unbegründeten Widerspruch des Gegners entstanden sind, der säumigen Partei auch dann aufzuerlegen, wenn infolge des Einspruchs eine abändernde Entscheidung erlassen wird.

**§ 345 Zweites Versäumnisurteil.** Einer Partei, die den Einspruch eingelegt hat, aber in der zur mündlichen Verhandlung bestimmten Sitzung oder in derjenigen Sitzung, auf welche die Verhandlung vertagt ist, nicht erscheint oder nicht zur Hauptsache verhandelt, steht gegen das Versäumnisurteil, durch das der Einspruch verworfen wird, ein weiterer Einspruch nicht zu.

**§ 346 Verzicht und Zurücknahme des Einspruchs.** Für den Verzicht auf den Einspruch und seine Zurücknahme gelten die Vorschriften über den Verzicht auf die Berufung und über ihre Zurücknahme entsprechend.

**§ 347 Verfahren bei Widerklage und Zwischenstreit.** (1) Die Vorschriften dieses Titels gelten für das Verfahren, das eine Widerklage oder die Bestimmung des Betrages eines dem Grunde nach bereits festgestellten Anspruchs zum Gegenstand hat, entsprechend.

(2) [1] War ein Termin lediglich zur Verhandlung über einen Zwischenstreit bestimmt, so beschränkt sich das Versäumnisverfahren und das Versäumnisurteil auf die Erledigung dieses Zwischenstreits. [2] Die Vorschriften dieses Titels gelten entsprechend.

### Titel 4. Verfahren vor dem Einzelrichter

**§ 348[1)] Originärer Einzelrichter.** (1) [1] Die Zivilkammer entscheidet durch eines ihrer Mitglieder als Einzelrichter. [2] Dies gilt nicht, wenn

1. das Mitglied Richter auf Probe ist und noch nicht über einen Zeitraum von einem Jahr geschäftsverteilungsplanmäßig Rechtsprechungsaufgaben in bürgerlichen Rechtsstreitigkeiten wahrzunehmen hatte oder
2. die Zuständigkeit der Kammer nach § 72a Absatz 1 und 2 des Gerichtsverfassungsgesetzes[2)] oder nach dem Geschäftsverteilungsplan des Gerichts wegen der Zuordnung des Rechtsstreits zu den nachfolgenden Sachgebieten begründet ist:
   a) Streitigkeiten über Ansprüche aus Veröffentlichungen durch Druckerzeugnisse, Bild- und Tonträger jeder Art, insbesondere in Presse, Rundfunk, Film und Fernsehen;
   b) Streitigkeiten aus Bank- und Finanzgeschäften;
   c) Streitigkeiten aus Bau- und Architektenverträgen sowie aus Ingenieurverträgen, soweit sie im Zusammenhang mit Bauleistungen stehen;
   d) Streitigkeiten aus der Berufstätigkeit der Rechtsanwälte, Patentanwälte, Notare, Steuerberater, Steuerbevollmächtigten, Wirtschaftsprüfer und vereidigten Buchprüfer;
   e) Streitigkeiten über Ansprüche aus Heilbehandlungen;
   f) Streitigkeiten aus Handelssachen im Sinne des § 95 des Gerichtsverfassungsgesetzes;
   g) Streitigkeiten über Ansprüche aus Fracht-, Speditions- und Lagergeschäften;
   h) Streitigkeiten aus Versicherungsvertragsverhältnissen;
   i) Streitigkeiten aus den Bereichen des Urheber- und Verlagsrechts;
   j) Streitigkeiten aus den Bereichen der Kommunikations- und Informationstechnologie;
   k) Streitigkeiten, die dem Landgericht ohne Rücksicht auf den Streitwert zugewiesen sind.

(2) Bei Zweifeln über das Vorliegen der Voraussetzungen des Absatzes 1 entscheidet die Kammer durch unanfechtbaren Beschluss.

(3) [1] Der Einzelrichter legt den Rechtsstreit der Zivilkammer zur Entscheidung über eine Übernahme vor, wenn

1. die Sache besondere Schwierigkeiten tatsächlicher oder rechtlicher Art aufweist,
2. die Rechtssache grundsätzliche Bedeutung hat oder
3. die Parteien dies übereinstimmend beantragen.

[2] Die Kammer übernimmt den Rechtsstreit, wenn die Voraussetzungen nach Satz 1 Nr. 1 oder 2 vorliegen. [3] Sie entscheidet hierüber durch Beschluss. [4] Eine Zurückübertragung auf den Einzelrichter ist ausgeschlossen.

(4) Auf eine erfolgte oder unterlassene Vorlage oder Übernahme kann ein Rechtsmittel nicht gestützt werden.

**§ 348a Obligatorischer Einzelrichter.** (1) Ist eine originäre Einzelrichterzuständigkeit nach § 348 Abs. 1 nicht begründet, überträgt die Zivilkammer die

---

[1)] § 348 Abs. 1 Satz 2 Nr. 2 einl. Satzteil geänd. mWv 1.1.2018 durch G v. 28.4.2017 (BGBl. I S. 969); Abs. 1 Satz 2 Nr. 2 geänd. mWv 1.1.2020 durch G v. 12.12.2019 (BGBl. I S. 2633).

[2)] Nr. **95**.

Sache durch Beschluss einem ihrer Mitglieder als Einzelrichter zur Entscheidung, wenn

1. die Sache keine besonderen Schwierigkeiten tatsächlicher oder rechtlicher Art aufweist,
2. die Rechtssache keine grundsätzliche Bedeutung hat und
3. nicht bereits im Haupttermin vor der Zivilkammer zur Hauptsache verhandelt worden ist, es sei denn, dass inzwischen ein Vorbehalts-, Teil- oder Zwischenurteil ergangen ist.

(2) [1] Der Einzelrichter legt den Rechtsstreit der Zivilkammer zur Entscheidung über eine Übernahme vor, wenn

1. sich aus einer wesentlichen Änderung der Prozesslage besondere tatsächliche oder rechtliche Schwierigkeiten der Sache oder die grundsätzliche Bedeutung der Rechtssache ergeben oder
2. die Parteien dies übereinstimmend beantragen.

[2] Die Kammer übernimmt den Rechtsstreit, wenn die Voraussetzungen nach Satz 1 Nr. 1 vorliegen. [3] Sie entscheidet hierüber nach Anhörung der Parteien durch Beschluss. [4] Eine erneute Übertragung auf den Einzelrichter ist ausgeschlossen.

(3) Auf eine erfolgte oder unterlassene Übertragung, Vorlage oder Übernahme kann ein Rechtsmittel nicht gestützt werden.

**§ 349 Vorsitzender der Kammer für Handelssachen.** (1) [1] In der Kammer für Handelssachen hat der Vorsitzende die Sache so weit zu fördern, dass sie in einer mündlichen Verhandlung vor der Kammer erledigt werden kann. [2] Beweise darf er nur insoweit erheben, als anzunehmen ist, dass es für die Beweiserhebung auf die besondere Sachkunde der ehrenamtlichen Richter nicht ankommt und die Kammer das Beweisergebnis auch ohne unmittelbaren Eindruck von dem Verlauf der Beweisaufnahme sachgemäß zu würdigen vermag.

(2) Der Vorsitzende entscheidet

1. über die Verweisung des Rechtsstreits;
2. über Rügen, die die Zulässigkeit der Klage betreffen, soweit über sie abgesondert verhandelt wird;
3. über die Aussetzung des Verfahrens;
4. bei Zurücknahme der Klage, Verzicht auf den geltend gemachten Anspruch oder Anerkenntnis des Anspruchs;
5. bei Säumnis einer Partei oder beider Parteien;
6. über die Kosten des Rechtsstreits nach § 91a;
7. im Verfahren über die Bewilligung der Prozesskostenhilfe;
8. in Wechsel- und Scheckprozessen;
9. über die Art einer angeordneten Sicherheitsleistung;
10. über die einstweilige Einstellung der Zwangsvollstreckung;
11. über den Wert des Streitgegenstandes;
12. über Kosten, Gebühren und Auslagen.

(3) Im Einverständnis der Parteien kann der Vorsitzende auch im Übrigen an Stelle der Kammer entscheiden.

(4) Die §§ 348 und 348a sind nicht anzuwenden.

**§ 350 Rechtsmittel.** Für die Anfechtung der Entscheidungen des Einzelrichters (§§ 348, 348a) und des Vorsitzenden der Kammer für Handelssachen (§ 349) gelten dieselben Vorschriften wie für die Anfechtung entsprechender Entscheidungen der Kammer.

**§§ 351 bis 354** (weggefallen)

### Titel 5. Allgemeine Vorschriften über die Beweisaufnahme

**§ 355 Unmittelbarkeit der Beweisaufnahme.** (1) [1] Die Beweisaufnahme erfolgt vor dem Prozessgericht. [2] Sie ist nur in den durch dieses Gesetz bestimmten Fällen einem Mitglied des Prozessgerichts oder einem anderen Gericht zu übertragen.

(2) Eine Anfechtung des Beschlusses, durch den die eine oder die andere Art der Beweisaufnahme angeordnet wird, findet nicht statt.

**§ 356 Beibringungsfrist.** Steht der Aufnahme des Beweises ein Hindernis von ungewisser Dauer entgegen, so ist durch Beschluss eine Frist zu bestimmen, nach deren fruchtlosem Ablauf das Beweismittel nur benutzt werden kann, wenn nach der freien Überzeugung des Gerichts dadurch das Verfahren nicht verzögert wird.

**§ 357 Parteiöffentlichkeit.** (1) Den Parteien ist gestattet, der Beweisaufnahme beizuwohnen.

(2) [1] Wird die Beweisaufnahme einem Mitglied des Prozessgerichts oder einem anderen Gericht übertragen, so ist die Terminsbestimmung den Parteien ohne besondere Form mitzuteilen, sofern nicht das Gericht die Zustellung anordnet. [2] Bei Übersendung durch die Post gilt die Mitteilung, wenn die Wohnung der Partei im Bereich des Ortsbestellverkehrs liegt, an dem folgenden, im Übrigen an dem zweiten Werktage nach der Aufgabe zur Post als bewirkt, sofern nicht die Partei glaubhaft macht, dass ihr die Mitteilung nicht oder erst in einem späteren Zeitpunkt zugegangen ist.

**§ 357a** (weggefallen)

**§ 358 Notwendigkeit eines Beweisbeschlusses.** Erfordert die Beweisaufnahme ein besonderes Verfahren, so ist es durch Beweisbeschluss anzuordnen.

**§ 358a Beweisbeschluss und Beweisaufnahme vor mündlicher Verhandlung.** [1] Das Gericht kann schon vor der mündlichen Verhandlung einen Beweisbeschluss erlassen. [2] Der Beschluss kann vor der mündlichen Verhandlung ausgeführt werden, soweit er anordnet
1. eine Beweisaufnahme vor dem beauftragten oder ersuchten Richter,
2. die Einholung amtlicher Auskünfte,
3. eine schriftliche Beantwortung der Beweisfrage nach § 377 Abs. 3,
4. die Begutachtung durch Sachverständige,
5. die Einnahme eines Augenscheins.

**§ 359 Inhalt des Beweisbeschlusses.** Der Beweisbeschluss enthält:
1. die Bezeichnung der streitigen Tatsachen, über die der Beweis zu erheben ist;
2. die Bezeichnung der Beweismittel unter Benennung der zu vernehmenden Zeugen und Sachverständigen oder der zu vernehmenden Partei;
3. die Bezeichnung der Partei, die sich auf das Beweismittel berufen hat.

**§ 360 Änderung des Beweisbeschlusses.** [1] Vor der Erledigung des Beweisbeschlusses kann keine Partei dessen Änderung auf Grund der früheren Verhandlungen verlangen. [2] Das Gericht kann jedoch auf Antrag einer Partei oder von Amts wegen den Beweisbeschluss auch ohne erneute mündliche Verhandlung insoweit ändern, als der Gegner zustimmt oder es sich nur um die Berichtigung oder Ergänzung der im Beschluss angegebenen Beweistatsachen oder um die Vernehmung anderer als der im Beschluss angegebenen Zeugen oder Sachverständigen handelt. [3] Die gleiche Befugnis hat der beauftragte oder ersuchte Richter. [4] Die Parteien sind tunlichst vorher zu hören und in jedem Fall von der Änderung unverzüglich zu benachrichtigen.

**§ 361 Beweisaufnahme durch beauftragten Richter.** (1) Soll die Beweisaufnahme durch ein Mitglied des Prozessgerichts erfolgen, so wird bei der Verkündung des Beweisbeschlusses durch den Vorsitzenden der beauftragte Richter bezeichnet und der Termin zur Beweisaufnahme bestimmt.

(2) Ist die Terminsbestimmung unterblieben, so erfolgt sie durch den beauftragten Richter, wird er verhindert, den Auftrag zu vollziehen, so ernennt der Vorsitzende ein anderes Mitglied.

**§ 362 Beweisaufnahme durch ersuchten Richter.** (1) Soll die Beweisaufnahme durch ein anderes Gericht erfolgen, so ist das Ersuchungsschreiben von dem Vorsitzenden zu erlassen.

(2) Die auf die Beweisaufnahme sich beziehenden Verhandlungen übermittelt der ersuchte Richter der Geschäftsstelle des Prozessgerichts in Urschrift; die Geschäftsstelle benachrichtigt die Parteien von dem Eingang.

**§ 363[1)] Beweisaufnahme im Ausland.** (1) [1] Für die Durchführung der Verordnung (EU) 2020/1783 des Europäischen Parlaments und des Rates vom 25. November 2020 über die Zusammenarbeit zwischen den Gerichten der Mitgliedstaaten auf dem Gebiet der Beweisaufnahme in Zivil- oder Handelssachen (Beweisaufnahme) (ABl. L 405 vom 2.12.2020, S. 1) in ihrer jeweils geltenden Fassung gelten die §§ 1072 und 1073. [2] Soweit die Verordnung (EU) 2020/1783 für die Beweisaufnahme im Ausland nicht maßgeblich ist, gelten hierfür die Absätze 2 und 3.

(2) [1] Die Beweisaufnahme im Ausland ist nach denjenigen völkerrechtlichen Vereinbarungen vorzunehmen, die im Verhältnis zu dem jeweiligen Staat gelten. [2] Das Ersuchen zur Durchführung der Beweisaufnahme im Ausland ist von dem Vorsitzenden des Prozessgerichts zu stellen. [3] Sieht eine völkerrechtliche Vereinbarung mehrere Wege zur Aufnahme von Beweisen vor, soll die Beweisaufnahme nur dann durch einen deutschen Konsularbeamten erfolgen, wenn ihre Erledigung durch die Behörden des ausländischen Staates nicht oder nicht innerhalb einer angemessenen Zeit zu erwarten ist oder ein sonstiger begründeter Ausnahmefall vorliegt.

(3) [1] Bestehen keine völkerrechtlichen Vereinbarungen zur Beweisaufnahme im Ausland, ersucht der Vorsitzende des Prozessgerichts die Behörden des ausländischen Staates um Aufnahme des Beweises. [2] Ist eine Beweisaufnahme durch diese nicht oder nicht innerhalb einer angemessenen Zeit zu erwarten oder liegt sonst ein begründeter Ausnahmefall vor, so kann der Vorsitzende des Prozessgerichts deutsche Konsularbeamte um Aufnahme des Beweises ersuchen.

---

[1)] § 363 neu gef. mWv 1.7.2022 durch G v. 24.6.2022 (BGBl. I S. 959).

**§ 364 Parteimitwirkung bei Beweisaufnahme im Ausland.** (1) Wird eine ausländische Behörde ersucht, den Beweis aufzunehmen, so kann das Gericht anordnen, dass der Beweisführer das Ersuchungsschreiben zu besorgen und die Erledigung des Ersuchens zu betreiben habe.

(2) Das Gericht kann sich auf die Anordnung beschränken, dass der Beweisführer eine den Gesetzen des fremden Staates entsprechende öffentliche Urkunde über die Beweisaufnahme beizubringen habe.

(3) [1] In beiden Fällen ist in dem Beweisbeschluss eine Frist zu bestimmen, binnen der von dem Beweisführer die Urkunde auf der Geschäftsstelle niederzulegen ist. [2] Nach fruchtlosem Ablauf dieser Frist kann die Urkunde nur benutzt werden, wenn dadurch das Verfahren nicht verzögert wird.

(4) [1] Der Beweisführer hat den Gegner, wenn möglich, von dem Ort und der Zeit der Beweisaufnahme so zeitig in Kenntnis zu setzen, dass dieser seine Rechte in geeigneter Weise wahrzunehmen vermag. [2] Ist die Benachrichtigung unterblieben, so hat das Gericht zu ermessen, ob und inwieweit der Beweisführer zur Benutzung der Beweisverhandlung berechtigt ist.

**§ 365 Abgabe durch beauftragten oder ersuchten Richter.** [1] Der beauftragte oder ersuchte Richter ist ermächtigt, falls sich später Gründe ergeben, welche die Beweisaufnahme durch ein anderes Gericht sachgemäß erscheinen lassen, dieses Gericht um die Aufnahme des Beweises zu ersuchen. [2] Die Parteien sind von dieser Verfügung in Kenntnis zu setzen.

**§ 366 Zwischenstreit.** (1) Erhebt sich bei der Beweisaufnahme vor einem beauftragten oder ersuchten Richter ein Streit, von dessen Erledigung die Fortsetzung der Beweisaufnahme abhängig und zu dessen Entscheidung der Richter nicht berechtigt ist, so erfolgt die Erledigung durch das Prozessgericht.

(2) Der Termin zur mündlichen Verhandlung über den Zwischenstreit ist von Amts wegen zu bestimmen und den Parteien bekannt zu machen.

**§ 367 Ausbleiben der Partei.** (1) Erscheint eine Partei oder erscheinen beide Parteien in dem Termin zur Beweisaufnahme nicht, so ist die Beweisaufnahme gleichwohl insoweit zu bewirken, als dies nach Lage der Sache geschehen kann.

(2) Eine nachträgliche Beweisaufnahme oder eine Vervollständigung der Beweisaufnahme ist bis zum Schluss derjenigen mündlichen Verhandlung, auf die das Urteil ergeht, auf Antrag anzuordnen, wenn das Verfahren dadurch nicht verzögert wird oder wenn die Partei glaubhaft macht, dass sie ohne ihr Verschulden außerstande gewesen sei, in dem früheren Termin zu erscheinen, und im Falle des Antrags auf Vervollständigung, dass durch ihr Nichterscheinen eine wesentliche Unvollständigkeit der Beweisaufnahme veranlasst sei.

**§ 368 Neuer Beweistermin.** Wird ein neuer Termin zur Beweisaufnahme oder zu ihrer Fortsetzung erforderlich, so ist dieser Termin, auch wenn der Beweisführer oder beide Parteien in dem früheren Termin nicht erschienen waren, von Amts wegen zu bestimmen.

**§ 369 Ausländische Beweisaufnahme.** Entspricht die von einer ausländischen Behörde vorgenommene Beweisaufnahme den für das Prozessgericht geltenden Gesetzen, so kann daraus, dass sie nach den ausländischen Gesetzen mangelhaft ist, kein Einwand entnommen werden.

**§ 370 Fortsetzung der mündlichen Verhandlung.** (1) Erfolgt die Beweisaufnahme vor dem Prozessgericht, so ist der Termin, in dem die Beweisaufnahme stattfindet, zugleich zur Fortsetzung der mündlichen Verhandlung bestimmt.

(2) [1] In dem Beweisbeschluss, der anordnet, dass die Beweisaufnahme vor einem beauftragten oder ersuchten Richter erfolgen solle, kann zugleich der Termin zur Fortsetzung der mündlichen Verhandlung vor dem Prozessgericht bestimmt werden. [2] Ist dies nicht geschehen, so wird nach Beendigung der Beweisaufnahme dieser Termin von Amts wegen bestimmt und den Parteien bekannt gemacht.

### Titel 6. Beweis durch Augenschein

**§ 371 Beweis durch Augenschein.** (1) [1] Der Beweis durch Augenschein wird durch Bezeichnung des Gegenstandes des Augenscheins und durch die Angabe der zu beweisenden Tatsachen angetreten. [2] Ist ein elektronisches Dokument Gegenstand des Beweises, wird der Beweis durch Vorlegung oder Übermittlung der Datei angetreten.

(2) [1] Befindet sich der Gegenstand nach der Behauptung des Beweisführers nicht in seinem Besitz, so wird der Beweis außerdem durch den Antrag angetreten, zur Herbeischaffung des Gegenstandes eine Frist zu setzen oder eine Anordnung nach § 144 zu erlassen. [2] Die §§ 422 bis 432 gelten entsprechend.

(3) Vereitelt eine Partei die ihr zumutbare Einnahme des Augenscheins, so können die Behauptungen des Gegners über die Beschaffenheit des Gegenstandes als bewiesen angesehen werden.

**§ 371a[1)] Beweiskraft elektronischer Dokumente.** (1) [1] Auf private elektronische Dokumente, die mit einer qualifizierten elektronischen Signatur versehen sind, finden die Vorschriften über die Beweiskraft privater Urkunden entsprechende Anwendung. [2] Der Anschein der Echtheit einer in elektronischer Form vorliegenden Erklärung, der sich auf Grund der Prüfung der qualifizierten elektronischen Signatur nach Artikel 32 der Verordnung (EU) Nr. 910/2014 des Europäischen Parlaments und des Rates vom 23. Juli 2014 über elektronische Identifizierung und Vertrauensdienste für elektronische Transaktionen im Binnenmarkt und zur Aufhebung der Richtlinie 1999/93/EG (ABl. L 257 vom 28.8.2014, S. 73) ergibt, kann nur durch Tatsachen erschüttert werden, die ernstliche Zweifel daran begründen, dass die Erklärung von der verantwortenden Person abgegeben worden ist.

*(Fortsetzung nächstes Blatt)*

---

[1)] § 371a Abs. 2 eingef., bish. Abs. 2 wird Abs. 3 und Satz 2 neu gef., Satz 3 angef. mWv 1.7.2014 durch G v. 10.10.2013 (BGBl. I S. 3786); Abs. 1 Satz 2 neu gef. mWv 29.7.2017 durch G v. 18.7.2017 (BGBl. I S. 2745).

(2) Hat sich eine natürliche Person bei einem ihr allein zugeordneten De-Mail-Konto sicher angemeldet (§ 4 Absatz 1 Satz 2 des De-Mail-Gesetzes), so kann für eine von diesem De-Mail-Konto versandte elektronische Nachricht der Anschein der Echtheit, der sich aus der Überprüfung der Absenderbestätigung gemäß § 5 Absatz 5 des De-Mail-Gesetzes ergibt, nur durch Tatsachen erschüttert werden, die ernstliche Zweifel daran begründen, dass die Nachricht von dieser Person mit diesem Inhalt versandt wurde.

(3) [1] Auf elektronische Dokumente, die von einer öffentlichen Behörde innerhalb der Grenzen ihrer Amtsbefugnisse oder von einer mit öffentlichem Glauben versehenen Person innerhalb des ihr zugewiesenen Geschäftskreises in der vorgeschriebenen Form erstellt worden sind (öffentliche elektronische Dokumente), finden die Vorschriften über die Beweiskraft öffentlicher Urkunden entsprechende Anwendung. [2] Ist das Dokument von der erstellenden öffentlichen Behörde oder von der mit öffentlichem Glauben versehenen Person mit einer qualifizierten elektronischen Signatur versehen, gilt § 437 entsprechend. [3] Das Gleiche gilt, wenn das Dokument im Auftrag der erstellenden öffentlichen Behörde oder der mit öffentlichem Glauben versehenen Person durch einen akkreditierten Diensteanbieter mit seiner qualifizierten elektronischen Signatur gemäß § 5 Absatz 5 des De-Mail-Gesetzes versehen ist und die Absenderbestätigung die erstellende öffentliche Behörde oder die mit öffentlichem Glauben versehene Person als Nutzer des De-Mail-Kontos ausweist.

**§ 371b[1)] Beweiskraft gescannter öffentlicher Urkunden.** [1] Wird eine öffentliche Urkunde nach dem Stand der Technik von einer öffentlichen Behörde oder von einer mit öffentlichem Glauben versehenen Person in ein elektronisches Dokument übertragen und liegt die Bestätigung vor, dass das elektronische Dokument mit der Urschrift bildlich und inhaltlich übereinstimmt, finden auf das elektronische Dokument die Vorschriften über die Beweiskraft öffentlicher Urkunden entsprechende Anwendung. [2] Sind das Dokument und die Bestätigung mit einer qualifizierten elektronischen Signatur versehen, gilt § 437 entsprechend.

**§ 372 Beweisaufnahme.** (1) Das Prozessgericht kann anordnen, dass bei der Einnahme des Augenscheins ein oder mehrere Sachverständige zuzuziehen seien.

(2) Es kann einem Mitglied des Prozessgerichts oder einem anderen Gericht die Einnahme des Augenscheins übertragen, auch die Ernennung der zuzuziehenden Sachverständigen überlassen.

**§ 372a[2)] Untersuchungen zur Feststellung der Abstammung.** (1) Soweit es zur Feststellung der Abstammung erforderlich ist, hat jede Person Untersuchungen, insbesondere die Entnahme von Blutproben, zu dulden, es sei denn, dass die Untersuchung dem zu Untersuchenden nicht zugemutet werden kann.

(2) [1] Die §§ 386 bis 390 gelten entsprechend. [2] Bei wiederholter unberechtigter Verweigerung der Untersuchung kann auch unmittelbarer Zwang angewendet, insbesondere die zwangsweise Vorführung zur Untersuchung angeordnet werden.

---

[1)] § 371b eingef. mWv 17.10.2013 durch G v. 10.10.2013 (BGBl. I S. 3786).

[2)] § 372a neu gef. mWv 1.9.2009 durch G v. 17.12.2008 (BGBl. I S. 2586).

### Titel 7. Zeugenbeweis

**§ 373 Beweisantritt.** Der Zeugenbeweis wird durch die Benennung der Zeugen und die Bezeichnung der Tatsachen, über welche die Vernehmung der Zeugen stattfinden soll, angetreten.

**§ 374** (weggefallen)

**§ 375 Beweisaufnahme durch beauftragten oder ersuchten Richter.**

(1) Die Aufnahme des Zeugenbeweises darf einem Mitglied des Prozessgerichts oder einem anderen Gericht nur übertragen werden, wenn von vornherein anzunehmen ist, dass das Prozessgericht das Beweisergebnis auch ohne unmittelbaren Eindruck von dem Verlauf der Beweisaufnahme sachgemäß zu würdigen vermag, und

1. wenn zur Ausmittlung der Wahrheit die Vernehmung des Zeugen an Ort und Stelle dienlich erscheint oder nach gesetzlicher Vorschrift der Zeuge nicht an der Gerichtsstelle, sondern an einem anderen Ort zu vernehmen ist;
2. wenn der Zeuge verhindert ist, vor dem Prozessgericht zu erscheinen und eine Zeugenvernehmung nach § 128a Abs. 2 nicht stattfindet;
3. wenn dem Zeugen das Erscheinen vor dem Prozessgericht wegen großer Entfernung unter Berücksichtigung der Bedeutung seiner Aussage nicht zugemutet werden kann und eine Zeugenvernehmung nach § 128a Abs. 2 nicht stattfindet.

(1a) Einem Mitglied des Prozessgerichts darf die Aufnahme des Zeugenbeweises auch dann übertragen werden, wenn dies zur Vereinfachung der Verhandlung vor dem Prozessgericht zweckmäßig erscheint und wenn von vornherein anzunehmen ist, dass das Prozessgericht das Beweisergebnis auch ohne unmittelbaren Eindruck von dem Verlauf der Beweisaufnahme sachgemäß zu würdigen vermag.

(2) Der Bundespräsident ist in seiner Wohnung zu vernehmen.

**§ 376 Vernehmung bei Amtsverschwiegenheit.** (1) Für die Vernehmung von Richtern, Beamten und anderen Personen des öffentlichen Dienstes als Zeugen über Umstände, auf die sich ihre Pflicht zur Amtsverschwiegenheit bezieht, und für die Genehmigung zur Aussage gelten die besonderen beamtenrechtlichen Vorschriften.[1]

(2) Für die Mitglieder des Bundestages, eines Landtages, der Bundes- oder einer Landesregierung sowie für die Angestellten einer Fraktion des Bundestages oder eines Landtages gelten die für sie maßgebenden besonderen Vorschriften.[2]

(3) Eine Genehmigung in den Fällen der Absätze 1, 2 ist durch das Prozessgericht einzuholen und dem Zeugen bekannt zu machen.

(4) Der Bundespräsident kann das Zeugnis verweigern, wenn die Ablegung des Zeugnisses dem Wohl des Bundes oder eines deutschen Landes Nachteile bereiten würde.

(5) Diese Vorschriften gelten auch, wenn die vorgenannten Personen nicht mehr im öffentlichen Dienst oder Angestellte einer Fraktion sind oder ihre

---

[1] Vgl. §§ 67–69 BundesbeamtenG **(Sartorius Nr. 160)** und die entsprechenden Vorschriften der Beamtengesetze der Länder sowie § 37 BeamtenstatusG **(Sartorius Nr. 150)**.

[2] Vgl. §§ 6 und 7 BundesministerG **(Sartorius Nr. 45)**.

Mandate beendet sind, soweit es sich um Tatsachen handelt, die sich während ihrer Dienst-, Beschäftigungs- oder Mandatszeit ereignet haben oder ihnen während ihrer Dienst-, Beschäftigungs- oder Mandatszeit zur Kenntnis gelangt sind.

**§ 377 Zeugenladung.** (1) [1] Die Ladung der Zeugen ist von der Geschäftsstelle unter Bezugnahme auf den Beweisbeschluss auszufertigen und von Amts wegen mitzuteilen. [2] Sie wird, sofern nicht das Gericht die Zustellung anordnet, formlos übermittelt.

(2) Die Ladung muss enthalten:

1. die Bezeichnung der Parteien;
2. den Gegenstand der Vernehmung;
3. die Anweisung, zur Ablegung des Zeugnisses bei Vermeidung der durch das Gesetz angedrohten Ordnungsmittel in dem nach Zeit und Ort zu bezeichnenden Termin zu erscheinen.

(3) [1] Das Gericht kann eine schriftliche Beantwortung der Beweisfrage anordnen, wenn es dies im Hinblick auf den Inhalt der Beweisfrage und die Person des Zeugen für ausreichend erachtet. [2] Der Zeuge ist darauf hinzuweisen, dass er zur Vernehmung geladen werden kann. [3] Das Gericht ordnet die Ladung des Zeugen an, wenn es dies zur weiteren Klärung der Beweisfrage für notwendig erachtet.

**§ 378 Aussageerleichternde Unterlagen.** (1) [1] Soweit es die Aussage über seine Wahrnehmungen erleichtert, hat der Zeuge Aufzeichnungen und andere Unterlagen einzusehen und zu dem Termin mitzubringen, wenn ihm dies gestattet und zumutbar ist. [2] Die §§ 142 und 429 bleiben unberührt.

(2) Kommt der Zeuge auf eine bestimmte Anordnung des Gerichts der Verpflichtung nach Absatz 1 nicht nach, so kann das Gericht die in § 390 bezeichneten Maßnahmen treffen; hierauf ist der Zeuge vorher hinzuweisen.

**§ 379 Auslagenvorschuss.** [1] Das Gericht kann die Ladung des Zeugen davon abhängig machen, dass der Beweisführer einen hinreichenden Vorschuss zur Deckung der Auslagen zahlt, die der Staatskasse durch die Vernehmung des Zeugen erwachsen. [2] Wird der Vorschuss nicht innerhalb der bestimmten Frist gezahlt, so unterbleibt die Ladung, wenn die Zahlung nicht so zeitig nachgeholt wird, dass die Vernehmung durchgeführt werden kann, ohne dass dadurch nach der freien Überzeugung des Gerichts das Verfahren verzögert wird.

**§ 380 Folgen des Ausbleibens des Zeugen.** (1) [1] Einem ordnungsgemäß geladenen Zeugen, der nicht erscheint, werden, ohne dass es eines Antrages bedarf, die durch das Ausbleiben verursachten Kosten auferlegt. [2] Zugleich wird gegen ihn ein Ordnungsgeld und für den Fall, dass dieses nicht beigetrieben werden kann, Ordnungshaft festgesetzt.

(2) Im Falle wiederholten Ausbleibens wird das Ordnungsmittel noch einmal festgesetzt; auch kann die zwangsweise Vorführung des Zeugen angeordnet werden.

(3) Gegen diese Beschlüsse findet die sofortige Beschwerde statt.

**§ 381 Genügende Entschuldigung des Ausbleibens.** (1) [1] Die Auferlegung der Kosten und die Festsetzung eines Ordnungsmittels unterbleiben, wenn das Ausbleiben des Zeugen rechtzeitig genügend entschuldigt wird. [2] Erfolgt die

Entschuldigung nach Satz 1 nicht rechtzeitig, so unterbleiben die Auferlegung der Kosten und die Festsetzung eines Ordnungsmittels nur dann, wenn glaubhaft gemacht wird, dass den Zeugen an der Verspätung der Entschuldigung kein Verschulden trifft. [3] Erfolgt die genügende Entschuldigung oder die Glaubhaftmachung nachträglich, so werden die getroffenen Anordnungen unter den Voraussetzungen des Satzes 2 aufgehoben.

(2) Die Anzeigen und Gesuche des Zeugen können schriftlich oder zum Protokoll der Geschäftsstelle oder mündlich in dem zur Vernehmung bestimmten neuen Termin angebracht werden.

**§ 382 Vernehmung an bestimmten Orten.** (1) Die Mitglieder der Bundesregierung oder einer Landesregierung sind an ihrem Amtssitz oder, wenn sie sich außerhalb ihres Amtssitzes aufhalten, an ihrem Aufenthaltsort zu vernehmen.

(2) Die Mitglieder des Bundestages, des Bundesrates, eines Landtages oder einer zweiten Kammer sind während ihres Aufenthaltes am Sitz der Versammlung dort zu vernehmen.

(3) Zu einer Abweichung von den vorstehenden Vorschriften bedarf es:

für die Mitglieder der Bundesregierung der Genehmigung der Bundesregierung,

für die Mitglieder einer Landesregierung der Genehmigung der Landesregierung,

für die Mitglieder einer der im Absatz 2 genannten Versammlungen der Genehmigung dieser Versammlung.

**§ 383[1)] Zeugnisverweigerung aus persönlichen Gründen.** (1) Zur Verweigerung des Zeugnisses sind berechtigt:

1. der Verlobte einer Partei;
2. der Ehegatte einer Partei, auch wenn die Ehe nicht mehr besteht;

2a. der Lebenspartner einer Partei, auch wenn die Lebenspartnerschaft nicht mehr besteht;

3. diejenigen, die mit einer Partei in gerader Linie verwandt oder verschwägert, in der Seitenlinie bis zum dritten Grad verwandt oder bis zum zweiten Grad verschwägert sind oder waren;
4. Geistliche in Ansehung desjenigen, was ihnen bei der Ausübung der Seelsorge anvertraut ist;
5. Personen, die bei der Vorbereitung, Herstellung oder Verbreitung von periodischen Druckwerken oder Rundfunksendungen berufsmäßig mitwirken oder mitgewirkt haben, über die Person des Verfassers, Einsenders oder Gewährsmanns von Beiträgen und Unterlagen sowie über die ihnen im Hinblick auf ihre Tätigkeit gemachten Mitteilungen, soweit es sich um Beiträge, Unterlagen und Mitteilungen für den redaktionellen Teil handelt;

---

1) § 383 Abs. 1 Nr. 1 geänd. mWv 22.12.2018 durch G v. 18.12.2018 (BGBl. I S. 2639).

6. Personen, denen kraft ihres Amtes, Standes oder Gewerbes Tatsachen anvertraut sind, deren Geheimhaltung durch ihre Natur oder durch gesetzliche Vorschrift geboten ist, in Betreff der Tatsachen, auf welche die Verpflichtung zur Verschwiegenheit sich bezieht.[1)]

(2) Die unter Nummern 1 bis 3 bezeichneten Personen sind vor der Vernehmung über ihr Recht zur Verweigerung des Zeugnisses zu belehren.

(3) Die Vernehmung der unter Nummern 4 bis 6 bezeichneten Personen ist, auch wenn das Zeugnis nicht verweigert wird, auf Tatsachen nicht zu richten, in Ansehung welcher erhellt, dass ohne Verletzung der Verpflichtung zur Verschwiegenheit ein Zeugnis nicht abgelegt werden kann.

**§ 384 Zeugnisverweigerung aus sachlichen Gründen.** Das Zeugnis kann verweigert werden:

1. über Fragen, deren Beantwortung dem Zeugen oder einer Person, zu der er in einem der im § 383 Nr. 1 bis 3 bezeichneten Verhältnisse steht, einen unmittelbaren vermögensrechtlichen Schaden verursachen würde;
2. über Fragen, deren Beantwortung dem Zeugen oder einem seiner im § 383 Nr. 1 bis 3 bezeichneten Angehörigen zur Unehre gereichen oder die Gefahr zuziehen würde, wegen einer Straftat oder einer Ordnungswidrigkeit verfolgt zu werden;
3. über Fragen, die der Zeuge nicht würde beantworten können, ohne ein Kunst- oder Gewerbegeheimnis zu offenbaren.

**§ 385 Ausnahmen vom Zeugnisverweigerungsrecht.** (1) In den Fällen des § 383 Nr. 1 bis 3 und des § 384 Nr. 1 darf der Zeuge das Zeugnis nicht verweigern:

1. über die Errichtung und den Inhalt eines Rechtsgeschäfts, bei dessen Errichtung er als Zeuge zugezogen war;
2. über Geburten, Verheiratungen oder Sterbefälle von Familienmitgliedern;
3. über Tatsachen, welche die durch das Familienverhältnis bedingten Vermögensangelegenheiten betreffen;
4. über die auf das streitige Rechtsverhältnis sich beziehenden Handlungen, die von ihm selbst als Rechtsvorgänger oder Vertreter einer Partei vorgenommen sein sollen.

(2) Die im § 383 Nr. 4, 6 bezeichneten Personen dürfen das Zeugnis nicht verweigern, wenn sie von der Verpflichtung zur Verschwiegenheit entbunden sind.

**§ 386 Erklärung der Zeugnisverweigerung.** (1) Der Zeuge, der das Zeugnis verweigert, hat vor dem zu seiner Vernehmung bestimmten Termin schriftlich oder zum Protokoll der Geschäftsstelle oder in diesem Termin die Tatsachen, auf die er die Weigerung gründet, anzugeben und glaubhaft zu machen.

(2) Zur Glaubhaftmachung genügt in den Fällen des § 383 Nr. 4, 6 die mit Berufung auf einen geleisteten Diensteid abgegebene Versicherung.

---

[1)] Ferner die Mitglieder des Deutschen Bundestages sowie der Landtage nach Art. 47 Grundgesetz **(Schönfelder ErgBd. Nr. 1)** und den entsprechenden Bestimmungen der Landesverfassungen.

(3) Hat der Zeuge seine Weigerung schriftlich oder zum Protokoll der Geschäftsstelle erklärt, so ist er nicht verpflichtet, in dem zu seiner Vernehmung bestimmten Termin zu erscheinen.

(4) Von dem Eingang einer Erklärung des Zeugen oder von der Aufnahme einer solchen zum Protokoll hat die Geschäftsstelle die Parteien zu benachrichtigen.

**§ 387 Zwischenstreit über Zeugnisverweigerung.** (1) Über die Rechtmäßigkeit der Weigerung wird von dem Prozessgericht nach Anhörung der Parteien entschieden.

(2) Der Zeuge ist nicht verpflichtet, sich durch einen Anwalt vertreten zu lassen.

(3) Gegen das Zwischenurteil findet sofortige Beschwerde statt.

**§ 388 Zwischenstreit über schriftliche Zeugnisverweigerung.** Hat der Zeuge seine Weigerung schriftlich oder zum Protokoll der Geschäftsstelle erklärt und ist er in dem Termin nicht erschienen, so hat auf Grund seiner Erklärungen ein Mitglied des Prozessgerichts Bericht zu erstatten.

**§ 389 Zeugnisverweigerung vor beauftragtem oder ersuchtem Richter.** (1) Erfolgt die Weigerung vor einem beauftragten oder ersuchten Richter, so sind die Erklärungen des Zeugen, wenn sie nicht schriftlich oder zum Protokoll der Geschäftsstelle abgegeben sind, nebst den Erklärungen der Parteien in das Protokoll aufzunehmen.

(2) Zur mündlichen Verhandlung vor dem Prozessgericht werden der Zeuge und die Parteien von Amts wegen geladen.

(3) [1] Auf Grund der von dem Zeugen und den Parteien abgegebenen Erklärungen hat ein Mitglied des Prozessgerichts Bericht zu erstatten. [2] Nach dem Vortrag des Berichterstatters können der Zeuge und die Parteien zur Begründung ihrer Anträge das Wort nehmen; neue Tatsachen oder Beweismittel dürfen nicht geltend gemacht werden.

**§ 390 Folgen der Zeugnisverweigerung.** (1) [1] Wird das Zeugnis oder die Eidesleistung ohne Angabe eines Grundes oder aus einem rechtskräftig für unerheblich erklärten Grund verweigert, so werden dem Zeugen, ohne dass es eines Antrages bedarf, die durch die Weigerung verursachten Kosten auferlegt. [2] Zugleich wird gegen ihn ein Ordnungsgeld und für den Fall, dass dieses nicht beigetrieben werden kann, Ordnungshaft festgesetzt.

(2) [1] Im Falle wiederholter Weigerung ist auf Antrag zur Erzwingung des Zeugnisses die Haft anzuordnen, jedoch nicht über den Zeitpunkt der Beendigung des Prozesses in dem Rechtszug hinaus. [2] Die Vorschriften über die Haft im Zwangsvollstreckungsverfahren[1)] gelten entsprechend.

(3) Gegen die Beschlüsse findet die sofortige Beschwerde statt.

**§ 391 Zeugenbeeidigung.** Ein Zeuge ist, vorbehaltlich der sich aus § 393 ergebenden Ausnahmen, zu beeidigen, wenn das Gericht dies mit Rücksicht auf die Bedeutung der Aussage oder zur Herbeiführung einer wahrheitsgemäßen

---

1) Vgl. §§ 802a ff.

Aussage für geboten erachtet und die Parteien auf die Beeidigung nicht verzichten.

**§ 392 Nacheid; Eidesnorm.** [1] Die Beeidigung erfolgt nach der Vernehmung. [2] Mehrere Zeugen können gleichzeitig beeidigt werden. [3] Die Eidesnorm geht dahin, dass der Zeuge nach bestem Wissen die reine Wahrheit gesagt und nichts verschwiegen habe.

**§ 393 Uneidliche Vernehmung.** Personen, die zur Zeit der Vernehmung das 16. Lebensjahr noch nicht vollendet oder wegen mangelnder Verstandesreife oder wegen Verstandesschwäche von dem Wesen und der Bedeutung des Eides keine genügende Vorstellung haben, sind unbeeidigt zu vernehmen.

**§ 394 Einzelvernehmung.** (1) Jeder Zeuge ist einzeln und in Abwesenheit der später abzuhörenden Zeugen zu vernehmen.

(2) Zeugen, deren Aussagen sich widersprechen, können einander gegenübergestellt werden.

**§ 395 Wahrheitsermahnung; Vernehmung zur Person.** (1) Vor der Vernehmung wird der Zeuge zur Wahrheit ermahnt und darauf hingewiesen, dass er in den vom Gesetz vorgesehenen Fällen unter Umständen seine Aussage zu beeidigen habe.

(2) [1] Die Vernehmung beginnt damit, dass der Zeuge über Vornamen und Zunamen, Alter, Stand oder Gewerbe und Wohnort befragt wird. [2] Erforderlichenfalls sind ihm Fragen über solche Umstände, die seine Glaubwürdigkeit in der vorliegenden Sache betreffen, insbesondere über seine Beziehungen zu den Parteien vorzulegen.

**§ 396 Vernehmung zur Sache.** (1) Der Zeuge ist zu veranlassen, dasjenige, was ihm von dem Gegenstand seiner Vernehmung bekannt ist, im Zusammenhang anzugeben.

(2) Zur Aufklärung und zur Vervollständigung der Aussage sowie zur Erforschung des Grundes, auf dem die Wissenschaft des Zeugen beruht, sind nötigenfalls weitere Fragen zu stellen.

(3) Der Vorsitzende hat jedem Mitglied des Gerichts auf Verlangen zu gestatten, Fragen zu stellen.

**§ 397 Fragerecht der Parteien.** (1) Die Parteien sind berechtigt, dem Zeugen diejenigen Fragen vorlegen zu lassen, die sie zur Aufklärung der Sache oder der Verhältnisse des Zeugen für dienlich erachten.

(2) Der Vorsitzende kann den Parteien gestatten und hat ihren Anwälten auf Verlangen zu gestatten, an den Zeugen unmittelbar Fragen zu richten.

(3) Zweifel über die Zulässigkeit einer Frage entscheidet das Gericht.

**§ 398 Wiederholte und nachträgliche Vernehmung.** (1) Das Prozessgericht kann nach seinem Ermessen die wiederholte Vernehmung eines Zeugen anordnen.

(2) Hat ein beauftragter oder ersuchter Richter bei der Vernehmung die Stellung der von einer Partei angeregten Frage verweigert, so kann das Prozessgericht die nachträgliche Vernehmung des Zeugen über diese Frage anordnen.

(3) Bei der wiederholten oder der nachträglichen Vernehmung kann der Richter statt der nochmaligen Beeidigung den Zeugen die Richtigkeit seiner Aussage unter Berufung auf den früher geleisteten Eid versichern lassen.

**§ 399 Verzicht auf Zeugen.** Die Partei kann auf einen Zeugen, den sie vorgeschlagen hat, verzichten; der Gegner kann aber verlangen, dass der erschienene Zeuge vernommen und, wenn die Vernehmung bereits begonnen hat, dass sie fortgesetzt werde.

**§ 400 Befugnisse des mit der Beweisaufnahme betrauten Richters.** Der mit der Beweisaufnahme betraute Richter ist ermächtigt, im Falle des Nichterscheinens oder der Zeugnisverweigerung die gesetzlichen Verfügungen zu treffen, auch sie, soweit dies überhaupt zulässig ist, selbst nach Erledigung des Auftrages wieder aufzuheben, über die Zulässigkeit einer dem Zeugen vorgelegten Frage vorläufig zu entscheiden und die nochmalige Vernehmung eines Zeugen vorzunehmen.

**§ 401 Zeugenentschädigung.** Der Zeuge wird nach dem Justizvergütungs- und -entschädigungsgesetz[1] entschädigt.

**Titel 8. Beweis durch Sachverständige**

**§ 402 Anwendbarkeit der Vorschriften für Zeugen.** Für den Beweis durch Sachverständige gelten die Vorschriften über den Beweis durch Zeugen entsprechend, insoweit nicht in den nachfolgenden Paragraphen abweichende Vorschriften enthalten sind.

**§ 403 Beweisantritt.** Der Beweis wird durch die Bezeichnung der zu begutachtenden Punkte angetreten.

**§ 404[2] Sachverständigenauswahl.** (1) [1]Die Auswahl der zuzuziehenden Sachverständigen und die Bestimmung ihrer Anzahl erfolgt durch das Prozessgericht. [2]Es kann sich auf die Ernennung eines einzigen Sachverständigen beschränken. [3]An Stelle der zuerst ernannten Sachverständigen kann es andere ernennen.

(2) Vor der Ernennung können die Parteien zur Person des Sachverständigen gehört werden.

(3) Sind für gewisse Arten von Gutachten Sachverständige öffentlich bestellt, so sollen andere Personen nur dann gewählt werden, wenn besondere Umstände es erfordern.

(4) Das Gericht kann die Parteien auffordern, Personen zu bezeichnen, die geeignet sind, als Sachverständige vernommen zu werden.

(5) Einigen sich die Parteien über bestimmte Personen als Sachverständige, so hat das Gericht dieser Einigung Folge zu geben; das Gericht kann jedoch die Wahl der Parteien auf eine bestimmte Anzahl beschränken.

---

[1] Nr. **116**.

[2] § 404 Abs. 2 eingef., bish. Abs. 2–4 werden Abs. 3–5 mWv 15.10.2016 durch G v. 11.10.2016 (BGBl. I S. 2222).

**§ 404a Leitung der Tätigkeit des Sachverständigen.** (1) Das Gericht hat die Tätigkeit des Sachverständigen zu leiten und kann ihm für Art und Umfang seiner Tätigkeit Weisungen erteilen.

(2) Soweit es die Besonderheit des Falles erfordert, soll das Gericht den Sachverständigen vor Abfassung der Beweisfrage hören, ihn in seine Aufgabe einweisen und ihm auf Verlangen den Auftrag erläutern.

(3) Bei streitigem Sachverhalt bestimmt das Gericht, welche Tatsachen der Sachverständige der Begutachtung zugrunde legen soll.

(4) Soweit es erforderlich ist, bestimmt das Gericht, in welchem Umfang der Sachverständige zur Aufklärung der Beweisfrage befugt ist, inwieweit er mit den Parteien in Verbindung treten darf und wann er ihnen die Teilnahme an seinen Ermittlungen zu gestatten hat.

(5) [1] Weisungen an den Sachverständigen sind den Parteien mitzuteilen. [2] Findet ein besonderer Termin zur Einweisung des Sachverständigen statt, so ist den Parteien die Teilnahme zu gestatten.

**§ 405 Auswahl durch den mit der Beweisaufnahme betrauten Richter.** [1] Das Prozessgericht kann den mit der Beweisaufnahme betrauten Richter zur Ernennung der Sachverständigen ermächtigen. [2] Er hat in diesem Falle die Befugnisse und Pflichten des Prozessgerichts nach den §§ 404, 404a.

**§ 406 Ablehnung eines Sachverständigen.** (1) [1] Ein Sachverständiger kann aus denselben Gründen, die zur Ablehnung eines Richters berechtigen, abgelehnt werden. [2] Ein Ablehnungsgrund kann jedoch nicht daraus entnommen werden, dass der Sachverständige als Zeuge vernommen worden ist.

(2) [1] Der Ablehnungsantrag ist bei dem Gericht oder Richter, von dem der Sachverständige ernannt ist, vor seiner Vernehmung zu stellen, spätestens jedoch binnen zwei Wochen nach Verkündung oder Zustellung des Beschlusses über die Ernennung. [2] Zu einem späteren Zeitpunkt ist die Ablehnung nur zulässig, wenn der Antragsteller glaubhaft macht, dass er ohne sein Verschulden verhindert war, den Ablehnungsgrund früher geltend zu machen. [3] Der Antrag kann vor der Geschäftsstelle zu Protokoll erklärt werden.

(3) Der Ablehnungsgrund ist glaubhaft zu machen; zur Versicherung an Eides statt darf die Partei nicht zugelassen werden.

(4) Die Entscheidung ergeht von dem im zweiten Absatz bezeichneten Gericht oder Richter durch Beschluss.

(5) Gegen den Beschluss, durch den die Ablehnung für begründet erklärt wird, findet kein Rechtsmittel, gegen den Beschluss, durch den sie für unbegründet erklärt wird, findet sofortige Beschwerde statt.

**§ 407 Pflicht zur Erstattung des Gutachtens.** (1) Der zum Sachverständigen Ernannte hat der Ernennung Folge zu leisten, wenn er zur Erstattung von Gutachten der erforderten Art öffentlich bestellt ist oder wenn er die Wissenschaft, die Kunst oder das Gewerbe, deren Kenntnis Voraussetzung der Begutachtung ist, öffentlich zum Erwerb ausübt oder wenn er zur Ausübung derselben öffentlich bestellt oder ermächtigt ist.

(2) Zur Erstattung des Gutachtens ist auch derjenige verpflichtet, der sich hierzu vor Gericht bereit erklärt hat.

**§ 407a**[1] **Weitere Pflichten des Sachverständigen.** (1) [1] Der Sachverständige hat unverzüglich zu prüfen, ob der Auftrag in sein Fachgebiet fällt und ohne die Hinzuziehung weiterer Sachverständiger sowie innerhalb der vom Gericht gesetzten Frist erledigt werden kann. [2] Ist das nicht der Fall, so hat der Sachverständige das Gericht unverzüglich zu verständigen.

(2) [1] Der Sachverständige hat unverzüglich zu prüfen, ob ein Grund vorliegt, der geeignet ist, Misstrauen gegen seine Unparteilichkeit zu rechtfertigen. [2] Der Sachverständige hat dem Gericht solche Gründe unverzüglich mitzuteilen. [3] Unterlässt er dies, kann gegen ihn ein Ordnungsgeld festgesetzt werden.

(3) [1] Der Sachverständige ist nicht befugt, den Auftrag auf einen anderen zu übertragen. [2] Soweit er sich der Mitarbeit einer anderen Person bedient, hat er diese namhaft zu machen und den Umfang ihrer Tätigkeit anzugeben, falls es sich nicht um Hilfsdienste von untergeordneter Bedeutung handelt.

(4) [1] Hat der Sachverständige Zweifel an Inhalt und Umfang des Auftrages, so hat er unverzüglich eine Klärung durch das Gericht herbeizuführen. [2] Erwachsen voraussichtlich Kosten, die erkennbar außer Verhältnis zum Wert des Streitgegenstandes stehen oder einen angeforderten Kostenvorschuss erheblich übersteigen, so hat der Sachverständige rechtzeitig hierauf hinzuweisen.

(5) [1] Der Sachverständige hat auf Verlangen des Gerichts die Akten und sonstige für die Begutachtung beigezogene Unterlagen sowie Untersuchungsergebnisse unverzüglich herauszugeben oder mitzuteilen. [2] Kommt er dieser Pflicht nicht nach, so ordnet das Gericht die Herausgabe an.

(6) Das Gericht soll den Sachverständigen auf seine Pflichten hinweisen.

**§ 408 Gutachtenverweigerungsrecht.** (1) [1] Dieselben Gründe, die einen Zeugen berechtigen, das Zeugnis zu verweigern, berechtigen einen Sachverständigen zur Verweigerung des Gutachtens. [2] Das Gericht kann auch aus anderen Gründen einen Sachverständigen von der Verpflichtung zur Erstattung des Gutachtens entbinden.

(2)[2] [1] Für die Vernehmung eines Richters, Beamten oder einer anderen Person des öffentlichen Dienstes als Sachverständigen gelten die besonderen beamtenrechtlichen Vorschriften. [2] Für die Mitglieder der Bundes- oder einer Landesregierung gelten die für sie maßgebenden besonderen Vorschriften.

(3) Wer bei einer richterlichen Entscheidung mitgewirkt hat, soll über Fragen, die den Gegenstand der Entscheidung gebildet haben, nicht als Sachverständiger vernommen werden.

**§ 409 Folgen des Ausbleibens oder der Gutachtenverweigerung.**

(1) [1] Wenn ein Sachverständiger nicht erscheint oder sich weigert, ein Gutachten zu erstatten, obgleich er dazu verpflichtet ist, oder wenn er Akten oder sonstige Unterlagen zurückbehält, werden ihm die dadurch verursachten Kosten auferlegt. [2] Zugleich wird gegen ihn ein Ordnungsgeld festgesetzt. [3] Im Falle wiederholten Ungehorsams kann das Ordnungsgeld noch einmal festgesetzt werden.

(2) Gegen den Beschluss findet sofortige Beschwerde statt.

---

[1] § 407a Abs. 1 Satz 1 geänd., Abs. 2 eingef., bish. Abs. 2–5 werden Abs. 3–6 mWv 15.10.2016 durch G v. 11.10.2016 (BGBl. I S. 2222).

[2] Vgl. hierzu die Anmerkungen zu § 376.

**§ 410 Sachverständigenbeeidigung.** (1) [1]Der Sachverständige wird vor oder nach Erstattung des Gutachtens beeidigt. [2]Die Eidesnorm geht dahin, dass der Sachverständige das von ihm erforderte Gutachten unparteiisch und nach bestem Wissen und Gewissen erstatten werde oder erstattet habe.

(2) Ist der Sachverständige für die Erstattung von Gutachten der betreffenden Art im allgemeinen beeidigt, so genügt die Berufung auf den geleisteten Eid; sie kann auch in einem schriftlichen Gutachten erklärt werden.

**§ 411[1)] Schriftliches Gutachten.** (1)[2)] Wird schriftliche Begutachtung angeordnet, setzt das Gericht dem Sachverständigen eine Frist, innerhalb derer er das von ihm unterschriebene Gutachten zu übermitteln hat.

(2)[2)] [1]Versäumt ein zur Erstattung des Gutachtens verpflichteter Sachverständiger die Frist, so soll gegen ihn ein Ordnungsgeld festgesetzt werden. [2]Das Ordnungsgeld muss vorher unter Setzung einer Nachfrist angedroht werden. [3]Im Falle wiederholter Fristversäumnis kann das Ordnungsgeld in der gleichen Weise noch einmal festgesetzt werden. [4]Das einzelne Ordnungsgeld darf 3 000 Euro nicht übersteigen. [5]§ 409 Abs. 2 gilt entsprechend.

(3) [1]Das Gericht kann das Erscheinen des Sachverständigen anordnen, damit er das schriftliche Gutachten erläutere. [2]Das Gericht kann auch eine schriftliche Erläuterung oder Ergänzung des Gutachtens anordnen.

(4) [1]Die Parteien haben dem Gericht innerhalb eines angemessenen Zeitraums ihre Einwendungen gegen das Gutachten, die Begutachtung betreffende Anträge und Ergänzungsfragen zu dem schriftlichen Gutachten mitzuteilen. [2]Das Gericht kann ihnen hierfür eine Frist setzen; § 296 Abs. 1, 4 gilt entsprechend.

**§ 411a[3)] Verwertung von Sachverständigengutachten aus anderen Verfahren.** Die schriftliche Begutachtung kann durch die Verwertung eines gerichtlich oder staatsanwaltschaftlich eingeholten Sachverständigengutachtens aus einem anderen Verfahren ersetzt werden.

**§ 412 Neues Gutachten.** (1) Das Gericht kann eine neue Begutachtung durch dieselben oder durch andere Sachverständige anordnen, wenn es das Gutachten für ungenügend erachtet.

(2) Das Gericht kann die Begutachtung durch einen anderen Sachverständigen anordnen, wenn ein Sachverständiger nach Erstattung des Gutachtens mit Erfolg abgelehnt ist.

**§ 413 Sachverständigenvergütung.** Der Sachverständige erhält eine Vergütung nach dem Justizvergütungs- und -entschädigungsgesetz[4)].

**§ 414 Sachverständige Zeugen.** Insoweit zum Beweis vergangener Tatsachen oder Zustände, zu deren Wahrnehmung eine besondere Sachkunde erfor-

---

1) § 411 Abs. 1 neu gef. mWv 31.12.2006 durch G v. 22.12.2006 (BGBl. I S. 3416); Abs. 1 und 2 Satz 1 geänd., Satz 4 eingef., bish. Satz 4 wird Satz 5, Abs. 3 Satz 2 angef. mWv 15.10.2016 durch G v. 11.10.2016 (BGBl. I S. 2222).

2) Beachte hierzu Übergangsvorschrift in § 41 EGZPO (Nr. **101**).

3) § 411a neu gef. mWv 31.12.2006 durch G v. 22.12.2006 (BGBl. I S. 3416).

4) Nr. **116**.

derlich war, sachkundige Personen zu vernehmen sind, kommen die Vorschriften über den Zeugenbeweis zur Anwendung.

### Titel 9. Beweis durch Urkunden

**§ 415 Beweiskraft öffentlicher Urkunden über Erklärungen.** (1) Urkunden, die von einer öffentlichen Behörde innerhalb der Grenzen ihrer Amtsbefugnisse oder von einer mit öffentlichem Glauben versehenen Person innerhalb des ihr zugewiesenen Geschäftskreises in der vorgeschriebenen Form aufgenommen sind (öffentliche Urkunden), begründen, wenn sie über eine vor der Behörde oder der Urkundsperson abgegebene Erklärung errichtet sind, vollen Beweis des durch die Behörde oder die Urkundsperson beurkundeten Vorganges.

(2) Der Beweis, dass der Vorgang unrichtig beurkundet sei, ist zulässig.

**§ 416 Beweiskraft von Privaturkunden.** Privaturkunden begründen, sofern sie von den Ausstellern unterschrieben oder mittels notariell beglaubigten Handzeichens unterzeichnet sind, vollen Beweis dafür, dass die in ihnen enthaltenen Erklärungen von den Ausstellern abgegeben sind.

*(Fortsetzung nächstes Blatt)*

**§ 416a[1)] Beweiskraft des Ausdrucks eines öffentlichen elektronischen Dokuments.** Der mit einem Beglaubigungsvermerk versehene Ausdruck eines öffentlichen elektronischen Dokuments gemäß § 371a Absatz 3, den eine öffentliche Behörde innerhalb der Grenzen ihrer Amtsbefugnisse oder eine mit öffentlichem Glauben versehene Person innerhalb des ihr zugewiesenen Geschäftskreises in der vorgeschriebenen Form erstellt hat, sowie der Ausdruck eines gerichtlichen elektronischen Dokuments, der einen Vermerk des zuständigen Gerichts gemäß § 298 Absatz 3 enthält, stehen einer öffentlichen Urkunde in beglaubigter Abschrift gleich.

**§ 417 Beweiskraft öffentlicher Urkunden über amtliche Anordnung, Verfügung oder Entscheidung.** Die von einer Behörde ausgestellten, eine amtliche Anordnung, Verfügung oder Entscheidung enthaltenden öffentlichen Urkunden begründen vollen Beweis ihres Inhalts.

**§ 418 Beweiskraft öffentlicher Urkunden mit anderem Inhalt.**

(1) Öffentliche Urkunden, die einen anderen als den in den §§ 415, 417 bezeichneten Inhalt haben, begründen vollen Beweis der darin bezeugten Tatsachen.

(2) Der Beweis der Unrichtigkeit der bezeugten Tatsachen ist zulässig, sofern nicht die Landesgesetze diesen Beweis ausschließen oder beschränken.

(3) Beruht das Zeugnis nicht auf eigener Wahrnehmung der Behörde oder der Urkundsperson, so ist die Vorschrift des ersten Absatzes nur dann anzuwenden, wenn sich aus den Landesgesetzen ergibt, dass die Beweiskraft des Zeugnisses von der eigenen Wahrnehmung unabhängig ist.

**§ 419 Beweiskraft mangelbehafteter Urkunden.** Inwiefern Durchstreichungen, Radierungen, Einschaltungen oder sonstige äußere Mängel die Beweiskraft einer Urkunde ganz oder teilweise aufheben oder mindern, entscheidet das Gericht nach freier Überzeugung.

**§ 420 Vorlegung durch Beweisführer; Beweisantritt.** Der Beweis wird durch die Vorlegung der Urkunde angetreten.

**§ 421 Vorlegung durch den Gegner; Beweisantritt.** Befindet sich die Urkunde nach der Behauptung des Beweisführers in den Händen des Gegners, so wird der Beweis durch den Antrag angetreten, dem Gegner die Vorlegung der Urkunde aufzugeben.

**§ 422 Vorlegungspflicht des Gegners nach bürgerlichem Recht.** Der Gegner ist zur Vorlegung der Urkunde verpflichtet, wenn der Beweisführer nach den Vorschriften des bürgerlichen Rechts[2)] die Herausgabe oder die Vorlegung der Urkunde verlangen kann.

**§ 423 Vorlegungspflicht des Gegners bei Bezugnahme.** Der Gegner ist auch zur Vorlegung der in seinen Händen befindlichen Urkunden verpflichtet,

---

[1)] § 416a geänd. mWv 1.7.2014 und mWv 1.1.2018 durch G v. 10.10.2013 (BGBl. I S. 3786).

[2)] Vgl. z.B. §§ 259, 371, 402, 666, 667, 716, 810 (wichtigste Bestimmung) BGB (Nr. **20**) und §§ 118, 157 HGB (Nr. **50**).

auf die er im Prozess zur Beweisführung Bezug genommen hat, selbst wenn es nur in einem vorbereitenden Schriftsatz geschehen ist.

**§ 424 Antrag bei Vorlegung durch Gegner.** Der Antrag soll enthalten:

1. die Bezeichnung der Urkunde;
2. die Bezeichnung der Tatsachen, die durch die Urkunde bewiesen werden sollen;
3. die möglichst vollständige Bezeichnung des Inhalts der Urkunde;
4. die Angabe der Umstände, auf welche die Behauptung sich stützt, dass die Urkunde sich in dem Besitz des Gegners befindet;
5. die Bezeichnung des Grundes, der die Verpflichtung zur Vorlegung der Urkunde ergibt. Der Grund ist glaubhaft zu machen.

**§ 425 Anordnung der Vorlegung durch Gegner.** Erachtet das Gericht die Tatsache, die durch die Urkunde bewiesen werden soll, für erheblich und den Antrag für begründet, so ordnet es, wenn der Gegner zugesteht, dass die Urkunde sich in seinen Händen befinde, oder wenn der Gegner sich über den Antrag nicht erklärt, die Vorlegung der Urkunde an.

**§ 426 Vernehmung des Gegners über den Verbleib.** [1] Bestreitet der Gegner, dass die Urkunde sich in seinem Besitz befinde, so ist er über ihren Verbleib zu vernehmen. [2] In der Ladung zum Vernehmungstermin ist ihm aufzugeben, nach dem Verbleib der Urkunde sorgfältig zu forschen. [3] Im Übrigen gelten die Vorschriften der §§ 449 bis 454 entsprechend. [4] Gelangt das Gericht zu der Überzeugung, dass sich die Urkunde im Besitz des Gegners befindet, so ordnet es die Vorlegung an.

**§ 427 Folgen der Nichtvorlegung durch Gegner.** [1] Kommt der Gegner der Anordnung, die Urkunde vorzulegen, nicht nach oder gelangt das Gericht im Falle des § 426 zu der Überzeugung, dass er nach dem Verbleib der Urkunde nicht sorgfältig geforscht habe, so kann eine vom Beweisführer beigebrachte Abschrift der Urkunde als richtig angesehen werden. [2] Ist eine Abschrift der Urkunde nicht beigebracht, so können die Behauptungen des Beweisführers über die Beschaffenheit und den Inhalt der Urkunde als bewiesen angenommen werden.

**§ 428 Vorlegung durch Dritte; Beweisantritt.** Befindet sich die Urkunde nach der Behauptung des Beweisführers im Besitz eines Dritten, so wird der Beweis durch den Antrag angetreten, zur Herbeischaffung der Urkunde eine Frist zu bestimmen oder eine Anordnung nach § 142 zu erlassen.

**§ 429 Vorlegungspflicht Dritter.** [1] Der Dritte ist aus denselben Gründen wie der Gegner des Beweisführers zur Vorlegung einer Urkunde verpflichtet; er kann zur Vorlegung nur im Wege der Klage genötigt werden. [2] § 142 bleibt unberührt.

**§ 430 Antrag bei Vorlegung durch Dritte.** Zur Begründung des nach § 428 zu stellenden Antrages hat der Beweisführer den Erfordernissen des § 424 Nr. 1 bis 3, 5 zu genügen und außerdem glaubhaft zu machen, dass die Urkunde sich in den Händen des Dritten befinde.

**§ 431. Vorlegungsfrist bei Vorlegung durch Dritte.** (1) Ist die Tatsache, die durch die Urkunde bewiesen werden soll, erheblich und entspricht der Antrag den Vorschriften des vorstehenden Paragraphen, so hat das Gericht durch Beschluss eine Frist zur Vorlegung der Urkunde zu bestimmen.

(2) Der Gegner kann die Fortsetzung des Verfahrens vor dem Ablauf der Frist beantragen, wenn die Klage gegen den Dritten erledigt ist oder wenn der Beweisführer die Erhebung der Klage oder die Betreibung des Prozesses oder der Zwangsvollstreckung verzögert.

**§ 432. Vorlegung durch Behörden oder Beamte; Beweisantritt.** (1) Befindet sich die Urkunde nach der Behauptung des Beweisführers in den Händen einer öffentlichen Behörde oder eines öffentlichen Beamten, so wird der Beweis durch den Antrag angetreten, die Behörde oder den Beamten um die Mitteilung der Urkunde zu ersuchen.

(2) Diese Vorschrift ist auf Urkunden, welche die Parteien nach den gesetzlichen Vorschriften ohne Mitwirkung des Gerichts zu beschaffen imstande sind, nicht anzuwenden.

(3) Verweigert die Behörde oder der Beamte die Mitteilung der Urkunde in Fällen, in denen eine Verpflichtung zur Vorlegung auf § 422 gestützt wird, so gelten die Vorschriften der §§ 428 bis 431.

**§ 433.** (weggefallen)

**§ 434. Vorlegung vor beauftragtem oder ersuchtem Richter.** Wenn eine Urkunde bei der mündlichen Verhandlung wegen erheblicher Hindernisse nicht vorgelegt werden kann oder wenn es bedenklich erscheint, sie wegen ihrer Wichtigkeit und der Besorgnis ihres Verlustes oder ihrer Beschädigung vorzulegen, so kann das Prozessgericht anordnen, dass sie vor einem seiner Mitglieder oder vor einem anderen Gericht vorgelegt werde.

**§ 435. Vorlegung öffentlicher Urkunden in Urschrift oder beglaubigter Abschrift.** [1] Eine öffentliche Urkunde kann in Urschrift oder in einer beglaubigten Abschrift, die hinsichtlich der Beglaubigung die Erfordernisse einer öffentlichen Urkunde an sich trägt, vorgelegt werden; das Gericht kann jedoch anordnen, dass der Beweisführer die Urschrift vorlege oder die Tatsachen angebe und glaubhaft mache, die ihn an der Vorlegung der Urschrift verhindern. [2] Bleibt die Anordnung erfolglos, so entscheidet das Gericht nach freier Überzeugung, welche Beweiskraft der beglaubigten Abschrift beizulegen sei.

**§ 436. Verzicht nach Vorlegung.** Der Beweisführer kann nach der Vorlegung einer Urkunde nur mit Zustimmung des Gegners auf dieses Beweismittel verzichten.

**§ 437. Echtheit inländischer öffentlicher Urkunden.** (1) Urkunden, die nach Form und Inhalt als von einer öffentlichen Behörde oder von einer mit öffentlichem Glauben versehenen Person errichtet sich darstellen, haben die Vermutung der Echtheit für sich.

(2) Das Gericht kann, wenn es die Echtheit für zweifelhaft hält, auch von Amts wegen die Behörde oder die Person, von der die Urkunde errichtet sein soll, zu einer Erklärung über die Echtheit veranlassen.

**§ 438. Echtheit ausländischer öffentlicher Urkunden.** (1) Ob eine Urkunde, die als von einer ausländischen Behörde oder von einer mit öffentlichem Glauben versehenen Person des Auslandes errichtet sich darstellt, ohne näheren Nachweis als echt anzusehen sei, hat das Gericht nach den Umständen des Falles zu ermessen.

(2) Zum Beweis der Echtheit einer solchen Urkunde genügt die Legalisation durch einen Konsul oder Gesandten des Bundes.

**§ 439. Erklärung über Echtheit von Privaturkunden.** (1) Über die Echtheit einer Privaturkunde hat sich der Gegner des Beweisführers nach der Vorschrift des § 138 zu erklären.

(2) Befindet sich unter der Urkunde eine Namensunterschrift, so ist die Erklärung auf die Echtheit der Unterschrift zu richten.

(3) Wird die Erklärung nicht abgegeben, so ist die Urkunde als anerkannt anzusehen, wenn nicht die Absicht, die Echtheit bestreiten zu wollen, aus den übrigen Erklärungen der Partei hervorgeht.

**§ 440. Beweis der Echtheit von Privaturkunden.** (1) Die Echtheit einer nicht anerkannten Privaturkunde ist zu beweisen.

(2) Steht die Echtheit der Namensunterschrift fest oder ist das unter einer Urkunde befindliche Handzeichen notariell beglaubigt, so hat die über der Unterschrift oder dem Handzeichen stehende Schrift die Vermutung der Echtheit für sich.

**§ 441. Schriftvergleichung.** (1) Der Beweis der Echtheit oder Unechtheit einer Urkunde kann auch durch Schriftvergleichung geführt werden.

(2) In diesem Fall hat der Beweisführer zur Vergleichung geeignete Schriften vorzulegen oder ihre Mitteilung nach der Vorschrift des § 432 zu beantragen und erforderlichenfalls den Beweis ihrer Echtheit anzutreten.

(3) [1] Befinden sich zur Vergleichung geeignete Schriften in den Händen des Gegners, so ist dieser auf Antrag des Beweisführers zur Vorlegung verpflichtet. [2] Die Vorschriften der §§ 421 bis 426 gelten entsprechend. [3] Kommt der Gegner der Anordnung, die zur Vergleichung geeigneten Schriften vorzulegen, nicht nach oder gelangt das Gericht im Falle des § 426 zu der Überzeugung, dass der Gegner nach dem Verbleib der Schriften nicht sorgfältig geforscht habe, so kann die Urkunde als echt angesehen werden.

(4) Macht der Beweisführer glaubhaft, dass in den Händen eines Dritten geeignete Vergleichungsschriften sich befinden, deren Vorlegung er im Wege der Klage zu erwirken imstande sei, so gelten die Vorschriften des § 431 entsprechend.

**§ 442. Würdigung der Schriftvergleichung.** Über das Ergebnis der Schriftvergleichung hat das Gericht nach freier Überzeugung, geeignetenfalls nach Anhörung von Sachverständigen, zu entscheiden.

**§ 443. Verwahrung verdächtiger Urkunden.** Urkunden, deren Echtheit bestritten ist oder deren Inhalt verändert sein soll, werden bis zur Erledigung des Rechtsstreits auf der Geschäftsstelle verwahrt, sofern nicht ihre Auslieferung an eine andere Behörde im Interesse der öffentlichen Ordnung erforderlich ist.

**§ 444. Folgen der Beseitigung einer Urkunde.** Ist eine Urkunde von einer Partei in der Absicht, ihre Benutzung dem Gegner zu entziehen, beseitigt oder zur Benutzung untauglich gemacht, so können die Behauptungen des Gegners über die Beschaffenheit und den Inhalt der Urkunde als bewiesen angesehen werden.

### Titel 10. Beweis durch Parteivernehmung

**§ 445. Vernehmung des Gegners; Beweisantritt.** (1) Eine Partei, die den ihr obliegenden Beweis mit anderen Beweismitteln nicht vollständig geführt oder andere Beweismittel nicht vorgebracht hat, kann den Beweis dadurch antreten, dass sie beantragt, den Gegner über die zu beweisenden Tatsachen zu vernehmen.

(2) Der Antrag ist nicht zu berücksichtigen, wenn er Tatsachen betrifft, deren Gegenteil das Gericht für erwiesen erachtet.

**§ 446. Weigerung des Gegners.** Lehnt der Gegner ab, sich vernehmen zu lassen, oder gibt er auf Verlangen des Gerichts keine Erklärung ab, so hat das Gericht unter Berücksichtigung der gesamten Sachlage, insbesondere der für die Weigerung vorgebrachten Gründe, nach freier Überzeugung zu entscheiden, ob es die behauptete Tatsache als erwiesen ansehen will.

**§ 447. Vernehmung der beweispflichtigen Partei auf Antrag.** Das Gericht kann über eine streitige Tatsache auch die beweispflichtige Partei vernehmen, wenn eine Partei es beantragt und die andere damit einverstanden ist.

**§ 448. Vernehmung von Amts wegen.** Auch ohne Antrag einer Partei und ohne Rücksicht auf die Beweislast kann das Gericht, wenn das Ergebnis der Verhandlungen und einer etwaigen Beweisaufnahme nicht ausreicht, um seine Überzeugung von der Wahrheit oder Unwahrheit einer zu erweisenden Tatsache zu begründen, die Vernehmung einer Partei oder beider Parteien über die Tatsache anordnen.

**§ 449. Vernehmung von Streitgenossen.** Besteht die zu vernehmende Partei aus mehreren Streitgenossen, so bestimmt das Gericht nach Lage des Falles, ob alle oder nur einzelne Streitgenossen zu vernehmen sind.

**§ 450. Beweisbeschluss.** (1) [1]Die Vernehmung einer Partei wird durch Beweisbeschluss angeordnet. [2]Die Partei ist, wenn sie bei der Verkündung des Beschlusses nicht persönlich anwesend ist, zu der Vernehmung unter Mitteilung des Beweisbeschlusses von Amts wegen zu laden. [3]Die Ladung ist der Partei selbst mitzuteilen, auch wenn sie einen Prozessbevollmächtigten bestellt hat; der Zustellung bedarf die Ladung nicht.

(2) [1]Die Ausführung des Beschlusses kann ausgesetzt werden, wenn nach seinem Erlass über die zu beweisende Tatsache neue Beweismittel vorgebracht werden. [2]Nach Erhebung der neuen Beweise ist von der Parteivernehmung abzusehen, wenn das Gericht die Beweisfrage für geklärt erachtet.

**§ 451. Ausführung der Vernehmung.** Für die Vernehmung einer Partei gelten die Vorschriften der §§ 375, 376, 395 Abs. 1, Abs. 2 Satz 1 und der §§ 396, 397, 398 entsprechend.

**§ 452. Beeidigung der Partei.** (1) [1]Reicht das Ergebnis der unbeeidigten Aussage einer Partei nicht aus, um das Gericht von der Wahrheit oder Unwahrheit der zu erweisenden Tatsache zu überzeugen, so kann es anordnen, dass die Partei ihre Aussage zu beeidigen habe. [2]Waren beide Parteien vernommen, so kann die Beeidigung der Aussage über dieselben Tatsachen nur von einer Partei gefordert werden.

(2) Die Eidesnorm geht dahin, dass die Partei nach bestem Wissen die reine Wahrheit gesagt und nichts verschwiegen habe.

(3) Der Gegner kann auf die Beeidigung verzichten.

(4) Die Beeidigung einer Partei, die wegen wissentlicher Verletzung der Eidespflicht rechtskräftig verurteilt ist, ist unzulässig.

**§ 453. Beweiswürdigung bei Parteivernehmung.** (1) Das Gericht hat die Aussage der Partei nach § 286 frei zu würdigen.

(2) Verweigert die Partei die Aussage oder den Eid, so gilt § 446 entsprechend.

**§ 454. Ausbleiben der Partei.** (1) Bleibt die Partei in dem zu ihrer Vernehmung oder Beeidigung bestimmten Termin aus, so entscheidet das Gericht unter Berücksichtigung aller Umstände, insbesondere auch etwaiger von der Partei für ihr Ausbleiben angegebener Gründe, nach freiem Ermessen, ob die Aussage als verweigert anzusehen ist.

(2) War der Termin zur Vernehmung oder Beeidigung der Partei vor dem Prozessgericht bestimmt, so ist im Falle ihres Ausbleibens, wenn nicht das Gericht die Anberaumung eines neuen Vernehmungstermins für geboten erachtet, zur Hauptsache zu verhandeln.

**§ 455. Prozessunfähige.** (1) [1]Ist eine Partei nicht prozessfähig, so ist vorbehaltlich der Vorschrift im Absatz 2 ihr gesetzlicher Vertreter zu vernehmen. [2]Sind mehrere gesetzliche Vertreter vorhanden, so gilt § 449 entsprechend.

(2) [1]Minderjährige, die das 16. Lebensjahr vollendet haben, können über Tatsachen, die in ihren eigenen Handlungen bestehen oder Gegenstand ihrer Wahrnehmung gewesen sind, vernommen und auch nach § 452 beeidigt werden, wenn das Gericht dies nach den Umständen des Falles für angemessen erachtet. [2]Das Gleiche gilt von einer prozessfähigen Person, die in dem Rechtsstreit durch einen Betreuer oder Pfleger vertreten wird.

**§§ 456 bis 477.** (weggefallen)

### Titel 11. Abnahme von Eiden und Bekräftigungen

**§ 478. Eidesleistung in Person.** Der Eid muss von dem Schwurpflichtigen in Person geleistet werden.

**§ 479. Eidesleistung vor beauftragtem oder ersuchtem Richter.**
(1) Das Prozessgericht kann anordnen, dass der Eid vor einem seiner Mitglieder oder vor einem anderen Gericht geleistet werde, wenn der Schwurpflichtige am Erscheinen vor dem Prozessgericht verhindert ist oder sich in großer Entfernung von dessen Sitz aufhält und die Leistung des Eides nach § 128a Abs. 2 nicht stattfindet.

(2) Der Bundespräsident leistet den Eid in seiner Wohnung vor einem Mitglied des Prozessgerichts oder vor einem anderen Gericht.

**§ 480. Eidesbelehrung.** Vor der Leistung des Eides hat der Richter den Schwurpflichtigen in angemessener Weise über die Bedeutung des Eides sowie darüber zu belehren, dass er den Eid mit religiöser oder ohne religiöse Beteuerung leisten kann.

**§ 481. Eidesleistung; Eidesformel.** (1) Der Eid mit religiöser Beteuerung wird in der Weise geleistet, dass der Richter die Eidesnorm mit der Eingangsformel:
„Sie schwören bei Gott dem Allmächtigen und Allwissenden"
vorspricht und der Schwurpflichtige darauf die Worte spricht (Eidesformel):
„Ich schwöre es, so wahr mir Gott helfe."

(2) Der Eid ohne religiöse Beteuerung wird in der Weise geleistet, dass der Richter die Eidesnorm mit der Eingangsformel:
„Sie schwören"
vorspricht und der Schwurpflichtige darauf die Worte spricht (Eidesformel):
„Ich schwöre es."

(3) Gibt der Schwurpflichtige an, dass er als Mitglied einer Religions- oder Bekenntnisgemeinschaft eine Beteuerungsformel dieser Gemeinschaft verwenden wolle, so kann er diese dem Eid anfügen.

(4) Der Schwörende soll bei der Eidesleistung die rechte Hand erheben.

(5) Sollen mehrere Personen gleichzeitig einen Eid leisten, so wird die Eidesformel von jedem Schwurpflichtigen einzeln gesprochen.

**§ 482.** (weggefallen)

**§ 483. Eidesleistung sprach- oder hörbehinderter Personen.** (1) [1]Eine hör- oder sprachbehinderte Person leistet den Eid nach ihrer Wahl mittels Nachsprechens der Eidesformel, mittels Abschreibens und Unterschreibens der Eidesformel oder mit Hilfe einer die Verständigung ermöglichenden Person, die vom Gericht hinzuzuziehen ist. [2]Das Gericht hat die geeigneten technischen Hilfsmittel bereitzustellen. [3]Die hör- oder sprachbehinderte Person ist auf ihr Wahlrecht hinzuweisen.

(2) Das Gericht kann eine schriftliche Eidesleistung verlangen oder die Hinzuziehung einer die Verständigung ermöglichenden Person anordnen, wenn die hör- oder sprachbehinderte Person von ihrem Wahlrecht nach Absatz 1 keinen Gebrauch gemacht hat oder eine Eidesleistung in der nach Absatz 1 gewählten Form nicht oder nur mit unverhältnismäßigem Aufwand möglich ist.

**§ 484. Eidesgleiche Bekräftigung.** (1) [1]Gibt der Schwurpflichtige an, dass er aus Glaubens- oder Gewissensgründen keinen Eid leisten wolle, so hat er eine Bekräftigung abzugeben. [2]Diese Bekräftigung steht dem Eid gleich; hierauf ist der Verpflichtete hinzuweisen.

(2) Die Bekräftigung wird in der Weise abgegeben, dass der Richter die Eidesnorm als Bekräftigungsnorm mit der Eingangsformel:

„Sie bekräftigen im Bewusstsein Ihrer Verantwortung vor Gericht“ vorspricht und der Verpflichtete darauf spricht:
„Ja“.

(3) § 481 Abs. 3, 5, § 483 gelten entsprechend.

## Titel 12. Selbständiges Beweisverfahren

**§ 485. Zulässigkeit.** (1) Während oder außerhalb eines Streitverfahrens kann auf Antrag einer Partei die Einnahme des Augenscheins, die Vernehmung von Zeugen oder die Begutachtung durch einen Sachverständigen angeordnet werden, wenn der Gegner zustimmt oder zu besorgen ist, dass das Beweismittel verloren geht oder seine Benutzung erschwert wird.

(2) 1 Ist ein Rechtsstreit noch nicht anhängig, kann eine Partei die schriftliche Begutachtung durch einen Sachverständigen beantragen, wenn sie ein rechtliches Interesse daran hat, dass

1. der Zustand einer Person oder der Zustand oder Wert einer Sache,
2. die Ursache eines Personenschadens, Sachschadens oder Sachmangels,
3. der Aufwand für die Beseitigung eines Personenschadens, Sachschadens oder Sachmangels

festgestellt wird. 2 Ein rechtliches Interesse ist anzunehmen, wenn die Feststellung der Vermeidung eines Rechtsstreits dienen kann.

(3) Soweit eine Begutachtung bereits gerichtlich angeordnet worden ist, findet eine neue Begutachtung nur statt, wenn die Voraussetzungen des § 412 erfüllt sind.

**§ 486. Zuständiges Gericht.** (1) Ist ein Rechtsstreit anhängig, so ist der Antrag bei dem Prozessgericht zu stellen.

(2) 1 Ist ein Rechtsstreit noch nicht anhängig, so ist der Antrag bei dem Gericht zu stellen, das nach dem Vortrag des Antragstellers zur Entscheidung in der Hauptsache berufen wäre. 2 In dem nachfolgenden Streitverfahren kann sich der Antragsteller auf die Unzuständigkeit des Gerichts nicht berufen.

(3) In Fällen dringender Gefahr kann der Antrag auch bei dem Amtsgericht gestellt werden, in dessen Bezirk die zu vernehmende oder zu begutachtende Person sich aufhält oder die in Augenschein zu nehmende oder zu begutachtende Sache sich befindet.

(4) Der Antrag kann vor der Geschäftsstelle zu Protokoll erklärt werden.

**§ 487. Inhalt des Antrages.** Der Antrag muss enthalten:

1. die Bezeichnung des Gegners;
2. die Bezeichnung der Tatsachen, über die Beweis erhoben werden soll;
3. die Benennung der Zeugen oder die Bezeichnung der übrigen nach § 485 zulässigen Beweismittel;
4. die Glaubhaftmachung der Tatsachen, die die Zulässigkeit des selbständigen Beweisverfahrens und die Zuständigkeit des Gerichts begründen sollen.

**§§ 488 und 489.** (weggefallen)

**§ 490. Entscheidung über den Antrag.** (1) Über den Antrag entscheidet das Gericht durch Beschluss.

(2) [1]In dem Beschluss, durch welchen dem Antrag stattgegeben wird, sind die Tatsachen, über die der Beweis zu erheben ist, und die Beweismittel unter Benennung der zu vernehmenden Zeugen und Sachverständigen zu bezeichnen. [2]Der Beschluss ist nicht anfechtbar.

**§ 491. Ladung des Gegners.** (1) Der Gegner ist, sofern es nach den Umständen des Falles geschehen kann, unter Zustellung des Beschlusses und einer Abschrift des Antrags zu dem für die Beweisaufnahme bestimmten Termin so zeitig zu laden, dass er in diesem Termin seine Rechte wahrzunehmen vermag.

(2) Die Nichtbefolgung dieser Vorschrift steht der Beweisaufnahme nicht entgegen.

**§ 492. Beweisaufnahme.** (1) Die Beweisaufnahme erfolgt nach den für die Aufnahme des betreffenden Beweismittels überhaupt geltenden Vorschriften.

(2) Das Protokoll über die Beweisaufnahme ist bei dem Gericht, das sie angeordnet hat, aufzubewahren.

(3) Das Gericht kann die Parteien zur mündlichen Erörterung laden, wenn eine Einigung zu erwarten ist; ein Vergleich ist zu gerichtlichem Protokoll zu nehmen.

**§ 493. Benutzung im Prozess.** (1) Beruft sich eine Partei im Prozess auf Tatsachen, über die selbständig Beweis erhoben worden ist, so steht die selbständige Beweiserhebung einer Beweisaufnahme vor dem Prozessgericht gleich.

(2) War der Gegner in einem Termin im selbständigen Beweisverfahren nicht erschienen, so kann das Ergebnis nur benutzt werden, wenn der Gegner rechtzeitig geladen war.

**§ 494. Unbekannter Gegner.** (1) Wird von dem Beweisführer ein Gegner nicht bezeichnet, so ist der Antrag nur dann zulässig, wenn der Beweisführer glaubhaft macht, dass er ohne sein Verschulden außerstande sei, den Gegner zu bezeichnen.

(2) Wird dem Antrag stattgegeben, so kann das Gericht dem unbekannten Gegner zur Wahrnehmung seiner Rechte bei der Beweisaufnahme einen Vertreter bestellen.

**§ 494 a. Frist zur Klageerhebung.** (1) Ist ein Rechtsstreit nicht anhängig, hat das Gericht nach Beendigung der Beweiserhebung auf Antrag ohne mündliche Verhandlung anzuordnen, dass der Antragsteller binnen einer zu bestimmenden Frist Klage zu erheben hat.

(2) [1]Kommt der Antragsteller dieser Anordnung nicht nach, hat das Gericht auf Antrag durch Beschluss auszusprechen, dass er die dem Gegner entstandenen Kosten zu tragen hat. [2]Die Entscheidung unterliegt der sofortigen Beschwerde.

## Abschnitt 2. Verfahren vor den Amtsgerichten

**§ 495. Anzuwendende Vorschriften.** (1)[1] Für das Verfahren vor den Amtsgerichten gelten die Vorschriften über das Verfahren vor den Landgerichten, soweit nicht aus den allgemeinen Vorschriften des Buches 1, aus den nachfolgenden besonderen Bestimmungen und aus der Verfassung der Amtsgerichte sich Abweichungen ergeben.

**§ 495 a. Verfahren nach billigem Ermessen.** [1]Das Gericht kann sein Verfahren nach billigem Ermessen bestimmen, wenn der Streitwert 600 Euro nicht übersteigt. [2]Auf Antrag muss mündlich verhandelt werden.

**§ 496. Einreichung von Schriftsätzen; Erklärungen zu Protokoll.** Die Klage, die Klageerwiderung sowie sonstige Anträge und Erklärungen einer Partei, die zugestellt werden sollen, sind bei dem Gericht schriftlich einzureichen oder mündlich zum Protokoll der Geschäftsstelle anzubringen.

**§ 497. Ladungen.** (1) [1]Die Ladung des Klägers zu dem auf die Klage bestimmten Termin ist, sofern nicht das Gericht die Zustellung anordnet, ohne besondere Form mitzuteilen. [2]§ 270 Satz 2 gilt entsprechend.

(2) [1]Die Ladung einer Partei ist nicht erforderlich, wenn der Termin der Partei bei Einreichung oder Anbringung der Klage oder des Antrages, auf Grund dessen die Terminsbestimmung stattfindet, mitgeteilt worden ist. [2]Die Mitteilung ist zu den Akten zu vermerken.

**§ 498. Zustellung des Protokolls über die Klage.** Ist die Klage zum Protokoll der Geschäftsstelle angebracht worden, so wird an Stelle der Klageschrift das Protokoll zugestellt.

**§ 499. Belehrungen.** (1) Mit der Zustellung der Klageschrift oder des Protokolls über die Klage ist der Beklagte darüber zu belehren, dass eine Vertretung durch einen Rechtsanwalt nicht vorgeschrieben ist.

(2) Mit der Aufforderung nach § 276 ist der Beklagte auch über die Folgen eines schriftlich abgegebenen Anerkenntnisses zu belehren.

**§§ 499 a bis 503.** (weggefallen)

**§ 504. Hinweis bei Unzuständigkeit des Amtsgerichts.** Ist das Amtsgericht sachlich oder örtlich unzuständig, so hat es den Beklagten vor der Verhandlung zur Hauptsache darauf und auf die Folgen einer rügelosen Einlassung zur Hauptsache hinzuweisen.

**§ 505.** (weggefallen)

**§ 506. Nachträgliche sachliche Unzuständigkeit.** (1) Wird durch Widerklage oder durch Erweiterung des Klageantrages (§ 264 Nr. 2, 3) ein Anspruch erhoben, der zur Zuständigkeit der Landgerichte gehört, oder wird nach § 256 Abs. 2 die Feststellung eines Rechtsverhältnisses beantragt, für das die Landgerichte zuständig sind, so hat das Amtsgericht, sofern eine Partei vor

[1] Wortlaut amtlich.

weiterer Verhandlung zur Hauptsache darauf anträgt, durch Beschluss sich für unzuständig zu erklären und den Rechtsstreit an das Landgericht zu verweisen.

(2) Die Vorschriften des § 281 Abs. 2, Abs. 3 Satz 1 gelten entsprechend.

**§§ 507 bis 509.** (weggefallen)

**§ 510. Erklärung über Urkunden.** Wegen unterbliebener Erklärung ist eine Urkunde nur dann als anerkannt anzusehen, wenn die Partei durch das Gericht zur Erklärung über die Echtheit der Urkunde aufgefordert ist.

**§ 510a. Inhalt des Protokolls.** Andere Erklärungen einer Partei als Geständnisse und Erklärungen über einen Antrag auf Parteivernehmung sind im Protokoll festzustellen, soweit das Gericht es für erforderlich hält.

**§ 510b. Urteil auf Vornahme einer Handlung.** Erfolgt die Verurteilung zur Vornahme einer Handlung, so kann der Beklagte zugleich auf Antrag des Klägers für den Fall, dass die Handlung nicht binnen einer zu bestimmenden Frist vorgenommen ist, zur Zahlung einer Entschädigung verurteilt werden; das Gericht hat die Entschädigung nach freiem Ermessen festzusetzen.

**§ 510c.** (weggefallen)

# Buch 3. Rechtsmittel

## Abschnitt 1. Berufung

**§ 511. Statthaftigkeit der Berufung.** (1) Die Berufung findet gegen die im ersten Rechtszug erlassenen Endurteile statt.

(2) Die Berufung ist nur zulässig, wenn

1. der Wert des Beschwerdegegenstandes 600 Euro übersteigt[1)] oder
2. das Gericht des ersten Rechtszuges die Berufung im Urteil zugelassen hat.

(3) Der Berufungskläger hat den Wert nach Absatz 2 Nr. 1 glaubhaft zu machen; zur Versicherung an Eides statt darf er nicht zugelassen werden.

(4) [1]Das Gericht des ersten Rechtszuges lässt die Berufung zu, wenn

1. die Rechtssache grundsätzliche Bedeutung hat oder die Fortbildung des Rechts oder die Sicherung einer einheitlichen Rechtsprechung eine Entscheidung des Berufungsgerichts erfordert und
2. die Partei durch das Urteil mit nicht mehr als 600 Euro beschwert ist.

[2]Das Berufungsgericht ist an die Zulassung gebunden.

**§ 512. Vorentscheidungen im ersten Rechtszug.** Der Beurteilung des Berufungsgerichts unterliegen auch diejenigen Entscheidungen, die dem Endurteil vorausgegangen sind, sofern sie nicht nach den Vorschriften dieses Gesetzes unanfechtbar oder mit der sofortigen Beschwerde anfechtbar sind.

---

1) Beachte dazu § 9 G über das gerichtliche Verfahren in Binnenschiffahrtssachen v. 27. 9. 1952 (BGBl. I S. 641).

**§ 513. Berufungsgründe.** (1) Die Berufung kann nur darauf gestützt werden, dass die Entscheidung auf einer Rechtsverletzung (§ 546) beruht oder nach § 529 zugrunde zu legende Tatsachen eine andere Entscheidung rechtfertigen.

(2) Die Berufung kann nicht darauf gestützt werden, dass das Gericht des ersten Rechtszuges seine Zuständigkeit zu Unrecht angenommen hat.

**§ 514. Versäumnisurteile.** (1) Ein Versäumnisurteil kann von der Partei, gegen die es erlassen ist, mit der Berufung oder Anschlussberufung nicht angefochten werden.

(2) 1 Ein Versäumnisurteil, gegen das der Einspruch an sich nicht statthaft ist, unterliegt der Berufung oder Anschlussberufung insoweit, als sie darauf gestützt wird, dass der Fall der schuldhaften Versäumung nicht vorgelegen habe. 2 § 511 Abs. 2 ist nicht anzuwenden.

**§ 515. Verzicht auf Berufung.** Die Wirksamkeit eines Verzichts auf das Recht der Berufung ist nicht davon abhängig, dass der Gegner die Verzichtsleistung angenommen hat.

**§ 516. Zurücknahme der Berufung.** (1) Der Berufungskläger kann die Berufung bis zur Verkündung des Berufungsurteils zurücknehmen.

(2) 1 Die Zurücknahme ist dem Gericht gegenüber zu erklären. 2 Sie erfolgt, wenn sie nicht bei der mündlichen Verhandlung erklärt wird, durch Einreichung eines Schriftsatzes.

(3) 1 Die Zurücknahme hat den Verlust des eingelegten Rechtsmittels und die Verpflichtung zur Folge, die durch das Rechtsmittel entstandenen Kosten zu tragen. 2 Diese Wirkungen sind durch Beschluss auszusprechen.

**§ 517. Berufungsfrist.** Die Berufungsfrist beträgt einen Monat; sie ist eine Notfrist und beginnt mit der Zustellung des in vollständiger Form abgefassten Urteils, spätestens aber mit dem Ablauf von fünf Monaten nach der Verkündung.

**§ 518. Berufungsfrist bei Urteilsergänzung.** 1 Wird innerhalb der Berufungsfrist ein Urteil durch eine nachträgliche Entscheidung ergänzt (§ 321), so beginnt mit der Zustellung der nachträglichen Entscheidung der Lauf der Berufungsfrist auch für die Berufung gegen das zuerst ergangene Urteil von neuem. 2 Wird gegen beide Urteile von derselben Partei Berufung eingelegt, so sind beide Berufungen miteinander zu verbinden.

**§ 519. Berufungsschrift.** (1) Die Berufung wird durch Einreichung der Berufungsschrift bei dem Berufungsgericht eingelegt.

(2) Die Berufungsschrift muss enthalten:

1. die Bezeichnung des Urteils, gegen das die Berufung gerichtet wird;
2. die Erklärung, dass gegen dieses Urteil Berufung eingelegt werde.

(3) Mit der Berufungsschrift soll eine Ausfertigung oder beglaubigte Abschrift des angefochtenen Urteils vorgelegt werden.

(4) Die allgemeinen Vorschriften über die vorbereitenden Schriftsätze sind auch auf die Berufungsschrift anzuwenden.

**§ 520. Berufungsbegründung.** (1) Der Berufungskläger muss die Berufung begründen.

(2) [1]Die Frist für die Berufungsbegründung beträgt zwei Monate und beginnt mit der Zustellung des in vollständiger Form abgefassten Urteils, spätestens aber mit Ablauf von fünf Monaten nach der Verkündung. [2]Die Frist kann auf Antrag von dem Vorsitzenden verlängert werden, wenn der Gegner einwilligt. [3]Ohne Einwilligung kann die Frist um bis zu einem Monat verlängert werden, wenn nach freier Überzeugung des Vorsitzenden der Rechtsstreit durch die Verlängerung nicht verzögert wird oder wenn der Berufungskläger erhebliche Gründe darlegt.

(3) [1]Die Berufungsbegründung ist, sofern sie nicht bereits in der Berufungsschrift enthalten ist, in einem Schriftsatz bei dem Berufungsgericht einzureichen. [2]Die Berufungsbegründung muss enthalten:

1. die Erklärung, inwieweit das Urteil angefochten wird und welche Abänderungen des Urteils beantragt werden (Berufungsanträge);
2. die Bezeichnung der Umstände, aus denen sich die Rechtsverletzung und deren Erheblichkeit für die angefochtene Entscheidung ergibt;
3. die Bezeichnung konkreter Anhaltspunkte, die Zweifel an der Richtigkeit oder Vollständigkeit der Tatsachenfeststellungen im angefochtenen Urteil begründen und deshalb eine erneute Feststellung gebieten;
4. die Bezeichnung der neuen Angriffs- und Verteidigungsmittel sowie der Tatsachen, auf Grund derer die neuen Angriffs- und Verteidigungsmittel nach § 531 Abs. 2 zuzulassen sind.

(4) Die Berufungsbegründung soll ferner enthalten:

1. die Angabe des Wertes des nicht in einer bestimmten Geldsumme bestehenden Beschwerdegegenstandes, wenn von ihm die Zulässigkeit der Berufung abhängt;
2. eine Äußerung dazu, ob einer Entscheidung der Sache durch den Einzelrichter Gründe entgegenstehen.

(5) Die allgemeinen Vorschriften über die vorbereitenden Schriftsätze sind auch auf die Berufungsbegründung anzuwenden.

**§ 521. Zustellung der Berufungsschrift und -begründung.** (1) Die Berufungsschrift und die Berufungsbegründung sind der Gegenpartei zuzustellen.

(2) [1]Der Vorsitzende oder das Berufungsgericht kann der Gegenpartei eine Frist zur schriftlichen Berufungserwiderung und dem Berufungskläger eine Frist zur schriftlichen Stellungnahme auf die Berufungserwiderung setzen. [2]§ 277 gilt entsprechend.

**§ 522.**[1)] **Zulässigkeitsprüfung; Zurückweisungsbeschluss.** (1) [1]Das Berufungsgericht hat von Amts wegen zu prüfen, ob die Berufung an sich statthaft und ob sie in der gesetzlichen Form und Frist eingelegt und begründet ist. [2]Mangelt es an einem dieser Erfordernisse, so ist die Berufung als unzulässig zu verwerfen. [3]Die Entscheidung kann durch Beschluss ergehen. [4]Gegen den Beschluss findet die Rechtsbeschwerde statt.

(2) [1]Das Berufungsgericht soll die Berufung durch Beschluss unverzüglich zurückweisen, wenn es einstimmig davon überzeugt ist, dass

[1)] § 522 Abs. 2 Satz 1 neugef., Satz 4 angef., Abs. 3 neugef. durch Art. 1 G v. 21. 10. 2011 (BGBl. I S. 2082); beachte hierzu Übergangsvorschr. in § 38 a EGZPO; Nr. **101**.

1. die Berufung offensichtlich keine Aussicht auf Erfolg hat,
2. die Rechtssache keine grundsätzliche Bedeutung hat,
3. die Fortbildung des Rechts oder die Sicherung einer einheitlichen Rechtsprechung eine Entscheidung des Berufungsgerichts nicht erfordert und
4. eine mündliche Verhandlung nicht geboten ist.

2 Das Berufungsgericht oder der Vorsitzende hat zuvor die Parteien auf die beabsichtigte Zurückweisung der Berufung und die Gründe hierfür hinzuweisen und dem Berufungsführer binnen einer zu bestimmenden Frist Gelegenheit zur Stellungnahme zu geben. 3 Der Beschluss nach Satz 1 ist zu begründen, soweit die Gründe für die Zurückweisung nicht bereits in dem Hinweis nach Satz 2 enthalten sind. 4 Ein anfechtbarer Beschluss hat darüber hinaus eine Bezugnahme auf die tatsächlichen Feststellungen im angefochtenen Urteil mit Darstellung etwaiger Änderungen oder Ergänzungen zu enthalten.

(3) Gegen den Beschluss nach Absatz 2 Satz 1 steht dem Berufungsführer das Rechtsmittel zu, das bei einer Entscheidung durch Urteil zulässig wäre.

**§ 523. Terminsbestimmung.** (1) 1 Wird die Berufung nicht nach § 522 durch Beschluss verworfen oder zurückgewiesen, so entscheidet das Berufungsgericht über die Übertragung des Rechtsstreits auf den Einzelrichter. 2 Sodann ist unverzüglich Termin zur mündlichen Verhandlung zu bestimmen.

(2) Auf die Frist, die zwischen dem Zeitpunkt der Bekanntmachung des Termins und der mündlichen Verhandlung liegen muss, ist § 274 Abs. 3 entsprechend anzuwenden.

**§ 524. Anschlussberufung.** (1) 1 Der Berufungsbeklagte kann sich der Berufung anschließen. 2 Die Anschließung erfolgt durch Einreichung der Berufungsanschlussschrift bei dem Berufungsgericht.

(2) 1 Die Anschließung ist auch statthaft, wenn der Berufungsbeklagte auf die Berufung verzichtet hat oder die Berufungsfrist verstrichen ist. 2 Sie ist zulässig bis zum Ablauf der dem Berufungsbeklagten gesetzten Frist zur Berufungserwiderung. 3 Diese Frist gilt nicht, wenn die Anschließung eine Verurteilung zu künftig fällig werdenden wiederkehrenden Leistungen (§ 323) zum Gegenstand hat.

(3) 1 Die Anschlussberufung muss in der Anschlussschrift begründet werden. 2 Die Vorschriften des § 519 Abs. 2, 4 und des § 520 Abs. 3 sowie des § 521 gelten entsprechend.

(4) Die Anschließung verliert ihre Wirkung, wenn die Berufung zurückgenommen, verworfen oder durch Beschluss zurückgewiesen wird.

**§ 525. Allgemeine Verfahrensgrundsätze.** 1 Auf das weitere Verfahren sind die im ersten Rechtszuge für das Verfahren vor den Landgerichten geltenden Vorschriften entsprechend anzuwenden, soweit sich nicht Abweichungen aus den Vorschriften dieses Abschnitts ergeben. 2 Einer Güteverhandlung bedarf es nicht.

**§ 526. Entscheidender Richter.** (1) Das Berufungsgericht kann durch Beschluss den Rechtsstreit einem seiner Mitglieder als Einzelrichter zur Entscheidung übertragen, wenn

1. die angefochtene Entscheidung von einem Einzelrichter erlassen wurde,
2. die Sache keine besonderen Schwierigkeiten tatsächlicher oder rechtlicher Art aufweist,

3. die Rechtssache keine grundsätzliche Bedeutung hat und
4. nicht bereits im Haupttermin zur Hauptsache verhandelt worden ist, es sei denn, dass inzwischen ein Vorbehalts-, Teil- oder Zwischenurteil ergangen ist.

(2) [1]Der Einzelrichter legt den Rechtsstreit dem Berufungsgericht zur Entscheidung über eine Übernahme vor, wenn

1. sich aus einer wesentlichen Änderung der Prozesslage besondere tatsächliche oder rechtliche Schwierigkeiten der Sache oder die grundsätzliche Bedeutung der Rechtssache ergeben oder
2. die Parteien dies übereinstimmend beantragen.

[2]Das Berufungsgericht übernimmt den Rechtsstreit, wenn die Voraussetzungen nach Satz 1 Nr. 1 vorliegen. [3]Es entscheidet hierüber nach Anhörung der Parteien durch Beschluss. [4]Eine erneute Übertragung auf den Einzelrichter ist ausgeschlossen.

(3) Auf eine erfolgte oder unterlassene Übertragung, Vorlage oder Übernahme kann ein Rechtsmittel nicht gestützt werden.

(4) In Sachen der Kammer für Handelssachen kann Einzelrichter nur der Vorsitzende sein.

**§ 527. Vorbereitender Einzelrichter.** (1) [1]Wird der Rechtsstreit nicht nach § 526 dem Einzelrichter übertragen, kann das Berufungsgericht die Sache einem seiner Mitglieder als Einzelrichter zur Vorbereitung der Entscheidung zuweisen. [2]In der Kammer für Handelssachen ist Einzelrichter der Vorsitzende; außerhalb der mündlichen Verhandlung bedarf es einer Zuweisung nicht.

(2) [1]Der Einzelrichter hat die Sache so weit zu fördern, dass sie in einer mündlichen Verhandlung vor dem Berufungsgericht erledigt werden kann. [2]Er kann zu diesem Zweck einzelne Beweise erheben, soweit dies zur Vereinfachung der Verhandlung vor dem Berufungsgericht wünschenswert und von vornherein anzunehmen ist, dass das Berufungsgericht das Beweisergebnis auch ohne unmittelbaren Eindruck von dem Verlauf der Beweisaufnahme sachgemäß zu würdigen vermag.

(3) Der Einzelrichter entscheidet

1. über die Verweisung nach § 100 in Verbindung mit den §§ 97 bis 99 des Gerichtsverfassungsgesetzes;
2. bei Zurücknahme der Klage oder der Berufung, Verzicht auf den geltend gemachten Anspruch oder Anerkenntnis des Anspruchs;
3. bei Säumnis einer Partei oder beider Parteien;
4. über die Verpflichtung, die Prozesskosten zu tragen, sofern nicht das Berufungsgericht gleichzeitig mit der Hauptsache hierüber entscheidet;
5. über den Wert des Streitgegenstandes;
6. über Kosten, Gebühren und Auslagen.

(4) Im Einverständnis der Parteien kann der Einzelrichter auch im Übrigen entscheiden.

**§ 528. Bindung an die Berufungsanträge.** [1]Der Prüfung und Entscheidung des Berufungsgerichts unterliegen nur die Berufungsanträge. [2]Das Urteil des ersten Rechtszuges darf nur insoweit abgeändert werden, als eine Abänderung beantragt ist.

**§ 529. Prüfungsumfang des Berufungsgerichts.** (1) Das Berufungsgericht hat seiner Verhandlung und Entscheidung zugrunde zu legen:

1. die vom Gericht des ersten Rechtszuges festgestellten Tatsachen, soweit nicht konkrete Anhaltspunkte Zweifel an der Richtigkeit oder Vollständigkeit der entscheidungserheblichen Feststellungen begründen und deshalb eine erneute Feststellung gebieten;
2. neue Tatsachen, soweit deren Berücksichtigung zulässig ist.

(2) [1] Auf einen Mangel des Verfahrens, der nicht von Amts wegen zu berücksichtigen ist, wird das angefochtene Urteil nur geprüft, wenn dieser nach § 520 Abs. 3 geltend gemacht worden ist. [2] Im Übrigen ist das Berufungsgericht an die geltend gemachten Berufungsgründe nicht gebunden.

**§ 530. Verspätet vorgebrachte Angriffs- und Verteidigungsmittel.** Werden Angriffs- oder Verteidigungsmittel entgegen den §§ 520 und 521 Abs. 2 nicht rechtzeitig vorgebracht, so gilt § 296 Abs. 1 und 4 entsprechend.

**§ 531. Zurückgewiesene und neue Angriffs- und Verteidigungsmittel.** (1) Angriffs- und Verteidigungsmittel, die im ersten Rechtszuge zu Recht zurückgewiesen worden sind, bleiben ausgeschlossen.

(2) [1] Neue Angriffs- und Verteidigungsmittel sind nur zuzulassen, wenn sie

1. einen Gesichtspunkt betreffen, der vom Gericht des ersten Rechtszuges erkennbar übersehen oder für unerheblich gehalten worden ist,
2. infolge eines Verfahrensmangels im ersten Rechtszug nicht geltend gemacht wurden oder
3. im ersten Rechtszug nicht geltend gemacht worden sind, ohne dass dies auf einer Nachlässigkeit der Partei beruht.

[2] Das Berufungsgericht kann die Glaubhaftmachung der Tatsachen verlangen, aus denen sich die Zulässigkeit der neuen Angriffs- und Verteidigungsmittel ergibt.

**§ 532. Rügen der Unzulässigkeit der Klage.** [1] Verzichtbare Rügen, die die Zulässigkeit der Klage betreffen und die entgegen den §§ 520 und 521 Abs. 2 nicht rechtzeitig vorgebracht werden, sind nur zuzulassen, wenn die Partei die Verspätung genügend entschuldigt. [2] Dasselbe gilt für verzichtbare neue Rügen, die die Zulässigkeit der Klage betreffen, wenn die Partei sie im ersten Rechtszug hätte vorbringen können. [3] Der Entschuldigungsgrund ist auf Verlangen des Gerichts glaubhaft zu machen.

**§ 533. Klageänderung; Aufrechnungserklärung; Widerklage.** Klageänderung, Aufrechnungserklärung und Widerklage sind nur zulässig, wenn

1. der Gegner einwilligt oder das Gericht dies für sachdienlich hält und
2. diese auf Tatsachen gestützt werden können, die das Berufungsgericht seiner Verhandlung und Entscheidung über die Berufung ohnehin nach § 529 zugrunde zu legen hat.

**§ 534. Verlust des Rügerechts.** Die Verletzung einer das Verfahren des ersten Rechtszuges betreffenden Vorschrift kann in der Berufungsinstanz nicht mehr gerügt werden, wenn die Partei das Rügerecht bereits im ersten Rechtszuge nach der Vorschrift des § 295 verloren hat.

**§ 535. Gerichtliches Geständnis.** Das im ersten Rechtszuge abgelegte gerichtliche Geständnis behält seine Wirksamkeit auch für die Berufungsinstanz.

**§ 536. Parteivernehmung.** (1) Das Berufungsgericht darf die Vernehmung oder Beeidigung einer Partei, die im ersten Rechtszuge die Vernehmung abgelehnt oder die Aussage oder den Eid verweigert hatte, nur anordnen, wenn es der Überzeugung ist, dass die Partei zu der Ablehnung oder Weigerung genügende Gründe hatte und diese Gründe seitdem weggefallen sind.

(2) War eine Partei im ersten Rechtszuge vernommen und auf ihre Aussage beeidigt, so darf das Berufungsgericht die eidliche Vernehmung des Gegners nur anordnen, wenn die Vernehmung oder Beeidigung im ersten Rechtszuge unzulässig war.

**§ 537. Vorläufige Vollstreckbarkeit.** (1) [1]Ein nicht oder nicht unbedingt für vorläufig vollstreckbar erklärtes Urteil des ersten Rechtszuges ist, soweit es durch die Berufungsanträge nicht angefochten wird, auf Antrag von dem Berufungsgericht durch Beschluss für vorläufig vollstreckbar zu erklären. [2]Die Entscheidung ist erst nach Ablauf der Berufungsbegründungsfrist zulässig.

(2) Eine Anfechtung des Beschlusses findet nicht statt.

**§ 538. Zurückverweisung.** (1) Das Berufungsgericht hat die notwendigen Beweise zu erheben und in der Sache selbst zu entscheiden.

(2) [1]Das Berufungsgericht darf die Sache, soweit ihre weitere Verhandlung erforderlich ist, unter Aufhebung des Urteils und des Verfahrens an das Gericht des ersten Rechtszuges nur zurückverweisen,

1. soweit das Verfahren im ersten Rechtszuge an einem wesentlichen Mangel leidet und auf Grund dieses Mangels eine umfangreiche oder aufwändige Beweisaufnahme notwendig ist,
2. wenn durch das angefochtene Urteil ein Einspruch als unzulässig verworfen ist,
3. wenn durch das angefochtene Urteil nur über die Zulässigkeit der Klage entschieden ist,
4. wenn im Falle eines nach Grund und Betrag streitigen Anspruchs durch das angefochtene Urteil über den Grund des Anspruchs vorab entschieden oder die Klage abgewiesen ist, es sei denn, dass der Streit über den Betrag des Anspruchs zur Entscheidung reif ist,
5. wenn das angefochtene Urteil im Urkunden- oder Wechselprozess unter Vorbehalt der Rechte erlassen ist,
6. wenn das angefochtene Urteil ein Versäumnisurteil ist oder
7. wenn das angefochtene Urteil ein entgegen den Voraussetzungen des § 301 erlassenes Teilurteil ist

und eine Partei die Zurückverweisung beantragt. [2]Im Fall der Nummer 3 hat das Berufungsgericht sämtliche Rügen zu erledigen. [3]Im Fall der Nummer 7 bedarf es eines Antrags nicht.

**§ 539. Versäumnisverfahren.** (1) Erscheint der Berufungskläger im Termin zur mündlichen Verhandlung nicht, so ist seine Berufung auf Antrag durch Versäumnisurteil zurückzuweisen.

(2) [1]Erscheint der Berufungsbeklagte nicht und beantragt der Berufungskläger gegen ihn das Versäumnisurteil, so ist das zulässige tatsächliche Vorbringen des Berufungsklägers als zugestanden anzunehmen. [2]Soweit es den Berufungsantrag rechtfertigt, ist nach dem Antrag zu erkennen; soweit dies nicht der Fall ist, ist die Berufung zurückzuweisen.

(3) Im Übrigen gelten die Vorschriften über das Versäumnisverfahren im ersten Rechtszug sinngemäß.

**§ 540. Inhalt des Berufungsurteils.** (1) [1]Anstelle von Tatbestand und Entscheidungsgründen enthält das Urteil

1. die Bezugnahme auf die tatsächlichen Feststellungen im angefochtenen Urteil mit Darstellung etwaiger Änderungen oder Ergänzungen,
2. eine kurze Begründung für die Abänderung, Aufhebung oder Bestätigung der angefochtenen Entscheidung.

[2]Wird das Urteil in dem Termin, in dem die mündliche Verhandlung geschlossen worden ist, verkündet, so können die nach Satz 1 erforderlichen Darlegungen auch in das Protokoll aufgenommen werden.

(2) Die §§ 313a, 313b gelten entsprechend.

**§ 541. Prozessakten.** (1) [1]Die Geschäftsstelle des Berufungsgerichts hat, nachdem die Berufungsschrift eingereicht ist, unverzüglich von der Geschäftsstelle des Gerichts des ersten Rechtszuges die Prozessakten einzufordern. [2]Die Akten sind unverzüglich an das Berufungsgericht zu übersenden.

(2) Nach Erledigung der Berufung sind die Akten der Geschäftsstelle des Gerichts des ersten Rechtszuges nebst einer beglaubigten Abschrift der in der Berufungsinstanz ergangenen Entscheidung zurückzusenden.

## Abschnitt 2. Revision

**§ 542. Statthaftigkeit der Revision.** (1) Die Revision findet gegen die in der Berufungsinstanz erlassenen Endurteile nach Maßgabe der folgenden Vorschriften statt.

(2) [1]Gegen Urteile, durch die über die Anordnung, Abänderung oder Aufhebung eines Arrestes oder einer einstweiligen Verfügung entschieden worden ist, findet die Revision nicht statt. [2]Dasselbe gilt für Urteile über die vorzeitige Besitzeinweisung im Enteignungsverfahren oder im Umlegungsverfahren.

**§ 543. Zulassungsrevision.** (1) Die Revision findet nur statt, wenn sie

1. das Berufungsgericht in dem Urteil oder
2. das Revisionsgericht auf Beschwerde gegen die Nichtzulassung

zugelassen hat.

(2) [1] Die Revision ist zuzulassen, wenn
1. die Rechtssache grundsätzliche Bedeutung hat oder
2. die Fortbildung des Rechts oder die Sicherung einer einheitlichen Rechtsprechung eine Entscheidung des Revisionsgerichts erfordert.

[2] Das Revisionsgericht ist an die Zulassung durch das Berufungsgericht gebunden.

**§ 544[1)] Nichtzulassungsbeschwerde.** (1) Die Nichtzulassung der Revision durch das Berufungsgericht unterliegt der Beschwerde (Nichtzulassungsbeschwerde).

(2) Die Nichtzulassungsbeschwerde ist nur zulässig, wenn
1. der Wert der mit der Revision geltend zu machenden Beschwer 20 000 Euro übersteigt oder
2. das Berufungsgericht die Berufung als unzulässig verworfen hat.

(3) [1] Die Nichtzulassungsbeschwerde ist innerhalb einer Notfrist von einem Monat nach Zustellung des in vollständiger Form abgefassten Urteils, spätestens aber bis zum Ablauf von sechs Monaten nach der Verkündung des Urteils bei dem Revisionsgericht einzulegen. [2] Mit der Beschwerdeschrift soll eine Ausfertigung oder beglaubigte Abschrift des Urteils, gegen das die Revision eingelegt werden soll, vorgelegt werden.

(4) [1] Die Beschwerde ist innerhalb von zwei Monaten nach Zustellung des in vollständiger Form abgefassten Urteils, spätestens aber bis zum Ablauf von sieben Monaten nach der Verkündung des Urteils zu begründen. [2] § 551 Abs. 2 Satz 5 und 6 gilt entsprechend. [3] In der Begründung müssen die Zulassungsgründe (§ 543 Abs. 2) dargelegt werden.

(5) Das Revisionsgericht gibt dem Gegner des Beschwerdeführers Gelegenheit zur Stellungnahme.

(6) [1] Das Revisionsgericht entscheidet über die Beschwerde durch Beschluss. [2] Der Beschluss soll kurz begründet werden; von einer Begründung kann abgesehen werden, wenn sie nicht geeignet wäre, zur Klärung der Voraussetzungen beizutragen, unter denen eine Revision zuzulassen ist, oder wenn der Beschwerde stattgegeben wird. [3] Die Entscheidung über die Beschwerde ist den Parteien zuzustellen.

(7) [1] Die Einlegung der Beschwerde hemmt die Rechtskraft des Urteils. [2] § 719 Abs. 2 und 3 ist entsprechend anzuwenden. [3] Mit der Ablehnung der Beschwerde durch das Revisionsgericht wird das Urteil rechtskräftig.

(8) [1] Wird der Beschwerde gegen die Nichtzulassung der Revision stattgegeben, so wird das Beschwerdeverfahren als Revisionsverfahren fortgesetzt. [2] In diesem Fall gilt die form- und fristgerechte Einlegung der Nichtzulassungsbeschwerde als Einlegung der Revision. [3] Mit der Zustellung der Entscheidung beginnt die Revisionsbegründungsfrist.

(9) Hat das Berufungsgericht den Anspruch des Beschwerdeführers auf rechtliches Gehör in entscheidungserheblicher Weise verletzt, so kann das Revisionsgericht abweichend von Absatz 8 in dem der Beschwerde stattgebenden Beschluss das angefochtene Urteil aufheben und den Rechtsstreit zur neuen Verhandlung und Entscheidung an das Berufungsgericht zurückverweisen.

---

1) § 544 Abs. 1 neu gef., Abs. 2 und 3 eingef., bish. Abs. 2–7 werden Abs. 4–9, neuer Abs. 9 geänd. mWv 1.1. 2020 durch G v. 12.12.2019 (BGBl. I S. 2633).

**§ 545[1] Revisionsgründe.** (1) Die Revision kann nur darauf gestützt werden, dass die Entscheidung auf einer Verletzung des Rechts beruht.

(2) Die Revision kann nicht darauf gestützt werden, dass das Gericht des ersten Rechtszuges seine Zuständigkeit zu Unrecht angenommen oder verneint hat.

**§ 546 Begriff der Rechtsverletzung.** Das Recht ist verletzt, wenn eine Rechtsnorm nicht oder nicht richtig angewendet worden ist.

**§ 547 Absolute Revisionsgründe.** Eine Entscheidung ist stets als auf einer Verletzung des Rechts beruhend anzusehen,
1. wenn das erkennende Gericht nicht vorschriftsmäßig besetzt war;
2. wenn bei der Entscheidung ein Richter mitgewirkt hat, der von der Ausübung des Richteramts kraft Gesetzes ausgeschlossen war, sofern nicht dieses Hindernis mittels eines Ablehnungsgesuchs ohne Erfolg geltend gemacht ist;
3. wenn bei der Entscheidung ein Richter mitgewirkt hat, obgleich er wegen Besorgnis der Befangenheit abgelehnt und das Ablehnungsgesuch für begründet erklärt war;
4. wenn eine Partei in dem Verfahren nicht nach Vorschrift der Gesetze vertreten war, sofern sie nicht die Prozessführung ausdrücklich oder stillschweigend genehmigt hat;
5. wenn die Entscheidung auf Grund einer mündlichen Verhandlung ergangen ist, bei der die Vorschriften über die Öffentlichkeit des Verfahrens verletzt sind;
6. wenn die Entscheidung entgegen den Bestimmungen dieses Gesetzes nicht mit Gründen versehen ist.

**§ 548 Revisionsfrist.** Die Frist für die Einlegung der Revision (Revisionsfrist) beträgt einen Monat; sie ist eine Notfrist und beginnt mit der Zustellung des in vollständiger Form abgefassten Berufungsurteils, spätestens aber mit dem Ablauf von fünf Monaten nach der Verkündung.

**§ 549[2] Revisionseinlegung.** (1) [1] Die Revision wird durch Einreichung der Revisionsschrift bei dem Revisionsgericht eingelegt. [2] Die Revisionsschrift muss enthalten:
1. die Bezeichnung des Urteils, gegen das die Revision gerichtet wird;
2. die Erklärung, dass gegen dieses Urteil Revision eingelegt werde.

[3] § 544 Absatz 8 Satz 2 bleibt unberührt.

(2) Die allgemeinen Vorschriften über die vorbereitenden Schriftsätze sind auch auf die Revisionsschrift anzuwenden.

**§ 550[3] Zustellung der Revisionsschrift.** (1) Mit der Revisionsschrift soll eine Ausfertigung oder beglaubigte Abschrift des angefochtenen Urteils vorgelegt werden, soweit dies nicht bereits nach § 544 Absatz 3 Satz 2 geschehen ist.

(2) Die Revisionsschrift ist der Gegenpartei zuzustellen.

**§ 551[4] Revisionsbegründung.** (1) Der Revisionskläger muss die Revision begründen.

---

[1] § 545 Abs. 1 neu gef. mWv 1.9.2009 durch G v. 17.12.2008 (BGBl. I S. 2586).

[2] § 549 Abs. 1 Satz 3 geänd. mWv 1.1.2020 durch G v. 12.12.2019 (BGBl. I S. 2633).

[3] § 550 Abs. 1 geänd. mWv 1.1.2013 durch G v. 5.12.2012 (BGBl. I S. 2418); Abs. 1 geänd. mWv 1.1.2020 durch G v. 12.12.2019 (BGBl. I S. 2633).

[4] § 551 Abs. 2 Satz 4 geänd. mWv 1.1.2020 durch G v. 12.12.2019 (BGBl. I S. 2633).

(2) [1]Die Revisionsbegründung ist, sofern sie nicht bereits in der Revisionsschrift enthalten ist, in einem Schriftsatz bei dem Revisionsgericht einzureichen. [2]Die Frist für die Revisionsbegründung beträgt zwei Monate. [3]Sie beginnt mit der Zustellung des in vollständiger Form abgefassten Urteils, spätestens aber mit Ablauf von fünf Monaten nach der Verkündung. [4]§ 544 Absatz 8 Satz 3 bleibt unberührt. [5]Die Frist kann auf Antrag von dem Vorsitzenden verlängert werden, wenn der Gegner einwilligt. [6]Ohne Einwilligung kann die Frist um bis zu zwei Monate verlängert werden, wenn nach freier Überzeugung des Vorsitzenden der Rechtsstreit durch die Verlängerung nicht verzögert wird oder wenn der Revisionskläger erhebliche Gründe darlegt; kann dem Revisionskläger innerhalb dieser Frist Einsicht in die Prozessakten nicht für einen angemessenen Zeitraum gewährt werden, kann der Vorsitzende auf Antrag die Frist um bis zu zwei Monate nach Übersendung der Prozessakten verlängern.

(3) [1]Die Revisionsbegründung muss enthalten:

1. die Erklärung, inwieweit das Urteil angefochten und dessen Aufhebung beantragt werde (Revisionsanträge);
2. die Angabe der Revisionsgründe, und zwar:
   a) die bestimmte Bezeichnung der Umstände, aus denen sich die Rechtsverletzung ergibt;
   b) soweit die Revision darauf gestützt wird, dass das Gesetz in Bezug auf das Verfahren verletzt sei, die Bezeichnung der Tatsachen, die den Mangel ergeben.

[2]Ist die Revision auf Grund einer Nichtzulassungsbeschwerde zugelassen worden, kann zur Begründung der Revision auf die Begründung der Nichtzulassungsbeschwerde Bezug genommen werden.

(4) § 549 Abs. 2 und § 550 Abs. 2 sind auf die Revisionsbegründung entsprechend anzuwenden.

**§ 552 Zulässigkeitsprüfung.** (1) [1]Das Revisionsgericht hat von Amts wegen zu prüfen, ob die Revision an sich statthaft und ob sie in der gesetzlichen Form und Frist eingelegt und begründet ist. [2]Mangelt es an einem dieser Erfordernisse, so ist die Revision als unzulässig zu verwerfen.

(2) Die Entscheidung kann durch Beschluss ergehen.

**§ 552a Zurückweisungsbeschluss.** [1]Das Revisionsgericht weist die von dem Berufungsgericht zugelassene Revision durch einstimmigen Beschluss zurück, wenn es davon überzeugt ist, dass die Voraussetzungen für die Zulassung der Revision nicht vorliegen und die Revision keine Aussicht auf Erfolg hat. [2]§ 522 Abs. 2 Satz 2 und 3 gilt entsprechend.

**§ 553 Terminsbestimmung; Einlassungsfrist.** (1) Wird die Revision nicht durch Beschluss als unzulässig verworfen oder gemäß § 552a zurückgewiesen, so ist Termin zur mündlichen Verhandlung zu bestimmen und den Parteien bekannt zu machen.

(2) Auf die Frist, die zwischen dem Zeitpunkt der Bekanntmachung des Termins und der mündlichen Verhandlung liegen muss, ist § 274 Abs. 3 entsprechend anzuwenden.

**§ 554 Anschlussrevision.** (1) [1]Der Revisionsbeklagte kann sich der Revision anschließen. [2]Die Anschließung erfolgt durch Einreichung der Revisionsanschlussschrift bei dem Revisionsgericht.

(2) [1]Die Anschließung ist auch statthaft, wenn der Revisionsbeklagte auf die Revision verzichtet hat, die Revisionsfrist verstrichen oder die Revision nicht zugelassen worden

ist. [2] Die Anschließung ist bis zum Ablauf eines Monats nach der Zustellung der Revisionsbegründung zu erklären.

(3) [1] Die Anschlussrevision muss in der Anschlussschrift begründet werden. [2] § 549 Abs. 1 Satz 2 und Abs. 2 und die §§ 550 und 551 Abs. 3 gelten entsprechend.

(4) Die Anschließung verliert ihre Wirkung, wenn die Revision zurückgenommen, verworfen oder durch Beschluss zurückgewiesen wird.

**§ 555[1)] Allgemeine Verfahrensgrundsätze.** (1) [1] Auf das weitere Verfahren sind, soweit sich nicht Abweichungen aus den Vorschriften dieses Abschnitts ergeben, die im ersten Rechtszuge für das Verfahren vor den Landgerichten geltenden Vorschriften entsprechend anzuwenden. [2] Einer Güteverhandlung bedarf es nicht.

(2) Die Vorschriften der §§ 348 bis 350 sind nicht anzuwenden.

(3) Ein Anerkenntnisurteil ergeht nur auf gesonderten Antrag des Klägers.

**§ 556 Verlust des Rügerechts.** Die Verletzung einer das Verfahren der Berufungsinstanz betreffenden Vorschrift kann in der Revisionsinstanz nicht mehr gerügt werden, wenn die Partei das Rügerecht bereits in der Berufungsinstanz nach der Vorschrift des § 295 verloren hat.

**§ 557 Umfang der Revisionsprüfung.** (1) Der Prüfung des Revisionsgerichts unterliegen nur die von den Parteien gestellten Anträge.

(2) Der Beurteilung des Revisionsgerichts unterliegen auch diejenigen Entscheidungen, die dem Endurteil vorausgegangen sind, sofern sie nicht nach den Vorschriften dieses Gesetzes unanfechtbar sind.

(3) [1] Das Revisionsgericht ist an die geltend gemachten Revisionsgründe nicht gebunden. [2] Auf Verfahrensmängel, die nicht von Amts wegen zu berücksichtigen sind, darf das angefochtene Urteil nur geprüft werden, wenn die Mängel nach den §§ 551 und 554 Abs. 3 gerügt worden sind.

**§ 558 Vorläufige Vollstreckbarkeit.** [1] Ein nicht oder nicht unbedingt für vorläufig vollstreckbar erklärtes Urteil des Berufungsgerichts ist, soweit es durch die Revisionsanträge nicht angefochten wird, auf Antrag von dem Revisionsgericht durch Beschluss für vorläufig vollstreckbar zu erklären. [2] Die Entscheidung ist erst nach Ablauf der Revisionsbegründungsfrist zulässig.

**§ 559 Beschränkte Nachprüfung tatsächlicher Feststellungen.** (1) [1] Der Beurteilung des Revisionsgerichts unterliegt nur dasjenige Parteivorbringen, das aus dem Berufungsurteil oder dem Sitzungsprotokoll ersichtlich ist. [2] Außerdem können nur die im § 551 Abs. 3 Nr. 2 Buchstabe b erwähnten Tatsachen berücksichtigt werden.

*(Fortsetzung nächstes Blatt)*

---

1) § 555 Abs. 3 angef. mWv 1.1.2014 durch G v. 10.10.2013 (BGBl. I S. 3786).

(2) Hat das Berufungsgericht festgestellt, dass eine tatsächliche Behauptung wahr oder nicht wahr sei, so ist diese Feststellung für das Revisionsgericht bindend, es sei denn, dass in Bezug auf die Feststellung ein zulässiger und begründeter Revisionsangriff erhoben ist.

**§ 560. Nicht revisible Gesetze.** Die Entscheidung des Berufungsgerichts über das Bestehen und den Inhalt von Gesetzen, auf deren Verletzung die Revision nach § 545 nicht gestützt werden kann, ist für die auf die Revision ergehende Entscheidung maßgebend.

**§ 561. Revisionszurückweisung.** Ergibt die Begründung des Berufungsurteils zwar eine Rechtsverletzung, stellt die Entscheidung selbst aber aus anderen Gründen sich als richtig dar, so ist die Revision zurückzuweisen.

**§ 562. Aufhebung des angefochtenen Urteils.** (1) Insoweit die Revision für begründet erachtet wird, ist das angefochtene Urteil aufzuheben.

(2) Wird das Urteil wegen eines Mangels des Verfahrens aufgehoben, so ist zugleich das Verfahren insoweit aufzuheben, als es durch den Mangel betroffen wird.

**§ 563. Zurückverweisung; eigene Sachentscheidung.** (1) [1]Im Falle der Aufhebung des Urteils ist die Sache zur neuen Verhandlung und Entscheidung an das Berufungsgericht zurückzuverweisen. [2]Die Zurückverweisung kann an einen anderen Spruchkörper des Berufungsgerichts erfolgen.

(2) Das Berufungsgericht hat die rechtliche Beurteilung, die der Aufhebung zugrunde gelegt ist, auch seiner Entscheidung zugrunde zu legen.

(3) Das Revisionsgericht hat jedoch in der Sache selbst zu entscheiden, wenn die Aufhebung des Urteils nur wegen Rechtsverletzung bei Anwendung des Gesetzes auf das festgestellte Sachverhältnis erfolgt und nach letzterem die Sache zur Endentscheidung reif ist.

(4) Kommt im Fall des Absatzes 3 für die in der Sache selbst zu erlassende Entscheidung die Anwendbarkeit von Gesetzen, auf deren Verletzung die Revision nach § 545 nicht gestützt werden kann, in Frage, so kann die Sache zur Verhandlung und Entscheidung an das Berufungsgericht zurückverwiesen werden.

**§ 564. Keine Begründung der Entscheidung bei Rügen von Verfahrensmängeln.** [1]Die Entscheidung braucht nicht begründet zu werden, soweit das Revisionsgericht Rügen von Verfahrensmängeln nicht für durchgreifend erachtet. [2]Dies gilt nicht für Rügen nach § 547.

**§ 565.[1)] Anzuwendende Vorschriften des Berufungsverfahrens.** [1]Die für die Berufung geltenden Vorschriften über die Anfechtbarkeit der Versäumnisurteile, über die Verzichtsleistung auf das Rechtsmittel und seine Zurücknahme, über die Rügen der Unzulässigkeit der Klage und über die Einforderung, Übersendung und Zurücksendung der Prozessakten sind auf die Revision entsprechend anzuwenden. [2]Die Revision kann ohne Einwilligung des Revisionsbeklagten nur bis zum Beginn der mündlichen Verhandlung des Revisionsbeklagten zur Hauptsache zurückgenommen werden.

**§ 566. Sprungrevision.** (1) [1]Gegen die im ersten Rechtszug erlassenen Endurteile, die ohne Zulassung der Berufung unterliegen, findet auf Antrag

---

[1)] § 565 Satz 2 angef. mWv 1. 1. 2014 durch Art. 1 G v. 10. 10. 2013 (BGBl. I S. 3786).

unter Übergehung der Berufungsinstanz unmittelbar die Revision (Sprungrevision) statt, wenn

1. der Gegner in die Übergehung der Berufungsinstanz einwilligt und
2. das Revisionsgericht die Sprungrevision zulässt.

[2]Der Antrag auf Zulassung der Sprungrevision sowie die Erklärung der Einwilligung gelten als Verzicht auf das Rechtsmittel der Berufung.

(2) [1]Die Zulassung ist durch Einreichung eines Schriftsatzes (Zulassungsschrift) bei dem Revisionsgericht zu beantragen. [2]Die §§ 548 bis 550 gelten entsprechend. [3]In dem Antrag müssen die Voraussetzungen für die Zulassung der Sprungrevision (Absatz 4) dargelegt werden. [4]Die schriftliche Erklärung der Einwilligung des Antragsgegners ist dem Zulassungsantrag beizufügen; sie kann auch von dem Prozessbevollmächtigten des ersten Rechtszuges oder, wenn der Rechtsstreit im ersten Rechtszug nicht als Anwaltsprozess zu führen gewesen ist, zu Protokoll der Geschäftsstelle abgegeben werden.

(3) [1]Der Antrag auf Zulassung der Sprungrevision hemmt die Rechtskraft des Urteils. [2]§ 719 Abs. 2 und 3 ist entsprechend anzuwenden. [3]Die Geschäftsstelle des Revisionsgerichts hat, nachdem der Antrag eingereicht ist, unverzüglich von der Geschäftsstelle des Gerichts des ersten Rechtszuges die Prozessakten einzufordern.

(4) [1]Die Sprungrevision ist nur zuzulassen, wenn

1. die Rechtssache grundsätzliche Bedeutung hat oder
2. die Fortbildung des Rechts oder die Sicherung einer einheitlichen Rechtsprechung eine Entscheidung des Revisionsgerichts erfordert.

[2]Die Sprungrevision kann nicht auf einen Mangel des Verfahrens gestützt werden.

(5) [1]Das Revisionsgericht entscheidet über den Antrag auf Zulassung der Sprungrevision durch Beschluss. [2]Der Beschluss ist den Parteien zuzustellen.

(6) Wird der Antrag auf Zulassung der Revision abgelehnt, so wird das Urteil rechtskräftig.

(7) [1]Wird die Revision zugelassen, so wird das Verfahren als Revisionsverfahren fortgesetzt. [2]In diesem Fall gilt der form- und fristgerechte Antrag auf Zulassung als Einlegung der Revision. [3]Mit der Zustellung der Entscheidung beginnt die Revisionsbegründungsfrist.

(8) [1]Das weitere Verfahren bestimmt sich nach den für die Revision geltenden Bestimmungen. [2]§ 563 ist mit der Maßgabe anzuwenden, dass die Zurückverweisung an das erstinstanzliche Gericht erfolgt. [3]Wird gegen die nachfolgende Entscheidung des erstinstanzlichen Gerichts Berufung eingelegt, so hat das Berufungsgericht die rechtliche Beurteilung, die der Aufhebung durch das Revisionsgericht zugrunde gelegt ist, auch seiner Entscheidung zugrunde zu legen.

## Abschnitt 3. Beschwerde

### Titel 1. Sofortige Beschwerde

**§ 567. Sofortige Beschwerde; Anschlussbeschwerde.** (1) Die sofortige Beschwerde findet statt gegen die im ersten Rechtszug ergangenen Entscheidungen der Amtsgerichte und Landgerichte, wenn

1. dies im Gesetz ausdrücklich bestimmt ist oder

2. es sich um solche eine mündliche Verhandlung nicht erfordernde Entscheidungen handelt, durch die ein das Verfahren betreffendes Gesuch zurückgewiesen worden ist.

(2) Gegen Entscheidungen über Kosten ist die Beschwerde nur zulässig, wenn der Wert des Beschwerdegegenstands 200 Euro übersteigt.

(3) [1]Der Beschwerdegegner kann sich der Beschwerde anschließen, selbst wenn er auf die Beschwerde verzichtet hat oder die Beschwerdefrist verstrichen ist. [2]Die Anschließung verliert ihre Wirkung, wenn die Beschwerde zurückgenommen oder als unzulässig verworfen wird.

**§ 568. Originärer Einzelrichter.** [1]Das Beschwerdegericht entscheidet durch eines seiner Mitglieder als Einzelrichter, wenn die angefochtene Entscheidung von einem Einzelrichter oder einem Rechtspfleger erlassen wurde. [2]Der Einzelrichter überträgt das Verfahren dem Beschwerdegericht zur Entscheidung in der im Gerichtsverfassungsgesetz vorgeschriebenen Besetzung, wenn

1. die Sache besondere Schwierigkeiten tatsächlicher oder rechtlicher Art aufweist oder
2. die Rechtssache grundsätzliche Bedeutung hat.

[3]Auf eine erfolgte oder unterlassene Übertragung kann ein Rechtsmittel nicht gestützt werden.

**§ 569. Frist und Form.** (1) [1]Die sofortige Beschwerde ist, soweit keine andere Frist bestimmt ist, binnen einer Notfrist von zwei Wochen bei dem Gericht, dessen Entscheidung angefochten wird, oder bei dem Beschwerdegericht einzulegen. [2]Die Notfrist beginnt, soweit nichts anderes bestimmt ist, mit der Zustellung der Entscheidung, spätestens mit dem Ablauf von fünf Monaten nach der Verkündung des Beschlusses. [3]Liegen die Erfordernisse der Nichtigkeits- oder der Restitutionsklage vor, so kann die Beschwerde auch nach Ablauf der Notfrist innerhalb der für diese Klagen geltenden Notfristen erhoben werden.

(2) [1]Die Beschwerde wird durch Einreichung einer Beschwerdeschrift eingelegt. [2]Die Beschwerdeschrift muss die Bezeichnung der angefochtenen Entscheidung sowie die Erklärung enthalten, dass Beschwerde gegen diese Entscheidung eingelegt werde.

(3) Die Beschwerde kann auch durch Erklärung zu Protokoll der Geschäftsstelle eingelegt werden, wenn

1. der Rechtsstreit im ersten Rechtszug nicht als Anwaltsprozess zu führen ist oder war,
2. die Beschwerde die Prozesskostenhilfe betrifft oder
3. sie von einem Zeugen, Sachverständigen oder Dritten im Sinne der §§ 142, 144 erhoben wird.

**§ 570. Aufschiebende Wirkung; einstweilige Anordnungen.** (1) Die Beschwerde hat nur dann aufschiebende Wirkung, wenn sie die Festsetzung eines Ordnungs- oder Zwangsmittels zum Gegenstand hat.

(2) Das Gericht oder der Vorsitzende, dessen Entscheidung angefochten wird, kann die Vollziehung der Entscheidung aussetzen.

(3) Das Beschwerdegericht kann vor der Entscheidung eine einstweilige Anordnung erlassen; es kann insbesondere die Vollziehung der angefochtenen Entscheidung aussetzen.

**§ 571.**[1] **Begründung, Präklusion, Ausnahmen vom Anwaltszwang.** (1) Die Beschwerde soll begründet werden.

(2) [1]Die Beschwerde kann auf neue Angriffs- und Verteidigungsmittel gestützt werden. [2]Sie kann nicht darauf gestützt werden, dass das Gericht des ersten Rechtszuges seine Zuständigkeit zu Unrecht angenommen hat.

(3) [1]Der Vorsitzende oder das Beschwerdegericht kann für das Vorbringen von Angriffs- und Verteidigungsmitteln eine Frist setzen. [2]Werden Angriffs- und Verteidigungsmittel nicht innerhalb der Frist vorgebracht, so sind sie nur zuzulassen, wenn nach der freien Überzeugung des Gerichts ihre Zulassung die Erledigung des Verfahrens nicht verzögern würde oder wenn die Partei die Verspätung genügend entschuldigt. [3]Der Entschuldigungsgrund ist auf Verlangen des Gerichts glaubhaft zu machen.

(4) Ordnet das Gericht eine schriftliche Erklärung an, so kann diese zu Protokoll der Geschäftsstelle abgegeben werden, wenn die Beschwerde zu Protokoll der Geschäftsstelle eingelegt werden darf (§ 569 Abs. 3).

**§ 572. Gang des Beschwerdeverfahrens.** (1) [1]Erachtet das Gericht oder der Vorsitzende, dessen Entscheidung angefochten wird, die Beschwerde für begründet, so haben sie ihr abzuhelfen; andernfalls ist die Beschwerde unverzüglich dem Beschwerdegericht vorzulegen. [2]§ 318 bleibt unberührt.

(2) [1]Das Beschwerdegericht hat von Amts wegen zu prüfen, ob die Beschwerde an sich statthaft und ob sie in der gesetzlichen Form und Frist eingelegt ist. [2]Mangelt es an einem dieser Erfordernisse, so ist die Beschwerde als unzulässig zu verwerfen.

(3) Erachtet das Beschwerdegericht die Beschwerde für begründet, so kann es dem Gericht oder Vorsitzenden, von dem die beschwerende Entscheidung erlassen war, die erforderliche Anordnung übertragen.

(4) Die Entscheidung über die Beschwerde ergeht durch Beschluss.

**§ 573. Erinnerung.** (1) [1]Gegen die Entscheidungen des beauftragten oder ersuchten Richters oder des Urkundsbeamten der Geschäftsstelle kann binnen einer Notfrist von zwei Wochen die Entscheidung des Gerichts beantragt werden (Erinnerung). [2]Die Erinnerung ist schriftlich oder zu Protokoll der Geschäftsstelle einzulegen. [3]§ 569 Abs. 1 Satz 1 und 2, Abs. 2 und die §§ 570 und 572 gelten entsprechend.

(2) Gegen die im ersten Rechtszug ergangene Entscheidung des Gerichts über die Erinnerung findet die sofortige Beschwerde statt.

(3) Die Vorschrift des Absatzes 1 gilt auch für die Oberlandesgerichte und den Bundesgerichtshof.

## Titel 2. Rechtsbeschwerde

**§ 574. Rechtsbeschwerde; Anschlussrechtsbeschwerde.** (1) [1]Gegen einen Beschluss ist die Rechtsbeschwerde statthaft, wenn

---

[1] § 571 Abs. 4 Satz 1 aufgeh., bisb. Satz 2 wird Abs. 4 mWv 1. 6. 2007 durch Art. 4 G v. 26. 3. 2007 (BGBl. I S. 358).

1. dies im Gesetz ausdrücklich bestimmt ist oder
2. das Beschwerdegericht, das Berufungsgericht oder das Oberlandesgericht im ersten Rechtszug sie in dem Beschluss zugelassen hat.

2 § 542 Abs. 2 gilt entsprechend.

(2) In den Fällen des Absatzes 1 Nr. 1 ist die Rechtsbeschwerde nur zulässig, wenn

1. die Rechtssache grundsätzliche Bedeutung hat oder
2. die Fortbildung des Rechts oder die Sicherung einer einheitlichen Rechtsprechung eine Entscheidung des Rechtsbeschwerdegerichts erfordert.

(3) 1 In den Fällen des Absatzes 1 Nr. 2 ist die Rechtsbeschwerde zuzulassen, wenn die Voraussetzungen des Absatzes 2 vorliegen. 2 Das Rechtsbeschwerdegericht ist an die Zulassung gebunden.

(4) 1 Der Rechtsbeschwerdegegner kann sich bis zum Ablauf einer Notfrist von einem Monat nach der Zustellung der Begründungsschrift der Rechtsbeschwerde durch Einreichen der Rechtsbeschwerdeanschlussschrift beim Rechtsbeschwerdegericht anschließen, auch wenn er auf die Rechtsbeschwerde verzichtet hat, die Rechtsbeschwerdefrist verstrichen oder die Rechtsbeschwerde nicht zugelassen worden ist. 2 Die Anschlussbeschwerde ist in der Anschlussschrift zu begründen. 3 Die Anschließung verliert ihre Wirkung, wenn die Rechtsbeschwerde zurückgenommen oder als unzulässig verworfen wird.

**§ 575. Frist, Form und Begründung der Rechtsbeschwerde.** (1) 1 Die Rechtsbeschwerde ist binnen einer Notfrist von einem Monat nach Zustellung des Beschlusses durch Einreichen einer Beschwerdeschrift bei dem Rechtsbeschwerdegericht einzulegen. 2 Die Rechtsbeschwerdeschrift muss enthalten:

1. die Bezeichnung der Entscheidung, gegen die die Rechtsbeschwerde gerichtet wird und
2. die Erklärung, dass gegen diese Entscheidung Rechtsbeschwerde eingelegt werde.

3 Mit der Rechtsbeschwerdeschrift soll eine Ausfertigung oder beglaubigte Abschrift der angefochtenen Entscheidung vorgelegt werden.

(2) 1 Die Rechtsbeschwerde ist, sofern die Beschwerdeschrift keine Begründung enthält, binnen einer Frist von einem Monat zu begründen. 2 Die Frist beginnt mit der Zustellung der angefochtenen Entscheidung. 3 § 551 Abs. 2 Satz 5 und 6 gilt entsprechend.

(3) Die Begründung der Rechtsbeschwerde muss enthalten:

1. die Erklärung, inwieweit die Entscheidung des Beschwerdegerichts oder des Berufungsgerichts angefochten und deren Aufhebung beantragt werde (Rechtsbeschwerdeanträge),
2. in den Fällen des § 574 Abs. 1 Nr. 1 eine Darlegung zu den Zulässigkeitsvoraussetzungen des § 574 Abs. 2,
3. die Angabe der Rechtsbeschwerdegründe, und zwar
   a) die bestimmte Bezeichnung der Umstände, aus denen sich die Rechtsverletzung ergibt;

b) soweit die Rechtsbeschwerde darauf gestützt wird, dass das Gesetz in Bezug auf das Verfahren verletzt sei, die Bezeichnung der Tatsachen, die den Mangel ergeben.

(4) [1]Die allgemeinen Vorschriften über die vorbereitenden Schriftsätze sind auch auf die Beschwerde- und die Begründungsschrift anzuwenden. [2]Die Beschwerde- und die Begründungsschrift sind der Gegenpartei zuzustellen.

(5) Die §§ 541 und 570 Abs. 1, 3 gelten entsprechend.

**§ 576. Gründe der Rechtsbeschwerde.** (1) Die Rechtsbeschwerde kann nur darauf gestützt werden, dass die Entscheidung auf der Verletzung des Bundesrechts oder einer Vorschrift beruht, deren Geltungsbereich sich über den Bezirk eines Oberlandesgerichts hinaus erstreckt.

(2) Die Rechtsbeschwerde kann nicht darauf gestützt werden, dass das Gericht des ersten Rechtszuges seine Zuständigkeit zu Unrecht angenommen oder verneint hat.

(3) Die §§ 546, 547, 556 und 560 gelten entsprechend.

**§ 577. Prüfung und Entscheidung der Rechtsbeschwerde.** (1) [1]Das Rechtsbeschwerdegericht hat von Amts wegen zu prüfen, ob die Rechtsbeschwerde an sich statthaft und ob sie in der gesetzlichen Form und Frist eingelegt und begründet ist. [2]Mangelt es an einem dieser Erfordernisse, so ist die Rechtsbeschwerde als unzulässig zu verwerfen.

(2) [1]Der Prüfung des Rechtsbeschwerdegerichts unterliegen nur die von den Parteien gestellten Anträge. [2]Das Rechtsbeschwerdegericht ist an die geltend gemachten Rechtsbeschwerdegründe nicht gebunden. [3]Auf Verfahrensmängel, die nicht von Amts wegen zu berücksichtigen sind, darf die angefochtene Entscheidung nur geprüft werden, wenn die Mängel nach § 575 Abs. 3 und § 574 Abs. 4 Satz 2 gerügt worden sind. [4]§ 559 gilt entsprechend.

(3) Ergibt die Begründung der angefochtenen Entscheidung zwar eine Rechtsverletzung, stellt die Entscheidung selbst aber aus anderen Gründen sich als richtig dar, so ist die Rechtsbeschwerde zurückzuweisen.

(4) [1]Wird die Rechtsbeschwerde für begründet erachtet, ist die angefochtene Entscheidung aufzuheben und die Sache zur erneuten Entscheidung zurückzuverweisen. [2]§ 562 Abs. 2 gilt entsprechend. [3]Die Zurückverweisung kann an einen anderen Spruchkörper des Gerichts erfolgen, das die angefochtene Entscheidung erlassen hat. [4]Das Gericht, an das die Sache zurückverwiesen ist, hat die rechtliche Beurteilung, die der Aufhebung zugrunde liegt, auch seiner Entscheidung zugrunde zu legen.

(5) [1]Das Rechtsbeschwerdegericht hat in der Sache selbst zu entscheiden, wenn die Aufhebung der Entscheidung nur wegen Rechtsverletzung bei Anwendung des Rechts auf das festgestellte Sachverhältnis erfolgt und nach letzterem die Sache zur Endentscheidung reif ist. [2]§ 563 Abs. 4 gilt entsprechend.

(6) [1]Die Entscheidung über die Rechtsbeschwerde ergeht durch Beschluss. [2]§ 564 gilt entsprechend. [3]Im Übrigen kann von einer Begründung abgesehen werden, wenn sie nicht geeignet wäre, zur Klärung von Rechtsfragen grundsätzlicher Bedeutung, zur Fortbildung des Rechts oder zur Sicherung einer einheitlichen Rechtsprechung beizutragen.

## Buch 4 Wiederaufnahme des Verfahrens

**§ 578 Arten der Wiederaufnahme.** (1) Die Wiederaufnahme eines durch rechtskräftiges Endurteil geschlossenen Verfahrens kann durch Nichtigkeitsklage und durch Restitutionsklage erfolgen.

(2) Werden beide Klagen von derselben Partei oder von verschiedenen Parteien erhoben, so ist die Verhandlung und Entscheidung über die Restitutionsklage bis zur rechtskräftigen Entscheidung über die Nichtigkeitsklage auszusetzen.

**§ 579 Nichtigkeitsklage.** (1) Die Nichtigkeitsklage findet statt:

1. wenn das erkennende Gericht nicht vorschriftsmäßig besetzt war;
2. wenn ein Richter bei der Entscheidung mitgewirkt hat, der von der Ausübung des Richteramts kraft Gesetzes ausgeschlossen war, sofern nicht dieses Hindernis mittels eines Ablehnungsgesuchs oder eines Rechtsmittels ohne Erfolg geltend gemacht ist;
3. wenn bei der Entscheidung ein Richter mitgewirkt hat, obgleich er wegen Besorgnis der Befangenheit abgelehnt und das Ablehnungsgesuch für begründet erklärt war;
4. wenn eine Partei in dem Verfahren nicht nach Vorschrift der Gesetze vertreten war, sofern sie nicht die Prozessführung ausdrücklich oder stillschweigend genehmigt hat.

(2) In den Fällen der Nummern 1, 3 findet die Klage nicht statt, wenn die Nichtigkeit mittels eines Rechtsmittels geltend gemacht werden konnte.

**§ 580[1] Restitutionsklage.** Die Restitutionsklage findet statt:

1. wenn der Gegner durch Beeidigung einer Aussage, auf die das Urteil gegründet ist, sich einer vorsätzlichen oder fahrlässigen Verletzung der Eidespflicht schuldig gemacht hat;
2. wenn eine Urkunde, auf die das Urteil gegründet ist, fälschlich angefertigt oder verfälscht war;
3. wenn bei einem Zeugnis oder Gutachten, auf welches das Urteil gegründet ist, der Zeuge oder Sachverständige sich einer strafbaren Verletzung der Wahrheitspflicht schuldig gemacht hat;
4. wenn das Urteil von dem Vertreter der Partei oder von dem Gegner oder dessen Vertreter durch eine in Beziehung auf den Rechtsstreit verübte Straftat erwirkt ist;
5. wenn ein Richter bei dem Urteil mitgewirkt hat, der sich in Beziehung auf den Rechtsstreit einer strafbaren Verletzung seiner Amtspflichten gegen die Partei schuldig gemacht hat;
6. wenn das Urteil eines ordentlichen Gerichts, eines früheren Sondergerichts oder eines Verwaltungsgerichts, auf welches das Urteil gegründet ist, durch ein anderes rechtskräftiges Urteil aufgehoben ist;
7. wenn die Partei
   a) ein in derselben Sache erlassenes, früher rechtskräftig gewordenes Urteil oder

---

[1] § 580 Nr. 7 Buchst. b geänd., Nr. 8 angef. durch G v. 22. 12. 2006 (BGBl. I S. 3416); beachte hierzu § 35 EGZPO; **Nr. 101**.

b) eine andere Urkunde auffindet oder zu benutzen in den Stand gesetzt wird, die eine ihr günstigere Entscheidung herbeigeführt haben würde;

8. wenn der Europäische Gerichtshof für Menschenrechte eine Verletzung der Europäischen Konvention zum Schutz der Menschenrechte und Grundfreiheiten oder ihrer Protokolle festgestellt hat und das Urteil auf dieser Verletzung beruht.

**§ 581 Besondere Voraussetzungen der Restitutionsklage.** (1) In den Fällen des vorhergehenden Paragraphen Nummern 1 bis 5 findet die Restitutionsklage nur statt, wenn wegen der Straftat eine rechtskräftige Verurteilung ergangen ist oder wenn die Einleitung oder Durchführung eines Strafverfahrens aus anderen Gründen als wegen Mangels an Beweis nicht erfolgen kann.

(2) Der Beweis der Tatsachen, welche die Restitutionsklage begründen, kann durch den Antrag auf Parteivernehmung nicht geführt werden.

**§ 582 Hilfsnatur der Restitutionsklage.** Die Restitutionsklage ist nur zulässig, wenn die Partei ohne ihr Verschulden außerstande war, den Restitutionsgrund in dem früheren Verfahren, insbesondere durch Einspruch oder Berufung oder mittels Anschließung an eine Berufung, geltend zu machen.

**§ 583 Vorentscheidungen.** Mit den Klagen können Anfechtungsgründe, durch die eine dem angefochtenen Urteil vorausgegangene Entscheidung derselben oder einer unteren Instanz betroffen wird, geltend gemacht werden, sofern das angefochtene Urteil auf dieser Entscheidung beruht.

**§ 584 Ausschließliche Zuständigkeit für Nichtigkeits- und Restitutionsklagen.** (1) Für die Klagen ist ausschließlich zuständig: das Gericht, das im ersten Rechtszug erkannt hat; wenn das angefochtene Urteil oder auch nur eines von mehreren angefochtenen Urteilen von dem Berufungsgericht erlassen wurde oder wenn ein in der Revisionsinstanz erlassenes Urteil auf Grund des § 580 Nr. 1 bis 3, 6, 7 angefochten wird, das Berufungsgericht; wenn ein in der Revisionsinstanz erlassenes Urteil auf Grund der §§ 579, 580 Nr. 4, 5 angefochten wird, das Revisionsgericht.

(2) Sind die Klagen gegen einen Vollstreckungsbescheid gerichtet, so gehören sie ausschließlich vor das Gericht, das für eine Entscheidung im Streitverfahren zuständig gewesen wäre.

**§ 585 Allgemeine Verfahrensgrundsätze.** Für die Erhebung der Klagen und das weitere Verfahren gelten die allgemeinen Vorschriften entsprechend, sofern nicht aus den Vorschriften dieses Gesetzes sich eine Abweichung ergibt.

**§ 586[1] Klagefrist.** (1) Die Klagen sind vor Ablauf der Notfrist eines Monats zu erheben.

(2) [1] Die Frist beginnt mit dem Tag, an dem die Partei von dem Anfechtungsgrund Kenntnis erhalten hat, jedoch nicht vor eingetretener Rechtskraft des Urteils. [2] Nach Ablauf von fünf Jahren, von dem Tag der Rechtskraft des Urteils an gerechnet, sind die Klagen unstatthaft.

---

[1] § 586 Abs. 4 angef. mWv 27. 10. 2011 durch G v. 21. 10. 2011 (BGBl. I S. 2082); beachte hierzu § 38 a EGZPO; **Nr. 101**.

(3) Die Vorschriften des vorstehenden Absatzes sind auf die Nichtigkeitsklage wegen mangelnder Vertretung nicht anzuwenden; die Frist für die Erhebung der Klage läuft von dem Tag, an dem der Partei und bei mangelnder Prozessfähigkeit ihrem gesetzlichen Vertreter das Urteil zugestellt ist.

(4) Die Vorschrift des Absatzes 2 Satz 2 ist auf die Restitutionsklage nach § 580 Nummer 8 nicht anzuwenden.

**§ 587 Klageschrift.** In der Klage muss die Bezeichnung des Urteils, gegen das die Nichtigkeits- oder Restitutionsklage gerichtet wird, und die Erklärung, welche dieser Klagen erhoben wird, enthalten sein.

**§ 588 Inhalt der Klageschrift.** (1) Als vorbereitender Schriftsatz soll die Klage enthalten:

1. die Bezeichnung des Anfechtungsgrundes;
2. die Angabe der Beweismittel für die Tatsachen, die den Grund und die Einhaltung der Notfrist ergeben;
3. die Erklärung, inwieweit die Beseitigung des angefochtenen Urteils und welche andere Entscheidung in der Hauptsache beantragt werde.

(2) [1] Dem Schriftsatz, durch den eine Restitutionsklage erhoben wird, sind die Urkunden, auf die sie gestützt wird, in Urschrift oder in Abschrift beizufügen. [2] Befinden sich die Urkunden nicht in den Händen des Klägers, so hat er zu erklären, welchen Antrag er wegen ihrer Herbeischaffung zu stellen beabsichtigt.

**§ 589 Zulässigkeitsprüfung.** (1) [1] Das Gericht hat von Amts wegen zu prüfen, ob die Klage an sich statthaft und ob sie in der gesetzlichen Form und Frist erhoben sei. [2] Mangelt es an einem dieser Erfordernisse, so ist die Klage als unzulässig zu verwerfen.

(2) Die Tatsachen, die ergeben, dass die Klage vor Ablauf der Notfrist erhoben ist, sind glaubhaft zu machen.

**§ 590 Neue Verhandlung.** (1) Die Hauptsache wird, insoweit sie von dem Anfechtungsgrunde betroffen ist, von neuem verhandelt.

(2) [1] Das Gericht kann anordnen, dass die Verhandlung und Entscheidung über Grund und Zulässigkeit der Wiederaufnahme des Verfahrens vor der Verhandlung über die Hauptsache erfolge. [2] In diesem Fall ist die Verhandlung über die Hauptsache als Fortsetzung der Verhandlung über Grund und Zulässigkeit der Wiederaufnahme des Verfahrens anzusehen.

(3) Das für die Klagen zuständige Revisionsgericht hat die Verhandlung über Grund und Zulässigkeit der Wiederaufnahme des Verfahrens zu erledigen, auch wenn diese Erledigung von der Feststellung und Würdigung bestrittener Tatsachen abhängig ist.

**§ 591 Rechtsmittel.** Rechtsmittel sind insoweit zulässig, als sie gegen die Entscheidungen der mit den Klagen befassten Gerichte überhaupt stattfinden.

## Buch 5. Urkunden- und Wechselprozess

**§ 592 Zulässigkeit.** [1] Ein Anspruch, welcher die Zahlung einer bestimmten Geldsumme oder die Leistung einer bestimmten Menge anderer vertretbarer Sachen oder Wertpapiere zum Gegenstand hat, kann im Urkundenprozess geltend gemacht werden, wenn die sämtlichen zur Begründung des Anspruchs erforderlichen Tatsachen durch Urkunden bewiesen werden können. [2] Als ein Anspruch, welcher die Zahlung einer Geldsumme zum Gegenstand hat, gilt auch der Anspruch aus einer Hypothek, einer Grundschuld, einer Rentenschuld oder einer Schiffshypothek.

**§ 593[1)] Klageinhalt; Urkunden.** (1) Die Klage muss die Erklärung enthalten, dass im Urkundenprozess geklagt werde.

(2) [1] Die Urkunden müssen in Abschrift der Klage oder einem vorbereitenden Schriftsatz beigefügt werden. [2] Im letzteren Fall muss zwischen der Zustellung des Schriftsatzes und dem Termin zur mündlichen Verhandlung ein der Einlassungsfrist gleicher Zeitraum liegen.

**§ 594** (weggefallen)

**§ 595 Keine Widerklage; Beweismittel.** (1) Widerklagen sind nicht statthaft.

(2) Als Beweismittel sind bezüglich der Echtheit oder Unechtheit einer Urkunde sowie bezüglich anderer als der im § 592 erwähnten Tatsachen nur Urkunden und Antrag auf Parteivernehmung zulässig.

(3) Der Urkundenbeweis kann nur durch Vorlegung der Urkunden angetreten werden.

**§ 596 Abstehen vom Urkundenprozess.** Der Kläger kann, ohne dass es der Einwilligung des Beklagten bedarf, bis zum Schluss der mündlichen Verhandlung von dem Urkundenprozess in der Weise abstehen, dass der Rechtsstreit im ordentlichen Verfahren anhängig bleibt.

**§ 597 Klageabweisung.** (1) Insoweit der in der Klage geltend gemachte Anspruch an sich oder infolge einer Einrede des Beklagten als unbegründet sich darstellt, ist der Kläger mit dem Anspruch abzuweisen.

(2) Ist der Urkundenprozess unstatthaft, ist insbesondere ein dem Kläger obliegender Beweis nicht mit den im Urkundenprozess zulässigen Beweismitteln angetreten oder mit solchen Beweismitteln nicht vollständig geführt, so wird die Klage als in der gewählten Prozessart unstatthaft abgewiesen, selbst wenn in dem Termin zur mündlichen Verhandlung der Beklagte nicht erschienen ist oder der Klage nur auf Grund von Einwendungen widersprochen hat, die rechtlich unbegründet oder im Urkundenprozess unstatthaft sind.

**§ 598 Zurückweisung von Einwendungen.** Einwendungen des Beklagten sind, wenn der dem Beklagten obliegende Beweis nicht mit den im Urkundenprozess zulässigen Beweismitteln angetreten oder mit solchen Beweismitteln nicht vollständig geführt ist, als im Urkundenprozess unstatthaft zurückzuweisen.

---

1) § 593 Abs. 2 Satz 1 geänd. mWv 1. 7. 2014 durch G v. 10. 10. 2013 (BGBl. I S. 3786).

**§ 599 Vorbehaltsurteil.** (1) Dem Beklagten, welcher dem geltend gemachten Anspruch widersprochen hat, ist in allen Fällen, in denen er verurteilt wird, die Ausführung seiner Rechte vorzubehalten.

(2) Enthält das Urteil keinen Vorbehalt, so kann die Ergänzung des Urteils nach der Vorschrift des § 321 beantragt werden.

(3) Das Urteil, das unter Vorbehalt der Rechte ergeht, ist für die Rechtsmittel und die Zwangsvollstreckung als Endurteil anzusehen.

**§ 600 Nachverfahren.** (1) Wird dem Beklagten die Ausführung seiner Rechte vorbehalten, so bleibt der Rechtsstreit im ordentlichen Verfahren anhängig.

(2) Soweit sich in diesem Verfahren ergibt, dass der Anspruch des Klägers unbegründet war, gelten die Vorschriften des § 302 Abs. 4 Satz 2 bis 4.

(3) Erscheint in diesem Verfahren eine Partei nicht, so sind die Vorschriften über das Versäumnisurteil entsprechend anzuwenden.

**§ 601** (weggefallen)

**§ 602 Wechselprozess.** Werden im Urkundenprozess Ansprüche aus Wechseln im Sinne des Wechselgesetzes geltend gemacht (Wechselprozess), so sind die nachfolgenden besonderen Vorschriften anzuwenden.

**§ 603 Gerichtsstand.** (1) Wechselklagen können sowohl bei dem Gericht des Zahlungsortes als bei dem Gericht angestellt werden, bei dem der Beklagte seinen allgemeinen Gerichtsstand hat.

(2) Wenn mehrere Wechselverpflichtete gemeinschaftlich verklagt werden, so ist außer dem Gericht des Zahlungsortes jedes Gericht zuständig, bei dem einer der Beklagten seinen allgemeinen Gerichtsstand hat.

**§ 604 Klageinhalt; Ladungsfrist.** (1) Die Klage muss die Erklärung enthalten, dass im Wechselprozess geklagt werde.

(2) [1] Die Ladungsfrist beträgt mindestens 24 Stunden, wenn die Ladung an dem Ort, der Sitz des Prozessgerichts ist, zugestellt wird. [2] In Anwaltsprozessen beträgt sie mindestens drei Tage, wenn die Ladung an einem anderen Ort zugestellt wird, der im Bezirk des Prozessgerichts liegt oder von dem ein Teil zu dessen Bezirk gehört.

(3) In den höheren Instanzen beträgt die Ladungsfrist mindestens 24 Stunden, wenn die Zustellung der Berufungs- oder Revisionsschrift oder der Ladung an dem Ort erfolgt, der Sitz des höheren Gerichts ist; mindestens drei Tage, wenn die Zustellung an einem anderen Ort erfolgt, der ganz oder zum Teil in dem Landgerichtsbezirk liegt, in dem das höhere Gericht seinen Sitz hat; mindestens eine Woche, wenn die Zustellung sonst im Inland erfolgt.

**§ 605 Beweisvorschriften.** (1) Soweit es zur Erhaltung des wechselmäßigen Anspruchs der rechtzeitigen Protesterhebung nicht bedarf, ist als Beweismittel bezüglich der Vorlegung des Wechsels der Antrag auf Parteivernehmung zulässig.

(2) Zur Berücksichtigung einer Nebenforderung genügt, dass sie glaubhaft gemacht ist.

**§ 605a Scheckprozess.** Werden im Urkundenprozess Ansprüche aus Schecks im Sinne des Scheckgesetzes geltend gemacht (Scheckprozess), so sind die §§ 602 bis 605 entsprechend anzuwenden.

## Buch 6.[1)] Musterfeststellungsverfahren

**§ 606[1)] Musterfeststellungsklage.** (1) [1] Mit der Musterfeststellungsklage können qualifizierte Einrichtungen die Feststellung des Vorliegens oder Nichtvorliegens von tatsächlichen und rechtlichen Voraussetzungen für das Bestehen oder Nichtbestehen von Ansprüchen oder Rechtsverhältnissen (Feststellungsziele) zwischen Verbrauchern und einem Unternehmer begehren. [2] Qualifizierte Einrichtungen im Sinne von Satz 1 sind die in § 3 Absatz 1 Satz 1 Nummer 1 des Unterlassungsklagengesetzes[2)] bezeichneten Stellen, die

1. als Mitglieder mindestens zehn Verbände, die im gleichen Aufgabenbereich tätig sind, oder mindestens 350 natürliche Personen haben,
2. mindestens vier Jahre in der Liste nach § 4 des Unterlassungsklagengesetzes oder dem Verzeichnis der Europäischen Kommission nach Artikel 4 der Richtlinie 2009/22/EG des Europäischen Parlaments und des Rates vom 23. April 2009 über Unterlassungsklagen zum Schutz der Verbraucherinteressen (ABl. L 110 vom 1.5.2009, S. 30) eingetragen sind,
3. in Erfüllung ihrer satzungsmäßigen Aufgaben Verbraucherinteressen weitgehend durch nicht gewerbsmäßige aufklärende oder beratende Tätigkeiten wahrnehmen,
4. Musterfeststellungsklagen nicht zum Zwecke der Gewinnerzielung erheben und
5. nicht mehr als 5 Prozent ihrer finanziellen Mittel durch Zuwendungen von Unternehmen beziehen.

[3] Bestehen ernsthafte Zweifel daran, dass die Voraussetzungen nach Satz 2 Nummer 4 oder 5 vorliegen, verlangt das Gericht vom Kläger die Offenlegung seiner finanziellen Mittel. [4] Es wird unwiderleglich vermutet, dass Verbraucherzentralen und andere Verbraucherverbände, die überwiegend mit öffentlichen Mitteln gefördert werden, die Voraussetzungen des Satzes 2 erfüllen.

(2) [1] Die Klageschrift muss Angaben und Nachweise darüber enthalten, dass

1. die in Absatz 1 Satz 2 genannten Voraussetzungen vorliegen;
2. von den Feststellungszielen die Ansprüche oder Rechtsverhältnisse von mindestens zehn Verbrauchern abhängen.

[2] Die Klageschrift soll darüber hinaus für den Zweck der Bekanntmachung im Klageregister eine kurze Darstellung des vorgetragenen Lebenssachverhaltes enthalten. [3] § 253 Absatz 2 bleibt unberührt.

(3) Die Musterfeststellungsklage ist nur zulässig, wenn

1. sie von einer qualifizierten Einrichtung im Sinne des Absatzes 1 Satz 2 erhoben wird,
2. glaubhaft gemacht wird, dass von den Feststellungszielen die Ansprüche oder Rechtsverhältnisse von mindestens zehn Verbrauchern abhängen und

---

[1)] Buch 6 (§§ 606–687) neu gef. **mWv 1.11.2018** durch G v. 12.7.2018 (BGBl. I S. 1151).
[2)] Nr. **105**.

3. zwei Monate nach öffentlicher Bekanntmachung der Musterfeststellungsklage mindestens 50 Verbraucher ihre Ansprüche oder Rechtsverhältnisse zur Eintragung in das Klageregister wirksam angemeldet haben.

**§ 607[1)] Bekanntmachung der Musterfeststellungsklage.** (1) Die Musterfeststellungsklage ist im Klageregister mit folgenden Angaben öffentlich bekannt zu machen:

1. Bezeichnung der Parteien,
2. Bezeichnung des Gerichts und des Aktenzeichens der Musterfeststellungsklage,
3. Feststellungsziele,
4. kurze Darstellung des vorgetragenen Lebenssachverhaltes,
5. Zeitpunkt der Bekanntmachung im Klageregister,
6. Befugnis der Verbraucher, Ansprüche oder Rechtsverhältnisse, die von den Feststellungszielen abhängen, zur Eintragung in das Klageregister anzumelden, Form, Frist und Wirkung der Anmeldung sowie ihrer Rücknahme,
7. Wirkung eines Vergleichs, Befugnis der angemeldeten Verbraucher zum Austritt aus dem Vergleich sowie Form, Frist und Wirkung des Austritts,
8. Verpflichtung des Bundesamts für Justiz, nach rechtskräftigem Abschluss des Musterfeststellungsverfahrens jedem angemeldeten Verbraucher auf dessen Verlangen einen schriftlichen Auszug über die Angaben zu überlassen, die im Klageregister zu ihm und seiner Anmeldung erfasst sind.

(2) Das Gericht veranlasst innerhalb von 14 Tagen nach Erhebung der Musterfeststellungklage deren öffentliche Bekanntmachung, wenn die Klageschrift die nach § 606 Absatz 2 Satz 1 vorgeschriebenen Anforderungen erfüllt.

(3) [1]Das Gericht veranlasst unverzüglich die öffentliche Bekanntmachung seiner Terminbestimmungen, Hinweise und Zwischenentscheidungen im Klageregister, wenn dies zur Information der Verbraucher über den Fortgang des Verfahrens erforderlich ist. [2]Die öffentliche Bekanntmachung von Terminen muss spätestens eine Woche vor dem jeweiligen Terminstag erfolgen. [3]Das Gericht veranlasst ferner unverzüglich die öffentliche Bekanntmachung einer Beendigung des Musterfeststellungsverfahrens; die Vorschriften der §§ 611, 612 bleiben hiervon unberührt.

**§ 608[1)] Anmeldung von Ansprüchen oder Rechtsverhältnissen.** (1) Bis zum Ablauf des Tages vor Beginn des ersten Termins können Verbraucher Ansprüche oder Rechtsverhältnisse, die von den Feststellungszielen abhängen, zur Eintragung in das Klageregister anmelden.

(2) [1]Die Anmeldung ist nur wirksam, wenn sie frist- und formgerecht erfolgt und folgende Angaben enthält:

1. Name und Anschrift des Verbrauchers,
2. Bezeichnung des Gerichts und Aktenzeichen der Musterfeststellungsklage,
3. Bezeichnung des Beklagten der Musterfeststellungsklage,
4. Gegenstand und Grund des Anspruchs oder des Rechtsverhältnisses des Verbrauchers,
5. Versicherung der Richtigkeit und Vollständigkeit der Angaben.

---

[1)] Buch 6 (§§ 606–687) neu gef. **mWv 1.11.2018** durch G v. 12.7.2018 (BGBl. I S. 1151).

[2] Die Anmeldung soll ferner Angaben zum Betrag der Forderung enthalten. [3] Die Angaben der Anmeldung werden ohne inhaltliche Prüfung in das Klageregister eingetragen.

(3) Die Anmeldung kann bis zum Ablauf des Tages des Beginns der mündlichen Verhandlung in der ersten Instanz zurückgenommen werden.

(4) Anmeldung und Rücknahme sind in Textform gegenüber dem Bundesamt für Justiz zu erklären.

**§ 609[1)] Klageregister; Verordnungsermächtigung.** (1) [1] Klageregister ist das Register für Musterfeststellungsklagen. [2] Es wird vom Bundesamt für Justiz geführt und kann elektronisch betrieben werden.

(2) [1] Bekanntmachungen und Eintragungen nach den §§ 607 und 608 sind unverzüglich vorzunehmen. [2] Die im Klageregister zu einer Musterfeststellungsklage erfassten Angaben sind bis zum Schluss des dritten Jahres nach rechtskräftigem Abschluss des Verfahrens aufzubewahren.

(3) Öffentliche Bekanntmachungen können von jedermann unentgeltlich im Klageregister eingesehen werden.

(4) [1] Nach § 608 angemeldete Verbraucher können vom Bundesamt für Justiz Auskunft über die zu ihrer Anmeldung im Klageregister erfassten Angaben verlangen. [2] Nach rechtskräftigem Abschluss des Musterfeststellungsverfahrens hat das Bundesamt für Justiz einem angemeldeten Verbraucher auf dessen Verlangen einen schriftlichen Auszug über die Angaben zu überlassen, die im Klageregister zu ihm und seiner Anmeldung erfasst sind.

(5) [1] Das Bundesamt für Justiz hat dem Gericht der Musterfeststellungsklage auf dessen Anforderung einen Auszug aller im Klageregister zu der Musterfeststellungsklage erfassten Angaben über die Personen zu übersenden, die bis zum Ablauf des in § 606 Absatz 3 Nummer 3 genannten Tages zur Eintragung in das Klageregister angemeldet sind. [2] Das Gericht übermittelt den Parteien formlos eine Abschrift des Auszugs.

(6) Das Bundesamt für Justiz hat den Parteien auf deren Anforderung einen schriftlichen Auszug aller im Klageregister zu der Musterfeststellungsklage erfassten Angaben über die Personen zu überlassen, die sich bis zu dem in § 608 Absatz 1 genannten Tag zur Eintragung in das Klageregister angemeldet haben.

(7) Das Bundesministerium der Justiz und für Verbraucherschutz wird ermächtigt, durch Rechtsverordnung ohne Zustimmung des Bundesrates die näheren Bestimmungen über Inhalt, Aufbau und Führung des Klageregisters, die Einreichung, Eintragung, Änderung und Vernichtung der im Klageregister erfassten Angaben, die Erteilung von Auszügen aus dem Klageregister sowie die Datensicherheit und Barrierefreiheit zu treffen.

**§ 610[2)] Besonderheiten der Musterfeststellungsklage.** (1) [1] Ab dem Tag der Rechtshängigkeit der Musterfeststellungsklage kann gegen den Beklagten keine andere Musterfeststellungsklage erhoben werden, soweit deren Streitgegenstand denselben Lebenssachverhalt und dieselben Feststellungsziele betrifft. [2] Die Wirkung von Satz 1 entfällt, sobald die Musterfeststellungsklage ohne Entscheidung in der Sache beendet wird.

---

1) § 609 Abs. 1–6 neu gef. **mWv 1.11.2018**, Abs. 7 neu gef. mWv 18.7.2018 durch G v. 12.7.2018 (BGBl. I S. 1151).

2) § 610 neu gef. **mWv 1.11.2018** durch G v. 12.7.2018 (BGBl. I S. 1151).

(2) Werden am selben Tag mehrere Musterfeststellungsklagen, deren Streitgegenstand denselben Lebenssachverhalt und dieselben Feststellungsziele betrifft, bei Gericht eingereicht, findet § 147 Anwendung.

(3) Während der Rechtshängigkeit der Musterfeststellungsklage kann ein angemeldeter Verbraucher gegen den Beklagten keine Klage erheben, deren Streitgegenstand denselben Lebenssachverhalt und dieselben Feststellungsziele betrifft.

(4) Das Gericht hat spätestens im ersten Termin zur mündlichen Verhandlung auf sachdienliche Klageanträge hinzuwirken.

(5) [1] Auf die Musterfeststellungsklage sind die im ersten Rechtszug für das Verfahren vor den Landgerichten geltenden Vorschriften entsprechend anzuwenden, soweit sich aus den Vorschriften dieses Buches nicht Abweichungen ergeben. [2] Nicht anzuwenden sind § 128 Absatz 2, § 278 Absatz 2 bis 5 sowie die §§ 306 und 348 bis 350.

(6) Die §§ 66 bis 74 finden keine Anwendung im Verhältnis zwischen den Parteien der Musterfeststellungsklage und Verbrauchern, die

1. einen Anspruch oder ein Rechtsverhältnis angemeldet haben oder
2. behaupten, entweder einen Anspruch gegen den Beklagten zu haben oder vom Beklagten in Anspruch genommen zu werden oder in einem Rechtsverhältnis zum Beklagten zu stehen.

**§ 611**[1] **Vergleich.** (1) Ein gerichtlicher Vergleich kann auch mit Wirkung für und gegen die angemeldeten Verbraucher geschlossen werden.

(2) Der Vergleich soll Regelungen enthalten über

1. die auf die angemeldeten Verbraucher entfallenden Leistungen,
2. den von den angemeldeten Verbrauchern zu erbringenden Nachweis der Leistungsberechtigung,
3. die Fälligkeit der Leistungen und
4. die Aufteilung der Kosten zwischen den Parteien.

(3) [1] Der Vergleich bedarf der Genehmigung durch das Gericht. [2] Das Gericht genehmigt den Vergleich, wenn es ihn unter Berücksichtigung des bisherigen Sach- und Streitstandes als angemessene gütliche Beilegung des Streits oder der Ungewissheit über die angemeldeten Ansprüche oder Rechtsverhältnisse erachtet. [3] Die Genehmigung ergeht durch unanfechtbaren Beschluss.

(4) [1] Den zum Zeitpunkt der Genehmigung angemeldeten Verbrauchern wird der genehmigte Vergleich mit einer Belehrung über dessen Wirkung, über ihr Recht zum Austritt aus dem Vergleich sowie über die einzuhaltende Form und Frist zugestellt. [2] Jeder Verbraucher kann innerhalb einer Frist von einem Monat nach Zustellung des genehmigten Vergleichs seinen Austritt aus dem Vergleich erklären. [3] Der Austritt muss bei dem Gericht schriftlich oder zu Protokoll der Geschäftsstelle erklärt werden. [4] Durch den Austritt wird die Wirksamkeit der Anmeldung nicht berührt.

(5) [1] Der genehmigte Vergleich wird wirksam, wenn weniger als 30 Prozent der angemeldeten Verbraucher ihren Austritt aus dem Vergleich erklärt haben. [2] Das Gericht stellt durch unanfechtbaren Beschluss den Inhalt und die Wirksamkeit des genehmigten Vergleichs fest. [3] Der Beschluss ist im Klageregister

[1] Buch 6 (§§ 606–687) neu gef. **mWv 1.11.2018** durch G v. 12.7.2018 (BGBl. I S. 1151).

öffentlich bekannt zu machen. [4] Mit der Bekanntmachung des Beschlusses wirkt der Vergleich für und gegen diejenigen angemeldeten Verbraucher, die nicht ihren Austritt erklärt haben.

(6) Der Abschluss eines gerichtlichen Vergleichs vor dem ersten Termin ist unzulässig.

**§ 612[1)] Bekanntmachungen zum Musterfeststellungsurteil.** (1) Das Musterfeststellungsurteil ist nach seiner Verkündung im Klageregister öffentlich bekannt zu machen.

(2) [1] Die Einlegung eines Rechtsmittels gegen das Musterfeststellungsurteil ist im Klageregister öffentlich bekannt zu machen. [2] Dasselbe gilt für den Eintritt der Rechtskraft des Musterfeststellungsurteils.

**§ 613[1)] Bindungswirkung des Musterfeststellungsurteils; Aussetzung.** (1) [1] Das rechtskräftige Musterfeststellungsurteil bindet das zur Entscheidung eines Rechtsstreits zwischen einem angemeldeten Verbraucher und dem Beklagten berufene Gericht, soweit dessen Entscheidung die Feststellungsziele und den Lebenssachverhalt der Musterfeststellungsklage betrifft. [2] Dies gilt nicht, wenn der angemeldete Verbraucher seine Anmeldung wirksam zurückgenommen hat.

(2) Hat ein Verbraucher vor der Bekanntmachung der Angaben zur Musterfeststellungsklage im Klageregister eine Klage gegen den Beklagten erhoben, die die Feststellungsziele und den Lebenssachverhalt der Musterfeststellungsklage betrifft, und meldet er seinen Anspruch oder sein Rechtsverhältnis zum Klageregister an, so setzt das Gericht das Verfahren bis zur rechtskräftigen Entscheidung oder sonstigen Erledigung der Musterfeststellungsklage oder wirksamen Rücknahme der Anmeldung aus.

**§ 614[1)] Rechtsmittel.** [1] Gegen Musterfeststellungsurteile findet die Revision statt. [2] Die Sache hat stets grundsätzliche Bedeutung im Sinne des § 543 Absatz 2 Nummer 1.

**§§ 615–687[1)]** (weggefallen)

## Buch 7. Mahnverfahren

**§ 688[2)] Zulässigkeit.** (1) Wegen eines Anspruchs, der die Zahlung einer bestimmten Geldsumme in Euro zum Gegenstand hat, ist auf Antrag des Antragstellers ein Mahnbescheid zu erlassen.

(2) Das Mahnverfahren findet nicht statt:

1. für Ansprüche eines Unternehmers aus einem Vertrag gemäß den §§ 491 bis 508 des Bürgerlichen Gesetzbuchs[3)], wenn der gemäß § 492 Abs. 2 des Bürgerlichen Gesetzbuchs anzugebende effektive Jahreszins den bei Vertragsschluss

---

1) Buch 6 (§§ 606–687) neu gef. **mWv 1.11.2018** durch G v. 12.7.2018 (BGBl. I S. 1151).

2) § 688 Abs. 4 angef. mWv 12.12.2008 durch G v. 30.10.2008 (BGBl. I S. 2122); Abs. 2 Nr. 1 geänd. mWv 11.6.2010 durch G v. 29.7.2009 (BGBl. I S. 2355); Abs. 4 Satz 1 geänd. mWv 10.1.2015 durch G v. 8.7.2014 (BGBl. I S. 890); Abs. 2 Nr. 1 geänd. mWv 21.3.2016 durch G v. 11.3.2016 (BGBl. I S. 396); Abs. 3 neu gef. mWv 17.6.2017, Abs. 4 Satz 1 geänd. mWv 14.7.2017 durch G v. 11.6.2017 (BGBl. I S. 1607).

3) Nr. **20**.

geltenden Basiszinssatz nach § 247 des Bürgerlichen Gesetzbuchs um mehr als zwölf Prozentpunkte übersteigt;

2. wenn die Geltendmachung des Anspruchs von einer noch nicht erbrachten Gegenleistung abhängig ist;

3. wenn die Zustellung des Mahnbescheids durch öffentliche Bekanntmachung erfolgen müsste.

(3) Müsste der Mahnbescheid im Ausland zugestellt werden, so findet das Mahnverfahren nur insoweit statt, als das Anerkennungs- und Vollstreckungsausführungsgesetz[1] in der Fassung der Bekanntmachung vom 30. November 2015 (BGBl. I S. 2146) und das Auslandsunterhaltsgesetz[2] vom 23. Mai 2011 (BGBl. I S. 898), das zuletzt durch Artikel 5 des Gesetzes vom 20. November 2015 (BGBl. I S. 2018) geändert worden ist, dies vorsehen oder die Zustellung in einem Mitgliedstaat der Europäischen Union erfolgen soll.

(4) [1] Die Vorschriften der Verordnung (EG) Nr. 1896/2006[3] des Europäischen Parlaments und des Rates vom 12. Dezember 2006 zur Einführung eines Europäischen Mahnverfahrens (ABl. L 399 vom 30.12.2006, S. 1; L 46 vom 21.2. 2008, S. 52; L 333 vom 11.12.2008, S. 17), die zuletzt durch die Verordnung (EU) 2015/2421 (ABl. L 341 vom 24.12.2015, S. 1) geändert worden ist, bleiben unberührt. [2] Für die Durchführung gelten die §§ 1087 bis 1096.

*(Fortsetzung nächstes Blatt)*

---

[1] **Schönfelder ErgBd. Nr. 103a.**
[2] **Schönfelder ErgBd. Nr. 103o.**
[3] **Schönfelder ErgBd. Nr. 103g.**

**§ 689[1] Zuständigkeit; maschinelle Bearbeitung.** (1) [1] Das Mahnverfahren wird von den Amtsgerichten durchgeführt.[2] [2] Eine maschinelle Bearbeitung ist zulässig. [3] Bei dieser Bearbeitung sollen Eingänge spätestens an dem Arbeitstag erledigt sein, der dem Tag des Eingangs folgt. ***[Satz 4 bis 31.12.2025:]*** [4] Die Akten können elektronisch geführt werden (§ 298a). ***[Satz 4 ab 1.1.2026:]*** *[4] Die Akten werden elektronisch geführt (§ 298a).*

(2) [1] Ausschließlich zuständig ist das Amtsgericht, bei dem der Antragsteller seinen allgemeinen Gerichtsstand hat. [2] Hat der Antragsteller im Inland keinen allgemeinen Gerichtsstand, so ist das Amtsgericht Wedding in Berlin ausschließlich zuständig. [3] Sätze 1 und 2 gelten auch, soweit in anderen Vorschriften eine andere ausschließliche Zuständigkeit bestimmt ist.

(3)[3] [1] Die Landesregierungen werden ermächtigt, durch Rechtsverordnung Mahnverfahren einem Amtsgericht für die Bezirke mehrerer Amtsgerichte zuzuweisen, wenn dies ihrer schnelleren und rationelleren Erledigung dient. [2] Die Zuweisung kann auf Mahnverfahren beschränkt werden, die maschinell bearbeitet werden. [3] Die Landesregierungen können die Ermächtigung durch Rechts-

---

[1] § 689 Abs. 2 Satz 2 neu gef. mWv 12.12.2008 durch G v. 30.10.2008 (BGBl. I S. 2122); Abs. 1 Satz 4 angef. mWv 1.7.2014 durch G v. 10.10.2013 (BGBl. I S. 3786); Abs. 1 Satz 4 neu gef. **mWv 1.1.2026** durch G v. 5.7.2017 (BGBl. I S. 2208).

[2] Die Geschäfte im Mahnverfahren sind grundsätzlich dem Rechtspfleger übertragen; vgl. § 20 Nr. 1 RechtspflegerG (Nr. **96**).

[3] Siehe hierzu folgende Vorschriften:
- **Baden-Württemberg:** § 2 ZuständigkeitsVO Justiz v. 20.11.1998 (GBl. S. 680), zuletzt geänd. durch VO v. 8.5.2018 (GBl. S. 195)
- **Bayern:** § 3 Nr. 45 DelegationsVO v. 28.1.2014 (GVBl. S. 22), zuletzt geänd. durch V v. 26.3.2019 (GVBl. S. 98); § 5 Gerichtliche ZuständigkeitsVO Justiz v. 11.6.2012 (GVBl. S. 295), zuletzt geänd. durch V v. 28.12.2018 (GVBl. 2019 S. 2)
- **Berlin:** VO zur Übertragung von Ermächtigungen zum Erlaß von Rechtsverordnungen für das Mahnverfahren nach der Zivilprozeßordnung v. 20.10.1993 (GVBl. S. 540); Mahngerichtsvertrag v. 13.12.2005 (GVBl. 2006 S. 270)
- **Brandenburg:** Mahngerichtsvertrag v. 13.12.2005 (GVBl. 2006 I S. 55)
- **Bremen:** § 3 VO über Zuständigkeiten von Amtsgerichten v. 18.12.2018 (Brem.GBl. 2019 S. 1)
- **Hamburg:** § 1 Abs. 2 ZuständigkeitsVO v. 1.9.1987 (HmbGVBl. S. 172), zuletzt geänd. durch VO v. 15.7.2016 (HmbGVBl. S. 304); VO über die Einführung der maschinellen Bearbeitung der Mahnverfahren v. 2.4.1996 (HmbGVBl. S. 43), geänd. durch VO v. 20.1.1998 (HmbGVBl. S. 22); Staatsvertrag zwischen der Freien und Hansestadt Hamburg und dem Land Mecklenburg-Vorpommern über die Errichtung eines gemeinsamen Mahngerichts v. 17.8.2005 (HmbGVBl. S. 423)
- **Hessen:** § 5 JustizdelegationsVO v. 21.12.2015 (GVBl. 2016 S. 2), zuletzt geänd. durch VO v. 7.8. 2018 (GVBl. S. 350); § 48 JustizzuständigkeitsVO v. 3.6.2013 (GVBl. S. 386), zuletzt geänd. durch VO v. 12.12.2018 (GVBl. 2019 S. 2)
- **Mecklenburg-Vorpommern:** Staatsvertrag zwischen der Freien und Hansestadt Hamburg und dem Land Mecklenburg-Vorpommern über die Errichtung eines gemeinsamen Mahngerichts v. 17.8.2005 (GVOBl. M-V S. 513)
- **Niedersachsen:** § 1 Nr. 48 SubdelegationsVO-Justiz v. 6.7.2007 (Nds. GVBl. S. 244), zuletzt geänd. durch VO v. 11.12.2018 (Nds. GVBl. S. 256); § 15 VO zur Regelung von Zuständigkeiten in der Gerichtsbarkeit und der Justizverwaltung v. 18.12.2009 (Nds. GVBl. S. 506, ber. S. 283), zuletzt geänd. durch VO v. 7.2.2018 (Nds. GVBl. S. 24)
- **Nordrhein-Westfalen:** VO über die maschinelle Bearbeitung der Mahnverfahren und Zuweisung an die Amtsgerichte Euskirchen und Hagen v. 28.1.1999 (GV. NRW. S. 43), zuletzt geänd. durch VO v. 24.9.2014 (GV. NRW. S. 647)
- **Rheinland-Pfalz:** Staatsvertrag zwischen dem Land Rheinland-Pfalz und dem Saarland über die Errichtung eines gemeinsamen Mahngerichts v. 10.12.2004 (GVBl. 2005 S. 62)
- **Saarland:** Staatsvertrag zwischen dem Land Rheinland-Pfalz und dem Saarland über die Errichtung eines gemeinsamen Mahngerichts v. 10.12.2004 (Amtsbl. 2005 I S. 386)
- **Sachsen:** Staatsvertrag über die Errichtung eines gemeinsamen Mahngerichts v. 19.12.2006 (SächsGVBl. 2007 S. 81)

*(Fortsetzung der Anm. auf nächster Seite)*

verordnung auf die Landesjustizverwaltungen übertragen. [4] Mehrere Länder können die Zuständigkeit eines Amtsgerichts über die Landesgrenzen hinaus vereinbaren.

**§ 690[1)] Mahnantrag.** (1) Der Antrag muss auf den Erlass eines Mahnbescheids gerichtet sein und enthalten:

1. die Bezeichnung der Parteien, ihrer gesetzlichen Vertreter und der Prozessbevollmächtigten;
2. die Bezeichnung des Gerichts, bei dem der Antrag gestellt wird;
3. die Bezeichnung des Anspruchs unter bestimmter Angabe der verlangten Leistung; Haupt- und Nebenforderungen sind gesondert und einzeln zu bezeichnen, Ansprüche aus Verträgen gemäß den §§ 491 bis 508 des Bürgerlichen Gesetzbuchs[2)], auch unter Angabe des Datums des Vertragsabschlusses und des gemäß § 492 Abs. 2 des Bürgerlichen Gesetzbuchs anzugebenden effektiven Jahreszinses;
4. die Erklärung, dass der Anspruch nicht von einer Gegenleistung abhängt oder dass die Gegenleistung erbracht ist;
5. die Bezeichnung des Gerichts, das für ein streitiges Verfahren zuständig ist.

(2) Der Antrag bedarf der handschriftlichen Unterzeichnung.

**§ 691[3)] Zurückweisung des Mahnantrags.** (1) [1] Der Antrag wird zurückgewiesen:

1. wenn er den Vorschriften der §§ 688, 689, 690, 702 Absatz 2, § 703c Abs. 2 nicht entspricht;
2. wenn der Mahnbescheid nur wegen eines Teiles des Anspruchs nicht erlassen werden kann.

[2] Vor der Zurückweisung ist der Antragsteller zu hören.

(2) Sollte durch die Zustellung des Mahnbescheids eine Frist gewahrt werden oder die Verjährung neu beginnen oder nach § 204 des Bürgerlichen Gesetzbuchs[2)] gehemmt werden, so tritt die Wirkung mit der Einreichung oder Anbringung des Antrags auf Erlass des Mahnbescheids ein, wenn innerhalb eines Monats seit der Zustellung der Zurückweisung des Antrags Klage eingereicht und diese demnächst zugestellt wird.

(3) [1] Gegen die Zurückweisung findet die sofortige Beschwerde statt, wenn der Antrag in einer nur maschinell lesbaren Form übermittelt und mit der Begründung zurückgewiesen worden ist, dass diese Form dem Gericht für seine

---

*(Fortsetzung der Anm. von voriger Seite)*

– **Sachsen-Anhalt:** VO über die maschinelle Bearbeitung der Mahnverfahren bei dem Amtsgericht Aschersleben v. 12.9.2005 (GVBl. LSA S. 630); Staatsvertrag über die Errichtung eines gemeinsamen Mahngerichts v. 19.12.2006 (GVBl. LSA 2007 S. 134)
– **Schleswig-Holstein:** LandesVO zur Einführung des maschinellen Mahnverfahrens v. 25.9.2006 (GVOBl. Schl.-H. S. 222)
– **Thüringen:** Staatsvertrag über die Errichtung eines gemeinsamen Mahngerichts v. 19.12.2006 (GVBl. S. 17)

[1)] § 690 Abs. 1 Nr. 3 geänd. mWv 11.6.2010 durch G v. 29.7.2009 (BGBl. I S. 2355); Abs. 1 Nr. 3 geänd. mWv 21.3.2016 durch G v. 11.3.2016 (BGBl. I S. 396); Abs. 3 aufgeh. mWv 1.1.2018 durch G v. 5.7.2017 (BGBl. I S. 2208).

[2)] Nr. **20**.

[3)] § 691 Abs. 3 Satz 2 ber. BGBl. 2007 I S. 1781; Abs. 1 Satz 1 Nr. 1 geänd. mWv 1.1.2018 durch G v. 5.7.2017 (BGBl. I S. 2208).

maschinelle Bearbeitung nicht geeignet erscheine. [2] Im Übrigen sind Entscheidungen nach Absatz 1 unanfechtbar.

**§ 692[1)] Mahnbescheid.** (1) Der Mahnbescheid enthält:

1. die in § 690 Abs. 1 Nr. 1 bis 5 bezeichneten Erfordernisse des Antrags;
2. den Hinweis, dass das Gericht nicht geprüft hat, ob dem Antragsteller der geltend gemachte Anspruch zusteht;
3. die Aufforderung, innerhalb von zwei Wochen seit der Zustellung des Mahnbescheids, soweit der geltend gemachte Anspruch als begründet angesehen wird, die behauptete Schuld nebst den geforderten Zinsen und der dem Betrag nach bezeichneten Kosten zu begleichen oder dem Gericht mitzuteilen, ob und in welchem Umfang dem geltend gemachten Anspruch widersprochen wird;
4. den Hinweis, dass ein dem Mahnbescheid entsprechender Vollstreckungsbescheid ergehen kann, aus dem der Antragsteller die Zwangsvollstreckung betreiben kann, falls der Antragsgegner nicht bis zum Fristablauf Widerspruch erhoben hat;
5. für den Fall, dass Formulare eingeführt sind, den Hinweis, dass der Widerspruch mit einem Formular der beigefügten Art erhoben werden soll, das auch bei jedem Amtsgericht erhältlich ist und ausgefüllt werden kann, und dass für Rechtsanwälte und registrierte Personen nach § 10 Absatz 1 Satz 1 Nummer 1 des Rechtsdienstleistungsgesetzes[2)] § 702 Absatz 2 Satz 2 gilt;
6. für den Fall des Widerspruchs die Ankündigung, an welches Gericht die Sache abgegeben wird, mit dem Hinweis, dass diesem Gericht die Prüfung seiner Zuständigkeit vorbehalten bleibt.

(2) An Stelle einer handschriftlichen Unterzeichnung genügt ein entsprechender Stempelabdruck oder eine elektronische Signatur.

**§ 693 Zustellung des Mahnbescheids.** (1) Der Mahnbescheid wird dem Antragsgegner zugestellt.

(2) Die Geschäftsstelle setzt den Antragsteller von der Zustellung des Mahnbescheids in Kenntnis.

**§ 694 Widerspruch gegen den Mahnbescheid.** (1) Der Antragsgegner kann gegen den Anspruch oder einen Teil des Anspruchs bei dem Gericht, das den Mahnbescheid erlassen hat, schriftlich Widerspruch erheben, solange der Vollstreckungsbescheid nicht verfügt ist.

(2) [1] Ein verspäteter Widerspruch wird als Einspruch behandelt. [2] Dies ist dem Antragsgegner, der den Widerspruch erhoben hat, mitzuteilen.

**§ 695[3)] Mitteilung des Widerspruchs; Abschriften.** [1] Das Gericht hat den Antragsteller von dem Widerspruch und dem Zeitpunkt seiner Erhebung in Kenntnis zu setzen. [2] Gleichzeitig belehrt es ihn über die Folgen des § 697 Absatz 2 Satz 2. [3] Wird das Mahnverfahren nicht maschinell bearbeitet, so soll der Antragsgegner die erforderliche Zahl von Abschriften mit dem Widerspruch einreichen.

---

1) § 692 Abs. 1 Nr. 5 geänd. mWv 1.1.2013 durch G v. 5.12.2012 (BGBl. I S. 2418); Abs. 1 Nr. 5 geänd. mWv 1.1.2020 durch G v. 5.7.2017 (BGBl. I S. 2208).

2) **Schönfelder ErgBd. Nr. 99.**

3) § 695 Satz 2 eingef., bish. Satz 2 wird Satz 3 mWv 1.1.2020 durch G v. 12.12.2019 (BGBl. I S. 2633).

**§ 696 Verfahren nach Widerspruch.** (1) [1]Wird rechtzeitig Widerspruch erhoben und beantragt eine Partei die Durchführung des streitigen Verfahrens, so gibt das Gericht, das den Mahnbescheid erlassen hat, den Rechtsstreit von Amts wegen an das Gericht ab, das in dem Mahnbescheid gemäß § 692 Abs. 1 Nr. 1 bezeichnet worden ist, wenn die Parteien übereinstimmend die Abgabe an ein anderes Gericht verlangen, an dieses. [2]Der Antrag kann in den Antrag auf Erlass des Mahnbescheids aufgenommen werden. [3]Die Abgabe ist den Parteien mitzuteilen; sie ist nicht anfechtbar. [4]Mit Eingang der Akten bei dem Gericht, an das er abgegeben wird, gilt der Rechtsstreit als dort anhängig. [5]§ 281 Abs. 3 Satz 1 gilt entsprechend.

(2) [1]Ist das Mahnverfahren maschinell bearbeitet worden, so tritt, sofern die Akte nicht elektronisch übermittelt wird, an die Stelle der Akten ein maschinell erstellter Aktenausdruck. [2]Für diesen gelten die Vorschriften über die Beweiskraft öffentlicher Urkunden entsprechend. [3]§ 298 findet keine Anwendung.

(3) Die Streitsache gilt als mit Zustellung des Mahnbescheids rechtshängig geworden, wenn sie alsbald nach der Erhebung des Widerspruchs abgegeben wird.

(4) [1]Der Antrag auf Durchführung des streitigen Verfahrens kann bis zum Beginn der mündlichen Verhandlung des Antragsgegners zur Hauptsache zurückgenommen werden. [2]Die Zurücknahme kann vor der Geschäftsstelle zu Protokoll erklärt werden. [3]Mit der Zurücknahme ist die Streitsache als nicht rechtshängig geworden anzusehen.

(5) Das Gericht, an das der Rechtsstreit abgegeben ist, ist hierdurch in seiner Zuständigkeit nicht gebunden.

**§ 697[1)] Einleitung des Streitverfahrens.** (1) [1]Die Geschäftsstelle des Gerichts, an das die Streitsache abgegeben wird, hat dem Antragsteller unverzüglich aufzugeben, seinen Anspruch binnen zwei Wochen in einer der Klageschrift entsprechenden Form zu begründen. [2]§ 270 Satz 2 gilt entsprechend.

(2) [1]Bei Eingang der Anspruchsbegründung ist wie nach Eingang einer Klage weiter zu verfahren. [2]Soweit der Antrag in der Anspruchsbegründung hinter dem Mahnantrag zurückbleibt, gilt die Klage als zurückgenommen, wenn der Antragsteller zuvor durch das Mahngericht über diese Folge belehrt oder durch das Streitgericht auf diese Folge hingewiesen worden ist. [3]Zur schriftlichen Klageerwiderung im Vorverfahren nach § 276 kann auch eine mit der Zustellung der Anspruchsbegründung beginnende Frist gesetzt werden.

(3) [1]Geht die Anspruchsbegründung nicht rechtzeitig ein, so wird bis zu ihrem Eingang Termin zur mündlichen Verhandlung nur auf Antrag des Antragsgegners bestimmt. [2]Mit der Terminsbestimmung setzt der Vorsitzende dem Antragsteller eine Frist zur Begründung des Anspruchs; § 296 Abs. 1, 4 gilt entsprechend.

(4) [1]Der Antragsgegner kann den Widerspruch bis zum Beginn seiner mündlichen Verhandlung zur Hauptsache zurücknehmen, jedoch nicht nach Erlass eines Versäumnisurteils gegen ihn. [2]Die Zurücknahme kann zu Protokoll der Geschäftsstelle erklärt werden.

(5) [1]Zur Herstellung eines Urteils in abgekürzter Form nach § 313b Absatz 2, § 317 Absatz 5 kann der Mahnbescheid an Stelle der Klageschrift benutzt werden. [2]Ist das Mahnverfahren maschinell bearbeitet worden, so tritt an die Stelle der Klageschrift der maschinell erstellte Aktenausdruck.

---

1) § 697 Abs. 5 Satz 1 geänd. mWv 1.7.2014 durch G v. 10.10.2013 (BGBl. I S. 3786); Abs. 2 Satz 2 eingef., bish. Satz 2 wird Satz 3 mWv 1.1.2020 durch G v. 12.12.2019 (BGBl. I S. 2633).

**§ 698 Abgabe des Verfahrens am selben Gericht.** Die Vorschriften über die Abgabe des Verfahrens gelten sinngemäß, wenn Mahnverfahren und streitiges Verfahren bei demselben Gericht durchgeführt werden.

**§ 699[1)] Vollstreckungsbescheid.** (1) [1]Auf der Grundlage des Mahnbescheids erlässt das Gericht auf Antrag einen Vollstreckungsbescheid, wenn der Antragsgegner nicht rechtzeitig Widerspruch erhoben hat. [2]Der Antrag kann nicht vor Ablauf der Widerspruchsfrist gestellt werden; er hat die Erklärung zu enthalten, ob und welche Zahlungen auf den Mahnbescheid geleistet worden sind. [3]Ist der Rechtsstreit bereits an ein anderes Gericht abgegeben, so erlässt dieses den Vollstreckungsbescheid.

(2) Soweit das Mahnverfahren nicht maschinell bearbeitet wird, kann der Vollstreckungsbescheid auf den Mahnbescheid gesetzt werden.

(3) [1]In den Vollstreckungsbescheid sind die bisher entstandenen Kosten des Verfahrens aufzunehmen. [2]Der Antragsteller braucht die Kosten nur zu berechnen, wenn das Mahnverfahren nicht maschinell bearbeitet wird; im Übrigen genügen die zur maschinellen Berechnung erforderlichen Angaben.

(4) [1]Der Vollstreckungsbescheid wird dem Antragsgegner von Amts wegen zugestellt, wenn nicht der Antragsteller die Übermittlung an sich zur Zustellung im Parteibetrieb beantragt hat. [2]In diesen Fällen wird der Vollstreckungsbescheid dem Antragsteller zur Zustellung übermittelt; die Geschäftsstelle des Gerichts vermittelt diese Zustellung nicht. [3]Bewilligt das mit dem Mahnverfahren befasste Gericht die öffentliche Zustellung, so wird diese nach § 186 Absatz 2 Satz 1 bis 3 bei dem Gericht vorgenommen, das in dem Mahnbescheid gemäß § 692 Absatz 1 Nummer 1 bezeichnet worden ist.

(5) Die Belehrung gemäß § 232 ist dem Antragsgegner zusammen mit der Zustellung des Vollstreckungsbescheids schriftlich mitzuteilen.

**§ 700 Einspruch gegen den Vollstreckungsbescheid.** (1) Der Vollstreckungsbescheid steht einem für vorläufig vollstreckbar erklärten Versäumnisurteil gleich.

(2) Die Streitsache gilt als mit der Zustellung des Mahnbescheids rechtshängig geworden.

(3) [1]Wird Einspruch eingelegt, so gibt das Gericht, das den Vollstreckungsbescheid erlassen hat, den Rechtsstreit von Amts wegen an das Gericht ab, das in dem Mahnbescheid gemäß § 692 Abs. 1 Nr. 1 bezeichnet worden ist, wenn die Parteien übereinstimmend die Abgabe an ein anderes Gericht verlangen, an dieses. [2]§ 696 Abs. 1 Satz 3 bis 5, Abs. 2, 5, § 697 Abs. 1, 4, § 698 gelten entsprechend. [3]§ 340 Abs. 3 ist nicht anzuwenden.

(4) [1]Bei Eingang der Anspruchsbegründung ist wie nach Eingang einer Klage weiter zu verfahren, wenn der Einspruch nicht als unzulässig verworfen wird. [2]§ 276 Abs. 1 Satz 1, 3, Abs. 2 ist nicht anzuwenden.

(5) Geht die Anspruchsbegründung innerhalb der von der Geschäftsstelle gesetzten Frist nicht ein und wird der Einspruch auch nicht als unzulässig verworfen, bestimmt der Vorsitzende unverzüglich Termin; § 697 Abs. 3 Satz 2 gilt entsprechend.

---

[1)] § 699 Abs. 1 Satz 2 geänd. mWv 31.12.2006 durch G v. 22.12.2006 (BGBl. I S. 3416); Abs. 5 angef. mWv 1.1.2014 durch G v. 5.12.2012 (BGBl. I S. 2418); Abs. 1 Satz 2 geänd. mWv 1.1.2018 durch G v. 5.7.2017 (BGBl. I S. 2208); Abs. 4 Satz 3 neu gef. mWv 1.1.2022 durch G v. 5.10.2021 (BGBl. I S. 4607).

(6) Der Einspruch darf nach § 345 nur verworfen werden, soweit die Voraussetzungen des § 331 Abs. 1, 2 erster Halbsatz für ein Versäumnisurteil vorliegen; soweit die Voraussetzungen nicht vorliegen, wird der Vollstreckungsbescheid aufgehoben.

**§ 701 Wegfall der Wirkung des Mahnbescheids.** [1] Ist Widerspruch nicht erhoben und beantragt der Antragsteller den Erlass des Vollstreckungsbescheids nicht binnen einer sechsmonatigen Frist, die mit der Zustellung des Mahnbescheids beginnt, so fällt die Wirkung des Mahnbescheids weg. [2] Dasselbe gilt, wenn der Vollstreckungsbescheid rechtzeitig beantragt ist, der Antrag aber zurückgewiesen wird.

**§ 702[1)] Form von Anträgen und Erklärungen.** (1) [1] Im Mahnverfahren können die Anträge und Erklärungen vor dem Urkundsbeamten der Geschäftsstelle abgegeben werden. [2] Soweit Formulare eingeführt sind, werden diese ausgefüllt; der Urkundsbeamte vermerkt unter Angabe des Gerichts und des Datums, dass er den Antrag oder die Erklärung aufgenommen hat. [3] Auch soweit Formulare nicht eingeführt sind, ist für den Antrag auf Erlass eines Mahnbescheids oder eines Vollstreckungsbescheids bei dem für das Mahnverfahren zuständigen Gericht die Aufnahme eines Protokolls nicht erforderlich.

(2) [1] Anträge und Erklärungen können in einer nur maschinell lesbaren Form übermittelt werden, wenn diese dem Gericht für seine maschinelle Bearbeitung geeignet erscheint. [2] Werden Anträge und Erklärungen, für die maschinell bearbeitbare Formulare nach § 703c Absatz 1 Satz 2 Nummer 1 eingeführt sind, von einem Rechtsanwalt, einer registrierten Person nach § 10 Absatz 1 Satz 1 Nummer 1 des Rechtsdienstleistungsgesetzes[2)], einer Behörde oder einer juristischen Person des öffentlichen Rechts einschließlich der von ihr zur Erfüllung ihrer öffentlichen Aufgaben gebildeten Zusammenschlüsse übermittelt, ist nur diese Form der Übermittlung zulässig. [3] Anträge und Erklärungen können unter Nutzung des elektronischen Identitätsnachweises nach § 18 des Personalausweisgesetzes[3)], § 12 des eID-Karte-Gesetzes oder § 78 Absatz 5 des Aufenthaltsgesetzes[4)] gestellt werden. [4] Der handschriftlichen Unterzeichnung bedarf es nicht, wenn in anderer Weise gewährleistet ist, dass die Anträge oder Erklärungen nicht ohne den Willen des Antragstellers oder Erklärenden übermittelt werden.

(3) Der Antrag auf Erlass eines Mahnbescheids oder eines Vollstreckungsbescheids wird dem Antragsgegner nicht mitgeteilt.

**§ 703 Kein Nachweis der Vollmacht.** [1] Im Mahnverfahren bedarf es des Nachweises einer Vollmacht nicht. [2] Wer als Bevollmächtigter einen Antrag einreicht oder einen Rechtsbehelf einlegt, hat seine ordnungsgemäße Bevollmächtigung zu versichern.

**§ 703a Urkunden-, Wechsel- und Scheckmahnverfahren.** (1) Ist der Antrag des Antragstellers auf den Erlass eines Urkunden-, Wechsel- oder Scheckmahnbescheids gerichtet, so wird der Mahnbescheid als Urkunden-, Wechsel- oder Scheckmahnbescheid bezeichnet.

---

1) § 702 Abs. 2 eingef., bish. Abs. 2 wird Abs. 3 mWv 1.1.2018, Abs. 2 Satz 2 geänd. mWv 1.1.2020 durch G v. 5.7.2017 (BGBl. I S. 2208); Abs. 2 Satz 3 geänd. mWv 1.11.2019 durch G v. 21.6.2019 (BGBl. I S. 846); Abs. 2 Satz 2 geänd. mWv 1.1.2022 durch G v. 5.10.2021 (BGBl. I S. 4607).

2) **Habersack, Deutsche Gesetze ErgBd. Nr. 99.**

3) **Sartorius Nr. 255.**

4) **Sartorius Nr. 565.**

(2) Für das Urkunden-, Wechsel- und Scheckmahnverfahren gelten folgende besondere Vorschriften:

1. die Bezeichnung als Urkunden-, Wechsel- oder Scheckmahnbescheid hat die Wirkung, dass die Streitsache, wenn rechtzeitig Widerspruch erhoben wird, im Urkunden-, Wechsel- oder Scheckprozess anhängig wird;
2. die Urkunden sollen in dem Antrag auf Erlass des Mahnbescheids und in dem Mahnbescheid bezeichnet werden; ist die Sache an das Streitgericht abzugeben, so müssen die Urkunden in Urschrift oder in Abschrift der Anspruchsbegründung beigefügt werden;
3. im Mahnverfahren ist nicht zu prüfen, ob die gewählte Prozessart statthaft ist;
4. beschränkt sich der Widerspruch auf den Antrag, dem Beklagten die Ausführung seiner Rechte vorzubehalten, so ist der Vollstreckungsbescheid unter diesem Vorbehalt zu erlassen. Auf das weitere Verfahren ist die Vorschrift des § 600 entsprechend anzuwenden.

**§ 703b[1] Sonderregelungen für maschinelle Bearbeitung.** (1) Bei maschineller Bearbeitung werden Beschlüsse, Verfügungen, Ausfertigungen und Vollstreckungsklauseln mit dem Gerichtssiegel versehen; einer Unterschrift bedarf es nicht.

(2) Das Bundesministerium der Justiz und für Verbraucherschutz wird ermächtigt, durch Rechtsverordnung mit Zustimmung des Bundesrates den Verfahrensablauf zu regeln, soweit dies für eine einheitliche maschinelle Bearbeitung der Mahnverfahren erforderlich ist (Verfahrensablaufplan).

**§ 703c[2] Formulare; Einführung der maschinellen Bearbeitung.**

(1) [1]Das Bundesministerium der Justiz und für Verbraucherschutz wird ermächtigt, durch Rechtsverordnung[3] mit Zustimmung des Bundesrates zur Vereinfachung des Mahnverfahrens und zum Schutze der in Anspruch genommenen Partei Formulare einzuführen. [2]Für

1. Mahnverfahren bei Gerichten, die die Verfahren maschinell bearbeiten,
2. Mahnverfahren bei Gerichten, die die Verfahren nicht maschinell bearbeiten,
3. Mahnverfahren, in denen der Mahnbescheid im Ausland zuzustellen ist,
4. Mahnverfahren, in denen der Mahnbescheid nach Artikel 32 des Zusatzabkommens zum NATO-Truppenstatut vom 3. August 1959 (BGBl. 1961 II S. 1183, 1218) zuzustellen ist,

können unterschiedliche Formulare eingeführt werden.

(2) Soweit nach Absatz 1 Formulare für Anträge und Erklärungen der Parteien eingeführt sind, müssen sich die Parteien ihrer bedienen.

(3) Die Landesregierungen bestimmen durch Rechtsverordnung den Zeitpunkt, in dem bei einem Amtsgericht die maschinelle Bearbeitung der Mahnverfahren eingeführt wird; sie können die Ermächtigung durch Rechtsverordnung auf die Landesjustizverwaltungen übertragen.

---

[1] § 703b Abs. 1 geänd. mWv 1.1.2013 durch G v. 5.12.2012 (BGBl. I S. 2418); Abs. 2 geänd. mWv 8.9.2015 durch VO v. 31.8.2015 (BGBl. I S. 1474).

[2] § 703c Abs. 1 Satz 1 geänd. mWv 8.9.2015 durch VO v. 31.8.2015 (BGBl. I S. 1474).

[3] Siehe die VO zur Einführung von Vordrucken für das Mahnverfahren v. 6.5.1977 (BGBl. I S. 693), zuletzt geänd. durch G v. 5.10.2021 (BGBl. I S. 4607) und die VO zur Einführung von Vordrucken für das Mahnverfahren bei Gerichten, die das Verfahren maschinell bearbeiten v. 6.6.1978 (BGBl. I S. 705, ber. S. 1185), zuletzt geänd. durch Bek. v. 29.1.2018 (BAnz AT 01.02.2018 B1).

**§ 703d Antragsgegner ohne allgemeinen inländischen Gerichtsstand.**

(1) Hat der Antragsgegner keinen allgemeinen Gerichtsstand im Inland, so gelten die nachfolgenden besonderen Vorschriften.

(2) [1] Zuständig für das Mahnverfahren ist das Amtsgericht, das für das streitige Verfahren zuständig sein würde, wenn die Amtsgerichte im ersten Rechtszug sachlich unbeschränkt zuständig wären. [2] § 689 Abs. 3 gilt entsprechend.

## Buch 8. Zwangsvollstreckung

### Abschnitt 1. Allgemeine Vorschriften

**§ 704[1)] Vollstreckbare Endurteile.** Die Zwangsvollstreckung findet statt aus Endurteilen, die rechtskräftig oder für vorläufig vollstreckbar erklärt sind.

**§ 705 Formelle Rechtskraft.** [1] Die Rechtskraft der Urteile tritt vor Ablauf der für die Einlegung des zulässigen Rechtsmittels oder des zulässigen Einspruchs bestimmten Frist nicht ein. [2] Der Eintritt der Rechtskraft wird durch rechtzeitige Einlegung des Rechtsmittels oder des Einspruchs gehemmt.

**§ 706[2)] Rechtskraft- und Notfristzeugnis.** (1) Zeugnisse über die Rechtskraft der Urteile sind auf Grund der Prozessakten von der Geschäftsstelle des Gerichts des ersten Rechtszuges und, solange der Rechtsstreit in einem höheren Rechtszug anhängig ist, von der Geschäftsstelle des Gerichts dieses Rechtszuges zu erteilen.

(2) [1] Soweit die Erteilung des Zeugnisses davon abhängt, dass gegen das Urteil ein Rechtsmittel nicht eingelegt ist, holt die Geschäftsstelle des Gerichts des ersten Rechtszuges bei der Geschäftsstelle des für das Rechtsmittel zuständigen Gerichts eine Mitteilung in Textform ein, dass bis zum Ablauf der Notfrist eine Rechtsmittelschrift nicht eingereicht sei. [2] Einer Mitteilung durch die Geschäftsstelle des Revisionsgerichts, dass ein Antrag auf Zulassung der Revision nach § 566 nicht eingereicht sei, bedarf es nicht.

**§ 707 Einstweilige Einstellung der Zwangsvollstreckung.** (1) [1] Wird die Wiedereinsetzung in den vorigen Stand oder eine Wiederaufnahme des Verfahrens beantragt oder die Rüge nach § 321a erhoben oder wird der Rechtsstreit nach der Verkündung eines Vorbehaltsurteils fortgesetzt, so kann das Gericht auf Antrag anordnen, dass die Zwangsvollstreckung gegen oder ohne Sicherheitsleistung einstweilen eingestellt werde oder nur gegen Sicherheitsleistung stattfinde und dass die Vollstreckungsmaßregeln gegen Sicherheitsleistung aufzuheben seien. [2] Die Einstellung der Zwangsvollstreckung ohne Sicherheitsleistung ist nur zulässig, wenn glaubhaft gemacht wird, dass der Schuldner zur Sicherheitsleistung nicht in der Lage ist und die Vollstreckung einen nicht zu ersetzenden Nachteil bringen würde.

(2) [1] Die Entscheidung ergeht durch Beschluss. [2] Eine Anfechtung des Beschlusses findet nicht statt.

---

1) § 704 Abs. 2 aufgeh. mWv 1.9.2009 durch G v. 17.12.2008 (BGBl. I S. 2586).

2) § 706 Abs. 1 Satz 2 aufgeh. mWv 1.9.2009 durch G v. 17.12.2008 (BGBl. I S. 2586); Abs. 2 neu gef. mWv 1.8.2009 durch G v. 29.7.2009 (BGBl. I S. 2258).

(2) [1] Wird ein für vorläufig vollstreckbar erklärtes Urteil aufgehoben oder abgeändert, so ist der Kläger zum Ersatz des Schadens verpflichtet, der dem Beklagten durch die Vollstreckung des Urteils oder durch eine zur Abwendung der Vollstreckung gemachte Leistung entstanden ist. [2] Der Beklagte kann den Anspruch auf Schadensersatz in dem anhängigen Rechtsstreit geltend machen; wird der Anspruch geltend gemacht, so ist er als zur Zeit der Zahlung oder Leistung rechtshängig geworden anzusehen.

(3) [1] Die Vorschriften des Absatzes 2 sind auf die im § 708 Nr. 10 bezeichneten Berufungsurteile, mit Ausnahme der Versäumnisurteile, nicht anzuwenden. [2] Soweit ein solches Urteil aufgehoben oder abgeändert wird, ist der Kläger auf Antrag des Beklagten zur Erstattung des von diesem auf Grund des Urteils Gezahlten oder Geleisteten zu verurteilen. [3] Die Erstattungspflicht des Klägers bestimmt sich nach den Vorschriften über die Herausgabe einer ungerechtfertigten Bereicherung. [4] Wird der Antrag gestellt, so ist der Anspruch auf Erstattung als zur Zeit der Zahlung oder Leistung rechtshängig geworden anzusehen; die mit der Rechtshängigkeit nach den Vorschriften des bürgerlichen Rechts verbundenen Wirkungen treten mit der Zahlung oder Leistung auch dann ein, wenn der Antrag nicht gestellt wird.

**§ 718[1)] Vorabentscheidung über vorläufige Vollstreckbarkeit.** (1) [1] In der Berufungsinstanz ist über die vorläufige Vollstreckbarkeit auf Antrag vorab zu entscheiden. [2] Die Entscheidung kann ohne mündliche Verhandlung ergehen; § 128 Absatz 2 Satz 2 gilt entsprechend.

(2) Eine Anfechtung der in der Berufungsinstanz über die vorläufige Vollstreckbarkeit erlassenen Entscheidung findet nicht statt.

**§ 719 Einstweilige Einstellung bei Rechtsmittel und Einspruch.**

(1) [1] Wird gegen ein für vorläufig vollstreckbar erklärtes Urteil der Einspruch oder die Berufung eingelegt, so gelten die Vorschriften des § 707 entsprechend. [2] Die Zwangsvollstreckung aus einem Versäumnisurteil darf nur gegen Sicherheitsleistung eingestellt werden, es sei denn, dass das Versäumnisurteil nicht in gesetzlicher Weise ergangen ist oder die säumige Partei glaubhaft macht, dass ihre Säumnis unverschuldet war.

(2) [1] Wird Revision gegen ein für vorläufig vollstreckbar erklärtes Urteil eingelegt, so ordnet das Revisionsgericht auf Antrag an, dass die Zwangsvollstreckung einstweilen eingestellt wird, wenn die Vollstreckung dem Schuldner einen nicht zu ersetzenden Nachteil bringen würde und nicht ein überwiegendes Interesse des Gläubigers entgegensteht. [2] Die Parteien haben die tatsächlichen Voraussetzungen glaubhaft zu machen.

(3) Die Entscheidung ergeht durch Beschluss.

**§ 720 Hinterlegung bei Abwendung der Vollstreckung.** Darf der Schuldner nach § 711 Satz 1, § 712 Abs. 1 Satz 1 die Vollstreckung durch Sicherheitsleistung oder Hinterlegung abwenden, so ist gepfändetes Geld oder der Erlös gepfändeter Gegenstände zu hinterlegen.

**§ 720a Sicherungsvollstreckung.** (1) [1] Aus einem nur gegen Sicherheit vorläufig vollstreckbaren Urteil, durch das der Schuldner zur Leistung von Geld

---

[1)] § 718 Abs. 1 neu gef. mWv 1.1.2020 durch G v. 12.12.2019 (BGBl. I S. 2633).

verurteilt worden ist, darf der Gläubiger ohne Sicherheitsleistung die Zwangsvollstreckung insoweit betreiben, als

a) bewegliches Vermögen gepfändet wird,

b) im Wege der Zwangsvollstreckung in das unbewegliche Vermögen eine Sicherungshypothek oder Schiffshypothek eingetragen wird.

[2] Der Gläubiger kann sich aus dem belasteten Gegenstand nur nach Leistung der Sicherheit befriedigen.

(2) Für die Zwangsvollstreckung in das bewegliche Vermögen gilt § 930 Abs. 2, 3 entsprechend.

(3) Der Schuldner ist befugt, die Zwangsvollstreckung nach Absatz 1 durch Leistung einer Sicherheit in Höhe des Hauptanspruchs abzuwenden, wegen dessen der Gläubiger vollstrecken kann, wenn nicht der Gläubiger vorher die ihm obliegende Sicherheit geleistet hat.

**§ 721 Räumungsfrist.** (1) [1] Wird auf Räumung von Wohnraum erkannt, so kann das Gericht auf Antrag oder von Amts wegen dem Schuldner eine den Umständen nach angemessene Räumungsfrist gewähren. [2] Der Antrag ist vor dem Schluss der mündlichen Verhandlung zu stellen, auf die das Urteil ergeht. [3] Ist der Antrag bei der Entscheidung übergangen, so gilt § 321; bis zur Entscheidung kann das Gericht auf Antrag die Zwangsvollstreckung wegen des Räumungsanspruchs einstweilen einstellen.

(2) [1] Ist auf künftige Räumung erkannt und über eine Räumungsfrist noch nicht entschieden, so kann dem Schuldner eine den Umständen nach angemessene Räumungsfrist gewährt werden, wenn er spätestens zwei Wochen vor dem Tag, an dem nach dem Urteil zu räumen ist, einen Antrag stellt. [2] §§ 233 bis 238 gelten sinngemäß.

(3) [1] Die Räumungsfrist kann auf Antrag verlängert oder verkürzt werden. [2] Der Antrag auf Verlängerung ist spätestens zwei Wochen vor Ablauf der Räumungsfrist zu stellen. [3] §§ 233 bis 238 gelten sinngemäß.

(4) [1] Über Anträge nach den Absätzen 2 oder 3 entscheidet das Gericht erster Instanz, solange die Sache in der Berufungsinstanz anhängig ist, das Berufungsgericht. [2] Die Entscheidung ergeht durch Beschluss. [3] Vor der Entscheidung ist der Gegner zu hören. [4] Das Gericht ist befugt, die im § 732 Abs. 2 bezeichneten Anordnungen zu erlassen.

(5) [1] Die Räumungsfrist darf insgesamt nicht mehr als ein Jahr betragen. [2] Die Jahresfrist rechnet vom Tage der Rechtskraft des Urteils oder, wenn nach einem Urteil auf künftige Räumung an einem späteren Tage zu räumen ist, von diesem Tage an.

(6) Die sofortige Beschwerde findet statt

1. gegen Urteile, durch die auf Räumung von Wohnraum erkannt ist, wenn sich das Rechtsmittel lediglich gegen die Versagung, Gewährung oder Bemessung einer Räumungsfrist richtet;
2. gegen Beschlüsse über Anträge nach den Absätzen 2 oder 3.

(7) [1] Die Absätze 1 bis 6 gelten nicht für Mietverhältnisse über Wohnraum im Sinne des § 549 Abs. 2 Nr. 3 sowie in den Fällen des § 575 des Bürgerlichen Gesetzbuchs[1)]. [2] Endet ein Mietverhältnis im Sinne des § 575 des Bürgerlichen

---

[1)] Nr. **20**.

Gesetzbuchs durch außerordentliche Kündigung, kann eine Räumungsfrist höchstens bis zum vertraglich bestimmten Zeitpunkt der Beendigung gewährt werden.

**§ 722 Vollstreckbarkeit ausländischer Urteile.** (1) Aus dem Urteil eines ausländischen Gerichts findet die Zwangsvollstreckung nur statt, wenn ihre Zulässigkeit durch ein Vollstreckungsurteil ausgesprochen ist.

(2) Für die Klage auf Erlass des Urteils ist das Amtsgericht oder Landgericht, bei dem der Schuldner seinen allgemeinen Gerichtsstand hat, und sonst das Amtsgericht oder Landgericht zuständig, bei dem nach § 23 gegen den Schuldner Klage erhoben werden kann.

**§ 723 Vollstreckungsurteil.** (1) Das Vollstreckungsurteil ist ohne Prüfung der Gesetzmäßigkeit der Entscheidung zu erlassen.

(2) [1] Das Vollstreckungsurteil ist erst zu erlassen, wenn das Urteil des ausländischen Gerichts nach dem für dieses Gericht geltenden Recht die Rechtskraft erlangt hat. [2] Es ist nicht zu erlassen, wenn die Anerkennung des Urteils nach § 328 ausgeschlossen ist.

**§ 724[1) 2)] Vollstreckbare Ausfertigung.** (1) Die Zwangsvollstreckung wird auf Grund einer mit der Vollstreckungsklausel versehenen Ausfertigung des Urteils (vollstreckbare Ausfertigung) durchgeführt.

(2) [1] Die vollstreckbare Ausfertigung wird von dem Urkundsbeamten der Geschäftsstelle des Gerichts des ersten Rechtszuges erteilt. [2] Ist der Rechtsstreit bei einem höheren Gericht anhängig, so kann die vollstreckbare Ausfertigung auch von dem Urkundsbeamten der Geschäftsstelle dieses Gerichts erteilt werden.

**§ 725[2)] Vollstreckungsklausel.** Die Vollstreckungsklausel:
„Vorstehende Ausfertigung wird dem usw. (Bezeichnung der Partei) zum Zwecke der Zwangsvollstreckung erteilt"
ist der Ausfertigung des Urteils am Schluss beizufügen, von dem Urkundsbeamten der Geschäftsstelle zu unterschreiben und mit dem Gerichtssiegel zu versehen.

**§ 726 Vollstreckbare Ausfertigung bei bedingten Leistungen.** (1) Von Urteilen, deren Vollstreckung nach ihrem Inhalt von dem durch den Gläubiger zu beweisenden Eintritt einer anderen Tatsache als einer dem Gläubiger obliegenden Sicherheitsleistung abhängt, darf eine vollstreckbare Ausfertigung nur erteilt werden, wenn der Beweis durch öffentliche oder öffentlich beglaubigte Urkunden geführt wird.

(2) Hängt die Vollstreckung von einer Zug um Zug zu bewirkenden Leistung des Gläubigers an den Schuldner ab, so ist der Beweis, dass der Schuldner befriedigt oder im Verzug der Annahme ist, nur dann erforderlich, wenn die dem Schuldner obliegende Leistung in der Abgabe einer Willenserklärung besteht.

**§ 727[3)] Vollstreckbare Ausfertigung für und gegen Rechtsnachfolger.**

(1) Eine vollstreckbare Ausfertigung kann für den Rechtsnachfolger des in dem Urteil bezeichneten Gläubigers sowie gegen denjenigen Rechtsnachfolger des in dem Urteil bezeichneten Schuldners und denjenigen Besitzer der in Streit be-

---

[1)] § 724 Abs. 2 neu gef. mWv 1.1.2022 durch G v. 5.10.2021 (BGBl. I S. 4607).

[2)] Nach dem EVertr. **(Habersack II Nr. 2)** können Entscheidungen der gesellschaftlichen Gerichte nicht für vollstreckbar erklärt werden.

[3)] Beachte auch §§ 93 und 94 SGB XII – Sozialhilfe – **(Sartorius ErgBd. Nr. 412)**.

fangenen Sache, gegen die das Urteil nach § 325 wirksam ist, erteilt werden, sofern die Rechtsnachfolge oder das Besitzverhältnis bei dem Gericht offenkundig ist oder durch öffentliche oder öffentlich beglaubigte Urkunden nachgewiesen wird.

(2) Ist die Rechtsnachfolge oder das Besitzverhältnis bei dem Gericht offenkundig, so ist dies in der Vollstreckungsklausel zu erwähnen.

**§ 728 Vollstreckbare Ausfertigung bei Nacherbe oder Testamentsvollstrecker.** (1) Ist gegenüber dem Vorerben ein nach § 326 dem Nacherben gegenüber wirksames Urteil ergangen, so sind auf die Erteilung einer vollstreckbaren Ausfertigung für und gegen den Nacherben die Vorschriften des § 727 entsprechend anzuwenden.

(2) [1]Das Gleiche gilt, wenn gegenüber einem Testamentsvollstrecker ein nach § 327 dem Erben gegenüber wirksames Urteil ergangen ist, für die Erteilung einer vollstreckbaren Ausfertigung für und gegen den Erben. [2]Eine vollstreckbare Ausfertigung kann gegen den Erben erteilt werden, auch wenn die Verwaltung des Testamentsvollstreckers noch besteht.

**§ 729 Vollstreckbare Ausfertigung gegen Vermögens- und Firmenübernehmer.** (1) Hat jemand das Vermögen eines anderen durch Vertrag mit diesem nach der rechtskräftigen Feststellung einer Schuld des anderen übernommen, so sind auf die Erteilung einer vollstreckbaren Ausfertigung des Urteils gegen den Übernehmer die Vorschriften des § 727 entsprechend anzuwenden.

(2) Das Gleiche gilt für die Erteilung einer vollstreckbaren Ausfertigung gegen denjenigen, der ein unter Lebenden erworbenes Handelsgeschäft unter der bisherigen Firma fortführt, in Ansehung der Verbindlichkeiten, für die er nach § 25 Abs. 1 Satz 1, Abs. 2 des Handelsgesetzbuchs[1)] haftet, sofern sie vor dem Erwerb des Geschäfts gegen den früheren Inhaber rechtskräftig festgestellt worden sind.

**§ 730 Anhörung des Schuldners.** In den Fällen des § 726 Abs. 1 und der §§ 727 bis 729 kann der Schuldner vor der Erteilung der vollstreckbaren Ausfertigung gehört werden.

**§ 731 Klage auf Erteilung der Vollstreckungsklausel.** Kann der nach dem § 726 Abs. 1 und den §§ 727 bis 729 erforderliche Nachweis durch öffentliche oder öffentlich beglaubigte Urkunden nicht geführt werden, so hat der Gläubiger bei dem Prozessgericht des ersten Rechtszuges aus dem Urteil auf Erteilung der Vollstreckungsklausel Klage zu erheben.

**§ 732 Erinnerung gegen Erteilung der Vollstreckungsklausel.** (1) [1]Über Einwendungen des Schuldners, welche die Zulässigkeit der Vollstreckungsklausel betreffen, entscheidet das Gericht, von dessen Geschäftsstelle die Vollstreckungsklausel erteilt ist. [2]Die Entscheidung ergeht durch Beschluss.

(2) Das Gericht kann vor der Entscheidung eine einstweilige Anordnung erlassen; es kann insbesondere anordnen, dass die Zwangsvollstreckung gegen oder ohne Sicherheitsleistung einstweilen einzustellen oder nur gegen Sicherheitsleistung fortzusetzen sei.

**§ 733 Weitere vollstreckbare Ausfertigung.** (1) Vor der Erteilung einer weiteren vollstreckbaren Ausfertigung kann der Schuldner gehört werden, sofern nicht die zuerst erteilte Ausfertigung zurückgegeben wird.

---

[1)] Nr. **50**.

(2) Die Geschäftsstelle hat von der Erteilung der weiteren Ausfertigung den Gegner in Kenntnis zu setzen.

(3) Die weitere Ausfertigung ist als solche ausdrücklich zu bezeichnen.

**§ 734 Vermerk über Ausfertigungserteilung auf der Urteilsurschrift.**

[1] Vor der Aushändigung einer vollstreckbaren Ausfertigung ist auf der Urschrift des Urteils zu vermerken, für welche Partei und zu welcher Zeit die Ausfertigung erteilt ist. [2] Werden die Prozessakten elektronisch geführt, so ist der Vermerk in einem gesonderten elektronischen Dokument festzuhalten. [3] Das Dokument ist mit dem Urteil untrennbar zu verbinden.

**§ 735 Zwangsvollstreckung gegen nicht rechtsfähigen Verein.** Zur Zwangsvollstreckung in das Vermögen eines nicht rechtsfähigen Vereins genügt ein gegen den Verein ergangenes Urteil.

**§ 736 Zwangsvollstreckung gegen BGB-Gesellschaft.** Zur Zwangsvollstreckung in das Gesellschaftsvermögen einer nach § 705 des Bürgerlichen Gesetzbuchs[1)] eingegangenen Gesellschaft ist ein gegen alle Gesellschafter ergangenes Urteil erforderlich.[2)]

**§ 737 Zwangsvollstreckung bei Vermögens- oder Erbschaftsnießbrauch.**

(1) Bei dem Nießbrauch an einem Vermögen ist wegen der vor der Bestellung des Nießbrauchs entstandenen Verbindlichkeiten des Bestellers die Zwangsvollstreckung in die dem Nießbrauch unterliegenden Gegenstände ohne Rücksicht auf den Nießbrauch zulässig, wenn der Besteller zu der Leistung und der Nießbraucher zur Duldung der Zwangsvollstreckung verurteilt ist.

(2) Das Gleiche gilt bei dem Nießbrauch an einer Erbschaft für die Nachlassverbindlichkeiten.

**§ 738 Vollstreckbare Ausfertigung gegen Nießbraucher.** (1) Ist die Bestellung des Nießbrauchs an einem Vermögen nach der rechtskräftigen Feststellung einer Schuld des Bestellers erfolgt, so sind auf die Erteilung einer in Ansehung der dem Nießbrauch unterliegenden Gegenstände vollstreckbaren Ausfertigung des Urteils gegen den Nießbraucher die Vorschriften der §§ 727, 730 bis 732 entsprechend anzuwenden.

(2) Das Gleiche gilt bei dem Nießbrauch an einer Erbschaft für die Erteilung einer vollstreckbaren Ausfertigung des gegen den Erblasser ergangenen Urteils.

**§ 739[3)] Gewahrsamsvermutung bei Zwangsvollstreckung gegen Ehegatten und Lebenspartner.** (1) Wird zugunsten der Gläubiger eines der Ehegatten gemäß § 1362 des Bürgerlichen Gesetzbuchs[1)] vermutet, dass der Schuldner Eigentümer beweglicher Sachen ist, so gilt, unbeschadet der Rechte Dritter, für die Durchführung der Zwangsvollstreckung nur der Schuldner als Gewahrsamsinhaber und Besitzer.

(2) Absatz 1 gilt entsprechend für die Vermutung des § 8 Abs. 1 des Lebenspartnerschaftsgesetzes zugunsten der Gläubiger eines der Lebenspartner.

---

[1)] Nr. **20**.

[2)] Für die OHG vgl. § 124 Abs. 2 und § 129 Abs. 4 HGB (Nr. **50**).

[3)] § 739 Abs. 1 neu gef. mWv 22.12.2018 durch G v. 18.12.2018 (BGBl. I S. 2639).

**§ 740[1] Zwangsvollstreckung in das Gesamtgut.** (1) Leben die Ehegatten oder Lebenspartner in Gütergemeinschaft und verwaltet einer von ihnen das Gesamtgut allein, so ist zur Zwangsvollstreckung in das Gesamtgut ein Urteil gegen diesen Ehegatten oder Lebenspartner erforderlich und genügend.

(2) Verwalten die Ehegatten oder Lebenspartner das Gesamtgut gemeinschaftlich, so ist die Zwangsvollstreckung in das Gesamtgut nur zulässig, wenn beide Ehegatten oder Lebenspartner zur Leistung verurteilt sind.

**§ 741[2] Zwangsvollstreckung in das Gesamtgut bei Erwerbsgeschäft.**

Betreibt ein Ehegatte, der in Gütergemeinschaft lebt und das Gesamtgut nicht oder nicht allein verwaltet, selbständig ein Erwerbsgeschäft, so genügt zur Zwangsvollstreckung in das Gesamtgut ein gegen ihn ergangenes Urteil.

**§ 742[3] Vollstreckbare Ausfertigung bei Gütergemeinschaft während des Rechtsstreits.** Ist die Gütergemeinschaft erst eingetreten, nachdem ein von einem Ehegatten oder Lebenspartner oder gegen einen Ehegatten oder Lebenspartner geführter Rechtsstreit rechtshängig geworden ist, und verwaltet dieser Ehegatte oder Lebenspartner das Gesamtgut nicht oder nicht allein, so sind auf die Erteilung einer in Ansehung des Gesamtgutes vollstreckbaren Ausfertigung des Urteils für oder gegen den anderen Ehegatten oder Lebenspartner die Vorschriften der §§ 727, 730 bis 732 entsprechend anzuwenden.

**§ 743[4] Beendete Gütergemeinschaft.** Nach der Beendigung der Gütergemeinschaft ist vor der Auseinandersetzung die Zwangsvollstreckung in das Gesamtgut nur zulässig, wenn

1. beide Ehegatten oder Lebenspartner zu der Leistung verurteilt sind oder
2. der eine Ehegatte oder Lebenspartner zu der Leistung verurteilt ist und der andere zur Duldung der Zwangsvollstreckung.

**§ 744[5] Vollstreckbare Ausfertigung bei beendeter Gütergemeinschaft.**

Ist die Beendigung der Gütergemeinschaft nach der Beendigung eines Rechtsstreits des Ehegatten oder Lebenspartners eingetreten, der das Gesamtgut allein verwaltet, so sind auf die Erteilung einer in Ansehung des Gesamtgutes vollstreckbaren Ausfertigung des Urteils gegen den anderen Ehegatten oder Lebenspartner die Vorschriften der §§ 727, 730 bis 732 entsprechend anzuwenden.

**§ 744a Zwangsvollstreckung bei Eigentums- und Vermögensgemeinschaft.** Leben die Ehegatten gemäß Artikel 234 § 4 Abs. 2 des Einführungsgesetzes zum Bürgerlichen Gesetzbuch[6] im Güterstand der Eigentums- und Vermögensgemeinschaft, sind für die Zwangsvollstreckung in Gegenstände des ge-

---

[1] § 740 Abs. 1 und 2 geänd. mWv 26.11.2015 durch G v. 20.11.2015 (BGBl. I S. 2010).
[2] § 741 neu gef. mWv 1.1.2023 durch G v. 31.10.2022 (BGBl. I S. 1966).
[3] § 742 geänd. mWv 26.11.2015 durch G v. 20.11.2015 (BGBl. I S. 2010).
[4] § 743 neu gef. mWv 26.11.2015 durch G v. 20.11.2015 (BGBl. I S. 2010).
[5] § 744 geänd. mWv 26.11.2015 durch G v. 20.11.2015 (BGBl. I S. 2010).
[6] Nr. **21**.

meinschaftlichen Eigentums und Vermögens die §§ 740 bis 744, 774 und 860 entsprechend anzuwenden.

**§ 745**[1] **Zwangsvollstreckung bei fortgesetzter Gütergemeinschaft.**

(1) Im Falle der fortgesetzten Gütergemeinschaft ist zur Zwangsvollstreckung in das Gesamtgut ein gegen den überlebenden Ehegatten oder Lebenspartner ergangenes Urteil erforderlich und genügend.

(2) Nach der Beendigung der fortgesetzten Gütergemeinschaft gelten die §§ 743 und 744 mit der Maßgabe, dass

1. an die Stelle desjenigen Ehegatten oder Lebenspartners, der das Gesamtgut allein verwaltet, der überlebende Ehegatte oder Lebenspartner tritt und
2. an die Stelle des anderen Ehegatten oder Lebenspartners die anteilsberechtigten Abkömmlinge treten.

**§ 746** (weggefallen)

**§ 747 Zwangsvollstreckung in ungeteilten Nachlass.** Zur Zwangsvollstreckung in einen Nachlass ist, wenn mehrere Erben vorhanden sind, bis zur Teilung ein gegen alle Erben ergangenes Urteil erforderlich.

**§ 748 Zwangsvollstreckung bei Testamentsvollstrecker.** (1) Unterliegt ein Nachlass der Verwaltung eines Testamentsvollstreckers, so ist zur Zwangsvollstreckung in den Nachlass ein gegen den Testamentsvollstrecker ergangenes Urteil erforderlich und genügend.

(2) Steht dem Testamentsvollstrecker nur die Verwaltung einzelner Nachlassgegenstände zu, so ist die Zwangsvollstreckung in diese Gegenstände nur zulässig, wenn der Erbe zu der Leistung, der Testamentsvollstrecker zur Duldung der Zwangsvollstreckung verurteilt ist.

(3) Zur Zwangsvollstreckung wegen eines Pflichtteilanspruchs ist im Falle des Absatzes 1 wie im Falle des Absatzes 2 ein sowohl gegen den Erben als gegen den Testamentsvollstrecker ergangenes Urteil erforderlich.

**§ 749 Vollstreckbare Ausfertigung für und gegen Testamentsvollstrecker.**

[1] Auf die Erteilung einer vollstreckbaren Ausfertigung eines für oder gegen den Erblasser ergangenen Urteils für oder gegen den Testamentsvollstrecker sind die Vorschriften der §§ 727, 730 bis 732 entsprechend anzuwenden. [2] Auf Grund einer solchen Ausfertigung ist die Zwangsvollstreckung nur in die der Verwaltung des Testamentsvollstreckers unterliegenden Nachlassgegenstände zulässig.

**§ 750 Voraussetzungen der Zwangsvollstreckung.** (1) [1] Die Zwangsvollstreckung darf nur beginnen, wenn die Personen, für und gegen die sie stattfinden soll, in dem Urteil oder in der ihm beigefügten Vollstreckungsklausel namentlich bezeichnet sind und das Urteil bereits zugestellt ist oder gleichzeitig zugestellt wird. [2] Eine Zustellung durch den Gläubiger genügt; in diesem Fall braucht die Ausfertigung des Urteils Tatbestand und Entscheidungsgründe nicht zu enthalten.

(2) Handelt es sich um die Vollstreckung eines Urteils, dessen vollstreckbare Ausfertigung nach § 726 Abs. 1 erteilt worden ist, oder soll ein Urteil, das nach den §§ 727 bis 729, 738, 742, 744, dem § 745 Abs. 2 und dem § 749 für oder gegen eine der dort bezeichneten Personen wirksam ist, für oder gegen eine dieser

[1] § 745 Abs. 1 geänd., Abs. 2 neu gef. mWv 26.11.2015 durch G v. 20.11.2015 (BGBl. I S. 2010).

Personen vollstreckt werden, so muss außer dem zu vollstreckenden Urteil auch die ihm beigefügte Vollstreckungsklausel und, sofern die Vollstreckungsklausel auf Grund öffentlicher oder öffentlich beglaubigter Urkunden erteilt ist, auch eine Abschrift dieser Urkunden vor Beginn der Zwangsvollstreckung zugestellt sein oder gleichzeitig mit ihrem Beginn zugestellt werden.

(3) Eine Zwangsvollstreckung nach § 720a darf nur beginnen, wenn das Urteil und die Vollstreckungsklausel mindestens zwei Wochen vorher zugestellt sind.

**§ 751 Bedingungen für Vollstreckungsbeginn.** (1) Ist die Geltendmachung des Anspruchs von dem Eintritt eines Kalendertages abhängig, so darf die Zwangsvollstreckung nur beginnen, wenn der Kalendertag abgelaufen ist.

(2) Hängt die Vollstreckung von einer dem Gläubiger obliegenden Sicherheitsleistung ab, so darf mit der Zwangsvollstreckung nur begonnen oder sie nur fortgesetzt werden, wenn die Sicherheitsleistung durch eine öffentliche oder öffentlich beglaubigte Urkunde nachgewiesen und eine Abschrift dieser Urkunde bereits zugestellt ist oder gleichzeitig zugestellt wird.

**§ 752 Sicherheitsleistung bei Teilvollstreckung.** [1] Vollstreckt der Gläubiger im Fall des § 751 Abs. 2 nur wegen eines Teilbetrages, so bemisst sich die Höhe der Sicherheitsleistung nach dem Verhältnis des Teilbetrages zum Gesamtbetrag. [2] Darf der Schuldner in den Fällen des § 709 die Vollstreckung gemäß § 712 Abs. 1 Satz 1 abwenden, so gilt für ihn Satz 1 entsprechend.

**§ 753[1)] [2)] Vollstreckung durch Gerichtsvollzieher; Verordnungsermächtigung.** (1) Die Zwangsvollstreckung wird, soweit sie nicht den Gerichten zugewiesen ist, durch Gerichtsvollzieher durchgeführt, die sie im Auftrag des Gläubigers zu bewirken haben.

(2) [1] Der Gläubiger kann wegen Erteilung des Auftrags zur Zwangsvollstreckung die Mitwirkung der Geschäftsstelle in Anspruch nehmen. [2] Der von der Geschäftsstelle beauftragte Gerichtsvollzieher gilt als von dem Gläubiger beauftragt.

(3) [1] Das Bundesministerium der Justiz und für Verbraucherschutz wird ermächtigt, durch Rechtsverordnung mit Zustimmung des Bundesrates verbindliche Formulare für den Auftrag einzuführen. [2] Für elektronisch eingereichte Aufträge können besondere Formulare vorgesehen werden.

(4) [1] Schriftlich einzureichende Anträge und Erklärungen der Parteien sowie schriftlich einzureichende Auskünfte, Aussagen, Gutachten, Übersetzungen und Erklärungen Dritter können als elektronisches Dokument beim Gerichtsvollzieher eingereicht werden. [2] Für das elektronische Dokument gelten § 130a, auf dieser Grundlage erlassene Rechtsverordnungen sowie § 298 entsprechend. [3] Die Bundesregierung kann in der Rechtsverordnung nach § 130a Absatz 2 Satz 2 besondere technische Rahmenbedingungen für die Übermittlung und Bearbeitung elektronischer Dokumente in Zwangsvollstreckungsverfahren durch Gerichtsvollzieher bestimmen.

(5) § 130d gilt entsprechend.

---

[1)] § 753 Abs. 3 angef. mWv 1.8.2009 durch G v. 29.7.2009 (BGBl. I S. 2258); Abs. 3 Satz 1 geänd. mWv 8.9.2015 durch VO v. 31.8.2015 (BGBl. I S. 1474); Überschrift neu gef., Abs. 3 Satz 1 geänd., Abs. 4 angef. mWv 26.11.2016 durch G v. 21.11.2016 (BGBl. I S. 2591, geänd. durch G v. 5.7.2017, BGBl. I S. 2208); Abs. 4 neu gef. mWv 1.1.2018, Abs. 5 angef. mWv 1.1.2022 durch G v. 5.7.2017 (BGBl. I S. 2208); Abs. 4 Satz 4 aufgeh. mWv 1.1.2022 durch G v. 5.10.2021 (BGBl. I S. 4607).

[2)] Beachte hierzu Übergangsvorschrift in § 43 EGZPO (Nr. **101**).

**§ 753a**[1] **Vollmachtsnachweis.** [1]Bei der Durchführung der Zwangsvollstreckung wegen Geldforderungen in das bewegliche Vermögen haben Bevollmächtigte nach § 79 Absatz 2 Satz 1 und 2 Nummer 3 und 4 ihre ordnungsgemäße Bevollmächtigung zu versichern; des Nachweises einer Vollmacht bedarf es in diesen Fällen nicht. [2]Satz 1 gilt nicht für Anträge nach § 802g.

**§ 754**[2) 3)] **Vollstreckungsauftrag und vollstreckbare Ausfertigung.**

(1) Durch den Vollstreckungsauftrag und die Übergabe der vollstreckbaren Ausfertigung wird der Gerichtsvollzieher ermächtigt, Leistungen des Schuldners entgegenzunehmen und diese zu quittieren sowie mit Wirkung für den Gläubiger Zahlungsvereinbarungen nach Maßgabe des § 802b zu treffen.

(2) [1]Dem Schuldner und Dritten gegenüber wird der Gerichtsvollzieher zur Vornahme der Zwangsvollstreckung und der in Absatz 1 bezeichneten Handlungen durch den Besitz der vollstreckbaren Ausfertigung ermächtigt. [2]Der Mangel oder die Beschränkung des Auftrags kann diesen Personen gegenüber von dem Gläubiger nicht geltend gemacht werden.

**§ 754a**[4] **Vereinfachter Vollstreckungsauftrag bei Vollstreckungsbescheiden.** (1) [1]Im Fall eines elektronisch eingereichten Auftrags zur Zwangsvollstreckung aus einem Vollstreckungsbescheid, der einer Vollstreckungsklausel nicht bedarf, ist bei der Zwangsvollstreckung wegen Geldforderungen die Übermittlung der Ausfertigung des Vollstreckungsbescheides entbehrlich, wenn

1. die sich aus dem Vollstreckungsbescheid ergebende fällige Geldforderung einschließlich titulierter Nebenforderungen und Kosten nicht mehr als 5 000 Euro beträgt; Kosten der Zwangsvollstreckung sind bei der Berechnung der Forderungshöhe nur zu berücksichtigen, wenn sie allein Gegenstand des Vollstreckungsauftrags sind;
2. die Vorlage anderer Urkunden als der Ausfertigung des Vollstreckungsbescheides nicht vorgeschrieben ist;
3. der Gläubiger dem Auftrag eine Abschrift des Vollstreckungsbescheides nebst Zustellungsbescheinigung als elektronisches Dokument beifügt und
4. der Gläubiger versichert, dass ihm eine Ausfertigung des Vollstreckungsbescheides und eine Zustellungsbescheinigung vorliegen und die Forderung in Höhe des Vollstreckungsauftrags noch besteht.

[2]Sollen Kosten der Zwangsvollstreckung vollstreckt werden, sind dem Auftrag zusätzlich zu den in Satz 1 Nummer 3 genannten Dokumenten eine nachprüfbare Aufstellung der Kosten und entsprechende Belege als elektronisches Dokument beizufügen.

(2) Hat der Gerichtsvollzieher Zweifel an dem Vorliegen einer Ausfertigung des Vollstreckungsbescheides oder der übrigen Vollstreckungsvoraussetzungen, teilt er dies dem Gläubiger mit und führt die Zwangsvollstreckung erst durch, nachdem der Gläubiger die Ausfertigung des Vollstreckungsbescheides übermittelt oder die übrigen Vollstreckungsvoraussetzungen nachgewiesen hat.

---

[1] § 753a eingef. mWv 1.1.2021 durch G v. 22.12.2020 (BGBl. I S. 3320).
[2] § 754 neu gef. mWv 1.1.2013 durch G v. 29.7.2009 (BGBl. I S. 2258).
[3] Beachte hierzu Übergangsvorschrift in § 39 EGZPO (Nr. **101**).
[4] § 754a eingef. mWv 26.11.2016, Abs. 3 aufgeh. mWv 1.1.2018 durch G v. 21.11.2016 (BGBl. I S. 2591).

**§ 755**[1)] [2)] **Ermittlung des Aufenthaltsorts des Schuldners.** (1) [1] Ist der Wohnsitz oder gewöhnliche Aufenthaltsort des Schuldners nicht bekannt, darf der Gerichtsvollzieher auf Grund des Vollstreckungsauftrags und der Übergabe der vollstreckbaren Ausfertigung zur Ermittlung des Aufenthaltsorts des Schuldners bei der Meldebehörde die gegenwärtigen Anschriften sowie Angaben zur Haupt- und Nebenwohnung des Schuldners erheben. [2] Der Gerichtsvollzieher darf auch beauftragt werden, die gegenwärtigen Anschriften, den Ort der Hauptniederlassung oder den Sitz des Schuldners zu erheben

1. durch Einsicht in das Handels-, Genossenschafts-, Partnerschafts-, Unternehmens- oder Vereinsregister oder
2. durch Einholung einer Auskunft bei den nach Landesrecht für die Durchführung der Aufgaben nach § 14 Absatz 1 der Gewerbeordnung[3)] zuständigen Behörden.

(2) [1] Soweit der Aufenthaltsort des Schuldners nach Absatz 1 nicht zu ermitteln ist, darf der Gerichtsvollzieher

1. zunächst beim Ausländerzentralregister die Angaben zur aktenführenden Ausländerbehörde sowie zum Zuzug oder Fortzug des Schuldners und anschließend bei der gemäß der Auskunft aus dem Ausländerzentralregister aktenführenden Ausländerbehörde den Aufenthaltsort des Schuldners,
2. bei den Trägern der gesetzlichen Rentenversicherung und bei einer berufsständischen Versorgungseinrichtung im Sinne des § 6 Absatz 1 Satz 1 Nummer 1 des Sechsten Buches Sozialgesetzbuch[4)] die dort bekannte derzeitige Anschrift, den derzeitigen oder zukünftigen Aufenthaltsort des Schuldners sowie
3. bei dem Kraftfahrt-Bundesamt die Halterdaten nach § 33 Abs. 1 Satz 1 Nr. 2 des Straßenverkehrsgesetzes[5)]

erheben. [2] Ist der Schuldner Unionsbürger, darf der Gerichtsvollzieher die Daten nach Satz 1 Nummer 1 nur erheben, wenn ihm tatsächliche Anhaltspunkte für die Vermutung der Feststellung des Nichtbestehens oder des Verlusts des Freizügigkeitsrechts vorliegen. [3] Eine Übermittlung der Daten nach Satz 1 Nummer 1 an den Gerichtsvollzieher ist ausgeschlossen, wenn der Schuldner Unionsbürger ist, für den eine Feststellung des Nichtbestehens oder des Verlusts des Freizügigkeitsrechts nicht vorliegt. [4] Die Erhebung nach Satz 1 Nummer 2 bei einer berufsständischen Versorgungseinrichtung darf der Gerichtsvollzieher nur durchführen, wenn der Gläubiger die berufsständische Versorgungseinrichtung bezeichnet und tatsächliche Anhaltspunkte nennt, die nahelegen, dass der Schuldner Mitglied dieser berufsständischen Versorgungseinrichtung ist.

(3) Nach Absatz 1 oder Absatz 2 erhobene Daten, die innerhalb der letzten drei Monate bei dem Gerichtsvollzieher eingegangen sind, darf dieser auch in einem Zwangsvollstreckungsverfahren eines weiteren Gläubigers gegen denselben Schuldner verarbeiten, wenn die Voraussetzungen für die Datenerhebung auch bei diesem Gläubiger vorliegen.

---

[1)] § 755 neu gef. mWv 1.1.2013 durch G v. 29.7.2009 (BGBl. I S. 2258); Abs. 2 Sätze 2 und 3 eingef., bish. Satz 2 wird Satz 4 mWv 1.1.2013 durch G v. 20.12.2012 (BGBl. I S. 2745); Abs. 1 Satz 2 angef., Abs. 2 Satz 4 aufgeh., Abs. 3 angef. mWv 26.11.2016 durch G v. 21.11.2016 (BGBl. I S. 2591); Abs. 3 geänd. mWv 26.11.2019 durch G v. 20.11.2019 (BGBl. I S. 1724); Abs. 2 Satz 1 Nr. 2 geänd., Satz 4 angef. mWv 1.1.2022 durch G v. 7.5.2021 (BGBl. I S. 850).

[2)] Beachte hierzu Übergangsvorschrift in § 39 EGZPO (Nr. **101**).

[3)] **Sartorius Nr. 800.**

[4)] **Aichberger, SGB Nr. 6.**

[5)] Nr. **35**.

**§ 756 Zwangsvollstreckung bei Leistung Zug um Zug.** (1) Hängt die Vollstreckung von einer Zug um Zug zu bewirkenden Leistung des Gläubigers an den Schuldner ab, so darf der Gerichtsvollzieher die Zwangsvollstreckung nicht beginnen, bevor er dem Schuldner die diesem gebührende Leistung in einer den Verzug der Annahme begründenden Weise angeboten hat, sofern nicht der Beweis, dass der Schuldner befriedigt oder im Verzug der Annahme ist, durch öffentliche oder öffentlich beglaubigte Urkunden geführt wird und eine Abschrift dieser Urkunden bereits zugestellt ist oder gleichzeitig zugestellt wird.

(2) Der Gerichtsvollzieher darf mit der Zwangsvollstreckung beginnen, wenn der Schuldner auf das wörtliche Angebot des Gerichtsvollziehers erklärt, dass er die Leistung nicht annehmen werde.

**§ 757 Übergabe des Titels und Quittung.** (1) Der Gerichtsvollzieher hat nach Empfang der Leistungen dem Schuldner die vollstreckbare Ausfertigung nebst einer Quittung auszuliefern, bei teilweiser Leistung diese auf der vollstreckbaren Ausfertigung zu vermerken und dem Schuldner Quittung zu erteilen.

(2) Das Recht des Schuldners, nachträglich eine Quittung des Gläubigers selbst zu fordern, wird durch diese Vorschriften nicht berührt.

**§ 757a[1] Auskunfts- und Unterstützungsersuchen.** (1) Der Gerichtsvollzieher kann die zuständige Polizeidienststelle um Auskunft ersuchen, ob nach polizeilicher Einschätzung bei einer durchzuführenden Vollstreckungshandlung eine Gefahr für Leib oder Leben des Gerichtsvollziehers oder einer weiteren an der Vollstreckungshandlung beteiligten Person besteht.

(2) In dem Auskunftsersuchen nach Absatz 1 ist Folgendes anzugeben:

1. Art und Ort der Vollstreckungshandlung,
2. Vornamen und Name des Schuldners,
3. soweit bekannt Geburtsname, Geburtsdatum und Geburtsort des Schuldners sowie
4. Wohnanschrift des Schuldners.

(3) [1] Erteilt die Polizeidienststelle die Auskunft, dass nach polizeilicher Einschätzung eine Gefahr nach Absatz 1 besteht, so kann der Gerichtsvollzieher um Unterstützung durch die polizeilichen Vollzugsorgane bei der durchzuführenden Vollstreckungshandlung nachsuchen. [2] Ein Unterstützungsersuchen kann der Gerichtsvollzieher auch zusammen mit einem Auskunftsersuchen nach Absatz 1 stellen.

(4) [1] Der Gerichtsvollzieher kann auch ohne Auskunftsersuchen ein Unterstützungsersuchen stellen, wenn

1. tatsächliche Anhaltspunkte für das Bestehen einer Gefahr nach Absatz 1 vorliegen oder
2. sich die Gefahr aus der Art der Vollstreckungshandlung ergibt.

[2] Auf Unterstützungsersuchen nach Satz 1 ist Absatz 2 entsprechend anzuwenden; bei Unterstützungsersuchen nach Satz 1 Nummer 1 hat der Gerichtsvollzieher zusätzlich die tatsächlichen Anhaltspunkte für das Vorliegen einer Gefahr nach Absatz 1 und, sofern die Gefahr von einer dritten Person ausgeht, die ihm bekannten Daten nach Absatz 2 Nummer 2 bis 4 über die dritte Person anzugeben.

---

[1] § 757a eingef. mWv 1.1.2022 durch G v. 7.5.2021 (BGBl. I S. 850).

(5) [1] Über die Durchführung eines Auskunfts- oder eines Unterstützungsersuchens setzt der Gerichtsvollzieher den Schuldner oder, sofern Daten einer dritten Person nach Absatz 4 Satz 2 Halbsatz 2 übermittelt worden sind, die dritte Person unverzüglich nach Erledigung des Vollstreckungsauftrags in Kenntnis. [2] Abweichend von § 760 Satz 1 darf in Bezug auf Inhalte der Akten des Gerichtsvollziehers, die in Zusammenhang mit einem Auskunfts- oder einem Unterstützungsersuchen stehen, neben dem Schuldner nur der dritten Person, deren Daten übermittelt worden sind, Akteneinsicht gestattet und eine Abschrift erteilt werden; § 760 Satz 2 bleibt unberührt.

**§ 758 Durchsuchung; Gewaltanwendung.** (1) Der Gerichtsvollzieher ist befugt, die Wohnung und die Behältnisse des Schuldners zu durchsuchen, soweit der Zweck der Vollstreckung dies erfordert.

(2) Er ist befugt, die verschlossenen Haustüren, Zimmertüren und Behältnisse öffnen zu lassen.

(3) Er ist, wenn er Widerstand findet, zur Anwendung von Gewalt befugt und kann zu diesem Zweck die Unterstützung der polizeilichen Vollzugsorgane nachsuchen.

**§ 758a[1)] [2)] Richterliche Durchsuchungsanordnung; Vollstreckung zur Unzeit.** (1) [1] Die Wohnung des Schuldners darf ohne dessen Einwilligung nur auf Grund einer Anordnung des Richters bei dem Amtsgericht durchsucht werden, in dessen Bezirk die Durchsuchung erfolgen soll. [2] Dies gilt nicht, wenn die Einholung der Anordnung den Erfolg der Durchsuchung gefährden würde.

(2) Auf die Vollstreckung eines Titels auf Räumung oder Herausgabe von Räumen und auf die Vollstreckung eines Haftbefehls nach § 802g ist Absatz 1 nicht anzuwenden.

(3) [1] Willigt der Schuldner in die Durchsuchung ein oder ist eine Anordnung gegen ihn nach Absatz 1 Satz 1 ergangen oder nach Absatz 1 Satz 2 entbehrlich, so haben Personen, die Mitgewahrsam an der Wohnung des Schuldners haben, die Durchsuchung zu dulden. [2] Unbillige Härten gegenüber Mitgewahrsamsinhabern sind zu vermeiden.

(4) [1] Der Gerichtsvollzieher nimmt eine Vollstreckungshandlung zur Nachtzeit und an Sonn- und Feiertagen nicht vor, wenn dies für den Schuldner und die Mitgewahrsamsinhaber eine unbillige Härte darstellt oder der zu erwartende Erfolg in einem Missverhältnis zu dem Eingriff steht, in Wohnungen nur auf Grund einer besonderen Anordnung des Richters bei dem Amtsgericht. [2] Die Nachtzeit umfasst die Stunden von 21 bis 6 Uhr.

(5) Die Anordnung nach Absatz 1 ist bei der Zwangsvollstreckung vorzuzeigen.

(6) [1] Das Bundesministerium der Justiz und für Verbraucherschutz wird ermächtigt, durch Rechtsverordnung[3)] mit Zustimmung des Bundesrates Formulare für den Antrag auf Erlass einer richterlichen Durchsuchungsanordnung nach Absatz 1 einzuführen. [2] Soweit nach Satz 1 Formulare eingeführt sind, muss sich der Antragsteller ihrer bedienen. [3] Für Verfahren bei Gerichten, die die Verfahren elektro-

---

1) § 758a Abs. 2 geänd. mWv 1.1.2013 durch G v. 29.7.2009 (BGBl. I S. 2258); Abs. 6 Satz 1 geänd. mWv 8.9.2015 durch VO v. 31.8.2015 (BGBl. I S. 1474).

2) Beachte hierzu Übergangsvorschrift in § 39 EGZPO (Nr. **101**).

3) VO über Formulare für die Zwangsvollstreckung (Zwangsvollstreckungsformular-Verordnung – ZVFV) v. 23.8.2012 (BGBl. I S. 1822), geänd. durch VO v. 16.6.2014 (BGBl. I S. 754)

nisch bearbeiten, und für Verfahren bei Gerichten, die die Verfahren nicht elektronisch bearbeiten, können unterschiedliche Formulare eingeführt werden.

**§ 759**[1] **Zuziehung von Zeugen.** Wird bei einer Vollstreckungshandlung Widerstand geleistet oder ist bei einer in der Wohnung des Schuldners vorzunehmenden Vollstreckungshandlung weder der Schuldner noch ein erwachsener Familienangehöriger, eine in der Familie beschäftigte Person oder ein erwachsener ständiger Mitbewohner anwesend, so hat der Gerichtsvollzieher zwei erwachsene Personen oder einen Gemeinde- oder Polizeibeamten als Zeugen zuzuziehen.

**§ 760**[2] **Akteneinsicht; Aktenabschrift.** [1]Jeder Person, die bei dem Vollstreckungsverfahren beteiligt ist, muss auf Begehren Einsicht der Akten des Gerichtsvollziehers gestattet und Abschrift einzelner Aktenstücke erteilt werden. [2]Werden die Akten des Gerichtsvollziehers elektronisch geführt, erfolgt die Gewährung von Akteneinsicht durch Erteilung von Ausdrucken, durch Übermittlung von elektronischen Dokumenten oder durch Wiedergabe auf einem Bildschirm; dies gilt auch für die nach § 885a Absatz 2 Satz 2 elektronisch gespeicherten Dateien.

**§ 761** (weggefallen)

**§ 762 Protokoll über Vollstreckungshandlungen.** (1) Der Gerichtsvollzieher hat über jede Vollstreckungshandlung ein Protokoll aufzunehmen.

(2) Das Protokoll muss enthalten:

1. Ort und Zeit der Aufnahme;
2. den Gegenstand der Vollstreckungshandlung unter kurzer Erwähnung der wesentlichen Vorgänge;
3. die Namen der Personen, mit denen verhandelt ist;
4. die Unterschrift dieser Personen und den Vermerk, dass die Unterzeichnung nach Vorlesung oder Vorlegung zur Durchsicht und nach Genehmigung erfolgt sei;
5. die Unterschrift des Gerichtsvollziehers.

(3) Hat einem der unter Nummer 4 bezeichneten Erfordernisse nicht genügt werden können, so ist der Grund anzugeben.

**§ 763 Aufforderungen und Mitteilungen.** (1) Die Aufforderungen und sonstigen Mitteilungen, die zu den Vollstreckungshandlungen gehören, sind von dem Gerichtsvollzieher mündlich zu erlassen und vollständig in das Protokoll aufzunehmen.

(2) [1]Kann dies mündlich nicht ausgeführt werden, so hat der Gerichtsvollzieher eine Abschrift des Protokolls zuzustellen oder durch die Post zu übersenden. [2]Es muss im Protokoll vermerkt werden, dass diese Vorschrift befolgt ist. [3]Eine öffentliche Zustellung findet nicht statt.

**§ 764 Vollstreckungsgericht.** (1) Die den Gerichten zugewiesene Anordnung von Vollstreckungshandlungen und Mitwirkung bei solchen gehört zur Zuständigkeit der Amtsgerichte als Vollstreckungsgerichte.

---

[1] § 759 geänd. mWv 30.6.2013 durch G v. 26.6.2013 (BGBl. I S. 1809).
[2] § 760 Satz 2 geänd. mWv 1.5.2013 durch G v. 11.3.2013 (BGBl. I S. 434).

(2) Als Vollstreckungsgericht ist, sofern nicht das Gesetz ein anderes Amtsgericht bezeichnet, das Amtsgericht anzusehen, in dessen Bezirk das Vollstreckungsverfahren stattfinden soll oder stattgefunden hat.

(3) Die Entscheidungen des Vollstreckungsgerichts ergehen durch Beschluss.

**§ 765 Vollstreckungsgerichtliche Anordnungen bei Leistung Zug um Zug.** Hängt die Vollstreckung von einer Zug um Zug zu bewirkenden Leistung des Gläubigers an den Schuldner ab, so darf das Vollstreckungsgericht eine Vollstreckungsmaßregel nur anordnen, wenn

1. der Beweis, dass der Schuldner befriedigt oder im Verzug der Annahme ist, durch öffentliche oder öffentlich beglaubigte Urkunden geführt wird und eine Abschrift dieser Urkunden bereits zugestellt ist; der Zustellung bedarf es nicht, wenn bereits der Gerichtsvollzieher die Zwangsvollstreckung nach § 756 Abs. 1 begonnen hatte und der Beweis durch das Protokoll des Gerichtsvollziehers geführt wird; oder
2. der Gerichtsvollzieher eine Vollstreckungsmaßnahme nach § 756 Abs. 2 durchgeführt hat und diese durch das Protokoll des Gerichtsvollziehers nachgewiesen ist.

**§ 765a[1] Vollstreckungsschutz.** (1) [1] Auf Antrag des Schuldners kann das Vollstreckungsgericht eine Maßnahme der Zwangsvollstreckung ganz oder teilweise aufheben, untersagen oder einstweilen einstellen, wenn die Maßnahme unter voller Würdigung des Schutzbedürfnisses des Gläubigers wegen ganz besonderer Umstände eine Härte bedeutet, die mit den guten Sitten nicht vereinbar ist. [2] Es ist befugt, die in § 732 Abs. 2 bezeichneten Anordnungen zu erlassen. [3] Betrifft die Maßnahme ein Tier, so hat das Vollstreckungsgericht bei der von ihm vorzunehmenden Abwägung die Verantwortung des Menschen für das Tier zu berücksichtigen.

(2) Eine Maßnahme zur Erwirkung der Herausgabe von Sachen kann der Gerichtsvollzieher bis zur Entscheidung des Vollstreckungsgerichts, jedoch nicht länger als eine Woche, aufschieben, wenn ihm die Voraussetzungen des Absatzes 1 Satz 1 glaubhaft gemacht werden und dem Schuldner die rechtzeitige Anrufung des Vollstreckungsgerichts nicht möglich war.

(3) In Räumungssachen ist der Antrag nach Absatz 1 spätestens zwei Wochen vor dem festgesetzten Räumungstermin zu stellen, es sei denn, dass die Gründe, auf denen der Antrag beruht, erst nach diesem Zeitpunkt entstanden sind oder der Schuldner ohne sein Verschulden an einer rechtzeitigen Antragstellung gehindert war.

(4) Das Vollstreckungsgericht hebt seinen Beschluss auf Antrag auf oder ändert ihn, wenn dies mit Rücksicht auf eine Änderung der Sachlage geboten ist.

(5) Die Aufhebung von Vollstreckungsmaßregeln erfolgt in den Fällen des Absatzes 1 Satz 1 und des Absatzes 4 erst nach Rechtskraft des Beschlusses.

---

[1] Siehe auch § 79 Abs. 2 G über das BVerfG **(Sartorius Nr. 40)**:

„**§ 79.** (2) [1]Im übrigen bleiben vorbehaltlich der Vorschrift des § 95 Abs. 2 oder einer besonderen gesetzlichen Regelung die nicht mehr anfechtbaren Entscheidungen, die auf einer gemäß § 78 für nichtig erklärten Norm beruhen, unberührt. [2]Die Vollstreckung aus einer solchen Entscheidung ist unzulässig. [3]Soweit die Zwangsvollstreckung nach den Vorschriften der Zivilprozeßordnung durchzuführen ist, gilt die Vorschrift des § 767 der Zivilprozeßordnung entsprechend. [4]Ansprüche aus ungerechtfertigter Bereicherung sind ausgeschlossen."

**§ 766 Erinnerung gegen Art und Weise der Zwangsvollstreckung.**

(1) [1] Über Anträge, Einwendungen und Erinnerungen, welche die Art und Weise der Zwangsvollstreckung oder das vom Gerichtsvollzieher bei ihr zu beobachtende Verfahren betreffen, entscheidet das Vollstreckungsgericht. [2] Es ist befugt, die im § 732 Abs. 2 bezeichneten Anordnungen zu erlassen.

(2) Dem Vollstreckungsgericht steht auch die Entscheidung zu, wenn ein Gerichtsvollzieher sich weigert, einen Vollstreckungsauftrag zu übernehmen oder eine Vollstreckungshandlung dem Auftrag gemäß auszuführen, oder wenn wegen der von dem Gerichtsvollzieher in Ansatz gebrachten Kosten Erinnerungen erhoben werden.

**§ 767 Vollstreckungsabwehrklage.** (1) Einwendungen, die den durch das Urteil festgestellten Anspruch selbst betreffen, sind von dem Schuldner im Wege der Klage bei dem Prozessgericht des ersten Rechtszuges geltend zu machen.

(2) Sie sind nur insoweit zulässig, als die Gründe, auf denen sie beruhen, erst nach dem Schluss der mündlichen Verhandlung, in der Einwendungen nach den Vorschriften dieses Gesetzes spätestens hätten geltend gemacht werden müssen, entstanden sind und durch Einspruch nicht mehr geltend gemacht werden können.

(3) Der Schuldner muss in der von ihm zu erhebenden Klage alle Einwendungen geltend machen, die er zur Zeit der Erhebung der Klage geltend zu machen imstande war.

**§ 768 Klage gegen Vollstreckungsklausel.** Die Vorschriften des § 767 Abs. 1, 3 gelten entsprechend, wenn in den Fällen des § 726 Abs. 1, der §§ 727 bis 729, 738, 742, 744, des § 745 Abs. 2 und des § 749 der Schuldner den bei der Erteilung der Vollstreckungsklausel als bewiesen angenommenen Eintritt der Voraussetzung für die Erteilung der Vollstreckungsklausel bestreitet, unbeschadet der Befugnis des Schuldners, in diesen Fällen Einwendungen gegen die Zulässigkeit der Vollstreckungsklausel nach § 732 zu erheben.

**§ 769[1)] Einstweilige Anordnungen.** (1) [1] Das Prozessgericht kann auf Antrag anordnen, dass bis zum Erlass des Urteils über die in den §§ 767, 768 bezeichneten Einwendungen die Zwangsvollstreckung gegen oder ohne Sicherheitsleistung eingestellt oder nur gegen Sicherheitsleistung fortgesetzt werde und dass Vollstreckungsmaßregeln gegen Sicherheitsleistung aufzuheben seien. [2] Es setzt eine Sicherheitsleistung für die Einstellung der Zwangsvollstreckung nicht fest, wenn der Schuldner zur Sicherheitsleistung nicht in der Lage ist und die Rechtsverfolgung durch ihn hinreichende Aussicht auf Erfolg bietet. [3] Die tatsächlichen Behauptungen, die den Antrag begründen, sind glaubhaft zu machen.

(2) [1] In dringenden Fällen kann das Vollstreckungsgericht eine solche Anordnung erlassen, unter Bestimmung einer Frist, innerhalb der die Entscheidung des Prozessgerichts beizubringen sei. [2] Nach fruchtlosem Ablauf der Frist wird die Zwangsvollstreckung fortgesetzt.

(3) Die Entscheidung über diese Anträge ergeht durch Beschluss.

(4) Im Fall der Anhängigkeit einer auf Herabsetzung gerichteten Abänderungsklage gelten die Absätze 1 bis 3 entsprechend.

---

1) § 769 Abs. 1 Satz 2 eingef., bish. Satz 2 wird Satz 3 mWv 19.8.2008 durch G v. 12.8.2008 (BGBl. I S. 1666); Abs. 4 angef. mWv 1.9.2009 durch G v. 17.12.2008 (BGBl. I S. 2586).

**§ 770 Einstweilige Anordnungen im Urteil.** [1] Das Prozessgericht kann in dem Urteil, durch das über die Einwendungen entschieden wird, die in dem vorstehenden Paragraphen bezeichneten Anordnungen erlassen oder die bereits erlassenen Anordnungen aufheben, abändern oder bestätigen. [2] Für die Anfechtung einer solchen Entscheidung gelten die Vorschriften des § 718 entsprechend.

**§ 771 Drittwiderspruchsklage.** (1) Behauptet ein Dritter, dass ihm an dem Gegenstand der Zwangsvollstreckung ein die Veräußerung hinderndes Recht zustehe, so ist der Widerspruch gegen die Zwangsvollstreckung im Wege der Klage bei dem Gericht geltend zu machen, in dessen Bezirk die Zwangsvollstreckung erfolgt.

(2) Wird die Klage gegen den Gläubiger und den Schuldner gerichtet, so sind diese als Streitgenossen anzusehen.

(3) [1] Auf die Einstellung der Zwangsvollstreckung und die Aufhebung der bereits getroffenen Vollstreckungsmaßregeln sind die Vorschriften der §§ 769, 770 entsprechend anzuwenden. [2] Die Aufhebung einer Vollstreckungsmaßregel ist auch ohne Sicherheitsleistung zulässig.

**§ 772 Drittwiderspruchsklage bei Veräußerungsverbot.** [1] Solange ein Veräußerungsverbot der in den §§ 135, 136 des Bürgerlichen Gesetzbuchs[1)] bezeichneten Art besteht, soll der Gegenstand, auf den es sich bezieht, wegen eines persönlichen Anspruchs oder auf Grund eines infolge des Verbots unwirksamen Rechts nicht im Wege der Zwangsvollstreckung veräußert oder überwiesen werden. [2] Auf Grund des Veräußerungsverbots kann nach Maßgabe des § 771 Widerspruch erhoben werden.

**§ 773 Drittwiderspruchsklage des Nacherben.** [1] Ein Gegenstand, der zu einer Vorerbschaft gehört, soll nicht im Wege der Zwangsvollstreckung veräußert oder überwiesen werden, wenn die Veräußerung oder die Überweisung im Falle des Eintritts der Nacherbfolge nach § 2115 des Bürgerlichen Gesetzbuchs[1)] dem Nacherben gegenüber unwirksam ist. [2] Der Nacherbe kann nach Maßgabe des § 771 Widerspruch erheben.

**§ 774[2)] Drittwiderspruchsklage des Ehegatten oder Lebenspartners.**

Findet nach § 741 die Zwangsvollstreckung in das Gesamtgut statt, so kann ein Ehegatte oder Lebenspartner nach Maßgabe des § 771 Widerspruch erheben, wenn das gegen den anderen Ehegatten oder Lebenspartner ergangene Urteil in Ansehung des Gesamtgutes ihm gegenüber unwirksam ist.

**§ 775 Einstellung oder Beschränkung der Zwangsvollstreckung.** Die Zwangsvollstreckung ist einzustellen oder zu beschränken:

1. wenn die Ausfertigung einer vollstreckbaren Entscheidung vorgelegt wird, aus der sich ergibt, dass das zu vollstreckende Urteil oder seine vorläufige Vollstreckbarkeit aufgehoben oder dass die Zwangsvollstreckung für unzulässig erklärt oder ihre Einstellung angeordnet ist;
2. wenn die Ausfertigung einer gerichtlichen Entscheidung vorgelegt wird, aus der sich ergibt, dass die einstweilige Einstellung der Vollstreckung oder einer Voll-

---

[1)] Nr. **20**.

[2)] § 774 Überschrift neu gef., Wortlaut geänd. mWv 26.11.2015 durch G v. 20.11.2015 (BGBl. I S. 2010).

streckungsmaßregel angeordnet ist oder dass die Vollstreckung nur gegen Sicherheitsleistung fortgesetzt werden darf;
3. wenn eine öffentliche Urkunde vorgelegt wird, aus der sich ergibt, dass die zur Abwendung der Vollstreckung erforderliche Sicherheitsleistung oder Hinterlegung erfolgt ist;
4. wenn eine öffentliche Urkunde oder eine von dem Gläubiger ausgestellte Privaturkunde vorgelegt wird, aus der sich ergibt, dass der Gläubiger nach Erlass des zu vollstreckenden Urteils befriedigt ist oder Stundung bewilligt hat;
5. wenn der Einzahlungs- oder Überweisungsnachweis einer Bank oder Sparkasse vorgelegt wird, aus dem sich ergibt, dass der zur Befriedigung des Gläubigers erforderliche Betrag zur Auszahlung an den Gläubiger oder auf dessen Konto eingezahlt oder überwiesen worden ist.

**§ 776 Aufhebung von Vollstreckungsmaßregeln.** [1] In den Fällen des § 775 Nr. 1, 3 sind zugleich die bereits getroffenen Vollstreckungsmaßregeln aufzuheben. [2] In den Fällen der Nummern 4, 5 bleiben diese Maßregeln einstweilen bestehen; dasselbe gilt in den Fällen der Nummer 2, sofern nicht durch die Entscheidung auch die Aufhebung der bisherigen Vollstreckungshandlungen angeordnet ist.

**§ 777 Erinnerung bei genügender Sicherung des Gläubigers.** [1] Hat der Gläubiger eine bewegliche Sache des Schuldners im Besitz, in Ansehung deren ihm ein Pfandrecht oder ein Zurückbehaltungsrecht für seine Forderung zusteht, so kann der Schuldner der Zwangsvollstreckung in sein übriges Vermögen nach § 766 widersprechen, soweit die Forderung durch den Wert der Sache gedeckt ist. [2] Steht dem Gläubiger ein solches Recht in Ansehung der Sache auch für eine andere Forderung zu, so ist der Widerspruch nur zulässig, wenn auch diese Forderung durch den Wert der Sache gedeckt ist.

**§ 778 Zwangsvollstreckung vor Erbschaftsannahme.** (1) Solange der Erbe die Erbschaft nicht angenommen hat, ist eine Zwangsvollstreckung wegen eines Anspruchs, der sich gegen den Nachlass richtet, nur in den Nachlass zulässig.

(2) Wegen eigener Verbindlichkeiten des Erben ist eine Zwangsvollstreckung in den Nachlass vor der Annahme der Erbschaft nicht zulässig.

**§ 779 Fortsetzung der Zwangsvollstreckung nach dem Tod des Schuldners.** (1) Eine Zwangsvollstreckung, die zur Zeit des Todes des Schuldners gegen ihn bereits begonnen hatte, wird in seinen Nachlass fortgesetzt.

(2) [1] Ist bei einer Vollstreckungshandlung die Zuziehung des Schuldners nötig, so hat, wenn die Erbschaft noch nicht angenommen oder wenn der Erbe unbekannt oder es ungewiss ist, ob er die Erbschaft angenommen hat, das Vollstreckungsgericht auf Antrag des Gläubigers dem Erben einen einstweiligen besonderen Vertreter zu bestellen. [2] Die Bestellung hat zu unterbleiben, wenn ein Nachlasspfleger bestellt ist oder wenn die Verwaltung des Nachlasses einem Testamentsvollstrecker zusteht.

**§ 780 Vorbehalt der beschränkten Erbenhaftung.** (1) Der als Erbe des Schuldners verurteilte Beklagte kann die Beschränkung seiner Haftung nur geltend machen, wenn sie ihm im Urteil vorbehalten ist.

(2) Der Vorbehalt ist nicht erforderlich, wenn der Fiskus als gesetzlicher Erbe verurteilt wird oder wenn das Urteil über eine Nachlassverbindlichkeit gegen

einen Nachlassverwalter oder einen anderen Nachlasspfleger oder gegen einen Testamentsvollstrecker, dem die Verwaltung des Nachlasses zusteht, erlassen wird.

**§ 781 Beschränkte Erbenhaftung in der Zwangsvollstreckung.** Bei der Zwangsvollstreckung gegen den Erben des Schuldners bleibt die Beschränkung der Haftung unberücksichtigt, bis auf Grund derselben gegen die Zwangsvollstreckung von dem Erben Einwendungen erhoben werden.

**§ 782 Einreden des Erben gegen Nachlassgläubiger.** [1]Der Erbe kann auf Grund der ihm nach den §§ 2014, 2015 des Bürgerlichen Gesetzbuchs[1)] zustehenden Einreden nur verlangen, dass die Zwangsvollstreckung für die Dauer der dort bestimmten Fristen auf solche Maßregeln beschränkt wird, die zur Vollziehung eines Arrestes zulässig sind. [2]Wird vor dem Ablauf der Frist die Eröffnung des Nachlassinsolvenzverfahrens beantragt, so ist auf Antrag die Beschränkung der Zwangsvollstreckung auch nach dem Ablauf der Frist aufrechtzuerhalten, bis über die Eröffnung des Insolvenzverfahrens rechtskräftig entschieden ist.

**§ 783 Einreden des Erben gegen persönliche Gläubiger.** In Ansehung der Nachlassgegenstände kann der Erbe die Beschränkung der Zwangsvollstreckung nach § 782 auch gegenüber den Gläubigern verlangen, die nicht Nachlassgläubiger sind, es sei denn, dass er für die Nachlassverbindlichkeiten unbeschränkt haftet.

**§ 784 Zwangsvollstreckung bei Nachlassverwaltung und -insolvenzverfahren.** (1) Ist eine Nachlassverwaltung angeordnet oder das Nachlassinsolvenzverfahren eröffnet, so kann der Erbe verlangen, dass Maßregeln der Zwangsvollstreckung, die zugunsten eines Nachlassgläubigers in sein nicht zum Nachlass gehörendes Vermögen erfolgt sind, aufgehoben werden, es sei denn, dass er für die Nachlassverbindlichkeiten unbeschränkt haftet.

(2) Im Falle der Nachlassverwaltung steht dem Nachlassverwalter das gleiche Recht gegenüber Maßregeln der Zwangsvollstreckung zu, die zugunsten eines anderen Gläubigers als eines Nachlassgläubigers in den Nachlass erfolgt sind.

**§ 785 Vollstreckungsabwehrklage des Erben.** Die auf Grund der §§ 781 bis 784 erhobenen Einwendungen werden nach den Vorschriften der §§ 767, 769, 770 erledigt.

**§ 786[2)] Vollstreckungsabwehrklage bei beschränkter Haftung.** (1) Die Vorschriften des § 780 Abs. 1 und der §§ 781 bis 785 sind auf die nach § 1489 des Bürgerlichen Gesetzbuchs[1)] eintretende beschränkte Haftung, die Vorschriften des § 780 Abs. 1 und der §§ 781, 785 sind auf die nach den §§ 1480, 1504, 1629a, 2187 des Bürgerlichen Gesetzbuchs eintretende beschränkte Haftung entsprechend anzuwenden.

(2) Bei der Zwangsvollstreckung aus Urteilen, die bis zum Inkrafttreten des Minderjährigenhaftungsbeschränkungsgesetzes vom 25. August 1998 (BGBl. I S. 2487) am 1. Juli 1999 ergangen sind, kann die Haftungsbeschränkung nach § 1629a des Bürgerlichen Gesetzbuchs auch dann geltend gemacht werden, wenn sie nicht gemäß § 780 Abs. 1 dieses Gesetzes im Urteil vorbehalten ist.

---

[1)] Nr. **20**.
[2)] § 786 Abs. 2 angef. mWv 25.4.2006 durch G v. 19.4.2006 (BGBl. I S. 866).

**§ 786a[1] See- und binnenschifffahrtsrechtliche Haftungsbeschränkung.**

(1) Die Vorschriften des § 780 Abs. 1 und des § 781 sind auf die nach § 611 Absatz 1 oder 3, §§ 612 bis 616 des Handelsgesetzbuchs[2] oder nach den §§ 4 bis 5n des Binnenschifffahrtsgesetzes eintretende beschränkte Haftung entsprechend anzuwenden.

(2) Ist das Urteil nach § 305a unter Vorbehalt ergangen, so gelten für die Zwangsvollstreckung die folgenden Vorschriften:

1. Wird die Eröffnung eines Seerechtlichen oder eines Binnenschifffahrtsrechtlichen Verteilungsverfahrens nach der Schifffahrtsrechtlichen Verteilungsordnung beantragt, an dem der Gläubiger mit dem Anspruch teilnimmt, so entscheidet das Gericht nach § 5 Abs. 3 der Schifffahrtsrechtlichen Verteilungsordnung über die Einstellung der Zwangsvollstreckung; nach Eröffnung des Seerechtlichen Verteilungsverfahrens sind die Vorschriften des § 8 Abs. 4 und 5 der Schifffahrtsrechtlichen Verteilungsordnung, nach Eröffnung des Binnenschifffahrtsrechtlichen Verteilungsverfahrens die Vorschriften des § 8 Abs. 4 und 5 in Verbindung mit § 41 der Schifffahrtsrechtlichen Verteilungsordnung anzuwenden.
2. [1] Ist nach Artikel 11 des Haftungsbeschränkungsübereinkommens (§ 611 Absatz 1 Satz 1 des Handelsgesetzbuchs) von dem Schuldner oder für ihn ein Fonds in einem anderen Vertragsstaat des Übereinkommens errichtet worden, so sind, sofern der Gläubiger den Anspruch gegen den Fonds geltend gemacht hat, die Vorschriften des § 50 der Schifffahrtsrechtlichen Verteilungsordnung anzuwenden. [2] Hat der Gläubiger den Anspruch nicht gegen den Fonds geltend gemacht oder sind die Voraussetzungen des § 50 Abs. 2 der Schifffahrtsrechtlichen Verteilungsordnung nicht gegeben, so werden Einwendungen, die auf Grund des Rechts auf Beschränkung der Haftung erhoben werden, nach den Vorschriften der §§ 767, 769, 770 erledigt; das Gleiche gilt, wenn der Fonds in dem anderen Vertragsstaat erst bei Geltendmachung des Rechts auf Beschränkung der Haftung errichtet wird.
3. [1] Ist von dem Schuldner oder für diesen ein Fonds in einem anderen Vertragsstaat des Straßburger Übereinkommens vom 27. September 2012 über die Beschränkung der Haftung in der Binnenschifffahrt (CLNI 2012) (BGBl. 2016 II S. 738, 739) errichtet worden, so ist, sofern der Gläubiger den Anspruch gegen den Fonds geltend machen kann, § 52 der Schifffahrtsrechtlichen Verteilungsordnung anzuwenden. [2] Sind die Voraussetzungen des § 52 Absatz 3 der Schifffahrtsrechtlichen Verteilungsordnung nicht gegeben, so werden Einwendungen, die auf Grund des Rechts auf Beschränkung der Haftung nach den §§ 4 bis 5n des Binnenschifffahrtsgesetzes erhoben werden, nach den §§ 767, 769, 770 erledigt; das Gleiche gilt, wenn der Fonds in dem anderen Vertragsstaat erst bei Geltendmachung des Rechts auf Beschränkung der Haftung errichtet wird.

(3) Ist das Urteil eines ausländischen Gerichts unter dem Vorbehalt ergangen, dass der Beklagte das Recht auf Beschränkung der Haftung geltend machen kann, wenn ein Fonds nach Artikel 11 des Haftungsbeschränkungsübereinkommens oder nach Artikel 12 des Straßburger Übereinkommens vom 27. September 2012 über die Beschränkung der Haftung in der Binnenschifffahrt (CLNI 2012) errichtet

---

[1] § 786a Abs. 1 und 2 Nr. 2 geänd. mWv 25.4.2013 durch G v. 20.4.2013 (BGBl. I S. 831); Abs. 1 und 3 geänd., Abs. 2 Nr. 3 neu gef. mWv 1.7.2019 durch G v. 5.7.2016 (BGBl. I S. 1578) iVm Bek. v. 20.2.2019 (BGBl. I S. 196).

[2] Nr. **50**.

worden ist oder bei Geltendmachung des Rechts auf Beschränkung der Haftung errichtet wird, so gelten für die Zwangsvollstreckung wegen des durch das Urteil festgestellten Anspruchs die Vorschriften des Absatzes 2 entsprechend.

**§ 787 Zwangsvollstreckung bei herrenlosem Grundstück oder Schiff.**

(1) Soll durch die Zwangsvollstreckung ein Recht an einem Grundstück, das von dem bisherigen Eigentümer nach § 928 des Bürgerlichen Gesetzbuchs[1] aufgegeben und von dem Aneignungsberechtigten noch nicht erworben worden ist, geltend gemacht werden, so hat das Vollstreckungsgericht auf Antrag einen Vertreter zu bestellen, dem bis zur Eintragung eines neuen Eigentümers die Wahrnehmung der sich aus dem Eigentum ergebenden Rechte und Verpflichtungen im Zwangsvollstreckungsverfahren obliegt.

(2) Absatz 1 gilt entsprechend, wenn durch die Zwangsvollstreckung ein Recht an einem eingetragenen Schiff oder Schiffsbauwerk geltend gemacht werden soll, das von dem bisherigen Eigentümer nach § 7 des Gesetzes über Rechte an eingetragenen Schiffen und Schiffsbauwerken vom 15. November 1940 (RGBl. I S. 1499) aufgegeben und von dem Aneignungsberechtigten noch nicht erworben worden ist.

**§ 788[2] [3] Kosten der Zwangsvollstreckung.** (1) [1] Die Kosten der Zwangsvollstreckung fallen, soweit sie notwendig waren (§ 91), dem Schuldner zur Last; sie sind zugleich mit dem zur Zwangsvollstreckung stehenden Anspruch beizutreiben. [2] Als Kosten der Zwangsvollstreckung gelten auch die Kosten der Ausfertigung und der Zustellung des Urteils. [3] Soweit mehrere Schuldner als Gesamtschuldner verurteilt worden sind, haften sie auch für die Kosten der Zwangsvollstreckung als Gesamtschuldner; § 100 Abs. 3 und 4 gilt entsprechend.

(2) [1] Auf Antrag setzt das Vollstreckungsgericht, bei dem zum Zeitpunkt der Antragstellung eine Vollstreckungshandlung anhängig ist, und nach Beendigung der Zwangsvollstreckung das Gericht, in dessen Bezirk die letzte Vollstreckungshandlung erfolgt ist, die Kosten gemäß § 103 Abs. 2, den §§ 104, 107 fest. [2] Im Falle einer Vollstreckung nach den Vorschriften der §§ 887, 888 und 890 entscheidet das Prozessgericht des ersten Rechtszuges.

(3) Die Kosten der Zwangsvollstreckung sind dem Schuldner zu erstatten, wenn das Urteil, aus dem die Zwangsvollstreckung erfolgt ist, aufgehoben wird.

(4) Die Kosten eines Verfahrens nach den §§ 765a, 811a, 811b, 829, 850k, 851a, 851b, 900 und 904 bis 907 kann das Gericht ganz oder teilweise dem Gläubiger auferlegen, wenn dies aus besonderen, in dem Verhalten des Gläubigers liegenden Gründen der Billigkeit entspricht.

**§ 789 Einschreiten von Behörden.** Wird zum Zwecke der Vollstreckung das Einschreiten einer Behörde erforderlich, so hat das Gericht die Behörde um ihr Einschreiten zu ersuchen.

**§ 790[4]** *(aufgehoben)*

---

[1] Nr. **20**.

[2] § 788 Abs. 4 geänd. mWv 1.7.2010 und mWv 1.1.2012 durch G v. 7.7.2009 (BGBl. I S. 1707); Abs. 4 geänd. mWv 1.1.2013 durch G v. 29.7.2009 (BGBl. I S. 2258); Abs. 4 geänd. mWv 1.12.2021 durch G v. 22.11.2020 (BGBl. I S. 2466).

[3] Beachte hierzu Übergangsvorschrift in § 39 EGZPO (Nr. **101**).

[4] § 790 aufgeh. mWv 1.9.2009 durch G v. 17.12.2008 (BGBl. I S. 2586).

**§ 791** (weggefallen)

**§ 792 Erteilung von Urkunden an Gläubiger.** Bedarf der Gläubiger zum Zwecke der Zwangsvollstreckung eines Erbscheins oder einer anderen Urkunde, die dem Schuldner auf Antrag von einer Behörde, einem Beamten oder einem Notar zu erteilen ist, so kann er die Erteilung an Stelle des Schuldners verlangen.

**§ 793 Sofortige Beschwerde.** Gegen Entscheidungen, die im Zwangsvollstreckungsverfahren ohne mündliche Verhandlung ergehen können, findet sofortige Beschwerde statt.

**§ 794[1) 2)] Weitere Vollstreckungstitel.** (1) Die Zwangsvollstreckung findet ferner statt:

1. aus Vergleichen, die zwischen den Parteien oder zwischen einer Partei und einem Dritten zur Beilegung des Rechtsstreits seinem ganzen Umfang nach oder in Betreff eines Teiles des Streitgegenstandes vor einem deutschen Gericht oder vor einer durch die Landesjustizverwaltung eingerichteten oder anerkannten Gütestelle abgeschlossen sind, sowie aus Vergleichen, die gemäß § 118 Abs. 1 Satz 3 oder § 492 Abs. 3 zu richterlichem Protokoll genommen sind;
2. aus Kostenfestsetzungsbeschlüssen;

2a. *(aufgehoben)*

2b. (weggefallen)

3. aus Entscheidungen, gegen die das Rechtsmittel der Beschwerde stattfindet;

3a. *(aufgehoben)*

4. aus Vollstreckungsbescheiden;

4a. aus Entscheidungen, die Schiedssprüche für vollstreckbar erklären, sofern die Entscheidungen rechtskräftig oder für vorläufig vollstreckbar erklärt sind;

4b. aus Beschlüssen nach § 796b oder § 796c;

5. aus Urkunden, die von einem deutschen Gericht oder von einem deutschen Notar innerhalb der Grenzen seiner Amtsbefugnisse in der vorgeschriebenen Form aufgenommen sind, sofern die Urkunde über einen Anspruch errichtet ist, der einer vergleichsweisen Regelung zugänglich, nicht auf Abgabe einer Willenserklärung gerichtet ist und nicht den Bestand eines Mietverhältnisses über Wohnraum betrifft, und der Schuldner sich in der Urkunde wegen des zu bezeichnenden Anspruchs der sofortigen Zwangsvollstreckung unterworfen hat;
6. aus für vollstreckbar erklärten Europäischen Zahlungsbefehlen nach der Verordnung (EG) Nr. 1896/2006[3)];

---

1) § 794 Abs. 1 Nr. 5 geänd., Nr. 6 angef. mWv 12.12.2008 durch G v. 30.10.2008 (BGBl. I S. 2122); Abs. 1 Nr. 2a und 3a aufgeh., Nr. 3 geänd. mWv 1.9.2009 durch G v. 17.12.2008 (BGBl. I S. 2586); Abs. 1 Nr. 6 geänd., Nr. 7–9 angef. mWv 10.1.2015 durch G v. 8.7.2014 (BGBl. I S. 890); Abs. 1 Nr. 8 geänd. mWv 14.7.2017 durch G v. 11.6.2017 (BGBl. I S. 1607).

2) Beachte hierzu § 66 Abs. 4 SGB X **(Sartorius ErgBd. Nr. 410)**:

„**§ 66 Vollstreckung.** (4) [1]Aus einem Verwaltungsakt kann auch die Zwangsvollstreckung in entsprechender Anwendung der Zivilprozessordnung stattfinden. [2]Der Vollstreckungsschuldner soll vor Beginn der Vollstreckung mit einer Zahlungsfrist von einer Woche gemahnt werden. [3]Die vollstreckbare Ausfertigung erteilt der Behördenleiter, sein allgemeiner Vertreter oder ein anderer auf Antrag eines Leistungsträgers von der Aufsichtsbehörde ermächtigter Angehöriger des öffentlichen Dienstes. [4]Bei den Versicherungsträgern und der Bundesagentur für Arbeit tritt in Satz 3 an die Stelle der Aufsichtsbehörden der Vorstand."

3) **Habersack, Deutsche Gesetze ErgBd. Nr. 103g.**

7. aus Titeln, die in einem anderen Mitgliedstaat der Europäischen Union nach der Verordnung (EG) Nr. 805/2004[1] des Europäischen Parlaments und des Rates vom 21. April 2004 zur Einführung eines Europäischen Vollstreckungstitels für unbestrittene Forderungen als Europäische Vollstreckungstitel bestätigt worden sind;
8. aus Titeln, die in einem anderen Mitgliedstaat der Europäischen Union im Verfahren nach der Verordnung (EG) Nr. 861/2007[2] des Europäischen Parlaments und des Rates vom 11. Juli 2007 zur Einführung eines europäischen Verfahrens für geringfügige Forderungen (ABl. L 199 vom 31.7.2007, S. 1; L 141 vom 5.6.2015, S. 118), die zuletzt durch die Verordnung (EU) 2015/2421 (ABl. L 341 vom 24.12.2015, S. 1) geändert worden ist, ergangen sind;
9. aus Titeln eines anderen Mitgliedstaats der Europäischen Union, die nach der Verordnung (EU) Nr. 1215/2012[3] des Europäischen Parlaments und des Rates vom 12. Dezember 2012 über die gerichtliche Zuständigkeit und die Anerkennung und Vollstreckung von Entscheidungen in Zivil- und Handelssachen zu vollstrecken sind.

(2) Soweit nach den Vorschriften der §§ 737, 743, des § 745 Abs. 2 und des § 748 Abs. 2 die Verurteilung eines Beteiligten zur Duldung der Zwangsvollstreckung erforderlich ist, wird sie dadurch ersetzt, dass der Beteiligte in einer nach Absatz 1 Nr. 5 aufgenommenen Urkunde die sofortige Zwangsvollstreckung in die seinem Recht unterworfenen Gegenstände bewilligt.

**§ 794a Zwangsvollstreckung aus Räumungsvergleich.** (1) [1]Hat sich der Schuldner in einem Vergleich, aus dem die Zwangsvollstreckung stattfindet, zur Räumung von Wohnraum verpflichtet, so kann ihm das Amtsgericht, in dessen Bezirk der Wohnraum belegen ist, auf Antrag eine den Umständen nach angemessene Räumungsfrist bewilligen. [2]Der Antrag ist spätestens zwei Wochen vor dem Tag, an dem nach dem Vergleich zu räumen ist, zu stellen; §§ 233 bis 238 gelten sinngemäß. [3]Die Entscheidung ergeht durch Beschluss. [4]Vor der Entscheidung ist der Gläubiger zu hören. [5]Das Gericht ist befugt, die im § 732 Abs. 2 bezeichneten Anordnungen zu erlassen.

(2) [1]Die Räumungsfrist kann auf Antrag verlängert oder verkürzt werden. [2]Absatz 1 Satz 2 bis 5 gilt entsprechend.

(3) [1]Die Räumungsfrist darf insgesamt nicht mehr als ein Jahr, gerechnet vom Tag des Abschlusses des Vergleichs, betragen. [2]Ist nach dem Vergleich an einem späteren Tag zu räumen, so rechnet die Frist von diesem Tag an.

(4) Gegen die Entscheidung des Amtsgerichts findet die sofortige Beschwerde statt.

(5) [1]Die Absätze 1 bis 4 gelten nicht für Mietverhältnisse über Wohnraum im Sinne des § 549 Abs. 2 Nr. 3 sowie in den Fällen des § 575 des Bürgerlichen Gesetzbuchs[4]. [2]Endet ein Mietverhältnis im Sinne des § 575 des Bürgerlichen Gesetzbuchs durch außerordentliche Kündigung, kann eine Räumungsfrist höchstens bis zum vertraglich bestimmten Zeitpunkt der Beendigung gewährt werden.

---

[1] **Habersack, Deutsche Gesetze ErgBd. Nr. 103f.**
[2] **Habersack, Deutsche Gesetze ErgBd. Nr. 103e.**
[3] **Habersack, Deutsche Gesetze ErgBd. Nr. 103.**
[4] Nr. **20**.

**§ 795**[1] **Anwendung der allgemeinen Vorschriften auf die weiteren Vollstreckungstitel.** [1]Auf die Zwangsvollstreckung aus den in § 794 erwähnten Schuldtiteln sind die Vorschriften der §§ 724 bis 793 entsprechend anzuwenden, soweit nicht in den §§ 795a bis 800, 1079 bis 1086, 1093 bis 1096 und 1107 bis 1117 abweichende Vorschriften enthalten sind. [2]Auf die Zwangsvollstreckung aus den in § 794 Abs. 1 Nr. 2 erwähnten Schuldtiteln ist § 720a entsprechend anzuwenden, wenn die Schuldtitel auf Urteilen beruhen, die nur gegen Sicherheitsleistung vorläufig vollstreckbar sind. [3]Die Vorschriften der in § 794 Absatz 1 Nummer 6 bis 9 genannten Verordnungen bleiben unberührt.

**§ 795a Zwangsvollstreckung aus Kostenfestsetzungsbeschluss.** Die Zwangsvollstreckung aus einem Kostenfestsetzungsbeschluss, der nach § 105 auf das Urteil gesetzt ist, erfolgt auf Grund einer vollstreckbaren Ausfertigung des Urteils; einer besonderen Vollstreckungsklausel für den Festsetzungsbeschluss bedarf es nicht.

**§ 795b**[2] **Vollstreckbarerklärung des gerichtlichen Vergleichs.** Bei Vergleichen, die vor einem deutschen Gericht geschlossen sind (§ 794 Abs. 1 Nr. 1) und deren Wirksamkeit ausschließlich vom Eintritt einer sich aus der Verfahrensakte ergebenden Tatsache abhängig ist, wird die Vollstreckungsklausel von dem Urkundsbeamten der Geschäftsstelle des Gerichts des ersten Rechtszugs und, wenn der Rechtsstreit bei einem höheren Gericht anhängig ist, von dem Urkundsbeamten der Geschäftsstelle dieses Gerichts erteilt.

**§ 796 Zwangsvollstreckung aus Vollstreckungsbescheiden.** (1) Vollstreckungsbescheide bedürfen der Vollstreckungsklausel nur, wenn die Zwangsvollstreckung für einen anderen als den in dem Bescheid bezeichneten Gläubiger oder gegen einen anderen als den in dem Bescheid bezeichneten Schuldner erfolgen soll.

(2) Einwendungen, die den Anspruch selbst betreffen, sind nur insoweit zulässig, als die Gründe, auf denen sie beruhen, nach Zustellung des Vollstreckungsbescheids entstanden sind und durch Einspruch nicht mehr geltend gemacht werden können.

(3) Für Klagen auf Erteilung der Vollstreckungsklausel sowie für Klagen, durch welche die den Anspruch selbst betreffenden Einwendungen geltend gemacht werden oder der bei der Erteilung der Vollstreckungsklausel als bewiesen angenommene Eintritt der Voraussetzung für die Erteilung der Vollstreckungsklausel bestritten wird, ist das Gericht zuständig, das für eine Entscheidung im Streitverfahren zuständig gewesen wäre.

**§ 796a Voraussetzungen für die Vollstreckbarerklärung des Anwaltsvergleichs.** (1) Ein von Rechtsanwälten im Namen und mit Vollmacht der von ihnen vertretenen Parteien abgeschlossener Vergleich wird auf Antrag einer Partei für vollstreckbar erklärt, wenn sich der Schuldner darin der sofortigen Zwangsvollstreckung unterworfen hat und der Vergleich unter Angabe des Tages seines Zustandekommens bei einem Amtsgericht niedergelegt ist, bei dem eine der Parteien zur Zeit des Vergleichsabschlusses ihren allgemeinen Gerichtsstand hat.

---

[1] § 795 Satz 3 angef. mWv 12.12.2008 durch G v. 30.10.2008 (BGBl. I S. 2122); Satz 1 geänd., Satz 3 neu gef. mWv 10.1.2015 durch G v. 8.7.2014 (BGBl. I S. 890).

[2] § 795b eingef. mWv 31.12.2006 durch G v. 22.12.2006 (BGBl. I S. 3416).

(2) Absatz 1 gilt nicht, wenn der Vergleich auf die Abgabe einer Willenserklärung gerichtet ist oder den Bestand eines Mietverhältnisses über Wohnraum betrifft.

(3) Die Vollstreckbarerklärung ist abzulehnen, wenn der Vergleich unwirksam ist oder seine Anerkennung gegen die öffentliche Ordnung verstoßen würde.

**§ 796b Vollstreckbarerklärung durch das Prozessgericht.** (1) Für die Vollstreckbarerklärung nach § 796a Abs. 1 ist das Gericht als Prozessgericht zuständig, das für die gerichtliche Geltendmachung des zu vollstreckenden Anspruchs zuständig wäre.

(2) [1] Vor der Entscheidung über den Antrag auf Vollstreckbarerklärung ist der Gegner zu hören. [2] Die Entscheidung ergeht durch Beschluss. [3] Eine Anfechtung findet nicht statt.

**§ 796c Vollstreckbarerklärung durch einen Notar.** (1) [1] Mit Zustimmung der Parteien kann ein Vergleich ferner von einem Notar, der seinen Amtssitz im Bezirk eines nach § 796a Abs. 1 zuständigen Gerichts hat, in Verwahrung genommen und für vollstreckbar erklärt werden. [2] Die §§ 796a und 796b gelten entsprechend.

(2) [1] Lehnt der Notar die Vollstreckbarerklärung ab, ist dies zu begründen. [2] Die Ablehnung durch den Notar kann mit dem Antrag auf gerichtliche Entscheidung bei dem nach § 796b Abs. 1 zuständigen Gericht angefochten werden.

**§ 797[1)] Verfahren bei vollstreckbaren Urkunden.** (1) Die vollstreckbare Ausfertigung wird erteilt bei

1. gerichtlichen Urkunden von dem Urkundsbeamten der Geschäftsstelle des die Urkunde verwahrenden Gerichts,
2. notariellen Urkunden von
   a) dem die Urkunde verwahrenden Notar,
   b) der die Urkunde verwahrenden Notarkammer oder
   c) dem die Urkunde verwahrenden Amtsgericht.

(2) Die Entscheidung über die Erteilung einer weiteren vollstreckbaren Ausfertigung wird getroffen bei

1. gerichtlichen Urkunden von dem die Urkunde verwahrenden Gericht,
2. notariellen Urkunden von
   a) dem die Urkunde verwahrenden Notar,
   b) der die Urkunde verwahrenden Notarkammer oder
   c) dem die Urkunde verwahrenden Amtsgericht.

(3) Die Entscheidung über Einwendungen, welche die Zulässigkeit der Vollstreckungsklausel und die Zulässigkeit der Erteilung einer weiteren vollstreckbaren Ausfertigung betreffen, wird getroffen bei

1. gerichtlichen Urkunden von dem die Urkunde verwahrenden Gericht,
2. notariellen Urkunden von dem Amtsgericht,
   a) in dessen Bezirk der die Urkunde verwahrende Notar seinen Amtssitz hat,
   b) in dessen Bezirk die die Urkunde verwahrende Notarkammer ihren Sitz hat oder

1) § 797 neu gef. mWv 1.8.2021 durch G v. 25.6.2021 (BGBl. I S. 2154, ber. 2022 S. 666).

c) das die Urkunde verwahrt.

(4) Auf die Geltendmachung von Einwendungen, die den Anspruch selbst betreffen, ist § 767 Absatz 2 nicht anzuwenden.

(5) [1]Das Gericht, bei dem der Schuldner im Inland seinen allgemeinen Gerichtsstand hat, ist zuständig für

1. Klagen auf Erteilung der Vollstreckungsklausel,
2. Klagen, durch welche die den Anspruch selbst betreffenden Einwendungen geltend gemacht werden, und
3. Klagen, durch welche der bei der Erteilung der Vollstreckungsklausel als bewiesen angenommene Eintritt der Voraussetzung für die Erteilung der Vollstreckungsklausel bestritten wird.

[2]Hat der Schuldner im Inland keinen allgemeinen Gerichtsstand, so ist das Gericht zuständig, bei dem nach § 23 gegen den Schuldner Klage erhoben werden kann.

(6) Auf Beschlüsse nach § 796c sind die Absätze 1 bis 5 entsprechend anzuwenden.

**§ 797a Verfahren bei Gütestellenvergleichen.** (1) Bei Vergleichen, die vor Gütestellen der im § 794 Abs. 1 Nr. 1 bezeichneten Art geschlossen sind, wird die Vollstreckungsklausel von dem Urkundsbeamten der Geschäftsstelle desjenigen Amtsgerichts erteilt, in dessen Bezirk die Gütestelle ihren Sitz hat.

(2) Über Einwendungen, welche die Zulässigkeit der Vollstreckungsklausel betreffen, entscheidet das im Absatz 1 bezeichnete Gericht.

(3) § 797 Abs. 5 gilt entsprechend.

(4) [1]Die Landesjustizverwaltung kann Vorsteher von Gütestellen ermächtigen, die Vollstreckungsklausel für Vergleiche zu erteilen, die vor der Gütestelle geschlossen sind. [2]Die Ermächtigung erstreckt sich nicht auf die Fälle des § 726 Abs. 1, der §§ 727 bis 729 und des § 733. [3]Über Einwendungen, welche die Zulässigkeit der Vollstreckungsklausel betreffen, entscheidet das im Absatz 1 bezeichnete Gericht.

**§ 798[1)] Wartefrist.** Aus einem Kostenfestsetzungsbeschluss, der nicht auf das Urteil gesetzt ist, aus Beschlüssen nach § 794 Abs. 1 Nr. 4b sowie aus den nach § 794 Abs. 1 Nr. 5 aufgenommenen Urkunden darf die Zwangsvollstreckung nur beginnen, wenn der Schuldtitel mindestens zwei Wochen vorher zugestellt ist.

**§ 798a[2)]** *(aufgehoben)*

**§ 799 Vollstreckbare Urkunde bei Rechtsnachfolge.** Hat sich der Eigentümer eines mit einer Hypothek, einer Grundschuld oder einer Rentenschuld belasteten Grundstücks in einer nach § 794 Abs. 1 Nr. 5 aufgenommenen Urkunde der sofortigen Zwangsvollstreckung unterworfen und ist dem Rechtsnachfolger des Gläubigers eine vollstreckbare Ausfertigung erteilt, so ist die Zustellung der die Rechtsnachfolge nachweisenden öffentlichen oder öffentlich beglaubigten Urkunde nicht erforderlich, wenn der Rechtsnachfolger als Gläubiger im Grundbuch eingetragen ist.

---

1) § 798 geänd. mWv 1.9.2009 durch G v. 17.12.2008 (BGBl. I S. 2586).
2) § 798a aufgeh. mWv 1.9.2009 durch G v. 17.12.2008 (BGBl. I S. 2586).

**§ 799a[1] Schadensersatzpflicht bei der Vollstreckung aus Urkunden durch andere Gläubiger.** [1]Hat sich der Eigentümer eines Grundstücks in Ansehung einer Hypothek oder Grundschuld in einer Urkunde nach § 794 Abs. 1 Nr. 5 der sofortigen Zwangsvollstreckung in das Grundstück unterworfen und betreibt ein anderer als der in der Urkunde bezeichnete Gläubiger die Vollstreckung, so ist dieser, soweit die Vollstreckung aus der Urkunde für unzulässig erklärt wird, dem Schuldner zum Ersatz des Schadens verpflichtet, der diesem durch die Vollstreckung aus der Urkunde oder durch eine zur Abwendung der Vollstreckung erbrachte Leistung entsteht. [2]Satz 1 gilt entsprechend, wenn sich der Schuldner wegen der Forderungen, zu deren Sicherung das Grundpfandrecht bestellt worden ist, oder wegen der Forderung aus einem demselben Zweck dienenden Schuldanerkenntnis der sofortigen Vollstreckung in sein Vermögen unterworfen hat.

**§ 800 Vollstreckbare Urkunde gegen den jeweiligen Grundstückseigentümer.** (1) [1]Der Eigentümer kann sich in einer nach § 794 Abs. 1 Nr. 5 aufgenommenen Urkunde in Ansehung einer Hypothek, einer Grundschuld oder einer Rentenschuld der sofortigen Zwangsvollstreckung in der Weise unterwerfen, dass die Zwangsvollstreckung aus der Urkunde gegen den jeweiligen Eigentümer des Grundstücks zulässig sein soll. [2]Die Unterwerfung bedarf in diesem Fall der Eintragung in das Grundbuch.

(2) Bei der Zwangsvollstreckung gegen einen späteren Eigentümer, der im Grundbuch eingetragen ist, bedarf es nicht der Zustellung der den Erwerb des Eigentums nachweisenden öffentlichen oder öffentlich beglaubigten Urkunde.

(3) Ist die sofortige Zwangsvollstreckung gegen den jeweiligen Eigentümer zulässig, so ist für die im § 797 Abs. 5 bezeichneten Klagen das Gericht zuständig, in dessen Bezirk das Grundstück belegen ist.

**§ 800a Vollstreckbare Urkunde bei Schiffshypothek.** (1) Die Vorschriften der §§ 799, 800 gelten für eingetragene Schiffe und Schiffsbauwerke, die mit einer Schiffshypothek belastet sind, entsprechend.

(2) Ist die sofortige Zwangsvollstreckung gegen den jeweiligen Eigentümer zulässig, so ist für die im § 797 Abs. 5 bezeichneten Klagen das Gericht zuständig, in dessen Bezirk das Register für das Schiff oder das Schiffsbauwerk geführt wird.

**§ 801[2] Landesrechtliche Vollstreckungstitel.** (1) Die Landesgesetzgebung ist nicht gehindert, auf Grund anderer als der in den §§ 704, 794 bezeichneten Schuldtitel die gerichtliche Zwangsvollstreckung zuzulassen und insoweit von diesem Gesetz abweichende Vorschriften über die Zwangsvollstreckung zu treffen.

(2) Aus landesrechtlichen Schuldtiteln im Sinne des Absatzes 1 kann im gesamten Bundesgebiet vollstreckt werden.

**§ 802 Ausschließlichkeit der Gerichtsstände.** Die in diesem Buch angeordneten Gerichtsstände sind ausschließliche.

---

[1] § 799a eingef. mWv 19.8.2008 durch G v. 12.8.2008 (BGBl. I S. 1666).
[2] § 801 Abs. 2 angef. mWv 25.4.2006 durch G v. 19.4.2006 (BGBl. I S. 866).

## Abschnitt 2. Zwangsvollstreckung wegen Geldforderungen

### Titel 1.[1) 2)] Allgemeine Vorschriften

**§ 802a**[1) 2)] **Grundsätze der Vollstreckung; Regelbefugnisse des Gerichtsvollziehers.** (1) Der Gerichtsvollzieher wirkt auf eine zügige, vollständige und Kosten sparende Beitreibung von Geldforderungen hin.

(2) [1] Auf Grund eines entsprechenden Vollstreckungsauftrags und der Übergabe der vollstreckbaren Ausfertigung ist der Gerichtsvollzieher unbeschadet weiterer Zuständigkeiten befugt,

1. eine gütliche Erledigung der Sache (§ 802b) zu versuchen,
2. eine Vermögensauskunft des Schuldners (§ 802c) einzuholen,
3. Auskünfte Dritter über das Vermögen des Schuldners (§ 802l) einzuholen,
4. die Pfändung und Verwertung körperlicher Sachen zu betreiben,
5. eine Vorpfändung (§ 845) durchzuführen; hierfür bedarf es nicht der vorherigen Erteilung einer vollstreckbaren Ausfertigung und der Zustellung des Schuldtitels.

[2] Die Maßnahmen sind in dem Vollstreckungsauftrag zu bezeichnen, die Maßnahme nach Satz 1 Nr. 1 jedoch nur dann, wenn sich der Auftrag hierauf beschränkt.

**§ 802b**[1) 2)] **Gütliche Erledigung; Vollstreckungsaufschub bei Zahlungsvereinbarung.** (1) Der Gerichtsvollzieher soll in jeder Lage des Verfahrens auf eine gütliche Erledigung bedacht sein.

(2) [1] Hat der Gläubiger eine Zahlungsvereinbarung nicht ausgeschlossen, so kann der Gerichtsvollzieher dem Schuldner eine Zahlungsfrist einräumen oder eine Tilgung durch Teilleistungen (Ratenzahlung) gestatten, sofern der Schuldner glaubhaft darlegt, die nach Höhe und Zeitpunkt festzusetzenden Zahlungen erbringen zu können. [2] Soweit ein Zahlungsplan nach Satz 1 festgesetzt wird, ist die Vollstreckung aufgeschoben. [3] Die Tilgung soll binnen zwölf Monaten abgeschlossen sein.

(3) [1] Der Gerichtsvollzieher unterrichtet den Gläubiger unverzüglich über den gemäß Absatz 2 festgesetzten Zahlungsplan und den Vollstreckungsaufschub. [2] Widerspricht der Gläubiger unverzüglich, so wird der Zahlungsplan mit der Unterrichtung des Schuldners hinfällig; zugleich endet der Vollstreckungsaufschub. [3] Dieselben Wirkungen treten ein, wenn der Schuldner mit einer festgesetzten Zahlung ganz oder teilweise länger als zwei Wochen in Rückstand gerät.

**§ 802c**[1) 2)] **Vermögensauskunft des Schuldners.** (1) [1] Der Schuldner ist verpflichtet, zum Zwecke der Vollstreckung einer Geldforderung auf Verlangen des Gerichtsvollziehers Auskunft über sein Vermögen nach Maßgabe der folgenden Vorschriften zu erteilen sowie seinen Geburtsnamen, sein Geburtsdatum und seinen Geburtsort anzugeben. [2] Handelt es sich bei dem Vollstreckungsschuldner um eine juristische Person oder um eine Personenvereinigung, so hat er seine Firma, die Nummer des Registerblatts im Handelsregister und seinen Sitz anzugeben.

---

[1)] Titel 1 (§§ 802a–802l) eingef. mWv 1.1.2013 durch G v. 29.7.2009 (BGBl. I S. 2258), mit Ausnahme von § 802k Abs. 3 und 4, die gem. Art. 6 Satz 1 dieses G bereits am 1.8.2009 in Kraft getreten sind; § 802c Abs. 1 Satz 2 angef., Abs. 3 Satz 1 geänd. mWv 1.1.2013 durch G v. 22.12.2011 (BGBl. I S. 3044); Abs. 2 Satz 4 geänd. mWv 1.1.2022 durch G v. 7.5.2021 (BGBl. I S. 850).

[2)] Beachte hierzu Übergangsvorschrift in § 39 EGZPO (Nr. **101**).

(2) [1] Zur Auskunftserteilung hat der Schuldner alle ihm gehörenden Vermögensgegenstände anzugeben. [2] Bei Forderungen sind Grund und Beweismittel zu bezeichnen. [3] Ferner sind anzugeben:

1. die entgeltlichen Veräußerungen des Schuldners an eine nahestehende Person (§ 138 der Insolvenzordnung[1)]), die dieser in den letzten zwei Jahren vor dem Termin nach § 802f Abs. 1 und bis zur Abgabe der Vermögensauskunft vorgenommen hat;
2. die unentgeltlichen Leistungen des Schuldners, die dieser in den letzten vier Jahren vor dem Termin nach § 802f Abs. 1 und bis zur Abgabe der Vermögensauskunft vorgenommen hat, sofern sie sich nicht auf gebräuchliche Gelegenheitsgeschenke geringen Wertes richteten.

[4] Sachen, die nach § 811 Absatz 1 Nummer 1 Buchstabe a und Nummer 2 der Pfändung offensichtlich nicht unterworfen sind, brauchen nicht angegeben zu werden, es sei denn, dass eine Austauschpfändung in Betracht kommt.

(3) [1] Der Schuldner hat zu Protokoll an Eides statt zu versichern, dass er die Angaben nach den Absätzen 1 und 2 nach bestem Wissen und Gewissen richtig und vollständig gemacht habe. [2] Die Vorschriften der §§ 478 bis 480, 483 gelten entsprechend.

**§ 802d[2) 3)] Weitere Vermögensauskunft.** (1) [1] Der Schuldner ist innerhalb von zwei Jahren nach Abgabe der Vermögensauskunft nach § 802c oder nach § 284 der Abgabenordnung nicht verpflichtet, eine weitere Vermögensauskunft abzugeben, es sei denn, ein Gläubiger macht Tatsachen glaubhaft, die auf eine wesentliche Veränderung der Vermögensverhältnisse des Schuldners schließen lassen. [2] Besteht keine Pflicht zur Abgabe einer Vermögensauskunft nach Satz 1, leitet der Gerichtsvollzieher dem Gläubiger einen Ausdruck des letzten abgegebenen Vermögensverzeichnisses zu; ein Verzicht des Gläubigers auf die Zuleitung ist unbeachtlich. [3] Der Gläubiger darf die erlangten Daten nur zu Vollstreckungszwecken verarbeiten und hat die Daten nach Zweckerreichung zu löschen; hierauf ist er vom Gerichtsvollzieher hinzuweisen. [4] Von der Zuleitung eines Ausdrucks nach Satz 2 setzt der Gerichtsvollzieher den Schuldner in Kenntnis und belehrt ihn über die Möglichkeit der Eintragung in das Schuldnerverzeichnis (§ 882c).

(2) Anstelle der Zuleitung eines Ausdrucks kann dem Gläubiger auf Antrag das Vermögensverzeichnis als elektronisches Dokument übermittelt werden, wenn dieses mit einer qualifizierten elektronischen Signatur versehen und gegen unbefugte Kenntnisnahme geschützt ist.

**§ 802e[4) 3)] Zuständigkeit.** (1) Für die Abnahme der Vermögensauskunft und der eidesstattlichen Versicherung ist der Gerichtsvollzieher bei dem Amtsgericht zuständig, in dessen Bezirk der Schuldner im Zeitpunkt der Auftragserteilung seinen Wohnsitz oder in Ermangelung eines solchen seinen Aufenthaltsort hat.

(2) Ist der angegangene Gerichtsvollzieher nicht zuständig, so leitet er die Sache auf Antrag des Gläubigers an den zuständigen Gerichtsvollzieher weiter.

---

[1)] Nr. **110**.

[2)] § 802d eingef. mWv 1.1.2013 durch G v. 29.7.2009 (BGBl. I S. 2258); Abs. 1 Satz 2 neu gef. mWv 26.11.2016 durch G v. 21.11.2016 (BGBl. I S. 2591); Abs. 1 Satz 3 geänd. mWv 26.11.2019 durch G v. 20.11.2019 (BGBl. I S. 1724); Überschrift, Abs. 1 Satz 1 neu gef., Satz 2 geänd. mWv 1.1.2022 durch G v. 7.5.2021 (BGBl. I S. 850).

[3)] Beachte hierzu Übergangsvorschrift in § 39 EGZPO (Nr. **101**).

[4)] § 802e eingef. mWv 1.1.2013 durch G v. 29.7.2009 (BGBl. I S. 2258).

**§ 802f[1)] [2)] Verfahren zur Abnahme der Vermögensauskunft.** (1) [1]Zur Abnahme der Vermögensauskunft setzt der Gerichtsvollzieher dem Schuldner für die Begleichung der Forderung eine Frist von zwei Wochen. [2]Zugleich bestimmt er für den Fall, dass die Forderung nach Fristablauf nicht vollständig beglichen ist, einen Termin zur Abgabe der Vermögensauskunft alsbald nach Fristablauf und lädt den Schuldner zu diesem Termin in seine Geschäftsräume. [3]Der Schuldner hat die zur Abgabe der Vermögensauskunft erforderlichen Unterlagen im Termin beizubringen. [4]Der Fristsetzung nach Satz 1 bedarf es nicht, wenn der Gerichtsvollzieher den Schuldner bereits zuvor zur Zahlung aufgefordert hat und seit dieser Aufforderung zwei Wochen verstrichen sind, ohne dass die Aufforderung Erfolg hatte.

(2) [1]Abweichend von Absatz 1 kann der Gerichtsvollzieher bestimmen, dass die Abgabe der Vermögensauskunft in der Wohnung des Schuldners stattfindet. [2]Der Schuldner kann dieser Bestimmung binnen einer Woche gegenüber dem Gerichtsvollzieher widersprechen. [3]Andernfalls gilt der Termin als pflichtwidrig versäumt, wenn der Schuldner in diesem Termin aus Gründen, die er zu vertreten hat, die Vermögensauskunft nicht abgibt.

(3) [1]Mit der Terminsladung ist der Schuldner über die nach § 802c Abs. 2 erforderlichen Angaben zu belehren. [2]Der Schuldner ist über seine Rechte und Pflichten nach den Absätzen 1 und 2, über die Folgen einer unentschuldigten Terminssäumnis oder einer Verletzung seiner Auskunftspflichten sowie über die Möglichkeit der Einholung von Auskünften Dritter nach § 802l und der Eintragung in das Schuldnerverzeichnis bei Abgabe der Vermögensauskunft nach § 882c zu belehren.

(4) [1]Zahlungsaufforderungen, Ladungen, Bestimmungen und Belehrungen nach den Absätzen 1 bis 3 sind dem Schuldner zuzustellen, auch wenn dieser einen Prozessbevollmächtigten bestellt hat; einer Mitteilung an den Prozessbevollmächtigten bedarf es nicht. [2]Dem Gläubiger ist die Terminsbestimmung nach Maßgabe des § 357 Abs. 2 mitzuteilen.

(5) [1]Der Gerichtsvollzieher errichtet in einem elektronischen Dokument eine Aufstellung mit den nach § 802c Absatz 1 und 2 erforderlichen Angaben (Vermögensverzeichnis). [2]Diese Angaben sind dem Schuldner vor Abgabe der Versicherung nach § 802c Abs. 3 vorzulesen oder zur Durchsicht auf einem Bildschirm wiederzugeben. [3]Dem Schuldner ist auf Verlangen ein Ausdruck zu erteilen.

(6) [1]Der Gerichtsvollzieher hinterlegt das Vermögensverzeichnis bei dem zentralen Vollstreckungsgericht nach § 802k Abs. 1 und leitet dem Gläubiger unverzüglich einen Ausdruck zu. [2]Der Ausdruck muss den Vermerk enthalten, dass er mit dem Inhalt des Vermögensverzeichnisses übereinstimmt; § 802d Abs. 1 Satz 3 und Abs. 2 gilt entsprechend.

**§ 802g[3)] [2)] Erzwingungshaft.** (1) [1]Auf Antrag des Gläubigers erlässt das Gericht gegen den Schuldner, der dem Termin zur Abgabe der Vermögensauskunft unentschuldigt fernbleibt oder die Abgabe der Vermögensauskunft gemäß § 802c

---

[1)] § 802f eingef. mWv 1.1.2013 durch G v. 29.7.2009 (BGBl. I S. 2258); Abs. 5 Satz 1 geänd. mWv 1.1.2013 durch G v. 22.12.2011 (BGBl. I S. 3044); Abs. 1 Satz 4 angef., Abs. 5 Satz 1 neu gef. mWv 26.11.2016 durch G v. 21.11.2016 (BGBl. I S. 2591).

[2)] Beachte hierzu Übergangsvorschrift in § 39 EGZPO (Nr. **101**).

[3)] § 802g eingef. mWv 1.1.2013 durch G v. 29.7.2009 (BGBl. I S. 2258); Abs. 2 Satz 2 neu gef. mWv 26.11.2016 durch G v. 21.11.2016 (BGBl. I S. 2591).

ohne Grund verweigert, zur Erzwingung der Abgabe einen Haftbefehl. [2]In dem Haftbefehl sind der Gläubiger, der Schuldner und der Grund der Verhaftung zu bezeichnen. [3]Einer Zustellung des Haftbefehls vor seiner Vollziehung bedarf es nicht.

(2) [1]Die Verhaftung des Schuldners erfolgt durch einen Gerichtsvollzieher. [2]Der Gerichtsvollzieher händigt dem Schuldner von Amts wegen bei der Verhaftung eine beglaubigte Abschrift des Haftbefehls aus.

**§ 802h[1) 2)] Unzulässigkeit der Haftvollstreckung.** (1) Die Vollziehung des Haftbefehls ist unstatthaft, wenn seit dem Tag, an dem der Haftbefehl erlassen wurde, zwei Jahre vergangen sind.

(2) Gegen einen Schuldner, dessen Gesundheit durch die Vollstreckung der Haft einer nahen und erheblichen Gefahr ausgesetzt würde, darf, solange dieser Zustand dauert, die Haft nicht vollstreckt werden.

**§ 802i[1) 2)] Vermögensauskunft des verhafteten Schuldners.** (1) [1]Der verhaftete Schuldner kann zu jeder Zeit bei dem Gerichtsvollzieher des Amtsgerichts des Haftortes verlangen, ihm die Vermögensauskunft abzunehmen. [2]Dem Verlangen ist unverzüglich stattzugeben; § 802f Abs. 5 gilt entsprechend. [3]Dem Gläubiger wird die Teilnahme ermöglicht, wenn er dies beantragt hat und seine Teilnahme nicht zu einer Verzögerung der Abnahme führt.

(2) [1]Nach Abgabe der Vermögensauskunft wird der Schuldner aus der Haft entlassen. [2]§ 802f Abs. 5 und 6 gilt entsprechend.

(3) [1]Kann der Schuldner vollständige Angaben nicht machen, weil er die erforderlichen Unterlagen nicht bei sich hat, so kann der Gerichtsvollzieher einen neuen Termin bestimmen und die Vollziehung des Haftbefehls bis zu diesem Termin aussetzen. [2]§ 802f gilt entsprechend; der Setzung einer Zahlungsfrist bedarf es nicht.

**§ 802j[1) 2)] Dauer der Haft; erneute Haft.** (1) [1]Die Haft darf die Dauer von sechs Monaten nicht übersteigen. [2]Nach Ablauf der sechs Monate wird der Schuldner von Amts wegen aus der Haft entlassen.

(2) Gegen den Schuldner, der ohne sein Zutun auf Antrag des Gläubigers aus der Haft entlassen ist, findet auf Antrag desselben Gläubigers eine Erneuerung der Haft nicht statt.

(3) Ein Schuldner, gegen den wegen Verweigerung der Abgabe der Vermögensauskunft eine Haft von sechs Monaten vollstreckt ist, kann innerhalb der folgenden zwei Jahre auch auf Antrag eines anderen Gläubigers nur unter den Voraussetzungen des § 802d von neuem zur Abgabe einer solchen Vermögensauskunft durch Haft angehalten werden.

**§ 802k[3) 2)] Zentrale Verwaltung der Vermögensverzeichnisse.** (1) [1]Nach § 802f Abs. 6 dieses Gesetzes oder nach § 284 Abs. 7 Satz 4 der Abgabenordnung zu hinterlegende Vermögensverzeichnisse werden landesweit von einem zentralen

---

1) §§ 802h–j eingef. mWv 1.1.2013 durch G v. 29.7.2009 (BGBl. I S. 2258).

2) Beachte hierzu Übergangsvorschrift in § 39 EGZPO (Nr. **101**).

3) § 802k eingef. mWv 1.1.2013 durch G v. 29.7.2009 (BGBl. I S. 2258), mit Ausnahme von Abs. 3 und 4, die gem. Art. 6 Satz 1 dieses G bereits am 1.8.2009 in Kraft getreten sind; Abs. 4 Satz 1 geänd. mWv 30.12.2011, Abs. 1 Satz 2 eingef., bish. Sätze 2 und 3 werden Sätze 3 und 4 mWv 1.1.2013 durch G v. 22.12.2011 (BGBl. I S. 3044); Abs. 4 Satz 1 geänd. mWv 8.9.2015 durch VO v. 31.8.2015 (BGBl. I S. 1474); Abs. 3 Satz 3 geänd., Abs. 5 angef. mWv 26.11.2019 durch G v. 20.11.2019 (BGBl. I S. 1724).

Vollstreckungsgericht in elektronischer Form verwaltet. [2]Die Vermögensverzeichnisse können über eine zentrale und länderübergreifende Abfrage im Internet eingesehen und abgerufen werden. [3]Gleiches gilt für Vermögensverzeichnisse, die auf Grund einer § 284 Abs. 1 bis 7 der Abgabenordnung gleichwertigen bundesgesetzlichen oder landesgesetzlichen Regelung errichtet wurden, soweit diese Regelung die Hinterlegung anordnet. [4]Ein Vermögensverzeichnis nach Satz 1 oder Satz 2 ist nach Ablauf von zwei Jahren seit Abgabe der Auskunft oder bei Eingang eines neuen Vermögensverzeichnisses zu löschen.

(2) [1]Die Gerichtsvollzieher können die von den zentralen Vollstreckungsgerichten nach Absatz 1 verwalteten Vermögensverzeichnisse zu Vollstreckungszwecken abrufen. [2]Den Gerichtsvollziehern stehen Vollstreckungsbehörden gleich, die

1. Vermögensauskünfte nach § 284 der Abgabenordnung verlangen können,
2. durch Bundesgesetz oder durch Landesgesetz dazu befugt sind, vom Schuldner Auskunft über sein Vermögen zu verlangen, wenn diese Auskunftsbefugnis durch die Errichtung eines nach Absatz 1 zu hinterlegenden Vermögensverzeichnisses ausgeschlossen wird, oder
3. durch Bundesgesetz oder durch Landesgesetz dazu befugt sind, vom Schuldner die Abgabe einer Vermögensauskunft nach § 802c gegenüber dem Gerichtsvollzieher zu verlangen.

[3]Zur Einsicht befugt sind ferner Vollstreckungsgerichte, Insolvenzgerichte und Registergerichte sowie Strafverfolgungsbehörden, soweit dies zur Erfüllung der ihnen obliegenden Aufgaben erforderlich ist.

(3) [1]Die Landesregierungen bestimmen durch Rechtsverordnung, welches Gericht die Aufgaben des zentralen Vollstreckungsgerichts nach Absatz 1 wahrzunehmen hat. [2]Sie können diese Befugnis auf die Landesjustizverwaltungen übertragen. [3]Das zentrale Vollstreckungsgericht nach Absatz 1 kann andere Stellen mit der Datenverarbeitung beauftragen; die datenschutzrechtlichen Vorschriften über die Verarbeitung personenbezogener Daten im Auftrag sind zu beachten.

(4) [1]Das Bundesministerium der Justiz und für Verbraucherschutz wird ermächtigt, durch Rechtsverordnung[1)] mit Zustimmung des Bundesrates die Einzelheiten des Inhalts, der Form, Aufnahme, Übermittlung, Verwaltung und Löschung der Vermögensverzeichnisse nach § 802f Abs. 5 dieses Gesetzes und nach § 284 Abs. 7 der Abgabenordnung oder gleichwertigen Regelungen im Sinne von Absatz 1 Satz 2 sowie der Einsichtnahme, insbesondere durch ein automatisiertes Abrufverfahren, zu regeln. [2]Die Rechtsverordnung hat geeignete Regelungen zur Sicherung des Datenschutzes und der Datensicherheit vorzusehen. [3]Insbesondere ist sicherzustellen, dass die Vermögensverzeichnisse

1. bei der Übermittlung an das zentrale Vollstreckungsgericht nach Absatz 1 sowie bei der Weitergabe an die anderen Stellen nach Absatz 3 Satz 3 gegen unbefugte Kenntnisnahme geschützt sind,
2. unversehrt und vollständig wiedergegeben werden,
3. jederzeit ihrem Ursprung nach zugeordnet werden können und
4. nur von registrierten Nutzern abgerufen werden können und jeder Abrufvorgang protokolliert wird.

(5) [1]Macht eine betroffene Person das Auskunftsrecht nach Artikel 15 Absatz 1 der Verordnung (EU) 2016/679[2)] des Europäischen Parlaments und des Rates vom

---

[1)] Siehe hierzu die VermögensverzeichnisVO (Nr. **102b**).

[2)] **Sartorius Nr. 246.**

27. April 2016 zum Schutz natürlicher Personen bei der Verarbeitung personenbezogener Daten, zum freien Datenverkehr und zur Aufhebung der Richtlinie 95/46/EG (Datenschutz-Grundverordnung) (ABl. L 119 vom 4.5.2016, S. 1; L 314 vom 22.11.2016, S. 72; L 127 vom 23.5.2018, S. 2) in Bezug auf personenbezogene Daten geltend, die in den von den zentralen Vollstreckungsgerichten nach Absatz 1 verwalteten Vermögensverzeichnissen enthalten sind, so sind der betroffenen Person im Hinblick auf die Empfänger, denen die personenbezogenen Daten offengelegt worden sind oder noch offengelegt werden, nur die Kategorien berechtigter Empfänger mitzuteilen. [2]Das Widerspruchsrecht gemäß Artikel 21 der Verordnung (EU) 2016/679 findet in Bezug auf die personenbezogenen Daten, die in den von den zentralen Vollstreckungsgerichten nach Absatz 1 verwalteten Vermögensverzeichnissen enthalten sind, keine Anwendung.

**§ 802l[1) 2)] Auskunftsrechte des Gerichtsvollziehers.** (1) [1]Der Gerichtsvollzieher darf vorbehaltlich der Sätze 2 und 3 folgende Maßnahmen durchführen, soweit sie zur Vollstreckung erforderlich sind:

1. Erhebung des Namens und der Vornamen oder der Firma sowie der Anschrift der derzeitigen Arbeitgeber des Schuldners bei den Trägern der gesetzlichen Rentenversicherung und bei einer berufsständischen Versorgungseinrichtung im Sinne des § 6 Absatz 1 Satz 1 Nummer 1 des Sechsten Buches Sozialgesetzbuch[3)];
2. Ersuchen an das Bundeszentralamt für Steuern, bei den Kreditinstituten die in § 93b Absatz 1 und 1a der Abgabenordnung bezeichneten Daten, ausgenommen die Identifikationsnummer nach § 139b der Abgabenordnung, abzurufen (§ 93 Absatz 8 der Abgabenordnung);
3. Erhebung der Fahrzeug- und Halterdaten nach § 33 Absatz 1 des Straßenverkehrsgesetzes[4)] beim Kraftfahrt-Bundesamt zu einem Fahrzeug, als dessen Halter der Schuldner eingetragen ist.

[2]Maßnahmen nach Satz 1 sind nur zulässig, wenn

1. die Ladung zu dem Termin zur Abgabe der Vermögensauskunft an den Schuldner nicht zustellbar ist und
   a) die Anschrift, unter der die Zustellung ausgeführt werden sollte, mit der Anschrift übereinstimmt, die von einer der in § 755 Absatz 1 und 2 genannten Stellen innerhalb von drei Monaten vor oder nach dem Zustellungsversuch mitgeteilt wurde, oder
   b) die Meldebehörde nach dem Zustellungsversuch die Auskunft erteilt, dass ihr keine derzeitige Anschrift des Schuldners bekannt ist, oder
   c) die Meldebehörde innerhalb von drei Monaten vor Erteilung des Vollstreckungsauftrags die Auskunft erteilt hat, dass ihr keine derzeitige Anschrift des Schuldners bekannt ist;
2. der Schuldner seiner Pflicht zur Abgabe der Vermögensauskunft in dem der Maßnahme nach Satz 1 zugrundeliegenden Vollstreckungsverfahren nicht nachkommt oder

---

[1)] § 802l eingef. mWv 1.1.2013 durch G v. 29.7.2009 (BGBl. I S. 2258); Abs. 4 und 5 angef. mWv 26.11.2016 durch G v. 21.11.2016 (BGBl. I S. 2591); Abs. 2 Satz 1 geänd. mWv 26.11.2019 durch G v. 20.11.2019 (BGBl. I S. 1724); Abs. 1 neu gef., Abs. 3 Satz 2 geänd. mWv 1.1.2022 durch G v. 7.5.2021 (BGBl. I S. 850).

[2)] Beachte hierzu Übergangsvorschrift in § 39 EGZPO (Nr. **101**).

[3)] **Aichberger, SGB Nr. 6.**

[4)] Nr. **35**.

3. bei einer Vollstreckung in die in der Vermögensauskunft aufgeführten Vermögensgegenstände eine vollständige Befriedigung des Gläubigers nicht zu erwarten ist.

[3] Die Erhebung nach Satz 1 Nummer 1 bei einer berufsständischen Versorgungseinrichtung ist zusätzlich zu den Voraussetzungen des Satzes 2 nur zulässig, wenn der Gläubiger die berufsständische Versorgungseinrichtung bezeichnet und tatsächliche Anhaltspunkte nennt, die nahelegen, dass der Schuldner Mitglied dieser berufsständischen Versorgungseinrichtung ist.

(2) [1] Daten, die für die Zwecke der Vollstreckung nicht erforderlich sind, hat der Gerichtsvollzieher unverzüglich zu löschen oder deren Verarbeitung einzuschränken. [2] Die Löschung ist zu protokollieren.

(3) [1] Über das Ergebnis einer Erhebung oder eines Ersuchens nach Absatz 1 setzt der Gerichtsvollzieher den Gläubiger unter Beachtung des Absatzes 2 unverzüglich und den Schuldner innerhalb von vier Wochen nach Erhalt in Kenntnis. [2] § 802d Absatz 1 Satz 3 und Absatz 2 gilt entsprechend.

(4) [1] Nach Absatz 1 Satz 1 erhobene Daten, die innerhalb der letzten drei Monate bei dem Gerichtsvollzieher eingegangen sind, darf dieser auch einem weiteren Gläubiger übermitteln, wenn die Voraussetzungen für die Datenerhebung auch bei diesem Gläubiger vorliegen. [2] Der Gerichtsvollzieher hat dem weiteren Gläubiger die Tatsache, dass die Daten in einem anderen Verfahren erhoben wurden, und den Zeitpunkt ihres Eingangs bei ihm mitzuteilen. [3] Eine erneute Auskunft ist auf Antrag des weiteren Gläubigers einzuholen, wenn Anhaltspunkte dafür vorliegen, dass seit dem Eingang der Auskunft eine Änderung der Vermögensverhältnisse, über die nach Absatz 1 Satz 1 Auskunft eingeholt wurde, eingetreten ist.

(5) Übermittelt der Gerichtsvollzieher Daten nach Absatz 4 Satz 1 an einen weiteren Gläubiger, so hat er den Schuldner davon innerhalb von vier Wochen nach der Übermittlung in Kenntnis zu setzen; § 802d Absatz 1 Satz 3 und Absatz 2 gilt entsprechend.

## Titel 2.[1] Zwangsvollstreckung in das bewegliche Vermögen

### Untertitel 1. Allgemeine Vorschriften

**§ 803 Pfändung.** (1) [1] Die Zwangsvollstreckung in das bewegliche Vermögen erfolgt durch Pfändung. [2] Sie darf nicht weiter ausgedehnt werden, als es zur Befriedigung des Gläubigers und zur Deckung der Kosten der Zwangsvollstreckung erforderlich ist.

(2) Die Pfändung hat zu unterbleiben, wenn sich von der Verwertung der zu pfändenden Gegenstände ein Überschuss über die Kosten der Zwangsvollstreckung nicht erwarten lässt.

**§ 804 Pfändungspfandrecht.** (1) Durch die Pfändung erwirbt der Gläubiger ein Pfandrecht an dem gepfändeten Gegenstande.

(2) Das Pfandrecht gewährt dem Gläubiger im Verhältnis zu anderen Gläubigern dieselben Rechte wie ein durch Vertrag erworbenes Faustpfandrecht; es geht Pfand- und Vorzugsrechten vor, die für den Fall eines Insolvenzverfahrens den Faustpfandrechten nicht gleichgestellt sind.[2]

---

[1] Bish. Titel 1 wird Titel 2 mWv 1.1.2013 durch G v. 29.7.2009 (BGBl. I S. 2258).
[2] Vgl. §§ 49 ff. InsO (Nr. **110**).

(3) Das durch eine frühere Pfändung begründete Pfandrecht geht demjenigen vor, das durch eine spätere Pfändung begründet wird.

**§ 805 Klage auf vorzugsweise Befriedigung.** (1) Der Pfändung einer Sache kann ein Dritter, der sich nicht im Besitz der Sache befindet, auf Grund eines Pfand- oder Vorzugsrechts nicht widersprechen; er kann jedoch seinen Anspruch auf vorzugsweise Befriedigung aus dem Erlös im Wege der Klage geltend machen, ohne Rücksicht darauf, ob seine Forderung fällig ist oder nicht.

(2) Die Klage ist bei dem Vollstreckungsgericht und, wenn der Streitgegenstand zur Zuständigkeit der Amtsgerichte nicht gehört, bei dem Landgericht zu erheben, in dessen Bezirk das Vollstreckungsgericht seinen Sitz hat.

(3) Wird die Klage gegen den Gläubiger und den Schuldner gerichtet, so sind diese als Streitgenossen anzusehen.

(4) [1] Wird der Anspruch glaubhaft gemacht, so hat das Gericht die Hinterlegung des Erlöses anzuordnen. [2] Die Vorschriften der §§ 769, 770 sind hierbei entsprechend anzuwenden.

**§ 806 Keine Gewährleistung bei Pfandveräußerung.** Wird ein Gegenstand auf Grund der Pfändung veräußert, so steht dem Erwerber wegen eines Mangels im Recht oder wegen eines Mangels der veräußerten Sache ein Anspruch auf Gewährleistung nicht zu.

**§ 806a Mitteilungen und Befragung durch den Gerichtsvollzieher.**

(1) Erhält der Gerichtsvollzieher anlässlich der Zwangsvollstreckung durch Befragung des Schuldners oder durch Einsicht in Dokumente Kenntnis von Geldforderungen des Schuldners gegen Dritte und konnte eine Pfändung nicht bewirkt werden oder wird eine bewirkte Pfändung voraussichtlich nicht zur vollständigen Befriedigung des Gläubigers führen, so teilt er Namen und Anschriften der Drittschuldner sowie den Grund der Forderungen und für diese bestehende Sicherheiten dem Gläubiger mit.

(2) [1] Trifft der Gerichtsvollzieher den Schuldner in der Wohnung nicht an und konnte eine Pfändung nicht bewirkt werden oder wird eine bewirkte Pfändung voraussichtlich nicht zur vollständigen Befriedigung des Gläubigers führen, so kann der Gerichtsvollzieher die zum Hausstand des Schuldners gehörenden erwachsenen Personen nach dem Arbeitgeber des Schuldners befragen. [2] Diese sind zu einer Auskunft nicht verpflichtet und vom Gerichtsvollzieher auf die Freiwilligkeit ihrer Angaben hinzuweisen. [3] Seine Erkenntnisse teilt der Gerichtsvollzieher dem Gläubiger mit.

**§ 806b**[1) 2)] *(aufgehoben)*

**§ 807**[3) 2)] **Abnahme der Vermögensauskunft nach Pfändungsversuch.**

(1) [1] Hat der Gläubiger die Vornahme der Pfändung beim Schuldner beantragt und

1. hat der Schuldner die Durchsuchung (§ 758) verweigert oder
2. ergibt der Pfändungsversuch, dass eine Pfändung voraussichtlich nicht zu einer vollständigen Befriedigung des Gläubigers führen wird,

---

1) § 806b aufgeh. mWv 1.1.2013 durch G v. 29.7.2009 (BGBl. I S. 2258).
2) Beachte hierzu Übergangsvorschrift in § 39 EGZPO (Nr. **101**).
3) § 807 neu gef. mWv 1.1.2013 durch G v. 29.7.2009 (BGBl. I S. 2258).

so kann der Gerichtsvollzieher dem Schuldner die Vermögensauskunft auf Antrag des Gläubigers abweichend von § 802f sofort abnehmen. [2] § 802f Abs. 5 und 6 findet Anwendung.

(2) [1] Der Schuldner kann einer sofortigen Abnahme widersprechen. [2] In diesem Fall verfährt der Gerichtsvollzieher nach § 802f; der Setzung einer Zahlungsfrist bedarf es nicht.

### Untertitel 2. Zwangsvollstreckung in körperliche Sachen

**§ 808 Pfändung beim Schuldner.** (1) Die Pfändung der im Gewahrsam des Schuldners befindlichen körperlichen Sachen wird dadurch bewirkt, dass der Gerichtsvollzieher sie in Besitz nimmt.

(2) [1] Andere Sachen als Geld, Kostbarkeiten und Wertpapiere sind im Gewahrsam des Schuldners zu belassen, sofern nicht hierdurch die Befriedigung des Gläubigers gefährdet wird. [2] Werden die Sachen im Gewahrsam des Schuldners belassen, so ist die Wirksamkeit der Pfändung dadurch bedingt, dass durch Anlegung von Siegeln oder auf sonstige Weise die Pfändung ersichtlich gemacht ist.

(3) Der Gerichtsvollzieher hat den Schuldner von der erfolgten Pfändung in Kenntnis zu setzen.

**§ 809 Pfändung beim Gläubiger oder bei Dritten.** Die vorstehenden Vorschriften sind auf die Pfändung von Sachen, die sich im Gewahrsam des Gläubigers oder eines zur Herausgabe bereiten Dritten befinden, entsprechend anzuwenden.

**§ 810 Pfändung ungetrennter Früchte.** (1) [1] Früchte, die von dem Boden noch nicht getrennt sind, können gepfändet werden, solange nicht ihre Beschlagnahme im Wege der Zwangsvollstreckung in das unbewegliche Vermögen erfolgt ist. [2] Die Pfändung darf nicht früher als einen Monat vor der gewöhnlichen Zeit der Reife erfolgen.

(2) Ein Gläubiger, der ein Recht auf Befriedigung aus dem Grundstück hat, kann der Pfändung nach Maßgabe des § 771 widersprechen, sofern nicht die Pfändung für einen im Falle der Zwangsvollstreckung in das Grundstück vorgehenden Anspruch erfolgt ist.

**§ 811[1)] [2)] Unpfändbare Sachen und Tiere.** (1) Nicht der Pfändung unterliegen

1. Sachen, die der Schuldner oder eine Person, mit der er in einem gemeinsamen Haushalt zusammenlebt, benötigt
   a) für eine bescheidene Lebens- und Haushaltsführung;
   b) für die Ausübung einer Erwerbstätigkeit oder eine damit in Zusammenhang stehende Aus- oder Fortbildung;
   c) aus gesundheitlichen Gründen;
   d) zur Ausübung von Religion oder Weltanschauung oder als Gegenstand religiöser oder weltanschaulicher Verehrung, wenn ihr Wert 500 Euro nicht übersteigt;

---

[1)] § 811 neu gef. mWv 1.1.2022 durch G v. 7.5.2021 (BGBl. I S. 850).

[2)] **Weitere Fälle der Unpfändbarkeit** (außer den in § 811 aufgeführten Fällen):
1. die Fahrbetriebsmittel der Eisenbahn: G betreffend die Unzulässigkeit der Pfändung von Eisenbahnfahrbetriebsmitteln v. 3.5.1886 (RGBl. S. 131), geänd. durch G v. 5.10.1994 (BGBl. I S. 2911);
2. in das Deckungsregister nach § 5 PfandbriefG eingetragene Werte: § 29 PfandbriefG v. 22.5.2005 (BGBl. I S. 1373), zuletzt geänd. durch G v. 5.7.2021 (BGBl. I S. 3338).

2. Gartenhäuser, Wohnlauben und ähnliche Einrichtungen, die der Schuldner oder dessen Familie als ständige Unterkunft nutzt und die der Zwangsvollstreckung in das bewegliche Vermögen unterliegen;
3. Bargeld
   a) für den Schuldner, der eine natürliche Person ist, in Höhe von einem Fünftel,
   b) für jede weitere Person, mit der der Schuldner in einem gemeinsamen Haushalt zusammenlebt, in Höhe von einem Zehntel

   des täglichen Freibetrages nach § 850c Absatz 1 Nummer 3 in Verbindung mit Absatz 4 Nummer 1 für jeden Kalendertag ab dem Zeitpunkt der Pfändung bis zu dem Ende des Monats, in dem die Pfändung bewirkt wird; der Gerichtsvollzieher kann im Einzelfall nach pflichtgemäßem Ermessen einen abweichenden Betrag festsetzen;
4. Unterlagen, zu deren Aufbewahrung eine gesetzliche Verpflichtung besteht oder die der Schuldner oder eine Person, mit der er in einem gemeinsamen Haushalt zusammenlebt, zu Buchführungs- oder Dokumentationszwecken benötigt;
5. private Aufzeichnungen, durch deren Verwertung in Persönlichkeitsrechte eingegriffen wird;
6. öffentliche Urkunden, die der Schuldner, dessen Familie oder eine Person, mit der er in einem gemeinsamen Haushalt zusammenlebt, für Beweisführungszwecke benötigt;
7. Trauringe, Orden und Ehrenzeichen;
8. Tiere, die der Schuldner oder eine Person, mit der er in einem gemeinsamen Haushalt zusammenlebt,
   a) nicht zu Erwerbszwecken hält oder
   b) für die Ausübung einer Erwerbstätigkeit benötigt,

   sowie das für diese Tiere erforderliche Futter und die erforderliche Streu.

(2) [1] Eine in Absatz 1 Nummer 1 Buchstabe a und b sowie Nummer 2 bezeichnete Sache oder ein in Absatz 1 Nummer 8 Buchstabe b bezeichnetes Tier kann abweichend von Absatz 1 gepfändet werden, wenn der Verkäufer wegen einer durch Eigentumsvorbehalt gesicherten Geldforderung aus dem Verkauf der Sache oder des Tieres vollstreckt. [2] Die Vereinbarung des Eigentumsvorbehaltes ist durch eine Urkunde nachzuweisen.

(3) Auf Antrag des Gläubigers lässt das Vollstreckungsgericht die Pfändung eines in Absatz 1 Nummer 8 Buchstabe a bezeichneten Tieres zu, wenn dieses einen hohen Wert hat und die Unpfändbarkeit für den Gläubiger eine Härte bedeuten würde, die auch unter Würdigung der Belange des Tierschutzes und der berechtigten Interessen des Schuldners nicht zu rechtfertigen ist.

(4) Sachen, die der Schuldner für eine Lebens- und Haushaltsführung benötigt, die nicht als bescheiden angesehen werden kann, sollen nicht gepfändet werden, wenn offensichtlich ist, dass durch ihre Verwertung nur ein Erlös erzielt würde, der in keinem Verhältnis zum Anschaffungswert steht.

**§ 811a[1)] Austauschpfändung.** (1) Die Pfändung einer nach § 811 Absatz 1 Nummer 1 Buchstabe a und b und Nummer 2 unpfändbaren Sache kann zugelassen werden, wenn der Gläubiger dem Schuldner vor der Wegnahme der Sache ein Ersatzstück, das dem geschützten Verwendungszweck genügt, oder den zur Beschaffung eines solchen Ersatzstückes erforderlichen Geldbetrag überlässt; ist dem

---

[1)] § 811a Abs. 1 geänd. mWv 1.1.2022 durch G v. 7.5.2021 (BGBl. I S. 850).

Gläubiger die rechtzeitige Ersatzbeschaffung nicht möglich oder nicht zuzumuten, so kann die Pfändung mit der Maßgabe zugelassen werden, dass dem Schuldner der zur Ersatzbeschaffung erforderliche Geldbetrag aus dem Vollstreckungserlös überlassen wird (Austauschpfändung).

(2) [1] Über die Zulässigkeit der Austauschpfändung entscheidet das Vollstreckungsgericht auf Antrag des Gläubigers durch Beschluss. [2] Das Gericht soll die Austauschpfändung nur zulassen, wenn sie nach Lage der Verhältnisse angemessen ist, insbesondere wenn zu erwarten ist, dass der Vollstreckungserlös den Wert des Ersatzstückes erheblich übersteigen werde. [3] Das Gericht setzt den Wert eines vom Gläubiger angebotenen Ersatzstückes oder den zur Ersatzbeschaffung erforderlichen Betrag fest. [4] Bei der Austauschpfändung nach Absatz 1 Halbsatz 1 ist der festgesetzte Betrag dem Gläubiger aus dem Vollstreckungserlös zu erstatten; er gehört zu den Kosten der Zwangsvollstreckung.

(3) Der dem Schuldner überlassene Geldbetrag ist unpfändbar.

(4) Bei der Austauschpfändung nach Absatz 1 Halbsatz 2 ist die Wegnahme der gepfändeten Sache erst nach Rechtskraft des Zulassungsbeschlusses zulässig.

**§ 811b Vorläufige Austauschpfändung.** (1) [1] Ohne vorgängige Entscheidung des Gerichts ist eine vorläufige Austauschpfändung zulässig, wenn eine Zulassung durch das Gericht zu erwarten ist. [2] Der Gerichtsvollzieher soll die Austauschpfändung nur vornehmen, wenn zu erwarten ist, dass der Vollstreckungserlös den Wert des Ersatzstückes erheblich übersteigen wird.

(2) Die Pfändung ist aufzuheben, wenn der Gläubiger nicht binnen einer Frist von zwei Wochen nach Benachrichtigung von der Pfändung einen Antrag nach § 811a Abs. 2 bei dem Vollstreckungsgericht gestellt hat oder wenn ein solcher Antrag rechtskräftig zurückgewiesen ist.

(3) Bei der Benachrichtigung ist dem Gläubiger unter Hinweis auf die Antragsfrist und die Folgen ihrer Versäumung mitzuteilen, dass die Pfändung als Austauschpfändung erfolgt ist.

(4) [1] Die Übergabe des Ersatzstückes oder des zu seiner Beschaffung erforderlichen Geldbetrages an den Schuldner und die Fortsetzung der Zwangsvollstreckung erfolgen erst nach Erlass des Beschlusses gemäß § 811a Abs. 2 auf Anweisung des Gläubigers. [2] § 811a Abs. 4 gilt entsprechend.

**§ 811c[1] Vorwegpfändung.** (1) [1] Ist zu erwarten, dass eine Sache demnächst pfändbar wird, so kann sie gepfändet werden, ist aber im Gewahrsam des Schuldners zu belassen. [2] Die Vollstreckung darf erst fortgesetzt werden, wenn die Sache pfändbar geworden ist.

(2) Die Pfändung ist aufzuheben, wenn die Sache nicht binnen eines Jahres pfändbar geworden ist.

**§ 812[2]** *(aufgehoben)*

**§ 813[3] Schätzung.** (1) [1] Die gepfändeten Sachen sollen bei der Pfändung auf ihren gewöhnlichen Verkaufswert geschätzt werden. [2] Die Schätzung des Wertes von Kostbarkeiten soll einem Sachverständigen übertragen werden. [3] In anderen

---

[1] § 811c aufgeh., bish. § 811d wird § 811c mWv 1.1.2022 durch G v. 7.5.2021 (BGBl. I S. 850).
[2] § 812 aufgeh. mWv 1.1.2022 durch G v. 7.5.2021 (BGBl. I S. 850).
[3] § 813 Abs. 3 neu gef. mWv 1.1.2022 durch G v. 7.5.2021 (BGBl. I S. 850).

Fällen kann das Vollstreckungsgericht auf Antrag des Gläubigers oder des Schuldners die Schätzung durch einen Sachverständigen anordnen.

(2) [1]Ist die Schätzung des Wertes bei der Pfändung nicht möglich, so soll sie unverzüglich nachgeholt und ihr Ergebnis nachträglich in dem Pfändungsprotokoll vermerkt werden. [2]Werden die Akten des Gerichtsvollziehers elektronisch geführt, so ist das Ergebnis der Schätzung in einem gesonderten elektronischen Dokument zu vermerken. [3]Das Dokument ist mit dem Pfändungsprotokoll untrennbar zu verbinden.

(3) Sollen bei Personen, die Landwirtschaft betreiben,

1. Früchte, die vom Boden noch nicht getrennt sind,
2. Sachen nach § 811 Absatz 1 Nummer 1 Buchstabe b,
3. Tiere nach § 811 Absatz 1 Nummer 8 Buchstabe b oder
4. landwirtschaftliche Erzeugnisse

gepfändet werden, so soll ein landwirtschaftlicher Sachverständiger herangezogen werden, sofern anzunehmen ist, dass der Wert dieser Sachen und Tiere insgesamt den Betrag von 2 000 Euro übersteigt.

(4) Die Landesjustizverwaltung kann bestimmen, dass auch in anderen Fällen ein Sachverständiger zugezogen werden soll.

## §§ 813a, 813b[1) 2)] *(aufgehoben)*

**§ 814[3)] Öffentliche Versteigerung.** (1) Die gepfändeten Sachen sind von dem Gerichtsvollzieher öffentlich zu versteigern; Kostbarkeiten sind vor der Versteigerung durch einen Sachverständigen abzuschätzen.[4)]

(2) Eine öffentliche Versteigerung kann nach Wahl des Gerichtsvollziehers

1. als Versteigerung vor Ort oder
2. als allgemein zugängliche Versteigerung im Internet über eine Versteigerungsplattform

erfolgen.

(3) [1]Die Landesregierungen bestimmen für die Versteigerung im Internet nach Absatz 2 Nummer 2 durch Rechtsverordnung

1. den Zeitpunkt, von dem an die Versteigerung zugelassen ist,
2. die Versteigerungsplattform,
3. die Zulassung zur und den Ausschluss von der Teilnahme an der Versteigerung; soweit die Zulassung zur Teilnahme oder der Ausschluss von einer Versteigerung einen Identitätsnachweis natürlicher Personen vorsieht, ist spätestens ab dem 1. Januar 2013 auch die Nutzung des elektronischen Identitätsnachweises (§ 18 des Personalausweisgesetzes, § 12 des eID-Karte-Gesetzes oder § 78 Absatz 5 des Aufenthaltsgesetzes[5)]) zu diesem Zweck zu ermöglichen,
4. Beginn, Ende und Abbruch der Versteigerung,

---

1) §§ 813a und 813b aufgeh. mWv 1.1.2013 durch G v. 29.7.2009 (BGBl. I S. 2258).

2) Beachte hierzu Übergangsvorschrift in § 39 EGZPO (Nr. **101**).

3) § 814 Abs. 2 und 3 angef. mWv 5.8.2009 durch G v. 30.7.2009 (BGBl. I S. 2474); Abs. 3 Satz 1 Nr. 3 geänd. mWv 1.11.2019 durch G v. 21.6.2019 (BGBl. I S. 846).

4) **Amtl. Anm.:** § 814 Halbsatz 2 gemäß Artikel 5 Nr. 1 des Gesetzes vom 20. August 1953 (BGBl. I S. 952) außer Kraft, soweit er sich nicht auf das Verwaltungszwangsverfahren bezieht.

5) **Sartorius Nr. 565.**

5. die Versteigerungsbedingungen und die sonstigen rechtlichen Folgen der Versteigerung einschließlich der Belehrung der Teilnehmer über den Gewährleistungsausschluss nach § 806,
6. die Anonymisierung der Angaben zur Person des Schuldners vor ihrer Veröffentlichung und die Möglichkeit der Anonymisierung der Daten der Bieter,
7. das sonstige zu beachtende besondere Verfahren.

[2] Sie können die Ermächtigung durch Rechtsverordnung auf die Landesjustizverwaltungen übertragen.

**§ 815 Gepfändetes Geld.** (1) Gepfändetes Geld ist dem Gläubiger abzuliefern.

(2) [1] Wird dem Gerichtsvollzieher glaubhaft gemacht, dass an gepfändetem Geld ein die Veräußerung hinderndes Recht eines Dritten bestehe, so ist das Geld zu hinterlegen. [2] Die Zwangsvollstreckung ist fortzusetzen, wenn nicht binnen einer Frist von zwei Wochen seit dem Tag der Pfändung eine Entscheidung des nach § 771 Abs. 1 zuständigen Gerichts über die Einstellung der Zwangsvollstreckung beigebracht wird.

(3) Die Wegnahme des Geldes durch den Gerichtsvollzieher gilt als Zahlung von Seiten des Schuldners, sofern nicht nach Absatz 2 oder nach § 720 die Hinterlegung zu erfolgen hat.

**§ 816[1] Zeit und Ort der Versteigerung.** (1) Die Versteigerung der gepfändeten Sachen darf nicht vor Ablauf einer Woche seit dem Tag der Pfändung geschehen, sofern nicht der Gläubiger und der Schuldner über eine frühere Versteigerung sich einigen oder diese erforderlich ist, um die Gefahr einer beträchtlichen Wertverringerung der zu versteigernden Sache abzuwenden oder um unverhältnismäßige Kosten einer längeren Aufbewahrung zu vermeiden.

(2) Die Versteigerung erfolgt in der Gemeinde, in der die Pfändung geschehen ist, oder an einem anderen Ort im Bezirk des Vollstreckungsgerichts, sofern nicht der Gläubiger und der Schuldner über einen dritten Ort sich einigen.

(3) Zeit und Ort der Versteigerung sind unter allgemeiner Bezeichnung der zu versteigernden Sachen öffentlich bekannt zu machen.

(4) Bei der Versteigerung gilt die Vorschrift des § 1239 Absatz 1 Satz 1 des Bürgerlichen Gesetzbuchs[2] entsprechend; bei der Versteigerung vor Ort ist auch § 1239 Absatz 2 des Bürgerlichen Gesetzbuchs entsprechend anzuwenden.

(5) Die Absätze 2 und 3 gelten nicht bei einer Versteigerung im Internet.

**§ 817[3] Zuschlag und Ablieferung.** (1) [1] Bei der Versteigerung vor Ort soll dem Zuschlag an den Meistbietenden ein dreimaliger Aufruf vorausgehen. [2] Bei einer Versteigerung im Internet ist der Zuschlag der Person erteilt, die am Ende der Versteigerung das höchste, wenigstens das nach § 817a Absatz 1 Satz 1 zu erreichende Mindestgebot abgegeben hat; sie ist von dem Zuschlag zu benachrichtigen. [3] § 156 des Bürgerlichen Gesetzbuchs[2] gilt entsprechend.

(2) Die zugeschlagene Sache darf nur abgeliefert werden, wenn das Kaufgeld gezahlt worden ist oder bei Ablieferung gezahlt wird.

(3) [1] Hat der Meistbietende nicht zu der in den Versteigerungsbedingungen bestimmten Zeit oder in Ermangelung einer solchen Bestimmung nicht vor dem

---

[1] § 816 Abs. 4 neu gef., Abs. 5 angef. mWv 5.8.2009 durch G v. 30.7.2009 (BGBl. I S. 2474).
[2] Nr. **20**.
[3] § 817 Abs. 1 und 2 neu gef. mWv 5.8.2009 durch G v. 30.7.2009 (BGBl. I S. 2474).

Schluss des Versteigerungstermins die Ablieferung gegen Zahlung des Kaufgeldes verlangt, so wird die Sache anderweit versteigert. [2]Der Meistbietende wird zu einem weiteren Gebot nicht zugelassen; er haftet für den Ausfall, auf den Mehrerlös hat er keinen Anspruch.

(4) [1]Wird der Zuschlag dem Gläubiger erteilt, so ist dieser von der Verpflichtung zur baren Zahlung so weit befreit, als der Erlös nach Abzug der Kosten der Zwangsvollstreckung zu seiner Befriedigung zu verwenden ist, sofern nicht dem Schuldner nachgelassen ist, durch Sicherheitsleistung oder durch Hinterlegung die Vollstreckung abzuwenden. [2]Soweit der Gläubiger von der Verpflichtung zur baren Zahlung befreit ist, gilt der Betrag als von dem Schuldner an den Gläubiger gezahlt.

**§ 817a Mindestgebot.** (1) [1]Der Zuschlag darf nur auf ein Gebot erteilt werden, das mindestens die Hälfte des gewöhnlichen Verkaufswertes der Sache erreicht (Mindestgebot). [2]Der gewöhnliche Verkaufswert und das Mindestgebot sollen bei dem Ausbieten bekannt gegeben werden.

(2) [1]Wird der Zuschlag nicht erteilt, weil ein das Mindestgebot erreichendes Gebot nicht abgegeben ist, so bleibt das Pfandrecht des Gläubigers bestehen. [2]Er kann jederzeit die Anberaumung eines neuen Versteigerungstermins oder die Anordnung anderweitiger Verwertung der gepfändeten Sache nach § 825 beantragen. [3]Wird die anderweitige Verwertung angeordnet, so gilt Absatz 1 entsprechend.

(3) [1]Gold- und Silbersachen dürfen auch nicht unter ihrem Gold- oder Silberwert zugeschlagen werden. [2]Wird ein den Zuschlag gestattendes Gebot nicht abgegeben, so kann der Gerichtsvollzieher den Verkauf aus freier Hand zu dem Preise bewirken, der den Gold- oder Silberwert erreicht, jedoch nicht unter der Hälfte des gewöhnlichen Verkaufswertes.

**§ 818 Einstellung der Versteigerung.** Die Versteigerung wird eingestellt, sobald der Erlös zur Befriedigung des Gläubigers und zur Deckung der Kosten der Zwangsvollstreckung hinreicht.

**§ 819 Wirkung des Erlösempfanges.** Die Empfangnahme des Erlöses durch den Gerichtsvollzieher gilt als Zahlung von Seiten des Schuldners, sofern nicht dem Schuldner nachgelassen ist, durch Sicherheitsleistung oder durch Hinterlegung die Vollstreckung abzuwenden.

**§ 820** (weggefallen)

**§ 821 Verwertung von Wertpapieren.** Gepfändete Wertpapiere sind, wenn sie einen Börsen- oder Marktpreis haben, von dem Gerichtsvollzieher aus freier Hand zum Tageskurs zu verkaufen und, wenn sie einen solchen Preis nicht haben, nach den allgemeinen Bestimmungen zu versteigern.

**§ 822 Umschreibung von Namenspapieren.** Lautet ein Wertpapier auf Namen, so kann der Gerichtsvollzieher durch das Vollstreckungsgericht ermächtigt werden, die Umschreibung auf den Namen des Käufers zu erwirken und die hierzu erforderlichen Erklärungen an Stelle des Schuldners abzugeben.

**§ 823 Außer Kurs gesetzte Inhaberpapiere.** Ist ein Inhaberpapier durch Einschreibung auf den Namen oder in anderer Weise außer Kurs gesetzt, so kann der Gerichtsvollzieher durch das Vollstreckungsgericht ermächtigt werden, die Wiederinkurssetzung zu erwirken und die hierzu erforderlichen Erklärungen an Stelle des Schuldners abzugeben.

**§ 824 Verwertung ungetrennter Früchte.** [1] Die Versteigerung gepfändeter, von dem Boden noch nicht getrennter Früchte ist erst nach der Reife zulässig. [2] Sie kann vor oder nach der Trennung der Früchte erfolgen; im letzteren Fall hat der Gerichtsvollzieher die Aberntung bewirken zu lassen.

**§ 825 Andere Verwertungsart.** (1) [1] Auf Antrag des Gläubigers oder des Schuldners kann der Gerichtsvollzieher eine gepfändete Sache in anderer Weise oder an einem anderen Ort verwerten, als in den vorstehenden Paragraphen bestimmt ist. [2] Über die beabsichtigte Verwertung hat der Gerichtsvollzieher den Antragsgegner zu unterrichten. [3] Ohne Zustimmung des Antragsgegners darf er die Sache nicht vor Ablauf von zwei Wochen nach Zustellung der Unterrichtung verwerten.

(2) Die Versteigerung einer gepfändeten Sache durch eine andere Person als den Gerichtsvollzieher kann das Vollstreckungsgericht auf Antrag des Gläubigers oder des Schuldners anordnen.

**§ 826 Anschlusspfändung.** (1) Zur Pfändung bereits gepfändeter Sachen genügt die in das Protokoll aufzunehmende Erklärung des Gerichtsvollziehers, dass er die Sachen für seinen Auftraggeber pfände.

(2) Ist die erste Pfändung durch einen anderen Gerichtsvollzieher bewirkt, so ist diesem eine Abschrift des Protokolls zuzustellen.

(3) Der Schuldner ist von den weiteren Pfändungen in Kenntnis zu setzen.

**§ 827 Verfahren bei mehrfacher Pfändung.** (1) [1] Auf den Gerichtsvollzieher, von dem die erste Pfändung bewirkt ist, geht der Auftrag des zweiten Gläubigers kraft Gesetzes über, sofern nicht das Vollstreckungsgericht auf Antrag eines beteiligten Gläubigers oder des Schuldners anordnet, dass die Verrichtungen jenes Gerichtsvollziehers von einem anderen zu übernehmen seien. [2] Die Versteigerung erfolgt für alle beteiligten Gläubiger.

(2) [1] Ist der Erlös zur Deckung der Forderungen nicht ausreichend und verlangt der Gläubiger, für den die zweite oder eine spätere Pfändung erfolgt ist, ohne Zustimmung der übrigen beteiligten Gläubiger eine andere Verteilung als nach der Reihenfolge der Pfändungen, so hat der Gerichtsvollzieher die Sachlage unter Hinterlegung des Erlöses dem Vollstreckungsgericht anzuzeigen. [2] Dieser Anzeige sind die auf das Verfahren sich beziehenden Dokumente beizufügen.

(3) In gleicher Weise ist zu verfahren, wenn die Pfändung für mehrere Gläubiger gleichzeitig bewirkt ist.

### Untertitel 3. Zwangsvollstreckung in Forderungen und andere Vermögensrechte

**§ 828 Zuständigkeit des Vollstreckungsgerichts.** (1) Die gerichtlichen Handlungen, welche die Zwangsvollstreckung in Forderungen und andere Vermögensrechte zum Gegenstand haben, erfolgen durch das Vollstreckungsgericht.

(2) Als Vollstreckungsgericht ist das Amtsgericht, bei dem der Schuldner im Inland seinen allgemeinen Gerichtsstand hat, und sonst das Amtsgericht zuständig, bei dem nach § 23 gegen den Schuldner Klage erhoben werden kann.

(3) [1] Ist das angegangene Gericht nicht zuständig, gibt es die Sache auf Antrag des Gläubigers an das zuständige Gericht ab. [2] Die Abgabe ist nicht bindend.

**§ 829**[1] **Pfändung einer Geldforderung.** (1) [1] Soll eine Geldforderung gepfändet werden, so hat das Gericht dem Drittschuldner zu verbieten, an den Schuldner zu zahlen. [2] Zugleich hat das Gericht an den Schuldner das Gebot zu erlassen, sich jeder Verfügung über die Forderung, insbesondere ihrer Einziehung, zu enthalten. [3] Die Pfändung mehrerer Geldforderungen gegen verschiedene Drittschuldner soll auf Antrag des Gläubigers durch einheitlichen Beschluss ausgesprochen werden, soweit dies für Zwecke der Vollstreckung geboten erscheint und kein Grund zu der Annahme besteht, dass schutzwürdige Interessen der Drittschuldner entgegenstehen.

(2) [1] Der Gläubiger hat den Beschluss dem Drittschuldner zustellen zu lassen. [2] Der Gerichtsvollzieher hat dem Schuldner den Beschluss mit dem Zustellungsnachweis sofort zuzustellen, sofern nicht eine öffentliche Zustellung erforderlich ist. [3] An Stelle einer an den Schuldner im Ausland zu bewirkenden Zustellung erfolgt die Zustellung durch Aufgabe zur Post, sofern die Zustellung nicht nach unmittelbar anwendbaren Regelungen der Europäischen Union zu bewirken ist.

(3) Mit der Zustellung des Beschlusses an den Drittschuldner ist die Pfändung als bewirkt anzusehen.

(4) [1] Das Bundesministerium der Justiz und für Verbraucherschutz wird ermächtigt, durch Rechtsverordnung[2] mit Zustimmung des Bundesrates Formulare für den Antrag auf Erlass eines Pfändungs- und Überweisungsbeschlusses einzuführen. [2] Soweit nach Satz 1 Formulare eingeführt sind, muss sich der Antragsteller ihrer bedienen. [3] Für Verfahren bei Gerichten, die die Verfahren elektronisch bearbeiten, und für Verfahren bei Gerichten, die die Verfahren nicht elektronisch bearbeiten, können unterschiedliche Formulare eingeführt werden.

**§ 829a**[3] **Vereinfachter Vollstreckungsantrag bei Vollstreckungsbescheiden.** (1) [1] Im Fall eines elektronischen Antrags zur Zwangsvollstreckung aus einem Vollstreckungsbescheid, der einer Vollstreckungsklausel nicht bedarf, ist bei Pfändung und Überweisung einer Geldforderung (§§ 829, 835) die Übermittlung der Ausfertigung des Vollstreckungsbescheides entbehrlich, wenn

1. die sich aus dem Vollstreckungsbescheid ergebende fällige Geldforderung einschließlich titulierter Nebenforderungen und Kosten nicht mehr als 5000 Euro beträgt; Kosten der Zwangsvollstreckung sind bei der Berechnung der Forderungshöhe nur zu berücksichtigen, wenn sie allein Gegenstand des Vollstreckungsantrags sind;
2. die Vorlage anderer Urkunden als der Ausfertigung des Vollstreckungsbescheides nicht vorgeschrieben ist;
3. der Gläubiger eine Abschrift des Vollstreckungsbescheides nebst Zustellungsbescheinigung als elektronisches Dokument dem Antrag beifügt und

[1] § 829 Abs. 4 Satz 1 geänd. mWv 8.9.2015 durch VO v. 31.8.2015 (BGBl. I S. 1474); Abs. 2 Satz 3 neu gef. mWv 26.11.2016 durch G v. 21.11.2016 (BGBl. I S. 2591); Abs. 2 Satz 2 neu gef. mWv 1.1.2022 durch G v. 5.10.2021 (BGBl. I S. 4607); Abs. 2 Satz 3 geänd. mWv 1.7.2022 durch G v. 24.6.2022 (BGBl. I S. 959).

[2] Siehe hierzu die VO über Formulare für die Zwangsvollstreckung (Zwangsvollstreckungsformular-Verordnung – ZVFV) v. 23.8.2012 (BGBl. I S. 1822), geänd. durch VO v. 16.6.2014 (BGBl. I S. 754).

[3] § 829a eingef. mWv 1.1.2013 durch G v. 29.7.2009 (BGBl. I S. 2258); Überschrift, Abs. 1 Satz 1 einl. Satzteil, Nr. 1, 3, 4 und Satz 2 geänd. mWv 1.1.2013 durch G v. 22.12.2011 (BGBl. I S. 3044); Abs. 1 Satz 1 Nr. 3 geänd. mWv 1.7.2014 durch G v. 10.10.2013 (BGBl. I S. 3786); Abs. 1 Satz 1 Nr. 1 geänd. mWv 26.11.2016, Abs. 3 aufgeh. mWv 1.1.2018 durch G v. 21.11.2016 (BGBl. I S. 2591).

4. der Gläubiger versichert, dass ihm eine Ausfertigung des Vollstreckungsbescheides und eine Zustellungsbescheinigung vorliegen und die Forderung in Höhe des Vollstreckungsantrags noch besteht.

[2] Sollen Kosten der Zwangsvollstreckung vollstreckt werden, sind zusätzlich zu den in Satz 1 Nr. 3 genannten Dokumenten eine nachprüfbare Aufstellung der Kosten und entsprechende Belege als elektronisches Dokument dem Antrag beizufügen.

(2) Hat das Gericht an dem Vorliegen einer Ausfertigung des Vollstreckungsbescheides oder der übrigen Vollstreckungsvoraussetzungen Zweifel, teilt es dies dem Gläubiger mit und führt die Zwangsvollstreckung erst durch, nachdem der Gläubiger die Ausfertigung des Vollstreckungsbescheides übermittelt oder die übrigen Vollstreckungsvoraussetzungen nachgewiesen hat.

**§ 830 Pfändung einer Hypothekenforderung.** (1) [1] Zur Pfändung einer Forderung, für die eine Hypothek besteht, ist außer dem Pfändungsbeschluss die Übergabe des Hypothekenbriefes an den Gläubiger erforderlich. [2] Wird die Übergabe im Wege der Zwangsvollstreckung erwirkt, so gilt sie als erfolgt, wenn der Gerichtsvollzieher den Brief zum Zwecke der Ablieferung an den Gläubiger wegnimmt. [3] Ist die Erteilung des Hypothekenbriefes ausgeschlossen, so ist die Eintragung der Pfändung in das Grundbuch erforderlich; die Eintragung erfolgt auf Grund des Pfändungsbeschlusses.

(2) Wird der Pfändungsbeschluss vor der Übergabe des Hypothekenbriefes oder der Eintragung der Pfändung dem Drittschuldner zugestellt, so gilt die Pfändung diesem gegenüber mit der Zustellung als bewirkt.

(3) [1] Diese Vorschriften sind nicht anzuwenden, soweit es sich um die Pfändung der Ansprüche auf die im § 1159 des Bürgerlichen Gesetzbuchs[1)] bezeichneten Leistungen handelt. [2] Das Gleiche gilt bei einer Sicherungshypothek im Falle des § 1187 des Bürgerlichen Gesetzbuchs von der Pfändung der Hauptforderung.

**§ 830a Pfändung einer Schiffshypothekenforderung.** (1) Zur Pfändung einer Forderung, für die eine Schiffshypothek besteht, ist die Eintragung der Pfändung in das Schiffsregister oder in das Schiffsbauregister erforderlich; die Eintragung erfolgt auf Grund des Pfändungsbeschlusses.

(2) Wird der Pfändungsbeschluss vor der Eintragung der Pfändung dem Drittschuldner zugestellt, so gilt die Pfändung diesem gegenüber mit der Zustellung als bewirkt.

(3) [1] Diese Vorschriften sind nicht anzuwenden, soweit es sich um die Pfändung der Ansprüche auf die im § 53 des Gesetzes über Rechte an eingetragenen Schiffen und Schiffsbauwerken vom 15. November 1940 (RGBl. I S. 1499) bezeichneten Leistungen handelt. [2] Das Gleiche gilt, wenn bei einer Schiffshypothek für eine Forderung aus einer Schuldverschreibung auf den Inhaber, aus einem Wechsel oder aus einem anderen durch Indossament übertragbaren Papier die Hauptforderung gepfändet wird.

**§ 831 Pfändung indossabler Papiere.** Die Pfändung von Forderungen aus Wechseln und anderen Papieren, die durch Indossament übertragen werden können, wird dadurch bewirkt, dass der Gerichtsvollzieher diese Papiere in Besitz nimmt.

---

[1)] Nr. **20**.

**§ 832 Pfändungsumfang bei fortlaufenden Bezügen.** Das Pfandrecht, das durch die Pfändung einer Gehaltsforderung oder einer ähnlichen in fortlaufenden Bezügen bestehenden Forderung erworben wird, erstreckt sich auch auf die nach der Pfändung fällig werdenden Beträge.

**§ 833 Pfändungsumfang bei Arbeits- und Diensteinkommen.** (1) [1]Durch die Pfändung eines Diensteinkommens wird auch das Einkommen betroffen, das der Schuldner infolge der Versetzung in ein anderes Amt, der Übertragung eines neuen Amtes oder einer Gehaltserhöhung zu beziehen hat. [2]Diese Vorschrift ist auf den Fall der Änderung des Dienstherrn nicht anzuwenden.

(2) Endet das Arbeits- oder Dienstverhältnis und begründen Schuldner und Drittschuldner innerhalb von neun Monaten ein solches neu, so erstreckt sich die Pfändung auf die Forderung aus dem neuen Arbeits- oder Dienstverhältnis.

**§ 833a[1] Pfändungsumfang bei Kontoguthaben.** Die Pfändung des Guthabens eines Kontos bei einem Kreditinstitut umfasst das am Tag der Zustellung des Pfändungsbeschlusses bei dem Kreditinstitut bestehende Guthaben sowie die Tagesguthaben der auf die Pfändung folgenden Tage.

**§ 834 Keine Anhörung des Schuldners.** Vor der Pfändung ist der Schuldner über das Pfändungsgesuch nicht zu hören.

**§ 835[2] Überweisung einer Geldforderung.** (1) Die gepfändete Geldforderung ist dem Gläubiger nach seiner Wahl zur Einziehung oder an Zahlungs statt zum Nennwert zu überweisen.

(2) Im letzteren Fall geht die Forderung auf den Gläubiger mit der Wirkung über, dass er, soweit die Forderung besteht, wegen seiner Forderung an den Schuldner als befriedigt anzusehen ist.

(3) [1]Die Vorschriften des § 829 Abs. 2, 3 sind auf die Überweisung entsprechend anzuwenden. [2]Wird ein bei einem Kreditinstitut gepfändetes Guthaben eines Schuldners, der eine natürliche Person ist, dem Gläubiger überwiesen, so darf erst einen Monat nach der Zustellung des Überweisungsbeschlusses an den Drittschuldner aus dem Guthaben an den Gläubiger geleistet oder der Betrag hinterlegt werden; ist künftiges Guthaben gepfändet worden, ordnet das Vollstreckungsgericht auf Antrag zusätzlich an, dass erst einen Monat nach der Gutschrift von eingehenden Zahlungen an den Gläubiger geleistet oder der Betrag hinterlegt werden darf.

(4) Wenn nicht wiederkehrend zahlbare Vergütungen eines Schuldners, der eine natürliche Person ist, für persönlich geleistete Arbeiten oder Dienste oder sonstige Einkünfte, die kein Arbeitseinkommen sind, dem Gläubiger überwiesen werden, so darf der Drittschuldner erst einen Monat nach der Zustellung des Überweisungsbeschlusses an den Gläubiger leisten oder den Betrag hinterlegen.

---

[1] § 833a eingef. mWv 1.7.2010, Überschrift neu gef. und Abs. 2 aufgeh. mWv 1.1.2012 durch G v. 7.7.2009 (BGBl. I S. 1707).

[2] § 835 Abs. 3 Satz 2 neu gef., Abs. 4 angef. mWv 1.7.2010 durch G v. 7.7.2009 (BGBl. I S. 1707); Abs. 4 eingef., bish. Abs. 4 wird Abs. 5 mWv 16.4.2011 durch G v. 12.4.2011 (BGBl. I S. 615); Abs. 3 Satz 2 geänd., Abs. 4 aufgeh., bish. Abs. 5 wird Abs. 4 und geänd. mWv 1.12.2021 durch G v. 22.11.2020 (BGBl. I S. 2466).

**§ 836**[1) 2)] **Wirkung der Überweisung.** (1) Die Überweisung ersetzt die förmlichen Erklärungen des Schuldners, von denen nach den Vorschriften des bürgerlichen Rechts die Berechtigung zur Einziehung der Forderung abhängig ist.

(2) Der Überweisungsbeschluss gilt, auch wenn er mit Unrecht erlassen ist, zugunsten des Drittschuldners dem Schuldner gegenüber so lange als rechtsbeständig, bis er aufgehoben wird und die Aufhebung zur Kenntnis des Drittschuldners gelangt.

(3) [1] Der Schuldner ist verpflichtet, dem Gläubiger die zur Geltendmachung der Forderung nötige Auskunft zu erteilen und ihm die über die Forderung vorhandenen Urkunden herauszugeben. [2] Erteilt der Schuldner die Auskunft nicht, so ist er auf Antrag des Gläubigers verpflichtet, sie zu Protokoll zu geben und seine Angaben an Eides statt zu versichern. [3] Der gemäß § 802e zuständige Gerichtsvollzieher lädt den Schuldner zur Abgabe der Auskunft und eidesstattlichen Versicherung. [4] Die Vorschriften des § 802f Abs. 4 und der §§ 802g bis 802i, 802j Abs. 1 und 2 gelten entsprechend. [5] Die Herausgabe der Urkunden kann von dem Gläubiger im Wege der Zwangsvollstreckung erwirkt werden.

**§ 837 Überweisung einer Hypothekenforderung.** (1) [1] Zur Überweisung einer gepfändeten Forderung, für die eine Hypothek besteht, genügt die Aushändigung des Überweisungsbeschlusses an den Gläubiger. [2] Ist die Erteilung des Hypothekenbriefes ausgeschlossen, so ist zur Überweisung an Zahlungs statt die Eintragung der Überweisung in das Grundbuch erforderlich; die Eintragung erfolgt auf Grund des Überweisungsbeschlusses.

(2) [1] Diese Vorschriften sind nicht anzuwenden, soweit es sich um die Überweisung der Ansprüche auf die im § 1159 des Bürgerlichen Gesetzbuchs[3)] bezeichneten Leistungen handelt. [2] Das Gleiche gilt bei einer Sicherungshypothek im Falle des § 1187 des Bürgerlichen Gesetzbuchs von der Überweisung der Hauptforderung.

(3) Bei einer Sicherungshypothek der im § 1190 des Bürgerlichen Gesetzbuchs bezeichneten Art kann die Hauptforderung nach den allgemeinen Vorschriften gepfändet und überwiesen werden, wenn der Gläubiger die Überweisung der Forderung ohne die Hypothek an Zahlungs statt beantragt.

**§ 837a Überweisung einer Schiffshypothekenforderung.** (1) [1] Zur Überweisung einer gepfändeten Forderung, für die eine Schiffshypothek besteht, genügt, wenn die Forderung zur Einziehung überwiesen wird, die Aushändigung des Überweisungsbeschlusses an den Gläubiger. [2] Zur Überweisung an Zahlungs statt ist die Eintragung der Überweisung in das Schiffsregister oder in das Schiffsbauregister erforderlich; die Eintragung erfolgt auf Grund des Überweisungsbeschlusses.

(2) [1] Diese Vorschriften sind nicht anzuwenden, soweit es sich um die Überweisung der Ansprüche auf die im § 53 des Gesetzes über Rechte an eingetragenen Schiffen und Schiffsbauwerken vom 15. November 1940 (RGBl. I S. 1499) bezeichneten Leistungen handelt. [2] Das Gleiche gilt, wenn bei einer Schiffshypothek für eine Forderung aus einer Schuldverschreibung auf den Inhaber, aus einem

---

1) § 836 Abs. 3 Sätze 3 und 4 eingef., bish. Satz 4 wird Satz 5 mWv 1.1.2013 durch G v. 29.7.2009 (BGBl. I S. 2258).
2) Beachte hierzu Übergangsvorschrift in § 39 EGZPO (Nr. **101**).
3) Nr. **20**.

Wechsel oder aus einem anderen durch Indossament übertragbaren Papier die Hauptforderung überwiesen wird.

(3) Bei einer Schiffshypothek für einen Höchstbetrag (§ 75 des im Absatz 2 genannten Gesetzes) gilt § 837 Abs. 3 entsprechend.

**§ 838 Einrede des Schuldners bei Faustpfand.** Wird eine durch ein Pfandrecht an einer beweglichen Sache gesicherte Forderung überwiesen, so kann der Schuldner die Herausgabe des Pfandes an den Gläubiger verweigern, bis ihm Sicherheit für die Haftung geleistet wird, die für ihn aus einer Verletzung der dem Gläubiger dem Verpfänder gegenüber obliegenden Verpflichtungen entstehen kann.

**§ 839 Überweisung bei Abwendungsbefugnis.** Darf der Schuldner nach § 711 Satz 1, § 712 Abs. 1 Satz 1 die Vollstreckung durch Sicherheitsleistung oder Hinterlegung abwenden, so findet die Überweisung gepfändeter Geldforderungen nur zur Einziehung und nur mit der Wirkung statt, dass der Drittschuldner den Schuldbetrag zu hinterlegen hat.

**§ 840[1] Erklärungspflicht des Drittschuldners.** (1) Auf Verlangen des Gläubigers hat der Drittschuldner binnen zwei Wochen, von der Zustellung des Pfändungsbeschlusses an gerechnet, dem Gläubiger zu erklären:

1. ob und inwieweit er die Forderung als begründet anerkenne und Zahlung zu leisten bereit sei;
2. ob und welche Ansprüche andere Personen an die Forderung machen;
3. ob und wegen welcher Ansprüche die Forderung bereits für andere Gläubiger gepfändet sei;
4. ob innerhalb der letzten zwölf Monate im Hinblick auf das Konto, dessen Guthaben gepfändet worden ist, nach § 907 die Unpfändbarkeit des Guthabens festgesetzt worden ist, und
5. ob es sich bei dem Konto, dessen Guthaben gepfändet worden ist, um ein Pfändungsschutzkonto im Sinne des § 850k oder ein Gemeinschaftskonto im Sinne des § 850l handelt; bei einem Gemeinschaftskonto ist zugleich anzugeben, ob der Schuldner nur gemeinsam mit einer oder mehreren anderen Personen verfügungsbefugt ist.

(2) [1]Die Aufforderung zur Abgabe dieser Erklärungen muss in die Zustellungsurkunde aufgenommen werden; bei Zustellungen nach § 193a muss die Aufforderung als elektronisches Dokument zusammen mit dem Pfändungsbeschluss übermittelt werden. [2]Der Drittschuldner haftet dem Gläubiger für den aus der Nichterfüllung seiner Verpflichtung entstehenden Schaden.

(3) [1]Die Erklärungen des Drittschuldners können innerhalb der in Absatz 1 bestimmten Frist auch gegenüber dem Gerichtsvollzieher abgegeben werden. [2]Werden die Erklärungen bei einer Zustellung des Pfändungsbeschlusses nach § 193 abgegeben, so sind sie in die Zustellungsurkunde aufzunehmen und von dem Drittschuldner zu unterschreiben.

**§ 841 Pflicht zur Streitverkündung.** Der Gläubiger, der die Forderung einklagt, ist verpflichtet, dem Schuldner gerichtlich den Streit zu verkünden, sofern

[1] § 840 Abs. 1 Nr. 3 geänd., Nr. 4 und 5 angef. mWv 1.7.2010, Nr. 4 geänd. mWv 1.1.2012 durch G v. 7.7.2009 (BGBl. I S. 1707); Abs. 1 Nr. 4 geänd., Nr. 5 neu gef. mWv 1.12.2021 durch G v. 22.11.2020 (BGBl. I S. 2466); Abs. 2 Satz 1, Abs. 3 neu gef. mWv 1.1.2022 durch G v. 5.10.2021 (BGBl. I S. 4607).

nicht eine Zustellung im Ausland oder eine öffentliche Zustellung erforderlich wird.

**§ 842 Schadenersatz bei verzögerter Beitreibung.** Der Gläubiger, der die Beitreibung einer ihm zur Einziehung überwiesenen Forderung verzögert, haftet dem Schuldner für den daraus entstehenden Schaden.

**§ 843 Verzicht des Pfandgläubigers.** [1]Der Gläubiger kann auf die durch Pfändung und Überweisung zur Einziehung erworbenen Rechte unbeschadet seines Anspruchs verzichten. [2]Die Verzichtleistung erfolgt durch eine dem Schuldner zuzustellende Erklärung. [3]Die Erklärung ist auch dem Drittschuldner zuzustellen.

**§ 844 Andere Verwertungsart.** (1) Ist die gepfändete Forderung bedingt oder betagt oder ist ihre Einziehung wegen der Abhängigkeit von einer Gegenleistung oder aus anderen Gründen mit Schwierigkeiten verbunden, so kann das Gericht auf Antrag an Stelle der Überweisung eine andere Art der Verwertung anordnen.

(2) Vor dem Beschluss, durch welchen dem Antrag stattgegeben wird, ist der Gegner zu hören, sofern nicht eine Zustellung im Ausland oder eine öffentliche Zustellung erforderlich wird.

**§ 845[1) 2)] Vorpfändung.** (1) [1]Schon vor der Pfändung kann der Gläubiger auf Grund eines vollstreckbaren Schuldtitels durch den Gerichtsvollzieher dem Drittschuldner und dem Schuldner die Benachrichtigung, dass die Pfändung bevorstehe, zustellen lassen mit der Aufforderung an den Drittschuldner, nicht an den Schuldner zu zahlen, und mit der Aufforderung an den Schuldner, sich jeder Verfügung über die Forderung, insbesondere ihrer Einziehung, zu enthalten. [2]Der Gerichtsvollzieher hat die Benachrichtigung mit den Aufforderungen selbst anzufertigen, wenn er von dem Gläubiger hierzu ausdrücklich beauftragt worden ist. [3]An Stelle einer an den Schuldner im Ausland zu bewirkenden Zustellung erfolgt die Zustellung durch Aufgabe zur Post, sofern die Zustellung nicht nach unmittelbar anwendbaren Regelungen der Europäischen Union zu bewirken ist.

(2) [1]Die Benachrichtigung an den Drittschuldner hat die Wirkung eines Arrestes (§ 930), sofern die Pfändung der Forderung innerhalb eines Monats bewirkt wird. [2]Die Frist beginnt mit dem Tag, an dem die Benachrichtigung zugestellt ist.

**§ 846 Zwangsvollstreckung in Herausgabeansprüche.** Die Zwangsvollstreckung in Ansprüche, welche die Herausgabe oder Leistung körperlicher Sachen zum Gegenstand haben, erfolgt nach den §§ 829 bis 845 unter Berücksichtigung der nachstehenden Vorschriften.

**§ 847 Herausgabeanspruch auf eine bewegliche Sache.** (1) Bei der Pfändung eines Anspruchs, der eine bewegliche körperliche Sache betrifft, ist anzuordnen, dass die Sache an einen vom Gläubiger zu beauftragenden Gerichtsvollzieher herauszugeben sei.

(2) Auf die Verwertung der Sache sind die Vorschriften über die Verwertung gepfändeter Sachen anzuwenden.

---

1) § 845 Abs. 1 Satz 4 angef. mWv 31.12.2006 durch G v. 22.12.2006 (BGBl. I S. 3416); Abs. 1 Satz 3 aufgeh., bish. Satz 4 wird Satz 3 mWv 1.1.2013 durch G v. 29.7.2009 (BGBl. I S. 2258); Abs. 1 Satz 3 neu gef. mWv 26.11.2016 durch G v. 21.11.2016 (BGBl. I S. 2591); Abs. 1 Satz 3 geänd. mWv 1.7.2022 durch G v. 24.6.2022 (BGBl. I S. 959).

2) Beachte hierzu Übergangsvorschrift in § 39 EGZPO (Nr. **101**).

**§ 847a Herausgabeanspruch auf ein Schiff.** (1) Bei der Pfändung eines Anspruchs, der ein eingetragenes Schiff betrifft, ist anzuordnen, dass das Schiff an einen vom Vollstreckungsgericht zu bestellenden Treuhänder herauszugeben ist.

(2) [1] Ist der Anspruch auf Übertragung des Eigentums gerichtet, so vertritt der Treuhänder den Schuldner bei der Übertragung des Eigentums. [2] Mit dem Übergang des Eigentums auf den Schuldner erlangt der Gläubiger eine Schiffshypothek für seine Forderung. [3] Der Treuhänder hat die Eintragung der Schiffshypothek in das Schiffsregister zu bewilligen.

(3) Die Zwangsvollstreckung in das Schiff wird nach den für die Zwangsvollstreckung in unbewegliche Sachen geltenden Vorschriften bewirkt.

(4) Die vorstehenden Vorschriften gelten entsprechend, wenn der Anspruch ein Schiffsbauwerk betrifft, das im Schiffsbauregister eingetragen ist oder in dieses Register eingetragen werden kann.

**§ 848 Herausgabeanspruch auf eine unbewegliche Sache.** (1) Bei Pfändung eines Anspruchs, der eine unbewegliche Sache betrifft, ist anzuordnen, dass die Sache an einen auf Antrag des Gläubigers vom Amtsgericht der belegenen Sache zu bestellenden Sequester herauszugeben sei.

(2) [1] Ist der Anspruch auf Übertragung des Eigentums gerichtet, so hat die Auflassung an den Sequester als Vertreter des Schuldners zu erfolgen. [2] Mit dem Übergang des Eigentums auf den Schuldner erlangt der Gläubiger eine Sicherungshypothek für seine Forderung. [3] Der Sequester hat die Eintragung der Sicherungshypothek zu bewilligen.

(3) Die Zwangsvollstreckung in die herausgegebene Sache wird nach den für die Zwangsvollstreckung in unbewegliche Sachen geltenden Vorschriften bewirkt.

**§ 849 Keine Überweisung an Zahlungs statt.** Eine Überweisung der im § 846 bezeichneten Ansprüche an Zahlungs statt ist unzulässig.

**§ 850 Pfändungsschutz für Arbeitseinkommen.** (1) Arbeitseinkommen, das in Geld zahlbar ist, kann nur nach Maßgabe der §§ 850a bis 850i gepfändet werden.

(2) Arbeitseinkommen im Sinne dieser Vorschrift sind die Dienst- und Versorgungsbezüge der Beamten, Arbeits- und Dienstlöhne, Ruhegelder und ähnliche nach dem einstweiligen oder dauernden Ausscheiden aus dem Dienst- oder Arbeitsverhältnis gewährte fortlaufende Einkünfte, ferner Hinterbliebenenbezüge sowie sonstige Vergütungen für Dienstleistungen aller Art, die die Erwerbstätigkeit des Schuldners vollständig oder zu einem wesentlichen Teil in Anspruch nehmen.

(3) Arbeitseinkommen sind auch die folgenden Bezüge, soweit sie in Geld zahlbar sind:

a) Bezüge, die ein Arbeitnehmer zum Ausgleich für Wettbewerbsbeschränkungen für die Zeit nach Beendigung seines Dienstverhältnisses beanspruchen kann;

b) Renten, die auf Grund von Versicherungsverträgen gewährt werden, wenn diese Verträge zur Versorgung des Versicherungsnehmers oder seiner unterhaltsberechtigten Angehörigen eingegangen sind.

(4) Die Pfändung des in Geld zahlbaren Arbeitseinkommens erfasst alle Vergütungen, die dem Schuldner aus der Arbeits- oder Dienstleistung zustehen, ohne Rücksicht auf ihre Benennung oder Berechnungsart.

**§ 850a[1)] Unpfändbare Bezüge.** Unpfändbar sind

1. zur Hälfte die für die Leistung von Mehrarbeitsstunden gezahlten Teile des Arbeitseinkommens;
2. die für die Dauer eines Urlaubs über das Arbeitseinkommen hinaus gewährten Bezüge, Zuwendungen aus Anlass eines besonderen Betriebsereignisses und Treugelder, soweit sie den Rahmen des Üblichen nicht übersteigen;
3. Aufwandsentschädigungen, Auslösungsgelder und sonstige soziale Zulagen für auswärtige Beschäftigungen, das Entgelt für selbstgestelltes Arbeitsmaterial, Gefahrenzulagen sowie Schmutz- und Erschwerniszulagen, soweit diese Bezüge den Rahmen des Üblichen nicht übersteigen;
4. Weihnachtsvergütungen bis zu der Hälfte des Betrages, dessen Höhe sich nach Aufrundung des monatlichen Freibetrages nach § 850c Absatz 1 in Verbindung mit Absatz 4 auf den nächsten vollen 10-Euro-Betrag ergibt;
5. Geburtsbeihilfen sowie Beihilfen aus Anlass der Eingehung einer Ehe oder Begründung einer Lebenspartnerschaft, sofern die Vollstreckung wegen anderer als der aus Anlass der Geburt, der Eingehung einer Ehe oder der Begründung einer Lebenspartnerschaft entstandenen Ansprüche betrieben wird;
6. Erziehungsgelder, Studienbeihilfen und ähnliche Bezüge;
7. Sterbe- und Gnadenbezüge aus Arbeits- oder Dienstverhältnissen;
8. Blindenzulagen.

**§ 850b[2)] Bedingt pfändbare Bezüge.** (1) Unpfändbar sind ferner

1. Renten, die wegen einer Verletzung des Körpers oder der Gesundheit zu entrichten sind;
2. Unterhaltsrenten, die auf gesetzlicher Vorschrift beruhen, sowie die wegen Entziehung einer solchen Forderung zu entrichtenden Renten;
3. fortlaufende Einkünfte, die ein Schuldner aus Stiftungen oder sonst auf Grund der Fürsorge und Freigebigkeit eines Dritten oder auf Grund eines Altenteils oder Auszugsvertrags bezieht;
4. Bezüge aus Witwen-, Waisen-, Hilfs- und Krankenkassen, die ausschließlich oder zu einem wesentlichen Teil zu Unterstützungszwecken gewährt werden, ferner Ansprüche aus Lebensversicherungen, die nur auf den Todesfall des Versicherungsnehmers abgeschlossen sind, wenn die Versicherungssumme 5400 Euro nicht übersteigt.

(2) Diese Bezüge können nach den für Arbeitseinkommen geltenden Vorschriften gepfändet werden, wenn die Vollstreckung in das sonstige bewegliche Vermögen des Schuldners zu einer vollständigen Befriedigung des Gläubigers nicht geführt hat oder voraussichtlich nicht führen wird und wenn nach den Umständen des Falles, insbesondere nach der Art des beizutreibenden Anspruchs und der Höhe der Bezüge, die Pfändung der Billigkeit entspricht.

(3) Das Vollstreckungsgericht soll vor seiner Entscheidung die Beteiligten hören.

---

[1)] § 850a Nr. 5 geänd. mWv 26.11.2015 durch G v. 20.11.2015 (BGBl. I S. 2010); Nr. 4 neu gef. mWv 1.1.2022 durch G v. 7.5.2021 (BGBl. I S. 850).

[2)] § 850b Abs. 1 Nr. 4 geänd. mWv 1.1.2022 durch G v. 7.5.2021 (BGBl. I S. 850).

**§ 850c**[1)] **Pfändungsgrenzen für Arbeitseinkommen.** (1) Arbeitseinkommen ist unpfändbar, wenn es, je nach dem Zeitraum, für den es gezahlt wird, nicht mehr als

1. *1178,59 Euro* monatlich,
2. *271,24 Euro* wöchentlich oder
3. *54,25 Euro* täglich

beträgt.[2)]

(2) [1] Gewährt der Schuldner auf Grund einer gesetzlichen Verpflichtung seinem Ehegatten, einem früheren Ehegatten, seinem Lebenspartner, einem früheren Lebenspartner, einem Verwandten oder nach den §§ 1615l und 1615n des Bürgerlichen Gesetzbuchs[3)] einem Elternteil Unterhalt, so erhöht sich der Betrag nach Absatz 1 für die erste Person, der Unterhalt gewährt wird, und zwar um

1. *443,57 Euro* monatlich,
2. *102,08 Euro* wöchentlich oder
3. *20,42 Euro* täglich.

[2] Für die zweite bis fünfte Person, der Unterhalt gewährt wird, erhöht sich der Betrag nach Absatz 1 um je

1. *247,12 Euro* monatlich,
2. *56,87 Euro* wöchentlich oder
3. *11,37 Euro* täglich.[2)]

(3) [1] Übersteigt das Arbeitseinkommen den Betrag nach Absatz 1, so ist es hinsichtlich des überschießenden Teils in Höhe von drei Zehnteln unpfändbar. [2] Gewährt der Schuldner nach Absatz 2 Unterhalt, so sind für die erste Person weitere zwei Zehntel und für die zweite bis fünfte Person jeweils ein weiteres Zehntel unpfändbar. [3] Der Teil des Arbeitseinkommens, der

1. *3613,08 Euro* monatlich,
2. *831,50 Euro* wöchentlich oder
3. *166,30 Euro* täglich[4)]

übersteigt, bleibt bei der Berechnung des unpfändbaren Betrages unberücksichtigt.

(4) [1] Das Bundesministerium der Justiz und für Verbraucherschutz macht im Bundesgesetzblatt Folgendes bekannt (Pfändungsfreigrenzenbekanntmachung)[5)]:

---

[1)] § 850c Abs. 1–3 neu gef., Abs. 4 und 5 eingef., bish. Abs. 4 wird Abs. 6 und geänd. mWv 8.5.2021 durch G v. 22.11.2020 (BGBl. I S. 2466, geänd. durch G v. 7.5.2021, BGBl. I S. 850).

[2)] Ab 1.7.2023 geltende Beträge gem. Abs. 4 Satz 1 iVm der Pfändungsfreigrenzenbek. 2023 v. 15.3. 2023 (BGBl. 2023 I Nr. 79, auszugsweise wiedergegeben als nichtamtlicher Anhang zur ZPO):

| unpfändbar gem. Abs. 1: | Erhöhungsbetrag für die 1. Person gem. Abs. 2 Satz 1: | Erhöhungsbetrag für die 2.–5. Person gem. Abs. 2 Satz 2: | |
|---|---|---|---|
| 1 402,28 Euro | 527,76 Euro | 294,02 Euro | monatlich |
| 322,72 Euro | 121,46 Euro | 67,67 Euro | wöchentlich |
| 64,54 Euro | 24,29 Euro | 13,54 Euro | täglich |

[3)] Nr. **20**.

[4)] Ab 1.7.2023: **4298,81 Euro** monatlich, **989,31 Euro** wöchentlich, **197,87 Euro** täglich gem. Abs. 4 Satz 1 iVm der Pfändungsfreigrenzenbek. 2023 v. 15.3.2023 (BGBl. 2023 I Nr. 79, auszugsweise wiedergegeben als nichtamtlicher Anhang zur ZPO).

[5)] Siehe die Pfändungsfreigrenzenbek. 2023 v. 15.3.2023 (BGBl. 2023 I Nr. 79), auszugsweise wiedergegeben als nichtamtlicher Anhang zur ZPO.

1. die Höhe des unpfändbaren Arbeitseinkommens nach Absatz 1,
2. die Höhe der Erhöhungsbeträge nach Absatz 2,
3. die Höhe der in Absatz 3 Satz 3 genannten Höchstbeträge.

[2]Die Beträge werden jeweils zum 1. Juli eines Jahres entsprechend der im Vergleich zum jeweiligen Vorjahreszeitraum sich ergebenden prozentualen Entwicklung des Grundfreibetrages nach § 32a Absatz 1 Satz 2 Nummer 1 des Einkommensteuergesetzes angepasst; der Berechnung ist die am 1. Januar des jeweiligen Jahres geltende Fassung des § 32a Absatz 1 Satz 2 Nummer 1 des Einkommensteuergesetzes zugrunde zu legen.

(5) [1]Um den nach Absatz 3 pfändbaren Teil des Arbeitseinkommens zu berechnen, ist das Arbeitseinkommen, gegebenenfalls nach Abzug des nach Absatz 3 Satz 3 pfändbaren Betrages, auf eine Zahl abzurunden, die bei einer Auszahlung für

1. Monate bei einer Teilung durch 10 eine natürliche Zahl ergibt,
2. Wochen bei einer Teilung durch 2,5 eine natürliche Zahl ergibt,
3. Tage bei einer Teilung durch 0,5 eine natürliche Zahl ergibt.

[2]Die sich aus der Berechnung nach Satz 1 ergebenden Beträge sind in der Pfändungsfreigrenzenbekanntmachung als Tabelle enthalten. [3]Im Pfändungsbeschluss genügt die Bezugnahme auf die Tabelle.

(6) Hat eine Person, welcher der Schuldner auf Grund gesetzlicher Verpflichtung Unterhalt gewährt, eigene Einkünfte, so kann das Vollstreckungsgericht auf Antrag des Gläubigers nach billigem Ermessen bestimmen, dass diese Person bei der Berechnung des unpfändbaren Teils des Arbeitseinkommens ganz oder teilweise unberücksichtigt bleibt; soll die Person nur teilweise berücksichtigt werden, so ist Absatz 5 Satz 3 nicht anzuwenden.

**§ 850d[1)] Pfändbarkeit bei Unterhaltsansprüchen.** (1) [1]Wegen der Unterhaltsansprüche, die kraft Gesetzes einem Verwandten, dem Ehegatten, einem früheren Ehegatten, dem Lebenspartner, einem früheren Lebenspartner oder nach §§ 1615l, 1615n des Bürgerlichen Gesetzbuchs[2)] einem Elternteil zustehen, sind das Arbeitseinkommen und die in § 850a Nr. 1, 2 und 4 genannten Bezüge ohne die in § 850c bezeichneten Beschränkungen pfändbar. [2]Dem Schuldner ist jedoch so viel zu belassen, als er für seinen notwendigen Unterhalt und zur Erfüllung seiner laufenden gesetzlichen Unterhaltspflichten gegenüber den dem Gläubiger vorgehenden Berechtigten oder zur gleichmäßigen Befriedigung der dem Gläubiger gleichstehenden Berechtigten bedarf; von den in § 850a Nr. 1, 2 und 4 genannten Bezügen hat ihm mindestens die Hälfte des nach § 850a unpfändbaren Betrages zu verbleiben. [3]Der dem Schuldner hiernach verbleibende Teil seines Arbeitseinkommens darf den Betrag nicht übersteigen, der ihm nach den Vorschriften des § 850c gegenüber nicht bevorrechtigten Gläubigern zu verbleiben hätte. [4]Für die Pfändung wegen der Rückstände, die länger als ein Jahr vor dem Antrag auf Erlass des Pfändungsbeschlusses fällig geworden sind, gelten die Vorschriften dieses Absatzes insoweit nicht, als nach Lage der Verhältnisse nicht anzunehmen ist, dass der Schuldner sich seiner Zahlungspflicht absichtlich entzogen hat.

---

[1)] § 850d Abs. 2 neu gef. mWv 1.1.2008 durch G v. 21.12.2007 (BGBl. I S. 3189).
[2)] Nr. **20**.

(2) Mehrere nach Absatz 1 Berechtigte sind mit ihren Ansprüchen in der Reihenfolge nach § 1609 des Bürgerlichen Gesetzbuchs und § 16 des Lebenspartnerschaftsgesetzes[1)] zu berücksichtigen, wobei mehrere gleich nahe Berechtigte untereinander den gleichen Rang haben.

(3) Bei der Vollstreckung wegen der in Absatz 1 bezeichneten Ansprüche sowie wegen der aus Anlass einer Verletzung des Körpers oder der Gesundheit zu zahlenden Renten kann zugleich mit der Pfändung wegen fälliger Ansprüche auch künftig fällig werdendes Arbeitseinkommen wegen der dann jeweils fällig werdenden Ansprüche gepfändet und überwiesen werden.

**§ 850e Berechnung des pfändbaren Arbeitseinkommens.** Für die Berechnung des pfändbaren Arbeitseinkommens gilt Folgendes:

1. [1] Nicht mitzurechnen sind die nach § 850a der Pfändung entzogenen Bezüge, ferner Beträge, die unmittelbar auf Grund steuerrechtlicher oder sozialrechtlicher Vorschriften zur Erfüllung gesetzlicher Verpflichtungen des Schuldners abzuführen sind. [2] Diesen Beträgen stehen gleich die auf den Auszahlungszeitraum entfallenden Beträge, die der Schuldner
   a) nach den Vorschriften der Sozialversicherungsgesetze zur Weiterversicherung entrichtet oder
   b) an eine Ersatzkasse oder an ein Unternehmen der privaten Krankenversicherung leistet, soweit sie den Rahmen des Üblichen nicht übersteigen.
2. [1] Mehrere Arbeitseinkommen sind auf Antrag vom Vollstreckungsgericht bei der Pfändung zusammenzurechnen. [2] Der unpfändbare Grundbetrag ist in erster Linie dem Arbeitseinkommen zu entnehmen, das die wesentliche Grundlage der Lebenshaltung des Schuldners bildet.

2a. [1] Mit Arbeitseinkommen sind auf Antrag auch Ansprüche auf laufende Geldleistungen nach dem Sozialgesetzbuch zusammenzurechnen, soweit diese der Pfändung unterworfen sind. [2] Der unpfändbare Grundbetrag ist, soweit die Pfändung nicht wegen gesetzlicher Unterhaltsansprüche erfolgt, in erster Linie den laufenden Geldleistungen nach dem Sozialgesetzbuch zu entnehmen. [3] Ansprüche auf Geldleistungen für Kinder dürfen mit Arbeitseinkommen nur zusammengerechnet werden, soweit sie nach § 76 des Einkommensteuergesetzes oder nach § 54 Abs. 5 des Ersten Buches Sozialgesetzbuch[2)] gepfändet werden können.

3. [1] Erhält der Schuldner neben seinem in Geld zahlbaren Einkommen auch Naturalleistungen, so sind Geld- und Naturalleistungen zusammenzurechnen. [2] In diesem Fall ist der in Geld zahlbare Betrag insoweit pfändbar, als der nach § 850c unpfändbare Teil des Gesamteinkommens durch den Wert der dem Schuldner verbleibenden Naturalleistungen gedeckt ist.
4. [1] Trifft eine Pfändung, eine Abtretung oder eine sonstige Verfügung wegen eines der in § 850d bezeichneten Ansprüche mit einer Pfändung wegen eines sonstigen Anspruchs zusammen, so sind auf die Unterhaltsansprüche zunächst die gemäß § 850d der Pfändung in erweitertem Umfang unterliegenden Teile des Arbeitseinkommens zu verrechnen. [2] Die Verrechnung nimmt auf Antrag eines Beteiligten das Vollstreckungsgericht vor. [3] Der Drittschuldner kann,

---

[1)] **Habersack, Deutsche Gesetze ErgBd. Nr. 43.**
[2)] **Sartorius ErgBd. Nr. 401.**

**§ 850k[1)] Einrichtung und Beendigung des Pfändungsschutzkontos.**

(1) [1] Eine natürliche Person kann jederzeit von dem Kreditinstitut verlangen, dass ein von ihr dort geführtes Zahlungskonto als Pfändungsschutzkonto geführt wird. [2] Satz 1 gilt auch, wenn das Zahlungskonto zum Zeitpunkt des Verlangens einen negativen Saldo aufweist. [3] Ein Pfändungsschutzkonto darf jedoch ausschließlich auf Guthabenbasis geführt werden.

(2) [1] Ist Guthaben auf dem Zahlungskonto bereits gepfändet worden, kann der Schuldner die Führung dieses Kontos als Pfändungsschutzkonto zum Beginn des vierten auf sein Verlangen folgenden Geschäftstages fordern. [2] Das Vertragsverhältnis zwischen dem Kontoinhaber und dem Kreditinstitut bleibt im Übrigen unberührt.

(3) [1] Jede Person darf nur ein Pfändungsschutzkonto unterhalten. [2] Bei dem Verlangen nach Absatz 1 hat der Kunde gegenüber dem Kreditinstitut zu versichern, dass er kein weiteres Pfändungsschutzkonto unterhält.

(4) [1] Unterhält ein Schuldner entgegen Absatz 3 Satz 1 mehrere Zahlungskonten als Pfändungsschutzkonten, ordnet das Vollstreckungsgericht auf Antrag des Gläubigers an, dass nur das von dem Gläubiger in seinem Antrag bezeichnete Zahlungskonto dem Schuldner als Pfändungsschutzkonto verbleibt. [2] Der Gläubiger hat den Umstand, dass ein Schuldner entgegen Satz 1 mehrere Zahlungskonten als Pfändungsschutzkonten unterhält, durch Vorlage entsprechender Erklärungen der Drittschuldner glaubhaft zu machen. [3] Eine Anhörung des Schuldners durch das Vollstreckungsgericht unterbleibt. [4] Die Anordnung nach Satz 1 ist allen Drittschuldnern zuzustellen. [5] Mit der Zustellung der Anordnung an diejenigen Kreditinstitute, deren Zahlungskonten nicht zum Pfändungsschutzkonto bestimmt sind, entfallen die Wirkungen dieser Pfändungsschutzkonten.

(5) [1] Der Kontoinhaber kann mit einer Frist von mindestens vier Geschäftstagen zum Monatsende von dem Kreditinstitut verlangen, dass das dort geführte Pfändungsschutzkonto als Zahlungskonto ohne Pfändungsschutz geführt wird. [2] Absatz 2 Satz 2 gilt entsprechend.

**§ 850l[2)] Pfändung des Gemeinschaftskontos.** (1) [1] Unterhält der Schuldner, der eine natürliche Person ist, mit einer anderen natürlichen oder mit einer juristischen Person oder mit einer Mehrheit von Personen ein Gemeinschaftskonto und wird Guthaben auf diesem Konto gepfändet, so darf das Kreditinstitut erst nach Ablauf von einem Monat nach Zustellung des Überweisungsbeschlusses aus dem Guthaben an den Gläubiger leisten oder den Betrag hinterlegen. [2] Satz 1 gilt auch für künftiges Guthaben.

(2) [1] Ist der Schuldner eine natürliche Person, kann er innerhalb des Zeitraums nach Absatz 1 Satz 1 von dem Kreditinstitut verlangen, bestehendes oder künftiges Guthaben von dem Gemeinschaftskonto auf ein bei dem Kreditinstitut allein auf

*(Fortsetzung der Anm. von voriger Seite)*

Leistungsberechtigten eine andere Geldleistung für Kinder zusteht, so bleibt der Erhöhungsbetrag bei der Bestimmung des pfändbaren Betrages des Kindergeldes nach Satz 1 außer Betracht.

2. Der Erhöhungsbetrag (Nummer 1 Satz 2) ist zugunsten jedes bei der Festsetzung des Kindergeldes berücksichtigten unterhaltsberechtigten Kindes zu dem Anteil pfändbar, der sich bei gleichmäßiger Verteilung auf alle Kinder, die bei der Festsetzung des Kindergeldes zugunsten des Leistungsberechtigten berücksichtigt werden, ergibt.

(6) In den Fällen der Absätze 2, 4 und 5 gilt § 53 Abs. 6 entsprechend."

[1)] § 850k neu gef. mWv 1.12.2021 durch G v. 22.11.2020 (BGBl. I S. 2466).

[2)] § 850l neu gef. mWv 1.12.2021 durch G v. 22.11.2020 (BGBl. I S. 2466); Abs. 2 Satz 2 geänd. mWv 1.12.2021 durch G v. 7.5.2021 (BGBl. I S. 850).

seinen Namen lautendes Zahlungskonto zu übertragen. [2]Wird Guthaben nach Satz 1 übertragen und verlangt der Schuldner innerhalb des Zeitraums nach Absatz 1 Satz 1, dass das Zahlungskonto als Pfändungsschutzkonto geführt wird, so gelten für die Einrichtung des Pfändungsschutzkontos § 850k und für das übertragene Guthaben die Regelungen des Buches 8 Abschnitt 4. [3]Für die Übertragung nach Satz 1 ist eine Mitwirkung anderer Kontoinhaber oder des Gläubigers nicht erforderlich. [4]Der Übertragungsbetrag beläuft sich auf den Kopfteil des Schuldners an dem Guthaben. [5]Sämtliche Kontoinhaber und der Gläubiger können sich auf eine von Satz 4 abweichende Aufteilung des Übertragungsbetrages einigen; die Vereinbarung ist dem Kreditinstitut in Textform mitzuteilen.

(3) Absatz 2 Satz 1 und 3 bis 5 ist auf natürliche Personen, mit denen der Schuldner das Gemeinschaftskonto unterhält, entsprechend anzuwenden.

(4) Die Wirkungen von Pfändung und Überweisung von Guthaben auf dem Gemeinschaftskonto setzen sich an dem nach Absatz 2 Satz 1 auf ein Einzelkonto des Schuldners übertragenen Guthaben fort; sie setzen sich nicht an dem Guthaben fort, das nach Absatz 3 übertragen wird.

**§ 851 Nicht übertragbare Forderungen.** (1) Eine Forderung ist in Ermangelung besonderer Vorschriften der Pfändung nur insoweit unterworfen, als sie übertragbar ist.

(2) Eine nach § 399 des Bürgerlichen Gesetzbuchs[1)] nicht übertragbare Forderung kann insoweit gepfändet und zur Einziehung überwiesen werden, als der geschuldete Gegenstand der Pfändung unterworfen ist.

**§ 851a Pfändungsschutz für Landwirte.** (1) Die Pfändung von Forderungen, die einem die Landwirtschaft betreibenden Schuldner aus dem Verkauf von landwirtschaftlichen Erzeugnissen zustehen, ist auf seinen Antrag vom Vollstreckungsgericht insoweit aufzuheben, als die Einkünfte zum Unterhalt des Schuldners, seiner Familie und seiner Arbeitnehmer oder zur Aufrechterhaltung einer geordneten Wirtschaftsführung unentbehrlich sind.

(2) Die Pfändung soll unterbleiben, wenn offenkundig ist, dass die Voraussetzungen für die Aufhebung der Zwangsvollstreckung nach Absatz 1 vorliegen.

**§ 851b[2) 3)] Pfändungsschutz bei Miet- und Pachtzinsen.** (1) [1]Die Pfändung von Miete und Pacht ist auf Antrag des Schuldners vom Vollstreckungsgericht insoweit aufzuheben, als diese Einkünfte für den Schuldner zur laufenden Unterhaltung des Grundstücks, zur Vornahme notwendiger Instandsetzungsarbeiten und zur Befriedigung von Ansprüchen unentbehrlich sind, die bei einer Zwangsvollstreckung in das Grundstück dem Anspruch des Gläubigers nach § 10 des Gesetzes über die Zwangsversteigerung und die Zwangsverwaltung[4)] vorgehen würden. [2]Das Gleiche gilt von der Pfändung von Barmitteln und Guthaben, die aus Miet- oder Pachtzahlungen herrühren und zu den in Satz 1 bezeichneten Zwecken unentbehrlich sind.

(2) [1]Wird der Antrag nicht binnen einer Frist von zwei Wochen gestellt, so ist er ohne sachliche Prüfung zurückzuweisen, wenn das Vollstreckungsgericht der Überzeugung ist, dass der Schuldner den Antrag in der Absicht der Verschleppung

---

[1)] Nr. **20**.
[2)] § 851b Abs. 2 neu gef., Abs. 3 und 4 angef. mWv 1.1.2013 durch G v. 29.7.2009 (BGBl. I S. 2258).
[3)] Beachte hierzu Übergangsvorschrift in § 39 EGZPO (Nr. **101**).
[4)] Nr. **108**.

oder aus grober Nachlässigkeit nicht früher gestellt hat. [2]Die Frist beginnt mit der Pfändung.

(3) Anordnungen nach Absatz 1 können mehrmals ergehen und, soweit es nach Lage der Verhältnisse geboten ist, auf Antrag aufgehoben oder abgeändert werden.

(4) [1]Vor den in den Absätzen 1 und 3 bezeichneten Entscheidungen ist, soweit dies ohne erhebliche Verzögerung möglich ist, der Gläubiger zu hören. [2]Die für die Entscheidung wesentlichen tatsächlichen Verhältnisse sind glaubhaft zu machen. [3]Die Pfändung soll unterbleiben, wenn offenkundig ist, dass die Voraussetzungen für die Aufhebung der Zwangsvollstreckung nach Absatz 1 vorliegen.

**§ 851c[1)] Pfändungsschutz bei Altersrenten.** (1) Ansprüche auf Leistungen, die auf Grund von Verträgen gewährt werden, dürfen nur wie Arbeitseinkommen gepfändet werden, wenn

1. die Leistung in regelmäßigen Zeitabständen lebenslang und nicht vor Vollendung des 60. Lebensjahres oder nur bei Eintritt der Berufsunfähigkeit gewährt wird,
2. über die Ansprüche aus dem Vertrag nicht verfügt werden darf,
3. die Bestimmung von Dritten mit Ausnahme von Hinterbliebenen als Berechtigte ausgeschlossen ist und
4. die Zahlung einer Kapitalleistung, ausgenommen eine Zahlung für den Todesfall, nicht vereinbart wurde.

(2) [1]Beträge, die der Schuldner anspart, um in Erfüllung eines Vertrages nach Absatz 1 eine angemessene Alterssicherung aufzubauen, unterliegen nicht der Pfändung, soweit sie

1. jährlich nicht mehr betragen als
   a) 6 000 Euro bei einem Schuldner vom 18. bis zum vollendeten 27. Lebensjahr und
   b) 7 000 Euro bei einem Schuldner vom 28. bis zum vollendeten 67. Lebensjahr und
2. einen Gesamtbetrag von 340 000 Euro nicht übersteigen.

[2]Die in Satz 1 genannten Beträge werden jeweils zum 1. Juli eines jeden fünften Jahres entsprechend der Entwicklung auf dem Kapitalmarkt, des Sterblichkeitsrisikos und der Höhe der Pfändungsfreigrenze angepasst und die angepassten Beträge vom Bundesministerium der Justiz und für Verbraucherschutz in der Pfändungsfreigrenzenbekanntmachung im Sinne des § 850c Absatz 4 Satz 1 bekannt gemacht. [3]Übersteigt der Rückkaufwert der Alterssicherung den unpfändbaren Betrag, sind drei Zehntel des überschießenden Betrags unpfändbar. [4]Satz 3 gilt nicht für den Teil des Rückkaufwerts, der den dreifachen Wert des in Satz 1 Nummer 2 genannten Betrags übersteigt.

(3) § 850e Nr. 2 und 2a gilt entsprechend.

**§ 851d[2)] Pfändungsschutz bei steuerlich gefördertem Altersvorsorgevermögen.** Monatliche Leistungen in Form einer lebenslangen Rente oder monatlicher Ratenzahlungen im Rahmen eines Auszahlungsplans nach § 1 Abs. 1 Satz 1

---

[1)] § 851c eingef. mWv 31.3.2007 durch G v. 26.3.2007 (BGBl. I S. 368); Abs. 2 Sätze 1, 2 neu gef., Satz 4 geänd. mWv 1.1.2022 durch G v. 7.5.2021 (BGBl. I S. 850).

[2)] § 851d eingef. mWv 31.3.2007 durch G v. 26.3.2007 (BGBl. I S. 368).

Nr. 4 des Altersvorsorgeverträge-Zertifizierungsgesetzes[1)] aus steuerlich gefördertem Altersvorsorgevermögen sind wie Arbeitseinkommen pfändbar.

**§ 852[2)] Beschränkt pfändbare Forderungen.** (1) Der Pflichtteilsanspruch ist der Pfändung nur unterworfen, wenn er durch Vertrag anerkannt oder rechtshängig geworden ist.

(2) Das Gleiche gilt für den nach § 528 des Bürgerlichen Gesetzbuchs[3)] dem Schenker zustehenden Anspruch auf Herausgabe des Geschenkes sowie für den Anspruch eines Ehegatten oder Lebenspartners auf den Ausgleich des Zugewinns.

**§ 853 Mehrfache Pfändung einer Geldforderung.** Ist eine Geldforderung für mehrere Gläubiger gepfändet, so ist der Drittschuldner berechtigt und auf Verlangen eines Gläubigers, dem die Forderung überwiesen wurde, verpflichtet, unter Anzeige der Sachlage und unter Aushändigung der ihm zugestellten Beschlüsse an das Amtsgericht, dessen Beschluss ihm zuerst zugestellt ist, den Schuldbetrag zu hinterlegen.

**§ 854 Mehrfache Pfändung eines Anspruchs auf bewegliche Sachen.**

(1) [1] Ist ein Anspruch, der eine bewegliche körperliche Sache betrifft, für mehrere Gläubiger gepfändet, so ist der Drittschuldner berechtigt und auf Verlangen eines Gläubigers, dem der Anspruch überwiesen wurde, verpflichtet, die Sache unter Anzeige der Sachlage und unter Aushändigung der ihm zugestellten Beschlüsse dem Gerichtsvollzieher herauszugeben, der nach dem ihm zuerst zugestellten Beschluss zur Empfangnahme der Sache ermächtigt ist. [2] Hat der Gläubiger einen solchen Gerichtsvollzieher nicht bezeichnet, so wird dieser auf Antrag des Drittschuldners von dem Amtsgericht des Ortes ernannt, wo die Sache herauszugeben ist.

(2) [1] Ist der Erlös zur Deckung der Forderungen nicht ausreichend und verlangt der Gläubiger, für den die zweite oder eine spätere Pfändung erfolgt ist, ohne Zustimmung der übrigen beteiligten Gläubiger eine andere Verteilung als nach der Reihenfolge der Pfändungen, so hat der Gerichtsvollzieher die Sachlage unter Hinterlegung des Erlöses dem Amtsgericht anzuzeigen, dessen Beschluss dem Drittschuldner zuerst zugestellt ist. [2] Dieser Anzeige sind die Dokumente beizufügen, die sich auf das Verfahren beziehen.

(3) In gleicher Weise ist zu verfahren, wenn die Pfändung für mehrere Gläubiger gleichzeitig bewirkt ist.

**§ 855 Mehrfache Pfändung eines Anspruchs auf eine unbewegliche Sache.** Betrifft der Anspruch eine unbewegliche Sache, so ist der Drittschuldner berechtigt und auf Verlangen eines Gläubigers, dem der Anspruch überwiesen wurde, verpflichtet, die Sache unter Anzeige der Sachlage und unter Aushändigung der ihm zugestellten Beschlüsse an den von dem Amtsgericht der belegenen Sache ernannten oder auf seinen Antrag zu ernennenden Sequester herauszugeben.

**§ 855a Mehrfache Pfändung eines Anspruchs auf ein Schiff.** (1) Betrifft der Anspruch ein eingetragenes Schiff, so ist der Drittschuldner berechtigt und auf Verlangen eines Gläubigers, dem der Anspruch überwiesen wurde, verpflichtet,

---

1) **Aichberger, SGB Nr. 6/80.**

2) § 852 Abs. 2 geänd. mWv 26.11.2015 durch G v. 20.11.2015 (BGBl. I S. 2010).

3) Nr. **20**.

das Schiff unter Anzeige der Sachlage und unter Aushändigung der Beschlüsse dem Treuhänder herauszugeben, der in dem ihm zuerst zugestellten Beschluss bestellt ist.

(2) Absatz 1 gilt sinngemäß, wenn der Anspruch ein Schiffsbauwerk betrifft, das im Schiffsbauregister eingetragen ist oder in dieses Register eingetragen werden kann.

**§ 856 Klage bei mehrfacher Pfändung.** (1) Jeder Gläubiger, dem der Anspruch überwiesen wurde, ist berechtigt, gegen den Drittschuldner Klage auf Erfüllung der nach den Vorschriften der §§ 853 bis 855 diesem obliegenden Verpflichtungen zu erheben.

(2) Jeder Gläubiger, für den der Anspruch gepfändet ist, kann sich dem Kläger in jeder Lage des Rechtsstreits als Streitgenosse anschließen.

(3) Der Drittschuldner hat bei dem Prozessgericht zu beantragen, dass die Gläubiger, welche die Klage nicht erhoben und dem Kläger sich nicht angeschlossen haben, zum Termin zur mündlichen Verhandlung geladen werden.

(4) Die Entscheidung, die in dem Rechtsstreit über den in der Klage erhobenen Anspruch erlassen wird, ist für und gegen sämtliche Gläubiger wirksam.

(5) Der Drittschuldner kann sich gegenüber einem Gläubiger auf die ihm günstige Entscheidung nicht berufen, wenn der Gläubiger zum Termin zur mündlichen Verhandlung nicht geladen worden ist.

**§ 857 Zwangsvollstreckung in andere Vermögensrechte.** (1) Für die Zwangsvollstreckung in andere Vermögensrechte, die nicht Gegenstand der Zwangsvollstreckung in das unbewegliche Vermögen sind, gelten die vorstehenden Vorschriften entsprechend.

(2) Ist ein Drittschuldner nicht vorhanden, so ist die Pfändung mit dem Zeitpunkt als bewirkt anzusehen, in welchem dem Schuldner das Gebot, sich jeder Verfügung über das Recht zu enthalten, zugestellt ist.

(3) Ein unveräußerliches Recht ist in Ermangelung besonderer Vorschriften der Pfändung insoweit unterworfen, als die Ausübung einem anderen überlassen werden kann.

(4) [1] Das Gericht kann bei der Zwangsvollstreckung in unveräußerliche Rechte, deren Ausübung einem anderen überlassen werden kann, besondere Anordnungen erlassen. [2] Es kann insbesondere bei der Zwangsvollstreckung in Nutzungsrechte eine Verwaltung anordnen; in diesem Fall wird die Pfändung durch Übergabe der zu benutzenden Sache an den Verwalter bewirkt, sofern sie nicht durch Zustellung des Beschlusses bereits vorher bewirkt ist.

(5) Ist die Veräußerung des Rechts selbst zulässig, so kann auch diese Veräußerung von dem Gericht angeordnet werden.

(6) Auf die Zwangsvollstreckung in eine Reallast, eine Grundschuld oder eine Rentenschuld sind die Vorschriften über die Zwangsvollstreckung in eine Forderung, für die eine Hypothek besteht, entsprechend anzuwenden.

(7) Die Vorschrift des § 845 Abs. 1 Satz 2 ist nicht anzuwenden.

**§ 858 Zwangsvollstreckung in Schiffspart.** (1) Für die Zwangsvollstreckung in die Schiffspart (§§ 489 ff. des Handelsgesetzbuchs[1)]) gilt § 857 mit folgenden Abweichungen.

---

[1)] Nr. **50**.

(2) Als Vollstreckungsgericht ist das Amtsgericht zuständig, bei dem das Register für das Schiff geführt wird.

(3) [1]Die Pfändung bedarf der Eintragung in das Schiffsregister; die Eintragung erfolgt auf Grund des Pfändungsbeschlusses. [2]Der Pfändungsbeschluss soll dem Korrespondentreeder zugestellt werden; wird der Beschluss diesem vor der Eintragung zugestellt, so gilt die Pfändung ihm gegenüber mit der Zustellung als bewirkt.

(4) [1]Verwertet wird die gepfändete Schiffspart im Wege der Veräußerung. [2]Dem Antrag auf Anordnung der Veräußerung ist ein Auszug aus dem Schiffsregister beizufügen, der alle das Schiff und die Schiffspart betreffenden Eintragungen enthält; der Auszug darf nicht älter als eine Woche sein.

(5) [1]Ergibt der Auszug aus dem Schiffsregister, dass die Schiffspart mit einem Pfandrecht belastet ist, das einem anderen als dem betreibenden Gläubiger zusteht, so ist die Hinterlegung des Erlöses anzuordnen. [2]Der Erlös wird in diesem Fall nach den Vorschriften der §§ 873 bis 882 verteilt; Forderungen, für die ein Pfandrecht an der Schiffspart eingetragen ist, sind nach dem Inhalt des Schiffsregisters in den Teilungsplan aufzunehmen.

**§ 859 Pfändung von Gesamthandanteilen.** (1) [1]Der Anteil eines Gesellschafters an dem Gesellschaftsvermögen einer nach § 705 des Bürgerlichen Gesetzbuchs[1)] eingegangenen Gesellschaft ist der Pfändung unterworfen. [2]Der Anteil eines Gesellschafters an den einzelnen zu dem Gesellschaftsvermögen gehörenden Gegenständen ist der Pfändung nicht unterworfen.

(2) Die gleichen Vorschriften gelten für den Anteil eines Miterben an dem Nachlass und an den einzelnen Nachlassgegenständen.

**§ 860[2)] Pfändung von Gesamtgutanteilen.** (1) [1]Bei dem Güterstand der Gütergemeinschaft ist der Anteil eines Ehegatten oder Lebenspartners an dem Gesamtgut und an den einzelnen dazu gehörenden Gegenständen der Pfändung nicht unterworfen. [2]Das Gleiche gilt bei der fortgesetzten Gütergemeinschaft von den Anteilen des überlebenden Ehegatten oder Lebenspartners und der Abkömmlinge.

(2) Nach der Beendigung der Gemeinschaft ist der Anteil an dem Gesamtgut zugunsten der Gläubiger des Anteilsberechtigten der Pfändung unterworfen.

**§§ 861 und 862** (weggefallen)

**§ 863 Pfändungsbeschränkungen bei Erbschaftsnutzungen.** (1) [1]Ist der Schuldner als Erbe nach § 2338 des Bürgerlichen Gesetzbuchs[1)] durch die Einsetzung eines Nacherben beschränkt, so sind die Nutzungen der Erbschaft der Pfändung nicht unterworfen, soweit sie zur Erfüllung der dem Schuldner seinem Ehegatten, seinem früheren Ehegatten, seinem Lebenspartner, einem früheren Lebenspartner oder seinen Verwandten gegenüber gesetzlich obliegenden Unterhaltspflicht und zur Bestreitung seines standesmäßigen Unterhalts erforderlich sind. [2]Das Gleiche gilt, wenn der Schuldner nach § 2338 des Bürgerlichen Gesetzbuchs durch die Ernennung eines Testamentsvollstreckers beschränkt ist, für seinen Anspruch auf den jährlichen Reinertrag.

---

1) Nr. **20**.
2) § 860 Abs. 1 Sätze 1 und 2 geänd. mWv 26.11.2015 durch G v. 20.11.2015 (BGBl. I S. 2010).

(2) Die Pfändung ist unbeschränkt zulässig, wenn der Anspruch eines Nachlassgläubigers oder ein auch dem Nacherben oder dem Testamentsvollstrecker gegenüber wirksames Recht geltend gemacht wird.

(3) Diese Vorschriften gelten entsprechend, wenn der Anteil eines Abkömmlings an dem Gesamtgut der fortgesetzten Gütergemeinschaft nach § 1513 Abs. 2 des Bürgerlichen Gesetzbuchs einer Beschränkung der im Absatz 1 bezeichneten Art unterliegt.

### Titel 3.[1] Zwangsvollstreckung in das unbewegliche Vermögen

**§ 864 Gegenstand der Immobiliarvollstreckung.** (1) Der Zwangsvollstreckung in das unbewegliche Vermögen unterliegen außer den Grundstücken die Berechtigungen, für welche die sich auf Grundstücke beziehenden Vorschriften gelten, die im Schiffsregister eingetragenen Schiffe und die Schiffsbauwerke, die im Schiffsbauregister eingetragen sind oder in dieses Register eingetragen werden können.

(2) Die Zwangsvollstreckung in den Bruchteil eines Grundstücks, einer Berechtigung der im Absatz 1 bezeichneten Art oder eines Schiffes oder Schiffsbauwerks ist nur zulässig, wenn der Bruchteil in dem Anteil eines Miteigentümers besteht oder wenn sich der Anspruch des Gläubigers auf ein Recht gründet, mit dem der Bruchteil als solcher belastet ist.

**§ 865 Verhältnis zur Mobiliarvollstreckung.** (1) Die Zwangsvollstreckung in das unbewegliche Vermögen umfasst auch die Gegenstände, auf die sich bei Grundstücken und Berechtigungen die Hypothek, bei Schiffen oder Schiffsbauwerken die Schiffshypothek erstreckt.

(2) [1]Diese Gegenstände können, soweit sie Zubehör sind, nicht gepfändet werden. [2]Im Übrigen unterliegen sie der Zwangsvollstreckung in das bewegliche Vermögen, solange nicht ihre Beschlagnahme im Wege der Zwangsvollstreckung in das unbewegliche Vermögen erfolgt ist.

**§ 866[2] Arten der Vollstreckung.** (1) Die Zwangsvollstreckung in ein Grundstück erfolgt durch Eintragung einer Sicherungshypothek für die Forderung, durch Zwangsversteigerung und durch Zwangsverwaltung.

(2) Der Gläubiger kann verlangen, dass eine dieser Maßregeln allein oder neben den übrigen ausgeführt werde.

(3) [1]Eine Sicherungshypothek (Absatz 1) darf nur für einen Betrag von mehr als 750 Euro eingetragen werden; Zinsen bleiben dabei unberücksichtigt, soweit sie als Nebenforderung geltend gemacht sind. [2]Auf Grund mehrerer demselben Gläubiger zustehender Schuldtitel kann eine einheitliche Sicherungshypothek eingetragen werden.

**§ 867 Zwangshypothek.** (1) [1]Die Sicherungshypothek wird auf Antrag des Gläubigers in das Grundbuch eingetragen; die Eintragung ist auf dem vollstreckbaren Titel zu vermerken. [2]Mit der Eintragung entsteht die Hypothek. [3]Das Grundstück haftet auch für die dem Schuldner zur Last fallenden Kosten der Eintragung.

(2) [1]Sollen mehrere Grundstücke des Schuldners mit der Hypothek belastet werden, so ist der Betrag der Forderung auf die einzelnen Grundstücke zu ver-

---

[1] Bish. Titel 2 wird Titel 3 mWv 1.1.2013 durch G v. 29.7.2009 (BGBl. I S. 2258).
[2] Vgl. hierzu § 8 ErbbaurechtsG (Nr. **41**).

teilen. ²Die Größe der Teile bestimmt der Gläubiger; für die Teile gilt § 866 Abs. 3 Satz 1 entsprechend.

(3) Zur Befriedigung aus dem Grundstück durch Zwangsversteigerung genügt der vollstreckbare Titel, auf dem die Eintragung vermerkt ist.

**§ 868 Erwerb der Zwangshypothek durch den Eigentümer.** (1) Wird durch eine vollstreckbare Entscheidung die zu vollstreckende Entscheidung oder ihre vorläufige Vollstreckbarkeit aufgehoben oder die Zwangsvollstreckung für unzulässig erklärt oder deren Einstellung angeordnet, so erwirbt der Eigentümer des Grundstücks die Hypothek.

(2) Das Gleiche gilt, wenn durch eine gerichtliche Entscheidung die einstweilige Einstellung der Vollstreckung und zugleich die Aufhebung der erfolgten Vollstreckungsmaßregeln angeordnet wird oder wenn die zur Abwendung der Vollstreckung nachgelassene Sicherheitsleistung oder Hinterlegung erfolgt.

**§ 869 Zwangsversteigerung und Zwangsverwaltung.** Die Zwangsversteigerung und die Zwangsverwaltung werden durch ein besonderes Gesetz geregelt.

**§ 870 Grundstücksgleiche Rechte.** Auf die Zwangsvollstreckung in eine Berechtigung, für welche die sich auf Grundstücke beziehenden Vorschriften gelten, sind die Vorschriften über die Zwangsvollstreckung in Grundstücke entsprechend anzuwenden.

**§ 870a[1] Zwangsvollstreckung in ein Schiff oder Schiffsbauwerk.**

(1) ¹Die Zwangsvollstreckung in ein eingetragenes Schiff oder in ein Schiffsbauwerk, das im Schiffsbauregister eingetragen ist oder in dieses Register eingetragen werden kann, erfolgt durch Eintragung einer Schiffshypothek für die Forderung oder durch Zwangsversteigerung. ²Die Anordnung einer Zwangsversteigerung eines Seeschiffs ist unzulässig, wenn sich das Schiff auf der Reise befindet und nicht in einem Hafen liegt.

(2) § 866 Abs. 2, 3, § 867 gelten entsprechend.

(3) ¹Wird durch eine vollstreckbare Entscheidung die zu vollstreckende Entscheidung oder ihre vorläufige Vollstreckbarkeit aufgehoben oder die Zwangsvollstreckung für unzulässig erklärt oder deren Einstellung angeordnet, so erlischt die Schiffshypothek; § 57 Abs. 3 des Gesetzes über Rechte an eingetragenen Schiffen und Schiffsbauwerken vom 15. November 1940 (RGBl. I S. 1499) ist anzuwenden. ²Das Gleiche gilt, wenn durch eine gerichtliche Entscheidung die einstweilige Einstellung der Zwangsvollstreckung und zugleich die Aufhebung der erfolgten Vollstreckungsmaßregeln angeordnet wird oder wenn die zur Abwendung der Vollstreckung nachgelassene Sicherheitsleistung oder Hinterlegung erfolgt.

**§ 871[2] Landesrechtlicher Vorbehalt bei Eisenbahnen.** Unberührt bleiben die landesgesetzlichen Vorschriften, nach denen, wenn ein anderer als der Eigentümer einer Eisenbahn oder Kleinbahn den Betrieb der Bahn kraft eigenen Nutzungsrechts ausübt, das Nutzungsrecht und gewisse dem Betriebe gewidmete Gegenstände in Ansehung der Zwangsvollstreckung zum unbeweglichen Vermögen gehören und die Zwangsvollstreckung abweichend von den Vorschriften des Bundesrechts geregelt ist.

---

[1] § 870a Abs. 1 Satz 2 angef. mWv 25.4.2013 durch G v. 20.4.2013 (BGBl. I S. 831).
[2] § 871 ber. BGBl. 2007 I S. 1781.

### Titel 4.[1] Verteilungsverfahren

**§ 872 Voraussetzungen.** Das Verteilungsverfahren tritt ein, wenn bei der Zwangsvollstreckung in das bewegliche Vermögen ein Geldbetrag hinterlegt ist, der zur Befriedigung der beteiligten Gläubiger nicht hinreicht.

**§ 873[2] Aufforderung des Verteilungsgerichts.** Das zuständige Amtsgericht (§§ 827, 853, 854) hat nach Eingang der Anzeige über die Sachlage an jeden der beteiligten Gläubiger die Aufforderung zu erlassen, binnen zwei Wochen eine Berechnung der Forderung an Kapital, Zinsen, Kosten und sonstigen Nebenforderungen einzureichen.

**§ 874 Teilungsplan.** (1) Nach Ablauf der zweiwöchigen Fristen wird von dem Gericht ein Teilungsplan angefertigt.

(2) Der Betrag der Kosten des Verfahrens ist von dem Bestand der Masse vorweg in Abzug zu bringen.

(3) [1] Die Forderung eines Gläubigers, der bis zur Anfertigung des Teilungsplanes der an ihn gerichteten Aufforderung nicht nachgekommen ist, wird nach der Anzeige und deren Unterlagen berechnet. [2] Eine nachträgliche Ergänzung der Forderung findet nicht statt.

**§ 875 Terminsbestimmung.** (1) [1] Das Gericht hat zur Erklärung über den Teilungsplan sowie zur Ausführung der Verteilung einen Termin zu bestimmen. [2] Der Teilungsplan muss spätestens drei Tage vor dem Termin auf der Geschäftsstelle zur Einsicht der Beteiligten niedergelegt werden.

(2) Die Ladung des Schuldners zu dem Termin ist nicht erforderlich, wenn sie durch Zustellung im Ausland oder durch öffentliche Zustellung erfolgen müsste.

**§ 876 Termin zur Erklärung und Ausführung.** [1] Wird in dem Termin ein Widerspruch gegen den Plan nicht erhoben, so ist dieser zur Ausführung zu bringen. [2] Erfolgt ein Widerspruch, so hat sich jeder dabei beteiligte Gläubiger sofort zu erklären. [3] Wird der Widerspruch von den Beteiligten als begründet anerkannt oder kommt anderweit eine Einigung zustande, so ist der Plan demgemäß zu berichtigen. [4] Wenn ein Widerspruch sich nicht erledigt, so wird der Plan insoweit ausgeführt, als er durch den Widerspruch nicht betroffen wird.

**§ 877 Säumnisfolgen.** (1) Gegen einen Gläubiger, der in dem Termin weder erschienen ist noch vor dem Termin bei dem Gericht Widerspruch erhoben hat, wird angenommen, dass er mit der Ausführung des Planes einverstanden sei.

(2) Ist ein in dem Termin nicht erschienener Gläubiger bei dem Widerspruch beteiligt, den ein anderer Gläubiger erhoben hat, so wird angenommen, dass er diesen Widerspruch nicht als begründet anerkenne.

**§ 878 Widerspruchsklage.** (1) [1] Der widersprechende Gläubiger muss ohne vorherige Aufforderung binnen einer Frist von einem Monat, die mit dem Terminstag beginnt, dem Gericht nachweisen, dass er gegen die beteiligten Gläubiger Klage erhoben habe. [2] Nach fruchtlosem Ablauf dieser Frist wird die Ausführung des Planes ohne Rücksicht auf den Widerspruch angeordnet.

(2) Die Befugnis des Gläubigers, der dem Plan widersprochen hat, ein besseres Recht gegen den Gläubiger, der einen Geldbetrag nach dem Plan erhalten hat, im

---

[1] Bish. Titel 3 wird Titel 4 mWv 1.1.2013 durch G v. 29.7.2009 (BGBl. I S. 2258).
[2] § 873 ber. BGBl. 2007 I S. 1781.

Wege der Klage geltend zu machen, wird durch die Versäumung der Frist und durch die Ausführung des Planes nicht ausgeschlossen.

**§ 879 Zuständigkeit für die Widerspruchsklage.** (1) Die Klage ist bei dem Verteilungsgericht und, wenn der Streitgegenstand zur Zuständigkeit der Amtsgerichte nicht gehört, bei dem Landgericht zu erheben, in dessen Bezirk das Verteilungsgericht seinen Sitz hat.

(2) Das Landgericht ist für sämtliche Klagen zuständig, wenn seine Zuständigkeit nach dem Inhalt der erhobenen und in dem Termin nicht zur Erledigung gelangten Widersprüche auch nur bei einer Klage begründet ist, sofern nicht die sämtlichen beteiligten Gläubiger vereinbaren, dass das Verteilungsgericht über alle Widersprüche entscheiden solle.

**§ 880 Inhalt des Urteils.** 1 In dem Urteil, durch das über einen erhobenen Widerspruch entschieden wird, ist zugleich zu bestimmen, an welche Gläubiger und in welchen Beträgen der streitige Teil der Masse auszuzahlen sei. 2 Wird dies nicht für angemessen erachtet, so ist die Anfertigung eines neuen Planes und ein anderweites Verteilungsverfahren in dem Urteil anzuordnen.

**§ 881 Versäumnisurteil.** Das Versäumnisurteil gegen einen widersprechenden Gläubiger ist dahin zu erlassen, dass der Widerspruch als zurückgenommen anzusehen sei.

**§ 882 Verfahren nach dem Urteil.** Auf Grund des erlassenen Urteils wird die Auszahlung oder das anderweite Verteilungsverfahren von dem Verteilungsgericht angeordnet.

### Titel 5.[1] Zwangsvollstreckung in Sachen, die der Erfüllung öffentlicher Aufgaben dienen

**§ 882a[2] Zwangsvollstreckung wegen einer Geldforderung.** (1) 1 Die Zwangsvollstreckung gegen den Bund oder ein Land wegen einer Geldforderung darf, soweit nicht dingliche Rechte verfolgt werden, erst vier Wochen nach dem Zeitpunkt beginnen, in dem der Gläubiger seine Absicht, die Zwangsvollstreckung zu betreiben, der zur Vertretung des Schuldners berufenen Behörde und, sofern die Zwangsvollstreckung in ein von einer anderen Behörde verwaltetes Vermögen erfolgen soll, auch dem zuständigen Ministerium der Finanzen angezeigt hat. 2 Dem Gläubiger ist auf Verlangen der Empfang der Anzeige zu bescheinigen. 3 Soweit in solchen Fällen die Zwangsvollstreckung durch den Gerichtsvollzieher zu erfolgen hat, ist der Gerichtsvollzieher auf Antrag des Gläubigers vom Vollstreckungsgericht zu bestimmen.

(2) 1 Die Zwangsvollstreckung ist unzulässig in Sachen, die für die Erfüllung öffentlicher Aufgaben eines in Absatz 1 Satz 1 bezeichneten Schuldners unentbehrlich sind oder deren Veräußerung ein öffentliches Interesse entgegensteht. 2 Darüber, ob die Voraussetzungen des Satzes 1 vorliegen, ist im Streitfall nach § 766 zu entscheiden. 3 Vor der Entscheidung ist das zuständige Ministerium zu hören.

---

[1] Bish. Titel 4 wird Titel 5 mWv 1.1.2013 durch G v. 29.7.2009 (BGBl. I S. 2258); Überschrift neu gef. mWv 1.12.2021 durch G v. 22.11.2020 (BGBl. I S. 2466).

[2] § 882a Abs. 1 Satz 1, Abs. 2 Sätze 1 und 3, Abs. 3 Satz 1 geänd., Abs. 4 neu gef. mWv 1.12.2021 durch G v. 22.11.2020 (BGBl. I S. 2466).

(3) [1]Die Vorschriften der Absätze 1 und 2 sind auf die Zwangsvollstreckung gegen sonstige Körperschaften, Anstalten und Stiftungen des öffentlichen Rechtes mit der Maßgabe anzuwenden, dass an die Stelle der Behörde im Sinne des Absatzes 1 die gesetzlichen Vertreter treten. [2]Für öffentlich-rechtliche Bank- und Kreditanstalten gelten die Beschränkungen der Absätze 1 und 2 nicht.

(4) [1]Soll in eine für die Erfüllung öffentlicher Aufgaben unentbehrliche Sache vollstreckt werden, die im Eigentum eines Dritten steht, kann das Vollstreckungsgericht auf Antrag die Zwangsvollstreckung wegen einer Geldforderung gemäß § 766 für unzulässig erklären. [2]Antragsberechtigt sind

1. der Schuldner und
2. der Bund, das Land, die Körperschaft, Anstalt oder Stiftung des öffentlichen Rechts.

[3]Voraussetzung für die Antragsberechtigung nach Satz 2 Nummer 2 ist, dass die Sache zur Erfüllung der jeweiligen öffentlichen Aufgaben der in Satz 2 Nummer 2 genannten Antragsberechtigten dient. [4]Vor der Entscheidung ist das zuständige Ministerium zu hören.

(5) Der Ankündigung der Zwangsvollstreckung und der Einhaltung einer Wartefrist nach Maßgabe der Absätze 1 und 3 bedarf es nicht, wenn es sich um den Vollzug einer einstweiligen Verfügung handelt.

### Titel 6.[1)] [2)] Schuldnerverzeichnis

**§ 882b[3)] [2)] Inhalt des Schuldnerverzeichnisses.** (1) Das zentrale Vollstreckungsgericht nach § 882h Abs. 1 führt ein Verzeichnis (Schuldnerverzeichnis) derjenigen Personen,

1. deren Eintragung der Gerichtsvollzieher nach Maßgabe des § 882c angeordnet hat;
2. deren Eintragung die Vollstreckungsbehörde nach Maßgabe des § 284 Abs. 9 der Abgabenordnung angeordnet hat; einer Eintragungsanordnung nach § 284 Abs. 9 der Abgabenordnung steht die Anordnung der Eintragung in das Schuldnerverzeichnis durch eine Vollstreckungsbehörde gleich, die auf Grund einer gleichwertigen Regelung durch Bundesgesetz oder durch Landesgesetz ergangen ist;
3. deren Eintragung das Insolvenzgericht nach Maßgabe des § 26 Absatz 2 oder des § 303a der Insolvenzordnung[4)] angeordnet hat.

(2) Im Schuldnerverzeichnis werden angegeben:

1. Name, Vorname und Geburtsname des Schuldners sowie die Firma und deren Nummer des Registerblatts im Handelsregister,
2. Geburtsdatum und Geburtsort des Schuldners,
3. Wohnsitze des Schuldners oder Sitz des Schuldners,

einschließlich abweichender Personendaten.

---

[1)] Titel 6 (§§ 882b–882h) eingef. mWv 1.1.2013 durch G v. 29.7.2009 (BGBl. I S. 2258), wobei § 882g Abs. 8 und § 882h Abs. 2 und 3 gem. Art. 6 Satz 1 dieses G bereits am 1.8.2009 in Kraft getreten sind.

[2)] Beachte hierzu Übergangsvorschrift in § 39 EGZPO (Nr. **101**).

[3)] § 882b eingef. mWv 1.1.2013 durch G v. 29.7.2009 (BGBl. I S. 2258); Abs. 1 Nr. 3 und Abs. 3 Nr. 4 neu gef. mWv 1.7.2014 durch G v. 15.7.2013 (BGBl. I S. 2379).

[4)] Nr. **110**.

(3) Im Schuldnerverzeichnis werden weiter angegeben:

1. Aktenzeichen und Gericht oder Vollstreckungsbehörde der Vollstreckungssache oder des Insolvenzverfahrens,
2. im Fall des Absatzes 1 Nr. 1 das Datum der Eintragungsanordnung und der gemäß § 882c zur Eintragung führende Grund,
3. im Fall des Absatzes 1 Nr. 2 das Datum der Eintragungsanordnung und der gemäß § 284 Abs. 9 der Abgabenordnung oder einer gleichwertigen Regelung im Sinne von Absatz 1 Nr. 2 Halbsatz 2 zur Eintragung führende Grund,
4. im Fall des Absatzes 1 Nummer 3 das Datum der Eintragungsanordnung sowie die Feststellung, dass ein Antrag auf Eröffnung des Insolvenzverfahrens über das Vermögen des Schuldners mangels Masse gemäß § 26 Absatz 1 Satz 1 der Insolvenzordnung abgewiesen wurde, oder bei einer Eintragung gemäß § 303a der Insolvenzordnung der zur Eintragung führende Grund und das Datum der Entscheidung des Insolvenzgerichts.

**§ 882c[1) 2)] Eintragungsanordnung.** (1) [1]Der zuständige Gerichtsvollzieher ordnet von Amts wegen die Eintragung des Schuldners in das Schuldnerverzeichnis an, wenn

1. der Schuldner seiner Pflicht zur Abgabe der Vermögensauskunft nicht nachgekommen ist;
2. eine Vollstreckung nach dem Inhalt des Vermögensverzeichnisses offensichtlich nicht geeignet wäre, zu einer vollständigen Befriedigung des Gläubigers zu führen, auf dessen Antrag die Vermögensauskunft erteilt oder dem die erteilte Auskunft zugeleitet wurde, oder
3. der Schuldner dem Gerichtsvollzieher nicht innerhalb eines Monats nach Abgabe der Vermögensauskunft oder Bekanntgabe der Zuleitung nach § 802d Abs. 1 Satz 2 die vollständige Befriedigung des Gläubigers nachweist, auf dessen Antrag die Vermögensauskunft erteilt oder dem die erteilte Auskunft zugeleitet wurde. Dies gilt nicht, solange ein Zahlungsplan nach § 802b festgesetzt und nicht hinfällig ist.

[2]Die Anordnung der Eintragung des Schuldners in das Schuldnerverzeichnis ist Teil des Vollstreckungsverfahrens.

(2) [1]Die Eintragungsanordnung soll kurz begründet werden. [2]Der Gerichtsvollzieher stellt sie dem Schuldner von Amts wegen zu, soweit sie ihm nicht mündlich bekannt gegeben und in das Protokoll aufgenommen wird (§ 763 Absatz 1). [3]Über die Bewilligung der öffentlichen Zustellung entscheidet abweichend von § 186 Absatz 1 Satz 1 der Gerichtsvollzieher.

(3) [1]Die Eintragungsanordnung hat die in § 882b Abs. 2 und 3 genannten Daten zu enthalten. [2]Sind dem Gerichtsvollzieher die nach § 882b Abs. 2 Nr. 1 bis 3 im Schuldnerverzeichnis anzugebenden Daten nicht bekannt, holt er Auskünfte bei den in § 755 Abs. 1 und 2 Satz 1 Nr. 1 genannten Stellen ein, um die erforderlichen Daten zu beschaffen. [3]Hat der Gerichtsvollzieher Anhaltspunkte dafür, dass zugunsten des Schuldners eine Auskunftssperre gemäß § 51 des Bundesmeldegesetzes[3)] eingetragen oder ein bedingter Sperrvermerk gemäß § 52 des

[1)] § 882c eingef. mWv 1.1.2013 durch G v. 29.7.2009 (BGBl. I S. 2258); Abs. 1 Satz 2 angef., Abs. 2 Satz 2 neu gef., Satz 3 angef., Abs. 3 Satz 2 geänd. mWv 26.11.2016, Abs. 3 Satz 3 angef. mWv 1.11.2017 durch G v. 21.11.2016 (BGBl. I S. 2591).

[2)] Beachte hierzu Übergangsvorschrift in § 39 EGZPO (Nr. **101**).

[3)] **Sartorius Nr. 256.**

Bundesmeldegesetzes eingerichtet wurde, hat der Gerichtsvollzieher den Schuldner auf die Möglichkeit eines Vorgehens nach § 882f Absatz 2 hinzuweisen.

**§ 882d[1) 2)] Vollziehung der Eintragungsanordnung.** (1) [1]Gegen die Eintragungsanordnung nach § 882c kann der Schuldner binnen zwei Wochen seit Bekanntgabe Widerspruch beim zuständigen Vollstreckungsgericht einlegen. [2]Der Widerspruch hemmt nicht die Vollziehung. [3]Nach Ablauf der Frist des Satzes 1 übermittelt der Gerichtsvollzieher die Anordnung unverzüglich elektronisch dem zentralen Vollstreckungsgericht nach § 882h Abs. 1. [4]Dieses veranlasst die Eintragung des Schuldners. [5]Wird dem Gerichtsvollzieher vor der Übermittlung der Anordnung nach Satz 3 bekannt, dass die Voraussetzungen für die Eintragung nicht oder nicht mehr vorliegen, hebt er die Anordnung auf und unterrichtet den Schuldner hierüber.

(2) [1]Auf Antrag des Schuldners kann das Vollstreckungsgericht anordnen, dass die Eintragung einstweilen ausgesetzt wird. [2]Das zentrale Vollstreckungsgericht nach § 882h Abs. 1 hat von einer Eintragung abzusehen, wenn ihm die Ausfertigung einer vollstreckbaren Entscheidung vorgelegt wird, aus der sich ergibt, dass die Eintragungsanordnung einstweilen ausgesetzt ist.

(3) [1]Über die Rechtsbehelfe nach den Absätzen 1 und 2 ist der Schuldner mit der Bekanntgabe der Eintragungsanordnung zu belehren. [2]Das Gericht, das über die Rechtsbehelfe entschieden hat, übermittelt seine Entscheidung dem zentralen Vollstreckungsgericht nach § 882h Abs. 1 elektronisch.

**§ 882e[3) 2)] Löschung.** (1) Eine Eintragung im Schuldnerverzeichnis wird nach Ablauf von drei Jahren seit dem Tag der Eintragungsanordnung von dem zentralen Vollstreckungsgericht nach § 882h Abs. 1 gelöscht.

(2) [1]Über Einwendungen gegen die Löschung nach Absatz 1 oder ihre Versagung entscheidet der Urkundsbeamte der Geschäftsstelle. [2]Gegen seine Entscheidung findet die Erinnerung nach § 573 statt.

(3) Abweichend von Absatz 1 wird eine Eintragung auf Anordnung des zentralen Vollstreckungsgerichts nach § 882h Abs. 1 gelöscht, wenn diesem

1. die vollständige Befriedigung des Gläubigers nachgewiesen worden ist;
2. das Fehlen oder der Wegfall des Eintragungsgrundes bekannt geworden ist oder
3. die Ausfertigung einer vollstreckbaren Entscheidung vorgelegt wird, aus der sich ergibt, dass die Eintragungsanordnung aufgehoben oder einstweilen ausgesetzt ist.

(4) [1]Wird dem zentralen Vollstreckungsgericht nach § 882h Abs. 1 bekannt, dass der Inhalt einer Eintragung von Beginn an fehlerhaft war, wird die Eintragung durch den Urkundsbeamten der Geschäftsstelle geändert. [2]Wird der Schuldner oder ein Dritter durch die Änderung der Eintragung beschwert, findet die Erinnerung nach § 573 statt.

---

[1)] § 882d eingef. mWv 1.1.2013 durch G v. 29.7.2009 (BGBl. I S. 2258); Abs. 1 Satz 5 angef. mWv 26.11.2016 durch G v. 21.11.2016 (BGBl. I S. 2591).

[2)] Beachte hierzu Übergangsvorschrift in § 39 EGZPO (Nr. **101**).

[3)] § 882e eingef. mWv 1.1.2013 durch G v. 29.7.2009 (BGBl. I S. 2258); Abs. 1 Satz 2 aufgeh. mWv 1.7.2014 durch G v. 15.7.2013 (BGBl. I S. 2379).

**§ 882f[1) 2)] Einsicht in das Schuldnerverzeichnis.** (1) [1]Die Einsicht in das Schuldnerverzeichnis ist jedem gestattet, der darlegt, Angaben nach § 882b zu benötigen:

1. für Zwecke der Zwangsvollstreckung;
2. um gesetzliche Pflichten zur Prüfung der wirtschaftlichen Zuverlässigkeit zu erfüllen;
3. um Voraussetzungen für die Gewährung von öffentlichen Leistungen zu prüfen;
4. um wirtschaftliche Nachteile abzuwenden, die daraus entstehen können, dass Schuldner ihren Zahlungsverpflichtungen nicht nachkommen;
5. für Zwecke der Strafverfolgung und der Strafvollstreckung;
6. zur Auskunft über ihn selbst betreffende Eintragungen;
7. für Zwecke der Dienstaufsicht über Justizbedienstete, die mit dem Schuldnerverzeichnis befasst sind.

[2]Die Informationen dürfen nur für den Zweck verarbeitet werden, für den sie übermittelt worden sind; sie sind nach Zweckerreichung zu löschen. [3]Nichtöffentliche Stellen sind darauf bei der Übermittlung hinzuweisen.

(2) [1]Das Recht auf Einsichtnahme durch Dritte erstreckt sich nicht auf Angaben nach § 882b Absatz 2 Nummer 3, wenn glaubhaft gemacht wird, dass zugunsten des Schuldners eine Auskunftssperre gemäß § 51 des Bundesmeldegesetzes[3)] eingetragen oder ein bedingter Sperrvermerk gemäß § 52 des Bundesmeldegesetzes eingerichtet wurde. [2]Der Schuldner hat das Bestehen einer solchen Auskunftssperre oder eines solchen Sperrvermerks gegenüber dem Gerichtsvollzieher glaubhaft zu machen. [3]Satz 2 gilt entsprechend gegenüber dem zentralen Vollstreckungsgericht, wenn die Eintragungsanordnung an dieses gemäß § 882d Absatz 1 Satz 3 übermittelt worden ist. [4]Satz 1 ist nicht anzuwenden auf die Einsichtnahme in das Schuldnerverzeichnis durch Gerichte und Behörden für die in Absatz 1 Satz 1 Nummer 2 und 5 bezeichneten Zwecke.

**§ 882g[4) 2)] Erteilung von Abdrucken.** (1) [1]Aus dem Schuldnerverzeichnis können auf Antrag Abdrucke zum laufenden Bezug erteilt werden, auch durch Übermittlung in einer nur maschinell lesbaren Form. [2]Bei der Übermittlung in einer nur maschinell lesbaren Form gelten die von der Landesjustizverwaltung festgelegten Datenübertragungsregeln. [3]Liegen die Voraussetzungen des § 882f Absatz 2 vor, dürfen Abdrucke insoweit nicht erteilt werden.

(2) Abdrucke erhalten:

1. Industrie- und Handelskammern sowie Körperschaften des öffentlichen Rechts, in denen Angehörige eines Berufes kraft Gesetzes zusammengeschlossen sind (Kammern),
2. Antragsteller, die Abdrucke zur Errichtung und Führung nichtöffentlicher zentraler Schuldnerverzeichnisse verwenden, oder

---

[1)] § 882f eingef. mWv 1.1.2013 durch G v. 29.7.2009 (BGBl. I S. 2258); Abs. 1 Satz 1 Nr. 6 geänd., Nr. 7 angef. mWv 26.11.2016, Abs. 2 angef. mWv 1.11.2017 durch G v. 21.11.2016 (BGBl. I S. 2591); Abs. 1 Satz 2 geänd. mWv 26.11.2019 durch G v. 20.11.2019 (BGBl. I S. 1724).

[2)] Beachte hierzu Übergangsvorschrift in § 39 EGZPO (Nr. **101**).

[3)] **Sartorius Nr. 256.**

[4)] § 882g eingef. mWv 1.1.2013 durch G v. 29.7.2009 (BGBl. I S. 2258), wobei Abs. 8 gem. Art. 6 Satz 1 dieses G bereits am 1.8.2009 in Kraft getreten ist; Abs. 8 geänd. mWv 8.9.2015 durch VO v. 31.8. 2015 (BGBl. I S. 1474); Abs. 1 Satz 3 angef. mWv 1.11.2017 durch G v. 21.11.2016 (BGBl. I S. 2591); Abs. 7 Satz 1 geänd. mWv 26.11.2019 durch G v. 20.11.2019 (BGBl. I S. 1724).

3. Antragsteller, deren berechtigtem Interesse durch Einzeleinsicht in die Länderschuldnerverzeichnisse oder durch den Bezug von Listen nach Absatz 5 nicht hinreichend Rechnung getragen werden kann.

(3) [1] Die Abdrucke sind vertraulich zu behandeln und dürfen Dritten nicht zugänglich gemacht werden. [2] Nach der Beendigung des laufenden Bezugs sind die Abdrucke unverzüglich zu vernichten; Auskünfte dürfen nicht mehr erteilt werden.

(4) [1] Die Kammern dürfen ihren Mitgliedern oder den Mitgliedern einer anderen Kammer Auskünfte erteilen. [2] Andere Bezieher von Abdrucken dürfen Auskünfte erteilen, soweit dies zu ihrer ordnungsgemäßen Tätigkeit gehört. [3] Absatz 3 gilt entsprechend. [4] Die Auskünfte dürfen auch im automatisierten Abrufverfahren erteilt werden, soweit dieses Verfahren unter Berücksichtigung der schutzwürdigen Interessen der Betroffenen und der Geschäftszwecke der zum Abruf berechtigten Stellen angemessen ist.

(5) [1] Die Kammern dürfen die Abdrucke in Listen zusammenfassen oder hiermit Dritte beauftragen; sie haben diese bei der Durchführung des Auftrags zu beaufsichtigen. [2] Die Listen dürfen den Mitgliedern von Kammern auf Antrag zum laufenden Bezug überlassen werden. [3] Für den Bezug der Listen gelten Absatz 2 Nr. 3 und Absatz 3 entsprechend. [4] Die Bezieher der Listen dürfen Auskünfte nur jemandem erteilen, dessen Belange sie kraft Gesetzes oder Vertrages wahrzunehmen haben.

(6) [1] Für Abdrucke, Listen und Aufzeichnungen über eine Eintragung im Schuldnerverzeichnis, die auf der Verarbeitung von Abdrucken oder Listen oder auf Auskünften über Eintragungen im Schuldnerverzeichnis beruhen, gilt § 882e Abs. 1 entsprechend. [2] Über vorzeitige Löschungen (§ 882e Abs. 3) sind die Bezieher von Abdrucken innerhalb eines Monats zu unterrichten. [3] Sie unterrichten unverzüglich die Bezieher von Listen (Absatz 5 Satz 2). [4] In den auf Grund der Abdrucke und Listen erstellten Aufzeichnungen sind die Eintragungen unverzüglich zu löschen. [5] Listen sind auch unverzüglich zu vernichten, soweit sie durch neue ersetzt werden.

(7) [1] In den Fällen des Absatzes 2 Nr. 2 und 3 sowie des Absatzes 5 gilt für nichtöffentliche Stellen § 40 des Bundesdatenschutzgesetzes mit der Maßgabe, dass die Aufsichtsbehörde auch die Verarbeitung dieser personenbezogenen Daten in oder aus Akten überwacht. [2] Entsprechendes gilt für nichtöffentliche Stellen, die von den in Absatz 2 genannten Stellen Auskünfte erhalten haben.

(8) Das Bundesministerium der Justiz und für Verbraucherschutz wird ermächtigt, durch Rechtsverordnung mit Zustimmung des Bundesrates

1. Vorschriften über den Bezug von Abdrucken nach den Absätzen 1 und 2 und das Bewilligungsverfahren sowie den Bezug von Listen nach Absatz 5 zu erlassen;
2. Einzelheiten der Einrichtung und Ausgestaltung automatisierter Abrufverfahren nach Absatz 4 Satz 4, insbesondere der Protokollierung der Abrufe für Zwecke der Datenschutzkontrolle, zu regeln;
3. die Erteilung und Aufbewahrung von Abdrucken aus dem Schuldnerverzeichnis, die Anfertigung, Verwendung und Weitergabe von Listen, die Mitteilung und den Vollzug von Löschungen und den Ausschluss vom Bezug von Abdrucken und Listen näher zu regeln, um die ordnungsgemäße Behandlung der Mitteilungen, den Schutz vor unbefugter Verwendung und die rechtzeitige Löschung von Eintragungen sicherzustellen;

4. zur Durchsetzung der Vernichtungs- und Löschungspflichten im Fall des Widerrufs der Bewilligung die Verhängung von Zwangsgeldern vorzusehen; das einzelne Zwangsgeld darf den Betrag von 25 000 Euro nicht übersteigen.

**§ 882h[1) 2)] Zuständigkeit; Ausgestaltung des Schuldnerverzeichnisses.**

(1) [1]Das Schuldnerverzeichnis wird für jedes Land von einem zentralen Vollstreckungsgericht geführt. [2]Der Inhalt des Schuldnerverzeichnisses kann über eine zentrale und länderübergreifende Abfrage im Internet eingesehen werden. [3]Die Länder können Einzug und Verteilung der Gebühren sowie weitere Abwicklungsaufgaben im Zusammenhang mit der Abfrage nach Satz 2 auf die zuständige Stelle eines Landes übertragen.

(2) [1]Die Landesregierungen bestimmen durch Rechtsverordnung, welches Gericht die Aufgaben des zentralen Vollstreckungsgerichts nach Absatz 1 wahrzunehmen hat. [2]§ 802k Abs. 3 Satz 2 und 3 gilt entsprechend. [3]Die Führung des Schuldnerverzeichnisses stellt eine Angelegenheit der Justizverwaltung dar.

(3)[3)] [1]Das Bundesministerium der Justiz und für Verbraucherschutz wird ermächtigt, durch Rechtsverordnung mit Zustimmung des Bundesrates die Einzelheiten zu Form und Übermittlung der Eintragungsanordnungen nach § 882b Abs. 1 und der Entscheidungen nach § 882d Abs. 3 Satz 2 dieses Gesetzes und § 284 Abs. 10 Satz 2 der Abgabenordnung oder gleichwertigen Regelungen im Sinne von § 882b Abs. 1 Nr. 2 Halbsatz 2 dieses Gesetzes sowie zum Inhalt des Schuldnerverzeichnisses und zur Ausgestaltung der Einsicht insbesondere durch ein automatisiertes Abrufverfahren zu regeln. [2]Die Rechtsverordnung hat geeignete Regelungen zur Sicherung des Datenschutzes und der Datensicherheit vorzusehen. [3]Insbesondere ist sicherzustellen, dass die Daten

1. bei der elektronischen Übermittlung an das zentrale Vollstreckungsgericht nach Absatz 1 sowie bei der Weitergabe an eine andere Stelle nach Absatz 2 Satz 2 gegen unbefugte Kenntnisnahme geschützt sind,
2. unversehrt und vollständig wiedergegeben werden,
3. jederzeit ihrem Ursprung nach zugeordnet werden können und
4. nur von registrierten Nutzern nach Angabe des Verwendungszwecks abgerufen werden können, jeder Abrufvorgang protokolliert wird und Nutzer im Fall des missbräuchlichen Datenabrufs oder einer missbräuchlichen Datenverarbeitung von der Einsichtnahme ausgeschlossen werden können.

[4]Die Daten der Nutzer dürfen nur für die in Satz 3 Nr. 4 genannten Zwecke verarbeitet werden.

**§ 882i[4)] Rechte der Betroffenen.** (1) [1]Das Auskunftsrecht nach Artikel 15 Absatz 1 und das Recht auf Erhalt einer Kopie nach Artikel 15 Absatz 3 der Verordnung (EU) 2016/679[5)] wird in Bezug auf die personenbezogenen Daten, die im Schuldnerverzeichnis und in den an das zentrale Vollstreckungsgericht

---

[1)] § 882h eingef. mWv 1.1.2013, wobei Abs. 2 und 3 gem. Art. 6 Satz 1 dieses G bereits am 1.8.2009 in Kraft getreten sind; Abs. 3 Satz 1 geänd. mWv 8.9.2015 durch VO v. 31.8.2015 (BGBl. I S. 1474); Abs. 3 Satz 3 Nr. 4, Satz 4 geänd. mWv 26.11.2019 durch G v. 20.11.2019 (BGBl. I S. 1724).

[2)] Beachte hierzu Übergangsvorschrift in § 39 EGZPO (Nr. **101**).

[3)] Siehe hierzu auch die VO über den Bezug von Abdrucken aus dem Schuldnerverzeichnis (Schuldnerverzeichnisabdruckverordnung – SchuVAbdrV) (Nr. **102a**) und die VO über die Führung des Schuldnerverzeichnisses (Schuldnerverzeichnisführungsverordnung – SchuFV) (Nr. **102**).

[4)] § 882i eingef. mWv 26.11.2019 durch G v. 20.11.2019 (BGBl. I S. 1724).

[5)] **Sartorius Nr. 246.**

übermittelten Anordnungen der Eintragung in das Schuldnerverzeichnis enthalten sind, dadurch gewährt, dass die betroffene Person Einsicht in das Schuldnerverzeichnis über die zentrale und länderübergreifende Abfrage im Internet nach § 882h Absatz 1 Satz 2 nehmen kann. [2] Eine Information der betroffenen Person über konkrete Empfänger, gegenüber denen die in Satz 1 genannten personenbezogenen Daten offengelegt werden, erfolgt nur insoweit, als Daten zu diesen Empfängern nach den Vorschriften für Zwecke der Datenschutzkontrolle zu speichern sind.

(2) Hinsichtlich der im Schuldnerverzeichnis enthaltenen personenbezogenen Daten kann das Recht auf Berichtigung nach Artikel 16 der Verordnung (EU) 2016/679 nur unter den Voraussetzungen ausgeübt werden, die in § 882e für Löschungen von Eintragungen oder die Änderung fehlerhafter Eintragungen vorgesehen sind.

(3) Das Widerspruchsrecht gemäß Artikel 21 der Verordnung (EU) 2016/679 gilt nicht in Bezug auf die personenbezogenen Daten, die im Schuldnerverzeichnis und in den an das zentrale Vollstreckungsgericht übermittelten Anordnungen der Eintragung in das Schuldnerverzeichnis enthalten sind.

## Abschnitt 3. Zwangsvollstreckung zur Erwirkung der Herausgabe von Sachen und zur Erwirkung von Handlungen oder Unterlassungen

**§ 883[1) 2)] Herausgabe bestimmter beweglicher Sachen.** (1) Hat der Schuldner eine bewegliche Sache oder eine Menge bestimmter beweglicher Sachen herauszugeben, so sind sie von dem Gerichtsvollzieher ihm wegzunehmen und dem Gläubiger zu übergeben.

(2) [1] Wird die herauszugebende Sache nicht vorgefunden, so ist der Schuldner verpflichtet, auf Antrag des Gläubigers zu Protokoll an Eides statt zu versichern, dass er die Sache nicht besitze, auch nicht wisse, wo die Sache sich befinde. [2] Der gemäß § 802e zuständige Gerichtsvollzieher lädt den Schuldner zur Abgabe der eidesstattlichen Versicherung. [3] Die Vorschriften der §§ 478 bis 480, 483, 802f Abs. 4, §§ 802g bis 802i und 802j Abs. 1 und 2 gelten entsprechend.

(3) Das Gericht kann eine der Sachlage entsprechende Änderung der eidesstattlichen Versicherung beschließen.

**§ 884 Leistung einer bestimmten Menge vertretbarer Sachen.** Hat der Schuldner eine bestimmte Menge vertretbarer Sachen oder Wertpapiere zu leisten, so gilt die Vorschrift des § 883 Abs. 1 entsprechend.

**§ 885[3)] Herausgabe von Grundstücken oder Schiffen.** (1) [1] Hat der Schuldner eine unbewegliche Sache oder ein eingetragenes Schiff oder Schiffsbauwerk herauszugeben, zu überlassen oder zu räumen, so hat der Gerichtsvollzieher den Schuldner aus dem Besitz zu setzen und den Gläubiger in den Besitz einzuweisen. [2] Der Gerichtsvollzieher hat den Schuldner aufzufordern, eine Anschrift zum Zweck von Zustellungen oder einen Zustellungsbevollmächtigten zu benennen.

(2) Bewegliche Sachen, die nicht Gegenstand der Zwangsvollstreckung sind, werden von dem Gerichtsvollzieher weggeschafft und dem Schuldner oder, wenn

[1)] § 883 Abs. 2 Sätze 2 und 3 angef., Abs. 4 aufgeh. mWv 1.1.2013 durch G v. 29.7.2009 (BGBl. I S. 2258).

[2)] Beachte hierzu Übergangsvorschrift in § 39 EGZPO (Nr. **101**).

[3)] § 885 Abs. 1 Sätze 3 und 4 aufgeh. mWv 1.9.2009 durch G v. 17.12.2008 (BGBl. I S. 2586); Abs. 2 geänd., Abs. 3 und 4 neu gef., Abs. 5 angef. mWv 1.5.2013 durch G v. 11.3.2013 (BGBl. I S. 434).

dieser abwesend ist, einem Bevollmächtigten des Schuldners, einem erwachsenen Familienangehörigen, einer in der Familie beschäftigten Person oder einem erwachsenen ständigen Mitbewohner übergeben oder zur Verfügung gestellt.

(3) [1] Ist weder der Schuldner noch eine der bezeichneten Personen anwesend oder wird die Entgegennahme verweigert, hat der Gerichtsvollzieher die in Absatz 2 bezeichneten Sachen auf Kosten des Schuldners in die Pfandkammer zu schaffen oder anderweitig in Verwahrung zu bringen. [2] Bewegliche Sachen, an deren Aufbewahrung offensichtlich kein Interesse besteht, sollen unverzüglich vernichtet werden.

(4) [1] Fordert der Schuldner die Sachen nicht binnen einer Frist von einem Monat nach der Räumung ab, veräußert der Gerichtsvollzieher die Sachen und hinterlegt den Erlös. [2] Der Gerichtsvollzieher veräußert die Sachen und hinterlegt den Erlös auch dann, wenn der Schuldner die Sachen binnen einer Frist von einem Monat abfordert, ohne binnen einer Frist von zwei Monaten nach der Räumung die Kosten zu zahlen. [3] Die §§ 806, 814 und 817 sind entsprechend anzuwenden. [4] Sachen, die nicht verwertet werden können, sollen vernichtet werden.

(5) Unpfändbare Sachen und solche Sachen, bei denen ein Verwertungserlös nicht zu erwarten ist, sind auf Verlangen des Schuldners jederzeit ohne Weiteres herauszugeben.

**§ 885a[1)] Beschränkter Vollstreckungsauftrag.** (1) Der Vollstreckungsauftrag kann auf die Maßnahmen nach § 885 Absatz 1 beschränkt werden.

(2) [1] Der Gerichtsvollzieher hat in dem Protokoll (§ 762) die frei ersichtlichen beweglichen Sachen zu dokumentieren, die er bei der Vornahme der Vollstreckungshandlung vorfindet. [2] Er kann bei der Dokumentation Bildaufnahmen in elektronischer Form herstellen.

(3) [1] Der Gläubiger kann bewegliche Sachen, die nicht Gegenstand der Zwangsvollstreckung sind, jederzeit wegschaffen und hat sie zu verwahren. [2] Bewegliche Sachen, an deren Aufbewahrung offensichtlich kein Interesse besteht, kann er jederzeit vernichten. [3] Der Gläubiger hat hinsichtlich der Maßnahmen nach den Sätzen 1 und 2 nur Vorsatz und grobe Fahrlässigkeit zu vertreten.

(4) [1] Fordert der Schuldner die Sachen beim Gläubiger nicht binnen einer Frist von einem Monat nach der Einweisung des Gläubigers in den Besitz ab, kann der Gläubiger die Sachen verwerten. [2] Die §§ 372 bis 380, 382, 383 und 385 des Bürgerlichen Gesetzbuchs [2)] sind entsprechend anzuwenden. [3] Eine Androhung der Versteigerung findet nicht statt. [4] Sachen, die nicht verwertet werden können, können vernichtet werden.

(5) Unpfändbare Sachen und solche Sachen, bei denen ein Verwertungserlös nicht zu erwarten ist, sind auf Verlangen des Schuldners jederzeit ohne Weiteres herauszugeben.

(6) Mit der Mitteilung des Räumungstermins weist der Gerichtsvollzieher den Gläubiger und den Schuldner auf die Bestimmungen der Absätze 2 bis 5 hin.

(7) Die Kosten nach den Absätzen 3 und 4 gelten als Kosten der Zwangsvollstreckung.

**§ 886 Herausgabe bei Gewahrsam eines Dritten.** Befindet sich eine herauszugebende Sache im Gewahrsam eines Dritten, so ist dem Gläubiger auf dessen

---

[1)] § 885a eingef. mWv 1.5.2013 durch G v. 11.3.2013 (BGBl. I S. 434).

[2)] Nr. **20**.

Antrag der Anspruch des Schuldners auf Herausgabe der Sache nach den Vorschriften zu überweisen, welche die Pfändung und Überweisung einer Geldforderung betreffen.

**§ 887 Vertretbare Handlungen.** (1) Erfüllt der Schuldner die Verpflichtung nicht, eine Handlung vorzunehmen, deren Vornahme durch einen Dritten erfolgen kann, so ist der Gläubiger von dem Prozessgericht des ersten Rechtszuges auf Antrag zu ermächtigen, auf Kosten des Schuldners die Handlung vornehmen zu lassen.

(2) Der Gläubiger kann zugleich beantragen, den Schuldner zur Vorauszahlung der Kosten zu verurteilen, die durch die Vornahme der Handlung entstehen werden, unbeschadet des Rechts auf eine Nachforderung, wenn die Vornahme der Handlung einen größeren Kostenaufwand verursacht.

(3) Auf die Zwangsvollstreckung zur Erwirkung der Herausgabe oder Leistung von Sachen sind die vorstehenden Vorschriften nicht anzuwenden.

**§ 888[1) 2)] Nicht vertretbare Handlungen.** (1) [1] Kann eine Handlung durch einen Dritten nicht vorgenommen werden, so ist, wenn sie ausschließlich von dem Willen des Schuldners abhängt, auf Antrag von dem Prozessgericht des ersten Rechtszuges zu erkennen, dass der Schuldner zur Vornahme der Handlung durch Zwangsgeld und für den Fall, dass dieses nicht beigetrieben werden kann, durch Zwangshaft oder durch Zwangshaft anzuhalten sei. [2] Das einzelne Zwangsgeld darf den Betrag von 25 000 Euro nicht übersteigen. [3] Für die Zwangshaft gelten die Vorschriften des Zweiten Abschnitts über die Haft entsprechend.

(2) Eine Androhung der Zwangsmittel findet nicht statt.

(3) Diese Vorschriften kommen im Falle der Verurteilung zur Leistung von Diensten aus einem Dienstvertrag nicht zur Anwendung.

**§ 888a Keine Handlungsvollstreckung bei Entschädigungspflicht.**

Ist im Falle des § 510b der Beklagte zur Zahlung einer Entschädigung verurteilt, so ist die Zwangsvollstreckung auf Grund der Vorschriften der §§ 887, 888 ausgeschlossen.

**§ 889 Eidesstattliche Versicherung nach bürgerlichem Recht.** (1) [1] Ist der Schuldner auf Grund der Vorschriften des bürgerlichen Rechts zur Abgabe einer eidesstattlichen Versicherung verurteilt, so wird die Versicherung vor dem Amtsgericht als Vollstreckungsgericht abgegeben, in dessen Bezirk der Schuldner im Inland seinen Wohnsitz oder in Ermangelung eines solchen seinen Aufenthaltsort hat, sonst vor dem Amtsgericht als Vollstreckungsgericht, in dessen Bezirk das Prozessgericht des ersten Rechtszuges seinen Sitz hat. [2] Die Vorschriften der §§ 478 bis 480, 483 gelten entsprechend.

(2) Erscheint der Schuldner in dem zur Abgabe der eidesstattlichen Versicherung bestimmten Termin nicht oder verweigert er die Abgabe der eidesstattlichen Versicherung, so verfährt das Vollstreckungsgericht nach § 888.

**§ 890 Erzwingung von Unterlassungen und Duldungen.** (1) [1] Handelt der Schuldner der Verpflichtung zuwider, eine Handlung zu unterlassen oder die Vornahme einer Handlung zu dulden, so ist er wegen einer jeden Zuwiderhandlung

---

1) § 888 Abs. 3 geänd. mWv 1.9.2009 durch G v. 17.12.2008 (BGBl. I S. 2586); Abs. 1 Satz 3 geänd. mWv 1.1.2013 durch G v. 29.7.2009 (BGBl. I S. 2258).

2) Beachte hierzu Übergangsvorschrift in § 39 EGZPO (Nr. **101**).

auf Antrag des Gläubigers von dem Prozessgericht des ersten Rechtszuges zu einem Ordnungsgeld und für den Fall, dass dieses nicht beigetrieben werden kann, zur Ordnungshaft oder zur Ordnungshaft bis zu sechs Monaten zu verurteilen. [2]Das einzelne Ordnungsgeld darf den Betrag von 250 000 Euro, die Ordnungshaft insgesamt zwei Jahre nicht übersteigen.

(2) Der Verurteilung muss eine entsprechende Androhung vorausgehen, die, wenn sie in dem die Verpflichtung aussprechenden Urteil nicht enthalten ist, auf Antrag von dem Prozessgericht des ersten Rechtszuges erlassen wird.

(3) Auch kann der Schuldner auf Antrag des Gläubigers zur Bestellung einer Sicherheit für den durch fernere Zuwiderhandlungen entstehenden Schaden auf bestimmte Zeit verurteilt werden.

**§ 891 Verfahren; Anhörung des Schuldners; Kostenentscheidung.** [1]Die nach den §§ 887 bis 890 zu erlassenden Entscheidungen ergehen durch Beschluss. [2]Vor der Entscheidung ist der Schuldner zu hören. [3]Für die Kostenentscheidung gelten die §§ 91 bis 93, 95 bis 100, 106, 107 entsprechend.

**§ 892 Widerstand des Schuldners.** Leistet der Schuldner Widerstand gegen die Vornahme einer Handlung, die er nach den Vorschriften der §§ 887, 890 zu dulden hat, so kann der Gläubiger zur Beseitigung des Widerstandes einen Gerichtsvollzieher zuziehen, der nach den Vorschriften des § 758 Abs. 3 und des § 759 zu verfahren hat.

**§ 892a**[1] *(aufgehoben)*

**§ 893 Klage auf Leistung des Interesses.** (1) Durch die Vorschriften dieses Abschnitts wird das Recht des Gläubigers nicht berührt, die Leistung des Interesses zu verlangen.

(2) Den Anspruch auf Leistung des Interesses hat der Gläubiger im Wege der Klage bei dem Prozessgericht des ersten Rechtszuges geltend zu machen.

**§ 894**[2] **Fiktion der Abgabe einer Willenserklärung.** [1]Ist der Schuldner zur Abgabe einer Willenserklärung verurteilt, so gilt die Erklärung als abgegeben, sobald das Urteil die Rechtskraft erlangt hat. [2]Ist die Willenserklärung von einer Gegenleistung abhängig gemacht, so tritt diese Wirkung ein, sobald nach den Vorschriften der §§ 726, 730 eine vollstreckbare Ausfertigung des rechtskräftigen Urteils erteilt ist.

**§ 895 Willenserklärung zwecks Eintragung bei vorläufig vollstreckbarem Urteil.** [1]Ist durch ein vorläufig vollstreckbares Urteil der Schuldner zur Abgabe einer Willenserklärung verurteilt, auf Grund deren eine Eintragung in das Grundbuch, das Schiffsregister oder das Schiffsbauregister erfolgen soll, so gilt die Eintragung einer Vormerkung oder eines Widerspruchs als bewilligt. [2]Die Vormerkung oder der Widerspruch erlischt, wenn das Urteil durch eine vollstreckbare Entscheidung aufgehoben wird.

**§ 896 Erteilung von Urkunden an Gläubiger.** Soll auf Grund eines Urteils, das eine Willenserklärung des Schuldners ersetzt, eine Eintragung in ein öffentliches Buch oder Register vorgenommen werden, so kann der Gläubiger an Stelle

[1] § 892a aufgeh. mWv 1.9.2009 durch G v. 17.12.2008 (BGBl. I S. 2586).
[2] § 894 Abs. 2 aufgeh. mWv 1.9.2009 durch G v. 17.12.2008 (BGBl. I S. 2586).

des Schuldners die Erteilung der im § 792 bezeichneten Urkunden verlangen, soweit er dieser Urkunden zur Herbeiführung der Eintragung bedarf.

**§ 897 Übereignung; Verschaffung von Grundpfandrechten.** (1) Ist der Schuldner zur Übertragung des Eigentums oder zur Bestellung eines Rechts an einer beweglichen Sache verurteilt, so gilt die Übergabe der Sache als erfolgt, wenn der Gerichtsvollzieher die Sache zum Zwecke der Ablieferung an den Gläubiger wegnimmt.

(2) Das Gleiche gilt, wenn der Schuldner zur Bestellung einer Hypothek, Grundschuld oder Rentenschuld oder zur Abtretung oder Belastung einer Hypothekenforderung, Grundschuld oder Rentenschuld verurteilt ist, für die Übergabe des Hypotheken-, Grundschuld- oder Rentenschuldbriefs.

**§ 898 Gutgläubiger Erwerb.** Auf einen Erwerb, der sich nach den §§ 894, 897 vollzieht, sind die Vorschriften des bürgerlichen Rechts zugunsten derjenigen, die Rechte von einem Nichtberechtigten herleiten, anzuwenden.

### Abschnitt 4.[1)] Wirkungen des Pfändungsschutzkontos

**§ 899[1)] Pfändungsfreier Betrag; Übertragung.** (1) [1] Wird Guthaben auf dem Pfändungsschutzkonto des Schuldners gepfändet, kann der Schuldner jeweils bis zum Ende des Kalendermonats aus dem Guthaben über einen Betrag verfügen, dessen Höhe sich nach Aufrundung des monatlichen Freibetrages nach § 850c Absatz 1 in Verbindung mit Absatz 4 auf den nächsten vollen 10-Euro-Betrag ergibt; insoweit wird das Guthaben nicht von der Pfändung erfasst. [2] Satz 1 gilt entsprechend, wenn Guthaben auf einem Zahlungskonto des Schuldners gepfändet ist, das vor Ablauf von einem Monat seit der Zustellung des Überweisungsbeschlusses an den Drittschuldner in ein Pfändungsschutzkonto umgewandelt wird. [3] § 900 Absatz 2 bleibt unberührt.

(2) [1] Hat der Schuldner in dem jeweiligen Kalendermonat nicht über Guthaben in Höhe des gesamten nach Absatz 1 pfändungsfreien Betrages verfügt, wird dieses nicht verbrauchte Guthaben in den drei nachfolgenden Kalendermonaten zusätzlich zu dem nach Absatz 1 geschützten Guthaben nicht von der Pfändung erfasst. [2] Verfügungen sind jeweils mit dem Guthaben zu verrechnen, das zuerst dem Pfändungsschutzkonto gutgeschrieben wurde.

(3) [1] Einwendungen gegen die Höhe eines pfändungsfreien Betrages hat der Schuldner dem Kreditinstitut spätestens bis zum Ablauf des sechsten auf die Berechnung des jeweiligen pfändungsfreien Betrages folgenden Kalendermonats mitzuteilen. [2] Nach Ablauf dieser Frist kann der Schuldner nur Einwendungen geltend machen, deren verspätete Geltendmachung er nicht zu vertreten hat.

**§ 900[1)] Moratorium bei Überweisung an den Gläubiger.** (1) [1] Wird künftiges Guthaben auf einem Pfändungsschutzkonto gepfändet und dem Gläubiger überwiesen, darf der Drittschuldner erst nach Ablauf des Kalendermonats, der auf die jeweilige Gutschrift folgt, an den Gläubiger leisten oder den Betrag hinterlegen; eine Verlängerung des in § 899 Absatz 2 bezeichneten Zeitraums erfolgt dadurch nicht. [2] Auf Antrag des Gläubigers kann das Vollstreckungsgericht eine von Satz 1 erster Halbsatz abweichende Anordnung treffen, wenn sonst unter Würdigung des Schutzbedürfnisses des Schuldners für den Gläubiger eine unzumutbare Härte entstünde.

---

1) Abschnitt 4 (§§ 899–910) neu gef. mWv 1.12.2021 durch G v. 22.11.2020 (BGBl. I S. 2466).

(2) Guthaben, aus dem bis zum Ablauf der Frist des Absatzes 1 nicht an den Gläubiger geleistet oder das bis zu diesem Zeitpunkt nicht hinterlegt werden darf, ist in dem auf die Gutschrift folgenden Kalendermonat Guthaben im Sinne des § 899 Absatz 1 Satz 1.

**§ 901[1)] Verbot der Aufrechnung und Verrechnung.** (1) Verlangt eine natürliche Person von dem Kreditinstitut, dass ein von ihr dort geführtes Zahlungskonto, das einen negativen Saldo aufweist, als Pfändungsschutzkonto geführt wird, darf das Kreditinstitut ab dem Verlangen nicht mit seinen Forderungen gegen Forderungen des Kontoinhabers aufrechnen oder einen zugunsten des Kontoinhabers bestehenden Saldo mit einem zugunsten des Kreditinstituts bestehenden Saldo verrechnen, soweit die Gutschrift auf dem Zahlungskonto als Guthaben auf einem Pfändungsschutzkonto nicht von der Pfändung erfasst sein würde.

(2) [1] Das Verbot der Aufrechnung und Verrechnung nach Absatz 1 gilt für ein Zahlungskonto, auf das sich eine Pfändung erstreckt, bereits ab dem Zeitpunkt der Kenntnis des Kreditinstituts von der Pfändung. [2] Das Verbot der Aufrechnung oder Verrechnung entfällt jedoch, wenn der Schuldner nicht gemäß § 899 Absatz 1 Satz 2 verlangt, dass das Zahlungskonto als Pfändungsschutzkonto geführt wird.

(3) [1] Gutschriften auf dem Zahlungskonto, die nach Absatz 1 oder 2 dem Verbot der Aufrechnung und Verrechnung unterliegen, sind als Guthaben auf das Pfändungsschutzkonto zu übertragen. [2] Im Fall des Absatzes 2 erfolgt die Übertragung jedoch nur, wenn der Schuldner gemäß § 899 Absatz 1 Satz 2 verlangt, dass das Zahlungskonto als Pfändungsschutzkonto geführt wird.

**§ 902[1)] Erhöhungsbeträge.** [1] Neben dem pfändungsfreien Betrag nach § 899 Absatz 1 Satz 1 werden folgende Erhöhungsbeträge nicht von der Pfändung des Guthabens auf einem Pfändungsschutzkonto erfasst:

1. die pfändungsfreien Beträge nach § 850c Absatz 2 in Verbindung mit Absatz 4, wenn der Schuldner
   a) einer Person oder mehreren Personen auf Grund gesetzlicher Verpflichtung Unterhalt gewährt;
   b) Geldleistungen nach dem Zweiten[2)] oder Zwölften Buch Sozialgesetzbuch[3)] für Personen entgegennimmt, die mit ihm in einer Bedarfsgemeinschaft im Sinne des § 7 Absatz 3 des Zweiten Buches Sozialgesetzbuch oder in einer Gemeinschaft nach den §§ 19, 20, 27, 39 Satz 1 oder § 43 des Zwölften Buches Sozialgesetzbuch leben und denen er nicht auf Grund gesetzlicher Vorschriften zum Unterhalt verpflichtet ist;
   c) Geldleistungen nach dem Asylbewerberleistungsgesetz für Personen entgegennimmt, mit denen er in einem gemeinsamen Haushalt zusammenlebt und denen er nicht auf Grund gesetzlicher Vorschriften zum Unterhalt verpflichtet ist;
2. Geldleistungen im Sinne des § 54 Absatz 2 oder Absatz 3 Nummer 3 des Ersten Buches Sozialgesetzbuch[4)];
3. Geldleistungen gemäß § 5 Absatz 1 des Gesetzes zur Errichtung einer Stiftung „Mutter und Kind – Schutz des ungeborenen Lebens";

---

[1)] Abschnitt 4 (§§ 899–910) neu gef. mWv 1.12.2021 durch G v. 22.11.2020 (BGBl. I S. 2466).
[2)] **Sartorius ErgBd. Nr. 402.**
[3)] **Sartorius ErgBd. Nr. 412.**
[4)] **Sartorius ErgBd. Nr. 401.**

4. Geldleistungen, die dem Schuldner selbst nach dem Zweiten oder Zwölften Buch Sozialgesetzbuch oder dem Asylbewerberleistungsgesetz gewährt werden, in dem Umfang, in dem diese den pfändungsfreien Betrag nach § 899 Absatz 1 Satz 1 übersteigen;
5. das Kindergeld nach dem Einkommensteuergesetz und andere gesetzliche Geldleistungen für Kinder, es sei denn, dass wegen einer Unterhaltsforderung des Kindes, für das die Leistungen gewährt oder bei dem sie berücksichtigt werden, gepfändet wird;
6. Geldleistungen, die dem Schuldner nach landesrechtlichen oder anderen als in den Nummern 1 bis 5 genannten bundesrechtlichen Rechtsvorschriften gewährt werden, in welchen die Unpfändbarkeit der Geldleistung festgelegt wird.

[2] Für die Erhöhungsbeträge nach Satz 1 gilt § 899 Absatz 2 entsprechend.

**§ 903[1)] Nachweise über Erhöhungsbeträge.** (1) [1] Das Kreditinstitut kann aus Guthaben, soweit es als Erhöhungsbetrag unpfändbar ist, mit befreiender Wirkung gegenüber dem Schuldner an den Gläubiger leisten, bis der Schuldner dem Kreditinstitut nachweist, dass es sich um Guthaben handelt, das nach § 902 nicht von der Pfändung erfasst wird. [2] Der Nachweis ist zu führen durch Vorlage einer Bescheinigung

1. der Familienkasse, des Sozialleistungsträgers oder einer mit der Gewährung von Geldleistungen im Sinne des § 902 Satz 1 befassten Einrichtung,
2. des Arbeitgebers oder
3. einer geeigneten Person oder Stelle im Sinne des § 305 Absatz 1 Nummer 1 der Insolvenzordnung.

(2) [1] Das Kreditinstitut hat Bescheinigungen nach Absatz 1 Satz 2 für die Dauer zu beachten, für die sie ausgestellt sind. [2] Unbefristete Bescheinigungen hat das Kreditinstitut für die Dauer von zwei Jahren zu beachten. [3] Nach Ablauf des in Satz 2 genannten Zeitraums kann das Kreditinstitut von dem Kontoinhaber, der eine Bescheinigung nach Absatz 1 Satz 2 vorgelegt hat, die Vorlage einer neuen Bescheinigung verlangen. [4] Vor Ablauf des in Satz 2 genannten Zeitraums kann das Kreditinstitut eine neue Bescheinigung verlangen, wenn tatsächliche Anhaltspunkte bestehen, die die Annahme rechtfertigen, dass die Angaben in der Bescheinigung unrichtig sind oder nicht mehr zutreffen.

(3) [1] Jede der in Absatz 1 Satz 2 Nummer 1 genannten Stellen, die Leistungen im Sinne des § 902 Satz 1 Nummer 1 Buchstabe b und c sowie Nummer 2 bis 6 durch Überweisung auf ein Zahlungskonto des Schuldners erbringt, ist verpflichtet, auf Antrag des Schuldners eine Bescheinigung nach Absatz 1 Satz 2 über ihre Leistungen auszustellen. [2] Die Bescheinigung muss folgende Angaben enthalten:

1. die Höhe der Leistung,
2. in welcher Höhe die Leistung zu welcher der in § 902 Satz 1 Nummer 1 Buchstabe b und c sowie Nummer 2 bis 6 genannten Leistungsarten gehört,
3. für welchen Zeitraum die Leistung gewährt wird.

[3] Darüber hinaus ist die in Absatz 1 Satz 2 Nummer 1 genannte Stelle verpflichtet, soweit sie Kenntnis hiervon hat, Folgendes zu bescheinigen:

1. die Anzahl der Personen, denen der Schuldner auf Grund gesetzlicher Verpflichtung Unterhalt gewährt,

---

1) Abschnitt 4 (§§ 899–910) neu gef. mWv 1.12.2021 durch G v. 22.11.2020 (BGBl. I S. 2466).

2. das Geburtsdatum der minderjährigen unterhaltsberechtigten Personen.

(4) Das Kreditinstitut hat die Angaben in der Bescheinigung nach Absatz 1 Satz 2 ab dem zweiten auf die Vorlage der Bescheinigung folgenden Geschäftstag zu beachten.

**§ 904[1)] Nachzahlung von Leistungen.** (1) Werden laufende Geldleistungen zu einem späteren Zeitpunkt als dem Monat, auf den sich die Leistungen beziehen, ausbezahlt, so werden sie von der Pfändung des Guthabens auf dem Pfändungsschutzkonto nicht erfasst, wenn es sich um Geldleistungen gemäß § 902 Satz 1 Nummer 1 Buchstabe b oder c oder Nummer 4 bis 6 handelt.

(2) Laufende Geldleistungen nach dem Sozialgesetzbuch, die nicht in Absatz 1 genannt sind, sowie Arbeitseinkommen nach § 850 Absatz 2 und 3 werden von der Pfändung des Guthabens auf dem Pfändungsschutzkonto nicht erfasst, wenn der nachgezahlte Betrag 500 Euro nicht übersteigt.

(3) [1] Laufende Geldleistungen nach Absatz 2, bei denen der nachgezahlte Betrag 500 Euro übersteigt, werden von der Pfändung des Guthabens auf dem Pfändungsschutzkonto nicht erfasst, soweit der für den jeweiligen Monat nachgezahlte Betrag in dem Monat, auf den er sich bezieht, nicht zu einem pfändbaren Guthaben geführt hätte. [2] Wird die Nachzahlung pauschal und für einen Bewilligungszeitraum gewährt, der länger als ein Monat ist, ist die Nachzahlungssumme zu gleichen Teilen auf die Zahl der betroffenen Monate aufzuteilen.

(4) Für Nachzahlungen von Leistungen nach den Absätzen 1 und 2 gilt § 903 Absatz 1, 3 Satz 1 und Absatz 4 entsprechend.

(5) [1] Für die Festsetzung der Höhe des pfändungsfreien Betrages in den Fällen des Absatzes 3 ist das Vollstreckungsgericht zuständig. [2] Entscheidungen nach Satz 1 ergehen auf Antrag des Schuldners durch Beschluss. [3] Der Beschluss nach Satz 2 gilt als Bescheinigung im Sinne des § 903 Absatz 1 Satz 2.

**§ 905[1)] Festsetzung der Erhöhungsbeträge durch das Vollstreckungsgericht.** [1] Macht der Schuldner glaubhaft, dass er eine Bescheinigung im Sinne des § 903 Absatz 1 Satz 2, um deren Erteilung er

1. zunächst bei einer in § 903 Absatz 1 Satz 2 Nummer 1 genannten Stelle, von der er eine Leistung bezieht, und nachfolgend
2. bei einer weiteren Stelle, die zur Erteilung der Bescheinigung berechtigt ist,

nachgesucht hat, nicht in zumutbarer Weise von diesen Stellen erlangen konnte, hat das Vollstreckungsgericht in dem Beschluss auf Antrag die Erhöhungsbeträge nach § 902 festzusetzen und die Angaben nach § 903 Absatz 3 Satz 2 zu bestimmen. [2] Dabei hat das Vollstreckungsgericht den Schuldner auf die Möglichkeit der Stellung eines Antrags nach § 907 Absatz 1 Satz 1 hinzuweisen, wenn nach dem Vorbringen des Schuldners unter Beachtung der von ihm vorgelegten Unterlagen die Voraussetzungen dieser Vorschrift erfüllt sein könnten. [3] Der Beschluss des Vollstreckungsgerichts nach Satz 1 gilt als Bescheinigung im Sinne des § 903 Absatz 1 Satz 2.

**§ 906[1)] Festsetzung eines abweichenden pfändungsfreien Betrages durch das Vollstreckungsgericht.** (1) [1] Wird Guthaben wegen einer der in § 850d oder § 850f Absatz 2 bezeichneten Forderungen gepfändet, tritt an die Stelle der nach § 899 Absatz 1 und § 902 Satz 1 pfändungsfreien Beträge der vom Vollstreckungs-

[1)] Abschnitt 4 (§§ 899–910) neu gef. mWv 1.12.2021 durch G v. 22.11.2020 (BGBl. I S. 2466).

gericht im Pfändungsbeschluss belassene Betrag. [2] In den Fällen des § 850d Absatz 1 und 2 kann das Vollstreckungsgericht auf Antrag einen von Satz 1 abweichenden pfändungsfreien Betrag festlegen.

(2) Das Vollstreckungsgericht setzt auf Antrag einen von § 899 Absatz 1 und § 902 Satz 1 abweichenden pfändungsfreien Betrag fest, wenn sich aus einer bundes- oder landesrechtlichen Vorschrift eine solche Abweichung ergibt.

(3) In den Fällen des Absatzes 1 Satz 2 und des Absatzes 2

1. ist der Betrag in der Regel zu beziffern,
2. hat das Vollstreckungsgericht zu prüfen, ob eine der in § 732 Absatz 2 bezeichneten Anordnungen zu erlassen ist, und
3. gilt § 905 Satz 2 entsprechend.

(4) Für Beträge, die nach den Absätzen 1 oder 2 festgesetzt sind, gilt § 899 Absatz 2 entsprechend.

**§ 907[1)] Festsetzung der Unpfändbarkeit von Kontoguthaben auf dem Pfändungsschutzkonto.** (1) [1] Auf Antrag des Schuldners kann das Vollstreckungsgericht festsetzen, dass das Guthaben auf dem Pfändungsschutzkonto für die Dauer von bis zu zwölf Monaten der Pfändung nicht unterworfen ist, wenn der Schuldner

1. nachweist, dass dem Konto in den letzten sechs Monaten vor Antragstellung ganz überwiegend nur unpfändbare Beträge gutgeschrieben worden sind, und
2. glaubhaft macht, dass auch innerhalb der nächsten sechs Monate ganz überwiegend nur die Gutschrift unpfändbarer Beträge zu erwarten ist.

[2] Die Festsetzung ist abzulehnen, wenn ihr überwiegende Belange des Gläubigers entgegenstehen.

(2) [1] Auf Antrag jedes Gläubigers ist die Festsetzung der Unpfändbarkeit aufzuheben, wenn deren Voraussetzungen nicht mehr vorliegen oder die Festsetzung den überwiegenden Belangen des den Antrag stellenden Gläubigers entgegensteht. [2] Der Schuldner hat die Gläubiger auf eine wesentliche Veränderung seiner Vermögensverhältnisse unverzüglich hinzuweisen.

**§ 908[1)] Aufgaben des Kreditinstituts.** (1) Das Kreditinstitut ist dem Schuldner zur Leistung aus dem nicht von der Pfändung erfassten Guthaben im Rahmen des vertraglich Vereinbarten verpflichtet.

(2) Das Kreditinstitut informiert den Schuldner in einer für diesen geeigneten und zumutbaren Weise über

1. das im laufenden Kalendermonat noch verfügbare von der Pfändung nicht erfasste Guthaben und
2. den Betrag, der mit Ablauf des laufenden Kalendermonats nicht mehr pfändungsfrei ist.

(3) Das Kreditinstitut hat dem Kontoinhaber die Absicht, eine neue Bescheinigung nach § 903 Absatz 2 Satz 3 zu verlangen, mindestens zwei Monate vor dem Zeitpunkt, ab dem es die ihm vorliegende Bescheinigung nicht mehr berücksichtigen will, mitzuteilen.

**§ 909[1)] Datenweitergabe; Löschungspflicht.** (1) [1] Das Kreditinstitut darf zum Zwecke der Überprüfung der Richtigkeit der Versicherung nach § 850k Absatz 3

[1)] Abschnitt 4 (§§ 899–910) neu gef. mWv 1.12.2021 durch G v. 22.11.2020 (BGBl. I S. 2466).

Satz 2 Auskunfteien mitteilen, dass es für den Kontoinhaber ein Pfändungsschutzkonto führt. [2]Nur zu diesem Zweck dürfen die Auskunfteien diese Angabe verarbeiten und sie nur auf Anfrage anderer Kreditinstitute an diese übermitteln. [3]Die Verarbeitung zu einem anderen Zweck ist auch mit Einwilligung des Kontoinhabers unzulässig.

(2) [1]Wird das Pfändungsschutzkonto für den Kontoinhaber nicht mehr geführt, hat das Kreditinstitut die Auskunfteien, die nach Absatz 1 Satz 1 eine Mitteilung erhalten haben, unverzüglich zu unterrichten. [2]Die Auskunfteien haben nach Erhalt dieser Unterrichtung die Angabe über die Führung des Pfändungsschutzkontos unverzüglich zu löschen.

**§ 910**[1)] **Verwaltungsvollstreckung.** [1]Die §§ 850k und 850l sowie die Regelungen dieses Abschnitts gelten auch bei einer Pfändung von Kontoguthaben wegen Forderungen, die im Wege der Verwaltungsvollstreckung nach Bundesrecht beigetrieben werden. [2]Mit Ausnahme der Fälle des § 850k Absatz 4 Satz 1, des § 904 Absatz 5 und des § 907 tritt die Vollstreckungsbehörde an die Stelle des Vollstreckungsgerichts.

**§§ 911–915h**[2)] *(aufgehoben)*

### Abschnitt 5. Arrest und einstweilige Verfügung

**§ 916 Arrestanspruch.** (1) Der Arrest findet zur Sicherung der Zwangsvollstreckung in das bewegliche oder unbewegliche Vermögen wegen einer Geldforderung oder wegen eines Anspruchs statt, der in eine Geldforderung übergehen kann.

(2) Die Zulässigkeit des Arrestes wird nicht dadurch ausgeschlossen, dass der Anspruch betagt oder bedingt ist, es sei denn, dass der bedingte Anspruch wegen der entfernten Möglichkeit des Eintritts der Bedingung einen gegenwärtigen Vermögenswert nicht hat.

**§ 917**[3)] **Arrestgrund bei dinglichem Arrest.** (1) Der dingliche Arrest findet statt, wenn zu besorgen ist, dass ohne dessen Verhängung die Vollstreckung des Urteils vereitelt oder wesentlich erschwert werden würde.

(2) [1]Als ein zureichender Arrestgrund ist es anzusehen, wenn das Urteil im Ausland vollstreckt werden müsste und die Gegenseitigkeit nicht verbürgt ist. [2]Eines Arrestgrundes bedarf es nicht, wenn der Arrest nur zur Sicherung der Zwangsvollstreckung in ein Schiff stattfindet.

**§ 918 Arrestgrund bei persönlichem Arrest.** Der persönliche Sicherheitsarrest findet nur statt, wenn er erforderlich ist, um die gefährdete Zwangsvollstreckung in das Vermögen des Schuldners zu sichern.[4)]

**§ 919 Arrestgericht.** Für die Anordnung des Arrestes ist sowohl das Gericht der Hauptsache als das Amtsgericht zuständig, in dessen Bezirk der mit Arrest zu belegende Gegenstand oder die in ihrer persönlichen Freiheit zu beschränkende Person sich befindet.

---

[1)] Abschnitt 4 (§§ 899–910) neu gef. mWv 1.12.2021 durch G v. 22.11.2020 (BGBl. I S. 2466).
[2)] §§ 911–915h aufgeh. mWv 1.1.2013 durch G v. 29.7.2009 (BGBl. I S. 2258).
[3)] § 917 Abs. 2 Satz 2 angef. mWv 25.4.2013 durch G v. 20.4.2013 (BGBl. I S. 831).
[4)] Vgl. dazu Art. 26 Haager Übereinkommen über den Zivilprozeß v. 1.3.1954 (BGBl. 1958 II S. 576, 577): Gleichstellung der Angehörigen eines Vertragsstaates mit den eigenen Staatsangehörigen.

**§ 920 Arrestgesuch.** (1) Das Gesuch soll die Bezeichnung des Anspruchs unter Angabe des Geldbetrages oder des Geldwertes sowie die Bezeichnung des Arrestgrundes enthalten.

(2) Der Anspruch und der Arrestgrund sind glaubhaft zu machen.

(3) Das Gesuch kann vor der Geschäftsstelle zu Protokoll erklärt werden.

**§ 921 Entscheidung über das Arrestgesuch.** [1] Das Gericht kann, auch wenn der Anspruch oder der Arrestgrund nicht glaubhaft gemacht ist, den Arrest anordnen, sofern wegen der dem Gegner drohenden Nachteile Sicherheit geleistet wird. [2] Es kann die Anordnung des Arrestes von einer Sicherheitsleistung abhängig machen, selbst wenn der Anspruch und der Arrestgrund glaubhaft gemacht sind.

**§ 922 Arresturteil und Arrestbeschluss.** (1) [1] Die Entscheidung über das Gesuch ergeht im Falle einer mündlichen Verhandlung durch Endurteil, andernfalls durch Beschluss. [2] Die Entscheidung, durch die der Arrest angeordnet wird, ist zu begründen, wenn sie im Ausland geltend gemacht werden soll.

(2) Den Beschluss, durch den ein Arrest angeordnet wird, hat die Partei, die den Arrest erwirkt hat, zustellen zu lassen.

(3) Der Beschluss, durch den das Arrestgesuch zurückgewiesen oder vorherige Sicherheitsleistung für erforderlich erklärt wird, ist dem Gegner nicht mitzuteilen.

**§ 923 Abwendungsbefugnis.** In dem Arrestbefehl ist ein Geldbetrag festzustellen, durch dessen Hinterlegung die Vollziehung des Arrestes gehemmt und der Schuldner zu dem Antrag auf Aufhebung des vollzogenen Arrestes berechtigt wird.

**§ 924 Widerspruch.** (1) Gegen den Beschluss, durch den ein Arrest angeordnet wird, findet Widerspruch statt.

(2) [1] Die widersprechende Partei hat in dem Widerspruch die Gründe darzulegen, die sie für die Aufhebung des Arrestes geltend machen will. [2] Das Gericht hat Termin zur mündlichen Verhandlung von Amts wegen zu bestimmen. [3] Ist das Arrestgericht ein Amtsgericht, so ist der Widerspruch unter Angabe der Gründe, die für die Aufhebung des Arrestes geltend gemacht werden sollen, schriftlich oder zum Protokoll der Geschäftsstelle zu erheben.

(3) [1] Durch Erhebung des Widerspruchs wird die Vollziehung des Arrestes nicht gehemmt. [2] Das Gericht kann aber eine einstweilige Anordnung nach § 707 treffen; § 707 Abs. 1 Satz 2 ist nicht anzuwenden.

**§ 925 Entscheidung nach Widerspruch.** (1) Wird Widerspruch erhoben, so ist über die Rechtmäßigkeit des Arrestes durch Endurteil zu entscheiden.

(2) Das Gericht kann den Arrest ganz oder teilweise bestätigen, abändern oder aufheben, auch die Bestätigung, Abänderung oder Aufhebung von einer Sicherheitsleistung abhängig machen.

**§ 926 Anordnung der Klageerhebung.** (1) Ist die Hauptsache nicht anhängig, so hat das Arrestgericht[1)] auf Antrag ohne mündliche Verhandlung anzuordnen, dass die Partei, die den Arrestbefehl erwirkt hat, binnen einer zu bestimmenden Frist Klage zu erheben habe.

---

[1)] Vgl. hierzu § 20 Nr. 14 RechtspflegerG (Nr. **96**).

(2) Wird dieser Anordnung nicht Folge geleistet, so ist auf Antrag die Aufhebung des Arrestes durch Endurteil auszusprechen.

**§ 927 Aufhebung wegen veränderter Umstände.** (1) Auch nach der Bestätigung des Arrestes kann wegen veränderter Umstände, insbesondere wegen Erledigung des Arrestgrundes oder auf Grund des Erbietens zur Sicherheitsleistung die Aufhebung des Arrestes beantragt werden.

(2) Die Entscheidung ist durch Endurteil zu erlassen; sie ergeht durch das Gericht, das den Arrest angeordnet hat, und wenn die Hauptsache anhängig ist, durch das Gericht der Hauptsache.

**§ 928 Vollziehung des Arrestes.** Auf die Vollziehung des Arrestes sind die Vorschriften über die Zwangsvollstreckung entsprechend anzuwenden, soweit nicht die nachfolgenden Paragraphen abweichende Vorschriften enthalten.

**§ 929[1] Vollstreckungsklausel; Vollziehungsfrist.** (1) Arrestbefehle bedürfen der Vollstreckungsklausel nur, wenn die Vollziehung für einen anderen als den in dem Befehl bezeichneten Gläubiger oder gegen einen anderen als den in dem Befehl bezeichneten Schuldner erfolgen soll.

(2) [1] Die Vollziehung des Arrestbefehls ist unstatthaft, wenn seit dem Tag, an dem der Befehl verkündet oder der Partei, auf deren Gesuch er erging, zugestellt ist, ein Monat verstrichen ist. [2] Kann ein ausländischer Sicherungstitel im Inland ohne vorherige Vollstreckbarerklärung vollzogen werden, so beträgt die Frist nach Satz 1 zwei Monate.

(3) [1] Die Vollziehung ist vor der Zustellung des Arrestbefehls an den Schuldner zulässig. [2] Sie ist jedoch ohne Wirkung, wenn die Zustellung nicht innerhalb einer Woche nach der Vollziehung und vor Ablauf der für diese im vorhergehenden Absatz bestimmten Frist erfolgt.

**§ 930[2] Vollziehung in bewegliches Vermögen und Forderungen.**

(1) [1] Die Vollziehung des Arrestes in bewegliches Vermögen wird durch Pfändung bewirkt. [2] Die Pfändung erfolgt nach denselben Grundsätzen wie jede andere Pfändung und begründet ein Pfandrecht mit den im § 804 bestimmten Wirkungen. [3] Für die Pfändung einer Forderung ist das Arrestgericht als Vollstreckungsgericht zuständig.

(2) Gepfändetes Geld und ein im Verteilungsverfahren auf den Gläubiger fallender Betrag des Erlöses werden hinterlegt.

(3) Das Vollstreckungsgericht kann auf Antrag anordnen, dass eine bewegliche körperliche Sache, wenn sie der Gefahr einer beträchtlichen Wertverringerung ausgesetzt ist oder wenn ihre Aufbewahrung unverhältnismäßige Kosten verursachen würde, versteigert und der Erlös hinterlegt werde.

(4) Die Vollziehung des Arrestes in ein nicht eingetragenes Seeschiff ist unzulässig, wenn sich das Schiff auf der Reise befindet und nicht in einem Hafen liegt.

---

[1] § 929 Abs. 2 Satz 2 angef. mWv 1.1.2022 durch G v. 7.5.2021 (BGBl. I S. 850).
[2] § 930 Abs. 4 angef. mWv 25.4.2013 durch G v. 20.4.2013 (BGBl. I S. 831).

**§ 931[1] Vollziehung in eingetragenes Schiff oder Schiffsbauwerk.**

(1) Die Vollziehung des Arrestes in ein eingetragenes Schiff oder Schiffsbauwerk wird durch Pfändung nach den Vorschriften über die Pfändung beweglicher Sachen mit folgenden Abweichungen bewirkt.

(2) Die Pfändung begründet ein Pfandrecht an dem gepfändeten Schiff oder Schiffsbauwerk; das Pfandrecht gewährt dem Gläubiger im Verhältnis zu anderen Rechten dieselben Rechte wie eine Schiffshypothek.

(3) Die Pfändung wird auf Antrag des Gläubigers vom Arrestgericht als Vollstreckungsgericht angeordnet; das Gericht hat zugleich das Registergericht um die Eintragung einer Vormerkung zur Sicherung des Arrestpfandrechts in das Schiffsregister oder Schiffsbauregister zu ersuchen; die Vormerkung erlischt, wenn die Vollziehung des Arrestes unstatthaft wird.

(4) Der Gerichtsvollzieher hat bei der Vornahme der Pfändung das Schiff oder Schiffsbauwerk in Bewachung und Verwahrung zu nehmen.

(5) Ist zur Zeit der Arrestvollziehung die Zwangsversteigerung des Schiffes oder Schiffsbauwerks eingeleitet, so gilt die in diesem Verfahren erfolgte Beschlagnahme des Schiffes oder Schiffsbauwerks als erste Pfändung im Sinne des § 826; die Abschrift des Pfändungsprotokolls ist dem Vollstreckungsgericht einzureichen.

(6) [1] Das Arrestpfandrecht wird auf Antrag des Gläubigers in das Schiffsregister oder Schiffsbauregister eingetragen; der nach § 923 festgestellte Geldbetrag ist als der Höchstbetrag zu bezeichnen, für den das Schiff oder Schiffsbauwerk haftet. [2] Im Übrigen gelten der § 867 Abs. 1 und 2 und der § 870a Abs. 3 entsprechend, soweit nicht vorstehend etwas anderes bestimmt ist.

(7) Die Vollziehung des Arrestes in ein eingetragenes Seeschiff ist unzulässig, wenn sich das Schiff auf der Reise befindet und nicht in einem Hafen liegt.

**§ 932 Arresthypothek.** (1) [1] Die Vollziehung des Arrestes in ein Grundstück oder in eine Berechtigung, für welche die sich auf Grundstücke beziehenden Vorschriften gelten, erfolgt durch Eintragung einer Sicherungshypothek für die Forderung; der nach § 923 festgestellte Geldbetrag ist als der Höchstbetrag zu bezeichnen, für den das Grundstück oder die Berechtigung haftet. [2] Ein Anspruch nach § 1179a oder § 1179b des Bürgerlichen Gesetzbuchs[2] steht dem Gläubiger oder im Grundbuch eingetragenen Gläubiger der Sicherungshypothek nicht zu.

(2) Im Übrigen gelten die Vorschriften des § 866 Abs. 3 Satz 1, des § 867 Abs. 1 und 2 und des § 868.

(3) Der Antrag auf Eintragung der Hypothek gilt im Sinne des § 929 Abs. 2, 3 als Vollziehung des Arrestbefehls.

**§ 933[3] [4] Vollziehung des persönlichen Arrestes.** [1] Die Vollziehung des persönlichen Sicherheitsarrestes richtet sich, wenn sie durch Haft erfolgt, nach den Vorschriften der §§ 802g, 802h und 802j Abs. 1 und 2 und, wenn sie durch sonstige Beschränkung der persönlichen Freiheit erfolgt, nach den vom Arrestgericht zu treffenden besonderen Anordnungen, für welche die Beschränkungen der Haft maßgebend sind. [2] In den Haftbefehl ist der nach § 923 festgestellte Geldbetrag aufzunehmen.

---

[1] § 931 Abs. 7 angef. mWv 25.4.2013 durch G v. 20.4.2013 (BGBl. I S. 831).

[2] Nr. **20**.

[3] § 933 Satz 1 geänd. mWv 1.1.2013 durch G v. 29.7.2009 (BGBl. I S. 2258).

[4] Beachte hierzu Übergangsvorschrift in § 39 EGZPO (Nr. **101**).

**§ 934 Aufhebung der Arrestvollziehung.** (1) Wird der in dem Arrestbefehl festgestellte Geldbetrag hinterlegt, so wird der vollzogene Arrest von dem Vollstreckungsgericht[1] aufgehoben.

(2) Das Vollstreckungsgericht kann die Aufhebung des Arrestes auch anordnen, wenn die Fortdauer besondere Aufwendungen erfordert und die Partei, auf deren Gesuch der Arrest verhängt wurde, den nötigen Geldbetrag nicht vorschießt.

(3) Die in diesem Paragraphen erwähnten Entscheidungen ergehen durch Beschluss.

(4) Gegen den Beschluss, durch den der Arrest aufgehoben wird, findet sofortige Beschwerde statt.

**§ 935 Einstweilige Verfügung bezüglich Streitgegenstand.** Einstweilige Verfügungen in Bezug auf den Streitgegenstand sind zulässig, wenn zu besorgen ist, dass durch eine Veränderung des bestehenden Zustandes die Verwirklichung des Rechts einer Partei vereitelt oder wesentlich erschwert werden könnte.

**§ 936 Anwendung der Arrestvorschriften.** Auf die Anordnung einstweiliger Verfügungen und das weitere Verfahren sind die Vorschriften über die Anordnung von Arresten und über das Arrestverfahren entsprechend anzuwenden, soweit nicht die nachfolgenden Paragraphen abweichende Vorschriften enthalten.

**§ 937 Zuständiges Gericht.** (1) Für den Erlass einstweiliger Verfügungen ist das Gericht der Hauptsache zuständig.

(2) Die Entscheidung kann in dringenden Fällen sowie dann, wenn der Antrag auf Erlass einer einstweiligen Verfügung zurückzuweisen ist, ohne mündliche Verhandlung ergehen.

**§ 938[2] Inhalt der einstweiligen Verfügung.** (1) Das Gericht bestimmt nach freiem Ermessen, welche Anordnungen zur Erreichung des Zweckes erforderlich sind.

(2) Die einstweilige Verfügung kann auch in einer Sequestration sowie darin bestehen, dass dem Gegner eine Handlung geboten oder verboten, insbesondere die Veräußerung, Belastung oder Verpfändung eines Grundstücks oder eines eingetragenen Schiffes oder Schiffsbauwerks untersagt wird.

**§ 939 Aufhebung gegen Sicherheitsleistung.** Nur unter besonderen Umständen kann die Aufhebung einer einstweiligen Verfügung gegen Sicherheitsleistung gestattet werden.

**§ 940 Einstweilige Verfügung zur Regelung eines einstweiligen Zustandes.** Einstweilige Verfügungen sind auch zum Zwecke der Regelung eines einstweiligen Zustandes in Bezug auf ein streitiges Rechtsverhältnis zulässig, sofern diese Regelung, insbesondere bei dauernden Rechtsverhältnissen zur Abwendung wesentlicher Nachteile oder zur Verhinderung drohender Gewalt oder aus anderen Gründen nötig erscheint.

---

[1] Vgl. hierzu § 20 Nr. 15 RechtspflegerG (Nr. **96**).
[2] § 938 Abs. 1 geänd. mWv 1.1.2014 durch G v. 5.12.2012 (BGBl. I S. 2418).

**§ 940a[1)] Räumung von Wohnraum.** (1) Die Räumung von Wohnraum darf durch einstweilige Verfügung nur wegen verbotener Eigenmacht oder bei einer konkreten Gefahr für Leib oder Leben angeordnet werden.

(2) Die Räumung von Wohnraum darf durch einstweilige Verfügung auch gegen einen Dritten angeordnet werden, der im Besitz der Mietsache ist, wenn gegen den Mieter ein vollstreckbarer Räumungstitel vorliegt und der Vermieter vom Besitzerwerb des Dritten erst nach dem Schluss der mündlichen Verhandlung Kenntnis erlangt hat.

(3) Ist Räumungsklage wegen Zahlungsverzugs erhoben, darf die Räumung von Wohnraum durch einstweilige Verfügung auch angeordnet werden, wenn der Beklagte einer Sicherungsanordnung (§ 283a) im Hauptsacheverfahren nicht Folge leistet.

(4) In den Fällen der Absätze 2 und 3 hat das Gericht den Gegner vor Erlass einer Räumungsverfügung anzuhören.

**§ 941 Ersuchen um Eintragungen im Grundbuch usw.** Hat auf Grund der einstweiligen Verfügung eine Eintragung in das Grundbuch, das Schiffsregister oder das Schiffsbauregister zu erfolgen, so ist das Gericht befugt, das Grundbuchamt oder die Registerbehörde um die Eintragung zu ersuchen.

**§ 942 Zuständigkeit des Amtsgerichts der belegenen Sache.** (1) In dringenden Fällen kann das Amtsgericht, in dessen Bezirk sich der Streitgegenstand befindet, eine einstweilige Verfügung erlassen unter Bestimmung einer Frist, innerhalb der die Ladung des Gegners zur mündlichen Verhandlung über die Rechtmäßigkeit der einstweiligen Verfügung bei dem Gericht der Hauptsache zu beantragen ist.

(2) [1] Die einstweilige Verfügung, auf Grund deren eine Vormerkung oder ein Widerspruch gegen die Richtigkeit des Grundbuchs, des Schiffsregisters oder des Schiffsbauregisters eingetragen werden soll, kann von dem Amtsgericht erlassen werden, in dessen Bezirk das Grundstück belegen ist oder der Heimathafen oder der Heimatort des Schiffes oder der Bauort des Schiffsbauwerks sich befindet, auch wenn der Fall nicht für dringlich erachtet wird; liegt der Heimathafen des Schiffes nicht im Inland, so kann die einstweilige Verfügung vom Amtsgericht in Hamburg erlassen werden. [2] Die Bestimmung der im Absatz 1 bezeichneten Frist hat nur auf Antrag des Gegners zu erfolgen.

(3) Nach fruchtlosem Ablauf der Frist hat das Amtsgericht auf Antrag die erlassene Verfügung aufzuheben.

(4) Die in diesem Paragraphen erwähnten Entscheidungen des Amtsgerichts ergehen durch Beschluss.

**§ 943 Gericht der Hauptsache.** (1) Als Gericht der Hauptsache im Sinne der Vorschriften dieses Abschnitts ist das Gericht des ersten Rechtszuges und, wenn die Hauptsache in der Berufungsinstanz anhängig ist, das Berufungsgericht anzusehen.

(2) Das Gericht der Hauptsache ist für die nach § 109 zu treffenden Anordnungen ausschließlich zuständig, wenn die Hauptsache anhängig ist oder anhängig gewesen ist.

---

1) § 940a neu gef. mWv 1.5.2013 durch G v. 11.3.2013 (BGBl. I S. 434).

**§ 944 Entscheidung des Vorsitzenden bei Dringlichkeit.** In dringenden Fällen kann der Vorsitzende über die in diesem Abschnitt erwähnten Gesuche, sofern deren Erledigung eine mündliche Verhandlung nicht erfordert, anstatt des Gerichts entscheiden.

**§ 945 Schadensersatzpflicht.** Erweist sich die Anordnung eines Arrestes oder einer einstweiligen Verfügung als von Anfang an ungerechtfertigt oder wird die angeordnete Maßregel auf Grund des § 926 Abs. 2 oder des § 942 Abs. 3 aufgehoben, so ist die Partei, welche die Anordnung erwirkt hat, verpflichtet, dem Gegner den Schaden zu ersetzen, der ihm aus der Vollziehung der angeordneten Maßregel oder dadurch entsteht, dass er Sicherheit leistet, um die Vollziehung abzuwenden oder die Aufhebung der Maßregel zu erwirken.

**§ 945a[1] Einreichung von Schutzschriften.** (1) [1] Die Landesjustizverwaltung Hessen führt für die Länder ein zentrales, länderübergreifendes elektronisches Register für Schutzschriften (Schutzschriftenregister). [2] Schutzschriften sind vorbeugende Verteidigungsschriftsätze gegen erwartete Anträge auf Arrest oder einstweilige Verfügung.

(2) [1] Eine Schutzschrift gilt als bei allen ordentlichen Gerichten der Länder eingereicht, sobald sie in das Schutzschriftenregister eingestellt ist. [2] Schutzschriften sind sechs Monate nach ihrer Einstellung zu löschen.

(3) [1] Die Gerichte erhalten Zugriff auf das Register über ein automatisiertes Abrufverfahren. [2] Die Verwendung der Daten ist auf das für die Erfüllung der gesetzlichen Aufgaben Erforderliche zu beschränken. [3] Abrufvorgänge sind zu protokollieren.

**§ 945b[2] Verordnungsermächtigung.** Das Bundesministerium der Justiz und für Verbraucherschutz hat durch Rechtsverordnung mit Zustimmung des Bundesrates die näheren Bestimmungen über die Einrichtung und Führung des Registers, über die Einreichung von Schutzschriften zum Register, über den Abruf von Schutzschriften aus dem Register sowie über die Einzelheiten der Datenübermittlung und -speicherung sowie der Datensicherheit und der Barrierefreiheit zu treffen.

## Abschnitt 6.[3] Grenzüberschreitende vorläufige Kontenpfändung

### Titel 1. Erlass des Beschlusses zur vorläufigen Kontenpfändung

**§ 946[3] Zuständigkeit.** (1) [1] Für den Erlass des Beschlusses zur vorläufigen Kontenpfändung nach der Verordnung (EU) Nr. 655/2014[4] des Europäischen Parlaments und des Rates vom 15. Mai 2014 zur Einführung eines Verfahrens für einen Europäischen Beschluss zur vorläufigen Kontenpfändung im Hinblick auf die Erleichterung der grenzüberschreitenden Eintreibung von Forderungen in Zivil- und Handelssachen (ABl. L 189 vom 27.6.2014, S. 59) ist das Gericht der Hauptsache zuständig. [2] Die §§ 943 und 944 gelten entsprechend.

---

[1] § 945a eingef. mWv 1.1.2016 durch G v. 10.10.2013 (BGBl. I S. 3786); Abs. 1 Satz 1 geänd. mWv 1.1.2016 durch G v. 20.11.2015 (BGBl. I S. 2018).

[2] § 945b eingef. mWv 1.7.2014 durch G v. 10.10.2013 (BGBl. I S. 3786); geänd. mWv 8.9.2015 durch VO v. 31.8.2015 (BGBl. I S. 1474); geänd. mWv 26.11.2015 durch G v. 20.11.2015 (BGBl. I S. 2018).

[3] Abschnitt 6 (§§ 946–959) eingef. mWv 18.1.2017 durch G v. 21.11.2016 (BGBl. I S. 2591).

[4] **Habersack, Deutsche Gesetze ErgBd. Nr. 103h.**

(2) Hat der Gläubiger bereits eine öffentliche Urkunde (Artikel 4 Nummer 10 der Verordnung (EU) Nr. 655/2014) erwirkt, in der der Schuldner verpflichtet wird, die Forderung zu erfüllen, ist das Gericht zuständig, in dessen Bezirk die Urkunde errichtet worden ist.

**§ 947[1)] Verfahren.** (1) [1]Der Gläubiger kann sich in dem Verfahren auf Erlass des Beschlusses zur vorläufigen Kontenpfändung aller Beweismittel sowie der Versicherung an Eides statt bedienen. [2]Nur eine Beweisaufnahme, die sofort erfolgen kann, ist statthaft.

(2) [1]Das Gericht darf die ihm nach Artikel 14 Absatz 6 der Verordnung (EU) Nr. 655/2014[2)] übermittelten Kontoinformationen für die Zwecke des jeweiligen Verfahrens auf Erlass eines Beschlusses zur vorläufigen Kontenpfändung speichern, übermitteln und nutzen. [2]Soweit übermittelte Kontoinformationen für den Erlass des Beschlusses zur vorläufigen Kontenpfändung nicht erforderlich sind, sind sie unverzüglich zu löschen oder ist deren Verarbeitung einzuschränken. [3]Die Löschung ist zu protokollieren. [4]§ 802d Absatz 1 Satz 3 gilt entsprechend.

**§ 948[3)] Ersuchen um Einholung von Kontoinformationen.** (1) Zuständige Auskunftsbehörde gemäß Artikel 14 der Verordnung (EU) Nr. 655/2014[2)] für die Einholung von Kontoinformationen ist das Bundesamt für Justiz.

(2) Zum Zweck der Einholung von Kontoinformationen nach Artikel 14 der Verordnung (EU) Nr. 655/2014 darf das Bundesamt für Justiz das Bundeszentralamt für Steuern ersuchen, bei den Kreditinstituten die in § 93b Absatz 1 der Abgabenordnung bezeichneten Daten abzurufen (§ 93 Absatz 8 der Abgabenordnung).

(3) [1]Das Bundesamt für Justiz protokolliert die eingehenden Ersuchen um Einholung von Kontoinformationen gemäß Artikel 14 der Verordnung (EU) Nr. 655/2014. [2]Zu protokollieren sind ebenfalls die Bezeichnung der ersuchenden Stelle eines anderen Mitgliedstaates der Europäischen Union, der Abruf der in § 93b Absatz 1 der Abgabenordnung bezeichneten Daten und der Zeitpunkt des Eingangs dieser Daten sowie die Weiterleitung der eingegangenen Daten an die ersuchende Stelle. [3]Das Bundesamt für Justiz löscht den Inhalt der eingeholten Kontoinformationen unverzüglich nach deren Übermittlung an die ersuchende Stelle; die Löschung ist zu protokollieren.

**§ 949[3)] Nicht rechtzeitige Einleitung des Hauptsacheverfahrens.**

(1) Ein im Inland erlassener Beschluss zur vorläufigen Kontenpfändung wird nach Artikel 10 Absatz 2 Unterabsatz 1 der Verordnung (EU) Nr. 655/2014[2)] durch Beschluss widerrufen.

(2) [1]Zuständige Stelle, an die gemäß Artikel 10 Absatz 2 Unterabsatz 3 der Verordnung (EU) Nr. 655/2014 das Widerrufsformblatt zu übermitteln ist, ist das Amtsgericht, in dessen Bezirk das Vollstreckungsverfahren stattfinden soll oder stattgefunden hat. [2]Ist ein in einem anderen Mitgliedstaat der Europäischen Union erlassener Beschluss zur vorläufigen Kontenpfändung im Inland zu vollziehen, hat das Amtsgericht nach Satz 1 den Beschluss, durch den das Gericht den Beschluss zur vorläufigen Kontenpfändung widerrufen hat, der Bank im Sinne des Artikels 4 Nummer 2 der Verordnung (EU) Nr. 655/2014 zuzustellen.

---

[1)] § 947 eingef. mWv 18.1.2017 durch G v. 21.11.2016 (BGBl. I S. 2591); Abs. 2 Satz 2 geänd. mWv 26.11.2019 durch G v. 20.11.2019 (BGBl. I S. 1724).

[2)] **Habersack, Deutsche Gesetze ErgBd. Nr. 103h.**

[3)] Abschnitt 6 (§§ 946–959) eingef. mWv 18.1.2017 durch G v. 21.11.2016 (BGBl. I S. 2591).

## Titel 2. Vollziehung des Beschlusses zur vorläufigen Kontenpfändung

**§ 950**[1] **Anwendbare Vorschriften.** Auf die Vollziehung des Beschlusses zur vorläufigen Kontenpfändung sind die Vorschriften des Achten Buchs über die Zwangsvollstreckung sowie § 930 Absatz 1 Satz 2 entsprechend anzuwenden, soweit die Verordnung (EU) Nr. 655/2014[2] und die §§ 951 bis 957 keine abweichenden Vorschriften enthalten.

**§ 951**[1] **Vollziehung von im Inland erlassenen Beschlüssen.** (1) [1] Ist ein im Inland erlassener Beschluss zur vorläufigen Kontenpfändung im Inland zu vollziehen, hat der Gläubiger, der seinen Wohnsitz in einem anderen Mitgliedstaat der Europäischen Union hat, den Beschluss der Bank zustellen zu lassen. [2] Ist der Beschluss in einem anderen Mitgliedstaat der Europäischen Union zu vollziehen, hat der Gläubiger die Zustellung gemäß Artikel 23 Absatz 3 Unterabsatz 1 der Verordnung (EU) Nr. 655/2014[2] an die Bank zu veranlassen.

(2) [1] Das Gericht, das den Beschluss erlassen hat, lässt dem Schuldner den Beschluss nach Artikel 28 der Verordnung (EU) Nr. 655/2014 zustellen; diese Zustellung gilt als Zustellung auf Betreiben des Gläubigers (§ 191). [2] Eine Übersetzung oder Transliteration, die nach Artikel 28 Absatz 5 in Verbindung mit Artikel 49 Absatz 1 der Verordnung (EU) Nr. 655/2014 erforderlich ist, hat der Gläubiger bereitzustellen.

**§ 952**[1] **Vollziehung von in einem anderen Mitgliedstaat erlassenen Beschlüssen.** (1) Zuständige Stelle ist

1. in den in Artikel 23 Absatz 3, 5 und 6, Artikel 25 Absatz 3 und Artikel 27 Absatz 2 der Verordnung (EU) Nr. 655/2014[2] bezeichneten Fällen das Amtsgericht, in dessen Bezirk das Vollstreckungsverfahren stattfinden soll oder stattgefunden hat,
2. in den in Artikel 28 Absatz 3 der Verordnung (EU) Nr. 655/2014 bezeichneten Fällen das Amtsgericht, in dessen Bezirk der Schuldner seinen Wohnsitz hat.

(2) Das nach Absatz 1 Nummer 1 zuständige Amtsgericht hat

1. in den in Artikel 23 Absatz 3 der Verordnung (EU) Nr. 655/2014 bezeichneten Fällen der Bank den Beschluss zur vorläufigen Kontenpfändung zuzustellen,
2. in den in Artikel 27 Absatz 2 der Verordnung (EU) Nr. 655/2014 bezeichneten Fällen der Bank die Freigabeerklärung des Gläubigers zuzustellen.

## Titel 3. Rechtsbehelfe

**§ 953**[1] **Rechtsbehelfe des Gläubigers.** (1) Gegen die Ablehnung des Antrags auf Erlass eines Beschlusses zur vorläufigen Kontenpfändung und gegen den Widerruf des Beschlusses zur vorläufigen Kontenpfändung (§ 949 Absatz 1), soweit sie durch das Gericht des ersten Rechtszuges erfolgt sind, findet die sofortige Beschwerde statt.

(2) [1] Die in Artikel 21 Absatz 2 Satz 1 der Verordnung (EU) Nr. 655/2014[2] bezeichnete Frist von 30 Tagen für die Einlegung des Rechtsbehelfs beginnt mit der Zustellung der Entscheidung an den Gläubiger. [2] Dies gilt auch in den Fällen des § 321a Absatz 2 für die Ablehnung des Antrags auf Erlass des Beschlusses durch das Berufungsgericht.

---

[1] Abschnitt 6 (§§ 946–959) eingef. mWv 18.1.2017 durch G v. 21.11.2016 (BGBl. I S. 2591).
[2] **Habersack, Deutsche Gesetze ErgBd. Nr. 103h.**

(3) Die sofortige Beschwerde gegen den Widerruf des Beschlusses zur vorläufigen Kontenpfändung ist innerhalb einer Notfrist von einem Monat ab Zustellung einzulegen.

**§ 954[1)] Rechtsbehelfe nach den Artikeln 33 bis 35 der Verordnung (EU) Nr. 655/2014.** (1) [1] Über den Rechtsbehelf des Schuldners gegen einen im Inland erlassenen Beschluss zur vorläufigen Kontenpfändung nach Artikel 33 Absatz 1 der Verordnung (EU) Nr. 655/2014[2)] (Widerspruch) entscheidet das Gericht, das den Beschluss erlassen hat. [2] Die Entscheidung ergeht durch Beschluss. [3] Die Sätze 1 und 2 gelten entsprechend für den Widerspruch des Schuldners gemäß Artikel 33 Absatz 2 der Verordnung (EU) Nr. 655/2014 gegen die Entscheidung nach Artikel 12 der Verordnung (EU) Nr. 655/2014.

(2) [1] Über den Rechtsbehelf des Schuldners wegen Einwendungen gegen die Vollziehung eines Beschlusses zur vorläufigen Kontenpfändung im Inland nach Artikel 34 der Verordnung (EU) Nr. 655/2014 entscheidet das Vollstreckungsgericht (§ 764 Absatz 2). [2] Für den Antrag nach Artikel 34 Absatz 1 Buchstabe a der Verordnung (EU) Nr. 655/2014 gelten § 906 Absatz 1 Satz 2, Absatz 2 und § 907 entsprechend.

(3) [1] Über Rechtsbehelfe, die nach Artikel 35 Absatz 3 und 4 der Verordnung (EU) Nr. 655/2014 im Vollstreckungsmitgliedstaat eingelegt werden, entscheidet ebenfalls das Vollstreckungsgericht. [2] Sofern nach Artikel 35 der Verordnung (EU) Nr. 655/2014 das Gericht zuständig ist, das den Beschluss zur vorläufigen Kontenpfändung erlassen hat, ergeht die Entscheidung durch Beschluss.

(4) [1] Zuständige Stelle ist in den Fällen des Artikels 36 Absatz 5 Unterabsatz 2 der Verordnung (EU) Nr. 655/2014 das Amtsgericht, in dessen Bezirk das Vollstreckungsverfahren stattfinden soll oder stattgefunden hat. [2] Dieses hat den Beschluss der Bank zuzustellen.

**§ 955[3)] Sicherheitsleistung nach Artikel 38 der Verordnung (EU) Nr. 655/2014.** [1] Für die Entscheidung über Anträge des Schuldners auf Beendigung der Vollstreckung wegen erbrachter Sicherheitsleistung nach Artikel 38 Absatz 1 Buchstabe b der Verordnung (EU) Nr. 655/2014[2)] ist das Vollstreckungsgericht zuständig. [2] Die Entscheidung nach Artikel 38 Absatz 1 der Verordnung (EU) Nr. 655/2014 ergeht durch Beschluss.

**§ 956[3)] Rechtsmittel gegen die Entscheidungen nach § 954 Absatz 1 bis 3 und § 955.** (1) [1] Gegen die Entscheidungen des Vollstreckungsgerichts nach § 954 Absatz 2 und 3 Satz 1 sowie nach § 955 Satz 1 findet die sofortige Beschwerde statt. [2] Dies gilt auch für Entscheidungen des Gerichts des ersten Rechtszugs in den Fällen des § 954 Absatz 1 und 3 Satz 2 sowie des § 955 Satz 2.

(2) Die sofortige Beschwerde ist innerhalb einer Notfrist von einem Monat ab Zustellung der Entscheidung einzulegen.

**§ 957[3)] Ausschluss der Rechtsbeschwerde.** In Verfahren zur grenzüberschreitenden vorläufigen Kontenpfändung nach der Verordnung (EU) Nr. 655/2014[2)] findet die Rechtsbeschwerde nicht statt.

---

[1)] § 954 eingef. mWv 18.1.2017 durch G v. 21.11.2016 (BGBl. I S. 2591); Abs. 2 Satz 2 geänd. mWv 1.12.2021 durch G v. 22.11.2020 (BGBl. I S. 2466).

[2)] **Habersack, Deutsche Gesetze ErgBd. Nr. 103h.**

[3)] Abschnitt 6 (§§ 946–959) eingef. mWv 18.1.2017 durch G v. 21.11.2016 (BGBl. I S. 2591).

### Titel 4. Schadensersatz; Verordnungsermächtigung

**§ 958[1] Schadensersatz.** [1] Erweist sich die Anordnung eines Beschlusses zur vorläufigen Kontenpfändung, der im Inland vollzogen worden ist, als von Anfang an ungerechtfertigt, so ist der Gläubiger verpflichtet, dem Schuldner den Schaden zu ersetzen, der ihm aus der Vollziehung des Beschlusses oder dadurch entsteht, dass er Sicherheit leistet, um die Freigabe der vorläufig gepfändeten Gelder oder die Beendigung der Vollstreckung zu erwirken. [2] Im Übrigen richtet sich die Haftung des Gläubigers gegenüber dem Schuldner nach Artikel 13 Absatz 1 und 2 der Verordnung (EU) Nr. 655/2014[2].

**§ 959[3] Verordnungsermächtigung.** (1) Die Landesregierungen können die Aufgaben nach Artikel 10 Absatz 2, Artikel 23 Absatz 3, 5 und 6, Artikel 25 Absatz 3, Artikel 27 Absatz 2, Artikel 28 Absatz 3 sowie Artikel 36 Absatz 5 Unterabsatz 2 und 3 der Verordnung (EU) Nr. 655/2014[2] einem Amtsgericht für die Bezirke mehrerer Amtsgerichte durch Rechtsverordnung zuweisen.

(2) Die Landesregierungen können die Ermächtigung nach Absatz 1 durch Rechtsverordnung einer obersten Landesbehörde übertragen.

## Buch 9.[4] *(aufgehoben)*

**§§ 960–1024[4]** *(aufgehoben)*

## Buch 10. Schiedsrichterliches Verfahren

### Abschnitt 1. Allgemeine Vorschriften

**§ 1025 Anwendungsbereich.** (1) Die Vorschriften dieses Buches sind anzuwenden, wenn der Ort des schiedsrichterlichen Verfahrens im Sinne des § 1043 Abs. 1 in Deutschland liegt.

(2) Die Bestimmungen der §§ 1032, 1033 und 1050 sind auch dann anzuwenden, wenn der Ort des schiedsrichterlichen Verfahrens im Ausland liegt oder noch nicht bestimmt ist.

(3) Solange der Ort des schiedsrichterlichen Verfahrens noch nicht bestimmt ist, sind die deutschen Gerichte für die Ausübung der in den §§ 1034, 1035, 1037 und 1038 bezeichneten gerichtlichen Aufgaben zuständig, wenn der Beklagte oder der Kläger seinen Sitz oder seinen gewöhnlichen Aufenthalt in Deutschland hat.

(4) Für die Anerkennung und Vollstreckung ausländischer Schiedssprüche gelten die §§ 1061 bis 1065.

---

[1] § 958 eingef. mWv 18.1.2017 durch G v. 21.11.2016 (BGBl. I S. 2591).

[2] **Habersack, Deutsche Gesetze ErgBd. Nr. 103h.**

[3] § 959 eingef. mWv 18.1.2017 durch G v. 21.11.2016 (BGBl. I S. 2591).

[4] Buch 9 (Frühere §§ 946–959, §§ 960–1024) aufgeh. mWv 1.9.2009 durch G v. 17.12.2008 (BGBl. I S. 2586); siehe nunmehr das G über das Verfahren in Familiensachen und in den Angelegenheiten der freiwilligen Gerichtsbarkeit (FamFG) (Nr. **112**).

**§ 1026 Umfang gerichtlicher Tätigkeit.** Ein Gericht darf in den in den §§ 1025 bis 1061 geregelten Angelegenheiten nur tätig werden, soweit dieses Buch es vorsieht.

**§ 1027 Verlust des Rügerechts.** [1] Ist einer Bestimmung dieses Buches, von der die Parteien abweichen können, oder einem vereinbarten Erfordernis des schiedsrichterlichen Verfahrens nicht entsprochen worden, so kann eine Partei, die den Mangel nicht unverzüglich oder innerhalb einer dafür vorgesehenen Frist rügt, diesen später nicht mehr geltend machen. [2] Dies gilt nicht, wenn der Partei der Mangel nicht bekannt war.

**§ 1028 Empfang schriftlicher Mitteilungen bei unbekanntem Aufenthalt.** (1) Ist der Aufenthalt einer Partei oder einer zur Entgegennahme berechtigten Person unbekannt, gelten, sofern die Parteien nichts anderes vereinbart haben, schriftliche Mitteilungen an dem Tag als empfangen, an dem sie bei ordnungsgemäßer Übermittlung durch Einschreiben gegen Rückschein oder auf eine andere Weise, welche den Zugang an der letztbekannten Postanschrift oder Niederlassung oder dem letztbekannten gewöhnlichen Aufenthalt des Adressaten belegt, dort hätten empfangen werden können.

(2) Absatz 1 ist auf Mitteilungen in gerichtlichen Verfahren nicht anzuwenden.

## Abschnitt 2. Schiedsvereinbarung

**§ 1029 Begriffsbestimmung.** (1) Schiedsvereinbarung ist eine Vereinbarung der Parteien, alle oder einzelne Streitigkeiten, die zwischen ihnen in Bezug auf ein bestimmtes Rechtsverhältnis vertraglicher oder nichtvertraglicher Art entstanden sind oder künftig entstehen, der Entscheidung durch ein Schiedsgericht zu unterwerfen.

(2) Eine Schiedsvereinbarung kann in Form einer selbständigen Vereinbarung (Schiedsabrede) oder in Form einer Klausel in einem Vertrag (Schiedsklausel) geschlossen werden.

**§ 1030 Schiedsfähigkeit.** (1) [1] Jeder vermögensrechtliche Anspruch kann Gegenstand einer Schiedsvereinbarung sein. [2] Eine Schiedsvereinbarung über nichtvermögensrechtliche Ansprüche hat insoweit rechtliche Wirkung, als die Parteien berechtigt sind, über den Gegenstand des Streites einen Vergleich zu schließen.

(2) [1] Eine Schiedsvereinbarung über Rechtsstreitigkeiten, die den Bestand eines Mietverhältnisses über Wohnraum im Inland betreffen, ist unwirksam. [2] Dies gilt nicht, soweit es sich um Wohnraum der in § 549 Abs. 2 Nr. 1 bis 3 des Bürgerlichen Gesetzbuchs[1)] bestimmten Art handelt.

(3) Gesetzliche Vorschriften außerhalb dieses Buches, nach denen Streitigkeiten einem schiedsrichterlichen Verfahren nicht oder nur unter bestimmten Voraussetzungen unterworfen werden dürfen, bleiben unberührt.

**§ 1031[2)] Form der Schiedsvereinbarung.** (1) Die Schiedsvereinbarung muss entweder in einem von den Parteien unterzeichneten Dokument oder in zwischen ihnen gewechselten Schreiben, Fernkopien, Telegrammen oder anderen Formen

---

[1)] Nr. **20**.

[2)] § 1031 Abs. 4 aufgeh. mWv 25.4.2013 durch G v. 20.4.2013 (BGBl. I S. 831).

der Nachrichtenübermittlung, die einen Nachweis der Vereinbarung sicherstellen, enthalten sein.

(2) Die Form des Absatzes 1 gilt auch dann als erfüllt, wenn die Schiedsvereinbarung in einem von der einen Partei der anderen Partei oder von einem Dritten beiden Parteien übermittelten Dokument enthalten ist und der Inhalt des Dokuments im Falle eines nicht rechtzeitig erfolgten Widerspruchs nach der Verkehrssitte als Vertragsinhalt angesehen wird.

(3) Nimmt ein den Formerfordernissen des Absatzes 1 oder 2 entsprechender Vertrag auf ein Dokument Bezug, das eine Schiedsklausel enthält, so begründet dies eine Schiedsvereinbarung, wenn die Bezugnahme dergestalt ist, dass sie diese Klausel zu einem Bestandteil des Vertrages macht.

(4) *(aufgehoben)*

*(Fortsetzung nächstes Blatt)*

(5) [1] Schiedsvereinbarungen, an denen ein Verbraucher beteiligt ist, müssen in einer von den Parteien eigenhändig unterzeichneten Urkunde enthalten sein. [2] Die schriftliche Form nach Satz 1 kann durch die elektronische Form nach § 126a des Bürgerlichen Gesetzbuchs[1)] ersetzt werden. [3] Andere Vereinbarungen als solche, die sich auf das schiedsrichterliche Verfahren beziehen, darf die Urkunde oder das elektronische Dokument nicht enthalten; dies gilt nicht bei notarieller Beurkundung.

(6) Der Mangel der Form wird durch die Einlassung auf die schiedsgerichtliche Verhandlung zur Hauptsache geheilt.

**§ 1032 Schiedsvereinbarung und Klage vor Gericht.** (1) Wird vor einem Gericht Klage in einer Angelegenheit erhoben, die Gegenstand einer Schiedsvereinbarung ist, so hat das Gericht die Klage als unzulässig abzuweisen, sofern der Beklagte dies vor Beginn der mündlichen Verhandlung zur Hauptsache rügt, es sei denn, das Gericht stellt fest, dass die Schiedsvereinbarung nichtig, unwirksam oder undurchführbar ist.

(2) Bei Gericht kann bis zur Bildung des Schiedsgerichts Antrag auf Feststellung der Zulässigkeit oder Unzulässigkeit eines schiedsrichterlichen Verfahrens gestellt werden.

(3) Ist ein Verfahren im Sinne des Absatzes 1 oder 2 anhängig, kann ein schiedsrichterliches Verfahren gleichwohl eingeleitet oder fortgesetzt werden und ein Schiedsspruch ergehen.

**§ 1033 Schiedsvereinbarung und einstweilige gerichtliche Maßnahmen.** Eine Schiedsvereinbarung schließt nicht aus, dass ein Gericht vor oder nach Beginn des schiedsrichterlichen Verfahrens auf Antrag einer Partei eine vorläufige oder sichernde Maßnahme in Bezug auf den Streitgegenstand des schiedsrichterlichen Verfahrens anordnet.

### Abschnitt 3. Bildung des Schiedsgerichts

**§ 1034 Zusammensetzung des Schiedsgerichts.** (1) [1] Die Parteien können die Anzahl der Schiedsrichter vereinbaren. [2] Fehlt eine solche Vereinbarung, so ist die Zahl der Schiedsrichter drei.

(2) [1] Gibt die Schiedsvereinbarung einer Partei bei der Zusammensetzung des Schiedsgerichts ein Übergewicht, das die andere Partei benachteiligt, so kann diese Partei bei Gericht beantragen, den oder die Schiedsrichter abweichend von der erfolgten Ernennung oder der vereinbarten Ernennungsregelung zu bestellen. [2] Der Antrag ist spätestens bis zum Ablauf von zwei Wochen, nachdem der Partei die Zusammensetzung des Schiedsgerichts bekannt geworden ist, zu stellen. [3] § 1032 Abs. 3 gilt entsprechend.

**§ 1035 Bestellung der Schiedsrichter.** (1) Die Parteien können das Verfahren zur Bestellung des Schiedsrichters oder der Schiedsrichter vereinbaren.

(2) Sofern die Parteien nichts anderes vereinbart haben, ist eine Partei an die durch sie erfolgte Bestellung eines Schiedsrichters gebunden, sobald die andere Partei die Mitteilung über die Bestellung empfangen hat.

---

1) Nr. **20**.

(3) [1] Fehlt eine Vereinbarung der Parteien über die Bestellung der Schiedsrichter, wird ein Einzelschiedsrichter, wenn die Parteien sich über seine Bestellung nicht einigen können, auf Antrag einer Partei durch das Gericht bestellt. [2] In schiedsrichterlichen Verfahren mit drei Schiedsrichtern bestellt jede Partei einen Schiedsrichter; diese beiden Schiedsrichter bestellen den dritten Schiedsrichter, der als Vorsitzender des Schiedsgerichts tätig wird. [3] Hat eine Partei den Schiedsrichter nicht innerhalb eines Monats nach Empfang einer entsprechenden Aufforderung durch die andere Partei bestellt oder können sich die beiden Schiedsrichter nicht binnen eines Monats nach ihrer Bestellung über den dritten Schiedsrichter einigen, so ist der Schiedsrichter auf Antrag einer Partei durch das Gericht zu bestellen.

(4) Haben die Parteien ein Verfahren für die Bestellung vereinbart und handelt eine Partei nicht entsprechend diesem Verfahren oder können die Parteien oder die beiden Schiedsrichter eine Einigung entsprechend diesem Verfahren nicht erzielen oder erfüllt ein Dritter eine ihm nach diesem Verfahren übertragene Aufgabe nicht, so kann jede Partei bei Gericht die Anordnung der erforderlichen Maßnahmen beantragen, sofern das vereinbarte Bestellungsverfahren zur Sicherung der Bestellung nichts anderes vorsieht.

(5) [1] Das Gericht hat bei der Bestellung eines Schiedsrichters alle nach der Parteivereinbarung für den Schiedsrichter vorgeschriebenen Voraussetzungen zu berücksichtigen und allen Gesichtspunkten Rechnung zu tragen, die die Bestellung eines unabhängigen und unparteiischen Schiedsrichters sicherstellen. [2] Bei der Bestellung eines Einzelschiedsrichters oder eines dritten Schiedsrichters hat das Gericht auch die Zweckmäßigkeit der Bestellung eines Schiedsrichters mit einer anderen Staatsangehörigkeit als derjenigen der Parteien in Erwägung zu ziehen.

**§ 1036 Ablehnung eines Schiedsrichters.** (1) [1] Eine Person, der ein Schiedsrichteramt angetragen wird, hat alle Umstände offen zu legen, die Zweifel an ihrer Unparteilichkeit oder Unabhängigkeit wecken können. [2] Ein Schiedsrichter ist auch nach seiner Bestellung bis zum Ende des schiedsrichterlichen Verfahrens verpflichtet, solche Umstände den Parteien unverzüglich offen zu legen, wenn er sie ihnen nicht schon vorher mitgeteilt hat.

(2) [1] Ein Schiedsrichter kann nur abgelehnt werden, wenn Umstände vorliegen, die berechtigte Zweifel an seiner Unparteilichkeit oder Unabhängigkeit aufkommen lassen, oder wenn er die zwischen den Parteien vereinbarten Voraussetzungen nicht erfüllt. [2] Eine Partei kann einen Schiedsrichter, den sie bestellt oder an dessen Bestellung sie mitgewirkt hat, nur aus Gründen ablehnen, die ihr erst nach der Bestellung bekannt geworden sind.

**§ 1037 Ablehnungsverfahren.** (1) Die Parteien können vorbehaltlich des Absatzes 3 ein Verfahren für die Ablehnung eines Schiedsrichters vereinbaren.

(2) [1] Fehlt eine solche Vereinbarung, so hat die Partei, die einen Schiedsrichter ablehnen will, innerhalb von zwei Wochen, nachdem ihr die Zusammensetzung des Schiedsgerichts oder ein Umstand im Sinne des § 1036 Abs. 2 bekannt geworden ist, dem Schiedsgericht schriftlich die Ablehnungsgründe darzulegen. [2] Tritt der abgelehnte Schiedsrichter von seinem Amt nicht zurück oder stimmt die andere Partei der Ablehnung nicht zu, so entscheidet das Schiedsgericht über die Ablehnung.

(3) [1] Bleibt die Ablehnung nach dem von den Parteien vereinbarten Verfahren oder nach dem in Absatz 2 vorgesehenen Verfahren erfolglos, so kann die ablehnende Partei innerhalb eines Monats, nachdem sie von der Entscheidung, mit der die Ablehnung verweigert wurde, Kenntnis erlangt hat, bei Gericht eine Entscheidung über die Ablehnung beantragen; die Parteien können eine andere Frist vereinbaren. [2] Während ein solcher Antrag anhängig ist, kann das Schiedsgericht einschließlich des abgelehnten Schiedsrichters das schiedsrichterliche Verfahren fortsetzen und einen Schiedsspruch erlassen.

**§ 1038 Untätigkeit oder Unmöglichkeit der Aufgabenerfüllung.** (1) [1] Ist ein Schiedsrichter rechtlich oder tatsächlich außerstande, seine Aufgaben zu erfüllen, oder kommt er aus anderen Gründen seinen Aufgaben in angemessener Frist nicht nach, so endet sein Amt, wenn er zurücktritt oder wenn die Parteien die Beendigung seines Amtes vereinbaren. [2] Tritt der Schiedsrichter von seinem Amt nicht zurück oder können sich die Parteien über dessen Beendigung nicht einigen, kann jede Partei bei Gericht eine Entscheidung über die Beendigung des Amtes beantragen.

(2) Tritt ein Schiedsrichter in den Fällen des Absatzes 1 oder des § 1037 Abs. 2 zurück oder stimmt eine Partei der Beendigung des Schiedsrichteramtes zu, so bedeutet dies nicht die Anerkennung der in Absatz 1 oder § 1036 Abs. 2 genannten Rücktrittsgründe.

**§ 1039 Bestellung eines Ersatzschiedsrichters.** (1) [1] Endet das Amt eines Schiedsrichters nach den §§ 1037, 1038 oder wegen seines Rücktritts vom Amt aus einem anderen Grund oder wegen der Aufhebung seines Amtes durch Vereinbarung der Parteien, so ist ein Ersatzschiedsrichter zu bestellen. [2] Die Bestellung erfolgt nach den Regeln, die auf die Bestellung des zu ersetzenden Schiedsrichters anzuwenden waren.

(2) Die Parteien können eine abweichende Vereinbarung treffen.

## Abschnitt 4. Zuständigkeit des Schiedsgerichts

**§ 1040 Befugnis des Schiedsgerichts zur Entscheidung über die eigene Zuständigkeit.** (1) [1] Das Schiedsgericht kann über die eigene Zuständigkeit und im Zusammenhang hiermit über das Bestehen oder die Gültigkeit der Schiedsvereinbarung entscheiden. [2] Hierbei ist eine Schiedsklausel als eine von den übrigen Vertragsbestimmungen unabhängige Vereinbarung zu behandeln.

(2) [1] Die Rüge der Unzuständigkeit des Schiedsgerichts ist spätestens mit der Klagebeantwortung vorzubringen. [2] Von der Erhebung einer solchen Rüge ist eine Partei nicht dadurch ausgeschlossen, dass sie einen Schiedsrichter bestellt oder an der Bestellung eines Schiedsrichters mitgewirkt hat. [3] Die Rüge, das Schiedsgericht überschreite seine Befugnisse, ist zu erheben, sobald die Angelegenheit, von der dies behauptet wird, im schiedsrichterlichen Verfahren zur Erörterung kommt. [4] Das Schiedsgericht kann in beiden Fällen eine spätere Rüge zulassen, wenn die Partei die Verspätung genügend entschuldigt.

(3) [1] Hält das Schiedsgericht sich für zuständig, so entscheidet es über eine Rüge nach Absatz 2 in der Regel durch Zwischenentscheid. [2] In diesem Fall kann jede Partei innerhalb eines Monats nach schriftlicher Mitteilung des Entscheids eine gerichtliche Entscheidung beantragen. [3] Während ein solcher Antrag anhängig ist, kann das Schiedsgericht das schiedsrichterliche Verfahren fortsetzen und einen Schiedsspruch erlassen.

**§ 1041 Maßnahmen des einstweiligen Rechtsschutzes.** (1) [1] Haben die Parteien nichts anderes vereinbart, so kann das Schiedsgericht auf Antrag einer Partei vorläufige oder sichernde Maßnahmen anordnen, die es in Bezug auf den Streitgegenstand für erforderlich hält. [2] Das Schiedsgericht kann von jeder Partei im Zusammenhang mit einer solchen Maßnahme angemessene Sicherheit verlangen.

(2) [1] Das Gericht kann auf Antrag einer Partei die Vollziehung einer Maßnahme nach Absatz 1 zulassen, sofern nicht schon eine entsprechende Maßnahme des einstweiligen Rechtsschutzes bei einem Gericht beantragt worden ist. [2] Es kann die Anordnung abweichend fassen, wenn dies zur Vollziehung der Maßnahme notwendig ist.

(3) Auf Antrag kann das Gericht den Beschluss nach Absatz 2 aufheben oder ändern.

(4) [1] Erweist sich die Anordnung einer Maßnahme nach Absatz 1 als von Anfang an ungerechtfertigt, so ist die Partei, welche ihre Vollziehung erwirkt hat, verpflichtet, dem Gegner den Schaden zu ersetzten, der ihm aus der Vollziehung der Maßnahme oder dadurch entsteht, dass er Sicherheit leistet, um die Vollziehung abzuwenden. [2] Der Anspruch kann im anhängigen schiedsrichterlichen Verfahren geltend gemacht werden.

## Abschnitt 5. Durchführung des schiedsrichterlichen Verfahrens

**§ 1042 Allgemeine Verfahrensregeln.** (1) [1] Die Parteien sind gleich zu behandeln. [2] Jeder Partei ist rechtliches Gehör zu gewähren.

(2) Rechtsanwälte dürfen als Bevollmächtigte nicht ausgeschlossen werden.

(3) Im Übrigen können die Parteien vorbehaltlich der zwingenden Vorschriften dieses Buches das Verfahren selbst oder durch Bezugnahme auf eine schiedsrichterliche Verfahrensordnung regeln.

(4) [1] Soweit eine Vereinbarung der Parteien nicht vorliegt und dieses Buch keine Regelung enthält, werden die Verfahrensregeln vom Schiedsgericht nach freiem Ermessen bestimmt. [2] Das Schiedsgericht ist berechtigt, über die Zulässigkeit einer Beweiserhebung zu entscheiden, diese durchzuführen und das Ergebnis frei zu würdigen.

**§ 1043 Ort des schiedsrichterlichen Verfahrens.** (1) [1] Die Parteien können eine Vereinbarung über den Ort des schiedsrichterlichen Verfahrens treffen. [2] Fehlt eine solche Vereinbarung, so wird der Ort des schiedsrichterlichen Verfahrens vom Schiedsgericht bestimmt. [3] Dabei sind die Umstände des Falles einschließlich der Eignung des Ortes für die Parteien zu berücksichtigen.

(2) Haben die Parteien nichts anderes vereinbart, so kann das Schiedsgericht ungeachtet des Absatzes 1 an jedem ihm geeignet erscheinenden Ort zu einer mündlichen Verhandlung, zur Vernehmung von Zeugen, Sachverständigen oder der Parteien, zur Beratung zwischen seinen Mitgliedern, zur Besichtigung von Sachen oder zur Einsichtnahme in Dokumente zusammentreten.

**§ 1044. Beginn des schiedsrichterlichen Verfahrens.** [1] Haben die Parteien nichts anderes vereinbart, so beginnt das schiedsrichterliche Verfahren über eine bestimmte Streitigkeit mit dem Tag, an dem der Beklagte den Antrag, die Streitigkeit einem Schiedsgericht vorzulegen, empfangen hat. [2] Der Antrag muss die Bezeichnung der Parteien, die Angabe des Streitgegenstandes und einen Hinweis auf die Schiedsvereinbarung enthalten.

**§ 1045. Verfahrenssprache.** (1) [1] Die Parteien können die Sprache oder die Sprachen, die im schiedsrichterlichen Verfahren zu verwenden sind, vereinbaren. [2] Fehlt eine solche Vereinbarung, so bestimmt hierüber das Schiedsgericht. [3] Die Vereinbarung der Parteien oder die Bestimmung des Schiedsgerichts ist, sofern darin nichts anderes vorgesehen wird, für schriftliche Erklärungen einer Partei, mündliche Verhandlungen, Schiedssprüche, sonstige Entscheidungen und andere Mitteilungen des Schiedsgerichts maßgebend.

(2) Das Schiedsgericht kann anordnen, dass schriftliche Beweismittel mit einer Übersetzung in die Sprache oder die Sprachen versehen sein müssen, die zwischen den Parteien vereinbart oder vom Schiedsgericht bestimmt worden sind.

**§ 1046. Klage und Klagebeantwortung.** (1) [1] Innerhalb der von den Parteien vereinbarten oder vom Schiedsgericht bestimmten Frist hat der Kläger seinen Anspruch und die Tatsachen, auf die sich dieser Anspruch stützt, darzulegen und der Beklagte hierzu Stellung zu nehmen. [2] Die Parteien können dabei alle ihnen erheblich erscheinenden Dokumente vorlegen oder andere Beweismittel bezeichnen, derer sie sich bedienen wollen.

(2) Haben die Parteien nichts anderes vereinbart, so kann jede Partei im Laufe des schiedsrichterlichen Verfahrens ihre Klage oder ihre Angriffs- und Verteidigungsmittel ändern oder ergänzen, es sei denn, das Schiedsgericht lässt dies wegen Verspätung, die nicht genügend entschuldigt wird, nicht zu.

(3) Die Absätze 1 und 2 gelten für die Widerklage entsprechend.

**§ 1047. Mündliche Verhandlung und schriftliches Verfahren.**
(1) [1] Vorbehaltlich einer Vereinbarung der Parteien entscheidet das Schiedsgericht, ob mündlich verhandelt werden soll oder ob das Verfahren auf der Grundlage von Dokumenten und anderen Unterlagen durchzuführen ist. [2] Haben die Parteien die mündliche Verhandlung nicht ausgeschlossen, hat das Schiedsgericht eine solche Verhandlung in einem geeigneten Abschnitt des Verfahrens durchzuführen, wenn eine Partei es beantragt.

(2) Die Parteien sind von jeder Verhandlung und jedem Zusammentreffen des Schiedsgerichts zu Zwecken der Beweisaufnahme rechtzeitig in Kenntnis zu setzen.

(3) Alle Schriftsätze, Dokumente und sonstigen Mitteilungen, die dem Schiedsgericht von einer Partei vorgelegt werden, sind der anderen Partei, Gutachten und andere schriftliche Beweismittel, auf die sich das Schiedsgericht bei seiner Entscheidung stützen kann, sind beiden Parteien zur Kenntnis zu bringen.

**§ 1048. Säumnis einer Partei.** (1) Versäumt es der Kläger, seine Klage nach § 1046 Abs. 1 einzureichen, so beendet das Schiedsgericht das Verfahren.

(2) Versäumt es der Beklagte, die Klage nach § 1046 Abs. 1 zu beantworten, so setzt das Schiedsgericht das Verfahren fort, ohne die Säumnis als solche als Zugeständnis der Behauptungen des Klägers zu behandeln.

(3) Versäumt es eine Partei, zu einer mündlichen Verhandlung zu erscheinen oder innerhalb einer festgelegten Frist ein Dokument zum Beweis vorzulegen, so kann das Schiedsgericht das Verfahren fortsetzen und den Schiedsspruch nach den vorliegenden Erkenntnissen erlassen.

(4) [1] Wird die Säumnis nach Überzeugung des Schiedsgerichts genügend entschuldigt, bleibt sie außer Betracht. [2] Im Übrigen können die Parteien über die Folgen der Säumnis etwas anderes vereinbaren.

**§ 1049. Vom Schiedsgericht bestellter Sachverständiger.** (1) [1] Haben die Parteien nichts anderes vereinbart, so kann das Schiedsgericht einen oder mehrere Sachverständige zur Erstattung eines Gutachtens über bestimmte vom Schiedsgericht festzulegende Fragen bestellen. [2] Es kann ferner eine Partei auffordern, dem Sachverständigen jede sachdienliche Auskunft zu erteilen oder alle für das Verfahren erheblichen Dokumente oder Sachen zur Besichtigung vorzulegen oder zugänglich zu machen.

(2) [1] Haben die Parteien nichts anderes vereinbart, so hat der Sachverständige, wenn eine Partei dies beantragt oder das Schiedsgericht es für erforderlich hält, nach Erstattung seines schriftlichen oder mündlichen Gutachtens an einer mündlichen Verhandlung teilzunehmen. [2] Bei der Verhandlung können die Parteien dem Sachverständigen Fragen stellen und eigene Sachverständige zu den streitigen Fragen aussagen lassen.

(3) Auf den vom Schiedsgericht bestellten Sachverständigen sind die §§ 1036, 1037 Abs. 1 und 2 entsprechend anzuwenden.

**§ 1050. Gerichtliche Unterstützung bei der Beweisaufnahme und sonstige richterliche Handlungen.** [1] Das Schiedsgericht oder eine Partei mit Zustimmung des Schiedsgerichts kann bei Gericht Unterstützung bei der Beweisaufnahme oder die Vornahme sonstiger richterlicher Handlungen, zu denen das Schiedsgericht nicht befugt ist, beantragen. [2] Das Gericht erledigt den Antrag, sofern es ihn nicht für unzulässig hält, nach seinen für die Beweisaufnahme oder die sonstige richterliche Handlung geltenden Verfahrensvorschriften. [3] Die Schiedsrichter sind berechtigt, an einer gerichtlichen Beweisaufnahme teilzunehmen und Fragen zu stellen.

## Abschnitt 6. Schiedsspruch und Beendigung des Verfahrens

**§ 1051. Anwendbares Recht.** (1) [1] Das Schiedsgericht hat die Streitigkeit in Übereinstimmung mit den Rechtsvorschriften zu entscheiden, die von den Parteien als auf den Inhalt des Rechtsstreits anwendbar bezeichnet worden sind. [2] Die Bezeichnung des Rechts oder der Rechtsordnung eines bestimmten Staates ist, sofern die Parteien nicht ausdrücklich etwas anderes vereinbart haben, als unmittelbare Verweisung auf die Sachvorschriften dieses Staates und nicht auf sein Kollisionsrecht zu verstehen.

(2) Haben die Parteien die anzuwendenden Rechtsvorschriften nicht bestimmt, so hat das Schiedsgericht das Recht des Staates anzuwenden, mit dem der Gegenstand des Verfahrens die engsten Verbindungen aufweist.

(3) [1]Das Schiedsgericht hat nur dann nach Billigkeit zu entscheiden, wenn die Parteien es ausdrücklich dazu ermächtigt haben. [2]Die Ermächtigung kann bis zur Entscheidung des Schiedsgerichts erteilt werden.

(4) In allen Fällen hat das Schiedsgericht in Übereinstimmung mit den Bestimmungen des Vertrages zu entscheiden und dabei bestehende Handelsbräuche zu berücksichtigen.

**§ 1052. Entscheidung durch ein Schiedsrichterkollegium.** (1) Haben die Parteien nichts anderes vereinbart, so ist in schiedsrichterlichen Verfahren mit mehr als einem Schiedsrichter jede Entscheidung des Schiedsgerichts mit Mehrheit der Stimmen aller Mitglieder zu treffen.

(2) [1]Verweigert ein Schiedsrichter die Teilnahme an einer Abstimmung, können die übrigen Schiedsrichter ohne ihn entscheiden, sofern die Parteien nichts anderes vereinbart haben. [2]Die Absicht, ohne den verweigernden Schiedsrichter über den Schiedsspruch abzustimmen, ist den Parteien vorher mitzuteilen. [3]Bei anderen Entscheidungen sind die Parteien von der Abstimmungsverweigerung nachträglich in Kenntnis zu setzen.

(3) Über einzelne Verfahrensfragen kann der vorsitzende Schiedsrichter allein entscheiden, wenn die Parteien oder die anderen Mitglieder des Schiedsgerichts ihn dazu ermächtigt haben.

**§ 1053. Vergleich.** (1) [1]Vergleichen sich die Parteien während des schiedsrichterlichen Verfahrens über die Streitigkeit, so beendet das Schiedsgericht das Verfahren. [2]Auf Antrag der Parteien hält es den Vergleich in der Form eines Schiedsspruchs mit vereinbartem Wortlaut fest, sofern der Inhalt des Vergleichs nicht gegen die öffentliche Ordnung (ordre public) verstößt.

(2) [1]Ein Schiedsspruch mit vereinbartem Wortlaut ist gemäß § 1054 zu erlassen und muss angeben, dass es sich um einen Schiedsspruch handelt. [2]Ein solcher Schiedsspruch hat dieselbe Wirkung wie jeder andere Schiedsspruch zur Sache.

(3) Soweit die Wirksamkeit von Erklärungen eine notarielle Beurkundung erfordert, wird diese bei einem Schiedsspruch mit vereinbartem Wortlaut durch die Aufnahme der Erklärungen der Parteien in den Schiedsspruch ersetzt.

(4) [1]Mit Zustimmung der Parteien kann ein Schiedsspruch mit vereinbartem Wortlaut auch von einem Notar, der seinen Amtssitz im Bezirk des nach § 1062 Abs. 1, 2 für die Vollstreckbarerklärung zuständigen Gerichts hat, für vollstreckbar erklärt werden. [2]Der Notar lehnt die Vollstreckbarerklärung ab, wenn die Voraussetzungen des Absatzes 1 Satz 2 nicht vorliegen.

**§ 1054. Form und Inhalt des Schiedsspruchs.** (1) [1]Der Schiedsspruch ist schriftlich zu erlassen und durch den Schiedsrichter oder die Schiedsrichter zu unterschreiben. [2]In schiedsrichterlichen Verfahren mit mehr als einem Schiedsrichter genügen die Unterschriften der Mehrheit aller Mitglieder des Schiedsgerichts, sofern der Grund für eine fehlende Unterschrift angegeben wird.

(2) Der Schiedsspruch ist zu begründen, es sei denn, die Parteien haben vereinbart, dass keine Begründung gegeben werden muss, oder es handelt sich um einen Schiedsspruch mit vereinbartem Wortlaut im Sinne des § 1053.

(3) [1]Im Schiedsspruch sind der Tag, an dem er erlassen wurde, und der nach § 1043 Abs. 1 bestimmte Ort des schiedsrichterlichen Verfahrens anzugeben. [2]Der Schiedsspruch gilt als an diesem Tag und diesem Ort erlassen.

(4) Jeder Partei ist ein von den Schiedsrichtern unterschriebener Schiedsspruch zu übermitteln.

**§ 1055. Wirkungen des Schiedsspruchs.** Der Schiedsspruch hat unter den Parteien die Wirkungen eines rechtskräftigen gerichtlichen Urteils.

**§ 1056. Beendigung des schiedsrichterlichen Verfahrens.** (1) Das schiedsrichterliche Verfahren wird mit dem endgültigen Schiedsspruch oder mit einem Beschluss des Schiedsgerichts nach Absatz 2 beendet.

(2) Das Schiedsgericht stellt durch Beschluss die Beendigung des schiedsrichterlichen Verfahrens fest, wenn

1. der Kläger
   a) es versäumt, seine Klage nach § 1046 Abs. 1 einzureichen und kein Fall des § 1048 Abs. 4 vorliegt, oder
   b) seine Klage zurücknimmt, es sei denn, dass der Beklagte dem widerspricht und das Schiedsgericht ein berechtigtes Interesse des Beklagten an der endgültigen Beilegung der Streitigkeit anerkennt; oder
2. die Parteien die Beendigung des Verfahrens vereinbaren; oder
3. die Parteien das schiedsrichterliche Verfahren trotz Aufforderung des Schiedsgerichts nicht weiter betreiben oder die Fortsetzung des Verfahrens aus einem anderen Grund unmöglich geworden ist.

(3) Vorbehaltlich des § 1057 Abs. 2 und der §§ 1058, 1059 Abs. 4 endet das Amt des Schiedsgerichts mit der Beendigung des schiedsrichterlichen Verfahrens.

**§ 1057. Entscheidung über die Kosten.** (1) [1]Sofern die Parteien nichts anderes vereinbart haben, hat das Schiedsgericht in einem Schiedsspruch darüber zu entscheiden, zu welchem Anteil die Parteien die Kosten des schiedsrichterlichen Verfahrens einschließlich der den Parteien erwachsenen und zur zweckentsprechenden Rechtsverfolgung notwendigen Kosten zu tragen haben. [2]Hierbei entscheidet das Schiedsgericht nach pflichtgemäßem Ermessen unter Berücksichtigung der Umstände des Einzelfalles, insbesondere des Ausgangs des Verfahrens.

(2) [1]Soweit die Kosten des schiedsrichterlichen Verfahrens feststehen, hat das Schiedsgericht auch darüber zu entscheiden, in welcher Höhe die Parteien diese zu tragen haben. [2]Ist die Festsetzung der Kosten unterblieben oder erst nach Beendigung des schiedsrichterlichen Verfahrens möglich, wird hierüber in einem gesonderten Schiedsspruch entschieden.

**§ 1058. Berichtigung, Auslegung und Ergänzung des Schiedsspruchs.** (1) Jede Partei kann beim Schiedsgericht beantragen,

1. Rechen-, Schreib- und Druckfehler oder Fehler ähnlicher Art im Schiedsspruch zu berichtigen;
2. bestimmte Teile des Schiedsspruchs auszulegen;

3. einen ergänzenden Schiedsspruch über solche Ansprüche zu erlassen, die im schiedsrichterlichen Verfahren zwar geltend gemacht, im Schiedsspruch aber nicht behandelt worden sind.

(2) Sofern die Parteien keine andere Frist vereinbart haben, ist der Antrag innerhalb eines Monats nach Empfang des Schiedsspruchs zu stellen.

(3) Das Schiedsgericht soll über die Berichtigung oder Auslegung des Schiedsspruchs innerhalb eines Monats und über die Ergänzung des Schiedsspruchs innerhalb von zwei Monaten entscheiden.

(4) Eine Berichtigung des Schiedsspruchs kann das Schiedsgericht auch ohne Antrag vornehmen.

(5) § 1054 ist auf die Berichtigung, Auslegung oder Ergänzung des Schiedsspruchs anzuwenden.

## Abschnitt 7. Rechtsbehelf gegen den Schiedsspruch

**§ 1059. Aufhebungsantrag.** (1) Gegen einen Schiedsspruch kann nur der Antrag auf gerichtliche Aufhebung nach den Absätzen 2 und 3 gestellt werden.

(2) Ein Schiedsspruch kann nur aufgehoben werden,

1. wenn der Antragsteller begründet geltend macht, dass
   a) eine der Parteien, die eine Schiedsvereinbarung nach den §§ 1029, 1031 geschlossen haben, nach dem Recht, das für sie persönlich maßgebend ist, hierzu nicht fähig war, oder dass die Schiedsvereinbarung nach dem Recht, dem die Parteien sie unterstellt haben oder, falls die Parteien hierüber nichts bestimmt haben, nach deutschem Recht ungültig ist oder
   b) er von der Bestellung eines Schiedsrichters oder von dem schiedsrichterlichen Verfahren nicht gehörig in Kenntnis gesetzt worden ist oder dass er aus einem anderen Grund seine Angriffs- oder Verteidigungsmittel nicht hat geltend machen können oder
   c) der Schiedsspruch eine Streitigkeit betrifft, die in der Schiedsabrede nicht erwähnt ist oder nicht unter die Bestimmungen der Schiedsklausel fällt, oder dass er Entscheidungen enthält, welche die Grenzen der Schiedsvereinbarung überschreiten; kann jedoch der Teil des Schiedsspruchs, der sich auf Streitpunkte bezieht, die dem schiedsrichterlichen Verfahren unterworfen waren, von dem Teil, der Streitpunkte betrifft, die ihm nicht unterworfen waren, getrennt werden, so kann nur der letztgenannte Teil des Schiedsspruchs aufgehoben werden; oder
   d) die Bildung des Schiedsgerichts oder das schiedsrichterliche Verfahren einer Bestimmung dieses Buches oder einer zulässigen Vereinbarung der Parteien nicht entsprochen hat und anzunehmen ist, dass sich dies auf den Schiedsspruch ausgewirkt hat; oder
2. wenn das Gericht feststellt, dass
   a) der Gegenstand des Streites nach deutschem Recht nicht schiedsfähig ist oder
   b) die Anerkennung oder Vollstreckung des Schiedsspruchs zu einem Ergebnis führt, das der öffentlichen Ordnung (ordre public) widerspricht.

(3) [1]Sofern die Parteien nichts anderes vereinbaren, muss der Aufhebungsantrag innerhalb einer Frist von drei Monaten bei Gericht eingereicht werden. [2]Die Frist beginnt mit dem Tag, an dem der Antragsteller den Schiedsspruch empfangen hat. [3]Ist ein Antrag nach § 1058 gestellt worden, verlängert sich die Frist um höchstens einen Monat nach Empfang der Entscheidung über diesen Antrag. [4]Der Antrag auf Aufhebung des Schiedsspruchs kann nicht mehr gestellt werden, wenn der Schiedsspruch von einem deutschen Gericht für vollstreckbar erklärt worden ist.

(4) Ist die Aufhebung beantragt worden, so kann das Gericht in geeigneten Fällen auf Antrag einer Partei unter Aufhebung des Schiedsspruchs die Sache an das Schiedsgericht zurückverweisen.

(5) Die Aufhebung des Schiedsspruchs hat im Zweifel zur Folge, dass wegen des Streitgegenstandes die Schiedsvereinbarung wiederauflebt.

## Abschnitt 8. Voraussetzungen der Anerkennung und Vollstreckung von Schiedssprüchen

**§ 1060. Inländische Schiedssprüche.** (1) Die Zwangsvollstreckung findet statt, wenn der Schiedsspruch für vollstreckbar erklärt ist.

(2) [1]Der Antrag auf Vollstreckbarerklärung ist unter Aufhebung des Schiedsspruchs abzulehnen, wenn einer der in § 1059 Abs. 2 bezeichneten Aufhebungsgründe vorliegt. [2]Aufhebungsgründe sind nicht zu berücksichtigen, soweit im Zeitpunkt der Zustellung des Antrags auf Vollstreckbarerklärung ein auf sie gestützter Aufhebungsantrag rechtskräftig abgewiesen ist. [3]Aufhebungsgründe nach § 1059 Abs. 2 Nr. 1 sind auch dann nicht zu berücksichtigen, wenn die in § 1059 Abs. 3 bestimmten Fristen abgelaufen sind, ohne dass der Antragsgegner einen Antrag auf Aufhebung des Schiedsspruchs gestellt hat.

**§ 1061. Ausländische Schiedssprüche.** (1) [1]Die Anerkennung und Vollstreckung ausländischer Schiedssprüche richtet sich nach dem Übereinkommen vom 10. Juni 1958 über die Anerkennung und Vollstreckung ausländischer Schiedssprüche (BGBl. 1961 II S. 121). [2]Die Vorschriften in anderen Staatsverträgen über die Anerkennung und Vollstreckung von Schiedssprüchen bleiben unberührt.

(2) Ist die Vollstreckbarerklärung abzulehnen, stellt das Gericht fest, dass der Schiedsspruch im Inland nicht anzuerkennen ist.

(3) Wird der Schiedsspruch, nachdem er für vollstreckbar erklärt worden ist, im Ausland aufgehoben, so kann die Aufhebung der Vollstreckbarerklärung beantragt werden.

## Abschnitt 9. Gerichtliches Verfahren

**§ 1062. Zuständigkeit.** (1) Das Oberlandesgericht, das in der Schiedsvereinbarung bezeichnet ist oder, wenn eine solche Bezeichnung fehlt, in dessen Bezirk der Ort des schiedsrichterlichen Verfahrens liegt, ist zuständig für Entscheidungen über Anträge betreffend

1. die Bestellung eines Schiedsrichters (§§ 1034, 1035), die Ablehnung eines Schiedsrichters (§ 1037) oder die Beendigung des Schiedsrichteramtes (§ 1038);

2. die Feststellung der Zulässigkeit oder Unzulässigkeit eines schiedsrichterlichen Verfahrens (§ 1032) oder die Entscheidung eines Schiedsgerichts, in der dieses seine Zuständigkeit in einem Zwischenentscheid bejaht hat (§ 1040);
3. die Vollziehung, Aufhebung oder Änderung der Anordnung vorläufiger oder sichernder Maßnahmen des Schiedsgerichts (§ 1041);
4. die Aufhebung (§ 1059) oder die Vollstreckbarerklärung des Schiedsspruchs (§§ 1060 ff.) oder die Aufhebung der Vollstreckbarerklärung (§ 1061).

(2) Besteht in den Fällen des Absatzes 1 Nr. 2 erste Alternative, Nr. 3 oder Nr. 4 kein deutscher Schiedsort, so ist für die Entscheidungen das Oberlandesgericht zuständig, in dessen Bezirk der Antragsgegner seinen Sitz oder gewöhnlichen Aufenthalt hat oder sich Vermögen des Antragsgegners oder der mit der Schiedsklage in Anspruch genommene oder von der Maßnahme betroffene Gegenstand befindet, hilfsweise das Kammergericht.

(3) In den Fällen des § 1025 Abs. 3 ist für die Entscheidung das Oberlandesgericht zuständig, in dessen Bezirk der Kläger oder der Beklagte seinen Sitz oder seinen gewöhnlichen Aufenthalt hat.

(4) Für die Unterstützung bei der Beweisaufnahme und sonstige richterliche Handlungen (§ 1050) ist das Amtsgericht zuständig, in dessen Bezirk die richterliche Handlung vorzunehmen ist.

(5) [1] Sind in einem Land mehrere Oberlandesgerichte errichtet, so kann die Zuständigkeit von der Landesregierung durch Rechtsverordnung einem Oberlandesgericht oder dem obersten Landesgericht übertragen werden; die Landesregierung kann die Ermächtigung durch Rechtsverordnung auf die Landesjustizverwaltung übertragen. [2] Mehrere Länder können die Zuständigkeit eines Oberlandesgerichts über die Ländergrenzen hinaus vereinbaren.

**§ 1063 Allgemeine Vorschriften.** (1) [1] Das Gericht entscheidet durch Beschluss. [2] Vor der Entscheidung ist der Gegner zu hören.

(2) Das Gericht hat die mündliche Verhandlung anzuordnen, wenn die Aufhebung des Schiedsspruchs beantragt wird oder wenn bei einem Antrag auf Anerkennung oder Vollstreckbarerklärung des Schiedsspruchs Aufhebungsgründe nach § 1059 Abs. 2 in Betracht kommen.

(3) [1] Der Vorsitzende des Zivilsenats kann ohne vorherige Anhörung des Gegners anordnen, dass der Antragsteller bis zur Entscheidung über den Antrag die Zwangsvollstreckung aus dem Schiedsspruch betreiben oder die vorläufige oder sichernde Maßnahme des Schiedsgerichts nach § 1041 vollziehen darf. [2] Die Zwangsvollstreckung aus dem Schiedsspruch darf nicht über Maßnahmen zur Sicherung hinausgehen. [3] Der Antragsgegner ist befugt, die Zwangsvollstreckung durch Leistung einer Sicherheit in Höhe des Betrages, wegen dessen der Antragsteller vollstrecken kann, abzuwenden.

(4) Solange eine mündliche Verhandlung nicht angeordnet ist, können zu Protokoll der Geschäftsstelle Anträge gestellt und Erklärungen abgegeben werden.

**§ 1064 Besonderheiten bei der Vollstreckbarerklärung von Schiedssprüchen.** (1) [1] Mit dem Antrag auf Vollstreckbarerklärung eines Schiedsspruchs ist der Schiedsspruch oder eine beglaubigte Abschrift des Schiedsspruchs vorzulegen. [2] Die Beglaubigung kann auch von dem für das gerichtliche Verfahren bevollmächtigten Rechtsanwalt vorgenommen werden.

(2) Der Beschluss, durch den ein Schiedsspruch für vollstreckbar erklärt wird, ist für vorläufig vollstreckbar zu erklären.

(3) Auf ausländische Schiedssprüche sind die Absätze 1 und 2 anzuwenden, soweit Staatsverträge nicht ein anderes bestimmen.

**§ 1065 Rechtsmittel.** (1) [1]Gegen die in § 1062 Abs. 1 Nr. 2 und 4 genannten Entscheidungen findet die Rechtsbeschwerde statt. [2]Im Übrigen sind die Entscheidungen in den in § 1062 Abs. 1 bezeichneten Verfahren unanfechtbar.

(2) [1]Die Rechtsbeschwerde kann auch darauf gestützt werden, dass die Entscheidung auf einer Verletzung eines Staatsvertrages beruht. [2]Die §§ 707, 717 sind entsprechend anzuwenden.

### Abschnitt 10. Außervertragliche Schiedsgerichte

**§ 1066 Entsprechende Anwendung der Vorschriften des Buches 10.**

Für Schiedsgerichte, die in gesetzlich statthafter Weise durch letztwillige oder andere nicht auf Vereinbarung beruhende Verfügungen angeordnet werden, gelten die Vorschriften dieses Buches entsprechend.

## Buch 11. Justizielle Zusammenarbeit in der Europäischen Union

### Abschnitt 1.[1)] Zustellung nach der Verordnung (EU) 2020/1784

**§ 1067[2)] Zustellung durch Auslandsvertretungen.** (1) [1]Eine Zustellung nach Artikel 17 der Verordnung (EU) 2020/1784 durch die zuständige deutsche Auslandsvertretung soll nur im begründeten Ausnahmefall erfolgen. [2]Eine Zustellung nach Satz 1 an einen Adressaten, der nicht deutscher Staatsangehöriger ist, ist nur zulässig, sofern der Mitgliedstaat, in dem die Zustellung erfolgen soll, dies nicht durch eine Erklärung nach Artikel 33 Absatz 1 Satz 1 der Verordnung (EU) 2020/1784 ausgeschlossen hat.

(2) Eine Zustellung nach Artikel 17 der Verordnung (EU) 2020/1784, die in der Bundesrepublik Deutschland bewirkt werden soll, ist nur zulässig, wenn der Adressat des zuzustellenden Schriftstücks Staatsangehöriger des Übermittlungsstaats ist.

**§ 1068[3)] Elektronische Zustellung.** An Adressaten in der Bundesrepublik Deutschland dürfen gerichtliche elektronische Schriftstücke nur nach Artikel 19 Absatz 1 Buchstabe a der Verordnung (EU) 2020/1784 elektronisch zugestellt werden.

**§ 1069[4)] Zuständigkeiten nach der Verordnung (EU) 2020/1784; Verordnungsermächtigungen.** (1) Für Zustellungen im Ausland sind als deutsche Übermittlungsstelle im Sinne von Artikel 3 Absatz 1 der Verordnung (EU) 2020/1784 zuständig:

---

1) Abschnitt 1 Überschrift neu gef. mWv 13.11.2008 durch G v. 30.10.2008 (BGBl. I S. 2122); Überschrift geänd. mWv 1.7.2022 durch G v. 24.6.2022 (BGBl. I S. 959).

2) § 1067 neu gef. mWv 13.11.2008 durch G v. 30.10.2008 (BGBl. I S. 2122); geänd. mWv 10.1.2015 durch G v. 8.7.2014 (BGBl. I S. 890); Abs. 1 eingef. mWv 17.6.2017 durch G v. 11.6.2017 (BGBl. I S. 1607); Überschrift geänd., Abs. 1 neu gef., Abs. 2 geänd. mWv 1.7.2022 durch G v. 24.6.2022 (BGBl. I S. 959).

3) § 1068 neu gef. mWv 1.7.2022 durch G v. 24.6.2022 (BGBl. I S. 959).

4) § 1069 Überschrift, Abs. 1–3 geänd. mWv 13.11.2008 durch G v. 30.10.2008 (BGBl. I S. 2122); Überschrift, Abs. 2 Satz 1 geänd. mWv 17.6.2017 durch G v. 11.6.2017 (BGBl. I S. 1607); Überschrift, Abs. 1 einl. Satzteil, Abs. 2 Satz 1, Abs. 3 Satz 1 geänd., Abs. 4 eingef., bish. Abs. 4 wird Abs. 5 mWv 1.7.2022 durch G v. 24.6.2022 (BGBl. I S. 959).

1. für gerichtliche Schriftstücke das die Zustellung betreibende Gericht und
2. für außergerichtliche Schriftstücke dasjenige Amtsgericht, in dessen Bezirk die Person, welche die Zustellung betreibt, ihren Wohnsitz oder gewöhnlichen Aufenthalt hat; bei notariellen Urkunden auch dasjenige Amtsgericht, in dessen Bezirk der beurkundende Notar seinen Amtssitz hat; bei juristischen Personen tritt an die Stelle des Wohnsitzes oder des gewöhnlichen Aufenthalts der Sitz; die Landesregierungen können die Aufgaben der Übermittlungsstelle einem Amtsgericht für die Bezirke mehrerer Amtsgerichte durch Rechtsverordnung zuweisen.

(2) [1] Für Zustellungen in der Bundesrepublik Deutschland ist als deutsche Empfangsstelle im Sinne von Artikel 3 Absatz 2 der Verordnung (EU) 2020/1784 die Geschäftsstelle desjenigen Amtsgerichts zuständig, in dessen Bezirk das Schriftstück zugestellt werden soll. [2] Die Landesregierungen können die Aufgaben der Empfangsstelle einem Amtsgericht für die Bezirke mehrerer Amtsgerichte durch Rechtsverordnung zuweisen.

(3) [1] Die Landesregierungen bestimmen durch Rechtsverordnung die Stelle, die in dem jeweiligen Land als deutsche Zentralstelle nach Artikel 4 der Verordnung (EU) 2020/1784 zuständig ist. [2] Die Aufgaben der Zentralstelle können in jedem Land nur einer Stelle zugewiesen werden.

(4) [1] Zentralstelle des Bundes nach Artikel 4 der Verordnung (EU) 2020/1784 ist das Bundesamt für Justiz. [2] Es unterstützt bei Bedarf die zuständigen Behörden der Länder.

(5) Die Landesregierungen können die Befugnis zum Erlass einer Rechtsverordnung nach Absatz 1 Nr. 2, Absatz 2 Satz 2 und Absatz 3 Satz 1 einer obersten Landesbehörde übertragen.

**§ 1070[1)] Sprache eingehender Anträge, Bescheinigungen und Mitteilungen.** Aus dem Ausland eingehende Zustellungsanträge, Bescheinigungen über die Zustellung sowie sonstige Mitteilungen nach der Verordnung (EU) 2020/1784 müssen in deutscher oder in englischer Sprache abgefasst oder von einer Übersetzung in die deutsche oder englische Sprache begleitet sein.

**§ 1071[2)] Zustellung nach dem Abkommen zwischen der Europäischen Gemeinschaft und dem Königreich Dänemark vom 19. Oktober 2005 über die Zustellung gerichtlicher und außergerichtlicher Schriftstücke in Zivil- oder Handelssachen.** Wenn die Verordnung (EU) 2020/1784 im Verhältnis zu Dänemark auf Grund des Artikels 2 Absatz 1 des Abkommens zwischen der Europäischen Gemeinschaft und dem Königreich Dänemark vom 19. Oktober 2005 über die Zustellung gerichtlicher und außergerichtlicher Schriftstücke in Zivil- oder Handelssachen anwendbar ist, gelten die Vorschriften der §§ 1067 bis 1070 entsprechend.

---

[1)] § 1070 eingef. mWv 1.7.2022 durch G v. 24.6.2022 (BGBl. I S. 959).

[2)] Früherer § 1070 aufgeh. mWv 13.11.2008 durch G v. 30.10.2008 (BGBl. I S. 2122); neu gef. mWv 17.6.2017 durch G v. 11.6.2017 (BGBl. I S. 1607); bish. § 1070 wird § 1071 und geänd. mWv 1.7.2022 durch G v. 24.6.2022 (BGBl. I S. 959).

### Abschnitt 2.[1] Beweisaufnahme nach der Verordnung (EU) 2020/1783

**§ 1072[2] Beweisaufnahme in den Mitgliedstaaten der Europäischen Union.** Soll die Beweisaufnahme nach der Verordnung (EU) 2020/1783 erfolgen, so kann das deutsche Gericht

1. nach den Artikeln 12 bis 18 der Verordnung (EU) 2020/1783 das zuständige Gericht eines anderen Mitgliedstaats um Aufnahme des Beweises ersuchen,
2. unter den Voraussetzungen der Artikel 19 und 20 der Verordnung (EU) 2020/1783 eine unmittelbare Beweisaufnahme in einem anderen Mitgliedstaat beantragen oder
3. unter den Voraussetzungen des Artikels 21 der Verordnung (EU) 2020/1783 und nur in einem begründeten Ausnahmefall einen deutschen Konsularbeamten um Vernehmung eines deutschen Staatsangehörigen in einem anderen Mitgliedstaat ersuchen.

**§ 1073[3] Teilnahmerechte.** (1) [1]Das ersuchende deutsche Gericht oder ein von diesem beauftragtes Mitglied darf im Geltungsbereich der Verordnung (EU) 2020/1783 bei der Erledigung des Ersuchens auf Beweisaufnahme durch das ersuchte ausländische Gericht oder durch den deutschen Konsularbeamten anwesend und beteiligt sein. [2]Parteien, deren Vertreter sowie Sachverständige können sich hierbei in dem Umfang beteiligen, in dem sie in dem betreffenden Verfahren an einer inländischen Beweisaufnahme beteiligt werden dürfen.

(2) Eine unmittelbare Beweisaufnahme im Ausland nach Artikel 19 Absatz 3 der Verordnung (EU) 2020/1783 dürfen Mitglieder des Gerichts sowie von diesem beauftragte Sachverständige durchführen.

**§ 1074[4] Zuständigkeiten nach der Verordnung (EU) 2020/1783; Verordnungsermächtigung.** (1) Für Beweisaufnahmen in der Bundesrepublik Deutschland ist als ersuchtes Gericht im Sinne von Artikel 3 Absatz 1 der Verordnung (EU) 2020/1783 dasjenige Amtsgericht zuständig, in dessen Bezirk die Verfahrenshandlung durchgeführt werden soll.

(2) Die Landesregierungen können die Aufgaben des ersuchten Gerichts einem Amtsgericht für die Bezirke mehrerer Amtsgerichte durch Rechtsverordnung zuweisen.

(3) [1]Die Landesregierungen bestimmen durch Rechtsverordnung die Stelle, die in dem jeweiligen Land

1. als deutsche Zentralstelle nach Artikel 4 der Verordnung (EU) 2020/1783 zuständig ist,
2. als zuständige Stelle über Ersuchen um unmittelbare Beweisaufnahme nach Artikel 19 Absatz 1 der Verordnung (EU) 2020/1783 entscheidet.

[2]Die Aufgaben nach den Nummern 1 und 2 können in jedem Land nur jeweils einer Stelle zugewiesen werden.

---

[1] Abschnitt 2 Überschrift geänd. mWv 1.7.2022 durch G v. 24.6.2022 (BGBl. I S. 959).

[2] § 1072 einl. Satzteil geänd. mWv 10.1.2015 durch G v. 8.7.2014 (BGBl. I S. 890); einl. Satzteil, Nr. 1 geänd., Nr. 2 neu gef., Nr. 3 angef. mWv 1.7.2022 durch G v. 24.6.2022 (BGBl. I S. 959).

[3] § 1073 Abs. 1 Satz 1, Abs. 2 geänd. mWv 1.7.2022 durch G v. 24.6.2022 (BGBl. I S. 959).

[4] § 1074 Überschrift, Abs. 1, Abs. 3 Satz 1 Nr. 1 geänd., Nr. 2 neu gef., Abs. 4 eingef., bish. Abs. 4 wird Abs. 5 mWv 1.7.2022 durch G v. 24.6.2022 (BGBl. I S. 959).

(4) [1]Zentralstelle des Bundes nach Artikel 4 der Verordnung (EU) 2020/1783 ist das Bundesamt für Justiz. [2]Es unterstützt bei Bedarf die zuständigen Behörden der Länder.

(5) Die Landesregierungen können die Befugnis zum Erlass einer Rechtsverordnung nach den Absätzen 2 und 3 Satz 1 einer obersten Landesbehörde übertragen.

**§ 1075[1)] Sprache eingehender Ersuchen.** Aus dem Ausland eingehende Ersuchen auf Beweisaufnahme sowie Mitteilungen nach der Verordnung (EU) 2020/1783 müssen in deutscher Sprache abgefasst oder von einer Übersetzung in die deutsche Sprache begleitet sein.

## Abschnitt 3. Prozesskostenhilfe nach der Richtlinie 2003/8/EG

**§ 1076 Anwendbare Vorschriften.** Für die grenzüberschreitende Prozesskostenhilfe innerhalb der Europäischen Union nach der Richtlinie 2003/8/EG des Rates vom 27. Januar 2003 zur Verbesserung des Zugangs zum Recht bei Streitsachen mit grenzüberschreitendem Bezug durch Festlegung gemeinsamer Mindestvorschriften für die Prozesskostenhilfe in derartigen Streitsachen (ABl. EG Nr. L 26 S. 41, ABl. EU Nr. L 32 S. 15) gelten die §§ 114 bis 127a, soweit nachfolgend nichts Abweichendes bestimmt ist.

**§ 1077[2)] Ausgehende Ersuchen.** (1) [1]Für die Entgegennahme und Übermittlung von Anträgen natürlicher Personen auf grenzüberschreitende Prozesskostenhilfe ist das Amtsgericht zuständig, in dessen Bezirk der Antragsteller seinen Wohnsitz oder gewöhnlichen Aufenthalt hat (Übermittlungsstelle). [2]Die Landesregierungen können die Aufgaben der Übermittlungsstelle einem Amtsgericht für die Bezirke mehrerer Amtsgerichte durch Rechtsverordnung zuweisen. [3]Sie können die Ermächtigung durch Rechtsverordnung auf die Landesjustizverwaltungen übertragen. [4]§ 21 Satz 1 des Auslandsunterhaltsgesetzes[3)] bleibt unberührt.

(2) [1]Das Bundesministerium der Justiz und für Verbraucherschutz wird ermächtigt, durch Rechtsverordnung[4)] mit Zustimmung des Bundesrates die in Artikel 16 Abs. 1 der Richtlinie 2003/8/EG vorgesehenen Standardformulare für Anträge auf grenzüberschreitende Prozesskostenhilfe und für deren Übermittlung einzuführen. [2]Soweit Standardformulare für Anträge auf grenzüberschreitende Prozesskostenhilfe und für deren Übermittlung eingeführt sind, müssen sich der Antragsteller und die Übermittlungsstelle ihrer bedienen.

(3) [1]Die Übermittlungsstelle kann die Übermittlung durch Beschluss vollständig oder teilweise ablehnen, wenn der Antrag offensichtlich unbegründet ist oder offensichtlich nicht in den Anwendungsbereich der Richtlinie 2003/8/EG fällt. [2]Sie kann von Amts wegen Übersetzungen von dem Antrag beigefügten fremdsprachigen Anlagen fertigen, soweit dies zur Vorbereitung einer Entscheidung nach Satz 1 erforderlich ist. [3]Gegen die ablehnende Entscheidung findet die sofortige Beschwerde nach Maßgabe des § 127 Abs. 2 Satz 2 und 3 statt.

---

1) § 1075 geänd. mWv 1.7.2022 durch G v. 24.6.2022 (BGBl. I S. 959).

2) § 1077 Abs. 1 Satz 4 angef. mWv 18.6.2011 durch G v. 23.5.2011 (BGBl. I S. 898); Abs. 2 Satz 1 geänd. mWv 8.9.2015 durch VO v. 31.8.2015 (BGBl. I S. 1474).

3) **Habersack, Deutsche Gesetze ErgBd. Nr. 103o.**

4) Siehe die EG-ProzesskostenhilfevordruckVO v. 21.12.2004 (BGBl. I S. 3538).

(4) [1] Die Übermittlungsstelle fertigt von Amts wegen Übersetzungen der Eintragungen im Standardformular für Anträge auf Prozesskostenhilfe sowie der beizufügenden Anlagen

a) in eine der Amtssprachen des Mitgliedstaats der zuständigen Empfangsstelle, die zugleich einer der Amtssprachen der Europäischen Union entspricht, oder

b) in eine andere von diesem Mitgliedstaat zugelassene Sprache.

[2] Die Übermittlungsstelle prüft die Vollständigkeit des Antrags und wirkt darauf hin, dass Anlagen, die nach ihrer Kenntnis zur Entscheidung über den Antrag erforderlich sind, beigefügt werden.

(5) [1] Die Übermittlungsstelle übersendet den Antrag und die beizufügenden Anlagen ohne Legalisation oder gleichwertige Förmlichkeiten an die zuständige Empfangsstelle des Mitgliedstaats des Gerichtsstands oder des Vollstreckungsmitgliedstaats. [2] Die Übermittlung erfolgt innerhalb von 14 Tagen nach Vorliegen der gemäß Absatz 4 zu fertigenden Übersetzungen.

(6) [1] Hat die zuständige Stelle des anderen Mitgliedstaats das Ersuchen um Prozesskostenhilfe auf Grund der persönlichen und wirtschaftlichen Verhältnisse des Antragstellers abgelehnt oder eine Ablehnung angekündigt, so stellt die Übermittlungsstelle auf Antrag eine Bescheinigung der Bedürftigkeit aus, wenn der Antragsteller in einem entsprechenden deutschen Verfahren nach § 115 Abs. 1 und 2 als bedürftig anzusehen wäre. [2] Absatz 4 Satz 1 gilt für die Übersetzung der Bescheinigung entsprechend. [3] Die Übermittlungsstelle übersendet der Empfangsstelle des anderen Mitgliedstaats die Bescheinigung der Bedürftigkeit zwecks Ergänzung des ursprünglichen Ersuchens um grenzüberschreitende Prozesskostenhilfe.

**§ 1078 Eingehende Ersuchen.** (1) [1] Für eingehende Ersuchen um grenzüberschreitende Prozesskostenhilfe ist das Prozessgericht oder das Vollstreckungsgericht zuständig. [2] Die Anträge müssen in deutscher Sprache ausgefüllt und die Anlagen von einer Übersetzung in die deutsche Sprache begleitet sein. [3] Eine Legalisation oder gleichwertige Förmlichkeiten dürfen nicht verlangt werden.

(2) [1] Das Gericht entscheidet über das Ersuchen nach Maßgabe der §§ 114 bis 116. [2] Es übersendet der übermittelnden Stelle eine Abschrift seiner Entscheidung.

(3) Der Antragsteller erhält auch dann grenzüberschreitende Prozesskostenhilfe, wenn er nachweist, dass er wegen unterschiedlich hoher Lebenshaltungskosten im Mitgliedstaat seines Wohnsitzes oder gewöhnlichen Aufenthalts einerseits und im Geltungsbereich dieses Gesetzes andererseits die Kosten der Prozessführung nicht, nur zum Teil oder nur in Raten aufbringen kann.

(4) [1] Wurde grenzüberschreitende Prozesskostenhilfe bewilligt, so gilt für jeden weiteren Rechtszug, der von dem Antragsteller oder dem Gegner eingeleitet wird, ein neuerliches Ersuchen um grenzüberschreitende Prozesskostenhilfe als gestellt. [2] Das Gericht hat dahin zu wirken, dass der Antragsteller die Voraussetzungen für die Bewilligung der grenzüberschreitenden Prozesskostenhilfe für den jeweiligen Rechtszug darlegt.

## Abschnitt 4. Europäische Vollstreckungstitel nach der Verordnung (EG) Nr. 805/2004

### Titel 1. Bestätigung inländischer Titel als Europäische Vollstreckungstitel

**§ 1079[1] Zuständigkeit.** Für die Ausstellung der Bestätigungen nach

1. Artikel 9 Abs. 1, Artikel 24 Abs. 1, Artikel 25 Abs. 1 und
2. Artikel 6 Abs. 2 und 3

der Verordnung (EG) Nr. 805/2004[2] sind die Gerichte, Behörden oder Notare zuständig, denen die Erteilung einer vollstreckbaren Ausfertigung des Titels obliegt.

**§ 1080[3] Entscheidung.** (1) [1] Bestätigungen nach Artikel 9 Abs. 1, Artikel 24 Abs. 1, Artikel 25 Abs. 1 und Artikel 6 Abs. 3 der Verordnung (EG) Nr. 805/2004[2] sind ohne Anhörung des Schuldners auszustellen. [2] Eine Ausfertigung der Bestätigung ist dem Schuldner von Amts wegen zuzustellen. [3] Das gilt nicht, wenn die antragstellende Person Übermittlung an sich zur Zustellung im Parteibetrieb beantragt hat.

(2) Wird der Antrag auf Ausstellung einer Bestätigung zurückgewiesen, so sind die Vorschriften über die Anfechtung der Entscheidung über die Erteilung einer Vollstreckungsklausel entsprechend anzuwenden.

**§ 1081 Berichtigung und Widerruf.** (1) [1] Ein Antrag nach Artikel 10 Abs. 1 der Verordnung (EG) Nr. 805/2004[2] auf Berichtigung oder Widerruf einer gerichtlichen Bestätigung ist bei dem Gericht zu stellen, das die Bestätigung ausgestellt hat. [2] Über den Antrag entscheidet dieses Gericht. [3] Ein Antrag auf Berichtigung oder Widerruf einer notariellen oder behördlichen Bestätigung ist an die Stelle zu richten, die die Bestätigung ausgestellt hat. [4] Die Notare oder Behörden leiten den Antrag unverzüglich dem Amtsgericht, in dessen Bezirk sie ihren Sitz haben, zur Entscheidung zu.

(2) [1] Der Antrag auf Widerruf durch den Schuldner ist nur binnen einer Frist von einem Monat zulässig. [2] Ist die Bestätigung im Ausland zuzustellen, beträgt die Frist zwei Monate. [3] Sie ist eine Notfrist und beginnt mit der Zustellung der Bestätigung, jedoch frühestens mit der Zustellung des Titels, auf den sich die Bestätigung bezieht. [4] In dem Antrag auf Widerruf sind die Gründe darzulegen, weshalb die Bestätigung eindeutig zu Unrecht erteilt worden ist.

(3) § 319 Abs. 2 und 3 ist auf die Berichtigung und den Widerruf entsprechend anzuwenden.

### Titel 2. Zwangsvollstreckung aus Europäischen Vollstreckungstiteln im Inland

**§ 1082 Vollstreckungstitel.** Aus einem Titel, der in einem anderen Mitgliedstaat der Europäischen Union nach der Verordnung (EG) Nr. 805/2004[2] als Europäischer Vollstreckungstitel bestätigt worden ist, findet die Zwangsvollstreckung im Inland statt, ohne dass es einer Vollstreckungsklausel bedarf.

**§ 1083 Übersetzung.** Hat der Gläubiger nach Artikel 20 Abs. 2 Buchstabe c der Verordnung (EG) Nr. 805/2004[2] eine Übersetzung vorzulegen, so ist diese in

---

[1] § 1079 abschl. Satzteil geänd. mWv 10.1.2015 durch G v. 8.7.2014 (BGBl. I S. 890).
[2] **Habersack, Deutsche Gesetze ErgBd. Nr. 103f.**
[3] § 1080 Abs. 1 Satz 3 angef. mWv 18.8.2021 durch G v. 10.8.2021 (BGBl. I S. 3424).

deutscher Sprache zu verfassen und von einer hierzu in einem der Mitgliedstaaten der Europäischen Union befugten Person zu beglaubigen.

**§ 1084 Anträge nach den Artikeln 21 und 23 der Verordnung (EG) Nr. 805/2004.** (1) [1]Für Anträge auf Verweigerung, Aussetzung oder Beschränkung der Zwangsvollstreckung nach den Artikeln 21 und 23 der Verordnung (EG) Nr. 805/2004[1)] ist das Amtsgericht als Vollstreckungsgericht zuständig. [2]Die Vorschriften des Buches 8 über die örtliche Zuständigkeit des Vollstreckungsgerichts sind entsprechend anzuwenden. [3]Die Zuständigkeit nach den Sätzen 1 und 2 ist ausschließlich.

(2) [1]Die Entscheidung über den Antrag nach Artikel 21 der Verordnung (EG) Nr. 805/2004 ergeht durch Beschluss. [2]Auf die Einstellung der Zwangsvollstreckung und die Aufhebung der bereits getroffenen Vollstreckungsmaßregeln sind § 769 Abs. 1 und 3 sowie § 770 entsprechend anzuwenden. [3]Die Aufhebung einer Vollstreckungsmaßregel ist auch ohne Sicherheitsleistung zulässig.

(3) [1]Über den Antrag auf Aussetzung oder Beschränkung der Vollstreckung nach Artikel 23 der Verordnung (EG) Nr. 805/2004 wird durch einstweilige Anordnung entschieden. [2]Die Entscheidung ist unanfechtbar.

**§ 1085 Einstellung der Zwangsvollstreckung.** Die Zwangsvollstreckung ist entsprechend den §§ 775 und 776 auch dann einzustellen oder zu beschränken, wenn die Ausfertigung einer Bestätigung über die Nichtvollstreckbarkeit oder über die Beschränkung der Vollstreckbarkeit nach Artikel 6 Abs. 2 der Verordnung (EG) Nr. 805/2004[1)] vorgelegt wird.

**§ 1086[2)] Vollstreckungsabwehrklage.** (1) [1]Für Klagen nach § 795 Satz 1 in Verbindung mit § 767 ist das Gericht ausschließlich örtlich zuständig, in dessen Bezirk der Schuldner seinen Wohnsitz hat, oder, wenn er im Inland keinen Wohnsitz hat, das Gericht, in dessen Bezirk die Zwangsvollstreckung stattfinden soll oder stattgefunden hat. [2]Der Sitz von Gesellschaften oder juristischen Personen steht dem Wohnsitz gleich.

(2) § 767 Abs. 2 ist entsprechend auf gerichtliche Vergleiche und öffentliche Urkunden anzuwenden.

## Abschnitt 5.[3)] Europäisches Mahnverfahren nach der Verordnung (EG) Nr. 1896/2006

### Titel 1. Allgemeine Vorschriften

**§ 1087[4)] Zuständigkeit.** Für die Bearbeitung von Anträgen auf Erlass und Überprüfung sowie die Vollstreckbarerklärung eines Europäischen Zahlungsbefehls nach der Verordnung (EG) Nr. 1896/2006[5)] ist das Amtsgericht Wedding in Berlin ausschließlich zuständig.

---

[1)] **Habersack, Deutsche Gesetze ErgBd. Nr. 103f.**

[2)] § 1086 Abs. 1 Satz 1 geänd. mWv 10.1.2015 durch G v. 8.7.2014 (BGBl. I S. 890).

[3)] Abschnitt 5 (§§ 1087–1096) angef. mWv 12.12.2008 durch G v. 30.10.2008 (BGBl. I S. 2122).

[4)] § 1087 angef. mWv 12.12.2008 durch G v. 30.10.2008 (BGBl. I S. 2122); geänd. mWv 10.1.2015 durch G v. 8.7.2014 (BGBl. I S. 890).

[5)] **Habersack, Deutsche Gesetze ErgBd. Nr. 103g.**

**§ 1088[1)] Maschinelle Bearbeitung.** (1) [1]Der Antrag auf Erlass des Europäischen Zahlungsbefehls und der Einspruch können in einer nur maschinell lesbaren Form bei Gericht eingereicht werden, wenn diese dem Gericht für seine maschinelle Bearbeitung geeignet erscheint. [2]§ 130a Absatz 5 Satz 1 gilt entsprechend.

(2) Der Senat des Landes Berlin bestimmt durch Rechtsverordnung, die nicht der Zustimmung des Bundesrates bedarf, den Zeitpunkt, in dem beim Amtsgericht Wedding die maschinelle Bearbeitung der Mahnverfahren eingeführt wird; er kann die Ermächtigung durch Rechtsverordnung auf die Senatsverwaltung für Justiz des Landes Berlin übertragen.

**§ 1089[2)] Zustellung.** (1) [1]Ist der Europäische Zahlungsbefehl im Inland zuzustellen, gelten die Vorschriften über das Verfahren bei Zustellungen von Amts wegen entsprechend. [2]Die §§ 185 bis 188 sind nicht anzuwenden.

(2) Ist der Europäische Zahlungsbefehl in einem anderen Mitgliedstaat der Europäischen Union zuzustellen, gelten die Vorschriften der Verordnung (EU) 2020/1784 sowie für die Durchführung dieser Verordnung § 1067 Absatz 1, § 1069 Absatz 1 und § 1070 entsprechend.

## Titel 2. Einspruch gegen den Europäischen Zahlungsbefehl

**§ 1090[3)] Verfahren nach Einspruch.** (1) [1]Im Fall des Artikels 17 Abs. 1 der Verordnung (EG) Nr. 1896/2006[4)] fordert das Gericht den Antragsteller mit der Mitteilung nach Artikel 17 Abs. 3 der Verordnung (EG) Nr. 1896/2006 auf, das Gericht zu bezeichnen, das für die Durchführung des streitigen Verfahrens zuständig ist. [2]Das Gericht setzt dem Antragsteller hierfür eine nach den Umständen angemessene Frist und weist ihn darauf hin, dass dem für die Durchführung des streitigen Verfahrens bezeichneten Gericht die Prüfung seiner Zuständigkeit vorbehalten bleibt. [3]Die Aufforderung ist dem Antragsgegner mitzuteilen. [4]Für den Fall, dass der Antragsteller nicht innerhalb der ihm hierfür nach Satz 2 gesetzten Frist das für die Durchführung des streitigen Verfahrens zuständige Gericht benennt, ist der Europäische Zahlungsbefehl aufzuheben. [5]Hierdurch endet das Verfahren nach der Verordnung (EG) Nr. 1896/2006.

(2) [1]Nach Eingang der Mitteilung des Antragstellers nach Absatz 1 Satz 1 gibt das Gericht, das den Europäischen Zahlungsbefehl erlassen hat, das Verfahren von Amts wegen an das vom Antragsteller bezeichnete Gericht ab. [2]§ 696 Abs. 1 Satz 3 bis 5, Abs. 2, 4 und 5 sowie § 698 gelten entsprechend.

(3) Die Streitsache gilt als mit Zustellung des Europäischen Zahlungsbefehls rechtshängig geworden, wenn sie nach Übersendung der Aufforderung nach Absatz 1 Satz 1 und unter Berücksichtigung der Frist nach Absatz 1 Satz 2 alsbald abgegeben wird.

**§ 1091[5)] Einleitung des Streitverfahrens.** § 697 Abs. 1 bis 3 gilt entsprechend.

---

1) § 1088 angef. mWv 12.12.2008 durch G v. 30.10.2008 (BGBl. I S. 2122); Abs. 1 Satz 2 gänd. mWv 1.1.2018 durch G v. 10.10.2013 (BGBl. I S. 3786).

2) § 1089 angef. mWv 12.12.2008 durch G v. 30.10.2008 (BGBl. I S. 2122); Abs. 2 gänd. mWv 1.7.2022 durch G v. 24.6.2022 (BGBl. I S. 959).

3) § 1090 angef. mWv 12.12.2008 durch G v. 30.10.2008 (BGBl. I S. 2122); Abs. 1 Sätze 4 und 5 angef. mWv 17.6.2017 durch G v. 11.6.2017 (BGBl. I S. 1607).

4) **Habersack, Deutsche Gesetze ErgBd. Nr. 103g.**

5) Abschnitt 5 (§§ 1087–1096) angef. mWv 12.12.2008 durch G v. 30.10.2008 (BGBl. I S. 2122).

### Titel 3. Überprüfung des Europäischen Zahlungsbefehls in Ausnahmefällen

**§ 1092[1] Verfahren.** (1) [1]Die Entscheidung über einen Antrag auf Überprüfung des Europäischen Zahlungsbefehls nach Artikel 20 Abs. 1 oder Abs. 2 der Verordnung (EG) Nr. 1896/2006[2] ergeht durch Beschluss. [2]Der Beschluss ist unanfechtbar.

(2) Der Antragsgegner hat die Tatsachen, die eine Aufhebung des Europäischen Zahlungsbefehls begründen, glaubhaft zu machen.

(3) Erklärt das Gericht den Europäischen Zahlungsbefehl für nichtig, endet das Verfahren nach der Verordnung (EG) Nr. 1896/2006.

(4) Eine Wiedereinsetzung in die Frist nach Artikel 16 Abs. 2 der Verordnung (EG) Nr. 1896/2006 findet nicht statt.

**§ 1092a[3] Rechtsbehelf bei Nichtzustellung oder bei nicht ordnungsgemäßer Zustellung des Europäischen Zahlungsbefehls.** (1) [1]Der Antragsgegner kann die Aufhebung des Europäischen Zahlungsbefehls beantragen, wenn ihm der Europäische Zahlungsbefehl

1. nicht zugestellt wurde oder
2. in einer nicht den Anforderungen der Artikel 13 bis 15 der Verordnung (EG) Nr. 1896/2006[2] genügenden Weise zugestellt wurde.

[2]Der Antrag muss innerhalb eines Monats ab dem Zeitpunkt gestellt werden, zu dem der Antragsgegner Kenntnis vom Erlass des Europäischen Zahlungsbefehls oder des Zustellungsmangels gehabt hat oder hätte haben können. [3]Gibt das Gericht dem Antrag aus einem der in Satz 1 genannten Gründe statt, wird der Europäische Zahlungsbefehl für nichtig erklärt.

(2) [1]Hat das Gericht zum Zeitpunkt der Antragstellung nach Absatz 1 Satz 1 den Europäischen Zahlungsbefehl bereits nach Artikel 18 der Verordnung (EG) Nr. 1896/2006 für vollstreckbar erklärt und gibt es dem Antrag nunmehr statt, so erklärt es die Zwangsvollstreckung aus dem Zahlungsbefehl für unzulässig. [2]Absatz 1 Satz 3 gilt entsprechend.

(3) [1]Die Entscheidung ergeht durch Beschluss. [2]Der Beschluss ist unanfechtbar. [3]§ 1092 Absatz 2 bis 4 findet entsprechende Anwendung.

### Titel 4. Zwangsvollstreckung aus dem Europäischen Zahlungsbefehl

**§ 1093[1] Vollstreckungsklausel.** Aus einem nach der Verordnung (EG) Nr. 1896/2006[2] erlassenen und für vollstreckbar erklärten Europäischen Zahlungsbefehl findet die Zwangsvollstreckung im Inland statt, ohne dass es einer Vollstreckungsklausel bedarf.

**§ 1094[1] Übersetzung.** Hat der Gläubiger nach Artikel 21 Abs. 2 Buchstabe b der Verordnung (EG) Nr. 1896/2006[2] eine Übersetzung vorzulegen, so ist diese in deutscher Sprache zu verfassen und von einer in einem der Mitgliedstaaten der Europäischen Union hierzu befugten Person zu beglaubigen.

---

[1] Abschnitt 5 (§§ 1087–1096) angef. mWv 12.12.2008 durch G v. 30.10.2008 (BGBl. I S. 2122).
[2] **Habersack, Deutsche Gesetze ErgBd. Nr. 103g.**
[3] § 1092a eingef. mWv 17.6.2017 durch G v. 11.6.2017 (BGBl. I S. 1607).

**§ 1095[1] Vollstreckungsschutz und Vollstreckungsabwehrklage gegen den im Inland erlassenen Europäischen Zahlungsbefehl.** (1) [1] Wird die Überprüfung eines im Inland erlassenen Europäischen Zahlungsbefehls nach Artikel 20 der Verordnung (EG) Nr. 1896/2006[2] oder dessen Aufhebung nach § 1092a beantragt, gilt § 707 entsprechend. [2] Für die Entscheidung über den Antrag nach § 707 ist das Gericht zuständig, das über den Antrag nach Artikel 20 der Verordnung (EG) Nr. 1896/2006 entscheidet.

(2) Einwendungen, die den Anspruch selbst betreffen, sind nur insoweit zulässig, als die Gründe, auf denen sie beruhen, nach Zustellung des Europäischen Zahlungsbefehls entstanden sind und durch Einspruch nach Artikel 16 der Verordnung (EG) Nr. 1896/2006 nicht mehr geltend gemacht werden können.

**§ 1096[3] Anträge nach den Artikeln 22 und 23 der Verordnung (EG) Nr. 1896/2006; Vollstreckungsabwehrklage.** (1) [1] Für Anträge auf Verweigerung der Zwangsvollstreckung nach Artikel 22 Abs. 1 der Verordnung (EG) Nr. 1896/2006[2] gilt § 1084 Abs. 1 und 2 entsprechend. [2] Für Anträge auf Aussetzung oder Beschränkung der Zwangsvollstreckung nach Artikel 23 der Verordnung (EG) Nr. 1896/2006 ist § 1084 Abs. 1 und 3 entsprechend anzuwenden.

(2) [1] Für Anträge auf Verweigerung der Zwangsvollstreckung nach Artikel 22 Abs. 2 der Verordnung (EG) Nr. 1896/2006 gilt § 1086 Abs. 1 entsprechend. [2] Für Klagen nach § 795 Satz 1 in Verbindung mit § 767 sind § 1086 Abs. 1 und § 1095 Abs. 2 entsprechend anzuwenden.

## Abschnitt 6.[4] Europäisches Verfahren für geringfügige Forderungen nach der Verordnung (EG) Nr. 861/2007

### Titel 1. Erkenntnisverfahren

**§ 1097[5] Einleitung und Durchführung des Verfahrens.** (1) Die Formblätter gemäß der Verordnung (EG) Nr. 861/2007[6] und andere Anträge oder Erklärungen können als Schriftsatz, als Telekopie oder nach Maßgabe des § 130a als elektronisches Dokument bei Gericht eingereicht werden.

(2) Im Fall des Artikels 4 Abs. 3 der Verordnung (EG) Nr. 861/2007 wird das Verfahren über die Klage ohne Anwendung der Vorschriften der Verordnung (EG) Nr. 861/2007 fortgeführt.

**§ 1098[4] Annahmeverweigerung auf Grund der verwendeten Sprache.** [1] Die Frist zur Erklärung der Annahmeverweigerung nach Artikel 6 Abs. 3 der Verordnung (EG) Nr. 861/2007[6] beträgt eine Woche. [2] Sie ist eine Notfrist und beginnt mit der Zustellung des Schriftstücks. [3] Der Empfänger ist über die Folgen einer Versäumung der Frist zu belehren.

---

[1] § 1095 angef. mWv 12.12.2008 durch G v. 30.10.2008 (BGBl. I S. 2122); Abs. 1 Satz 1 geänd. mWv 17.6.2017 durch G v. 11.6.2017 (BGBl. I S. 1607).

[2] **Habersack, Deutsche Gesetze ErgBd. Nr. 103g.**

[3] § 1096 angef. mWv 12.12.2008 durch G v. 30.10.2008 (BGBl. I S. 2122); Abs. 2 Satz 2 geänd. mWv 10.1.2015 durch G v. 8.7.2014 (BGBl. I S. 890).

[4] Abschnitt 6 (§§ 1097–1109) angef. mWv 1.1.2009 durch G v. 30.10.2008 (BGBl. I S. 2122).

[5] § 1097 angef. mWv 1.1.2009 durch G v. 30.10.2008 (BGBl. I S. 2122); Abs. 1 geänd. mWv 10.1.2015 durch G v. 8.7.2014 (BGBl. I S. 890).

[6] **Habersack, Deutsche Gesetze ErgBd. Nr. 103e.**

**§ 1099[1)] Widerklage.** (1) Eine Widerklage, die nicht den Vorschriften der Verordnung (EG) Nr. 861/2007[2)] entspricht, ist außer im Fall des Artikels 5 Abs. 7 Satz 1 der Verordnung (EG) Nr. 861/2007 als unzulässig abzuweisen.

(2) [1] Im Fall des Artikels 5 Abs. 7 Satz 1 der Verordnung (EG) Nr. 861/2007 wird das Verfahren über die Klage und die Widerklage ohne Anwendung der Vorschriften der Verordnung (EG) Nr. 861/2007 fortgeführt. [2] Das Verfahren wird in der Lage übernommen, in der es sich zur Zeit der Erhebung der Widerklage befunden hat.

**§ 1100[3)] Mündliche Verhandlung.** (1) [1] Das Gericht kann den Parteien sowie ihren Bevollmächtigten und Beiständen gestatten, sich während einer Verhandlung an einem anderen Ort aufzuhalten und dort Verfahrenshandlungen vorzunehmen. [2] § 128a Abs. 1 Satz 2 und Abs. 3 Satz 1 bleibt unberührt.

(2) Die Bestimmung eines frühen ersten Termins zur mündlichen Verhandlung (§ 275) ist ausgeschlossen.

**§ 1101[4)] Beweisaufnahme.** (1) Das Gericht kann die Beweise in der ihm geeignet erscheinenden Art aufnehmen, soweit Artikel 9 Abs. 2 bis 4 der Verordnung (EG) Nr. 861/2007[2)] nichts anderes bestimmt.

(2) [1] Das Gericht kann einem Zeugen, Sachverständigen oder einer Partei gestatten, sich während einer Vernehmung an einem anderen Ort aufzuhalten. [2] § 128a Abs. 2 Satz 2, 3 und Abs. 3 Satz 1 bleibt unberührt.

**§ 1102[1)] Urteil.** [1] Urteile bedürfen keiner Verkündung. [2] Die Verkündung eines Urteils wird durch die Zustellung ersetzt.

**§ 1103[1)] Säumnis.** [1] Äußert sich eine Partei binnen der für sie geltenden Frist nicht oder erscheint sie nicht zur mündlichen Verhandlung, kann das Gericht eine Entscheidung nach Lage der Akten erlassen. [2] § 251a ist nicht anzuwenden.

**§ 1104[5)] Abhilfe bei unverschuldeter Säumnis des Beklagten.** (1) [1] Liegen die Voraussetzungen des Artikels 18 Abs. 1 und 2 der Verordnung (EG) Nr. 861/2007[2)] vor, wird das Verfahren fortgeführt; es wird in die Lage zurückversetzt, in der es sich vor Erlass des Urteils befand. [2] Auf Antrag stellt das Gericht die Nichtigkeit des Urteils durch Beschluss fest.

(2) Der Beklagte hat die tatsächlichen Voraussetzungen des Artikels 18 Abs. 1 und 2 der Verordnung (EG) Nr. 861/2007 glaubhaft zu machen.

**§ 1104a[6)] Gemeinsame Gerichte.** [1] Die Landesregierungen werden ermächtigt, durch Rechtsverordnung einem Amtsgericht für die Bezirke mehrerer Amtsgerichte und einem Landgericht für die Bezirke mehrerer Landgerichte die Angelegenheiten in europäischen Verfahren für geringfügige Forderungen nach der Verordnung (EG) Nr. 861/2007[2)] zuzuweisen, wenn dies der sachlichen För-

---

[1)] Abschnitt 6 (§§ 1097–1109) angef. mWv 1.1.2009 durch G v. 30.10.2008 (BGBl. I S. 2122).

[2)] **Habersack, Deutsche Gesetze ErgBd. Nr. 103e.**

[3)] § 1100 angef. mWv 1.1.2009 durch G v. 30.10.2008 (BGBl. I S. 2122); Abs. 1 Satz 2 geänd. mWv 14.7.2017 durch G v. 11.6.2017 (BGBl. I S. 1607).

[4)] § 1101 angef. mWv 1.1.2009 durch G v. 30.10.2008 (BGBl. I S. 2122); Abs. 1, Abs. 2 Satz 2 geänd. mWv 14.7.2017 durch G v. 11.6.2017 (BGBl. I S. 1607).

[5)] § 1104 angef. mWv 1.1.2009 durch G v. 30.10.2008 (BGBl. I S. 2122); Abs. 1 Satz 1, Abs. 2 geänd. mWv 14.7.2017 durch G v. 11.6.2017 (BGBl. I S. 1607).

[6)] § 1104a eingef. mWv 14.7.2017 durch G v. 11.6.2017 (BGBl. I S. 1607).

derung der Verfahren dient. [2]Die Landesregierungen können die Ermächtigung auf die Landesjustizverwaltungen übertragen.

### Titel 2. Zwangsvollstreckung

**§ 1105[1)] Zwangsvollstreckung inländischer Titel.** (1) [1]Urteile sind für vorläufig vollstreckbar ohne Sicherheitsleistung zu erklären. [2]Die §§ 712 und 719 Abs. 1 Satz 1 in Verbindung mit § 707 sind nicht anzuwenden.

(2) [1]Für Anträge auf Beschränkung der Zwangsvollstreckung nach Artikel 15 Abs. 2 in Verbindung mit Artikel 23 der Verordnung (EG) Nr. 861/2007[2)] ist das Gericht der Hauptsache zuständig. [2]Die Entscheidung ergeht im Wege einstweiliger Anordnung. [3]Sie ist unanfechtbar. [4]Die tatsächlichen Voraussetzungen des Artikels 23 der Verordnung (EG) Nr. 861/2007 sind glaubhaft zu machen.

**§ 1106[1)] Bestätigung inländischer Titel.** (1) Für die Ausstellung der Bestätigung nach Artikel 20 Abs. 2 der Verordnung (EG) Nr. 861/2007[2)] ist das Gericht zuständig, dem die Erteilung einer vollstreckbaren Ausfertigung des Titels obliegt.

(2) [1]Vor Ausfertigung der Bestätigung ist der Schuldner anzuhören. [2]Wird der Antrag auf Ausstellung einer Bestätigung zurückgewiesen, so sind die Vorschriften über die Anfechtung der Entscheidung über die Erteilung einer Vollstreckungsklausel entsprechend anzuwenden.

**§ 1107[1)] Ausländische Vollstreckungstitel.** Aus einem Titel, der in einem Mitgliedstaat der Europäischen Union nach der Verordnung (EG) Nr. 861/2007[2)] ergangen ist, findet die Zwangsvollstreckung im Inland statt, ohne dass es einer Vollstreckungsklausel bedarf.

**§ 1108[1)] Übersetzung.** Hat der Gläubiger nach Artikel 21 Abs. 2 Buchstabe b der Verordnung (EG) Nr. 861/2007[2)] eine Übersetzung vorzulegen, so ist diese in deutscher Sprache zu verfassen und von einer in einem der Mitgliedstaaten der Europäischen Union hierzu befugten Person zu erstellen.

**§ 1109[1)] Anträge nach den Artikeln 22 und 23 der Verordnung (EG) Nr. 861/2007; Vollstreckungsabwehrklage.** (1) [1]Auf Anträge nach Artikel 22 der Verordnung (EG) Nr. 861/2007[2)] ist § 1084 Abs. 1 und 2 entsprechend anzuwenden. [2]Auf Anträge nach Artikel 23 der Verordnung (EG) Nr. 861/2007 ist § 1084 Abs. 1 und 3 entsprechend anzuwenden.

(2) § 1086 gilt entsprechend.

## Abschnitt 7.[3)] Anerkennung und Vollstreckung nach der Verordnung (EU) Nr. 1215/2012

### Titel 1. Bescheinigung über inländische Titel

**§ 1110[3)] Zuständigkeit.** Für die Ausstellung der Bescheinigung nach den Artikeln 53 und 60 der Verordnung (EU) Nr. 1215/2012[4)] sind die Gerichte oder Notare zuständig, denen die Erteilung einer vollstreckbaren Ausfertigung des Titels obliegt.

---

[1)] Abschnitt 6 (§§ 1097–1109) angef. mWv 1.1.2009 durch G v. 30.10.2008 (BGBl. I S. 2122).
[2)] **Habersack, Deutsche Gesetze ErgBd. Nr. 103e.**
[3)] Abschnitt 7 (§§ 1110–1117) angef. mWv 10.1.2015 durch G v. 8.7.2014 (BGBl. I S. 890).
[4)] **Habersack, Deutsche Gesetze ErgBd. Nr. 103.**

**§ 1111[1)] Verfahren.** (1) [1]Bescheinigungen nach den Artikeln 53 und 60 der Verordnung (EU) Nr. 1215/2012[2)] sind ohne Anhörung des Schuldners auszustellen. [2]In den Fällen des § 726 Absatz 1 und der §§ 727 bis 729 kann der Schuldner vor der Ausstellung der Bescheinigung gehört werden. [3]Eine Ausfertigung der Bescheinigung ist dem Schuldner von Amts wegen zuzustellen. [4]Das gilt nicht, wenn die antragstellende Person Übermittlung an sich zur Zustellung im Parteibetrieb beantragt hat.

(2) Für die Anfechtbarkeit der Entscheidung über die Ausstellung der Bescheinigung nach Absatz 1 gelten die Vorschriften über die Anfechtbarkeit der Entscheidung über die Erteilung der Vollstreckungsklausel entsprechend.

### Titel 2. Anerkennung und Vollstreckung ausländischer Titel im Inland

**§ 1112[3)] Entbehrlichkeit der Vollstreckungsklausel.** Aus einem Titel, der in einem anderen Mitgliedstaat der Europäischen Union vollstreckbar ist, findet die Zwangsvollstreckung im Inland statt, ohne dass es einer Vollstreckungsklausel bedarf.

**§ 1113[3)] Übersetzung oder Transliteration.** Hat eine Partei nach Artikel 57 der Verordnung (EU) Nr. 1215/2012[2)] eine Übersetzung oder eine Transliteration vorzulegen, so ist diese in deutscher Sprache abzufassen und von einer in einem Mitgliedstaat der Europäischen Union hierzu befugten Person zu erstellen.

**§ 1114[3)] Anfechtung der Anpassung eines Titels.** Für die Anfechtung der Anpassung eines Titels (Artikel 54 der Verordnung (EU) Nr. 1215/2012)[2)] sind folgende Rechtsgrundlagen entsprechend anzuwenden:

1. im Fall von Maßnahmen des Gerichtsvollziehers oder des Vollstreckungsgerichts § 766,
2. im Fall von Entscheidungen des Vollstreckungsgerichts oder von Vollstreckungsmaßnahmen des Prozessgerichts § 793 und
3. im Fall von Vollstreckungsmaßnahmen des Grundbuchamts § 71 der Grundbuchordnung[4)].

**§ 1115[3)] Versagung der Anerkennung oder der Vollstreckung.** (1) Für Anträge auf Versagung der Anerkennung oder der Vollstreckung (Artikel 45 Absatz 4 und Artikel 47 Absatz 1 der Verordnung (EU) Nr. 1215/2012)[2)] ist das Landgericht ausschließlich zuständig.

(2) [1]Örtlich zuständig ist ausschließlich das Landgericht, in dessen Bezirk der Schuldner seinen Wohnsitz hat. [2]Hat der Schuldner im Inland keinen Wohnsitz, ist ausschließlich das Landgericht zuständig, in dessen Bezirk die Zwangsvollstreckung durchgeführt werden soll. [3]Der Sitz von Gesellschaften und juristischen Personen steht dem Wohnsitz gleich.

(3) Der Antrag auf Versagung kann bei dem zuständigen Landgericht schriftlich eingereicht oder mündlich zu Protokoll der Geschäftsstelle erklärt werden.

(4) [1]Über den Antrag auf Versagung entscheidet der Vorsitzende einer Zivilkammer durch Beschluss. [2]Der Beschluss ist zu begründen und kann ohne münd-

---

[1)] § 1111 angef. mWv 10.1.2015 durch G v. 8.7.2014 (BGBl. I S. 890); Abs. 1 Satz 4 angef. mWv 18.8. 2021 durch G v. 10.8.2021 (BGBl. I S. 3424).

[2)] **Habersack, Deutsche Gesetze ErgBd. Nr. 103.**

[3)] Abschnitt 7 (§§ 1110–1117) angef. mWv 10.1.2015 durch G v. 8.7.2014 (BGBl. I S. 890).

[4)] Nr. **114**.

liche Verhandlung ergehen. [3]Der Antragsgegner ist vor der Entscheidung zu hören.

(5) [1]Gegen die Entscheidung findet die sofortige Beschwerde statt. [2]Die Notfrist des § 569 Absatz 1 Satz 1 beträgt einen Monat und beginnt mit der Zustellung der Entscheidung. [3]Gegen den Beschluss des Beschwerdegerichts findet die Rechtsbeschwerde statt.

(6) [1]Über den Antrag auf Aussetzung oder Beschränkung der Vollstreckung und den Antrag, die Vollstreckung von der Leistung einer Sicherheit abhängig zu machen (Artikel 44 Absatz 1 der Verordnung (EU) Nr. 1215/2012), wird durch einstweilige Anordnung entschieden. [2]Die Entscheidung ist unanfechtbar.

**§ 1116[1)] Wegfall oder Beschränkung der Vollstreckbarkeit im Ursprungsmitgliedstaat.** [1]Auf Antrag des Schuldners (Artikel 44 Absatz 2 der Verordnung (EU) Nr. 1215/2012)[2)] ist die Zwangsvollstreckung entsprechend § 775 Nummer 1 und 2 und § 776 auch dann einzustellen oder zu beschränken, wenn der Schuldner eine Entscheidung eines Gerichts des Ursprungsmitgliedstaats über die Nichtvollstreckbarkeit oder über die Beschränkung der Vollstreckbarkeit vorlegt. [2]Auf Verlangen des Vollstreckungsorgans ist eine Übersetzung der Entscheidung vorzulegen. [3]§ 1108 gilt entsprechend.

**§ 1117[1)] Vollstreckungsabwehrklage.** (1) Für Klagen nach § 795 Satz 1 in Verbindung mit § 767 gilt § 1086 Absatz 1 entsprechend.

(2) Richtet sich die Klage gegen die Vollstreckung aus einem gerichtlichen Vergleich oder einer öffentlichen Urkunde, ist § 767 Absatz 2 nicht anzuwenden.

## Abschnitt 8.[3)] Beweis der Echtheit ausländischer öffentlicher Urkunden nach der Verordnung (EU) 2016/1191

**§ 1118[3)] Zentralbehörde.** [1]Das Bundesamt für Justiz ist Zentralbehörde nach Artikel 15 Absatz 1 der Verordnung (EU) 2016/1191 des Europäischen Parlaments und des Rates vom 6. Juli 2016 zur Förderung der Freizügigkeit von Bürgern durch die Vereinfachung der Anforderungen an die Vorlage bestimmter öffentlicher Urkunden innerhalb der Europäischen Union und zur Änderung der Verordnung (EU) Nr. 1024/2012 (ABl. L 200 vom 26.7.2016, S. 1). [2]Die Verfahren nach diesem Gesetz vor dem Bundesamt für Justiz sind Justizverwaltungsverfahren. [3]Informationen nach Artikel 22 Absatz 2 der Verordnung werden durch das Bundesamt für Justiz mitgeteilt.

**§ 1119[3)] Verwaltungszusammenarbeit.** (1) [1]Soweit bei der Überprüfung der Echtheit einer öffentlichen Urkunde oder einer beglaubigten Kopie eine Nachfrage bei der ausstellenden deutschen Behörde erforderlich ist, kann sich das Bundesamt unmittelbar an diese Behörde wenden. [2]Dazu nutzt es das Binnenmarkt-Informationssystem unter Beachtung bereits vorhandener Verfahrensstrukturen. [3]Diese Behörden sind im Rahmen ihrer Zuständigkeit neben dem Bundesamt für Justiz auch zuständig für die Beantwortung von Auskunftsersuchen der Mitgliedstaaten der Europäischen Union.

(2) Über Änderungen bei den gemäß Artikel 22 Absatz 1 Buchstabe b der Verordnung einzustellenden Urkunden unterrichtet das Bundesministerium des

---

1) Abschnitt 7 (§§ 1110–1117) angef. mWv 10.1.2015 durch G v. 8.7.2014 (BGBl. I S. 890).

2) **Habersack, Deutsche Gesetze ErgBd. Nr. 103.**

3) Abschnitt 8 (§§ 1118–1120) angef. mWv 16.2.2019 durch G v. 31.1.2019 (BGBl. I S. 54).

Innern, für Bau und Heimat das Bundesamt für Justiz, soweit diese in seine Zuständigkeit fallen.

**§ 1120[1)] Mehrsprachige Formulare.** [1] Mehrsprachige Formulare gemäß Artikel 7 der Verordnung (EU) 2016/1191 werden durch die Behörden ausgestellt, die für die Erteilung der Urkunden zuständig sind. [2] Das Bundesamt für Justiz ist für das Ausstellen der Formulare zuständig, soweit Urkunden des Geschäftsbereichs des Bundesministeriums der Justiz und für Verbraucherschutz oder gerichtliche Urkunden betroffen sind.

[1)] Abschnitt 8 (§§ 1118–1120) angef. mWv 16.2.2019 durch G v. 31.1.2019 (BGBl. I S. 54).

## Anlage[1)]

*(aufgehoben)*

## Nichtamtlicher Anhang[2)]

(zu § 850c)

### [Pfändungsfreibeträge ab 1.7.2023]

### Auszahlung für Monate

| Euro | Pfändbarer Betrag bei Unterhaltspflicht für … Personen | | | | | |
|---|---|---|---|---|---|---|
| Nettolohn monatlich | 0 | 1 | 2 | 3 | 4 | 5 und mehr |
| bis 1 409,99 | – | – | – | – | – | – |
| 1 410,00 bis 1 419,99 | 5,40 | – | – | – | – | – |
| 1 420,00 bis 1 429,99 | 12,40 | – | – | – | – | – |
| 1 430,00 bis 1 439,99 | 19,40 | – | – | – | – | – |
| 1 440,00 bis 1 449,99 | 26,40 | – | – | – | – | – |
| 1 450,00 bis 1 459,99 | 33,40 | – | – | – | – | – |
| 1 460,00 bis 1 469,99 | 40,40 | – | – | – | – | – |
| 1 470,00 bis 1 479,99 | 47,40 | – | – | – | – | – |
| 1 480,00 bis 1 489,99 | 54,40 | – | – | – | – | – |
| 1 490,00 bis 1 499,99 | 61,40 | – | – | – | – | – |
| 1 500,00 bis 1 509,99 | 68,40 | – | – | – | – | – |
| 1 510,00 bis 1 519,99 | 75,40 | – | – | – | – | – |
| 1 520,00 bis 1 529,99 | 82,40 | – | – | – | – | – |
| 1 530,00 bis 1 539,99 | 89,40 | – | – | – | – | – |
| 1 540,00 bis 1 549,99 | 96,40 | – | – | – | – | – |
| 1 550,00 bis 1 559,99 | 103,40 | – | – | – | – | – |
| 1 560,00 bis 1 569,99 | 110,40 | – | – | – | – | – |
| 1 570,00 bis 1 579,99 | 117,40 | – | – | – | – | – |
| 1 580,00 bis 1 589,99 | 124,40 | – | – | – | – | – |
| 1 590,00 bis 1 599,99 | 131,40 | – | – | – | – | – |
| 1 600,00 bis 1 609,99 | 138,40 | – | – | – | – | – |
| 1 610,00 bis 1 619,99 | 145,40 | – | – | – | – | – |
| 1 620,00 bis 1 629,99 | 152,40 | – | – | – | – | – |
| 1 630,00 bis 1 639,99 | 159,40 | – | – | – | – | – |
| 1 640,00 bis 1 649,99 | 166,40 | – | – | – | – | – |
| 1 650,00 bis 1 659,99 | 173,40 | – | – | – | – | – |
| 1 660,00 bis 1 669,99 | 180,40 | – | – | – | – | – |
| 1 670,00 bis 1 679,99 | 187,40 | – | – | – | – | – |
| 1 680,00 bis 1 689,99 | 194,40 | – | – | – | – | – |
| 1 690,00 bis 1 699,99 | 201,40 | – | – | – | – | – |
| 1 700,00 bis 1 709,99 | 208,40 | – | – | – | – | – |
| 1 710,00 bis 1 719,99 | 215,40 | – | – | – | – | – |
| 1 720,00 bis 1 729,99 | 222,40 | – | – | – | – | – |
| 1 730,00 bis 1 739,99 | 229,40 | – | – | – | – | – |
| 1 740,00 bis 1 749,99 | 236,40 | – | – | – | – | – |
| 1 750,00 bis 1 759,99 | 243,40 | – | – | – | – | – |
| 1 760,00 bis 1 769,99 | 250,40 | – | – | – | – | – |
| 1 770,00 bis 1 779,99 | 257,40 | – | – | – | – | – |
| 1 780,00 bis 1 789,99 | 264,40 | – | – | – | – | – |

[1)] Anl. aufgeh. mWv 1.12.2021 durch G v. 22.11.2020 (BGBl. I S. 2466).

[2)] Pfändungsfreibeträge in der **ab 1.7.2023** geltenden Fassung gem. dem Anhang der Pfändungsfreigrenzenbek. 2023 v. 15.3.2023 (BGBl. 2023 I Nr. 79).

| Euro | Pfändbarer Betrag bei Unterhaltspflicht für … Personen | | | | | |
|---|---|---|---|---|---|---|
| Nettolohn monatlich | 0 | 1 | 2 | 3 | 4 | 5 und mehr |
| 1 790,00 bis 1 799,99 | 271,40 | – | – | – | – | – |
| 1 800,00 bis 1 809,99 | 278,40 | – | – | – | – | – |
| 1 810,00 bis 1 819,99 | 285,40 | – | – | – | – | – |
| 1 820,00 bis 1 829,99 | 292,40 | – | – | – | – | – |
| 1 830,00 bis 1 839,99 | 299,40 | – | – | – | – | – |
| 1 840,00 bis 1 849,99 | 306,40 | – | – | – | – | – |
| 1 850,00 bis 1 859,99 | 313,40 | – | – | – | – | – |
| 1 860,00 bis 1 869,99 | 320,40 | – | – | – | – | – |
| 1 870,00 bis 1 879,99 | 327,40 | – | – | – | – | – |
| 1 880,00 bis 1 889,99 | 334,40 | – | – | – | – | – |
| 1 890,00 bis 1 899,99 | 341,40 | – | – | – | – | – |
| 1 900,00 bis 1 909,99 | 348,40 | – | – | – | – | – |
| 1 910,00 bis 1 919,99 | 355,40 | – | – | – | – | – |
| 1 920,00 bis 1 929,99 | 362,40 | – | – | – | – | – |
| 1 930,00 bis 1 939,99 | 369,40 | – | – | – | – | – |
| 1 940,00 bis 1 949,99 | 376,40 | 4,98 | – | – | – | – |
| 1 950,00 bis 1 959,99 | 383,40 | 9,98 | – | – | – | – |
| 1 960,00 bis 1 969,99 | 390,40 | 14,98 | – | – | – | – |
| 1 970,00 bis 1 979,99 | 397,40 | 19,98 | – | – | – | – |
| 1 980,00 bis 1 989,99 | 404,40 | 24,98 | – | – | – | – |
| 1 990,00 bis 1 999,99 | 411,40 | 29,98 | – | – | – | – |
| 2 000,00 bis 2 009,99 | 418,40 | 34,98 | – | – | – | – |
| 2 010,00 bis 2 019,99 | 425,40 | 39,98 | – | – | – | – |
| 2 020,00 bis 2 029,99 | 432,40 | 44,98 | – | – | – | – |
| 2 030,00 bis 2 039,99 | 439,40 | 49,98 | – | – | – | – |
| 2 040,00 bis 2 049,99 | 446,40 | 54,98 | – | – | – | – |
| 2 050,00 bis 2 059,99 | 453,40 | 59,98 | – | – | – | – |
| 2 060,00 bis 2 069,99 | 460,40 | 64,98 | – | – | – | – |
| 2 070,00 bis 2 079,99 | 467,40 | 69,98 | – | – | – | – |
| 2 080,00 bis 2 089,99 | 474,40 | 74,98 | – | – | – | – |
| 2 090,00 bis 2 099,99 | 481,40 | 79,98 | – | – | – | – |
| 2 100,00 bis 2 109,99 | 488,40 | 84,98 | – | – | – | – |
| 2 110,00 bis 2 119,99 | 495,40 | 89,98 | – | – | – | – |
| 2 120,00 bis 2 129,99 | 502,40 | 94,98 | – | – | – | – |
| 2 130,00 bis 2 139,99 | 509,40 | 99,98 | – | – | – | – |
| 2 140,00 bis 2 149,99 | 516,40 | 104,98 | – | – | – | – |
| 2 150,00 bis 2 159,99 | 523,40 | 109,98 | – | – | – | – |
| 2 160,00 bis 2 169,99 | 530,40 | 114,98 | – | – | – | – |
| 2 170,00 bis 2 179,99 | 537,40 | 119,98 | – | – | – | – |
| 2 180,00 bis 2 189,99 | 544,40 | 124,98 | – | – | – | – |
| 2 190,00 bis 2 199,99 | 551,40 | 129,98 | – | – | – | – |
| 2 200,00 bis 2 209,99 | 558,40 | 134,98 | – | – | – | – |
| 2 210,00 bis 2 219,99 | 565,40 | 139,98 | – | – | – | – |
| 2 220,00 bis 2 229,99 | 572,40 | 144,98 | – | – | – | – |
| 2 230,00 bis 2 239,99 | 579,40 | 149,98 | 2,38 | – | – | – |
| 2 240,00 bis 2 249,99 | 586,40 | 154,98 | 6,38 | – | – | – |
| 2 250,00 bis 2 259,99 | 593,40 | 159,98 | 10,38 | – | – | – |
| 2 260,00 bis 2 269,99 | 600,40 | 164,98 | 14,38 | – | – | – |
| 2 270,00 bis 2 279,99 | 607,40 | 169,98 | 18,38 | – | – | – |
| 2 280,00 bis 2 289,99 | 614,40 | 174,98 | 22,38 | – | – | – |
| 2 290,00 bis 2 299,99 | 621,40 | 179,98 | 26,38 | – | – | – |
| 2 300,00 bis 2 309,99 | 628,40 | 184,98 | 30,38 | – | – | – |

| Euro | Pfändbarer Betrag bei Unterhaltspflicht für … Personen | | | | | |
|---|---|---|---|---|---|---|
| Nettolohn monatlich | 0 | 1 | 2 | 3 | 4 | 5 und mehr |
| 2 310,00 bis 2 319,99 | 635,40 | 189,98 | 34,38 | – | – | – |
| 2 320,00 bis 2 329,99 | 642,40 | 194,98 | 38,38 | – | – | – |
| 2 330,00 bis 2 339,99 | 649,40 | 199,98 | 42,38 | – | – | – |
| 2 340,00 bis 2 349,99 | 656,40 | 204,98 | 46,38 | – | – | – |
| 2 350,00 bis 2 359,99 | 663,40 | 209,98 | 50,38 | – | – | – |
| 2 360,00 bis 2 369,99 | 670,40 | 214,98 | 54,38 | – | – | – |
| 2 370,00 bis 2 379,99 | 677,40 | 219,98 | 58,38 | – | – | – |
| 2 380,00 bis 2 389,99 | 684,40 | 224,98 | 62,38 | – | – | – |
| 2 390,00 bis 2 399,99 | 691,40 | 229,98 | 66,38 | – | – | – |
| 2 400,00 bis 2 409,99 | 698,40 | 234,98 | 70,38 | – | – | – |
| 2 410,00 bis 2 419,99 | 705,40 | 239,98 | 74,38 | – | – | – |
| 2 420,00 bis 2 429,99 | 712,40 | 244,98 | 78,38 | – | – | – |
| 2 430,00 bis 2 439,99 | 719,40 | 249,98 | 82,38 | – | – | – |
| 2 440,00 bis 2 449,99 | 726,40 | 254,98 | 86,38 | – | – | – |
| 2 450,00 bis 2 459,99 | 733,40 | 259,98 | 90,38 | – | – | – |
| 2 460,00 bis 2 469,99 | 740,40 | 264,98 | 94,38 | – | – | – |
| 2 470,00 bis 2 479,99 | 747,40 | 269,98 | 98,38 | – | – | – |
| 2 480,00 bis 2 489,99 | 754,40 | 274,98 | 102,38 | – | – | – |
| 2 490,00 bis 2 499,99 | 761,40 | 279,98 | 106,38 | – | – | – |
| 2 500,00 bis 2 509,99 | 768,40 | 284,98 | 110,38 | – | – | – |
| 2 510,00 bis 2 519,99 | 775,40 | 289,98 | 114,38 | – | – | – |
| 2 520,00 bis 2 529,99 | 782,40 | 294,98 | 118,38 | 0,58 | – | – |
| 2 530,00 bis 2 539,99 | 789,40 | 299,98 | 122,38 | 3,58 | – | – |
| 2 540,00 bis 2 549,99 | 796,40 | 304,98 | 126,38 | 6,58 | – | – |
| 2 550,00 bis 2 559,99 | 803,40 | 309,98 | 130,38 | 9,58 | – | – |
| 2 560,00 bis 2 569,99 | 810,40 | 314,98 | 134,38 | 12,58 | – | – |
| 2 570,00 bis 2 579,99 | 817,40 | 319,98 | 138,38 | 15,58 | – | – |
| 2 580,00 bis 2 589,99 | 824,40 | 324,98 | 142,38 | 18,58 | – | – |
| 2 590,00 bis 2 599,99 | 831,40 | 329,98 | 146,38 | 21,58 | – | – |
| 2 600,00 bis 2 609,99 | 838,40 | 334,98 | 150,38 | 24,58 | – | – |
| 2 610,00 bis 2 619,99 | 845,40 | 339,98 | 154,38 | 27,58 | – | – |
| 2 620,00 bis 2 629,99 | 852,40 | 344,98 | 158,38 | 30,58 | – | – |
| 2 630,00 bis 2 639,99 | 859,40 | 349,98 | 162,38 | 33,58 | – | – |
| 2 640,00 bis 2 649,99 | 866,40 | 354,98 | 166,38 | 36,58 | – | – |
| 2 650,00 bis 2 659,99 | 873,40 | 359,98 | 170,38 | 39,58 | – | – |
| 2 660,00 bis 2 669,99 | 880,40 | 364,98 | 174,38 | 42,58 | – | – |
| 2 670,00 bis 2 679,99 | 887,40 | 369,98 | 178,38 | 45,58 | – | – |
| 2 680,00 bis 2 689,99 | 894,40 | 374,98 | 182,38 | 48,58 | – | – |
| 2 690,00 bis 2 699,99 | 901,40 | 379,98 | 186,38 | 51,58 | – | – |
| 2 700,00 bis 2 709,99 | 908,40 | 384,98 | 190,38 | 54,58 | – | – |
| 2 710,00 bis 2 719,99 | 915,40 | 389,98 | 194,38 | 57,58 | – | – |
| 2 720,00 bis 2 729,99 | 922,40 | 394,98 | 198,38 | 60,58 | – | – |
| 2 730,00 bis 2 739,99 | 929,40 | 399,98 | 202,38 | 63,58 | – | – |
| 2 740,00 bis 2 749,99 | 936,40 | 404,98 | 206,38 | 66,58 | – | – |
| 2 750,00 bis 2 759,99 | 943,40 | 409,98 | 210,38 | 69,58 | – | – |
| 2 760,00 bis 2 769,99 | 950,40 | 414,98 | 214,38 | 72,58 | – | – |
| 2 770,00 bis 2 779,99 | 957,40 | 419,98 | 218,38 | 75,58 | – | – |
| 2 780,00 bis 2 789,99 | 964,40 | 424,98 | 222,38 | 78,58 | – | – |
| 2 790,00 bis 2 799,99 | 971,40 | 429,98 | 226,38 | 81,58 | – | – |
| 2 800,00 bis 2 809,99 | 978,40 | 434,98 | 230,38 | 84,58 | – | – |
| 2 810,00 bis 2 819,99 | 985,40 | 439,98 | 234,38 | 87,58 | – | – |
| 2 820,00 bis 2 829,99 | 992,40 | 444,98 | 238,38 | 90,58 | 1,58 | – |

| Euro | Pfändbarer Betrag bei Unterhaltspflicht für … Personen | | | | | |
|---|---|---|---|---|---|---|
| Nettolohn monatlich | 0 | 1 | 2 | 3 | 4 | 5 und mehr |
| 2 830,00 bis 2 839,99 | 999,40 | 449,98 | 242,38 | 93,58 | 3,58 | – |
| 2 840,00 bis 2 849,99 | 1 006,40 | 454,98 | 246,38 | 96,58 | 5,58 | – |
| 2 850,00 bis 2 859,99 | 1 013,40 | 459,98 | 250,38 | 99,58 | 7,58 | – |
| 2 860,00 bis 2 869,99 | 1 020,40 | 464,98 | 254,38 | 102,58 | 9,58 | – |
| 2 870,00 bis 2 879,99 | 1 027,40 | 469,98 | 258,38 | 105,58 | 11,58 | – |
| 2 880,00 bis 2 889,99 | 1 034,40 | 474,98 | 262,38 | 108,58 | 13,58 | – |
| 2 890,00 bis 2 899,99 | 1 041,40 | 479,98 | 266,38 | 111,58 | 15,58 | – |
| 2 900,00 bis 2 909,99 | 1 048,40 | 484,98 | 270,38 | 114,58 | 17,58 | – |
| 2 910,00 bis 2 919,99 | 1 055,40 | 489,98 | 274,38 | 117,58 | 19,58 | – |
| 2 920,00 bis 2 929,99 | 1 062,40 | 494,98 | 278,38 | 120,58 | 21,58 | – |
| 2 930,00 bis 2 939,99 | 1 069,40 | 499,98 | 282,38 | 123,58 | 23,58 | – |
| 2 940,00 bis 2 949,99 | 1 076,40 | 504,98 | 286,38 | 126,58 | 25,58 | – |
| 2 950,00 bis 2 959,99 | 1 083,40 | 509,98 | 290,38 | 129,58 | 27,58 | – |
| 2 960,00 bis 2 969,99 | 1 090,40 | 514,98 | 294,38 | 132,58 | 29,58 | – |
| 2 970,00 bis 2 979,99 | 1 097,40 | 519,98 | 298,38 | 135,58 | 31,58 | – |
| 2 980,00 bis 2 989,99 | 1 104,40 | 524,98 | 302,38 | 138,58 | 33,58 | – |
| 2 990,00 bis 2 999,99 | 1 111,40 | 529,98 | 306,38 | 141,58 | 35,58 | – |
| 3 000,00 bis 3 009,99 | 1 118,40 | 534,98 | 310,38 | 144,58 | 37,58 | – |
| 3 010,00 bis 3 019,99 | 1 125,40 | 539,98 | 314,38 | 147,58 | 39,58 | – |
| 3 020,00 bis 3 029,99 | 1 132,40 | 544,98 | 318,38 | 150,58 | 41,58 | – |
| 3 030,00 bis 3 039,99 | 1 139,40 | 549,98 | 322,38 | 153,58 | 43,58 | – |
| 3 040,00 bis 3 049,99 | 1 146,40 | 554,98 | 326,38 | 156,58 | 45,58 | – |
| 3 050,00 bis 3 059,99 | 1 153,40 | 559,98 | 330,38 | 159,58 | 47,58 | – |
| 3 060,00 bis 3 069,99 | 1 160,40 | 564,98 | 334,38 | 162,58 | 49,58 | – |
| 3 070,00 bis 3 079,99 | 1 167,40 | 569,98 | 338,38 | 165,58 | 51,58 | – |
| 3 080,00 bis 3 089,99 | 1 174,40 | 574,98 | 342,38 | 168,58 | 53,58 | – |
| 3 090,00 bis 3 099,99 | 1 181,40 | 579,98 | 346,38 | 171,58 | 55,58 | – |
| 3 100,00 bis 3 109,99 | 1 188,40 | 584,98 | 350,38 | 174,58 | 57,58 | – |
| 3 110,00 bis 3 119,99 | 1 195,40 | 589,98 | 354,38 | 177,58 | 59,58 | 0,39 |
| 3 120,00 bis 3 129,99 | 1 202,40 | 594,98 | 358,38 | 180,58 | 61,58 | 1,39 |
| 3 130,00 bis 3 139,99 | 1 209,40 | 599,98 | 362,38 | 183,58 | 63,58 | 2,39 |
| 3 140,00 bis 3 149,99 | 1 216,40 | 604,98 | 366,38 | 186,58 | 65,58 | 3,39 |
| 3 150,00 bis 3 159,99 | 1 223,40 | 609,98 | 370,38 | 189,58 | 67,58 | 4,39 |
| 3 160,00 bis 3 169,99 | 1 230,40 | 614,98 | 374,38 | 192,58 | 69,58 | 5,39 |
| 3 170,00 bis 3 179,99 | 1 237,40 | 619,98 | 378,38 | 195,58 | 71,58 | 6,39 |
| 3 180,00 bis 3 189,99 | 1 244,40 | 624,98 | 382,38 | 198,58 | 73,58 | 7,39 |
| 3 190,00 bis 3 199,99 | 1 251,40 | 629,98 | 386,38 | 201,58 | 75,58 | 8,39 |
| 3 200,00 bis 3 209,99 | 1 258,40 | 634,98 | 390,38 | 204,58 | 77,58 | 9,39 |
| 3 210,00 bis 3 219,99 | 1 265,40 | 639,98 | 394,38 | 207,58 | 79,58 | 10,39 |
| 3 220,00 bis 3 229,99 | 1 272,40 | 644,98 | 398,38 | 210,58 | 81,58 | 11,39 |
| 3 230,00 bis 3 239,99 | 1 279,40 | 649,98 | 402,38 | 213,58 | 83,58 | 12,39 |
| 3 240,00 bis 3 249,99 | 1 286,40 | 654,98 | 406,38 | 216,58 | 85,58 | 13,39 |
| 3 250,00 bis 3 259,99 | 1 293,40 | 659,98 | 410,38 | 219,58 | 87,58 | 14,39 |
| 3 260,00 bis 3 269,99 | 1 300,40 | 664,98 | 414,38 | 222,58 | 89,58 | 15,39 |
| 3 270,00 bis 3 279,99 | 1 307,40 | 669,98 | 418,38 | 225,58 | 91,58 | 16,39 |
| 3 280,00 bis 3 289,99 | 1 314,40 | 674,98 | 422,38 | 228,58 | 93,58 | 17,39 |
| 3 290,00 bis 3 299,99 | 1 321,40 | 679,98 | 426,38 | 231,58 | 95,58 | 18,39 |
| 3 300,00 bis 3 309,99 | 1 328,40 | 684,98 | 430,38 | 234,58 | 97,58 | 19,39 |
| 3 310,00 bis 3 319,99 | 1 335,40 | 689,98 | 434,38 | 237,58 | 99,58 | 20,39 |
| 3 320,00 bis 3 329,99 | 1 342,40 | 694,98 | 438,38 | 240,58 | 101,58 | 21,39 |
| 3 330,00 bis 3 339,99 | 1 349,40 | 699,98 | 442,38 | 243,58 | 103,58 | 22,39 |
| 3 340,00 bis 3 349,99 | 1 356,40 | 704,98 | 446,38 | 246,58 | 105,58 | 23,39 |

| Euro | Pfändbarer Betrag bei Unterhaltspflicht für … Personen | | | | | |
|---|---|---|---|---|---|---|
| Nettolohn monatlich | 0 | 1 | 2 | 3 | 4 | 5 und mehr |
| 3 350,00 bis 3 359,99 | 1 363,40 | 709,98 | 450,38 | 249,58 | 107,58 | 24,39 |
| 3 360,00 bis 3 369,99 | 1 370,40 | 714,98 | 454,38 | 252,58 | 109,58 | 25,39 |
| 3 370,00 bis 3 379,99 | 1 377,40 | 719,98 | 458,38 | 255,58 | 111,58 | 26,39 |
| 3 380,00 bis 3 389,99 | 1 384,40 | 724,98 | 462,38 | 258,58 | 113,58 | 27,39 |
| 3 390,00 bis 3 399,99 | 1 391,40 | 729,98 | 466,38 | 261,58 | 115,58 | 28,39 |
| 3 400,00 bis 3 409,99 | 1 398,40 | 734,98 | 470,38 | 264,58 | 117,58 | 29,39 |
| 3 410,00 bis 3 419,99 | 1 405,40 | 739,98 | 474,38 | 267,58 | 119,58 | 30,39 |
| 3 420,00 bis 3 429,99 | 1 412,40 | 744,98 | 478,38 | 270,58 | 121,58 | 31,39 |
| 3 430,00 bis 3 439,99 | 1 419,40 | 749,98 | 482,38 | 273,58 | 123,58 | 32,39 |
| 3 440,00 bis 3 449,99 | 1 426,40 | 754,98 | 486,38 | 276,58 | 125,58 | 33,39 |
| 3 450,00 bis 3 459,99 | 1 433,40 | 759,98 | 490,38 | 279,58 | 127,58 | 34,39 |
| 3 460,00 bis 3 469,99 | 1 440,40 | 764,98 | 494,38 | 282,58 | 129,58 | 35,39 |
| 3 470,00 bis 3 479,99 | 1 447,40 | 769,98 | 498,38 | 285,58 | 131,58 | 36,39 |
| 3 480,00 bis 3 489,99 | 1 454,40 | 774,98 | 502,38 | 288,58 | 133,58 | 37,39 |
| 3 490,00 bis 3 499,99 | 1 461,40 | 779,98 | 506,38 | 291,58 | 135,58 | 38,39 |
| 3 500,00 bis 3 509,99 | 1 468,40 | 784,98 | 510,38 | 294,58 | 137,58 | 39,39 |
| 3 510,00 bis 3 519,99 | 1 475,40 | 789,98 | 514,38 | 297,58 | 139,58 | 40,39 |
| 3 520,00 bis 3 529,99 | 1 482,40 | 794,98 | 518,38 | 300,58 | 141,58 | 41,39 |
| 3 530,00 bis 3 539,99 | 1 489,40 | 799,98 | 522,38 | 303,58 | 143,58 | 42,39 |
| 3 540,00 bis 3 549,99 | 1 496,40 | 804,98 | 526,38 | 306,58 | 145,58 | 43,39 |
| 3 550,00 bis 3 559,99 | 1 503,40 | 809,98 | 530,38 | 309,58 | 147,58 | 44,39 |
| 3 560,00 bis 3 569,99 | 1 510,40 | 814,98 | 534,38 | 312,58 | 149,58 | 45,39 |
| 3 570,00 bis 3 579,99 | 1 517,40 | 819,98 | 538,38 | 315,58 | 151,58 | 46,39 |
| 3 580,00 bis 3 589,99 | 1 524,40 | 824,98 | 542,38 | 318,58 | 153,58 | 47,39 |
| 3 590,00 bis 3 599,99 | 1 531,40 | 829,98 | 546,38 | 321,58 | 155,58 | 48,39 |
| 3 600,00 bis 3 609,99 | 1 538,40 | 834,98 | 550,38 | 324,58 | 157,58 | 49,39 |
| 3 610,00 bis 3 619,99 | 1 545,40 | 839,98 | 554,38 | 327,58 | 159,58 | 50,39 |
| 3 620,00 bis 3 629,99 | 1 552,40 | 844,98 | 558,38 | 330,58 | 161,58 | 51,39 |
| 3 630,00 bis 3 639,99 | 1 559,40 | 849,98 | 562,38 | 333,58 | 163,58 | 52,39 |
| 3 640,00 bis 3 649,99 | 1 566,40 | 854,98 | 566,38 | 336,58 | 165,58 | 53,39 |
| 3 650,00 bis 3 659,99 | 1 573,40 | 859,98 | 570,38 | 339,58 | 167,58 | 54,39 |
| 3 660,00 bis 3 669,99 | 1 580,40 | 864,98 | 574,38 | 342,58 | 169,58 | 55,39 |
| 3 670,00 bis 3 679,99 | 1 587,40 | 869,98 | 578,38 | 345,58 | 171,58 | 56,39 |
| 3 680,00 bis 3 689,99 | 1 594,40 | 874,98 | 582,38 | 348,58 | 173,58 | 57,39 |
| 3 690,00 bis 3 699,99 | 1 601,40 | 879,98 | 586,38 | 351,58 | 175,58 | 58,39 |
| 3 700,00 bis 3 709,99 | 1 608,40 | 884,98 | 590,38 | 354,58 | 177,58 | 59,39 |
| 3 710,00 bis 3 719,99 | 1 615,40 | 889,98 | 594,38 | 357,58 | 179,58 | 60,39 |
| 3 720,00 bis 3 729,99 | 1 622,40 | 894,98 | 598,38 | 360,58 | 181,58 | 61,39 |
| 3 730,00 bis 3 739,99 | 1 629,40 | 899,98 | 602,38 | 363,58 | 183,58 | 62,39 |
| 3 740,00 bis 3 749,99 | 1 636,40 | 904,98 | 606,38 | 366,58 | 185,58 | 63,39 |
| 3 750,00 bis 3 759,99 | 1 643,40 | 909,98 | 610,38 | 369,58 | 187,58 | 64,39 |
| 3 760,00 bis 3 769,99 | 1 650,40 | 914,98 | 614,38 | 372,58 | 189,58 | 65,39 |
| 3 770,00 bis 3 779,99 | 1 657,40 | 919,98 | 618,38 | 375,58 | 191,58 | 66,39 |
| 3 780,00 bis 3 789,99 | 1 664,40 | 924,98 | 622,38 | 378,58 | 193,58 | 67,39 |
| 3 790,00 bis 3 799,99 | 1 671,40 | 929,98 | 626,38 | 381,58 | 195,58 | 68,39 |
| 3 800,00 bis 3 809,99 | 1 678,40 | 934,98 | 630,38 | 384,58 | 197,58 | 69,39 |
| 3 810,00 bis 3 819,99 | 1 685,40 | 939,98 | 634,38 | 387,58 | 199,58 | 70,39 |
| 3 820,00 bis 3 829,99 | 1 692,40 | 944,98 | 638,38 | 390,58 | 201,58 | 71,39 |
| 3 830,00 bis 3 839,99 | 1 699,40 | 949,98 | 642,38 | 393,58 | 203,58 | 72,39 |
| 3 840,00 bis 3 849,99 | 1 706,40 | 954,98 | 646,38 | 396,58 | 205,58 | 73,39 |
| 3 850,00 bis 3 859,99 | 1 713,40 | 959,98 | 650,38 | 399,58 | 207,58 | 74,39 |
| 3 860,00 bis 3 869,99 | 1 720,40 | 964,98 | 654,38 | 402,58 | 209,58 | 75,39 |

| Euro | Pfändbarer Betrag bei Unterhaltspflicht für … Personen | | | | | |
|---|---|---|---|---|---|---|
| Nettolohn monatlich | 0 | 1 | 2 | 3 | 4 | 5 und mehr |
| 3 870,00 bis 3 879,99 | 1 727,40 | 969,98 | 658,38 | 405,58 | 211,58 | 76,39 |
| 3 880,00 bis 3 889,99 | 1 734,40 | 974,98 | 662,38 | 408,58 | 213,58 | 77,39 |
| 3 890,00 bis 3 899,99 | 1 741,40 | 979,98 | 666,38 | 411,58 | 215,58 | 78,39 |
| 3 900,00 bis 3 909,99 | 1 748,40 | 984,98 | 670,38 | 414,58 | 217,58 | 79,39 |
| 3 910,00 bis 3 919,99 | 1 755,40 | 989,98 | 674,38 | 417,58 | 219,58 | 80,39 |
| 3 920,00 bis 3 929,99 | 1 762,40 | 994,98 | 678,38 | 420,58 | 221,58 | 81,39 |
| 3 930,00 bis 3 939,99 | 1 769,40 | 999,98 | 682,38 | 423,58 | 223,58 | 82,39 |
| 3 940,00 bis 3 949,99 | 1 776,40 | 1 004,98 | 686,38 | 426,58 | 225,58 | 83,39 |
| 3 950,00 bis 3 959,99 | 1 783,40 | 1 009,98 | 690,38 | 429,58 | 227,58 | 84,39 |
| 3 960,00 bis 3 969,99 | 1 790,40 | 1 014,98 | 694,38 | 432,58 | 229,58 | 85,39 |
| 3 970,00 bis 3 979,99 | 1 797,40 | 1 019,98 | 698,38 | 435,58 | 231,58 | 86,39 |
| 3 980,00 bis 3 989,99 | 1 804,40 | 1 024,98 | 702,38 | 438,58 | 233,58 | 87,39 |
| 3 990,00 bis 3 999,99 | 1 811,40 | 1 029,98 | 706,38 | 441,58 | 235,58 | 88,39 |
| 4 000,00 bis 4 009,99 | 1 818,40 | 1 034,98 | 710,38 | 444,58 | 237,58 | 89,39 |
| 4 010,00 bis 4 019,99 | 1 825,40 | 1 039,98 | 714,38 | 447,58 | 239,58 | 90,39 |
| 4 020,00 bis 4 029,99 | 1 832,40 | 1 044,98 | 718,38 | 450,58 | 241,58 | 91,39 |
| 4 030,00 bis 4 039,99 | 1 839,40 | 1 049,98 | 722,38 | 453,58 | 243,58 | 92,39 |
| 4 040,00 bis 4 049,99 | 1 846,40 | 1 054,98 | 726,38 | 456,58 | 245,58 | 93,39 |
| 4 050,00 bis 4 059,99 | 1 853,40 | 1 059,98 | 730,38 | 459,58 | 247,58 | 94,39 |
| 4 060,00 bis 4 069,99 | 1 860,40 | 1 064,98 | 734,38 | 462,58 | 249,58 | 95,39 |
| 4 070,00 bis 4 079,99 | 1 867,40 | 1 069,98 | 738,38 | 465,58 | 251,58 | 96,39 |
| 4 080,00 bis 4 089,99 | 1 874,40 | 1 074,98 | 742,38 | 468,58 | 253,58 | 97,39 |
| 4 090,00 bis 4 099,99 | 1 881,40 | 1 079,98 | 746,38 | 471,58 | 255,58 | 98,39 |
| 4 100,00 bis 4 109,99 | 1 888,40 | 1 084,98 | 750,38 | 474,58 | 257,58 | 99,39 |
| 4 110,00 bis 4 119,99 | 1 895,40 | 1 089,98 | 754,38 | 477,58 | 259,58 | 100,39 |
| 4 120,00 bis 4 129,99 | 1 902,40 | 1 094,98 | 758,38 | 480,58 | 261,58 | 101,39 |
| 4 130,00 bis 4 139,99 | 1 909,40 | 1 099,98 | 762,38 | 483,58 | 263,58 | 102,39 |
| 4 140,00 bis 4 149,99 | 1 916,40 | 1 104,98 | 766,38 | 486,58 | 265,58 | 103,39 |
| 4 150,00 bis 4 159,99 | 1 923,40 | 1 109,98 | 770,38 | 489,58 | 267,58 | 104,39 |
| 4 160,00 bis 4 169,99 | 1 930,40 | 1 114,98 | 774,38 | 492,58 | 269,58 | 105,39 |
| 4 170,00 bis 4 179,99 | 1 937,40 | 1 119,98 | 778,38 | 495,58 | 271,58 | 106,39 |
| 4 180,00 bis 4 189,99 | 1 944,40 | 1 124,98 | 782,38 | 498,58 | 273,58 | 107,39 |
| 4 190,00 bis 4 199,99 | 1 951,40 | 1 129,98 | 786,38 | 501,58 | 275,58 | 108,39 |
| 4 200,00 bis 4 209,99 | 1 958,40 | 1 134,98 | 790,38 | 504,58 | 277,58 | 109,39 |
| 4 210,00 bis 4 219,99 | 1 965,40 | 1 139,98 | 794,38 | 507,58 | 279,58 | 110,39 |
| 4 220,00 bis 4 229,99 | 1 972,40 | 1 144,98 | 798,38 | 510,58 | 281,58 | 111,39 |
| 4 230,00 bis 4 239,99 | 1 979,40 | 1 149,98 | 802,38 | 513,58 | 283,58 | 112,39 |
| 4 240,00 bis 4 249,99 | 1 986,40 | 1 154,98 | 806,38 | 516,58 | 285,58 | 113,39 |
| 4 250,00 bis 4 259,99 | 1 993,40 | 1 159,98 | 810,38 | 519,58 | 287,58 | 114,39 |
| 4 260,00 bis 4 269,99 | 2 000,40 | 1 164,98 | 814,38 | 522,58 | 289,58 | 115,39 |
| 4 270,00 bis 4 279,99 | 2 007,40 | 1 169,98 | 818,38 | 525,58 | 291,58 | 116,39 |
| 4 280,00 bis 4 289,99 | 2 014,40 | 1 174,98 | 822,38 | 528,58 | 293,58 | 117,39 |
| 4 290,00 bis 4 298,81 | 2 021,40 | 1 179,98 | 826,38 | 531,58 | 295,58 | 118,39 |
| Der Mehrbetrag über 4 298,81 Euro ist voll pfändbar. | | | | | | |

## Auszahlung für Wochen

| Euro | Pfändbarer Betrag bei Unterhaltspflicht für … Personen | | | | | |
|---|---|---|---|---|---|---|
| Nettolohn wöchentlich | 0 | 1 | 2 | 3 | 4 | 5 und mehr |
| bis 324,99 | – | – | – | – | – | – |
| 325,00 bis 327,49 | 1,60 | – | – | – | – | – |
| 327,50 bis 329,99 | 3,35 | – | – | – | – | – |
| 330,00 bis 332,49 | 5,10 | – | – | – | – | – |
| 332,50 bis 334,99 | 6,85 | – | – | – | – | – |
| 335,00 bis 337,49 | 8,60 | – | – | – | – | – |
| 337,50 bis 339,99 | 10,35 | – | – | – | – | – |
| 340,00 bis 342,49 | 12,10 | – | – | – | – | – |
| 342,50 bis 344,99 | 13,85 | – | – | – | – | – |
| 345,00 bis 347,49 | 15,60 | – | – | – | – | – |
| 347,50 bis 349,99 | 17,35 | – | – | – | – | – |
| 350,00 bis 352,49 | 19,10 | – | – | – | – | – |
| 352,50 bis 354,99 | 20,85 | – | – | – | – | – |
| 355,00 bis 357,49 | 22,60 | – | – | – | – | – |
| 357,50 bis 359,99 | 24,35 | – | – | – | – | – |
| 360,00 bis 362,49 | 26,10 | – | – | – | – | – |
| 362,50 bis 364,99 | 27,85 | – | – | – | – | – |
| 365,00 bis 367,49 | 29,60 | – | – | – | – | – |
| 367,50 bis 369,99 | 31,35 | – | – | – | – | – |
| 370,00 bis 372,49 | 33,10 | – | – | – | – | – |
| 372,50 bis 374,99 | 34,85 | – | – | – | – | – |
| 375,00 bis 377,49 | 36,60 | – | – | – | – | – |
| 377,50 bis 379,99 | 38,35 | – | – | – | – | – |
| 380,00 bis 382,49 | 40,10 | – | – | – | – | – |
| 382,50 bis 384,99 | 41,85 | – | – | – | – | – |
| 385,00 bis 387,49 | 43,60 | – | – | – | – | – |
| 387,50 bis 389,99 | 45,35 | – | – | – | – | – |
| 390,00 bis 392,49 | 47,10 | – | – | – | – | – |
| 392,50 bis 394,99 | 48,85 | – | – | – | – | – |
| 395,00 bis 397,49 | 50,60 | – | – | – | – | – |
| 397,50 bis 399,99 | 52,35 | – | – | – | – | – |
| 400,00 bis 402,49 | 54,10 | – | – | – | – | – |
| 402,50 bis 404,99 | 55,85 | – | – | – | – | – |
| 405,00 bis 407,49 | 57,60 | – | – | – | – | – |
| 407,50 bis 409,99 | 59,35 | – | – | – | – | – |
| 410,00 bis 412,49 | 61,10 | – | – | – | – | – |
| 412,50 bis 414,99 | 62,85 | – | – | – | – | – |
| 415,00 bis 417,49 | 64,60 | – | – | – | – | – |
| 417,50 bis 419,99 | 66,35 | – | – | – | – | – |
| 420,00 bis 422,49 | 68,10 | – | – | – | – | – |
| 422,50 bis 424,99 | 69,85 | – | – | – | – | – |
| 425,00 bis 427,49 | 71,60 | – | – | – | – | – |
| 427,50 bis 429,99 | 73,35 | – | – | – | – | – |
| 430,00 bis 432,49 | 75,10 | – | – | – | – | – |
| 432,50 bis 434,99 | 76,85 | – | – | – | – | – |
| 435,00 bis 437,49 | 78,60 | – | – | – | – | – |
| 437,50 bis 439,99 | 80,35 | – | – | – | – | – |
| 440,00 bis 442,49 | 82,10 | – | – | – | – | – |
| 442,50 bis 444,99 | 83,85 | – | – | – | – | – |
| 445,00 bis 447,49 | 85,60 | 0,41 | – | – | – | – |

| Euro | Pfändbarer Betrag bei Unterhaltspflicht für … Personen | | | | | |
|---|---|---|---|---|---|---|
| Nettolohn wöchentlich | 0 | 1 | 2 | 3 | 4 | 5 und mehr |
| 447,50 bis 449,99 | 87,35 | 1,66 | – | – | – | – |
| 450,00 bis 452,49 | 89,10 | 2,91 | – | – | – | – |
| 452,50 bis 454,99 | 90,85 | 4,16 | – | – | – | – |
| 455,00 bis 457,49 | 92,60 | 5,41 | – | – | – | – |
| 457,50 bis 459,99 | 94,35 | 6,66 | – | – | – | – |
| 460,00 bis 462,49 | 96,10 | 7,91 | – | – | – | – |
| 462,50 bis 464,99 | 97,85 | 9,16 | – | – | – | – |
| 465,00 bis 467,49 | 99,60 | 10,41 | – | – | – | – |
| 467,50 bis 469,99 | 101,35 | 11,66 | – | – | – | – |
| 470,00 bis 472,49 | 103,10 | 12,91 | – | – | – | – |
| 472,50 bis 474,99 | 104,85 | 14,16 | – | – | – | – |
| 475,00 bis 477,49 | 106,60 | 15,41 | – | – | – | – |
| 477,50 bis 479,99 | 108,35 | 16,66 | – | – | – | – |
| 480,00 bis 482,49 | 110,10 | 17,91 | – | – | – | – |
| 482,50 bis 484,99 | 111,85 | 19,16 | – | – | – | – |
| 485,00 bis 487,49 | 113,60 | 20,41 | – | – | – | – |
| 487,50 bis 489,99 | 115,35 | 21,66 | – | – | – | – |
| 490,00 bis 492,49 | 117,10 | 22,91 | – | – | – | – |
| 492,50 bis 494,99 | 118,85 | 24,16 | – | – | – | – |
| 495,00 bis 497,49 | 120,60 | 25,41 | – | – | – | – |
| 497,50 bis 499,99 | 122,35 | 26,66 | – | – | – | – |
| 500,00 bis 502,49 | 124,10 | 27,91 | – | – | – | – |
| 502,50 bis 504,99 | 125,85 | 29,16 | – | – | – | – |
| 505,00 bis 507,49 | 127,60 | 30,41 | – | – | – | – |
| 507,50 bis 509,99 | 129,35 | 31,66 | – | – | – | – |
| 510,00 bis 512,49 | 131,10 | 32,91 | – | – | – | – |
| 512,50 bis 514,99 | 132,85 | 34,16 | 0,26 | – | – | – |
| 515,00 bis 517,49 | 134,60 | 35,41 | 1,26 | – | – | – |
| 517,50 bis 519,99 | 136,35 | 36,66 | 2,26 | – | – | – |
| 520,00 bis 522,49 | 138,10 | 37,91 | 3,26 | – | – | – |
| 522,50 bis 524,99 | 139,85 | 39,16 | 4,26 | – | – | – |
| 525,00 bis 527,49 | 141,60 | 40,41 | 5,26 | – | – | – |
| 527,50 bis 529,99 | 143,35 | 41,66 | 6,26 | – | – | – |
| 530,00 bis 532,49 | 145,10 | 42,91 | 7,26 | – | – | – |
| 532,50 bis 534,99 | 146,85 | 44,16 | 8,26 | – | – | – |
| 535,00 bis 537,49 | 148,60 | 45,41 | 9,26 | – | – | – |
| 537,50 bis 539,99 | 150,35 | 46,66 | 10,26 | – | – | – |
| 540,00 bis 542,49 | 152,10 | 47,91 | 11,26 | – | – | – |
| 542,50 bis 544,99 | 153,85 | 49,16 | 12,26 | – | – | – |
| 545,00 bis 547,49 | 155,60 | 50,41 | 13,26 | – | – | – |
| 547,50 bis 549,99 | 157,35 | 51,66 | 14,26 | – | – | – |
| 550,00 bis 552,49 | 159,10 | 52,91 | 15,26 | – | – | – |
| 552,50 bis 554,99 | 160,85 | 54,16 | 16,26 | – | – | – |
| 555,00 bis 557,49 | 162,60 | 55,41 | 17,26 | – | – | – |
| 557,50 bis 559,99 | 164,35 | 56,66 | 18,26 | – | – | – |
| 560,00 bis 562,49 | 166,10 | 57,91 | 19,26 | – | – | – |
| 562,50 bis 564,99 | 167,85 | 59,16 | 20,26 | – | – | – |
| 565,00 bis 567,49 | 169,60 | 60,41 | 21,26 | – | – | – |
| 567,50 bis 569,99 | 171,35 | 61,66 | 22,26 | – | – | – |
| 570,00 bis 572,49 | 173,10 | 62,91 | 23,26 | – | – | – |
| 572,50 bis 574,99 | 174,85 | 64,16 | 24,26 | – | – | – |

| Euro | Pfändbarer Betrag bei Unterhaltspflicht für … Personen | | | | | |
|---|---|---|---|---|---|---|
| Nettolohn wöchentlich | 0 | 1 | 2 | 3 | 4 | 5 und mehr |
| 575,00 bis 577,49 | 176,60 | 65,41 | 25,26 | – | – | – |
| 577,50 bis 579,99 | 178,35 | 66,66 | 26,26 | – | – | – |
| 580,00 bis 582,49 | 180,10 | 67,91 | 27,26 | 0,14 | – | – |
| 582,50 bis 584,99 | 181,85 | 69,16 | 28,26 | 0,89 | – | – |
| 585,00 bis 587,49 | 183,60 | 70,41 | 29,26 | 1,64 | – | – |
| 587,50 bis 589,99 | 185,35 | 71,66 | 30,26 | 2,39 | – | – |
| 590,00 bis 592,49 | 187,10 | 72,91 | 31,26 | 3,14 | – | – |
| 592,50 bis 594,99 | 188,85 | 74,16 | 32,26 | 3,89 | – | – |
| 595,00 bis 597,49 | 190,60 | 75,41 | 33,26 | 4,64 | – | – |
| 597,50 bis 599,99 | 192,35 | 76,66 | 34,26 | 5,39 | – | – |
| 600,00 bis 602,49 | 194,10 | 77,91 | 35,26 | 6,14 | – | – |
| 602,50 bis 604,99 | 195,85 | 79,16 | 36,26 | 6,89 | – | – |
| 605,00 bis 607,49 | 197,60 | 80,41 | 37,26 | 7,64 | – | – |
| 607,50 bis 609,99 | 199,35 | 81,66 | 38,26 | 8,39 | – | – |
| 610,00 bis 612,49 | 201,10 | 82,91 | 39,26 | 9,14 | – | – |
| 612,50 bis 614,99 | 202,85 | 84,16 | 40,26 | 9,89 | – | – |
| 615,00 bis 617,49 | 204,60 | 85,41 | 41,26 | 10,64 | – | – |
| 617,50 bis 619,99 | 206,35 | 86,66 | 42,26 | 11,39 | – | – |
| 620,00 bis 622,49 | 208,10 | 87,91 | 43,26 | 12,14 | – | – |
| 622,50 bis 624,99 | 209,85 | 89,16 | 44,26 | 12,89 | – | – |
| 625,00 bis 627,49 | 211,60 | 90,41 | 45,26 | 13,64 | – | – |
| 627,50 bis 629,99 | 213,35 | 91,66 | 46,26 | 14,39 | – | – |
| 630,00 bis 632,49 | 215,10 | 92,91 | 47,26 | 15,14 | – | – |
| 632,50 bis 634,99 | 216,85 | 94,16 | 48,26 | 15,89 | – | – |
| 635,00 bis 637,49 | 218,60 | 95,41 | 49,26 | 16,64 | – | – |
| 637,50 bis 639,99 | 220,35 | 96,66 | 50,26 | 17,39 | – | – |
| 640,00 bis 642,49 | 222,10 | 97,91 | 51,26 | 18,14 | – | – |
| 642,50 bis 644,99 | 223,85 | 99,16 | 52,26 | 18,89 | – | – |
| 645,00 bis 647,49 | 225,60 | 100,41 | 53,26 | 19,64 | – | – |
| 647,50 bis 649,99 | 227,35 | 101,66 | 54,26 | 20,39 | 0,06 | – |
| 650,00 bis 652,49 | 229,10 | 102,91 | 55,26 | 21,14 | 0,56 | – |
| 652,50 bis 654,99 | 230,85 | 104,16 | 56,26 | 21,89 | 1,06 | – |
| 655,00 bis 657,49 | 232,60 | 105,41 | 57,26 | 22,64 | 1,56 | – |
| 657,50 bis 659,99 | 234,35 | 106,66 | 58,26 | 23,39 | 2,06 | – |
| 660,00 bis 662,49 | 236,10 | 107,91 | 59,26 | 24,14 | 2,56 | – |
| 662,50 bis 664,99 | 237,85 | 109,16 | 60,26 | 24,89 | 3,06 | – |
| 665,00 bis 667,49 | 239,60 | 110,41 | 61,26 | 25,64 | 3,56 | – |
| 667,50 bis 669,99 | 241,35 | 111,66 | 62,26 | 26,39 | 4,06 | – |
| 670,00 bis 672,49 | 243,10 | 112,91 | 63,26 | 27,14 | 4,56 | – |
| 672,50 bis 674,99 | 244,85 | 114,16 | 64,26 | 27,89 | 5,06 | – |
| 675,00 bis 677,49 | 246,60 | 115,41 | 65,26 | 28,64 | 5,56 | – |
| 677,50 bis 679,99 | 248,35 | 116,66 | 66,26 | 29,39 | 6,06 | – |
| 680,00 bis 682,49 | 250,10 | 117,91 | 67,26 | 30,14 | 6,56 | – |
| 682,50 bis 684,99 | 251,85 | 119,16 | 68,26 | 30,89 | 7,06 | – |
| 685,00 bis 687,49 | 253,60 | 120,41 | 69,26 | 31,64 | 7,56 | – |
| 687,50 bis 689,99 | 255,35 | 121,66 | 70,26 | 32,39 | 8,06 | – |
| 690,00 bis 692,49 | 257,10 | 122,91 | 71,26 | 33,14 | 8,56 | – |
| 692,50 bis 694,99 | 258,85 | 124,16 | 72,26 | 33,89 | 9,06 | – |
| 695,00 bis 697,49 | 260,60 | 125,41 | 73,26 | 34,64 | 9,56 | – |
| 697,50 bis 699,99 | 262,35 | 126,66 | 74,26 | 35,39 | 10,06 | – |
| 700,00 bis 702,49 | 264,10 | 127,91 | 75,26 | 36,14 | 10,56 | – |

| Euro | Pfändbarer Betrag bei Unterhaltspflicht für … Personen | | | | | |
|---|---|---|---|---|---|---|
| Nettolohn wöchentlich | 0 | 1 | 2 | 3 | 4 | 5 und mehr |
| 702,50 bis 704,99 | 265,85 | 129,16 | 76,26 | 36,89 | 11,06 | – |
| 705,00 bis 707,49 | 267,60 | 130,41 | 77,26 | 37,64 | 11,56 | – |
| 707,50 bis 709,99 | 269,35 | 131,66 | 78,26 | 38,39 | 12,06 | – |
| 710,00 bis 712,49 | 271,10 | 132,91 | 79,26 | 39,14 | 12,56 | – |
| 712,50 bis 714,99 | 272,85 | 134,16 | 80,26 | 39,89 | 13,06 | – |
| 715,00 bis 717,49 | 274,60 | 135,41 | 81,26 | 40,64 | 13,56 | 0,01 |
| 717,50 bis 719,99 | 276,35 | 136,66 | 82,26 | 41,39 | 14,06 | 0,26 |
| 720,00 bis 722,49 | 278,10 | 137,91 | 83,26 | 42,14 | 14,56 | 0,51 |
| 722,50 bis 724,99 | 279,85 | 139,16 | 84,26 | 42,89 | 15,06 | 0,76 |
| 725,00 bis 727,49 | 281,60 | 140,41 | 85,26 | 43,64 | 15,56 | 1,01 |
| 727,50 bis 729,99 | 283,35 | 141,66 | 86,26 | 44,39 | 16,06 | 1,26 |
| 730,00 bis 732,49 | 285,10 | 142,91 | 87,26 | 45,14 | 16,56 | 1,51 |
| 732,50 bis 734,99 | 286,85 | 144,16 | 88,26 | 45,89 | 17,06 | 1,76 |
| 735,00 bis 737,49 | 288,60 | 145,41 | 89,26 | 46,64 | 17,56 | 2,01 |
| 737,50 bis 739,99 | 290,35 | 146,66 | 90,26 | 47,39 | 18,06 | 2,26 |
| 740,00 bis 742,49 | 292,10 | 147,91 | 91,26 | 48,14 | 18,56 | 2,51 |
| 742,50 bis 744,99 | 293,85 | 149,16 | 92,26 | 48,89 | 19,06 | 2,76 |
| 745,00 bis 747,49 | 295,60 | 150,41 | 93,26 | 49,64 | 19,56 | 3,01 |
| 747,50 bis 749,99 | 297,35 | 151,66 | 94,26 | 50,39 | 20,06 | 3,26 |
| 750,00 bis 752,49 | 299,10 | 152,91 | 95,26 | 51,14 | 20,56 | 3,51 |
| 752,50 bis 754,99 | 300,85 | 154,16 | 96,26 | 51,89 | 21,06 | 3,76 |
| 755,00 bis 757,49 | 302,60 | 155,41 | 97,26 | 52,64 | 21,56 | 4,01 |
| 757,50 bis 759,99 | 304,35 | 156,66 | 98,26 | 53,39 | 22,06 | 4,26 |
| 760,00 bis 762,49 | 306,10 | 157,91 | 99,26 | 54,14 | 22,56 | 4,51 |
| 762,50 bis 764,99 | 307,85 | 159,16 | 100,26 | 54,89 | 23,06 | 4,76 |
| 765,00 bis 767,49 | 309,60 | 160,41 | 101,26 | 55,64 | 23,56 | 5,01 |
| 767,50 bis 769,99 | 311,35 | 161,66 | 102,26 | 56,39 | 24,06 | 5,26 |
| 770,00 bis 772,49 | 313,10 | 162,91 | 103,26 | 57,14 | 24,56 | 5,51 |
| 772,50 bis 774,99 | 314,85 | 164,16 | 104,26 | 57,89 | 25,06 | 5,76 |
| 775,00 bis 777,49 | 316,60 | 165,41 | 105,26 | 58,64 | 25,56 | 6,01 |
| 777,50 bis 779,99 | 318,35 | 166,66 | 106,26 | 59,39 | 26,06 | 6,26 |
| 780,00 bis 782,49 | 320,10 | 167,91 | 107,26 | 60,14 | 26,56 | 6,51 |
| 782,50 bis 784,99 | 321,85 | 169,16 | 108,26 | 60,89 | 27,06 | 6,76 |
| 785,00 bis 787,49 | 323,60 | 170,41 | 109,26 | 61,64 | 27,56 | 7,01 |
| 787,50 bis 789,99 | 325,35 | 171,66 | 110,26 | 62,39 | 28,06 | 7,26 |
| 790,00 bis 792,49 | 327,10 | 172,91 | 111,26 | 63,14 | 28,56 | 7,51 |
| 792,50 bis 794,99 | 328,85 | 174,16 | 112,26 | 63,89 | 29,06 | 7,76 |
| 795,00 bis 797,49 | 330,60 | 175,41 | 113,26 | 64,64 | 29,56 | 8,01 |
| 797,50 bis 799,99 | 332,35 | 176,66 | 114,26 | 65,39 | 30,06 | 8,26 |
| 800,00 bis 802,49 | 334,10 | 177,91 | 115,26 | 66,14 | 30,56 | 8,51 |
| 802,50 bis 804,99 | 335,85 | 179,16 | 116,26 | 66,89 | 31,06 | 8,76 |
| 805,00 bis 807,49 | 337,60 | 180,41 | 117,26 | 67,64 | 31,56 | 9,01 |
| 807,50 bis 809,99 | 339,35 | 181,66 | 118,26 | 68,39 | 32,06 | 9,26 |
| 810,00 bis 812,49 | 341,10 | 182,91 | 119,26 | 69,14 | 32,56 | 9,51 |
| 812,50 bis 814,99 | 342,85 | 184,16 | 120,26 | 69,89 | 33,06 | 9,76 |
| 815,00 bis 817,49 | 344,60 | 185,41 | 121,26 | 70,64 | 33,56 | 10,01 |
| 817,50 bis 819,99 | 346,35 | 186,66 | 122,26 | 71,39 | 34,06 | 10,26 |
| 820,00 bis 822,49 | 348,10 | 187,91 | 123,26 | 72,14 | 34,56 | 10,51 |
| 822,50 bis 824,99 | 349,85 | 189,16 | 124,26 | 72,89 | 35,06 | 10,76 |
| 825,00 bis 827,49 | 351,60 | 190,41 | 125,26 | 73,64 | 35,56 | 11,01 |
| 827,50 bis 829,99 | 353,35 | 191,66 | 126,26 | 74,39 | 36,06 | 11,26 |

| Euro | Pfändbarer Betrag bei Unterhaltspflicht für … Personen | | | | | |
|---|---|---|---|---|---|---|
| Nettolohn wöchentlich | 0 | 1 | 2 | 3 | 4 | 5 und mehr |
| 830,00 bis 832,49 | 355,10 | 192,91 | 127,26 | 75,14 | 36,56 | 11,51 |
| 832,50 bis 834,99 | 356,85 | 194,16 | 128,26 | 75,89 | 37,06 | 11,76 |
| 835,00 bis 837,49 | 358,60 | 195,41 | 129,26 | 76,64 | 37,56 | 12,01 |
| 837,50 bis 839,99 | 360,35 | 196,66 | 130,26 | 77,39 | 38,06 | 12,26 |
| 840,00 bis 842,49 | 362,10 | 197,91 | 131,26 | 78,14 | 38,56 | 12,51 |
| 842,50 bis 844,99 | 363,85 | 199,16 | 132,26 | 78,89 | 39,06 | 12,76 |
| 845,00 bis 847,49 | 365,60 | 200,41 | 133,26 | 79,64 | 39,56 | 13,01 |
| 847,50 bis 849,99 | 367,35 | 201,66 | 134,26 | 80,39 | 40,06 | 13,26 |
| 850,00 bis 852,49 | 369,10 | 202,91 | 135,26 | 81,14 | 40,56 | 13,51 |
| 852,50 bis 854,99 | 370,85 | 204,16 | 136,26 | 81,89 | 41,06 | 13,76 |
| 855,00 bis 857,49 | 372,60 | 205,41 | 137,26 | 82,64 | 41,56 | 14,01 |
| 857,50 bis 859,99 | 374,35 | 206,66 | 138,26 | 83,39 | 42,06 | 14,26 |
| 860,00 bis 862,49 | 376,10 | 207,91 | 139,26 | 84,14 | 42,56 | 14,51 |
| 862,50 bis 864,99 | 377,85 | 209,16 | 140,26 | 84,89 | 43,06 | 14,76 |
| 865,00 bis 867,49 | 379,60 | 210,41 | 141,26 | 85,64 | 43,56 | 15,01 |
| 867,50 bis 869,99 | 381,35 | 211,66 | 142,26 | 86,39 | 44,06 | 15,26 |
| 870,00 bis 872,49 | 383,10 | 212,91 | 143,26 | 87,14 | 44,56 | 15,51 |
| 872,50 bis 874,99 | 384,85 | 214,16 | 144,26 | 87,89 | 45,06 | 15,76 |
| 875,00 bis 877,49 | 386,60 | 215,41 | 145,26 | 88,64 | 45,56 | 16,01 |
| 877,50 bis 879,99 | 388,35 | 216,66 | 146,26 | 89,39 | 46,06 | 16,26 |
| 880,00 bis 882,49 | 390,10 | 217,91 | 147,26 | 90,14 | 46,56 | 16,51 |
| 882,50 bis 884,99 | 391,85 | 219,16 | 148,26 | 90,89 | 47,06 | 16,76 |
| 885,00 bis 887,49 | 393,60 | 220,41 | 149,26 | 91,64 | 47,56 | 17,01 |
| 887,50 bis 889,99 | 395,35 | 221,66 | 150,26 | 92,39 | 48,06 | 17,26 |
| 890,00 bis 892,49 | 397,10 | 222,91 | 151,26 | 93,14 | 48,56 | 17,51 |
| 892,50 bis 894,99 | 398,85 | 224,16 | 152,26 | 93,89 | 49,06 | 17,76 |
| 895,00 bis 897,49 | 400,60 | 225,41 | 153,26 | 94,64 | 49,56 | 18,01 |
| 897,50 bis 899,99 | 402,35 | 226,66 | 154,26 | 95,39 | 50,06 | 18,26 |
| 900,00 bis 902,49 | 404,10 | 227,91 | 155,26 | 96,14 | 50,56 | 18,51 |
| 902,50 bis 904,99 | 405,85 | 229,16 | 156,26 | 96,89 | 51,06 | 18,76 |
| 905,00 bis 907,49 | 407,60 | 230,41 | 157,26 | 97,64 | 51,56 | 19,01 |
| 907,50 bis 909,99 | 409,35 | 231,66 | 158,26 | 98,39 | 52,06 | 19,26 |
| 910,00 bis 912,49 | 411,10 | 232,91 | 159,26 | 99,14 | 52,56 | 19,51 |
| 912,50 bis 914,99 | 412,85 | 234,16 | 160,26 | 99,89 | 53,06 | 19,76 |
| 915,00 bis 917,49 | 414,60 | 235,41 | 161,26 | 100,64 | 53,56 | 20,01 |
| 917,50 bis 919,99 | 416,35 | 236,66 | 162,26 | 101,39 | 54,06 | 20,26 |
| 920,00 bis 922,49 | 418,10 | 237,91 | 163,26 | 102,14 | 54,56 | 20,51 |
| 922,50 bis 924,99 | 419,85 | 239,16 | 164,26 | 102,89 | 55,06 | 20,76 |
| 925,00 bis 927,49 | 421,60 | 240,41 | 165,26 | 103,64 | 55,56 | 21,01 |
| 927,50 bis 929,99 | 423,35 | 241,66 | 166,26 | 104,39 | 56,06 | 21,26 |
| 930,00 bis 932,49 | 425,10 | 242,91 | 167,26 | 105,14 | 56,56 | 21,51 |
| 932,50 bis 934,99 | 426,85 | 244,16 | 168,26 | 105,89 | 57,06 | 21,76 |
| 935,00 bis 937,49 | 428,60 | 245,41 | 169,26 | 106,64 | 57,56 | 22,01 |
| 937,50 bis 939,99 | 430,35 | 246,66 | 170,26 | 107,39 | 58,06 | 22,26 |
| 940,00 bis 942,49 | 432,10 | 247,91 | 171,26 | 108,14 | 58,56 | 22,51 |
| 942,50 bis 944,99 | 433,85 | 249,16 | 172,26 | 108,89 | 59,06 | 22,76 |
| 945,00 bis 947,49 | 435,60 | 250,41 | 173,26 | 109,64 | 59,56 | 23,01 |
| 947,50 bis 949,99 | 437,35 | 251,66 | 174,26 | 110,39 | 60,06 | 23,26 |
| 950,00 bis 952,49 | 439,10 | 252,91 | 175,26 | 111,14 | 60,56 | 23,51 |
| 952,50 bis 954,99 | 440,85 | 254,16 | 176,26 | 111,89 | 61,06 | 23,76 |
| 955,00 bis 957,49 | 442,60 | 255,41 | 177,26 | 112,64 | 61,56 | 24,01 |

| Euro Nettolohn wöchentlich | Pfändbarer Betrag bei Unterhaltspflicht für … Personen 0 | 1 | 2 | 3 | 4 | 5 und mehr |
|---|---|---|---|---|---|---|
| 957,50 bis 959,99 | 444,35 | 256,66 | 178,26 | 113,39 | 62,06 | 24,26 |
| 960,00 bis 962,49 | 446,10 | 257,91 | 179,26 | 114,14 | 62,56 | 24,51 |
| 962,50 bis 964,99 | 447,85 | 259,16 | 180,26 | 114,89 | 63,06 | 24,76 |
| 965,00 bis 967,49 | 449,60 | 260,41 | 181,26 | 115,64 | 63,56 | 25,01 |
| 967,50 bis 969,99 | 451,35 | 261,66 | 182,26 | 116,39 | 64,06 | 25,26 |
| 970,00 bis 972,49 | 453,10 | 262,91 | 183,26 | 117,14 | 64,56 | 25,51 |
| 972,50 bis 974,99 | 454,85 | 264,16 | 184,26 | 117,89 | 65,06 | 25,76 |
| 975,00 bis 977,49 | 456,60 | 265,41 | 185,26 | 118,64 | 65,56 | 26,01 |
| 977,50 bis 979,99 | 458,35 | 266,66 | 186,26 | 119,39 | 66,06 | 26,26 |
| 980,00 bis 982,49 | 460,10 | 267,91 | 187,26 | 120,14 | 66,56 | 26,51 |
| 982,50 bis 984,99 | 461,85 | 269,16 | 188,26 | 120,89 | 67,06 | 26,76 |
| 985,00 bis 987,49 | 463,60 | 270,41 | 189,26 | 121,64 | 67,56 | 27,01 |
| 987,50 bis 989,31 | 465,35 | 271,66 | 190,26 | 122,39 | 68,06 | 27,26 |
| Der Mehrbetrag über 989,31 Euro ist voll pfändbar. | | | | | | |

## Auszahlung für Tage

| Euro Nettolohn täglich | Pfändbarer Betrag bei Unterhaltspflicht für … Personen 0 | 1 | 2 | 3 | 4 | 5 und mehr |
|---|---|---|---|---|---|---|
| bis 64,99 | – | – | – | – | – | – |
| 65,00 bis 65,49 | 0,32 | – | – | – | – | – |
| 65,50 bis 65,99 | 0,67 | – | – | – | – | – |
| 66,00 bis 66,49 | 1,02 | – | – | – | – | – |
| 66,50 bis 66,99 | 1,37 | – | – | – | – | – |
| 67,00 bis 67,49 | 1,72 | – | – | – | – | – |
| 67,50 bis 67,99 | 2,07 | – | – | – | – | – |
| 68,00 bis 68,49 | 2,42 | – | – | – | – | – |
| 68,50 bis 68,99 | 2,77 | – | – | – | – | – |
| 69,00 bis 69,49 | 3,12 | – | – | – | – | – |
| 69,50 bis 69,99 | 3,47 | – | – | – | – | – |
| 70,00 bis 70,49 | 3,82 | – | – | – | – | – |
| 70,50 bis 70,99 | 4,17 | – | – | – | – | – |
| 71,00 bis 71,49 | 4,52 | – | – | – | – | – |
| 71,50 bis 71,99 | 4,87 | – | – | – | – | – |
| 72,00 bis 72,49 | 5,22 | – | – | – | – | – |
| 72,50 bis 72,99 | 5,57 | – | – | – | – | – |
| 73,00 bis 73,49 | 5,92 | – | – | – | – | – |
| 73,50 bis 73,99 | 6,27 | – | – | – | – | – |
| 74,00 bis 74,49 | 6,62 | – | – | – | – | – |
| 74,50 bis 74,99 | 6,97 | – | – | – | – | – |
| 75,00 bis 75,49 | 7,32 | – | – | – | – | – |
| 75,50 bis 75,99 | 7,67 | – | – | – | – | – |
| 76,00 bis 76,49 | 8,02 | – | – | – | – | – |
| 76,50 bis 76,99 | 8,37 | – | – | – | – | – |
| 77,00 bis 77,49 | 8,72 | – | – | – | – | – |
| 77,50 bis 77,99 | 9,07 | – | – | – | – | – |
| 78,00 bis 78,49 | 9,42 | – | – | – | – | – |
| 78,50 bis 78,99 | 9,77 | – | – | – | – | – |
| 79,00 bis 79,49 | 10,12 | – | – | – | – | – |
| 79,50 bis 79,99 | 10,47 | – | – | – | – | – |
| 80,00 bis 80,49 | 10,82 | – | – | – | – | – |

| Euro | Pfändbarer Betrag bei Unterhaltspflicht für … Personen | | | | | |
|---|---|---|---|---|---|---|
| Nettolohn täglich | 0 | 1 | 2 | 3 | 4 | 5 und mehr |
| 80,50 bis 80,99 | 11,17 | – | – | – | – | – |
| 81,00 bis 81,49 | 11,52 | – | – | – | – | – |
| 81,50 bis 81,99 | 11,87 | – | – | – | – | – |
| 82,00 bis 82,49 | 12,22 | – | – | – | – | – |
| 82,50 bis 82,99 | 12,57 | – | – | – | – | – |
| 83,00 bis 83,49 | 12,92 | – | – | – | – | – |
| 83,50 bis 83,99 | 13,27 | – | – | – | – | – |
| 84,00 bis 84,49 | 13,62 | – | – | – | – | – |
| 84,50 bis 84,99 | 13,97 | – | – | – | – | – |
| 85,00 bis 85,49 | 14,32 | – | – | – | – | – |
| 85,50 bis 85,99 | 14,67 | – | – | – | – | – |
| 86,00 bis 86,49 | 15,02 | – | – | – | – | – |
| 86,50 bis 86,99 | 15,37 | – | – | – | – | – |
| 87,00 bis 87,49 | 15,72 | – | – | – | – | – |
| 87,50 bis 87,99 | 16,07 | – | – | – | – | – |
| 88,00 bis 88,49 | 16,42 | – | – | – | – | – |
| 88,50 bis 88,99 | 16,77 | – | – | – | – | – |
| 89,00 bis 89,49 | 17,12 | 0,09 | – | – | – | – |
| 89,50 bis 89,99 | 17,47 | 0,34 | – | – | – | – |
| 90,00 bis 90,49 | 17,82 | 0,59 | – | – | – | – |
| 90,50 bis 90,99 | 18,17 | 0,84 | – | – | – | – |
| 91,00 bis 91,49 | 18,52 | 1,09 | – | – | – | – |
| 91,50 bis 91,99 | 18,87 | 1,34 | – | – | – | – |
| 92,00 bis 92,49 | 19,22 | 1,59 | – | – | – | – |
| 92,50 bis 92,99 | 19,57 | 1,84 | – | – | – | – |
| 93,00 bis 93,49 | 19,92 | 2,09 | – | – | – | – |
| 93,50 bis 93,99 | 20,27 | 2,34 | – | – | – | – |
| 94,00 bis 94,49 | 20,62 | 2,59 | – | – | – | – |
| 94,50 bis 94,99 | 20,97 | 2,84 | – | – | – | – |
| 95,00 bis 95,49 | 21,32 | 3,09 | – | – | – | – |
| 95,50 bis 95,99 | 21,67 | 3,34 | – | – | – | – |
| 96,00 bis 96,49 | 22,02 | 3,59 | – | – | – | – |
| 96,50 bis 96,99 | 22,37 | 3,84 | – | – | – | – |
| 97,00 bis 97,49 | 22,72 | 4,09 | – | – | – | – |
| 97,50 bis 97,99 | 23,07 | 4,34 | – | – | – | – |
| 98,00 bis 98,49 | 23,42 | 4,59 | – | – | – | – |
| 98,50 bis 98,99 | 23,77 | 4,84 | – | – | – | – |
| 99,00 bis 99,49 | 24,12 | 5,09 | – | – | – | – |
| 99,50 bis 99,99 | 24,47 | 5,34 | – | – | – | – |
| 100,00 bis 100,49 | 24,82 | 5,59 | – | – | – | – |
| 100,50 bis 100,99 | 25,17 | 5,84 | – | – | – | – |
| 101,00 bis 101,49 | 25,52 | 6,09 | – | – | – | – |
| 101,50 bis 101,99 | 25,87 | 6,34 | – | – | – | – |
| 102,00 bis 102,49 | 26,22 | 6,59 | – | – | – | – |
| 102,50 bis 102,99 | 26,57 | 6,84 | 0,05 | – | – | – |
| 103,00 bis 103,49 | 26,92 | 7,09 | 0,25 | – | – | – |
| 103,50 bis 103,99 | 27,27 | 7,34 | 0,45 | – | – | – |
| 104,00 bis 104,49 | 27,62 | 7,59 | 0,65 | – | – | – |
| 104,50 bis 104,99 | 27,97 | 7,84 | 0,85 | – | – | – |
| 105,00 bis 105,49 | 28,32 | 8,09 | 1,05 | – | – | – |
| 105,50 bis 105,99 | 28,67 | 8,34 | 1,25 | – | – | – |
| 106,00 bis 106,49 | 29,02 | 8,59 | 1,45 | – | – | – |

| Euro | Pfändbarer Betrag bei Unterhaltspflicht für … Personen | | | | | |
|---|---|---|---|---|---|---|
| Nettolohn täglich | 0 | 1 | 2 | 3 | 4 | 5 und mehr |
| 106,50 bis 106,99 | 29,37 | 8,84 | 1,65 | – | – | – |
| 107,00 bis 107,49 | 29,72 | 9,09 | 1,85 | – | – | – |
| 107,50 bis 107,99 | 30,07 | 9,34 | 2,05 | – | – | – |
| 108,00 bis 108,49 | 30,42 | 9,59 | 2,25 | – | – | – |
| 108,50 bis 108,99 | 30,77 | 9,84 | 2,45 | – | – | – |
| 109,00 bis 109,49 | 31,12 | 10,09 | 2,65 | – | – | – |
| 109,50 bis 109,99 | 31,47 | 10,34 | 2,85 | – | – | – |
| 110,00 bis 110,49 | 31,82 | 10,59 | 3,05 | – | – | – |
| 110,50 bis 110,99 | 32,17 | 10,84 | 3,25 | – | – | – |
| 111,00 bis 111,49 | 32,52 | 11,09 | 3,45 | – | – | – |
| 111,50 bis 111,99 | 32,87 | 11,34 | 3,65 | – | – | – |
| 112,00 bis 112,49 | 33,22 | 11,59 | 3,85 | – | – | – |
| 112,50 bis 112,99 | 33,57 | 11,84 | 4,05 | – | – | – |
| 113,00 bis 113,49 | 33,92 | 12,09 | 4,25 | – | – | – |
| 113,50 bis 113,99 | 34,27 | 12,34 | 4,45 | – | – | – |
| 114,00 bis 114,49 | 34,62 | 12,59 | 4,65 | – | – | – |
| 114,50 bis 114,99 | 34,97 | 12,84 | 4,85 | – | – | – |
| 115,00 bis 115,49 | 35,32 | 13,09 | 5,05 | – | – | – |
| 115,50 bis 115,99 | 35,67 | 13,34 | 5,25 | – | – | – |
| 116,00 bis 116,49 | 36,02 | 13,59 | 5,45 | 0,03 | – | – |
| 116,50 bis 116,99 | 36,37 | 13,84 | 5,65 | 0,18 | – | – |
| 117,00 bis 117,49 | 36,72 | 14,09 | 5,85 | 0,33 | – | – |
| 117,50 bis 117,99 | 37,07 | 14,34 | 6,05 | 0,48 | – | – |
| 118,00 bis 118,49 | 37,42 | 14,59 | 6,25 | 0,63 | – | – |
| 118,50 bis 118,99 | 37,77 | 14,84 | 6,45 | 0,78 | – | – |
| 119,00 bis 119,49 | 38,12 | 15,09 | 6,65 | 0,93 | – | – |
| 119,50 bis 119,99 | 38,47 | 15,34 | 6,85 | 1,08 | – | – |
| 120,00 bis 120,49 | 38,82 | 15,59 | 7,05 | 1,23 | – | – |
| 120,50 bis 120,99 | 39,17 | 15,84 | 7,25 | 1,38 | – | – |
| 121,00 bis 121,49 | 39,52 | 16,09 | 7,45 | 1,53 | – | – |
| 121,50 bis 121,99 | 39,87 | 16,34 | 7,65 | 1,68 | – | – |
| 122,00 bis 122,49 | 40,22 | 16,59 | 7,85 | 1,83 | – | – |
| 122,50 bis 122,99 | 40,57 | 16,84 | 8,05 | 1,98 | – | – |
| 123,00 bis 123,49 | 40,92 | 17,09 | 8,25 | 2,13 | – | – |
| 123,50 bis 123,99 | 41,27 | 17,34 | 8,45 | 2,28 | – | – |
| 124,00 bis 124,49 | 41,62 | 17,59 | 8,65 | 2,43 | – | – |
| 124,50 bis 124,99 | 41,97 | 17,84 | 8,85 | 2,58 | – | – |
| 125,00 bis 125,49 | 42,32 | 18,09 | 9,05 | 2,73 | – | – |
| 125,50 bis 125,99 | 42,67 | 18,34 | 9,25 | 2,88 | – | – |
| 126,00 bis 126,49 | 43,02 | 18,59 | 9,45 | 3,03 | – | – |
| 126,50 bis 126,99 | 43,37 | 18,84 | 9,65 | 3,18 | – | – |
| 127,00 bis 127,49 | 43,72 | 19,09 | 9,85 | 3,33 | – | – |
| 127,50 bis 127,99 | 44,07 | 19,34 | 10,05 | 3,48 | – | – |
| 128,00 bis 128,49 | 44,42 | 19,59 | 10,25 | 3,63 | – | – |
| 128,50 bis 128,99 | 44,77 | 19,84 | 10,45 | 3,78 | – | – |
| 129,00 bis 129,49 | 45,12 | 20,09 | 10,65 | 3,93 | – | – |
| 129,50 bis 129,99 | 45,47 | 20,34 | 10,85 | 4,08 | 0,01 | – |
| 130,00 bis 130,49 | 45,82 | 20,59 | 11,05 | 4,23 | 0,11 | – |
| 130,50 bis 130,99 | 46,17 | 20,84 | 11,25 | 4,38 | 0,21 | – |
| 131,00 bis 131,49 | 46,52 | 21,09 | 11,45 | 4,53 | 0,31 | – |
| 131,50 bis 131,99 | 46,87 | 21,34 | 11,65 | 4,68 | 0,41 | – |
| 132,00 bis 132,49 | 47,22 | 21,59 | 11,85 | 4,83 | 0,51 | – |

| Euro | Pfändbarer Betrag bei Unterhaltspflicht für … Personen | | | | | |
|---|---|---|---|---|---|---|
| Nettolohn täglich | 0 | 1 | 2 | 3 | 4 | 5 und mehr |
| 132,50 bis 132,99 | 47,57 | 21,84 | 12,05 | 4,98 | 0,61 | – |
| 133,00 bis 133,49 | 47,92 | 22,09 | 12,25 | 5,13 | 0,71 | – |
| 133,50 bis 133,99 | 48,27 | 22,34 | 12,45 | 5,28 | 0,81 | – |
| 134,00 bis 134,49 | 48,62 | 22,59 | 12,65 | 5,43 | 0,91 | – |
| 134,50 bis 134,99 | 48,97 | 22,84 | 12,85 | 5,58 | 1,01 | – |
| 135,00 bis 135,49 | 49,32 | 23,09 | 13,05 | 5,73 | 1,11 | – |
| 135,50 bis 135,99 | 49,67 | 23,34 | 13,25 | 5,88 | 1,21 | – |
| 136,00 bis 136,49 | 50,02 | 23,59 | 13,45 | 6,03 | 1,31 | – |
| 136,50 bis 136,99 | 50,37 | 23,84 | 13,65 | 6,18 | 1,41 | – |
| 137,00 bis 137,49 | 50,72 | 24,09 | 13,85 | 6,33 | 1,51 | – |
| 137,50 bis 137,99 | 51,07 | 24,34 | 14,05 | 6,48 | 1,61 | – |
| 138,00 bis 138,49 | 51,42 | 24,59 | 14,25 | 6,63 | 1,71 | – |
| 138,50 bis 138,99 | 51,77 | 24,84 | 14,45 | 6,78 | 1,81 | – |
| 139,00 bis 139,49 | 52,12 | 25,09 | 14,65 | 6,93 | 1,91 | – |
| 139,50 bis 139,99 | 52,47 | 25,34 | 14,85 | 7,08 | 2,01 | – |
| 140,00 bis 140,49 | 52,82 | 25,59 | 15,05 | 7,23 | 2,11 | – |
| 140,50 bis 140,99 | 53,17 | 25,84 | 15,25 | 7,38 | 2,21 | – |
| 141,00 bis 141,49 | 53,52 | 26,09 | 15,45 | 7,53 | 2,31 | – |
| 141,50 bis 141,99 | 53,87 | 26,34 | 15,65 | 7,68 | 2,41 | – |
| 142,00 bis 142,49 | 54,22 | 26,59 | 15,85 | 7,83 | 2,51 | – |
| 142,50 bis 142,99 | 54,57 | 26,84 | 16,05 | 7,98 | 2,61 | – |
| 143,00 bis 143,49 | 54,92 | 27,09 | 16,25 | 8,13 | 2,71 | – |
| 143,50 bis 143,99 | 55,27 | 27,34 | 16,45 | 8,28 | 2,81 | 0,05 |
| 144,00 bis 144,49 | 55,62 | 27,59 | 16,65 | 8,43 | 2,91 | 0,10 |
| 144,50 bis 144,99 | 55,97 | 27,84 | 16,85 | 8,58 | 3,01 | 0,15 |
| 145,00 bis 145,49 | 56,32 | 28,09 | 17,05 | 8,73 | 3,11 | 0,20 |
| 145,50 bis 145,99 | 56,67 | 28,34 | 17,25 | 8,88 | 3,21 | 0,25 |
| 146,00 bis 146,49 | 57,02 | 28,59 | 17,45 | 9,03 | 3,31 | 0,30 |
| 146,50 bis 146,99 | 57,37 | 28,84 | 17,65 | 9,18 | 3,41 | 0,35 |
| 147,00 bis 147,49 | 57,72 | 29,09 | 17,85 | 9,33 | 3,51 | 0,40 |
| 147,50 bis 147,99 | 58,07 | 29,34 | 18,05 | 9,48 | 3,61 | 0,45 |
| 148,00 bis 148,49 | 58,42 | 29,59 | 18,25 | 9,63 | 3,71 | 0,50 |
| 148,50 bis 148,99 | 58,77 | 29,84 | 18,45 | 9,78 | 3,81 | 0,55 |
| 149,00 bis 149,49 | 59,12 | 30,09 | 18,65 | 9,93 | 3,91 | 0,60 |
| 149,50 bis 149,99 | 59,47 | 30,34 | 18,85 | 10,08 | 4,01 | 0,65 |
| 150,00 bis 150,49 | 59,82 | 30,59 | 19,05 | 10,23 | 4,11 | 0,70 |
| 150,50 bis 150,99 | 60,17 | 30,84 | 19,25 | 10,38 | 4,21 | 0,75 |
| 151,00 bis 151,49 | 60,52 | 31,09 | 19,45 | 10,53 | 4,31 | 0,80 |
| 151,50 bis 151,99 | 60,87 | 31,34 | 19,65 | 10,68 | 4,41 | 0,85 |
| 152,00 bis 152,49 | 61,22 | 31,59 | 19,85 | 10,83 | 4,51 | 0,90 |
| 152,50 bis 152,99 | 61,57 | 31,84 | 20,05 | 10,98 | 4,61 | 0,95 |
| 153,00 bis 153,49 | 61,92 | 32,09 | 20,25 | 11,13 | 4,71 | 1,00 |
| 153,50 bis 153,99 | 62,27 | 32,34 | 20,45 | 11,28 | 4,81 | 1,05 |
| 154,00 bis 154,49 | 62,62 | 32,59 | 20,65 | 11,43 | 4,91 | 1,10 |
| 154,50 bis 154,99 | 62,97 | 32,84 | 20,85 | 11,58 | 5,01 | 1,15 |
| 155,00 bis 155,49 | 63,32 | 33,09 | 21,05 | 11,73 | 5,11 | 1,20 |
| 155,50 bis 155,99 | 63,67 | 33,34 | 21,25 | 11,88 | 5,21 | 1,25 |
| 156,00 bis 156,49 | 64,02 | 33,59 | 21,45 | 12,03 | 5,31 | 1,30 |
| 156,50 bis 156,99 | 64,37 | 33,84 | 21,65 | 12,18 | 5,41 | 1,35 |
| 157,00 bis 157,49 | 64,72 | 34,09 | 21,85 | 12,33 | 5,51 | 1,40 |
| 157,50 bis 157,99 | 65,07 | 34,34 | 22,05 | 12,48 | 5,61 | 1,45 |
| 158,00 bis 158,49 | 65,42 | 34,59 | 22,25 | 12,63 | 5,71 | 1,50 |

| Euro | Pfändbarer Betrag bei Unterhaltspflicht für … Personen | | | | | |
|---|---|---|---|---|---|---|
| Nettolohn täglich | 0 | 1 | 2 | 3 | 4 | 5 und mehr |
| 158,50 bis 158,99 | 65,77 | 34,84 | 22,45 | 12,78 | 5,81 | 1,55 |
| 159,00 bis 159,49 | 66,12 | 35,09 | 22,65 | 12,93 | 5,91 | 1,60 |
| 159,50 bis 159,99 | 66,47 | 35,34 | 22,85 | 13,08 | 6,01 | 1,65 |
| 160,00 bis 160,49 | 66,82 | 35,59 | 23,05 | 13,23 | 6,11 | 1,70 |
| 160,50 bis 160,99 | 67,17 | 35,84 | 23,25 | 13,38 | 6,21 | 1,75 |
| 161,00 bis 161,49 | 67,52 | 36,09 | 23,45 | 13,53 | 6,31 | 1,80 |
| 161,50 bis 161,99 | 67,87 | 36,34 | 23,65 | 13,68 | 6,41 | 1,85 |
| 162,00 bis 162,49 | 68,22 | 36,59 | 23,85 | 13,83 | 6,51 | 1,90 |
| 162,50 bis 162,99 | 68,57 | 36,84 | 24,05 | 13,98 | 6,61 | 1,95 |
| 163,00 bis 163,49 | 68,92 | 37,09 | 24,25 | 14,13 | 6,71 | 2,00 |
| 163,50 bis 163,99 | 69,27 | 37,34 | 24,45 | 14,28 | 6,81 | 2,05 |
| 164,00 bis 164,49 | 69,62 | 37,59 | 24,65 | 14,43 | 6,91 | 2,10 |
| 164,50 bis 164,99 | 69,97 | 37,84 | 24,85 | 14,58 | 7,01 | 2,15 |
| 165,00 bis 165,49 | 70,32 | 38,09 | 25,05 | 14,73 | 7,11 | 2,20 |
| 165,50 bis 165,99 | 70,67 | 38,34 | 25,25 | 14,88 | 7,21 | 2,25 |
| 166,00 bis 166,49 | 71,02 | 38,59 | 25,45 | 15,03 | 7,31 | 2,30 |
| 166,50 bis 166,99 | 71,37 | 38,84 | 25,65 | 15,18 | 7,41 | 2,35 |
| 167,00 bis 167,49 | 71,72 | 39,09 | 25,85 | 15,33 | 7,51 | 2,40 |
| 167,50 bis 167,99 | 72,07 | 39,34 | 26,05 | 15,48 | 7,61 | 2,45 |
| 168,00 bis 168,49 | 72,42 | 39,59 | 26,25 | 15,63 | 7,71 | 2,50 |
| 168,50 bis 168,99 | 72,77 | 39,84 | 26,45 | 15,78 | 7,81 | 2,55 |
| 169,00 bis 169,49 | 73,12 | 40,09 | 26,65 | 15,93 | 7,91 | 2,60 |
| 169,50 bis 169,99 | 73,47 | 40,34 | 26,85 | 16,08 | 8,01 | 2,65 |
| 170,00 bis 170,49 | 73,82 | 40,59 | 27,05 | 16,23 | 8,11 | 2,70 |
| 170,50 bis 170,99 | 74,17 | 40,84 | 27,25 | 16,38 | 8,21 | 2,75 |
| 171,00 bis 171,49 | 74,52 | 41,09 | 27,45 | 16,53 | 8,31 | 2,80 |
| 171,50 bis 171,99 | 74,87 | 41,34 | 27,65 | 16,68 | 8,41 | 2,85 |
| 172,00 bis 172,49 | 75,22 | 41,59 | 27,85 | 16,83 | 8,51 | 2,90 |
| 172,50 bis 172,99 | 75,57 | 41,84 | 28,05 | 16,98 | 8,61 | 2,95 |
| 173,00 bis 173,49 | 75,92 | 42,09 | 28,25 | 17,13 | 8,71 | 3,00 |
| 173,50 bis 173,99 | 76,27 | 42,34 | 28,45 | 17,28 | 8,81 | 3,05 |
| 174,00 bis 174,49 | 76,62 | 42,59 | 28,65 | 17,43 | 8,91 | 3,10 |
| 174,50 bis 174,99 | 76,97 | 42,84 | 28,85 | 17,58 | 9,01 | 3,15 |
| 175,00 bis 175,49 | 77,32 | 43,09 | 29,05 | 17,73 | 9,11 | 3,20 |
| 175,50 bis 175,99 | 77,67 | 43,34 | 29,25 | 17,88 | 9,21 | 3,25 |
| 176,00 bis 176,49 | 78,02 | 43,59 | 29,45 | 18,03 | 9,31 | 3,30 |
| 176,50 bis 176,99 | 78,37 | 43,84 | 29,65 | 18,18 | 9,41 | 3,35 |
| 177,00 bis 177,49 | 78,72 | 44,09 | 29,85 | 18,33 | 9,51 | 3,40 |
| 177,50 bis 177,99 | 79,07 | 44,34 | 30,05 | 18,48 | 9,61 | 3,45 |
| 178,00 bis 178,49 | 79,42 | 44,59 | 30,25 | 18,63 | 9,71 | 3,50 |
| 178,50 bis 178,99 | 79,77 | 44,84 | 30,45 | 18,78 | 9,81 | 3,55 |
| 179,00 bis 179,49 | 80,12 | 45,09 | 30,65 | 18,93 | 9,91 | 3,60 |
| 179,50 bis 179,99 | 80,47 | 45,34 | 30,85 | 19,08 | 10,01 | 3,65 |
| 180,00 bis 180,49 | 80,82 | 45,59 | 31,05 | 19,23 | 10,11 | 3,70 |
| 180,50 bis 180,99 | 81,17 | 45,84 | 31,25 | 19,38 | 10,21 | 3,75 |
| 181,00 bis 181,49 | 81,52 | 46,09 | 31,45 | 19,53 | 10,31 | 3,80 |
| 181,50 bis 181,99 | 81,87 | 46,34 | 31,65 | 19,68 | 10,41 | 3,85 |
| 182,00 bis 182,49 | 82,22 | 46,59 | 31,85 | 19,83 | 10,51 | 3,90 |
| 182,50 bis 182,99 | 82,57 | 46,84 | 32,05 | 19,98 | 10,61 | 3,95 |
| 183,00 bis 183,49 | 82,92 | 47,09 | 32,25 | 20,13 | 10,71 | 4,00 |
| 183,50 bis 183,99 | 83,27 | 47,34 | 32,45 | 20,28 | 10,81 | 4,05 |
| 184,00 bis 184,49 | 83,62 | 47,59 | 32,65 | 20,43 | 10,91 | 4,10 |

| Euro | Pfändbarer Betrag bei Unterhaltspflicht für … Personen | | | | | |
|---|---|---|---|---|---|---|
| Nettolohn täglich | 0 | 1 | 2 | 3 | 4 | 5 und mehr |
| 184,50 bis 184,99 | 83,97 | 47,84 | 32,85 | 20,58 | 11,01 | 4,15 |
| 185,00 bis 185,49 | 84,32 | 48,09 | 33,05 | 20,73 | 11,11 | 4,20 |
| 185,50 bis 185,99 | 84,67 | 48,34 | 33,25 | 20,88 | 11,21 | 4,25 |
| 186,00 bis 186,49 | 85,02 | 48,59 | 33,45 | 21,03 | 11,31 | 4,30 |
| 186,50 bis 186,99 | 85,37 | 48,84 | 33,65 | 21,18 | 11,41 | 4,35 |
| 187,00 bis 187,49 | 85,72 | 49,09 | 33,85 | 21,33 | 11,51 | 4,40 |
| 187,50 bis 187,99 | 86,07 | 49,34 | 34,05 | 21,48 | 11,61 | 4,45 |
| 188,00 bis 188,49 | 86,42 | 49,59 | 34,25 | 21,63 | 11,71 | 4,50 |
| 188,50 bis 188,99 | 86,77 | 49,84 | 34,45 | 21,78 | 11,81 | 4,55 |
| 189,00 bis 189,49 | 87,12 | 50,09 | 34,65 | 21,93 | 11,91 | 4,60 |
| 189,50 bis 189,99 | 87,47 | 50,34 | 34,85 | 22,08 | 12,01 | 4,65 |
| 190,00 bis 190,49 | 87,82 | 50,59 | 35,05 | 22,23 | 12,11 | 4,70 |
| 190,50 bis 190,99 | 88,17 | 50,84 | 35,25 | 22,38 | 12,21 | 4,75 |
| 191,00 bis 191,49 | 88,52 | 51,09 | 35,45 | 22,53 | 12,31 | 4,80 |
| 191,50 bis 191,99 | 88,87 | 51,34 | 35,65 | 22,68 | 12,41 | 4,85 |
| 192,00 bis 192,49 | 89,22 | 51,59 | 35,85 | 22,83 | 12,51 | 4,90 |
| 192,50 bis 192,99 | 89,57 | 51,84 | 36,05 | 22,98 | 12,61 | 4,95 |
| 193,00 bis 193,49 | 89,92 | 52,09 | 36,25 | 23,13 | 12,71 | 5,00 |
| 193,50 bis 193,99 | 90,27 | 52,34 | 36,45 | 23,28 | 12,81 | 5,05 |
| 194,00 bis 194,49 | 90,62 | 52,59 | 36,65 | 23,43 | 12,91 | 5,10 |
| 194,50 bis 194,99 | 90,97 | 52,84 | 36,85 | 23,58 | 13,01 | 5,15 |
| 195,00 bis 195,49 | 91,32 | 53,09 | 37,05 | 23,73 | 13,11 | 5,20 |
| 195,50 bis 195,99 | 91,67 | 53,34 | 37,25 | 23,88 | 13,21 | 5,25 |
| 196,00 bis 196,49 | 92,02 | 53,59 | 37,45 | 24,03 | 13,31 | 5,30 |
| 196,50 bis 196,99 | 92,37 | 53,84 | 37,65 | 24,18 | 13,41 | 5,35 |
| 197,00 bis 197,49 | 92,72 | 54,09 | 37,85 | 24,33 | 13,51 | 5,40 |
| 197,50 bis 197,87 | 93,07 | 54,34 | 38,05 | 24,48 | 13,61 | 5,45 |
| Der Mehrbetrag über 197,87 Euro ist voll pfändbar. | | | | | | |

# 101. Gesetz, betreffend die Einführung der Zivilprozeßordnung

Vom 30. Januar 1877
(RGBl. S. 244)

**BGBl. III/FNA 310-2**

| Lfd. Nr. | Änderndes Gesetz | Datum | Fundstelle | Betroffen | Hinweis |
|---|---|---|---|---|---|
| 1.–21. | Änderungsgesetze bis einschl. G v. 16.8.2005 (BGBl. I S. 2437) nur noch in den Anmerkungen nachgewiesen | | | | |
| 22. | Art. 49 Erstes BMJ-RechtsbereinigungsG | 19.4.2006 | BGBl. I S. 866 | §§ 20, 21, 22 | neu gef. mWv 25.4.2006 |
| | | | | §§ 32, 33, 34 | eingef. mWv 25.4.2006 |
| | | | | §§ 1, 2, 13, 16, 17 | aufgeh. mWv 25.4.2006 |
| 23. | Art. 3 Abs. 16 G zur Umsetzung europäischer RL zur Verwirklichung des Grundsatzes der Gleichbehandlung[1] | 14.8.2006 | BGBl. I S. 1897 | § 15a | geänd. mWv 18.8.2006 |
| 24. | Art. 9 Zweites JustizmodernisierungsG | 22.12. 2006 | BGBl. I S. 3416 | § 26 | geänd. mWv 31.12.2006 |
| | | | | § 35 | eingef. mWv 31.12.2006 |
| 25. | Art. 7 Abs. 5 G zur Stärkung der Selbstverwaltung der Rechtsanwaltschaft | 26.3.2007 | BGBl. I S. 358 | § 26 | geänd. mWv 1.6.2007 |
| 26. | Art. 19 Abs. 3 G zur Neuregelung des Rechtsberatungsrechts[2] | 12.12. 2007 | BGBl. I S. 2840 | § 25 | aufgeh. mWv 1.7.2008 |
| 27. | Art. 3 Abs. 2 G zur Änd. des Unterhaltsrechts | 21.12. 2007 | BGBl. I S. 3189 | § 36 | eingef. mWv 1.1.2008 |
| 28. | Art. 9 RisikobegrenzungsG | 12.8.2008 | BGBl. I S. 1666 | § 37 | eingef. mWv 19.8.2008 |
| 29. | Art. 28 FGG-ReformG | 17.12. 2008 | BGBl. I S. 2586 | §§ 15a, 26 | geänd. mWv 1.9.2009 |
| | | | | § 11 | aufgeh. mWv 1.9.2009 |
| 30. | Art. 2 G zur Reform des Kontopfändungsschutzes | 7.7.2009 | BGBl. I S. 1707 | § 20 | geänd. mWv 1.7.2010 |
| | | | | § 38 | eingef. mWv 1.7.2010 |

[1] **Amtl. Anm.:** *(abgedruckt unter Nr.* **34***)*

[2] **Amtl. Anm.:** Dieses Gesetz dient der Umsetzung der Richtlinie 2005/36/EG des Europäischen Parlaments und des Rates vom 7. September 2005 über die Anerkennung von Berufsqualifikationen (ABl. EU Nr. L 255 S. 22).

| Lfd. Nr. | Änderndes Gesetz | Datum | Fundstelle | Betroffen | Hinweis |
|---|---|---|---|---|---|
| 31. | Art. 5 G zur Reform der Sachaufklärung in der Zwangsvollstreckung | 29.7.2009 | BGBl. I S. 2258 | § 39 | eingef. mWv 1.1.2013 |
| 32. | Art. 9 Abs. 3 G zur Modernisierung von Verfahren im anwaltlichen und notariellen Berufsrecht, zur Errichtung einer Schlichtungsstelle der Rechtsanwaltschaft sowie zur Änd. sonstiger Vorschriften[1] | 30.7.2009 | BGBl. I S. 2449 | § 26 | geänd. mWv 5.8.2009 |
| 33. | Art. 6a G zur Ermittlung von Regelbedarfen und zur Änd. des Zweiten und Zwölften Buches Sozialgesetzbuch | 24.3.2011 | BGBl. I S. 453 | § 37a | eingef. mWv 30.3.2011 |
| 34. | Art. 3 G zur Änderung des § 522 ZPO | 21.10. 2011 | BGBl. I S. 2082 | § 26 | geänd. mWv 27.10.2011 |
| | | | | § 38a | eingef. mWv 27.10.2011 |
| 35. | Art. 4 G zur Änd. von Vorschriften über Verkündung und Bekanntmachungen sowie der ZPO, des EGZPO und der AO | 22.12. 2011 | BGBl. I S. 3044 | § 39 | geänd. mWv 1.1.2013 |
| 36. | Art. 5 MietrechtsänderungsG | 11.3.2013 | BGBl. I S. 434 | § 22 | geänd. mWv 1.5.2013 |
| 37. | Art. 5 G zur Änd. des Prozesskostenhilfe- und Beratungshilferechts | 31.8.2013 | BGBl. I S. 3533 | § 40 | eingef. mWv 1.1.2014 |
| 38. | Art. 3 G zur Erleichterung der Umsetzung der Grundbuchamtsreform in Baden-Württemberg sowie zur Änd. des EGZPO und des WohnungseigentumsG | 5.12.2014 | BGBl. I S. 1962 | § 26 | geänd. mWv 13.12.2014 |
| 39. | Art. 4 G zur Umsetzung der RL über alternative Streitbeilegung in Verbraucherangelegenheiten und zur Durchführung der VO über Online-Streitbeilegung in Verbraucherangelegenheiten[2] | 19.2.2016 | BGBl. I S. 254 | § 15a | geänd. mWv 1.4.2016 |

[1] **Amtl. Anm.:** Dieses Gesetz dient der Umsetzung der Richtlinie 2006/123/EG des Europäischen Parlaments und des Rates vom 12. Dezember 2006 über Dienstleistungen im Binnenmarkt (ABl. L 376 vom 27.12.2006, S. 36).

[2] **Amtl. Anm.:** Dieses Gesetz dient der Umsetzung der Richtlinie 2013/11/EU des Europäischen Parlaments und des Rates vom 21. Mai 2013 über die alternative Beilegung verbraucherrechtlicher Streitigkeiten und zur Änderung der Verordnung (EG) Nr. 2006/2004 und der Richtlinie 2009/22/EG (Richtlinie über alternative Streitbeilegung in Verbraucherangelegenheiten) (ABl. L 165 vom 18.6.2013, S. 63).

| Lfd. Nr. | Änderndes Gesetz | Datum | Fund-stelle | Betroffen | Hinweis |
|---|---|---|---|---|---|
| 40. | Art. 3 G zur Änd. des Sachverständigenrechts und zur weiteren Änd. des G über das Verfahren in Familiensachen und in den Angelegenheiten der freiwilligen Gerichtsbarkeit sowie zur Änd. weiterer Gesetze | 11.10. 2016 | BGBl. I S. 2222 | § 41 | eingef. mWv 15.10.2016 |
| 41. | Art. 4, 21 Abs. 10 EU-KontenpfändungsVO-DurchführungsG | 21.11. 2016 | BGBl. I S. 2591 | § 43 | eingef. mWv 26.11.2016 |
| | | | | § 42 | eingef. mWv 18.1.2017 |
| | | | | § 43 | aufgeh. mit Ablauf des 31.12. 2021 |
| 42. | Art. 4 G zur Änd. der InsO und zur Änd. des EGZPO | 22.12. 2016 | BGBl. I S. 3147 | § 26 | geänd. mWv 1.1.2017 |
| 43. | Art. 1 ÄndG | 21.6.2018 | BGBl. I S. 863 | § 26 | geänd. mWv 1.7.2018 |
| 44. | Art. 1 G zur Regelung der Wertgrenze für die Nichtzulassungsbeschwerde in Zivilsachen, zum Ausbau der Spezialisierung bei den Gerichten sowie zur Änd. weiterer prozessrechtlicher Vorschriften | 12.12. 2019 | BGBl. I S. 2633 | § 26 | geänd. mWv 1.1.2020 |
| 45. | Art. 1 G zur weiteren Verkürzung des Restschuldbefreiungsverfahrens und zur Anpassung pandemiebedingter Vorschriften im Gesellschafts-, Genossenschafts-, Vereins- und Stiftungsrecht sowie im Miet- und Pachtrecht | 22.12. 2020 | BGBl. I S. 3328 | § 44 | eingef. mWv 31.12.2020 |
| 46. | Art. 33 PersonengesellschaftsrechtsmodernisierungsG (MoPeG) | 10.8.2021 | BGBl. I S. 3436 | § 45 | eingef. mWv 1.1.2024 |
| 47. | Art. 5, 6 AufbauhilfeG 2021 | 10.9.2021 | BGBl. I S. 4147 | § 23 | neu gef. mWv 15.9.2021 |
| | | | | § 23 | geänd. mWv 1.12.2021 |

**Vorbemerkung:**

**Die Änderung durch G v. 10.8.2021 (BGBl. I S. 3436) tritt erst mWv 1.1. 2024 in Kraft und ist im Text noch nicht berücksichtigt.**

**§§ 1, 2**[1] *(aufgehoben)*

**§ 3 [Geltungsbereich der ZPO]** (1) Die Zivilprozeßordnung[2] findet auf alle bürgerlichen Rechtsstreitigkeiten Anwendung, welche vor die ordentlichen Gerichte gehören.

(2) Insoweit die Gerichtsbarkeit in bürgerlichen Rechtsstreitigkeiten, für welche besondere Gerichte zugelassen sind, durch die Landesgesetzgebung den ordentlichen Gerichten übertragen wird, kann dieselbe ein abweichendes Verfahren gestatten.

**§ 4 [Kein Ausschluss des Rechtsweges]** Für bürgerliche Rechtsstreitigkeiten, für welche nach dem Gegenstand oder der Art des Anspruchs der Rechtsweg zulässig ist, darf aus dem Grunde, weil als Partei der Fiskus, eine Gemeinde oder eine andere öffentliche Korporation beteiligt ist, der Rechtsweg durch die Landesgesetzgebung nicht ausgeschlossen werden.

**§§ 5, 6** *(gegenstandslos)*

**§ 7**[3] **[Entscheidung über die Verhandlungszuständigkeit durch Berufungsgericht im Falle des § 8 EGGVG]** (1) [1] Ist in einem Land auf Grund des § 8 des Einführungsgesetzes zum Gerichtsverfassungsgesetz[4] für bürgerliche Rechtsstreitigkeiten ein oberstes Landesgericht eingerichtet, so entscheidet das Berufungsgericht, wenn es die Revision zulässt, oder das Gericht, das die Rechtsbeschwerde zulässt, gleichzeitig über die Zuständigkeit für die Verhandlung und Entscheidung über das Rechtsmittel. [2] Die Entscheidung ist für das oberste Landesgericht und den Bundesgerichtshof bindend.

(2) [1] Die Nichtzulassungsbeschwerde, der Antrag auf Zulassung der Sprungrevision oder die Rechtsbeschwerde im Falle des § 574 Abs. 1 Nr. 1 der Zivilprozessordnung[2] ist bei dem Bundesgerichtshof einzureichen. [2] Betreffen die Gründe für die Zulassung der Revision oder der Rechtsbeschwerde im Wesentlichen Rechtsnormen, die in den Landesgesetzen enthalten sind, so erklärt sich der Bundesgerichtshof durch Beschluss zur Entscheidung über die Beschwerde oder den Antrag für unzuständig und übersendet dem obersten Landesgericht die Prozessakten. [3] Das oberste Landesgericht ist an die Entscheidung des Bundesgerichtshofes über die Zuständigkeit gebunden. [4] Es gibt Gelegenheit zu einer Änderung oder Ergänzung der Begründung der Beschwerde oder des Antrags.

**§ 8**[5] *(aufgehoben)*

**§ 9**[6] **[Bestimmung des zuständigen Gerichts]** Das oberste Landesgericht für bürgerliche Rechtsstreitigkeiten bestimmt das zuständige Gericht auch dann, wenn nach § 36 Abs. 2 der Zivilprozeßordnung[2] ein in seinem Bezirk gelegenes Oberlandesgericht zu entscheiden hätte.

**§ 10** *(gegenstandslos)*

---

[1] §§ 1 und 2 aufgeh. mWv 25.4.2006 durch G v. 19.4.2006 (BGBl. I S. 866).
[2] Nr. **100**.
[3] § 7 neu gef. mWv 1.1.2002 durch G v. 27.7.2001 (BGBl. I S. 1887).
[4] Nr. **95a**.
[5] § 8 aufgeh. mWv 1.1.2002 durch G v. 27.7.2001 (BGBl. I S. 1887).
[6] § 9 neu gef. durch G v. 22.12.1997 (BGBl. I S. 3224).

**§ 11**[1] *(aufgehoben)*

**§ 12 [Gesetz im Sinne der ZPO]** Gesetz im Sinne der Zivilprozeßordnung[2] und dieses Gesetzes ist jede Rechtsnorm.

**§ 13**[3] *(aufgehoben)*

**§ 14 [Verhältnis zu den Landesgesetzen]** (1) Die prozeßrechtlichen Vorschriften der Landesgesetze treten für alle bürgerlichen Rechtsstreitigkeiten, deren Entscheidung in Gemäßheit des § 3 nach den Vorschriften der Zivilprozeßordnung[2] zu erfolgen hat, außer Kraft, soweit nicht in der Zivilprozeßordnung auf sie verwiesen oder soweit nicht bestimmt ist, daß sie nicht berührt werden.

(2) *(gegenstandslos)*

**§ 15**[4] **[Landesrechtliche Vorbehalte]** Unberührt bleiben:

1. die landesgesetzlichen Vorschriften über die Einstellung des Verfahrens für den Fall, daß ein Kompetenzkonflikt zwischen den Gerichten und den Verwaltungsbehörden oder Verwaltungsgerichten entsteht;
2. die landesgesetzlichen Vorschriften über das Verfahren bei Streitigkeiten, welche die Zwangsenteignung und die Entschädigung wegen derselben betreffen;
3. die landesgesetzlichen Vorschriften über die Zwangsvollstreckung wegen Geldforderungen gegen einen Gemeindeverband oder eine Gemeinde, soweit nicht dingliche Rechte verfolgt werden;
4. die landesgesetzlichen Vorschriften, nach welchen auf die Zwangsvollstreckung gegen einen Rechtsnachfolger des Schuldners, soweit sie in das zu einem Lehen, mit Einschluß eines allodifizierten Lehens, zu einem Stammgute, Familienfideikommiß oder Anerbengute gehörende Vermögen stattfinden soll, die Vorschriften über die Zwangsvollstreckung gegen einen Erben des Schuldners entsprechende Anwendung finden.

**§ 15a**[5] **[Einigungsversuch vor Gütestelle]** (1) [1]Durch Landesgesetz[6] kann bestimmt werden, dass die Erhebung der Klage erst zulässig ist, nachdem von einer durch die Landesjustizverwaltung eingerichteten oder anerkannten Gütestelle versucht worden ist, die Streitigkeit einvernehmlich beizulegen

1. in vermögensrechtlichen Streitigkeiten vor dem Amtsgericht über Ansprüche, deren Gegenstand an Geld oder Geldeswert die Summe von 750 Euro nicht übersteigt,
2. in Streitigkeiten über Ansprüche aus dem Nachbarrecht nach den §§ 910, 911, 923 des Bürgerlichen Gesetzbuchs[7] und nach § 906 des Bürgerlichen Gesetzbuchs sowie nach den landesgesetzlichen Vorschriften im Sinne des Artikels 124

---

[1] § 11 aufgeh. mWv 1.9.2009 durch G v. 17.12.2008 (BGBl. I S. 2586).

[2] Nr. **100**.

[3] § 13 aufgeh. mWv 25.4.2006 durch G v. 19.4.2006 (BGBl. I S. 866).

[4] § 15 Nr. 3 neu gef. durch G v. 20.8.1953 (BGBl. I S. 952).

[5] § 15a eingef. durch G v. 15.12.1999 (BGBl. I S. 2400); Abs. 1 Satz 1 Nr. 1 geänd. mWv 1.1.2002 durch G v. 13.12.2001 (BGBl. I S. 3574); Abs. 1 Satz 1 Nr. 3 geänd., Nr. 4 angef. mWv 18.8.2006 durch G v. 14.8.2006 (BGBl. I S. 1897); Abs. 2 Satz 1 Nr. 1 geänd., Nr. 2 aufgeh. mWv 1.9.2009 durch G v. 17.12.2008 (BGBl. I S. 2586); Abs. 3 Satz 2 neu gef. mWv 1.4.2016 durch G v. 19.2.2016 (BGBl. I S. 254).

[6] Landesgesetze abgedruckt in **Habersack, Deutsche Gesetze ErgBd. Nr. 104** bis **104l**.

[7] Nr. **20**.

des Einführungsgesetzes zum Bürgerlichen Gesetzbuche[1)], sofern es sich nicht um Einwirkungen von einem gewerblichen Betrieb handelt,
3. in Streitigkeiten über Ansprüche wegen Verletzung der persönlichen Ehre, die nicht in Presse oder Rundfunk begangen worden sind,
4. in Streitigkeiten über Ansprüche nach Abschnitt 3 des Allgemeinen Gleichbehandlungsgesetzes[2)].

[2] Der Kläger hat eine von der Gütestelle ausgestellte Bescheinigung über einen erfolglosen Einigungsversuch mit der Klage einzureichen. [3] Diese Bescheinigung ist ihm auf Antrag auch auszustellen, wenn binnen einer Frist von drei Monaten das von ihm beantragte Einigungsverfahren nicht durchgeführt worden ist.

(2) [1] Absatz 1 findet keine Anwendung auf
1. Klagen nach den §§ 323, 323a, 324, 328 der Zivilprozessordnung[3)], Widerklagen und Klagen, die binnen einer gesetzlichen oder gerichtlich angeordneten Frist zu erheben sind,
2. *(aufgehoben)*
3. Wiederaufnahmeverfahren,
4. Ansprüche, die im Urkunden- oder Wechselprozess geltend gemacht werden,
5. die Durchführung des streitigen Verfahrens, wenn ein Anspruch im Mahnverfahren geltend gemacht worden ist,
6. Klagen wegen vollstreckungsrechtlicher Maßnahmen, insbesondere nach dem Achten Buch der Zivilprozessordnung.

[2] Das Gleiche gilt, wenn die Parteien nicht in demselben Land wohnen oder ihren Sitz oder eine Niederlassung haben.

(3) [1] Das Erfordernis eines Einigungsversuchs vor einer von der Landesjustizverwaltung eingerichteten oder anerkannten Gütestelle entfällt, wenn die Parteien einvernehmlich einen Einigungsversuch vor einer sonstigen Gütestelle, die Streitbeilegungen betreibt, unternommen haben. [2] Das Einvernehmen nach Satz 1 wird unwiderleglich vermutet, wenn ein Verbraucher eine Verbraucherschlichtungsstelle, eine branchengebundene andere Gütestelle oder eine andere Gütestelle der Industrie- und Handelskammer, der Handwerkskammer oder der Innung angerufen hat. [3] Absatz 1 Satz 2 gilt entsprechend.

(4) Zu den Kosten des Rechtsstreits im Sinne des § 91 Abs. 1, 2 der Zivilprozessordnung gehören die Kosten der Gütestelle, die durch das Einigungsverfahren nach Absatz 1 entstanden sind.

(5) Das Nähere regelt das Landesrecht; es kann auch den Anwendungsbereich des Absatzes 1 einschränken, die Ausschlussgründe des Absatzes 2 erweitern und bestimmen, dass die Gütestelle ihre Tätigkeit von der Einzahlung eines angemessenen Kostenvorschusses abhängig machen und gegen eine im Gütetermin nicht erschienene Partei ein Ordnungsgeld festsetzen darf.

(6) [1] Gütestellen im Sinne dieser Bestimmung können auch durch Landesrecht anerkannt werden. [2] Die vor diesen Gütestellen geschlossenen Vergleiche gelten als Vergleiche im Sinne des § 794 Abs. 1 Nr. 1 der Zivilprozessordnung.

## §§ 16, 17[4)] *(aufgehoben)*

---

[1)] Nr. **21**.
[2)] Nr. **34**.
[3)] Nr. **100**.
[4)] §§ 16 und 17 aufgeh. mWv 25.4.2006 durch G v. 19.4.2006 (BGBl. I S. 866).

**§ 18** *(gegenstandslos)*

**§ 19 [Begriff der Rechtskraft]** (1) Rechtskräftig im Sinne dieses Gesetzes sind Endurteile, welche mit einem ordentlichen Rechtsmittel nicht mehr angefochten werden können.

(2) Als ordentliche Rechtsmittel im Sinne des vorstehenden Absatzes sind diejenigen Rechtsmittel anzusehen, welche an eine von dem Tage der Verkündung oder Zustellung des Urteils laufende Notfrist gebunden sind.

**§ 20[1)] Übergangsvorschriften zum Sechsten Gesetz zur Änderung der Pfändungsfreigrenzen.** (1) [1] Eine vor dem Inkrafttreten des Sechsten Gesetzes zur Änderung der Pfändungsfreigrenzen vom 1. April 1992 (BGBl. I S. 745) am 1. Juli 1992 ausgebrachte Pfändung, die nach den Pfändungsfreigrenzen des bis zu diesem Zeitpunkt geltenden Rechts bemessen worden ist, richtet sich hinsichtlich der Leistungen, die nach dem 1. Juli 1992 fällig werden, nach den seit diesem Zeitpunkt geltenden Vorschriften. [2] Auf Antrag des Gläubigers, des Schuldners oder des Drittschuldners hat das Vollstreckungsgericht den Pfändungsbeschluss entsprechend zu berichtigen. [3] Der Drittschuldner kann nach dem Inhalt des früheren Pfändungsbeschlusses mit befreiender Wirkung leisten, bis ihm der Berichtigungsbeschluss zugestellt wird.

(2) [1] Soweit die Wirksamkeit einer Verfügung über Arbeitseinkommen davon abhängt, dass die Forderung der Pfändung unterworfen ist, sind die Vorschriften des Artikels 1 des Sechsten Gesetzes zur Änderung der Pfändungsfreigrenzen vom 1. April 1992 (BGBl. I S. 745) auch dann anzuwenden, wenn die Verfügung vor dem 1. Juli 1992 erfolgt ist. [2] Der Schuldner der Forderung kann nach Maßgabe der bis zu diesem Zeitpunkt geltenden Vorschriften so lange mit befreiender Wirkung leisten, bis ihm eine entgegenstehende vollstreckbare gerichtliche Entscheidung zugestellt wird oder eine Verzichtserklärung desjenigen zugeht, an den der Schuldner auf Grund dieses Gesetzes weniger als bisher zu leisten hat.

(3) Die Absätze 1 und 2 gelten entsprechend, wenn sich die unpfändbaren Beträge zum 1. Juli des jeweiligen Jahres ändern.

**§ 21[2)] Übergangsvorschriften zum Siebten Gesetz zur Änderung der Pfändungsfreigrenzen.** (1) [1] Für eine vor dem 1. Januar 2002 ausgebrachte Pfändung sind hinsichtlich der nach diesem Zeitpunkt fälligen Leistungen die Vorschriften des § 850a Nr. 4, § 850b Abs. 1 Nr. 4, § 850c und § 850f Abs. 3 der Zivilprozessordnung[3)] in der ab diesem Zeitpunkt geltenden Fassung anzuwenden. [2] Auf Antrag des Gläubigers, des Schuldners oder des Drittschuldners hat das Vollstreckungsgericht den Pfändungsbeschluss entsprechend zu berichtigen. [3] Der Drittschuldner kann nach dem Inhalt des früheren Pfändungsbeschlusses mit befreiender Wirkung leisten, bis ihm der Berichtigungsbeschluss zugestellt wird.

(2) [1] Soweit die Wirksamkeit einer Verfügung über Arbeitseinkommen davon abhängt, dass die Forderung der Pfändung unterworfen ist, sind die Vorschriften des § 850a Nr. 4, § 850b Abs. 1 Nr. 4, § 850c und § 850f Abs. 3 der Zivilprozessordnung in der ab dem 1. Januar 2002 geltenden Fassung hinsichtlich der Leistungen, die nach diesem Zeitpunkt fällig werden, auch anzuwenden, wenn die

---

[1)] § 20 neu gef. mWv 25.4.2006 durch G v. 19.4.2006 (BGBl. I S. 866); Abs. 3 angef. mWv 1.7.2010 durch G v. 7.7.2009 (BGBl. I S. 1707).

[2)] Früherer § 20 neu gef. mWv 1.1.2002 durch G v. 13.12.2001 (BGBl. I S. 3638); bish. § 20 wird § 21 und amtl. Überschrift eingef. mWv 25.4.2006 durch G v. 19.4.2006 (BGBl. I S. 866).

[3)] Nr. **100**.

Verfügung vor diesem Zeitpunkt erfolgt ist. [2]Der Drittschuldner kann nach den bis zum 1. Januar 2002 geltenden Vorschriften so lange mit befreiender Wirkung leisten, bis ihm eine entgegenstehende vollstreckbare gerichtliche Entscheidung zugestellt wird oder eine Verzichtserklärung desjenigen zugeht, an den der Schuldner nach den ab diesem Zeitpunkt geltenden Vorschriften weniger zu leisten hat.

**§ 22[1)] Überleitungsvorschriften zum Zweiten Gesetz zur Änderung zwangsvollstreckungsrechtlicher Vorschriften (2. Zwangsvollstreckungsnovelle)** (1) [1] § 708 Nr. 11 der Zivilprozessordnung ist in seiner bis zum 1. Januar 1999 geltenden Fassung (Inkrafttreten der 2. Zwangsvollstreckungsnovelle vom 17. Dezember 1997 (BGBl. I S. 3039, 1998 I S. 583), die durch Artikel 8 des Gesetzes vom 19. Dezember 1998 (BGBl. I S. 3836) geändert worden ist) anzuwenden, wenn die mündliche Verhandlung, auf die das Urteil ergeht, vor dem 1. Januar 1999 geschlossen worden ist. [2]Im schriftlichen Verfahren tritt an die Stelle des Schlusses der mündlichen Verhandlung der Zeitpunkt, bis zu dem Schriftsätze eingereicht werden können.

(2) § 765a Abs. 3 der Zivilprozessordnung in der Fassung des Artikels 1 Nr. 9 Buchstabe c der 2. Zwangsvollstreckungsnovelle gilt nicht, wenn die Räumung binnen einem Monat seit Inkrafttreten der 2. Zwangsvollstreckungsnovelle am 1. Januar 1999 stattfinden soll.

(3) § 788 Abs. 1 Satz 3 der Zivilprozessordnung in der Fassung des Artikels 1 Nr. 11 Buchstabe a der 2. Zwangsvollstreckungsnovelle gilt nur für Kosten, die nach Inkrafttreten der 2. Zwangsvollstreckungsnovelle am 1. Januar 1999 entstehen.

(4) § 794 Abs. 1 Nr. 5 der Zivilprozessordnung ist in seiner bis zum 1. Januar 1999 geltenden Fassung anzuwenden, wenn die Urkunde vor dem Inkrafttreten der 2. Zwangsvollstreckungsnovelle am 1. Januar 1999 errichtet wurde.

(5) § 807 Abs. 1 Nr. 3 und 4 der Zivilprozessordnung in der Fassung des Artikels 1 Nr. 14 Buchstabe a der 2. Zwangsvollstreckungsnovelle gilt nicht für die Verfahren, in denen der Gerichtsvollzieher die Vollstreckung vor dem Inkrafttreten der 2. Zwangsvollstreckungsnovelle am 1. Januar 1999 versucht hatte.

(6) § 833 Abs. 2 der Zivilprozessordnung in der Fassung des Artikels 1 Nr. 23 Buchstabe a der 2. Zwangsvollstreckungsnovelle gilt nicht für Arbeits- oder Dienstverhältnisse, die vor dem Inkrafttreten der 2. Zwangsvollstreckungsnovelle am 1. Januar 1999 beendet waren.

(7) § 866 Abs. 3 Satz 1 und § 867 Abs. 2 der Zivilprozessordnung in der Fassung des Artikels 1 Nr. 26 und 27 Buchstabe a der 2. Zwangsvollstreckungsnovelle gelten nicht für Eintragungen, die vor dem Inkrafttreten der 2. Zwangsvollstreckungsnovelle am 1. Januar 1999 beantragt worden sind.

(8) *(aufgehoben)*

(9) Auf Anträge auf Bestimmung eines Termins zur Abnahme der eidesstattlichen Versicherung, die vor dem 1. Januar 1999 gestellt worden sind, finden die §§ 807, 899, 900 der Zivilprozessordnung und § 20 Nr. 17 des Rechtspflegergesetzes in der jeweils bis zum 1. Januar 1999 geltenden Fassung Anwendung.

---

[1)] § 22 neu gef. mWv 25.4.2006 durch G v. 19.4.2006 (BGBl. I S. 866); Abs. 8 aufgeh. mWv 1.5.2013 durch G v. 11.3.2013 (BGBl. I S. 434).

**§ 23[1)] Schutz von Hochwasser-Soforthilfen vor Pfändungen auf Pfändungsschutzkonten.** (1) Staatliche Soforthilfen, die als Billigkeitsleistungen zur Überbrückung von Notlagen von Bürgern oder zur Milderung von Schäden der Unternehmen der Land- und Forstwirtschaft und der gewerblichen Wirtschaft sowie der Angehörigen freier Berufe und Selbstständigen, in den von den Starkregen- und Hochwasserereignissen im Juli 2021 betroffenen Gebieten gewährt werden, werden den in ***[bis 30.11.2021:*** § 850k Absatz 2 Satz 1 der Zivilprozessordnung[2)]***]*** ***[ab 1.12.2021:*** *§ 902 Satz 1 der Zivilprozessordnung]* genannten Beträgen und Geldleistungen, die nicht von der Pfändung erfasst werden, gleichgestellt.

(2) Das Kreditinstitut ist dem Schuldner auch dann zur Leistung aus dem Guthaben für die nach Absatz 1 nicht von der Pfändung erfassten Soforthilfen im Rahmen des vertraglich Vereinbarten verpflichtet, wenn der Schuldner durch Vorlage des Bewilligungsbescheides oder eines Kontoauszuges nachweist, dass das Guthaben nicht von der Pfändung erfasst ist.

***[Abs. 3 bis 30.11.2021:]***

(3) Das Guthaben auf Grund von Soforthilfen auf einem Pfändungsschutzkonto wird bis zum Ablauf des dritten Kalendermonats, der auf den Monat der Gutschrift folgt, nicht von der Pfändung erfasst.

(4) ***[ab 1.12.2021:*** *(3)]* Die ***[bis 30.11.2021:*** Absätze 1 bis 3***]*** ***[ab 1.12.2021:*** *Absätze 1 und 2]* gelten nicht für Pfändungen wegen Rückforderungen von Soforthilfen im Sinne des Absatzes 1.

**§ 24[3)] [Übergangsvorschrift zum Gesetz zur Neugliederung, Vereinfachung und Reform des Mietrechts vom 19. Juni 2001]** Auf einen Räumungsrechtsstreit, der vor dem 1. September 2001 rechtshängig geworden ist, finden § 93b Abs. 1 und 2, § 721 Abs. 7 sowie § 794a Abs. 5 der Zivilprozessordnung in der bis zu diesem Zeitpunkt geltenden Fassung Anwendung.

**§§ 24a, 25[4)]** *(aufgehoben)*

**§ 26[5)] [Übergangsvorschriften zum Gesetz zur Reform des Zivilprozesses vom 27. Juli 2001]** Für das Gesetz zur Reform des Zivilprozesses vom 27. Juli 2001 gelten folgende Übergangsvorschriften:

1. *(aufgehoben)*
2. [1] Für am 1. Januar 2002 anhängige Verfahren finden die §§ 23, 105 Abs. 3 des Gerichtsverfassungsgesetzes und § 92 Abs. 2, §§ 128, 269 Abs. 3, §§ 278, 313a, 495a der Zivilprozessordnung sowie die Vorschriften über das Verfahren im ersten Rechtszug vor dem Einzelrichter in der am 31. Dezember 2001 geltenden Fassung weiter Anwendung. [2] Für das Ordnungsgeld gilt § 178 des Gerichtsverfassungsgesetzes in der am 31. Dezember 2001 geltenden Fassung, wenn der Beschluss, der es festsetzt, vor dem 1. Januar 2002 verkündet oder,

---

[1)] § 23 neu gef. mWv 15.9.2021, Abs. 1 geänd., Abs. 3 aufgeh., bish. Abs. 3 wird Abs. 4 und geänd. **mWv 1.12.2021** durch G v. 10.9.2021 (BGBl. I S. 4147).

[2)] Nr. **100**.

[3)] § 24 eingef. mWv 1.9.2001 durch G v. 19.6.2001 (BGBl. I S. 1149).

[4)] § 24a aufgeh. mWv 1.7.2002 durch G v. 26.11.2001 (BGBl. I S. 3138), § 25 aufgeh. mWv 1.7.2008 durch G v. 12.12.2007 (BGBl. I S. 2840).

[5)] § 26 angef. mWv 1.1.2002 durch G v. 27.7.2001 (BGBl. I S. 1887, geänd. durch G v. 26.11.2001, BGBl. I S. 3138); Nr. 1 aufgeh. mWv 1.6.2007 durch G v. 26.3.2007 (BGBl. I S. 358); Nr. 9 aufgeh. mWv 1.9.2009 durch G v. 17.12.2008 (BGBl. I S. 2586); Nr. 8 aufgeh. mWv 1.1.2020 durch G v. 12.12.2019 (BGBl. I S. 2633).

soweit eine Verkündung nicht stattgefunden hat, der Geschäftsstelle übergeben worden ist.

3. [1]Das Bundesministerium der Justiz gibt die nach § 115 Abs. 3 Nr. 2 Satz 1 vom Einkommen abzusetzenden Beträge für die Zeit vom 1. Januar 2002 bis zum 30. Juni 2002 neu bekannt. [2]Die Prozesskostenhilfebekanntmachung 2001 ist insoweit nicht mehr anzuwenden.
4. Ist die Prozesskostenhilfe vor dem 1. Januar 2002 bewilligt worden, gilt § 115 Abs. 1 Satz 4 der Zivilprozessordnung für den Rechtszug in der im Zeitpunkt der Bewilligung geltenden Fassung weiter.
5. [1]Für die Berufung gelten die am 31. Dezember 2001 geltenden Vorschriften weiter, wenn die mündliche Verhandlung, auf die das anzufechtende Urteil ergeht, vor dem 1. Januar 2002 geschlossen worden ist. [2]In schriftlichen Verfahren tritt an die Stelle des Schlusses der mündlichen Verhandlung der Zeitpunkt, bis zu dem Schriftsätze eingereicht werden können.
6. § 541 der Zivilprozessordnung in der am 31. Dezember 2001 geltenden Fassung ist nur noch anzuwenden, soweit nach Nummer 5 Satz 1 über die Berufung nach den bisherigen Vorschriften zu entscheiden ist, am 1. Januar 2002 Rechtsfragen zur Vorabentscheidung dem übergeordneten Oberlandesgericht oder dem Bundesgerichtshof vorliegen oder nach diesem Zeitpunkt noch vorzulegen sind.
7. [1]Für die Revision gelten die am 31. Dezember 2001 geltenden Vorschriften weiter, wenn die mündliche Verhandlung auf die das anzufechtende Urteil ergeht, vor dem 1. Januar 2002 geschlossen worden ist. [2]In schriftlichen Verfahren tritt an die Stelle des Schlusses der mündlichen Verhandlung der Zeitpunkt, bis zu dem Schriftsätze eingereicht werden können.
8. *(aufgehoben)*
9. *(aufgehoben)*
10. Für Beschwerden und für die Erinnerung finden die am 31. Dezember 2001 geltenden Vorschriften weiter Anwendung, wenn die anzufechtende Entscheidung vor dem 1. Januar 2002 verkündet oder, soweit eine Verkündung nicht stattgefunden hat, der Geschäftsstelle übergeben worden ist.
11. Soweit nach den Nummern 2 bis 5, 7 und 9 in der vor dem 1. Januar 2002 geltenden Fassung Vorschriften weiter anzuwenden sind, die auf Geldbeträge in Deutscher Mark Bezug nehmen, sind diese Vorschriften vom 1. Januar 2002 an mit der Maßgabe anzuwenden, dass die Beträge nach dem Umrechnungskurs 1 Euro = 1,95583 Deutsche Mark und den Rundungsregeln der Verordnung (EG) Nr. 1103/97 des Rates vom 17. Juni 1997 über bestimmte Vorschriften im Zusammenhang mit der Einführung des Euro (ABl. EG Nr. L 162 S. 1) in die Euro-Einheit umgerechnet werden.

**§ 27[1)] [Übergangsvorschrift zum Gesetz zur Einführung des Euro in Rechtspflegegesetzen und in Gesetzen des Straf- und Ordnungswidrigkeitenrechts, zur Änderung der Mahnvordruckverordnungen sowie zur Änderung weiterer Gesetze vom 13. Dezember 2001]** Auf vereinfachte Verfahren über den Unterhalt Minderjähriger (§§ 645 bis 660 der Zivilprozessordnung[2)]), in denen der Antrag auf Festsetzung von Unterhalt vor dem 1. Januar 2002 eingereicht wurde, finden die Vorschriften über das vereinfachte Verfahren

---

[1)] § 27 eingef. mWv 1.1.2002 durch G v. 13.12.2001 (BGBl. I S. 3574).
[2)] Nr. **100**.

über den Unterhalt Minderjähriger in der am 31. Dezember 2001 geltenden Fassung weiter Anwendung.

**§ 28[1) ] [Übergangsvorschrift zum Gesetz zur Modernisierung des Schuldrechts vom 26. November 2001]** (1) Das Mahnverfahren findet nicht statt für Ansprüche eines Unternehmers aus einem Vertrag, für den das Verbraucherkreditgesetz gilt, wenn der nach dem Verbraucherkreditgesetz anzugebende effektive oder anfängliche effektive Jahreszins den bei Vertragsschluss geltenden Basiszinssatz nach § 247 des Bürgerlichen Gesetzbuchs[2)] um mehr als zwölf Prozentpunkte übersteigt.

(2) § 690 Abs. 1 Nr. 3 der Zivilprozessordnung[3)] findet auf Verträge, für die das Verbraucherkreditgesetz gilt, mit der Maßgabe Anwendung, dass an die Stelle der Angabe des nach den §§ 492, 502 des Bürgerlichen Gesetzbuchs anzugebenden effektiven oder anfänglichen effektiven Jahreszinses die Angabe des nach dem Verbraucherkreditgesetz anzugebenden effektiven oder anfänglichen effektiven Jahreszinses tritt.

**§ 29[4)] [Übergangsvorschriften zum 1. Justizmodernisierungsgesetz]**

Für das 1. Justizmodernisierungsgesetz vom 24. August 2004 (BGBl. I S. 2198) gelten folgende Übergangsvorschriften:

1. Auf Verfahren, die am 1. September 2004 anhängig sind, findet § 91a der Zivilprozessordnung in der vor dem 1. September 2004 geltenden Fassung Anwendung.
2. [1] § 91 in der seit dem 1. September 2004 geltenden Fassung ist auch auf Verfahren anzuwenden, die zu diesem Zeitpunkt anhängig oder rechtskräftig abgeschlossen worden sind; einer Kostenrückfestsetzung steht nicht entgegen, dass sie vor dem 1. September 2004 abgelehnt worden ist. [2] Haben die Parteien etwas anderes vereinbart, bleibt es dabei.
3. Auf Verfahren, die am 1. September 2004 anhängig sind, findet § 411a der Zivilprozessordnung[3)] keine Anwendung.

**§ 30[5)] [Übergangsvorschrift zum Justizkommunikationsgesetz]** [1] Für Artikel 1 Nr. 2a und 3a des Justizkommunikationsgesetzes vom 22. März 2005 (BGBl. I S. 837) gilt folgende Übergangsvorschrift:
[2] Ist einer Partei vor dem Inkrafttreten dieses Gesetzes für einen Rechtszug Prozesskostenhilfe bewilligt worden, so ist für diesen Rechtszug insoweit das bisherige Recht anzuwenden. [3] Maßgebend ist das Datum des Bewilligungsbeschlusses. [4] Eine Maßnahme der Zwangsvollstreckung gilt als besonderer Rechtszug.

**§ 31[6)] [Übergangsvorschrift zum Kapitalanleger-Musterverfahren-Einführungsgesetz]** [1] Für das Gesetz zur Einführung von Kapitalanleger-Musterver-

---

[1)] § 28 angef. mWv 1.1.2002 durch G v. 26.11.2001 (BGBl. I S. 3138); Abs. 1 geänd. mWv 12.4.2002 durch G v. 5.4.2002 (BGBl. I S. 1250).

[2)] Nr. **20**.

[3)] Nr. **100**.

[4)] § 29 angef. mWv 1.9.2004 durch G v. 24.8.2004 (BGBl. I S. 2198).

[5)] § 30 angef. mWv 1.4.2005 durch G v. 22.3.2005 (BGBl. I S. 837).

[6)] § 31 angef. mWv 1.11.2005 durch G v. 16.8.2005 (BGBl. I S. 2437, geänd. durch G v. 22.12.2006, BGBl. I S. 3416).

fahren vom 16. August 2005 (BGBl. I S. 2437) gilt folgende Übergangsvorschrift:

[1] Auf Verfahren, die nach dem 31. Oktober 2005 anhängig werden, findet § 32 b der Zivilprozessordnung[1)] keine Anwendung, wenn zu diesem Zeitpunkt bereits bei einem anderen Gericht mindestens zehn Verfahren anhängig sind, in denen die Voraussetzungen für ein Musterverfahren ebenso wie bei dem neu anhängig werdenden Verfahren vorliegen. [2] In den Verfahren nach Satz 1 richtet sich die Zuständigkeit der Gerichte nach den bisher geltenden Vorschriften.

**§ 32[2)] Überleitungsvorschriften zum Gesetz zur Entlastung der Rechtspflege.** (1) [1] Wenn vor dem Inkrafttreten des Gesetzes zur Entlastung der Rechtspflege vom 11. Januar 1993 (BGBl. I S. 50) am 1. März 1993 die mündliche Verhandlung, auf die das anzufechtende Urteil ergeht, geschlossen worden ist, gelten für die Zulässigkeit der Berufungen die bis dahin geltenden Vorschriften. [2] Im schriftlichen Verfahren tritt an die Stelle des Schlusses der mündlichen Verhandlung in den Fällen des § 128 Abs. 2 der Zivilprozessordnung[1)] der Zeitpunkt, bis zu dem Schriftsätze eingereicht werden können, im Übrigen der Zeitpunkt, zu dem die Geschäftsstelle zum Zwecke der Zustellung die anzufechtende Entscheidung an die Parteien hinausgegeben hat.

(2) Für anhängige Verfahren in der Zivilgerichtsbarkeit gelten die Vorschriften über das Verfahren vor dem Einzelrichter, die §§ 9, 29 a Abs. 1, § 128 Abs. 3 Satz 1 und § 495 a Abs. 1 Satz 1 der Zivilprozessordnung, § 23 Nr. 1 und 2 Buchstabe a und § 23 b Abs. 3 Satz 2 des Gerichtsverfassungsgesetzes in der bis zum 1. März 1993 geltenden Fassung.

**§ 33[2)] Überleitungsvorschriften zum Schiedsverfahrens-Neuregelungsgesetz.** (1) Die Wirksamkeit von Schiedsvereinbarungen, die vor dem Inkrafttreten des Schiedsverfahrens-Neuregelungsgesetzes vom 22. Dezember 1997 (BGBl. I S. 3224) am 1. Januar 1998 geschlossen worden sind, beurteilt sich nach dem bis zu diesem Zeitpunkt geltenden Recht.

(2) [1] Für schiedsrichterliche Verfahren, die am 1. Januar 1998 noch nicht beendet waren, ist das bis zu diesem Zeitpunkt geltende Recht mit der Maßgabe anzuwenden, dass an die Stelle des schiedsrichterlichen Vergleichs der Schiedsspruch mit vereinbartem Wortlaut tritt. [2] Die Parteien können jedoch die Anwendung des neuen Rechts vereinbaren.

(3) Für gerichtliche Verfahren, die bis zum 1. Januar 1998 anhängig geworden sind, ist das bis zu diesem Zeitpunkt geltende Recht weiter anzuwenden.

(4) [1] Aus für vollstreckbar erklärten schiedsrichterlichen Vergleichen, die vor dem 1. Januar 1998 geschlossen worden sind, findet die Zwangsvollstreckung statt, sofern die Entscheidung über die Vollstreckbarkeit rechtskräftig oder für vorläufig vollstreckbar erklärt worden ist. [2] Für die Entscheidung über die Vollstreckbarkeit gilt das bis zum Inkrafttreten des Schiedsverfahrens-Neuregelungsgesetzes vom 22. Dezember 1997 (BGBl. I S. 3224) geltende Recht.

**§ 34[2)] Überleitungsvorschriften zum Gesetz zur Vereinfachung und Beschleunigung gerichtlicher Verfahren.** In ihrer bis zum Inkrafttreten des Gesetzes zur Vereinfachung und Beschleunigung gerichtlicher Verfahren vom

---

[1)] Nr. **100**.
[2)] §§ 32–34 eingef. mWv 25. 4. 2006 durch G v. 19. 4. 2006 (BGBl. I S. 866).

3. Dezember 1976 (BGBl. I S. 3281) geltenden Fassung sind weiter anzuwenden:

1. Vorschriften über die Aufforderung an den Beklagten, es dem Gericht anzuzeigen, wenn er sich gegen die Klage verteidigen wolle, über die Fristen zur schriftlichen Klageerwiderung, zur schriftlichen Berufungserwiderung und zur schriftlichen Stellungnahme auf diese, über die Begründung des Einspruchs gegen ein Versäumnisurteil sowie über die Folgen einer Verletzung dieser Vorschriften durch die Parteien, wenn vor dem 1. Juli 1977 die Klage oder das Versäumnisurteil zugestellt oder die Berufung eingelegt wurde;
2. sonstige Vorschriften über die Nichtzulassung nicht rechtzeitig vorgebrachter Angriffs- und Verteidigungsmittel, wenn das Angriffs- oder Verteidigungsmittel in einer vor dem 1. Juli 1977 abgehaltenen mündlichen Verhandlung vorgebracht wurde;
3. Vorschriften über die Nichtzulassung neuer Angriffs- und Verteidigungsmittel im Berufungsrechtszug, die bereits in der ersten Instanz vorzubringen waren, wenn die mündliche Verhandlung im ersten Rechtszug vor dem 1. Juli 1977 geschlossen wurde;
4. Vorschriften über das Urteil, wenn der Termin, in dem die mündliche Verhandlung geschlossen wurde, vor dem 1. Juli 1977 stattgefunden hat;
5. Vorschriften über die Zustellung und Ausfertigung der Urteile, wenn das Urteil vor dem 1. Juli 1977 verkündet worden ist oder, wenn es ohne mündliche Verhandlung ergangen ist, der Geschäftsstelle übergeben wurde;
6. Vorschriften über die Fristen zur Einlegung von Rechtsmitteln und des Einspruchs, wenn die anzufechtende Entscheidung vor dem 1. Juli 1977 verkündet oder statt einer Verkündung zugestellt worden ist;
7. Vorschriften über das Mahnverfahren, wenn der Mahnantrag vor dem 1. Juli 1977 gestellt wurde.

**§ 35[1] [Übergangsvorschrift zum 2. Justizmodernisierungsgesetz]** Auf Verfahren, die vor dem 31. Dezember 2006 rechtskräftig abgeschlossen worden sind, ist § 580 Nr. 8 der Zivilprozessordnung[2] nicht anzuwenden.

**§ 36[3] [Übergangsvorschriften zum Gesetz zur Änderung des Unterhaltsrechts]** Für das Gesetz zur Änderung des Unterhaltsrechts vom 21. Dezember 2007 (BGBl. I S. 3189) gelten folgende Übergangsvorschriften:

1. Ist über den Unterhaltsanspruch vor dem 1. Januar 2008 rechtskräftig entschieden, ein vollstreckbarer Titel errichtet oder eine Unterhaltsvereinbarung getroffen worden, sind Umstände, die vor diesem Tag entstanden und durch das Gesetz zur Änderung des Unterhaltsrechts erheblich geworden sind, nur zu berücksichtigen, soweit eine wesentliche Änderung der Unterhaltsverpflichtung eintritt und die Änderung dem anderen Teil unter Berücksichtigung seines Vertrauens in die getroffene Regelung zumutbar ist.
2. Die in Nummer 1 genannten Umstände können bei der erstmaligen Änderung eines vollstreckbaren Unterhaltstitels nach dem 1. Januar 2008 ohne die Beschränkungen des § 323 Abs. 2 und des § 767 Abs. 2 der Zivilprozessordnung[2] geltend gemacht werden.

---

[1] § 35 angef. mWv 31. 12. 2006 durch G v. 22. 12. 2006 (BGBl. I S. 3416).
[2] Nr. **100**.
[3] § 36 angef. mWv 1. 1. 2008 durch G v. 21. 12. 2007 (BGBl. I S. 3189).

3. Ist einem Kind der Unterhalt aufgrund eines vollstreckbaren Titels oder einer Unterhaltsvereinbarung als Prozentsatz des jeweiligen Regelbetrags nach der Regelbetrag-Verordnung zu leisten, gilt der Titel oder die Unterhaltsvereinbarung fort. An die Stelle des Regelbetrags tritt der Mindestunterhalt. An die Stelle des bisherigen Prozentsatzes tritt ein neuer Prozentsatz. Hierbei gilt:

   a) Sieht der Titel oder die Vereinbarung die Anrechnung des hälftigen oder eines Teils des hälftigen Kindergelds vor, ergibt sich der neue Prozentsatz, indem dem bisher zu zahlenden Unterhaltsbetrag das hälftige Kindergeld hinzugerechnet wird und der sich so ergebende Betrag in Verhältnis zu dem bei Inkrafttreten des Gesetzes zur Änderung des Unterhaltsrechts geltenden Mindestunterhalt gesetzt wird; der zukünftig zu zahlende Unterhaltsbetrag ergibt sich, indem der neue Prozentsatz mit dem Mindestunterhalt vervielfältigt und von dem Ergebnis das hälftige Kindergeld abgezogen wird.

   b) Sieht der Titel oder die Vereinbarung die Hinzurechnung des hälftigen Kindergelds vor, ergibt sich der neue Prozentsatz, indem vom bisher zu zahlenden Unterhaltsbetrag das hälftige Kindergeld abgezogen wird und der sich so ergebende Betrag in Verhältnis zu dem bei Inkrafttreten des Gesetzes zur Änderung des Unterhaltsrechts geltenden Mindestunterhalt gesetzt wird; der zukünftig zu zahlende Unterhaltsbetrag ergibt sich, indem der neue Prozentsatz mit dem Mindestunterhalt vervielfältigt und dem Ergebnis das hälftige Kindergeld hinzugerechnet wird.

   c) Sieht der Titel oder die Vereinbarung die Anrechnung des vollen Kindergelds vor, ist Buchstabe a anzuwenden, wobei an die Stelle des hälftigen Kindergelds das volle Kindergeld tritt.

   d) Sieht der Titel oder die Vereinbarung weder eine Anrechnung noch eine Hinzurechnung des Kindergelds oder eines Teils des Kindergelds vor, ist Buchstabe a anzuwenden.

   Der sich ergebende Prozentsatz ist auf eine Dezimalstelle zu begrenzen. Die Nummern 1 und 2 bleiben unberührt.

4. Der Mindestunterhalt minderjähriger Kinder im Sinne des § 1612 a Abs. 1 des Bürgerlichen Gesetzbuchs[1)] beträgt

   a) für die Zeit bis zur Vollendung des sechsten Lebensjahrs (erste Altersstufe) 279 Euro,

   b) für die Zeit vom siebten bis zur Vollendung des zwölften Lebensjahrs (zweite Altersstufe) 322 Euro,

   c) für die Zeit vom 13. Lebensjahr an (dritte Altersstufe) 365 Euro

   jeweils bis zu dem Zeitpunkt, in dem der Mindestunterhalt nach Maßgabe des § 1612 a Abs. 1 des Bürgerlichen Gesetzbuchs den hier festgelegten Betrag übersteigt.

5. In einem Verfahren nach § 621 Abs. 1 Nr. 4, 5 oder Nr. 11 der Zivilprozessordnung können die in Nummer 1 genannten Umstände noch in der Revisionsinstanz vorgebracht werden. Das Revisionsgericht kann die Sache an das Berufungsgericht zurückverweisen, wenn bezüglich der neuen Tatsachen eine Beweisaufnahme erforderlich wird.

6. In den in Nummer 5 genannten Verfahren ist eine vor dem 1. Januar 2008 geschlossene mündliche Verhandlung auf Antrag wieder zu eröffnen.

---

[1)] Nr. **20**.

7. Unterhaltsleistungen, die vor dem 1. Januar 2008 fällig geworden sind oder den Unterhalt für Ehegatten betreffen, die nach dem bis zum 30. Juni 1977 geltenden Recht geschieden worden sind, bleiben unberührt.

**§ 37[1) ]Übergangsvorschrift zum Risikobegrenzungsgesetz.** § 799 a der Zivilprozessordnung[2)] ist nicht anzuwenden, wenn die Vollstreckung aus der Urkunde vor dem 19. August 2008 für unzulässig erklärt worden ist.

**§ 37 a[3)] Übergangsbestimmung zur Prozesskostenhilfe.** Führt die Änderung der nach § 115 Absatz 1 Satz 3 der Zivilprozessordnung[2)] maßgebenden Beträge durch Artikel 6 des Gesetzes zur Ermittlung von Regelbedarfen und zur Änderung des Zweiten und Zwölften Buches Sozialgesetzbuch vom 24. März 2011 (BGBl. I S. 453) dazu, dass keine Monatsrate zu zahlen ist, so ist dies auf Antrag bereits ab dem 1. Januar 2011 zu berücksichtigen.

**§ 38[4)] Informationspflicht aus Anlass des Gesetzes zur Reform des Kontopfändungsschutzes.** [1] Die Kreditinstitute haben die Inhaber der bei ihnen geführten Konten darüber zu unterrichten, dass Pfändungsschutz für Kontoguthaben und Verrechnungsschutz für Sozialleistungen und Kindergeld ab dem 1. Januar 2012 nur für Pfändungsschutzkonten nach § 850 k der Zivilprozessordnung[2)] in der Fassung des Gesetzes zur Reform des Kontopfändungsschutzes vom 7. Juli 2009 (BGBl. I S. 1707) gewährt wird. [2] Die Unterrichtung hat in Textform spätestens bis zum 30. November 2011 zu erfolgen.

**§ 38 a[5)] [Übergangsvorschrift zum Gesetz zur Änderung des § 522 der Zivilprozessordnung]** (1) Für Zurückweisungsbeschlüsse, die vor dem 27. Oktober 2011 erlassen wurden, ist *§ 522 Absatz 3*[6)] in der vor dem 27. Oktober 2011 geltenden Fassung weiter anzuwenden.

(2) Auf Urteile, bei denen die Frist des § 586 Absatz 2 Satz 2 der Zivilprozessordnung[2)] am 27. Oktober 2011 abgelaufen ist, ist § 586 Absatz 4 der Zivilprozessordnung nicht anzuwenden.

**§ 39[7)] [Übergangsvorschriften zum Gesetz zur Reform der Sachaufklärung in der Zwangsvollstreckung]** Für das Gesetz zur Reform der Sachaufklärung in der Zwangsvollstreckung vom 29. Juli 2009 (BGBl. I S. 2258) gelten folgende Übergangsvorschriften:

1. Für Vollstreckungsaufträge, die vor dem 1. Januar 2013 beim Gerichtsvollzieher eingegangen sind, sind anstelle der §§ 754, 755, 758 a Abs. 2, von § 788 Abs. 4, der §§ 802 a bis 802 l, 807, 836 Abs. 3, der §§ 851 b, 882 b bis 882 h, 883 Abs. 2 und von § 933 Satz 1 der Zivilprozessordnung[2)] die §§ 754, 806 b, 807, 813 a, 813 b, 836 Abs. 3, der § 845 Abs. 1 Satz 3, die §§ 851 b, 883 Abs. 2 und 4, der § 888 Abs. 1 Satz 3, die §§ 899 bis 915 h und § 933 Satz 1

---

1) § 37 angef. mWv 19. 8. 2008 durch G v. 12. 8. 2008 (BGBl. I S. 1666).
2) Nr. **100**.
3) § 37 a eingef. mWv 30. 3. 2011 durch G v. 24. 3. 2011 (BGBl. I S. 453).
4) § 38 angef. mWv 1. 7. 2010 durch G v. 7. 7. 2009 (BGBl. I S. 1707).
5) § 38 a angef. mWv 27. 10. 2011 durch G v. 21. 10. 2011 (BGBl. I S. 2082).
6) Richtig wohl: „§ 522 Absatz 3 der Zivilprozessordnung".
7) § 39 angef. mWv 1. 1. 2013 durch G v. 29. 7. 2009 (BGBl. I S. 2258); Nr. 5 Satz 2 geänd. mWv 1. 1. 2013 durch G v. 22. 12. 2011 (BGBl. I S. 3044).

der Zivilprozessordnung in der bis zum 31. Dezember 2012 geltenden Fassung weiter anzuwenden.

2. Für Vollstreckungsaufträge, die vor dem 1. Januar 2013 beim Vollziehungsbeamten eingegangen sind, sind die §§ 6 und 7 der Justizbeitreibungsordnung[1] und die darin genannten Bestimmungen der Zivilprozessordnung in der bis zum 31. Dezember 2012 geltenden Fassung weiter anzuwenden.

3. § 16 Abs. 3 des Verwaltungs-Vollstreckungsgesetzes[2], § 15 Satz 1 des Ausführungsgesetzes zum deutsch-österreichischen Konkursvertrag, § 98 Abs. 3 der Insolvenzordnung[3], § 463b Abs. 3 der Strafprozessordnung[4], § 35 Abs. 3, § 89 Abs. 3, § 91 Abs. 2 und § 94 des Gesetzes über das Verfahren in Familiensachen und in den Angelegenheiten der freiwilligen Gerichtsbarkeit[5], § 90 Abs. 3 des Gesetzes über Ordnungswidrigkeiten[6], §§ 284, 326 Abs. 3, § 334 Abs. 3 der Abgabenordnung und § 25 Abs. 4 des Straßenverkehrsgesetzes[7] sowie die darin genannten Bestimmungen der Zivilprozessordnung sind in der bis zum 31. Dezember 2012 geltenden Fassung weiter anzuwenden, wenn die Auskunftserteilung oder die Haft vor dem 1. Januar 2013 angeordnet worden ist.

4. Im Rahmen des § 802d Abs. 1 Satz 1 der Zivilprozessordnung und des § 284 Abs. 4 Satz 1 der Abgabenordnung steht die Abgabe einer eidesstattlichen Versicherung nach § 807 der Zivilprozessordnung oder nach § 284 der Abgabenordnung in der bis zum 31. Dezember 2012 geltenden Fassung der Abgabe einer Vermögensauskunft nach § 802c der Zivilprozessordnung oder nach § 284 der Abgabenordnung in der ab dem 1. Januar 2013 geltenden Fassung gleich. Kann ein Gläubiger aus diesem Grund keine Vermögensauskunft verlangen, ist er nach Maßgabe des § 299 Abs. 1 der Zivilprozessordnung dazu befugt, das beim Vollstreckungsgericht verwahrte Vermögensverzeichnis einzusehen, das der eidesstattlichen Versicherung zu Grunde liegt, und sich aus ihm Abschriften erteilen zu lassen. Insoweit sind die bis zum 31. Dezember 2012 geltenden Vorschriften des Gerichtskostengesetzes[8] über die Erteilung einer Ablichtung oder eines Ausdrucks des mit eidesstattlicher Versicherung abgegebenen Vermögensverzeichnisses oder den Antrag auf Gewährung der Einsicht in dieses Vermögensverzeichnis weiter anzuwenden.

5. Das Schuldnerverzeichnis nach § 915 der Zivilprozessordnung in der bis zum 31. Dezember 2012 geltenden Fassung wird hinsichtlich der Eintragungen fortgeführt, die vor dem 1. Januar 2013 vorzunehmen waren oder die nach den Nummern 1 bis 3 nach dem 31. Dezember 2012 vorzunehmen sind. Die §§ 915 bis 915h der Zivilprozessordnung sowie § 26 Absatz 2 der Insolvenzordnung jeweils in der bis zum 31. Dezember 2012 geltenden Fassung sind insoweit weiter anzuwenden. Unbeschadet des § 915a Abs. 2 der Zivilprozessordnung in der bis zum 31. Dezember 2012 geltenden Fassung ist eine Eintragung in dem nach Satz 1 fortgeführten Schuldnerverzeichnis vorzeitig zu löschen, wenn der Schuldner in das Schuldnerverzeichnis nach § 882b der

---

[1] Nr. **122**.
[2] **Sartorius Nr. 112.**
[3] Nr. **110**.
[4] Nr. **90**.
[5] Nr. **112**.
[6] Nr. **94**.
[7] Nr. **35**.
[8] Nr. **115**.

Zivilprozessordnung in der ab dem 1. Januar 2013 geltenden Fassung eingetragen wird.

6. Soweit eine gesetzliche Bestimmung die Eintragung in das Schuldnerverzeichnis nach § 882 b der Zivilprozessordnung in der ab dem 1. Januar 2013 geltenden Fassung voraussetzt, steht dem die Eintragung in das nach Nummer 5 fortgeführte Schuldnerverzeichnis gleich.

**§ 40[1)] Übergangsvorschrift zum Gesetz zur Änderung des Prozesskostenhilfe- und Beratungshilferechts.** [1] Hat eine Partei vor dem 1. Januar 2014 für einen Rechtszug Prozesskostenhilfe beantragt, so sind für diesen Rechtszug die §§ 114 bis 127 der Zivilprozessordnung[2)], § 48 Absatz 1 Nummer 1 der Bundesrechtsanwaltsordnung[3)], § 4 b der Insolvenzordnung[4)], § 11 a des Arbeitsgerichtsgesetzes[5)], § 397 a der Strafprozessordnung[6)], § 77 Absatz 1 Satz 2 und § 168 Absatz 2 Satz 2 des Gesetzes über das Verfahren in Familiensachen und in Angelegenheiten der freiwilligen Gerichtsbarkeit[7)], § 12 Satz 1 des Rechtsanwaltsvergütungsgesetzes[8)] sowie die §§ 136 und 137 des Patentgesetzes[9)] in der bis zum 31. Dezember 2013 geltenden Fassung anzuwenden. [2] Eine Maßnahme der Zwangsvollstreckung gilt als besonderer Rechtszug.

**§ 41[10)] Übergangsvorschrift zum Gesetz zur Änderung des Sachverständigenrechts und zur weiteren Änderung des Gesetzes über das Verfahren in Familiensachen und in den Angelegenheiten der freiwilligen Gerichtsbarkeit sowie zur Änderung des Sozialgerichtsgesetzes, der Verwaltungsgerichtsordnung, der Finanzgerichtsordnung und des Gerichtskostengesetzes.** Wurde der Sachverständige vor dem 15. Oktober 2016 ernannt, ist § 411 Absatz 1 und 2 der Zivilprozessordnung[2)] in der bis zum 15. Oktober 2016 geltenden Fassung anzuwenden.

**§ 42[11)] Informationspflichten aus Anlass des Gesetzes zur Durchführung der Verordnung (EU) Nr. 655/2014 sowie zur Änderung sonstiger zivilprozessualer, grundbuchrechtlicher und vermögensrechtlicher Vorschriften und zur Änderung der Justizbeitreibungsordnung.** Die Länder übermitteln dem Bundesministerium der Justiz und für Verbraucherschutz auf Anfrage die Informationen nach Artikel 53 Absatz 2 der Verordnung (EU) Nr. 655/2014[12)] des Europäischen Parlaments und des Rates vom 15. Mai 2014 zur Einführung eines Verfahrens für einen Europäischen Beschluss zur vorläufigen Kontenpfändung im Hinblick auf die Erleichterung der grenzüberschreitenden Eintreibung von Forderungen in Zivil- und Handelssachen (ABl. L 189 vom 27. 6. 2014, S. 59).

---

1) § 40 angef. mWv 1. 1. 2014 durch G v. 31. 8. 2013 (BGBl. I S. 3533).
2) Nr. **100**.
3) **Schönfelder ErgBd. Nr. 98.**
4) Nr. **110**.
5) Nr. **83**.
6) Nr. **90**.
7) Nr. **112**.
8) Nr. **117**.
9) **Schönfelder ErgBd. Nr. 70.**
10) § 41 angef. mWv 15. 10. 2016 durch G v. 11. 10. 2016 (BGBl. I S. 2222).
11) § 42 angef. mWv 18. 1. 2017 durch G v. 21. 11. 2016 (BGBl. I S. 2591).
12) **Schönfelder ErgBd. Nr. 103 h.**

*[§ 43 bis 31.12.2021:]*

**§ 43[1] Verordnungsermächtigung für die Länder aus Anlass des Gesetzes zur Durchführung der Verordnung (EU) Nr. 655/2014 sowie zur Änderung sonstiger zivilprozessualer, grundbuchrechtlicher und vermögensrechtlicher Vorschriften und zur Änderung der Justizbeitreibungsordnung.** (1) Die Landesregierungen können für ihren Bereich durch Rechtsverordnung bestimmen, dass § 753 Absatz 4, § 754a Absatz 3 und § 829a Absatz 3 der Zivilprozessordnung[2] in der bis zum 31. Dezember 2017 geltenden Fassung bis zum 31. Dezember entweder des Jahres 2018 oder des Jahres 2019 weiterhin Anwendung finden und die in den Artikeln 2 und 14 Nummer 4 des Gesetzes zur Durchführung der Verordnung (EU) Nr. 655/2014 sowie zur Änderung sonstiger zivilprozessualer, grundbuchrechtlicher und vermögensrechtlicher Vorschriften und zur Änderung der Justizbeitreibungsordnung genannten Bestimmungen ganz oder teilweise erst am 1. Januar entweder des Jahres 2019 oder des Jahres 2020 in Kraft treten.

(2) [1] Die Landesregierungen können für ihren Bereich durch Rechtsverordnung bestimmen, dass die in den Artikeln 3 und 14 Nummer 5 des Gesetzes zur Durchführung der Verordnung (EU) Nr. 655/2014 sowie zur Änderung sonstiger zivilprozessualer, grundbuchrechtlicher und vermögensrechtlicher Vorschriften und zur Änderung der Justizbeitreibungsordnung genannten Bestimmungen ganz oder teilweise bereits am 1. Januar entweder des Jahres 2020 oder des Jahres 2021 in Kraft treten. [2] Sofern die Landesregierung von der Ermächtigung in Absatz 1 Gebrauch gemacht hat, kommt nur ein Inkrafttreten am 1. Januar 2021 in Betracht.

(3) Die Landesregierungen können die Ermächtigungen nach den Absätzen 1 und 2 durch Rechtsverordnung auf die Landesjustizverwaltung übertragen.

*[§ 43 ab 1.1.2022:]*

**§ 43[3]** *(aufgehoben)*

**§ 44[4] Vorrang- und Beschleunigungsgebot.** (1) Verfahren über die Anpassung der Miete oder Pacht für Grundstücke oder Räume, die keine Wohnräume sind, wegen staatlicher Maßnahmen zur Bekämpfung der COVID-19-Pandemie sind vorrangig und beschleunigt zu behandeln.

(2) In Verfahren nach Absatz 1 soll ein früher erster Termin spätestens einen Monat nach Zustellung der Klageschrift stattfinden.

---

[1] § 43 angef. mWv 26.11.2016 durch G v. 21.11.2016 (BGBl. I S. 2591).
[2] Nr. **100**.
[3] § 43 aufgeh. **mWv 1.1.2022** durch G v. 21.11.2016 (BGBl. I S. 2591).
[4] § 44 angef. mWv 31.12.2020 durch G v. 22.12.2020 (BGBl. I S. 3328).

# 102. Verordnung über die Führung des Schuldnerverzeichnisses (Schuldnerverzeichnisführungsverordnung – SchuFV)

Vom 26. Juli 2012
(BGBl. I S. 1654)

**FNA 310-4-13**

| Lfd. Nr. | Änderndes Gesetz | Datum | Fundstelle | Betroffen | Hinweis |
|---|---|---|---|---|---|
| 1. | Art. 4 G zur Verkürzung des Restschuldbefreiungsverfahrens und zur Stärkung der Gläubigerrechte | 15.7.2013 | BGBl. I S. 2379 | §§ 4, 10 | geänd. mWv 1.7.2014 |
| 2. | ÄndVO | 27.7.2015 | BGBl. I S. 1412 | § 8 | geänd. mWv 1.10.2015 |
| | | | | § 12a | eingef. mWv 1.10.2015 |
| 3. | Art. 6 EU-KontenpfändungsVO-DurchführungsG | 21.11.2016 | BGBl. I S. 2591 | §§ 5, 6 | geänd. mWv 26.11.2016 |
| 4. | Art. 5 Abs. 16 G zur Einführung einer Karte für Unionsbürger und Angehörige des Europäischen Wirtschaftsraums mit Funktion zum elektronischen Identitätsnachweis sowie zur Änd. des PersonalausweisG und weiterer Vorschriften [1][2] | 21.6.2019 | BGBl.I S. 846 | § 7 | geänd. mWv 1.11.2019 |
| 5. | Art. 11 G zur Umsetzung der RL (EU) 2016/680 im Strafverfahren sowie zur Anpassung datenschutzrechtlicher Bestimmungen an die VO (EU) 2016/679 | 20.11.2019 | BGBl.I S. 1724 | §§ 6, 9, 10 | geänd. mWv 26.11.2019 |

Auf Grund des § 882h Absatz 3 der Zivilprozessordnung[3], der durch Artikel 1 Nummer 17 des Gesetzes vom 29. Juli 2009 (BGBl. I S. 2258) eingefügt worden ist, verordnet das Bundesministerium der Justiz:

## Abschnitt 1. Das Schuldnerverzeichnis

**§ 1 Inhalt des Schuldnerverzeichnisses.** (1) In das Schuldnerverzeichnis werden die in § 882b Absatz 2 und 3 der Zivilprozessordnung[3] angegebenen Daten eingetragen.

[1] **Amtl. Anm.:** Notifiziert gemäß der Richtlinie (EU) 2015/1535 des Europäischen Parlaments und des Rates vom 9. September 2015 über ein Informationsverfahren auf dem Gebiet der technischen Vorschriften und der Vorschriften für die Dienste der Informationsgesellschaft (ABl. L 241 vom 17.9.2015, S. 1).

[2] Die Änd. des Inkrafttretens dieses G durch Art. 154a G v. 20.11.2019 (BGBl. I S. 1626) ist unbeachtlich, da das G bei Erlass des ÄndG bereits in Kraft getreten war.

[3] Nr. **100**.

(2) [1] Offenbare Unrichtigkeiten der Bezeichnung des Schuldners in den Eintragungsanordnungen nach § 882b Absatz 3 Nummer 2 bis 4 der Zivilprozessordnung können bei Eintragung im Schuldnerverzeichnis berichtigt werden. [2] Ist dem zentralen Vollstreckungsgericht bekannt, dass die Eintragungsanordnung fehlerbehaftet ist, berichtigt es den Inhalt der Eintragung von Amts wegen und benachrichtigt den Einsender von der Berichtigung. [3] Im Übrigen nimmt das zentrale Vollstreckungsgericht die Eintragung ohne inhaltliche Überprüfung vor.

## Abschnitt 2. Form und Übermittlung von Eintragungsanordnungen und Entscheidungen

**§ 2 Übermittlung von Eintragungsanordnungen und Entscheidungen.**

(1) [1] Die Eintragungsanordnung erfolgt durch die in § 882b Absatz 1 Nummer 1 bis 3 der Zivilprozessordnung[1)] genannten Stellen. [2] Die Eintragungsanordnung ist dem zentralen Vollstreckungsgericht elektronisch zu übermitteln. [3] Die Übermittlung der Daten erfolgt bundesweit einheitlich durch ein geeignetes Transportprotokoll sowie in einheitlich strukturierten Datensätzen.

(2) [1] Bei der Datenübermittlung an das zentrale Vollstreckungsgericht und bei der Weitergabe an eine andere Stelle im Sinne des § 882h Absatz 2 der Zivilprozessordnung sind geeignete technische und organisatorische Maßnahmen zur Sicherstellung von Datenschutz und Datensicherheit zu treffen, die insbesondere gewährleisten, dass

1. nur Befugte personenbezogene Daten zur Kenntnis nehmen können (Vertraulichkeit),
2. personenbezogene Daten während der Verarbeitung unversehrt, vollständig und aktuell bleiben (Integrität),
3. personenbezogene Daten zeitgerecht zur Verfügung stehen und ordnungsgemäß verarbeitet werden können (Verfügbarkeit),
4. personenbezogene Daten jederzeit ihrem Ursprung zugeordnet werden können (Authentizität),
5. festgestellt werden kann, wer wann welche personenbezogenen Daten in welcher Weise verarbeitet hat (Revisionsfähigkeit), und
6. die Verfahrensweisen bei der Verarbeitung personenbezogener Daten vollständig, aktuell und in einer Weise dokumentiert sind, dass sie in zumutbarer Zeit nachvollzogen werden können (Transparenz).

[2] Werden zur Übermittlung öffentliche Telekommunikationsnetze genutzt, ist ein geeignetes Verschlüsselungsverfahren zu verwenden.

(3) Vor der elektronischen Übermittlung von Eintragungsanordnungen ist durch geeignete technische Maßnahmen zu gewährleisten, dass überprüfbar ist, wer die Daten übermittelt und empfängt.

(4) Absatz 1 Satz 2 und 3 sowie die Absätze 2 und 3 gelten entsprechend für die elektronische Übermittlung von Entscheidungen im Sinne des § 882h Absatz 3 Satz 1 der Zivilprozessordnung.

**§ 3 Vollziehung von Eintragungsanordnungen.** (1) [1] Das zentrale Vollstreckungsgericht prüft elektronisch übermittelte Eintragungsanordnungen daraufhin,

---

1) Nr. **100**.

ob die elektronische Übermittlung die Anforderungen des § 2 Absatz 2 und 3 erfüllt. 2 Das Ergebnis der Prüfung ist zu protokollieren.

(2) 1 Erfüllt die elektronische Übermittlung der Eintragungsanordnung die Anforderungen des § 2 Absatz 2 und 3, trägt das zentrale Vollstreckungsgericht die in § 882b Absatz 2 und 3 der Zivilprozessordnung[1)] angegebenen Daten in das Schuldnerverzeichnis ein. 2 Das zentrale Vollstreckungsgericht informiert den Einsender unverzüglich über die Eintragung.

(3) 1 Erfüllt die elektronische Übermittlung der Eintragungsanordnung die Anforderungen des § 2 Absatz 2 und 3 nicht, trägt das zentrale Vollstreckungsgericht die in § 882b Absatz 2 und 3 der Zivilprozessordnung angegebenen Daten nicht in das Schuldnerverzeichnis ein und teilt dem Einsender dies unter Angabe der Gründe mit. 2 Der Einsender veranlasst eine erneute elektronische Übermittlung einer Eintragungsanordnung, die den Anforderungen des § 2 Absatz 2 und 3 entspricht.

(4) Die Absätze 1 bis 3 gelten entsprechend für die elektronische Übermittlung von Entscheidungen im Sinne des § 882h Absatz 3 Satz 1 der Zivilprozessordnung.

**§ 4[2)] Löschung von Eintragungen.** (1) Das zentrale Vollstreckungsgericht löscht eine Eintragung im Schuldnerverzeichnis nach dem Ablauf von drei Jahren seit dem Tag der Eintragungsanordnung.

(2) Das zentrale Vollstreckungsgericht löscht eine Eintragung im Schuldnerverzeichnis außerdem, wenn

1. die vollständige Befriedigung des Gläubigers nachgewiesen ist,
2. das Fehlen oder der Wegfall des Eintragungsgrundes bekannt ist oder
3. die Ausfertigung einer vollstreckbaren Entscheidung vorgelegt wird, aus der sich ergibt, dass die Eintragungsanordnung aufgehoben oder einstweilen ausgesetzt ist.

## Abschnitt 3. Einsicht in das Schuldnerverzeichnis

**§ 5[3)] Einsichtsberechtigung.** Einsichtsberechtigt ist jeder, der darlegt, Angaben nach § 882b der Zivilprozessordnung[1)] zu benötigen

1. für Zwecke der Zwangsvollstreckung;
2. um gesetzliche Pflichten zur Prüfung der wirtschaftlichen Zuverlässigkeit zu erfüllen;
3. um Voraussetzungen für die Gewährung von öffentlichen Leistungen zu prüfen;
4. um wirtschaftliche Nachteile abzuwenden, die daraus entstehen können, dass Schuldner ihren Zahlungsverpflichtungen nicht nachkommen;
5. für Zwecke der Strafverfolgung und der Strafvollstreckung;
6. zur Auskunft über ihn selbst betreffende Eintragungen;
7. für Zwecke der Dienstaufsicht über Justizbedienstete, die mit dem Schuldnerverzeichnis befasst sind.

---

1) Nr. **100**.
2) § 4 Abs. 1 Satz 2 aufgeh. mWv 1.7.2014 durch G v. 15.7.2013 (BGBl. I S. 2379).
3) § 5 Nr. 5 und 6 geänd., Nr. 7 angef. mWv 26.11.2016 durch G v. 21.11.2016 (BGBl. I S. 2591).

**§ 6**[1)] **Einsichtnahme.** (1) Die Einsichtnahme in das Schuldnerverzeichnis erfolgt über ein zentrales und länderübergreifendes elektronisches Informations- und Kommunikationssystem der Länder im Internet.

(2) [1] Die Einsichtnahme in das Schuldnerverzeichnis wird nur registrierten Nutzern gewährt. [2] Die jeweilige Einsichtnahme ist erst nach Darlegung des Verwendungszwecks nach § 5 Nummer 1 bis 7 zu ermöglichen.

(3) [1] Bei jeder Einsichtnahme ist der Abrufvorgang so zu protokollieren, dass feststellbar ist, ob das Datenverarbeitungssystem befugt genutzt worden ist. [2] Zu protokollieren sind:

1. die zur Abfrage verwendeten Daten nach Absatz 2 Satz 2,
2. das Datum und die Uhrzeit der Einsichtnahme,
3. die Identität der abfragenden Person,
4. welche Datensätze nach § 3 Absatz 2 betroffen sind.

[3] Die protokollierten Daten nach Satz 2 dürfen nur zu Datenschutzzwecken, für gerichtliche Verfahren oder Strafverfahren verwendet werden.

(4) [1] Die gespeicherten Abrufprotokolle werden nach sechs Monaten gelöscht. [2] Ausgenommen von der Löschung nach sechs Monaten sind gespeicherte Daten, die in einem eingeleiteten Verfahren zur Datenschutzaufsicht, einem gerichtlichen Verfahren oder Strafverfahren benötigt werden. [3] Diese Daten sind nach dem endgültigen Abschluss dieser Verfahren zu löschen.

**§ 7**[2)] **Registrierung.** (1) [1] Die Identifikation der Nutzungsberechtigten ist durch geeignete Registrierungsverfahren sicherzustellen. [2] Sie erfolgt durch das für den Wohnsitz oder Sitz des Einsichtsberechtigten zuständige zentrale Vollstreckungsgericht oder über die nach § 802k Absatz 3 Satz 3 in Verbindung mit § 882h Absatz 2 der Zivilprozessordnung[3)] beauftragte Stelle. [3] Hat ein Nutzungsberechtigter im Inland keinen Wohnsitz oder Sitz, erfolgt die Registrierung durch ein zentrales Vollstreckungsgericht nach Wahl des Nutzungsberechtigten. [4] Juristische Personen werden zusammen mit den für sie handelnden natürlichen Personen registriert. [5] Bei der Registrierung von natürlichen Personen nach Satz 4 ist das Identifikationsmerkmal der juristischen Person zu ergänzen. [6] Behörden und Gerichte können gesondert registriert werden.

(2) Das elektronische Registrierungsverfahren hat insbesondere die Identifikationsmöglichkeit durch Angabe und Überprüfung der Personendaten mittels elektronischen Identitätsnachweises nach § 18 des Personalausweisgesetzes[4)], nach § 12 des eID-Karte-Gesetzes oder nach § 78 Absatz 5 des Aufenthaltsgesetzes[5)] bereitzustellen.

(3) [1] Die Registrierung erfolgt nur, wenn der Nutzungsberechtigte zuvor sein Einverständnis erklärt hat, dass sämtliche Abrufvorgänge gemäß § 6 Absatz 3 gespeichert und verwendet werden dürfen. [2] Satz 1 gilt nicht für Behörden und Gerichte. [3] Die Registrierung ist abgeschlossen, wenn das zentrale Vollstreckungsgericht dem Nutzungsberechtigten die Zugangsdaten für das zentrale und länder-

[1)] § 6 Abs. 2 Satz 2 geänd. mWv 26.11.2016 durch G v. 21.11.2016 (BGBl. I S. 2591); Abs. 4 Satz 2 geänd. mWv 26.11.2019 durch G v. 20.11.2019 (BGBl. I S. 1724).

[2)] § 7 Abs. 2 geänd. mWv 1.11.2019 durch G v. 21.6.2019 (BGBl. I S. 846).

[3)] Nr. **100**.

[4)] **Sartorius Nr. 255.**

[5)] **Sartorius Nr. 565.**

übergreifende elektronische Informations- und Kommunikationssystem nach § 6 Absatz 1 übermittelt.

(4) [1]Das Registrierungsverfahren für die nach § 5 Nutzungsberechtigten kann über ein zentrales und länderübergreifendes elektronisches Informations- und Kommunikationssystem im Internet oder ein anderes System, das die Identifikation des Nutzungsberechtigten sicherstellt, erfolgen. [2]Die zentralen Vollstreckungsgerichte veröffentlichen, unter welcher elektronischen Adresse das zentrale länderübergreifende elektronische Informations- und Kommunikationssystem zur Verfügung steht.

(5) Ist es dem Nutzungsberechtigten nicht möglich, ein elektronisches Registrierungsverfahren nach Absatz 4 zu nutzen, kann die Registrierung durch ein geeignetes nicht elektronisches Registrierungsverfahren bei dem zuständigen zentralen Vollstreckungsgericht erfolgen.

**§ 8**[1)] **Abfragedatenübermittlung.** (1) [1]Bei der Einsichtnahme in das Schuldnerverzeichnis erfolgt die elektronische Übermittlung der Daten bundesweit einheitlich durch ein geeignetes Transportprotokoll sowie in einheitlich strukturierten Datensätzen. [2]Bei der elektronischen Übermittlung sind durch geeignete technische und organisatorische Maßnahmen der Datenschutz und die Datensicherheit zu gewährleisten. [3]§ 2 Absatz 2 und 3 gilt entsprechend.

(2) [1]Eine Übermittlung von Daten an den Nutzer erfolgt, wenn dieser mindestens folgende Suchkriterien angibt:

1. den Namen und Vornamen des Schuldners oder die Firma des Schuldners und
2. den Wohnsitz des Schuldners oder den Ort, an dem der Schuldner seinen Sitz hat.

[2]Vorbehaltlich der Absätze 3 und 4 wird nicht mehr als ein Datensatz übermittelt. [3]Der Datensatz enthält die in § 882b Absatz 2 und 3 der Zivilprozessordnung[2)] angegebenen personenbezogenen Daten des Schuldners.

(3) [1]Sind zu einer Abfrage gemäß Absatz 2 mehrere Datensätze vorhanden, hat der Nutzer zusätzlich das Geburtsdatum des Schuldners einzugeben. [2]Sind dann weiterhin mehrere Treffer vorhanden, sind diese gemeinsam zu übermitteln (übermittelter Datensatz).

(4) [1]Kann der Nutzer abweichend von der Abfrage gemäß den Absätzen 2 und 3 Familiennamen, Vornamen und Geburtsdatum des Schuldners sofort angeben, werden ihm sämtliche zu einem Schuldner vorhandene Datensätze übermittelt. [2]Das Gleiche gilt, wenn der Schuldner keine natürliche Person ist und bei der Abfrage Name oder Firma und Sitz des Schuldners angegeben werden.

(5) Die Absätze 2 bis 4 sind nicht anzuwenden auf die Einsichtnahme in das Schuldnerverzeichnis durch Gerichte und Behörden aus den Mitgliedstaaten der Europäischen Union.

**§ 9**[3)] **Informationsverwendung.** (1) [1]Die Daten aus der Einsichtnahme in das Schuldnerverzeichnis dürfen nur zu dem Zweck verarbeitet werden, für den sie

---

[1)] § 8 Abs. 2 Satz 1 Nr. 2 und Abs. 3 Satz 2 neu gef., Abs. 4 Satz 1 geänd. mWv 1.10.2015 durch VO v. 27.7.2015 (BGBl. I S. 1412).

[2)] Nr. **100**.

[3)] § 9 Abs. 1 Satz 1 geänd. mWv 26.11.2019 durch G v. 20.11.2019 (BGBl. I S. 1724).

übermittelt werden. [2]Die Zweckbestimmung richtet sich nach § 5 in Verbindung mit § 6 Absatz 2 Satz 2.

(2) [1]Die Daten aus der Einsichtnahme in das Schuldnerverzeichnis sind zu löschen, sobald der Zweck erreicht wurde. [2]Nichtöffentliche Stellen sind darauf bei der Übermittlung hinzuweisen.

**§ 10[1)] Ausschluss von der Einsichtnahme.** (1) Ein nach § 7 registrierter Nutzer kann bei missbräuchlicher Datenverarbeitung oder missbräuchlichen Datenabrufen von der Einsichtnahme in das Schuldnerverzeichnis ganz oder bis zu drei Jahre ausgeschlossen werden.

(2) Handelt es sich bei dem nach § 7 registrierten Nutzer um eine juristische Person, für die nach § 7 Absatz 1 Satz 4 und 5 mehrere natürliche Personen registriert sind, können bei missbräuchlicher Datenverarbeitung oder missbräuchlichen Datenabrufen alle nach § 7 Absatz 1 Satz 4 und 5 für die juristische Person handelnden Personen von der Einsichtnahme in das Schuldnerportal ganz oder bis zu drei Jahre ausgeschlossen werden.

(3) Auf den Ausschluss von der Einsichtnahme sind § 49 Absatz 2, 3 und 6 Satz 1 und 2 sowie § 48 Absatz 1, 3 und 4 des Verwaltungsverfahrensgesetzes[2)] entsprechend anzuwenden.

(4) [1]Mit dem Ausschluss von der Einsichtnahme bestimmt die zuständige Stelle den Zeitraum, für den der Nutzer keine neue Registrierung erhalten kann. [2]Zuständig für die Entscheidung ist die Stelle, die die Registrierung nach § 7 vorgenommen hat. [3]Die Entscheidung ist dem ehemaligen Inhaber der Registrierung mit Rechtsmittelbelehrung zuzustellen. [4]Die zuständige Stelle veranlasst die Einschränkung der Verarbeitung der nach § 7 Absatz 3 Satz 3 übermittelten Zugangsdaten.

(5) [1]Die Sperrfrist für eine erneute Registrierung des Nutzers nach Absatz 4 Satz 1 darf zur Registrierungsverwaltung nach den §§ 6 und 7 gespeichert und an andere zentrale Vollstreckungsgerichte übermittelt werden. [2]Die gespeicherten Daten sind mit dem Ablauf der Sperrfrist zu löschen.

**§ 11 Zugang zur Einsicht in das Schuldnerverzeichnis.** (1) Die Landesregierungen stellen sicher, dass nach § 5 Einsichtsberechtigte eine Registrierung nach § 7 Absatz 5 bei jedem Amtsgericht veranlassen können.

(2) [1]Die Landesregierungen ermöglichen durch geeignete technische und organisatorische Maßnahmen, dass registrierte Nutzer in jedem Amtsgericht Einsicht in das elektronische Schuldnerverzeichnis nehmen können. [2]Die Einsichtsberechtigten können verlangen, dass ihnen ein Ausdruck ihrer Datenabfrage überlassen wird.

## Abschnitt 4. Schlussvorschriften

**§ 12 Rechtsweg.** Auf Entscheidungen des zentralen Vollstreckungsgerichts sind, soweit es sich um Angelegenheiten der Justizverwaltungen im Sinne des § 882h

[1)] § 10 Abs. 1 und 2 geänd. mWv 1.7.2014 durch G v. 15.7.2013 (BGBl. I S. 2379); Abs. 1 und 2, Abs. 4 Satz 4 geänd. mWv 26.11.2019 durch G v. 20.11.2019 (BGBl. I S. 1724).

[2)] **Sartorius Nr. 100.**

Absatz 2 Satz 3 der Zivilprozessordnung[1] handelt, die §§ 23 bis 30 des Einführungsgesetzes zum Gerichtsverfassungsgesetz[2] anzuwenden.

**§ 12a[3] Evaluierung.** Die in § 8 Absatz 2 bis 4 festgesetzten Suchkriterien zur Übermittlung von Datensätzen sind drei Jahre nach dem 1. Oktober 2015 durch das Bundesministerium der Justiz und für Verbraucherschutz im Zusammenwirken mit den Landesjustizverwaltungen sowie der Bundesbeauftragten für den Datenschutz und die Informationsfreiheit zu überprüfen.

**§ 13 Inkrafttreten, Außerkrafttreten.** (1) Diese Verordnung tritt am 1. Januar 2013 in Kraft.

(2) Die Schuldnerverzeichnisverordnung vom 15. Dezember 1994 (BGBl. I S. 3822), die zuletzt durch Artikel 3 des Gesetzes vom 13. Dezember 2001 (BGBl. I S. 3638) geändert worden ist, tritt am 31. Dezember 2017 außer Kraft.

---

[1] Nr. **100**.
[2] Nr. **95a**.
[3] § 12a eingef. mWv 1.10.2015 durch VO v. 27.7.2015 (BGBl. I S. 1412).

# 102a. Verordnung über den Bezug von Abdrucken aus dem Schuldnerverzeichnis (Schuldnerverzeichnisabdruckverordnung – SchuVAbdrV)

Vom 26. Juli 2012
(BGBl. I S. 1658)

**FNA 310-4-14**

| Lfd. Nr. | Änderndes Gesetz | Datum | Fundstelle | Betroffen | Hinweis |
|---|---|---|---|---|---|
| 1. | Art. 7 EU-KontenpfändungsVO-DurchführungsG | 21.11. 2016 | BGBl. I S. 2591 | §§ 16, 18 | geänd. mWv 26.11.2016 |
| 2. | Art. 12 G zur Umsetzung der RL (EU) 2016/680 im Strafverfahren sowie zur Anpassung datenschutzrechtlicher Bestimmungen an die VO (EU) 2016/679 | 20.11. 2019 | BGBl.I S. 1724 | §§ 1, 4, 6, 16, 17, 18 | geänd. mWv 26.11.2019 |

Auf Grund des § 882g Absatz 8 der Zivilprozessordnung[1)], der durch Artikel 1 Nummer 17 des Gesetzes vom 29. Juli 2009 (BGBl. I S. 2258) eingefügt worden ist, verordnet das Bundesministerium der Justiz:

## Abschnitt 1. Bewilligungsverfahren

**§ 1[2)] Bewilligung des Bezugs von Abdrucken.** (1) Abdrucke aus Schuldnerverzeichnissen dürfen nur Inhabern einer Bewilligung nach den Vorschriften dieses Abschnitts erteilt werden.

(2) Die Bewilligung ist zu erteilen, wenn die Voraussetzungen der §§ 882f und 882g Absatz 1 und 2 der Zivilprozessordnung[1)] und dieser Verordnung erfüllt sind.

(3) Die Bewilligung ist zu versagen, wenn

1. der Antragsteller schuldhaft unrichtige Angaben macht,
2. die Voraussetzungen vorliegen, unter denen die Bewilligung gemäß § 7 Absatz 1 widerrufen werden könnte,
3. Tatsachen vorliegen, welche die Unzuverlässigkeit des Antragstellers in Bezug auf die Verarbeitung personenbezogener Daten begründen, oder
4. dem Antragsteller oder einer Person, die im Auftrag des Antragstellers die aus dem Schuldnerverzeichnis zu beziehenden Daten verarbeitet, der Betrieb eines Gewerbes untersagt ist.

(4) [1]Die Bewilligung des Bezugs von Abdrucken berechtigt Kammern,

1. die Abdrucke in Listen zusammenzufassen oder hiermit Dritte zu beauftragen und

---

[1)] Nr. **100**.
[2)] § 1 Abs. 3 Nr. 3 und 4 geänd. mWv 26.11.2019 durch G v. 20.11.2019 (BGBl. I S. 1724).

2. die Listen ihren Mitgliedern oder Mitgliedern anderer Kammern auf Antrag zum laufenden Bezug zu überlassen.

[2] Die Überlassung von Listen ist unzulässig, wenn bei den Listenbeziehern die Voraussetzungen der §§ 882f und 882g Absatz 1 und 2 der Zivilprozessordnung nicht erfüllt sind oder Versagungsgründe entsprechend Absatz 3 vorliegen.

**§ 2 Zuständigkeit.** Über Anträge nach § 882g Absatz 1 Satz 1 der Zivilprozessordnung[1)] entscheidet der Leiter oder die Leiterin des zentralen Vollstreckungsgerichts nach § 882h Absatz 1 der Zivilprozessordnung, bei dem das Schuldnerverzeichnis geführt wird.

**§ 3 Antrag.** (1) [1] Der Antrag ist schriftlich bei dem nach § 2 zuständigen Leiter oder der zuständigen Leiterin des zentralen Vollstreckungsgerichts zu stellen. [2] Die zur Entscheidung über den Antrag erforderlichen Angaben sind auf Verlangen glaubhaft zu machen.

(2) [1] Der Antrag muss die Angaben enthalten, aus denen sich das Vorliegen der in den §§ 882f und 882g Absatz 2 der Zivilprozessordnung[1)] geforderten Voraussetzungen ergibt. [2] Darüber hinaus muss er enthalten:

1. die Angabe von Wohn- oder Geschäftssitz des Antragstellers; die Angabe von Gewerbe- oder Handelsregistereintragung oder des ausgeübten Berufs;
2. die Angabe der elektronischen Kontaktdaten für die Übermittlung der Abdrucke nach § 9 Absatz 1 Satz 1;
3. die Angabe, ob, wann, bei welchem Gericht und mit welchem Ergebnis bereits Anträge im Sinne dieses Abschnitts gestellt wurden;
4. die Erklärung, in welcher der dem Gericht möglichen Formen die Abdrucke erteilt werden sollen;
5. die Angabe, ob Listen gefertigt werden sollen;
6. die Angabe, von wem die Listen gefertigt und an wen diese weitergegeben werden sollen;
7. die Angabe, ob Einzelauskünfte im automatisierten Abrufverfahren erteilt werden sollen.

**§ 4[2)] Speicherung von Daten des Antragstellers.** (1) Für die Bewilligung des Bezugs von Abdrucken sowie die Einrichtung und Ausgestaltung des Abrufverfahrens von Abdrucken können personenbezogene Daten des Antragstellers, insbesondere der Name des Antragstellers, das Datum des Antrags sowie die Angaben des Antragstellers nach § 3 Absatz 2 von dem zentralen Vollstreckungsgericht oder der nach § 882h Absatz 1 Satz 3 der Zivilprozessordnung[1)] zuständigen Stelle verarbeitet werden.

(2) [1] Im Fall der Ablehnung oder Rücknahme des Antrags werden der Name des Antragstellers, das Datum des Antrags sowie die Angaben des Antragstellers nach § 3 Absatz 2 Nummer 1 und 2 von dem zentralen Vollstreckungsgericht oder der nach § 882h Absatz 1 Satz 3 der Zivilprozessordnung zuständigen Stelle erfasst und gespeichert. [2] Diese Angaben dürfen nur verarbeitet werden, um Mehrfachanträge und Bewilligungshindernisse zu erkennen.

---

[1)] Nr. **100**.

[2)] § 4 Abs. 1 und 2 Satz 2 geänd. mWv 26.11.2019 durch G v. 20.11.2019 (BGBl. I S. 1724).

(3) [1] Die Frist für die Aufbewahrung oder Speicherung beträgt sechs Jahre ab dem Ende des Jahres, in dem der Antrag gestellt wurde. [2] Nach Ablauf der Frist nach Satz 1 oder mit dem Fristablauf der Bewilligung nach § 5 Absatz 2 in Verbindung mit § 6 Absatz 1 sind die Angaben zu löschen.

**§ 5 Bewilligung.** (1) [1] Die Bewilligung ist nur gegenüber dem Antragsteller wirksam. [2] Sie ist nicht übertragbar.

(2) Gegenstand der Bewilligung sind

1. die Entscheidung über den Antrag,
2. Bedingungen,
3. Auflagen, Befristungen und der Vorbehalt des Widerrufs.

(3) [1] Die Bewilligung enthält die Belehrung über die vom Begünstigten zu beachtenden datenschutzrechtlichen Vorschriften, insbesondere der Zivilprozessordnung und dieser Verordnung. [2] In den Fällen des § 9 Absatz 1 Satz 2 ist ferner über die anzuwendenden Datenübermittlungsregeln zu belehren. [3] Auf § 7 ist gesondert hinzuweisen. [4] Der Bewilligung ist eine Rechtsmittelbelehrung beizufügen.

(4) Die Bewilligung wird der Stelle mitgeteilt, die nach den jeweils maßgeblichen datenschutzrechtlichen Vorschriften für die Kontrolle des Beziehers der Abdrucke zuständig ist.

**§ 6[1)] Befristungen, Auflagen und Bedingungen.** (1) Die Bewilligung ist auf mindestens ein Jahr und höchstens sechs Jahre zu befristen.

(2) Zum Zweck der Einhaltung der Vorschriften der §§ 882e bis 882h der Zivilprozessordnung[2)], der datenschutzrechtlichen Vorschriften und dieser Verordnung kann die Bewilligung ergehen mit Bestimmungen,

1. durch die dem Begünstigten ein Tun, Dulden oder Unterlassen vorgeschrieben wird (Auflagen) und
2. nach denen der Eintritt oder der Wegfall einer Vergünstigung oder Belastung von dem ungewissen Eintritt eines zukünftigen Ereignisses abhängt (Bedingung).

**§ 7 Widerruf und Rücknahme von Bewilligungen.** (1) Für den Widerruf von Bewilligungen gilt § 49 Absatz 2, 3 und 6 Satz 1 und 2 des Verwaltungsverfahrensgesetzes[3)] entsprechend.

(2) Für die Rücknahme von Bewilligungen gilt § 48 Absatz 1, 3 und 4 des Verwaltungsverfahrensgesetzes entsprechend.

(3) [1] Über Widerruf und Rücknahme von Bewilligungen entscheidet die nach § 2 zuständige Stelle. [2] Wenn die Bewilligung widerrufen oder zurückgenommen wird, ist die Entscheidung

1. dem Inhaber der Bewilligung mit Rechtsmittelbelehrung zuzustellen und
2. den Leitern oder Leiterinnen der zentralen Vollstreckungsgerichte mitzuteilen, bei denen weitere Anträge auf Erteilung einer Bewilligung zugunsten des ehemaligen Inhabers der Bewilligung gestellt wurden.

---

[1)] § 6 Abs. 2 einl. Satzteil geänd. mWv 26.11.2019 durch G v. 20.11.2019 (BGBl. I S. 1724).
[2)] Nr. **100**.
[3)] **Sartorius Nr. 100.**

[3] Sind aus den Abdrucken Listen gefertigt und weitergegeben worden, so ist die rechtskräftige Entscheidung den Beziehern der Listen unter Hinweis auf ihre Pflichten nach Absatz 4 bekannt zu geben. [4] Betrifft die Entscheidung eine Kammer, erfolgen die Mitteilungen nach Satz 2 Nummer 2 durch diese, im Übrigen durch das entscheidende Gericht. [5] Benachrichtigungen nach Satz 3 erfolgen durch die betroffene Kammer.

(4) [1] Ist eine Bewilligung rechtskräftig widerrufen oder zurückgenommen, so sind Abdrucke sowie daraus gefertigte Dateien, Listen und sonstige Aufzeichnungen unverzüglich und ordnungsgemäß zu löschen oder zu vernichten. [2] Bezieher der Abdrucke und Inhaber von Listen können dazu durch Zwangsgeld angehalten werden. [3] Das einzelne Zwangsgeld darf den Betrag von 25 000 Euro nicht übersteigen. [4] Ist die Verhängung von Zwangsgeld untunlich oder erfolglos, so ist die Ersatzvornahme anzuordnen.

## Abschnitt 2. Abdrucke und Listen

**§ 8 Inhalt von Abdrucken.** (1) [1] Abdrucke werden als Vollabdruck oder als Teilabdruck erteilt. [2] Der Vollabdruck enthält alle Eintragungen im Schuldnerverzeichnis. [3] Der Teilabdruck enthält nur die seit der letzten Abdruckerstellung eingetretenen Änderungen.

(2) [1] An gut sichtbarer Stelle ist auf die Pflichten hinzuweisen, die sich für den Inhaber von Abdrucken aus § 882g der Zivilprozessordnung[1)] ergeben. [2] Der Hinweis kann den Abdrucken auch in Form eines Merkblattes beigefügt werden.

(3) Die Abdrucke dürfen keine weiteren Mitteilungen enthalten.

**§ 9 Erteilung und Aufbewahrung von Abdrucken.** (1) [1] Abdrucke gemäß § 882g Absatz 1 der Zivilprozessordnung[1)] werden grundsätzlich in elektronischer Form übermittelt. [2] Es gelten die Datenübermittlungsregeln der Landesjustizverwaltung des Landes, in dem das Schuldnerverzeichnis geführt wird. [3] Die elektronische Übermittlung der Daten erfolgt bundesweit einheitlich durch ein geeignetes Transportprotokoll sowie in einheitlich strukturierten Datensätzen.

(2) [1] Bei der Datenübermittlung sind geeignete Maßnahmen zur Sicherstellung von Datenschutz und Datensicherheit zu treffen, die insbesondere gewährleisten, dass

1. nur Befugte personenbezogene Daten zur Kenntnis nehmen können (Vertraulichkeit),
2. personenbezogene Daten während der Verarbeitung unversehrt, vollständig und aktuell bleiben (Integrität),
3. personenbezogene Daten zeitgerecht zur Verfügung stehen und ordnungsgemäß verarbeitet werden können (Verfügbarkeit),
4. personenbezogene Daten jederzeit ihrem Ursprung zugeordnet werden können (Authentizität),
5. festgestellt werden kann, wer wann welche personenbezogenen Daten in welcher Weise verarbeitet hat (Revisionsfähigkeit), und
6. die Verfahrensweisen bei der Verarbeitung personenbezogener Daten vollständig, aktuell und in einer Weise dokumentiert sind, dass sie in zumutbarer Zeit nachvollzogen werden können (Transparenz).

---

[1)] Nr. **100**.

[2] Werden zur Übermittlung öffentliche Telekommunikationsnetze genutzt, ist ein geeignetes Verschlüsselungsverfahren zu verwenden.

(3) [1] Die Abdrucke können dem Bezieher im Einzelfall auch in einem verschlossenen Umschlag gegen Empfangsnachweis zugestellt werden. [2] Die Abdrucke dürfen, außer mit dem Merkblatt nach § 8 Absatz 2 Satz 2, nicht mit anderen Druckerzeugnissen verbunden werden. [3] Ausgeschlossen sind

1. die Ersatzzustellung nach § 178 der Zivilprozessordnung,
2. die Zustellung bei verweigerter Annahme nach § 179 der Zivilprozessordnung sowie
3. die öffentliche Zustellung nach § 185 der Zivilprozessordnung.

(4) [1] Der Empfänger der Daten nach Absatz 1 hat durch geeignete Vorkehrungen sicherzustellen, dass die Anforderungen des Absatzes 2 auch bezüglich der übermittelten Daten erfüllt werden. [2] Der Inhaber der Bewilligung hat dafür Sorge zu tragen, dass ihm überlassene Abdrucke

1. gesondert aufbewahrt werden,
2. bis zu ihrer Vernichtung jederzeit auffindbar sind und
3. gegen unbefugten Zugriff gesichert sind.

[3] Satz 2 gilt auch für Vervielfältigungen und jede andere Form der Bearbeitung der Abdrucke, insbesondere zum Zweck ihrer Maschinenlesbarkeit.

**§ 10 Einstweiliger Ausschluss vom Bezug von Abdrucken.** (1) Der Inhaber einer Bewilligung kann von dem Bezug von Abdrucken einstweilen ausgeschlossen werden, wenn Tatsachen bekannt werden, die eine hinreichende Wahrscheinlichkeit begründen, dass die Bewilligung alsbald widerrufen oder zurückgenommen wird.

(2) [1] Über den einstweiligen Ausschluss entscheidet die nach § 2 zuständige Stelle. [2] Die Entscheidung ist mit einer Rechtsmittelbelehrung zu versehen und zuzustellen; § 7 Absatz 3 Satz 2 Nummer 2 und Satz 4 gilt entsprechend. [3] Die Wirksamkeit der Entscheidung entfällt, wenn nicht binnen eines Monats ab Zustellung eine Entscheidung nach § 7 ergeht.

(3) [1] Ein nach Absatz 2 Satz 3 unwirksam gewordener oder alsbald unwirksam werdender einstweiliger Ausschluss kann wiederholt erlassen werden, wenn während des Zeitraums, in dem der zuerst erlassene einstweilige Ausschluss wirksam war, ein Verfahren mit dem Ziel des Widerrufs oder der Rücknahme der Bewilligung gemäß § 7 zwar eingeleitet, aber noch nicht abgeschlossen wurde. [2] Die Gesamtdauer des einstweiligen Ausschlusses darf in einem Verfahren nicht mehr als drei Monate betragen. [3] Für den wiederholten einstweiligen Ausschluss gelten im Übrigen die Absätze 1 und 2.

**§ 11 Inhalt von Listen.** (1) [1] Listen sind Zusammenstellungen von Angaben aus einem oder mehreren Abdrucken. [2] Die Aufnahme anderer Angaben als solchen aus rechtmäßig bezogenen Abdrucken oder die Verknüpfung mit anderen Angaben ist unzulässig.

(2) [1] Die Zusammenstellung der Angaben erfolgt

1. aufgrund von gemeinsamen Merkmalen, nach denen die Angaben aus den Abdrucken ausgewählt werden können (Auswahlmerkmale), sowie

2. aufgrund von Sortieranweisungen, nach denen die Angaben in den Listen zu ordnen sind (Ordnungsmerkmale).

[2] Auswahlmerkmale dürfen sich nur auf Eintragungen nach § 882b Absatz 2 und 3 der Zivilprozessordnung[1)] beziehen.

(3) [1] Listen müssen das Datum ihrer Erstellung tragen, den Ersteller benennen und mit Quellenangaben versehen sein. [2] In den Listen ist an gut sichtbarer Stelle auf die Pflichten hinzuweisen, die sich für den Bezieher von Listen aus § 882g der Zivilprozessordnung ergeben. [3] § 8 Absatz 2 Satz 2 ist anzuwenden.

(4) Die Listen dürfen keine weiteren Mitteilungen enthalten.

**§ 12 Anfertigung, Erteilung und Verwendung von Listen.** [1] Listen sind unverzüglich nach dem Eingang der Abdrucke zu erstellen und den Beziehern zu überlassen. [2] § 9 gilt entsprechend.

**§ 13 Ausschluss vom Bezug von Listen.** (1) [1] Die Kammern sind verpflichtet, einen Bezieher von Listen künftig vom Bezug auszuschließen, wenn ihm die Bewilligung zum Bezug von Abdrucken zu versagen wäre. [2] Diesen Ausschluss teilen die Kammern ihren Aufsichtsbehörden mit.

(2) Die Aufsichtsbehörden der Kammern teilen Verstöße gegen Absatz 1 den Leitern oder Leiterinnen der zentralen Vollstreckungsgerichte mit, die den Kammern die Bewilligung zum Bezug von Abdrucken erteilt haben.

(3) Bei Verstößen gegen Absatz 1 kann die Bewilligung zum Bezug von Abdrucken gemäß § 7 widerrufen werden.

**§ 14 Löschung in Abdrucken und Listen.** (1) Löschungen gemäß § 882g Absatz 6 der Zivilprozessordnung[1)] führen die Bezieher von Abdrucken und Listen sowie die Inhaber sonstiger Aufzeichnungen im Sinne des § 882g Absatz 6 Satz 1 der Zivilprozessordnung eigenverantwortlich durch.

(2) [1] Löschungsmitteilungen gemäß § 882g Absatz 6 Satz 2 der Zivilprozessordnung werden in der gleichen Weise wie die zugrunde liegenden Abdrucke übermittelt. [2] § 8 Absatz 3 und § 9 sind entsprechend anzuwenden.

(3) [1] Die Kammern unterrichten die zur Umsetzung der Löschungsmitteilungen verpflichteten Listenbezieher in der Form, in der die zugrunde liegenden Listen erteilt werden. [2] Kammern oder von ihnen gemäß § 882g Absatz 5 Satz 1 der Zivilprozessordnung beauftragte Dritte, die Listen nicht durch automatisierte Datenverarbeitung erstellen, dürfen alle unterrichten, die zu diesem Zeitpunkt Listen beziehen. [3] Listenbezieher, von denen die Kammer oder der beauftragte Dritte ohne unverhältnismäßigen Aufwand feststellen können, dass ihnen die zu löschende Eintragung bis zu diesem Zeitpunkt nicht durch eine Liste oder eine Auskunft der Kammer bekannt geworden ist, müssen nicht unterrichtet werden.

(4) [1] Löschungsmitteilungen nach Absatz 2 sind unverzüglich nach Zugang umzusetzen. [2] Sie sind zu vernichten oder zu löschen, sobald sie umgesetzt sind. [3] Es ist durch geeignete technische Maßnahmen sicherzustellen, dass gelöschte Datensätze nicht wiederhergestellt werden können. [4] Die Sätze 1 bis 3 gelten entsprechend für die Mitteilungen an die Listenbezieher nach Absatz 3.

---

[1)] Nr. **100**.

**§ 15 Kontrolle von Löschungen in Abdrucken und Listen.** [1] Werden öffentlichen Stellen Tatsachen bekannt, die die Annahme rechtfertigen, dass einer Löschungspflicht nach § 882g Absatz 6 der Zivilprozessordnung[1)] nicht nachgekommen wurde, haben sie diese Tatsachen dem Leiter oder der Leiterin des zentralen Vollstreckungsgerichts nach § 882h Absatz 1 der Zivilprozessordnung mitzuteilen, bei dem das Schuldnerverzeichnis geführt wird, dem die zu löschende Eintragung entnommen wurde. [2] Die zuständige Stelle nach § 2 ergreift die Maßnahmen nach dieser Verordnung und benachrichtigt die für die Kontrolle über die Einhaltung der Datenschutzvorschriften zuständigen Stellen.

## Abschnitt 3. Automatisiertes Abrufverfahren

**§ 16**[2)] **Einrichtung.** (1) Bezieher von Abdrucken dürfen unter den Voraussetzungen des § 882g Absatz 4 der Zivilprozessordnung[1)] im automatisierten Abrufverfahren Einzelauskünfte aus den Abdrucken nach Maßgabe der Vorschriften dieses Abschnitts erteilen.

(2) [1] Im automatisierten Abrufverfahren dürfen nur die nach § 882b Absatz 2 und 3 der Zivilprozessordnung in das Schuldnerverzeichnis aufzunehmenden Eintragungen übermittelt werden. [2] Die Verknüpfung zu übermittelnder Daten mit anderen Daten ist nur zulässig, wenn

1. die Verknüpfung für die Zwecke des § 882f Absatz 1 der Zivilprozessordnung notwendig ist,
2. die Daten, mit denen die Daten aus dem Schuldnerverzeichnis verknüpft werden sollen, rechtmäßig und ausschließlich zu den in § 882f Absatz 1 der Zivilprozessordnung notwendig ist, genannten Zwecken verarbeitet werden,
3. der Bezieher der Abdrucke die Herkunft der Daten nachweisen kann und
4. der Bezieher der Abdrucke sicherstellt, dass der Empfänger der Auskunft im Wege des Abrufs von Daten, die mit Daten aus dem Schuldnerverzeichnis verknüpft sind, nur dann Kenntnis von verknüpften Daten aus Schuldnerverzeichnissen erhält, wenn er dazu berechtigt ist oder wenn dies für die Zwecke des § 882f Absatz 1 der Zivilprozessordnung notwendig ist, notwendig ist.

(3) Für Anfragen im automatisierten Abrufverfahren dürfen nur Angaben verwendet werden, deren Eintragung in das Schuldnerverzeichnis nach § 882b Absatz 2 und 3 der Zivilprozessordnung zu erfolgen hätte.

**§ 17**[3)] **Ausgestaltung elektronischer Abrufverfahren.** [1] Der Bezieher von Abdrucken, der Einzelauskünfte im automatisierten Abrufverfahren erteilt (Auskunftsstelle), hat gemäß den Artikeln 24, 25 und 32 der Verordnung (EU) 2016/679[4)] des Europäischen Parlaments und des Rates vom 27. April 2016 zum Schutz natürlicher Personen bei der Verarbeitung personenbezogener Daten, zum freien Datenverkehr und zur Aufhebung der Richtlinie 95/46/EG (Datenschutz-Grundverordnung) (ABl. L 119 vom 4.5.2016, S. 1; L 314 vom 22.11.2016, S. 72; L 127 vom 23.5.2018, S. 2) geeignete technische und organisatorische Maßnahmen zu treffen. [2] § 9 Absatz 2 gilt entsprechend.

---

1) Nr. **100**.

2) § 16 Abs. 2 Satz 2 Nr. 1, 2 und 4 geänd. mWv 26.11.2016 durch G v. 21.11.2016 (BGBl. I S. 2591); Abs. 2 Satz 2 Nr. 2 geänd. mWv 26.11.2019 durch G v. 20.11.2019 (BGBl. I S. 1724).

3) § 17 Satz 1 neu gef. mWv 26.11.2019 durch G v. 20.11.2019 (BGBl. I S. 1724).

4) **Sartorius Nr. 246.**

**§ 18[1] Ausschluss von der Abrufberechtigung.** (1) [1]Die Auskunftsstelle ist verpflichtet, den Abrufberechtigten vom Abrufverfahren auszuschließen, wenn ihr Tatsachen bekannt werden, die erkennen lassen, dass

1. die abgerufenen Daten vom Abrufberechtigten nicht zu den in § 882f Absatz 1 der Zivilprozessordnung[2] notwendig ist, genannten Zwecken verarbeitet werden,
2. kein berechtigtes Interesse nach § 882g Absatz 2 Nummer 3 der Zivilprozessordung bei dem Abrufberechtigten vorliegt und dennoch wiederholt Daten abgerufen wurden,
3. die abgerufenen Daten vom Abrufberechtigten in unzulässiger Weise verarbeitet werden,
4. der Abrufberechtigte seinen Pflichten nach § 17 nicht oder nicht hinreichend nachkommt oder
5. die Unzuverlässigkeit in Bezug auf die Verarbeitung personenbezogener Daten bei dem Abrufberechtigten aus sonstigen Gründen begründet ist.

[2]Die Auskunftsstelle teilt der für die Kontrolle der datenschutzrechtlichen Vorschriften zuständigen Stelle den Ausschluss mit.

(2) Die Aufsichtsbehörde teilt Verstöße gegen Absatz 1 den Leitern oder Leiterinnen der zentralen Vollstreckungsgerichte nach § 882h Absatz 1 der Zivilprozessordnung mit, die die Bewilligungen zum Bezug von Abdrucken zugunsten der Auskunftsstelle erteilt haben.

(3) Bei Verstößen gegen Absatz 1 kann die Bewilligung gemäß § 7 widerrufen werden.

## Abschnitt 4. Schlussvorschriften

**§ 19 Rechtsweg.** Auf Entscheidungen des Leiters oder der Leiterin des zentralen Vollstreckungsgerichts nach § 882h Absatz 1 der Zivilprozessordnung[2] nach dieser Verordnung sind die §§ 23 bis 30 des Einführungsgesetzes zum Gerichtsverfassungsgesetz[3] anzuwenden.

**§ 20 Inkrafttreten.** Diese Verordnung tritt am 1. Januar 2013 in Kraft.

---

[1] § 18 Abs. 1 Satz 1 Nr. 1 geänd. mWv 26.11.2016 durch G v. 21.11.2016 (BGBl. I S. 2591); Abs. 1 Satz 1 Nr. 1, 3 und 5 geänd. mWv 26.11.2019 durch G v. 20.11.2019 (BGBl. I S. 1724).

[2] Nr. **100**.

[3] Nr. **95a**.

# 102 b. Verordnung über das Vermögensverzeichnis (Vermögensverzeichnisverordnung – VermVV)

Vom 26. Juli 2012 (BGBl. I S. 1663)

**FNA 310-4-15**

Auf Grund des § 802 k Absatz 4 der Zivilprozessordnung, der durch Artikel 3 Nummer 4 Buchstabe b des Gesetzes vom 22. Dezember 2011 (BGBl. I S. 3044) geändert worden ist, verordnet das Bundesministerium der Justiz:

**§ 1. Anwendungsbereich.** [1]Diese Verordnung gilt für Vermögensverzeichnisse, die nach § 802 f Absatz 6 der Zivilprozessordnung oder nach § 284 Absatz 7 Satz 4 der Abgabenordnung zu hinterlegen sind. [2]Sie gilt ferner für Vermögensverzeichnisse, die aufgrund einer bundes- oder landesgesetzlichen Regelung errichtet worden sind, die § 284 Absatz 1 bis 7 der Abgabenordnung gleichwertig ist, soweit diese die Hinterlegung anordnet.

**§ 2. Vermögensverzeichnisregister.** Die Vermögensverzeichnisse werden in jedem Land von einem zentralen Vollstreckungsgericht in elektronischer Form in einem Vermögensverzeichnisregister verwaltet.

**§ 3. Errichtung und Form der Vermögensverzeichnisse.** (1) [1]Der Gerichtsvollzieher oder die Behörde, die zur Errichtung eines Vermögensverzeichnisses befugt ist, errichtet das Vermögensverzeichnis als elektronisches Dokument mit den nach § 802 c der Zivilprozessordnung oder den nach § 284 Absatz 7 Satz 1 und Absatz 2 der Abgabenordnung erforderlichen Angaben. [2]Anlagen, die vom Schuldner zur Ergänzung der Vermögensauskunft übergeben werden, sind dem Vermögensverzeichnis elektronisch nach § 4 Absatz 1 Satz 3 beizufügen.

(2) Im Vermögensverzeichnis wird auch dokumentiert,

1. dass die Anforderungen des § 802 f Absatz 5 Satz 2 und 3 der Zivilprozessordnung oder des § 284 Absatz 7 Satz 2 und 3 der Abgabenordnung oder der bundes- oder landesgesetzlichen Regelung, die § 284 Absatz 7 Satz 2 und 3 der Abgabenordnung gleichwertig ist, erfüllt sind,
2. wann die Versicherung an Eides statt nach § 802 c Absatz 3 der Zivilprozessordnung oder nach § 284 Absatz 3 der Abgabenordnung oder nach der bundes- oder landesgesetzlichen Regelung, die § 284 Absatz 3 der Abgabenordnung gleichwertig ist, erfolgt ist sowie
3. an welchem Tag die Versicherung an Eides statt für das Vermögensverzeichnis erstmals erfolgt ist, wenn die Vermögensauskunft ergänzt oder nachgebessert worden ist.

**§ 4. Elektronische Übermittlung der Vermögensverzeichnisse.**

(1) [1]Der Gerichtsvollzieher oder die Behörde, die zur Errichtung eines Vermögensverzeichnisses befugt ist, übermittelt das Vermögensverzeichnis dem zuständigen zentralen Vollstreckungsgericht. [2]Dies setzt eine Registrierung nach § 8 Absatz 1 voraus. [3]Die Übermittlung der Daten erfolgt elektronisch

und bundesweit einheitlich durch ein geeignetes Transportprotokoll sowie in einheitlich strukturierten Datensätzen.

(2) [1]Bei der Übermittlung der Daten an das zentrale Vollstreckungsgericht und bei der Weitergabe an eine andere Stelle im Sinne des § 802k Absatz 3 Satz 3 der Zivilprozessordnung sind geeignete technische und organisatorische Maßnahmen zur Sicherstellung von Datenschutz und Datensicherheit zu treffen, die insbesondere gewährleisten, dass

1. nur Befugte personenbezogene Daten zur Kenntnis nehmen können (Vertraulichkeit),
2. personenbezogene Daten während der Verarbeitung unversehrt, vollständig und aktuell bleiben (Integrität),
3. personenbezogene Daten zeitgerecht zur Verfügung stehen und ordnungsgemäß verarbeitet werden können (Verfügbarkeit),
4. personenbezogene Daten jederzeit ihrem Ursprung zugeordnet werden können (Authentizität),
5. festgestellt werden kann, wer wann welche personenbezogenen Daten in welcher Weise verarbeitet hat (Revisionsfähigkeit), und
6. die Verfahrensweisen bei der Verarbeitung personenbezogener Daten vollständig, aktuell und in einer Weise dokumentiert sind, dass sie in zumutbarer Zeit nachvollzogen werden können (Transparenz).

[2]Werden zur Übermittlung der Daten öffentliche Telekommunikationsnetze genutzt, ist ein geeignetes Verschlüsselungsverfahren zu verwenden.

**§ 5. Hinterlegung der Vermögensverzeichnisse.** (1) Das zentrale Vollstreckungsgericht prüft, ob die elektronische Übermittlung der Vermögensverzeichnisse die Anforderungen des § 4 erfüllt.

(2) [1]Erfüllt die elektronische Übermittlung die Anforderungen des § 4, ist das Vermögensverzeichnis in das Vermögensverzeichnisregister einzutragen. [2]Mit der Eintragung in das Vermögensverzeichnisregister ist das Vermögensverzeichnis hinterlegt im Sinne des § 802f Absatz 6 der Zivilprozessordnung oder des § 284 Absatz 7 Satz 4 der Abgabenordnung oder der bundes- oder landesgesetzlichen Regelung, die § 284 Absatz 7 Satz 4 der Abgabenordnung gleichwertig ist. [3]Das zentrale Vollstreckungsgericht informiert den Einsender nach § 4 Absatz 1 Satz 1 unverzüglich über die Eintragung. [4]Das vom Einsender errichtete elektronische Dokument nach § 3 ist drei Monate nach dem Eingang der Eintragungsinformation zu löschen.

(3) [1]Erfüllt die elektronische Übermittlung die Anforderungen des § 4 nicht, teilt das zentrale Vollstreckungsgericht dem Einsender dies unter Angabe der Gründe mit. [2]Der Einsender veranlasst eine erneute elektronische Übermittlung des Vermögensverzeichnisses, die eine Eintragung der Daten nach Absatz 2 erlaubt. [3]Mit Eingang der Information über die Eintragung des erneut elektronisch übermittelten Vermögensverzeichnisses ist das zuerst übermittelte elektronische Dokument beim Einsender zu löschen.

(4) [1]Der Einsender leitet dem Gläubiger nach der Hinterlegung unverzüglich einen Ausdruck des Vermögensverzeichnisses zu. [2]Der Ausdruck muss den Vermerk, dass er mit dem Inhalt des Vermögensverzeichnisses übereinstimmt, und den Hinweis nach § 802d Absatz 1 Satz 3 der Zivilprozessordnung enthalten. [3]Anstelle der Zuleitung eines Ausdrucks kann dem Gläubiger

auf Antrag das Vermögensverzeichnis als elektronisches Dokument übermittelt werden, wenn dieses mit einer qualifizierten elektronischen Signatur versehen ist. [4] § 4 Absatz 2 gilt entsprechend.

**§ 6. Löschung der Vermögensverzeichnisse.** (1) Das zentrale Vollstreckungsgericht löscht das hinterlegte Vermögensverzeichnis im Vermögensverzeichnisregister nach Ablauf von zwei Jahren ab Abgabe der Auskunft oder wenn ein neues Vermögensverzeichnis desselben Schuldners hinterlegt wird.

(2) Im Fall des § 802 d Absatz 1 Satz 1 der Zivilprozessordnung oder des § 284 Absatz 4 der Abgabenordnung oder der bundes- oder landesgesetzlichen Regelung, die § 284 Absatz 4 der Abgabenordnung gleichwertig ist, teilt der Einsender bei der Übermittlung nach § 4 Absatz 1 dem zuständigen zentralen Vollstreckungsgericht zugleich mit, dass es sich um eine erneute Vermögensauskunft nach diesen Vorschriften handelt.

(3) Sobald ein neues Vermögensverzeichnis hinterlegt ist, benachrichtigt das zentrale Vollstreckungsgericht das zentrale Vollstreckungsgericht, bei dem ein älteres Vermögensverzeichnis verwaltet wird.

**§ 7. Einsichtnahme in das Vermögensverzeichnis.** (1) [1] Die Einsichtnahme in das Vermögensverzeichnis erfolgt über eine zentrale und länderübergreifende Abfrage im Internet. [2] Sie setzt eine Registrierung der Einsichtsberechtigten nach § 8 Absatz 2 voraus.

(2) [1] Die Daten aus der Einsichtnahme in das Vermögensverzeichnis dürfen nur zu dem Zweck verwendet werden, für den sie übermittelt werden. [2] Die Zweckbestimmung richtet sich nach § 802 k Absatz 2 der Zivilprozessordnung. [3] Die Verantwortung für die Zulässigkeit der einzelnen Einsichtnahme trägt die abfragende Stelle. [4] Das zentrale Vollstreckungsgericht prüft die Zulässigkeit der Einsichtnahme nur in Stichproben oder wenn dazu Anlass besteht.

(3) [1] Die Übermittlung der Daten bei der Einsichtnahme in das Vermögensverzeichnis erfolgt elektronisch und bundesweit einheitlich durch ein geeignetes Transportprotokoll sowie in einheitlich strukturierten Datensätzen. [2] § 4 Absatz 2 gilt entsprechend.

(4) [1] Bei jeder Einsichtnahme ist der Abrufvorgang so zu protokollieren, dass feststellbar ist, ob das Datenverarbeitungssystem befugt genutzt worden ist. [2] Zu protokollieren sind:

1. das Datum und die Uhrzeit der Einsichtnahme,
2. die abfragende Stelle,
3. der Verwendungszweck der Abfrage mit Akten- oder Registerzeichen,
4. welches hinterlegte Vermögensverzeichnis betroffen ist.

(5) [1] Die protokollierten Daten nach Absatz 4 dürfen nur zum Zweck der Datenschutzkontrolle, für gerichtliche Verfahren oder Strafverfahren verwendet werden. [2] Die gespeicherten Abrufprotokolle werden nach sechs Monaten gelöscht. [3] Gespeicherte Daten, die in einem eingeleiteten Verfahren zur Datenschutzkontrolle, einem gerichtlichen Verfahren oder Strafverfahren benötigt werden, sind nach dem endgültigen Abschluss dieser Verfahren zu löschen.

**§ 8. Registrierung.** (1) [1] Die Registrierung der Errichtungsberechtigten für die Übermittlung der Vermögensverzeichnisse (§ 1 in Verbindung mit § 3

Absatz 1) dient deren Identifikation. [2]Sie erfolgt in einem geeigneten Registrierungsverfahren durch das für den Sitz des Errichtungsberechtigten zuständige zentrale Vollstreckungsgericht oder über die nach § 802k Absatz 3 Satz 3 der Zivilprozessordnung beauftragte Stelle. [3]Die Registrierung von Behörden ist im Weiteren so auszugestalten, dass feststellbar ist, welche natürliche Person gehandelt hat.

(2) [1]Absatz 1 gilt entsprechend für die Registrierung von Einsichtsberechtigten (§ 802k Absatz 2 der Zivilprozessordnung) für die zentrale und länderübergreifende Abfrage im Internet (§ 7 Absatz 1 Satz 1). [2]Für die Übermittlung von Daten vom zentralen Vollstreckungsgericht an registrierte Einsichtsberechtigte gilt § 4 Absatz 2 entsprechend. [3]Es ist sicherzustellen, dass das Registrierungsverfahren die Protokollierung der Abrufvorgänge nach § 7 Absatz 4 in einem bundeseinheitlichen Verfahren ermöglicht.

(3) [1]Für die Rücknahme und den Widerruf der Registrierung gelten § 48 Absatz 1 und 3 und § 49 Absatz 2 und 5 des Verwaltungsverfahrensgesetzes entsprechend. [2]Zuständig ist das zentrale Vollstreckungsgericht, das die Registrierung vorgenommen hat.

**§ 9. Ende der Nutzungsberechtigung.** (1) [1]Die Errichtungsberechtigung für Vermögensverzeichnisse endet, wenn dem Errichtungsberechtigten diese Aufgabe gesetzlich nicht mehr obliegt, insbesondere wenn ein Gerichtsvollzieher aus dem Gerichtsvollzieherdienst ausscheidet oder ihm die Dienstausübung einstweilen oder endgültig untersagt wird. [2]Das Ende der Errichtungsberechtigung führt grundsätzlich auch zum Ende der Einsichtsberechtigung.

(2) Sobald ein Errichtungsberechtigter nicht mehr errichtungsberechtigt ist,

1. hat er das zentrale Vollstreckungsgericht oder die nach § 802k Absatz 3 Satz 3 der Zivilprozessordnung beauftragte Stelle unverzüglich darüber zu informieren,
2. ist der Dienstherr oder die für den Errichtungsberechtigten zuständige Dienstaufsichtsbehörde berechtigt, das zentrale Vollstreckungsgericht oder Stellen nach Nummer 1 darüber zu informieren.

(3) Nach dem Ende der Errichtungsberechtigung nach Absatz 1 hebt das zentrale Vollstreckungsgericht die Registrierung nach § 8 Absatz 3 auf und sperrt den Zugang für die elektronische Übermittlung der Daten.

(4) [1]Die Einsichtsberechtigung in das Vermögensverzeichnis (§ 802k Absatz 2 der Zivilprozessordnung) endet, wenn die dem Einsichtsberechtigten obliegenden Aufgaben keine Einsichtnahme mehr erfordern. [2]Die Absätze 1 bis 3 gelten entsprechend.

**§ 10. Inkrafttreten.** Diese Verordnung tritt am 1. Januar 2013 in Kraft.

# 105. Gesetz über Unterlassungsklagen bei Verbraucherrechts- und anderen Verstößen (Unterlassungsklagengesetz – UKlaG)

In der Fassung der Bekanntmachung vom 27. August 2002[1]
(BGBl. I S. 3422, ber. S. 4346)

**FNA 402-37**

| Lfd. Nr. | Änderndes Gesetz | Datum | Fundstelle | Betroffen | Hinweis |
|---|---|---|---|---|---|
| 1.-11. | Änderungsgesetze bis einschl. G v. 12.12.2007 (BGBl. I S. 2840) nur noch in den Anmerkungen nachgewiesen | | | | |
| 12. | Art. 6 G zur Neuregelung des Rechts der Erneuerbaren Energien im Strombereich und zur Änd. damit zusammenhängender Vorschr. | 25.10. 2008 | BGBl. I S. 2074, ber. 2009 I S. 371 | § 2 | geänd. mWv 1.1.2009 |
| 13. | Art. 2 Abs. 3 G zur Neuregelung der zivilrechtl. Vorschriften des HeimG nach der Föderalismusreform | 29.7.2009 | BGBl. I S. 2319 | § 2 | geänd. mWv 1.10.2009 |
| 14. | Art. 3 G zur Umsetzung der VerbraucherkreditRL, des zivilrechtlichen Teils der ZahlungsdiensteRL sowie zur Neuordnung der Vorschriften über das Widerrufs- und Rückgaberecht[2] | 29.7.2009 | BGBl. I S. 2355 | §§ 2, 13, 13a, Abschnitt 4 Überschrift, § 14<br>§14 | geänd. mWv 31.10.2009<br>geänd. mWv 11.6.2010 |
| 15. | Art. 3 G zur Einführung einer Musterwiderrufsinformation für Verbraucherdarlehensverträge, zur Änd. der Vorschriften über das Widerrufsrecht bei Verbraucherdarlehensverträgen und zur Änd. des Darlehensvermittlungsrechts | 24.7.2010 | BGBl. I S. 977 | § 14 | geänd. mWv 30.7.2010 |

[1] Neubekanntmachung des UKlaG v. 26.11.2001 (BGBl. I S. 3138, 3173) in der ab 21.8.2002 geltenden Fassung.

[2] **Amtl. Anm.:** Dieses Gesetz dient der Umsetzung folgender Richtlinien:

1. Richtlinie 2007/64/EG des Europäischen Parlaments und des Rates vom 13. November 2007 über Zahlungsdienste im Binnenmarkt, zur Änderung der Richtlinien 97/7/EG, 2002/65/EG, 2005/ 60/ EG und 2006/48/EG sowie zur Aufhebung der Richtlinie 97/5/ EG (Zahlungsdiensterichtlinie – ABl. EU Nr. L 319 S. 1),
2. Richtlinie 2008/48/EG des Europäischen Parlaments und des Rates vom 23. April 2008 über Verbraucherkreditverträge und zur Aufhebung der Richtlinie 87/102/EWG des Rates (Verbraucherkreditrichtlinie – ABl. EU Nr. L 133 S. 66).

| Lfd. Nr. | Änderndes Gesetz | Datum | Fundstelle | Betroffen | Hinweis |
|---|---|---|---|---|---|
| 16. | Art. 4 G zur Modernisierung der Regelungen über Teilzeit-Wohnrechteverträge, Verträge über langfristige Urlaubsprodukte sowie Vermittlungsverträge und Tauschsystemverträge[1] | 17.1.2011 | BGBl. I S. 34 | § 2 | geänd. mWv 23.2.2011 |
| 17. | Art. 10 G zur Ums. der Zweiten E-Geld-RL[2] | 1.3.2011 | BGBl. I S. 288 | § 14 | geänd. mWv 30.4.2011 |
| 18. | Art. 3 G zur Änd. des EG-VerbraucherschutzdurchsetzungsG und zur Änd. des UKlaG | 6.2.2012 | BGBl. I S. 146 | § 4a | geänd. mWv 14.2.2012 |
| 19. | Art. 5 SEPA-BegleitG | 3.4.2013 | BGBl. I S. 610 | § 14 | geänd. mWv 9.4.2013 |
| 20. | Art. 5 AIFM-UmsetzungsG[2] | 4.7.2013 | BGBl. I S. 1981 | §§ 2, 8 | geänd. mWv 22.7.2013 |
| 21. | Art. 13 G zur Umsetzung der VerbraucherrechteRL und zur Änd. des G zur Regelung der Wohnungsvermittlung[1] | 20.9.2013 | BGBl. I S. 3642 | § 2 | geänd. mWv 13.6.2014 |
| 22. | Art. 7 G gegen unseriöse Geschäftspraktiken[3] | 1.10.2013 | BGBl. I S. 3714 | § 5 | geänd. mWv 9.10.2013 |
| 23. | Art. 3 G zur grundlegenden Reform des EEG und zur Änd. weiterer Bestimmungen des Energiewirtschaftsrechts | 21.7.2014 | BGBl. I S. 1066 | § 2 | geänd. mWv 1.8.2014 |
| 24. | Art. 2 G zur Bekämpfung von Zahlungsverzug im Geschäftsverkehr und zur Änd. des EEG[4] | 22.7.2014 | BGBl. I S. 1218 | § 3 | geänd. mWv 29.7.2014 |
| | | | | § 1a | eingef. mWv 29.7.2014 |
| 25. | Art. 21 G zur Umsetzung der TransparenzRL-ÄndRL | 20.11. 2015 | BGBl. I S. 2029 | § 14 | geänd. mWv 26.11.2015 |
| 26. | Art. 2 Abs. 6 VergaberechtsmodernisierungsG | 17.2.2016 | BGBl. I S. 203 | § 3 | geänd. mWv 18.4.2016 |
| 27. | Art. 3 G zur Verbesserung der zivilrechtl. Durchsetzung von verbraucherschützenden Vorschriften des Datenschutzrechts | 17.2.2016 | BGBl. I S. 233 | §§ 2, 2a, 3, 4, 4a, 13, 13a, 14 | geänd. mWv 24.2.2016 |
| | | | | Abschnitt 3 Überschrift | neu gef. mWv 24.2.2016 |
| | | | | §§ 2b, 12a, 17 | eingef. mWv 24.2.2016 |

[1] **Amtl. Anm.:** *(abgedruckt in Änderungstabelle Nr.* ***20****)*

[2] **Amtl. Anm.:** *(abgedruckt in Änderungstabelle Nr.* ***50****)*

[3] **Amtl. Anm.:** Dieses Gesetz dient der Umsetzung von Artikel 13 der Richtlinie 2002/58/EG des Europäischen Parlaments und des Rates vom 12. Juli 2002 über die Verarbeitung personenbezogener Daten und den Schutz der Privatsphäre in der elektronischen Kommunikation (Datenschutzrichtlinie für elektronische Kommunikation) (ABl. L 201 vom 31.7.2002, S. 37), die zuletzt durch Artikel 2 der Richtlinie 2009/136/EG (ABl. L 337 vom 18.12.2009, S. 11) geändert worden ist.

[4] **Amtl. Anm.:** Dieses Gesetz dient der Umsetzung der Richtlinie 2011/7/EU des Europäischen Parlaments und des Rates vom 16. Februar 2011 zur Bekämpfung von Zahlungsverzug im Geschäftsverkehr (ABl. L 48 vom 23.2.2011, S. 1).

| Lfd. Nr. | Änderndes Gesetz | Datum | Fund-stelle | Betroffen | Hinweis |
|---|---|---|---|---|---|
| 28. | Art. 7 G zur Umsetzung der RL über alternative Streitbeilegung in Verbraucherangelegenheiten und zur Durchführung der VO über Online-Streitbeilegung in Verbraucherangelegenheiten[1] | 19.2.2016 | BGBl. I S. 254 | § 8 | geänd. mWv 26.2.2016 |
| | | | | §§ 14, 16 | neu gef. mWv 26.2.2016 |
| | | | | § 2 | geänd. mWv 1.2.2017 |
| 29. | Art. 6 G zur Umsetzung der WohnimmobilienkreditRL und zur Änd. handelsrechtl. Vorschriften[2] | 11.3.2016 | BGBl. I S. 396 | § 14 | geänd. mWv 21.3.2016 |
| 30. | Art. 3 G zur Umsetzung der RL über die Vergleichbarkeit von Zahlungskontoentgelten, den Wechsel von Zahlungskonten sowie den Zugang zu Zahlungskonten mit grundlegenden Funktionen[3] | 11.4.2016 | BGBl. I S. 720 | §§ 2, 14, 16 | geänd. mWv 18.6.2016 |
| 31. | Art. 3 G zur Reform des Bauvertragsrechts, zur Änd. der kaufrechtlichen Mängelhaftung, zur Stärkung des zivilprozessualen Rechtsschutzes und zum maschinellen Siegel im Grundbuch- und Schiffsregisterverfahren | 28.4.2017 | BGBl. I S. 969 | § 2 | geänd. mWv 1.1.2018 |
| 32. | Art. 24 Abs. 5 Zweites FinanzmarktnovellierungsG | 23.6.2017 | BGBl. I S. 1693 | § 2 | geänd. mWv 3.1.2018 |
| 33. | Art. 3 Drittes G zur Änd. reiserechtlicher Vorschriften[4] | 17.7.2017 | BGBl. I S. 2394 | § 2 | geänd. mWv 1.7.2018 |
| 34. | Art. 4 G zur Umsetzung der Zweiten ZahlungsdiensteRL[5] | 17.7.2017 | BGBl. I S. 2446 | § 14 | geänd. mWv 13.1.2018 |

[1] **Amtl. Anm.:** *(abgedruckt in Änderungstabelle Nr.* **20***)*

[2] **Amtl. Anm.:** Dieses Gesetz dient der Umsetzung der Richtlinie 2014/17/EU des Europäischen Parlaments und des Rates vom 4. Februar 2014 über Wohnimmobilienkreditverträge für Verbraucher und zur Änderung der Richtlinien 2008/48/EG und 2013/36/EU und der Verordnung (EU) Nr. 1093/2010 (ABl. L 60 vom 28.2.2014, S. 34).

[3] **Amtl. Anm.:** Dieses Gesetz dient der Umsetzung der Richtlinie 2014/92/EU des Europäischen Parlaments und des Rates vom 23. Juli 2014 über die Vergleichbarkeit von Zahlungskontoentgelten, den Wechsel von Zahlungskonten und den Zugang zu Zahlungskonten mit grundlegenden Funktionen (ABl. L 257 vom 28.8.2014, S. 214).

[4] **Amtl. Anm.:** Dieses Gesetz dient der Umsetzung der Richtlinie (EU) 2015/2302 des Europäischen Parlaments und des Rates vom 25. November 2015 über Pauschalreisen und verbundene Reiseleistungen, zur Änderung der Verordnung (EG) Nr. 2006/2004 und der Richtlinie 2011/83/EU des Europäischen Parlaments und des Rates sowie zur Aufhebung der Richtlinie 90/314/EWG des Rates (ABl. L 326 vom 11.12.2015, S. 1).

[5] **Amtl. Anm.:** Dieses Gesetz dient der Umsetzung der Richtlinie (EU) 2015/2366 des Europäischen Parlaments und des Rates vom 25. November 2015 über Zahlungsdienste im Binnenmarkt, zur Änderung der Richtlinien 2002/65/EG, 2009/110/EG und 2013/36/EU und der Verordnung (EU) Nr. 1093/2010 sowie zur Aufhebung der Richtlinie 2007/64/EG (ABl. L 337 vom 23.12.2015, S. 35; L 169 vom 28.6.2016, S. 18).

| Lfd. Nr. | Änderndes Gesetz | Datum | Fundstelle | Betroffen | Hinweis |
|---|---|---|---|---|---|
| 35. | Art. 2 Abs. 6 G zur Änd. des EG-Verbraucherschutzdurchsetzungsg sowie des G über die Errichtung des Bundesamts für Justiz | 25.6.2020 | BGBl. I S. 1474 | § 4a | neu gef. mWv 30.6.2020 |
| 36. | Art. 2 G zur Stärkung des fairen Wettbewerbs | 26.11. 2020 | BGBl. I S. 2568 | §§ 2b, 4e, 5, 13, 13a | geänd. mWv 2.12.2020 |
| | | | | §§ 4, Abschnitt 6 Überschrift, §§ 16, 17 | neu gef. mWv 2.12.2020 |
| | | | | §§ 4a, 4b, 4c, 4d, Abschnitt 7 Überschrift | eingef. mWv 2.12.2020 |
| | | | | § 3 | geänd. mWv 1.12.2021 |
| 37. | Art. 4 G zur Anpassung des Urheberrechts an die Erfordernisse des digitalen Binnenmarktes[1] | 31.5.2021 | BGBl. I S. 1204 | §§ 3a, 6 | geänd. mWv 7.6.2021 |
| | | | | § 2a | neu gef. mWv 7.6.2021 |
| 38. | Art. 20 TelekommunikationsmodernisierungsG[2] | 23.6.2021 | BGBl. I S. 1858 | § 2 | geänd. mWv 1.12.2021 |
| 39. | Art. 3 G zur Umsetzung der RL über bestimmte vertragsrechtliche Aspekte der Bereitstellung digitaler Inhalte und digitaler Dienstleistungen[3] | 25.6.2021 | BGBl. I S. 2123 | § 2 | geänd. mWv 1.1.2022 |
| 40. | Art. 4 G zu Sofortmaßnahmen für einen beschleunigten Ausbau der erneuerbaren Energien und weiteren Maßnahmen im Stromsektor | 20.7.2022 | BGBl. I S. 1237 | § 2 | geänd. mWv 1.1.2023 |

[1] **Amtl. Anm.:** Dieses Gesetz dient der Umsetzung der Richtlinie (EU) 2019/790 des Europäischen Parlaments und des Rates vom 17. April 2019 über das Urheberrecht und die verwandten Schutzrechte im digitalen Binnenmarkt und zur Änderung der Richtlinien 96/9/EG und 2001/29/EG (ABl. L 130 vom 17.5.2019, S. 92; L 259 vom 10.10.2019, S. 86). [...]

[2] **Amtl. Anm.:** Dieses Gesetz dient der Umsetzung der Richtlinie (EU) 2018/1972 des Europäischen Parlaments und des Rates vom 11. Dezember 2018 über den europäischen Kodex für die elektronische Kommunikation (Neufassung) (ABl. L 321 vom 17.12.2018, S. 36).

[3] **Amtl. Anm.:** Dieses Gesetz dient der Umsetzung der Richtlinie (EU) 2019/770 des Europäischen Parlaments und des Rates vom 20. Mai 2019 über bestimmte vertragsrechtliche Aspekte der Bereitstellung digitaler Inhalte und digitaler Dienstleistungen (ABl. L 136 vom 22.5.2019, S. 1; L 305 vom 26.11.2019, S. 62).

## Abschnitt 1. Ansprüche bei Verbraucherrechts- und anderen Verstößen

**§ 1 Unterlassungs- und Widerrufsanspruch bei Allgemeinen Geschäftsbedingungen.** Wer in Allgemeinen Geschäftsbedingungen Bestimmungen, die nach den §§ 307 bis 309 des Bürgerlichen Gesetzbuchs unwirksam sind, verwendet oder für den rechtsgeschäftlichen Verkehr empfiehlt, kann auf Unterlassung und im Fall des Empfehlens auch auf Widerruf in Anspruch genommen werden.

**§ 1a[1] Unterlassungsanspruch wegen der Beschränkung der Haftung bei Zahlungsverzug.** Wer in anderer Weise als durch Verwendung oder Empfehlung von Allgemeinen Geschäftsbedingungen den Vorschriften des § 271a Absatz 1 bis 3, des § 286 Absatz 5 oder des § 288 Absatz 6 des Bürgerlichen Gesetzbuchs[2] zuwiderhandelt, kann auf Unterlassung in Anspruch genommen werden.

**§ 2[3] Ansprüche bei verbraucherschutzgesetzwidrigen Praktiken.**

(1) [1] Wer in anderer Weise als durch Verwendung oder Empfehlung von Allgemeinen Geschäftsbedingungen Vorschriften zuwiderhandelt, die dem Schutz der Verbraucher dienen (Verbraucherschutzgesetze), kann im Interesse des Verbraucherschutzes auf Unterlassung und Beseitigung in Anspruch genommen werden. [2] Werden die Zuwiderhandlungen in einem Unternehmen von einem Mitarbeiter oder Beauftragten begangen, so ist der Unterlassungsanspruch oder der Beseitigungsanspruch auch gegen den Inhaber des Unternehmens begründet. [3] Bei Zuwiderhandlungen gegen die in Absatz 2 Satz 1 Nummer 11 genannten Vorschriften richtet sich der Beseitigungsanspruch nach den entsprechenden datenschutzrechtlichen Vorschriften.

(2) [1] Verbraucherschutzgesetze im Sinne dieser Vorschrift sind insbesondere

1. die Vorschriften des Bürgerlichen Rechts, die für
   a) außerhalb von Geschäftsräumen geschlossene Verträge,
   b) Fernabsatzverträge,
   c) Verbraucherverträge über digitale Produkte,
   d) Verbrauchsgüterkäufe,

---

[1] § 1a eingef. mWv 29.7.2014 durch G v. 22.7.2014 (BGBl. I S. 1218).

[2] Nr. **20**.

[3] § 2 Abs. 2 Nr. 6 neu gef. mWv 1.1.2004 durch G v. 15.12.2003 (BGBl. I S. 2676); Abs. 2 Nr. 6 geänd., Nr. 7 angef. mWv 1.1.2008 durch G v. 16.7.2007 (BGBl. I S. 1330); Abs. 2 Nr. 7 geänd., Nr. 8 angef. mWv 1.7.2008 durch G v. 12.12.2007 (BGBl. I S. 2840, geänd. durch G v. 12.6.2008, BGBl. I S. 1000); Abs. 2 Nr. 8 geänd., Nr. 9 angef. mWv 1.1.2009 durch G v. 25.10.2008 (BGBl. I S. 2074, ber. 2009 S. 371); Abs. 2 Nr. 10 angef. mWv 1.10.2009 durch G v. 29.7.2009 (BGBl. I S. 2319); Abs. 2 Nr. 1 neu gef. mWv 23.2.2011 durch G v. 17.1.2011 (BGBl. I S. 34); Abs. 2 Nr. 6 geänd. mWv 22.7.2013 durch G v. 4.7.2013 (BGBl. I S. 1981); Abs. 2 Nr. 1 Buchst. a geänd. mWv 13.6.2014 durch G v. 20.9. 2013 (BGBl. I S. 3642); Überschrift geänd., Abs. 1 Satz 1 geänd., Satz 2 neu gef., Satz 3 angef., Abs. 2 Satz 1 Nr. 4 neu gef., Nr. 10 geänd., Nr. 11 und Satz 2 angef., Abs. 3 aufgeh. mWv 24.2.2016 durch G v. 17.2.2016 (BGBl. I S. 233); Abs. 2 Satz 1 Nr. 10 geänd., Nr. 12 angef. mWv 1.2.2017 durch G v. 19.2. 2016 (BGBl. I S. 254); Abs. 2 Satz 1 Nr. 11 und 12 geänd., Nr. 13 angef. mWv 18.6.2016 durch G v. 11.4.2016 (BGBl. I S. 720); Abs. 2 Satz 1 Nr. 1 Buchst. f eingef., bish. Buchst. f–h werden Buchst. g–i mWv 1.1.2018 durch G v. 28.4.2017 (BGBl. I S. 969); Abs. 2 Satz 1 Nr. 7 geänd. mWv 3.1.2018 durch G v. 23.6.2017 (BGBl. I S. 1693); Abs. 2 Satz 1 Nr. 1 Buchst. g geänd. mWv 1.7.2018 durch G v. 17.7.2017 (BGBl. I S. 2394); Abs. 2 Satz 1 Nr. 12 und 13 geänd., Nr. 14 angef. mWv 1.12.2021 durch G v. 23.6. 2021 (BGBl. I S. 1858); Abs. 2 Satz 1 Nr. 1 Buchst. c eingef., bish. Buchst. c–i werden Buchst. d–j mWv 1.1.2022 durch G v. 25.6.2021 (BGBl. I S. 2123); Abs. 2 Satz 1 Nr. 9 neu gef. mWv 1.1.2023 durch G v. 20.7.2022 (BGBl. I S. 1237).

e) Teilzeit-Wohnrechteverträge, Verträge über langfristige Urlaubsprodukte sowie Vermittlungsverträge und Tauschsystemverträge,

f) Verbraucherdarlehensverträge, Finanzierungshilfen und Ratenlieferungsverträge,

g) Bauverträge,

h) Pauschalreiseverträge, die Reisevermittlung und die Vermittlung verbundener Reiseleistungen,

i) Darlehensvermittlungsverträge sowie

j) Zahlungsdiensteverträge

zwischen einem Unternehmer und einem Verbraucher gelten,

2. die Vorschriften zur Umsetzung der Artikel 5, 10 und 11 der Richtlinie 2000/31/EG des Europäischen Parlaments und des Rates vom 8. Juni 2000 über bestimmte rechtliche Aspekte der Dienste der Informationsgesellschaft, insbesondere des elektronischen Geschäftsverkehrs, im Binnenmarkt („Richtlinie über den elektronischen Geschäftsverkehr", ABl. EG Nr. L 178 S. 1),
3. das Fernunterrichtsschutzgesetz,
4. die Vorschriften zur Umsetzung der Artikel 19 bis 26 der Richtlinie 2010/13/EU des Europäischen Parlaments und des Rates vom 10. März 2010 zur Koordinierung bestimmter Rechts- und Verwaltungsvorschriften der Mitgliedstaaten über die Bereitstellung audiovisueller Mediendienste (ABl. L 95 vom 15.4.2010, S. 1),
5. die entsprechenden Vorschriften des Arzneimittelgesetzes[1] sowie Artikel 1 §§ 3 bis 13 des Gesetzes über die Werbung auf dem Gebiete des Heilwesens[2],
6. § 126 des Investmentgesetzes oder § 305 des Kapitalanlagegesetzbuchs,
7. die Vorschriften des Abschnitts 11 des Wertpapierhandelsgesetzes[3], die das Verhältnis zwischen einem Wertpapierdienstleistungsunternehmen und einem Kunden regeln,
8. das Rechtsdienstleistungsgesetz[4],
9. die §§ 57, 79 Absatz 2 und 3 sowie § 80 des Erneuerbare-Energien-Gesetzes[5],
10. das Wohn- und Betreuungsvertragsgesetz[6],
11. die Vorschriften, welche die Zulässigkeit regeln

a) der Erhebung personenbezogener Daten eines Verbrauchers durch einen Unternehmer oder

b) der Verarbeitung oder der Nutzung personenbezogener Daten, die über einen Verbraucher erhoben wurden, durch einen Unternehmer,

wenn die Daten zu Zwecken der Werbung, der Markt- und Meinungsforschung, des Betreibens einer Auskunftei, des Erstellens von Persönlichkeits- und Nutzungsprofilen, des Adresshandels, des sonstigen Datenhandels oder zu vergleichbaren kommerziellen Zwecken erhoben, verarbeitet oder genutzt werden,

---

**[1] Sartorius ErgBd. Nr. 272.**
**[2] Sartorius ErgBd. Nr. 277.**
**[3] Habersack, Deutsche Gesetze ErgBd. Nr. 58.**
**[4] Habersack, Deutsche Gesetze ErgBd. Nr. 99.**
**[5] Sartorius ErgBd. Nr. 833.**
**[6] Habersack, Deutsche Gesetze ErgBd. Nr. 30a.**

12. § 2 Absatz 2 sowie die §§ 36 und 37 des Verbraucherstreitbeilegungsgesetzes[1] vom 19. Februar 2016 (BGBl. I S. 254) und Artikel 14 Absatz 1 und 2 der Verordnung (EU) Nr. 524/2013 des Europäischen Parlaments und des Rates vom 21. Mai 2013 über die Online-Beilegung verbraucherrechtlicher Streitigkeiten und zur Änderung der Verordnung (EG) Nr. 2006/2004 und der Richtlinie 2009/22/EG (ABl. L 165 vom 18.6.2013, S. 1),
13. die Vorschriften des Zahlungskontengesetzes, die das Verhältnis zwischen einem Zahlungsdienstleister und einem Verbraucher regeln, und
14. die Vorschriften des Telekommunikationsgesetzes, die das Verhältnis zwischen Anbietern von öffentlich zugänglichen Telekommunikationsdiensten und Verbrauchern regeln.

[2] Eine Datenerhebung, Datenverarbeitung oder Datennutzung zu einem vergleichbaren kommerziellen Zweck im Sinne des Satzes 1 Nummer 11 liegt insbesondere nicht vor, wenn personenbezogene Daten eines Verbrauchers von einem Unternehmer ausschließlich für die Begründung, Durchführung oder Beendigung eines rechtsgeschäftlichen oder rechtsgeschäftsähnlichen Schuldverhältnisses mit dem Verbraucher erhoben, verarbeitet oder genutzt werden.

**§ 2a[2] Unterlassungsanspruch nach dem Urheberrechtsgesetz.** Wer gegen § 95b Absatz 1 Satz 1 des Urheberrechtsgesetzes[3] verstößt, kann auf Unterlassung in Anspruch genommen werden.

**§ 2b[4] Missbräuchliche Geltendmachung von Ansprüchen.** [1] Die Geltendmachung eines Anspruchs nach den §§ 1 bis 2a ist unzulässig, wenn sie unter Berücksichtigung der gesamten Umstände missbräuchlich ist, insbesondere wenn sie vorwiegend dazu dient, gegen den Anspruchsgegner einen Anspruch auf Ersatz von Aufwendungen oder Kosten der Rechtsverfolgung entstehen zu lassen. [2] Eine missbräuchliche Geltendmachung ist im Zweifel anzunehmen, wenn

1. die Vereinbarung einer offensichtlich überhöhten Vertragsstrafe verlangt wird,
2. die vorgeschlagene Unterlassungsverpflichtung offensichtlich über die abgemahnte Rechtsverletzung hinausgeht,
3. mehrere Zuwiderhandlungen, die zusammen hätten abgemahnt werden können, einzeln abgemahnt werden oder
4. wegen einer Zuwiderhandlung, für die mehrere Zuwiderhandelnde verantwortlich sind, die Ansprüche gegen die Zuwiderhandelnden ohne sachlichen Grund nicht zusammen geltend gemacht werden.

[3] In diesen Fällen kann der Anspruchsgegner Ersatz der für seine Rechtsverteidigung erforderlichen Aufwendungen verlangen. [4] Weitergehende Ersatzansprüche bleiben unberührt.

**§ 3[5] Anspruchsberechtigte Stellen.** (1) [1] Die in den §§ 1 bis 2 bezeichneten Ansprüche auf Unterlassung, auf Widerruf und auf Beseitigung stehen zu:

---

[1] **Habersack, Deutsche Gesetze ErgBd. Nr. 107.**
[2] § 2a neu gef. mWv 7.6.2021 durch G v. 31.5.2021 (BGBl. I S. 1204).
[3] Nr. **65**.
[4] § 2b eingef. mWv 24.2.2016 durch G v. 17.2.2016 (BGBl. I S. 233); Satz 2 eingef., bish. Sätze 2 und 3 werden Sätze 3 und 4 mWv 2.12.2020 durch G v. 26.11.2020 (BGBl. I S. 2568).
[5] § 3 Abs. 2 neu gef. mWv 29.7.2014 durch G v. 22.7.2014 (BGBl. I S. 1218); Abs. 2 Nr. 1 geänd. mWv 18.4.2016 durch G v. 17.2.2016 (BGBl. I S. 203); Abs. 1 neu gef. mWv 1.12.2021 durch G v. 26.11.2020 (BGBl. I S. 2568).

1. den qualifizierten Einrichtungen, die in der Liste nach § 4 eingetragen sind, oder den qualifizierten Einrichtungen aus anderen Mitgliedstaaten der Europäischen Union, die in dem Verzeichnis der Europäischen Kommission nach Artikel 4 Absatz 3 der Richtlinie 2009/22/EG eingetragen sind,
2. den qualifizierten Wirtschaftsverbänden, die in die Liste nach § 8b des Gesetzes gegen den unlauteren Wettbewerb[1] eingetragen sind, soweit ihnen eine erhebliche Zahl von Unternehmern angehört, die Waren und Dienstleistungen gleicher oder verwandter Art auf demselben Markt vertreiben, und die Zuwiderhandlung die Interessen ihrer Mitglieder berührt,
3. den Industrie- und Handelskammern, den nach der Handwerksordnung[2] errichteten Organisationen und anderen berufsständischen Körperschaften des öffentlichen Rechts sowie den Gewerkschaften im Rahmen der Erfüllung ihrer Aufgaben bei der Vertretung selbstständiger beruflicher Interessen.

[2] Der Anspruch kann nur an Stellen im Sinne des Satzes 1 abgetreten werden. [3] Stellen nach Satz 1 Nummer 1 und 2 können die Ansprüche nicht geltend machen, solange ihre Eintragung ruht.

(2) Die in Absatz 1 Satz 1 Nummer 1 bezeichneten Stellen können die folgenden Ansprüche nicht geltend machen:
1. Ansprüche nach § 1, wenn Allgemeine Geschäftsbedingungen gegenüber einem Unternehmer (§ 14 des Bürgerlichen Gesetzbuchs[3]) oder einem öffentlichen Auftraggeber (§ 99 Nummer 1 bis 3 des Gesetzes gegen Wettbewerbsbeschränkungen[4]) verwendet oder wenn Allgemeine Geschäftsbedingungen zur ausschließlichen Verwendung zwischen Unternehmern oder zwischen Unternehmern und öffentlichen Auftraggebern empfohlen werden,
2. Ansprüche nach § 1a, es sei denn, eine Zuwiderhandlung gegen § 288 Absatz 6 des Bürgerlichen Gesetzbuchs betrifft einen Anspruch eines Verbrauchers.

**§ 3a[5] Anspruchsberechtigte Verbände nach § 2a.** [1] Der in § 2a bezeichnete Anspruch auf Unterlassung steht rechtsfähigen Verbänden zur nicht gewerbsmäßigen und nicht nur vorübergehenden Förderung der Interessen derjenigen zu, die durch § 95b Abs. 1 Satz 1 des Urheberrechtsgesetzes[6] begünstigt werden. [2] Der Anspruch kann nur an Verbände im Sinne des Satzes 1 abgetreten werden.

**§ 4[7] Liste der qualifizierten Einrichtungen.** (1) [1] Das Bundesamt für Justiz führt eine Liste der qualifizierten Einrichtungen und veröffentlicht sie in der jeweils aktuellen Fassung auf seiner Internetseite. [2] Es übermittelt die Liste mit Stand zum 1. Januar und zum 1. Juli eines jeden Jahres an die Europäische Kommission unter Hinweis auf Artikel 4 Absatz 2 der Richtlinie 2009/22/EG.

(2) [1] Ein eingetragener Verein, zu dessen satzungsmäßigen Aufgaben es gehört, Interessen der Verbraucher durch nicht gewerbsmäßige Aufklärung und Beratung wahrzunehmen, wird auf seinen Antrag in die Liste eingetragen, wenn

---

[1] Nr. **73**.
[2] **Sartorius Nr. 815.**
[3] Nr. **20**.
[4] Nr. **74**.
[5] § 3a eingef. mWv 1.9.2004 durch G v. 10.9.2003 (BGBl. I S. 1774); Satz 1 geänd. mWv 7.6.2021 durch G v. 31.5.2021 (BGBl. I S. 1204).
[6] Nr. **65**.
[7] § 4 neu gef. mWv 2.12.2020 durch G v. 26.11.2020 (BGBl. I S. 2568).

1. er mindestens drei Verbände, die im gleichen Aufgabenbereich tätig sind, oder mindestens 75 natürliche Personen als Mitglieder hat,
2. er zum Zeitpunkt der Antragstellung seit mindestens einem Jahr im Vereinsregister eingetragen ist und ein Jahr seine satzungsmäßigen Aufgaben wahrgenommen hat,
3. auf Grund seiner bisherigen Tätigkeit sowie seiner personellen, sachlichen und finanziellen Ausstattung gesichert erscheint, dass er
   a) seine satzungsgemäßen Aufgaben auch künftig dauerhaft wirksam und sachgerecht erfüllen wird und
   b) seine Ansprüche nicht vorwiegend geltend machen wird, um für sich Einnahmen aus Abmahnungen oder Vertragsstrafen zu erzielen,
4. den Mitgliedern keine Zuwendungen aus dem Vereinsvermögen gewährt werden und Personen, die für den Verein tätig sind, nicht durch unangemessen hohe Vergütungen oder andere Zuwendungen begünstigt werden.

[2] Es wird unwiderleglich vermutet, dass Verbraucherzentralen sowie andere Verbraucherverbände, wenn sie überwiegend mit öffentlichen Mitteln gefördert werden, diese Voraussetzungen erfüllen.

(3) [1] Über die Eintragung wird durch einen schriftlichen Bescheid entschieden, der dem antragstellenden Verein zuzustellen ist. [2] Auf der Grundlage eines wirksamen Bescheides ist der Verein unter Angabe des Namens, der Anschrift, des zuständigen Registergerichts, der Registernummer und des satzungsmäßigen Zwecks in die Liste einzutragen.

(4) Auf Antrag erteilt das Bundesamt für Justiz einer qualifizierten Einrichtung, die in der Liste eingetragen ist, eine Bescheinigung über ihre Eintragung.

**§ 4a[1] Überprüfung der Eintragung.** (1) Das Bundesamt für Justiz überprüft von Amts wegen, ob eine qualifizierte Einrichtung, die in der Liste nach § 4 eingetragen ist, die Eintragungsvoraussetzungen nach § 4 Absatz 2 Satz 1 erfüllt,

1. nach Ablauf von zwei Jahren nach ihrer Ersteintragung und danach jeweils nach Ablauf von fünf Jahren nach Abschluss der letzten Überprüfung oder
2. unabhängig von den Fristen nach Nummer 1, wenn begründete Zweifel am Vorliegen der Eintragungsvoraussetzungen bestehen.

(2) Ergeben sich in einem Rechtstreit begründete Zweifel daran, ob eine qualifizierte Einrichtung, die in der Liste nach § 4 eingetragen ist, die Eintragungsvoraussetzungen nach § 4 Absatz 2 Satz 1 erfüllt, kann das Gericht das Bundesamt für Justiz zur Überprüfung der Eintragung auffordern und die Verhandlung bis zum Abschluss der Überprüfung aussetzen.

(3) Das Bundesamt für Justiz kann die qualifizierten Einrichtungen und deren Vorstandsmitglieder zur Befolgung der Pflichten im Verfahren zur Überprüfung der Eintragung durch die Festsetzung eines Zwangsgelds anhalten.

**§ 4b[2] Berichtspflichten und Mitteilungspflichten.** (1) [1] Die qualifizierten Einrichtungen, die in der Liste nach § 4 Absatz 1 eingetragen sind, sind verpflichtet, bis zum 30. Juni eines jeden Kalenderjahres dem Bundesamt für Justiz für das vorangegangene Kalenderjahr zu berichten über

---

[1] § 4a eingef. mWv 2.12.2020 durch G v. 26.11.2020 (BGBl. I S. 2568).
[2] § 4b eingef. mWv 2.12.2020 durch G v. 26.11.2020 (BGBl. I S. 2568).

1. die Anzahl der von ihnen ausgesprochenen Abmahnungen, gestellten Anträge auf einstweilige Verfügungen und erhobene Klagen zur Durchsetzung ihrer Ansprüche unter Angabe der diesen Durchsetzungsmaßnahmen zugrunde liegenden Zuwiderhandlungen,
2. die Anzahl der auf Grund von Abmahnungen vereinbarten strafbewehrten Unterlassungsverpflichtungen unter Angabe der Höhe der darin vereinbarten Vertragsstrafe,
3. die Höhe der entstandenen Ansprüche auf
   a) Aufwendungsersatz für Abmahnungen,
   b) Erstattung der Kosten der gerichtlichen Rechtsverfolgung und
   c) verwirkte Vertragsstrafen sowie
4. die Anzahl ihrer Mitglieder zum 31. Dezember und deren Bezeichnung.

[2] Satz 1 Nummer 4 ist nicht anzuwenden auf qualifizierte Einrichtungen, für die die Vermutung nach § 4 Absatz 2 Satz 2 gilt.

(2) Das Bundesamt für Justiz kann die qualifizierten Einrichtungen und deren Vorstandsmitglieder zur Befolgung der Pflichten nach Absatz 1 durch die Festsetzung eines Zwangsgelds anhalten.

(3) Gerichte haben dem Bundesamt für Justiz Entscheidungen mitzuteilen, in denen festgestellt wird, dass eine qualifizierte Einrichtung, die in der Liste nach § 4 eingetragen ist, einen Anspruch missbräuchlich geltend gemacht hat.

**§ 4c[1] Aufhebung der Eintragung.** (1) Die Eintragung einer qualifizierten Einrichtung in der Liste nach § 4 ist mit Wirkung für die Zukunft aufzuheben, wenn

1. die qualifizierte Einrichtung dies beantragt oder
2. die Voraussetzungen für die Eintragung nach § 4 Absatz 2 Satz 1 nicht vorlagen oder weggefallen sind.

(2) [1] Ist auf Grund tatsächlicher Anhaltspunkte damit zu rechnen, dass die Eintragung nach Absatz 1 Nummer 2 zurückzunehmen oder zu widerrufen ist, so soll das Bundesamt für Justiz das Ruhen der Eintragung für einen bestimmten Zeitraum anordnen. [2] Das Ruhen darf für längstens drei Monate angeordnet werden. [3] Ruht die Eintragung, ist dies in der Liste nach § 4 zu vermerken.

(3) Widerspruch und Anfechtungsklage gegen Entscheidungen nach Absatz 1 oder Absatz 2 haben keine aufschiebende Wirkung.

(4) Auf Antrag bescheinigt das Bundesamt für Justiz einem Dritten, der ein rechtliches Interesse daran hat, dass die Eintragung einer qualifizierten Einrichtung in der Liste nach § 4 ruht oder aufgehoben worden ist.

**§ 4d[2] Verordnungsermächtigung.** Das Bundesministerium der Justiz und für Verbraucherschutz wird ermächtigt, durch Rechtsverordnung ohne Zustimmung des Bundesrates die Einzelheiten zu regeln

1. zur Eintragung von eingetragenen Vereinen in die Liste nach § 4 sowie zur Überprüfung und Aufhebung von Eintragungen einer qualifizierten Einrichtung in der Liste nach § 4, einschließlich der in den Verfahren bestehenden Mitwirkungs- und Nachweispflichten und
2. zu den Berichtspflichten der qualifizierten Einrichtungen nach § 4b Absatz 1.

---

[1] § 4c eingef. mWv 2.12.2020 durch G v. 26.11.2020 (BGBl. I S. 2568).
[2] § 4d eingef. mWv 2.12.2020 durch G v. 26.11.2020 (BGBl. I S. 2568).

**§ 4e[1] Unterlassungsanspruch bei innergemeinschaftlichen Verstößen.**
(1) Wer einen Verstoß im Sinne von Artikel 3 Nummer 5 der Verordnung (EU) 2017/2394 des Europäischen Parlaments und des Rates vom 12. Dezember 2017 über die Zusammenarbeit zwischen den für die Durchsetzung der Verbraucherschutzgesetze zuständigen nationalen Behörden und zur Aufhebung der Verordnung (EG) Nr. 2006/2004 (ABl. L 345 vom 27.12.2017, S. 1), die zuletzt durch die Richtlinie (EU) 2019/771 (ABl. L 136 vom 22.5.2019, S. 28) geändert worden ist, in der jeweils geltenden Fassung, begeht, kann auf Unterlassung in Anspruch genommen werden.

(2) [1]Die Ansprüche stehen den Stellen nach § 3 Absatz 1 Satz 1 zu. [2]Es wird unwiderleglich vermutet, dass ein nach § 7 Absatz 3 des EU-Verbraucherschutzdurchführungsgesetzes benannter Dritter eine Stelle nach Satz 1 ist. [3]§ 3 Absatz 1 Satz 2 und 3 ist entsprechend anzuwenden.

## Abschnitt 2. Verfahrensvorschriften

### Unterabschnitt 1. Allgemeine Vorschriften

**§ 5[2] Anwendung der Zivilprozessordnung und anderer Vorschriften.** Auf das Verfahren sind die Vorschriften der Zivilprozessordnung[3] und § 12 Absatz 1, 3 und 4, § 13 Absatz 1 bis 3 und 5 sowie § 13a des Gesetzes gegen den unlauteren Wettbewerb[4] anzuwenden, soweit sich aus diesem Gesetz nicht etwas anderes ergibt.

**§ 6[5] Zuständigkeit.** (1) [1]Für Klagen nach diesem Gesetz ist das Landgericht ausschließlich zuständig, in dessen Bezirk der Beklagte seine gewerbliche Niederlassung oder in Ermangelung einer solchen seinen Wohnsitz hat. [2]Hat der Beklagte im Inland weder eine gewerbliche Niederlassung noch einen Wohnsitz, so ist das Gericht des inländischen Aufenthaltsorts zuständig, in Ermangelung eines solchen das Gericht, in dessen Bezirk
1. die nach den §§ 307 bis 309 des Bürgerlichen Gesetzbuchs[6] unwirksamen Bestimmungen in Allgemeinen Geschäftsbedingungen verwendet wurden,
2. gegen Verbraucherschutzgesetze verstoßen wurde oder
3. gegen § 95b Absatz 1 Satz 1 des Urheberrechtsgesetzes[7] verstoßen wurde.

(2) [1]Die Landesregierungen werden ermächtigt, zur sachdienlichen Förderung oder schnelleren Erledigung der Verfahren durch Rechtsverordnung einem Landgericht für die Bezirke mehrerer Landgerichte Rechtsstreitigkeiten nach diesem Gesetz zuzuweisen. [2]Die Landesregierungen können die Ermächtigung durch Rechtsverordnung auf die Landesjustizverwaltungen übertragen.

(3) Die vorstehenden Absätze gelten nicht für Klagen, die einen Anspruch der in § 13 bezeichneten Art zum Gegenstand haben.

---

[1] Früherer § 4a neu gef. mWv 30.6.2020 durch G v. 25.6.2020 (BGBl. I S. 1474); bish. § 4a wird § 4e und Abs. 2 Satz 3 geänd. mWv 2.12.2020 durch G v. 26.11.2020 (BGBl. I S. 2568).

[2] § 5 geänd. mWv 8.7.2004 durch G v. 3.7.2004 (BGBl. I S. 1414); geänd. mWv 9.10.2013 durch G v. 1.10.2013 (BGBl. I S. 3714); geänd. mWv 2.12.2020 durch G v. 26.11.2020 (BGBl. I S. 2568).

[3] Nr. **100**.

[4] Nr. **73**.

[5] § 6 Abs. 1 Satz 2 neu gef. mWv 1.9.2004 durch G v. 10.9.2003 (BGBl. I S. 1774); Abs. 1 Satz 2 Nr. 3 geänd. mWv 7.6.2021 durch G v. 31.5.2021 (BGBl. I S. 1204).

[6] Nr. **20**.

[7] Nr. **65**.

**§ 7 Veröffentlichungsbefugnis.** [1]Wird der Klage stattgegeben, so kann dem Kläger auf Antrag die Befugnis zugesprochen werden, die Urteilsformel mit der Bezeichnung des verurteilten Beklagten auf dessen Kosten im Bundesanzeiger, im Übrigen auf eigene Kosten bekannt zu machen. [2]Das Gericht kann die Befugnis zeitlich begrenzen.

### Unterabschnitt 2. Besondere Vorschriften für Klagen nach § 1

**§ 8[1)] Klageantrag und Anhörung.** (1) Der Klageantrag muss bei Klagen nach § 1 auch enthalten:
1. den Wortlaut der beanstandeten Bestimmungen in Allgemeinen Geschäftsbedingungen,
2. die Bezeichnung der Art der Rechtsgeschäfte, für die die Bestimmungen beanstandet werden.

(2) Das Gericht hat vor der Entscheidung über eine Klage nach § 1 die Bundesanstalt für Finanzdienstleistungsaufsicht zu hören, wenn Gegenstand der Klage
1. Bestimmungen in Allgemeinen Versicherungsbedingungen sind oder
2. Bestimmungen in Allgemeinen Geschäftsbedingungen sind, für die nach dem Bausparkassengesetz[2)] oder dem Kapitalanlagegesetzbuch eine Genehmigung vorgesehen ist.

**§ 9[3)] Besonderheiten der Urteilsformel.** Erachtet das Gericht die Klage nach § 1 für begründet, so enthält die Urteilsformel auch:
1. die beanstandeten Bestimmungen der Allgemeinen Geschäftsbedingungen im Wortlaut,
2. die Bezeichnung der Art der Rechtsgeschäfte, für welche die den Unterlassungsanspruch begründenden Bestimmungen der Allgemeinen Geschäftsbedingungen nicht verwendet oder empfohlen werden dürfen,
3. das Gebot, die Verwendung oder Empfehlung inhaltsgleicher Bestimmungen in Allgemeinen Geschäftsbedingungen zu unterlassen,
4. für den Fall der Verurteilung zum Widerruf das Gebot, das Urteil in gleicher Weise bekannt zu geben, wie die Empfehlung verbreitet wurde.

**§ 10 Einwendung wegen abweichender Entscheidung.** Der Verwender, dem die Verwendung einer Bestimmung untersagt worden ist, kann im Wege der Klage nach § 767 der Zivilprozessordnung[4)] einwenden, dass nachträglich eine Entscheidung des Bundesgerichtshofs oder des Gemeinsamen Senats der Obersten Gerichtshöfe des Bundes ergangen ist, welche die Verwendung dieser Bestimmung für dieselbe Art von Rechtsgeschäften nicht untersagt, und dass die Zwangsvollstreckung aus dem Urteil gegen ihn in unzumutbarer Weise seinen Geschäftsbetrieb beeinträchtigen würde.

**§ 11 Wirkungen des Urteils.** [1]Handelt der verurteilte Verwender einem auf § 1 beruhenden Unterlassungsgebot zuwider, so ist die Bestimmung in den All-

---

[1)] § 8 Abs. 2 neu gef. mWv 1.1.2004 durch G v. 15.12.2003 (BGBl. I S. 2676); Abs. 2 Nr. 2 neu gef. mWv 22.7.2013 durch G v. 4.7.2013 (BGBl. I S. 1981); Abs. 2 einl. Satzteil geänd. mWv 26.2.2016 durch G v. 19.2.2016 (BGBl. I S. 254).

[2)] **Sartorius ErgBd. Nr. 857.**

[3)] § 9 Nr. 2 und 3 geänd. mWv 8.7.2004 durch G v. 3.7.2004 (BGBl. I S. 1414).

[4)] Nr. **100**.

gemeinen Geschäftsbedingungen als unwirksam anzusehen, soweit sich der betroffene Vertragsteil auf die Wirkung des Unterlassungsurteils beruft. [2]Er kann sich jedoch auf die Wirkung des Unterlassungsurteils nicht berufen, wenn der verurteilte Verwender gegen das Urteil die Klage nach § 10 erheben könnte.

### Unterabschnitt 3. Besondere Vorschriften für Klagen nach § 2

**§ 12[1)] Einigungsstelle.** Für Klagen nach § 2 gelten § 15 des Gesetzes gegen den unlauteren Wettbewerb[2)] und die darin enthaltene Verordnungsermächtigung entsprechend.

**§ 12a[3)] Anhörung der Datenschutzbehörden in Verfahren über Ansprüche nach § 2.** [1]Das Gericht hat vor einer Entscheidung in einem Verfahren über einen Anspruch nach § 2, das eine Zuwiderhandlung gegen ein Verbraucherschutzgesetz nach § 2 Absatz 2 Satz 1 Nummer 11 zum Gegenstand hat, die zuständige inländische Datenschutzbehörde zu hören. [2]Satz 1 ist nicht anzuwenden, wenn über einen Antrag auf Erlass einer einstweiligen Verfügung ohne mündliche Verhandlung entschieden wird.

## Abschnitt 3.[4)] Auskunft zur Durchsetzung von Ansprüchen

**§ 13[5)] Auskunftsanspruch der anspruchsberechtigten Stellen.** (1) Wer geschäftsmäßig Post-, Telekommunikations- oder Telemediendienste erbringt oder an der Erbringung solcher Dienste mitwirkt, hat anspruchsberechtigten Stellen nach § 3 Absatz 1 Satz 1 auf deren Verlangen den Namen und die zustellfähige Anschrift eines an Post-, Telekommunikations- oder Telemediendiensten Beteiligten mitzuteilen, wenn diese Stellen schriftlich versichern, dass sie die Angaben zur Durchsetzung ihrer Ansprüche nach den §§ 1 bis 2a oder nach § 4e benötigen und nicht anderweitig beschaffen können.

(2) [1]Der Anspruch besteht nur, soweit die Auskunft ausschließlich anhand der bei dem Auskunftspflichtigen vorhandenen Bestandsdaten erteilt werden kann. [2]Die Auskunft darf nicht deshalb verweigert werden, weil der Beteiligte, dessen Angaben mitgeteilt werden sollen, in die Übermittlung nicht einwilligt.

(3) [1]Der Auskunftspflichtige kann von dem Auskunftsberechtigten einen angemessenen Ausgleich für die Erteilung der Auskunft verlangen. [2]Der Auskunftsberechtigte kann von dem Beteiligten, dessen Angaben mitgeteilt worden sind, Erstattung des gezahlten Ausgleichs verlangen, wenn er gegen diesen Beteiligten einen Anspruch nach den §§ 1 bis 2a oder nach § 4e hat.

**§ 13a[6)] Auskunftsanspruch sonstiger Betroffener.** Wer von einem anderen Unterlassung der Lieferung unbestellter Sachen, der Erbringung unbestellter sonstiger Leistungen oder der Zusendung oder sonstiger Übermittlung unverlangter

---

1) § 12 geänd. mWv 8.7.2004 durch G v. 3.7.2004 (BGBl. I S. 1414).

2) Nr. **73**.

3) § 12a eingef. mWv 24.2.2016 durch G v. 17.2.2016 (BGBl. I S. 233).

4) Abschnitt 3 Überschrift neu gef. mWv 24.2.2016 durch G v. 17.2.2016 (BGBl. I S. 233).

5) § 13 Abs. 3 und 5 aufgeh., bish. Abs. 4 wird Abs. 3 mWv 31.10.2009 durch G v. 29.7.2009 (BGBl. I S. 2355); Abs. 3 neu gef. mWv 24.2.2016 durch G v. 17.2.2016 (BGBl. I S. 233); Abs. 1 neu gef., Abs. 3 Satz 2 geänd. mWv 2.12.2020 durch G v. 26.11.2020 (BGBl. I S. 2568).

6) § 13a Satz 2 aufgeh., bish. Satz 1 geänd. mWv 31.10.2009 durch G v. 29.7.2009 (BGBl. I S. 2355); geänd. mWv 24.2.2016 durch G v. 17.2.2016 (BGBl. I S. 233); geänd. mWv 2.12.2020 durch G v. 26.11.2020 (BGBl. I S. 2568).

Werbung verlangen kann, hat die Ansprüche gemäß § 13 mit der Maßgabe, dass an die Stelle eines Anspruchs nach den §§ 1 bis 2a oder nach § 4e sein Anspruch auf Unterlassung nach allgemeinen Vorschriften tritt.

### Abschnitt 4.[1] Außergerichtliche Schlichtung

**§ 14[2] Schlichtungsverfahren und Verordnungsermächtigung.** (1) [1]Bei Streitigkeiten aus der Anwendung

1. der Vorschriften des Bürgerlichen Gesetzbuchs[3] betreffend Fernabsatzverträge über Finanzdienstleistungen,
2. der §§ 491 bis 508, 511 und 655a bis 655d des Bürgerlichen Gesetzbuchs sowie Artikel 247a § 1 des Einführungsgesetzes zum Bürgerlichen Gesetzbuche[4],
3. der Vorschriften betreffend Zahlungsdiensteverträge in
   a) den §§ 675c bis 676c des Bürgerlichen Gesetzbuchs,
   b) der Verordnung (EG) Nr. 924/2009 des Europäischen Parlaments und des Rates vom 16. September 2009 über grenzüberschreitende Zahlungen in der Gemeinschaft und zur Aufhebung der Verordnung (EG) Nr. 2560/2001 (ABl. L 266 vom 9.10.2009, S. 11), die zuletzt durch Artikel 17 der Verordnung (EU) Nr. 260/2012 (ABl. L 94 vom 30.3.2012, S. 22) geändert worden ist, und
   c) der Verordnung (EU) Nr. 260/2012 des Europäischen Parlaments und des Rates vom 14. März 2012 zur Festlegung der technischen Vorschriften und der Geschäftsanforderungen für Überweisungen und Lastschriften in Euro und zur Änderung der Verordnung (EG) Nr. 924/2009 (ABl. L 94 vom 30.3. 2012, S. 22), die durch die Verordnung (EU) Nr. 248/2014 (ABl. L 84 vom 20.3.2014, S. 1) geändert worden ist,
   d) der Verordnung (EU) 2015/751 des Europäischen Parlaments und des Rates vom 29. April 2015 über Interbankenentgelte für kartengebundene Zahlungsvorgänge (ABl. L 123 vom 19.5.2015, S. 1),
4. der Vorschriften des Zahlungsdiensteaufsichtsgesetzes, soweit sie Pflichten von E-Geld-Emittenten oder Zahlungsdienstleistern gegenüber ihren Kunden begründen,
5. der Vorschriften des Zahlungskontengesetzes, die das Verhältnis zwischen einem Zahlungsdienstleister und einem Verbraucher regeln,
6. der Vorschriften des Kapitalanlagegesetzbuchs, wenn an der Streitigkeit Verbraucher beteiligt sind, oder
7. sonstiger Vorschriften im Zusammenhang mit Verträgen, die Bankgeschäfte nach § 1 Absatz 1 Satz 2 des Kreditwesengesetzes[5] oder Finanzdienstleistungen nach § 1 Absatz 1a Satz 2 des Kreditwesengesetzes betreffen, zwischen Verbrauchern und nach dem Kreditwesengesetz beaufsichtigten Unternehmen

können die Beteiligten unbeschadet ihres Rechts, die Gerichte anzurufen, eine vom Bundesamt für Justiz für diese Streitigkeiten anerkannte private Verbraucher-

---

[1] Abschnitt 4 Überschrift neu gef. mWv 31.10.2009 durch G v. 29.7.2009 (BGBl. I S. 2355).

[2] § 14 neu gef. mWv 26.2.2016 durch G v. 19.2.2016 (BGBl. I S. 254); Abs. 1 Satz 1 Nr. 2 neu gef. mWv 21.3.2016 durch G v. 11.3.2016 (BGBl. I S. 396); Abs. 1 Satz 1 Nr. 5 eingef., bish. Nr. 5 und 6 werden Nr. 6 und 7, Satz 2 geänd. mWv 18.6.2016 durch G v. 11.4.2016 (BGBl. I S. 720); Abs. 1 Satz 1 Nr. 4 neu gef. mWv 13.1.2018 durch G v. 17.7.2017 (BGBl. I S. 2446).

[3] Nr. **20**.

[4] Nr. **21**.

[5] **Sartorius ErgBd. Nr. 856.**

schlichtungsstelle oder die bei der Deutschen Bundesbank oder die bei der Bundesanstalt für Finanzdienstleistungsaufsicht eingerichtete Verbraucherschlichtungsstelle anrufen. [2]Die bei der Deutschen Bundesbank eingerichtete Verbraucherschlichtungsstelle ist für die Streitigkeiten nach Satz 1 Nummer 1 bis 5 zuständig; die bei der Bundesanstalt für Finanzdienstleistungsaufsicht eingerichtete Verbraucherschlichtungsstelle ist für die Streitigkeiten nach Satz 1 Nummer 6 und 7 zuständig. [3]Diese behördlichen Verbraucherschlichtungsstellen sind nur zuständig, wenn es für die Streitigkeit keine zuständige anerkannte Verbraucherschlichtungsstelle gibt.

(2) [1]Jede Verbraucherschlichtungsstelle nach Absatz 1 muss mit mindestens zwei Schlichtern besetzt sein, die die Befähigung zum Richteramt haben. [2]Die Schlichter müssen unabhängig sein und das Schlichtungsverfahren fair und unparteiisch führen. [3]Sie sollen ihre Schlichtungsvorschlage am geltenden Recht ausrichten und sie sollen insbesondere die zwingenden Verbraucherschutzgesetze beachten [4]Für das Schlichtungsverfahren kann von einem Verbraucher kein Entgelt verlangt werden.

(3) [1]Das Bundesamt für Justiz erkennt auf Antrag eine Schlichtungsstelle als private Verbraucherschlichtungsstelle nach Absatz 1 Satz 1 an, wenn

1. der Träger der Schlichtungsstelle ein eingetragener Verein ist,
2. die Schlichtungsstelle für die Streitigkeiten nach Absatz 1 Satz 1 zuständig ist und
3. die Organisation, Finanzierung und Verfahrensordnung der Schlichtungsstelle den Anforderungen dieses Gesetzes und der Rechtsverordnung entspricht, die auf Grund dieses Gesetzes erlassen wurde.

[2]Die Verfahrensordnung einer anerkannten Schlichtungsstelle kann nur mit Zustimmung des Bundesamts für Justiz geändert werden.

(4) Das Bundesamt für Justiz nimmt die Verbraucherschlichtungsstellen nach Absatz 1 in die Liste nach § 33 Absatz 1 des Verbraucherstreitbeilegungsgesetzes[1)] auf und macht die Anerkennung und den Widerruf oder die Rücknahme der Anerkennung im Bundesanzeiger bekannt.

(5) Das Bundesministerium der Justiz und für Verbraucherschutz regelt im Einvernehmen mit dem Bundesministerium der Finanzen durch Rechtsverordnung, die nicht der Zustimmung des Bundesrates bedarf, entsprechend den Anforderungen der Richtlinie 2013/11/EU des Europäischen Parlaments und des Rates vom 21. Mai 2013 über die alternative Beilegung verbraucherrechtlicher Streitigkeiten und zur Änderung der Verordnung (EG) Nr. 2006/2004 und der Richtlinie 2009/22/EG (ABl. L 165 vom 18.6.2013, S. 63)

1. die näheren Einzelheiten der Organisation und des Verfahrens der bei der Deutschen Bundesbank und der bei der Bundesanstalt für Finanzdienstleistungsaufsicht nach diesem Gesetz eingerichteten Verbraucherschlichtungsstellen, insbesondere auch die Kosten des Schlichtungsverfahrens für einen am Schlichtungsverfahren beteiligten Unternehmer,
2. die Voraussetzungen und das Verfahren für die Anerkennung einer privaten Verbraucherschlichtungsstelle und für die Aufhebung dieser Anerkennung sowie die Voraussetzungen und das Verfahren für die Zustimmung zur Änderung der Verfahrensordnung,

---

1) **Habersack, Deutsche Gesetze ErgBd. Nr. 107.**

3. die Zusammenarbeit der behördlichen Verbraucherschlichtungsstellen und der privaten Verbraucherschlichtungsstellen mit
   a) staatlichen Stellen, insbesondere der Bundesanstalt für Finanzdienstleistungsaufsicht, und
   b) vergleichbaren Stellen zur außergerichtlichen Streitbeilegung in anderen Vertragsstaaten des Abkommens über den Europäischen Wirtschaftsraum.

## Abschnitt 5. Anwendungsbereich

**§ 15 Ausnahme für das Arbeitsrecht.** Dieses Gesetz findet auf das Arbeitsrecht keine Anwendung.

## Abschnitt 6.[1] Bußgeldvorschriften

**§ 16[2] Bußgeldvorschriften.** (1) Ordnungswidrig handelt, wer vorsätzlich oder fahrlässig

1. entgegen § 4b Absatz 1, auch in Verbindung mit einer Rechtsverordnung nach § 4d Nummer 2, einen dort genannten Bericht nicht, nicht richtig, nicht vollständig oder nicht rechtzeitig erstattet oder
2. einer Rechtsverordnung nach § 4d Nummer 1 oder einer vollziehbaren Anordnung auf Grund einer solchen Rechtsverordnung zuwiderhandelt, soweit die Rechtsverordnung für einen bestimmten Tatbestand auf diese Bußgeldvorschrift verweist.

(2) Die Ordnungswidrigkeit kann mit einer Geldbuße bis zu hunderttausend Euro geahndet werden.

(3) Verwaltungsbehörde im Sinne des § 36 Absatz 1 Nummer 1 des Gesetzes über Ordnungswidrigkeiten[3] ist das Bundesamt für Justiz.

## Abschnitt 7.[4] Überleitungsvorschriften

**§ 17[5] Überleitungsvorschriften zu dem Gesetz zur Stärkung des fairen Wettbewerbs.** (1) Abweichend von § 4a Absatz 1 Nummer 1 sind die Eintragungsvoraussetzungen bei qualifizierten Einrichtungen, die vor dem 2. Dezember 2020 in die Liste nach § 4 eingetragen wurden und die am 2. Dezember 2020 schon länger als zwei Jahre in der Liste nach § 4 eingetragen sind, vom Bundesamt für Justiz im Zeitraum vom 2. Dezember 2020 bis zum 31. Dezember 2021 zu überprüfen.

(2) Die Berichtspflichten nach § 4b Absatz 1 sind erstmals für das Kalenderjahr 2021 zu erfüllen.

---

[1] Abschnitt 6 Überschrift neu gef. mWv 2.12.2020 durch G v. 26.11.2020 (BGBl. I S. 2568).
[2] § 16 neu gef. mWv 2.12.2020 durch G v. 26.11.2020 (BGBl. I S. 2568).
[3] Nr. **94**.
[4] Abschnitt 7 Überschrift eingef. mWv 2.12.2020 durch G v. 26.11.2020 (BGBl. I S. 2568).
[5] § 17 neu gef. mWv 2.12.2020 durch G v. 26.11.2020 (BGBl. I S. 2568).

# 106. Mediationsgesetz (MediationsG)[1)] [2)]

Vom 21. Juli 2012
(BGBl. I S. 1577)

**FNA 302-7**

| Lfd. Nr. | Änderndes Gesetz | Datum | Fund-stelle | Betroffen | Hinweis |
|---|---|---|---|---|---|
| 1. | Art. 135 Zehnte Zuständigkeitsanpassungs VO | 31. 8. 2015 | BGBl. I S. 1474 | § 6 | geänd. mWv 8. 9. 2015 |

**§ 1 Begriffsbestimmungen.** (1) Mediation ist ein vertrauliches und strukturiertes Verfahren, bei dem Parteien mithilfe eines oder mehrerer Mediatoren freiwillig und eigenverantwortlich eine einvernehmliche Beilegung ihres Konflikts anstreben.

(2) Ein Mediator ist eine unabhängige und neutrale Person ohne Entscheidungsbefugnis, die die Parteien durch die Mediation führt.

**§ 2 Verfahren; Aufgaben des Mediators.** (1) Die Parteien wählen den Mediator aus.

(2) Der Mediator vergewissert sich, dass die Parteien die Grundsätze und den Ablauf des Mediationsverfahrens verstanden haben und freiwillig an der Mediation teilnehmen.

(3) [1] Der Mediator ist allen Parteien gleichermaßen verpflichtet. [2] Er fördert die Kommunikation der Parteien und gewährleistet, dass die Parteien in angemessener und fairer Weise in die Mediation eingebunden sind. [3] Er kann im allseitigen Einverständnis getrennte Gespräche mit den Parteien führen.

(4) Dritte können nur mit Zustimmung aller Parteien in die Mediation einbezogen werden.

(5) [1] Die Parteien können die Mediation jederzeit beenden. [2] Der Mediator kann die Mediation beenden, insbesondere wenn er der Auffassung ist, dass eine eigenverantwortliche Kommunikation oder eine Einigung der Parteien nicht zu erwarten ist.

(6) [1] Der Mediator wirkt im Falle einer Einigung darauf hin, dass die Parteien die Vereinbarung in Kenntnis der Sachlage treffen und ihren Inhalt verstehen. [2] Er hat die Parteien, die ohne fachliche Beratung an der Mediation teilnehmen, auf die Möglichkeit hinzuweisen, die Vereinbarung bei Bedarf durch externe Berater überprüfen zu lassen. [3] Mit Zustimmung der Parteien kann die erzielte Einigung in einer Abschlussvereinbarung dokumentiert werden.

**§ 3 Offenbarungspflichten; Tätigkeitsbeschränkungen.** (1) [1] Der Mediator hat den Parteien alle Umstände offenzulegen, die seine Unabhängigkeit und

1) Verkündet als Art. 1 G v. 21. 7. 2012 (BGBl. S. 1577); Inkrafttreten gem. Art. 9 dieses G am 26. 7. 2012.

2) Dieses Gesetz dient der Umsetzung der Richtlinie 2008/52/EG des Europäischen Parlaments und des Rates vom 21. Mai 2008 über bestimmte Aspekte der Mediation in Zivil- und Handelssachen (ABl. L 136 vom 24.5.2008, S. 3).

Neutralität beeinträchtigen können. [2] Er darf bei Vorliegen solcher Umstände nur als Mediator tätig werden, wenn die Parteien dem ausdrücklich zustimmen.

(2) [1] Als Mediator darf nicht tätig werden, wer vor der Mediation in derselben Sache für eine Partei tätig gewesen ist. [2] Der Mediator darf auch nicht während oder nach der Mediation für eine Partei in derselben Sache tätig werden.

(3) [1] Eine Person darf nicht als Mediator tätig werden, wenn eine mit ihr in derselben Berufsausübungs- oder Bürogemeinschaft verbundene andere Person vor der Mediation in derselben Sache für eine Partei tätig gewesen ist. [2] Eine solche andere Person darf auch nicht während oder nach der Mediation für eine Partei in derselben Sache tätig werden.

(4) Die Beschränkungen des Absatzes 3 gelten nicht, wenn sich die betroffenen Parteien im Einzelfall nach umfassender Information damit einverstanden erklärt haben und Belange der Rechtspflege dem nicht entgegenstehen.

(5) Der Mediator ist verpflichtet, die Parteien auf deren Verlangen über seinen fachlichen Hintergrund, seine Ausbildung und seine Erfahrung auf dem Gebiet der Mediation zu informieren.

**§ 4 Verschwiegenheitspflicht.** [1] Der Mediator und die in die Durchführung des Mediationsverfahrens eingebundenen Personen sind zur Verschwiegenheit verpflichtet, soweit gesetzlich nichts anderes geregelt ist. [2] Diese Pflicht bezieht sich auf alles, was ihnen in Ausübung ihrer Tätigkeit bekannt geworden ist. [3] Ungeachtet anderer gesetzlicher Regelungen über die Verschwiegenheitspflicht gilt sie nicht, soweit

1. die Offenlegung des Inhalts der im Mediationsverfahren erzielten Vereinbarung zur Umsetzung oder Vollstreckung dieser Vereinbarung erforderlich ist,
2. die Offenlegung aus vorrangigen Gründen der öffentlichen Ordnung (ordre public) geboten ist, insbesondere um eine Gefährdung des Wohles eines Kindes oder eine schwerwiegende Beeinträchtigung der physischen oder psychischen Integrität einer Person abzuwenden, oder
3. es sich um Tatsachen handelt, die offenkundig sind oder ihrer Bedeutung nach keiner Geheimhaltung bedürfen.

[4] Der Mediator hat die Parteien über den Umfang seiner Verschwiegenheitspflicht zu informieren.

**§ 5 Aus- und Fortbildung des Mediators; zertifizierter Mediator.**

(1) [1] Der Mediator stellt in eigener Verantwortung durch eine geeignete Ausbildung und eine regelmäßige Fortbildung sicher, dass er über theoretische Kenntnisse sowie praktische Erfahrungen verfügt, um die Parteien in sachkundiger Weise durch die Mediation führen zu können. [2] Eine geeignete Ausbildung soll insbesondere vermitteln:

1. Kenntnisse über Grundlagen der Mediation sowie deren Ablauf und Rahmenbedingungen,
2. Verhandlungs- und Kommunikationstechniken,
3. Konfliktkompetenz,
4. Kenntnisse über das Recht der Mediation sowie über die Rolle des Rechts in der Mediation sowie
5. praktische Übungen, Rollenspiele und Supervision.

(2) Als zertifizierter Mediator darf sich bezeichnen, wer eine Ausbildung zum Mediator abgeschlossen hat, die den Anforderungen der Rechtsverordnung nach § 6 entspricht.

(3) Der zertifizierte Mediator hat sich entsprechend den Anforderungen der Rechtsverordnung nach § 6 fortzubilden.

**§ 6[1)] Verordnungsermächtigung.** [1] Das Bundesministerium der Justiz und für Verbraucherschutz wird ermächtigt, durch Rechtsverordnung ohne Zustimmung des Bundesrates nähere Bestimmungen über die Ausbildung zum zertifizierten Mediator und über die Fortbildung des zertifizierten Mediators sowie Anforderungen an Aus- und Fortbildungseinrichtungen zu erlassen. [2] In der Rechtsverordnung nach Satz 1 können insbesondere festgelegt werden:

1. nähere Bestimmungen über die Inhalte der Ausbildung, wobei eine Ausbildung zum zertifizierten Mediator die in § 5 Absatz 1 Satz 2 aufgeführten Ausbildungsinhalte zu vermitteln hat, und über die erforderliche Praxiserfahrung;
2. nähere Bestimmungen über die Inhalte der Fortbildung;
3. Mindeststundenzahlen für die Aus- und Fortbildung;
4. zeitliche Abstände, in denen eine Fortbildung zu erfolgen hat;
5. Anforderungen an die in den Aus- und Fortbildungseinrichtungen eingesetzten Lehrkräfte;
6. Bestimmungen darüber, dass und in welcher Weise eine Aus- und Fortbildungseinrichtung die Teilnahme an einer Aus- und Fortbildungsveranstaltung zu zertifizieren hat;
7. Regelungen über den Abschluss der Ausbildung;
8. Übergangsbestimmungen für Personen, die bereits vor Inkrafttreten dieses Gesetzes als Mediatoren tätig sind.

**§ 7 Wissenschaftliche Forschungsvorhaben; finanzielle Förderung der Mediation.** (1) Bund und Länder können wissenschaftliche Forschungsvorhaben vereinbaren, um die Folgen einer finanziellen Förderung der Mediation für die Länder zu ermitteln.

(2) [1] Die Förderung kann im Rahmen der Forschungsvorhaben auf Antrag einer rechtsuchenden Person bewilligt werden, wenn diese nach ihren persönlichen und wirtschaftlichen Verhältnissen die Kosten einer Mediation nicht, nur zum Teil oder nur in Raten aufbringen kann und die beabsichtigte Rechtsverfolgung oder Rechtsverteidigung nicht mutwillig erscheint. [2] Über den Antrag entscheidet das für das Verfahren zuständige Gericht, sofern an diesem Gericht ein Forschungsvorhaben durchgeführt wird. [3] Die Entscheidung ist unanfechtbar. [4] Die Einzelheiten regeln die nach Absatz 1 zustande gekommenen Vereinbarungen zwischen Bund und Ländern.

(3) Die Bundesregierung unterrichtet den Deutschen Bundestag nach Abschluss der wissenschaftlichen Forschungsvorhaben über die gesammelten Erfahrungen und die gewonnenen Erkenntnisse.

**§ 8 Evaluierung.** (1) [1] Die Bundesregierung berichtet dem Deutschen Bundestag bis zum 26. Juli 2017, auch unter Berücksichtigung der kostenrechtlichen

---

[1)] § 6 Satz 1 geänd. mWv 8. 9. 2015 durch VO v. 31. 8. 2015 (BGBl. I S. 1474).

Länderöffnungsklauseln, über die Auswirkungen dieses Gesetzes auf die Entwicklung der Mediation in Deutschland und über die Situation der Aus- und Fortbildung der Mediatoren. [2] In dem Bericht ist insbesondere zu untersuchen und zu bewerten, ob aus Gründen der Qualitätssicherung und des Verbraucherschutzes weitere gesetzgeberische Maßnahmen auf dem Gebiet der Aus- und Fortbildung von Mediatoren notwendig sind.

(2) Sofern sich aus dem Bericht die Notwendigkeit gesetzgeberischer Maßnahmen ergibt, soll die Bundesregierung diese vorschlagen.

**§ 9 Übergangsbestimmung.** (1) Die Mediation in Zivilsachen durch einen nicht entscheidungsbefugten Richter während eines Gerichtsverfahrens, die vor dem 26. Juli 2012 an einem Gericht angeboten wird, kann unter Fortführung der bisher verwendeten Bezeichnung (gerichtlicher Mediator) bis zum 1. August 2013 weiterhin durchgeführt werden.

(2) Absatz 1 gilt entsprechend für die Mediation in der Verwaltungsgerichtsbarkeit, der Sozialgerichtsbarkeit, der Finanzgerichtsbarkeit und der Arbeitsgerichtsbarkeit.

# 108. Gesetz über die Zwangsversteigerung und die Zwangsverwaltung

In der Fassung der Bekanntmachung vom 20. Mai 1898[1)]
(RGBl. S. 713)

**BGBl. III/FNA 310-14**

| Lfd. Nr. | Änderndes Gesetz | Datum | Fundstelle | Betroffen | Hinweis |
|---|---|---|---|---|---|
| 1.–36. | Änderungsgesetze bis einschl. G v. 23.11.2007 (BGBl. I S. 2614) nur noch in den Anmerkungen nachgewiesen | | | | |
| 37. | Art. 32 FGG-ReformG | 17.12. 2008 | BGBl. I S. 2586 | §§ 140, 141, 181 | geänd. mWv 1.9.2009 |
| 38. | Art. 8 G zur Reform des Kontopfändungsschutzes | 7.7.2009 | BGBl. I S. 1707 | §§ 10, 163 | geänd. mWv 11.7.2009 |
| 39. | Art. 4 Abs. 4a G zur Reform der Sachaufklärung in der Zwangsvollstreckung | 29.7.2009 | BGBl. I S. 2258 | § 68 | geänd. mWv 1.8.2009 |
| 40. | Art. 6 G zur weiteren Erleichterung der Sanierung von Unternehmen | 7.12.2011 | BGBl. I S. 2582 | § 30d | geänd. mWv 1.3.2012 |
| 41. | Art. 146 Zehnte ZuständigkeitsanpassungsVO | 31.8.2015 | BGBl. I S. 1474 | § 152a | geänd. mWv 8.9.2015 |
| 42. | Art. 15 G zur Bereinigung des Rechts der Lebenspartner | 20.11. 2015 | BGBl. I S. 2010 | § 180 | geänd. mWv 26.11.2015 |
| 43. | Art. 9 WSV-ZuständigkeitsanpassungsG | 24.5.2016 | BGBl. I S. 1217 | § 163 | geänd. mWv 1.6.2016 |
| 44. | Art. 5 Wohnungseigentumsmodernisierungsgesetz (WEMoG) | 16.10. 2020 | BGBl. I S. 2187 | §§ 10, 45, 156 | geänd. mWv 1.12.2020 |
| 45. | Art. 4 Sanierungs- und InsolvenzrechtsfortentwicklungsG[2)] | 22.12. 2020 | BGBl. I S. 3256 | § 30g | eingef. mWv 1.1.2021 |
| 46. | Art. 2 G zur Durchführung der EU-Verordnungen über grenzüberschreitende Zustellungen und grenzüberschreitende Beweisaufnahmen in Zivil- oder Handelssachen sowie zur Änd. sonstiger Vorschriften | 24.6.2022 | BGBl. I S. 959 | § 6 | geänd. mWv 1.7.2022 |
| 47. | Art. 24 SanktionsdurchsetzungsG II | 19.12. 2022 | BGBl. I S. 2606 | § 49 | geänd. mWv 28.12.2022 |

[1)] Neubekanntmachung des ZVG v. 24.3.1897 (RGBl. S. 97) in der vom 1.1.1900 an geltenden Fassung.

[2)] **Amtl. Anm.:** Dieses Gesetz dient der weiteren Umsetzung der Richtlinie (EU) 2019/1023 des Europäischen Parlaments und des Rates vom 20. Juni 2019 über präventive Restrukturierungsrahmen, über Entschuldung und über Tätigkeitsverbote sowie über Maßnahmen zur Steigerung der Effizienz von Restrukturierungs-, Insolvenz- und Entschuldungsverfahren und zur Änderung der Richtlinie (EU) 2017/1132 (Richtlinie über Restrukturierung und Insolvenz) (ABl. L 172 vom 26.6.2019, S. 18).

**Nichtamtliche Inhaltsübersicht**



## Erster Abschnitt. Zwangsversteigerung und Zwangsverwaltung von Grundstücken im Wege der Zwangsvollstreckung

### Erster Titel. Allgemeine Vorschriften

**§ 1**[1)] **[Zuständiges Amtsgericht]** (1) Für die Zwangsversteigerung und die Zwangsverwaltung eines Grundstücks ist als Vollstreckungsgericht das Amtsgericht zuständig, in dessen Bezirke das Grundstück belegen ist.

(2) [1]Die Landesregierungen werden ermächtigt, durch Rechtsverordnung die Zwangsversteigerungs- und Zwangsverwaltungssachen einem Amtsgericht für die Bezirke mehrerer Amtsgerichte zuzuweisen, sofern die Zusammenfassung für eine sachdienliche Förderung und schnellere Erledigung der Verfahren erforderlich ist. [2]Die Landesregierungen können die Ermächtigung auf die Landesjustizverwaltungen übertragen.

**§ 2**[2)] **[Bestellung durch das höhere Gericht]** (1) Ist das Grundstück in den Bezirken verschiedener Amtsgerichte belegen oder ist es mit Rücksicht auf die Grenzen der Bezirke ungewiß, welches Gericht zuständig ist, so hat das zunächst höhere Gericht eines der Amtsgerichte zum Vollstreckungsgerichte zu bestellen; § 36 Abs. 2 und 3 und § 37 der Zivilprozeßordnung[3)] finden entsprechende Anwendung.

(2) [1]Die gleiche Anordnung kann getroffen werden, wenn die Zwangsversteigerung oder die Zwangsverwaltung mehrerer Grundstücke in demselben Verfahren zulässig ist und die Grundstücke in den Bezirken verschiedener Amtsgerichte belegen sind. [2]Von der Anordnung soll das zum Vollstreckungsgerichte bestellte Gericht die übrigen Gerichte in Kenntnis setzen.

---

[1)] § 1 Abs. 2 eingef. durch G v. 8.2.1957 (BGBl. I S. 18).
[2)] § 2 Abs. 1 geänd. durch G v. 22.12.1997 (BGBl. I S. 3224).
[3)] Nr. **100**.

**§ 3**[1] **[Zustellungen]** [1]Die Zustellungen erfolgen von Amts wegen. [2]Sie können durch Einschreiben mit Rückschein erfolgen. [3]Zum Nachweis der Zustellung genügt der Rückschein.

**§ 4 [Zustellung durch Aufgabe zur Post]** [1]Wohnt derjenige, welchem zugestellt werden soll, weder am Orte noch im Bezirke des Vollstreckungsgerichts, so kann die Zustellung durch Aufgabe zur Post erfolgen, solange nicht die Bestellung eines daselbst wohnhaften Prozeßbevollmächtigten oder Zustellungsbevollmächtigten dem Gericht angezeigt ist. [2]Die Postsendung muß mit der Bezeichnung „Einschreiben" versehen werden.

**§ 5 [Zustellungsbevollmächtigter]** Die Bestellung eines Zustellungsbevollmächtigten bei dem Grundbuchamte gilt auch für das Verfahren des Vollstreckungsgerichts, sofern sie diesem bekannt geworden ist.

**§ 6**[2] **[Bestellung eines Zustellungsvertreters]** (1) Ist der Aufenthalt desjenigen, welchem zugestellt werden soll, und der Aufenthalt seines Zustellungsbevollmächtigten dem Vollstreckungsgericht nicht bekannt oder sind die Voraussetzungen für eine öffentliche Zustellung aus sonstigen Gründen (§ 185 der Zivilprozeßordnung[3]) gegeben, so hat das Gericht für denjenigen, welchem zugestellt werden soll, einen Zustellungsvertreter zu bestellen.

(2) [1]Das gleiche gilt, wenn im Falle der Zustellung durch Aufgabe zur Post die Postsendung als unbestellbar zurückkommt. [2]Die zurückgekommene Sendung soll dem Zustellungsvertreter ausgehändigt werden.

(3) Statt der Bestellung eines Vertreters genügt es, wenn die Zustellung für nicht prozeßfähige Personen an das Familien- oder Betreuungsgericht, für juristische Personen oder für Vereine, die als solche klagen und verklagt werden können, an die Aufsichtsbehörde angeordnet wird.

**§ 7 [Zustellung an Zustellungsvertreter]** (1) An den Zustellungsvertreter erfolgen die Zustellungen, solange derjenige, welchem zugestellt werden soll, nicht ermittelt ist.

(2) [1]Der Zustellungsvertreter ist zur Ermittlung und Benachrichtigung des Vertretenen verpflichtet. [2]Er kann von diesem eine Vergütung für seine Tätigkeit und Ersatz seiner Auslagen fordern. [3]Über die Vergütung und die Erstattung der Auslagen entscheidet das Vollstreckungsgericht.

(3) Für die Erstattung der Auslagen haftet der Gläubiger, soweit der Zustellungsvertreter von dem Vertretenen Ersatz nicht zu erlangen vermag; die dem Gläubiger zur Last fallenden Auslagen gehören zu den Kosten der die Befriedigung aus dem Grundstücke bezweckenden Rechtsverfolgung.

**§ 8 [Zustellung des Anordnungs- und Beitrittsbeschlusses]** Die Vorschriften der §§ 4 bis 7 finden auf die an den Schuldner zu bewirkende Zustellung des Beschlusses, durch welchen die Zwangsvollstreckung angeordnet oder der Beitritt eines Gläubigers zugelassen wird, keine Anwendung.

**§ 9 [Beteiligte]** In dem Verfahren gelten als Beteiligte, außer dem Gläubiger und dem Schuldner:

---

[1] § 3 Sätze 2 und 3 angef. mWv 1.2.2007 durch G v. 22.12.2006 (BGBl. I S. 3416).

[2] § 6 Abs. 1 neu gef. durch G v. 20.8.1953 (BGBl. I S. 952); Abs. 1 geänd. mWv 1.7.2002 durch G v. 25.6.2001 (BGBl. I S. 1206); Abs. 3 geänd. mWv 1.7.2022 durch G v. 24.6.2022 (BGBl. I S. 959).

[3] Nr. **100**.

1. diejenigen, für welche zur Zeit der Eintragung des Vollstreckungsvermerkes ein Recht im Grundbuch eingetragen oder durch Eintragung gesichert ist;
2. diejenigen, welche ein der Zwangsvollstreckung entgegenstehendes Recht, ein Recht an dem Grundstück oder an einem das Grundstück belastenden Rechte, einen Anspruch mit dem Rechte auf Befriedigung aus dem Grundstück oder ein Miet- oder Pachtrecht, auf Grund dessen ihnen das Grundstück überlassen ist, bei dem Vollstreckungsgericht anmelden und auf Verlangen des Gerichts oder eines Beteiligten glaubhaft machen.

**§ 10[1)] [Rangordnung der Rechte]** (1) Ein Recht auf Befriedigung aus dem Grundstücke gewähren nach folgender Rangordnung, bei gleichem Range nach dem Verhältnis ihrer Beträge:

1. der Anspruch eines die Zwangsverwaltung betreibenden Gläubigers auf Ersatz seiner Ausgaben zur Erhaltung oder nötigen Verbesserung des Grundstücks, im Falle der Zwangsversteigerung jedoch nur, wenn die Verwaltung bis zum Zuschlage fortdauert und die Ausgaben nicht aus den Nutzungen des Grundstücks erstattet werden können;

1a. im Falle einer Zwangsversteigerung, bei der das Insolvenzverfahren über das Vermögen des Schuldners eröffnet ist, die zur Insolvenzmasse gehörenden Ansprüche auf Ersatz der Kosten der Feststellung der beweglichen Gegenstände, auf die sich die Versteigerung erstreckt; diese Kosten sind nur zu erheben, wenn ein Insolvenzverwalter bestellt ist, und pauschal mit vier vom Hundert des Wertes anzusetzen, der nach § 74a Abs. 5 Satz 2 festgesetzt worden ist;

2. bei Vollstreckung in ein Wohnungseigentum die daraus fälligen Ansprüche auf Zahlung der Beiträge zu den Lasten und Kosten des gemeinschaftlichen Eigentums oder des Sondereigentums, die nach § 16 Abs. 2, § 28 Absatz 1 und 2 des Wohnungseigentumsgesetzes[2)] geschuldet werden, einschließlich der Vorschüsse und Rückstellungen sowie der Rückgriffsansprüche einzelner Wohnungseigentümer. Das Vorrecht erfasst die laufenden und die rückständigen Beträge aus dem Jahr der Beschlagnahme und den letzten zwei Jahren. Das Vorrecht einschließlich aller Nebenleistungen ist begrenzt auf Beträge in Höhe von nicht mehr als 5 vom Hundert des nach § 74a Abs. 5 festgesetzten Wertes. Die Anmeldung erfolgt durch die Gemeinschaft der Wohnungseigentümer. Rückgriffsansprüche einzelner Wohnungseigentümer werden von diesen angemeldet;

3. die Ansprüche auf Entrichtung der öffentlichen Lasten des Grundstücks wegen der aus den letzten vier Jahren rückständigen Beträge; wiederkehrende Leistungen, insbesondere Grundsteuern, Zinsen, Zuschläge oder Rentenleistungen, sowie Beträge, die zur allmählichen Tilgung einer Schuld als Zuschlag zu den Zinsen zu entrichten sind, genießen dieses Vorrecht nur für die laufenden Beträge und für die Rückstände aus den letzten zwei Jahren. Untereinander stehen öffentliche Grundstückslasten, gleichviel ob sie auf Bundes- oder Landesrecht beruhen, im Range gleich. Die Vorschriften des § 112 Abs. 1 und der

---

1) § 10 Abs. 1 Nr. 3 und 4 neu gef. durch G v. 20.8.1953 (BGBl. I S. 952); Abs. 1 Nr. 1a eingef. durch G v. 15.10.1994 (BGBl. I S. 2911); Abs. 1 Nr. 2 neu gef., Abs. 3 angef. mWv 1.7.2007 durch G v. 26.3.2007 (BGBl. I S. 370); Abs. 3 Satz 1 geänd. mWv 11.7.2009 durch G v. 7.7.2009 (BGBl. I S. 1707); Abs. 1 Nr. 2 geänd., Abs. 3 Satz 1 aufgeh., bish. Sätze 2 und 3 werden Sätze 1 und 2, neuer Satz 1 geänd. mWv 1.12.2020 durch G v. 16.10.2020 (BGBl. I S. 2187).

2) Nr. **37**.

§§ 113 und 116 des Gesetzes über den Lastenausgleich *vom 14. August 1952 (Bundesgesetzbl. I S. 446)*[1] bleiben unberührt;

4. die Ansprüche aus Rechten an dem Grundstück, soweit sie nicht infolge der Beschlagnahme dem Gläubiger gegenüber unwirksam sind, einschließlich der Ansprüche auf Beträge, die zur allmählichen Tilgung einer Schuld als Zuschlag zu den Zinsen zu entrichten sind; Ansprüche auf wiederkehrende Leistungen, insbesondere Zinsen, Zuschläge, Verwaltungskosten oder Rentenleistungen, genießen das Vorrecht dieser Klasse nur wegen der laufenden und der aus den letzten zwei Jahren rückständigen Beträge;
5. der Anspruch des Gläubigers, soweit er nicht in einer der vorhergehenden Klassen zu befriedigen ist;
6. die Ansprüche der vierten Klasse, soweit sie infolge der Beschlagnahme dem Gläubiger gegenüber unwirksam sind;
7. die Ansprüche der dritten Klasse wegen der älteren Rückstände;
8. die Ansprüche der vierten Klasse wegen der älteren Rückstände.

(2) Das Recht auf Befriedigung aus dem Grundstücke besteht auch für die Kosten der Kündigung und der die Befriedigung aus dem Grundstücke bezweckenden Rechtsverfolgung.

(3) [1] Für die Vollstreckung mit dem Range nach Absatz 1 Nummer 2 genügt ein Titel, aus dem die Verpflichtung des Schuldners zur Zahlung, die Art und der Bezugszeitraum des Anspruchs sowie seine Fälligkeit zu erkennen sind. [2] Soweit die Art und der Bezugszeitraum des Anspruchs sowie seine Fälligkeit nicht aus dem Titel zu erkennen sind, sind sie in sonst geeigneter Weise glaubhaft zu machen.

**§ 11 [Rangordnung verschiedener Rechte in derselben Klasse]**

(1) Sind Ansprüche aus verschiedenen Rechten nach § 10 Nr. 4, 6 oder 8 in derselben Klasse zu befriedigen, so ist für sie das Rangverhältnis maßgebend, welches unter den Rechten besteht.

(2) In der fünften Klasse geht unter mehreren Ansprüchen derjenige vor, für welchen die Beschlagnahme früher erfolgt ist.

**§ 12 [Rangordnung gleicher Rechte untereinander]** Die Ansprüche aus einem und demselben Rechte haben untereinander folgende Rangordnung:

1. die Ansprüche auf Ersatz der im § 10 Abs. 2 bezeichneten Kosten;
2. die Ansprüche auf wiederkehrende Leistungen und andere Nebenleistungen;
3. der Hauptanspruch.

**§ 13[2] [Wiederkehrende Leistungen]** (1) [1] Laufende Beträge wiederkehrender Leistungen sind der letzte vor der Beschlagnahme fällig gewordene Betrag sowie die später fällig werdenden Beträge. [2] Die älteren Beträge sind Rückstände.

(2) Absatz 1 ist anzuwenden, gleichviel ob die Ansprüche auf wiederkehrende Leistungen auf öffentlichem oder privatem Recht oder ob sie auf Bundes- oder Landesrecht beruhen oder ob die gesetzlichen Vorschriften andere als die in § 10 Abs. 1 Nr. 3 und 4 bestimmten Fristen festsetzen; kürzere Fristen als die in § 10 Abs. 1 Nr. 3 und 4 bestimmten werden stets vom letzten Fälligkeitstag vor der Beschlagnahme zurückgerechnet.

---

[1] Jetzt idF der Bek. v. 2.6.1993 (BGBl. I S. 845) mit späteren Änderungen.
[2] § 13 neu gef. durch G v. 20.8.1953 (BGBl. I S. 952).

(3) Fehlt es innerhalb der letzten zwei Jahre an einem Fälligkeitstermin, so entscheidet der Zeitpunkt der Beschlagnahme.

(4) [1]Liegen mehrere Beschlagnahmen vor, so ist die erste maßgebend. [2]Bei der Zwangsversteigerung gilt, wenn bis zur Beschlagnahme eine Zwangsverwaltung fortgedauert hat, die für diese bewirkte Beschlagnahme als die erste.

**§ 14. [Ansprüche unbestimmten Betrages]** Ansprüche von unbestimmtem Betrage gelten als aufschiebend bedingt durch die Feststellung des Betrags.

## Zweiter Titel. Zwangsversteigerung

### I. Anordnung der Versteigerung

**§ 15. [Antrag]** Die Zwangsversteigerung eines Grundstücks wird von dem Vollstreckungsgericht auf Antrag angeordnet.

**§ 16. [Inhalt des Antrages]** (1) Der Antrag soll das Grundstück, den Eigentümer, den Anspruch und den vollstreckbaren Titel bezeichnen.

(2) Die für den Beginn der Zwangsvollstreckung erforderlichen Urkunden sind dem Antrage beizufügen.

**§ 17.[1)] [Eintragung des Schuldners; Glaubhaftmachung der Erbfolge]** (1) Die Zwangsversteigerung darf nur angeordnet werden, wenn der Schuldner als Eigentümer des Grundstücks eingetragen oder wenn er Erbe des eingetragenen Eigentümers ist.

(2) [1]Die Eintragung ist durch ein Zeugnis des Grundbuchamts nachzuweisen. [2]Gehören Vollstreckungsgericht und Grundbuchamt demselben Amtsgericht an, so genügt statt des Zeugnisses die Bezugnahme auf das Grundbuch.

(3) Die Erbfolge ist durch Urkunden glaubhaft zu machen, sofern sie nicht bei dem Gericht offenkundig ist.

**§ 18.[2)] [Versteigerung mehrerer Grundstücke]** Die Zwangsversteigerung mehrerer Grundstücke kann in demselben Verfahren erfolgen, wenn sie entweder wegen einer Forderung gegen denselben Schuldner oder wegen eines an jedem der Grundstücke bestehenden Rechtes oder wegen einer Forderung, für welche die Eigentümer gesamtschuldnerisch haften, betrieben wird.

**§ 19.[1)] [Eintragung der Anordnung in das Grundbuch]** (1) Ordnet das Gericht die Zwangsversteigerung an, so hat es zugleich das Grundbuchamt um Eintragung dieser Anordnung in das Grundbuch zu ersuchen.

(2) [1]Das Grundbuchamt hat nach der Eintragung des Versteigerungsvermerkes dem Gericht eine beglaubigte Abschrift des Grundbuchblatts und der Urkunden, auf welche im Grundbuche Bezug genommen wird, zu erteilen, die bei ihm bestellten Zustellungsbevollmächtigten zu bezeichnen und Nachricht zu geben, was ihm über Wohnort und Wohnung der eingetragenen Beteiligten und deren Vertreter bekannt ist. [2]Statt der Erteilung einer beglaubigten Abschrift der Urkunden genügt die Beifügung der Grundakten oder der Urkunden.

(3) Eintragungen im Grundbuch, die nach der Eintragung des Vermerks über die Anordnung der Zwangsversteigerung erfolgen, soll das Grundbuchamt dem Gericht mitteilen.

---

[1)] § 17 Abs. 2 neugef., § 19 Abs. 3 angef. durch G. v. 20. 8. 1953 (BGBl. I S. 952).
[2)] § 18 geänd. durch G v. 1. 2. 1979 (BGBl. I S. 127).

**§ 20. [Beschlagnahme des Grundstücks; Umfang]** (1) Der Beschluß, durch welchen die Zwangsversteigerung angeordnet wird, gilt zugunsten des Gläubigers als Beschlagnahme des Grundstücks.

(2) Die Beschlagnahme umfaßt auch diejenigen Gegenstände, auf welche sich bei einem Grundstücke die Hypothek erstreckt.

**§ 21.**[1] **[Umfang der Beschlagnahme]** (1) Die Beschlagnahme umfaßt land- und forstwirtschaftliche Erzeugnisse des Grundstücks sowie die Forderung aus einer Versicherung solcher Erzeugnisse nur, soweit die Erzeugnisse noch mit dem Boden verbunden oder soweit sie Zubehör des Grundstücks sind.

(2) Die Beschlagnahme umfaßt nicht die Miet- und Pachtforderungen sowie die Ansprüche aus einem mit dem Eigentum an dem Grundstücke verbundenen Rechte auf wiederkehrende Leistungen.

(3) Das Recht eines Pächters auf den Fruchtgenuß wird von der Beschlagnahme nicht berührt.

**§ 22. [Wirksamwerden der Beschlagnahme]** (1) [1]Die Beschlagnahme des Grundstücks wird mit dem Zeitpunkte wirksam, in welchem der Beschluß, durch den die Zwangsversteigerung angeordnet ist, dem Schuldner zugestellt wird. [2]Sie wird auch wirksam mit dem Zeitpunkt, in welchem das Ersuchen um Eintragung des Versteigerungsvermerkes dem Grundbuchamte zugeht, sofern auf das Ersuchen die Eintragung demnächst erfolgt.

(2) [1]Erstreckt sich die Beschlagnahme auf eine Forderung, so hat das Gericht auf Antrag des Gläubigers dem Drittschuldner zu verbieten, an den Schuldner zu zahlen. [2]Die Beschlagnahme wird dem Drittschuldner gegenüber erst mit dem Zeitpunkte wirksam, in welchem sie ihm bekannt oder das Zahlungsverbot ihm zugestellt wird. [3]Die Vorschriften des § 845 der Zivilprozeßordnung finden entsprechende Anwendung.

**§ 23. [Wirkung der Beschlagnahme]** (1) [1]Die Beschlagnahme hat die Wirkung eines Veräußerungsverbots. [2]Der Schuldner kann jedoch, wenn sich die Beschlagnahme auf bewegliche Sachen erstreckt, über einzelne Stücke innerhalb der Grenzen einer ordnungsmäßigen Wirtschaft auch dem Gläubiger gegenüber wirksam verfügen.

(2) [1]Kommt es bei einer gegen die Beschlagnahme verstoßenden Verfügung nach § 135 Abs. 2 des Bürgerlichen Gesetzbuchs darauf an, ob derjenige, zu dessen Gunsten verfügt wurde, die Beschlagnahme kannte, so steht die Kenntnis des Versteigerungsantrags einer Kenntnis der Beschlagnahme gleich. [2]Die Beschlagnahme gilt auch in Ansehung der mithaftenden beweglichen Sachen als bekannt, sobald der Versteigerungsvermerk eingetragen ist.

**§ 24. [Verwaltung und Benutzung durch den Schuldner]** Die Verwaltung und Benutzung des Grundstücks verbleibt dem Schuldner nur innerhalb der Grenzen einer ordnungsmäßigen Wirtschaft.

**§ 25. [Sicherung der ordnungsmäßigen Bewirtschaftung]** [1]Ist zu besorgen, daß durch das Verhalten des Schuldners die ordnungsmäßige Wirtschaft

[1] § 21 Abs. 2 geänd. durch Art. 7 Abs. 18 MietRRG v. 19. 6. 2001 (BGBl. I S. 1149).

gefährdet wird, so hat das Vollstreckungsgericht auf Antrag des Gläubigers die zur Abwendung der Gefährdung erforderlichen Maßregeln anzuordnen. [2]Das Gericht kann die Maßregeln aufheben, wenn der zu deren Fortsetzung erforderliche Geldbetrag nicht vorgeschossen wird.

**§ 26. [Veräußerung nach Beschlagnahme]** Ist die Zwangsversteigerung wegen des Anspruchs aus einem eingetragenen Rechte angeordnet, so hat eine nach der Beschlagnahme bewirkte Veräußerung des Grundstücks auf den Fortgang des Verfahrens gegen den Schuldner keinen Einfluß.

**§ 27. [Beitritt zum Versteigerungsverfahren]** (1) [1]Wird nach der Anordnung der Zwangsversteigerung ein weiterer Antrag auf Zwangsversteigerung des Grundstücks gestellt, so erfolgt statt des Versteigerungsbeschlusses die Anordnung, daß der Beitritt des Antragstellers zu dem Verfahren zugelassen wird. [2]Eine Eintragung dieser Anordnung in das Grundbuch findet nicht statt.

(2) Der Gläubiger, dessen Beitritt zugelassen ist, hat dieselben Rechte, wie wenn auf seinen Antrag die Versteigerung angeordnet wäre.

### II. Aufhebung und einstweilige Einstellung des Verfahrens

**§ 28.[1)] [Entgegenstehende grundbuchmäßige Rechte; Verfügungsbeschränkung; Vollstreckungsmangel]** (1) [1]Wird dem Vollstreckungsgericht ein aus dem Grundbuch ersichtliches Recht bekannt, welches der Zwangsversteigerung oder der Fortsetzung des Verfahrens entgegensteht, so hat das Gericht das Verfahren entweder sofort aufzuheben oder unter Bestimmung einer Frist, binnen welcher der Gläubiger die Hebung des Hindernisses nachzuweisen hat, einstweilen einzustellen. [2]Im letzteren Falle ist das Verfahren nach dem Ablaufe der Frist aufzuheben, wenn nicht inzwischen der Nachweis erbracht ist.

(2) Wird dem Vollstreckungsgericht eine Verfügungsbeschränkung oder ein Vollstreckungsmangel bekannt, ist Absatz 1 entsprechend anzuwenden.

**§ 29. [Zurücknahme des Antrages]** Das Verfahren ist aufzuheben, wenn der Versteigerungsantrag von dem Gläubiger zurückgenommen wird.

**§ 30.[2)] [Einstweilige Einstellung auf Bewilligung des Gläubigers]**
(1) [1]Das Verfahren ist einstweilen einzustellen, wenn der Gläubiger die Einstellung bewilligt. [2]Die Einstellung kann wiederholt bewilligt werden. [3]Ist das Verfahren auf Grund einer Bewilligung des Gläubigers bereits zweimal eingestellt, so gilt eine erneute Einstellungsbewilligung als Rücknahme des Versteigerungsantrags.

(2) Der Bewilligung der Einstellung steht es gleich, wenn der Gläubiger die Aufhebung des Versteigerungstermins bewilligt.

**§ 30a.[3)] [Einstweilige Einstellung auf Antrag des Schuldners]**
(1) Das Verfahren ist auf Antrag des Schuldners einstweilen auf die Dauer von höchstens sechs Monaten einzustellen, wenn Aussicht besteht, daß durch die Einstellung die Versteigerung vermieden wird, und wenn die Einstellung

---

1) § 28 Abs. 2 angef. durch G v. 18. 2. 1998 (BGBl. I S. 866).
2) § 30 neugef. durch G v. 20. 8. 1953 (BGBl. I S. 952).
3) § 30a eingef. durch G v. 20. 8. 1953 (BGBl. I S. 952), Abs. 1 neugef. durch G v. 1. 2. 1979 (BGBl. I S. 127).

nach den persönlichen und wirtschaftlichen Verhältnissen des Schuldners sowie nach der Art der Schuld der Billigkeit entspricht.

(2) Der Antrag ist abzulehnen, wenn die einstweilige Einstellung dem betreibenden Gläubiger unter Berücksichtigung seiner wirtschaftlichen Verhältnisse nicht zuzumuten ist, insbesondere ihm einen unverhältnismäßigen Nachteil bringen würde, oder wenn mit Rücksicht auf die Beschaffenheit oder die sonstigen Verhältnisse des Grundstücks anzunehmen ist, daß die Versteigerung zu einem späteren Zeitpunkt einen wesentlich geringeren Erlös bringen würde.

(3) [1]Die einstweilige Einstellung kann auch mit der Maßgabe angeordnet werden, daß sie außer Kraft tritt, wenn der Schuldner die während der Einstellung fällig werdenden wiederkehrenden Leistungen nicht binnen zwei Wochen nach Eintritt der Fälligkeit bewirkt. [2]Wird die Zwangsversteigerung von einem Gläubiger betrieben, dessen Hypothek oder Grundschuld innerhalb der ersten sieben Zehnteile des Grundstückswertes steht, so darf das Gericht von einer solchen Anordnung nur insoweit absehen, als dies nach den besonderen Umständen des Falles zur Wiederherstellung einer geordneten wirtschaftlichen Lage des Schuldners geboten und dem Gläubiger unter Berücksichtigung seiner gesamten wirtschaftlichen Verhältnisse, insbesondere seiner eigenen Zinsverpflichtungen, zuzumuten ist.

(4) Das Gericht kann ferner anordnen, daß der Schuldner Zahlungen auf Rückstände wiederkehrender Leistungen zu bestimmten Terminen zu bewirken hat.

(5) Das Gericht kann schließlich die einstweilige Einstellung von sonstigen Auflagen mit der Maßgabe abhängig machen, daß die einstweilige Einstellung des Verfahrens bei Nichterfüllung dieser Auflagen außer Kraft tritt.

**§ 30b.**[1)] **[Antrag auf einstweilige Einstellung; Entscheidung]** (1) [1]Die einstweilige Einstellung ist binnen einer Notfrist von zwei Wochen zu beantragen. [2]Die Frist beginnt mit der Zustellung der Verfügung, in welcher der Schuldner auf das Recht zur Stellung des Einstellungsantrages, den Fristbeginn und die Rechtsfolgen eines fruchtlosen Fristablaufs hingewiesen wird. [3]Der Hinweis ist möglichst zugleich mit dem Beschluß, durch den die Zwangsversteigerung angeordnet wird, zuzustellen.

(2) [1]Die Entscheidung über den Antrag auf einstweilige Einstellung des Verfahrens ergeht durch Beschluß. [2]Vor der Entscheidung sind der Schuldner und der betreibende Gläubiger zu hören; in geeigneten Fällen kann das Gericht mündliche Verhandlung anberaumen. [3]Der Schuldner und der betreibende Gläubiger haben ihre Angaben auf Verlangen des Gerichts glaubhaft zu machen.

(3) Gegen die Entscheidung ist die sofortige Beschwerde zulässig; vor der Entscheidung ist der Gegner zu hören.

(4) Der Versteigerungstermin soll erst nach Rechtskraft des die einstweilige Einstellung ablehnenden Beschlusses bekanntgegeben werden.

**§ 30c.**[2)] **[Erneute Einstellung]** [1]War das Verfahren gemäß § 30a einstweilen eingestellt, so kann es auf Grund des § 30a einmal erneut eingestellt

---

[1)] § 30b eingef. durch G. v. 20. 8. 1953 (BGBl. I S. 952), Abs. 3 Satz 2 aufgeh. durch Art. 9 ZPO-RG v. 27. 7. 2001 (BGBl. I S. 1887).

[2)] Früherer § 30d eingef. durch G v. 20. 8. 1953 (BGBl. I S. 952), Abs. 1 Satz 1 geänd. durch G v. 1. 2. 1979 (BGBl. I S. 127), bish. § 30d wird § 30c, Abs. 1 Satz 1 geänd. durch Art. 20 EGInsO v. 5. 10. 1994 (BGBl. I S. 2911), Abs. 2 aufgeh., bish. Abs. 1 wird alleiniger Wortlaut mWv 1. 2. 2007 durch Art. 11 2. JuMoG v. 22. 12. 2006 (BGBl. I S. 3416).

werden, es sei denn, daß die Einstellung dem Gläubiger unter Berücksichtigung seiner gesamten wirtschaftlichen Verhältnisse nicht zuzumuten ist. [2] § 30b gilt entsprechend.

**§ 30d[1)] [Einstweilige Einstellung auf Antrag des Insolvenzverwalters]**

(1) [1] Ist über das Vermögen des Schuldners ein Insolvenzverfahren eröffnet, so ist auf Antrag des Insolvenzverwalters die Zwangsversteigerung einstweilen einzustellen, wenn

1. im Insolvenzverfahren der Berichtstermin nach § 29 Abs. 1 Nr. 1 der Insolvenzordnung[2)] noch bevorsteht,
2. das Grundstück nach dem Ergebnis des Berichtstermins nach § 29 Abs. 1 Nr. 1 der Insolvenzordnung im Insolvenzverfahren für eine Fortführung des Unternehmens oder für die Vorbereitung der Veräußerung eines Betriebs oder einer anderen Gesamtheit von Gegenständen benötigt wird,
3. durch die Versteigerung die Durchführung eines vorgelegten Insolvenzplans gefährdet würde oder
4. in sonstiger Weise durch die Versteigerung die angemessene Verwertung der Insolvenzmasse wesentlich erschwert würde.

[2] Der Antrag ist abzulehnen, wenn die einstweilige Einstellung dem Gläubiger unter Berücksichtigung seiner wirtschaftlichen Verhältnisse nicht zuzumuten ist.

(2) Hat der Schuldner einen Insolvenzplan vorgelegt und ist dieser nicht nach § 231 der Insolvenzordnung zurückgewiesen worden, so ist die Zwangsversteigerung auf Antrag des Schuldners unter den Voraussetzungen des Absatzes 1 Satz 1 Nr. 3, Satz 2 einstweilen einzustellen.

(3) § 30b Abs. 2 bis 4 gilt entsprechend mit der Maßgabe, daß an die Stelle des Schuldners der Insolvenzverwalter tritt, wenn dieser den Antrag gestellt hat, und daß die Zwangsversteigerung eingestellt wird, wenn die Voraussetzungen für die Einstellung glaubhaft gemacht sind.

(4) [1] Ist vor der Eröffnung des Insolvenzverfahrens ein vorläufiger Verwalter bestellt, so ist auf dessen Antrag die Zwangsversteigerung einstweilen einzustellen, wenn glaubhaft gemacht wird, daß die einstweilige Einstellung zur Verhütung nachteiliger Veränderungen in der Vermögenslage des Schuldners erforderlich ist. [2] Ist ein vorläufiger Sachwalter bestellt, so steht dieses Antragsrecht dem Schuldner zu.

**§ 30e[3)] [Auflage zur einstweiligen Einstellung]** (1) [1] Die einstweilige Einstellung ist mit der Auflage anzuordnen, daß dem betreibenden Gläubiger für die Zeit nach dem Berichtstermin nach § 29 Abs. 1 Nr. 1 der Insolvenzordnung[2)] laufend die geschuldeten Zinsen binnen zwei Wochen nach Eintritt der Fälligkeit aus der Insolvenzmasse gezahlt werden. [2] Ist das Versteigerungsverfahren schon vor der Eröffnung des Insolvenzverfahrens nach § 30d Abs. 4 einstweilen eingestellt worden, so ist die Zahlung von Zinsen spätestens von dem Zeitpunkt an anzuordnen, der drei Monate nach der ersten einstweiligen Einstellung liegt.

(2) Wird das Grundstück für die Insolvenzmasse genutzt, so ordnet das Gericht auf Antrag des betreibenden Gläubigers weiter die Auflage an, daß der entstehende

---

[1)] § 30d eingef. durch G v. 5.10.1994 (BGBl. I S. 2911); Abs. 4 Satz 2 angef. mWv 1.3.2012 durch G v. 7.12.2011 (BGBl. I S. 2582).

[2)] Nr. **110**.

[3)] § 30e eingef. durch G v. 5.10.1994 (BGBl. I S. 2911).

Wertverlust von der Einstellung des Versteigerungsverfahrens an durch laufende Zahlungen aus der Insolvenzmasse an den Gläubiger auszugleichen ist.

(3) Die Absätze 1 und 2 gelten nicht, soweit nach der Höhe der Forderung sowie dem Wert und der sonstigen Belastung des Grundstücks nicht mit einer Befriedigung des Gläubigers aus dem Versteigerungserlös zu rechnen ist.

**§ 30f[1)] [Aufhebung der einstweiligen Einstellung]** (1) [1] Im Falle des § 30d Abs. 1 bis 3 ist die einstweilige Einstellung auf Antrag des Gläubigers aufzuheben, wenn die Voraussetzungen für die Einstellung fortgefallen sind, wenn die Auflagen nach § 30e nicht beachtet werden oder wenn der Insolvenzverwalter, im Falle des § 30d Abs. 2 der Schuldner, der Aufhebung zustimmt. [2] Auf Antrag des Gläubigers ist weiter die einstweilige Einstellung aufzuheben, wenn das Insolvenzverfahren beendet ist.

(2) [1] Die einstweilige Einstellung nach § 30d Abs. 4 ist auf Antrag des Gläubigers aufzuheben, wenn der Antrag auf Eröffnung des Insolvenzverfahrens zurückgenommen oder abgewiesen wird. [2] Im übrigen gilt Absatz 1 Satz 1 entsprechend.

(3) [1] Vor der Entscheidung des Gerichts ist der Insolvenzverwalter, im Falle des § 30d Abs. 2 der Schuldner, zu hören. [2] § 30b Abs. 3 gilt entsprechend.

**§ 30g[2)] Vollzug der Vollstreckungssperre bei Stabilisierungsmaßnahmen.**

(1) [1] Hat das Restrukturierungsgericht eine Vollstreckungssperre nach § 49 Absatz 1 Nummer 1 des Unternehmensstabilisierungs- und -restrukturierungsgesetzes angeordnet, die auch unbewegliches Vermögen des Schuldners erfasst, so ist das Verfahren auf Antrag des Schuldners einstweilen einzustellen. [2] Der Antrag ist abzulehnen, wenn die Einstellung dem betreibenden Gläubiger unter Berücksichtigung seiner wirtschaftlichen Verhältnisse nicht zuzumuten ist.

(2) [1] Die einstweilige Einstellung ist mit der Auflage anzuordnen, dass dem betreibenden Gläubiger laufend die geschuldeten Zinsen zu zahlen sind und ein durch die Nutzung entstehender Wertverlust durch laufende Zahlungen auszugleichen ist. [2] Dies gilt nicht, soweit nach der Höhe der Forderung sowie dem Wert und der sonstigen Belastung des Grundstücks nicht mit einer Befriedigung des Gläubigers aus dem Versteigerungserlös zu rechnen ist.

(3) [1] Das Verfahren wird auf Antrag des Gläubigers fortgesetzt, wenn die Voraussetzungen für die einstweilige Einstellung entfallen sind, wenn die Auflagen nach Absatz 2 nicht beachtet werden oder der Schuldner der Fortsetzung zustimmt. [2] Vor der Entscheidung des Gerichts ist der Schuldner zu hören.

**§ 31[3)] [Fortsetzung auf Antrag des Gläubigers]** (1) [1] Im Falle einer einstweiligen Einstellung darf das Verfahren, soweit sich nicht aus dem Gesetz etwas anderes ergibt, nur auf Antrag des Gläubigers fortgesetzt werden. [2] Wird der Antrag nicht binnen sechs Monaten gestellt, so ist das Verfahren aufzuheben.

(2) Die Frist nach Absatz 1 Satz 2 beginnt

a) im Falle des § 30 mit der Einstellung des Verfahrens,

b) im Falle des § 30a mit dem Zeitpunkt, bis zu dem die Einstellung angeordnet war,

---

1) § 30f eingef. durch G v. 5.10.1994 (BGBl. I S. 2911).

2) § 30g eingef. mWv 1.1.2021 durch G v. 22.12.2020 (BGBl. I S. 3256).

3) § 31 neu gef. durch G v. 20.8.1953 (BGBl. I S. 952); Abs. 2 Buchst. c neu gef. durch G v. 5.10.1994 (BGBl. I S. 2911).

c) im Falle des § 30f Abs. 1 mit dem Ende des Insolvenzverfahrens, im Falle des § 30f Abs. 2 mit der Rücknahme oder der Abweisung des Antrags auf Eröffnung des Insolvenzverfahrens,

d) wenn die Einstellung vom Prozeßgericht angeordnet war, mit der Wiederaufhebung der Anordnung oder mit einer sonstigen Erledigung der Einstellung.

(3) Das Vollstreckungsgericht soll den Gläubiger auf den Fristbeginn unter Bekanntgabe der Rechtsfolgen eines fruchtlosen Fristablaufs hinweisen; die Frist beginnt erst zu laufen, nachdem der Hinweis auf die Rechtsfolgen eines fruchtlosen Fristablaufs dem Gläubiger zugestellt worden ist.

**§ 32 [Zustellung des Aufhebungs- oder Einstellungsbeschlusses]** Der Beschluß, durch welchen das Verfahren aufgehoben oder einstweilen eingestellt wird, ist dem Schuldner, dem Gläubiger und, wenn die Anordnung von einem Dritten beantragt war, auch diesem zuzustellen.

*(Fortsetzung nächstes Blatt)*

**§ 33. [Entscheidung durch Versagung des Zuschlags]** Nach dem Schlusse der Versteigerung darf, wenn ein Grund zur Aufhebung oder zur einstweiligen Einstellung des Verfahrens oder zur Aufhebung des Termins vorliegt, die Entscheidung nur durch Versagung des Zuschlags gegeben werden.

**§ 34. [Löschung des Versteigerungsvermerkes]** Im Falle der Aufhebung des Verfahrens ist das Grundbuchamt um Löschung des Versteigerungsvermerkes zu ersuchen.

### III. Bestimmung des Versteigerungstermins

**§ 35. [Ausführung durch Vollstreckungsgericht]** Die Versteigerung wird durch das Vollstreckungsgericht ausgeführt.

**§ 36.**[1)] **[Terminsbestimmung]** (1) Der Versteigerungstermin soll erst nach der Beschlagnahme des Grundstücks und nach dem Eingange der Mitteilungen des Grundbuchamts bestimmt werden.

(2) [1]Der Zeitraum zwischen der Anberaumung des Termins und dem Termin soll, wenn nicht besondere Gründe vorliegen, nicht mehr als sechs Monate betragen. [2]War das Verfahren einstweilen eingestellt, so soll diese Frist nicht mehr als zwei Monate, muß aber mindestens einen Monat betragen.

(3) Der Termin kann nach dem Ermessen des Gerichts an der Gerichtsstelle oder an einem anderen Orte im Gerichtsbezirk abgehalten werden.

**§ 37. [Wesentlicher Inhalt der Terminsbestimmung]** Die Terminsbestimmung muß enthalten:

1. die Bezeichnung des Grundstücks;
2. Zeit und Ort des Versteigerungstermins;
3. die Angabe, daß die Versteigerung im Wege der Zwangsvollstreckung erfolgt;
4. die Aufforderung, Rechte, soweit sie zur Zeit der Eintragung des Versteigerungsvermerkes aus dem Grundbuche nicht ersichtlich waren, spätestens im Versteigerungstermine vor der Aufforderung zur Abgabe von Geboten anzumelden und, wenn der Gläubiger widerspricht, glaubhaft zu machen, widrigenfalls die Rechte bei der Feststellung des geringsten Gebots nicht berücksichtigt und bei der Verteilung des Versteigerungserlöses dem Anspruche des Gläubigers und den übrigen Rechten nachgesetzt werden würden;
5. die Aufforderung an diejenigen, welche ein der Versteigerung entgegenstehendes Recht haben, vor der Erteilung des Zuschlags die Aufhebung oder einstweilige Einstellung des Verfahrens herbeizuführen, widrigenfalls für das Recht der Versteigerungserlös an die Stelle des versteigerten Gegenstandes treten würde.

**§ 38.**[2)] **[Weitere Angaben in der Terminsbestimmung]** (1) [1]Die Terminsbestimmung soll die Angabe des Grundbuchblatts, der Größe und des

---

1) § 36 Abs. 2 neugef. durch G v. 20. 8. 1953 (BGBl. I S. 952).

2) § 38 Satz 2 angef. durch G v. 1. 2. 1979 (BGBl. I S. 127), Satz 1 geänd. durch G v. 18. 2. 1998 (BGBl. I S. 866) und mWv 1. 9. 2004 durch Art. 10 1. JuMoG v. 24. 8. 2004 (BGBl. I S. 2198), Abs. 2 angef. mWv 1. 2. 2007 durch Art. 11 2. JuMoG v. 22. 12. 2006 (BGBl. I S. 3416).

Verkehrswerts des Grundstücks enthalten. [2]Ist in einem früheren Versteigerungstermin der Zuschlag aus den Gründen des § 74a Abs. 1 oder des § 85a Abs. 1 versagt worden, so soll auch diese Tatsache in der Terminsbestimmung angegeben werden.

(2) Das Gericht kann Wertgutachten und Abschätzungen in einem für das Gericht bestimmten elektronischen Informations- und Kommunikationssystem öffentlich bekannt machen.

**§ 39.**[1)] **[Bekanntmachung der Terminsbestimmung]** (1) Die Terminsbestimmung muß durch einmalige Einrückung in das für Bekanntmachungen des Gerichts bestimmte Blatt oder in einem für das Gericht bestimmten elektronischen Informations- und Kommunikationssystem öffentlich bekanntgemacht werden.

(2) Hat das Grundstück nur einen geringen Wert, so kann das Gericht anordnen, daß die Einrückung oder Veröffentlichung nach Absatz 1 unterbleibt; in diesem Falle muß die Bekanntmachung dadurch erfolgen, daß die Terminsbestimmung in der Gemeinde, in deren Bezirke das Grundstück belegen ist, an die für amtliche Bekanntmachungen bestimmte Stelle angeheftet wird.

**§ 40.**[1)] **[Anheftung an die Gerichtstafel]** (1) [1]Die Terminsbestimmung soll an die Gerichtstafel angeheftet werden. [2]Ist das Gericht nach § 2 Abs. 2 zum Vollstreckungsgerichte bestellt, so soll die Anheftung auch bei den übrigen Gerichten bewirkt werden. [3]Wird der Termin nach § 39 Abs. 1 durch Veröffentlichung in einem für das Gericht bestimmten elektronischen Informations- und Kommunikationssystem öffentlich bekannt gemacht, so kann die Anheftung an die Gerichtstafel unterbleiben.

(2) Das Gericht ist befugt, noch andere und wiederholte Veröffentlichungen zu veranlassen; bei der Ausübung dieser Befugnis ist insbesondere auf den Ortsgebrauch Rücksicht zu nehmen.

**§ 41.**[2)] **[Zustellung an die Beteiligten]** (1) Die Terminsbestimmung ist den Beteiligten zuzustellen.

(2) Im Laufe der vierten Woche vor dem Termin soll den Beteiligten mitgeteilt werden, auf wessen Antrag und wegen welcher Ansprüche die Versteigerung erfolgt.

(3) Als Beteiligte gelten auch diejenigen, welche das angemeldete Recht noch glaubhaft zu machen haben.

**§ 42. [Akteneinsicht]** (1) Die Einsicht der Mitteilungen des Grundbuchamts sowie der erfolgten Anmeldungen ist jedem gestattet.

(2) Das gleiche gilt von anderen das Grundstück betreffenden Nachweisungen, welche ein Beteiligter einreicht, insbesondere von Abschätzungen.

**§ 43.**[2)] **[Terminsaufhebung]** (1) [1]Der Versteigerungstermin ist aufzuheben und von neuem zu bestimmen, wenn die Terminsbestimmung nicht sechs Wochen vor dem Termin bekanntgemacht ist. [2]War das Verfahren einstwei-

---

[1)] § 39 Abs. 1 und 2 geänd., § 40 Abs. 1 Satz 3 angef. durch Art. 15a JKomG v. 22. 3. 2005 (BGBl. I S. 837).

[2)] § 41 Abs. 2, § 43 neugef. durch G v. 20. 8. 1953 (BGBl. I S. 952).

len eingestellt, so reicht es aus, daß die Bekanntmachung der Terminsbestimmung zwei Wochen vor dem Termin bewirkt ist.

(2) Das gleiche gilt, wenn nicht vier Wochen vor dem Termin dem Schuldner ein Beschluß, auf Grund dessen die Versteigerung erfolgen kann, und allen Beteiligten, die schon zur Zeit der Anberaumung des Termins dem Gericht bekannt waren, die Terminsbestimmung zugestellt ist, es sei denn, daß derjenige, in Ansehung dessen die Frist nicht eingehalten ist, das Verfahren genehmigt.

### IV. Geringstes Gebot. Versteigerungsbedingungen

**§ 44[1)] [Begriff des geringsten Gebots]** (1) Bei der Versteigerung wird nur ein solches Gebot zugelassen, durch welches die dem Anspruche des Gläubigers vorgehenden Rechte sowie die aus dem Versteigerungserlöse zu entnehmenden Kosten des Verfahrens gedeckt werden (geringstes Gebot).

(2) Wird das Verfahren wegen mehrerer Ansprüche von verschiedenem Range betrieben, so darf der vorgehende Anspruch der Feststellung des geringsten Gebotes nur dann zugrunde gelegt werden, wenn der wegen dieses Anspruchs ergangene Beschluß dem Schuldner vier Wochen vor dem Versteigerungstermin zugestellt ist.

**§ 45[2)] [Feststellung des geringsten Gebots]** (1) Ein Recht ist bei der Feststellung des geringsten Gebots insoweit, als es zur Zeit der Eintragung des Versteigerungsvermerkes aus dem Grundbuch ersichtlich war, nach dem Inhalte des Grundbuchs, im übrigen nur dann zu berücksichtigen, wenn es rechtzeitig angemeldet und, falls der Gläubiger widerspricht, glaubhaft gemacht wird.

(2) Von wiederkehrenden Leistungen, die nach dem Inhalte des Grundbuchs zu entrichten sind, brauchen die laufenden Beträge nicht angemeldet, die rückständigen nicht glaubhaft gemacht zu werden.

(3) [1] Ansprüche nach § 10 Abs. 1 Nr. 2 sind bei der Anmeldung durch einen entsprechenden Titel oder durch die Niederschrift der Beschlüsse einschließlich ihrer Anlagen oder in sonst geeigneter Weise glaubhaft zu machen. [2] Aus dem Vorbringen müssen sich die Zahlungspflicht, die Art und der Bezugszeitraum des Anspruchs sowie seine Fälligkeit ergeben.

**§ 46 [Wiederkehrende Naturalleistungen]** Für wiederkehrende Leistungen, die nicht in Geld bestehen, hat das Gericht einen Geldbetrag festzusetzen, auch wenn ein solcher nicht angemeldet ist.

**§ 47 [Wiederkehrende Geldleistungen]** [1] Laufende Beträge regelmäßig wiederkehrender Leistungen sind für die Zeit bis zum Ablaufe von zwei Wochen nach dem Versteigerungstermine zu decken. [2] Nicht regelmäßig wiederkehrende Leistungen werden mit den Beträgen berücksichtigt, welche vor dem Ablaufe dieser Frist zu entrichten sind.

**§ 48 [Bedingte Rechte; Vormerkung und Widerspruch]** Bedingte Rechte sind wie unbedingte, Rechte, die durch Eintragung eines Widerspruchs oder einer Vormerkung gesichert sind, wie eingetragene Rechte zu berücksichtigen.

---

[1)] § 44 Abs. 2 neu gef. durch G v. 20.8.1953 (BGBl. I S. 952).

[2)] § 45 Abs. 3 angef. mWv 1.7.2007 durch G v. 26.3.2007 (BGBl. I S. 370); Abs. 3 Satz 1 geänd. mWv 1.12.2020 durch G v. 16.10.2020 (BGBl. I S. 2187).

**§ 49[1)] [Bargebot]** (1) Der Teil des geringsten Gebots, welcher zur Deckung der Kosten sowie der im § 10 Nr. 1 bis 3 und im § 12 Nr. 1, 2 bezeichneten Ansprüche bestimmt ist, desgleichen der das geringste Gebot übersteigende Betrag des Meistgebots ist von dem Ersteher vor dem Verteilungstermin zu berichtigen (Bargebot).

(2) Das Bargebot ist von dem Zuschlag an zu verzinsen.

(3) Das Bargebot ist so rechtzeitig durch Überweisung auf ein Konto der Gerichtskasse zu entrichten, dass der Betrag der Gerichtskasse vor dem Verteilungstermin gutgeschrieben ist und ein Nachweis hierüber im Termin vorliegt.

(4) Der Ersteher wird durch Hinterlegung von seiner Verbindlichkeit befreit, wenn die Hinterlegung und die Ausschließung der Rücknahme im Verteilungstermine nachgewiesen werden.

**§ 50 [Erhöhung des zu zahlenden Betrages]** (1) [1]Soweit eine bei der Feststellung des geringsten Gebots berücksichtigte Hypothek, Grundschuld oder Rentenschuld nicht besteht, hat der Ersteher außer dem Bargebot auch den Betrag des berücksichtigten Kapitals zu zahlen. [2]In Ansehung der Verzinslichkeit, des Zinssatzes, der Zahlungszeit, der Kündigung und des Zahlungsorts bleiben die für das berücksichtigte Recht getroffenen Bestimmungen maßgebend.

(2) Das gleiche gilt:

1. wenn das Recht bedingt ist und die aufschiebende Bedingung ausfällt oder die auflösende Bedingung eintritt;
2. wenn das Recht noch an einem anderen Grundstücke besteht und an dem versteigerten Grundstücke nach den besonderen Vorschriften über die Gesamthypothek erlischt.

(3) Haftet der Ersteher im Falle des Absatzes 2 Nr. 2 zugleich persönlich, so ist die Erhöhung des zu zahlenden Betrags ausgeschlossen, soweit der Ersteher nicht bereichert ist.

**§ 51 [Erhöhung bei Nichthypothekenrechten]** (1) [1]Ist das berücksichtigte Recht nicht eine Hypothek, Grundschuld oder Rentenschuld, so finden die Vorschriften des § 50 entsprechende Anwendung. [2]Der Ersteher hat statt des Kapitals den Betrag, um welchen sich der Wert des Grundstücks erhöht, drei Monate nach erfolgter Kündigung zu zahlen und von dem Zuschlag an zu verzinsen.

(2) Der Betrag soll von dem Gerichte bei der Feststellung des geringsten Gebots bestimmt werden.

*(Fortsetzung nächstes Blatt)*

---

1) § 49 Abs. 1 geänd., Abs. 3 eingef., bish. Abs. 3 wird Abs. 4 durch G v. 18.2.1998 (BGBl. I S. 866); Abs. 1 geänd., Abs. 3 neu gef. mWv 1.2.2007 durch G v. 22.12.2006 (BGBl. I S. 3416); Abs. 3 geänd. mWv 28.12.2022 durch G v. 19.12.2022 (BGBl. I S. 2606).

**§ 52.**[1] **[Bestehenbleibende Rechte]** (1) [1]Ein Recht bleibt insoweit bestehen, als es bei der Feststellung des geringsten Gebots berücksichtigt und nicht durch Zahlung zu decken ist. [2]Im übrigen erlöschen die Rechte.

(2) [1]Das Recht auf eine der in den §§ 912 bis 917 des Bürgerlichen Gesetzbuchs bezeichneten Renten bleibt auch dann bestehen, wenn es bei der Feststellung des geringsten Gebots nicht berücksichtigt ist. [2]Satz 1 ist entsprechend anzuwenden auf

a) den Erbbauzins, wenn nach § 9 Abs. 3 des Erbbaurechtsgesetzes[2] das Bestehenbleiben des Erbbauzinses als Inhalt der Reallast vereinbart worden ist;

b) Grunddienstbarkeiten und beschränkte persönliche Dienstbarkeiten, die auf dem Grundstück als Ganzem lasten, wenn in ein Wohnungseigentum mit dem Rang nach § 10 Abs. 1 Nr. 2 vollstreckt wird und diesen kein anderes Recht der Rangklasse 4 vorgeht, aus dem die Versteigerung betrieben werden kann.

**§ 53. [Schuldübernahme]** (1) Haftet bei einer Hypothek, die bestehenbleibt, der Schuldner zugleich persönlich, so übernimmt der Ersteher die Schuld in Höhe der Hypothek; die Vorschriften des § 416 des Bürgerlichen Gesetzbuchs finden mit der Maßgabe entsprechende Anwendung, daß als Veräußerer im Sinne dieser Vorschriften der Schuldner anzusehen ist.

(2) Das gleiche gilt, wenn bei einer Grundschuld oder Rentenschuld, die bestehenbleibt, der Schuldner zugleich persönlich haftet, sofern er spätestens im Versteigerungstermine vor der Aufforderung zur Abgabe von Geboten die gegen ihn bestehende Forderung unter Angabe ihres Betrags und Grundes angemeldet und auf Verlangen des Gerichts oder eines Beteiligten glaubhaft gemacht hat.

**§ 54. [Kündigung von Grundpfandrechten]** (1) Die von dem Gläubiger dem Eigentümer oder von diesem dem Gläubiger erklärte Kündigung einer Hypothek, einer Grundschuld oder einer Rentenschuld ist dem Ersteher gegenüber nur wirksam, wenn sie spätestens in dem Versteigerungstermine vor der Aufforderung zur Abgabe von Geboten erfolgt und bei dem Gericht angemeldet worden ist.

(2) Das gleiche gilt von einer aus dem Grundbuche nicht ersichtlichen Tatsache, infolge deren der Anspruch vor der Zeit geltend gemacht werden kann.

**§ 55. [Gegenstand der Versteigerung]** (1) Die Versteigerung des Grundstücks erstreckt sich auf alle Gegenstände, deren Beschlagnahme noch wirksam ist.

(2) Auf Zubehörstücke, die sich im Besitze des Schuldners oder eines neu eingetretenen Eigentümers befinden, erstreckt sich die Versteigerung auch dann, wenn sie einem Dritten gehören, es sei denn, daß dieser sein Recht nach Maßgabe des § 37 Nr. 5 geltend gemacht hat.

**§ 56. [Gefahrübergang]** [1]Die Gefahr des zufälligen Unterganges geht in Ansehung des Grundstücks mit dem Zuschlag, in Ansehung der übrigen Ge-

---

[1] § 52 Abs. 2 Satz 2 eingef. durch Art. 2 § 2 SachenRÄndG v. 21. 9. 1994 (BGBl. I S. 2457) und neugef. mWv 1. 7. 2007 durch Art. 2 G v. 26. 3. 2007 (BGBl. I S. 370), Abs. 2 Satz 2 Buchst. a geänd. durch Art. 78 Abs. 4 G v. 23. 11. 2007 (BGBl. I S. 2614).

[2] Nr. **41**.

genstände mit dem Schlusse der Versteigerung auf den Ersteher über. [2]Von dem Zuschlag an gebühren dem Ersteher die Nutzungen und trägt er die Lasten. [3]Ein Anspruch auf Gewährleistung findet nicht statt.

**§ 57.**[1] **[Mieter, Pächter]** Ist das Grundstück einem Mieter oder Pächter überlassen, so finden die Vorschriften der §§ 566, 566 a, 566 b Abs. 1, §§ 566 c und 566 d des Bürgerlichen Gesetzbuchs nach Maßgabe der §§ 57 a und 57 b entsprechende Anwendung.

**§ 57 a.**[1] **[Kündigungsrecht des Erstehers]** [1]Der Ersteher ist berechtigt, das Miet- oder Pachtverhältnis unter Einhaltung der gesetzlichen Frist zu kündigen. [2]Die Kündigung ist ausgeschlossen, wenn sie nicht für den ersten Termin erfolgt, für den sie zulässig ist.

**§ 57 b.**[2] **[Vorausverfügungen über Miete oder Pacht]** (1) [1]Soweit nach den Vorschriften des § 566 b Abs. 1 und der §§ 566 c, 566 d des Bürgerlichen Gesetzbuchs für die Wirkung von Verfügungen und Rechtsgeschäften über die Miete oder Pacht der Übergang des Eigentums in Betracht kommt, ist an dessen Stelle die Beschlagnahme des Grundstücks maßgebend. [2]Ist dem Mieter oder Pächter der Beschluß, durch den die Zwangsversteigerung angeordnet wird, zugestellt, so gilt mit der Zustellung die Beschlagnahme als dem Mieter oder Pächter bekannt; die Zustellung erfolgt auf Antrag des Gläubigers an die von ihm bezeichneten Personen. [3]Dem Beschlusse soll eine Belehrung über die Bedeutung der Beschlagnahme für den Mieter oder Pächter beigefügt werden. [4]Das Gericht hat auf Antrag des Gläubigers zur Feststellung der Mieter und Pächter eines Grundstücks Ermittlungen zu veranlassen; es kann damit einen Gerichtsvollzieher oder einen sonstigen Beamten beauftragen, auch die zuständige örtliche Behörde um Mitteilung der ihr bekannten Mieter und Pächter ersuchen.

(2) [1]Der Beschlagnahme zum Zwecke der Zwangsversteigerung steht die Beschlagnahme zum Zwecke der Zwangsverwaltung gleich, wenn sie bis zum Zuschlag fortgedauert hat. [2]Ist dem Mieter oder Pächter der Beschluß, durch den ihm verboten wird, an den Schuldner zu zahlen, zugestellt, so gilt mit der Zustellung die Beschlagnahme als dem Mieter oder Pächter bekannt.

(3) Auf Verfügungen und Rechtsgeschäfte des Zwangsverwalters finden diese Vorschriften keine Anwendung.

**§§ 57 c, 57 d.**[3] *(aufgehoben)*

**§ 58. [Kosten des Zuschlagsbeschlusses]** Die Kosten des Beschlusses, durch welchen der Zuschlag erteilt wird, fallen dem Ersteher zur Last.

---

[1] § 57 neugef. durch Art. 7 Abs. 18 MietRRG v. 19. 6. 2001 (BGBl. I S. 1149), § 57 a eingef. durch G v. 8. 6. 1915 (RGBl. S. 327).

[2] § 57 b eingef. durch G v. 8. 6. 1915 (RGBl. S. 327), Abs. 1 Satz 1 neugef. durch Art. 7 Abs. 18 MietRRG v. 19. 6. 2001 (BGBl. I S. 1149).

[3] §§ 57 c und 57 d eingef. durch G v. 20. 8. 1953 (BGBl. I S. 952), aufgeh. mWv 1. 2. 2007 durch Art. 11 2. JuMoG v. 22. 12. 2006 (BGBl. I S. 3416).

**§ 59.**[1] **[Abweichende Feststellung des geringsten Gebots]** (1) [1]Jeder Beteiligte kann spätestens im Versteigerungstermin vor der Aufforderung zur Abgabe von Geboten eine von den gesetzlichen Vorschriften abweichende Feststellung des geringsten Gebots und der Versteigerungsbedingungen verlangen. [2]Der Antrag kann spätestens zu dem in Satz 1 genannten Zeitpunkt zurückgenommen werden. [3]Wird durch die Abweichung das Recht eines anderen Beteiligten beeinträchtigt, so ist dessen Zustimmung erforderlich.

(2) Sofern nicht feststeht, ob das Recht durch die Abweichung beeinträchtigt wird, ist das Grundstück mit der verlangten Abweichung und ohne sie auszubieten.

(3) Soll das Fortbestehen eines Rechtes bestimmt werden, das nach § 52 erlöschen würde, so bedarf es nicht der Zustimmung eines nachstehenden Beteiligten.

*(Fortsetzung nächstes Blatt)*

---

[1] § 59 Abs. 1 Satz 1 neugef., Satz 2 eingef., bish. Satz 2 wird Satz 3 durch G v. 18. 2. 1998 (BGBl. I S. 866).

**§§ 60, 61.**[1] *(aufgehoben)*

**§ 62. [Erörterungen über das geringste Gebot]** Das Gericht kann schon vor dem Versteigerungstermin Erörterungen der Beteiligten über das geringste Gebot und die Versteigerungsbedingungen veranlassen, zu diesem Zwecke auch einen besonderen Termin bestimmen.

**§ 63.**[2] **[Einzel-, Gesamt- und Gruppenausgebot mehrerer Grundstücke]** (1) [1] Mehrere in demselben Verfahren zu versteigernde Grundstücke sind einzeln auszubieten. [2] Grundstücke, die mit einem einheitlichen Bauwerk überbaut sind, können auch gemeinsam ausgeboten werden.

(2) [1] Jeder Beteiligte kann spätestens im Versteigerungstermin vor der Aufforderung zur Abgabe von Geboten verlangen, daß neben dem Einzelausgebot alle Grundstücke zusammen ausgeboten werden (Gesamtausgebot). [2] Sofern einige Grundstücke mit einem und demselben Recht belastet sind, kann jeder Beteiligte auch verlangen, daß diese Grundstücke gemeinsam ausgeboten werden (Gruppenausgebot). [3] Auf Antrag kann das Gericht auch in anderen Fällen das Gesamtausgebot einiger der Grundstücke anordnen (Gruppenausgebot).

(3) [1] Wird bei dem Einzelausgebot auf eines der Grundstücke ein Meistgebot abgegeben, das mehr beträgt als das geringste Gebot für dieses Grundstück, so erhöht sich bei dem Gesamtausgebote das geringste Gebot um den Mehrbetrag. [2] Der Zuschlag wird auf Grund des Gesamtausgebots nur erteilt, wenn das Meistgebot höher ist als das Gesamtergebnis der Einzelausgebote.

(4) Das Einzelausgebot unterbleibt, wenn die anwesenden Beteiligten, deren Rechte bei der Feststellung des geringsten Gebots nicht zu berücksichtigen sind, hierauf verzichtet haben. [2] Dieser Verzicht ist bis spätestens vor der Aufforderung zur Abgabe von Geboten zu erklären.

**§ 64. [Gesamthypothek]** (1) [1] Werden mehrere Grundstücke, die mit einer dem Anspruche des Gläubigers vorgehenden Gesamthypothek belastet sind, in demselben Verfahren versteigert, so ist auf Antrag die Gesamthypothek bei der Feststellung des geringsten Gebots für das einzelne Grundstück nur zu dem Teilbetrage zu berücksichtigen, der dem Verhältnisse des Wertes des Grundstücks zu dem Werte der sämtlichen Grundstücke entspricht; der Wert wird unter Abzug der Belastungen berechnet, die der Gesamthypothek im Range vorgehen und bestehen bleiben. [2] Antragsberechtigt sind der Gläubiger, der Eigentümer und jeder dem Hypothekengläubiger gleich- oder nachstehende Beteiligte.

(2) [1] Wird der im Absatz 1 bezeichnete Antrag gestellt, so kann der Hypothekengläubiger bis zum Schlusse der Verhandlung im Versteigerungstermine verlangen, daß bei der Feststellung des geringsten Gebots für die Grundstücke nur die seinem Anspruche vorgehenden Rechte berücksichtigt werden; in diesem Falle sind die Grundstücke auch mit der verlangten Abweichung auszubieten. [2] Erklärt sich nach erfolgtem Ausgebote der Hypothekengläubiger der Aufforderung des Gerichts ungeachtet nicht darüber, welches Ausgebot

---

[1] §§ 60 und 61 aufgeh. durch G v. 1. 2. 1979 (BGBl. I S. 127).

[2] § 63 Abs. 1 Satz 2 angef., Abs. 2 neugef., Abs. 3 aufgeh., bish. Abs. 4 und 5 werden Abs. 3 und 4, neuer Abs. 4 neugef. durch G v. 18. 2. 1998 (BGBl. I S. 866).

für die Erteilung des Zuschlags maßgebend sein soll, so verbleibt es bei der auf Grund des Absatzes 1 erfolgten Feststellung des geringsten Gebots.

(3) Diese Vorschriften finden entsprechende Anwendung, wenn die Grundstücke mit einer und derselben Grundschuld oder Rentenschuld belastet sind.

**§ 65. [Besondere Versteigerung; anderweitige Verwertung]** (1) [1]Das Gericht kann auf Antrag anordnen, daß eine Forderung oder eine bewegliche Sache von der Versteigerung des Grundstücks ausgeschlossen und besonders versteigert werden soll. [2]Auf Antrag kann auch eine andere Art der Verwertung angeordnet, insbesondere zur Einziehung einer Forderung ein Vertreter bestellt oder die Forderung einem Beteiligten mit dessen Zustimmung an Zahlungs Statt überwiesen werden. [3]Die Vorschriften der §§ 817, *820,*[1)] 835 der Zivilprozeßordnung finden entsprechende Anwendung. [4]Der Erlös ist zu hinterlegen.

(2) Die besondere Versteigerung oder die anderweitige Verwertung ist nur zulässig, wenn das geringste Gebot erreicht ist.

### V. Versteigerung

**§ 66.**[2)] **[Verfahren im Termin]** (1) In dem Versteigerungstermine werden nach dem Aufrufe der Sache die das Grundstück betreffenden Nachweisungen, die das Verfahren betreibenden Gläubiger, deren Ansprüche, die Zeit der Beschlagnahme, der vom Gericht festgesetzte Wert des Grundstücks und die erfolgten Anmeldungen bekanntgemacht, hierauf das geringste Gebot und die Versteigerungsbedingungen nach Anhörung der anwesenden Beteiligten, nötigenfalls mit Hilfe eines Rechnungsverständigen, unter Bezeichnung der einzelnen Rechte festgestellt und die erfolgten Feststellungen verlesen.

(2) Nachdem dies geschehen, hat das Gericht auf die bevorstehende Ausschließung weiterer Anmeldungen hinzuweisen und sodann zur Abgabe von Geboten aufzufordern.[3)]

**§ 67.**[4)] **[Verlangen einer Sicherheitsleistung]** (1) [1]Ein Beteiligter, dessen Recht durch Nichterfüllung des Gebots beeinträchtigt werden würde, kann Sicherheitsleistung verlangen, jedoch nur sofort nach Abgabe des Gebots. [2]Das Verlangen gilt auch für weitere Gebote desselben Bieters.

(2) [1]Steht dem Bieter eine durch das Gebot ganz oder teilweise gedeckte Hypothek, Grundschuld oder Rentenschuld zu, so braucht er Sicherheit nur auf Verlangen des Gläubigers zu leisten. [2]Auf Gebote des Schuldners oder eines neu eingetretenen Eigentümers findet diese Vorschrift keine Anwendung.

(3) Für ein Gebot des Bundes, der Deutschen Bundesbank, der Deutschen Genossenschaftsbank, der Deutschen Girozentrale (Deutsche Kommunalbank) oder eines Landes kann Sicherheitsleistung nicht verlangt werden.

---

[1)] § 820 ZPO aufgeh. durch G v. 20. 8. 1953 (BGBl. I S. 952); die Vorschrift steht nunmehr in § 817 a Abs. 3 ZPO.

[2)] § 66 Abs. 1 geänd. durch G v. 20. 8. 1953 (BGBl. I S. 952).

[3)] Vgl. für land- und forstwirtschaftliche Grundstücke §§ 1 ff. und 37 GrundstückverkehrsG v. 28. 7. 1961 (BGBl. I S. 1091); abgedruckt in **Schönfelder Ergänzungsband; Nr. 40**.

[4)] § 67 Abs. 3 neugef. durch G v. 1. 2. 1979 (BGBl. I S. 127).

**§ 68.**[1)] **[Höhe der Sicherheit]** (1) [1]Die Sicherheit ist für ein Zehntel des in der Terminsbestimmung genannten, anderenfalls des festgesetzten Verkehrswerts zu leisten. [2]Übersteigt die Sicherheit nach Satz 1 das Bargebot, ist der überschießende Betrag freizugeben. [3]Ist die Sicherheitsleistung durch Überweisung auf das Konto der Gerichtskasse bewirkt, ordnet das Gericht die Auszahlung des überschießenden Betrags an.

(2) Ein Beteiligter, dessen Recht nach § 52 bestehenbleibt, kann darüber hinausgehende Sicherheitsleistung bis zur Höhe des Betrags verlangen, welcher zur Deckung der seinem Rechte vorgehenden Ansprüche durch Zahlung zu berichtigen ist.

(3) Bietet der Schuldner oder ein neu eingetretener Eigentümer des Grundstücks, so kann der Gläubiger darüber hinausgehende Sicherheitsleistung bis zur Höhe des Betrags verlangen, welcher zur Deckung seines Anspruchs durch Zahlung zu berichtigen ist.

(4) Die erhöhte Sicherheitsleistung nach den Absätzen 2 und 3 ist spätestens bis zur Entscheidung über den Zuschlag zu erbringen.

**§ 69.**[1)] **[Art der Sicherheitsleistung]** (1) Eine Sicherheitsleistung durch Barzahlung ist ausgeschlossen.

(2) [1]Zur Sicherheitsleistung sind Bundesbankschecks und Verrechnungsschecks geeignet, die frühestens am dritten Werktag vor dem Versteigerungstermin ausgestellt worden sind. [2]Dies gilt nur, wenn sie von einem im Geltungsbereich dieses Gesetzes zum Betreiben von Bankgeschäften berechtigten Kreditinstitut oder der Bundesbank ausgestellt und im Inland zahlbar sind. [3]Als berechtigt im Sinne dieser Vorschrift gelten Kreditinstitute, die in der Liste der zugelassenen Kreditinstitute gemäß Artikel 3 Abs. 7 und Artikel 10 Abs. 2 der Richtlinie 77/780/EWG des Rates vom 12. Dezember 1977 zur Koordinierung der Rechts- und Verwaltungsvorschriften über die Aufnahme und Ausübung der Tätigkeit der Kreditinstitute (ABl. EG Nr. L 322 S. 30) aufgeführt sind.

(3) [1]Als Sicherheitsleistung ist eine unbefristete, unbedingte und selbstschuldnerische Bürgschaft eines Kreditinstituts im Sinne des Absatzes 2 zuzulassen, wenn die Verpflichtung aus der Bürgschaft im Inland zu erfüllen ist. [2]Dies gilt nicht für Gebote des Schuldners oder eines neu eingetretenen Eigentümers.

(4) Die Sicherheitsleistung kann durch Überweisung auf ein Konto der Gerichtskasse bewirkt werden, wenn der Betrag der Gerichtskasse vor dem Versteigerungstermin gutgeschrieben ist und ein Nachweis hierüber im Termin vorliegt.

---

[1)] § 68 Abs. 1 neugef., Abs. 2 und 3 geänd., § 69 neugef. durch G v. 18. 2. 1998 (BGBl. I S. 866), § 68 Abs. 1 Satz 3 neugef., Satz 4 und Abs. 4 angef., § 69 Abs. 1 eingef., bish. Abs. 1 bis 3 werden Abs. 2 bis 4, Abs. 2 (neu) Sätze 1 und 2, Abs. 4 (neu) neugef., Abs 3 (neu) Satz 1 geänd. mWv 1. 2. 2007 durch Art. 11 2. JuMoG v. 22. 12. 2006 (BGBl. I S. 3416), § 68 Abs. 1 Satz 2 aufgeh., bish. Sätze 3 und 4 werden Sätze 2 und 3 durch Art. 4 Abs. 4a G v. 29. 7. 2009 (BGBl. I S. 2258).

**§ 70.**[1] **[Sofortige Entscheidung; sofortige Leistung]** (1) Das Gericht hat über die Sicherheitsleistung sofort zu entscheiden.

(2) [1]Erklärt das Gericht die Sicherheit für erforderlich, so ist sie sofort zu leisten. [2]Die Sicherheitsleistung durch Überweisung auf ein Konto der Gerichtskasse muss bereits vor dem Versteigerungstermin erfolgen. [3]Unterbleibt die Leistung, so ist das Gebot zurückzuweisen.

(3) Wird das Gebot ohne Sicherheitsleistung zugelassen und von dem Beteiligten, welcher die Sicherheit verlangt hat, nicht sofort Widerspruch erhoben, so gilt das Verlangen als zurückgenommen.

**§ 71. [Zurückweisung eines unwirksamen Gebots]** (1) Ein unwirksames Gebot ist zurückzuweisen.

(2) Ist die Wirksamkeit eines Gebots von der Vertretungsmacht desjenigen, welcher das Gebot für den Bieter abgegeben hat, oder von der Zustimmung eines anderen oder einer Behörde abhängig, so erfolgt die Zurückweisung, sofern nicht die Vertretungsmacht oder die Zustimmung bei dem Gericht offenkundig ist oder durch eine öffentlich beglaubigte Urkunde sofort nachgewiesen wird.

**§ 72.**[2] **[Erlöschen eines Gebots; Übergebot]** (1) [1]Ein Gebot erlischt, wenn ein Übergebot zugelassen wird und ein Beteiligter der Zulassung nicht sofort widerspricht. [2]Das Übergebot gilt als zugelassen, wenn es nicht sofort zurückgewiesen wird.

(2) Ein Gebot erlischt auch dann, wenn es zurückgewiesen wird und der Bieter oder ein Beteiligter der Zurückweisung nicht sofort widerspricht.

(3) Das gleiche gilt, wenn das Verfahren einstweilen eingestellt oder der Termin aufgehoben wird.

(4) Ein Gebot erlischt nicht, wenn für ein zugelassenes Übergebot die nach § 68 Abs. 2 und 3 zu erbringende Sicherheitsleistung nicht bis zur Entscheidung über den Zuschlag geleistet worden ist.

**§ 73.**[3] **[Frist; Verkündung des letzten Gebots]** (1) [1]Zwischen der Aufforderung zur Abgabe von Geboten und dem Zeitpunkt, in welchem bezüglich sämtlicher zu versteigernder Grundstücke die Versteigerung geschlossen wird, müssen 30 Minuten liegen. [2]Die Versteigerung muß so lange fortgesetzt werden, bis der Aufforderung des Gerichts ungeachtet ein Gebot nicht mehr abgegeben wird.

(2) [1]Das Gericht hat das letzte Gebot und den Schluß der Versteigerung zu verkünden. [2]Die Verkündung des letzten Gebots soll mittels dreimaligen Aufrufs erfolgen.

**§ 74. [Anhörung über den Zuschlag]** Nach dem Schlusse der Versteigerung sind die anwesenden Beteiligten über den Zuschlag zu hören.

---

[1] § 70 Abs. 2 Satz 2 eingef., bish. Satz 2 wird Satz 3 durch G v. 1. 2. 1979 (BGBl. I S. 127), Abs. 2 Satz 2 neugef. mWv 1. 2. 2007 durch Art. 11 2. JuMoG v. 22. 12. 2006 (BGBl. I S. 3416), Abs. 1 Satz 2 aufgeh., bish. Sätze 3 und 4 werden Sätze 2 und 3 durch Art. 4 Abs. 4 a G v. 29. 7. 2009 (BGBl. I S. 2258).

[2] § 72 Abs. 4 angef. mWv 1. 2. 2007 durch Art. 11 2. JuMoG v. 22. 12. 2006 (BGBl. I S. 3416).

[3] § 73 Abs. 1 Satz 1 geänd. durch G v. 18. 2. 1998 (BGBl. I S. 866).

**§ 74 a[1)] [Antrag auf Versagung des Zuschlags]** (1) [1] Bleibt das abgegebene Meistgebot einschließlich des Kapitalwertes der nach den Versteigerungsbedingungen bestehenbleibenden Rechte unter sieben Zehnteilen des Grundstückswertes, so kann ein Berechtigter, dessen Anspruch ganz oder teilweise durch das Meistgebot nicht gedeckt ist, aber bei einem Gebot in der genannten Höhe voraussichtlich gedeckt sein würde, die Versagung des Zuschlags beantragen. [2] Der Antrag ist abzulehnen, wenn der betreibende Gläubiger widerspricht und glaubhaft macht, daß ihm durch die Versagung des Zuschlags ein unverhältnismäßiger Nachteil erwachsen würde.

(2) Der Antrag auf Versagung des Zuschlags kann nur bis zum Schluß der Verhandlung über den Zuschlag gestellt werden; das gleiche gilt von der Erklärung des Widerspruchs.

(3) [1] Wird der Zuschlag gemäß Absatz 1 versagt, so ist von Amts wegen ein neuer Versteigerungstermin zu bestimmen. [2] Der Zeitraum zwischen den beiden Terminen soll, sofern nicht nach den besonderen Verhältnissen des Einzelfalles etwas anderes geboten ist, mindestens drei Monate betragen, darf aber sechs Monate nicht übersteigen.

(4) In dem neuen Versteigerungstermin darf der Zuschlag weder aus den Gründen des Absatzes 1 noch aus denen des § 85 a Abs. 1 versagt werden.

(5)[2)] [1] Der Grundstückswert (Verkehrswert) wird vom Vollstreckungsgericht, nötigenfalls nach Anhörung von Sachverständigen, festgesetzt. [2] Der Wert der beweglichen Gegenstände, auf die sich die Versteigerung erstreckt, ist unter Würdigung aller Verhältnisse frei zu schätzen. [3] Der Beschluß über die Festsetzung des Grundstückswertes ist mit der sofortigen Beschwerde anfechtbar. [4] Der Zuschlag oder die Versagung des Zuschlags können mit der Begründung, daß der Grundstückswert unrichtig festgesetzt sei, nicht angefochten werden.

**§ 74 b[3)] [Ausnahme von § 74 a]** Ist das Meistgebot von einem zur Befriedigung aus dem Grundstück Berechtigten abgegeben worden, so findet § 74 a keine Anwendung, wenn das Gebot einschließlich des Kapitalwertes der nach den Versteigerungsbedingungen bestehenbleibenden Rechte zusammen mit dem Betrage, mit dem der Meistbietende bei der Verteilung des Erlöses ausfallen würde, sieben Zehnteile des Grundstückswertes erreicht und dieser Betrag im Range unmittelbar hinter dem letzten Betrage steht, der durch das Gebot noch gedeckt ist.

**§ 75[4)] [Einstellung wegen Vorlegung eines Einzahlungs- oder Überweisungsnachweises im Termin]** Das Verfahren wird eingestellt, wenn der Schuldner im Versteigerungstermin einen Einzahlungs- oder Überweisungsnachweis einer Bank oder Sparkasse oder eine öffentliche Urkunde vorlegt, aus der sich ergibt, dass der Schuldner oder ein Dritter, der berechtigt ist, den

---

[1)] § 74 a eingef. durch G v. 20. 8. 1953 (BGBl. I S. 952); Abs. 4 neu gef. durch G v. 1. 2. 1979 (BGBl. I S. 127); Abs. 5 Satz 3 geänd. mWv 1. 1. 2002 durch G v. 27. 7. 2001 (BGBl. I S. 1887).

[2)] Siehe hierzu die Übergangsvorschrift in § 13 EGZVG v. 20. 5. 1898 (RGBl. S. 750), zuletzt geänd. durch G v. 11. 10. 2016 (BGBl. I S. 2222):

„Soweit die Vorschriften der Zivilprozessordnung auf Sachverständige, die zum Zweck der Festsetzung des Verkehrswertes nach § 74 a Absatz 5 des Gesetzes über die Zwangsversteigerung und die Zwangsverwaltung angehört werden, entsprechend anzuwenden sind, ist deren bis zum 15. Oktober 2016 geltende Fassung weiterhin maßgeblich."

[3)] § 74 b eingef. durch G v. 20. 8. 1953 (BGBl. I S. 952).

[4)] § 75 neu gef. mWv 1. 2. 2007 durch G v. 22. 12. 2006 (BGBl. I S. 3416).

Gläubiger zu befriedigen, den zur Befriedigung und zur Deckung der Kosten erforderlichen Betrag an die Gerichtskasse gezahlt hat.

**§ 76 [Einstellung wegen Deckung des Gläubigers aus einem Einzelausgebot]** (1) Wird bei der Versteigerung mehrerer Grundstücke auf eines oder einige so viel geboten, daß der Anspruch des Gläubigers gedeckt ist, so wird das Verfahren in Ansehung der übrigen Grundstücke einstweilen eingestellt; die Einstellung unterbleibt, wenn sie dem berechtigten Interesse des Gläubigers widerspricht.

(2) [1] Ist die einstweilige Einstellung erfolgt, so kann der Gläubiger die Fortsetzung des Verfahrens verlangen, wenn er ein berechtigtes Interesse daran hat, insbesondere wenn er im Verteilungstermine nicht befriedigt worden ist. [2] Beantragt der Gläubiger die Fortsetzung nicht vor dem Ablaufe von drei Monaten nach dem Verteilungstermine, so gilt der Versteigerungsantrag als zurückgenommen.

**§ 77 [Einstellung wegen Mangels an Geboten]** (1) Ist ein Gebot nicht abgegeben oder sind sämtliche Gebote erloschen, so wird das Verfahren einstweilen eingestellt.

(2) [1] Bleibt die Versteigerung in einem zweiten Termine gleichfalls ergebnislos, so wird das Verfahren aufgehoben. [2] Liegen die Voraussetzungen für die Anordnung der Zwangsverwaltung vor, so kann auf Antrag des Gläubigers das Gericht anordnen, daß das Verfahren als Zwangsverwaltung fortgesetzt wird. [3] In einem solchen Falle bleiben die Wirkungen der für die Zwangsversteigerung erfolgten Beschlagnahme bestehen; die Vorschrift des § 155 Abs. 1 findet jedoch auf die Kosten der Zwangsversteigerung keine Anwendung.

**§ 78 [Protokoll]** Vorgänge in dem Termine, die für die Entscheidung über den Zuschlag oder für das Recht eines Beteiligten in Betracht kommen, sind durch das Protokoll festzustellen; bleibt streitig, ob oder für welches Gebot der Zuschlag zu erteilen ist, so ist das Sachverhältnis mit den gestellten Anträgen in das Protokoll aufzunehmen.

### VI. Entscheidung über den Zuschlag

**§ 79 [Keine Bindung an Vorentscheidungen]** Bei der Beschlußfassung über den Zuschlag ist das Gericht an eine Entscheidung, die es vorher getroffen hat, nicht gebunden.

**§ 80 [Nicht protokollierte Vorgänge]** Vorgänge in dem Versteigerungstermine, die nicht aus dem Protokoll ersichtlich sind, werden bei der Entscheidung über den Zuschlag nicht berücksichtigt.

**§ 81 [Zuschlagsberechtigte]** (1) Der Zuschlag ist dem Meistbietenden zu erteilen.[1)]

(2) Hat der Meistbietende das Recht aus dem Meistgebot an einen anderen abgetreten und dieser die Verpflichtung aus dem Meistgebot übernommen, so ist, wenn die Erklärungen im Versteigerungstermin abgegeben oder nachträglich durch öffentlich beglaubigte Urkunden nachgewiesen werden, der Zuschlag nicht dem Meistbietenden, sondern dem anderen zu erteilen.

---

[1)] Vgl. für land- und forstwirtschaftliche Grundstücke §§ 1 ff. und 37 GrundstückverkehrsG **(Schönfelder ErgBd. Nr. 40)**.

(3) Erklärt der Meistbietende im Termin oder nachträglich in einer öffentlich beglaubigten Urkunde, daß er für einen anderen geboten habe, so ist diesem der Zuschlag zu erteilen, wenn die Vertretungsmacht des Meistbietenden oder die Zustimmung des anderen entweder bei dem Gericht offenkundig ist oder durch eine öffentlich beglaubigte Urkunde nachgewiesen wird.

(4) Wird der Zuschlag erteilt, so haften der Meistbietende und der Ersteher als Gesamtschuldner.

**§ 82.**[1] **[Inhalt des Zuschlagsbeschlusses]** In dem Beschlusse, durch welchen der Zuschlag erteilt wird, sind das Grundstück, der Ersteher, das Gebot und die Versteigerungsbedingungen zu bezeichnen; auch sind im Falle des § 69 Abs. 3 der Bürge unter Angabe der Höhe seiner Schuld und im Falle des § 81 Abs. 4 der Meistbietende für mithaftend zu erklären.

**§ 83.**[2] **[Versagung des Zuschlags]** Der Zuschlag ist zu versagen:

1. wenn die Vorschrift des § 43 Abs. 2 oder eine der Vorschriften über die Feststellung des geringsten Gebots oder der Versteigerungsbedingungen verletzt ist;
2. wenn bei der Versteigerung mehrerer Grundstücke das Einzelausgebot oder das Gesamtausgebot den Vorschriften des § 63 Abs. 1, Abs. 2 Satz 1, Abs. 4 zuwider unterblieben ist;
3. wenn in den Fällen des § 64 Abs. 2 Satz 1, Abs. 3 die Hypothek, Grundschuld oder Rentenschuld oder das Recht eines gleich- oder nachstehenden Beteiligten, der dem Gläubiger vorgeht, durch das Gesamtergebnis der Einzelausgebote nicht gedeckt werden;
4. wenn die nach der Aufforderung zur Abgabe von Geboten erfolgte Anmeldung oder Glaubhaftmachung eines Rechtes ohne Beachtung der Vorschrift des § 66 Abs. 2 zurückgewiesen ist;
5. wenn der Zwangsversteigerung oder der Fortsetzung des Verfahrens das Recht eines Beteiligten entgegensteht;
6. wenn die Zwangsversteigerung oder die Fortsetzung des Verfahrens aus einem sonstigen Grunde unzulässig ist;
7. wenn eine der Vorschriften des § 43 Abs. 1 oder des § 73 Abs. 1 verletzt ist;
8. wenn die nach § 68 Abs. 2 und 3 verlangte Sicherheitsleistung nicht bis zur Entscheidung über den Zuschlag geleistet worden ist.

**§ 84. [Keine Versagung des Zuschlags]** (1) Die im § 83 Nr. 1 bis 5 bezeichneten Versagungsgründe stehen der Erteilung des Zuschlags nicht entgegen, wenn das Recht des Beteiligten durch den Zuschlag nicht beeinträchtigt wird oder wenn der Beteiligte das Verfahren genehmigt.

(2) Die Genehmigung ist durch eine öffentlich beglaubigte Urkunde nachzuweisen.

---

[1] § 82 geänd. durch G v. 1. 2. 1979 (BGBl. I S. 127), v. 18. 2. 1998 (BGBl. I S. 866) und mWv 1. 2. 2007 durch Art. 11 2. JuMoG v. 22. 12. 2006 (BGBl. I S. 3416).

[2] § 83 Nr. 2 geänd. mWv 1. 9. 2004 durch Art. 10 1. JuMoG v. 24. 8. 2004 (BGBl. I S. 2198), Nr. 8 angef. mWv 1. 2. 2007 durch Art. 11 2. JuMoG v. 22. 12. 2006 (BGBl. I S. 3416).

**§ 85.**[1] **[Versagung bei Antrag auf neuen Versteigerungstermin]**
(1) [1]Der Zuschlag ist zu versagen, wenn vor dem Schlusse der Verhandlung ein Beteiligter, dessen Recht durch den Zuschlag beeinträchtigt werden würde und der nicht zu den Berechtigten des § 74a Abs. 1 gehört, die Bestimmung eines neuen Versteigerungstermins beantragt und sich zugleich zum Ersatze des durch die Versagung des Zuschlages entstehenden Schadens verpflichtet, auch auf Verlangen eines anderen Beteiligten Sicherheit leistet. [2]Die Vorschriften des § 67 Abs. 3 und des § 69 sind entsprechend anzuwenden. [3]Die Sicherheit ist in Höhe des bis zum Verteilungstermin zu berichtigenden Teils des bisherigen Meistgebots zu leisten.

(2) Die neue Terminsbestimmung ist auch dem Meistbietenden zuzustellen.

(3) Für die weitere Versteigerung gilt das bisherige Meistgebot mit Zinsen von dem durch Zahlung zu berichtigenden Teile des Meistgebots unter Hinzurechnung derjenigen Mehrkosten, welche aus dem Versteigerungserlöse zu entnehmen sind, als ein von dem Beteiligten abgegebenes Gebot.

(4) In dem fortgesetzten Verfahren findet die Vorschrift des Absatzes 1 keine Anwendung.

**§ 85a.**[2] **[Versagung bei zu geringem Meistgebot]** (1) Der Zuschlag ist ferner zu versagen, wenn das abgegebene Meistgebot einschließlich des Kapitalwertes der nach den Versteigerungsbedingungen bestehenbleibenden Rechte die Hälfte des Grundstückswertes nicht erreicht.

(2) [1]§ 74a Abs. 3, 5 ist entsprechend anzuwenden. [2]In dem neuen Versteigerungstermin darf der Zuschlag weder aus den Gründen des Absatzes 1 noch aus denen des § 74a Abs. 1 versagt werden.

(3) Ist das Meistgebot von einem zur Befriedigung aus dem Grundstück Berechtigten abgegeben worden, so ist Absatz 1 nicht anzuwenden, wenn das Gebot einschließlich des Kapitalwertes der nach den Versteigerungsbedingungen bestehenbleibenden Rechte zusammen mit dem Betrage, mit dem der Meistbietende bei der Verteilung des Erlöses ausfallen würde, die Hälfte des Grundstückswertes erreicht.

**§ 86. [Wirkung der Versagung]** Die rechtskräftige Versagung des Zuschlags wirkt, wenn die Fortsetzung des Verfahrens zulässig ist, wie eine einstweilige Einstellung, anderenfalls wie die Aufhebung des Verfahrens.

**§ 87. [Verkündungstermin]** (1) Der Beschluß, durch welchen der Zuschlag erteilt oder versagt wird, ist in dem Versteigerungstermin oder in einem sofort zu bestimmenden Termine zu verkünden.

(2) [1]Der Verkündungstermin soll nicht über eine Woche hinaus bestimmt werden. [2]Die Bestimmung des Termins ist zu verkünden und durch Anheftung an die Gerichtstafel bekanntzumachen.

(3) Sind nachträglich Tatsachen oder Beweismittel vorgebracht, so sollen in dem Verkündungstermine die anwesenden Beteiligten hierüber gehört werden.

---

[1] § 85 Abs. 1 neugef. durch G v. 20. 8. 1953 (BGBl. I S. 952), Abs. 1 Satz 2 geänd. durch G v. 1. 2. 1979 (BGBl. I S. 127), Abs. 1 Satz 3 neugef. mWv 1. 2. 2007 durch Art. 11 2. JuMoG v. 22. 12. 2006 (BGBl. I S. 3416).

[2] § 85a eingef. durch G v. 1. 2. 1979 (BGBl. I S. 127).

**§ 88.**[1] **[Zustellung des Beschlusses]** [1]Der Beschluß, durch welchen der Zuschlag erteilt wird, ist den Beteiligten, soweit sie weder im Versteigerungstermine noch im Verkündungstermin erschienen sind, und dem Ersteher sowie im Falle des § 69 Abs. 3 dem für mithaftend erklärten Bürgen und im Falle des § 81 Abs. 4 dem Meistbietenden zuzustellen. [2]Als Beteiligte gelten auch diejenigen, welche das angemeldete Recht noch glaubhaft zu machen haben.

**§ 89. [Wirksamwerden des Zuschlags]** Der Zuschlag wird mit der Verkündung wirksam.

**§ 90.**[2] **[Eigentumserwerb durch Zuschlag]** (1) Durch den Zuschlag wird der Ersteher Eigentümer des Grundstücks, sofern nicht im Beschwerdewege der Beschluß rechtskräftig aufgehoben wird.

(2) Mit dem Grundstück erwirbt er zugleich die Gegenstände, auf welche sich die Versteigerung erstreckt hat.

**§ 91.**[3] **[Erlöschen von Rechten]** (1) Durch den Zuschlag erlöschen unter der im § 90 Abs. 1 bestimmten Voraussetzung die Rechte, welche nicht nach den Versteigerungsbedingungen bestehen bleiben sollen.

(2) Ein Recht an dem Grundstücke bleibt jedoch bestehen, wenn dies zwischen dem Berechtigten und dem Ersteher vereinbart ist und die Erklärungen entweder im Verteilungstermin abgegeben oder, bevor das Grundbuchamt um Berichtigung des Grundbuchs ersucht ist, durch eine öffentlich beglaubigte Urkunde nachgewiesen werden.

(3) [1]Im Falle des Absatzes 2 vermindert sich der durch Zahlung zu berichtigende Teil des Meistgebots um den Betrag, welcher sonst dem Berechtigten gebühren würde. [2]Im übrigen wirkt die Vereinbarung wie die Befriedigung des Berechtigten aus dem Grundstücke.

(4) [1]Das Erlöschen eines Rechts, dessen Inhaber zur Zeit des Erlöschens nach § 1179a des Bürgerlichen Gesetzbuchs die Löschung einer bestehenbleibenden Hypothek, Grundschuld oder Rentenschuld verlangen kann, hat nicht das Erlöschen dieses Anspruchs zur Folge. [2]Der Anspruch erlischt, wenn der Berechtigte aus dem Grundstück befriedigt wird.

**§ 92. [Anspruch auf Ersatz des Wertes]** (1) Erlischt durch den Zuschlag ein Recht, das nicht auf Zahlung eines Kapitals gerichtet ist, so tritt an die Stelle des Rechtes der Anspruch auf Ersatz des Wertes aus dem Versteigerungserlöse.

(2) [1]Der Ersatz für einen Nießbrauch, für eine beschränkte persönliche Dienstbarkeit sowie für eine Reallast von unbestimmter Dauer ist durch Zahlung einer Geldrente zu leisten, die dem Jahreswerte des Rechtes gleichkommt. [2]Der Betrag ist für drei Monate vorauszuzahlen. [3]Der Anspruch auf eine fällig gewordene Zahlung verbleibt dem Berechtigten auch dann, wenn das Recht auf die Rente vor dem Ablaufe der drei Monate erlischt.

(3) Bei ablösbaren Rechten bestimmt sich der Betrag der Ersatzleistung durch die Ablösungssumme.

---

[1] § 88 Satz 1 geänd. durch G v. 1. 2. 1979 (BGBl. I S. 127), v. 18. 2. 1998 (BGBl. I S. 866) und mWv 1. 2. 2007 durch Art. 11 2. JuMoG v. 22. 12. 2006 (BGBl. I S. 3416).

[2] Beachte hierzu auch § 9 Einführungsgesetz zu dem Gesetz über die Zwangsversteigerung und die Zwangsverwaltung idF der Bek. v. 20. 5. 1898 (RGBl. S. 750).

[3] § 91 Abs. 4 angef. durch G v. 22. 6. 1977 (BGBl. I S. 998).

**§ 93. [Zuschlagsbeschluß als Vollstreckungstitel]** (1) [1] Aus dem Beschlusse, durch welchen der Zuschlag erteilt wird, findet gegen den Besitzer des Grundstücks oder einer mitversteigerten Sache die Zwangsvollstreckung auf Räumung und Herausgabe statt. [2] Die Zwangsvollstreckung soll nicht erfolgen, wenn der Besitzer auf Grund eines Rechtes besitzt, das durch den Zuschlag nicht erloschen ist. [3] Erfolgt gleichwohl die Zwangsvollstreckung, so kann der Besitzer nach Maßgabe des § 771 der Zivilprozeßordnung Widerspruch erheben.

(2) Zum Ersatze von Verwendungen, die vor dem Zuschlage gemacht sind, ist der Ersteher nicht verpflichtet.

**§ 94. [Gerichtliche Verwaltung]** (1) [1] Auf Antrag eines Beteiligten, der Befriedigung aus dem Bargebote zu erwarten hat, ist das Grundstück für Rechnung des Erstehers in gerichtliche Verwaltung zu nehmen, solange nicht die Zahlung oder Hinterlegung erfolgt ist. [2] Der Antrag kann schon im Versteigerungstermine gestellt werden.

(2) Auf die Bestellung des Verwalters sowie auf dessen Rechte und Pflichten finden die Vorschriften über die Zwangsverwaltung entsprechende Anwendung.

## VII. Beschwerde

**§ 95.**[1)] **[Zulässigkeit]** Gegen eine Entscheidung, die vor der Beschlußfassung über den Zuschlag erfolgt, kann die sofortige Beschwerde nur eingelegt werden, soweit die Entscheidung die Anordnung, Aufhebung, einstweilige Einstellung oder Fortsetzung des Verfahrens betrifft.

**§ 96.**[1)] **[Anzuwendende Vorschriften]** Auf die Beschwerde gegen die Entscheidung über den Zuschlag finden die Vorschriften der Zivilprozeßordnung über die Beschwerde nur insoweit Anwendung, als nicht in den §§ 97 bis 104 ein anderes vorgeschrieben ist.

**§ 97. [Beschwerdeberechtigte]** (1) Die Beschwerde steht im Falle der Erteilung des Zuschlags jedem Beteiligten sowie dem Ersteher und dem für zahlungspflichtig erklärten Dritten, im Falle der Versagung dem Gläubiger zu, in beiden Fällen auch dem Bieter, dessen Gebot nicht erloschen ist, sowie demjenigen, welcher nach § 81 an die Stelle des Bieters treten soll.

(2) Im Falle des § 9 Nr. 2 genügt es, wenn die Anmeldung und Glaubhaftmachung des Rechtes bei dem Beschwerdegericht erfolgt.

**§ 98. [Beginn der Beschwerdefrist]** [1] Die Frist für die Beschwerde gegen einen Beschluß des Vollstreckungsgerichts, durch welchen der Zuschlag versagt wird, beginnt mit der Verkündung des Beschlusses. [2] Das gleiche gilt im Falle der Erteilung des Zuschlags für die Beteiligten, welche im Versteigerungstermin oder im Verkündungstermin erschienen waren.

**§ 99. [Gegner des Beschwerdeführers]** (1) Erachtet das Beschwerdegericht eine Gegenerklärung für erforderlich, so hat es zu bestimmen, wer als Gegner des Beschwerdeführers zuzuziehen ist.

(2) Mehrere Beschwerden sind miteinander zu verbinden.

---

1) §§ 95 und 96 geänd. durch Art. 9 ZPO-RG v. 27. 7. 2001 (BGBl. I S. 1887).

**§ 100.**[1] **[Beschwerdegründe]** (1) Die Beschwerde kann nur darauf gestützt werden, daß eine der Vorschriften der §§ 81, 83 bis 85a verletzt oder daß der Zuschlag unter anderen als den der Versteigerung zugrunde gelegten Bedingungen erteilt ist.

(2) Auf einen Grund, der nur das Recht eines anderen betrifft, kann weder die Beschwerde noch ein Antrag auf deren Zurückweisung gestützt werden.

(3) Die im § 83 Nr. 6, 7 bezeichneten Versagungsgründe hat das Beschwerdegericht von Amts wegen zu berücksichtigen.

**§ 101.**[2] **[Begründete Beschwerde; weitere Beschwerde]** (1) Wird die Beschwerde für begründet erachtet, so hat das Beschwerdegericht unter Aufhebung des angefochtenen Beschlusses in der Sache selbst zu entscheiden.

(2) Wird ein Beschluß, durch welchen der Zuschlag erteilt ist, aufgehoben, auf Rechtsbeschwerde aber für begründet erachtet, so ist unter Aufhebung des Beschlusses des Beschwerdegerichts die gegen die Erteilung des Zuschlags erhobene Beschwerde zurückzuweisen.

**§ 102.**[2] **[Berechtigte für weitere Beschwerde]** Hat das Beschwerdegericht den Beschluß, durch welchen der Zuschlag erteilt war, nach der Verteilung des Versteigerungserlöses aufgehoben, so steht die Rechtsbeschwerde, wenn das Beschwerdegericht sie zugelassen hat, auch denjenigen zu, welchen der Erlös zugeteilt ist.

**§ 103.**[3] **[Zustellung der Beschwerdeentscheidung]** [1]Der Beschluß des Beschwerdegerichts ist, wenn der angefochtene Beschluß aufgehoben oder abgeändert wird, allen Beteiligten und demjenigen Bieter, welchem der Zuschlag verweigert oder erteilt wird, sowie im Falle des § 69 Abs. 3 dem für mithaftend erklärten Bürgen und in den Fällen des § 81 Abs. 2, 3 dem Meistbietenden zuzustellen. [2]Wird die Beschwerde zurückgewiesen, so erfolgt die Zustellung des Beschlusses nur an den Beschwerdeführer und den zugezogenen Gegner.

**§ 104. [Wirksamwerden der Zuschlagserteilung in der Beschwerde]** Der Beschluß, durch welchen das Beschwerdegericht den Zuschlag erteilt, wird erst mit der Zustellung an den Ersteher wirksam.

## VIII. Verteilung des Erlöses

**§ 105.**[4] **[Bestimmung des Verteilungstermins]** (1) Nach der Erteilung des Zuschlags hat das Gericht einen Termin zur Verteilung des Versteigerungserlöses zu bestimmen.

(2) [1]Die Terminsbestimmung ist den Beteiligten und dem Ersteher sowie im Falle des § 69 Abs. 3 dem für mithaftend erklärten Bürgen und in den Fäl-

[1] § 100 Abs. 1 geänd. durch G v. 1. 2. 1979 (BGBl. I S. 127).

[2] § 101 Abs. 2 und § 102 geänd. durch Art. 9 ZPO-RG v. 27. 7. 2001 (BGBl. I S. 1887).

[3] § 103 Satz 1 geänd. durch G v. 1. 2. 1979 (BGBl. I S. 127), v. 18. 2. 1998 (BGBl. I S. 866) und mWv 1. 2. 2007 durch Art. 11 2. JuMoG v. 22. 12. 2006 (BGBl. I S. 3416).

[4] § 105 Abs. 2 Satz 1, Abs. 4 Satz 1 geänd. durch G v. 1. 2. 1979 (BGBl. I S. 127), Abs. 2 Satz 1 geänd. durch G v. 18. 2. 1998 (BGBl. I S. 866), Abs. 2 Satz 1 und Abs. 4 geänd. mWv 1. 2. 2007 durch Art. 11 2. JuMoG v. 22. 12. 2006 (BGBl. I S. 3416).

len des § 81 Abs. 2, 3 dem Meistbietenden zuzustellen. 2 Als Beteiligte gelten auch diejenigen, welche das angemeldete Recht noch glaubhaft zu machen haben.

(3) Die Terminsbestimmung soll an die Gerichtstafel angeheftet werden.

(4) Ist die Terminsbestimmung dem Ersteher und im Falle des § 69 Abs. 3 auch dem für mithaftend erklärten Bürgen sowie in den Fällen des § 81 Abs. 2, 3 auch dem Meistbietenden nicht zwei Wochen vor dem Termin zugestellt, so ist der Termin aufzuheben und von neuem zu bestimmen, sofern nicht das Verfahren genehmigt wird.

**§ 106. [Vorläufiger Teilungsplan]** 1 Zur Vorbereitung des Verteilungsverfahrens kann das Gericht in der Terminsbestimmung die Beteiligten auffordern, binnen zwei Wochen eine Berechnung ihrer Ansprüche einzureichen. 2 In diesem Falle hat das Gericht nach dem Ablaufe der Frist den Teilungsplan anzufertigen und ihn spätestens drei Tage vor dem Termin auf der Geschäftsstelle zur Einsicht der Beteiligten niederzulegen.

**§ 107.**[1)] **[Teilungsmasse]** (1) 1 In dem Verteilungstermin ist festzustellen, wieviel die zu verteilende Masse beträgt. 2 Zu der Masse gehört auch der Erlös aus denjenigen Gegenständen, welche im Falle des § 65 besonders versteigert oder anderweit verwertet sind.

(2) 1 Die von dem Ersteher im Termine zu leistende Zahlung erfolgt an das Gericht. 2 § 49 Abs. 3 gilt entsprechend.

(3) Ein Geldbetrag, der zur Sicherheit für das Gebot des Erstehers bei der Gerichtskasse einbezahlt ist, wird auf die Zahlung nach Absatz 2 Satz 1 angerechnet.

**§ 108.**[2)] *(aufgehoben)*

**§ 109. [Kosten des Verfahrens; Überschuß]** (1) Aus dem Versteigerungserlöse sind die Kosten des Verfahrens vorweg zu entnehmen, mit Ausnahme der durch die Anordnung des Verfahrens oder den Beitritt eines Gläubigers, durch den Zuschlag oder durch nachträgliche Verteilungsverhandlungen entstehenden Kosten.

(2) Der Überschuß wird auf die Rechte, welche durch Zahlung zu decken sind, verteilt.

**§ 110. [Nachstehende Rechte]** Rechte, die ungeachtet der im § 37 Nr. 4 bestimmten Aufforderung nicht rechtzeitig angemeldet oder glaubhaft gemacht worden sind, stehen bei der Verteilung den übrigen Rechten nach.

**§ 111. [Betagter Anspruch]** 1 Ein betagter Anspruch gilt als fällig. 2 Ist der Anspruch unverzinslich, so gebührt dem Berechtigten nur die Summe, welche mit Hinzurechnung der gesetzlichen Zinsen für die Zeit von der Zahlung bis zur Fälligkeit dem Betrage des Anspruchs gleichkommt; solange die Zeit der Fälligkeit ungewiß ist, gilt der Anspruch als aufschiebend bedingt.

---

1) § 107 Abs. 2 Satz 2 angef. durch G v. 18. 2. 1998 (BGBl. I S. 866), Abs. 3 neugef. mWv 1. 2. 2007 durch Art. 11 2. JuMoG v. 22. 12. 2006 (BGBl. I S. 3416).

2) § 108 aufgeh. durch G v. 18. 2. 1998 (BGBl. I S. 866).

**§ 112. [Gesamtausgebot]** (1) Ist bei der Versteigerung mehrerer Grundstücke der Zuschlag auf Grund eines Gesamtausgebots erteilt und wird eine Verteilung des Erlöses auf die einzelnen Grundstücke notwendig, so wird aus dem Erlöse zunächst der Betrag entnommen, welcher zur Deckung der Kosten sowie zur Befriedigung derjenigen bei der Feststellung des geringsten Gebots berücksichtigten und durch Zahlung zu deckenden Rechte erforderlich ist, für welche die Grundstücke ungeteilt haften.

(2) 1 Der Überschuß wird auf die einzelnen Grundstücke nach dem Verhältnisse des Wertes der Grundstücke verteilt. 2 Dem Überschusse wird der Betrag der Rechte, welche nach § 91 nicht erlöschen, hinzugerechnet. 3 Auf den einem Grundstücke zufallenden Anteil am Erlöse wird der Betrag der Rechte, welche an diesem Grundstücke bestehen bleiben, angerechnet. 4 Besteht ein solches Recht an mehreren der versteigerten Grundstücke, so ist bei jedem von ihnen nur ein dem Verhältnisse des Wertes der Grundstücke entsprechender Teilbetrag in Anrechnung zu bringen.

(3) Reicht der nach Absatz 2 auf das einzelne Grundstück entfallende Anteil am Erlöse nicht zur Befriedigung derjenigen Ansprüche aus, welche nach Maßgabe des geringsten Gebots durch Zahlung zu berichtigen sind oder welche durch das bei dem Einzelausgebote für das Grundstück erzielte Meistgebot gedeckt werden, so erhöht sich der Anteil um den Fehlbetrag.

**§ 113. [Aufstellung des Teilungsplans]** (1) In dem Verteilungstermine wird nach Anhörung der anwesenden Beteiligten von dem Gerichte, nötigenfalls mit Hilfe eines Rechnungsverständigen, der Teilungsplan aufgestellt.

(2) In dem Plane sind auch die nach § 91 nicht erlöschenden Rechte anzugeben.

**§ 114. [Aufzunehmende Ansprüche]** (1) 1 In den Teilungsplan sind Ansprüche, soweit ihr Betrag oder ihr Höchstbetrag zur Zeit der Eintragung des Versteigerungsvermerkes aus dem Grundbuch ersichtlich war, nach dem Inhalte des Buches, im übrigen nur dann aufzunehmen, wenn sie spätestens in dem Termin angemeldet sind. 2 Die Ansprüche des Gläubigers gelten als angemeldet, soweit sie sich aus dem Versteigerungsantrag ergeben.

(2) Laufende Beträge wiederkehrender Leistungen, die nach dem Inhalte des Grundbuchs zu entrichten sind, brauchen nicht angemeldet zu werden.

**§ 114a.**[1] **[Kein Anspruch des Erstehers unter 7/10-Grenze]** 1 Ist der Zuschlag einem zur Befriedigung aus dem Grundstück Berechtigten zu einem Gebot erteilt, das einschließlich des Kapitalwertes der nach den Versteigerungsbedingungen bestehenbleibenden Rechte hinter sieben Zehnteilen des Grundstückswertes zurückbleibt, so gilt der Ersteher auch insoweit als aus dem Grundstück befriedigt, als sein Anspruch durch das abgegebene Meistgebot nicht gedeckt ist, aber bei einem Gebot zum Betrage der Sieben-Zehnteile-Grenze gedeckt sein würde. 2 Hierbei sind dem Anspruch des Erstehers vorgehende oder gleichstehende Rechte, die erlöschen, nicht zu berücksichtigen.

**§ 115. [Widerspruch gegen den Teilungsplan]** (1) 1 Über den Teilungsplan wird sofort verhandelt. 2 Auf die Verhandlung sowie auf die Erledi-

---

[1] § 114a eingef. durch G v. 20. 8. 1953 (BGBl. I S. 952), Satz 2 angef. durch G v. 1. 2. 1979 (BGBl. I S. 127).

gung erhobener Widersprüche und die Ausführung des Planes finden die §§ 876 bis 882 der Zivilprozeßordnung entsprechende Anwendung.

(2) Ist ein vor dem Termin angemeldeter Anspruch nicht nach dem Antrag in den Plan aufgenommen, so gilt die Anmeldung als Widerspruch gegen den Plan.

(3) Der Widerspruch des Schuldners gegen einen vollstreckbaren Anspruch wird nach den §§ 767, 769, 770 der Zivilprozeßordnung erledigt.

(4) Soweit der Schuldner durch Sicherheitsleistung oder Hinterlegung die Befriedigung eines solchen Anspruchs abwenden darf, unterbleibt die Ausführung des Planes, wenn die Sicherheit geleistet oder die Hinterlegung erfolgt ist.

**§ 116.**[1)] **[Aussetzung der Ausführung]** Die Ausführung des Teilungsplans soll bis zur Rechtskraft des Zuschlags ausgesetzt werden, wenn der Ersteher oder im Falle des § 69 Abs. 3 der für mithaftend erklärte Bürge sowie in den Fällen des § 81 Abs. 2, 3 der Meistbietende die Aussetzung beantragt.

**§ 117.**[2)] **[Ausführung bei Zahlung des Bargebots]** (1) [1]Soweit der Versteigerungserlös in Geld vorhanden ist, wird der Teilungsplan durch Zahlung an die Berechtigten ausgeführt. [2]Die Zahlung ist unbar zu leisten.

(2) [1]Die Auszahlung an einen im Termine nicht erschienenen Berechtigten ist von Amts wegen anzuordnen. [2]Die Art der Auszahlung bestimmt sich nach den Landesgesetzen. [3]Kann die Auszahlung nicht erfolgen, so ist der Betrag für den Berechtigten zu hinterlegen.

(3) Im Falle der Hinterlegung des Erlöses kann statt der Zahlung eine Anweisung auf den hinterlegten Betrag erteilt werden.

**§ 118.**[3)] **[Ausführung bei Nichtzahlung des Versteigerungserlöses]** (1) Soweit das Bargebot nicht berichtigt wird, ist der Teilungsplan dadurch auszuführen, daß die Forderung gegen den Ersteher auf die Berechtigten übertragen und im Falle des § 69 Abs. 3 gegen den für mithaftend erklärten Bürgen auf die Berechtigten mitübertragen wird; Übertragung und Mitübertragung erfolgen durch Anordnung des Gerichts.

(2) [1]Die Übertragung wirkt wie die Befriedigung aus dem Grundstücke. [2]Diese Wirkung tritt jedoch im Falle des Absatzes 1 nicht ein, wenn vor dem Ablaufe von drei Monaten der Berechtigte dem Gerichte gegenüber den Verzicht auf die Rechte aus der Übertragung erklärt oder die Zwangsversteigerung beantragt. [3]Wird der Antrag auf Zwangsversteigerung zurückgenommen oder das Verfahren nach § 31 Abs. 2 aufgehoben, so gilt er als nicht gestellt. [4]Im Falle des Verzichts soll das Gericht die Erklärung dem Ersteher sowie demjenigen mitteilen, auf welchen die Forderung infolge des Verzichts übergeht.

---

[1)] § 116 geänd. durch G v. 1. 2. 1979 (BGBl. I S. 127), v. 18. 2. 1998 (BGBl. I S. 866) und mWv 1. 2. 2007 durch Art. 11 2. JuMoG v. 22. 12. 2006 (BGBl. I S. 3416).

[2)] § 117 Abs. 1 Satz 2 angef. durch G v. 18. 2. 1998 (BGBl. I S. 866), neugef. mWv 1. 2. 2007 durch Art. 11 2. JuMoG v. 22. 12. 2006 (BGBl. I S. 3416).

[3)] § 118 Abs. 1 Satz 1 neugef. durch G v. 1. 2. 1979 (BGBl. I S. 127), Abs. 1 Satz 1 geänd., Satz 2 aufgeh. durch G v. 18. 2. 1998 (BGBl. I S. 866), Abs. 2 Satz 2 geänd. mWv 1.9. 2004 durch Art. 10 1. JuMoG v. 24. 8. 2004 (BGBl. I S. 2198), Abs. 1 geänd. mWv 1. 2. 2007 durch Art. 11 2. JuMoG v. 22. 12. 2006 (BGBl. I S. 3416).

**§ 119. [Aufstellung des Teilungsplans bei bedingtem Anspruch]** Wird auf einen bedingten Anspruch ein Betrag zugeteilt, so ist durch den Teilungsplan festzustellen, wie der Betrag anderweit verteilt werden soll, wenn der Anspruch wegfällt.

**§ 120. [Ausführung des Teilungsplans bei aufschiebender Bedingung]** (1) [1]Ist der Anspruch aufschiebend bedingt, so ist der Betrag für die Berechtigten zu hinterlegen. [2]Soweit der Betrag nicht gezahlt ist, wird die Forderung gegen den Ersteher auf die Berechtigten übertragen. [3]Die Hinterlegung sowie die Übertragung erfolgt für jeden unter der entsprechenden Bedingung.

(2) Während der Schwebezeit gelten für die Anlegung des hinterlegten Geldes, für die Kündigung und Einziehung der übertragenen Forderung sowie für die Anlegung des eingezogenen Geldes die Vorschriften der §§ 1077 bis 1079 des Bürgerlichen Gesetzbuchs; die Art der Anlegung bestimmt derjenige, welchem der Betrag gebührt, wenn die Bedingung ausfällt.

**§ 121. [Zuteilung auf Ersatzansprüche]** (1) In den Fällen des § 92 Abs. 2 ist für den Ersatzanspruch in den Teilungsplan ein Betrag aufzunehmen, welcher der Summe aller künftigen Leistungen gleichkommt, den fünfundzwanzigfachen Betrag einer Jahresleistung jedoch nicht übersteigt; zugleich ist zu bestimmen, daß aus den Zinsen und dem Betrage selbst die einzelnen Leistungen zur Zeit der Fälligkeit zu entnehmen sind.

(2) Die Vorschriften der §§ 119, 120 finden entsprechende Anwendung; die Art der Anlegung des Geldes bestimmt der zunächst Berechtigte.

**§ 122. [Verteilung bei Gesamthypothek]** (1) [1]Sind mehrere für den Anspruch eines Beteiligten haftende Grundstücke in demselben Verfahren versteigert worden, so ist, unbeschadet der Vorschrift des § 1132 Abs. 1 Satz 2 des Bürgerlichen Gesetzbuchs, bei jedem einzelnen Grundstücke nur ein nach dem Verhältnisse der Erlöse zu bestimmender Betrag in den Teilungsplan aufzunehmen. [2]Der Erlös wird unter Abzug des Betrags der Ansprüche berechnet, welche dem Anspruche des Beteiligten vorgehen.

(2) Unterbleibt die Zahlung eines auf den Anspruch des Beteiligten zugeteilten Betrags, so ist der Anspruch bei jedem Grundstück in Höhe dieses Betrags in den Plan aufzunehmen.

**§ 123. [Hilfsübertragung bei Gesamthypothek]** (1) Soweit auf einen Anspruch, für den auch ein anderes Grundstück haftet, der zugeteilte Betrag nicht gezahlt wird, ist durch den Teilungsplan festzustellen, wie der Betrag anderweit verteilt werden soll, wenn das Recht auf Befriedigung aus dem zugeteilten Betrage nach Maßgabe der besonderen Vorschriften über die Gesamthypothek erlischt.

(2) Die Zuteilung ist dadurch auszuführen, daß die Forderung gegen den Ersteher unter der entsprechenden Bedingung übertragen wird.

**§ 124. [Verteilung bei Widerspruch gegen den Teilungsplan]** (1) Im Falle eines Widerspruchs gegen den Teilungsplan ist durch den Plan festzustellen, wie der streitige Betrag verteilt werden soll, wenn der Widerspruch für begründet erklärt wird.

(2) Die Vorschriften des § 120 finden entsprechende Anwendung; die Art der Anlegung bestimmt derjenige, welcher den Anspruch geltend macht.

(3) Das gleiche gilt, soweit nach § 115 Abs. 4 die Ausführung des Planes unterbleibt.

**§ 125. [Zuteilung des erhöhten Betrages]** (1) [1]Hat der Ersteher außer dem durch Zahlung zu berichtigenden Teile des Meistgebots einen weiteren Betrag nach den §§ 50, 51 zu zahlen, so ist durch den Teilungsplan festzustellen, wem dieser Betrag zugeteilt werden soll. [2]Die Zuteilung ist dadurch auszuführen, daß die Forderung gegen den Ersteher übertragen wird.

(2) [1]Ist ungewiß oder streitig, ob der weitere Betrag zu zahlen ist, so erfolgt die Zuteilung und Übertragung unter der entsprechenden Bedingung. [2]Die §§ 878 bis 882 der Zivilprozeßordnung finden keine Anwendung.

(3) Die Übertragung hat nicht die Wirkung der Befriedigung aus dem Grundstücke.

**§ 126. [Hilfszuteilung bei unbekannten Berechtigten]** (1) Ist für einen zugeteilten Betrag die Person des Berechtigten unbekannt, insbesondere bei einer Hypothek, Grundschuld oder Rentenschuld der Brief nicht vorgelegt, so ist durch den Teilungsplan festzustellen, wie der Betrag verteilt werden soll, wenn der Berechtigte nicht ermittelt wird.

(2) [1]Der Betrag ist für den unbekannten Berechtigten zu hinterlegen. [2]Soweit der Betrag nicht gezahlt wird, ist die Forderung gegen den Ersteher auf den Berechtigten zu übertragen.

**§ 127. [Vermerke auf Hypothekenbriefen und vollstreckbaren Titeln]** (1) [1]Wird der Brief über eine infolge der Versteigerung erloschene Hypothek, Grundschuld oder Rentenschuld vorgelegt, so hat das Gericht ihn unbrauchbar zu machen. [2]Ist das Recht nur zum Teil erloschen, so ist dies auf dem Briefe zu vermerken. [3]Wird der Brief nicht vorgelegt, so kann das Gericht ihn von dem Berechtigten einfordern.

(2) Im Falle der Vorlegung eines vollstreckbaren Titels über einen Anspruch, auf welchen ein Betrag zugeteilt wird, hat das Gericht auf dem Titel zu vermerken, in welchem Umfange der Betrag durch Zahlung, Hinterlegung oder Übertragung gedeckt worden ist.

(3) Der Wortlaut der Vermerke ist durch das Protokoll festzustellen.

**§ 128.**[1)] **[Eintragung einer Sicherungshypothek]** (1) [1]Soweit für einen Anspruch die Forderung gegen den Ersteher übertragen wird, ist für die Forderung eine Sicherungshypothek an dem Grundstücke mit dem Range des Anspruchs einzutragen. [2]War das Recht, aus welchem der Anspruch herrührt, nach dem Inhalte des Grundbuchs mit dem Rechte eines Dritten belastet, so wird dieses Recht als Recht an der Forderung miteingetragen.

(2) Soweit die Forderung gegen den Ersteher unverteilt bleibt, wird eine Sicherungshypothek für denjenigen eingetragen, welcher zur Zeit des Zuschlags Eigentümer des Grundstücks war.

---

[1)] § 128 Abs. 4 neugef. mWv 1. 2. 2007 durch Art. 11 2. JuMoG v. 22. 12. 2006 (BGBl. I S. 3416).

(3) [1]Mit der Eintragung entsteht die Hypothek. [2]Vereinigt sich die Hypothek mit dem Eigentum in einer Person, so kann sie nicht zum Nachteil eines Rechtes, das bestehen geblieben ist, oder einer nach Absätzen 1, 2 eingetragenen Sicherungshypothek geltend gemacht werden.

(4) Wird das Grundstück von neuem versteigert, ist der zur Deckung der Hypothek erforderliche Betrag als Teil des Bargebots zu berücksichtigen.

**§ 129. [Spätere Rangverschiebung der Sicherungshypotheken]** [1]Die Sicherungshypothek für die im § 10 Nr. 1 bis 3 bezeichneten Ansprüche, für die im § 10 Nr. 4 bezeichneten Ansprüche auf wiederkehrende Leistungen und für die im § 10 Abs. 2 bezeichneten Kosten kann nicht zum Nachteile der Rechte, welche bestehen geblieben sind, und der übrigen nach § 128 Abs. 1, 2 eingetragenen Sicherungshypotheken geltend gemacht werden, es sei denn, daß vor dem Ablaufe von sechs Monaten nach der Eintragung derjenige, welchem die Hypothek zusteht, die Zwangsversteigerung des Grundstücks beantragt. [2]Wird der Antrag auf Zwangsversteigerung zurückgenommen oder das Verfahren nach § 31 Abs. 2 aufgehoben, so gilt er als nicht gestellt.

**§ 130. [Eintragungen in das Grundbuch]** (1) [1]Ist der Teilungsplan ausgeführt und der Zuschlag rechtskräftig, so ist das Grundbuchamt zu ersuchen, den Ersteher als Eigentümer einzutragen, den Versteigerungsvermerk sowie die durch den Zuschlag erloschenen Rechte zu löschen und die Eintragung der Sicherungshypotheken für die Forderung gegen den Ersteher zu bewirken. [2]Bei der Eintragung der Hypotheken soll im Grundbuch ersichtlich gemacht werden, daß sie auf Grund eines Zwangsversteigerungsverfahrens erfolgt ist.

(2) Ergibt sich, daß ein bei der Feststellung des geringsten Gebots berücksichtigtes Recht nicht zur Entstehung gelangt oder daß es erloschen ist, so ist das Ersuchen auch auf die Löschung dieses Rechtes zu richten.

(3) Hat der Ersteher, bevor er als Eigentümer eingetragen worden ist, die Eintragung eines Rechtes an dem versteigerten Grundstück bewilligt, so darf die Eintragung nicht vor der Erledigung des im Absatz 1 bezeichneten Ersuchens erfolgen.

**§ 130 a.[1)] [Vormerkung]** (1) Soweit für den Gläubiger eines erloschenen Rechts gegenüber einer bestehenbleibenden Hypothek, Grundschuld oder Rentenschuld nach § 1179 a des Bürgerlichen Gesetzbuchs die Wirkungen einer Vormerkung bestanden, fallen diese Wirkungen mit der Ausführung des Ersuchens nach § 130 weg.

(2) [1]Ist bei einem solchen Recht der Löschungsanspruch nach § 1179 a des Bürgerlichen Gesetzbuchs gegenüber einem bestehenbleibenden Recht nicht nach § 91 Abs. 4 Satz 2 erloschen, so ist das Ersuchen nach § 130 auf einen spätestens im Verteilungstermin zu stellenden Antrag des Anspruchsberechtigten jedoch auch darauf zu richten, daß für ihn bei dem bestehenbleibenden Recht eine Vormerkung zur Sicherung des sich aus der erloschenen Hypothek, Grundschuld oder Rentenschuld ergebenden Anspruchs auf Löschung einzutragen ist. [2]Die Vormerkung sichert den Löschungsanspruch vom gleichen Zeitpunkt an, von dem ab die Wirkungen des § 1179 a Abs. 1 Satz 3 des

---

[1)] § 130 a eingef. durch G v. 22. 6. 1977 (BGBl. I S. 998).

Bürgerlichen Gesetzbuchs bestanden. [3]Wer durch die Eintragung der Vormerkung beeinträchtigt wird, kann von dem Berechtigten die Zustimmung zu deren Löschung verlangen, wenn diesem zur Zeit des Erlöschens seines Rechts ein Anspruch auf Löschung des bestehenbleibenden Rechts nicht zustand oder er auch bei Verwirklichung dieses Anspruchs eine weitere Befriedigung nicht erlangen würde; die Kosten der Löschung der Vormerkung und der dazu erforderlichen Erklärungen hat derjenige zu tragen, für den die Vormerkung eingetragen war.

**§ 131.**[1)] **[Löschung einer Hypothek, Grundschuld oder Rentenschuld]** [1]In den Fällen des § 130 Abs. 1 ist zur Löschung einer Hypothek, einer Grundschuld oder einer Rentenschuld, im Falle des § 128 zur Eintragung des Vorranges einer Sicherungshypothek die Vorlegung des über das Recht erteilten Briefes nicht erforderlich. [2]Das gleiche gilt für die Eintragung der Vormerkung nach § 130 a Abs. 2 Satz 1.

**§ 132.**[2)] **[Vollstreckbarkeit; Vollstreckungsklausel]** (1) [1]Nach der Ausführung des Teilungsplans ist die Forderung gegen den Ersteher, im Falle des § 69 Abs. 3 auch gegen den für mithaftend erklärten Bürgen und im Falle des § 81 Abs. 4 auch gegen den für mithaftend erklärten Meistbietenden, der Anspruch aus der Sicherungshypothek gegen den Ersteher und jeden späteren Eigentümer vollstreckbar. [2]Diese Vorschrift findet keine Anwendung, soweit der Ersteher einen weiteren Betrag nach den §§ 50, 51 zu zahlen hat.

(2) [1]Die Zwangsvollstreckung erfolgt auf Grund einer vollstreckbaren Ausfertigung des Beschlusses, durch welchen der Zuschlag erteilt ist. [2]In der Vollstreckungsklausel ist der Berechtigte sowie der Betrag der Forderung anzugeben; der Zustellung einer Urkunde über die Übertragung der Forderung bedarf es nicht.

**§ 133. [Vollstreckung ohne Zustellung des Vollstreckungstitels]** [1]Die Zwangsvollstreckung in das Grundstück ist gegen den Ersteher ohne Zustellung des vollstreckbaren Titels oder der nach § 132 erteilten Vollstreckungsklausel zulässig; sie kann erfolgen, auch wenn der Ersteher noch nicht als Eigentümer eingetragen ist. [2]Der Vorlegung des im § 17 Abs. 2 bezeichneten Zeugnisses bedarf es nicht, solange das Grundbuchamt noch nicht um die Eintragung ersucht ist.

**§ 134.**[3)] *(aufgehoben)*

**§ 135. [Vertreter für unbekannten Berechtigten]** [1]Ist für einen zugeteilten Betrag die Person des Berechtigten unbekannt, so hat das Vollstreckungsgericht zur Ermittlung des Berechtigten einen Vertreter zu bestellen. [2]Die Vorschriften des § 7 Abs. 2 finden entsprechende Anwendung. [3]Die Auslagen und Gebühren des Vertreters sind aus dem zugeteilten Betrage vorweg zu entnehmen.

---

[1)] § 131 Satz 2 angef. durch G v. 22. 6. 1977 (BGBl. I S. 998).

[2)] § 132 Abs. 1 Satz 1 geänd. durch G v. 1. 2. 1979 (BGBl. I S. 127), v. 18. 2. 1998 (BGBl. I S. 866) und mWv 1. 2. 2007 durch Art. 11 2. JuMoG v. 22. 12. 2006 (BGBl. I S. 3416).

[3)] § 134 aufgeh. durch G v. 1. 2. 1979 (BGBl. I S. 127).

**§ 136. [Kraftloserklärung von Grundpfandbriefen]** Ist der Nachweis des Berechtigten von der Beibringung des Briefes über eine Hypothek, Grundschuld oder Rentenschuld abhängig, so kann der Brief im Wege des Aufgebotsverfahrens auch dann für kraftlos erklärt werden, wenn das Recht bereits gelöscht ist.

**§ 137. [Nachträgliche Ermittlung des Berechtigten]** (1) Wird der Berechtigte nachträglich ermittelt, so ist der Teilungsplan weiter auszuführen.

(2) [1] Liegt ein Widerspruch gegen den Anspruch vor, so ist derjenige, welcher den Widerspruch erhoben hat, von der Ermittlung des Berechtigten zu benachrichtigen. [2] Die im § 878 der Zivilprozeßordnung bestimmte Frist zur Erhebung der Klage beginnt mit der Zustellung der Benachrichtigung.

**§ 138. [Ermächtigung zum Aufgebot]** (1) Wird der Berechtigte nicht vor dem Ablaufe von drei Monaten seit dem Verteilungstermin ermittelt, so hat auf Antrag das Gericht den Beteiligten, welchem der Betrag anderweit zugeteilt ist, zu ermächtigen, das Aufgebotsverfahren zum Zwecke der Ausschließung des unbekannten Berechtigten von der Befriedigung aus dem zugeteilten Betrage zu beantragen.

(2) [1] Wird nach der Erteilung der Ermächtigung der Berechtigte ermittelt, so hat das Gericht den Ermächtigten hiervon zu benachrichtigen. [2] Mit der Benachrichtigung erlischt die Ermächtigung.

**§ 139. [Terminsbestimmung bei nachträglicher Ermittlung]** (1) [1] Das Gericht kann im Falle der nachträglichen Ermittlung des Berechtigten zur weiteren Ausführung des Teilungsplans einen Termin bestimmen. [2] Die Terminsbestimmung ist dem Berechtigten und dessen Vertreter, dem Beteiligten, welchem der Betrag anderweit zugeteilt ist, und demjenigen zuzustellen, welcher zur Zeit des Zuschlags Eigentümer des Grundstücks war.

(2) [1] Liegt ein Widerspruch gegen den Anspruch vor, so erfolgt die Zustellung der Terminsbestimmung auch an denjenigen, welcher den Widerspruch erhoben hat. [2] Die im § 878 der Zivilprozeßordnung bestimmte Frist zur Erhebung der Klage beginnt mit dem Termine.

**§ 140.**[1] **[Aufgebotsverfahren]** (1) Für das Aufgebotsverfahren ist das Vollstreckungsgericht zuständig.

(2) Der Antragsteller hat zur Begründung des Antrags die ihm bekannten Rechtsnachfolger desjenigen anzugeben, welcher als letzter Berechtigter ermittelt ist.

(3) In dem Aufgebot ist der unbekannte Berechtigte aufzufordern, sein Recht innerhalb der Aufgebotsfrist anzumelden, widrigenfalls seine Ausschließung von der Befriedigung aus dem zugeteilten Betrag erfolgen werde.

(4) Das Aufgebot ist demjenigen, welcher als letzter Berechtigter ermittelt ist, den angezeigten Rechtsnachfolgern sowie dem Vertreter des unbekannten Berechtigten zuzustellen.

(5) Eine im Vollstreckungsverfahren erfolgte Anmeldung gilt auch für das Aufgebotsverfahren.

(6) Der Antragsteller kann die Erstattung der Kosten des Verfahrens aus dem zugeteilten Betrage verlangen.

---

[1] § 140 Abs. 3 geänd. mWv 1. 9. 2009 durch Art. 32 FGG-RG v. 17. 12. 2008 (BGBl. I S. 2586).

**§ 141.**[1] **[Ausführung des Teilungsplans nach Ausschlußurteil]** [1]Nach der Erlassung des Ausschließungsbeschlusses hat das Gericht einen Termin zur weiteren Ausführung des Teilungsplans zu bestimmen. [2]Die Terminsbestimmung ist dem Antragsteller und den Personen, welchen Rechte in dem Urteile vorbehalten sind, dem Vertreter des unbekannten Berechtigten sowie demjenigen zuzustellen, welcher zur Zeit des Zuschlags Eigentümer des Grundstücks war.

**§ 142. [Dreißigjährige Frist für hinterlegten Betrag]** [1]In den Fällen des § 117 Abs. 2 und der §§ 120, 121, 124, 126 erlöschen die Rechte auf den hinterlegten Betrag mit dem Ablaufe von dreißig Jahren, wenn nicht der Empfangsberechtigte sich vorher bei der Hinterlegungsstelle meldet; derjenige, welcher zur Zeit des Zuschlags Eigentümer des Grundstücks war, ist zur Erhebung berechtigt. [2]Die dreißigjährige Frist beginnt mit der Hinterlegung, in den Fällen der §§ 120, 121 mit dem Eintritt der Bedingung, unter welcher die Hinterlegung erfolgt ist.

**§ 143. [Außergerichtliche Einigung über Erlösverteilung]** Die Verteilung des Versteigerungserlöses durch das Gericht findet nicht statt, wenn dem Gerichte durch öffentliche oder öffentlich beglaubigte Urkunden nachgewiesen wird, daß sich die Beteiligten über die Verteilung des Erlöses geeinigt haben.

**§ 144.**[2] **[Außergerichtliche Befriedigung der Berechtigten]** (1) [1]Weist der Ersteher oder im Falle des § 69 Abs. 3 der für mithaftend erklärte Bürge dem Gerichte durch öffentliche oder öffentlich beglaubigte Urkunden nach, daß er diejenigen Berechtigten, deren Ansprüche durch das Gebot gedeckt sind, befriedigt hat oder daß er von ihnen als alleiniger Schuldner angenommen ist, so sind auf Anordnung des Gerichts die Urkunden nebst der Erklärung des Erstehers oder des Bürgen zur Einsicht der Beteiligten auf der Geschäftsstelle niederzulegen. [2]Die Beteiligten sind von der Niederlegung zu benachrichtigen und aufzufordern, Erinnerungen binnen zwei Wochen geltend zu machen.

(2) Werden Erinnerungen nicht innerhalb der zweiwöchigen Frist erhoben, so beschränkt sich das Verteilungsverfahren auf die Verteilung des Erlöses aus denjenigen Gegenständen, welche im Falle des § 65 besonders versteigert oder anderweit verwertet worden sind.

**§ 145.**[3] **[Anzuwendende Vorschriften]** Die Vorschriften des § 105 Abs. 2 Satz 2 und der §§ 127, 130 bis 133 finden in den Fällen der §§ 143, 144 entsprechende Anwendung.

## IX.[4] Grundpfandrechte in ausländischer Währung

**§ 145 a.**[4] Für die Zwangsversteigerung eines Grundstücks, das mit einer Hypothek, Grundschuld oder Rentenschuld in einer nach § 28 Satz 2 der

---

[1] § 141 Satz 1 geänd. mWv 1. 9. 2009 durch Art. 32 FGG-RG v. 17. 12. 2008 (BGBl. I S. 2586).

[2] § 144 Abs. 1 Satz 1 geänd. durch G v. 1. 2. 1979 (BGBl. I S. 127), v. 18. 2. 1998 (BGBl. I S. 866) und mWv 1. 2. 2007 durch Art. 11 2. JuMoG v. 22. 12. 2006 (BGBl. I S. 3416).

[3] § 145 geänd. durch G v. 1. 2. 1997 (BGBl. I S. 127).

[4] IX. (§ 145 a) eingef. durch Art. 12 RegVBG v. 20. 12. 1993 (BGBl. I S. 2182), § 145 a Nr. 5 Satz 2 geänd. durch Art. 20 EGInsO v. 5. 10. 1994 (BGBl. I S. 2911), Nr. 3 Satz 1 geänd. durch G v. 18. 2. 1998 (BGBl. I S. 866), Nr. 2 Satz 1, Nr. 3 Sätze 1 und 2 und Nr. 4 geänd. durch Art. 5 G v. 13. 12. 2001 (BGBl. I S. 3638).

Grundbuchordnung[1] zugelassenen Währung belastet ist, gelten folgende Sonderbestimmungen:

1. Die Terminbestimmung muß die Angabe, daß das Grundstück mit einer Hypothek, Grundschuld oder Rentenschuld in einer nach § 28 Satz 2 der Grundbuchordnung zugelassenen Währung belastet ist, und die Bezeichnung dieser Währung enthalten.
2. In dem Zwangsversteigerungstermin wird vor der Aufforderung zur Abgabe von Geboten festgestellt und bekannt gemacht, welchen Wert die in der nach § 28 Satz 2 der Grundbuchordnung zugelassenen Fremdwährung eingetragene Hypothek, Grundschuld oder Rentenschuld nach dem amtlich ermittelten letzten Kurs in Euro hat. Dieser Kurswert bleibt für das weitere Verfahren maßgebend.
3. Die Höhe des Bargebots wird in Euro festgestellt. Die Gebote sind in Euro abzugeben.
4. Der Teilungsplan wird in Euro aufgestellt.
5. Wird ein Gläubiger einer in nach § 28 Satz 2 der Grundbuchordnung zulässigen Fremdwährung eingetragenen Hypothek, Grundschuld oder Rentenschuld nicht vollständig befriedigt, so ist der verbleibende Teil seiner Forderung in der Fremdwährung festzustellen. Die Feststellung ist für die Haftung mitbelasteter Gegenstände, für die Verbindlichkeit des persönlichen Schuldners und für die Geltendmachung des Ausfalls im Insolvenzverfahren maßgebend.

## Dritter Titel. Zwangsverwaltung

**§ 146. [Anordnung]** (1) Auf die Anordnung der Zwangsverwaltung finden die Vorschriften über die Anordnung der Zwangsversteigerung entsprechende Anwendung, soweit sich nicht aus den §§ 147 bis 151 ein anderes ergibt.

(2) Von der Anordnung sind nach dem Eingange der im § 19 Abs. 2 bezeichneten Mitteilungen des Grundbuchamts die Beteiligten zu benachrichtigen.

**§ 147. [Eigenbesitz des Schuldners]** (1) Wegen des Anspruchs aus einem eingetragenen Rechte findet die Zwangsverwaltung auch dann statt, wenn die Voraussetzungen des § 17 Abs. 1 nicht vorliegen, der Schuldner aber das Grundstück im Eigenbesitze hat.

(2) Der Besitz ist durch Urkunden glaubhaft zu machen, sofern er nicht bei dem Gericht offenkundig ist.

*(Fortsetzung nächstes Blatt)*

---

[1] Nr. **114**.

**§ 148. [Beschlagnahme des Grundstücks; Umfang]** (1) [1]Die Beschlagnahme des Grundstücks umfaßt auch die im § 21 Abs. 1, 2 bezeichneten Gegenstände. [2]Die Vorschrift des § 23 Abs. 1 Satz 2 findet keine Anwendung.

(2) Durch die Beschlagnahme wird dem Schuldner die Verwaltung und Benutzung des Grundstücks entzogen.

**§ 149.[1)] [Wohnräume und Unterhalt des Schuldners]** (1) Wohnt der Schuldner zur Zeit der Beschlagnahme auf dem Grundstücke, so sind ihm die für seinen Hausstand unentbehrlichen Räume zu belassen.

(2) Gefährdet der Schuldner oder ein Mitglied seines Hausstandes das Grundstück oder die Verwaltung, so hat auf Antrag das Gericht dem Schuldner die Räumung des Grundstücks aufzugeben.

(3) [1]Bei der Zwangsverwaltung eines landwirtschaftlichen, forstwirtschaftlichen oder gärtnerischen Grundstücks hat der Zwangsverwalter aus den Erträgnissen des Grundstücks oder aus deren Erlös dem Schuldner die Mittel zur Verfügung zu stellen, die zur Befriedigung seiner und seiner Familie notwendigen Bedürfnisse erforderlich sind. [2]Im Streitfall entscheidet das Vollstrekkungsgericht nach Anhörung des Gläubigers, des Schuldners und des Zwangsverwalters. [3]Der Beschluß unterliegt der sofortigen Beschwerde.

**§ 150. [Bestellung des Verwalters; Übergabe des Grundstücks]**
(1) Der Verwalter wird von dem Gerichte bestellt.

(2) Das Gericht hat dem Verwalter durch einen Gerichtsvollzieher oder durch einen sonstigen Beamten das Grundstück zu übergeben oder ihm die Ermächtigung zu erteilen, sich selbst den Besitz zu verschaffen.

**§ 150a.[1)] [Vorgeschlagener Verwalter]** (1) Gehört bei der Zwangsverwaltung eines Grundstücks zu den Beteiligten eine öffentliche Körperschaft, ein unter staatlicher Aufsicht stehendes Institut, eine Hypothekenbank oder ein Siedlungsunternehmen im Sinne des Reichssiedlungsgesetzes, so kann dieser Beteiligte innerhalb einer ihm vom Vollstreckungsgericht zu bestimmenden Frist eine in seinen Diensten stehende Person als Verwalter vorschlagen.

(2) [1]Das Gericht hat den Vorgeschlagenen zum Verwalter zu bestellen, wenn der Beteiligte die dem Verwalter nach § 154 Satz 1 obliegende Haftung übernimmt und gegen den Vorgeschlagenen mit Rücksicht auf seine Person oder die Art der Verwaltung Bedenken nicht bestehen. [2]Der vorgeschlagene Verwalter erhält für seine Tätigkeit keine Vergütung.

**§ 150b.[1)] [Schuldner als Verwalter]** (1) [1]Bei der Zwangsverwaltung eines landwirtschaftlichen, forstwirtschaftlichen oder gärtnerischen Grundstücks ist der Schuldner zum Verwalter zu bestellen. [2]Von seiner Bestellung ist nur abzusehen, wenn er nicht dazu bereit ist oder wenn nach Lage der Verhältnisse eine ordnungsmäßige Führung der Verwaltung durch ihn nicht zu erwarten ist.

(2) Vor der Bestellung sollen der betreibende Gläubiger und etwaige Beteiligte der in § 150a bezeichneten Art sowie die untere Verwaltungsbehörde gehört werden.

---

1) § 149 Abs. 3, §§ 150a, 150b eingef. durch G v. 20. 8. 1953 (BGBl. I S. 952), § 149 Abs. 3 Satz 3 geänd. durch Art. 9 ZPO-RG v. 27. 7. 2001 (BGBl. I S. 1887).

(3) Ein gemäß § 150a gemachter Vorschlag ist nur für den Fall zu berücksichtigen, daß der Schuldner nicht zum Verwalter bestellt wird.

**§ 150c.**[1] **[Aufsichtsperson für Schuldner als Verwalter]** (1) [1]Wird der Schuldner zum Zwangsverwalter bestellt, so hat das Gericht eine Aufsichtsperson zu bestellen. [2]Aufsichtsperson kann auch eine Behörde oder juristische Person sein.

(2) [1]Für die Aufsichtsperson gelten die Vorschriften des § 153 Abs. 2 und des § 154 Satz 1 entsprechend. [2]Gerichtliche Anordnungen, die dem Verwalter zugestellt werden, sind auch der Aufsichtsperson zuzustellen. [3]Vor der Erteilung von Anweisungen im Sinne des § 153 ist auch die Aufsichtsperson zu hören.

(3) Die Aufsichtsperson hat dem Gericht unverzüglich Anzeige zu erstatten, wenn der Schuldner gegen seine Pflichten als Verwalter verstößt.

(4) [1]Der Schuldner führt die Verwaltung unter Aufsicht der Aufsichtsperson. [2]Er ist verpflichtet, der Aufsichtsperson jederzeit Auskunft über das Grundstück, den Betrieb und die mit der Bewirtschaftung zusammenhängenden Rechtsverhältnisse zu geben und Einsicht in vorhandene Aufzeichnungen zu gewähren. [3]Er hat, soweit es sich um Geschäfte handelt, die über den Rahmen der laufenden Wirtschaftsführung hinausgehen, rechtzeitig die Entschließung der Aufsichtsperson einzuholen.

**§ 150d.**[1] **[Befugnisse des Schuldners als Verwalter]** [1]Der Schuldner darf als Verwalter über die Nutzungen des Grundstücks und deren Erlös, unbeschadet der Vorschriften der §§155 bis 158, nur mit Zustimmung der Aufsichtsperson verfügen. [2]Zur Einziehung von Ansprüchen, auf die sich die Beschlagnahme erstreckt, ist er ohne diese Zustimmung befugt; er ist jedoch verpflichtet, die Beträge, die zu notwendigen Zahlungen zur Zeit nicht erforderlich sind, nach näherer Anordnung des Gerichts unverzüglich anzulegen.

**§ 150e.**[1] **[Keine Vergütung für Schuldner als Verwalter]** [1]Der Schuldner erhält als Verwalter keine Vergütung. [2]Erforderlichenfalls bestimmt das Gericht nach Anhörung der Aufsichtsperson, in welchem Umfange der Schuldner Erträgnisse des Grundstücks oder deren Erlös zur Befriedigung seiner und seiner Familie notwendigen Bedürfnisse verwenden darf.

**§ 151. [Wirksamwerden der Beschlagnahme]** (1) Die Beschlagnahme wird auch dadurch wirksam, daß der Verwalter nach § 150 den Besitz des Grundstücks erlangt.

(2) Der Beschluß, durch welchen der Beitritt eines Gläubigers zugelassen wird, soll dem Verwalter zugestellt werden; die Beschlagnahme wird zugunsten des Gläubigers auch mit dieser Zustellung wirksam, wenn der Verwalter sich bereits im Besitze des Grundstücks befindet.

(3) Das Zahlungsverbot an den Drittschuldner ist auch auf Antrag des Verwalters zu erlassen.

---

[1] §§ 150c bis 150e eingef. durch G v. 20. 8. 1953 (BGBl. I S. 952).

**§ 152[1)] [Aufgaben des Verwalters]** (1) Der Verwalter hat das Recht und die Pflicht, alle Handlungen vorzunehmen, die erforderlich sind, um das Grundstück in seinem wirtschaftlichen Bestande zu erhalten und ordnungsmäßig zu benutzen; er hat die Ansprüche, auf welche sich die Beschlagnahme erstreckt, geltend zu machen und die für die Verwaltung entbehrlichen Nutzungen in Geld umzusetzen.

(2) Ist das Grundstück vor der Beschlagnahme einem Mieter oder Pächter überlassen, so ist der Miet- oder Pachtvertrag auch dem Verwalter gegenüber wirksam.

**§ 152 a[2)] [Ermächtigung]** [1] Das Bundesministerium der Justiz und für Verbraucherschutz wird ermächtigt, Stellung, Aufgaben und Geschäftsführung des Zwangsverwalters sowie seine Vergütung (Gebühren und Auslagen) durch Rechtsverordnung mit Zustimmung des Bundesrates näher zu regeln. [2] Die Höhe der Vergütung ist an der Art und dem Umfang der Aufgabe sowie an der Leistung des Zwangsverwalters auszurichten. [3] Es sind Mindest- und Höchstsätze vorzusehen.

**§ 153[3)] [Anordnungen und Aufsicht des Gerichts]** (1) Das Gericht hat den Verwalter nach Anhörung des Gläubigers und des Schuldners mit der erforderlichen Anweisung für die Verwaltung zu versehen, die dem Verwalter zu gewährende Vergütung festzusetzen und die Geschäftsführung zu beaufsichtigen; in geeigneten Fällen ist ein Sachverständiger zuzuziehen.

(2) [1] Das Gericht kann dem Verwalter die Leistung einer Sicherheit auferlegen, gegen ihn Zwangsgeld festsetzen und ihn entlassen. [2] Das Zwangsgeld ist vorher anzudrohen.

**§ 153 a[4)] [Anordnungen über Entgelt für Viehfutter]** Ist in einem Gebiet das zu dem landwirtschaftlichen Betriebe gehörende Vieh nach der Verkehrssitte nicht Zubehör des Grundstücks, so hat, wenn der Schuldner zum Zwangsverwalter bestellt wird, das Vollstreckungsgericht gemäß § 153 Anordnungen darüber zu erlassen, welche Beträge der Schuldner als Entgelt dafür, daß das Vieh aus den Erträgnissen des Grundstücks ernährt wird, der Teilungsmasse zuzuführen hat und wie die Erfüllung dieser Verpflichtung sicherzustellen ist.

**§ 153 b[5)] [Einstweilige Einstellung auf Antrag des Insolvenzverwalters]** (1) Ist über das Vermögen des Schuldners das Insolvenzverfahren eröffnet, so ist auf Antrag des Insolvenzverwalters die vollständige oder teilweise Einstellung der Zwangsverwaltung anzuordnen, wenn der Insolvenzverwalter glaubhaft macht, daß durch die Fortsetzung der Zwangsverwaltung eine wirtschaftlich sinnvolle Nutzung der Insolvenzmasse wesentlich erschwert wird.

(2) Die Einstellung ist mit der Auflage anzuordnen, daß die Nachteile, die dem betreibenden Gläubiger aus der Einstellung erwachsen, durch laufende Zahlungen aus der Insolvenzmasse ausgeglichen werden.

---

1) Siehe auch die ZwangsverwalterVO v. 19. 12. 2003 (BGBl. I S. 2804).

2) § 152 a eingef. durch G v. 17. 12. 1990 (BGBl. I S. 2847); Satz 1 geänd. mWv 8. 9. 2015 durch VO v. 31. 8. 2015 (BGBl. I S. 1474).

3) § 153 Abs. 2 Satz 1 geänd., Satz 2 angef. durch G v. 2. 3. 1974 (BGBl. I S. 469).

4) § 153 a eingef. durch G v. 20. 8. 1953 (BGBl. I S. 952).

5) § 153 b eingef. durch G v. 5. 10. 1994 (BGBl. I S. 2911).

(3) Vor der Entscheidung des Gerichts sind der Zwangsverwalter und der betreibende Gläubiger zu hören.

**§ 153 c[1)] [Aufhebung der einstweiligen Einstellung]** (1) Auf Antrag des betreibenden Gläubigers hebt das Gericht die Anordnung der einstweiligen Einstellung auf, wenn die Voraussetzungen für die Einstellung fortgefallen sind, wenn die Auflagen nach § 153 b Abs. 2 nicht beachtet werden oder wenn der Insolvenzverwalter der Aufhebung zustimmt.

(2) [1] Vor der Entscheidung des Gerichts ist der Insolvenzverwalter zu hören. [2] Wenn keine Aufhebung erfolgt, enden die Wirkungen der Anordnung mit der Beendigung des Insolvenzverfahrens.

**§ 154 [Haftung; Rechnungslegung]** [1] Der Verwalter ist für die Erfüllung der ihm obliegenden Verpflichtungen allen Beteiligten gegenüber verantwortlich. [2] Er hat dem Gläubiger und dem Schuldner jährlich und nach der Beendigung der Verwaltung Rechnung zu legen. [3] Die Rechnung ist dem Gericht einzureichen und von diesem dem Gläubiger und dem Schuldner vorzulegen.

**§ 155[2)] [Verteilung der Nutzungen]** (1) Aus den Nutzungen des Grundstücks sind die Ausgaben der Verwaltung sowie die Kosten des Verfahrens mit Ausnahme derjenigen, welche durch die Anordnung des Verfahrens oder den Beitritt eines Gläubigers entstehen, vorweg zu bestreiten.

(2) [1] Die Überschüsse werden auf die in § 10 Abs. 1 Nr. 1 bis 5 bezeichneten Ansprüche verteilt. [2] Hierbei werden in der zweiten, dritten und vierten Rangklasse jedoch nur Ansprüche auf laufende wiederkehrende Leistungen, einschließlich der Rentenleistungen, sowie auf diejenigen Beträge berücksichtigt, die zur allmählichen Tilgung einer Schuld als Zuschlag zu den Zinsen zu entrichten sind. [3] Abzahlungsbeträge auf eine unverzinsliche Schuld sind wie laufende wiederkehrende Leistungen zu berücksichtigen, soweit sie fünf vom Hundert des ursprünglichen Schuldbetrages nicht übersteigen.

(3) [1] Hat der eine Zwangsverwaltung betreibende Gläubiger für Instandsetzungs-, Ergänzungs- oder Umbauarbeiten an Gebäuden Vorschüsse gewährt, so sind diese zum Satze von einhalb vom Hundert über dem Zinssatz der Spitzenrefinanzierungsfazilität der Europäischen Zentralbank (SFR-Zinssatz) zu verzinsen. [2] Die Zinsen genießen bei der Zwangsverwaltung und der Zwangsversteigerung dasselbe Vorrecht wie die Vorschüsse selbst.

(4) [1] Hat der Zwangsverwalter oder, wenn der Schuldner zum Verwalter bestellt ist, der Schuldner mit Zustimmung der Aufsichtsperson Düngemittel, Saatgut oder Futtermittel angeschafft, die im Rahmen der bisherigen Wirtschaftsweise zur ordnungsmäßigen Aufrechterhaltung des Betriebs benötigt werden, so haben Ansprüche aus diesen Lieferungen den in § 10 Abs. 1 Nr. 1 bezeichneten Rang. [2] Das gleiche gilt von Krediten, die zur Bezahlung dieser Lieferungen in der für derartige Geschäfte üblichen Weise aufgenommen sind.

*(Fortsetzung nächstes Blatt)*

---

[1)] § 153 c eingef. durch G v. 5. 10. 1994 (BGBl. I S. 2911).

[2)] § 155 Abs. 2 neu gef., Abs. 3 und 4 angef. durch G v. 20. 8. 1953 (BGBl. I S. 952); Abs. 3 Satz 1 geänd. mWv 12. 4. 2002 durch G v. 5. 4. 2002 (BGBl. I S. 1250).

**§ 156[1]) [Öffentliche Lasten; Verteilungstermin]** (1) [1]Die laufenden Beträge der öffentlichen Lasten sind von dem Verwalter ohne weiteres Verfahren zu berichtigen. [2]Dies gilt auch bei der Vollstreckung in ein Wohnungseigentum für die laufenden Beträge der daraus fälligen Ansprüche auf Zahlung der Beiträge zu den Lasten und Kosten des gemeinschaftlichen Eigentums oder des Sondereigentums, die nach § 16 Abs. 2, § 28 Absatz 1 und 2 des Wohnungseigentumsgesetzes[2]) geschuldet werden, einschließlich der Vorschüsse und Rückstellungen sowie der Rückgriffsansprüche einzelner Wohnungseigentümer. [3]Die Vorschrift des § 10 Abs. 1 Nr. 2 Satz 3 findet keine Anwendung.

(2) [1]Ist zu erwarten, daß auch auf andere Ansprüche Zahlungen geleistet werden können, so wird nach dem Eingange der im § 19 Abs. 2 bezeichneten Mitteilungen des Grundbuchamts der Verteilungstermin bestimmt. [2]In dem Termine wird der Teilungsplan für die ganze Dauer des Verfahrens aufgestellt. [3]Die Terminsbestimmung ist den Beteiligten sowie dem Verwalter zuzustellen. [4]Die Vorschriften des § 105 Abs. 2 Satz 2, des § 113 Abs. 1 und der §§ 114, 115, 124, 126 finden entsprechende Anwendung.

**§ 157 [Ausführung des Teilungsplans]** (1) [1]Nach der Feststellung des Teilungsplans hat das Gericht die planmäßige Zahlung der Beträge an die Berechtigten anzuordnen; die Anordnung ist zu ergänzen, wenn nachträglich der Beitritt eines Gläubigers zugelassen wird. [2]Die Auszahlungen erfolgen zur Zeit ihrer Fälligkeit durch den Verwalter, soweit die Bestände hinreichen.

(2) [1]Im Falle der Hinterlegung eines zugeteilten Betrags für den unbekannten Berechtigten ist nach den Vorschriften der §§ 135 bis 141 zu verfahren. [2]Die Vorschriften des § 142 finden Anwendung.

*(Fortsetzung nächstes Blatt)*

[1]) § 156 Abs. 1 Sätze 2 und 3 angef. mWv 1.7.2007 durch G v. 26.3.2007 (BGBl. I S. 370); Abs. 1 Satz 2 geänd. mWv 1.12.2020 durch G v. 16.10.2020 (BGBl. I S. 2187).
[2]) Nr. **37**.

**§ 158 [Kapital von Grundpfandrechten]** (1) [1] Zur Leistung von Zahlungen auf das Kapital einer Hypothek oder Grundschuld oder auf die Ablösungssumme einer Rentenschuld hat das Gericht einen Termin zu bestimmen. [2] Die Terminsbestimmung ist von dem Verwalter zu beantragen.

(2) [1] Soweit der Berechtigte Befriedigung erlangt hat, ist das Grundbuchamt von dem Gericht um die Löschung des Rechtes zu ersuchen. [2] Eine Ausfertigung des Protokolls ist beizufügen; die Vorlegung des über das Recht erteilten Briefes ist zur Löschung nicht erforderlich.

(3) Im übrigen finden die Vorschriften der §§ 117, 127 entsprechende Anwendung.

**§ 158 a[1)] [Belastung in einheitlicher Europäischer Währung]** Für die Zwangsverwaltung eines Grundstücks, das mit einer Hypothek, Grundschuld oder Rentenschuld in einer nach § 28 Satz 2 der Grundbuchordnung[2)] zugelassenen Währung belastet ist, gelten folgende Sonderbestimmungen:

1. Die Beträge, die auf ein in der Fremdwährung eingetragenes Recht entfallen, sind im Teilungsplan in der eingetragenen Währung festzustellen.
2. Die Auszahlung erfolgt in Euro.
3. [1] Der Verwalter zahlt wiederkehrende Leistungen nach dem Kurswert des Fälligkeitstages aus. [2] Zahlungen auf das Kapital setzt das Gericht in dem zur Leistung bestimmten Termin nach dem amtlich ermittelten letzten Kurswert fest.

**§ 159 [Klage auf Änderung des Teilungsplans]** (1) Jeder Beteiligte kann eine Änderung des Teilungsplans im Wege der Klage erwirken, auch wenn er Widerspruch gegen den Plan nicht erhoben hat.

(2) Eine planmäßig geleistete Zahlung kann auf Grund einer späteren Änderung des Planes nicht zurückgefordert werden.

**§ 160 [Außergerichtliche Verteilung]** Die Vorschriften der §§ 143 bis 145 über die außergerichtliche Verteilung finden entsprechende Anwendung.

**§ 161 [Aufhebung des Verfahrens]** (1) Die Aufhebung des Verfahrens erfolgt durch Beschluß des Gerichts.

(2) Das Verfahren ist aufzuheben, wenn der Gläubiger befriedigt ist.

(3) Das Gericht kann die Aufhebung anordnen, wenn die Fortsetzung des Verfahrens besondere Aufwendungen erfordert und der Gläubiger den nötigen Geldbetrag nicht vorschießt.

(4) Im übrigen finden auf die Aufhebung des Verfahrens die Vorschriften der §§ 28, 29, 32, 34 entsprechende Anwendung.

---

[1)] § 158 a eingef. durch G v. 20. 12. 1993 (BGBl. I S. 2182); Nr. 2 geänd. mWv 1. 1. 2002 durch G v. 13. 12. 2001 (BGBl. I S. 3638).
[2)] Nr. **114**.

## Zweiter Abschnitt.[1] Zwangsversteigerung von Schiffen, Schiffsbauwerken und Luftfahrzeugen im Wege der Zwangsvollstreckung

### Erster Titel.[1] Zwangsversteigerung von Schiffen und Schiffsbauwerken

**§ 162**[2] **[Anzuwendende Vorschriften]** Auf die Zwangsversteigerung eines im Schiffsregister eingetragenen Schiffs oder eines Schiffsbauwerks, das im Schiffsbauregister eingetragen ist oder in dieses Register eingetragen werden kann, sind die Vorschriften des Ersten Abschnitts entsprechend anzuwenden, soweit sich nicht aus den §§ 163 bis 170 a etwas anderes ergibt.

**§ 163**[3] **[Zuständiges Amtsgericht; Beteiligte]** (1) Für die Zwangsversteigerung eines eingetragenen Schiffs ist als Vollstreckungsgericht das Amtsgericht zuständig, in dessen Bezirk sich das Schiff befindet; § 1 Abs. 2 gilt entsprechend.

(2) Für das Verfahren tritt an die Stelle des Grundbuchs das Schiffsregister.

(3) [1] Die Träger der Sozialversicherung einschließlich der Arbeitslosenversicherung gelten als Beteiligte, auch wenn sie eine Forderung nicht angemeldet haben. [2] Bei der Zwangsversteigerung eines Seeschiffes vertritt die Deutsche Rentenversicherung Knappschaft-Bahn-See, bei der Zwangsversteigerung eines Binnenschiffes die Berufsgenossenschaft Verkehrswirtschaft Post-Logistik Telekommunikation die übrigen Versicherungsträger gegenüber dem Vollstreckungsgericht.

**§ 164**[2] **[Voraussetzungen des Antrags]** Die Beschränkung des § 17 gilt für die Zwangsversteigerung eines eingetragenen Schiffs nicht, soweit sich aus den Vorschriften des Handelsgesetzbuchs oder des Gesetzes, betreffend die privatrechtlichen Verhältnisse der Binnenschiffahrt, etwas anderes ergibt; die hiernach zur Begründung des Antrags auf Zwangsversteigerung erforderlichen Tatsachen sind durch Urkunden glaubhaft zu machen, soweit sie nicht dem Gericht offenkundig sind; dem Antrag auf Zwangsversteigerung ist ein Zeugnis der Registerbehörde über die Eintragung des Schiffs im Schiffsregister beizufügen.

**§ 165**[4] **[Bewachung und Verwahrung des Schiffes]** (1) [1] Bei der Anordnung der Zwangsversteigerung hat das Gericht zugleich die Bewachung und Verwahrung des Schiffes anzuordnen. [2] Die Beschlagnahme wird auch mit der Vollziehung dieser Anordnung wirksam.

(2) [1] Das Gericht kann zugleich mit der einstweiligen Einstellung des Verfahrens im Einverständnis mit dem betreibenden Gläubiger anordnen, daß die

---

[1] 2. Abschnitt Überschrift neu gef. und Titelüberschrift eingef. durch G v. 26. 2. 1959 (BGBl. I S. 57).

[2] §§ 162 und 164 neu gef. durch VO v. 21. 12. 1940 (RGBl. I S. 1609).

[3] § 163 neu gef. durch VO v. 21. 12. 1940 (RGBl. I S. 1609); Abs. 1 geänd. durch G v. 1. 2. 1979 (BGBl. I S. 127); Abs. 3 neu gef. durch G v. 21. 6. 1972 (BGBl. I S. 966); Abs. 3 Satz 2 geänd. mWv 11. 7. 2009 durch G v. 7. 7. 2009 (BGBl. I S. 1707) und mWv 1. 6. 2016 durch G v. 24. 5. 2016 (BGBl. I S. 1217).

[4] § 165 Abs. 2 eingef. durch G v. 20. 8. 1953 (BGBl. I S. 952).

Bewachung und Verwahrung einem Treuhänder übertragen wird, den das Gericht auswählt. [2] Der Treuhänder untersteht der Aufsicht des Gerichts und ist an die ihm erteilten Weisungen des Gerichts gebunden. [3] Das Gericht kann ihn im Einverständnis des Gläubigers auch ermächtigen, das Schiff für Rechnung und im Namen des Schuldners zu nutzen. [4] Über die Verwendung des Reinertrages entscheidet das Gericht. [5] In der Regel soll er nach den Grundsätzen des § 155 verteilt werden.

**§ 166[1)] [Wirkung gegen den Schiffseigner]** (1) Ist gegen den Schiffer auf Grund eines vollstreckbaren Titels, der auch gegenüber dem Eigentümer wirksam ist, das Verfahren angeordnet, so wirkt die Beschlagnahme zugleich gegen den Eigentümer.

(2) Der Schiffer gilt in diesem Falle als Beteiligter nur so lange, als er das Schiff führt; ein neuer Schiffer gilt als Beteiligter, wenn er sich bei dem Gerichte meldet und seine Angabe auf Verlangen des Gerichts oder eines Beteiligten glaubhaft macht.

**§ 167[2)] [Bezeichnung bei Terminsbestimmung]** (1) Die Bezeichnung des Schiffes in der Bestimmung des Versteigerungstermins soll nach dem Schiffsregister erfolgen.

(2) Die im § 37 Nr. 4 bestimmte Aufforderung muß ausdrücklich auch auf die Rechte der Schiffsgläubiger hinweisen.

**§ 168[3)] [Bekanntmachung]** (1) [1] Die Terminbestimmung soll auch durch ein geeignetes Schifffahrtsfachblatt bekannt gemacht werden. [2] Die Landesregierungen werden ermächtigt, durch Rechtsverordnung nähere Bestimmungen hierüber zu erlassen. [3] Die Landesregierungen können die Ermächtigung auf die Landesjustizverwaltungen übertragen.

(2) Befindet sich der Heimatshafen oder Heimatsort des Schiffes in dem Bezirk eines anderen Gerichts, so soll die Terminsbestimmung auch durch das für Bekanntmachungen dieses Gerichts bestimmte Blatt oder elektronische Informations- und Kommunikationssystem bekanntgemacht werden.

(3) Die im § 39 Abs. 2 vorgesehene Anordnung ist unzulässig.

**§ 168 a[4)]** *(aufgehoben)*

**§ 168 b[5)] [Anmeldung beim Registergericht vor Terminsbestimmung]** [1] Hat ein Schiffsgläubiger sein Recht innerhalb der letzten sechs Monate vor der Bekanntmachung der Terminsbestimmung bei dem Registergericht angemeldet, so gilt die Anmeldung als bei dem Versteigerungsgericht bewirkt. [2] Das Registergericht hat bei der Übersendung der im § 19 Abs. 2 bezeichneten Urkunden und Mitteilungen die innerhalb der letzten sechs Monate bei ihm eingegangenen Anmeldungen an das Versteigerungsgericht weiterzugeben.

---

1) § 166 Abs. 1 neu gef. durch VO v. 21. 12. 1940 (RGBl. I S. 1609).

2) § 167 Abs. 2 eingef. durch VO v. 21. 12. 1940 (RGBl. I S. 1609).

3) § 168 Abs. 1 eingef. durch VO v. 21. 12. 1940 (RGBl. I S. 1609); Abs. 2 geänd. mWv 1. 4. 2005 durch G v. 22. 3. 2005 (BGBl. I S. 837); Abs. 1 neu gef. mWv 24. 4. 2008 durch G v. 19. 4. 2006 (BGBl. I S. 866).

4) § 168 a eingef. durch VO vom 21. 12. 1940 (RGBl. I S. 1609) und aufgeh. durch G v. 4. 12. 1968 (BGBl. I S. 1295).

5) § 168 b eingef. durch VO v. 21. 12. 1940 (RGBl. I S. 1609).

**§ 168 c**[1)] **[Schiffshypothek in ausländischer Währung]** Für die Zwangsversteigerung eines Schiffes, das mit einer Schiffshypothek in ausländischer Währung belastet ist, gelten folgende Sonderbestimmungen:

1. Die Terminbestimmung muß die Angabe, daß das Schiff mit einer Schiffshypothek in ausländischer Währung belastet ist, und die Bezeichnung dieser Währung enthalten.
2. [1] In dem Zwangsversteigerungstermin wird vor der Aufforderung zur Abgabe von Geboten festgestellt und bekanntgemacht, welchen Wert die in ausländischer Währung eingetragene Schiffshypothek nach dem amtlich ermittelten letzten Kurs in Euro hat. [2] Dieser Kurswert bleibt für das weitere Verfahren maßgebend.
3. [1] Die Höhe des Bargebots wird in Euro festgestellt. [2] Die Gebote sind in Euro abzugeben.
4. Der Teilungsplan wird in Euro aufgestellt.
5. [1] Wird ein Gläubiger einer in ausländischer Währung eingetragenen Schiffshypothek nicht vollständig befriedigt, so ist der verbleibende Teil seiner Forderung in der ausländischen Währung festzustellen. [2] Die Feststellung ist für die Haftung mitbelasteter Gegenstände, für die Verbindlichkeit des persönlichen Schuldners und für die Geltendmachung des Ausfalls im Insolvenzverfahren maßgebend.

**§ 169**[2)] **[Vorausverfügungen über Miet- oder Pachtzins; Schiffshypothek gegen Ersteher]** (1) [1] Ist das Schiff einem Mieter oder Pächter überlassen, so gelten die Vorschriften des § 578 a des Bürgerlichen Gesetzbuchs entsprechend. [2] Soweit nach § 578 a Abs. 2 für die Wirkung von Verfügungen und Rechtsgeschäften über die Miete oder Pacht der Übergang des Eigentums in Betracht kommt, ist an dessen Stelle die Beschlagnahme des Schiffs maßgebend; ist der Beschluß, durch den die Zwangsversteigerung angeordnet wird, auf Antrag des Gläubigers dem Mieter oder Pächter zugestellt, so gilt mit der Zustellung die Beschlagnahme als dem Mieter oder Pächter bekannt.

(2) [1] Soweit das Bargebot bis zum Verteilungstermin nicht berichtigt wird, ist für die Forderung gegen den Ersteher eine Schiffshypothek an dem Schiff in das Schiffsregister einzutragen. [2] Die Schiffshypothek entsteht mit der Eintragung, auch wenn der Ersteher das Schiff inzwischen veräußert hat. [3] Im übrigen gelten die Vorschriften des Gesetzes über Rechte an eingetragenen Schiffen und Schiffsbauwerken vom 15. November 1940 (Reichsgesetzbl. I S. 1499) über die durch Rechtsgeschäft bestellte Schiffshypothek.

**§ 169 a**[3)] **[Kein Antrag auf Versagung des Zuschlags bei Seeschiffen]**

(1) Auf die Zwangsversteigerung eines Seeschiffes sind die Vorschriften der §§ 74 a, 74 b und 85 a nicht anzuwenden; § 38 Satz 1 findet hinsichtlich der Angabe des Verkehrswerts keine Anwendung.

(2) § 68 findet mit der Maßgabe Anwendung, daß Sicherheit für ein Zehntel des Bargebots zu leisten ist.

---

1) § 168 c eingef. durch G v. 8. 5. 1963 (BGBl. I S. 293); Nr. 3 Satz 1 geänd. durch G v. 18. 2. 1998 (BGBl. I S. 866); Nr. 2 Satz 1, Nr. 3 Sätze 1 und 2, Nr. 4 geänd. mWv 1. 1. 2002 durch G v. 13. 12. 2001 (BGBl. I S. 3638).

2) § 169 neu gef. durch VO v. 21. 12. 1940 (RGBl. I S. 1609), Abs. 2 Satz 1 neu gef. durch G v. 20. 8. 1953 (BGBl. I S. 952), Abs. 1 Sätze 1 und 2 geänd. mWv 1. 9. 2001 durch G v. 19. 6. 2001 (BGBl. I S. 1149).

3) § 169 a eingef. durch G v. 4. 12. 1968 (BGBl. I S. 1295) und geänd. durch G v. 1. 2. 1979 (BGBl. I S. 127), bish. Wortlaut wird Abs. 1, 2. Halbsatz und Abs. 2 angef. durch G v. 18. 2. 1998 (BGBl. I S. 866).

**§ 170. [Bewachung und Verwahrung des versteigerten Schiffes]** (1) An die Stelle der nach § 94 Abs. 1 zulässigen Verwaltung tritt die gerichtliche Bewachung und Verwahrung des versteigerten Schiffes.

(2) Das Gericht hat die getroffenen Maßregeln aufzuheben, wenn der zu ihrer Fortsetzung erforderliche Geldbetrag nicht vorgeschossen wird.

**§ 170a.[1)] [Zwangsversteigerung eines Schiffsbauwerks]** (1) [1]Die Zwangsversteigerung eines Schiffsbauwerks darf erst angeordnet werden, nachdem es in das Schiffsbauregister eingetragen ist. [2]Der Antrag auf Anordnung der Zwangsversteigerung kann jedoch schon vor der Eintragung gestellt werden.

(2) [1]§ 163 Abs. 1, §§ 165, 167 Abs. 1, §§ 168c, 169 Abs. 2, § 170 gelten sinngemäß. [2]An die Stelle des Grundbuchs tritt das Schiffsbauregister. [3]Wird das Schiffsbauregister von einem anderen Gericht als dem Vollstreckungsgericht geführt, so soll die Terminsbestimmung auch durch das für Bekanntmachungen dieses Gerichts bestimmte Blatt bekanntgemacht werden. [4]An Stelle der im § 43 Abs. 1 bestimmten Frist tritt eine Frist von zwei Wochen, an Stelle der im § 43 Abs. 2 bestimmten Frist eine solche von einer Woche.

**§ 171.[2)] [Ausländische Schiffe]** (1) Auf die Zwangsversteigerung eines ausländischen Schiffs, das, wenn es ein deutsches Schiff wäre, in das Schiffsregister eingetragen werden müßte, sind die Vorschriften des Ersten Abschnitts entsprechend anzuwenden, soweit sie nicht die Eintragung im Schiffsregister voraussetzen und sich nicht aus den folgenden Vorschriften etwas anderes ergibt.

(2) [1]Als Vollstreckungsgericht ist das Amtsgericht zuständig, in dessen Bezirk sich das Schiff befindet; § 1 Abs. 2 gilt entsprechend. [2]Die Zwangsversteigerung darf, soweit sich nicht aus den Vorschriften des Handelsgesetzbuchs oder des Gesetzes, betreffend die privatrechtlichen Verhältnisse der Binnenschiffahrt, etwas anderes ergibt, nur angeordnet werden, wenn der Schuldner das Schiff im Eigenbesitz hat; die hiernach zur Begründung des Antrags auf Zwangsversteigerung erforderlichen Tatsachen sind durch Urkunden glaubhaft zu machen, soweit sie nicht beim Gericht offenkundig sind.

(3) [1]Die Terminsbestimmung muß die Aufforderung an alle Berechtigten, insbesondere an die Schiffsgläubiger, enthalten, ihre Rechte spätestens im Versteigerungstermin vor der Aufforderung zur Abgabe von Geboten anzumelden und, wenn der Gläubiger widerspricht, glaubhaft zu machen, widrigenfalls die Rechte bei der Verteilung des Versteigerungserlöses dem Anspruch des Gläubigers und den übrigen Rechten nachgesetzt werden würden. [2]Die Terminsbestimmung soll, soweit es ohne erhebliche Verzögerung des Verfahrens tunlich ist, auch den aus den Schiffspapieren ersichtlichen Schiffsgläubigern und sonstigen Beteiligten zugestellt und, wenn das Schiff im Schiffsregister eines fremden Staates eingetragen ist, der Registerbehörde mitgeteilt werden.

---

1) § 170a eingef. durch VO v. 21. 12. 1940 (RGBl. I S. 1609), Abs. 2 geänd. durch G v. 8. 5. 1963 (BGBl. I S. 293).

2) § 171 neugef. durch VO v. 21. 12. 1940 (RGBl. I S. 1609), Abs. 2 Satz 1 Halbsatz 2 neugef. durch G v. 1. 2. 1979 (BGBl. I S. 127), Abs. 3 Satz 1 geänd. durch VO v. 27. 1. 1944 (RGBl. I S. 47), Abs. 5 Satz 1 neugef. durch G v. 4. 12. 1968 (BGBl. I S. 1295).

(4) [1]Die Vorschriften über das geringste Gebot sind nicht anzuwenden. [2]Das Meistgebot ist in seinem ganzen Betrag durch Zahlung zu berichtigen.

(5) [1]Die Vorschriften der §§ 165, 166, 168 Abs. 1 und 3, §§ 169a, 170 Abs. 1 sind anzuwenden. [2]Die vom Gericht angeordnete Überwachung und Verwahrung des Schiffs darf erst aufgehoben und das Schiff dem Ersteher erst übergeben werden, wenn die Berichtigung des Meistgebots oder die Einwilligung der Beteiligten nachgewiesen wird.

## Zweiter Titel.[1)]
## Zwangsversteigerung von Luftfahrzeugen

**§ 171 a.[1)] [Anzuwendende Vorschriften]** [1]Auf die Zwangsversteigerung eines in der Luftfahrzeugrolle eingetragenen Luftfahrzeugs sind die Vorschriften des Ersten Abschnitts entsprechend anzuwenden, soweit sich nicht aus den §§ 171b bis 171g etwas anderes ergibt. [2]Das gleiche gilt für die Zwangsversteigerung eines in dem Register für Pfandrechte an Luftfahrzeugen eingetragenen Luftfahrzeugs, dessen Eintragung in der Luftfahrzeugrolle gelöscht ist.

**§ 171 b.[1)] [Zuständiges Amtsgericht]** (1) Für die Zwangsversteigerung des Luftfahrzeugs ist als Vollstreckungsgericht das Amtsgericht zuständig, in dessen Bezirk das Luftfahrt-Bundesamt seinen Sitz hat.

(2) Für das Verfahren tritt an die Stelle des Grundbuchs das Register für Pfandrechte an Luftfahrzeugen.

**§ 171 c.[1)] [Voraussetzungen des Antrags; Bewachung und Verwahrung des Luftfahrzeugs]** (1) [1]Die Zwangsversteigerung darf erst angeordnet werden, nachdem das Luftfahrzeug in das Register für Pfandrechte an Luftfahrzeugen eingetragen ist. [2]Der Antrag auf Anordnung der Zwangsversteigerung kann jedoch schon vor der Eintragung gestellt werden.

(2) [1]Bei der Anordnung der Zwangsversteigerung hat das Gericht zugleich die Bewachung und Verwahrung des Luftfahrzeugs anzuordnen. [2]Die Beschlagnahme wird auch mit der Vollziehung dieser Anordnung wirksam.

(3) [1]Das Gericht kann zugleich mit der einstweiligen Einstellung des Verfahrens im Einverständnis mit dem betreibenden Gläubiger anordnen, daß die Bewachung und Verwahrung einem Treuhänder übertragen wird, den das Gericht auswählt. [2]Der Treuhänder untersteht der Aufsicht des Gerichts und ist an die ihm erteilten Weisungen des Gerichts gebunden. [3]Das Gericht kann ihn im Einverständnis mit dem Gläubiger auch ermächtigen, das Luftfahrzeug für Rechnung und im Namen des Schuldners zu nutzen. [4]Über die Verwendung des Reinertrages entscheidet das Gericht. [5]In der Regel soll er nach den Grundsätzen des § 155 verteilt werden.

**§ 171 d.[1)] [Bezeichnung bei Terminsbestimmung]** (1) In der Bestimmung des Versteigerungstermins soll das Luftfahrzeug nach dem Register für Pfandrechte an Luftfahrzeugen bezeichnet werden.

(2) Die in § 39 Abs. 2 vorgesehene Anordnung ist unzulässig.

---

1) Zweiter Titel (§§ 171 a bis 171 n) eingef. durch G v. 26. 2. 1959 (BGBl. I S. 57).

**§ 171 e.**[1] **[Registerpfandrechte in ausländischer Währung]** Für die Zwangsversteigerung eines Luftfahrzeugs, das mit einem Registerpfandrecht in ausländischer Währung belastet ist, gelten folgende Sonderbestimmungen:

1. Die Terminbestimmung muß die Angabe, daß das Luftfahrzeug mit einem Registerpfandrecht in ausländischer Währung belastet ist und die Bezeichnung dieser Währung enthalten.
2. 1 In dem Zwangsversteigerungstermin wird vor der Aufforderung zur Abgabe von Geboten festgestellt und bekanntgemacht, welchen Wert das in ausländischer Währung eingetragene Registerpfandrecht nach dem amtlich ermittelten letzten Kurs in Euro hat. 2 Dieser Kurswert bleibt für das weitere Verfahren maßgebend.
3. 1 Die Höhe des Bargebots wird in Euro festgestellt. 2 Die Gebote sind in Euro abzugeben.
4. Der Verteilungsplan wird in Euro aufgestellt.
5. 1 Wird ein Gläubiger eines in ausländischer Währung eingetragenen Registerpfandrechts nicht vollständig befriedigt, so ist der verbleibende Teil seiner Forderung in der ausländischen Währung festzustellen. 2 Die Feststellung ist für die Haftung mitbelasteter Gegenstände, für die Verbindlichkeit des persönlichen Schuldners und für die Geltendmachung des Ausfalls im Insolvenzverfahren maßgebend.

**§ 171 f.**[1] **[Miet- oder Pachtzins; Hypothek]** § 169 gilt für das Luftfahrzeug entsprechend.

**§ 171 g.**[1] **[Bewachung und Verwahrung des versteigerten Luftfahrzeugs]** (1) An die Stelle der nach § 94 Abs. 1 zulässigen Verwaltung tritt die gerichtliche Bewachung und Verwahrung des versteigerten Luftfahrzeugs.

(2) Das Gericht hat die getroffenen Maßregeln aufzuheben, wenn der zu ihrer Fortsetzung erforderliche Geldbetrag nicht vorgeschossen wird.

**§ 171 h.**[1] **[Sondervorschriften für ausländische Luftfahrzeuge]** Auf die Zwangsversteigerung eines ausländischen Luftfahrzeugs sind die Vorschriften in §§ 171 a bis 171 g entsprechend anzuwenden, soweit sich nicht aus den §§ 171 i bis 171 n anderes ergibt.

**§ 171 i.**[1] **[Rangordnung der Rechte]** (1) In der dritten Klasse (§ 10 Abs. 1 Nr. 3) werden nur befriedigt Gebühren, Zölle, Bußen und Geldstrafen auf Grund von Vorschriften über Luftfahrt, Zölle und Einwanderung.

(2) In der vierten Klasse (§ 10 Abs. 1 Nr. 4) genießen Ansprüche auf Zinsen aus Rechten nach § 103 des Gesetzes über Rechte an Luftfahrzeugen vom 26. Februar 1959 (Bundesgesetzbl. I S. 57) das Vorrecht dieser Klasse wegen der laufenden und der aus den letzten drei Geschäftsjahren rückständigen Beträge.

**§ 171 k.**[1] **[Verfügungen nach Beschlagnahme]** Wird das Luftfahrzeug nach der Beschlagnahme veräußert oder mit einem Recht nach § 103 des Gesetzes über Rechte an Luftfahrzeugen belastet und ist die Veräußerung oder Belastung nach Artikel VI des Genfer Abkommens vom 19. Juni 1948 (Bundesgesetzbl. 1959 II S. 129) anzuerkennen, so ist die Verfügung dem Gläubi-

---

[1] Zweiter Titel (§§ 171 a bis 171 n) eingef. durch G v. 26. 2. 1959 (BGBl. I S. 57), § 171 e Nr. 5 Satz 2 geänd. durch Art. 20 EGInsO v. 5. 10. 1994 (BGBl. I S. 2911), Nr. 3 Satz 1 geänd. durch G v. 18. 2. 1998 (BGBl. I S. 866), Nr. 2 Satz 1, Nr. 3 Sätze 1 und 2 und Nr. 4 geänd. durch Art. 5 G v. 13. 12. 2001 (BGBl. I S. 3638).

ger gegenüber wirksam, es sei denn, daß der Schuldner im Zeitpunkt der Verfügung Kenntnis von der Beschlagnahme hatte.

**§ 171 l.**[1] **[Benachrichtigungspflichten]** (1) Das Vollstreckungsgericht teilt die Anordnung der Zwangsversteigerung tunlichst durch Luftpost der Behörde mit, die das Register führt, in dem die Rechte an dem Luftfahrzeug eingetragen sind.

(2) [1]Der Zeitraum zwischen der Anberaumung des Termins und dem Termin muß mindestens sechs Wochen betragen. [2]Die Zustellung der Terminsbestimmung an Beteiligte, die im Ausland wohnen, wird durch Aufgabe zur Post bewirkt. [3]Die Postsendung muß mit der Bezeichnung „Einschreiben" versehen werden. [4]Sie soll tunlichst durch Luftpost befördert werden. [5]Der betreffende Gläubiger hat die bevorstehende Versteigerung mindestens einen Monat vor dem Termin an dem Ort, an dem das Luftfahrzeug eingetragen ist, nach den dort geltenden Bestimmungen öffentlich bekanntzumachen.

**§ 171 m.**[1] **[Beschwerde]** [1]Die Beschwerde gegen die Erteilung des Zuschlags ist binnen sechs Monaten einzulegen. [2]Sie kann auf die Gründe des § 100 nur binnen einer Notfrist von zwei Wochen, danach nur noch darauf gestützt werden, daß die Vorschriften des § 171 l Abs. 2 verletzt sind.

**§ 171 n.**[1] **[Bewertung ausländischer Mietrechte]** Erlischt durch den Zuschlag das Recht zum Besitz eines Luftfahrzeugs auf Grund eines für einen Zeitraum von sechs oder mehr Monaten abgeschlossenen Mietvertrages, so gelten die Vorschriften über den Ersatz für einen Nießbrauch entsprechend.

## Dritter Abschnitt. Zwangsversteigerung und Zwangsverwaltung in besonderen Fällen

**§ 172.**[2] **[Zwangsversteigerung im Insolvenzverfahren]** Wird die Zwangsversteigerung oder die Zwangsverwaltung von dem Insolvenzverwalter beantragt, so finden die Vorschriften des ersten und zweiten Abschnitts entsprechende Anwendung, soweit sich nicht aus den §§ 173, 174 ein anderes ergibt.

**§ 173.**[2] **[Beschluß ist keine Beschlagnahme]** [1]Der Beschluß, durch welchen das Verfahren angeordnet wird, gilt nicht als Beschlagnahme. [2]Im Sinne der §§ 13, 55 ist jedoch die Zustellung des Beschlusses an den Insolvenzverwalter als Beschlagnahme anzusehen.

**§ 174.**[2] **[Berücksichtigung der Insolvenzgläubiger]** Hat ein Gläubiger für seine Forderung gegen den Schuldner des Insolvenzverfahrens ein von dem Insolvenzverwalter anerkanntes Recht auf Befriedigung aus dem Grundstücke, so kann er bis zum Schlusse der Verhandlung im Versteigerungstermine verlangen, daß bei der Feststellung des geringsten Gebots nur die seinem Anspruche vorgehenden Rechte berücksichtigt werden; in diesem Falle ist das Grundstück auch mit der verlangten Abweichung auszubieten.

**§ 174 a.**[2] **[Antragsrecht des Insolvenzverwalters]** Der Insolvenzverwalter kann bis zum Schluß der Verhandlung im Versteigerungstermin verlan-

---

[1] Zweiter Titel (§§ 171 a bis 171 n) eingef. durch G v. 26. 2. 1959 (BGBl. I S. 57).
[2] §§ 172, 173 Satz 2 und § 174 geänd., § 174 a eingef. durch Art. 20 EGInsO v. 5. 10. 1994 (BGBl. I S. 2911).

gen, daß bei der Feststellung des geringsten Gebots nur die den Ansprüchen aus § 10 Abs. 1 Nr. 1 a vorgehenden Rechte berücksichtigt werden; in diesem Fall ist das Grundstück auch mit der verlangten Abweichung auszubieten.

**§ 175 [Antragsrecht des Erben]** (1) [1] Hat ein Nachlaßgläubiger für seine Forderung ein Recht auf Befriedigung aus einem zum Nachlasse gehörenden Grundstücke, so kann der Erbe nach der Annahme der Erbschaft die Zwangsversteigerung des Grundstücks beantragen. [2] Zu dem Antrag ist auch jeder andere berechtigt, welcher das Aufgebot der Nachlaßgläubiger beantragen kann.

(2) Diese Vorschriften finden keine Anwendung, wenn der Erbe für die Nachlaßverbindlichkeiten unbeschränkt haftet oder wenn der Nachlaßgläubiger im Aufgebotsverfahren ausgeschlossen ist oder nach den §§ 1974, 1989 des Bürgerlichen Gesetzbuchs[1)] einem ausgeschlossenen Gläubiger gleichsteht.

**§ 176 [Anzuwendende Vorschriften]** Wird die Zwangsversteigerung nach § 175 beantragt, so finden die Vorschriften des ersten und zweiten Abschnitts sowie der §§ 173, 174 entsprechende Anwendung, soweit sich nicht aus den §§ 177, 178 ein anderes ergibt.

**§ 177 [Glaubhaftmachung durch Urkunden]** Der Antragsteller hat die Tatsachen, welche sein Recht zur Stellung des Antrags begründen, durch Urkunden glaubhaft zu machen, soweit sie nicht bei dem Gericht offenkundig sind.

**§ 178[2)] [Nachlassinsolvenz]** (1) Die Zwangsversteigerung soll nicht angeordnet werden, wenn die Eröffnung des Nachlaßinsolvenzverfahrens beantragt ist.

(2) Durch die Eröffnung des Nachlaßinsolvenzverfahrens wird die Zwangsversteigerung nicht beendigt; für das weitere Verfahren gilt der Insolvenzverwalter als Antragsteller.

**§ 179 [Berücksichtigter Nachlassgläubiger]** Ist ein Nachlaßgläubiger, der verlangen konnte, daß das geringste Gebot nach Maßgabe des § 174 ohne Berücksichtigung seines Anspruchs festgestellt werde, bei der Feststellung des geringsten Gebots berücksichtigt, so kann ihm die Befriedigung aus dem übrigen Nachlasse verweigert werden.

**§ 180[3)] [Aufhebung einer Gemeinschaft]** (1) Soll die Zwangsversteigerung zum Zwecke der Aufhebung einer Gemeinschaft erfolgen, so finden die Vorschriften des Ersten und Zweiten Abschnitts entsprechende Anwendung, soweit sich nicht aus den §§ 181 bis 185 ein anderes ergibt.

(2) [1] Die einstweilige Einstellung des Verfahrens ist auf Antrag eines Miteigentümers auf die Dauer von längstens sechs Monaten anzuordnen, wenn dies bei Abwägung der widerstreitenden Interessen der mehreren Miteigentümer angemessen erscheint. [2] Die einmalige Wiederholung der Einstellung ist zulässig. [3] § 30 b gilt entsprechend.

---

[1)] Nr. **20**.

[2)] § 178 geänd. durch G v. 5. 10. 1994 (BGBl. I S. 2911).

[3)] § 180 Abs. 2 eingef. durch G v. 20. 8. 1953 (BGBl. I S. 952); Abs. 1 neu gef. durch G v. 28. 7. 1961 (BGBl. I S. 1091); Abs. 3 und 4 angef. durch G v. 20. 2. 1986 (BGBl. I S. 301); Abs. 3 Satz 1 geänd. mWv 26. 11. 2015 durch G v. 20. 11. 2015 (BGBl. I S. 2010).

(3) [1] Betreibt ein Miteigentümer die Zwangsversteigerung zur Aufhebung einer Gemeinschaft, der außer ihm nur sein Ehegatte, sein früherer Ehegatte, sein Lebenspartner oder sein früherer Lebenspartner angehört, so ist auf Antrag dieses Ehegatten, früheren Ehegatten, dieses Lebenspartners oder früheren Lebenspartners die einstweilige Einstellung des Verfahrens anzuordnen, wenn dies zur Abwendung einer ernsthaften Gefährdung des Wohls eines gemeinschaftlichen Kindes erforderlich ist. [2] Die mehrfache Wiederholung der Einstellung ist zulässig. [3] § 30 b gilt entsprechend. [4] Das Gericht hebt seinen Beschluß auf Antrag auf oder ändert ihn, wenn dies mit Rücksicht auf eine Änderung der Sachlage geboten ist.

(4) Durch Anordnungen nach Absatz 2, 3 darf das Verfahren nicht auf mehr als fünf Jahre insgesamt einstweilen eingestellt werden.

**§ 181**[1)] **[Voraussetzungen der Anordnung]** (1) Ein vollstreckbarer Titel ist nicht erforderlich.

(2) [1] Die Zwangsversteigerung eines Grundstücks, Schiffes, Schiffsbauwerks oder Luftfahrzeugs darf nur angeordnet werden, wenn der Antragsteller als Eigentümer im Grundbuch, im Schiffsregister, im Schiffsbauregister oder im Register für Pfandrechte an Luftfahrzeugen eingetragen oder Erbe eines eingetragenen Eigentümers ist oder wenn er das Recht des Eigentümers oder des Erben auf Aufhebung der Gemeinschaft ausübt. [2] Von dem Vormund eines Miteigentümers kann der Antrag nur mit Genehmigung des Familiengerichts, von dem Betreuer eines Miteigentümers nur mit Genehmigung des Betreuungsgerichts gestellt werden.

(3) Die Vorschrift des § 17 Abs. 3 findet auch auf die Erbfolge des Antragstellers Anwendung.

**§ 182**[2)] **[Feststellung des geringsten Gebots]** (1) Bei der Feststellung des geringsten Gebots sind die den Anteil des Antragstellers belastenden oder mitbelastenden Rechte an dem Grundstücke sowie alle Rechte zu berücksichtigen, die einem dieser Rechte vorgehen oder gleichstehen.

(2) Ist hiernach bei einem Anteil ein größerer Betrag zu berücksichtigen als bei einem anderen Anteile, so erhöht sich das geringste Gebot um den zur Ausgleichung unter den Miteigentümern erforderlichen Betrag.

**§ 183**[3)] **[Vermietung oder Verpachtung]** Im Falle der Vermietung oder Verpachtung des Grundstücks finden die in den §§ 57 a und 57 b vorgesehenen Maßgaben keine Anwendung.

**§ 184** **[Keine Sicherheitsleistung]** Ein Miteigentümer braucht für sein Gebot keine Sicherheit zu leisten, wenn ihm eine durch das Gebot ganz oder teilweise gedeckte Hypothek, Grundschuld oder Rentenschuld zusteht.

---

[1)] § 181 Abs. 3 aufgeh. durch VO v. 27. 1. 1944 (RGBl. I S. 47); Abs. 2 Satz 1 neu gef. durch G v. 26. 2. 1959 (BGBl. I S. 57); Abs. 2 Satz 2 geänd. durch G v. 12. 9. 1990 (BGBl. I S. 2002) und mWv 1. 9. 2009 durch G v. 17. 12. 2008 (BGBl. I S. 2586).

[2)] § 182 Abs. 3 aufgeh. durch VO v. 27. 1. 1944 (RGBl. I S. 47).

[3)] § 183 neu gef. durch G v. 8. 6. 1915 (RGBl. S. 327).

**§ 185[1] [Anhängiges Verfahren über Zuweisung eines landwirtschaftlichen Betriebes]** (1) Ist ein Verfahren über einen Antrag auf Zuweisung eines landwirtschaftlichen Betriebes nach § 13 Abs. 1 des Grundstückverkehrsgesetzes[2] vom 28. Juli 1961 (Bundesgesetzbl. S. 1091) anhängig und erstreckt sich der Antrag auf ein Grundstück, dessen Zwangsversteigerung nach § 180 angeordnet ist, so ist das Zwangsversteigerungsverfahren wegen dieses Grundstücks auf Antrag so lange einzustellen, bis über den Antrag auf Zuweisung rechtskräftig entschieden ist.

(2) Ist die Zwangsversteigerung mehrerer Grundstücke angeordnet und bezieht sich der Zuweisungsantrag nur auf eines oder einzelne dieser Grundstücke, so kann das Vollstreckungsgericht anordnen, daß das Zwangsversteigerungsverfahren auch wegen der nicht vom Zuweisungsverfahren erfaßten Grundstücke eingestellt wird.

(3) Wird dem Zuweisungsantrag stattgegeben, so ist das Zwangsversteigerungsverfahren, soweit es die zugewiesenen Grundstücke betrifft, aufzuheben und im übrigen fortzusetzen.

(4) Die Voraussetzungen für die Einstellung und die Aufhebung des Zwangsversteigerungsverfahrens sind vom Antragsteller nachzuweisen.

**§ 186[3] [Übergangsvorschrift zum 2. Justizmodernisierungsgesetz]** Die §§ 3, 30 c, 38, 49, 68, 69, 70, 72, 75, 82, 83, 85, 88, 103, 105, 107, 116, 117, 118, 128, 132, 144 und 169 sind in der Fassung des Artikels 11 des Gesetzes vom 22. Dezember 2006 (BGBl. I S. 3416) auf die am 1. Februar 2007 anhängigen Verfahren nur anzuwenden, soweit Zahlungen später als zwei Wochen nach diesem Tag zu bewirken sind.

---

[1] § 185 eingef. durch G v. 28. 7. 1961 (BGBl. I S. 1091).

[2] **Schönfelder ErgBd. Nr. 40.**

[3] § 186 angef. mWv 1. 2. 2007 durch G v. 22. 12. 2006 (BGBl. I S. 3416).

# 110. Insolvenzordnung (InsO)

Vom 5. Oktober 1994

(BGBl. I S. 2866)

**FNA 311-13**

| Lfd. Nr. | Änderndes Gesetz | Datum | Fundstelle | Betroffen | Hinweis |
|---|---|---|---|---|---|
| 1.–29. | Änderungsgesetze bis einschl. G v. 12.12.2007 (BGBl. I S. 2840) nur noch in den Anmerkungen nachgewiesen | | | | |
| 30. | Art. 5 und 6 Abs. 3 FinanzmarktstabilisierungsG | 17.10. 2008 | BGBl. I S. 1982, geänd. 2009, S. 725 und 3151 sowie 2012, S. 2418 | § 19 | geänd. mWv 18.10.2008 |
| | | | | § 19 | geänd. mWv 1.1.2014, insoweit aufgeh. durch G v. 5.12. 2012, BGBl. I S. 2418 |
| 31. | Art. 9 G zur Modernisierung des GmbH-Rechts und zur Bekämpfung von Missbräuchen | 23.10. 2008 | BGBl. I S. 2026 | §§ 10, 15, 19, 26, 39, 101, 135, 143, 345 | geänd. mWv 1.11.2008 |
| | | | | §§ 15a, 44a | eingef. mWv 1.11.2008 |
| 32. | Art. 3 und 7 Abs. 2 G zur Reform des Kontopfändungsschutzes | 7.7.2009 | BGBl. I S. 1707 | § 36 | geänd. mWv 1.7.2010 |
| | | | | § 36 | geänd. mWv 1.1.2012 |
| 33. | Art. 4 Abs. 6 G zur Reform der Sachaufklärung in der Zwangsvollstreckung | 29.7.2009 | BGBl. I S. 2258 | §§ 26, 98 | geänd. mWv 1.1.2013 |
| 34. | Art. 8 Abs. 7 G zur Umsetzung der VerbraucherkreditRL, des zivilrechtlichen Teils der ZahlungsdiensteRL sowie zur Neuordnung der Vorschriften über das Widerrufs- und Rückgaberecht[1] | 29.7.2009 | BGBl. I S. 2355 | §§ 21, 96, 116, 147 | geänd. mWv 31.10.2009 |
| 35. | Art. 2 G zur Umsetzung der geänderten BankenRL und der geänderten KapitaladäquanzRL[2] | 19.11. 2010 | BGBl. I S. 1592 | §§ 21, 96, 166, 223 | geänd. mWv 30.6.2011 |
| 36. | Art. 3 HaushaltsbegleitG 2011 | 9.12.2010 | BGBl. I S. 1885 | §§ 14, 55 | geänd. mWv 1.1.2011 |
| 37. | Art. 2 G zur Änd. des § 522 ZPO | 21.10. 2011 | BGBl. I S. 2082 | § 7 | aufgeh. mWv 27.10.2011 |

[1] **Amtl. Anm.:** *(abgedruckt in Änderungstabelle Nr.* **20***)*

[2] **Amtl. Anm.:** *(vom Abdruck wurde abgesehen)*

| Lfd. Nr. | Änderndes Gesetz | Datum | Fundstelle | Betroffen | Hinweis |
|---|---|---|---|---|---|
| 38. | Art. 1 G zur weiteren Erleichterung der Sanierung von Unternehmen | 7.12.2011 | BGBl. I S. 2582 | §§ 6, 13, 15a, 21, 26, 27, 56, 66, 67, 214, 217, 220, 221, 222, 229, 230, 231, 232, 235, 239, 241, 242, 243, 244, 245, 246, 247, 248, 250, 252, 254, 258, 270, 272, 274, 337, 348 | geänd. mWv 1.3.2012 |
| | | | | §§ 251, 253, 271 | neu gef. mWv 1.3.2012 |
| | | | | §§ 22a, 26a, 56a, 210a, 225a, 238a, 246a, 248a, 254a, 254b, 259a, 259b, 270a, 270b, 270c, 276a | eingef. mWv 1.3.2012 |
| 39. | Art. 19 G zur Verbesserung der Eingliederungschancen am Arbeitsmarkt | 20.12. 2011 | BGBl. I S. 2854 | § 55 | geänd. mWv 1.4.2012 |
| 40. | Art. 1 G zur Verkürzung des Restschuldbefreiungsverfahrens und zur Stärkung der Gläubigerrechte | 15.7.2013 | BGBl. I S. 2379 | §§ 56, 63 | geänd. mWv 19.7.2013 |
| | | | | §§ 4a, 4c, 5, 15a, 20, 27, 29, 30, 35, 88, 174, 175, 270, 274, 287, 290, 292, 294, 295, 296, 299, 302, 303, 305, 345 | geänd. mWv 1.7.2014 |
| | | | | §§ 26a, 65, 288, 289, 297, 300, 9. Teil Überschrift | neu gef. mWv 1.7.2014 |
| | | | | §§ 287a, 287b, 297a, 300a, 303a | eingef. mWv 1.7.2014 |
| | | | | §§ 114, 291, 9. Teil 1.–3. Abschnitt Überschrift, §§ 312, 313, 314 | aufgeh. mWv 1.7.2014 |
| 41. | Art. 6 G zur Änd. des Prozesskostenhilfe- und Beratungshilferechts | 31.8.2013 | BGBl. I S. 3533 | § 4b | geänd. mWv 1.1.2014 |
| 42. | Art. 8 Abs. 3 Bilanzrichtlinie-UmsetzungsG | 17.7.2015 | BGBl. I S. 1245 | § 22a | geänd. mWv 23.7.2015 |
| 43. | Art. 149 Zehnte Zuständigkeitsanpassungs VO | 31.8.2015 | BGBl. I S. 1474 | §§ 9, 13, 65, 305 | geänd. mWv 8.9.2015 |
| 44. | Art. 16 G zur Bereinigung des Rechts der Lebenspartner | 20.11. 2015 | BGBl. I S. 2010 | §§ 11, 37, 331, 333, 334 | geänd. mWv 26.11.2015 |
| 45. | Art. 1, 2 G zur Änd. der InsO und des EGZPO | 22.12. 2016 | BGBl. I S. 3147 | § 104 | geänd. mWv 10.6.2016 |
| | | | | § 104 | geänd. mWv 29.12.2016 |
| 46. | Art. 1 G zur Verbesserung der Rechtssicherheit bei Anfechtungen nach der InsO und nach dem AnfechtungsG | 29.3.2017 | BGBl. I S. 654 | §§ 14, 133, 143 | geänd. mWv 5.4.2017 |
| | | | | § 142 | neu gef. mWv 5.4.2017 |
| 47. | Art. 1 G zur Erleichterung der Bewältigung von Konzerninsolvenzen | 13.4.2017 | BGBl. I S. 866 | §§ 2, 21, 8. bis 13. Teil | geänd. mWv 21.4.2018 |
| | | | | §§ 3a, 3b, 3c, 3d, 3e, 13a, 56b, 7. Teil (§§ 269a, 269b, 269c, 269d, 269e, 269f, 269g, 269h, 269i), § 270d | eingef. mWv 21.4.2018 |

| Lfd. Nr. | Änderndes Gesetz | Datum | Fundstelle | Betroffen | Hinweis |
|---|---|---|---|---|---|
| 48. | Art. 2 G zur Durchführung der VO (EU) 2015/848 über Insolvenzverfahren[1] | 5.6.2017 | BGBl. I S. 1476 | §§ 13, 15a, 27, 35, 303a, 305 | geänd. mWv 26.6.2017 |
| 49. | Art. 24 Abs. 3 Zweites FinanzmarktnovellierungsG | 23.6.2017 | BGBl. I S. 1693 | § 340 | geänd. mWv 3.1.2018 |
| 50. | Art. 2 Pfändungsschutzkonto-FortentwicklungsG | 22.11. 2020 | BGBl. I S. 2466 | § 36 | geänd. mWv 1.12.2021 |
| 51. | Art. 5 Sanierungs- und InsolvenzrechtsfortentwicklungsG[2] [3] | 22.12. 2020 | BGBl. I S. 3256 | §§ 3, 3a, 3c, 4, 5, 14, 15a, 18, 19, 21, 39, 55, 56, 56a, 59, 66, 174, 210a, 217, 220, 222, 230, 232, 235, 245, 251, 252, 253, 254, 258, 269f, 270g, 272, 274, 276a, 284, 292, 348, 354 | geänd. mWv 1.1.2021 |
| | | | | §§ 270, 270a, 270b, 270c | neu gef. mWv 1.1.2021 |
| | | | | §§ 10a, 15b, 223a, 238b, 245a, 270d, 270e, 270f | eingef. mWv 1.1.2021 |
| 52. | Art. 2, 6 G zur weiteren Verkürzung des Restschuldbefreiungsverfahrens und zur Anpassung pandemiebedingter Vorschriften im Gesellschafts-, Genossenschafts-, Vereins- und Stiftungsrecht sowie im Miet- und Pachtrecht[4] [5] | 22.12. 2020 | BGBl. I S. 3328 | §§ 286, 287, 287a, 295, 296, 300a, 301 | geänd. mWv 1.10.2020 |
| | | | | § 300 | neu gef. mWv 1.10.2020 |
| | | | | §§ 35, 287a, 295, 296 | geänd. mWv 31.12.2020 |
| | | | | § 295a | eingef. mWv 31.12.2020 |
| 53. | Art. 2 G zur Verbesserung des Schutzes von Gerichtsvollziehern vor Gewalt sowie zur Änd. weiterer zwangsvollstreckungsrechtlicher Vorschriften und zur Änd. des InfektionsschutzG | 7.5.2021 | BGBl. I S. 850 | § 36 | geänd. mWv 1.1.2022 |
| | | | | § 98 | geänd. mWv 1.11.2022 |
| 54. | Art. 5 G zur Vereinheitlichung des Stiftungsrechts und zur Änd. des InfektionsschutzG | 16.7.2021 | BGBl. I S. 2947 | §§ 23, 31 | geänd. mWv 1.1.2026 |

[1] **Amtl. Anm.:** Dieses Gesetz dient der Durchführung der Verordnung (EU) 2015/848 des Europäischen Parlaments und des Rates vom 20. Mai 2015 über Insolvenzverfahren (ABl. L 141 vom 5.6.2015, S. 19; L 349 vom 21.12.2016, S. 6), die zuletzt durch die Verordnung (EU) 2017/353 (ABl. L 57 vom 3.3. 2017, S. 19) geändert worden ist.

[2] **Amtl. Anm.:** Dieses Gesetz dient der weiteren Umsetzung der Richtlinie (EU) 2019/1023 des Europäischen Parlaments und des Rates vom 20. Juni 2019 über präventive Restrukturierungsrahmen, über Entschuldung und über Tätigkeitsverbote sowie über Maßnahmen zur Steigerung der Effizienz von Restrukturierungs-, Insolvenz- und Entschuldungsverfahren und zur Änderung der Richtlinie (EU) 2017/1132 (Richtlinie über Restrukturierung und Insolvenz) (ABl. L 172 vom 26.6.2019, S. 18).

[3] Beachte zu den Änderungen durch dieses G die Übergangsvorschrift in Art. 103m EGInsO (Nr. **110a**).

[4] **Amtl. Anm.:** Artikel 2 dieses Gesetzes dient der Umsetzung der Richtlinie (EU) 2019/1023 des Europäischen Parlaments und des Rates vom 20. Juni 2019 über präventive Restrukturierungsrahmen, über Entschuldung und über Tätigkeitsverbote sowie über Maßnahmen zur Steigerung der Effizienz von Restrukturierungs-, Insolvenz- und Entschuldungsverfahren und zur Änderung der Richtlinie (EU) 2017/1132 (Richtlinie über Restrukturierung und Insolvenz) (ABl. L 172 vom 26.6.2019, S. 18).

[5] Beachte zu den Änderungen durch dieses G die Übergangsvorschriften in Art. 103k und 103l EGInsO (Nr. **110a**).

| Lfd. Nr. | Änderndes Gesetz | Datum | Fundstelle | Betroffen | Hinweis |
|---|---|---|---|---|---|
| 55. | Art. 35 Personengesellschaftsrechtsmodernisierungs G (MoPeG) | 10.8.2021 | BGBl. I S. 3436 | §§ 11, 15, 15a, 18, 19, 23, 27, 31, 84, 93, 118, 138, 225a, 227, 230, 260, 276a | geänd. mWv 1.1.2024 |
| 56. | Art. 11 G zur Einführung virtueller Hauptversammlungen von Aktiengesellschaften und Änderung genossenschafts- sowie insolvenz- und restrukturierungsrechtlicher Vorschriften | 20.7.2022 | BGBl. I S. 1166 | §§ 270b, 270f | geänd. mWv 27.7.2022 |
| | | | | § 98 | geänd. mWv 1.11.2022 |

**Vorbemerkung:**
**Die Änderungen durch G v. 16.7.2021 (BGBl. I S. 2947) treten erst mWv 1.1.2026 in Kraft und sind im Text noch nicht berücksichtigt.**
**Die Änderungen durch G v. 10.8.2021 (BGBl. I S. 3436) treten erst mWv 1.1.2024 in Kraft und sind im Text noch nicht berücksichtigt.**

**Nichtamtliche Inhaltsübersicht**



Der Bundestag hat das folgende Gesetz beschlossen:

## Erster Teil. Allgemeine Vorschriften

**§ 1 Ziele des Insolvenzverfahrens.** [1]Das Insolvenzverfahren dient dazu, die Gläubiger eines Schuldners gemeinschaftlich zu befriedigen, indem das Vermögen des Schuldners verwertet und der Erlös verteilt oder in einem Insolvenzplan eine abweichende Regelung insbesondere zum Erhalt des Unternehmens getroffen wird. [2]Dem redlichen Schuldner wird Gelegenheit gegeben, sich von seinen restlichen Verbindlichkeiten zu befreien.

**§ 2[1)] Amtsgericht als Insolvenzgericht.** (1) Für das Insolvenzverfahren ist das Amtsgericht, in dessen Bezirk ein Landgericht seinen Sitz hat, als Insolvenzgericht für den Bezirk dieses Landgerichts ausschließlich zuständig.

(2) [1]Die Landesregierungen werden ermächtigt, zur sachdienlichen Förderung oder schnelleren Erledigung der Verfahren durch Rechtsverordnung andere oder zusätzliche Amtsgerichte zu Insolvenzgerichten zu bestimmen und die Bezirke der Insolvenzgerichte abweichend festzulegen. [2]Die Landesregierungen können die Ermächtigung auf die Landesjustizverwaltungen übertragen.

(3) [1]Rechtsverordnungen nach Absatz 2 sollen je Bezirk eines Oberlandesgerichts ein Insolvenzgericht bestimmen, an dem ein Gruppen-Gerichtsstand nach § 3a begründet werden kann. [2]Die Zuständigkeit des bestimmten Insolvenzgerichts kann innerhalb eines Landes auch über den Bezirk eines Oberlandesgerichts erstreckt werden.

**§ 3[2)] Örtliche Zuständigkeit.** (1) [1]Örtlich zuständig ist ausschließlich das Insolvenzgericht, in dessen Bezirk der Schuldner seinen allgemeinen Gerichtsstand hat. [2]Liegt der Mittelpunkt einer selbständigen wirtschaftlichen Tätigkeit des Schuldners an einem anderen Ort, so ist ausschließlich das Insolvenzgericht zuständig, in dessen Bezirk dieser Ort liegt.

(2) Hat der Schuldner in den letzten sechs Monaten vor der Antragstellung Instrumente gemäß § 29 des Unternehmensstabilisierungs- und -restrukturierungsgesetzes in Anspruch genommen, ist auch das Gericht örtlich zuständig, das als Restrukturierungsgericht für die Maßnahmen zuständig war.

(3) Sind mehrere Gerichte zuständig, so schließt das Gericht, bei dem zuerst die Eröffnung des Insolvenzverfahrens beantragt worden ist, die übrigen aus.

**§ 3a[3)] Gruppen-Gerichtsstand.** (1) [1]Auf Antrag eines Schuldners, der einer Unternehmensgruppe im Sinne von § 3e angehört (gruppenangehöriger Schuldner), erklärt sich das angerufene Insolvenzgericht für die Insolvenzverfahren über die anderen gruppenangehörigen Schuldner (Gruppen-Folgeverfahren) für zuständig, wenn in Bezug auf den Schuldner ein zulässiger Eröffnungsantrag vorliegt und der Schuldner nicht offensichtlich von untergeordneter Bedeutung für die gesamte Unternehmensgruppe ist. [2]Eine untergeordnete Bedeutung ist in der Regel nicht anzunehmen, wenn im vorangegangenen abgeschlossenen Geschäftsjahr die Zahl der vom Schuldner im Jahresdurchschnitt beschäftigten Arbeitnehmer mehr als 15 Prozent der in der Unternehmensgruppe im Jahresdurchschnitt beschäftigten Arbeitnehmer ausmachte und

1. die Bilanzsumme des Schuldners mehr als 15 Prozent der zusammengefassten Bilanzsumme der Unternehmensgruppe betrug oder
2. die Umsatzerlöse des Schuldners mehr als 15 Prozent der zusammengefassten Umsatzerlöse der Unternehmensgruppe betrugen.

[3]Haben mehrere gruppenangehörige Schuldner zeitgleich einen Antrag nach Satz 1 gestellt oder ist bei mehreren Anträgen unklar, welcher Antrag zuerst gestellt worden ist, ist der Antrag des Schuldners maßgeblich, der im vergangenen abgeschlossenen Geschäftsjahr die meisten Arbeitnehmer beschäftigt hat; die anderen Anträge sind unzulässig. [4]Erfüllt keiner der gruppenangehörigen Schuldner die

[1)] § 2 Abs. 3 angef. mWv 21.4.2018 durch G v. 13.4.2017 (BGBl. I S. 866).
[2)] § 3 Abs. 2 eingef., bish. Abs. 2 wird Abs. 3 mWv 1.1.2021 durch G v. 22.12.2020 (BGBl. I S. 3256).
[3)] § 3a eingef. mWv 21.4.2018 durch G v. 13.4.2017 (BGBl. I S. 866); Abs. 4 angef. mWv 1.1.2021 durch G v. 22.12.2020 (BGBl. I S. 3256) .

Voraussetzungen des Satzes 2, kann der Gruppen-Gerichtsstand jedenfalls bei dem Gericht begründet werden, das für die Eröffnung des Verfahrens für den gruppenangehörigen Schuldner zuständig ist, der im vorangegangenen abgeschlossenen Geschäftsjahr im Jahresdurchschnitt die meisten Arbeitnehmer beschäftigt hat.

(2) Bestehen Zweifel daran, dass eine Verfahrenskonzentration am angerufenen Insolvenzgericht im gemeinsamen Interesse der Gläubiger liegt, kann das Gericht den Antrag nach Absatz 1 Satz 1 ablehnen.

(3) Das Antragsrecht des Schuldners geht mit der Eröffnung des Insolvenzverfahrens auf den Insolvenzverwalter und mit der Bestellung eines vorläufigen Insolvenzverwalters, auf den die Verwaltungs- und Verfügungsbefugnis über das Vermögen des Schuldners übergeht, auf diesen über.

(4) Auf Antrag des Schuldners erklärt sich unter den Voraussetzungen des Absatzes 1 das für Gruppen-Folgeverfahren zuständige Gericht, sofern es nach § 34 des Unternehmensstabilisierungs- und -restrukturierungsgesetzes für Entscheidungen in Restrukturierungssachen zuständig ist, als Restrukturierungsgericht auch für Gruppen-Folgeverfahren in Insolvenzsachen nach Absatz 1 für zuständig.

**§ 3b**[1] **Fortbestehen des Gruppen-Gerichtsstands.** Ein nach § 3a begründeter Gruppen-Gerichtsstand bleibt von der Nichteröffnung, Aufhebung oder Einstellung des Insolvenzverfahrens über den antragstellenden Schuldner unberührt, solange an diesem Gerichtsstand ein Verfahren über einen anderen gruppenangehörigen Schuldner anhängig ist.

**§ 3c**[2] **Zuständigkeit für Gruppen-Folgeverfahren.** (1) Am Gericht des Gruppen-Gerichtsstands ist für Gruppen-Folgeverfahren die Abteilung zuständig, die für das Verfahren zuständig ist, in dem der Gruppen-Gerichtsstand begründet wurde.

(2) Der Antrag auf Eröffnung eines Gruppen-Folgeverfahrens kann auch bei dem nach § 3 Absatz 1 zuständigen Gericht gestellt werden.

**§ 3d**[1] **Verweisung an den Gruppen-Gerichtsstand.** (1) [1] Wird die Eröffnung eines Insolvenzverfahrens über das Vermögen eines gruppenangehörigen Schuldners bei einem anderen Insolvenzgericht als dem Gericht des Gruppen-Gerichtsstands beantragt, kann das angerufene Gericht das Verfahren an das Gericht des Gruppen-Gerichtsstands verweisen. [2] Eine Verweisung hat auf Antrag zu erfolgen, wenn der Schuldner unverzüglich nachdem er Kenntnis von dem Eröffnungsantrag eines Gläubigers erlangt hat, einen zulässigen Eröffnungsantrag bei dem Gericht des Gruppen-Gerichtsstands stellt.

(2) [1] Antragsberechtigt ist der Schuldner. [2] § 3a Absatz 3 gilt entsprechend.

(3) Das Gericht des Gruppen-Gerichtsstands kann den vom Erstgericht bestellten vorläufigen Insolvenzverwalter entlassen, wenn dies erforderlich ist, um nach § 56b eine Person zum Insolvenzverwalter in mehreren oder allen Verfahren über die gruppenangehörigen Schuldner zu bestellen.

**§ 3e**[1] **Unternehmensgruppe.** (1) Eine Unternehmensgruppe im Sinne dieses Gesetzes besteht aus rechtlich selbständigen Unternehmen, die den Mittelpunkt

---

[1] §§ 3b, 3d und 3e eingef. mWv 21.4.2018 durch G v. 13.4.2017 (BGBl. I S. 866).

[2] § 3c eingef. mWv 21.4.2018 durch G v. 13.4.2017 (BGBl. I S. 866); Abs. 1 geänd. mWv 1.1.2021 durch G v. 22.12.2020 (BGBl. I S. 3256).

ihrer hauptsächlichen Interessen im Inland haben und die unmittelbar oder mittelbar miteinander verbunden sind durch

1. die Möglichkeit der Ausübung eines beherrschenden Einflusses oder
2. eine Zusammenfassung unter einheitlicher Leitung.

(2) Als Unternehmensgruppe im Sinne des Absatzes 1 gelten auch eine Gesellschaft und ihre persönlich haftenden Gesellschafter, wenn zu diesen weder eine natürliche Person noch eine Gesellschaft zählt, an der eine natürliche Person als persönlich haftender Gesellschafter beteiligt ist, oder sich die Verbindung von Gesellschaften in dieser Art fortsetzt.

**§ 4[1)] Anwendbarkeit der Zivilprozeßordnung.** [1] Für das Insolvenzverfahren gelten, soweit dieses Gesetz nichts anderes bestimmt, die Vorschriften der Zivilprozeßordnung[2)] entsprechend. [2] § 128a der Zivilprozessordnung gilt mit der Maßgabe, dass bei Gläubigerversammlungen sowie sonstigen Versammlungen und Terminen die Beteiligten in der Ladung auf die Verpflichtung hinzuweisen sind, wissentliche Ton- und Bildaufzeichnungen zu unterlassen und durch geeignete Maßnahmen sicherzustellen, dass Dritte die Ton- und Bildübertragung nicht wahrnehmen können.

**§ 4a[3)] Stundung der Kosten des Insolvenzverfahrens.** (1) [1] Ist der Schuldner eine natürliche Person und hat er einen Antrag auf Restschuldbefreiung gestellt, so werden ihm auf Antrag die Kosten des Insolvenzverfahrens bis zur Erteilung der Restschuldbefreiung gestundet, soweit sein Vermögen voraussichtlich nicht ausreichen wird, um diese Kosten zu decken. [2] Die Stundung nach Satz 1 umfasst auch die Kosten des Verfahrens über den Schuldenbereinigungsplan und des Verfahrens zur Restschuldbefreiung. [3] Der Schuldner hat dem Antrag eine Erklärung beizufügen, ob ein Versagungsgrund des § 290 Absatz 1 Nummer 1 vorliegt. [4] Liegt ein solcher Grund vor, ist eine Stundung ausgeschlossen.

(2) [1] Werden dem Schuldner die Verfahrenskosten gestundet, so wird ihm auf Antrag ein zur Vertretung bereiter Rechtsanwalt seiner Wahl beigeordnet, wenn die Vertretung durch einen Rechtsanwalt trotz der dem Gericht obliegenden Fürsorge erforderlich erscheint. [2] § 121 Abs. 3 bis 5 der Zivilprozessordnung[2)] gilt entsprechend.

(3) [1] Die Stundung bewirkt, dass

1. die Bundes- oder Landeskasse
   a) die rückständigen und die entstehenden Gerichtskosten,
   b) die auf sie übergegangenen Ansprüche des beigeordneten Rechtsanwalts

   nur nach den Bestimmungen, die das Gericht trifft, gegen den Schuldner geltend machen kann;
2. der beigeordnete Rechtsanwalt Ansprüche auf Vergütung gegen den Schuldner nicht geltend machen kann.

[2] Die Stundung erfolgt für jeden Verfahrensabschnitt besonders. [3] Bis zur Entscheidung über die Stundung treten die in Satz 1 genannten Wirkungen einstweilig ein. [4] § 4b Abs. 2 gilt entsprechend.

---

[1)] § 4 Satz 2 angef. mWv 1.1.2021 durch G v. 22.12.2020 (BGBl. I S. 3256).

[2)] Nr. **100**.

[3)] § 4a eingef. mWv 1.12.2001 durch G v. 26.10.2001 (BGBl. I S. 2710); Abs. 1 Satz 3 geänd. mWv 1.7.2014 durch G v. 15.7.2013 (BGBl. I S. 2379).

**§ 4b**[1] **Rückzahlung und Anpassung der gestundeten Beträge.** (1) [1]Ist der Schuldner nach Erteilung der Restschuldbefreiung nicht in der Lage, den gestundeten Betrag aus seinem Einkommen und seinem Vermögen zu zahlen, so kann das Gericht die Stundung verlängern und die zu zahlenden Monatsraten festsetzen. [2]§ 115 Absatz 1 bis 3 sowie § 120 Absatz 2 der Zivilprozessordnung[2] gelten entsprechend.

(2) [1]Das Gericht kann die Entscheidung über die Stundung und die Monatsraten jederzeit ändern, soweit sich die für sie maßgebenden persönlichen oder wirtschaftlichen Verhältnisse wesentlich geändert haben. [2]Der Schuldner ist verpflichtet, dem Gericht eine wesentliche Änderung dieser Verhältnisse unverzüglich anzuzeigen. [3]§ 120a Absatz 1 Satz 2 und 3 der Zivilprozessordnung gilt entsprechend. [4]Eine Änderung zum Nachteil des Schuldners ist ausgeschlossen, wenn seit der Beendigung des Verfahrens vier Jahre vergangen sind.

**§ 4c**[3] **Aufhebung der Stundung.** Das Gericht kann die Stundung aufheben, wenn

1. der Schuldner vorsätzlich oder grob fahrlässig unrichtige Angaben über Umstände gemacht hat, die für die Eröffnung des Insolvenzverfahrens oder die Stundung maßgebend sind, oder eine vom Gericht verlangte Erklärung über seine Verhältnisse nicht abgegeben hat;
2. die persönlichen oder wirtschaftlichen Voraussetzungen für die Stundung nicht vorgelegen haben; in diesem Fall ist die Aufhebung ausgeschlossen, wenn seit der Beendigung des Verfahrens vier Jahre vergangen sind;
3. der Schuldner länger als drei Monate mit der Zahlung einer Monatsrate oder mit der Zahlung eines sonstigen Betrages schuldhaft in Rückstand ist;
4. der Schuldner keine angemessene Erwerbstätigkeit ausübt und, wenn er ohne Beschäftigung ist, sich nicht um eine solche bemüht oder eine zumutbare Tätigkeit ablehnt und dadurch die Befriedigung der Insolvenzgläubiger beeinträchtigt; dies gilt nicht, wenn den Schuldner kein Verschulden trifft; § 296 Absatz 2 Satz 2 und 3 gilt entsprechend;
5. die Restschuldbefreiung versagt oder widerrufen wird.

**§ 4d**[4] **Rechtsmittel.** (1) Gegen die Ablehnung der Stundung oder deren Aufhebung sowie gegen die Ablehnung der Beiordnung eines Rechtsanwalts steht dem Schuldner die sofortige Beschwerde zu.

(2) [1]Wird die Stundung bewilligt, so steht der Staatskasse die sofortige Beschwerde zu. [2]Diese kann nur darauf gestützt werden, dass nach den persönlichen oder wirtschaftlichen Verhältnissen des Schuldners die Stundung hätte abgelehnt werden müssen.

**§ 5**[5] **Verfahrensgrundsätze.** (1) [1]Das Insolvenzgericht hat von Amts wegen alle Umstände zu ermitteln, die für das Insolvenzverfahren von Bedeutung sind.

---

[1] § 4b eingef. mWv 1.12.2001 durch G v. 26.10.2001 (BGBl. I S. 2710); Abs. 1 Satz 2 neu gef., Abs. 2 Satz 3 geänd. mWv 1.1.2014 durch G v. 31.8.2013 (BGBl. I S. 3533).

[2] Nr. **100**.

[3] § 4c eingef. mWv 1.12.2001 durch G v. 26.10.2001 (BGBl. I S. 2710); Nr. 4 neu gef. mWv 1.7.2014 durch G v. 15.7.2013 (BGBl. I S. 2379).

[4] § 4d eingef. mWv 1.12.2001 durch G v. 26.10.2001 (BGBl. I S. 2710).

[5] § 5 Abs. 2 eingef., bish. Abs. 2 und 3 werden Abs. 3 und 4, neuer Abs. 4 Sätze 2–4 angef. mWv 1.7. 2007 durch G v. 13.4.2007 (BGBl. I S. 509); Abs. 2 neu gef. mWv 1.7.2014 durch G v. 15.7.2013 (BGBl. I S. 2379); Abs. 5 angef. mWv 1.1.2021 durch G v. 22.12.2020 (BGBl. I S. 3256) .

[2]Es kann zu diesem Zweck insbesondere Zeugen und Sachverständige vernehmen.

(2) [1]Sind die Vermögensverhältnisse des Schuldners überschaubar und ist die Zahl der Gläubiger oder die Höhe der Verbindlichkeiten gering, wird das Verfahren schriftlich durchgeführt. [2]Das Insolvenzgericht kann anordnen, dass das Verfahren oder einzelne seiner Teile mündlich durchgeführt werden, wenn dies zur Förderung des Verfahrensablaufs angezeigt ist. [3]Es kann diese Anordnung jederzeit aufheben oder ändern. [4]Die Anordnung, ihre Aufhebung oder Abänderung sind öffentlich bekannt zu machen.

(3) [1]Die Entscheidungen des Gerichts können ohne mündliche Verhandlung ergehen. [2]Findet eine mündliche Verhandlung statt, so ist § 227 Abs. 3 Satz 1 der Zivilprozeßordnung[1)] nicht anzuwenden.

(4) [1]Tabellen und Verzeichnisse können maschinell hergestellt und bearbeitet werden. [2]Die Landesregierungen werden ermächtigt, durch Rechtsverordnung nähere Bestimmungen über die Führung der Tabellen und Verzeichnisse, ihre elektronische Einreichung sowie die elektronische Einreichung der dazugehörigen Dokumente und deren Aufbewahrung zu treffen. [3]Dabei können sie auch Vorgaben für die Datenformate der elektronischen Einreichung machen. [4]Die Landesregierungen können die Ermächtigung auf die Landesjustizverwaltungen übertragen.

(5) [1]Insolvenzverwalter sollen ein elektronisches Gläubigerinformationssystem vorhalten, mit dem jedem Insolvenzgläubiger, der eine Forderung angemeldet hat, alle Entscheidungen des Insolvenzgerichts, alle an das Insolvenzgericht übersandten Berichte, welche nicht ausschließlich die Forderungen anderer Gläubiger betreffen, und alle die eigenen Forderungen betreffenden Unterlagen in einem gängigen Dateiformat zur Verfügung gestellt werden können. [2]Hat der Schuldner im vorangegangenen Geschäftsjahr mindestens zwei der drei in § 22a Absatz 1 genannten Merkmale erfüllt, muss der Insolvenzverwalter ein elektronisches Gläubigerinformationssystem vorhalten und die in Satz 1 genannten Dokumente unverzüglich zum elektronischen Abruf zur Verfügung stellen. [3]Den Einsichtsberechtigten stellt der Verwalter die für den Zugang erforderlichen Daten unverzüglich zur Verfügung.

**§ 6**[2)3)] **Sofortige Beschwerde.** (1) [1]Die Entscheidungen des Insolvenzgerichts unterliegen nur in den Fällen einem Rechtsmittel, in denen dieses Gesetz die sofortige Beschwerde vorsieht. [2]Die sofortige Beschwerde ist bei dem Insolvenzgericht einzulegen.

(2) Die Beschwerdefrist beginnt mit der Verkündung der Entscheidung oder, wenn diese nicht verkündet wird, mit deren Zustellung.

(3) [1]Die Entscheidung über die Beschwerde wird erst mit der Rechtskraft wirksam. [2]Das Beschwerdegericht kann jedoch die sofortige Wirksamkeit der Entscheidung anordnen.

**§ 7**[4)] *(aufgehoben)*

---

1) Nr. **100**.

2) § 6 Abs. 2 Satz 2 aufgeh., Abs. 3 neu gef. mWv 1.1.2002 durch G v. 27.7.2001 (BGBl. I S. 1887); Abs. 1 Satz 2 angef. mWv 1.3.2012 durch G v. 7.12.2011 (BGBl. I S. 2582).

3) Beachte hierzu Übergangsvorschrift in Art. 103f EGInsO (Nr. **110a**).

4) § 7 aufgeh. mWv 27.10.2011 durch G v. 21.10.2011 (BGBl. I S. 2082).

**§ 8**[1)2)] **Zustellungen.** (1) [1]Die Zustellungen erfolgen von Amts wegen, ohne dass es einer Beglaubigung des zuzustellenden Schriftstücks bedarf. [2]Sie können dadurch bewirkt werden, dass das Schriftstück unter der Anschrift des Zustellungsadressaten zur Post gegeben wird; § 184 Abs. 2 Satz 1, 2 und 4 der Zivilprozessordnung[3)] gilt entsprechend. [3]Soll die Zustellung im Inland bewirkt werden, gilt das Schriftstück drei Tage nach Aufgabe zur Post als zugestellt.

(2) [1]An Personen, deren Aufenthalt unbekannt ist, wird nicht zugestellt. [2]Haben sie einen zur Entgegennahme von Zustellungen berechtigten Vertreter, so wird dem Vertreter zugestellt.

(3) [1]Das Insolvenzgericht kann den Insolvenzverwalter beauftragen, die Zustellungen nach Absatz 1 durchzuführen. [2]Zur Durchführung der Zustellung und zur Erfassung in den Akten kann er sich Dritter, insbesondere auch eigenen Personals, bedienen. [3]Der Insolvenzverwalter hat die von ihm nach § 184 Abs. 2 Satz 4 der Zivilprozessordnung angefertigten Vermerke unverzüglich zu den Gerichtsakten zu reichen.

**§ 9**[4)2)] **Öffentliche Bekanntmachung.** (1) [1]Die öffentliche Bekanntmachung erfolgt durch eine zentrale und länderübergreifende Veröffentlichung im Internet[5)]; diese kann auszugsweise geschehen. [2]Dabei ist der Schuldner genau zu bezeichnen, insbesondere sind seine Anschrift und sein Geschäftszweig anzugeben. [3]Die Bekanntmachung gilt als bewirkt, sobald nach dem Tag der Veröffentlichung zwei weitere Tage verstrichen sind.

(2) [1]Das Insolvenzgericht kann weitere Veröffentlichungen veranlassen, soweit dies landesrechtlich bestimmt ist. [2]Das Bundesministerium der Justiz und für Verbraucherschutz wird ermächtigt, durch Rechtsverordnung[6)] mit Zustimmung des Bundesrates die Einzelheiten der zentralen und länderübergreifenden Veröffentlichung im Internet zu regeln. [3]Dabei sind insbesondere Löschungsfristen vorzusehen sowie Vorschriften, die sicherstellen, dass die Veröffentlichungen

1. unversehrt, vollständig und aktuell bleiben,
2. jederzeit ihrem Ursprung nach zugeordnet werden können.

(3) Die öffentliche Bekanntmachung genügt zum Nachweis der Zustellung an alle Beteiligten, auch wenn dieses Gesetz neben ihr eine besondere Zustellung vorschreibt.

**§ 10**[7)8)] **Anhörung des Schuldners.** (1) [1]Soweit in diesem Gesetz eine Anhörung des Schuldners vorgeschrieben ist, kann sie unterbleiben, wenn sich der Schuldner im Ausland aufhält und die Anhörung das Verfahren übermäßig verzögern würde oder wenn der Aufenthalt des Schuldners unbekannt ist. [2]In diesem Fall soll ein Vertreter oder Angehöriger des Schuldners gehört werden.

---

1) § 8 Abs. 1 und 3 neu gef. mWv 1.7.2007 durch G v. 13.4.2007 (BGBl. I S. 509).

2) Beachte hierzu Übergangsvorschrift in Art. 103c EGInsO (Nr. **110a**).

3) Nr. **100**.

4) § 9 Abs. 2 Sätze 2 und 3 angef. mWv 1.12.2001 durch G v. 26.10.2001 (BGBl. I S. 2710); Abs. 2 Satz 3 Nr. 2 geänd., Nr. 3 aufgeh. mWv 1.1.2007 durch G v. 10.11.2006 (BGBl. I S. 2553); Abs. 1 Satz 1 und Abs. 2 Sätze 1 und 2 neu gef. mWv 1.7.2007 durch G v. 13.4.2007 (BGBl. I S. 509); Abs. 2 Satz 2 geänd. mWv 8.9.2015 durch VO v. 31.8.2015 (BGBl. I S. 1474).

5) **Amtl. Anm.:** www.insolvenzbekanntmachungen.de

6) Siehe die Insolvenz-Internet-BekanntmachungsVO v. 12.2.2002 (BGBl. I S. 677), zuletzt geänd. durch G v. 22.12.2020 (BGBl. I S. 3256).

7) § 10 Abs. 2 Satz 2 angef. mWv 1.11.2008 durch G v. 23.10.2008 (BGBl. I S. 2026).

8) Beachte hierzu Übergangsvorschrift in Art. 103d EGInsO (Nr. **110a**).

(2) [1] Ist der Schuldner keine natürliche Person, so gilt Absatz 1 entsprechend für die Anhörung von Personen, die zur Vertretung des Schuldners berechtigt oder an ihm beteiligt sind. [2] Ist der Schuldner eine juristische Person und hat diese keinen organschaftlichen Vertreter (Führungslosigkeit), so können die an ihm beteiligten Personen gehört werden; Absatz 1 Satz 1 gilt entsprechend.

**§ 10a[1)] Vorgespräch.** (1) [1] Ein Schuldner, der mindestens zwei der drei in § 22a Absatz 1 genannten Voraussetzungen erfüllt, hat an dem für ihn zuständigen Insolvenzgericht Anspruch auf ein Vorgespräch über die für das Verfahren relevanten Gegenstände, insbesondere die Voraussetzungen für eine Eigenverwaltung, die Eigenverwaltungsplanung, die Besetzung des vorläufigen Gläubigerausschusses, die Person des vorläufigen Insolvenzverwalters oder Sachwalters, etwaige weitere Sicherungsanordnungen und die Ermächtigung zur Begründung von Masseverbindlichkeiten. [2] Wenn der Schuldner nach Satz 1 keinen Anspruch auf ein Vorgespräch hat, liegt das Angebot eines Vorgesprächs im Ermessen des Gerichts.

(2) Mit Zustimmung des Schuldners kann das Gericht Gläubiger anhören, insbesondere, um deren Bereitschaft für eine Mitgliedschaft in einem vorläufigen Gläubigerausschuss zu erörtern.

(3) Die Abteilung, für die der Richter das Vorgespräch nach Absatz 1 Satz 1 führt, ist in den sechs Monaten nach dem Vorgespräch für das Insolvenzverfahren über das Vermögen des Schuldners zuständig.

## Zweiter Teil. Eröffnung des Insolvenzverfahrens. Erfaßtes Vermögen und Verfahrensbeteiligte

### Erster Abschnitt. Eröffnungsvoraussetzungen und Eröffnungsverfahren

**§ 11[2)] Zulässigkeit des Insolvenzverfahrens.** (1) [1] Ein Insolvenzverfahren kann über das Vermögen jeder natürlichen und jeder juristischen Person eröffnet werden. [2] Der nicht rechtsfähige Verein steht insoweit einer juristischen Person gleich.

(2) Ein Insolvenzverfahren kann ferner eröffnet werden:

1. über das Vermögen einer Gesellschaft ohne Rechtspersönlichkeit (offene Handelsgesellschaft, Kommanditgesellschaft, Partnerschaftsgesellschaft, Gesellschaft des Bürgerlichen Rechts, Partenreederei, Europäische wirtschaftliche Interessenvereinigung);
2. nach Maßgabe der §§ 315 bis 334 über einen Nachlaß, über das Gesamtgut einer fortgesetzten Gütergemeinschaft oder über das Gesamtgut einer Gütergemeinschaft, das von den Ehegatten oder Lebenspartnern gemeinschaftlich verwaltet wird.

(3) Nach Auflösung einer juristischen Person oder einer Gesellschaft ohne Rechtspersönlichkeit ist die Eröffnung des Insolvenzverfahrens zulässig, solange die Verteilung des Vermögens nicht vollzogen ist.

**§ 12[3)] Juristische Personen des öffentlichen Rechts.** (1) Unzulässig ist das Insolvenzverfahren über das Vermögen

---

1) § 10a eingef. mWv 1.1.2021 durch G v. 22.12.2020 (BGBl. I S. 3256).

2) § 11 Abs. 2 Nr. 1 geänd. durch G v. 22.7.1998 (BGBl. I S. 1878); Abs. 2 Nr. 2 geänd. mWv 26.11.2015 durch G v. 20.11.2015 (BGBl. I S. 2010).

3) § 12 Abs. 2 geänd. durch G v. 24.3.1997 (BGBl. I S. 594); Abs. 2 geänd. mWv 1.1.2004 durch G v. 23.12.2003 (BGBl. I S. 2848).

1. des Bundes oder eines Landes;
2. einer juristischen Person des öffentlichen Rechts, die der Aufsicht eines Landes untersteht, wenn das Landesrecht dies bestimmt.

(2) Hat ein Land nach Absatz 1 Nr. 2 das Insolvenzverfahren über das Vermögen einer juristischen Person für unzulässig erklärt, so können im Falle der Zahlungsunfähigkeit oder der Überschuldung dieser juristischen Person deren Arbeitnehmer von dem Land die Leistungen verlangen, die sie im Falle der Eröffnung eines Insolvenzverfahrens nach den Vorschriften des Dritten Buches Sozialgesetzbuch[1] über das Insolvenzgeld von der Agentur für Arbeit und nach den Vorschriften des Gesetzes zur Verbesserung der betrieblichen Altersversorgung[2] vom Träger der Insolvenzsicherung beanspruchen könnten.

**§ 13**[3)4)] **Eröffnungsantrag.** (1) [1]Das Insolvenzverfahren wird nur auf schriftlichen Antrag eröffnet. [2]Antragsberechtigt sind die Gläubiger und der Schuldner. [3]Dem Antrag des Schuldners ist ein Verzeichnis der Gläubiger und ihrer Forderungen beizufügen. [4]Wenn der Schuldner einen Geschäftsbetrieb hat, der nicht eingestellt ist, sollen in dem Verzeichnis besonders kenntlich gemacht werden
1. die höchsten Forderungen,
2. die höchsten gesicherten Forderungen,
3. die Forderungen der Finanzverwaltung,
4. die Forderungen der Sozialversicherungsträger sowie
5. die Forderungen aus betrieblicher Altersversorgung.

[5]Der Schuldner hat in diesem Fall auch Angaben zur Bilanzsumme, zu den Umsatzerlösen und zur durchschnittlichen Zahl der Arbeitnehmer des vorangegangenen Geschäftsjahres zu machen. [6]Die Angaben nach Satz 4 sind verpflichtend, wenn
1. der Schuldner Eigenverwaltung beantragt,
2. der Schuldner die Merkmale des § 22a Absatz 1 erfüllt oder
3. die Einsetzung eines vorläufigen Gläubigerausschusses beantragt wurde.

[7]Dem Verzeichnis nach Satz 3 und den Angaben nach den Sätzen 4 und 5 ist die Erklärung beizufügen, dass die enthaltenen Angaben richtig und vollständig sind.

(2) Der Antrag kann zurückgenommen werden, bis das Insolvenzverfahren eröffnet oder der Antrag rechtskräftig abgewiesen ist.

(3) Ist der Eröffnungsantrag unzulässig, so fordert das Insolvenzgericht den Antragsteller unverzüglich auf, den Mangel zu beheben und räumt ihm hierzu eine angemessene Frist ein.

(4) [1]Das Bundesministerium der Justiz und für Verbraucherschutz wird ermächtigt, durch Rechtsverordnung mit Zustimmung des Bundesrates für die Antragstellung durch den Schuldner ein Formular einzuführen. [2]Soweit nach Satz 1 ein Formular eingeführt ist, muss der Schuldner dieses benutzen. [3]Für Verfahren, die

---

[1] **Aichberger, SGB Nr. 3.**

[2] **Nipperdey I, Arbeitsrecht Nr. 180.**

[3] § 13 Abs. 1 Satz 1 geänd. und Abs. 3 angef. mWv 1.7.2007 durch G v. 13.4.2007 (BGBl. I S. 509); Abs. 1 Sätze 3–7 und Abs. 3 Satz 3 angef. mWv 1.3.2012 durch G v. 7.12.2011 (BGBl. I S. 2582); Abs. 3 Satz 1 geänd. mWv 8.9.2015 durch VO v. 31.8.2015 (BGBl. I S. 1474); Abs. 3 eingef., bish. Abs. 3 wird Abs. 4 mWv 26.6.2017 durch G v. 5.6.2017 (BGBl. I S. 1476).

[4] Beachte hierzu Übergangsvorschrift in Art. 103g EGInsO (Nr. **110a**).

von den Gerichten maschinell bearbeitet, und für solche, die nicht maschinell bearbeitet werden, können unterschiedliche Formulare eingeführt werden.

**§ 13a**[1] **Antrag zur Begründung eines Gruppen-Gerichtsstands.**

(1) In einem Antrag nach § 3a Absatz 1 sind anzugeben:

1. Name, Sitz, Unternehmensgegenstand sowie Bilanzsumme, Umsatzerlöse und die durchschnittliche Zahl der Arbeitnehmer des letzten Geschäftsjahres der anderen gruppenangehörigen Unternehmen, die nicht lediglich von untergeordneter Bedeutung für die Unternehmensgruppe sind; für die übrigen gruppenangehörigen Unternehmen sollen entsprechende Angaben gemacht werden,
2. aus welchen Gründen eine Verfahrenskonzentration am angerufenen Insolvenzgericht im gemeinsamen Interesse der Gläubiger liegt,
3. ob eine Fortführung oder Sanierung der Unternehmensgruppe oder eines Teils davon angestrebt wird,
4. welche gruppenangehörigen Unternehmen Institute im Sinne des § 1 Absatz 1b des Kreditwesengesetzes[2], Finanzholding-Gesellschaften im Sinne des § 1 Absatz 3a des Kreditwesengesetzes, Kapitalverwaltungsgesellschaften im Sinne des § 17 Absatz 1 des Kapitalanlagegesetzbuches, Zahlungsdienstleister im Sinne des § 1 Absatz 1 des Zahlungsdiensteaufsichtsgesetzes oder Versicherungsunternehmen im Sinne des § 7 Nummer 33 des Versicherungsaufsichtsgesetzes sind, und
5. die gruppenangehörigen Schuldner, über deren Vermögen die Eröffnung eines Insolvenzverfahrens beantragt oder ein Verfahren eröffnet wurde, einschließlich des zuständigen Insolvenzgerichts und des Aktenzeichens.

(2) [1]Dem Antrag nach § 3a Absatz 1 ist der letzte konsolidierte Abschluss der Unternehmensgruppe beizufügen. [2]Liegt ein solcher nicht vor, sind die letzten Jahresabschlüsse der gruppenangehörigen Unternehmen beizufügen, die nicht lediglich von untergeordneter Bedeutung für die Unternehmensgruppe sind. [3]Die Jahresabschlüsse der übrigen gruppenangehörigen Unternehmen sollen beigefügt werden.

**§ 14**[3)4)] **Antrag eines Gläubigers.** (1) [1]Der Antrag eines Gläubigers ist zulässig, wenn der Gläubiger ein rechtliches Interesse an der Eröffnung des Insolvenzverfahrens hat und seine Forderung und den Eröffnungsgrund glaubhaft macht. [2]Der Antrag wird nicht allein dadurch unzulässig, dass die Forderung erfüllt wird.

(2) Ist der Antrag zulässig, so hat das Insolvenzgericht den Schuldner zu hören.

(3) [1]Wird die Forderung des Gläubigers nach Antragstellung erfüllt, so hat der Schuldner die Kosten des Verfahrens zu tragen, wenn der Antrag als unbegründet abgewiesen wird. [2]Der Schuldner hat die Kosten auch dann zu tragen, wenn der Antrag eines Gläubigers wegen einer zum Zeitpunkt der Antragstellung wirksamen nichtöffentlichen Stabilisierungsanordnung nach dem Unternehmensstabilisierungs- und -restrukturierungsgesetz abgewiesen wird und der Gläubiger von der Stabilisierungsanordnung keine Kenntnis haben konnte.

---

1) § 13a eingef. mWv 21.4.2018 durch G v. 13.4.2017 (BGBl. I S. 866).

2) **Sartorius ErgBd. Nr. 856.**

3) § 14 Abs. 1 Sätze 2 und 3, Abs. 3 angef. mWv 1.1.2011 durch G v. 9.12.2010 (BGBl. I S. 1885); Abs. 1 Satz 2 neu gef., Satz 3 aufgeh. mWv 5.4.2017 durch G v. 29.3.2017 (BGBl. I S. 654); Abs. 3 Satz 2 angef. mWv 1.1.2021 durch G v. 22.12.2020 (BGBl. I S. 3256) .

4) Beachte hierzu Übergangsvorschrift in Art. 103j EGInsO (Nr. **110a**).

**§ 15**[1) 2)] **Antragsrecht bei juristischen Personen und Gesellschaften ohne Rechtspersönlichkeit.** (1) [1]Zum Antrag auf Eröffnung eines Insolvenzverfahrens über das Vermögen einer juristischen Person oder einer Gesellschaft ohne Rechtspersönlichkeit ist außer den Gläubigern jedes Mitglied des Vertretungsorgans, bei einer Gesellschaft ohne Rechtspersönlichkeit oder bei einer Kommanditgesellschaft auf Aktien jeder persönlich haftende Gesellschafter, sowie jeder Abwickler berechtigt. [2]Bei einer juristischen Person ist im Fall der Führungslosigkeit auch jeder Gesellschafter, bei einer Aktiengesellschaft oder einer Genossenschaft zudem auch jedes Mitglied des Aufsichtsrats zur Antragstellung berechtigt.

(2) [1]Wird der Antrag nicht von allen Mitgliedern des Vertretungsorgans, allen persönlich haftenden Gesellschaftern, allen Gesellschaftern der juristischen Person, allen Mitgliedern des Aufsichtsrats oder allen Abwicklern gestellt, so ist er zulässig, wenn der Eröffnungsgrund glaubhaft gemacht wird. [2]Zusätzlich ist bei Antragstellung durch Gesellschafter einer juristischen Person oder Mitglieder des Aufsichtsrats auch die Führungslosigkeit glaubhaft zu machen. [3]Das Insolvenzgericht hat die übrigen Mitglieder des Vertretungsorgans, persönlich haftenden Gesellschafter, Gesellschafter der juristischen Person, Mitglieder des Aufsichtsrats oder Abwickler zu hören.

(3) [1]Ist bei einer Gesellschaft ohne Rechtspersönlichkeit kein persönlich haftender Gesellschafter eine natürliche Person, so gelten die Absätze 1 und 2 entsprechend für die organschaftlichen Vertreter und die Abwickler der zur Vertretung der Gesellschaft ermächtigten Gesellschafter. [2]Entsprechendes gilt, wenn sich die Verbindung von Gesellschaften in dieser Art fortsetzt.

**§ 15a**[3) 4) 5)] **Antragspflicht bei juristischen Personen und Gesellschaften ohne Rechtspersönlichkeit.** (1) [1]Wird eine juristische Person zahlungsunfähig oder überschuldet, haben die Mitglieder des Vertretungsorgans oder die Abwickler ohne schuldhaftes Zögern einen Eröffnungsantrag zu stellen. [2]Der Antrag ist spätestens drei Wochen nach Eintritt der Zahlungsunfähigkeit und sechs Wochen nach Eintritt der Überschuldung zu stellen. [3]Das Gleiche gilt für die organschaftlichen Vertreter der zur Vertretung der Gesellschaft ermächtigten Gesellschafter oder die Abwickler bei einer Gesellschaft ohne Rechtspersönlichkeit, bei der kein persönlich haftender Gesellschafter eine natürliche Person ist; dies gilt nicht, wenn zu den persönlich haftenden Gesellschaftern eine andere Gesellschaft gehört, bei der ein persönlich haftender Gesellschafter eine natürliche Person ist.

(2) Bei einer Gesellschaft im Sinne des Absatzes 1 Satz 3 gilt Absatz 1 sinngemäß, wenn die organschaftlichen Vertreter der zur Vertretung der Gesellschaft ermächtigten Gesellschafter ihrerseits Gesellschaften sind, bei denen kein persönlich haftender Gesellschafter eine natürliche Person ist, oder sich die Verbindung von Gesellschaften in dieser Art fortsetzt.

(3) Im Fall der Führungslosigkeit einer Gesellschaft mit beschränkter Haftung ist auch jeder Gesellschafter, im Fall der Führungslosigkeit einer Aktiengesellschaft oder

---

1) § 15 Abs. 1 Satz 2 angef., Abs. 2 Satz 1 geänd., Satz 2 eingef., bish. Satz 2 wird Satz 3 und geänd. mWv 1.11.2008 durch G v. 23.10.2008 (BGBl. I S. 2026).

2) Beachte hierzu Übergangsvorschrift in Art. 103d EGInsO (Nr. **110a**).

3) § 15a eingef. mWv 1.11.2008 durch G v. 23.10.2008 (BGBl. I S. 2026); Abs. 1 Satz 1, Abs. 2 geänd. mWv 1.3.2012 durch G v. 7.12.2011 (BGBl. I S. 2582); Abs. 6 angef. mWv 1.7.2014 durch G v. 15.7.2013 (BGBl. I S. 2379); Abs. 4 neu gef., Abs 6 eingef., bish. Abs. 6 wird Abs. 7 und geänd. mWv 26.6.2017 durch G v. 5.6. 2017 (BGBl. I S. 1476); Abs. 1 Satz 1 geänd., Satz 2 eingef., bish. Satz 2 wird Satz 3, Abs. 2, Abs. 4 einl. Satzteil geänd. mWv 1.1.2021 durch G v. 22.12.2020 (BGBl. I S. 3256).

4) Beachte hierzu Übergangsvorschrift in Art. 103d und 103g EGInsO (Nr. **110a**).

5) Siehe hierzu das COVID-19-Insolvenzaussetzungsgesetz (Nr. **110d**) und das Insolvenzantragspflicht-Aussetzungsgesetz v. 10.9.2021 (BGBl. I S. 4147, 4149).

einer Genossenschaft ist auch jedes Mitglied des Aufsichtsrats zur Stellung des Antrags verpflichtet, es sei denn, diese Person hat von der Zahlungsunfähigkeit und der Überschuldung oder der Führungslosigkeit keine Kenntnis.

(4) Mit Freiheitsstrafe bis zu drei Jahren oder mit Geldstrafe wird bestraft, wer entgegen Absatz 1 Satz 1 und 2, auch in Verbindung mit Satz 3 oder Absatz 2 oder Absatz 3, einen Eröffnungsantrag

1. nicht oder nicht rechtzeitig stellt oder
2. nicht richtig stellt.

(5) Handelt der Täter in den Fällen des Absatzes 4 fahrlässig, ist die Strafe Freiheitsstrafe bis zu einem Jahr oder Geldstrafe.

(6) Im Falle des Absatzes 4 Nummer 2, auch in Verbindung mit Absatz 5, ist die Tat nur strafbar, wenn der Eröffnungsantrag rechtskräftig als unzulässig zurückgewiesen wurde.

(7) Auf Vereine und Stiftungen, für die § 42 Absatz 2 des Bürgerlichen Gesetzbuchs[1] gilt, sind die Absätze 1 bis 6 nicht anzuwenden.

**§ 15b[2)] [3)] Zahlungen bei Zahlungsunfähigkeit und Überschuldung; Verjährung.** (1) [1] Die nach § 15a Absatz 1 Satz 1 antragspflichtigen Mitglieder des Vertretungsorgans und Abwickler einer juristischen Person dürfen nach dem Eintritt der Zahlungsunfähigkeit oder der Überschuldung der juristischen Person keine Zahlungen mehr für diese vornehmen. [2] Dies gilt nicht für Zahlungen, die mit der Sorgfalt eines ordentlichen und gewissenhaften Geschäftsleiters vereinbar sind.

(2) [1] Zahlungen, die im ordnungsgemäßen Geschäftsgang erfolgen, insbesondere solche Zahlungen, die der Aufrechterhaltung des Geschäftsbetriebs dienen, gelten vorbehaltlich des Absatzes 3 als mit der Sorgfalt eines ordentlichen und gewissenhaften Geschäftsleiters vereinbar. [2] Im Rahmen des für eine rechtzeitige Antragstellung maßgeblichen Zeitraums nach § 15a Absatz 1 Satz 1 und 2 gilt dies nur, solange die Antragspflichtigen Maßnahmen zur nachhaltigen Beseitigung der Insolvenzreife oder zur Vorbereitung eines Insolvenzantrags mit der Sorgfalt eines ordentlichen und gewissenhaften Geschäftsleiters betreiben. [3] Zahlungen, die im Zeitraum zwischen der Stellung des Antrags und der Eröffnung des Verfahrens geleistet werden, gelten auch dann als mit der Sorgfalt eines ordentlichen und gewissenhaften Geschäftsleiters vereinbar, wenn diese mit Zustimmung eines vorläufigen Insolvenzverwalters vorgenommen wurden.

(3) Ist der nach § 15a Absatz 1 Satz 1 und 2 für eine rechtzeitige Antragstellung maßgebliche Zeitpunkt verstrichen und hat der Antragspflichtige keinen Antrag gestellt, sind Zahlungen in der Regel nicht mit der Sorgfalt eines ordentlichen und gewissenhaften Geschäftsleiters vereinbar.

(4) [1] Werden entgegen Absatz 1 Zahlungen geleistet, sind die Antragspflichtigen der juristischen Person zur Erstattung verpflichtet. [2] Ist der Gläubigerschaft der juristischen Person ein geringerer Schaden entstanden, beschränkt sich die Ersatzpflicht auf den Ausgleich dieses Schadens. [3] Soweit die Erstattung oder der Ersatz zur Befriedigung der Gläubiger der juristischen Person erforderlich ist, wird die Pflicht nicht dadurch ausgeschlossen, dass dieselben in Befolgung eines Beschlusses eines Organs der juristischen Person gehandelt haben. [4] Ein Verzicht der juristischen Person auf Erstattungs- oder Ersatzansprüche oder ein Vergleich der juristi-

---

[1)] Nr. **20**.
[2)] § 15b eingef. mWv 1.1.2021 durch G v. 22.12.2020 (BGBl. I S. 3256).
[3)] Beachte hierzu Übergangsvorschrift in Art. 103m EGInsO (Nr. **110a**).

schen Person über diese Ansprüche ist unwirksam. [5]Dies gilt nicht, wenn der Erstattungs- oder Ersatzpflichtige zahlungsunfähig ist und sich zur Abwendung des Insolvenzverfahrens mit seinen Gläubigern vergleicht, wenn die Erstattungs- oder Ersatzpflicht in einem Insolvenzplan geregelt wird oder wenn ein Insolvenzverwalter für die juristische Person handelt.

(5) [1]Absatz 1 Satz 1 und Absatz 4 gelten auch für Zahlungen an Personen, die an der juristischen Person beteiligt sind, soweit diese zur Zahlungsunfähigkeit der juristischen Person führen mussten, es sei denn, dies war auch bei Beachtung der in Absatz 1 Satz 2 bezeichneten Sorgfalt nicht erkennbar. [2]Satz 1 ist auf Genossenschaften nicht anwendbar.

(6) Die Absätze 1 bis 5 gelten auch für die nach § 15a Absatz 1 Satz 3 und Absatz 2 zur Stellung des Antrags verpflichteten organschaftlichen Vertreter der zur Vertretung der Gesellschaft ermächtigten Gesellschafter.

(7) [1]Die Ansprüche aufgrund der vorstehenden Bestimmungen verjähren in fünf Jahren. [2]Besteht zum Zeitpunkt der Pflichtverletzung eine Börsennotierung, verjähren die Ansprüche in zehn Jahren.

(8) [1]Eine Verletzung steuerrechtlicher Zahlungspflichten liegt nicht vor, wenn zwischen dem Eintritt der Zahlungsunfähigkeit nach § 17 oder der Überschuldung nach § 19 und der Entscheidung des Insolvenzgerichts über den Insolvenzantrag Ansprüche aus dem Steuerschuldverhältnis nicht oder nicht rechtzeitig erfüllt werden, sofern die Antragspflichtigen ihren Verpflichtungen nach § 15a nachkommen. [2]Wird entgegen der Verpflichtung nach § 15a ein Insolvenzantrag verspätet gestellt, gilt dies nur für die nach Bestellung eines vorläufigen Insolvenzverwalters oder Anordnung der vorläufigen Eigenverwaltung fällig werdenden Ansprüche aus dem Steuerschuldverhältnis. [3]Wird das Insolvenzverfahren nicht eröffnet und ist dies auf eine Pflichtverletzung der Antragspflichtigen zurückzuführen, gelten die Sätze 1 und 2 nicht.

**§ 16 Eröffnungsgrund.** Die Eröffnung des Insolvenzverfahrens setzt voraus, daß ein Eröffnungsgrund gegeben ist.

**§ 17 Zahlungsunfähigkeit.** (1) Allgemeiner Eröffnungsgrund ist die Zahlungsunfähigkeit.

(2) [1]Der Schuldner ist zahlungsunfähig, wenn er nicht in der Lage ist, die fälligen Zahlungspflichten zu erfüllen. [2]Zahlungsunfähigkeit ist in der Regel anzunehmen, wenn der Schuldner seine Zahlungen eingestellt hat.

**§ 18[1)] Drohende Zahlungsunfähigkeit.** (1) Beantragt der Schuldner die Eröffnung des Insolvenzverfahrens, so ist auch die drohende Zahlungsunfähigkeit Eröffnungsgrund.

(2) [1]Der Schuldner droht zahlungsunfähig zu werden, wenn er voraussichtlich nicht in der Lage sein wird, die bestehenden Zahlungspflichten im Zeitpunkt der Fälligkeit zu erfüllen. [2]In aller Regel ist ein Prognosezeitraum von 24 Monaten zugrunde zu legen.

(3) Wird bei einer juristischen Person oder einer Gesellschaft ohne Rechtspersönlichkeit der Antrag nicht von allen Mitgliedern des Vertretungsorgans, allen persönlich haftenden Gesellschaftern oder allen Abwicklern gestellt, so ist Absatz 1 nur anzuwenden, wenn der oder die Antragsteller zur Vertretung der juristischen Person oder der Gesellschaft berechtigt sind.

---

1) § 18 Abs. 2 Satz 2 angef. mWv 1.1.2021 durch G v. 22.12.2020 (BGBl. I S. 3256).

**§ 19** [1)2)] **Überschuldung.** (1) Bei einer juristischen Person ist auch die Überschuldung Eröffnungsgrund.

(2) [1] Überschuldung liegt vor, wenn das Vermögen des Schuldners die bestehenden Verbindlichkeiten nicht mehr deckt, es sei denn, die Fortführung des Unternehmens in den nächsten zwölf Monaten ist nach den Umständen überwiegend wahrscheinlich. [2] Forderungen auf Rückgewähr von Gesellschafterdarlehen oder aus Rechtshandlungen, die einem solchen Darlehen wirtschaftlich entsprechen, für die gemäß § 39 Abs. 2 zwischen Gläubiger und Schuldner der Nachrang im Insolvenzverfahren hinter den in § 39 Abs. 1 Nr. 1 bis 5 bezeichneten Forderungen vereinbart worden ist, sind nicht bei den Verbindlichkeiten nach Satz 1 zu berücksichtigen.

(3) [1] Ist bei einer Gesellschaft ohne Rechtspersönlichkeit kein persönlich haftender Gesellschafter eine natürliche Person, so gelten die Absätze 1 und 2 entsprechend. [2] Dies gilt nicht, wenn zu den persönlich haftenden Gesellschaftern eine andere Gesellschaft gehört, bei der ein persönlich haftender Gesellschafter eine natürliche Person ist.

**§ 20** [3)4)] **Auskunfts- und Mitwirkungspflicht im Eröffnungsverfahren. Hinweis auf Restschuldbefreiung.** (1) [1] Ist der Antrag zulässig, so hat der Schuldner dem Insolvenzgericht die Auskünfte zu erteilen, die zur Entscheidung über den Antrag erforderlich sind, und es auch sonst bei der Erfüllung seiner Aufgaben zu unterstützen. [2] Die §§ 97, 98, 101 Abs. 1 Satz 1, 2, Abs. 2 gelten entsprechend.

(2) Ist der Schuldner eine natürliche Person, so soll er darauf hingewiesen werden, dass er nach Maßgabe der §§ 286 bis 303a Restschuldbefreiung erlangen kann.

**§ 21** [5)6)] **Anordnung vorläufiger Maßnahmen.** (1) [1] Das Insolvenzgericht hat alle Maßnahmen zu treffen, die erforderlich erscheinen, um bis zur Entscheidung über den Antrag eine den Gläubigern nachteilige Veränderung in der Vermögenslage des Schuldners zu verhüten. [2] Gegen die Anordnung der Maßnahme steht dem Schuldner die sofortige Beschwerde zu.

(2) [1] Das Gericht kann insbesondere

1. einen vorläufigen Insolvenzverwalter bestellen, für den § 8 Absatz 3 und die §§ 56 bis 56b, 58 bis 66 und 269a entsprechend gelten;

---

1) § 19 Abs. 2 neu gef. mWv 18.10.2008 durch G v. 17.10.2008 (BGBl. I S. 1982, geänd. durch G v. 7.4.2009, BGBl. I S. 725, G v. 24.9.2009, BGBl. I S. 3151 und G v. 5.12.2012, BGBl. I S. 2418); Abs. 2 Satz 2 angef. mWv 1.11.2008 durch G v. 23.10.2008 (BGBl. I S. 2026); Abs. 2 Satz 1 geänd. mWv 1.1.2021 durch G v. 22.12.2020 (BGBl. I S. 3256) .

2) Beachte hierzu Übergangsvorschrift in Art. 103d EGInsO (Nr. **110a**).

3) § 20 Abs. 2 angef. mWv 1.12.2001 durch G v. 26.10.2001 (BGBl. I S. 2710); Überschrift neu gef., Abs. 1 Satz 1 geänd. mWv 1.7.2007 durch G v. 13.4.2007 (BGBl. I S. 509); Abs. 2 geänd. mWv 1.7.2014 durch G v. 15.7.2013 (BGBl. I S. 2379).

4) Beachte hierzu Übergangsvorschrift in Art. 103c EGInsO (Nr. **110a**).

5) § 21 Abs. 2 Nr. 3 geänd., Nr. 4 angef. durch G v. 19.12.1998 (BGBl. I S. 3836); Abs. 1 Satz 2 angef. mWv 1.12.2001 durch G v. 26.10.2001 (BGBl. I S. 2710); Abs. 2 Satz 2 angef. mWv 9.4.2004 durch G v. 5.4.2004 (BGBl. I S. 502); Abs. 2 Satz 1 Nr. 4 geänd. und Nr. 5 angef. mWv 1.7.2007 durch G v. 13.4.2007 (BGBl. I S. 509); Abs. 2 Satz 2 geänd. mWv 31.10.2009 durch G v. 29.7.2009 (BGBl. I S. 2355); Abs. 2 Satz 2 geänd., Satz 3 angef. mWv 30.6.2011 durch G v. 19.11.2010 (BGBl. I S. 1592); Überschrift neu gef., Abs. 2 Satz 1 Nr. 1a eingef. mWv 1.3.2012 durch G v. 7.12.2011 (BGBl. I S. 2582); Abs. 2 Satz 1 Nr. 1 neu gef. mWv 21.4.2018 durch G v. 13.4.2017 (BGBl. I S. 866); Abs. 2 Satz 1 Nr. 1a geänd. mWv 1.1.2021 durch G v. 22.12.2020 (BGBl. I S. 3256).

6) Beachte hierzu Übergangsvorschrift in Art. 103d und 103g EGInsO (Nr. **110a**).

1a. einen vorläufigen Gläubigerausschuss einsetzen, für den § 67 Absatz 2, 3 und die §§ 69 bis 73 entsprechend gelten; zu Mitgliedern des Gläubigerausschusses können auch Personen bestellt werden, die erst mit Eröffnung des Verfahrens Gläubiger werden;
2. dem Schuldner ein allgemeines Verfügungsverbot auferlegen oder anordnen, daß Verfügungen des Schuldners nur mit Zustimmung des vorläufigen Insolvenzverwalters wirksam sind;
3. Maßnahmen der Zwangsvollstreckung gegen den Schuldner untersagen oder einstweilen einstellen, soweit nicht unbewegliche Gegenstände betroffen sind;
4. eine vorläufige Postsperre anordnen, für die die §§ 99, 101 Abs. 1 Satz 1 entsprechend gelten;
5. anordnen, dass Gegenstände, die im Falle der Eröffnung des Verfahrens von § 166 erfasst wurden oder deren Aussonderung verlangt werden könnte, vom Gläubiger nicht verwertet oder eingezogen werden dürfen und dass solche Gegenstände zur Fortführung des Unternehmens des Schuldners eingesetzt werden können, soweit sie hierfür von erheblicher Bedeutung sind; § 169 Satz 2 und 3 gilt entsprechend; ein durch die Nutzung eingetretener Wertverlust ist durch laufende Zahlungen an den Gläubiger auszugleichen. Die Verpflichtung zu Ausgleichszahlungen besteht nur, soweit der durch die Nutzung entstehende Wertverlust die Sicherung des absonderungsberechtigten Gläubigers beeinträchtigt. Zieht der vorläufige Insolvenzverwalter eine zur Sicherung eines Anspruchs abgetretene Forderung anstelle des Gläubigers ein, so gelten die §§ 170, 171 entsprechend.

[2] Die Anordnung von Sicherungsmaßnahmen berührt nicht die Wirksamkeit von Verfügungen über Finanzsicherheiten nach § 1 Abs. 17 des Kreditwesengesetzes[1)] und die Wirksamkeit der Verrechnung von Ansprüchen und Leistungen aus Zahlungsaufträgen, Aufträgen zwischen Zahlungsdienstleistern oder zwischengeschalteten Stellen oder Aufträgen zur Übertragung von Wertpapieren, die in Systeme nach § 1 Abs. 16 des Kreditwesengesetzes eingebracht wurden. [3] Dies gilt auch dann, wenn ein solches Rechtsgeschäft des Schuldners am Tag der Anordnung getätigt und verrechnet oder eine Finanzsicherheit bestellt wird und der andere Teil nachweist, dass er die Anordnung weder kannte noch hätte kennen müssen; ist der andere Teil ein Systembetreiber oder Teilnehmer in dem System, bestimmt sich der Tag der Anordnung nach dem Geschäftstag im Sinne des § 1 Absatz 16b des Kreditwesengesetzes.

(3) [1] Reichen andere Maßnahmen nicht aus, so kann das Gericht den Schuldner zwangsweise vorführen und nach Anhörung in Haft nehmen lassen. [2] Ist der Schuldner keine natürliche Person, so gilt entsprechendes für seine organschaftlichen Vertreter. [3] Für die Anordnung von Haft gilt § 98 Abs. 3 entsprechend.

**§ 22** [2)3)] **Rechtsstellung des vorläufigen Insolvenzverwalters.** (1) [1] Wird ein vorläufiger Insolvenzverwalter bestellt und dem Schuldner ein allgemeines Verfügungsverbot auferlegt, so geht die Verwaltungs- und Verfügungsbefugnis über das Vermögen des Schuldners auf den vorläufigen Insolvenzverwalter über. [2] In diesem Fall hat der vorläufige Insolvenzverwalter:

1. das Vermögen des Schuldners zu sichern und zu erhalten;

---

[1)] **Sartorius ErgBd. Nr. 856.**

[2)] § 22 Abs. 3 Satz 3 geänd. mWv 1.7.2007 durch G v. 13.4.2007 (BGBl. I S. 509).

[3)] Beachte hierzu Übergangsvorschrift in Art. 103c EGInsO (Nr. **110a**).

2. ein Unternehmen, das der Schuldner betreibt, bis zur Entscheidung über die Eröffnung des Insolvenzverfahrens fortzuführen, soweit nicht das Insolvenzgericht einer Stillegung zustimmt, um eine erhebliche Verminderung des Vermögens zu vermeiden;
3. zu prüfen, ob das Vermögen des Schuldners die Kosten des Verfahrens decken wird; das Gericht kann ihn zusätzlich beauftragen, als Sachverständiger zu prüfen, ob ein Eröffnungsgrund vorliegt und welche Aussichten für eine Fortführung des Unternehmens des Schuldners bestehen.

(2) [1] Wird ein vorläufiger Insolvenzverwalter bestellt, ohne daß dem Schuldner ein allgemeines Verfügungsverbot auferlegt wird, so bestimmt das Gericht die Pflichten des vorläufigen Insolvenzverwalters. [2] Sie dürfen nicht über die Pflichten nach Absatz 1 Satz 2 hinausgehen.

(3) [1] Der vorläufige Insolvenzverwalter ist berechtigt, die Geschäftsräume des Schuldners zu betreten und dort Nachforschungen anzustellen. [2] Der Schuldner hat dem vorläufigen Insolvenzverwalter Einsicht in seine Bücher und Geschäftspapiere zu gestatten. [3] Er hat ihm alle erforderlichen Auskünfte zu erteilen und ihn bei der Erfüllung seiner Aufgaben zu unterstützen; die §§ 97, 98, 101 Abs. 1 Satz 1, 2, Abs. 2 gelten entsprechend.

**§ 22a [1)2)] Bestellung eines vorläufigen Gläubigerausschusses.** (1) Das Insolvenzgericht hat einen vorläufigen Gläubigerausschuss nach § 21 Absatz 2 Nummer 1a einzusetzen, wenn der Schuldner im vorangegangenen Geschäftsjahr mindestens zwei der drei nachstehenden Merkmale erfüllt hat:
1. mindestens 6 000 000 Euro Bilanzsumme nach Abzug eines auf der Aktivseite ausgewiesenen Fehlbetrags im Sinne des § 268 Absatz 3 des Handelsgesetzbuchs[3)];
2. mindestens 12 000 000 Euro Umsatzerlöse in den zwölf Monaten vor dem Abschlussstichtag;
3. im Jahresdurchschnitt mindestens fünfzig Arbeitnehmer.

(2) Das Gericht soll auf Antrag des Schuldners, des vorläufigen Insolvenzverwalters oder eines Gläubigers einen vorläufigen Gläubigerausschuss nach § 21 Absatz 2 Nummer 1a einsetzen, wenn Personen benannt werden, die als Mitglieder des vorläufigen Gläubigerausschusses in Betracht kommen und dem Antrag Einverständniserklärungen der benannten Personen beigefügt werden.

(3) Ein vorläufiger Gläubigerausschuss ist nicht einzusetzen, wenn der Geschäftsbetrieb des Schuldners eingestellt ist, die Einsetzung des vorläufigen Gläubigerausschusses im Hinblick auf die zu erwartende Insolvenzmasse unverhältnismäßig ist oder die mit der Einsetzung verbundene Verzögerung zu einer nachteiligen Veränderung der Vermögenslage des Schuldners führt.

(4) Auf Aufforderung des Gerichts hat der Schuldner oder der vorläufige Insolvenzverwalter Personen zu benennen, die als Mitglieder des vorläufigen Gläubigerausschusses in Betracht kommen.

---

[1)] § 22a eingef. mWv 1.3.2012 durch G v. 7.12.2011 (BGBl. I S. 2582); Abs. 1 Nr. 1 und 2 geänd. mWv 23.7.2015 durch G v. 17.7.2015 (BGBl. I S. 1245).

[2)] Beachte hierzu Übergangsvorschrift in Art. 103g EGInsO (Nr. **110a**).

[3)] Nr. **50**.

**§ 23[1)] Bekanntmachung der Verfügungsbeschränkungen.** (1) [1]Der Beschluß, durch den eine der in § 21 Abs. 2 Nr. 2 vorgesehenen Verfügungsbeschränkungen angeordnet und ein vorläufiger Insolvenzverwalter bestellt wird, ist öffentlich bekanntzumachen. [2]Er ist dem Schuldner, den Personen, die Verpflichtungen gegenüber dem Schuldner haben, und dem vorläufigen Insolvenzverwalter besonders zuzustellen. [3]Die Schuldner des Schuldners sind zugleich aufzufordern, nur noch unter Beachtung des Beschlusses zu leisten.

(2) Ist der Schuldner im Handels-, Genossenschafts-, Partnerschafts- oder Vereinsregister eingetragen, so hat die Geschäftsstelle des Insolvenzgerichts dem Registergericht eine Ausfertigung des Beschlusses zu übermitteln.

(3) Für die Eintragung der Verfügungsbeschränkung im Grundbuch, im Schiffsregister, im Schiffsbauregister und im Register über Pfandrechte an Luftfahrzeugen gelten die §§ 32, 33 entsprechend.

**§ 24 Wirkungen der Verfügungsbeschränkungen.** (1) Bei einem Verstoß gegen eine der in § 21 Abs. 2 Nr. 2 vorgesehenen Verfügungsbeschränkungen gelten die §§ 81, 82 entsprechend.

(2) Ist die Verfügungsbefugnis über das Vermögen des Schuldners auf einen vorläufigen Insolvenzverwalter übergegangen, so gelten für die Aufnahme anhängiger Rechtsstreitigkeiten § 85 Abs. 1 Satz 1 und § 86 entsprechend.

**§ 25 Aufhebung der Sicherungsmaßnahmen.** (1) Werden die Sicherungsmaßnahmen aufgehoben, so gilt für die Bekanntmachung der Aufhebung einer Verfügungsbeschränkung § 23 entsprechend.

(2) [1]Ist die Verfügungsbefugnis über das Vermögen des Schuldners auf einen vorläufigen Insolvenzverwalter übergegangen, so hat dieser vor der Aufhebung seiner Bestellung aus dem von ihm verwalteten Vermögen die entstandenen Kosten zu berichtigen und die von ihm begründeten Verbindlichkeiten zu erfüllen. [2]Gleiches gilt für die Verbindlichkeiten aus einem Dauerschuldverhältnis, soweit der vorläufige Insolvenzverwalter für das von ihm verwaltete Vermögen die Gegenleistung in Anspruch genommen hat.

**§ 26[2)3)] Abweisung mangels Masse.** (1) [1]Das Insolvenzgericht weist den Antrag auf Eröffnung des Insolvenzverfahrens ab, wenn das Vermögen des Schuldners voraussichtlich nicht ausreichen wird, um die Kosten des Verfahrens zu decken. [2]Die Abweisung unterbleibt, wenn ein ausreichender Geldbetrag vorgeschossen wird oder die Kosten nach § 4a gestundet werden. [3]Der Beschluss ist unverzüglich öffentlich bekannt zu machen.

(2) [1]Das Gericht ordnet die Eintragung des Schuldners, bei dem der Eröffnungsantrag mangels Masse abgewiesen worden ist, in das Schuldnerverzeichnis nach § 882b der Zivilprozessordnung[4)] an und übermittelt die Anordnung unverzüglich elektronisch dem zentralen Vollstreckungsgericht nach § 882h Abs. 1 der Zivilprozessordnung. [2]§ 882c Abs. 3 der Zivilprozessordnung gilt entsprechend.

---

[1)] § 23 Abs. 2 geänd. durch G v. 19.12.1998 (BGBl. I S. 3836).

[2)] § 26 Abs. 1 Satz 2 neu gef. mWv 1.12.2001 durch G v. 26.10.2001 (BGBl. I S. 2710); Abs. 3 Satz 3 aufgeh. mWv 15.12.2004 durch G v. 9.12.2004 (BGBl. I S. 3214); Abs. 1 Satz 3 angef. mWv 1.7.2007 durch G v. 13.4.2007 (BGBl. I S. 509); Abs. 3 Satz 1 geänd. mWv 1.11.2008 durch G v. 23.10.2008 (BGBl. I S. 2026); Abs. 2 neu gef. mWv 1.1.2013 durch G v. 29.7.2009 (BGBl. I S. 2258); Abs. 4 angef. mWv 1.3.2012 durch G v. 7.12.2011 (BGBl. I S. 2582).

[3)] Beachte hierzu Übergangsvorschrift in Art. 103c, 103d und 103g EGInsO (Nr. **110a**).

[4)] Nr. **100**.

(3) [1] Wer nach Absatz 1 Satz 2 einen Vorschuß geleistet hat, kann die Erstattung des vorgeschossenen Betrages von jeder Person verlangen, die entgegen den Vorschriften des Insolvenz- oder Gesellschaftsrechts den Antrag auf Eröffnung des Insolvenzverfahrens pflichtwidrig und schuldhaft nicht gestellt hat. [2] Ist streitig, ob die Person pflichtwidrig und schuldhaft gehandelt hat, so trifft sie die Beweislast.

(4) [1] Zur Leistung eines Vorschusses nach Absatz 1 Satz 2 ist jede Person verpflichtet, die entgegen den Vorschriften des Insolvenz- oder Gesellschaftsrechts pflichtwidrig und schuldhaft keinen Antrag auf Eröffnung des Insolvenzverfahrens gestellt hat. [2] Ist streitig, ob die Person pflichtwidrig und schuldhaft gehandelt hat, so trifft sie die Beweislast. [3] Die Zahlung des Vorschusses kann der vorläufige Insolvenzverwalter sowie jede Person verlangen, die einen begründeten Vermögensanspruch gegen den Schuldner hat.

**§ 26a[1)] Vergütung des vorläufigen Insolvenzverwalters.** (1) Wird das Insolvenzverfahren nicht eröffnet, setzt das Insolvenzgericht die Vergütung und die zu erstattenden Auslagen des vorläufigen Insolvenzverwalters durch Beschluss fest.

(2) [1] Die Festsetzung erfolgt gegen den Schuldner, es sei denn, der Eröffnungsantrag ist unzulässig oder unbegründet und den antragstellenden Gläubiger trifft ein grobes Verschulden. [2] In diesem Fall sind die Vergütung und die zu erstattenden Auslagen des vorläufigen Insolvenzverwalters ganz oder teilweise dem Gläubiger aufzuerlegen und gegen ihn festzusetzen. [3] Ein grobes Verschulden ist insbesondere dann anzunehmen, wenn der Antrag von vornherein keine Aussicht auf Erfolg hatte und der Gläubiger dies erkennen musste. [4] Der Beschluss ist dem vorläufigen Verwalter und demjenigen, der die Kosten des vorläufigen Insolvenzverwalters zu tragen hat, zuzustellen. [5] Die Vorschriften der Zivilprozessordnung[2)] über die Zwangsvollstreckung aus Kostenfestsetzungsbeschlüssen gelten entsprechend.

(3) [1] Gegen den Beschluss steht dem vorläufigen Verwalter und demjenigen, der die Kosten des vorläufigen Insolvenzverwalters zu tragen hat, die sofortige Beschwerde zu. [2] § 567 Absatz 2 der Zivilprozessordnung gilt entsprechend.

**§ 27[3)] Eröffnungsbeschluß.** (1) [1] Wird das Insolvenzverfahren eröffnet, so ernennt das Insolvenzgericht einen Insolvenzverwalter. [2] § 270 bleibt unberührt.

(2) Der Eröffnungsbeschluß enthält:

1. Firma oder Namen und Vornamen, Geburtsdatum, Registergericht und Registernummer, unter der der Schuldner in das Handelsregister eingetragen ist,[4)] Geschäftszweig oder Beschäftigung, gewerbliche Niederlassung oder Wohnung des Schuldners;
2. Namen und Anschrift des Insolvenzverwalters;
3. die Stunde der Eröffnung;
4. die Gründe, aus denen das Gericht von einem einstimmigen Vorschlag des vorläufigen Gläubigerausschusses zur Person des Verwalters abgewichen ist; dabei ist der Name der vorgeschlagenen Person nicht zu nennen;

---

[1)] § 26a neu gef. mWv 1.7.2014 durch G v. 15.7.2013 (BGBl. I S. 2379).

[2)] Nr. **100**.

[3)] § 27 Abs. 2 Nr. 1 und 3 geänd. und Nr. 4 angef. mWv 1.7.2007 durch G v. 13.4.2007 (BGBl. I S. 509); Abs. 2 Nr. 4 geänd., Nr. 5 angef. mWv 1.3.2012 durch G v. 7.12.2011 (BGBl. I S. 2582); Abs. 1 Satz 2 neu gef., Abs. 2 Nr. 1 geänd., Nr. 4 aufgeh., bish. Nr. 5 wird Nr. 4 mWv 1.7.2014 durch G v. 15.7. 2013 (BGBl. I S. 2379); Abs. 2 Nr. 4 geänd., Nr. 5 angef. mWv 26.6.2017 durch G v. 5.6.2017 (BGBl. I S. 1476).

[4)] Komma fehlt im BGBl. I.

5. eine abstrakte Darstellung der für personenbezogene Daten geltenden Löschungsfristen nach § 3 der Verordnung zu öffentlichen Bekanntmachungen in Insolvenzverfahren im Internet vom 12. Februar 2002 (BGBl. I S. 677), die zuletzt durch Artikel 2 des Gesetzes vom 13. April 2007 (BGBl. I S. 509) geändert worden ist.

(3) Ist die Stunde der Eröffnung nicht angegeben, so gilt als Zeitpunkt der Eröffnung die Mittagsstunde des Tages, an dem der Beschluß erlassen worden ist.

**§ 28 Aufforderungen an die Gläubiger und die Schuldner.** (1) [1]Im Eröffnungsbeschluß sind die Gläubiger aufzufordern, ihre Forderungen innerhalb einer bestimmten Frist unter Beachtung des § 174 beim Insolvenzverwalter anzumelden. [2]Die Frist ist auf einen Zeitraum von mindestens zwei Wochen und höchstens drei Monaten festzusetzen.

(2) [1]Im Eröffnungsbeschluß sind die Gläubiger aufzufordern, dem Verwalter unverzüglich mitzuteilen, welche Sicherungsrechte sie an beweglichen Sachen oder an Rechten des Schuldners in Anspruch nehmen. [2]Der Gegenstand, an dem das Sicherungsrecht beansprucht wird, die Art und der Entstehungsgrund des Sicherungsrechts sowie die gesicherte Forderung sind zu bezeichnen. [3]Wer die Mitteilung schuldhaft unterläßt oder verzögert, haftet für den daraus entstehenden Schaden.

(3) Im Eröffnungsbeschluß sind die Personen, die Verpflichtungen gegenüber dem Schuldner haben, aufzufordern, nicht mehr an den Schuldner zu leisten, sondern an den Verwalter.

**§ 29[1)] Terminbestimmungen.** (1) Im Eröffnungsbeschluß bestimmt das Insolvenzgericht Termine für:

1. eine Gläubigerversammlung, in der auf der Grundlage eines Berichts des Insolvenzverwalters über den Fortgang des Insolvenzverfahrens beschlossen wird (Berichtstermin); der Termin soll nicht über sechs Wochen und darf nicht über drei Monate hinaus angesetzt werden;
2. eine Gläubigerversammlung, in der die angemeldeten Forderungen geprüft werden (Prüfungstermin); der Zeitraum zwischen dem Ablauf der Anmeldefrist und dem Prüfungstermin soll mindestens eine Woche und höchstens zwei Monate betragen.

(2) [1]Die Termine können verbunden werden. [2]Das Gericht soll auf den Berichtstermin verzichten, wenn die Vermögensverhältnisse des Schuldners überschaubar sind und die Zahl der Gläubiger oder die Höhe der Verbindlichkeiten gering ist.

**§ 30[2)] Bekanntmachung des Eröffnungsbeschlusses.** (1) Die Geschäftsstelle des Insolvenzgerichts hat den Eröffnungsbeschluß sofort öffentlich bekanntzumachen.

(2) Den Gläubigern und Schuldnern des Schuldners und dem Schuldner selbst ist der Beschluß besonders zuzustellen.

---

[1)] § 29 Abs. 2 Satz 2 angef. mWv 1.7.2014 durch G v. 15.7.2013 (BGBl. I S. 2379).

[2)] § 30 Überschrift geänd., Abs. 3 aufgeh. mWv 1.12.2001 durch G v. 26.10.2001 (BGBl. I S. 2710); Abs. 1 Satz 2 aufgeh. mWv 1.7.2014 durch G v. 15.7.2013 (BGBl. I S. 2379).

**§ 31[1] Handels-, Genossenschafts-, Partnerschafts- und Vereinsregister.**

Ist der Schuldner im Handels-, Genossenschafts-, Partnerschafts- oder Vereinsregister eingetragen, so hat die Geschäftsstelle des Insolvenzgerichts dem Registergericht zu übermitteln:

1. im Falle der Eröffnung des Insolvenzverfahrens eine Ausfertigung des Eröffnungsbeschlusses;
2. im Falle der Abweisung des Eröffnungsantrags mangels Masse eine Ausfertigung des abweisenden Beschlusses, wenn der Schuldner eine juristische Person oder eine Gesellschaft ohne Rechtspersönlichkeit ist, die durch die Abweisung mangels Masse aufgelöst wird.

**§ 32 Grundbuch.** (1) Die Eröffnung des Insolvenzverfahrens ist in das Grundbuch einzutragen:

1. bei Grundstücken, als deren Eigentümer der Schuldner eingetragen ist;
2. bei den für den Schuldner eingetragenen Rechten an Grundstücken und an eingetragenen Rechten, wenn nach der Art des Rechts und den Umständen zu befürchten ist, daß ohne die Eintragung die Insolvenzgläubiger benachteiligt würden.

(2) [1] Soweit dem Insolvenzgericht solche Grundstücke oder Rechte bekannt sind, hat es das Grundbuchamt von Amts wegen um die Eintragung zu ersuchen. [2] Die Eintragung kann auch vom Insolvenzverwalter beim Grundbuchamt beantragt werden.

(3) [1] Werden ein Grundstück oder ein Recht, bei denen die Eröffnung des Verfahrens eingetragen worden ist, vom Verwalter freigegeben oder veräußert, so hat das Insolvenzgericht auf Antrag das Grundbuchamt um Löschung der Eintragung zu ersuchen. [2] Die Löschung kann auch vom Verwalter beim Grundbuchamt beantragt werden.

**§ 33 Register für Schiffe und Luftfahrzeuge.** [1] Für die Eintragung der Eröffnung des Insolvenzverfahrens in das Schiffsregister, das Schiffsbauregister und das Register für Pfandrechte an Luftfahrzeugen gilt § 32 entsprechend. [2] Dabei treten an die Stelle der Grundstücke die in diese Register eingetragenen Schiffe, Schiffsbauwerke und Luftfahrzeuge, an die Stelle des Grundbuchamts das Registergericht.

**§ 34[2][3] Rechtsmittel.** (1) Wird die Eröffnung des Insolvenzverfahrens abgelehnt, so steht dem Antragsteller und, wenn die Abweisung des Antrags nach § 26 erfolgt, dem Schuldner die sofortige Beschwerde zu.

(2) Wird das Insolvenzverfahren eröffnet, so steht dem Schuldner die sofortige Beschwerde zu.

(3) [1] Sobald eine Entscheidung, die den Eröffnungsbeschluß aufhebt, Rechtskraft erlangt hat, ist die Aufhebung des Verfahrens öffentlich bekanntzumachen. [2] § 200 Abs. 2 Satz 2 gilt entsprechend. [3] Die Wirkungen der Rechtshandlungen, die vom Insolvenzverwalter oder ihm gegenüber vorgenommen worden sind, werden durch die Aufhebung nicht berührt.

---

[1] § 31 Überschrift und Wortlaut geänd. durch G v. 19.12.1998 (BGBl. I S. 3836).
[2] § 34 Abs. 3 Satz 2 geänd. mWv 1.7.2007 durch G v. 13.4.2007 (BGBl. I S. 509).
[3] Beachte hierzu Übergangsvorschrift in Art. 103c EGInsO (Nr. **110a**).

## Zweiter Abschnitt. Insolvenzmasse. Einteilung der Gläubiger

**§ 35**[1) 2)] **Begriff der Insolvenzmasse.** (1) Das Insolvenzverfahren erfaßt das gesamte Vermögen, das dem Schuldner zur Zeit der Eröffnung des Verfahrens gehört und das er während des Verfahrens erlangt (Insolvenzmasse).

(2) [1] Übt der Schuldner eine selbstständige Tätigkeit aus oder beabsichtigt er, demnächst eine solche Tätigkeit auszuüben, hat der Insolvenzverwalter ihm gegenüber zu erklären, ob Vermögen aus der selbstständigen Tätigkeit zur Insolvenzmasse gehört und ob Ansprüche aus dieser Tätigkeit im Insolvenzverfahren geltend gemacht werden können. [2] § 295a gilt entsprechend. [3] Auf Antrag des Gläubigerausschusses oder, wenn ein solcher nicht bestellt ist, der Gläubigerversammlung ordnet das Insolvenzgericht die Unwirksamkeit der Erklärung an.

(3) [1] Der Schuldner hat den Verwalter unverzüglich über die Aufnahme oder Fortführung einer selbständigen Tätigkeit zu informieren. [2] Ersucht der Schuldner den Verwalter um die Freigabe einer solchen Tätigkeit, hat sich der Verwalter unverzüglich, spätestens nach einem Monat zu dem Ersuchen zu erklären.

(4) [1] Die Erklärung des Insolvenzverwalters ist dem Gericht gegenüber anzuzeigen. [2] Das Gericht hat die Erklärung und den Beschluss über ihre Unwirksamkeit öffentlich bekannt zu machen.

**§ 36**[3)] **Unpfändbare Gegenstände.** (1) [1] Gegenstände, die nicht der Zwangsvollstreckung unterliegen, gehören nicht zur Insolvenzmasse. [2] Die §§ 850, 850a, 850c, 850e, 850f Abs. 1, §§ 850g bis 850l, 851c, 851d, 899 bis 904, 905 Satz 1 und 3 sowie § 906 Absatz 2 bis 4 der Zivilprozessordnung[4)] gelten entsprechend. [3] Verfügungen des Schuldners über Guthaben, das nach den Vorschriften der Zivilprozessordnung über die Wirkungen des Pfändungsschutzkontos nicht von der Pfändung erfasst wird, bedürfen zu ihrer Wirksamkeit nicht der Freigabe dieses Kontoguthabens durch den Insolvenzverwalter.

(2) Zur Insolvenzmasse gehören jedoch

1. die Geschäftsbücher des Schuldners; gesetzliche Pflichten zur Aufbewahrung von Unterlagen bleiben unberührt;
2. im Fall einer selbständigen Tätigkeit des Schuldners die Sachen nach § 811 Absatz 1 Nummer 1 Buchstabe b und Tiere nach § 811 Absatz 1 Nummer 8 Buchstabe b der Zivilprozessordnung; hiervon ausgenommen sind Sachen, die für die Fortsetzung einer Erwerbstätigkeit erforderlich sind, welche in der Erbringung persönlicher Leistungen besteht.

(3) Sachen, die zum gewöhnlichen Hausrat gehören und im Haushalt des Schuldners gebraucht werden, gehören nicht zur Insolvenzmasse, wenn ohne weiteres ersichtlich ist, daß durch ihre Verwertung nur ein Erlös erzielt werden würde, der zu dem Wert außer allem Verhältnis steht.

---

[1)] § 35 Abs. 2 und 3 angef. mWv 1.7.2007 durch G v. 13.4.2007 (BGBl. I S. 509); Abs. 2 Satz 2 geänd. mWv 1.7.2014 durch G v. 15.7.2013 (BGBl. I S. 2379); Abs. 2 Satz 2 geänd. mWv 26.6.2017 durch G v. 5.6.2017 (BGBl. I S. 1476); Abs. 2 Satz 2 geänd., Abs. 3 eingef., bish. Abs. 3 wird Abs. 4 mWv 31.12. 2020 durch G v. 22.12.2020 (BGBl. I S. 3328) .

[2)] Beachte hierzu Übergangsvorschrift in Art. 103c EGInsO (Nr. **110a**).

[3)] § 36 Abs. 2 Nr. 2 geänd. durch G v. 19.12.1998 (BGBl. I S. 3836); Abs. 1 Satz 2, Abs. 4 angef. mWv 1.12.2001 durch G v. 26.10.2001 (BGBl. I S. 2710); Abs. 1 Satz 2 geänd. mWv 31.3.2007 durch G v. 26.3.2007 (BGBl. I S. 368); Abs. 1 Satz 2 geänd. mWv 1.7.2010 und mWv 1.1.2012 durch G v. 7.7.2009 (BGBl. I S. 1707); Abs. 1 Satz 2 geänd., Satz 3 angef. mWv 1.12.2021 durch G v. 22.11.2020 (BGBl. I S. 2466); Abs. 2 Nr. 2 neu gef. mWv 1.1.2022 durch G v. 7.5.2021 (BGBl. I S. 850).

[4)] Nr. **100**.

(4) [1] Für Entscheidungen, ob ein Gegenstand nach den in Absatz 1 Satz 2 genannten Vorschriften der Zwangsvollstreckung unterliegt, ist das Insolvenzgericht zuständig. [2] Anstelle eines Gläubigers ist der Insolvenzverwalter antragsberechtigt. [3] Für das Eröffnungsverfahren gelten die Sätze 1 und 2 entsprechend.

**§ 37[1)] Gesamtgut bei Gütergemeinschaft.** (1) [1] Wird bei dem Güterstand der Gütergemeinschaft das Gesamtgut von einem Ehegatten allein verwaltet und über das Vermögen dieses Ehegatten das Insolvenzverfahren eröffnet, so gehört das Gesamtgut zur Insolvenzmasse. [2] Eine Auseinandersetzung des Gesamtguts findet nicht statt. [3] Durch das Insolvenzverfahren über das Vermögen des anderen Ehegatten wird das Gesamtgut nicht berührt.

(2) Verwalten die Ehegatten das Gesamtgut gemeinschaftlich, so wird das Gesamtgut durch das Insolvenzverfahren über das Vermögen eines Ehegatten nicht berührt.

(3) Absatz 1 ist bei der fortgesetzten Gütergemeinschaft mit der Maßgabe anzuwenden, daß an die Stelle des Ehegatten, der das Gesamtgut allein verwaltet, der überlebende Ehegatte, an die Stelle des anderen Ehegatten die Abkömmlinge treten.

(4) Die Absätze 1 bis 3 gelten für Lebenspartner entsprechend.

**§ 38 Begriff der Insolvenzgläubiger.** Die Insolvenzmasse dient zur Befriedigung der persönlichen Gläubiger, die einen zur Zeit der Eröffnung des Insolvenzverfahrens begründeten Vermögensanspruch gegen den Schuldner haben (Insolvenzgläubiger).

**§ 39[2)] [3)] Nachrangige Insolvenzgläubiger.** (1) [1] Im Rang nach den übrigen Forderungen der Insolvenzgläubiger werden in folgender Rangfolge, bei gleichem Rang nach dem Verhältnis ihrer Beträge, berichtigt:

1. die seit der Eröffnung des Insolvenzverfahrens laufenden Zinsen und Säumniszuschläge auf Forderungen der Insolvenzgläubiger;
2. die Kosten, die den einzelnen Insolvenzgläubigern durch ihre Teilnahme am Verfahren erwachsen;
3. Geldstrafen, Geldbußen, Ordnungsgelder und Zwangsgelder sowie solche Nebenfolgen einer Straftat oder Ordnungswidrigkeit, die zu einer Geldzahlung verpflichten;
4. Forderungen auf eine unentgeltliche Leistung des Schuldners;
5. nach Maßgabe der Absätze 4 und 5 Forderungen auf Rückgewähr eines Gesellschafterdarlehens oder Forderungen aus Rechtshandlungen, die einem solchen Darlehen wirtschaftlich entsprechen.

[2] Satz 1 Nummer 5 ist nicht anzuwenden, wenn eine staatliche Förderbank oder eines ihrer Tochterunternehmen einem Unternehmen, an dem die staatliche Förderbank oder eines ihrer Tochterunternehmen beteiligt ist, ein Darlehen gewährt oder eine andere einer Darlehensgewährung wirtschaftlich entsprechende Rechtshandlung vorgenommen hat.

---

[1)] § 37 Abs. 4 angef. mWv 26.11.2015 durch G v. 20.11.2015 (BGBl. I S. 2010).

[2)] § 39 Abs. 1 Nr. 1 geänd. mWv 1.7.2007 durch G v. 13.4.2007 (BGBl. I S. 509); Abs. 1 Nr. 5 neu gef., Abs. 4 und 5 angef. mWv 1.11.2008 durch G v. 23.10.2008 (BGBl. I S. 2026); Abs. 1 Satz 2 angef. mWv 1.1.2021 durch G v. 22.12.2020 (BGBl. I S. 3256).

[3)] Beachte hierzu Übergangsvorschrift in Art. 103d EGInsO (Nr. **110a**).

(2) Forderungen, für die zwischen Gläubiger und Schuldner der Nachrang im Insolvenzverfahren vereinbart worden ist, werden im Zweifel nach den in Absatz 1 bezeichneten Forderungen berichtigt.

(3) Die Zinsen der Forderungen nachrangiger Insolvenzgläubiger und die Kosten, die diesen Gläubigern durch ihre Teilnahme am Verfahren entstehen, haben den gleichen Rang wie die Forderungen dieser Gläubiger.

(4) [1] Absatz 1 Nr. 5 gilt für Gesellschaften, die weder eine natürliche Person noch eine Gesellschaft als persönlich haftenden Gesellschafter haben, bei der ein

*(Fortsetzung nächstes Blatt)*

persönlich haftender Gesellschafter eine natürliche Person ist. [2] Erwirbt ein Gläubiger bei drohender oder eingetretener Zahlungsunfähigkeit der Gesellschaft oder bei Überschuldung Anteile zum Zweck ihrer Sanierung, führt dies bis zur nachhaltigen Sanierung nicht zur Anwendung von Absatz 1 Nr. 5 auf seine Forderungen aus bestehenden oder neu gewährten Darlehen oder auf Forderungen aus Rechtshandlungen, die einem solchen Darlehen wirtschaftlich entsprechen.

(5) Absatz 1 Nr. 5 gilt nicht für den nicht geschäftsführenden Gesellschafter einer Gesellschaft im Sinne des Absatzes 4 Satz 1, der mit 10 Prozent oder weniger am Haftkapital beteiligt ist.

**§ 40[1)] Unterhaltsansprüche.** [1] Familienrechtliche Unterhaltsansprüche gegen den Schuldner können im Insolvenzverfahren für die Zeit nach der Eröffnung nur geltend gemacht werden, soweit der Schuldner als Erbe des Verpflichteten haftet. [2] § 100 bleibt unberührt.

**§ 41 Nicht fällige Forderungen.** (1) Nicht fällige Forderungen gelten als fällig.

(2) [1] Sind sie unverzinslich, so sind sie mit dem gesetzlichen Zinssatz abzuzinsen. [2] Sie vermindern sich dadurch auf den Betrag, der bei Hinzurechnung der gesetzlichen Zinsen für die Zeit von der Eröffnung des Insolvenzverfahrens bis zur Fälligkeit dem vollen Betrag der Forderung entspricht.

**§ 42 Auflösend bedingte Forderungen.** Auflösend bedingte Forderungen werden, solange die Bedingung nicht eingetreten ist, im Insolvenzverfahren wie unbedingte Forderungen berücksichtigt.

**§ 43 Haftung mehrerer Personen.** Ein Gläubiger, dem mehrere Personen für dieselbe Leistung auf das Ganze haften, kann im Insolvenzverfahren gegen jeden Schuldner bis zu seiner vollen Befriedigung den ganzen Betrag geltend machen, den er zur Zeit der Eröffnung des Verfahrens zu fordern hatte.

**§ 44 Rechte der Gesamtschuldner und Bürgen.** Der Gesamtschuldner und der Bürge können die Forderung, die sie durch eine Befriedigung des Gläubigers künftig gegen den Schuldner erwerben könnten, im Insolvenzverfahren nur dann geltend machen, wenn der Gläubiger seine Forderung nicht geltend macht.

**§ 44a[2)3)] Gesicherte Darlehen.** In dem Insolvenzverfahren über das Vermögen einer Gesellschaft kann ein Gläubiger nach Maßgabe des § 39 Abs. 1 Nr. 5 für eine Forderung auf Rückgewähr eines Darlehens oder für eine gleichgestellte Forderung, für die ein Gesellschafter eine Sicherheit bestellt oder für die er sich verbürgt hat, nur anteilsmäßige Befriedigung aus der Insolvenzmasse verlangen, soweit er bei der Inanspruchnahme der Sicherheit oder des Bürgen ausgefallen ist.

**§ 45 Umrechnung von Forderungen.** [1] Forderungen, die nicht auf Geld gerichtet sind oder deren Geldbetrag unbestimmt ist, sind mit dem Wert geltend zu machen, der für die Zeit der Eröffnung des Insolvenzverfahrens geschätzt werden kann. [2] Forderungen, die in ausländischer Währung oder in einer Rechnungseinheit ausgedrückt sind, sind nach dem Kurswert, der zur Zeit der Verfahrenseröffnung für den Zahlungsort maßgeblich ist, in inländische Währung umzurechnen.

---

[1)] § 40 Satz 1 geänd. durch G v. 6.4.1998 (BGBl. I S. 666).
[2)] § 44a eingef. mWv 1.11.2008 durch G v. 23.10.2008 (BGBl. I S. 2026).
[3)] Beachte hierzu Übergangsvorschrift in Art. 103d EGInsO (Nr. **110a**).

**§ 46 Wiederkehrende Leistungen.** [1] Forderungen auf wiederkehrende Leistungen, deren Betrag und Dauer bestimmt sind, sind mit dem Betrag geltend zu machen, der sich ergibt, wenn die noch ausstehenden Leistungen unter Abzug des in § 41 bezeichneten Zwischenzinses zusammengerechnet werden. [2] Ist die Dauer der Leistungen unbestimmt, so gilt § 45 Satz 1 entsprechend.

**§ 47 Aussonderung.** [1] Wer auf Grund eines dinglichen oder persönlichen Rechts geltend machen kann, daß ein Gegenstand nicht zur Insolvenzmasse gehört, ist kein Insolvenzgläubiger. [2] Sein Anspruch auf Aussonderung des Gegenstands bestimmt sich nach den Gesetzen, die außerhalb des Insolvenzverfahrens gelten.

**§ 48 Ersatzaussonderung.** [1] Ist ein Gegenstand, dessen Aussonderung hätte verlangt werden können, vor der Eröffnung des Insolvenzverfahrens vom Schuldner oder nach der Eröffnung vom Insolvenzverwalter unberechtigt veräußert worden, so kann der Aussonderungsberechtigte die Abtretung des Rechts auf die Gegenleistung verlangen, soweit diese noch aussteht. [2] Er kann die Gegenleistung aus der Insolvenzmasse verlangen, soweit sie in der Masse unterscheidbar vorhanden ist.

**§ 49 Abgesonderte Befriedigung aus unbeweglichen Gegenständen.**

Gläubiger, denen ein Recht auf Befriedigung aus Gegenständen zusteht, die der Zwangsvollstreckung in das unbewegliche Vermögen unterliegen (unbewegliche Gegenstände), sind nach Maßgabe des Gesetzes über die Zwangsversteigerung und die Zwangsverwaltung[1] zur abgesonderten Befriedigung berechtigt.

**§ 50[2] Abgesonderte Befriedigung der Pfandgläubiger.** (1) Gläubiger, die an einem Gegenstand der Insolvenzmasse ein rechtsgeschäftliches Pfandrecht, ein durch Pfändung erlangtes Pfandrecht oder ein gesetzliches Pfandrecht haben, sind nach Maßgabe der §§ 166 bis 173 für Hauptforderung, Zinsen und Kosten zur abgesonderten Befriedigung aus dem Pfandgegenstand berechtigt.

(2) [1] Das gesetzliche Pfandrecht des Vermieters oder Verpächters kann im Insolvenzverfahren wegen der Miete oder Pacht für eine frühere Zeit als die letzten zwölf Monate vor der Eröffnung des Verfahrens sowie wegen der Entschädigung, die infolge einer Kündigung des Insolvenzverwalters zu zahlen ist, nicht geltend gemacht werden. [2] Das Pfandrecht des Verpächters eines landwirtschaftlichen Grundstücks unterliegt wegen der Pacht nicht dieser Beschränkung.

**§ 51 Sonstige Absonderungsberechtigte.** Den in § 50 genannten Gläubigern stehen gleich:

1. Gläubiger, denen der Schuldner zur Sicherung eines Anspruchs eine bewegliche Sache übereignet oder ein Recht übertragen hat;
2. Gläubiger, denen ein Zurückbehaltungsrecht an einer Sache zusteht, weil sie etwas zum Nutzen der Sache verwendet haben, soweit ihre Forderung aus der Verwendung den noch vorhandenen Vorteil nicht übersteigt;
3. Gläubiger, denen nach dem Handelsgesetzbuch[3] ein Zurückbehaltungsrecht zusteht;

---

[1] Nr. **108**.
[2] § 50 Abs. 2 Sätze 1 und 2 geänd. mWv 1.9.2001 durch G v. 19.6.2001 (BGBl. I S. 1149).
[3] Nr. **50**.

4. Bund, Länder, Gemeinden und Gemeindeverbände, soweit ihnen zoll- und steuerpflichtige Sachen nach gesetzlichen Vorschriften als Sicherheit für öffentliche Abgaben dienen.

**§ 52 Ausfall der Absonderungsberechtigten.** [1] Gläubiger, die abgesonderte Befriedigung beanspruchen können, sind Insolvenzgläubiger, soweit ihnen der Schuldner auch persönlich haftet. [2] Sie sind zur anteilsmäßigen Befriedigung aus der Insolvenzmasse jedoch nur berechtigt, soweit sie auf eine abgesonderte Befriedigung verzichten oder bei ihr ausgefallen sind.

**§ 53 Massegläubiger.** Aus der Insolvenzmasse sind die Kosten des Insolvenzverfahrens und die sonstigen Masseverbindlichkeiten vorweg zu berichtigen.

**§ 54 Kosten des Insolvenzverfahrens.** Kosten des Insolvenzverfahrens sind:
1. die Gerichtskosten für das Insolvenzverfahren;
2. die Vergütungen und die Auslagen des vorläufigen Insolvenzverwalters, des Insolvenzverwalters und der Mitglieder des Gläubigerausschusses.

**§ 55[1) 2)] Sonstige Masseverbindlichkeiten.** (1) Masseverbindlichkeiten sind weiter die Verbindlichkeiten:
1. die durch Handlungen des Insolvenzverwalters oder in anderer Weise durch die Verwaltung, Verwertung und Verteilung der Insolvenzmasse begründet werden, ohne zu den Kosten des Insolvenzverfahrens zu gehören;
2. aus gegenseitigen Verträgen, soweit deren Erfüllung zur Insolvenzmasse verlangt wird oder für die Zeit nach der Eröffnung des Insolvenzverfahrens erfolgen muß;
3. aus einer ungerechtfertigten Bereicherung der Masse.

(2) [1] Verbindlichkeiten, die von einem vorläufigen Insolvenzverwalter begründet worden sind, auf den die Verfügungsbefugnis über das Vermögen des Schuldners übergegangen ist, gelten nach der Eröffnung des Verfahrens als Masseverbindlichkeiten. [2] Gleiches gilt für Verbindlichkeiten aus einem Dauerschuldverhältnis, soweit der vorläufige Insolvenzverwalter für das von ihm verwaltete Vermögen die Gegenleistung in Anspruch genommen hat.

(3) [1] Gehen nach Absatz 2 begründete Ansprüche auf Arbeitsentgelt nach § 169 des Dritten Buches Sozialgesetzbuch[3)] auf die Bundesagentur für Arbeit über, so kann die Bundesagentur diese nur als Insolvenzgläubiger geltend machen. [2] Satz 1 gilt entsprechend für die in § 175 Absatz 1 des Dritten Buches Sozialgesetzbuch bezeichneten Ansprüche, soweit diese gegenüber dem Schuldner bestehen bleiben.

(4) [1] Umsatzsteuerverbindlichkeiten des Insolvenzschuldners, die von einem vorläufigen Insolvenzverwalter oder vom Schuldner mit Zustimmung eines vorläufigen Insolvenzverwalters oder vom Schuldner nach Bestellung eines vorläufigen Sachwalters begründet worden sind, gelten nach Eröffnung des Insolvenzverfahrens als Masseverbindlichkeit. [2] Den Umsatzsteuerverbindlichkeiten stehen die folgenden Verbindlichkeiten gleich:

---

[1)] § 55 Abs. 3 angef. mWv 1.12.2001 durch G v. 26.10.2001 (BGBl. I S. 2710); Abs. 3 Satz 1 geänd. mWv 1.1.2004 durch G v. 23.12.2003 (BGBl. I S. 2848); Abs. 4 angef. mWv 1.1.2011 durch G v. 9.12. 2010 (BGBl. I S. 1885); Abs. 3 Sätze 1 und 2 geänd. mWv 1.4.2012 durch G v. 20.12.2011 (BGBl. I S. 2854); Abs. 4 neu gef. mWv 1.1.2021 durch G v. 22.12.2020 (BGBl. I S. 3256).

[2)] Beachte hierzu Übergangsvorschrift in Art. 103e EGInsO (Nr. **110a**).

[3)] **Aichberger, SGB Nr. 3.**

1. sonstige Ein- und Ausfuhrabgaben,
2. bundesgesetzlich geregelte Verbrauchsteuern,
3. die Luftverkehr- und die Kraftfahrzeugsteuer und
4. die Lohnsteuer.

### Dritter Abschnitt. Insolvenzverwalter. Organe der Gläubiger

**§ 56**[1) 2)] **Bestellung des Insolvenzverwalters.** (1) [1] Zum Insolvenzverwalter ist eine für den jeweiligen Einzelfall geeignete, insbesondere geschäftskundige und von den Gläubigern und dem Schuldner unabhängige natürliche Person zu bestellen, die aus dem Kreis aller zur Übernahme von Insolvenzverwaltungen bereiten Personen auszuwählen ist. [2] Wer als Restrukturierungsbeauftragter oder Sanierungsmoderator in einer Restrukturierungssache des Schuldners tätig war, kann, wenn der Schuldner mindestens zwei der drei in § 22a Absatz 1 genannten Voraussetzungen erfüllt, nur dann zum Insolvenzverwalter bestellt werden, wenn der vorläufige Gläubigerausschuss zustimmt. [3] Die Bereitschaft zur Übernahme von Insolvenzverwaltungen kann auf bestimmte Verfahren beschränkt werden. [4] Die erforderliche Unabhängigkeit wird nicht schon dadurch ausgeschlossen, dass die Person

1. vom Schuldner oder von einem Gläubiger vorgeschlagen worden ist oder
2. den Schuldner vor dem Eröffnungsantrag in allgemeiner Form über den Ablauf eines Insolvenzverfahrens und dessen Folgen beraten hat.

(2) [1] Der Verwalter erhält eine Urkunde über seine Bestellung. [2] Bei Beendigung seines Amtes hat er die Urkunde dem Insolvenzgericht zurückzugeben.

**§ 56a**[3) 2)] **Gläubigerbeteiligung bei der Verwalterbestellung.** (1) Vor der Bestellung des Verwalters ist dem vorläufigen Gläubigerausschuss Gelegenheit zu geben, sich zu den Anforderungen, die an den Verwalter zu stellen sind, und zur Person des Verwalters zu äußern, soweit dies nicht innerhalb von zwei Werktagen offensichtlich zu einer nachteiligen Veränderung der Vermögenslage des Schuldners führt.

(2) [1] Das Gericht darf von einem einstimmigen Vorschlag des vorläufigen Gläubigerausschusses zur Person des Verwalters nur abweichen, wenn die vorgeschlagene Person für die Übernahme des Amtes nicht geeignet ist. [2] Das Gericht hat bei der Auswahl des Verwalters die vom vorläufigen Gläubigerausschuss beschlossenen Anforderungen an die Person des Verwalters zugrunde zu legen.

(3) [1] Sieht das Gericht mit Rücksicht auf eine nachteilige Veränderung der Vermögenslage des Schuldners von einer Anhörung nach Absatz 1 ab, hat es seine Entscheidung schriftlich zu begründen. [2] Der vorläufige Gläubigerausschuss kann in seiner ersten Sitzung einstimmig eine andere Person als die bestellte zum Insolvenzverwalter wählen.

---

1) § 56 Abs. 1 Satz 1 geänd., Satz 2 angef. mWv 1.7.2007 durch G v. 13.4.2007 (BGBl. I S. 509); Abs. 1 Satz 3 angef. mWv 1.3.2012 durch G v. 7.12.2011 (BGBl. I S. 2582); Abs. 1 Satz 3 Nr. 1 geänd. mWv 19.7.2013 durch G v. 15.7.2013 (BGBl. I S. 2379); Abs. 1 Satz 2 eingef., bish. Sätze 2 und 3 werden Sätze 3 und 4 mWv 1.1.2021 durch G v. 22.12.2020 (BGBl. I S. 3256).

2) Beachte hierzu Übergangsvorschrift in Art. 103g EGInsO (Nr. **110a**).

3) § 56a eingef. mWv 1.3.2012 durch G v. 7.12.2011 (BGBl. I S. 2582); Abs. 1 geänd., Abs. 3 neu gef. mWv 1.1.2021 durch G v. 22.12.2020 (BGBl. I S. 3256).

**§ 56b**[1] **Verwalterbestellung bei Schuldnern derselben Unternehmensgruppe.** (1) [1] Wird über das Vermögen von gruppenangehörigen Schuldnern die Eröffnung eines Insolvenzverfahrens beantragt, so haben die angegangenen Insolvenzgerichte sich darüber abzustimmen, ob es im Interesse der Gläubiger liegt, lediglich eine Person zum Insolvenzverwalter zu bestellen. [2] Bei der Abstimmung ist insbesondere zu erörtern, ob diese Person alle Verfahren über die gruppenangehörigen Schuldner mit der gebotenen Unabhängigkeit wahrnehmen kann und ob mögliche Interessenkonflikte durch die Bestellung von Sonderinsolvenzverwaltern ausgeräumt werden können.

(2) [1] Von dem Vorschlag oder den Vorgaben eines vorläufigen Gläubigerausschusses nach § 56a kann das Gericht abweichen, wenn der für einen anderen gruppenangehörigen Schuldner bestellte vorläufige Gläubigerausschuss eine andere Person einstimmig vorschlägt, die sich für eine Tätigkeit nach Absatz 1 Satz 1 eignet. [2] Vor der Bestellung dieser Person ist der vorläufige Gläubigerausschuss anzuhören. [3] Ist zur Auflösung von Interessenkonflikten ein Sonderinsolvenzverwalter zu bestellen, findet § 56a entsprechende Anwendung.

**§ 57**[2] **Wahl eines anderen Insolvenzverwalters.** [1] In der ersten Gläubigerversammlung, die auf die Bestellung des Insolvenzverwalters folgt, können die Gläubiger an dessen Stelle eine andere Person wählen. [2] Die andere Person ist gewählt, wenn neben der in § 76 Abs. 2 genannten Mehrheit auch die Mehrheit der abstimmenden Gläubiger für sie gestimmt hat. [3] Das Gericht kann die Bestellung des Gewählten nur versagen, wenn dieser für die Übernahme des Amtes nicht geeignet ist. [4] Gegen die Versagung steht jedem Insolvenzgläubiger die sofortige Beschwerde zu.

**§ 58**[3] **Aufsicht des Insolvenzgerichts.** (1) [1] Der Insolvenzverwalter steht unter der Aufsicht des Insolvenzgerichts. [2] Das Gericht kann jederzeit einzelne Auskünfte oder einen Bericht über den Sachstand und die Geschäftsführung von ihm verlangen.

(2) [1] Erfüllt der Verwalter seine Pflichten nicht, so kann das Gericht nach vorheriger Androhung Zwangsgeld gegen ihn festsetzen. [2] Das einzelne Zwangsgeld darf den Betrag von fünfundzwanzigtausend Euro nicht übersteigen. [3] Gegen den Beschluß steht dem Verwalter die sofortige Beschwerde zu.

(3) Absatz 2 gilt entsprechend für die Durchsetzung der Herausgabepflichten eines entlassenen Verwalters.

**§ 59**[4] **Entlassung des Insolvenzverwalters.** (1) [1] Das Insolvenzgericht kann den Insolvenzverwalter aus wichtigem Grund aus dem Amt entlassen. [2] Die Entlassung kann von Amts wegen oder auf Antrag des Verwalters, des Schuldners, des Gläubigerausschusses, der Gläubigerversammlung oder eines Insolvenzgläubigers erfolgen. [3] Auf Antrag des Schuldners oder eines Insolvenzgläubigers erfolgt die Entlassung nur, wenn dies innerhalb von sechs Monaten nach der Bestellung beantragt wird und der Verwalter nicht unabhängig ist; dies ist von dem Antrag-

---

[1] § 56b eingef. mWv 21.4.2018 durch G v. 13.4.2017 (BGBl. I S. 866).

[2] § 57 Satz 2 eingef., bish. Sätze 2 und 3 werden Sätze 3 und 4 mWv 1.12.2001 durch G v. 26.10.2001 (BGBl. I S. 2710).

[3] § 58 Abs. 2 Satz 2 geänd. mWv 1.1.2002 durch G v. 13.12.2001 (BGBl. I S. 3574).

[4] § 59 Abs. 1 Satz 2 neu gef., Satz 3 eingef., bish. Satz 3 wird Satz 4, Abs. 2 Satz 2 neu gef., Satz 3 angef. mWv 1.1.2021 durch G v. 22.12.2020 (BGBl. I S. 3256).

steller glaubhaft zu machen. [4] Vor der Entscheidung des Gerichts ist der Verwalter zu hören.

(2) [1] Gegen die Entlassung steht dem Verwalter die sofortige Beschwerde zu. [2] Gegen die Ablehnung des Antrags steht dem Antragsteller die sofortige Beschwerde zu. [3] Hat die Gläubigerversammlung den Antrag gestellt, steht auch jedem Insolvenzgläubiger die sofortige Beschwerde zu.

**§ 60 Haftung des Insolvenzverwalters.** (1) [1] Der Insolvenzverwalter ist allen Beteiligten zum Schadenersatz verpflichtet, wenn er schuldhaft die Pflichten verletzt, die ihm nach diesem Gesetz obliegen. [2] Er hat für die Sorgfalt eines ordentlichen und gewissenhaften Insolvenzverwalters einzustehen.

(2) Soweit er zur Erfüllung der ihm als Verwalter obliegenden Pflichten Angestellte des Schuldners im Rahmen ihrer bisherigen Tätigkeit einsetzen muß und diese Angestellten nicht offensichtlich ungeeignet sind, hat der Verwalter ein Verschulden dieser Personen nicht gemäß § 278 des Bürgerlichen Gesetzbuchs[1)] zu vertreten, sondern ist nur für deren Überwachung und für Entscheidungen von besonderer Bedeutung verantwortlich.

**§ 61 Nichterfüllung von Masseverbindlichkeiten.** [1] Kann eine Masseverbindlichkeit, die durch eine Rechtshandlung des Insolvenzverwalters begründet worden ist, aus der Insolvenzmasse nicht voll erfüllt werden, so ist der Verwalter dem Massegläubiger zum Schadenersatz verpflichtet. [2] Dies gilt nicht, wenn der Verwalter bei der Begründung der Verbindlichkeit nicht erkennen konnte, daß die Masse voraussichtlich zur Erfüllung nicht ausreichen würde.

**§ 62[2)] Verjährung.** [1] Die Verjährung des Anspruchs auf Ersatz des Schadens, der aus einer Pflichtverletzung des Insolvenzverwalters entstanden ist, richtet sich nach den Regelungen über die regelmäßige Verjährung nach dem Bürgerlichen Gesetzbuch[1)]. [2] Der Anspruch verjährt spätestens in drei Jahren von der Aufhebung oder der Rechtskraft der Einstellung des Insolvenzverfahrens an. [3] Für Pflichtverletzungen, die im Rahmen einer Nachtragsverteilung (§ 203) oder einer Überwachung der Planerfüllung (§ 260) begangen worden sind, gilt Satz 2 mit der Maßgabe, daß an die Stelle der Aufhebung des Insolvenzverfahrens der Vollzug der Nachtragsverteilung oder die Beendigung der Überwachung tritt.

**§ 63[3)] Vergütung des Insolvenzverwalters.** (1) [1] Der Insolvenzverwalter hat Anspruch auf Vergütung für seine Geschäftsführung und auf Erstattung angemessener Auslagen. [2] Der Regelsatz der Vergütung wird nach dem Wert der Insolvenzmasse zur Zeit der Beendigung des Insolvenzverfahrens berechnet. [3] Dem Umfang und der Schwierigkeit der Geschäftsführung des Verwalters wird durch Abweichungen vom Regelsatz Rechnung getragen.

(2) Sind die Kosten des Verfahrens nach § 4a gestundet, steht dem Insolvenzverwalter für seine Vergütung und seine Auslagen ein Anspruch gegen die Staatskasse zu, soweit die Insolvenzmasse dafür nicht ausreicht.

(3) [1] Die Tätigkeit des vorläufigen Insolvenzverwalters wird gesondert vergütet. [2] Er erhält in der Regel 25 Prozent der Vergütung des Insolvenzverwalters bezogen auf das Vermögen, auf das sich seine Tätigkeit während des Eröffnungsverfahrens

---

[1)] Nr. **20**.

[2)] § 62 Satz 1 neu gef. mWv 15.12.2004 durch G v. 9.12.2004 (BGBl. I S. 3214).

[3)] § 63 Abs. 2 angef. mWv 1.12.2001 durch G v. 26.10.2001 (BGBl. I S. 2710); Abs. 3 angef. mWv 19.7.2013 durch G v. 15.7.2013 (BGBl. I S. 2379).

erstreckt. [3] Maßgebend für die Wertermittlung ist der Zeitpunkt der Beendigung der vorläufigen Verwaltung oder der Zeitpunkt, ab dem der Gegenstand nicht mehr der vorläufigen Verwaltung unterliegt. [4] Beträgt die Differenz des tatsächlichen Werts der Berechnungsgrundlage der Vergütung zu dem der Vergütung zugrunde gelegten Wert mehr als 20 Prozent, so kann das Gericht den Beschluss über die Vergütung des vorläufigen Insolvenzverwalters bis zur Rechtskraft der Entscheidung über die Vergütung des Insolvenzverwalters ändern.

**§ 64 Festsetzung durch das Gericht.** (1) Das Insolvenzgericht setzt die Vergütung und die zu erstattenden Auslagen des Insolvenzverwalters durch Beschluß fest.

(2) [1] Der Beschluß ist öffentlich bekanntzumachen und dem Verwalter, dem Schuldner und, wenn ein Gläubigerausschuß bestellt ist, den Mitgliedern des Ausschusses besonders zuzustellen. [2] Die festgesetzten Beträge sind nicht zu veröffentlichen; in der öffentlichen Bekanntmachung ist darauf hinzuweisen, daß der vollständige Beschluß in der Geschäftsstelle eingesehen werden kann.

(3) [1] Gegen den Beschluß steht dem Verwalter, dem Schuldner und jedem Insolvenzgläubiger die sofortige Beschwerde zu. [2] § 567 Abs. 2 der Zivilprozeßordnung[1)] gilt entsprechend.

**§ 65[2)] Verordnungsermächtigung.** Das Bundesministerium der Justiz und für Verbraucherschutz wird ermächtigt, die Vergütung und die Erstattung der Auslagen des vorläufigen Insolvenzverwalters und des Insolvenzverwalters sowie das hierfür maßgebliche Verfahren durch Rechtsverordnung zu regeln.

**§ 66[3)4)] Rechnungslegung.** (1) Der Insolvenzverwalter hat bei der Beendigung seines Amtes einer Gläubigerversammlung Rechnung zu legen.

(2) [1] Vor der Gläubigerversammlung prüft das Insolvenzgericht die Schlußrechnung des Verwalters. [2] Es legt die Schlußrechnung mit den Belegen, mit einem Vermerk über die Prüfung und, wenn ein Gläubigerausschuß bestellt ist, mit dessen Bemerkungen zur Einsicht der Beteiligten aus; es kann dem Gläubigerausschuß für dessen Stellungnahme eine Frist setzen. [3] Der Zeitraum zwischen der Auslegung der Unterlagen und dem Termin der Gläubigerversammlung soll mindestens eine Woche betragen.

(3) [1] Die Gläubigerversammlung kann dem Verwalter aufgeben, zu bestimmten Zeitpunkten während des Verfahrens Zwischenrechnung zu legen. [2] Die Absätze 1 und 2 gelten entsprechend.

(4) Der Insolvenzplan kann eine abweichende Regelung treffen.

**§ 67[5)4)] Einsetzung des Gläubigerausschusses.** (1) Vor der ersten Gläubigerversammlung kann das Insolvenzgericht einen Gläubigerausschuß einsetzen.

(2) [1] Im Gläubigerausschuß sollen die absonderungsberechtigten Gläubiger, die Insolvenzgläubiger mit den höchsten Forderungen und die Kleingläubiger vertreten sein. [2] Dem Ausschuß soll ein Vertreter der Arbeitnehmer angehören.

---

[1)] Nr. **100**.

[2)] § 65 neu gef. mWv 1.7.2014 durch G v. 15.7.2013 (BGBl. I S. 2379); geänd. mWv 8.9.2015 durch VO v. 31.8.2015 (BGBl. I S. 1474).

[3)] § 66 Abs. 1 Satz 2 angef. mWv 1.3.2012 durch G v. 7.12.2011 (BGBl. I S. 2582); Abs. 1 Satz 2 aufgeh., Abs. 4 angef. mWv 1.1.2021 durch G v. 22.12.2020 (BGBl. I S. 3256).

[4)] Beachte hierzu Übergangsvorschrift in Art. 103g EGInsO (Nr. **110a**).

[5)] § 67 Abs. 2 Satz 2 geänd. mWv 1.3.2012 durch G v. 7.12.2011 (BGBl. I S. 2582).

(3) Zu Mitgliedern des Gläubigerausschusses können auch Personen bestellt werden, die keine Gläubiger sind.

**§ 68 Wahl anderer Mitglieder.** (1) [1]Die Gläubigerversammlung beschließt, ob ein Gläubigerausschuß eingesetzt werden soll. [2]Hat das Insolvenzgericht bereits einen Gläubigerausschuß eingesetzt, so beschließt sie, ob dieser beibehalten werden soll.

(2) Sie kann vom Insolvenzgericht bestellte Mitglieder abwählen und andere oder zusätzliche Mitglieder des Gläubigerausschusses wählen.

**§ 69 Aufgaben des Gläubigerausschusses.** [1]Die Mitglieder des Gläubigerausschusses haben den Insolvenzverwalter bei seiner Geschäftsführung zu unterstützen und zu überwachen. [2]Sie haben sich über den Gang der Geschäfte zu unterrichten sowie die Bücher und Geschäftspapiere einsehen und den Geldverkehr und -bestand prüfen zu lassen.

**§ 70 Entlassung.** [1]Das Insolvenzgericht kann ein Mitglied des Gläubigerausschusses aus wichtigem Grund aus dem Amt entlassen. [2]Die Entlassung kann von Amts wegen, auf Antrag des Mitglieds des Gläubigerausschusses oder auf Antrag der Gläubigerversammlung erfolgen. [3]Vor der Entscheidung des Gerichts ist das Mitglied des Gläubigerausschusses zu hören; gegen die Entscheidung steht ihm die sofortige Beschwerde zu.

**§ 71 Haftung der Mitglieder des Gläubigerausschusses.** [1]Die Mitglieder des Gläubigerausschusses sind den absonderungsberechtigten Gläubigern und den Insolvenzgläubigern zum Schadenersatz verpflichtet, wenn sie schuldhaft die Pflichten verletzen, die ihnen nach diesem Gesetz obliegen. [2]§ 62 gilt entsprechend.

**§ 72 Beschlüsse des Gläubigerausschusses.** Ein Beschluß des Gläubigerausschusses ist gültig, wenn die Mehrheit der Mitglieder an der Beschlußfassung teilgenommen hat und der Beschluß mit der Mehrheit der abgegebenen Stimmen gefaßt worden ist.

**§ 73[1)] Vergütung der Mitglieder des Gläubigerausschusses.** (1) [1]Die Mitglieder des Gläubigerausschusses haben Anspruch auf Vergütung für ihre Tätigkeit und auf Erstattung angemessener Auslagen. [2]Dabei ist dem Zeitaufwand und dem Umfang der Tätigkeit Rechnung zu tragen.

(2) § 63 Abs. 2 sowie die §§ 64 und 65 gelten entsprechend.

**§ 74[2)] Einberufung der Gläubigerversammlung.** (1) [1]Die Gläubigerversammlung wird vom Insolvenzgericht einberufen. [2]Zur Teilnahme an der Versammlung sind alle absonderungsberechtigten Gläubiger, alle Insolvenzgläubiger, der Insolvenzverwalter, die Mitglieder des Gläubigerausschusses und der Schuldner berechtigt.

(2) [1]Die Zeit, der Ort und die Tagesordnung der Gläubigerversammlung sind öffentlich bekanntzumachen. [2]Die öffentliche Bekanntmachung kann unterbleiben, wenn in einer Gläubigerversammlung die Verhandlung vertagt wird.

---

[1)] § 73 Abs. 2 neu gef. mWv 1.12.2001 durch G v. 26.10.2001 (BGBl. I S. 2710).
[2)] § 74 Abs. 1 Satz 2 geänd. durch G v. 19.12.1998 (BGBl. I S. 3836).

**§ 75[1] Antrag auf Einberufung.** (1) Die Gläubigerversammlung ist einzuberufen, wenn dies beantragt wird:

1. vom Insolvenzverwalter;
2. vom Gläubigerausschuß;
3. von mindestens fünf absonderungsberechtigten Gläubigern oder nicht nachrangigen Insolvenzgläubigern, deren Absonderungsrechte und Forderungen nach der Schätzung des Insolvenzgerichts zusammen ein Fünftel der Summe erreichen, die sich aus dem Wert aller Absonderungsrechte und den Forderungsbeträgen aller nicht nachrangigen Insolvenzgläubiger ergibt;
4. von einem oder mehreren absonderungsberechtigten Gläubigern oder nicht nachrangigen Insolvenzgläubigern, deren Absonderungsrechte und Forderungen nach der Schätzung des Gerichts zwei Fünftel der in Nummer 3 bezeichneten Summe erreichen.

(2) Der Zeitraum zwischen dem Eingang des Antrags und dem Termin der Gläubigerversammlung soll höchstens drei Wochen betragen.

(3) Wird die Einberufung abgelehnt, so steht dem Antragsteller die sofortige Beschwerde zu.

**§ 76 Beschlüsse der Gläubigerversammlung.** (1) Die Gläubigerversammlung wird vom Insolvenzgericht geleitet.

(2) Ein Beschluß der Gläubigerversammlung kommt zustande, wenn die Summe der Forderungsbeträge der zustimmenden Gläubiger mehr als die Hälfte der Summe der Forderungsbeträge der abstimmenden Gläubiger beträgt; bei absonderungsberechtigten Gläubigern, denen der Schuldner nicht persönlich haftet, tritt der Wert des Absonderungsrechts an die Stelle des Forderungsbetrags.

**§ 77 Feststellung des Stimmrechts.** (1) [1] Ein Stimmrecht gewähren die Forderungen, die angemeldet und weder vom Insolvenzverwalter noch von einem stimmberechtigten Gläubiger bestritten worden sind. [2] Nachrangige Gläubiger sind nicht stimmberechtigt.

(2) [1] Die Gläubiger, deren Forderungen bestritten werden, sind stimmberechtigt, soweit sich in der Gläubigerversammlung der Verwalter und die erschienenen stimmberechtigten Gläubiger über das Stimmrecht geeinigt haben. [2] Kommt es nicht zu einer Einigung, so entscheidet das Insolvenzgericht. [3] Es kann seine Entscheidung auf den Antrag des Verwalters oder eines in der Gläubigerversammlung erschienenen Gläubigers ändern.

(3) Absatz 2 gilt entsprechend

1. für die Gläubiger aufschiebend bedingter Forderungen;
2. für die absonderungsberechtigten Gläubiger.

**§ 78 Aufhebung eines Beschlusses der Gläubigerversammlung.**

(1) Widerspricht ein Beschluß der Gläubigerversammlung dem gemeinsamen Interesse der Insolvenzgläubiger, so hat das Insolvenzgericht den Beschluß aufzuheben, wenn ein absonderungsberechtigter Gläubiger, ein nicht nachrangiger Insolvenzgläubiger oder der Insolvenzverwalter dies in der Gläubigerversammlung beantragt.

---

[1] § 75 Abs. 2 geänd. durch G v. 19.12.1998 (BGBl. I S. 3836).

(2) [1]Die Aufhebung des Beschlusses ist öffentlich bekanntzumachen. [2]Gegen die Aufhebung steht jedem absonderungsberechtigten Gläubiger und jedem nicht nachrangigen Insolvenzgläubiger die sofortige Beschwerde zu. [3]Gegen die Ablehnung des Antrags auf Aufhebung steht dem Antragsteller die sofortige Beschwerde zu.

**§ 79 Unterrichtung der Gläubigerversammlung.** [1]Die Gläubigerversammlung ist berechtigt, vom Insolvenzverwalter einzelne Auskünfte und einen Bericht über den Sachstand und die Geschäftsführung zu verlangen. [2]Ist ein Gläubigerausschuß nicht bestellt, so kann die Gläubigerversammlung den Geldverkehr und -bestand des Verwalters prüfen lassen.

## Dritter Teil. Wirkungen der Eröffnung des Insolvenzverfahrens

### Erster Abschnitt. Allgemeine Wirkungen

**§ 80 Übergang des Verwaltungs- und Verfügungsrechts.** (1) Durch die Eröffnung des Insolvenzverfahrens geht das Recht des Schuldners, das zur Insolvenzmasse gehörende Vermögen zu verwalten und über es zu verfügen, auf den Insolvenzverwalter über.

(2) [1]Ein gegen den Schuldner bestehendes Veräußerungsverbot, das nur den Schutz bestimmter Personen bezweckt (§§ 135, 136 des Bürgerlichen Gesetzbuchs[1)]), hat im Verfahren keine Wirkung. [2]Die Vorschriften über die Wirkungen einer Pfändung oder einer Beschlagnahme im Wege der Zwangsvollstreckung bleiben unberührt.

**§ 81[2)] Verfügungen des Schuldners.** (1) [1]Hat der Schuldner nach der Eröffnung des Insolvenzverfahrens über einen Gegenstand der Insolvenzmasse verfügt, so ist diese Verfügung unwirksam. [2]Unberührt bleiben die §§ 892, 893 des Bürgerlichen Gesetzbuchs[1)], §§ 16, 17 des Gesetzes über Rechte an eingetragenen Schiffen und Schiffsbauwerken und §§ 16, 17 des Gesetzes über Rechte an Luftfahrzeugen. [3]Dem anderen Teil ist die Gegenleistung aus der Insolvenzmasse zurückzugewähren, soweit die Masse durch sie bereichert ist.

(2) [1]Für eine Verfügung über künftige Forderungen auf Bezüge aus einem Dienstverhältnis des Schuldners oder an deren Stelle tretende laufende Bezüge gilt Absatz 1 auch insoweit, als die Bezüge für die Zeit nach der Beendigung des Insolvenzverfahrens betroffen sind. [2]Das Recht des Schuldners zur Abtretung dieser Bezüge an einen Treuhänder mit dem Ziel der gemeinschaftlichen Befriedigung der Insolvenzgläubiger bleibt unberührt.

(3) [1]Hat der Schuldner am Tag der Eröffnung des Verfahrens verfügt, so wird vermutet, daß er nach der Eröffnung verfügt hat. [2]Eine Verfügung des Schuldners über Finanzsicherheiten im Sinne des § 1 Abs. 17 des Kreditwesengesetzes[3)] nach der Eröffnung ist, unbeschadet der §§ 129 bis 147, wirksam, wenn sie am Tag der Eröffnung erfolgt und der andere Teil nachweist, dass er die Eröffnung des Verfahrens weder kannte noch kennen musste.

**§ 82 Leistungen an den Schuldner.** [1]Ist nach der Eröffnung des Insolvenzverfahrens zur Erfüllung einer Verbindlichkeit an den Schuldner geleistet worden,

---

[1)] Nr. **20**.
[2)] § 81 Abs. 3 Satz 2 angef. mWv 9.4.2004 durch G v. 5.4.2004 (BGBl. I S. 502).
[3)] **Sartorius ErgBd. Nr. 856.**

obwohl die Verbindlichkeit zur Insolvenzmasse zu erfüllen war, so wird der Leistende befreit, wenn er zur Zeit der Leistung die Eröffnung des Verfahrens nicht kannte. [2] Hat er vor der öffentlichen Bekanntmachung der Eröffnung geleistet, so wird vermutet, daß er die Eröffnung nicht kannte.

**§ 83 Erbschaft. Fortgesetzte Gütergemeinschaft.** (1) [1] Ist dem Schuldner vor der Eröffnung des Insolvenzverfahrens eine Erbschaft oder ein Vermächtnis angefallen oder geschieht dies während des Verfahrens, so steht die Annahme oder Ausschlagung nur dem Schuldner zu. [2] Gleiches gilt von der Ablehnung der fortgesetzten Gütergemeinschaft.

(2) Ist der Schuldner Vorerbe, so darf der Insolvenzverwalter über die Gegenstände der Erbschaft nicht verfügen, wenn die Verfügung im Falle des Eintritts der Nacherbfolge nach § 2115 des Bürgerlichen Gesetzbuchs[1)] dem Nacherben gegenüber unwirksam ist.

**§ 84 Auseinandersetzung einer Gesellschaft oder Gemeinschaft.**

(1) [1] Besteht zwischen dem Schuldner und Dritten eine Gemeinschaft nach Bruchteilen, eine andere Gemeinschaft oder eine Gesellschaft ohne Rechtspersönlichkeit, so erfolgt die Teilung oder sonstige Auseinandersetzung außerhalb des Insolvenzverfahrens. [2] Aus dem dabei ermittelten Anteil des Schuldners kann für Ansprüche aus dem Rechtsverhältnis abgesonderte Befriedigung verlangt werden.

(2) [1] Eine Vereinbarung, durch die bei einer Gemeinschaft nach Bruchteilen das Recht, die Aufhebung der Gemeinschaft zu verlangen, für immer oder auf Zeit ausgeschlossen oder eine Kündigungsfrist bestimmt worden ist, hat im Verfahren keine Wirkung. [2] Gleiches gilt für eine Anordnung dieses Inhalts, die ein Erblasser für die Gemeinschaft seiner Erben getroffen hat, und für eine entsprechende Vereinbarung der Miterben.

**§ 85 Aufnahme von Aktivprozessen.** (1) [1] Rechtsstreitigkeiten über das zur Insolvenzmasse gehörende Vermögen, die zur Zeit der Eröffnung des Insolvenzverfahrens für den Schuldner anhängig sind, können in der Lage, in der sie sich befinden, vom Insolvenzverwalter aufgenommen werden. [2] Wird die Aufnahme verzögert, so gilt § 239 Abs. 2 bis 4 der Zivilprozeßordnung[2)] entsprechend.

(2) Lehnt der Verwalter die Aufnahme des Rechtsstreits ab, so können sowohl der Schuldner als auch der Gegner den Rechtsstreit aufnehmen.

**§ 86 Aufnahme bestimmter Passivprozesse.** (1) Rechtsstreitigkeiten, die zur Zeit der Eröffnung des Insolvenzverfahrens gegen den Schuldner anhängig sind, können sowohl vom Insolvenzverwalter als auch vom Gegner aufgenommen werden, wenn sie betreffen:

1. die Aussonderung eines Gegenstands aus der Insolvenzmasse,
2. die abgesonderte Befriedigung oder
3. eine Masseverbindlichkeit.

(2) Erkennt der Verwalter den Anspruch sofort an, so kann der Gegner einen Anspruch auf Erstattung der Kosten des Rechtsstreits nur als Insolvenzgläubiger geltend machen.

---

[1)] Nr. **20**.
[2)] Nr. **100**.

**§ 87 Forderungen der Insolvenzgläubiger.** Die Insolvenzgläubiger können ihre Forderungen nur nach den Vorschriften über das Insolvenzverfahren verfolgen.

**§ 88[1] Vollstreckung vor Verfahrenseröffnung.** (1) Hat ein Insolvenzgläubiger im letzten Monat vor dem Antrag auf Eröffnung des Insolvenzverfahrens oder nach diesem Antrag durch Zwangsvollstreckung eine Sicherung an dem zur Insolvenzmasse gehörenden Vermögen des Schuldners erlangt, so wird diese Sicherung mit der Eröffnung des Verfahrens unwirksam.

(2) Die in Absatz 1 genannte Frist beträgt drei Monate, wenn ein Verbraucherinsolvenzverfahren nach § 304 eröffnet wird.

**§ 89 Vollstreckungsverbot.** (1) Zwangsvollstreckungen für einzelne Insolvenzgläubiger sind während der Dauer des Insolvenzverfahrens weder in die Insolvenzmasse noch in das sonstige Vermögen des Schuldners zulässig.

(2) [1] Zwangsvollstreckungen in künftige Forderungen auf Bezüge aus einem Dienstverhältnis des Schuldners oder an deren Stelle tretende laufende Bezüge sind während der Dauer des Verfahrens auch für Gläubiger unzulässig, die keine Insolvenzgläubiger sind. [2] Dies gilt nicht für die Zwangsvollstreckung wegen eines Unterhaltsanspruchs oder einer Forderung aus einer vorsätzlichen unerlaubten Handlung in den Teil der Bezüge, der für andere Gläubiger nicht pfändbar ist.

(3) [1] Über Einwendungen, die auf Grund des Absatzes 1 oder 2 gegen die Zulässigkeit einer Zwangsvollstreckung erhoben werden, entscheidet das Insolvenzgericht. [2] Das Gericht kann vor der Entscheidung eine einstweilige Anordnung erlassen; es kann insbesondere anordnen, daß die Zwangsvollstreckung gegen oder ohne Sicherheitsleistung einstweilen einzustellen oder nur gegen Sicherheitsleistung fortzusetzen sei.

**§ 90 Vollstreckungsverbot bei Masseverbindlichkeiten.** (1) Zwangsvollstreckungen wegen Masseverbindlichkeiten, die nicht durch eine Rechtshandlung des Insolvenzverwalters begründet worden sind, sind für die Dauer von sechs Monaten seit der Eröffnung des Insolvenzverfahrens unzulässig.

(2) Nicht als derartige Masseverbindlichkeiten gelten die Verbindlichkeiten:

1. aus einem gegenseitigen Vertrag, dessen Erfüllung der Verwalter gewählt hat;
2. aus einem Dauerschuldverhältnis für die Zeit nach dem ersten Termin, zu dem der Verwalter kündigen konnte;
3. aus einem Dauerschuldverhältnis, soweit der Verwalter für die Insolvenzmasse die Gegenleistung in Anspruch nimmt.

**§ 91[2] Ausschluß sonstigen Rechtserwerbs.** (1) Rechte an den Gegenständen der Insolvenzmasse können nach der Eröffnung des Insolvenzverfahrens nicht wirksam erworben werden, auch wenn keine Verfügung des Schuldners und keine Zwangsvollstreckung für einen Insolvenzgläubiger zugrunde liegt.

(2) Unberührt bleiben die §§ 878, 892, 893 des Bürgerlichen Gesetzbuchs[3], § 3 Abs. 3, §§ 16, 17 des Gesetzes über Rechte an eingetragenen Schiffen und Schiffsbauwerken, § 5 Abs. 3, §§ 16, 17 des Gesetzes über Rechte an Luftfahrzeugen und § 20 Abs. 3 der Schiffahrtsrechtlichen Verteilungsordnung.

---

[1] § 88 Abs. 2 angef. mWv 1.7.2014 durch G v. 15.7.2013 (BGBl. I S. 2379).
[2] § 91 Abs. 2 geänd. durch G v. 25.8.1998 (BGBl. I S. 2489).
[3] Nr. **20**.

**§ 92 Gesamtschaden.** [1] Ansprüche der Insolvenzgläubiger auf Ersatz eines Schadens, den diese Gläubiger gemeinschaftlich durch eine Verminderung des zur Insolvenzmasse gehörenden Vermögens vor oder nach der Eröffnung des Insolvenzverfahrens erlitten haben (Gesamtschaden), können während der Dauer des Insolvenzverfahrens nur vom Insolvenzverwalter geltend gemacht werden. [2] Richten sich die Ansprüche gegen den Verwalter, so können sie nur von einem neu bestellten Insolvenzverwalter geltend gemacht werden.

**§ 93 Persönliche Haftung der Gesellschafter.** Ist das Insolvenzverfahren über das Vermögen einer Gesellschaft ohne Rechtspersönlichkeit oder einer Kommanditgesellschaft auf Aktien eröffnet, so kann die persönliche Haftung eines Gesellschafters für die Verbindlichkeiten der Gesellschaft während der Dauer des Insolvenzverfahrens nur vom Insolvenzverwalter geltend gemacht werden.

**§ 94 Erhaltung einer Aufrechnungslage.** Ist ein Insolvenzgläubiger zur Zeit der Eröffnung des Insolvenzverfahrens kraft Gesetzes oder auf Grund einer Vereinbarung zur Aufrechnung berechtigt, so wird dieses Recht durch das Verfahren nicht berührt.

**§ 95 Eintritt der Aufrechnungslage im Verfahren.** (1) [1] Sind zur Zeit der Eröffnung des Insolvenzverfahrens die aufzurechnenden Forderungen oder eine von ihnen noch aufschiebend bedingt oder nicht fällig oder die Forderungen noch nicht auf gleichartige Leistungen gerichtet, so kann die Aufrechnung erst erfolgen, wenn ihre Voraussetzungen eingetreten sind. [2] Die §§ 41, 45 sind nicht anzuwenden. [3] Die Aufrechnung ist ausgeschlossen, wenn die Forderung, gegen die aufgerechnet werden soll, unbedingt und fällig wird, bevor die Aufrechnung erfolgen kann.

(2) [1] Die Aufrechnung wird nicht dadurch ausgeschlossen, daß die Forderungen auf unterschiedliche Währungen oder Rechnungseinheiten lauten, wenn diese Währungen oder Rechnungseinheiten am Zahlungsort der Forderung, gegen die aufgerechnet wird, frei getauscht werden können. [2] Die Umrechnung erfolgt nach dem Kurswert, der für diesen Ort zur Zeit des Zugangs der Aufrechnungserklärung maßgeblich ist.

**§ 96[1)] Unzulässigkeit der Aufrechnung.** (1) Die Aufrechnung ist unzulässig,

1. wenn ein Insolvenzgläubiger erst nach der Eröffnung des Insolvenzverfahrens etwas zur Insolvenzmasse schuldig geworden ist,
2. wenn ein Insolvenzgläubiger seine Forderung erst nach der Eröffnung des Verfahrens von einem anderen Gläubiger erworben hat,
3. wenn ein Insolvenzgläubiger die Möglichkeit der Aufrechnung durch eine anfechtbare Rechtshandlung erlangt hat,
4. wenn ein Gläubiger, dessen Forderung aus dem freien Vermögen des Schuldners zu erfüllen ist, etwas zur Insolvenzmasse schuldet.

(2) Absatz 1 sowie § 95 Abs. 1 Satz 3 stehen nicht der Verfügung über Finanzsicherheiten im Sinne des § 1 Abs. 17 des Kreditwesengesetzes[2)] oder der Verrechnung von Ansprüchen und Leistungen aus Zahlungsaufträgen, Aufträgen

---

[1)] § 96 Abs. 2 angef. mWv 11.12.1999 durch G v. 8.12.1999 (BGBl. I S. 2384); Abs. 2 neu gef. mWv 9.4.2004 durch G v. 5.4.2004 (BGBl. I S. 502); Abs. 2 geänd. mWv 31.10.2009 durch G v. 29.7.2009 (BGBl. I S. 2355); Abs. 2 geänd. mWv 30.6.2011 durch G v. 19.11.2010 (BGBl. I S. 1592).

[2)] **Sartorius ErgBd. Nr. 856.**

zwischen Zahlungsdienstleistern oder zwischengeschalteten Stellen oder Aufträgen zur Übertragung von Wertpapieren entgegen, die in Systeme im Sinne des § 1 Abs. 16 des Kreditwesengesetzes eingebracht wurden, das der Ausführung solcher Verträge dient, sofern die Verrechnung spätestens am Tage der Eröffnung des Insolvenzverfahrens erfolgt; ist der andere Teil ein Systembetreiber oder Teilnehmer in dem System, bestimmt sich der Tag der Eröffnung nach dem Geschäftstag im Sinne des § 1 Absatz 16b des Kreditwesengesetzes.

**§ 97 Auskunfts- und Mitwirkungspflichten des Schuldners.** (1) [1]Der Schuldner ist verpflichtet, dem Insolvenzgericht, dem Insolvenzverwalter, dem Gläubigerausschuß und auf Anordnung des Gerichts der Gläubigerversammlung über alle das Verfahren betreffenden Verhältnisse Auskunft zu geben. [2]Er hat auch Tatsachen zu offenbaren, die geeignet sind, eine Verfolgung wegen einer Straftat oder einer Ordnungswidrigkeit herbeizuführen. [3]Jedoch darf eine Auskunft, die der Schuldner gemäß seiner Verpflichtung nach Satz 1 erteilt, in einem Strafverfahren oder in einem Verfahren nach dem Gesetz über Ordnungswidrigkeiten[1)] gegen den Schuldner oder einen in § 52 Abs. 1 der Strafprozeßordnung[2)] bezeichneten Angehörigen des Schuldners nur mit Zustimmung des Schuldners verwendet werden.

(2) Der Schuldner hat den Verwalter bei der Erfüllung von dessen Aufgaben zu unterstützen.

(3) [1]Der Schuldner ist verpflichtet, sich auf Anordnung des Gerichts jederzeit zur Verfügung zu stellen, um seine Auskunfts- und Mitwirkungspflichten zu erfüllen. [2]Er hat alle Handlungen zu unterlassen, die der Erfüllung dieser Pflichten zuwiderlaufen.

**§ 98[3) 4)] Durchsetzung der Pflichten des Schuldners.** (1) [1]Wenn es zur Herbeiführung wahrheitsgemäßer Aussagen erforderlich erscheint, ordnet das Insolvenzgericht an, daß der Schuldner zu Protokoll an Eides Statt versichert, er habe die von ihm verlangte Auskunft nach bestem Wissen und Gewissen richtig und vollständig erteilt. [2]Die §§ 478 bis 480, 483 der Zivilprozeßordnung[5)] gelten entsprechend.

(1a) [1]Das Gericht kann an Stelle des Gerichtsvollziehers die Maßnahmen nach § 802l Absatz 1 Satz 1 der Zivilprozessordnung durchführen, wenn

1. eine Aufforderung zur Auskunftserteilung nach § 97 Absatz 1 nicht zustellbar ist und
   a) die Anschrift, unter der die Zustellung ausgeführt werden sollte, mit der Anschrift übereinstimmt, die von einer der in § 755 Absatz 1 und 2 der Zivilprozessordnung genannten Stellen innerhalb von drei Monaten vor oder nach dem Zustellungsversuch mitgeteilt wurde, oder
   b) die Meldebehörde nach dem Zustellungsversuch die Auskunft erteilt, dass ihr keine derzeitige Anschrift des Schuldners bekannt ist, oder

---

1) Nr. **94**.

2) Nr. **90**.

3) § 98 Abs. 3 Satz 1 geänd. mWv 1.7.2007 durch G v. 13.4.2007 (BGBl. I S. 509); Abs. 3 Satz 1 geänd. mWv 1.1.2013 durch G v. 29.7.2009 (BGBl. I S. 2258); Abs. 1a eingef. mWv 1.11.2022 durch G v. 7.5.2021 (BGBl. I S. 850); Abs. 1a Satz 1 Nr. 1 einl. Satzteil, Buchst. c geänd. mWv 1.11.2022 durch G v. 20.7.2022 (BGBl. I S. 1166).

4) Beachte hierzu Übergangsvorschrift in Art. 103c EGInsO (Nr. **110a**).

5) Nr. **100**.

c) die Meldebehörde innerhalb von drei Monaten vor der Aufforderung zur Auskunftserteilung die Auskunft erteilt hat, dass ihr keine derzeitige Anschrift des Schuldners bekannt ist;

2. der Schuldner seiner Auskunftspflicht nach § 97 nicht nachkommt oder
3. dies aus anderen Gründen zur Erreichung der Zwecke des Insolvenzverfahrens erforderlich erscheint.

[2] § 802l Absatz 2 der Zivilprozessordnung ist entsprechend anzuwenden.

(2) Das Gericht kann den Schuldner zwangsweise vorführen und nach Anhörung in Haft nehmen lassen,

1. wenn der Schuldner eine Auskunft oder die eidesstattliche Versicherung oder die Mitwirkung bei der Erfüllung der Aufgaben des Insolvenzverwalters verweigert;
2. wenn der Schuldner sich der Erfüllung seiner Auskunfts- und Mitwirkungspflichten entziehen will, insbesondere Anstalten zur Flucht trifft, oder
3. wenn dies zur Vermeidung von Handlungen des Schuldners, die der Erfüllung seiner Auskunfts- und Mitwirkungspflichten zuwiderlaufen, insbesondere zur Sicherung der Insolvenzmasse, erforderlich ist.

(3) [1] Für die Anordnung von Haft gelten die § 802g Abs. 2, §§ 802h und 802j Abs. 1 der Zivilprozeßordnung entsprechend. [2] Der Haftbefehl ist von Amts wegen aufzuheben, sobald die Voraussetzungen für die Anordnung von Haft nicht mehr vorliegen. [3] Gegen die Anordnung der Haft und gegen die Abweisung eines Antrags auf Aufhebung des Haftbefehls wegen Wegfalls seiner Voraussetzungen findet die sofortige Beschwerde statt.

**§ 99[1) 2)] Postsperre.** (1) [1] Soweit dies erforderlich erscheint, um für die Gläubiger nachteilige Rechtshandlungen des Schuldners aufzuklären oder zu verhindern, ordnet das Insolvenzgericht auf Antrag des Insolvenzverwalters oder von Amts wegen durch begründeten Beschluß an, dass die in dem Beschluss bezeichneten Unternehmen bestimmte oder alle Postsendungen für den Schuldner dem Verwalter zuzuleiten haben. [2] Die Anordnung ergeht nach Anhörung des Schuldners, sofern dadurch nicht wegen besonderer Umstände des Einzelfalls der Zweck der Anordnung gefährdet wird. [3] Unterbleibt die vorherige Anhörung des Schuldners, so ist dies in dem Beschluß gesondert zu begründen und die Anhörung unverzüglich nachzuholen.

(2) [1] Der Verwalter ist berechtigt, die ihm zugeleiteten Sendungen zu öffnen. [2] Sendungen, deren Inhalt nicht die Insolvenzmasse betrifft, sind dem Schuldner unverzüglich zuzuleiten. [3] Die übrigen Sendungen kann der Schuldner einsehen.

(3) Gegen die Anordnung der Postsperre steht dem Schuldner die sofortige Beschwerde zu. Das Gericht hat die Anordnung nach Anhörung des Verwalters aufzuheben, soweit ihre Voraussetzungen fortfallen.

**§ 100[3)] Unterhalt aus der Insolvenzmasse.** (1) Die Gläubigerversammlung beschließt, ob und in welchem Umfang dem Schuldner und seiner Familie Unterhalt aus der Insolvenzmasse gewährt werden soll.

---

1) § 99 Abs. 1 Satz 1 geänd. mWv 1.7.2007 durch G v. 13.4.2007 (BGBl. I S. 509).

2) Beachte hierzu Übergangsvorschrift in Art. 103c EGInsO (Nr. **110a**).

3) § 100 Abs. 2 Satz 2 geänd. durch G v. 16.12.1997 (BGBl. I S. 2942); Abs. 2 Satz 2 geänd. mWv 1.1. 2005 durch G v. 15.12.2004 (BGBl. I S. 3396).

(2) [1] Bis zur Entscheidung der Gläubigerversammlung kann der Insolvenzverwalter mit Zustimmung des Gläubigerausschusses, wenn ein solcher bestellt

*(Fortsetzung nächstes Blatt)*

ist, dem Schuldner den notwendigen Unterhalt gewähren. [2] In gleicher Weise kann den minderjährigen unverheirateten Kindern des Schuldners, seinem Ehegatten, seinem früheren Ehegatten, seinem Lebenspartner, seinem früheren Lebenspartner und dem anderen Elternteil seines Kindes hinsichtlich des Anspruchs nach den §§ 1615 l, 1615 n des Bürgerlichen Gesetzbuchs[1)] Unterhalt gewährt werden.

**§ 101**[2)] **Organschaftliche Vertreter. Angestellte.** (1) [1] Ist der Schuldner keine natürliche Person, so gelten die §§ 97 bis 99 entsprechend für die Mitglieder des Vertretungs- oder Aufsichtsorgans und die vertretungsberechtigten persönlich haftenden Gesellschafter des Schuldners. [2] § 97 Abs. 1 und § 98 gelten außerdem entsprechend für Personen, die nicht früher als zwei Jahre vor dem Antrag auf Eröffnung des Insolvenzverfahrens aus einer in Satz 1 genannten Stellung ausgeschieden sind; verfügt der Schuldner über keinen Vertreter, gilt dies auch für die Personen, die an ihm beteiligt sind. [3] § 100 gilt entsprechend für die vertretungsberechtigten persönlich haftenden Gesellschafter des Schuldners.

(2) § 97 Abs. 1 Satz 1 gilt entsprechend für Angestellte und frühere Angestellte des Schuldners, sofern diese nicht früher als zwei Jahre vor dem Eröffnungsantrag ausgeschieden sind.

(3) Kommen die in den Absätzen 1 und 2 genannten Personen ihrer Auskunfts- und Mitwirkungspflicht nicht nach, können ihnen im Fall der Abweisung des Antrags auf Eröffnung des Insolvenzverfahrens die Kosten des Verfahrens auferlegt werden.

**§ 102**[3)] **Einschränkung eines Grundrechts.** Durch § 21 Abs. 2 Nr. 4 und die §§ 99, 101 Abs. 1 Satz 1 wird das Grundrecht des Briefgeheimnisses sowie des Post- und Fernmeldegeheimnisses (Artikel 10 Grundgesetz[4)]) eingeschränkt.

## Zweiter Abschnitt. Erfüllung der Rechtsgeschäfte. Mitwirkung des Betriebsrats

**§ 103 Wahlrecht des Insolvenzverwalters.** (1) Ist ein gegenseitiger Vertrag zur Zeit der Eröffnung des Insolvenzverfahrens vom Schuldner und vom anderen Teil nicht oder nicht vollständig erfüllt, so kann der Insolvenzverwalter anstelle des Schuldners den Vertrag erfüllen und die Erfüllung vom anderen Teil verlangen.

(2) [1] Lehnt der Verwalter die Erfüllung ab, so kann der andere Teil eine Forderung wegen der Nichterfüllung nur als Insolvenzgläubiger geltend machen. [2] Fordert der andere Teil den Verwalter zur Ausübung seines Wahlrechts auf, so hat der Verwalter unverzüglich zu erklären, ob er die Erfüllung verlangen will. [3] Unterläßt er dies, so kann er auf der Erfüllung nicht bestehen.

---

1) Nr. **20**.

2) § 101 Abs. 1 Satz 2 geänd., Abs. 3 angef. mWv 1. 11. 2008 durch G v. 23. 10. 2008 (BGBl. I S. 2026).

3) § 102 geänd. durch G v. 19. 12. 1998 (BGBl. I S. 3836).

4) **Schönfelder ErgBd. Nr. 1.**

**§ 104[1)2)] Fixgeschäfte, Finanzleistungen, vertragliches Liquidationsnetting.** (1) [1] War die Lieferung von Waren, die einen Markt- oder Börsenpreis haben, genau zu einer festbestimmten Zeit oder innerhalb einer festbestimmten Frist vereinbart und tritt die Zeit oder der Ablauf der Frist erst nach Eröffnung des Insolvenzverfahrens ein, so kann nicht Erfüllung verlangt, sondern nur eine Forderung wegen Nichterfüllung geltend gemacht werden. [2] Dies gilt auch für Geschäfte über Finanzleistungen, die einen Markt- oder Börsenpreis haben und für die eine bestimmte Zeit oder eine bestimmte Frist vereinbart war, die nach der Eröffnung des Verfahrens eintritt oder abläuft. [3] Als Finanzleistungen gelten insbesondere

1. die Lieferung von Edelmetallen,
2. die Lieferung von Finanzinstrumenten oder vergleichbaren Rechten, soweit nicht der Erwerb einer Beteiligung an einem Unternehmen zur Herstellung einer dauernden Verbindung beabsichtigt ist,
3. Geldleistungen,
   a) die in ausländischer Währung oder in einer Rechnungseinheit zu erbringen sind oder
   b) deren Höhe unmittelbar oder mittelbar durch den Kurs einer ausländischen Währung oder einer Rechnungseinheit, durch den Zinssatz von Forderungen oder durch den Preis anderer Güter oder Leistungen bestimmt wird,
4. von Nummer 2 nicht ausgeschlossene Lieferungen und Geldleistungen aus derivativen Finanzinstrumenten,
5. Optionen und andere Rechte auf Lieferungen nach Satz 1 oder auf Lieferungen, Geldleistungen, Optionen und Rechte im Sinne der Nummern 1 bis 5,
6. Finanzsicherheiten im Sinne des § 1 Absatz 17 des Kreditwesengesetzes[3)].

[4] Finanzinstrumente im Sinne von Satz 3 Nummer 2 und 4 sind die in Anhang I Abschnitt C der Richtlinie 2014/65/EU des Europäischen Parlaments und des Rates vom 15. Mai 2014 über Märkte für Finanzinstrumente sowie zur Änderung der Richtlinien 2002/92/EG und 2011/61/EU (ABl. L 173 vom 12. 6. 2014, S. 349; L 74 vom 18. 3. 2015, S. 38; L 188 vom 13. 7. 2016, S. 28; L 273 vom 8. 10. 2016, S. 35), die zuletzt durch die Richtlinie (EU) 2016/1034 (ABl. L 175 vom 30. 6. 2016, S. 8) geändert worden ist, genannten Instrumente.

(2) [1] Die Forderung wegen Nichterfüllung bestimmt sich nach dem Markt- oder Börsenwert des Geschäfts. [2] Als Markt- oder Börsenwert gilt

1. der Markt- oder Börsenpreis für ein Ersatzgeschäft, das unverzüglich, spätestens jedoch am fünften Werktag nach der Eröffnung des Verfahrens abgeschlossen wird, oder
2. falls kein Ersatzgeschäft nach Nummer 1 abgeschlossen wird, der Markt- oder Börsenpreis für ein Ersatzgeschäft, das am zweiten Werktag nach der Verfahrenseröffnung hätte abgeschlossen werden können.

---

1) § 104 Überschrift, Abs. 2 Satz 2 Nr. 5 und Satz 3 geänd., Satz 2 Nr. 6 angef., Abs. 3 Satz 1 neu gef., Satz 2 eingef., bish. Satz 2 wird Satz 3 mWv 9. 4. 2004 durch G v. 5. 4. 2004 (BGBl. I S. 502); Überschrift neu gef., Abs. 3 Sätze 2 und 3 aufgeh., bish. Satz 1 geänd., Abs. 4 und 5 angef. mWv 10. 6. 2016, Abs. 1–3 neu gef., Abs. 4 Satz 2 Nr. 1 und 2 geänd., Nr. 3 neu gef. mWv 29. 12. 2016 durch G v. 22. 12. 2016 (BGBl. I S. 3147).

2) Beachte hierzu Überleitungsvorschrift in Art. 105 a EGInsO (Nr. **110 a**).

3) **Sartorius ErgBd. Nr. 856.**

[3] Sofern das Marktgeschehen den Abschluss eines Ersatzgeschäfts nach Satz 2 Nummer 1 oder 2 nicht zulässt, ist der Markt- und Börsenwert nach Methoden und Verfahren zu bestimmen, die Gewähr für eine angemessene Bewertung des Geschäfts bieten.

(3) [1] Werden Geschäfte nach Absatz 1 durch einen Rahmenvertrag oder das Regelwerk einer zentralen Gegenpartei im Sinne von § 1 Absatz 31 des Kreditwesengesetzes zu einem einheitlichen Vertrag zusammengefasst, der vorsieht, dass die einbezogenen Geschäfte bei Vorliegen bestimmter Gründe nur einheitlich beendet werden können, gilt die Gesamtheit der einbezogenen Geschäfte als ein Geschäft im Sinne des Absatzes 1. [2] Dies gilt auch dann, wenn zugleich andere Geschäfte einbezogen werden; für letztere gelten die allgemeinen Bestimmungen.

(4) [1] Die Vertragsparteien können abweichende Bestimmungen treffen, sofern diese mit den wesentlichen Grundgedanken der jeweiligen gesetzlichen Regelung vereinbar sind, von der abgewichen wird. [2] Sie können insbesondere vereinbaren,

1. dass die Wirkungen nach Absatz 1 auch vor der Verfahrenseröffnung eintreten, insbesondere bei Stellung des Antrags einer Vertragspartei auf Eröffnung eines Insolvenzverfahrens über das eigene Vermögen oder bei Vorliegen eines Eröffnungsgrundes (vertragliche Beendigung),
2. dass einer vertraglichen Beendigung auch solche Geschäfte nach Absatz 1 unterliegen, bei denen die Ansprüche auf die Lieferung der Ware oder die Erbringung der Finanzleistung vor der Verfahrenseröffnung, aber nach dem für die vertragliche Beendigung vorgesehenen Zeitpunkt fällig werden,
3. dass zwecks Bestimmung des Markt- oder Börsenwerts des Geschäfts
   a) der Zeitpunkt der vertraglichen Beendigung an die Stelle der Verfahrenseröffnung tritt,
   b) die Vornahme des Ersatzgeschäfts nach Absatz 2 Satz 2 Nummer 1 bis zum Ablauf des 20. Werktags nach der vertraglichen Beendigung erfolgen kann, soweit dies für eine wertschonende Abwicklung erforderlich ist,
   c) anstelle des in Absatz 2 Satz 2 Nummer 2 genannten Zeitpunkts ein Zeitpunkt oder Zeitraum zwischen der vertraglichen Beendigung und dem Ablauf des fünften darauf folgenden Werktags maßgeblich ist.

(5) Der andere Teil kann die Forderung wegen Nichterfüllung nur als Insolvenzgläubiger geltend machen.

**§ 105 Teilbare Leistungen.** [1] Sind die geschuldeten Leistungen teilbar und hat der andere Teil die ihm obliegende Leistung zur Zeit der Eröffnung des Insolvenzverfahrens bereits teilweise erbracht, so ist er mit dem der Teilleistung entsprechenden Betrag seines Anspruchs auf die Gegenleistung Insolvenzgläubiger, auch wenn der Insolvenzverwalter wegen der noch ausstehenden Leistung Erfüllung verlangt. [2] Der andere Teil ist nicht berechtigt, wegen der Nichterfüllung seines Anspruchs auf die Gegenleistung die Rückgabe einer vor der Eröffnung des Verfahrens in das Vermögen des Schuldners übergegangenen Teilleistung aus der Insolvenzmasse zu verlangen.

**§ 106 Vormerkung.** (1) [1] Ist zur Sicherung eines Anspruchs auf Einräumung oder Aufhebung eines Rechts an einem Grundstück des Schuldners oder an einem für den Schuldner eingetragenen Recht oder zur Sicherung eines Anspruchs auf Änderung des Inhalts oder des Ranges eines solchen Rechts eine

Vormerkung im Grundbuch eingetragen, so kann der Gläubiger für seinen Anspruch Befriedigung aus der Insolvenzmasse verlangen. [2] Dies gilt auch, wenn der Schuldner dem Gläubiger gegenüber weitere Verpflichtungen übernommen hat und diese nicht oder nicht vollständig erfüllt sind.

(2) Für eine Vormerkung, die im Schiffsregister, Schiffsbauregister oder Register für Pfandrechte an Luftfahrzeugen eingetragen ist, gilt Absatz 1 entsprechend.

**§ 107 Eigentumsvorbehalt.** (1) [1] Hat vor der Eröffnung des Insolvenzverfahrens der Schuldner eine bewegliche Sache unter Eigentumsvorbehalt verkauft und dem Käufer den Besitz an der Sache übertragen, so kann der Käufer die Erfüllung des Kaufvertrages verlangen. [2] Dies gilt auch, wenn der Schuldner dem Käufer gegenüber weitere Verpflichtungen übernommen hat und diese nicht oder nicht vollständig erfüllt sind.

(2) [1] Hat vor der Eröffnung des Insolvenzverfahrens der Schuldner eine bewegliche Sache unter Eigentumsvorbehalt gekauft und vom Verkäufer den Besitz an der Sache erlangt, so braucht der Insolvenzverwalter, den der Verkäufer zur Ausübung des Wahlrechts aufgefordert hat, die Erklärung nach § 103 Abs. 2 Satz 2 erst unverzüglich nach dem Berichtstermin abzugeben. [2] Dies gilt nicht, wenn in der Zeit bis zum Berichtstermin eine erhebliche Verminderung des Wertes der Sache zu erwarten ist und der Gläubiger den Verwalter auf diesen Umstand hingewiesen hat.

**§ 108[1)] Fortbestehen bestimmter Schuldverhältnisse.** (1) [1] Miet- und Pachtverhältnisse des Schuldners über unbewegliche Gegenstände oder Räume sowie Dienstverhältnisse des Schuldners bestehen mit Wirkung für die Insolvenzmasse fort. [2] Dies gilt auch für Miet- und Pachtverhältnisse, die der Schuldner als Vermieter oder Verpächter eingegangen war und die sonstige Gegenstände betreffen, die einem Dritten, der ihre Anschaffung oder Herstellung finanziert hat, zur Sicherheit übertragen wurden.

(2) Ein vom Schuldner als Darlehensgeber eingegangenes Darlehensverhältnis besteht mit Wirkung für die Masse fort, soweit dem Darlehensnehmer der geschuldete Gegenstand zur Verfügung gestellt wurde.

(3) Ansprüche für die Zeit vor der Eröffnung des Insolvenzverfahrens kann der andere Teil nur als Insolvenzgläubiger geltend machen.

**§ 109[2)] Schuldner als Mieter oder Pächter.** (1) [1] Ein Miet- oder Pachtverhältnis über einen unbeweglichen Gegenstand oder über Räume, das der Schuldner als Mieter oder Pächter eingegangen war, kann der Insolvenzverwalter ohne Rücksicht auf die vereinbarte Vertragsdauer oder einen vereinbarten Ausschluss des Rechts zur ordentlichen Kündigung kündigen; die Kündigungsfrist beträgt drei Monate zum Monatsende, wenn nicht eine kürzere Frist maßgeblich ist. [2] Ist Gegenstand des Mietverhältnisses die Wohnung des Schuldners, so tritt an die Stelle der Kündigung das Recht des Insolvenzverwalters zu erklären, dass Ansprüche, die nach Ablauf der in Satz 1 genannten Frist fällig werden, nicht im

[1)] § 108 Abs. 1 Satz 2 angef. durch G v. 19. 7. 1996 (BGBl. I S. 1013); Überschrift geänd., Abs. 2 eingef., bish. Abs. 2 wird Abs. 3 mWv 1. 7. 2007 durch G v. 13. 4. 2007 (BGBl. I S. 509).

[2)] § 109 Abs. 1 Satz 2 eingef., bish. Satz 2 wird Satz 3 und neu gef. mWv 1. 12. 2001 durch G v. 26. 10. 2001 (BGBl. I S. 2710); Abs. 1 Satz 1 neu gef. mWv 1. 7. 2007 durch G v. 13. 4. 2007 (BGBl. I S. 509).

Insolvenzverfahren geltend gemacht werden können. [3] Kündigt der Verwalter nach Satz 1 oder gibt er die Erklärung nach Satz 2 ab, so kann der andere Teil wegen der vorzeitigen Beendigung des Vertragsverhältnisses oder wegen der Folgen der Erklärung als Insolvenzgläubiger Schadenersatz verlangen.

(2) [1] Waren dem Schuldner der unbewegliche Gegenstand oder die Räume zur Zeit der Eröffnung des Verfahrens noch nicht überlassen, so kann sowohl der Verwalter als auch der andere Teil vom Vertrag zurücktreten. [2] Tritt der Verwalter zurück, so kann der andere Teil wegen der vorzeitigen Beendigung des Vertragsverhältnisses als Insolvenzgläubiger Schadenersatz verlangen. [3] Jeder Teil hat dem anderen auf dessen Verlangen binnen zwei Wochen zu erklären, ob er vom Vertrag zurücktreten will; unterläßt er dies, so verliert er das Rücktrittsrecht.

**§ 110[1)] Schuldner als Vermieter oder Verpächter.** (1) [1] Hatte der Schuldner als Vermieter oder Verpächter eines unbeweglichen Gegenstands oder von Räumen vor der Eröffnung des Insolvenzverfahrens über die Miet- oder Pachtforderung für die spätere Zeit verfügt, so ist diese Verfügung nur wirksam, soweit sie sich auf die Miete oder Pacht für den zur Zeit der Eröffnung des Verfahrens laufenden Kalendermonat bezieht. [2] Ist die Eröffnung nach dem fünfzehnten Tag des Monats erfolgt, so ist die Verfügung auch für den folgenden Kalendermonat wirksam.

(2) [1] Eine Verfügung im Sinne des Absatzes 1 ist insbesondere die Einziehung der Miete oder Pacht. [2] Einer rechtsgeschäftlichen Verfügung steht eine Verfügung gleich, die im Wege der Zwangsvollstreckung erfolgt.

(3) [1] Der Mieter oder der Pächter kann gegen die Miet- oder Pachtforderung für den in Absatz 1 bezeichneten Zeitraum eine Forderung aufrechnen, die ihm gegen den Schuldner zusteht. [2] Die §§ 95 und 96 Nr. 2 bis 4 bleiben unberührt.

**§ 111[2)] Veräußerung des Miet- oder Pachtobjekts.** [1] Veräußert der Insolvenzverwalter einen unbeweglichen Gegenstand oder Räume, die der Schuldner vermietet oder verpachtet hatte, und tritt der Erwerber anstelle des Schuldners in das Miet- oder Pachtverhältnis ein, so kann der Erwerber das Miet- oder Pachtverhältnis unter Einhaltung der gesetzlichen Frist kündigen. [2] Die Kündigung kann nur für den ersten Termin erfolgen, für den sie zulässig ist.

**§ 112[3)] Kündigungssperre.** Ein Miet- oder Pachtverhältnis, das der Schuldner als Mieter oder Pächter eingegangen war, kann der andere Teil nach dem Antrag auf Eröffnung des Insolvenzverfahrens nicht kündigen:

1. wegen eines Verzugs mit der Entrichtung der Miete oder Pacht, der in der Zeit vor dem Eröffnungsantrag eingetreten ist;
2. wegen einer Verschlechterung der Vermögensverhältnisse des Schuldners.

**§ 113[4)] Kündigung eines Dienstverhältnisses.** [1] Ein Dienstverhältnis, bei dem der Schuldner der Dienstberechtigte ist, kann vom Insolvenzverwalter und vom anderen Teil ohne Rücksicht auf eine vereinbarte Vertragsdauer oder einen vereinbarten Ausschluß des Rechts zur ordentlichen Kündigung gekündigt wer-

---

1) § 110 Abs. 1 Satz 1, Abs. 2 Satz 1, Abs. 3 Satz 1 geänd. mWv 1. 9. 2001 durch G v. 19. 6. 2001 (BGBl. I S. 1149).

2) § 111 Satz 3 aufgeh. mWv 31. 12. 2006 durch G v. 22. 12. 2006 (BGBl. I S. 3416).

3) § 112 Nr. 1 geänd. mWv 1. 9. 2001 durch G v. 19. 6. 2001 (BGBl. I S. 1149).

4) § 113 Abs. 2 aufgeh. mWv 1. 1. 2004 durch G v. 24. 12. 2003 (BGBl. I S. 3002).

den. [2]Die Kündigungsfrist beträgt drei Monate zum Monatsende, wenn nicht eine kürzere Frist maßgeblich ist. [3]Kündigt der Verwalter, so kann der andere Teil wegen der vorzeitigen Beendigung des Dienstverhältnisses als Insolvenzgläubiger Schadenersatz verlangen.

**§ 114**[1)] *(aufgehoben)*

**§ 115 Erlöschen von Aufträgen.** (1) Ein vom Schuldner erteilter Auftrag, der sich auf das zur Insolvenzmasse gehörende Vermögen bezieht, erlischt durch die Eröffnung des Insolvenzverfahrens.

(2) [1]Der Beauftragte hat, wenn mit dem Aufschub Gefahr verbunden ist, die Besorgung des übertragenen Geschäfts fortzusetzen, bis der Insolvenzver-

*(Fortsetzung nächstes Blatt)*

[1)] § 114 aufgeh. mWv 1. 7. 2014 durch G v. 15. 7. 2013 (BGBl. I S. 2379).

walter anderweitig Fürsorge treffen kann. [2]Der Auftrag gilt insoweit als fortbestehend. [3]Mit seinen Ersatzansprüchen aus dieser Fortsetzung ist der Beauftragte Massegläubiger.

(3) [1]Solange der Beauftragte die Eröffnung des Verfahrens ohne Verschulden nicht kennt, gilt der Auftrag zu seinen Gunsten als fortbestehend. [2]Mit den Ersatzansprüchen aus dieser Fortsetzung ist der Beauftrage Insolvenzgläubiger.

**§ 116.**[1)] **Erlöschen von Geschäftsbesorgungsverträgen.** [1]Hat sich jemand durch einen Dienst- oder Werkvertrag mit dem Schuldner verpflichtet, ein Geschäft für diesen zu besorgen, so gilt § 115 entsprechend. [2]Dabei gelten die Vorschriften für die Ersatzansprüche aus der Fortsetzung der Geschäftsbesorgung auch für die Vergütungsansprüche. [3]Satz 1 findet keine Anwendung auf Zahlungsaufträge sowie auf Aufträge zwischen Zahlungsdienstleistern oder zwischengeschalteten Stellen und Aufträge zur Übertragung von Wertpapieren; diese bestehen mit Wirkung für die Masse fort.

**§ 117. Erlöschen von Vollmachten.** (1) Eine vom Schuldner erteilte Vollmacht, die sich auf das zur Insolvenzmasse gehörende Vermögen bezieht, erlischt durch die Eröffnung des Insolvenzverfahrens.

(2) Soweit ein Auftrag oder ein Geschäftsbesorgungsvertrag nach § 115 Abs. 2 fortbesteht, gilt auch die Vollmacht als fortbestehend.

(3) Solange der Bevollmächtigte die Eröffnung des Verfahrens ohne Verschulden nicht kennt, haftet er nicht nach § 179 des Bürgerlichen Gesetzbuchs.

**§ 118. Auflösung von Gesellschaften.** [1]Wird eine Gesellschaft ohne Rechtspersönlichkeit oder eine Kommanditgesellschaft auf Aktien durch die Eröffnung des Insolvenzverfahrens über das Vermögen eines Gesellschafters aufgelöst, so ist der geschäftsführende Gesellschafter mit den Ansprüchen, die ihm aus der einstweiligen Fortführung eilbedürftiger Geschäfte zustehen, Massegläubiger. [2]Mit den Ansprüchen aus der Fortführung der Geschäfte während der Zeit, in der er die Eröffnung des Insolvenzverfahrens ohne sein Verschulden nicht kannte, ist er Insolvenzgläubiger; § 84 Abs. 1 bleibt unberührt.

**§ 119. Unwirksamkeit abweichender Vereinbarungen.** Vereinbarungen, durch die im voraus die Anwendung der §§ 103 bis 118 ausgeschlossen oder beschränkt wird, sind unwirksam.

**§ 120. Kündigung von Betriebsvereinbarungen.** (1) [1]Sind in Betriebsvereinbarungen Leistungen vorgesehen, welche die Insolvenzmasse belasten, so sollen Insolvenzverwalter und Betriebsrat über eine einvernehmliche Herabsetzung der Leistungen beraten. [2]Diese Betriebsvereinbarungen können auch dann mit einer Frist von drei Monaten gekündigt werden, wenn eine längere Frist vereinbart ist.

(2) Unberührt bleibt das Recht, eine Betriebsvereinbarung aus wichtigem Grund ohne Einhaltung einer Kündigungsfrist zu kündigen.

---

[1)] § 116 Satz 3 angef. durch Art. 2 Abs. 3 ÜG v. 21. 7. 1999 (BGBl. I S. 1642), geänd. mWv 31. 10. 2009 durch Art. 8 Abs. 7 G v. 29. 7. 2009 (BGBl. I S. 2355).

**§ 121.**[1] **Betriebsänderungen und Vermittlungsverfahren.** Im Insolvenzverfahren über das Vermögen des Unternehmers gilt § 112 Abs. 2 Satz 1 des Betriebsverfassungsgesetzes mit der Maßgabe, daß dem Verfahren vor der Einigungsstelle nur dann ein Vermittlungsversuch vorangeht, wenn der Insolvenzverwalter und der Betriebsrat gemeinsam um eine solche Vermittlung ersuchen.

**§ 122. Gerichtliche Zustimmung zur Durchführung einer Betriebsänderung.** (1) [1] Ist eine Betriebsänderung geplant und kommt zwischen Insolvenzverwalter und Betriebsrat der Interessenausgleich nach § 112 des Betriebsverfassungsgesetzes nicht innerhalb von drei Wochen nach Verhandlungsbeginn oder schriftlicher Aufforderung zur Aufnahme von Verhandlungen zustande, obwohl der Verwalter den Betriebsrat rechtzeitig und umfassend unterrichtet hat, so kann der Verwalter die Zustimmung des Arbeitsgerichts dazu beantragen, daß die Betriebsänderung durchgeführt wird, ohne daß das Verfahren nach § 112 Abs. 2 des Betriebsverfassungsgesetzes vorangegangen ist. [2] § 113 Abs. 3 des Betriebsverfassungsgesetzes ist insoweit nicht anzuwenden. [3] Unberührt bleibt das Recht des Verwalters, einen Interessenausgleich nach § 125 zustande zu bringen oder einen Feststellungsantrag nach § 126 zu stellen.

(2) [1] Das Gericht erteilt die Zustimmung, wenn die wirtschaftliche Lage des Unternehmens auch unter Berücksichtigung der sozialen Belange der Arbeitnehmer erfordert, daß die Betriebsänderung ohne vorheriges Verfahren nach § 112 Abs. 2 des Betriebsverfassungsgesetzes durchgeführt wird. [2] Die Vorschriften des Arbeitsgerichtsgesetzes über das Beschlußverfahren gelten entsprechend; Beteiligte sind der Insolvenzverwalter und der Betriebsrat. [3] Der Antrag ist nach Maßgabe des § 61 a Abs. 3 bis 6 des Arbeitsgerichtsgesetzes vorrangig zu erledigen.

(3) [1] Gegen den Beschluß des Gerichts findet die Beschwerde an das Landesarbeitsgericht nicht statt. [2] Die Rechtsbeschwerde an das Bundesarbeitsgericht findet statt, wenn sie in dem Beschluß des Arbeitsgerichts zugelassen wird; § 72 Abs. 2 und 3 des Arbeitsgerichtsgesetzes gilt entsprechend. [3] Die Rechtsbeschwerde ist innerhalb eines Monats nach Zustellung der in vollständiger Form abgefaßten Entscheidung des Arbeitsgerichts beim Bundesarbeitsgericht einzulegen und zu begründen.

**§ 123. Umfang des Sozialplans.** (1) In einem Sozialplan, der nach der Eröffnung des Insolvenzverfahrens aufgestellt wird, kann für den Ausgleich oder die Milderung der wirtschaftlichen Nachteile, die den Arbeitnehmern infolge der geplanten Betriebsänderung entstehen, ein Gesamtbetrag von bis zu zweieinhalb Monatsverdiensten (§ 10 Abs. 3 des Kündigungsschutzgesetzes) der von einer Entlassung betroffenen Arbeitnehmer vorgesehen werden.

(2) [1] Die Verbindlichkeiten aus einem solchen Sozialplan sind Masseverbindlichkeiten. [2] Jedoch darf, wenn nicht ein Insolvenzplan zustande kommt, für die Berichtigung von Sozialplanforderungen nicht mehr als ein Drittel der Masse verwendet werden, die ohne einen Sozialplan für die Verteilung an die Insolvenzgläubiger zur Verfügung stünde. [3] Übersteigt der Gesamtbetrag aller

---

[1] § 121 geänd. durch Art. 40 G v. 23. 12. 2003 (BGBl. I S. 2848).

Sozialplanforderungen diese Grenze, so sind die einzelnen Forderungen anteilig zu kürzen.

(3) [1] Sooft hinreichende Barmittel in der Masse vorhanden sind, soll der Insolvenzverwalter mit Zustimmung des Insolvenzgerichts Abschlagszahlungen auf die Sozialplanforderungen leisten. [2] Eine Zwangsvollstreckung in die Masse wegen einer Sozialplanforderung ist unzulässig.

**§ 124. Sozialplan vor Verfahrenseröffnung.** (1) Ein Sozialplan, der vor der Eröffnung des Insolvenzverfahrens, jedoch nicht früher als drei Monate vor dem Eröffnungsantrag aufgestellt worden ist, kann sowohl vom Insolvenzverwalter als auch vom Betriebsrat widerrufen werden.

(2) Wird der Sozialplan widerrufen, so können die Arbeitnehmer, denen Forderungen aus dem Sozialplan zustanden, bei der Aufstellung eines Sozialplans im Insolvenzverfahren berücksichtigt werden.

(3) [1] Leistungen, die ein Arbeitnehmer vor der Eröffnung des Verfahrens auf seine Forderung aus dem widerrufenen Sozialplan erhalten hat, können nicht wegen des Widerrufs zurückgefordert werden. [2] Bei der Aufstellung eines neuen Sozialplans sind derartige Leistungen an einen von einer Entlassung betroffenen Arbeitnehmer bei der Berechnung des Gesamtbetrags der Sozialplanforderungen nach § 123 Abs. 1 bis zur Höhe von zweieinhalb Monatsverdiensten abzusetzen.

**§ 125. Interessenausgleich und Kündigungsschutz.** (1) [1] Ist eine Betriebsänderung (§ 111 des Betriebsverfassungsgesetzes) geplant und kommt zwischen Insolvenzverwalter und Betriebsrat ein Interessenausgleich zustande, in dem die Arbeitnehmer, denen gekündigt werden soll, namentlich bezeichnet sind, so ist § 1 des Kündigungsschutzgesetzes mit folgenden Maßgaben anzuwenden:

1. es wird vermutet, daß die Kündigung der Arbeitsverhältnisse der bezeichneten Arbeitnehmer durch dringende betriebliche Erfordernisse, die einer Weiterbeschäftigung in diesem Betrieb oder einer Weiterbeschäftigung zu unveränderten Arbeitsbedingungen entgegenstehen, bedingt ist;
2. die soziale Auswahl der Arbeitnehmer kann nur im Hinblick auf die Dauer der Betriebszugehörigkeit, das Lebensalter und die Unterhaltspflichten und auch insoweit nur auf grobe Fehlerhaftigkeit nachgeprüft werden; sie ist nicht als grob fehlerhaft anzusehen, wenn eine ausgewogene Personalstruktur erhalten oder geschaffen wird.

[2] Satz 1 gilt nicht, soweit sich die Sachlage nach Zustandekommen des Interessenausgleichs wesentlich geändert hat.

(2) Der Interessenausgleich nach Absatz 1 ersetzt die Stellungnahme des Betriebsrats nach § 17 Abs. 3 Satz 2 des Kündigungsschutzgesetzes.

**§ 126. Beschlußverfahren zum Kündigungsschutz.** (1) [1] Hat der Betrieb keinen Betriebsrat oder kommt aus anderen Gründen innerhalb von drei Wochen nach Verhandlungsbeginn oder schriftlicher Aufforderung zur Aufnahme von Verhandlungen ein Interessenausgleich nach § 125 Abs. 1 nicht zustande, obwohl der Verwalter den Betriebsrat rechtzeitig und umfassend unterrichtet hat, so kann der Insolvenzverwalter beim Arbeitsgericht beantragen festzustellen, daß die Kündigung der Arbeitsverhältnisse bestimmter, im

Antrag bezeichneter Arbeitnehmer durch dringende betriebliche Erfordernisse bedingt und sozial gerechtfertigt ist. 2 Die soziale Auswahl der Arbeitnehmer kann nur im Hinblick auf die Dauer der Betriebszugehörigkeit, das Lebensalter und die Unterhaltspflichten nachgeprüft werden.

(2) 1 Die Vorschriften des Arbeitsgerichtsgesetzes über das Beschlußverfahren gelten entsprechend; Beteiligte sind der Insolvenzverwalter, der Betriebsrat und die bezeichneten Arbeitnehmer, soweit sie nicht mit der Beendigung der Arbeitsverhältnisse oder mit den geänderten Arbeitsbedingungen einverstanden sind. 2 § 122 Abs. 2 Satz 3, Abs. 3 gilt entsprechend.

(3) 1 Für die Kosten, die den Beteiligten im Verfahren des ersten Rechtszugs entstehen, gilt § 12a Abs. 1 Satz 1 und 2 des Arbeitsgerichtsgesetzes entsprechend. 2 Im Verfahren vor dem Bundesarbeitsgericht gelten die Vorschriften der Zivilprozeßordnung über die Erstattung der Kosten des Rechtsstreits entsprechend.

**§ 127. Klage des Arbeitnehmers.** (1) 1 Kündigt der Insolvenzverwalter einem Arbeitnehmer, der in dem Antrag nach § 126 Abs. 1 bezeichnet ist, und erhebt der Arbeitnehmer Klage auf Feststellung, daß das Arbeitsverhältnis durch die Kündigung nicht aufgelöst oder die Änderung der Arbeitsbedingungen sozial ungerechtfertigt ist, so ist die rechtskräftige Entscheidung im Verfahren nach § 126 für die Parteien bindend. 2 Dies gilt nicht, soweit sich die Sachlage nach dem Schluß der letzten mündlichen Verhandlung wesentlich geändert hat.

(2) Hat der Arbeitnehmer schon vor der Rechtskraft der Entscheidung im Verfahren nach § 126 Klage erhoben, so ist die Verhandlung über die Klage auf Antrag des Verwalters bis zu diesem Zeitpunkt auszusetzen.

**§ 128. Betriebsveräußerung.** (1) 1 Die Anwendung der §§ 125 bis 127 wird nicht dadurch ausgeschlossen, daß die Betriebsänderung, die dem Interessenausgleich oder dem Feststellungsantrag zugrundeliegt, erst nach einer Betriebsveräußerung durchgeführt werden soll. 2 An dem Verfahren nach § 126 ist der Erwerber des Betriebs beteiligt.

(2) Im Falle eines Betriebsübergangs erstreckt sich die Vermutung nach § 125 Abs. 1 Satz 1 Nr. 1 oder die gerichtliche Feststellung nach § 126 Abs. 1 Satz 1 auch darauf, daß die Kündigung der Arbeitsverhältnisse nicht wegen des Betriebsübergangs erfolgt.

## Dritter Abschnitt. Insolvenzanfechtung

**§ 129. Grundsatz.** (1) Rechtshandlungen, die vor der Eröffnung des Insolvenzverfahrens vorgenommen worden sind und die Insolvenzgläubiger benachteiligen, kann der Insolvenzverwalter nach Maßgabe der §§ 130 bis 146 anfechten.

(2) Eine Unterlassung steht einer Rechtshandlung gleich.

**§ 130.**[1] **Kongruente Deckung.** (1) 1 Anfechtbar ist eine Rechtshandlung, die einem Insolvenzgläubiger eine Sicherung oder Befriedigung gewährt oder ermöglicht hat,

[1] § 130 Abs. 1 Satz 2 angef. durch Art. 1 G v. 5. 4. 2004 (BGBl. I S. 502).

1. wenn sie in den letzten drei Monaten vor dem Antrag auf Eröffnung des Insolvenzverfahrens vorgenommen worden ist, wenn zur Zeit der Handlung der Schuldner zahlungsunfähig war und wenn der Gläubiger zu dieser Zeit die Zahlungsunfähigkeit kannte oder
2. wenn sie nach dem Eröffnungsantrag vorgenommen worden ist und wenn der Gläubiger zur Zeit der Handlung die Zahlungsunfähigkeit oder den Eröffnungsantrag kannte.

2 Dies gilt nicht, soweit die Rechtshandlung auf einer Sicherungsvereinbarung beruht, die die Verpflichtung enthält, eine Finanzsicherheit, eine andere oder eine zusätzliche Finanzsicherheit im Sinne des § 1 Abs. 17 des Kreditwesengesetzes[1)] zu bestellen, um das in der Sicherungsvereinbarung festgelegte Verhältnis zwischen dem Wert der gesicherten Verbindlichkeiten und dem Wert der geleisteten Sicherheiten wiederherzustellen (Margensicherheit).

(2) Der Kenntnis der Zahlungsunfähigkeit oder des Eröffnungsantrags steht die Kenntnis von Umständen gleich, die zwingend auf die Zahlungsunfähigkeit oder den Eröffnungsantrag schließen lassen.

(3) Gegenüber einer Person, die dem Schuldner zur Zeit der Handlung nahestand (§ 138), wird vermutet, daß sie die Zahlungsunfähigkeit oder den Eröffnungsantrag kannte.

**§ 131 Inkongruente Deckung.** (1) Anfechtbar ist eine Rechtshandlung, die einem Insolvenzgläubiger eine Sicherung oder Befriedigung gewährt oder ermöglicht hat, die er nicht oder nicht in der Art oder nicht zu der Zeit zu beanspruchen hatte,

1. wenn die Handlung im letzten Monat vor dem Antrag auf Eröffnung des Insolvenzverfahrens oder nach diesem Antrag vorgenommen worden ist,
2. wenn die Handlung innerhalb des zweiten oder dritten Monats vor dem Eröffnungsantrag vorgenommen worden ist und der Schuldner zur Zeit der Handlung zahlungsunfähig war oder
3. wenn die Handlung innerhalb des zweiten oder dritten Monats vor dem Eröffnungsantrag vorgenommen worden ist und dem Gläubiger zur Zeit der Handlung bekannt war, daß sie die Insolvenzgläubiger benachteiligte.

(2) 1 Für die Anwendung des Absatzes 1 Nr. 3 steht der Kenntnis der Benachteiligung der Insolvenzgläubiger die Kenntnis von Umständen gleich, die zwingend auf die Benachteiligung schließen lassen. 2 Gegenüber einer Person, die dem Schuldner zur Zeit der Handlung nahestand (§ 138), wird vermutet, daß sie die Benachteiligung der Insolvenzgläubiger kannte.

**§ 132 Unmittelbar nachteilige Rechtshandlungen.** (1) Anfechtbar ist ein Rechtsgeschäft des Schuldners, das die Insolvenzgläubiger unmittelbar benachteiligt,

1. wenn es in den letzten drei Monaten vor dem Antrag auf Eröffnung des Insolvenzverfahrens vorgenommen worden ist, wenn zur Zeit des Rechtsgeschäfts der Schuldner zahlungsunfähig war und wenn der andere Teil zu dieser Zeit die Zahlungsunfähigkeit kannte oder

---

**1) Sartorius ErgBd. Nr. 856.**

2. wenn es nach dem Eröffnungsantrag vorgenommen worden ist und wenn der andere Teil zur Zeit des Rechtsgeschäfts die Zahlungsunfähigkeit oder den Eröffnungsantrag kannte.

(2) Einem Rechtsgeschäft, das die Insolvenzgläubiger unmittelbar benachteiligt, steht eine andere Rechtshandlung des Schuldners gleich, durch die der Schuldner ein Recht verliert oder nicht mehr geltend machen kann oder durch die ein vermögensrechtlicher Anspruch gegen ihn erhalten oder durchsetzbar wird.

(3) § 130 Abs. 2 und 3 gilt entsprechend.

**§ 133**[1)2)] **Vorsätzliche Benachteiligung.** (1) [1] Anfechtbar ist eine Rechtshandlung, die der Schuldner in den letzten zehn Jahren vor dem Antrag auf Eröffnung des Insolvenzverfahrens oder nach diesem Antrag mit dem Vorsatz, seine Gläubiger zu benachteiligen, vorgenommen hat, wenn der andere Teil zur Zeit der Handlung den Vorsatz des Schuldners kannte. [2] Diese Kenntnis wird vermutet, wenn der andere Teil wußte, daß die Zahlungsunfähigkeit des Schuldners drohte und daß die Handlung die Gläubiger benachteiligte.

(2) Hat die Rechtshandlung dem anderen Teil eine Sicherung oder Befriedigung gewährt oder ermöglicht, beträgt der Zeitraum nach Absatz 1 Satz 1 vier Jahre.

(3) [1] Hat die Rechtshandlung dem anderen Teil eine Sicherung oder Befriedigung gewährt oder ermöglicht, welche dieser in der Art und zu der Zeit beanspruchen konnte, tritt an die Stelle der drohenden Zahlungsunfähigkeit des Schuldners nach Absatz 1 Satz 2 die eingetretene. [2] Hatte der andere Teil mit dem Schuldner eine Zahlungsvereinbarung getroffen oder diesem in sonstiger Weise eine Zahlungserleichterung gewährt, wird vermutet, dass er zur Zeit der Handlung die Zahlungsunfähigkeit des Schuldners nicht kannte.

(4) [1] Anfechtbar ist ein vom Schuldner mit einer nahestehenden Person (§ 138) geschlossener entgeltlicher Vertrag, durch den die Insolvenzgläubiger unmittelbar benachteiligt werden. [2] Die Anfechtung ist ausgeschlossen, wenn der Vertrag früher als zwei Jahre vor dem Eröffnungsantrag geschlossen worden ist oder wenn dem anderen Teil zur Zeit des Vertragsschlusses ein Vorsatz des Schuldners, die Gläubiger zu benachteiligen, nicht bekannt war.

**§ 134 Unentgeltliche Leistung.** (1) Anfechtbar ist eine unentgeltliche Leistung des Schuldners, es sei denn, sie ist früher als vier Jahre vor dem Antrag auf Eröffnung des Insolvenzverfahrens vorgenommen worden.

(2) Richtet sich die Leistung auf ein gebräuchliches Gelegenheitsgeschenk geringen Werts, so ist sie nicht anfechtbar.

**§ 135**[3)4)] **Gesellschafterdarlehen.** (1) Anfechtbar ist eine Rechtshandlung, die für die Forderung eines Gesellschafters auf Rückgewähr eines Darlehens im Sinne des § 39 Abs. 1 Nr. 5 oder für eine gleichgestellte Forderung

---

[1)] § 133 Abs. 2 und 3 eingef., bish. Abs. 2 wird Abs. 4 mWv 5. 4. 2017 durch G v. 29. 3. 2017 (BGBl. I S. 654).

[2)] Beachte hierzu Übergangsvorschrift in Art. 103 j EGInsO (Nr. **110 a**).

[3)] § 135 neu gef. mWv 1. 11. 2008 durch G v. 23. 10. 2008 (BGBl. I S. 2026).

[4)] Beachte hierzu Übergangsvorschrift in Art. 103 d EGInsO (Nr. **110 a**).

1. Sicherung gewährt hat, wenn die Handlung in den letzten zehn Jahren vor dem Antrag auf Eröffnung des Insolvenzverfahrens oder nach diesem Antrag vorgenommen worden ist, oder
2. Befriedigung gewährt hat, wenn die Handlung im letzten Jahr vor dem Eröffnungsantrag oder nach diesem Antrag vorgenommen worden ist.

(2) Anfechtbar ist eine Rechtshandlung, mit der eine Gesellschaft einem Dritten für eine Forderung auf Rückgewähr eines Darlehens innerhalb der in Absatz 1 Nr. 2 genannten Fristen Befriedigung gewährt hat, wenn ein Gesellschafter für die Forderung eine Sicherheit bestellt hatte oder als Bürge haftete; dies gilt sinngemäß für Leistungen auf Forderungen, die einem Darlehen wirtschaftlich entsprechen.

(3) [1] Wurde dem Schuldner von einem Gesellschafter ein Gegenstand zum Gebrauch oder zur Ausübung überlassen, so kann der Aussonderungsanspruch während der Dauer des Insolvenzverfahrens, höchstens aber für eine Zeit von einem Jahr ab der Eröffnung des Insolvenzverfahrens nicht geltend gemacht werden, wenn der Gegenstand für die Fortführung des Unternehmens des Schuldners von erheblicher Bedeutung ist. [2] Für den Gebrauch oder die Ausübung des Gegenstandes gebührt dem Gesellschafter ein Ausgleich; bei der Berechnung ist der Durchschnitt der im letzten Jahr vor Verfahrenseröffnung geleisteten Vergütung in Ansatz zu bringen, bei kürzerer Dauer der Überlassung ist der Durchschnitt während dieses Zeitraums maßgebend.

(4) § 39 Abs. 4 und 5 gilt entsprechend.

**§ 136 Stille Gesellschaft.** (1) [1] Anfechtbar ist eine Rechtshandlung, durch die einem stillen Gesellschafter die Einlage ganz oder teilweise zurückgewährt oder sein Anteil an dem entstandenen Verlust ganz oder teilweise erlassen wird, wenn die zugrundeliegende Vereinbarung im letzten Jahr vor dem Antrag auf Eröffnung des Insolvenzverfahrens über das Vermögen des Inhabers des Handelsgeschäfts oder nach diesem Antrag getroffen worden ist. [2] Dies gilt auch dann, wenn im Zusammenhang mit der Vereinbarung die stille Gesellschaft aufgelöst worden ist.

(2) Die Anfechtung ist ausgeschlossen, wenn ein Eröffnungsgrund erst nach der Vereinbarung eingetreten ist.

**§ 137 Wechsel- und Scheckzahlungen.** (1) Wechselzahlungen des Schuldners können nicht auf Grund des § 130 vom Empfänger zurückgefordert werden, wenn nach Wechselrecht der Empfänger bei einer Verweigerung der Annahme der Zahlung den Wechselanspruch gegen andere Wechselverpflichtete verloren hätte.

(2) [1] Die gezahlte Wechselsumme ist jedoch vom letzten Rückgriffsverpflichteten oder, wenn dieser den Wechsel für Rechnung eines Dritten begeben hatte, von dem Dritten zu erstatten, wenn der letzte Rückgriffsverpflichtete oder der Dritte zu der Zeit, als er den Wechsel begab oder begeben ließ, die Zahlungsunfähigkeit des Schuldners oder den Eröffnungsantrag kannte. [2] § 130 Abs. 2 und 3 gilt entsprechend.

(3) Die Absätze 1 und 2 gelten entsprechend für Scheckzahlungen des Schuldners.

**§ 138**[1)][2)] **Nahestehende Personen.** (1) Ist der Schuldner eine natürliche Person, so sind nahestehende Personen:

1. der Ehegatte des Schuldners, auch wenn die Ehe erst nach der Rechtshandlung geschlossen oder im letzten Jahr vor der Handlung aufgelöst worden ist;

1 a. der Lebenspartner des Schuldners, auch wenn die Lebenspartnerschaft erst nach der Rechtshandlung eingegangen oder im letzten Jahr vor der Handlung aufgelöst worden ist;

2. Verwandte des Schuldners oder des in Nummer 1 bezeichneten Ehegatten oder des in Nummer 1 a bezeichneten Lebenspartners in auf- und absteigender Linie und voll- und halbbürtige Geschwister des Schuldners oder des in Nummer 1 bezeichneten Ehegatten oder des in Nummer 1 a bezeichneten Lebenspartners sowie die Ehegatten oder Lebenspartner dieser Personen;

3. Personen, die in häuslicher Gemeinschaft mit dem Schuldner leben oder im letzten Jahr vor der Handlung in häuslicher Gemeinschaft mit dem Schuldner gelebt haben sowie Personen, die sich auf Grund einer dienstvertraglichen Verbindung zum Schuldner über dessen wirtschaftliche Verhältnisse unterrichten können;

4. eine juristische Person oder eine Gesellschaft ohne Rechtspersönlichkeit, wenn der Schuldner oder eine der in den Nummern 1 bis 3 genannten Personen Mitglied des Vertretungs- oder Aufsichtsorgans, persönlich haftender Gesellschafter oder zu mehr als einem Viertel an deren Kapital beteiligt ist oder auf Grund einer vergleichbaren gesellschaftsrechtlichen oder dienstvertraglichen Verbindung die Möglichkeit hat, sich über die wirtschaftlichen Verhältnisse des Schuldners zu unterrichten.

(2) Ist der Schuldner eine juristische Person oder eine Gesellschaft ohne Rechtspersönlichkeit, so sind nahestehende Personen:

1. die Mitglieder des Vertretungs- oder Aufsichtsorgans und persönlich haftende Gesellschafter des Schuldners sowie Personen, die zu mehr als einem Viertel am Kapital des Schuldners beteiligt sind;

2. eine Person oder eine Gesellschaft, die auf Grund einer vergleichbaren gesellschaftsrechtlichen oder dienstvertraglichen Verbindung zum Schuldner die Möglichkeit haben, sich über dessen wirtschaftliche Verhältnisse zu unterrichten;

3. eine Person, die zu einer der in Nummer 1 oder 2 bezeichneten Personen in einer in Absatz 1 bezeichneten persönlichen Verbindung steht; dies gilt nicht, soweit die in Nummer 1 oder 2 bezeichneten Personen kraft Gesetzes in den Angelegenheiten des Schuldners zur Verschwiegenheit verpflichtet sind.

**§ 139 Berechnung der Fristen vor dem Eröffnungsantrag.** (1) [1] Die in den §§ 88, 130 bis 136 bestimmten Fristen beginnen mit dem Anfang des Tages, der durch seine Zahl dem Tag entspricht, an dem der Antrag auf Eröffnung des Insolvenzverfahrens beim Insolvenzgericht eingegangen ist. [2] Fehlt ein solcher Tag, so beginnt die Frist mit dem Anfang des folgenden Tages.

---

1) § 138 Abs. 1 Nr. 1 a eingef. mWv 1. 8. 2001 durch G v. 16. 2. 2001 (BGBl. I S. 266); Abs. 1 Nr. 2 neu gef. mWv 1. 1. 2005 durch G v. 15. 12. 2004 (BGBl. I S. 3396); Abs. 1 Nr. 3 geänd., Nr. 4 angef. mWv 1. 7. 2007 durch G v. 13. 4. 2007 (BGBl. I S. 509).

2) Beachte hierzu Übergangsvorschrift in Art. 103 c EGInsO (Nr. **110 a**).

(2) [1] Sind mehrere Eröffnungsanträge gestellt worden, so ist der erste zulässige und begründete Antrag maßgeblich, auch wenn das Verfahren auf Grund eines späteren Antrags eröffnet worden ist. [2] Ein rechtskräftig abgewiesener Antrag wird nur berücksichtigt, wenn er mangels Masse abgewiesen worden ist.

**§ 140 Zeitpunkt der Vornahme einer Rechtshandlung.** (1) Eine Rechtshandlung gilt als in dem Zeitpunkt vorgenommen, in dem ihre rechtlichen Wirkungen eintreten.

(2) [1] Ist für das Wirksamwerden eines Rechtsgeschäfts eine Eintragung im Grundbuch, im Schiffsregister, im Schiffsbauregister oder im Register für Pfandrechte an Luftfahrzeugen erforderlich, so gilt das Rechtsgeschäft als vorgenommen, sobald die übrigen Voraussetzungen für das Wirksamwerden erfüllt sind, die Willenserklärung des Schuldners für ihn bindend geworden ist und der andere Teil den Antrag auf Eintragung der Rechtsänderung gestellt hat. [2] Ist der Antrag auf Eintragung einer Vormerkung zur Sicherung des Anspruchs auf die Rechtsänderung gestellt worden, so gilt Satz 1 mit der Maßgabe, daß dieser Antrag an die Stelle des Antrags auf Eintragung der Rechtsänderung tritt.

(3) Bei einer bedingten oder befristeten Rechtshandlung bleibt der Eintritt der Bedingung oder des Termins außer Betracht.

**§ 141 Vollstreckbarer Titel.** Die Anfechtung wird nicht dadurch ausgeschlossen, daß für die Rechtshandlung ein vollstreckbarer Schuldtitel erlangt oder daß die Handlung durch Zwangsvollstreckung erwirkt worden ist.

**§ 142[1)] [2)] Bargeschäft.** (1) Eine Leistung des Schuldners, für die unmittelbar eine gleichwertige Gegenleistung in sein Vermögen gelangt, ist nur anfechtbar, wenn die Voraussetzungen des § 133 Absatz 1 bis 3 gegeben sind und der andere Teil erkannt hat, dass der Schuldner unlauter handelte.

(2) [1] Der Austausch von Leistung und Gegenleistung ist unmittelbar, wenn er nach Art der ausgetauschten Leistungen und unter Berücksichtigung der Gepflogenheiten des Geschäftsverkehrs in einem engen zeitlichen Zusammenhang erfolgt. [2] Gewährt der Schuldner seinem Arbeitnehmer Arbeitsentgelt, ist ein enger zeitlicher Zusammenhang gegeben, wenn der Zeitraum zwischen Arbeitsleistung und Gewährung des Arbeitsentgelts drei Monate nicht übersteigt. [3] Der Gewährung des Arbeitsentgelts durch den Schuldner steht die Gewährung dieses Arbeitsentgelts durch einen Dritten nach § 267 des Bürgerlichen Gesetzbuchs[3)] gleich, wenn für den Arbeitnehmer nicht erkennbar war, dass ein Dritter die Leistung bewirkt hat.

**§ 143[4)] [5)] Rechtsfolgen.** (1) [1] Was durch die anfechtbare Handlung aus dem Vermögen des Schuldners veräußert, weggegeben oder aufgegeben ist, muß zur Insolvenzmasse zurückgewährt werden. [2] Die Vorschriften über die Rechtsfolgen einer ungerechtfertigten Bereicherung, bei der dem Empfänger der Mangel des rechtlichen Grundes bekannt ist, gelten entsprechend. [3] Eine Geldschuld ist nur

---

1) § 142 neu gef. mWv 5. 4. 2017 durch G v. 29. 3. 2017 (BGBl. I S. 654).

2) Beachte hierzu Übergangsvorschrift in Art. 103 j EGInsO (Nr. **110 a**).

3) Nr. **20**.

4) § 143 Abs. 3 angef. mWv 1. 11. 2008 durch G v. 23. 10. 2008 (BGBl. I S. 2026); Abs. 1 Satz 3 angef. mWv 5. 4. 2017 durch G v. 29. 3. 2017 (BGBl. I S. 654).

5) Beachte hierzu Übergangsvorschrift in Art. 103 d und 103 j EGInsO (Nr. **110 a**).

zu verzinsen, wenn die Voraussetzungen des Schuldnerverzugs oder des § 291 des Bürgerlichen Gesetzbuchs[1)] vorliegen; ein darüber hinausgehender Anspruch auf Herausgabe von Nutzungen eines erlangten Geldbetrags ist ausgeschlossen.

(2) [1] Der Empfänger einer unentgeltlichen Leistung hat diese nur zurückzugewähren, soweit er durch sie bereichert ist. [2] Dies gilt nicht, sobald er weiß oder den Umständen nach wissen muß, daß die unentgeltliche Leistung die Gläubiger benachteiligt.

(3) [1] Im Fall der Anfechtung nach § 135 Abs. 2 hat der Gesellschafter, der die Sicherheit bestellt hatte oder als Bürge haftete, die dem Dritten gewährte Leistung zur Insolvenzmasse zu erstatten. [2] Die Verpflichtung besteht nur bis zur Höhe des Betrags, mit dem der Gesellschafter als Bürge haftete oder der dem Wert der von ihm bestellten Sicherheit im Zeitpunkt der Rückgewähr des Darlehens oder der Leistung auf die gleichgestellte Forderung entspricht. [3] Der Gesellschafter wird von der Verpflichtung frei, wenn er die Gegenstände, die dem Gläubiger als Sicherheit gedient hatten, der Insolvenzmasse zur Verfügung stellt.

**§ 144 Ansprüche des Anfechtungsgegners.** (1) Gewährt der Empfänger einer anfechtbaren Leistung das Erlangte zurück, so lebt seine Forderung wieder auf.

(2) [1] Eine Gegenleistung ist aus der Insolvenzmasse zu erstatten, soweit sie in dieser noch unterscheidbar vorhanden ist oder soweit die Masse um ihren Wert bereichert ist. [2] Darüber hinaus kann der Empfänger der anfechtbaren Leistung die Forderung auf Rückgewähr der Gegenleistung nur als Insolvenzgläubiger geltend machen.

**§ 145 Anfechtung gegen Rechtsnachfolger.** (1) Die Anfechtbarkeit kann gegen den Erben oder einen anderen Gesamtrechtsnachfolger des Anfechtungsgegners geltend gemacht werden.

(2) Gegen einen sonstigen Rechtsnachfolger kann die Anfechtbarkeit geltend gemacht werden:

1. wenn dem Rechtsnachfolger zur Zeit seines Erwerbs die Umstände bekannt waren, welche die Anfechtbarkeit des Erwerbs seines Rechtsvorgängers begründen;
2. wenn der Rechtsnachfolger zur Zeit seines Erwerbs zu den Personen gehörte, die dem Schuldner nahestehen (§ 138), es sei denn, daß ihm zu dieser Zeit die Umstände unbekannt waren, welche die Anfechtbarkeit des Erwerbs seines Rechtsvorgängers begründen;
3. wenn dem Rechtsnachfolger das Erlangte unentgeltlich zugewendet worden ist.

**§ 146[2)] Verjährung des Anfechtungsanspruchs.** (1) Die Verjährung des Anfechtungsanspruchs richtet sich nach den Regelungen über die regelmäßige Verjährung nach dem Bürgerlichen Gesetzbuch[1)].

(2) Auch wenn der Anfechtungsanspruch verjährt ist, kann der Insolvenzverwalter die Erfüllung einer Leistungspflicht verweigern, die auf einer anfechtbaren Handlung beruht.

---

1) Nr. **20**.

2) § 146 Abs. 1 neu gef. mWv 15. 12. 2004 durch G v. 9. 12. 2004 (BGBl. I S. 3214).

**§ 147**[1] **Rechtshandlungen nach Verfahrenseröffnung.** [1] Eine Rechtshandlung, die nach der Eröffnung des Insolvenzverfahrens vorgenommen worden ist und die nach § 81 Abs. 3 Satz 2, §§ 892, 893 des Bürgerlichen Gesetzbuchs[2], §§ 16, 17 des Gesetzes über Rechte an eingetragenen Schiffen und Schiffsbauwerken und §§ 16, 17 des Gesetzes über Rechte an Luftfahrzeugen wirksam ist, kann nach den Vorschriften angefochten werden, die für die Anfechtung einer vor der Verfahrenseröffnung vorgenommenen Rechtshandlung gelten. [2] Satz 1 findet auf die den in § 96 Abs. 2 genannten Ansprüchen und Leistungen zugrunde liegenden Rechtshandlungen mit der Maßgabe Anwendung, dass durch die Anfechtung nicht die Verrechnung einschließlich des Saldenausgleichs rückgängig gemacht wird oder die betreffenden Zahlungsaufträge, Aufträge zwischen Zahlungsdienstleistern oder zwischengeschalteten Stellen oder Aufträge zur Übertragung von Wertpapieren unwirksam werden.

## Vierter Teil. Verwaltung und Verwertung der Insolvenzmasse

### Erster Abschnitt. Sicherung der Insolvenzmasse

**§ 148 Übernahme der Insolvenzmasse.** (1) Nach der Eröffnung des Insolvenzverfahrens hat der Insolvenzverwalter das gesamte zur Insolvenzmasse gehörende Vermögen sofort in Besitz und Verwaltung zu nehmen.

(2) [1] Der Verwalter kann auf Grund einer vollstreckbaren Ausfertigung des Eröffnungsbeschlusses die Herausgabe der Sachen, die sich im Gewahrsam des Schuldners befinden, im Wege der Zwangsvollstreckung durchsetzen. [2] § 766 der Zivilprozeßordnung[3] gilt mit der Maßgabe, daß an die Stelle des Vollstreckungsgerichts das Insolvenzgericht tritt.

**§ 149**[4] [5] **Wertgegenstände.** (1) [1] Der Gläubigerausschuß kann bestimmen, bei welcher Stelle und zu welchen Bedingungen Geld, Wertpapiere und Kostbarkeiten hinterlegt oder angelegt werden sollen. [2] Ist kein Gläubigerausschuß bestellt oder hat der Gläubigerausschuß noch keinen Beschluß gefaßt, so kann das Insolvenzgericht entsprechendes anordnen.

(2) Die Gläubigerversammlung kann abweichende Regelungen beschließen.

**§ 150 Siegelung.** [1] Der Insolvenzverwalter kann zur Sicherung der Sachen, die zur Insolvenzmasse gehören, durch den Gerichtsvollzieher oder eine andere dazu gesetzlich ermächtigte Person Siegel anbringen lassen. [2] Das Protokoll über eine Siegelung oder Entsiegelung hat der Verwalter auf der Geschäftsstelle zur Einsicht der Beteiligten niederzulegen.

---

[1] § 147 Abs. 1 Satz 2 angef. durch G v. 8. 12. 1999 (BGBl. I S. 2384); Abs. 1 Sätze 1 und 2 geänd. mWv 9. 4. 2004 durch G v. 5. 4. 2004 (BGBl. I S. 502); Abs. 2 aufgeh. mWv 15. 12. 2004 durch G v. 9. 12. 2004 (BGBl. I S. 3214); Satz 2 geänd. mWv 31. 10. 2009 durch G v. 29. 7. 2009 (BGBl. I S. 2355).

[2] Nr. **20**.

[3] Nr. **100**.

[4] § 149 Abs. 2 aufgeh., bish. Abs. 3 wird Abs. 2 mWv 1. 7. 2007 durch G v. 13. 4. 2007 (BGBl. I S. 509).

[5] Beachte hierzu Übergangsvorschrift in Art. 103 c EGInsO (Nr. **110 a**).

**§ 151 Verzeichnis der Massegegenstände.** (1) [1] Der Insolvenzverwalter hat ein Verzeichnis der einzelnen Gegenstände der Insolvenzmasse aufzustellen. [2] Der Schuldner ist hinzuzuziehen, wenn dies ohne eine nachteilige Verzögerung möglich ist.

(2) [1] Bei jedem Gegenstand ist dessen Wert anzugeben. [2] Hängt der Wert davon ab, ob das Unternehmen fortgeführt oder stillgelegt wird, sind beide Werte anzugeben. [3] Besonders schwierige Bewertungen können einem Sachverständigen übertragen werden.

(3) [1] Auf Antrag des Verwalters kann das Insolvenzgericht gestatten, daß die Aufstellung des Verzeichnisses unterbleibt; der Antrag ist zu begründen. [2] Ist ein Gläubigerausschuß bestellt, so kann der Verwalter den Antrag nur mit Zustimmung des Gläubigerausschusses stellen.

**§ 152 Gläubigerverzeichnis.** (1) Der Insolvenzverwalter hat ein Verzeichnis aller Gläubiger des Schuldners aufzustellen, die ihm aus den Büchern und Geschäftspapieren des Schuldners, durch sonstige Angaben des Schuldners, durch die Anmeldung ihrer Forderungen oder auf andere Weise bekannt geworden sind.

(2) [1] In dem Verzeichnis sind die absonderungsberechtigten Gläubiger und die einzelnen Rangklassen der nachrangigen Insolvenzgläubiger gesondert

*(Fortsetzung nächstes Blatt)*

aufzuführen. 2 Bei jedem Gläubiger sind die Anschrift sowie der Grund und der Betrag seiner Forderung anzugeben. 3 Bei den absonderungsberechtigten Gläubigern sind zusätzlich der Gegenstand, an dem das Absonderungsrecht besteht, und die Höhe des mutmaßlichen Ausfalls zu bezeichnen; § 151 Abs. 2 Satz 2 gilt entsprechend.

(3) 1 Weiter ist anzugeben, welche Möglichkeiten der Aufrechnung bestehen. 2 Die Höhe der Masseverbindlichkeiten im Falle einer zügigen Verwertung des Vermögens des Schuldners ist zu schätzen.

**§ 153. Vermögensübersicht.** (1) 1 Der Insolvenzverwalter hat auf den Zeitpunkt der Eröffnung des Insolvenzverfahrens eine geordnete Übersicht aufzustellen, in der die Gegenstände der Insolvenzmasse und die Verbindlichkeiten des Schuldners aufgeführt und einander gegenübergestellt werden. 2 Für die Bewertung der Gegenstände gilt § 151 Abs. 2 entsprechend, für die Gliederung der Verbindlichkeiten § 152 Abs. 2 Satz 1.

(2) 1 Nach der Aufstellung der Vermögensübersicht kann das Insolvenzgericht auf Antrag des Verwalters oder eines Gläubigers dem Schuldner aufgeben, die Vollständigkeit der Vermögensübersicht eidesstattlich zu versichern. 2 Die §§ 98, 101 Abs. 1 Satz 1, 2 gelten entsprechend.

**§ 154. Niederlegung in der Geschäftsstelle.** Das Verzeichnis der Massegegenstände, das Gläubigerverzeichnis und die Vermögensübersicht sind spätestens eine Woche vor dem Berichtstermin in der Geschäftsstelle zur Einsicht der Beteiligten niederzulegen.

**§ 155. Handels- und steuerrechtliche Rechnungslegung.** (1) 1 Handels- und steuerrechtliche Pflichten des Schuldners zur Buchführung und zur Rechnungslegung bleiben unberührt. 2 In bezug auf die Insolvenzmasse hat der Insolvenzverwalter diese Pflichten zu erfüllen.

(2) 1 Mit der Eröffnung des Insolvenzverfahrens beginnt ein neues Geschäftsjahr. 2 Jedoch wird die Zeit bis zum Berichtstermin in gesetzliche Fristen für die Aufstellung oder die Offenlegung eines Jahresabschlusses nicht eingerechnet.

(3) 1 Für die Bestellung des Abschlußprüfers im Insolvenzverfahren gilt § 318 des Handelsgesetzbuchs mit der Maßgabe, daß die Bestellung ausschließlich durch das Registergericht auf Antrag des Verwalters erfolgt. 2 Ist für das Geschäftsjahr vor der Eröffnung des Verfahrens bereits ein Abschlußprüfer bestellt, so wird die Wirksamkeit dieser Bestellung durch die Eröffnung nicht berührt.

## Zweiter Abschnitt. Entscheidung über die Verwertung

**§ 156. Berichtstermin.** (1) 1 Im Berichtstermin hat der Insolvenzverwalter über die wirtschaftliche Lage des Schuldners und ihre Ursachen zu berichten. 2 Er hat darzulegen, ob Aussichten bestehen, das Unternehmen des Schuldners im ganzen oder in Teilen zu erhalten, welche Möglichkeiten für einen Insolvenzplan bestehen und welche Auswirkungen jeweils für die Befriedigung der Gläubiger eintreten würden.

(2) 1 Dem Schuldner, dem Gläubigerausschuß, dem Betriebsrat und dem Sprecherausschuß der leitenden Angestellten ist im Berichtstermin Gelegen-

heit zu geben, zu dem Bericht des Verwalters Stellung zu nehmen. [2]Ist der Schuldner Handels- oder Gewerbetreibender oder Landwirt, so kann auch der zuständigen amtlichen Berufsvertretung der Industrie, des Handels, des Handwerks oder der Landwirtschaft im Termin Gelegenheit zur Äußerung gegeben werden.

**§ 157. Entscheidung über den Fortgang des Verfahrens.** [1]Die Gläubigerversammlung beschließt im Berichtstermin, ob das Unternehmen des Schuldners stillgelegt oder vorläufig fortgeführt werden soll. [2]Sie kann den Verwalter beauftragen, einen Insolvenzplan auszuarbeiten, und ihm das Ziel des Plans vorgeben. [3]Sie kann ihre Entscheidungen in späteren Terminen ändern.

**§ 158.[1)] Maßnahmen vor der Entscheidung.** (1) Will der Insolvenzverwalter vor dem Berichtstermin das Unternehmen des Schuldners stillegen oder veräußern, so hat er die Zustimmung des Gläubigerausschusses einzuholen, wenn ein solcher bestellt ist.

(2) [1]Vor der Beschlußfassung des Gläubigerausschusses oder, wenn ein solcher nicht bestellt ist, vor der Stillegung oder Veräußerung des Unternehmens hat der Verwalter den Schuldner zu unterrichten. [2]Das Insolvenzgericht untersagt auf Antrag des Schuldners und nach Anhörung des Verwalters die Stillegung oder Veräußerung, wenn diese ohne eine erhebliche Verminderung der Insolvenzmasse bis zum Berichtstermin aufgeschoben werden kann.

**§ 159. Verwertung der Insolvenzmasse.** Nach dem Berichtstermin hat der Insolvenzverwalter unverzüglich das zur Insolvenzmasse gehörende Vermögen zu verwerten, soweit die Beschlüsse der Gläubigerversammlung nicht entgegenstehen.

**§ 160.[1)] Besonders bedeutsame Rechtshandlungen.** (1) [1]Der Insolvenzverwalter hat die Zustimmung des Gläubigerausschusses einzuholen, wenn er Rechtshandlungen vornehmen will, die für das Insolvenzverfahren von besonderer Bedeutung sind. [2]Ist ein Gläubigerausschuß nicht bestellt, so ist die Zustimmung der Gläubigerversammlung einzuholen. [3]Ist die einberufene Gläubigerversammlung beschlussunfähig, gilt die Zustimmung als erteilt; auf diese Folgen sind die Gläubiger bei der Einladung zur Gläubigerversammlung hinzuweisen.

(2) Die Zustimmung nach Absatz 1 ist insbesondere erforderlich,

1. wenn das Unternehmen oder ein Betrieb, das Warenlager im ganzen, ein unbeweglicher Gegenstand aus freier Hand, die Beteiligung des Schuldners an einem anderen Unternehmen, die der Herstellung einer dauernden Verbindung zu diesem Unternehmen dienen soll, oder das Recht auf den Bezug wiederkehrender Einkünfte veräußert werden soll;
2. wenn ein Darlehen aufgenommen werden soll, das die Insolvenzmasse erheblich belasten würde;
3. wenn ein Rechtsstreit mit erheblichem Streitwert anhängig gemacht oder aufgenommen, die Aufnahme eines solchen Rechtsstreits abgelehnt oder

---

1) § 158 Abs. 1 und Abs. 2 geänd., § 160 Abs. 1 Satz 3 angef. mWv 1. 7. 2007 durch Art. 1 G v. 13. 4. 2007 (BGBl. I S. 509); beachte hierzu Übergangsvorschr. in Art. 103 c Abs. 1 EGInsO; Nr. **110 a**.

zur Beilegung oder zur Vermeidung eines solchen Rechtsstreits ein Vergleich oder ein Schiedsvertrag geschlossen werden soll.

**§ 161. Vorläufige Untersagung der Rechtshandlung.** [1]In den Fällen des § 160 hat der Insolvenzverwalter vor der Beschlußfassung des Gläubigerausschusses oder der Gläubigerversammlung den Schuldner zu unterrichten, wenn dies ohne nachteilige Verzögerung möglich ist. [2]Sofern nicht die Gläubigerversammlung ihre Zustimmung erteilt hat, kann das Insolvenzgericht auf Antrag des Schuldners oder einer in § 75 Abs. 1 Nr. 3 bezeichneten Mehrzahl von Gläubigern und nach Anhörung des Verwalters die Vornahme der Rechtshandlung vorläufig untersagen und eine Gläubigerversammlung einberufen, die über die Vornahme beschließt.

**§ 162. Betriebsveräußerung an besonders Interessierte.** (1) Die Veräußerung des Unternehmens oder eines Betriebs ist nur mit Zustimmung der Gläubigerversammlung zulässig, wenn der Erwerber oder eine Person, die an seinem Kapital zu mindestens einem Fünftel beteiligt ist,
1. zu den Personen gehört, die dem Schuldner nahestehen (§ 138),
2. ein absonderungsberechtigter Gläubiger oder ein nicht nachrangiger Insolvenzgläubiger ist, dessen Absonderungsrechte und Forderungen nach der Schätzung des Insolvenzgerichts zusammen ein Fünftel der Summe erreichen, die sich aus dem Wert aller Absonderungsrechte und den Forderungsbeträgen aller nicht nachrangigen Insolvenzgläubiger ergibt.

(2) Eine Person ist auch insoweit im Sinne des Absatzes 1 am Erwerber beteiligt, als ein von der Person abhängiges Unternehmen oder ein Dritter für Rechnung der Person oder des abhängigen Unternehmens am Erwerber beteiligt ist.

**§ 163. Betriebsveräußerung unter Wert.** (1) Auf Antrag des Schuldners oder einer in § 75 Abs. 1 Nr. 3 bezeichneten Mehrzahl von Gläubigern und nach Anhörung des Insolvenzverwalters kann das Insolvenzgericht anordnen, daß die geplante Veräußerung des Unternehmens oder eines Betriebs nur mit Zustimmung der Gläubigerversammlung zulässig ist, wenn der Antragsteller glaubhaft macht, daß eine Veräußerung an einen anderen Erwerber für die Insolvenzmasse günstiger wäre.

(2) Sind dem Antragsteller durch den Antrag Kosten entstanden, so ist er berechtigt, die Erstattung dieser Kosten aus der Insolvenzmasse zu verlangen, sobald die Anordnung des Gerichts ergangen ist.

**§ 164. Wirksamkeit der Handlung.** Durch einen Verstoß gegen die §§ 160 bis 163 wird die Wirksamkeit der Handlung des Insolvenzverwalters nicht berührt.

## Dritter Abschnitt. Gegenstände mit Absonderungsrechten

**§ 165. Verwertung unbeweglicher Gegenstände.** Der Insolvenzverwalter kann beim zuständigen Gericht die Zwangsversteigerung oder die Zwangsverwaltung eines unbeweglichen Gegenstands der Insolvenzmasse betreiben, auch wenn an dem Gegenstand ein Absonderungsrecht besteht.

**§ 166.**[1] **Verwertung beweglicher Gegenstände.** (1) Der Insolvenzverwalter darf eine bewegliche Sache, an der ein Absonderungsrecht besteht, freihändig verwerten, wenn er die Sache in seinem Besitz hat.

(2) Der Verwalter darf eine Forderung, die der Schuldner zur Sicherung eines Anspruchs abgetreten hat, einziehen oder in anderer Weise verwerten.

(3) Die Absätze 1 und 2 finden keine Anwendung

1. auf Gegenstände, an denen eine Sicherheit zu Gunsten [*ab* ***30. 6. 2011:*** des Betreibers oder] des Teilnehmers eines Systems nach § 1 Abs. 16 des Kreditwesengesetzes zur Sicherung seiner Ansprüche aus dem System besteht,
2. auf Gegenstände, an denen eine Sicherheit zu Gunsten der Zentralbank eines Mitgliedstaats der Europäischen Union oder Vertragsstaats des Europäischen Wirtschaftsraums oder zu Gunsten der Europäischen Zentralbank besteht, und
3. auf eine Finanzsicherheit im Sinne des § 1 Abs. 17 des Kreditwesengesetzes.

**§ 167. Unterrichtung des Gläubigers.** (1) [1] Ist der Insolvenzverwalter nach § 166 Abs. 1 zur Verwertung einer beweglichen Sache berechtigt, so hat er dem absonderungsberechtigten Gläubiger auf dessen Verlangen Auskunft über den Zustand der Sache zu erteilen. [2] Anstelle der Auskunft kann er dem Gläubiger gestatten, die Sache zu besichtigen.

(2) [1] Ist der Verwalter nach § 166 Abs. 2 zur Einziehung einer Forderung berechtigt, so hat er dem absonderungsberechtigten Gläubiger auf dessen Verlangen Auskunft über die Forderung zu erteilen. [2] Anstelle der Auskunft kann er dem Gläubiger gestatten, Einsicht in die Bücher und Geschäftspapiere des Schuldners zu nehmen.

**§ 168. Mitteilung der Veräußerungsabsicht.** (1) [1] Bevor der Insolvenzverwalter einen Gegenstand, zu dessen Verwertung er nach § 166 berechtigt ist, an einen Dritten veräußert, hat er dem absonderungsberechtigten Gläubiger mitzuteilen, auf welche Weise der Gegenstand veräußert werden soll. [2] Er hat dem Gläubiger Gelegenheit zu geben, binnen einer Woche auf eine andere, für den Gläubiger günstigere Möglichkeit der Verwertung des Gegenstands hinzuweisen.

(2) Erfolgt ein solcher Hinweis innerhalb der Wochenfrist oder rechtzeitig vor der Veräußerung, so hat der Verwalter die vom Gläubiger genannte Verwertungsmöglichkeit wahrzunehmen oder den Gläubiger so zu stellen, wie wenn er sie wahrgenommen hätte.

(3) [1] Die andere Verwertungsmöglichkeit kann auch darin bestehen, daß der Gläubiger den Gegenstand selbst übernimmt. [2] Günstiger ist eine Verwertungsmöglichkeit auch dann, wenn Kosten eingespart werden.

**§ 169. Schutz des Gläubigers vor einer Verzögerung der Verwertung.** [1] Solange ein Gegenstand, zu dessen Verwertung der Insolvenzverwalter nach § 166 berechtigt ist, nicht verwertet wird, sind dem Gläubiger vom Berichtstermin an laufend die geschuldeten Zinsen aus der Insolvenzmasse zu

---

[1] § 166 Abs. 2 Satz 2 angef. durch G v. 8. 12. 1999 (BGBl. I S. 2384), Abs. 2 Satz 2 aufgeh., Abs. 3 angef. durch Art. 1 G v. 5. 4. 2004 (BGBl. I S. 502), Abs. 3 Nr. 1 geänd. **mWv 30. 6. 2011** durch Art. 2 G v. 19. 11. 2010 (BGBl. I S. 1592).

zahlen. [2]Ist der Gläubiger schon vor der Eröffnung des Insolvenzverfahrens auf Grund einer Anordnung nach § 21 an der Verwertung des Gegenstands gehindert worden, so sind die geschuldeten Zinsen spätestens von dem Zeitpunkt an zu zahlen, der drei Monate nach dieser Anordnung liegt. [3]Die Sätze 1 und 2 gelten nicht, soweit nach der Höhe der Forderung sowie dem Wert und der sonstigen Belastung des Gegenstands nicht mit einer Befriedigung des Gläubigers aus dem Verwertungserlös zu rechnen ist.

**§ 170 Verteilung des Erlöses.** (1) [1]Nach der Verwertung einer beweglichen Sache oder einer Forderung durch den Insolvenzverwalter sind aus dem Verwertungserlös die Kosten der Feststellung und der Verwertung des Gegenstands vorweg für die Insolvenzmasse zu entnehmen. [2]Aus dem verbleibenden Betrag ist unverzüglich der absonderungsberechtigte Gläubiger zu befriedigen.

(2) Überlaßt der Insolvenzverwalter einen Gegenstand, zu dessen Verwertung er nach § 166 berechtigt ist, dem Gläubiger zur Verwertung, so hat dieser aus dem von ihm erzielten Verwertungserlös einen Betrag in Höhe der Kosten der Feststellung sowie des Umsatzsteuerbetrages (§ 171 Abs. 2 Satz 3) vorweg an die Masse abzuführen.

**§ 171 Berechnung des Kostenbeitrags.** (1) [1]Die Kosten der Feststellung umfassen die Kosten der tatsächlichen Feststellung des Gegenstands und der Feststellung der Rechte an diesem. [2]Sie sind pauschal mit vier vom Hundert des Verwertungserlöses anzusetzen.

(2) [1]Als Kosten der Verwertung sind pauschal fünf vom Hundert des Verwertungserlöses anzusetzen. [2]Lagen die tatsächlich entstandenen, für die Verwertung erforderlichen Kosten erheblich niedriger oder erheblich höher, so sind diese Kosten anzusetzen. [3]Führt die Verwertung zu einer Belastung der Masse mit Umsatzsteuer, so ist der Umsatzsteuerbetrag zusätzlich zu der Pauschale nach Satz 1 oder den tatsächlich entstandenen Kosten nach Satz 2 anzusetzen.

**§ 172 Sonstige Verwendung beweglicher Sachen.** (1) [1]Der Insolvenzverwalter darf eine bewegliche Sache, zu deren Verwertung er berechtigt ist, für die Insolvenzmasse benutzen, wenn er den dadurch entstehenden Wertverlust von der Eröffnung des Insolvenzverfahrens an durch laufende Zahlungen an den Gläubiger ausgleicht. [2]Die Verpflichtung zu Ausgleichszahlungen besteht nur, soweit der durch die Nutzung entstehende Wertverlust die Sicherung des absonderungsberechtigten Gläubigers beeinträchtigt.

(2) [1]Der Verwalter darf eine solche Sache verbinden, vermischen und verarbeiten, soweit dadurch die Sicherung des absonderungsberechtigten Gläubigers nicht beeinträchtigt wird. [2]Setzt sich das Recht des Gläubigers an einer anderen Sache fort, so hat der Gläubiger die neue Sicherheit insoweit freizugeben, als sie den Wert der bisherigen Sicherheit übersteigt.

**§ 173 Verwertung durch den Gläubiger.** (1) Soweit der Insolvenzverwalter nicht zur Verwertung einer beweglichen Sache oder einer Forderung berechtigt ist, an denen ein Absonderungsrecht besteht, bleibt das Recht des Gläubigers zur Verwertung unberührt.

(2) [1]Auf Antrag des Verwalters und nach Anhörung des Gläubigers kann das Insolvenzgericht eine Frist bestimmen, innerhalb welcher der Gläubiger den Gegenstand zu verwerten hat. [2]Nach Ablauf der Frist ist der Verwalter zur Verwertung berechtigt.

## Fünfter Teil. Befriedigung der Insolvenzgläubiger. Einstellung des Verfahrens

### Erster Abschnitt. Feststellung der Forderungen

**§ 174[1)] Anmeldung der Forderungen.** (1) [1]Die Insolvenzgläubiger haben ihre Forderungen schriftlich beim Insolvenzverwalter anzumelden. [2]Der Anmeldung sollen die Urkunden, aus denen sich die Forderung ergibt, in Abdruck beigefügt werden. [3]Zur Vertretung des Gläubigers im Verfahren nach diesem Abschnitt sind auch Personen befugt, die Inkassodienstleistungen erbringen (registrierte Personen nach § 10 Abs. 1 Satz 1 Nr. 1 des Rechtsdienstleistungsgesetzes[2)]).

(2) Bei der Anmeldung sind der Grund und der Betrag der Forderung anzugeben sowie die Tatsachen, aus denen sich nach Einschätzung des Gläubigers ergibt, dass ihr eine vorsätzlich begangene unerlaubte Handlung, eine vorsätzliche pflichtwidrige Verletzung einer gesetzlichen Unterhaltspflicht oder eine Steuerstraftat des Schuldners nach den §§ 370, 373 oder § 374 der Abgabenordnung zugrunde liegt.

(3) [1]Die Forderungen nachrangiger Gläubiger sind nur anzumelden, soweit das Insolvenzgericht besonders zur Anmeldung dieser Forderungen auffordert. [2]Bei der Anmeldung solcher Forderungen ist auf den Nachrang hinzuweisen und die dem Gläubiger zustehende Rangstelle zu bezeichnen.

(4) [1]Die Anmeldung kann durch Übermittlung eines elektronischen Dokuments erfolgen, wenn der Insolvenzverwalter der Übermittlung elektronischer Dokumente ausdrücklich zugestimmt hat. [2]Als Urkunde im Sinne des Absatzes 1 Satz 2 kann in diesem Fall auch eine elektronische Rechnung übermittelt werden. [3]Auf Verlangen des Insolvenzverwalters oder des Insolvenzgerichts sind Ausdrucke, Abschriften oder Originale von Urkunden einzureichen.

**§ 175[3)] Tabelle.** (1) [1]Der Insolvenzverwalter hat jede angemeldete Forderung mit den in § 174 Abs. 2 und 3 genannten Angaben in eine Tabelle einzutragen. [2]Die Tabelle ist mit den Anmeldungen sowie den beigefügten Urkunden innerhalb des ersten Drittels des Zeitraums, der zwischen dem Ablauf der Anmeldefrist und dem Prüfungstermin liegt, in der Geschäftsstelle des Insolvenzgerichts zur Einsicht der Beteiligten niederzulegen.

(2) Hat ein Gläubiger eine Forderung aus einer vorsätzlich begangenen unerlaubten Handlung, aus einer vorsätzlich pflichtwidrig verletzten gesetzlichen Unterhaltspflicht oder aus einer Steuerstraftat nach den §§ 370, 373 oder § 374 der Abgabenordnung angemeldet, so hat das Insolvenzgericht den Schuldner auf die Rechtsfolgen des § 302 und auf die Möglichkeit des Widerspruchs hinzuweisen.

**§ 176 Verlauf des Prüfungstermins.** [1]Im Prüfungstermin werden die angemeldeten Forderungen ihrem Betrag und ihrem Rang nach geprüft. [2]Die Forderungen, die vom Insolvenzverwalter, vom Schuldner oder von einem Insolvenzgläubiger bestritten werden, sind einzeln zu erörtern.

---

[1)] § 174 Abs. 2 geänd. mWv 1.12.2001 durch G v. 26.10.2001 (BGBl. I S. 2710); Abs. 4 angef. mWv 1.4.2005 durch G v. 22.3.2005 (BGBl. I S. 837); Abs. 1 Satz 3 angef. mWv 1.7.2008 durch G v. 12.12.2007 (BGBl. I S. 2840); Abs. 2 geänd. mWv 1.7.2014 durch G v. 15.7.2013 (BGBl. I S. 2379); Abs. 4 Satz 2 neu gef., Satz 3 angef. mWv 1.1.2021 durch G v. 22.12.2020 (BGBl. I S. 3256).

[2)] **Schönfelder ErgBd. Nr. 99.**

[3)] § 175 Abs. 2 angef. mWv 1.12.2001 durch G v. 26.10.2001 (BGBl. I S. 2710); Abs. 2 geänd. mWv 1.7.2014 durch G v. 15.7.2013 (BGBl. I S. 2379).

**§ 177[1) ] Nachträgliche Anmeldungen.** (1) [1]Im Prüfungstermin sind auch die Forderungen zu prüfen, die nach dem Ablauf der Anmeldefrist angemeldet worden sind. [2]Widerspricht jedoch der Insolvenzverwalter oder ein Insolvenzgläubiger dieser Prüfung oder wird eine Forderung erst nach dem Prüfungstermin angemeldet, so hat das Insolvenzgericht auf Kosten des Säumigen entweder einen besonderen Prüfungstermin zu bestimmen oder die Prüfung im schriftlichen Verfahren anzuordnen. [3]Für nachträgliche Änderungen der Anmeldung gelten die Sätze 1 und 2 entsprechend.

(2) Hat das Gericht nachrangige Gläubiger nach § 174 Abs. 3 zur Anmeldung ihrer Forderungen aufgefordert und läuft die für diese Anmeldung gesetzte Frist später als eine Woche vor dem Prüfungstermin ab, so ist auf Kosten der Insolvenzmasse entweder ein besonderer Prüfungstermin zu bestimmen oder die Prüfung im schriftlichen Verfahren anzuordnen.

(3) [1]Der besondere Prüfungstermin ist öffentlich bekanntzumachen. [2]Zu dem Termin sind die Insolvenzgläubiger, die eine Forderung angemeldet haben, der Verwalter und der Schuldner besonders zu laden. [3]§ 74 Abs. 2 Satz 2 gilt entsprechend.

**§ 178 Voraussetzungen und Wirkungen der Feststellung.** (1) [1]Eine Forderung gilt als festgestellt, soweit gegen sie im Prüfungstermin oder im schriftlichen Verfahren (§ 177) ein Widerspruch weder vom Insolvenzverwalter noch von einem Insolvenzgläubiger erhoben wird oder soweit ein erhobener Widerspruch beseitigt ist. [2]Ein Widerspruch des Schuldners steht der Feststellung der Forderung nicht entgegen.

(2) [1]Das Insolvenzgericht trägt für jede angemeldete Forderung in die Tabelle ein, inwieweit die Forderung ihrem Betrag und ihrem Rang nach festgestellt ist oder wer der Feststellung widersprochen hat. [2]Auch ein Widerspruch des Schuldners ist einzutragen. [3]Auf Wechseln und sonstigen Schuldurkunden ist vom Urkundsbeamten der Geschäftsstelle die Feststellung zu vermerken.

(3) Die Eintragung in die Tabelle wirkt für die festgestellten Forderungen ihrem Betrag und ihrem Rang nach wie ein rechtskräftiges Urteil gegenüber dem Insolvenzverwalter und allen Insolvenzgläubigern.

**§ 179 Streitige Forderungen.** (1) Ist eine Forderung vom Insolvenzverwalter oder von einem Insolvenzgläubiger bestritten worden, so bleibt es dem Gläubiger überlassen, die Feststellung gegen den Bestreitenden zu betreiben.

(2) Liegt für eine solche Forderung ein vollstreckbarer Schuldtitel oder ein Endurteil vor, so obliegt es dem Bestreitenden, den Widerspruch zu verfolgen.

(3) [1]Das Insolvenzgericht erteilt dem Gläubiger, dessen Forderung bestritten worden ist, einen beglaubigten Auszug aus der Tabelle. [2]Im Falle des Absatzes 2 erhält auch der Bestreitende einen solchen Auszug. [3]Die Gläubiger, deren Forderungen festgestellt worden sind, werden nicht benachrichtigt; hierauf sollen die Gläubiger vor dem Prüfungstermin hingewiesen werden.

**§ 180 Zuständigkeit für die Feststellung.** (1) [1]Auf die Feststellung ist im ordentlichen Verfahren Klage zu erheben. [2]Für die Klage ist das Amtsgericht ausschließlich zuständig, bei dem das Insolvenzverfahren anhängig ist oder anhängig war. [3]Gehört der Streitgegenstand nicht zur Zuständigkeit der Amtsgerichte,

---

1) § 177 Abs. 2 Satz 3 angef. durch G v. 19.12.1998 (BGBl. I S. 3836).

so ist das Landgericht ausschließlich zuständig, zu dessen Bezirk das Insolvenzgericht gehört.

(2) War zur Zeit der Eröffnung des Insolvenzverfahrens ein Rechtsstreit über die Forderung anhängig, so ist die Feststellung durch Aufnahme des Rechtsstreits zu betreiben.

**§ 181 Umfang der Feststellung.** Die Feststellung kann nach Grund, Betrag und Rang der Forderung nur in der Weise begehrt werden, wie die Forderung in der Anmeldung oder im Prüfungstermin bezeichnet worden ist.

**§ 182 Streitwert.** Der Wert des Streitgegenstands einer Klage auf Feststellung einer Forderung, deren Bestand vom Insolvenzverwalter oder von einem Insolvenzgläubiger bestritten worden ist, bestimmt sich nach dem Betrag, der bei der Verteilung der Insolvenzmasse für die Forderung zu erwarten ist.

**§ 183 Wirkung der Entscheidung.** (1) Eine rechtskräftige Entscheidung, durch die eine Forderung festgestellt oder ein Widerspruch für begründet erklärt wird, wirkt gegenüber dem Insolvenzverwalter und allen Insolvenzgläubigern.

(2) Der obsiegenden Partei obliegt es, beim Insolvenzgericht die Berichtigung der Tabelle zu beantragen.

(3) Haben nur einzelne Gläubiger, nicht der Verwalter, den Rechtsstreit geführt, so können diese Gläubiger die Erstattung ihrer Kosten aus der Insolvenzmasse insoweit verlangen, als der Masse durch die Entscheidung ein Vorteil erwachsen ist.

**§ 184[1)2)] Klage gegen einen Widerspruch des Schuldners.** (1) [1] Hat der Schuldner im Prüfungstermin oder im schriftlichen Verfahren (§ 177) eine Forderung bestritten, so kann der Gläubiger Klage auf Feststellung der Forderung gegen den Schuldner erheben. [2] War zur Zeit der Eröffnung des Insolvenzverfahrens ein Rechtsstreit über die Forderung anhängig, so kann der Gläubiger diesen Rechtsstreit gegen den Schuldner aufnehmen.

(2) [1] Liegt für eine solche Forderung ein vollstreckbarer Schuldtitel oder ein Endurteil vor, so obliegt es dem Schuldner binnen einer Frist von einem Monat, die mit dem Prüfungstermin oder im schriftlichen Verfahren mit dem Bestreiten der Forderung beginnt, den Widerspruch zu verfolgen. [2] Nach fruchtlosem Ablauf dieser Frist gilt ein Widerspruch als nicht erhoben. [3] Das Insolvenzgericht erteilt dem Schuldner und dem Gläubiger, dessen Forderung bestritten worden ist, einen beglaubigten Auszug aus der Tabelle und weist den Schuldner auf die Folgen einer Fristversäumung hin. [4] Der Schuldner hat dem Gericht die Verfolgung des Anspruchs nachzuweisen.

**§ 185 Besondere Zuständigkeiten.** [1] Ist für die Feststellung einer Forderung der Rechtsweg zum ordentlichen Gericht nicht gegeben, so ist die Feststellung bei dem zuständigen anderen Gericht zu betreiben oder von der zuständigen Verwaltungsbehörde vorzunehmen. [2] § 180 Abs. 2 und die §§ 181, 183 und 184 gelten entsprechend. [3] Ist die Feststellung bei einem anderen Gericht zu betreiben, so gilt auch § 182 entsprechend.

[1)] § 184 Abs. 2 angef. mWv 1.7.2007 durch G v. 13.4.2007 (BGBl. I S. 509).
[2)] Beachte hierzu Übergangsvorschrift in Art. 103c EGInsO (Nr. **110a**).

**§ 186 Wiedereinsetzung in den vorigen Stand.** (1) [1] Hat der Schuldner den Prüfungstermin versäumt, so hat ihm das Insolvenzgericht auf Antrag die Wiedereinsetzung in den vorigen Stand zu gewähren. [2] § 51 Abs. 2, § 85 Abs. 2, §§ 233 bis 236 der Zivilprozeßordnung[1)] gelten entsprechend.

(2) [1] Die den Antrag auf Wiedereinsetzung betreffenden Schriftsätze sind dem Gläubiger zuzustellen, dessen Forderung nachträglich bestritten werden soll. [2] Das Bestreiten in diesen Schriftsätzen steht, wenn die Wiedereinsetzung erteilt wird, dem Bestreiten im Prüfungstermin gleich.

## Zweiter Abschnitt. Verteilung

**§ 187 Befriedigung der Insolvenzgläubiger.** (1) Mit der Befriedigung der Insolvenzgläubiger kann erst nach dem allgemeinen Prüfungstermin begonnen werden.

(2) [1] Verteilungen an die Insolvenzgläubiger können stattfinden, sooft hinreichende Barmittel in der Insolvenzmasse vorhanden sind. [2] Nachrangige Insolvenzgläubiger sollen bei Abschlagsverteilungen nicht berücksichtigt werden.

(3) [1] Die Verteilungen werden vom Insolvenzverwalter vorgenommen. [2] Vor jeder Verteilung hat er die Zustimmung des Gläubigerausschusses einzuholen, wenn ein solcher bestellt ist.

**§ 188[2)3)] Verteilungsverzeichnis.** [1] Vor einer Verteilung hat der Insolvenzverwalter ein Verzeichnis der Forderungen aufzustellen, die bei der Verteilung zu berücksichtigen sind. [2] Das Verzeichnis ist auf der Geschäftsstelle zur Einsicht der Beteiligten niederzulegen. [3] Der Verwalter zeigt dem Gericht die Summe der Forderungen und den für die Verteilung verfügbaren Betrag aus der Insolvenzmasse an; das Gericht hat die angezeigte Summe der Forderungen und den für die Verteilung verfügbaren Betrag öffentlich bekannt zu machen.

**§ 189 Berücksichtigung bestrittener Forderungen.** (1) Ein Insolvenzgläubiger, dessen Forderung nicht festgestellt ist und für dessen Forderung ein vollstreckbarer Titel oder ein Endurteil nicht vorliegt, hat spätestens innerhalb einer Ausschlußfrist von zwei Wochen nach der öffentlichen Bekanntmachung dem Insolvenzverwalter nachzuweisen, daß und für welchen Betrag die Feststellungsklage erhoben oder das Verfahren in dem früher anhängigen Rechtsstreit aufgenommen ist.

(2) Wird der Nachweis rechtzeitig geführt, so wird der auf die Forderung entfallende Anteil bei der Verteilung zurückbehalten, solange der Rechtsstreit anhängig ist.

(3) Wird der Nachweis nicht rechtzeitig geführt, so wird die Forderung bei der Verteilung nicht berücksichtigt.

**§ 190 Berücksichtigung absonderungsberechtigter Gläubiger.** (1) [1] Ein Gläubiger, der zur abgesonderten Befriedigung berechtigt ist, hat spätestens innerhalb der in § 189 Abs. 1 vorgesehenen Ausschlußfrist dem Insolvenzverwalter nachzuweisen, daß und für welchen Betrag er auf abgesonderte Befriedigung verzichtet hat oder bei ihr ausgefallen ist. [2] Wird der Nachweis nicht rechtzeitig geführt, so wird die Forderung bei der Verteilung nicht berücksichtigt.

---

1) Nr. **100**.
2) § 188 Satz 3 neu gef. mWv 1.7.2007 durch G v. 13.4.2007 (BGBl. I S. 509).
3) Beachte hierzu Übergangsvorschrift in Art. 103c EGInsO (Nr. **110a**).

(2) [1] Zur Berücksichtigung bei einer Abschlagsverteilung genügt es, wenn der Gläubiger spätestens innerhalb der Ausschlußfrist dem Verwalter nachweist, daß die Verwertung des Gegenstands betrieben wird, an dem das Absonderungsrecht besteht, und den Betrag des mutmaßlichen Ausfalls glaubhaft macht. [2] In diesem Fall wird der auf die Forderung entfallende Anteil bei der Verteilung zurückbehalten. [3] Sind die Voraussetzungen des Absatzes 1 bei der Schlußverteilung nicht erfüllt, so wird der zurückbehaltene Anteil für die Schlußverteilung frei.

(3) [1] Ist nur der Verwalter zur Verwertung des Gegenstands berechtigt, an dem das Absonderungsrecht besteht, so sind die Absätze 1 und 2 nicht anzuwenden. [2] Bei einer Abschlagsverteilung hat der Verwalter, wenn er den Gegenstand noch nicht verwertet hat, den Ausfall des Gläubigers zu schätzen und den auf die Forderung entfallenden Anteil zurückzubehalten.

**§ 191 Berücksichtigung aufschiebend bedingter Forderungen.**

(1) [1] Eine aufschiebend bedingte Forderung wird bei einer Abschlagsverteilung mit ihrem vollen Betrag berücksichtigt. [2] Der auf die Forderung entfallende Anteil wird bei der Verteilung zurückbehalten.

(2) [1] Bei der Schlußverteilung wird eine aufschiebend bedingte Forderung nicht berücksichtigt, wenn die Möglichkeit des Eintritts der Bedingung so fernliegt, daß die Forderung zur Zeit der Verteilung keinen Vermögenswert hat. [2] In diesem Fall wird ein gemäß Absatz 1 Satz 2 zurückbehaltener Anteil für die Schlußverteilung frei.

**§ 192 Nachträgliche Berücksichtigung.** Gläubiger, die bei einer Abschlagsverteilung nicht berücksichtigt worden sind und die Voraussetzungen der §§ 189, 190 nachträglich erfüllen, erhalten bei der folgenden Verteilung aus der restlichen Insolvenzmasse vorab einen Betrag, der sie mit den übrigen Gläubigern gleichstellt.

**§ 193 Änderung des Verteilungsverzeichnisses.** Der Insolvenzverwalter hat die Änderungen des Verzeichnisses, die auf Grund der §§ 189 bis 192 erforderlich werden, binnen drei Tagen nach Ablauf der in § 189 Abs. 1 vorgesehenen Ausschlußfrist vorzunehmen.

**§ 194 Einwendungen gegen das Verteilungsverzeichnis.** (1) Bei einer Abschlagsverteilung sind Einwendungen eines Gläubigers gegen das Verzeichnis bis zum Ablauf einer Woche nach dem Ende der in § 189 Abs. 1 vorgesehenen Ausschlußfrist bei dem Insolvenzgericht zu erheben.

(2) [1] Eine Entscheidung des Gerichts, durch die Einwendungen zurückgewiesen werden, ist dem Gläubiger und dem Insolvenzverwalter zuzustellen. [2] Dem Gläubiger steht gegen den Beschluß die sofortige Beschwerde zu.

(3) [1] Eine Entscheidung des Gerichts, durch die eine Berichtigung des Verzeichnisses angeordnet wird, ist dem Gläubiger und dem Verwalter zuzustellen und in der Geschäftsstelle zur Einsicht der Beteiligten niederzulegen. [2] Dem Verwalter und den Insolvenzgläubigern steht gegen den Beschluß die sofortige Beschwerde zu. [3] Die Beschwerdefrist beginnt mit dem Tag, an dem die Entscheidung niedergelegt worden ist.

**§ 195 Festsetzung des Bruchteils.** (1) [1] Für eine Abschlagsverteilung bestimmt der Gläubigerausschuß auf Vorschlag des Insolvenzverwalters den zu zahlenden Bruchteil. [2] Ist kein Gläubigerausschuß bestellt, so bestimmt der Verwalter den Bruchteil.

(2) Der Verwalter hat den Bruchteil den berücksichtigten Gläubigern mitzuteilen.

**§ 196**[1] **Schlußverteilung.** (1) Die Schlußverteilung erfolgt, sobald die Verwertung der Insolvenzmasse mit Ausnahme eines laufenden Einkommens beendet ist.

(2) Die Schlußverteilung darf nur mit Zustimmung des Insolvenzgerichts vorgenommen werden.

**§ 197**[2] **Schlußtermin.** (1) [1]Bei der Zustimmung zur Schlußverteilung bestimmt das Insolvenzgericht den Termin für eine abschließende Gläubigerversammlung. [2]Dieser Termin dient

1. zur Erörterung der Schlußrechnung des Insolvenzverwalters,
2. zur Erhebung von Einwendungen gegen das Schlußverzeichnis und
3. zur Entscheidung der Gläubiger über die nicht verwertbaren Gegenstände der Insolvenzmasse.

(2) Zwischen der öffentlichen Bekanntmachung des Termins und dem Termin soll eine Frist von mindestens einem Monat und höchstens zwei Monaten liegen.

(3) Für die Entscheidung des Gerichts über Einwendungen eines Gläubigers gilt § 194 Abs. 2 und 3 entsprechend.

**§ 198**[3] **Hinterlegung zurückbehaltener Beträge.** Beträge, die bei der Schlußverteilung zurückzubehalten sind, hat der Insolvenzverwalter für Rechnung der Beteiligten bei einer geeigneten Stelle zu hinterlegen.

**§ 199 Überschuß bei der Schlußverteilung.** [1]Können bei der Schlußverteilung die Forderungen aller Insolvenzgläubiger in voller Höhe berichtigt werden, so hat der Insolvenzverwalter einen verbleibenden Überschuß dem Schuldner herauszugeben. [2]Ist der Schuldner keine natürliche Person, so hat der Verwalter jeder am Schuldner beteiligten Person den Teil des Überschusses herauszugeben, der ihr bei einer Abwicklung außerhalb des Insolvenzverfahrens zustünde.

**§ 200**[4)5)] **Aufhebung des Insolvenzverfahrens.** (1) Sobald die Schlußverteilung vollzogen ist, beschließt das Insolvenzgericht die Aufhebung des Insolvenzverfahrens.

(2) [1]Der Beschluß und der Grund der Aufhebung sind öffentlich bekanntzumachen. [2]Die §§ 31 bis 33 gelten entsprechend.

**§ 201**[6] **Rechte der Insolvenzgläubiger nach Verfahrensaufhebung.** (1) Die Insolvenzgläubiger können nach der Aufhebung des Insolvenzverfahrens ihre restlichen Forderungen gegen den Schuldner unbeschränkt geltend machen.

(2) [1]Die Insolvenzgläubiger, deren Forderungen festgestellt und nicht vom Schuldner im Prüfungstermin bestritten worden sind, können aus der Eintragung in die Tabelle wie aus einem vollstreckbaren Urteil die Zwangsvollstreckung gegen den Schuldner betreiben. [2]Einer nicht bestrittenen Forderung steht eine Forde-

1) § 196 Abs. 1 geänd. mWv 1.12.2001 durch G v. 26.10.2001 (BGBl. I S. 2710).
2) § 197 Abs. 2 geänd. durch G v. 19.12.1998 (BGBl. I S. 3836).
3) § 198 geänd. durch G v. 19.12.1998 (BGBl. I S. 3836).
4) § 200 Abs. 2 Satz 2 aufgeh., bish. Satz 3 wird Satz 2 mWv 1.7.2007 durch G v. 13.4.2007 (BGBl. I S. 509).
5) Beachte hierzu Übergangsvorschrift in Art. 103c EGInsO (Nr. **110a**).
6) § 201 Abs. 2 Satz 3 angef. durch G v. 19.12.1998 (BGBl. I S. 3836).

rung gleich, bei der ein erhobener Widerspruch beseitigt ist. [3]Der Antrag auf Erteilung einer vollstreckbaren Ausfertigung aus der Tabelle kann erst nach Aufhebung des Insolvenzverfahrens gestellt werden.

(3) Die Vorschriften über die Restschuldbefreiung bleiben unberührt.

**§ 202 Zuständigkeit bei der Vollstreckung.** (1) Im Falle des § 201 ist das Amtsgericht, bei dem das Insolvenzverfahren anhängig ist oder anhängig war, ausschließlich zuständig für Klagen:
1. auf Erteilung der Vollstreckungsklausel;
2. durch die nach der Erteilung der Vollstreckungsklausel bestritten wird, daß die Voraussetzungen für die Erteilung eingetreten waren;
3. durch die Einwendungen geltend gemacht werden, die den Anspruch selbst betreffen.

(2) Gehört der Streitgegenstand nicht zur Zuständigkeit der Amtsgerichte, so ist das Landgericht ausschließlich zuständig, zu dessen Bezirk das Insolvenzgericht gehört.

**§ 203 Anordnung der Nachtragsverteilung.** (1) Auf Antrag des Insolvenzverwalters oder eines Insolvenzgläubigers oder von Amts wegen ordnet das Insolvenzgericht eine Nachtragsverteilung an, wenn nach dem Schlußtermin
1. zurückbehaltene Beträge für die Verteilung frei werden,
2. Beträge, die aus der Insolvenzmasse gezahlt sind, zurückfließen oder
3. Gegenstände der Masse ermittelt werden.

(2) Die Aufhebung des Verfahrens steht der Anordnung einer Nachtragsverteilung nicht entgegen.

(3) [1]Das Gericht kann von der Anordnung absehen und den zur Verfügung stehenden Betrag oder den ermittelten Gegenstand dem Schuldner überlassen, wenn dies mit Rücksicht auf die Geringfügigkeit des Betrags oder den geringen Wert des Gegenstands und die Kosten einer Nachtragsverteilung angemessen erscheint. [2]Es kann die Anordnung davon abhängig machen, daß ein Geldbetrag vorgeschossen wird, der die Kosten der Nachtragsverteilung deckt.

**§ 204 Rechtsmittel.** (1) [1]Der Beschluß, durch den der Antrag auf Nachtragsverteilung abgelehnt wird, ist dem Antragsteller zuzustellen. [2]Gegen den Beschluß steht dem Antragsteller die sofortige Beschwerde zu.

(2) [1]Der Beschluß, durch den eine Nachtragsverteilung angeordnet wird, ist dem Insolvenzverwalter, dem Schuldner und, wenn ein Gläubiger die Verteilung beantragt hatte, diesem Gläubiger zuzustellen. [2]Gegen den Beschluß steht dem Schuldner die sofortige Beschwerde zu.

**§ 205 Vollzug der Nachtragsverteilung.** [1]Nach der Anordnung der Nachtragsverteilung hat der Insolvenzverwalter den zur Verfügung stehenden Betrag oder den Erlös aus der Verwertung des ermittelten Gegenstands auf Grund des Schlußverzeichnisses zu verteilen. [2]Er hat dem Insolvenzgericht Rechnung zu legen.

**§ 206 Ausschluß von Massegläubigern.** Massegläubiger, deren Ansprüche dem Insolvenzverwalter
1. bei einer Abschlagsverteilung erst nach der Festsetzung des Bruchteils,
2. bei der Schlußverteilung erst nach der Beendigung des Schlußtermins oder

3. bei einer Nachtragsverteilung erst nach der öffentlichen Bekanntmachung

bekanntgeworden sind, können Befriedigung nur aus den Mitteln verlangen, die nach der Verteilung in der Insolvenzmasse verbleiben.

## Dritter Abschnitt. Einstellung des Verfahrens

**§ 207[1)] Einstellung mangels Masse.** (1) [1] Stellt sich nach der Eröffnung des Insolvenzverfahrens heraus, daß die Insolvenzmasse nicht ausreicht, um die Kosten des Verfahrens zu decken, so stellt das Insolvenzgericht das Verfahren ein. [2] Die Einstellung unterbleibt, wenn ein ausreichender Geldbetrag vorgeschossen wird oder die Kosten nach § 4a gestundet werden; § 26 Abs. 3 gilt entsprechend.

(2) Vor der Einstellung sind die Gläubigerversammlung, der Insolvenzverwalter und die Massegläubiger zu hören.

(3) [1] Soweit Barmittel in der Masse vorhanden sind, hat der Verwalter vor der Einstellung die Kosten des Verfahrens, von diesen zuerst die Auslagen, nach dem Verhältnis ihrer Beträge zu berichtigen. [2] Zur Verwertung von Massegegenständen ist er nicht mehr verpflichtet.

**§ 208 Anzeige der Masseunzulänglichkeit.** (1) [1] Sind die Kosten des Insolvenzverfahrens gedeckt, reicht die Insolvenzmasse jedoch nicht aus, um die fälligen sonstigen Masseverbindlichkeiten zu erfüllen, so hat der Insolvenzverwalter dem Insolvenzgericht anzuzeigen, daß Masseunzulänglichkeit vorliegt. [2] Gleiches gilt, wenn die Masse voraussichtlich nicht ausreichen wird, um die bestehenden sonstigen Masseverbindlichkeiten im Zeitpunkt der Fälligkeit zu erfüllen.

(2) [1] Das Gericht hat die Anzeige der Masseunzulänglichkeit öffentlich bekanntzumachen. [2] Den Massegläubigern ist sie besonders zuzustellen.

(3) Die Pflicht des Verwalters zur Verwaltung und zur Verwertung der Masse besteht auch nach der Anzeige der Masseunzulänglichkeit fort.

**§ 209 Befriedigung der Massegläubiger.** (1) Der Insolvenzverwalter hat die Masseverbindlichkeiten nach folgender Rangordnung zu berichtigen, bei gleichem Rang nach dem Verhältnis ihrer Beträge:

1. die Kosten des Insolvenzverfahrens;
2. die Masseverbindlichkeiten, die nach der Anzeige der Masseunzulänglichkeit begründet worden sind, ohne zu den Kosten des Verfahrens zu gehören;
3. die übrigen Masseverbindlichkeiten, unter diesen zuletzt der nach den §§ 100, 101 Abs. 1 Satz 3 bewilligte Unterhalt.

(2) Als Masseverbindlichkeiten im Sinne des Absatzes 1 Nr. 2 gelten auch die Verbindlichkeiten

1. aus einem gegenseitigen Vertrag, dessen Erfüllung der Verwalter gewählt hat, nachdem er die Masseunzulänglichkeit angezeigt hatte;
2. aus einem Dauerschuldverhältnis für die Zeit nach dem ersten Termin, zu dem der Verwalter nach der Anzeige der Masseunzulänglichkeit kündigen konnte;
3. aus einem Dauerschuldverhältnis, soweit der Verwalter nach der Anzeige der Masseunzulänglichkeit für die Insolvenzmasse die Gegenleistung in Anspruch genommen hat.

---

[1)] § 207 Abs. 1 Satz 2 neu gef. mWv 1.12.2001 durch G v. 26.10.2001 (BGBl. I S. 2710).

**§ 210 Vollstreckungsverbot.** Sobald der Insolvenzverwalter die Masseunzulänglichkeit angezeigt hat, ist die Vollstreckung wegen einer Masseverbindlichkeit im Sinne des § 209 Abs. 1 Nr. 3 unzulässig.

**§ 210a [1)2)] Insolvenzplan bei Masseunzulänglichkeit.** Bei Anzeige der Masseunzulänglichkeit gelten die Vorschriften über den Insolvenzplan mit der Maßgabe, dass

1. an die Stelle der nicht nachrangigen Insolvenzgläubiger die Massegläubiger mit dem Rang des § 209 Absatz 1 Nummer 3 treten und
2. an die Stelle der nachrangigen Insolvenzgläubiger die nicht nachrangigen Insolvenzgläubiger treten.

**§ 211 Einstellung nach Anzeige der Masseunzulänglichkeit.** (1) Sobald der Insolvenzverwalter die Insolvenzmasse nach Maßgabe des § 209 verteilt hat, stellt das Insolvenzgericht das Insolvenzverfahren ein.

(2) Der Verwalter hat für seine Tätigkeit nach der Anzeige der Masseunzulänglichkeit gesondert Rechnung zu legen.

(3) [1] Werden nach der Einstellung des Verfahrens Gegenstände der Insolvenzmasse ermittelt, so ordnet das Gericht auf Antrag des Verwalters oder eines Massegläubigers oder von Amts wegen eine Nachtragsverteilung an. [2] § 203 Abs. 3 und die §§ 204 und 205 gelten entsprechend.

**§ 212 Einstellung wegen Wegfalls des Eröffnungsgrunds.** [1] Das Insolvenzverfahren ist auf Antrag des Schuldners einzustellen, wenn gewährleistet ist, daß nach der Einstellung beim Schuldner weder Zahlungsunfähigkeit noch drohende Zahlungsunfähigkeit noch, soweit die Überschuldung Grund für die Eröffnung des Insolvenzverfahrens ist, Überschuldung vorliegt. [2] Der Antrag ist nur zulässig, wenn das Fehlen der Eröffnungsgründe glaubhaft gemacht wird.

**§ 213 Einstellung mit Zustimmung der Gläubiger.** (1) [1] Das Insolvenzverfahren ist auf Antrag des Schuldners einzustellen, wenn er nach Ablauf der Anmeldefrist die Zustimmung aller Insolvenzgläubiger beibringt, die Forderungen angemeldet haben. [2] Bei Gläubigern, deren Forderungen vom Schuldner oder vom Insolvenzverwalter bestritten werden, und bei absonderungsberechtigten Gläubigern entscheidet das Insolvenzgericht nach freiem Ermessen, inwieweit es einer Zustimmung dieser Gläubiger oder einer Sicherheitsleistung gegenüber ihnen bedarf.

(2) Das Verfahren kann auf Antrag des Schuldners vor dem Ablauf der Anmeldefrist eingestellt werden, wenn außer den Gläubigern, deren Zustimmung der Schuldner beibringt, andere Gläubiger nicht bekannt sind.

**§ 214 [3)2)] Verfahren bei der Einstellung.** (1) [1] Der Antrag auf Einstellung des Insolvenzverfahrens nach § 212 oder § 213 ist öffentlich bekanntzumachen. [2] Er ist in der Geschäftsstelle zur Einsicht der Beteiligten niederzulegen; im Falle des § 213 sind die zustimmenden Erklärungen der Gläubiger beizufügen. [3] Die Insolvenzgläubiger können binnen einer Woche nach der öffentlichen Bekanntmachung schriftlich Widerspruch gegen den Antrag erheben.

---

[1)] § 210a eingef. mWv 1.3.2012 durch G v. 7.12.2011 (BGBl. I S. 2582); Nr. 2 neu gef. mWv 1.1.2021 durch G v. 22.12.2020 (BGBl. I S. 3256).

[2)] Beachte hierzu Übergangsvorschrift in Art. 103g EGInsO (Nr. **110a**).

[3)] § 214 Abs. 1 Satz 3 geänd. mWv 1.3.2012 durch G v. 7.12.2011 (BGBl. I S. 2582).

(2) [1]Das Insolvenzgericht beschließt über die Einstellung nach Anhörung des Antragstellers, des Insolvenzverwalters und des Gläubigerausschusses, wenn ein solcher bestellt ist. [2]Im Falle eines Widerspruchs ist auch der widersprechende Gläubiger zu hören.

(3) Vor der Einstellung hat der Verwalter die unstreitigen Masseansprüche zu berichtigen und für die streitigen Sicherheit zu leisten.

**§ 215**[1)2)] **Bekanntmachung und Wirkungen der Einstellung.** (1) [1]Der Beschluß, durch den das Insolvenzverfahren nach § 207, 211, 212 oder 213 eingestellt wird, und der Grund der Einstellung sind öffentlich bekanntzumachen. [2]Der Schuldner, der Insolvenzverwalter und die Mitglieder des Gläubigerausschusses sind vorab über den Zeitpunkt des Wirksamwerdens der Einstellung (§ 9 Abs. 1 Satz 3) zu unterrichten. [3]§ 200 Abs. 2 Satz 2 gilt entsprechend.

(2) [1]Mit der Einstellung des Insolvenzverfahrens erhält der Schuldner das Recht zurück, über die Insolvenzmasse frei zu verfügen. [2]Die §§ 201, 202 gelten entsprechend.

**§ 216 Rechtsmittel.** (1) Wird das Insolvenzverfahren nach § 207, 212 oder 213 eingestellt, so steht jedem Insolvenzgläubiger und, wenn die Einstellung nach § 207 erfolgt, dem Schuldner die sofortige Beschwerde zu.

(2) Wird ein Antrag nach § 212 oder § 213 abgelehnt, so steht dem Schuldner die sofortige Beschwerde zu.

## Sechster Teil. Insolvenzplan

### Erster Abschnitt. Aufstellung des Plans

**§ 217**[3)4)] **Grundsatz.** (1) [1]Die Befriedigung der absonderungsberechtigten Gläubiger und der Insolvenzgläubiger, die Verwertung der Insolvenzmasse und deren Verteilung an die Beteiligten sowie die Verfahrensabwicklung und die Haftung des Schuldners nach der Beendigung des Insolvenzverfahrens können in einem Insolvenzplan abweichend von den Vorschriften dieses Gesetzes geregelt werden. [2]Ist der Schuldner keine natürliche Person, so können auch die Anteils- oder Mitgliedschaftsrechte der am Schuldner beteiligten Personen in den Plan einbezogen werden.

(2) Der Insolvenzplan kann ferner die Rechte der Inhaber von Insolvenzforderungen gestalten, die diesen aus einer von einem verbundenen Unternehmen im Sinne des § 15 des Aktiengesetzes[5)] als Bürge, Mitschuldner oder aufgrund einer anderweitig übernommenen Haftung oder an Gegenständen des Vermögens dieses Unternehmens (gruppeninterne Drittsicherheit) zustehen.

**§ 218 Vorlage des Insolvenzplans.** (1) [1]Zur Vorlage eines Insolvenzplans an das Insolvenzgericht sind der Insolvenzverwalter und der Schuldner berechtigt. [2]Die Vorlage durch den Schuldner kann mit dem Antrag auf Eröffnung des Insolvenzverfahrens verbunden werden. [3]Ein Plan, der erst nach dem Schlußtermin beim Gericht eingeht, wird nicht berücksichtigt.

---

[1)] § 215 Abs. 1 Satz 3 geänd. mWv 1.7.2007 durch G v. 13.4.2007 (BGBl. I S. 509).

[2)] Beachte hierzu Übergangsvorschrift in Art. 103c EGInsO (Nr. **110a**).

[3)] § 217 Satz 1 geänd., Satz 2 angef. mWv 1.3.2012 durch G v. 7.12.2011 (BGBl. I S. 2582); Abs. 2 angef. mWv 1.1.2021 durch G v. 22.12.2020 (BGBl. I S. 3256).

[4)] Beachte hierzu Übergangsvorschrift in Art. 103g EGInsO (Nr. **110a**).

[5)] Nr. **51**.

(2) Hat die Gläubigerversammlung den Verwalter beauftragt, einen Insolvenzplan auszuarbeiten, so hat der Verwalter den Plan binnen angemessener Frist dem Gericht vorzulegen.

(3) Bei der Aufstellung des Plans durch den Verwalter wirken der Gläubigerausschuß, wenn ein solcher bestellt ist, der Betriebsrat, der Sprecherausschuß der leitenden Angestellten und der Schuldner beratend mit.

**§ 219 Gliederung des Plans.** [1] Der Insolvenzplan besteht aus dem darstellenden Teil und dem gestaltenden Teil. [2] Ihm sind die in den §§ 229 und 230 genannten Anlagen beizufügen.

**§ 220 [1)2)] Darstellender Teil.** (1) Im darstellenden Teil des Insolvenzplans wird beschrieben, welche Maßnahmen nach der Eröffnung des Insolvenzverfahrens getroffen worden sind oder noch getroffen werden sollen, um die Grundlagen für die geplante Gestaltung der Rechte der Beteiligten zu schaffen.

(2) [1] Der darstellende Teil muss alle sonstigen Angaben zu den Grundlagen und den Auswirkungen des Plans enthalten, die für die Entscheidung der Beteiligten über die Zustimmung zum Plan und für dessen gerichtliche Bestätigung erheblich sind. [2] Er enthält insbesondere eine Vergleichsrechnung, in der die Auswirkungen des Plans auf die voraussichtliche Befriedigung der Gläubiger dargestellt werden. [3] Sieht der Plan eine Fortführung des Unternehmens vor, ist für die Ermittlung der voraussichtlichen Befriedigung ohne Plan in der Regel zu unterstellen, dass das Unternehmen fortgeführt wird. [4] Dies gilt nicht, wenn ein Verkauf des Unternehmens oder eine anderweitige Fortführung aussichtslos ist.

(3) Sieht der Insolvenzplan Eingriffe in die Rechte von Insolvenzgläubigern aus gruppeninternen Drittsicherheiten (§ 217 Absatz 2) vor, sind in die Darstellung auch die Verhältnisse des die Sicherheit gewährenden verbundenen Unternehmens und die Auswirkungen des Plans auf dieses Unternehmen einzubeziehen.

**§ 221 [3)2)] Gestaltender Teil.** [1] Im gestaltenden Teil des Insolvenzplans wird festgelegt, wie die Rechtsstellung der Beteiligten durch den Plan geändert werden soll. [2] Der Insolvenzverwalter kann durch den Plan bevollmächtigt werden, die zur Umsetzung notwendigen Maßnahmen zu ergreifen und offensichtliche Fehler des Plans zu berichtigen.

**§ 222 [4)2)] Bildung von Gruppen.** (1) [1] Bei der Festlegung der Rechte der Beteiligten im Insolvenzplan sind Gruppen zu bilden, soweit Beteiligte mit unterschiedlicher Rechtsstellung betroffen sind. [2] Es ist zu unterscheiden zwischen

1. den absonderungsberechtigten Gläubigern, wenn durch den Plan in deren Rechte eingegriffen wird;
2. den nicht nachrangigen Insolvenzgläubigern;
3. den einzelnen Rangklassen der nachrangigen Insolvenzgläubiger, soweit deren Forderungen nicht nach § 225 als erlassen gelten sollen;

---

[1)] § 220 Abs. 2 geänd. mWv 1.3.2012 durch G v. 7.12.2011 (BGBl. I S. 2582); Abs. 2 Satz 1 geänd., Sätze 2–4, Abs. 3 angef. mWv 1.1.2021 durch G v. 22.12.2020 (BGBl. I S. 3256).

[2)] Beachte hierzu Übergangsvorschrift in Art. 103g EGInsO (Nr. **110a**).

[3)] § 221 Satz 2 angef. mWv 1.3.2012 durch G v. 7.12.2011 (BGBl. I S. 2582).

[4)] § 222 Abs. 1 Satz 1, Satz 2 Nr. 3 und Abs. 2 Satz 1 geänd., Abs. 1 Satz 2 Nr. 4 angef. und Abs. 3 Satz 2 neu gef. mWv 1.3.2012 durch G v. 7.12.2011 (BGBl. I S. 2582); Abs. 1 Satz 2 Nr. 4 geänd., Nr. 5 angef. mWv 1.1.2021 durch G v. 22.12.2020 (BGBl. I S. 3256).

4. den am Schuldner beteiligten Personen, wenn deren Anteils- oder Mitgliedschaftsrechte in den Plan einbezogen werden;
5. den Inhabern von Rechten aus gruppeninternen Drittsicherheiten.

(2) [1] Aus den Beteiligten mit gleicher Rechtsstellung können Gruppen gebildet werden, in denen Beteiligte mit gleichartigen wirtschaftlichen Interessen zusammengefaßt werden. [2] Die Gruppen müssen sachgerecht voneinander abgegrenzt werden. [3] Die Kriterien für die Abgrenzung sind im Plan anzugeben.

(3) [1] Die Arbeitnehmer sollen eine besondere Gruppe bilden, wenn sie als Insolvenzgläubiger mit nicht unerheblichen Forderungen beteiligt sind. [2] Für Kleingläubiger und geringfügig beteiligte Anteilsinhaber mit einer Beteiligung am Haftkapital von weniger als 1 Prozent oder weniger als 1 000 Euro können besondere Gruppen gebildet werden.

**§ 223[1)] Rechte der Absonderungsberechtigten.** (1) [1] Ist im Insolvenzplan nichts anderes bestimmt, so wird das Recht der absonderungsberechtigten Gläubiger zur Befriedigung aus den Gegenständen, an denen Absonderungsrechte bestehen, vom Plan nicht berührt. [2] Eine abweichende Bestimmung ist hinsichtlich der Finanzsicherheiten im Sinne von § 1 Abs. 17 des Kreditwesengesetzes[2)] sowie der Sicherheiten ausgeschlossen, die

1. dem Betreiber oder dem Teilnehmer eines Systems nach § 1 Abs. 16 des Kreditwesengesetzes zur Sicherung seiner Ansprüche aus dem System oder
2. der Zentralbank eines Mitgliedstaats der Europäischen Union oder der Europäischen Zentralbank

gestellt wurden.

(2) Soweit im Plan eine abweichende Regelung getroffen wird, ist im gestaltenden Teil für die absonderungsberechtigten Gläubiger anzugeben, um welchen Bruchteil die Rechte gekürzt, für welchen Zeitraum sie gestundet oder welchen sonstigen Regelungen sie unterworfen werden sollen.

**§ 223a[3)] Gruppeninterne Drittsicherheiten.** [1] Ist im Insolvenzplan nichts anderes bestimmt, so wird das Recht eines Insolvenzgläubigers aus einer gruppeninternen Drittsicherheit (§ 217 Absatz 2) durch den Insolvenzplan nicht berührt. [2] Wird eine Regelung getroffen, ist der Eingriff angemessen zu entschädigen. [3] § 223 Absatz 1 Satz 2 und Absatz 2 gilt entsprechend.

**§ 224 Rechte der Insolvenzgläubiger.** Für die nicht nachrangigen Gläubiger ist im gestaltenden Teil des Insolvenzplans anzugeben, um welchen Bruchteil die Forderungen gekürzt, für welchen Zeitraum sie gestundet, wie sie gesichert oder welchen sonstigen Regelungen sie unterworfen werden sollen.

**§ 225 Rechte der nachrangigen Insolvenzgläubiger.** (1) Die Forderungen nachrangiger Insolvenzgläubiger gelten, wenn im Insolvenzplan nichts anderes bestimmt ist, als erlassen.

---

[1)] § 233 Abs. 1 Satz 2 angef. mWv 11.12.1999 durch G v. 8.12.1999 (BGBl. I S. 2384); Abs. 1 Satz 2 einleit. Satzteil, Nr. 1 geänd. mWv 9.4.2004 durch G v. 5.4.2004 (BGBl. I S. 502); Abs. 1 Satz 2 Nr. 1 geänd. mWv 30.6.2011 durch G v. 19.11.2010 (BGBl. I S. 1592).

[2)] **Sartorius ErgBd. Nr. 856.**

[3)] § 223a eingef. mWv 1.1.2021 durch G v. 22.12.2020 (BGBl. I S. 3256).

(2) Soweit im Plan eine abweichende Regelung getroffen wird, sind im gestaltenden Teil für jede Gruppe der nachrangigen Gläubiger die in § 224 vorgeschriebenen Angaben zu machen.

(3) Die Haftung des Schuldners nach der Beendigung des Insolvenzverfahrens für Geldstrafen und die diesen in § 39 Abs. 1 Nr. 3 gleichgestellten Verbindlichkeiten kann durch einen Plan weder ausgeschlossen noch eingeschränkt werden.

**§ 225a [1)2)] Rechte der Anteilsinhaber.** (1) Die Anteils- oder Mitgliedschaftsrechte der am Schuldner beteiligten Personen bleiben vom Insolvenzplan unberührt, es sei denn, dass der Plan etwas anderes bestimmt.

(2) [1] Im gestaltenden Teil des Plans kann vorgesehen werden, dass Forderungen von Gläubigern in Anteils- oder Mitgliedschaftsrechte am Schuldner umgewandelt werden. [2] Eine Umwandlung gegen den Willen der betroffenen Gläubiger ist ausgeschlossen. [3] Insbesondere kann der Plan eine Kapitalherabsetzung oder -erhöhung, die Leistung von Sacheinlagen, den Ausschluss von Bezugsrechten oder die Zahlung von Abfindungen an ausscheidende Anteilsinhaber vorsehen.

(3) Im Plan kann jede Regelung getroffen werden, die gesellschaftsrechtlich zulässig ist, insbesondere die Fortsetzung einer aufgelösten Gesellschaft oder die Übertragung von Anteils- oder Mitgliedschaftsrechten.

(4) [1] Maßnahmen nach Absatz 2 oder 3 berechtigen nicht zum Rücktritt oder zur Kündigung von Verträgen, an denen der Schuldner beteiligt ist. [2] Sie führen auch nicht zu einer anderweitigen Beendigung der Verträge. [3] Entgegenstehende vertragliche Vereinbarungen sind unwirksam. [4] Von den Sätzen 1 und 2 bleiben Vereinbarungen unberührt, welche an eine Pflichtverletzung des Schuldners anknüpfen, sofern sich diese nicht darin erschöpft, dass eine Maßnahme nach Absatz 2 oder 3 in Aussicht genommen oder durchgeführt wird.

(5) [1] Stellt eine Maßnahme nach Absatz 2 oder 3 für eine am Schuldner beteiligte Person einen wichtigen Grund zum Austritt aus der juristischen Person oder Gesellschaft ohne Rechtspersönlichkeit dar und wird von diesem Austrittsrecht Gebrauch gemacht, so ist für die Bestimmung der Höhe eines etwaigen Abfindungsanspruches die Vermögenslage maßgeblich, die sich bei einer Abwicklung des Schuldners eingestellt hätte. [2] Die Auszahlung des Abfindungsanspruches kann zur Vermeidung einer unangemessenen Belastung der Finanzlage des Schuldners über einen Zeitraum von bis zu drei Jahren gestundet werden. [3] Nicht ausgezahlte Abfindungsguthaben sind zu verzinsen.

**§ 226 Gleichbehandlung der Beteiligten.** (1) Innerhalb jeder Gruppe sind allen Beteiligten gleiche Rechte anzubieten.

(2) [1] Eine unterschiedliche Behandlung der Beteiligten einer Gruppe ist nur mit Zustimmung aller betroffenen Beteiligten zulässig. [2] In diesem Fall ist dem Insolvenzplan die zustimmende Erklärung eines jeden betroffenen Beteiligten beizufügen.

(3) Jedes Abkommen des Insolvenzverwalters, des Schuldners oder anderer Personen mit einzelnen Beteiligten, durch das diesen für ihr Verhalten bei Abstimmungen oder sonst im Zusammenhang mit dem Insolvenzverfahren ein nicht im Plan vorgesehener Vorteil gewährt wird, ist nichtig.

---

[1)] § 225a eingef. mWv 1.3.2012 durch G v. 7.12.2011 (BGBl. I S. 2582).
[2)] Beachte hierzu Übergangsvorschrift in Art. 103g EGInsO (Nr. **110a**).

**§ 227 Haftung des Schuldners.** (1) Ist im Insolvenzplan nichts anderes bestimmt, so wird der Schuldner mit der im gestaltenden Teil vorgesehenen Befriedigung der Insolvenzgläubiger von seinen restlichen Verbindlichkeiten gegenüber diesen Gläubigern befreit.

(2) Ist der Schuldner eine Gesellschaft ohne Rechtspersönlichkeit oder eine Kommanditgesellschaft auf Aktien, so gilt Absatz 1 entsprechend für die persönliche Haftung der Gesellschafter.

**§ 228 Änderung sachenrechtlicher Verhältnisse.** [1] Sollen Rechte an Gegenständen begründet, geändert, übertragen oder aufgehoben werden, so können die erforderlichen Willenserklärungen der Beteiligten in den gestaltenden Teil des Insolvenzplans aufgenommen werden. [2] Sind im Grundbuch eingetragene Rechte an einem Grundstück oder an eingetragenen Rechten betroffen, so sind diese Rechte unter Beachtung des § 28 der Grundbuchordnung[1)] genau zu bezeichnen. [3] Für Rechte, die im Schiffsregister, im Schiffsbauregister oder im Register für Pfandrechte an Luftfahrzeugen eingetragen sind, gilt Satz 2 entsprechend.

**§ 229**[2)3)] **Vermögensübersicht. Ergebnis- und Finanzplan.** [1] Sollen die Gläubiger aus den Erträgen des vom Schuldner oder von einem Dritten fortgeführten Unternehmens befriedigt werden, so ist dem Insolvenzplan eine Vermögensübersicht beizufügen, in der die Vermögensgegenstände und die Verbindlichkeiten, die sich bei einem Wirksamwerden des Plans gegenüberstünden, mit ihren Werten aufgeführt werden. [2] Ergänzend ist darzustellen, welche Aufwendungen und Erträge für den Zeitraum, während dessen die Gläubiger befriedigt werden sollen, zu erwarten sind und durch welche Abfolge von Einnahmen und Ausgaben die Zahlungsfähigkeit des Unternehmens während dieses Zeitraums gewährleistet werden soll. [3] Dabei sind auch die Gläubiger zu berücksichtigen, die zwar ihre Forderungen nicht angemeldet haben, jedoch bei der Ausarbeitung des Plans bekannt sind.

**§ 230**[4)3)] **Weitere Anlagen.** (1) [1] Ist im Insolvenzplan vorgesehen, daß der Schuldner sein Unternehmen fortführt, und ist der Schuldner eine natürliche Person, so ist dem Plan die Erklärung des Schuldners beizufügen, daß er zur Fortführung des Unternehmens auf der Grundlage des Plans bereit ist. [2] Ist der Schuldner eine Gesellschaft ohne Rechtspersönlichkeit oder eine Kommanditgesellschaft auf Aktien, so ist dem Plan eine entsprechende Erklärung der Personen beizufügen, die nach dem Plan persönlich haftende Gesellschafter des Unternehmens sein sollen. [3] Die Erklärung des Schuldners nach Satz 1 ist nicht erforderlich, wenn dieser selbst den Plan vorlegt.

(2) Sollen Gläubiger Anteils- oder Mitgliedschaftsrechte oder Beteiligungen an einer juristischen Person, einem nicht rechtsfähigen Verein oder einer Gesellschaft ohne Rechtspersönlichkeit übernehmen, so ist dem Plan die zustimmende Erklärung eines jeden dieser Gläubiger beizufügen.

(3) Hat ein Dritter für den Fall der Bestätigung des Plans Verpflichtungen gegenüber den Gläubigern übernommen, so ist dem Plan die Erklärung des Dritten beizufügen.

---

[1)] Nr. **114**.

[2)] § 229 Satz 3 angef. mWv 1.3.2012 durch G v. 7.12.2011 (BGBl. I S. 2582).

[3)] Beachte hierzu Übergangsvorschrift in Art. 103g EGInsO (Nr. **110a**).

[4)] § 230 Abs. 1 Satz 2 neu gef. mWv 1.3.2012 durch G v. 7.12.2011 (BGBl. I S. 2582); Abs. 4 angef. mWv 1.1.2021 durch G v. 22.12.2020 (BGBl. I S. 3256).

(4) Sieht der Insolvenzplan Eingriffe in die Rechte von Gläubigern aus gruppeninternen Drittsicherheiten vor, so ist dem Plan die Zustimmung des verbundenen Unternehmens beizufügen, das die Sicherheit gestellt hat.

**§ 231** [1)2)] **Zurückweisung des Plans.** (1) [1] Das Insolvenzgericht weist den Insolvenzplan von Amts wegen zurück,

1. wenn die Vorschriften über das Recht zur Vorlage und den Inhalt des Plans, insbesondere zur Bildung von Gruppen, nicht beachtet sind und der Vorlegende den Mangel nicht beheben kann oder innerhalb einer angemessenen, vom Gericht gesetzten Frist nicht behebt,
2. wenn ein vom Schuldner vorgelegter Plan offensichtlich keine Aussicht auf Annahme durch die Beteiligten oder auf Bestätigung durch das Gericht hat oder
3. wenn die Ansprüche, die den Beteiligten nach dem gestaltenden Teil eines vom Schuldner vorgelegten Plans zustehen, offensichtlich nicht erfüllt werden können.

[2] Die Entscheidung des Gerichts soll innerhalb von zwei Wochen nach Vorlage des Plans erfolgen.

(2) Hatte der Schuldner in dem Insolvenzverfahren bereits einen Plan vorgelegt, der von den Beteiligten abgelehnt, vom Gericht nicht bestätigt oder vom Schuldner nach der öffentlichen Bekanntmachung des Erörterungstermins zurückgezogen worden ist, so hat das Gericht einen neuen Plan des Schuldners zurückzuweisen, wenn der Insolvenzverwalter mit Zustimmung des Gläubigerausschusses, wenn ein solcher bestellt ist, die Zurückweisung beantragt.

(3) Gegen den Beschluß, durch den der Plan zurückgewiesen wird, steht dem Vorlegenden die sofortige Beschwerde zu.

**§ 232** [3)2)] **Stellungnahmen zum Plan.** (1) Wird der Insolvenzplan nicht zurückgewiesen, so leitet das Insolvenzgericht ihn zur Stellungnahme, insbesondere zur Vergleichsrechnung, zu:

1. dem Gläubigerausschuß, wenn ein solcher bestellt ist, dem Betriebsrat und dem Sprecherausschuß der leitenden Angestellten;
2. dem Schuldner, wenn der Insolvenzverwalter den Plan vorgelegt hat;
3. dem Verwalter, wenn der Schuldner den Plan vorgelegt hat.

(2) Das Gericht kann auch der für den Schuldner zuständigen amtlichen Berufsvertretung der Industrie, des Handels, des Handwerks oder der Landwirtschaft oder anderen sachkundigen Stellen Gelegenheit zur Äußerung geben.

(3) [1] Das Gericht bestimmt eine Frist für die Abgabe der Stellungnahmen. [2] Die Frist soll zwei Wochen nicht überschreiten.

(4) [1] Das Gericht kann den in den Absätzen 1 und 2 Genannten den Plan bereits vor der Entscheidung nach § 231 zur Stellungnahme zuleiten. [2] Enthält eine daraufhin eingehende Stellungnahme neuen Tatsachenvortrag, auf den das Gericht eine Zurückweisungsentscheidung stützen will, hat das Gericht die Stellungnahme dem Planvorleger und den anderen nach Absatz 1 zur Stellungnahme Berechtigten zur Stellungnahme binnen einer Frist von höchstens einer Woche zuzuleiten.

---

[1)] § 231 Abs. 1 Satz 1 Nr. 1 und 2 geänd., Satz 2 angef., Abs. 2 geänd. mWv 1.3.2012 durch G v. 7.12. 2011 (BGBl. I S. 2582).

[2)] Beachte hierzu Übergangsvorschrift in Art. 103g EGInsO (Nr. **110a**).

[3)] § 232 Abs. 3 Satz 2 angef. mWv 1.3.2012 durch G v. 7.12.2011 (BGBl. I S. 2582); Abs. 1 einl. Satzteil geänd., Abs. 4 angef. mWv 1.1.2021 durch G v. 22.12.2020 (BGBl. I S. 3256).

**§ 233 Aussetzung von Verwertung und Verteilung.** [1] Soweit die Durchführung eines vorgelegten Insolvenzplans durch die Fortsetzung der Verwertung und Verteilung der Insolvenzmasse gefährdet würde, ordnet das Insolvenzgericht auf Antrag des Schuldners oder des Insolvenzverwalters die Aussetzung der Verwertung und Verteilung an. [2] Das Gericht sieht von der Aussetzung ab oder hebt sie auf, soweit mit ihr die Gefahr erheblicher Nachteile für die Masse verbunden ist oder soweit der Verwalter mit Zustimmung des Gläubigerausschusses oder der Gläubigerversammlung die Fortsetzung der Verwertung und Verteilung beantragt.

**§ 234 Niederlegung des Plans.** Der Insolvenzplan ist mit seinen Anlagen und den eingegangenen Stellungnahmen in der Geschäftsstelle zur Einsicht der Beteiligten niederzulegen.

## Zweiter Abschnitt. Annahme und Bestätigung des Plans

**§ 235** [1)2)] **Erörterungs- und Abstimmungstermin.** (1) [1] Das Insolvenzgericht bestimmt einen Termin, in dem der Insolvenzplan und das Stimmrecht der Beteiligten erörtert werden und anschließend über den Plan abgestimmt wird (Erörterungs- und Abstimmungstermin). [2] Der Termin soll nicht über einen Monat hinaus angesetzt werden. [3] Er kann gleichzeitig mit der Einholung der Stellungnahmen nach § 232 anberaumt werden.

(2) [1] Der Erörterungs- und Abstimmungstermin ist öffentlich bekanntzumachen. [2] Dabei ist darauf hinzuweisen, daß der Plan und die eingegangenen Stellungnahmen in der Geschäftsstelle eingesehen werden können. [3] § 74 Abs. 2 Satz 2 gilt entsprechend.

(3) [1] Die Insolvenzgläubiger, die Forderungen angemeldet haben, die absonderungsberechtigten Gläubiger, der Insolvenzverwalter, der Schuldner, der Betriebsrat und der Sprecherausschuß der leitenden Angestellten sind besonders zu laden. [2] Mit der Ladung ist ein Abdruck des Plans oder eine Zusammenfassung seines wesentlichen Inhalts, die der Vorlegende auf Aufforderung einzureichen hat, zu übersenden. [3] Sind die Anteils- oder Mitgliedschaftsrechte der am Schuldner beteiligten Personen in den Plan einbezogen, so sind auch diese Personen gemäß den Sätzen 1 und 2 zu laden; dies gilt nicht für Aktionäre oder Kommanditaktionäre. [4] § 8 Absatz 3 gilt entsprechend. [5] Für börsennotierte Gesellschaften findet § 121 Absatz 4a des Aktiengesetzes[3)] entsprechende Anwendung; sie haben eine Zusammenfassung des wesentlichen Inhalts des Plans über ihre Internetseite zugänglich zu machen.

**§ 236 Verbindung mit dem Prüfungstermin.** [1] Der Erörterungs- und Abstimmungstermin darf nicht vor dem Prüfungstermin stattfinden. [2] Beide Termine können jedoch verbunden werden.

**§ 237 Stimmrecht der Insolvenzgläubiger.** (1) [1] Für das Stimmrecht der Insolvenzgläubiger bei der Abstimmung über den Insolvenzplan gilt § 77 Abs. 1 Satz 1, Abs. 2 und 3 Nr. 1 entsprechend. [2] Absonderungsberechtigte Gläubiger sind nur insoweit zur Abstimmung als Insolvenzgläubiger berechtigt, als ihnen der Schuldner auch persönlich haftet und sie auf die abgesonderte Befriedigung ver-

---

1) § 235 Abs. 2 Satz 3 angef. durch G v. 19.12.1998 (BGBl. I S. 3836); Abs. 1 Satz 1 geänd., Satz 3 und Abs. 3 Sätze 3 und 4 angef. mWv 1.3.2012 durch G v. 7.12.2011 (BGBl. I S. 2582); Abs. 3 Satz 4 eingef., bish. Satz 4 wird Satz 5 mWv 1.1.2021 durch G v. 22.12.2020 (BGBl. I S. 3256).

2) Beachte hierzu Übergangsvorschrift in Art. 103g EGInsO (Nr. **110a**).

3) Nr. **51**.

zichten oder bei ihr ausfallen; solange der Ausfall nicht feststeht, sind sie mit dem mutmaßlichen Ausfall zu berücksichtigen.

(2) Gläubiger, deren Forderungen durch den Plan nicht beeinträchtigt werden, haben kein Stimmrecht.

**§ 238 Stimmrecht der absonderungsberechtigten Gläubiger.** (1) [1] Soweit im Insolvenzplan auch die Rechtsstellung absonderungsberechtigter Gläubiger geregelt wird, sind im Termin die Rechte dieser Gläubiger einzeln zu erörtern. [2] Ein Stimmrecht gewähren die Absonderungsrechte, die weder vom Insolvenzverwalter noch von einem absonderungsberechtigten Gläubiger noch von einem Insolvenzgläubiger bestritten werden. [3] Für das Stimmrecht bei streitigen, aufschiebend bedingten oder nicht fälligen Rechten gelten die §§ 41, 77 Abs. 2, 3 Nr. 1 entsprechend.

(2) § 237 Abs. 2 gilt entsprechend.

**§ 238a [1)2)] Stimmrecht der Anteilsinhaber.** (1) [1] Das Stimmrecht der Anteilsinhaber des Schuldners bestimmt sich allein nach deren Beteiligung am gezeichneten Kapital oder Vermögen des Schuldners. [2] Stimmrechtsbeschränkungen, Sonder- oder Mehrstimmrechte bleiben außer Betracht.

(2) § 237 Absatz 2 gilt entsprechend.

**§ 238b [3)] Stimmrecht der Berechtigten aus gruppeninternen Drittsicherheiten.** Sieht der Plan Eingriffe in Rechte aus gruppeninternen Drittsicherheiten vor, richtet sich das Stimmrecht nach dem Befriedigungsbeitrag, der aus der Geltendmachung der Rechte aus der Drittsicherheit mutmaßlich zu erwarten ist.

**§ 239 [4)2)] Stimmliste.** Der Urkundsbeamte der Geschäftsstelle hält in einem Verzeichnis fest, welche Stimmrechte den Beteiligten nach dem Ergebnis der Erörterung im Termin zustehen.

**§ 240 Änderung des Plans.** [1] Der Vorlegende ist berechtigt, einzelne Regelungen des Insolvenzplans auf Grund der Erörterung im Termin inhaltlich zu ändern. [2] Über den geänderten Plan kann noch in demselben Termin abgestimmt werden.

**§ 241 [5)2)] Gesonderter Abstimmungstermin.** (1) [1] Das Insolvenzgericht kann einen gesonderten Termin zur Abstimmung über den Insolvenzplan bestimmen. [2] In diesem Fall soll der Zeitraum zwischen dem Erörterungstermin und dem Abstimmungstermin nicht mehr als einen Monat betragen.

(2) [1] Zum Abstimmungstermin sind die stimmberechtigten Beteiligten und der Schuldner zu laden. [2] Dies gilt nicht für Aktionäre oder Kommanditaktionäre. [3] Für diese reicht es aus, den Termin öffentlich bekannt zu machen. [4] Für börsennotierte Gesellschaften findet § 121 Absatz 4a des Aktiengesetzes[6)] entsprechende Anwendung. [5] Im Fall einer Änderung des Plans ist auf die Änderung besonders hinzuweisen.

---

1) § 238a eingef. mWv 1.3.2012 durch G v. 7.12.2011 (BGBl. I S. 2582).
2) Beachte hierzu Übergangsvorschrift in Art. 103g EGInsO (Nr. **110a**).
3) § 238b eingef. mWv 1.1.2021 durch G v. 22.12.2020 (BGBl. I S. 3256).
4) § 239 geänd. mWv 1.3.2012 durch G v. 7.12.2011 (BGBl. I S. 2582).
5) § 241 Abs. 2 neu gef. mWv 1.3.2012 durch G v. 7.12.2011 (BGBl. I S. 2582).
6) Nr. **51**.

**§ 242** [1)2)] **Schriftliche Abstimmung.** (1) Ist ein gesonderter Abstimmungstermin bestimmt, so kann das Stimmrecht schriftlich ausgeübt werden.

(2) [1] Das Insolvenzgericht übersendet den stimmberechtigten Beteiligten nach dem Erörterungstermin den Stimmzettel und teilt ihnen dabei ihr Stimmrecht mit. [2] Die schriftliche Stimmabgabe wird nur berücksichtigt, wenn sie dem Gericht spätestens am Tag vor dem Abstimmungstermin zugegangen ist; darauf ist bei der Übersendung des Stimmzettels hinzuweisen.

**§ 243** [3)2)] **Abstimmung in Gruppen.** Jede Gruppe der stimmberechtigten Beteiligten stimmt gesondert über den Insolvenzplan ab.

**§ 244** [4)2)] **Erforderliche Mehrheiten.** (1) Zur Annahme des Insolvenzplans durch die Gläubiger ist erforderlich, daß in jeder Gruppe

1. die Mehrheit der abstimmenden Gläubiger dem Plan zustimmt und
2. die Summe der Ansprüche der zustimmenden Gläubiger mehr als die Hälfte der Summe der Ansprüche der abstimmenden Gläubiger beträgt.

(2) [1] Gläubiger, denen ein Recht gemeinschaftlich zusteht oder deren Rechte bis zum Eintritt des Eröffnungsgrunds ein einheitliches Recht gebildet haben, werden bei der Abstimmung als ein Gläubiger gerechnet. [2] Entsprechendes gilt, wenn an einem Recht ein Pfandrecht oder ein Nießbrauch besteht.

(3) Für die am Schuldner beteiligten Personen gilt Absatz 1 Nummer 2 entsprechend mit der Maßgabe, dass an die Stelle der Summe der Ansprüche die Summe der Beteiligungen tritt.

**§ 245** [5)2)] **Obstruktionsverbot.** (1) Auch wenn die erforderlichen Mehrheiten nicht erreicht worden sind, gilt die Zustimmung einer Abstimmungsgruppe als erteilt, wenn

1. die Angehörigen dieser Gruppe durch den Insolvenzplan voraussichtlich nicht schlechter gestellt werden, als sie ohne einen Plan stünden,
2. die Angehörigen dieser Gruppe angemessen an dem wirtschaftlichen Wert beteiligt werden, der auf der Grundlage des Plans den Beteiligten zufließen soll, und
3. die Mehrheit der abstimmenden Gruppen dem Plan mit den erforderlichen Mehrheiten zugestimmt hat.

(2) [1] Für eine Gruppe der Gläubiger liegt eine angemessene Beteiligung im Sinne des Absatzes 1 Nummer 2 vor, wenn nach dem Plan

1. kein anderer Gläubiger wirtschaftliche Werte erhält, die den vollen Betrag seines Anspruchs übersteigen,
2. weder ein Gläubiger, der ohne einen Plan mit Nachrang gegenüber den Gläubigern der Gruppe zu befriedigen wäre, noch der Schuldner oder eine an ihm beteiligte Person einen durch Leistung in das Vermögen des Schuldners nicht vollständig ausgeglichenen wirtschaftlichen Wert erhält und

---

1) § 242 Abs. 2 Satz 1 geänd. mWv 1.3.2012 durch G v. 7.12.2011 (BGBl. I S. 2582).
2) Beachte hierzu Übergangsvorschrift in Art. 103g EGInsO (Nr. **110a**).
3) § 243 geänd. mWv 1.3.2012 durch G v. 7.12.2011 (BGBl. I S. 2582).
4) § 244 Abs. 3 angef. mWv 1.3.2012 durch G v. 7.12.2011 (BGBl. I S. 2582).
5) § 245 Abs. 1 Nr. 1 geänd. durch G v. 19.12.1998 (BGBl. I S. 3836); Abs. 1 Nr. 1 und 2 geänd., Abs. 2 neu gef., Abs. 3 angef. mWv 1.3.2012 durch G v. 7.12.2011 (BGBl. I S. 2582); Abs. 2 Satz 1 Nr. 2 geänd., Sätze 2 und 3 angef., Abs. 2a eingef. mWv 1.1.2021 durch G v. 22.12.2020 (BGBl. I S. 3256).

3. kein Gläubiger, der ohne einen Plan gleichrangig mit den Gläubigern der Gruppe zu befriedigen wäre, bessergestellt wird als diese Gläubiger.

[2] Handelt es sich bei dem Schuldner um eine natürliche Person, deren Mitwirkung bei der Fortführung des Unternehmens infolge besonderer, in der Person des Schuldners liegender Umstände unerlässlich ist, um den Planmehrwert zu verwirklichen, und hat sich der Schuldner im Plan zur Fortführung des Unternehmens sowie dazu verpflichtet, die wirtschaftlichen Werte, die er erhält oder behält, zu übertragen, wenn seine Mitwirkung aus von ihm zu vertretenden Gründen vor Ablauf von fünf Jahren oder einer kürzeren, für den Planvollzug vorgesehenen Frist endet, kann eine angemessene Beteiligung der Gläubigergruppe auch dann vorliegen, wenn der Schuldner in Abweichung von Satz 1 Nummer 2 wirtschaftliche Werte erhält. [3] Satz 2 gilt entsprechend für an der Geschäftsführung beteiligte Inhaber von Anteils- oder Mitgliedschaftsrechten.

(2a) Wird die erforderliche Mehrheit in der nach § 222 Absatz 1 Satz 2 Nummer 5 zu bildenden Gruppe nicht erreicht, gelten die Absätze 1 und 2 für diese Gruppe nur, wenn die für den Eingriff vorgesehene Entschädigung die Inhaber der Rechte aus der gruppeninternen Drittsicherheit für den zu erleidenden Rechtsverlust angemessen entschädigt.

(3) Für eine Gruppe der Anteilsinhaber liegt eine angemessene Beteiligung im Sinne des Absatzes 1 Nummer 2 vor, wenn nach dem Plan

1. kein Gläubiger wirtschaftliche Werte erhält, die den vollen Betrag seines Anspruchs übersteigen, und
2. kein Anteilsinhaber, der ohne einen Plan den Anteilsinhabern der Gruppe gleichgestellt wäre, bessergestellt wird als diese.

**§ 245a[1)] Schlechterstellung bei natürlichen Personen.** [1] Ist der Schuldner eine natürliche Person, ist für die Prüfung einer voraussichtlichen Schlechterstellung nach § 245 Absatz 1 Nummer 1 im Zweifel davon auszugehen, dass die Einkommens-, Vermögens- und Familienverhältnisse des Schuldners zum Zeitpunkt der Abstimmung über den Insolvenzplan für die Verfahrensdauer und den Zeitraum, in dem die Insolvenzgläubiger ihre restlichen Forderungen gegen den Schuldner unbeschränkt geltend machen können, maßgeblich bleiben. [2] Hat der Schuldner einen zulässigen Antrag auf Restschuldbefreiung gestellt, ist im Zweifel zudem anzunehmen, dass die Restschuldbefreiung zum Ablauf der Abtretungsfrist des § 287 Absatz 2 erteilt wird.

**§ 246[2)3)] Zustimmung nachrangiger Insolvenzgläubiger.** Für die Annahme des Insolvenzplans durch die nachrangigen Insolvenzgläubiger gelten ergänzend folgende Bestimmungen:

1. Die Zustimmung der Gruppen mit einem Rang hinter § 39 Abs. 1 Nr. 3 gilt als erteilt, wenn kein Insolvenzgläubiger durch den Plan besser gestellt wird als die Gläubiger dieser Gruppen.
2. Beteiligt sich kein Gläubiger einer Gruppe an der Abstimmung, so gilt die Zustimmung der Gruppe als erteilt.

---

1) § 245a eingef. mWv 1.1.2021 durch G v. 22.12.2020 (BGBl. I S. 3256).

2) § 246 Nr. 1 aufgeh., bish. Nr. 2 und 3 werden Nr. 1 und 2 mWv 1.3.2012 durch G v. 7.12.2011 (BGBl. I S. 2582).

3) Beachte hierzu Übergangsvorschrift in Art. 103g EGInsO (Nr. **110a**).

**§ 246a**[1)2)] **Zustimmung der Anteilsinhaber.** Beteiligt sich keines der Mitglieder einer Gruppe der Anteilsinhaber an der Abstimmung, so gilt die Zustimmung der Gruppe als erteilt.

**§ 247**[3)2)] **Zustimmung des Schuldners.** (1) Die Zustimmung des Schuldners zum Plan gilt als erteilt, wenn der Schuldner dem Plan nicht spätestens im Abstimmungstermin schriftlich widerspricht.

(2) Ein Widerspruch ist im Rahmen des Absatzes 1 unbeachtlich, wenn

1. der Schuldner durch den Plan voraussichtlich nicht schlechter gestellt wird, als er ohne einen Plan stünde, und
2. kein Gläubiger einen wirtschaftlichen Wert erhält, der den vollen Betrag seines Anspruchs übersteigt.

**§ 248**[4)2)] **Gerichtliche Bestätigung.** (1) Nach der Annahme des Insolvenzplans durch die Beteiligten (§§ 244 bis 246a) und der Zustimmung des Schuldners bedarf der Plan der Bestätigung durch das Insolvenzgericht.

(2) Das Gericht soll vor der Entscheidung über die Bestätigung den Insolvenzverwalter, den Gläubigerausschuß, wenn ein solcher bestellt ist, und den Schuldner hören.

**§ 248a**[5)2)] **Gerichtliche Bestätigung einer Planberichtigung.** (1) Eine Berichtigung des Insolvenzplans durch den Insolvenzverwalter nach § 221 Satz 2 bedarf der Bestätigung durch das Insolvenzgericht.

(2) Das Gericht soll vor der Entscheidung über die Bestätigung den Insolvenzverwalter, den Gläubigerausschuss, wenn ein solcher bestellt ist, die Gläubiger und die Anteilsinhaber, sofern ihre Rechte betroffen sind, sowie den Schuldner hören.

(3) Die Bestätigung ist auf Antrag zu versagen, wenn ein Beteiligter durch die mit der Berichtigung einhergehende Planänderung voraussichtlich schlechtergestellt wird, als er nach den mit dem Plan beabsichtigten Wirkungen stünde.

(4) [1] Gegen den Beschluss, durch den die Berichtigung bestätigt oder versagt wird, steht den in Absatz 2 genannten Gläubigern und Anteilsinhabern sowie dem Verwalter die sofortige Beschwerde zu. [2] § 253 Absatz 4 gilt entsprechend.

**§ 249 Bedingter Plan.** [1] Ist im Insolvenzplan vorgesehen, daß vor der Bestätigung bestimmte Leistungen erbracht oder andere Maßnahmen verwirklicht werden sollen, so darf der Plan nur bestätigt werden, wenn diese Voraussetzungen erfüllt sind. [2] Die Bestätigung ist von Amts wegen zu versagen, wenn die Voraussetzungen auch nach Ablauf einer angemessenen, vom Insolvenzgericht gesetzten Frist nicht erfüllt sind.

**§ 250**[6)2)] **Verstoß gegen Verfahrensvorschriften.** Die Bestätigung ist von Amts wegen zu versagen,

1. wenn die Vorschriften über den Inhalt und die verfahrensmäßige Behandlung des Insolvenzplans sowie über die Annahme durch die Beteiligten und die

---

1) § 246a eingef. mWv 1.3.2012 durch G v. 7.12.2011 (BGBl. I S. 2582).

2) Beachte hierzu Übergangsvorschrift in Art. 103g EGInsO (Nr. **110a**).

3) § 247 Abs. 2 Nr. 1 geänd. durch G v. 19.12.1998 (BGBl. I S. 3836); Abs. 1 geänd. mWv 1.3.2012 durch G v. 7.12.2011 (BGBl. I S. 2582).

4) § 248 Abs. 1 geänd. mWv 1.3.2012 durch G v. 7.12.2011 (BGBl. I S. 2582).

5) § 248a eingef. mWv 1.3.2012 durch G v. 7.12.2011 (BGBl. I S. 2582).

6) § 250 Nr. 1 und 2 geänd. mWv 1.3.2012 durch G v. 7.12.2011 (BGBl. I S. 2582).

Zustimmung des Schuldners in einem wesentlichen Punkt nicht beachtet worden sind und der Mangel nicht behoben werden kann oder
2. wenn die Annahme des Plans unlauter, insbesondere durch Begünstigung eines Beteiligten, herbeigeführt worden ist.

**§ 251** [1)2)] **Minderheitenschutz.** (1) Auf Antrag eines Gläubigers oder, wenn der Schuldner keine natürliche Person ist, einer am Schuldner beteiligten Person ist die Bestätigung des Insolvenzplans zu versagen, wenn
1. der Antragsteller dem Plan spätestens im Abstimmungstermin schriftlich oder zu Protokoll widersprochen hat und
2. der Antragsteller durch den Plan voraussichtlich schlechtergestellt wird, als er ohne einen Plan stünde; ist der Schuldner eine natürliche Person, gilt § 245a entsprechend.

(2) Der Antrag ist nur zulässig, wenn der Antragsteller spätestens im Abstimmungstermin glaubhaft macht, dass er durch den Plan voraussichtlich schlechtergestellt wird.

(3) [1] Der Antrag ist abzuweisen, wenn im gestaltenden Teil des Plans Mittel für den Fall bereitgestellt werden, dass ein Beteiligter eine Schlechterstellung nachweist. [2] Ob der Beteiligte einen Ausgleich aus diesen Mitteln erhält, ist außerhalb des Insolvenzverfahrens zu klären.

**§ 252** [3)2)] **Bekanntgabe der Entscheidung.** (1) [1] Der Beschluß, durch den der Insolvenzplan bestätigt oder seine Bestätigung versagt wird, ist im Abstimmungstermin oder in einem alsbald zu bestimmenden besonderen Termin zu verkünden. [2] § 74 Abs. 2 Satz 2 gilt entsprechend.

(2) [1] Wird der Plan bestätigt, so ist den Insolvenzgläubigern, die Forderungen angemeldet haben, und den absonderungsberechtigten Gläubigern unter Hinweis auf die Bestätigung ein Abdruck des Plans oder eine Zusammenfassung seines wesentlichen Inhalts zu übersenden. [2] Sind die Anteils- oder Mitgliedschaftsrechte der am Schuldner beteiligten Personen in den Plan einbezogen, so sind auch diesen die Unterlagen zu übersenden; dies gilt nicht für Aktionäre oder Kommanditaktionäre. [3] Die Übersendung eines Abdrucks des Plans oder einer Zusammenfassung seines wesentlichen Inhalts nach den Sätzen 1 und 2 kann unterbleiben, wenn ein Abdruck des Plans mit der Ladung nach § 235 Absatz 2 Satz 2 übersendet und der Plan unverändert angenommen wurde. [4] § 8 Absatz 3 gilt entsprechend. [5] Börsennotierte Gesellschaften haben eine Zusammenfassung des wesentlichen Inhalts des Plans über ihre Internetseite zugänglich zu machen.

**§ 253** [4)2)] **Rechtsmittel.** (1) Gegen den Beschluss, durch den der Insolvenzplan bestätigt oder durch den die Bestätigung versagt wird, steht den Gläubigern, dem Schuldner und, wenn dieser keine natürliche Person ist, den am Schuldner beteiligten Personen die sofortige Beschwerde zu.

---

[1)] § 251 neu gef. mWv 1.3.2012 durch G v. 7.12.2011 (BGBl. I S. 2582); Abs. 1 Nr. 2 geänd. mWv 1.1.2021 durch G v. 22.12.2020 (BGBl. I S. 3256).

[2)] Beachte hierzu Übergangsvorschrift in Art. 103g EGInsO (Nr. **110a**).

[3)] § 252 Abs. 1 Satz 2 angef. durch G v. 19.12.1998 (BGBl. I S. 3836); Abs. 2 Sätze 2 und 3 angef. mWv 1.3.2012 durch G v. 7.12.2011 (BGBl. I S. 2582); Abs. 2 Sätze 3 und 4 eingef., bish. Satz 3 wird Satz 5 mWv 1.1.2021 durch G v. 22.12.2020 (BGBl. I S. 3256).

[4)] § 253 neu gef. mWv 1.3.2012 durch G v. 7.12.2011 (BGBl. I S. 2582); Abs. 2 Nr. 3 geänd. mWv 1.1.2021 durch G v. 22.12.2020 (BGBl. I S. 3256).

(2) Die sofortige Beschwerde gegen die Bestätigung ist nur zulässig, wenn der Beschwerdeführer

1. dem Plan spätestens im Abstimmungstermin schriftlich oder zu Protokoll widersprochen hat,
2. gegen den Plan gestimmt hat und
3. glaubhaft macht, dass er durch den Plan wesentlich schlechtergestellt wird, als er ohne einen Plan stünde, und dass dieser Nachteil nicht durch eine Zahlung aus den in § 251 Absatz 3 genannten Mitteln ausgeglichen werden kann; ist der Schuldner eine natürliche Person, gilt § 245a entsprechend.

(3) Absatz 2 Nummer 1 und 2 gilt nur, wenn in der öffentlichen Bekanntmachung des Termins (§ 235 Absatz 2) und in den Ladungen zum Termin (§ 235 Absatz 3) auf die Notwendigkeit des Widerspruchs und der Ablehnung des Plans besonders hingewiesen wurde.

(4) [1] Auf Antrag des Insolvenzverwalters weist das Landgericht die Beschwerde unverzüglich zurück, wenn das alsbaldige Wirksamwerden des Insolvenzplans vorrangig erscheint, weil die Nachteile einer Verzögerung des Planvollzugs nach freier Überzeugung des Gerichts die Nachteile für den Beschwerdeführer überwiegen; ein Abhilfeverfahren nach § 572 Absatz 1 Satz 1 der Zivilprozessordnung[1)] findet nicht statt. [2] Dies gilt nicht, wenn ein besonders schwerer Rechtsverstoß vorliegt. [3] Weist das Gericht die Beschwerde nach Satz 1 zurück, ist dem Beschwerdeführer aus der Masse der Schaden zu ersetzen, der ihm durch den Planvollzug entsteht; die Rückgängigmachung der Wirkungen des Insolvenzplans kann nicht als Schadensersatz verlangt werden. [4] Für Klagen, mit denen Schadensersatzansprüche nach Satz 3 geltend gemacht werden, ist das Landgericht ausschließlich zuständig, das die sofortige Beschwerde zurückgewiesen hat.

## Dritter Abschnitt. Wirkungen des bestätigten Plans. Überwachung der Planerfüllung

**§ 254 [2)3)] Allgemeine Wirkungen des Plans.** (1) Mit der Rechtskraft der Bestätigung des Insolvenzplans treten die im gestaltenden Teil festgelegten Wirkungen für und gegen alle Beteiligten ein.

(2) [1] Die Rechte der Insolvenzgläubiger gegen Mitschuldner und Bürgen des Schuldners sowie die Rechte dieser Gläubiger an Gegenständen, die nicht zur Insolvenzmasse gehören, oder aus einer Vormerkung, die sich auf solche Gegenstände bezieht, werden mit Ausnahme der nach § 223a gestalteten Rechte aus gruppeninternen Drittsicherheiten (§ 217 Absatz 2) durch den Plan nicht berührt. [2] Der Schuldner wird jedoch durch den Plan gegenüber dem Mitschuldner, dem Bürgen oder anderen Rückgriffsberechtigten in gleicher Weise befreit wie gegenüber dem Gläubiger.

(3) Ist ein Gläubiger weitergehend befriedigt worden, als er nach dem Plan zu beanspruchen hat, so begründet dies keine Pflicht zur Rückgewähr des Erlangten.

(4) Werden Forderungen von Gläubigern in Anteils- oder Mitgliedschaftsrechte am Schuldner umgewandelt, kann der Schuldner nach der gerichtlichen Bestätigung keine Ansprüche wegen einer Überbewertung der Forderungen im Plan gegen die bisherigen Gläubiger geltend machen.

---

1) Nr. **100**.

2) § 254 Abs. 1 Sätze 2 und 3 aufgeh., Abs. 4 angef. mWv 1.3.2012 durch G v. 7.12.2011 (BGBl. I S. 2582); Abs. 2 Satz 1 geänd. mWv 1.1.2021 durch G v. 22.12.2020 (BGBl. I S. 3256).

3) Beachte hierzu Übergangsvorschrift in Art. 103g EGInsO (Nr. **110a**).

**§ 254a [1)2)] Rechte an Gegenständen. Sonstige Wirkungen des Plans.**

(1) Wenn Rechte an Gegenständen begründet, geändert, übertragen oder aufgehoben oder Geschäftsanteile an einer Gesellschaft mit beschränkter Haftung abgetreten werden sollen, gelten die in den Insolvenzplan aufgenommenen Willenserklärungen der Beteiligten als in der vorgeschriebenen Form abgegeben.

(2) [1] Wenn die Anteils- oder Mitgliedschaftsrechte der am Schuldner beteiligten Personen in den Plan einbezogen sind (§ 225a), gelten die in den Plan aufgenommenen Beschlüsse der Anteilsinhaber oder sonstigen Willenserklärungen der Beteiligten als in der vorgeschriebenen Form abgegeben. [2] Gesellschaftsrechtlich erforderliche Ladungen, Bekanntmachungen und sonstige Maßnahmen zur Vorbereitung von Beschlüssen der Anteilsinhaber gelten als in der vorgeschriebenen Form bewirkt. [3] Der Insolvenzverwalter ist berechtigt, die erforderlichen Anmeldungen beim jeweiligen Registergericht vorzunehmen.

(3) Entsprechendes gilt für die in den Plan aufgenommenen Verpflichtungserklärungen, die einer Maßnahme nach Absatz 1 oder 2 zugrunde liegen.

**§ 254b [3)2)] Wirkung für alle Beteiligten.** Die §§ 254 und 254a gelten auch für Insolvenzgläubiger, die ihre Forderungen nicht angemeldet haben, und für Beteiligte, die dem Insolvenzplan widersprochen haben.

**§ 255 Wiederauflebensklausel.** (1) [1] Sind auf Grund des gestaltenden Teils des Insolvenzplans Forderungen von Insolvenzgläubigern gestundet oder teilweise erlassen worden, so wird die Stundung oder der Erlaß für den Gläubiger hinfällig, gegenüber dem der Schuldner mit der Erfüllung des Plans erheblich in Rückstand gerät. [2] Ein erheblicher Rückstand ist erst anzunehmen, wenn der Schuldner eine fällige Verbindlichkeit nicht bezahlt hat, obwohl der Gläubiger ihn schriftlich gemahnt und ihm dabei eine mindestens zweiwöchige Nachfrist gesetzt hat.

(2) Wird vor vollständiger Erfüllung des Plans über das Vermögen des Schuldners ein neues Insolvenzverfahren eröffnet, so ist die Stundung oder der Erlaß für alle Insolvenzgläubiger hinfällig.

(3) [1] Im Plan kann etwas anderes vorgesehen werden. [2] Jedoch kann von Absatz 1 nicht zum Nachteil des Schuldners abgewichen werden.

**§ 256 Streitige Forderungen. Ausfallforderungen.** (1) [1] Ist eine Forderung im Prüfungstermin bestritten worden oder steht die Höhe der Ausfallforderung eines absonderungsberechtigten Gläubigers noch nicht fest, so ist ein Rückstand mit der Erfüllung des Insolvenzplans im Sinne des § 255 Abs. 1 nicht anzunehmen, wenn der Schuldner die Forderung bis zur endgültigen Feststellung ihrer Höhe in dem Ausmaß berücksichtigt, das der Entscheidung des Insolvenzgerichts über das Stimmrecht des Gläubigers bei der Abstimmung über den Plan entspricht. [2] Ist keine Entscheidung über das Stimmrecht getroffen worden, so hat das Gericht auf Antrag des Schuldners oder des Gläubigers nachträglich festzustellen, in welchem Ausmaß der Schuldner vorläufig die Forderung zu berücksichtigen hat.

(2) [1] Ergibt die endgültige Feststellung, daß der Schuldner zuwenig gezahlt hat, so hat er das Fehlende nachzuzahlen. [2] Ein erheblicher Rückstand mit der Erfüllung des Plans ist erst anzunehmen, wenn der Schuldner das Fehlende nicht nach-

---

1) § 254a eingef. mWv 1.3.2012 durch G v. 7.12.2011 (BGBl. I S. 2582).
2) Beachte hierzu Übergangsvorschrift in Art. 103g EGInsO (Nr. **110a**).
3) § 254b eingef. mWv 1.3.2012 durch G v. 7.12.2011 (BGBl. I S. 2582).

zahlt, obwohl der Gläubiger ihn schriftlich gemahnt und ihm dabei eine mindestens zweiwöchige Nachfrist gesetzt hat.

(3) Ergibt die endgültige Feststellung, daß der Schuldner zuviel gezahlt hat, so kann er den Mehrbetrag nur insoweit zurückfordern, als dieser auch den nicht fälligen Teil der Forderung übersteigt, die dem Gläubiger nach dem Insolvenzplan zusteht.

**§ 257 Vollstreckung aus dem Plan.** (1) [1] Aus dem rechtskräftig bestätigten Insolvenzplan in Verbindung mit der Eintragung in die Tabelle können die Insolvenzgläubiger, deren Forderungen festgestellt und nicht vom Schuldner im Prüfungstermin bestritten worden sind, wie aus einem vollstreckbaren Urteil die Zwangsvollstreckung gegen den Schuldner betreiben. [2] Einer nicht bestrittenen Forderung steht eine Forderung gleich, bei der ein erhobener Widerspruch beseitigt ist. [3] § 202 gilt entsprechend.

(2) Gleiches gilt für die Zwangsvollstreckung gegen einen Dritten, der durch eine dem Insolvenzgericht eingereichte schriftliche Erklärung für die Erfüllung des Plans neben dem Schuldner ohne Vorbehalt der Einrede der Vorausklage Verpflichtungen übernommen hat.

(3) Macht ein Gläubiger die Rechte geltend, die ihm im Falle eines erheblichen Rückstands des Schuldners mit der Erfüllung des Plans zustehen, so hat er zur Erteilung der Vollstreckungsklausel für diese Rechte und zur Durchführung der Vollstreckung die Mahnung und den Ablauf der Nachfrist glaubhaft zu machen, jedoch keinen weiteren Beweis für den Rückstand des Schuldners zu führen.

**§ 258** [1)2)] **Aufhebung des Insolvenzverfahrens.** (1) Sobald die Bestätigung des Insolvenzplans rechtskräftig ist und der Insolvenzplan nicht etwas anderes vorsieht, beschließt das Insolvenzgericht die Aufhebung des Insolvenzverfahrens.

(2) [1] Vor der Aufhebung hat der Verwalter die unstreitigen fälligen Masseansprüche zu berichtigen und für die streitigen oder nicht fälligen Sicherheit zu leisten. [2] Für die nicht fälligen Masseansprüche kann auch ein Finanzplan vorgelegt werden, aus dem sich ergibt, dass ihre Erfüllung gewährleistet ist.

(3) [1] Der Beschluss enthält den Zeitpunkt der Aufhebung, der frühestens zwei Tage nach der Beschlussfassung liegen soll. [2] Der Beschluss und der Grund der Aufhebung sind öffentlich bekanntzumachen. [3] Der Schuldner, der Insolvenzverwalter und die Mitglieder des Gläubigerausschusses sind vorab über den Zeitpunkt der Aufhebung zu unterrichten. [4] Die §§ 31 bis 33 gelten entsprechend. [5] Ist der Zeitpunkt der Aufhebung nicht angegeben, wird die Aufhebung wirksam, sobald nach dem Tag der Veröffentlichung zwei weitere Tage verstrichen sind.

**§ 259 Wirkungen der Aufhebung.** (1) [1] Mit der Aufhebung des Insolvenzverfahrens erlöschen die Ämter des Insolvenzverwalters und der Mitglieder des Gläubigerausschusses. [2] Der Schuldner erhält das Recht zurück, über die Insolvenzmasse frei zu verfügen.

(2) Die Vorschriften über die Überwachung der Planerfüllung bleiben unberührt.

(3) [1] Einen anhängigen Rechtsstreit, der die Insolvenzanfechtung zum Gegenstand hat, kann der Verwalter auch nach der Aufhebung des Verfahrens fortführen,

---

[1)] § 258 Abs. 1 geänd., Abs. 2 neu gef. mWv 1.3.2012 durch G v. 7.12.2011 (BGBl. I S. 2582); Abs. 3 neu gef. mWv 1.1.2021 durch G v. 22.12.2020 (BGBl. I S. 3256).

[2)] Beachte hierzu Übergangsvorschrift in Art. 103c und 103g EGInsO (Nr. **110a**).

wenn dies im gestaltenden Teil des Plans vorgesehen ist. [2] In diesem Fall wird der Rechtsstreit für Rechnung des Schuldners geführt, wenn im Plan keine abweichende Regelung getroffen wird.

**§ 259a [1)2)] Vollstreckungsschutz.** (1) [1] Gefährden nach der Aufhebung des Verfahrens Zwangsvollstreckungen einzelner Insolvenzgläubiger, die ihre Forderungen bis zum Abstimmungstermin nicht angemeldet haben, die Durchführung des Insolvenzplans, kann das Insolvenzgericht auf Antrag des Schuldners eine Maßnahme der Zwangsvollstreckung ganz oder teilweise aufheben oder längstens für drei Jahre untersagen. [2] Der Antrag ist nur zulässig, wenn der Schuldner die tatsächlichen Behauptungen, die die Gefährdung begründen, glaubhaft macht.

(2) Ist die Gefährdung glaubhaft gemacht, kann das Gericht die Zwangsvollstreckung auch einstweilen einstellen.

(3) Das Gericht hebt seinen Beschluss auf Antrag auf oder ändert ihn ab, wenn dies mit Rücksicht auf eine Änderung der Sachlage geboten ist.

**§ 259b [3)2)] Besondere Verjährungsfrist.** (1) Die Forderung eines Insolvenzgläubigers, die nicht bis zum Abstimmungstermin angemeldet worden ist, verjährt in einem Jahr.

(2) Die Verjährungsfrist beginnt, wenn die Forderung fällig und der Beschluss rechtskräftig ist, durch den der Insolvenzplan bestätigt wurde.

(3) Die Absätze 1 und 2 sind nur anzuwenden, wenn dadurch die Verjährung einer Forderung früher vollendet wird als bei Anwendung der ansonsten geltenden Verjährungsvorschriften.

(4) [1] Die Verjährung einer Forderung eines Insolvenzgläubigers ist gehemmt, solange wegen Vollstreckungsschutzes nach § 259a nicht vollstreckt werden darf. [2] Die Hemmung endet drei Monate nach Beendigung des Vollstreckungsschutzes.

**§ 260 Überwachung der Planerfüllung.** (1) Im gestaltenden Teil des Insolvenzplans kann vorgesehen werden, daß die Erfüllung des Plans überwacht wird.

(2) Im Falle des Absatzes 1 wird nach der Aufhebung des Insolvenzverfahrens überwacht, ob die Ansprüche erfüllt werden, die den Gläubigern nach dem gestaltenden Teil gegen den Schuldner zustehen.

(3) Wenn dies im gestaltenden Teil vorgesehen ist, erstreckt sich die Überwachung auf die Erfüllung der Ansprüche, die den Gläubigern nach dem gestaltenden Teil gegen eine juristische Person oder Gesellschaft ohne Rechtspersönlichkeit zustehen, die nach der Eröffnung des Insolvenzverfahrens gegründet worden ist, um das Unternehmen oder einen Betrieb des Schuldners zu übernehmen und weiterzuführen (Übernahmegesellschaft).

**§ 261 Aufgaben und Befugnisse des Insolvenzverwalters.** (1) [1] Die Überwachung ist Aufgabe des Insolvenzverwalters. [2] Die Ämter des Verwalters und der Mitglieder des Gläubigerausschusses und die Aufsicht des Insolvenzgerichts bestehen insoweit fort. [3] § 22 Abs. 3 gilt entsprechend.

(2) [1] Während der Zeit der Überwachung hat der Verwalter dem Gläubigerausschuß, wenn ein solcher bestellt ist, und dem Gericht jährlich über den jeweiligen Stand und die weiteren Aussichten der Erfüllung des Insolvenzplans zu

---

1) § 259a eingef. mWv 1.3.2012 durch G v. 7.12.2011 (BGBl. I S. 2582).
2) Beachte hierzu Übergangsvorschrift in Art. 103g EGInsO (Nr. **110a**).
3) § 259b eingef. mWv 1.3.2012 durch G v. 7.12.2011 (BGBl. I S. 2582).

berichten. [2] Unberührt bleibt das Recht des Gläubigerausschusses und des Gerichts, jederzeit einzelne Auskünfte oder einen Zwischenbericht zu verlangen.

**§ 262 Anzeigepflicht des Insolvenzverwalters.** [1] Stellt der Insolvenzverwalter fest, daß Ansprüche, deren Erfüllung überwacht wird, nicht erfüllt werden oder nicht erfüllt werden können, so hat er dies unverzüglich dem Gläubigerausschuß und dem Insolvenzgericht anzuzeigen. [2] Ist ein Gläubigerausschuß nicht bestellt, so hat der Verwalter an dessen Stelle alle Gläubiger zu unterrichten, denen nach dem gestaltenden Teil des Insolvenzplans Ansprüche gegen den Schuldner oder die Übernahmegesellschaft zustehen.

**§ 263 Zustimmungsbedürftige Geschäfte.** [1] Im gestaltenden Teil des Insolvenzplans kann vorgesehen werden, daß bestimmte Rechtsgeschäfte des Schuldners oder der Übernahmegesellschaft während der Zeit der Überwachung nur wirksam sind, wenn der Insolvenzverwalter ihnen zustimmt. [2] § 81 Abs. 1 und § 82 gelten entsprechend.

**§ 264 Kreditrahmen.** (1) [1] Im gestaltenden Teil des Insolvenzplans kann vorgesehen werden, daß die Insolvenzgläubiger nachrangig sind gegenüber Gläubigern mit Forderungen aus Darlehen und sonstigen Krediten, die der Schuldner oder die Übernahmegesellschaft während der Zeit der Überwachung aufnimmt oder die ein Massegläubiger in die Zeit der Überwachung hinein stehen läßt. [2] In diesem Fall ist zugleich ein Gesamtbetrag für derartige Kredite festzulegen (Kreditrahmen). [3] Dieser darf den Wert der Vermögensgegenstände nicht übersteigen, die in der Vermögensübersicht des Plans (§ 229 Satz 1) aufgeführt sind.

(2) Der Nachrang der Insolvenzgläubiger gemäß Absatz 1 besteht nur gegenüber Gläubigern, mit denen vereinbart wird, daß und in welcher Höhe der von ihnen gewährte Kredit nach Hauptforderung, Zinsen und Kosten innerhalb des Kreditrahmens liegt, und gegenüber denen der Insolvenzverwalter diese Vereinbarung schriftlich bestätigt.

(3) § 39 Abs. 1 Nr. 5 bleibt unberührt.

**§ 265 Nachrang von Neugläubigern.** [1] Gegenüber den Gläubigern mit Forderungen aus Krediten, die nach Maßgabe des § 264 aufgenommen oder stehen gelassen werden, sind nachrangig auch die Gläubiger mit sonstigen vertraglichen Ansprüchen, die während der Zeit der Überwachung begründet werden. [2] Als solche Ansprüche gelten auch die Ansprüche aus einem vor der Überwachung vertraglich begründeten Dauerschuldverhältnis für die Zeit nach dem ersten Termin, zu dem der Gläubiger nach Beginn der Überwachung kündigen konnte.

**§ 266 Berücksichtigung des Nachrangs.** (1) Der Nachrang der Insolvenzgläubiger und der in § 265 bezeichneten Gläubiger wird nur in einem Insolvenzverfahren berücksichtigt, das vor der Aufhebung der Überwachung eröffnet wird.

(2) In diesem neuen Insolvenzverfahren gehen diese Gläubiger den übrigen nachrangigen Gläubigern im Range vor.

**§ 267 Bekanntmachung der Überwachung.** (1) Wird die Erfüllung des Insolvenzplans überwacht, so ist dies zusammen mit dem Beschluß über die Aufhebung des Insolvenzverfahrens öffentlich bekanntzumachen.

(2) Ebenso ist bekanntzumachen:

1. im Falle des § 260 Abs. 3 die Erstreckung der Überwachung auf die Übernahmegesellschaft;

2. im Falle des § 263, welche Rechtsgeschäfte an die Zustimmung des Insolvenzverwalters gebunden werden;
3. im Falle des § 264, in welcher Höhe ein Kreditrahmen vorgesehen ist.

(3) [1] § 31 gilt entsprechend. [2] Soweit im Falle des § 263 das Recht zur Verfügung über ein Grundstück, ein eingetragenes Schiff, Schiffsbauwerk oder Luftfahrzeug, ein Recht an einem solchen Gegenstand oder ein Recht an einem solchen Recht beschränkt wird, gelten die §§ 32 und 33 entsprechend.

**§ 268 Aufhebung der Überwachung.** (1) Das Insolvenzgericht beschließt die Aufhebung der Überwachung,

1. wenn die Ansprüche, deren Erfüllung überwacht wird, erfüllt sind oder die Erfüllung dieser Ansprüche gewährleistet ist oder
2. wenn seit der Aufhebung des Insolvenzverfahrens drei Jahre verstrichen sind und kein Antrag auf Eröffnung eines neuen Insolvenzverfahrens vorliegt.

(2) [1] Der Beschluß ist öffentlich bekanntzumachen. [2] § 267 Abs. 3 gilt entsprechend.

**§ 269 Kosten der Überwachung.** [1] Die Kosten der Überwachung trägt der Schuldner. [2] Im Falle des § 260 Abs. 3 trägt die Übernahmegesellschaft die durch ihre Überwachung entstehenden Kosten.

## Siebter Teil.[1)] Koordinierung der Verfahren von Schuldnern, die derselben Unternehmensgruppe angehören

### Erster Abschnitt. Allgemeine Bestimmungen

**§ 269a[1)] Zusammenarbeit der Insolvenzverwalter.** [1] Die Insolvenzverwalter gruppenangehöriger Schuldner sind untereinander zur Unterrichtung und Zusammenarbeit verpflichtet, soweit hierdurch nicht die Interessen der Beteiligten des Verfahrens beeinträchtigt werden, für das sie bestellt sind. [2] Insbesondere haben sie auf Anforderung unverzüglich alle Informationen mitzuteilen, die für das andere Verfahren von Bedeutung sein können.

**§ 269b[1)] Zusammenarbeit der Gerichte.** [1] Werden die Insolvenzverfahren über das Vermögen von gruppenangehörigen Schuldnern bei verschiedenen Insolvenzgerichten geführt, sind die Gerichte zur Zusammenarbeit und insbesondere zum Austausch der Informationen verpflichtet, die für das andere Verfahren von Bedeutung sein können. [2] Dies gilt insbesondere für:

1. die Anordnung von Sicherungsmaßnahmen,
2. die Eröffnung des Verfahrens,
3. die Bestellung eines Insolvenzverwalters,
4. wesentliche verfahrensleitende Entscheidungen,
5. den Umfang der Insolvenzmasse und
6. die Vorlage von Insolvenzplänen sowie sonstige Maßnahmen zur Beendigung des Insolvenzverfahrens.

**§ 269c[1)] Zusammenarbeit der Gläubigerausschüsse.** (1) [1] Auf Antrag eines Gläubigerausschusses, der in einem Verfahren über das Vermögen eines gruppen-

---

[1)] 7. Teil (§§ 269a–269i) eingef. mWv 21.4.2018 durch G v. 13.4.2017 (BGBl. I S. 866).

angehörigen Schuldners bestellt ist, kann das Gericht des Gruppen-Gerichtsstands nach Anhörung der anderen Gläubigerausschüsse einen Gruppen-Gläubigerausschuss einsetzen. [2]Jeder Gläubigerausschuss oder vorläufige Gläubigerausschuss eines gruppenangehörigen Schuldners, der nicht von offensichtlich untergeordneter Bedeutung für die gesamte Unternehmensgruppe ist, stellt ein Mitglied des Gruppen-Gläubigerausschusses. [3]Ein weiteres Mitglied dieses Ausschusses wird aus dem Kreis der Vertreter der Arbeitnehmer bestimmt.

(2) [1]Der Gruppen-Gläubigerausschuss unterstützt die Insolvenzverwalter und die Gläubigerausschüsse in den einzelnen Verfahren, um eine abgestimmte Abwicklung dieser Verfahren zu erleichtern. [2]Die §§ 70 bis 73 gelten entsprechend. [3]Hinsichtlich der Vergütung gilt die Tätigkeit als Mitglied im Gruppen-Gläubigerausschuss als Tätigkeit in dem Gläubigerausschuss, den das Mitglied im Gruppen-Gläubigerausschuss vertritt.

(3) Dem Gläubigerausschuss steht in den Fällen der Absätze 1 und 2 ein vorläufiger Gläubigerausschuss gleich.

## Zweiter Abschnitt. Koordinationsverfahren

**§ 269d[1)] Koordinationsgericht.** (1) Wird über die Vermögen von gruppenangehörigen Schuldnern die Eröffnung von Insolvenzverfahren beantragt oder wurden solche Verfahren eröffnet, kann das für die Eröffnung von Gruppen-Folgeverfahren zuständige Gericht (Koordinationsgericht) auf Antrag ein Koordinationsverfahren einleiten.

(2) [1]Antragsberechtigt ist jeder gruppenangehörige Schuldner. [2]§ 3a Absatz 3 findet entsprechende Anwendung. [3]Antragsberechtigt ist auch jeder Gläubigerausschuss oder vorläufige Gläubigerausschuss eines gruppenangehörigen Schuldners auf der Grundlage eines einstimmigen Beschlusses.

**§ 269e[1)] Verfahrenskoordinator.** (1) [1]Das Koordinationsgericht bestellt eine von den gruppenangehörigen Schuldnern und deren Gläubigern unabhängige Person zum Verfahrenskoordinator. [2]Die zu bestellende Person soll von den Insolvenzverwaltern und Sachwaltern der gruppenangehörigen Schuldner unabhängig sein. [3]Die Bestellung eines gruppenangehörigen Schuldners ist ausgeschlossen.

(2) Vor der Bestellung des Verfahrenskoordinators gibt das Koordinationsgericht einem bestellten Gruppen-Gläubigerausschuss Gelegenheit, sich zu der Person des Verfahrenskoordinators und den an ihn zu stellenden Anforderungen zu äußern.

**§ 269f[2)] Aufgaben und Rechtsstellung des Verfahrenskoordinators.**

(1) [1]Der Verfahrenskoordinator hat für eine abgestimmte Abwicklung der Verfahren über die gruppenangehörigen Schuldner zu sorgen, soweit dies im Interesse der Gläubiger liegt. [2]Zu diesem Zweck kann er insbesondere einen Koordinationsplan vorlegen. [3]Er kann diesen in den jeweiligen Gläubigerversammlungen erläutern oder durch eine von ihm bevollmächtigte Person erläutern lassen.

(2) [1]Die Insolvenzverwalter und vorläufigen Insolvenzverwalter der gruppenangehörigen Schuldner sind zur Zusammenarbeit mit dem Verfahrenskoordinator verpflichtet. [2]Sie haben ihm auf Aufforderung insbesondere die Informationen

---

[1)] 7. Teil (§§ 269a–269i) eingef. mWv 21.4.2018 durch G v. 13.4.2017 (BGBl. I S. 866).

[2)] § 269f eingef. mWv 21.4.2018 durch G v. 13.4.2017 (BGBl. I S. 866); Abs. 3 geänd. mWv 1.1.2021 durch G v. 22.12.2020 (BGBl. I S. 3256).

mitzuteilen, die er für eine zweckentsprechende Ausübung seiner Tätigkeit benötigt.

(3) Soweit in diesem Teil nichts anderes bestimmt ist, gelten für die Bestellung des Verfahrenskoordinators, für die Aufsicht durch das Insolvenzgericht sowie für die Haftung und Vergütung § 27 Absatz 2 Nummer 4 und die §§ 56 bis 60, 62 bis 65 entsprechend.

**§ 269g[1)] Vergütung des Verfahrenskoordinators.** (1) [1]Der Verfahrenskoordinator hat Anspruch auf Vergütung für seine Tätigkeit und auf Erstattung angemessener Auslagen. [2]Der Regelsatz der Vergütung wird nach dem Wert der zusammengefassten Insolvenzmassen der in das Koordinationsverfahren einbezogenen Verfahren über gruppenangehörige Schuldner berechnet. [3]Dem Umfang und der Schwierigkeit der Koordinationsaufgabe wird durch Abweichungen vom Regelsatz Rechnung getragen. [4]Die §§ 64 und 65 gelten entsprechend.

(2) Die Vergütung des Verfahrenskoordinators ist anteilig aus den Insolvenzmassen der gruppenangehörigen Schuldner zu berichtigen, wobei im Zweifel das Verhältnis des Werts der einzelnen Massen zueinander maßgebend ist.

**§ 269h[1)] Koordinationsplan.** (1) [1]Zur abgestimmten Abwicklung der Insolvenzverfahren über das Vermögen von gruppenangehörigen Schuldnern können der Verfahrenskoordinator und, wenn ein solcher noch nicht bestellt ist, die Insolvenzverwalter der gruppenangehörigen Schuldner gemeinsam dem Koordinationsgericht einen Koordinationsplan zur Bestätigung vorlegen. [2]Der Koordinationsplan bedarf der Zustimmung eines bestellten Gruppen-Gläubigerausschusses. [3]Das Gericht weist den Plan von Amts wegen zurück, wenn die Vorschriften über das Recht zur Vorlage, den Inhalt des Plans oder über die verfahrensmäßige Behandlung nicht beachtet worden sind und die Vorlegenden den Mangel nicht beheben können oder innerhalb einer angemessenen vom Gericht gesetzten Frist nicht beheben.

(2) [1]In dem Koordinationsplan können alle Maßnahmen beschrieben werden, die für eine abgestimmte Abwicklung der Verfahren sachdienlich sind. [2]Insbesondere kann der Plan Vorschläge enthalten:

1. zur Wiederherstellung der wirtschaftlichen Leistungsfähigkeit der einzelnen gruppenangehörigen Schuldner und der Unternehmensgruppe,
2. zur Beilegung gruppeninterner Streitigkeiten,
3. zu vertraglichen Vereinbarungen zwischen den Insolvenzverwaltern.

(3) [1]Gegen den Beschluss, durch den die Bestätigung des Koordinationsplans versagt wird, steht jedem Vorlegenden die sofortige Beschwerde zu. [2]Die übrigen Vorlegenden sind in dem Verfahren zuzuziehen.

**§ 269i[1)] Abweichungen vom Koordinationsplan.** (1) [1]Der Insolvenzverwalter eines gruppenangehörigen Schuldners hat im Berichtstermin den Koordinationsplan zu erläutern, wenn dies nicht durch den Verfahrenskoordinator oder eine von diesem bevollmächtigte Person erfolgt. [2]Der Insolvenzverwalter hat im Anschluss an die Erläuterung zu begründen, von welchen im Plan beschriebenen Maßnahmen er abweichen will. [3]Liegt zum Zeitpunkt des Berichtstermins noch kein Koordinationsplan vor, so kommt der Insolvenzverwalter seinen Pflichten

[1)] 7. Teil (§§ 269a–269i) eingef. mWv 21.4.2018 durch G v. 13.4.2017 (BGBl. I S. 866).

nach den Sätzen 1 und 2 in einer Gläubigerversammlung nach, für die das Insolvenzgericht alsbald einen Termin bestimmt.

(2) Auf Beschluss der Gläubigerversammlung ist der Koordinationsplan einem vom Insolvenzverwalter auszuarbeitenden Insolvenzplan zugrunde zu legen.

## Achter Teil.[1] Eigenverwaltung

**§ 270**[2] **Grundsatz.** (1) [1]Der Schuldner ist berechtigt, unter der Aufsicht eines Sachwalters die Insolvenzmasse zu verwalten und über sie zu verfügen, wenn das Insolvenzgericht in dem Beschluss über die Eröffnung des Insolvenzverfahrens die Eigenverwaltung anordnet. [2]Für das Verfahren gelten die allgemeinen Vorschriften, soweit in diesem Teil nichts anderes bestimmt ist.

(2) Die Vorschriften dieses Teils sind auf Verbraucherinsolvenzverfahren nach § 304 nicht anzuwenden.

**§ 270a**[3] **Antrag; Eigenverwaltungsplanung.** (1) Der Schuldner fügt dem Antrag auf Anordnung der Eigenverwaltung eine Eigenverwaltungsplanung bei, welche umfasst:

1. einen Finanzplan, der den Zeitraum von sechs Monaten abdeckt und eine fundierte Darstellung der Finanzierungsquellen enthält, durch welche die Fortführung des gewöhnlichen Geschäftsbetriebes und die Deckung der Kosten des Verfahrens in diesem Zeitraum sichergestellt werden soll,
2. ein Konzept für die Durchführung des Insolvenzverfahrens, welches auf Grundlage einer Darstellung von Art, Ausmaß und Ursachen der Krise das Ziel der Eigenverwaltung und die Maßnahmen beschreibt, welche zur Erreichung des Ziels in Aussicht genommen werden,
3. eine Darstellung des Stands von Verhandlungen mit Gläubigern, den am Schuldner beteiligten Personen und Dritten zu den in Aussicht genommenen Maßnahmen,
4. eine Darstellung der Vorkehrungen, die der Schuldner getroffen hat, um seine Fähigkeit sicherzustellen, insolvenzrechtliche Pflichten zu erfüllen, und
5. eine begründete Darstellung etwaiger Mehr- oder Minderkosten, die im Rahmen der Eigenverwaltung im Vergleich zu einem Regelverfahren und im Verhältnis zur Insolvenzmasse voraussichtlich anfallen werden.

(2) Des Weiteren hat der Schuldner zu erklären,

1. ob, in welchem Umfang und gegenüber welchen Gläubigern er sich mit der Erfüllung von Verbindlichkeiten aus Arbeitsverhältnissen, Pensionszusagen oder dem Steuerschuldverhältnis, gegenüber Sozialversicherungsträgern oder Lieferanten in Verzug befindet,
2. ob und in welchen Verfahren zu seinen Gunsten innerhalb der letzten drei Jahre vor dem Antrag Vollstreckungs- oder Verwertungssperren nach diesem Gesetz oder nach dem Unternehmensstabilisierungs- und -restrukturierungsgesetz[4] angeordnet wurden und

---

[1] Bish. 7. Teil wird 8. Teil mWv 21.4.2018 durch G v. 13.4.2017 (BGBl. I S. 866).
[2] § 270 neu gef. mWv 1.1.2021 durch G v. 22.12.2020 (BGBl. I S. 3256).
[3] § 270a neu gef. mWv 1.1.2021 durch G v. 22.12.2020 (BGBl. I S. 3256).
[4] **Habersack, Deutsche Gesetze ErgBd. Nr. 110e.**

3. ob er für die letzten drei Geschäftsjahre seinen Offenlegungspflichten, insbesondere nach den §§ 325 bis 328 oder 339 des Handelsgesetzbuchs[1] nachgekommen ist.

**§ 270b[2] Anordnung der vorläufigen Eigenverwaltung.** (1) [1]Das Gericht bestellt einen vorläufigen Sachwalter, auf den die §§ 274 und 275 anzuwenden sind (vorläufige Eigenverwaltung), wenn

1. die Eigenverwaltungsplanung des Schuldners vollständig und schlüssig ist und
2. keine Umstände bekannt sind, aus denen sich ergibt, dass die Eigenverwaltungsplanung in wesentlichen Punkten auf unzutreffenden Tatsachen beruht.

[2]Weist die Eigenverwaltungsplanung behebbare Mängel auf, kann das Gericht die vorläufige Eigenverwaltung einstweilen anordnen; in diesem Fall setzt es dem Schuldner eine Frist zur Nachbesserung, die 20 Tage nicht übersteigt.

(2) Sind nach dem gemäß § 270a Absatz 1 Nummer 1 übermittelten Finanzplan die Kosten der Eigenverwaltung und der Fortführung des gewöhnlichen Geschäftsbetriebs nicht gedeckt, übersteigen die nach § 270a Absatz 1 Nummer 5 ausgewiesenen voraussichtlichen Kosten der Eigenverwaltung in wesentlicher Weise die voraussichtlichen Kosten des Regelverfahrens oder sind Umstände bekannt, aus denen sich ergibt, dass

1. Zahlungsrückstände gegenüber Arbeitnehmern oder erhebliche Zahlungsrückstände gegenüber den weiteren in § 270a Absatz 2 Nummer 1 genannten Gläubigern bestehen,
2. zugunsten des Schuldners in den letzten drei Jahren vor der Stellung des Antrags Vollstreckungs- oder Verwertungssperren nach diesem Gesetz oder nach dem Unternehmensstabilisierungs- und -restrukturierungsgesetz[3] angeordnet worden sind oder
3. der Schuldner in einem der letzten drei Jahre vor der Antragstellung gegen die Offenlegungsverpflichtungen, insbesondere nach den §§ 325 bis 328 oder 339 des Handelsgesetzbuchs[1] verstoßen hat,

erfolgt die Bestellung des vorläufigen Sachwalters nur, wenn trotz dieser Umstände zu erwarten ist, dass der Schuldner bereit und in der Lage ist, seine Geschäftsführung an den Interessen der Gläubiger auszurichten.

(3) [1]Einem vorläufigen Gläubigerausschuss ist vor Erlass der Entscheidung nach Absatz 1 oder Absatz 2 Gelegenheit zur Äußerung zu geben. [2]Ohne Äußerung des Gläubigerausschusses darf eine Entscheidung nur ergehen, wenn seit der Antragstellung zwei Werktage vergangen sind oder wenn offensichtlich mit nachteiligen Veränderungen der Vermögenslage des Schuldners zu rechnen ist, die sich nicht anders als durch Bestellung eines vorläufigen Insolvenzverwalters abwenden lassen. [3]An einen die vorläufige Eigenverwaltung unterstützenden einstimmigen Beschluss des vorläufigen Gläubigerausschusses ist das Gericht gebunden. [4]Stimmt der vorläufige Gläubigerausschuss einstimmig gegen die vorläufige Eigenverwaltung, unterbleibt die Anordnung.

(4) [1]Bestellt das Gericht einen vorläufigen Insolvenzverwalter, sind die Gründe hierfür schriftlich darzulegen. [2]§ 27 Absatz 2 Nummer 4 gilt entsprechend.

---

[1] Nr. **50**.

[2] § 270b neu gef. mWv 1.1.2021 durch G v. 22.12.2020 (BGBl. I S. 3256); Abs. 3 Satz 1 geänd. mWv 27.7.2022 durch G v. 20.7.2022 (BGBl. I S. 1166).

[3] **Habersack, Deutsche Gesetze ErgBd. Nr. 110e.**

**§ 270c**[1] **Vorläufiges Eigenverwaltungsverfahren.** (1) Das Gericht kann den vorläufigen Sachwalter *beauftragten*[2], Bericht zu erstatten über

1. die vom Schuldner vorgelegte Eigenverwaltungsplanung, insbesondere, ob diese von den erkannten und erkennbaren tatsächlichen Gegebenheiten ausgeht, schlüssig ist und durchführbar erscheint,
2. die Vollständigkeit und Geeignetheit der Rechnungslegung und Buchführung als Grundlage für die Eigenverwaltungsplanung, insbesondere für die Finanzplanung,
3. das Bestehen von Haftungsansprüchen des Schuldners gegen amtierende oder ehemalige Mitglieder der Organe.

(2) Der Schuldner hat dem Gericht und dem vorläufigen Sachwalter unverzüglich wesentliche Änderungen mitzuteilen, welche die Eigenverwaltungsplanung betreffen.

(3) [1] Das Gericht kann vorläufige Maßnahmen nach § 21 Absatz 1 und 2 Satz 1 Nummer 1a, 3 bis 5 anordnen. [2] Ordnet das Gericht die vorläufige Eigenverwaltung nach § 270b Absatz 1 Satz 2 an, kann es zudem anordnen, dass Verfügungen des Schuldners der Zustimmung durch den vorläufigen Sachwalter bedürfen.

(4) [1] Auf Antrag des Schuldners hat das Gericht anzuordnen, dass der Schuldner Masseverbindlichkeiten begründet. [2] Soll sich die Ermächtigung auf Verbindlichkeiten erstrecken, die im Finanzplan nicht berücksichtigt sind, bedarf dies einer besonderen Begründung. [3] § 55 Absatz 2 gilt entsprechend.

(5) Hat der Schuldner den Eröffnungsantrag bei drohender Zahlungsunfähigkeit gestellt und die Eigenverwaltung beantragt, sieht das Gericht jedoch die Voraussetzungen der Eigenverwaltung als nicht gegeben an, so hat es seine Bedenken dem Schuldner mitzuteilen und diesem Gelegenheit zu geben, den Eröffnungsantrag vor der Entscheidung über die Eröffnung zurückzunehmen.

**§ 270d**[3] **Vorbereitung einer Sanierung; Schutzschirm.** (1) [1] Hat der Schuldner mit dem Antrag eine mit Gründen versehene Bescheinigung eines in Insolvenzsachen erfahrenen Steuerberaters, Wirtschaftsprüfers oder Rechtsanwalts oder einer Person mit vergleichbarer Qualifikation vorgelegt, aus der sich ergibt, dass drohende Zahlungsunfähigkeit oder Überschuldung, aber keine Zahlungsunfähigkeit vorliegt und die angestrebte Sanierung nicht offensichtlich aussichtslos ist, so bestimmt das Insolvenzgericht auf Antrag des Schuldners eine Frist zur Vorlage eines Insolvenzplans. [2] Die Frist darf höchstens drei Monate betragen.

(2) [1] Der Aussteller der Bescheinigung nach Absatz 1 darf nicht zum vorläufigen Sachwalter bestellt werden. [2] Der Schuldner kann dem Gericht Vorschläge für die Person des vorläufigen Sachwalters unterbreiten. [3] Das Gericht kann von einem Vorschlag des Schuldners nur abweichen, wenn die vorgeschlagene Person offensichtlich für die Übernahme des Amtes nicht geeignet ist; dies ist vom Gericht schriftlich zu begründen.

(3) Das Gericht hat Maßnahmen nach § 21 Absatz 2 Satz 1 Nummer 3 anzuordnen, wenn der Schuldner dies beantragt.

(4) [1] Der Schuldner oder der vorläufige Sachwalter haben dem Gericht den Eintritt der Zahlungsunfähigkeit unverzüglich anzuzeigen. [2] Nach Aufhebung der Anordnung nach Absatz 1 oder nach Ablauf der Frist entscheidet das Gericht über die Eröffnung des Insolvenzverfahrens.

---

[1] § 270c neu gef. mWv 1.1.2021 durch G v. 22.12.2020 (BGBl. I S. 3256).
[2] Richtig wohl: „beauftragen".
[3] § 270d eingef. mWv 1.1.2021 durch G v. 22.12.2020 (BGBl. I S. 3256).

**§ 270e[1] Aufhebung der vorläufigen Eigenverwaltung.** (1) Die vorläufige Eigenverwaltung wird durch Bestellung eines vorläufigen Insolvenzverwalters aufgehoben, wenn

1. der Schuldner in schwerwiegender Weise gegen insolvenzrechtliche Pflichten verstößt oder sich auf sonstige Weise zeigt, dass er nicht bereit oder in der Lage ist, seine Geschäftsführung am Interesse der Gläubiger auszurichten, insbesondere, wenn sich erweist, dass
   a) der Schuldner die Eigenverwaltungsplanung in wesentlichen Punkten auf unzutreffende Tatsachen gestützt hat oder seinen Pflichten nach § 270c Absatz 2 nicht nachkommt,
   b) die Rechnungslegung und Buchführung so unvollständig oder mangelhaft sind, dass sie keine Beurteilung der Eigenverwaltungsplanung, insbesondere des Finanzplans, ermöglichen,
   c) Haftungsansprüche des Schuldners gegen amtierende oder ehemalige Mitglieder seiner Organe bestehen, deren Durchsetzung in der Eigenverwaltung erschwert werden könnte,
2. Mängel der Eigenverwaltungsplanung nicht innerhalb der gemäß § 270b Absatz 1 Satz 2 gesetzten Frist behoben werden,
3. die Erreichung des Eigenverwaltungsziels, insbesondere eine angestrebte Sanierung sich als aussichtslos erweist,
4. der vorläufige Sachwalter dies mit Zustimmung des vorläufigen Gläubigerausschusses oder der vorläufige Gläubigerausschuss dies beantragt,
5. der Schuldner dies beantragt.

(2) [1] Die vorläufige Eigenverwaltung wird durch Bestellung eines vorläufigen Insolvenzverwalters zudem aufgehoben, wenn ein absonderungsberechtigter Gläubiger oder Insolvenzgläubiger die Aufhebung beantragt und glaubhaft macht, dass die Voraussetzungen für eine Anordnung der vorläufigen Eigenverwaltung nicht vorliegen und ihm durch die Eigenverwaltung erhebliche Nachteile drohen. [2] Vor der Entscheidung über den Antrag ist der Schuldner zu hören. [3] Gegen die Entscheidung steht dem Gläubiger und dem Schuldner die sofortige Beschwerde zu.

(3) Zum vorläufigen Insolvenzverwalter kann der bisherige vorläufige Sachwalter bestellt werden.

(4) [1] Dem vorläufigen Gläubigerausschuss ist vor Erlass der Entscheidung nach Absatz 1 Nummer 1 oder 3 Gelegenheit zur Äußerung zu geben. [2] § 270b Absatz 3 Satz 2 gilt entsprechend. [3] Bestellt das Gericht einen vorläufigen Insolvenzverwalter, sind die Gründe hierfür schriftlich darzulegen. [4] § 27 Absatz 2 Nummer 4 gilt entsprechend.

**§ 270f[2] Anordnung der Eigenverwaltung.** (1) Die Eigenverwaltung wird auf Antrag des Schuldners angeordnet, es sei denn, eine vorläufige Eigenverwaltung wäre nach § 270b nicht anzuordnen oder nach § 270e aufzuheben.

(2) [1] Anstelle eines Insolvenzverwalters wird ein Sachwalter bestellt. [2] Die Forderungen der Insolvenzgläubiger sind beim Sachwalter anzumelden. [3] Die §§ 32 und 33 sind nicht anzuwenden.

(3) § 270b Absatz 3 und 4 ist entsprechend anzuwenden.

---

[1] § 270e eingef. mWv 1.1.2021 durch G v. 22.12.2020 (BGBl. I S. 3256).

[2] § 270f eingef. mWv 1.1.2021 durch G v. 22.12.2020 (BGBl. I S. 3256); Abs. 3 geänd. mWv 27.7.2022 durch G v. 20.7.2022 (BGBl. I S. 1166).

**§ 270g[1] Eigenverwaltung bei gruppenangehörigen Schuldnern.** [1] Wird die Eigenverwaltung oder die vorläufige Eigenverwaltung bei einem gruppenangehörigen Schuldner angeordnet, unterliegt der Schuldner den Kooperationspflichten des § 269a. [2] Dem eigenverwaltenden Schuldner stehen nach Verfahrenseröffnung die Antragsrechte nach § 3a Absatz 1, § 3d Absatz 2 und § 269d Absatz 2 Satz 2 zu.

**§ 271[2] [3] Nachträgliche Anordnung.** [1] Beantragt die Gläubigerversammlung mit der in § 76 Absatz 2 genannten Mehrheit und der Mehrheit der abstimmenden Gläubiger die Eigenverwaltung, so ordnet das Gericht diese an, sofern der Schuldner zustimmt. [2] Zum Sachwalter kann der bisherige Insolvenzverwalter bestellt werden.

**§ 272[4] [3] Aufhebung der Anordnung.** (1) Das Insolvenzgericht hebt die Anordnung der Eigenverwaltung auf, wenn

1. der Schuldner in schwerwiegender Weise gegen insolvenzrechtliche Pflichten verstößt oder sich auf sonstige Weise zeigt, dass er nicht bereit oder in der Lage ist, seine Geschäftsführung am Interesse der Gläubiger auszurichten; dies gilt auch dann, wenn sich erweist, dass
   a) der Schuldner die Eigenverwaltungsplanung in wesentlichen Punkten auf unzutreffende Tatsachen gestützt hat,
   b) die Rechnungslegung und Buchführung so unvollständig oder mangelhaft sind, dass sie keine Beurteilung der Eigenverwaltungsplanung, insbesondere des Finanzplans, ermöglichen,
   c) Haftungsansprüche des Schuldners gegen amtierende oder ehemalige Mitglieder des vertretungsberechtigten Organs bestehen, deren Durchsetzung in der Eigenverwaltung erschwert werden könnte,
2. die Erreichung des Eigenverwaltungsziels, insbesondere eine angestrebte Sanierung sich als aussichtslos erweist,
3. dies von der Gläubigerversammlung mit der in § 76 Absatz 2 genannten Mehrheit und der Mehrheit der abstimmenden Gläubiger beantragt wird,
4. dies von einem absonderungsberechtigten Gläubiger oder von einem Insolvenzgläubiger beantragt wird, die Voraussetzungen der Anordnung der Eigenverwaltung des § 270f Absatz 1 in Verbindung mit § 270b Absatz 1 Satz 1 weggefallen sind und dem Antragsteller durch die Eigenverwaltung erhebliche Nachteile drohen,
5. dies vom Schuldner beantragt wird.

(2) [1] Der Antrag eines Gläubigers ist nur zulässig, wenn die in Absatz 1 Nummer 4 genannten Voraussetzungen glaubhaft gemacht werden. [2] Vor der Entscheidung über den Antrag ist der Schuldner zu hören. [3] Gegen die Entscheidung steht dem Gläubiger und dem Schuldner die sofortige Beschwerde zu.

(3) Zum Insolvenzverwalter kann der bisherige Sachwalter bestellt werden.

---

[1] Früherer § 270d eingef. mWv 21.4.2018 durch G v. 13.4.2017 (BGBl. I S. 866); bish. § 270d wird § 270g mWv 1.1.2021 durch G v. 22.12.2020 (BGBl. I S. 3256).

[2] § 271 neu gef. mWv 1.3.2012 durch G v. 7.12.2011 (BGBl. I S. 2582).

[3] Beachte hierzu Übergangsvorschrift in Art. 103g EGInsO (Nr. **110a**).

[4] § 272 Abs. 1 Nr. 1 geänd., Nr. 2 und Abs. 2 Satz 1 neu gef. mWv 1.3.2012 durch G v. 7.12.2011 (BGBl. I S. 2582); Abs. 1 neu gef., Abs. 2 Satz 1 geänd. mWv 1.1.2021 durch G v. 22.12.2020 (BGBl. I S. 3256).

**§ 273 Öffentliche Bekanntmachung.** Der Beschluß des Insolvenzgerichts, durch den nach der Eröffnung des Insolvenzverfahrens die Eigenverwaltung angeordnet oder die Anordnung aufgehoben wird, ist öffentlich bekanntzumachen.

**§ 274[1) 2)] Rechtsstellung des Sachwalters.** (1) Für die Bestellung des Sachwalters, für die Aufsicht des Insolvenzgerichts sowie für die Haftung und die Vergütung des Sachwalters gelten § 27 Absatz 2 Nummer 4, § 54 Nummer 2 und die §§ 56 bis 60, 62 bis 65 entsprechend.

(2) [1] Der Sachwalter hat die wirtschaftliche Lage des Schuldners zu prüfen und die Geschäftsführung sowie die Ausgaben für die Lebensführung zu überwachen. [2] Das Gericht kann anordnen, dass der Sachwalter den Schuldner im Rahmen der Insolvenzgeldvorfinanzierung, der insolvenzrechtlichen Buchführung und der Verhandlungen mit Kunden und Lieferanten unterstützen kann. [3] § 22 Abs. 3 gilt entsprechend.

(3) [1] Stellt der Sachwalter Umstände fest, die erwarten lassen, daß die Fortsetzung der Eigenverwaltung zu Nachteilen für die Gläubiger führen wird, so hat er dies unverzüglich dem Gläubigerausschuß und dem Insolvenzgericht anzuzeigen. [2] Ist ein Gläubigerausschuß nicht bestellt, so hat der Sachwalter an dessen Stelle die Insolvenzgläubiger, die Forderungen angemeldet haben, und die absonderungsberechtigten Gläubiger zu unterrichten.

**§ 275 Mitwirkung des Sachwalters.** (1) [1] Verbindlichkeiten, die nicht zum gewöhnlichen Geschäftsbetrieb gehören, soll der Schuldner nur mit Zustimmung des Sachwalters eingehen. [2] Auch Verbindlichkeiten, die zum gewöhnlichen Geschäftsbetrieb gehören, soll er nicht eingehen, wenn der Sachwalter widerspricht.

(2) Der Sachwalter kann vom Schuldner verlangen, daß alle eingehenden Gelder nur vom Sachwalter entgegengenommen und Zahlungen nur vom Sachwalter geleistet werden.

**§ 276 Mitwirkung des Gläubigerausschusses.** [1] Der Schuldner hat die Zustimmung des Gläubigerausschusses einzuholen, wenn er Rechtshandlungen vornehmen will, die für das Insolvenzverfahren von besonderer Bedeutung sind. [2] § 160 Abs. 1 Satz 2, Abs. 2, § 161 Satz 2 und § 164 gelten entsprechend.

**§ 276a[3) 2)] Mitwirkung der Überwachungsorgane.** (1) [1] Ist der Schuldner eine juristische Person oder eine Gesellschaft ohne Rechtspersönlichkeit, so haben der Aufsichtsrat, die Gesellschafterversammlung oder entsprechende Organe keinen Einfluss auf die Geschäftsführung des Schuldners. [2] Die Abberufung und Neubestellung von Mitgliedern der Geschäftsleitung ist nur wirksam, wenn der Sachwalter zustimmt. [3] Die Zustimmung ist zu erteilen, wenn die Maßnahme nicht zu Nachteilen für die Gläubiger führt.

---

1) § 274 Abs. 1 geänd. mWv 1.3.2012 durch G v. 7.12.2011 (BGBl. I S. 2582); Abs. 1 geänd. mWv 1.7.2014 durch G v. 15.7.2013 (BGBl. I S. 2379); Abs. 2 Satz 2 eingef., bish. Satz 2 wird Satz 3 mWv 1.1.2021 durch G v. 22.12.2020 (BGBl. I S. 3256).

2) Beachte hierzu Übergangsvorschrift in Art. 103g EGInsO (Nr. **110a**).

3) § 276a eingef. mWv 1.3.2012 durch G v. 7.12.2011 (BGBl. I S. 2582); Abs. 2 und 3 angef. mWv 1.1.2021 durch G v. 22.12.2020 (BGBl. I S. 3256).

(2) [1]Ist der Schuldner als juristische Person verfasst, so haften auch die Mitglieder des Vertretungsorgans nach Maßgabe der §§ 60 bis 62. [2]Bei einer Gesellschaft ohne Rechtspersönlichkeit gilt dies für die zur Vertretung der Gesellschaft ermächtigten Gesellschafter. [3]Ist kein zur Vertretung der Gesellschaft ermächtigter Gesellschafter eine natürliche Person, gilt dies für die organschaftlichen Vertreter der zur Vertretung ermächtigten Gesellschafter. [4]Satz 3 gilt sinngemäß, wenn es sich bei den organschaftlichen Vertretern um Gesellschaften ohne Rechtspersönlichkeit handelt, bei denen keine natürliche Person zur organschaftlichen Vertretung ermächtigt ist, oder wenn sich die Verbindung von Gesellschaften in dieser Art fortsetzt.

(3) Die Absätze 1 und 2 finden im Zeitraum zwischen der Anordnung der vorläufigen Eigenverwaltung oder der Anordnung vorläufiger Maßnahmen nach § 270c Absatz 3 und der Verfahrenseröffnung entsprechende Anwendung.

**§ 277 Anordnung der Zustimmungsbedürftigkeit.** (1) [1]Auf Antrag der Gläubigerversammlung ordnet das Insolvenzgericht an, daß bestimmte Rechtsgeschäfte des Schuldners nur wirksam sind, wenn der Sachwalter ihnen zustimmt. [2]§ 81 Abs. 1 Satz 2 und 3 und § 82 gelten entsprechend. [3]Stimmt der Sachwalter der Begründung einer Masseverbindlichkeit zu, so gilt § 61 entsprechend.

(2) [1]Die Anordnung kann auch auf den Antrag eines absonderungsberechtigten Gläubigers oder eines Insolvenzgläubigers ergehen, wenn sie unaufschiebbar erforderlich ist, um Nachteile für die Gläubiger zu vermeiden. [2]Der Antrag ist nur zulässig, wenn diese Voraussetzung der Anordnung glaubhaft gemacht wird.

(3) [1]Die Anordnung ist öffentlich bekanntzumachen. [2]§ 31 gilt entsprechend. [3]Soweit das Recht zur Verfügung über ein Grundstück, ein eingetragenes Schiff, Schiffsbauwerk oder Luftfahrzeug, ein Recht an einem solchen Gegenstand oder ein Recht an einem solchen Recht beschränkt wird, gelten die §§ 32 und 33 entsprechend.

**§ 278 Mittel zur Lebensführung des Schuldners.** (1) Der Schuldner ist berechtigt, für sich und die in § 100 Abs. 2 Satz 2 genannten Familienangehörigen aus der Insolvenzmasse die Mittel zu entnehmen, die unter Berücksichtigung der bisherigen Lebensverhältnisse des Schuldners eine bescheidene Lebensführung gestatten.

(2) Ist der Schuldner keine natürliche Person, so gilt Absatz 1 entsprechend für die vertretungsberechtigten persönlich haftenden Gesellschafter des Schuldners.

**§ 279 Gegenseitige Verträge.** [1]Die Vorschriften über die Erfüllung der Rechtsgeschäfte und die Mitwirkung des Betriebsrats (§§ 103 bis 128) gelten mit der Maßgabe, daß an die Stelle des Insolvenzverwalters der Schuldner tritt. [2]Der Schuldner soll seine Rechte nach diesen Vorschriften im Einvernehmen mit dem Sachwalter ausüben. [3]Die Rechte nach den §§ 120, 122 und 126 kann er wirksam nur mit Zustimmung des Sachwalters ausüben.

**§ 280 Haftung. Insolvenzanfechtung.** Nur der Sachwalter kann die Haftung nach den §§ 92 und 93 für die Insolvenzmasse geltend machen und Rechtshandlungen nach den §§ 129 bis 147 anfechten.

**§ 281 Unterrichtung der Gläubiger.** (1) [1]Das Verzeichnis der Massegegenstände, das Gläubigerverzeichnis und die Vermögensübersicht (§§ 151 bis 153) hat der Schuldner zu erstellen. [2]Der Sachwalter hat die Verzeichnisse und die Vermögensübersicht zu prüfen und jeweils schriftlich zu erklären, ob nach dem Ergebnis seiner Prüfung Einwendungen zu erheben sind.

(2) [1] Im Berichtstermin hat der Schuldner den Bericht zu erstatten. [2] Der Sachwalter hat zu dem Bericht Stellung zu nehmen.

(3) [1] Zur Rechnungslegung (§§ 66, 155) ist der Schuldner verpflichtet. [2] Für die Schlußrechnung des Schuldners gilt Absatz 1 Satz 2 entsprechend.

**§ 282 Verwertung von Sicherungsgut.** (1) [1] Das Recht des Insolvenzverwalters zur Verwertung von Gegenständen, an denen Absonderungsrechte bestehen, steht dem Schuldner zu. [2] Kosten der Feststellung der Gegenstände und der Rechte an diesen werden jedoch nicht erhoben. [3] Als Kosten der Verwertung können nur die tatsächlich entstandenen, für die Verwertung erforderlichen Kosten und der Umsatzsteuerbetrag angesetzt werden.

(2) Der Schuldner soll sein Verwertungsrecht im Einvernehmen mit dem Sachwalter ausüben.

**§ 283 Befriedigung der Insolvenzgläubiger.** (1) [1] Bei der Prüfung der Forderungen können außer den Insolvenzgläubigern der Schuldner und der Sachwalter angemeldete Forderungen bestreiten. [2] Eine Forderung, die ein Insolvenzgläubiger, der Schuldner oder der Sachwalter bestritten hat, gilt nicht als festgestellt.

(2) [1] Die Verteilungen werden vom Schuldner vorgenommen. [2] Der Sachwalter hat die Verteilungsverzeichnisse zu prüfen und jeweils schriftlich zu erklären, ob nach dem Ergebnis seiner Prüfung Einwendungen zu erheben sind.

**§ 284[1)] Insolvenzplan.** (1) [1] Ein Auftrag der Gläubigerversammlung zur Ausarbeitung eines Insolvenzplans ist an den Sachwalter oder an den Schuldner zu richten. [2] Der vorläufige Gläubigerausschuss kann einen Auftrag zur Ausarbeitung eines Insolvenzplans an den vorläufigen Sachwalter oder den Schuldner richten. [3] Wird der Auftrag an den Schuldner gerichtet, so wirkt der vorläufige Sachwalter oder der Sachwalter beratend mit.

(2) Eine Überwachung der Planerfüllung ist Aufgabe des Sachwalters.

**§ 285 Masseunzulänglichkeit.** Masseunzulänglichkeit ist vom Sachwalter dem Insolvenzgericht anzuzeigen.

## Neunter Teil.[2)] Restschuldbefreiung

**§ 286[3)] Grundsatz.** Ist der Schuldner eine natürliche Person, so wird er nach Maßgabe der §§ 287 bis 303a von den im Insolvenzverfahren nicht erfüllten Verbindlichkeiten gegenüber den Insolvenzgläubigern befreit.

**§ 287[4)5)] Antrag des Schuldners.** (1) [1] Die Restschuldbefreiung setzt einen Antrag des Schuldners voraus, der mit seinem Antrag auf Eröffnung des Insolvenz-

---

[1)] § 284 Abs. 1 Satz 2 eingef., bish. Satz 2 wird Satz 3 und geänd. mWv 1.1.2021 durch G v. 22.12.2020 (BGBl. I S. 3256).

[2)] Bish. 8. Teil wird 9. Teil mWv 21.4.2018 durch G v. 13.4.2017 (BGBl. I S. 866).

[3)] § 286 geänd. mWv 1.10.2020 durch G v. 22.12.2020 (BGBl. I S. 3328).

[4)] § 287 Abs. 1 neu gef. mWv 1.12.2001 durch G v. 26.10.2001 (BGBl. I S. 2710); Abs. 1 Sätze 3 und 4 angef., Abs. 3 neu gef., Abs. 4 angef. mWv 1.7.2014 durch G v. 15.7.2013 (BGBl. I S. 2379); Abs. 2 neu gef. mWv 1.10.2020 durch G v. 22.12.2020 (BGBl. I S. 3328).

[5)] Beachte hierzu Übergangsvorschrift in Art. 103k Abs. 2 EGInsO (Nr. **110a**).

verfahrens verbunden werden soll. [2] Wird er nicht mit diesem verbunden, so ist er innerhalb von zwei Wochen nach dem Hinweis gemäß § 20 Abs. 2 zu stellen. [3] Der Schuldner hat dem Antrag eine Erklärung beizufügen, ob ein Fall des § 287a Absatz 2 Satz 1 Nummer 1 oder 2 vorliegt. [4] Die Richtigkeit und Vollständigkeit der Erklärung nach Satz 3 hat der Schuldner zu versichern.

(2) [1] Dem Antrag ist die Erklärung des Schuldners beizufügen, dass dieser seine pfändbaren Forderungen auf Bezüge aus einem Dienstverhältnis oder auf an deren Stelle tretende laufende Bezüge für den Zeitraum von drei Jahren nach der Eröffnung des Insolvenzverfahrens (Abtretungsfrist) an einen vom Gericht zu bestimmenden Treuhänder abtritt.[1)] [2] Ist dem Schuldner auf Grundlage eines nach dem 30. September 2020 gestellten Antrags bereits einmal Restschuldbefreiung erteilt worden, so beträgt die Abtretungsfrist in einem erneuten Verfahren fünf Jahre; der Schuldner hat dem Antrag eine entsprechende Abtretungserklärung beizufügen.

(3) Vereinbarungen des Schuldners sind insoweit unwirksam, als sie die Abtretungserklärung nach Absatz 2 vereiteln oder beeinträchtigen würden.

(4) Die Insolvenzgläubiger, die Forderungen angemeldet haben, sind bis zum Schlusstermin zu dem Antrag des Schuldners zu hören.

**§ 287a** [2)3)] **Entscheidung des Insolvenzgerichts.** (1) [1] Ist der Antrag auf Restschuldbefreiung zulässig, so stellt das Insolvenzgericht durch Beschluss fest, dass der Schuldner Restschuldbefreiung erlangt, wenn er den Obliegenheiten nach den §§ 295 und 295a nachkommt und die Voraussetzungen für eine Versagung nach den §§ 290, 297 bis 298 nicht vorliegen. [2] Der Beschluss ist öffentlich bekannt zu machen. [3] Gegen den Beschluss steht dem Schuldner die sofortige Beschwerde zu.

(2) [1] Der Antrag auf Restschuldbefreiung ist unzulässig, wenn

1. dem Schuldner in den letzten elf Jahren vor dem Antrag auf Eröffnung des Insolvenzverfahrens oder nach diesem Antrag Restschuldbefreiung erteilt oder wenn ihm die Restschuldbefreiung in den letzten fünf Jahren vor dem Antrag auf Eröffnung des Insolvenzverfahrens oder nach diesem Antrag nach § 297 versagt worden ist oder
2. dem Schuldner in den letzten drei Jahren vor dem Antrag auf Eröffnung des Insolvenzverfahrens oder nach diesem Antrag Restschuldbefreiung nach § 290 Absatz 1 Nummer 5, 6 oder 7 oder nach § 296 versagt worden ist; dies gilt auch im Falle des § 297a, wenn die nachträgliche Versagung auf Gründe nach § 290 Absatz 1 Nummer 5, 6 oder 7 gestützt worden ist.

[2] In diesen Fällen hat das Gericht dem Schuldner Gelegenheit zu geben, den Eröffnungsantrag vor der Entscheidung über die Eröffnung zurückzunehmen.

**§ 287b** [4)] **Erwerbsobliegenheit des Schuldners.** Ab Beginn der Abtretungsfrist bis zur Beendigung des Insolvenzverfahrens obliegt es dem Schuldner, eine angemessene Erwerbstätigkeit auszuüben und, wenn er ohne Beschäftigung ist, sich um eine solche zu bemühen und keine zumutbare Tätigkeit abzulehnen.

---

1) Beachte hierzu Art. 107 EGInsO (Nr. **110a**).

2) § 287a eingef. mWv 1.7.2014 durch G v. 15.7.2013 (BGBl. I S. 2379); Abs. 2 Satz 1 Nr. 1 geänd. mWv 1.10.2020, Abs. 1 Satz 1 geänd. mWv 31.12.2020 durch G v. 22.12.2020 (BGBl. I S. 3328).

3) Beachte hierzu Übergangsvorschrift in Art. 103k Abs. 3 EGInsO (Nr. **110a**).

4) § 287b eingef. mWv 1.7.2014 durch G v. 15.7.2013 (BGBl. I S. 2379).

**§ 288**[1] **Bestimmung des Treuhänders.** [1]Der Schuldner und die Gläubiger können dem Insolvenzgericht als Treuhänder eine für den jeweiligen Einzelfall geeignete natürliche Person vorschlagen. [2]Wenn noch keine Entscheidung über die Restschuldbefreiung ergangen ist, bestimmt das Gericht zusammen mit der Entscheidung, mit der es die Aufhebung oder die Einstellung des Insolvenzverfahrens wegen Masseunzulänglichkeit beschließt, den Treuhänder, auf den die pfändbaren Bezüge des Schuldners nach Maßgabe der Abtretungserklärung (§ 287 Absatz 2) übergehen.

**§ 289**[2] **Einstellung des Insolvenzverfahrens.** Im Fall der Einstellung des Insolvenzverfahrens kann Restschuldbefreiung nur erteilt werden, wenn nach Anzeige der Masseunzulänglichkeit die Insolvenzmasse nach § 209 verteilt worden ist und die Einstellung nach § 211 erfolgt.

**§ 290**[3] **Versagung der Restschuldbefreiung.** (1) Die Restschuldbefreiung ist durch Beschluss zu versagen, wenn dies von einem Insolvenzgläubiger, der seine Forderung angemeldet hat, beantragt worden ist und wenn

1. der Schuldner in den letzten fünf Jahren vor dem Antrag auf Eröffnung des Insolvenzverfahrens oder nach diesem Antrag wegen einer Straftat nach den §§ 283 bis 283c des Strafgesetzbuchs[4] rechtskräftig zu einer Geldstrafe von mehr als 90 Tagessätzen oder einer Freiheitsstrafe von mehr als drei Monaten verurteilt worden ist,
2. der Schuldner in den letzten drei Jahren vor dem Antrag auf Eröffnung des Insolvenzverfahrens oder nach diesem Antrag vorsätzlich oder grob fahrlässig schriftlich unrichtige oder unvollständige Angaben über seine wirtschaftlichen Verhältnisse gemacht hat, um einen Kredit zu erhalten, Leistungen aus öffentlichen Mitteln zu beziehen oder Leistungen an öffentliche Kassen zu vermeiden,
3. *(aufgehoben)*
4. der Schuldner in den letzten drei Jahren vor dem Antrag auf Eröffnung des Insolvenzverfahrens oder nach diesem Antrag vorsätzlich oder grob fahrlässig die Befriedigung der Insolvenzgläubiger dadurch beeinträchtigt hat, daß er unangemessene Verbindlichkeiten begründet oder Vermögen verschwendet oder ohne Aussicht auf eine Besserung seiner wirtschaftlichen Lage die Eröffnung des Insolvenzverfahrens verzögert hat,
5. der Schuldner Auskunfts- oder Mitwirkungspflichten nach diesem Gesetz vorsätzlich oder grob fahrlässig verletzt hat,
6. der Schuldner in der nach § 287 Absatz 1 Satz 3 vorzulegenden Erklärung und in den nach § 305 Absatz 1 Nummer 3 vorzulegenden Verzeichnissen seines Vermögens und seines Einkommens, seiner Gläubiger und der gegen ihn gerichteten Forderungen vorsätzlich oder grob fahrlässig unrichtige oder unvollständige Angaben gemacht hat,
7. der Schuldner seine Erwerbsobliegenheit nach § 287b verletzt und dadurch die Befriedigung der Insolvenzgläubiger beeinträchtigt; dies gilt nicht, wenn den Schuldner kein Verschulden trifft; § 296 Absatz 2 Satz 2 und 3 gilt entsprechend.

---

[1] § 288 neu gef. mWv 1.7.2014 durch G v. 15.7.2013 (BGBl. I S. 2379).
[2] § 289 neu gef. mWv 1.7.2014 durch G v. 15.7.2013 (BGBl. I S. 2379).
[3] § 290 Abs. 1 einl. Satzteil und Nr. 1 neu gef., Nr. 3 aufgeh., Nr. 4–6 geänd., Nr. 7 angef., Abs. 2 neu gef., Abs. 3 angef. mWv 1.7.2014 durch G v. 15.7.2013 (BGBl. I S. 2379).
[4] Nr. **85**.

(2) [1]Der Antrag des Gläubigers kann bis zum Schlusstermin oder bis zur Entscheidung nach § 211 Absatz 1 schriftlich gestellt werden; er ist nur zulässig, wenn ein Versagungsgrund glaubhaft gemacht wird. [2]Die Entscheidung über den Versagungsantrag erfolgt nach dem gemäß Satz 1 maßgeblichen Zeitpunkt.

(3) [1]Gegen den Beschluss steht dem Schuldner und jedem Insolvenzgläubiger, der die Versagung der Restschuldbefreiung beantragt hat, die sofortige Beschwerde zu. [2]Der Beschluss ist öffentlich bekannt zu machen.

**§ 291**[1)] *(aufgehoben)*

**§ 292**[2)] **Rechtsstellung des Treuhänders.** (1) [1]Der Treuhänder hat den zur Zahlung der Bezüge Verpflichteten über die Abtretung zu unterrichten. [2]Er hat die Beträge, die er durch die Abtretung erlangt, und sonstige Leistungen des Schuldners oder Dritter von seinem Vermögen getrennt zu halten und einmal jährlich auf Grund des Schlußverzeichnisses an die Insolvenzgläubiger zu verteilen, sofern die nach § 4a gestundeten Verfahrenskosten abzüglich der Kosten für die Beiordnung eines Rechtsanwalts berichtigt sind. [3]§ 36 Abs. 1 Satz 2, Abs. 4 gilt entsprechend. [4]Der Treuhänder kann die Verteilung längstens bis zum Ende der Abtretungsfrist aussetzen, wenn dies angesichts der Geringfügigkeit der zu verteilenden Beträge angemessen erscheint; er hat dies dem Gericht einmal jährlich unter Angabe der Höhe der erlangten Beträge mitzuteilen.

(2) [1]Die Gläubigerversammlung kann dem Treuhänder zusätzlich die Aufgabe übertragen, die Erfüllung der Obliegenheiten des Schuldners zu überwachen. [2]In diesem Fall hat der Treuhänder die Gläubiger unverzüglich zu benachrichtigen, wenn er einen Verstoß gegen diese Obliegenheiten feststellt. [3]Der Treuhänder ist nur zur Überwachung verpflichtet, soweit die ihm dafür zustehende zusätzliche Vergütung gedeckt ist oder vorgeschossen wird.

(3) [1]Der Treuhänder hat bei der Beendigung seines Amtes dem Insolvenzgericht Rechnung zu legen. [2]Die §§ 58 und 59 gelten entsprechend, § 59 jedoch mit der Maßgabe, daß die Entlassung auch wegen anderer Entlassungsgründe als der fehlenden Unabhängigkeit von jedem Insolvenzgläubiger beantragt werden kann und daß die sofortige Beschwerde jedem Insolvenzgläubiger zusteht.

**§ 293**[3)] **Vergütung des Treuhänders.** (1) [1]Der Treuhänder hat Anspruch auf Vergütung für seine Tätigkeit und auf Erstattung angemessener Auslagen. [2]Dabei ist dem Zeitaufwand des Treuhänders und dem Umfang seiner Tätigkeit Rechnung zu tragen.

(2) § 63 Abs. 2 sowie die §§ 64 und 65 gelten entsprechend.

**§ 294**[4)] **Gleichbehandlung der Gläubiger.** (1) Zwangsvollstreckungen für einzelne Insolvenzgläubiger in das Vermögen des Schuldners sind in dem Zeitraum zwischen Beendigung des Insolvenzverfahrens und dem Ende der Abtretungsfrist nicht zulässig.

---

[1)] § 291 aufgeh. mWv 1.7.2014 durch G v. 15.7.2013 (BGBl. I S. 2379).

[2)] § 292 Abs. 1 Satz 2 geänd., Satz 3 eingef., bish. Satz 3 wird Satz 4 und geänd., Satz 5 angef. mWv 1.12.2001 durch G v. 26.10.2001 (BGBl. I S. 2710); Abs. 1 Satz 4 neu gef., Satz 5 aufgeh. mWv 1.7.2014 durch G v. 15.7.2013 (BGBl. I S. 2379); Abs. 3 Satz 2 geänd. mWv 1.1.2021 durch G v. 22.12.2020 (BGBl. I S. 3256).

[3)] § 293 Abs. 2 neu gef. mWv 1.12.2001 durch G v. 26.10.2001 (BGBl. I S. 2710).

[4)] § 294 Abs. 1 geänd., Abs. 3 neu gef. mWv 1.7.2014 durch G v. 15.7.2013 (BGBl. I S. 2379).

(2) Jedes Abkommen des Schuldners oder anderer Personen mit einzelnen Insolvenzgläubigern, durch das diesen ein Sondervorteil verschafft wird, ist nichtig.

(3) Eine Aufrechnung gegen die Forderung auf die Bezüge, die von der Abtretungserklärung erfasst werden, ist nicht zulässig.

**§ 295[1)] Obliegenheiten des Schuldners.** [1]Dem Schuldner obliegt es, in dem Zeitraum zwischen Beendigung des Insolvenzverfahrens und dem Ende der Abtretungsfrist

1. eine angemessene Erwerbstätigkeit auszuüben und, wenn er ohne Beschäftigung ist, sich um eine solche zu bemühen und keine zumutbare Tätigkeit abzulehnen;
2. Vermögen, das er von Todes wegen oder mit Rücksicht auf ein künftiges Erbrecht oder durch Schenkung erwirbt, zur Hälfte des Wertes sowie Vermögen, das er als Gewinn in einer Lotterie, Ausspielung oder in einem anderen Spiel mit Gewinnmöglichkeit erwirbt, zum vollen Wert an den Treuhänder herauszugeben; von der Herausgabepflicht sind gebräuchliche Gelegenheitsgeschenke und Gewinne von geringem Wert ausgenommen;
3. jeden Wechsel des Wohnsitzes oder der Beschäftigungsstelle unverzüglich dem Insolvenzgericht und dem Treuhänder anzuzeigen, keine von der Abtretungserklärung erfaßten Bezüge und kein von Nummer 2 erfaßtes Vermögen zu verheimlichen und dem Gericht und dem Treuhänder auf Verlangen Auskunft über seine Erwerbstätigkeit oder seine Bemühungen um eine solche sowie über seine Bezüge und sein Vermögen zu erteilen;
4. Zahlungen zur Befriedigung der Insolvenzgläubiger nur an den Treuhänder zu leisten und keinem Insolvenzgläubiger einen Sondervorteil zu verschaffen;
5. keine unangemessenen Verbindlichkeiten im Sinne des § 290 Absatz 1 Nummer 4 zu begründen.

[2]Auf Antrag des Schuldners stellt das Insolvenzgericht fest, ob ein Vermögenserwerb nach Satz 1 Nummer 2 von der Herausgabeobliegenheit ausgenommen ist.

**§ 295a[2)] Obliegenheiten des Schuldners bei selbständiger Tätigkeit.**

(1) [1]Soweit der Schuldner eine selbständige Tätigkeit ausübt, obliegt es ihm, die Insolvenzgläubiger durch Zahlungen an den Treuhänder so zu stellen, als wenn er ein angemessenes Dienstverhältnis eingegangen wäre. [2]Die Zahlungen sind kalenderjährlich bis zum 31. Januar des Folgejahres zu leisten.

(2) [1]Auf Antrag des Schuldners stellt das Gericht den Betrag fest, der den Bezügen aus dem nach Absatz 1 zugrunde zu legenden Dienstverhältnis entspricht. [2]Der Schuldner hat die Höhe der Bezüge, die er aus einem angemessenen Dienstverhältnis erzielen könnte, glaubhaft zu machen. [3]Der Treuhänder und die Insolvenzgläubiger sind vor der Entscheidung anzuhören. [4]Gegen die Entscheidung steht dem Schuldner und jedem Insolvenzgläubiger die sofortige Beschwerde zu.

---

1) § 295 Abs. 1 einl. Satzteil geänd. mWv 1.7.2014 durch G v. 15.7.2013 (BGBl. I S. 2379); Abs. 1 Nr. 2 neu gef., Nr. 4 geänd., Nr. 5 und Satz 2 angef. mWv 1.10.2020, Abs. 2 aufgeh. mWv 31.12.2020 durch G v. 22.12.2020 (BGBl. I S. 3328).

2) § 295a eingef. mWv 31.12.2020 durch G v. 22.12.2020 (BGBl. I S. 3328).

**§ 296**[1] **Verstoß gegen Obliegenheiten.** (1) [1]Das Insolvenzgericht versagt die Restschuldbefreiung auf Antrag eines Insolvenzgläubigers, wenn der Schuldner in dem Zeitraum zwischen Beendigung des Insolvenzverfahrens und dem Ende der Abtretungsfrist eine seiner Obliegenheiten verletzt und dadurch die Befriedigung der Insolvenzgläubiger beeinträchtigt; dies gilt nicht, wenn den Schuldner kein Verschulden trifft; im Fall des § 295 Satz 1 Nummer 5 bleibt einfache Fahrlässigkeit außer Betracht. [2]Der Antrag kann nur binnen eines Jahres nach dem Zeitpunkt gestellt werden, in dem die Obliegenheitsverletzung dem Gläubiger bekanntgeworden ist. [3]Er ist nur zulässig, wenn die Voraussetzungen der Sätze 1 und 2 glaubhaft gemacht werden.

(2) [1]Vor der Entscheidung über den Antrag sind der Treuhänder, der Schuldner und die Insolvenzgläubiger zu hören. [2]Der Schuldner hat über die Erfüllung seiner Obliegenheiten Auskunft zu erteilen und, wenn es der Gläubiger beantragt, die Richtigkeit dieser Auskunft an Eides Statt zu versichern. [3]Gibt er die Auskunft oder die eidesstattliche Versicherung ohne hinreichende Entschuldigung nicht innerhalb der ihm gesetzten Frist ab oder erscheint er trotz ordnungsgemäßer Ladung ohne hinreichende Entschuldigung nicht zu einem Termin, den das Gericht für die Erteilung der Auskunft oder die eidesstattliche Versicherung anberaumt hat, so ist die Restschuldbefreiung zu versagen.

(3) [1]Gegen die Entscheidung steht dem Antragsteller und dem Schuldner die sofortige Beschwerde zu. [2]Die Versagung der Restschuldbefreiung ist öffentlich bekanntzumachen.

**§ 297**[2] **Insolvenzstraftaten.** (1) Das Insolvenzgericht versagt die Restschuldbefreiung auf Antrag eines Insolvenzgläubigers, wenn der Schuldner in dem Zeitraum zwischen Schlusstermin und Aufhebung des Insolvenzverfahrens oder in dem Zeitraum zwischen Beendigung des Insolvenzverfahrens und dem Ende der Abtretungsfrist wegen einer Straftat nach den §§ 283 bis 283c des Strafgesetzbuchs[3] rechtskräftig zu einer Geldstrafe von mehr als 90 Tagessätzen oder einer Freiheitsstrafe von mehr als drei Monaten verurteilt wird.

(2) § 296 Absatz 1 Satz 2 und 3, Absatz 3 gilt entsprechend.

**§ 297a**[4] **Nachträglich bekannt gewordene Versagungsgründe.**

(1) [1]Das Insolvenzgericht versagt die Restschuldbefreiung auf Antrag eines Insolvenzgläubigers, wenn sich nach dem Schlusstermin oder im Falle des § 211 nach der Einstellung herausstellt, dass ein Versagungsgrund nach § 290 Absatz 1 vorgelegen hat. [2]Der Antrag kann nur binnen sechs Monaten nach dem Zeitpunkt gestellt werden, zu dem der Versagungsgrund dem Gläubiger bekannt geworden ist. [3]Er ist nur zulässig, wenn glaubhaft gemacht wird, dass die Voraussetzungen der Sätze 1 und 2 vorliegen und dass der Gläubiger bis zu dem gemäß Satz 1 maßgeblichen Zeitpunkt keine Kenntnis von ihnen hatte.

(2) § 296 Absatz 3 gilt entsprechend.

---

[1] § 296 Abs. 1 Satz 1 geänd. mWv 1.7.2014 durch G v. 15.7.2013 (BGBl. I S. 2379); Abs. 1 Satz 1 geänd. mWv 1.10.2020 und mWv 31.12.2020 durch G v. 22.12.2020 (BGBl. I S. 3328).

[2] § 297 neu gef. mWv 1.7.2014 durch G v. 15.7.2013 (BGBl. I S. 2379).

[3] Nr. **85**.

[4] § 297a eingef. mWv 1.7.2014 durch G v. 15.7.2013 (BGBl. I S. 2379).

**§ 298[1] Deckung der Mindestvergütung des Treuhänders.** (1) [1]Das Insolvenzgericht versagt die Restschuldbefreiung auf Antrag des Treuhänders, wenn die an diesen abgeführten Beträge für das vorangegangene Jahr seiner Tätigkeit die Mindestvergütung nicht decken und der Schuldner den fehlenden Betrag nicht einzahlt, obwohl ihn der Treuhänder schriftlich zur Zahlung binnen einer Frist von mindestens zwei Wochen aufgefordert und ihn dabei auf die Möglichkeit der Versagung der Restschuldbefreiung hingewiesen hat. [2]Dies gilt nicht, wenn die Kosten des Insolvenzverfahrens nach § 4a gestundet wurden.

(2) [1]Vor der Entscheidung ist der Schuldner zu hören. [2]Die Versagung unterbleibt, wenn der Schuldner binnen zwei Wochen nach Aufforderung durch das Gericht den fehlenden Betrag einzahlt oder ihm dieser entsprechend § 4a gestundet wird.

(3) § 296 Abs. 3 gilt entsprechend.

**§ 299[2] Vorzeitige Beendigung.** Wird die Restschuldbefreiung nach den §§ 296, 297, 297a oder 298 versagt, so enden die Abtretungsfrist, das Amt des Treuhänders und die Beschränkung der Rechte der Gläubiger mit der Rechtskraft der Entscheidung.

**§ 300[3] Entscheidung über die Restschuldbefreiung.** (1) [1]Das Insolvenzgericht entscheidet nach dem regulären Ablauf der Abtretungsfrist über die Erteilung der Restschuldbefreiung. [2]Der Beschluss ergeht nach Anhörung der Insolvenzgläubiger, des Insolvenzverwalters oder Treuhänders und des Schuldners. [3]Eine nach Satz 1 erteilte Restschuldbefreiung gilt als mit Ablauf der Abtretungsfrist erteilt.

(2) [1]Wurden im Insolvenzverfahren keine Forderungen angemeldet oder sind die Insolvenzforderungen befriedigt worden und hat der Schuldner die Kosten des Verfahrens und die sonstigen Masseverbindlichkeiten berichtigt, so entscheidet das Gericht auf Antrag des Schuldners schon vor Ablauf der Abtretungsfrist über die Erteilung der Restschuldbefreiung. [2]Absatz 1 Satz 2 gilt entsprechend. [3]Das Vorliegen der Voraussetzungen nach Satz 1 ist vom Schuldner glaubhaft zu machen. [4]Wird die Restschuldbefreiung nach Satz 1 erteilt, so gelten die §§ 299 und 300a entsprechend.

(3) Das Insolvenzgericht versagt die Restschuldbefreiung auf Antrag eines Insolvenzgläubigers, wenn die Voraussetzungen des § 290 Absatz 1, des § 296 Absatz 1 oder Absatz 2 Satz 3, des § 297 oder des § 297a vorliegen, oder auf Antrag des Treuhänders, wenn die Voraussetzungen des § 298 vorliegen

(4) [1]Der Beschluss ist öffentlich bekannt zu machen. [2]Gegen den Beschluss steht dem Schuldner und jedem Insolvenzgläubiger, der bei der Anhörung nach Absatz 1 oder Absatz 2 die Versagung der Restschuldbefreiung beantragt oder der das Nichtvorliegen der Voraussetzungen einer vorzeitigen Restschuldbefreiung nach Absatz 2 geltend gemacht hat, die sofortige Beschwerde zu.

**§ 300a[4] Neuerwerb im laufenden Insolvenzverfahren.** (1) [1]Wird dem Schuldner Restschuldbefreiung erteilt, gehört das Vermögen, das der Schuldner

[1] § 298 Abs. 1 Satz 2 angef., Abs. 2 Satz 2 geänd. mWv 1.12.2001 durch G v. 26.10.2001 (BGBl. I S. 2710).
[2] § 299 geänd. mWv 1.7.2014 durch G v. 15.7.2013 (BGBl. I S. 2379).
[3] § 300 neu gef. mWv 1.10.2020 durch G v. 22.12.2020 (BGBl. I S. 3328).
[4] § 300a eingef. mWv 1.7.2014 durch G v. 15.7.2013 (BGBl. I S. 2379); Abs. 1 Satz 1 geänd. mWv 1.10.2020 durch G v. 22.12.2020 (BGBl. I S. 3328) .

nach Ende der Abtretungsfrist oder nach Eintritt der Voraussetzungen des § 300 Absatz 2 Satz 1 erwirbt, nicht mehr zur Insolvenzmasse. [2]Satz 1 gilt nicht für Vermögensbestandteile, die auf Grund einer Anfechtung des Insolvenzverwalters zur Insolvenzmasse zurückgewährt werden oder die auf Grund eines vom Insolvenzverwalter geführten Rechtsstreits oder auf Grund Verwertungshandlungen des Insolvenzverwalters zur Insolvenzmasse gehören.

(2) [1]Bis zur rechtskräftigen Erteilung der Restschuldbefreiung hat der Verwalter den Neuerwerb, der dem Schuldner zusteht, treuhänderisch zu vereinnahmen und zu verwalten. [2]Nach rechtskräftiger Erteilung der Restschuldbefreiung findet die Vorschrift des § 89 keine Anwendung. [3]Der Insolvenzverwalter hat bei Rechtskraft der Erteilung der Restschuldbefreiung dem Schuldner den Neuerwerb herauszugeben und über die Verwaltung des Neuerwerbs Rechnung zu legen.

(3) [1]Der Insolvenzverwalter hat für seine Tätigkeit nach Absatz 2, sofern Restschuldbefreiung rechtskräftig erteilt wird, gegenüber dem Schuldner Anspruch auf Vergütung und auf Erstattung angemessener Auslagen. [2]§ 293 gilt entsprechend.

**§ 301[1)] Wirkung der Restschuldbefreiung.** (1) [1]Wird die Restschuldbefreiung erteilt, so wirkt sie gegen alle Insolvenzgläubiger. [2]Dies gilt auch für Gläubiger, die ihre Forderungen nicht angemeldet haben.

(2) [1]Die Rechte der Insolvenzgläubiger gegen Mitschuldner und Bürgen des Schuldners sowie die Rechte dieser Gläubiger aus einer zu ihrer Sicherung eingetragenen Vormerkung oder aus einem Recht, das im Insolvenzverfahren zur abgesonderten Befriedigung berechtigt, werden durch die Restschuldbefreiung nicht berührt. [2]Der Schuldner wird jedoch gegenüber dem Mitschuldner, dem Bürgen oder anderen Rückgriffsberechtigten in gleicher Weise befreit wie gegenüber den Insolvenzgläubigern.

(3) Wird ein Gläubiger befriedigt, obwohl er auf Grund der Restschuldbefreiung keine Befriedigung zu beanspruchen hat, so begründet dies keine Pflicht zur Rückgewähr des Erlangten.

(4) [1]Ein allein aufgrund der Insolvenz des Schuldners erlassenes Verbot, eine gewerbliche, geschäftliche, handwerkliche oder freiberufliche Tätigkeit aufzunehmen oder auszuüben, tritt mit Rechtskraft der Erteilung der Restschuldbefreiung außer Kraft. [2]Satz 1 gilt nicht für die Versagung und die Aufhebung einer Zulassung zu einer erlaubnispflichtigen Tätigkeit.

**§ 302[2)] Ausgenommene Forderungen.** Von der Erteilung der Restschuldbefreiung werden nicht berührt:

1. Verbindlichkeiten des Schuldners aus einer vorsätzlich begangenen unerlaubten Handlung, aus rückständigem gesetzlichen Unterhalt, den der Schuldner vorsätzlich pflichtwidrig nicht gewährt hat, oder aus einem Steuerschuldverhältnis, sofern der Schuldner im Zusammenhang damit wegen einer Steuerstraftat nach den §§ 370, 373 oder § 374 der Abgabenordnung rechtskräftig verurteilt worden ist; der Gläubiger hat die entsprechende Forderung unter Angabe dieses Rechtsgrundes nach § 174 Absatz 2 anzumelden;
2. Geldstrafen und die diesen in § 39 Abs. 1 Nr. 3 gleichgestellten Verbindlichkeiten des Schuldners;

---

[1)] § 301 Abs. 4 angef. mWv 1.10.2020 durch G v. 22.12.2020 (BGBl. I S. 3328).

[2)] § 302 Nr. 2 geänd., Nr. 3 angef. mWv 1.12.2001 durch G v. 26.10.2001 (BGBl. I S. 2710); Nr. 1 neu gef. mWv 1.7.2014 durch G v. 15.7.2013 (BGBl. I S. 2379).

3. Verbindlichkeiten aus zinslosen Darlehen, die dem Schuldner zur Begleichung der Kosten des Insolvenzverfahrens gewährt wurden.

**§ 303[1] Widerruf der Restschuldbefreiung.** (1) Auf Antrag eines Insolvenzgläubigers widerruft das Insolvenzgericht die Erteilung der Restschuldbefreiung, wenn

1. sich nachträglich herausstellt, dass der Schuldner eine seiner Obliegenheiten vorsätzlich verletzt und dadurch die Befriedigung der Insolvenzgläubiger erheblich beeinträchtigt hat,
2. sich nachträglich herausstellt, dass der Schuldner während der Abtretungsfrist nach Maßgabe von § 297 Absatz 1 verurteilt worden ist, oder wenn der Schuldner erst nach Erteilung der Restschuldbefreiung wegen einer bis zum Ende der Abtretungsfrist begangenen Straftat nach Maßgabe von § 297 Absatz 1 verurteilt wird oder
3. der Schuldner nach Erteilung der Restschuldbefreiung Auskunfts- oder Mitwirkungspflichten vorsätzlich oder grob fahrlässig verletzt hat, die ihm nach diesem Gesetz während des Insolvenzverfahrens obliegen.

(2) [1] Der Antrag des Gläubigers ist nur zulässig, wenn er innerhalb eines Jahres nach der Rechtskraft der Entscheidung über die Restschuldbefreiung gestellt wird; ein Widerruf nach Absatz 1 Nummer 3 kann bis zu sechs Monate nach rechtskräftiger Aufhebung des Insolvenzverfahrens beantragt werden. [2] Der Gläubiger hat die Voraussetzungen des Widerrufsgrundes glaubhaft zu machen. [3] In den Fällen des Absatzes 1 Nummer 1 hat der Gläubiger zudem glaubhaft zu machen, dass er bis zur Rechtskraft der Entscheidung keine Kenntnis vom Widerrufsgrund hatte.

(3) [1] Vor der Entscheidung sind der Schuldner und in den Fällen des Absatzes 1 Nummer 1 und 3 auch der Treuhänder oder Insolvenzverwalter zu hören. [2] Gegen die Entscheidung steht dem Antragsteller und dem Schuldner die sofortige Beschwerde zu. [3] Die Entscheidung, durch welche die Restschuldbefreiung widerrufen wird, ist öffentlich bekanntzumachen.

**§ 303a[2] Eintragung in das Schuldnerverzeichnis.** [1] Das Insolvenzgericht ordnet die Eintragung in das Schuldnerverzeichnis nach § 882b der Zivilprozessordnung[3] an. [2] Eingetragen werden Schuldner,

1. denen die Restschuldbefreiung nach den §§ 290, 296, 297 oder 297a oder auf Antrag eines Insolvenzgläubigers nach § 300 Absatz 3 versagt worden ist,
2. deren Restschuldbefreiung widerrufen worden ist.

[3] Es übermittelt die Anordnung unverzüglich elektronisch dem zentralen Vollstreckungsgericht nach § 882h Absatz 1 der Zivilprozessordnung. [4] § 882c Absatz 2 und 3 der Zivilprozessordnung gilt entsprechend.

---

[1] § 303 Abs. 1 und 2 neu gef., Abs. 3 Satz 1 geänd. mWv 1.7.2014 durch G v. 15.7.2013 (BGBl. I S. 2379).

[2] § 303a eingef. mWv 1.7.2014 durch G v. 15.7.2013 (BGBl. I S. 2379); Satz 2 Nr. 1 geänd. mWv 26.6.2017 durch G v. 5.6.2017 (BGBl. I S. 1476).

[3] Nr. **100**.

## Zehnter Teil.[1] Verbraucherinsolvenzverfahren

**§ 304[2] Grundsatz.** (1) [1]Ist der Schuldner eine natürliche Person, die keine selbständige wirtschaftliche Tätigkeit ausübt oder ausgeübt hat, so gelten für das Verfahren die allgemeinen Vorschriften, soweit in diesem Teil nichts anderes bestimmt ist. [2]Hat der Schuldner eine selbständige wirtschaftliche Tätigkeit ausgeübt, so findet Satz 1 Anwendung, wenn seine Vermögensverhältnisse überschaubar sind und gegen ihn keine Forderungen aus Arbeitsverhältnissen bestehen.

(2) Überschaubar sind die Vermögensverhältnisse im Sinne von Absatz 1 Satz 2 nur, wenn der Schuldner zu dem Zeitpunkt, zu dem der Antrag auf Eröffnung des Insolvenzverfahrens gestellt wird, weniger als 20 Gläubiger hat.

**§ 305[3)4)] Eröffnungsantrag des Schuldners.** (1) Mit dem schriftlich einzureichenden Antrag auf Eröffnung des Insolvenzverfahrens oder unverzüglich nach diesem Antrag hat der Schuldner vorzulegen:

1. eine Bescheinigung, die von einer geeigneten Person oder Stelle auf der Grundlage persönlicher Beratung und eingehender Prüfung der Einkommens- und Vermögensverhältnisse des Schuldners ausgestellt ist und aus der sich ergibt, daß eine außergerichtliche Einigung mit den Gläubigern über die Schuldenbereinigung auf der Grundlage eines Plans innerhalb der letzten sechs Monate vor dem Eröffnungsantrag erfolglos versucht worden ist; der Plan ist beizufügen und die wesentlichen Gründe für sein Scheitern sind darzulegen; die Länder können bestimmen, welche Personen oder Stellen als geeignet anzusehen sind;
2. den Antrag auf Erteilung von Restschuldbefreiung (§ 287) oder die Erklärung, daß Restschuldbefreiung nicht beantragt werden soll;
3. ein Verzeichnis des vorhandenen Vermögens und des Einkommens (Vermögensverzeichnis), eine Zusammenfassung des wesentlichen Inhalts dieses Verzeichnisses (Vermögensübersicht), ein Verzeichnis der Gläubiger und ein Verzeichnis der gegen ihn gerichteten Forderungen; den Verzeichnissen und der Vermögensübersicht ist die Erklärung beizufügen, dass die enthaltenen Angaben richtig und vollständig sind;
4. einen Schuldenbereinigungsplan; dieser kann alle Regelungen enthalten, die unter Berücksichtigung der Gläubigerinteressen sowie der Vermögens-, Einkommens- und Familienverhältnisse des Schuldners geeignet sind, zu einer angemessenen Schuldenbereinigung zu führen; in den Plan ist aufzunehmen, ob und inwieweit Bürgschaften, Pfandrechte und andere Sicherheiten der Gläubiger vom Plan berührt werden sollen.

(2) [1]In dem Verzeichnis der Forderungen nach Absatz 1 Nr. 3 kann auch auf beigefügte Forderungsaufstellungen der Gläubiger Bezug genommen werden.

---

[1] Früherer 9. Teil Überschrift neu gef., 1.–3. Abschnitt Überschrift aufgeh. mWv 1.7.2014 durch G v. 15.7.2013 (BGBl. I S. 2379); bish. 9. Teil wird 10. Teil mWv 21.4.2018 durch G v. 13.4.2017 (BGBl. I S. 866).

[2] § 304 neu gef. mWv 1.12.2001 durch G v. 26.10.2001 (BGBl. I S. 2710).

[3] § 305 Abs. 1 einl. Satzteil geänd., Abs. 4 und 5 angef. durch G v. 19.12.1998 (BGBl. I S. 3836); Abs. 1 Nr. 1 geänd., Nr. 3 neu gef., Abs. 3 Satz 3 angef. mWv 1.12.2001 durch G v. 26.10.2001 (BGBl. I S. 2710); Abs. 5 Sätze 1–3 geänd. mWv 1.4.2005 durch G v. 22.3.2005 (BGBl. I S. 837); Abs. 4 Satz 2 neu gef. mWv 1.7.2008 durch G v. 12.12.2007 (BGBl. I S. 2840); Abs. 1 einl. Satzteil und Nr. 1 geänd., Abs. 3 Satz 1 neu gef., Abs. 4 Satz 1 geänd., Abs. 5 Satz 1 neu gef. mWv 1.7.2014 durch G v. 15.7.2013 (BGBl. I S. 2379); Abs. 5 Satz 1 geänd. mWv 8.9.2015 durch VO v. 31.8.2015 (BGBl. I S. 1474); Abs. 5 Satz 1 geänd. mWv 26.6.2017 durch G v. 5.6.2017 (BGBl. I S. 1476).

[4] Beachte hierzu Übergangsvorschrift in Art. 103k Abs. 4 EGInsO (Nr. **110a**).

[2] Auf Aufforderung des Schuldners sind die Gläubiger verpflichtet, auf ihre Kosten dem Schuldner zur Vorbereitung des Forderungsverzeichnisses eine schriftliche Aufstellung ihrer gegen diesen gerichteten Forderungen zu erteilen; insbesondere haben sie ihm die Höhe ihrer Forderungen und deren Aufgliederung in Hauptforderung, Zinsen und Kosten anzugeben. [3] Die Aufforderung des Schuldners muß einen Hinweis auf einen bereits bei Gericht eingereichten oder in naher Zukunft beabsichtigten Antrag auf Eröffnung eines Insolvenzverfahrens enthalten.

(3) [1] Hat der Schuldner die amtlichen Formulare nach Absatz 5 nicht vollständig ausgefüllt abgegeben, fordert ihn das Insolvenzgericht auf, das Fehlende unverzüglich zu ergänzen. [2] Kommt der Schuldner dieser Aufforderung nicht binnen eines Monats nach, so gilt sein Antrag auf Eröffnung des Insolvenzverfahrens als zurückgenommen. [3] Im Falle des § 306 Abs. 3 Satz 3 beträgt die Frist drei Monate.

(4) [1] Der Schuldner kann sich vor dem Insolvenzgericht von einer geeigneten Person oder einem Angehörigen einer als geeignet anerkannten Stelle im Sinne des Absatzes 1 Nr. 1 vertreten lassen. [2] Für die Vertretung des Gläubigers gilt § 174 Abs. 1 Satz 3 entsprechend.

(5) [1] Das Bundesministerium der Justiz und für Verbraucherschutz wird ermächtigt, durch Rechtsverordnung[1)] mit Zustimmung des Bundesrates zur Vereinfachung des Verbraucherinsolvenzverfahrens für die Beteiligten Formulare für die nach Absatz 1 Nummer 1 bis 4 vorzulegenden Bescheinigungen, Anträge und Verzeichnisse einzuführen. [2] Soweit nach Satz 1 Formulare eingeführt sind, muß sich der Schuldner ihrer bedienen. [3] Für Verfahren bei Gerichten, die die Verfahren maschinell bearbeiten, und für Verfahren bei Gerichten, die die Verfahren nicht maschinell bearbeiten, können unterschiedliche Formulare eingeführt werden.

**§ 305a[2)] Scheitern der außergerichtlichen Schuldenbereinigung.** Der Versuch, eine außergerichtliche Einigung mit den Gläubigern über die Schuldenbereinigung herbeizuführen, gilt als gescheitert, wenn ein Gläubiger die Zwangsvollstreckung betreibt, nachdem die Verhandlungen über die außergerichtliche Schuldenbereinigung aufgenommen wurden.

**§ 306[3)] Ruhen des Verfahrens.** (1) [1] Das Verfahren über den Antrag auf Eröffnung des Insolvenzverfahrens ruht bis zur Entscheidung über den Schuldenbereinigungsplan. [2] Dieser Zeitraum soll drei Monate nicht überschreiten. [3] Das Gericht ordnet nach Anhörung des Schuldners die Fortsetzung des Verfahrens über den Eröffnungsantrag an, wenn nach seiner freien Überzeugung der Schuldenbereinigungsplan voraussichtlich nicht angenommen wird.

(2) [1] Absatz 1 steht der Anordnung von Sicherungsmaßnahmen nicht entgegen. [2] Ruht das Verfahren, so hat der Schuldner in der für die Zustellung erforderlichen Zahl Abschriften des Schuldenbereinigungsplans und der Vermögensübersicht innerhalb von zwei Wochen nach Aufforderung durch das Gericht nachzureichen. [3] § 305 Abs. 3 Satz 2 gilt entsprechend.

(3) [1] Beantragt ein Gläubiger die Eröffnung des Verfahrens, so hat das Insolvenzgericht vor der Entscheidung über die Eröffnung dem Schuldner Gelegenheit zu geben, ebenfalls einen Antrag zu stellen. [2] Stellt der Schuldner einen Antrag, so gilt

---

1) Siehe die VO zur Einführung von Formularen für das Verbraucherinsolvenzverfahren und das Restschuldbefreiungsverfahren (Verbraucherinsolvenzformularverordnung – VbrInsFV) v. 17.2.2002 (BGBl. I S. 703), zuletzt geänd. durch G v. 22.12.2020 (BGBl. I S. 3328).

2) § 305a eingef. mWv 1.12.2001 durch G v. 26.10.2001 (BGBl. I S. 2710).

3) § 306 Abs. 1 Satz 3, Abs. 2 Sätze 2 und 3, Abs. 3 Satz 3 angef. mWv 1.12.2001 durch G v. 26.10.2001 (BGBl. I S. 2710).

Absatz 1 auch für den Antrag des Gläubigers. [3] In diesem Fall hat der Schuldner zunächst eine außergerichtliche Einigung nach § 305 Abs. 1 Nr. 1 zu versuchen.

**§ 307**[1)] **Zustellung an die Gläubiger.** (1) [1] Das Insolvenzgericht stellt den vom Schuldner genannten Gläubigern den Schuldenbereinigungsplan sowie die Vermögensübersicht zu und fordert die Gläubiger zugleich auf, binnen einer Notfrist von einem Monat zu den in § 305 Abs. 1 Nr. 3 genannten Verzeichnissen und zu dem Schuldenbereinigungsplan Stellung zu nehmen; die Gläubiger sind darauf hinzuweisen, dass die Verzeichnisse beim Insolvenzgericht zur Einsicht niedergelegt sind. [2] Zugleich ist jedem Gläubiger mit ausdrücklichem Hinweis auf die Rechtsfolgen des § 308 Abs. 3 Satz 2 Gelegenheit zu geben, binnen der Frist nach Satz 1 die Angaben über seine Forderungen in dem beim Insolvenzgericht zur Einsicht niedergelegten Forderungsverzeichnis zu überprüfen und erforderlichenfalls zu ergänzen. [3] Auf die Zustellung nach Satz 1 ist § 8 Abs. 1 Satz 2, 3, Abs. 2 und 3 nicht anzuwenden.

(2) [1] Geht binnen der Frist nach Absatz 1 Satz 1 bei Gericht die Stellungnahme eines Gläubigers nicht ein, so gilt dies als Einverständnis mit dem Schuldenbereinigungsplan. [2] Darauf ist in der Aufforderung hinzuweisen.

(3) [1] Nach Ablauf der Frist nach Absatz 1 Satz 1 ist dem Schuldner Gelegenheit zu geben, den Schuldenbereinigungsplan binnen einer vom Gericht zu bestimmenden Frist zu ändern oder zu ergänzen, wenn dies auf Grund der Stellungnahme eines Gläubigers erforderlich oder zur Förderung einer einverständlichen Schuldenbereinigung sinnvoll erscheint. [2] Die Änderungen oder Ergänzungen sind den Gläubigern zuzustellen, soweit dies erforderlich ist. [3] Absatz 1 Satz 1, 3 und Absatz 2 gelten entsprechend.

**§ 308**[2)] **Annahme des Schuldenbereinigungsplans.** (1) [1] Hat kein Gläubiger Einwendungen gegen den Schuldenbereinigungsplan erhoben oder wird die Zustimmung nach § 309 ersetzt, so gilt der Schuldenbereinigungsplan als angenommen; das Insolvenzgericht stellt dies durch Beschluß fest. [2] Der Schuldenbereinigungsplan hat die Wirkung eines Vergleichs im Sinne des § 794 Abs. 1 Nr. 1 der Zivilprozeßordnung[3)]. [3] Den Gläubigern und dem Schuldner ist eine Ausfertigung des Schuldenbereinigungsplans und des Beschlusses nach Satz 1 zuzustellen.

(2) Die Anträge auf Eröffnung des Insolvenzverfahrens und auf Erteilung von Restschuldbefreiung gelten als zurückgenommen.

(3) [1] Soweit Forderungen in dem Verzeichnis des Schuldners nicht enthalten sind und auch nicht nachträglich bei dem Zustandekommen des Schuldenbereinigungsplans berücksichtigt worden sind, können die Gläubiger von dem Schuldner Erfüllung verlangen. [2] Dies gilt nicht, soweit ein Gläubiger die Angaben über seine Forderung in dem beim Insolvenzgericht zur Einsicht niedergelegten Forderungsverzeichnis nicht innerhalb der gesetzten Frist ergänzt hat, obwohl ihm der Schuldenbereinigungsplan übersandt wurde und die Forderung vor dem Ablauf der Frist entstanden war; insoweit erlischt die Forderung.

**§ 309**[4)] **Ersetzung der Zustimmung.** (1) [1] Hat dem Schuldenbereinigungsplan mehr als die Hälfte der benannten Gläubiger zugestimmt und beträgt die

1) § 307 Abs. 1 Satz 1 neu gef., Satz 2 geänd. mWv 1.12.2001 durch G v. 26.10.2001 (BGBl. I S. 2710).
2) § 308 Abs. 3 Satz 2 neu gef. mWv 1.12.2001 durch G v. 26.10.2001 (BGBl. I S. 710).
3) Nr. **100**.
4) § 309 Abs. 1 Satz 2 Nr. 2 geänd. durch G v. 19.12.1998 (BGBl. I S. 3836); Abs. 2 Satz 4 angef. mWv 1.12.2001 durch G v. 26.10.2001 (BGBl. I S. 2710).

Summe der Ansprüche der zustimmenden Gläubiger mehr als die Hälfte der Summe der Ansprüche der benannten Gläubiger, so ersetzt das Insolvenzgericht auf Antrag eines Gläubigers oder des Schuldners die Einwendungen eines Gläubigers gegen den Schuldenbereinigungsplan durch eine Zustimmung. [2] Dies gilt nicht, wenn

1. der Gläubiger, der Einwendungen erhoben hat, im Verhältnis zu den übrigen Gläubigern nicht angemessen beteiligt wird oder
2. dieser Gläubiger durch den Schuldenbereinigungsplan voraussichtlich wirtschaftlich schlechter gestellt wird, als er bei Durchführung des Verfahrens über die Anträge auf Eröffnung des Insolvenzverfahrens und Erteilung von Restschuldbefreiung stünde; hierbei ist im Zweifel zugrunde zu legen, daß die Einkommens-, Vermögens- und Familienverhältnisse des Schuldners zum Zeitpunkt des Antrags nach Satz 1 während der gesamten Dauer des Verfahrens maßgeblich bleiben.

(2) [1] Vor der Entscheidung ist der Gläubiger zu hören. [2] Die Gründe, die gemäß Absatz 1 Satz 2 einer Ersetzung seiner Einwendungen durch eine Zustimmung entgegenstehen, hat er glaubhaft zu machen. [3] Gegen den Beschluß steht dem Antragsteller und dem Gläubiger, dessen Zustimmung ersetzt wird, die sofortige Beschwerde zu. [4] § 4a Abs. 2 gilt entsprechend.

(3) Macht ein Gläubiger Tatsachen glaubhaft, aus denen sich ernsthafte Zweifel ergeben, ob eine vom Schuldner angegebene Forderung besteht oder sich auf einen höheren oder niedrigeren Betrag richtet als angegeben, und hängt vom Ausgang des Streits ab, ob der Gläubiger im Verhältnis zu den übrigen Gläubigern angemessen beteiligt wird (Absatz 1 Satz 2 Nr. 1), so kann die Zustimmung dieses Gläubigers nicht ersetzt werden.

**§ 310 Kosten.** Die Gläubiger haben gegen den Schuldner keinen Anspruch auf Erstattung der Kosten, die ihnen im Zusammenhang mit dem Schuldenbereinigungsplan entstehen.

**§ 311 Aufnahme des Verfahrens über den Eröffnungsantrag.** Werden Einwendungen gegen den Schuldenbereinigungsplan erhoben, die nicht gemäß § 309 durch gerichtliche Zustimmung ersetzt werden, so wird das Verfahren über den Eröffnungsantrag von Amts wegen wieder aufgenommen.

**§§ 312–314**[1)] *(aufgehoben)*

## Elfter Teil.[2)] Besondere Arten des Insolvenzverfahrens

### Erster Abschnitt. Nachlaßinsolvenzverfahren

**§ 315 Örtliche Zuständigkeit.** [1] Für das Insolvenzverfahren über einen Nachlaß ist ausschließlich das Insolvenzgericht örtlich zuständig, in dessen Bezirk der Erblasser zur Zeit seines Todes seinen allgemeinen Gerichtsstand hatte. [2] Lag der Mittelpunkt einer selbständigen wirtschaftlichen Tätigkeit des Erblassers an einem anderen Ort, so ist ausschließlich das Insolvenzgericht zuständig, in dessen Bezirk dieser Ort liegt.

---

1) §§ 312–314 aufgeh. mWv 1.7.2014 durch G v. 15.7.2013 (BGBl. I S. 2379).

2) Bish. 10. Teil wird 11. Teil mWv 21.4.2018 durch G v. 13.4.2017 (BGBl. I S. 866).

**§ 316 Zulässigkeit der Eröffnung.** (1) Die Eröffnung des Insolvenzverfahrens wird nicht dadurch ausgeschlossen, daß der Erbe die Erbschaft noch nicht angenommen hat oder daß er für die Nachlaßverbindlichkeiten unbeschränkt haftet.

(2) Sind mehrere Erben vorhanden, so ist die Eröffnung des Verfahrens auch nach der Teilung des Nachlasses zulässig.

(3) Über einen Erbteil findet ein Insolvenzverfahren nicht statt.

**§ 317 Antragsberechtigte.** (1) Zum Antrag auf Eröffnung des Insolvenzverfahrens über einen Nachlaß ist jeder Erbe, der Nachlaßverwalter sowie ein anderer Nachlaßpfleger, ein Testamentsvollstrecker, dem die Verwaltung des Nachlasses zusteht, und jeder Nachlaßgläubiger berechtigt.

(2) [1] Wird der Antrag nicht von allen Erben gestellt, so ist er zulässig, wenn der Eröffnungsgrund glaubhaft gemacht wird. [2] Das Insolvenzgericht hat die übrigen Erben zu hören.

(3) Steht die Verwaltung des Nachlasses einem Testamentsvollstrecker zu, so ist, wenn der Erbe die Eröffnung beantragt, der Testamentsvollstrecker, wenn der Testamentsvollstrecker den Antrag stellt, der Erbe zu hören.

**§ 318[1)] Antragsrecht beim Gesamtgut.** (1) [1] Gehört der Nachlaß zum Gesamtgut einer Gütergemeinschaft, so kann sowohl der Ehegatte, der Erbe ist, als auch der Ehegatte, der nicht Erbe ist, aber das Gesamtgut allein oder mit seinem Ehegatten gemeinschaftlich verwaltet, die Eröffnung des Insolvenzverfahrens über den Nachlaß beantragen. [2] Die Zustimmung des anderen Ehegatten ist nicht erforderlich. [3] Die Ehegatten behalten das Antragsrecht, wenn die Gütergemeinschaft endet.

(2) [1] Wird der Antrag nicht von beiden Ehegatten gestellt, so ist er zulässig, wenn der Eröffnungsgrund glaubhaft gemacht wird. [2] Das Insolvenzgericht hat den anderen Ehegatten zu hören.

(3) Die Absätze 1 und 2 gelten für Lebenspartner entsprechend.

**§ 319 Antragsfrist.** Der Antrag eines Nachlaßgläubigers auf Eröffnung des Insolvenzverfahrens ist unzulässig, wenn seit der Annahme der Erbschaft zwei Jahre verstrichen sind.

**§ 320 Eröffnungsgründe.** [1] Gründe für die Eröffnung des Insolvenzverfahrens über einen Nachlaß sind die Zahlungsunfähigkeit und die Überschuldung. [2] Beantragt der Erbe, der Nachlaßverwalter oder ein anderer Nachlaßpfleger oder ein Testamentsvollstrecker die Eröffnung des Verfahrens, so ist auch die drohende Zahlungsunfähigkeit Eröffnungsgrund.

**§ 321 Zwangsvollstreckung nach Erbfall.** Maßnahmen der Zwangsvollstreckung in den Nachlaß, die nach dem Eintritt des Erbfalls erfolgt sind, gewähren kein Recht zur abgesonderten Befriedigung.

**§ 322 Anfechtbare Rechtshandlungen des Erben.** Hat der Erbe vor der Eröffnung des Insolvenzverfahrens aus dem Nachlaß Pflichtteilsansprüche, Vermächtnisse oder Auflagen erfüllt, so ist diese Rechtshandlung in gleicher Weise anfechtbar wie eine unentgeltliche Leistung des Erben.

---

1) § 318 Abs. 3 angef. mWv 1.1.2005 durch G v. 15.12.2004 (BGBl. I S. 3396).

**§ 323 Aufwendungen des Erben.** Dem Erben steht wegen der Aufwendungen, die ihm nach den §§ 1978, 1979 des Bürgerlichen Gesetzbuchs[1] aus dem Nachlaß zu ersetzen sind, ein Zurückbehaltungsrecht nicht zu.

**§ 324 Masseverbindlichkeiten.** (1) Masseverbindlichkeiten sind außer den in den §§ 54, 55 bezeichneten Verbindlichkeiten:
1. die Aufwendungen, die dem Erben nach den §§ 1978, 1979 des Bürgerlichen Gesetzbuchs[1] aus dem Nachlaß zu ersetzen sind;
2. die Kosten der Beerdigung des Erblassers;
3. die im Falle der Todeserklärung des Erblassers dem Nachlaß zur Last fallenden Kosten des Verfahrens;
4. die Kosten der Eröffnung einer Verfügung des Erblassers von Todes wegen, der gerichtlichen Sicherung des Nachlasses, einer Nachlaßpflegschaft, des Aufgebots der Nachlaßgläubiger und der Inventarerrichtung;
5. die Verbindlichkeiten aus den von einem Nachlaßpfleger oder einem Testamentsvollstrecker vorgenommenen Rechtsgeschäften;
6. die Verbindlichkeiten, die für den Erben gegenüber einem Nachlaßpfleger, einem Testamentsvollstrecker oder einem Erben, der die Erbschaft ausgeschlagen hat, aus der Geschäftsführung dieser Personen entstanden sind, soweit die Nachlaßgläubiger verpflichtet wären, wenn die bezeichneten Personen die Geschäfte für sie zu besorgen gehabt hätten.

(2) Im Falle der Masseunzulänglichkeit haben die in Absatz 1 bezeichneten Verbindlichkeiten den Rang des § 209 Abs. 1 Nr. 3.

**§ 325 Nachlaßverbindlichkeiten.** Im Insolvenzverfahren über einen Nachlaß können nur die Nachlaßverbindlichkeiten geltend gemacht werden.

**§ 326 Ansprüche des Erben.** (1) Der Erbe kann die ihm gegen den Erblasser zustehenden Ansprüche geltend machen.

(2) Hat der Erbe eine Nachlaßverbindlichkeit erfüllt, so tritt er, soweit nicht die Erfüllung nach § 1979 des Bürgerlichen Gesetzbuchs[1] als für Rechnung des Nachlasses erfolgt gilt, an die Stelle des Gläubigers, es sei denn, daß er für die Nachlaßverbindlichkeiten unbeschränkt haftet.

(3) Haftet der Erbe einem einzelnen Gläubiger gegenüber unbeschränkt, so kann er dessen Forderung für den Fall geltend machen, daß der Gläubiger sie nicht geltend macht.

**§ 327[2] Nachrangige Verbindlichkeiten.** (1) Im Rang nach den in § 39 bezeichneten Verbindlichkeiten und in folgender Rangfolge, bei gleichem Rang nach dem Verhältnis ihrer Beträge, werden erfüllt:
1. die Verbindlichkeiten gegenüber Pflichtteilsberechtigten;
2. die Verbindlichkeiten aus den vom Erblasser angeordneten Vermächtnissen und Auflagen.

(2) [1] Ein Vermächtnis, durch welches das Recht des Bedachten auf den Pflichtteil nach § 2307 des Bürgerlichen Gesetzbuchs[1] ausgeschlossen wird, steht, soweit es den Pflichtteil nicht übersteigt, im Rang den Pflichtteilsrechten gleich. [2] Hat der Erblasser durch Verfügung von Todes wegen angeordnet, daß ein Vermächtnis

[1] Nr. **20**.
[2] § 327 Abs. 1 Nr. 3 aufgeh. durch G v. 16.12.1997 (BGBl. I S. 2968).

oder eine Auflage vor einem anderen Vermächtnis oder einer anderen Auflage erfüllt werden soll, so hat das Vermächtnis oder die Auflage den Vorrang.

(3) [1]Eine Verbindlichkeit, deren Gläubiger im Wege des Aufgebotsverfahrens ausgeschlossen ist oder nach § 1974 des Bürgerlichen Gesetzbuchs einem ausgeschlossenen Gläubiger gleichsteht, wird erst nach den in § 39 bezeichneten Verbindlichkeiten und, soweit sie zu den in Absatz 1 bezeichneten Verbindlichkeiten gehört, erst nach den Verbindlichkeiten erfüllt, mit denen sie ohne die Beschränkung gleichen Rang hätte. [2]Im übrigen wird durch die Beschränkungen an der Rangordnung nichts geändert.

**§ 328 Zurückgewährte Gegenstände.** (1) Was infolge der Anfechtung einer vom Erblasser oder ihm gegenüber vorgenommenen Rechtshandlung zur Insolvenzmasse zurückgewährt wird, darf nicht zur Erfüllung der in § 327 Abs. 1 bezeichneten Verbindlichkeiten verwendet werden.

(2) Was der Erbe auf Grund der §§ 1978 bis 1980 des Bürgerlichen Gesetzbuchs[1)] zur Masse zu ersetzen hat, kann von den Gläubigern, die im Wege des Aufgebotsverfahrens ausgeschlossen sind oder nach § 1974 des Bürgerlichen Gesetzbuchs einem ausgeschlossenen Gläubiger gleichstehen, nur insoweit beansprucht werden, als der Erbe auch nach den Vorschriften über die Herausgabe einer ungerechtfertigten Bereicherung ersatzpflichtig wäre.

**§ 329 Nacherbfolge.** Die §§ 323, 324 Abs. 1 Nr. 1 und § 326 Abs. 2, 3 gelten für den Vorerben auch nach dem Eintritt der Nacherbfolge.

**§ 330 Erbschaftskauf.** (1) Hat der Erbe die Erbschaft verkauft, so tritt für das Insolvenzverfahren der Käufer an seine Stelle.

(2) [1]Der Erbe ist wegen einer Nachlaßverbindlichkeit, die im Verhältnis zwischen ihm und dem Käufer diesem zur Last fällt, wie ein Nachlaßgläubiger zum Antrag auf Eröffnung des Verfahrens berechtigt. [2]Das gleiche Recht steht ihm auch wegen einer anderen Nachlaßverbindlichkeit zu, es sei denn, daß er unbeschränkt haftet oder daß eine Nachlaßverwaltung angeordnet ist. [3]Die §§ 323, 324 Abs. 1 Nr. 1 und § 326 gelten für den Erben auch nach dem Verkauf der Erbschaft.

(3) Die Absätze 1 und 2 gelten entsprechend für den Fall, daß jemand eine durch Vertrag erworbene Erbschaft verkauft oder sich in sonstiger Weise zur Veräußerung einer ihm angefallenen oder anderweitig von ihm erworbenen Erbschaft verpflichtet hat.

**§ 331[2)] Gleichzeitige Insolvenz des Erben.** (1) Im Insolvenzverfahren über das Vermögen des Erben gelten, wenn auch über den Nachlaß das Insolvenzverfahren eröffnet oder wenn eine Nachlaßverwaltung angeordnet ist, die §§ 52, 190, 192, 198, 237 Abs. 1 Satz 2 entsprechend für Nachlaßgläubiger, denen gegenüber der Erbe unbeschränkt haftet.

(2) [1]Gleiches gilt, wenn ein Ehegatte der Erbe ist und der Nachlaß zum Gesamtgut gehört, das vom anderen Ehegatten allein verwaltet wird, auch im Insolvenzverfahren über das Vermögen des anderen Ehegatten und, wenn das Gesamtgut von den Ehegatten gemeinschaftlich verwaltet wird, auch im Insolvenzverfahren über das Gesamtgut und im Insolvenzverfahren über das sonstige

---

[1)] Nr. **20**.
[2)] § 331 Abs. 2 Satz 2 angef. mWv 26.11.2015 durch G v. 20.11.2015 (BGBl. I S. 2010).

Vermögen des Ehegatten, der nicht Erbe ist. [2]Satz 1 gilt für Lebenspartner entsprechend.

### Zweiter Abschnitt. Insolvenzverfahren über das Gesamtgut einer fortgesetzten Gütergemeinschaft

**§ 332 Verweisung auf das Nachlaßinsolvenzverfahren.** (1) Im Falle der fortgesetzten Gütergemeinschaft gelten die §§ 315 bis 331 entsprechend für das Insolvenzverfahren über das Gesamtgut.

(2) Insolvenzgläubiger sind nur die Gläubiger, deren Forderungen schon zur Zeit des Eintritts der fortgesetzten Gütergemeinschaft als Gesamtgutsverbindlichkeiten bestanden.

(3) [1]Die anteilsberechtigten Abkömmlinge sind nicht berechtigt, die Eröffnung des Verfahrens zu beantragen. [2]Sie sind jedoch vom Insolvenzgericht zu einem Eröffnungsantrag zu hören.

### Dritter Abschnitt. Insolvenzverfahren über das gemeinschaftlich verwaltete Gesamtgut einer Gütergemeinschaft

**§ 333[1)] Antragsrecht. Eröffnungsgründe.** (1) Zum Antrag auf Eröffnung des Insolvenzverfahrens über das Gesamtgut einer Gütergemeinschaft, das von den Ehegatten gemeinschaftlich verwaltet wird, ist jeder Gläubiger berechtigt, der die Erfüllung einer Verbindlichkeit aus dem Gesamtgut verlangen kann.

(2) [1]Antragsberechtigt ist auch jeder Ehegatte. [2]Wird der Antrag nicht von beiden Ehegatten gestellt, so ist er zulässig, wenn die Zahlungsunfähigkeit des Gesamtguts glaubhaft gemacht wird; das Insolvenzgericht hat den anderen Ehegatten zu hören. [3]Wird der Antrag von beiden Ehegatten gestellt, so ist auch die drohende Zahlungsunfähigkeit Eröffnungsgrund.

(3) Die Absätze 1 und 2 gelten für Lebenspartner entsprechend.

**§ 334[2)] Persönliche Haftung der Ehegatten.** (1) Die persönliche Haftung der Ehegatten oder Lebenspartner für die Verbindlichkeiten, deren Erfüllung aus dem Gesamtgut verlangt werden kann, kann während der Dauer des Insolvenzverfahrens nur vom Insolvenzverwalter oder vom Sachwalter geltend gemacht werden.

(2) Im Falle eines Insolvenzplans gilt für die persönliche Haftung der Ehegatten oder Lebenspartner § 227 Abs. 1 entsprechend.

## Zwölfter Teil.[3)] Internationales Insolvenzrecht

### Erster Abschnitt. Allgemeine Vorschriften

**§ 335[4)] Grundsatz.** Das Insolvenzverfahren und seine Wirkungen unterliegen, soweit nichts anderes bestimmt ist, dem Recht des Staats, in dem das Verfahren eröffnet worden ist.

**§ 336[4)] Vertrag über einen unbeweglichen Gegenstand.** [1]Die Wirkungen des Insolvenzverfahrens auf einen Vertrag, der ein dingliches Recht an einem

---

[1)] § 333 Abs. 3 angef. mWv 26.11.2015 durch G v. 20.11.2015 (BGBl. I S. 2010).

[2)] § 334 Abs. 1 und 2 geänd. mWv 26.11.2015 durch G v. 20.11.2015 (BGBl. I S. 2010).

[3)] Früherer 11. Teil (§§ 335–358) eingef. mWv 20.3.2003 durch G v. 14.3.2003 (BGBl. I S. 345); bish. 11. Teil wird 12. Teil mWv 21.4.2018 durch G v. 13.4.2017 (BGBl. I S. 866).

[4)] §§ 335 und 336 eingef. mWv 20.3.2003 durch G v. 14.3.2003 (BGBl. I S. 345).

unbeweglichen Gegenstand oder ein Recht zur Nutzung eines unbeweglichen Gegenstandes betrifft, unterliegen dem Recht des Staats, in dem der Gegenstand belegen ist. [2]Bei einem im Schiffsregister, Schiffsbauregister oder Register für Pfandrechte an Luftfahrzeugen eingetragenen Gegenstand ist das Recht des Staats maßgebend, unter dessen Aufsicht das Register geführt wird.

**§ 337** [1)2)] **Arbeitsverhältnis.** Die Wirkungen des Insolvenzverfahrens auf ein Arbeitsverhältnis unterliegen dem Recht, das nach der Verordnung (EG) Nr. 593/2008[3)] des Europäischen Parlaments und des Rates vom 17. Juni 2008 über das auf vertragliche Schuldverhältnisse anzuwendende Recht (Rom I) (ABl. L 177 vom 4.7.2008, S. 6) für das Arbeitsverhältnis maßgebend ist.

**§ 338** [4)2)] **Aufrechnung.** Das Recht eines Insolvenzgläubigers zur Aufrechnung wird von der Eröffnung des Insolvenzverfahrens nicht berührt, wenn er nach dem für die Forderung des Schuldners maßgebenden Recht zur Zeit der Eröffnung des Insolvenzverfahrens zur Aufrechnung berechtigt ist.

**§ 339** [4)2)] **Insolvenzanfechtung.** Eine Rechtshandlung kann angefochten werden, wenn die Voraussetzungen der Insolvenzanfechtung nach dem Recht des Staats der Verfahrenseröffnung erfüllt sind, es sei denn, der Anfechtungsgegner weist nach, dass für die Rechtshandlung das Recht eines anderen Staats maßgebend und die Rechtshandlung nach diesem Recht in keiner Weise angreifbar ist.

**§ 340** [5)] **Organisierte Märkte. Pensionsgeschäfte.** (1) Die Wirkungen des Insolvenzverfahrens auf die Rechte und Pflichten der Teilnehmer an einem organisierten Markt nach § 2 Absatz 11 des Wertpapierhandelsgesetzes[6)] unterliegen dem Recht des Staats, das für diesen Markt gilt.

(2) Die Wirkungen des Insolvenzverfahrens auf Pensionsgeschäfte im Sinne des § 340b des Handelsgesetzbuchs[7)] sowie auf Schuldumwandlungsverträge und Aufrechnungsvereinbarungen unterliegen dem Recht des Staats, das für diese Verträge maßgebend ist.

(3) Für die Teilnehmer an einem System im Sinne von § 1 Abs. 16 des Kreditwesengesetzes[8)] gilt Absatz 1 entsprechend.

**§ 341** [4)] **Ausübung von Gläubigerrechten.** (1) Jeder Gläubiger kann seine Forderungen im Hauptinsolvenzverfahren und in jedem Sekundärinsolvenzverfahren anmelden.

(2) [1]Der Insolvenzverwalter ist berechtigt, eine in dem Verfahren, für das er bestellt ist, angemeldete Forderung in einem anderen Insolvenzverfahren über das Vermögen des Schuldners anzumelden. [2]Das Recht des Gläubigers, die Anmeldung abzulehnen oder zurückzunehmen, bleibt unberührt.

---

1) § 337 eingef. mWv 20.3.2003 durch G v. 14.3.2003 (BGBl. I S. 345); geänd. mWv 1.3.2012 durch G v. 7.12.2011 (BGBl. I S. 2582).

2) Beachte hierzu Übergangsvorschrift in Art. 103g EGInsO (Nr. **110a**).

3) Nr. **21a**.

4) §§ 338, 339 und 341 eingef. mWv 20.3.2003 durch G v. 14.3.2003 (BGBl. I S. 345).

5) § 340 eingef. mWv 20.3.2003 durch G v. 14.3.2003 (BGBl. I S. 345); Abs. 3 geänd. mWv 9.4.2004 durch G v. 5.4.2004 (BGBl. I S. 502); Abs. 1 geänd. mWv 3.1.2018 durch G v. 23.6.2017 (BGBl. I S. 1693).

6) **Schönfelder ErgBd. Nr. 58.**

7) Nr. **50**.

8) **Sartorius ErgBd. Nr. 856.**

(3) Der Verwalter gilt als bevollmächtigt, das Stimmrecht aus einer Forderung, die in dem Verfahren, für das er bestellt ist, angemeldet worden ist, in einem anderen Insolvenzverfahren über das Vermögen des Schuldners auszuüben, sofern der Gläubiger keine anderweitige Bestimmung trifft.

**§ 342[1] Herausgabepflicht. Anrechnung.** (1) [1] Erlangt ein Insolvenzgläubiger durch Zwangsvollstreckung, durch eine Leistung des Schuldners oder in sonstiger Weise etwas auf Kosten der Insolvenzmasse aus dem Vermögen, das nicht im Staat der Verfahrenseröffnung belegen ist, so hat er das Erlangte dem Insolvenzverwalter herauszugeben. [2] Die Vorschriften über die Rechtsfolgen einer ungerechtfertigten Bereicherung gelten entsprechend.

(2) [1] Der Insolvenzgläubiger darf behalten, was er in einem Insolvenzverfahren erlangt hat, das in einem anderen Staat eröffnet worden ist. [2] Er wird jedoch bei den Verteilungen erst berücksichtigt, wenn die übrigen Gläubiger mit ihm gleichgestellt sind.

(3) Der Insolvenzgläubiger hat auf Verlangen des Insolvenzverwalters Auskunft über das Erlangte zu geben.

## Zweiter Abschnitt. Ausländisches Insolvenzverfahren

**§ 343[1] Anerkennung.** (1) [1] Die Eröffnung eines ausländischen Insolvenzverfahrens wird anerkannt. [2] Dies gilt nicht,

1. wenn die Gerichte des Staats der Verfahrenseröffnung nach deutschem Recht nicht zuständig sind;
2. soweit die Anerkennung zu einem Ergebnis führt, das mit wesentlichen Grundsätzen des deutschen Rechts offensichtlich unvereinbar ist, insbesondere soweit sie mit den Grundrechten unvereinbar ist.

(2) Absatz 1 gilt entsprechend für Sicherungsmaßnahmen, die nach dem Antrag auf Eröffnung des Insolvenzverfahrens getroffen werden, sowie für Entscheidungen, die zur Durchführung oder Beendigung des anerkannten Insolvenzverfahrens ergangen sind.

**§ 344[1] Sicherungsmaßnahmen.** (1) Wurde im Ausland vor Eröffnung eines Hauptinsolvenzverfahrens ein vorläufiger Verwalter bestellt, so kann auf seinen Antrag das zuständige Insolvenzgericht die Maßnahmen nach § 21 anordnen, die zur Sicherung des von einem inländischen Sekundärinsolvenzverfahren erfassten Vermögens erforderlich erscheinen.

(2) Gegen den Beschluss steht auch dem vorläufigen Verwalter die sofortige Beschwerde zu.

**§ 345[2)3] Öffentliche Bekanntmachung.** (1) [1] Sind die Voraussetzungen für die Anerkennung der Verfahrenseröffnung gegeben, so hat das Insolvenzgericht auf Antrag des ausländischen Insolvenzverwalters den wesentlichen Inhalt der Entscheidung über die Verfahrenseröffnung und der Entscheidung über die Bestellung des Insolvenzverwalters im Inland bekannt zu machen. [2] § 9 Abs. 1 und 2 und § 30

---

[1] §§ 342–344 eingef. mWv 20.3.2003 durch G v. 14.3.2003 (BGBl. I S. 345).

[2] § 345 eingef. mWv 20.3.2003 durch G v. 14.3.2003 (BGBl. I S. 345); Abs. 1 Satz 2 geänd. mWv 1.7.2007 durch G v. 13.4.2007 (BGBl. I S. 509); Abs. 2 Satz 2 geänd. mWv 1.11.2008 durch G v. 23.10.2008 (BGBl. I S. 2026); Abs. 1 Satz 2 geänd. mWv 1.7.2014 durch G v. 15.7.2013 (BGBl. I S. 2379).

[3] Beachte hierzu Übergangsvorschrift in Art. 103c und 103d EGInsO (Nr. **110a**).

Abs. 1 gelten entsprechend. [3]Ist die Eröffnung des Insolvenzverfahrens bekannt gemacht worden, so ist die Beendigung in gleicher Weise bekannt zu machen.

(2) [1]Hat der Schuldner im Inland eine Niederlassung, so erfolgt die öffentliche Bekanntmachung von Amts wegen. [2]Der Insolvenzverwalter oder ein ständiger Vertreter nach § 13e Abs. 2 Satz 5 Nr. 3 des Handelsgesetzbuchs[1)] unterrichtet das nach § 348 Abs. 1 zuständige Insolvenzgericht.

(3) [1]Der Antrag ist nur zulässig, wenn glaubhaft gemacht wird, dass die tatsächlichen Voraussetzungen für die Anerkennung der Verfahrenseröffnung vorliegen. [2]Dem Verwalter ist eine Ausfertigung des Beschlusses, durch den die Bekanntmachung angeordnet wird, zu erteilen. [3]Gegen die Entscheidung des Insolvenzgerichts, mit der die öffentliche Bekanntmachung abgelehnt wird, steht dem ausländischen Verwalter die sofortige Beschwerde zu.

**§ 346[2)] Grundbuch.** (1) Wird durch die Verfahrenseröffnung oder durch Anordnung von Sicherungsmaßnahmen nach § 343 Abs. 2 oder § 344 Abs. 1 die Verfügungsbefugnis des Schuldners eingeschränkt, so hat das Insolvenzgericht auf Antrag des ausländischen Insolvenzverwalters das Grundbuchamt zu ersuchen, die Eröffnung des Insolvenzverfahrens und die Art der Einschränkung der Verfügungsbefugnis des Schuldners in das Grundbuch einzutragen:

1. bei Grundstücken, als deren Eigentümer der Schuldner eingetragen ist;
2. bei den für den Schuldner eingetragenen Rechten an Grundstücken und an eingetragenen Rechten, wenn nach der Art des Rechts und den Umständen zu befürchten ist, dass ohne die Eintragung die Insolvenzgläubiger benachteiligt würden.

(2) [1]Der Antrag nach Absatz 1 ist nur zulässig, wenn glaubhaft gemacht wird, dass die tatsächlichen Voraussetzungen für die Anerkennung der Verfahrenseröffnung vorliegen. [2]Gegen die Entscheidung des Insolvenzgerichts steht dem ausländischen Verwalter die sofortige Beschwerde zu. [3]Für die Löschung der Eintragung gilt § 32 Abs. 3 Satz 1 entsprechend.

(3) Für die Eintragung der Verfahrenseröffnung in das Schiffsregister, das Schiffsbauregister und das Register für Pfandrechte an Luftfahrzeugen gelten die Absätze 1 und 2 entsprechend.

**§ 347[2)] Nachweis der Verwalterbestellung. Unterrichtung des Gerichts.**

(1) [1]Der ausländische Insolvenzverwalter weist seine Bestellung durch eine beglaubigte Abschrift der Entscheidung, durch die er bestellt worden ist, oder durch eine andere von der zuständigen Stelle ausgestellte Bescheinigung nach. [2]Das Insolvenzgericht kann eine Übersetzung verlangen, die von einer hierzu im Staat der Verfahrenseröffnung befugten Person zu beglaubigen ist.

(2) Der ausländische Insolvenzverwalter, der einen Antrag nach den §§ 344 bis 346 gestellt hat, unterrichtet das Insolvenzgericht über alle wesentlichen Änderungen in dem ausländischen Verfahren und über alle ihm bekannten weiteren ausländischen Insolvenzverfahren über das Vermögen des Schuldners.

---

[1)] Nr. **50**.

[2)] §§ 346 und 347 eingef. mWv 20.3.2003 durch G v. 14.3.2003 (BGBl. I S. 345).

**§ 348**[1)2)] **Zuständiges Insolvenzgericht. Zusammenarbeit der Insolvenzgerichte.** (1) [1]Für die Entscheidungen nach den §§ 344 bis 346 ist ausschließlich das Insolvenzgericht zuständig, in dessen Bezirk die Niederlassung oder, wenn eine Niederlassung fehlt, Vermögen des Schuldners belegen ist. [2]§ 3 Absatz 3 gilt entsprechend.

(2) Sind die Voraussetzungen für die Anerkennung eines ausländischen Insolvenzverfahrens gegeben oder soll geklärt werden, ob die Voraussetzungen vorliegen, so kann das Insolvenzgericht mit dem ausländischen Insolvenzgericht zusammenarbeiten, insbesondere Informationen weitergeben, die für das ausländische Verfahren von Bedeutung sind.

(3) [1]Die Landesregierungen werden ermächtigt, zur sachdienlichen Förderung oder schnelleren Erledigung der Verfahren durch Rechtsverordnung die Entscheidungen nach den §§ 344 bis 346 für die Bezirke mehrerer Insolvenzgerichte einem von diesen zuzuweisen. [2]Die Landesregierungen können die Ermächtigungen auf die Landesjustizverwaltungen übertragen.

(4) [1]Die Länder können vereinbaren, dass die Entscheidungen nach den §§ 344 bis 346 für mehrere Länder den Gerichten eines Landes zugewiesen werden. [2]Geht ein Antrag nach den §§ 344 bis 346 bei einem unzuständigen Gericht ein, so leitet dieses den Antrag unverzüglich an das zuständige Gericht weiter und unterrichtet hierüber den Antragsteller.

**§ 349**[3)] **Verfügungen über unbewegliche Gegenstände.** (1) Hat der Schuldner über einen Gegenstand der Insolvenzmasse, der im Inland im Grundbuch, Schiffsregister, Schiffsbauregister oder Register für Pfandrechte an Luftfahrzeugen eingetragen ist, oder über ein Recht an einem solchen Gegenstand verfügt, so sind die §§ 878, 892, 893 des Bürgerlichen Gesetzbuchs[4)], § 3 Abs. 3, §§ 16, 17 des Gesetzes über Rechte an eingetragenen Schiffen und Schiffsbauwerken und § 5 Abs. 3, §§ 16, 17 des Gesetzes über Rechte an Luftfahrzeugen anzuwenden.

(2) Ist zur Sicherung eines Anspruchs im Inland eine Vormerkung im Grundbuch, Schiffsregister, Schiffsbauregister oder Register für Pfandrechte an Luftfahrzeugen eingetragen, so bleibt § 106 unberührt.

**§ 350**[3)] **Leistung an den Schuldner.** [1]Ist im Inland zur Erfüllung einer Verbindlichkeit an den Schuldner geleistet worden, obwohl die Verbindlichkeit zur Insolvenzmasse des ausländischen Insolvenzverfahrens zu erfüllen war, so wird der Leistende befreit, wenn er zur Zeit der Leistung die Eröffnung des Verfahrens nicht kannte. [2]Hat er vor der öffentlichen Bekanntmachung nach § 345 geleistet, so wird vermutet, dass er die Eröffnung nicht kannte.

**§ 351**[3)] **Dingliche Rechte.** (1) Das Recht eines Dritten an einem Gegenstand der Insolvenzmasse, der zur Zeit der Eröffnung des ausländischen Insolvenzverfahrens im Inland belegen war, und das nach inländischem Recht einen Anspruch auf Aussonderung oder auf abgesonderte Befriedigung gewährt, wird von der Eröffnung des ausländischen Insolvenzverfahrens nicht berührt.

---

1) § 348 eingef. mWv 20.3.2003 durch G v. 14.3.2003 (BGBl. I S. 345); Überschrift neu gef., Abs. 2 eingef., bish. Abs. 2 und 3 werden Abs. 3 und 4 mWv 1.3.2012 durch G v. 7.12.2011 (BGBl. I S. 2582); Abs. 1 Satz 2 geänd. mWv 1.1.2021 durch G v. 22.12.2020 (BGBl. I S. 3256).

2) Beachte hierzu Übergangsvorschrift in Art. 103g EGInsO (Nr. **110a**).

3) §§ 349–351 eingef. mWv 20.3.2003 durch G v. 14.3.2003 (BGBl. I S. 345).

4) Nr. **20**.

(2) Die Wirkungen des ausländischen Insolvenzverfahrens auf Rechte des Schuldners an unbeweglichen Gegenständen, die im Inland belegen sind, bestimmen sich, unbeschadet des § 336 Satz 2, nach deutschem Recht.

**§ 352[1)] Unterbrechung und Aufnahme eines Rechtsstreits.** (1) [1]Durch die Eröffnung des ausländischen Insolvenzverfahrens wird ein Rechtsstreit unterbrochen, der zur Zeit der Eröffnung anhängig ist und die Insolvenzmasse betrifft. [2]Die Unterbrechung dauert an, bis der Rechtsstreit von einer Person aufgenommen wird, die nach dem Recht des Staats der Verfahrenseröffnung zur Fortführung des Rechtsstreits berechtigt ist, oder bis das Insolvenzverfahren beendet ist.

(2) Absatz 1 gilt entsprechend, wenn die Verwaltungs- und Verfügungsbefugnis über das Vermögen des Schuldners durch die Anordnung von Sicherungsmaßnahmen nach § 343 Abs. 2 auf einen vorläufigen Insolvenzverwalter übergeht.

**§ 353[1)] Vollstreckbarkeit ausländischer Entscheidungen.** (1) [1]Aus einer Entscheidung, die in dem ausländischen Insolvenzverfahren ergeht, findet die Zwangsvollstreckung nur statt, wenn ihre Zulässigkeit durch ein Vollstreckungsurteil ausgesprochen ist. [2]§ 722 Abs. 2 und § 723 Abs. 1 der Zivilprozessordnung[2)] gelten entsprechend.

(2) Für die in § 343 Abs. 2 genannten Sicherungsmaßnahmen gilt Absatz 1 entsprechend.

## Dritter Abschnitt. Partikularverfahren über das Inlandsvermögen

**§ 354[3)] Voraussetzungen des Partikularverfahrens.** (1) Ist die Zuständigkeit eines deutschen Gerichts zur Eröffnung eines Insolvenzverfahrens über das gesamte Vermögen des Schuldners nicht gegeben, hat der Schuldner jedoch im Inland eine Niederlassung oder sonstiges Vermögen, so ist auf Antrag eines Gläubigers ein besonderes Insolvenzverfahren über das inländische Vermögen des Schuldners (Partikularverfahren) zulässig.

(2) [1]Hat der Schuldner im Inland keine Niederlassung, so ist der Antrag eines Gläubigers auf Eröffnung eines Partikularverfahrens nur zulässig, wenn dieser ein besonderes Interesse an der Eröffnung des Verfahrens hat, insbesondere, wenn er in einem ausländischen Verfahren voraussichtlich erheblich schlechter stehen wird als in einem inländischen Verfahren. [2]Das besondere Interesse ist vom Antragsteller glaubhaft zu machen.

(3) [1]Für das Verfahren ist ausschließlich das Insolvenzgericht zuständig, in dessen Bezirk die Niederlassung oder, wenn eine Niederlassung fehlt, Vermögen des Schuldners belegen ist. [2]§ 3 Absatz 3 gilt entsprechend.

**§ 355[1)] Restschuldbefreiung. Insolvenzplan.** (1) Im Partikularverfahren sind die Vorschriften über die Restschuldbefreiung nicht anzuwenden.

(2) Ein Insolvenzplan, in dem eine Stundung, ein Erlass oder sonstige Einschränkungen der Rechte der Gläubiger vorgesehen sind, kann in diesem Verfahren nur bestätigt werden, wenn alle betroffenen Gläubiger dem Plan zugestimmt haben.

---

[1)] §§ 352, 353 und 355 eingef. mWv 20.3.2003 durch G v. 14.3.2003 (BGBl. I S. 345).

[2)] Nr. **100**.

[3)] § 354 eingef. mWv 20.3.2003 durch G v. 14.3.2003 (BGBl. I S. 345); Abs. 3 Satz 2 geänd. mWv 1.1. 2021 durch G v. 22.12.2020 (BGBl. I S. 3256).

**§ 356[1)] Sekundärinsolvenzverfahren.** (1) [1]Die Anerkennung eines ausländischen Hauptinsolvenzverfahrens schließt ein Sekundärinsolvenzverfahren über das inländische Vermögen nicht aus. [2]Für das Sekundärinsolvenzverfahren gelten ergänzend die §§ 357 und 358.

(2) Zum Antrag auf Eröffnung des Sekundärinsolvenzverfahrens ist auch der ausländische Insolvenzverwalter berechtigt.

(3) Das Verfahren wird eröffnet, ohne dass ein Eröffnungsgrund festgestellt werden muss.

**§ 357[1)] Zusammenarbeit der Insolvenzverwalter.** (1) [1]Der Insolvenzverwalter hat dem ausländischen Verwalter unverzüglich alle Umstände mitzuteilen, die für die Durchführung des ausländischen Verfahrens Bedeutung haben können. [2]Er hat dem ausländischen Verwalter Gelegenheit zu geben, Vorschläge für die Verwertung oder sonstige Verwendung des inländischen Vermögens zu unterbreiten.

(2) Der ausländische Verwalter ist berechtigt, an den Gläubigerversammlungen teilzunehmen.

(3) [1]Ein Insolvenzplan ist dem ausländischen Verwalter zur Stellungnahme zuzuleiten. [2]Der ausländische Verwalter ist berechtigt, selbst einen Plan vorzulegen. [3]§ 218 Abs. 1 Satz 2 und 3 gilt entsprechend.

**§ 358[1)] Überschuss bei der Schlussverteilung.** Können bei der Schlussverteilung im Sekundärinsolvenzverfahren alle Forderungen in voller Höhe berichtigt werden, so hat der Insolvenzverwalter einen verbleibenden Überschuss dem ausländischen Verwalter des Hauptinsolvenzverfahrens herauszugeben.

## Dreizehnter Teil.[2)] Inkrafttreten

**§ 359[3)] Verweisung auf das Einführungsgesetz.** Dieses Gesetz tritt an dem Tage in Kraft, der durch das Einführungsgesetz zur Insolvenzordnung[4)] bestimmt wird.[5)]

---

[1)] §§ 356–358 eingef. mWv 20.3.2003 durch G v. 14.3.2003 (BGBl. I S. 345).

[2)] Bish. 11. Teil wird 12. Teil mWv. 20.3.2002 durch G v. 14.3.2003 (BGBl. I S. 345); bish. 12. Teil wird 13. Teil mWv 21.4.2018 durch G v. 13.4.2017 (BGBl. I S. 866).

[3)] Bish. § 335 wird § 359 mWv. 20.3.2002 durch G v. 14.3.2003 (BGBl. I S. 345).

[4)] Nr. **110a**.

[5)] Inkrafttreten gem. Art. 110 Abs. 1 EGInsO (Nr. **110a**) am 1.1.1999; § 2 Abs. 2, § 7 Abs. 3 sowie die Ermächtigung der Länder in § 305 Abs. 1 Nr. 1 sind gem. Art. 110 Abs. 2 EGInsO (Nr. **110a**) bereits am 19.10.1994 in Kraft getreten.

# 110a. Einführungsgesetz zur Insolvenzordnung (EGInsO)

Vom 5. Oktober 1994
(BGBl. I S. 2911)

**FNA 311-14-1**

| Lfd. Nr. | Änderndes Gesetz | Datum | Fundstelle | Betroffen | Hinweis |
|---|---|---|---|---|---|
| 1.–18. | Änderungsgesetze bis einschließl. G v. 12.12.2007 (BGBl. I S. 2840) nur noch in den Anmerkungen nachgewiesen | | | | |
| 19. | Art. 10 G zur Modernisierung des GmbH-Rechts und zur Bekämpfung von Missbräuchen | 23.10. 2008 | BGBl. I S. 2026 | Art. 103d | eingef. mWv 1.11.2008 |
| 20. | Art. 4 Haushaltsbegleitgesetz 2011 | 9.12.2010 | BGBl. I S. 1885 | Art. 103e | eingef. mWv 1.1.2011 |
| 21. | Art. 3 G zur Umsetzung der DienstleistungsRL in der Justiz und zur Änd. weiterer Vorschriften[1] | 22.12. 2010 | BGBl. I S. 2248 | Art. 102a | eingef. mWv 28.12.2010 |
| 22. | Art. 4 G zur Änderung des § 522 ZPO | 21.10. 2011 | BGBl. I S. 2082 | Art. 102 § 7 | geänd. mWv 27.10.2011 |
| | | | | Art. 103f | eingef. mWv 27.10.2011 |
| 23. | Art. 3 G zur weiteren Erleichterung der Sanierung von Unternehmen | 7.12.2011 | BGBl. I S. 2582 | Art. 103g | eingef. mWv 1.3.2012 |
| 24. | Art. 2 Abs. 29 G zur Änd. von Vorschriften über Verkündung und Bekanntmachungen sowie der ZPO, des EGZPO und der AO | 22.12. 2011 | BGBl. I S. 3044 | Art. 103 | geänd. mWv 1.4.2012 |
| 25. | Art. 19 G zur Einführung einer Rechtsbehelfsbelehrung im Zivilprozess und zur Änd. anderer Vorschriften | 5.12.2012 | BGBl. I S. 2418 | Art. 103g | geänd. mWv 12.12.2012 |
| 26. | Art. 9 EMIR-AusführungsG | 13.2.2013 | BGBl. I S. 174 | Art. 102b | eingef. mWv 16.2.2013 |
| 27. | Art. 6 G zur Verkürzung des Restschuldbefreiungsverfahrens und zur Stärkung der Gläubigerrechte | 15.7.2013 | BGBl. I S. 2379 | Art. 102 § 5 | geänd. mWv 1.7.2014 |
| | | | | Art. 103h, 107 | eingef. mWv 1.7.2014 |
| 28. | Art. 8 Abs. 4 Bilanzrichtlinie-UmsetzungsG | 17.7.2015 | BGBl. I S. 1245 | Art. 103i | eingef. mWv 23.7.2015 |
| 29. | Art. 3 Abs. 1 G zur Änd. der InsO und zur Änd. des EGZPO | 22.12. 2016 | BGBl. I S. 3147 | Art. 105a | eingef. mWv 29.12.2016 |

[1] **Amtl. Anm.:** Artikel 1 Nummer 1 und 2, Artikel 2 bis 5 und 8 Nummer 1, Artikel 9 bis 11 und 15 Nummer 2 und 4 und Artikel 18 dieses Gesetzes dienen der Umsetzung der Richtlinie 2006/123/EG des Europäischen Parlaments und des Rates vom 12. Dezember 2006 über Dienstleistungen im Binnenmarkt (ABl. L 376 vom 27.12.2006, S. 36).

| Lfd. Nr. | Änderndes Gesetz | Datum | Fund-stelle | Betroffen | Hinweis |
|---|---|---|---|---|---|
| 30. | Art. 2 G zur Verbesserung der Rechtssicherheit bei Anfechtungen nach der InsO und nach dem AnfechtungsG | 29.3.2017 | BGBl. I S. 654 | Art. 103j | eingef. mWv 5.4.2017 |
| 31. | Art. 3 G zur Durchführung der VO (EU) 2015/848 über Insolvenzverfahren[1] | 5.6.2017 | BGBl. I S. 1476 | Art. 102c | eingef. mWv 26.6.2017 |
| | | | | Art. 102c § 22 | eingef. mWv 21.4.2018 |
| 32. | Art. 8 Sanierungs- und Insolvenzrechtsfortentwicklungs G[2] | 22.12. 2020 | BGBl. I S. 3256 | Art. 102c §§ 4, 9, 20, 26 | geänd. mWv 1.1.2021 |
| | | | | Art. 103m | eingef. mWv 1.1.2021 |
| 33. | Art. 3, 7 G zur weiteren Verkürzung des Restschuldbefreiungsverfahrens und zur Anpassung pandemiebedingter Vorschriften im Gesellschafts-, Genossenschafts-, Vereins- und Stiftungsrecht sowie im Miet- und Pachtrecht | 22.12. 2020 | BGBl. I S. 3328 | Art. 103k, 107a | eingef. mWv 1.10.2020 |
| | | | | Art. 103l | eingef. mWv 31.12.2020 |
| 34. | Art. 36 Personengesellschaftsrechtsmodernisierungs G (MoPeG) | 10.8.2021 | BGBl. I S. 3436 | Art. 103m | geänd. mWv 18.8.2021 |

[1] **Amtl. Anm.:** Dieses Gesetz dient der Durchführung der Verordnung (EU) 2015/848 des Europäischen Parlaments und des Rates vom 20. Mai 2015 über Insolvenzverfahren (ABl. L 141 vom 5.6.2015, S. 19; L 349 vom 21.12.2016, S. 6), die zuletzt durch die Verordnung (EU) 2017/353 (ABl. L 57 vom 3.3. 2017, S. 19) geändert worden ist.

[2] **Amtl. Anm.:** Dieses Gesetz dient der weiteren Umsetzung der Richtlinie (EU) 2019/1023 des Europäischen Parlaments und des Rates vom 20. Juni 2019 über präventive Restrukturierungsrahmen, über Entschuldung und über Tätigkeitsverbote sowie über Maßnahmen zur Steigerung der Effizienz von Restrukturierungs-, Insolvenz- und Entschuldungsverfahren und zur Änderung der Richtlinie (EU) 2017/1132 (Richtlinie über Restrukturierung und Insolvenz) (ABl. L 172 vom 26.6.2019, S. 18).

Der Bundestag hat das folgende Gesetz beschlossen:

## Erster Teil. Neufassung des Anfechtungsgesetzes

**Art. 1 Gesetz über die Anfechtung von Rechtshandlungen eines Schuldners außerhalb des Insolvenzverfahrens (Anfechtungsgesetz – AnfG)**
*(wiedergegeben unter Nr.* ***111****)*

## Zweiter Teil. Aufhebung und Änderung von Gesetzen

**Art. 2–101** *(nicht wiedergegebene Aufhebungs- und Änderungsvorschriften)*

## Dritter Teil. Internationales Insolvenzrecht. Übergangs- und Schlußvorschriften

**Art. 102[1)] Durchführung der Verordnung (EG) Nr. 1346/2000 über Insolvenzverfahren**

**§ 1 Örtliche Zuständigkeit.** (1) Kommt in einem Insolvenzverfahren den deutschen Gerichten nach Artikel 3 Abs. 1 der Verordnung (EG) Nr. 1346/2000 des Rates vom 29. Mai 2000 über Insolvenzverfahren (ABl. EG Nr. L 160 S. 1) die internationale Zuständigkeit zu, ohne dass nach § 3 der Insolvenzordnung[2)] ein inländischer Gerichtsstand begründet wäre, so ist das Insolvenzgericht ausschließlich zuständig, in dessen Bezirk der Schuldner den Mittelpunkt seiner hauptsächlichen Interessen hat.

(2) [1] Besteht eine Zuständigkeit der deutschen Gerichte nach Artikel 3 Abs. 2 der Verordnung (EG) Nr. 1346/2000, so ist ausschließlich das Insolvenzgericht zuständig, in dessen Bezirk die Niederlassung des Schuldners liegt. [2] § 3 Abs. 2 der Insolvenzordnung gilt entsprechend.

(3) [1] Unbeschadet der Zuständigkeit nach den Absätzen 1 und 2 ist für Entscheidungen oder sonstige Maßnahmen nach der Verordnung (EG) Nr. 1346/2000 jedes inländische Insolvenzgericht zuständig, in dessen Bezirk Vermögen des Schuldners belegen ist. [2] Die Landesregierungen werden ermächtigt, zur sachdienlichen Förderung oder schnelleren Erledigung der Verfahren durch Rechtsverordnung die Entscheidungen oder Maßnahmen nach der Verordnung (EG) Nr. 1346/2000 für die Bezirke mehrerer Insolvenzgerichte einem von diesen zuzuweisen. [3] Die Landesregierungen können die Ermächtigung auf die Landesjustizverwaltungen übertragen.

**§ 2 Begründung des Eröffnungsbeschlusses.** Ist anzunehmen, dass sich Vermögen des Schuldners in einem anderen Mitgliedstaat der Europäischen Union befindet, sollen im Eröffnungsbeschluss die tatsächlichen Feststellungen und rechtlichen Erwägungen kurz dargestellt werden, aus denen sich eine Zuständigkeit nach Artikel 3 der Verordnung (EG) Nr. 1346/2000 für die deutschen Gerichte ergibt.

**§ 3 Vermeidung von Kompetenzkonflikten.** (1) [1] Hat das Gericht eines anderen Mitgliedstaats der Europäischen Union ein Hauptinsolvenzverfahren eröff-

---

1) Art. 102 neu gef. mWv 20.3.2003 durch G v. 14.3.2003 (BGBl. I S. 345).
2) Nr. **110**.

net, so ist, solange dieses Insolvenzverfahren anhängig ist, ein bei einem inländischen Insolvenzgericht gestellter Antrag auf Eröffnung eines solchen Verfahrens über das zur Insolvenzmasse gehörende Vermögen unzulässig. [2] Ein entgegen Satz 1 eröffnetes Verfahren darf nicht fortgesetzt werden. [3] Gegen die Eröffnung des inländischen Verfahrens ist auch der Verwalter des ausländischen Hauptinsolvenzverfahrens beschwerdebefugt.

(2) Hat das Gericht eines Mitgliedstaats der Europäischen Union die Eröffnung des Insolvenzverfahrens abgelehnt, weil nach Artikel 3 Abs. 1 der Verordnung (EG) Nr. 1346/2000 die deutschen Gerichte zuständig seien, so darf ein deutsches Insolvenzgericht die Eröffnung des Insolvenzverfahrens nicht ablehnen, weil die Gerichte des anderen Mitgliedstaats zuständig seien.

**§ 4 Einstellung des Insolvenzverfahrens zugunsten der Gerichte eines anderen Mitgliedstaats.** (1) [1] Darf das Insolvenzgericht ein bereits eröffnetes Insolvenzverfahren nach § 3 Abs. 1 nicht fortsetzen, so stellt es von Amts wegen das Verfahren zugunsten der Gerichte des anderen Mitgliedstaats der Europäischen Union ein. [2] Das Insolvenzgericht soll vor der Einstellung den Insolvenzverwalter, den Gläubigerausschuss, wenn ein solcher bestellt ist, und den Schuldner hören. [3] Wird das Insolvenzverfahren eingestellt, so ist jeder Insolvenzgläubiger beschwerdebefugt.

(2) [1] Wirkungen des Insolvenzverfahrens, die vor dessen Einstellung bereits eingetreten und nicht auf die Dauer dieses Verfahrens beschränkt sind, bleiben auch dann bestehen, wenn sie Wirkungen eines in einem anderen Mitgliedstaat der Europäischen Union eröffneten Insolvenzverfahrens widersprechen, die sich nach der Verordnung (EG) Nr. 1346/2000 auf das Inland erstrecken. [2] Dies gilt auch für Rechtshandlungen, die während des eingestellten Verfahrens vom Insolvenzverwalter oder ihm gegenüber in Ausübung seines Amtes vorgenommen worden sind.

(3) [1] Vor der Einstellung nach Absatz 1 hat das Insolvenzgericht das Gericht des anderen Mitgliedstaats der Europäischen Union, bei dem das Verfahren anhängig ist, über die bevorstehende Einstellung zu unterrichten; dabei soll angegeben werden, wie die Eröffnung des einzustellenden Verfahrens bekannt gemacht wurde, in welchen öffentlichen Büchern und Registern die Eröffnung eingetragen und wer Insolvenzverwalter ist. [2] In dem Einstellungsbeschluss ist das Gericht des anderen Mitgliedstaats zu bezeichnen, zu dessen Gunsten das Verfahren eingestellt wird. [3] Diesem Gericht ist eine Ausfertigung des Einstellungsbeschlusses zu übersenden. [4] § 215 Abs. 2 der Insolvenzordnung[1)] ist nicht anzuwenden.

**§ 5[2)] Öffentliche Bekanntmachung.** (1) [1] Der Antrag auf öffentliche Bekanntmachung des wesentlichen Inhalts der Entscheidungen nach Artikel 21 Abs. 1 der Verordnung (EG) Nr. 1346/2000 ist an das nach § 1 zuständige Gericht zu richten. [2] Das Gericht kann eine Übersetzung verlangen, die von einer hierzu in einem der Mitgliedstaaten der Europäischen Union befugten Person zu beglaubigen ist. [3] § 9 Abs. 1 und 2 und § 30 Abs. 1 der Insolvenzordnung[1)] gelten entsprechend.

(2) [1] Besitzt der Schuldner im Inland eine Niederlassung, so erfolgt die öffentliche Bekanntmachung nach Absatz 1 von Amts wegen. [2] Ist die Eröffnung des

---

[1)] Nr. **110**.

[2)] Art. 102 § 5 Abs. 1 Satz 3 geänd. mWv 1.7.2007 durch G v. 13.4.2007 (BGBl. I S. 509); Abs. 1 Satz 3 geänd. mWv 1.7.2014 durch G v. 15.7.2013 (BGBl. I S. 2379).

Insolvenzverfahrens bekannt gemacht worden, so ist die Beendigung in gleicher Weise bekannt zu machen.

**§ 6 Eintragung in öffentliche Bücher und Register.** (1) [1]Der Antrag auf Eintragung nach Artikel 22 der Verordnung (EG) Nr. 1346/2000 ist an das nach § 1 zuständige Gericht zu richten. [2]Dieses ersucht die Register führende Stelle um Eintragung, wenn nach dem Recht des Staats, in dem das Hauptinsolvenzverfahren eröffnet wurde, die Verfahrenseröffnung ebenfalls eingetragen wird. [3]§ 32 Abs. 2 Satz 2 der Insolvenzordnung[1)] findet keine Anwendung.

(2) [1]Die Form und der Inhalt der Eintragung richten sich nach deutschem Recht. [2]Kennt das Recht des Staats der Verfahrenseröffnung Eintragungen, die dem deutschen Recht unbekannt sind, so hat das Insolvenzgericht eine Eintragung zu wählen, die der des Staats der Verfahrenseröffnung am nächsten kommt.

(3) Geht der Antrag nach Absatz 1 oder nach § 5 Abs. 1 bei einem unzuständigen Gericht ein, so leitet dieses den Antrag unverzüglich an das zuständige Gericht weiter und unterrichtet hierüber den Antragsteller.

**§ 7[2)3)] Rechtsmittel.** [1]Gegen die Entscheidung des Insolvenzgerichts nach § 5 oder § 6 findet die sofortige Beschwerde statt. [2]Die §§ 574 bis 577 der Zivilprozessordnung[4)] gelten entsprechend.

**§ 8 Vollstreckung aus der Eröffnungsentscheidung.** (1) [1]Ist der Verwalter eines Hauptinsolvenzverfahrens nach dem Recht des Staats der Verfahrenseröffnung befugt, auf Grund der Entscheidung über die Verfahrenseröffnung die Herausgabe der Sachen, die sich im Gewahrsam des Schuldners befinden, im Wege der Zwangsvollstreckung durchzusetzen, so gilt für die Vollstreckbarerklärung im Inland Artikel 25 Abs. 1 Unterabs. 1 der Verordnung (EG) Nr. 1346/2000. [2]Für die Verwertung von Gegenständen der Insolvenzmasse im Wege der Zwangsvollstreckung gilt Satz 1 entsprechend.

(2) § 6 Abs. 3 findet entsprechend Anwendung.

**§ 9 Insolvenzplan.** Sieht ein Insolvenzplan eine Stundung, einen Erlass oder sonstige Einschränkungen der Rechte der Gläubiger vor, so darf er vom Insolvenzgericht nur bestätigt werden, wenn alle betroffenen Gläubiger dem Plan zugestimmt haben.

**§ 10 Aussetzung der Verwertung.** Wird auf Antrag des Verwalters des Hauptinsolvenzverfahrens nach Artikel 33 der Verordnung (EG) Nr. 1346/2000 in einem inländischen Sekundärinsolvenzverfahren die Verwertung eines Gegenstandes ausgesetzt, an dem ein Absonderungsrecht besteht, so sind dem Gläubiger laufend die geschuldeten Zinsen aus der Insolvenzmasse zu zahlen.

**§ 11 Unterrichtung der Gläubiger.** [1]Neben dem Eröffnungsbeschluss ist den Gläubigern, die in einem anderen Mitgliedstaat der Europäischen Union ihren gewöhnlichen Aufenthalt, Wohnsitz oder Sitz haben, ein Hinweis zuzustellen, mit dem sie über die Folgen einer nachträglichen Forderungsanmeldung nach § 177 der Insolvenzordnung[1)] unterrichtet werden. [2]§ 8 der Insolvenzordnung gilt entsprechend.

---

[1)] Nr. **110**.
[2)] Art. 102 § 7 Satz 2 neu gef. mWv 27.10.2011 durch G v. 21.10.2011 (BGBl. I S. 2082).
[3)] Beachte hierzu Überleitungsvorschrift in Art. 103f.
[4)] Nr. **100**.

**Art. 102a**[1] **Insolvenzverwalter aus anderen Mitgliedstaaten der Europäischen Union.** [1] Angehörige eines anderen Mitgliedstaates der Europäischen Union oder Vertragsstaates des Abkommens über den Europäischen Wirtschaftsraum und Personen, die in einem dieser Staaten ihre berufliche Niederlassung haben, können das Verfahren zur Aufnahme in eine von dem Insolvenzgericht geführte Vorauswahlliste für Insolvenzverwalter über eine einheitliche Stelle nach den Vorschriften des Verwaltungsverfahrensgesetzes abwickeln. [2] Über Anträge auf Aufnahme in eine Vorauswahlliste ist in diesen Fällen innerhalb einer Frist von drei Monaten zu entscheiden. [3] § 42a Absatz 2 Satz 2 bis 4 des Verwaltungsverfahrensgesetzes[2] gilt entsprechend.

**Art. 102b**[3] **Durchführung der Verordnung (EU) Nr. 648/2012**

**§ 1**[3] **Ausfallbestimmungen von zentralen Gegenparteien.** (1) Die Eröffnung des Insolvenzverfahrens hindert nicht

1. die Durchführung der nach Artikel 48 Absatz 2, 4, 5 Satz 3 und Absatz 6 Satz 3 der Verordnung (EU) Nr. 648/2012 des Europäischen Parlaments und des Rates vom 4. Juli 2012 über OTC-Derivate, zentrale Gegenparteien und Transaktionsregister (ABl. L 201 vom 27.7.2012, S. 1) gebotenen Maßnahmen zur Verwaltung, Glattstellung und sonstigen Abwicklung von Kundenpositionen und Eigenhandelspositionen des Clearingmitglieds,
2. die Durchführung der nach Artikel 48 Absatz 4 bis 6 der Verordnung (EU) Nr. 648/2012 gebotenen Maßnahmen der Übertragung von Kundenpositionen sowie
3. die nach Artikel 48 Absatz 7 der Verordnung (EU) Nr. 648/2012 gebotene Verwendung und Rückgewähr von Kundensicherheiten.

(2) Absatz 1 gilt entsprechend für die Anordnung von Sicherungsmaßnahmen nach § 21 der Insolvenzordnung[4].

**§ 2**[3] **Unanfechtbarkeit.** Die nach § 1 zulässigen Maßnahmen unterliegen nicht der Insolvenzanfechtung.

**Art. 102c**[5] **Durchführung der Verordnung (EU) 2015/848 über Insolvenzverfahren.**

## Teil 1. Allgemeine Bestimmungen

**§ 1**[5] **Örtliche Zuständigkeit; Verordnungsermächtigung.** (1) Kommt in einem Insolvenzverfahren den deutschen Gerichten nach Artikel 3 Absatz 1 der Verordnung (EU) 2015/848[6] des Europäischen Parlaments und des Rates vom 20. Mai 2015 über Insolvenzverfahren (ABl. L 141 vom 5.6.2015, S. 19; L 349 vom 21.12.2016, S. 6), die zuletzt durch die Verordnung (EU) 2017/353 (ABl. L 57 vom 3.3.2017, S. 19) geändert worden ist, die internationale Zuständigkeit zu, ohne dass nach § 3 der Insolvenzordnung[4] ein Gerichtsstand begründet wäre, so

[1] Art. 102a eingef. mWv 28.12.2010 durch G v. 22.12.2010 (BGBl. I S. 2248).
[2] **Sartorius Nr. 100.**
[3] Art. 102b (§§ 1, 2) eingef. mWv 16.2.2013 durch G v. 13.2.2013 (BGBl. I S. 174).
[4] Nr. **110.**
[5] Art. 102c (§§ 1–21, 23–26) eingef. mWv 26.6.2017, § 22 eingef. mWv 21.4.2018 durch G v. 5.6.2017 (BGBl. I S. 1476).
[6] **Schönfelder ErgBd. Nr. 110b.**

ist das Insolvenzgericht ausschließlich örtlich zuständig, in dessen Bezirk der Schuldner den Mittelpunkt seiner hauptsächlichen Interessen hat.

(2) 1 Besteht eine Zuständigkeit der deutschen Gerichte nach Artikel 3 Absatz 2 der Verordnung (EU) 2015/848, so ist das Insolvenzgericht ausschließlich örtlich zuständig, in dessen Bezirk die Niederlassung des Schuldners liegt. 2 § 3 Absatz 2 der Insolvenzordnung gilt entsprechend.

(3) 1 Unbeschadet der Zuständigkeiten nach diesem Artikel ist für Entscheidungen oder sonstige Maßnahmen nach der Verordnung (EU) 2015/848 jedes Insolvenzgericht örtlich zuständig, in dessen Bezirk sich Vermögen des Schuldners befindet. 2 Zur sachdienlichen Förderung oder schnelleren Erledigung von Verfahren nach der Verordnung (EU) 2015/848 werden die Landesregierungen ermächtigt, diese Verfahren durch Rechtsverordnung für die Bezirke mehrerer Insolvenzgerichte einem von diesen zuzuweisen. 3 Die Landesregierungen können die Ermächtigung auf die Landesjustizverwaltungen übertragen.

**§ 2[1] Vermeidung von Kompetenzkonflikten.** (1) 1 Hat das Gericht eines anderen Mitgliedstaats der Europäischen Union ein Hauptinsolvenzverfahren eröffnet, so ist, solange dieses Insolvenzverfahren anhängig ist, ein bei einem deutschen Insolvenzgericht gestellter Antrag auf Eröffnung eines solchen Verfahrens über das zur Insolvenzmasse gehörende Vermögen unzulässig. 2 Ein entgegen Satz 1 eröffnetes Verfahren ist nach Maßgabe der Artikel 34 bis 52 der Verordnung (EU) 2015/848[2] als Sekundärinsolvenzverfahren fortzuführen, wenn eine Zuständigkeit der deutschen Gerichte nach Artikel 3 Absatz 2 der Verordnung (EU) 2015/848 besteht; liegen die Voraussetzungen für eine Fortführung nicht vor, ist es einzustellen.

(2) Hat das Gericht eines Mitgliedstaats der Europäischen Union die Eröffnung des Insolvenzverfahrens abgelehnt, weil nach Artikel 3 Absatz 1 der Verordnung (EU) 2015/848 die deutschen Gerichte zuständig seien, so darf ein deutsches Insolvenzgericht die Eröffnung des Insolvenzverfahrens nicht mit der Begründung ablehnen, dass die Gerichte des anderen Mitgliedstaats zuständig seien.

**§ 3[1] Einstellung des Insolvenzverfahrens zugunsten eines anderen Mitgliedstaats.** (1) 1 Vor der Einstellung eines bereits eröffneten Insolvenzverfahrens nach § 2 Absatz 1 Satz 2 soll das Insolvenzgericht den Insolvenzverwalter, den Gläubigerausschuss, wenn ein solcher bestellt ist, und den Schuldner hören. 2 Wird das Insolvenzverfahren eingestellt, so ist jeder Insolvenzgläubiger beschwerdebefugt.

(2) 1 Wirkungen des Insolvenzverfahrens, die vor dessen Einstellung bereits eingetreten und nicht auf die Dauer dieses Verfahrens beschränkt sind, bleiben auch dann bestehen, wenn sie Wirkungen eines in einem anderen Mitgliedstaat der Europäischen Union eröffneten Insolvenzverfahrens widersprechen, die sich nach der Verordnung (EU) 2015/848[2] auf die Bundesrepublik Deutschland erstrecken. 2 Dies gilt auch für Rechtshandlungen, die während des eingestellten Verfahrens vom Insolvenzverwalter oder ihm gegenüber in Ausübung seines Amtes vorgenommen worden sind.

(3) 1 Vor der Einstellung nach § 2 Absatz 1 Satz 2 hat das Insolvenzgericht das Gericht des anderen Mitgliedstaats der Europäischen Union, bei dem das Verfahren anhängig ist, und den Insolvenzverwalter, der in dem anderen Mitgliedstaat

---

[1] Art. 102c (§§ 1–21, 23–26) eingef. mWv 26.6.2017 durch G v. 5.6.2017 (BGBl. I S. 1476).
[2] **Schönfelder ErgBd. Nr. 110b.**

bestellt wurde, über die bevorstehende Einstellung zu unterrichten. [2]Dabei soll angegeben werden, wie die Eröffnung des einzustellenden Verfahrens bekannt gemacht wurde, in welchen öffentlichen Büchern und Registern die Eröffnung eingetragen wurde und wer Insolvenzverwalter ist. [3]In dem Einstellungsbeschluss ist das Gericht des anderen Mitgliedstaats zu bezeichnen, zu dessen Gunsten das Verfahren eingestellt wird. [4]Diesem Gericht ist eine Ausfertigung des Einstellungsbeschlusses zu übersenden. [5]§ 215 Absatz 2 der Insolvenzordnung[1)] ist nicht anzuwenden.

**§ 4[2)] Rechtsmittel nach Artikel 5 der Verordnung (EU) 2015/848.** [1]Unbeschadet des § 21 Absatz 1 Satz 2 und des § 34 der Insolvenzordnung[1)] steht dem Schuldner und jedem Gläubiger gegen die Entscheidung über die Eröffnung des Hauptinsolvenzverfahrens nach Artikel 3 Absatz 1 der Verordnung (EU) 2015/848[3)] die sofortige Beschwerde zu, wenn nach Artikel 5 Absatz 1 der Verordnung (EU) 2015/848 das Fehlen der internationalen Zuständigkeit für die Eröffnung eines Hauptinsolvenzverfahrens gerügt werden soll. [2]Die §§ 574 bis 577 der Zivilprozessordnung[4)] gelten entsprechend, wobei die Entscheidung über die Beschwerde gemäß § 6 Absatz 3 der Insolvenzordnung erst mit Rechtskraft wirksam wird.

**§ 5[5)] Zusätzliche Angaben im Eröffnungsantrag des Schuldners.** [1]Bestehen Anhaltspunkte dafür, dass auch die internationale Zuständigkeit eines anderen Mitgliedstaats der Europäischen Union für die Eröffnung eines Hauptinsolvenzverfahrens nach Artikel 3 Absatz 1 der Verordnung (EU) 2015/848[3)] begründet sein könnte, so soll der Eröffnungsantrag des Schuldners auch folgende Angaben enthalten:

1. seit wann der Sitz, die Hauptniederlassung oder der gewöhnliche Aufenthalt an dem im Antrag genannten Ort besteht,
2. Tatsachen, aus denen sich ergibt, dass der Schuldner gewöhnlich der Verwaltung seiner Interessen in der Bundesrepublik Deutschland nachgeht,
3. in welchen anderen Mitgliedstaaten sich Gläubiger oder wesentliche Teile des Vermögens befinden oder wesentliche Teile der Tätigkeit ausgeübt werden und
4. ob bereits in einem anderen Mitgliedstaat ein Eröffnungsantrag gestellt oder ein Hauptinsolvenzverfahren eröffnet wurde.

[2]Satz 1 findet keine Anwendung auf die im Verbraucherinsolvenzverfahren nach § 305 Absatz 1 der Insolvenzordnung[1)] zu stellenden Anträge.

**§ 6[5)] Örtliche Zuständigkeit für Annexklagen.** (1) Kommt den deutschen Gerichten infolge der Eröffnung eines Insolvenzverfahrens die Zuständigkeit für Klagen nach Artikel 6 Absatz 1 der Verordnung (EU) 2015/848[3)] zu, ohne dass sich aus anderen Vorschriften eine örtliche Zuständigkeit ergibt, so wird der Gerichtsstand durch den Sitz des Insolvenzgerichts bestimmt.

(2) Für Klagen nach Artikel 6 Absatz 1 der Verordnung (EU) 2015/848, die nach Artikel 6 Absatz 2 der Verordnung in Zusammenhang mit einer anderen zivil- oder handelsrechtlichen Klage gegen denselben Beklagten stehen, ist auch

---

[1)] Nr. 110.
[2)] Art. 102c § 4 eingef. mWv 26.6.2017 durch G v. 5.6.2017 (BGBl. I S. 1476); Satz 2 neu gef. mWv 1.1.2021 durch G v. 22.12.2020 (BGBl. I S. 3256).
[3)] **Schönfelder ErgBd. Nr. 110b.**
[4)] Nr. 100.
[5)] Art. 102c (§§ 1–21, 23–26) eingef. mWv 26.6.2017 durch G v. 5.6.2017 (BGBl. I S. 1476).

das Gericht örtlich zuständig, das für die andere zivil- oder handelsrechtliche Klage zuständig ist.

**§ 7[1)] Öffentliche Bekanntmachung.** (1) Der Antrag auf öffentliche Bekanntmachung nach Artikel 28 Absatz 1 der Verordnung (EU) 2015/848[2)] ist an das nach § 1 Absatz 2 zuständige Gericht zu richten.

(2) [1]Der Antrag auf öffentliche Bekanntmachung nach Artikel 28 Absatz 2 der Verordnung (EU) 2015/848 ist an das Insolvenzgericht zu richten, in dessen Bezirk sich der wesentliche Teil des Vermögens des Schuldners befindet. [2]Hat der Schuldner in der Bundesrepublik Deutschland kein Vermögen, so kann der Antrag bei jedem Insolvenzgericht gestellt werden.

(3) [1]Das Gericht kann eine Übersetzung des Antrags verlangen, die von einer hierzu in einem der Mitgliedstaaten der Europäischen Union befugten Person zu beglaubigen ist. [2]§ 9 Absatz 1 und 2 und § 30 Absatz 1 der Insolvenzordnung[3)] gelten entsprechend. [3]Ist die Eröffnung des Insolvenzverfahrens bekannt gemacht worden, so ist dessen Beendigung in gleicher Weise von Amts wegen bekannt zu machen.

(4) Geht der Antrag nach Absatz 1 bei einem unzuständigen Gericht ein, so leitet dieses den Antrag unverzüglich an das zuständige Gericht weiter und unterrichtet den Antragsteller hierüber.

**§ 8[1)] Eintragung in öffentliche Bücher und Register.** (1) [1]Der Antrag auf Eintragung nach Artikel 29 Absatz 1 der Verordnung (EU) 2015/848[2)] ist an das nach § 1 Absatz 2 zuständige Gericht zu richten. [2]Er soll mit dem Antrag nach Artikel 28 Absatz 1 der Verordnung (EU) 2015/848 verbunden werden. [3]Das Gericht ersucht die registerführende Stelle um Eintragung. [4]§ 32 Absatz 2 Satz 2 der Insolvenzordnung[3)] findet keine Anwendung.

(2) [1]Der Antrag auf Eintragung nach Artikel 29 Absatz 2 der Verordnung (EU) 2015/848 ist an das nach § 7 Absatz 2 zuständige Gericht zu richten. [2]Er soll mit dem Antrag nach Artikel 28 Absatz 2 der Verordnung (EU) 2015/848 verbunden werden.

(3) [1]Die Form und der Inhalt der Eintragung richten sich nach deutschem Recht. [2]Kennt das Recht des Mitgliedstaats der Europäischen Union, in dem das Insolvenzverfahren eröffnet worden ist, Eintragungen, die dem deutschen Recht unbekannt sind, so hat das Insolvenzgericht eine Eintragung zu wählen, die der des Mitgliedstaats der Verfahrenseröffnung am nächsten kommt.

(4) § 7 Absatz 4 gilt entsprechend.

**§ 9[4)] Rechtsmittel gegen eine Entscheidung nach § 7 oder § 8.** [1]Gegen die Entscheidung des Insolvenzgerichts nach § 7 oder § 8 findet die sofortige Beschwerde statt. [2]Die §§ 574 bis 577 der Zivilprozessordnung[5)] gelten entsprechend, wobei die Entscheidung über die Beschwerde gemäß § 6 Absatz 3 der Insolvenzordnung[3)] erst mit Rechtskraft wirksam wird.

---

[1)] Art. 102c (§§ 1–21, 23–26) eingef. mWv 26.6.2017 durch G v. 5.6.2017 (BGBl. I S. 1476).

[2)] **Schönfelder ErgBd. Nr. 110b.**

[3)] Nr. **110**.

[4)] Art. 102c § 9 eingef. mWv 26.6.2017 durch G v. 5.6.2017 (BGBl. I S. 1476); Satz 2 neu gef. mWv 1.1.2021 durch G v. 22.12.2020 (BGBl. I S. 3256).

[5)] Nr. **100**.

**§ 10[1)] Vollstreckung aus der Eröffnungsentscheidung.** [1]Ist der Verwalter eines Hauptinsolvenzverfahrens nach dem Recht des Mitgliedstaats der Europäischen Union, in dem das Insolvenzverfahren eröffnet worden ist, befugt, auf Grund der Entscheidung über die Verfahrenseröffnung die Herausgabe der Sachen, die sich im Gewahrsam des Schuldners befinden, im Wege der Zwangsvollstreckung durchzusetzen, so gilt für die Vollstreckung in der Bundesrepublik Deutschland Artikel 32 Absatz 1 Unterabsatz 1 der Verordnung (EU) 2015/848[2)]. [2]Für die Verwertung von Gegenständen der Insolvenzmasse im Wege der Zwangsvollstreckung gilt Satz 1 entsprechend.

### Teil 2. Sekundärinsolvenzverfahren

#### Abschnitt 1. Hauptinsolvenzverfahren in der Bundesrepublik Deutschland

**§ 11[1)] Voraussetzungen für die Abgabe der Zusicherung.** (1) Soll in einem in der Bundesrepublik Deutschland anhängigen Insolvenzverfahren eine Zusicherung nach Artikel 36 der Verordnung (EU) 2015/848[2)] abgegeben werden, hat der Insolvenzverwalter zuvor die Zustimmung des Gläubigerausschusses oder des vorläufigen Gläubigerausschusses nach § 21 Absatz 2 Satz 1 Nummer 1a der Insolvenzordnung[3)] einzuholen, sofern ein solcher bestellt ist.

(2) Hat das Insolvenzgericht die Eigenverwaltung angeordnet, gilt Absatz 1 entsprechend.

**§ 12[1)] Öffentliche Bekanntmachung der Zusicherung.** [1]Der Insolvenzverwalter hat die öffentliche Bekanntmachung der Zusicherung sowie den Termin und das Verfahren zu deren Billigung zu veranlassen. [2]Den bekannten lokalen Gläubigern ist die Zusicherung durch den Insolvenzverwalter besonders zuzustellen; § 8 Absatz 3 Satz 2 und 3 der Insolvenzordnung[3)] gilt entsprechend.

**§ 13[1)] Benachrichtigung über die beabsichtigte Verteilung.** Für die Benachrichtigung nach Artikel 36 Absatz 7 Satz 1 der Verordnung (EU) 2015/848[2)] gilt § 12 Satz 2 entsprechend.

**§ 14[1)] Haftung des Insolvenzverwalters bei einer Zusicherung.** Für die Haftung des Insolvenzverwalters nach Artikel 36 Absatz 10 der Verordnung (EU) 2015/848[2)] in einem in der Bundesrepublik Deutschland anhängigen Insolvenzverfahren gilt § 92 der Insolvenzordnung[3)] entsprechend.

#### Abschnitt 2. Hauptinsolvenzverfahren in einem anderen Mitgliedstaat der Europäischen Union

**§ 15[1)] Insolvenzplan.** [1]Sieht ein Insolvenzplan in einem in der Bundesrepublik Deutschland eröffneten Sekundärinsolvenzverfahren eine Stundung, einen Erlass oder sonstige Einschränkungen der Rechte der Gläubiger vor, so darf er vom Insolvenzgericht nur bestätigt werden, wenn alle betroffenen Gläubiger dem Insolvenzplan zugestimmt haben. [2]Satz 1 gilt nicht für Planregelungen, mit denen in Absonderungsrechte eingegriffen wird.

**§ 16[1)] Aussetzung der Verwertung.** Wird auf Antrag des Verwalters des Hauptinsolvenzverfahrens nach Artikel 46 der Verordnung (EU) 2015/848[2)] in einem in

[1)] Art. 102c (§§ 1–21, 23–26) eingef. mWv 26.6.2017 durch G v. 5.6.2017 (BGBl. I S. 1476).
[2)] **Schönfelder ErgBd. Nr. 110b.**
[3)] Nr. **110**.

der Bundesrepublik Deutschland eröffneten Sekundärinsolvenzverfahren die Verwertung eines Gegenstandes ausgesetzt, an dem ein Absonderungsrecht besteht, so sind dem Gläubiger laufend die geschuldeten Zinsen aus der Insolvenzmasse zu zahlen.

**§ 17[1)] Abstimmung über die Zusicherung.** (1) [1]Der Verwalter des Hauptinsolvenzverfahrens führt die Abstimmung über die Zusicherung nach Artikel 36 der Verordnung (EU) 2015/848[2)] durch. [2]Die §§ 222, 243, 244 Absatz 1 und 2 sowie die §§ 245 und 246 der Insolvenzordnung[3)] gelten entsprechend.

(2) [1]Im Rahmen der Unterrichtung nach Artikel 36 Absatz 5 Satz 4 der Verordnung (EU) 2015/848 informiert der Verwalter des Hauptinsolvenzverfahrens die lokalen Gläubiger, welche Fernkommunikationsmittel bei der Abstimmung zulässig sind und welche Gruppen für die Abstimmung gebildet wurden. [2]Er hat ferner darauf hinzuweisen, dass diese Gläubiger bei der Anmeldung ihrer Forderungen Urkunden beifügen sollen, aus denen sich ergibt, dass sie lokale Gläubiger im Sinne von Artikel 2 Nummer 11 der Verordnung (EU) 2015/848 sind.

**§ 18[1)] Stimmrecht bei der Abstimmung über die Zusicherung.**

(1) [1]Der Inhaber einer zur Teilnahme an der Abstimmung über die Zusicherung angemeldeten Forderung gilt vorbehaltlich des Satzes 2 auch dann als stimmberechtigt, wenn der Verwalter des Hauptinsolvenzverfahrens oder ein anderer lokaler Gläubiger bestreitet, dass die Forderung besteht oder dass es sich um die Forderung eines lokalen Gläubigers handelt. [2]Hängt das Abstimmungsergebnis von Stimmen ab, die auf bestrittene Forderungen entfallen, kann der Verwalter oder der bestreitende lokale Gläubiger bei dem nach § 1 Absatz 2 zuständigen Gericht eine Entscheidung über das Stimmrecht erwirken, das durch die bestrittenen Forderungen oder eines Teils davon gewährt wird; § 77 Absatz 2 Satz 2 der Insolvenzordnung[3)] gilt entsprechend. [3]Die Sätze 1 und 2 gelten auch für aufschiebend bedingte Forderungen. [4]§ 237 Absatz 1 Satz 2 der Insolvenzordnung gilt entsprechend.

(2) Im Rahmen des Verfahrens über eine Zusicherung gilt die Bundesagentur für Arbeit als lokaler Gläubiger nach Artikel 36 Absatz 11 der Verordnung (EU) 2015/848[2)].

**§ 19[1)] Unterrichtung über das Ergebnis der Abstimmung.** Für die Unterrichtung nach Artikel 36 Absatz 5 Satz 4 der Verordnung (EU) 2015/848[2)] gilt § 12 Satz 2 entsprechend.

**§ 20[4)] Rechtsbehelfe gegen Entscheidungen über die Eröffnung eines Sekundärinsolvenzverfahrens.** (1) [1]Wird unter Hinweis auf die Zusicherung die Eröffnung eines Sekundärinsolvenzverfahrens nach Artikel 38 Absatz 2 der Verordnung (EU) 2015/848[2)] abgelehnt, so steht dem Antragsteller die sofortige Beschwerde zu. [2]Die §§ 574 bis 577 der Zivilprozessordnung[5)] gelten entsprechend, wobei die Entscheidung über die Beschwerde gemäß § 6 Absatz 3 der Insolvenzordnung[3)] erst mit Rechtskraft wirksam wird.

---

[1)] Art. 102c (§§ 1–21, 23–26) eingef. mWv 26.6.2017 durch G v. 5.6.2017 (BGBl. I S. 1476).

[2)] **Schönfelder ErgBd. Nr. 110b.**

[3)] Nr. **110.**

[4)] Art. 102c § 20 eingef. mWv 26.6.2017 durch G v. 5.6.2017 (BGBl. I S. 1476); Abs. 1 Satz 2, Abs. 2 Satz 2 neu gef. mWv 1.1.2021 durch G v. 22.12.2020 (BGBl. I S. 3256).

[5)] Nr. **100.**

(2) [1] Wird in der Bundesrepublik Deutschland ein Sekundärinsolvenzverfahren eröffnet, ist der Rechtsbehelf nach Artikel 39 der Verordnung (EU) 2015/848 als sofortige Beschwerde zu behandeln. [2] Die §§ 574 bis 577 der Zivilprozessordnung gelten entsprechend, wobei die Entscheidung über die Beschwerde gemäß § 6 Absatz 3 der Insolvenzordnung erst mit Rechtskraft wirksam wird.

### Abschnitt 3. Maßnahmen zur Einhaltung einer Zusicherung

**§ 21[1)] Rechtsbehelfe und Anträge nach Artikel 36 der Verordnung (EU) 2015/848.** (1) [1] Für Entscheidungen über Anträge nach Artikel 36 Absatz 7 Satz 2 oder Absatz 8 der Verordnung (EU) 2015/848[2)] ist das Insolvenzgericht ausschließlich örtlich zuständig, bei dem das Hauptinsolvenzverfahren anhängig ist. [2] Der Antrag nach Artikel 36 Absatz 7 Satz 2 der Verordnung (EU) 2015/848 muss binnen einer Notfrist von zwei Wochen bei dem Insolvenzgericht gestellt werden. [3] Die Notfrist beginnt mit der Zustellung der Benachrichtigung über die beabsichtigte Verteilung.

(2) Für die Entscheidung über Anträge nach Artikel 36 Absatz 9 der Verordnung (EU) 2015/848 ist das Gericht nach § 1 Absatz 2 zuständig.

(3) Unbeschadet des § 58 Absatz 2 Satz 3 der Insolvenzordnung[3)] entscheidet das Gericht durch unanfechtbaren Beschluss.

## Teil 3. Insolvenzverfahren über das Vermögen von Mitgliedern einer Unternehmensgruppe

**§ 22[4)] Eingeschränkte Anwendbarkeit des § 56b und der §§ 269a bis 269i der Insolvenzordnung.** (1) Gehören Unternehmen einer Unternehmensgruppe im Sinne von § 3e der Insolvenzordnung auch einer Unternehmensgruppe im Sinne von Artikel 2 Nummer 13 der Verordnung (EU) 2015/848[2)] an,

1. findet § 269a der Insolvenzordnung[3)] keine Anwendung, soweit Artikel 56 der Verordnung (EU) 2015/848 anzuwenden ist,
2. finden § 56b Absatz 1 und § 269b der Insolvenzordnung keine Anwendung, soweit Artikel 57 der Verordnung (EU) 2015/848 anzuwenden ist.

(2) Gehören Unternehmen einer Unternehmensgruppe im Sinne von § 3e der Insolvenzordnung auch einer Unternehmensgruppe im Sinne von Artikel 2 Nummer 13 der Verordnung (EU) 2015/848 an, ist die Einleitung eines Koordinationsverfahrens nach den §§ 269d bis 269i der Insolvenzordnung ausgeschlossen, wenn die Durchführung des Koordinationsverfahrens die Wirksamkeit eines Gruppen-Koordinationsverfahrens nach den Artikeln 61 bis 77 der Verordnung (EU) 2015/848 beeinträchtigen würde.

**§ 23[1)] Beteiligung der Gläubiger.** (1) [1] Beabsichtigt der Verwalter, die Einleitung eines Gruppen-Koordinationsverfahrens nach Artikel 61 Absatz 1 der Verordnung (EU) 2015/848[2)] zu beantragen und ist die Durchführung eines solchen Verfahrens von besonderer Bedeutung für das Insolvenzverfahren, hat er die Zustimmung nach den §§ 160 und 161 der Insolvenzordnung[3)] einzuholen. [2] Dem Gläubigerausschuss sind die in Artikel 61 Absatz 3 der Verordnung (EU) 2015/848 genannten Unterlagen vorzulegen.

---

[1)] Art. 102c (§§ 1–21, 23–26) eingef. mWv 26.6.2017 durch G v. 5.6.2017 (BGBl. I S. 1476).
[2)] **Schönfelder ErgBd. Nr. 110b.**
[3)] Nr. **110**.
[4)] Art. 102c § 22 eingef. mWv 21.4.2018 durch G v. 5.6.2017 (BGBl. I S. 1476).

(2) Absatz 1 gilt entsprechend

1. für die Erklärung eines Einwands nach Artikel 64 Absatz 1 Buchstabe a der Verordnung (EU) 2015/848 gegen die Einbeziehung des Verfahrens in das Gruppen-Koordinationsverfahren,
2. für den Antrag auf Einbeziehung des Verfahrens in ein bereits eröffnetes Gruppen-Koordinationsverfahren nach Artikel 69 Absatz 1 der Verordnung (EU) 2015/848 sowie
3. für die Zustimmungserklärung zu einem entsprechenden Antrag eines Verwalters, der in einem Verfahren über das Vermögen eines anderen gruppenangehörigen Unternehmens bestellt wurde (Artikel 69 Absatz 2 Buchstabe b der Verordnung (EU) 2015/848).

**§ 24[1)] Aussetzung der Verwertung.** § 16 gilt entsprechend bei der Aussetzung

1. der Verwertung auf Antrag des Verwalters eines anderen gruppenangehörigen Unternehmens nach Artikel 60 Absatz 1 Buchstabe b der Verordnung (EU) 2015/848[2)] und
2. des Verfahrens auf Antrag des Koordinators nach Artikel 72 Absatz 2 Buchstabe e der Verordnung (EU) 2015/848.

**§ 25[1)] Rechtsbehelf gegen die Entscheidung nach Artikel 69 Absatz 2 der Verordnung (EU) 2015/848.** [1] Gegen die Entscheidung des Koordinators nach Artikel 69 Absatz 2 der Verordnung (EU) 2015/848[2)] ist die Erinnerung statthaft. [2] § 573 der Zivilprozessordnung[3)] gilt entsprechend.

**§ 26[4)] Rechtsmittel gegen die Kostenentscheidung nach Artikel 77 Absatz 4 der Verordnung (EU) 2015/848.** [1] Gegen die Entscheidung über die Kosten des Gruppen-Koordinationsverfahrens nach Artikel 77 Absatz 4 der Verordnung (EU) 2015/848[2)] ist die sofortige Beschwerde statthaft. [2] Die §§ 574 bis 577 der Zivilprozessordnung[3)] gelten entsprechend, wobei die Entscheidung über die Beschwerde gemäß § 6 Absatz 3 der Insolvenzordnung[5)] erst mit Rechtskraft wirksam wird.

**Art. 103[6)] Anwendung des bisherigen Rechts.** [1] Auf Konkurs-, Vergleichs- und Gesamtvollstreckungsverfahren, die vor dem 1. Januar 1999 beantragt worden sind, und deren Wirkungen sind weiter die bisherigen gesetzlichen Vorschriften anzuwenden. [2] Gleiches gilt für Anschlußkonkursverfahren, bei denen der dem Verfahren vorausgehende Vergleichsantrag vor dem 1. Januar 1999 gestellt worden ist.

**Art. 103a[7)] Überleitungsvorschrift.** Auf Insolvenzverfahren, die vor dem 1. Dezember 2001 eröffnet worden sind, sind die bis dahin geltenden gesetzlichen Vorschriften weiter anzuwenden.

---

1) Art. 102c (§§ 1–21, 23–26) eingef. mWv 26.6.2017 durch G v. 5.6.2017 (BGBl. I S. 1476).

2) **Schönfelder ErgBd. Nr. 110b.**

3) Nr. **100**.

4) Art. 102c § 26 eingef. mWv 26.6.2017 durch G v. 5.6.2017 (BGBl. I S. 1476); Satz 2 neu gef. mWv 1.1.2021 durch G v. 22.12.2020 (BGBl. I S. 3256).

5) Nr. **110**.

6) Art. 103 Satz 3 angef. mWv 18.12.2007 durch G v. 12.12.2007 (BGBl. I S. 2840); Satz 3 aufgeh. mWv 1.4.2012 durch G v. 22.12.2011 (BGBl. I S. 3044).

7) Art. 103a eingef. mWv 1.12.2001 durch G v. 26.10.2001 (BGBl. I S. 2710).

**Art. 103b[1)] Überleitungsvorschrift zum Gesetz zur Umsetzung der Richtlinie 2002/47/EG vom 6. Juni 2002 über Finanzsicherheiten und zur Änderung des Hypothekenbankgesetzes und anderer Gesetze.** Auf Insolvenzverfahren, die vor dem 9. April 2004 eröffnet worden sind, sind die bis dahin geltenden gesetzlichen Vorschriften weiter anzuwenden.

**Art. 103c[2)] Überleitungsvorschrift zum Gesetz zur Vereinfachung des Insolvenzverfahrens.** (1) [1]Auf Insolvenzverfahren, die vor dem Inkrafttreten des Gesetzes zur Vereinfachung des Insolvenzverfahrens vom 13. April 2007 (BGBl. I S. 509) am 1. Juli 2007 eröffnet worden sind, sind mit Ausnahme der §§ 8 und 9 der Insolvenzordnung[3)] und der Verordnung zu öffentlichen Bekanntmachungen in Insolvenzverfahren im Internet die bis dahin geltenden gesetzlichen Vorschriften weiter anzuwenden. [2]In solchen Insolvenzverfahren erfolgen alle durch das Gericht vorzunehmenden öffentlichen Bekanntmachungen unbeschadet von Absatz 2 nur nach Maßgabe des § 9 der Insolvenzordnung. [3]§ 188 Satz 3 der Insolvenzordnung ist auch auf Insolvenzverfahren anzuwenden, die vor dem Inkrafttreten des Gesetzes zur Neuregelung des Rechtsberatungsrechts vom 12. Dezember 2007 (BGBl. I S. 2840) am 18. Dezember 2007 eröffnet worden sind.

(2) [1]Die öffentliche Bekanntmachung kann bis zum 31. Dezember 2008 zusätzlich zu der elektronischen Bekanntmachung nach § 9 Abs. 1 Satz 1 der Insolvenzordnung in einem am Wohnort oder Sitz des Schuldners periodisch erscheinenden Blatt erfolgen; die Veröffentlichung kann auszugsweise geschehen. [2]Für den Eintritt der Wirkungen der Bekanntmachung ist ausschließlich die Bekanntmachung im Internet nach § 9 Abs. 1 Satz 1 der Insolvenzordnung maßgebend.

**Art. 103d[4)] Überleitungsvorschrift zum Gesetz zur Modernisierung des GmbH-Rechts und zur Bekämpfung von Missbräuchen.** [1]Auf Insolvenzverfahren, die vor dem Inkrafttreten des Gesetzes vom 23. Oktober 2008 (BGBl. I S. 2026) am 1. November 2008 eröffnet worden sind, sind die bis dahin geltenden gesetzlichen Vorschriften weiter anzuwenden. [2]Im Rahmen von nach dem 1. November 2008 eröffneten Insolvenzverfahren sind auf vor dem 1. November 2008 vorgenommene Rechtshandlungen die bis dahin geltenden Vorschriften der Insolvenzordnung[3)] über die Anfechtung von Rechtshandlungen anzuwenden, soweit die Rechtshandlungen nach dem bisherigen Recht der Anfechtung entzogen oder in geringerem Umfang unterworfen sind.

**Art. 103e[5)] Überleitungsvorschrift zum Haushaltsbegleitgesetz 2011.**

Auf Insolvenzverfahren, die vor dem 1. Januar 2011 beantragt worden sind, sind die bis dahin geltenden Vorschriften weiter anzuwenden.

**Art. 103f[6)] Überleitungsvorschrift zum Gesetz zur Änderung des § 522 der Zivilprozessordnung.** [1]Für Entscheidungen über die sofortige Beschwerde nach § 6 der Insolvenzordnung[3)], bei denen die Frist des § 575 der Zivilprozess-

---

1) Art. 103b eingef. mWv 9.4.2004 durch G v. 5.4.2004 (BGBl. I S. 502).

2) Art. 103c eingef. mWv 1.7.2007 durch G v. 13.4.2007 (BGBl. I S. 509); Abs. 1 Sätze 2 und 3 angef. mWv 18.12.2007 durch G v. 12.12.2007 (BGBl. I S. 2840).

3) Nr. **110**.

4) Art. 103d eingef. mWv 1.11.2008 durch G v. 23.10.2008 (BGBl. I S. 2026).

5) Art. 103e eingef. mWv 1.1.2011 durch G v. 9.12.2010 (BGBl. I S. 1885).

6) Art. 103f eingef. mWv 27.10.2011 durch G v. 21.10.2011 (BGBl. I S. 2082).

ordnung[1)] am 27. Oktober 2011 noch nicht abgelaufen ist, ist die Insolvenzordnung in der bis zum 27. Oktober 2011 geltenden Fassung weiter anzuwenden. [2]Für Entscheidungen über die sofortige Beschwerde nach Artikel 102 § 7 Satz 1 des Einführungsgesetzes zur Insolvenzordnung gilt Satz 1 entsprechend.

**Art. 103g[2)] Überleitungsvorschrift zum Gesetz zur weiteren Erleichterung der Sanierung von Unternehmen.** [1]Auf Insolvenzverfahren, die vor dem 1. März 2012 beantragt worden sind, sind die bis dahin geltenden Vorschriften weiter anzuwenden. [2]§ 18 Absatz 1 Nummer 2 des Rechtspflegergesetzes[3)] in der ab dem 1. Januar 2013 geltenden Fassung ist nur auf Insolvenzverfahren anzuwenden, die ab dem 1. Januar 2013 beantragt werden.

**Art. 103h[4)] Überleitungsvorschrift zum Gesetz zur Verkürzung des Restschuldbefreiungsverfahrens und zur Stärkung der Gläubigerrechte.**

[1]Auf Insolvenzverfahren, die vor dem 1. Juli 2014 beantragt worden sind, sind vorbehaltlich der Sätze 2 und 3 die bis dahin geltenden gesetzlichen Vorschriften weiter anzuwenden. [2]Auf Insolvenzverfahren nach den §§ 304 bis 314 der Insolvenzordnung[5)] in der vor dem 1. Juli 2014 geltenden Fassung, die vor diesem Datum beantragt worden sind, sind auch die §§ 217 bis 269 der Insolvenzordnung anzuwenden. [3]§ 63 Absatz 3 und § 65 der Insolvenzordnung in der ab dem 19. Juli 2013 geltenden Fassung sind auf Insolvenzverfahren, die ab dem 19. Juli 2013 beantragt worden sind, anzuwenden.

**Art. 103i[6)] Überleitungsvorschrift zum Bilanzrichtlinie-Umsetzungsgesetz.** § 22a Absatz 1 der Insolvenzordnung[5)] in der Fassung des Bilanzrichtlinie-Umsetzungsgesetzes vom 17. Juli 2015 (BGBl. I S. 1245) ist erstmals auf Verfahren anzuwenden, deren Eröffnung nach dem 31. Dezember 2015 beantragt worden ist.

**Art. 103j[7)] Überleitungsvorschrift zum Gesetz zur Verbesserung der Rechtssicherheit bei Anfechtungen nach der Insolvenzordnung und nach dem Anfechtungsgesetz.** (1) Auf Insolvenzverfahren, die vor dem 5. April 2017 eröffnet worden sind, sind vorbehaltlich des Absatzes 2 die bis dahin geltenden Vorschriften weiter anzuwenden.

(2) [1]Im Rahmen einer Insolvenzanfechtung entstandene Ansprüche auf Zinsen oder die Herausgabe von Nutzungen unterliegen vor dem 5. April 2017 den bis dahin geltenden Vorschriften. [2]Für die Zeit ab dem 5. April 2017 ist auf diese Ansprüche § 143 Absatz 1 Satz 3 der Insolvenzordnung[5)] in der ab dem 5. April 2017 geltenden Fassung anzuwenden.

---

[1)] Nr. **100**.

[2)] Art. 103g eingef. mWv 1.3.2012 durch G v. 7.12.2011 (BGBl. I S. 2582); Satz 2 angef. mWv 12.12. 2012 durch G v. 5.12.2012 (BGBl. I S. 2418).

[3)] Nr. **96**.

[4)] Art. 103h eingef. mWv 1.7.2014 durch G v. 15.7.2013 (BGBl. I S. 2379).

[5)] Nr. **110**.

[6)] Art. 103i eingef. mWv 23.7.2015 durch G v. 17.7.2015 (BGBl. I S. 1245).

[7)] Art. 103j eingef. mWv 5.4.2017 durch G v. 29.3.2017 (BGBl. I S. 654).

**Art. 103k[1)] Überleitungsvorschrift zu Artikel 2 des Gesetzes zur weiteren Verkürzung des Restschuldbefreiungsverfahrens und zur Anpassung pandemiebedingter Vorschriften im Gesellschafts-, Genossenschafts-, Vereins- und Stiftungsrecht sowie im Miet- und Pachtrecht.** (1) Auf Insolvenzverfahren, die vor dem 1. Oktober 2020 beantragt worden sind, sind vorbehaltlich des Absatzes 2 die bis dahin geltenden Vorschriften weiter anzuwenden.

(2) [1] Auf Insolvenzverfahren, die im Zeitraum vom 17. Dezember 2019 bis einschließlich 30. September 2020 beantragt worden sind, verkürzt sich die Abtretungsfrist im Sinne des § 287 Absatz 2 der Insolvenzordnung[2)] für jeden vollen Monat, der seit dem 16. Juli 2019 bis zur Stellung des Insolvenzantrages vergangen ist, um denselben Zeitraum. [2] Demgemäß beträgt die Abtretungsfrist:

| Datum der Stellung des Insolvenzantrages: | Abtretungsfrist: |
|---|---|
| zwischen dem 17. Dezember 2019 und 16. Januar 2020 | fünf Jahre und sieben Monate |
| zwischen dem 17. Januar 2020 und 16. Februar 2020 | fünf Jahre und sechs Monate |
| zwischen dem 17. Februar 2020 und 16. März 2020 | fünf Jahre und fünf Monate |
| zwischen dem 17. März 2020 und 16. April 2020 | fünf Jahre und vier Monate |
| zwischen dem 17. April 2020 und 16. Mai 2020 | fünf Jahre und drei Monate |
| zwischen dem 17. Mai 2020 und 16. Juni 2020 | fünf Jahre und zwei Monate |
| zwischen dem 17. Juni 2020 und 16. Juli 2020 | fünf Jahre und ein Monat |
| zwischen dem 17. Juli 2020 und 16. August 2020 | fünf Jahre |
| zwischen dem 17. August 2020 und 16. September 2020 | vier Jahre und elf Monate |
| zwischen dem 17. September 2020 und 30. September 2020 | vier Jahre und zehn Monate |

[3] In Verfahren nach Satz 1 ist eine in der Abtretungserklärung erklärte, anderslautende Abtretungsfrist insoweit unbeachtlich.

(3) Wurde dem Schuldner letztmalig nach den bis einschließlich 30. September 2020 geltenden Vorschriften eine Restschuldbefreiung erteilt, so ist § 287a Absatz 2 Satz 1 Nummer 1 der Insolvenzordnung in der bis einschließlich 30. September 2020 geltenden Fassung weiter anzuwenden.

(4) Wird ein Antrag auf Eröffnung eines Verbraucherinsolvenzverfahrens zwischen dem 31. Dezember 2020 und dem 30. Juni 2021 gestellt, genügt die vom Schuldner vorzulegende Bescheinigung auch dann den in § 305 Absatz 1 Nummer 1 der Insolvenzordnung genannten Anforderungen, wenn sich aus ihr ergibt, dass eine außergerichtliche Einigung mit den Gläubigern über die Schuldenbereinigung auf der Grundlage eines Plans innerhalb der letzten zwölf Monate vor dem Eröffnungsantrag erfolglos versucht worden ist.

---

1) Art. 103k eingef. mWv 1.10.2020 durch G v. 22.12.2020 (BGBl. I S. 3328).

2) Nr. **110**.

**Art. 103l**[1] **Überleitungsvorschrift zu Artikel 6 des Gesetzes zur weiteren Verkürzung des Restschuldbefreiungsverfahrens und zur Anpassung pandemiebedingter Vorschriften im Gesellschafts-, Genossenschafts-, Vereins- und Stiftungsrecht sowie im Miet- und Pachtrecht.** Auf Insolvenzverfahren, die vor dem 31. Dezember 2020 beantragt worden sind, sind die bis dahin geltenden Vorschriften weiter anzuwenden.

**Art. 103m**[2] **Überleitungsvorschrift zum Sanierungs- und Insolvenzrechtsfortentwicklungsgesetz.** [1] Auf Insolvenzverfahren, die vor dem 1. Januar 2021 beantragt worden sind, sind die bis dahin geltenden Vorschriften weiter anzuwenden. [2] § 15b der Insolvenzordnung[3] in der Fassung des Sanierungs- und Insolvenzrechtsfortentwicklungsgesetzes vom 22. Dezember 2020 (BGBl. I S. 3256) ist erstmals auf Zahlungen anzuwenden, die nach dem 31. Dezember 2020 vorgenommen worden sind. [3] Auf Zahlungen, die vor dem 1. Januar 2021 vorgenommen worden sind, sind die bis zum 31. Dezember 2020 geltenden gesetzlichen Vorschriften weiterhin anzuwenden.

**Art. 104 Anwendung des neuen Rechts.** In einem Insolvenzverfahren, das nach dem 31. Dezember 1998 beantragt wird, gelten die Insolvenzordnung[3] und dieses Gesetz auch für Rechtsverhältnisse und Rechte, die vor dem 1. Januar 1999 begründet worden sind.

**Art. 105 Finanztermingeschäfte.** (1) [1] War für Finanzleistungen, die einen Markt- oder Börsenpreis haben, eine bestimmte Zeit oder eine bestimmte Frist vereinbart und tritt die Zeit oder der Ablauf der Frist erst nach der Eröffnung eines Konkursverfahrens ein, so kann nicht die Erfüllung verlangt, sondern nur eine Forderung wegen der Nichterfüllung geltend gemacht werden. [2] Als Finanzleistungen gelten insbesondere

1. die Lieferung von Edelmetallen,
2. die Lieferung von Wertpapieren oder vergleichbaren Rechten, soweit nicht der Erwerb einer Beteiligung an einem Unternehmen zur Herstellung einer dauernden Verbindung zu diesem Unternehmen beabsichtigt ist,
3. Geldleistungen, die in ausländischer Währung oder in einer Rechnungseinheit zu erbringen sind,
4. Geldleistungen, deren Höhe unmittelbar oder mittelbar durch den Kurs einer ausländischen Währung oder einer Rechnungseinheit, durch den Zinssatz von Forderungen oder durch den Preis anderer Güter oder Leistungen bestimmt wird,
5. Optionen und andere Rechte auf Lieferungen oder Geldleistungen im Sinne der Nummern 1 bis 4.

[3] Sind Geschäfte über Finanzleistungen in einem Rahmenvertrag zusammengefaßt, für den vereinbart ist, daß er bei Vertragsverletzungen nur einheitlich beendet werden kann, so gilt die Gesamtheit dieser Geschäfte als ein gegenseitiger Vertrag.

(2) [1] Die Forderung wegen der Nichterfüllung richtet sich auf den Unterschied zwischen dem vereinbarten Preis und dem Markt- oder Börsenpreis, der am zweiten Werktag nach der Eröffnung des Verfahrens am Erfüllungsort für einen

---

[1] Art. 103l eingef. mWv 31.12.2020 durch G v. 22.12.2020 (BGBl. I S. 3328).

[2] Art. 103m eingef. mWv 1.1.2021 durch G v. 22.12.2020 (BGBl. I S. 3256); Sätze 2, 3 angef. mWv 18.8.2021 durch G v. 10.8.2021 (BGBl. I S. 3436).

[3] Nr. **110**.

Vertrag mit der vereinbarten Erfüllungszeit maßgeblich ist. [2]Der andere Teil kann eine solche Forderung nur als Konkursgläubiger geltend machen.

(3) Die in den Absätzen 1 und 2 für den Fall der Eröffnung eines Konkursverfahrens getroffenen Regelungen gelten entsprechend für den Fall der Eröffnung eines Vergleichs- oder Gesamtvollstreckungsverfahrens.

**Art. 105a[1)] Überleitungsvorschrift zum Gesetz zur Änderung der Insolvenzordnung und zur Änderung des Gesetzes, betreffend die Einführung der Zivilprozessordnung.** (1) Auf Insolvenzverfahren, die vor dem 10. Juni 2016 beantragt worden sind, ist § 104 der Insolvenzordnung[2)] in der bis dahin geltenden Fassung anzuwenden.

(2) Auf Insolvenzverfahren, die vor dem 29. Dezember 2016 beantragt worden sind, ist § 104 der Insolvenzordnung in der bis dahin geltenden Fassung anzuwenden.

**Art. 106 Insolvenzanfechtung.** Die Vorschriften der Insolvenzordnung[2)] über die Anfechtung von Rechtshandlungen sind auf die vor dem 1. Januar 1999 vorgenommenen Rechtshandlungen nur anzuwenden, soweit diese nicht nach dem bisherigen Recht der Anfechtung entzogen oder in geringerem Umfang unterworfen sind.

**Art. 107[3)] Evaluierungsvorschrift zum Gesetz zur Verkürzung des Restschuldbefreiungsverfahrens und zur Stärkung der Gläubigerrechte.**

(1) [1]Die Bundesregierung berichtet dem Deutschen Bundestag bis zum 30. Juni 2018, in wie vielen Fällen bereits nach drei Jahren eine Restschuldbefreiung erteilt werden konnte. [2]Der Bericht hat auch Angaben über die Höhe der im Insolvenz- und Restschuldbefreiungsverfahren erzielten Befriedigungsquoten zu enthalten.

(2) Sofern sich aus dem Bericht die Notwendigkeit gesetzgeberischer Maßnahmen ergibt, soll die Bundesregierung diese vorschlagen.

**Art. 107a[4)] Evaluationsvorschrift zum Gesetz zur weiteren Verkürzung des Restschuldbefreiungsverfahrens und zur Anpassung pandemiebedingter Vorschriften im Gesellschafts-, Genossenschafts-, Vereins- und Stiftungsrecht sowie im Miet- und Pachtrecht.** (1) [1]Die Bundesregierung berichtet dem Deutschen Bundestag bis zum 30. Juni 2024, wie sich die Verkürzung des Restschuldbefreiungsverfahrens auf das Antrags-, Zahlungs- und Wirtschaftsverhalten von Verbraucherinnen und Verbrauchern ausgewirkt hat. [2]Der Bericht geht auch auf etwaige Hindernisse ein, die von den bestehenden Möglichkeiten der Speicherung insolvenzbezogener Informationen durch Auskunfteien für einen wirtschaftlichen Neustart nach Erteilung der Restschuldbefreiung ausgehen.

(2) Sofern sich aus dem Bericht die Notwendigkeit gesetzgeberischer Maßnahmen ergibt, soll die Bundesregierung diese vorschlagen.

**Art. 108 Fortbestand der Vollstreckungsbeschränkung.** (1) Bei der Zwangsvollstreckung gegen einen Schuldner, über dessen Vermögen ein Gesamtvollstreckungsverfahren durchgeführt worden ist, ist auch nach dem 31. Dezember

---

[1)] Art. 105a eingef. mWv 29.12.2016 durch G v. 22.12.2016 (BGBl. I S. 3147).

[2)] Nr. **110**.

[3)] Art. 107 aufgeh. mWv 1.7.2007 durch G v. 13.4.2007 (BGBl. I S. 509); neu eingef. mWv 1.7.2014 durch G v. 15.7.2013 (BGBl. I S. 2379).

[4)] Art. 107a eingef. mWv 1.10.2020 durch G v. 22.12.2020 (BGBl. I S. 3328).

1998 die Vollstreckungsbeschränkung des § 18 Abs. 2 Satz 3 der Gesamtvollstreckungsordnung zu beachten.

(2) Wird über das Vermögen eines solchen Schuldners nach den Vorschriften der Insolvenzordnung ein Insolvenzverfahren eröffnet, so sind die Forderungen, die der Vollstreckungsbeschränkung unterliegen, im Rang nach den in § 39 Abs. 1 der Insolvenzordnung[1] bezeichneten Forderungen zu berichtigen.

**Art. 109 Schuldverschreibungen.** Soweit den Inhabern von Schuldverschreibungen, die vor dem 1. Januar 1963 von anderen Kreditinstituten als Hypothekenbanken ausgegeben worden sind, nach Vorschriften des Landesrechts in Verbindung mit § 17 Abs. 1 des Einführungsgesetzes zur Konkursordnung ein Vorrecht bei der Befriedigung aus Hypotheken, Reallasten oder Darlehen des Kreditinstituts zusteht, ist dieses Vorrecht auch in künftigen Insolvenzverfahren zu beachten.

**Art. 110 Inkrafttreten.** (1) Die Insolvenzordnung und dieses Gesetz treten, soweit nichts anderes bestimmt ist, am 1. Januar 1999 in Kraft.

(2) [1] § 2 Abs. 2 und § 7 Abs. 3 der Insolvenzordnung[1] sowie die Ermächtigung der Länder in § 305 Abs. 1 Nr. 1 der Insolvenzordnung treten am Tage nach der Verkündung[2] in Kraft. [2] Gleiches gilt für § 65 der Insolvenzordnung und für § 21 Abs. 2 Nr. 1, § 73 Abs. 2, § 274 Abs. 1, § 293 Abs. 2 und § 313 der Insolvenzordnung, soweit sie § 65 der Insolvenzordnung für entsprechend anwendbar erklären.

(3) Artikel 2 Nr. 9 dieses Gesetzes, soweit darin die Aufhebung von § 2 Abs. 1 Satz 2 des Gesetzes über die Auflösung und Löschung von Gesellschaften und Genossenschaften angeordnet wird, Artikel 22, Artikel 24 Nr. 2, Artikel 32 Nr. 3, Artikel 48 Nr. 4, Artikel 54 Nr. 4 und Artikel 85 Nr. 1 und 2 Buchstabe e, Artikel 87 Nr. 8 Buchstabe d und Artikel 105 dieses Gesetzes treten am Tage nach der Verkündung[2] in Kraft.

---

[1] Nr. **110**.
[2] Verkündet am 18.10.1994.

# 110d. Gesetz zur vorübergehenden Anpassung sanierungs- und insolvenzrechtlicher Vorschriften zur Abmilderung von Krisenfolgen (Sanierungs- und insolvenzrechtliches Krisenfolgenabmilderungsgesetz – SanInsKG)[1] [2]

Vom 27. März 2020
(BGBl. I S. 569)

**FNA 311-19**

| Lfd. Nr. | Änderndes Gesetz | Datum | Fundstelle | Betroffen | Hinweis |
|---|---|---|---|---|---|
| 1. | Art. 1 ÄndG | 25.9.2020 | BGBl. I S. 2016 | §§ 1, 2 | geänd. mWv 1.10.2020 |
| | | | | § 4 | aufgeh. mit Ablauf des 30.9. 2020 |
| 2. | Art. 10 Sanierungs- und Insolvenzrechtsfortentwicklungs G[3] | 22.12. 2020 | BGBl. I S. 3256 | §§ 1, 2 | geänd. mWv 1.1.2021 |
| | | | | §§ 4, 5, 6, 7 | eingef. mWv 1.1.2021 |
| 3. | Art. 1 G zur Verlängerung der Aussetzung der Insolvenzantragspflicht und des Anfechtungsschutzes für pandemiebedingte Stundungen sowie zur Verlängerung der Steuererklärungsfrist in beratenen Fällen und der zinsfreien Karenzzeit für den Veranlagungszeitraum 2019 | 15.2.2021 | BGBl. I S. 237 | § 2 | geänd. mWv 1.1.2021 |
| | | | | § 1 | geänd. mWv 1.2.2021 |
| | | | | § 2 | geänd. mWv 19.2.2021 |
| 4. | Art. 9 G zur Abschaffung des Güterrechtsregisters und zur Änd. des COVID-19-InsolvenzaussetzungsG | 31.10. 2022 | BGBl. I S. 1966 | § 4 | geänd. mWv 9.11.2022 |
| | | | | Überschrift | neu gef. mWv 9.11.2022 |
| | | | | § 4a | eingef. mWv 9.11.2022 |

**§ 1[4] Aussetzung der Insolvenzantragspflicht.** (1) [1]Die Pflicht zur Stellung eines Insolvenzantrags nach § 15a der Insolvenzordnung[5] und nach § 42 Absatz 2 des Bürgerlichen Gesetzbuchs[6] ist bis zum 30. September 2020 ausgesetzt. [2]Dies

[1] Verkündet als Art. 1 G v. 27.3.2020 (BGBl. I S. 569); Inkrafttreten gem. Art. 6 Abs. 1 dieses G am 1.3.2020.

[2] Überschrift neu gef. mWv 9.11.2022 durch G v. 31.10.2022 (BGBl. I S. 1966).

[3] **Amtl. Anm.:** Dieses Gesetz dient der weiteren Umsetzung der Richtlinie (EU) 2019/1023 des Europäischen Parlaments und des Rates vom 20. Juni 2019 über präventive Restrukturierungsrahmen, über Entschuldung und über Tätigkeitsverbote sowie über Maßnahmen zur Steigerung der Effizienz von Restrukturierungs-, Insolvenz- und Entschuldungsverfahren und zur Änderung der Richtlinie (EU) 2017/1132 (Richtlinie über Restrukturierung und Insolvenz) (ABl. L 172 vom 26.6.2019, S. 18).

[4] § 1 Abs. 2 angef. mWv 1.10.2020 durch G v. 25.9.2020 (BGBl. I S. 2016); Abs. 3 angef. mWv 1.1.2021 durch G v. 22.12.2020 (BGBl. I S. 3256); Abs. 3 Satz 1 geänd. mWv 1.2.2021 durch G v. 15.2.2021 (BGBl. I S. 237).

[5] Nr. **110**.

gilt nicht, wenn die Insolvenzreife nicht auf den Folgen der Ausbreitung des SARS-CoV-2-Virus (COVID-19-Pandemie) beruht oder wenn keine Aussichten darauf bestehen, eine bestehende Zahlungsunfähigkeit zu beseitigen. [3] War der Schuldner am 31. Dezember 2019 nicht zahlungsunfähig, wird vermutet, dass die Insolvenzreife auf den Auswirkungen der COVID-19-Pandemie beruht und Aussichten darauf bestehen, eine bestehende Zahlungsunfähigkeit zu beseitigen. [4] Ist der Schuldner eine natürliche Person, so ist § 290 Absatz 1 Nummer 4 der Insolvenzordnung mit der Maßgabe anzuwenden, dass auf die Verzögerung der Eröffnung des Insolvenzverfahrens im Zeitraum zwischen dem 1. März 2020 und dem 30. September 2020 keine Versagung der Restschuldbefreiung gestützt werden kann. [5] Die Sätze 2 und 3 gelten entsprechend.

(2) Vom 1. Oktober 2020 bis zum 31. Dezember 2020 ist allein die Pflicht zur Stellung eines Insolvenzantrags wegen Überschuldung nach Maßgabe des Absatzes 1 ausgesetzt.

(3) [1] Vom 1. Januar 2021 bis zum 30. April 2021 ist die Pflicht zur Stellung eines Insolvenzantrags nach Maßgabe des Absatzes 1 für die Geschäftsleiter solcher Schuldner ausgesetzt, die im Zeitraum vom 1. November 2020 bis zum 28. Februar 2021 einen Antrag auf die Gewährung finanzieller Hilfeleistungen im Rahmen staatlicher Hilfsprogramme zur Abmilderung der Folgen der COVID-19-Pandemie gestellt haben. [2] War eine Antragstellung aus rechtlichen oder tatsächlichen Gründen innerhalb des Zeitraums nicht möglich, gilt Satz 1 auch für Schuldner, die nach den Bedingungen des staatlichen Hilfsprogramms in den Kreis der Antragsberechtigten fallen. [3] Die Sätze 1 und 2 gelten nicht, wenn offensichtlich keine Aussicht auf Erlangung der Hilfeleistung besteht oder die erlangbare Hilfeleistung für die Beseitigung der Insolvenzreife unzureichend ist.

**§ 2[1)] Folgen der Aussetzung.** (1) Soweit nach § 1 Absatz 1 die Pflicht zur Stellung eines Insolvenzantrags ausgesetzt ist,

1. gelten Zahlungen, die im ordnungsgemäßen Geschäftsgang erfolgen, insbesondere solche Zahlungen, die der Aufrechterhaltung oder Wiederaufnahme des Geschäftsbetriebes oder der Umsetzung eines Sanierungskonzepts dienen, als mit der Sorgfalt eines ordentlichen und gewissenhaften Geschäftsleiters im Sinne des § 64 Satz 2 des Gesetzes betreffend die Gesellschaften mit beschränkter Haftung[2)], des § 92 Absatz 2 Satz 2 des Aktiengesetzes[3)], des § 130a Absatz 1 Satz 2, auch in Verbindung mit § 177a Satz 1,[4)] des Handelsgesetzbuchs[5)] und des § 99 Satz 2 des Genossenschaftsgesetzes[6)] vereinbar;
2. gilt die bis zum 30. September 2023 erfolgende Rückgewähr eines im Aussetzungszeitraum gewährten neuen Kredits sowie die im Aussetzungszeitraum erfolgte Bestellung von Sicherheiten zur Absicherung solcher Kredite als nicht gläubigerbenachteiligend; dies gilt auch für die Rückgewähr von Gesellschafterdarlehen und Zahlungen auf Forderungen aus Rechtshandlungen, die einem

---

[6)] Nr. **20**.

[1)] § 2 Abs. 1 einl. Satzteil geänd., Abs. 4 angef. mWv 1.10.2020 durch G v. 25.9.2020 (BGBl. I S. 2016); Abs. 5 angef. mWv 1.1.2021 durch G v. 22.12.2020 (BGBl. I S. 3256); Abs. 5 neu gef. mWv 1.1.2021, Abs. 1 Nr. 4 Buchst. d geänd., Buchst. e aufgeh., Nr. 5 angef., Abs. 2 geänd. mWv 19.2.2021 durch G v. 15.2.2021 (BGBl. I S. 237).

[2)] Nr. **52**.

[3)] Nr. **51**.

[4)] Zeichensetzung amtlich.

[5)] Nr. **50**.

[6)] Nr. **53**.

solchen Darlehen wirtschaftlich entsprechen, nicht aber deren Besicherung; § 39 Absatz 1 Nummer 5 und § 44a der Insolvenzordnung[1)] finden insoweit in Insolvenzverfahren über das Vermögen des Schuldners, die bis zum 30. September 2023 beantragt wurden, keine Anwendung;

3. sind Kreditgewährungen und Besicherungen im Aussetzungszeitraum nicht als sittenwidriger Beitrag zur Insolvenzverschleppung anzusehen;
4. sind Rechtshandlungen, die dem anderen Teil eine Sicherung oder Befriedigung gewährt oder ermöglicht haben, die dieser in der Art und zu der Zeit beanspruchen konnte, in einem späteren Insolvenzverfahren nicht anfechtbar; dies gilt nicht, wenn dem anderen Teil bekannt war, dass die Sanierungs- und Finanzierungsbemühungen des Schuldners nicht zur Beseitigung einer eingetretenen Zahlungsunfähigkeit geeignet gewesen sind. Entsprechendes gilt für
   a) Leistungen an Erfüllungs statt oder erfüllungshalber;
   b) Zahlungen durch einen Dritten auf Anweisung des Schuldners;
   c) die Bestellung einer anderen als der ursprünglich vereinbarten Sicherheit, wenn diese nicht werthaltiger ist;
   d) die Verkürzung von Zahlungszielen;
5. gelten die bis zum 31. März 2022 erfolgten Zahlungen auf Forderungen aufgrund von bis zum 28. Februar 2021 gewährten Stundungen als nicht gläubigerbenachteiligend, sofern über das Vermögen des Schuldners ein Insolvenzverfahren bis zum Ablauf des 18. Februar 2021 noch nicht eröffnet worden ist.

(2) Absatz 1 Nummer 2 bis 5 gilt auch für Unternehmen, die keiner Antragspflicht unterliegen, sowie für Schuldner, die weder zahlungsunfähig noch überschuldet sind.

(3) Absatz 1 Nummer 2 und 3 gilt im Fall von Krediten, die von der Kreditanstalt für Wiederaufbau und ihren Finanzierungspartnern oder von anderen Institutionen im Rahmen staatlicher Hilfsprogramme anlässlich der COVID-19-Pandemie gewährt werden, auch dann, wenn der Kredit nach dem Ende des Aussetzungszeitraums gewährt oder besichert wird, und unbefristet für deren Rückgewähr.

(4) [1] Soweit nach § 1 Absatz 2 die Pflicht zur Stellung eines Insolvenzantrags ausgesetzt ist und keine Zahlungsunfähigkeit vorliegt, ist Absatz 1 anwendbar. [2] Absatz 2 findet entsprechende Anwendung. [3] Absatz 3 bleibt unberührt.

(5) Ist die Pflicht zur Stellung eines Insolvenzantrags nach § 1 Absatz 3 ausgesetzt, gelten die Absätze 1 bis 3 entsprechend, jedoch Absatz 1 Nummer 1 nur mit der Maßgabe, dass an die Stelle der darin genannten Vorschriften § 15b Absatz 1 bis 3 der Insolvenzordnung tritt.

**§ 3 Eröffnungsgrund bei Gläubigerinsolvenzanträgen.** Bei zwischen dem 28. März 2020 und dem 28. Juni 2020 gestellten Gläubigerinsolvenzanträgen setzt die Eröffnung des Insolvenzverfahrens voraus, dass der Eröffnungsgrund bereits am 1. März 2020 vorlag.

**§ 4[2)] Prognose- und Planungszeiträume.** (1) [1] Abweichend von § 19 Absatz 2 Satz 1 der Insolvenzordnung[1)] ist zwischen dem 1. Januar 2021 und dem 31. Dezember 2021 anstelle des Zeitraums von zwölf Monaten ein Zeitraum von vier

[1)] Nr. **110**.

[2)] § 4 angef. mWv 1.1.2021 durch G v. 22.12.2020 (BGBl. I S. 3256); Überschrift neu gef., Abs. 2 angef. mWv 9.11.2022 durch G v. 31.10.2022 (BGBl. I S. 1966).

Monaten zugrunde zu legen, wenn die Überschuldung des Schuldners auf die COVID-19-Pandemie zurückzuführen ist. [2] Dies wird vermutet, wenn

1. der Schuldner am 31. Dezember 2019 nicht zahlungsunfähig war,
2. der Schuldner in dem letzten, vor dem 1. Januar 2020 abgeschlossenen Geschäftsjahr ein positives Ergebnis aus der gewöhnlichen Geschäftstätigkeit erwirtschaftet hat und
3. der Umsatz aus der gewöhnlichen Geschäftstätigkeit im Kalenderjahr 2020 im Vergleich zum Vorjahr um mehr als 30 Prozent eingebrochen ist.

(2) [1] In dem Zeitraum vom 9. November 2022 bis einschließlich 31. Dezember 2023 tritt an die Stelle des in

1. § 19 Absatz 2 Satz 1 der Insolvenzordnung genannten Zeitraums von zwölf Monaten,
2. § 270a Absatz 1 Nummer 1 der Insolvenzordnung genannten Zeitraums von sechs Monaten und
3. § 50 Absatz 2 Nummer 2 des Unternehmensstabilisierungs- und -restrukturierungsgesetzes[1)] genannten Zeitraums von sechs Monaten

ein Zeitraum von vier Monaten. [2] Satz 1 gilt auch, wenn vor dem 9. November 2022 eine Überschuldung nach § 19 Absatz 2 Satz 1 der Insolvenzordnung vorlag, es sei denn, dass der für eine rechtzeitige Antragstellung maßgebliche Zeitpunkt nach § 15a Absatz 1 Satz 1 und 2 der Insolvenzordnung bereits verstrichen ist.

**§ 4a[2)] Höchstfrist für die Antragstellung bei Überschuldung.** In dem Zeitraum vom 9. November 2022 bis einschließlich 31. Dezember 2023 tritt an die Stelle des in § 15a Absatz 1 Satz 2 der Insolvenzordnung[3)] genannten Zeitraums von sechs Wochen ein Zeitraum von acht Wochen.

**§ 5[4)] Anwendung des bisherigen Rechts.** (1) Auf Eigenverwaltungsverfahren, die zwischen dem 1. Januar 2021 und dem 31. Dezember 2021 beantragt werden, sind, soweit in den folgenden Absätzen und § 6 nichts anderes bestimmt ist, die §§ 270 bis 285 der Insolvenzordnung[3)] in der bis zum 31. Dezember 2020 geltenden Fassung weiter anzuwenden, wenn die Zahlungsunfähigkeit oder Überschuldung des Schuldners auf die COVID-19-Pandemie zurückzuführen ist.

(2) [1] Die Insolvenzreife gilt als auf die COVID-19-Pandemie zurückführbar, wenn der Schuldner eine von einem in Insolvenzsachen erfahrenen Steuerberater, Wirtschaftsprüfer oder Rechtsanwalt oder einer Person mit vergleichbarer Qualifikation ausgestellte Bescheinigung vorlegt, aus der sich ergibt, dass

1. der Schuldner am 31. Dezember 2019 weder zahlungsunfähig noch überschuldet war,
2. der Schuldner in dem letzten vor dem 1. Januar 2020 abgeschlossenen Geschäftsjahr ein positives Ergebnis aus der gewöhnlichen Geschäftstätigkeit erwirtschaftet hat und
3. der Umsatz aus der gewöhnlichen Geschäftstätigkeit im Kalenderjahr 2020 im Vergleich zum Vorjahr um mehr als 30 Prozent eingebrochen ist.

---

1) **Habersack, Deutsche Gesetze ErgBd. Nr. 110e.**

2) § 4a eingef. mWv 9.11.2022 durch G v. 31.10.2022 (BGBl. I S. 1966).

3) Nr. **110**.

4) § 5 angef. mWv 1.1.2021 durch G v. 22.12.2020 (BGBl. I S. 3256).

[2] Satz 1 gilt entsprechend, wenn die nach Satz 1 Nummer 2 und 3 zu bescheinigenden Voraussetzungen zwar nicht oder nicht vollständig vorliegen, aus der Bescheinigung jedoch hervorgeht, dass aufgrund von Besonderheiten, die im Schuldner oder in der Branche, der er angehört, begründet sind oder aufgrund sonstiger Umstände oder Verhältnisse, dennoch davon ausgegangen werden kann, dass die Insolvenzreife auf die COVID-19-Pandemie zurückzuführen ist.

(3) [1] Die Insolvenzreife gilt auch als auf die COVID-19-Pandemie zurückführbar, wenn der Schuldner im Eröffnungsantrag darlegt, dass keine Verbindlichkeiten bestehen, die am 31. Dezember 2019 bereits fällig und zu diesem Zeitpunkt noch nicht bestritten waren. [2] Die Erklärung zur Richtigkeit und Vollständigkeit der Angaben nach § 13 Absatz 1 Satz 7 der Insolvenzordnung muss sich auch auf die Angaben nach Satz 1 beziehen.

(4) Erlangt das Gericht Kenntnis davon, dass die Zahlungsunfähigkeit oder Überschuldung des Schuldners nicht auf die Auswirkungen der COVID-19-Pandemie zurückzuführen ist, kann es auch aus diesem Grund

1. anstelle des vorläufigen Sachwalters einen vorläufigen Insolvenzverwalter bestellen,
2. die Anordnung nach § 270b Absatz 1 der Insolvenzordnung in der bis zum 31. Dezember 2020 geltenden Fassung vor Ablauf der Frist aufheben, oder
3. die Anordnung der Eigenverwaltung aufheben.

(5) Ordnet das Gericht die vorläufige Eigenverwaltung oder Eigenverwaltung an, kann es zugleich anordnen, dass Verfügungen des Schuldners der Zustimmung durch den vorläufigen Sachwalter oder den Sachwalter bedürfen.

(6) Die Annahme von Nachteilen für die Gläubiger kann nicht allein darauf gestützt werden, dass der Schuldner keine Vorkehrungen zur Sicherstellung seiner Fähigkeit zur Erfüllung insolvenzrechtlicher Pflichten getroffen hat.

(7) [1] Ordnet das Gericht die vorläufige Eigenverwaltung oder Eigenverwaltung an, so ist die Insolvenzrechtliche Vergütungsverordnung in der bis zum 31. Dezember 2020 geltenden Fassung anzuwenden. [2] Dies gilt auch, wenn die vorläufige Eigenverwaltung oder Eigenverwaltung aufgehoben wird.

**§ 6[1)] Erleichterter Zugang zum Schutzschirmverfahren.** [1] Die Zahlungsunfähigkeit eines Schuldners steht der Anwendung des § 270b der Insolvenzordnung[2)] in der bis zum 31. Dezember 2020 geltenden Fassung bei einem zwischen dem 1. Januar 2021 und dem 31. Dezember 2021 gestellten Insolvenzantrag nicht entgegen, wenn in der Bescheinigung nach § 270b Absatz 1 Satz 3 der Insolvenzordnung in der bis zum 31. Dezember 2020 geltenden Fassung auch bestätigt wird, dass

1. der Schuldner am 31. Dezember 2019 nicht zahlungsunfähig war,
2. der Schuldner in dem letzten, vor dem 1. Januar 2020 abgeschlossenen Geschäftsjahr ein positives Ergebnis aus der gewöhnlichen Geschäftstätigkeit erwirtschaftet hat und
3. der Umsatz aus der gewöhnlichen Geschäftstätigkeit im Kalenderjahr 2020 im Vergleich zum Vorjahr um mehr als 30 Prozent eingebrochen ist.

[2] Satz 1 gilt entsprechend, wenn die nach Satz 1 Nummer 2 und 3 zu bescheinigenden Voraussetzungen zwar nicht oder nicht vollständig vorliegen, aus der

---

[1)] § 6 angef. mWv 1.1.2021 durch G v. 22.12.2020 (BGBl. I S. 3256).
[2)] Nr. **110**.

Bescheinigung jedoch hervorgeht, dass aufgrund von Besonderheiten, die im Schuldner oder in der Branche, der er angehört, begründet sind oder aufgrund sonstiger Umstände oder Verhältnisse, dennoch davon ausgegangen werden kann, dass die Zahlungsunfähigkeit auf die COVID-19-Pandemie zurückzuführen ist. [3] § 5 Absatz 7 gilt entsprechend.

**§ 7[1)] Sicherstellung der Gläubigergleichbehandlung bei Stützungsmaßnahmen anlässlich der COVID-19-Pandemie.** [1] Der Umstand, dass Forderungen im Zusammenhang mit staatlichen Leistungen stehen, die im Rahmen von staatlichen Programmen zur Bewältigung der COVID-19-Pandemie gewährt wurden, ist für sich allein kein geeignetes Kriterium für die Einbeziehung in den Restrukturierungsplan nach § 8 des Unternehmensstabilisierungs- und -restrukturierungsgesetzes[2)] oder die Abgrenzung der Gruppen nach § 9 des Unternehmensstabilisierungs- und -restrukturierungsgesetzes oder § 222 der Insolvenzordnung[3)]. [2] Staatliche Leistungen im Sinne von Satz 1 sind sämtliche Finanzhilfen einschließlich der Gewährung von Darlehen und die Übernahme einer Bürgschaft, einer Garantie oder eine sonstige Übernahme des Ausfallrisikos bezüglich von Forderungen Dritter, die durch öffentliche Anstalten, Körperschaften oder Rechtsträgern öffentlicher Sondervermögen sowie im Mehrheitsbesitz des Bundes, der Länder oder der Kommunen stehenden Rechtsträger gewährt werden. [3] Soweit im Rahmen einer staatlichen Leistung das Ausfallrisiko übernommen worden ist, ist die besicherte Forderung als eine Forderung anzusehen, die nach Satz 1 im Zusammenhang mit staatlichen Leistungen steht.

---

1) § 7 angef. mWv 1.1.2021 durch G v. 22.12.2020 (BGBl. I S. 3256).
2) **Habersack, Deutsche Gesetze ErgBd. Nr. 110e.**
3) Nr. **110**.

# 111. Gesetz über die Anfechtung von Rechtshandlungen eines Schuldners außerhalb des Insolvenzverfahrens (Anfechtungsgesetz – AnfG)[1]

Vom 5. Oktober 1994
(BGBl. I S. 2911)
**FNA 311-14-2**

| Lfd. Nr. | Änderndes Gesetz | Datum | Fundstelle | Betroffen | Hinweis |
|---|---|---|---|---|---|
| 1. | Art. 11 G zur Modernisierung des GmbH-Rechts und zur Bekämpfung von Missbräuchen | 23. 10. 2008 | BGBl. I S. 2026 | §§ 6, 7, 11, 18, 20<br>§ 6 a | geänd. mWv 1. 11. 2008<br>eingef. mWv 1. 11. 2008 |
| 2. | Art. 16 RestrukturierungsG | 9. 12. 2010 | BGBl. I S. 1900 | § 7 | geänd. mWv 1. 1. 2011 |
| 3. | Art. 3 G zur Verbesserung der Rechtssicherheit bei Anfechtungen nach der InsO und nach dem AnfG | 29. 3. 2017 | BGBl. I S. 654 | §§ 3, 11, 20 | geänd. mWv 5. 4. 2017 |

**§ 1 Grundsatz.** (1) Rechtshandlungen eines Schuldners, die seine Gläubiger benachteiligen, können außerhalb des Insolvenzverfahrens nach Maßgabe der folgenden Bestimmungen angefochten werden.

(2) Eine Unterlassung steht einer Rechtshandlung gleich.

**§ 2 Anfechtungsberechtigte.** Zur Anfechtung ist jeder Gläubiger berechtigt, der einen vollstreckbaren Schuldtitel erlangt hat und dessen Forderung fällig ist, wenn die Zwangsvollstreckung in das Vermögen des Schuldners nicht zu einer vollständigen Befriedigung des Gläubigers geführt hat oder wenn anzunehmen ist, daß sie nicht dazu führen würde.

**§ 3[2] Vorsätzliche Benachteiligung.** (1) [1]Anfechtbar ist eine Rechtshandlung, die der Schuldner in den letzten zehn Jahren vor der Anfechtung mit dem Vorsatz, seine Gläubiger zu benachteiligen, vorgenommen hat, wenn der andere Teil zur Zeit der Handlung den Vorsatz des Schuldners kannte. [2]Diese Kenntnis wird vermutet, wenn der andere Teil wußte, daß die Zahlungsunfähigkeit des Schuldners drohte und daß die Handlung die Gläubiger benachteiligte.

(2) Hat die Rechtshandlung dem anderen Teil eine Sicherung oder Befriedigung gewährt oder ermöglicht, beträgt der Zeitraum nach Absatz 1 Satz 1 vier Jahre.

(3) [1]Hat die Rechtshandlung dem anderen Teil eine Sicherung oder Befriedigung gewährt oder ermöglicht, welche dieser in der Art und zu der Zeit

---

[1] Verkündet als Art. 1 G v. 5. 10. 1994 (BGBl. I S. 2911); Inkrafttreten gem. Art. 110 Abs. 1 dieses G am 1. 1. 1999.

[2] § 3 Abs. 2 und 3 eingef., bish. Abs. 2 wird Abs. 4 mWv 5. 4. 2017 durch G v. 29. 3. 2017 (BGBl. I S. 654).

beanspruchen konnte, tritt an die Stelle der drohenden Zahlungsunfähigkeit des Schuldners nach Absatz 1 Satz 2 die eingetretene. [2] Hatte der andere Teil mit dem Schuldner eine Zahlungsvereinbarung getroffen oder diesem in sonstiger Weise eine Zahlungserleichterung gewährt, wird vermutet, dass er zur Zeit der Handlung die Zahlungsunfähigkeit des Schuldners nicht kannte.

(4) [1] Anfechtbar ist ein vom Schuldner mit einer nahestehenden Person (§ 138 der Insolvenzordnung[1)]) geschlossener entgeltlicher Vertrag, durch den seine Gläubiger unmittelbar benachteiligt werden. [2] Die Anfechtung ist ausgeschlossen, wenn der Vertrag früher als zwei Jahre vor der Anfechtung geschlossen worden ist oder wenn dem anderen Teil zur Zeit des Vertragsschlusses ein Vorsatz des Schuldners, die Gläubiger zu benachteiligen, nicht bekannt war.

**§ 4 Unentgeltliche Leistung.** (1) Anfechtbar ist eine unentgeltliche Leistung des Schuldners, es sei denn, sie ist früher als vier Jahre vor der Anfechtung vorgenommen worden.

(2) Richtet sich die Leistung auf ein gebräuchliches Gelegenheitsgeschenk geringen Werts, so ist sie nicht anfechtbar.

**§ 5 Rechtshandlungen des Erben.** Hat der Erbe aus dem Nachlaß Pflichtteilsansprüche, Vermächtnisse oder Auflagen erfüllt, so kann ein Nachlaßgläubiger, der im Insolvenzverfahren über den Nachlaß dem Empfänger der Leistung im Rang vorgehen oder gleichstehen würde, die Leistung in gleicher Weise anfechten wie eine unentgeltliche Leistung des Erben.

**§ 6[2)] Gesellschafterdarlehen.** (1) [1] Anfechtbar ist eine Rechtshandlung, die für die Forderung eines Gesellschafters auf Rückgewähr eines Darlehens im Sinne des § 39 Abs. 1 Nr. 5 der Insolvenzordnung[1)] oder für eine gleichgestellte Forderung

1. Sicherung gewährt hat, wenn die Handlung in den letzten zehn Jahren vor Erlangung des vollstreckbaren Schuldtitels oder danach vorgenommen worden ist, oder
2. Befriedigung gewährt hat, wenn die Handlung im letzten Jahr vor Erlangung des vollstreckbaren Schuldtitels oder danach vorgenommen worden ist.

[2] Wurde ein Antrag auf Eröffnung eines Insolvenzverfahrens nach § 26 Abs. 1 der Insolvenzordnung abgewiesen, bevor der Gläubiger einen vollstreckbaren Schuldtitel erlangt hat, so beginnt die Anfechtungsfrist mit dem Antrag auf Eröffnung des Insolvenzverfahrens.

(2) [1] Die Anfechtung ist ausgeschlossen, wenn nach dem Schluss des Jahres, in dem der Gläubiger den vollstreckbaren Schuldtitel erlangt hat, drei Jahre verstrichen sind. [2] Wurde die Handlung später vorgenommen, so ist die Anfechtung drei Jahre nach dem Schluss des Jahres ausgeschlossen, in dem die Handlung vorgenommen worden ist.

**§ 6 a[2)] Gesicherte Darlehen.** [1] Anfechtbar ist eine Rechtshandlung, mit der eine Gesellschaft einem Dritten für eine Forderung auf Rückgewähr eines Darlehens innerhalb der in § 6 Abs. 1 Satz 1 Nr. 2 und Satz 2 genannten Fristen Befriedigung gewährt hat, wenn ein Gesellschafter für die Forderung eine

---

1) Nr. **110**.

2) § 6 neu gef. und § 6 a eingef. mWv 1. 11. 2008 durch G v. 23. 10. 2008 (BGBl. I S. 2026).

Sicherheit bestellt hatte oder als Bürge haftete; dies gilt sinngemäß für Leistungen auf Forderungen, die einem Darlehen wirtschaftlich entsprechen. 2 § 39 Abs. 4 und 5 der Insolvenzordnung[1] und § 6 Abs. 2 gelten entsprechend.

**§ 7[2] Berechnung der Fristen.** (1) Die in den §§ 3 und 4 bestimmten Fristen sind von dem Zeitpunkt zurückzurechnen, in dem die Anfechtbarkeit gerichtlich geltend gemacht wird.

(2) Hat der Gläubiger, bevor er einen vollstreckbaren Schuldtitel erlangt hatte oder seine Forderung fällig war, dem Anfechtungsgegner seine Absicht, die Rechtshandlung anzufechten, schriftlich mitgeteilt, so wird die Frist vom Zeitpunkt des Zugangs der Mitteilung zurückgerechnet, wenn schon zu dieser Zeit der Schuldner unfähig war, den Gläubiger zu befriedigen, und wenn bis zum Ablauf von zwei Jahren seit diesem Zeitpunkt die Anfechtbarkeit gerichtlich geltend gemacht wird.

(3) In die Fristen wird die Zeit nicht eingerechnet, während der Maßnahmen nach § 46 Absatz 1 Satz 2 Nummer 4 bis 6 des Kreditwesengesetzes[3] angeordnet waren.

**§ 8 Zeitpunkt der Vornahme einer Rechtshandlung.** (1) Eine Rechtshandlung gilt als in dem Zeitpunkt vorgenommen, in dem ihre rechtlichen Wirkungen eintreten.

(2) 1 Ist für das Wirksamwerden eines Rechtsgeschäfts eine Eintragung im Grundbuch, im Schiffsregister, im Schiffsbauregister oder im Register für Pfandrechte an Luftfahrzeugen erforderlich, so gilt das Rechtsgeschäft als vorgenommen, sobald die übrigen Voraussetzungen für das Wirksamwerden erfüllt sind, die Willenserklärung des Schuldners für ihn bindend geworden ist und der andere Teil den Antrag auf Eintragung der Rechtsänderung gestellt hat. 2 Ist der Antrag auf Eintragung einer Vormerkung zur Sicherung des Anspruchs auf die Rechtsänderung gestellt worden, so gilt Satz 1 mit der Maßgabe, daß dieser Antrag an die Stelle des Antrags auf Eintragung der Rechtsänderung tritt.

(3) Bei einer bedingten oder befristeten Rechtshandlung bleibt der Eintritt der Bedingung oder des Termins außer Betracht.

**§ 9 Anfechtung durch Einrede.** Die Anfechtbarkeit kann im Wege der Einrede geltend gemacht werden, bevor ein vollstreckbarer Schuldtitel für die Forderung erlangt ist; der Gläubiger hat diesen jedoch vor der Entscheidung binnen einer vom Gericht zu bestimmenden Frist beizubringen.

**§ 10 Vollstreckbarer Titel.** Die Anfechtung wird nicht dadurch ausgeschlossen, daß für die Rechtshandlung ein vollstreckbarer Schuldtitel erlangt oder daß die Handlung durch Zwangsvollstreckung erwirkt worden ist.

**§ 11[4] Rechtsfolgen.** (1) 1 Was durch die anfechtbare Rechtshandlung aus dem Vermögen des Schuldners veräußert, weggegeben oder aufgegeben ist, muß dem

---

[1] Nr. **110**.

[2] § 7 Abs. 1 geänd. mWv 1. 11. 2008 durch G v. 23. 10. 2008 (BGBl. I S. 2026); Abs. 3 geänd. mWv 1. 1. 2011 durch G v. 9. 12. 2010 (BGBl. I S. 1900).

[3] **Sartorius ErgBd. Nr. 856.**

[4] § 11 Abs. 3 angef. mWv 1. 11. 2008 durch G v. 23. 10. 2008 (BGBl. I S. 2026); Abs. 1 Satz 3 angef. mWv 5. 4. 2017 durch G v. 29. 3. 2017 (BGBl. I S. 654).

Gläubiger zur Verfügung gestellt werden, soweit es zu dessen Befriedigung erforderlich ist. [2] Die Vorschriften über die Rechtsfolgen einer ungerechtfertigten Bereicherung, bei der dem Empfänger der Mangel des rechtlichen Grundes bekannt ist, gelten entsprechend. [3] Eine Geldschuld ist nur zu verzinsen, wenn die Voraussetzungen des Schuldnerverzugs oder des § 291 des Bürgerlichen Gesetzbuchs[1)] vorliegen; ein darüber hinausgehender Anspruch auf Herausgabe von Nutzungen eines erlangten Geldbetrags ist ausgeschlossen.

(2) [1] Der Empfänger einer unentgeltlichen Leistung hat diese nur zur Verfügung zu stellen, soweit er durch sie bereichert ist. [2] Dies gilt nicht, sobald er weiß oder den Umständen nach wissen muß, daß die unentgeltliche Leistung die Gläubiger benachteiligt.

(3) [1] Im Fall der Anfechtung nach § 6 a hat der Gesellschafter, der die Sicherheit bestellt hatte oder als Bürge haftete, die Zwangsvollstreckung in sein Vermögen bis zur Höhe des Betrags zu dulden, mit dem er als Bürge haftete oder der dem Wert der von ihm bestellten Sicherheit im Zeitpunkt der Rückgewähr des Darlehens oder der Leistung auf die gleichgestellte Forderung entspricht. [2] Der Gesellschafter wird von der Verpflichtung frei, wenn er die Gegenstände, die dem Gläubiger als Sicherheit gedient hatten, dem Gläubiger zur Verfügung stellt.

**§ 12 Ansprüche des Anfechtungsgegners.** Wegen der Erstattung einer Gegenleistung oder wegen eines Anspruchs, der infolge der Anfechtung wiederauflebt, kann sich der Anfechtungsgegner nur an den Schuldner halten.

**§ 13 Bestimmter Klageantrag.** Wird der Anfechtungsanspruch im Wege der Klage geltend gemacht, so hat der Klageantrag bestimmt zu bezeichnen, in welchem Umfang und in welcher Weise der Anfechtungsgegner das Erlangte zur Verfügung stellen soll.

**§ 14 Vorläufig vollstreckbarer Schuldtitel. Vorbehaltsurteil.** Liegt ein nur vorläufig vollstreckbarer Schuldtitel des Gläubigers oder ein unter Vorbehalt ergangenes Urteil vor, so ist in dem Urteil, das den Anfechtungsanspruch für begründet erklärt, die Vollstreckung davon abhängig zu machen, daß die gegen den Schuldner ergangene Entscheidung rechtskräftig oder vorbehaltlos wird.

**§ 15 Anfechtung gegen Rechtsnachfolger.** (1) Die Anfechtbarkeit kann gegen den Erben oder einen anderen Gesamtrechtsnachfolger des Anfechtungsgegners geltend gemacht werden.

(2) Gegen einen sonstigen Rechtsnachfolger kann die Anfechtbarkeit geltend gemacht werden:

1. wenn dem Rechtsnachfolger zur Zeit seines Erwerbs die Umstände bekannt waren, welche die Anfechtbarkeit des Erwerbs seines Rechtsvorgängers begründen;
2. wenn der Rechtsnachfolger zur Zeit seines Erwerbs zu den Personen gehörte, die dem Schuldner nahestehen (§ 138 der Insolvenzordnung[2)]), es sei denn, daß ihm zu dieser Zeit die Umstände unbekannt waren, welche die Anfechtbarkeit des Erwerbs seines Rechtsvorgängers begründen;

---

1) Nr. **20**.
2) Nr. **110**.

3. wenn dem Rechtsnachfolger das Erlangte unentgeltlich zugewendet worden ist.

(3) Zur Erstreckung der Fristen nach § 7 Abs. 2 genügt die schriftliche Mitteilung an den Rechtsnachfolger, gegen den die Anfechtung erfolgen soll.

**§ 16 Eröffnung des Insolvenzverfahrens.** (1) [1] Wird über das Vermögen des Schuldners das Insolvenzverfahren eröffnet, so ist der Insolvenzverwalter berechtigt, die von den Insolvenzgläubigern erhobenen Anfechtungsansprüche zu verfolgen. [2] Aus dem Erstrittenen sind dem Gläubiger die Kosten des Rechtsstreits vorweg zu erstatten.

(2) Hat ein Insolvenzgläubiger bereits vor der Eröffnung des Insolvenzverfahrens auf Grund seines Anfechtungsanspruchs Sicherung oder Befriedigung erlangt, so gilt § 130 der Insolvenzordnung[1)] entsprechend.

**§ 17 Unterbrechung des Verfahrens.** (1) [1] Ist das Verfahren über den Anfechtungsanspruch im Zeitpunkt der Eröffnung des Insolvenzverfahrens noch rechtshängig, so wird es unterbrochen. [2] Es kann vom Insolvenzverwalter aufgenommen werden. [3] Wird die Aufnahme verzögert, so gilt § 239 Abs. 2 bis 4 der Zivilprozeßordnung[2)] entsprechend.

(2) Der Insolvenzverwalter kann den Klageantrag nach Maßgabe der §§ 143, 144 und 146 der Insolvenzordnung[1)] erweitern.

(3) [1] Lehnt der Insolvenzverwalter die Aufnahme des Rechtsstreits ab, so kann dieser hinsichtlich der Kosten von jeder Partei aufgenommen werden. [2] Durch die Ablehnung der Aufnahme wird das Recht des Insolvenzverwalters, nach den Vorschriften der Insolvenzordnung den Anfechtungsanspruch geltend zu machen, nicht ausgeschlossen.

**§ 18[3)] Beendigung des Insolvenzverfahrens.** (1) Nach der Beendigung des Insolvenzverfahrens können Anfechtungsansprüche, die der Insolvenzverwalter geltend machen konnte, von den einzelnen Gläubigern nach diesem Gesetz verfolgt werden, soweit nicht dem Anspruch entgegenstehende Einreden gegen den Insolvenzverwalter erlangt sind.

(2) [1] War der Anfechtungsanspruch nicht schon zur Zeit der Eröffnung des Insolvenzverfahrens gerichtlich geltend gemacht, so werden die in den §§ 3 und 4 bestimmten Fristen von diesem Zeitpunkt an berechnet, wenn der Anspruch bis zum Ablauf eines Jahres seit der Beendigung des Insolvenzverfahrens gerichtlich geltend gemacht wird. [2] Satz 1 gilt für die in den §§ 6 und 6 a bestimmten Fristen entsprechend mit der Maßgabe, dass an die Stelle der gerichtlichen Geltendmachung des Anfechtungsanspruchs die Erlangung des vollstreckbaren Schuldtitels tritt.

**§ 19 Internationales Anfechtungsrecht.** Bei Sachverhalten mit Auslandsberührung ist für die Anfechtbarkeit einer Rechtshandlung das Recht maßgeblich, dem die Wirkungen der Rechtshandlung unterliegen.

---

[1)] Nr. **110**.
[2)] Nr. **100**.
[3)] § 18 Abs. 2 Satz 1 geänd., Satz 2 angef. mWv 1. 11. 2008 durch G v. 23. 10. 2008 (BGBl. I S. 2026).

**§ 20[1] Übergangsregeln.** (1) Dieses Gesetz ist auf die vor dem 1. Januar 1999 vorgenommenen Rechtshandlungen nur anzuwenden, soweit diese nicht nach dem bisherigen Recht der Anfechtung entzogen oder in geringerem Umfang unterworfen sind.

(2) [1] Das Gesetz, betreffend die Anfechtung von Rechtshandlungen eines Schuldners außerhalb des Konkursverfahrens in der im Bundesgesetzblatt Teil III, Gliederungsnummer 311-5, veröffentlichten bereinigten Fassung, zuletzt geändert durch Artikel 9 des Gesetzes vom 4. Juli 1980 (BGBl. I S. 836), wird aufgehoben. [2] Es ist jedoch weiter auf die Fälle anzuwenden, bei denen die Anfechtbarkeit vor dem 1. Januar 1999 gerichtlich geltend gemacht worden ist.

(3) Die Vorschriften dieses Gesetzes in der ab dem Inkrafttreten des Gesetzes vom 23. Oktober 2008 (BGBl. I S. 2026) am 1. November 2008 geltenden Fassung sind auf vor dem 1. November 2008 vorgenommene Rechtshandlungen nur anzuwenden, soweit diese nicht nach dem bisherigen Recht der Anfechtung entzogen oder in geringerem Umfang unterworfen sind; andernfalls sind die bis zum 1. November 2008 anwendbaren Vorschriften weiter anzuwenden.

(4) Auf Fälle, bei denen die Anfechtbarkeit vor dem 5. April 2017 gerichtlich geltend gemacht worden ist, sind die bis dahin geltenden Vorschriften weiter anzuwenden.

---

[1] § 20 Abs. 3 angef. mWv 1. 11. 2008 durch G v. 23. 10. 2008 (BGBl. I S. 2026); Abs. 4 angef. mWv 5. 4. 2017 durch G v. 29. 3. 2017 (BGBl. I S. 654).

# 112. Gesetz über das Verfahren in Familiensachen und in den Angelegenheiten der freiwilligen Gerichtsbarkeit (FamFG)[1)]

Vom 17. Dezember 2008
(BGBl. I S. 2586, 2587)

**FNA 315-24**

| Lfd. Nr. | Änderndes Gesetz | Datum | Fundstelle | Betroffen | Hinweis |
|---|---|---|---|---|---|
| 1 | Art. 7 G zur Umsetzung der BeteiligungsRL[2)] | 12. 3. 2009 | BGBl. I S. 470 | § 375 | geänd. mWv 1. 9. 2009 |
| 2. | Art. 2 G zur Strukturreform des Versorgungsausgleichs | 3. 4. 2009 | BGBl. I S. 700 | Inhaltsübersicht, §§ 114, 137, 142 | geänd. mWv 1. 9. 2009 |
| | | | | §§ 219, 220, 221, 222, 223, 224, 225, 226, 227, 228, 229 | neu gef. mWv 1. 9. 2009 |
| | | | | § 230 | aufgeh. mWv 1. 9. 2009 |
| 3. | Art. 3 G zur Änd. des Zugewinnausgleichs- und Vormundschaftsrechts | 6. 7. 2009 | BGBl. I S. 1696 | Inhaltsübersicht, §§ 57, 96, 109, 111, 133, 137, Buch 2 Abschnitt 6 Überschrift, §§ 202, 203, 204, 205, 206, 209, 269 | geänd. mWv 1. 9. 2009 |
| | | | | § 200 | neu gef. mWv 1. 9. 2009 |
| 4. | Art. 4 Abs. 8 G zur Reform der Sachaufklärung in der Zwangsvollstreckung | 29. 7. 2009 | BGBl. I S. 2258 | §§ 35, 89, 91, 94 | geänd. mWv 1. 1. 2013 |
| 5. | Art. 2 Drittes G zur Änd. des Betreuungsrechts | 29. 7. 2009 | BGBl. I S. 2286 | § 287 | geänd. mWv 1. 9. 2009 |
| | | | | § 298 | neu gef. mWv 1. 9. 2009 |
| 6. | Art. 2 G zur Neuregelung der Rechtsverhältnisse bei Schuldverschreibungen aus Gesamtemissionen und zur verbesserten Durchsetzbarkeit von Ansprüchen von Anlegern aus Falschberatung | 31. 7. 2009 | BGBl. I S. 2512 | §§ 375, 376 | geänd. mWv 5. 8. 2009 |

1) Verkündet als Art. 1 G zur Reform des Verfahrens in Familiensachen und in den Angelegenheiten der freiwilligen Gerichtsbarkeit (FGG-Reformgesetz – FGG-RG) v. 17. 12. 2008 (BGBl. I S. 2586, zuletzt geänd. durch G v. 30. 7. 2009, BGBl. I S. 2449); Inkrafttreten gem. Art. 112 Abs. 1 dieses G am 1. 9. 2009 mit Ausnahme des § 376 Abs. 2 FamFG, der gem. Art. 14 Abs. 1 G v. 25. 5. 2009 (BGBl. I S. 1102) bereits am 29. 5. 2009 in Kraft getreten ist.

2) **Amtl. Anm.:** Dieses Gesetz dient der Umsetzung der Richtlinie 2007/44/EG des Europäischen Parlaments und des Rates vom 5. September 2007 zur Änderung der Richtlinie 92/49/EWG des Rates sowie der Richtlinien 2002/83/EG, 2004/39/EG, 2005/68/EG und 2006/48/EG in Bezug auf Verfahrensregeln und Bewertungskriterien für die aufsichtsrechtliche Beurteilung des Erwerbs und der Erhöhung von Beteiligungen im Finanzsektor (ABl. EU Nr. L 247 S. 1).

| Lfd. Nr. | Änderndes Gesetz | Datum | Fundstelle | Betroffen | Hinweis |
|---|---|---|---|---|---|
| 7. | Art. 8 G zur Umsetzung der geänd. Bankenrichtlinie und der geänd. Kapitaladäquanzrichtlinie | 19. 11. 2010 | BGBl. I S. 1592 | § 375 | geänd. mWv 25. 11. 2010 |
| 8. | Art. 11 RestrukturierungsG | 9. 12. 2010 | BGBl. I S. 1900 | § 375 | geänd. mWv 1. 1. 2011 |
| 9. | Art. 3 G zur Modernisierung des Benachrichtigungswesens in Nachlasssachen durch Schaffung des Zentralen Testamentsregisters bei der Bundesnotarkammer und zur Fristverlängerung nach der HofraumVO | 22. 12. 2010 | BGBl. I S. 2255 | § 347 | geänd. mWv 1. 1. 2012 |
| 10. | Art. 7 G zur Umsetzung aufenthaltsrechtlicher RL der EU und zur Anpassung nationaler Rechtsvorschriften an den EU-Visakodex[1] | 22. 11. 2011 | BGBl. I S. 2258 | § 422 | geänd. mWv 26. 11. 2011 |
| 11. | Art. 2 Abs. 32 G zur Änd. von Vorschriften über Verkündung und Bekanntmachungen sowie der ZPO, des EGZPO und der AO | 22. 12. 2011 | BGBl. I S. 3044 | §§ 435, 437, 475, 478, 482 | geänd. mWv 1. 4. 2012 |
| 12. | Art. 4 G zum deutsch-franz. Abkommen v. 4. 2. 2010 über den Güterstand der Wahl-Zugewinngemeinschaft | 15. 3. 2012 | BGBl. II S. 178 | Inhaltsübersicht, §§ 261, 264, 269 | geänd. mWv 1. 5. 2013 |
| 13. | Art. 3 G zur Förderung der Mediation und anderer Verfahren der außergerichtlichen Konfliktbeilegung[2] | 21. 7. 2012 | BGBl. I S. 1577 | Inhaltsübersicht, §§ 23, 28, 36, 81, 135, 150, 155, 156<br>§ 36 a | geänd. mWv 26. 7. 2012<br>eingef. mWv 26. 7. 2012 |
| 14. | Art. 6 G zur Einführung einer Rechtsbehelfsbelehrung im Zivilprozess und zur Änd. anderer Vorschr. | 5. 12. 2012 | BGBl. I S. 2418 | Inhaltsübersicht, §§ 18, 35, 39, 57, 63, 64, 65, 75, 81, 113, 114, 117, 145, 157, 162, 163, 174, 191, 278, 283, 285, 298, 319, 326, 375, 376, 383, 410 | geänd. mWv 1. 1. 2013 |

[1] **Amtl. Anm.:** Dieses Gesetz dient der Umsetzung folgender Richtlinien:
1. Richtlinie 2008/115/EG des Europäischen Parlaments und des Rates vom 16. Dezember 2008 über gemeinsame Normen und Verfahren in den Mitgliedstaaten zur Rückführung illegal aufhältiger Drittstaatsangehöriger (ABl. L 348 vom 24. 12. 2008, S. 98),
2. Richtlinie 2009/52/EG des Europäischen Parlaments und des Rates vom 18. Juni 2009 über Mindeststandards für Sanktionen und Maßnahmen gegen Arbeitgeber, die Drittstaatsangehörige ohne rechtmäßigen Aufenthalt beschäftigen (ABl. L 168 vom 30. 6. 2009, S. 24).

Ferner dient dieses Gesetz der Anpassung an die Verordnung (EG) Nr. 810/2009 des Europäischen Parlaments und des Rates vom 13. Juli 2009 über einen Visakodex der Gemeinschaft (ABl. L 243 vom 15. 9. 2009, S. 1).

[2] **Amtl. Anm.:** Dieses Gesetz dient der Umsetzung der Richtlinie 2008/52/EG des Europäischen Parlaments und des Rates vom 21. Mai 2008 über bestimmte Aspekte der Mediation in Zivil- und Handelssachen (ABl. L 136 vom 24. 5. 2008, S. 3).

| Lfd. Nr. | Änderndes Gesetz | Datum | Fundstelle | Betroffen | Hinweis |
|---|---|---|---|---|---|
| 15. | Art. 2 G zur Regelung der betreuungsrechtlichen Einwilligung in eine ärztliche Zwangsmaßnahme | 18.2.2013 | BGBl. I S. 266 | §§ 312, 321, 323, 329, 331, 333 | geänd. mWv 26.2.2013 |
| 16. | Art. 2 G zur Reform der elterlichen Sorge nicht miteinander verheirateter Eltern | 16.4.2013 | BGBl. I S. 795 | Inhaltsübersicht | geänd. mWv 19.5.2013 |
| | | | | § 155a | eingef. mWv 19.5.2013 |
| 17. | Art. 11 G zur Reform des Seehandelsrechts | 20.4.2013 | BGBl. I S. 831 | §§ 375, 402, 404 | geänd. mWv 25.4.2013 |
| 18. | Art. 7 G zur Übertragung von Aufgaben im Bereich der freiwilligen Gerichtsbarkeit auf Notare | 26.6.2013 | BGBl. I S. 1800, geänd. 2013, S. 2586 | Inhaltsübersicht, §§ 344, 363, 365, 366, 368, 369, 370, 187, 188 | geänd. mWv 1.9.2013 |
| | | | | §§ 492, 493 | eingef. mWv 1.9.2013 |
| | | | | § 364 | aufgeh. mWv 1.9.2013 |
| 19. | Art. 5 G zur Umsetzung der Richtlinie 2011/89/EU | 27.6.2013 | BGBl. I S. 1862 | § 375 | geänd. mWv 4.7.2013 |
| 20. | Art. 2 G zur Stärkung der Rechte des leiblichen, nicht rechtlichen Vaters | 4.7.2013 | BGBl. I S. 2176 | Inhaltsübersicht, § 151 | geänd. mWv 13.7.2013 |
| | | | | § 167a | eingef. mWv 13.7.2013 |
| 21. | Art. 1 G zur Stärkung der Funktionen der Betreuungsbehörde | 28.8.2013 | BGBl. I S. 3393 | §§ 279, 280, 293, 294, 295 | geänd. mWv 1.7.2014 |
| 22. | Art. 6 Abs. 1 CRD IV-UmsetzungsG | 28.8.2013 | BGBl. I S. 3395 | § 375 | geänd. mWv 1.1.2014 |
| 23. | Art. 5 G zum Ausbau der Hilfen für Schwangere und zur Regelung der vertraulichen Geburt | 28.8.2013 | BGBl. I S. 3458 | § 168a | geänd. mWv 1.5.2014 |
| 24. | Art. 9 G zur Änd. des Prozesskostenhilfe- und Beratungshilferechts | 31.8.2013 | BGBl. I S. 3533 | §§ 77, 168 | geänd. mWv 1.1.2014 |
| 25. | Art. 2 G zur Förderung des elektronischen Rechtsverkehrs mit den Gerichten | 10.10. 2013 | BGBl. I S. 3786 | §§ 14, 229 | geänd. mWv 1.1.2018 |
| | | | | Inhaltsübersicht | geänd. mWv 1.7.2014 |
| | | | | Inhaltsübersicht | geänd. mWv 1.1.2022 |
| | | | | § 14a | eingef. mWv 1.7.2014 |
| | | | | § 14b | eingef. mWv 1.1.2022 |
| 26. | Art. 4 G zur Umsetzung der Entscheidung des Bundesverfassungsgerichts zur Sukzessivadoption durch Lebenspartner | 20.6.2014 | BGBl. I S. 786 | § 188 | geänd. mWv 27.6.2014 |
| 27. | Art. 2 Abs. 52 G zur Modernisierung der Finanzaufsicht über Versicherungen | 1.4.2015 | BGBl. I S. 434 | § 375 | geänd. mWv 1.1.2016 |

| Lfd. Nr. | Änderndes Gesetz | Datum | Fundstelle | Betroffen | Hinweis |
|---|---|---|---|---|---|
| 28. | Art. 11 G zum Internationalen Erbrecht und zur Änd. von Vorschriften zum Erbschein sowie zur Änd. sonstiger Vorschriften | 29.6.2015 | BGBl. I S. 1042 | Inhaltsübersicht, §§ 344, 353, 373 | geänd. mWv 17.8.2015 |
| | | | | §§ 343, 352, 354 | neu gef. mWv 17.8.2015 |
| | | | | §§ 352a, 352b, 352c, 352d, 352e | eingef. mWv 17.8.2015 |
| 29. | Art. 7 G zur Neubestimmung des Bleiberechts und der Aufenthaltsbeendigung | 27.7.2015 | BGBl. I S. 1386 | § 70 | geänd. mWv 1.8.2015 |
| 30. | Art. 159 Zehnte ZuständigkeitsanpassungsVO | 31.8.2015 | BGBl. I S. 1474 | §§ 14a, 259, 387 | geänd. mWv 8.9.2015 |
| 31. | Art. 2 G zur Änd. des Unterhaltsrechts und des Unterhaltsverfahrensrechts sowie zur Änd. der ZPO und kostenrechtlicher Vorschriften | 20.11. 2015 | BGBl. I S. 2018 | Inhaltsübersicht, §§ 251, 253, 255, 256, 493 | geänd. mWv 1.1.2017 |
| | | | | §§ 252, 254 | neu gef. mWv 1.1.2017 |
| 32. | Art. 3 Abs. 14 Neuntes G zur Änd. des SGB II – Rechtsvereinfachung – sowie zur vorübergehenden Aussetzung der Insolvenzantragspflicht | 26.7.2016 | BGBl. I S. 1824, ber. S. 2718 | § 251 | geänd. mWv 1.1.2017 |
| 33. | Art. 2 G zur Änd. des Sachverständigenrechts und zur weiteren Änd. des FamFG sowie zur Änd. des SGG, der VwGO, der FGO und des GKG | 11.10. 2016 | BGBl. I S. 2222 | Inhaltsübersicht, §§ 88, 145, 163, 214, 409, 472, 473 | geänd. mWv 15.10.2016 |
| | | | | §§ 155b, 155c, 163a | eingef. mWv 15.10.2016 |
| 34. | Art. 3 G zur Verbesserung des Schutzes gegen Nachstellungen | 1.3.2017 | BGBl. I S. 386 | Inhaltsübersicht, § 216a | geänd. mWv 10.3.2017 |
| | | | | § 214a | eingef. mWv 10.3.2017 |
| 35. | Art. 4 G zur Neuordnung der Aufbewahrung von Notariatsunterlagen und zur Einrichtung des Elektronischen Urkundenarchivs bei der Bundesnotarkammer sowie zur Änd. weiterer Gesetze | 1.6.2017 | BGBl. I S. 1396 | Inhaltsübersicht, §§ 77, 278, 347, 378, 486, 493 | geänd. mWv 9.6.2017 |
| 36. | Art. 13, 14 G zur Einführung der elektronischen Akte in der Justiz und zur weiteren Förderung des elektronischen Rechtsverkehrs | 5.7.2017 | BGBl. I S. 2208 | Inhaltsübersicht, § 14 | geänd. mWv 13.7.2017 |
| | | | | §§ 13, 14, 258 | geänd. mWv 1.1.2018 |
| | | | | § 14 | geänd. mWv 1.1.2026 |
| 37. | Art. 2 G zur Einführung eines familiengerichtlichen Genehmigungsvorbehaltes für freiheitsentziehende Maßnahmen bei Kindern | 17.7.2017 | BGBl. I S. 2424 | Inhaltsübersicht, §§ 151, 167 | geänd. mWv 1.10.2017 |

| Lfd. Nr. | Änderndes Gesetz | Datum | Fundstelle | Betroffen | Hinweis |
|---|---|---|---|---|---|
| 38. | Art. 2 G zur Änd. der materiellen Zulässigkeitsvoraussetzungen von ärztlichen Zwangsmaßnahmen und zur Stärkung des Selbstbestimmungsrechts von Betreuten | 17.7.2017 | BGBl. I S. 2426 | Inhaltsübersicht, §§ 62, 104, 167, 293, 313, 317, 326, 327, 328, 330, 331, 337 | geänd. mWv 22.7.2017 |
| | | | | § 312 | neu gef. mWv 22.7.2017 |
| 39. | Art. 7 G zur Bekämpfung von Kinderehen | 17.7.2017 | BGBl. I S. 2429 | Inhaltsübersicht, §§ 98, 122, 132, 188 | geänd. mWv 22.7.2017 |
| | | | | § 129a | eingef. mWv 22.7.2017 |
| 40. | Art. 7 G zur besseren Durchsetzung der Ausreisepflicht | 20.7.2017 | BGBl. I S. 2780 | §§ 171, 176 | geänd. mWv 29.7.2017 |
| 41. | Art. 5 G zum Internationalen Güterrecht und zur Änd. von Vorschriften des Internationalen Privatrechts | 17.12. 2018 | BGBl. I S. 2573 | Inhaltsübersicht, Buch 1 Abschnitt 9 UAbschnitt 1 Überschrift, § 97 | geänd. mWv 21.12.2018 |
| 42. | Art. 2 G zur Änd. der in das Geburtenregister einzutragenden Angaben | 18.12. 2018 | BGBl. I S. 2635 | § 168a | geänd. mWv 22.12.2018 |
| 43. | Art. 13 G zur Umsetzung des G zur Einführung des Rechts auf Eheschließung für Personen gleichen Geschlechts | 18.12. 2018 | BGBl. I S. 2639 | § 269 | geänd. mWv 22.12.2018 |
| 44. | Art. 5 G zur Änd. des BundeswahlG und anderer Gesetze | 18.6.2019 | BGBl. I S. 834 | § 309 | geänd. mWv 1.7.2019 |
| 45. | Art. 3 G zur Stärkung der Rechte von Betroffenen bei Fixierungen im Rahmen von Freiheitsentziehungen | 19.6.2019 | BGBl. I S. 840 | Inhaltsübersicht, §§ 70, 104, 151, 310, 312, 313, 321, 327, 329, 330, 331, 337, 339 | geänd. mWv 28.6.2019 |
| 46. | Art. 5 Abs. 6 G zur Einführung einer Karte für Unionsbürger und Angehörige des Europäischen Wirtschaftsraums mit Funktion zum elektronischen Identitätsnachweis sowie zur Änd. des PersonalausweisG und weiterer Vorschriften[1) 2)] | 21.6.2019 | BGBl. I S. 846 | § 14a | geänd. mWv 1.11.2019 |
| 47. | Art. 2 G zur Anpassung der Betreuer- und Vormündervergütung | 22.6.2019 | BGBl. I S. 866 | § 277 | geänd. mWv 27.7.2019 |
| 48. | Art. 2 Zweites G zur besseren Durchsetzung der Ausreisepflicht | 15.8.2019 | BGBl. I S. 1294 | § 417 | geänd. mWv 21.8.2019 |

[1)] **Amtl. Anm.:** Notifiziert gemäß der Richtlinie (EU) 2015/1535 des Europäischen Parlaments und des Rates vom 9. September 2015 über ein Informationsverfahren auf dem Gebiet der technischen Vorschriften und der Vorschriften für die Dienste der Informationsgesellschaft (ABl. L 241 vom 17.9.2015, S. 1).

[2)] Die Änd. des Inkrafttretens dieses G durch Art. 154a G v. 20.11.2019 (BGBl. I S. 1626) ist unbeachtlich, da das G bei Erlass des ÄndG bereits in Kraft getreten war.

| Lfd. Nr. | Änderndes Gesetz | Datum | Fundstelle | Betroffen | Hinweis |
|---|---|---|---|---|---|
| 49. | Art. 3 G zur Stärkung der Verfahrensrechte von Beschuldigten im Jugendstrafverfahren[1] | 9.12.2019 | BGBl. I S. 2146 | § 311 | geänd. mWv 17.12.2019 |
| 50. | Art. 9 G zur Regelung der Wertgrenze für die Nichtzulassungsbeschwerde in Zivilsachen, zum Ausbau der Spezialisierung bei den Gerichten sowie zur Änd. weiterer prozessrechtlicher Vorschriften | 12.12. 2019 | BGBl. I S. 2633 | § 14 | geänd. mWv 1.1.2020 |
| 51. | Art. 4 G zur Umsetzung der Entscheidung des Bundesverfassungsgerichts vom 26. März 2019 zum Ausschluss der Stiefkindadoption in nichtehelichen Familien | 19.3.2020 | BGBl. I S. 541 | § 187 | geänd. mWv 31.3.2020 |
| 52. | Art. 2 AdoptionshilfeG | 12.2.2021 | BGBl. I S. 226 | Inhaltsübersicht, §§ 108, 187, 195 | geänd. mWv 1.4.2021 |
| | | | | § 189 | neu gef. mWv 1.4.2021 |
| | | | | § 196a | eingef. mWv 1.4.2021 |
| 53. | Art. 3 G zur Verbesserung des Schutzes von Gerichtsvollziehern vor Gewalt sowie zur Änd. weiterer zwangsvollstreckungsrechtlicher Vorschriften und zur Änd. des InfektionsschutzG | 7.5.2021 | BGBl. I S. 850 | §§ 87, 96 | geänd. mWv 1.1.2022 |
| 54. | Art. 8 G zur Reform des Vormundschafts- und Betreuungsrechts | 4.5.2021 | BGBl. I S. 882, geänd. 2022, S. 959 | Inhaltsübersicht, §§ 151, 152, 155a, 168g, 271, 274, 275, 276, 278, 279, 280, 281, 286, 287, 290, 291, 293, 294, 295, 296, 297, 298, 301, 304, 307, 309, 312, 315, 317, 319, 324, 326, 332, 334, 340, 419 | geänd. mWv 1.1.2023 |
| | | | | § 158 | geänd. mWv 1.1.2023, insoweit aufgeh. 2022, S. 959 |
| | | | | §§ 168, 277, 285, 292, 299 | neu gef. mWv 1.1.2023 |
| | | | | §§ 168a, 168b, 168c, 168d, 168e, 168f, 292a, 309a | eingef. mWv 1.1.2023 |
| | | | | §§ 190, 289 | aufgeh. mit Ablauf des 31.12. 2022 |

[1] **Amtl. Anm.:** Dieses Gesetz dient der Umsetzung der Richtlinie (EU) 2016/800 des Europäischen Parlaments und des Rates vom 11. Mai 2016 über Verfahrensgarantien für Kinder, die Verdächtige oder beschuldigte Personen in Strafverfahren sind (ABl. L 132 vom 21.5.2016, S. 1).

| Lfd. Nr. | Änderndes Gesetz | Datum | Fundstelle | Betroffen | Hinweis |
|---|---|---|---|---|---|
| 55. | Art. 7 Abs. 39 G zur Umsetzung der RL (EU) 2019/2034 über die Beaufsichtigung von Wertpapierinstituten[1] | 12.5.2021 | BGBl. I S. 990 | § 375 | geänd. mWv 26.6.2021 |
| 56. | Art. 3 G zum Schutz von Kindern mit Varianten der Geschlechtsentwicklung | 12.5.2021 | BGBl. I S. 1082 | Inhaltsübersicht | geänd. mWv 22.5.2021 |
| | | | | § 167b | eingef. mWv 22.5.2021 |
| 57. | Art. 2 G zur Änd. des Versorgungsausgleichsrechts | 12.5.2021 | BGBl. I S. 1085 | §§ 114, 222, 226 | geänd. mWv 1.8.2021 |
| 58. | Art. 7 Kinder- und JugendstärkungsG | 3.6.2021 | BGBl. I S. 1444 | § 166 | geänd. mWv 10.6.2021 |
| 59. | Art. 26 Abs. 5 FinanzmarktintegritätsstärkungsG | 3.6.2021 | BGBl. I S. 1534 | § 375 | geänd. mWv 1.7.2021 |
| 60. | Art. 5 G zur Bekämpfung sexualisierter Gewalt gegen Kinder | 16.6.2021 | BGBl. I S. 1810 | Inhaltsübersicht, §§ 68, 174, 191, 493 | geänd. mWv 1.7.2021 |
| | | | | §§ 158, 159 | neu gef. mWv 1.7.2021 |
| | | | | §§ 158b, 158c | eingef. mWv 1.7.2021 |
| | | | | § 158a | eingef. mWv 1.1.2022 |
| 61. | Art. 15 G zur Modernisierung des notariellen Berufsrechts und zur Änd. weiterer Vorschriften | 25.6.2021 | BGBl. I S. 2154 | § 347 | geänd. mWv 1.8.2021 |
| 62. | Art. 6 G zur Vereinheitlichung des Stiftungsrechts und zur Änd. des InfektionsschutzG | 16.7.2021 | BGBl. I S. 2947 | § 356 | geänd. mWv 1.7.2023 |
| 63. | Art. 8 G zur Umsetzung der DigitalisierungsRL[2] | 5.7.2021 | BGBl. I S. 3338 | §§ 387, 393, 394 | geänd. mWv 1.8.2022 |
| 64. | Art. 45 PersonengesellschaftsrechtsmodernisierungsG (MoPeG) | 10.8.2021 | BGBl. I S. 3436, geänd. durch G v. 31.10. 2022, BGBl. I S. 1966 | §§ 376, 387 | geänd. mWv 18.8.2021 |
| | | | | Inhaltsübersicht, §§ 375, 376, 378, 379, 380, 388, 392, 393, 394 | geänd. mWv 1.1.2024 |

[1] **Amtl. Anm.:** Dieses Gesetz dient der Umsetzung der Richtlinie (EU) 2019/2034 des Europäischen Parlaments und des Rates vom 27. November 2019 über die Beaufsichtigung von Wertpapierfirmen und zur Änderung der Richtlinien 2002/87/EG, 2009/65/EG, 2011/61/EU, 2013/36/EU, 2014/59/EU und 2014/65/EU (ABl. L 314 vom 5.12.2019, S. 64) sowie der Anpassung der nationalen Gesetze und Verordnungen an die Verordnung (EU) 2019/2033 des Europäischen Parlaments und des Rates vom 27. November 2019 über die Aufsichtsanforderungen an Wertpapierfirmen und zur Änderung der Verordnungen (EU) Nr. 1093/2010, (EU) Nr. 575/2013, (EU) Nr. 600/2014 und (EU) Nr. 806/2014 (ABl. L 314 vom 5.12.2019, S. 1; L 20 vom 24.1.2020, S. 26).

[2] **Amtl. Anm.:** Dieses Gesetz dient der Umsetzung der Richtlinie (EU) 2019/1151 des Europäischen Parlaments und des Rates vom 20. Juni 2019 zur Änderung der Richtlinie (EU) 2017/1132 im Hinblick auf den Einsatz digitaler Werkzeuge und Verfahren im Gesellschaftsrecht (ABl. L 186 vom 11.7.2019, S. 80).

| Lfd. Nr. | Änderndes Gesetz | Datum | Fundstelle | Betroffen | Hinweis |
|---|---|---|---|---|---|
| 65. | Art. 5 G zum Ausbau des elektronischen Rechtsverkehrs mit den Gerichten und zur Änd. weiterer Vorschriften[1] | 5.10.2021 | BGBl. I S. 4607 | § 14b | neu gef. mWv 1.1.2022 |
| 66. | Art. 4 G zur Durchführung der EU-Verordnungen über grenzüberschreitende Zustellungen und grenzüberschreitende Beweisaufnahmen in Zivil- oder Handelssachen sowie zur Änd. sonstiger Vorschriften | 24.6.2022 | BGBl. I S. 959 | § 158a | geänd. mWv 1.7.2022 |
| | | | | Inhaltsübersicht, §§ 158c, 282, 285, 292, 292a, 294 | geänd. mWv 1.1.2023 |
| | | | | § 310 | neu gef. mWv 1.1.2023 |
| 67. | Art. 4, 5 G zur Abschaffung des Güterrechtsregisters und zur Änd. des COVID-19-InsolvenzaussetzungsG | 31.10. 2022 | BGBl. I S. 1966 | §§ 374, 377, 382 | geänd. mWv 1.1.2023 |
| | | | | § 374 | geänd. mWv 1.1.2024 |
| 68. | Art. 12 Abs. 21 BürgergeldG | 16.12. 2022 | BGBl. I S. 2328 | § 250 | geänd. mWv 1.1.2023 |
| 69. | Art. 4, 22 G zur Umsetzung der UmwandlungsRL und zur Änd. weiterer Gesetze | 22.2.2023 | BGBl. 2023 I Nr. 51 | § 493 | geänd. mWv 1.1.2023 |
| | | | | § 388 | geänd. mWv 1.3.2023 |
| 70. | Art. 9a Pflegeunterstützungs- und -entlastungsG | 19.6.2023 | BGBl. 2023 I Nr. 155 | § 282 | geänd. mWv 1.10.2023 |

**Vorbemerkung:**
**Die Änderungen durch G v. 10.8.2021 (BGBl. I S. 3436, geänd. durch G v. 31.10.2022, BGBl. I S. 1966) treten teilweise erst mWv 1.1.2024 in Kraft und sind insoweit im Text noch nicht berücksichtigt.**

[1] **Amtl. Anm.:** Notifiziert gemäß der Richtlinie (EU) 2015/1535 des Europäischen Parlaments und des Rates vom 9. September 2015 über ein Informationsverfahren auf dem Gebiet der technischen Vorschriften und der Vorschriften für die Dienste der Informationsgesellschaft (ABl. L 241 vom 17.9.2015, S. 1).

**Nichtamtliche Inhaltsübersicht**[1)]



[1)] Von der Darstellung der einzelnen Paragraphen wurde abgesehen.

## Buch 1. Allgemeiner Teil

### Abschnitt 1. Allgemeine Vorschriften

**§ 1 Anwendungsbereich.** Dieses Gesetz gilt für das Verfahren in Familiensachen sowie in den Angelegenheiten der freiwilligen Gerichtsbarkeit, soweit sie durch Bundesgesetz den Gerichten zugewiesen sind.

**§ 2 Örtliche Zuständigkeit.** (1) Unter mehreren örtlich zuständigen Gerichten ist das Gericht zuständig, das zuerst mit der Angelegenheit befasst ist.

(2) Die örtliche Zuständigkeit eines Gerichts bleibt bei Veränderung der sie begründenden Umstände erhalten.

(3) Gerichtliche Handlungen sind nicht deswegen unwirksam, weil sie von einem örtlich unzuständigen Gericht vorgenommen worden sind.

**§ 3 Verweisung bei Unzuständigkeit.** (1) [1] Ist das angerufene Gericht örtlich oder sachlich unzuständig, hat es sich, sofern das zuständige Gericht bestimmt werden kann, durch Beschluss für unzuständig zu erklären und die Sache an das zuständige Gericht zu verweisen. [2] Vor der Verweisung sind die Beteiligten anzuhören.

(2) [1] Sind mehrere Gerichte zuständig, ist die Sache an das vom Antragsteller gewählte Gericht zu verweisen. [2] Unterbleibt die Wahl oder ist das Verfahren von Amts wegen eingeleitet worden, ist die Sache an das vom angerufenen Gericht bestimmte Gericht zu verweisen.

(3) [1] Der Beschluss ist nicht anfechtbar. [2] Er ist für das als zuständig bezeichnete Gericht bindend.

(4) Die im Verfahren vor dem angerufenen Gericht entstehenden Kosten werden als Teil der Kosten behandelt, die bei dem im Beschluss bezeichneten Gericht anfallen.

**§ 4 Abgabe an ein anderes Gericht.** [1] Das Gericht kann die Sache aus wichtigem Grund an ein anderes Gericht abgeben, wenn sich dieses zur Übernahme der Sache bereit erklärt hat. [2] Vor der Abgabe sollen die Beteiligten angehört werden.

**§ 5 Gerichtliche Bestimmung der Zuständigkeit.** (1) Das zuständige Gericht wird durch das nächsthöhere gemeinsame Gericht bestimmt:

1. wenn das an sich zuständige Gericht in einem einzelnen Fall an der Ausübung der Gerichtsbarkeit rechtlich oder tatsächlich verhindert ist;
2. wenn es mit Rücksicht auf die Grenzen verschiedener Gerichtsbezirke oder aus sonstigen tatsächlichen Gründen ungewiss ist, welches Gericht für das Verfahren zuständig ist;
3. wenn verschiedene Gerichte sich rechtskräftig für zuständig erklärt haben;
4. wenn verschiedene Gerichte, von denen eines für das Verfahren zuständig ist, sich rechtskräftig für unzuständig erklärt haben;
5. wenn eine Abgabe aus wichtigem Grund (§ 4) erfolgen soll, die Gerichte sich jedoch nicht einigen können.

(2) Ist das nächsthöhere gemeinsame Gericht der Bundesgerichtshof, wird das zuständige Gericht durch das Oberlandesgericht bestimmt, zu dessen Bezirk das zuerst mit der Sache befasste Gericht gehört.

(3) Der Beschluss, der das zuständige Gericht bestimmt, ist nicht anfechtbar.

**§ 6 Ausschließung und Ablehnung der Gerichtspersonen.** (1) [1] Für die Ausschließung und Ablehnung der Gerichtspersonen gelten die §§ 41 bis 49 der Zivilprozessordnung[1)] entsprechend. [2] Ausgeschlossen ist auch, wer bei einem vorausgegangenen Verwaltungsverfahren mitgewirkt hat.

(2) Der Beschluss, durch den das Ablehnungsgesuch für unbegründet erklärt wird, ist mit der sofortigen Beschwerde in entsprechender Anwendung der §§ 567 bis 572 der Zivilprozessordnung anfechtbar.

**§ 7 Beteiligte.** (1) In Antragsverfahren ist der Antragsteller Beteiligter.

(2) Als Beteiligte sind hinzuzuziehen:

1. diejenigen, deren Recht durch das Verfahren unmittelbar betroffen wird,
2. diejenigen, die auf Grund dieses oder eines anderen Gesetzes von Amts wegen oder auf Antrag zu beteiligen sind.

(3) Das Gericht kann von Amts wegen oder auf Antrag weitere Personen als Beteiligte hinzuziehen, soweit dies in diesem oder einem anderen Gesetz vorgesehen ist.

(4) [1] Diejenigen, die auf ihren Antrag als Beteiligte zu dem Verfahren hinzuzuziehen sind oder hinzugezogen werden können, sind von der Einleitung des Verfahrens zu benachrichtigen, soweit sie dem Gericht bekannt sind. [2] Sie sind über ihr Antragsrecht zu belehren.

(5) [1] Das Gericht entscheidet durch Beschluss, wenn es einem Antrag auf Hinzuziehung gemäß Absatz 2 oder Absatz 3 nicht entspricht. [2] Der Beschluss ist mit der sofortigen Beschwerde in entsprechender Anwendung der §§ 567 bis 572 der Zivilprozessordnung[1)] anfechtbar.

(6) Wer anzuhören ist oder eine Auskunft zu erteilen hat, ohne dass die Voraussetzungen des Absatzes 2 oder Absatzes 3 vorliegen, wird dadurch nicht Beteiligter.

---

[1)] Nr. **100**.

**§ 8 Beteiligtenfähigkeit.** Beteiligtenfähig sind
1. natürliche und juristische Personen,
2. Vereinigungen, Personengruppen und Einrichtungen, soweit ihnen ein Recht zustehen kann,
3. Behörden.

**§ 9 Verfahrensfähigkeit.** (1) Verfahrensfähig sind
1. die nach bürgerlichem Recht Geschäftsfähigen,
2. die nach bürgerlichem Recht beschränkt Geschäftsfähigen, soweit sie für den Gegenstand des Verfahrens nach bürgerlichem Recht als geschäftsfähig anerkannt sind,
3. die nach bürgerlichem Recht beschränkt Geschäftsfähigen, soweit sie das 14. Lebensjahr vollendet haben und sie in einem Verfahren, das ihre Person betrifft, ein ihnen nach bürgerlichem Recht zustehendes Recht geltend machen,
4. diejenigen, die auf Grund dieses oder eines anderen Gesetzes dazu bestimmt werden.

(2) Soweit ein Geschäftsunfähiger oder in der Geschäftsfähigkeit Beschränkter nicht verfahrensfähig ist, handeln für ihn die nach bürgerlichem Recht dazu befugten Personen.

(3) Für Vereinigungen sowie für Behörden handeln ihre gesetzlichen Vertreter und Vorstände.

(4) Das Verschulden eines gesetzlichen Vertreters steht dem Verschulden eines Beteiligten gleich.

(5) Die §§ 53 bis 58 der Zivilprozessordnung[1] gelten entsprechend.

**§ 10 Bevollmächtigte.** (1) Soweit eine Vertretung durch Rechtsanwälte nicht geboten ist, können die Beteiligten das Verfahren selbst betreiben.

(2) [1]Die Beteiligten können sich durch einen Rechtsanwalt als Bevollmächtigten vertreten lassen. [2]Darüber hinaus sind als Bevollmächtigte, soweit eine Vertretung durch Rechtsanwälte nicht geboten ist, vertretungsbefugt nur
1. Beschäftigte des Beteiligten oder eines mit ihm verbundenen Unternehmens (§ 15 des Aktiengesetzes[2]); Behörden und juristische Personen des öffentlichen Rechts einschließlich der von ihnen zur Erfüllung ihrer öffentlichen Aufgaben gebildeten Zusammenschlüsse können sich auch durch Beschäftigte anderer Behörden oder juristischer Personen des öffentlichen Rechts einschließlich der von ihnen zur Erfüllung ihrer öffentlichen Aufgaben gebildeten Zusammenschlüsse vertreten lassen;
2. volljährige Familienangehörige (§ 15 der Abgabenordnung, § 11 des Lebenspartnerschaftsgesetzes[3]), Personen mit Befähigung zum Richteramt und die Beteiligten, wenn die Vertretung nicht im Zusammenhang mit einer entgeltlichen Tätigkeit steht;
3. Notare.

(3) [1]Das Gericht weist Bevollmächtigte, die nicht nach Maßgabe des Absatzes 2 vertretungsbefugt sind, durch unanfechtbaren Beschluss zurück. [2]Verfahrenshand-

[1] Nr. **100**.
[2] Nr. **51**.
[3] **Habersack, Deutsche Gesetze ErgBd. Nr. 43.**

lungen, die ein nicht vertretungsbefugter Bevollmächtigter bis zu seiner Zurückweisung vorgenommen hat, und Zustellungen oder Mitteilungen an diesen Bevollmächtigten sind wirksam. [3]Das Gericht kann den in Absatz 2 Satz 2 Nr. 1 und 2 bezeichneten Bevollmächtigten durch unanfechtbaren Beschluss die weitere Vertretung untersagen, wenn sie nicht in der Lage sind, das Sach- und Streitverhältnis sachgerecht darzustellen.

(4) [1]Vor dem Bundesgerichtshof müssen sich die Beteiligten, außer im Verfahren über die Ausschließung und Ablehnung von Gerichtspersonen und im Verfahren über die Verfahrenskostenhilfe, durch einen beim Bundesgerichtshof zugelassenen Rechtsanwalt vertreten lassen. [2]Behörden und juristische Personen des öffentlichen Rechts einschließlich der von ihnen zur Erfüllung ihrer öffentlichen Aufgaben gebildeten Zusammenschlüsse können sich durch eigene Beschäftigte mit Befähigung zum Richteramt oder durch Beschäftigte mit Befähigung zum Richteramt anderer Behörden oder juristischer Personen des öffentlichen Rechts einschließlich der von ihnen zur Erfüllung ihrer öffentlichen Aufgaben gebildeten Zusammenschlüsse vertreten lassen. [3]Für die Beiordnung eines Notanwaltes gelten die §§ 78b und 78c der Zivilprozessordnung[1)] entsprechend.

(5) Richter dürfen nicht als Bevollmächtigte vor dem Gericht auftreten, dem sie angehören.

**§ 11 Verfahrensvollmacht.** [1]Die Vollmacht ist schriftlich zu den Gerichtsakten einzureichen. [2]Sie kann nachgereicht werden; hierfür kann das Gericht eine Frist bestimmen. [3]Der Mangel der Vollmacht kann in jeder Lage des Verfahrens geltend gemacht werden. [4]Das Gericht hat den Mangel der Vollmacht von Amts wegen zu berücksichtigen, wenn nicht als Bevollmächtigter ein Rechtsanwalt oder Notar auftritt. [5]Im Übrigen gelten die §§ 81 bis 87 und 89 der Zivilprozessordnung[1)] entsprechend.

**§ 12 Beistand.** [1]Im Termin können die Beteiligten mit Beiständen erscheinen. [2]Beistand kann sein, wer in Verfahren, in denen die Beteiligten das Verfahren selbst betreiben können, als Bevollmächtigter zur Vertretung befugt ist. [3]Das Gericht kann andere Personen als Beistand zulassen, wenn dies sachdienlich ist und hierfür nach den Umständen des Einzelfalls ein Bedürfnis besteht. [4]§ 10 Abs. 3 Satz 1 und 3 und Abs. 5 gilt entsprechend. [5]Das von dem Beistand Vorgetragene gilt als von dem Beteiligten vorgebracht, soweit es nicht von diesem sofort widerrufen oder berichtigt wird.

**§ 13[2)] Akteneinsicht.** (1) Die Beteiligten können die Gerichtsakten auf der Geschäftsstelle einsehen, soweit nicht schwerwiegende Interessen eines Beteiligten oder eines Dritten entgegenstehen.

(2) [1]Personen, die an dem Verfahren nicht beteiligt sind, kann Einsicht nur gestattet werden, soweit sie ein berechtigtes Interesse glaubhaft machen und schutzwürdige Interessen eines Beteiligten oder eines Dritten nicht entgegenstehen. [2]Die Einsicht ist zu versagen, wenn ein Fall des § 1758 des Bürgerlichen Gesetzbuchs[3)] vorliegt.

(3) [1]Soweit Akteneinsicht gewährt wird, können die Berechtigten sich auf ihre Kosten durch die Geschäftsstelle Ausfertigungen, Auszüge und Abschriften erteilen lassen. [2]Die Abschrift ist auf Verlangen zu beglaubigen.

---

[1)] Nr. **100**.
[2)] § 13 Abs. 5 Satz 2 aufgeh. mWv 1.1.2018 durch G v. 5.7.2017 (BGBl. I S. 2208).
[3)] Nr. **20**.

(4) [1] Einem Rechtsanwalt, einem Notar oder einer beteiligten Behörde kann das Gericht die Akten in die Amts- oder Geschäftsräume überlassen. [2] Ein Recht auf Überlassung von Beweisstücken in die Amts- oder Geschäftsräume besteht nicht. [3] Die Entscheidung nach Satz 1 ist nicht anfechtbar.

(5) Werden die Gerichtsakten elektronisch geführt, gilt § 299 Abs. 3 der Zivilprozessordnung[1)] entsprechend.

(6) Die Entwürfe zu Beschlüssen und Verfügungen, die zu ihrer Vorbereitung gelieferten Arbeiten sowie die Dokumente, die Abstimmungen betreffen, werden weder vorgelegt noch abschriftlich mitgeteilt.

(7) Über die Akteneinsicht entscheidet das Gericht, bei Kollegialgerichten der Vorsitzende.

**§ 14[2)] Elektronische Akte; elektronisches Dokument; Verordnungsermächtigung.** (1) ***[Satz 1 bis 31.12.2025:]*** [1] Die Gerichtsakten können elektronisch geführt werden. ***[Satz 1 ab 1.1.2026:]*** *[1] Die Gerichtsakten werden elektronisch geführt.* [2] § 298a Absatz 2 der Zivilprozessordnung[1)] gilt entsprechend.

(2) [1] Anträge und Erklärungen der Beteiligten sowie schriftlich einzureichende Auskünfte, Aussagen, Gutachten, Übersetzungen und Erklärungen Dritter können als elektronisches Dokument übermittelt werden. [2] Für das elektronische Dokument gelten § 130a der Zivilprozessordnung, auf dieser Grundlage erlassene Rechtsverordnungen sowie § 298 der Zivilprozessordnung entsprechend.

(3) Für das gerichtliche elektronische Dokument gelten die §§ 130b und 298 der Zivilprozessordnung entsprechend.

***[Abs. 4 bis 31.12.2025:]***

(4) [1] Die Bundesregierung und die Landesregierungen bestimmen für ihren Bereich durch Rechtsverordnung den Zeitpunkt, von dem an elektronische Akten geführt werden können. [2] Die Bundesregierung und die Landesregierungen bestimmen für ihren Bereich durch Rechtsverordnung die geltenden organisatorisch-technischen Rahmenbedingungen für die Bildung, Führung und Aufbewahrung der elektronischen Akten. [3] Die Landesregierungen können die Ermächtigung durch Rechtsverordnung auf die jeweils zuständige oberste Landesbehörde übertragen. [4] Die Zulassung der elektronischen Akte kann auf einzelne Gerichte oder Verfahren beschränkt werden; wird von dieser Möglichkeit Gebrauch gemacht, kann in der Rechtsverordnung bestimmt werden, dass durch Verwaltungsvorschrift, die öffentlich bekanntzumachen ist, geregelt wird, in welchen Verfahren die Akten elektronisch zu führen sind. [5] Akten in Verfahren gemäß § 151 Nummer 4 und § 271, die in Papierform angelegt wurden, können ab einem in der Rechtsverordnung bestimmten Zeitpunkt in elektronischer Form weitergeführt werden.

***[Abs. 4 ab 1.1.2026:]***

*(4) [1] Die Bundesregierung und die Landesregierungen bestimmen jeweils für ihren Bereich durch Rechtsverordnung die organisatorischen und dem Stand der Technik entsprechenden technischen Rahmenbedingungen für die Bildung, Führung und Aufbewahrung der elektro-*

---

[1)] Nr. **100**.

[2)] § 14 Abs. 1 Satz 2 geänd., Abs. 2 Satz 1 neu gef., Satz 2 und Abs. 4 Sätze 1, 2 und 4 geänd. mWv 1.1. 2018 durch G v. 10.10.2013 (BGBl. I S. 3786); Überschrift neu gef., Abs. 4 Satz 4 geänd. mWv 13.7. 2017, Abs. 2 Satz 2 neu gef., Abs. 4a eingef. mWv 1.1.2018, Abs. 1 Satz 1 neu gef., Abs. 4 aufgeh., bish. Abs. 4a wird Abs. 4 und Satz 1 aufgeh., bish. Sätze 2–5 werden Sätze 1–4, neuer Satz 3 geänd. **mWv 1.1. 2026** durch G v. 5.7.2017 (BGBl. I S. 2208); Abs. 4 Satz 5 angef., Abs. 4a Satz 3 neu gef. mWv 1.1.2020 durch G v. 12.12.2019 (BGBl. I S. 2633).

*nischen Akten einschließlich der einzuhaltenden Anforderungen der Barrierefreiheit. [2] Die Bundesregierung und die Landesregierungen können jeweils für ihren Bereich durch Rechtsverordnung bestimmen, dass Akten, die in Papierform angelegt wurden, in Papierform oder in Verfahren gemäß § 151 Nummer 4 und § 271 ab einem bestimmten Stichtag in elektronischer Form weitergeführt werden. [3] Die Landesregierungen können die Ermächtigungen nach den Sätzen 1 und 2 durch Rechtsverordnung auf die für die Zivilgerichtsbarkeit zuständigen obersten Landesbehörden übertragen. [4] Die Rechtsverordnungen der Bundesregierung bedürfen nicht der Zustimmung des Bundesrates.*

***[Abs. 4a bis 31.12.2025:]***

(4a) [1] Die Gerichtsakten werden ab dem 1. Januar 2026 elektronisch geführt. [2] Die Bundesregierung und die Landesregierungen bestimmen jeweils für ihren Bereich durch Rechtsverordnung die organisatorischen und dem Stand der Technik entsprechenden technischen Rahmenbedingungen für die Bildung, Führung und Aufbewahrung der elektronischen Akten einschließlich der einzuhaltenden Anforderungen der Barrierefreiheit. [3] Die Bundesregierung und die Landesregierungen können jeweils für ihren Bereich durch Rechtsverordnung bestimmen, dass Akten, die in Papierform angelegt wurden, in Papierform oder in Verfahren gemäß § 151 Nummer 4 und § 271 ab einem bestimmten Stichtag in elektronischer Form weitergeführt werden. [4] Die Landesregierungen können die Ermächtigungen nach den Sätzen 2 und 3 durch Rechtsverordnung auf die für die Zivilgerichtsbarkeit zuständigen obersten Landesbehörden übertragen. [5] Die Rechtsverordnungen der Bundesregierung bedürfen nicht der Zustimmung des Bundesrates.

(5) [1] Sind die Gerichtsakten nach ordnungsgemäßen Grundsätzen zur Ersetzung der Urschrift auf einen Bild- oder anderen Datenträger übertragen worden und liegt der schriftliche Nachweis darüber vor, dass die Wiedergabe mit der Urschrift übereinstimmt, so können Ausfertigungen, Auszüge und Abschriften von dem Bild- oder dem Datenträger erteilt werden. [2] Auf der Urschrift anzubringende Vermerke werden in diesem Fall bei dem Nachweis angebracht.

**§ 14a[1)] Formulare; Verordnungsermächtigung.** [1] Das Bundesministerium der Justiz und für Verbraucherschutz kann durch Rechtsverordnung mit Zustimmung des Bundesrates elektronische Formulare einführen. [2] Die Rechtsverordnung kann bestimmen, dass die in den Formularen enthaltenen Angaben ganz oder teilweise in strukturierter maschinenlesbarer Form zu übermitteln sind. [3] Die Formulare sind auf einer in der Rechtsverordnung zu bestimmenden Kommunikationsplattform im Internet zur Nutzung bereitzustellen. [4] Die Rechtsverordnung kann bestimmen, dass eine Identifikation des Formularverwenders abweichend von § 130a Absatz 3 der Zivilprozessordnung[2)] auch durch Nutzung des elektronischen Identitätsnachweises nach § 18 des Personalausweisgesetzes[3)], § 12 des eID-Karte-Gesetzes oder § 78 Absatz 5 des Aufenthaltsgesetzes[4)] erfolgen kann.

---

[1)] § 14a eingef. mWv 1.7.2014 durch G v. 10.10.2013 (BGBl. I S. 3786); Satz 1 geänd. mWv 8.9.2015 durch VO v. 31.8.2015 (BGBl. I S. 1474); Satz 4 geänd. mWv 1.11.2019 durch G v. 21.6.2019 (BGBl. I S. 846).

[2)] Nr. **100**.

[3)] **Sartorius Nr. 255.**

[4)] **Sartorius Nr. 565.**

**§ 14b[1)] Nutzungspflicht für Rechtsanwälte, Notare und Behörden.**

(1) [1] Bei Gericht schriftlich einzureichende Anträge und Erklärungen sind durch einen Rechtsanwalt, durch einen Notar, durch eine Behörde oder durch eine juristische Person des öffentlichen Rechts einschließlich der von ihr zur Erfüllung ihrer öffentlichen Aufgaben gebildeten Zusammenschlüsse als elektronisches Dokument zu übermitteln. [2] Ist dies aus technischen Gründen vorübergehend nicht möglich, so bleibt die Übermittlung nach den allgemeinen Vorschriften zulässig. [3] Die vorübergehende Unmöglichkeit ist mit der Ersatzeinreichung oder unverzüglich danach glaubhaft zu machen; auf Anforderung ist ein elektronisches Dokument nachzureichen.

(2) [1] Andere Anträge und Erklärungen, die durch einen Rechtsanwalt, durch einen Notar, durch eine Behörde oder durch eine juristische Person des öffentlichen Rechts einschließlich der von ihr zur Erfüllung ihrer öffentlichen Aufgaben gebildeten Zusammenschlüsse eingereicht werden, sollen als elektronisches Dokument übermittelt werden. [2] Werden sie nach den allgemeinen Vorschriften übermittelt, so ist auf Anforderung ein elektronisches Dokument nachzureichen.

**§ 15 Bekanntgabe; formlose Mitteilung.** (1) Dokumente, deren Inhalt eine Termins- oder Fristbestimmung enthält oder den Lauf einer Frist auslöst, sind den Beteiligten bekannt zu geben.

(2) [1] Die Bekanntgabe kann durch Zustellung nach den §§ 166 bis 195 der Zivilprozessordnung[2)] oder dadurch bewirkt werden, dass das Schriftstück unter der Anschrift des Adressaten zur Post gegeben wird. [2] Soll die Bekanntgabe im Inland bewirkt werden, gilt das Schriftstück drei Tage nach Aufgabe zur Post als bekannt gegeben, wenn nicht der Beteiligte glaubhaft macht, dass ihm das Schriftstück nicht oder erst zu einem späteren Zeitpunkt zugegangen ist.

(3) Ist eine Bekanntgabe nicht geboten, können Dokumente den Beteiligten formlos mitgeteilt werden.

*(Fortsetzung nächstes Blatt)*

[1)] § 14b eingef. mWv 1.1.2022 durch G v. 10.10.2013 (BGBl. I S. 3786) und neu gef. mWv 1.1.2022 durch G v. 5.10.2021 (BGBl. I S. 4607).

[2)] Nr. **100**.

**§ 16. Fristen.** (1) Der Lauf einer Frist beginnt, soweit nichts anderes bestimmt ist, mit der Bekanntgabe.

(2) Für die Fristen gelten die §§ 222 und 224 Abs. 2 und 3 sowie § 225 der Zivilprozessordnung entsprechend.

**§ 17. Wiedereinsetzung in den vorigen Stand.** (1) War jemand ohne sein Verschulden verhindert, eine gesetzliche Frist einzuhalten, ist ihm auf Antrag Wiedereinsetzung in den vorigen Stand zu gewähren.

(2) Ein Fehlen des Verschuldens wird vermutet, wenn eine Rechtsbehelfsbelehrung unterblieben oder fehlerhaft ist.

**§ 18.**[1] **Antrag auf Wiedereinsetzung.** (1) [1]Der Antrag auf Wiedereinsetzung ist binnen zwei Wochen nach Wegfall des Hindernisses zu stellen. [2]Ist der Beteiligte verhindert, die Frist zur Begründung der Rechtsbeschwerde einzuhalten, beträgt die Frist einen Monat.

(2) Die Form des Antrags auf Wiedereinsetzung richtet sich nach den Vorschriften, die für die versäumte Verfahrenshandlung gelten.

(3) [1]Die Tatsachen zur Begründung des Antrags sind bei der Antragstellung oder im Verfahren über den Antrag glaubhaft zu machen. [2]Innerhalb der Antragsfrist ist die versäumte Rechtshandlung nachzuholen. [3]Ist dies geschehen, kann die Wiedereinsetzung auch ohne Antrag gewährt werden.

(4) Nach Ablauf eines Jahres, von dem Ende der versäumten Frist an gerechnet, kann Wiedereinsetzung nicht mehr beantragt oder ohne Antrag bewilligt werden.

**§ 19. Entscheidung über die Wiedereinsetzung.** (1) Über die Wiedereinsetzung entscheidet das Gericht, das über die versäumte Rechtshandlung zu befinden hat.

(2) Die Wiedereinsetzung ist nicht anfechtbar.

(3) Die Versagung der Wiedereinsetzung ist nach den Vorschriften anfechtbar, die für die versäumte Rechtshandlung gelten.

**§ 20. Verfahrensverbindung und -trennung.** Das Gericht kann Verfahren verbinden oder trennen, soweit es dies für sachdienlich hält.

**§ 21. Aussetzung des Verfahrens.** (1) [1]Das Gericht kann das Verfahren aus wichtigem Grund aussetzen, insbesondere wenn die Entscheidung ganz oder zum Teil von dem Bestehen oder Nichtbestehen eines Rechtsverhältnisses abhängt, das den Gegenstand eines anderen anhängigen Verfahrens bildet oder von einer Verwaltungsbehörde festzustellen ist. [2]§ 249 der Zivilprozessordnung ist entsprechend anzuwenden.

(2) Der Beschluss ist mit der sofortigen Beschwerde in entsprechender Anwendung der §§ 567 bis 572 der Zivilprozessordnung anfechtbar.

**§ 22. Antragsrücknahme; Beendigungserklärung.** (1) [1]Ein Antrag kann bis zur Rechtskraft der Endentscheidung zurückgenommen werden. [2]Die Rücknahme bedarf nach Erlass der Endentscheidung der Zustimmung der übrigen Beteiligten.

---

[1] § 18 Abs. 1 Satz 2 angef. mWv 1. 1. 2013 durch Art. 6 G v. 5. 12. 2012 (BGBl. I S. 2418).

(2) [1]Eine bereits ergangene, noch nicht rechtskräftige Endentscheidung wird durch die Antragsrücknahme wirkungslos, ohne dass es einer ausdrücklichen Aufhebung bedarf. [2]Das Gericht stellt auf Antrag die nach Satz 1 eintretende Wirkung durch Beschluss fest. [3]Der Beschluss ist nicht anfechtbar.

(3) Eine Entscheidung über einen Antrag ergeht nicht, soweit sämtliche Beteiligte erklären, dass sie das Verfahren beenden wollen.

(4) Die Absätze 2 und 3 gelten nicht in Verfahren, die von Amts wegen eingeleitet werden können.

**§ 22 a. Mitteilungen an die Familien- und Betreuungsgerichte.** (1) Wird infolge eines gerichtlichen Verfahrens eine Tätigkeit des Familien- oder Betreuungsgerichts erforderlich, hat das Gericht dem Familien- oder Betreuungsgericht Mitteilung zu machen.

(2) [1]Im Übrigen dürfen Gerichte und Behörden dem Familien- oder Betreuungsgericht personenbezogene Daten übermitteln, wenn deren Kenntnis aus ihrer Sicht für familien- oder betreuungsgerichtliche Maßnahmen erforderlich ist, soweit nicht für die übermittelnde Stelle erkennbar ist, dass schutzwürdige Interessen des Betroffenen an dem Ausschluss der Übermittlung das Schutzbedürfnis eines Minderjährigen oder Betreuten oder das öffentliche Interesse an der Übermittlung überwiegen. [2]Die Übermittlung unterbleibt, wenn ihr eine besondere bundes- oder entsprechende landesgesetzliche Verwendungsregelung entgegensteht.

## Abschnitt 2. Verfahren im ersten Rechtszug

**§ 23.[1)] Verfahrenseinleitender Antrag.** (1) [1]Ein verfahrenseinleitender Antrag soll begründet werden. [2]In dem Antrag sollen die zur Begründung dienenden Tatsachen und Beweismittel angegeben sowie die Personen benannt werden, die als Beteiligte in Betracht kommen. [3]Der Antrag soll in geeigneten Fällen die Angabe enthalten, ob der Antragstellung der Versuch einer Mediation oder eines anderen Verfahrens der außergerichtlichen Konfliktbeilegung vorausgegangen ist, sowie eine Äußerung dazu, ob einem solchen Verfahren Gründe entgegenstehen. [4]Urkunden, auf die Bezug genommen wird, sollen in Urschrift oder Abschrift beigefügt werden. [5]Der Antrag soll von dem Antragsteller oder seinem Bevollmächtigten unterschrieben werden.

(2) Das Gericht soll den Antrag an die übrigen Beteiligten übermitteln.

**§ 24. Anregung des Verfahrens.** (1) Soweit Verfahren von Amts wegen eingeleitet werden können, kann die Einleitung eines Verfahrens angeregt werden.

(2) Folgt das Gericht der Anregung nach Absatz 1 nicht, hat es denjenigen, der die Einleitung angeregt hat, darüber zu unterrichten, soweit ein berechtigtes Interesse an der Unterrichtung ersichtlich ist.

**§ 25. Anträge und Erklärungen zur Niederschrift der Geschäftsstelle.** (1) Die Beteiligten können Anträge und Erklärungen gegenüber dem zuständigen Gericht schriftlich oder zur Niederschrift der Geschäftsstelle abgeben, soweit eine Vertretung durch einen Rechtsanwalt nicht notwendig ist.

---

1) § 23 Abs. 1 Satz 3 eingef., bish. Sätze 3 und 4 werden Sätze 4 und 5 durch Art. 3 G v. 21. 7. 2012 (BGBl. I S. 1577).

(2) Anträge und Erklärungen, deren Abgabe vor dem Urkundsbeamten der Geschäftsstelle zulässig ist, können vor der Geschäftsstelle eines jeden Amtsgerichts zur Niederschrift abgegeben werden.

(3) [1]Die Geschäftsstelle hat die Niederschrift unverzüglich an das Gericht zu übermitteln, an das der Antrag oder die Erklärung gerichtet ist. [2]Die Wirkung einer Verfahrenshandlung tritt nicht ein, bevor die Niederschrift dort eingeht.

**§ 26. Ermittlung von Amts wegen.** Das Gericht hat von Amts wegen die zur Feststellung der entscheidungserheblichen Tatsachen erforderlichen Ermittlungen durchzuführen.

**§ 27. Mitwirkung der Beteiligten.** (1) Die Beteiligten sollen bei der Ermittlung des Sachverhalts mitwirken.

(2) Die Beteiligten haben ihre Erklärungen über tatsächliche Umstände vollständig und der Wahrheit gemäß abzugeben.

**§ 28.**[1)] **Verfahrensleitung.** (1) [1]Das Gericht hat darauf hinzuwirken, dass die Beteiligten sich rechtzeitig über alle erheblichen Tatsachen erklären und ungenügende tatsächliche Angaben ergänzen. [2]Es hat die Beteiligten auf einen rechtlichen Gesichtspunkt hinzuweisen, wenn es ihn anders beurteilt als die Beteiligten und seine Entscheidung darauf stützen will.

(2) In Antragsverfahren hat das Gericht auch darauf hinzuwirken, dass Formfehler beseitigt und sachdienliche Anträge gestellt werden.

(3) Hinweise nach dieser Vorschrift hat das Gericht so früh wie möglich zu erteilen und aktenkundig zu machen.

(4) [1]Über Termine und persönliche Anhörungen hat das Gericht einen Vermerk zu fertigen; für die Niederschrift des Vermerks kann ein Urkundsbeamter der Geschäftsstelle hinzugezogen werden, wenn dies auf Grund des zu erwartenden Umfangs des Vermerks, in Anbetracht der Schwierigkeit der Sache oder aus einem sonstigen wichtigen Grund erforderlich ist. [2]In den Vermerk sind die wesentlichen Vorgänge des Termins und der persönlichen Anhörung aufzunehmen. [3]Über den Versuch einer gütlichen Einigung vor einem Güterichter nach § 36 Absatz 5 wird ein Vermerk nur angefertigt, wenn alle Beteiligten sich einverstanden erklären. [4]Die Herstellung durch Aufzeichnung auf Datenträger in der Form des § 14 Abs. 3 ist möglich.

**§ 29. Beweiserhebung.** (1) [1]Das Gericht erhebt die erforderlichen Beweise in geeigneter Form. [2]Es ist hierbei an das Vorbringen der Beteiligten nicht gebunden.

(2) Die Vorschriften der Zivilprozessordnung über die Vernehmung bei Amtsverschwiegenheit und das Recht zur Zeugnisverweigerung gelten für die Befragung von Auskunftspersonen entsprechend.

(3) Das Gericht hat die Ergebnisse der Beweiserhebung aktenkundig zu machen.

**§ 30. Förmliche Beweisaufnahme.** (1) Das Gericht entscheidet nach pflichtgemäßem Ermessen, ob es die entscheidungserheblichen Tatsachen

---

[1)] § 28 Abs. 4 Satz 3 eingef., bish. Satz 3 wird Satz 4 durch Art. 3 G v. 21. 7. 2012 (BGBl. I S. 1577).

durch eine förmliche Beweisaufnahme entsprechend der Zivilprozessordnung feststellt.

(2) Eine förmliche Beweisaufnahme hat stattzufinden, wenn es in diesem Gesetz vorgesehen ist.

(3) Eine förmliche Beweisaufnahme über die Richtigkeit einer Tatsachenbehauptung soll stattfinden, wenn das Gericht seine Entscheidung maßgeblich auf die Feststellung dieser Tatsache stützen will und die Richtigkeit von einem Beteiligten ausdrücklich bestritten wird.

(4) Den Beteiligten ist Gelegenheit zu geben, zum Ergebnis einer förmlichen Beweisaufnahme Stellung zu nehmen, soweit dies zur Aufklärung des Sachverhalts oder zur Gewährung rechtlichen Gehörs erforderlich ist.

**§ 31. Glaubhaftmachung.** (1) Wer eine tatsächliche Behauptung glaubhaft zu machen hat, kann sich aller Beweismittel bedienen, auch zur Versicherung an Eides statt zugelassen werden.

(2) Eine Beweisaufnahme, die nicht sofort erfolgen kann, ist unstatthaft.

**§ 32. Termin.** (1) [1]Das Gericht kann die Sache mit den Beteiligten in einem Termin erörtern. [2]Die §§ 219, 227 Abs. 1, 2 und 4 der Zivilprozessordnung gelten entsprechend.

(2) Zwischen der Ladung und dem Termin soll eine angemessene Frist liegen.

(3) In geeigneten Fällen soll das Gericht die Sache mit den Beteiligten im Wege der Bild- und Tonübertragung in entsprechender Anwendung des § 128 a der Zivilprozessordnung erörtern.

**§ 33. Persönliches Erscheinen der Beteiligten.** (1) [1]Das Gericht kann das persönliche Erscheinen eines Beteiligten zu einem Termin anordnen und ihn anhören, wenn dies zur Aufklärung des Sachverhalts sachdienlich erscheint. [2]Sind in einem Verfahren mehrere Beteiligte persönlich anzuhören, hat die Anhörung eines Beteiligten in Abwesenheit der anderen Beteiligten stattzufinden, falls dies zum Schutz des anzuhörenden Beteiligten oder aus anderen Gründen erforderlich ist.

(2) [1]Der verfahrensfähige Beteiligte ist selbst zu laden, auch wenn er einen Bevollmächtigten hat; dieser ist von der Ladung zu benachrichtigen. [2]Das Gericht soll die Zustellung der Ladung anordnen, wenn das Erscheinen eines Beteiligten ungewiss ist.

(3) [1]Bleibt der ordnungsgemäß geladene Beteiligte unentschuldigt im Termin aus, kann gegen ihn durch Beschluss ein Ordnungsgeld verhängt werden. [2]Die Festsetzung des Ordnungsgeldes kann wiederholt werden. [3]Im Fall des wiederholten, unentschuldigten Ausbleibens kann die Vorführung des Beteiligten angeordnet werden. [4]Erfolgt eine genügende Entschuldigung nachträglich und macht der Beteiligte glaubhaft, dass ihn an der Verspätung der Entschuldigung kein Verschulden trifft, werden die nach den Sätzen 1 bis 3 getroffenen Anordnungen aufgehoben. [5]Der Beschluss, durch den ein Ordnungsmittel verhängt wird, ist mit der sofortigen Beschwerde in entsprechender Anwendung der §§ 567 bis 572 der Zivilprozessordnung anfechtbar.

(4) Der Beteiligte ist auf die Folgen seines Ausbleibens in der Ladung hinzuweisen.

**§ 34. Persönliche Anhörung.** (1) Das Gericht hat einen Beteiligten persönlich anzuhören,

1. wenn dies zur Gewährleistung des rechtlichen Gehörs des Beteiligten erforderlich ist oder
2. wenn dies in diesem oder in einem anderen Gesetz vorgeschrieben ist.

(2) Die persönliche Anhörung eines Beteiligten kann unterbleiben, wenn hiervon erhebliche Nachteile für seine Gesundheit zu besorgen sind oder der Beteiligte offensichtlich nicht in der Lage ist, seinen Willen kundzutun.

(3) [1]Bleibt der Beteiligte im anberaumten Anhörungstermin unentschuldigt aus, kann das Verfahren ohne seine persönliche Anhörung beendet werden. [2]Der Beteiligte ist auf die Folgen seines Ausbleibens hinzuweisen.

**§ 35.**[1)] **Zwangsmittel.** (1) [1]Ist auf Grund einer gerichtlichen Anordnung die Verpflichtung zur Vornahme oder Unterlassung einer Handlung durchzusetzen, kann das Gericht, sofern ein Gesetz nicht etwas anderes bestimmt, gegen den Verpflichteten durch Beschluss Zwangsgeld festsetzen. [2]Das Gericht kann für den Fall, dass dieses nicht beigetrieben werden kann, Zwangshaft anordnen. [3]Verspricht die Anordnung eines Zwangsgeldes keinen Erfolg, soll das Gericht Zwangshaft anordnen.

(2) Die gerichtliche Entscheidung, die die Verpflichtung zur Vornahme oder Unterlassung einer Handlung anordnet, hat auf die Folgen einer Zuwiderhandlung gegen die Entscheidung hinzuweisen.

(3) [1]Das einzelne Zwangsgeld darf den Betrag von 25 000 Euro nicht übersteigen. [2]Mit der Festsetzung des Zwangsmittels sind dem Verpflichteten zugleich die Kosten dieses Verfahrens aufzuerlegen. [3]Für den Vollzug der Haft gelten § 901 Satz 2, die §§ 904 bis 906, 909, 910 und 913 **[*ab 1. 1. 2013:*** § 802 g Abs. 1 Satz 2 und Abs. 2, die §§ 802 h und 802 j Abs. 1**]** der Zivilprozessordnung entsprechend.

(4) [1]Ist die Verpflichtung zur Herausgabe oder Vorlage einer Sache oder zur Vornahme einer vertretbaren Handlung zu vollstrecken, so kann das Gericht, soweit ein Gesetz nicht etwas anderes bestimmt, durch Beschluss neben oder anstelle einer Maßnahme nach den Absätzen 1, 2 die in §§ 883, 886, 887 der Zivilprozessordnung vorgesehenen Maßnahmen anordnen. [2]Die §§ 891 und 892 der Zivilprozessordnung gelten entsprechend.

(5) Der Beschluss, durch den Zwangsmaßnahmen angeordnet werden, ist mit der sofortigen Beschwerde in entsprechender Anwendung der §§ 567 bis 572 der Zivilprozessordnung anfechtbar.

**§ 36.**[2)] **Vergleich.** (1) [1]Die Beteiligten können einen Vergleich schließen, soweit sie über den Gegenstand des Verfahrens verfügen können. [2]Das Gericht soll außer in Gewaltschutzsachen auf eine gütliche Einigung der Beteiligten hinwirken.

(2) [1]Kommt eine Einigung im Termin zustande, ist hierüber eine Niederschrift anzufertigen. [2]Die Vorschriften der Zivilprozessordnung über die Niederschrift des Vergleichs sind entsprechend anzuwenden.

---

[1)] § 35 Abs. 3 Satz 3 geänd. mWv 1. 1. 2013 durch Art. 4 Abs. 8 G v. 29. 7. 2009 (BGBl. I S. 2258), Abs. 4 Satz 2 geänd. mWv 1. 1. 2013 durch Art. 6 G v. 5. 12. 2012 (BGBl. I S. 2418).

[2)] § 36 Abs. 5 angef. durch Art. 3 G v. 21. 7. 2012 (BGBl. I S. 1577).

(3) Ein nach Absatz 1 Satz 1 zulässiger Vergleich kann auch schriftlich entsprechend § 278 Abs. 6 der Zivilprozessordnung geschlossen werden.

(4) Unrichtigkeiten in der Niederschrift oder in dem Beschluss über den Vergleich können entsprechend § 164 der Zivilprozessordnung berichtigt werden.

(5) [1]Das Gericht kann die Beteiligten für den Versuch einer gütlichen Einigung vor einen hierfür bestimmten und nicht entscheidungsbefugten Richter (Güterichter) verweisen. [2]Der Güterichter kann alle Methoden der Konfliktbeilegung einschließlich der Mediation einsetzen. [3]Für das Verfahren vor dem Güterichter gelten die Absätze 1 bis 4 entsprechend.

**§ 36 a.[1)] Mediation, außergerichtliche Konfliktbeilegung.** (1) [1]Das Gericht kann einzelnen oder allen Beteiligten eine Mediation oder ein anderes Verfahren der außergerichtlichen Konfliktbeilegung vorschlagen. [2]In Gewaltschutzsachen sind die schutzwürdigen Belange der von Gewalt betroffenen Person zu wahren.

(2) Entscheiden sich die Beteiligten zur Durchführung einer Mediation oder eines anderen Verfahrens der außergerichtlichen Konfliktbeilegung, setzt das Gericht das Verfahren aus.

(3) Gerichtliche Anordnungs- und Genehmigungsvorbehalte bleiben von der Durchführung einer Mediation oder eines anderen Verfahrens der außergerichtlichen Konfliktbeilegung unberührt.

**§ 37. Grundlage der Entscheidung.** (1) Das Gericht entscheidet nach seiner freien, aus dem gesamten Inhalt des Verfahrens gewonnenen Überzeugung.

(2) Das Gericht darf eine Entscheidung, die die Rechte eines Beteiligten beeinträchtigt, nur auf Tatsachen und Beweisergebnisse stützen, zu denen dieser Beteiligte sich äußern konnte.

## Abschnitt 3. Beschluss

**§ 38. Entscheidung durch Beschluss.** (1) [1]Das Gericht entscheidet durch Beschluss, soweit durch die Entscheidung der Verfahrensgegenstand ganz oder teilweise erledigt wird (Endentscheidung). [2]Für Registersachen kann durch Gesetz Abweichendes bestimmt werden.

(2) Der Beschluss enthält

1. die Bezeichnung der Beteiligten, ihrer gesetzlichen Vertreter und der Bevollmächtigten;
2. die Bezeichnung des Gerichts und die Namen der Gerichtspersonen, die bei der Entscheidung mitgewirkt haben;
3. die Beschlussformel.

(3) [1]Der Beschluss ist zu begründen. [2]Er ist zu unterschreiben. [3]Das Datum der Übergabe des Beschlusses an die Geschäftsstelle oder der Bekanntgabe durch Verlesen der Beschlussformel (Erlass) ist auf dem Beschluss zu vermerken.

---

1) § 36 a eingef. durch Art. 3 G v. 21. 7. 2012 (BGBl. I S. 1577).

(4) Einer Begründung bedarf es nicht, soweit
1. die Entscheidung auf Grund eines Anerkenntnisses oder Verzichts oder als Versäumnisentscheidung ergeht und entsprechend bezeichnet ist,
2. gleichgerichteten Anträgen der Beteiligten stattgegeben wird oder der Beschluss nicht dem erklärten Willen eines Beteiligten widerspricht oder
3. der Beschluss in Gegenwart aller Beteiligten mündlich bekannt gegeben wurde und alle Beteiligten auf Rechtsmittel verzichtet haben.

(5) Absatz 4 ist nicht anzuwenden:
1. in Ehesachen, mit Ausnahme der eine Scheidung aussprechenden Entscheidung;
2. in Abstammungssachen;
3. in Betreuungssachen;
4. wenn zu erwarten ist, dass der Beschluss im Ausland geltend gemacht werden wird.

(6) Soll ein ohne Begründung hergestellter Beschluss im Ausland geltend gemacht werden, gelten die Vorschriften über die Vervollständigung von Versäumnis- und Anerkenntnisentscheidungen entsprechend.

**§ 39.**[1)] **Rechtsbehelfsbelehrung.** [1]Jeder Beschluss hat eine Belehrung über das statthafte Rechtsmittel, den Einspruch, den Widerspruch oder die Erinnerung sowie das Gericht, bei dem diese Rechtsbehelfe einzulegen sind, dessen Sitz und die einzuhaltende Form und Frist zu enthalten. [2]Über die Sprungrechtsbeschwerde muss nicht belehrt werden.

**§ 40. Wirksamwerden.** (1) Der Beschluss wird wirksam mit Bekanntgabe an den Beteiligten, für den er seinem wesentlichen Inhalt nach bestimmt ist.

(2) [1]Ein Beschluss, der die Genehmigung eines Rechtsgeschäfts zum Gegenstand hat, wird erst mit Rechtskraft wirksam. [2]Dies ist mit der Entscheidung auszusprechen.

(3) [1]Ein Beschluss, durch den auf Antrag die Ermächtigung oder die Zustimmung eines anderen zu einem Rechtsgeschäft ersetzt oder die Beschränkung oder Ausschließung der Berechtigung des Ehegatten oder Lebenspartners, Geschäfte mit Wirkung für den anderen Ehegatten oder Lebenspartner zu besorgen (§ 1357 Abs. 2 Satz 1 des Bürgerlichen Gesetzbuchs, auch in Verbindung mit § 8 Abs. 2 des Lebenspartnerschaftsgesetzes), aufgehoben wird, wird erst mit Rechtskraft wirksam. [2]Bei Gefahr im Verzug kann das Gericht die sofortige Wirksamkeit des Beschlusses anordnen. [3]Der Beschluss wird mit Bekanntgabe an den Antragsteller wirksam.

**§ 41. Bekanntgabe des Beschlusses.** (1) [1]Der Beschluss ist den Beteiligten bekannt zu geben. [2]Ein anfechtbarer Beschluss ist demjenigen zuzustellen, dessen erklärtem Willen er nicht entspricht.

(2) [1]Anwesenden kann der Beschluss auch durch Verlesen der Beschlussformel bekannt gegeben werden. [2]Dies ist in den Akten zu vermerken. [3]In diesem Fall ist die Begründung des Beschlusses unverzüglich nachzuholen. [4]Der Beschluss ist im Fall des Satzes 1 auch schriftlich bekannt zu geben.

---

1) § 39 Satz 2 angef. mWv 1. 1. 2013 durch Art. 6 G v. 5. 12. 2012 (BGBl. I S. 2418).

(3) Ein Beschluss, der die Genehmigung eines Rechtsgeschäfts zum Gegenstand hat, ist auch demjenigen, für den das Rechtsgeschäft genehmigt wird, bekannt zu geben.

**§ 42. Berichtigung des Beschlusses.** (1) Schreibfehler, Rechenfehler und ähnliche offenbare Unrichtigkeiten im Beschluss sind jederzeit vom Gericht auch von Amts wegen zu berichtigen.

(2) [1]Der Beschluss, der die Berichtigung ausspricht, wird auf dem berichtigten Beschluss und auf den Ausfertigungen vermerkt. [2]Erfolgt der Berichtigungsbeschluss in der Form des § 14 Abs. 3, ist er in einem gesonderten elektronischen Dokument festzuhalten. [3]Das Dokument ist mit dem Beschluss untrennbar zu verbinden.

(3) [1]Der Beschluss, durch den der Antrag auf Berichtigung zurückgewiesen wird, ist nicht anfechtbar. [2]Der Beschluss, der eine Berichtigung ausspricht, ist mit der sofortigen Beschwerde in entsprechender Anwendung der §§ 567 bis 572 der Zivilprozessordnung anfechtbar.

**§ 43. Ergänzung des Beschlusses.** (1) Wenn ein Antrag, der nach den Verfahrensakten von einem Beteiligten gestellt wurde, ganz oder teilweise übergangen oder die Kostenentscheidung unterblieben ist, ist auf Antrag der Beschluss nachträglich zu ergänzen.

(2) Die nachträgliche Entscheidung muss binnen einer zweiwöchigen Frist, die mit der schriftlichen Bekanntgabe des Beschlusses beginnt, beantragt werden.

**§ 44. Abhilfe bei Verletzung des Anspruchs auf rechtliches Gehör.**
(1) [1]Auf die Rüge eines durch eine Entscheidung beschwerten Beteiligten ist das Verfahren fortzuführen, wenn

1. ein Rechtsmittel oder ein Rechtsbehelf gegen die Entscheidung oder eine andere Abänderungsmöglichkeit nicht gegeben ist und
2. das Gericht den Anspruch dieses Beteiligten auf rechtliches Gehör in entscheidungserheblicher Weise verletzt hat.

[2]Gegen eine der Endentscheidung vorausgehende Entscheidung findet die Rüge nicht statt.

(2) [1]Die Rüge ist innerhalb von zwei Wochen nach Kenntnis von der Verletzung des rechtlichen Gehörs zu erheben; der Zeitpunkt der Kenntniserlangung ist glaubhaft zu machen. [2]Nach Ablauf eines Jahres seit der Bekanntgabe der angegriffenen Entscheidung an diesen Beteiligten kann die Rüge nicht mehr erhoben werden. [3]Die Rüge ist schriftlich oder zur Niederschrift bei dem Gericht zu erheben, dessen Entscheidung angegriffen wird. [4]Die Rüge muss die angegriffene Entscheidung bezeichnen und das Vorliegen der in Absatz 1 Satz 1 Nr. 2 genannten Voraussetzungen darlegen.

(3) Den übrigen Beteiligten ist, soweit erforderlich, Gelegenheit zur Stellungnahme zu geben.

(4) [1]Ist die Rüge nicht in der gesetzlichen Form oder Frist erhoben, ist sie als unzulässig zu verwerfen. [2]Ist die Rüge unbegründet, weist das Gericht sie zurück. [3]Die Entscheidung ergeht durch nicht anfechtbaren Beschluss. [4]Der Beschluss soll kurz begründet werden.

(5) Ist die Rüge begründet, hilft ihr das Gericht ab, indem es das Verfahren fortführt, soweit dies auf Grund der Rüge geboten ist.

**§ 45. Formelle Rechtskraft.** [1]Die Rechtskraft eines Beschlusses tritt nicht ein, bevor die Frist für die Einlegung des zulässigen Rechtsmittels oder des zulässigen Einspruchs, des Widerspruchs oder der Erinnerung abgelaufen ist. [2]Der Eintritt der Rechtskraft wird dadurch gehemmt, dass das Rechtsmittel, der Einspruch, der Widerspruch oder die Erinnerung rechtzeitig eingelegt wird.

**§ 46. Rechtskraftzeugnis.** [1]Das Zeugnis über die Rechtskraft eines Beschlusses ist auf Grund der Verfahrensakten von der Geschäftsstelle des Gerichts des ersten Rechtszugs zu erteilen. [2]Solange das Verfahren in einem höheren Rechtszug anhängig ist, erteilt die Geschäftsstelle des Gerichts dieses Rechtszugs das Zeugnis. [3]In Ehe- und Abstammungssachen wird den Beteiligten von Amts wegen ein Rechtskraftzeugnis auf einer Ausfertigung ohne Begründung erteilt. [4]Die Entscheidung der Geschäftsstelle ist mit der Erinnerung in entsprechender Anwendung des § 573 der Zivilprozessordnung anfechtbar.

**§ 47. Wirksam bleibende Rechtsgeschäfte.** Ist ein Beschluss ungerechtfertigt, durch den jemand die Fähigkeit oder die Befugnis erlangt, ein Rechtsgeschäft vorzunehmen oder eine Willenserklärung entgegenzunehmen, hat die Aufhebung des Beschlusses auf die Wirksamkeit der inzwischen von ihm oder ihm gegenüber vorgenommenen Rechtsgeschäfte keinen Einfluss, soweit der Beschluss nicht von Anfang an unwirksam ist.

**§ 48. Abänderung und Wiederaufnahme.** (1) [1]Das Gericht des ersten Rechtszugs kann eine rechtskräftige Endentscheidung mit Dauerwirkung aufheben oder ändern, wenn sich die zugrunde liegende Sach- oder Rechtslage nachträglich wesentlich geändert hat. [2]In Verfahren, die nur auf Antrag eingeleitet werden, erfolgt die Aufhebung oder Abänderung nur auf Antrag.

(2) Ein rechtskräftig beendetes Verfahren kann in entsprechender Anwendung der Vorschriften des Buches 4 der Zivilprozessordnung wiederaufgenommen werden.

(3) Gegen einen Beschluss, durch den die Genehmigung für ein Rechtsgeschäft erteilt oder verweigert wird, findet eine Wiedereinsetzung in den vorigen Stand, eine Rüge nach § 44, eine Abänderung oder eine Wiederaufnahme nicht statt, wenn die Genehmigung oder deren Verweigerung einem Dritten gegenüber wirksam geworden ist.

## Abschnitt 4. Einstweilige Anordnung

**§ 49. Einstweilige Anordnung.** (1) Das Gericht kann durch einstweilige Anordnung eine vorläufige Maßnahme treffen, soweit dies nach den für das Rechtsverhältnis maßgebenden Vorschriften gerechtfertigt ist und ein dringendes Bedürfnis für ein sofortiges Tätigwerden besteht.

(2) [1]Die Maßnahme kann einen bestehenden Zustand sichern oder vorläufig regeln. [2]Einem Beteiligten kann eine Handlung geboten oder verboten, insbesondere die Verfügung über einen Gegenstand untersagt werden. [3]Das Gericht kann mit der einstweiligen Anordnung auch die zu ihrer Durchführung erforderlichen Anordnungen treffen.

**§ 50. Zuständigkeit.** (1) [1]Zuständig ist das Gericht, das für die Hauptsache im ersten Rechtszug zuständig wäre. [2]Ist eine Hauptsache anhängig, ist das Gericht des ersten Rechtszugs, während der Anhängigkeit beim Beschwerdegericht das Beschwerdegericht zuständig.

(2) [1]In besonders dringenden Fällen kann auch das Amtsgericht entscheiden, in dessen Bezirk das Bedürfnis für ein gerichtliches Tätigwerden bekannt wird oder sich die Person oder die Sache befindet, auf die sich die einstweilige Anordnung bezieht. [2]Es hat das Verfahren unverzüglich von Amts wegen an das nach Absatz 1 zuständige Gericht abzugeben.

**§ 51. Verfahren.** (1) [1]Die einstweilige Anordnung wird nur auf Antrag erlassen, wenn ein entsprechendes Hauptsacheverfahren nur auf Antrag eingeleitet werden kann. [2]Der Antragsteller hat den Antrag zu begründen und die Voraussetzungen für die Anordnung glaubhaft zu machen.

(2) [1]Das Verfahren richtet sich nach den Vorschriften, die für eine entsprechende Hauptsache gelten, soweit sich nicht aus den Besonderheiten des einstweiligen Rechtsschutzes etwas anderes ergibt. [2]Das Gericht kann ohne mündliche Verhandlung entscheiden. [3]Eine Versäumnisentscheidung ist ausgeschlossen.

(3) [1]Das Verfahren der einstweiligen Anordnung ist ein selbständiges Verfahren, auch wenn eine Hauptsache anhängig ist. [2]Das Gericht kann von einzelnen Verfahrenshandlungen im Hauptsacheverfahren absehen, wenn diese bereits im Verfahren der einstweiligen Anordnung vorgenommen wurden und von einer erneuten Vornahme keine zusätzlichen Erkenntnisse zu erwarten sind.

(4) Für die Kosten des Verfahrens der einstweiligen Anordnung gelten die allgemeinen Vorschriften.

**§ 52. Einleitung des Hauptsacheverfahrens.** (1) [1]Ist eine einstweilige Anordnung erlassen, hat das Gericht auf Antrag eines Beteiligten das Hauptsacheverfahren einzuleiten. [2]Das Gericht kann mit Erlass der einstweiligen Anordnung eine Frist bestimmen, vor deren Ablauf der Antrag unzulässig ist. [3]Die Frist darf drei Monate nicht überschreiten.

(2) [1]In Verfahren, die nur auf Antrag eingeleitet werden, hat das Gericht auf Antrag anzuordnen, dass der Beteiligte, der die einstweilige Anordnung erwirkt hat, binnen einer zu bestimmenden Frist Antrag auf Einleitung des Hauptsacheverfahrens oder Antrag auf Bewilligung von Verfahrenskostenhilfe für das Hauptsacheverfahren stellt. [2]Die Frist darf drei Monate nicht überschreiten. [3]Wird dieser Anordnung nicht Folge geleistet, ist die einstweilige Anordnung aufzuheben.

**§ 53. Vollstreckung.** (1) Eine einstweilige Anordnung bedarf der Vollstreckungsklausel nur, wenn die Vollstreckung für oder gegen einen anderen als den in dem Beschluss bezeichneten Beteiligten erfolgen soll.

(2) [1]Das Gericht kann in Gewaltschutzsachen sowie in sonstigen Fällen, in denen hierfür ein besonderes Bedürfnis besteht, anordnen, dass die Vollstreckung der einstweiligen Anordnung vor Zustellung an den Verpflichteten zulässig ist. [2]In diesem Fall wird die einstweilige Anordnung mit Erlass wirksam.

**§ 54. Aufhebung oder Änderung der Entscheidung.** (1) [1]Das Gericht kann die Entscheidung in der einstweiligen Anordnungssache aufheben oder ändern. [2]Die Aufhebung oder Änderung erfolgt nur auf Antrag, wenn ein entsprechendes Hauptsacheverfahren nur auf Antrag eingeleitet werden kann. [3]Dies gilt nicht, wenn die Entscheidung ohne vorherige Durchführung einer nach dem Gesetz notwendigen Anhörung erlassen wurde.

(2) Ist die Entscheidung in einer Familiensache ohne mündliche Verhandlung ergangen, ist auf Antrag auf Grund mündlicher Verhandlung erneut zu entscheiden.

(3) [1]Zuständig ist das Gericht, das die einstweilige Anordnung erlassen hat. [2]Hat es die Sache an ein anderes Gericht abgegeben oder verwiesen, ist dieses zuständig.

(4) Während eine einstweilige Anordnungssache beim Beschwerdegericht anhängig ist, ist die Aufhebung oder Änderung der angefochtenen Entscheidung durch das erstinstanzliche Gericht unzulässig.

**§ 55. Aussetzung der Vollstreckung.** (1) [1]In den Fällen des § 54 kann das Gericht, im Fall des § 57 das Rechtsmittelgericht, die Vollstreckung einer einstweiligen Anordnung aussetzen oder beschränken. [2]Der Beschluss ist nicht anfechtbar.

(2) Wenn ein hierauf gerichteter Antrag gestellt wird, ist über diesen vorab zu entscheiden.

**§ 56. Außerkrafttreten.** (1) [1]Die einstweilige Anordnung tritt, sofern nicht das Gericht einen früheren Zeitpunkt bestimmt hat, bei Wirksamwerden einer anderweitigen Regelung außer Kraft. [2]Ist dies eine Endentscheidung in einer Familienstreitsache, ist deren Rechtskraft maßgebend, soweit nicht die Wirksamkeit zu einem späteren Zeitpunkt eintritt.

(2) Die einstweilige Anordnung tritt in Verfahren, die nur auf Antrag eingeleitet werden, auch dann außer Kraft, wenn

1. der Antrag in der Hauptsache zurückgenommen wird,
2. der Antrag in der Hauptsache rechtskräftig abgewiesen ist,
3. die Hauptsache übereinstimmend für erledigt erklärt wird oder
4. die Erledigung der Hauptsache anderweitig eingetreten ist.

(3) [1]Auf Antrag hat das Gericht, das in der einstweiligen Anordnungssache im ersten Rechtszug zuletzt entschieden hat, die in den Absätzen 1 und 2 genannte Wirkung durch Beschluss auszusprechen. [2]Gegen den Beschluss findet die Beschwerde statt.

**§ 57.**[1] **Rechtsmittel.** [1]Entscheidungen in Verfahren der einstweiligen Anordnung in Familiensachen sind nicht anfechtbar. [2]Dies gilt nicht in Verfahren nach § 151 Nummer 6 und 7 und auch nicht, wenn das Gericht des ersten Rechtszugs auf Grund mündlicher Erörterung

1. über die elterliche Sorge für ein Kind,
2. über die Herausgabe des Kindes an den anderen Elternteil,

---

[1] § 57 Nr. 5 geänd. mWv 1. 9. 2009 durch Art. 3 G v. 6. 7. 2009 (BGBl. I S. 1696), Satz 2 geänd. mWv 1. 1. 2013 durch Art. 6 G v. 5. 12. 2012 (BGBl. I S. 2418).

3. über einen Antrag auf Verbleiben eines Kindes bei einer Pflege- oder Bezugsperson,
4. über einen Antrag nach den §§ 1 und 2 des Gewaltschutzgesetzes oder
5. in einer Ehewohnungssache über einen Antrag auf Zuweisung der Wohnung

entschieden hat.

## Abschnitt 5. Rechtsmittel

### Unterabschnitt 1. Beschwerde

**§ 58. Statthaftigkeit der Beschwerde.** (1) Die Beschwerde findet gegen die im ersten Rechtszug ergangenen Endentscheidungen der Amtsgerichte und Landgerichte in Angelegenheiten nach diesem Gesetz statt, sofern durch Gesetz nichts anderes bestimmt ist.

(2) Der Beurteilung des Beschwerdegerichts unterliegen auch die nicht selbständig anfechtbaren Entscheidungen, die der Endentscheidung vorausgegangen sind.

**§ 59. Beschwerdeberechtigte.** (1) Die Beschwerde steht demjenigen zu, der durch den Beschluss in seinen Rechten beeinträchtigt ist.

(2) Wenn ein Beschluss nur auf Antrag erlassen werden kann und der Antrag zurückgewiesen worden ist, steht die Beschwerde nur dem Antragsteller zu.

(3) Die Beschwerdeberechtigung von Behörden bestimmt sich nach den besonderen Vorschriften dieses oder eines anderen Gesetzes.

**§ 60. Beschwerderecht Minderjähriger.** [1]Ein Kind, für das die elterliche Sorge besteht, oder ein unter Vormundschaft stehender Mündel kann in allen seine Person betreffenden Angelegenheiten ohne Mitwirkung seines gesetzlichen Vertreters das Beschwerderecht ausüben. [2]Das Gleiche gilt in sonstigen Angelegenheiten, in denen das Kind oder der Mündel vor einer Entscheidung des Gerichts gehört werden soll. [3]Dies gilt nicht für Personen, die geschäftsunfähig sind oder bei Erlass der Entscheidung das 14. Lebensjahr nicht vollendet haben.

**§ 61. Beschwerdewert; Zulassungsbeschwerde.** (1) In vermögensrechtlichen Angelegenheiten ist die Beschwerde nur zulässig, wenn der Wert des Beschwerdegegenstandes 600 Euro übersteigt.

(2) Übersteigt der Beschwerdegegenstand nicht den in Absatz 1 genannten Betrag, ist die Beschwerde zulässig, wenn das Gericht des ersten Rechtszugs die Beschwerde zugelassen hat.

(3) [1]Das Gericht des ersten Rechtszugs lässt die Beschwerde zu, wenn

1. die Rechtssache grundsätzliche Bedeutung hat oder die Fortbildung des Rechts oder die Sicherung einer einheitlichen Rechtsprechung eine Entscheidung des Beschwerdegerichts erfordert und
2. der Beteiligte durch den Beschluss mit nicht mehr als 600 Euro beschwert ist.

[2]Das Beschwerdegericht ist an die Zulassung gebunden.

**§ 62[1] Statthaftigkeit der Beschwerde nach Erledigung der Hauptsache.**

(1) Hat sich die angefochtene Entscheidung in der Hauptsache erledigt, spricht das Beschwerdegericht auf Antrag aus, dass die Entscheidung des Gerichts des ersten Rechtszugs den Beschwerdeführer in seinen Rechten verletzt hat, wenn der Beschwerdeführer ein berechtigtes Interesse an der Feststellung hat.

(2) Ein berechtigtes Interesse liegt in der Regel vor, wenn

1. schwerwiegende Grundrechtseingriffe vorliegen oder
2. eine Wiederholung konkret zu erwarten ist.

(3) Hat der Verfahrensbeistand oder der Verfahrenspfleger die Beschwerde eingelegt, gelten die Absätze 1 und 2 entsprechend.

**§ 63[2] Beschwerdefrist.** (1) Die Beschwerde ist, soweit gesetzlich keine andere Frist bestimmt ist, binnen einer Frist von einem Monat einzulegen.

(2) Die Beschwerde ist binnen einer Frist von zwei Wochen einzulegen, wenn sie sich gegen folgende Entscheidungen richtet:

1. Endentscheidungen im Verfahren der einstweiligen Anordnung oder
2. Entscheidungen über Anträge auf Genehmigung eines Rechtsgeschäfts.

(3) [1]Die Frist beginnt jeweils mit der schriftlichen Bekanntgabe des Beschlusses an die Beteiligten. [2]Kann die schriftliche Bekanntgabe an einen Beteiligten nicht bewirkt werden, beginnt die Frist spätestens mit Ablauf von fünf Monaten nach Erlass des Beschlusses.

**§ 64[3] Einlegung der Beschwerde.** (1) [1]Die Beschwerde ist bei dem Gericht einzulegen, dessen Beschluss angefochten wird. [2]Anträge auf Bewilligung von Verfahrenskostenhilfe für eine beabsichtigte Beschwerde sind bei dem Gericht einzulegen, dessen Beschluss angefochten werden soll.

(2) [1]Die Beschwerde wird durch Einreichung einer Beschwerdeschrift oder zur Niederschrift der Geschäftsstelle eingelegt. [2]Die Einlegung der Beschwerde zur Niederschrift der Geschäftsstelle ist in Ehesachen und in Familienstreitsachen ausgeschlossen. [3]Die Beschwerde muss die Bezeichnung des angefochtenen Beschlusses sowie die Erklärung enthalten, dass Beschwerde gegen diesen Beschluss eingelegt wird. [4]Sie ist von dem Beschwerdeführer oder seinem Bevollmächtigten zu unterzeichnen.

(3) Das Beschwerdegericht kann vor der Entscheidung eine einstweilige Anordnung erlassen; es kann insbesondere anordnen, dass die Vollziehung des angefochtenen Beschlusses auszusetzen ist.

**§ 65[4] Beschwerdebegründung.** (1) Die Beschwerde soll begründet werden.

(2) Das Beschwerdegericht oder der Vorsitzende kann dem Beschwerdeführer eine Frist zur Begründung der Beschwerde einräumen.

(3) Die Beschwerde kann auf neue Tatsachen und Beweismittel gestützt werden.

(4) Die Beschwerde kann nicht darauf gestützt werden, dass das Gericht des ersten Rechtszugs seine Zuständigkeit zu Unrecht angenommen hat.

---

[1] § 62 Abs. 3 angef. mWv 22.7.2017 durch G v. 17.7.2017 (BGBl. I S. 2426).
[2] § 63 Abs. 2 neu gef. mWv 1.1.2013 durch G v. 5.12.2012 (BGBl. I S. 2418).
[3] § 64 Abs. 1 Satz 2 angef. mWv 1.1.2013 durch G v. 5.12.2012 (BGBl. I S. 2418).
[4] § 65 Abs. 2 geänd. mWv 1.1.2013 durch G v. 5.12.2012 (BGBl. I S. 2418).

**§ 66 Anschlussbeschwerde.** [1] Ein Beteiligter kann sich der Beschwerde anschließen, selbst wenn er auf die Beschwerde verzichtet hat oder die Beschwerdefrist verstrichen ist; die Anschließung erfolgt durch Einreichung der Beschwerdeanschlussschrift bei dem Beschwerdegericht. [2] Die Anschließung verliert ihre Wirkung, wenn die Beschwerde zurückgenommen oder als unzulässig verworfen wird.

**§ 67 Verzicht auf die Beschwerde; Rücknahme der Beschwerde.**

(1) Die Beschwerde ist unzulässig, wenn der Beschwerdeführer hierauf nach Bekanntgabe des Beschlusses durch Erklärung gegenüber dem Gericht verzichtet hat.

(2) Die Anschlussbeschwerde ist unzulässig, wenn der Anschlussbeschwerdeführer hierauf nach Einlegung des Hauptrechtsmittels durch Erklärung gegenüber dem Gericht verzichtet hat.

(3) Der gegenüber einem anderen Beteiligten erklärte Verzicht hat die Unzulässigkeit der Beschwerde nur dann zur Folge, wenn dieser sich darauf beruft.

(4) Der Beschwerdeführer kann die Beschwerde bis zum Erlass der Beschwerdeentscheidung durch Erklärung gegenüber dem Gericht zurücknehmen.

**§ 68[1)] Gang des Beschwerdeverfahrens.** (1) [1] Hält das Gericht, dessen Beschluss angefochten wird, die Beschwerde für begründet, hat es ihr abzuhelfen; anderenfalls ist die Beschwerde unverzüglich dem Beschwerdegericht vorzulegen. [2] Das Gericht ist zur Abhilfe nicht befugt, wenn die Beschwerde sich gegen eine Endentscheidung in einer Familiensache richtet.

(2) [1] Das Beschwerdegericht hat zu prüfen, ob die Beschwerde an sich statthaft und ob sie in der gesetzlichen Form und Frist eingelegt ist. [2] Mangelt es an einem dieser Erfordernisse, ist die Beschwerde als unzulässig zu verwerfen.

(3) [1] Das Beschwerdeverfahren bestimmt sich im Übrigen nach den Vorschriften über das Verfahren im ersten Rechtszug. [2] Das Beschwerdegericht kann von der Durchführung eines Termins, einer mündlichen Verhandlung oder einzelner Verfahrenshandlungen absehen, wenn diese bereits im ersten Rechtszug vorgenommen wurden und von einer erneuten Vornahme keine zusätzlichen Erkenntnisse zu erwarten sind.

(4) [1] Das Beschwerdegericht kann die Beschwerde durch Beschluss einem seiner Mitglieder zur Entscheidung als Einzelrichter übertragen; § 526 der Zivilprozessordnung[2)] gilt mit der Maßgabe entsprechend, dass eine Übertragung auf einen Richter auf Probe ausgeschlossen ist. [2] Zudem kann das Beschwerdegericht die persönliche Anhörung des Kindes durch Beschluss einem seiner Mitglieder als beauftragtem Richter übertragen, wenn es dies aus Gründen des Kindeswohls für sachgerecht hält oder das Kind offensichtlich nicht in der Lage ist, seine Neigungen und seinen Willen kundzutun. [3] Gleiches gilt für die Verschaffung eines persönlichen Eindrucks von dem Kind.

(5) Absatz 3 Satz 2 und Absatz 4 Satz 1 finden keine Anwendung, wenn die Beschwerde ein Hauptsacheverfahren betrifft, in dem eine der folgenden Entscheidungen in Betracht kommt:

1. die teilweise oder vollständige Entziehung der Personensorge nach den §§ 1666 und 1666a des Bürgerlichen Gesetzbuchs[3)],

---

[1)] § 68 Abs. 4 Sätze 2 und 3, Abs. 5 angef. mWv 1.7.2021 durch G v. 16.6.2021 (BGBl. I S. 1810).

[2)] Nr. **100**.

[3)] Nr. **20**.

2. der Ausschluss des Umgangsrechts nach § 1684 des Bürgerlichen Gesetzbuchs oder
3. eine Verbleibensanordnung nach § 1632 Absatz 4 oder § 1682 des Bürgerlichen Gesetzbuchs.

**§ 69 Beschwerdeentscheidung.** (1) [1]Das Beschwerdegericht hat in der Sache selbst zu entscheiden. [2]Es darf die Sache unter Aufhebung des angefochtenen Beschlusses und des Verfahrens nur dann an das Gericht des ersten Rechtszugs zurückverweisen, wenn dieses in der Sache noch nicht entschieden hat. [3]Das Gleiche gilt, soweit das Verfahren an einem wesentlichen Mangel leidet und zur Entscheidung eine umfangreiche oder aufwändige Beweiserhebung notwendig wäre und ein Beteiligter die Zurückverweisung beantragt. [4]Das Gericht des ersten Rechtszugs hat die rechtliche Beurteilung, die das Beschwerdegericht der Aufhebung zugrunde gelegt hat, auch seiner Entscheidung zugrunde zu legen.

(2) Der Beschluss des Beschwerdegerichts ist zu begründen.

(3) Für die Beschwerdeentscheidung gelten im Übrigen die Vorschriften über den Beschluss im ersten Rechtszug entsprechend.

### Unterabschnitt 2. Rechtsbeschwerde

**§ 70[1)] Statthaftigkeit der Rechtsbeschwerde.** (1) Die Rechtsbeschwerde eines Beteiligten ist statthaft, wenn sie das Beschwerdegericht oder das Oberlandesgericht im ersten Rechtszug in dem Beschluss zugelassen hat.

(2) [1]Die Rechtsbeschwerde ist zuzulassen, wenn
1. die Rechtssache grundsätzliche Bedeutung hat oder
2. die Fortbildung des Rechts oder die Sicherung einer einheitlichen Rechtsprechung eine Entscheidung des Rechtsbeschwerdegerichts erfordert.

[2]Das Rechtsbeschwerdegericht ist an die Zulassung gebunden.

(3) [1]Die Rechtsbeschwerde gegen einen Beschluss des Beschwerdegerichts ist ohne Zulassung statthaft in
1. Betreuungssachen zur Bestellung eines Betreuers, zur Aufhebung einer Betreuung, zur Anordnung oder Aufhebung eines Einwilligungsvorbehalts,
2. Unterbringungssachen und Verfahren nach § 151 Nr. 6 und 7 sowie
3. Freiheitsentziehungssachen.

[2]In den Fällen des Satzes 1 Nr. 2 und 3 gilt dies nur, wenn sich die Rechtsbeschwerde gegen den Beschluss richtet, der die Unterbringungsmaßnahme oder die Freiheitsentziehung anordnet. [3]In den Fällen des Satzes 1 Nummer 3 ist die Rechtsbeschwerde abweichend von Satz 2 auch dann ohne Zulassung statthaft, wenn sie sich gegen den eine freiheitsentziehende Maßnahme ablehnenden oder zurückweisenden Beschluss in den in § 417 Absatz 2 Satz 2 Nummer 5 genannten Verfahren richtet.

(4) Gegen einen Beschluss im Verfahren über die Anordnung, Abänderung oder Aufhebung einer einstweiligen Anordnung oder eines Arrests findet die Rechtsbeschwerde nicht statt.

---

1) § 70 Abs. 3 Satz 3 angef. mWv 1.8.2015 durch G v. 27.7.2015 (BGBl. I S. 1386); Abs. 3 Satz 2 geänd. mWv 28.6.2019 durch G v. 19.6.2019 (BGBl. I S. 840).

**§ 71 Frist und Form der Rechtsbeschwerde.** (1) [1]Die Rechtsbeschwerde ist binnen einer Frist von einem Monat nach der schriftlichen Bekanntgabe des Beschlusses durch Einreichen einer Beschwerdeschrift bei dem Rechtsbeschwerdegericht einzulegen. [2]Die Rechtsbeschwerdeschrift muss enthalten:

1. die Bezeichnung des Beschlusses, gegen den die Rechtsbeschwerde gerichtet wird und
2. die Erklärung, dass gegen diesen Beschluss Rechtsbeschwerde eingelegt werde.

[3]Die Rechtsbeschwerdeschrift ist zu unterschreiben. [4]Mit der Rechtsbeschwerdeschrift soll eine Ausfertigung oder beglaubigte Abschrift des angefochtenen Beschlusses vorgelegt werden.

(2) [1]Die Rechtsbeschwerde ist, sofern die Beschwerdeschrift keine Begründung enthält, binnen einer Frist von einem Monat zu begründen. [2]Die Frist beginnt mit der schriftlichen Bekanntgabe des angefochtenen Beschlusses. [3]§ 551 Abs. 2 Satz 5 und 6 der Zivilprozessordnung[1)] gilt entsprechend.

(3) Die Begründung der Rechtsbeschwerde muss enthalten:

1. die Erklärung, inwieweit der Beschluss angefochten und dessen Aufhebung beantragt werde (Rechtsbeschwerdeanträge);
2. die Angabe der Rechtsbeschwerdegründe, und zwar
   a) die bestimmte Bezeichnung der Umstände, aus denen sich die Rechtsverletzung ergibt;
   b) soweit die Rechtsbeschwerde darauf gestützt wird, dass das Gesetz in Bezug auf das Verfahren verletzt sei, die Bezeichnung der Tatsachen, die den Mangel ergeben.

(4) Die Rechtsbeschwerde- und die Begründungsschrift sind den anderen Beteiligten bekannt zu geben.

**§ 72 Gründe der Rechtsbeschwerde.** (1) [1]Die Rechtsbeschwerde kann nur darauf gestützt werden, dass die angefochtene Entscheidung auf einer Verletzung des Rechts beruht. [2]Das Recht ist verletzt, wenn eine Rechtsnorm nicht oder nicht richtig angewendet worden ist.

(2) Die Rechtsbeschwerde kann nicht darauf gestützt werden, dass das Gericht des ersten Rechtszugs seine Zuständigkeit zu Unrecht angenommen hat.

(3) Die §§ 547, 556 und 560 der Zivilprozessordnung[1)] gelten entsprechend.

**§ 73 Anschlussrechtsbeschwerde.** [1]Ein Beteiligter kann sich bis zum Ablauf einer Frist von einem Monat nach der Bekanntgabe der Begründungsschrift der Rechtsbeschwerde durch Einreichen einer Anschlussschrift beim Rechtsbeschwerdegericht anschließen, auch wenn er auf die Rechtsbeschwerde verzichtet hat, die Rechtsbeschwerdefrist verstrichen oder die Rechtsbeschwerde nicht zugelassen worden ist. [2]Die Anschlussrechtsbeschwerde ist in der Anschlussschrift zu begründen und zu unterschreiben. [3]Die Anschließung verliert ihre Wirkung, wenn die Rechtsbeschwerde zurückgenommen, als unzulässig verworfen oder nach § 74a Abs. 1 zurückgewiesen wird.

**§ 74 Entscheidung über die Rechtsbeschwerde.** (1) [1]Das Rechtsbeschwerdegericht hat zu prüfen, ob die Rechtsbeschwerde an sich statthaft ist und ob sie in der

---

[1)] Nr. **100**.

gesetzlichen Form und Frist eingelegt und begründet ist. [2]Mangelt es an einem dieser Erfordernisse, ist die Rechtsbeschwerde als unzulässig zu verwerfen.

(2) Ergibt die Begründung des angefochtenen Beschlusses zwar eine Rechtsverletzung, stellt sich die Entscheidung aber aus anderen Gründen als richtig dar, ist die Rechtsbeschwerde zurückzuweisen.

(3) [1]Der Prüfung des Rechtsbeschwerdegerichts unterliegen nur die von den Beteiligten gestellten Anträge. [2]Das Rechtsbeschwerdegericht ist an die geltend gemachten Rechtsbeschwerdegründe nicht gebunden. [3]Auf Verfahrensmängel, die nicht von Amts wegen zu berücksichtigen sind, darf die angefochtene Entscheidung nur geprüft werden, wenn die Mängel nach § 71 Abs. 3 und § 73 Satz 2 gerügt worden sind. [4]Die §§ 559, 564 der Zivilprozessordnung[1)] gelten entsprechend.

(4) Auf das weitere Verfahren sind, soweit sich nicht Abweichungen aus den Vorschriften dieses Unterabschnitts ergeben, die im ersten Rechtszug geltenden Vorschriften entsprechend anzuwenden.

(5) Soweit die Rechtsbeschwerde begründet ist, ist der angefochtene Beschluss aufzuheben.

(6) [1]Das Rechtsbeschwerdegericht entscheidet in der Sache selbst, wenn diese zur Endentscheidung reif ist. [2]Andernfalls verweist es die Sache unter Aufhebung des angefochtenen Beschlusses und des Verfahrens zur anderweitigen Behandlung und Entscheidung an das Beschwerdegericht oder, wenn dies aus besonderen Gründen geboten erscheint, an das Gericht des ersten Rechtszugs zurück. [3]Die Zurückverweisung kann an einen anderen Spruchkörper des Gerichts erfolgen, das die angefochtene Entscheidung erlassen hat. [4]Das Gericht, an das die Sache zurückverwiesen ist, hat die rechtliche Beurteilung, die der Aufhebung zugrunde liegt, auch seiner Entscheidung zugrunde zu legen.

(7) Von einer Begründung der Entscheidung kann abgesehen werden, wenn sie nicht geeignet wäre, zur Klärung von Rechtsfragen grundsätzlicher Bedeutung, zur Fortbildung des Rechts oder zur Sicherung einer einheitlichen Rechtsprechung beizutragen.

**§ 74a Zurückweisungsbeschluss.** (1) Das Rechtsbeschwerdegericht weist die vom Beschwerdegericht zugelassene Rechtsbeschwerde durch einstimmigen Beschluss ohne mündliche Verhandlung oder Erörterung im Termin zurück, wenn es davon überzeugt ist, dass die Voraussetzungen für die Zulassung der Rechtsbeschwerde nicht vorliegen und die Rechtsbeschwerde keine Aussicht auf Erfolg hat.

(2) Das Rechtsbeschwerdegericht oder der Vorsitzende hat zuvor die Beteiligten auf die beabsichtigte Zurückweisung der Rechtsbeschwerde und die Gründe hierfür hinzuweisen und dem Rechtsbeschwerdeführer binnen einer zu bestimmenden Frist Gelegenheit zur Stellungnahme zu geben.

(3) Der Beschluss nach Absatz 1 ist zu begründen, soweit die Gründe für die Zurückweisung nicht bereits in dem Hinweis nach Absatz 2 enthalten sind.

**§ 75[2)] Sprungrechtsbeschwerde.** (1) [1]Gegen die im ersten Rechtszug erlassenen Beschlüsse, die ohne Zulassung der Beschwerde unterliegen, findet auf Antrag unter Übergehung der Beschwerdeinstanz unmittelbar die Rechtsbeschwerde (Sprungrechtsbeschwerde) statt, wenn

---

[1)] Nr. **100**.

[2)] § 75 Abs. 2 Satz 1 eingef. mWv 1.1.2013 durch G v. 5.12.2012 (BGBl. I S. 2418).

1. die Beteiligten in die Übergehung der Beschwerdeinstanz einwilligen und
2. das Rechtsbeschwerdegericht die Sprungrechtsbeschwerde zulässt.

²Der Antrag auf Zulassung der Sprungrechtsbeschwerde und die Erklärung der Einwilligung gelten als Verzicht auf das Rechtsmittel der Beschwerde.

(2) ¹Die Sprungrechtsbeschwerde ist in der in § 63 bestimmten Frist einzulegen. ²Für das weitere Verfahren gilt § 566 Abs. 2 bis 8 der Zivilprozessordnung[1] entsprechend.

### Abschnitt 6. Verfahrenskostenhilfe

**§ 76 Voraussetzungen.** (1) Auf die Bewilligung von Verfahrenskostenhilfe finden die Vorschriften der Zivilprozessordnung[1] über die Prozesskostenhilfe entsprechende Anwendung, soweit nachfolgend nichts Abweichendes bestimmt ist.

(2) Ein Beschluss, der im Verfahrenskostenhilfeverfahren ergeht, ist mit der sofortigen Beschwerde in entsprechender Anwendung der §§ 567 bis 572, 127 Abs. 2 bis 4 der Zivilprozessordnung anfechtbar.

**§ 77[2] Bewilligung.** (1) ¹Vor der Bewilligung der Verfahrenskostenhilfe kann das Gericht den übrigen Beteiligten Gelegenheit zur Stellungnahme geben. ²In Antragsverfahren ist dem Antragsgegner Gelegenheit zur Stellungnahme zu geben, ob er die Voraussetzungen für die Bewilligung von Verfahrenskostenhilfe für gegeben hält, soweit dies aus besonderen Gründen nicht unzweckmäßig erscheint.

(2) Die Bewilligung von Verfahrenskostenhilfe für die Vollstreckung in das bewegliche Vermögen umfasst alle Vollstreckungshandlungen im Bezirk des Vollstreckungsgerichts einschließlich des Verfahrens auf Abgabe der Vermögensauskunft und der Versicherung an Eides statt.

**§ 78 Beiordnung eines Rechtsanwalts.** (1) Ist eine Vertretung durch einen Rechtsanwalt vorgeschrieben, wird dem Beteiligten ein zur Vertretung bereiter Rechtsanwalt seiner Wahl beigeordnet.

(2) Ist eine Vertretung durch einen Rechtsanwalt nicht vorgeschrieben, wird dem Beteiligten auf seinen Antrag ein zur Vertretung bereiter Rechtsanwalt seiner Wahl beigeordnet, wenn wegen der Schwierigkeit der Sach- und Rechtslage die Vertretung durch einen Rechtsanwalt erforderlich erscheint.

(3) Ein nicht in dem Bezirk des Verfahrensgerichts niedergelassener Rechtsanwalt kann nur beigeordnet werden, wenn hierdurch besondere Kosten nicht entstehen.

(4) Wenn besondere Umstände dies erfordern, kann dem Beteiligten auf seinen Antrag ein zur Vertretung bereiter Rechtsanwalt seiner Wahl zur Wahrnehmung eines Termins zur Beweisaufnahme vor dem ersuchten Richter oder zur Vermittlung des Verkehrs mit dem Verfahrensbevollmächtigten beigeordnet werden.

(5) Findet der Beteiligte keinen zur Vertretung bereiten Anwalt, ordnet der Vorsitzende ihm auf Antrag einen Rechtsanwalt bei.

**§ 79** (entfallen)

---

[1] Nr. **100**.

[2] § 77 Abs. 1 Satz 2 neu gef. mWv 1.1.2014 durch G v. 31.8.2013 (BGBl. I S. 3533); Abs. 2 geänd. mWv 9.6.2017 durch G v. 1.6.2017 (BGBl. I S. 1396).

## Abschnitt 7. Kosten

**§ 80 Umfang der Kostenpflicht.** [1]Kosten sind die Gerichtskosten (Gebühren und Auslagen) und die zur Durchführung des Verfahrens notwendigen Aufwendungen der Beteiligten. [2]§ 91 Abs. 1 Satz 2 der Zivilprozessordnung[1)] gilt entsprechend.

**§ 81[2)] Grundsatz der Kostenpflicht.** (1) [1]Das Gericht kann die Kosten des Verfahrens nach billigem Ermessen den Beteiligten ganz oder zum Teil auferlegen. [2]Es kann auch anordnen, dass von der Erhebung der Kosten abzusehen ist. [3]In Familiensachen ist stets über die Kosten zu entscheiden.

(2) Das Gericht soll die Kosten des Verfahrens ganz oder teilweise einem Beteiligten auferlegen, wenn

1. der Beteiligte durch grobes Verschulden Anlass für das Verfahren gegeben hat;
2. der Antrag des Beteiligten von vornherein keine Aussicht auf Erfolg hatte und der Beteiligte dies erkennen musste;
3. der Beteiligte zu einer wesentlichen Tatsache schuldhaft unwahre Angaben gemacht hat;
4. der Beteiligte durch schuldhaftes Verletzen seiner Mitwirkungspflichten das Verfahren erheblich verzögert hat;
5. der Beteiligte einer richterlichen Anordnung zur Teilnahme an einem kostenfreien Informationsgespräch über Mediation oder über eine sonstige Möglichkeit der außergerichtlichen Konfliktbeilegung nach § 156 Absatz 1 Satz 3 oder einer richterlichen Anordnung zur Teilnahme an einer Beratung nach § 156 Absatz 1 Satz 4 nicht nachgekommen ist, sofern der Beteiligte dies nicht genügend entschuldigt hat.

(3) Einem minderjährigen Beteiligten können Kosten in Kindschaftssachen, die seine Person betreffen, nicht auferlegt werden.

(4) Einem Dritten können Kosten des Verfahrens nur auferlegt werden, soweit die Tätigkeit des Gerichts durch ihn veranlasst wurde und ihn ein grobes Verschulden trifft.

(5) Bundesrechtliche Vorschriften, die die Kostenpflicht abweichend regeln, bleiben unberührt.

**§ 82 Zeitpunkt der Kostenentscheidung.** Ergeht eine Entscheidung über die Kosten, hat das Gericht hierüber in der Endentscheidung zu entscheiden.

**§ 83 Kostenpflicht bei Vergleich, Erledigung und Rücknahme.**

(1) [1]Wird das Verfahren durch Vergleich erledigt und haben die Beteiligten keine Bestimmung über die Kosten getroffen, fallen die Gerichtskosten jedem Teil zu gleichen Teilen zur Last. [2]Die außergerichtlichen Kosten trägt jeder Beteiligte selbst.

(2) Ist das Verfahren auf sonstige Weise erledigt oder wird der Antrag zurückgenommen, gilt § 81 entsprechend.

**§ 84 Rechtsmittelkosten.** Das Gericht soll die Kosten eines ohne Erfolg eingelegten Rechtsmittels dem Beteiligten auferlegen, der es eingelegt hat.

---

[1)] Nr. **100**.

[2)] § 81 Abs. 2 Nr. 5 neu gef. mWv 26.7.2012 durch G v. 21.7.2012 (BGBl. I S. 1577); Abs. 3 geänd. mWv 1.1.2013 durch G v. 5.12.2012 (BGBl. I S. 2418).

**§ 85 Kostenfestsetzung.** Die §§ 103 bis 107 der Zivilprozessordnung[1] über die Festsetzung des zu erstattenden Betrags sind entsprechend anzuwenden.

## Abschnitt 8. Vollstreckung

### Unterabschnitt 1. Allgemeine Vorschriften

**§ 86 Vollstreckungstitel.** (1) Die Vollstreckung findet statt aus
1. gerichtlichen Beschlüssen;
2. gerichtlich gebilligten Vergleichen (§ 156 Abs. 2);
3. weiteren Vollstreckungstiteln im Sinne des § 794 der Zivilprozessordnung[1], soweit die Beteiligten über den Gegenstand des Verfahrens verfügen können.

(2) Beschlüsse sind mit Wirksamwerden vollstreckbar.

(3) Vollstreckungstitel bedürfen der Vollstreckungsklausel nur, wenn die Vollstreckung nicht durch das Gericht erfolgt, das den Titel erlassen hat.

**§ 87[2] Verfahren; Beschwerde.** (1) [1]Das Gericht wird in Verfahren, die von Amts wegen eingeleitet werden können, von Amts wegen tätig und bestimmt die im Fall der Zuwiderhandlung vorzunehmenden Vollstreckungsmaßnahmen. [2]Der Berechtigte kann die Vornahme von Vollstreckungshandlungen beantragen; entspricht das Gericht dem Antrag nicht, entscheidet es durch Beschluss.

(2) Die Vollstreckung darf nur beginnen, wenn der Beschluss bereits zugestellt ist oder gleichzeitig zugestellt wird.

(3) [1]Der Gerichtsvollzieher ist befugt, ein Auskunfts- und Unterstützungsersuchen nach § 757a der Zivilprozessordnung[1] zu stellen. [2]§ 758 Abs. 1 und 2 sowie die §§ 759 bis 763 der Zivilprozessordnung gelten entsprechend.

(4) Ein Beschluss, der im Vollstreckungsverfahren ergeht, ist mit der sofortigen Beschwerde in entsprechender Anwendung der §§ 567 bis 572 der Zivilprozessordnung anfechtbar.

(5) Für die Kostenentscheidung gelten die §§ 80 bis 82 und 84 entsprechend.

### Unterabschnitt 2. Vollstreckung von Entscheidungen über die Herausgabe von Personen und die Regelung des Umgangs

**§ 88[3] Grundsätze.** (1) Die Vollstreckung erfolgt durch das Gericht, in dessen Bezirk die Person zum Zeitpunkt der Einleitung der Vollstreckung ihren gewöhnlichen Aufenthalt hat.

(2) Das Jugendamt leistet dem Gericht in geeigneten Fällen Unterstützung.

(3) [1]Die Verfahren sind vorrangig und beschleunigt durchzuführen. [2]Die §§ 155b und 155c gelten entsprechend.

**§ 89[4] Ordnungsmittel.** (1) [1]Bei der Zuwiderhandlung gegen einen Vollstreckungstitel zur Herausgabe von Personen und zur Regelung des Umgangs kann das Gericht gegenüber dem Verpflichteten Ordnungsgeld und für den Fall, dass dieses nicht beigetrieben werden kann, Ordnungshaft anordnen. [2]Verspricht die Anordnung eines Ordnungsgelds keinen Erfolg, kann das Gericht Ordnungshaft anordnen. [3]Die Anordnungen ergehen durch Beschluss.

---

[1] Nr. **100**.
[2] § 87 Abs. 3 Satz 1 geänd. mWv 1.1.2022 durch G v. 7.5.2021 (BGBl. I S. 850).
[3] § 88 Abs. 3 angef. mWv 15.10.2016 durch G v. 11.10.2016 (BGBl. I S. 2222).
[4] § 89 Abs. 3 Satz 2 geänd. mWv 1.1.2013 durch G v. 29.7.2009 (BGBl. I S. 2258).

(2) Der Beschluss, der die Herausgabe der Person oder die Regelung des Umgangs anordnet, hat auf die Folgen einer Zuwiderhandlung gegen den Vollstreckungstitel hinzuweisen.

(3) [1]Das einzelne Ordnungsgeld darf den Betrag von 25 000 Euro nicht übersteigen. [2]Für den Vollzug der Haft gelten § 802g Abs. 1 Satz 2 und Abs. 2, die §§ 802h und 802j Abs. 1 der Zivilprozessordnung[1)] entsprechend.

(4) [1]Die Festsetzung eines Ordnungsmittels unterbleibt, wenn der Verpflichtete Gründe vorträgt, aus denen sich ergibt, dass er die Zuwiderhandlung nicht zu vertreten hat. [2]Werden Gründe, aus denen sich das fehlende Vertretenmüssen ergibt, nachträglich vorgetragen, wird die Festsetzung aufgehoben.

**§ 90 Anwendung unmittelbaren Zwanges.** (1) Das Gericht kann durch ausdrücklichen Beschluss zur Vollstreckung unmittelbaren Zwang anordnen, wenn

1. die Festsetzung von Ordnungsmitteln erfolglos geblieben ist;
2. die Festsetzung von Ordnungsmitteln keinen Erfolg verspricht;
3. eine alsbaldige Vollstreckung der Entscheidung unbedingt geboten ist.

(2) [1]Anwendung unmittelbaren Zwanges gegen ein Kind darf nicht zugelassen werden, wenn das Kind herausgegeben werden soll, um das Umgangsrecht auszuüben. [2]Im Übrigen darf unmittelbarer Zwang gegen ein Kind nur zugelassen werden, wenn dies unter Berücksichtigung des Kindeswohls gerechtfertigt ist und eine Durchsetzung der Verpflichtung mit milderen Mitteln nicht möglich ist.

**§ 91[2)] Richterlicher Durchsuchungsbeschluss.** (1) [1]Die Wohnung des Verpflichteten darf ohne dessen Einwilligung nur auf Grund eines richterlichen Beschlusses durchsucht werden. [2]Dies gilt nicht, wenn der Erlass des Beschlusses den Erfolg der Durchsuchung gefährden würde.

(2) Auf die Vollstreckung eines Haftbefehls nach § 94 in Verbindung mit § 802g der Zivilprozessordnung[1)] ist Absatz 1 nicht anzuwenden.

(3) [1]Willigt der Verpflichtete in die Durchsuchung ein oder ist ein Beschluss gegen ihn nach Absatz 1 Satz 1 ergangen oder nach Absatz 1 Satz 2 entbehrlich, haben Personen, die Mitgewahrsam an der Wohnung des Verpflichteten haben, die Durchsuchung zu dulden. [2]Unbillige Härten gegenüber Mitgewahrsamsinhabern sind zu vermeiden.

(4) Der Beschluss nach Absatz 1 ist bei der Vollstreckung vorzulegen.

**§ 92 Vollstreckungsverfahren.** (1) [1]Vor der Festsetzung von Ordnungsmitteln ist der Verpflichtete zu hören. [2]Dies gilt auch für die Anordnung von unmittelbarem Zwang, es sei denn, dass hierdurch die Vollstreckung vereitelt oder wesentlich erschwert würde.

(2) Dem Verpflichteten sind mit der Festsetzung von Ordnungsmitteln oder der Anordnung von unmittelbarem Zwang die Kosten des Verfahrens aufzuerlegen.

(3) [1]Die vorherige Durchführung eines Verfahrens nach § 165 ist nicht Voraussetzung für die Festsetzung von Ordnungsmitteln oder die Anordnung von unmittelbarem Zwang. [2]Die Durchführung eines solchen Verfahrens steht der Festsetzung von Ordnungsmitteln oder der Anordnung von unmittelbarem Zwang nicht entgegen.

---

[1)] Nr. **100**.
[2)] § 91 Abs. 2 geänd. mWv 1.1.2013 durch G v. 29.7.2009 (BGBl. I S. 2258).

**§ 93 Einstellung der Vollstreckung.** (1) [1] Das Gericht kann durch Beschluss die Vollstreckung einstweilen einstellen oder beschränken und Vollstreckungsmaßregeln aufheben, wenn

1. Wiedereinsetzung in den vorigen Stand beantragt wird;
2. Wiederaufnahme des Verfahrens beantragt wird;
3. gegen eine Entscheidung Beschwerde eingelegt wird;
4. die Abänderung einer Entscheidung beantragt wird;
5. die Durchführung eines Vermittlungsverfahrens (§ 165) beantragt wird.

[2] In der Beschwerdeinstanz ist über die einstweilige Einstellung der Vollstreckung vorab zu entscheiden. [3] Der Beschluss ist nicht anfechtbar.

(2) Für die Einstellung oder Beschränkung der Vollstreckung und die Aufhebung von Vollstreckungsmaßregeln gelten § 775 Nr. 1 und 2 und § 776 der Zivilprozessordnung[1)] entsprechend.

**§ 94[2)] Eidesstattliche Versicherung.** [1] Wird eine herauszugebende Person nicht vorgefunden, kann das Gericht anordnen, dass der Verpflichtete eine eidesstattliche Versicherung über ihren Verbleib abzugeben hat. [2] § 883 Abs. 2 und 3 der Zivilprozessordnung[1)] gilt entsprechend.

### Unterabschnitt 3. Vollstreckung nach der Zivilprozessordnung

**§ 95 Anwendung der Zivilprozessordnung.** (1) Soweit in den vorstehenden Unterabschnitten nichts Abweichendes bestimmt ist, sind auf die Vollstreckung

1. wegen einer Geldforderung,
2. zur Herausgabe einer beweglichen oder unbeweglichen Sache,
3. zur Vornahme einer vertretbaren oder nicht vertretbaren Handlung,
4. zur Erzwingung von Duldungen und Unterlassungen oder
5. zur Abgabe einer Willenserklärung

die Vorschriften der Zivilprozessordnung[1)] über die Zwangsvollstreckung entsprechend anzuwenden.

(2) An die Stelle des Urteils tritt der Beschluss nach den Vorschriften dieses Gesetzes.

(3) [1] Macht der aus einem Titel wegen einer Geldforderung Verpflichtete glaubhaft, dass die Vollstreckung ihm einen nicht zu ersetzenden Nachteil bringen würde, hat das Gericht auf seinen Antrag die Vollstreckung vor Eintritt der Rechtskraft in der Entscheidung auszuschließen. [2] In den Fällen des § 707 Abs. 1 und des § 719 Abs. 1 der Zivilprozessordnung kann die Vollstreckung nur unter derselben Voraussetzung eingestellt werden.

(4) Ist die Verpflichtung zur Herausgabe oder Vorlage einer Sache oder zur Vornahme einer vertretbaren Handlung zu vollstrecken, so kann das Gericht durch Beschluss neben oder anstelle einer Maßnahme nach den §§ 883, 885 bis 887 der Zivilprozessordnung die in § 888 der Zivilprozessordnung vorgesehenen Maßnahmen anordnen, soweit ein Gesetz nicht etwas anderes bestimmt.

---

[1)] Nr. **100**.
[2)] § 94 Satz 2 neu gef. mWv 1.1.2013 durch G v. 29.7.2009 (BGBl. I S. 2258).

**§ 96[1] Vollstreckung in Verfahren nach dem Gewaltschutzgesetz und in Ehewohnungssachen.** (1) [1]Handelt der Verpflichtete einer Anordnung nach § 1 des Gewaltschutzgesetzes[2] zuwider, eine Handlung zu unterlassen, kann der Berechtigte zur Beseitigung einer jeden andauernden Zuwiderhandlung einen Gerichtsvollzieher zuziehen. [2]Der Gerichtsvollzieher hat nach § 758 Abs. 3 und § 759 der Zivilprozessordnung[3] zu verfahren; er kann ein Auskunfts- und Unterstützungsersuchen nach § 757a der Zivilprozessordnung stellen. [3]Die §§ 890 und 891 der Zivilprozessordnung bleiben daneben anwendbar.

(2) [1]Bei einer einstweiligen Anordnung in Gewaltschutzsachen, soweit Gegenstand des Verfahrens Regelungen aus dem Bereich der Ehewohnungssachen sind, und in Ehewohnungssachen ist die mehrfache Einweisung des Besitzes im Sinne des § 885 Abs. 1 der Zivilprozessordnung während der Geltungsdauer möglich. [2]Einer erneuten Zustellung an den Verpflichteten bedarf es nicht.

**§ 96a Vollstreckung in Abstammungssachen.** (1) Die Vollstreckung eines durch rechtskräftigen Beschluss oder gerichtlichen Vergleich titulierten Anspruchs nach § 1598a des Bürgerlichen Gesetzbuchs[4] auf Duldung einer nach den anerkannten Grundsätzen der Wissenschaft durchgeführten Probeentnahme, insbesondere die Entnahme einer Speichel- oder Blutprobe, ist ausgeschlossen, wenn die Art der Probeentnahme der zu untersuchenden Person nicht zugemutet werden kann.

(2) Bei wiederholter unberechtigter Verweigerung der Untersuchung kann auch unmittelbarer Zwang angewendet, insbesondere die zwangsweise Vorführung zur Untersuchung angeordnet werden.

## Abschnitt 9. Verfahren mit Auslandsbezug

### Unterabschnitt 1.[5] Verhältnis zu völkerrechtlichen Vereinbarungen und Rechtsakten der Europäischen Union

**§ 97[6] Vorrang und Unberührtheit.** (1) [1]Regelungen in völkerrechtlichen Vereinbarungen gehen, soweit sie unmittelbar anwendbares innerstaatliches Recht geworden sind, den Vorschriften dieses Gesetzes vor. [2]Regelungen in Rechtsakten der Europäischen Union bleiben unberührt.

(2) Die zur Umsetzung und Ausführung von Vereinbarungen und Rechtsakten im Sinne des Absatzes 1 erlassenen Bestimmungen bleiben unberührt.

### Unterabschnitt 2. Internationale Zuständigkeit

**§ 98[7] Ehesachen; Verbund von Scheidungs- und Folgesachen.** (1) Die deutschen Gerichte sind für Ehesachen zuständig, wenn

1. ein Ehegatte Deutscher ist oder bei der Eheschließung war;
2. beide Ehegatten ihren gewöhnlichen Aufenthalt im Inland haben;
3. ein Ehegatte Staatenloser mit gewöhnlichem Aufenthalt im Inland ist;

---

[1] § 96 Überschrift, Abs. 2 Satz 1 geänd. mWv 1.9.2009 durch G v. 6.7.2009 (BGBl. I S. 1696); Abs. 1 Satz 2 geänd. mWv 1.1.2022 durch G v. 7.5.2021 (BGBl. I S. 850).

[2] **Habersack, Deutsche Gesetze ErgBd. Nr. 49.**

[3] Nr. **100**.

[4] Nr. **20**.

[5] UAbschnitt 1 Überschrift geänd. mWv 21.12.2018 durch G v. 17.12.2018 (BGBl. I S. 2573).

[6] § 97 Abs. 1 Satz 2 geänd. mWv 21.12.2018 durch G v. 17.12.2018 (BGBl. I S. 2573).

[7] § 98 Abs. 2 eingef., bish. Abs. 2 wird Abs. 3 mWv 22.7.2017 durch G v. 17.7.2017 (BGBl. I S. 2429).

4. ein Ehegatte seinen gewöhnlichen Aufenthalt im Inland hat, es sei denn, dass die zu fällende Entscheidung offensichtlich nach dem Recht keines der Staaten anerkannt würde, denen einer der Ehegatten angehört.

(2) Für Verfahren auf Aufhebung der Ehe nach Artikel 13 Absatz 3 Nummer 2 des Einführungsgesetzes zum Bürgerlichen Gesetzbuche[1)] sind die deutschen Gerichte auch zuständig, wenn der Ehegatte, der im Zeitpunkt der Eheschließung das 16., aber nicht das 18. Lebensjahr vollendet hatte, seinen Aufenthalt im Inland hat.

(3) Die Zuständigkeit der deutschen Gerichte nach Absatz 1 erstreckt sich im Fall des Verbunds von Scheidungs- und Folgesachen auf die Folgesachen.

**§ 99 Kindschaftssachen.** (1) [1]Die deutschen Gerichte sind außer in Verfahren nach § 151 Nr. 7 zuständig, wenn das Kind

1. Deutscher ist oder
2. seinen gewöhnlichen Aufenthalt im Inland hat.

[2]Die deutschen Gerichte sind ferner zuständig, soweit das Kind der Fürsorge durch ein deutsches Gericht bedarf.

(2) Sind für die Anordnung einer Vormundschaft sowohl die deutschen Gerichte als auch die Gerichte eines anderen Staates zuständig und ist die Vormundschaft in dem anderen Staat anhängig, kann die Anordnung der Vormundschaft im Inland unterbleiben, wenn dies im Interesse des Mündels liegt.

(3) [1]Sind für die Anordnung einer Vormundschaft sowohl die deutschen Gerichte als auch die Gerichte eines anderen Staates zuständig und besteht die Vormundschaft im Inland, kann das Gericht, bei dem die Vormundschaft anhängig ist, sie an den Staat, dessen Gerichte für die Anordnung der Vormundschaft zuständig sind, abgeben, wenn dies im Interesse des Mündels liegt, der Vormund seine Zustimmung erteilt und dieser Staat sich zur Übernahme bereit erklärt. [2]Verweigert der Vormund oder, wenn mehrere Vormünder die Vormundschaft gemeinschaftlich führen, einer von ihnen seine Zustimmung, so entscheidet anstelle des Gerichts, bei dem die Vormundschaft anhängig ist, das im Rechtszug übergeordnete Gericht. [3]Der Beschluss ist nicht anfechtbar.

(4) Die Absätze 2 und 3 gelten entsprechend für Verfahren nach § 151 Nr. 5 und 6.

**§ 100 Abstammungssachen.** Die deutschen Gerichte sind zuständig, wenn das Kind, die Mutter, der Vater oder der Mann, der an Eides statt versichert, der Mutter während der Empfängniszeit beigewohnt zu haben,

1. Deutscher ist oder
2. seinen gewöhnlichen Aufenthalt im Inland hat.

**§ 101 Adoptionssachen.** Die deutschen Gerichte sind zuständig, wenn der Annehmende, einer der annehmenden Ehegatten oder das Kind

1. Deutscher ist oder
2. seinen gewöhnlichen Aufenthalt im Inland hat.

---

1) Nr. **21**.

**§ 102 Versorgungsausgleichssachen.** Die deutschen Gerichte sind zuständig, wenn

1. der Antragsteller oder der Antragsgegner seinen gewöhnlichen Aufenthalt im Inland hat,
2. über inländische Anrechte zu entscheiden ist oder
3. ein deutsches Gericht die Ehe zwischen Antragsteller und Antragsgegner geschieden hat.

**§ 103 Lebenspartnerschaftssachen.** (1) Die deutschen Gerichte sind in Lebenspartnerschaftssachen, die die Aufhebung der Lebenspartnerschaft auf Grund des Lebenspartnerschaftsgesetzes[1] oder die Feststellung des Bestehens oder Nichtbestehens einer Lebenspartnerschaft zum Gegenstand haben, zuständig, wenn

1. ein Lebenspartner Deutscher ist oder bei Begründung der Lebenspartnerschaft war,
2. einer der Lebenspartner seinen gewöhnlichen Aufenthalt im Inland hat oder
3. die Lebenspartnerschaft vor einer zuständigen deutschen Stelle begründet worden ist.

(2) Die Zuständigkeit der deutschen Gerichte nach Absatz 1 erstreckt sich im Fall des Verbunds von Aufhebungs- und Folgesachen auf die Folgesachen.

(3) Die §§ 99, 101, 102 und 105 gelten entsprechend.

**§ 104[2] Betreuungs- und Unterbringungssachen; Pflegschaft für Erwachsene.** (1) [1]Die deutschen Gerichte sind zuständig, wenn der Betroffene oder der volljährige Pflegling

1. Deutscher ist oder
2. seinen gewöhnlichen Aufenthalt im Inland hat.

[2]Die deutschen Gerichte sind ferner zuständig, soweit der Betroffene oder der volljährige Pflegling der Fürsorge durch ein deutsches Gericht bedarf.

(2) § 99 Abs. 2 und 3 gilt entsprechend.

(3) Die Absätze 1 und 2 sind in Verfahren nach § 312 Nummer 4 nicht anzuwenden.

**§ 105 Andere Verfahren.** In anderen Verfahren nach diesem Gesetz sind die deutschen Gerichte zuständig, wenn ein deutsches Gericht örtlich zuständig ist.

**§ 106 Keine ausschließliche Zuständigkeit.** Die Zuständigkeiten in diesem Unterabschnitt sind nicht ausschließlich.

### Unterabschnitt 3. Anerkennung und Vollstreckbarkeit ausländischer Entscheidungen

**§ 107 Anerkennung ausländischer Entscheidungen in Ehesachen.**

(1) [1]Entscheidungen, durch die im Ausland eine Ehe für nichtig erklärt, aufgehoben, dem Ehebande nach oder unter Aufrechterhaltung des Ehebandes geschieden oder durch die das Bestehen oder Nichtbestehen einer Ehe zwischen den Beteiligten festgestellt worden ist, werden nur anerkannt, wenn die Landesjustiz-

---

[1] **Schönfelder ErgBd. Nr. 43.**

[2] § 104 Abs. 3 geänd. mWv 22.7.2017 durch G v. 17.7.2017 (BGBl. I S. 2426); Abs. 3 geänd. mWv 28.6.2019 durch G v. 19.6.2019 (BGBl. I S. 840).

verwaltung festgestellt hat, dass die Voraussetzungen für die Anerkennung vorliegen. 2 Hat ein Gericht oder eine Behörde des Staates entschieden, dem beide Ehegatten zur Zeit der Entscheidung angehört haben, hängt die Anerkennung nicht von einer Feststellung der Landesjustizverwaltung ab.

(2) 1 Zuständig ist die Justizverwaltung des Landes, in dem ein Ehegatte seinen gewöhnlichen Aufenthalt hat. 2 Hat keiner der Ehegatten seinen gewöhnlichen Aufenthalt im Inland, ist die Justizverwaltung des Landes zuständig, in dem eine neue Ehe geschlossen oder eine Lebenspartnerschaft begründet werden soll; die Landesjustizverwaltung kann den Nachweis verlangen, dass die Eheschließung oder die Begründung der Lebenspartnerschaft angemeldet ist. 3 Wenn eine andere Zuständigkeit nicht gegeben ist, ist die Justizverwaltung des Landes Berlin zuständig.

(3) 1 Die Landesregierungen können die den Landesjustizverwaltungen nach dieser Vorschrift zustehenden Befugnisse durch Rechtsverordnung auf einen oder mehrere Präsidenten der Oberlandesgerichte übertragen. 2 Die Landesregierungen können die Ermächtigung nach Satz 1 durch Rechtsverordnung auf die Landesjustizverwaltungen übertragen.

(4) 1 Die Entscheidung ergeht auf Antrag. 2 Den Antrag kann stellen, wer ein rechtliches Interesse an der Anerkennung glaubhaft macht.

(5) Lehnt die Landesjustizverwaltung den Antrag ab, kann der Antragsteller beim Oberlandesgericht die Entscheidung beantragen.

(6) 1 Stellt die Landesjustizverwaltung fest, dass die Voraussetzungen für die Anerkennung vorliegen, kann ein Ehegatte, der den Antrag nicht gestellt hat, beim Oberlandesgericht die Entscheidung beantragen. 2 Die Entscheidung der Landesjustizverwaltung wird mit der Bekanntgabe an den Antragsteller wirksam. 3 Die Landesjustizverwaltung kann jedoch in ihrer Entscheidung bestimmen, dass die Entscheidung erst nach Ablauf einer von ihr bestimmten Frist wirksam wird.

(7) 1 Zuständig ist ein Zivilsenat des Oberlandesgerichts, in dessen Bezirk die Landesjustizverwaltung ihren Sitz hat. 2 Der Antrag auf gerichtliche Entscheidung hat keine aufschiebende Wirkung. 3 Für das Verfahren gelten die Abschnitte 4 und 5 sowie § 14 Abs. 1 und 2 und § 48 Abs. 2 entsprechend.

(8) Die vorstehenden Vorschriften sind entsprechend anzuwenden, wenn die Feststellung begehrt wird, dass die Voraussetzungen für die Anerkennung einer Entscheidung nicht vorliegen.

(9) Die Feststellung, dass die Voraussetzungen für die Anerkennung vorliegen oder nicht vorliegen, ist für Gerichte und Verwaltungsbehörden bindend.

(10) War am 1. November 1941 in einem deutschen Familienbuch (Heiratsregister) auf Grund einer ausländischen Entscheidung die Nichtigerklärung, Aufhebung, Scheidung oder Trennung oder das Bestehen oder Nichtbestehen einer Ehe vermerkt, steht der Vermerk einer Anerkennung nach dieser Vorschrift gleich.

**§ 108[1)] Anerkennung anderer ausländischer Entscheidungen.** (1) Abgesehen von Entscheidungen in Ehesachen sowie von Entscheidungen nach § 1 Absatz 2 des Adoptionswirkungsgesetzes[2)] werden ausländische Entscheidungen anerkannt, ohne dass es hierfür eines besonderen Verfahrens bedarf.

(2) 1 Beteiligte, die ein rechtliches Interesse haben, können eine Entscheidung über die Anerkennung oder Nichtanerkennung einer ausländischen Entscheidung

---

[1)] § 108 Abs. 1 und 2 Satz 3 neu gef. mWv 1.4.2021 durch G v. 12.2.2021 (BGBl. I S. 226).
[2)] **Schönfelder ErgBd. Nr. 45j.**

nicht vermögensrechtlichen Inhalts beantragen. [2] § 107 Abs. 9 gilt entsprechend. [3] Für die Anerkennung oder Nichtanerkennung einer Annahme als Kind gelten jedoch die Bestimmungen des Adoptionswirkungsgesetzes, wenn der Angenommene zur Zeit der Annahme das 18. Lebensjahr nicht vollendet hatte.

(3) [1] Für die Entscheidung über den Antrag nach Absatz 2 Satz 1 ist das Gericht örtlich zuständig, in dessen Bezirk zum Zeitpunkt der Antragstellung

1. der Antragsgegner oder die Person, auf die sich die Entscheidung bezieht, sich gewöhnlich aufhält oder
2. bei Fehlen einer Zuständigkeit nach Nummer 1 das Interesse an der Feststellung bekannt wird oder das Bedürfnis der Fürsorge besteht.

[2] Diese Zuständigkeiten sind ausschließlich.

**§ 109[1)] Anerkennungshindernisse.** (1) Die Anerkennung einer ausländischen Entscheidung ist ausgeschlossen,

1. wenn die Gerichte des anderen Staates nach deutschem Recht nicht zuständig sind;
2. wenn einem Beteiligten, der sich zur Hauptsache nicht geäußert hat und sich hierauf beruft, das verfahrenseinleitende Dokument nicht ordnungsgemäß oder nicht so rechtzeitig mitgeteilt worden ist, dass er seine Rechte wahrnehmen konnte;
3. wenn die Entscheidung mit einer hier erlassenen oder anzuerkennenden früheren ausländischen Entscheidung oder wenn das ihr zugrunde liegende Verfahren mit einem früher hier rechtshängig gewordenen Verfahren unvereinbar ist;
4. wenn die Anerkennung der Entscheidung zu einem Ergebnis führt, das mit wesentlichen Grundsätzen des deutschen Rechts offensichtlich unvereinbar ist, insbesondere wenn die Anerkennung mit den Grundrechten unvereinbar ist.

(2) [1] Der Anerkennung einer ausländischen Entscheidung in einer Ehesache steht § 98 Abs. 1 Nr. 4 nicht entgegen, wenn ein Ehegatte seinen gewöhnlichen Aufenthalt in dem Staat hatte, dessen Gerichte entschieden haben. [2] Wird eine ausländische Entscheidung in einer Ehesache von den Staaten anerkannt, denen die Ehegatten angehören, steht § 98 der Anerkennung der Entscheidung nicht entgegen.

(3) § 103 steht der Anerkennung einer ausländischen Entscheidung in einer Lebenspartnerschaftssache nicht entgegen, wenn der Register führende Staat die Entscheidung anerkennt.

(4) Die Anerkennung einer ausländischen Entscheidung, die

1. Familienstreitsachen,
2. die Verpflichtung zur Fürsorge und Unterstützung in der partnerschaftlichen Lebensgemeinschaft,
3. die Regelung der Rechtsverhältnisse an der gemeinsamen Wohnung und an den Haushaltsgegenständen der Lebenspartner,
4. Entscheidungen nach § 6 Satz 2 des Lebenspartnerschaftsgesetzes[2)] in Verbindung mit den §§ 1382 und 1383 des Bürgerlichen Gesetzbuchs[3)] oder

---

[1)] § 109 Abs. 4 Nr. 3 geänd. mWv 1.9.2009 durch G v. 6.7.2009 (BGBl. I S. 1696).
[2)] **Schönfelder ErgBd. Nr. 43.**
[3)] Nr. **20**.

5. Entscheidungen nach § 7 Satz 2 des Lebenspartnerschaftsgesetzes in Verbindung mit den §§ 1426, 1430 und 1452 des Bürgerlichen Gesetzbuchs

betrifft, ist auch dann ausgeschlossen, wenn die Gegenseitigkeit nicht verbürgt ist.

(5) Eine Überprüfung der Gesetzmäßigkeit der ausländischen Entscheidung findet nicht statt.

**§ 110 Vollstreckbarkeit ausländischer Entscheidungen.** (1) Eine ausländische Entscheidung ist nicht vollstreckbar, wenn sie nicht anzuerkennen ist.

(2) [1]Soweit die ausländische Entscheidung eine in § 95 Abs. 1 genannte Verpflichtung zum Inhalt hat, ist die Vollstreckbarkeit durch Beschluss auszusprechen. [2]Der Beschluss ist zu begründen.

(3) [1]Zuständig für den Beschluss nach Absatz 2 ist das Amtsgericht, bei dem der Schuldner seinen allgemeinen Gerichtsstand hat, und sonst das Amtsgericht, bei dem nach § 23 der Zivilprozessordnung[1)] gegen den Schuldner Klage erhoben werden kann. [2]Der Beschluss ist erst zu erlassen, wenn die Entscheidung des ausländischen Gerichts nach dem für dieses Gericht geltenden Recht die Rechtskraft erlangt hat.

## Buch 2. Verfahren in Familiensachen

### Abschnitt 1. Allgemeine Vorschriften

**§ 111[2)] Familiensachen.** Familiensachen sind

1. Ehesachen,
2. Kindschaftssachen,
3. Abstammungssachen,
4. Adoptionssachen,
5. Ehewohnungs- und Haushaltssachen,
6. Gewaltschutzsachen,
7. Versorgungsausgleichssachen,
8. Unterhaltssachen,
9. Güterrechtssachen,
10. sonstige Familiensachen,
11. Lebenspartnerschaftssachen.

**§ 112 Familienstreitsachen.** Familienstreitsachen sind folgende Familiensachen:

1. Unterhaltssachen nach § 231 Abs. 1 und Lebenspartnerschaftssachen nach § 269 Abs. 1 Nr. 8 und 9,

---

1) Nr. **100**.
2) § 111 Nr. 5 neu gef. mWv 1.9.2009 durch G v. 6.7.2009 (BGBl. I S. 1696).

2. Güterrechtssachen nach § 261 Abs. 1 und Lebenspartnerschaftssachen nach § 269 Abs. 1 Nr. 10 sowie
3. sonstige Familiensachen nach § 266 Abs. 1 und Lebenspartnerschaftssachen nach § 269 Abs. 2.

**§ 113[1)] Anwendung von Vorschriften der Zivilprozessordnung.**

(1) [1] In Ehesachen und Familienstreitsachen sind die §§ 2 bis 22, 23 bis 37, 40 bis 45, 46 Satz 1 und 2 sowie die §§ 47 und 48 sowie 76 bis 96 nicht anzuwenden. [2] Es gelten die Allgemeinen Vorschriften der Zivilprozessordnung[2)] und die Vorschriften der Zivilprozessordnung über das Verfahren vor den Landgerichten entsprechend.

(2) In Familienstreitsachen gelten die Vorschriften der Zivilprozessordnung über den Urkunden- und Wechselprozess und über das Mahnverfahren entsprechend.

(3) In Ehesachen und Familienstreitsachen ist § 227 Abs. 3 der Zivilprozessordnung nicht anzuwenden.

(4) In Ehesachen sind die Vorschriften der Zivilprozessordnung über

1. die Folgen der unterbliebenen oder verweigerten Erklärung über Tatsachen,
2. die Voraussetzungen einer Klageänderung,
3. die Bestimmung der Verfahrensweise, den frühen ersten Termin, das schriftliche Vorverfahren und die Klageerwiderung,
4. die Güteverhandlung,
5. die Wirkung des gerichtlichen Geständnisses,
6. das Anerkenntnis,
7. die Folgen der unterbliebenen oder verweigerten Erklärung über die Echtheit von Urkunden,
8. den Verzicht auf die Beeidigung des Gegners sowie von Zeugen oder Sachverständigen

nicht anzuwenden.

(5) Bei der Anwendung der Zivilprozessordnung tritt an die Stelle der Bezeichnung

1. Prozess oder Rechtsstreit die Bezeichnung Verfahren,
2. Klage die Bezeichnung Antrag,
3. Kläger die Bezeichnung Antragsteller,
4. Beklagter die Bezeichnung Antragsgegner,
5. Partei die Bezeichnung Beteiligter.

**§ 114[3)] Vertretung durch einen Rechtsanwalt; Vollmacht.** (1) Vor dem Familiengericht und dem Oberlandesgericht müssen sich die Ehegatten in Ehesachen und Folgesachen und die Beteiligten in selbständigen Familienstreitsachen durch einen Rechtsanwalt vertreten lassen.

(2) Vor dem Bundesgerichtshof müssen sich die Beteiligten durch einen bei dem Bundesgerichtshof zugelassenen Rechtsanwalt vertreten lassen.

---

[1)] § 113 Abs. 1 Satz 1 geänd. mWv 1.1.2013 durch G v. 5.12.2012 (BGBl. I S. 2418).

[2)] Nr. **100**.

[3)] § 114 Abs. 4 Nr. 5 und 6 geänd., Nr. 7 angef. mWv 1.9.2009 durch G v. 3.4.2009 (BGBl. I S. 700); Abs. 4 Nr. 2 neu gef. mWv 1.1.2013 durch G v. 5.12.2012 (BGBl. I S. 2418); Abs. 4 Nr. 7 geänd. **mWv 1.8.2021** durch G v. 12.5.2021 (BGBl. I S. 1085).

(3) [1]Behörden und juristische Personen des öffentlichen Rechts einschließlich der von ihnen zur Erfüllung ihrer öffentlichen Aufgaben gebildeten Zusammenschlüsse können sich durch eigene Beschäftigte oder Beschäftigte anderer Behörden oder juristischer Personen des öffentlichen Rechts einschließlich der von ihnen zur Erfüllung ihrer öffentlichen Aufgaben gebildeten Zusammenschlüsse vertreten lassen. [2]Vor dem Bundesgerichtshof müssen die zur Vertretung berechtigten Personen die Befähigung zum Richteramt haben.

(4) Der Vertretung durch einen Rechtsanwalt bedarf es nicht

1. im Verfahren der einstweiligen Anordnung,
2. in Unterhaltssachen für Beteiligte, die durch das Jugendamt als Beistand, Vormund oder Ergänzungspfleger vertreten sind,
3. für die Zustimmung zur Scheidung und zur Rücknahme des Scheidungsantrags und für den Widerruf der Zustimmung zur Scheidung,
4. für einen Antrag auf Abtrennung einer Folgesache von der Scheidung,
5. im Verfahren über die Verfahrenskostenhilfe,
6. in den Fällen des § 78 Abs. 3 der Zivilprozessordnung[1] sowie
7. für den Antrag auf Durchführung des Versorgungsausgleichs nach § 3 Abs. 3 des Versorgungsausgleichsgesetzes[2] und die Erklärungen zum Wahlrecht nach § 15 Abs. 1 und 3 ***[ab 1.8.2021:** sowie nach § 19 Absatz 2 Nummer 5]* des Versorgungsausgleichsgesetzes.

(5) [1]Der Bevollmächtigte in Ehesachen bedarf einer besonderen auf das Verfahren gerichteten Vollmacht. [2]Die Vollmacht für die Scheidungssache erstreckt sich auch auf die Folgesachen.

**§ 115 Zurückweisung von Angriffs- und Verteidigungsmitteln.** [1]In Ehesachen und Familienstreitsachen können Angriffs- und Verteidigungsmittel, die nicht rechtzeitig vorgebracht werden, zurückgewiesen werden, wenn ihre Zulassung nach der freien Überzeugung des Gerichts die Erledigung des Verfahrens verzögern würde und die Verspätung auf grober Nachlässigkeit beruht. [2]Im Übrigen sind die Angriffs- und Verteidigungsmittel abweichend von den allgemeinen Vorschriften zuzulassen.

**§ 116 Entscheidung durch Beschluss; Wirksamkeit.** (1) Das Gericht entscheidet in Familiensachen durch Beschluss.

(2) Endentscheidungen in Ehesachen werden mit Rechtskraft wirksam.

(3) [1]Endentscheidungen in Familienstreitsachen werden mit Rechtskraft wirksam. [2]Das Gericht kann die sofortige Wirksamkeit anordnen. [3]Soweit die Endentscheidung eine Verpflichtung zur Leistung von Unterhalt enthält, soll das Gericht die sofortige Wirksamkeit anordnen.

**§ 117[3] Rechtsmittel in Ehe- und Familienstreitsachen.** (1) [1]In Ehesachen und Familienstreitsachen hat der Beschwerdeführer zur Begründung der Beschwerde einen bestimmten Sachantrag zu stellen und diesen zu begründen. [2]Die Begründung ist beim Beschwerdegericht einzureichen. [3]Die Frist zur

---

[1] Nr. **100**.
[2] Nr. **48**.
[3] § 117 Abs. 2 Satz 1 geänd. mWv 1.1.2013 durch G v. 5.12.2012 (BGBl. I S. 2418).

Begründung der Beschwerde beträgt zwei Monate und beginnt mit der schriftlichen Bekanntgabe des Beschlusses, spätestens mit Ablauf von fünf Monaten nach Erlass des Beschlusses. [4] § 520 Abs. 2 Satz 2 und 3 sowie § 522 Abs. 1 Satz 1, 2 und 4 der Zivilprozessordnung[1)] gelten entsprechend.

(2) [1] Die §§ 514, 516 Abs. 3, 521 Abs. 2, § 524 Abs. 2 Satz 2 und 3, die §§ 527, 528, 538 Abs. 2 und § 539 der Zivilprozessordnung gelten im Beschwerdeverfahren entsprechend. [2] Einer Güteverhandlung bedarf es im Beschwerde- und Rechtsbeschwerdeverfahren nicht.

(3) Beabsichtigt das Beschwerdegericht von einzelnen Verfahrensschritten nach § 68 Abs. 3 Satz 2 abzusehen, hat das Gericht die Beteiligten zuvor darauf hinzuweisen.

(4) Wird die Endentscheidung in dem Termin, in dem die mündliche Verhandlung geschlossen wurde, verkündet, kann die Begründung auch in die Niederschrift aufgenommen werden.

(5) Für die Wiedereinsetzung gegen die Versäumung der Fristen zur Begründung der Beschwerde und Rechtsbeschwerde gelten die §§ 233 und 234 Abs. 1 Satz 2 der Zivilprozessordnung entsprechend.

**§ 118 Wiederaufnahme.** Für die Wiederaufnahme des Verfahrens in Ehesachen und Familienstreitsachen gelten die §§ 578 bis 591 der Zivilprozessordnung[1)] entsprechend.

**§ 119 Einstweilige Anordnung und Arrest.** (1) [1] In Familienstreitsachen sind die Vorschriften dieses Gesetzes über die einstweilige Anordnung anzuwenden. [2] In Familienstreitsachen nach § 112 Nr. 2 und 3 gilt § 945 der Zivilprozessordnung[1)] entsprechend.

(2) [1] Das Gericht kann in Familienstreitsachen den Arrest anordnen. [2] Die §§ 916 bis 934 und die §§ 943 bis 945 der Zivilprozessordnung gelten entsprechend.

**§ 120 Vollstreckung.** (1) Die Vollstreckung in Ehesachen und Familienstreitsachen erfolgt entsprechend den Vorschriften der Zivilprozessordnung[1)] über die Zwangsvollstreckung.

(2) [1] Endentscheidungen sind mit Wirksamwerden vollstreckbar. [2] Macht der Verpflichtete glaubhaft, dass die Vollstreckung ihm einen nicht zu ersetzenden Nachteil bringen würde, hat das Gericht auf seinen Antrag die Vollstreckung vor Eintritt der Rechtskraft in der Endentscheidung einzustellen oder zu beschränken. [3] In den Fällen des § 707 Abs. 1 und des § 719 Abs. 1 der Zivilprozessordnung kann die Vollstreckung nur unter denselben Voraussetzungen eingestellt oder beschränkt werden.

(3) Die Verpflichtung zur Eingehung der Ehe und zur Herstellung des ehelichen Lebens unterliegt nicht der Vollstreckung.

---

[1)] Nr. **100**.

## Abschnitt 2. Verfahren in Ehesachen; Verfahren in Scheidungssachen und Folgesachen

### Unterabschnitt 1. Verfahren in Ehesachen

**§ 121 Ehesachen.** Ehesachen sind Verfahren
1. auf Scheidung der Ehe (Scheidungssachen),
2. auf Aufhebung der Ehe und
3. auf Feststellung des Bestehens oder Nichtbestehens einer Ehe zwischen den Beteiligten.

**§ 122[1] Örtliche Zuständigkeit.** Ausschließlich zuständig ist in dieser Rangfolge:
1. das Gericht, in dessen Bezirk einer der Ehegatten mit allen gemeinschaftlichen minderjährigen Kindern seinen gewöhnlichen Aufenthalt hat;
2. das Gericht, in dessen Bezirk einer der Ehegatten mit einem Teil der gemeinschaftlichen minderjährigen Kinder seinen gewöhnlichen Aufenthalt hat, sofern bei dem anderen Ehegatten keine gemeinschaftlichen minderjährigen Kinder ihren gewöhnlichen Aufenthalt haben;
3. das Gericht, in dessen Bezirk die Ehegatten ihren gemeinsamen gewöhnlichen Aufenthalt zuletzt gehabt haben, wenn einer der Ehegatten bei Eintritt der Rechtshängigkeit im Bezirk dieses Gerichts seinen gewöhnlichen Aufenthalt hat;
4. das Gericht, in dessen Bezirk der Antragsgegner seinen gewöhnlichen Aufenthalt hat;
5. das Gericht, in dessen Bezirk der Antragsteller seinen gewöhnlichen Aufenthalt hat;
6. in den Fällen des § 98 Absatz 2 das Gericht, in dessen Bezirk der Ehegatte, der im Zeitpunkt der Eheschließung das 16., aber nicht das 18. Lebensjahr vollendet hatte, seinen Aufenthalt hat;
7. das Amtsgericht Schöneberg in Berlin.

**§ 123 Abgabe bei Anhängigkeit mehrerer Ehesachen.** [1] Sind Ehesachen, die dieselbe Ehe betreffen, bei verschiedenen Gerichten im ersten Rechtszug anhängig, sind, wenn nur eines der Verfahren eine Scheidungssache ist, die übrigen Ehesachen von Amts wegen an das Gericht der Scheidungssache abzugeben. [2] Ansonsten erfolgt die Abgabe an das Gericht der Ehesache, die zuerst rechtshängig geworden ist. [3] § 281 Abs. 2 und 3 Satz 1 der Zivilprozessordnung[2] gilt entsprechend.

**§ 124 Antrag.** [1] Das Verfahren in Ehesachen wird durch Einreichung einer Antragsschrift anhängig. [2] Die Vorschriften der Zivilprozessordnung[2] über die Klageschrift gelten entsprechend.

**§ 125 Verfahrensfähigkeit.** (1) In Ehesachen ist ein in der Geschäftsfähigkeit beschränkter Ehegatte verfahrensfähig.

---

[1] § 122 Nr. 6 eingef., bish. Nr. 6 wird Nr. 7 mWv 22.7.2017 durch G v. 17.7.2017 (BGBl. I S. 2429).
[2] Nr. **100**.

(2) [1] Für einen geschäftsunfähigen Ehegatten wird das Verfahren durch den gesetzlichen Vertreter geführt. [2] Der gesetzliche Vertreter bedarf für den Antrag auf Scheidung oder Aufhebung der Ehe der Genehmigung des Familien- oder Betreuungsgerichts.

**§ 126 Mehrere Ehesachen; Ehesachen und andere Verfahren.** (1) Ehesachen, die dieselbe Ehe betreffen, können miteinander verbunden werden.

(2) [1] Eine Verbindung von Ehesachen mit anderen Verfahren ist unzulässig. [2] § 137 bleibt unberührt.

(3) Wird in demselben Verfahren Aufhebung und Scheidung beantragt und sind beide Anträge begründet, so ist nur die Aufhebung der Ehe auszusprechen.

**§ 127 Eingeschränkte Amtsermittlung.** (1) Das Gericht hat von Amts wegen die zur Feststellung der entscheidungserheblichen Tatsachen erforderlichen Ermittlungen durchzuführen.

(2) In Verfahren auf Scheidung oder Aufhebung der Ehe dürfen von den Beteiligten nicht vorgebrachte Tatsachen nur berücksichtigt werden, wenn sie geeignet sind, der Aufrechterhaltung der Ehe zu dienen oder wenn der Antragsteller einer Berücksichtigung nicht widerspricht.

(3) In Verfahren auf Scheidung kann das Gericht außergewöhnliche Umstände nach § 1568 des Bürgerlichen Gesetzbuchs[1)] nur berücksichtigen, wenn sie von dem Ehegatten, der die Scheidung ablehnt, vorgebracht worden sind.

**§ 128 Persönliches Erscheinen der Ehegatten.** (1) [1] Das Gericht soll das persönliche Erscheinen der Ehegatten anordnen und sie anhören. [2] Die Anhörung eines Ehegatten hat in Abwesenheit des anderen Ehegatten stattzufinden, falls dies zum Schutz des anzuhörenden Ehegatten oder aus anderen Gründen erforderlich ist. [3] Das Gericht kann von Amts wegen einen oder beide Ehegatten als Beteiligte vernehmen, auch wenn die Voraussetzungen des § 448 der Zivilprozessordnung[2)] nicht gegeben sind.

(2) Sind gemeinschaftliche minderjährige Kinder vorhanden, hat das Gericht die Ehegatten auch zur elterlichen Sorge und zum Umgangsrecht anzuhören und auf bestehende Möglichkeiten der Beratung hinzuweisen.

(3) Ist ein Ehegatte am Erscheinen verhindert oder hält er sich in so großer Entfernung vom Sitz des Gerichts auf, dass ihm das Erscheinen nicht zugemutet werden kann, kann die Anhörung oder Vernehmung durch einen ersuchten Richter erfolgen.

(4) Gegen einen nicht erschienenen Ehegatten ist wie gegen einen im Vernehmungstermin nicht erschienenen Zeugen zu verfahren; die Ordnungshaft ist ausgeschlossen.

**§ 129 Mitwirkung der Verwaltungsbehörde oder dritter Personen.**

(1) Beantragt die zuständige Verwaltungsbehörde oder bei Verstoß gegen § 1306 des Bürgerlichen Gesetzbuchs[1)] die dritte Person die Aufhebung der Ehe, ist der Antrag gegen beide Ehegatten zu richten.

---

[1)] Nr. **20**.
[2)] Nr. **100**.

(2) [1] Hat in den Fällen des § 1316 Abs. 1 Nr. 1 des Bürgerlichen Gesetzbuchs ein Ehegatte oder die dritte Person den Antrag gestellt, ist die zuständige Verwaltungsbehörde über den Antrag zu unterrichten. [2] Die zuständige Verwaltungsbehörde kann in diesen Fällen, auch wenn sie den Antrag nicht gestellt hat, das Verfahren betreiben, insbesondere selbständig Anträge stellen oder Rechtsmittel einlegen. [3] Im Fall eines Antrags auf Feststellung des Bestehens oder Nichtbestehens einer Ehe zwischen den Beteiligten gelten die Sätze 1 und 2 entsprechend.

**§ 129a[1)] Vorrang- und Beschleunigungsgebot.** [1] Das Vorrang- und Beschleunigungsgebot (§ 155 Absatz 1) gilt entsprechend für Verfahren auf Aufhebung einer Ehe wegen Eheunmündigkeit. [2] Die Anhörung (§ 128) soll spätestens einen Monat nach Beginn des Verfahrens stattfinden; § 155 Absatz 2 Satz 4 und 5 gilt entsprechend. [3] Das Gericht hört in dem Termin das Jugendamt an, es sei denn, die Ehegatten sind zu diesem Zeitpunkt volljährig.

**§ 130 Säumnis der Beteiligten.** (1) Die Versäumnisentscheidung gegen den Antragsteller ist dahin zu erlassen, dass der Antrag als zurückgenommen gilt.

(2) Eine Versäumnisentscheidung gegen den Antragsgegner sowie eine Entscheidung nach Aktenlage ist unzulässig.

**§ 131 Tod eines Ehegatten.** Stirbt ein Ehegatte, bevor die Endentscheidung in der Ehesache rechtskräftig ist, gilt das Verfahren als in der Hauptsache erledigt.

**§ 132[2)] Kosten bei Aufhebung der Ehe.** (1) [1] Wird die Aufhebung der Ehe ausgesprochen, sind die Kosten des Verfahrens gegeneinander aufzuheben. [2] Erscheint dies im Hinblick darauf, dass bei der Eheschließung ein Ehegatte allein die Aufhebbarkeit der Ehe gekannt hat oder ein Ehegatte durch arglistige Täuschung oder widerrechtliche Drohung seitens des anderen Ehegatten oder mit dessen Wissen zur Eingehung der Ehe bestimmt worden ist, als unbillig, kann das Gericht die Kosten nach billigem Ermessen anderweitig verteilen.

(2) Absatz 1 ist nicht anzuwenden, wenn eine Ehe auf Antrag der zuständigen Verwaltungsbehörde oder bei Verstoß gegen § 1306 des Bürgerlichen Gesetzbuchs[3)] auf Antrag des Dritten aufgehoben wird.

(3) Einem minderjährigen Beteiligten können Kosten nicht auferlegt werden.

### Unterabschnitt 2. Verfahren in Scheidungssachen und Folgesachen

**§ 133[4)] Inhalt der Antragsschrift.** (1) Die Antragsschrift muss enthalten:

1. Namen und Geburtsdaten der gemeinschaftlichen minderjährigen Kinder sowie die Mitteilung ihres gewöhnlichen Aufenthalts,
2. die Erklärung, ob die Ehegatten eine Regelung über die elterliche Sorge, den Umgang und die Unterhaltspflicht gegenüber den gemeinschaftlichen minderjährigen Kindern sowie die durch die Ehe begründete gesetzliche Unterhaltspflicht, die Rechtsverhältnisse an der Ehewohnung und an den Haushaltsgegenständen getroffen haben, und

---

[1)] § 129a eingef. mWv 22.7.2017 durch G v. 17.7.2017 (BGBl. I S. 2429).
[2)] § 132 Abs. 3 angef. mWv 22.7.2017 durch G v. 17.7.2017 (BGBl. I S. 2429).
[3)] Nr. **20**.
[4)] § 133 Abs. 1 Nr. 2 geänd. mWv 1.9.2009 durch G v. 6.7.2009 (BGBl. I S. 1696).

3. die Angabe, ob Familiensachen, an denen beide Ehegatten beteiligt sind, anderweitig anhängig sind.

(2) Der Antragsschrift sollen die Heiratsurkunde und die Geburtsurkunden der gemeinschaftlichen minderjährigen Kinder beigefügt werden.

**§ 134 Zustimmung zur Scheidung und zur Rücknahme; Widerruf.**

(1) Die Zustimmung zur Scheidung und zur Rücknahme des Scheidungsantrags kann zur Niederschrift der Geschäftsstelle oder in der mündlichen Verhandlung zur Niederschrift des Gerichts erklärt werden.

(2) [1] Die Zustimmung zur Scheidung kann bis zum Schluss der mündlichen Verhandlung, auf die über die Scheidung der Ehe entschieden wird, widerrufen werden. [2] Der Widerruf kann zur Niederschrift der Geschäftsstelle oder in der mündlichen Verhandlung zur Niederschrift des Gerichts erklärt werden.

**§ 135[1)] Außergerichtliche Konfliktbeilegung über Folgesachen.** [1] Das Gericht kann anordnen, dass die Ehegatten einzeln oder gemeinsam an einem kostenfreien Informationsgespräch über Mediation oder eine sonstige Möglichkeit der außergerichtlichen Konfliktbeilegung anhängiger Folgesachen bei einer von dem Gericht benannten Person oder Stelle teilnehmen und eine Bestätigung hierüber vorlegen. [2] Die Anordnung ist nicht selbständig anfechtbar und nicht mit Zwangsmitteln durchsetzbar.

**§ 136 Aussetzung des Verfahrens.** (1) [1] Das Gericht soll das Verfahren von Amts wegen aussetzen, wenn nach seiner freien Überzeugung Aussicht auf Fortsetzung der Ehe besteht. [2] Leben die Ehegatten länger als ein Jahr getrennt, darf das Verfahren nicht gegen den Widerspruch beider Ehegatten ausgesetzt werden.

(2) Hat der Antragsteller die Aussetzung des Verfahrens beantragt, darf das Gericht die Scheidung der Ehe nicht aussprechen, bevor das Verfahren ausgesetzt war.

(3) [1] Die Aussetzung darf nur einmal wiederholt werden. [2] Sie darf insgesamt die Dauer von einem Jahr, bei einer mehr als dreijährigen Trennung die Dauer von sechs Monaten nicht überschreiten.

(4) Mit der Aussetzung soll das Gericht in der Regel den Ehegatten nahelegen, eine Eheberatung in Anspruch zu nehmen.

**§ 137[2)] Verbund von Scheidungs- und Folgesachen.** (1) Über Scheidung und Folgesachen ist zusammen zu verhandeln und zu entscheiden (Verbund).

(2) [1] Folgesachen sind

1. Versorgungsausgleichssachen,
2. Unterhaltssachen, sofern sie die Unterhaltspflicht gegenüber einem gemeinschaftlichen Kind oder die durch Ehe begründete gesetzliche Unterhaltspflicht betreffen mit Ausnahme des vereinfachten Verfahrens über den Unterhalt Minderjähriger,

---

[1)] § 135 Überschrift geänd., Abs. 2 aufgeh., Satz 1 geänd. mWv 26.7.2012 durch G v. 21.7.2012 (BGBl. I S. 1577).

[2)] § 137 Abs. 2 Satz 2 neu gef. mWv 1.9.2009 durch G v. 3.4.2009 (BGBl. I S. 700); Abs. 2 Satz 1 Nr. 3 neu gef. mWv 1.9.2009 durch G v. 6.7.2009 (BGBl. I S. 1696).

3. Ehewohnungs- und Haushaltssachen und
4. Güterrechtssachen,

wenn eine Entscheidung für den Fall der Scheidung zu treffen ist und die Familiensache spätestens zwei Wochen vor der mündlichen Verhandlung im ersten Rechtszug in der Scheidungssache von einem Ehegatten anhängig gemacht wird. [2] Für den Versorgungsausgleich ist in den Fällen der §§ 6 bis 19 und 28 des Versorgungsausgleichsgesetzes[1)] kein Antrag notwendig.

(3) Folgesachen sind auch Kindschaftssachen, die die Übertragung oder Entziehung der elterlichen Sorge, das Umgangsrecht oder die Herausgabe eines gemeinschaftlichen Kindes der Ehegatten oder das Umgangsrecht eines Ehegatten mit dem Kind des anderen Ehegatten betreffen, wenn ein Ehegatte vor Schluss der mündlichen Verhandlung im ersten Rechtszug in der Scheidungssache die Einbeziehung in den Verbund beantragt, es sei denn, das Gericht hält die Einbeziehung aus Gründen des Kindeswohls nicht für sachgerecht.

(4) Im Fall der Verweisung oder Abgabe werden Verfahren, die die Voraussetzungen des Absatzes 2 oder des Absatzes 3 erfüllen, mit Anhängigkeit bei dem Gericht der Scheidungssache zu Folgesachen.

(5) [1] Abgetrennte Folgesachen nach Absatz 2 bleiben Folgesachen; sind mehrere Folgesachen abgetrennt, besteht der Verbund auch unter ihnen fort. [2] Folgesachen nach Absatz 3 werden nach der Abtrennung als selbständige Verfahren fortgeführt.

**§ 138 Beiordnung eines Rechtsanwalts.** (1) [1] Ist in einer Scheidungssache der Antragsgegner nicht anwaltlich vertreten, hat das Gericht ihm für die Scheidungssache und eine Kindschaftssache als Folgesache von Amts wegen zur Wahrnehmung seiner Rechte im ersten Rechtszug einen Rechtsanwalt beizuordnen, wenn diese Maßnahme nach der freien Überzeugung des Gerichts zum Schutz des Beteiligten unabweisbar erscheint; § 78c Abs. 1 und 3 der Zivilprozessordnung[2)] gilt entsprechend. [2] Vor einer Beiordnung soll der Beteiligte persönlich angehört und dabei auch darauf hingewiesen werden, dass und unter welchen Voraussetzungen Familiensachen gleichzeitig mit der Scheidungssache verhandelt und entschieden werden können.

(2) Der beigeordnete Rechtsanwalt hat die Stellung eines Beistands.

**§ 139 Einbeziehung weiterer Beteiligter und dritter Personen.** (1) [1] Sind außer den Ehegatten weitere Beteiligte vorhanden, werden vorbereitende Schriftsätze, Ausfertigungen oder Abschriften diesen nur insoweit mitgeteilt oder zugestellt, als der Inhalt des Schriftstücks sie betrifft. [2] Dasselbe gilt für die Zustellung von Entscheidungen an dritte Personen, die zur Einlegung von Rechtsmitteln berechtigt sind.

(2) Die weiteren Beteiligten können von der Teilnahme an der mündlichen Verhandlung insoweit ausgeschlossen werden, als die Familiensache, an der sie beteiligt sind, nicht Gegenstand der Verhandlung ist.

**§ 140 Abtrennung.** (1) Wird in einer Unterhaltsfolgesache oder Güterrechtsfolgesache außer den Ehegatten eine weitere Person Beteiligter des Verfahrens, ist die Folgesache abzutrennen.

---

1) Nr. **48**.
2) Nr. **100**.

(2) [1] Das Gericht kann eine Folgesache vom Verbund abtrennen. [2] Dies ist nur zulässig, wenn

1. in einer Versorgungsausgleichsfolgesache oder Güterrechtsfolgesache vor der Auflösung der Ehe eine Entscheidung nicht möglich ist,
2. in einer Versorgungsausgleichsfolgesache das Verfahren ausgesetzt ist, weil ein Rechtsstreit über den Bestand oder die Höhe eines Anrechts vor einem anderen Gericht anhängig ist,
3. in einer Kindschaftsfolgesache das Gericht dies aus Gründen des Kindeswohls für sachgerecht hält oder das Verfahren ausgesetzt ist,
4. seit der Rechtshängigkeit des Scheidungsantrags ein Zeitraum von drei Monaten verstrichen ist, beide Ehegatten die erforderlichen Mitwirkungshandlungen in der Versorgungsausgleichsfolgesache vorgenommen haben und beide übereinstimmend deren Abtrennung beantragen oder
5. sich der Scheidungsausspruch so außergewöhnlich verzögern würde, dass ein weiterer Aufschub unter Berücksichtigung der Bedeutung der Folgesache eine unzumutbare Härte darstellen würde, und ein Ehegatte die Abtrennung beantragt.

(3) Im Fall des Absatzes 2 Nr. 3 kann das Gericht auf Antrag eines Ehegatten auch eine Unterhaltsfolgesache abtrennen, wenn dies wegen des Zusammenhangs mit der Kindschaftsfolgesache geboten erscheint.

(4) [1] In den Fällen des Absatzes 2 Nr. 4 und 5 bleibt der vor Ablauf des ersten Jahres seit Eintritt des Getrenntlebens liegende Zeitraum außer Betracht. [2] Dies gilt nicht, sofern die Voraussetzungen des § 1565 Abs. 2 des Bürgerlichen Gesetzbuchs[1)] vorliegen.

(5) Der Antrag auf Abtrennung kann zur Niederschrift der Geschäftsstelle oder in der mündlichen Verhandlung zur Niederschrift des Gerichts gestellt werden.

(6) Die Entscheidung erfolgt durch gesonderten Beschluss; sie ist nicht selbständig anfechtbar.

**§ 141 Rücknahme des Scheidungsantrags.** [1] Wird ein Scheidungsantrag zurückgenommen, erstrecken sich die Wirkungen der Rücknahme auch auf die Folgesachen. [2] Dies gilt nicht für Folgesachen, die die Übertragung der elterlichen Sorge oder eines Teils der elterlichen Sorge wegen Gefährdung des Kindeswohls auf einen Elternteil, einen Vormund oder Pfleger betreffen, sowie für Folgesachen, hinsichtlich derer ein Beteiligter vor Wirksamwerden der Rücknahme ausdrücklich erklärt hat, sie fortführen zu wollen. [3] Diese werden als selbständige Familiensachen fortgeführt.

**§ 142[2)] Einheitliche Endentscheidung; Abweisung des Scheidungsantrags.** (1) [1] Im Fall der Scheidung ist über sämtliche im Verbund stehenden Familiensachen durch einheitlichen Beschluss zu entscheiden. [2] Dies gilt auch, soweit eine Versäumnisentscheidung zu treffen ist.

(2) [1] Wird der Scheidungsantrag abgewiesen, werden die Folgesachen gegenstandslos. [2] Dies gilt nicht für Folgesachen nach § 137 Abs. 3 sowie für Folgesachen, hinsichtlich derer ein Beteiligter vor der Entscheidung ausdrücklich erklärt

---

[1)] Nr. **20**.
[2)] § 142 Abs. 3 angef. mWv 1.9.2009 durch G v. 3.4.2009 (BGBl. I S. 700).

hat, sie fortführen zu wollen. [3] Diese werden als selbständige Familiensachen fortgeführt.

(3) Enthält der Beschluss nach Absatz 1 eine Entscheidung über den Versorgungsausgleich, so kann insoweit bei der Verkündung auf die Beschlussformel Bezug genommen werden.

**§ 143 Einspruch.** Wird im Fall des § 142 Abs. 1 Satz 2 gegen die Versäumnisentscheidung Einspruch und gegen den Beschluss im Übrigen ein Rechtsmittel eingelegt, ist zunächst über den Einspruch und die Versäumnisentscheidung zu verhandeln und zu entscheiden.

**§ 144 Verzicht auf Anschlussrechtsmittel.** Haben die Ehegatten auf Rechtsmittel gegen den Scheidungsausspruch verzichtet, können sie auch auf dessen Anfechtung im Wege der Anschließung an ein Rechtsmittel in einer Folgesache verzichten, bevor ein solches Rechtsmittel eingelegt ist.

**§ 145[1)] Befristung und Einschränkung von Rechtsmittelerweiterung und Anschlussrechtsmittel.** (1) [1] Ist eine nach § 142 einheitlich ergangene Entscheidung teilweise durch Beschwerde oder Rechtsbeschwerde angefochten worden, können Teile der einheitlichen Entscheidung, die eine andere Familiensache betreffen, durch Erweiterung des Rechtsmittels oder im Wege der Anschließung an das Rechtsmittel nur noch bis zum Ablauf eines Monats nach Bekanntgabe der Rechtsmittelbegründung angefochten werden; bei mehreren Bekanntgaben ist die letzte maßgeblich. [2] Ist eine Begründung des Rechtsmittels gesetzlich nicht vorgeschrieben, so tritt an die Stelle der Bekanntgabe der Rechtsmittelbegründung die Bekanntgabe des Schriftsatzes, mit dem das Rechtsmittel eingelegt wurde.

(2) [1] Erfolgt innerhalb dieser Frist eine solche Erweiterung des Rechtsmittels oder Anschließung an das Rechtsmittel, so verlängert sich die Frist um einen weiteren Monat. [2] Im Fall einer erneuten Erweiterung des Rechtsmittels oder Anschließung an das Rechtsmittel innerhalb der verlängerten Frist gilt Satz 1 entsprechend.

(3) Durch die Anschließung an die Beschwerde eines Versorgungsträgers kann der Scheidungsausspruch nicht angefochten werden.

**§ 146 Zurückverweisung.** (1) [1] Wird eine Entscheidung aufgehoben, durch die der Scheidungsantrag abgewiesen wurde, soll das Rechtsmittelgericht die Sache an das Gericht zurückverweisen, das die Abweisung ausgesprochen hat, wenn dort eine Folgesache zur Entscheidung ansteht. [2] Das Gericht hat die rechtliche Beurteilung, die der Aufhebung zugrunde gelegt wurde, auch seiner Entscheidung zugrunde zu legen.

(2) Das Gericht, an das die Sache zurückverwiesen wurde, kann, wenn gegen die Aufhebungsentscheidung Rechtsbeschwerde eingelegt wird, auf Antrag anordnen, dass über die Folgesachen verhandelt wird.

---

1) § 145 Abs. 1 Satz 1 geänd., Satz 2 angef. mWv 1.1.2013 durch G v. 5.12.2012 (BGBl. I S. 2418); Überschrift geänd., Abs. 3 angef. mWv 15.10.2016 durch G v. 11.10.2016 (BGBl. I S. 2222).

**§ 147 Erweiterte Aufhebung.** [1] Wird eine Entscheidung auf Rechtsbeschwerde teilweise aufgehoben, kann das Rechtsbeschwerdegericht auf Antrag eines Beteiligten die Entscheidung auch insoweit aufheben und die Sache zur anderweitigen Verhandlung und Entscheidung an das Beschwerdegericht zurückverweisen, als dies wegen des Zusammenhangs mit der aufgehobenen Entscheidung geboten erscheint. [2] Eine Aufhebung des Scheidungsausspruchs kann nur innerhalb eines Monats nach Zustellung der Rechtsmittelbegründung oder des Beschlusses über die Zulassung der Rechtsbeschwerde, bei mehreren Zustellungen bis zum Ablauf eines Monats nach der letzten Zustellung, beantragt werden.

**§ 148 Wirksamwerden von Entscheidungen in Folgesachen.** Vor Rechtskraft des Scheidungsausspruchs werden die Entscheidungen in Folgesachen nicht wirksam.

**§ 149 Erstreckung der Bewilligung von Verfahrenskostenhilfe.** Die Bewilligung der Verfahrenskostenhilfe für die Scheidungssache erstreckt sich auf eine Versorgungsausgleichsfolgesache, sofern nicht eine Erstreckung ausdrücklich ausgeschlossen wird.

**§ 150[1] Kosten in Scheidungssachen und Folgesachen.** (1) Wird die Scheidung der Ehe ausgesprochen, sind die Kosten der Scheidungssache und der Folgesachen gegeneinander aufzuheben.

(2) [1] Wird der Scheidungsantrag abgewiesen oder zurückgenommen, trägt der Antragsteller die Kosten der Scheidungssache und der Folgesachen. [2] Werden Scheidungsanträge beider Ehegatten zurückgenommen oder abgewiesen oder ist das Verfahren in der Hauptsache erledigt, sind die Kosten der Scheidungssache und der Folgesachen gegeneinander aufzuheben.

(3) Sind in einer Folgesache, die nicht nach § 140 Abs. 1 abzutrennen ist, außer den Ehegatten weitere Beteiligte vorhanden, tragen diese ihre außergerichtlichen Kosten selbst.

(4) [1] Erscheint in den Fällen der Absätze 1 bis 3 die Kostenverteilung insbesondere im Hinblick auf eine Versöhnung der Ehegatten oder auf das Ergebnis einer als Folgesache geführten Unterhaltssache oder Güterrechtssache als unbillig, kann das Gericht die Kosten nach billigem Ermessen anderweitig verteilen. [2] Es kann dabei auch berücksichtigen, ob ein Beteiligter einer richterlichen Anordnung zur Teilnahme an einem Informationsgespräch nach § 135 nicht nachgekommen ist, sofern der Beteiligte dies nicht genügend entschuldigt hat. [3] Haben die Beteiligten eine Vereinbarung über die Kosten getroffen, soll das Gericht sie ganz oder teilweise der Entscheidung zugrunde legen.

(5) [1] Die Vorschriften der Absätze 1 bis 4 gelten auch hinsichtlich der Folgesachen, über die infolge einer Abtrennung gesondert zu entscheiden ist. [2] Werden Folgesachen als selbständige Familiensachen fortgeführt, sind die hierfür jeweils geltenden Kostenvorschriften anzuwenden.

---

[1] § 150 Abs. 4 Satz 2 geänd. mWv 26.7.2012 durch G v. 21.7.2012 (BGBl. I S. 1577).

### Abschnitt 3. Verfahren in Kindschaftssachen

**§ 151[1)] Kindschaftssachen.** Kindschaftssachen sind die dem Familiengericht zugewiesenen Verfahren, die

1. die elterliche Sorge,
2. das Umgangsrecht und das Recht auf Auskunft über die persönlichen Verhältnisse des Kindes,
3. die Kindesherausgabe,
4. die Vormundschaft,
5. die Pflegschaft oder die gerichtliche Bestellung eines sonstigen Vertreters für einen Minderjährigen oder für ein bereits gezeugtes Kind,
6. die Genehmigung von freiheitsentziehender Unterbringung und freiheitsentziehenden Maßnahmen nach § 1631b des Bürgerlichen Gesetzbuchs[2)], auch in Verbindung mit § 1795 Absatz 1 Satz 3 und § 1813 Absatz 1 des Bürgerlichen Gesetzbuchs,
7. die Genehmigung oder Anordnung einer freiheitsentziehenden Unterbringung, freiheitsentziehenden Maßnahme oder ärztlichen Zwangsmaßnahme bei einem Minderjährigen nach den Landesgesetzen über die Unterbringung psychisch Kranker oder
8. die Aufgaben nach dem Jugendgerichtsgesetz[3)]

betreffen.

**§ 152[4)] Örtliche Zuständigkeit.** (1) Während der Anhängigkeit einer Ehesache ist unter den deutschen Gerichten das Gericht, bei dem die Ehesache im ersten Rechtszug anhängig ist oder war, ausschließlich zuständig für Kindschaftssachen, sofern sie gemeinschaftliche Kinder der Ehegatten betreffen.

(2) Ansonsten ist das Gericht zuständig, in dessen Bezirk das Kind seinen gewöhnlichen Aufenthalt hat.

(3) Ist die Zuständigkeit eines deutschen Gerichts nach den Absätzen 1 und 2 nicht gegeben, ist das Gericht zuständig, in dessen Bezirk das Bedürfnis der Fürsorge bekannt wird.

(4) [1] Für die in den §§ 1693 und 1802 Absatz 2 Satz 3 in Verbindung mit § 1867 bezeichneten Maßnahmen ist auch das Gericht zuständig, in dessen Bezirk das Bedürfnis der Fürsorge bekannt wird. [2] Es soll die angeordneten Maßnahmen dem Gericht mitteilen, bei dem eine Vormundschaft oder Pflegschaft anhängig ist.

**§ 153 Abgabe an das Gericht der Ehesache.** [1] Wird eine Ehesache rechtshängig, während eine Kindschaftssache, die ein gemeinschaftliches Kind der Ehegatten betrifft, bei einem anderen Gericht im ersten Rechtszug anhängig ist, ist diese von Amts wegen an das Gericht der Ehesache abzugeben. [2] § 281 Abs. 2 und 3 Satz 1 der Zivilprozessordnung[5)] gilt entsprechend.

---

[1)] § 151 Nr. 2 neu gef. mWv 13.7.2013 durch G v. 4.7.2013 (BGBl. I S. 2176); Nr. 6 neu gef. mWv 1.10.2017 durch G v. 17.7.2017 (BGBl. I S. 2424); Nr. 7 neu gef. mWv 28.6.2019 durch G v. 19.6.2019 (BGBl. I S. 840); Nr. 5 und 6 geänd. mWv 1.1.2023 durch G v. 4.5.2021 (BGBl. I S. 882).

[2)] Nr. **20**.

[3)] Nr. **89**.

[4)] § 152 Abs. 4 Satz 1 geänd. mWv 1.1.2023 durch G v. 4.5.2021 (BGBl. I S. 882).

[5)] Nr. **100**.

**§ 154 Verweisung bei einseitiger Änderung des Aufenthalts des Kindes.** [1] Das nach § 152 Abs. 2 zuständige Gericht kann ein Verfahren an das Gericht des früheren gewöhnlichen Aufenthaltsorts des Kindes verweisen, wenn ein Elternteil den Aufenthalt des Kindes ohne vorherige Zustimmung des anderen geändert hat. [2] Dies gilt nicht, wenn dem anderen Elternteil das Recht der Aufenthaltsbestimmung nicht zusteht oder die Änderung des Aufenthaltsorts zum Schutz des Kindes oder des betreuenden Elternteils erforderlich war.

**§ 155[1] Vorrang- und Beschleunigungsgebot.** (1) Kindschaftssachen, die den Aufenthalt des Kindes, das Umgangsrecht oder die Herausgabe des Kindes betreffen, sowie Verfahren wegen Gefährdung des Kindeswohls sind vorrangig und beschleunigt durchzuführen.

(2) [1] Das Gericht erörtert in Verfahren nach Absatz 1 die Sache mit den Beteiligten in einem Termin. [2] Der Termin soll spätestens einen Monat nach Beginn des Verfahrens stattfinden. [3] Das Gericht hört in diesem Termin das Jugendamt an. [4] Eine Verlegung des Termins ist nur aus zwingenden Gründen zulässig. [5] Der Verlegungsgrund ist mit dem Verlegungsgesuch glaubhaft zu machen.

(3) Das Gericht soll das persönliche Erscheinen der verfahrensfähigen Beteiligten zu dem Termin anordnen.

(4) Hat das Gericht ein Verfahren nach Absatz 1 zur Durchführung einer Mediation oder eines anderen Verfahrens der außergerichtlichen Konfliktbeilegung ausgesetzt, nimmt es das Verfahren in der Regel nach drei Monaten wieder auf, wenn die Beteiligten keine einvernehmliche Regelung erzielen.

**§ 155a[2] Verfahren zur Übertragung der gemeinsamen elterlichen Sorge.** (1) [1] Die nachfolgenden Bestimmungen dieses Paragrafen gelten für das Verfahren nach § 1626a Absatz 2 des Bürgerlichen Gesetzbuchs[3]. [2] Im Antrag auf Übertragung der gemeinsamen Sorge sind Geburtsdatum und Geburtsort des Kindes anzugeben.

(2) [1] § 155 Absatz 1 ist entsprechend anwendbar. [2] Das Gericht stellt dem anderen Elternteil den Antrag auf Übertragung der gemeinsamen Sorge nach den §§ 166 bis 195 der Zivilprozessordnung[4] zu und setzt ihm eine Frist zur Stellungnahme, die für die Mutter frühestens sechs Wochen nach der Geburt des Kindes endet.

(3) [1] In den Fällen des § 1626a Absatz 2 Satz 2 des Bürgerlichen Gesetzbuchs soll das Gericht im schriftlichen Verfahren ohne Anhörung des Jugendamts und ohne persönliche Anhörung der Eltern entscheiden. [2] § 162 ist nicht anzuwenden. [3] Das Gericht teilt dem nach § 87c Absatz 6 Satz 2 des Achten Buches Sozialgesetzbuch[5] zuständigen Jugendamt seine Entscheidung unter Angabe des Geburtsdatums und des Geburtsorts des Kindes sowie des Namens, den das Kind zur Zeit der Beurkundung seiner Geburt geführt hat, zu den in § 58 des Achten Buches Sozialgesetzbuch genannten Zwecken formlos mit.

(4) [1] Werden dem Gericht durch den Vortrag der Beteiligten oder auf sonstige Weise Gründe bekannt, die der gemeinsamen elterlichen Sorge entgegenstehen

[1] § 155 Abs. 4 angef. mWv 26.7.2012 durch G v. 21.7.2012 (BGBl. I S. 1577).

[2] § 155a eingef. mWv 19.5.2013 durch G v. 16.4.2013 (BGBl. I S. 795); Abs. 3 Satz 3 geänd. mWv 1.1.2023 durch G v. 4.5.2021 (BGBl. I S. 882).

[3] Nr. **20**.

[4] Nr. **100**.

[5] **Habersack, Deutsche Gesetze ErgBd. Nr. 46.**

können, gilt § 155 Absatz 2 mit der Maßgabe entsprechend, dass der Termin nach Satz 2 spätestens einen Monat nach Bekanntwerden der Gründe stattfinden soll, jedoch nicht vor Ablauf der Stellungnahmefrist der Mutter nach Absatz 2 Satz 2. [2] § 155 Absatz 3 und § 156 Absatz 1 gelten entsprechend.

(5) [1] Sorgeerklärungen und Zustimmungen des gesetzlichen Vertreters eines beschränkt geschäftsfähigen Elternteils können auch im Erörterungstermin zur Niederschrift des Gerichts erklärt werden. [2] § 1626d Absatz 2 des Bürgerlichen Gesetzbuchs gilt entsprechend.

**§ 155b[1)] Beschleunigungsrüge.** (1) [1] Ein Beteiligter in einer in § 155 Absatz 1 bestimmten Kindschaftssache kann geltend machen, dass die bisherige Verfahrensdauer nicht dem Vorrang- und Beschleunigungsgebot nach der genannten Vorschrift entspricht (Beschleunigungsrüge). [2] Er hat dabei Umstände darzulegen, aus denen sich ergibt, dass das Verfahren nicht vorrangig und beschleunigt durchgeführt worden ist.

(2) [1] Das Gericht entscheidet über die Beschleunigungsrüge spätestens innerhalb eines Monats nach deren Eingang durch Beschluss. [2] Hält das Gericht die Beschleunigungsrüge für begründet, hat es unverzüglich geeignete Maßnahmen zur vorrangigen und beschleunigten Durchführung des Verfahrens zu ergreifen; insbesondere ist der Erlass einer einstweiligen Anordnung zu prüfen.

(3) Die Beschleunigungsrüge gilt zugleich als Verzögerungsrüge im Sinne des § 198 Absatz 3 Satz 1 des Gerichtsverfassungsgesetzes[2)].

**§ 155c[3)] Beschleunigungsbeschwerde.** (1) [1] Der Beschluss nach § 155b Absatz 2 Satz 1 kann von dem Beteiligten innerhalb einer Frist von zwei Wochen nach der schriftlichen Bekanntgabe mit der Beschwerde angefochten werden. [2] § 64 Absatz 1 gilt entsprechend. [3] Das Gericht ist zur Abhilfe nicht befugt; es hat die Akten unverzüglich dem Beschwerdegericht nach Absatz 2 vorzulegen.

(2) [1] Über die Beschleunigungsbeschwerde entscheidet das Oberlandesgericht, wenn das Amtsgericht den Beschluss nach § 155b Absatz 2 Satz 1 gefasst hat. [2] Hat das Oberlandesgericht oder der Bundesgerichtshof den Beschluss gefasst, so entscheidet ein anderer Spruchkörper desselben Gerichts.

(3) [1] Das Beschwerdegericht entscheidet unverzüglich nach Aktenlage; seine Entscheidung soll spätestens innerhalb eines Monats ergehen. [2] § 68 Absatz 2 gilt entsprechend. [3] Das Beschwerdegericht hat festzustellen, ob die bisherige Dauer des Verfahrens dem Vorrang- und Beschleunigungsgebot des § 155 Absatz 1 entspricht. [4] Stellt es fest, dass dies nicht der Fall ist, hat das Gericht, dessen Beschluss angefochten worden ist, das Verfahren unter Beachtung der rechtlichen Beurteilung des Beschwerdegerichts unverzüglich vorrangig und beschleunigt durchzuführen.

(4) [1] Hat das Gericht innerhalb der Monatsfrist des § 155b Absatz 2 Satz 1 keine Entscheidung über die Beschleunigungsrüge getroffen, kann der Beteiligte innerhalb einer Frist von zwei Monaten bei dem Beschwerdegericht nach Absatz 2 die Beschleunigungsbeschwerde einlegen. [2] Die Frist beginnt mit Eingang der Beschleunigungsrüge bei dem Gericht. [3] Die Absätze 2 und 3 gelten entsprechend.

---

1) § 155b eingef. mWv 15.10.2016 durch G v. 11.10.2016 (BGBl. I S. 2222).
2) Nr. **95**.
3) § 155c eingef. mWv 15.10.2016 durch G v. 11.10.2016 (BGBl. I S. 2222).

**§ 156[1] Hinwirken auf Einvernehmen.** (1) [1]Das Gericht soll in Kindschaftssachen, die die elterliche Sorge bei Trennung und Scheidung, den Aufenthalt des Kindes, das Umgangsrecht oder die Herausgabe des Kindes betreffen, in jeder Lage des Verfahrens auf ein Einvernehmen der Beteiligten hinwirken, wenn dies dem Kindeswohl nicht widerspricht. [2]Es weist auf Möglichkeiten der Beratung durch die Beratungsstellen und -dienste der Träger der Kinder- und Jugendhilfe insbesondere zur Entwicklung eines einvernehmlichen Konzepts für die Wahrnehmung der elterlichen Sorge und der elterlichen Verantwortung hin. [3]Das Gericht kann anordnen, dass die Eltern einzeln oder gemeinsam an einem kostenfreien Informationsgespräch über Mediation oder über eine sonstige Möglichkeit der außergerichtlichen Konfliktbeilegung bei einer von dem Gericht benannten Person oder Stelle teilnehmen und eine Bestätigung hierüber vorlegen. [4]Es kann ferner anordnen, dass die Eltern an einer Beratung nach Satz 2 teilnehmen. [5]Die Anordnungen nach den Sätzen 3 und 4 sind nicht selbständig anfechtbar und nicht mit Zwangsmitteln durchsetzbar.

(2) [1]Erzielen die Beteiligten Einvernehmen über den Umgang oder die Herausgabe des Kindes, ist die einvernehmliche Regelung als Vergleich aufzunehmen, wenn das Gericht diese billigt (gerichtlich gebilligter Vergleich). [2]Das Gericht billigt die Umgangsregelung, wenn sie dem Kindeswohl nicht widerspricht.

(3) [1]Kann in Kindschaftssachen, die den Aufenthalt des Kindes, das Umgangsrecht oder die Herausgabe des Kindes betreffen, eine einvernehmliche Regelung im Termin nach § 155 Abs. 2 nicht erreicht werden, hat das Gericht mit den Beteiligten und dem Jugendamt den Erlass einer einstweiligen Anordnung zu erörtern. [2]Wird die Teilnahme an einer Beratung, an einem kostenfreien Informationsgespräch über Mediation oder einer sonstigen Möglichkeit der außergerichtlichen Konfliktbeilegung oder eine schriftliche Begutachtung angeordnet, soll das Gericht in Kindschaftssachen, die das Umgangsrecht betreffen, den Umgang durch einstweilige Anordnung regeln oder ausschließen. [3]Das Gericht soll das Kind vor dem Erlass einer einstweiligen Anordnung persönlich anhören.

**§ 157[2] Erörterung der Kindeswohlgefährdung; einstweilige Anordnung.**

(1) In Verfahren nach den §§ 1666 und 1666a des Bürgerlichen Gesetzbuchs[3] soll das Gericht mit den Eltern und in geeigneten Fällen auch mit dem Kind erörtern, wie einer möglichen Gefährdung des Kindeswohls, insbesondere durch öffentliche Hilfen, begegnet werden und welche Folgen die Nichtannahme notwendiger Hilfen haben kann.

(2) [1]Das Gericht hat das persönliche Erscheinen der Eltern zu dem Termin nach Absatz 1 anzuordnen. [2]Das Gericht führt die Erörterung in Abwesenheit eines Elternteils durch, wenn dies zum Schutz eines Beteiligten oder aus anderen Gründen erforderlich ist.

(3) In Verfahren nach den §§ 1666 und 1666a des Bürgerlichen Gesetzbuchs hat das Gericht unverzüglich den Erlass einer einstweiligen Anordnung zu prüfen.

**§ 158[4] Bestellung des Verfahrensbeistands.** (1) [1]Das Gericht hat dem minderjährigen Kind in Kindschaftssachen, die seine Person betreffen, einen fachlich und persönlich geeigneten Verfahrensbeistand zu bestellen, soweit dies zur Wahr-

---

[1] § 156 Abs. 1 Satz 3 neu gef., Sätze 4, 5 und Abs. 3 Satz 2 geänd. mWv 26.7.2012 durch G v. 21.7. 2012 (BGBl. I S. 1577).

[2] § 157 Abs. 1 Satz 2 aufgeh. mWv 1.1.2013 durch G v. 5.12.2012 (BGBl. I S. 2418).

[3] Nr. **20**.

[4] § 158 neu gef. mWv 1.7.2021 durch G v. 16.6.2021 (BGBl. I S. 1810).

nehmung der Interessen des Kindes erforderlich ist. [2]Der Verfahrensbeistand ist so früh wie möglich zu bestellen.

(2) Die Bestellung ist stets erforderlich, wenn eine der folgenden Entscheidungen in Betracht kommt:

1. die teilweise oder vollständige Entziehung der Personensorge nach den §§ 1666 und 1666a des Bürgerlichen Gesetzbuchs[1)],
2. der Ausschluss des Umgangsrechts nach § 1684 des Bürgerlichen Gesetzbuchs oder
3. eine Verbleibensanordnung nach § 1632 Absatz 4 oder § 1682 des Bürgerlichen Gesetzbuchs.

(3) [1] Die Bestellung ist in der Regel erforderlich, wenn

1. das Interesse des Kindes zu dem seiner gesetzlichen Vertreter in erheblichem Gegensatz steht,
2. eine Trennung des Kindes von der Person erfolgen soll, in deren Obhut es sich befindet,
3. Verfahren die Herausgabe des Kindes zum Gegenstand haben oder
4. eine wesentliche Beschränkung des Umgangsrechts in Betracht kommt.

[2]Sieht das Gericht in den genannten Fällen von der Bestellung eines Verfahrensbeistands ab, ist dies in der Endentscheidung zu begründen.

(4) [1]Die Bestellung endet mit der Aufhebung der Bestellung, mit Rechtskraft der das Verfahren abschließenden Entscheidung oder mit dem sonstigen Abschluss des Verfahrens. [2]Das Gericht hebt die Bestellung auf, wenn

1. der Verfahrensbeistand dies beantragt und einer Entlassung keine erheblichen Gründe entgegenstehen oder
2. die Fortführung des Amtes die Interessen des Kindes gefährden würde.

(5) Die Bestellung eines Verfahrensbeistands oder deren Aufhebung sowie die Ablehnung einer derartigen Maßnahme sind nicht selbständig anfechtbar.

**§ 158a[2) 3)] Eignung des Verfahrensbeistands.** (1) [1]Fachlich geeignet im Sinne des § 158 Absatz 1 ist eine Person, die Grundkenntnisse auf den Gebieten des Familienrechts, insbesondere des Kindschaftsrechts, des Verfahrensrechts in Kindschaftssachen und des Kinder- und Jugendhilferechts, sowie Kenntnisse der Entwicklungspsychologie des Kindes hat und über kindgerechte Gesprächstechniken verfügt. [2]Die nach Satz 1 erforderlichen Kenntnisse und Fähigkeiten sind auf Verlangen des Gerichts nachzuweisen. [3]Der Nachweis kann insbesondere über eine sozialpädagogische, pädagogische, juristische oder psychologische Berufsqualifikation sowie eine für die Tätigkeit als Verfahrensbeistand spezifische Zusatzqualifikation erbracht werden. [4]Der Verfahrensbeistand hat sich regelmäßig, mindestens alle zwei Jahre, fortzubilden und dies dem Gericht auf Verlangen nachzuweisen.

(2) [1]Persönlich geeignet im Sinne des § 158 Absatz 1 ist eine Person, die Gewähr bietet, die Interessen des Kindes gewissenhaft, unvoreingenommen und unabhängig wahrzunehmen. [2]Persönlich ungeeignet ist eine Person insbesondere dann, wenn sie rechtskräftig wegen einer Straftat nach den §§ 171, 174 bis 174c,

---

[1)] Nr. 20.

[2)] § 158a eingef. mWv 1.1.2022 durch G v. 16.6.2021 (BGBl. I S. 1810); Abs. 2 Satz 2 geänd. mWv 1.7.2022 durch G v. 24.6.2022 (BGBl. I S. 959).

[3)] Beachte hierzu Übergangsvorschrift in § 493 Abs. 4.

176 bis 178, 180, 180a, 181a, 182 bis 184c, 184e bis 184g, 184i bis 184l, 201a Absatz 3, den §§ 225, 232 bis 233a, 234, 235 oder § 236 des Strafgesetzbuchs[1]) verurteilt worden ist. [3]Zur Überprüfung der Voraussetzungen des Satzes 2 soll sich das Gericht ein erweitertes Führungszeugnis von der betreffenden Person (§ 30a des Bundeszentralregistergesetzes[2])) vorlegen lassen oder im Einverständnis mit der betreffenden Person anderweitig Einsicht in ein bereits vorliegendes erweitertes Führungszeugnis nehmen. [4]Ein solches darf nicht älter als drei Jahre sein. [5]Aktenkundig zu machen sind nur die Einsichtnahme in das erweiterte Führungszeugnis des bestellten Verfahrensbeistands, das Ausstellungsdatum sowie die Feststellung, dass das erweiterte Führungszeugnis keine Eintragung über eine rechtskräftige Verurteilung wegen einer in Satz 2 genannten Straftat enthält.

**§ 158b[3]) Aufgaben und Rechtsstellung des Verfahrensbeistands.**

(1) [1]Der Verfahrensbeistand hat das Interesse des Kindes festzustellen und im gerichtlichen Verfahren zur Geltung zu bringen. [2]Er soll zu diesem Zweck auch eine schriftliche Stellungnahme erstatten. [3]Der Verfahrensbeistand hat das Kind über Gegenstand, Ablauf und möglichen Ausgang des Verfahrens in geeigneter Weise zu informieren. [4]Endet das Verfahren durch Endentscheidung, soll der Verfahrensbeistand den gerichtlichen Beschluss mit dem Kind erörtern.

(2) [1]Soweit erforderlich kann das Gericht dem Verfahrensbeistand die Aufgabe übertragen, Gespräche mit den Eltern und weiteren Bezugspersonen des Kindes zu führen sowie am Zustandekommen einer einvernehmlichen Regelung über den Verfahrensgegenstand mitzuwirken. [2]Das Gericht hat Art und Umfang der Beauftragung konkret festzulegen und die Beauftragung zu begründen.

(3) [1]Der Verfahrensbeistand wird durch seine Bestellung als Beteiligter zum Verfahren hinzugezogen. [2]Er kann im Interesse des Kindes Rechtsmittel einlegen. [3]Der Verfahrensbeistand ist nicht gesetzlicher Vertreter des Kindes.

**§ 158c[4]) Vergütung; Kosten.** (1) [1]Führt der Verfahrensbeistand die Verfahrensbeistandschaft berufsmäßig, erhält er für die Wahrnehmung seiner Aufgaben in jedem Rechtszug jeweils eine einmalige Vergütung von 350 Euro. [2]Im Fall der Übertragung von Aufgaben nach § 158b Absatz 2 erhöht sich die Vergütung auf 550 Euro. [3]Die Vergütung deckt auch Ansprüche auf Ersatz anlässlich der Verfahrensbeistandschaft entstandener Aufwendungen ab.

(2) Für den Ersatz von Aufwendungen des nicht berufsmäßigen Verfahrensbeistands ist § 277 Absatz 1 entsprechend anzuwenden.

(3) [1]Der Aufwendungsersatz und die Vergütung sind stets aus der Staatskasse zu zahlen. [2]§ 292 Absatz 1 und 5 ist entsprechend anzuwenden.

(4) Dem Verfahrensbeistand sind keine Kosten aufzuerlegen.

**§ 159[5]) Persönliche Anhörung des Kindes.** (1) Das Gericht hat das Kind persönlich anzuhören und sich einen persönlichen Eindruck von dem Kind zu verschaffen.

(2) [1]Von der persönlichen Anhörung und der Verschaffung eines persönlichen Eindrucks nach Absatz 1 kann das Gericht nur absehen, wenn

---

[1]) Nr. **85**.
[2]) Nr. **92**.
[3]) § 158b eingef. mWv 1.7.2021 durch G v. 16.6.2021 (BGBl. I S. 1810).
[4]) § 158c eingef. mWv 1.7.2021 durch G v. 16.6.2021 (BGBl. I S. 1810); Abs. 3 Satz 2 neu gef. mWv 1.1.2023 durch G v. 24.6.2022 (BGBl. I S. 959).
[5]) § 159 neu gef. mWv 1.7.2021 durch G v. 16.6.2021 (BGBl. I S. 1810).

1. ein schwerwiegender Grund dafür vorliegt,
2. das Kind offensichtlich nicht in der Lage ist, seine Neigungen und seinen Willen kundzutun,
3. die Neigungen, Bindungen und der Wille des Kindes für die Entscheidung nicht von Bedeutung sind und eine persönliche Anhörung auch nicht aus anderen Gründen angezeigt ist oder
4. das Verfahren ausschließlich das Vermögen des Kindes betrifft und eine persönliche Anhörung nach der Art der Angelegenheit nicht angezeigt ist.

[2] Satz 1 Nummer 3 ist in Verfahren nach den §§ 1666 und 1666a des Bürgerlichen Gesetzbuchs[1)], die die Person des Kindes betreffen, nicht anzuwenden. [3] Das Gericht hat sich in diesen Verfahren einen persönlichen Eindruck von dem Kind auch dann zu verschaffen, wenn das Kind offensichtlich nicht in der Lage ist, seine Neigungen und seinen Willen kundzutun.

(3) [1] Sieht das Gericht davon ab, das Kind persönlich anzuhören oder sich einen persönlichen Eindruck von dem Kind zu verschaffen, ist dies in der Endentscheidung zu begründen. [2] Unterbleibt eine Anhörung oder die Verschaffung eines persönlichen Eindrucks allein wegen Gefahr im Verzug, ist sie unverzüglich nachzuholen.

(4) [1] Das Kind soll über den Gegenstand, Ablauf und möglichen Ausgang des Verfahrens in einer geeigneten und seinem Alter entsprechenden Weise informiert werden, soweit nicht Nachteile für seine Entwicklung, Erziehung oder Gesundheit zu befürchten sind. [2] Ihm ist Gelegenheit zur Äußerung zu geben. [3] Hat das Gericht dem Kind nach § 158 einen Verfahrensbeistand bestellt, soll die persönliche Anhörung und die Verschaffung eines persönlichen Eindrucks in dessen Anwesenheit stattfinden. [4] Im Übrigen steht die Gestaltung der persönlichen Anhörung im Ermessen des Gerichts.

**§ 160 Anhörung der Eltern.** (1) [1] In Verfahren, die die Person des Kindes betreffen, soll das Gericht die Eltern persönlich anhören. [2] In Verfahren nach den §§ 1666 und 1666a des Bürgerlichen Gesetzbuchs[1)] sind die Eltern persönlich anzuhören.

(2) [1] In sonstigen Kindschaftssachen hat das Gericht die Eltern anzuhören. [2] Dies gilt nicht für einen Elternteil, dem die elterliche Sorge nicht zusteht, sofern von der Anhörung eine Aufklärung nicht erwartet werden kann.

(3) Von der Anhörung darf nur aus schwerwiegenden Gründen abgesehen werden.

(4) Unterbleibt die Anhörung allein wegen Gefahr im Verzug, ist sie unverzüglich nachzuholen.

**§ 161 Mitwirkung der Pflegeperson.** (1) [1] Das Gericht kann in Verfahren, die die Person des Kindes betreffen, die Pflegeperson im Interesse des Kindes als Beteiligte hinzuziehen, wenn das Kind seit längerer Zeit in Familienpflege lebt. [2] Satz 1 gilt entsprechend, wenn das Kind auf Grund einer Entscheidung nach § 1682 des Bürgerlichen Gesetzbuchs[1)] bei dem dort genannten Ehegatten, Lebenspartner oder Umgangsberechtigten lebt.

(2) Die in Absatz 1 genannten Personen sind anzuhören, wenn das Kind seit längerer Zeit in Familienpflege lebt.

---

[1)] Nr. **20**.

**§ 162[1] Mitwirkung des Jugendamts.** (1) [1]Das Gericht hat in Verfahren, die die Person des Kindes betreffen, das Jugendamt anzuhören. [2]Unterbleibt die Anhörung wegen Gefahr im Verzug, ist sie unverzüglich nachzuholen.

(2) [1]In Verfahren nach den §§ 1666 und 1666a des Bürgerlichen Gesetzbuchs[2] ist das Jugendamt zu beteiligen. [2]Im Übrigen ist das Jugendamt auf seinen Antrag am Verfahren zu beteiligen.

(3) [1]In Verfahren, die die Person des Kindes betreffen, ist das Jugendamt von Terminen zu benachrichtigen und ihm sind alle Entscheidungen des Gerichts bekannt zu machen. [2]Gegen den Beschluss steht dem Jugendamt die Beschwerde zu.

**§ 163[3] Sachverständigengutachten.** (1) [1]In Verfahren nach § 151 Nummer 1 bis 3 ist das Gutachten durch einen geeigneten Sachverständigen zu erstatten, der mindestens über eine psychologische, psychotherapeutische, kinder- und jugendpsychiatrische, psychiatrische, ärztliche, pädagogische oder sozialpädagogische Berufsqualifikation verfügen soll. [2]Verfügt der Sachverständige über eine pädagogische oder sozialpädagogische Berufsqualifikation, ist der Erwerb ausreichender diagnostischer und analytischer Kenntnisse durch eine anerkannte Zusatzqualifikation nachzuweisen.

(2) Das Gericht kann in Verfahren, die die Person des Kindes betreffen, anordnen, dass der Sachverständige bei der Erstellung des Gutachtens auch auf die Herstellung des Einvernehmens zwischen den Beteiligten hinwirken soll.

**§ 163a[4] Ausschluss der Vernehmung des Kindes.** Eine Vernehmung des Kindes als Zeuge oder als Beteiligter findet nicht statt.

**§ 164 Bekanntgabe der Entscheidung an das Kind.** [1]Die Entscheidung, gegen die das Kind das Beschwerderecht ausüben kann, ist dem Kind selbst bekannt zu machen, wenn es das 14. Lebensjahr vollendet hat und nicht geschäftsunfähig ist. [2]Eine Begründung soll dem Kind nicht mitgeteilt werden, wenn Nachteile für dessen Entwicklung, Erziehung oder Gesundheit zu befürchten sind. [3]§ 38 Abs. 4 Nr. 2 ist nicht anzuwenden.

**§ 165 Vermittlungsverfahren.** (1) [1]Macht ein Elternteil geltend, dass der andere Elternteil die Durchführung einer gerichtlichen Entscheidung oder eines gerichtlich gebilligten Vergleichs über den Umgang mit dem gemeinschaftlichen Kind vereitelt oder erschwert, vermittelt das Gericht auf Antrag eines Elternteils zwischen den Eltern. [2]Das Gericht kann die Vermittlung ablehnen, wenn bereits ein Vermittlungsverfahren oder eine anschließende außergerichtliche Beratung erfolglos geblieben ist.

(2) [1]Das Gericht lädt die Eltern unverzüglich zu einem Vermittlungstermin. [2]Zu diesem Termin ordnet das Gericht das persönliche Erscheinen der Eltern an. [3]In der Ladung weist das Gericht darauf hin, welche Rechtsfolgen ein erfolgloses Vermittlungsverfahren nach Absatz 5 haben kann. [4]In geeigneten Fällen lädt das Gericht auch das Jugendamt zu dem Termin.

---

[1] § 162 Abs. 2 und 3 Satz 1 neu gef. mWv 1.1.2013 durch G v. 5.12.2012 (BGBl. I S. 2418).

[2] Nr. **20**.

[3] § 163 Abs. 2 geänd. mWv 1.1.2013 durch G v. 5.12.2012 (BGBl. I S. 2418); Überschrift und Abs. 1 neu gef., Abs. 3 aufgeh. mWv 15.10.2016 durch G v. 11.10.2016 (BGBl. I S. 2222).

[4] § 163a eingef. mWv 15.10.2016 durch G v. 11.10.2016 (BGBl. I S. 2222).

(3) [1]In dem Termin erörtert das Gericht mit den Eltern, welche Folgen das Unterbleiben des Umgangs für das Wohl des Kindes haben kann. [2]Es weist auf die Rechtsfolgen hin, die sich ergeben können, wenn der Umgang vereitelt oder erschwert wird, insbesondere darauf, dass Ordnungsmittel verhängt werden können oder die elterliche Sorge eingeschränkt oder entzogen werden kann. [3]Es weist die Eltern auf die bestehenden Möglichkeiten der Beratung durch die Beratungsstellen und -dienste der Träger der Kinder- und Jugendhilfe hin.

(4) [1]Das Gericht soll darauf hinwirken, dass die Eltern Einvernehmen über die Ausübung des Umgangs erzielen. [2]Kommt ein gerichtlich gebilligter Vergleich zustande, tritt dieser an die Stelle der bisherigen Regelung. [3]Wird ein Einvernehmen nicht erzielt, sind die Streitpunkte im Vermerk festzuhalten.

(5) [1]Wird weder eine einvernehmliche Regelung des Umgangs noch Einvernehmen über eine nachfolgende Inanspruchnahme außergerichtlicher Beratung erreicht oder erscheint mindestens ein Elternteil in dem Vermittlungstermin nicht, stellt das Gericht durch nicht anfechtbaren Beschluss fest, dass das Vermittlungsverfahren erfolglos geblieben ist. [2]In diesem Fall prüft das Gericht, ob Ordnungsmittel ergriffen, Änderungen der Umgangsregelung vorgenommen oder Maßnahmen in Bezug auf die Sorge ergriffen werden sollen. [3]Wird ein entsprechendes Verfahren von Amts wegen oder auf einen binnen eines Monats gestellten Antrag eines Elternteils eingeleitet, werden die Kosten des Vermittlungsverfahrens als Teil der Kosten des anschließenden Verfahrens behandelt.

**§ 166[1)] Abänderung und Überprüfung von Entscheidungen und gerichtlich gebilligten Vergleichen.** (1) Das Gericht ändert eine Entscheidung oder einen gerichtlich gebilligten Vergleich nach Maßgabe des § 1696 des Bürgerlichen Gesetzbuchs[2)].

(2) Eine länger dauernde kindesschutzrechtliche Maßnahme, die von Amts wegen geändert werden kann, hat das Gericht in angemessenen Zeitabständen zu überprüfen.

(3) Sieht das Gericht von einer Maßnahme nach den §§ 1666 bis 1667 des Bürgerlichen Gesetzbuchs ab, soll es seine Entscheidung in einem angemessenen Zeitabstand, in der Regel nach drei Monaten, überprüfen.

**§ 167[3)] Anwendbare Vorschriften bei Unterbringung Minderjähriger und bei freiheitsentziehenden Maßnahmen bei Minderjährigen.**

(1) [1]In Verfahren nach § 151 Nummer 6 sind die für Unterbringungssachen nach § 312 Nummer 1 und 2, in Verfahren nach § 151 Nummer 7 die für Unterbringungssachen nach § 312 Nummer 4 geltenden Vorschriften anzuwenden. [2]An die Stelle des Verfahrenspflegers tritt der Verfahrensbeistand. [3]Die Bestellung eines Verfahrensbeistands ist stets erforderlich.

(2) Ist für eine Kindschaftssache nach Absatz 1 ein anderes Gericht zuständig als dasjenige, bei dem eine Vormundschaft oder eine die Unterbringung erfassende Pflegschaft für den Minderjährigen eingeleitet ist, teilt dieses Gericht dem für das Verfahren nach Absatz 1 zuständigen Gericht die Anordnung und Aufhebung der Vormundschaft oder Pflegschaft, den Wegfall des Aufgabenbereichs Unterbrin-

[1)] § 166 Abs. 2 geänd. mWv 10.6.2021 durch G v. 3.6.2021 (BGBl. I S. 1444).

[2)] Nr. **20**.

[3)] § 167 Überschrift geänd., Abs. 1 neu gef., Abs. 6 Satz 3 und Abs. 7 angef. mWv 1.10.2017 durch G v. 17.7.2017 (BGBl. I S. 2424); Abs. 1 Satz 1 geänd. mWv 22.7.2017 durch G v. 17.7.2017 (BGBl. I S. 2426).

gung und einen Wechsel in der Person des Vormunds oder Pflegers mit; das für das Verfahren nach Absatz 1 zuständige Gericht teilt dem anderen Gericht die Unterbringungsmaßnahme, ihre Änderung, Verlängerung und Aufhebung mit.

(3) Der Betroffene ist ohne Rücksicht auf seine Geschäftsfähigkeit verfahrensfähig, wenn er das 14. Lebensjahr vollendet hat.

(4) In den in Absatz 1 Satz 1 genannten Verfahren sind die Elternteile, denen die Personensorge zusteht, der gesetzliche Vertreter in persönlichen Angelegenheiten sowie die Pflegeeltern persönlich anzuhören.

(5) Das Jugendamt hat die Eltern, den Vormund oder den Pfleger auf deren Wunsch bei der Zuführung zur Unterbringung zu unterstützen.

(6) [1]In Verfahren nach § 151 Nr. 6 und 7 soll der Sachverständige Arzt für Kinder- und Jugendpsychiatrie und -psychotherapie sein. [2]In Verfahren nach § 151 Nr. 6 kann das Gutachten auch durch einen in Fragen der Heimerziehung ausgewiesenen Psychotherapeuten, Psychologen, Pädagogen oder Sozialpädagogen erstattet werden. [3]In Verfahren der Genehmigung freiheitsentziehender Maßnahmen genügt ein ärztliches Zeugnis; Satz 1 gilt entsprechend.

(7) Die freiheitsentziehende Unterbringung und freiheitsentziehende Maßnahmen enden spätestens mit Ablauf von sechs Monaten, bei offensichtlich langer Sicherungsbedürftigkeit spätestens mit Ablauf von einem Jahr, wenn sie nicht vorher verlängert werden.

**§ 167a[1)] Besondere Vorschriften für Verfahren nach § 1686a des Bürgerlichen Gesetzbuchs.** (1) Anträge auf Erteilung des Umgangs- oder Auskunftsrechts nach § 1686a des Bürgerlichen Gesetzbuchs[2)] sind nur zulässig, wenn der Antragsteller an Eides statt versichert, der Mutter des Kindes während der Empfängniszeit beigewohnt zu haben.

(2) Soweit es in einem Verfahren, das das Umgangs- oder Auskunftsrecht nach § 1686a des Bürgerlichen Gesetzbuchs betrifft, zur Klärung der leiblichen Vaterschaft erforderlich ist, hat jede Person Untersuchungen, insbesondere die Entnahme von Blutproben, zu dulden, es sei denn, dass ihr die Untersuchung nicht zugemutet werden kann.

(3) § 177 Absatz 2 Satz 2 und § 178 Absatz 2 gelten entsprechend.

**§ 167b[3)] Genehmigungsverfahren nach § 1631e des Bürgerlichen Gesetzbuchs; Verordnungsermächtigung.** (1) [1]In Verfahren nach § 1631e Absatz 3 des Bürgerlichen Gesetzbuchs[2)] erteilt das Gericht die Genehmigung im schriftlichen Verfahren, sofern die Eltern eine den Eingriff befürwortende Stellungnahme vorlegen und keine Gründe ersichtlich sind, die einer Genehmigung entgegenstehen. [2]Wenn das Gericht im schriftlichen Verfahren entscheidet, soll es von der Anhörung des Jugendamts, der persönlichen Anhörung der Eltern und der Bestellung eines Verfahrensbeistands absehen. [3]§ 162 ist nicht anwendbar.

(2) [1]Legen die Eltern dem Gericht keine den Eingriff befürwortende Stellungnahme vor oder sind Gründe ersichtlich, die einer Genehmigung nach Absatz 1 entgegenstehen, erörtert das Gericht die Sache mit den Beteiligten in einem Termin. [2]Das Gericht weist auf Möglichkeiten der Beratung durch die Beratungsstellen und Beratungsdienste der Träger der Kinder- und Jugendhilfe hin. [3]Es kann anordnen, dass sich die Eltern über den Umgang mit Varianten der Geschlechts-

---

[1)] § 167a eingef. mWv 13.7.2013 durch G v. 4.7.2013 (BGBl. I S. 2176).
[2)] Nr. **20**.
[3)] § 167b eingef. mWv 22.5.2021 durch G v. 12.5.2021 (BGBl. I S. 1082).

entwicklung beraten lassen und dem Gericht eine Bestätigung hierüber vorlegen. [4] Diese Anordnung ist nicht selbständig anfechtbar und nicht mit Zwangsmitteln durchsetzbar.

(3) [1] Die Landesregierungen werden ermächtigt, durch Rechtsverordnung die Zuständigkeit für Verfahren nach den Absätzen 1 und 2 dem Familiengericht, in dessen Bezirk das Oberlandesgericht seinen Sitz hat, oder einem anderen Familiengericht zuzuweisen. [2] Diese Ermächtigung kann von der jeweiligen Landesregierung auf die Landesjustizverwaltung übertragen werden. [3] Mehrere Länder können die Zuständigkeit eines Gerichts für Verfahren nach dieser Vorschrift über die Landesgrenzen hinaus vereinbaren.

**§ 168[1)] Auswahl des Vormunds.** (1) Hat das Gericht einen Vormund zu bestellen, so soll es bei der Auswahl auch nahestehende Familienangehörige sowie Personen des Vertrauens des betroffenen Kindes anhören, wenn dies ohne erhebliche Verzögerungen möglich ist.

(2) [1] Vor der Bestellung einer Person als ehrenamtlicher Vormund oder als Berufsvormund, hat das Gericht eine Auskunft nach § 41 des Bundeszentralregistergesetzes[2)] einzuholen. [2] Das Gericht überprüft in angemessenen Zeitabständen, spätestens alle zwei Jahre nach der Bestellung, durch Einholung einer Auskunft, ob die Eignung des Vormunds fortbesteht.

(3) Für ein Mündel, der das 14. Lebensjahr vollendet hat und nicht geschäftsunfähig ist, gilt § 291 entsprechend.

**§ 168a[1)] Inhalt der Beschlussformel und Wirksamwerden der Beschlüsse.** (1) Die Beschlussformel enthält im Fall der Bestellung eines Vormunds auch

1. bei Bestellung eines Berufsvormunds die Bezeichnung als Berufsvormund;
2. bei Bestellung eines Vereinsvormunds die Bezeichnung als Vereinsvormund und die des Vormundschaftsvereins;
3. bei Bestellung des Jugendamtes die Bezeichnung des zuständigen Amtes;
4. bei Bestellung eines Pflegers nach § 1776 oder § 1777 des Bürgerlichen Gesetzbuchs[3)] die Bezeichnung des Pflegers und die ihm übertragenen Angelegenheiten;
5. bei einer Bestellung nach § 1781 des Bürgerlichen Gesetzbuchs die Bezeichnung als vorläufiger Vormund.

(2) [1] Beschlüsse über Inhalt oder Bestand der Bestellung eines Vormunds werden mit Bekanntgabe an den Vormund wirksam. [2] § 287 Absatz 2 gilt entsprechend.

**§ 168b[1)] Bestellungsurkunde.** (1) [1] Der Vormund erhält eine Urkunde über seine Bestellung. [2] Die Urkunde soll enthalten:

1. die Bezeichnung des Mündels und des Vormunds;
2. in den Fällen des § 1776 oder § 1777 des Bürgerlichen Gesetzbuchs[3)] die Bezeichnung der dem Pfleger übertragenen Angelegenheiten;
3. Angaben über die Beschränkungen der Vertretungsmacht gemäß § 1789 Absatz 2 Satz 3 des Bürgerlichen Gesetzbuchs;
4. Angaben über Befreiungen gemäß § 1801 des Bürgerlichen Gesetzbuchs.

---

[1)] § 168 neu gef., §§ 168a und 168b eingef. mWv 1.1.2023 durch G v. 4.5.2021 (BGBl. I S. 882).
[2)] Nr. **92**.
[3)] Nr. **20**.

(2) Ist das Jugendamt nach § 1751 Absatz 1 Satz 2, § 1786 oder § 1787 des Bürgerlichen Gesetzbuchs Vormund geworden, hat das Gericht ihm unverzüglich eine Bescheinigung über den Eintritt der Vormundschaft zu erteilen.

(3) Nach Beendigung seines Amtes hat der Vormund die Bestellungsurkunde oder die Bescheinigung zurückzugeben.

**§ 168c[1] Anhörung in wichtigen Angelegenheiten.** Das Gericht soll vor Entscheidungen in wichtigen Angelegenheiten auch nahestehende Familienangehörige des Mündels anhören, wenn dies ohne erhebliche Verzögerung geschehen kann.

**§ 168d[1] Verfahren zur Festsetzung von Zahlungen.** Für das Verfahren zur Festsetzung von Zahlungen an den Vormund ist § 292 Absatz 1 und Absatz 3 bis 6 entsprechend anzuwenden.

**§ 168e[1] Beendigung der Vormundschaft.** Bestehen Zweifel oder Uneinigkeit, ob und wann die Vormundschaft beendet ist, stellt das Gericht die Beendigung der Vormundschaft und den Zeitpunkt der Beendigung durch Beschluss fest.

**§ 168f[1] Pflegschaft für Minderjährige.** [1] Auf die Pflegschaft für Minderjährige sind die für die Vormundschaft geltenden Vorschriften entsprechend anzuwenden. [2] Die Beschlussformel und die Bestellungsurkunde enthalten die Bezeichnung des Pflegers und der ihm übertragenen Angelegenheiten.

**§ 168g[2] Mitteilungspflichten des Standesamts.** (1) Wird dem Standesamt der Tod einer Person, die ein minderjähriges Kind hinterlassen hat, oder die Geburt eines Kindes nach dem Tod des Vaters oder das Auffinden eines Minderjährigen, dessen Familienstand nicht zu ermitteln ist, oder die Geburt eines Kindes im Wege der vertraulichen Geburt nach § 25 Absatz 1 des Schwangerschaftskonfliktgesetzes[3] angezeigt, oder fehlt in den Fällen des § 45b Absatz 2 Satz 3 des Personenstandsgesetzes[4] die Zustimmung des gesetzlichen Vertreters,[5] hat das Standesamt dies dem Familiengericht mitzuteilen.

(2) Führen Eltern, die gemeinsam für ein Kind sorgeberechtigt sind, keinen Ehenamen und ist von ihnen binnen eines Monats nach der Geburt des Kindes der Geburtsname des Kindes nicht bestimmt worden, teilt das Standesamt dies dem Familiengericht mit.

## Abschnitt 4. Verfahren in Abstammungssachen

**§ 169 Abstammungssachen.** Abstammungssachen sind Verfahren

1. auf Feststellung des Bestehens oder Nichtbestehens eines Eltern-Kind-Verhältnisses, insbesondere der Wirksamkeit oder Unwirksamkeit einer Anerkennung der Vaterschaft,
2. auf Ersetzung der Einwilligung in eine genetische Abstammungsuntersuchung und Anordnung der Duldung einer Probeentnahme,

---

[1] §§ 168c–168f eingef. mWv 1.1.2023 durch G v. 4.5.2021 (BGBl. I S. 882).

[2] Früherer § 168a Abs. 1 neu gef. mWv 1.5.2014 durch G v. 28.8.2013 (BGBl. I S. 3458); Abs. 1 geänd. mWv 22.12.2018 durch G v. 18.12.2018 (BGBl. I S. 2635); bish. § 168a wird § 168g mWv 1.1.2023 durch G v. 4.5.2021 (BGBl. I S. 882).

[3] **Habersack, Deutsche Gesetze ErgBd. Nr. 85e.**

[4] **Habersack, Deutsche Gesetze ErgBd. Nr. 113.**

[5] Komma fehlt im BGBl. I.

3. auf Einsicht in ein Abstammungsgutachten oder Aushändigung einer Abschrift oder
4. auf Anfechtung der Vaterschaft.

**§ 170 Örtliche Zuständigkeit.** (1) Ausschließlich zuständig ist das Gericht, in dessen Bezirk das Kind seinen gewöhnlichen Aufenthalt hat.

(2) Ist die Zuständigkeit eines deutschen Gerichts nach Absatz 1 nicht gegeben, ist der gewöhnliche Aufenthalt der Mutter, ansonsten der des Vaters maßgebend.

(3) Ist eine Zuständigkeit nach den Absätzen 1 und 2 nicht gegeben, ist das Amtsgericht Schöneberg in Berlin ausschließlich zuständig.

**§ 171[1] Antrag.** (1) Das Verfahren wird durch einen Antrag eingeleitet.

(2) [1] In dem Antrag sollen das Verfahrensziel und die betroffenen Personen bezeichnet werden. [2] In einem Verfahren auf Anfechtung der Vaterschaft nach § 1600 Abs. 1 Nr. 1 bis 4 des Bürgerlichen Gesetzbuchs[2] sollen die Umstände angegeben werden, die gegen die Vaterschaft sprechen, sowie der Zeitpunkt, in dem diese Umstände bekannt wurden.

**§ 172 Beteiligte.** (1) Zu beteiligen sind
1. das Kind,
2. die Mutter,
3. der Vater.

(2) Das Jugendamt ist in den Fällen des § 176 Abs. 1 Satz 1 auf seinen Antrag zu beteiligen.

**§ 173 Vertretung eines Kindes durch einen Beistand.** Wird das Kind durch das Jugendamt als Beistand vertreten, ist die Vertretung durch den sorgeberechtigten Elternteil ausgeschlossen.

**§ 174[3] Verfahrensbeistand.** [1] Das Gericht hat einem minderjährigen Beteiligten in Abstammungssachen einen Verfahrensbeistand zu bestellen, sofern dies zur Wahrnehmung seiner Interessen erforderlich ist. [2] Die §§ 158 bis 158c gelten entsprechend.

**§ 175 Erörterungstermin; persönliche Anhörung.** (1) [1] Das Gericht soll vor einer Beweisaufnahme über die Abstammung die Angelegenheit in einem Termin erörtern. [2] Es soll das persönliche Erscheinen der verfahrensfähigen Beteiligten anordnen.

(2) [1] Das Gericht soll vor einer Entscheidung über die Ersetzung der Einwilligung in eine genetische Abstammungsuntersuchung und die Anordnung der Duldung der Probeentnahme (§ 1598a Abs. 2 des Bürgerlichen Gesetzbuchs[2]) die Eltern und ein Kind, das das 14. Lebensjahr vollendet hat, persönlich anhören. [2] Ein jüngeres Kind kann das Gericht persönlich anhören.

**§ 176[4] Anhörung des Jugendamts.** (1) [1] Das Gericht soll im Fall einer Anfechtung nach § 1600 Absatz 1 Nummer 2 des Bürgerlichen Gesetzbuchs[2] sowie

---

[1] § 171 Abs. 2 Satz 3 aufgeh. mWv 29.7.2017 durch G v. 20.7.2017 (BGBl. I S. 2780).
[2] Nr. **20**.
[3] § 174 Satz 2 neu gef. mWv 1.7.2021 durch G v. 16.6.2021 (BGBl. I S. 1810).
[4] § 176 Abs. 1 Satz 1 geänd. mWv 29.7.2017 durch G v. 20.7.2017 (BGBl. I S. 2780).

im Fall einer Anfechtung nach § 1600 Abs. 1 Nr. 4 des Bürgerlichen Gesetzbuchs, wenn die Anfechtung durch den gesetzlichen Vertreter erfolgt, das Jugendamt anhören. [2] Im Übrigen kann das Gericht das Jugendamt anhören, wenn ein Beteiligter minderjährig ist.

(2) [1] Das Gericht hat dem Jugendamt in den Fällen einer Anfechtung nach Absatz 1 Satz 1 sowie einer Anhörung nach Absatz 1 Satz 2 die Entscheidung mitzuteilen. [2] Gegen den Beschluss steht dem Jugendamt die Beschwerde zu.

**§ 177 Eingeschränkte Amtsermittlung; förmliche Beweisaufnahme.**

(1) Im Verfahren auf Anfechtung der Vaterschaft dürfen von den beteiligten Personen nicht vorgebrachte Tatsachen nur berücksichtigt werden, wenn sie geeignet sind, dem Fortbestand der Vaterschaft zu dienen, oder wenn der die Vaterschaft Anfechtende einer Berücksichtigung nicht widerspricht.

(2) [1] Über die Abstammung in Verfahren nach § 169 Nr. 1 und 4 hat eine förmliche Beweisaufnahme stattzufinden. [2] Die Begutachtung durch einen Sachverständigen kann durch die Verwertung eines von einem Beteiligten mit Zustimmung der anderen Beteiligten eingeholten Gutachtens über die Abstammung ersetzt werden, wenn das Gericht keine Zweifel an der Richtigkeit und Vollständigkeit der im Gutachten getroffenen Feststellungen hat und die Beteiligten zustimmen.

**§ 178 Untersuchungen zur Feststellung der Abstammung.** (1) Soweit es zur Feststellung der Abstammung erforderlich ist, hat jede Person Untersuchungen, insbesondere die Entnahme von Blutproben, zu dulden, es sei denn, dass ihr die Untersuchung nicht zugemutet werden kann.

(2) [1] Die §§ 386 bis 390 der Zivilprozessordnung[1)] gelten entsprechend. [2] Bei wiederholter unberechtigter Verweigerung der Untersuchung kann auch unmittelbarer Zwang angewendet, insbesondere die zwangsweise Vorführung zur Untersuchung angeordnet werden.

**§ 179 Mehrheit von Verfahren.** (1) [1] Abstammungssachen, die dasselbe Kind betreffen, können miteinander verbunden werden. [2] Mit einem Verfahren auf Feststellung des Bestehens der Vaterschaft kann eine Unterhaltssache nach § 237 verbunden werden.

(2) Im Übrigen ist eine Verbindung von Abstammungssachen miteinander oder mit anderen Verfahren unzulässig.

**§ 180 Erklärungen zur Niederschrift des Gerichts.** [1] Die Anerkennung der Vaterschaft, die Zustimmung der Mutter sowie der Widerruf der Anerkennung können auch in einem Erörterungstermin zur Niederschrift des Gerichts erklärt werden. [2] Das Gleiche gilt für die etwa erforderliche Zustimmung des Mannes, der im Zeitpunkt der Geburt mit der Mutter des Kindes verheiratet ist, des Kindes oder eines gesetzlichen Vertreters.

**§ 181 Tod eines Beteiligten.** [1] Stirbt ein Beteiligter vor Rechtskraft der Endentscheidung, hat das Gericht die übrigen Beteiligten darauf hinzuweisen, dass das Verfahren nur fortgesetzt wird, wenn ein Beteiligter innerhalb einer Frist von einem Monat dies durch Erklärung gegenüber dem Gericht verlangt. [2] Verlangt kein Beteiligter innerhalb der vom Gericht gesetzten Frist die Fortsetzung des Verfahrens, gilt dieses als in der Hauptsache erledigt.

---

[1)] Nr. **100**.

**§ 182 Inhalt des Beschlusses.** (1) [1] Ein rechtskräftiger Beschluss, der das Nichtbestehen einer Vaterschaft nach § 1592 des Bürgerlichen Gesetzbuchs[1)] infolge der Anfechtung nach § 1600 Abs. 1 Nr. 2 des Bürgerlichen Gesetzbuchs feststellt, enthält die Feststellung der Vaterschaft des Anfechtenden. [2] Diese Wirkung ist in der Beschlussformel von Amts wegen auszusprechen.

(2) Weist das Gericht einen Antrag auf Feststellung des Nichtbestehens der Vaterschaft ab, weil es den Antragsteller oder einen anderen Beteiligten als Vater festgestellt hat, spricht es dies in der Beschlussformel aus.

**§ 183 Kosten bei Anfechtung der Vaterschaft.** Hat ein Antrag auf Anfechtung der Vaterschaft Erfolg, tragen die Beteiligten, mit Ausnahme des minderjährigen Kindes, die Gerichtskosten zu gleichen Teilen; die Beteiligten tragen ihre außergerichtlichen Kosten selbst.

**§ 184 Wirksamkeit des Beschlusses; Ausschluss der Abänderung; ergänzende Vorschriften über die Beschwerde.** (1) [1] Die Endentscheidung in Abstammungssachen wird mit Rechtskraft wirksam. [2] Eine Abänderung ist ausgeschlossen.

(2) Soweit über die Abstammung entschieden ist, wirkt der Beschluss für und gegen alle.

(3) Gegen Endentscheidungen in Abstammungssachen steht auch demjenigen die Beschwerde zu, der an dem Verfahren beteiligt war oder zu beteiligen gewesen wäre.

**§ 185 Wiederaufnahme des Verfahrens.** (1) Der Restitutionsantrag gegen einen rechtskräftigen Beschluss, in dem über die Abstammung entschieden ist, ist auch statthaft, wenn ein Beteiligter ein neues Gutachten über die Abstammung vorlegt, das allein oder in Verbindung mit den im früheren Verfahren erhobenen Beweisen eine andere Entscheidung herbeigeführt haben würde.

(2) Der Antrag auf Wiederaufnahme kann auch von dem Beteiligten erhoben werden, der in dem früheren Verfahren obsiegt hat.

(3) [1] Für den Antrag ist das Gericht ausschließlich zuständig, das im ersten Rechtszug entschieden hat; ist der angefochtene Beschluss von dem Beschwerdegericht oder dem Rechtsbeschwerdegericht erlassen, ist das Beschwerdegericht zuständig. [2] Wird der Antrag mit einem Nichtigkeitsantrag oder mit einem Restitutionsantrag nach § 580 der Zivilprozessordnung[2)] verbunden, ist § 584 der Zivilprozessordnung anzuwenden.

(4) § 586 der Zivilprozessordnung ist nicht anzuwenden.

### Abschnitt 5. Verfahren in Adoptionssachen

**§ 186 Adoptionssachen.** Adoptionssachen sind Verfahren, die

1. die Annahme als Kind,
2. die Ersetzung der Einwilligung zur Annahme als Kind,
3. die Aufhebung des Annahmeverhältnisses oder
4. die Befreiung vom Eheverbot des § 1308 Abs. 1 des Bürgerlichen Gesetzbuchs[1)]

betreffen.

---

[1)] Nr. **20**.
[2)] Nr. **100**.

**§ 187[1] Örtliche Zuständigkeit.** (1) Für Verfahren nach § 186 Nr. 1 bis 3 ist das Gericht ausschließlich zuständig, in dessen Bezirk der Annehmende oder einer der Annehmenden seinen gewöhnlichen Aufenthalt hat.

(2) Ist die Zuständigkeit eines deutschen Gerichts nach Absatz 1 nicht gegeben, ist der gewöhnliche Aufenthalt des Kindes maßgebend.

(3) Für Verfahren nach § 186 Nr. 4 ist das Gericht ausschließlich zuständig, in dessen Bezirk einer der Verlobten seinen gewöhnlichen Aufenthalt hat.

(4) In Adoptionssachen, die einen Minderjährigen betreffen, ist § 6 Absatz 1 Satz 1 und Absatz 2 des Adoptionswirkungsgesetzes[2] entsprechend anzuwenden, wenn

1. der gewöhnliche Aufenthalt der Annehmenden und des Anzunehmenden im Ausland liegt oder
2. der Anzunehmende in den letzten zwei Jahren vor der Antragstellung seinen gewöhnlichen Aufenthalt im Ausland hatte.

(5) [1]Ist nach den Absätzen 1 bis 4 eine Zuständigkeit nicht gegeben, ist das Amtsgericht Schöneberg in Berlin zuständig. [2]Es kann die Sache aus wichtigem Grund an ein anderes Gericht verweisen.

**§ 188[3] Beteiligte.** (1) Zu beteiligen sind

1. in Verfahren nach § 186 Nr. 1
   a) der Annehmende und der Anzunehmende,
   b) die Eltern des Anzunehmenden, wenn dieser entweder minderjährig ist und ein Fall des § 1747 Abs. 2 Satz 2 oder Abs. 4 des Bürgerlichen Gesetzbuchs[4] nicht vorliegt oder im Fall des § 1772 des Bürgerlichen Gesetzbuchs,
   c) der Ehegatte oder Lebenspartner des Annehmenden und der Ehegatte oder Lebenspartner des Anzunehmenden, sofern nicht ein Fall des § 1749 Absatz 2 des Bürgerlichen Gesetzbuchs vorliegt;
2. in Verfahren nach § 186 Nr. 2 derjenige, dessen Einwilligung ersetzt werden soll;
3. in Verfahren nach § 186 Nr. 3
   a) der Annehmende und der Angenommene,
   b) die leiblichen Eltern des minderjährigen Angenommenen;
4. in Verfahren nach § 186 Nr. 4 die Verlobten.

(2) Das Jugendamt und das Landesjugendamt sind auf ihren Antrag zu beteiligen.

**§ 189[5] Fachliche Äußerung.** (1) Soll ein Minderjähriger als Kind angenommen werden, hat das Gericht eine fachliche Äußerung darüber einzuholen, ob das Kind und die Familie des Annehmenden für die Annahme geeignet sind.

(2) [1]Die fachliche Äußerung ist von der Adoptionsvermittlungsstelle einzuholen, die das Kind vermittelt oder den Beratungsschein nach § 9a Absatz 2 des

[1] § 187 Abs. 4 neu gef. mWv 1.4.2021 durch G v. 12.2.2021 (BGBl. I S. 226).
[2] **Habersack, Deutsche Gesetze ErgBd. Nr. 45j.**
[3] § 188 Abs. 1 Nr. 1 Buchst. c geänd. mWv 27.6.2014 durch G v. 20.6.2014 (BGBl. I S. 786); Abs. 1 Nr. 1 Buchst. c geänd. mWv 22.7.2017 durch G v. 17.7.2017 (BGBl. I S. 2429).
[4] Nr. **20**.
[5] § 189 neu gef. mWv 1.4.2021 durch G v. 12.2.2021 (BGBl. I S. 226).

Adoptionsvermittlungsgesetzes[1)] ausgestellt hat. [2]Ist keine Adoptionsvermittlungsstelle tätig geworden, ist eine fachliche Äußerung des Jugendamts einzuholen.

(3) Die fachliche Äußerung ist kostenlos abzugeben.

(4) Das Gericht hat der Adoptionsvermittlungsstelle, die das Kind vermittelt hat, die Entscheidung mitzuteilen.

**§ 190**[2)] *(aufgehoben)*

**§ 191**[3)] **Verfahrensbeistand.** [1]Das Gericht hat einem minderjährigen Beteiligten in Adoptionssachen einen Verfahrensbeistand zu bestellen, sofern dies zur Wahrnehmung seiner Interessen erforderlich ist. [2]Die §§ 158 bis 158c gelten entsprechend.

**§ 192 Anhörung der Beteiligten.** (1) Das Gericht hat in Verfahren auf Annahme als Kind oder auf Aufhebung des Annahmeverhältnisses den Annehmenden und das Kind persönlich anzuhören.

(2) Im Übrigen sollen die beteiligten Personen angehört werden.

(3) Von der Anhörung eines minderjährigen Beteiligten kann abgesehen werden, wenn Nachteile für seine Entwicklung, Erziehung oder Gesundheit zu befürchten sind oder wenn wegen des geringen Alters von einer Anhörung eine Aufklärung nicht zu erwarten ist.

**§ 193 Anhörung weiterer Personen.** [1]Das Gericht hat in Verfahren auf Annahme als Kind die Kinder des Annehmenden und des Anzunehmenden anzuhören. [2]§ 192 Abs. 3 gilt entsprechend.

**§ 194 Anhörung des Jugendamts.** (1) [1]In Adoptionssachen hat das Gericht das Jugendamt anzuhören, sofern der Anzunehmende oder Angenommene minderjährig ist. [2]Dies gilt nicht, wenn das Jugendamt nach § 189 eine fachliche Äußerung abgegeben hat.

(2) [1]Das Gericht hat dem Jugendamt in den Fällen, in denen dieses angehört wurde oder eine fachliche Äußerung abgegeben hat, die Entscheidung mitzuteilen. [2]Gegen den Beschluss steht dem Jugendamt die Beschwerde zu.

**§ 195**[4)] **Anhörung des Landesjugendamts.** (1) [1]In den Fällen des § 11 Absatz 1 Nummer 2 und 3 des Adoptionsvermittlungsgesetzes[1)] hat das Gericht vor dem Ausspruch der Annahme auch die zentrale Adoptionsstelle des Landesjugendamts, in deren Bereich die Annehmenden ihren gewöhnlichen Aufenthalt haben, anzuhören. [2]Ist eine zentrale Adoptionsstelle nicht beteiligt worden, tritt an seine Stelle das Landesjugendamt, in dessen Bereich das Jugendamt liegt, das nach § 194 Gelegenheit zur Äußerung erhält oder das nach § 189 eine fachliche Äußerung abgegeben hat.

(2) [1]Das Gericht hat dem Landesjugendamt alle Entscheidungen mitzuteilen, zu denen dieses nach Absatz 1 anzuhören war. [2]Gegen den Beschluss steht dem Landesjugendamt die Beschwerde zu.

---

[1)] **Habersack, Deutsche Gesetze ErgBd. Nr. 45i.**

[2)] § 190 aufgeh. mWv 1.1.2023 durch G v. 4.5.2021 (BGBl. I S. 882).

[3)] § 191 Satz 2 neu gef. mWv 1.7.2021 durch G v. 16.6.2021 (BGBl. I S. 1810).

[4)] § 195 Abs. 1 Satz 1 neu gef. mWv 1.4.2021 durch G v. 12.2.2021 (BGBl. I S. 226).

**§ 196 Unzulässigkeit der Verbindung.** Eine Verbindung von Adoptionssachen mit anderen Verfahren ist unzulässig.

**§ 196a[1] Zurückweisung des Antrags.** Das Gericht weist den Antrag auf Annahme als Kind zurück, wenn die gemäß § 9a des Adoptionsvermittlungsgesetzes[2] erforderlichen Bescheinigungen über eine Beratung nicht vorliegen.

**§ 197 Beschluss über die Annahme als Kind.** (1) [1] In einem Beschluss, durch den das Gericht die Annahme als Kind ausspricht, ist anzugeben, auf welche gesetzlichen Vorschriften sich die Annahme gründet. [2] Wurde die Einwilligung eines Elternteils nach § 1747 Abs. 4 des Bürgerlichen Gesetzbuchs[3] nicht für erforderlich erachtet, ist dies ebenfalls in dem Beschluss anzugeben.

*(Fortsetzung nächstes Blatt)*

[1] § 196a eingef. mWv 1.4.2021 durch G v. 12.2.2021 (BGBl. I S. 226).
[2] **Habersack, Deutsche Gesetze ErgBd. Nr. 45i.**
[3] Nr. **20**.

(2) In den Fällen des Absatzes 1 wird der Beschluss mit der Zustellung an den Annehmenden, nach dem Tod des Annehmenden mit der Zustellung an das Kind wirksam.

(3) [1] Der Beschluss ist nicht anfechtbar. [2] Eine Abänderung oder Wiederaufnahme ist ausgeschlossen.

**§ 198 Beschluss in weiteren Verfahren.** (1) [1] Der Beschluss über die Ersetzung einer Einwilligung oder Zustimmung zur Annahme als Kind wird erst mit Rechtskraft wirksam. [2] Bei Gefahr im Verzug kann das Gericht die sofortige Wirksamkeit des Beschlusses anordnen. [3] Der Beschluss wird mit Bekanntgabe an den Antragsteller wirksam. [4] Eine Abänderung oder Wiederaufnahme ist ausgeschlossen.

(2) Der Beschluss, durch den das Gericht das Annahmeverhältnis aufhebt, wird erst mit Rechtskraft wirksam; eine Abänderung oder Wiederaufnahme ist ausgeschlossen.

(3) Der Beschluss, durch den die Befreiung vom Eheverbot nach § 1308 Abs. 1 des Bürgerlichen Gesetzbuchs[1)] erteilt wird, ist nicht anfechtbar; eine Abänderung oder Wiederaufnahme ist ausgeschlossen, wenn die Ehe geschlossen worden ist.

**§ 199 Anwendung des Adoptionswirkungsgesetzes.** Die Vorschriften des Adoptionswirkungsgesetzes[2)] bleiben unberührt.

## Abschnitt 6.[3)] Verfahren in Ehewohnungs- und Haushaltssachen

**§ 200[4)] Ehewohnungssachen; Haushaltssachen.** (1) Ehewohnungssachen sind Verfahren

1. nach § 1361b des Bürgerlichen Gesetzbuchs[1)],
2. nach § 1568a des Bürgerlichen Gesetzbuchs.

(2) Haushaltssachen sind Verfahren

1. nach § 1361a des Bürgerlichen Gesetzbuchs,
2. nach § 1568b des Bürgerlichen Gesetzbuchs.

**§ 201 Örtliche Zuständigkeit.** Ausschließlich zuständig ist in dieser Rangfolge:

1. während der Anhängigkeit einer Ehesache das Gericht, bei dem die Ehesache im ersten Rechtszug anhängig ist oder war;
2. das Gericht, in dessen Bezirk sich die gemeinsame Wohnung der Ehegatten befindet;
3. das Gericht, in dessen Bezirk der Antragsgegner seinen gewöhnlichen Aufenthalt hat;
4. das Gericht, in dessen Bezirk der Antragsteller seinen gewöhnlichen Aufenthalt hat.

---

1) Nr. 20.

2) **Habersack, Deutsche Gesetze ErgBd. Nr. 45j.**

3) Buch 2 Abschnitt 6 Überschrift neu gef. mWv 1.9.2009 durch G v. 6.7.2009 (BGBl. I S. 1696).

4) § 200 neu gef. mWv 1.9.2009 durch G v. 6.7.2009 (BGBl. I S. 1696).

**§ 202[1] Abgabe an das Gericht der Ehesache.** [1]Wird eine Ehesache rechtshängig, während eine Ehewohnungs- oder Haushaltssache bei einem anderen Gericht im ersten Rechtszug anhängig ist, ist diese von Amts wegen an das Gericht der Ehesache abzugeben. [2]§ 281 Abs. 2 und 3 Satz 1 der Zivilprozessordnung[2] gilt entsprechend.

**§ 203[3] Antrag.** (1) Das Verfahren wird durch den Antrag eines Ehegatten eingeleitet.

(2) [1]Der Antrag in Haushaltssachen soll die Angabe der Gegenstände enthalten, deren Zuteilung begehrt wird. [2]Dem Antrag in Haushaltssachen nach § 200 Abs. 2 Nr. 2 soll zudem eine Aufstellung sämtlicher Haushaltsgegenstände beigefügt werden, die auch deren genaue Bezeichnung enthält.

(3) Der Antrag in Ehewohnungssachen soll die Angabe enthalten, ob Kinder im Haushalt der Ehegatten leben.

**§ 204[4] Beteiligte.** (1) In Ehewohnungssachen nach § 200 Abs. 1 Nr. 2 sind auch der Vermieter der Wohnung, der Grundstückseigentümer, der Dritte (§ 1568a Absatz 4 des Bürgerlichen Gesetzbuchs[5]) und Personen, mit denen die Ehegatten oder einer von ihnen hinsichtlich der Wohnung in Rechtsgemeinschaft stehen, zu beteiligen.

(2) Das Jugendamt ist in Ehewohnungssachen auf seinen Antrag zu beteiligen, wenn Kinder im Haushalt der Ehegatten leben.

**§ 205[6] Anhörung des Jugendamts in Ehewohnungssachen.** (1) [1]In Ehewohnungssachen soll das Gericht das Jugendamt anhören, wenn Kinder im Haushalt der Ehegatten leben. [2]Unterbleibt die Anhörung allein wegen Gefahr im Verzug, ist sie unverzüglich nachzuholen.

(2) [1]Das Gericht hat in den Fällen des Absatzes 1 Satz 1 dem Jugendamt die Entscheidung mitzuteilen. [2]Gegen den Beschluss steht dem Jugendamt die Beschwerde zu.

**§ 206[7] Besondere Vorschriften in Haushaltssachen.** (1) Das Gericht kann in Haushaltssachen jedem Ehegatten aufgeben,

1. die Haushaltsgegenstände anzugeben, deren Zuteilung er begehrt,
2. eine Aufstellung sämtlicher Haushaltsgegenstände einschließlich deren genauer Bezeichnung vorzulegen oder eine vorgelegte Aufstellung zu ergänzen,
3. sich über bestimmte Umstände zu erklären, eigene Angaben zu ergänzen oder zum Vortrag eines anderen Beteiligten Stellung zu nehmen oder
4. bestimmte Belege vorzulegen

und ihm hierzu eine angemessene Frist setzen.

(2) Umstände, die erst nach Ablauf einer Frist nach Absatz 1 vorgebracht werden, können nur berücksichtigt werden, wenn dadurch nach der freien Über-

---

[1] § 202 Satz 1 geänd. mWv 1.9.2009 durch G v. 6.7.2009 (BGBl. I S. 1696).
[2] Nr. **100**.
[3] § 203 Abs. 2 Sätze 1 und 2, Abs. 3 geänd. mWv 1.9.2009 durch G v. 6.7.2009 (BGBl. I S. 1696).
[4] § 204 Abs. 1 und 2 geänd. mWv 1.9.2009 durch G v. 6.7.2009 (BGBl. I S. 1696).
[5] Nr. **20**.
[6] § 205 Überschrift und Abs. 1 Satz 1 geänd. mWv 1.9.2009 durch G v. 6.7.2009 (BGBl. I S. 1696).
[7] § 206 Überschrift, Abs. 1 einleit. Satzteil, Nr. 1 und 2 geänd. mWv 1.9.2009 durch G v. 6.7.2009 (BGBl. I S. 1696).

zeugung des Gerichts die Erledigung des Verfahrens nicht verzögert wird oder wenn der Ehegatte die Verspätung genügend entschuldigt.

(3) Kommt ein Ehegatte einer Auflage nach Absatz 1 nicht nach oder sind nach Absatz 2 Umstände nicht zu berücksichtigen, ist das Gericht insoweit zur weiteren Aufklärung des Sachverhalts nicht verpflichtet.

**§ 207 Erörterungstermin.** [1]Das Gericht soll die Angelegenheit mit den Ehegatten in einem Termin erörtern. [2]Es soll das persönliche Erscheinen der Ehegatten anordnen.

**§ 208 Tod eines Ehegatten.** Stirbt einer der Ehegatten vor Abschluss des Verfahrens, gilt dieses als in der Hauptsache erledigt.

**§ 209[1)] Durchführung der Entscheidung, Wirksamkeit.** (1) Das Gericht soll mit der Endentscheidung die Anordnungen treffen, die zu ihrer Durchführung erforderlich sind.

(2) [1]Die Endentscheidung in Ehewohnungs- und Haushaltssachen wird mit Rechtskraft wirksam. [2]Das Gericht soll in Ehewohnungssachen nach § 200 Abs. 1 Nr. 1 die sofortige Wirksamkeit anordnen.

(3) [1]Mit der Anordnung der sofortigen Wirksamkeit kann das Gericht auch die Zulässigkeit der Vollstreckung vor der Zustellung an den Antragsgegner anordnen. [2]In diesem Fall tritt die Wirksamkeit in dem Zeitpunkt ein, in dem die Entscheidung der Geschäftsstelle des Gerichts zur Bekanntmachung übergeben wird. [3]Dieser Zeitpunkt ist auf der Entscheidung zu vermerken.

## Abschnitt 7. Verfahren in Gewaltschutzsachen

**§ 210 Gewaltschutzsachen.** Gewaltschutzsachen sind Verfahren nach den §§ 1 und 2 des Gewaltschutzgesetzes[2)].

**§ 211 Örtliche Zuständigkeit.** Ausschließlich zuständig ist nach Wahl des Antragstellers

1. das Gericht, in dessen Bezirk die Tat begangen wurde,
2. das Gericht, in dessen Bezirk sich die gemeinsame Wohnung des Antragstellers und des Antragsgegners befindet oder
3. das Gericht, in dessen Bezirk der Antragsgegner seinen gewöhnlichen Aufenthalt hat.

**§ 212 Beteiligte.** In Verfahren nach § 2 des Gewaltschutzgesetzes[2)] ist das Jugendamt auf seinen Antrag zu beteiligen, wenn ein Kind in dem Haushalt lebt.

**§ 213 Anhörung des Jugendamts.** (1) [1]In Verfahren nach § 2 des Gewaltschutzgesetzes[2)] soll das Gericht das Jugendamt anhören, wenn Kinder in dem Haushalt leben. [2]Unterbleibt die Anhörung allein wegen Gefahr im Verzug, ist sie unverzüglich nachzuholen.

(2) [1]Das Gericht hat in den Fällen des Absatzes 1 Satz 1 dem Jugendamt die Entscheidung mitzuteilen. [2]Gegen den Beschluss steht dem Jugendamt die Beschwerde zu.

---

[1)] § 209 Abs. 2 Sätze 1 und 2 geänd. mWv 1.9.2009 durch G v. 6.7.2009 (BGBl. I S. 1696).
[2)] **Habersack, Deutsche Gesetze ErgBd. Nr. 49.**

**§ 214[1)] Einstweilige Anordnung.** (1) [1] Auf Antrag kann das Gericht durch einstweilige Anordnung eine vorläufige Regelung nach § 1 oder § 2 des Gewaltschutzgesetzes treffen. [2] Ein dringendes Bedürfnis für ein sofortiges Tätigwerden liegt in der Regel vor, wenn eine Tat nach § 1 des Gewaltschutzgesetzes begangen wurde oder auf Grund konkreter Umstände mit einer Begehung zu rechnen ist.

(2) [1] Der Beschluss nach Absatz 1 ist von Amts wegen zuzustellen. [2] Die Geschäftsstelle beauftragt den Gerichtsvollzieher mit der Zustellung. [3] Der Antrag auf Erlass der einstweiligen Anordnung gilt im Fall des Erlasses ohne mündliche Erörterung zugleich als Auftrag zur Vollstreckung; auf Verlangen des Antragstellers darf die Zustellung nicht vor der Vollstreckung erfolgen.

**§ 214a[2)] Bestätigung des Vergleichs.** [1] Schließen die Beteiligten einen Vergleich, hat das Gericht diesen zu bestätigen, soweit es selbst eine entsprechende Maßnahme nach § 1 Absatz 1 des Gewaltschutzgesetzes, auch in Verbindung mit § 1 Absatz 2 Satz 1 des Gewaltschutzgesetzes, hätte anordnen können. [2] Die Bestätigung des Gerichts ist nicht anfechtbar.

**§ 215 Durchführung der Endentscheidung.** In Verfahren nach § 2 des Gewaltschutzgesetzes soll das Gericht in der Endentscheidung die zu ihrer Durchführung erforderlichen Anordnungen treffen.

**§ 216 Wirksamkeit; Vollstreckung vor Zustellung.** (1) [1] Die Endentscheidung in Gewaltschutzsachen wird mit Rechtskraft wirksam. [2] Das Gericht soll die sofortige Wirksamkeit anordnen.

(2) [1] Mit der Anordnung der sofortigen Wirksamkeit kann das Gericht auch die Zulässigkeit der Vollstreckung vor der Zustellung an den Antragsgegner anordnen. [2] In diesem Fall tritt die Wirksamkeit in dem Zeitpunkt ein, in dem die Entscheidung der Geschäftsstelle des Gerichts zur Bekanntmachung übergeben wird; dieser Zeitpunkt ist auf der Entscheidung zu vermerken.

**§ 216a[2)] Mitteilung von Entscheidungen.** [1] Das Gericht teilt Anordnungen nach den §§ 1 und 2 des Gewaltschutzgesetzes sowie deren Änderung oder Aufhebung der zuständigen Polizeibehörde und anderen öffentlichen Stellen, die von der Durchführung der Anordnung betroffen sind, unverzüglich mit, soweit nicht schutzwürdige Interessen eines Beteiligten an dem Ausschluss der Übermittlung, das Schutzbedürfnis anderer Beteiligter oder das öffentliche Interesse an der Übermittlung überwiegen. [2] Die Beteiligten sollen über die Mitteilung unterrichtet werden. [3] Für den bestätigten Vergleich nach § 214a gelten die vorstehenden Bestimmungen entsprechend.

### Abschnitt 8. Verfahren in Versorgungsausgleichssachen

**§ 217 Versorgungsausgleichssachen.** Versorgungsausgleichssachen sind Verfahren, die den Versorgungsausgleich betreffen.

**§ 218 Örtliche Zuständigkeit.** Ausschließlich zuständig ist in dieser Rangfolge:

1. während der Anhängigkeit einer Ehesache das Gericht, bei dem die Ehesache im ersten Rechtszug anhängig ist oder war;

---

[1)] § 214 Abs. 2 neu gef. mWv 15.10.2016 durch G v. 11.10.2016 (BGBl. I S. 2222).

[2)] § 214a eingef., § 216a Satz 3 angef. mWv 10.3.2017 durch G v. 1.3.2017 (BGBl. I S. 386).

2. das Gericht, in dessen Bezirk die Ehegatten ihren gemeinsamen gewöhnlichen Aufenthalt haben oder zuletzt gehabt haben, wenn ein Ehegatte dort weiterhin seinen gewöhnlichen Aufenthalt hat;
3. das Gericht, in dessen Bezirk ein Antragsgegner seinen gewöhnlichen Aufenthalt oder Sitz hat;
4. das Gericht, in dessen Bezirk ein Antragsteller seinen gewöhnlichen Aufenthalt oder Sitz hat;
5. das Amtsgericht Schöneberg in Berlin.

**§ 219**[1)] **Beteiligte.** Zu beteiligen sind
1. die Ehegatten,
2. die Versorgungsträger, bei denen ein auszugleichendes Anrecht besteht,
3. die Versorgungsträger, bei denen ein Anrecht zum Zweck des Ausgleichs begründet werden soll, und
4. die Hinterbliebenen und die Erben der Ehegatten.

**§ 220**[1)] **Verfahrensrechtliche Auskunftspflicht.** (1) Das Gericht kann über Grund und Höhe der Anrechte Auskünfte einholen bei den Personen und Versorgungsträgern, die nach § 219 zu beteiligen sind, sowie bei sonstigen Stellen, die Auskünfte geben können.

(2) [1] Übersendet das Gericht ein Formular, ist dieses bei der Auskunft zu verwenden. [2] Satz 1 gilt nicht für eine automatisiert erstellte Auskunft eines Versorgungsträgers.

(3) Das Gericht kann anordnen, dass die Ehegatten oder ihre Hinterbliebenen oder Erben gegenüber dem Versorgungsträger Mitwirkungshandlungen zu erbringen haben, die für die Feststellung der in den Versorgungsausgleich einzubeziehenden Anrechte erforderlich sind.

(4) [1] Der Versorgungsträger ist verpflichtet, die nach § 5 des Versorgungsausgleichsgesetzes[2)] benötigten Werte einschließlich einer übersichtlichen und nachvollziehbaren Berechnung sowie der für die Teilung maßgeblichen Regelungen mitzuteilen. [2] Das Gericht kann den Versorgungsträger von Amts wegen oder auf Antrag eines Beteiligten auffordern, die Einzelheiten der Wertermittlung zu erläutern.

(5) Die in dieser Vorschrift genannten Personen und Stellen sind verpflichtet, gerichtliche Ersuchen und Anordnungen zu befolgen.

**§ 221**[1)] **Erörterung, Aussetzung.** (1) Das Gericht soll die Angelegenheit mit den Ehegatten in einem Termin erörtern.

(2) Das Gericht hat das Verfahren auszusetzen, wenn ein Rechtsstreit über Bestand oder Höhe eines in den Versorgungsausgleich einzubeziehenden Anrechts anhängig ist.

(3) [1] Besteht Streit über ein Anrecht, ohne dass die Voraussetzungen des Absatzes 2 erfüllt sind, kann das Gericht das Verfahren aussetzen und einem oder beiden Ehegatten eine Frist zur Erhebung der Klage setzen. [2] Wird diese Klage nicht oder nicht rechtzeitig erhoben, kann das Gericht das Vorbringen unberücksichtigt lassen, das mit der Klage hätte geltend gemacht werden können.

---

[1)] §§ 219–221 neu gef. mWv 1.9.2009 durch G v. 3.4.2009 (BGBl. I S. 700).
[2)] Nr. **48**.

**§ 222[1] Durchführung der externen Teilung.** (1) Die Wahlrechte nach § 14 Absatz 2, § 15 Absatz 1 und § 19 Absatz 2 Nummer 5 des Versorgungsausgleichsgesetzes[2] sind in den vom Gericht zu setzenden Fristen auszuüben.

(2) Übt die ausgleichsberechtigte Person ihr Wahlrecht nach § 15 Abs. 1 des Versorgungsausgleichsgesetzes aus, so hat sie in der nach Absatz 1 gesetzten Frist zugleich nachzuweisen, dass der ausgewählte Versorgungsträger mit der vorgesehenen Teilung einverstanden ist.

(3) Das Gericht setzt in der Endentscheidung den nach § 14 Abs. 4 des Versorgungsausgleichsgesetzes zu zahlenden Kapitalbetrag fest.

(4) Bei einer externen Teilung nach § 16 des Versorgungsausgleichsgesetzes sind die Absätze 1 bis 3 nicht anzuwenden.

**§ 223[3] Antragserfordernis für Ausgleichsansprüche nach der Scheidung.**

Über Ausgleichsansprüche nach der Scheidung nach den §§ 20 bis 26 des Versorgungsausgleichsgesetzes[2] entscheidet das Gericht nur auf Antrag.

**§ 224[3] Entscheidung über den Versorgungsausgleich.** (1) Endentscheidungen, die den Versorgungsausgleich betreffen, werden erst mit Rechtskraft wirksam.

(2) Die Endentscheidung ist zu begründen.

(3) Soweit ein Wertausgleich bei der Scheidung nach § 3 Abs. 3, den §§ 6, 18 Abs. 1 oder Abs. 2 oder § 27 des Versorgungsausgleichsgesetzes[2] nicht stattfindet, stellt das Gericht dies in der Beschlussformel fest.

(4) Verbleiben nach dem Wertausgleich bei der Scheidung noch Anrechte für Ausgleichsansprüche nach der Scheidung, benennt das Gericht diese Anrechte in der Begründung.

**§ 225[3] Zulässigkeit einer Abänderung des Wertausgleichs bei der Scheidung.** (1) Eine Abänderung des Wertausgleichs bei der Scheidung ist nur für Anrechte im Sinne des § 32 des Versorgungsausgleichsgesetzes[2] zulässig.

(2) Bei rechtlichen oder tatsächlichen Veränderungen nach dem Ende der Ehezeit, die auf den Ausgleichswert eines Anrechts zurückwirken und zu einer wesentlichen Wertänderung führen, ändert das Gericht auf Antrag die Entscheidung in Bezug auf dieses Anrecht ab.

(3) Die Wertänderung nach Absatz 2 ist wesentlich, wenn sie mindestens 5 Prozent des bisherigen Ausgleichswerts des Anrechts beträgt und bei einem Rentenbetrag als maßgeblicher Bezugsgröße 1 Prozent, in allen anderen Fällen als Kapitalwert 120 Prozent der am Ende der Ehezeit maßgeblichen monatlichen Bezugsgröße nach § 18 Abs. 1 des Vierten Buches Sozialgesetzbuch[4] übersteigt.

(4) Eine Abänderung ist auch dann zulässig, wenn durch sie eine für die Versorgung der ausgleichsberechtigten Person maßgebende Wartezeit erfüllt wird.

(5) Die Abänderung muss sich zugunsten eines Ehegatten oder seiner Hinterbliebenen auswirken.

---

[1] § 222 neu gef. mWv 1.9.2009 durch G v. 3.4.2009 (BGBl. I S. 700); Abs. 1 geänd. mWv 1.8.2021 durch G v. 12.5.2021 (BGBl. I S. 1085).

[2] Nr. **48**.

[3] §§ 223–225 neu gef. mWv 1.9.2009 durch G v. 3.4.2009 (BGBl. I S. 700).

[4] **Aichberger, SGB Nr. 4.**

**§ 226[1)] Durchführung einer Abänderung des Wertausgleichs bei der Scheidung.** (1) Antragsberechtigt sind die Ehegatten, ihre Hinterbliebenen und die von der Abänderung betroffenen Versorgungsträger.

(2) Der Antrag ist frühestens zwölf Monate vor dem Zeitpunkt zulässig, ab dem ein Ehegatte voraussichtlich eine laufende Versorgung aus dem abzuändernden Anrecht bezieht oder dies auf Grund der Abänderung zu erwarten ist.

(3) § 27 des Versorgungsausgleichsgesetzes[2)] gilt entsprechend.

(4) Die Abänderung wirkt ab dem ersten Tag des Monats, der auf den Monat der Antragstellung folgt.

(5) [1] Stirbt der Ehegatte, der den Abänderungsantrag gestellt hat, vor Rechtskraft der Endentscheidung, hat das Gericht die übrigen antragsberechtigten Beteiligten darauf hinzuweisen, dass das Verfahren nur fortgesetzt wird, wenn ein antragsberechtigter Beteiligter innerhalb einer Frist von einem Monat dies durch Erklärung gegenüber dem Gericht verlangt. [2] Verlangt kein antragsberechtigter Beteiligter innerhalb der Frist die Fortsetzung des Verfahrens, gilt dieses als in der Hauptsache erledigt. [3] Stirbt der andere Ehegatte, wird das Verfahren gegen dessen Erben fortgesetzt.

**§ 227[3)] Sonstige Abänderungen.** (1) Für die Abänderung einer Entscheidung über Ausgleichsansprüche nach der Scheidung nach den §§ 20 bis 26 des Versorgungsausgleichsgesetzes[2)] ist § 48 Abs. 1 anzuwenden.

(2) Auf eine Vereinbarung der Ehegatten über den Versorgungsausgleich sind die §§ 225 und 226 entsprechend anzuwenden, wenn die Abänderung nicht ausgeschlossen worden ist.

**§ 228[3)] Zulässigkeit der Beschwerde.** In Versorgungsausgleichssachen gilt § 61 nur für die Anfechtung einer Kostenentscheidung.

**§ 229[4)] Elektronischer Rechtsverkehr zwischen den Familiengerichten und den Versorgungsträgern.** (1) [1] Die nachfolgenden Bestimmungen sind anzuwenden, soweit das Gericht und der nach § 219 Nr. 2 oder Nr. 3 beteiligte Versorgungsträger an einem zur elektronischen Übermittlung eingesetzten Verfahren (Übermittlungsverfahren) teilnehmen, um die im Versorgungsausgleich erforderlichen Daten auszutauschen. [2] Mit der elektronischen Übermittlung können Dritte beauftragt werden.

(2) Das Übermittlungsverfahren muss

1. bundeseinheitlich sein,
2. Authentizität und Integrität der Daten gewährleisten und
3. bei Nutzung allgemein zugänglicher Netze ein Verschlüsselungsverfahren anwenden, das die Vertraulichkeit der übermittelten Daten sicherstellt.

(3) Das Gericht soll dem Versorgungsträger Auskunftsersuchen nach § 220, der Versorgungsträger soll dem Gericht Auskünfte nach § 220 und Erklärungen nach § 222 Abs. 1 im Übermittlungsverfahren übermitteln.

---

[1)] § 226 neu gef. mWv 1.9.2009 durch G v. 3.4.2009 (BGBl. I S. 700); Abs. 2 geänd. mWv 1.8.2021 durch G v. 12.5.2021 (BGBl. I S. 1085).

[2)] Nr. **48**.

[3)] §§ 227 und 228 neu gef. mWv 1.9.2009 durch G v. 3.4.2009 (BGBl. I S. 700).

[4)] § 229 neu gef. mWv 1.9.2009 durch G v. 3.4.2009 (BGBl. I S. 700); Abs. 3 Satz 2 aufgeh. mWv 1.1.2018 durch G v. 10.10.2013 (BGBl. I S. 3786).

(4) Entscheidungen des Gerichts in Versorgungsausgleichssachen sollen dem Versorgungsträger im Übermittlungsverfahren zugestellt werden.

(5) [1] Zum Nachweis der Zustellung einer Entscheidung an den Versorgungsträger genügt die elektronische Übermittlung einer automatisch erzeugten Eingangsbestätigung an das Gericht. [2] Maßgeblich für den Zeitpunkt der Zustellung ist der in dieser Eingangsbestätigung genannte Zeitpunkt.

**§ 230**[1)] *(aufgehoben)*

## Abschnitt 9. Verfahren in Unterhaltssachen

### Unterabschnitt 1. Besondere Verfahrensvorschriften

**§ 231 Unterhaltssachen.** (1) Unterhaltssachen sind Verfahren, die
1. die durch Verwandtschaft begründete gesetzliche Unterhaltspflicht,
2. die durch Ehe begründete gesetzliche Unterhaltspflicht,
3. die Ansprüche nach § 1615l oder § 1615m des Bürgerlichen Gesetzbuchs[2)]

betreffen.

(2) [1] Unterhaltssachen sind auch Verfahren nach § 3 Abs. 2 Satz 3 des Bundeskindergeldgesetzes[3)] und § 64 Abs. 2 Satz 3 des Einkommensteuergesetzes. [2] Die §§ 235 bis 245 sind nicht anzuwenden.

**§ 232 Örtliche Zuständigkeit.** (1) Ausschließlich zuständig ist
1. für Unterhaltssachen, die die Unterhaltspflicht für ein gemeinschaftliches Kind der Ehegatten betreffen, mit Ausnahme des vereinfachten Verfahrens über den Unterhalt Minderjähriger, oder die die durch die Ehe begründete Unterhaltspflicht betreffen, während der Anhängigkeit einer Ehesache das Gericht, bei dem die Ehesache im ersten Rechtszug anhängig ist oder war;
2. für Unterhaltssachen, die die Unterhaltspflicht für ein minderjähriges Kind oder ein nach § 1603 Abs. 2 Satz 2 des Bürgerlichen Gesetzbuchs[2)] gleichgestelltes Kind betreffen, das Gericht, in dessen Bezirk das Kind oder der Elternteil, der auf Seiten des minderjährigen Kindes zu handeln befugt ist, seinen gewöhnlichen Aufenthalt hat; dies gilt nicht, wenn das Kind oder ein Elternteil seinen gewöhnlichen Aufenthalt im Ausland hat.

(2) Eine Zuständigkeit nach Absatz 1 geht der ausschließlichen Zuständigkeit eines anderen Gerichts vor.

(3) [1] Sofern eine Zuständigkeit nach Absatz 1 nicht besteht, bestimmt sich die Zuständigkeit nach den Vorschriften der Zivilprozessordnung[4)] mit der Maßgabe, dass in den Vorschriften über den allgemeinen Gerichtsstand an die Stelle des Wohnsitzes der gewöhnliche Aufenthalt tritt. [2] Nach Wahl des Antragstellers ist auch zuständig
1. für den Antrag eines Elternteils gegen den anderen Elternteil wegen eines Anspruchs, der die durch Ehe begründete gesetzliche Unterhaltspflicht betrifft, oder wegen eines Anspruchs nach § 1615l des Bürgerlichen Gesetzbuchs das Gericht, bei dem ein Verfahren über den Unterhalt des Kindes im ersten Rechtszug anhängig ist;

---

[1)] § 230 aufgeh. mWv 1.9.2009 durch G v. 3.4.2009 (BGBl. I S. 700).

[2)] Nr. **20**.

[3)] **Habersack, Deutsche Gesetze ErgBd. Nr. 45b.**

[4)] Nr. **100**.

2. für den Antrag eines Kindes, durch den beide Eltern auf Erfüllung der Unterhaltspflicht in Anspruch genommen werden, das Gericht, das für den Antrag gegen einen Elternteil zuständig ist;
3. das Gericht, bei dem der Antragsteller seinen gewöhnlichen Aufenthalt hat, wenn der Antragsgegner im Inland keinen Gerichtsstand hat.

**§ 233. Abgabe an das Gericht der Ehesache.** [1]Wird eine Ehesache rechtshängig, während eine Unterhaltssache nach § 232 Abs. 1 Nr. 1 bei einem anderen Gericht im ersten Rechtszug anhängig ist, ist diese von Amts wegen an das Gericht der Ehesache abzugeben. [2]§ 281 Abs. 2 und 3 Satz 1 der Zivilprozessordnung gilt entsprechend.

**§ 234. Vertretung eines Kindes durch einen Beistand.** Wird das Kind durch das Jugendamt als Beistand vertreten, ist die Vertretung durch den sorgeberechtigten Elternteil ausgeschlossen.

**§ 235. Verfahrensrechtliche Auskunftspflicht der Beteiligten.** (1) [1]Das Gericht kann anordnen, dass der Antragsteller und der Antragsgegner Auskunft über ihre Einkünfte, ihr Vermögen und ihre persönlichen und wirtschaftlichen Verhältnisse erteilen sowie bestimmte Belege vorlegen, soweit dies für die Bemessung des Unterhalts von Bedeutung ist. [2]Das Gericht kann anordnen, dass der Antragsteller und der Antragsgegner schriftlich versichern, dass die Auskunft wahrheitsgemäß und vollständig ist; die Versicherung kann nicht durch einen Vertreter erfolgen. [3]Mit der Anordnung nach Satz 1 oder Satz 2 soll das Gericht eine angemessene Frist setzen. [4]Zugleich hat es auf die Verpflichtung nach Absatz 3 und auf die nach den §§ 236 und 243 Satz 2 Nr. 3 möglichen Folgen hinzuweisen.

(2) Das Gericht hat nach Absatz 1 vorzugehen, wenn ein Beteiligter dies beantragt und der andere Beteiligte vor Beginn des Verfahrens einer nach den Vorschriften des bürgerlichen Rechts bestehenden Auskunftspflicht entgegen einer Aufforderung innerhalb angemessener Frist nicht nachgekommen ist.

(3) Antragsteller und Antragsgegner sind verpflichtet, dem Gericht ohne Aufforderung mitzuteilen, wenn sich während des Verfahrens Umstände, die Gegenstand der Anordnung nach Absatz 1 waren, wesentlich verändert haben.

(4) Die Anordnungen des Gerichts nach dieser Vorschrift sind nicht selbständig anfechtbar und nicht mit Zwangsmitteln durchsetzbar.

**§ 236. Verfahrensrechtliche Auskunftspflicht Dritter.** (1) Kommt ein Beteiligter innerhalb der hierfür gesetzten Frist einer Verpflichtung nach § 235 Abs. 1 nicht oder nicht vollständig nach, kann das Gericht, soweit dies für die Bemessung des Unterhalts von Bedeutung ist, über die Höhe der Einkünfte Auskunft und bestimmte Belege anfordern bei

1. Arbeitgebern,
2. Sozialleistungsträgern sowie der Künstlersozialkasse,
3. sonstigen Personen oder Stellen, die Leistungen zur Versorgung im Alter und bei verminderter Erwerbsfähigkeit sowie Leistungen zur Entschädigung und zum Nachteilsausgleich zahlen,
4. Versicherungsunternehmen oder
5. Finanzämtern.

(2) Das Gericht hat nach Absatz 1 vorzugehen, wenn dessen Voraussetzungen vorliegen und der andere Beteiligte dies beantragt.

(3) Die Anordnung nach Absatz 1 ist den Beteiligten mitzuteilen.

(4) [1]Die in Absatz 1 bezeichneten Personen und Stellen sind verpflichtet, der gerichtlichen Anordnung Folge zu leisten. [2]§ 390 der Zivilprozessordnung gilt entsprechend, wenn nicht eine Behörde betroffen ist.

(5) Die Anordnungen des Gerichts nach dieser Vorschrift sind für die Beteiligten nicht selbständig anfechtbar.

**§ 237. Unterhalt bei Feststellung der Vaterschaft.** (1) Ein Antrag, durch den ein Mann auf Zahlung von Unterhalt für ein Kind in Anspruch genommen wird, ist, wenn die Vaterschaft des Mannes nach § 1592 Nr. 1 und 2 oder § 1593 des Bürgerlichen Gesetzbuchs nicht besteht, nur zulässig, wenn das Kind minderjährig und ein Verfahren auf Feststellung der Vaterschaft nach § 1600 d des Bürgerlichen Gesetzbuchs anhängig ist.

(2) Ausschließlich zuständig ist das Gericht, bei dem das Verfahren auf Feststellung der Vaterschaft im ersten Rechtszug anhängig ist.

(3) [1]Im Fall des Absatzes 1 kann Unterhalt lediglich in Höhe des Mindestunterhalts und gemäß den Altersstufen nach § 1612 a Abs. 1 Satz 3 des Bürgerlichen Gesetzbuchs und unter Berücksichtigung der Leistungen nach § 1612 b oder § 1612 c des Bürgerlichen Gesetzbuchs beantragt werden. [2]Das Kind kann einen geringeren Unterhalt verlangen. [3]Im Übrigen kann in diesem Verfahren eine Herabsetzung oder Erhöhung des Unterhalts nicht verlangt werden.

(4) Vor Rechtskraft des Beschlusses, der die Vaterschaft feststellt, oder vor Wirksamwerden der Anerkennung der Vaterschaft durch den Mann wird der Ausspruch, der die Verpflichtung zur Leistung des Unterhalts betrifft, nicht wirksam.

**§ 238. Abänderung gerichtlicher Entscheidungen.** (1) [1]Enthält eine in der Hauptsache ergangene Endentscheidung des Gerichts eine Verpflichtung zu künftig fällig werdenden wiederkehrenden Leistungen, kann jeder Teil die Abänderung beantragen. [2]Der Antrag ist zulässig, sofern der Antragsteller Tatsachen vorträgt, aus denen sich eine wesentliche Veränderung der der Entscheidung zugrunde liegenden tatsächlichen oder rechtlichen Verhältnisse ergibt.

(2) Der Antrag kann nur auf Gründe gestützt werden, die nach Schluss der Tatsachenverhandlung des vorausgegangenen Verfahrens entstanden sind und deren Geltendmachung durch Einspruch nicht möglich ist oder war.

(3) [1]Die Abänderung ist zulässig für die Zeit ab Rechtshängigkeit des Antrags. [2]Ist der Antrag auf Erhöhung des Unterhalts gerichtet, ist er auch zulässig für die Zeit, für die nach den Vorschriften des bürgerlichen Rechts Unterhalt für die Vergangenheit verlangt werden kann. [3]Ist der Antrag auf Herabsetzung des Unterhalts gerichtet, ist er auch zulässig für die Zeit ab dem Ersten des auf ein entsprechendes Auskunfts- oder Verzichtsverlangen des Antragstellers folgenden Monats. [4]Für eine mehr als ein Jahr vor Rechtshängigkeit liegende Zeit kann eine Herabsetzung nicht verlangt werden.

(4) Liegt eine wesentliche Veränderung der tatsächlichen oder rechtlichen Verhältnisse vor, ist die Entscheidung unter Wahrung ihrer Grundlagen anzupassen.

**§ 239. Abänderung von Vergleichen und Urkunden.** (1) [1] Enthält ein Vergleich nach § 794 Abs. 1 Nr. 1 der Zivilprozessordnung oder eine vollstreckbare Urkunde eine Verpflichtung zu künftig fällig werdenden wiederkehrenden Leistungen, kann jeder Teil die Abänderung beantragen. [2] Der Antrag ist zulässig, sofern der Antragsteller Tatsachen vorträgt, die die Abänderung rechtfertigen.

(2) Die weiteren Voraussetzungen und der Umfang der Abänderung richten sich nach den Vorschriften des bürgerlichen Rechts.

**§ 240. Abänderung von Entscheidungen nach den §§ 237 und 253.**

(1) Enthält eine rechtskräftige Endentscheidung nach § 237 oder § 253 eine Verpflichtung zu künftig fällig werdenden wiederkehrenden Leistungen, kann jeder Teil die Abänderung beantragen, sofern nicht bereits ein Antrag auf Durchführung des streitigen Verfahrens nach § 255 gestellt worden ist.

(2) [1] Wird ein Antrag auf Herabsetzung des Unterhalts nicht innerhalb eines Monats nach Rechtskraft gestellt, so ist die Abänderung nur zulässig für die Zeit ab Rechtshängigkeit des Antrags. [2] Ist innerhalb der Monatsfrist ein Antrag des anderen Beteiligten auf Erhöhung des Unterhalts anhängig geworden, läuft die Frist nicht vor Beendigung dieses Verfahrens ab. [3] Der nach Ablauf der Frist gestellte Antrag auf Herabsetzung ist auch zulässig für die Zeit ab dem Ersten des auf ein entsprechendes Auskunfts- oder Verzichtsverlangen des Antragstellers folgenden Monats. [4] § 238 Abs. 3 Satz 4 gilt entsprechend.

**§ 241. Verschärfte Haftung.** Die Rechtshängigkeit eines auf Herabsetzung gerichteten Abänderungsantrags steht bei der Anwendung des § 818 Abs. 4 des Bürgerlichen Gesetzbuchs der Rechtshängigkeit einer Klage auf Rückzahlung der geleisteten Beträge gleich.

**§ 242. Einstweilige Einstellung der Vollstreckung.** [1] Ist ein Abänderungsantrag auf Herabsetzung anhängig oder hierfür ein Antrag auf Bewilligung von Verfahrenskostenhilfe eingereicht, gilt § 769 der Zivilprozessordnung entsprechend. [2] Der Beschluss ist nicht anfechtbar.

**§ 243. Kostenentscheidung.** [1] Abweichend von den Vorschriften der Zivilprozessordnung über die Kostenverteilung entscheidet das Gericht in Unterhaltssachen nach billigem Ermessen über die Verteilung der Kosten des Verfahrens auf die Beteiligten. [2] Es hat hierbei insbesondere zu berücksichtigen:

1. das Verhältnis von Obsiegen und Unterliegen der Beteiligten, einschließlich der Dauer der Unterhaltsverpflichtung,
2. den Umstand, dass ein Beteiligter vor Beginn des Verfahrens einer Aufforderung des Gegners zur Erteilung der Auskunft und Vorlage von Belegen über das Einkommen nicht oder nicht vollständig nachgekommen ist, es sei denn, dass eine Verpflichtung hierzu nicht bestand,

3. den Umstand, dass ein Beteiligter einer Aufforderung des Gerichts nach § 235 Abs. 1 innerhalb der gesetzten Frist nicht oder nicht vollständig nachgekommen ist, sowie
4. ein sofortiges Anerkenntnis nach § 93 der Zivilprozessordnung.

**§ 244. Unzulässiger Einwand der Volljährigkeit.** Wenn der Verpflichtete dem Kind nach Vollendung des 18. Lebensjahres Unterhalt zu gewähren hat, kann gegen die Vollstreckung eines in einem Beschluss oder in einem sonstigen Titel nach § 794 der Zivilprozessordnung festgestellten Anspruchs auf Unterhalt nach Maßgabe des § 1612 a des Bürgerlichen Gesetzbuchs nicht eingewandt werden, dass die Minderjährigkeit nicht mehr besteht.

**§ 245. Bezifferung dynamisierter Unterhaltstitel zur Zwangsvollstreckung im Ausland.** (1) Soll ein Unterhaltstitel, der den Unterhalt nach § 1612 a des Bürgerlichen Gesetzbuchs als Prozentsatz des Mindestunterhalts festsetzt, im Ausland vollstreckt werden, ist auf Antrag der geschuldete Unterhalt auf dem Titel zu beziffern.

(2) Für die Bezifferung sind die Gerichte, Behörden oder Notare zuständig, denen die Erteilung einer vollstreckbaren Ausfertigung des Titels obliegt.

(3) Auf die Anfechtung der Entscheidung über die Bezifferung sind die Vorschriften über die Anfechtung der Entscheidung über die Erteilung einer Vollstreckungsklausel entsprechend anzuwenden.

### Unterabschnitt 2. Einstweilige Anordnung

**§ 246. Besondere Vorschriften für die einstweilige Anordnung.** (1) Das Gericht kann durch einstweilige Anordnung abweichend von § 49 auf Antrag die Verpflichtung zur Zahlung von Unterhalt oder zur Zahlung eines Kostenvorschusses für ein gerichtliches Verfahren regeln.

(2) Die Entscheidung ergeht auf Grund mündlicher Verhandlung, wenn dies zur Aufklärung des Sachverhalts oder für eine gütliche Beilegung des Verfahrens geboten erscheint.

**§ 247. Einstweilige Anordnung vor Geburt des Kindes.** (1) Im Wege der einstweiligen Anordnung kann bereits vor der Geburt des Kindes die Verpflichtung zur Zahlung des für die ersten drei Monate dem Kind zu gewährenden Unterhalts sowie des der Mutter nach § 1615 l Abs. 1 des Bürgerlichen Gesetzbuchs zustehenden Betrags geregelt werden.

(2) [1] Hinsichtlich des Unterhalts für das Kind kann der Antrag auch durch die Mutter gestellt werden. [2] § 1600 d Abs. 2 und 3 des Bürgerlichen Gesetzbuchs gilt entsprechend. [3] In den Fällen des Absatzes 1 kann auch angeordnet werden, dass der Betrag zu einem bestimmten Zeitpunkt vor der Geburt des Kindes zu hinterlegen ist.

**§ 248. Einstweilige Anordnung bei Feststellung der Vaterschaft.** (1) Ein Antrag auf Erlass einer einstweiligen Anordnung, durch den ein Mann auf Zahlung von Unterhalt für ein Kind oder dessen Mutter in Anspruch genommen wird, ist, wenn die Vaterschaft des Mannes nach § 1592 Nr. 1 und 2 oder § 1593 des Bürgerlichen Gesetzbuchs nicht besteht, nur zulässig, wenn ein Verfahren auf Feststellung der Vaterschaft nach § 1600d des Bürgerlichen Gesetzbuchs anhängig ist.

(2) Im Fall des Absatzes 1 ist das Gericht zuständig, bei dem das Verfahren auf Feststellung der Vaterschaft im ersten Rechtszug anhängig ist; während der Anhängigkeit beim Beschwerdegericht ist dieses zuständig.

(3) § 1600d Abs. 2 und 3 des Bürgerlichen Gesetzbuchs gilt entsprechend.

(4) Das Gericht kann auch anordnen, dass der Mann für den Unterhalt Sicherheit in bestimmter Höhe zu leisten hat.

(5) [1]Die einstweilige Anordnung tritt auch außer Kraft, wenn der Antrag auf Feststellung der Vaterschaft zurückgenommen oder rechtskräftig zurückgewiesen worden ist. [2]In diesem Fall hat derjenige, der die einstweilige Anordnung erwirkt hat, dem Mann den Schaden zu ersetzen, der ihm aus der Vollziehung der einstweiligen Anordnung entstanden ist.

### Unterabschnitt 3. Vereinfachtes Verfahren über den Unterhalt Minderjähriger

**§ 249 Statthaftigkeit des vereinfachten Verfahrens.** (1) Auf Antrag wird der Unterhalt eines minderjährigen Kindes, das mit dem in Anspruch genommenen Elternteil nicht in einem Haushalt lebt, im vereinfachten Verfahren festgesetzt, soweit der Unterhalt vor Berücksichtigung der Leistungen nach § 1612b oder § 1612c des Bürgerlichen Gesetzbuchs[1)] das 1,2fache des Mindestunterhalts nach § 1612a Abs. 1 des Bürgerlichen Gesetzbuchs nicht übersteigt.

(2) Das vereinfachte Verfahren ist nicht statthaft, wenn zum Zeitpunkt, in dem der Antrag oder eine Mitteilung über seinen Inhalt dem Antragsgegner zugestellt wird, über den Unterhaltsanspruch des Kindes entweder ein Gericht entschieden hat, ein gerichtliches Verfahren anhängig ist oder ein zur Zwangsvollstreckung geeigneter Schuldtitel errichtet worden ist.

**§ 250[2)] Antrag.** (1) Der Antrag muss enthalten:

1. die Bezeichnung der Beteiligten, ihrer gesetzlichen Vertreter und der Verfahrensbevollmächtigten;
2. die Bezeichnung des Gerichts, bei dem der Antrag gestellt wird;
3. die Angabe des Geburtsdatums des Kindes;
4. die Angabe, ab welchem Zeitpunkt Unterhalt verlangt wird;
5. für den Fall, dass Unterhalt für die Vergangenheit verlangt wird, die Angabe, wann die Voraussetzungen des § 1613 Abs. 1 oder Abs. 2 Nr. 2 des Bürgerlichen Gesetzbuchs[1)] eingetreten sind;
6. die Angabe der Höhe des verlangten Unterhalts;
7. die Angaben über Kindergeld und andere zu berücksichtigende Leistungen (§ 1612b oder § 1612c des Bürgerlichen Gesetzbuchs);
8. die Erklärung, dass zwischen dem Kind und dem Antragsgegner ein Eltern-Kind-Verhältnis nach den §§ 1591 bis 1593 des Bürgerlichen Gesetzbuchs besteht;
9. die Erklärung, dass das Kind nicht mit dem Antragsgegner in einem Haushalt lebt;
10. die Angabe der Höhe des Kindeseinkommens;

[1)] Nr. **20**.
[2)] § 250 Abs. 1 Nr. 12 geänd. mWv 1.1.2023 durch G v. 16.12.2022 (BGBl. I S. 2328).

11. eine Erklärung darüber, ob der Anspruch aus eigenem, aus übergegangenem oder rückabgetretenem Recht geltend gemacht wird;
12. die Erklärung, dass Unterhalt nicht für Zeiträume verlangt wird, für die das Kind Hilfe nach dem Zwölften Buch Sozialgesetzbuch[1)], Bürgergeld nach § 19 Absatz 1 Satz 2 des Zweiten Buches Sozialgesetzbuch[2)], Hilfe zur Erziehung oder Eingliederungshilfe nach dem Achten Buch Sozialgesetzbuch[3)], Leistungen nach dem Unterhaltsvorschussgesetz[4)] oder Unterhalt nach § 1607 Abs. 2 oder Abs. 3 des Bürgerlichen Gesetzbuchs erhalten hat, oder, soweit Unterhalt aus übergegangenem Recht oder nach § 94 Abs. 4 Satz 2 des Zwölften Buches Sozialgesetzbuch, § 33 Abs. 2 Satz 4 des Zweiten Buches Sozialgesetzbuch oder § 7 Abs. 4 Satz 1 des Unterhaltsvorschussgesetzes verlangt wird, die Erklärung, dass der beantragte Unterhalt die Leistung an oder für das Kind nicht übersteigt;
13. die Erklärung, dass die Festsetzung im vereinfachten Verfahren nicht nach § 249 Abs. 2 ausgeschlossen ist.

(2) [1] Entspricht der Antrag nicht den in Absatz 1 und den in § 249 bezeichneten Voraussetzungen, ist er zurückzuweisen. [2] Vor der Zurückweisung ist der Antragsteller zu hören. [3] Die Zurückweisung ist nicht anfechtbar.

(3) Sind vereinfachte Verfahren anderer Kinder des Antragsgegners bei dem Gericht anhängig, hat es die Verfahren zum Zweck gleichzeitiger Entscheidung zu verbinden.

**§ 251[5)] Maßnahmen des Gerichts.** (1) [1] Erscheint nach dem Vorbringen des Antragstellers das vereinfachte Verfahren zulässig, verfügt das Gericht die Zustellung des Antrags oder einer Mitteilung über seinen Inhalt an den Antragsgegner. [2] Zugleich weist es ihn darauf hin,

1. ab welchem Zeitpunkt und in welcher Höhe der Unterhalt festgesetzt werden kann; hierbei sind zu bezeichnen:
   a) die Zeiträume nach dem Alter des Kindes, für das die Festsetzung des Unterhalts nach dem Mindestunterhalt der ersten, zweiten und dritten Altersstufe in Betracht kommt;
   b) im Fall des § 1612a des Bürgerlichen Gesetzbuchs[6)] auch der Prozentsatz des jeweiligen Mindestunterhalts;
   c) die nach § 1612b oder § 1612c des Bürgerlichen Gesetzbuchs zu berücksichtigenden Leistungen;
2. dass das Gericht nicht geprüft hat, ob der verlangte Unterhalt das im Antrag angegebene Kindeseinkommen berücksichtigt;
3. dass über den Unterhalt ein Festsetzungsbeschluss ergehen kann, aus dem der Antragsteller die Zwangsvollstreckung betreiben kann, wenn er nicht innerhalb eines Monats Einwendungen erhebt;

---

[1)] **Sartorius ErgBd. Nr. 412.**
[2)] **Sartorius ErgBd. Nr. 402.**
[3)] **Habersack, Deutsche Gesetze ErgBd. Nr. 46.**
[4)] **Habersack, Deutsche Gesetze ErgBd. Nr. 45d.**
[5)] § 251 Abs. 1 Satz 2 Nr. 3 geänd., Nr. 4 neu gef., Nr. 5 und Satz 3 aufgeh. mWv 1.1.2017 durch G v. 20.11.2015 (BGBl. I S. 2018); Abs. 1 Satz 3 angef. mWv 1.1.2017 durch G v. 26.7.2016 (BGBl. I S. 1824, ber. S. 2718).
[6)] Nr. **20**.

4. welche Einwendungen nach § 252 erhoben werden können, insbesondere, dass der Einwand eingeschränkter oder fehlender Leistungsfähigkeit nur erhoben werden kann, wenn die Auskunft nach § 252 Absatz 4 erteilt wird und Belege über die Einkünfte beigefügt werden.

[3] Ist der Antrag im Ausland zuzustellen, bestimmt das Gericht die Frist nach Satz 2 Nummer 3.

(2) § 167 der Zivilprozessordnung[1)] gilt entsprechend.

**§ 252**[2)] **Einwendungen des Antragsgegners.** (1) [1] Der Antragsgegner kann Einwendungen gegen die Zulässigkeit des vereinfachten Verfahrens geltend machen. [2] Bei begründeten Einwendungen weist das Gericht den Antrag zurück. [3] Unbegründete Einwendungen weist das Gericht mit dem Festsetzungsbeschluss nach § 253 zurück.

(2) Andere als die in Absatz 1 Satz 1 genannten Einwendungen, insbesondere Einwendungen nach den Absätzen 3 und 4, sind nur zulässig, wenn der Antragsgegner zugleich erklärt, inwieweit er zur Unterhaltsleistung bereit ist und dass er sich insoweit zur Erfüllung des Unterhaltsanspruchs verpflichtet.

(3) Der Einwand der Erfüllung ist nur zulässig, wenn der Antragsgegner zugleich erklärt, inwieweit er Unterhalt geleistet hat und entsprechende Belege vorlegt.

(4) [1] Der Einwand eingeschränkter oder fehlender Leistungsfähigkeit ist nur zulässig, wenn der Antragsgegner zugleich Auskunft über seine Einkünfte und sein Vermögen erteilt und für die letzten zwölf Monate seine Einkünfte belegt. [2] Ein Antragsgegner, der Leistungen zur Sicherung des Lebensunterhalts nach dem Zweiten Buch Sozialgesetzbuch[3)] oder dem Zwölften Buch Sozialgesetzbuch[4)] bezieht, muss den aktuellen Bewilligungsbescheid darüber vorlegen. [3] Bei Einkünften aus selbständiger Arbeit, Gewerbebetrieb sowie Land- und Forstwirtschaft sind als Belege der letzte Einkommensteuerbescheid und für das letzte Wirtschaftsjahr die Gewinn-und-Verlust-Rechnung oder die Einnahmenüberschussrechnung vorzulegen.

(5) Die Einwendungen sind nur zu berücksichtigen, solange der Festsetzungsbeschluss nicht erlassen ist.

**§ 253**[5)] **Festsetzungsbeschluss.** (1) [1] Ist der Antrag zulässig und werden keine oder keine nach § 252 Absatz 2 bis 4 zulässigen Einwendungen erhoben, wird der Unterhalt nach Ablauf der in § 251 Abs. 1 Satz 2 Nr. 3 bezeichneten Frist durch Beschluss festgesetzt. [2] Die Festsetzung durch Beschluss erfolgt auch, soweit sich der Antragsgegner nach § 252 Absatz 2 zur Zahlung von Unterhalt verpflichtet hat. [3] In dem Beschluss ist auszusprechen, dass der Antragsgegner den festgesetzten Unterhalt an den Unterhaltsberechtigten zu zahlen hat. [4] In dem Beschluss sind auch die bis dahin entstandenen erstattungsfähigen Kosten des Verfahrens festzusetzen, soweit sie ohne weiteres ermittelt werden können; es genügt, wenn der Antragsteller die zu ihrer Berechnung notwendigen Angaben dem Gericht mitteilt.

---

1) Nr. **100**.

2) § 252 neu gef. mWv 1. 1. 2017 durch G v. 20. 11. 2015 (BGBl. I S. 2018).

3) **Sartorius ErgBd. Nr. 402.**

4) **Sartorius ErgBd. Nr. 412.**

5) § 253 Abs. 1 Satz 1 geänd., Satz 2 eingef., bish. Sätze 2 und 3 werden Sätze 3 und 4 mWv 1. 1. 2017 durch G v. 20. 11. 2015 (BGBl. I S. 2018).

(2) In dem Beschluss ist darauf hinzuweisen, welche Einwendungen mit der Beschwerde geltend gemacht werden können und unter welchen Voraussetzungen eine Abänderung verlangt werden kann.

**§ 254**[1)] **Mitteilungen über Einwendungen.** Hat der Antragsgegner zulässige Einwendungen (§ 252 Absatz 2 bis 4) erhoben, teilt das Gericht dem Antragsteller dies mit und weist darauf hin, dass das streitige Verfahren auf Antrag eines Beteiligten durchgeführt wird.

**§ 255**[2)] **Streitiges Verfahren.** (1) Im Fall des § 254 wird auf Antrag eines Beteiligten das streitige Verfahren durchgeführt.

(2) [1] Beantragt ein Beteiligter die Durchführung des streitigen Verfahrens, ist wie nach Eingang eines Antrags in einer Unterhaltssache weiter zu verfahren. [2] Einwendungen nach § 252 gelten als Erwiderung.

(3) Das Verfahren gilt als mit der Zustellung des Festsetzungsantrags (§ 251 Abs. 1 Satz 1) rechtshängig geworden.

(4) Ist ein Festsetzungsbeschluss nach § 253 Absatz 1 Satz 2 vorausgegangen, soll für zukünftige wiederkehrende Leistungen der Unterhalt in einem Gesamtbetrag bestimmt und der Festsetzungsbeschluss insoweit aufgehoben werden.

(5) Die Kosten des vereinfachten Verfahrens werden als Teil der Kosten des streitigen Verfahrens behandelt.

(6) Wird der Antrag auf Durchführung des streitigen Verfahrens nicht vor Ablauf von sechs Monaten nach Zugang der Mitteilung nach § 254 gestellt, so gilt der Festsetzungsantrag, der über den Festsetzungsbeschluss nach § 253 Absatz 1 Satz 2 hinausgeht, oder der Festsetzungsantrag, der über die Verpflichtungserklärung des Antragsgegners nach § 252 Absatz 2 hinausgeht, als zurückgenommen.

**§ 256**[3)] **Beschwerde.** [1] Mit der Beschwerde können nur Einwendungen gegen die Zulässigkeit oder die Unzulässigkeit des vereinfachten Verfahrens, die Zulässigkeit von Einwendungen nach § 252 Absatz 2 bis 4 sowie die Unrichtigkeit der Kostenentscheidung oder Kostenfestsetzung, sofern sie nach allgemeinen Grundsätzen anfechtbar sind, geltend gemacht werden. [2] Die Beschwerde ist unzulässig, wenn sie sich auf Einwendungen nach § 252 Absatz 2 bis 4 stützt, die nicht erhoben waren, bevor der Festsetzungsbeschluss erlassen war.

**§ 257 Besondere Verfahrensvorschriften.** [1] In vereinfachten Verfahren können die Anträge und Erklärungen vor dem Urkundsbeamten der Geschäftsstelle abgegeben werden. [2] Soweit Formulare eingeführt sind, werden diese ausgefüllt; der Urkundsbeamte vermerkt unter Angabe des Gerichts und des Datums, dass er den Antrag oder die Erklärung aufgenommen hat.

*(Fortsetzung nächstes Blatt)*

---

1) § 254 neu gef. mWv 1. 1. 2017 durch G v. 20. 11. 2015 (BGBl. I S. 2018).

2) § 255 Abs. 1 Satz 2 aufgeh., Abs. 4 geänd., Abs. 6 neu gef. mWv 1. 1. 2017 durch G v. 20. 11. 2015 (BGBl. I S. 2018).

3) § 256 Satz 1 geänd., Satz 2 neu gef. mWv 1. 1. 2017 durch G v. 20. 11. 2015 (BGBl. I S. 2018).

**§ 258[1] Sonderregelungen für maschinelle Bearbeitung.** (1) [1]In vereinfachten Verfahren ist eine maschinelle Bearbeitung zulässig. [2]§ 702 Absatz 2 Satz 1, 3 und 4 der Zivilprozessordnung[2] gilt entsprechend.

(2) Bei maschineller Bearbeitung werden Beschlüsse, Verfügungen und Ausfertigungen mit dem Gerichtssiegel versehen; einer Unterschrift bedarf es nicht.

**§ 259[3] Formulare.** (1) [1]Das Bundesministerium der Justiz und für Verbraucherschutz wird ermächtigt, zur Vereinfachung und Vereinheitlichung der Verfahren durch Rechtsverordnung mit Zustimmung des Bundesrates Formulare für das vereinfachte Verfahren einzuführen. [2]Für Gerichte, die die Verfahren maschinell bearbeiten, und für Gerichte, die die Verfahren nicht maschinell bearbeiten, können unterschiedliche Formulare eingeführt werden.

(2) Soweit nach Absatz 1 Formulare für Anträge und Erklärungen der Beteiligten eingeführt sind, müssen sich die Beteiligten ihrer bedienen.

**§ 260 Bestimmung des Amtsgerichts.** (1) [1]Die Landesregierungen werden ermächtigt, die vereinfachten Verfahren über den Unterhalt Minderjähriger durch Rechtsverordnung einem Amtsgericht für die Bezirke mehrerer Amtsgerichte zuzuweisen, wenn dies ihrer schnelleren und kostengünstigeren Erledigung dient. [2]Die Landesregierungen können die Ermächtigung durch Rechtsverordnung auf die Landesjustizverwaltungen übertragen.

(2) Bei dem Amtsgericht, das zuständig wäre, wenn die Landesregierung oder die Landesjustizverwaltung das Verfahren nach Absatz 1 nicht einem anderen Amtsgericht zugewiesen hätte, kann das Kind Anträge und Erklärungen mit der gleichen Wirkung einreichen oder anbringen wie bei dem anderen Amtsgericht.

## Abschnitt 10. Verfahren in Güterrechtssachen

**§ 261[4] Güterrechtssachen.** (1) Güterrechtssachen sind Verfahren, die Ansprüche aus dem ehelichen Güterrecht betreffen, auch wenn Dritte an dem Verfahren beteiligt sind.

(2) Güterrechtssachen sind auch Verfahren nach § 1365 Absatz 2, § 1369 Absatz 2, den §§ 1382, 1383, 1426, 1430 und 1452 des Bürgerlichen Gesetzbuchs[5] sowie nach § 1519 des Bürgerlichen Gesetzbuchs in Verbindung mit Artikel 5 Absatz 2, Artikel 12 Absatz 2 Satz 2 und Artikel 17 des Abkommens vom 4. Februar 2010 zwischen der Bundesrepublik Deutschland und der Französischen Republik über den Güterstand der Wahl-Zugewinngemeinschaft.

**§ 262 Örtliche Zuständigkeit.** (1) [1]Während der Anhängigkeit einer Ehesache ist das Gericht ausschließlich zuständig, bei dem die Ehesache im ersten Rechtszug anhängig ist oder war. [2]Diese Zuständigkeit geht der ausschließlichen Zuständigkeit eines anderen Gerichts vor.

(2) Im Übrigen bestimmt sich die Zuständigkeit nach der Zivilprozessordnung[2] mit der Maßgabe, dass in den Vorschriften über den allgemeinen Gerichtsstand an die Stelle des Wohnsitzes der gewöhnliche Aufenthalt tritt.

---

[1] § 258 Abs. 1 Satz 2 geänd. mWv 1.1.2018 durch G v. 5.7.2017 (BGBl. I S. 2208).
[2] Nr. **100**.
[3] § 259 Abs. 1 Satz 1 geänd. mWv 8.9.2015 durch VO v. 31.8.2015 (BGBl. I S. 1474).
[4] § 261 Abs. 2 neu gef. mWv 1.5.2013 durch G v. 15.3.2012 (BGBl. II S. 178).
[5] Nr. **20**.

**§ 263 Abgabe an das Gericht der Ehesache.** [1] Wird eine Ehesache rechtshängig, während eine Güterrechtssache bei einem anderen Gericht im ersten Rechtszug anhängig ist, ist diese von Amts wegen an das Gericht der Ehesache abzugeben. [2] § 281 Abs. 2 und 3 Satz 1 der Zivilprozessordnung[1)] gilt entsprechend.

**§ 264[2)] Verfahren auf Stundung und auf Übertragung von Vermögensgegenständen.** (1) [1] In den Verfahren nach den §§ 1382 und 1383 des Bürgerlichen Gesetzbuchs[3)] sowie nach § 1519 des Bürgerlichen Gesetzbuchs in Verbindung mit Artikel 12 Absatz 2 Satz 2 und Artikel 17 des Abkommens vom 4. Februar 2010 zwischen der Bundesrepublik Deutschland und der Französischen Republik über den Güterstand der Wahl-Zugewinngemeinschaft wird die Entscheidung des Gerichts erst mit Rechtskraft wirksam. [2] Eine Abänderung oder Wiederaufnahme ist ausgeschlossen.

(2) In dem Beschluss, in dem über den Antrag auf Stundung der Ausgleichsforderung entschieden wird, kann das Gericht auf Antrag des Gläubigers auch die Verpflichtung des Schuldners zur Zahlung der Ausgleichsforderung aussprechen.

**§ 265 Einheitliche Entscheidung.** Wird in einem Verfahren über eine güterrechtliche Ausgleichsforderung ein Antrag nach § 1382 Abs. 5 oder § 1383 Abs. 3 des Bürgerlichen Gesetzbuchs[3)] gestellt, ergeht die Entscheidung durch einheitlichen Beschluss.

## Abschnitt 11. Verfahren in sonstigen Familiensachen

**§ 266 Sonstige Familiensachen.** (1) Sonstige Familiensachen sind Verfahren, die

1. Ansprüche zwischen miteinander verlobten oder ehemals verlobten Personen im Zusammenhang mit der Beendigung des Verlöbnisses sowie in den Fällen der §§ 1298 und 1299 des Bürgerlichen Gesetzbuchs[3)] zwischen einer solchen und einer dritten Person,
2. aus der Ehe herrührende Ansprüche,
3. Ansprüche zwischen miteinander verheirateten oder ehemals miteinander verheirateten Personen oder zwischen einer solchen und einem Elternteil im Zusammenhang mit Trennung oder Scheidung oder Aufhebung der Ehe,
4. aus dem Eltern-Kind-Verhältnis herrührende Ansprüche oder
5. aus dem Umgangsrecht herrührende Ansprüche

betreffen, sofern nicht die Zuständigkeit der Arbeitsgerichte gegeben ist oder das Verfahren eines der in § 348 Abs. 1 Satz 2 Nr. 2 Buchstabe a bis k der Zivilprozessordnung[1)] genannten Sachgebiete, das Wohnungseigentumsrecht oder das Erbrecht betrifft und sofern es sich nicht bereits nach anderen Vorschriften um eine Familiensache handelt.

(2) Sonstige Familiensachen sind auch Verfahren über einen Antrag nach § 1357 Abs. 2 Satz 1 des Bürgerlichen Gesetzbuchs.

---

1) Nr. **100**.

2) § 264 Überschrift und Abs. 1 Satz 1 neu gef. mWv 1.5.2013 durch G v. 15.3.2012 (BGBl. II S. 178).

3) Nr. **20**.

**§ 267 Örtliche Zuständigkeit.** (1) [1] Während der Anhängigkeit einer Ehesache ist das Gericht ausschließlich zuständig, bei dem die Ehesache im ersten Rechtszug anhängig ist oder war. [2] Diese Zuständigkeit geht der ausschließlichen Zuständigkeit eines anderen Gerichts vor.

(2) Im Übrigen bestimmt sich die Zuständigkeit nach der Zivilprozessordnung[1)] mit der Maßgabe, dass in den Vorschriften über den allgemeinen Gerichtsstand an die Stelle des Wohnsitzes der gewöhnliche Aufenthalt tritt.

**§ 268 Abgabe an das Gericht der Ehesache.** [1] Wird eine Ehesache rechtshängig, während eine sonstige Familiensache bei einem anderen Gericht im ersten Rechtszug anhängig ist, ist diese von Amts wegen an das Gericht der Ehesache abzugeben. [2] § 281 Abs. 2 und 3 Satz 1 der Zivilprozessordnung[1)] gilt entsprechend.

## Abschnitt 12. Verfahren in Lebenspartnerschaftssachen

**§ 269[2)] Lebenspartnerschaftssachen.** (1) Lebenspartnerschaftssachen sind Verfahren, welche zum Gegenstand haben:

1. die Aufhebung der Lebenspartnerschaft auf Grund des Lebenspartnerschaftsgesetzes[3)],
2. die Feststellung des Bestehens oder Nichtbestehens einer Lebenspartnerschaft,
3. die elterliche Sorge, das Umgangsrecht oder die Herausgabe in Bezug auf ein gemeinschaftliches Kind,
4. die Annahme als Kind und die Ersetzung der Einwilligung zur Annahme als Kind,
5. Wohnungszuweisungssachen nach § 14 oder § 17 des Lebenspartnerschaftsgesetzes,
6. Haushaltssachen nach § 13 oder § 17 des Lebenspartnerschaftsgesetzes,
7. den Versorgungsausgleich der Lebenspartner,
8. die gesetzliche Unterhaltspflicht für ein gemeinschaftliches minderjähriges Kind der Lebenspartner,
9. die durch die Lebenspartnerschaft begründete gesetzliche Unterhaltspflicht,
10. Ansprüche aus dem lebenspartnerschaftlichen Güterrecht, auch wenn Dritte an dem Verfahren beteiligt sind,
11. Entscheidungen nach § 6 des Lebenspartnerschaftsgesetzes in Verbindung mit § 1365 Abs. 2, § 1369 Abs. 2 und den §§ 1382 und 1383 des Bürgerlichen Gesetzbuchs[4)],
12. Entscheidungen nach § 7 des Lebenspartnerschaftsgesetzes in Verbindung mit den §§ 1426, 1430, 1452 des Bürgerlichen Gesetzbuchs oder mit § 1519 des Bürgerlichen Gesetzbuchs und Artikel 5 Absatz 2, Artikel 12 Absatz 2 Satz 2 oder Artikel 17 des Abkommens vom 4. Februar 2010 zwischen der Bundesrepublik Deutschland und der Französischen Republik über den Güterstand der Wahl-Zugewinngemeinschaft.

---

[1)] Nr. **100**.

[2)] § 269 Abs. 1 Nr. 5 und 6 geänd. mWv 1.9.2009 durch G v. 6.7.2009 (BGBl. I S. 1696); Abs. 1 Nr. 12 neu gef. mWv 1.5.2013 durch G v. 15.3.2012 (BGBl. II S. 178); Abs. 2 Nr. 1 geänd. mWv 22.12.2018 durch G v. 18.12.2018 (BGBl. I S. 2639).

[3)] **Habersack, Deutsche Gesetze ErgBd. Nr. 43.**

[4)] Nr. **20**.

(2) Sonstige Lebenspartnerschaftssachen sind Verfahren, welche zum Gegenstand haben:

1. Ansprüche nach § 1 Abs. 4 Satz 2 des Lebenspartnerschaftsgesetzes in der bis einschließlich 21. Dezember 2018 geltenden Fassung in Verbindung mit den §§ 1298 bis 1301 des Bürgerlichen Gesetzbuchs,
2. Ansprüche aus der Lebenspartnerschaft,
3. Ansprüche zwischen Personen, die miteinander eine Lebenspartnerschaft führen oder geführt haben, oder zwischen einer solchen Person und einem Elternteil im Zusammenhang mit der Trennung oder Aufhebung der Lebenspartnerschaft,

sofern nicht die Zuständigkeit der Arbeitsgerichte gegeben ist oder das Verfahren eines der in § 348 Abs. 1 Satz 2 Nr. 2 Buchstabe a bis k der Zivilprozessordnung[1)] genannten Sachgebiete, das Wohnungseigentumsrecht oder das Erbrecht betrifft und sofern es sich nicht bereits nach anderen Vorschriften um eine Lebenspartnerschaftssache handelt.

(3) Sonstige Lebenspartnerschaftssachen sind auch Verfahren über einen Antrag nach § 8 Abs. 2 des Lebenspartnerschaftsgesetzes in Verbindung mit § 1357 Abs. 2 Satz 1 des Bürgerlichen Gesetzbuchs.

**§ 270 Anwendbare Vorschriften.** (1) [1] In Lebenspartnerschaftssachen nach § 269 Abs. 1 Nr. 1 sind die für Verfahren auf Scheidung geltenden Vorschriften, in Lebenspartnerschaftssachen nach § 269 Abs. 1 Nr. 2 die für Verfahren auf Feststellung des Bestehens oder Nichtbestehens einer Ehe zwischen den Beteiligten geltenden Vorschriften entsprechend anzuwenden. [2] In den Lebenspartnerschaftssachen nach § 269 Abs. 1 Nr. 3 bis 12 sind die in Familiensachen nach § 111 Nr. 2, 4, 5 und 7 bis 9 jeweils geltenden Vorschriften entsprechend anzuwenden.

(2) In sonstigen Lebenspartnerschaftssachen nach § 269 Abs. 2 und 3 sind die in sonstigen Familiensachen nach § 111 Nr. 10 geltenden Vorschriften entsprechend anzuwenden.

## Buch 3. Verfahren in Betreuungs- und Unterbringungssachen

### Abschnitt 1. Verfahren in Betreuungssachen

**§ 271[2)] Betreuungssachen.** Betreuungssachen sind

1. Verfahren zur Bestellung eines Betreuers und zur Aufhebung der Betreuung,
2. Verfahren zur Anordnung eines Einwilligungsvorbehalts sowie
3. sonstige Verfahren, die die rechtliche Betreuung eines Volljährigen (§§ 1814 bis 1881 des Bürgerlichen Gesetzbuchs[3)]) betreffen, soweit es sich nicht um eine Unterbringungssache handelt.

**§ 272 Örtliche Zuständigkeit.** (1) Ausschließlich zuständig ist in dieser Rangfolge:

1. das Gericht, bei dem die Betreuung anhängig ist, wenn bereits ein Betreuer bestellt ist;
2. das Gericht, in dessen Bezirk der Betroffene seinen gewöhnlichen Aufenthalt hat;

---

[1)] Nr. **100**.
[2)] § 271 Nr. 3 geänd. mWv 1.1.2023 durch G v. 4.5.2021 (BGBl. I S. 882).
[3)] Nr. **20**.

3. das Gericht, in dessen Bezirk das Bedürfnis der Fürsorge hervortritt;
4. das Amtsgericht Schöneberg in Berlin, wenn der Betroffene Deutscher ist.

(2) [1] Für einstweilige Anordnungen nach § 300 oder vorläufige Maßregeln ist auch das Gericht zuständig, in dessen Bezirk das Bedürfnis der Fürsorge bekannt wird. [2] Es soll die angeordneten Maßregeln dem nach Absatz 1 Nr. 1, 2 oder Nr. 4 zuständigen Gericht mitteilen.

**§ 273 Abgabe bei Änderung des gewöhnlichen Aufenthalts.** [1] Als wichtiger Grund für eine Abgabe im Sinne des § 4 Satz 1 ist es in der Regel anzusehen, wenn sich der gewöhnliche Aufenthalt des Betroffenen geändert hat und die Aufgaben des Betreuers im Wesentlichen am neuen Aufenthaltsort des Betroffenen zu erfüllen sind. [2] Der Änderung des gewöhnlichen Aufenthalts steht ein tatsächlicher Aufenthalt von mehr als einem Jahr an einem anderen Ort gleich.

**§ 274[1)] Beteiligte.** (1) Zu beteiligen sind
1. der Betroffene,
2. der Betreuer, sofern sein Aufgabenkreis betroffen ist,
3. der Bevollmächtigte im Sinne des § 1814 Absatz 3 Satz 2 Nummer 1 des Bürgerlichen Gesetzbuchs[2)], sofern sein Aufgabenkreis betroffen ist.

(2) Der Verfahrenspfleger wird durch seine Bestellung als Beteiligter zum Verfahren hinzugezogen.

(3) Die zuständige Behörde ist auf ihren Antrag als Beteiligte in Verfahren über
1. die Bestellung eines Betreuers oder die Anordnung eines Einwilligungsvorbehalts,
2. Umfang, Inhalt oder Bestand von Entscheidungen der in Nummer 1 genannten Art

hinzuzuziehen.

(4) Beteiligt werden können
1. in den in Absatz 3 genannten Verfahren im Interesse des Betroffenen dessen Ehegatte oder Lebenspartner, wenn die Ehegatten oder Lebenspartner nicht dauernd getrennt leben, sowie dessen Eltern, Pflegeeltern, Großeltern, Abkömmlinge, Geschwister und eine Person seines Vertrauens,
2. der Vertreter der Staatskasse, soweit das Interesse der Staatskasse durch den Ausgang des Verfahrens betroffen sein kann.

**§ 275[3)] Stellung des Betroffenen im Verfahren.** (1) In Betreuungssachen ist der Betroffene ohne Rücksicht auf seine Geschäftsfähigkeit verfahrensfähig.

(2) Das Gericht unterrichtet den Betroffenen bei Einleitung des Verfahrens in möglichst adressatengerechter Weise über die Aufgaben eines Betreuers, den möglichen Verlauf des Verfahrens sowie die Kosten, die allgemein aus der Bestellung eines Betreuers folgen können.

**§ 276[4)] Verfahrenspfleger.** (1) [1] Das Gericht hat dem Betroffenen einen geeigneten Verfahrenspfleger zu bestellen, wenn dies zur Wahrnehmung der Interessen

[1)] § 274 Abs. 1 Nr. 3 geänd. mWv 1.1.2023 durch G v. 4.5.2021 (BGBl. I S. 882).
[2)] Nr. **20**.
[3)] § 275 Überschrift neu gef., Abs. 2 angef. mWv 1.1.2023 durch G v. 4.5.2021 (BGBl. I S. 882).
[4)] § 276 Abs. 1 Satz 1 geänd., Satz 2 Nr. 2 neu gef., Abs. 3 eingef., bish. Abs. 3–7 werden Abs. 4–8, neuer Abs. 4 Satz 1 eingef. mWv 1.1.2023 durch G v. 4.5.2021 (BGBl. I S. 882).

des Betroffenen erforderlich ist. [2]Die Bestellung ist in der Regel erforderlich, wenn

1. von der persönlichen Anhörung des Betroffenen nach § 278 Abs. 4 in Verbindung mit § 34 Abs. 2 abgesehen werden soll oder
2. die Bestellung eines Betreuers oder die Anordnung eines Einwilligungsvorbehalts gegen den erklärten Willen des Betroffenen erfolgen soll.

(2) [1]Von der Bestellung kann in den Fällen des Absatzes 1 Satz 2 abgesehen werden, wenn ein Interesse des Betroffenen an der Bestellung des Verfahrenspflegers offensichtlich nicht besteht. [2]Die Nichtbestellung ist zu begründen.

(3) [1]Der Verfahrenspfleger hat die Wünsche, hilfsweise den mutmaßlichen Willen des Betroffenen festzustellen und im gerichtlichen Verfahren zur Geltung zu bringen. [2]Er hat den Betroffenen über Gegenstand, Ablauf und möglichen Ausgang des Verfahrens in geeigneter Weise zu informieren und ihn bei Bedarf bei der Ausübung seiner Rechte im Verfahren zu unterstützen. [3]Er ist nicht gesetzlicher Vertreter des Betroffenen.

(4) [1]Als Verfahrenspfleger ist eine natürliche Person zu bestellen. [2]Wer Verfahrenspflegschaften im Rahmen seiner Berufsausübung führt, soll nur dann zum Verfahrenspfleger bestellt werden, wenn keine andere geeignete Person zur Verfügung steht, die zur ehrenamtlichen Führung der Verfahrenspflegschaft bereit ist.

(5) Die Bestellung eines Verfahrenspflegers soll unterbleiben oder aufgehoben werden, wenn die Interessen des Betroffenen von einem Rechtsanwalt oder einem anderen geeigneten Verfahrensbevollmächtigten vertreten werden.

(6) Die Bestellung endet, sofern sie nicht vorher aufgehoben wird, mit der Rechtskraft der Endentscheidung oder mit dem sonstigen Abschluss des Verfahrens.

(7) Die Bestellung eines Verfahrenspflegers oder deren Aufhebung sowie die Ablehnung einer derartigen Maßnahme sind nicht selbständig anfechtbar.

(8) Dem Verfahrenspfleger sind keine Kosten aufzuerlegen.

**§ 277[1)] Vergütung und Aufwendungsersatz des Verfahrenspflegers.**

(1) [1]Die Verfahrenspflegschaft wird unentgeltlich geführt. [2]Der Verfahrenspfleger erhält Ersatz seiner Aufwendungen nach § 1877 Absatz 1 bis 2 und 4 Satz 1 des Bürgerlichen Gesetzbuchs[2)]. [3]Vorschuss kann nicht verlangt werden.

(2) [1]Wird die Verfahrenspflegschaft ausnahmsweise berufsmäßig geführt, ist dies in der Bestellung festzustellen. [2]Die Ansprüche des berufsmäßig tätigen Verfahrenspflegers auf Vergütung und Aufwendungsersatz richten sich nach § 2 Absatz 2 Satz 1 und den §§ 3 bis 5 des Vormünder- und Betreuervergütungsgesetzes[3)].

(3) [1]Anstelle des Aufwendungsersatzes und der Vergütung nach Absatz 2 kann das Gericht dem Verfahrenspfleger eine Pauschale zubilligen, wenn die für die Führung der Pflegschaftsgeschäfte erforderliche Zeit vorhersehbar und ihre Ausschöpfung durch den Verfahrenspfleger gewährleistet ist. [2]Bei der Bemessung des Geldbetrags ist die voraussichtlich erforderliche Zeit mit den in § 3 Absatz 1 des Vormünder- und Betreuervergütungsgesetzes bestimmten Stundensätzen zuzüglich einer Aufwandspauschale von 4 Euro je veranschlagter Stunde zu vergüten. [3]In diesem Fall braucht der Verfahrenspfleger die von ihm aufgewandte Zeit und

---

[1)] § 277 neu gef. mWv 1.1.2023 durch G v. 4.5.2021 (BGBl. I S. 882).
[2)] Nr. **20**.
[3)] **Habersack, Deutsche Gesetze ErgBd. Nr. 49b.**

eingesetzten Mittel nicht nachzuweisen; weitergehende Aufwendungsersatz- und Vergütungsansprüche stehen ihm nicht zu.

(4) [1] Der Aufwendungsersatz und die Vergütung des Verfahrenspflegers sind stets aus der Staatskasse zu zahlen. [2] § 292 Absatz 1 und 5 ist entsprechend anzuwenden.

**§ 278[1)] Persönliche Anhörung des Betroffenen.** (1) [1] Das Gericht hat den Betroffenen vor der Bestellung eines Betreuers oder der Anordnung eines Einwilligungsvorbehalts persönlich anzuhören und dessen Wünsche zu erfragen. [2] Es hat sich einen persönlichen Eindruck von dem Betroffenen zu verschaffen. [3] Diesen persönlichen Eindruck soll sich das Gericht in dessen üblicher Umgebung verschaffen, wenn es der Betroffene verlangt oder wenn es der Sachaufklärung dient und der Betroffene nicht widerspricht.

(2) [1] In der Anhörung erörtert das Gericht mit dem Betroffenen das Verfahren, das Ergebnis des übermittelten Gutachtens, die Person oder Stelle, die als Betreuer in Betracht kommt, den Umfang des Aufgabenkreises und den Zeitpunkt, bis zu dem das Gericht über eine Aufhebung oder Verlängerung der Betreuung oder der Anordnung eines Einwilligungsvorbehalts zu entscheiden hat. [2] In geeigneten Fällen hat es den Betroffenen auf die Möglichkeit der Vorsorgevollmacht, deren Inhalt sowie auf die Möglichkeit ihrer Registrierung bei dem zentralen Vorsorgeregister nach § 78a Absatz 2 der Bundesnotarordnung[2)] hinzuweisen. [3] Hat das Gericht dem Betroffenen nach § 276 einen Verfahrenspfleger bestellt, soll die persönliche Anhörung in dessen Anwesenheit stattfinden.

(3) Verfahrenshandlungen nach Absatz 1 dürfen nur dann im Wege der Rechtshilfe erfolgen, wenn anzunehmen ist, dass die Entscheidung ohne eigenen Eindruck von dem Betroffenen getroffen werden kann.

(4) [1] Soll eine persönliche Anhörung nach § 34 Abs. 2 unterbleiben, weil hiervon erhebliche Nachteile für die Gesundheit des Betroffenen zu besorgen sind, darf diese Entscheidung nur auf Grundlage eines ärztlichen Gutachtens getroffen werden. [2] Unterbleibt aus diesem Grund die persönliche Anhörung, bedarf es auch keiner Verschaffung eines persönlichen Eindrucks.

(5) Das Gericht kann den Betroffenen durch die zuständige Behörde vorführen lassen, wenn er sich weigert, an Verfahrenshandlungen nach Absatz 1 mitzuwirken.

(6) [1] Gewalt darf die Behörde nur anwenden, wenn das Gericht dies ausdrücklich angeordnet hat. [2] Die zuständige Behörde ist befugt, erforderlichenfalls um Unterstützung der polizeilichen Vollzugsorgane nachzusuchen.

(7) [1] Die Wohnung des Betroffenen darf ohne dessen Einwilligung nur gewaltsam geöffnet, betreten und durchsucht werden, wenn das Gericht dies zu dessen Vorführung zur Anhörung ausdrücklich angeordnet hat. [2] Bei Gefahr im Verzug kann die Anordnung nach Satz 1 durch die zuständige Behörde erfolgen. [3] Durch diese Regelung wird das Grundrecht auf Unverletzlichkeit der Wohnung aus Artikel 13 Absatz 1 des Grundgesetzes[3)] eingeschränkt.

---

[1)] § 278 Abs. 6 und 7 angef. mWv 1.1.2013 durch G v. 5.12.2012 (BGBl. I S. 2418); Abs. 2 Satz 2 geänd. mWv 9.6.2017 durch G v. 1.6.2017 (BGBl. I S. 1396); Überschrift neu gef., Abs. 1 Satz 1 geänd., Abs. 2 Sätze 1 und 3 neu gef., Abs. 4 Satz 2 angef. mWv 1.1.2023 durch G v. 4.5.2021 (BGBl. I S. 882).

[2)] **Habersack, Deutsche Gesetze ErgBd. Nr. 98a.**

[3)] Nr. **1.**

**§ 279[1] Anhörung der sonstigen Beteiligten, der Betreuungsbehörde und des gesetzlichen Vertreters.** (1) Das Gericht hat die sonstigen Beteiligten vor der Bestellung eines Betreuers oder der Anordnung eines Einwilligungsvorbehalts anzuhören.

(2) [1]Das Gericht hat die zuständige Behörde vor der Bestellung eines Betreuers oder der Anordnung eines Einwilligungsvorbehalts anzuhören. [2]Die Anhörung soll vor der Einholung eines Gutachtens nach § 280 erfolgen und sich insbesondere auf folgende Kriterien beziehen:
1. persönliche, gesundheitliche und soziale Situation des Betroffenen,
2. Erforderlichkeit der Betreuung einschließlich geeigneter anderer Hilfen (§ 1814 Absatz 3 des Bürgerlichen Gesetzbuchs[2]),
3. Betreuerauswahl unter Berücksichtigung des Vorrangs der Ehrenamtlichkeit (§ 1816 des Bürgerlichen Gesetzbuchs) und
4. diesbezügliche Sichtweise des Betroffenen.

(3) Auf Verlangen des Betroffenen hat das Gericht eine ihm nahestehende Person anzuhören, wenn dies ohne erhebliche Verzögerung möglich ist.

(4) Das Gericht hat im Fall einer Betreuerbestellung oder der Anordnung eines Einwilligungsvorbehalts für einen Minderjährigen (§ 1814 Absatz 5 und § 1825 Absatz 4 des Bürgerlichen Gesetzbuchs) den gesetzlichen Vertreter des Betroffenen anzuhören.

**§ 280[3] Einholung eines Gutachtens.** (1) [1]Vor der Bestellung eines Betreuers oder der Anordnung eines Einwilligungsvorbehalts hat eine förmliche Beweisaufnahme durch Einholung eines Gutachtens über die Notwendigkeit der Maßnahme stattzufinden. [2]Der Sachverständige soll Arzt für Psychiatrie oder Arzt mit Erfahrung auf dem Gebiet der Psychiatrie sein.

(2) [1]Der Sachverständige hat den Betroffenen vor der Erstattung des Gutachtens persönlich zu untersuchen oder zu befragen. [2]Das Ergebnis einer Anhörung nach § 279 Absatz 2 Satz 2 hat der Sachverständige zu berücksichtigen, wenn es ihm bei Erstellung seines Gutachtens vorliegt.

(3) Das Gutachten hat sich auf folgende Bereiche zu erstrecken:
1. das Krankheits- oder Behinderungsbild einschließlich dessen Entwicklung,
2. die durchgeführten Untersuchungen und die diesen zugrunde gelegten Forschungserkenntnisse,
3. den körperlichen und psychischen Zustand des Betroffenen,
4. den aus medizinischer Sicht aufgrund der Krankheit oder Behinderung erforderlichen Unterstützungsbedarf und
5. die voraussichtliche Dauer der Maßnahme.

**§ 281[4] Ärztliches Zeugnis; Entbehrlichkeit eines Gutachtens.** (1) Anstelle eines Sachverständigengutachtens nach § 280 genügt ein ärztliches Zeugnis, wenn der Betroffene die Bestellung eines Betreuers beantragt und auf die Begutachtung

---

[1] § 279 Abs. 2 geänd., Satz 2 angef. mWv 1.7.2014 durch G v. 28.8.2013 (BGBl. I S. 3393); Abs. 2 Satz 2 einl. Satzteil, Nr. 2 und 3, Abs. 4 geänd. mWv 1.1.2023 durch G v. 4.5.2021 (BGBl. I S. 882).

[2] Nr. **20**.

[3] § 280 Abs. 2 Satz 2 angef. mWv 1.7.2014 durch G v. 28.8.2013 (BGBl. I S. 3393); Abs. 3 Nr. 1 und 4 neu gef., Nr. 3 geänd. mWv 1.1.2023 durch G v. 4.5.2021 (BGBl. I S. 882).

[4] § 281 Abs. 1 neu gef. mWv 1.1.2023 durch G v. 4.5.2021 (BGBl. I S. 882).

verzichtet hat und die Einholung des Gutachtens insbesondere im Hinblick auf den Umfang des Aufgabenkreises des Betreuers unverhältnismäßig wäre.

(2) § 280 Abs. 2 gilt entsprechend.

**§ 282[1)] Vorhandene Gutachten zur Feststellung der Pflegebedürftigkeit.**

(1) Das Gericht kann im Verfahren zur Bestellung eines Betreuers von der Einholung eines Gutachtens (§ 280 Absatz 1) absehen, soweit es durch die Verwendung eines bestehenden ärztlichen Gutachtens zur Feststellung der Pflegebedürftigkeit nach § 18b des Elften Buches Sozialgesetzbuch[2)] feststellen kann, inwieweit bei dem Betroffenen infolge einer Krankheit oder einer Behinderung die Voraussetzungen für die Bestellung eines Betreuers vorliegen.

(2) [1] Das Gericht darf dieses Gutachten einschließlich dazu vorhandener Befunde zur Vermeidung weiterer Gutachten bei der Pflegekasse anfordern. [2] Das Gericht hat in seiner Anforderung anzugeben, für welchen Zweck das Gutachten und die Befunde verwandt werden sollen. [3] Das Gericht hat übermittelte Daten unverzüglich zu löschen, wenn es feststellt, dass diese für den Verwendungszweck nicht geeignet sind.

(3) [1] Kommt das Gericht zu der Überzeugung, dass das eingeholte Gutachten und die Befunde im Verfahren zur Bestellung eines Betreuers geeignet sind, eine weitere Begutachtung ganz oder teilweise zu ersetzen, hat es vor einer weiteren Verwendung die Einwilligung des Betroffenen oder des Pflegers für das Verfahren einzuholen. [2] Wird die Einwilligung nicht erteilt, hat das Gericht die übermittelten Daten unverzüglich zu löschen.

(4) Das Gericht kann unter den Voraussetzungen der Absätze 1 bis 3 von der Einholung eines Gutachtens nach § 280 insgesamt absehen, wenn die sonstigen Voraussetzungen für die Bestellung eines Betreuers zur Überzeugung des Gerichts feststehen.

**§ 283[3)] Vorführung zur Untersuchung.** (1) [1] Das Gericht kann anordnen, dass der Betroffene zur Vorbereitung eines Gutachtens untersucht und durch die zuständige Behörde zu einer Untersuchung vorgeführt wird. [2] Der Betroffene soll vorher persönlich angehört werden.

(2) [1] Gewalt darf die Behörde nur anwenden, wenn das Gericht dies ausdrücklich angeordnet hat. [2] Die zuständige Behörde ist befugt, erforderlichenfalls die Unterstützung der polizeilichen Vollzugsorgane nachzusuchen.

(3) [1] Die Wohnung des Betroffenen darf ohne dessen Einwilligung nur gewaltsam geöffnet, betreten und durchsucht werden, wenn das Gericht dies zu dessen Vorführung zur Untersuchung ausdrücklich angeordnet hat. [2] Vor der Anordnung ist der Betroffene persönlich anzuhören. [3] Bei Gefahr im Verzug kann die Anordnung durch die zuständige Behörde ohne vorherige Anhörung des Betroffenen erfolgen. [4] Durch diese Regelung wird das Grundrecht auf Unverletzlichkeit der Wohnung aus Artikel 13 Absatz 1 des Grundgesetzes[4)] eingeschränkt.

---

[1)] § 282 Überschrift, Abs. 1 neu gef. mWv 1.1.2023 durch G v. 24.6.2022 (BGBl. I S. 959); Abs. 1 geänd. mWv 1.10.2023 durch G v. 19.6.2023 (BGBl. 2023 I Nr. 155).

[2)] **Aichberger, SGB Nr. 11.**

[3)] § 283 Abs. 2 Satz 1 und Abs. 3 neu gef. mWv 1.1.2013 durch G v. 5.12.2012 (BGBl. I S. 2418).

[4)] Nr. **1.**

**§ 284 Unterbringung zur Begutachtung.** (1) [1] Das Gericht kann nach Anhörung eines Sachverständigen beschließen, dass der Betroffene auf bestimmte Dauer untergebracht und beobachtet wird, soweit dies zur Vorbereitung des Gutachtens erforderlich ist. [2] Der Betroffene ist vorher persönlich anzuhören.

(2) [1] Die Unterbringung darf die Dauer von sechs Wochen nicht überschreiten. [2] Reicht dieser Zeitraum nicht aus, um die erforderlichen Erkenntnisse für das Gutachten zu erlangen, kann die Unterbringung durch gerichtlichen Beschluss bis zu einer Gesamtdauer von drei Monaten verlängert werden.

(3) [1] § 283 Abs. 2 und 3 gilt entsprechend. [2] Gegen Beschlüsse nach den Absätzen 1 und 2 findet die sofortige Beschwerde nach den §§ 567 bis 572 der Zivilprozessordnung[1)] statt.

**§ 285[2)] Ermittlung und Herausgabe einer Betreuungsverfügung oder einer Vorsorgevollmacht.** (1) [1] Vor der Bestellung eines Betreuers soll das Gericht die Auskunft einholen, ob eine Vorsorgevollmacht oder eine Betreuungsverfügung des Betroffenen im Zentralen Vorsorgeregister registriert ist. [2] Hat das Gericht von der Einholung einer Auskunft nur wegen Gefahr in Verzug abgesehen, ist die Auskunft unverzüglich nachträglich einzuholen.

(2) [1] In den Fällen des § 1820 Absatz 1 Satz 2, Absatz 4 Satz 1 und 2, Absatz 5 Satz 3 des Bürgerlichen Gesetzbuchs[3)] erfolgt die Anordnung der Vorlage einer Abschrift des dort genannten Dokuments oder die Anordnung der Herausgabe der Vollmachtsurkunde durch Beschluss. [2] Gleiches gilt für eine Anordnung der nach § 1816 Absatz 2 Satz 4 des Bürgerlichen Gesetzbuchs vorgeschriebenen Übermittlung einer Betreuungsverfügung.

**§ 286[4)] Inhalt der Beschlussformel.** (1) Die Beschlussformel enthält im Fall der Bestellung eines Betreuers auch

1. die Bezeichnung des Aufgabenkreises des Betreuers unter Benennung der einzelnen Aufgabenbereiche;
2. bei Bestellung eines Vereinsbetreuers die Bezeichnung als Vereinsbetreuer und die des Vereins;
3. bei Bestellung eines Behördenbetreuers die Bezeichnung als Behördenbetreuer und die der Behörde;
4. bei Bestellung eines beruflichen Betreuers die Bezeichnung als beruflicher Betreuer.

(2) Die Beschlussformel enthält im Fall der Anordnung eines Einwilligungsvorbehalts die Bezeichnung des Kreises der einwilligungsbedürftigen Willenserklärungen.

(3) Der Zeitpunkt, bis zu dem das Gericht über die Aufhebung oder Verlängerung einer Maßnahme nach Absatz 1 oder Absatz 2 zu entscheiden hat, ist in der Beschlussformel zu bezeichnen.

---

[1)] Nr. **100**.
[2)] § 285 neu gef. mWv 1.1.2023 durch G v. 4.5.2021 (BGBl. I S. 882); Abs. 2 Satz 2 angef. mWv 1.1.2023 durch G v. 24.6.2022 (BGBl. I S. 959).
[3)] Nr. **20**.
[4)] § 286 Abs. 1 Nr. 1 geänd., Nr. 4 neu gef. mWv 1.1.2023 durch G v. 4.5.2021 (BGBl. I S. 882).

**§ 287[1] Wirksamwerden von Beschlüssen.** (1) Beschlüsse über Umfang, Inhalt oder Bestand der Bestellung eines Betreuers, über die Anordnung eines Einwilligungsvorbehalts oder über den Erlass einer einstweiligen Anordnung nach § 300 werden mit der Bekanntgabe an den Betreuer wirksam.

(2) [1] Ist die Bekanntgabe an den Betreuer nicht möglich oder ist Gefahr im Verzug, kann das Gericht die sofortige Wirksamkeit des Beschlusses anordnen. [2] In diesem Fall wird er wirksam, wenn der Beschluss und die Anordnung seiner sofortigen Wirksamkeit

1. dem Betroffenen oder dem Verfahrenspfleger bekannt gegeben werden oder
2. der Geschäftsstelle zum Zweck der Bekanntgabe nach Nummer 1 übergeben werden.

[3] Der Zeitpunkt der sofortigen Wirksamkeit ist auf dem Beschluss zu vermerken.

(3) Ein Beschluss, der die Genehmigung nach § 1829 Absatz 2 des Bürgerlichen Gesetzbuchs[2] zum Gegenstand hat, wird erst zwei Wochen nach Bekanntgabe an den Betreuer oder Bevollmächtigten sowie an den Verfahrenspfleger wirksam.

**§ 288 Bekanntgabe.** (1) Von der Bekanntgabe der Gründe eines Beschlusses an den Betroffenen kann abgesehen werden, wenn dies nach ärztlichem Zeugnis erforderlich ist, um erhebliche Nachteile für seine Gesundheit zu vermeiden.

(2) [1] Das Gericht hat der zuständigen Behörde den Beschluss über die Bestellung eines Betreuers oder die Anordnung eines Einwilligungsvorbehalts oder Beschlüsse über Umfang, Inhalt oder Bestand einer solchen Maßnahme stets bekannt zu geben. [2] Andere Beschlüsse sind der zuständigen Behörde bekannt zu geben, wenn sie vor deren Erlass angehört wurde.

**§ 289[3]** *(aufgehoben)*

**§ 290[4] Bestellungsurkunde.** (1) [1] Der Betreuer erhält eine Urkunde über seine Bestellung. [2] Die Urkunde soll enthalten:

1. die Bezeichnung des Betroffenen und des Betreuers;
2. bei Bestellung eines Vereinsbetreuers oder Behördenbetreuers diese Bezeichnung und die Bezeichnung des Vereins oder der Behörde;
3. den Aufgabenkreis des Betreuers unter Benennung der einzelnen Aufgabenbereiche;
4. bei Anordnung eines Einwilligungsvorbehalts die Bezeichnung des Kreises der einwilligungsbedürftigen Willenserklärungen;
5. bei der Bestellung eines vorläufigen Betreuers durch einstweilige Anordnung das Ende der einstweiligen Maßnahme;
6. Angaben über eine Befreiung gemäß den §§ 1859 und 1860 des Bürgerlichen Gesetzbuchs[2].

(2) Soweit dies zur Beachtung berechtigter Interessen des Betroffenen erforderlich ist und der Schutz des Rechtsverkehrs dem nicht entgegensteht, erstellt das Gericht auf Antrag des Betreuers eine weitere Urkunde, in welcher die Angaben

---

[1] § 287 Abs. 3 angef. mWv 1.9.2009 durch G v. 29.7.2009 (BGBl. I S. 2286); Abs. 3 geänd. mWv 1.1.2023 durch G v. 4.5.2021 (BGBl. I S. 882).

[2] Nr. **20**.

[3] § 289 aufgeh. mWv 1.1.2023 durch G v. 4.5.2021 (BGBl. I S. 882).

[4] § 290 Abs. 1 Satz 2 Nr. 3 und 5 geänd., Nr. 6, Abs. 2 und 3 angef. mWv 1.1.2023 durch G v. 4.5.2021 (BGBl. I S. 882).

zu den Aufgabenbereichen des Betreuers oder die Anordnung eines Einwilligungsvorbehalts nur eingeschränkt ausgewiesen werden.

(3) Der Betreuer hat dem Gericht nach Beendigung seines Amtes die Bestellungsurkunde und weitere Urkunden nach Absatz 2 zurückzugeben.

**§ 291[1)] Überprüfung der Betreuerauswahl.** [1]Der Betroffene kann verlangen, dass die Auswahl der Person, der ein Verein oder eine Behörde die Wahrnehmung der Betreuung übertragen hat, durch gerichtliche Entscheidung überprüft wird. [2]Das Gericht kann dem Verein oder der Behörde aufgeben, eine andere Person auszuwählen, wenn einem Vorschlag des Betroffenen, dem keine wichtigen Gründe entgegenstehen, nicht entsprochen wurde oder die ausgewählte Person zur Wahrnehmung dieser Betreuung nicht geeignet erscheint. [3]§ 35 ist nicht anzuwenden.

**§ 292[2)] Zahlungen an den Betreuer; Verordnungsermächtigung.**

(1) Das Gericht setzt auf Antrag des Betreuers oder des Betroffenen oder nach eigenem Ermessen durch Beschluss fest:

1. einen dem Betreuer zu zahlenden Vorschuss, den ihm zu leistenden Ersatz von Aufwendungen oder die Aufwandspauschale, soweit der Betreuer die Zahlungen aus der Staatskasse verlangen kann (§ 1879 des Bürgerlichen Gesetzbuchs[3)]) oder ihm die Vermögenssorge nicht übertragen wurde,
2. eine dem ehrenamtlichen Betreuer zu bewilligende Vergütung oder Abschlagszahlung (§ 1876 des Bürgerlichen Gesetzbuchs) oder
3. eine dem beruflichen Betreuer oder dem Betreuungsverein zu bewilligende Vergütung nach dem Vormünder- und Betreuervergütungsgesetz[4)].

(2) [1]Das Gericht kann eine nach Absatz 1 Nummer 3 zu bewilligende Vergütung auf Antrag des Betreuers oder des Betreuungsvereins auch für zukünftige Zeiträume durch Beschluss festsetzen, wenn die Voraussetzungen des § 15 Absatz 2 Satz 1 des Vormünder- und Betreuervergütungsgesetzes vorliegen. [2]Die Auszahlung der Vergütung erfolgt für die jeweils nach § 15 Absatz 1 Satz 1 des Vormünder- und Betreuervergütungsgesetzes maßgeblichen Zeiträume. [3]Die Festsetzung ist in regelmäßigen, im Voraus festzulegenden Abständen, die zwei Jahre nicht überschreiten dürfen, zu überprüfen.

(3) [1]Im Antrag sollen die persönlichen und wirtschaftlichen Verhältnisse des Betroffenen dargestellt werden. [2]§ 118 Absatz 2 Satz 1 und 2 der Zivilprozessordnung[5)] ist entsprechend anzuwenden. [3]Steht nach der freien Überzeugung des Gerichts der Aufwand für die Ermittlung der persönlichen und wirtschaftlichen Verhältnisse des Betroffenen außer Verhältnis zur Höhe des aus der Staatskasse zu begleichenden Anspruchs oder zur Höhe der vom Betroffenen voraussichtlich zu leistenden Zahlungen, so kann das Gericht ohne weitere Prüfung den zu leistenden Betrag festsetzen oder von einer Festsetzung der vom Betroffenen zu leistenden Zahlungen absehen.

(4) Der Betroffene ist vor der Festsetzung einer von ihm zu leistenden Zahlung anzuhören.

---

[1)] § 291 Satz 2 geänd. mWv 1.1.2023 durch G v. 4.5.2021 (BGBl. I S. 882).

[2)] § 292 neu gef. mWv 1.1.2023 durch G v. 4.5.2021 (BGBl. I S. 882); Abs. 3 Satz 2 neu gef. mWv 1.1. 2023 durch G v. 24.6.2022 (BGBl. I S. 959).

[3)] Nr. **20**.

[4)] **Habersack, Deutsche Gesetze ErgBd. Nr. 49b.**

[5)] Nr. **100**.

(5) Ist eine Festsetzung nicht beantragt, so gelten für die Zahlungen, die aus der Staatskasse verlangt werden können, die Vorschriften über das Verfahren bei der Entschädigung von Zeugen hinsichtlich ihrer baren Auslagen sinngemäß.

(6) [1]Die Landesregierungen werden ermächtigt, durch Rechtsverordnung für Anträge nach den Absätzen 1 und 2 Formulare einzuführen. [2]Soweit Formulare eingeführt sind, muss der berufliche Betreuer oder der Betreuungsverein diese verwenden und sie, sofern sie hierzu bestimmt sind, als elektronisches Dokument einreichen. [3]Andernfalls liegt keine ordnungsgemäße Geltendmachung im Sinne des § 1875 Absatz 2 des Bürgerlichen Gesetzbuchs in Verbindung mit dem Vormünder- und Betreuervergütungsgesetz vor. [4]Die Landesregierungen können die Ermächtigung nach Satz 1 durch Rechtsverordnung auf die Landesjustizverwaltungen übertragen.

**§ 292a[1)] Zahlungen an die Staatskasse.** (1) [1]Mit der Festsetzung nach § 292 Absatz 1 legt das Gericht zugleich Höhe und Zeitpunkt der Zahlungen fest, die der Betroffene nach § 1880 Absatz 2 und § 1881 Satz 1 des Bürgerlichen Gesetzbuchs[2)] an die Staatskasse zu leisten hat. [2]Das Gericht kann Höhe und Zeitpunkt der zu leistenden Zahlungen gesondert festsetzen, wenn dies zweckmäßig ist. [3]§ 120 Absatz 2 und 3 und § 120a Absatz 1 Satz 1 bis 3 der Zivilprozessordnung[3)] sind entsprechend anzuwenden.

(2) [1]Ist der Betroffene verstorben, so legt das Gericht Höhe und Zeitpunkt der Zahlungen fest, die der Erbe nach § 1881 Satz 2 des Bürgerlichen Gesetzbuchs an die Staatskasse zu leisten hat. [2]Der Erbe ist verpflichtet, dem Gericht die hierfür notwendigen Auskünfte zu erteilen, insbesondere dem Gericht auf dessen Verlangen ein Verzeichnis der zur Erbschaft gehörenden Gegenstände vorzulegen und an Eides statt zu versichern, dass er den Bestand nach bestem Wissen und Gewissen so vollständig angegeben habe, wie er dazu imstande ist.

(3) Vor einer Entscheidung ist der Betroffene oder der Erbe anzuhören.

**§ 293[4)] Erweiterung der Betreuung oder des Einwilligungsvorbehalts.**

(1) [1]Für die Erweiterung des Aufgabenkreises des Betreuers und die Erweiterung des Kreises der einwilligungsbedürftigen Willenserklärungen gelten die Vorschriften über die Anordnung dieser Maßnahmen entsprechend. [2]Das Gericht hat die zuständige Behörde nur anzuhören, wenn es der Betroffene verlangt oder es zur Sachaufklärung erforderlich ist.

(2) [1]Einer persönlichen Anhörung nach § 278 Abs. 1 sowie der Einholung eines Gutachtens oder ärztlichen Zeugnisses (§§ 280 und 281) bedarf es nicht,

1. wenn diese Verfahrenshandlungen nicht länger als sechs Monate zurückliegen oder
2. die beabsichtigte Erweiterung nach Absatz 1 nicht wesentlich ist.

[2]Eine wesentliche Erweiterung des Aufgabenkreises des Betreuers liegt insbesondere vor, wenn erstmals ganz oder teilweise die Personensorge oder eine der in

---

[1)] § 292a eingef. mWv 1.1.2023 durch G v. 4.5.2021 (BGBl. I S. 882); Abs. 1 Satz 3 angef. mWv 1.1.2023 durch G v. 24.6.2022 (BGBl. I S. 959).

[2)] Nr. **20**.

[3)] Nr. **100**.

[4)] § 293 Abs. 1 Satz 2 angef. mWv 1.7.2014 durch G v. 28.8.2013 (BGBl. I S. 3393); Abs. 2 Satz 2 geänd. mWv 22.7.2017 durch G v. 17.7.2017 (BGBl. I S. 2426); Abs. 2 Satz 2 geänd., Abs. 3 eingef., bish. Abs. 3 wird Abs. 4 und geänd. mWv 1.1.2023 durch G v. 4.5.2021 (BGBl. I S. 882).

§ 1815 Absatz 2 oder in den §§ 1829 bis 1832 des Bürgerlichen Gesetzbuchs[1] genannten Aufgaben einbezogen wird.

(3) Unbeschadet des Absatzes 2 kann das Gericht von der Einholung eines Gutachtens oder eines ärztlichen Zeugnisses absehen, wenn der Aufgabenkreis des Betreuers nicht aufgrund einer Änderung des Krankheits- oder Behinderungsbildes des Betroffenen, sondern aufgrund der Änderung seiner Lebensumstände oder einer unzureichenden Wirkung anderer Hilfen erweitert werden soll.

(4) Ist mit der Bestellung eines weiteren Betreuers nach § 1817 des Bürgerlichen Gesetzbuchs eine Erweiterung des Aufgabenkreises verbunden, gelten die Absätze 1 bis 3 entsprechend.

**§ 294[2] Aufhebung und Einschränkung der Betreuung oder des Einwilligungsvorbehalts.** (1) [1] Für die Aufhebung der Betreuung oder der Anordnung eines Einwilligungsvorbehalts und für die Einschränkung des Aufgabenkreises des Betreuers oder des Kreises der einwilligungsbedürftigen Willenserklärungen gilt § 279 Absatz 1, 3 und 4 sowie § 288 Absatz 2 Satz 1 entsprechend. [2] Das Gericht hat die zuständige Behörde nur anzuhören, wenn es der Betroffene verlangt oder es zur Sachaufklärung erforderlich ist.

(2) Hat das Gericht nach § 281 Absatz 1 von der Einholung eines Gutachtens abgesehen, ist dies nachzuholen, wenn ein Antrag des Betroffenen auf Aufhebung der Betreuung oder Einschränkung des Aufgabenkreises erstmals abgelehnt werden soll.

(3) [1] Über die Aufhebung der Betreuung oder des Einwilligungsvorbehalts hat das Gericht spätestens sieben Jahre nach der Anordnung dieser Maßnahmen zu entscheiden. [2] Ist die Maßnahme gegen den erklärten Willen des Betroffenen angeordnet worden, hat die erstmalige Entscheidung über ihre Aufhebung spätestens zwei Jahre nach der Anordnung zu erfolgen.[3]

**§ 295[4] Verlängerung der Betreuung oder des Einwilligungsvorbehalts.** (1) [1] Für die Verlängerung der Bestellung eines Betreuers oder der Anordnung eines Einwilligungsvorbehalts gelten die Vorschriften über die erstmalige Anordnung dieser Maßnahmen entsprechend. [2] Von der erneuten Einholung eines Gutachtens kann abgesehen werden, wenn sich aus der persönlichen Anhörung des Betroffenen und einem ärztlichen Zeugnis ergibt, dass sich der Umfang der Betreuungsbedürftigkeit offensichtlich nicht verringert hat und eine Verlängerung dem erklärten Willen des Betroffenen nicht widerspricht. [3] Das Gericht hat die zuständige Behörde nur anzuhören, wenn es der Betroffene verlangt oder es zur Sachaufklärung erforderlich ist.

(2) [1] Über die Verlängerung der Betreuung oder des Einwilligungsvorbehalts hat das Gericht spätestens sieben Jahre nach der Anordnung dieser Maßnahmen zu entscheiden. [2] Ist die Maßnahme gegen den erklärten Willen des Betroffenen angeordnet worden, ist über eine erstmalige Verlängerung spätestens nach zwei Jahren zu entscheiden.[3]

---

[1] Nr. 20.

[2] § 294 Abs. 1 Satz 1 geänd., Satz 2 angef. mWv 1.7.2014 durch G v. 28.8.2013 (BGBl. I S. 3393); Abs. 2 geänd. mWv 1.1.2023 durch G v. 4.5.2021 (BGBl. I S. 882); Abs. 3 Satz 2 angef. mWv 1.1.2023 durch G v. 24.6.2022 (BGBl. I S. 959).

[3] Beachte hierzu Übergangsvorschrift in § 493 Abs. 5.

[4] § 295 Abs. 1 Satz 3 angef. mWv 1.7.2014 durch G v. 28.8.2013 (BGBl. I S. 3393); Abs. 1 Satz 2 geänd., Abs. 2 Satz 2 angef. mWv 1.1.2023 durch G v. 4.5.2021 (BGBl. I S. 882).

**§ 296**[1] **Entlassung des Betreuers und Bestellung eines neuen Betreuers.**

(1) Das Gericht hat den Betroffenen und den Betreuer persönlich anzuhören, wenn der Betroffene einer Entlassung des Betreuers (§ 1868 des Bürgerlichen Gesetzbuchs[2]) widerspricht.

(2) [1] Vor der Bestellung eines neuen Betreuers (§ 1869 des Bürgerlichen Gesetzbuchs) hat das Gericht den Betroffenen persönlich anzuhören. [2] Das gilt nicht, wenn der Betroffene sein Einverständnis mit dem Betreuerwechsel erklärt hat. [3] § 279 Absatz 1, 3 und 4 gilt entsprechend. [4] Das Gericht hat die zuständige Behörde nur anzuhören, wenn es der Betroffene verlangt oder es zur Sachaufklärung erforderlich ist.

**§ 297**[3] **Sterilisation.** (1) [1] Das Gericht hat den Betroffenen vor der Genehmigung einer Einwilligung des Betreuers in eine Sterilisation (§ 1830 Absatz 2 des Bürgerlichen Gesetzbuchs[2]) persönlich anzuhören und sich einen persönlichen Eindruck von ihm zu verschaffen. [2] Es hat den Betroffenen über den möglichen Verlauf des Verfahrens zu unterrichten.

(2) Das Gericht hat die zuständige Behörde anzuhören, wenn es der Betroffene verlangt oder es der Sachaufklärung dient.

(3) [1] Das Gericht hat die sonstigen Beteiligten anzuhören. [2] Auf Verlangen des Betroffenen hat das Gericht eine ihm nahestehende Person anzuhören, wenn dies ohne erhebliche Verzögerung möglich ist.

(4) Verfahrenshandlungen nach den Absätzen 1 bis 3 können nicht durch den ersuchten Richter vorgenommen werden.

(5) Die Bestellung eines Verfahrenspflegers ist stets erforderlich, sofern sich der Betroffene nicht von einem Rechtsanwalt oder einem anderen geeigneten Verfahrensbevollmächtigten vertreten lässt.

(6) [1] Die Genehmigung darf erst erteilt werden, nachdem durch förmliche Beweisaufnahme Gutachten von Sachverständigen eingeholt sind, die sich auf die medizinischen, psychologischen, sozialen, sonderpädagogischen und sexualpädagogischen Gesichtspunkte erstrecken. [2] Die Sachverständigen haben den Betroffenen vor Erstattung des Gutachtens persönlich zu untersuchen oder zu befragen. [3] Sachverständiger und ausführender Arzt dürfen nicht personengleich sein.

(7) Die Genehmigung wird wirksam mit der Bekanntgabe an den für die Entscheidung über die Einwilligung in die Sterilisation bestellten Betreuer und

1. an den Verfahrenspfleger oder
2. den Verfahrensbevollmächtigten, wenn ein Verfahrenspfleger nicht bestellt wurde.

(8) [1] Die Entscheidung über die Genehmigung ist dem Betroffenen stets selbst bekannt zu machen. [2] Von der Bekanntgabe der Gründe an den Betroffenen kann nicht abgesehen werden. [3] Der zuständigen Behörde ist die Entscheidung stets bekannt zu geben.

---

[1] § 296 Abs. 1, Abs. 2 Sätze 1 und 3 geänd., Satz 4 angef. mWv 1.1.2023 durch G v. 4.5.2021 (BGBl. I S. 882).

[2] Nr. **20**.

[3] § 297 Abs. 1 Satz 1 geänd. mWv 1.1.2023 durch G v. 4.5.2021 (BGBl. I S. 882).

**§ 298**[1] **Verfahren in Fällen des § 1829 des Bürgerlichen Gesetzbuchs.**

(1) [1]Das Gericht darf die Einwilligung, die Nichteinwilligung oder den Widerruf einer Einwilligung eines Betreuers oder eines Bevollmächtigten (§ 1829 Absatz 1, 2 und 5 des Bürgerlichen Gesetzbuchs[2]) nur genehmigen, wenn es den Betroffenen zuvor persönlich angehört hat. [2]Das Gericht soll die sonstigen Beteiligten anhören. [3]Auf Verlangen des Betroffenen hat das Gericht eine ihm nahestehende Person anzuhören, wenn dies ohne erhebliche Verzögerung möglich ist.

(2) Die Bestellung eines Verfahrenspflegers ist stets erforderlich, wenn Gegenstand des Verfahrens eine Genehmigung nach § 1829 Absatz 2 des Bürgerlichen Gesetzbuchs ist.

(3) [1]Vor der Genehmigung ist ein Sachverständigengutachten einzuholen. [2]Der Sachverständige soll nicht auch der behandelnde Arzt sein.

**§ 299**[3] **Persönliche Anhörung in anderen Genehmigungsverfahren.**

[1]Das Gericht hat den Betroffenen vor einer Entscheidung nach § 1833 Absatz 3 oder § 1820 Absatz 5 Satz 2 des Bürgerlichen Gesetzbuchs[2] persönlich anzuhören. [2]Das Gericht soll den Betroffenen vor einer Entscheidung nach den §§ 1850 bis 1854 persönlich anhören.

**§ 300 Einstweilige Anordnung.** (1) [1]Das Gericht kann durch einstweilige Anordnung einen vorläufigen Betreuer bestellen oder einen vorläufigen Einwilligungsvorbehalt anordnen, wenn

1. dringende Gründe für die Annahme bestehen, dass die Voraussetzungen für die Bestellung eines Betreuers oder die Anordnung eines Einwilligungsvorbehalts gegeben sind und ein dringendes Bedürfnis für ein sofortiges Tätigwerden besteht,
2. ein ärztliches Zeugnis über den Zustand des Betroffenen vorliegt,
3. im Fall des § 276 ein Verfahrenspfleger bestellt und angehört worden ist und
4. der Betroffene persönlich angehört worden ist.

[2]Eine Anhörung des Betroffenen im Wege der Rechtshilfe ist abweichend von § 278 Abs. 3 zulässig.

(2) Das Gericht kann durch einstweilige Anordnung einen Betreuer entlassen, wenn dringende Gründe für die Annahme bestehen, dass die Voraussetzungen für die Entlassung vorliegen und ein dringendes Bedürfnis für ein sofortiges Tätigwerden besteht.

**§ 301**[4] **Einstweilige Anordnung bei gesteigerter Dringlichkeit.**

(1) [1]Bei Gefahr im Verzug kann das Gericht eine einstweilige Anordnung nach § 300 bereits vor der persönlichen Anhörung des Betroffenen sowie vor Anhörung und Bestellung des Verfahrenspflegers erlassen. [2]Diese Verfahrenshandlungen sind unverzüglich nachzuholen.

(2) Das Gericht ist bei Gefahr im Verzug bei der Auswahl des Betreuers nicht an § 1816 Absatz 2 und 3 des Bürgerlichen Gesetzbuchs[2] gebunden.

---

[1] § 298 neu gef. mWv 1.9.2009 durch G v. 29.7.2009 (BGBl. I S. 2286); Abs. 1 Satz 1 neu gef., Abs. 2 aufgeh., bish. Abs. 3 und 4 werden Abs. 2 und 3 mWv 1.1.2013 durch G v. 5.12.2012 (BGBl. I S. 2418); Überschrift, Abs. 1 Satz 1, Abs. 2 geänd. mWv 1.1.2023 durch G v. 4.5.2021 (BGBl. I S. 882).

[2] Nr. **20**.

[3] § 299 neu gef. mWv 1.1.2023 durch G v. 4.5.2021 (BGBl. I S. 882).

[4] § 301 Abs. 1 Satz 1, Abs. 2 geänd. mWv 1.1.2023 durch G v. 4.5.2021 (BGBl. I S. 882).

**§ 302 Dauer der einstweiligen Anordnung.** [1] Eine einstweilige Anordnung tritt, sofern das Gericht keinen früheren Zeitpunkt bestimmt, nach sechs Monaten außer Kraft. [2] Sie kann jeweils nach Anhörung eines Sachverständigen durch weitere einstweilige Anordnungen bis zu einer Gesamtdauer von einem Jahr verlängert werden.

**§ 303 Ergänzende Vorschriften über die Beschwerde.** (1) Das Recht der Beschwerde steht der zuständigen Behörde gegen Entscheidungen über

1. die Bestellung eines Betreuers oder die Anordnung eines Einwilligungsvorbehalts,
2. Umfang, Inhalt oder Bestand einer in Nummer 1 genannten Maßnahme

zu.

(2) Das Recht der Beschwerde gegen eine von Amts wegen ergangene Entscheidung steht im Interesse des Betroffenen

1. dessen Ehegatten oder Lebenspartner, wenn die Ehegatten oder Lebenspartner nicht dauernd getrennt leben, sowie den Eltern, Großeltern, Pflegeeltern, Abkömmlingen und Geschwistern des Betroffenen sowie
2. einer Person seines Vertrauens

zu, wenn sie im ersten Rechtszug beteiligt worden sind.

(3) Das Recht der Beschwerde steht dem Verfahrenspfleger zu.

(4) [1] Der Betreuer oder der Vorsorgebevollmächtigte kann gegen eine Entscheidung, die seinen Aufgabenkreis betrifft, auch im Namen des Betroffenen Beschwerde einlegen. [2] Führen mehrere Betreuer oder Vorsorgebevollmächtigte ihr Amt gemeinschaftlich, kann jeder von ihnen für den Betroffenen selbständig Beschwerde einlegen.

**§ 304[1] Beschwerde der Staatskasse.** (1) [1] Das Recht der Beschwerde steht dem Vertreter der Staatskasse zu, soweit die Interessen der Staatskasse durch den Beschluss betroffen sind. [2] Hat der Vertreter der Staatskasse geltend gemacht, der Betreuer habe eine Abrechnung falsch erteilt oder der Betreute könne anstelle eines nach § 1816 Absatz 5 des Bürgerlichen Gesetzbuchs[2] bestellten Betreuers durch eine oder mehrere andere geeignete Personen außerhalb einer Berufsausübung betreut werden, steht ihm gegen einen die Entlassung des Betreuers ablehnenden Beschluss die Beschwerde zu.

(2) Die Frist zur Einlegung der Beschwerde durch den Vertreter der Staatskasse beträgt drei Monate und beginnt mit der formlosen Mitteilung (§ 15 Abs. 3) an ihn.

**§ 305 Beschwerde des Untergebrachten.** Ist der Betroffene untergebracht, kann er Beschwerde auch bei dem Amtsgericht einlegen, in dessen Bezirk er untergebracht ist.

**§ 306 Aufhebung des Einwilligungsvorbehalts.** Wird ein Beschluss, durch den ein Einwilligungsvorbehalt angeordnet worden ist, als ungerechtfertigt aufgehoben, bleibt die Wirksamkeit der von oder gegenüber dem Betroffenen vorgenommenen Rechtsgeschäfte unberührt.

---

[1] § 304 Abs. 1 Satz 2 geänd. mWv 1.1.2023 durch G v. 4.5.2021 (BGBl. I S. 882).
[2] Nr. **20**.

**§ 307**[1] **Kosten in Betreuungssachen.** In Betreuungssachen kann das Gericht die Auslagen des Betroffenen, soweit sie zur zweckentsprechenden Rechtsverfolgung notwendig waren, ganz oder teilweise der Staatskasse auferlegen, wenn eine Betreuungsmaßnahme nach den §§ 1814 bis 1881 des Bürgerlichen Gesetzbuchs[2] abgelehnt, als ungerechtfertigt aufgehoben, eingeschränkt oder das Verfahren ohne Entscheidung über eine solche Maßnahme beendet wird.

**§ 308 Mitteilung von Entscheidungen.** (1) Entscheidungen teilt das Gericht anderen Gerichten, Behörden oder sonstigen öffentlichen Stellen mit, soweit dies unter Beachtung berechtigter Interessen des Betroffenen erforderlich ist, um eine erhebliche Gefahr für das Wohl des Betroffenen, für Dritte oder für die öffentliche Sicherheit abzuwenden.

(2) Ergeben sich im Verlauf eines gerichtlichen Verfahrens Erkenntnisse, die eine Mitteilung nach Absatz 1 vor Abschluss des Verfahrens erfordern, hat diese Mitteilung über die bereits gewonnenen Erkenntnisse unverzüglich zu erfolgen.

(3) [1] Das Gericht unterrichtet zugleich mit der Mitteilung den Betroffenen, seinen Verfahrenspfleger und seinen Betreuer über Inhalt und Empfänger der Mitteilung. [2] Die Unterrichtung des Betroffenen unterbleibt, wenn

1. der Zweck des Verfahrens oder der Zweck der Mitteilung durch die Unterrichtung gefährdet würde,
2. nach ärztlichem Zeugnis hiervon erhebliche Nachteile für die Gesundheit des Betroffenen zu besorgen sind oder
3. der Betroffene nach dem unmittelbaren Eindruck des Gerichts offensichtlich nicht in der Lage ist, den Inhalt der Unterrichtung zu verstehen.

[3] Sobald die Gründe nach Satz 2 entfallen, ist die Unterrichtung nachzuholen.

(4) Der Inhalt der Mitteilung, die Art und Weise ihrer Übermittlung, ihr Empfänger, die Unterrichtung des Betroffenen oder im Fall ihres Unterbleibens deren Gründe sowie die Unterrichtung des Verfahrenspflegers und des Betreuers sind aktenkundig zu machen.

**§ 309**[3] **Mitteilungen an die Meldebehörde.** [1] Wird ein Einwilligungsvorbehalt angeordnet, der sich auf die Aufenthaltsbestimmung des Betroffenen erstreckt, so hat das Gericht dies der Meldebehörde unter Angabe des Betreuers mitzuteilen. [2] Eine Mitteilung hat auch zu erfolgen, wenn der Einwilligungsvorbehalt nach Satz 1 aufgehoben wird oder ein Wechsel in der Person des Betreuers eintritt.

**§ 309a**[4] **Mitteilungen an die Betreuungsbehörde.** (1) Endet die Betreuung durch Tod des Betroffenen, so hat das Gericht dies der Betreuungsbehörde mitzuteilen.

(2) [1] Das Gericht kann der Betreuungsbehörde Umstände mitteilen, die die Eignung oder Zuverlässigkeit des Betreuers betreffen. [2] Das Gericht unterrichtet zugleich den Betreuer über die Mitteilung und deren Inhalt. [3] Die Unterrichtung des Betreuers unterbleibt, solange der Zweck der Mitteilung hierdurch gefährdet würde. [4] Sie ist nachzuholen, sobald die Gründe nach Satz 3 entfallen sind.

---

[1] § 307 geänd. mWv 1.1.2023 durch G v. 4.5.2021 (BGBl. I S. 882).
[2] Nr. **20**.
[3] § 309 Abs. 1 aufgeh. mWv 1.7.2019 durch G v. 18.6.2019 (BGBl. I S. 834); Überschrift neu gef. mWv 1.1.2023 durch G v. 4.5.2021 (BGBl. I S. 882).
[4] § 309a eingef. mWv 1.1.2023 durch G v. 4.5.2021 (BGBl. I S. 882).

**§ 310**[1] **Mitteilungen während einer freiheitsentziehenden Unterbringung oder freiheitsentziehenden Maßnahme.** Während der Dauer einer freiheitsentziehenden Unterbringung oder freiheitsentziehenden Maßnahme hat das Gericht dem Leiter der Einrichtung, in der die Unterbringungsmaßnahme durchgeführt wird, die Bestellung eines Betreuers, die sich auf die Aufenthaltsbestimmung oder die Entscheidung über eine der genannten Unterbringungsmaßnahmen erstreckt, die Aufhebung einer solchen Betreuung und jeden Wechsel in der Person des Betreuers mitzuteilen.

**§ 311**[2] **Mitteilungen zur Strafverfolgung.** [1] Außer in den sonst in diesem Gesetz, in § 16 des Einführungsgesetzes zum Gerichtsverfassungsgesetz[3] sowie in § 70 Absatz 1 Satz 2 und 3 des Jugendgerichtsgesetzes[4] genannten Fällen, darf das Gericht Entscheidungen oder Erkenntnisse aus dem Verfahren, aus denen die Person des Betroffenen erkennbar ist, von Amts wegen nur zur Verfolgung von Straftaten oder Ordnungswidrigkeiten anderen Gerichten oder Behörden mitteilen, soweit nicht schutzwürdige Interessen des Betroffenen an dem Ausschluss der Übermittlung überwiegen. [2] § 308 Abs. 3 und 4 gilt entsprechend.

## Abschnitt 2. Verfahren in Unterbringungssachen

**§ 312**[5] **Unterbringungssachen.** Unterbringungssachen sind Verfahren, die die Genehmigung oder Anordnung einer

1. freiheitsentziehenden Unterbringung nach § 1831 Absatz 1 und 2 auch in Verbindung mit Absatz 5 des Bürgerlichen Gesetzbuchs[6],
2. freiheitsentziehenden Maßnahme nach § 1831 Absatz 4 auch in Verbindung mit Absatz 5 des Bürgerlichen Gesetzbuchs,
3. ärztlichen Zwangsmaßnahme, auch einschließlich einer Verbringung zu einem stationären Aufenthalt, nach § 1832 Absatz 1, 2 und 4 auch in Verbindung mit Absatz 5 des Bürgerlichen Gesetzbuchs oder
4. freiheitsentziehenden Unterbringung, freiheitsentziehenden Maßnahme oder ärztlichen Zwangsmaßnahme bei Volljährigen nach den Landesgesetzen über die Unterbringung psychisch Kranker

betreffen (Unterbringungsmaßnahme).

**§ 313**[7] **Örtliche Zuständigkeit.** (1) Ausschließlich zuständig für Unterbringungssachen nach § 312 Nummer 1 bis 3 ist in dieser Rangfolge:

1. das Gericht, bei dem ein Verfahren zur Bestellung eines Betreuers eingeleitet oder das Betreuungsverfahren anhängig ist;
2. das Gericht, in dessen Bezirk der Betroffene seinen gewöhnlichen Aufenthalt hat;

---

[1] § 310 neu gef. mWv 1.1.2023 durch G v. 24.6.2022 (BGBl. I S. 959).

[2] § 311 Satz 1 geänd. mWv 17.12.2019 durch G v. 9.12.2019 (BGBl. I S. 2146).

[3] Nr. **95a**.

[4] Nr. **89**.

[5] § 312 neu gef. mWv 22.7.2017 durch G v. 17.7.2017 (BGBl. I S. 2426); Nr. 4 neu gef., abschl. Satzteil geänd. mWv 28.6.2019 durch G v. 19.6.2019 (BGBl. I S. 840); Nr. 1–3 geänd. mWv 1.1.2023 durch G v. 4.5.2021 (BGBl. I S. 882).

[6] Nr. **20**.

[7] § 313 Abs. 1 einl. Satzteil und Abs. 3 Satz 1 geänd. mWv 22.7.2017 durch G v. 17.7.2017 (BGBl. I S. 2426); Abs. 3 Satz 1 geänd. mWv 28.6.2019 durch G v. 19.6.2019 (BGBl. I S. 840).

3. das Gericht, in dessen Bezirk das Bedürfnis für die Unterbringungsmaßnahme hervortritt;
4. das Amtsgericht Schöneberg in Berlin, wenn der Betroffene Deutscher ist.

(2) [1] Für einstweilige Anordnungen oder einstweilige Maßregeln ist auch das Gericht zuständig, in dessen Bezirk das Bedürfnis für die Unterbringungsmaßnahme bekannt wird. [2] In den Fällen einer einstweiligen Anordnung oder einstweiligen Maßregel soll es dem nach Absatz 1 Nr. 1 oder Nr. 2 zuständigen Gericht davon Mitteilung machen.

(3) [1] Ausschließlich zuständig für Unterbringungsmaßnahmen nach § 312 Nummer 4 ist das Gericht, in dessen Bezirk das Bedürfnis für die Unterbringungsmaßnahme hervortritt. [2] Befindet sich der Betroffene bereits in einer Einrichtung zur freiheitsentziehenden Unterbringung, ist das Gericht ausschließlich zuständig, in dessen Bezirk die Einrichtung liegt.

(4) [1] Ist für die Unterbringungssache ein anderes Gericht zuständig als dasjenige, bei dem ein die Unterbringung erfassendes Verfahren zur Bestellung eines Betreuers eingeleitet ist, teilt dieses Gericht dem für die Unterbringungssache zuständigen Gericht die Aufhebung der Betreuung, den Wegfall des Aufgabenbereiches Unterbringung und einen Wechsel in der Person des Betreuers mit. [2] Das für die Unterbringungssache zuständige Gericht teilt dem anderen Gericht die Unterbringungsmaßnahme, ihre Änderung, Verlängerung und Aufhebung mit.

**§ 314 Abgabe der Unterbringungssache.** Das Gericht kann die Unterbringungssache abgeben, wenn der Betroffene sich im Bezirk des anderen Gerichts aufhält und die Unterbringungsmaßnahme dort vollzogen werden soll, sofern sich dieses zur Übernahme des Verfahrens bereit erklärt hat.

**§ 315[1)] Beteiligte.** (1) Zu beteiligen sind
1. der Betroffene,
2. der Betreuer,
3. der Bevollmächtigte im Sinne des § 1814 Absatz 3 Satz 2 Nummer 1 des Bürgerlichen Gesetzbuchs[2)].

(2) Der Verfahrenspfleger wird durch seine Bestellung als Beteiligter zum Verfahren hinzugezogen.

(3) Die zuständige Behörde ist auf ihren Antrag als Beteiligte hinzuzuziehen.

(4) [1] Beteiligt werden können im Interesse des Betroffenen
1. dessen Ehegatte oder Lebenspartner, wenn die Ehegatten oder Lebenspartner nicht dauernd getrennt leben, sowie dessen Eltern und Kinder, wenn der Betroffene bei diesen lebt oder bei Einleitung des Verfahrens gelebt hat, sowie die Pflegeeltern,
2. eine von ihm benannte Person seines Vertrauens,
3. der Leiter der Einrichtung, in der der Betroffene lebt.

[2] Das Landesrecht kann vorsehen, dass weitere Personen und Stellen beteiligt werden können.

**§ 316 Verfahrensfähigkeit.** In Unterbringungssachen ist der Betroffene ohne Rücksicht auf seine Geschäftsfähigkeit verfahrensfähig.

---

1) § 315 Abs. 1 Nr. 3 geänd. mWv 1.1.2023 durch G v. 4.5.2021 (BGBl. I S. 882).
2) Nr. **20**.

**§ 317[1)] Verfahrenspfleger.** (1) [1]Das Gericht hat dem Betroffenen einen geeigneten Verfahrenspfleger zu bestellen, wenn dies zur Wahrnehmung der Interessen des Betroffenen erforderlich ist. [2]Die Bestellung ist insbesondere erforderlich, wenn von einer Anhörung des Betroffenen abgesehen werden soll. [3]Bei der Genehmigung einer Einwilligung in eine ärztliche Zwangsmaßnahme oder deren Anordnung ist die Bestellung eines Verfahrenspflegers stets erforderlich.

(2) Bestellt das Gericht dem Betroffenen keinen Verfahrenspfleger, ist dies in der Entscheidung, durch die eine Unterbringungsmaßnahme genehmigt oder angeordnet wird, zu begründen.

(3) [1]Der Verfahrenspfleger hat die Wünsche, hilfsweise den mutmaßlichen Willen des Betroffenen festzustellen und im gerichtlichen Verfahren zur Geltung zu bringen. [2]Er hat den Betroffenen über Gegenstand, Ablauf und möglichen Ausgang des Verfahrens in geeigneter Weise zu informieren und ihn bei Bedarf bei der Ausübung seiner Rechte im Verfahren zu unterstützen. [3]Er ist nicht gesetzlicher Vertreter des Betroffenen.

(4) [1]Als Verfahrenspfleger ist eine natürliche Person zu bestellen. [2]Wer Verfahrenspflegschaften im Rahmen seiner Berufsausübung führt, soll nur dann zum Verfahrenspfleger bestellt werden, wenn keine andere geeignete Person zur Verfügung steht, die zur ehrenamtlichen Führung der Verfahrenspflegschaft bereit ist.

(5) Die Bestellung eines Verfahrenspflegers soll unterbleiben oder aufgehoben werden, wenn die Interessen des Betroffenen von einem Rechtsanwalt oder einem anderen geeigneten Verfahrensbevollmächtigten vertreten werden.

(6) Die Bestellung endet, sofern sie nicht vorher aufgehoben wird, mit der Rechtskraft der Endentscheidung oder mit dem sonstigen Abschluss des Verfahrens.

(7) Die Bestellung eines Verfahrenspflegers oder deren Aufhebung sowie die Ablehnung einer derartigen Maßnahme sind nicht selbständig anfechtbar.

(8) Dem Verfahrenspfleger sind keine Kosten aufzuerlegen.

**§ 318 Vergütung und Aufwendungsersatz des Verfahrenspflegers.** Für die Vergütung und den Aufwendungsersatz des Verfahrenspflegers gilt § 277 entsprechend.

**§ 319[2)] Persönliche Anhörung des Betroffenen.** (1) [1]Das Gericht hat den Betroffenen vor einer Unterbringungsmaßnahme persönlich anzuhören und sich einen persönlichen Eindruck von ihm zu verschaffen. [2]Den persönlichen Eindruck verschafft sich das Gericht, soweit dies erforderlich ist, in der üblichen Umgebung des Betroffenen.

(2) [1]In der Anhörung erörtert das Gericht mit dem Betroffenen das Verfahren, das Ergebnis des übermittelten Gutachtens und die mögliche Dauer einer Unterbringung. [2]Hat das Gericht dem Betroffenen nach § 317 einen Verfahrenspfleger bestellt, soll die persönliche Anhörung in dessen Anwesenheit stattfinden.

(3) [1]Soll eine persönliche Anhörung nach § 34 Abs. 2 unterbleiben, weil hiervon erhebliche Nachteile für die Gesundheit des Betroffenen zu besorgen sind, darf diese Entscheidung nur auf Grundlage eines ärztlichen Gutachtens getroffen

---

[1)] § 317 Abs. 1 Satz 3 angef. mWv 22.7.2017 durch G v. 17.7.2017 (BGBl. I S. 2426); Abs. 1 Satz 1 geänd., Abs. 3 eingef., bish. Abs. 3–7 werden Abs. 4–8, neuer Abs. 4 Satz 1 eingef. mWv 1.1.2023 durch G v. 4.5.2021 (BGBl. I S. 882).

[2)] § 319 Abs. 6 und 7 angef. mWv 1.1.2013 durch G v. 5.12.2012 (BGBl. I S. 2418); Überschrift und Abs. 2 neu gef., Abs. 3 Satz 2 angef. mWv 1.1.2023 durch G v. 4.5.2021 (BGBl. I S. 882).

werden. [2]Unterbleibt aus diesem Grund die persönliche Anhörung, so bedarf es auch keiner Verschaffung eines persönlichen Eindrucks.

(4) Verfahrenshandlungen nach Absatz 1 sollen nicht im Wege der Rechtshilfe erfolgen.

(5) Das Gericht kann den Betroffenen durch die zuständige Behörde vorführen lassen, wenn er sich weigert, an Verfahrenshandlungen nach Absatz 1 mitzuwirken.

(6) [1]Gewalt darf die Behörde nur anwenden, wenn das Gericht dies ausdrücklich angeordnet hat. [2]Die zuständige Behörde ist befugt, erforderlichenfalls um Unterstützung der polizeilichen Vollzugsorgane nachzusuchen.

(7) [1]Die Wohnung des Betroffenen darf ohne dessen Einwilligung nur gewaltsam geöffnet, betreten und durchsucht werden, wenn das Gericht dies zu dessen Vorführung zur Anhörung ausdrücklich angeordnet hat. [2]Bei Gefahr im Verzug kann die Anordnung nach Satz 1 durch die zuständige Behörde erfolgen. [3]Durch diese Regelung wird das Grundrecht auf Unverletzlichkeit der Wohnung aus Artikel 13 Absatz 1 des Grundgesetzes[1)] eingeschränkt.

**§ 320 Anhörung der sonstigen Beteiligten und der zuständigen Behörde.** [1]Das Gericht hat die sonstigen Beteiligten anzuhören. [2]Es soll die zuständige Behörde anhören.

**§ 321[2)] Einholung eines Gutachtens.** (1) [1]Vor einer Unterbringungsmaßnahme hat eine förmliche Beweisaufnahme durch Einholung eines Gutachtens über die Notwendigkeit der Maßnahme stattzufinden. [2]Der Sachverständige hat den Betroffenen vor der Erstattung des Gutachtens persönlich zu untersuchen oder zu befragen. [3]Das Gutachten soll sich auch auf die voraussichtliche Dauer der Unterbringungsmaßnahme erstrecken. [4]Der Sachverständige soll Arzt für Psychiatrie sein; er muss Arzt mit Erfahrung auf dem Gebiet der Psychiatrie sein. [5]Bei der Genehmigung einer Einwilligung in eine ärztliche Zwangsmaßnahme oder bei deren Anordnung soll der Sachverständige nicht der zwangsbehandelnde Arzt sein.

(2) Für eine freiheitsentziehende Maßnahme nach § 312 Nummer 2 oder 4 genügt ein ärztliches Zeugnis.

**§ 322 Vorführung zur Untersuchung; Unterbringung zur Begutachtung.** Für die Vorführung zur Untersuchung und die Unterbringung zur Begutachtung gelten die §§ 283 und 284 entsprechend.

**§ 323[3)] Inhalt der Beschlussformel.** (1) Die Beschlussformel enthält im Fall der Genehmigung oder Anordnung einer Unterbringungsmaßnahme auch

1. die nähere Bezeichnung der Unterbringungsmaßnahme sowie
2. den Zeitpunkt, zu dem die Unterbringungsmaßnahme endet.

(2) Die Beschlussformel enthält bei der Genehmigung einer Einwilligung in eine ärztliche Zwangsmaßnahme oder bei deren Anordnung auch Angaben zur Durchführung und Dokumentation dieser Maßnahme in der Verantwortung eines Arztes.

---

[1)] Nr. 1.

[2)] § 321 Abs. 1 Satz 5 angef. mWv 26.2.2013 durch G v. 18.2.2013 (BGBl. I S. 266); Abs. 1 Satz 3, Abs. 2 geänd. mWv 28.6.2019 durch G v. 19.6.2019 (BGBl. I S. 840).

[3)] § 323 Abs. 2 angef. mWv 26.2.2013 durch G v. 18.2.2013 (BGBl. I S. 266).

**§ 324**[1] **Wirksamwerden von Beschlüssen.** (1) Beschlüsse über die Genehmigung oder die Anordnung einer Unterbringungsmaßnahme werden mit Rechtskraft wirksam.

(2) [1] Das Gericht kann die sofortige Wirksamkeit des Beschlusses anordnen. [2] In diesem Fall wird er wirksam, wenn der Beschluss und die Anordnung seiner sofortigen Wirksamkeit

1. dem Betroffenen, dem Verfahrenspfleger, dem Betreuer oder dem Bevollmächtigten im Sinne des § 1814 Absatz 3 Satz 2 Nummer 1 des Bürgerlichen Gesetzbuchs[2] bekannt gegeben werden,
2. einem Dritten zum Zweck des Vollzugs des Beschlusses mitgeteilt werden oder
3. der Geschäftsstelle des Gerichts zum Zweck der Bekanntgabe übergeben werden.

[3] Der Zeitpunkt der sofortigen Wirksamkeit ist auf dem Beschluss zu vermerken.

**§ 325 Bekanntgabe.** (1) Von der Bekanntgabe der Gründe eines Beschlusses an den Betroffenen kann abgesehen werden, wenn dies nach ärztlichem Zeugnis erforderlich ist, um erhebliche Nachteile für seine Gesundheit zu vermeiden.

(2) [1] Der Beschluss, durch den eine Unterbringungsmaßnahme genehmigt oder angeordnet wird, ist auch dem Leiter der Einrichtung, in der der Betroffene untergebracht werden soll, bekannt zu geben. [2] Das Gericht hat der zuständigen Behörde die Entscheidung, durch die eine Unterbringungsmaßnahme genehmigt, angeordnet oder aufgehoben wird, bekannt zu geben.

**§ 326**[3] **Zuführung zur Unterbringung; Verbringung zu einem stationären Aufenthalt.** (1) Die zuständige Behörde hat den Betreuer oder den Bevollmächtigten im Sinne des § 1814 Absatz 3 Satz 2 Nummer 1 des Bürgerlichen Gesetzbuchs[2] auf deren Wunsch bei der Zuführung zur Unterbringung nach § 312 Nr. 1 oder bei der Verbringung nach § 312 Nummer 3 zu unterstützen.

(2) [1] Gewalt darf die Behörde nur anwenden, wenn das Gericht dies ausdrücklich angeordnet hat. [2] Die zuständige Behörde ist befugt, erforderlichenfalls die Unterstützung der polizeilichen Vollzugsorgane nachzusuchen.

(3) [1] Die Wohnung des Betroffenen darf ohne dessen Einwilligung nur gewaltsam geöffnet, betreten und durchsucht werden, wenn das Gericht dies zu dessen Zuführung zur Unterbringung oder zu dessen Verbringung nach § 312 Nummer 3 ausdrücklich angeordnet hat. [2] Vor der Anordnung ist der Betroffene persönlich anzuhören. [3] Bei Gefahr im Verzug kann die Anordnung durch die zuständige Behörde ohne vorherige Anhörung des Betroffenen erfolgen. [4] Durch diese Regelung wird das Grundrecht auf Unverletzlichkeit der Wohnung aus Artikel 13 Absatz 1 des Grundgesetzes[4] eingeschränkt.

---

[1] § 324 Abs. 2 Satz 2 Nr. 1 geänd. mWv 1.1.2023 durch G v. 4.5.2021 (BGBl. I S. 882).

[2] Nr. **20**.

[3] § 326 Abs. 2 Satz 1 und Abs. 3 neu gef. mWv 1.1.2013 durch G v. 5.12.2012 (BGBl. I S. 2418); Überschrift neu gef., Abs. 1 und 3 Satz 1 geänd. mWv 22.7.2017 durch G v. 17.7.2017 (BGBl. I S. 2426); Abs. 1 geänd. mWv 1.1.2023 durch G v. 4.5.2021 (BGBl. I S. 882).

[4] Nr. **1**.

**§ 327[1] Vollzugsangelegenheiten.** (1) [1]Gegen eine Maßnahme zur Regelung einzelner Angelegenheiten im Vollzug einer Unterbringungsmaßnahme nach § 312 Nummer 4 kann der Betroffene eine Entscheidung des Gerichts beantragen. [2]Mit dem Antrag kann auch die Verpflichtung zum Erlass einer abgelehnten oder unterlassenen Maßnahme begehrt werden.

(2) Der Antrag ist nur zulässig, wenn der Betroffene geltend macht, durch die Maßnahme, ihre Ablehnung oder Unterlassung in seinen Rechten verletzt zu sein.

(3) [1]Der Antrag hat keine aufschiebende Wirkung. [2]Das Gericht kann die aufschiebende Wirkung anordnen.

(4) Der Beschluss ist nicht anfechtbar.

**§ 328[2] Aussetzung des Vollzugs.** (1) [1]Das Gericht kann die Vollziehung einer Unterbringung nach § 312 Nummer 4 aussetzen. [2]Die Aussetzung kann mit Auflagen versehen werden. [3]Die Aussetzung soll sechs Monate nicht überschreiten; sie kann bis zu einem Jahr verlängert werden.

(2) Das Gericht kann die Aussetzung widerrufen, wenn der Betroffene eine Auflage nicht erfüllt oder sein Zustand dies erfordert.

**§ 329[3] Dauer und Verlängerung der Unterbringungsmaßnahme.**

(1) [1]Die Unterbringungsmaßnahme endet spätestens mit Ablauf eines Jahres, bei offensichtlich langer Unterbringungsbedürftigkeit spätestens mit Ablauf von zwei Jahren, wenn sie nicht vorher verlängert wird. [2]Die Genehmigung einer Einwilligung in eine ärztliche Zwangsmaßnahme oder deren Anordnung darf die Dauer von sechs Wochen nicht überschreiten, wenn sie nicht vorher verlängert wird.

(2) [1]Für die Verlängerung der Genehmigung oder Anordnung einer Unterbringungsmaßnahme gelten die Vorschriften für die erstmalige Anordnung oder Genehmigung entsprechend. [2]Bei Unterbringungen mit einer Gesamtdauer von mehr als vier Jahren soll das Gericht keinen Sachverständigen bestellen, der den Betroffenen bisher behandelt oder begutachtet hat oder in der Einrichtung tätig ist, in der der Betroffene untergebracht ist.

(3) Bei der Genehmigung einer Einwilligung in eine ärztliche Zwangsmaßnahme oder deren Anordnung mit einer Gesamtdauer von mehr als zwölf Wochen soll das Gericht keinen Sachverständigen bestellen, der den Betroffenen bisher behandelt oder begutachtet hat oder in der Einrichtung tätig ist, in der der Betroffene untergebracht ist.

**§ 330[4] Aufhebung der Unterbringungsmaßnahme.** [1]Die Genehmigung oder Anordnung der Unterbringungsmaßnahme ist aufzuheben, wenn ihre Voraussetzungen wegfallen. [2]Vor der Aufhebung einer Unterbringungsmaßnahme nach § 312 Nummer 4 soll das Gericht die zuständige Behörde anhören, es sei denn, dass dies zu einer nicht nur geringen Verzögerung des Verfahrens führen würde.

---

[1] § 327 Abs. 1 Satz 1 geänd. mWv 22.7.2017 durch G v. 17.7.2017 (BGBl. I S. 2426); Abs. 1 Satz 1 geänd. mWv 28.6.2019 durch G v. 19.6.2019 (BGBl. I S. 840).

[2] § 328 Abs. 1 Satz 1 geänd. mWv 22.7.2017 durch G v. 17.7.2017 (BGBl. I S. 2426).

[3] § 329 Abs. 1 Satz 2 und Abs. 3 angef. mWv 26.2.2013 durch G v. 18.2.2013 (BGBl. I S. 266); Überschrift, Abs. 1 Satz 1 geänd. mWv 28.6.2019 durch G v. 19.6.2019 (BGBl. I S. 840).

[4] § 330 Satz 2 geänd. mWv 22.7.2017 durch G v. 17.7.2017 (BGBl. I S. 2426); Überschrift geänd. mWv 28.6.2019 durch G v. 19.6.2019 (BGBl. I S. 840).

**§ 331[1] Einstweilige Anordnung.** [1]Das Gericht kann durch einstweilige Anordnung eine vorläufige Unterbringungsmaßnahme anordnen oder genehmigen, wenn

1. dringende Gründe für die Annahme bestehen, dass die Voraussetzungen für die Genehmigung oder Anordnung einer Unterbringungsmaßnahme gegeben sind und ein dringendes Bedürfnis für ein sofortiges Tätigwerden besteht,
2. ein ärztliches Zeugnis über den Zustand des Betroffenen und über die Notwendigkeit der Maßnahme vorliegt; der Arzt, der das ärztliche Zeugnis ausstellt, soll Arzt für Psychiatrie sein; er muss Erfahrung auf dem Gebiet der Psychiatrie haben; dies gilt nicht für freiheitsentziehende Maßnahmen nach § 312 Nummer 2 und 4,
3. im Fall des § 317 ein Verfahrenspfleger bestellt und angehört worden ist und
4. der Betroffene persönlich angehört worden ist.

[2]Eine Anhörung des Betroffenen im Wege der Rechtshilfe ist abweichend von § 319 Abs. 4 zulässig.

**§ 332[2] Einstweilige Anordnung bei gesteigerter Dringlichkeit.** [1]Bei Gefahr im Verzug kann das Gericht eine einstweilige Anordnung nach § 331 bereits vor der persönlichen Anhörung des Betroffenen sowie vor Anhörung und Bestellung des Verfahrenspflegers erlassen. [2]Diese Verfahrenshandlungen sind unverzüglich nachzuholen.

**§ 333[3] Dauer der einstweiligen Anordnung.** (1) [1]Die einstweilige Anordnung darf die Dauer von sechs Wochen nicht überschreiten. [2]Reicht dieser Zeitraum nicht aus, kann sie nach Anhörung eines Sachverständigen durch eine weitere einstweilige Anordnung verlängert werden. [3]Die mehrfache Verlängerung ist unter den Voraussetzungen der Sätze 1 und 2 zulässig. [4]Sie darf die Gesamtdauer von drei Monaten nicht überschreiten. [5]Eine Unterbringung zur Vorbereitung eines Gutachtens (§ 322) ist in diese Gesamtdauer einzubeziehen.

(2) [1]Die einstweilige Anordnung darf bei der Genehmigung einer Einwilligung in eine ärztliche Zwangsmaßnahme oder deren Anordnung die Dauer von zwei Wochen nicht überschreiten. [2]Bei mehrfacher Verlängerung darf die Gesamtdauer sechs Wochen nicht überschreiten.

**§ 334[4] Einstweilige Maßregeln.** Die §§ 331, 332 und 333 gelten entsprechend, wenn nach § 1867 des Bürgerlichen Gesetzbuchs[5] eine Unterbringungsmaßnahme getroffen werden soll.

**§ 335 Ergänzende Vorschriften über die Beschwerde.** (1) Das Recht der Beschwerde steht im Interesse des Betroffenen

1. dessen Ehegatten oder Lebenspartner, wenn die Ehegatten oder Lebenspartner nicht dauernd getrennt leben, sowie dessen Eltern und Kindern, wenn der Betroffene bei diesen lebt oder bei Einleitung des Verfahrens gelebt hat, den Pflegeeltern,

---

[1] § 331 Satz 1 Nr. 2 neu gef. mWv 26.2.2013 durch G v. 18.2.2013 (BGBl. I S. 266); Satz 1 Nr. 2 geänd. mWv 22.7.2017 durch G v. 17.7.2017 (BGBl. I S. 2426); Satz 1 Nr. 2 geänd. mWv 28.6.2019 durch G v. 19.6.2019 (BGBl. I S. 840).

[2] § 332 Satz 1 geänd. mWv 1.1.2023 durch G v. 4.5.2021 (BGBl. I S. 882).

[3] § 333 Abs. 2 angef. mWv 26.2.2013 durch G v. 18.2.2013 (BGBl. I S. 266).

[4] § 334 geänd. mWv 1.1.2023 durch G v. 4.5.2021 (BGBl. I S. 882).

[5] Nr. **20**.

2. einer von dem Betroffenen benannten Person seines Vertrauens sowie
3. dem Leiter der Einrichtung, in der der Betroffene lebt,

zu, wenn sie im ersten Rechtszug beteiligt worden sind.

(2) Das Recht der Beschwerde steht dem Verfahrenspfleger zu.

(3) Der Betreuer oder der Vorsorgebevollmächtigte kann gegen eine Entscheidung, die seinen Aufgabenkreis betrifft, auch im Namen des Betroffenen Beschwerde einlegen.

(4) Das Recht der Beschwerde steht der zuständigen Behörde zu.

**§ 336 Einlegung der Beschwerde durch den Betroffenen.** Der Betroffene kann die Beschwerde auch bei dem Amtsgericht einlegen, in dessen Bezirk er untergebracht ist.

**§ 337[1)] Kosten in Unterbringungssachen.** (1) In Unterbringungssachen kann das Gericht die Auslagen des Betroffenen, soweit sie zur zweckentsprechenden Rechtsverfolgung notwendig waren, ganz oder teilweise der Staatskasse auferlegen, wenn eine Unterbringungsmaßnahme nach § 312 Nummer 1 bis 3 abgelehnt, als ungerechtfertigt aufgehoben, eingeschränkt oder das Verfahren ohne Entscheidung über eine Maßnahme beendet wird.

(2) Wird ein Antrag auf eine Unterbringungsmaßnahme nach den Landesgesetzen über die Unterbringung psychisch Kranker nach § 312 Nummer 4 abgelehnt oder zurückgenommen und hat das Verfahren ergeben, dass für die zuständige Verwaltungsbehörde ein begründeter Anlass, den Antrag zu stellen, nicht vorgelegen hat, hat das Gericht die Auslagen des Betroffenen der Körperschaft aufzuerlegen, der die Verwaltungsbehörde angehört.

**§ 338 Mitteilung von Entscheidungen.** [1] Für Mitteilungen gelten die §§ 308 und 311 entsprechend. [2] Die Aufhebung einer Unterbringungsmaßnahme nach § 330 Satz 1 und die Aussetzung der Unterbringung nach § 328 Abs. 1 Satz 1 sind dem Leiter der Einrichtung, in der der Betroffene lebt, mitzuteilen.

**§ 339[2)] Benachrichtigung von Angehörigen.** Von der Anordnung oder Genehmigung einer Unterbringungsmaßnahme und deren Verlängerung hat das Gericht einen Angehörigen des Betroffenen oder eine Person seines Vertrauens unverzüglich zu benachrichtigen.

### Abschnitt 3. Verfahren in betreuungsgerichtlichen Zuweisungssachen

**§ 340[3)] Betreuungsgerichtliche Zuweisungssachen.** Betreuungsgerichtliche Zuweisungssachen sind

1. Verfahren, die die Pflegschaft mit Ausnahme der Pflegschaft für Minderjährige oder für ein bereits gezeugtes Kind betreffen,
2. Verfahren, die die gerichtliche Bestellung eines sonstigen Vertreters für einen Volljährigen betreffen sowie
3. sonstige dem Betreuungsgericht zugewiesene Verfahren,

soweit es sich nicht um Betreuungssachen oder Unterbringungssachen handelt.

---

[1)] § 337 Abs. 1 und 2 geänd. mWv 22.7.2017 durch G v. 17.7.2017 (BGBl. I S. 2426); Abs. 2 geänd. mWv 28.6.2019 durch G v. 19.6.2019 (BGBl. I S. 840).

[2)] § 339 geänd. mWv 28.6.2019 durch G v. 19.6.2019 (BGBl. I S. 840).

[3)] § 340 Nr. 1 geänd. mWv 1.1.2023 durch G v. 4.5.2021 (BGBl. I S. 882).

**§ 341 Örtliche Zuständigkeit.** Die Zuständigkeit des Gerichts bestimmt sich in betreuungsgerichtlichen Zuweisungssachen nach § 272.

## Buch 4. Verfahren in Nachlass- und Teilungssachen

### Abschnitt 1. Begriffsbestimmung; örtliche Zuständigkeit

**§ 342 Begriffsbestimmung.** (1) Nachlasssachen sind Verfahren, die

1. die besondere amtliche Verwahrung von Verfügungen von Todes wegen,
2. die Sicherung des Nachlasses einschließlich Nachlasspflegschaften,
3. die Eröffnung von Verfügungen von Todes wegen,
4. die Ermittlung der Erben,
5. die Entgegennahme von Erklärungen, die nach gesetzlicher Vorschrift dem Nachlassgericht gegenüber abzugeben sind,
6. Erbscheine, Testamentsvollstreckerzeugnisse und sonstige vom Nachlassgericht zu erteilende Zeugnisse,
7. die Testamentsvollstreckung,
8. die Nachlassverwaltung sowie
9. sonstige den Nachlassgerichten durch Gesetz zugewiesene Aufgaben

betreffen.

(2) Teilungssachen sind

1. die Aufgaben, die Gerichte nach diesem Buch bei der Auseinandersetzung eines Nachlasses und des Gesamtguts zu erledigen haben, nachdem eine eheliche, lebenspartnerschaftliche oder fortgesetzte Gütergemeinschaft beendet wurde, und
2. Verfahren betreffend Zeugnisse über die Auseinandersetzung des Gesamtguts einer ehelichen, lebenspartnerschaftlichen oder fortgesetzten Gütergemeinschaft nach den §§ 36 und 37 der Grundbuchordnung[1] sowie nach den §§ 42 und 74 der Schiffsregisterordnung.

**§ 343[2] Örtliche Zuständigkeit.** (1) Örtlich zuständig ist das Gericht, in dessen Bezirk der Erblasser im Zeitpunkt seines Todes seinen gewöhnlichen Aufenthalt hatte.

(2) Hatte der Erblasser im Zeitpunkt seines Todes keinen gewöhnlichen Aufenthalt im Inland, ist das Gericht zuständig, in dessen Bezirk der Erblasser seinen letzten gewöhnlichen Aufenthalt im Inland hatte.

(3) [1] Ist eine Zuständigkeit nach den Absätzen 1 und 2 nicht gegeben, ist das Amtsgericht Schöneberg in Berlin zuständig, wenn der Erblasser Deutscher ist oder sich Nachlassgegenstände im Inland befinden. [2] Das Amtsgericht Schöneberg in Berlin kann die Sache aus wichtigem Grund an ein anderes Nachlassgericht verweisen.

---

[1] Nr. **114**.

[2] § 343 neu gef. mWv 17.8.2015 durch G v. 29.6.2015 (BGBl. I S. 1042).

**§ 344[1)] Besondere örtliche Zuständigkeit.** (1) [1] Für die besondere amtliche Verwahrung von Testamenten ist zuständig,

1. wenn das Testament vor einem Notar errichtet ist, das Gericht, in dessen Bezirk der Notar seinen Amtssitz hat;
2. wenn das Testament vor dem Bürgermeister einer Gemeinde errichtet ist, das Gericht, zu dessen Bezirk die Gemeinde gehört;
3. wenn das Testament nach § 2247 des Bürgerlichen Gesetzbuchs[2)] errichtet ist, jedes Gericht.

[2] Der Erblasser kann jederzeit die Verwahrung bei einem nach Satz 1 örtlich nicht zuständigen Gericht verlangen.

(2) Die erneute besondere amtliche Verwahrung eines gemeinschaftlichen Testaments nach § 349 Abs. 2 Satz 2 erfolgt bei dem für den Nachlass des Erstverstorbenen zuständigen Gericht, es sei denn, dass der überlebende Ehegatte oder Lebenspartner die Verwahrung bei einem anderen Amtsgericht verlangt.

(3) Die Absätze 1 und 2 gelten entsprechend für die besondere amtliche Verwahrung von Erbverträgen.

(4) Für die Sicherung des Nachlasses ist jedes Gericht zuständig, in dessen Bezirk das Bedürfnis für die Sicherung besteht.

(4a) [1] Für die Auseinandersetzung eines Nachlasses ist jeder Notar zuständig, der seinen Amtssitz im Bezirk des Amtsgerichts hat, in dem der Erblasser seinen letzten gewöhnlichen Aufenthalt hatte. [2] Hatte der Erblasser keinen gewöhnlichen Aufenthalt im Inland, ist jeder Notar zuständig, der seinen Amtssitz im Bezirk eines Amtsgerichts hat, in dem sich Nachlassgegenstände befinden. [3] Von mehreren örtlich zuständigen Notaren ist derjenige zur Vermittlung berufen, bei dem zuerst ein auf Auseinandersetzung gerichteter Antrag eingeht. [4] Vereinbarungen der an der Auseinandersetzung Beteiligten bleiben unberührt.

(5) [1] Für die Auseinandersetzung des Gesamtguts einer Gütergemeinschaft ist, falls ein Anteil an dem Gesamtgut zu einem Nachlass gehört, der Notar zuständig, der für die Auseinandersetzung über den Nachlass zuständig ist. [2] Im Übrigen ist jeder Notar zuständig, der seinen Amtssitz im Bezirk des nach § 122 Nummer 1 bis 5 zuständigen Gerichts hat. [3] Ist danach keine Zuständigkeit gegeben, ist jeder Notar zuständig, der seinen Amtssitz im Bezirk eines Amtsgerichts hat, in dem sich Gegenstände befinden, die zum Gesamtgut gehören. [4] Absatz 4a Satz 3 und 4 gilt entsprechend.

(6) Hat ein anderes Gericht als das nach § 343 zuständige Gericht eine Verfügung von Todes wegen in amtlicher Verwahrung, ist dieses Gericht für die Eröffnung der Verfügung zuständig.

(7) [1] Für die Entgegennahme einer Erklärung, mit der eine Erbschaft ausgeschlagen oder mit der die Versäumung der Ausschlagungsfrist, die Annahme oder Ausschlagung einer Erbschaft oder eine Anfechtungserklärung ihrerseits angefochten wird, ist auch das Nachlassgericht zuständig, in dessen Bezirk die erklärende Person ihren gewöhnlichen Aufenthalt hat. [2] Die Urschrift der Niederschrift oder die Urschrift der Erklärung in öffentlich beglaubigter Form ist von diesem Gericht an das zuständige Nachlassgericht zu übersenden.

---

[1)] § 344 Abs. 4a eingef., Abs. 5 Satz 1 geänd., Satz 2 neu gef., Sätze 3 und 4 angef. mWv 1.9.2013 durch G v. 26.6.2013 (BGBl. I S. 1800); Abs. 4a Sätze 1 und 2 geänd., Abs. 7 neu gef. mWv 17.8.2015 durch G v. 29.6.2015 (BGBl. I S. 1042).

[2)] Nr. **20**.

## Abschnitt 2. Verfahren in Nachlasssachen

### Unterabschnitt 1. Allgemeine Bestimmungen

**§ 345 Beteiligte.** (1) [1] In Verfahren auf Erteilung eines Erbscheins ist Beteiligter der Antragsteller. [2] Ferner können als Beteiligte hinzugezogen werden:

1. die gesetzlichen Erben,
2. diejenigen, die nach dem Inhalt einer vorliegenden Verfügung von Todes wegen als Erben in Betracht kommen,
3. die Gegner des Antragstellers, wenn ein Rechtsstreit über das Erbrecht anhängig ist,
4. diejenigen, die im Fall der Unwirksamkeit der Verfügung von Todes wegen Erbe sein würden, sowie
5. alle Übrigen, deren Recht am Nachlass durch das Verfahren unmittelbar betroffen wird.

[3] Auf ihren Antrag sind sie hinzuzuziehen.

(2) Absatz 1 gilt entsprechend für die Erteilung eines Zeugnisses nach § 1507 des Bürgerlichen Gesetzbuchs[1)] oder nach den §§ 36 und 37 der Grundbuchordnung[2)] sowie den §§ 42 und 74 der Schiffsregisterordnung.

(3) [1] Im Verfahren zur Ernennung eines Testamentsvollstreckers und zur Erteilung eines Testamentsvollstreckerzeugnisses ist Beteiligter der Testamentsvollstrecker. [2] Das Gericht kann als Beteiligte hinzuziehen:

1. die Erben,
2. den Mitvollstrecker.

[3] Auf ihren Antrag sind sie hinzuzuziehen.

(4) [1] In den sonstigen auf Antrag durchzuführenden Nachlassverfahren sind als Beteiligte hinzuzuziehen in Verfahren betreffend

1. eine Nachlasspflegschaft oder eine Nachlassverwaltung der Nachlasspfleger oder Nachlassverwalter;
2. die Entlassung eines Testamentsvollstreckers der Testamentsvollstrecker;
3. die Bestimmung erbrechtlicher Fristen derjenige, dem die Frist bestimmt wird;
4. die Bestimmung oder Verlängerung einer Inventarfrist der Erbe, dem die Frist bestimmt wird, sowie im Fall des § 2008 des Bürgerlichen Gesetzbuchs dessen Ehegatte oder Lebenspartner;
5. die Abnahme einer eidesstattlichen Versicherung derjenige, der die eidesstattliche Versicherung abzugeben hat, sowie im Fall des § 2008 des Bürgerlichen Gesetzbuchs dessen Ehegatte oder Lebenspartner.

[2] Das Gericht kann alle Übrigen, deren Recht durch das Verfahren unmittelbar betroffen wird, als Beteiligte hinzuziehen. [3] Auf ihren Antrag sind sie hinzuzuziehen.

### Unterabschnitt 2. Verwahrung von Verfügungen von Todes wegen

**§ 346 Verfahren bei besonderer amtlicher Verwahrung.** (1) Die Annahme einer Verfügung von Todes wegen in besondere amtliche Verwahrung sowie deren

---

1) Nr. **20**.
2) Nr. **114**.

Herausgabe ist von dem Richter anzuordnen und von ihm und dem Urkundsbeamten der Geschäftsstelle gemeinschaftlich zu bewirken.

(2) Die Verwahrung erfolgt unter gemeinschaftlichem Verschluss des Richters und des Urkundsbeamten der Geschäftsstelle.

(3) Dem Erblasser soll über die in Verwahrung genommene Verfügung von Todes wegen ein Hinterlegungsschein erteilt werden; bei einem gemeinschaftlichen Testament erhält jeder Erblasser einen eigenen Hinterlegungsschein, bei einem Erbvertrag jeder Vertragschließende.

**§ 347[1)] Mitteilung über die Verwahrung.** (1) [1] Nimmt das Gericht ein eigenhändiges Testament oder ein Nottestament in die besondere amtliche Verwahrung, übermittelt es unverzüglich die Verwahrangaben im Sinne von § 78d Absatz 2 Satz 2 der Bundesnotarordnung[2)] elektronisch an die das Zentrale Testamentsregister führende Registerbehörde. [2] Satz 1 gilt entsprechend für eigenhändige gemeinschaftliche Testamente und Erbverträge, die nicht in besondere amtliche Verwahrung genommen worden sind, wenn sie nach dem Tod des Erstverstorbenen eröffnet wurden und nicht ausschließlich Anordnungen enthalten, die sich auf den mit dem Tod des Erstverstorbenen eingetretenen Erbfall beziehen.

(2) Wird ein gemeinschaftliches Testament oder ein Erbvertrag nach § 349 Absatz 2 Satz 2 und Absatz 4 erneut in die besondere amtliche Verwahrung genommen, so übermittelt das nach § 344 Absatz 2 oder Absatz 3 zuständige Gericht die Verwahrangaben an die das Zentrale Testamentsregister führende Registerbehörde, soweit vorhanden unter Bezugnahme auf die bisherige Registrierung.

(3) Wird eine in die besondere amtliche Verwahrung genommene Verfügung von Todes wegen aus der besonderen amtlichen Verwahrung zurückgegeben, teilt das verwahrende Gericht dies der Registerbehörde mit.

### Unterabschnitt 3. Eröffnung von Verfügungen von Todes wegen

**§ 348 Eröffnung von Verfügungen von Todes wegen durch das Nachlassgericht.** (1) [1] Sobald das Gericht vom Tod des Erblassers Kenntnis erlangt hat, hat es eine in seiner Verwahrung befindliche Verfügung von Todes wegen zu eröffnen. [2] Über die Eröffnung ist eine Niederschrift aufzunehmen. [3] War die Verfügung von Todes wegen verschlossen, ist in der Niederschrift festzustellen, ob der Verschluss unversehrt war.

(2) [1] Das Gericht kann zur Eröffnung der Verfügung von Todes wegen einen Termin bestimmen und die gesetzlichen Erben sowie die sonstigen Beteiligten zum Termin laden. [2] Den Erschienenen ist der Inhalt der Verfügung von Todes wegen mündlich bekannt zu geben. [3] Sie kann den Erschienenen auch vorgelegt werden; auf Verlangen ist sie ihnen vorzulegen.

(3) [1] Das Gericht hat den Beteiligten den sie betreffenden Inhalt der Verfügung von Todes wegen schriftlich bekannt zu geben. [2] Dies gilt nicht für Beteiligte, die in einem Termin nach Absatz 2 anwesend waren.

---

[1)] § 347 Abs. 1–3 neu gef. mWv 1.1.2012 durch G v. 22.12.2010 (BGBl. I S. 2255); Abs. 1 Satz 1 geänd. mWv 9.6.2017 durch G v. 1.6.2017 (BGBl. I S. 1396); Abs. 4–6 aufgeh. mWv 1.8.2021 durch G v. 25.6.2021 (BGBl. I S. 2154).

[2)] **Habersack, Deutsche Gesetze ErgBd. Nr. 98a.**

**§ 349 Besonderheiten bei der Eröffnung von gemeinschaftlichen Testamenten und Erbverträgen.** (1) Bei der Eröffnung eines gemeinschaftlichen Testaments sind die Verfügungen des überlebenden Ehegatten oder Lebenspartners, soweit sie sich trennen lassen, den Beteiligten nicht bekannt zu geben.

(2) [1] Hat sich ein gemeinschaftliches Testament in besonderer amtlicher Verwahrung befunden, ist von den Verfügungen des verstorbenen Ehegatten oder Lebenspartners eine beglaubigte Abschrift anzufertigen. [2] Das Testament ist wieder zu verschließen und bei dem nach § 344 Abs. 2 zuständigen Gericht erneut in besondere amtliche Verwahrung zurückzubringen.

(3) Absatz 2 gilt nicht, wenn das Testament nur Anordnungen enthält, die sich auf den Erbfall des erstversterbenden Ehegatten oder Lebenspartners beziehen, insbesondere wenn das Testament sich auf die Erklärung beschränkt, dass die Ehegatten oder Lebenspartner sich gegenseitig zu Erben einsetzen.

(4) Die Absätze 1 bis 3 sind auf Erbverträge entsprechend anzuwenden.

**§ 350 Eröffnung der Verfügung von Todes wegen durch ein anderes Gericht.** Hat ein nach § 344 Abs. 6 zuständiges Gericht die Verfügung von Todes wegen eröffnet, hat es diese und eine beglaubigte Abschrift der Eröffnungsniederschrift dem Nachlassgericht zu übersenden; eine beglaubigte Abschrift der Verfügung von Todes wegen ist zurückzubehalten.

**§ 351 Eröffnungsfrist für Verfügungen von Todes wegen.** [1] Befindet sich ein Testament, ein gemeinschaftliches Testament oder ein Erbvertrag seit mehr als 30 Jahren in amtlicher Verwahrung, soll die verwahrende Stelle von Amts wegen ermitteln, ob der Erblasser noch lebt. [2] Kann die verwahrende Stelle nicht ermitteln, dass der Erblasser noch lebt, ist die Verfügung von Todes wegen zu eröffnen. [3] Die §§ 348 bis 350 gelten entsprechend.

### Unterabschnitt 4. Erbscheinsverfahren; Testamentsvollstreckung

**§ 352[1)] Angaben im Antrag auf Erteilung eines Erbscheins; Nachweis der Richtigkeit.** (1) [1] Wer die Erteilung eines Erbscheins als gesetzlicher Erbe beantragt, hat anzugeben

1. den Zeitpunkt des Todes des Erblassers,
2. den letzten gewöhnlichen Aufenthalt und die Staatsangehörigkeit des Erblassers,
3. das Verhältnis, auf dem sein Erbrecht beruht,
4. ob und welche Personen vorhanden sind oder vorhanden waren, durch die er von der Erbfolge ausgeschlossen oder sein Erbteil gemindert werden würde,
5. ob und welche Verfügungen des Erblassers von Todes wegen vorhanden sind,
6. ob ein Rechtsstreit über sein Erbrecht anhängig ist,
7. dass er die Erbschaft angenommen hat,
8. die Größe seines Erbteils.

[2] Ist eine Person weggefallen, durch die der Antragsteller von der Erbfolge ausgeschlossen oder sein Erbteil gemindert werden würde, so hat der Antragsteller anzugeben, in welcher Weise die Person weggefallen ist.

(2) Wer die Erteilung des Erbscheins auf Grund einer Verfügung von Todes wegen beantragt, hat

1. die Verfügung zu bezeichnen, auf der sein Erbrecht beruht,

---

[1)] § 352 neu gef. mWv 17.8.2015 durch G v. 29.6.2015 (BGBl. I S. 1042).

2. anzugeben, ob und welche sonstigen Verfügungen des Erblassers von Todes wegen vorhanden sind, und
3. die in Absatz 1 Satz 1 Nummer 1, 2 und 6 bis 8 sowie Satz 2 vorgeschriebenen Angaben zu machen.

(3) [1] Der Antragsteller hat die Richtigkeit der Angaben nach Absatz 1 Satz 1 Nummer 1 und 3 sowie Satz 2 durch öffentliche Urkunden nachzuweisen und im Fall des Absatzes 2 die Urkunde vorzulegen, auf der sein Erbrecht beruht. [2] Sind die Urkunden nicht oder nur mit unverhältnismäßigen Schwierigkeiten zu beschaffen, so genügt die Angabe anderer Beweismittel. [3] Zum Nachweis, dass der Erblasser zur Zeit seines Todes im Güterstand der Zugewinngemeinschaft gelebt hat, und zum Nachweis der übrigen nach den Absätzen 1 und 2 erforderlichen Angaben hat der Antragsteller vor Gericht oder vor einem Notar an Eides statt zu versichern, dass ihm nichts bekannt sei, was der Richtigkeit seiner Angaben entgegensteht. [4] Das Nachlassgericht kann dem Antragsteller die Versicherung erlassen, wenn es sie für nicht erforderlich hält.

**§ 352a[1)] Gemeinschaftlicher Erbschein.** (1) [1] Sind mehrere Erben vorhanden, so ist auf Antrag ein gemeinschaftlicher Erbschein zu erteilen. [2] Der Antrag kann von jedem der Erben gestellt werden.

(2) [1] In dem Antrag sind die Erben und ihre Erbteile anzugeben. [2] Die Angabe der Erbteile ist nicht erforderlich, wenn alle Antragsteller in dem Antrag auf die Aufnahme der Erbteile in den Erbschein verzichten.

(3) [1] Wird der Antrag nicht von allen Erben gestellt, so hat er die Angabe zu enthalten, dass die übrigen Erben die Erbschaft angenommen haben. [2] § 352 Absatz 3 gilt auch für die sich auf die übrigen Erben beziehenden Angaben des Antragstellers.

(4) Die Versicherung an Eides statt gemäß § 352 Absatz 3 Satz 3 ist von allen Erben abzugeben, sofern nicht das Nachlassgericht die Versicherung eines oder mehrerer Erben für ausreichend hält.

**§ 352b[1)] Inhalt des Erbscheins für den Vorerben; Angabe des Testamentsvollstreckers.** (1) [1] In dem Erbschein, der einem Vorerben erteilt wird, ist anzugeben, dass eine Nacherbfolge angeordnet ist, unter welchen Voraussetzungen sie eintritt und wer der Nacherbe ist. [2] Hat der Erblasser den Nacherben auf dasjenige eingesetzt, was von der Erbschaft bei dem Eintritt der Nacherbfolge übrig sein wird, oder hat er bestimmt, dass der Vorerbe zur freien Verfügung über die Erbschaft berechtigt sein soll, so ist auch dies anzugeben.

(2) Hat der Erblasser einen Testamentsvollstrecker ernannt, so ist die Ernennung in dem Erbschein anzugeben.

**§ 352c[1)] Gegenständlich beschränkter Erbschein.** (1) Gehören zu einer Erbschaft auch Gegenstände, die sich im Ausland befinden, kann der Antrag auf Erteilung eines Erbscheins auf die im Inland befindlichen Gegenstände beschränkt werden.

(2) [1] Ein Gegenstand, für den von einer deutschen Behörde ein zur Eintragung des Berechtigten bestimmtes Buch oder Register geführt wird, gilt als im Inland befindlich. [2] Ein Anspruch gilt als im Inland befindlich, wenn für die Klage ein deutsches Gericht zuständig ist.

---

[1)] §§ 352a–352c eingef. mWv 17.8.2015 durch G v. 29.6.2015 (BGBl. I S. 1042).

**§ 352d[1] Öffentliche Aufforderung.** Das Nachlassgericht kann eine öffentliche Aufforderung zur Anmeldung der anderen Personen zustehenden Erbrechte erlassen; die Art der Bekanntmachung und die Dauer der Anmeldungsfrist bestimmen sich nach den für das Aufgebotsverfahren geltenden Vorschriften.

**§ 352e[1] Entscheidung über Erbscheinsanträge.** (1) [1]Der Erbschein ist nur zu erteilen, wenn das Nachlassgericht die zur Begründung des Antrags erforderlichen Tatsachen für festgestellt erachtet. [2]Die Entscheidung ergeht durch Beschluss. [3]Der Beschluss wird mit Erlass wirksam. [4]Einer Bekanntgabe des Beschlusses bedarf es nicht.

(2) [1]Widerspricht der Beschluss dem erklärten Willen eines Beteiligten, ist der Beschluss den Beteiligten bekannt zu geben. [2]Das Gericht hat in diesem Fall die sofortige Wirksamkeit des Beschlusses auszusetzen und die Erteilung des Erbscheins bis zur Rechtskraft des Beschlusses zurückzustellen.

(3) Ist der Erbschein bereits erteilt, ist die Beschwerde gegen den Beschluss nur noch insoweit zulässig, als die Einziehung des Erbscheins beantragt wird.

**§ 353[2] Einziehung oder Kraftloserklärung von Erbscheinen.** (1) [1]Kann der Erbschein im Verfahren über die Einziehung nicht sofort erlangt werden, so hat ihn das Nachlassgericht durch Beschluss für kraftlos zu erklären. [2]Der Beschluss ist entsprechend § 435 öffentlich bekannt zu machen. [3]Mit Ablauf eines Monats nach Veröffentlichung im Bundesanzeiger wird die Kraftloserklärung wirksam. [4]Nach Veröffentlichung des Beschlusses kann dieser nicht mehr angefochten werden.

(2) [1]In Verfahren über die Einziehung oder Kraftloserklärung eines Erbscheins hat das Gericht über die Kosten des Verfahrens zu entscheiden. [2]Die Kostenentscheidung soll zugleich mit der Endentscheidung ergehen.

(3) [1]Ist der Erbschein bereits eingezogen, ist die Beschwerde gegen den Einziehungsbeschluss nur insoweit zulässig, als die Erteilung eines neuen gleichlautenden Erbscheins beantragt wird. [2]Die Beschwerde gilt im Zweifel als Antrag auf Erteilung eines neuen gleichlautenden Erbscheins.

**§ 354[3] Sonstige Zeugnisse.** (1) Die §§ 352 bis 353 gelten entsprechend für die Erteilung von Zeugnissen nach den §§ 1507 und 2368 des Bürgerlichen Gesetzbuchs[4], den §§ 36 und 37 der Grundbuchordnung[5] sowie den §§ 42 und 74 der Schiffsregisterordnung.

(2) Ist der Testamentsvollstrecker in der Verwaltung des Nachlasses beschränkt oder hat der Erblasser angeordnet, dass der Testamentsvollstrecker in der Eingehung von Verbindlichkeiten für den Nachlass nicht beschränkt sein soll, so ist dies in dem Zeugnis nach § 2368 des Bürgerlichen Gesetzbuchs anzugeben.

**§ 355 Testamentsvollstreckung.** (1) Ein Beschluss, durch den das Nachlassgericht einem Dritten eine Frist zur Erklärung nach § 2198 Abs. 2 des Bürgerlichen Gesetzbuchs[4] oder einer zum Testamentsvollstrecker ernannten Person eine Frist zur Annahme des Amtes bestimmt, ist mit der sofortigen Beschwerde in entsprechender Anwendung der §§ 567 bis 572 der Zivilprozessordnung[6] anfechtbar.

---

[1] §§ 352d und 352e eingef. mWv 17.8.2015 durch G v. 29.6.2015 (BGBl. I S. 1042).

[2] § 353 Abs. 1 eingef., bish. Abs. 1 und 2 werden Abs. 2 und 3, bish. Abs. 3 aufgeh. mWv 17.8.2015 durch G v. 29.6.2015 (BGBl. I S. 1042).

[3] § 354 neu gef. mWv 17.8.2015 durch G v. 29.6.2015 (BGBl. I S. 1042).

[4] Nr. **20**.

[5] Nr. **114**.

[6] Nr. **100**.

(2) Auf einen Beschluss, durch den das Gericht bei einer Meinungsverschiedenheit zwischen mehreren Testamentsvollstreckern über die Vornahme eines Rechtsgeschäfts entscheidet, ist § 40 Abs. 3 entsprechend anzuwenden; die Beschwerde ist binnen einer Frist von zwei Wochen einzulegen.

(3) Führen mehrere Testamentsvollstrecker das Amt gemeinschaftlich, steht die Beschwerde gegen einen Beschluss, durch den das Gericht Anordnungen des Erblassers für die Verwaltung des Nachlasses außer Kraft setzt, sowie gegen einen Beschluss, durch den das Gericht über Meinungsverschiedenheiten zwischen den Testamentsvollstreckern entscheidet, jedem Testamentsvollstrecker selbständig zu.

### Unterabschnitt 5. Sonstige verfahrensrechtliche Regelungen

**§ 356**[1)] **Mitteilungspflichten.** (1) Erhält das Gericht Kenntnis davon, dass ein Kind Vermögen von Todes wegen erworben hat, das nach § 1640 Abs. 1 Satz 1 und Abs. 2 des Bürgerlichen Gesetzbuchs[2)] zu verzeichnen ist, teilt es dem Familiengericht den Vermögenserwerb mit.

(2) Hat ein Gericht nach § 344 Abs. 4 Maßnahmen zur Sicherung des Nachlasses angeordnet, soll es das nach § 343 zuständige Gericht hiervon unterrichten.

(3) Ist in einer Verfügung von Todes wegen ein Stiftungsgeschäft enthalten, hat das Nachlassgericht der zuständigen Behörde des Landes den sie betreffenden Inhalt der Verfügung von Todes wegen zur Anerkennung der Stiftung bekannt zu geben, es sei denn, dem Nachlassgericht ist bekannt, dass die Anerkennung der Stiftung schon von einem Erben oder Testamentsvollstrecker beantragt wurde.

**§ 357 Einsicht in eine eröffnete Verfügung von Todes wegen; Ausfertigung eines Erbscheins oder anderen Zeugnisses.** (1) Wer ein rechtliches Interesse glaubhaft macht, ist berechtigt, eine eröffnete Verfügung von Todes wegen einzusehen.

(2) [1]Wer ein rechtliches Interesse glaubhaft macht, kann verlangen, dass ihm von dem Gericht eine Ausfertigung des Erbscheins erteilt wird. [2]Das Gleiche gilt für die nach § 354 erteilten gerichtlichen Zeugnisse sowie für die Beschlüsse, die sich auf die Ernennung oder die Entlassung eines Testamentsvollstreckers beziehen.

**§ 358 Zwang zur Ablieferung von Testamenten.** In den Fällen des § 2259 Abs. 1 des Bürgerlichen Gesetzbuchs[2)] erfolgt die Anordnung der Ablieferung des Testaments durch Beschluss.

**§ 359 Nachlassverwaltung.** (1) Der Beschluss, durch den dem Antrag des Erben, die Nachlassverwaltung anzuordnen, stattgegeben wird, ist nicht anfechtbar.

(2) Gegen den Beschluss, durch den dem Antrag eines Nachlassgläubigers, die Nachlassverwaltung anzuordnen, stattgegeben wird, steht die Beschwerde nur dem Erben, bei Miterben jedem Erben, sowie dem Testamentsvollstrecker zu, der zur Verwaltung des Nachlasses berechtigt ist.

**§ 360 Bestimmung einer Inventarfrist.** (1) Die Frist zur Einlegung einer Beschwerde gegen den Beschluss, durch den dem Erben eine Inventarfrist bestimmt wird, beginnt für jeden Nachlassgläubiger mit dem Zeitpunkt, in dem der Beschluss dem Nachlassgläubiger bekannt gemacht wird, der den Antrag auf die Bestimmung der Inventarfrist gestellt hat.

---

[1)] § 356 Abs. 3 angef. mWv 1.7.2023 durch G v. 16.7.2021 (BGBl. I S. 2947).
[2)] Nr. **20**.

(2) Absatz 1 gilt entsprechend für die Beschwerde gegen einen Beschluss, durch den über die Bestimmung einer neuen Inventarfrist oder über den Antrag des Erben, die Inventarfrist zu verlängern, entschieden wird.

**§ 361 Eidesstattliche Versicherung.** [1] Verlangt ein Nachlassgläubiger von dem Erben die Abgabe der in § 2006 des Bürgerlichen Gesetzbuchs[1)] vorgesehenen eidesstattlichen Versicherung, kann die Bestimmung des Termins zur Abgabe der eidesstattlichen Versicherung sowohl von dem Nachlassgläubiger als auch von dem Erben beantragt werden. [2] Zu dem Termin sind beide Teile zu laden. [3] Die Anwesenheit des Gläubigers ist nicht erforderlich. [4] Die §§ 478 bis 480 und 483 der Zivilprozessordnung[2)] gelten entsprechend.

**§ 362 Stundung des Pflichtteilsanspruchs.** Für das Verfahren über die Stundung eines Pflichtteilsanspruchs (§ 2331a in Verbindung mit § 1382 des Bürgerlichen Gesetzbuchs[1)]) gilt § 264 entsprechend.

### Abschnitt 3. Verfahren in Teilungssachen

**§ 363[3)] Antrag.** (1) Bei mehreren Erben hat der Notar auf Antrag die Auseinandersetzung des Nachlasses zwischen den Beteiligten zu vermitteln; das gilt nicht, wenn ein zur Auseinandersetzung berechtigter Testamentsvollstrecker vorhanden ist.

(2) Antragsberechtigt ist jeder Miterbe, der Erwerber eines Erbteils sowie derjenige, welchem ein Pfandrecht oder ein Nießbrauch an einem Erbteil zusteht.

(3) In dem Antrag sollen die Beteiligten und die Teilungsmasse bezeichnet werden.

**§ 364[4)]** *(aufgehoben)*

**§ 365[5)] Ladung.** (1) [1] Der Notar hat den Antragsteller und die übrigen Beteiligten zu einem Verhandlungstermin zu laden. [2] Die Ladung durch öffentliche Zustellung ist unzulässig.

(2) [1] Die Ladung soll den Hinweis darauf enthalten, dass ungeachtet des Ausbleibens eines Beteiligten über die Auseinandersetzung verhandelt wird und dass die Ladung zu dem neuen Termin unterbleiben kann, falls der Termin vertagt oder ein neuer Termin zur Fortsetzung der Verhandlung anberaumt werden sollte. [2] Sind Unterlagen für die Auseinandersetzung vorhanden, ist in der Ladung darauf hinzuweisen, dass die Unterlagen in den Geschäftsräumen des Notars eingesehen werden können.

**§ 366[6)] Außergerichtliche Vereinbarung.** (1) [1] Treffen die erschienenen Beteiligten vor der Auseinandersetzung eine Vereinbarung, insbesondere über die Art der Teilung, hat der Notar die Vereinbarung zu beurkunden. [2] Das Gleiche gilt für Vorschläge eines Beteiligten, wenn nur dieser erschienen ist.

---

1) Nr. **20**.
2) Nr. **100**.
3) § 363 Abs. 1 geänd. mWv 1.9.2013 durch G v. 26.6.2013 (BGBl. I S. 1800).
4) § 364 aufgeh. mWv 1.9.2013 durch G v. 26.6.2013 (BGBl. I S. 1800).
5) § 365 Abs. 1 Satz 1 und Abs. 2 Satz 2 geänd. mWv 1.9.2013 durch G v. 26.6.2013 (BGBl. I S. 1800).
6) § 366 Abs. 1 Satz 1, Abs. 2 Satz 1, Abs. 3 Satz 1 und Satz 2, Abs. 4 geänd. mWv 1.9.2013 durch G v. 26.6.2013 (BGBl. I S. 1800).

(2) [1] Sind alle Beteiligten erschienen, hat der Notar die von ihnen getroffene Vereinbarung zu bestätigen. [2] Dasselbe gilt, wenn die nicht erschienenen Beteiligten ihre Zustimmung zu einer gerichtlichen Niederschrift oder in einer öffentlich beglaubigten Urkunde erteilen.

(3) [1] Ist ein Beteiligter nicht erschienen, hat der Notar, wenn der Beteiligte nicht nach Absatz 2 Satz 2 zugestimmt hat, ihm den ihn betreffenden Inhalt der Urkunde bekannt zu geben und ihn gleichzeitig zu benachrichtigen, dass er die Urkunde in den Geschäftsräumen des Notars einsehen und eine Abschrift der Urkunde fordern kann. [2] Die Bekanntgabe muss den Hinweis enthalten, dass sein Einverständnis mit dem Inhalt der Urkunde angenommen wird, wenn er nicht innerhalb einer von dem Notar zu bestimmenden Frist die Anberaumung eines neuen Termins beantragt oder wenn er in dem neuen Termin nicht erscheint.

(4) Beantragt der Beteiligte rechtzeitig die Anberaumung eines neuen Termins und erscheint er in diesem Termin, ist die Verhandlung fortzusetzen; anderenfalls hat der Notar die Vereinbarung zu bestätigen.

**§ 367 Wiedereinsetzung.** War im Fall des § 366 der Beteiligte ohne sein Verschulden verhindert, die Anberaumung eines neuen Termins rechtzeitig zu beantragen oder in dem neuen Termin zu erscheinen, gelten die Vorschriften über die Wiedereinsetzung in den vorigen Stand (§§ 17, 18 und 19 Abs. 1) entsprechend.

**§ 368[1)] Auseinandersetzungsplan; Bestätigung.** (1) [1] Sobald nach Lage der Sache die Auseinandersetzung stattfinden kann, hat der Notar einen Auseinandersetzungsplan anzufertigen. [2] Sind die erschienenen Beteiligten mit dem Inhalt des Plans einverstanden, hat der Notar die Auseinandersetzung zu beurkunden. [3] Sind alle Beteiligten erschienen, hat der Notar die Auseinandersetzung zu bestätigen; dasselbe gilt, wenn die nicht erschienenen Beteiligten ihre Zustimmung zu gerichtlichem Protokoll oder in einer öffentlich beglaubigten Urkunde erteilen.

(2) [1] Ist ein Beteiligter nicht erschienen, hat der Notar nach § 366 Abs. 3 und 4 zu verfahren. [2] § 367 ist entsprechend anzuwenden.

**§ 369[2)] Verteilung durch das Los.** Ist eine Verteilung durch das Los vereinbart, wird das Los, wenn nicht ein anderes bestimmt ist, für die nicht erschienenen Beteiligten von einem durch den Notar zu bestellenden Vertreter gezogen.

**§ 370[3)] Aussetzung bei Streit.** [1] Ergeben sich bei den Verhandlungen Streitpunkte, ist darüber eine Niederschrift aufzunehmen und das Verfahren bis zur Erledigung der Streitpunkte auszusetzen. [2] Soweit unstreitige Punkte beurkundet werden können, hat der Notar nach den §§ 366 und 368 Abs. 1 und 2 zu verfahren.

**§ 371 Wirkung der bestätigten Vereinbarung und Auseinandersetzung; Vollstreckung.** (1) Vereinbarungen nach § 366 Abs. 1 sowie Auseinandersetzungen nach § 368 werden mit Rechtskraft des Bestätigungsbeschlusses wirksam und für alle Beteiligten in gleicher Weise verbindlich wie eine vertragliche Vereinbarung oder Auseinandersetzung.

---

[1)] § 368 Abs. 1 Sätze 1–3, Abs. 2 Satz 1 geänd., Abs. 3 aufgeh. mWv 1.9.2013 durch G v. 26.6.2013 (BGBl. I S. 1800).

[2)] § 369 geänd. mWv 1.9.2013 durch G v. 26.6.2013 (BGBl. I S. 1800).

[3)] § 370 Satz 2 geänd. mWv 1.9.2013 durch G v. 26.6.2013 (BGBl. I S. 1800).

(2) [1] Aus der Vereinbarung nach § 366 Abs. 1 sowie aus der Auseinandersetzung findet nach deren Wirksamwerden die Vollstreckung statt. [2] Die §§ 795 und 797 der Zivilprozessordnung[1)] sind anzuwenden.

**§ 372 Rechtsmittel.** (1) Ein Beschluss, durch den eine Frist nach § 366 Abs. 3 bestimmt wird, und ein Beschluss, durch den über die Wiedereinsetzung entschieden wird, ist mit der sofortigen Beschwerde in entsprechender Anwendung der §§ 567 bis 572 der Zivilprozessordnung[1)] anfechtbar.

(2) Die Beschwerde gegen den Bestätigungsbeschluss kann nur darauf gegründet werden, dass die Vorschriften über das Verfahren nicht beachtet wurden.

**§ 373[2)] Auseinandersetzung einer Gütergemeinschaft.** (1) Auf die Auseinandersetzung des Gesamtguts nach der Beendigung der ehelichen, lebenspartnerschaftlichen oder der fortgesetzten Gütergemeinschaft sind die Vorschriften dieses Abschnitts entsprechend anzuwenden.

(2) Für das Verfahren zur Erteilung, Einziehung oder Kraftloserklärung von Zeugnissen über die Auseinandersetzung des Gesamtguts einer ehelichen, lebenspartnerschaftlichen oder fortgesetzten Gütergemeinschaft nach den §§ 36 und 37 der Grundbuchordnung[3)] sowie den §§ 42 und 74 der Schiffsregisterordnung gelten § 345 Abs. 1 sowie die §§ 352, 352a, 352c bis 353 und 357 entsprechend.

## Buch 5. Verfahren in Registersachen, unternehmensrechtliche Verfahren

### Abschnitt 1. Begriffsbestimmung

***[§ 374 bis 31.12.2023:]***

**§ 374[4)] Registersachen.** Registersachen sind

1. Handelsregistersachen,
2. Genossenschaftsregistersachen,
3. Partnerschaftsregistersachen,
4. Vereinsregistersachen.

***[§ 374 ab 1.1.2024:]***

***§ 374[5)] Registersachen.*** *Registersachen sind*

1. *Handelsregistersachen,*
2. *Gesellschaftsregistersachen,*
3. *Genossenschaftsregistersachen,*
4. *Partnerschaftsregistersachen,*
5. *Vereinsregistersachen.*

---

1) Nr. **100**.

2) § 373 Abs. 2 geänd. mWv 17.8.2015 durch G v. 29.6.2015 (BGBl. I S. 1042).

3) Nr. **114**.

4) § 374 Nr. 4 geänd., Nr. 5 aufgeh. mWv 1.1.2023 durch G v. 31.10.2022 (BGBl. I S. 1966).

5) § 374 Nr. 4 geänd., Nr. 5 aufgeh. mWv 1.1.2023, Nr. 2 eingef., bish. Nr. 2–4 werden Nr. 3–5 **mWv 1.1.2024** durch G v. 31.10.2022 (BGBl. I S. 1966).

**§ 375[1)] Unternehmensrechtliche Verfahren.** Unternehmensrechtliche Verfahren sind die nach

1. § 146 Abs. 2, den §§ 147, 157 Abs. 2, § 166 Abs. 3, § 233 Abs. 3 und § 318 Abs. 3 bis 5 des Handelsgesetzbuchs[2)],
2. § 11 des Binnenschifffahrtsgesetzes, nach den Vorschriften dieses Gesetzes, die die Dispache betreffen, sowie nach § 595 Absatz 2 des Handelsgesetzbuchs, auch in Verbindung mit § 78 des Binnenschifffahrtsgesetzes,
3. § 33 Abs. 3, den §§ 35 und 73 Abs. 1, den §§ 85 und 103 Abs. 3, den §§ 104 und 122 Abs. 3, § 147 Abs. 2, § 183a Absatz 3, § 264 Absatz 2, § 265 Abs. 3 und 4, § 270 Abs. 3, § 273 Abs. 2 bis 4 sowie § 290 Absatz 3 des Aktiengesetzes[3)],
4. Artikel 55 Abs. 3 der Verordnung (EG) Nr. 2157/2001 des Rates vom 8. Oktober 2001 über das Statut der Europäischen Gesellschaft (SE) (ABl. EG Nr. L 294 S. 1) sowie § 29 Abs. 3, § 30 Abs. 1, 2 und 4, § 45 des SE-Ausführungsgesetzes,
5. § 26 Abs. 1 und 4 sowie § 206 Satz 2 und 3 des Umwandlungsgesetzes[4)],
6. § 66 Abs. 2, 3 und 5, § 71 Abs. 3 sowie § 74 Abs. 2 und 3 des Gesetzes betreffend die Gesellschaften mit beschränkter Haftung[5)],
7. § 45 Abs. 3, den §§ 64b, 83 Abs. 3, 4 und 5 sowie § 93 des Genossenschaftsgesetzes[6)],
8. Artikel 54 Abs. 2 der Verordnung (EG) Nr. 1435/2003 des Rates vom 22. Juli 2003 über das Statut der Europäischen Genossenschaft (SCE) (ABl. EU Nr. L 207 S. 1),
9. § 2 Abs. 3 und § 12 Abs. 3 des Publizitätsgesetzes[7)],
10. § 11 Abs. 3 des Gesetzes über die Mitbestimmung der Arbeitnehmer in den Aufsichtsräten und Vorständen der Unternehmen des Bergbaus und der Eisen und Stahl erzeugenden Industrie[8)],
11. § 2c Abs. 2 Satz 2 bis 7, den §§ 22o, 36 Absatz 3 Satz 2, § 28 Absatz 2, § 38 Abs. 2 Satz 2, § 45a Abs. 2 Satz 1, 3, 4 und 6 des Kreditwesengesetzes[9)],

11a. § 2a Absatz 4 Satz 2 und 3 des Investmentgesetzes,

11b. § 27 Absatz 2 Satz 1 bis 6 und § 77 Absatz 2 des Wertpapierinstitutsgesetzes,

12. § 23 Absatz 2 des Zahlungsdiensteaufsichtsgesetzes,

---

[1)] § 375 Nr. 11 und 13 geänd. mWv 1.9.2009 durch G v. 12.3.2009 (BGBl. I S. 470); Nr. 15 geänd., Nr. 16 angef. mWv 5.8.2009 durch G v. 31.7.2009 (BGBl. I S. 2512); Nr. 3, 11, 12 und 16 geänd. mWv 25.11.2010 durch G v. 19.11.2010 (BGBl. I S. 1592); Nr. 11 geänd. mWv 1.1.2011 durch G v. 9.12.2010 (BGBl. I S. 1900); Nr. 3, 11 und 13 geänd., Nr. 11a eingef. mWv 1.1.2013 durch G v. 5.12.2012 (BGBl. I S. 2418); Nr. 2 neu gef. mWv 25.4.2013 durch G v. 20.4.2013 (BGBl. I S. 831); Nr. 13 geänd. mWv 4.7.2013 durch G v. 27.6.2013 (BGBl. I S. 1862); Nr. 11 geänd., Nr. 12 aufgeh. mWv 1.1.2014 durch G v. 28.8.2013 (BGBl. I S. 3395); Nr. 13 geänd. mWv 1.1.2016 durch G v. 1.4.2015 (BGBl. I S. 434); Nr. 11b und 12 eingef. mWv 26.6.2021 durch G v. 12.5.2021 (BGBl. I S. 990); Nr. 13 geänd. mWv 1.7.2021 durch G v. 3.6.2021 (BGBl. I S. 1534).

[2)] Nr. **50**.

[3)] Nr. **51**.

[4)] Nr. **52a**.

[5)] Nr. **52**.

[6)] Nr. **53**.

[7)] Nr. **52b**.

[8)] **Habersack, Deutsche Gesetze ErgBd. Nr. 82b.**

[9)] **Sartorius ErgBd. Nr. 856.**

13. § 19 Absatz 2 Satz 1 bis 6, § 36 Absatz 1a und § 204 Absatz 2 des Versicherungsaufsichtsgesetzes und § 28 Absatz 2 Satz 1 bis 5 des Finanzkonglomerate-Aufsichtsgesetzes,
14. § 6 Abs. 4 Satz 4 bis 7 des Börsengesetzes,
15. § 10 des Partnerschaftsgesellschaftsgesetzes[1] in Verbindung mit § 146 Abs. 2 und den §§ 147 und 157 Abs. 2 des Handelsgesetzbuchs,
16. § 9 Absatz 2 und 3 Satz 2 und § 18 Absatz 2 Satz 2 und 3 des Schuldverschreibungsgesetzes

vom Gericht zu erledigenden Angelegenheiten.

### Abschnitt 2. Zuständigkeit

**§ 376[2] Besondere Zuständigkeitsregelungen.** (1) Für Verfahren nach § 374 Nr. 1 und 2 sowie § 375 Nummer 1, 3 bis 14 und 16 ist das Gericht, in dessen Bezirk ein Landgericht seinen Sitz hat, für den Bezirk dieses Landgerichts zuständig.

(2)[3] [1] Die Landesregierungen werden ermächtigt, durch Rechtsverordnung die Aufgaben nach § 374 Nummer 1 bis 4 sowie § 375 Nummer 1, 3 bis 14, 16 und 17 anderen oder zusätzlichen Amtsgerichten zu übertragen und die Bezirke der Gerichte abweichend von Absatz 1 festzulegen. [2] Sie können die Ermächtigung nach Satz 1 durch Rechtsverordnung auf die Landesjustizverwaltungen übertragen. [3] Mehrere Länder können die Zuständigkeit eines Gerichts für Verfahren nach § 374 Nr. 1 bis 3 über die Landesgrenzen hinaus vereinbaren.

**§ 377[4] Örtliche Zuständigkeit.** (1) Ausschließlich zuständig ist das Gericht, in dessen Bezirk sich die Niederlassung des Einzelkaufmanns, der Sitz der Gesellschaft, des Versicherungsvereins, der Genossenschaft, der Partnerschaft oder des Vereins befindet, soweit sich aus den entsprechenden Gesetzen nichts anderes ergibt.

(2) Für die Angelegenheiten, die den Gerichten in Ansehung der nach dem Handelsgesetzbuch[5] oder nach dem Binnenschifffahrtsgesetz aufzumachenden Dispache zugewiesen sind, ist das Gericht des Ortes zuständig, an dem die Verteilung der Havereischäden zu erfolgen hat.

(3) § 2 Abs. 1 ist nicht anzuwenden.

### Abschnitt 3. Registersachen

#### Unterabschnitt 1. Verfahren

**§ 378[6] Vertretung; notarielle Zuständigkeit; Verordnungsermächtigung.** (1) [1] Für Erklärungen gegenüber dem Register, die zu der Eintragung erforderlich sind und in öffentlicher oder öffentlich beglaubigter Form abgegeben werden, können sich die Beteiligten auch durch Personen vertreten lassen, die nicht nach

---

[1] Nr. **50b**.

[2] § 376 Abs. 1 und 2 Satz 2 geänd. mWv 5.8.2009 durch G v. 31.7.2009 (BGBl. I S. 2512); Abs. 2 Satz 1 neu gef. mWv 18.8.2021 durch G v. 10.8.2021 (BGBl. I S. 3436).

[3] Inkrafttreten gem. Art. 14 Abs. 1 G v. 25.5.2009 (BGBl. I S. 1102) am 29.5.2009.

[4] § 377 Abs. 3 aufgeh., bish. Abs. 4 wird Abs. 3 mWv 1.1.2023 durch G v. 31.10.2022 (BGBl. I S. 1966).

[5] Nr. **50**.

[6] § 378 Überschrift neu gef., Abs. 3 und 4 angef. mWv 9.6.2017 durch G v. 1.6.2017 (BGBl. I S. 1396).

§ 10 Abs. 2 vertretungsberechtigt sind. [2] Dies gilt auch für die Entgegennahme von Eintragungsmitteilungen und Verfügungen des Registers.

(2) Ist die zu einer Eintragung erforderliche Erklärung von einem Notar beurkundet oder beglaubigt, gilt dieser als ermächtigt, im Namen des zur Anmeldung Berechtigten die Eintragung zu beantragen.

(3) [1] Anmeldungen in Registersachen mit Ausnahme der Genossenschafts- und Partnerschaftsregistersachen sind vor ihrer Einreichung für das Registergericht von einem Notar auf Eintragungsfähigkeit zu prüfen. [2] In Handelsregistersachen sind sie zudem bei einem Notar zur Weiterleitung an die für die Eintragung zuständige Stelle einzureichen.

(4) [1] Die Landesregierungen werden ermächtigt, durch Rechtsverordnung zu bestimmen, dass Notare neben den elektronischen Anmeldungen bestimmte darin enthaltene Angaben in strukturierter maschinenlesbarer Form zu übermitteln haben, soweit nicht durch das Bundesministerium der Justiz und für Verbraucherschutz nach § 387 Absatz 2 entsprechende Vorschriften erlassen werden. [2] Die Landesregierungen können die Ermächtigung durch Rechtsverordnung auf die Landesjustizverwaltungen übertragen.

**§ 379 Mitteilungspflichten der Behörden.** (1) Die Gerichte, die Staatsanwaltschaften, die Polizei- und Gemeindebehörden sowie die Notare haben die ihnen amtlich zur Kenntnis gelangenden Fälle einer unrichtigen, unvollständigen oder unterlassenen Anmeldung zum Handels-, Genossenschafts-, Vereins- oder Partnerschaftsregister dem Registergericht mitzuteilen.

(2) [1] Die Finanzbehörden haben den Registergerichten Auskunft über die steuerlichen Verhältnisse von Kaufleuten oder Unternehmen, insbesondere auf dem Gebiet der Gewerbe- und Umsatzsteuer, zu erteilen, soweit diese Auskunft zur Verhütung unrichtiger Eintragungen im Handels- oder Partnerschaftsregister sowie zur Berichtigung, Vervollständigung oder Löschung von Eintragungen im Register benötigt wird. [2] Die Auskünfte unterliegen nicht der Akteneinsicht (§ 13).

**§ 380 Beteiligung der berufsständischen Organe; Beschwerderecht.**

(1) Die Registergerichte werden bei der Vermeidung unrichtiger Eintragungen, der Berichtigung und Vervollständigung des Handels- und Partnerschaftsregisters, der Löschung von Eintragungen in diesen Registern und beim Einschreiten gegen unzulässigen Firmengebrauch oder unzulässigen Gebrauch eines Partnerschaftsnamens von

1. den Organen des Handelsstandes,
2. den Organen des Handwerksstandes, soweit es sich um die Eintragung von Handwerkern handelt,
3. den Organen des land- und forstwirtschaftlichen Berufsstandes, soweit es sich um die Eintragung von Land- oder Forstwirten handelt,
4. den berufsständischen Organen der freien Berufe, soweit es sich um die Eintragung von Angehörigen dieser Berufe handelt,

(berufsständische Organe) unterstützt.

(2) [1] Das Gericht kann in zweifelhaften Fällen die berufsständischen Organe anhören, soweit dies zur Vornahme der gesetzlich vorgeschriebenen Eintragungen sowie zur Vermeidung unrichtiger Eintragungen in das Register erforderlich ist. [2] Auf ihren Antrag sind die berufsständischen Organe als Beteiligte hinzuzuziehen.

(3) In Genossenschaftsregistersachen beschränkt sich die Anhörung nach Absatz 2 auf die Frage der Zulässigkeit des Firmengebrauchs.

(4) Soweit die berufsständischen Organe angehört wurden, ist ihnen die Entscheidung des Gerichts bekannt zu geben.

(5) Gegen einen Beschluss steht den berufsständischen Organen die Beschwerde zu.

**§ 381 Aussetzung des Verfahrens.** [1]Das Registergericht kann, wenn die sonstigen Voraussetzungen des § 21 Abs. 1 vorliegen, das Verfahren auch aussetzen, wenn ein Rechtsstreit nicht anhängig ist. [2]Es hat in diesem Fall einem der Beteiligten eine Frist zur Erhebung der Klage zu bestimmen.

**§ 382[1] Entscheidung über Eintragungsanträge.** (1) [1]Das Registergericht gibt einem Eintragungsantrag durch die Eintragung in das Register statt. [2]Die Eintragung wird mit ihrem Vollzug im Register wirksam.

(2) Die Eintragung soll den Tag, an welchem sie vollzogen worden ist, angeben; sie ist mit der Unterschrift oder der elektronischen Signatur des zuständigen Richters oder Beamten zu versehen.

(3) Die einen Eintragungsantrag ablehnende Entscheidung ergeht durch Beschluss.

(4) [1]Ist eine Anmeldung zur Eintragung in die in § 374 genannten Register unvollständig oder steht der Eintragung ein anderes durch den Antragsteller behebbares Hindernis entgegen, hat das Registergericht dem Antragsteller eine angemessene Frist zur Beseitigung des Hindernisses zu bestimmen. [2]Die Entscheidung ist mit der Beschwerde anfechtbar.

**§ 383[2] Mitteilung; Anfechtbarkeit.** (1) Die Eintragung ist den Beteiligten formlos mitzuteilen; auf die Mitteilung kann verzichtet werden.

(2) Die Vorschriften über die Veröffentlichung von Eintragungen in das Register bleiben unberührt.

(3) Die Eintragung ist nicht anfechtbar.

**§ 384 Von Amts wegen vorzunehmende Eintragungen.** (1) Auf Eintragungen von Amts wegen sind § 382 Abs. 1 Satz 2 und Abs. 2 sowie § 383 entsprechend anwendbar.

(2) Führt eine von Amts wegen einzutragende Tatsache zur Unrichtigkeit anderer in diesem Registerblatt eingetragener Tatsachen, ist dies von Amts wegen in geeigneter Weise kenntlich zu machen.

**§ 385 Einsicht in die Register.** Die Einsicht in die in § 374 genannten Register sowie die zum jeweiligen Register eingereichten Dokumente bestimmt sich nach den besonderen registerrechtlichen Vorschriften sowie den auf Grund von § 387 erlassenen Rechtsverordnungen.

**§ 386 Bescheinigungen.** Das Registergericht hat auf Verlangen eine Bescheinigung darüber zu erteilen, dass bezüglich des Gegenstands einer Eintragung weitere Eintragungen in das Register nicht vorhanden sind oder dass eine bestimmte Eintragung in das Register nicht erfolgt ist.

---

[1] § 382 Abs. 4 Satz 1 geänd. mWv 1.1.2023 durch G v. 31.10.2022 (BGBl. I S. 1966).
[2] § 383 Überschrift und Abs. 1 geänd. mWv 1.1.2013 durch G v. 5.12.2012 (BGBl. I S. 2418).

**§ 387[1] Ermächtigungen.** (1) [1]Die Landesregierungen werden ermächtigt, durch Rechtsverordnung zu bestimmen, dass die Daten des bei einem Gericht geführten Handels-, Genossenschafts-, Gesellschafts-, Partnerschafts- oder Vereinsregisters auch bei anderen Amtsgerichten zur Einsicht und zur Erteilung von Ausdrucken zugänglich sind. [2]Die Landesregierungen können diese Ermächtigung durch Rechtsverordnung auf die Landesjustizverwaltungen übertragen. [3]Mehrere Länder können auch vereinbaren, dass die bei den Gerichten eines Landes geführten Registerdaten auch bei den Amtsgerichten des anderen Landes zur Einsicht und zur Erteilung von Ausdrucken zugänglich sind.

(2) [1]Das Bundesministerium der Justiz und für Verbraucherschutz wird ermächtigt, durch Rechtsverordnung mit Zustimmung des Bundesrates die näheren Bestimmungen über die Einrichtung und Führung des Handels-, Genossenschafts-, Gesellschafts- und Partnerschaftsregisters, die Übermittlung der Daten an das Unternehmensregister und die Aktenführung in Beschwerdeverfahren, die Einsicht in das Register, die Einzelheiten der elektronischen Übermittlung nach § 9 des Handelsgesetzbuchs[2] und das Verfahren bei Anmeldungen, Eintragungen und Bekanntmachungen zu treffen. [2]Dabei kann auch vorgeschrieben werden, dass das Geburtsdatum von in das Register einzutragenden Personen zur Eintragung anzumelden sowie die Anschrift der einzutragenden Unternehmen und Zweigniederlassungen bei dem Gericht einzureichen ist; soweit in der Rechtsverordnung solche Angaben vorgeschrieben werden, ist § 14 des Handelsgesetzbuchs entsprechend anzuwenden.

(3) [1]Durch Rechtsverordnung nach Absatz 2 können auch die näheren Bestimmungen über die Mitwirkung der in § 380 bezeichneten Organe im Verfahren vor den Registergerichten getroffen werden. [2]Dabei kann insbesondere auch bestimmt werden, dass diesen Organen laufend oder in regelmäßigen Abständen die zur Erfüllung ihrer gesetzlichen Aufgaben erforderlichen Daten aus dem Handels-, Gesellschafts- oder Partnerschaftsregister und den zu diesen Registern eingereichten Dokumenten mitgeteilt werden. [3]Die mitzuteilenden Daten sind in der Rechtsverordnung festzulegen. [4]Die Empfänger dürfen die übermittelten personenbezogenen Daten nur für den Zweck verwenden, zu dessen Erfüllung sie ihnen übermittelt worden sind.

(4) Des Weiteren können durch Rechtsverordnung nach Absatz 2 nähere Bestimmungen über die Einrichtung und Führung des Vereinsregisters, insbesondere über das Verfahren bei Anmeldungen, Eintragungen und Bekanntmachungen sowie über die Einsicht in das Register, und über die Aktenführung im Beschwerdeverfahren erlassen werden.

(5) Die elektronische Datenverarbeitung zur Führung des Handels-, Genossenschafts-, Gesellschafts-, Partnerschafts- oder Vereinsregisters kann im Auftrag des zuständigen Gerichts auf den Anlagen einer anderen staatlichen Stelle oder auf den Anlagen eines Dritten vorgenommen werden, wenn die ordnungsgemäße Erledigung der Registersachen sichergestellt ist.

(6) Durch Rechtsverordnung nach Absatz 2 können überdies die erforderlichen Bestimmungen getroffen werden über

1. Struktur, Zuordnung und Verwendung der einheitlichen europäischen Kennung nach § 9b Absatz 2 Satz 2 des Handelsgesetzbuchs,

---

[1] § 387 Abs. 2 Satz 1 geänd. mWv 8.9.2015 durch VO v. 31.8.2015 (BGBl. I S. 1474); Abs. 6 angef. mWv 1.8.2022 durch G v. 5.7.2021 (BGBl. I S. 3338); Abs. 1 Satz 1, Abs. 2 Satz 1, Abs. 3 Satz 2, Abs. 5 geänd. mWv 18.8.2021 durch G v. 10.8.2021 (BGBl. I S. 3436).

[2] Nr. **50**.

2. den Umfang der Mitteilungspflicht im Rahmen des Informationsaustauschs zwischen den Registern sowie über die Liste der dabei zu übermittelnden Daten,
3. die Einzelheiten des elektronischen Datenverkehrs nach § 9b Absatz 1 und 2 des Handelsgesetzbuchs einschließlich der Vorgaben für Datenformate und Zahlungsmodalitäten.

### Unterabschnitt 2. Zwangsgeldverfahren

**§ 388**[1] **Androhung.** (1) Sobald das Registergericht von einem Sachverhalt, der sein Einschreiten nach den §§ 14, 37a Abs. 4 und § 125a Abs. 2 des Handelsgesetzbuchs[2], auch in Verbindung mit § 5 Abs. 2 des Partnerschaftsgesellschaftsgesetzes[3], den §§ 407 und 408 des Aktiengesetzes[4], § 79 Abs. 1 des Gesetzes betreffend die Gesellschaften mit beschränkter Haftung[5], § 350 des Umwandlungsgesetzes[6] oder § 12 des EWIV-Ausführungsgesetzes rechtfertigt, glaubhafte Kenntnis erhält, hat es dem Beteiligten unter Androhung eines Zwangsgelds aufzugeben, innerhalb einer bestimmten Frist seiner gesetzlichen Verpflichtung nachzukommen oder die Unterlassung mittels Einspruchs zu rechtfertigen.

(2) In gleicher Weise kann das Registergericht gegen die Mitglieder des Vorstands eines Vereins oder dessen Liquidatoren vorgehen, um sie zur Befolgung der in § 78 des Bürgerlichen Gesetzbuchs[7] genannten Vorschriften anzuhalten.

**§ 389 Festsetzung.** (1) Wird innerhalb der bestimmten Frist weder der gesetzlichen Verpflichtung genügt noch Einspruch erhoben, ist das angedrohte Zwangsgeld durch Beschluss festzusetzen und zugleich die Aufforderung nach § 388 unter Androhung eines erneuten Zwangsgelds zu wiederholen.

(2) Mit der Festsetzung des Zwangsgelds sind dem Beteiligten zugleich die Kosten des Verfahrens aufzuerlegen.

(3) In gleicher Weise ist fortzufahren, bis der gesetzlichen Verpflichtung genügt oder Einspruch erhoben wird.

**§ 390 Verfahren bei Einspruch.** (1) Wird rechtzeitig Einspruch erhoben, soll das Gericht, wenn sich der Einspruch nicht ohne weiteres als begründet erweist, den Beteiligten zur Erörterung der Sache zu einem Termin laden.

(2) Das Gericht kann, auch wenn der Beteiligte zum Termin nicht erscheint, in der Sache entscheiden.

(3) Wird der Einspruch für begründet erachtet, ist die getroffene Entscheidung aufzuheben.

(4) [1]Andernfalls hat das Gericht den Einspruch durch Beschluss zu verwerfen und das angedrohte Zwangsgeld festzusetzen. [2]Das Gericht kann, wenn die Umstände es rechtfertigen, von der Festsetzung eines Zwangsgelds absehen oder ein geringeres als das angedrohte Zwangsgeld festsetzen.

(5) [1]Im Fall der Verwerfung des Einspruchs hat das Gericht zugleich eine erneute Aufforderung nach § 388 zu erlassen. [2]Die in dieser Entscheidung be-

---

[1] § 388 Abs. 1 geänd. mWv 1.3.2023 durch G v. 22.2.2023 (BGBl. 2023 I Nr. 51).
[2] Nr. **50**.
[3] Nr. **50b**.
[4] Nr. **51**.
[5] Nr. **52**.
[6] Nr. **52a**.
[7] Nr. **20**.

stimmte Frist beginnt mit dem Eintritt der Rechtskraft der Verwerfung des Einspruchs.

(6) Wird im Fall des § 389 gegen die wiederholte Androhung Einspruch erhoben und dieser für begründet erachtet, kann das Gericht, wenn die Umstände es rechtfertigen, zugleich ein früher festgesetztes Zwangsgeld aufheben oder an dessen Stelle ein geringeres Zwangsgeld festsetzen.

**§ 391 Beschwerde.** (1) Der Beschluss, durch den das Zwangsgeld festgesetzt oder der Einspruch verworfen wird, ist mit der Beschwerde anfechtbar.

(2) Ist das Zwangsgeld nach § 389 festgesetzt, kann die Beschwerde nicht darauf gestützt werden, dass die Androhung des Zwangsgelds nicht gerechtfertigt gewesen sei.

**§ 392 Verfahren bei unbefugtem Firmengebrauch.** (1) Soll nach § 37 Abs. 1 des Handelsgesetzbuchs[1)] gegen eine Person eingeschritten werden, die eine ihr nicht zustehende Firma gebraucht, sind die §§ 388 bis 391 anzuwenden, wobei

1. dem Beteiligten unter Androhung eines Ordnungsgelds aufgegeben wird, sich des Gebrauchs der Firma zu enthalten oder binnen einer bestimmten Frist den Gebrauch der Firma mittels Einspruchs zu rechtfertigen;
2. das Ordnungsgeld festgesetzt wird, falls kein Einspruch erhoben oder der erhobene Einspruch rechtskräftig verworfen ist und der Beteiligte nach der Bekanntmachung des Beschlusses diesem zuwidergehandelt hat.

(2) Absatz 1 gilt entsprechend im Fall des unbefugten Gebrauchs des Namens einer Partnerschaft.

### Unterabschnitt 3. Löschungs- und Auflösungsverfahren

**§ 393[2)] Löschung einer Firma.** (1) [1]Das Erlöschen einer Firma ist gemäß § 31 Abs. 2 des Handelsgesetzbuchs[1)] von Amts wegen oder auf Antrag der berufsständischen Organe in das Handelsregister einzutragen. [2]Das Gericht hat den eingetragenen Inhaber der Firma oder dessen Rechtsnachfolger von der beabsichtigten Löschung zu benachrichtigen und ihm zugleich eine angemessene Frist zur Geltendmachung eines Widerspruchs zu bestimmen.

(2) Sind die bezeichneten Personen oder deren Aufenthalt nicht bekannt, erfolgt die Benachrichtigung und die Bestimmung der Frist durch Bekanntmachung in dem für die Registerbekanntmachungen bestimmten elektronischen Informations- und Kommunikationssystem nach § 10 des Handelsgesetzbuchs.

(3) [1]Das Gericht entscheidet durch Beschluss, wenn es einem Antrag auf Einleitung des Löschungsverfahrens nicht entspricht oder Widerspruch gegen die Löschung erhoben wird. [2]Der Beschluss ist mit der Beschwerde anfechtbar.

(4) Mit der Zurückweisung eines Widerspruchs sind dem Beteiligten zugleich die Kosten des Widerspruchsverfahrens aufzuerlegen, soweit dies nicht unbillig ist.

(5) Die Löschung darf nur erfolgen, wenn kein Widerspruch erhoben oder wenn der den Widerspruch zurückweisende Beschluss rechtskräftig geworden ist.

(6) Die Absätze 1 bis 5 gelten entsprechend, wenn die Löschung des Namens einer Partnerschaft eingetragen werden soll.

---

[1)] Nr. **50**.
[2)] § 393 Abs. 2 geänd. mWv 1.8.2022 durch G v. 5.7.2021 (BGBl. I S. 3338).

**§ 394[1)] Löschung vermögensloser Gesellschaften und Genossenschaften.**

(1) [1]Eine Aktiengesellschaft, Kommanditgesellschaft auf Aktien, Gesellschaft mit beschränkter Haftung oder Genossenschaft, die kein Vermögen besitzt, kann von Amts wegen oder auf Antrag der Finanzbehörde oder der berufsständischen Organe gelöscht werden. [2]Sie ist von Amts wegen zu löschen, wenn das Insolvenzverfahren über das Vermögen der Gesellschaft durchgeführt worden ist und keine Anhaltspunkte dafür vorliegen, dass die Gesellschaft noch Vermögen besitzt.

(2) [1]Das Gericht hat die Absicht der Löschung den gesetzlichen Vertretern der Gesellschaft oder Genossenschaft, soweit solche vorhanden sind und ihre Person und ihr inländischer Aufenthalt bekannt ist, bekannt zu machen und ihnen zugleich eine angemessene Frist zur Geltendmachung des Widerspruchs zu bestimmen. [2]Auch wenn eine Pflicht zur Bekanntmachung und Fristbestimmung nach Satz 1 nicht besteht, kann das Gericht anordnen, dass die Bekanntmachung und die Bestimmung der Frist durch Bekanntmachung in dem für die Registerbekanntmachungen bestimmten elektronischen Informations- und Kommunikationssystem nach § 10 des Handelsgesetzbuchs[2)] erfolgt; in diesem Fall ist jeder zur Erhebung des Widerspruchs berechtigt, der an der Unterlassung der Löschung ein berechtigtes Interesse hat. [3]Vor der Löschung sind die in § 380 bezeichneten Organe, im Fall einer Genossenschaft der Prüfungsverband, zu hören.

(3) Für das weitere Verfahren gilt § 393 Abs. 3 bis 5 entsprechend.

(4) [1]Die Absätze 1 bis 3 sind entsprechend anzuwenden auf offene Handelsgesellschaften und Kommanditgesellschaften, bei denen keiner der persönlich haftenden Gesellschafter eine natürliche Person ist. [2]Eine solche Gesellschaft kann jedoch nur gelöscht werden, wenn die für die Vermögenslosigkeit geforderten Voraussetzungen sowohl bei der Gesellschaft als auch bei den persönlich haftenden Gesellschaftern vorliegen. [3]Die Sätze 1 und 2 gelten nicht, wenn zu den persönlich haftenden Gesellschaftern eine andere offene Handelsgesellschaft oder Kommanditgesellschaft gehört, bei der eine natürliche Person persönlich haftender Gesellschafter ist.

**§ 395 Löschung unzulässiger Eintragungen.** (1) [1]Ist eine Eintragung im Register wegen des Mangels einer wesentlichen Voraussetzung unzulässig, kann das Registergericht sie von Amts wegen oder auf Antrag der berufsständischen Organe löschen. [2]Die Löschung geschieht durch Eintragung eines Vermerks.

(2) [1]Das Gericht hat den Beteiligten von der beabsichtigten Löschung zu benachrichtigen und ihm zugleich eine angemessene Frist zur Geltendmachung eines Widerspruchs zu bestimmen. [2]§ 394 Abs. 2 Satz 1 und 2 gilt entsprechend.

(3) Für das weitere Verfahren gilt § 393 Abs. 3 bis 5 entsprechend.

**§ 396** (entfallen)

**§ 397 Löschung nichtiger Gesellschaften und Genossenschaften.** [1]Eine in das Handelsregister eingetragene Aktiengesellschaft oder Kommanditgesellschaft auf Aktien kann nach § 395 als nichtig gelöscht werden, wenn die Voraussetzungen vorliegen, unter denen nach den §§ 275 und 276 des Aktiengesetzes[3)] die Klage auf Nichtigerklärung erhoben werden kann. [2]Das Gleiche gilt für eine in das Handelsregister eingetragene Gesellschaft mit beschränkter Haftung, wenn die

---

[1)] § 394 Abs. 2 Satz 2 geänd. mWv 1.8.2022 durch G v. 5.7.2021 (BGBl. I S. 3338).
[2)] Nr. **50**.
[3)] Nr. **51**.

Voraussetzungen vorliegen, unter denen nach den §§ 75 und 76 des Gesetzes betreffend die Gesellschaften mit beschränkter Haftung[1] die Nichtigkeitsklage erhoben werden kann, sowie für eine in das Genossenschaftsregister eingetragene Genossenschaft, wenn die Voraussetzungen vorliegen, unter denen nach den §§ 94 und 95 des Genossenschaftsgesetzes[2] die Nichtigkeitsklage erhoben werden kann.

**§ 398 Löschung nichtiger Beschlüsse.** Ein in das Handelsregister eingetragener Beschluss der Hauptversammlung oder Versammlung der Gesellschafter einer der in § 397 bezeichneten Gesellschaften sowie ein in das Genossenschaftsregister eingetragener Beschluss der Generalversammlung einer Genossenschaft kann nach § 395 als nichtig gelöscht werden, wenn er durch seinen Inhalt zwingende gesetzliche Vorschriften verletzt und seine Beseitigung im öffentlichen Interesse erforderlich erscheint.

**§ 399 Auflösung wegen Mangels der Satzung.** (1) [1] Enthält die Satzung einer in das Handelsregister eingetragenen Aktiengesellschaft oder einer Kommanditgesellschaft auf Aktien eine der nach § 23 Abs. 3 Nr. 1, 4, 5 oder Nr. 6 des Aktiengesetzes[3] wesentlichen Bestimmungen nicht oder ist eine dieser Bestimmungen oder die Bestimmung nach § 23 Abs. 3 Nr. 3 des Aktiengesetzes nichtig, hat das Registergericht die Gesellschaft von Amts wegen oder auf Antrag der berufsständischen Organe aufzufordern, innerhalb einer bestimmten Frist eine Satzungsänderung, die den Mangel der Satzung behebt, zur Eintragung in das Handelsregister anzumelden oder die Unterlassung durch Widerspruch gegen die Aufforderung zu rechtfertigen. [2] Das Gericht hat gleichzeitig darauf hinzuweisen, dass andernfalls ein nicht behobener Mangel im Sinne des Absatzes 2 festzustellen ist und dass die Gesellschaft dadurch nach § 262 Abs. 1 Nr. 5 oder § 289 Abs. 2 Nr. 2 des Aktiengesetzes aufgelöst wird.

(2) [1] Wird innerhalb der nach Absatz 1 bestimmten Frist weder der Aufforderung genügt noch Widerspruch erhoben oder ist ein Widerspruch zurückgewiesen worden, hat das Gericht den Mangel der Satzung festzustellen. [2] Die Feststellung kann mit der Zurückweisung des Widerspruchs verbunden werden. [3] Mit der Zurückweisung des Widerspruchs sind der Gesellschaft zugleich die Kosten des Widerspruchsverfahrens aufzuerlegen, soweit dies nicht unbillig ist.

(3) Der Beschluss, durch den eine Feststellung nach Absatz 2 getroffen, ein Antrag oder ein Widerspruch zurückgewiesen wird, ist mit der Beschwerde anfechtbar.

(4) Die Absätze 1 bis 3 gelten entsprechend, wenn der Gesellschaftsvertrag einer in das Handelsregister eingetragenen Gesellschaft mit beschränkter Haftung eine der nach § 3 Abs. 1 Nr. 1 oder Nr. 4 des Gesetzes betreffend die Gesellschaften mit beschränkter Haftung[1] wesentlichen Bestimmungen nicht enthält oder eine dieser Bestimmungen oder die Bestimmung nach § 3 Abs. 1 Nr. 3 des Gesetzes betreffend die Gesellschaften mit beschränkter Haftung nichtig ist.

### Unterabschnitt 4. Ergänzende Vorschriften für das Vereinsregister

**§ 400 Mitteilungspflichten.** Das Gericht hat die Eintragung eines Vereins oder einer Satzungsänderung der zuständigen Verwaltungsbehörde mitzuteilen, wenn Anhaltspunkte bestehen, dass es sich um einen Ausländerverein oder eine organisa-

---

[1] Nr. **52**.
[2] Nr. **53**.
[3] Nr. **51**.

torische Einrichtung eines ausländischen Vereins nach den §§ 14 und 15 des Vereinsgesetzes[1] handelt.

**§ 401 Entziehung der Rechtsfähigkeit.** Der Beschluss, durch den einem Verein nach § 73 des Bürgerlichen Gesetzbuchs[2] die Rechtsfähigkeit entzogen wird, wird erst mit Rechtskraft wirksam.

### Abschnitt 4. Unternehmensrechtliche Verfahren

**§ 402[3] Anfechtbarkeit.** (1) Der Beschluss des Gerichts, durch den über Anträge nach § 375 entschieden wird, ist mit der Beschwerde anfechtbar.

(2) Eine Anfechtung des Beschlusses, durch den einem Antrag nach § 11 des Binnenschifffahrtsgesetzes oder § 595 Absatz 2 des Handelsgesetzbuchs[4], auch in Verbindung mit § 78 des Binnenschifffahrtsgesetzes, stattgegeben wird, ist ausgeschlossen.

(3) Die Vorschriften des Handelsgesetzbuchs, des Aktiengesetzes[5] und des Publizitätsgesetzes[6] über die Beschwerde bleiben unberührt.

**§ 403 Weigerung des Dispacheurs.** (1) Lehnt der Dispacheur den Auftrag eines Beteiligten zur Aufmachung der Dispache aus dem Grund ab, weil ein Fall der großen Haverei nicht vorliege, entscheidet über die Verpflichtung des Dispacheurs auf Antrag des Beteiligten das Gericht.

(2) Der Beschluss ist mit der Beschwerde anfechtbar.

**§ 404[7] Aushändigung von Schriftstücken; Einsichtsrecht.** (1) Auf Antrag des Dispacheurs kann das Gericht einen Beteiligten verpflichten, dem Dispacheur die in seinem Besitz befindlichen Schriftstücke, zu deren Mitteilung er gesetzlich verpflichtet ist, auszuhändigen.

(2) Der Dispacheur ist verpflichtet, jedem Beteiligten Einsicht in die Dispache zu gewähren und ihm auf Verlangen eine Abschrift gegen Erstattung der Kosten zu erteilen.

**§ 405 Termin; Ladung.** (1) [1] Jeder Beteiligte ist befugt, bei dem Gericht eine mündliche Verhandlung über die von dem Dispacheur aufgemachte Dispache zu beantragen. [2] In dem Antrag sind diejenigen Beteiligten zu bezeichnen, welche zu dem Verfahren hinzugezogen werden sollen.

(2) Wird ein Antrag auf mündliche Verhandlung gestellt, hat das Gericht die Dispache und deren Unterlagen von dem Dispacheur einzuziehen und, wenn nicht offensichtlich die Voraussetzungen der großen Haverei fehlen, den Antragsteller sowie die von ihm bezeichneten Beteiligten zu einem Termin zu laden.

(3) [1] Die Ladung muss den Hinweis darauf enthalten, dass, wenn der Geladene weder in dem Termin erscheint noch vorher Widerspruch gegen die Dispache bei dem Gericht anmeldet, sein Einverständnis mit der Dispache angenommen wird. [2] In der Ladung ist zu bemerken, dass die Dispache und deren Unterlagen auf der Geschäftsstelle eingesehen werden können.

---

[1] **Sartorius Nr. 425.**
[2] Nr. **20.**
[3] § 402 Abs. 2 geänd. mWv 25.4.2013 durch G v. 20.4.2013 (BGBl. I S. 831).
[4] Nr. **50.**
[5] Nr. **51.**
[6] Nr. **52b.**
[7] § 404 Abs. 2 Satz 2 aufgeh. mWv 25.4.2013 durch G v. 20.4.2013 (BGBl. I S. 831).

(4) Die Frist zwischen der Ladung und dem Termin muss mindestens zwei Wochen betragen.

(5) [1] Erachtet das Gericht eine Vervollständigung der Unterlagen der Dispache für notwendig, hat es die Beibringung der erforderlichen Belege anzuordnen. [2] § 404 Abs. 1 gilt entsprechend.

**§ 406 Verfahren im Termin.** (1) Wird im Termin ein Widerspruch gegen die Dispache nicht erhoben und ist ein solcher auch vorher nicht angemeldet, hat das Gericht die Dispache gegenüber den an dem Verfahren Beteiligten zu bestätigen.

(2) [1] Liegt ein Widerspruch vor, haben sich die Beteiligten, deren Rechte durch ihn betroffen werden, zu erklären. [2] Wird der Widerspruch als begründet anerkannt oder kommt anderweitig eine Einigung zustande, ist die Dispache entsprechend zu berichtigen. [3] Erledigt sich der Widerspruch nicht, so ist die Dispache insoweit zu bestätigen, als sie durch den Widerspruch nicht berührt wird.

(3) Werden durch den Widerspruch die Rechte eines in dem Termin nicht erschienenen Beteiligten betroffen, wird angenommen, dass dieser den Widerspruch nicht als begründet anerkennt.

**§ 407 Verfolgung des Widerspruchs.** (1) [1] Soweit ein Widerspruch nicht nach § 406 Abs. 2 erledigt wird, hat ihn der Widersprechende durch Erhebung der Klage gegen diejenigen an dem Verfahren Beteiligten, deren Rechte durch den Widerspruch betroffen werden, zu verfolgen. [2] Die §§ 878 und 879 der Zivilprozessordnung[1)] sind mit der Maßgabe entsprechend anzuwenden, dass das Gericht einem Beteiligten auf seinen Antrag, wenn erhebliche Gründe glaubhaft gemacht werden, die Frist zur Erhebung der Klage verlängern kann und dass an die Stelle der Ausführung des Verteilungsplans die Bestätigung der Dispache tritt.

(2) Ist der Widerspruch durch rechtskräftiges Urteil oder in anderer Weise erledigt, so wird die Dispache bestätigt, nachdem sie erforderlichenfalls von dem Amtsgericht nach Maßgabe der Erledigung der Einwendungen berichtigt ist.

**§ 408 Beschwerde.** (1) Der Beschluss, durch den ein nach § 405 gestellter Antrag auf gerichtliche Verhandlung zurückgewiesen, über die Bestätigung der Dispache entschieden oder ein Beteiligter nach § 404 zur Herausgabe von Schriftstücken verpflichtet wird, ist mit der Beschwerde anfechtbar.

(2) Einwendungen gegen die Dispache, die mittels Widerspruchs geltend zu machen sind, können nicht mit der Beschwerde geltend gemacht werden.

**§ 409[2)] Wirksamkeit; Vollstreckung.** (1) Die Bestätigung der Dispache ist nur für das gegenseitige Verhältnis der an dem Verfahren Beteiligten wirksam.

(2) [1] Der Bestätigungsbeschluss wird erst mit Rechtskraft wirksam. [2] Aus der rechtskräftig bestätigten Dispache findet die Vollstreckung statt.

(3) [1] Für Klagen auf Erteilung der Vollstreckungsklausel sowie für Klagen, durch welche Einwendungen gegen die in der Dispache festgestellten Ansprüche geltend gemacht werden oder die bei der Erteilung der Vollstreckungsklausel als eingetreten angenommene Rechtsnachfolge bestritten wird, ist das Gericht zuständig, das die Dispache bestätigt hat. [2] Gehört der Anspruch nicht vor die Amtsgerichte, sind die Klagen bei dem zuständigen Landgericht zu erheben.

---

1) Nr. **100**.

2) § 409 Abs. 2 Satz 2 angef. mWv 15.10.2016 durch G v. 11.10.2016 (BGBl. I S. 2222).

## Buch 6. Verfahren in weiteren Angelegenheiten der freiwilligen Gerichtsbarkeit

**§ 410**[1] **Weitere Angelegenheiten der freiwilligen Gerichtsbarkeit.** Weitere Angelegenheiten der freiwilligen Gerichtsbarkeit sind

1. die Abgabe einer nicht vor dem Vollstreckungsgericht zu erklärenden eidesstattlichen Versicherung nach den §§ 259, 260, 2028 und 2057 des Bürgerlichen Gesetzbuchs[2],
2. die Ernennung, Beeidigung und Vernehmung des Sachverständigen in den Fällen, in denen jemand nach den Vorschriften des bürgerlichen Rechts den Zustand oder den Wert einer Sache durch einen Sachverständigen feststellen lassen kann,
3. die Bestellung des Verwahrers in den Fällen der §§ 432, 1217, 1281 und 2039 des Bürgerlichen Gesetzbuchs sowie die Festsetzung der von ihm beanspruchten Vergütung und seiner Aufwendungen,
4. eine abweichende Art des Pfandverkaufs im Fall des § 1246 Abs. 2 des Bürgerlichen Gesetzbuchs.

**§ 411 Örtliche Zuständigkeit.** (1) [1] In Verfahren nach § 410 Nr. 1 ist das Gericht zuständig, in dessen Bezirk die Verpflichtung zur Auskunft, zur Rechnungslegung oder zur Vorlegung des Verzeichnisses zu erfüllen ist. [2] Hat der Verpflichtete seinen Wohnsitz oder seinen Aufenthalt im Inland, kann er die Versicherung vor dem Amtsgericht des Wohnsitzes oder des Aufenthaltsorts abgeben.

(2) [1] In Verfahren nach § 410 Nr. 2 ist das Gericht zuständig, in dessen Bezirk sich die Sache befindet. [2] Durch eine ausdrückliche Vereinbarung derjenigen, um deren Angelegenheit es sich handelt, kann die Zuständigkeit eines anderen Amtsgerichts begründet werden.

(3) In Verfahren nach § 410 Nr. 3 ist das Gericht zuständig, in dessen Bezirk sich die Sache befindet.

(4) In Verfahren nach § 410 Nr. 4 ist das Gericht zuständig, in dessen Bezirk das Pfand aufbewahrt wird.

**§ 412 Beteiligte.** Als Beteiligte sind hinzuzuziehen:

1. in Verfahren nach § 410 Nr. 1 derjenige, der zur Abgabe der eidesstattlichen Versicherung verpflichtet ist, und der Berechtigte;
2. in Verfahren nach § 410 Nr. 2 derjenige, der zum Sachverständigen ernannt werden soll, und der Gegner, soweit ein solcher vorhanden ist;
3. in Verfahren nach § 410 Nr. 3 derjenige, der zum Verwahrer bestellt werden soll, in den Fällen der §§ 432, 1281 und 2039 des Bürgerlichen Gesetzbuchs[2] außerdem der Mitberechtigte, im Fall des § 1217 des Bürgerlichen Gesetzbuchs außerdem der Pfandgläubiger und in einem Verfahren, das die Festsetzung der Vergütung und der Auslagen des Verwahrers betrifft, dieser und die Gläubiger;
4. in Verfahren nach § 410 Nr. 4 der Eigentümer, der Pfandgläubiger und jeder, dessen Recht durch eine Veräußerung des Pfands erlöschen würde.

---

[1] § 410 Nr. 3 geänd. mWv 1.1.2013 durch G v. 5.12.2012 (BGBl. I S. 2418).
[2] Nr. **20**.

**§ 413 Eidesstattliche Versicherung.** [1]In Verfahren nach § 410 Nr. 1 kann sowohl der Verpflichtete als auch der Berechtigte die Abgabe der eidesstattlichen Versicherung beantragen. [2]Das Gericht hat das persönliche Erscheinen des Verpflichteten anzuordnen. [3]Die §§ 478 bis 480 und 483 der Zivilprozessordnung[1)] gelten entsprechend.

**§ 414 Unanfechtbarkeit.** Die Entscheidung, durch die in Verfahren nach § 410 Nr. 2 dem Antrag stattgegeben wird, ist nicht anfechtbar.

## Buch 7. Verfahren in Freiheitsentziehungssachen

**§ 415 Freiheitsentziehungssachen.** (1) Freiheitsentziehungssachen sind Verfahren, die die auf Grund von Bundesrecht angeordnete Freiheitsentziehung betreffen, soweit das Verfahren bundesrechtlich nicht abweichend geregelt ist.

(2) Eine Freiheitsentziehung liegt vor, wenn einer Person gegen ihren Willen oder im Zustand der Willenlosigkeit insbesondere in einer abgeschlossenen Einrichtung, wie einem Gewahrsamsraum oder einem abgeschlossenen Teil eines Krankenhauses, die Freiheit entzogen wird.

**§ 416 Örtliche Zuständigkeit.** [1]Zuständig ist das Gericht, in dessen Bezirk die Person, der die Freiheit entzogen werden soll, ihren gewöhnlichen Aufenthalt hat, sonst das Gericht, in dessen Bezirk das Bedürfnis für die Freiheitsentziehung entsteht. [2]Befindet sich die Person bereits in Verwahrung einer abgeschlossenen Einrichtung, ist das Gericht zuständig, in dessen Bezirk die Einrichtung liegt.

**§ 417[2)] Antrag.** (1) Die Freiheitsentziehung darf das Gericht nur auf Antrag der zuständigen Verwaltungsbehörde anordnen.

(2) [1]Der Antrag ist zu begründen. [2]Die Begründung hat folgende Tatsachen zu enthalten:

1. die Identität des Betroffenen,
2. den gewöhnlichen Aufenthaltsort des Betroffenen,
3. die Erforderlichkeit der Freiheitsentziehung,
4. die erforderliche Dauer der Freiheitsentziehung sowie
5. in Verfahren der Abschiebungs-, Zurückschiebungs- und Zurückweisungshaft die Verlassenspflicht des Betroffenen sowie die Voraussetzungen und die Durchführbarkeit der Abschiebung, Zurückschiebung und Zurückweisung.

[3]Die Behörde soll in Verfahren der Abschiebungshaft mit der Antragstellung die Akte des Betroffenen vorlegen.

(3) Tatsachen nach Absatz 2 Satz 2 können bis zum Ende der letzten Tatsacheninstanz ergänzt werden.

**§ 418 Beteiligte.** (1) Zu beteiligen sind die Person, der die Freiheit entzogen werden soll (Betroffener), und die Verwaltungsbehörde, die den Antrag auf Freiheitsentziehung gestellt hat.

(2) Der Verfahrenspfleger wird durch seine Bestellung als Beteiligter zum Verfahren hinzugezogen.

---

1) Nr. **100**.
2) § 417 Abs. 3 angef. mWv 21.8.2019 durch G v. 15.8.2019 (BGBl. I S. 1294).

(3) Beteiligt werden können im Interesse des Betroffenen

1. dessen Ehegatte oder Lebenspartner, wenn die Ehegatten oder Lebenspartner nicht dauernd getrennt leben, sowie dessen Eltern und Kinder, wenn der Betroffene bei diesen lebt oder bei Einleitung des Verfahrens gelebt hat, die Pflegeeltern sowie
2. eine von ihm benannte Person seines Vertrauens.

**§ 419**[1] **Verfahrenspfleger.** (1) [1] Das Gericht hat dem Betroffenen einen geeigneten Verfahrenspfleger zu bestellen, wenn dies zur Wahrnehmung seiner Interessen erforderlich ist. [2] Die Bestellung ist insbesondere erforderlich, wenn von einer Anhörung des Betroffenen abgesehen werden soll.

(2) [1] Der Verfahrenspfleger hat die Wünsche, hilfsweise den mutmaßlichen Willen des Betroffenen festzustellen und im gerichtlichen Verfahren zur Geltung zu bringen. [2] Er hat den Betroffenen über Gegenstand, Ablauf und möglichen Ausgang des Verfahrens in geeigneter Weise zu informieren und ihn bei Bedarf bei der Ausübung seiner Rechte im Verfahren zu unterstützen. [3] Er ist nicht gesetzlicher Vertreter des Betroffenen.

(3) Die Bestellung eines Verfahrenspflegers soll unterbleiben oder aufgehoben werden, wenn die Interessen des Betroffenen von einem Rechtsanwalt oder einem anderen geeigneten Verfahrensbevollmächtigten vertreten werden.

(4) Die Bestellung endet, wenn sie nicht vorher aufgehoben wird, mit der Rechtskraft des Beschlusses über die Freiheitsentziehung oder mit dem sonstigen Abschluss des Verfahrens.

(5) Die Bestellung eines Verfahrenspflegers oder deren Aufhebung sowie die Ablehnung einer derartigen Maßnahme sind nicht selbständig anfechtbar.

(6) [1] Für die Vergütung und den Aufwendungsersatz des Verfahrenspflegers gilt § 277 entsprechend. [2] Dem Verfahrenspfleger sind keine Kosten aufzuerlegen.

**§ 420 Anhörung; Vorführung.** (1) [1] Das Gericht hat den Betroffenen vor der Anordnung der Freiheitsentziehung persönlich anzuhören. [2] Erscheint er zu dem Anhörungstermin nicht, kann abweichend von § 33 Abs. 3 seine sofortige Vorführung angeordnet werden. [3] Das Gericht entscheidet hierüber durch nicht anfechtbaren Beschluss.

(2) Die persönliche Anhörung des Betroffenen kann unterbleiben, wenn nach ärztlichem Gutachten hiervon erhebliche Nachteile für seine Gesundheit zu besorgen sind oder wenn er an einer übertragbaren Krankheit im Sinne des Infektionsschutzgesetzes[2] leidet.

(3) [1] Das Gericht hat die sonstigen Beteiligten anzuhören. [2] Die Anhörung kann unterbleiben, wenn sie nicht ohne erhebliche Verzögerung oder nicht ohne unverhältnismäßige Kosten möglich ist.

(4) [1] Die Freiheitsentziehung in einem abgeschlossenen Teil eines Krankenhauses darf nur nach Anhörung eines ärztlichen Sachverständigen angeordnet werden. [2] Die Verwaltungsbehörde, die den Antrag auf Freiheitsentziehung gestellt hat, soll ihrem Antrag ein ärztliches Gutachten beifügen.

*(Fortsetzung nächstes Blatt)*

---

[1] § 419 Abs. 1 Satz 1 geänd., Abs. 2 eingef., bish. Abs. 2–5 werden Abs. 3–6 mWv 1.1.2023 durch G v. 4.5.2021 (BGBl. I S. 882).

[2] **Sartorius ErgBd. Nr. 285.**

(3) Beteiligt werden können im Interesse des Betroffenen
1. dessen Ehegatte oder Lebenspartner, wenn die Ehegatten oder Lebenspartner nicht dauernd getrennt leben, sowie dessen Eltern und Kinder, wenn der Betroffene bei diesen lebt oder bei Einleitung des Verfahrens gelebt hat, die Pflegeeltern sowie
2. eine von ihm benannte Person seines Vertrauens.

**§ 419 Verfahrenspfleger.** (1) [1] Das Gericht hat dem Betroffenen einen geeigneten Verfahrenspfleger zu bestellen, wenn dies zur Wahrnehmung seiner Interessen erforderlich ist. [2] Die Bestellung ist insbesondere erforderlich, wenn von einer Anhörung des Betroffenen abgesehen werden soll.

(2) [1] Der Verfahrenspfleger hat die Wünsche, hilfsweise den mutmaßlichen Willen des Betroffenen festzustellen und im gerichtlichen Verfahren zur Geltung zu bringen. [2] Er hat den Betroffenen über Gegenstand, Ablauf und möglichen Ausgang des Verfahrens in geeigneter Weise zu informieren und ihn bei Bedarf bei der Ausübung seiner Rechte im Verfahren zu unterstützen. [3] Er ist nicht gesetzlicher Vertreter des Betroffenen.

(3) Die Bestellung eines Verfahrenspflegers soll unterbleiben oder aufgehoben werden, wenn die Interessen des Betroffenen von einem Rechtsanwalt oder einem anderen geeigneten Verfahrensbevollmächtigten vertreten werden.

(4) Die Bestellung endet, wenn sie nicht vorher aufgehoben wird, mit der Rechtskraft des Beschlusses über die Freiheitsentziehung oder mit dem sonstigen Abschluss des Verfahrens.

(5) Die Bestellung eines Verfahrenspflegers oder deren Aufhebung sowie die Ablehnung einer derartigen Maßnahme sind nicht selbständig anfechtbar.

(6) [1] Für die Vergütung und den Aufwendungsersatz des Verfahrenspflegers gilt § 277 entsprechend. [2] Dem Verfahrenspfleger sind keine Kosten aufzuerlegen.

**§ 420 Anhörung; Vorführung.** (1) [1] Das Gericht hat den Betroffenen vor der Anordnung der Freiheitsentziehung persönlich anzuhören. [2] Erscheint er zu dem Anhörungstermin nicht, kann abweichend von § 33 Abs. 3 seine sofortige Vorführung angeordnet werden. [3] Das Gericht entscheidet hierüber durch nicht anfechtbaren Beschluss.

(2) Die persönliche Anhörung des Betroffenen kann unterbleiben, wenn nach ärztlichem Gutachten hiervon erhebliche Nachteile für seine Gesundheit zu besorgen sind oder wenn er an einer übertragbaren Krankheit im Sinne des Infektionsschutzgesetzes leidet.

(3) [1] Das Gericht hat die sonstigen Beteiligten anzuhören. [2] Die Anhörung kann unterbleiben, wenn sie nicht ohne erhebliche Verzögerung oder nur mit unverhältnismäßigen Kosten möglich ist.

(4) [1] Die Freiheitsentziehung in einem abgeschlossenen Teil eines Krankenhauses darf nur nach Anhörung eines ärztlichen Sachverständigen angeordnet werden. [2] Die Verwaltungsbehörde, die den Antrag auf Freiheitsentziehung gestellt hat, soll ihrem Antrag ein ärztliches Gutachten beifügen.

(Fortsetzung nächstes Blatt)

[1] § 419 Abs. 2 Satz 1 [illegible] bish. Abs. [illegible] mWv 1.1.2023 durch G v. [illegible] (BGBl. I S. [illegible]).
[2] Beachte hierzu Eing.-Fn. Nr. 285.

**§ 421. Inhalt der Beschlussformel.** Die Beschlussformel zur Anordnung einer Freiheitsentziehung enthält auch
1. die nähere Bezeichnung der Freiheitsentziehung sowie
2. den Zeitpunkt, zu dem die Freiheitsentziehung endet.

**§ 422.**[1] **Wirksamwerden von Beschlüssen.** (1) Der Beschluss, durch den eine Freiheitsentziehung angeordnet wird, wird mit Rechtskraft wirksam.

(2) [1]Das Gericht kann die sofortige Wirksamkeit des Beschlusses anordnen. [2]In diesem Fall wird er wirksam, wenn der Beschluss und die Anordnung der sofortigen Wirksamkeit
1. dem Betroffenen, der zuständigen Verwaltungsbehörde oder dem Verfahrenspfleger bekannt gegeben werden oder
2. der Geschäftsstelle des Gerichts zum Zweck der Bekanntgabe übergeben werden.

[3]Der Zeitpunkt der sofortigen Wirksamkeit ist auf dem Beschluss zu vermerken.

(3) Der Beschluss, durch den eine Freiheitsentziehung angeordnet wird, wird von der zuständigen Verwaltungsbehörde vollzogen.

(4) Wird Zurückweisungshaft (§ 15 des Aufenthaltsgesetzes) oder Abschiebungshaft (§ 62 des Aufenthaltsgesetzes) im Wege der Amtshilfe in Justizvollzugsanstalten vollzogen, gelten die §§ 171, 173 bis 175 und 178 Abs. 3 des Strafvollzugsgesetzes entsprechend, soweit in § 62a des Aufenthaltsgesetzes für die Abschiebungshaft nichts Abweichendes bestimmt ist.

**§ 423. Absehen von der Bekanntgabe.** Von der Bekanntgabe der Gründe eines Beschlusses an den Betroffenen kann abgesehen werden, wenn dies nach ärztlichem Zeugnis erforderlich ist, um erhebliche Nachteile für seine Gesundheit zu vermeiden.

**§ 424. Aussetzung des Vollzugs.** (1) [1]Das Gericht kann die Vollziehung der Freiheitsentziehung aussetzen. [2]Es hat die Verwaltungsbehörde und den Leiter der Einrichtung vorher anzuhören. [3]Für Aussetzungen bis zu einer Woche bedarf es keiner Entscheidung des Gerichts. [4]Die Aussetzung kann mit Auflagen versehen werden.

(2) Das Gericht kann die Aussetzung widerrufen, wenn der Betroffene eine Auflage nicht erfüllt oder sein Zustand dies erfordert.

**§ 425. Dauer und Verlängerung der Freiheitsentziehung.** (1) In dem Beschluss, durch den eine Freiheitsentziehung angeordnet wird, ist eine Frist für die Freiheitsentziehung bis zur Höchstdauer eines Jahres zu bestimmen, soweit nicht in einem anderen Gesetz eine kürzere Höchstdauer der Freiheitsentziehung bestimmt ist.

(2) [1]Wird nicht innerhalb der Frist die Verlängerung der Freiheitsentziehung durch richterlichen Beschluss angeordnet, ist der Betroffene freizulassen. [2]Dem Gericht ist die Freilassung mitzuteilen.

(3) Für die Verlängerung der Freiheitsentziehung gelten die Vorschriften über die erstmalige Anordnung entsprechend.

---

[1] § 422 Abs. 4 geänd. durch Art. 7 G v. 22. 11. 2011 (BGBl. I S. 2258).

**§ 426. Aufhebung.** (1) [1]Der Beschluss, durch den eine Freiheitsentziehung angeordnet wird, ist vor Ablauf der nach § 425 Abs. 1 festgesetzten Frist von Amts wegen aufzuheben, wenn der Grund für die Freiheitsentziehung weggefallen ist. [2]Vor der Aufhebung hat das Gericht die zuständige Verwaltungsbehörde anzuhören.

(2) [1]Die Beteiligten können die Aufhebung der Freiheitsentziehung beantragen. [2]Das Gericht entscheidet über den Antrag durch Beschluss.

**§ 427. Einstweilige Anordnung.** (1) [1]Das Gericht kann durch einstweilige Anordnung eine vorläufige Freiheitsentziehung anordnen, wenn dringende Gründe für die Annahme bestehen, dass die Voraussetzungen für die Anordnung einer Freiheitsentziehung gegeben sind und ein dringendes Bedürfnis für ein sofortiges Tätigwerden besteht. [2]Die vorläufige Freiheitsentziehung darf die Dauer von sechs Wochen nicht überschreiten.

(2) Bei Gefahr im Verzug kann das Gericht eine einstweilige Anordnung bereits vor der persönlichen Anhörung des Betroffenen sowie vor Bestellung und Anhörung des Verfahrenspflegers erlassen; die Verfahrenshandlungen sind unverzüglich nachzuholen.

**§ 428. Verwaltungsmaßnahme; richterliche Prüfung.** (1) [1]Bei jeder Verwaltungsmaßnahme, die eine Freiheitsentziehung darstellt und nicht auf richterlicher Anordnung beruht, hat die zuständige Verwaltungsbehörde die richterliche Entscheidung unverzüglich herbeizuführen. [2]Ist die Freiheitsentziehung nicht bis zum Ablauf des ihr folgenden Tages durch richterliche Entscheidung angeordnet, ist der Betroffene freizulassen.

(2) Wird eine Maßnahme der Verwaltungsbehörde nach Absatz 1 Satz 1 angefochten, ist auch hierüber im gerichtlichen Verfahren nach den Vorschriften dieses Buches zu entscheiden.

**§ 429. Ergänzende Vorschriften über die Beschwerde.** (1) Das Recht der Beschwerde steht der zuständigen Behörde zu.

(2) Das Recht der Beschwerde steht im Interesse des Betroffenen

1. dessen Ehegatten oder Lebenspartner, wenn die Ehegatten oder Lebenspartner nicht dauernd getrennt leben, sowie dessen Eltern und Kindern, wenn der Betroffene bei diesen lebt oder bei Einleitung des Verfahrens gelebt hat, den Pflegeeltern sowie
2. einer von ihm benannten Person seines Vertrauens

zu, wenn sie im ersten Rechtszug beteiligt worden sind.

(3) Das Recht der Beschwerde steht dem Verfahrenspfleger zu.

(4) Befindet sich der Betroffene bereits in einer abgeschlossenen Einrichtung, kann die Beschwerde auch bei dem Gericht eingelegt werden, in dessen Bezirk die Einrichtung liegt.

**§ 430. Auslagenersatz.** Wird ein Antrag der Verwaltungsbehörde auf Freiheitsentziehung abgelehnt oder zurückgenommen und hat das Verfahren ergeben, dass ein begründeter Anlass zur Stellung des Antrags nicht vorlag, hat das Gericht die Auslagen des Betroffenen, soweit sie zur zweckentsprechenden Rechtsverfolgung notwendig waren, der Körperschaft aufzuerlegen, der die Verwaltungsbehörde angehört.

**§ 431. Mitteilung von Entscheidungen.** [1]Für Mitteilungen von Entscheidungen gelten die §§ 308 und 311 entsprechend, wobei an die Stelle des Betreuers die Verwaltungsbehörde tritt. [2]Die Aufhebung einer Freiheitsentziehungsmaßnahme nach § 426 Satz 1 und die Aussetzung ihrer Vollziehung nach § 424 Abs. 1 Satz 1 sind dem Leiter der abgeschlossenen Einrichtung, in der sich der Betroffene befindet, mitzuteilen.

**§ 432. Benachrichtigung von Angehörigen.** Von der Anordnung der Freiheitsentziehung und deren Verlängerung hat das Gericht einen Angehörigen des Betroffenen oder eine Person seines Vertrauens unverzüglich zu benachrichtigen.

## Buch 8. Verfahren in Aufgebotssachen

### Abschnitt 1. Allgemeine Verfahrensvorschriften

**§ 433. Aufgebotssachen.** Aufgebotssachen sind Verfahren, in denen das Gericht öffentlich zur Anmeldung von Ansprüchen oder Rechten auffordert, mit der Wirkung, dass die Unterlassung der Anmeldung einen Rechtsnachteil zur Folge hat; sie finden nur in den durch Gesetz bestimmten Fällen statt.

**§ 434. Antrag; Inhalt des Aufgebots.** (1) Das Aufgebotsverfahren wird nur auf Antrag eingeleitet.

(2) [1]Ist der Antrag zulässig, so hat das Gericht das Aufgebot zu erlassen. [2]In das Aufgebot ist insbesondere aufzunehmen:

1. die Bezeichnung des Antragstellers;
2. die Aufforderung, die Ansprüche und Rechte bis zu einem bestimmten Zeitpunkt bei dem Gericht anzumelden (Anmeldezeitpunkt);
3. die Bezeichnung der Rechtsnachteile, die eintreten, wenn die Anmeldung unterbleibt.

**§ 435.**[1)] **Öffentliche Bekanntmachung.** (1) [1]Die öffentliche Bekanntmachung des Aufgebots erfolgt durch Aushang an der Gerichtstafel und durch einmalige Veröffentlichung in dem Bundesanzeiger, wenn nicht das Gesetz für den betreffenden Fall eine abweichende Anordnung getroffen hat. [2]Anstelle des Aushangs an der Gerichtstafel kann die öffentliche Bekanntmachung in einem elektronischen Informations- und Kommunikationssystem erfolgen, das im Gericht öffentlich zugänglich ist.

(2) Das Gericht kann anordnen, das Aufgebot zusätzlich auf andere Weise zu veröffentlichen.

**§ 436. Gültigkeit der öffentlichen Bekanntmachung.** Auf die Gültigkeit der öffentlichen Bekanntmachung hat es keinen Einfluss, wenn das Schriftstück von der Gerichtstafel oder das Dokument aus dem Informations- und Kommunikationssystem zu früh entfernt wurde oder wenn im Fall wiederholter Veröffentlichung die vorgeschriebenen Zwischenfristen nicht eingehalten sind.

---

[1)] § 435 Abs. 1 Satz 1 geänd. **mWv 1. 4. 2012** durch Art. 2 Abs. 32 G v. 22. 12. 2011 (BGBl. I S. 3044).

**§ 437.**[1] **Aufgebotsfrist.** Zwischen dem Tag, an dem das Aufgebot erstmalig in einem Informations- und Kommunikationssystem oder im Bundesanzeiger veröffentlicht wird, und dem Anmeldezeitpunkt muss, wenn das Gesetz nicht eine abweichende Anordnung enthält, ein Zeitraum (Aufgebotsfrist) von mindestens sechs Wochen liegen.

**§ 438. Anmeldung nach dem Anmeldezeitpunkt.** Eine Anmeldung, die nach dem Anmeldezeitpunkt, jedoch vor dem Erlass des Ausschließungsbeschlusses erfolgt, ist als rechtzeitig anzusehen.

**§ 439. Erlass des Ausschließungsbeschlusses; Beschwerde; Wiedereinsetzung und Wiederaufnahme.** (1) Vor Erlass des Ausschließungsbeschlusses kann eine nähere Ermittlung, insbesondere die Versicherung der Wahrheit einer Behauptung des Antragstellers an Eides statt, angeordnet werden.

(2) Die Endentscheidung in Aufgebotssachen wird erst mit Rechtskraft wirksam.

(3) § 61 Abs. 1 ist nicht anzuwenden.

(4) [1]Die Vorschriften über die Wiedereinsetzung finden mit der Maßgabe Anwendung, dass die Frist, nach deren Ablauf die Wiedereinsetzung nicht mehr beantragt oder bewilligt werden kann, abweichend von § 18 Abs. 3 fünf Jahre beträgt. [2]Die Vorschriften über die Wiederaufnahme finden mit der Maßgabe Anwendung, dass die Erhebung der Klagen nach Ablauf von zehn Jahren, von dem Tag der Rechtskraft des Ausschließungsbeschlusses an gerechnet, unstatthaft ist.

**§ 440. Wirkung einer Anmeldung.** Bei einer Anmeldung, durch die das von dem Antragsteller zur Begründung des Antrags behauptete Recht bestritten wird, ist entweder das Aufgebotsverfahren bis zur endgültigen Entscheidung über das angemeldete Recht auszusetzen oder in dem Ausschließungsbeschluss das angemeldete Recht vorzubehalten.

**§ 441. Öffentliche Zustellung des Ausschließungsbeschlusses.** [1]Der Ausschließungsbeschluss ist öffentlich zuzustellen. [2]Für die Durchführung der öffentlichen Zustellung gelten die §§ 186, 187, 188 der Zivilprozessordnung entsprechend.

## Abschnitt 2. Aufgebot des Eigentümers von Grundstücken, Schiffen und Schiffsbauwerken

**§ 442. Aufgebot des Grundstückseigentümers; örtliche Zuständigkeit.** (1) Für das Aufgebotsverfahren zur Ausschließung des Eigentümers eines Grundstücks nach § 927 des Bürgerlichen Gesetzbuchs gelten die nachfolgenden besonderen Vorschriften.

(2) Örtlich zuständig ist das Gericht, in dessen Bezirk das Grundstück belegen ist.

---

[1] § 437 geänd. **mWv 1. 4. 2012** durch Art. 2 Abs. 32 G v. 22. 12. 2011 (BGBl. I S. 3044).

**§ 443. Antragsberechtigter.** Antragsberechtigt ist derjenige, der das Grundstück seit der in § 927 des Bürgerlichen Gesetzbuchs bestimmten Zeit im Eigenbesitz hat.

**§ 444. Glaubhaftmachung.** Der Antragsteller hat die zur Begründung des Antrags erforderlichen Tatsachen vor der Einleitung des Verfahrens glaubhaft zu machen.

**§ 445. Inhalt des Aufgebots.** In dem Aufgebot ist der bisherige Eigentümer aufzufordern, sein Recht spätestens zum Anmeldezeitpunkt anzumelden, widrigenfalls seine Ausschließung erfolgen werde.

**§ 446. Aufgebot des Schiffseigentümers.** (1) Für das Aufgebotsverfahren zur Ausschließung des Eigentümers eines eingetragenen Schiffes oder Schiffsbauwerks nach § 6 des Gesetzes über Rechte an eingetragenen Schiffen und Schiffsbauwerken (BGBl. III 403-4) gelten die §§ 443 bis 445 entsprechend.

(2) Örtlich zuständig ist das Gericht, bei dem das Register für das Schiff oder Schiffsbauwerk geführt wird.

## Abschnitt 3. Aufgebot des Gläubigers von Grund- und Schiffspfandrechten sowie des Berechtigten sonstiger dinglicher Rechte

**§ 447. Aufgebot des Grundpfandrechtsgläubigers; örtliche Zuständigkeit.** (1) Für das Aufgebotsverfahren zur Ausschließung eines Hypotheken-, Grundschuld- oder Rentenschuldgläubigers auf Grund der §§ 1170 und 1171 des Bürgerlichen Gesetzbuchs gelten die nachfolgenden besonderen Vorschriften.

(2) Örtlich zuständig ist das Gericht, in dessen Bezirk das belastete Grundstück belegen ist.

**§ 448. Antragsberechtigter.** (1) Antragsberechtigt ist der Eigentümer des belasteten Grundstücks.

(2) [1]Antragsberechtigt im Fall des § 1170 des Bürgerlichen Gesetzbuchs ist auch ein im Rang gleich- oder nachstehender Gläubiger, zu dessen Gunsten eine Vormerkung nach § 1179 des Bürgerlichen Gesetzbuchs eingetragen ist oder ein Anspruch nach § 1179a des Bürgerlichen Gesetzbuchs besteht. [2]Bei einer Gesamthypothek, Gesamtgrundschuld oder Gesamtrentenschuld ist außerdem derjenige antragsberechtigt, der auf Grund eines im Rang gleich- oder nachstehenden Rechts Befriedigung aus einem der belasteten Grundstücke verlangen kann. [3]Die Antragsberechtigung besteht nur, wenn der Gläubiger oder der sonstige Berechtigte für seinen Anspruch einen vollstreckbaren Schuldtitel erlangt hat.

**§ 449. Glaubhaftmachung.** Der Antragsteller hat vor der Einleitung des Verfahrens glaubhaft zu machen, dass der Gläubiger unbekannt ist.

**§ 450. Besondere Glaubhaftmachung.** (1) Im Fall des § 1170 des Bürgerlichen Gesetzbuchs hat der Antragsteller vor der Einleitung des Verfahrens auch glaubhaft zu machen, dass eine das Aufgebot ausschließende Anerkennung des Rechts des Gläubigers nicht erfolgt ist.

(2) 1 Ist die Hypothek für die Forderung aus einer Schuldverschreibung auf den Inhaber bestellt oder der Grundschuld- oder Rentenschuldbrief auf den Inhaber ausgestellt, hat der Antragsteller glaubhaft zu machen, dass die Schuldverschreibung oder der Brief bis zum Ablauf der in § 801 des Bürgerlichen Gesetzbuchs bezeichneten Frist nicht vorgelegt und der Anspruch nicht gerichtlich geltend gemacht worden ist. 2 Ist die Vorlegung oder die gerichtliche Geltendmachung erfolgt, so ist die in Absatz 1 vorgeschriebene Glaubhaftmachung erforderlich.

(3) 1 Zur Glaubhaftmachung genügt in den Fällen der Absätze 1, 2 die Versicherung des Antragstellers an Eides statt. 2 Das Recht des Gerichts zur Anordnung anderweitiger Ermittlungen von Amts wegen wird hierdurch nicht berührt.

(4) In dem Aufgebot ist als Rechtsnachteil anzudrohen, dass der Gläubiger mit seinem Recht ausgeschlossen werde.

(5) Wird das Aufgebot auf Antrag eines nach § 448 Abs. 2 Antragsberechtigten erlassen, so ist es dem Eigentümer des Grundstücks von Amts wegen mitzuteilen.

**§ 451. Verfahren bei Ausschluss mittels Hinterlegung.** (1) Im Fall des § 1171 des Bürgerlichen Gesetzbuchs hat der Antragsteller vor der Einleitung des Verfahrens die Hinterlegung des dem Gläubiger gebührenden Betrags anzubieten.

(2) In dem Aufgebot ist als Rechtsnachteil anzudrohen, dass der Gläubiger nach der Hinterlegung des ihm gebührenden Betrags seine Befriedigung statt aus dem Grundstück nur noch aus dem hinterlegten Betrag verlangen könne und sein Recht auf diesen erlösche, wenn er sich nicht vor dem Ablauf von 30 Jahren nach dem Erlass des Ausschließungsbeschlusses bei der Hinterlegungsstelle melde.

(3) Hängt die Fälligkeit der Forderung von einer Kündigung ab, erweitert sich die Aufgebotsfrist um die Kündigungsfrist.

(4) Der Ausschließungsbeschluss darf erst dann erlassen werden, wenn die Hinterlegung erfolgt ist.

**§ 452. Aufgebot des Schiffshypothekengläubigers; örtliche Zuständigkeit.** (1) 1 Für das Aufgebotsverfahren zur Ausschließung eines Schiffshypothekengläubigers auf Grund der §§ 66 und 67 des Gesetzes über Rechte an eingetragenen Schiffen und Schiffsbauwerken (BGBl. III 403–4) gelten die §§ 448 bis 451 entsprechend. 2 Anstelle der §§ 1170, 1171 und 1179 des Bürgerlichen Gesetzbuchs sind die §§ 66, 67, 58 des genannten Gesetzes anzuwenden.

(2) Örtlich zuständig ist das Gericht, bei dem das Register für das Schiff oder Schiffsbauwerk geführt wird.

**§ 453. Aufgebot des Berechtigten bei Vormerkung, Vorkaufsrecht, Reallast.** (1) Die Vorschriften des § 447 Abs. 2, des § 448 Abs. 1, der §§ 449, 450 Abs. 1 bis 4 und der §§ 451, 452 gelten entsprechend für das Aufgebotsverfahren zu der in den §§ 887, 1104, 1112 des Bürgerlichen Gesetzbuchs,

§ 13 des Gesetzes über Rechte an eingetragenen Schiffen und Schiffsbauwerken (BGBl. III 403-4) für die Vormerkung, das Vorkaufsrecht und die Reallast bestimmten Ausschließung des Berechtigten.

(2) 1 Antragsberechtigt ist auch, wer auf Grund eines im Range gleich- oder nachstehenden Rechts Befriedigung aus dem Grundstück oder dem Schiff oder Schiffsbauwerk verlangen kann, wenn er für seinen Anspruch einen vollstreckbaren Schuldtitel erlangt hat. 2 Das Aufgebot ist dem Eigentümer des Grundstücks oder des Schiffes oder Schiffsbauwerks von Amts wegen mitzuteilen.

## Abschnitt 4. Aufgebot von Nachlassgläubigern

**§ 454. Aufgebot von Nachlassgläubigern; örtliche Zuständigkeit.** (1) Für das Aufgebotsverfahren zur Ausschließung von Nachlassgläubigern auf Grund des § 1970 des Bürgerlichen Gesetzbuchs gelten die nachfolgenden besonderen Vorschriften.

(2) 1 Örtlich zuständig ist das Amtsgericht, dem die Angelegenheiten des Nachlassgerichts obliegen. 2 Sind diese Angelegenheiten einer anderen Behörde als einem Amtsgericht übertragen, so ist das Amtsgericht zuständig, in dessen Bezirk die Nachlassbehörde ihren Sitz hat.

**§ 455. Antragsberechtigter.** (1) Antragsberechtigt ist jeder Erbe, wenn er nicht für die Nachlassverbindlichkeiten unbeschränkt haftet.

(2) Zu dem Antrag sind auch ein Nachlasspfleger, Nachlassverwalter und ein Testamentsvollstrecker berechtigt, wenn ihnen die Verwaltung des Nachlasses zusteht.

(3) Der Erbe und der Testamentsvollstrecker können den Antrag erst nach der Annahme der Erbschaft stellen.

**§ 456. Verzeichnis der Nachlassgläubiger.** Dem Antrag ist ein Verzeichnis der bekannten Nachlassgläubiger mit Angabe ihres Wohnorts beizufügen.

**§ 457. Nachlassinsolvenzverfahren.** (1) Das Aufgebot soll nicht erlassen werden, wenn die Eröffnung des Nachlassinsolvenzverfahrens beantragt ist.

(2) Durch die Eröffnung des Nachlassinsolvenzverfahrens wird das Aufgebotsverfahren beendet.

**§ 458. Inhalt des Aufgebots; Aufgebotsfrist.** (1) In dem Aufgebot ist den Nachlassgläubigern, die sich nicht melden, als Rechtsnachteil anzudrohen, dass sie von dem Erben nur insoweit Befriedigung verlangen können, als sich nach Befriedigung der nicht ausgeschlossenen Gläubiger noch ein Überschuss ergibt; das Recht, vor den Verbindlichkeiten aus Pflichtteilsrechten, Vermächtnissen und Auflagen berücksichtigt zu werden, bleibt unberührt.

(2) Die Aufgebotsfrist soll höchstens sechs Monate betragen.

**§ 459. Forderungsanmeldung.** (1) 1 In der Anmeldung einer Forderung sind der Gegenstand und der Grund der Forderung anzugeben. 2 Urkundliche Beweisstücke sind in Urschrift oder in Abschrift beizufügen.

(2) Das Gericht hat die Einsicht der Anmeldungen jedem zu gestatten, der ein rechtliches Interesse glaubhaft macht.

**§ 460. Mehrheit von Erben.** (1) [1]Sind mehrere Erben vorhanden, kommen der von einem Erben gestellte Antrag und der von ihm erwirkte Ausschließungsbeschluss auch den anderen Erben zustatten; die Vorschriften des Bürgerlichen Gesetzbuchs über die unbeschränkte Haftung bleiben unberührt. [2]Als Rechtsnachteil ist den Nachlassgläubigern, die sich nicht melden, auch anzudrohen, dass jeder Erbe nach der Teilung des Nachlasses nur für den seinem Erbteil entsprechenden Teil der Verbindlichkeit haftet.

(2) Das Aufgebot mit Androhung des in Absatz 1 Satz 2 bestimmten Rechtsnachteils kann von jedem Erben auch dann beantragt werden, wenn er für die Nachlassverbindlichkeiten unbeschränkt haftet.

**§ 461. Nacherbfolge.** Im Fall der Nacherbfolge ist § 460 Abs. 1 Satz 1 auf den Vorerben und den Nacherben entsprechend anzuwenden.

**§ 462. Gütergemeinschaft.** (1) [1]Gehört ein Nachlass zum Gesamtgut der Gütergemeinschaft, kann sowohl der Ehegatte, der Erbe ist, als auch der Ehegatte, der nicht Erbe ist, aber das Gesamtgut allein oder mit seinem Ehegatten gemeinschaftlich verwaltet, das Aufgebot beantragen, ohne dass die Zustimmung des anderen Ehegatten erforderlich ist. [2]Die Ehegatten behalten diese Befugnis, wenn die Gütergemeinschaft endet.

(2) Der von einem Ehegatten gestellte Antrag und der von ihm erwirkte Ausschließungsbeschluss kommen auch dem anderen Ehegatten zustatten.

(3) Die Absätze 1 und 2 finden auf Lebenspartnerschaften entsprechende Anwendung.

**§ 463. Erbschaftskäufer.** (1) [1]Hat der Erbe die Erbschaft verkauft, so können sowohl der Käufer als auch der Erbe das Aufgebot beantragen. [2]Der von dem einen Teil gestellte Antrag und der von ihm erwirkte Ausschließungsbeschluss kommen, unbeschadet der Vorschriften des Bürgerlichen Gesetzbuchs über die unbeschränkte Haftung, auch dem anderen Teil zustatten.

(2) Diese Vorschriften gelten entsprechend, wenn jemand eine durch Vertrag erworbene Erbschaft verkauft oder sich zur Veräußerung einer ihm angefallenen oder anderweitig von ihm erworbenen Erbschaft in sonstiger Weise verpflichtet hat.

**§ 464. Aufgebot der Gesamtgutsgläubiger.** § 454 Abs. 2 und die §§ 455 bis 459, 462 und 463 sind im Fall der fortgesetzten Gütergemeinschaft auf das Aufgebotsverfahren zur Ausschließung von Gesamtgutsgläubigern nach § 1489 Abs. 2 und § 1970 des Bürgerlichen Gesetzbuchs entsprechend anzuwenden.

## Abschnitt 5. Aufgebot der Schiffsgläubiger

**§ 465. Aufgebot der Schiffsgläubiger.** (1) Für das Aufgebotsverfahren zur Ausschließung von Schiffsgläubigern auf Grund des § 110 des Binnenschifffahrtsgesetzes gelten die nachfolgenden Absätze.

(2) Örtlich zuständig ist das Gericht, in dessen Bezirk sich der Heimathafen oder der Heimatort des Schiffes befindet.

(3) Unterliegt das Schiff der Eintragung in das Schiffsregister, kann der Antrag erst nach der Eintragung der Veräußerung des Schiffes gestellt werden.

(4) Der Antragsteller hat die ihm bekannten Forderungen von Schiffsgläubigern anzugeben.

(5) Die Aufgebotsfrist muss mindestens drei Monate betragen.

(6) In dem Aufgebot ist den Schiffsgläubigern, die sich nicht melden, als Rechtsnachteil anzudrohen, dass ihre Pfandrechte erlöschen, wenn ihre Forderungen dem Antragsteller nicht bekannt sind.

## Abschnitt 6. Aufgebot zur Kraftloserklärung von Urkunden

**§ 466 Örtliche Zuständigkeit.** (1) [1] Für das Aufgebotsverfahren ist das Gericht örtlich zuständig, in dessen Bezirk der in der Urkunde bezeichnete Erfüllungsort liegt. [2] Enthält die Urkunde eine solche Bezeichnung nicht, ist das Gericht örtlich zuständig, bei dem der Aussteller seinen allgemeinen Gerichtsstand hat, und in Ermangelung eines solchen Gerichts dasjenige, bei dem der Aussteller zur Zeit der Ausstellung seinen allgemeinen Gerichtsstand gehabt hat.

(2) Ist die Urkunde über ein im Grundbuch eingetragenes Recht ausgestellt, ist das Gericht der belegenen Sache ausschließlich örtlich zuständig.

(3) Wird das Aufgebot durch ein anderes als das nach dieser Vorschrift örtlich zuständige Gericht erlassen, ist das Aufgebot auch durch Aushang an der Gerichtstafel oder Einstellung in das Informationssystem des letzteren Gerichts öffentlich bekannt zu machen.

**§ 467 Antragsberechtigter.** (1) Bei Papieren, die auf den Inhaber lauten oder die durch Indossament übertragen werden können und mit einem Blankoindossament versehen sind, ist der bisherige Inhaber des abhandengekommenen oder vernichteten Papiers berechtigt, das Aufgebotsverfahren zu beantragen.

(2) Bei anderen Urkunden ist derjenige zur Stellung des Antrags berechtigt, der das Recht aus der Urkunde geltend machen kann.

**§ 468 Antragsbegründung.** Der Antragsteller hat zur Begründung des Antrags

1. eine Abschrift der Urkunde beizubringen oder den wesentlichen Inhalt der Urkunde und alles anzugeben, was zu ihrer vollständigen Erkennbarkeit erforderlich ist,
2. den Verlust der Urkunde sowie diejenigen Tatsachen glaubhaft zu machen, von denen seine Berechtigung abhängt, das Aufgebotsverfahren zu beantragen sowie
3. die Versicherung der Wahrheit seiner Angaben an Eides statt anzubieten.

**§ 469 Inhalt des Aufgebots.** [1] In dem Aufgebot ist der Inhaber der Urkunde aufzufordern, seine Rechte bei dem Gericht bis zum Anmeldezeitpunkt anzumelden und die Urkunde vorzulegen. [2] Als Rechtsnachteil ist anzudrohen, dass die Urkunde für kraftlos erklärt werde.

**§ 470 Ergänzende Bekanntmachung in besonderen Fällen.** [1] Betrifft das Aufgebot ein auf den Inhaber lautendes Papier und ist in der Urkunde vermerkt oder in den Bestimmungen, unter denen die erforderliche staatliche Genehmigung erteilt worden ist, vorgeschrieben, dass die öffentliche Bekanntmachung durch bestimmte andere Blätter zu erfolgen habe, so muss die Bekanntmachung auch durch Veröffentlichung in diesen Blättern erfolgen. [2] Das Gleiche gilt bei Schuldverschreibungen, die von einem deutschen Land oder früheren Bundesstaat ausgegeben sind, wenn die öffentliche Bekanntmachung durch bestimmte Blätter landesgesetzlich vorgeschrieben ist. [3] Zusätzlich kann die öffentliche Bekanntmachung in einem von dem Gericht für Bekanntmachungen bestimmten elektronischen Informations- und Kommunikationssystem erfolgen.

**§ 471 Wertpapiere mit Zinsscheinen.** (1) Bei Wertpapieren, für die von Zeit zu Zeit Zins-, Renten- oder Gewinnanteilscheine ausgegeben werden, ist der Anmeldezeitpunkt so zu bestimmen, dass bis zu dem Termin der erste einer seit der Zeit des glaubhaft gemachten Verlustes ausgegebenen Reihe von Zins-, Renten- oder Gewinnanteilscheinen fällig geworden ist und seit seiner Fälligkeit sechs Monate abgelaufen sind.

(2) Vor Erlass des Ausschließungsbeschlusses hat der Antragsteller ein nach Ablauf dieser sechsmonatigen Frist ausgestelltes Zeugnis der betreffenden Behörde, Kasse oder Anstalt beizubringen, dass die Urkunde seit der Zeit des glaubhaft gemachten Verlustes ihr zur Ausgabe neuer Scheine nicht vorgelegt sei und dass die neuen Scheine an einen anderen als den Antragsteller nicht ausgegeben seien.

**§ 472[1)] Zinsscheine für mehr als vier Jahre.** (1) [1] Bei Wertpapieren, für die Zins-, Renten- oder Gewinnanteilscheine zuletzt für einen längeren Zeitraum als vier Jahre ausgegeben sind, genügt es, wenn der Anmeldezeitpunkt so bestimmt wird, dass bis dahin seit der Zeit des glaubhaft gemachten Verlustes von den zuletzt ausgegebenen Scheinen solche für vier Jahre fällig geworden und seit der Fälligkeit des letzten derselben sechs Monate abgelaufen sind. [2] Scheine für Zeitabschnitte, für die keine Zinsen, Renten oder Gewinnanteile gezahlt werden, kommen nicht in Betracht.

(2) [1] Vor Erlass des Ausschließungsbeschlusses hat der Antragsteller ein nach Ablauf dieser sechsmonatigen Frist ausgestelltes Zeugnis der betreffenden Behörde, Kasse oder Anstalt beizubringen, dass die für die bezeichneten vier Jahre und später fällig gewordenen Scheine ihr von einem anderen als dem Antragsteller nicht vorgelegt seien. [2] Hat in der Zeit seit dem Erlass des Aufgebots eine Ausgabe neuer Scheine stattgefunden, so muss das Zeugnis auch die in § 471 Abs. 2 bezeichneten Angaben enthalten.

**§ 473[1)] Vorlegung der Zinsscheine.** [1] Die §§ 471 und 472 sind insoweit nicht anzuwenden, als die Zins-, Renten- oder Gewinnanteilscheine, deren Fälligkeit nach diesen Vorschriften eingetreten sein muss, von dem Antragsteller vorgelegt werden. [2] Der Vorlegung der Scheine steht es gleich, wenn das Zeugnis der betreffenden Behörde, Kasse oder Anstalt beigebracht wird, dass die fällig gewordenen Scheine ihr von dem Antragsteller vorgelegt worden seien.

---

[1)] § 472 Abs. 1 Satz 1 und § 473 Satz 1 geänd. mWv 15. 10. 2016 durch G v. 11. 10. 2016 (BGBl. I S. 2222).

**§ 474 Abgelaufene Ausgabe der Zinsscheine.** Bei Wertpapieren, für die Zins-, Renten- oder Gewinnanteilscheine ausgegeben sind, aber nicht mehr ausgegeben werden, ist der Anmeldezeitpunkt so zu bestimmen, dass bis dahin seit der Fälligkeit des letzten ausgegebenen Scheines sechs Monate abgelaufen sind; das gilt nicht, wenn die Voraussetzungen der §§ 471 und 472 gegeben sind.

**§ 475[1] Anmeldezeitpunkt bei bestimmter Fälligkeit.** Ist in einer Schuldurkunde eine Verfallzeit angegeben, die zur Zeit der ersten Veröffentlichung des Aufgebots im Bundesanzeiger noch nicht eingetreten ist, und sind die Voraussetzungen der §§ 471 bis 474 nicht gegeben, ist der Anmeldezeitpunkt so zu bestimmen, dass seit dem Verfalltag sechs Monate abgelaufen sind.

**§ 476 Aufgebotsfrist.** Die Aufgebotsfrist soll höchstens ein Jahr betragen.

**§ 477 Anmeldung der Rechte.** Meldet der Inhaber der Urkunde vor dem Erlass des Ausschließungsbeschlusses seine Rechte unter Vorlegung der Urkunde an, hat das Gericht den Antragsteller hiervon zu benachrichtigen und ihm innerhalb einer zu bestimmenden Frist die Möglichkeit zu geben, in die Urkunde Einsicht zu nehmen und eine Stellungnahme abzugeben.

**§ 478[1] Ausschließungsbeschluss.** (1) In dem Ausschließungsbeschluss ist die Urkunde für kraftlos zu erklären.

(2) [1] Der Ausschließungsbeschluss ist seinem wesentlichen Inhalt nach durch Veröffentlichung im Bundesanzeiger bekannt zu machen. [2] § 470 gilt entsprechend.

(3) In gleicher Weise ist die auf eine Beschwerde ergangene Entscheidung bekannt zu machen, soweit durch sie die Kraftloserklärung aufgehoben wird.

**§ 479 Wirkung des Ausschließungsbeschlusses.** (1) Derjenige, der den Ausschließungsbeschluss erwirkt hat, ist dem durch die Urkunde Verpflichteten gegenüber berechtigt, die Rechte aus der Urkunde geltend zu machen.

(2) Wird der Ausschließungsbeschluss im Beschwerdeverfahren aufgehoben, bleiben die auf Grund des Ausschließungsbeschlusses von dem Verpflichteten bewirkten Leistungen auch Dritten, insbesondere dem Beschwerdeführer, gegenüber wirksam, es sei denn, dass der Verpflichtete zur Zeit der Leistung die Aufhebung des Ausschließungsbeschlusses gekannt hat.

**§ 480 Zahlungssperre.** (1) [1] Bezweckt das Aufgebotsverfahren die Kraftloserklärung eines auf den Inhaber lautenden Papiers, so hat das Gericht auf Antrag an den Aussteller sowie an die in dem Papier und die von dem Antragsteller bezeichneten Zahlstellen das Verbot zu erlassen, an den Inhaber des Papiers eine Leistung zu bewirken, insbesondere neue Zins-, Renten- oder Gewinnanteilscheine oder einen Erneuerungsschein auszugeben (Zahlungssperre). [2] Mit dem Verbot ist die Benachrichtigung von der Einleitung des Aufgebotsverfahrens zu verbinden. [3] Das Verbot ist in gleicher Weise wie das Aufgebot öffentlich bekannt zu machen.

---

[1] § 475 und § 478 Abs. 2 Satz 1 geänd. mWv 1. 4. 2012 durch G v. 22. 12. 2011 (BGBl. I S. 3044).

(2) Ein Beschluss, durch den der Antrag auf Erlass einer Zahlungssperre zurückgewiesen wird, ist mit der sofortigen Beschwerde in entsprechender Anwendung der §§ 567 bis 572 der Zivilprozessordnung[1] anfechtbar.

(3) Das an den Aussteller erlassene Verbot ist auch den Zahlstellen gegenüber wirksam, die nicht in dem Papier bezeichnet sind.

(4) Die Einlösung der vor dem Verbot ausgegebenen Zins-, Renten- oder Gewinnanteilscheine wird von dem Verbot nicht betroffen.

**§ 481 Entbehrlichkeit des Zeugnisses nach § 471 Abs. 2.** Wird die Zahlungssperre angeordnet, bevor seit der Zeit des glaubhaft gemachten Verlustes Zins-, Renten- oder Gewinnanteilscheine ausgegeben worden sind, so ist die Beibringung des in § 471 Abs. 2 vorgeschriebenen Zeugnisses nicht erforderlich.

**§ 482[2] Aufhebung der Zahlungssperre.** (1) [1] Wird das in Verlust gekommene Papier dem Gericht vorgelegt oder wird das Aufgebotsverfahren ohne Erlass eines Ausschließungsbeschlusses erledigt, so ist die Zahlungssperre von Amts wegen aufzuheben. [2] Das Gleiche gilt, wenn die Zahlungssperre vor der Einleitung des Aufgebotsverfahrens angeordnet worden ist und die Einleitung nicht binnen sechs Monaten nach der Beseitigung des ihr entgegenstehenden Hindernisses beantragt wird. [3] Ist das Aufgebot oder die Zahlungssperre öffentlich bekannt gemacht worden, so ist die Erledigung des Verfahrens oder die Aufhebung der Zahlungssperre von Amts wegen durch den Bundesanzeiger bekannt zu machen.

(2) Wird das Papier vorgelegt, ist die Zahlungssperre erst aufzuheben, nachdem dem Antragsteller die Einsicht nach Maßgabe des § 477 gestattet worden ist.

(3) Der Beschluss, durch den die Zahlungssperre aufgehoben wird, ist mit der sofortigen Beschwerde in entsprechender Anwendung der §§ 567 bis 572 der Zivilprozessordnung[1] anfechtbar.

**§ 483 Hinkende Inhaberpapiere.** [1] Bezweckt das Aufgebotsverfahren die Kraftloserklärung einer Urkunde der in § 808 des Bürgerlichen Gesetzbuchs[3] bezeichneten Art, gelten § 466 Abs. 3, die §§ 470 und 478 Abs. 2 Satz 2 sowie die §§ 480 bis 482 entsprechend. [2] Die Landesgesetze können über die Veröffentlichung des Aufgebots und der in § 478 Abs. 2, 3 und in den §§ 480, 482 vorgeschriebenen Bekanntmachungen sowie über die Aufgebotsfrist abweichende Vorschriften erlassen.

**§ 484 Vorbehalt für die Landesgesetzgebung.** (1) Bei Aufgeboten auf Grund der §§ 887, 927, 1104, 1112, 1162, 1170, 1171 des Bürgerlichen Gesetzbuchs[3], des § 110 des Binnenschifffahrtsgesetzes, der §§ 6, 13, 66, 67 des Gesetzes über Rechte an eingetragenen Schiffen und Schiffsbauwerken (BGBl. III 403-4) und der §§ 13, 66, 67 des Gesetzes über Rechte an Luftfahrzeugen können die Landesgesetze die Art der Veröffentlichung des Aufgebots und des Ausschließungsbeschlusses sowie die Aufgebotsfrist anders bestimmen als in den §§ 435, 437 und 441 vorgeschrieben ist.

---

[1] Nr. **100**.
[2] § 482 Abs. 1 Satz 3 geänd. mWv 1. 4. 2012 durch G v. 22. 12. 2011 (BGBl. I S. 3044).
[3] Nr. **20**.

(2) Bei Aufgeboten, die auf Grund des § 1162 des Bürgerlichen Gesetzbuchs ergehen, können die Landesgesetze die Art der Veröffentlichung des Aufgebots, des Ausschließungsbeschlusses und des in § 478 Abs. 2 und 3 bezeichneten Beschlusses sowie die Aufgebotsfrist auch anders bestimmen, als in den §§ 470, 475, 476 und 478 vorgeschrieben ist.

## Buch 9. Schlussvorschriften

**§ 485 Verhältnis zu anderen Gesetzen.** Artikel 1 Abs. 2 und die Artikel 2 und 50 des Einführungsgesetzes zum Bürgerlichen Gesetzbuche[1] sind entsprechend anzuwenden.

**§ 486[2] Landesrechtliche Vorbehalte; Ergänzungs- und Ausführungsbestimmungen.** (1) Soweit das Einführungsgesetz zum Bürgerlichen Gesetzbuche[1] Rechtsgebiete der Landesgesetzgebung vorbehält, gilt dieser Vorbehalt auch für die entsprechenden Verfahrensvorschriften, soweit sie Gegenstand dieses Gesetzes sind.

(2) [1] Durch Landesgesetz können Vorschriften zur Ergänzung und Ausführung dieses Gesetzes, einschließlich der erforderlichen Übergangsvorschriften erlassen werden. [2] Dies gilt auch, soweit keine Vorbehalte für die Landesgesetzgebung bestehen.

(3) § 378 Absatz 3 gilt nicht, soweit Anmeldungen von einer gemäß § 68 des Beurkundungsgesetzes[3] nach Landesrecht zuständigen Person oder Stelle öffentlich beglaubigt worden sind.

**§ 487[4] Nachlassauseinandersetzung; Auseinandersetzung einer Gütergemeinschaft.** (1) Unberührt bleiben die landesrechtlichen Vorschriften,

1. nach denen das Nachlassgericht die Auseinandersetzung eines Nachlasses von Amts wegen zu vermitteln hat, wenn diese nicht binnen einer bestimmten Frist erfolgt ist;
2. nach denen andere als gerichtliche Behörden für die den Amtsgerichten nach § 373 Absatz 2 obliegenden Aufgaben zuständig sind;
3. nach denen in Baden-Württemberg in den Fällen des § 363 anstelle der Notare oder neben diesen andere Stellen die Auseinandersetzung vermitteln;
4. die das Verfahren in den Fällen nach Nummer 3 betreffen.

(2) Auf die Auseinandersetzung nach Absatz 1 Nr. 1 sind die §§ 365 bis 372 anzuwenden.

**§ 488[5] Verfahren vor landesgesetzlich zugelassenen Behörden.** (1) Sind für die in den §§ 1 und 363 genannten Angelegenheiten nach Landesgesetz andere Behörden zuständig, gelten die Vorschriften des Buches 1 mit Ausnahme der §§ 6, 15 Abs. 2, der §§ 25, 41 Abs. 1 und des § 46 auch für diese Behörden.

---

[1] Nr. **21**.
[2] § 486 Abs. 3 angef. mWv 9.6.2017 durch G v. 1.6.2017 (BGBl. I S. 1396).
[3] Nr. **23**.
[4] § 487 Abs. 1 neu gef., Abs. 2 geänd. mWv 1.9.2013 durch G v. 26.6.2013 (BGBl. I S. 1800).
[5] § 488 Abs. 1 geänd. mWv 1.9.2013 durch G v. 26.6.2013 (BGBl. I S. 1800).

(2) [1] Als nächsthöheres gemeinsames Gericht nach § 5 gilt das Gericht, welches das nächsthöhere gemeinsame Gericht für die Amtsgerichte ist, in deren Bezirk die Behörden ihren Sitz haben. [2] Durch Landesgesetz kann bestimmt werden, dass, wenn die Behörden in dem Bezirk desselben Amtsgerichts ihren Sitz haben, dieses als nächsthöheres gemeinsames Gericht zuständig ist.

(3) [1] Die Vorschriften des Gerichtsverfassungsgesetzes[1)] über die Gerichtssprache, die Verständigung mit dem Gericht sowie zur Rechtshilfe sind entsprechend anzuwenden. [2] Die Verpflichtung der Gerichte, Rechtshilfe zu leisten, bleibt unberührt.

**§ 489 Rechtsmittel.** (1) [1] Sind für die in § 1 genannten Angelegenheiten nach Landesgesetz anstelle der Gerichte Behörden zuständig, kann durch Landesgesetz bestimmt werden, dass für die Abänderung einer Entscheidung dieser Behörde das Amtsgericht zuständig ist, in dessen Bezirk die Behörde ihren Sitz hat. [2] Auf das Verfahren sind die §§ 59 bis 69 entsprechend anzuwenden.

(2) Gegen die Entscheidung des Amtsgerichts findet die Beschwerde statt.

**§ 490 Landesrechtliche Aufgebotsverfahren.** Die Landesgesetze können bei Aufgeboten, deren Zulässigkeit auf landesgesetzlichen Vorschriften beruht, die Anwendung der Bestimmungen über das Aufgebotsverfahren ausschließen oder diese Bestimmungen durch andere Vorschriften ersetzen.

**§ 491 Landesrechtliche Vorbehalte bei Verfahren zur Kraftloserklärung von Urkunden.** [1] Unberührt bleiben die landesgesetzlichen Vorschriften, durch die für das Aufgebotsverfahren zum Zweck der Kraftloserklärung von Schuldverschreibungen auf den Inhaber, die ein deutsches Land oder früherer Bundesstaat oder eine ihm angehörende Körperschaft, Stiftung oder Anstalt des öffentlichen Rechts ausgestellt oder für deren Bezahlung ein deutsches Land oder früherer Bundesstaat die Haftung übernommen hat, ein bestimmtes Amtsgericht für ausschließlich zuständig erklärt wird. [2] Bezweckt das Aufgebot die Kraftloserklärung einer Urkunde der in § 808 des Bürgerlichen Gesetzbuchs[2)] bezeichneten Art, gilt Satz 1 entsprechend.

**§ 492[3)] Anwendbare Vorschriften bei Zuständigkeit von Notaren.**

(1) [1] Wird in Verfahren nach § 342 Absatz 2 Nummer 1 ein Notar anstelle des Amtsgerichts tätig, so sind die für das Amtsgericht geltenden Vorschriften entsprechend anzuwenden. [2] Der Notar nimmt die Aufgaben des Richters, des Rechtspflegers und des Urkundsbeamten der Geschäftsstelle wahr. [3] Geschäftsstelle sind die Geschäftsräume des Notars. [4] Anstelle von Justizbediensteten handelt der Gerichtsvollzieher. [5] Die Ausführung der vom Notar bewilligten öffentlichen Zustellung erfolgt auf dessen Ersuchen durch das Amtsgericht, in dessen Bezirk sich der Amtssitz des Notars befindet.

(2) [1] Ist gegen die Entscheidung des Notars nach den allgemeinen verfahrensrechtlichen Vorschriften ein Rechtsmittel nicht gegeben, so findet die Erinnerung statt, die innerhalb der für die Beschwerde geltenden Frist beim Notar einzulegen ist. [2] Der Notar kann der Erinnerung abhelfen. [3] Erinnerungen,

---

1) Nr. **95**.

2) Nr. **20**.

3) § 492 angef. mWv 1.9.2013 durch G v. 26.6.2013 (BGBl. I S. 1800, geänd. durch G v. 23.7.2013, BGBl. I S. 2586).

denen er nicht abhilft, legt er dem Amtsgericht vor, in dessen Bezirk sich sein Amtssitz befindet. [4] Auf die Erinnerung sind im Übrigen die Vorschriften über die Beschwerde sinngemäß anzuwenden.

(3) Verfügungen, Beschlüsse oder Zeugnisse des Notars, die nach den Vorschriften dieses Gesetzes wirksam geworden sind und nicht mehr geändert werden können, sind mit der Erinnerung nicht anfechtbar.

**§ 493[1)] Übergangsvorschriften.** (1) Für bis zum Inkrafttreten des Gesetzes zur Übertragung von Aufgaben im Bereich der freiwilligen Gerichtsbarkeit auf Notare vom 26. Juni 2013 (BGBl. I S. 1800) am 1. September 2013 beantragte Auseinandersetzungen gemäß den §§ 363 bis 373 ist das Gesetz über das Verfahren in Familiensachen und in den Angelegenheiten der freiwilligen Gerichtsbarkeit in der bis dahin geltenden Fassung anzuwenden.

(2) Auf vereinfachte Verfahren über den Unterhalt Minderjähriger nach den §§ 249 bis 260, die bis zum 31. Dezember 2016 beantragt wurden, sind die §§ 249 bis 260 in der bis dahin geltenden Fassung weiter anzuwenden.

(3) Für Anmeldungen, die bis einschließlich 8. Juni 2017 beurkundet oder beglaubigt wurden, findet § 378 Absatz 3 keine Anwendung.

(4) § 158a findet keine Anwendung in Verfahren, in denen ein Verfahrensbeistand vor dem 1. Januar 2022 bestellt worden ist.

(5) Wenn Betreuung oder Einwilligungsvorbehalt vor dem 1. Januar 2023 angeordnet wurde, müssen erstmalige Entscheidungen über die Aufhebung oder Verlängerung der Maßnahme abweichend von den in § 294 Absatz 3 Satz 2 und § 295 Absatz 2 Satz 2 genannten Fristen zu folgenden Zeitpunkten erfolgen:

1. über Maßnahmen, die bis zum Ablauf des 30. Juni 2022 angeordnet wurden, bis spätestens zum Ablauf des 30. Juni 2024,
2. über Maßnahmen, die zwischen dem 1. Juli 2022 und dem 31. Dezember 2022 angeordnet wurden, spätestens zwei Jahre nach der Anordnung.

---

[1)] § 493 angef. mWv 1.9.2013 durch G v. 26.6.2013 (BGBl. I S. 1800); Überschrift neu gef., Abs. 2 angef. mWv 1.1.2017 durch G v. 20.11.2015 (BGBl. I S. 2018); Abs. 3 angef. mWv 9.6.2017 durch G v. 1.6.2017 (BGBl. I S. 1396); Abs. 4 angef. mWv 1.7.2021 durch G v. 16.6.2021 (BGBl. I S. 1810); Abs. 5 angef. mWv 1.1.2023 durch G v. 22.2.2023 (BGBl. 2023 I Nr. 51).

# 112 a. Gesetz zur Reform des Verfahrens in Familiensachen und in den Angelegenheiten der freiwilligen Gerichtsbarkeit (FGG-Reformgesetz – FGG-RG)

Vom 17. Dezember 2008 (BGBl. I S. 2586)

Geändert durch Art. 22 Gesetz zur Strukturreform des Versorgungsausgleichs (VAStrRefG) v. 3. 4. 2009 (BGBl. I S. 700)

(Auszug)

**Art. 111. Übergangsvorschrift.** (1) [1]Auf Verfahren, die bis zum Inkrafttreten des Gesetzes zur Reform des Verfahrens in Familiensachen und in den Angelegenheiten der freiwilligen Gerichtsbarkeit eingeleitet worden sind oder deren Einleitung bis zum Inkrafttreten des Gesetzes zur Reform des Verfahrens in Familiensachen und in den Angelegenheiten der freiwilligen Gerichtsbarkeit beantragt wurde, sind weiter die vor Inkrafttreten des Gesetzes zur Reform des Verfahrens in Familiensachen und in den Angelegenheiten der freiwilligen Gerichtsbarkeit geltenden Vorschriften anzuwenden. [2]Auf Abänderungs-, Verlängerungs- und Aufhebungsverfahren finden die vor Inkrafttreten des Gesetzes zur Reform des Verfahrens in Familiensachen und in den Angelegenheiten der freiwilligen Gerichtsbarkeit geltenden Vorschriften Anwendung, wenn die Abänderungs-, Verlängerungs- und Aufhebungsverfahren bis zum Inkrafttreten des Gesetzes zur Reform des Verfahrens in Familiensachen und in den Angelegenheiten der freiwilligen Gerichtsbarkeit eingeleitet worden sind oder deren Einleitung bis zum Inkrafttreten des Gesetzes zur Reform des Verfahrens in Familiensachen und in den Angelegenheiten der freiwilligen Gerichtsbarkeit beantragt wurde.

(2) Jedes gerichtliche Verfahren, das mit einer Endentscheidung abgeschlossen wird, ist ein selbständiges Verfahren im Sinne des Absatzes 1 Satz 1.

(3) Abweichend von Absatz 1 Satz 1 sind auf Verfahren in Familiensachen, die am 1. September 2009 ausgesetzt sind oder nach dem 1. September 2009 ausgesetzt werden oder deren Ruhen am 1. September 2009 angeordnet ist oder nach dem 1. September 2009 angeordnet wird, die nach Inkrafttreten des Gesetzes zur Reform des Verfahrens in Familiensachen und in den Angelegenheiten der freiwilligen Gerichtsbarkeit geltenden Vorschriften anzuwenden.

(4) [1]Abweichend von Absatz 1 Satz 1 sind auf Verfahren über den Versorgungsausgleich, die am 1. September 2009 vom Verbund abgetrennt sind oder nach dem 1. September 2009 abgetrennt werden, die nach Inkrafttreten des Gesetzes zur Reform des Verfahrens in Familiensachen und in den Angelegenheiten der freiwilligen Gerichtsbarkeit geltenden Vorschriften anzuwenden. [2]Alle vom Verbund abgetrennten Folgesachen werden im Fall des Satzes 1 als selbständige Familiensachen fortgeführt.

(5) Abweichend von Absatz 1 Satz 1 sind auf Verfahren über den Versorgungsausgleich, in denen am 31. August 2010 im ersten Rechtszug noch keine

Endentscheidung erlassen wurde, sowie auf die mit solchen Verfahren im Verbund stehenden Scheidungs- und Folgesachen ab dem 1. September 2010 die nach Inkrafttreten des Gesetzes zur Reform des Verfahrens in Familiensachen und in den Angelegenheiten der freiwilligen Gerichtsbarkeit geltenden Vorschriften anzuwenden.

# 114. Grundbuchordnung

In der Fassung der Bekanntmachung vom 26. Mai 1994[1]
(BGBl. I S. 1114)

**FNA 315-11**

| Lfd. Nr. | Änderndes Gesetz | Datum | Fundstelle | Betroffen | Hinweis |
|---|---|---|---|---|---|
| 1. | Art. 24 Insolvenzordnung-EinführungsG | 5. 10. 1994 | BGBl. I S. 2911 | §§ 144 | geänd. mWv 19. 10. 1994 |
| | | | | §§ 12 c | geänd. mWv 1. 1. 1999 |
| 2. | Art. 5 Abs. 2 AusführungsG Seerechtsübereinkommen 1982/1994 | 6. 6. 1995 | BGBl. IS. 778 | §§ 10, 32 | geänd. mWv 15. 6. 1995 |
| 3. | Art. 7 Abs. 5 G über Fernabsatzverträge und andere Fragen des Verbraucherrechts sowie zur Umstellung von Vorschriften auf Euro[2] | 27. 6. 2000 | BGBl. I S. 897 | §§ 35, 121 | geänd. mWv 30. 6. 2000 |
| 4. | Art. 2 Abs. 13 ZustellungsreformG | 25. 6. 2001 | BGBl. I S. 1206 | § 88 | geänd. mWv 1. 7. 2002 |
| 5. | Art. 5 a RechtsgeschäftsmodernisierungsG | 13. 7. 2001 | BGBl. I S. 1542 | §§ 73, 81 | geänd. mWv 1. 8. 2001 |
| 6. | Art. 14 Abs. 1 ZivilprozessreformG | 27. 7. 2001 | BGBl. I S. 1887 | § 78 | geänd. mWv 1. 1. 2002 |
| 7. | Art. 7 Insolvenzordnung-ÄnderungsG | 26. 10. 2001 | BGBl. I S. 2710 | § 84 | geänd. mWv 1. 12. 2001 |
| 8. | Art. 5 AnhörungsrügenG | 9. 12. 2004 | BGBl. I S. 3220 | § 81 | geänd. mWv 1. 1. 2005 |
| 9. | Art. 88 Erstes G über die Bereinigung von Bundesrecht im Zuständigkeitsbereich des BMJ | 19. 4. 2006 | BGBl. I S. 866 | § 12 | geänd. mWv 25. 4. 2006 |
| | | | | § 142 | aufgeh. mWv 25. 4. 2006 |
| 10. | Art. 78 Abs. 7 Zweites G über die Bereinigung von Bundesrecht im Zuständigkeitsbereich des BMJ | 23. 11. 2007 | BGBl. I S. 2614 | § 137 | geänd. mWv 30. 11. 2007 |
| 11. | Art. 36 FGG-ReformG[3] | 17. 12. 2008 | BGBl. I S. 2586, geänd. durch G v. 30. 7. 2009, BGBl. I S. 2449 | §§ 1, 4, 5, 12 c, 36, 41, 67, 72, 73, 78, 81, 88, 96, 105, 110, 144 | geänd. mWv 1. 9. 2009 |
| | | | | §§ 79, 80 | aufgeh. mWv 1. 9. 2009 |

[1] Neubekanntmachung der GBO v. 24. 3. 1897 (RGBl. S. 139) in der ab 25. 12. 1993 an geltenden Fassung.

[2] **Amtl. Anm.:** Dieses Gesetz dient der Umsetzung der Richtlinie 97/7/EG des Europäischen Parlaments und des Rates vom 20. Mai 1997 über den Verbraucherschutz bei Vertragsabschlüssen im Fernabsatz (ABl. EG Nr. L 144 S. 19) und der Umsetzung der Richtlinie 98/27/EG des Europäischen Parlaments und des Rates vom 19. Mai 1998 über Unterlassungsklagen zum Schutz der Verbraucherinteressen (ABl. EG Nr. L 166 S. 51).

[3] Beachte hierzu Übergangsvorschrift in Art. 111 FGG-RF (Nr. **112 a**).

| Lfd. Nr. | Änderndes Gesetz | Datum | Fundstelle | Betroffen | Hinweis |
|---|---|---|---|---|---|
| 12. | Art. 8 G zur Änderung der BNotO und anderer Gesetze | 15. 7. 2009 | BGBl. I S. 1798, aufgeh. durch G v. 5. 12. 2014, BGBl. I S. 1962 | § 1 | geänd. mWv 1. 1. 2018 |
| | | | | § 143 | neu gef. mWv 1. 1. 2018 |
| 13. | Art. 9 Abs. 4 G zur Modernisierung von Verfahren im anwaltlichen und notariellen Berufsrecht, zur Errichtung einer Schlichtungsstelle der Rechtsanwaltschaft sowie zur Änd. sonstiger Vorschriften[1] | 30. 7. 2009 | BGBl. I S. 2449 | § 15 | geänd. mWv 1. 9. 2009 |
| 14. | Art. 1 G zur Einführung des elektronischen Rechtsverkehrs und der elektronischen Akte im Grundbuchverfahren sowie zur Änd. weiterer grundbuch-, register- und kostenrechtlicher Vorschriften | 11. 8. 2009 | BGBl. I S. 2713 | §§ 47, 82 | geänd. mWv 18. 8. 2009 |
| | | | | §§ 1, 10, 10 a, 12 c, 13, 33, 73, 78, 81, 128, 132, 133, 134, 9. Abschn. (§§ 142, 143, 144, 145, 146, 147, 148, 149, 150) | geänd. mWv 1. 10. 2009 |
| | | | | 8. Abschnitt (§§ 135, 136, 137, 138, 139, 140, 141) | eingef. mWv 1. 10. 2009 |
| | | | | §§ 12 b, 32 | neu gef. mWv 1. 10. 2009 |
| | | | | § 34 | aufgeh. mWv 1. 10. 2009 |
| 15. | Art. 4 G zur Verbesserung des Austauschs von strafregisterrechtlichen Daten zwischen den Mitgliedstaaten der EU und zur Änderung registerrechtlicher Vorschriften[2] | 15. 12. 2011 | BGBl. I S. 2714 | § 150 | geänd. mWv 22. 12. 2011 |
| | | | | § 134 a | eingef. mWv 22. 12. 2011 |
| 16. | Art. 5 G zur Übertragung von Aufgaben im Bereich der freiwilligen Gerichtsbarkeit auf Notare | 26. 6. 2013 | BGBl. I S. 1800 | § 36 | geänd. mWv 1. 9. 2013 |
| | | | | § 133 a | eingef. mWv 1. 9. 2013 |
| | | | | § 34 | neu gef. mWv 1. 9. 2013 |

[1] **Amtl. Anm.:** Dieses Gesetz dient der Umsetzung der Richtlinie 2006/123/EG **[Nipperdey I, Arbeitsrecht Nr. 866]** des Europäischen Parlaments und des Rates vom 12. Dezember 2006 über Dienstleistungen im Binnenmarkt (ABl. L 376 vom 27. 12. 2006, S. 36).

[2] **Amtl. Anm.:** Dieses Gesetz dient der Umsetzung des Rahmenbeschlusses 2009/315/JI des Rates vom 26. Februar 2009 über die Durchführung und den Inhalt des Austauschs von Informationen aus dem Strafregister zwischen den Mitgliedstaaten (ABl. L 93 vom 7. 4. 2009, S. 23), des Beschlusses 2009/316/JI des Rates vom 6. April 2009 zur Errichtung des Europäischen Strafregisterinformationssystems (ECRIS) gemäß Artikel 11 des Rahmenbeschlusses 2009/315/JI (ABl. L 93 vom 7. 4. 2009, S. 33) und der Richtlinie 2006/123/EG **[Nipperdey I, Arbeitsrecht Nr. 866]** des Europäischen Parlaments und des Rates vom 12. Dezember 2006 über Dienstleistungen im Binnenmarkt (ABl. L 376 vom 27. 12. 2006, S. 36).

| Lfd. Nr. | Änderndes Gesetz | Datum | Fundstelle | Betroffen | Hinweis |
|---|---|---|---|---|---|
| 17. | Art. 1 G zur Einführung eines Datenbankgrundbuchs | 1.10.2013 | BGBl. I S. 3719 | §§ 2, 5, 6, 7, 12c, 33, 36, 37, 44, 116, 126, 129, 131, 133, 134, 134a, 140, 141, 148, 149 | geänd. mWv 9.10.2013 |
| | | | | § 127 | neu gef. mWv 9.10.2013 |
| | | | | § 117 | aufgeh. mWv 9.10.2013 |
| | | | | §§ 12, 12a | geänd. mWv 1.10.2014 |
| 18. | Art. 12 G zur Förderung des elektronischen Rechtsverkehrs mit den Gerichten | 10.10. 2013 | BGBl. I S. 3786 | § 137 | geänd. mWv 1.7.2014 |
| | | | | § 81 | geänd. mWv 1.1.2018 |
| 19. | Art. 2 G zur Erleichterung der Umsetzung der Grundbuchamtsreform in Baden-Württemberg sowie zur Änd. des EGZPO und des WohnungseigentumsG | 5.12.2014 | BGBl. I S. 1962 | § 1 | geänd. mWv 1.1.2018 |
| | | | | § 149 | neu gef. mWv 1.1.2018 |
| 20. | Art. 6 G zum Internationalen Erbrecht und zur Änd. von Vorschriften zum Erbschein sowie zur Änd. sonstiger Vorschriften | 29.6.2015 | BGBl. I S. 1042 | §§ 35, 83 | geänd. mWv 17.8.2015 |
| 21. | Art. 153 Zehnte ZuständigkeitsanpassungsVO | 31.8.2015 | BGBl. I S. 1474 | §§ 1, 10, 10a, 12, 28, 133, 134, 141, 148, 150 | geänd. mWv 8.9.2015 |
| 22. | Art. 3 G zur Verlängerung der Befristung von Vorschriften nach den Terrorismusbekämpfungsgesetzen | 3.12.2015 | BGBl. I S. 2161 | §§ 12, 133 | geänd. mWv 1.3.2016 |
| 23. | Art. 16 EU-KontenpfändungsVO-DurchführungsG | 21.11. 2016 | BGBl. I S. 2591 | § 149 | geänd. mWv 1.4.2012 |
| 24. | Art. 8 G zur Reform des Bauvertragsrechts, zur Änd. der kaufrechtlichen Mängelhaftung, zur Stärkung des zivilprozessualen Rechtsschutzes und zum maschinellen Siegel im Grundbuch- und Schiffsregisterverfahren | 28.4.2017 | BGBl. I S. 969 | § 29 | geänd. mWv 5.5.2017 |
| 25. | Art. 5 G zur Neuordnung der Aufbewahrung von Notariatsunterlagen und zur Einrichtung des Elektronischen Urkundenarchivs bei der Bundesnotarkammer sowie zur Änd. weiterer Gesetze | 1.6.2017 | BGBl. I S. 1396 | §§ 15, 143 | geänd. mWv 9.6.2017 |
| | | | | § 151 | eingef. mWv 9.6.2017 |

| Lfd. Nr. | Änderndes Gesetz | Datum | Fundstelle | Betroffen | Hinweis |
|---|---|---|---|---|---|
| 26. | Art. 11 Abs. 18 eIDAS-DurchführungsG[1) 2)] | 18.7.2017 | BGBl. I S. 2745 | §§ 137, 140 | geänd. mWv 29.7.2017 |
| 27. | Art. 15 G zur Umsetzung der RL (EU) 2016/680 im Strafverfahren sowie zur Anpassung datenschutzrechtl. Bestimmungen an die VO (EU) 2016/679[3)] | 20.11. 2019 | BGBl. I S. 1724 | §§ 126, 131, 133, 134a | geänd. mWv 26.11.2019 |
| | | | | § 12d | eingef. mWv 26.11.2019 |
| | | | | Anl. | aufgeh. mit Ablauf des 25.11. 2019 |
| 28. | Art. 15 G zur Änd. von Vorschriften über die außergerichtliche Streitbeilegung in Verbrauchersachen und zur Änd. weiterer Gesetze | 30.11. 2019 | BGBl. I S. 1942 | § 133 | geänd. mWv 6.12.2019 |
| 29. | Art. 11 G zur Umsetzung der ÄndRL zur Vierten EU-GeldwäscheRL[4)] | 12.12. 2019 | BGBl. I S. 2602 | § 12 | geänd. mWv 1.1.2020 |
| 30. | Art. 6 Wohnungseigentumsmodernisierungs G | 16.10. 2020 | BGBl. I S. 2187 | § 150 | geänd. mWv 23.10.2020 |
| 31. | Art. 40 Personengesellschaftsrechtsmodernisierungs G (MoPeG) | 10.8.2021 | BGBl. I S. 3436 | §§ 32, 47, 82 | geänd. mWv 1.1.2024 |
| 32. | Art. 28 G zum Ausbau des elektronischen Rechtsverkehrs mit den Gerichten und zur Änd. weiterer Vorschriften[2)] | 5.10.2021 | BGBl. I S. 4607 | § 140 | geänd. mWv 1.1.2022 |
| 33. | Art. 7 Abs. 3 G zur Abschaffung des Güterrechtsregisters und zur Änd. des COVID-19-InsolvenzaussetzungsG | 31.10. 2022 | BGBl. I S. 1966 | § 33 | aufgeh. mit Ablauf des 31.12. 2022 |
| 34. | Art. 16 SanktionsdurchsetzungsG II | 19.12. 2022 | BGBl. I S. 2606 | §§ 12, 13, 133 | geänd. mWv 28.12.2022 |

**Vorbemerkung:**
**Die Änderungen durch G v. 10.8.2021 (BGBl. I S. 3436) treten erst mWv 1.1.2024 in Kraft und sind im Text noch nicht berücksichtigt.**

[1)] **Amtl. Anm.:** Dieses Gesetz dient der Durchführung der Verordnung (EU) Nr. 910/2014 des Europäischen Parlaments und des Rates vom 23. Juli 2014 über elektronische Identifizierung und Vertrauensdienste für elektronische Transaktionen im Binnenmarkt und zur Aufhebung der Richtlinie 1999/93/EG.

[2)] **Amtl. Anm.:** Notifiziert gemäß der Richtlinie (EU) 2015/1535 des Europäischen Parlaments und des Rates vom 9. September 2015 über ein Informationsverfahren auf dem Gebiet der technischen Vorschriften und der Vorschriften für die Dienste der Informationsgesellschaft (ABl. L 241 vom 17.9.2015, S. 1).

[3)] **Amtl. Anm.:** *(abgedruckt in Änderungstabelle Nr.* ***90****)*

[4)] **Amtl. Anm.:** Dieses Gesetz dient der Umsetzung der Richtlinie (EU) 2018/843 des Europäischen Parlaments und des Rates vom 30. Mai 2018 zur Änderung der Richtlinie (EU) 2015/849 zur Verhinderung der Nutzung des Finanzsystems zum Zwecke der Geldwäsche und der Terrorismusfinanzierung und zur Änderung der Richtlinien 2009/138/EG und 2013/36/EU (ABl. L 156 vom 19.6.2018, S. 43).

Nichtamtliche Inhaltsübersicht



## Erster Abschnitt. Allgemeine Vorschriften

**§ 1[1)] [Amtsgericht als Grundbuchamt; Zuständigkeit]** (1) [1]Die Grundbücher, die auch als Loseblattgrundbuch geführt werden können, werden von den Amtsgerichten geführt (Grundbuchämter). [2]Diese sind für die in ihrem Bezirk liegenden Grundstücke zuständig. [3]Die abweichenden Vorschriften des § 150 für das in Artikel 3 des Einigungsvertrages[2)] genannte Gebiet bleiben unberührt.

(2) Liegt ein Grundstück in dem Bezirk mehrerer Grundbuchämter, so ist das zuständige Grundbuchamt nach § 5 des Gesetzes über das Verfahren in Familiensachen und in den Angelegenheiten der freiwilligen Gerichtsbarkeit[3)] zu bestimmen.

(3) [1]Die Landesregierungen werden ermächtigt, durch Rechtsverordnung[4)] die Führung des Grundbuchs einem Amtsgericht für die Bezirke mehrerer Amtsgerichte zuzuweisen, wenn dies einer schnelleren und rationelleren Grundbuchführung dient. [2]Sie können die Ermächtigung durch Rechtsverordnung auf die Landesjustizverwaltungen übertragen.

(4) [1]Das Bundesministerium der Justiz und für Verbraucherschutz wird ermächtigt, durch Rechtsverordnung[5)], die der Zustimmung des Bundesrates bedarf, die näheren Vorschriften über die Einrichtung und die Führung der Grundbücher, die Hypotheken-, Grundschuld- und Rentenschuldbriefe und die Abschriften aus dem Grundbuch und den Grundakten sowie die Einsicht hierin zu erlassen sowie das Verfahren zur Beseitigung einer Doppelbuchung zu bestimmen. [2]Es kann hierbei auch regeln, inwieweit Änderungen bei einem Grundbuch, die sich auf Grund von Vorschriften der Rechtsverordnung ergeben, den Beteiligten und der Behörde, die das in § 2 Abs. 2 bezeichnete amtliche Verzeichnis führt, bekanntzugeben sind.

---

[1)] § 1 Abs. 2 geänd. mWv 1.9.2009 durch G v. 17.12.2008 (BGBl. I S. 2586); Abs. 1 Satz 3 geänd. mWv 1.10.2009 durch G v. 11.8.2009 (BGBl. I S. 2713); Abs. 1 Satz 3 geänd. mWv 1.1.2018 durch G v. 5.12. 2014 (BGBl. I S. 1962); Abs. 4 Satz 1 geänd. mWv 8.9.2015 durch VO v. 31.8.2015 (BGBl. I S. 1474).

[2)] **Habersack II Nr. 2.**

[3)] Nr. **112.**

[4)] Beachte auch VO zur Durchführung der GrundbuchO (Grundbuchverfügung – GBV) idF der Bek. v. 24.1.1995 (BGBl. I S. 114), zuletzt geänd. durch G v. 19.12.2022 (BGBl. I S. 2606).

[5)] Beachte auch Vereinsregisterverordnung (VRV) v. 10.2.1999 (BGBl. I S. 147), zuletzt geänd. durch G v. 5.7.2021 (BGBl. I S. 3338).

**§ 2[1)] [Grundbuchbezirke; Liegenschaftskataster; Abschreibung von Grundstücksteilen]** (1) Die Grundbücher sind für Bezirke einzurichten.

(2) Die Grundstücke werden im Grundbuch nach den in den Ländern eingerichteten amtlichen Verzeichnissen benannt (Liegenschaftskataster).

(3) Ein Teil eines Grundstücks darf von diesem nur abgeschrieben werden, wenn er im amtlichen Verzeichnis unter einer besonderen Nummer verzeichnet ist oder wenn die zur Führung des amtlichen Verzeichnisses zuständige Behörde bescheinigt, dass sie von der Buchung unter einer besonderen Nummer absieht, weil der Grundstücksteil mit einem benachbarten Grundstück oder einem Teil davon zusammengefasst wird.

**§ 3 [Grundbuchblatt; buchungsfreie Grundstücke; Buchung von Miteigentumsanteilen]** (1) [1] Jedes Grundstück erhält im Grundbuch eine besondere Stelle (Grundbuchblatt). [2] Das Grundbuchblatt ist für das Grundstück als das Grundbuch im Sinne des Bürgerlichen Gesetzbuchs[2)] anzusehen.

(2) Die Grundstücke des Bundes, der Länder, der Gemeinden und anderer Kommunalverbände, der Kirchen, Klöster und Schulen, die Wasserläufe, die öffentlichen Wege, sowie die Grundstücke, welche einem dem öffentlichen Verkehr dienenden Bahnunternehmen gewidmet sind, erhalten ein Grundbuchblatt nur auf Antrag des Eigentümers oder eines Berechtigten.

(3) Ein Grundstück ist auf Antrag des Eigentümers aus dem Grundbuch auszuscheiden, wenn der Eigentümer nach Absatz 2 von der Verpflichtung zur Eintragung befreit und eine Eintragung, von der das Recht des Eigentümers betroffen wird, nicht vorhanden ist.

(4) Das Grundbuchamt kann, sofern hiervon nicht Verwirrung oder eine wesentliche Erschwerung des Rechtsverkehrs oder der Grundbuchführung zu besorgen ist, von der Führung eines Grundbuchblatts für ein Grundstück absehen, wenn das Grundstück den wirtschaftlichen Zwecken mehrerer anderer Grundstücke zu dienen bestimmt ist, zu diesen in einem dieser Bestimmung entsprechenden räumlichen Verhältnis und im Miteigentum der Eigentümer dieser Grundstücke steht (dienendes Grundstück).

(5) [1] In diesem Fall müssen an Stelle des ganzen Grundstücks die den Eigentümern zustehenden einzelnen Miteigentumsanteile an dem dienenden Grundstück auf dem Grundbuchblatt des dem einzelnen Eigentümer gehörenden Grundstücks eingetragen werden. [2] Diese Eintragung gilt als Grundbuch für den einzelnen Miteigentumsanteil.

(6) Die Buchung nach den Absätzen 4 und 5 ist auch dann zulässig, wenn die beteiligten Grundstücke noch einem Eigentümer gehören, dieser aber die Teilung des Eigentums am dienenden Grundstück in Miteigentumsanteile und deren Zuordnung zu den herrschenden Grundstücken gegenüber dem Grundbuchamt erklärt hat; die Teilung wird mit der Buchung nach Absatz 5 wirksam.

(7) Werden die Miteigentumsanteile an dem dienenden Grundstück neu gebildet, so soll, wenn die Voraussetzungen des Absatzes 4 vorliegen, das Grundbuchamt in der Regel nach den vorstehenden Vorschriften verfahren.

(8) Stehen die Anteile an dem dienenden Grundstück nicht mehr den Eigentümern der herrschenden Grundstücke zu, so ist ein Grundbuchblatt anzulegen.

---

[1)] § 2 Abs. 3 neu gef., Abs. 4 und 5 aufgeh. mWv 9.10.2013 durch G v. 1.10.2013 (BGBl. I S. 3719).
[2)] Nr. **20**.

(9) Wird das dienende Grundstück als Ganzes belastet, so ist, sofern nicht ein besonderes Grundbuchblatt angelegt wird oder § 48 anwendbar ist, in allen beteiligten Grundbuchblättern kenntlich zu machen, daß das dienende Grundstück als Ganzes belastet ist; hierbei ist jeweils auf die übrigen Eintragungen zu verweisen.

**§ 4[1)] [Gemeinschaftliches Grundbuchblatt]** (1) Über mehrere Grundstücke desselben Eigentümers, deren Grundbücher von demselben Grundbuchamt geführt werden, kann ein gemeinschaftliches Grundbuchblatt geführt werden, solange hiervon Verwirrung nicht zu besorgen ist.

(2) [1]Dasselbe gilt, wenn die Grundstücke zu einem Hof im Sinne der Höfeordnung gehören oder in ähnlicher Weise bundes- oder landesrechtlich miteinander verbunden sind, auch wenn ihre Grundbücher von verschiedenen Grundbuchämtern geführt werden. [2]In diesen Fällen ist, wenn es sich um einen Hof handelt, das Grundbuchamt zuständig, welches das Grundbuch über die Hofstelle führt; im übrigen ist das zuständige Grundbuchamt nach § 5 des Gesetzes über das Verfahren in Familiensachen und in den Angelegenheiten der freiwilligen Gerichtsbarkeit zu bestimmen.

**§ 5[2)] [Vereinigung von Grundstücken]** (1) [1]Ein Grundstück soll nur dann mit einem anderen Grundstück vereinigt werden, wenn hiervon Verwirrung nicht zu besorgen ist. [2]Eine Vereinigung soll insbesondere dann unterbleiben, wenn die Grundstücke im Zeitpunkt der Vereinigung wie folgt belastet sind:

1. mit unterschiedlichen Grundpfandrechten oder Reallasten oder
2. mit denselben Grundpfandrechten oder Reallasten in unterschiedlicher Rangfolge.

[3]Werden die Grundbücher von verschiedenen Grundbuchämtern geführt, so ist das zuständige Grundbuchamt nach § 5 des Gesetzes über das Verfahren in Familiensachen und in den Angelegenheiten der freiwilligen Gerichtsbarkeit zu bestimmen.

(2) [1]Die an der Vereinigung beteiligten Grundstücke sollen im Bezirk desselben Grundbuchamts und derselben für die Führung des amtlichen Verzeichnisses nach § 2 Abs. 2 zuständigen Stelle liegen und unmittelbar aneinandergrenzen. [2]Von diesen Erfordernissen soll nur abgewichen werden, wenn hierfür, insbesondere wegen der Zusammengehörigkeit baulicher Anlagen und Nebenanlagen, ein erhebliches Bedürfnis *entsteht*[3)]. [3]Die Lage der Grundstücke zueinander kann durch Bezugnahme auf das amtliche Verzeichnis nachgewiesen werden. [4]Das erhebliche Bedürfnis ist glaubhaft zu machen; § 29 gilt hierfür nicht.

**§ 6[4)] [Zuschreibung]** (1) [1]Ein Grundstück soll nur dann einem anderen Grundstück als Bestandteil zugeschrieben werden, wenn hiervon Verwirrung nicht zu besorgen ist. [2]Werden die Grundbücher von verschiedenen Grundbuchämtern geführt, so ist für die Entscheidung über den Antrag auf Zuschreibung und, wenn dem Antrag stattgegeben wird, für die Führung des Grundbuchs über das ganze Grundstück das Grundbuchamt zuständig, das das Grundbuch über das Hauptgrundstück führt.

(2) § 5 Absatz 1 Satz 2 und Absatz 2 ist entsprechend anzuwenden.

---

[1)] § 4 Abs. 2 Satz 2 geänd. mWv 1.9.2009 durch G v. 17.12.2008 (BGBl. I S. 2586).

[2)] § 5 Abs. 1 Satz 2 geänd. mWv 1.9.2009 durch G v. 17.12.2008 (BGBl. I S. 2586); Abs. 1 Satz 2 eingef., bish. Satz 2 wird Satz 3, Abs. 2 Satz 3 neu gef. mWv 9.10.2013 durch G v. 1.10.2013 (BGBl. I S. 3719).

[3)] Richtig wohl: „besteht".

[4)] § 6 Abs. 2 neu gef. mWv 9.10.2013 durch G v. 1.10.2013 (BGBl. I S. 3719).

**§ 6a [Erfordernisse für Eintragung des Erbbaurechts]** (1) [1]Dem Antrag auf Eintragung eines Erbbaurechts an mehreren Grundstücken oder Erbbaurechten soll unbeschadet des Satzes 2 nur entsprochen werden, wenn hinsichtlich der zu belastenden Grundstücke die Voraussetzungen des § 5 Abs. 2 Satz 1 vorliegen. [2]Von diesen Erfordernissen soll nur abgewichen werden, wenn die zu belastenden Grundstücke nahe beieinander liegen und entweder das Erbbaurecht in Wohnungs- oder Teilerbbaurechte aufgeteilt werden soll oder Gegenstand des Erbbaurechts ein einheitliches Bauwerk oder ein Bauwerk mit dazugehörenden Nebenanlagen auf den zu belastenden Grundstücken ist; § 5 Abs. 2 Satz 3 findet entsprechende Anwendung. [3]Im übrigen sind die Voraussetzungen des Satzes 2 glaubhaft zu machen; § 29 gilt hierfür nicht.

(2) Dem Antrag auf Eintragung eines Erbbaurechts soll nicht entsprochen werden, wenn das Erbbaurecht sowohl an einem Grundstück als auch an einem anderen Erbbaurecht bestellt werden soll.

**§ 7[1)] [Abschreibung eines Grundstücksteils]** (1) Soll ein Grundstücksteil mit einem Recht belastet werden, so ist er von dem Grundstück abzuschreiben und als selbständiges Grundstück einzutragen.

(2) [1]Ist das Recht eine Dienstbarkeit, so kann die Abschreibung unterbleiben, wenn hiervon Verwirrung nicht zu besorgen ist. [2]In diesem Fall soll ein von der für die Führung des Liegenschaftskatasters zuständigen Behörde erteilter beglaubigter Auszug aus der amtlichen Karte vorgelegt werden, in dem der belastete Grundstücksteil gekennzeichnet ist. [3]Die Vorlage eines solchen Auszugs ist nicht erforderlich, wenn der Grundstücksteil im Liegenschaftskataster unter einer besonderen Nummer verzeichnet ist.

(3) [1]Die Landesregierungen werden ermächtigt, durch Rechtsverordnung zu bestimmen, dass der nach Absatz 2 vorzulegende Auszug aus der amtlichen Karte der Beglaubigung nicht bedarf, wenn der Auszug maschinell hergestellt wird und ein ausreichender Schutz gegen die Vorlage von nicht von der zuständigen Behörde hergestellten oder von verfälschten Auszügen besteht. [2]Satz 1 gilt entsprechend für andere Fälle, in denen dem Grundbuchamt Angaben aus dem amtlichen Verzeichnis zu übermitteln sind. [3]Die Landesregierungen können die Ermächtigung durch Rechtsverordnung auf die Landesjustizverwaltungen übertragen.

**§ 8** (weggefallen)

**§ 9 [Subjektiv-dingliche Rechte]** (1) [1]Rechte, die dem jeweiligen Eigentümer eines Grundstücks zustehen, sind auf Antrag auch auf dem Blatt dieses Grundstücks zu vermerken. [2]Antragsberechtigt ist der Eigentümer des Grundstücks sowie jeder, dessen Zustimmung nach § 876 Satz 2 des Bürgerlichen Gesetzbuchs[2)] zur Aufhebung des Rechtes erforderlich ist.

(2) Der Vermerk ist von Amts wegen zu berichtigen, wenn das Recht geändert oder aufgehoben wird.

(3) Die Eintragung des Vermerks (Absatz 1) ist auf dem Blatt des belasteten Grundstücks von Amts wegen ersichtlich zu machen.

---

[1)] § 7 Abs. 2 Satz 1 geänd., Satz 2 neu gef., Satz 3 und Abs. 3 angef. mWv 9.10.2013 durch G v. 1.10.2013 (BGBl. I S. 3719).

[2)] Nr. **20**.

**§ 10[1)] [Aufbewahrung von Urkunden]** (1) [1]Grundbücher und Urkunden, auf die eine Eintragung sich gründet oder Bezug nimmt, hat das Grundbuchamt dauernd aufzubewahren. [2]Eine Urkunde nach Satz 1 darf nur herausgegeben werden, wenn statt der Urkunde eine beglaubigte Abschrift bei dem Grundbuchamt bleibt.

(2) Das Bundesministerium der Justiz und für Verbraucherschutz wird ermächtigt, durch Rechtsverordnung, die der Zustimmung des Bundesrates bedarf, zu bestimmen, daß statt einer beglaubigten Abschrift der Urkunde eine Verweisung auf die anderen Akten genügt, wenn eine der in Absatz 1 bezeichneten Urkunden in anderen Akten des das Grundbuch führenden Amtsgerichts enthalten ist.

(3) *(aufgehoben)*

(4) (weggefallen)

**§ 10a[2)] [Aufbewahrung auf Datenträgern; Nachweis der Übereinstimmung]** (1) [1]Geschlossene Grundbücher können als Wiedergabe auf einem Bildträger oder auf anderen Datenträgern aufbewahrt werden, wenn sichergestellt ist, daß die Wiedergabe oder die Daten innerhalb angemessener Zeit lesbar gemacht werden können. [2]Die Landesjustizverwaltungen bestimmen durch allgemeine Verwaltungsanordnung Zeitpunkt und Umfang dieser Art der Aufbewahrung und die Einzelheiten der Durchführung.

(2) [1]Bei der Herstellung der Bild- oder sonstigen Datenträger ist ein schriftlicher Nachweis anzufertigen, dass die Wiedergabe mit dem Original des Grundbuchs übereinstimmt. [2]Weist das Original farbliche Eintragungen auf, die in der Wiedergabe nicht als solche erkennbar sind, ist dies in dem schriftlichen Nachweis anzugeben. [3]Die Originale der geschlossenen Grundbücher können ausgesondert werden.

(3) [1]Durch Rechtsverordnung des Bundesministeriums der Justiz und für Verbraucherschutz mit Zustimmung des Bundesrates kann vorgesehen werden, daß für die Führung des Grundbuchs nicht mehr benötigte, bei den Grundakten befindliche Schriftstücke ausgesondert werden können. [2]Welche Schriftstücke dies sind und unter welchen Voraussetzungen sie ausgesondert werden können, ist in der Rechtsverordnung nach Satz 1 zu bestimmen.

**§ 11 [Ausgeschlossene Organe]** Eine Eintragung in das Grundbuch ist nicht aus dem Grunde unwirksam, weil derjenige, der sie bewirkt hat, von der Mitwirkung kraft Gesetzes ausgeschlossen ist.

**§ 12[3)] [Grundbucheinsicht; Abschriften]** (1) [1]Die Einsicht des Grundbuchs ist jedem gestattet, der ein berechtigtes Interesse darlegt. [2]Das gleiche gilt von Urkunden, auf die im Grundbuch zur Ergänzung einer Eintragung Bezug genommen ist, sowie von den noch nicht erledigten Eintragungsanträgen.

---

[1)] § 10 Abs. 3 aufgeh. mWv 15.6.1995 durch G v. 6.6.1995 (BGBl. I S. 778); Abs. 1 Sätze 1 und 2 geänd. mWv 1.10.2009 durch G v. 11.8.2009 (BGBl. I S. 2713); Abs. 2 geänd. mWv 8.9.2015 durch VO v. 31.8. 2015 (BGBl. I S. 1474).

[2)] § 10a Abs. 1 Satz 1 geänd., Abs. 2 neu gef. mWv 1.10.2009 durch G v. 11.8.2009 (BGBl. I S. 2713); Abs. 3 Satz 1 geänd. mWv 8.9.2015 durch VO v. 31.8.2015 (BGBl. I S. 1474).

[3)] § 12 Abs. 3 neu gef. mWv 25.4.2006 durch G v. 19.4.2006 (BGBl. I S. 866); Abs. 4 angef. mWv 1.10. 2014 durch G v. 1.10.2013 (BGBl. I S. 3719); Abs. 3 einl. Satzteil geänd. mWv 8.9.2015 durch VO v. 31.8. 2015 (BGBl. I S. 1474); Abs. 4 Satz 2 geänd. mWv 1.3.2016 durch G v. 3.12.2015 (BGBl. I S. 2161); Abs. 4 Satz 2 geänd. mWv 1.1.2020 durch G v. 12.12.2019 (BGBl. I S. 2602); Abs. 4 Satz 2 geänd. mWv 28.12. 2022 durch G v. 19.12.2022 (BGBl. I S. 2606).

(2) Soweit die Einsicht des Grundbuchs, der im Absatz 1 bezeichneten Urkunden und der noch nicht erledigten Eintragungsanträge gestattet ist, kann eine Abschrift gefordert werden; die Abschrift ist auf Verlangen zu beglaubigen.

(3) Das Bundesministerium der Justiz und für Verbraucherschutz kann durch Rechtsverordnung mit Zustimmung des Bundesrates bestimmen, dass

1. über die Absätze 1 und 2 hinaus die Einsicht in sonstige sich auf das Grundbuch beziehende Dokumente gestattet ist und Abschriften hiervon gefordert werden können;
2. bei Behörden von der Darlegung des berechtigten Interesses abgesehen werden kann, ebenso bei solchen Personen, bei denen es auf Grund ihres Amtes oder ihrer Tätigkeit gerechtfertigt ist.

(4) [1] Über Einsichten in Grundbücher und Grundakten sowie über die Erteilung von Abschriften aus Grundbüchern und Grundakten ist ein Protokoll zu führen. [2] Dem Eigentümer des betroffenen Grundstücks oder dem Inhaber eines grundstücksgleichen Rechts ist auf Verlangen Auskunft aus diesem Protokoll zu geben, es sei denn, die Bekanntgabe würde den Erfolg strafrechtlicher Ermittlungen oder die Aufgabenwahrnehmung einer Verfassungsschutzbehörde, des Bundesnachrichtendienstes, des Militärischen Abschirmdienstes, der Zentralstelle für Sanktionsdurchsetzung oder *die*[1)] Zentralstelle für Finanztransaktionsuntersuchungen gefährden. [3] Das Protokoll kann nach Ablauf von zwei Jahren vernichtet werden. [4] Einer Protokollierung bedarf es nicht, wenn die Einsicht oder Abschrift dem Auskunftsberechtigten nach Satz 2 gewährt wird.

## § 12a[2)] [Einrichtung von Verzeichnissen; keine Haftung bei Auskünften]

(1) [1] Die Grundbuchämter dürfen auch ein Verzeichnis der Eigentümer und der Grundstücke sowie mit Genehmigung der Landesjustizverwaltung weitere, für die Führung des Grundbuchs erforderliche Verzeichnisse einrichten und, auch in maschineller Form, führen. [2] Eine Verpflichtung, diese Verzeichnisse auf dem neuesten Stand zu halten, besteht nicht; eine Haftung bei nicht richtiger Auskunft besteht nicht. [3] Aus öffentlich zugänglich gemachten Verzeichnissen dieser Art sind Auskünfte zu erteilen, soweit ein solches Verzeichnis der Auffindung der Grundbuchblätter dient, zur Einsicht in das Grundbuch oder für den Antrag auf Erteilung von Abschriften erforderlich ist und die Voraussetzungen für die Einsicht in das Grundbuch gegeben sind. [4] Unter den Voraussetzungen des § 12 kann Auskunft aus Verzeichnissen nach Satz 1 auch gewährt werden, wenn damit die Einsicht in das Grundbuch entbehrlich wird. [5] Inländischen Gerichten, Behörden und Notaren kann auch die Einsicht in den entsprechenden Teil des Verzeichnisses gewährt werden. [6] Ein Anspruch auf Erteilung von Abschriften aus dem Verzeichnis besteht nicht. [7] Für maschinell geführte Verzeichnisse gelten § 126 Abs. 2 und § 133 entsprechend.

(2) Als Verzeichnis im Sinne des Absatzes 1 kann mit Genehmigung der Landesjustizverwaltung auch das Liegenschaftskataster verwendet werden.

(3) [1] Über Einsichten in Verzeichnisse nach Absatz 1 oder die Erteilung von Auskünften aus solchen Verzeichnissen, durch die personenbezogene Daten bekanntgegeben werden, ist ein Protokoll zu führen. [2] § 12 Absatz 4 Satz 2 bis 4 gilt entsprechend.

---

1) Richtig wohl: „der".
2) § 12a Abs. 3 angef. mWv 1.10.2014 durch G v. 1.10.2013 (BGBl. I S. 3719).

**§ 12b**[1] **[Grundbucheinsicht]** (1) [1]Nach der Übertragung von geschlossenen Grundbüchern und Grundakten auf einen Bild- oder sonstigen Datenträger in einem Verfahren nach § 10a Absatz 1 und 2, § 128 Absatz 3 oder § 138 Absatz 1 kann eine Einsicht in die vom Grundbuchamt weiter aufbewahrten Originale nicht mehr verlangt werden. [2]Werden die Originale nach ihrer Aussonderung durch eine andere Stelle als das Grundbuchamt aufbewahrt, bestimmt sich die Einsicht nach Landesrecht.

(2) Soweit in dem in Artikel 3 des Einigungsvertrages[2] genannten Gebiet Grundakten und frühere Grundbücher von anderen als den grundbuchführenden Stellen aufbewahrt werden, gilt § 12 entsprechend.

**§ 12c**[3] **[Zuständigkeit des Urkundsbeamten]** (1) Der Urkundsbeamte der Geschäftsstelle entscheidet über:

1. die Gestattung der Einsicht in das Grundbuch oder die in § 12 bezeichneten Akten und Anträge sowie die Erteilung von Abschriften hieraus, soweit nicht Einsicht zu wissenschaftlichen oder Forschungszwecken begehrt wird;
2. die Erteilung von Auskünften nach § 12a oder die Gewährung der Einsicht in ein dort bezeichnetes Verzeichnis;
3. die Erteilung von Auskünften in den sonstigen gesetzlich vorgesehenen Fällen;
4. die Anträge auf Rückgabe von Urkunden und Versendung von Grundakten an inländische Gerichte oder Behörden.

(2) Der Urkundsbeamte der Geschäftsstelle ist ferner zuständig für

1. die Beglaubigung von Abschriften (Absatz 1 Nr. 1), auch soweit ihm die Entscheidung über die Erteilung nicht zusteht; jedoch kann statt des Urkundsbeamten ein von der Leitung des Amtsgerichts ermächtigter Justizangestellter die Beglaubigung vornehmen;
2. die Verfügungen und Eintragungen zur Erhaltung der Übereinstimmung zwischen dem Grundbuch und dem amtlichen Verzeichnis nach § 2 Abs. 2 oder einem sonstigen, hiermit in Verbindung stehenden Verzeichnis, mit Ausnahme der Verfügungen und Eintragungen, die zugleich eine Berichtigung rechtlicher Art oder eine Berichtigung eines Irrtums über das Eigentum betreffen;
3. die Entscheidungen über Ersuchen des Gerichts um Eintragung oder Löschung des Vermerks über die Eröffnung des Insolvenzverfahrens und über die Verfügungsbeschränkungen nach der Insolvenzordnung[4] oder des Vermerks über die Einleitung eines Zwangsversteigerungs- und Zwangsverwaltungsverfahrens;

3a. die Entscheidungen über Ersuchen um Eintragung und Löschung von Anmeldevermerken gemäß § 30b Absatz 1 des Vermögensgesetzes[5];

4. die Berichtigung der Eintragung des Namens, des Berufs oder des Wohnortes natürlicher Personen im Grundbuch;
5. die Anfertigung der Nachweise nach § 10a Abs. 2.

---

[1] § 12b neu gef. mWv 1.10.2009 durch G v. 11.8.2009 (BGBl. I S. 2713).

[2] **Habersack II Nr. 2.**

[3] § 12c Abs. 2 Nr. 3 neu gef. mWv 1.1.1999 durch G v. 5.10.1994 (BGBl. I S. 2911); Abs. 3 neu gef. mWv 1.9.2009 durch G v. 17.12.2008 (BGBl. I S. 2586); Abs. 5 Satz 1 geänd. mWv 1.10.2009 durch G v. 11.8.2009 (BGBl. I S. 2713); Abs. 2 Nr. 3a eingef., Abs. 4 Sätze 1 und 2 geänd. mWv 9.10.2013 durch G v. 1.10.2013 (BGBl. I S. 3719).

[4] Nr. **110**.

[5] **Habersack II Nr. 66.**

(3) [1] Die Vorschrift des § 6 des Gesetzes über das Verfahren in Familiensachen und in den Angelegenheiten der freiwilligen Gerichtsbarkeit[1)] ist auf den Urkundsbeamten der Geschäftsstelle sinngemäß anzuwenden. [2] Handlungen des Urkundsbeamten der Geschäftsstelle sind nicht aus dem Grunde unwirksam, weil sie von einem örtlich unzuständigen oder von der Ausübung seines Amtes kraft Gesetzes ausgeschlossenen Urkundsbeamten vorgenommen worden sind.

(4) [1] Wird die Änderung einer Entscheidung des Urkundsbeamten der Geschäftsstelle verlangt, so entscheidet, wenn dieser dem Verlangen nicht entspricht, die für die Führung des Grundbuchs zuständige Person. [2] Die Beschwerde findet erst gegen ihre Entscheidung statt.

(5) [1] In den Fällen des § 12b Absatz 2 entscheidet über die Gewährung von Einsicht oder die Erteilung von Abschriften die Leitung der Stelle oder ein von *ihm*[2)] hierzu ermächtigter Bediensteter. [2] Gegen die Entscheidung ist die Beschwerde nach dem Vierten Abschnitt gegeben. [3] Örtlich zuständig ist das Gericht, in dessen Bezirk die Stelle ihren Sitz hat.

**§ 12d[3)] Anwendung der Verordnung (EU) 2016/679.** (1) [1] Das Auskunftsrecht nach Artikel 15 Absatz 1 und das Recht auf Erhalt einer Kopie nach Artikel 15 Absatz 3 der Verordnung (EU) 2016/679[4)] des Europäischen Parlaments und des Rates vom 27. April 2016 zum Schutz natürlicher Personen bei der Verarbeitung personenbezogener Daten, zum freien Datenverkehr und zur Aufhebung der Richtlinie 95/46/EG (Datenschutz-Grundverordnung) (ABl. L 119 vom 4.5.2016, S. 1; L 314 vom 22.11.2016, S. 72; L 127 vom 23.5.2018, S. 2) werden dadurch gewährt, dass die betroffene Person

1. nach Maßgabe des § 12 Absatz 1 und 2 und den dazu erlassenen Vorschriften der Grundbuchverfügung in der jeweils geltenden Fassung Einsicht in das Grundbuch, die Urkunden, auf die im Grundbuch zur Ergänzung einer Eintragung Bezug genommen ist, sowie in die noch nicht erledigten Eintragungsanträge nehmen und eine Abschrift verlangen kann,
2. in die nach § 12a Absatz 1 Satz 1 geführten weiteren Verzeichnisse Einsicht nehmen kann.

[2] Eine Information über Empfänger, gegenüber denen die im Grundbuch oder in den Grundakten enthaltenen personenbezogenen Daten offengelegt werden, erfolgt nur zu Gunsten der Eigentümer des betroffenen Grundstücks oder dem Inhaber eines grundstücksgleichen Rechts innerhalb der von § 12 Absatz 4 Satz 2 bis 4 und der Grundbuchverfügung gesetzten Grenzen.

(2) Hinsichtlich der im Grundbuch enthaltenen personenbezogenen Daten kann das Recht auf Berichtigung nach Artikel 16 der Verordnung (EU) 2016/679 nur unter den Voraussetzungen ausgeübt werden, die in den §§ 894 bis 896 des Bürgerlichen Gesetzbuchs[5)] sowie in den §§ 22 bis 25 und 27 dieses Gesetzes für eine Berichtigung oder Löschung vorgesehen sind.

(3) Das Widerspruchsrecht gemäß Artikel 21 der Verordnung (EU) 2016/679 findet in Bezug auf die im Grundbuch und in den Grundakten enthaltenen personenbezogenen Daten keine Anwendung.

---

1) Nr. **112**.
2) Richtig wohl: „ihr".
3) § 12d eingef. mWv 26.11.2019 durch G v. 20.11.2019 (BGBl. I S. 1724).
4) **Sartorius Nr. 246.**
5) Nr. **20**.

## Zweiter Abschnitt. Eintragungen in das Grundbuch

**§ 13**[1] **[Antragsgrundsatz]** (1) [1]Eine Eintragung soll, soweit nicht das Gesetz etwas anderes vorschreibt, nur auf Antrag erfolgen. [2]Antragsberechtigt ist jeder, dessen Recht von der Eintragung betroffen wird oder zu dessen Gunsten die Eintragung erfolgen soll. [3]In den Fällen des § 20 soll die Eintragung nur erfolgen, wenn ein Notar den Antrag im Namen eines Antragsberechtigten eingereicht hat.

(2) [1]Der genaue Zeitpunkt, in dem ein Antrag beim Grundbuchamt eingeht, soll auf dem Antrag vermerkt werden. [2]Der Antrag ist beim Grundbuchamt eingegangen, wenn er einer zur Entgegennahme zuständigen Person vorgelegt ist. [3]Wird er zur Niederschrift einer solchen Person gestellt, so ist er mit Abschluß der Niederschrift eingegangen.

(3) [1]Für die Entgegennahme eines auf eine Eintragung gerichteten Antrags oder Ersuchens und die Beurkundung des Zeitpunkts, in welchem der Antrag oder das Ersuchen beim Grundbuchamt eingeht, sind nur die für die Führung des Grundbuchs über das betroffene Grundstück zuständige Person und der von der Leitung des Amtsgerichts für das ganze Grundbuchamt oder einzelne Abteilungen hierzu bestellte Beamte (Angestellte) der Geschäftsstelle zuständig. [2]Bezieht sich der Antrag oder das Ersuchen auf mehrere Grundstücke in verschiedenen Geschäftsbereichen desselben Grundbuchamts, so ist jeder zuständig, der nach Satz 1 in Betracht kommt.

**§ 14 [Antragsrecht bei Berichtigung]** Die Berichtigung des Grundbuchs durch Eintragung eines Berechtigten darf auch von demjenigen beantragt werden, welcher auf Grund eines gegen den Berechtigten vollstreckbaren Titels eine Eintragung in das Grundbuch verlangen kann, sofern die Zulässigkeit dieser Eintragung von der vorgängigen Berichtigung des Grundbuchs abhängt.

**§ 15**[2] **[Vollmachtsvermutung des Notars]** (1) [1]Für die Eintragungsbewilligung und die sonstigen Erklärungen, die zu der Eintragung erforderlich sind und in öffentlicher oder öffentlich beglaubigter Form abgegeben werden, können sich die Beteiligten auch durch Personen vertreten lassen, die nicht nach § 10 Abs. 2 des Gesetzes über das Verfahren in Familiensachen und in den Angelegenheiten der freiwilligen Gerichtsbarkeit[3] vertretungsbefugt sind. [2]Dies gilt auch für die Entgegennahme von Eintragungsmitteilungen und Verfügungen des Grundbuchamtes nach § 18.

(2) Ist die zu einer Eintragung erforderliche Erklärung von einem Notar beurkundet oder beglaubigt, so gilt dieser als ermächtigt, im Namen eines Antragsberechtigten die Eintragung zu beantragen.[4]

(3) [1]Die zu einer Eintragung erforderlichen Erklärungen sind vor ihrer Einreichung für das Grundbuchamt von einem Notar auf Eintragungsfähigkeit zu prüfen. [2]Dies gilt nicht, wenn die Erklärung von einer öffentlichen Behörde abgegeben wird.

---

[1] § 13 Abs. 3 Satz 1 geänd. mWv 1.10.2009 durch G v. 11.8.2009 (BGBl. I S. 2713); Abs. 1 Satz 3 angef. mWv 28.12.2022 durch G v. 19.12.2022 (BGBl. I S. 2606).

[2] § 15 Abs. 1 eingef. mWv 1.9.2009 durch G v. 30.7.2009 (BGBl. I S. 2449); Abs. 3 angef. mWv 9.6.2017 durch G v. 1.6.2017 (BGBl. I S. 1396).

[3] Nr. **112**.

[4] Vgl. hierzu auch § 24 Abs. 3 BNotO **(Habersack, Deutsche Gesetze ErgBd. Nr. 98a)**.

**§ 16 [Antrag unter Vorbehalt]** (1) Einem Eintragungsantrag, dessen Erledigung an einen Vorbehalt geknüpft wird, soll nicht stattgegeben werden.

(2) Werden mehrere Eintragungen beantragt, so kann von dem Antragsteller bestimmt werden, daß die eine Eintragung nicht ohne die andere erfolgen soll.

**§ 17 [Behandlung mehrerer Anträge]** Werden mehrere Eintragungen beantragt, durch die dasselbe Recht betroffen wird, so darf die später beantragte Eintragung nicht vor der Erledigung des früher gestellten Antrags erfolgen.

**§ 18 [Eintragungshindernis; Zurückweisung oder Zwischenverfügung]**

(1) [1] Steht einer beantragten Eintragung ein Hindernis entgegen, so hat das Grundbuchamt entweder den Antrag unter Angabe der Gründe zurückzuweisen oder dem Antragsteller eine angemessene Frist zur Hebung des Hindernisses zu bestimmen. [2] Im letzteren Fall ist der Antrag nach dem Ablauf der Frist zurückzuweisen, wenn nicht inzwischen die Hebung des Hindernisses nachgewiesen ist.

(2) [1] Wird vor der Erledigung des Antrags eine andere Eintragung beantragt, durch die dasselbe Recht betroffen wird, so ist zugunsten des früher gestellten Antrags von Amts wegen eine Vormerkung oder ein Widerspruch einzutragen; die Eintragung gilt im Sinne des § 17 als Erledigung dieses Antrags. [2] Die Vormerkung oder der Widerspruch wird von Amts wegen gelöscht, wenn der früher gestellte Antrag zurückgewiesen wird.

**§ 19 [Bewilligungsgrundsatz]** Eine Eintragung erfolgt, wenn derjenige sie bewilligt, dessen Recht von ihr betroffen wird.

**§ 20[1)] [Einigungsgrundsatz]** Im Falle der Auflassung eines Grundstücks sowie im Falle der Bestellung, Änderung des Inhalts oder Übertragung eines Erbbaurechts darf die Eintragung nur erfolgen, wenn die erforderliche Einigung des Berechtigten und des anderen Teils erklärt ist.

**§ 21 [Bewilligung bei subjektiv-dinglichen Rechten]** Steht ein Recht, das durch die Eintragung betroffen wird, dem jeweiligen Eigentümer eines Grundstücks zu, so bedarf es der Bewilligung der Personen, deren Zustimmung nach § 876 Satz 2 des Bürgerlichen Gesetzbuchs[2)] zur Aufhebung des Rechtes erforderlich ist, nur dann, wenn das Recht auf dem Blatt des Grundstücks vermerkt ist.

**§ 22 [Berichtigung des Grundbuchs]** (1) [1] Zur Berichtigung des Grundbuchs bedarf es der Bewilligung nach § 19 nicht, wenn die Unrichtigkeit nachgewiesen wird. [2] Dies gilt insbesondere für die Eintragung oder Löschung einer Verfügungsbeschränkung.

(2) Die Berichtigung des Grundbuchs durch Eintragung eines Eigentümers oder eines Erbbauberechtigten darf, sofern nicht der Fall des § 14 vorliegt oder die Unrichtigkeit nachgewiesen wird, nur mit Zustimmung des Eigentümers oder des Erbbauberechtigten erfolgen.

---

[1)] In den Fällen des § 20 bedarf es in der Regel noch weiterer Eintragungsunterlagen. Als solche kommen in erster Linie in Betracht: Genehmigung nach § 22 Baugesetzbuch (BauGB) **(Sartorius Nr. 300)**; Genehmigung nach §§ 2 ff. GrundstückverkehrsG **(Habersack, Deutsche Gesetze ErgBd. Nr. 40)**; Unbedenklichkeitsbescheinigung des Finanzamts gemäß § 22 GrunderwerbsteuerG idF der Bek. v. 26.2. 1997 (BGBl. I S. 418, ber. S. 1804), zuletzt geänd. durch G v. 16.12.2022 (BGBl. I S. 2294); Genehmigung nach § 75 BundesversorgungsG **(Aichberger, SGB Nr. 20/10)**.

[2)] Nr. **20**.

**§ 23 [Löschung von Rechten auf Lebenszeit]** (1) [1] Ein Recht, das auf die Lebenszeit des Berechtigten beschränkt ist, darf nach dessen Tod, falls Rückstände von Leistungen nicht ausgeschlossen sind, nur mit Bewilligung des Rechtsnachfolgers gelöscht werden, wenn die Löschung vor dem Ablauf eines Jahres nach dem Tod des Berechtigten erfolgen soll oder wenn der Rechtsnachfolger der Löschung bei dem Grundbuchamt widersprochen hat; der Widerspruch ist von Amts wegen in das Grundbuch einzutragen. [2] Ist der Berechtigte für tot erklärt, so beginnt die einjährige Frist mit dem Erlaß des die Todeserklärung aussprechenden Urteils.

(2) Der im Absatz 1 vorgesehenen Bewilligung des Rechtsnachfolgers bedarf es nicht, wenn im Grundbuch eingetragen ist, daß zur Löschung des Rechtes der Nachweis des Todes des Berechtigten genügen soll.

**§ 24 [Löschung zeitlich beschränkter Rechte]** Die Vorschriften des § 23 sind entsprechend anzuwenden, wenn das Recht mit der Erreichung eines bestimmten Lebensalters des Berechtigten oder mit dem Eintritt eines sonstigen bestimmten Zeitpunkts oder Ereignisses erlischt.

**§ 25 [Löschung von Vormerkungen und Widersprüchen]** [1] Ist eine Vormerkung oder ein Widerspruch auf Grund einer einstweiligen Verfügung eingetragen, so bedarf es zur Löschung nicht der Bewilligung des Berechtigten, wenn die einstweilige Verfügung durch eine vollstreckbare Entscheidung aufgehoben ist. [2] Diese Vorschrift ist entsprechend anzuwenden, wenn auf Grund eines vorläufig vollstreckbaren Urteils nach den Vorschriften der Zivilprozeßordnung[1)] oder auf Grund eines Bescheides nach dem Vermögensgesetz[2)] eine Vormerkung oder ein Widerspruch eingetragen ist.

**§ 26 [Übertragung und Belastung von Briefrechten]** (1) Soll die Übertragung einer Hypothek, Grundschuld oder Rentenschuld, über die ein Brief erteilt ist, eingetragen werden, so genügt es, wenn an Stelle der Eintragungsbewilligung die Abtretungserklärung des bisherigen Gläubigers vorgelegt wird.

(2) Diese Vorschrift ist entsprechend anzuwenden, wenn eine Belastung der Hypothek, Grundschuld oder Rentenschuld oder die Übertragung oder Belastung einer Forderung, für die ein eingetragenes Recht als Pfand haftet, eingetragen werden soll.

**§ 27 [Löschung von Grundpfandrechten]** [1] Eine Hypothek, eine Grundschuld oder eine Rentenschuld darf nur mit Zustimmung des Eigentümers des Grundstücks gelöscht werden. [2] Für eine Löschung zur Berichtigung des Grundbuchs ist die Zustimmung nicht erforderlich, wenn die Unrichtigkeit nachgewiesen wird.

**§ 28[3)] [Bezeichnung des Grundstücks und der Geldbeträge]** [1] In der Eintragungsbewilligung oder, wenn eine solche nicht erforderlich ist, in dem Eintragungsantrag ist das Grundstück übereinstimmend mit dem Grundbuch oder durch Hinweis auf das Grundbuchblatt zu bezeichnen. [2] Einzutragende Geldbeträge sind in inländischer Währung anzugeben; durch Rechtsverordnung[4)] des Bundesministeriums der Justiz und für Verbraucherschutz im Einvernehmen mit dem Bundesministerium der Finanzen kann die Angabe in einer einheitlichen europäischen

---

1) Nr. **100**.

2) **Habersack II Nr. 66.**

3) § 28 Satz 2 geänd. mWv 8.9.2015 durch VO v. 31.8.2015 (BGBl. I S. 1474).

4) Beachte dazu VO über Grundpfandrechte in ausländischer Währung und in Euro v. 30.10.1997 (BGBl. I S. 2683) sowie Bek. über das Inkrafttreten v. 23.12.1998 (BGBl. I S. 4023).

Währung, in der Währung eines Mitgliedstaats der Europäischen Union oder des Europäischen Wirtschaftsraums oder einer anderen Währung, gegen die währungspolitische Bedenken nicht zu erheben sind, zugelassen und, wenn gegen die Fortdauer dieser Zulassung währungspolitische Bedenken bestehen, wieder eingeschränkt werden.

**§ 29**[1)] **[Nachweis der Eintragungsunterlagen]** (1) [1] Eine Eintragung soll nur vorgenommen werden, wenn die Eintragungsbewilligung oder die sonstigen zu der Eintragung erforderlichen Erklärungen durch öffentliche oder öffentlich beglaubigte Urkunden nachgewiesen werden.[2)] [2] Andere Voraussetzungen der Eintragung bedürfen, soweit sie nicht bei dem Grundbuchamt offenkundig sind, des Nachweises durch öffentliche Urkunden.

(2) (weggefallen)

(3) [1] Erklärungen oder Ersuchen einer Behörde, auf Grund deren eine Eintragung vorgenommen werden soll, sind zu unterschreiben und mit Siegel oder Stempel zu versehen. [2] Anstelle der Siegelung kann maschinell ein Abdruck des Dienstsiegels eingedruckt oder aufgedruckt werden.

**§ 29a [Glaubhaftmachung bei Löschungsvormerkung]** Die Voraussetzungen des § 1179 Nr. 2 des Bürgerlichen Gesetzbuchs[3)] sind glaubhaft zu machen; § 29 gilt hierfür nicht.

**§ 30 [Form des Eintragungsantrages und der Vollmacht]** Für den Eintragungsantrag sowie für die Vollmacht zur Stellung eines solchen gelten die Vorschriften des § 29 nur, wenn durch den Antrag zugleich eine zu der Eintragung erforderliche Erklärung ersetzt werden soll.

**§ 31 [Form der Antragsrücknahme und des Widerrufs der Vollmacht]**

[1] Eine Erklärung, durch die ein Eintragungsantrag zurückgenommen wird, bedarf der in § 29 Abs. 1 Satz 1 und Abs. 3 vorgeschriebenen Form. [2] Dies gilt nicht, sofern der Antrag auf eine Berichtigung des Grundbuchs gerichtet ist. [3] Satz 1 gilt für eine Erklärung, durch die eine zur Stellung des Eintragungsantrags erteilte Vollmacht widerrufen wird, entsprechend.

**§ 32**[4)] **[Nachweis rechtserheblicher Umstände]** (1) [1] Die im Handels-, Genossenschafts-, Partnerschafts- oder Vereinsregister eingetragenen Vertretungsberechtigungen, Sitzverlegungen, Firmen- oder Namensänderungen sowie das Bestehen juristischer Personen und Gesellschaften können durch eine Bescheinigung nach § 21 Absatz 1 der Bundesnotarordnung[5)] nachgewiesen werden. [2] Dasselbe gilt für sonstige rechtserhebliche Umstände, die sich aus Eintragungen im Register ergeben, insbesondere für Umwandlungen. [3] Der Nachweis kann auch durch einen amtlichen Registerausdruck oder eine beglaubigte Registerabschrift geführt werden.

(2) [1] Wird das Register elektronisch geführt, kann in den Fällen des Absatzes 1 Satz 1 der Nachweis auch durch die Bezugnahme auf das Register geführt werden. [2] Dabei sind das Registergericht und das Registerblatt anzugeben.

---

[1)] § 29 Abs. 3 Satz 2 angef. mWv 5.5.2017 durch G v. 28.4.2017 (BGBl. I S. 969).

[2)] Bei der Löschung umgestellter Grundpfandrechte und Schiffshypotheken beachte jedoch §§ 18–20 G über Maßnahmen auf dem Gebiete des Grundbuchwesens v. 20.12.1963 (BGBl. I S. 986), zuletzt geänd. durch VO v. 31.8.2015 (BGBl. I S. 1474).

[3)] Nr. **20**.

[4)] § 32 neu gef. mWv 1.10.2009 durch G v. 11.8.2009 (BGBl. I S. 2713).

[5)] **Habersack, Deutsche Gesetze ErgBd. Nr. 98a.**

**§ 33**[1)] *(aufgehoben)*

**§ 34**[2)] **[Nachweis der Vertretungsmacht]** Eine durch Rechtsgeschäft erteilte Vertretungsmacht kann auch durch eine Bescheinigung nach § 21 Absatz 3 der Bundesnotarordnung[3)] nachgewiesen werden.

**§ 35**[4)] [5)] **[Nachweis der Erbfolge ua]** (1) [1] Der Nachweis der Erbfolge kann nur durch einen Erbschein oder ein Europäisches Nachlasszeugnis geführt werden. [2] Beruht jedoch die Erbfolge auf einer Verfügung von Todes wegen, die in einer öffentlichen Urkunde enthalten ist, so genügt es, wenn an Stelle des Erbscheins oder des Europäischen Nachlasszeugnisses die Verfügung und die Niederschrift über die Eröffnung der Verfügung vorgelegt werden; erachtet das Grundbuchamt die Erbfolge durch diese Urkunden nicht für nachgewiesen, so kann es die Vorlegung eines Erbscheins oder eines Europäischen Nachlasszeugnisses verlangen.

(2) Das Bestehen der fortgesetzten Gütergemeinschaft sowie die Befugnis eines Testamentsvollstreckers zur Verfügung über einen Nachlaßgegenstand ist nur auf Grund der in den §§ 1507, 2368 des Bürgerlichen Gesetzbuchs[6)] vorgesehenen Zeugnisse oder eines Europäischen Nachlasszeugnisses als nachgewiesen anzunehmen; auf den Nachweis der Befugnis des Testamentsvollstreckers sind jedoch die Vorschriften des Absatzes 1 Satz 2 entsprechend anzuwenden.

(3) [1] Zur Eintragung des Eigentümers oder Miteigentümers eines Grundstücks kann das Grundbuchamt von den in den Absätzen 1 und 2 genannten Beweismitteln absehen und sich mit anderen Beweismitteln, für welche die Form des § 29 nicht erforderlich ist, begnügen, wenn das Grundstück oder der Anteil am Grundstück weniger als 3 000 Euro wert ist und die Beschaffung des Erbscheins, des Europäischen Nachlasszeugnisses oder des Zeugnisses nach § 1507 des Bürgerlichen Gesetzbuchs nur mit unverhältnismäßigem Aufwand an Kosten oder Mühe möglich ist. [2] Der Antragsteller kann auch zur Versicherung an Eides Statt zugelassen werden.

**§ 36**[7)] **[Auseinandersetzung eines Nachlasses oder Gesamtgutes]** (1) [1] Soll bei einem zum Nachlass oder zu dem Gesamtgut einer Gütergemeinschaft gehörenden Grundstück oder Erbbaurecht einer der Beteiligten als Eigentümer oder Erbbauberechtigter eingetragen werden, so genügt zum Nachweis der Rechtsnachfolge und der zur Eintragung des Eigentumsübergangs erforderlichen Erklärungen der Beteiligten ein gerichtliches Zeugnis. [2] Das Zeugnis erteilt

1. das Nachlassgericht, wenn das Grundstück oder das Erbbaurecht zu einem Nachlass gehört,
2. das nach § 343 des Gesetzes über das Verfahren in Familiensachen und in den Angelegenheiten der freiwilligen Gerichtsbarkeit[8)] zuständige Amtsgericht, wenn ein Anteil an dem Gesamtgut zu einem Nachlass gehört, und

---

[1)] § 33 aufgeh. mWv 1.1.2023 durch G v. 31.10.2022 (BGBl. I S. 1966).

[2)] § 34 neu gef. mWv 1.9.2013 durch G v. 26.6.2013 (BGBl. I S. 1800).

[3)] **Habersack, Deutsche Gesetze ErgBd. Nr. 98a.**

[4)] § 35 Abs. 3 Satz 1 geänd. mWv 30.6.2000 durch G v. 27.6.2000 (BGBl. I S. 897); Abs. 1 Sätze 1 und 2, Abs. 2 und Abs. 3 Satz 1 geänd. mWv 17.8.2015 durch G v. 29.6.2015 (BGBl. I S. 1042).

[5)] Beachte hierzu Anm. zu § 29 Abs. 1 Satz 1.

[6)] Nr. **20**.

[7)] § 36 Abs. 2 Buchst. b geänd. mWv 1.9.2009 durch G v. 17.12.2008 (BGBl. I S. 2586); Abs. 1 neu gef., Abs. 2 Buchst. a und b geänd., Abs. 2a eingef. mWv 1.9.2013 durch G v. 26.6.2013 (BGBl. I S. 1800); Änd. von Abs. 1 und Abs. 2 Buchst. a durch G v. 1.10.2013 (BGBl. I S. 3719) aufgrund der vorhergehenden Änd. durch G v. 26.6.2013 (BGBl. I S. 1800) nicht ausführbar.

[8)] Nr. **112**.

3. im Übrigen das nach § 122 des Gesetzes über das Verfahren in Familiensachen und in den Angelegenheiten der freiwilligen Gerichtsbarkeit zuständige Amtsgericht.

(2) Das Zeugnis darf nur ausgestellt werden, wenn:

a) die Voraussetzungen für die Erteilung eines Erbscheins vorliegen oder der Nachweis der Gütergemeinschaft durch öffentliche Urkunden erbracht ist und

b) die Abgabe der Erklärungen der Beteiligten in einer den Vorschriften der Grundbuchordnung entsprechenden Weise dem nach Absatz 1 Satz 2 zuständigen Gericht nachgewiesen ist.

(2a) Ist ein Erbschein über das Erbrecht sämtlicher Erben oder ein Zeugnis über die Fortsetzung der Gütergemeinschaft erteilt, so ist auch der Notar, der die Auseinandersetzung vermittelt hat, für die Erteilung des Zeugnisses nach Absatz 1 Satz 1 zuständig.

(3) Die Vorschriften über die Zuständigkeit zur Entgegennahme der Auflassung bleiben unberührt.

**§ 37**[1] **[Auseinandersetzung bei Grundpfandrechten]** Die Vorschriften des § 36 sind entsprechend anzuwenden, wenn bei einer Hypothek, Grundschuld oder Rentenschuld, die zu einem Nachlaß oder zu dem Gesamtgut einer Gütergemeinschaft gehört, einer der Beteiligten als neuer Gläubiger eingetragen werden soll.

**§ 38 [Eintragung auf Ersuchen einer Behörde]** In den Fällen, in denen nach gesetzlicher Vorschrift eine Behörde befugt ist, das Grundbuchamt um eine Eintragung zu ersuchen, erfolgt die Eintragung auf Grund des Ersuchens der Behörde.

**§ 39 [Voreintragung des Betroffenen]** (1) Eine Eintragung soll nur erfolgen, wenn die Person, deren Recht durch sie betroffen wird, als der Berechtigte eingetragen ist.

(2) Bei einer Hypothek, Grundschuld oder Rentenschuld, über die ein Brief erteilt ist, steht es der Eintragung des Gläubigers gleich, wenn dieser sich im Besitz des Briefes befindet und sein Gläubigerrecht nach § 1155 des Bürgerlichen Gesetzbuchs[2] nachweist.

**§ 40 [Ausnahmen von der Voreintragung]** (1) Ist die Person, deren Recht durch eine Eintragung betroffen wird, Erbe des eingetragenen Berechtigten, so ist die Vorschrift des § 39 Abs. 1 nicht anzuwenden, wenn die Übertragung oder die Aufhebung des Rechts eingetragen werden soll oder wenn der Eintragungsantrag durch die Bewilligung des Erblassers oder eines Nachlaßpflegers oder durch einen gegen den Erblasser oder den Nachlaßpfleger vollstreckbaren Titel begründet wird.

*(Fortsetzung nächstes Blatt)*

---

[1] § 37 geänd. mWv 9.10.2013 durch G v. 1.10.2013 (BGBl. I S. 3719).
[2] Nr. **20**.

(2) Das gleiche gilt für eine Eintragung auf Grund der Bewilligung eines Testamentsvollstreckers oder auf Grund eines gegen diesen vollstreckbaren Titels, sofern die Bewilligung oder der Titel gegen den Erben wirksam ist.

**§ 41**[1)] **[Vorlegung des Hypothekenbriefes]** (1) [1] Bei einer Hypothek, über die ein Brief erteilt ist, soll eine Eintragung nur erfolgen, wenn der Brief vorgelegt wird. [2] Für die Eintragung eines Widerspruchs bedarf es der Vorlegung nicht, wenn die Eintragung durch eine einstweilige Verfügung angeordnet ist und der Widerspruch sich darauf gründet, daß die Hypothek oder die Forderung, für welche sie bestellt ist, nicht bestehe oder einer Einrede unterliege oder daß die Hypothek unrichtig eingetragen sei. [3] Der Vorlegung des Briefes bedarf es nicht für die Eintragung einer Löschungsvormerkung nach § 1179 des Bürgerlichen Gesetzbuchs[2)].

(2) [1] Der Vorlegung des Hypothekenbriefs steht es gleich, wenn in den Fällen der §§ 1162, 1170, 1171 des Bürgerlichen Gesetzbuchs auf Grund des Ausschließungsbeschlusses die Erteilung eines neuen Briefes beantragt wird. [2] Soll die Erteilung des Briefes nachträglich ausgeschlossen oder die Hypothek gelöscht werden, so genügt die Vorlegung des Ausschlußurteils.

**§ 42 [Vorlegung des Grundschuld- oder Rentenschuldbriefes]** [1] Die Vorschriften des § 41 sind auf die Grundschuld und die Rentenschuld entsprechend anzuwenden. [2] Ist jedoch das Recht für den Inhaber des Briefes eingetragen, so bedarf es der Vorlegung des Briefes nur dann nicht, wenn der Eintragungsantrag durch die Bewilligung eines nach § 1189 des Bürgerlichen Gesetzbuchs[2)] bestellten Vertreters oder durch eine gegen ihn erlassene gerichtliche Entscheidung begründet wird.

**§ 43 [Vorlegung von Inhaber- oder Orderpapieren]** (1) Bei einer Hypothek für die Forderung aus einer Schuldverschreibung auf den Inhaber, aus einem Wechsel oder einem anderen Papier, das durch Indossament übertragen werden kann, soll eine Eintragung nur erfolgen, wenn die Urkunde vorgelegt wird; die Eintragung ist auf der Urkunde zu vermerken.

(2) Diese Vorschrift ist nicht anzuwenden, wenn eine Eintragung auf Grund der Bewilligung eines nach § 1189 des Bürgerlichen Gesetzbuchs[2)] bestellten Vertreters oder auf Grund einer gegen diesen erlassenen gerichtlichen Entscheidung bewirkt werden soll.

**§ 44**[3)4)] **[Datum; Unterzeichnung der Eintragung; Bezug auf Eintragungsbewilligung]** (1) [1] Jede Eintragung soll den Tag, an welchem sie erfolgt ist, angeben. [2] Die Eintragung soll, sofern nicht nach § 12c Abs. 2 Nr. 2 bis 4 der Urkundsbeamte der Geschäftsstelle zuständig ist, die für die Führung des Grundbuchs zuständige Person, regelmäßig unter Angabe des Wortlauts, verfügen und der Urkundsbeamte der Geschäftsstelle veranlassen; sie ist von beiden zu unterschreiben, jedoch kann statt des Urkundsbeamten ein von der Leitung

---

1) § 41 Abs. 2 Satz 1 geänd. mWv 1.9.2009 durch G v. 17.12.2008 (BGBl. I S. 2586).

2) Nr. **20**.

3) § 44 Abs. 2 Satz 3 angef., Abs. 3 Satz 2 eingef., bish. Satz 2 wird Satz 3 mWv 9.10.2013 durch G v. 1.10.2013 (BGBl. I S. 3719).

4) Wegen des Übergangsrechts beachte Art. 19 Abs. 1 RegVBG v. 20.12.1993 (BGBl. I S. 2182):

„(1) § 44 der Grundbuchordnung in der Fassung dieses Gesetzes ist nur auf noch nicht im Grundbuch vollzogene Eintragungen, Umschreibungen oder Neufassungen anzuwenden."

des Amtsgerichts ermächtigter Justizangestellter unterschreiben. [3]In den Fällen des § 12c Abs. 2 Nr. 2 bis 4 haben der Urkundsbeamte der Geschäftsstelle und zusätzlich entweder ein zweiter Beamter der Geschäftsstelle oder ein von der Leitung des Amtsgerichts ermächtigter Justizangestellter die Eintragung zu unterschreiben.

(2) [1]Soweit nicht gesetzlich etwas anderes bestimmt ist und der Umfang der Belastung aus dem Grundbuch erkennbar bleibt, soll bei der Eintragung eines Rechts, mit dem ein Grundstück belastet wird, auf die Eintragungsbewilligung Bezug genommen werden. [2]Hierbei sollen in der Bezugnahme der Name des Notars, der Notarin oder die Bezeichnung des Notariats und jeweils die Nummer der Urkundenrolle, bei Eintragungen auf Grund eines Ersuchens (§ 38) die Bezeichnung der ersuchenden Stelle und deren Aktenzeichen angegeben werden. [3]Bei der Eintragung von Dienstbarkeiten und Reallasten soll der Inhalt des Rechts im Eintragungstext lediglich schlagwortartig bezeichnet werden; das Gleiche gilt bei der Eintragung von Vormerkungen für solche Rechte.

(3) [1]Bei der Umschreibung eines Grundbuchblatts, der Neufassung eines Teils eines Grundbuchblatts und in sonstigen Fällen der Übernahme von Eintragungen auf ein anderes, bereits angelegtes oder neu anzulegendes Grundbuchblatt soll, sofern hierdurch der Inhalt der Eintragung nicht verändert wird, die Bezugnahme auf die Eintragungsbewilligung oder andere Unterlagen bis zu dem Umfange nachgeholt oder erweitert werden, wie sie nach Absatz 2 zulässig wäre. [2]Im gleichen Umfang kann auf die bisherige Eintragung Bezug genommen werden, wenn ein Recht bisher mit seinem vollständigen Wortlaut im Grundbuch eingetragen ist. [3]Sofern hierdurch der Inhalt der Eintragung nicht verändert wird, kann auch von dem ursprünglichen Text der Eintragung abgewichen werden.

**§ 45 [Reihenfolge der Eintragungen; Rangvermerk]** (1) Sind in einer Abteilung des Grundbuchs mehrere Eintragungen zu bewirken, so erhalten sie die Reihenfolge, welche der Zeitfolge der Anträge entspricht; sind die Anträge gleichzeitig gestellt, so ist im Grundbuch zu vermerken, daß die Eintragungen gleichen Rang haben.

(2) Werden mehrere Eintragungen, die nicht gleichzeitig beantragt sind, in verschiedenen Abteilungen unter Angabe desselben Tages bewirkt, so ist im Grundbuch zu vermerken, daß die später beantragte Eintragung der früher beantragten im Rang nachsteht.

(3) Diese Vorschriften sind insoweit nicht anzuwenden, als ein Rangverhältnis nicht besteht oder das Rangverhältnis von den Antragstellern abweichend bestimmt ist.

**§ 46 [Löschung von Rechten und Verfügungsbeschränkungen]** (1) Die Löschung eines Rechtes oder einer Verfügungsbeschränkung erfolgt durch Eintragung eines Löschungsvermerks.

(2) Wird bei der Übertragung eines Grundstücks oder eines Grundstücksteils auf ein anderes Blatt ein eingetragenes Recht nicht mitübertragen, so gilt es in Ansehung des Grundstücks oder des Teils als gelöscht.

**§ 47[1)] [Eintragung gemeinschaftlicher Rechte bzw. von Rechten einer GbR]** (1) Soll ein Recht für mehrere gemeinschaftlich eingetragen werden, so soll die Eintragung in der Weise erfolgen, daß entweder die Anteile der Berechtigten in Bruchteilen angegeben werden oder das für die Gemeinschaft maßgebende Rechtsverhältnis bezeichnet wird.

(2) [1] Soll ein Recht für eine Gesellschaft bürgerlichen Rechts eingetragen werden, so sind auch deren Gesellschafter im Grundbuch einzutragen. [2] Die für den Berechtigten geltenden Vorschriften gelten entsprechend für die Gesellschafter.

**§ 48 [Mitbelastung]** (1) [1] Werden mehrere Grundstücke mit einem Recht belastet, so ist auf dem Blatt jedes Grundstücks die Mitbelastung der übrigen von Amts wegen erkennbar zu machen. [2] Das gleiche gilt, wenn mit einem an einem Grundstück bestehenden Recht nachträglich noch ein anderes Grundstück belastet oder wenn im Falle der Übertragung eines Grundstücksteils auf ein anderes Grundbuchblatt ein eingetragenes Recht mitübertragen wird.

(2) Soweit eine Mitbelastung erlischt, ist dies von Amts wegen zu vermerken.

**§ 49 [Altenteil]** Werden Dienstbarkeiten und Reallasten als Leibgedinge, Leibzucht, Altenteil oder Auszug eingetragen, so bedarf es nicht der Bezeichnung der einzelnen Rechte, wenn auf die Eintragungsbewilligung Bezug genommen wird.

**§ 50 [Teilschuldverschreibungen auf den Inhaber]** (1) Bei der Eintragung einer Hypothek für Teilschuldverschreibungen auf den Inhaber genügt es, wenn der Gesamtbetrag der Hypothek unter Angabe der Anzahl, des Betrags und der Bezeichnung der Teile eingetragen wird.

(2) Diese Vorschrift ist entsprechend anzuwenden, wenn eine Grundschuld oder eine Rentenschuld für den Inhaber des Briefes eingetragen und das Recht in Teile zerlegt werden soll.

**§ 51 [Vor- und Nacherbenvermerk]** Bei der Eintragung eines Vorerben ist zugleich das Recht des Nacherben und, soweit der Vorerbe von den Beschränkungen seines Verfügungsrechts befreit ist, auch die Befreiung von Amts wegen einzutragen.

**§ 52 [Testamentsvollstreckervermerk]** Ist ein Testamentsvollstrecker ernannt, so ist dies bei der Eintragung des Erben von Amts wegen miteinzutragen, es sei denn, daß der Nachlaßgegenstand der Verwaltung des Testamentsvollstreckers nicht unterliegt.

**§ 53 [Widerspruch und Löschung von Amts wegen]** (1) [1] Ergibt sich, daß das Grundbuchamt unter Verletzung gesetzlicher Vorschriften eine Eintragung vorgenommen hat, durch die das Grundbuch unrichtig geworden ist, so ist von Amts wegen ein Widerspruch einzutragen. [2] Erweist sich eine Eintragung nach ihrem Inhalt als unzulässig, so ist sie von Amts wegen zu löschen.

(2) [1] Bei einer Hypothek, einer Grundschuld oder einer Rentenschuld bedarf es zur Eintragung eines Widerspruchs der Vorlegung des Briefes nicht, wenn der

---

[1)] § 47 Abs. 2 angef. mWv 18.8.2009 durch G v. 11.8.2009 (BGBl. I S. 2713).

Widerspruch den im § 41 Abs. 1 Satz 2 bezeichneten Inhalt hat. [2] Diese Vorschrift ist nicht anzuwenden, wenn der Grundschuld- oder Rentenschuldbrief auf den Inhaber ausgestellt ist.

**§ 54 [Öffentliche Lasten]** Die auf einem Grundstück ruhenden öffentlichen Lasten als solche sind von der Eintragung in das Grundbuch ausgeschlossen, es sei denn, daß ihre Eintragung gesetzlich besonders zugelassen oder angeordnet ist.

**§ 55 [Bekanntmachung der Eintragungen]** (1) Jede Eintragung soll dem den Antrag einreichenden Notar, dem Antragsteller und dem eingetragenen Eigentümer sowie allen aus dem Grundbuch ersichtlichen Personen bekanntgemacht werden, zu deren Gunsten die Eintragung erfolgt ist oder deren Recht durch sie betroffen wird, die Eintragung eines Eigentümers auch denen, für die eine Hypothek, Grundschuld, Rentenschuld, Reallast oder ein Recht an einem solchen Recht im Grundbuch eingetragen ist.

(2) [1] Steht ein Grundstück in Miteigentum, so ist die in Absatz 1 vorgeschriebene Bekanntmachung an den Eigentümer nur gegenüber den Miteigentümern vorzunehmen, auf deren Anteil sich die Eintragung bezieht. [2] Entsprechendes gilt bei Miteigentum für die in Absatz 1 vorgeschriebene Bekanntmachung an einen Hypothekengläubiger oder sonstigen Berechtigten von der Eintragung eines Eigentümers.

(3) Veränderungen der grundbuchmäßigen Bezeichnung des Grundstücks und die Eintragung eines Eigentümers sind außerdem der Behörde bekanntzumachen, welche das in § 2 Abs. 2 bezeichnete amtliche Verzeichnis führt.

(4) [1] Die Eintragung des Verzichts auf das Eigentum ist der für die Abgabe der Aneignungserklärung und der für die Führung des Liegenschaftskatasters zuständigen Behörde bekanntzumachen. [2] In den Fällen des Artikels 233 § 15 Abs. 3 des Einführungsgesetzes zum Bürgerlichen Gesetzbuche[1)] erfolgt die Bekanntmachung nur gegenüber dem Landesfiskus und der Gemeinde, in deren Gebiet das Grundstück liegt; die Gemeinde unterrichtet ihr bekannte Berechtigte oder Gläubiger.

(5) [1] Wird der in § 9 Abs. 1 vorgesehene Vermerk eingetragen, so hat das Grundbuchamt dies dem Grundbuchamt, welches das Blatt des belasteten Grundstücks führt, bekanntzumachen. [2] Ist der Vermerk eingetragen, so hat das Grundbuchamt, welches das Grundbuchblatt des belasteten Grundstücks führt, jede Änderung oder Aufhebung des Rechts dem Grundbuchamt des herrschenden Grundstücks bekanntzumachen.

(6) [1] Die Bekanntmachung hat die Eintragung wörtlich wiederzugeben. [2] Sie soll auch die Stelle der Eintragung im Grundbuch und den Namen des Grundstückseigentümers, bei einem Eigentumswechsel auch den Namen des bisherigen Eigentümers angeben. [3] In die Bekanntmachung können auch die Bezeichnung des betroffenen Grundstücks in dem in § 2 Abs. 2 genannten amtlichen Verzeichnis sowie bei einem Eigentumswechsel die Anschrift des neuen Eigentümers aufgenommen werden.

(7) Auf die Bekanntmachung kann ganz oder teilweise verzichtet werden.

(8) Sonstige Vorschriften über die Bekanntmachung von Eintragungen in das Grundbuch bleiben unberührt.

---

1) Nr. **21**.

**§ 55a [Austausch von Abschriften zwischen Grundbuchämtern]**

(1) Enthält ein beim Grundbuchamt eingegangenes Schriftstück Anträge oder Ersuchen, für deren Erledigung neben dem angegangenen Grundbuchamt auch noch ein anderes Grundbuchamt zuständig ist oder mehrere andere Grundbuchämter zuständig sind, so kann jedes der beteiligten Grundbuchämter den anderen beteiligten Grundbuchämtern Abschriften seiner Verfügungen mitteilen.

(2) Werden bei Gesamtrechten (§ 48) die Grundbücher bei verschiedenen Grundbuchämtern geführt, so sind die Eintragungen sowie die Verfügungen, durch die ein Antrag oder Ersuchen auf Eintragung zurückgewiesen wird, den anderen beteiligten Grundbuchämtern bekanntzugeben.

**§ 55b [Keine Informationspflicht des Betroffenen]** [1] Soweit das Grundbuchamt auf Grund von Rechtsvorschriften im Zusammenhang mit Grundbucheintragungen Mitteilungen an Gerichte oder Behörden oder sonstige Stellen zu machen hat, muß der Betroffene nicht unterrichtet werden. [2] Das gleiche gilt im Falle des § 55a.

## Dritter Abschnitt. Hypotheken-, Grundschuld-, Rentenschuldbrief

**§ 56 [Erteilung und Inhalt des Briefes]** (1) [1] Der Hypothekenbrief wird von dem Grundbuchamt erteilt. [2] Er muß die Bezeichnung als Hypothekenbrief enthalten, den Geldbetrag der Hypothek und das belastete Grundstück bezeichnen sowie mit Unterschrift und Siegel oder Stempel versehen sein.

(2) [1] Der Hypothekenbrief ist von der für die Führung des Grundbuchs zuständigen Person und dem Urkundsbeamten der Geschäftsstelle zu unterschreiben. [2] Jedoch kann statt des Urkundsbeamten der Geschäftsstelle ein von der Leitung des Amtsgerichts ermächtigter Justizangestellter unterschreiben.

**§ 57[1)] [Sonstiger Inhalt des Briefes]** (1) [1] Der Hypothekenbrief soll die Nummer des Grundbuchblatts und den Inhalt der die Hypothek betreffenden Eintragungen enthalten. [2] Das belastete Grundstück soll mit der laufenden Nummer bezeichnet werden, unter der es im Bestandsverzeichnis des Grundbuchs verzeichnet ist. [3] Bei der Hypothek eingetragene Löschungsvormerkungen nach § 1179 des Bürgerlichen Gesetzbuchs[2)] sollen in den Hypothekenbrief nicht aufgenommen werden.

(2) Ändern sich die in Absatz 1 Satz 1 und 2 bezeichneten Angaben, so ist der Hypothekenbrief auf Antrag zu ergänzen, soweit nicht die Ergänzung schon nach anderen Vorschriften vorzunehmen ist.

**§ 58 [Verbindung der Schuldurkunde mit dem Brief]** (1) [1] Ist eine Urkunde über die Forderung, für welche eine Hypothek besteht, ausgestellt, so soll

[1)] Beachte hierzu Übergangsbestimmung des Art. 8 § 2 G zur Änderung sachenrechtlicher, grundbuchrechtlicher und anderer Vorschriften v. 22.6.1977 (BGBl. I S. 998):

„**Art. 8. § 2.** [1] Auf die Ergänzung des über eine Hypothek, Grundschuld oder Rentenschuld vor Inkrafttreten dieses Gesetzes erteilten Briefes ist § 57 der Grundbuchordnung in der bisherigen Fassung anzuwenden. [2] Jedoch soll eine nach Inkrafttreten dieses Gesetzes bei dem Recht eingetragene Löschungsvormerkung nach § 1179 des Bürgerlichen Gesetzbuchs auch auf Antrag nicht auf dem Brief vermerkt werden.“

[2)] Nr. **20**.

die Urkunde mit dem Hypothekenbrief verbunden werden. [2] Erstreckt sich der Inhalt der Urkunde auch auf andere Angelegenheiten, so genügt es, wenn ein öffentlich beglaubigter Auszug aus der Urkunde mit dem Hypothekenbrief verbunden wird.

(2) (weggefallen)

(3) Zum Nachweis, daß eine Schuldurkunde nicht ausgestellt ist, genügt eine darauf gerichtete Erklärung des Eigentümers.

**§ 59 [Gesamthypothekenbrief]** (1) [1] Über eine Gesamthypothek soll nur ein Hypothekenbrief erteilt werden. [2] Er ist nur von einer für die Führung des Grundbuchs zuständigen Person und von einem Urkundsbeamten der Geschäftsstelle oder ermächtigten Justizangestellten (§ 56 Abs. 2) zu unterschreiben, auch wenn bezüglich der belasteten Grundstücke insoweit verschiedene Personen zuständig sind.

(2) Werden die Grundbücher der belasteten Grundstücke von verschiedenen Grundbuchämtern geführt, so soll jedes Amt für die Grundstücke, deren Grundbuchblätter es führt, einen besonderen Brief erteilen; die Briefe sind miteinander zu verbinden.

**§ 60 [Aushändigung des Hypothekenbriefes]** (1) Der Hypothekenbrief ist dem Eigentümer des Grundstücks, im Falle der nachträglichen Erteilung dem Gläubiger auszuhändigen.

(2) Auf eine abweichende Bestimmung des Eigentümers oder des Gläubigers ist die Vorschrift des § 29 Abs. 1 Satz 1 entsprechend anzuwenden.

**§ 61 [Teilhypothekenbrief]** (1) Ein Teilhypothekenbrief kann von dem Grundbuchamt oder einem Notar hergestellt werden.

(2) [1] Der Teilhypothekenbrief muß die Bezeichnung als Teilhypothekenbrief sowie eine beglaubigte Abschrift der im § 56 Abs. 1 Satz 2 vorgesehenen Angaben des bisherigen Briefes enthalten, den Teilbetrag der Hypothek, auf den er sich bezieht, bezeichnen sowie mit Unterschrift und Siegel oder Stempel versehen sein. [2] Er soll außerdem eine beglaubigte Abschrift der sonstigen Angaben des bisherigen Briefes und der auf diesem befindlichen Vermerke enthalten. [3] Eine mit dem bisherigen Brief verbundene Schuldurkunde soll in beglaubigter Abschrift mit dem Teilhypothekenbrief verbunden werden.

(3) Wird der Teilhypothekenbrief vom Grundbuchamt hergestellt, so ist auf die Unterschrift § 56 Abs. 2 anzuwenden.

(4) Die Herstellung des Teilhypothekenbriefes soll auf dem bisherigen Brief vermerkt werden.

**§ 62 [Eintragungsvermerke auf dem Brief]** (1) [1] Eintragungen, die bei der Hypothek erfolgen, sind von dem Grundbuchamt auf dem Hypothekenbrief zu vermerken; der Vermerk ist mit Unterschrift und Siegel oder Stempel zu versehen. [2] Satz 1 gilt nicht für die Eintragung einer Löschungsvormerkung nach § 1179 des Bürgerlichen Gesetzbuchs[1)].

(2) Auf die Unterschrift ist § 56 Abs. 2 anzuwenden.

---

[1)] Nr. **20**.

(3) [1] In den Fällen des § 53 Abs. 1 hat das Grundbuchamt den Besitzer des Briefes zur Vorlegung anzuhalten. [2] In gleicher Weise hat es, wenn in den Fällen des § 41 Abs. 1 Satz 2 und des § 53 Abs. 2 der Brief nicht vorgelegt ist, zu verfahren, um nachträglich den Widerspruch auf dem Brief zu vermerken.

**§ 63 [Nachträgliche Mitbelastung]** Wird nach der Erteilung eines Hypothekenbriefs mit der Hypothek noch ein anderes, bei demselben Grundbuchamt gebuchtes Grundstück belastet, so ist, sofern nicht die Erteilung eines neuen Briefes über die Gesamthypothek beantragt wird, die Mitbelastung auf dem bisherigen Brief zu vermerken und zugleich der Inhalt des Briefes in Ansehung des anderen Grundstücks nach § 57 zu ergänzen.

**§ 64 [Verteilung einer Gesamthypothek]** Im Falle der Verteilung einer Gesamthypothek auf die einzelnen Grundstücke ist für jedes Grundstück ein neuer Brief zu erteilen.

**§ 65 [Umwandlung der Hypothek; Forderungsauswechslung]** (1) Tritt nach § 1177 Abs. 1 oder nach § 1198 des Bürgerlichen Gesetzbuchs[1)] eine Grundschuld oder eine Rentenschuld an die Stelle der Hypothek, so ist, sofern nicht die Erteilung eines neuen Briefes beantragt wird, die Eintragung der Rechtsänderung auf dem bisherigen Brief zu vermerken und eine mit dem Brief verbundene Schuldurkunde abzutrennen.

(2) Das gleiche gilt, wenn nach § 1180 des Bürgerlichen Gesetzbuchs an die Stelle der Forderung, für welche eine Hypothek besteht, eine andere Forderung gesetzt wird.

**§ 66 [Gemeinschaftlicher Brief]** Stehen einem Gläubiger mehrere Hypotheken zu, die gleichen Rang haben oder im Rang unmittelbar aufeinanderfolgen, so ist ihm auf seinen Antrag mit Zustimmung des Eigentümers über die mehreren Hypotheken ein Hypothekenbrief in der Weise zu erteilen, daß der Brief die sämtlichen Hypotheken umfaßt.

**§ 67[2)] [Erteilung eines neuen Briefes]** Einem Antrag des Berechtigten auf Erteilung eines neuen Briefes ist stattzugeben, wenn der bisherige Brief oder in den Fällen der §§ 1162, 1170, 1171 des Bürgerlichen Gesetzbuchs[1)] der Ausschließungsbeschluss vorgelegt wird.[3)]

**§ 68 [Inhalt des neuen Briefes]** (1) Wird ein neuer Brief erteilt, so hat er die Angabe zu enthalten, daß er an die Stelle des bisherigen Briefes tritt.

(2) Vermerke, die nach den §§ 1140, 1145, 1157 des Bürgerlichen Gesetzbuchs[1)] für das Rechtsverhältnis zwischen dem Eigentümer und dem Gläubiger in Betracht kommen, sind auf den neuen Brief zu übertragen.

(3) Die Erteilung des Briefes ist im Grundbuch zu vermerken.

---

[1)] Nr. **20**.

[2)] § 67 geänd. mWv 1.9.2009 durch G v. 17.12.2008 (BGBl. I S. 2586).

[3)] Bei Hypotheken-, Grundschuld- und Rentenschuldbriefen, die durch Kriegseinwirkung vernichtet worden oder abhanden gekommen sind, beachte auch § 26 G über Maßnahmen auf dem Gebiete des Grundbuchwesens v. 20.12.1963 (BGBl. I S. 986), zuletzt geänd. durch VO v. 31.8.2015 (BGBl. I S. 1474).

**§ 69 [Unbrauchbarmachung des Briefes]** [1] Wird eine Hypothek gelöscht, so ist der Brief unbrauchbar zu machen; das gleiche gilt, wenn die Erteilung des Briefes über eine Hypothek nachträglich ausgeschlossen oder an Stelle des bisherigen Briefes ein neuer Hypothekenbrief, ein Grundschuldbrief oder ein Rentenschuldbrief erteilt wird. [2] Eine mit dem bisherigen Brief verbundene Schuldurkunde ist abzutrennen und, sofern sie nicht mit dem neuen Hypothekenbrief zu verbinden ist, zurückzugeben.

**§ 70 [Grundschuld- und Rentenschuldbrief]** (1) [1] Die Vorschriften der §§ 56 bis 69 sind auf den Grundschuldbrief und den Rentenschuldbrief entsprechend anzuwenden. [2] Der Rentenschuldbrief muß auch die Ablösungssumme angeben.

(2) Ist eine für den Inhaber des Briefes eingetragene Grundschuld oder Rentenschuld in Teile zerlegt, so ist über jeden Teil ein besonderer Brief herzustellen.

## Vierter Abschnitt. Beschwerde

**§ 71 [Zulässigkeit der Beschwerde]** (1) Gegen die Entscheidungen des Grundbuchamts findet das Rechtsmittel der Beschwerde statt.

(2) [1] Die Beschwerde gegen eine Eintragung ist unzulässig. [2] Im Wege der Beschwerde kann jedoch verlangt werden, daß das Grundbuchamt angewiesen wird, nach § 53 einen Widerspruch einzutragen oder eine Löschung vorzunehmen.

**§ 72[1)] [Beschwerdegericht]** Über die Beschwerde entscheidet das Oberlandesgericht, in dessen Bezirk das Grundbuchamt seinen Sitz hat.

**§ 73[2)] [Einlegung der Beschwerde]** (1) Die Beschwerde kann bei dem Grundbuchamt oder bei dem Beschwerdegericht eingelegt werden.

(2) [1] Die Beschwerde ist durch Einreichung einer Beschwerdeschrift oder durch Erklärung zur Niederschrift des Grundbuchamts oder der Geschäftsstelle des Beschwerdegerichts einzulegen. [2] Für die Einlegung der Beschwerde durch die Übermittlung eines elektronischen Dokuments, die elektronische Gerichtsakte sowie das gerichtliche elektronische Dokument gilt § 14 Absatz 1 bis 3 und 5 des Gesetzes über das Verfahren in Familiensachen und in den Angelegenheiten der freiwilligen Gerichtsbarkeit[3)].

**§ 74 [Neues Vorbringen]** Die Beschwerde kann auf neue Tatsachen und Beweise gestützt werden.

**§ 75 [Abhilfe durch das Grundbuchamt]** Erachtet das Grundbuchamt die Beschwerde für begründet, so hat es ihr abzuhelfen.

---

[1)] § 72 geänd. mWv 1.9.2009 durch G v. 17.12.2008 (BGBl. I S. 2586).

[2)] § 73 Abs. 2 Satz 2 angef. mWv 1.8.2001 durch G v. 13.7.2001 (BGBl. I S. 1542); Abs. 2 Satz 2 neu gef. mWv 1.10.2009 durch G v. 11.8.2009 (BGBl. I S. 2713).

[3)] Nr. **112**.

**§ 76 [Einstweilige Anordnung des Beschwerdegerichts; aufschiebende Wirkung]** (1) Das Beschwerdegericht kann vor der Entscheidung eine einstweilige Anordnung erlassen, insbesondere dem Grundbuchamt aufgeben, eine Vormerkung oder einen Widerspruch einzutragen, oder anordnen, daß die Vollziehung der angefochtenen Entscheidung auszusetzen ist.

(2) Die Vormerkung oder der Widerspruch (Absatz 1) wird von Amts wegen gelöscht, wenn die Beschwerde zurückgenommen oder zurückgewiesen ist.

(3) Die Beschwerde hat nur dann aufschiebende Wirkung, wenn sie gegen eine Verfügung gerichtet ist, durch die ein Zwangsgeld festgesetzt wird.

**§ 77 [Begründung der Beschwerdeentscheidung]** Die Entscheidung des Beschwerdegerichts ist mit Gründen zu versehen und dem Beschwerdeführer mitzuteilen.

**§ 78**[1)] **[Rechtsbeschwerde]** (1) Gegen einen Beschluss des Beschwerdegerichts ist die Rechtsbeschwerde statthaft, wenn sie das Beschwerdegericht in dem Beschluss zugelassen hat.

(2) [1] Die Rechtsbeschwerde ist zuzulassen, wenn

1. die Rechtssache grundsätzliche Bedeutung hat oder
2. die Fortbildung des Rechts oder die Sicherung einer einheitlichen Rechtsprechung eine Entscheidung des Rechtsbeschwerdegerichts erfordert.

[2] Das Rechtsbeschwerdegericht ist an die Zulassung gebunden.

(3) Auf das weitere Verfahren finden § 73 Absatz 2 Satz 2 dieses Gesetzes sowie die §§ 71 bis 74a des Gesetzes über das Verfahren in Familiensachen und in den Angelegenheiten der freiwilligen Gerichtsbarkeit[2)] entsprechende Anwendung.

**§§ 79, 80**[3)] *(aufgehoben)*

**§ 81**[4)] **[Ergänzende Vorschriften]** (1) Über Beschwerden entscheidet bei den Oberlandesgerichten und dem Bundesgerichtshof ein Zivilsenat.

(2) Die Vorschriften der Zivilprozeßordnung[5)] über die Ausschließung und Ablehnung der Gerichtspersonen sind entsprechend anzuwenden.

(3) Die Vorschrift des § 44 des Gesetzes über das Verfahren in Familiensachen und in den Angelegenheiten der freiwilligen Gerichtsbarkeit[2)] über die Fortführung des Verfahrens bei Verletzung des Anspruchs auf rechtliches Gehör ist entsprechend anzuwenden.

(4) [1] Die Bundesregierung und die Landesregierungen bestimmen für ihren Bereich durch Rechtsverordnung den Zeitpunkt, von dem an elektronische Akten geführt werden können. [2] Die Bundesregierung und die Landesregierun-

---

[1)] § 78 neu gef. mWv 1.9.2009 durch G v. 17.12.2008 (BGBl. I S. 2586, geänd. durch G v. 30.7. 2009, BGBl. I S. 2449); Abs. 3 geänd. mWv 1.10.2009 durch G v. 11.8.2009 (BGBl. I S. 2713).

[2)] Nr. **112**.

[3)] §§ 79 und 80 aufgeh. mWv 1.9.2009 durch G v. 17.12.2008 (BGBl. I S. 2586).

[4)] § 81 Abs. 3 angef. mWv 1.8.2001 durch G v. 13.7.2001 (BGBl. I S. 1542); Abs. 3 eingef., bish. Abs. 3 wird Abs. 4 mWv 1.1.2005 durch G v. 9.12.2004 (BGBl. I S. 3220); Abs. 1, 2 und 3 geänd. mWv 1.9.2009 durch G v. 17.12.2008 (BGBl. I S. 2586); Abs. 4 neu gef. mWv 1.10.2009 durch G v. 11.8.2009 (BGBl. I S. 2713); Abs. 4 Sätze 1, 2 und 5 geänd. mWv 1.1.2018 durch G v. 10.10.2013 (BGBl. I S. 3786).

[5)] Nr. **100**.

gen bestimmen für ihren Bereich durch Rechtsverordnung die organisatorisch-technischen Rahmenbedingungen für die Bildung, Führung und Aufbewahrung der elektronischen Akten. [3] Die Rechtsverordnungen der Bundesregierung bedürfen nicht der Zustimmung des Bundesrates. [4] Die Landesregierungen können die Ermächtigungen durch Rechtsverordnung auf die Landesjustizverwaltungen übertragen. [5] Die Zulassung der elektronischen Akte kann auf einzelne Gerichte oder Verfahren beschränkt werden.

## Fünfter Abschnitt. Verfahren des Grundbuchamts in besonderen Fällen

### I. Grundbuchberichtigungszwang

**§ 82[1)] [Verpflichtung zur Antragstellung]** [1] Ist das Grundbuch hinsichtlich der Eintragung des Eigentümers durch Rechtsübergang außerhalb des Grundbuchs unrichtig geworden, so soll das Grundbuchamt dem Eigentümer oder dem Testamentsvollstrecker, dem die Verwaltung des Grundstücks zusteht, die Verpflichtung auferlegen, den Antrag auf Berichtigung des Grundbuchs zu stellen und die zur Berichtigung des Grundbuchs notwendigen Unterlagen zu beschaffen. [2] Das Grundbuchamt soll diese Maßnahme zurückstellen, solange berechtigte Gründe vorliegen. [3] Ist eine Gesellschaft bürgerlichen Rechts als Eigentümerin eingetragen, gelten die Sätze 1 und 2 entsprechend, wenn die Eintragung eines Gesellschafters gemäß § 47 Absatz 2 unrichtig geworden ist.

**§ 82a [Berichtigung von Amts wegen]** [1] Liegen die Voraussetzungen des § 82 vor, ist jedoch das Berichtigungszwangsverfahren nicht durchführbar oder bietet es keine Aussicht auf Erfolg, so kann das Grundbuchamt das Grundbuch von Amts wegen berichtigen. [2] Das Grundbuchamt kann in diesem Fall das Nachlaßgericht um Ermittlung des Erben des Eigentümers ersuchen.

**§ 83[2)] [Mitteilungspflichten des Nachlaßgerichts]** [1] Das Nachlaßgericht, das einen Erbschein oder ein Europäisches Nachlasszeugnis erteilt oder sonst die Erben ermittelt hat, soll, wenn ihm bekannt ist, daß zu dem Nachlaß ein Grundstück gehört, dem zuständigen Grundbuchamt von dem Erbfall und den Erben Mitteilung machen. [2] Wird ein Testament oder ein Erbvertrag eröffnet, so soll das Gericht, wenn ihm bekannt ist, daß zu dem Nachlaß ein Grundstück gehört, dem zuständigen Grundbuchamt von dem Erbfall Mitteilung machen und die als Erben eingesetzten Personen, soweit ihm ihr Aufenthalt bekannt ist, darauf hinweisen, daß durch den Erbfall das Grundbuch unrichtig geworden ist und welche gebührenrechtlichen Vergünstigungen für eine Grundbuchberichtigung bestehen.

### II. Löschung gegenstandsloser Eintragungen

**§ 84[3)] [Begriff der gegenstandslosen Eintragung]** (1) [1] Das Grundbuchamt kann eine Eintragung über ein Recht nach Maßgabe der folgenden Vorschriften von Amts wegen als gegenstandslos löschen. [2] Für die auf der Grundlage des

---

1) § 82 Satz 3 angef. mWv 18.8.2009 durch G v. 11.8.2009 (BGBl. I S. 2713).
2) § 83 Satz 1 geänd. mWv 17.8.2015 durch G v. 29.6.2015 (BGBl. I S. 1042).
3) § 84 Abs. 1 Satz 2 angef. mWv 1.12.2001 durch G v. 26.10.2001 (BGBl. I S. 2710).

Gesetzes vom 1. Juni 1933 zur Regelung der landwirtschaftlichen Schuldverhältnisse eingetragenen Entschuldungsvermerke gilt Satz 1 entsprechend.

(2) Eine Eintragung ist gegenstandslos:

a) soweit das Recht, auf das sie sich bezieht, nicht besteht und seine Entstehung ausgeschlossen ist;

b) soweit das Recht, auf das sie sich bezieht, aus tatsächlichen Gründen dauernd nicht ausgeübt werden kann.

(3) Zu den Rechten im Sinne der Absätze 1 und 2 gehören auch Vormerkungen, Widersprüche, Verfügungsbeschränkungen, Enteignungsvermerke und ähnliches.

**§ 85 [Einleitung des Verfahrens]** (1) Das Grundbuchamt soll das Verfahren zur Löschung gegenstandsloser Eintragungen grundsätzlich nur einleiten, wenn besondere äußere Umstände (z.B. Umschreibung des Grundbuchblatts wegen Unübersichtlichkeit, Teilveräußerung oder Neubelastung des Grundstücks, Anregung seitens eines Beteiligten) hinreichenden Anlaß dazu geben und Grund zu der Annahme besteht, daß die Eintragung gegenstandslos ist.

(2) Das Grundbuchamt entscheidet nach freiem Ermessen, ob das Löschungsverfahren einzuleiten und durchzuführen ist; diese Entscheidung ist unanfechtbar.

**§ 86 [Anregung des Verfahrens durch einen Beteiligten]** Hat ein Beteiligter die Einleitung des Löschungsverfahrens angeregt, so soll das Grundbuchamt die Entscheidung, durch die es die Einleitung des Verfahrens ablehnt oder das eingeleitete Verfahren einstellt, mit Gründen versehen.

**§ 87 [Voraussetzungen der Löschung]** Die Eintragung ist zu löschen:

a) wenn sich aus Tatsachen oder Rechtsverhältnissen, die in einer den Anforderungen dieses Gesetzes entsprechenden Weise festgestellt sind, ergibt, daß die Eintragung gegenstandslos ist;

*(Fortsetzung nächstes Blatt)*

b) wenn dem Betroffenen eine Löschungsankündigung zugestellt ist und er nicht binnen einer vom Grundbuchamt zugleich zu bestimmenden Frist Widerspruch erhoben hat;

c) wenn durch einen mit Gründen zu versehenden Beschluß rechtskräftig festgestellt ist, daß die Eintragung gegenstandslos ist.

**§ 88.**[1] **[Verfahren]** (1) Das Grundbuchamt kann den Besitzer von Hypotheken-, Grundschuld- oder Rentenschuldbriefen sowie von Urkunden der in den §§ 1154, 1155 des Bürgerlichen Gesetzbuchs bezeichneten Art zur Vorlegung dieser Urkunden anhalten.

(2) § 40 Abs. 1 und § 41 Abs. 1 und 2 des Gesetzes über das Verfahren in Familiensachen und in den Angelegenheiten der freiwilligen Gerichtsbarkeit[2] ist auf die Löschungsankündigung (§ 87 Buchstabe b) und den Feststellungsbeschluß (§ 87 Buchstabe c) mit folgenden Maßgaben anzuwenden:

a) § 184 der Zivilprozessordnung ist nicht anzuwenden;

b) die Löschungsankündigung (§ 87 Buchstabe b) kann nicht öffentlich zugestellt werden;

c) der Feststellungsbeschluß (§ 87 Buchstabe c) kann auch dann, wenn die Person des Beteiligten, dem zugestellt werden soll, unbekannt ist, öffentlich zugestellt werden.

**§ 89. [Beschwerde gegen Feststellungsbeschluß]** (1) [1]Die Beschwerde (§ 71) gegen den Feststellungsbeschluß ist binnen einer Frist von zwei Wochen seit Zustellung des angefochtenen Beschlusses an den Beschwerdeführer einzulegen. [2]Das Grundbuchamt und das Beschwerdegericht können in besonderen Fällen in ihrer Entscheidung eine längere Frist bestimmen.

(2) Auf den zur Zustellung bestimmten Ausfertigungen der Beschlüsse soll vermerkt werden, ob gegen die Entscheidung ein Rechtsmittel zulässig und bei welcher Behörde, in welcher Form und binnen welcher Frist es einzulegen ist.

### III. Klarstellung der Rangverhältnisse

**§ 90. [Voraussetzungen]** Das Grundbuchamt kann aus besonderem Anlaß, insbesondere bei Umschreibung unübersichtlicher Grundbücher, Unklarheiten und Unübersichtlichkeiten in den Rangverhältnissen von Amts wegen oder auf Antrag eines Beteiligten beseitigen.

**§ 91. [Einleitung des Verfahrens]** (1) [1]Vor der Umschreibung eines unübersichtlichen Grundbuchblatts hat das Grundbuchamt zu prüfen, ob die Rangverhältnisse unklar oder unübersichtlich sind und ihre Klarstellung nach den Umständen angezeigt erscheint. [2]Das Grundbuchamt entscheidet hierüber nach freiem Ermessen. [3]Die Entscheidung ist unanfechtbar.

[1] § 88 Abs. 2 Buchst. a neugef. mWv 1. 7. 2002 durch Art. 2 Abs. 13 ZustRG v. 25. 6. 2001 (BGBl. I S. 1206), Abs. 2 Einleitungss. geänd. mWv 1. 9. 2009 durch Art. 36 FGG-RG v. 17. 12. 2008 (BGBl. I S. 2586).

[2] Nr. **112**.

(2) Der Beschluß, durch den das Verfahren eingeleitet wird, ist allen Beteiligten zuzustellen.

(3) Die Einleitung des Verfahrens ist im Grundbuche zu vermerken.

(4) Der Beschluß, durch den ein Antrag auf Einleitung des Verfahrens abgelehnt wird, ist nur dem Antragsteller bekanntzumachen.

**§ 92. [Beteiligte]** (1) In dem Verfahren gelten als Beteiligte:

a) der zur Zeit der Eintragung des Vermerks (§ 91 Abs. 3) im Grundbuch eingetragene Eigentümer und, wenn das Grundstück mit einer Gesamthypothek (,-grundschuld, -rentenschuld) belastet ist, die im Grundbuch eingetragenen Eigentümer der anderen mit diesem Recht belasteten Grundstücke;

b) Personen, für die in dem unter Buchstabe a bestimmten Zeitpunkt ein Recht am Grundstück oder ein Recht an einem das Grundstück belastenden Recht im Grundbuch eingetragen oder durch Eintragung gesichert ist;

c) Personen, die ein Recht am Grundstück oder an einem das Grundstück belastenden Recht im Verfahren anmelden und auf Verlangen des Grundbuchamts oder eines Beteiligten glaubhaft machen.

(2) Beteiligter ist nicht, wessen Recht von der Rangbereinigung nicht berührt wird.

**§ 93. [Anzeigepflicht des Buchberechtigten]** [1] Ist der im Grundbuch als Eigentümer oder Berechtigter Eingetragene nicht der Berechtigte, so hat er dies unverzüglich nach Zustellung des Einleitungsbeschlusses dem Grundbuchamt anzuzeigen und anzugeben, was ihm über die Person des Berechtigten bekannt ist. [2] Ein schriftlicher Hinweis auf diese Pflicht ist ihm zugleich mit dem Einleitungsbeschluß zuzustellen.

**§ 94. [Ermittlung des Berechtigten]** (1) [1] Das Grundbuchamt kann von Amts wegen Ermittlungen darüber anstellen, ob das Eigentum oder ein eingetragenes Recht dem als Berechtigten Eingetragenen oder einem anderen zusteht, und die hierzu geeigneten Beweise erheben. [2] Inwieweit § 35 anzuwenden ist, entscheidet das Grundbuchamt nach freiem Ermessen.

(2) Der ermittelte Berechtigte gilt vom Zeitpunkt seiner Feststellung an auch als Beteiligter.

(3) Bestehen Zweifel darüber, wer von mehreren Personen der Berechtigte ist, so gelten sämtliche Personen als Berechtigte.

**§ 95. [Wechsel der Berechtigten]** (1) Wechselt im Laufe des Verfahrens die Person eines Berechtigten, so gilt der neue Berechtigte von dem Zeitpunkt ab, zu dem seine Person dem Grundbuchamt bekannt wird, als Beteiligter.

(2) Das gleiche gilt, wenn im Laufe des Verfahrens ein neues Recht am Grundstück oder an einem das Grundstück belastenden Recht begründet wird, das von dem Verfahren berührt wird.

**§ 96.**[1] **[Bestellung eines Pflegers]** [1] Ist die Person oder der Aufenthalt eines Beteiligten oder seines Vertreters unbekannt, so kann das Grundbuchamt

---

[1] § 96 Satz 2 geänd. mWv 1. 9. 2009 durch Art. 36 FGG-RG v. 17. 12. 2008 (BGBl. I S. 2586).

dem Beteiligten für das Rangbereinigungsverfahren einen Pfleger bestellen. 2Für die Pflegschaft tritt an die Stelle des Betreuungsgerichts das Grundbuchamt.

**§ 97. [Zustellungsbevollmächtigter]** (1) Wohnt ein Beteiligter nicht im Inland und hat er einen hier wohnenden Bevollmächtigten nicht bestellt, so kann das Grundbuchamt anordnen, daß er einen im Inland wohnenden Bevollmächtigten zum Empfang der für ihn bestimmten Sendungen oder für das Verfahren bestellt.

(2) 1Hat das Grundbuchamt dies angeordnet, so können, solange der Beteiligte den Bevollmächtigten nicht bestellt hat, nach der Ladung zum ersten Verhandlungstermin alle weiteren Zustellungen in der Art bewirkt werden, daß das zuzustellende Schriftstück unter der Anschrift des Beteiligten nach seinem Wohnorte zur Post gegeben wird; die Postsendungen sind mit der Bezeichnung „Einschreiben" zu versehen. 2Die Zustellung gilt mit der Aufgabe zur Post als bewirkt, selbst wenn die Sendung als unbestellbar zurückkommt.

**§ 98. [Keine öffentliche Zustellung]** Die öffentliche Zustellung ist unzulässig.

**§ 99. [Vorlegung von Urkunden]** Das Grundbuchamt kann den Besitzer von Hypotheken-, Grundschuld- oder Rentenschuldbriefen sowie von Urkunden der in den §§ 1154, 1155 des Bürgerlichen Gesetzbuchs bezeichneten Art zur Vorlegung dieser Urkunden anhalten.

**§ 100. [Ladung zum Verhandlungstermin]** 1Das Grundbuchamt hat die Beteiligten zu einem Verhandlungstermin über die Klarstellung der Rangverhältnisse zu laden. 2Die Ladung soll den Hinweis enthalten, daß ungeachtet des Ausbleibens eines Beteiligten über die Klarstellung der Rangverhältnisse verhandelt werden würde.

**§ 101. [Ladungsfrist]** (1) Die Frist zwischen der Ladung und dem Termin soll mindestens zwei Wochen betragen.

(2) 1Diese Vorschrift ist auf eine Vertagung sowie auf einen Termin zur Fortsetzung der Verhandlung nicht anzuwenden. 2Die zu dem früheren Termin Geladenen brauchen zu dem neuen Termin nicht nochmals geladen zu werden, wenn dieser verkündet ist.

**§ 102. [Verhandlungstermin]** (1) 1In dem Termin hat das Grundbuchamt zu versuchen, eine Einigung der Beteiligten auf eine klare Rangordnung herbeizuführen. 2Einigen sich die erschienenen Beteiligten, so hat das Grundbuchamt die Vereinbarung zu beurkunden. 3Ein nicht erschienener Beteiligter kann seine Zustimmung zu der Vereinbarung in einer öffentlichen oder öffentlich beglaubigten Urkunde erteilen.

(2) Einigen sich die Beteiligten, so ist das Grundbuch der Vereinbarung gemäß umzuschreiben.

**§ 103. [Vorschlag des Grundbuchamts]** 1Einigen sich die Beteiligten nicht, so macht das Grundbuchamt ihnen einen Vorschlag für eine neue Rangordnung. 2Es kann hierbei eine Änderung der bestehenden Rangverhältnisse, soweit sie zur Herbeiführung einer klaren Rangordnung erforderlich ist, vorschlagen.

**§ 104. [Widerspruch gegen den Vorschlag]** (1) [1]Der Vorschlag ist den Beteiligten mit dem Hinweis zuzustellen, daß sie gegen ihn binnen einer Frist von einem Monat von der Zustellung ab bei dem Grundbuchamt Widerspruch erheben können. [2]In besonderen Fällen kann eine längere Frist bestimmt werden.

(2) Der Widerspruch ist schriftlich oder durch Erklärung zur Niederschrift des Urkundsbeamten der Geschäftsstelle eines Amtsgerichts einzulegen; in letzterem Fall ist die Widerspruchsfrist gewahrt, wenn die Erklärung innerhalb der Frist abgegeben ist.

**§ 105.**[1)] **[Wiedereinsetzung in den vorigen Stand]** (1) Einem Beteiligten, der ohne sein Verschulden verhindert war, die Frist (§ 104) einzuhalten, hat das Grundbuchamt auf seinen Antrag Wiedereinsetzung in den vorigen Stand zu gewähren, wenn er binnen zwei Wochen nach der Beseitigung des Hindernisses den Widerspruch einlegt und die Tatsachen, die die Wiedereinsetzung begründen, glaubhaft macht.

(2) Die Entscheidung, durch die Wiedereinsetzung erteilt wird, ist unanfechtbar; gegen die Entscheidung, durch die der Antrag auf Wiedereinsetzung als unzulässig verworfen oder zurückgewiesen wird, ist die Beschwerde nach den Vorschriften des Gesetzes über das Verfahren in Familiensachen und in den Angelegenheiten der freiwilligen Gerichtsbarkeit[2)] zulässig.

(3) Die Wiedereinsetzung kann nicht mehr beantragt werden, nachdem die neue Rangordnung eingetragen oder wenn seit dem Ende der versäumten Frist ein Jahr verstrichen ist.

**§ 106. [Aussetzung des Verfahrens]** (1) Ist ein Rechtsstreit anhängig, der die Rangverhältnisse des Grundstücks zum Gegenstand hat, so ist das Verfahren auf Antrag eines Beteiligten bis zur Erledigung des Rechtsstreits auszusetzen.

(2) Das Grundbuchamt kann auch von Amts wegen das Verfahren aussetzen und den Beteiligten oder einzelnen von ihnen unter Bestimmung einer Frist aufgeben, die Entscheidung des Prozeßgerichts herbeizuführen, wenn die Aufstellung einer neuen klaren Rangordnung von der Entscheidung eines Streites über die bestehenden Rangverhältnisse abhängt.

**§ 107. [Fortsetzung des Verfahrens]** Ist der Rechtsstreit erledigt, so setzt das Grundbuchamt das Verfahren insoweit fort, als es noch erforderlich ist, um eine klare Rangordnung herbeizuführen.

**§ 108. [Feststellung der neuen Rangordnung]** (1) [1]Nach dem Ablauf der Widerspruchsfrist stellt das Grundbuchamt durch Beschluß die neue Rangordnung fest, sofern nicht Anlaß besteht, einen neuen Vorschlag zu machen. [2]Es entscheidet hierbei zugleich über die nicht erledigten Widersprüche; insoweit ist die Entscheidung mit Gründen zu versehen.

---

1) § 105 Abs. 2 geänd. mWv 1. 9. 2009 durch Art. 36 FGG-RG v. 17. 12. 2008 (BGBl. I S. 2586).

2) Nr. **112**.

(2) Ist über einen Widerspruch entschieden, so ist der Beschluß allen Beteiligten zuzustellen.

**§ 109. [Einstellung des Verfahrens]** [1]Das Grundbuchamt kann jederzeit das Verfahren einstellen, wenn es sich von seiner Fortsetzung keinen Erfolg verspricht. [2]Der Einstellungsbeschluß ist unanfechtbar.

**§ 110.**[1)] **[Sofortige Beschwerde]** (1) Hat das Grundbuchamt in dem Beschluß, durch den die neue Rangordnung festgestellt wird, über einen Widerspruch entschieden, so ist gegen den Beschluß die Beschwerde nach den Vorschriften des Gesetzes über das Verfahren in Familiensachen und in den Angelegenheiten der freiwilligen Gerichtsbarkeit[2)] zulässig.

(2) Die Rechtsbeschwerde ist unzulässig.

**§ 111. [Umschreibung des Grundbuchs]** Ist die neue Rangordnung rechtskräftig festgestellt, so hat das Grundbuchamt das Grundbuch nach Maßgabe dieser Rangordnung umzuschreiben.

**§ 112. [Neue Rangordnung]** Ist die neue Rangordnung (§ 102 Abs. 2, § 111) eingetragen, so tritt sie an die Stelle der bisherigen Rangordnung.

**§ 113. [Löschung des Einleitungsvermerks]** Wird die neue Rangordnung eingetragen (§ 102 Abs. 2, § 111) oder wird das Verfahren eingestellt (§ 109), so ist der Einleitungsvermerk zu löschen.

**§ 114. [Kosten des Verfahrens]** Die Kosten des Verfahrens erster Instanz verteilt das Grundbuchamt auf die Beteiligten nach billigem Ermessen.

**§ 115. [Kosten eines erledigten Rechtsstreits]** [1]Wird durch das Verfahren ein anhängiger Rechtsstreit erledigt, so trägt jede Partei die ihr entstandenen außergerichtlichen Kosten. [2]Die Gerichtskosten werden niedergeschlagen.

## Sechster Abschnitt. Anlegung von Grundbuchblättern

**§ 116.**[3)] **[Anlegung von Amts wegen]** (1) Für ein Grundstück, das ein Grundbuchblatt bei der Anlegung des Grundbuchs nicht erhalten hat, wird das Blatt unbeschadet des § 3 Abs. 2 bis 9 von Amts wegen angelegt.

(2) Das Verfahren bei der Anlegung des Grundbuchblatts richtet sich nach den Vorschriften der §§ 118 bis 125.

**§ 117.**[4)] *(aufgehoben)*

**§ 118. [Ermittlung zur Feststellung des Eigentums]** Zur Feststellung des Eigentums an dem Grundstück hat das Grundbuchamt von Amts wegen die erforderlichen Ermittlungen anzustellen und die geeigneten Beweise zu erheben.

---

1) § 110 Abs. 1 und 2 geänd. mWv 1. 9. 2009 durch Art. 36 FGG-RG v. 17. 12. 2008 (BGBl. I S. 2586).
2) Nr. **112**.
3) § 116 Abs. 2 geänd. durch Art. 1 DaBaGG v. 1. 10. 2013 (BGBl. I S. 3719).
4) § 117 aufgeh. durch Art. 1 DaBaGG v. 1. 10. 2013 (BGBl. I S. 3719).

**§ 119. [Aufgebot]** Das Grundbuchamt kann zur Ermittlung des Berechtigten ein Aufgebot nach Maßgabe der §§ 120 und 121 erlassen.

**§ 120. [Inhalt]** In das Aufgebot sind aufzunehmen:
1. die Ankündigung der bevorstehenden Anlegung des Grundbuchblatts;
2. die Bezeichnung des Grundstücks, seine Lage, Beschaffenheit und Größe nach dem für die Bezeichnung der Grundstücke im Grundbuch maßgebenden amtlichen Verzeichnis;
3. die Bezeichnung des Eigenbesitzers, sofern sie dem Grundbuchamt bekannt oder zu ermitteln ist;
4. die Aufforderung an die Personen, welche das Eigentum in Anspruch nehmen, ihr Recht binnen einer vom Grundbuchamt zu bestimmenden Frist von mindestens sechs Wochen anzumelden und glaubhaft zu machen, widrigenfalls ihr Recht bei der Anlegung des Grundbuchs nicht berücksichtigt wird.

**§ 121.**[1] **[Veröffentlichung des Aufgebots]** (1) [1]Das Aufgebot ist an die für den Aushang von Bekanntmachungen des Grundbuchamts bestimmte Stelle anzuheften und einmal in dem für die amtlichen Bekanntmachungen des Grundbuchamts bestimmten Blatte zu veröffentlichen. [2]Das Grundbuchamt kann anordnen, daß die Veröffentlichung mehrere Male und noch in anderen Blättern zu erfolgen habe oder, falls das Grundstück einen Wert von weniger als 3000 Euro hat, daß sie ganz unterbleibe.

(2) [1]Das Aufgebot ist in der Gemeinde, in deren Bezirk das Grundstück liegt, an der für amtliche Bekanntmachungen bestimmten Stelle anzuheften oder in sonstiger ortsüblicher Weise bekanntzumachen. [2]Dies gilt nicht, wenn in der Gemeinde eine Anheftung von amtlichen Bekanntmachungen nicht vorgesehen ist und eine sonstige ortsübliche Bekanntmachung lediglich zu einer zusätzlichen Veröffentlichung in einem der in Absatz 1 bezeichneten Blätter führen würde.

(3) Das Aufgebot soll den Personen, die das Eigentum in Anspruch nehmen und dem Grundbuchamt bekannt sind, von Amts wegen zugestellt werden.

**§ 122. [Anlegung ohne Aufgebotsverfahren]** Das Grundbuchblatt darf, wenn ein Aufgebotsverfahren (§§ 120, 121) nicht stattgefunden hat, erst angelegt werden, nachdem in der Gemeinde, in deren Bezirk das Grundstück liegt, das Bevorstehen der Anlegung und der Name des als Eigentümer Einzutragenden öffentlich bekanntgemacht und seit der Bekanntmachung ein Monat verstrichen ist; die Art der Bekanntmachung bestimmt das Grundbuchamt.

**§ 123. [Eintragung als Eigentümer]** Als Eigentümer ist in das Grundbuch einzutragen:
1. der ermittelte Eigentümer;
2. sonst der Eigenbesitzer, dessen Eigentum dem Grundbuchamt glaubhaft gemacht ist;

---

[1] § 121 Abs. 1 Satz 2 geänd. durch Art. 7 Abs. 5 G v. 27. 6. 2000 (BGBl. I S. 897).

3. sonst derjenige, dessen Eigentum nach Lage der Sache dem Grundbuchamt am wahrscheinlichsten erscheint.

**§ 124 [Eintragung von Eigentumsbeschränkungen]** (1) Beschränkte dingliche Rechte am Grundstück oder sonstige Eigentumsbeschränkungen werden bei der Anlegung des Grundbuchblatts nur eingetragen, wenn sie bei dem Grundbuchamt angemeldet und entweder durch öffentliche oder öffentlich beglaubigte Urkunden, deren erklärter Inhalt vom Eigentümer stammt, nachgewiesen oder von dem Eigentümer anerkannt sind.

(2) [1]Der Eigentümer ist über die Anerkennung anzuhören. [2]Bestreitet er das angemeldete Recht, so wird es, falls es glaubhaft gemacht ist, durch Eintragung eines Widerspruchs gesichert.

(3) Der Rang der Rechte ist gemäß den für sie zur Zeit ihrer Entstehung maßgebenden Gesetzen und, wenn er hiernach nicht bestimmt werden kann, nach der Reihenfolge ihrer Anmeldung einzutragen.

**§ 125 [Eintragung eines Widerspruchs; Löschung]** [1]Die Beschwerde gegen die Anlegung des Grundbuchblatts ist unzulässig. [2]Im Wege der Beschwerde kann jedoch verlangt werden, daß das Grundbuchamt angewiesen wird, nach § 53 einen Widerspruch einzutragen oder eine Löschung vorzunehmen.

## Siebenter Abschnitt. Das maschinell geführte Grundbuch

**§ 126[1)] [Führung als automatisierte Datei]** (1) [1]Die Landesregierungen können durch Rechtsverordnung bestimmen, daß und in welchem Umfang das Grundbuch in maschineller Form als automatisiertes Dateisystem geführt wird; sie können dabei auch bestimmen, dass das Grundbuch in strukturierter Form mit logischer Verknüpfung der Inhalte (Datenbankgrundbuch) geführt wird. [2]Hierbei muß gewährleistet sein, daß

1. die Grundsätze einer ordnungsgemäßen Datenverarbeitung eingehalten, insbesondere Vorkehrungen gegen einen Datenverlust getroffen sowie die erforderlichen Kopien der Datenbestände mindestens tagesaktuell gehalten und die originären Datenbestände sowie deren Kopien sicher aufbewahrt werden;
2. die vorzunehmenden Eintragungen alsbald in einen Datenspeicher aufgenommen und auf Dauer inhaltlich unverändert in lesbarer Form wiedergegeben werden können;
3. die nach den Artikeln 24, 25 und 32 der Verordnung (EU) 2016/679[2)] erforderlichen Anforderungen erfüllt sind.

[3]Die Landesregierungen können durch Rechtsverordnung die Ermächtigung nach Satz 1 auf die Landesjustizverwaltungen übertragen.

(2) [1]Die Führung des Grundbuchs in maschineller Form umfaßt auch die Einrichtung und Führung eines Verzeichnisses der Eigentümer und der Grundstücke sowie weitere, für die Führung des Grundbuchs in maschineller Form erforderliche Verzeichnisse. [2]Das Grundbuchamt kann für die Führung des Grundbuchs auch Verzeichnisse der in Satz 1 bezeichneten Art nutzen, die bei den

---

[1)] § 126 Abs. 1 Satz 1 geänd. mWv 9.10.2013 durch G v. 1.10.2013 (BGBl. I S. 3719); Abs. 1 Satz 1 geänd., Satz 2 Nr. 3 neu gef. mWv 26.11.2019 durch G v. 20.11.2019 (BGBl. I S. 1724).

[2)] **Sartorius Nr. 246.**

für die Führung des Liegenschaftskatasters zuständigen Stellen eingerichtet sind; diese dürfen die in Satz 1 bezeichneten Verzeichnisse insoweit nutzen, als dies für die Führung des Liegenschaftskatasters erforderlich ist.

(3) Die Datenverarbeitung kann im Auftrag des nach § 1 zuständigen Grundbuchamts auf den Anlagen einer anderen staatlichen Stelle oder auf den Anlagen einer juristischen Person des öffentlichen Rechts vorgenommen werden, wenn die ordnungsgemäße Erledigung der Grundbuchsachen sichergestellt ist.

**§ 127[1)] [Ermächtigung der Landesregierungen]** (1) [1]Die Landesregierungen werden ermächtigt, durch Rechtsverordnung zu bestimmen, dass

1. Grundbuchämter Änderungen der Nummer, unter der ein Grundstück im Liegenschaftskataster geführt wird, die nicht auf einer Änderung der Umfangsgrenzen des Grundstücks beruhen, sowie im Liegenschaftskataster enthaltene Angaben über die tatsächliche Beschreibung des Grundstücks aus dem Liegenschaftskataster automatisiert in das Grundbuch und in Verzeichnisse nach § 126 Absatz 2 einspeichern sollen;
2. Grundbuchämter den für die Führung des Liegenschaftskatasters zuständigen Stellen die Grundbuchstellen sowie Daten des Bestandsverzeichnisses und der ersten Abteilung automatisiert in elektronischer Form übermitteln;
3. Grundbuchämter, die die Richtigstellung der Bezeichnung eines Berechtigten in von ihnen geführten Grundbüchern vollziehen, diese Richtigstellung auch in Grundbüchern vollziehen dürfen, die von anderen Grundbuchämtern des jeweiligen Landes geführt werden;
4. in Bezug auf Gesamtrechte ein nach den allgemeinen Vorschriften zuständiges Grundbuchamt auch zuständig ist, soweit Grundbücher betroffen sind, die von anderen Grundbuchämtern des jeweiligen Landes geführt werden.

[2]Die Anordnungen können auf einzelne Grundbuchämter beschränkt werden. [3]In den Fällen des Satzes 1 Nummer 3 und 4 können auch Regelungen zur Bestimmung des zuständigen Grundbuchamts getroffen und die Einzelheiten des jeweiligen Verfahrens geregelt werden. [4]Die Landesregierungen können die Ermächtigungen durch Rechtsverordnung auf die Landesjustizverwaltungen übertragen.

(2) Soweit das Grundbuchamt nach bundesrechtlicher Vorschrift verpflichtet ist, einem Gericht oder einer Behörde über eine Eintragung Mitteilung zu machen, besteht diese Verpflichtung nicht bezüglich der Angaben, die nach Maßgabe des Absatzes 1 Satz 1 Nummer 1 aus dem Liegenschaftskataster in das Grundbuch übernommen wurden.

(3) [1]Ein nach Absatz 1 Satz 1 Nummer 4 zuständiges Grundbuchamt gilt in Bezug auf die Angelegenheit als für die Führung der betroffenen Grundbuchblätter zuständig. [2]Die Bekanntgabe der Eintragung nach § 55a Absatz 2 ist nicht erforderlich. [3]Werden die Grundakten nicht elektronisch geführt, sind in den Fällen des Absatzes 1 Satz 1 Nummer 3 und 4 den anderen beteiligten Grundbuchämtern beglaubigte Kopien der Urkunden zu übermitteln, auf die sich die Eintragung gründet oder auf die sie Bezug nimmt.

---

1) § 127 neu gef. mWv 9.10.2013 durch G v. 1.10.2013 (BGBl. I S. 3719).

**§ 128**[1)] **[Freigabe; Aussonderung der bisherigen Grundbücher]** (1) [1]Das maschinell geführte Grundbuch tritt für ein Grundbuchblatt an die Stelle des bisherigen Grundbuchs, sobald es freigegeben worden ist. [2]Die Freigabe soll erfolgen, sobald die Eintragungen dieses Grundbuchblattes in den für die Grundbucheintragungen bestimmten Datenspeicher aufgenommen worden sind.

(2) Der Schließungsvermerk im bisherigen Grundbuch ist lediglich von einer der nach § 44 Abs. 1 Satz 2 zur Unterschrift zuständigen Personen zu unterschreiben.

(3) Die bisherigen Grundbücher können ausgesondert werden, soweit die Anlegung des maschinell geführten Grundbuchs in der Weise erfolgt ist, dass der gesamte Inhalt der bisherigen Grundbuchblätter in den für das maschinell geführte Grundbuch bestimmten Datenspeicher aufgenommen wurde und die Wiedergabe auf dem Bildschirm bildlich mit den bisherigen Grundbuchblättern übereinstimmt.

**§ 129**[2)] **[Wirksamwerden der Eintragung]** (1) [1]Eine Eintragung wird wirksam, sobald sie in den für die Grundbucheintragungen bestimmten Datenspeicher aufgenommen ist und auf Dauer inhaltlich unverändert in lesbarer Form wiedergegeben werden kann. [2]Durch eine Bestätigungsanzeige oder in anderer geeigneter Weise ist zu überprüfen, ob diese Voraussetzungen eingetreten sind.

(2) [1]Jede Eintragung soll den Tag angeben, an dem sie wirksam geworden ist. [2]Bei Eintragungen, die gemäß § 127 Absatz 1 Satz 1 Nummer 1 Inhalt des Grundbuchs werden, bedarf es abweichend von Satz 1 der Angabe des Tages der Eintragung im Grundbuch nicht.

**§ 130 [Abweichende Vorschriften für automatisiertes Verfahren]** [1]§ 44 Abs. 1 Satz 1, 2 Halbsatz 2 und Satz 3 ist für die maschinelle Grundbuchführung nicht anzuwenden; § 44 Abs. 1 Satz 2 erster Halbsatz gilt mit der Maßgabe, daß die für die Führung des Grundbuchs zuständige Person auch die Eintragung veranlassen kann. [2]Wird die Eintragung nicht besonders verfügt, so ist in geeigneter Weise der Veranlasser der Speicherung aktenkundig oder sonst feststellbar zu machen.

**§ 131**[3)] **[Amtlicher Ausdruck]** (1) [1]Wird das Grundbuch in maschineller Form als automatisiertes Dateisystem geführt, so tritt an die Stelle der Abschrift der Ausdruck und an die Stelle der beglaubigten Abschrift der amtliche Ausdruck. [2]Die Ausdrucke werden nicht unterschrieben. [3]Der amtliche Ausdruck ist als solcher zu bezeichnen und mit einem Dienstsiegel oder -stempel zu versehen; er steht einer beglaubigten Abschrift gleich.

(2) [1]Die Landesregierungen werden ermächtigt, durch Rechtsverordnung

1. zu bestimmen, dass Auskünfte über grundbuchblattübergreifende Auswertungen von Grundbuchinhalten verlangt werden können, soweit ein berechtigtes Interesse dargelegt ist, und
2. Einzelheiten des Verfahrens zur Auskunftserteilung zu regeln.

[2]Sie können diese Ermächtigungen durch Rechtsverordnung auf die Landesjustizverwaltungen übertragen.

---

1) § 128 Abs. 3 angef. mWv 1.10.2009 durch G v. 11.8.2009 (BGBl. I S. 2713).

2) § 129 Abs. 2 Satz 2 geänd. mWv 9.10.2013 durch G v. 1.10.2013 (BGBl. I S. 3719).

3) § 131 Abs. 2 angef. mWv 9.10.2013 durch G v. 1.10.2013 (BGBl. I S. 3719); Abs. 1 Satz 1 geänd. mWv 26.11.2019 durch G v. 20.11.2019 (BGBl. I S. 1724).

**§ 132**[1)] **[Einsicht]** [1]Die Einsicht in das maschinell geführte Grundbuch kann auch bei einem anderen als dem Grundbuchamt gewährt werden, das dieses Grundbuch führt. [2]Über die Gestattung der Einsicht entscheidet das Grundbuchamt, bei dem die Einsicht begehrt wird.

**§ 133**[2)] **[Erfordernisse für Einrichtung des automatisierten Verfahrens; Genehmigung]** (1) Die Einrichtung eines automatisierten Verfahrens, das die Übermittlung der Daten aus dem maschinell geführten Grundbuch durch Abruf ermöglicht, ist zulässig, sofern sichergestellt ist, daß
1. der Abruf von Daten die nach den oder auf Grund der §§ 12 und 12a zulässige Einsicht nicht überschreitet und
2. die Zulässigkeit der Abrufe auf der Grundlage einer Protokollierung kontrolliert werden kann.

(2) [1]Die Einrichtung eines automatisierten Abrufverfahrens nach Absatz 1 bedarf der Genehmigung durch die Landesjustizverwaltung. [2]Die Genehmigung darf nur Gerichten, Behörden, Notaren, öffentlich bestellten Vermessungsingenieuren, an dem Grundstück dinglich Berechtigten, einer von dinglich Berechtigten beauftragten Person oder Stelle, der Staatsbank Berlin sowie für Zwecke der maschinellen Bearbeitung von Auskunftsanträgen (Absatz 4), nicht jedoch anderen öffentlich-rechtlichen Kreditinstituten erteilt werden. [3]Sie setzt voraus, daß
1. diese Form der Datenübermittlung unter Berücksichtigung der schutzwürdigen Interessen der betroffenen dinglich Berechtigten wegen der Vielzahl der Übermittlungen oder wegen ihrer besonderen Eilbedürftigkeit angemessen ist,
2. auf seiten des Empfängers die Grundsätze einer ordnungsgemäßen Datenverarbeitung eingehalten werden und
3. auf seiten der grundbuchführenden Stelle die technischen Möglichkeiten der Einrichtung und Abwicklung des Verfahrens gegeben sind und eine Störung des Geschäftsbetriebs des Grundbuchamts nicht zu erwarten ist.

[4]Satz 3 Nummer 1 gilt nicht für die Erteilung der Genehmigung für Notare.

(3) [1]Die Genehmigung ist zu widerrufen, wenn eine der in Absatz 2 genannten Voraussetzungen weggefallen ist. [2]Sie kann widerrufen werden, wenn die Anlage mißbräuchlich benutzt worden ist. [3]Ein öffentlich-rechtlicher Vertrag oder eine Verwaltungsvereinbarung kann in den Fällen der Sätze 1 und 2 gekündigt werden. [4]In den Fällen des Satzes 1 ist die Kündigung zu erklären.

(4) [1]Im automatisierten Abrufverfahren nach Absatz 1 können auch Anträge auf Auskunft aus dem Grundbuch (Einsichtnahme und Erteilung von Abschriften) nach § 12 und den diese Vorschriften ausführenden Bestimmungen maschinell bearbeitet werden. [2]Absatz 2 Satz 1 und 3 gilt entsprechend. [3]Die maschinelle Bearbeitung ist nur zulässig, wenn der Eigentümer des Grundstücks, bei Erbbau- und Gebäudegrundbüchern der Inhaber des Erbbaurechts oder Gebäudeeigentums, zustimmt oder die Zwangsvollstreckung in das Grundstück, Erbbaurecht oder Gebäudeeigentum betrieben werden soll und die abrufende Person oder

[1)] § 132 Satz 1 geänd., Satz 2 neu gef. mWv 1.10.2009 durch G v. 11.8.2009 (BGBl. I S. 2713).

[2)] § 133 Abs. 5 Satz 2 geänd., Abs. 8 aufgeh. mWv 1.10.2009 durch G v. 11.8.2009 (BGBl. I S. 2713); Abs. 5 Satz 2 geänd. mWv 9.10.2013 durch G v. 1.10.2013 (BGBl. I S. 3719); Abs. 7 Satz 3 geänd. mWv 8.9.2015 durch VO v. 31.8.2015 (BGBl. I S. 1474); Abs. 5 Satz 2 geänd. mWv 1.3.2016 durch G v. 3.12.2015 (BGBl. I S. 2161); Abs. 5 Satz 1 aufgeh., bish. Satz 2 geänd., Abs. 6 aufgeh., bish. Abs. 7 wird Abs. 6 mWv 26.11.2019 durch G v. 20.11.2019 (BGBl. I S. 1724); Abs. 2 Satz 4 angef. mWv 6.12.2019 durch G v. 30.11.2019 (BGBl. I S. 1942); Abs. 5 geänd. mWv 28.12.2022 durch G v. 19.12.2022 (BGBl. I S. 2606).

Stelle das Vorliegen dieser Umstände durch Verwendung entsprechender elektronischer Zeichen versichert.

(5) Dem Eigentümer des Grundstücks oder dem Inhaber eines grundstücksgleichen Rechts ist jederzeit Auskunft aus einem über die Abrufe zu führenden Protokoll zu geben, soweit nicht die Bekanntgabe den Erfolg strafrechtlicher Ermittlungen oder die Aufgabenwahrnehmung einer Verfassungsschutzbehörde, des Bundesnachrichtendienstes, des Militärischen Abschirmdienstes oder der Zentralstelle für Sanktionsdurchsetzung gefährden würde; dieses Protokoll kann nach Ablauf von zwei Jahren vernichtet werden.

(6) [1] Genehmigungen nach Absatz 2 gelten in Ansehung der Voraussetzungen nach den Absätzen 1 und 2 Satz 3 Nr. 1 und 2 im gesamten Land, dessen Behörden sie erteilt haben. [2] Sobald die technischen Voraussetzungen dafür gegeben sind, gelten sie auch im übrigen Bundesgebiet. [3] Das Bundesministerium der Justiz und für Verbraucherschutz stellt durch Rechtsverordnung mit Zustimmung des Bundesrates fest, wann und in welchen Teilen des Bundesgebiets diese Voraussetzungen gegeben sind. [4] Anstelle der Genehmigungen können auch öffentlich-rechtliche Verträge oder Verwaltungsvereinbarungen geschlossen werden. [5] Die Sätze 1 und 2 gelten entsprechend.

**§ 133a[1)] Erteilung von Grundbuchabdrucken durch Notare; Verordnungsermächtigung.** (1) [1] Notare dürfen demjenigen, der ihnen ein berechtigtes Interesse im Sinne des § 12 darlegt, den Inhalt des Grundbuchs mitteilen. [2] Die Mitteilung kann auch durch die Erteilung eines Grundbuchabdrucks erfolgen.

(2) Die Mitteilung des Grundbuchinhalts im öffentlichen Interesse oder zu wissenschaftlichen und Forschungszwecken ist nicht zulässig.

(3) [1] Über die Mitteilung des Grundbuchinhalts führt der Notar ein Protokoll. [2] Dem Eigentümer des Grundstücks oder dem Inhaber eines grundstücksgleichen Rechts ist auf Verlangen Auskunft aus diesem Protokoll zu geben.

(4) Einer Protokollierung der Mitteilung bedarf es nicht, wenn

1. die Mitteilung der Vorbereitung oder Ausführung eines sonstigen Amtsgeschäfts nach § 20 oder § 24 Absatz 1 der Bundesnotarordnung[2)] dient oder
2. der Grundbuchinhalt dem Auskunftsberechtigten nach Absatz 3 Satz 2 mitgeteilt wird.

(5) [1] Die Landesregierungen werden ermächtigt, durch Rechtsverordnung zu bestimmen, dass abweichend von Absatz 1 der Inhalt von Grundbuchblättern, die von Grundbuchämtern des jeweiligen Landes geführt werden, nicht mitgeteilt werden darf. [2] Dies gilt nicht, wenn die Mitteilung der Vorbereitung oder Ausführung eines sonstigen Amtsgeschäfts nach § 20 oder § 24 Absatz 1 der Bundesnotarordnung dient. [3] Die Landesregierungen können die Ermächtigung durch Rechtsverordnung auf die Landesjustizverwaltungen übertragen.

**§ 134[3)] [Ermächtigung des Bundesministeriums der Justiz]** [1] Das Bundesministerium der Justiz und für Verbraucherschutz wird ermächtigt, durch Rechtsverordnung mit Zustimmung des Bundesrates nähere Vorschriften zu erlassen über

---

[1)] § 133a eingef. mWv 1.9.2013 durch G v. 26.6.2013 (BGBl. I S. 1800).

[2)] **Habersack, Deutsche Gesetze ErgBd. Nr. 98a.**

[3)] § 134 Satz 2 geänd. mWv 1.10.2009 durch G v. 11.8.2009 (BGBl. I S. 2713); Satz 1 Nr. 1 geänd. mWv 9.10.2013 durch G v. 1.10.2013 (BGBl. I S. 3719); Satz 1 einl. Satzteil und Satz 2 geänd. mWv 8.9.2015 durch VO v. 31.8.2015 (BGBl. I S. 1474).

1. die Einzelheiten der Anforderungen an die Einrichtung und das Nähere zur Gestaltung des maschinell geführten Grundbuchs sowie die Abweichungen von den Vorschriften des Ersten bis Sechsten Abschnitts der Grundbuchordnung, die für die maschinelle Führung des Grundbuchs erforderlich sind;
2. die Einzelheiten der Gewährung von Einsicht in maschinell geführte Grundbücher;
3. die Einzelheiten der Einrichtung automatisierter Verfahren zur Übermittlung von Daten aus dem Grundbuch auch durch Abruf und der Genehmigung hierfür.

[2] Das Bundesministerium der Justiz und für Verbraucherschutz kann im Rahmen seiner Ermächtigung nach Satz 1 die Regelung weiterer Einzelheiten durch Rechtsverordnung den Landesregierungen übertragen und hierbei auch vorsehen, daß diese ihre Ermächtigung durch Rechtsverordnung auf die Landesjustizverwaltungen übertragen können.

**§ 134a[1) 2)] Datenübermittlung bei der Entwicklung von Verfahren zur Anlegung des Datenbankgrundbuchs.** (1) [1] Die Landesjustizverwaltungen können dem Entwickler eines automatisierten optischen Zeichen- und Inhalterkennungsverfahrens (Migrationsprogramm) nach Maßgabe der Absätze 2 bis 5 Grundbuchdaten zur Verfügung stellen. [2] Das Migrationsprogramm soll bei der Einführung eines Datenbankgrundbuchs die Umwandlung der Grundbuchdaten in voll strukturierte Eintragungen sowie deren Speicherung unterstützen.

(2) [1] Der Entwickler des Migrationsprogramms darf die ihm übermittelten Grundbuchdaten ausschließlich für die Entwicklung und den Test des Migrationsprogramms verwenden. [2] Die Übermittlung der Daten an den Entwickler erfolgt zentral über eine durch Verwaltungsabkommen der Länder bestimmte Landesjustizverwaltung. [3] Die beteiligten Stellen haben dem jeweiligen Stand der Technik entsprechende Maßnahmen zur Sicherstellung von Datenschutz und Datensicherheit zu treffen, insbesondere zur Wahrung der Vertraulichkeit der betroffenen Daten. [4] Die nach Satz 2 bestimmte Landesjustizverwaltung ist für die Einhaltung der Vorschriften des Datenschutzes verantwortlich und vereinbart mit dem Entwickler die Einzelheiten der Datenverarbeitung.

(3) [1] Die Auswahl der zu übermittelnden Grundbuchdaten erfolgt durch die Landesjustizverwaltungen. [2] Ihr ist ein inhaltlich repräsentativer Querschnitt des Grundbuchdatenbestands zugrunde zu legen. [3] Im Übrigen erfolgt die Auswahl nach formalen Kriterien. [4] Dazu zählen insbesondere die für die Grundbucheintragungen verwendeten Schriftarten und Schriftbilder, die Gliederung der Grundbuchblätter, die Darstellungsqualität der durch Umstellung erzeugten Grundbuchinhalte sowie das Dateiformat der umzuwandelnden Daten. [5] Es dürfen nur so viele Daten übermittelt werden, wie für die Entwicklung und den Test des Migrations-

*(Fortsetzung nächstes Blatt)*

[1)] § 134a eingef. mWv 22.12.2011 durch G v. 15.12.2011 (BGBl. I S. 2714); Abs. 1 Satz 2 geänd. mWv 9.10.2013 durch G v. 1.10.2013 (BGBl. I S. 3719); Abs. 1 Satz 1 geänd. mWv 26.11.2019 durch G v. 20.11.2019 (BGBl. I S. 1724).

[2)] § 134a tritt am 31.12.2024 außer Kraft, vgl. § 150 Abs. 6.

programms notwendig sind, je Land höchstens 5 Prozent des jeweiligen Gesamtbestands an Grundbuchblättern.

(4) [1]Der Entwickler des Migrationsprogramms kann die von ihm gespeicherten Grundbuchdaten sowie die daraus abgeleiteten Daten der nach Absatz 2 Satz 2 bestimmten Landesjustizverwaltung oder den jeweils betroffenen Landesjustizverwaltungen übermitteln. [2]Dort dürfen die Daten nur für Funktionstests des Migrationsprogramms sowie für die Prüfung und Geltendmachung von Gewährleistungsansprüchen in Bezug auf das Migrationsprogramm verwendet werden; die Daten sind dort zu löschen, wenn sie dafür nicht mehr erforderlich sind.

(5) [1]Der Entwickler des Migrationsprogramms hat die von ihm gespeicherten Grundbuchdaten sowie die daraus abgeleiteten Daten zu löschen, sobald ihre Kenntnis für die Erfüllung der in Absatz 2 Satz 1 genannten Zwecke nicht mehr erforderlich ist. [2]An die Stelle einer Löschung tritt eine Sperrung, soweit und solange die Kenntnis der in Satz 1 bezeichneten Daten für die Abwehr von Gewährleistungsansprüchen der Landesjustizverwaltungen erforderlich ist. [3]Ihm überlassene Datenträger hat der Entwickler der übermittelnden Stelle zurückzugeben.

(6) Für den im Rahmen der Konzeptionierung eines Datenbankgrundbuchs zu erstellenden Prototypen eines Migrationsprogramms mit eingeschränkter Funktionalität gelten die Absätze 1 bis 5 entsprechend.

## Achter Abschnitt.[1] Elektronischer Rechtsverkehr und elektronische Grundakte

**§ 135[1] Elektronischer Rechtsverkehr und elektronische Grundakte; Verordnungsermächtigungen.** (1) [1]Anträge, sonstige Erklärungen sowie Nachweise über andere Eintragungsvoraussetzungen können dem Grundbuchamt nach Maßgabe der folgenden Bestimmungen als elektronische Dokumente übermittelt werden. [2]Die Landesregierungen werden ermächtigt, durch Rechtsverordnung

1. den Zeitpunkt zu bestimmen, von dem an elektronische Dokumente übermittelt werden können; die Zulassung kann auf einzelne Grundbuchämter beschränkt werden;
2. Einzelheiten der Datenübermittlung und -speicherung zu regeln sowie Dateiformate für die zu übermittelnden elektronischen Dokumente festzulegen, um die Eignung für die Bearbeitung durch das Grundbuchamt sicherzustellen;
3. die ausschließlich für den Empfang von in elektronischer Form gestellten Eintragungsanträgen und sonstigen elektronischen Dokumenten in Grundbuchsachen vorgesehene direkt adressierbare Einrichtung des Grundbuchamts zu bestimmen;
4. zu bestimmen, dass Notare
   a) Dokumente elektronisch zu übermitteln haben und
   b) neben den elektronischen Dokumenten bestimmte darin enthaltene Angaben in strukturierter maschinenlesbarer Form zu übermitteln haben;

   die Verpflichtung kann auf die Einreichung bei einzelnen Grundbuchämtern, auf einzelne Arten von Eintragungsvorgängen oder auf Dokumente bestimmten Inhalts beschränkt werden;
5. Maßnahmen für den Fall des Auftretens technischer Störungen anzuordnen.

---

[1] 8. Abschnitt (§§ 135–141) eingef. mWv 1.10.2009 durch G v. 11.8.2009 (BGBl. I S. 2713).

[3]Ein Verstoß gegen eine nach Satz 2 Nummer 4 begründete Verpflichtung steht dem rechtswirksamen Eingang von Dokumenten beim Grundbuchamt nicht entgegen.

(2) [1]Die Grundakten können elektronisch geführt werden. [2]Die Landesregierungen werden ermächtigt, durch Rechtsverordnung den Zeitpunkt zu bestimmen, von dem an die Grundakten elektronisch geführt werden; die Anordnung kann auf einzelne Grundbuchämter oder auf Teile des bei einem Grundbuchamt geführten Grundaktenbestands beschränkt werden.

(3) Die Landesregierungen können die Ermächtigungen nach Absatz 1 Satz 2 und Absatz 2 Satz 2 durch Rechtsverordnung auf die Landesjustizverwaltungen übertragen.

(4) [1]Für den elektronischen Rechtsverkehr und die elektronischen Grundakten gilt § 126 Absatz 1 Satz 2 und Absatz 3 entsprechend. [2]Die Vorschriften des Vierten Abschnitts über den elektronischen Rechtsverkehr und die elektronische Akte in Beschwerdeverfahren bleiben unberührt.

**§ 136[1)] Eingang elektronischer Dokumente beim Grundbuchamt.**

(1) [1]Ein mittels Datenfernübertragung als elektronisches Dokument übermittelter Eintragungsantrag ist beim Grundbuchamt eingegangen, sobald ihn die für den Empfang bestimmte Einrichtung nach § 135 Absatz 1 Satz 2 Nummer 3 aufgezeichnet hat. [2]Der genaue Zeitpunkt soll mittels eines elektronischen Zeitstempels bei dem Antrag vermerkt werden. [3]§ 13 Absatz 2 und 3 ist nicht anzuwenden. [4]Die Übermittlung unmittelbar an die nach § 135 Absatz 1 Satz 2 Nummer 3 bestimmte Einrichtung ist dem Absender unter Angabe des Eingangszeitpunkts unverzüglich zu bestätigen. [5]Die Bestätigung ist mit einer elektronischen Signatur zu versehen, die die Prüfung der Herkunft und der Unverfälschtheit der durch sie signierten Daten ermöglicht.

(2) [1]Für den Eingang eines Eintragungsantrags, der als elektronisches Dokument auf einem Datenträger eingereicht wird, gilt § 13 Absatz 2 Satz 2 und Absatz 3. [2]Der genaue Zeitpunkt des Antragseingangs soll bei dem Antrag vermerkt werden.

(3) [1]Elektronische Dokumente können nur dann rechtswirksam beim Grundbuchamt eingehen, wenn sie für die Bearbeitung durch das Grundbuchamt geeignet sind. [2]Ist ein Dokument für die Bearbeitung durch das Grundbuchamt nicht geeignet, ist dies dem Absender oder dem Einreicher eines Datenträgers nach Absatz 2 Satz 1 unter Hinweis auf die Unwirksamkeit des Eingangs und auf die geltenden technischen Rahmenbedingungen unverzüglich mitzuteilen.

**§ 137[2)] Form elektronischer Dokumente.** (1) [1]Ist eine zur Eintragung erforderliche Erklärung oder eine andere Voraussetzung der Eintragung durch eine öffentliche oder öffentlich beglaubigte Urkunde nachzuweisen, so kann diese als ein mit einem einfachen elektronischen Zeugnis nach § 39a des Beurkundungsgesetzes[3)] versehenes elektronisches Dokument übermittelt werden. [2]Der Nachweis kann auch durch die Übermittlung eines öffentlichen elektronischen Dokuments (§ 371a Absatz 3 Satz 1 der Zivilprozessordnung[4)]) geführt werden, wenn

---

[1)] § 136 eingef. mWv 1.10.2009 durch G v. 11.8.2009 (BGBl. I S. 2713).

[2)] § 137 eingef. mWv 1.10.2009 durch G v. 11.8.2009 (BGBl. I S. 2713); Abs. 1 Satz 2 geänd. mWv 1.7.2014 durch G v. 10.10.2013 (BGBl. I S. 3786); Abs. 1 Satz 2 Nr. 1, Abs. 2 Nr. 2 und Abs. 3 geänd. mWv 29.7.2017 durch G v. 18.7.2017 (BGBl. I S. 2745).

[3)] Nr. **23**.

[4)] Nr. **100**.

1. das Dokument mit einer qualifizierten elektronischen Signatur versehen ist und
2. das der Signatur zugrunde liegende qualifizierte Zertifikat oder ein zugehöriges qualifiziertes Attributzertifikat die Behörde oder die Eigenschaft als mit öffentlichem Glauben versehene Person erkennen lässt.

[3] Ein etwaiges Erfordernis, dem Grundbuchamt den Besitz der Urschrift oder einer Ausfertigung einer Urkunde nachzuweisen, bleibt unberührt.

(2) Werden Erklärungen oder Ersuchen einer Behörde, auf Grund deren eine Eintragung vorgenommen werden soll, als elektronisches Dokument übermittelt, muss

1. das Dokument den Namen der ausstellenden Person enthalten und die Behörde erkennen lassen,
2. das Dokument von der ausstellenden Person mit einer qualifizierten elektronischen Signatur versehen sein und
3. das der Signatur zugrunde liegende qualifizierte Zertifikat oder ein zugehöriges qualifiziertes Attributzertifikat die Behörde erkennen lassen.

(3) Erklärungen, für die durch Rechtsvorschrift die Schriftform vorgeschrieben ist, können als elektronisches Dokument übermittelt werden, wenn dieses den Namen der ausstellenden Person enthält und mit einer qualifizierten elektronischen Signatur versehen ist.

(4) [1] Eintragungsanträge sowie sonstige Erklärungen, die nicht den Formvorschriften der Absätze 1 bis 3 unterliegen, können als elektronisches Dokument übermittelt werden, wenn dieses den Namen der ausstellenden Person enthält. [2] Die §§ 30 und 31 gelten mit der Maßgabe, dass die in der Form des § 29 nachzuweisenden Erklärungen als elektronische Dokumente gemäß den Absätzen 1 und 2 übermittelt werden können.

**§ 138[1)] Übertragung von Dokumenten.** (1) [1] In Papierform vorliegende Schriftstücke können in elektronische Dokumente übertragen und in dieser Form anstelle der Schriftstücke in die Grundakte übernommen werden. [2] Die Schriftstücke können anschließend ausgesondert werden, die mit einem Eintragungsantrag eingereichten Urkunden jedoch nicht vor der Entscheidung über den Antrag.

(2) [1] Der Inhalt der zur Grundakte genommenen elektronischen Dokumente ist in lesbarer Form zu erhalten. [2] Die Dokumente können hierzu in ein anderes Dateiformat übertragen und in dieser Form anstelle der bisherigen Dateien in die Grundakte übernommen werden.

(3) [1] Wird die Grundakte nicht elektronisch geführt, sind von den eingereichten elektronischen Dokumenten Ausdrucke für die Akte zu fertigen. [2] Die elektronischen Dokumente können aufbewahrt und nach der Anlegung der elektronischen Grundakte in diese übernommen werden; nach der Übernahme können die Ausdrucke vernichtet werden.

**§ 139[1)] Aktenausdruck, Akteneinsicht und Datenabruf.** (1) [1] An die Stelle der Abschrift aus der Grundakte tritt der Ausdruck und an die Stelle der beglaubigten Abschrift der amtliche Ausdruck. [2] Die Ausdrucke werden nicht unterschrieben. [3] Der amtliche Ausdruck ist als solcher zu bezeichnen und mit einem

---

[1)] §§ 138 und 139 eingef. mWv 1.10.2009 durch G v. 11.8.2009 (BGBl. I S. 2713).

Dienstsiegel oder -stempel zu versehen; er steht einer beglaubigten Abschrift gleich.

(2) [1] Die Einsicht in die elektronischen Grundakten kann auch bei einem anderen als dem Grundbuchamt gewährt werden, das diese Grundakten führt. [2] Über die Gestattung der Einsicht entscheidet das Grundbuchamt, bei dem die Einsicht begehrt wird.

(3) [1] Für den Abruf von Daten aus den elektronischen Grundakten kann ein automatisiertes Verfahren eingerichtet werden. [2] § 133 gilt entsprechend mit der Maßgabe, dass das Verfahren nicht auf die in § 12 Absatz 1 Satz 2 genannten Urkunden beschränkt ist.

**§ 140**[1)] **Entscheidungen, Verfügungen und Mitteilungen.** (1) [1] Wird die Grundakte vollständig oder teilweise elektronisch geführt, können Entscheidungen und Verfügungen in elektronischer Form erlassen werden. [2] Sie sind von der ausstellenden Person mit ihrem Namen zu versehen, Beschlüsse und Zwischenverfügungen zusätzlich mit einer qualifizierten elektronischen Signatur. [3] Die Landesregierungen werden ermächtigt, durch Rechtsverordnung den Zeitpunkt zu bestimmen, von dem an Entscheidungen und Verfügungen in elektronischer Form zu erlassen sind; die Anordnung kann auf einzelne Grundbuchämter beschränkt werden. [4] Die Landesregierungen können die Ermächtigung durch Rechtsverordnung auf die Landesjustizverwaltungen übertragen.

(2) [1] Den in § 173 Absatz 2 der Zivilprozessordnung[2)] genannten Empfängern können Entscheidungen, Verfügungen und Mitteilungen durch die Übermittlung elektronischer Dokumente bekannt gegeben werden. [2] Im Übrigen ist die Übermittlung elektronischer Dokumente zulässig, wenn der Empfänger dem ausdrücklich zugestimmt hat. [3] Die Dokumente sind gegen unbefugte Kenntnisnahme zu schützen. [4] Bei der Übermittlung von Beschlüssen und Zwischenverfügungen sind die Dokumente mit einer elektronischen Signatur zu

*(Fortsetzung nächstes Blatt)*

---

[1)] § 140 eingef. mWv 1.10.2009 durch G v. 11.8.2009 (BGBl. I S. 2713); Abs. 1 Satz 1 geänd. mWv 9.10.2013 durch G v. 1.10.2013 (BGBl. I S. 3719); Abs. 1 Satz 2 geänd. mWv 29.7.2017 durch G v. 18.7. 2017 (BGBl. I S. 2745); Abs. 2 Satz 1 geänd. mWv 1.1.2022 durch G v. 5.10.2021 (BGBl. I S. 4607).

[2)] Nr. **100**.

versehen, die die Prüfung der Herkunft und der Unverfälschtheit der durch sie signierten Daten ermöglicht.

(3) [1] Ausfertigungen und Abschriften von Entscheidungen und Verfügungen, die in elektronischer Form erlassen wurden, können von einem Ausdruck gefertigt werden. [2] Ausfertigungen von Beschlüssen und Zwischenverfügungen sind von dem Urkundsbeamten der Geschäftsstelle zu unterschreiben und mit einem Dienstsiegel oder -stempel zu versehen.

(4) [1] Die Vorschriften des Vierten Abschnitts über gerichtliche elektronische Dokumente in Beschwerdeverfahren bleiben unberührt. [2] Absatz 1 gilt nicht für den Vollzug von Grundbucheintragungen.

**§ 141[1)] Ermächtigung des Bundesministeriums der Justiz und für Verbraucherschutz.** [1] Das Bundesministerium der Justiz und für Verbraucherschutz wird ermächtigt, durch Rechtsverordnung mit Zustimmung des Bundesrates nähere Vorschriften zu erlassen über

1. die Einzelheiten der technischen und organisatorischen Anforderungen an die Einrichtung des elektronischen Rechtsverkehrs und der elektronischen Grundakte, soweit diese nicht von § 135 Absatz 1 Satz 2 Nummer 2 erfasst sind,
2. die Einzelheiten der Anlegung und Gestaltung der elektronischen Grundakte,
3. die Einzelheiten der Übertragung von in Papierform vorliegenden Schriftstücken in elektronische Dokumente sowie der Übertragung elektronischer Dokumente in die Papierform oder in andere Dateiformate,
4. die Einzelheiten der Gewährung von Einsicht in elektronische Grundakten und
5. die Einzelheiten der Einrichtung automatisierter Verfahren zur Übermittlung von Daten aus den elektronischen Grundakten auch durch Abruf und der Genehmigung hierfür.

[2] Das Bundesministerium der Justiz und für Verbraucherschutz kann im Rahmen seiner Ermächtigung nach Satz 1 die Regelung weiterer Einzelheiten durch Rechtsverordnung den Landesregierungen übertragen und hierbei auch vorsehen, dass diese ihre Ermächtigung durch Rechtsverordnung auf die Landesjustizverwaltungen übertragen können.

## Neunter Abschnitt.[2)] Übergangs- und Schlußbestimmungen

**§ 142[3)] [Ensprechende Anwendung des EGBGB]** (1) (Inkrafttreten)

(2) Die Artikel 1 Abs. 2, Artikel 2, 50, 55 des Einführungsgesetzes zum Bürgerlichen Gesetzbuche[4)] sind entsprechend anzuwenden.

---

1) § 141 eingef. mWv 1.10.2009 durch G v. 11.8.2009 (BGBl. I S. 2713); Satz 1 Nr. 2 geänd. mWv 9.10.2013 durch G v. 1.10.2013 (BGBl. I S. 3719); Überschrift, Satz 1 einl. Satzteil und Satz 2 geänd. mWv 8.9.2015 durch VO v. 31.8.2015 (BGBl. I S. 1474).

2) Bish. 8. Abschnitt wird 9. Abschnitt mWv 1.10.2009 durch G v. 11.8.2009 (BGBl. I S. 2713).

3) Bish. § 135 wird § 142 mWv 1.10.2009 durch G v. 11.8.2009 (BGBl. I S. 2713).

4) Nr. **21**.

**§ 143[1)] [Landesrechtliche Vorbehalte]** (1) Soweit im Einführungsgesetz zum Bürgerlichen Gesetzbuche[2)] zugunsten der Landesgesetze Vorbehalte gemacht sind, gelten sie auch für die Vorschriften der Landesgesetze über das Grundbuchwesen; jedoch sind die §§ 12a und 13 Abs. 3, § 44 Abs. 1 Satz 2 und 3, § 56 Abs. 2, § 59 Abs. 1 Satz 2, § 61 Abs. 3 und § 62 Abs. 2 auch in diesen Fällen anzuwenden.

(2) Absatz 1 zweiter Halbsatz gilt auch für die grundbuchmäßige Behandlung von Bergbauberechtigungen.

(3) Vereinigungen und Zuschreibungen zwischen Grundstücken und Rechten, für die nach Landesrecht die Vorschriften über Grundstücke gelten, sollen nicht vorgenommen werden.

(4) § 15 Absatz 3 gilt nicht, soweit die zu einer Eintragung erforderlichen Erklärungen von einer gemäß § 68 des Beurkundungsgesetzes[3)] nach Landesrecht zuständigen Person oder Stelle öffentlich beglaubigt worden sind.

**§ 144[4)] [Vorbehalt für grundstücksgleiche Rechte]** (1) Die Vorschriften des § 20 und des § 22 Abs. 2 über das Erbbaurecht sowie die Vorschrift des § 49 sind auf die in den Artikeln 63[5)], 68 des Einführungsgesetzes zum Bürgerlichen Gesetzbuche[2)] bezeichneten Rechte entsprechend anzuwenden.

(2) [1] Ist auf dem Blatt eines Grundstücks ein Recht der in den Artikeln 63[5)] und 68 des Einführungsgesetzes zum Bürgerlichen Gesetzbuche bezeichneten Art eingetragen, so ist auf Antrag für dieses Recht ein besonderes Grundbuchblatt anzulegen. [2] Dies geschieht von Amts wegen, wenn das Recht veräußert oder belastet werden soll. [3] Die Anlegung wird auf dem Blatt des Grundstücks vermerkt.

(3) Die Landesgesetze können bestimmen, daß statt der Vorschriften des Absatzes 2 die Vorschriften der §§ 14 bis 17 des Erbbaurechtsgesetzes[6)] entsprechend anzuwenden sind.

**§ 145[7)] [Bisherige Bücher]** Die Bücher, die nach den bisherigen Bestimmungen als Grundbücher geführt wurden, gelten als Grundbücher im Sinne dieses Gesetzes.

**§ 146[8)] [Mehrere alte Bücher für ein Grundstück]** [1] Werden nach § 145 mehrere Bücher geführt, so muß jedes Grundstück in einem der Bücher eine besondere Stelle haben. [2] An dieser Stelle ist auf die in den anderen Büchern befindlichen Eintragungen zu verweisen. [3] Die Stelle des Hauptbuchs und die Stellen, auf welche verwiesen wird, gelten zusammen als das Grundbuchblatt.

---

1) Bish. § 136 wird § 143 mWv 1.10.2009 durch G v. 11.8.2009 (BGBl. I S. 2713); Abs. 4 angef. mWv 9.6.2017 durch G v. 1.6.2017 (BGBl. I S. 1396).

2) Nr. **21**.

3) Nr. **23**.

4) Früherer § 137 Abs. 3 geänd. mWv 30.11.2007 durch G v. 23.11.2007 (BGBl. I S. 2614); bish. § 137 wird § 144 mWv 1.10.2009 durch G v. 11.8.2009 (BGBl. I S. 2713).

5) Art. 63 EGBGB aufgeh. durch Art. X Abs. 2 KontrollratsG Nr. 45 v. 20.2.1947 (KRABl. S. 256), soweit er Art. III KRG Nr. 45 widerspricht.

6) Nr. **41**.

7) Bish. § 138 wird § 145 mWv 1.10.2009 durch G v. 11.8.2009 (BGBl. I S. 2713).

8) Bish. § 139 wird § 146 und Satz 1 geänd. mWv 1.10.2009 durch G v. 11.8.2009 (BGBl. I S. 2713).

**§ 147[1)] [Bezeichnung der Grundstücke in bisherigen Büchern]** Sind in einem Buch, das nach § 145 als Grundbuch gilt, die Grundstücke nicht nach Maßgabe des § 2 Abs. 2 bezeichnet, so ist diese Bezeichnung von Amts wegen zu bewirken.

**§ 148[2)] [Wiederherstellung von Grundbüchern]** (1) [1] Das Bundesministerium der Justiz und für Verbraucherschutz wird ermächtigt, durch Rechtsverordnung mit Zustimmung des Bundesrates das Verfahren zum Zwecke der Wiederherstellung eines ganz oder teilweise zerstörten oder abhandengekommenen Grundbuchs sowie das Verfahren zum Zwecke der Wiederbeschaffung zerstörter oder abhandengekommener Urkunden der in § 10 Absatz 1 bezeichneten Art zu bestimmen.[3)] [2] Es kann dabei auch darüber bestimmen, in welcher Weise die zu einer Rechtsänderung erforderliche Eintragung bis zur Wiederherstellung des Grundbuchs ersetzt werden soll.

(2) [1] Ist die Vornahme von Eintragungen in das maschinell geführte Grundbuch (§ 126) vorübergehend nicht möglich, so können auf Anordnung der Leitung des Grundbuchamts Eintragungen in einem Ersatzgrundbuch in Papierform vorgenommen werden, sofern hiervon Verwirrung nicht zu besorgen ist. [2] Sie sollen in das maschinell geführte Grundbuch übernommen werden, sobald dies wieder möglich ist. [3] Für die Eintragungen nach Satz 1 gilt § 44 ; in den Fällen des Satzes 2 gilt § 128 entsprechend. [4] Die Landesregierungen werden ermächtigt, die Einzelheiten des Verfahrens durch Rechtsverordnung zu regeln; sie können diese Ermächtigung auf die Landesjustizverwaltungen durch Rechtsverordnung übertragen.

(3) [1] Ist die Übernahme elektronischer Dokumente in die elektronische Grundakte vorübergehend nicht möglich, kann die Leitung des Grundbuchamts anordnen, dass von den Dokumenten ein Ausdruck für die Akte zu fertigen ist. [2] Sie sollen in die elektronische Grundakte übernommen werden, sobald dies wieder möglich ist. [3] § 138 Absatz 3 Satz 2 gilt entsprechend.

(4) [1] Die Landesregierungen können durch Rechtsverordnung bestimmen, dass
1. das bis dahin maschinell geführte Grundbuch wieder in Papierform geführt wird,
2. der elektronische Rechtsverkehr eingestellt wird oder
3. die bis dahin elektronisch geführten Grundakten wieder in Papierform geführt werden.

[2] Die Rechtsverordnung soll nur erlassen werden, wenn die Voraussetzungen des § 126, auch in Verbindung mit § 135 Absatz 4 Satz 1, nicht nur vorübergehend entfallen sind und in absehbarer Zeit nicht wiederhergestellt werden können. [3] Satz 2 gilt nicht, soweit durch Rechtsverordnung nach § 135 Absatz 1 und 2 bestimmt wurde, dass der elektronische Rechtsverkehr und die elektronische Führung der Grundakten lediglich befristet zu Erprobungszwecken zugelassen oder angeordnet wurden. [4] § 44 gilt sinngemäß. [5] Die Wiederanordnung der

---

[1)] Bish. § 140 wird § 147 und geänd. mWv 1.10.2009 durch G v. 11.8.2009 (BGBl. I S. 2713).

[2)] Bish. § 141 wird § 148, Abs. 3 neu gef., Abs. 4 angef. mWv 1.10.2009 durch G v. 11.8.2009 (BGBl. I S. 2713); Abs. 1 neu gef. mWv 9.10.2013 durch G v. 1.10.2013 (BGBl. I S. 3719); Abs. 1 Satz 1 geänd. mWv 8.9.2015 durch VO v. 31.8.2015 (BGBl. I S. 1474).

[3)] Siehe hierzu VO über die Wiederherstellung zerstörter oder abhanden gekommener Grundbücher und Urkunden v. 26.7.1940 (RGBl. I S. 1048), zuletzt geänd. durch G v. 8.12.2010 (BGBl. I S. 1864). In **Hessen** vgl. auch die VO zur Änderung und Ergänzung der VO über die Wiederherstellung zerstörter oder abhanden gekommener Grundbücher und Urkunden v. 25.3.1948 (GVBl. S. 66).

maschinellen Grundbuchführung nach dem Siebenten Abschnitt sowie die Wiedereinführung des elektronischen Rechtsverkehrs und die Wiederanordnung der elektronischen Führung der Grundakte nach dem Achten Abschnitt bleiben unberührt.

**§ 149**[1)] **[Landesrechtliche Besonderheiten]** [1] In Baden-Württemberg können die Gewährung von Einsicht in das maschinell geführte Grundbuch und in die elektronische Grundakte sowie die Erteilung von Ausdrucken hieraus im Wege der Organleihe auch bei den Gemeinden erfolgen. [2] Zuständig ist der Ratschreiber, der mindestens die Befähigung zum mittleren Verwaltungs- oder Justizdienst haben muss. [3] Er wird insoweit als Urkundsbeamter der Geschäftsstelle des Grundbuchamts tätig, in dessen Bezirk er bestellt ist. [4] § 153 Absatz 5 Satz 1 des Gerichtsverfassungsgesetzes[2)] gilt entsprechend. [5] Das Nähere wird durch Landesgesetz geregelt.

**§ 150**[3)] **[Maßgaben]** (1) In dem in Artikel 3 des Einigungsvertrages[4)] genannten Gebiet gilt dieses Gesetz mit folgenden Maßgaben:

1. Die Grundbücher können abweichend von § 1 bis zum Ablauf des 31. Dezember 1994 von den bis zum 2. Oktober 1990 zuständigen oder später durch Landesrecht bestimmten Stellen (Grundbuchämter) geführt werden. Die Zuständigkeit der Bediensteten des Grundbuchamts richtet sich nach den für diese Stellen am Tag vor dem Wirksamwerden des Beitritts bestehenden oder in dem jeweiligen Lande erlassenen späteren Bestimmungen. Diese sind auch für die Zahl der erforderlichen Unterschriften und dafür maßgebend, inwieweit Eintragungen beim Grundstücksbestand zu unterschreiben sind. Vorschriften nach den Sätzen 2 und 3 können auch dann beibehalten, geändert oder ergänzt werden, wenn die Grundbücher wieder von den Amtsgerichten geführt werden. Sind vor dem 19. Oktober 1994 in Grundbüchern, die in dem in Artikel 3 des Einigungsvertrages genannten Gebiet geführt werden, Eintragungen vorgenommen worden, die nicht den Vorschriften des § 44 Abs. 1 entsprechen, so sind diese Eintragungen dennoch wirksam, wenn sie den Anforderungen der für die Führung des Grundbuchs von dem jeweiligen Land erlassenen Vorschriften genügen.
2. Amtliches Verzeichnis der Grundstücke im Sinne des § 2 ist das am Tag vor dem Wirksamwerden des Beitritts zur Bezeichnung der Grundstücke maßgebende oder das an seine Stelle tretende Verzeichnis.
3. Die Grundbücher, die nach den am Tag vor dem Wirksamwerden des Beitritts bestehenden Bestimmungen geführt werden, gelten als Grundbücher im Sinne der Grundbuchordnung.
4. Soweit nach den am Tag vor dem Wirksamwerden des Beitritts geltenden Vorschriften Gebäudegrundbuchblätter anzulegen und zu führen sind, sind diese Vorschriften weiter anzuwenden. Dies gilt auch für die Kenntlichmachung der Anlegung des Gebäudegrundbuchblatts im Grundbuch des Grundstücks. Den

[1)] § 149 neu gef. mWv 1.1.2018 durch G v. 5.12.2014 (BGBl. I S. 1962).

[2)] Nr. **95**.

[3)] Früherer § 144 Abs. 1 Nr. 1 geänd. durch G v. 5.10.1994 (BGBl. I S 2911); Abs. 1 Nr. 5 geänd. mWv 1.9.2009 durch G v. 17.12.2008 (BGBl. I S. 2586); bish. § 144 wird § 150 und Abs. 5 angef. mWv 1.10.2009 durch G v. 11.8.2009 (BGBl. I S. 2713); Abs. 6 angef. mWv 22.12.2011 durch G v. 15.12.2011 (BGBl. I S. 2714); Abs. 4 Satz 2 und Abs. 5 Satz 1 einl. Satzteil geänd. mWv 8.9.2015 durch VO v. 31.8. 2015 (BGBl. I S. 1474); Abs. 6 geänd. mWv 23.10.2020 durch G v. 16.10.2020 (BGBl. I S. 2187).

[4)] **Schönfelder II Nr. 2.**

Antrag auf Anlegung des Gebäudegrundbuchblatts kann auch der Gebäudeeigentümer stellen. Dies gilt entsprechend für nach später erlassenen Vorschriften anzulegende Gebäudegrundbuchblätter. Bei Eintragungen oder Berichtigungen im Gebäudegrundbuch ist in den Fällen des Artikels 233 § 4 des Einführungsgesetzes zum Bürgerlichen Gesetzbuche[1] das Vorhandensein des Gebäudes nicht zu prüfen.

5. Neben diesem Gesetz sind die Vorschriften der §§ 2 bis 85 des Gesetzes über das Verfahren in Familiensachen und in den Angelegenheiten der freiwilligen Gerichtsbarkeit[2] entsprechend anwendbar, soweit sich nicht etwas anderes aus Rechtsvorschriften, insbesondere aus den Vorschriften des Grundbuchrechts, oder daraus ergibt, daß die Grundbücher nicht von Gerichten geführt werden.
6. Anträge auf Eintragung in das Grundbuch, die vor dem Wirksamwerden des Beitritts beim Grundbuchamt eingegangen sind, sind von diesem nach den am Tag vor dem Wirksamwerden des Beitritts geltenden Verfahrensvorschriften zu erledigen.
7. Im übrigen gelten die in Anlage I Kapitel III Sachgebiet A Abschnitt III unter Nr. 28 des Einigungsvertrages aufgeführten allgemeinen Maßgaben entsprechend. Am Tag des Wirksamwerdens des Beitritts anhängige Beschwerdeverfahren sind an das zur Entscheidung über die Beschwerde nunmehr zuständige Gericht abzugeben.

(2) [1] Am 1. Januar 1995 treten nach Absatz 1 Nr. 1 Satz 1 fortgeltende oder von den Ländern erlassene Vorschriften, nach denen die Grundbücher von anderen als den in § 1 bezeichneten Stellen geführt werden, außer Kraft. [2] Die in § 1 bezeichneten Stellen bleiben auch nach diesem Zeitpunkt verpflichtet, allgemeine Anweisungen für die beschleunigte Behandlung von Grundbuchsachen anzuwenden. [3] Die Landesregierungen werden ermächtigt, durch Rechtsverordnung einen früheren Tag für das Außerkrafttreten dieser Vorschriften zu bestimmen. [4] In den Fällen der Sätze 1 und 3 kann durch Rechtsverordnung der Landesregierung auch bestimmt werden, daß Grundbuchsachen in einem Teil des Grundbuchbezirks von einer hierfür eingerichteten Zweigstelle des Amtsgerichts (§ 1) bearbeitet werden, wenn dies nach den örtlichen Verhältnissen zur sachdienlichen Erledigung zweckmäßig erscheint, und, unbeschadet des § 176 Abs. 2 des Bundesberggesetzes[3] im übrigen, welche Stelle nach Aufhebung der in Satz 1 bezeichneten Vorschriften die Berggrundbücher führt. [5] Die Landesregierung kann ihre Ermächtigung nach dieser Vorschrift durch Rechtsverordnung auf die Landesjustizverwaltung übertragen.

(3) [1] Soweit die Grundbücher von Behörden der Verwaltung oder Justizverwaltung geführt werden, ist gegen eine Entscheidung des Grundbuchamts (Absatz 1 Nr. 1 Satz 1), auch soweit sie nicht ausdrücklich im Auftrag des Leiters des Grundbuchamts ergangen ist oder ergeht, die Beschwerde nach § 71 der Grundbuchordnung gegeben. [2] Diese Regelung gilt mit Wirkung vom 3. Oktober 1990, soweit Verfahren noch nicht rechtskräftig abgeschlossen sind. [3] Anderweitig anhängige Verfahren über Rechtsmittel gegen Entscheidungen der Grundbuchämter gehen in dem Stand, in dem sie sich bei Inkrafttreten dieser Vorschrift befinden, auf das Beschwerdegericht über. [4] Satz 1 tritt mit dem in Absatz 2 Satz 1 oder Satz 3 bezeichneten Zeitpunkt außer Kraft.

---

[1] Nr. **21**.
[2] Nr. **112**.
[3] **Schönfelder II Nr. 27a.**

(4) [1] In den Grundbuchämtern in dem in Artikel 3 des Einigungsvertrages genannten Gebiet können bis zum Ablauf des 31. Dezember 1999 auch Personen mit der Vornahme von Amtshandlungen betraut werden, die diesen Ämtern auf Grund von Dienstleistungsverträgen auf Dauer oder vorübergehend zugeteilt werden. [2] Der Zeitpunkt kann durch Rechtsverordnung des Bundesministeriums der Justiz und für Verbraucherschutz mit Zustimmung des Bundesrates verlängert werden.

(5) [1] Das Bundesministerium der Justiz und für Verbraucherschutz wird ermächtigt, durch Rechtsverordnung mit Zustimmung des Bundesrates nähere Vorschriften zu erlassen über den Nachweis der Befugnis, über

1. beschränkte dingliche Rechte an einem Grundstück, Gebäude oder sonstigen grundstücksgleichen Rechten,
2. Vormerkungen oder
3. sonstige im Grundbuch eingetragene Lasten und Beschränkungen

zu verfügen, deren Eintragung vor dem 1. Juli 1990 in dem in Artikel 3 des Einigungsvertrages genannten Gebiet beantragt worden ist. [2] Dabei kann bestimmt werden, dass § 39 nicht anzuwenden ist und dass es der Vorlage eines Hypotheken-, Grundschuld- oder Rentenschuldbriefes nicht bedarf.

(6) § 134a tritt am 31. Dezember 2024 außer Kraft.

**§ 151[1)] [Anwendung des § 15 Abs. 3]** Für Erklärungen, die bis einschließlich 8. Juni 2017 beurkundet oder beglaubigt wurden, findet § 15 Absatz 3 keine Anwendung.

**Anlage.[2)]** *(aufgehoben)*

[1)] § 151 angef. mWv 9.6.2017 durch G v. 1.6.2017 (BGBl. I S. 1396).
[2)] Anl. aufgeh. mWv 26.11.2019 durch G v. 20.11.2019 (BGBl. I S. 1724).

# 115. Gerichtskostengesetz (GKG)

In der Fassung der Bekanntmachung vom 27. Februar 2014[1]
(BGBl. I S. 154)

**FNA 360-7**

| Lfd. Nr. | Änderndes Gesetz | Datum | Fundstelle | Betroffen | Hinweis |
|---|---|---|---|---|---|
| 1. | Art. 7 G zur Verkürzung des Restschuldbefreiungsverfahrens und zur Stärkung der Gläubigerrechte | 15.7.2013 | BGBl. I S. 2379 | § 23, Anl. 1 | geänd. mWv 1.7.2014 |
| 2. | Art. 4 Abs. 47 G zur Strukturreform des Gebührenrechts des Bundes | 7.8.2013 | BGBl. I S. 3154, aufgeh. durch Art. 2 G v. 18.7. 2016, BGBl. I S. 1666 | Anl. 1 | geänd. mWv 14.8.2018, insoweit aufgeh. durch G v. 18.7. 2016 (BGBl. I S. 1666) |
| 3. | Art. 21 G zur Förderung des elektronischen Rechtsverkehrs mit den Gerichten | 10.10. 2013 | BGBl. I S. 3786 | Anl. 1 | geänd. mWv 1.7.2014 |
| 4. | Art. 7 G zur Durchführung der VO (EU) Nr. 1215/ 2012 sowie zur Änd. sonstiger Vorschriften | 8.7.2014 | BGBl. I S. 890 | Inhaltsübersicht, §§ 22, 23, 51, 52, 63, Anl. 1 | geänd. mWv 16.7.2014 |
| | | | | §§ 1, 22, Anl. 1 | geänd. mWv 10.1.2015 |
| 5. | Art. 3 G zur Durchführung des Haager Übereinkommens v. 30.6.2005 über Gerichtsstandsvereinbarungen sowie zur Änd. des RechtspflegerG, des Gerichts- und NotarkostenG, des AltersteilzeitG und des SGB III | 10.12. 2014 | BGBl. I S. 2082 iVm Bek. v. 23.6. 2015, BGBl. I S. 1034 | § 22, Anl. 1 | geänd. mWv 1.10.2015 |
| 6. | Art. 12 G zum Internationalen Erbrecht und zur Änd. von Vorschriften zum Erbschein sowie zur Änd. sonstiger Vorschriften | 29.6.2015 | BGBl. I S. 1042 | § 1, Anl. 1 | geänd. mWv 17.8.2015 |
| | | | | §§ 5, 52 | geänd. mWv 4.7.2015 |
| 7. | Art. 3 3. OpferrechtsreformG[2] | 21.12. 2015 | BGBl. I S. 2525 | Anl. 1 | geänd. mWv 1.1.2017 |
| 8. | Art. 2 Abs. 3 VergaberechtsmodernisierungsG | 17.2.2016 | BGBl. I S. 203 | § 50, Anl. 1 | geänd. mWv 18.4.2016 |

[1] Neubekanntmachung des GKG v. 5.5.2004 (BGBl. I S. 718) in der ab dem 1.1.2014 geltenden Fassung.

[2] **Amtl. Anm.:** Dieses Gesetz dient der Umsetzung der Richtlinie 2012/29/EU des Europäischen Parlaments und des Rates vom 25. Oktober 2012 über Mindeststandards für die Rechte, die Unterstützung und den Schutz von Opfern von Straftaten sowie zur Ersetzung des Rahmenbeschlusses 2001/220/JI (ABl. L 315 vom 14.11.2012, S. 57).

| Lfd. Nr. | Änderndes Gesetz | Datum | Fundstelle | Betroffen | Hinweis |
|---|---|---|---|---|---|
| 9. | Art. 8 G zur Umsetzung der RL über die Vergleichbarkeit von Zahlungskontoentgelten, den Wechsel von Zahlungskonten sowie den Zugang zu Zahlungskonten mit grundlegenden Funktionen[1] | 11.4.2016 | BGBl. I S. 720 | § 1 | geänd. mWv 18.6.2016 |
| 10. | Art. 4 Abs. 44 G zur Aktualisierung der Strukturreform des Gebührenrechts des Bundes | 18.7.2016 | BGBl. I S. 1666 | Anl. 1 | geänd. mWv 1.10.2021 |
| 11. | Art. 9 G zur Änd. des Sachverständigenrechts und zur weiteren Änd. des FamFG sowie zur Änd. des SGG, der VwGO, der FGO und des GKG | 11.10. 2016 | BGBl. I S. 2222 | § 12a | geänd. mWv 15.10.2016 |
| 12. | Art. 9 EU-KontenpfändungsVO-DurchführungsG | 21.11. 2016 | BGBl. I S. 2591 | §§ 1, 53, Anl. 1 | geänd. mWv 18.1.2017 |
| 13. | Art. 2 G zur Änd. der Vorschriften zur Vergabe von Wegenutzungsrechten zur leitungsgebundenen Energieversorgung | 27.1.2017 | BGBl. I S. 130 | § 53 | geänd. mWv 3.2.2017 |
| 14. | Art. 4 G zur Erleichterung der Bewältigung von Konzerninsolvenzen | 13.4.2017 | BGBl. I S. 866, aufgeh. durch Art. 8 G v. 5.6. 2017, BGBl. I S. 1476 | § 23, Anl. 1 | geänd. mWv 21.4.2018, insoweit aufgeh. durch G v. 5.6. 2017 (BGBl. I S. 1476) |
| 15. | Art. 6 Abs. 22 G zur Reform der strafrechtlichen Vermögensabschöpfung | 13.4.2017 | BGBl. I S. 872 | § 16, Anl. 1 | geänd. mWv 1.7.2017 |
| 16. | Art. 4, 6 G zur Durchführung der VO (EU) 2015/ 848 über Insolvenzverfahren[2] | 5.6.2017 | BGBl. I S. 1476 | §§ 1, 23, 58, Anl. 1<br>§ 23, Anl. 1 | geänd. mWv 26.6.2017<br>geänd. mWv 21.4.2018 |
| 17. | Art. 24 Abs. 4 Zweites FinanzmarktnovellierungsG | 23.6.2017 | BGBl. I S. 1693 | § 50 | geänd. mWv 3.1.2018 |

[1] **Amtl. Anm.:** Dieses Gesetz dient der Umsetzung der Richtlinie 2014/92/EU des Europäischen Parlaments und des Rates vom 23. Juli 2014 über die Vergleichbarkeit von Zahlungskontoentgelten, den Wechsel von Zahlungskonten und den Zugang zu Zahlungskonten mit grundlegenden Funktionen (ABl. L 257 vom 28.8.2014, S. 214).

[2] **Amtl. Anm.:** Dieses Gesetz dient der Durchführung der Verordnung (EU) 2015/848 des Europäischen Parlaments und des Rates vom 20. Mai 2015 über Insolvenzverfahren (ABl. L 141 vom 5.6.2015, S. 19; L 349 vom 21.12.2016, S. 6), die zuletzt durch die Verordnung (EU) 2017/353 (ABl. L 57 vom 3.3. 2017, S. 19) geändert worden ist.

| Lfd. Nr. | Änderndes Gesetz | Datum | Fundstelle | Betroffen | Hinweis |
|---|---|---|---|---|---|
| 18. | Art. 24 G zur Einführung der elektronischen Akte in der Justiz und zur weiteren Förderung des elektronischen Rechtsverkehrs | 5.7.2017 | BGBl. I S. 2208 | Anl. 1 | geänd. mWv 1.1.2018 |
| 19. | Art. 2 Abs. 7 G zur Einführung eines Wettbewerbsregisters und zur Änd. des G gegen Wettbewerbsbeschränkungen | 18.7.2017 | BGBl. I S. 2739, geänd. 2021, S. 2 iVm BAnz AT 29.10. 2021 B3 und BGBl. 2022 I S. 306 | §§ 1, 50, Anl. 1 | geänd. mWv 1.12.2021 |
| 20. | Art. 4 G zur Einführung einer zivilprozessualen Musterfeststellungsklage | 12.7.2018 | BGBl. I S. 1151 | § 48 | geänd. mWv 1.11.2018 |
| 21. | Art. 4 G zur Umsetzung der RL (EU) 2016/943 zum Schutz von Geschäftsgeheimnissen vor rechtswidrigem Erwerb sowie rechtswidriger Nutzung und Offenlegung | 18.4.2019 | BGBl. I S. 466 | § 51 | geänd. mWv 26.4.2019 |
| 22. | Art. 10a G für mehr Sicherheit in der Arzneimittelversorgung[1] | 9.8.2019 | BGBl. I S. 1202 | § 52 | geänd. mWv 1.1.2019 |
| 23. | Art. 4 G zur Stärkung der Verfahrensrechte von Beschuldigten im Jugendstrafverfahren[2] | 9.12.2019 | BGBl. I S. 2146 | Anl. 1 | geänd. mWv 17.12.2019 |
| 24. | Art. 2 Abs. 4 G zur Änd. des EG-VerbraucherschutzdurchsetzungsG sowie des G über die Errichtung des Bundesamts für Justiz | 25.6.2020 | BGBl. I S. 1474 | §§ 1, 50, Anl. 1 | geänd. mWv 30.6.2020 |
| 25. | Art. 9 Wohnungseigentumsmodernisierungsgesetz (WEMoG) | 16.10. 2020 | BGBl. I S. 2187 | Anl. 1 | geänd. mWv 23.10.2020 |
| | | | | Inhaltsübersicht | geänd. mWv 1.12.2020 |
| | | | | § 49 | neu gef. mWv 1.12.2020 |
| | | | | § 49a | aufgeh. mit Ablauf des 30.11. 2020 |

[1] **Amtl. Anm.:** Dieses Gesetz dient der Durchführung der Delegierten Verordnung (EU) 2016/161 der Kommission vom 2. Oktober 2015 zur Ergänzung der Richtlinie 2001/83/EG des Europäischen Parlaments und des Rates durch die Festlegung genauer Bestimmungen über die Sicherheitsmerkmale auf der Verpackung von Humanarzneimitteln (ABl. L 32 vom 9.2.2016, S. 1).

[2] **Amtl. Anm.:** Dieses Gesetz dient der Umsetzung der Richtlinie (EU) 2016/800 des Europäischen Parlaments und des Rates vom 11. Mai 2016 über Verfahrensgarantien für Kinder, die Verdächtige oder beschuldigte Personen in Strafverfahren sind (ABl. L 132 vom 21.5.2016, S. 1).

| Lfd. Nr. | Änderndes Gesetz | Datum | Fundstelle | Betroffen | Hinweis |
|---|---|---|---|---|---|
| 26. | Art. 2 Sechstes G zur Änd. des G über die internationale Rechtshilfe in Strafsachen | 23.11. 2020 | BGBl. I S. 2474 | Anl. 1 | geänd. mWv 27.11.2020 |
| 27. | Art. 3 G zur Stärkung des fairen Wettbewerbs | 26.11. 2020 | BGBl. I S. 2568 | § 51 | geänd. mWv 2.12.2020 |
| 28. | Art. 1 KostenrechtsänderungsG 2021 | 21.12. 2020 | BGBl. I S. 3229 | §§ 14, 34, 41, 58, Anl. 1 | geänd. mWv 1.1.2021 |
| | | | | Anl. 2 | neu gef. mWv 1.1.2021 |
| 29. | Art. 11 Sanierungs- und InsolvenzrechtsfortentwicklungsG[1] | 22.12. 2020 | BGBl. I S. 3256 | Inhaltsübersicht, §§ 1, 6, Anl. 1 | geänd. mWv 1.1.2021 |
| | | | | §§ 13a, 25a | eingef. mWv 1.1.2021 |
| 30. | Art. 9 G zur weiteren Verkürzung des Restschuldbefreiungsverfahrens und zur Anpassung pandemiebedingter Vorschriften im Gesellschafts-, Genossenschafts-, Vereins- und Stiftungsrecht sowie im Miet- und Pachtrecht | 22.12. 2020 | BGBl. I S. 3328 | Anl. 1 | geänd. mWv 31.12.2020 |
| 31. | Art. 2 GWB-DigitalisierungsG | 18.1.2021 | BGBl. I S. 2 | § 50, Anl. 1 | geänd. mWv 19.1.2021 |
| 32. | Art. 2 Zweites G zur Änd. des AgrarmarktstrukturG | 2.6.2021 | BGBl. I S. 1278 | Inhaltsübersicht, § 1, Anl. 1 | geänd. mWv 9.6.2021 |
| | | | | § 50a | eingef. mWv 9.6.2021 |
| 33. | Art. 3 Zweites G zur Änd. mautrechtlicher Vorschriften hinsichtlich der Einführung des europäischen elektronischen Mautdienstes | 8.6.2021 | BGBl. I S. 1603 | Anl. 1 | geänd. mWv 1.10.2021 |
| 34. | Art. 16 G zur Fortentwicklung der StrafprozessO und zur Änd. weiterer Vorschriften | 25.6.2021 | BGBl. I S. 2099 | Anl. 1 | geänd. mWv 1.7.2021 |
| 35. | Art. 4 G zur Durchführung des Haager Übereinkommens über die Anerkennung und Vollstreckung ausländischer Entscheidungen in Zivil- und Handelssachen sowie zur Änd. der ZPO, des BGB, des WohnungseigentumsG und des G zur Modernisierung des Strafverfahrens | 7.11.2022 | BGBl. I S. 1982 | § 22, Anl. 1 | geänd. mit noch nicht bestimmtem Inkrafttreten |

[1] **Amtl. Anm.:** Dieses Gesetz dient der weiteren Umsetzung der Richtlinie (EU) 2019/1023 des Europäischen Parlaments und des Rates vom 20. Juni 2019 über präventive Restrukturierungsrahmen, über Entschuldung und über Tätigkeitsverbote sowie über Maßnahmen zur Steigerung der Effizienz von Restrukturierungs-, Insolvenz- und Entschuldungsverfahren und zur Änderung der Richtlinie (EU) 2017/1132 (Richtlinie über Restrukturierung und Insolvenz) (ABl. L 172 vom 26.6.2019, S. 18).

**Vorbemerkung:**

**Die Änderungen durch G v. 7.11.2022 (BGBl. I S. 1982) treten gem. Art. 9 Satz 2 dieses G erst an dem Tag in Kraft, an dem das Haager Übereinkommen vom 2. Juli 2019 über die Anerkennung und Vollstreckung ausländischer Entscheidungen in Zivil- und Handelssachen nach seinem Art. 28 für die Europäische Union mit Ausnahme des Königreiches Dänemark in Kraft tritt; sie sind im Text noch nicht berücksichtigt.**

## Inhaltsübersicht[1)]



---

[1)] Inhaltsübersicht geänd. mWv 16.7.2014 durch G v. 8.7.2014 (BGBl. I S. 890); mWv 1.12.2020 durch G v. 16.10.2020 (BGBl. I S. 2187); mWv 1.1.2021 durch G v. 22.12.2020 (BGBl. I S. 3256); mWv 9.6. 2021 durch G v. 2.6.2021 (BGBl. I S. 1278).

## Abschnitt 1. Allgemeine Vorschriften

**§ 1[1)] Geltungsbereich.** (1) [1] Für Verfahren vor den ordentlichen Gerichten

1. nach der Zivilprozessordnung[2)], einschließlich des Mahnverfahrens nach § 113 Absatz 2 des Gesetzes über das Verfahren in Familiensachen und in den Angelegenheiten der freiwilligen Gerichtsbarkeit[3)] und der Verfahren nach dem Gesetz über das Verfahren in Familiensachen und in den Angelegenheiten der freiwilligen Gerichtsbarkeit, soweit das Vollstreckungs- oder Arrestgericht zuständig ist;
2. nach der Insolvenzordnung[4)] und dem Einführungsgesetz zur Insolvenzordnung[5)];
3. nach der Schifffahrtsrechtlichen Verteilungsordnung;

3a. nach dem Unternehmensstabilisierungs- und -restrukturierungsgesetz[6)];

4. nach dem Gesetz über die Zwangsversteigerung und die Zwangsverwaltung[7)];
5. nach der Strafprozessordnung[8)];
6. nach dem Jugendgerichtsgesetz[9)];
7. nach dem Gesetz über Ordnungswidrigkeiten[10)];
8. nach dem Strafvollzugsgesetz[11)], auch in Verbindung mit § 92 des Jugendgerichtsgesetzes;
9. nach dem Gesetz gegen Wettbewerbsbeschränkungen[12)];

9a. nach dem Agrarorganisationen-und-Lieferketten-Gesetz;

10. nach dem Wertpapiererwerbs- und Übernahmegesetz, soweit dort nichts anderes bestimmt ist;
11. nach dem Wertpapierhandelsgesetz[13)];
12. nach dem Anerkennungs- und Vollstreckungsausführungsgesetz[14)];
13. nach dem Auslandsunterhaltsgesetz, soweit das Vollstreckungsgericht zuständig ist;

---

[1)] § 1 Abs. 3 neu gef. mWv 10.1.2015 durch G v. 8.7.2014 (BGBl. I S. 890); Abs. 1 Satz 1 Nr. 18 und 19 geänd., Nr. 20 angef. mWv 17.8.2015 durch G v. 29.6.2015 (BGBl. I S. 1042); Abs. 1 Satz 1 Nr. 19 und 20 geänd., Nr. 21 angef. mWv 18.6.2016 durch G v. 11.4.2016 (BGBl. I S. 720); Abs. 3 Nr. 2 und 3 geänd., Nr. 4 angef. mWv 18.1.2017 durch G v. 21.11.2016 (BGBl. I S. 2591); Abs. 1 Satz 1 Nr. 2, Abs. 3 Nr. 3 und 4 geänd., Nr. 5 angef. mWv 26.6.2017 durch G v. 5.6.2017 (BGBl. I S. 1476); Abs. 1 Satz 1 Nr. 20 und 21 geänd., Nr. 22 angef. mWv 1.12.2021 durch G v. 18.7.2017 (BGBl. I S. 2739, geänd. durch G v. 18.1.2021, BGBl. I S. 2) iVm Bek. v. 18.10.2021 (BAnz AT 29.10.2021 B3) und Bek. v. 16.2. 2022 (BGBl. I S. 306); Abs. 1 Satz 1 Nr. 17 geänd. mWv 30.6.2020 durch G v. 25.6.2020 (BGBl. I S. 1474); Abs. 1 Satz 1 Nr. 3a eingef. mWv 1.1.2021 durch G v. 22.12.2020 (BGBl. I S. 3256); Abs. 1 Satz 1 Nr. 9a eingef. mWv 9.6.2021 durch G v. 2.6.2021 (BGBl. I S. 1278).

[2)] Nr. **100**.

[3)] Nr. **112**.

[4)] Nr. **110**.

[5)] Nr. **110a**.

[6)] **Habersack, Deutsche Gesetze ErgBd. Nr. 110e.**

[7)] Nr. **108**.

[8)] Nr. **90**.

[9)] Nr. **89**.

[10)] Nr. **94**.

[11)] **Habersack, Deutsche Gesetze ErgBd. Nr. 91.**

[12)] Nr. **74**.

[13)] **Habersack, Deutsche Gesetze ErgBd. Nr. 58.**

[14)] **Habersack, Deutsche Gesetze ErgBd. Nr. 103a.**

14. für Rechtsmittelverfahren vor dem Bundesgerichtshof nach dem Patentgesetz[1)], dem Gebrauchsmustergesetz[2)], dem Markengesetz[3)], dem Designgesetz[4)], dem Halbleiterschutzgesetz und dem Sortenschutzgesetz (Rechtsmittelverfahren des gewerblichen Rechtsschutzes);
15. nach dem Energiewirtschaftsgesetz[5)];
16. nach dem Kapitalanleger-Musterverfahrensgesetz[6)];
17. nach dem EU-Verbraucherschutzdurchführungsgesetz;
18. nach Abschnitt 2 Unterabschnitt 2 des Neunten Teils des Gesetzes über die internationale Rechtshilfe in Strafsachen[7)];
19. nach dem Kohlendioxid-Speicherungsgesetz;
20. nach Abschnitt 3 des Internationalen Erbrechtsverfahrensgesetzes[8)] vom 29. Juni 2015 (BGBl. I S. 1042);
21. nach dem Zahlungskontengesetz und
22. nach dem Wettbewerbsregistergesetz

werden Kosten (Gebühren und Auslagen) nur nach diesem Gesetz erhoben. [2]Satz 1 Nummer 1, 6 und 12 gilt nicht in Verfahren, in denen Kosten nach dem Gesetz über Gerichtskosten in Familiensachen[9)] zu erheben sind.

(2) Dieses Gesetz ist ferner anzuwenden für Verfahren

1. vor den Gerichten der Verwaltungsgerichtsbarkeit nach der Verwaltungsgerichtsordnung[10)];
2. vor den Gerichten der Finanzgerichtsbarkeit nach der Finanzgerichtsordnung;
3. vor den Gerichten der Sozialgerichtsbarkeit nach dem Sozialgerichtsgesetz[11)], soweit nach diesem Gesetz das Gerichtskostengesetz anzuwenden ist;
4. vor den Gerichten für Arbeitssachen nach dem Arbeitsgerichtsgesetz[12)] und
5. vor den Staatsanwaltschaften nach der Strafprozessordnung, dem Jugendgerichtsgesetz und dem Gesetz über Ordnungswidrigkeiten.

(3) Dieses Gesetz gilt auch für Verfahren nach

1. der Verordnung (EG) Nr. 861/2007[13)] des Europäischen Parlaments und des Rates vom 11. Juli 2007 zur Einführung eines europäischen Verfahrens für geringfügige Forderungen,

*(Fortsetzung nächstes Blatt)*

---

1) **Habersack, Deutsche Gesetze ErgBd. Nr. 70.**
2) **Habersack, Deutsche Gesetze ErgBd. Nr. 71.**
3) Nr. 72.
4) **Habersack, Deutsche Gesetze ErgBd. Nr. 69.**
5) **Sartorius Nr. 830.**
6) **Habersack, Deutsche Gesetze ErgBd. Nr. 105d.**
7) **Habersack, Deutsche Gesetze ErgBd. Nr. 90h.**
8) **Habersack, Deutsche Gesetze ErgBd. Nr. 103p.**
9) Nr. 118.
10) **Sartorius Nr. 600.**
11) **Sartorius ErgBd. Nr. 415.**
12) Nr. 83.
13) **Habersack, Deutsche Gesetze ErgBd. Nr. 103e.**

2. der Verordnung (EG) Nr. 1896/2006[1] des Europäischen Parlaments und des Rates vom 12. Dezember 2006 zur Einführung eines Europäischen Mahnverfahrens,
3. der Verordnung (EU) Nr. 1215/2012[2] des Europäischen Parlaments und des Rates vom 12. Dezember 2012 über die gerichtliche Zuständigkeit und die Anerkennung und Vollstreckung von Entscheidungen in Zivil- und Handelssachen,
4. der Verordnung (EU) Nr. 655/2014[3] des Europäischen Parlaments und des Rates vom 15. Mai 2014 zur Einführung eines Verfahrens für einen Europäischen Beschluss zur vorläufigen Kontenpfändung im Hinblick auf die Erleichterung der grenzüberschreitenden Eintreibung von Forderungen in Zivil- und Handelssachen, wenn nicht das Familiengericht zuständig ist und
5. der Verordnung (EU) 2015/848[4] des Europäischen Parlaments und des Rates vom 20. Mai 2015 über Insolvenzverfahren.

(4) Kosten nach diesem Gesetz werden auch erhoben für Verfahren über eine Beschwerde, die mit einem der in den Absätzen 1 bis 3 genannten Verfahren im Zusammenhang steht.

(5) Die Vorschriften dieses Gesetzes über die Erinnerung und die Beschwerde gehen den Regelungen der für das zugrunde liegende Verfahren geltenden Verfahrensvorschriften vor.

**§ 2 Kostenfreiheit.** (1) [1]In Verfahren vor den ordentlichen Gerichten und den Gerichten der Finanz- und Sozialgerichtsbarkeit sind von der Zahlung der Kosten befreit der Bund und die Länder sowie die nach Haushaltsplänen des Bundes oder eines Landes verwalteten öffentlichen Anstalten und Kassen. [2]In Verfahren der Zwangsvollstreckung wegen öffentlich-rechtlicher Geldforderungen ist maßgebend, wer ohne Berücksichtigung des § 252 der Abgabenordnung oder entsprechender Vorschriften Gläubiger der Forderung ist.

(2) Für Verfahren vor den Gerichten für Arbeitssachen nach § 2a Absatz 1, § 103 Absatz 3, § 108 Absatz 3 und § 109 des Arbeitsgerichtsgesetzes[5] sowie nach den §§ 122 und 126 der Insolvenzordnung[6] werden Kosten nicht erhoben.

(3) [1]Sonstige bundesrechtliche Vorschriften, durch die für Verfahren vor den ordentlichen Gerichten und den Gerichten der Finanz- und Sozialgerichtsbarkeit eine sachliche oder persönliche Befreiung von Kosten gewährt ist, bleiben unberührt. [2]Landesrechtliche Vorschriften, die für diese Verfahren in weiteren Fällen eine sachliche oder persönliche Befreiung von Kosten gewähren, bleiben unberührt.

(4) [1]Vor den Gerichten der Verwaltungsgerichtsbarkeit und den Gerichten für Arbeitssachen finden bundesrechtliche oder landesrechtliche Vorschriften über persönliche Kostenfreiheit keine Anwendung. [2]Vorschriften über sachliche Kostenfreiheit bleiben unberührt.

(5) [1]Soweit jemandem, der von Kosten befreit ist, Kosten des Verfahrens auferlegt werden, sind Kosten nicht zu erheben; bereits erhobene Kosten sind zurück-

[1] **Schönfelder ErgBd. Nr. 103g.**
[2] **Schönfelder ErgBd. Nr. 103.**
[3] **Schönfelder ErgBd. Nr. 103h.**
[4] **Schönfelder ErgBd. Nr. 110b.**
[5] Nr. **83**.
[6] Nr. **110**.

zuzahlen. [2]Das Gleiche gilt, soweit eine von der Zahlung der Kosten befreite Partei Kosten des Verfahrens übernimmt.

**§ 3 Höhe der Kosten.** (1) Die Gebühren richten sich nach dem Wert des Streitgegenstands (Streitwert), soweit nichts anderes bestimmt ist.

(2) Kosten werden nach dem Kostenverzeichnis der Anlage 1 zu diesem Gesetz erhoben.

**§ 4 Verweisungen.** (1) Verweist ein erstinstanzliches Gericht oder ein Rechtsmittelgericht ein Verfahren an ein erstinstanzliches Gericht desselben oder eines anderen Zweiges der Gerichtsbarkeit, ist das frühere erstinstanzliche Verfahren als Teil des Verfahrens vor dem übernehmenden Gericht zu behandeln.

(2) [1]Mehrkosten, die durch Anrufung eines Gerichts entstehen, zu dem der Rechtsweg nicht gegeben oder das für das Verfahren nicht zuständig ist, werden nur dann erhoben, wenn die Anrufung auf verschuldeter Unkenntnis der tatsächlichen oder rechtlichen Verhältnisse beruht. [2]Die Entscheidung trifft das Gericht, an das verwiesen worden ist.

**§ 5[1)] Verjährung, Verzinsung.** (1) [1]Ansprüche auf Zahlung von Kosten verjähren in vier Jahren nach Ablauf des Kalenderjahrs, in dem das Verfahren durch rechtskräftige Entscheidung über die Kosten, durch Vergleich oder in sonstiger Weise beendet ist. [2]Für die Ansprüche auf Zahlung von Auslagen des erstinstanzlichen Musterverfahrens nach dem Kapitalanleger-Musterverfahrensgesetz[2)] beginnt die Frist frühestens mit dem rechtskräftigen Abschluss des Musterverfahrens.

(2) [1]Ansprüche auf Rückerstattung von Kosten verjähren in vier Jahren nach Ablauf des Kalenderjahrs, in dem die Zahlung erfolgt ist. [2]Die Verjährung beginnt jedoch nicht vor dem in Absatz 1 bezeichneten Zeitpunkt. [3]Durch Einlegung eines Rechtsbehelfs mit dem Ziel der Rückerstattung wird die Verjährung wie durch Klageerhebung gehemmt.

(3) [1]Auf die Verjährung sind die Vorschriften des Bürgerlichen Gesetzbuchs[3)] anzuwenden; die Verjährung wird nicht von Amts wegen berücksichtigt. [2]Die Verjährung der Ansprüche auf Zahlung von Kosten beginnt auch durch die Aufforderung zur Zahlung oder durch eine dem Schuldner mitgeteilte Stundung erneut. [3]Ist der Aufenthalt des Kostenschuldners unbekannt, genügt die Zustellung durch Aufgabe zur Post unter seiner letzten bekannten Anschrift. [4]Bei Kostenbeträgen unter 25 Euro beginnt die Verjährung weder erneut noch wird sie gehemmt.

(4) Ansprüche auf Zahlung und Rückerstattung von Kosten werden vorbehaltlich der nach Nummer 9018 des Kostenverzeichnisses für das erstinstanzliche Musterverfahren nach dem Kapitalanleger-Musterverfahrensgesetz geltenden Regelung nicht verzinst.

**§ 5a Elektronische Akte, elektronisches Dokument.** In Verfahren nach diesem Gesetz sind die verfahrensrechtlichen Vorschriften über die elektronische Akte und über das elektronische Dokument anzuwenden, die für das dem kostenrechtlichen Verfahren zugrunde liegende Verfahren gelten.

---

[1)] § 5 Abs. 2 Satz 2 geänd. mWv 4.7.2015 durch G v. 29.6.2015 (BGBl. I S. 1042).
[2)] **Schönfelder ErgBd. Nr. 105d.**
[3)] Nr. **20**.

**§ 5b Rechtsbehelfsbelehrung.** Jede Kostenrechnung und jede anfechtbare Entscheidung hat eine Belehrung über den statthaften Rechtsbehelf sowie über die Stelle, bei der dieser Rechtsbehelf einzulegen ist, über deren Sitz und über die einzuhaltende Form und Frist zu enthalten.

## Abschnitt 2. Fälligkeit

**§ 6[1] Fälligkeit der Gebühren im Allgemeinen.** (1) [1]In folgenden Verfahren wird die Verfahrensgebühr mit der Einreichung der Klage-, Antrags-, Einspruchs- oder Rechtsmittelschrift oder mit der Abgabe der entsprechenden Erklärung zu Protokoll fällig:

1. in bürgerlichen Rechtsstreitigkeiten,
2. in Sanierungs- und Reorganisationsverfahren nach dem Kreditinstitute-Reorganisationsgesetz,
3. in Insolvenzverfahren und in schifffahrtsrechtlichen Verteilungsverfahren,

3a. in Verfahren nach dem Unternehmensstabilisierungs- und -restrukturierungsgesetz,

4. in Rechtsmittelverfahren des gewerblichen Rechtsschutzes und
5. in Prozessverfahren vor den Gerichten der Verwaltungs-, Finanz- und Sozialgerichtsbarkeit.

[2]Im Verfahren über ein Rechtsmittel, das vom Rechtsmittelgericht zugelassen worden ist, wird die Verfahrensgebühr mit der Zulassung fällig.

(2) Soweit die Gebühr eine Entscheidung oder sonstige gerichtliche Handlung voraussetzt, wird sie mit dieser fällig.

(3) In Verfahren vor den Gerichten für Arbeitssachen bestimmt sich die Fälligkeit der Kosten nach § 9.

**§ 7 Zwangsversteigerung und Zwangsverwaltung.** (1) [1]Die Gebühren für die Entscheidung über den Antrag auf Anordnung der Zwangsversteigerung und über den Beitritt werden mit der Entscheidung fällig. [2]Die Gebühr für die Erteilung des Zuschlags wird mit dessen Verkündung und, wenn der Zuschlag von dem Beschwerdegericht erteilt wird, mit der Zustellung des Beschlusses an den Ersteher fällig. [3]Im Übrigen werden die Gebühren im ersten Rechtszug im Verteilungstermin und, wenn das Verfahren vorher aufgehoben wird, mit der Aufhebung fällig.

(2) [1]Absatz 1 Satz 1 gilt im Verfahren der Zwangsverwaltung entsprechend. [2]Die Jahresgebühr wird jeweils mit Ablauf eines Kalenderjahres, die letzte Jahresgebühr mit der Aufhebung des Verfahrens fällig.

**§ 8 Strafsachen, Bußgeldsachen.** [1]In Strafsachen werden die Kosten, die dem verurteilten Beschuldigten zur Last fallen, erst mit der Rechtskraft des Urteils fällig. [2]Dies gilt in gerichtlichen Verfahren nach dem Gesetz über Ordnungswidrigkeiten[2] entsprechend.

---

[1] § 6 Abs. 1 Satz 1 Nr. 3a eingef. mWv 1.1.2021 durch G v. 22.12.2020 (BGBl. I S. 3256).
[2] Nr. **94**.

**§ 9 Fälligkeit der Gebühren in sonstigen Fällen, Fälligkeit der Auslagen.**

(1) [1] Die Gebühr für die Anmeldung eines Anspruchs zum Musterverfahren nach dem Kapitalanleger-Musterverfahrensgesetz[1)] wird mit Einreichung der Anmeldungserklärung fällig. [2] Die Auslagen des Musterverfahrens nach dem Kapitalanleger-Musterverfahrensgesetz werden mit dem rechtskräftigen Abschluss des Musterverfahrens fällig.

(2) Im Übrigen werden die Gebühren und die Auslagen fällig, wenn

1. eine unbedingte Entscheidung über die Kosten ergangen ist,
2. das Verfahren oder der Rechtszug durch Vergleich oder Zurücknahme beendet ist,
3. das Verfahren sechs Monate ruht oder sechs Monate nicht betrieben worden ist,
4. das Verfahren sechs Monate unterbrochen oder sechs Monate ausgesetzt war oder
5. das Verfahren durch anderweitige Erledigung beendet ist.

(3) Die Dokumentenpauschale sowie die Auslagen für die Versendung von Akten werden sofort nach ihrer Entstehung fällig.

## Abschnitt 3. Vorschuss und Vorauszahlung

**§ 10 Grundsatz für die Abhängigmachung.** In weiterem Umfang als die Prozessordnungen und dieses Gesetz es gestatten, darf die Tätigkeit der Gerichte von der Sicherstellung oder Zahlung der Kosten nicht abhängig gemacht werden.

**§ 11 Verfahren nach dem Arbeitsgerichtsgesetz.** [1] In Verfahren vor den Gerichten für Arbeitssachen sind die Vorschriften dieses Abschnitts nicht anzuwenden; dies gilt für die Zwangsvollstreckung in Arbeitssachen auch dann, wenn das Amtsgericht Vollstreckungsgericht ist. [2] Satz 1 gilt nicht in Verfahren wegen überlanger Gerichtsverfahren (§ 9 Absatz 2 Satz 2 des Arbeitsgerichtsgesetzes[2)]).

**§ 12 Verfahren nach der Zivilprozessordnung.** (1) [1] In bürgerlichen Rechtsstreitigkeiten soll die Klage erst nach Zahlung der Gebühr für das Verfahren im Allgemeinen zugestellt werden. [2] Wird der Klageantrag erweitert, soll vor Zahlung der Gebühr für das Verfahren im Allgemeinen keine gerichtliche Handlung vorgenommen werden; dies gilt auch in der Rechtsmittelinstanz. [3] Die Anmeldung zum Musterverfahren (§ 10 Absatz 2 des Kapitalanleger-Musterverfahrensgesetzes[1)]) soll erst nach Zahlung der Gebühr nach Nummer 1902 des Kostenverzeichnisses zugestellt werden.

(2) Absatz 1 gilt nicht

1. für die Widerklage,
2. für europäische Verfahren für geringfügige Forderungen,
3. für Rechtsstreitigkeiten über Erfindungen eines Arbeitnehmers, soweit nach § 39 des Gesetzes über Arbeitnehmererfindungen[3)] die für Patentstreitsachen zuständigen Gerichte ausschließlich zuständig sind, und
4. für die Restitutionsklage nach § 580 Nummer 8 der Zivilprozessordnung[4)].

---

[1)] **Schönfelder ErgBd. Nr. 105d.**
[2)] Nr. **83**.
[3)] **Nipperdey I, Arbeitsrecht Nr. 170.**
[4)] Nr. **100**.

(3) [1]Der Mahnbescheid soll erst nach Zahlung der dafür vorgesehenen Gebühr erlassen werden. [2]Wird der Mahnbescheid maschinell erstellt, gilt Satz 1 erst für den Erlass des Vollstreckungsbescheids. [3]Im Mahnverfahren soll auf Antrag des Antragstellers nach Erhebung des Widerspruchs die Sache an das für das streitige Verfahren als zuständig bezeichnete Gericht erst abgegeben werden, wenn die Gebühr für das Verfahren im Allgemeinen gezahlt ist; dies gilt entsprechend für das Verfahren nach Erlass eines Vollstreckungsbescheids unter Vorbehalt der Ausführung der Rechte des Beklagten. [4]Satz 3 gilt auch für die nach dem Gesetz über Gerichtskosten in Familiensachen[1)] zu zahlende Gebühr für das Verfahren im Allgemeinen.

(4) [1]Absatz 3 Satz 1 gilt im Europäischen Mahnverfahren entsprechend. [2]Wird ein europäisches Verfahren für geringfügige Forderungen ohne Anwendung der Vorschriften der Verordnung (EG) Nr. 861/2007[2)] fortgeführt, soll vor Zahlung der Gebühr für das Verfahren im Allgemeinen keine gerichtliche Handlung vorgenommen werden.

(5) Über den Antrag auf Abnahme der eidesstattlichen Versicherung soll erst nach Zahlung der dafür vorgesehenen Gebühr entschieden werden.

(6) [1]Über Anträge auf Erteilung einer weiteren vollstreckbaren Ausfertigung (§ 733 der Zivilprozessordnung) und über Anträge auf gerichtliche Handlungen der Zwangsvollstreckung gemäß § 829 Absatz 1, §§ 835, 839, 846 bis 848, 857, 858, 886 bis 888 oder § 890 der Zivilprozessordnung soll erst nach Zahlung der Gebühr für das Verfahren und der Auslagen für die Zustellung entschieden werden. [2]Dies gilt nicht bei elektronischen Anträgen auf gerichtliche Handlungen der Zwangsvollstreckung gemäß § 829a der Zivilprozessordnung.

**§ 12a[3)] Verfahren wegen überlanger Gerichtsverfahren und strafrechtlicher Ermittlungsverfahren.** [1]In Verfahren wegen überlanger Gerichtsverfahren und strafrechtlicher Ermittlungsverfahren ist § 12 Absatz 1 Satz 1 und 2 entsprechend anzuwenden. [2]Wird ein solches Verfahren bei einem Gericht der Verwaltungs-, Finanz- oder Sozialgerichtsbarkeit anhängig, ist in der Aufforderung zur Zahlung der Gebühr für das Verfahren im Allgemeinen darauf hinzuweisen, dass die Klage erst nach Zahlung dieser Gebühr zugestellt und die Streitsache erst mit Zustellung der Klage rechtshängig wird.

**§ 13 Verteilungsverfahren nach der Schifffahrtsrechtlichen Verteilungsordnung.** Über den Antrag auf Eröffnung des Verteilungsverfahrens nach der Schifffahrtsrechtlichen Verteilungsordnung soll erst nach Zahlung der dafür vorgesehenen Gebühr und der Auslagen für die öffentliche Bekanntmachung entschieden werden.

**§ 13a[4)] Verfahren nach dem Unternehmensstabilisierungs- und -restrukturierungsgesetz.** (1) Über den Antrag auf Inanspruchnahme eines Instruments des Stabilisierungs- und Restrukturierungsrahmens soll erst nach Zahlung der Gebühr für das Verfahren entschieden werden.

(2) Absatz 1 gilt entsprechend für den Antrag auf Bestellung eines Restrukturierungsbeauftragten oder eines Sanierungsmoderators.

---

[1)] Nr. **118**.

[2)] **Schönfelder ErgBd. Nr. 103e.**

[3)] § 12a Satz 1 geänd., Satz 2 angef. mWv 15.10.2016 durch G v. 11.10.2016 (BGBl. I S. 2222).

[4)] § 13a eingef. mWv 1.1.2021 durch G v. 22.12.2020 (BGBl. I S. 3256).

**§ 14[1)] Ausnahmen von der Abhängigmachung.** Die §§ 12 und 13 gelten nicht,

1. soweit dem Antragsteller Prozesskostenhilfe bewilligt ist,
2. wenn dem Antragsteller Gebührenfreiheit zusteht oder
3. wenn die beabsichtigte Rechtsverfolgung weder aussichtslos noch mutwillig erscheint und wenn glaubhaft gemacht wird, dass
   a) dem Antragsteller die alsbaldige Zahlung der Kosten mit Rücksicht auf seine Vermögenslage oder aus sonstigen Gründen Schwierigkeiten bereiten würde oder
   b) eine Verzögerung dem Antragsteller einen nicht oder nur schwer zu ersetzenden Schaden bringen würde; zur Glaubhaftmachung genügt in diesem Fall die Erklärung des zum Prozessbevollmächtigten bestellten Rechtsanwalts.

**§ 15 Zwangsversteigerungs- und Zwangsverwaltungsverfahren.**

(1) Im Zwangsversteigerungsverfahren ist spätestens bei der Bestimmung des Zwangsversteigerungstermins ein Vorschuss in Höhe des Doppelten einer Gebühr für die Abhaltung des Versteigerungstermins zu erheben.

(2) Im Zwangsverwaltungsverfahren hat der Antragsteller jährlich einen angemessenen Gebührenvorschuss zu zahlen.

**§ 16[2)] Privatklage, Nebenklage.** (1) [1]Der Privatkläger hat, wenn er Privatklage erhebt, Rechtsmittel einlegt, die Wiederaufnahme beantragt oder das Verfahren nach den §§ 435 bis 437 der Strafprozessordnung[3)] betreibt, für den jeweiligen Rechtszug einen Betrag in Höhe der entsprechenden in den Nummern 3311, 3321, 3331, 3340, 3410, 3431, 3441 oder 3450 des Kostenverzeichnisses bestimmten Gebühr als Vorschuss zu zahlen. [2]Der Widerkläger ist zur Zahlung eines Gebührenvorschusses nicht verpflichtet.

(2) [1]Der Nebenkläger hat, wenn er Rechtsmittel einlegt oder die Wiederaufnahme beantragt, für den jeweiligen Rechtszug einen Betrag in Höhe der entsprechenden in den Nummern 3511, 3521 oder 3530 des Kostenverzeichnisses bestimmten Gebühr als Vorschuss zu zahlen. [2]Wenn er im Verfahren nach den §§ 435 bis 437 der Strafprozessordnung Rechtsmittel einlegt oder die Wiederaufnahme beantragt, hat er für den jeweiligen Rechtszug einen Betrag in Höhe der entsprechenden in den Nummern 3431, 3441 oder 3450 des Kostenverzeichnisses bestimmten Gebühr als Vorschuss zu zahlen.

**§ 17 Auslagen.** (1) [1]Wird die Vornahme einer Handlung, mit der Auslagen verbunden sind, beantragt, hat derjenige, der die Handlung beantragt hat, einen zur Deckung der Auslagen hinreichenden Vorschuss zu zahlen. [2]Das Gericht soll die Vornahme der Handlung von der vorherigen Zahlung abhängig machen.

(2) Die Herstellung und Überlassung von Dokumenten auf Antrag sowie die Versendung von Akten können von der vorherigen Zahlung eines die Auslagen deckenden Vorschusses abhängig gemacht werden.

(3) Bei Handlungen, die von Amts wegen vorgenommen werden, kann ein Vorschuss zur Deckung der Auslagen erhoben werden.

---

1) § 14 Nr. 3 einl. Satzteil geänd. mWv 1.1.2021 durch G v. 21.12.2020 (BGBl. I S. 3229).
2) § 16 Abs. 1 Satz 1 und Abs. 2 Satz 2 geänd. mWv 1.7.2017 durch G v. 13.4.2017 (BGBl. I S. 872).
3) Nr. **90**.

(4) [1]Absatz 1 gilt nicht in Musterverfahren nach dem Kapitalanleger-Musterverfahrensgesetz[1)], für die Anordnung einer Haft und in Strafsachen nur für den Privatkläger, den Widerkläger sowie für den Nebenkläger, der Berufung oder Revision eingelegt hat. [2]Absatz 2 gilt nicht in Strafsachen und in gerichtlichen Verfahren nach dem Gesetz über Ordnungswidrigkeiten[2)], wenn der Beschuldigte oder sein Beistand Antragsteller ist. [3]Absatz 3 gilt nicht in Strafsachen, in gerichtlichen Verfahren nach dem Gesetz über Ordnungswidrigkeiten sowie in Verfahren über einen Schuldenbereinigungsplan (§ 306 der Insolvenzordnung[3)]).

**§ 18 Fortdauer der Vorschusspflicht.** [1]Die Verpflichtung zur Zahlung eines Vorschusses bleibt bestehen, auch wenn die Kosten des Verfahrens einem anderen auferlegt oder von einem anderen übernommen sind. [2]§ 31 Absatz 2 gilt entsprechend.

## Abschnitt 4. Kostenansatz

**§ 19 Kostenansatz.** (1) [1]Außer in Strafsachen und in gerichtlichen Verfahren nach dem Gesetz über Ordnungswidrigkeiten[2)] werden angesetzt:

1. die Kosten des ersten Rechtszugs bei dem Gericht, bei dem das Verfahren im ersten Rechtszug anhängig ist oder zuletzt anhängig war,
2. die Kosten des Rechtsmittelverfahrens bei dem Rechtsmittelgericht.

[2]Dies gilt auch dann, wenn die Kosten bei einem ersuchten Gericht entstanden sind.

(2) [1]In Strafsachen und in gerichtlichen Verfahren nach dem Gesetz über Ordnungswidrigkeiten, in denen eine gerichtliche Entscheidung durch die Staatsanwaltschaft zu vollstrecken ist, werden die Kosten bei der Staatsanwaltschaft angesetzt. [2]In Jugendgerichtssachen, in denen eine Vollstreckung einzuleiten ist, werden die Kosten bei dem Amtsgericht angesetzt, dem der Jugendrichter angehört, der die Vollstreckung einzuleiten hat (§ 84 des Jugendgerichtsgesetzes[4)]); ist daneben die Staatsanwaltschaft Vollstreckungsbehörde, werden die Kosten bei dieser angesetzt. [3]Im Übrigen werden die Kosten in diesen Verfahren bei dem Gericht des ersten Rechtszugs angesetzt. [4]Die Kosten des Rechtsmittelverfahrens vor dem Bundesgerichtshof werden stets bei dem Bundesgerichtshof angesetzt.

(3) Hat die Staatsanwaltschaft im Fall des § 25a des Straßenverkehrsgesetzes[5)] eine abschließende Entscheidung getroffen, werden die Kosten einschließlich derer, die durch einen Antrag auf gerichtliche Entscheidung entstanden sind, bei ihr angesetzt.

(4) Die Dokumentenpauschale sowie die Auslagen für die Versendung von Akten werden bei der Stelle angesetzt, bei der sie entstanden sind.

(5) [1]Der Kostenansatz kann im Verwaltungsweg berichtigt werden, solange nicht eine gerichtliche Entscheidung getroffen ist. [2]Ergeht nach der gerichtlichen Entscheidung über den Kostenansatz eine Entscheidung, durch die der Streitwert anders festgesetzt wird, kann der Kostenansatz ebenfalls berichtigt werden.

---

[1)] **Schönfelder ErgBd. Nr. 105d.**
[2)] Nr. **94.**
[3)] Nr. **110.**
[4)] Nr. **89.**
[5)] Nr. **35.**

**§ 20 Nachforderung.** (1) [1] Wegen eines unrichtigen Ansatzes dürfen Kosten nur nachgefordert werden, wenn der berichtigte Ansatz dem Zahlungspflichtigen vor Ablauf des nächsten Kalenderjahres nach Absendung der den Rechtszug abschließenden Kostenrechnung (Schlusskostenrechnung), in Zwangsverwaltungsverfahren der Jahresrechnung, mitgeteilt worden ist. [2] Dies gilt nicht, wenn die Nachforderung auf vorsätzlich oder grob fahrlässig falschen Angaben des Kostenschuldners beruht oder wenn der ursprüngliche Kostenansatz unter einem bestimmten Vorbehalt erfolgt ist.

(2) Ist innerhalb der Frist des Absatzes 1 ein Rechtsbehelf in der Hauptsache oder wegen der Kosten eingelegt worden, ist die Nachforderung bis zum Ablauf des nächsten Kalenderjahres nach Beendigung dieser Verfahren möglich.

(3) Ist der Wert gerichtlich festgesetzt worden, genügt es, wenn der berichtigte Ansatz dem Zahlungspflichtigen drei Monate nach der letzten Wertfestsetzung mitgeteilt worden ist.

**§ 21 Nichterhebung von Kosten.** (1) [1] Kosten, die bei richtiger Behandlung der Sache nicht entstanden wären, werden nicht erhoben. [2] Das Gleiche gilt für Auslagen, die durch eine von Amts wegen veranlasste Verlegung eines Termins oder Vertagung einer Verhandlung entstanden sind. [3] Für abweisende Entscheidungen sowie bei Zurücknahme eines Antrags kann von der Erhebung von Kosten abgesehen werden, wenn der Antrag auf unverschuldeter Unkenntnis der tatsächlichen oder rechtlichen Verhältnisse beruht.

(2) [1] Die Entscheidung trifft das Gericht. [2] Solange nicht das Gericht entschieden hat, können Anordnungen nach Absatz 1 im Verwaltungsweg erlassen werden. [3] Eine im Verwaltungsweg getroffene Anordnung kann nur im Verwaltungsweg geändert werden.

## Abschnitt 5. Kostenhaftung

**§ 22[1)] Streitverfahren, Bestätigungen und Bescheinigungen zu inländischen Titeln.** (1) [1] In bürgerlichen Rechtsstreitigkeiten mit Ausnahme der Restitutionsklage nach § 580 Nummer 8 der Zivilprozessordnung[2)] sowie in Verfahren nach § 1 Absatz 1 Satz 1 Nummer 14, Absatz 2 Nummer 1 bis 3 sowie Absatz 4 schuldet die Kosten, wer das Verfahren des Rechtszugs beantragt hat. [2] Im Verfahren, das gemäß § 700 Absatz 3 der Zivilprozessordnung dem Mahnverfahren folgt, schuldet die Kosten, wer den Vollstreckungsbescheid beantragt hat. [3] Im Verfahren, das nach Einspruch dem Europäischen Mahnverfahren folgt, schuldet die Kosten, wer den Zahlungsbefehl beantragt hat. [4] Die Gebühr für den Abschluss eines gerichtlichen Vergleichs schuldet jeder, der an dem Abschluss beteiligt ist.

(2) [1] In Verfahren vor den Gerichten für Arbeitssachen ist Absatz 1 nicht anzuwenden, soweit eine Kostenhaftung nach § 29 Nummer 1 oder 2 besteht. [2] Absatz 1 ist ferner nicht anzuwenden, solange bei einer Zurückverweisung des Rechtsstreits an die Vorinstanz nicht feststeht, wer für die Kosten nach § 29 Nummer 1 oder 2 haftet, und der Rechtsstreit noch anhängig ist; er ist jedoch

---

[1)] § 22 Abs. 3 geänd. mWv 16.7.2014 und neu gef. mWv 10.1.2015 durch G v. 8.7.2014 (BGBl. I S. 890); Abs. 3 geänd. mWv 1.10.2015 durch G v. 10.12.2014 (BGBl. I S. 2082) iVm Bek. v. 23.6.2015 (BGBl. I S. 1034).

[2)] Nr. **100**.

anzuwenden, wenn das Verfahren nach Zurückverweisung sechs Monate geruht hat oder sechs Monate von den Parteien nicht betrieben worden ist.

(3) In Verfahren über Anträge auf Ausstellung einer Bestätigung nach § 1079 der Zivilprozessordnung, einer Bescheinigung nach § 1110 der Zivilprozessordnung oder nach § 57 oder § 58 des Anerkennungs- und Vollstreckungsausführungsgesetzes[1] schuldet die Kosten der Antragsteller.

(4) [1] Im erstinstanzlichen Musterverfahren nach dem Kapitalanleger-Musterverfahrensgesetz[2] ist Absatz 1 nicht anzuwenden. [2] Die Kosten für die Anmeldung eines Anspruchs zum Musterverfahren schuldet der Anmelder. [3] Im Verfahren über die Rechtsbeschwerde nach § 20 des Kapitalanleger-Musterverfahrensgesetzes schuldet neben dem Rechtsbeschwerdeführer auch der Beteiligte, der dem Rechtsbeschwerdeverfahren auf Seiten des Rechtsbeschwerdeführers beigetreten ist, die Kosten.

**§ 23[3] Insolvenzverfahren.** (1) [1] Die Gebühr für das Verfahren über den Antrag auf Eröffnung des Insolvenzverfahrens schuldet, wer den Antrag gestellt hat. [2] Wird der Antrag abgewiesen oder zurückgenommen, gilt dies auch für die entstandenen Auslagen. [3] Die Auslagen nach Nummer 9017 des Kostenverzeichnisses schuldet jedoch nur der Schuldner des Insolvenzverfahrens. [4] Die Sätze 1 und 2 gelten nicht, wenn der Schuldner des Insolvenzverfahrens nach § 14 Absatz 3 der Insolvenzordnung[4] die Kosten des Verfahrens trägt.

(2) Die Kosten des Verfahrens über die Versagung oder den Widerruf der Restschuldbefreiung (§§ 296 bis 297a, 300 und 303 der Insolvenzordnung) schuldet, wer das Verfahren beantragt hat.

(3) Die Kosten des Verfahrens wegen einer Anfechtung nach Artikel 36 Absatz 7 Satz 2 der Verordnung (EU) 2015/848[5] schuldet der antragstellende Gläubiger, wenn der Antrag abgewiesen oder zurückgenommen wird.

(4) Die Kosten des Verfahrens über einstweilige Maßnahmen nach Artikel 36 Absatz 9 der Verordnung (EU) 2015/848 schuldet der antragstellende Gläubiger.

(5) Die Kosten des Gruppen-Koordinationsverfahrens nach Kapitel V Abschnitt 2 der Verordnung (EU) 2015/848 trägt der Schuldner, dessen Verwalter die Einleitung des Koordinationsverfahrens beantragt hat.

(6) [1] Die Kosten des Koordinationsverfahrens trägt der Schuldner, der die Einleitung des Verfahrens beantragt hat. [2] Dieser Schuldner trägt die Kosten auch, wenn der Antrag von dem Insolvenzverwalter, dem vorläufigen Insolvenzverwalter, dem Gläubigerausschuss oder dem vorläufigen Gläubigerausschuss gestellt wird.

(7) Im Übrigen schuldet die Kosten der Schuldner des Insolvenzverfahrens.

**§ 23a Sanierungs- und Reorganisationsverfahren nach dem Kreditinstitute-Reorganisationsgesetz.** Die Kosten des Sanierungs- und Reorganisationsverfahrens schuldet nur das Kreditinstitut.

---

[1] **Schönfelder ErgBd. Nr. 103a.**

[2] **Schönfelder ErgBd. Nr. 105d.**

[3] § 23 Abs. 2 geänd. mWv 1.7.2014 durch G v. 15.7.2013 (BGBl. I S. 2379); Abs. 1 Satz 4 geänd. mWv 16.7.2014 durch G v. 8.7.2014 (BGBl. I S. 890); Abs. 3–5 eingef., bish. Abs. 3 wird Abs. 6 mWv 26.6.2017, Abs. 6 eingef., bish. Abs. 6 wird Abs. 7 mWv 21.4.2018 durch G v. 5.6.2017 (BGBl. I S. 1476).

[4] Nr. **110**.

[5] **Schönfelder ErgBd. Nr. 110b.**

**§ 24 Öffentliche Bekanntmachung in ausländischen Insolvenzverfahren.** Die Kosten des Verfahrens über den Antrag auf öffentliche Bekanntmachung ausländischer Entscheidungen in Insolvenzverfahren oder vergleichbaren Verfahren schuldet, wer das Verfahren beantragt hat.

**§ 25 Verteilungsverfahren nach der Schifffahrtsrechtlichen Verteilungsordnung.** Die Kosten des Verteilungsverfahrens nach der Schifffahrtsrechtlichen Verteilungsordnung schuldet, wer das Verfahren beantragt hat.

**§ 25a[1] Verfahren nach dem Unternehmensstabilisierungs- und -restrukturierungsgesetz.** (1) Die Kosten der Verfahren nach dem Unternehmensstabilisierungs- und -restrukturierungsgesetz vor dem Restrukturierungsgericht sowie die Gebühren nach den Nummern 2510 und 2513 des Kostenverzeichnisses schuldet nur der Schuldner des Verfahrens, soweit nichts anderes bestimmt ist.

(2) Wird ein fakultativer Restrukturierungsbeauftragter auf Antrag von Gläubigern bestellt, schulden die Gebühr nach Nummer 2513 des Kostenverzeichnisses und die Auslagen nach Nummer 9017 des Kostenverzeichnisses nur die antragstellenden Gläubiger, soweit sie ihnen nach § 82 Absatz 2 des Unternehmensstabilisierungs- und -restrukturierungsgesetzes auferlegt sind.

**§ 26 Zwangsversteigerungs- und Zwangsverwaltungsverfahren.** (1) Die Kosten des Zwangsversteigerungs- und Zwangsverwaltungsverfahrens sowie des Verfahrens der Zwangsliquidation einer Bahneinheit schuldet vorbehaltlich des Absatzes 2, wer das Verfahren beantragt hat, soweit die Kosten nicht dem Erlös entnommen werden können.

(2) [1] Die Kosten für die Erteilung des Zuschlags schuldet nur der Ersteher; § 29 Nummer 3 bleibt unberührt. [2] Im Fall der Abtretung der Rechte aus dem Meistgebot oder der Erklärung, für einen Dritten geboten zu haben (§ 81 des Gesetzes über die Zwangsversteigerung und die Zwangsverwaltung[2]), haften der Ersteher und der Meistbietende als Gesamtschuldner.

(3) Die Kosten des Beschwerdeverfahrens schuldet der Beschwerdeführer.

**§ 27 Bußgeldsachen.** Der Betroffene, der im gerichtlichen Verfahren nach dem Gesetz über Ordnungswidrigkeiten[3] den Einspruch gegen einen Bußgeldbescheid zurücknimmt, schuldet die entstandenen Kosten.

**§ 28 Auslagen in weiteren Fällen.** (1) [1] Die Dokumentenpauschale schuldet ferner, wer die Erteilung der Ausfertigungen, Kopien oder Ausdrucke beantragt hat. [2] Sind Kopien oder Ausdrucke angefertigt worden, weil die Partei oder der Beteiligte es unterlassen hat, die erforderliche Zahl von Mehrfertigungen beizufügen, schuldet nur die Partei oder der Beteiligte die Dokumentenpauschale.

(2) Die Auslagen nach Nummer 9003 des Kostenverzeichnisses schuldet nur, wer die Versendung der Akte beantragt hat.

(3) Im Verfahren auf Bewilligung von Prozesskostenhilfe einschließlich des Verfahrens auf Bewilligung grenzüberschreitender Prozesskostenhilfe ist der Antragsteller Schuldner der Auslagen, wenn

1. der Antrag zurückgenommen oder vom Gericht abgelehnt wird oder

[1] § 25a eingef. mWv 1.1.2021 durch G v. 22.12.2020 (BGBl. I S. 3256).

[2] Nr. **108**.

[3] Nr. **94**.

2. die Übermittlung des Antrags von der Übermittlungsstelle oder das Ersuchen um Prozesskostenhilfe von der Empfangsstelle abgelehnt wird.

**§ 29 Weitere Fälle der Kostenhaftung.** Die Kosten schuldet ferner,

1. wem durch gerichtliche oder staatsanwaltschaftliche Entscheidung die Kosten des Verfahrens auferlegt sind;
2. wer sie durch eine vor Gericht abgegebene oder dem Gericht mitgeteilte Erklärung oder in einem vor Gericht abgeschlossenen oder dem Gericht mitgeteilten Vergleich übernommen hat; dies gilt auch, wenn bei einem Vergleich ohne Bestimmung über die Kosten diese als von beiden Teilen je zur Hälfte übernommen anzusehen sind;
3. wer für die Kostenschuld eines anderen kraft Gesetzes haftet und
4. der Vollstreckungsschuldner für die notwendigen Kosten der Zwangsvollstreckung.

**§ 30 Erlöschen der Zahlungspflicht.** [1]Die durch gerichtliche oder staatsanwaltschaftliche Entscheidung begründete Verpflichtung zur Zahlung von Kosten erlischt, soweit die Entscheidung durch eine andere gerichtliche Entscheidung aufgehoben oder abgeändert wird. [2]Soweit die Verpflichtung zur Zahlung von Kosten nur auf der aufgehobenen oder abgeänderten Entscheidung beruht hat, werden bereits gezahlte Kosten zurückerstattet.

**§ 31 Mehrere Kostenschuldner.** (1) Mehrere Kostenschuldner haften als Gesamtschuldner.

(2) [1]Soweit ein Kostenschuldner aufgrund von § 29 Nummer 1 oder 2 (Erstschuldner) haftet, soll die Haftung eines anderen Kostenschuldners nur geltend gemacht werden, wenn eine Zwangsvollstreckung in das bewegliche Vermögen des ersteren erfolglos geblieben ist oder aussichtslos erscheint. [2]Zahlungen des Erstschuldners mindern seine Haftung aufgrund anderer Vorschriften dieses Gesetzes auch dann in voller Höhe, wenn sich seine Haftung nur auf einen Teilbetrag bezieht.

(3) [1]Soweit einem Kostenschuldner, der aufgrund von § 29 Nummer 1 haftet (Entscheidungsschuldner), Prozesskostenhilfe bewilligt worden ist, darf die Haftung eines anderen Kostenschuldners nicht geltend gemacht werden; von diesem bereits erhobene Kosten sind zurückzuzahlen, soweit es sich nicht um eine Zahlung nach § 13 Absatz 1 und 3 des Justizvergütungs- und -entschädigungsgesetzes[1)] handelt und die Partei, der die Prozesskostenhilfe bewilligt worden ist, der besonderen Vergütung zugestimmt hat. [2]Die Haftung eines anderen Kostenschuldners darf auch nicht geltend gemacht werden, soweit dem Entscheidungsschuldner ein Betrag für die Reise zum Ort einer Verhandlung, Vernehmung oder Untersuchung und für die Rückreise gewährt worden ist.

(4) Absatz 3 ist entsprechend anzuwenden, soweit der Kostenschuldner aufgrund des § 29 Nummer 2 haftet, wenn

1. der Kostenschuldner die Kosten in einem vor Gericht abgeschlossenen oder gegenüber dem Gericht angenommenen Vergleich übernommen hat,
2. der Vergleich einschließlich der Verteilung der Kosten von dem Gericht vorgeschlagen worden ist und

---

[1)] Nr. **116**.

3. das Gericht in seinem Vergleichsvorschlag ausdrücklich festgestellt hat, dass die Kostenregelung der sonst zu erwartenden Kostenentscheidung entspricht.

**§ 32 Haftung von Streitgenossen und Beigeladenen.** (1) [1]Streitgenossen haften als Gesamtschuldner, wenn die Kosten nicht durch gerichtliche Entscheidung unter sie verteilt sind. [2]Soweit einen Streitgenossen nur Teile des Streitgegenstandes betreffen, beschränkt sich seine Haftung als Gesamtschuldner auf den Betrag, der entstanden wäre, wenn das Verfahren nur diese Teile betroffen hätte.

(2) Absatz 1 gilt auch für mehrere Beigeladene, denen Kosten auferlegt worden sind.

**§ 33 Verpflichtung zur Zahlung von Kosten in besonderen Fällen.** Die nach den §§ 53 bis 55, 177, 209 und 269 der Insolvenzordnung[1)] sowie den §§ 466 und 471 Absatz 4 der Strafprozessordnung[2)] begründete Verpflichtung zur Zahlung von Kosten besteht auch gegenüber der Staatskasse.

## Abschnitt 6. Gebührenvorschriften

**§ 34[3)] Wertgebühren.** (1) [1]Wenn sich die Gebühren nach dem Streitwert richten, beträgt bei einem Streitwert bis 500 Euro die Gebühr 38 Euro. [2]Die Gebühr erhöht sich bei einem

| Streitwert bis … Euro | für jeden angefangenen Betrag von weiteren … Euro | um … Euro |
|---|---|---|
| 2 000 | 500 | 20 |
| 10 000 | 1 000 | 21 |
| 25 000 | 3 000 | 29 |
| 50 000 | 5 000 | 38 |
| 200 000 | 15 000 | 132 |
| 500 000 | 30 000 | 198 |
| über 500 000 | 50 000 | 198 |

[3]Eine Gebührentabelle für Streitwerte bis 500 000 Euro ist diesem Gesetz als Anlage 2 beigefügt.

(2) Der Mindestbetrag einer Gebühr ist 15 Euro.

**§ 35 Einmalige Erhebung der Gebühren.** Die Gebühr für das Verfahren im Allgemeinen und die Gebühr für eine Entscheidung werden in jedem Rechtszug hinsichtlich eines jeden Teils des Streitgegenstands nur einmal erhoben.

**§ 36 Teile des Streitgegenstands.** (1) Für Handlungen, die einen Teil des Streitgegenstands betreffen, sind die Gebühren nur nach dem Wert dieses Teils zu berechnen.

---

1) Nr. **110**.
2) Nr. **90**.
3) § 34 Abs. 1 Sätze 1 und 2 neu gef. mWv 1.1.2021 durch G v. 21.12.2020 (BGBl. I S. 3229).

(2) Sind von einzelnen Wertteilen in demselben Rechtszug für gleiche Handlungen Gebühren zu berechnen, darf nicht mehr erhoben werden, als wenn die Gebühr von dem Gesamtbetrag der Wertteile zu berechnen wäre.

(3) Sind für Teile des Gegenstands verschiedene Gebührensätze anzuwenden, sind die Gebühren für die Teile gesondert zu berechnen; die aus dem Gesamtbetrag der Wertteile nach dem höchsten Gebührensatz berechnete Gebühr darf jedoch nicht überschritten werden.

**§ 37 Zurückverweisung.** Wird eine Sache zur anderweitigen Verhandlung an das Gericht des unteren Rechtszugs zurückverwiesen, bildet das weitere Verfahren mit dem früheren Verfahren vor diesem Gericht im Sinne des § 35 einen Rechtszug.

**§ 38 Verzögerung des Rechtsstreits.** [1] Wird außer im Fall des § 335 der Zivilprozessordnung[1)] durch Verschulden des Klägers, des Beklagten oder eines Vertreters die Vertagung einer mündlichen Verhandlung oder die Anberaumung eines neuen Termins zur mündlichen Verhandlung nötig oder ist die Erledigung des Rechtsstreits durch nachträgliches Vorbringen von Angriffs- oder Verteidigungsmitteln, Beweismitteln oder Beweiseinreden, die früher vorgebracht werden konnten, verzögert worden, kann das Gericht dem Kläger oder dem Beklagten von Amts wegen eine besondere Gebühr mit einem Gebührensatz von 1,0 auferlegen. [2] Die Gebühr kann bis auf einen Gebührensatz von 0,3 ermäßigt werden. [3] Dem Kläger, dem Beklagten oder dem Vertreter stehen gleich der Nebenintervenient, der Beigeladene, der Vertreter des Bundesinteresses beim Bundesverwaltungsgericht und der Vertreter des öffentlichen Interesses sowie ihre Vertreter.

## Abschnitt 7. Wertvorschriften

### Unterabschnitt 1. Allgemeine Wertvorschriften

**§ 39 Grundsatz.** (1) In demselben Verfahren und in demselben Rechtszug werden die Werte mehrerer Streitgegenstände zusammengerechnet, soweit nichts anderes bestimmt ist.

(2) Der Streitwert beträgt höchstens 30 Millionen Euro, soweit kein niedrigerer Höchstwert bestimmt ist.

**§ 40 Zeitpunkt der Wertberechnung.** Für die Wertberechnung ist der Zeitpunkt der den jeweiligen Streitgegenstand betreffenden Antragstellung maßgebend, die den Rechtszug einleitet.

**§ 41[2)] Miet-, Pacht- und ähnliche Nutzungsverhältnisse.** (1) [1] Ist das Bestehen oder die Dauer eines Miet-, Pacht- oder ähnlichen Nutzungsverhältnisses streitig, ist der Betrag des auf die streitige Zeit entfallenden Entgelts und, wenn das einjährige Entgelt geringer ist, dieser Betrag für die Wertberechnung maßgebend. [2] Das Entgelt nach Satz 1 umfasst neben dem Nettogrundentgelt Nebenkosten dann, wenn diese als Pauschale vereinbart sind und nicht gesondert abgerechnet werden.

(2) [1] Wird wegen Beendigung eines Miet-, Pacht- oder ähnlichen Nutzungsverhältnisses die Räumung eines Grundstücks, Gebäudes oder Gebäudeteils ver-

---

[1)] Nr. **100**.

[2)] § 41 Abs. 5 Satz 1 geänd. mWv 1.1.2021 durch G v. 21.12.2020 (BGBl. I S. 3229).

langt, ist ohne Rücksicht darauf, ob über das Bestehen des Nutzungsverhältnisses Streit besteht, das für die Dauer eines Jahres zu zahlende Entgelt maßgebend, wenn sich nicht nach Absatz 1 ein geringerer Streitwert ergibt. [2] Wird die Räumung oder Herausgabe auch aus einem anderen Rechtsgrund verlangt, ist der Wert der Nutzung eines Jahres maßgebend.

(3) Werden der Anspruch auf Räumung von Wohnraum und der Anspruch nach den §§ 574 bis 574b des Bürgerlichen Gesetzbuchs[1)] auf Fortsetzung des Mietverhältnisses über diesen Wohnraum in demselben Prozess verhandelt, werden die Werte nicht zusammengerechnet.

(4) Bei Ansprüchen nach den §§ 574 bis 574b des Bürgerlichen Gesetzbuchs ist auch für die Rechtsmittelinstanz der für den ersten Rechtszug maßgebende Wert zugrunde zu legen, sofern nicht die Beschwer geringer ist.

(5) [1] Bei Ansprüchen auf Erhöhung der Miete für Wohnraum ist der Jahresbetrag der zusätzlich geforderten Miete, bei Feststellung einer Minderung der Miete für Wohnraum der Jahresbetrag der Mietminderung, bei Ansprüchen des Mieters auf Durchführung von Instandsetzungsmaßnahmen der Jahresbetrag einer angemessenen Mietminderung und bei Ansprüchen des Vermieters auf Duldung einer Durchführung von Modernisierungs- oder Erhaltungsmaßnahmen der Jahresbetrag einer möglichen Mieterhöhung, in Ermangelung dessen einer sonst möglichen Mietminderung durch den Mieter maßgebend. [2] Endet das Mietverhältnis vor Ablauf eines Jahres, ist ein entsprechend niedrigerer Betrag maßgebend.

**§ 42 Wiederkehrende Leistungen.** (1) [1] Bei Ansprüchen auf wiederkehrende Leistungen aus einem öffentlich-rechtlichen Dienst- oder Amtsverhältnis, einer Dienstpflicht oder einer Tätigkeit, die anstelle einer gesetzlichen Dienstpflicht geleistet werden kann, bei Ansprüchen von Arbeitnehmern auf wiederkehrende Leistungen sowie in Verfahren vor Gerichten der Sozialgerichtsbarkeit, in denen Ansprüche auf wiederkehrende Leistungen dem Grunde oder der Höhe nach geltend gemacht oder abgewehrt werden, ist der dreifache Jahresbetrag der wiederkehrenden Leistungen maßgebend, wenn nicht der Gesamtbetrag der geforderten Leistungen geringer ist. [2] Ist im Verfahren vor den Gerichten der Verwaltungs- und Sozialgerichtsbarkeit die Höhe des Jahresbetrags nicht nach dem Antrag des Klägers bestimmt oder nach diesem Antrag mit vertretbarem Aufwand bestimmbar, ist der Streitwert nach § 52 Absatz 1 und 2 zu bestimmen.

(2) [1] Für die Wertberechnung bei Rechtsstreitigkeiten vor den Gerichten für Arbeitssachen über das Bestehen, das Nichtbestehen oder die Kündigung eines Arbeitsverhältnisses ist höchstens der Betrag des für die Dauer eines Vierteljahres zu leistenden Arbeitsentgelts maßgebend; eine Abfindung wird nicht hinzugerechnet. [2] Bei Rechtsstreitigkeiten über Eingruppierungen ist der Wert des dreijährigen Unterschiedsbetrags zur begehrten Vergütung maßgebend, sofern nicht der Gesamtbetrag der geforderten Leistungen geringer ist.

(3) [1] Die bei Einreichung der Klage fälligen Beträge werden dem Streitwert hinzugerechnet; dies gilt nicht in Rechtsstreitigkeiten vor den Gerichten für Arbeitssachen. [2] Der Einreichung der Klage steht die Einreichung eines Antrags auf Bewilligung der Prozesskostenhilfe gleich, wenn die Klage alsbald nach Mitteilung der Entscheidung über den Antrag oder über eine alsbald eingelegte Beschwerde eingereicht wird.

---

[1)] Nr. **20.**

**§ 43 Nebenforderungen.** (1) Sind außer dem Hauptanspruch auch Früchte, Nutzungen, Zinsen oder Kosten als Nebenforderungen betroffen, wird der Wert der Nebenforderungen nicht berücksichtigt.

(2) Sind Früchte, Nutzungen, Zinsen oder Kosten als Nebenforderungen ohne den Hauptanspruch betroffen, ist der Wert der Nebenforderungen maßgebend, soweit er den Wert des Hauptanspruchs nicht übersteigt.

(3) Sind die Kosten des Rechtsstreits ohne den Hauptanspruch betroffen, ist der Betrag der Kosten maßgebend, soweit er den Wert des Hauptanspruchs nicht übersteigt.

**§ 44 Stufenklage.** Wird mit der Klage auf Rechnungslegung oder auf Vorlegung eines Vermögensverzeichnisses oder auf Abgabe einer eidesstattlichen Versicherung die Klage auf Herausgabe desjenigen verbunden, was der Beklagte aus dem zugrunde liegenden Rechtsverhältnis schuldet, ist für die Wertberechnung nur einer der verbundenen Ansprüche, und zwar der höhere, maßgebend.

**§ 45 Klage und Widerklage, Hilfsanspruch, wechselseitige Rechtsmittel, Aufrechnung.** (1) [1] In einer Klage und in einer Widerklage geltend gemachte Ansprüche, die nicht in getrennten Prozessen verhandelt werden, werden zusammengerechnet. [2] Ein hilfsweise geltend gemachter Anspruch wird mit dem Hauptanspruch zusammengerechnet, soweit eine Entscheidung über ihn ergeht. [3] Betreffen die Ansprüche im Fall des Satzes 1 oder 2 denselben Gegenstand, ist nur der Wert des höheren Anspruchs maßgebend.

(2) Für wechselseitig eingelegte Rechtsmittel, die nicht in getrennten Prozessen verhandelt werden, ist Absatz 1 Satz 1 und 3 entsprechend anzuwenden.

(3) Macht der Beklagte hilfsweise die Aufrechnung mit einer bestrittenen Gegenforderung geltend, erhöht sich der Streitwert um den Wert der Gegenforderung, soweit eine der Rechtskraft fähige Entscheidung über sie ergeht.

(4) Bei einer Erledigung des Rechtsstreits durch Vergleich sind die Absätze 1 bis 3 entsprechend anzuwenden.

**§ 46** (weggefallen)

**§ 47 Rechtsmittelverfahren.** (1) [1] Im Rechtsmittelverfahren bestimmt sich der Streitwert nach den Anträgen des Rechtsmittelführers. [2] Endet das Verfahren, ohne dass solche Anträge eingereicht werden, oder werden, wenn eine Frist für die Rechtsmittelbegründung vorgeschrieben ist, innerhalb dieser Frist Rechtsmittelanträge nicht eingereicht, ist die Beschwer maßgebend.

(2) [1] Der Streitwert ist durch den Wert des Streitgegenstands des ersten Rechtszugs begrenzt. [2] Das gilt nicht, soweit der Streitgegenstand erweitert wird.

(3) Im Verfahren über den Antrag auf Zulassung des Rechtsmittels und im Verfahren über die Beschwerde gegen die Nichtzulassung des Rechtsmittels ist Streitwert der für das Rechtsmittelverfahren maßgebende Wert.

## Unterabschnitt 2. Besondere Wertvorschriften

**§ 48[1] Bürgerliche Rechtsstreitigkeiten.** (1) [1] In bürgerlichen Rechtsstreitigkeiten richten sich die Gebühren nach den für die Zuständigkeit des Prozessgerichts oder die Zulässigkeit des Rechtsmittels geltenden Vorschriften über den

[1] § 48 Abs. 1 Satz 2 geänd. mWv 1.11.2018 durch G v. 12.7.2018 (BGBl. I S. 1151).

Wert des Streitgegenstands, soweit nichts anderes bestimmt ist. ²In Musterfeststellungsklagen nach Buch 6 der Zivilprozessordnung[1] und in Rechtsstreitigkeiten aufgrund des Unterlassungsklagengesetzes[2] darf der Streitwert 250 000 Euro nicht übersteigen.

(2) ¹In nichtvermögensrechtlichen Streitigkeiten ist der Streitwert unter Berücksichtigung aller Umstände des Einzelfalls, insbesondere des Umfangs und der Bedeutung der Sache und der Vermögens- und Einkommensverhältnisse der Parteien, nach Ermessen zu bestimmen. ²Der Wert darf nicht über eine Million Euro angenommen werden.

(3) Ist mit einem nichtvermögensrechtlichen Anspruch ein aus ihm hergeleiteter vermögensrechtlicher Anspruch verbunden, ist nur ein Anspruch, und zwar der höhere, maßgebend.

**§ 49[3] Beschlussklagen nach dem Wohnungseigentumsgesetz.** ¹Der Streitwert in Verfahren nach § 44 Absatz 1 des Wohnungseigentumsgesetzes[4] ist auf das Interesse aller Wohnungseigentümer an der Entscheidung festzusetzen. ²Er darf den siebeneinhalbfachen Wert des Interesses des Klägers und der auf seiner Seite Beigetretenen sowie den Verkehrswert ihres Wohnungseigentums nicht übersteigen.

**§ 49a[5]** *(aufgehoben)*

**§ 50[6] Bestimmte Beschwerdeverfahren.** (1) ¹In folgenden Verfahren bestimmt sich der Wert nach § 3 der Zivilprozessordnung[1]:

1. über Beschwerden gegen Verfügungen der Kartellbehörden und über Rechtsbeschwerden (§§ 73 und 77 des Gesetzes gegen Wettbewerbsbeschränkungen[7]),
2. über Beschwerden gegen Entscheidungen der Regulierungsbehörde und über Rechtsbeschwerden (§§ 75 und 86 des Energiewirtschaftsgesetzes[8] oder § 35 Absatz 3 und 4 des Kohlendioxid-Speicherungsgesetzes),
3. über Beschwerden gegen Verfügungen der Bundesanstalt für Finanzdienstleistungsaufsicht (§ 48 des Wertpapiererwerbs- und Übernahmegesetzes und § 113 Absatz 1 des Wertpapierhandelsgesetzes[9]),
4. über Beschwerden gegen Entscheidungen der zuständigen Behörde und über Rechtsbeschwerden (§§ 13 und 24 des EU-Verbraucherschutzdurchführungsgesetzes) und
5. über Beschwerden gegen Entscheidungen der Registerbehörde (§ 11 des Wettbewerbsregistergesetzes).

---

[1] Nr. **100**.
[2] Nr. **105**.
[3] § 49 neu gef. mWv 1.12.2020 durch G v. 16.10.2020 (BGBl. I S. 2187).
[4] Nr. **37**.
[5] § 49a aufgeh. mWv 1.12.2020 durch G v. 16.10.2020 (BGBl. I S. 2187).
[6] § 50 Abs. 2 geänd. mWv 18.4.2016 durch G v. 17.2.2016 (BGBl. I S. 203); Abs. 1 Satz 1 Nr. 3 geänd. mWv 3.1.2018 durch G v. 23.6.2017 (BGBl. I S. 1693); Abs. 1 Satz 1 Nr. 3 und 4 geänd., Nr. 5 angef. mWv 1.12.2021 durch G v. 18.7.2017 (BGBl. I S. 2739, geänd. durch G v. 18.1.2021, BGBl. I S. 2) iVm Bek. v. 18.10.2021 (BAnz AT 29.10.2021 B3) und Bek. v. 16.2.2022 (BGBl. I S. 306); Abs. 1 Satz 1 Nr. 4, Satz 2 geänd. mWv 30.6.2020 durch G v. 25.6.2020 (BGBl. I S. 1474); Abs. 1 Satz 1 Nr. 1 geänd. mWv 19.1.2021 durch G v. 18.1.2021 (BGBl. I S. 2).
[7] Nr. **74**.
[8] **Sartorius Nr. 830.**
[9] **Habersack, Deutsche Gesetze ErgBd. Nr. 58.**

²Im Verfahren über Beschwerden eines Beigeladenen (§ 54 Absatz 2 Nummer 3 des Gesetzes gegen Wettbewerbsbeschränkungen, § 79 Absatz 1 Nummer 3 des Energiewirtschaftsgesetzes und § 16 Nummer 3 des EU-Verbraucherschutzdurchführungsgesetzes) ist der Streitwert unter Berücksichtigung der sich für den Beigeladenen ergebenden Bedeutung der Sache nach Ermessen zu bestimmen.

(2) Im Verfahren über die Beschwerde gegen die Entscheidung der Vergabekammer (§ 171 des Gesetzes gegen Wettbewerbsbeschränkungen) einschließlich des Verfahrens über den Antrag nach § 169 Absatz 2 Satz 5 und 6, Absatz 4 Satz 2, § 173 Absatz 1 Satz 3 und nach § 176 des Gesetzes gegen Wettbewerbsbeschränkungen beträgt der Streitwert 5 Prozent der Bruttoauftragssumme.

**§ 50a[1)] Verfahren nach dem Agrarorganisationen-und-Lieferketten-Gesetz.** In Verfahren nach dem Agrarorganisationen-und-Lieferketten-Gesetz bestimmt sich der Wert nach § 3 der Zivilprozessordnung[2)].

**§ 51[3)] Gewerblicher Rechtsschutz.** (1) In Rechtsmittelverfahren des gewerblichen Rechtsschutzes (§ 1 Absatz 1 Satz 1 Nummer 14) und in Verfahren über Ansprüche nach dem Patentgesetz[4)], dem Gebrauchsmustergesetz[5)], dem Markengesetz[6)], dem Designgesetz[7)], dem Halbleiterschutzgesetz und dem Sortenschutzgesetz ist der Wert nach billigem Ermessen zu bestimmen.

(2) In Verfahren über Ansprüche nach dem Gesetz gegen den unlauteren Wettbewerb[8)] und nach dem Gesetz zum Schutz von Geschäftsgeheimnissen[9)] ist, soweit nichts anderes bestimmt ist, der Streitwert nach der sich aus dem Antrag des Klägers für ihn ergebenden Bedeutung der Sache nach Ermessen zu bestimmen.

(3) ¹Ist die Bedeutung der Sache für den Beklagten erheblich geringer zu bewerten als der nach Absatz 2 ermittelte Streitwert, ist dieser angemessen zu mindern. ²Bietet der Sach- und Streitstand für die Bestimmung des Streitwerts hinsichtlich des Beseitigungs- oder Unterlassungsanspruchs keine genügenden Anhaltspunkte, ist insoweit ein Streitwert von 1 000 Euro anzunehmen. ³Dieser Wert ist auch anzunehmen, wenn die dem Rechtsstreit zugrunde liegende Zuwiderhandlung angesichts ihrer Art, ihres Ausmaßes und ihrer Folgen die Interessen von Verbrauchern, Mitbewerbern oder sonstigen Marktteilnehmern in nur unerheblichem Maße beeinträchtigt. ⁴Der nach Satz 2 oder Satz 3 anzunehmende Wert ist auch maßgebend, wenn in den dort genannten Fällen die Ansprüche auf Beseitigung und Unterlassung nebeneinander geltend gemacht werden.

(4) Im Verfahren des einstweiligen Rechtsschutzes ist der sich aus den Absätzen 2 und 3 ergebende Wert in der Regel unter Berücksichtigung der geringeren Bedeutung gegenüber der Hauptsache zu ermäßigen.

(5) Die Vorschriften über die Anordnung der Streitwertbegünstigung (§ 12 Absatz 3 des Gesetzes gegen den unlauteren Wettbewerb, § 144 des Patentgesetzes, § 26 des Gebrauchsmustergesetzes, § 142 des Markengesetzes, § 54 des Designge-

---

1) § 50a eingef. mWv 9.6.2021 durch G v. 2.6.2021 (BGBl. I S. 1278).

2) Nr. **100**.

3) § 51 Abs. 5 geänd. mWv 16.7.2014 durch G v. 8.7.2014 (BGBl. I S. 890); Abs. 2 und 5 geänd. mWv 26.4.2019 durch G v. 18.4.2019 (BGBl. I S. 466); Abs. 3 Satz 2 geänd., Sätze 3 und 4 angef., Abs. 5 geänd. mWv 2.12.2020 durch G v. 26.11.2020 (BGBl. I S. 2568).

4) **Habersack, Deutsche Gesetze ErgBd. Nr. 70.**

5) **Habersack, Deutsche Gesetze ErgBd. Nr. 71.**

6) Nr. **72**.

7) **Habersack, Deutsche Gesetze ErgBd. Nr. 69.**

8) Nr. **73**.

9) **Habersack, Deutsche Gesetze ErgBd. Nr. 75.**

setzes, § 22 des Gesetzes zum Schutz von Geschäftsgeheimnissen) sind anzuwenden.

**§ 51a Verfahren nach dem Kapitalanleger-Musterverfahrensgesetz.**

(1) Für die Anmeldung eines Anspruchs zum Musterverfahren (§ 10 Absatz 2 des Kapitalanleger-Musterverfahrensgesetzes[1]) bestimmt sich der Wert nach der Höhe des Anspruchs.

(2) Im Rechtsbeschwerdeverfahren ist bei der Bestimmung des Streitwerts von der Summe der in sämtlichen nach § 8 des Kapitalanleger-Musterverfahrensgesetzes ausgesetzten Verfahren geltend gemachten Ansprüche auszugehen, soweit diese von den Feststellungszielen des Musterverfahrens betroffen sind.

(3) Der Musterkläger und die Beigeladenen schulden im Rechtsbeschwerdeverfahren Gerichtsgebühren jeweils nur nach dem Wert, der sich aus den von ihnen im Ausgangsverfahren geltend gemachten Ansprüchen, die von den Feststellungszielen des Musterverfahrens betroffen sind, ergibt.

(4) Die Musterbeklagten schulden im Rechtsbeschwerdeverfahren Gerichtsgebühren jeweils nur nach dem Wert, der sich aus den gegen sie im Ausgangsverfahren geltend gemachten Ansprüchen, die von den Feststellungszielen des Musterverfahrens betroffen sind, ergibt.

**§ 52[2] Verfahren vor Gerichten der Verwaltungs-, Finanz- und Sozialgerichtsbarkeit.** (1) In Verfahren vor den Gerichten der Verwaltungs-, Finanz- und Sozialgerichtsbarkeit ist, soweit nichts anderes bestimmt ist, der Streitwert nach der sich aus dem Antrag des Klägers für ihn ergebenden Bedeutung der Sache nach Ermessen zu bestimmen.

(2) Bietet der Sach- und Streitstand für die Bestimmung des Streitwerts keine genügenden Anhaltspunkte, ist ein Streitwert von 5 000 Euro anzunehmen.

(3) [1]Betrifft der Antrag des Klägers eine bezifferte Geldleistung oder einen hierauf bezogenen Verwaltungsakt, ist deren Höhe maßgebend. [2]Hat der Antrag des Klägers offensichtlich absehbare Auswirkungen auf künftige Geldleistungen oder auf noch zu erlassende, auf derartige Geldleistungen bezogene Verwaltungsakte, ist die Höhe des sich aus Satz 1 ergebenden Streitwerts um den Betrag der offensichtlich absehbaren zukünftigen Auswirkungen für den Kläger anzuheben, wobei die Summe das Dreifache des Werts nach Satz 1 nicht übersteigen darf. [3]In Verfahren in Kindergeldangelegenheiten vor den Gerichten der Finanzgerichtsbarkeit ist § 42 Absatz 1 Satz 1 und Absatz 3 entsprechend anzuwenden; an die Stelle des dreifachen Jahresbetrags tritt der einfache Jahresbetrag.

(4) In Verfahren

1. vor den Gerichten der Finanzgerichtsbarkeit, mit Ausnahme der Verfahren nach § 155 Satz 2 der Finanzgerichtsordnung und der Verfahren in Kindergeldangelegenheiten, darf der Streitwert nicht unter 1 500 Euro,
2. vor den Gerichten der Sozialgerichtsbarkeit und bei Rechtsstreitigkeiten nach dem Krankenhausfinanzierungsgesetz[3] nicht über 2 500 000 Euro,

---

[1] **Habersack, Deutsche Gesetze ErgBd. Nr. 105d.**

[2] § 52 Abs. 3 Satz 3 angef., Abs. 5 eingef., bish. Abs. 5–7 werden Abs. 6–8 mWv 16.7.2014 durch G v. 8.7.2014 (BGBl. I S. 890); Abs. 7 geänd. mWv 4.7.2015 durch G v. 29.6.2015 (BGBl. I S. 1042); Abs. 4 Nr. 2 und 3 geänd., Nr. 4 angef. mWv 1.1.2019 durch G v. 9.8.2019 (BGBl. I S. 1202).

[3] **Aichberger, SGB Nr. 5/20.**

3. vor den Gerichten der Verwaltungsgerichtsbarkeit über Ansprüche nach dem Vermögensgesetz[1] nicht über 500 000 Euro und
4. bei Rechtsstreitigkeiten nach § 36 Absatz 6 Satz 1 des Pflegeberufegesetzes[2] nicht über 1 500 000 Euro

angenommen werden.

(5) Solange in Verfahren vor den Gerichten der Finanzgerichtsbarkeit der Wert nicht festgesetzt ist und sich der nach den Absätzen 3 und 4 Nummer 1 maßgebende Wert auch nicht unmittelbar aus den gerichtlichen Verfahrensakten ergibt, sind die Gebühren vorläufig nach dem in Absatz 4 Nummer 1 bestimmten Mindestwert zu bemessen.

(6) [1]In Verfahren, die die Begründung, die Umwandlung, das Bestehen, das Nichtbestehen oder die Beendigung eines besoldeten öffentlich-rechtlichen Dienst- oder Amtsverhältnisses betreffen, ist Streitwert

1. die Summe der für ein Kalenderjahr zu zahlenden Bezüge mit Ausnahme nicht ruhegehaltsfähiger Zulagen, wenn Gegenstand des Verfahrens ein Dienst- oder Amtsverhältnis auf Lebenszeit ist,
2. im Übrigen die Hälfte der für ein Kalenderjahr zu zahlenden Bezüge mit Ausnahme nicht ruhegehaltsfähiger Zulagen.

[2]Maßgebend für die Berechnung ist das laufende Kalenderjahr. [3]Bezügebestandteile, die vom Familienstand oder von Unterhaltsverpflichtungen abhängig sind, bleiben außer Betracht. [4]Betrifft das Verfahren die Verleihung eines anderen Amts oder den Zeitpunkt einer Versetzung in den Ruhestand, ist Streitwert die Hälfte des sich nach den Sätzen 1 bis 3 ergebenden Betrags.

(7) Ist mit einem in Verfahren nach Absatz 6 verfolgten Klagebegehren ein aus ihm hergeleiteter vermögensrechtlicher Anspruch verbunden, ist nur ein Klagebegehren, und zwar das wertmäßig höhere, maßgebend.

(8) Dem Kläger steht gleich, wer sonst das Verfahren des ersten Rechtszugs beantragt hat.

**§ 53[3] Einstweiliger Rechtsschutz und Verfahren nach § 148 Absatz 1 und 2 des Aktiengesetzes.** (1) In folgenden Verfahren bestimmt sich der Wert nach § 3 der Zivilprozessordnung[4]:

1. über die Anordnung eines Arrests, zur Erwirkung eines Europäischen Beschlusses zur vorläufigen Kontenpfändung, wenn keine Festgebühren bestimmt sind, und auf Erlass einer einstweiligen Verfügung sowie im Verfahren über die Aufhebung, den Widerruf oder die Abänderung der genannten Entscheidungen,
2. über den Antrag auf Zulassung der Vollziehung einer vorläufigen oder sichernden Maßnahme des Schiedsgerichts,
3. auf Aufhebung oder Abänderung einer Entscheidung auf Zulassung der Vollziehung (§ 1041 der Zivilprozessordnung),
4. nach § 47 Absatz 5 des Energiewirtschaftsgesetzes[5] über gerügte Rechtsverletzungen, der Wert beträgt höchstens 100 000 Euro, und

---

[1] **Schönfelder II Nr. 66.**

[2] **Nipperdey I, Arbeitsrecht Nr. 416.**

[3] § 53 Abs. 1 Nr. 1 neu gef. mWv 18.1.2017 durch G v. 21.11.2016 (BGBl. I S. 2591); Abs. 1 Nr. 3 geänd., Nr. 4 eingef., bish. Nr. 4 wird Nr. 5 mWv 3.2.2017 durch G v. 27.1.2017 (BGBl. I S. 130).

[4] Nr. **100**.

[5] **Sartorius Nr. 830.**

5. nach § 148 Absatz 1 und 2 des Aktiengesetzes[1]; er darf jedoch ein Zehntel des Grundkapitals oder Stammkapitals des übertragenden oder formwechselnden Rechtsträgers oder, falls der übertragende oder formwechselnde Rechtsträger ein Grundkapital oder Stammkapital nicht hat, ein Zehntel des Vermögens dieses Rechtsträgers, höchstens jedoch 500 000 Euro, nur insoweit übersteigen, als die Bedeutung der Sache für die Parteien höher zu bewerten ist.

(2) In folgenden Verfahren bestimmt sich der Wert nach § 52 Absatz 1 und 2:

1. über einen Antrag auf Erlass, Abänderung oder Aufhebung einer einstweiligen Anordnung nach § 123 der Verwaltungsgerichtsordnung[2] oder § 114 der Finanzgerichtsordnung,
2. nach § 47 Absatz 6, § 80 Absatz 5 bis 8, § 80a Absatz 3 oder § 80b Absatz 2 und 3 der Verwaltungsgerichtsordnung,
3. nach § 69 Absatz 3, 5 der Finanzgerichtsordnung,
4. nach § 86b des Sozialgerichtsgesetzes[3] und
5. nach § 50 Absatz 3 bis 5 des Wertpapiererwerbs- und Übernahmegesetzes.

**§ 53a Sanierungs- und Reorganisationsverfahren nach dem Kreditinstitute-Reorganisationsgesetz.** Die Gebühren im Sanierungs- und Reorganisationsverfahren werden nach der Bilanzsumme des letzten Jahresabschlusses vor der Stellung des Antrags auf Durchführung des Sanierungs- oder Reorganisationsverfahrens erhoben.

**§ 54 Zwangsversteigerung.** (1) [1] Bei der Zwangsversteigerung von Grundstücken sind die Gebühren für das Verfahren im Allgemeinen und für die Abhaltung des Versteigerungstermins nach dem gemäß § 74a Absatz 5 des Gesetzes über die Zwangsversteigerung und die Zwangsverwaltung[4] festgesetzten Wert zu berechnen. [2] Ist ein solcher Wert nicht festgesetzt, ist der Einheitswert maßgebend. [3] Weicht der Gegenstand des Verfahrens vom Gegenstand der Einheitsbewertung wesentlich ab oder hat sich der Wert infolge bestimmter Umstände, die nach dem Feststellungszeitpunkt des Einheitswerts eingetreten sind, wesentlich verändert oder ist ein Einheitswert noch nicht festgestellt, ist der nach den Grundsätzen der Einheitsbewertung geschätzte Wert maßgebend. [4] Wird der Einheitswert nicht nachgewiesen, ist das Finanzamt um Auskunft über die Höhe des Einheitswerts zu ersuchen; § 30 der Abgabenordnung steht der Auskunft nicht entgegen.

(2) [1] Die Gebühr für die Erteilung des Zuschlags bestimmt sich nach dem Gebot ohne Zinsen, für das der Zuschlag erteilt ist, einschließlich des Werts der nach den Versteigerungsbedingungen bestehen bleibenden Rechte zuzüglich des Betrags, in dessen Höhe der Ersteher nach § 114a des Gesetzes über die Zwangsversteigerung und die Zwangsverwaltung als aus dem Grundstück befriedigt gilt. [2] Im Fall der Zwangsversteigerung zur Aufhebung einer Gemeinschaft vermindert sich der Wert nach Satz 1 um den Anteil des Erstehers an dem Gegenstand des Verfahrens; bei Gesamthandeigentum ist jeder Mitberechtigte wie ein Eigentümer nach dem Verhältnis seines Anteils anzusehen.

(3) [1] Die Gebühr für das Verteilungsverfahren bestimmt sich nach dem Gebot ohne Zinsen, für das der Zuschlag erteilt ist, einschließlich des Werts der nach den

---

[1] Nr. **51**.
[2] **Sartorius Nr. 600.**
[3] **Sartorius ErgBd. Nr. 415.**
[4] Nr. **108**.

Versteigerungsbedingungen bestehen bleibenden Rechte. [2]Der Erlös aus einer gesonderten Versteigerung oder sonstigen Verwertung (§ 65 des Gesetzes über die Zwangsversteigerung und die Zwangsverwaltung) wird hinzugerechnet.

(4) Sind mehrere Gegenstände betroffen, ist der Gesamtwert maßgebend.

(5) [1]Bei Zuschlägen an verschiedene Ersteher wird die Gebühr für die Erteilung des Zuschlags von jedem Ersteher nach dem Wert der auf ihn entfallenden Gegenstände erhoben. [2]Eine Bietergemeinschaft gilt als ein Ersteher.

**§ 55 Zwangsverwaltung.** Die Gebühr für die Durchführung des Zwangsverwaltungsverfahrens bestimmt sich nach dem Gesamtwert der Einkünfte.

**§ 56 Zwangsversteigerung von Schiffen, Schiffsbauwerken, Luftfahrzeugen und grundstücksgleichen Rechten.** Die §§ 54 und 55 gelten entsprechend für die Zwangsversteigerung von Schiffen, Schiffsbauwerken und Luftfahrzeugen sowie für die Zwangsversteigerung und die Zwangsverwaltung von Rechten, die den Vorschriften der Zwangsvollstreckung in das unbewegliche Vermögen unterliegen, einschließlich der unbeweglichen Kuxe.

**§ 57 Zwangsliquidation einer Bahneinheit.** Bei der Zwangsliquidation einer Bahneinheit bestimmt sich die Gebühr für das Verfahren nach dem Gesamtwert der Bestandteile der Bahneinheit.

**§ 58[1)] Insolvenzverfahren.** (1) [1]Die Gebühren für den Antrag auf Eröffnung des Insolvenzverfahrens und für die Durchführung des Insolvenzverfahrens werden nach dem Wert der Insolvenzmasse zur Zeit der Beendigung des Verfahrens erhoben. [2]Gegenstände, die zur abgesonderten Befriedigung dienen, werden nur in Höhe des für diese nicht erforderlichen Betrags angesetzt. [3]Wird das Unternehmen des Schuldners fortgeführt, so ist von den bei der Fortführung erzielten Einnahmen nur der Überschuss zu berücksichtigen, der sich nach Abzug der Ausgaben ergibt. [4]Dies gilt auch, wenn nur Teile des Unternehmens fortgeführt werden.

(2) Ist der Antrag auf Eröffnung des Insolvenzverfahrens von einem Gläubiger gestellt, wird die Gebühr für das Verfahren über den Antrag nach dem Betrag seiner Forderung, wenn jedoch der Wert der Insolvenzmasse geringer ist, nach diesem Wert erhoben.

(3) [1]Bei der Beschwerde des Schuldners oder des ausländischen Insolvenzverwalters gegen die Eröffnung des Insolvenzverfahrens oder gegen die Abweisung des Eröffnungsantrags mangels Masse gilt Absatz 1. [2]Bei der Beschwerde eines Gläubigers gegen die Eröffnung des Insolvenzverfahrens oder gegen die Abweisung des Eröffnungsantrags gilt Absatz 2.

(4) Im Verfahren über einen Antrag nach Artikel 36 Absatz 7 Satz 2 der Verordnung (EU) 2015/848[2)] bestimmt sich der Wert nach dem Mehrbetrag, den der Gläubiger bei der Verteilung anstrebt.

(5) Im Verfahren über Anträge nach Artikel 36 Absatz 9 der Verordnung (EU) 2015/848 bestimmt sich der Wert nach dem Betrag der Forderung des Gläubigers.

---

[1)] § 58 Abs. 3 Satz 2 neu gef., Abs. 4–6 angef. mWv 26.6.2017 durch G v. 5.6.2017 (BGBl. I S. 1476); Abs. 1 Sätze 3 und 4 angef. mWv 1.1.2021 durch G v. 21.12.2020 (BGBl. I S. 3229).

[2)] **Schönfelder ErgBd. Nr. 110b.**

(6) Im Verfahren über die sofortige Beschwerde nach Artikel 102c § 26 des Einführungsgesetzes zur Insolvenzordnung[1] gegen die Entscheidung über die Kosten des Gruppen-Koordinationsverfahrens bestimmt sich der Wert nach der Höhe der Kosten.

**§ 59 Verteilungsverfahren nach der Schifffahrtsrechtlichen Verteilungsordnung.** [1] Die Gebühren für den Antrag auf Eröffnung des Verteilungsverfahrens nach der Schifffahrtsrechtlichen Verteilungsordnung und für die Durchführung des Verteilungsverfahrens richten sich nach dem Betrag der festgesetzten Haftungssumme. [2] Ist diese höher als der Gesamtbetrag der Ansprüche, für deren Gläubiger das Recht auf Teilnahme an dem Verteilungsverfahren festgestellt wird, richten sich die Gebühren nach dem Gesamtbetrag der Ansprüche.

**§ 60 Gerichtliche Verfahren nach dem Strafvollzugsgesetz, auch in Verbindung mit § 92 des Jugendgerichtsgesetzes.** Für die Bestimmung des Werts in gerichtlichen Verfahren nach dem Strafvollzugsgesetz[2], auch in Verbindung mit § 92 des Jugendgerichtsgesetzes[3], ist § 52 Absatz 1 bis 3 entsprechend anzuwenden; im Verfahren über den Antrag auf Aussetzung des Vollzugs einer Maßnahme der Vollzugsbehörde oder auf Erlass einer einstweiligen Anordnung gilt § 52 Absatz 1 und 2 entsprechend.

## Unterabschnitt 3. Wertfestsetzung

**§ 61 Angabe des Werts.** [1] Bei jedem Antrag ist der Streitwert, sofern dieser nicht in einer bestimmten Geldsumme besteht, kein fester Wert bestimmt ist oder sich nicht aus früheren Anträgen ergibt, und nach Aufforderung auch der Wert eines Teils des Streitgegenstands schriftlich oder zu Protokoll der Geschäftsstelle anzugeben. [2] Die Angabe kann jederzeit berichtigt werden.

**§ 62 Wertfestsetzung für die Zuständigkeit des Prozessgerichts oder die Zulässigkeit des Rechtsmittels.** [1] Ist der Streitwert für die Entscheidung über die Zuständigkeit des Prozessgerichts oder die Zulässigkeit des Rechtsmittels festgesetzt, ist die Festsetzung auch für die Berechnung der Gebühren maßgebend, soweit die Wertvorschriften dieses Gesetzes nicht von den Wertvorschriften des Verfahrensrechts abweichen. [2] Satz 1 gilt nicht in Verfahren vor den Gerichten für Arbeitssachen.

**§ 63[4] Wertfestsetzung für die Gerichtsgebühren.** (1) [1] Sind Gebühren, die sich nach dem Streitwert richten, mit der Einreichung der Klage-, Antrags-, Einspruchs- oder Rechtsmittelschrift oder mit der Abgabe der entsprechenden Erklärung zu Protokoll fällig, setzt das Gericht sogleich den Wert ohne Anhörung der Parteien durch Beschluss vorläufig fest, wenn Gegenstand des Verfahrens nicht eine bestimmte Geldsumme in Euro ist oder gesetzlich kein fester Wert bestimmt ist. [2] Einwendungen gegen die Höhe des festgesetzten Werts können nur im Verfahren über die Beschwerde gegen den Beschluss, durch den die Tätigkeit des Gerichts aufgrund dieses Gesetzes von der vorherigen Zahlung von Kosten abhängig gemacht wird, geltend gemacht werden. [3] Die Sätze 1 und 2 gelten nicht in Verfahren vor den Gerichten der Finanzgerichtsbarkeit.

---

[1] Nr. **110a**.
[2] **Schönfelder ErgBd. Nr. 91.**
[3] Nr. **89**.
[4] § 63 Abs. 1 Satz 4 aufgeh. mWv 16.7.2014 durch G v. 8.7.2014 (BGBl. I S. 890).

(2) [1] Soweit eine Entscheidung nach § 62 Satz 1 nicht ergeht oder nicht bindet, setzt das Prozessgericht den Wert für die zu erhebenden Gebühren durch Beschluss fest, sobald eine Entscheidung über den gesamten Streitgegenstand ergeht oder sich das Verfahren anderweitig erledigt. [2] In Verfahren vor den Gerichten für Arbeitssachen oder der Finanzgerichtsbarkeit gilt dies nur dann, wenn ein Beteiligter oder die Staatskasse die Festsetzung beantragt oder das Gericht sie für angemessen hält.

(3) [1] Die Festsetzung kann von Amts wegen geändert werden

1. von dem Gericht, das den Wert festgesetzt hat, und
2. von dem Rechtsmittelgericht, wenn das Verfahren wegen der Hauptsache oder wegen der Entscheidung über den Streitwert, den Kostenansatz oder die Kostenfestsetzung in der Rechtsmittelinstanz schwebt.

[2] Die Änderung ist nur innerhalb von sechs Monaten zulässig, nachdem die Entscheidung in der Hauptsache Rechtskraft erlangt oder das Verfahren sich anderweitig erledigt hat.

**§ 64 Schätzung des Werts.** [1] Wird eine Abschätzung durch Sachverständige erforderlich, ist in dem Beschluss, durch den der Wert festgesetzt wird (§ 63), über die Kosten der Abschätzung zu entscheiden. [2] Diese Kosten können ganz oder teilweise der Partei auferlegt werden, welche die Abschätzung durch Unterlassen der ihr obliegenden Wertangabe, durch unrichtige Angabe des Werts, durch unbegründetes Bestreiten des angegebenen Werts oder durch eine unbegründete Beschwerde veranlasst hat.

**§ 65 Wertfestsetzung in gerichtlichen Verfahren nach dem Strafvollzugsgesetz, auch in Verbindung mit § 92 des Jugendgerichtsgesetzes.** [1] In gerichtlichen Verfahren nach dem Strafvollzugsgesetz[1)], auch in Verbindung mit § 92 des Jugendgerichtsgesetzes[2)], ist der Wert von Amts wegen festzusetzen. [2] § 63 Absatz 3 gilt entsprechend.

## Abschnitt 8. Erinnerung und Beschwerde

**§ 66 Erinnerung gegen den Kostenansatz, Beschwerde.** (1) [1] Über Erinnerungen des Kostenschuldners und der Staatskasse gegen den Kostenansatz entscheidet das Gericht, bei dem die Kosten angesetzt sind. [2] Sind die Kosten bei der Staatsanwaltschaft angesetzt, ist das Gericht des ersten Rechtszugs zuständig. [3] War das Verfahren im ersten Rechtszug bei mehreren Gerichten anhängig, ist das Gericht, bei dem es zuletzt anhängig war, auch insoweit zuständig, als Kosten bei den anderen Gerichten angesetzt worden sind. [4] Soweit sich die Erinnerung gegen den Ansatz der Auslagen des erstinstanzlichen Musterverfahrens nach dem Kapitalanleger-Musterverfahrensgesetz[3)] richtet, entscheidet hierüber das für die Durchführung des Musterverfahrens zuständige Oberlandesgericht.

(2) [1] Gegen die Entscheidung über die Erinnerung findet die Beschwerde statt, wenn der Wert des Beschwerdegegenstands 200 Euro übersteigt. [2] Die Beschwerde ist auch zulässig, wenn sie das Gericht, das die angefochtene Entscheidung erlassen hat, wegen der grundsätzlichen Bedeutung der zur Entscheidung stehenden Frage in dem Beschluss zulässt.

---

1) **Schönfelder ErgBd. Nr. 91.**
2) Nr. **89**.
3) **Schönfelder ErgBd. Nr. 105d.**

(3) [1]Soweit das Gericht die Beschwerde für zulässig und begründet hält, hat es ihr abzuhelfen; im Übrigen ist die Beschwerde unverzüglich dem Beschwerdegericht vorzulegen. [2]Beschwerdegericht ist das nächsthöhere Gericht. [3]Eine Beschwerde an einen obersten Gerichtshof des Bundes findet nicht statt. [4]Das Beschwerdegericht ist an die Zulassung der Beschwerde gebunden; die Nichtzulassung ist unanfechtbar.

(4) [1]Die weitere Beschwerde ist nur zulässig, wenn das Landgericht als Beschwerdegericht entschieden und sie wegen der grundsätzlichen Bedeutung der zur Entscheidung stehenden Frage in dem Beschluss zugelassen hat. [2]Sie kann nur darauf gestützt werden, dass die Entscheidung auf einer Verletzung des Rechts beruht; die §§ 546 und 547 der Zivilprozessordnung[1)] gelten entsprechend. [3]Über die weitere Beschwerde entscheidet das Oberlandesgericht. [4]Absatz 3 Satz 1 und 4 gilt entsprechend.

(5) [1]Anträge und Erklärungen können ohne Mitwirkung eines Bevollmächtigten schriftlich eingereicht oder zu Protokoll der Geschäftsstelle abgegeben werden; § 129a der Zivilprozessordnung gilt entsprechend. [2]Für die Bevollmächtigung gelten die Regelungen der für das zugrunde liegende Verfahren geltenden Verfahrensordnung entsprechend. [3]Die Erinnerung ist bei dem Gericht einzulegen, das für die Entscheidung über die Erinnerung zuständig ist. [4]Die Erinnerung kann auch bei der Staatsanwaltschaft eingelegt werden, wenn die Kosten bei dieser angesetzt worden sind. [5]Die Beschwerde ist bei dem Gericht einzulegen, dessen Entscheidung angefochten wird.

(6) [1]Das Gericht entscheidet über die Erinnerung durch eines seiner Mitglieder als Einzelrichter; dies gilt auch für die Beschwerde, wenn die angefochtene Entscheidung von einem Einzelrichter oder einem Rechtspfleger erlassen wurde. [2]Der Einzelrichter überträgt das Verfahren der Kammer oder dem Senat, wenn die Sache besondere Schwierigkeiten tatsächlicher oder rechtlicher Art aufweist oder die Rechtssache grundsätzliche Bedeutung hat. [3]Das Gericht entscheidet jedoch immer ohne Mitwirkung ehrenamtlicher Richter. [4]Auf eine erfolgte oder unterlassene Übertragung kann ein Rechtsmittel nicht gestützt werden.

(7) [1]Erinnerung und Beschwerde haben keine aufschiebende Wirkung. [2]Das Gericht oder das Beschwerdegericht kann auf Antrag oder von Amts wegen die aufschiebende Wirkung ganz oder teilweise anordnen; ist nicht der Einzelrichter zur Entscheidung berufen, entscheidet der Vorsitzende des Gerichts.

(8) [1]Die Verfahren sind gebührenfrei. [2]Kosten werden nicht erstattet.

**§ 67 Beschwerde gegen die Anordnung einer Vorauszahlung.** (1) [1]Gegen den Beschluss, durch den die Tätigkeit des Gerichts nur aufgrund dieses Gesetzes von der vorherigen Zahlung von Kosten abhängig gemacht wird, und wegen der Höhe des in diesem Fall im Voraus zu zahlenden Betrags findet stets die Beschwerde statt. [2]§ 66 Absatz 3 Satz 1 bis 3, Absatz 4, 5 Satz 1 und 5, Absatz 6 und 8 ist entsprechend anzuwenden. [3]Soweit sich die Partei in dem Hauptsacheverfahren vor dem Gericht, dessen Entscheidung angefochten werden soll, durch einen Prozessbevollmächtigten vertreten lassen muss, gilt dies auch im Beschwerdeverfahren.

(2) Im Fall des § 17 Absatz 2 ist § 66 entsprechend anzuwenden.

**§ 68 Beschwerde gegen die Festsetzung des Streitwerts.** (1) [1]Gegen den Beschluss, durch den der Wert für die Gerichtsgebühren festgesetzt worden ist

---

[1)] Nr. **100**.

(§ 63 Absatz 2), findet die Beschwerde statt, wenn der Wert des Beschwerdegegenstands 200 Euro übersteigt. [2]Die Beschwerde findet auch statt, wenn sie das Gericht, das die angefochtene Entscheidung erlassen hat, wegen der grundsätzlichen Bedeutung der zur Entscheidung stehenden Frage in dem Beschluss zulässt. [3]Die Beschwerde ist nur zulässig, wenn sie innerhalb der in § 63 Absatz 3 Satz 2 bestimmten Frist eingelegt wird; ist der Streitwert später als einen Monat vor Ablauf dieser Frist festgesetzt worden, kann sie noch innerhalb eines Monats nach Zustellung oder formloser Mitteilung des Festsetzungsbeschlusses eingelegt werden. [4]Im Fall der formlosen Mitteilung gilt der Beschluss mit dem dritten Tage nach Aufgabe zur Post als bekannt gemacht. [5]§ 66 Absatz 3, 4, 5 Satz 1, 2 und 5 sowie Absatz 6 ist entsprechend anzuwenden. [6]Die weitere Beschwerde ist innerhalb eines Monats nach Zustellung der Entscheidung des Beschwerdegerichts einzulegen.

(2) [1]War der Beschwerdeführer ohne sein Verschulden verhindert, die Frist einzuhalten, ist ihm auf Antrag von dem Gericht, das über die Beschwerde zu entscheiden hat, Wiedereinsetzung in den vorigen Stand zu gewähren, wenn er die Beschwerde binnen zwei Wochen nach der Beseitigung des Hindernisses einlegt und die Tatsachen, welche die Wiedereinsetzung begründen, glaubhaft macht. [2]Ein Fehlen des Verschuldens wird vermutet, wenn eine Rechtsbehelfsbelehrung unterblieben oder fehlerhaft ist. [3]Nach Ablauf eines Jahres, von dem Ende der versäumten Frist an gerechnet, kann die Wiedereinsetzung nicht mehr beantragt werden. [4]Gegen die Ablehnung der Wiedereinsetzung findet die Beschwerde statt. [5]Sie ist nur zulässig, wenn sie innerhalb von zwei Wochen eingelegt wird. [6]Die Frist beginnt mit der Zustellung der Entscheidung. [7]§ 66 Absatz 3 Satz 1 bis 3, Absatz 5 Satz 1, 2 und 5 sowie Absatz 6 ist entsprechend anzuwenden.

(3) [1]Die Verfahren sind gebührenfrei. [2]Kosten werden nicht erstattet.

## § 69 Beschwerde gegen die Auferlegung einer Verzögerungsgebühr.

[1]Gegen den Beschluss nach § 38 findet die Beschwerde statt, wenn der Wert des Beschwerdegegenstands 200 Euro übersteigt oder das Gericht, das die angefochtene Entscheidung erlassen hat, die Beschwerde wegen der grundsätzlichen Bedeutung in dem Beschluss der zur Entscheidung stehenden Frage zugelassen hat. [2]§ 66 Absatz 3, 4, 5 Satz 1, 2 und 5, Absatz 6 und 8 ist entsprechend anzuwenden.

## § 69a Abhilfe bei Verletzung des Anspruchs auf rechtliches Gehör.

(1) Auf die Rüge eines durch die Entscheidung beschwerten Beteiligten ist das Verfahren fortzuführen, wenn

1. ein Rechtsmittel oder ein anderer Rechtsbehelf gegen die Entscheidung nicht gegeben ist und
2. das Gericht den Anspruch dieses Beteiligten auf rechtliches Gehör in entscheidungserheblicher Weise verletzt hat.

(2) [1]Die Rüge ist innerhalb von zwei Wochen nach Kenntnis von der Verletzung des rechtlichen Gehörs zu erheben; der Zeitpunkt der Kenntniserlangung ist glaubhaft zu machen. [2]Nach Ablauf eines Jahres seit Bekanntmachung der angegriffenen Entscheidung kann die Rüge nicht mehr erhoben werden. [3]Formlos mitgeteilte Entscheidungen gelten mit dem dritten Tage nach Aufgabe zur Post als bekannt gemacht. [4]Die Rüge ist bei dem Gericht zu erheben, dessen Entscheidung angegriffen wird; § 66 Absatz 5 Satz 1 und 2 gilt entsprechend. [5]Die

Rüge muss die angegriffene Entscheidung bezeichnen und das Vorliegen der in Absatz 1 Nummer 2 genannten Voraussetzungen darlegen.

(3) Den übrigen Beteiligten ist, soweit erforderlich, Gelegenheit zur Stellungnahme zu geben.

(4) [1]Das Gericht hat von Amts wegen zu prüfen, ob die Rüge an sich statthaft und ob sie in der gesetzlichen Form und Frist erhoben ist. [2]Mangelt es an einem dieser Erfordernisse, so ist die Rüge als unzulässig zu verwerfen. [3]Ist die Rüge unbegründet, weist das Gericht sie zurück. [4]Die Entscheidung ergeht durch unanfechtbaren Beschluss. [5]Der Beschluss soll kurz begründet werden.

(5) Ist die Rüge begründet, so hilft ihr das Gericht ab, indem es das Verfahren fortführt, soweit dies aufgrund der Rüge geboten ist.

(6) Kosten werden nicht erstattet.

## Abschnitt 9. Schluss- und Übergangsvorschriften

**§ 69b Verordnungsermächtigung.** [1]Die Landesregierungen werden ermächtigt, durch Rechtsverordnung zu bestimmen, dass die von den Gerichten der Länder zu erhebenden Verfahrensgebühren über die in den Nummern 1211, 1411, 5111, 5113, 5211, 5221, 6111, 6211, 7111, 7113 und 8211 des Kostenverzeichnisses bestimmte Ermäßigung hinaus weiter ermäßigt werden oder entfallen, wenn das gesamte Verfahren nach einer Mediation oder nach einem anderen Verfahren der außergerichtlichen Konfliktbeilegung durch Zurücknahme der Klage oder des Antrags beendet wird und in der Klage- oder Antragsschrift mitgeteilt worden ist, dass eine Mediation oder ein anderes Verfahren der außergerichtlichen Konfliktbeilegung unternommen wird oder beabsichtigt ist, oder wenn das Gericht den Parteien die Durchführung einer Mediation oder eines anderen Verfahrens der außergerichtlichen Konfliktbeilegung vorgeschlagen hat. [2]Satz 1 gilt entsprechend für die in den Rechtsmittelzügen von den Gerichten der Länder zu erhebenden Verfahrensgebühren; an die Stelle der Klage- oder Antragsschrift tritt der Schriftsatz, mit dem das Rechtsmittel eingelegt worden ist.

**§ 70** (weggefallen)

**§ 70a Bekanntmachung von Neufassungen.** [1]Das Bundesministerium der Justiz und für Verbraucherschutz kann nach Änderungen den Wortlaut des Gesetzes feststellen und als Neufassung im Bundesgesetzblatt bekannt machen. [2]Die Bekanntmachung muss auf diese Vorschrift Bezug nehmen und angeben

1. den Stichtag, zu dem der Wortlaut festgestellt wird,
2. die Änderungen seit der letzten Veröffentlichung des vollständigen Wortlauts im Bundesgesetzblatt sowie
3. das Inkrafttreten der Änderungen.

**§ 71 Übergangsvorschrift.** (1) [1]In Rechtsstreitigkeiten, die vor dem Inkrafttreten einer Gesetzesänderung anhängig geworden sind, werden die Kosten nach bisherigem Recht erhoben. [2]Dies gilt nicht im Verfahren über ein Rechtsmittel, das nach dem Inkrafttreten einer Gesetzesänderung eingelegt worden ist. [3]Die Sätze 1 und 2 gelten auch, wenn Vorschriften geändert werden, auf die dieses Gesetz verweist.

(2) In Strafsachen, in gerichtlichen Verfahren nach dem Gesetz über Ordnungswidrigkeiten[1] und nach dem Strafvollzugsgesetz[2], auch in Verbindung mit § 92 des Jugendgerichtsgesetzes[3], werden die Kosten nach dem bisherigen Recht erhoben, wenn die über die Kosten ergehende Entscheidung vor dem Inkrafttreten einer Gesetzesänderung rechtskräftig geworden ist.

(3) In Insolvenzverfahren, Verteilungsverfahren nach der Schifffahrtsrechtlichen Verteilungsordnung und Verfahren der Zwangsversteigerung und Zwangsverwaltung gilt das bisherige Recht für Kosten, die vor dem Inkrafttreten einer Gesetzesänderung fällig geworden sind.

**§ 72 Übergangsvorschrift aus Anlass des Inkrafttretens dieses Gesetzes.**

Das Gerichtskostengesetz in der Fassung der Bekanntmachung vom 15. Dezember 1975 (BGBl. I S. 3047), zuletzt geändert durch Artikel 2 Absatz 5 des Gesetzes vom 12. März 2004 (BGBl. I S. 390), und Verweisungen hierauf sind weiter anzuwenden

1. in Rechtsstreitigkeiten, die vor dem 1. Juli 2004 anhängig geworden sind; dies gilt nicht im Verfahren über ein Rechtsmittel, das nach dem 1. Juli 2004 eingelegt worden ist;
2. in Strafsachen, in gerichtlichen Verfahren nach dem Gesetz über Ordnungswidrigkeiten[1] und nach dem Strafvollzugsgesetz[2], wenn die über die Kosten ergehende Entscheidung vor dem 1. Juli 2004 rechtskräftig geworden ist;
3. in Insolvenzverfahren, Verteilungsverfahren nach der Schifffahrtsrechtlichen Verteilungsordnung und Verfahren der Zwangsversteigerung und Zwangsverwaltung für Kosten, die vor dem 1. Juli 2004 fällig geworden sind.

**§ 73 Übergangsvorschrift für die Erhebung von Haftkosten.** Bis zum Erlass landesrechtlicher Vorschriften über die Höhe des Haftkostenbeitrags, der von einem Gefangenen zu erheben ist, sind die Nummern 9010 und 9011 des Kostenverzeichnisses in der bis zum 27. Dezember 2010 geltenden Fassung anzuwenden.

[1] Nr. **94**.
[2] **Habersack, Deutsche Gesetze ErgBd. Nr. 91.**
[3] Nr. **89**.

**Anlage 1**[1)]
(zu § 3 Abs. 2)

# Kostenverzeichnis

## Gliederung



---

[1)] Anl. 1 geänd. mWv 1.7.2014 durch G v. 15.7.2013 (BGBl. I S. 2379); mWv 1.7.2014 durch G v. 10.10.2013 (BGBl. I S. 3786); mWv 16.7.2014 und mWv 10.1.2015 durch G v. 8.7.2014 (BGBl. I S. 890); mWv 1.10.2015 durch G v. 10.12.2014 (BGBl. I S. 2082) iVm Bek. v. 23.6.2015 (BGBl. I S. 1034); mWv 17.8.2015 durch G v. 29.6.2015 (BGBl. I S. 1042); mWv 1.1.2017 durch G v. 21.12.2015 (BGBl. I S. 2525); mWv 18.4.2016 durch G v. 17.2.2016 (BGBl. I S. 203); mWv 1.10.2021 durch G v. 18.7.2016 (BGBl. I S. 1666); mWv 18.1.2017 durch G v. 21.11.2016 (BGBl. I S. 2591); mWv 1.7.2017 durch G v. 13.4.2017 (BGBl. I S. 872); mWv 26.6.2017 und mWv 21.4.2018 durch G v. 5.6.2017 (BGBl. I S. 1476); mWv 1.1.2018 durch G v. 5.7.2017 (BGBl. I S. 2208); mWv 1.12.2021 durch G v. 18.7.2017 (BGBl. I S. 2739, geänd. durch G v. 18.1.2021, BGBl. I S. 2) iVm Bek. v. 18.10.2021 (BAnz AT 29.10.2021 B3) und Bek. v. 16.2.2022 (BGBl. I S. 306); mWv 17.12.2019 durch G v. 9.12.2019 (BGBl. I S. 2146); mWv 30.6.2020 durch G v. 25.6.2020 (BGBl. I S. 1474); mWv 23.10.2020 durch G v. 16.10.2020 (BGBl. I S. 2187); mWv 27.11.2020 durch G v. 23.11.2020 (BGBl. I S. 2474); mWv 1.1.2021 durch G v. 21.12.2020 (BGBl. I S. 3229); mWv 1.1.2021 durch G v. 22.12.2020 (BGBl. I S. 3256); mWv 31.12.2020 durch G v. 22.12.2020 (BGBl. I S. 3328); mWv 19.1.2021 durch G v. 18.1.2021 (BGBl. I S. 2); mWv 9.6.2021 durch G v. 2.6.2021 (BGBl. I S. 1278); mWv 1.10.2021 durch G v. 8.6.2021 (BGBl. I S. 1603); mWv 1.7.2021 durch G v. 25.6.2021 (BGBl. I S. 2099).

## Teil 1. Zivilrechtliche Verfahren vor den ordentlichen Gerichten

| Nr. | Gebührentatbestand | Gebühr oder Satz der Gebühr nach § 34 GKG |
|---|---|---|
| *Vorbemerkung 1:*<br>Die Vorschriften dieses Teils gelten nicht für die in Teil 2 geregelten Verfahren. | | |
| **Hauptabschnitt 1. Mahnverfahren** | | |
| 1100 | Verfahren über den Antrag auf Erlass eines Mahnbescheids oder eines Europäischen Zahlungsbefehls ....... | 0,5 – mindestens 36,00 € |
| **Hauptabschnitt 2. Prozessverfahren** | | |
| ***Abschnitt 1. Erster Rechtszug*** | | |
| *Vorbemerkung 1.2.1:*<br>Die Gebühren dieses Abschnitts entstehen nicht im Musterverfahren nach dem KapMuG; das erstinstanzliche Musterverfahren gilt als Teil des ersten Rechtszugs des Prozessverfahrens. | | |
| ***Unterabschnitt 1. Verfahren vor dem Amts- oder Landgericht*** | | |
| 1210 | Verfahren im Allgemeinen ..........................................<br>(1) Soweit wegen desselben Streitgegenstands ein Mahnverfahren vorausgegangen ist, entsteht die Gebühr mit dem Eingang der Akten bei dem Gericht, an das der Rechtsstreit nach Erhebung des Widerspruchs oder Einlegung des Einspruchs abgegeben wird; in diesem Fall wird eine Gebühr 1100 nach dem Wert des Streitgegenstands angerechnet, der in das Prozessverfahren übergegangen ist. Satz 1 gilt entsprechend, wenn wegen desselben Streitgegenstands ein Europäisches Mahnverfahren vorausgegangen ist.<br>(2) Soweit der Kläger wegen desselben Streitgegenstands einen Anspruch zum Musterverfahren angemeldet hat (§ 10 Abs. 2 KapMuG), wird insoweit die Gebühr 1902 angerechnet. | 3,0 |
| 1211 | Beendigung des gesamten Verfahrens durch<br>1. Zurücknahme der Klage<br>a) vor dem Schluss der mündlichen Verhandlung,<br>b) in den Fällen des § 128 Abs. 2 ZPO vor dem Zeitpunkt, der dem Schluss der mündlichen Verhandlung entspricht,<br>c) im Verfahren nach § 495a ZPO, in dem eine mündliche Verhandlung nicht stattfindet, vor Ablauf des Tages, an dem eine Ladung zum Termin zur Verkündung des Urteils zugestellt oder das schriftliche Urteil der Geschäftsstelle übermittelt wird,<br>d) im Fall des § 331 Abs. 3 ZPO vor Ablauf des Tages, an dem das Urteil der Geschäftsstelle übermittelt wird oder<br>e) im europäischen Verfahren für geringfügige Forderungen, in dem eine mündliche Verhandlung nicht stattfindet, vor Ablauf des Tages, an dem das schriftliche Urteil der Geschäftsstelle übermittelt wird,<br>wenn keine Entscheidung nach § 269 Abs. 3 Satz 3 ZPO über die Kosten ergeht oder die Entscheidung einer zuvor mitgeteilten Einigung der Parteien über | |

| Nr. | Gebührentatbestand | Gebühr oder Satz der Gebühr nach § 34 GKG |
|---|---|---|
| | die Kostentragung oder der Kostenübernahmeerklärung einer Partei folgt,<br>2. Anerkenntnisurteil, Verzichtsurteil oder Urteil, das nach § 313a Abs. 2 ZPO keinen Tatbestand und keine Entscheidungsgründe enthält, oder nur deshalb Tatbestand und die Entscheidungsgründe enthält, weil zu erwarten ist, dass das Urteil im Ausland geltend gemacht wird (§ 313a Abs. 4 Nr. 5 ZPO),<br>3. gerichtlichen Vergleich oder Beschluss nach § 23 Absatz 3 KapMuG oder<br>4. Erledigungserklärungen nach § 91a ZPO, wenn keine Entscheidung über die Kosten ergeht oder die Entscheidung einer zuvor mitgeteilten Einigung der Parteien über die Kostentragung oder der Kostenübernahmeerklärung einer Partei folgt,<br>es sei denn, dass bereits ein anderes als eines der in Nummer 2 genannten Urteile, eine Entscheidung über einen Antrag auf Erlass einer Sicherungsanordnung oder ein Musterentscheid nach dem KapMuG vorausgegangen ist:<br>Die Gebühr 1210 ermäßigt sich auf ............................... | 1,0 |
| | Die Zurücknahme des Antrags auf Durchführung des streitigen Verfahrens, des Widerspruchs gegen den Mahnbescheid oder des Einspruchs gegen den Vollstreckungsbescheid stehen der Zurücknahme der Klage gleich. Die Vervollständigung eines ohne Tatbestand und Entscheidungsgründe hergestellten Urteils (§ 313a Abs. 5 ZPO) steht der Ermäßigung nicht entgegen. Die Gebühr ermäßigt sich auch, wenn mehrere Ermäßigungstatbestände erfüllt sind. | |
| | ***Unterabschnitt 2. Verfahren vor dem Oberlandesgericht*** | |
| 1212 | Verfahren im Allgemeinen ............................................ | 4,0 |
| 1213 | Beendigung des gesamten Verfahrens durch<br>1. Zurücknahme der Klage<br>a) vor dem Schluss der mündlichen Verhandlung,<br>b) in den Fällen des § 128 Absatz 2 ZPO vor dem Zeitpunkt, der dem Schluss der mündlichen Verhandlung entspricht, oder<br>c) im Fall des § 331 Absatz 3 ZPO vor Ablauf des Tages, an dem das Urteil der Geschäftsstelle übermittelt wird,<br>wenn keine Entscheidung nach § 269 Absatz 3 Satz 3 ZPO über die Kosten ergeht oder die Entscheidung einer zuvor mitgeteilten Einigung der Parteien über die Kostentragung oder der Kostenübernahmeerklärung einer Partei folgt,<br>2. Anerkenntnisurteil, Verzichtsurteil oder Urteil, das nach § 313a Absatz 2 ZPO keinen Tatbestand und keine Entscheidungsgründe enthält,<br>3. gerichtlichen Vergleich oder | |

| Nr. | Gebührentatbestand | Gebühr oder Satz der Gebühr nach § 34 GKG |
|---|---|---|
| | 4. Erledigungserklärungen nach § 91a ZPO, wenn keine Entscheidung über die Kosten ergeht oder die Entscheidung einer zuvor mitgeteilten Einigung der Parteien über die Kostentragung oder der Kostenübernahmeerklärung einer Partei folgt,<br>es sei denn, dass bereits ein anderes als eines der in Nummer 2 genannten Urteile vorausgegangen ist:<br>Die Gebühr 1212 ermäßigt sich auf ............................<br>Die Gebühr ermäßigt sich auch, wenn mehrere Ermäßigungstatbestände erfüllt sind. | 2,0 |
| | ***Unterabschnitt 3. Verfahren vor dem Bundesgerichtshof*** | |
| 1214 | Verfahren im Allgemeinen ............................ | 5,0 |
| 1215 | Beendigung des gesamten Verfahrens durch<br>1. Zurücknahme der Klage<br>a) vor dem Schluss der mündlichen Verhandlung,<br>b) in den Fällen des § 128 Absatz 2 ZPO vor dem Zeitpunkt, der dem Schluss der mündlichen Verhandlung entspricht, oder<br>c) im Fall des § 331 Absatz 3 ZPO vor Ablauf des Tages, an dem das Urteil der Geschäftsstelle übermittelt wird,<br>wenn keine Entscheidung nach § 269 Absatz 3 Satz 3 ZPO über die Kosten ergeht oder die Entscheidung einer zuvor mitgeteilten Einigung der Parteien über die Kostentragung oder der Kostenübernahmeerklärung einer Partei folgt,<br>2. Anerkenntnisurteil, Verzichtsurteil oder Urteil, das nach § 313a Absatz 2 ZPO keinen Tatbestand und keine Entscheidungsgründe enthält,<br>3. gerichtlichen Vergleich oder<br>4. Erledigungserklärungen nach § 91a ZPO, wenn keine Entscheidung über die Kosten ergeht oder die Entscheidung einer zuvor mitgeteilten Einigung der Parteien über die Kostentragung oder der Kostenübernahmeerklärung einer Partei folgt,<br>es sei denn, dass bereits ein anderes als eines der in Nummer 2 genannten Urteile vorausgegangen ist:<br>Die Gebühr 1214 ermäßigt sich auf ............................<br>Die Gebühr ermäßigt sich auch, wenn mehrere Ermäßigungstatbestände erfüllt sind. | 3,0 |
| | ***Abschnitt 2. Berufung und bestimmte Beschwerden*** | |

*Vorbemerkung 1.2.2:*

Dieser Abschnitt ist auf Beschwerdeverfahren nach
1. den §§ 73 und 171 GWB,
2. § 48 WpÜG,
3. § 37u Absatz 1 WpHG,

| Nr. | Gebührentatbestand | Gebühr oder Satz der Gebühr nach § 34 GKG |
|---|---|---|
| 4. § 75 EnWG,<br>5. § 13 EU-VSchDG,<br>6. § 35 KSpG und<br>7. § 11 WRegG<br>anzuwenden. | | |
| 1220 | Verfahren im Allgemeinen | 4,0 |
| 1221 | Beendigung des gesamten Verfahrens durch Zurücknahme des Rechtsmittels, der Klage oder des Antrags, bevor die Schrift zur Begründung des Rechtsmittels bei Gericht eingegangen ist:<br>Die Gebühr 1220 ermäßigt sich auf<br>Erledigungserklärungen nach § 91a ZPO stehen der Zurücknahme gleich, wenn keine Entscheidung über die Kosten ergeht oder die Entscheidung einer zuvor mitgeteilten Einigung der Parteien über die Kostentragung oder der Kostenübernahmeerklärung einer Partei folgt. | 1,0 |
| 1222 | Beendigung des gesamten Verfahrens, wenn nicht Nummer 1221 anzuwenden ist, durch<br>1. Zurücknahme des Rechtsmittels, der Klage oder des Antrags<br>a) vor dem Schluss der mündlichen Verhandlung,<br>b) in den Fällen des § 128 Abs. 2 ZPO vor dem Zeitpunkt, der dem Schluss der mündlichen Verhandlung entspricht,<br>2. Anerkenntnisurteil, Verzichtsurteil oder Urteil, das nach § 313a Abs. 2 ZPO keinen Tatbestand und keine Entscheidungsgründe enthält,<br>3. gerichtlichen Vergleich oder<br>4. Erledigungserklärungen nach § 91a ZPO, wenn keine Entscheidung über die Kosten ergeht oder die Entscheidung einer zuvor mitgeteilten Einigung der Parteien über die Kostentragung oder der Kostenübernahmeerklärung einer Partei folgt,<br>es sei denn, dass bereits ein anderes als eines der in Nummer 2 genannten Urteile, eine Entscheidung über einen Antrag auf Erlass einer Sicherungsanordnung oder ein Beschluss in der Hauptsache vorausgegangen ist:<br>Die Gebühr 1220 ermäßigt sich auf<br>Die Gebühr ermäßigt sich auch, wenn mehrere Ermäßigungstatbestände erfüllt sind. | 2,0 |
| 1223 | Beendigung des gesamten Verfahrens durch ein Urteil, das wegen eines Verzichts der Parteien nach § 313a Abs. 1 Satz 2 ZPO keine schriftliche Begründung enthält, wenn nicht bereits ein anderes als eines der in Nummer 1222 Nr. 2 genannten Urteile, eine Entscheidung über einen Antrag auf Erlass einer Sicherungsanordnung oder ein Beschluss in der Hauptsache vorausgegangen ist: | |

| Nr. | Gebührentatbestand | Gebühr oder Satz der Gebühr nach § 34 GKG |
|---|---|---|
| | Die Gebühr 1220 ermäßigt sich auf ................................<br>Die Gebühr ermäßigt sich auch, wenn daneben Ermäßigungstatbestände nach Nummer 1222 erfüllt sind. | 3,0 |

***Abschnitt 3. Revision, Rechtsbeschwerden nach § 77 GWB, § 86 EnWG, § 35 KSpG und § 24 EU-VSchDG***

| Nr. | Gebührentatbestand | Gebühr oder Satz der Gebühr nach § 34 GKG |
|---|---|---|
| 1230 | Verfahren im Allgemeinen ................................ | 5,0 |
| 1231 | Beendigung des gesamten Verfahrens durch Zurücknahme des Rechtsmittels, der Klage oder des Antrags, bevor die Schrift zur Begründung des Rechtsmittels bei Gericht eingegangen ist:<br>Die Gebühr 1230 ermäßigt sich auf ................................<br>Erledigungserklärungen nach § 91a ZPO stehen der Zurücknahme gleich, wenn keine Entscheidung über die Kosten ergeht oder die Entscheidung einer zuvor mitgeteilten Einigung der Parteien über die Kostentragung oder der Kostenübernahmeerklärung einer Partei folgt. | 1,0 |
| 1232 | Beendigung des gesamten Verfahrens, wenn nicht Nummer 1231 anzuwenden ist, durch<br>1. Zurücknahme des Rechtsmittels, der Klage oder des Antrags<br>a) vor dem Schluss der mündlichen Verhandlung,<br>b) in den Fällen des § 128 Abs. 2 ZPO vor dem Zeitpunkt, der dem Schluss der mündlichen Verhandlung entspricht,<br>2. Anerkenntnis- oder Verzichtsurteil,<br>3. gerichtlichen Vergleich oder<br>4. Erledigungserklärungen nach § 91a ZPO, wenn keine Entscheidung über die Kosten ergeht oder die Entscheidung einer zuvor mitgeteilten Einigung der Parteien über die Kostentragung oder der Kostenübernahmeerklärung einer Partei folgt,<br>es sei denn, dass bereits ein anderes als eines der in Nummer 2 genannten Urteile, eine Entscheidung über einen Antrag auf Erlass einer Sicherungsanordnung oder ein Beschluss in der Hauptsache vorausgegangen ist:<br>Die Gebühr 1230 ermäßigt sich auf ................................<br>Die Gebühr ermäßigt sich auch, wenn mehrere Ermäßigungstatbestände erfüllt sind. | 3,0 |

***Abschnitt 4. Zulassung der Sprungrevision, Beschwerde gegen die Nichtzulassung der Revision sowie der Rechtsbeschwerden nach § 77 GWB, § 86 EnWG, § 35 KSpG und § 24 EU-VSchDG***

| Nr. | Gebührentatbestand | Gebühr oder Satz der Gebühr nach § 34 GKG |
|---|---|---|
| 1240 | Verfahren über die Zulassung der Sprungrevision:<br>Soweit der Antrag abgelehnt wird ................................ | 1,5 |

| Nr. | Gebührentatbestand | Gebühr oder Satz der Gebühr nach § 34 GKG |
|---|---|---|
| 1241 | Verfahren über die Zulassung der Sprungrevision:<br>Soweit der Antrag zurückgenommen oder das Verfahren durch anderweitige Erledigung beendet wird ................<br>Die Gebühr entsteht nicht, soweit die Sprungrevision zugelassen wird. | 1,0 |
| 1242 | Verfahren über die Beschwerde gegen die Nichtzulassung des Rechtsmittels:<br>Soweit die Beschwerde verworfen oder zurückgewiesen wird ........................................................................ | 2,0 |
| 1243 | Verfahren über die Beschwerde gegen die Nichtzulassung des Rechtsmittels:<br>Soweit die Beschwerde zurückgenommen oder das Verfahren durch anderweitige Erledigung beendet wird ......<br>Die Gebühr entsteht nicht, soweit der Beschwerde stattgegeben wird. | 1,0 |

***Abschnitt 5. Rechtsmittelverfahren des gewerblichen Rechtsschutzes vor dem Bundesgerichtshof***

***Unterabschnitt 1. Berufungsverfahren***

| Nr. | Gebührentatbestand | Gebühr oder Satz der Gebühr nach § 34 GKG |
|---|---|---|
| 1250 | Verfahren im Allgemeinen ........................................... | 6,0 |
| 1251 | Beendigung des gesamten Verfahrens durch Zurücknahme der Berufung oder der Klage, bevor die Schrift zur Begründung der Berufung bei Gericht eingegangen ist:<br>Die Gebühr 1250 ermäßigt sich auf ............................<br>Erledigungserklärungen nach § 91a ZPO i.V.m. § 121 Abs. 2 Satz 2 PatG, § 20 GebrMG stehen der Zurücknahme gleich, wenn keine Entscheidung über die Kosten ergeht oder die Entscheidung einer zuvor mitgeteilten Einigung der Parteien über die Kostentragung oder der Kostenübernahmeerklärung einer Partei folgt. | 1,0 |
| 1252 | Beendigung des gesamten Verfahrens, wenn nicht Nummer 1251 anzuwenden ist, durch<br>1. Zurücknahme der Berufung oder der Klage vor dem Schluss der mündlichen Verhandlung,<br>2. Anerkenntnis- oder Verzichtsurteil,<br>3. gerichtlichen Vergleich oder<br>4. Erledigungserklärungen nach § 91a ZPO i.V.m. § 121 Abs. 2 Satz 2 PatG, § 20 GebrMG, wenn keine Entscheidung über die Kosten ergeht oder die Entscheidung einer zuvor mitgeteilten Einigung der Parteien über die Kostentragung oder der Kostenübernahmeerklärung einer Partei folgt,<br>es sei denn, dass bereits ein anderes als eines der in Nummer 2 genannten Urteile vorausgegangen ist:<br>Die Gebühr 1250 ermäßigt sich auf ............................<br>Die Gebühr ermäßigt sich auch, wenn mehrere Ermäßigungstatbestände erfüllt sind. | 3,0 |

| Nr. | Gebührentatbestand | Gebühr oder Satz der Gebühr nach § 34 GKG |
|---|---|---|
| | ***Unterabschnitt 2. Beschwerdeverfahren und Rechtsbeschwerdeverfahren*** | |
| 1253 | Verfahren über die Beschwerde nach § 122 PatG oder § 20 GebrMG i.V.m. § 122 PatG gegen ein Urteil über den Erlass einer einstweiligen Verfügung in Zwangslizenzsachen | 2,0 |
| 1254 | Beendigung des gesamten Verfahrens durch Zurücknahme der Beschwerde, bevor die Schrift zur Begründung der Beschwerde bei Gericht eingegangen ist:<br>Die Gebühr 1253 ermäßigt sich auf<br>Erledigungserklärungen nach § 91a ZPO i.V.m. § 121 Abs. 2 Satz 2 PatG, § 20 GebrMG stehen der Zurücknahme gleich, wenn keine Entscheidung über die Kosten ergeht oder die Entscheidung einer zuvor mitgeteilten Einigung der Parteien über die Kostentragung oder der Kostenübernahmeerklärung einer Partei folgt. | 1,0 |
| 1255 | Verfahren über die Rechtsbeschwerde | 825,00 € |
| 1256 | Beendigung des gesamten Verfahrens durch Zurücknahme der Rechtsbeschwerde, bevor die Schrift zur Begründung der Rechtsbeschwerde bei Gericht eingegangen ist:<br>Die Gebühr 1255 ermäßigt sich auf<br>Erledigungserklärungen in entsprechender Anwendung des § 91a ZPO stehen der Zurücknahme gleich, wenn keine Entscheidung über die Kosten ergeht oder die Entscheidung einer zuvor mitgeteilten Einigung der Parteien über die Kostentragung oder der Kostenübernahmeerklärung einer Partei folgt. | 110,00 € |

## **Hauptabschnitt 3.** (weggefallen)

## Hauptabschnitt 4. Arrest, Europäischer Beschluss zur vorläufigen Kontenpfändung und einstweilige Verfügung

*Vorbemerkung 1.4:*

(1) Im Verfahren zur Erwirkung eines Europäischen Beschlusses zur vorläufigen Kontenpfändung werden Gebühren nach diesem Hauptabschnitt nur im Fall des Artikels 5 Buchstabe a der Verordnung (EU) Nr. 655/2014 erhoben. In den Fällen des Artikels 5 Buchstabe b der Verordnung (EU) Nr. 655/2014 bestimmen sich die Gebühren nach Teil 2 Hauptabschnitt 1.

(2) Im Verfahren auf Anordnung eines Arrests oder auf Erlass einer einstweiligen Verfügung sowie im Verfahren über die Aufhebung oder die Abänderung (§ 926 Abs. 2, §§ 927, 936 ZPO) werden die Gebühren jeweils gesondert erhoben. Im Fall des § 942 ZPO gilt das Verfahren vor dem Amtsgericht und dem Gericht der Hauptsache als ein Rechtsstreit.

(3) Im Verfahren zur Erwirkung eines Europäischen Beschlusses zur vorläufigen Kontenpfändung sowie im Verfahren über den Widerruf oder die Abänderung werden die Gebühren jeweils gesondert erhoben.

### *Abschnitt 1. Erster Rechtszug*

| | | |
|---|---|---|
| 1410 | Verfahren im Allgemeinen | 1,5 |
| 1411 | Beendigung des gesamten Verfahrens durch<br>1. Zurücknahme des Antrags<br>a) vor dem Schluss der mündlichen Verhandlung oder<br>b) wenn eine mündliche Verhandlung nicht stattfindet, vor Ablauf des Tages, an dem der Beschluss der Geschäftsstelle übermittelt wird, | |

| Nr. | Gebührentatbestand | Gebühr oder Satz der Gebühr nach § 34 GKG |
|---|---|---|
| | 2. Anerkenntnisurteil, Verzichtsurteil oder Urteil, das nach § 313a Abs. 2 ZPO keinen Tatbestand und keine Entscheidungsgründe enthält,<br>3. gerichtlichen Vergleich oder<br>4. Erledigungserklärungen nach § 91a ZPO, wenn keine Entscheidung über die Kosten ergeht oder die Entscheidung einer zuvor mitgeteilten Einigung der Parteien über die Kostentragung oder der Kostenübernahmeerklärung einer Partei folgt,<br>es sei denn, dass bereits ein Beschluss nach § 922 Abs. 1, auch i.V.m. § 936 ZPO, oder ein anderes als eines der in Nummer 2 genannten Urteile vorausgegangen ist:<br>Die Gebühr 1410 ermäßigt sich auf ............................ | 1,0 |
| | Die Vervollständigung eines ohne Tatbestand und Entscheidungsgründe hergestellten Urteils (§ 313a Abs. 5 ZPO) steht der Ermäßigung nicht entgegen. Die Gebühr ermäßigt sich auch, wenn mehrere Ermäßigungstatbestände erfüllt sind. | |
| 1412 | Es wird durch Urteil entschieden oder es ergeht ein Beschluss nach § 91a oder § 269 Abs. 3 Satz 3 ZPO, wenn nicht Nummer 1411 erfüllt ist:<br>Die Gebühr 1410 erhöht sich nach dem Wert des Streitgegenstands, auf den sich die Entscheidung bezieht, auf | 3,0 |
| | ***Abschnitt 2. Berufung*** | |
| 1420 | Verfahren im Allgemeinen ............................................ | 4,0 |
| 1421 | Beendigung des gesamten Verfahrens durch Zurücknahme der Berufung, des Antrags oder des Widerspruchs, bevor die Schrift zur Begründung der Berufung bei Gericht eingegangen ist:<br>Die Gebühr 1420 ermäßigt sich auf ............................ | 1,0 |
| | Erledigungserklärungen nach § 91a ZPO stehen der Zurücknahme gleich, wenn keine Entscheidung über die Kosten ergeht oder die Entscheidung einer zuvor mitgeteilten Einigung der Parteien über die Kostentragung oder der Kostenübernahmeerklärung einer Partei folgt. | |
| 1422 | Beendigung des gesamten Verfahrens, wenn nicht Nummer 1421 erfüllt ist, durch<br>1. Zurücknahme der Berufung oder des Antrags<br>a) vor dem Schluss der mündlichen Verhandlung,<br>b) in den Fällen des § 128 Abs. 2 ZPO vor dem Zeitpunkt, der dem Schluss der mündlichen Verhandlung entspricht,<br>2. Anerkenntnis- oder Verzichtsurteil,<br>3. gerichtlichen Vergleich oder<br>4. Erledigungserklärungen nach § 91a ZPO, wenn keine Entscheidung über die Kosten ergeht oder die Entscheidung einer zuvor mitgeteilten Einigung der Parteien über die Kostentragung oder der Kostenübernahmeerklärung einer Partei folgt, | |

| Nr. | Gebührentatbestand | Gebühr oder Satz der Gebühr nach § 34 GKG |
|---|---|---|
| | es sei denn, dass bereits ein anderes als eines der in Nummer 2 genannten Urteile vorausgegangen ist:<br>Die Gebühr 1420 ermäßigt sich auf ................................ | 2,0 |
| | Die Gebühr ermäßigt sich auch, wenn mehrere Ermäßigungstatbestände erfüllt sind. | |
| 1423 | Beendigung des gesamten Verfahrens durch ein Urteil, das wegen eines Verzichts der Parteien nach § 313a Abs. 1 Satz 2 ZPO keine schriftliche Begründung enthält, wenn nicht bereits ein anderes als eines der in Nummer 1422 Nr. 2 genannten Urteile mit schriftlicher Begründung oder ein Versäumnisurteil vorausgegangen ist:<br>Die Gebühr 1420 ermäßigt sich auf ................................ | 3,0 |
| | Die Gebühr ermäßigt sich auch, wenn daneben Ermäßigungstatbestände nach Nummer 1422 erfüllt sind. | |
| | ***Abschnitt 3. Beschwerde*** | |
| 1430 | Verfahren über die Beschwerde<br>1. gegen die Zurückweisung eines Antrags auf Anordnung eines Arrests oder eines Antrags auf Erlass einer einstweiligen Verfügung oder<br>2. in Verfahren nach der Verordnung (EU) Nr. 655/2014 | 1,5 |
| 1431 | Beendigung des gesamten Verfahrens durch Zurücknahme der Beschwerde:<br>Die Gebühr 1430 ermäßigt sich auf ................................ | 1,0 |

## Hauptabschnitt 5. Vorbereitung der grenzüberschreitenden Zwangsvollstreckung

*Vorbemerkung 1.5:*

Die Vollstreckbarerklärung eines ausländischen Schiedsspruchs oder deren Aufhebung bestimmt sich nach Nummer 1620.

### *Abschnitt 1. Erster Rechtszug*

| Nr. | Gebührentatbestand | Gebühr oder Satz der Gebühr nach § 34 GKG |
|---|---|---|
| 1510 | Verfahren über Anträge auf<br>1. Vollstreckbarerklärung ausländischer Titel,<br>2. Feststellung, ob die ausländische Entscheidung anzuerkennen ist,<br>3. Erteilung der Vollstreckungsklausel zu ausländischen Titeln,<br>4. Aufhebung oder Abänderung von Entscheidungen in den in den Nummern 1 bis 3 genannten Verfahren und<br>5. Versagung der Anerkennung oder der Vollstreckung (§ 1115 ZPO)<br>oder über die Klage auf Erlass eines Vollstreckungsurteils | 264,00 € |

| Nr. | Gebührentatbestand | Gebühr oder Satz der Gebühr nach § 34 GKG |
|---|---|---|
| 1511 | Beendigung des gesamten Verfahrens durch Zurücknahme der Klage oder des Antrags vor dem Schluss der mündlichen Verhandlung oder, wenn eine mündliche Verhandlung nicht stattfindet, vor Ablauf des Tages, an dem die Entscheidung der Geschäftsstelle übermittelt wird:<br>Die Gebühr 1510 ermäßigt sich auf .............................<br>Erledigungserklärungen nach § 91a ZPO stehen der Zurücknahme gleich, wenn keine Entscheidung über die Kosten ergeht oder die Entscheidung einer zuvor mitgeteilten Einigung der Parteien über die Kostentragung oder der Kostenübernahmeerklärung einer Partei folgt. | 99,00 € |
| 1512 | Verfahren über Anträge auf Ausstellung einer Bescheinigung nach § 57 AVAG oder § 27 IntErbRVG ............... | 17,00 € |
| 1513 | Verfahren über Anträge auf Ausstellung einer Bestätigung nach § 1079 ZPO oder über Anträge auf Ausstellung einer Bescheinigung nach § 1110 ZPO oder nach § 58 AVAG ........................................................ | 22,00 € |
| 1514 | Verfahren nach § 3 Abs. 2 des Gesetzes zur Ausführung des Vertrages zwischen der Bundesrepublik Deutschland und der Republik Österreich vom 6. Juni 1959 über die gegenseitige Anerkennung und Vollstreckung von gerichtlichen Entscheidungen, Vergleichen und öffentlichen Urkunden in Zivil- und Handelssachen in der im Bundesgesetzblatt Teil III, Gliederungsnummer 319-12, veröffentlichten bereinigten Fassung, das zuletzt durch Artikel 23 des Gesetzes vom 27. Juli 2001 (BGBl. I S. 1887) geändert worden ist ........................................ | 66,00 € |
| | ***Abschnitt 2. Rechtsmittelverfahren*** | |
| 1520 | Verfahren über Rechtsmittel in den in den Nummern 1510 und 1514 genannten Verfahren ............................ | 396,00 € |
| 1521 | Beendigung des gesamten Verfahrens durch Zurücknahme des Rechtsmittels, der Klage oder des Antrags, bevor die Schrift zur Begründung des Rechtsmittels bei Gericht eingegangen ist:<br>Die Gebühr 1520 ermäßigt sich auf ............................. | 99,00 € |
| 1522 | Beendigung des gesamten Verfahrens durch Zurücknahme des Rechtsmittels, der Klage oder des Antrags vor dem Schluss der mündlichen Verhandlung oder, wenn eine mündliche Verhandlung nicht stattfindet, vor Ablauf des Tages, an dem die Entscheidung der Geschäftsstelle übermittelt wird, wenn nicht Nummer 1521 erfüllt ist:<br>Die Gebühr 1520 ermäßigt sich auf .............................<br>Erledigungserklärungen nach § 91a ZPO stehen der Zurücknahme gleich, wenn keine Entscheidung über die Kosten ergeht oder die Entscheidung einer zuvor mitgeteilten Einigung der Parteien über die Kostentragung oder der Kostenübernahmeerklärung einer Partei folgt. | 198,00 € |

| Nr. | Gebührentatbestand | Gebühr oder Satz der Gebühr nach § 34 GKG |
|---|---|---|
| 1523 | Verfahren über Rechtsmittel in<br>1. den in den Nummern 1512 und 1513 genannten Verfahren und<br>2. Verfahren über die Berichtigung oder den Widerruf einer Bestätigung nach § 1079 ZPO:<br>Das Rechtsmittel wird verworfen oder zurückgewiesen | 66,00 € |
| | **Hauptabschnitt 6. Sonstige Verfahren** | |
| | ***Abschnitt 1. Selbständiges Beweisverfahren*** | |
| 1610 | Verfahren im Allgemeinen | 1,0 |
| | ***Abschnitt 2. Schiedsrichterliches Verfahren*** | |
| | ***Unterabschnitt 1. Erster Rechtszug*** | |
| 1620 | Verfahren über die Aufhebung oder die Vollstreckbarerklärung eines Schiedsspruchs oder über die Aufhebung der Vollstreckbarerklärung<br>Die Gebühr ist auch im Verfahren über die Vollstreckbarerklärung eines ausländischen Schiedsspruchs oder deren Aufhebung zu erheben. | 2,0 |
| 1621 | Verfahren über den Antrag auf Feststellung der Zulässigkeit oder Unzulässigkeit des schiedsrichterlichen Verfahrens | 2,0 |
| 1622 | Verfahren bei Rüge der Unzuständigkeit des Schiedsgerichts | 2,0 |
| 1623 | Verfahren bei der Bestellung eines Schiedsrichters oder Ersatzschiedsrichters | 0,5 |
| 1624 | Verfahren über die Ablehnung eines Schiedsrichters oder über die Beendigung des Schiedsrichteramts | 0,5 |
| 1625 | Verfahren zur Unterstützung bei der Beweisaufnahme oder zur Vornahme sonstiger richterlicher Handlungen | 0,5 |
| 1626 | Verfahren über die Zulassung der Vollziehung einer vorläufigen oder sichernden Maßnahme oder über die Aufhebung oder Änderung einer Entscheidung über die Zulassung der Vollziehung<br>Im Verfahren über die Zulassung der Vollziehung und in dem Verfahren über die Aufhebung oder Änderung einer Entscheidung über die Zulassung der Vollziehung werden die Gebühren jeweils gesondert erhoben. | 2,0 |
| 1627 | Beendigung des gesamten Verfahrens durch Zurücknahme des Antrags:<br>Die Gebühren 1620 bis 1622 und 1626 ermäßigen sich auf | 1,0 |
| | ***Unterabschnitt 2. Rechtsbeschwerde*** | |
| 1628 | Verfahren über die Rechtsbeschwerde in den in den Nummern 1620 bis 1622 und 1626 genannten Verfahren | 3,0 |

| Nr. | Gebührentatbestand | Gebühr oder Satz der Gebühr nach § 34 GKG |
|---|---|---|
| 1629 | Beendigung des gesamten Verfahrens durch Zurücknahme der Rechtsbeschwerde oder des Antrags:<br>Die Gebühr 1628 ermäßigt sich auf | 1,0 |
| | ***Abschnitt 3. Besondere Verfahren nach dem Gesetz gegen Wettbewerbsbeschränkungen, dem Wertpapiererwerbs- und Übernahmegesetz und dem Wertpapierhandelsgesetz*** | |
| 1630 | Verfahren über einen Antrag nach § 169 Abs. 2 Satz 5 und 6, Abs. 4 Satz 2, § 173 Abs. 1 Satz 3 oder nach § 176 GWB | 3,0 |
| 1631 | Beendigung des gesamten Verfahrens durch Zurücknahme des Antrags:<br>Die Gebühr 1630 ermäßigt sich auf | 1,0 |
| 1632 | Verfahren über den Antrag nach § 50 Absatz 3 bis 5 WpÜG, auch i.V.m. § 37u Absatz 2 WpHG<br>Mehrere Verfahren gelten innerhalb eines Rechtszugs als ein Verfahren. | 0,5 |
| | ***Abschnitt 4. Besondere Verfahren nach dem Aktiengesetz und dem Umwandlungsgesetz*** | |
| | ***Unterabschnitt 1. Erster Rechtszug*** | |
| 1640 | Verfahren nach § 148 Abs. 1 und 2 des Aktiengesetzes | 1,0 |
| 1641 | Verfahren nach § 246a des Aktiengesetzes (auch i.V.m. § 20 Abs. 3 Satz 4 SchVG), nach § 319 Abs. 6 des Aktiengesetzes (auch i.V.m. § 327e Abs. 2 des Aktiengesetzes) oder nach § 16 Absatz 3 UmwG | 1,5 |
| 1642 | Beendigung des gesamten Verfahrens ohne Entscheidung:<br>Die Gebühren 1640 und 1641 ermäßigen sich auf<br>(1) Die Gebühr ermäßigt sich auch im Fall der Zurücknahme des Antrags vor Ablauf des Tages, an dem die Entscheidung der Geschäftsstelle übermittelt wird.<br>(2) Eine Entscheidung über die Kosten steht der Ermäßigung nicht entgegen, wenn die Entscheidung einer zuvor mitgeteilten Einigung der Parteien über die Kostentragung oder der Kostenübernahmeerklärung einer Partei folgt. | 0,5 |
| | ***Unterabschnitt 2. Beschwerde*** | |
| 1643 | Verfahren über die Beschwerde in den in Nummer 1640 genannten Verfahren | 1,0 |
| 1644 | Beendigung des Verfahrens ohne Entscheidung:<br>Die Gebühr 1643 ermäßigt sich auf<br>(1) Die Gebühr ermäßigt sich auch im Fall der Zurücknahme der Beschwerde vor Ablauf des Tages, an dem die Entscheidung der Geschäftsstelle übermittelt wird.<br>(2) Eine Entscheidung über die Kosten steht der Ermäßigung nicht entgegen, wenn die Entscheidung einer zuvor mitgeteilten Einigung der Parteien über die Kostentragung oder der Kostenübernahmeerklärung einer Partei folgt. | 0,5 |

| Nr. | Gebührentatbestand | Gebühr oder Satz der Gebühr nach § 34 GKG |
|---|---|---|
| | ***Abschnitt 5. Sanierungs- und Reorganisationsverfahren nach dem Kreditinstitute-Reorganisationsgesetz*** | |
| 1650 | Sanierungsverfahren | 0,5 |
| 1651 | Die Durchführung des Sanierungsverfahrens wird nicht angeordnet:<br>Die Gebühr 1650 beträgt | 0,2 |
| 1652 | Reorganisationsverfahren | 1,0 |
| 1653 | Die Durchführung des Reorganisationsverfahrens wird nicht angeordnet:<br>Die Gebühr 1652 beträgt | 0,2 |
| | **Hauptabschnitt 7. Rüge wegen Verletzung des Anspruchs auf rechtliches Gehör** | |
| 1700 | Verfahren über die Rüge wegen Verletzung des Anspruchs auf rechtliches Gehör (§ 321a ZPO, auch i.V.m. § 122a PatG oder § 89a MarkenG; § 69 GWB, § 41 AgrarOLkG):<br>Die Rüge wird in vollem Umfang verworfen oder zurückgewiesen | 66,00 € |
| | **Hauptabschnitt 8. Sonstige Beschwerden und Rechtsbeschwerden** | |
| | ***Abschnitt 1. Sonstige Beschwerden*** | |
| 1810 | Verfahren über Beschwerden nach § 71 Abs. 2, § 91a Abs. 2, § 99 Abs. 2, § 269 Abs. 5 oder § 494a Absatz 2 Satz 2 ZPO | 99,00 € |
| 1811 | Beendigung des Verfahrens ohne Entscheidung:<br>Die Gebühr 1810 ermäßigt sich auf<br>(1) Die Gebühr ermäßigt sich auch im Fall der Zurücknahme der Beschwerde vor Ablauf des Tages, an dem die Entscheidung der Geschäftsstelle übermittelt wird.<br>(2) Eine Entscheidung über die Kosten steht der Ermäßigung nicht entgegen, wenn die Entscheidung einer zuvor mitgeteilten Einigung der Parteien über die Kostentragung oder der Kostenübernahmeerklärung einer Partei folgt. | 66,00 € |
| 1812 | Verfahren über nicht besonders aufgeführte Beschwerden, die nicht nach anderen Vorschriften gebührenfrei sind:<br>Die Beschwerde wird verworfen oder zurückgewiesen<br>Wird die Beschwerde nur teilweise verworfen oder zurückgewiesen, kann das Gericht die Gebühr nach billigem Ermessen auf die Hälfte ermäßigen oder bestimmen, dass eine Gebühr nicht zu erheben ist. | 66,00 € |
| | ***Abschnitt 2. Sonstige Rechtsbeschwerden*** | |
| 1820 | Verfahren über Rechtsbeschwerden gegen den Beschluss, durch den die Berufung als unzulässig verworfen wurde (§ 522 Abs. 1 Satz 2 und 3 ZPO) | 2,0 |
| 1821 | Verfahren über Rechtsbeschwerden nach § 20 KapMuG | 5,0 |

| Nr. | Gebührentatbestand | Gebühr oder Satz der Gebühr nach § 34 GKG |
|---|---|---|
| 1822 | Beendigung des gesamten Verfahrens durch Zurücknahme der Rechtsbeschwerde, bevor die Schrift zur Begründung der Rechtsbeschwerde bei Gericht eingegangen ist:<br>Die Gebühren 1820 und 1821 ermäßigen sich auf ......... | 1,0 |
| | Erledigungserklärungen nach § 91a ZPO stehen der Zurücknahme gleich, wenn keine Entscheidung über die Kosten ergeht oder die Entscheidung einer zuvor mitgeteilten Einigung der Parteien über die Kostentragung oder der Kostenübernahmeerklärung einer Partei folgt. | |
| 1823 | Verfahren über Rechtsbeschwerden in den Fällen des § 71 Abs. 1, § 91a Abs. 1, § 99 Abs. 2, § 269 Abs. 4, § 494a Absatz 2 Satz 2 oder § 516 Abs. 3 ZPO ............. | 198,00 € |
| 1824 | Beendigung des gesamten Verfahrens durch Zurücknahme der Rechtsbeschwerde, des Antrags oder der Klage, bevor die Schrift zur Begründung der Rechtsbeschwerde bei Gericht eingegangen ist:<br>Die Gebühr 1823 ermäßigt sich auf ............................. | 66,00 € |
| 1825 | Beendigung des gesamten Verfahrens durch Zurücknahme der Rechtsbeschwerde, des Antrags oder der Klage vor Ablauf des Tages, an dem die Entscheidung der Geschäftsstelle übermittelt wird, wenn nicht Nummer 1824 erfüllt ist:<br>Die Gebühr 1823 ermäßigt sich auf ............................. | 99,00 € |
| 1826 | Verfahren über nicht besonders aufgeführte Rechtsbeschwerden, die nicht nach anderen Vorschriften gebührenfrei sind:<br>Die Rechtsbeschwerde wird verworfen oder zurückgewiesen ................................................................ | 132,00 € |
| | Wird die Rechtsbeschwerde nur teilweise verworfen oder zurückgewiesen, kann das Gericht die Gebühr nach billigem Ermessen auf die Hälfte ermäßigen oder bestimmen, dass eine Gebühr nicht zu erheben ist. | |
| 1827 | Verfahren über die in Nummer 1826 genannten Rechtsbeschwerden:<br>Beendigung des gesamten Verfahrens durch Zurücknahme der Rechtsbeschwerde, des Antrags oder der Klage vor Ablauf des Tages, an dem die Entscheidung der Geschäftsstelle übermittelt wird .................................... | 66,00 € |
| | **Hauptabschnitt 9. Besondere Gebühren** | |
| 1900 | Abschluss eines gerichtlichen Vergleichs:<br>Soweit ein Vergleich über nicht gerichtlich anhängige Gegenstände geschlossen wird ..................................... | 0,25 |
| | Die Gebühr entsteht nicht im Verfahren über die Prozesskostenhilfe. Im Verhältnis zur Gebühr für das Verfahren im Allgemeinen ist § 36 Absatz 3 GKG entsprechend anzuwenden. | |

| Nr. | Gebührentatbestand | Gebühr oder Satz der Gebühr nach § 34 GKG |
|---|---|---|
| 1901 | Auferlegung einer Gebühr nach § 38 GKG wegen Verzögerung des Rechtsstreits ............................................ | wie vom Gericht bestimmt |
| 1902 | Anmeldung eines Anspruchs zum Musterverfahren (§ 10 Absatz 2 KapMuG) ........................................................ | 0,5 |

## Teil 2. Zwangsvollstreckung nach der Zivilprozessordnung, Insolvenzverfahren und ähnliche Verfahren

| Nr. | Gebührentatbestand | Gebühr oder Satz der Gebühr nach § 34 GKG |
|---|---|---|
| | **Hauptabschnitt 1. Zwangsvollstreckung nach der Zivilprozessordnung** | |
| | *Vorbemerkung 2.1:* Dieser Hauptabschnitt ist auch auf Verfahren zur Erwirkung eines Europäischen Beschlusses zur vorläufigen Kontenpfändung im Fall des Artikels 5 Buchstabe b der Verordnung (EU) Nr. 655/2014 sowie auf alle Verfahren über Anträge auf Einschränkung oder Beendigung der Vollstreckung eines Europäischen Beschlusses zur vorläufigen Kontenpfändung (§ 954 Abs. 2 ZPO i.V.m. Artikel 34 der Verordnung (EU) Nr. 655/2014) anzuwenden. Im Übrigen bestimmen sich die Gebühren nach Teil 1 Hauptabschnitt 4 oder Teil 8 Hauptabschnitt 3. | |
| | ***Abschnitt 1. Erster Rechtszug*** | |
| 2110 | Verfahren über den Antrag auf Erteilung einer weiteren vollstreckbaren Ausfertigung (§ 733 ZPO) .................. | 22,00 € |
| | Die Gebühr wird für jede weitere vollstreckbare Ausfertigung gesondert erhoben. Sind wegen desselben Anspruchs in einem Mahnverfahren gegen mehrere Personen gesonderte Vollstreckungsbescheide erlassen worden und werden hiervon gleichzeitig mehrere weitere vollstreckbare Ausfertigungen beantragt, wird die Gebühr nur einmal erhoben. | |
| 2111 | Verfahren über Anträge auf gerichtliche Handlungen der Zwangsvollstreckung gemäß § 829 Abs. 1, §§ 835, 839, 846 bis 848, 857, 858, 886 bis 888 oder § 890 ZPO sowie im Verfahren zur Erwirkung eines Europäischen Beschlusses zur vorläufigen Kontenpfändung im Fall des Artikels 5 Buchstabe b der Verordnung (EU) Nr. 655/2014 .................. | 22,00 € |
| | Richtet sich ein Verfahren gegen mehrere Schuldner, wird die Gebühr für jeden Schuldner gesondert erhoben. Mehrere Verfahren innerhalb eines Rechtszugs gelten als ein Verfahren, wenn sie denselben Anspruch und denselben Vollstreckungsgegenstand betreffen. | |
| 2112 | In dem Verfahren zur Erwirkung eines Europäischen Beschlusses zur vorläufigen Kontenpfändung wird ein Antrag auf Einholung von Kontoinformationen gestellt: Die Gebühr 2111 erhöht sich auf .................. | 37,00 € |
| 2113 | Verfahren über den Antrag auf Vollstreckungsschutz nach § 765a ZPO .................. | 22,00 € |
| 2114 | Verfahren über den Antrag auf Erlass eines Haftbefehls (§ 802g Abs. 1 ZPO) .................. | 22,00 € |
| 2115 | Verfahren über den Antrag auf Abnahme der eidesstattlichen Versicherung nach § 889 ZPO .................. | 35,00 € |
| 2116 | (weggefallen) | |
| 2117 | Verteilungsverfahren .................. | 0,5 |
| 2118 | Verfahren über die Vollstreckbarerklärung eines Anwaltsvergleichs nach § 796a ZPO .................. | 66,00 € |
| 2119 | Verfahren über Anträge auf Beendigung, Verweigerung, Aussetzung oder Beschränkung der Zwangsvollstreckung nach § 954 Abs. 2, § 1084 ZPO auch i.V.m. § 1096 oder § 1109 ZPO oder nach § 31 AUG .................. | 33,00 € |

| Nr. | Gebührentatbestand | Gebühr oder Satz der Gebühr nach § 34 GKG |
|---|---|---|
| | ***Abschnitt 2. Beschwerden*** | |
| | ***Unterabschnitt 1. Beschwerde*** | |
| 2120 | Verfahren über die Beschwerde im Verteilungsverfahren:<br>Soweit die Beschwerde verworfen oder zurückgewiesen wird ...................... | 1,0 |
| 2121 | Verfahren über nicht besonders aufgeführte Beschwerden, die nicht nach anderen Vorschriften gebührenfrei sind:<br>Die Beschwerde wird verworfen oder zurückgewiesen ..<br>Wird die Beschwerde nur teilweise verworfen oder zurückgewiesen, kann das Gericht die Gebühr nach billigem Ermessen auf die Hälfte ermäßigen oder bestimmen, dass eine Gebühr nicht zu erheben ist. | 33,00 € |
| | ***Unterabschnitt 2. Rechtsbeschwerde*** | |
| 2122 | Verfahren über die Rechtsbeschwerde im Verteilungsverfahren:<br>Soweit die Beschwerde verworfen oder zurückgewiesen wird ...................... | 2,0 |
| 2123 | Verfahren über die Rechtsbeschwerde im Verteilungsverfahren:<br>Soweit die Beschwerde zurückgenommen oder das Verfahren durch anderweitige Erledigung beendet wird ......<br>Die Gebühr entsteht nicht, soweit der Beschwerde stattgegeben wird. | 1,0 |
| 2124 | Verfahren über nicht besonders aufgeführte Rechtsbeschwerden, die nicht nach anderen Vorschriften gebührenfrei sind:<br>Die Rechtsbeschwerde wird verworfen oder zurückgewiesen ......................<br>Wird die Rechtsbeschwerde nur teilweise verworfen oder zurückgewiesen, kann das Gericht die Gebühr nach billigem Ermessen auf die Hälfte ermäßigen oder bestimmen, dass eine Gebühr nicht zu erheben ist. | 66,00 € |
| | **Hauptabschnitt 2. Verfahren nach dem Gesetz über die Zwangsversteigerung und die Zwangsverwaltung; Zwangsliquidation einer Bahneinheit** | |
| | *Vorbemerkung 2.2:*<br>Die Gebühren 2210, 2220 und 2230 werden für jeden Antragsteller gesondert erhoben. Wird der Antrag von mehreren Gesamtgläubigern, Gesamthandsgläubigern oder im Fall der Zwangsversteigerung zum Zweck der Aufhebung der Gemeinschaft von mehreren Miteigentümern gemeinsam gestellt, gelten diese als ein Antragsteller. Betrifft ein Antrag mehrere Gegenstände, wird die Gebühr nur einmal erhoben, soweit durch einen einheitlichen Beschluss entschieden wird. Für ein Verfahren nach § 765a ZPO wird keine, für das Beschwerdeverfahren die Gebühr 2240 erhoben; richtet sich die Beschwerde auch gegen eine Entscheidung nach § 30a ZVG, gilt Satz 3 entsprechend. | |
| | ***Abschnitt 1. Zwangsversteigerung*** | |
| 2210 | Entscheidung über den Antrag auf Anordnung der Zwangsversteigerung oder über den Beitritt zum Verfahren ...................... | 110,00 € |

| Nr. | Gebührentatbestand | Gebühr oder Satz der Gebühr nach § 34 GKG |
|---|---|---|
| 2211 | Verfahren im Allgemeinen | 0,5 |
| 2212 | Beendigung des Verfahrens vor Ablauf des Tages, an dem die Verfügung mit der Bestimmung des ersten Versteigerungstermins unterschrieben ist:<br>Die Gebühr 2211 ermäßigt sich auf | 0,25 |
| 2213 | Abhaltung mindestens eines Versteigerungstermins mit Aufforderung zur Abgabe von Geboten<br>Die Gebühr entfällt, wenn der Zuschlag aufgrund des § 74a oder des § 85a ZVG versagt bleibt. | 0,5 |
| 2214 | Erteilung des Zuschlags<br>Die Gebühr entfällt, wenn der Zuschlagsbeschluss aufgehoben wird. | 0,5 |
| 2215 | Verteilungsverfahren | 0,5 |
| 2216 | Es findet keine oder nur eine beschränkte Verteilung des Versteigerungserlöses durch das Gericht statt (§§ 143, 144 ZVG):<br>Die Gebühr 2215 ermäßigt sich auf | 0,25 |
| | ***Abschnitt 2. Zwangsverwaltung*** | |
| 2220 | Entscheidung über den Antrag auf Anordnung der Zwangsverwaltung oder über den Beitritt zum Verfahren | 110,00 € |
| 2221 | Jahresgebühr für jedes Kalenderjahr bei Durchführung des Verfahrens<br>Die Gebühr wird auch für das jeweilige Kalenderjahr erhoben, in das der Tag der Beschlagnahme fällt und in dem das Verfahren aufgehoben wird. | 0,5 – mindestens 132,00 €, im ersten und letzten Kalenderjahr jeweils mindestens 66,00 € |
| | ***Abschnitt 3. Zwangsliquidation einer Bahneinheit*** | |
| 2230 | Entscheidung über den Antrag auf Eröffnung der Zwangsliquidation | 66,00 € |
| 2231 | Verfahren im Allgemeinen | 0,5 |
| 2232 | Das Verfahren wird eingestellt:<br>Die Gebühr 2231 ermäßigt sich auf | 0,25 |
| | ***Abschnitt 4. Beschwerden*** | |
| | ***Unterabschnitt 1. Beschwerde*** | |
| 2240 | Verfahren über Beschwerden, wenn für die angefochtene Entscheidung eine Festgebühr bestimmt ist:<br>Die Beschwerde wird verworfen oder zurückgewiesen<br>Wird die Beschwerde nur teilweise verworfen oder zurückgewiesen, kann das Gericht die Gebühr nach billigem Ermessen auf die Hälfte ermäßigen oder bestimmen, dass eine Gebühr nicht zu erheben ist. | 132,00 € |

| Nr. | Gebührentatbestand | Gebühr oder Satz der Gebühr nach § 34 GKG |
|---|---|---|
| 2241 | Verfahren über nicht besonders aufgeführte Beschwerden, die nicht nach anderen Vorschriften gebührenfrei sind:<br>Soweit die Beschwerde verworfen oder zurückgewiesen wird ............ | 1,0 |
| | ***Unterabschnitt 2. Rechtsbeschwerde*** | |
| 2242 | Verfahren über Rechtsbeschwerden, wenn für die angefochtene Entscheidung eine Festgebühr bestimmt ist:<br>Die Rechtsbeschwerde wird verworfen oder zurückgewiesen ............<br>Wird die Rechtsbeschwerde nur teilweise verworfen oder zurückgewiesen, kann das Gericht die Gebühr nach billigem Ermessen auf die Hälfte ermäßigen oder bestimmen, dass eine Gebühr nicht zu erheben ist. | 264,00 € |
| 2243 | Verfahren über nicht besonders aufgeführte Rechtsbeschwerden, die nicht nach anderen Vorschriften gebührenfrei sind:<br>Soweit die Rechtsbeschwerde verworfen oder zurückgewiesen wird ............ | 2,0 |
| | **Hauptabschnitt 3. Insolvenzverfahren** | |
| | *Vorbemerkung 2.3:*<br>Der Antrag des ausländischen Insolvenzverwalters steht dem Antrag des Schuldners gleich. | |
| | ***Abschnitt 1. Eröffnungsverfahren*** | |
| 2310 | Verfahren über den Antrag des Schuldners auf Eröffnung des Insolvenzverfahrens ............<br>Die Gebühr entsteht auch, wenn das Verfahren nach § 306 InsO ruht. | 0,5 |
| 2311 | Verfahren über den Antrag eines Gläubigers auf Eröffnung des Insolvenzverfahrens ............ | 0,5<br>– mindestens 198,00 € |
| | ***Abschnitt 2. Durchführung des Insolvenzverfahrens auf Antrag des Schuldners*** | |
| | *Vorbemerkung 2.3.2:*<br>Die Gebühren dieses Abschnitts entstehen auch, wenn das Verfahren gleichzeitig auf Antrag eines Gläubigers eröffnet wurde. | |
| 2320 | Durchführung des Insolvenzverfahrens ............<br>Die Gebühr entfällt, wenn der Eröffnungsbeschluss auf Beschwerde aufgehoben wird. | 2,5 |
| 2321 | Einstellung des Verfahrens vor dem Ende des Prüfungstermins nach den §§ 207, 211, 212, 213 InsO:<br>Die Gebühr 2320 ermäßigt sich auf ............ | 0,5 |
| 2322 | Einstellung des Verfahrens nach dem Ende des Prüfungstermins nach den §§ 207, 211, 212, 213 InsO:<br>Die Gebühr 2320 ermäßigt sich auf ............ | 1,5 |

| Nr. | Gebührentatbestand | Gebühr oder Satz der Gebühr nach § 34 GKG |
|---|---|---|
| | ***Abschnitt 3. Durchführung des Insolvenzverfahrens auf Antrag eines Gläubigers*** | |
| | *Vorbemerkung 2.3.3:* Dieser Abschnitt ist nicht anzuwenden, wenn das Verfahren gleichzeitig auf Antrag des Schuldners eröffnet wurde. | |
| 2330 | Durchführung des Insolvenzverfahrens ..................... Die Gebühr entfällt, wenn der Eröffnungsbeschluss auf Beschwerde aufgehoben wird. | 3,0 |
| 2331 | Einstellung des Verfahrens vor dem Ende des Prüfungstermins nach den §§ 207, 211, 212, 213 InsO: Die Gebühr 2330 ermäßigt sich auf ..................... | 1,0 |
| 2332 | Einstellung des Verfahrens nach dem Ende des Prüfungstermins nach den §§ 207, 211, 212, 213 InsO: Die Gebühr 2330 ermäßigt sich auf ..................... | 2,0 |
| | ***Abschnitt 4. Besonderer Prüfungstermin und schriftliches Prüfungsverfahren (§ 177 InsO)*** | |
| 2340 | Prüfung von Forderungen je Gläubiger ..................... | 22,00 € |
| | ***Abschnitt 5. Restschuldbefreiung*** | |
| 2350 | Entscheidung über den Antrag auf Versagung oder Widerruf der Restschuldbefreiung (§§ 296 bis 297a, 300 und 303 InsO) ..................... | 39,00 € |
| | ***Abschnitt 6. Besondere Verfahren nach der Verordnung (EU) 2015/848*** | |
| 2360 | Verfahren über einen Antrag nach Artikel 36 Abs. 7 Satz 2 der Verordnung (EU) 2015/848 ..................... | 3,0 |
| 2361 | Verfahren über einstweilige Maßnahmen nach Artikel 36 Abs. 9 der Verordnung (EU) 2015/848 ..................... | 1,0 |
| 2362 | Verfahren über einen Antrag auf Eröffnung eines Gruppen-Koordinationsverfahrens nach Artikel 61 der Verordnung (EU) 2015/848 ..................... | 4 400,00 € |
| | ***Abschnitt 7. Koordinationsverfahren*** | |
| 2370 | Verfahren im Allgemeinen ..................... | 550,00 € |
| 2371 | In dem Verfahren wird ein Koordinationsplan zur Bestätigung vorgelegt: Die Gebühr 2370 beträgt ..................... | 1 100,00 € |
| | ***Abschnitt 8. Beschwerden*** | |
| | ***Unterabschnitt 1. Beschwerde*** | |
| 2380 | Verfahren über die Beschwerde gegen die Entscheidung über den Antrag auf Eröffnung des Insolvenzverfahrens | 1,0 |
| 2381 | Verfahren über nicht besonders aufgeführte Beschwerden, die nicht nach anderen Vorschriften gebührenfrei sind: | |

| Nr. | Gebührentatbestand | Gebühr oder Satz der Gebühr nach § 34 GKG |
|---|---|---|
| | Die Beschwerde wird verworfen oder zurückgewiesen .. | 66,00 € |
| | Wird die Beschwerde nur teilweise verworfen oder zurückgewiesen, kann das Gericht die Gebühr nach billigem Ermessen auf die Hälfte ermäßigen oder bestimmen, dass eine Gebühr nicht zu erheben ist. | |
| 2382 | Verfahren über die sofortige Beschwerde gegen die Entscheidung über die Kosten des Gruppen-Koordinationsverfahrens nach Artikel 102c § 26 EGInsO .................. | 1,0 |
| | ***Unterabschnitt 2. Rechtsbeschwerde*** | |
| 2383 | Verfahren über die Rechtsbeschwerde gegen die Beschwerdeentscheidung im Verfahren über den Antrag auf Eröffnung des Insolvenzverfahrens .......................... | 2,0 |
| 2384 | Beendigung des gesamten Verfahrens durch Zurücknahme der Rechtsbeschwerde oder des Antrags: | |
| | Die Gebühr 2383 ermäßigt sich auf ............................ | 1,0 |
| 2385 | Verfahren über nicht besonders aufgeführte Rechtsbeschwerden, die nicht nach anderen Vorschriften gebührenfrei sind: | |
| | Die Rechtsbeschwerde wird verworfen oder zurückgewiesen .................................................................. | 132,00 € |
| | Wird die Rechtsbeschwerde nur teilweise verworfen oder zurückgewiesen, kann das Gericht die Gebühr nach billigem Ermessen auf die Hälfte ermäßigen oder bestimmen, dass eine Gebühr nicht zu erheben ist. | |
| 2386 | Verfahren über die Rechtsbeschwerde gegen die Beschwerdeentscheidung über die Kosten des Gruppen-Koordinationsverfahrens nach Artikel 102c § 26 EGInsO i.V.m. § 574 ZPO .................................................. | 2,0 |
| | **Hauptabschnitt 4. Schifffahrtsrechtliches Verteilungsverfahren** | |
| | ***Abschnitt 1. Eröffnungsverfahren*** | |
| 2410 | Verfahren über den Antrag auf Eröffnung des Verteilungsverfahrens ................................................ | 1,0 |
| | ***Abschnitt 2. Verteilungsverfahren*** | |
| 2420 | Durchführung des Verteilungsverfahrens ...................... | 2,0 |
| | ***Abschnitt 3. Besonderer Prüfungstermin und schriftliches Prüfungsverfahren (§ 18 Satz 3 SVertO, § 177 InsO)*** | |
| 2430 | Prüfung von Forderungen je Gläubiger ......................... | 22,00 € |
| | ***Abschnitt 4. Beschwerde und Rechtsbeschwerde*** | |
| 2440 | Verfahren über Beschwerden, die nicht nach anderen Vorschriften gebührenfrei sind: | |
| | Die Beschwerde wird verworfen oder zurückgewiesen .. | 66,00 € |
| | Wird die Beschwerde nur teilweise verworfen oder zurückgewiesen, kann das Gericht die Gebühr nach billigem Ermessen auf die Hälfte ermäßigen oder bestimmen, dass eine Gebühr nicht zu erheben ist. | |

| Nr. | Gebührentatbestand | Gebühr oder Satz der Gebühr nach § 34 GKG |
|---|---|---|
| 2441 | Verfahren über Rechtsbeschwerden:<br>Die Rechtsbeschwerde wird verworfen oder zurückgewiesen ........................................ | 132,00 € |
| | Wird die Rechtsbeschwerde nur teilweise verworfen oder zurückgewiesen, kann das Gericht die Gebühr nach billigem Ermessen auf die Hälfte ermäßigen oder bestimmen, dass eine Gebühr nicht zu erheben ist. | |

## Hauptabschnitt 5. Verfahren nach dem Unternehmensstabilisierungs- und -restrukturierungsgesetz

### *Abschnitt 1. Verfahren vor dem Restrukturierungsgericht*

| Nr. | Gebührentatbestand | Gebühr oder Satz der Gebühr nach § 34 GKG |
|---|---|---|
| 2510 | Entgegennahme der Anzeige des Restrukturierungsvorhabens (§ 31 StaRUG) ........................................ | 150,00 € |
| | Mit der Gebühr sind sämtliche Tätigkeiten des Gerichts im Zusammenhang mit der Anzeige des Restrukturierungsvorhabens einschließlich der Aufhebung der Restrukturierungssache abgegolten. | |
| 2511 | Verfahren über den Antrag auf Inanspruchnahme von Instrumenten des Stabilisierungs- und Restrukturierungsrahmens ........................................ | 1 000,00 € |
| | (1) Die Gebühr 2510 wird angerechnet.<br>(2) Endet das gesamte Verfahren, bevor der gerichtliche Erörterungs- und Abstimmungstermin begonnen hat oder bevor der Restrukturierungsplan gerichtlich bestätigt wurde, kann das Gericht die Gebühr nach billigem Ermessen auf die Hälfte ermäßigen. | |
| 2512 | In derselben Restrukturierungssache wird die Inanspruchnahme von mehr als drei Instrumenten des Stabilisierungs- und Restrukturierungsrahmens beantragt:<br>Die Gebühr 2511 beträgt ........................................ | 1 500,00 € |
| 2513 | Bestellung eines Restrukturierungsbeauftragten ............ | 500,00 € |
| | Mit der Gebühr sind sämtliche Tätigkeiten des Gerichts im Zusammenhang mit der Bestellung, insbesondere auch die Aufsicht über den Restrukturierungsbeauftragten, abgegolten. | |
| 2514 | Verfahren über den Antrag auf Bestellung eines Sanierungsmoderators ........................................ | 500,00 € |
| | Mit der Gebühr sind sämtliche Tätigkeiten des Gerichts in dem Verfahren einschließlich der Bestätigung eines Sanierungsvergleichs abgegolten. | |

### *Abschnitt 2. Beschwerden*

#### *Unterabschnitt 1. Beschwerde*

| Nr. | Gebührentatbestand | Gebühr oder Satz der Gebühr nach § 34 GKG |
|---|---|---|
| 2520 | Verfahren über sofortige Beschwerden nach dem StaRUG ........................................ | 1 000,00 € |
| 2521 | Beendigung des gesamten Verfahrens durch Zurücknahme der Beschwerde:<br>Die Gebühr 2520 ermäßigt sich auf ........................................ | 500,00 € |
| 2522 | Verfahren über nicht besonders aufgeführte Beschwerden, die nicht nach anderen Vorschriften gebührenfrei sind: | |

| Nr. | Gebührentatbestand | Gebühr oder Satz der Gebühr nach § 34 GKG |
|---|---|---|
| | Die Beschwerde wird verworfen oder zurückgewiesen .. Wird die Beschwerde nur teilweise verworfen oder zurückgewiesen, kann das Gericht die Gebühr nach billigem Ermessen auf die Hälfte ermäßigen oder bestimmen, dass eine Gebühr nicht zu erheben ist. | 66,00 € |
| | ***Unterabschnitt 2. Rechtsbeschwerde*** | |
| 2523 | Verfahren über Rechtsbeschwerden nach dem StaRUG | 2 000,00 € |
| 2524 | Beendigung des gesamten Verfahrens durch Zurücknahme der Rechtsbeschwerde: Die Gebühr 2523 ermäßigt sich auf ............................... | 1 000,00 € |
| 2525 | Verfahren über nicht besonders aufgeführte Rechtsbeschwerden, die nicht nach anderen Vorschriften gebührenfrei sind: Die Rechtsbeschwerde wird verworfen oder zurückgewiesen ............................... Wird die Rechtsbeschwerde nur teilweise verworfen oder zurückgewiesen, kann das Gericht die Gebühr nach billigem Ermessen auf die Hälfte ermäßigen oder bestimmen, dass eine Gebühr nicht zu erheben ist. | 132,00 € |
| | **Hauptabschnitt 6. Rüge wegen Verletzung des Anspruchs auf rechtliches Gehör** | |
| 2600 | Verfahren über die Rüge wegen Verletzung des Anspruchs auf rechtliches Gehör (§ 321a ZPO, § 4 InsO, § 3 Abs. 1 Satz 1 SVertO, § 38 StaRUG): Die Rüge wird in vollem Umfang verworfen oder zurückgewiesen ............................... | 66,00 € |

## Teil 3. Strafsachen und gerichtliche Verfahren nach dem Strafvollzugsgesetz, auch in Verbindung mit § 92 des Jugendgerichtsgesetzes, sowie Verfahren nach dem Gesetz über die internationale Rechtshilfe in Strafsachen

| Nr. | Gebührentatbestand | Gebühr oder Satz der jeweiligen Gebühr 3110 bis 3117, soweit nichts anderes vermerkt ist |
|---|---|---|

*Vorbemerkung 3:*

(1) § 473 Abs. 4 StPO und § 74 JGG bleiben unberührt.

(2) Im Verfahren nach Wiederaufnahme werden die gleichen Gebühren wie für das wiederaufgenommene Verfahren erhoben. Wird jedoch nach Anordnung der Wiederaufnahme des Verfahrens das frühere Urteil aufgehoben, gilt für die Gebührenerhebung jeder Rechtszug des neuen Verfahrens mit dem jeweiligen Rechtszug des früheren Verfahrens zusammen als ein Rechtszug. Gebühren werden auch für Rechtszüge erhoben, die nur im früheren Verfahren stattgefunden haben. Dies gilt auch für das Wiederaufnahmeverfahren, das sich gegen einen Strafbefehl richtet (§ 373a StPO).

### Hauptabschnitt 1. Offizialverfahren

*Vorbemerkung 3.1:*

(1) In Strafsachen bemessen sich die Gerichtsgebühren für alle Rechtszüge nach der rechtskräftig erkannten Strafe.

(2) Ist neben einer Freiheitsstrafe auf Geldstrafe erkannt, ist die Zahl der Tagessätze der Dauer der Freiheitsstrafe hinzuzurechnen; dabei entsprechen 30 Tagessätze einem Monat Freiheitsstrafe.

(3) Ist auf Verwarnung mit Strafvorbehalt erkannt, bestimmt sich die Gebühr nach der vorbehaltenen Geldstrafe.

(4) Eine Gebühr wird für alle Rechtszüge bei rechtskräftiger Anordnung einer Maßregel der Besserung und Sicherung und bei rechtskräftiger Festsetzung einer Geldbuße gesondert erhoben.

(5) Wird aufgrund des § 55 Abs. 1 StGB in einem Verfahren eine Gesamtstrafe gebildet, bemisst sich die Gebühr für dieses Verfahren nach dem Maß der Strafe, um das die Gesamtstrafe die früher erkannte Strafe übersteigt. Dies gilt entsprechend, wenn ein Urteil, in dem auf Jugendstrafe erkannt ist, nach § 31 Abs. 2 JGG in ein neues Urteil einbezogen wird. In den Fällen des § 460 StPO und des § 66 JGG verbleibt es bei den Gebühren für die früheren Verfahren.

(6) Betrifft eine Strafsache mehrere Angeschuldigte, ist die Gebühr von jedem gesondert nach Maßgabe der gegen ihn erkannten Strafe, angeordneten Maßregel der Besserung und Sicherung oder festgesetzten Geldbuße zu erheben. Wird in einer Strafsache gegen einen oder mehrere Angeschuldigte auch eine Geldbuße gegen eine juristische Person oder eine Personenvereinigung festgesetzt, ist eine Gebühr auch von der juristischen Person oder der Personenvereinigung nach Maßgabe der gegen sie festgesetzten Geldbuße zu erheben.

(7) Wird bei Verurteilung wegen selbständiger Taten ein Rechtsmittel auf einzelne Taten beschränkt, bemisst sich die Gebühr für das Rechtsmittelverfahren nach der Strafe für diejenige Tat, die Gegenstand des Rechtsmittelverfahrens ist. Bei Gesamtstrafen ist die Summe der angefochtenen Einzelstrafen maßgebend. Ist die Gesamtstrafe, auch unter Einbeziehung der früher erkannten Strafe, geringer, ist diese maßgebend. Wird ein Rechtsmittel auf die Anordnung einer Maßregel der Besserung und Sicherung oder die Festsetzung einer Geldbuße beschränkt, werden die Gebühren für das Rechtsmittelverfahren nur wegen der Anordnung der Maßregel oder der Festsetzung der Geldbuße erhoben. Die Sätze 1 bis 4 gelten im Fall der Wiederaufnahme entsprechend.

(8) Das Verfahren über die vorbehaltene Sicherungsverwahrung und das Verfahren über die nachträgliche Anordnung der Sicherungsverwahrung gelten als besondere Verfahren.

| Nr. | Gebührentatbestand | Gebühr oder Satz der jeweiligen Gebühr 3110 bis 3117, soweit nichts anderes vermerkt ist |
|---|---|---|
| | ***Abschnitt 1. Erster Rechtszug*** | |
| | Verfahren mit Urteil, wenn kein Strafbefehl vorausgegangen ist, bei | |
| 3110 | – Verurteilung zu Freiheitsstrafe bis zu 6 Monaten oder zu Geldstrafe bis zu 180 Tagessätzen | 155,00 € |
| 3111 | – Verurteilung zu Freiheitsstrafe bis zu 1 Jahr oder zu Geldstrafe von mehr als 180 Tagessätzen | 310,00 € |
| 3112 | – Verurteilung zu Freiheitsstrafe bis zu 2 Jahren | 465,00 € |
| 3113 | – Verurteilung zu Freiheitsstrafe bis zu 4 Jahren | 620,00 € |
| 3114 | – Verurteilung zu Freiheitsstrafe bis zu 10 Jahren | 775,00 € |
| 3115 | – Verurteilung zu Freiheitsstrafe von mehr als 10 Jahren oder zu einer lebenslangen Freiheitsstrafe | 1 100,00 € |
| 3116 | – Anordnung einer oder mehrerer Maßregeln der Besserung und Sicherung | 77,00 € |
| 3117 | – Festsetzung einer Geldbuße | 10 % des Betrags der Geldbuße – mindestens 55,00 € – höchstens 16 500,00 € |
| 3118 | Strafbefehl<br>Die Gebühr wird auch neben der Gebühr 3119 erhoben. Ist der Einspruch beschränkt (§ 410 Abs. 2 StPO), bemisst sich die Gebühr nach der im Urteil erkannten Strafe. | 0,5 |
| 3119 | Hauptverhandlung mit Urteil, wenn ein Strafbefehl vorausgegangen ist<br>Vorbemerkung 3.1 Abs. 7 gilt entsprechend. | 0,5 |
| | ***Abschnitt 2. Berufung*** | |
| 3120 | Berufungsverfahren mit Urteil | 1,5 |
| 3121 | Erledigung des Berufungsverfahrens ohne Urteil<br>Die Gebühr entfällt bei Zurücknahme der Berufung vor Ablauf der Begründungsfrist. | 0,5 |
| | ***Abschnitt 3. Revision*** | |
| 3130 | Revisionsverfahren mit Urteil oder Beschluss nach § 349 Abs. 2 oder 4 StPO | 2,0 |
| 3131 | Erledigung des Revisionsverfahrens ohne Urteil und ohne Beschluss nach § 349 Abs. 2 oder 4 StPO<br>Die Gebühr entfällt bei Zurücknahme der Revision vor Ablauf der Begründungsfrist. | 1,0 |

| Nr. | Gebührentatbestand | Gebühr oder Satz der jeweiligen Gebühr 3110 bis 3117, soweit nichts anderes vermerkt ist |
|---|---|---|
| | ***Abschnitt 4. Wiederaufnahmeverfahren*** | |
| 3140 | Verfahren über den Antrag auf Wiederaufnahme des Verfahrens:<br>Der Antrag wird verworfen oder abgelehnt ................... | 0,5 |
| 3141 | Verfahren über die Beschwerde gegen einen Beschluss, durch den ein Antrag auf Wiederaufnahme des Verfahrens hinsichtlich einer Freiheitsstrafe, einer Geldstrafe, einer Maßregel der Besserung und Sicherung oder einer Geldbuße verworfen oder abgelehnt wurde:<br>Die Beschwerde wird verworfen oder zurückgewiesen .. | 1,0 |
| | ***Abschnitt 5. Psychosoziale Prozessbegleitung*** | |
| | *Vorbemerkung 3.1.5:*<br>Eine Erhöhung nach diesem Abschnitt tritt nicht ein, soweit das Gericht etwas anderes angeordnet hat (§ 465 Abs. 2 Satz 4 StPO). | |
| | Dem Verletzten ist ein psychosozialer Prozessbegleiter beigeordnet | |
| 3150 | – für das Vorverfahren:<br>Die Gebühren 3110 bis 3116 und 3118 erhöhen sich um ...................................................................... | 572,00 € |
| 3151 | – für das gerichtliche Verfahren im ersten Rechtszug:<br>Die Gebühren 3110 bis 3116 und 3118 erhöhen sich um ......................................................................<br>(1) Die Erhöhung der Gebühr 3116 tritt nur ein, wenn ausschließlich diese Gebühr zu erheben ist.<br>(2) Die Erhöhungen nach den Nummern 3150 und 3151 können nebeneinander eintreten. | 407,00 € |
| 3152 | Dem Verletzten ist für das Berufungsverfahren ein psychosozialer Prozessbegleiter beigeordnet:<br>Die Gebühr 3120 und 3121 erhöhen sich um ...............<br>Die Erhöhung der Gebühr 3120 oder 3121 für die Anordnung einer oder mehrerer Maßregeln der Besserung und Sicherung tritt nur ein, wenn ausschließlich diese Gebühr zu erheben ist. | 231,00 € |
| | **Hauptabschnitt 2. Klageerzwingungsverfahren, unwahre Anzeige und Zurücknahme des Strafantrags** | |
| 3200 | Dem Antragsteller, dem Anzeigenden, dem Angeklagten oder Nebenbeteiligten sind die Kosten auferlegt worden (§§ 177, 469, 470 StPO) ..........................................<br>Das Gericht kann die Gebühr bis auf 15,00 € herabsetzen oder beschließen, dass von der Erhebung einer Gebühr abgesehen wird. | 80,00 € |
| | **Hauptabschnitt 3. Privatklage** | |
| | *Vorbemerkung 3.3:*<br>Für das Verfahren auf Widerklage werden die Gebühren gesondert erhoben. | |

| Nr. | Gebührentatbestand | Gebühr oder Satz der jeweiligen Gebühr 3110 bis 3117, soweit nichts anderes vermerkt ist |
|---|---|---|
| | ***Abschnitt 1. Erster Rechtszug*** | |
| 3310 | Hauptverhandlung mit Urteil | 160,00 € |
| 3311 | Erledigung des Verfahrens ohne Urteil | 80,00 € |
| | ***Abschnitt 2. Berufung*** | |
| 3320 | Berufungsverfahren mit Urteil | 320,00 € |
| 3321 | Erledigung der Berufung ohne Urteil<br>Die Gebühr entfällt bei Zurücknahme der Berufung vor Ablauf der Begründungsfrist. | 160,00 € |
| | ***Abschnitt 3. Revision*** | |
| 3330 | Revisionsverfahren mit Urteil oder Beschluss nach § 349 Abs. 2 oder 4 StPO | 480,00 € |
| 3331 | Erledigung der Revision ohne Urteil und ohne Beschluss nach § 349 Abs. 2 oder 4 StPO<br>Die Gebühr entfällt bei Rücknahme der Revision vor Ablauf der Begründungsfrist. | 320,00 € |
| | ***Abschnitt 4. Wiederaufnahmeverfahren*** | |
| 3340 | Verfahren über den Antrag auf Wiederaufnahme des Verfahrens:<br>Der Antrag wird verworfen oder abgelehnt | 80,00 € |
| 3341 | Verfahren über die Beschwerde gegen einen Beschluss, durch den ein Antrag auf Wiederaufnahme des Verfahrens verworfen oder abgelehnt wurde:<br>Die Beschwerde wird verworfen oder zurückgewiesen | 160,00 € |
| | **Hauptabschnitt 4. Einziehung und verwandte Maßnahmen** | |
| | *Vorbemerkung 3.4:*<br>(1) Die Vorschriften dieses Hauptabschnitts gelten für die Verfahren über die Einziehung, dieser gleichstehende Rechtsfolgen (§ 439 StPO) und die Abführung des Mehrerlöses. Im Strafverfahren werden die Gebühren gesondert erhoben.<br>(2) Betreffen die in Abs. 1 genannten Maßnahmen mehrere Angeschuldigte wegen derselben Tat, wird nur eine Gebühr erhoben. § 31 GKG bleibt unberührt. | |
| | ***Abschnitt 1. Antrag des Privatklägers nach § 435 StPO*** | |
| 3410 | Verfahren über den Antrag des Privatklägers:<br>Der Antrag wird verworfen oder zurückgewiesen | 39,00 € |
| | ***Abschnitt 2. Beschwerde*** | |
| 3420 | Verfahren über die Beschwerde nach § 434 Abs. 2, auch i.V.m. § 436 Abs. 2, StPO:<br>Die Beschwerde wird verworfen oder zurückgewiesen | 39,00 € |

| Nr. | Gebührentatbestand | Gebühr oder Satz der jeweiligen Gebühr 3110 bis 3117, soweit nichts anderes vermerkt ist |
|---|---|---|
| | ***Abschnitt 3. Berufung*** | |
| 3430 | Verwerfung der Berufung durch Urteil ........................ | 78,00 € |
| 3431 | Erledigung der Berufung ohne Urteil ........................<br>Die Gebühr entfällt bei Zurücknahme der Berufung vor Ablauf der Begründungsfrist. | 39,00 € |
| | ***Abschnitt 4. Revision*** | |
| 3440 | Verwerfung der Revision durch Urteil oder Beschluss nach § 349 Abs. 2 oder 4 StPO .................................... | 78,00 € |
| 3441 | Erledigung der Revision ohne Urteil und ohne Beschluss nach § 349 Abs. 2 oder 4 StPO .........................<br>Die Gebühr entfällt bei Zurücknahme der Revision vor Ablauf der Begründungsfrist. | 39,00 € |
| | ***Abschnitt 5. Wiederaufnahmeverfahren*** | |
| 3450 | Verfahren über den Antrag auf Wiederaufnahme des Verfahrens:<br>Der Antrag wird verworfen oder zurückgewiesen .......... | 39,00 € |
| 3451 | Verfahren über die Beschwerde gegen einen Beschluss, durch den ein Antrag auf Wiederaufnahme des Verfahrens verworfen oder abgelehnt wurde:<br>Die Beschwerde wird verworfen oder zurückgewiesen .. | 78,00 € |
| | **Hauptabschnitt 5. Nebenklage** | |
| | *Vorbemerkung 3.5:*<br>Gebühren nach diesem Hauptabschnitt werden nur erhoben, wenn dem Nebenkläger die Kosten auferlegt worden sind. | |
| | ***Abschnitt 1. Berufung*** | |
| 3510 | Die Berufung des Nebenklägers wird durch Urteil verworfen; aufgrund der Berufung des Nebenklägers wird der Angeklagte freigesprochen oder für straffrei erklärt ... | 108,00 € |
| 3511 | Erledigung der Berufung des Nebenklägers ohne Urteil<br>Die Gebühr entfällt bei Zurücknahme der Berufung vor Ablauf der Begründungsfrist. | 54,00 € |
| | ***Abschnitt 2. Revision*** | |
| 3520 | Die Revision des Nebenklägers wird durch Urteil oder Beschluss nach § 349 Abs. 2 StPO verworfen; aufgrund der Revision des Nebenklägers wird der Angeklagte freigesprochen oder für straffrei erklärt ........................ | 162,00 € |
| 3521 | Erledigung der Revision des Nebenklägers ohne Urteil und ohne Beschluss nach § 349 Abs. 2 StPO ................<br>Die Gebühr entfällt bei Zurücknahme der Revision vor Ablauf der Begründungsfrist. | 81,00 € |

| Nr. | Gebührentatbestand | Gebühr oder Satz der jeweiligen Gebühr 3110 bis 3117, soweit nichts anderes vermerkt ist |
|---|---|---|
| | ***Abschnitt 3. Wiederaufnahmeverfahren*** | |
| 3530 | Verfahren über den Antrag des Nebenklägers auf Wiederaufnahme des Verfahrens:<br>Der Antrag wird verworfen oder abgelehnt .................... | 54,00 € |
| 3531 | Verfahren über die Beschwerde gegen einen Beschluss, durch den ein Antrag des Nebenklägers auf Wiederaufnahme des Verfahrens verworfen oder abgelehnt wurde:<br>Die Beschwerde wird verworfen oder zurückgewiesen .. | 108,00 € |
| | **Hauptabschnitt 6. Sonstige Beschwerden** | |
| | *Vorbemerkung 3.6:*<br>Die Gebühren im Kostenfestsetzungsverfahren bestimmen sich nach den für das Kostenfestsetzungsverfahren in Teil 1 Hauptabschnitt 8 geregelten Gebühren. | |
| 3600 | Verfahren über die Beschwerde gegen einen Beschluss nach § 411 Abs. 1 Satz 3 StPO:<br>Die Beschwerde wird verworfen oder zurückgewiesen .. | 0,25 |
| 3601 | Verfahren über die Beschwerde gegen eine Entscheidung, durch die im Strafverfahren einschließlich des selbständigen Verfahrens nach den §§ 435 bis 437, 444 Abs. 3 StPO eine Geldbuße gegen eine juristische Person oder eine Personenvereinigung festgesetzt worden ist:<br>Die Beschwerde wird verworfen oder zurückgewiesen ..<br>Eine Gebühr wird nur erhoben, wenn eine Geldbuße rechtskräftig festgesetzt ist. | 0,5 |
| 3602 | Verfahren über nicht besonders aufgeführte Beschwerden, die nicht nach anderen Vorschriften gebührenfrei sind:<br>Die Beschwerde wird verworfen oder zurückgewiesen ..<br>Von dem Beschuldigten wird eine Gebühr nur erhoben, wenn gegen ihn rechtskräftig auf eine Strafe, auf Verwarnung mit Strafvorbehalt erkannt, eine Maßregel der Besserung und Sicherung angeordnet oder eine Geldbuße festgesetzt worden ist. Von einer juristischen Person oder einer Personenvereinigung wird eine Gebühr nur erhoben, wenn gegen sie eine Geldbuße festgesetzt worden ist. | 66,00 € |

| Nr. | Gebührentatbestand | Gebühr oder Satz der Gebühr nach § 34 GKG |
|---|---|---|
| | **Hauptabschnitt 7. Entschädigungsverfahren** | |
| 3700 | Urteil, durch das dem Antrag wegen eines aus der Straftat erwachsenen vermögensrechtlichen Anspruchs stattgegeben wird (§ 406 StPO) ..........................................<br>Die Gebühr wird für jeden Rechtszug nach dem Wert des zuerkannten Anspruchs erhoben. | 1,0 |

| Nr. | Gebührentatbestand | Gebühr oder Satz der Gebühr nach § 34 GKG |
|---|---|---|
| | **Hauptabschnitt 8. Gerichtliche Verfahren nach dem Strafvollzugsgesetz, auch in Verbindung mit § 92 des Jugendgerichtsgesetzes** | |
| | ***Abschnitt 1. Antrag auf gerichtliche Entscheidung*** | |
| | Verfahren über den Antrag des Betroffenen auf gerichtliche Entscheidung: | |
| 3810 | – Der Antrag wird zurückgewiesen | 1,0 |
| 3811 | – Der Antrag wird zurückgenommen | 0,5 |
| | ***Abschnitt 2. Beschwerde und Rechtsbeschwerde*** | |
| | Verfahren über die Beschwerde oder die Rechtsbeschwerde: | |
| 3820 | – Die Beschwerde oder die Rechtsbeschwerde wird verworfen | 2,0 |
| 3821 | – Die Beschwerde oder die Rechtsbeschwerde wird zurückgenommen | 1,0 |
| | ***Abschnitt 3. Vorläufiger Rechtsschutz*** | |
| 3830 | Verfahren über den Antrag auf Aussetzung des Vollzugs einer Maßnahme der Vollzugsbehörde oder auf Erlass einer einstweiligen Anordnung:<br>Der Antrag wird zurückgewiesen | 0,5 |
| | **Hauptabschnitt 9. Sonstige Verfahren** | |
| | ***Abschnitt 1. Vollstreckungshilfeverfahren wegen einer im Ausland rechtskräftig verhängten Geldsanktion*** | |
| | *Vorbemerkung 3.9.1:*<br>Die Vorschriften dieses Abschnitts gelten für gerichtliche Verfahren nach Abschnitt 2 Unterabschnitt 2 des Neunten Teils des Gesetzes über die internationale Rechtshilfe in Strafsachen. | |
| 3910 | Verfahren über den Einspruch gegen die Entscheidung der Bewilligungsbehörde:<br>Der Einspruch wird verworfen oder zurückgewiesen<br>Wird auf den Einspruch wegen fehlerhafter oder unterlassener Umwandlung durch die Bewilligungsbehörde die Geldsanktion umgewandelt, kann das Gericht die Gebühr nach billigem Ermessen auf die Hälfte ermäßigen oder bestimmen, dass eine Gebühr nicht zu erheben ist. Dies gilt auch, wenn hinsichtlich der Höhe der zu vollstreckenden Geldsanktion von der Bewilligungsentscheidung zugunsten des Betroffenen abgewichen wird. | 54,00 € |
| 3911 | Verfahren über den Antrag auf gerichtliche Entscheidung gegen die Entscheidung der Bewilligungsbehörde nach § 87f Abs. 5 Satz 2 IRG:<br>Der Antrag wird verworfen | 33,00 € |
| 3912 | Verfahren über die Rechtsbeschwerde:<br>Die Rechtsbeschwerde wird verworfen oder zurückgewiesen<br>(1) Die Anmerkung zu Nummer 3910 gilt entsprechend. | 81,00 € |

| Nr. | Gebührentatbestand | Gebühr oder Satz der Gebühr nach § 34 GKG |
|---|---|---|
| | (2) Die Gebühr entfällt bei Rücknahme der Rechtsbeschwerde vor Ablauf der Begründungsfrist. | |
| | ***Abschnitt 2. Rüge wegen Verletzung des Anspruchs auf rechtliches Gehör*** | |
| 3920 | Verfahren über die Rüge wegen Verletzung des Anspruchs auf rechtliches Gehör (§§ 33a, 311a Abs. 1 Satz 1, § 356a StPO, auch i.V.m. § 55 Abs. 4, § 92 JGG und § 120 StVollzG):<br>Die Rüge wird in vollem Umfang verworfen oder zurückgewiesen | 66,00 € |

## Teil 4. Verfahren nach dem Gesetz über Ordnungswidrigkeiten

| Nr. | Gebührentatbestand | Gebühr oder Satz der Gebühr 4110, soweit nichts anderes vermerkt ist |
|---|---|---|

*Vorbemerkung 4:*

(1) § 473 Abs. 4 StPO, auch i.V.m. § 46 Abs. 1 OWiG, bleibt unberührt.

(2) Im Verfahren nach Wiederaufnahme werden die gleichen Gebühren wie für das wiederaufgenommene Verfahren erhoben. Wird jedoch nach Anordnung der Wiederaufnahme des Verfahrens die frühere Entscheidung aufgehoben, gilt für die Gebührenerhebung jeder Rechtszug des neuen Verfahrens mit dem jeweiligen Rechtszug des früheren Verfahrens zusammen als ein Rechtszug. Gebühren werden auch für Rechtszüge erhoben, die nur im früheren Verfahren stattgefunden haben.

### Hauptabschnitt 1. Bußgeldverfahren

*Vorbemerkung 4.1:*

(1) In Bußgeldsachen bemessen sich die Gerichtsgebühren für alle Rechtszüge nach der rechtskräftig festgesetzten Geldbuße. Mehrere Geldbußen, die in demselben Verfahren gegen denselben Betroffenen festgesetzt werden, sind bei der Bemessung der Gebühr zusammenzurechnen.

(2) Betrifft eine Bußgeldsache mehrere Betroffene, ist die Gebühr von jedem gesondert nach Maßgabe der gegen ihn festgesetzten Geldbuße zu erheben. Wird in einer Bußgeldsache gegen einen oder mehrere Betroffene eine Geldbuße auch gegen eine juristische Person oder eine Personenvereinigung festgesetzt, ist eine Gebühr auch von der juristischen Person oder Personenvereinigung nach Maßgabe der gegen sie festgesetzten Geldbuße zu erheben.

(3) Wird bei Festsetzung mehrerer Geldbußen ein Rechtsmittel auf die Festsetzung einer Geldbuße beschränkt, bemisst sich die Gebühr für das Rechtsmittelverfahren nach dieser Geldbuße. Satz 1 gilt im Fall der Wiederaufnahme entsprechend.

#### *Abschnitt 1. Erster Rechtszug*

| | | |
|---|---|---|
| 4110 | Hauptverhandlung mit Urteil oder Beschluss ohne Hauptverhandlung (§ 72 OWiG) | 10 % des Betrags der Geldbuße – mindestens 55,00 € – höchstens 16 500,00 € |
| 4111 | Zurücknahme des Einspruchs nach Eingang der Akten bei Gericht und vor Beginn der Hauptverhandlung<br>Die Gebühr wird nicht erhoben, wenn die Sache an die Verwaltungsbehörde zurückverwiesen worden ist. | 0,25 – mindestens 17,00 € |
| 4112 | Zurücknahme des Einspruchs nach Beginn der Hauptverhandlung | 0,5 |

#### *Abschnitt 2. Rechtsbeschwerde*

| | | |
|---|---|---|
| 4120 | Verfahren mit Urteil oder Beschluss nach § 79 Abs. 5 OWiG | 2,0 |
| 4121 | Verfahren ohne Urteil oder Beschluss nach § 79 Abs. 5 OWiG<br>Die Gebühr entfällt bei Rücknahme der Rechtsbeschwerde vor Ablauf der Begründungsfrist. | 1,0 |

| Nr. | Gebührentatbestand | Gebühr oder Satz der Gebühr 4110, soweit nichts anderes vermerkt ist |
|---|---|---|
| | ***Abschnitt 3. Wiederaufnahmeverfahren*** | |
| 4130 | Verfahren über den Antrag auf Wiederaufnahme des Verfahrens:<br>Der Antrag wird verworfen oder abgelehnt ................... | 0,5 |
| 4131 | Verfahren über die Beschwerde gegen einen Beschluss, durch den ein Antrag auf Wiederaufnahme des Verfahrens verworfen oder abgelehnt wurde:<br>Die Beschwerde wird verworfen oder zurückgewiesen .. | 1,0 |
| | **Hauptabschnitt 2. Einziehung und verwandte Maßnahmen** | |
| | *Vorbemerkung 4.2:*<br>(1) Die Vorschriften dieses Hauptabschnitts gelten für die Verfahren über die Einziehung, dieser gleichstehende Rechtsfolgen (§ 439 StPO i.V.m. § 46 Abs. 1 OWiG) und die Abführung des Mehrerlöses. Im gerichtlichen Verfahren werden die Gebühren gesondert erhoben.<br>(2) Betreffen die in Abs. 1 genannten Maßnahmen mehrere Betroffene wegen derselben Handlung, wird nur eine Gebühr erhoben. § 31 GKG bleibt unberührt. | |
| | ***Abschnitt 1. Beschwerde*** | |
| 4210 | Verfahren über die Beschwerde nach § 434 Abs. 2, auch i.V.m. § 436 Abs. 2 StPO, wiederum i.V.m. § 46 Abs. 1 OWiG:<br>Die Beschwerde wird verworfen oder zurückgewiesen .. | 66,00 € |
| | ***Abschnitt 2. Rechtsbeschwerde*** | |
| 4220 | Verfahren mit Urteil oder Beschluss nach § 79 Abs. 5 OWiG:<br>Die Rechtsbeschwerde wird verworfen ........................ | 132,00 € |
| 4221 | Verfahren ohne Urteil oder Beschluss nach § 79 Abs. 5 OWiG ..................................................................<br>Die Gebühr entfällt bei Rücknahme der Rechtsbeschwerde vor Ablauf der Begründungsfrist. | 66,00 € |
| | ***Abschnitt 3. Wiederaufnahmeverfahren*** | |
| 4230 | Verfahren über den Antrag auf Wiederaufnahme des Verfahrens:<br>Der Antrag wird verworfen oder abgelehnt ................... | 39,00 € |
| 4231 | Verfahren über die Beschwerde gegen einen Beschluss, durch den ein Antrag auf Wiederaufnahme des Verfahrens verworfen oder abgelehnt wurde:<br>Die Beschwerde wird verworfen oder zurückgewiesen .. | 78,00 € |
| | **Hauptabschnitt 3. Besondere Gebühren** | |
| 4300 | Dem Anzeigenden sind im Fall einer unwahren Anzeige die Kosten auferlegt worden (§ 469 StPO i.V.m. § 46 Abs. 1 OWiG) ........................................................ | 39,00 € |

| Nr. | Gebührentatbestand | Gebühr oder Satz der Gebühr 4110, soweit nichts anderes vermerkt ist |
|---|---|---|
| | Das Gericht kann die Gebühr bis auf 15,00 € herabsetzen oder beschließen, dass von der Erhebung einer Gebühr abgesehen wird. | |
| 4301 | Abschließende Entscheidung des Gerichts im Fall des § 25a Abs. 1 StVG oder des § 10a Absatz 1 Satz 1 BFStrMG ........ | 39,00 € |
| 4302 | Entscheidung der Staatsanwaltschaft im Fall des § 25a Abs. 1 StVG oder des § 10a Absatz 1 Satz 1 BFStrMG ... | 22,00 € |
| 4303 | Verfahren über den Antrag auf gerichtliche Entscheidung gegen eine Anordnung, Verfügung oder sonstige Maßnahme der Verwaltungsbehörde oder der Staatsanwaltschaft oder Verfahren über Einwendungen nach § 103 OWiG: | |
| | Der Antrag wird verworfen ........ | 33,00 € |
| | Wird der Antrag nur teilweise verworfen, kann das Gericht die Gebühr nach billigem Ermessen auf die Hälfte ermäßigen oder bestimmen, dass eine Gebühr nicht zu erheben ist. | |
| 4304 | Verfahren über die Erinnerung gegen den Kostenfestsetzungsbeschluss des Urkundsbeamten der Staatsanwaltschaft (§ 108a Abs. 3 Satz 2 OWiG): | |
| | Die Erinnerung wird zurückgewiesen ........ | 33,00 € |
| | Wird die Erinnerung nur teilweise verworfen, kann das Gericht die Gebühr nach billigem Ermessen auf die Hälfte ermäßigen oder bestimmen, dass eine Gebühr nicht zu erheben ist. | |

## Hauptabschnitt 4. Sonstige Beschwerden

*Vorbemerkung 4.4:*

Die Gebühren im Kostenfestsetzungsverfahren bestimmen sich nach den für das Kostenfestsetzungsverfahren in Teil 1 Hauptabschnitt 8 geregelten Gebühren.

| Nr. | Gebührentatbestand | Gebühr oder Satz der Gebühr 4110, soweit nichts anderes vermerkt ist |
|---|---|---|
| 4400 | Verfahren über die Beschwerde gegen eine Entscheidung, durch die im gerichtlichen Verfahren nach dem OWiG einschließlich des selbständigen Verfahrens nach den §§ 88 und 46 Abs. 1 OWiG i.V.m. den §§ 435 bis 437, 444 Abs. 3 StPO eine Geldbuße gegen eine juristische Person oder eine Personenvereinigung festgesetzt worden ist: | |
| | Die Beschwerde wird verworfen oder zurückgewiesen .. | 0,5 |
| | Eine Gebühr wird nur erhoben, wenn eine Geldbuße rechtskräftig festgesetzt ist. | |
| 4401 | Verfahren über nicht besonders aufgeführte Beschwerden, die nicht nach anderen Vorschriften gebührenfrei sind: | |
| | Die Beschwerde wird verworfen oder zurückgewiesen .. | 66,00 € |
| | Von dem Betroffenen wird eine Gebühr nur erhoben, wenn gegen ihn eine Geldbuße rechtskräftig festgesetzt ist. | |

| Nr. | Gebührentatbestand | Gebühr oder Satz der Gebühr 4110, soweit nichts anderes vermerkt ist |
|---|---|---|
| **Hauptabschnitt 5. Rüge wegen Verletzung des Anspruchs auf rechtliches Gehör** | | |
| 4500 | Verfahren über die Rüge wegen Verletzung des Anspruchs auf rechtliches Gehör (§§ 33a, 311a Abs. 1 Satz 1, § 356a StPO i.V.m. § 46 Abs. 1 und § 79 Abs. 3 OWiG):<br>Die Rüge wird in vollem Umfang verworfen oder zurückgewiesen | 66,00 € |

## Teil 5. Verfahren vor den Gerichten der Verwaltungsgerichtsbarkeit

| Nr. | Gebührentatbestand | Gebühr oder Satz der Gebühr nach § 34 GKG |
|---|---|---|
| | **Hauptabschnitt 1. Prozessverfahren** | |
| | *Vorbemerkung 5.1:*<br>Wird das Verfahren durch Antrag eingeleitet, gelten die Vorschriften über die Klage entsprechend. | |
| | ***Abschnitt 1. Erster Rechtszug***<br>***Unterabschnitt 1. Verwaltungsgericht*** | |
| 5110 | Verfahren im Allgemeinen ............................................ | 3,0 |
| 5111 | Beendigung des gesamten Verfahrens durch<br>1. Zurücknahme der Klage<br>a) vor dem Schluss der mündlichen Verhandlung,<br>b) wenn eine solche nicht stattfindet, vor Ablauf des Tages, an dem das Urteil oder der Gerichtsbescheid der Geschäftsstelle übermittelt wird, oder<br>c) im Fall des § 93a Abs. 2 VwGO vor Ablauf der Erklärungsfrist nach § 93a Abs. 2 Satz 1 VwGO,<br>2. Anerkenntnis- oder Verzichtsurteil,<br>3. gerichtlichen Vergleich oder<br>4. Erledigungserklärungen nach § 161 Abs. 2 VwGO, wenn keine Entscheidung über die Kosten ergeht oder die Entscheidung einer zuvor mitgeteilten Einigung der Beteiligten über die Kostentragung oder der Kostenübernahmeerklärung eines Beteiligten folgt,<br>wenn nicht bereits ein anderes als eines der in Nummer 2 genannten Urteile oder ein Gerichtsbescheid vorausgegangen ist:<br>Die Gebühr 5110 ermäßigt sich auf ............................ | 1,0 |
| | Die Gebühr ermäßigt sich auch, wenn mehrere Ermäßigungstatbestände erfüllt sind. | |
| | ***Unterabschnitt 2. Oberverwaltungsgericht (Verwaltungsgerichtshof)*** | |
| 5112 | Verfahren im Allgemeinen ............................................ | 4,0 |
| 5113 | Beendigung des gesamten Verfahrens durch<br>1. Zurücknahme der Klage<br>a) vor dem Schluss der mündlichen Verhandlung,<br>b) wenn eine solche nicht stattfindet, vor Ablauf des Tages, an dem das Urteil, der Gerichtsbescheid oder der Beschluss in der Hauptsache der Geschäftsstelle übermittelt wird,<br>c) im Fall des § 93a Abs. 2 VwGO vor Ablauf der Erklärungsfrist nach § 93a Abs. 2 Satz 1 VwGO,<br>2. Anerkenntnis- oder Verzichtsurteil,<br>3. gerichtlichen Vergleich oder<br>4. Erledigungserklärungen nach § 161 Abs. 2 VwGO, wenn keine Entscheidung über die Kosten ergeht oder die Entscheidung einer zuvor mitgeteilten Einigung | |

| Nr. | Gebührentatbestand | Gebühr oder Satz der Gebühr nach § 34 GKG |
|---|---|---|
| | der Beteiligten über die Kostentragung oder der Kostenübernahmeerklärung eines Beteiligten folgt,<br>es sei denn, dass bereits ein anderes als eines der in Nummer 2 genannten Urteile, ein Gerichtsbescheid oder Beschluss in der Hauptsache vorausgegangen ist:<br>Die Gebühr 5112 ermäßigt sich auf ..............................<br>Die Gebühr ermäßigt sich auch, wenn mehrere Ermäßigungstatbestände erfüllt sind. | 2,0 |
| | ***Unterabschnitt 3. Bundesverwaltungsgericht*** | |
| 5114 | Verfahren im Allgemeinen .............................................. | 5,0 |
| 5115 | Beendigung des gesamten Verfahrens durch<br>1. Zurücknahme der Klage<br>a) vor dem Schluss der mündlichen Verhandlung,<br>b) wenn eine solche nicht stattfindet, vor Ablauf des Tages, an dem das Urteil oder der Gerichtsbescheid der Geschäftsstelle übermittelt wird,<br>c) im Fall des § 93a Abs. 2 VwGO vor Ablauf der Erklärungsfrist nach § 93a Abs. 2 Satz 1 VwGO,<br>2. Anerkenntnis- oder Verzichtsurteil,<br>3. gerichtlichen Vergleich oder<br>4. Erledigungserklärungen nach § 161 Abs. 2 VwGO, wenn keine Entscheidung über die Kosten ergeht oder die Entscheidung einer zuvor mitgeteilten Einigung der Beteiligten über die Kostentragung oder der Kostenübernahmeerklärung eines Beteiligten folgt,<br>es sei denn, dass bereits ein anderes als eines der in Nummer 2 genannten Urteile, ein Gerichtsbescheid oder ein Beschluss in der Hauptsache vorausgegangen ist:<br>Die Gebühr 5114 ermäßigt sich auf ..............................<br>Die Gebühr ermäßigt sich auch, wenn mehrere Ermäßigungstatbestände erfüllt sind. | 3,0 |
| | ***Abschnitt 2. Zulassung und Durchführung der Berufung*** | |
| 5120 | Verfahren über die Zulassung der Berufung:<br>Soweit der Antrag abgelehnt wird .................................. | 1,0 |
| 5121 | Verfahren über die Zulassung der Berufung:<br>Soweit der Antrag zurückgenommen oder das Verfahren durch anderweitige Erledigung beendet wird ................<br>Die Gebühr entsteht nicht, soweit die Berufung zugelassen wird. | 0,5 |
| 5122 | Verfahren im Allgemeinen .............................................. | 4,0 |
| 5123 | Beendigung des gesamten Verfahrens durch Zurücknahme der Berufung oder der Klage, bevor die Schrift zur Begründung der Berufung bei Gericht eingegangen ist:<br>Die Gebühr 5122 ermäßigt sich auf .............................. | 1,0 |

| Nr. | Gebührentatbestand | Gebühr oder Satz der Gebühr nach § 34 GKG |
|---|---|---|
| | Erledigungserklärungen nach § 161 Abs. 2 VwGO stehen der Zurücknahme gleich, wenn keine Entscheidung über die Kosten ergeht oder die Entscheidung einer zuvor mitgeteilten Einigung der Beteiligten über die Kostentragung oder der Kostenübernahmeerklärung eines Beteiligten folgt. | |
| 5124 | Beendigung des gesamten Verfahrens, wenn nicht Nummer 5123 erfüllt ist, durch<br>1. Zurücknahme der Berufung oder der Klage<br>a) vor dem Schluss der mündlichen Verhandlung,<br>b) wenn eine solche nicht stattfindet, vor Ablauf des Tages, an dem das Urteil oder der Beschluss in der Hauptsache der Geschäftsstelle übermittelt wird, oder<br>c) im Fall des § 93a Abs. 2 VwGO vor Ablauf der Erklärungsfrist nach § 93a Abs. 2 Satz 1 VwGO,<br>2. Anerkenntnis- oder Verzichtsurteil,<br>3. gerichtlichen Vergleich oder<br>4. Erledigungserklärungen nach § 161 Abs. 2 VwGO, wenn keine Entscheidung über die Kosten ergeht oder die Entscheidung einer zuvor mitgeteilten Einigung der Beteiligten über die Kostentragung oder der Kostenübernahmeerklärung eines Beteiligten folgt,<br>es sei denn, dass bereits ein anderes als eines der in Nummer 2 genannten Urteile oder ein Beschluss in der Hauptsache vorausgegangen ist:<br>Die Gebühr 5122 ermäßigt sich auf ............................ | 2,0 |
| | Die Gebühr ermäßigt sich auch, wenn mehrere Ermäßigungstatbestände erfüllt sind. | |

### *Abschnitt 3. Revision*

| Nr. | Gebührentatbestand | Gebühr oder Satz der Gebühr nach § 34 GKG |
|---|---|---|
| 5130 | Verfahren im Allgemeinen ............................................ | 5,0 |
| 5131 | Beendigung des gesamten Verfahrens durch Zurücknahme der Revision oder der Klage, bevor die Schrift zur Begründung der Revision bei Gericht eingegangen ist:<br>Die Gebühr 5130 ermäßigt sich auf ............................ | 1,0 |
| | Erledigungserklärungen nach § 161 Abs. 2 VwGO stehen der Zurücknahme gleich, wenn keine Entscheidung über die Kosten ergeht oder die Entscheidung einer zuvor mitgeteilten Einigung der Beteiligten über die Kostentragung oder der Kostenübernahmeerklärung eines Beteiligten folgt. | |
| 5132 | Beendigung des gesamten Verfahrens, wenn nicht Nummer 5131 erfüllt ist, durch<br>1. Zurücknahme der Revision oder der Klage<br>a) vor dem Schluss der mündlichen Verhandlung,<br>b) wenn eine solche nicht stattfindet, vor Ablauf des Tages, an dem das Urteil oder der Beschluss in der Hauptsache der Geschäftsstelle übermittelt wird, oder | |

| Nr. | Gebührentatbestand | Gebühr oder Satz der Gebühr nach § 34 GKG |
|---|---|---|
| | c) im Fall des § 93a Abs. 2 VwGO vor Ablauf der Erklärungsfrist nach § 93a Abs. 2 Satz 1 VwGO,<br>2. Anerkenntnis- oder Verzichtsurteil,<br>3. gerichtlichen Vergleich oder<br>4. Erledigungserklärungen nach § 161 Abs. 2 VwGO, wenn keine Entscheidung über die Kosten ergeht oder die Entscheidung einer zuvor mitgeteilten Einigung der Beteiligten über die Kostentragung oder der Kostenübernahmeerklärung eines Beteiligten folgt,<br>es sei denn, dass bereits ein anderes als eines der in Nummer 2 genannten Urteile oder ein Beschluss in der Hauptsache vorausgegangen ist:<br>Die Gebühr 5130 ermäßigt sich auf ............................<br>Die Gebühr ermäßigt sich auch, wenn mehrere Ermäßigungstatbestände erfüllt sind. | 3,0 |

## Hauptabschnitt 2. Vorläufiger Rechtsschutz

*Vorbemerkung 5.2:*

(1) Die Vorschriften dieses Hauptabschnitts gelten für einstweilige Anordnungen und für Verfahren nach § 80 Abs. 5, § 80a Abs. 3 und § 80b Abs. 2 und 3 VwGO.

(2) Im Verfahren über den Antrag auf Erlass und im Verfahren über den Antrag auf Aufhebung einer einstweiligen Anordnung werden die Gebühren jeweils gesondert erhoben. Mehrere Verfahren nach § 80 Abs. 5 und 7, § 80a Abs. 3 und § 80b Abs. 2 und 3 VwGO gelten innerhalb eines Rechtszugs als ein Verfahren.

### *Abschnitt 1. Verwaltungsgericht sowie Oberverwaltungsgericht (Verwaltungsgerichtshof) und Bundesverwaltungsgericht als Rechtsmittelgerichte in der Hauptsache*

| | | |
|---|---|---|
| 5210 | Verfahren im Allgemeinen ............................................ | 1,5 |
| 5211 | Beendigung des gesamten Verfahrens durch<br>1. Zurücknahme des Antrags<br>a) vor dem Schluss der mündlichen Verhandlung oder,<br>b) wenn eine solche nicht stattfindet, vor Ablauf des Tages, an dem der Beschluss der Geschäftsstelle übermittelt wird,<br>2. gerichtlichen Vergleich oder<br>3. Erledigungserklärungen nach § 161 Abs. 2 VwGO, wenn keine Entscheidung über die Kosten ergeht oder die Entscheidung einer zuvor mitgeteilten Einigung der Beteiligten über die Kostentragung oder der Kostenübernahmeerklärung eines Beteiligten folgt,<br>es sei denn, dass bereits ein Beschluss über den Antrag vorausgegangen ist:<br>Die Gebühr 5210 ermäßigt sich auf ............................<br>Die Gebühr ermäßigt sich auch, wenn mehrere Ermäßigungstatbestände erfüllt sind. | 0,5 |

| Nr. | Gebührentatbestand | Gebühr oder Satz der Gebühr nach § 34 GKG |
|---|---|---|
| | ***Abschnitt 2. Oberverwaltungsgericht (Verwaltungsgerichtshof)*** | |
| | *Vorbemerkung 5.2.2:*<br>Die Vorschriften dieses Abschnitts gelten, wenn das Oberverwaltungsgericht (Verwaltungsgerichtshof) auch in der Hauptsache erstinstanzlich zuständig ist. | |
| 5220 | Verfahren im Allgemeinen ............................................ | 2,0 |
| 5221 | Beendigung des gesamten Verfahrens durch<br>1. Zurücknahme des Antrags<br>a) vor dem Schluss der mündlichen Verhandlung oder,<br>b) wenn eine solche nicht stattfindet, vor Ablauf des Tages, an dem der Beschluss der Geschäftsstelle übermittelt wird,<br>2. gerichtlichen Vergleich oder<br>3. Erledigungserklärungen nach § 161 Abs. 2 VwGO, wenn keine Entscheidung über die Kosten ergeht oder die Entscheidung einer zuvor mitgeteilten Einigung der Beteiligten über die Kostentragung oder der Kostenübernahmeerklärung eines Beteiligten folgt,<br>es sei denn, dass bereits ein Beschluss über den Antrag vorausgegangen ist:<br>Die Gebühr 5220 ermäßigt sich auf ..............................<br>Die Gebühr ermäßigt sich auch, wenn mehrere Ermäßigungstatbestände erfüllt sind. | 0,75 |
| | ***Abschnitt 3. Bundesverwaltungsgericht*** | |
| | *Vorbemerkung 5.2.3:*<br>Die Vorschriften dieses Abschnitts gelten, wenn das Bundesverwaltungsgericht auch in der Hauptsache erstinstanzlich zuständig ist. | |
| 5230 | Verfahren im Allgemeinen ............................................ | 2,5 |
| 5231 | Beendigung des gesamten Verfahrens durch<br>1. Zurücknahme des Antrags<br>a) vor dem Schluss der mündlichen Verhandlung oder,<br>b) wenn eine solche nicht stattfindet, vor Ablauf des Tages, an dem der Beschluss der Geschäftsstelle übermittelt wird,<br>2. gerichtlichen Vergleich oder<br>3. Erledigungserklärungen nach § 161 Abs. 2 VwGO, wenn keine Entscheidung über die Kosten ergeht oder die Entscheidung einer zuvor mitgeteilten Einigung der Beteiligten über die Kostentragung oder der Kostenübernahmeerklärung eines Beteiligten folgt,<br>es sei denn, dass bereits ein Beschluss über den Antrag vorausgegangen ist:<br>Die Gebühr 5230 ermäßigt sich auf ..............................<br>Die Gebühr ermäßigt sich auch, wenn mehrere Ermäßigungstatbestände erfüllt sind. | 1,0 |

| Nr. | Gebührentatbestand | Gebühr oder Satz der Gebühr nach § 34 GKG |
|---|---|---|
| | ***Abschnitt 4. Beschwerde*** | |
| | *Vorbemerkung 5.2.4:* Die Vorschriften dieses Abschnitts gelten für Beschwerden gegen Beschlüsse des Verwaltungsgerichts über einstweilige Anordnungen (§ 123 VwGO) und über die Aussetzung der Vollziehung (§§ 80, 80a VwGO). | |
| 5240 | Verfahren über die Beschwerde ........................................ | 2,0 |
| 5241 | Beendigung des gesamten Verfahrens durch Zurücknahme der Beschwerde:<br>Die Gebühr 5240 ermäßigt sich auf .............................. | 1,0 |
| | **Hauptabschnitt 3. Besondere Verfahren** | |
| 5300 | Selbstständiges Beweisverfahren ........................................ | 1,0 |
| 5301 | Verfahren über Anträge auf gerichtliche Handlungen der Zwangsvollstreckung nach den §§ 169, 170 oder § 172 VwGO ........................................ | 22,00 € |
| | **Hauptabschnitt 4. Rüge wegen Verletzung des Anspruchs auf rechtliches Gehör** | |
| 5400 | Verfahren über die Rüge wegen Verletzung des Anspruchs auf rechtliches Gehör (§ 152a VwGO):<br>Die Rüge wird in vollem Umfang verworfen oder zurückgewiesen ........................................ | 66,00 € |
| | **Hauptabschnitt 5. Sonstige Beschwerden** | |
| 5500 | Verfahren über die Beschwerde gegen die Nichtzulassung der Revision:<br>Soweit die Beschwerde verworfen oder zurückgewiesen wird ........................................ | 2,0 |
| 5501 | Verfahren über die Beschwerde gegen die Nichtzulassung der Revision:<br>Soweit die Beschwerde zurückgenommen oder das Verfahren durch anderweitige Erledigung beendet wird .....<br>Die Gebühr entsteht nicht, soweit die Revision zugelassen wird. | 1,0 |
| 5502 | Verfahren über nicht besonders aufgeführte Beschwerden, die nicht nach anderen Vorschriften gebührenfrei sind:<br>Die Beschwerde wird verworfen oder zurückgewiesen ..<br>Wird die Beschwerde nur teilweise verworfen oder zurückgewiesen, kann das Gericht die Gebühr nach billigem Ermessen auf die Hälfte ermäßigen oder bestimmen, dass eine Gebühr nicht zu erheben ist. | 66,00 € |
| | **Hauptabschnitt 6. Besondere Gebühren** | |
| 5600 | Abschluss eines gerichtlichen Vergleichs:<br>Soweit ein Vergleich über nicht gerichtlich anhängige Gegenstände geschlossen wird ........................................ | 0,25 |

| Nr. | Gebührentatbestand | Gebühr oder Satz der Gebühr nach § 34 GKG |
|---|---|---|
| | Die Gebühr entsteht nicht im Verfahren über die Prozesskostenhilfe. Im Verhältnis zur Gebühr für das Verfahren im Allgemeinen ist § 36 Absatz 3 GKG entsprechend anzuwenden. | |
| 5601 | Auferlegung einer Gebühr nach § 38 GKG wegen Verzögerung des Rechtsstreits ........................................ | wie vom Gericht bestimmt |

## Teil 6. Verfahren vor den Gerichten der Finanzgerichtsbarkeit

| Nr. | Gebührentatbestand | Gebühr oder Satz der Gebühr nach § 34 GKG |
|---|---|---|
| | **Hauptabschnitt 1. Prozessverfahren** | |
| | ***Abschnitt 1. Erster Rechtszug*** | |
| | ***Unterabschnitt 1. Verfahren vor dem Finanzgericht*** | |
| 6110 | Verfahren im Allgemeinen, soweit es sich nicht nach § 45 Abs. 3 FGO erledigt | 4,0 |
| 6111 | Beendigung des gesamten Verfahrens durch<br>1. Zurücknahme der Klage<br>a) vor dem Schluss der mündlichen Verhandlung oder,<br>b) wenn eine solche nicht stattfindet, vor Ablauf des Tages, an dem das Urteil oder der Gerichtsbescheid der Geschäftsstelle übermittelt wird, oder<br>2. Beschluss in den Fällen des § 138 FGO,<br>es sei denn, dass bereits ein Urteil oder ein Gerichtsbescheid vorausgegangen ist:<br>Die Gebühr 6110 ermäßigt sich auf<br>Die Gebühr ermäßigt sich auch, wenn mehrere Ermäßigungstatbestände erfüllt sind. | 2,0 |
| | ***Unterabschnitt 2. Verfahren vor dem Bundesfinanzhof*** | |
| 6112 | Verfahren im Allgemeinen | 5,0 |
| 6113 | Beendigung des gesamten Verfahrens durch<br>1. Zurücknahme der Klage<br>a) vor dem Schluss der mündlichen Verhandlung oder,<br>b) wenn eine solche nicht stattfindet, vor Ablauf des Tages, an dem das Urteil oder der Gerichtsbescheid der Geschäftsstelle übermittelt wird, oder<br>2. Beschluss in den Fällen des § 138 FGO,<br>es sei denn, dass bereits ein Urteil oder ein Gerichtsbescheid vorausgegangen ist:<br>Die Gebühr 6112 ermäßigt sich auf<br>Die Gebühr ermäßigt sich auch, wenn mehrere Ermäßigungstatbestände erfüllt sind. | 3,0 |
| | ***Abschnitt 2. Revision*** | |
| 6120 | Verfahren im Allgemeinen | 5,0 |
| 6121 | Beendigung des gesamten Verfahrens durch Zurücknahme der Revision oder der Klage, bevor die Schrift zur Begründung der Revision bei Gericht eingegangen ist:<br>Die Gebühr 6120 ermäßigt sich auf<br>Erledigungen in den Fällen des § 138 FGO stehen der Zurücknahme gleich. | 1,0 |
| 6122 | Beendigung des gesamten Verfahrens, wenn nicht Nummer 6121 erfüllt ist, durch<br>1. Zurücknahme der Revision oder der Klage | |

| Nr. | Gebührentatbestand | Gebühr oder Satz der Gebühr nach § 34 GKG |
|---|---|---|
| | a) vor dem Schluss der mündlichen Verhandlung oder,<br>b) wenn eine solche nicht stattfindet, vor Ablauf des Tages, an dem das Urteil, der Gerichtsbescheid oder der Beschluss in der Hauptsache der Geschäftsstelle übermittelt wird, oder<br>2. Beschluss in den Fällen des § 138 FGO,<br>es sei denn, dass bereits ein Urteil, ein Gerichtsbescheid oder ein Beschluss in der Hauptsache vorausgegangen ist:<br>Die Gebühr 6120 ermäßigt sich auf ............................ | 3,0 |
| | Die Gebühr ermäßigt sich auch, wenn mehrere Ermäßigungstatbestände erfüllt sind. | |

## Hauptabschnitt 2. Vorläufiger Rechtsschutz

*Vorbemerkung 6.2:*

(1) Die Vorschriften dieses Hauptabschnitts gelten für einstweilige Anordnungen und für Verfahren nach § 69 Abs. 3 und 5 FGO.

(2) Im Verfahren über den Antrag auf Erlass und im Verfahren über den Antrag auf Aufhebung einer einstweiligen Anordnung werden die Gebühren jeweils gesondert erhoben. Mehrere Verfahren nach § 69 Abs. 3 und 5 FGO gelten innerhalb eines Rechtszugs als ein Verfahren.

### *Abschnitt 1. Erster Rechtszug*

| Nr. | Gebührentatbestand | Gebühr oder Satz der Gebühr nach § 34 GKG |
|---|---|---|
| 6210 | Verfahren im Allgemeinen ............................................ | 2,0 |
| 6211 | Beendigung des gesamten Verfahrens durch<br>1. Zurücknahme des Antrags<br>a) vor dem Schluss der mündlichen Verhandlung oder,<br>b) wenn eine solche nicht stattfindet, vor Ablauf des Tages, an dem der Beschluss (§ 114 Abs. 4 FGO) der Geschäftsstelle übermittelt wird, oder<br>2. Beschluss in den Fällen des § 138 FGO,<br>es sei denn, dass bereits ein Beschluss nach § 114 Abs. 4 FGO vorausgegangen ist:<br>Die Gebühr 6210 ermäßigt sich auf ............................ | 0,75 |
| | Die Gebühr ermäßigt sich auch, wenn mehrere Ermäßigungstatbestände erfüllt sind. | |

### *Abschnitt 2. Beschwerde*

*Vorbemerkung 6.2.2:*

Die Vorschriften dieses Abschnitts gelten für Beschwerden gegen Beschlüsse über einstweilige Anordnungen (§ 114 FGO) und über die Aussetzung der Vollziehung (§ 69 Abs. 3 und 5 FGO).

| Nr. | Gebührentatbestand | Gebühr oder Satz der Gebühr nach § 34 GKG |
|---|---|---|
| 6220 | Verfahren über die Beschwerde .................................... | 2,0 |
| 6221 | Beendigung des gesamten Verfahrens durch Zurücknahme der Beschwerde:<br>Die Gebühr 6220 ermäßigt sich auf ............................ | 1,0 |

## Hauptabschnitt 3. Besondere Verfahren

| Nr. | Gebührentatbestand | Gebühr oder Satz der Gebühr nach § 34 GKG |
|---|---|---|
| 6300 | Selbstständiges Beweisverfahren .................................. | 1,0 |

| Nr. | Gebührentatbestand | Gebühr oder Satz der Gebühr nach § 34 GKG |
|---|---|---|
| 6301 | Verfahren über Anträge auf gerichtliche Handlungen der Zwangsvollstreckung gemäß § 152 FGO ..................... | 22,00 € |
| | **Hauptabschnitt 4. Rüge wegen Verletzung des Anspruchs auf rechtliches Gehör** | |
| 6400 | Verfahren über die Rüge wegen Verletzung des Anspruchs auf rechtliches Gehör (§ 133a FGO): Die Rüge wird in vollem Umfang verworfen oder zurückgewiesen ........................................................ | 66,00 € |
| | **Hauptabschnitt 5. Sonstige Beschwerden** | |
| 6500 | Verfahren über die Beschwerde gegen die Nichtzulassung der Revision: Soweit die Beschwerde verworfen oder zurückgewiesen wird ........................................................................ | 2,0 |
| 6501 | Verfahren über die Beschwerde gegen die Nichtzulassung der Revision: Soweit die Beschwerde zurückgenommen oder das Verfahren durch anderweitige Erledigung beendet wird ...... Die Gebühr entsteht nicht, soweit die Revision zugelassen wird. | 1,0 |
| 6502 | Verfahren über nicht besonders aufgeführte Beschwerden, die nicht nach anderen Vorschriften gebührenfrei sind: Die Beschwerde wird verworfen oder zurückgewiesen .. Wird die Beschwerde nur teilweise verworfen oder zurückgewiesen, kann das Gericht die Gebühr nach billigem Ermessen auf die Hälfte ermäßigen oder bestimmen, dass eine Gebühr nicht zu erheben ist. | 66,00 € |
| | **Hauptabschnitt 6. Besondere Gebühr** | |
| 6600 | Auferlegung einer Gebühr nach § 38 GKG wegen Verzögerung des Rechtsstreits ................................ | wie vom Gericht bestimmt |

## Teil 7. Verfahren vor den Gerichten der Sozialgerichtsbarkeit

| Nr. | Gebührentatbestand | Gebühr oder Satz der Gebühr nach § 34 GKG |
|---|---|---|
| | **Hauptabschnitt 1. Prozessverfahren** | |
| | ***Abschnitt 1. Erster Rechtszug*** | |
| | ***Unterabschnitt 1. Verfahren vor dem Sozialgericht*** | |
| 7110 | Verfahren im Allgemeinen | 3,0 |
| 7111 | Beendigung des gesamten Verfahrens durch<br>1. Zurücknahme der Klage<br>a) vor dem Schluss der mündlichen Verhandlung oder,<br>b) wenn eine solche nicht stattfindet, vor Ablauf des Tages, an dem das Urteil oder der Gerichtsbescheid der Geschäftsstelle übermittelt wird,<br>2. Anerkenntnisurteil,<br>3. gerichtlichen Vergleich oder angenommenes Anerkenntnis oder<br>4. Erledigungserklärungen nach § 197a Abs. 1 Satz 1 SGG i.V.m. § 161 Abs. 2 VwGO, wenn keine Entscheidung über die Kosten ergeht oder die Entscheidung einer zuvor mitgeteilten Einigung der Beteiligten über die Kostentragung oder der Kostenübernahmeerklärung eines Beteiligten folgt,<br>es sei denn, dass bereits ein Urteil oder ein Gerichtsbescheid vorausgegangen ist:<br>Die Gebühr 7110 ermäßigt sich auf<br>Die Gebühr ermäßigt sich auch, wenn mehrere Ermäßigungstatbestände erfüllt sind. | 1,0 |
| | ***Unterabschnitt 2. Verfahren vor dem Landessozialgericht*** | |
| 7112 | Verfahren im Allgemeinen | 4,0 |
| 7113 | Beendigung des gesamten Verfahrens durch<br>1. Zurücknahme der Klage<br>a) vor dem Schluss der mündlichen Verhandlung oder,<br>b) wenn eine solche nicht stattfindet, vor Ablauf des Tages, an dem das Urteil oder der Gerichtsbescheid der Geschäftsstelle übermittelt wird,<br>2. Anerkenntnisurteil,<br>3. gerichtlichen Vergleich oder angenommenes Anerkenntnis oder<br>4. Erledigungserklärungen nach § 197a Absatz 1 Satz 1 SGG i.V.m. § 161 Absatz 2 VwGO, wenn keine Entscheidung über die Kosten ergeht oder die Entscheidung einer zuvor mitgeteilten Einigung der Beteiligten über die Kostentragung oder der Kostenübernahmeerklärung eines Beteiligten folgt,<br>es sei denn, dass bereits ein Urteil oder ein Gerichtsbescheid vorausgegangen ist: | |

| Nr. | Gebührentatbestand | Gebühr oder Satz der Gebühr nach § 34 GKG |
|---|---|---|
| | Die Gebühr 7112 ermäßigt sich auf ............................... | 2,0 |
| | Die Gebühr ermäßigt sich auch, wenn mehrere Ermäßigungstatbestände erfüllt sind. | |
| | ***Unterabschnitt 3. Verfahren vor dem Bundessozialgericht*** | |
| 7114 | Verfahren im Allgemeinen ............................................ | 5,0 |
| 7115 | Beendigung des gesamten Verfahrens durch<br>1. Zurücknahme der Klage<br>a) vor dem Schluss der mündlichen Verhandlung oder,<br>b) wenn eine solche nicht stattfindet, vor Ablauf des Tages, an dem das Urteil oder der Gerichtsbescheid der Geschäftsstelle übermittelt wird,<br>2. Anerkenntnisurteil,<br>3. gerichtlichen Vergleich oder angenommenes Anerkenntnis oder<br>4. Erledigungserklärungen nach § 197a Absatz 1 Satz 1 SGG i.V.m. § 161 Absatz 2 VwGO, wenn keine Entscheidung über die Kosten ergeht oder die Entscheidung einer zuvor mitgeteilten Einigung der Beteiligten über die Kostentragung oder der Kostenübernahmeerklärung eines Beteiligten folgt,<br>es sei denn, dass bereits ein Urteil oder ein Gerichtsbescheid vorausgegangen ist: | |
| | Die Gebühr 7114 ermäßigt sich auf ............................... | 3,0 |
| | Die Gebühr ermäßigt sich auch, wenn mehrere Ermäßigungstatbestände erfüllt sind. | |
| | ***Abschnitt 2. Berufung*** | |
| 7120 | Verfahren im Allgemeinen ............................................ | 4,0 |
| 7121 | Beendigung des gesamten Verfahrens durch Zurücknahme der Berufung oder der Klage, bevor die Schrift zur Begründung der Berufung bei Gericht eingegangen ist und vor Ablauf des Tages, an dem die Verfügung mit der Bestimmung des Termins zur mündlichen Verhandlung der Geschäftsstelle übermittelt wird und vor Ablauf des Tages, an dem die den Beteiligten gesetzte Frist zur Äußerung abgelaufen ist (§ 153 Abs. 4 Satz 2 SGG): | |
| | Die Gebühr 7120 ermäßigt sich auf ............................... | 1,0 |
| | Erledigungserklärungen nach § 197a Abs. 1 Satz 1 SGG i.V.m. § 161 Abs. 2 VwGO stehen der Zurücknahme gleich, wenn keine Entscheidung über die Kosten ergeht oder die Entscheidung einer zuvor mitgeteilten Einigung der Beteiligten über die Kostentragung oder der Kostenübernahmeerklärung eines Beteiligten folgt. | |
| 7122 | Beendigung des gesamten Verfahrens, wenn nicht Nummer 7121 erfüllt ist, durch<br>1. Zurücknahme der Berufung oder der Klage<br>a) vor dem Schluss der mündlichen Verhandlung oder, | |

| Nr. | Gebührentatbestand | Gebühr oder Satz der Gebühr nach § 34 GKG |
|---|---|---|
| | b) wenn eine solche nicht stattfindet, vor Ablauf des Tages, an dem das Urteil oder der Beschluss in der Hauptsache der Geschäftsstelle übermittelt wird,<br>2. Anerkenntnisurteil,<br>3. gerichtlichen Vergleich oder angenommenes Anerkenntnis oder<br>4. Erledigungserklärungen nach § 197a Abs. 1 Satz 1 SGG i.V.m. § 161 Abs. 2 VwGO, wenn keine Entscheidung über die Kosten ergeht oder die Entscheidung einer zuvor mitgeteilten Einigung der Beteiligten über die Kostentragung oder der Kostenübernahmeerklärung eines Beteiligten folgt,<br>es sei denn, dass bereits ein Urteil oder ein Beschluss in der Hauptsache vorausgegangen ist:<br>Die Gebühr 7120 ermäßigt sich auf ............................ | 2,0 |
| | Die Gebühr ermäßigt sich auch, wenn mehrere Ermäßigungstatbestände erfüllt sind. | |
| | ***Abschnitt 3. Revision*** | |
| 7130 | Verfahren im Allgemeinen ............................................ | 5,0 |
| 7131 | Beendigung des gesamten Verfahrens durch Zurücknahme der Revision oder der Klage, bevor die Schrift zur Begründung der Revision bei Gericht eingegangen ist:<br>Die Gebühr 7130 ermäßigt sich auf ............................ | 1,0 |
| | Erledigungserklärungen nach § 197a Abs. 1 Satz 1 SGG i.V.m. § 161 Abs. 2 VwGO stehen der Zurücknahme gleich, wenn keine Entscheidung über die Kosten ergeht oder die Entscheidung einer zuvor mitgeteilten Einigung der Beteiligten über die Kostentragung oder der Kostenübernahmeerklärung eines Beteiligten folgt. | |
| 7132 | Beendigung des gesamten Verfahrens, wenn nicht Nummer 7131 erfüllt ist, durch<br>1. Zurücknahme der Revision oder der Klage,<br>a) vor dem Schluss der mündlichen Verhandlung oder,<br>b) wenn eine solche nicht stattfindet, vor Ablauf des Tages, an dem das Urteil oder der Beschluss in der Hauptsache der Geschäftsstelle übermittelt wird,<br>2. Anerkenntnisurteil,<br>3. gerichtlichen Vergleich oder angenommenes Anerkenntnis oder<br>4. Erledigungserklärungen nach § 197a Abs. 1 Satz 1 SGG i.V.m. § 161 Abs. 2 VwGO, wenn keine Entscheidung über die Kosten ergeht oder die Entscheidung einer zuvor mitgeteilten Einigung der Beteiligten über die Kostentragung oder der Kostenübernahmeerklärung eines Beteiligten folgt,<br>wenn nicht bereits ein Urteil oder ein Beschluss in der Hauptsache vorausgegangen ist: | |

| Nr. | Gebührentatbestand | Gebühr oder Satz der Gebühr nach § 34 GKG |
|---|---|---|
| | Die Gebühr 7130 ermäßigt sich auf ............................<br>Die Gebühr ermäßigt sich auch, wenn mehrere Ermäßigungstatbestände erfüllt sind. | 3,0 |

## Hauptabschnitt 2. Vorläufiger Rechtsschutz

*Vorbemerkung 7.2:*

(1) Die Vorschriften dieses Hauptabschnitts gelten für einstweilige Anordnungen und für Verfahren nach § 86b Abs. 1 SGG.

(2) Im Verfahren über den Antrag auf Erlass und im Verfahren über den Antrag auf Aufhebung einer einstweiligen Anordnung werden die Gebühren jeweils gesondert erhoben. Mehrere Verfahren nach § 86b Abs. 1 SGG gelten innerhalb eines Rechtszugs als ein Verfahren.

### *Abschnitt 1. Erster Rechtszug*

| Nr. | Gebührentatbestand | Gebühr oder Satz der Gebühr nach § 34 GKG |
|---|---|---|
| 7210 | Verfahren im Allgemeinen ............................................ | 1,5 |
| 7211 | Beendigung des gesamten Verfahrens durch<br>1. Zurücknahme des Antrags<br>a) vor dem Schluss der mündlichen Verhandlung oder,<br>b) wenn eine solche nicht stattfindet, vor Ablauf des Tages, an dem der Beschluss (§ 86b Abs. 4 SGG) der Geschäftsstelle übermittelt wird,<br>2. gerichtlichen Vergleich oder angenommenes Anerkenntnis oder<br>3. Erledigungserklärungen nach § 197a Abs. 1 Satz 1 SGG i.V.m. § 161 Abs. 2 VwGO, wenn keine Entscheidung über die Kosten ergeht oder die Entscheidung einer zuvor mitgeteilten Einigung der Beteiligten über die Kostentragung oder der Kostenübernahmeerklärung eines Beteiligten folgt,<br>es sei denn, dass bereits ein Beschluss (§ 86b Abs. 4 SGG) vorausgegangen ist:<br>Die Gebühr 7210 ermäßigt sich auf ............................<br>Die Gebühr ermäßigt sich auch, wenn mehrere Ermäßigungstatbestände erfüllt sind. | 0,5 |

### *Abschnitt 2. Beschwerde*

*Vorbemerkung 7.2.2:*

Die Vorschriften dieses Abschnitts gelten für Beschwerden gegen Beschlüsse des Sozialgerichts nach § 86b SGG.

| Nr. | Gebührentatbestand | Gebühr oder Satz der Gebühr nach § 34 GKG |
|---|---|---|
| 7220 | Verfahren über die Beschwerde .................................. | 2,0 |
| 7221 | Beendigung des gesamten Verfahrens durch Zurücknahme der Beschwerde:<br>Die Gebühr 7220 ermäßigt sich auf ............................ | 1,0 |

## Hauptabschnitt 3. Beweissicherungsverfahren

| Nr. | Gebührentatbestand | Gebühr oder Satz der Gebühr nach § 34 GKG |
|---|---|---|
| 7300 | Verfahren im Allgemeinen ............................................ | 1,0 |

| Nr. | Gebührentatbestand | Gebühr oder Satz der Gebühr nach § 34 GKG |
|---|---|---|
| | **Hauptabschnitt 4. Rüge wegen Verletzung des Anspruchs auf rechtliches Gehör** | |
| 7400 | Verfahren über die Rüge wegen Verletzung des Anspruchs auf rechtliches Gehör (§ 178a SGG):<br>Die Rüge wird in vollem Umfang verworfen oder zurückgewiesen | 66,00 € |
| | **Hauptabschnitt 5. Sonstige Beschwerden** | |
| 7500 | Verfahren über die Beschwerde gegen die Nichtzulassung der Berufung:<br>Soweit die Beschwerde verworfen oder zurückgewiesen wird | 1,5 |
| 7501 | Verfahren über die Beschwerde gegen die Nichtzulassung der Berufung:<br>Soweit die Beschwerde zurückgenommen oder das Verfahren durch anderweitige Erledigung beendet wird<br>Die Gebühr entsteht nicht, soweit die Berufung zugelassen wird. | 0,75 |
| 7502 | Verfahren über die Beschwerde gegen die Nichtzulassung der Revision:<br>Soweit die Beschwerde verworfen oder zurückgewiesen wird | 2,0 |
| 7503 | Verfahren über die Beschwerde gegen die Nichtzulassung der Revision:<br>Soweit die Beschwerde zurückgenommen oder das Verfahren durch anderweitige Erledigung beendet wird<br>Die Gebühr entsteht nicht, soweit die Revision zugelassen wird. | 1,0 |
| 7504 | Verfahren über nicht besonders aufgeführte Beschwerden, die nicht nach anderen Vorschriften gebührenfrei sind:<br>Die Beschwerde wird verworfen oder zurückgewiesen<br>Wird die Beschwerde nur teilweise verworfen oder zurückgewiesen, kann das Gericht die Gebühr nach billigem Ermessen auf die Hälfte ermäßigen oder bestimmen, dass eine Gebühr nicht zu erheben ist. | 66,00 € |
| | **Hauptabschnitt 6. Besondere Gebühren** | |
| 7600 | Abschluss eines gerichtlichen Vergleichs:<br>Soweit ein Vergleich über nicht gerichtlich anhängige Gegenstände geschlossen wird<br>Die Gebühr entsteht nicht im Verfahren über die Prozesskostenhilfe. Im Verhältnis zur Gebühr für das Verfahren im Allgemeinen ist § 36 Absatz 3 GKG entsprechend anzuwenden. | 0,25 |
| 7601 | Auferlegung einer Gebühr nach § 38 GKG wegen Verzögerung des Rechtsstreits | wie vom Gericht bestimmt |

## Teil 8. Verfahren vor den Gerichten der Arbeitsgerichtsbarkeit

| Nr. | Gebührentatbestand | Gebühr oder Satz der Gebühr nach § 34 GKG |
|---|---|---|
| *Vorbemerkung 8:*<br>Bei Beendigung des Verfahrens durch einen gerichtlichen Vergleich entfällt die in dem betreffenden Rechtszug angefallene Gebühr; im ersten Rechtszug entfällt auch die Gebühr für das Verfahren über den Antrag auf Erlass eines Vollstreckungsbescheids oder eines Europäischen Zahlungsbefehls. Dies gilt nicht, wenn der Vergleich nur einen Teil des Streitgegenstands betrifft (Teilvergleich). | | |
| | **Hauptabschnitt 1. Mahnverfahren** | |
| 8100 | Verfahren über den Antrag auf Erlass eines Vollstreckungsbescheids oder eines Europäischen Zahlungsbefehls ......<br>Die Gebühr entfällt bei Zurücknahme des Antrags auf Erlass des Vollstreckungsbescheids. Sie entfällt auch nach Übergang in das streitige Verfahren, wenn dieses ohne streitige Verhandlung endet; dies gilt nicht, wenn der Einspruch zurückgenommen wird, ein Versäumnisurteil oder ein Urteil nach § 46a Abs. 6 Satz 2 des Arbeitsgerichtsgesetzes ergeht. Bei Erledigungserklärungen nach § 91a ZPO entfällt die Gebühr, wenn keine Entscheidung über die Kosten ergeht oder die Kostenentscheidung einer zuvor mitgeteilten Einigung der Parteien über die Kostentragung oder der Kostenübernahmeerklärung einer Partei folgt. | 0,4<br>– mindestens 29,00 € |
| | **Hauptabschnitt 2. Urteilsverfahren**<br>***Abschnitt 1. Erster Rechtszug*** | |
| 8210 | Verfahren im Allgemeinen ......<br>(1) Soweit wegen desselben Anspruchs ein Mahnverfahren vorausgegangen ist, entsteht die Gebühr nach Erhebung des Widerspruchs, wenn ein Antrag auf Durchführung der mündlichen Verhandlung gestellt wird, oder mit der Einlegung des Einspruchs; in diesem Fall wird eine Gebühr 8100 nach dem Wert des Streitgegenstands angerechnet, der in das Prozessverfahren übergegangen ist, sofern im Mahnverfahren der Antrag auf Erlass des Vollstreckungsbescheids gestellt wurde. Satz 1 gilt entsprechend, wenn wegen desselben Streitgegenstands ein Europäisches Mahnverfahren vorausgegangen ist.<br>(2) Die Gebühr entfällt bei Beendigung des gesamten Verfahrens ohne streitige Verhandlung, wenn kein Versäumnisurteil oder Urteil nach § 46a Abs. 6 Satz 2 des Arbeitsgerichtsgesetzes ergeht. Bei Erledigungserklärungen nach § 91a ZPO entfällt die Gebühr, wenn keine Entscheidung über die Kosten ergeht oder die Kostenentscheidung einer zuvor mitgeteilten Einigung der Parteien über die Kostentragung oder der Kostenübernahmeerklärung einer Partei folgt. | 2,0 |
| 8211 | Beendigung des gesamten Verfahrens nach streitiger Verhandlung durch<br>1. Zurücknahme der Klage vor dem Schluss der mündlichen Verhandlung, wenn keine Entscheidung nach § 269 Abs. 3 Satz 3 ZPO über die Kosten ergeht oder die Entscheidung einer zuvor mitgeteilten Einigung der Parteien über die Kostentragung oder der Kostenübernahmeerklärung einer Partei folgt,<br>2. Anerkenntnisurteil, Verzichtsurteil oder Urteil, das nach § 313a Abs. 2 ZPO keinen Tatbestand und keine Entscheidungsgründe enthält, oder | |

| Nr. | Gebührentatbestand | Gebühr oder Satz der Gebühr nach § 34 GKG |
|---|---|---|
| | 3. Erledigungserklärungen nach § 91a ZPO, wenn keine Entscheidung über die Kosten ergeht oder die Entscheidung einer zuvor mitgeteilten Einigung der Parteien über die Kostentragung oder der Kostenübernahmeerklärung einer Partei folgt,<br>es sei denn, dass bereits ein anderes als eines der in Nummer 2 genannten Urteile vorausgegangen ist:<br>Die Gebühr 8210 ermäßigt sich auf ............................ | 0,4 |
| | Die Zurücknahme des Widerspruchs gegen den Mahnbescheid oder des Einspruchs gegen den Vollstreckungsbescheid stehen der Zurücknahme der Klage gleich. Die Gebühr ermäßigt sich auch, wenn mehrere Ermäßigungstatbestände erfüllt sind oder Ermäßigungstatbestände mit einem Teilvergleich zusammentreffen. | |
| 8212 | Verfahren wegen eines überlangen Gerichtsverfahrens (§ 9 Absatz 2 Satz 2 des Arbeitsgerichtsgesetzes) vor dem Landesarbeitsgericht:<br>Die Gebühr 8210 beträgt ............................ | 4,0 |
| 8213 | Verfahren wegen eines überlangen Gerichtsverfahrens (§ 9 Absatz 2 Satz 2 des Arbeitsgerichtsgesetzes) vor dem Landesarbeitsgericht:<br>Die Gebühr 8211 beträgt ............................ | 2,0 |
| 8214 | Verfahren wegen eines überlangen Gerichtsverfahrens (§ 9 Absatz 2 Satz 2 des Arbeitsgerichtsgesetzes) vor dem Bundesarbeitsgericht:<br>Die Gebühr 8210 beträgt ............................ | 5,0 |
| 8215 | Verfahren wegen eines überlangen Gerichtsverfahrens (§ 9 Absatz 2 Satz 2 des Arbeitsgerichtsgesetzes) vor dem Bundesarbeitsgericht:<br>Die Gebühr 8211 beträgt ............................ | 3,0 |
| | ***Abschnitt 2. Berufung*** | |
| 8220 | Verfahren im Allgemeinen ............................ | 3,2 |
| 8221 | Beendigung des gesamten Verfahrens durch Zurücknahme der Berufung oder der Klage, bevor die Schrift zur Begründung der Berufung bei Gericht eingegangen ist:<br>Die Gebühr 8220 ermäßigt sich auf ............................ | 0,8 |
| | Erledigungserklärungen nach § 91a ZPO stehen der Zurücknahme gleich, wenn keine Entscheidung über die Kosten ergeht oder die Entscheidung einer zuvor mitgeteilten Einigung der Parteien über die Kostentragung oder der Kostenübernahmeerklärung einer Partei folgt. | |
| 8222 | Beendigung des gesamten Verfahrens, wenn nicht Nummer 8221 erfüllt ist, durch<br>1. Zurücknahme der Berufung oder der Klage vor dem Schluss der mündlichen Verhandlung,<br>2. Anerkenntnisurteil, Verzichtsurteil oder Urteil, das nach § 313a Abs. 2 ZPO keinen Tatbestand und keine Entscheidungsgründe enthält, oder | |

| Nr. | Gebührentatbestand | Gebühr oder Satz der Gebühr nach § 34 GKG |
|---|---|---|
| | 3. Erledigungserklärungen nach § 91a ZPO, wenn keine Entscheidung über die Kosten ergeht oder die Entscheidung einer zuvor mitgeteilten Einigung der Parteien über die Kostentragung oder der Kostenübernahmeerklärung einer Partei folgt,<br><br>es sei denn, dass bereits ein anderes als eines der in Nummer 2 genannten Urteile vorausgegangen ist:<br>Die Gebühr 8220 ermäßigt sich auf ............................<br>Die Gebühr ermäßigt sich auch, wenn mehrere Ermäßigungstatbestände erfüllt sind oder Ermäßigungstatbestände mit einem Teilvergleich zusammentreffen. | 1,6 |
| 8223 | Beendigung des gesamten Verfahrens durch ein Urteil, das wegen eines Verzichts der Parteien nach § 313a Abs. 1 Satz 2 ZPO keine schriftliche Begründung enthält, wenn nicht bereits ein anderes als eines der in Nummer 8222 Nr. 2 genannten Urteile oder ein Beschluss in der Hauptsache vorausgegangen ist:<br>Die Gebühr 8220 ermäßigt sich auf ............................<br>Die Gebühr ermäßigt sich auch, wenn daneben Ermäßigungstatbestände nach Nummer 8222 erfüllt sind oder Ermäßigungstatbestände mit einem Teilvergleich zusammentreffen. | 2,4 |
| | ***Abschnitt 3. Revision*** | |
| 8230 | Verfahren im Allgemeinen ........................................ | 4,0 |
| 8231 | Beendigung des gesamten Verfahrens durch Zurücknahme der Revision oder der Klage, bevor die Schrift zur Begründung der Revision bei Gericht eingegangen ist:<br>Die Gebühr 8230 ermäßigt sich auf ............................<br>Erledigungserklärungen nach § 91a ZPO stehen der Zurücknahme gleich, wenn keine Entscheidung über die Kosten ergeht oder die Entscheidung einer zuvor mitgeteilten Einigung der Parteien über die Kostentragung oder der Kostenübernahmeerklärung einer Partei folgt. | 0,8 |
| 8232 | Beendigung des gesamten Verfahrens, wenn nicht Nummer 8231 erfüllt ist, durch<br>1. Zurücknahme der Revision oder der Klage vor dem Schluss der mündlichen Verhandlung,<br>2. Anerkenntnis- oder Verzichtsurteil oder<br>3. Erledigungserklärungen nach § 91a ZPO, wenn keine Entscheidung über die Kosten ergeht oder die Entscheidung einer zuvor mitgeteilten Einigung der Parteien über die Kostentragung oder der Kostenübernahmeerklärung einer Partei folgt,<br><br>es sei denn, dass bereits ein anderes als eines der in Nummer 2 genannten Urteile vorausgegangen ist:<br>Die Gebühr 8230 ermäßigt sich auf ............................<br>Die Gebühr ermäßigt sich auch, wenn mehrere Ermäßigungstatbestände erfüllt sind oder Ermäßigungstatbestände mit einem Teilvergleich zusammentreffen. | 2,4 |

| Nr. | Gebührentatbestand | Gebühr oder Satz der Gebühr nach § 34 GKG |
|---|---|---|
| 8233 | Verfahren wegen eines überlangen Gerichtsverfahrens (§ 9 Absatz 2 Satz 2 des Arbeitsgerichtsgesetzes):<br>Die Gebühr 8230 beträgt ........................................... | 5,0 |
| 8234 | Verfahren wegen eines überlangen Gerichtsverfahrens (§ 9 Absatz 2 Satz 2 des Arbeitsgerichtsgesetzes):<br>Die Gebühr 8231 beträgt ........................................... | 1,0 |
| 8235 | Verfahren wegen eines überlangen Gerichtsverfahrens (§ 9 Absatz 2 Satz 2 des Arbeitsgerichtsgesetzes):<br>Die Gebühr 8232 beträgt ........................................... | 3,0 |

## Hauptabschnitt 3. Arrest, Europäischer Beschluss zur vorläufigen Kontenpfändung und einstweilige Verfügung

*Vorbemerkung 8.3:*

(1) Im Verfahren zur Erwirkung eines Europäischen Beschlusses zur vorläufigen Kontenpfändung werden Gebühren nach diesem Hauptabschnitt nur im Fall des Artikels 5 Buchstabe a der Verordnung (EU) Nr. 655/2014 erhoben. In den Fällen des Artikels 5 Buchstabe b der Verordnung (EU) Nr. 655/2014 bestimmen sich die Gebühren nach Teil 2 Hauptabschnitt 1.

(2) Im Verfahren auf Anordnung eines Arrests oder auf Erlass einer einstweiligen Verfügung sowie im Verfahren über die Aufhebung oder die Abänderung (§ 926 Abs. 2, §§ 927, 936 ZPO) werden die Gebühren jeweils gesondert erhoben. Im Fall des § 942 ZPO gilt das Verfahren vor dem Amtsgericht und dem Gericht der Hauptsache als ein Rechtsstreit.

(3) Im Verfahren zur Erwirkung eines Europäischen Beschlusses zur vorläufigen Kontenpfändung sowie im Verfahren über den Widerruf oder die Abänderung werden die Gebühren jeweils gesondert erhoben.

### *Abschnitt 1. Erster Rechtszug*

| Nr. | Gebührentatbestand | Gebühr oder Satz der Gebühr nach § 34 GKG |
|---|---|---|
| 8310 | Verfahren im Allgemeinen ........................................... | 0,4 |
| 8311 | Es wird durch Urteil entschieden oder es ergeht ein Beschluss nach § 91a oder § 269 Abs. 3 Satz 3 ZPO, es sei denn, der Beschluss folgt einer zuvor mitgeteilten Einigung der Parteien über die Kostentragung oder der Kostenübernahmeerklärung einer Partei:<br>Die Gebühr 8310 erhöht sich auf ...............................<br>Die Gebühr wird nicht erhöht, wenn durch Anerkenntnisurteil, Verzichtsurteil oder Urteil, das nach § 313a Abs. 2 ZPO keinen Tatbestand und keine Entscheidungsgründe enthält, entschieden wird. Dies gilt auch, wenn eine solche Entscheidung mit einem Teilvergleich zusammentrifft. | 2,0 |

### *Abschnitt 2. Berufung*

| Nr. | Gebührentatbestand | Gebühr oder Satz der Gebühr nach § 34 GKG |
|---|---|---|
| 8320 | Verfahren im Allgemeinen ........................................... | 3,2 |
| 8321 | Beendigung des gesamten Verfahrens durch Zurücknahme der Berufung, des Antrags oder des Widerspruchs, bevor die Schrift zur Begründung der Berufung bei Gericht eingegangen ist:<br>Die Gebühr 8320 ermäßigt sich auf ...............................<br>Erledigungserklärungen nach § 91a ZPO stehen der Zurücknahme gleich, wenn keine Entscheidung über die Kosten ergeht oder die Entscheidung einer zuvor mitgeteilten Einigung der Parteien über die Kostentragung oder der Kostenübernahmeerklärung einer Partei folgt. | 0,8 |

| Nr. | Gebührentatbestand | Gebühr oder Satz der Gebühr nach § 34 GKG |
|---|---|---|
| 8322 | Beendigung des gesamten Verfahrens, wenn nicht Nummer 8321 erfüllt ist, durch<br>1. Zurücknahme der Berufung oder des Antrags vor dem Schluss der mündlichen Verhandlung,<br>2. Anerkenntnisurteil, Verzichtsurteil oder Urteil, das nach § 313a Abs. 2 ZPO keinen Tatbestand und keine Entscheidungsgründe enthält, oder<br>3. Erledigungserklärungen nach § 91a ZPO, wenn keine Entscheidung über die Kosten ergeht oder die Entscheidung einer zuvor mitgeteilten Einigung der Parteien über die Kostentragung oder der Kostenübernahmeerklärung einer Partei folgt,<br>es sei denn, dass bereits ein anderes als eines der in Nummer 2 genannten Urteile vorausgegangen ist:<br>Die Gebühr 8320 ermäßigt sich auf ..............................<br>Die Gebühr ermäßigt sich auch, wenn mehrere Ermäßigungstatbestände erfüllt sind oder Ermäßigungstatbestände mit einem Teilvergleich zusammentreffen. | 1,6 |
| 8323 | Beendigung des gesamten Verfahrens durch ein Urteil, das wegen eines Verzichts der Parteien nach § 313a Abs. 1 Satz 2 ZPO keine schriftliche Begründung enthält, wenn nicht bereits ein anderes als eines der in Nummer 8322 Nr. 2 genannten Urteile oder ein Beschluss in der Hauptsache vorausgegangen ist:<br>Die Gebühr 8320 ermäßigt sich auf ..............................<br>Die Gebühr ermäßigt sich auch, wenn daneben Ermäßigungstatbestände nach Nummer 8322 erfüllt sind oder solche Ermäßigungstatbestände mit einem Teilvergleich zusammentreffen. | 2,4 |
| | ***Abschnitt 3. Beschwerde*** | |
| 8330 | Verfahren über die Beschwerde<br>1. gegen die Zurückweisung eines Antrags auf Anordnung eines Arrests oder eines Antrags auf Erlass einer einstweiligen Verfügung oder<br>2. in Verfahren nach der Verordnung (EU) Nr. 655/2014 | 1,2 |
| 8331 | Beendigung des gesamten Verfahrens durch Zurücknahme der Beschwerde:<br>Die Gebühr 8330 ermäßigt sich auf .............................. | 0,8 |
| | **Hauptabschnitt 4. Besondere Verfahren** | |
| 8400 | Selbständiges Beweisverfahren .............................. | 0,6 |
| 8401 | Verfahren über Anträge auf Ausstellung einer Bescheinigung nach § 57 oder § 58 AVAG oder nach § 1110 ZPO sowie Verfahren über Anträge auf Ausstellung einer Bestätigung nach § 1079 ZPO .............................. | 17,00 € |

| Nr. | Gebührentatbestand | Gebühr oder Satz der Gebühr nach § 34 GKG |
|---|---|---|
| | **Hauptabschnitt 5. Rüge wegen Verletzung des Anspruchs auf rechtliches Gehör** | |
| 8500 | Verfahren über die Rüge wegen Verletzung des Anspruchs auf rechtliches Gehör (§ 78a des Arbeitsgerichtsgesetzes):<br>Die Rüge wird in vollem Umfang verworfen oder zurückgewiesen ........................................ | 55,00 € |
| | **Hauptabschnitt 6. Sonstige Beschwerden und Rechtsbeschwerden** | |
| | ***Abschnitt 1. Sonstige Beschwerden*** | |
| 8610 | Verfahren über Beschwerden nach § 71 Abs. 2, § 91a Abs. 2, § 99 Abs. 2, § 269 Abs. 5 oder § 494a Absatz 2 Satz 2 ZPO ........................................ | 77,00 € |
| 8611 | Beendigung des Verfahrens ohne Entscheidung:<br>Die Gebühr 8610 ermäßigt sich auf ........................<br>(1) Die Gebühr ermäßigt sich auch im Fall der Zurücknahme der Beschwerde vor Ablauf des Tages, an dem die Entscheidung der Geschäftsstelle übermittelt wird.<br>(2) Eine Entscheidung über die Kosten steht der Ermäßigung nicht entgegen, wenn die Entscheidung einer zuvor mitgeteilten Einigung der Parteien über die Kostentragung oder der Kostenübernahmeerklärung einer Partei folgt. | 55,00 € |
| 8612 | Verfahren über die Beschwerde gegen die Nichtzulassung der Revision:<br>Soweit die Beschwerde verworfen oder zurückgewiesen wird ........................................ | 1,6 |
| 8613 | Verfahren über die Beschwerde gegen die Nichtzulassung der Revision:<br>Soweit die Beschwerde zurückgenommen oder das Verfahren durch anderweitige Erledigung beendet wird ......<br>Die Gebühr entsteht nicht, soweit die Revision zugelassen wird. | 0,8 |
| 8614 | Verfahren über nicht besonders aufgeführte Beschwerden, die nicht nach anderen Vorschriften gebührenfrei sind:<br>Die Beschwerde wird verworfen oder zurückgewiesen ..<br>Wird die Beschwerde nur teilweise verworfen oder zurückgewiesen, kann das Gericht die Gebühr nach billigem Ermessen auf die Hälfte ermäßigen oder bestimmen, dass eine Gebühr nicht zu erheben ist. | 55,00 € |
| | ***Abschnitt 2. Sonstige Rechtsbeschwerden*** | |
| 8620 | Verfahren über Rechtsbeschwerden in den Fällen des § 71 Abs. 1, § 91a Abs. 1, § 99 Abs. 2, § 269 Abs. 4, § 494a Absatz 2 Satz 2 oder § 516 Abs. 3 ZPO ............. | 160,00 € |

| Nr. | Gebührentatbestand | Gebühr oder Satz der Gebühr nach § 34 GKG |
|---|---|---|
| 8621 | Beendigung des gesamten Verfahrens durch Zurücknahme der Rechtsbeschwerde, des Antrags oder der Klage, bevor die Schrift zur Begründung der Rechtsbeschwerde bei Gericht eingegangen ist:<br>Die Gebühr 8620 ermäßigt sich auf | 55,00 € |
| 8622 | Beendigung des gesamten Verfahrens durch Zurücknahme der Rechtsbeschwerde, des Antrags oder der Klage vor Ablauf des Tages, an dem die Entscheidung der Geschäftsstelle übermittelt wird, wenn nicht Nummer 8621 erfüllt ist:<br>Die Gebühr 8620 ermäßigt sich auf | 77,00 € |
| 8623 | Verfahren über nicht besonders aufgeführte Rechtsbeschwerden, die nicht nach anderen Vorschriften gebührenfrei sind:<br>Die Rechtsbeschwerde wird verworfen oder zurückgewiesen<br>Wird die Rechtsbeschwerde nur teilweise verworfen oder zurückgewiesen, kann das Gericht die Gebühr nach billigem Ermessen auf die Hälfte ermäßigen oder bestimmen, dass eine Gebühr nicht zu erheben ist. | 105,00 € |
| 8624 | Verfahren über die in Nummer 8623 genannten Rechtsbeschwerden:<br>Beendigung des gesamten Verfahrens durch Zurücknahme der Rechtsbeschwerde, des Antrags oder der Klage vor Ablauf des Tages, an dem die Entscheidung der Geschäftsstelle übermittelt wird | 55,00 € |
| | **Hauptabschnitt 7. Besondere Gebühr** | |
| 8700 | Auferlegung einer Gebühr nach § 38 GKG wegen Verzögerung des Rechtsstreits | wie vom Gericht bestimmt |

## Teil 9. Auslagen

| Nr. | Auslagentatbestand | Höhe |
|---|---|---|
| *Vorbemerkung 9:*<br>(1) Auslagen, die durch eine für begründet befundene Beschwerde entstanden sind, werden nicht erhoben, soweit das Beschwerdeverfahren gebührenfrei ist; dies gilt jedoch nicht, soweit das Beschwerdegericht die Kosten dem Gegner des Beschwerdeführers auferlegt hat.<br>(2) Sind Auslagen durch verschiedene Rechtssachen veranlasst, werden sie auf die mehreren Rechtssachen angemessen verteilt. | | |
| 9000 | Pauschale für die Herstellung und Überlassung von Dokumenten: | |
| | 1. Ausfertigungen, Kopien und Ausdrucke bis zur Größe von DIN A3, die<br>a) auf Antrag angefertigt oder auf Antrag per Telefax übermittelt worden sind oder<br>b) angefertigt worden sind, weil die Partei oder ein Beteiligter es unterlassen hat, die erforderliche Zahl von Mehrfertigungen beizufügen; der Anfertigung steht es gleich, wenn per Telefax übermittelte Mehrfertigungen von der Empfangseinrichtung des Gerichts ausgedruckt werden: | |
| | für die ersten 50 Seiten je Seite | 0,50 € |
| | für jede weitere Seite | 0,15 € |
| | für die ersten 50 Seiten in Farbe je Seite | 1,00 € |
| | für jede weitere Seite in Farbe | 0,30 € |
| | 2. Entgelte für die Herstellung und Überlassung der in Nummer 1 genannten Kopien oder Ausdrucke in einer Größe von mehr als DIN A3 | in voller Höhe |
| | oder pauschal je Seite | 3,00 € |
| | oder pauschal je Seite in Farbe | 6,00 € |
| | 3. Überlassung von elektronisch gespeicherten Dateien oder deren Bereitstellung zum Abruf anstelle der in den Nummern 1 und 2 genannten Ausfertigungen, Kopien und Ausdrucke: | |
| | je Datei | 1,50 € |
| | für die in einem Arbeitsgang überlassenen, bereitgestellten oder in einem Arbeitsgang auf denselben Datenträger übertragenen Dokumente insgesamt höchstens | 5,00 € |
| | (1) Die Höhe der Dokumentenpauschale nach Nummer 1 ist in jedem Rechtszug und für jeden Kostenschuldner nach § 28 Abs. 1 GKG gesondert zu berechnen; Gesamtschuldner gelten als ein Schuldner. Die Dokumentenpauschale ist auch im erstinstanzlichen Musterverfahren nach dem KapMuG gesondert zu berechnen.<br>(2) Werden zum Zweck der Überlassung von elektronisch gespeicherten Dateien Dokumente zuvor auf Antrag von der Papierform in die elektronische Form übertragen, beträgt die Dokumentenpauschale nach Nummer 3 nicht weniger, als die Dokumentenpauschale im Fall der Nummer 1 für eine Schwarz-Weiß-Kopie ohne Rücksicht auf die Größe betragen würde.<br>(3) Frei von der Dokumentenpauschale sind für jede Partei, jeden Beteiligten, jeden Beschuldigten und deren bevollmächtigte Vertreter jeweils | |

| Nr. | Auslagentatbestand | Höhe |
|---|---|---|
| | 1. eine vollständige Ausfertigung oder Kopie oder ein vollständiger Ausdruck jeder gerichtlichen Entscheidung und jedes vor Gericht abgeschlossenen Vergleichs,<br>2. eine Ausfertigung ohne Tatbestand und Entscheidungsgründe und<br>3. eine Kopie oder ein Ausdruck jedes Protokolls über eine Sitzung.<br>§ 191a Abs. 1 Satz 5 GVG bleibt unberührt.<br>(4) Bei der Gewährung der Einsicht in Akten wird eine Dokumentenpauschale nur erhoben, wenn auf besonderen Antrag ein Ausdruck einer elektronischen Akte oder ein Datenträger mit dem Inhalt einer elektronischen Akte übermittelt wird. | |
| 9001 | Auslagen für Telegramme ........................................ | in voller Höhe |
| 9002 | Pauschale für Zustellungen mit Zustellungsurkunde, Einschreiben gegen Rückschein oder durch Justizbedienstete nach § 168 Abs. 1 ZPO je Zustellung ........................... | 3,50 € |
| | Neben Gebühren, die sich nach dem Streitwert richten, mit Ausnahme der Gebühr 3700, wird die Zustellungspauschale nur erhoben, soweit in einem Rechtszug mehr als 10 Zustellungen anfallen. Im erstinstanzlichen Musterverfahren nach dem KapMuG wird die Zustellungspauschale für sämtliche Zustellungen erhoben. | |
| 9003 | Pauschale für die bei der Versendung von Akten auf Antrag anfallenden Auslagen an Transport- und Verpackungskosten je Sendung ........................................ | 12,00 € |
| | Die Hin- und Rücksendung der Akten durch Gerichte oder Staatsanwaltschaften gelten zusammen als eine Sendung. | |
| 9004 | Auslagen für öffentliche Bekanntmachungen ................. | in voller Höhe |
| | (1) Auslagen werden nicht erhoben für die Bekanntmachung in einem elektronischen Informations- und Kommunikationssystem, wenn das Entgelt nicht für den Einzelfall oder nicht für ein einzelnes Verfahren berechnet wird. Nicht erhoben werden ferner Auslagen für die Bekanntmachung eines besonderen Prüfungstermins (§ 177 InsO, § 18 SVertO).<br>(2) Die Auslagen für die Bekanntmachung eines Vorlagebeschlusses gemäß § 6 Absatz 4 KapMuG gelten als Auslagen des Musterverfahrens. | |
| 9005 | Nach dem JVEG zu zahlende Beträge ........................ | in voller Höhe |
| | (1) Nicht erhoben werden Beträge, die an ehrenamtliche Richter (§ 1 Abs. 1 Satz 1 Nr. 2 JVEG) gezahlt werden.<br>(2) Die Beträge werden auch erhoben, wenn aus Gründen der Gegenseitigkeit, der Verwaltungsvereinfachung oder aus vergleichbaren Gründen keine Zahlungen zu leisten sind. Ist aufgrund des § 1 Abs. 2 Satz 2 JVEG keine Vergütung zu zahlen, ist der Betrag zu erheben, der ohne diese Vorschrift zu zahlen wäre.<br>(3) Auslagen für Übersetzer, die zur Erfüllung der Rechte blinder oder sehbehinderter Personen herangezogen werden (§ 191a Abs. 1 GVG), werden nicht, Auslagen für Kommunikationshilfen zur Verständigung mit einer hör- oder sprachbehinderten Person (§ 186 GVG) werden nur nach Maßgabe des Absatzes 4 erhoben.<br>(4) Ist für einen Beschuldigten oder Betroffenen, der der deutschen Sprache nicht mächtig, hör- oder sprachbehindert ist, im Strafverfahren oder im gerichtlichen Verfahren nach dem OWiG ein Dolmetscher oder Übersetzer herangezogen worden, um Erklärungen oder Schriftstücke zu übertragen, auf deren Verständnis der Beschuldigte oder Betroffene zu seiner Verteidigung angewiesen oder soweit dies zur Ausübung seiner strafprozessualen Rechte erforderlich war, werden von diesem die dadurch entstandenen Auslagen nur erhoben, wenn das Gericht ihm diese nach § 464c StPO oder die Kosten nach § 467 Abs. 2 Satz 1 StPO, auch i.V.m. | |

| Nr. | Auslagentatbestand | Höhe |
|---|---|---|
| | § 467a Abs. 1 Satz 2 StPO, auferlegt hat; dies gilt auch jeweils i.V.m. § 46 Abs. 1 OWiG.<br>(5) Im Verfahren vor den Gerichten für Arbeitssachen werden Kosten für vom Gericht herangezogene Dolmetscher und Übersetzer nicht erhoben, wenn ein Ausländer Partei und die Gegenseitigkeit verbürgt ist oder ein Staatenloser Partei ist.<br>(6) Auslagen für Sachverständige, die durch die Untersuchung eines Beschuldigten nach § 43 Abs. 2 JGG entstanden sind, werden nicht erhoben. | |
| 9006 | Bei Geschäften außerhalb der Gerichtsstelle | |
| | 1. die den Gerichtspersonen aufgrund gesetzlicher Vorschriften gewährte Vergütung (Reisekosten, Auslagenersatz) und die Auslagen für die Bereitstellung von Räumen | in voller Höhe |
| | 2. für den Einsatz von Dienstkraftfahrzeugen für jeden gefahrenen Kilometer | 0,42 € |
| 9007 | An Rechtsanwälte zu zahlende Beträge mit Ausnahme der nach § 59 RVG auf die Staatskasse übergegangenen Ansprüche | in voller Höhe |
| 9008 | Auslagen für | |
| | 1. die Beförderung von Personen | in voller Höhe |
| | 2. Zahlungen an mittellose Personen für die Reise zum Ort einer Verhandlung, Vernehmung oder Untersuchung und für die Rückreise | bis zur Höhe der nach dem JVEG an Zeugen zu zahlenden Beträge |
| 9009 | An Dritte zu zahlende Beträge für | |
| | 1. die Beförderung von Tieren und Sachen mit Ausnahme der für Postdienstleistungen zu zahlenden Entgelte, die Verwahrung von Tieren und Sachen sowie die Fütterung von Tieren | in voller Höhe |
| | 2. die Beförderung und die Verwahrung von Leichen | in voller Höhe |
| | 3. die Durchsuchung oder Untersuchung von Räumen und Sachen einschließlich der die Durchsuchung oder Untersuchung vorbereitenden Maßnahmen | in voller Höhe |
| | 4. die Bewachung von Schiffen und Luftfahrzeugen | in voller Höhe |
| 9010 | Kosten einer Zwangshaft, auch aufgrund eines Haftbefehls nach § 802g ZPO<br>Maßgebend ist die Höhe des Haftkostenbeitrags, der nach Landesrecht von einem Gefangenen zu erheben ist. | in Höhe des Haftkostenbeitrags |

| Nr. | Auslagentatbestand | Höhe |
|---|---|---|
| 9011 | Kosten einer Haft außer Zwangshaft, Kosten einer einstweiligen Unterbringung (§ 126a StPO), einer Unterbringung zur Beobachtung (§ 81 StPO) und einer einstweiligen Unterbringung in einem Heim der Jugendhilfe (§ 71 Abs. 2, § 72 Abs. 4 JGG) .......................................<br>Maßgebend ist die Höhe des Haftkostenbeitrags, der nach Landesrecht von einem Gefangenen zu erheben ist. Diese Kosten werden nur angesetzt, wenn der Haftkostenbeitrag auch von einem Gefangenen im Strafvollzug zu erheben wäre. | in Höhe des Haftkostenbeitrags |
| 9012 | Nach ***[bis 30.9.2021:*** dem Auslandskostengesetz***] [ab 1.10.2021:*** *§ 12 BGebG, dem 5. Abschnitt des Konsulargesetzes und der Besonderen Gebührenverordnung des Auswärtigen Amts nach § 22 Abs. 4 BGebG***]*** zu zahlende Beträge ... | in voller Höhe |
| 9013 | An deutsche Behörden für die Erfüllung von deren eigenen Aufgaben zu zahlende Gebühren sowie diejenigen Beträge, die diesen Behörden, öffentlichen Einrichtungen oder deren Bediensteten als Ersatz für Auslagen der in den Nummern 9000 bis 9011 bezeichneten Art zustehen .......................................<br>Die als Ersatz für Auslagen angefallenen Beträge werden auch erhoben, wenn aus Gründen der Gegenseitigkeit, der Verwaltungsvereinfachung oder aus vergleichbaren Gründen keine Zahlungen zu leisten sind. | in voller Höhe, die Auslagen begrenzt durch die Höchstsätze für die Auslagen 9000 bis 9011 |
| 9014 | Beträge, die ausländischen Behörden, Einrichtungen oder Personen im Ausland zustehen, sowie Kosten des Rechtshilfeverkehrs mit dem Ausland .......................................<br>Die Beträge werden auch erhoben, wenn aus Gründen der Gegenseitigkeit, der Verwaltungsvereinfachung oder aus vergleichbaren Gründen keine Zahlungen zu leisten sind. | in voller Höhe |
| 9015 | Auslagen der in den Nummern 9000 bis 9014 bezeichneten Art, soweit sie durch die Vorbereitung der öffentlichen Klage entstanden sind ....................................... | begrenzt durch die Höchstsätze für die Auslagen 9000 bis 9013 |
| 9016 | Auslagen der in den Nummern 9000 bis 9014 bezeichneten Art, soweit sie durch das dem gerichtlichen Verfahren vorausgegangene Bußgeldverfahren entstanden sind ........<br>Abs. 3 der Anmerkung zu Nummer 9005 ist nicht anzuwenden. | begrenzt durch die Höchstsätze für die Auslagen 9000 bis 9013 |

| Nr. | Auslagentatbestand | Höhe |
|---|---|---|
| 9017 | An den vorläufigen Insolvenzverwalter, den Insolvenzverwalter, die Mitglieder des Gläubigerausschusses oder die Treuhänder auf der Grundlage der Insolvenzrechtlichen Vergütungsverordnung aufgrund einer Stundung nach § 4a InsO sowie an den Restrukturierungsbeauftragten, den Sanierungsmoderator und die Mitglieder des Gläubigerbeirats nach dem StaRUG zu zahlende Beträge .......... | in voller Höhe |
| 9018 | Im ersten Rechtszug des Prozessverfahrens:<br>Auslagen des erstinstanzlichen Musterverfahrens nach dem KapMuG zuzüglich Zinsen ..................................... | anteilig |
| | (1) Die im erstinstanzlichen Musterverfahren entstehenden Auslagen nach Nummer 9005 werden vom Tag nach der Auszahlung bis zum rechtskräftigen Abschluss des Musterverfahrens mit 5 Prozentpunkten über dem Basiszinssatz nach § 247 BGB verzinst.<br>(2) Auslagen und Zinsen werden nur erhoben, wenn der Kläger nicht innerhalb von einem Monat ab Zustellung des Aussetzungsbeschlusses nach § 8 KapMuG seine Klage in der Hauptsache zurücknimmt.<br>(3) Der Anteil bestimmt sich nach dem Verhältnis der Höhe des von dem Kläger geltend gemachten Anspruchs, soweit dieser von den Feststellungszielen des Musterverfahrens betroffen ist, zu der Gesamthöhe der vom Musterkläger und den Beigeladenen des Musterverfahrens in den Prozessverfahren geltend gemachten Ansprüche, soweit diese von den Feststellungszielen des Musterverfahrens betroffen sind. Der Anspruch des Musterklägers oder eines Beigeladenen ist hierbei nicht zu berücksichtigen, wenn er innerhalb von einem Monat ab Zustellung des Aussetzungsbeschlusses nach § 8 KapMuG seine Klage in der Hauptsache zurücknimmt. | |
| 9019 | Pauschale für die Inanspruchnahme von Videokonferenzverbindungen:<br>je Verfahren für jede angefangene halbe Stunde ............... | 15,00 € |
| 9020 | Umsatzsteuer auf die Kosten ........................................... | in voller Höhe |
| | Dies gilt nicht, wenn die Umsatzsteuer nach § 19 Abs. 1 UStG unerhoben bleibt. | |

**Anlage 2[1)]**
(zu § 34 Absatz 1 Satz 3)

**[Gebühren nach Streitwert]**

| Streitwert bis … € | Gebühr … € | Streitwert bis … € | Gebühr … € |
|---|---|---|---|
| **500** | 38,00 | **50 000** | 601,00 |
| **1 000** | 58,00 | **65 000** | 733,00 |
| **1 500** | 78,00 | **80 000** | 865,00 |
| **2 000** | 98,00 | **95 000** | 997,00 |
| **3 000** | 119,00 | **110 000** | 1 129,00 |
| **4 000** | 140,00 | **125 000** | 1 261,00 |
| **5 000** | 161,00 | **140 000** | 1 393,00 |
| **6 000** | 182,00 | **155 000** | 1 525,00 |
| **7 000** | 203,00 | **170 000** | 1 657,00 |
| **8 000** | 224,00 | **185 000** | 1 789,00 |
| **9 000** | 245,00 | **200 000** | 1 921,00 |
| **10 000** | 266,00 | **230 000** | 2 119,00 |
| **13 000** | 295,00 | **260 000** | 2 317,00 |
| **16 000** | 324,00 | **290 000** | 2 515,00 |
| **19 000** | 353,00 | **320 000** | 2 713,00 |
| **22 000** | 382,00 | **350 000** | 2 911,00 |
| **25 000** | 411,00 | **380 000** | 3 109,00 |
| **30 000** | 449,00 | **410 000** | 3 307,00 |
| **35 000** | 487,00 | **440 000** | 3 505,00 |
| **40 000** | 525,00 | **470 000** | 3 703,00 |
| **45 000** | 563,00 | **500 000** | 3 901,00 |

[1)] Anl. 2 neu gef. mWv 1.1.2021 durch G v. 22.12.2020 (BGBl. I S. 3256).

# 116. Gesetz über die Vergütung von Sachverständigen, Dolmetscherinnen, Dolmetschern, Übersetzerinnen und Übersetzern sowie die Entschädigung von ehrenamtlichen Richterinnen, ehrenamtlichen Richtern, Zeuginnen, Zeugen und Dritten (Justizvergütungs- und -entschädigungsgesetz – JVEG)[1)]

Vom 5. Mai 2004
(BGBl. I S. 718, 776)

**FNA 367-3**

| Lfd. Nr. | Änderndes Gesetz | Datum | Fundstelle | Betroffen | Hinweis |
|---|---|---|---|---|---|
| 1. | Art. 16 AnhörungsrügenG | 9.12.2004 | BGBl. I S. 3220 | Inhaltsübersicht, Anl. 1 | geänd. mWv 1.1.2005 |
| | | | | § 4a | eingef. mWv mWv 1.1.2005 |
| 2. | Art. 14 Abs. 5 JustizkommunikationsG | 22.3.2005 | BGBl. I S. 837 | Inhaltsübersicht, §§ 4, 7, 12, 14 | geänd. mWv 1.4.2005 |
| | | | | § 4b | eingef. mWv 1.4.2005 |
| 3. | Art. 5 G zur Einführung von Kapitalanleger-Musterverfahren | 16.8.2005 | BGBl. I S. 2437, geänd. 2006, S. 3416 | § 13 | geänd. mWv 1.11.2005 |
| 4. | Art. 19 Zweites JustizmodernisierungsG | 22.12. 2006 | BGBl. I S. 3416 | §§ 7, 13 | geänd. mWv 31.12.2006 |
| 5. | Art. 18 Abs. 4 G zur Neuregelung des Rechtsberatungsrechts[2)] | 12.12. 2007 | BGBl. I S. 2840 | §§ 4, 4a | geänd. mWv 1.7.2008 |
| 6. | Art. 47 Abs. 5 FGG-ReformG | 17.12. 2008 | BGBl. I S. 2586 | § 13 | geänd. mWv 1.9.2009 |
| 7. | Art. 1 TK-Entschädigungs-NeuordnungsG | 29.4.2009 | BGBl. I S. 994 | § 23 | geänd. mWv 1.7.2009 |
| | | | | Anl. 3 | eingef. mWv 1.7.2009 |
| 8. | Art. 7 Abs. 3 G zur Modernisierung von Verfahren im anwaltl. u. notariellen BerufsR, zur Errichtung einer Schlichtungsstelle der Rechtsanwaltschaft sowie zur Änd. sonst. Vorschr.[3)] | 30.7.2009 | BGBl. I S. 2449 | § 4 | geänd. mWv 5.8.2009 |

[1)] Verkündet als Art. 2 KostenrechtsmodernisierungsG v. 5.5.2004 (BGBl. I S. 718); Inkrafttreten gem. Art. 8 Satz 1 dieses G am 1.7.2004.

[2)] **Amtl. Anm.:** Dieses Gesetz dient der Umsetzung der Richtlinie 2005/36/EG des Europäischen Parlaments und des Rates vom 7. September 2005 über die Anerkennung von Berufsqualifikationen (ABl. EU Nr. L 255 S. 22).

[3)] **Amtl. Anm.:** Dieses Gesetz dient der Umsetzung der Richtlinie 2006/123/EG des Europäischen Parlaments und des Rates vom 12. Dezember 2006 über Dienstleistungen im Binnenmarkt (ABl. L 376 vom 27.12.2006, S. 36).

| Lfd. Nr. | Änderndes Gesetz | Datum | Fundstelle | Betroffen | Hinweis |
|---|---|---|---|---|---|
| 9. | Art. 5 G zur Reform des KapMuG und zur Änd. anderer Vorschriften | 19.10. 2012 | BGBl. I S. 2182 | § 13 | geänd. mWv 1.11.2012 |
| 10. | Art. 13 G zur Einführung einer Rechtsbehelfsbelehrung im Zivilprozess und zur Änd. anderer Vorschr. | 5.12.2012 | BGBl. I S. 2418 | Inhaltsübersicht | geänd. mWv 1.1.2014 |
| | | | | § 4b | eingef. mWv 1.1.2014 |
| 11. | Art. 7 2. KostenrechtsmodernisierungsG | 23.7.2013 | BGBl. I S. 2586 | Inhaltsübersicht, §§ 1, 2, 7, 9, 10, 11, 12, 13, 16, 17, 18, 19, 20, 21, 22, Anl. 1, 2, 3 | geänd. mWv 1.8.2013 |
| | | | | § 4b | neu gef. mWv 1.8.2013 |
| | | | | § 8a | eingef. mWv 1.8.2013 |
| 12. | Art. 4 G zur Einführung einer Speicherpflicht und einer Höchstspeicherfrist für Verkehrsdaten[1] | 10.12. 2015 | BGBl. I S. 2218 | Inhaltsübersicht, §§ 6, 23, Anl. 2, 3 | geänd. mWv 18.12.2015 |
| 13. | Art. 5 Abs. 2 G zur Änd. des Sachverständigenrechts und zur weiteren Änd. des FamFG sowie zur Änd. des SGG, der VwGO, der FGO und des GKG | 11.10. 2016 | BGBl. I S. 2222 | § 8a | geänd. mWv 15.10.2016 |
| 14. | Art. 6 KostenrechtsänderungsG 2021 | 21.12. 2020 | BGBl. I S. 3229 | Inhaltsübersicht, §§ 2, 3, 4, 5, 7, 8a, 10, 12, 13, 15, 16, 17, 18, 19, 20, 21, 22, 23 | geänd. mWv 1.1.2021 |
| | | | | § 9, 11, Anl. 1, 2 | neu gef. mWv 1.1.2021 |
| 15. | Art. 15 Abs. 15 G zur Reform des Vormundschafts- und Betreuungsrechts | 4.5.2021 | BGBl. I S. 882 | Anl. 1 | geänd. mWv 1.1.2023 |
| 16. | Art. 18 TelekommunikationsmodernisierungsG[2] | 23.6.2021 | BGBl. I S. 1858 | Anl. 3 | geänd. mWv 1.12.2021 |
| 17. | Art. 17 G zur Modernisierung des notariellen Berufsrechts und zur Änd. weiterer Vorschriften | 25.6.2021 | BGBl. I S. 2154 | Anl. 1 | geänd. mWv 3.7.2021 |

[1] **Amtl. Anm.:** Notifiziert gemäß der Richtlinie 98/34/EG des Europäischen Parlaments und des Rates vom 22. Juni 1998 über ein Informationsverfahren auf dem Gebiet der Normen und technischen Vorschriften und der Vorschriften für die Dienste der Informationsgesellschaft (ABl. L 204 vom 21.07. 1998, S. 37), zuletzt geändert durch Artikel 26 Absatz 2 der Verordnung (EU) Nr. 1025/2012 des Europäischen Parlaments und des Rates vom 25. Oktober 2012 (ABl. L 316 vom 14.11.2012, S. 12).

[2] **Amtl. Anm.:** Dieses Gesetz dient der Umsetzung der Richtlinie (EU) 2018/1972 des Europäischen Parlaments und des Rates vom 11. Dezember 2018 über den europäischen Kodex für die elektronische Kommunikation (Neufassung) (ABl. L 321 vom 17.12.2018, S. 36).

**Inhaltsübersicht**[1)]



## Abschnitt 1. Allgemeine Vorschriften

**§ 1**[2)] **Geltungsbereich und Anspruchsberechtigte.** (1) [1] Dieses Gesetz regelt

1. die Vergütung der Sachverständigen, Dolmetscherinnen, Dolmetscher, Übersetzerinnen und Übersetzer, die von dem Gericht, der Staatsanwaltschaft, der Finanzbehörde in den Fällen, in denen diese das Ermittlungsverfahren selbstständig durchführt, der Verwaltungsbehörde im Verfahren nach dem Gesetz über Ordnungswidrigkeiten[3)] oder dem Gerichtsvollzieher herangezogen werden;

---

[1)] Inhaltsübersicht geänd. mWv 1.1.2005 durch G v. 9.12.2004 (BGBl. I S. 3220); mWv 1.4.2005 durch G v. 22.3.2005 (BGBl. I S. 837); mWv 1.1.2014 durch G v. 5.12.2012 (BGBl. I S. 2418); mWv 1.8.2013 durch G v. 23.7.2013 (BGBl. I S. 2586); mWv 18.12.2015 durch G v. 10.12.2015 (BGBl. I S. 2218); mWv 1.1.2021 durch G v. 21.12.2020 (BGBl. I S. 3229).

[2)] § 1 Abs. 5 angef. mWv 1.8.2013 durch G v. 23.7.2013 (BGBl. I S. 2586).

[3)] Nr. **94**.

2. die Entschädigung der ehrenamtlichen Richterinnen und Richter bei den ordentlichen Gerichten und den Gerichten für Arbeitssachen sowie bei den Gerichten der Verwaltungs-, der Finanz- und der Sozialgerichtsbarkeit mit Ausnahme der ehrenamtlichen Richterinnen und Richter in Handelssachen, in berufsgerichtlichen Verfahren oder bei Dienstgerichten sowie
3. die Entschädigung der Zeuginnen, Zeugen und Dritten (§ 23), die von den in Nummer 1 genannten Stellen herangezogen werden.

[2] Eine Vergütung oder Entschädigung wird nur nach diesem Gesetz gewährt. [3] Der Anspruch auf Vergütung nach Satz 1 Nr. 1 steht demjenigen zu, der beauftragt worden ist; dies gilt auch, wenn der Mitarbeiter einer Unternehmung die Leistung erbringt, der Auftrag jedoch der Unternehmung erteilt worden ist.

(2) [1] Dieses Gesetz gilt auch, wenn Behörden oder sonstige öffentliche Stellen von den in Absatz 1 Satz 1 Nr. 1 genannten Stellen zu Sachverständigenleistungen herangezogen werden. [2] Für Angehörige einer Behörde oder einer sonstigen öffentlichen Stelle, die weder Ehrenbeamte noch ehrenamtlich tätig sind, gilt dieses Gesetz nicht, wenn sie ein Gutachten in Erfüllung ihrer Dienstaufgaben erstatten, vertreten oder erläutern.

(3) [1] Einer Heranziehung durch die Staatsanwaltschaft oder durch die Finanzbehörde in den Fällen des Absatzes 1 Satz 1 Nr. 1 steht eine Heranziehung durch die Polizei oder eine andere Strafverfolgungsbehörde im Auftrag oder mit vorheriger Billigung der Staatsanwaltschaft oder der Finanzbehörde gleich. [2] Satz 1 gilt im Verfahren der Verwaltungsbehörde nach dem Gesetz über Ordnungswidrigkeiten entsprechend.

(4) Die Vertrauenspersonen in den Ausschüssen zur Wahl der Schöffen und die Vertrauensleute in den Ausschüssen zur Wahl der ehrenamtlichen Richter bei den Gerichten der Verwaltungs- und der Finanzgerichtsbarkeit werden wie ehrenamtliche Richter entschädigt.

(5) Die Vorschriften dieses Gesetzes über die gerichtliche Festsetzung und die Beschwerde gehen den Regelungen der für das zugrunde liegende Verfahren geltenden Verfahrensvorschriften vor.

### § 2[1)] Geltendmachung und Erlöschen des Anspruchs, Verjährung.

(1) [1] Der Anspruch auf Vergütung oder Entschädigung erlischt, wenn er nicht binnen drei Monaten bei der Stelle, die den Berechtigten herangezogen oder beauftragt hat, geltend gemacht wird; hierüber und über den Beginn der Frist ist der Berechtigte zu belehren. [2] Die Frist beginnt

1. im Fall der schriftlichen Begutachtung oder der Anfertigung einer Übersetzung mit Eingang des Gutachtens oder der Übersetzung bei der Stelle, die den Berechtigten beauftragt hat,
2. im Fall der Vernehmung als Sachverständiger oder Zeuge oder der Zuziehung als Dolmetscher mit Beendigung der Vernehmung oder Zuziehung,
3. bei vorzeitiger Beendigung der Heranziehung oder des Auftrags in den Fällen der Nummern 1 und 2 mit der Bekanntgabe der Erledigung an den Berechtigten,
4. in den Fällen des § 23 mit Beendigung der Maßnahme und

---

[1)] § 2 Abs. 1 Satz 1 geänd., Satz 2 Nr. 3 eingef., bish. Nr. 3 und 4 werden Nr. 4 und 5 und neue Nr. 5 geänd., Satz 3 eingef., bish. Sätze 3 und 4 werden Sätze 4 und 5, Abs. 2 Satz 2 eingef., bish. Sätze 2–6 werden Sätze 3–7 mWv 1.8.2013 durch G v. 23.7.2013 (BGBl. I S. 2586); Abs. 1 Satz 6 angef., Abs. 3 Satz 1 geänd. mWv 1.1.2021 durch G v. 21.12.2020 (BGBl. I S. 3229).

5. im Fall der Dienstleistung als ehrenamtlicher Richter oder Mitglied eines Ausschusses im Sinne des § 1 Abs. 4 mit Beendigung der Amtsperiode, jedoch nicht vor dem Ende der Amtstätigkeit.

[3] Wird der Berechtigte in den Fällen des Satzes 2 Nummer 1 und 2 in demselben Verfahren, im gerichtlichen Verfahren in demselben Rechtszug, mehrfach herangezogen, ist für den Beginn aller Fristen die letzte Heranziehung maßgebend. [4] Die Frist kann auf begründeten Antrag von der in Satz 1 genannten Stelle verlängert werden; lehnt sie eine Verlängerung ab, hat sie den Antrag unverzüglich dem nach § 4 Abs. 1 für die Festsetzung der Vergütung oder Entschädigung zuständigen Gericht vorzulegen, das durch unanfechtbaren Beschluss entscheidet. [5] Weist das Gericht den Antrag zurück, erlischt der Anspruch, wenn die Frist nach Satz 1 abgelaufen und der Anspruch nicht binnen zwei Wochen ab Bekanntgabe der Entscheidung bei der in Satz 1 genannten Stelle geltend gemacht worden ist. [6] Wurde dem Berechtigten ein Vorschuss nach § 3 bewilligt, so erlischt der Anspruch auf Vergütung oder Entschädigung nur insoweit, als er über den bewilligten Vorschuss hinausgeht.

(2) [1] War der Berechtigte ohne sein Verschulden an der Einhaltung einer Frist nach Absatz 1 gehindert, gewährt ihm das Gericht auf Antrag Wiedereinsetzung in den vorigen Stand, wenn er innerhalb von zwei Wochen nach Beseitigung des Hindernisses den Anspruch beziffert und die Tatsachen glaubhaft macht, welche die Wiedereinsetzung begründen. [2] Ein Fehlen des Verschuldens wird vermutet, wenn eine Belehrung nach Absatz 1 Satz 1 unterblieben oder fehlerhaft ist. [3] Nach Ablauf eines Jahres, von dem Ende der versäumten Frist an gerechnet, kann die Wiedereinsetzung nicht mehr beantragt werden. [4] Gegen die Ablehnung der Wiedereinsetzung findet die Beschwerde statt. [5] Sie ist nur zulässig, wenn sie innerhalb von zwei Wochen eingelegt wird. [6] Die Frist beginnt mit der Zustellung der Entscheidung. [7] § 4 Abs. 4 Satz 1 bis 3 und Abs. 6 bis 8 ist entsprechend anzuwenden.

(3) [1] Der Anspruch auf Vergütung oder Entschädigung verjährt in drei Jahren nach Ablauf des Kalenderjahrs, in dem der nach Absatz 1 Satz 2 maßgebliche Zeitpunkt eingetreten ist. [2] Auf die Verjährung sind die Vorschriften des Bürgerlichen Gesetzbuchs[1)] anzuwenden. [3] Durch den Antrag auf gerichtliche Festsetzung (§ 4) wird die Verjährung wie durch Klageerhebung gehemmt. [4] Die Verjährung wird nicht von Amts wegen berücksichtigt.

(4) [1] Der Anspruch auf Erstattung zu viel gezahlter Vergütung oder Entschädigung verjährt in drei Jahren nach Ablauf des Kalenderjahrs, in dem die Zahlung erfolgt ist. [2] § 5 Abs. 3 des Gerichtskostengesetzes[2)] gilt entsprechend.

**§ 3**[3)] **Vorschuss.** Auf Antrag ist ein angemessener Vorschuss zu bewilligen, wenn dem Berechtigten erhebliche Fahrtkosten oder sonstige Aufwendungen entstanden sind oder voraussichtlich entstehen werden oder wenn die zu erwartende Vergütung für bereits erbrachte Teilleistungen einen Betrag von 1 000 Euro übersteigt.

---

[1)] Nr. **20**.
[2)] Nr. **115**.
[3)] § 3 geänd. mWv 1.1.2021 durch G v. 21.12.2020 (BGBl. I S. 3229).

**§ 4[1)] Gerichtliche Festsetzung und Beschwerde.** (1) [1]Die Festsetzung der Vergütung, der Entschädigung oder des Vorschusses erfolgt durch gerichtlichen Beschluss, wenn der Berechtigte oder die Staatskasse die gerichtliche Festsetzung beantragt oder das Gericht sie für angemessen hält. [2]Eine Festsetzung der Vergütung ist in der Regel insbesondere dann als angemessen anzusehen, wenn ein Wegfall oder eine Beschränkung des Vergütungsanspruchs nach § 8a Absatz 1 oder 2 Satz 1 in Betracht kommt. [3]Zuständig ist

1. das Gericht, von dem der Berechtigte herangezogen worden ist, bei dem er als ehrenamtlicher Richter mitgewirkt hat oder bei dem der Ausschuss im Sinne des § 1 Abs. 4 gebildet ist;
2. das Gericht, bei dem die Staatsanwaltschaft besteht, wenn die Heranziehung durch die Staatsanwaltschaft oder in deren Auftrag oder mit deren vorheriger Billigung durch die Polizei oder eine andere Strafverfolgungsbehörde erfolgt ist, nach Erhebung der öffentlichen Klage jedoch das für die Durchführung des Verfahrens zuständige Gericht;
3. das Landgericht, bei dem die Staatsanwaltschaft besteht, die für das Ermittlungsverfahren zuständig wäre, wenn die Heranziehung in den Fällen des § 1 Abs. 1 Satz 1 Nr. 1 durch die Finanzbehörde oder in deren Auftrag oder mit deren vorheriger Billigung durch die Polizei oder eine andere Strafverfolgungsbehörde erfolgt ist, nach Erhebung der öffentlichen Klage jedoch das für die Durchführung des Verfahrens zuständige Gericht;
4. das Amtsgericht, in dessen Bezirk der Gerichtsvollzieher seinen Amtssitz hat, wenn die Heranziehung durch den Gerichtsvollzieher erfolgt ist, abweichend davon im Verfahren der Zwangsvollstreckung das Vollstreckungsgericht.

(2) [1]Ist die Heranziehung durch die Verwaltungsbehörde im Bußgeldverfahren erfolgt, werden die zu gewährende Vergütung oder Entschädigung und der Vorschuss durch gerichtlichen Beschluss festgesetzt, wenn der Berechtigte gerichtliche Entscheidung gegen die Festsetzung durch die Verwaltungsbehörde beantragt. [2]Für das Verfahren gilt § 62 des Gesetzes über Ordnungswidrigkeiten[2)].

(3) Gegen den Beschluss nach Absatz 1 können der Berechtige und die Staatskasse Beschwerde einlegen, wenn der Wert des Beschwerdegegenstands 200 Euro übersteigt oder wenn sie das Gericht, das die angefochtene Entscheidung erlassen hat, wegen der grundsätzlichen Bedeutung der zur Entscheidung stehenden Frage in dem Beschluss zulässt.

(4) [1]Soweit das Gericht die Beschwerde für zulässig und begründet hält, hat es ihr abzuhelfen; im Übrigen ist die Beschwerde unverzüglich dem Beschwerdegericht vorzulegen. [2]Beschwerdegericht ist das nächsthöhere Gericht. [3]Eine Beschwerde an einen obersten Gerichtshof des Bundes findet nicht statt. [4]Das Beschwerdegericht ist an die Zulassung der Beschwerde gebunden; die Nichtzulassung ist unanfechtbar.

(5) [1]Die weitere Beschwerde ist nur zulässig, wenn das Landgericht als Beschwerdegericht entschieden und sie wegen der grundsätzlichen Bedeutung der zur Entscheidung stehenden Frage in dem Beschluss zugelassen hat. [2]Sie kann nur darauf gestützt werden, dass die Entscheidung auf einer Verletzung des Rechts beruht; die §§ 546 und 547 der Zivilprozessordnung gelten entsprechend. [3]Über

---

[1)] § 4 Abs. 6 Satz 2 eingef., bish. Satz 2 wird Satz 3 mWv 1.7.2008 durch G v. 12. 12. 2007 (BGBl. I S. 2840); Abs. 6 Satz 1 neu gef. mWv 5.8.2009 durch G v. 30.7.2009 (BGBl. I S. 2449); Abs. 1 Satz 2 eingef., bish. Satz 2 wird Satz 3 mWv 1.1.2021 durch G v. 21.12.2020 (BGBl. I S. 3229).

[2)] Nr. **94**.

die weitere Beschwerde entscheidet das Oberlandesgericht. [4]Absatz 4 Satz 1 und 4 gilt entsprechend.

(6) [1]Anträge und Erklärungen können ohne Mitwirkung eines Bevollmächtigten schriftlich eingereicht oder zu Protokoll der Geschäftsstelle abgegeben werden; § 129a der Zivilprozessordnung gilt entsprechend. [2]Für die Bevollmächtigung gelten die Regelungen der für das zugrunde liegende Verfahren geltenden Verfahrensordnung entsprechend. [3]Die Beschwerde ist bei dem Gericht einzulegen, dessen Entscheidung angefochten wird.

(7) [1]Das Gericht entscheidet über den Antrag durch eines seiner Mitglieder als Einzelrichter; dies gilt auch für die Beschwerde, wenn die angefochtene Entscheidung von einem Einzelrichter oder einem Rechtspfleger erlassen wurde. [2]Der Einzelrichter überträgt das Verfahren der Kammer oder dem Senat, wenn die Sache besondere Schwierigkeiten tatsächlicher oder rechtlicher Art aufweist oder die Rechtssache grundsätzliche Bedeutung hat. [3]Das Gericht entscheidet jedoch immer ohne Mitwirkung ehrenamtlicher Richter. [4]Auf eine erfolgte oder unterlassene Übertragung kann ein Rechtsmittel nicht gestützt werden.

(8) [1]Die Verfahren sind gebührenfrei. [2]Kosten werden nicht erstattet.

(9) Die Beschlüsse nach den Absätzen 1, 2, 4 und 5 wirken nicht zu Lasten des Kostenschuldners.

## § 4a[1)] Abhilfe bei Verletzung des Anspruchs auf rechtliches Gehör.

(1) Auf die Rüge eines durch die Entscheidung nach diesem Gesetz beschwerten Beteiligten ist das Verfahren fortzuführen, wenn

1. ein Rechtsmittel oder ein anderer Rechtsbehelf gegen die Entscheidung nicht gegeben ist und
2. das Gericht den Anspruch dieses Beteiligten auf rechtliches Gehör in entscheidungserheblicher Weise verletzt hat.

(2) [1]Die Rüge ist innerhalb von zwei Wochen nach Kenntnis von der Verletzung des rechtlichen Gehörs zu erheben; der Zeitpunkt der Kenntniserlangung ist glaubhaft zu machen. [2]Nach Ablauf eines Jahres seit Bekanntmachung der angegriffenen Entscheidung kann die Rüge nicht mehr erhoben werden. [3]Formlos mitgeteilte Entscheidungen gelten mit dem dritten Tage nach Aufgabe zur Post als bekannt gemacht. [4]Die Rüge ist bei dem Gericht zu erheben, dessen Entscheidung angegriffen wird; § 4 Abs. 6 Satz 1 und 2 gilt entsprechend. [5]Die Rüge muss die angegriffene Entscheidung bezeichnen und das Vorliegen der in Absatz 1 Nr. 2 genannten Voraussetzungen darlegen.

(3) Den übrigen Beteiligten ist, soweit erforderlich, Gelegenheit zur Stellungnahme zu geben.

(4) [1]Das Gericht hat von Amts wegen zu prüfen, ob die Rüge an sich statthaft und ob sie in der gesetzlichen Form und Frist erhoben ist. [2]Mangelt es an einem dieser Erfordernisse, so ist die Rüge als unzulässig zu verwerfen. [3]Ist die Rüge unbegründet, weist das Gericht sie zurück. [4]Die Entscheidung ergeht durch unanfechtbaren Beschluss. [5]Der Beschluss soll kurz begründet werden.

(5) Ist die Rüge begründet, so hilft ihr das Gericht ab, indem es das Verfahren fortführt, soweit dies aufgrund der Rüge geboten ist.

(6) Kosten werden nicht erstattet.

---

1) § 4a eingef. mWv 1.1.2005 durch G v. 9.12.2004 (BGBl. I S. 3220); Abs. 2 Satz 4 geänd. mWv 1.7. 2008 durch G v. 12.12.2007 (BGBl. I S. 2840).

**§ 4b[1] Elektronische Akte, elektronisches Dokument.** In Verfahren nach diesem Gesetz sind die verfahrensrechtlichen Vorschriften über die elektronische Akte und über das elektronische Dokument anzuwenden, die für das Verfahren gelten, in dem der Anspruchsberechtigte herangezogen worden ist.

**§ 4c[2] Rechtsbehelfsbelehrung.** Jede anfechtbare Entscheidung hat eine Belehrung über den statthaften Rechtsbehelf sowie über die Stelle, bei der dieser Rechtsbehelf einzulegen ist, über deren Sitz und über die einzuhaltende Form zu enthalten.

## Abschnitt 2. Gemeinsame Vorschriften

**§ 5[3] Fahrtkostenersatz.** (1) Bei Benutzung von öffentlichen, regelmäßig verkehrenden Beförderungsmitteln werden die tatsächlich entstandenen Auslagen bis zur Höhe der entsprechenden Kosten für die Benutzung der ersten Wagenklasse der Bahn einschließlich der Auslagen für Platzreservierung und Beförderung des notwendigen Gepäcks ersetzt.

(2) [1] Bei Benutzung eines eigenen oder unentgeltlich zur Nutzung überlassenen Kraftfahrzeugs werden

1. dem Zeugen oder dem Dritten (§ 23) zur Abgeltung der Betriebskosten sowie zur Abgeltung der Abnutzung des Kraftfahrzeugs 0,35 Euro,
2. den in § 1 Abs. 1 Satz 1 Nr. 1 und 2 genannten Anspruchsberechtigten zur Abgeltung der Anschaffungs-, Unterhaltungs- und Betriebskosten sowie zur Abgeltung der Abnutzung des Kraftfahrzeugs 0,42 Euro

für jeden gefahrenen Kilometer ersetzt zuzüglich der durch die Benutzung des Kraftfahrzeugs aus Anlass der Reise regelmäßig anfallenden baren Auslagen, insbesondere der Parkentgelte. [2] Bei der Benutzung durch mehrere Personen kann die Pauschale nur einmal geltend gemacht werden. [3] Bei der Benutzung eines Kraftfahrzeugs, das nicht zu den Fahrzeugen nach Absatz 1 oder Satz 1 zählt, werden die tatsächlich entstandenen Auslagen bis zur Höhe der in Satz 1 genannten Fahrtkosten ersetzt; zusätzlich werden die durch die Benutzung des Kraftfahrzeugs aus Anlass der Reise angefallenen regelmäßigen baren Auslagen, insbesondere die Parkentgelte, ersetzt, soweit sie der Berechtigte zu tragen hat.

(3) Höhere als die in Absatz 1 oder Absatz 2 bezeichneten Fahrtkosten werden ersetzt, soweit dadurch Mehrbeträge an Vergütung oder Entschädigung erspart werden oder höhere Fahrtkosten wegen besonderer Umstände notwendig sind.

(4) Für Reisen während der Terminsdauer werden die Fahrtkosten nur insoweit ersetzt, als dadurch Mehrbeträge an Vergütung oder Entschädigung erspart werden, die beim Verbleiben an der Terminsstelle gewährt werden müssten.

(5) Wird die Reise zum Ort des Termins von einem anderen als dem in der Ladung oder Terminsmitteilung bezeichneten oder der zuständigen Stelle unverzüglich angezeigten Ort angetreten oder wird zu einem anderen als zu diesem Ort zurückgefahren, werden Mehrkosten nach billigem Ermessen nur dann ersetzt, wenn der Berechtigte zu diesen Fahrten durch besondere Umstände genötigt war.

---

[1] § 4b eingef. mWv 1.4.2005 durch G v. 22.3.2005 (BGBl. I S. 837); neu gef. mWv 1.8.2013 durch G v. 23.7.2013 (BGBl. I S. 2586).

[2] § 4c angef. mWv 1.1.2014 durch G v. 5.12.2012 (BGBl. I S. 2418).

[3] § 5 Abs. 2 Satz 1 Nr. 1 und 2 geänd. mWv 1.1.2021 durch G v. 21.12.2020 (BGBl. I S. 3229).

**§ 6**[1] **Entschädigung für Aufwand.** (1) Wer innerhalb der Gemeinde, in der der Termin stattfindet, weder wohnt noch berufstätig ist, erhält für die Zeit, während der er aus Anlass der Wahrnehmung des Termins von seiner Wohnung und seinem Tätigkeitsmittelpunkt abwesend sein muss, ein Tagegeld, dessen Höhe sich nach der Verpflegungspauschale zur Abgeltung tatsächlich entstandener, beruflich veranlasster Mehraufwendungen im Inland nach dem Einkommensteuergesetz bemisst.

(2) Ist eine auswärtige Übernachtung notwendig, wird ein Übernachtungsgeld nach den Bestimmungen des Bundesreisekostengesetzes[2] gewährt.

**§ 7**[3] **Ersatz für sonstige Aufwendungen.** (1) [1] Auch die in den §§ 5, 6 und 12 nicht besonders genannten baren Auslagen werden ersetzt, soweit sie notwendig sind. [2] Dies gilt insbesondere für die Kosten notwendiger Vertretungen und notwendiger Begleitpersonen.

(2) [1] Für die Anfertigung von Kopien und Ausdrucken werden ersetzt

1. bis zu einer Größe von DIN A3 0,50 Euro je Seite für die ersten 50 Seiten und 0,15 Euro für jede weitere Seite,
2. in einer Größe von mehr als DIN A3 3 Euro je Seite und
3. für Farbkopien und -ausdrucke bis zu einer Größe von DIN A3 1 Euro je Seite für die ersten 50 Seiten und 0,30 Euro für jede weitere Seite, in einer Größe von mehr als DIN A3 6 Euro je Seite.

[2] Der erhöhte Aufwendungsersatz wird jeweils für die ersten 50 Seiten nach Satz 1 Nummer 1 und 3 gewährt. [3] Die Höhe der Pauschalen ist in derselben Angelegenheit einheitlich zu berechnen. [4] Die Pauschale wird nur für Kopien und Ausdrucke aus Behörden- und Gerichtsakten gewährt, soweit deren Herstellung zur sachgemäßen Vorbereitung oder Bearbeitung der Angelegenheit geboten war, sowie für Kopien und zusätzliche Ausdrucke, die nach Aufforderung durch die heranziehende Stelle angefertigt worden sind. [5] Werden Kopien oder Ausdrucke in einer Größe von mehr als DIN A3 gegen Entgelt von einem Dritten angefertigt, kann der Berechtigte anstelle der Pauschale die baren Auslagen ersetzt verlangen.

(3) [1] Für die Überlassung von elektronisch gespeicherten Dateien anstelle der in Absatz 2 genannten Kopien und Ausdrucke werden 1,50 Euro je Datei ersetzt. [2] Für die in einem Arbeitsgang überlassenen oder in einem Arbeitsgang auf denselben Datenträger übertragenen Dokumente werden höchstens 5 Euro ersetzt.

## Abschnitt 3. Vergütung von Sachverständigen, Dolmetschern und Übersetzern

**§ 8 Grundsatz der Vergütung.** (1) Sachverständige, Dolmetscher und Übersetzer erhalten als Vergütung

1. ein Honorar für ihre Leistungen (§§ 9 bis 11),
2. Fahrtkostenersatz (§ 5),
3. Entschädigung für Aufwand (§ 6) sowie
4. Ersatz für sonstige und für besondere Aufwendungen (§§ 7 und 12).

---

[1] § 6 Abs. 1 geänd. mWv 18.12.2015 durch G v. 10.12.2015 (BGBl. I S. 2218).

[2] **Sartorius Nr. 235.**

[3] § 7 Abs. 3 geänd. mWv 1.4.2005 durch G v. 22.3.2005 (BGBl. I S. 837); Abs. 2 neu gef., Abs. 3 Satz 1 geänd., Satz 2 angef. mWv 1.8.2013 durch G v. 23.7.2013 (BGBl. I S. 2586); Abs. 2 Satz 1 Nr. 3 neu gef., Satz 2 eingef., bish. Sätze 2–4 werden Sätze 3–5 mWv 1.1.2021 durch G v. 21.12.2020 (BGBl. I S. 3229).

(2) [1]Soweit das Honorar nach Stundensätzen zu bemessen ist, wird es für jede Stunde der erforderlichen Zeit einschließlich notwendiger Reise- und Wartezeiten gewährt. [2]Die letzte bereits begonnene Stunde wird voll gerechnet, wenn sie zu mehr als 30 Minuten für die Erbringung der Leistung erforderlich war; anderenfalls beträgt das Honorar die Hälfte des sich für eine volle Stunde ergebenden Betrags.

(3) Soweit vergütungspflichtige Leistungen oder Aufwendungen auf die gleichzeitige Erledigung mehrerer Angelegenheiten entfallen, ist die Vergütung nach der Anzahl der Angelegenheiten aufzuteilen.

(4) Den Sachverständigen, Dolmetschern und Übersetzern, die ihren gewöhnlichen Aufenthalt im Ausland haben, kann unter Berücksichtigung ihrer persönlichen Verhältnisse, insbesondere ihres regelmäßigen Erwerbseinkommens, nach billigem Ermessen eine höhere als die in Absatz 1 bestimmte Vergütung gewährt werden.

**§ 8a[1)] Wegfall oder Beschränkung des Vergütungsanspruchs.** (1) Der Anspruch auf Vergütung entfällt, wenn der Berechtigte es unterlässt, der heranziehenden Stelle unverzüglich solche Umstände anzuzeigen, die zu seiner Ablehnung durch einen Beteiligten berechtigen, es sei denn, er hat die Unterlassung nicht zu vertreten.

(2) [1]Der Berechtigte erhält eine Vergütung nur insoweit, als seine Leistung bestimmungsgemäß verwertbar ist, wenn er

1. gegen die Verpflichtung aus § 407a Absatz 1 bis 4 Satz 1 der Zivilprozessordnung[2)] verstoßen hat, es sei denn, er hat den Verstoß nicht zu vertreten;
2. eine mangelhafte Leistung erbracht hat und er die Mängel nicht in einer von der heranziehenden Stelle gesetzten angemessenen Frist beseitigt; die Einräumung einer Frist zur Mängelbeseitigung ist entbehrlich, wenn die Leistung grundlegende Mängel aufweist oder wenn offensichtlich ist, dass eine Mängelbeseitigung nicht erfolgen kann;
3. im Rahmen der Leistungserbringung grob fahrlässig oder vorsätzlich Gründe geschaffen hat, die einen Beteiligten zur Ablehnung wegen der Besorgnis der Befangenheit berechtigen; oder
4. trotz Festsetzung eines weiteren Ordnungsgeldes seine Leistung nicht vollständig erbracht hat.

[2]Soweit das Gericht die Leistung berücksichtigt, gilt sie als verwertbar. [3]Für die Mängelbeseitigung nach Satz 1 Nummer 2 wird eine Vergütung nicht gewährt.

(3) Steht die geltend gemachte Vergütung erheblich außer Verhältnis zum Wert des Streitgegenstands und hat der Berechtigte nicht rechtzeitig nach § 407a Absatz 4 Satz 2 der Zivilprozessordnung auf diesen Umstand hingewiesen, bestimmt das Gericht nach Anhörung der Beteiligten nach billigem Ermessen eine Vergütung, die in einem angemessenen Verhältnis zum Wert des Streitgegenstands steht.

(4) Übersteigt die Vergütung den angeforderten Auslagenvorschuss erheblich und hat der Berechtigte nicht rechtzeitig nach § 407a Absatz 4 Satz 2 der Zivil-

---

1) § 8a eingef. mWv 1.8.2013 durch G v. 23.7.2013 (BGBl. I S. 2586); Abs. 2 Satz 1 Nr. 1, Abs. 3 und 4 geänd. mWv 15.10.2016 durch G v. 11.10.2016 (BGBl. I S. 2222); Abs. 2 Satz 1 Nr. 2 geänd., Satz 3 angef. mWv 1.1.2021 durch G v. 21.12.2020 (BGBl. I S. 3229).

2) Nr. **100**.

prozessordnung auf diesen Umstand hingewiesen, erhält er die Vergütung nur in Höhe des Auslagenvorschusses.

(5) Die Absätze 3 und 4 sind nicht anzuwenden, wenn der Berechtigte die Verletzung der ihm obliegenden Hinweispflicht nicht zu vertreten hat.

**§ 9[1)] Honorare für Sachverständige und für Dolmetscher.** (1) [1]Das Honorar des Sachverständigen bemisst sich nach der Anlage 1. [2]Die Zuordnung der Leistung zu einem Sachgebiet bestimmt sich nach der Entscheidung über die Heranziehung des Sachverständigen.

(2) [1]Ist die Leistung auf einem Sachgebiet zu erbringen, das nicht in der Anlage 1 aufgeführt ist, so ist sie unter Berücksichtigung der allgemein für Leistungen dieser Art außergerichtlich und außerbehördlich vereinbarten Stundensätze nach billigem Ermessen mit einem Stundensatz zu vergüten, der den höchsten Stundensatz nach der Anlage 1 jedoch nicht übersteigen darf. [2]Ist die Leistung auf mehreren Sachgebieten zu erbringen oder betrifft ein medizinisches oder psychologisches Gutachten mehrere Gegenstände und sind diesen Sachgebieten oder Gegenständen verschiedene Stundensätze zugeordnet, so bemisst sich das Honorar für die gesamte erforderliche Zeit einheitlich nach dem höchsten dieser Stundensätze. [3]Würde die Bemessung des Honorars nach Satz 2 mit Rücksicht auf den Schwerpunkt der Leistung zu einem unbilligen Ergebnis führen, so ist der Stundensatz nach billigem Ermessen zu bestimmen.

(3) [1]Für die Festsetzung des Stundensatzes nach Absatz 2 gilt § 4 entsprechend mit der Maßgabe, dass die Beschwerde gegen die Festsetzung auch dann zulässig ist, wenn der Wert des Beschwerdegegenstands 200 Euro nicht übersteigt. [2]Die Beschwerde ist nur zulässig, solange der Anspruch auf Vergütung noch nicht geltend gemacht worden ist.

(4) [1]Das Honorar des Sachverständigen für die Prüfung, ob ein Grund für die Eröffnung eines Insolvenzverfahrens vorliegt und welche Aussichten für eine Fortführung des Unternehmens des Schuldners bestehen, beträgt 120 Euro je Stunde. [2]Ist der Sachverständige zugleich der vorläufige Insolvenzverwalter oder der vorläufige Sachwalter, so beträgt sein Honorar 95 Euro je Stunde.

(5) [1]Das Honorar des Dolmetschers beträgt für jede Stunde 85 Euro. [2]Der Dolmetscher erhält im Fall der Aufhebung eines Termins, zu dem er geladen war, eine Ausfallentschädigung, wenn

1. die Aufhebung nicht durch einen in seiner Person liegenden Grund veranlasst war,
2. ihm die Aufhebung erst am Terminstag oder an einem der beiden vorhergehenden Tage mitgeteilt worden ist und
3. er versichert, in welcher Höhe er durch die Terminsaufhebung einen Einkommensverlust erlitten hat.

[3]Die Ausfallentschädigung wird bis zu einem Betrag gewährt, der dem Honorar für zwei Stunden entspricht.

(6) [1]Erbringt der Sachverständige oder der Dolmetscher seine Leistung zwischen 23 und 6 Uhr oder an Sonn- oder Feiertagen, so erhöht sich das Honorar um 20 Prozent, wenn die heranziehende Stelle feststellt, dass es notwendig ist, die Leistung zu dieser Zeit zu erbringen. [2]§ 8 Absatz 2 Satz 2 gilt sinngemäß.

---

[1)] § 9 neu gef. mWv 1.1.2021 durch G v. 21.12.2020 (BGBl. I S. 3229).

**§ 10[1] Honorar für besondere Leistungen.** (1) [1]Soweit ein Sachverständiger oder ein sachverständiger Zeuge Leistungen erbringt, die in der Anlage 2 bezeichnet sind, bemisst sich das Honorar oder die Entschädigung nach dieser Anlage. [2]§ 9 Absatz 6 gilt mit der Maßgabe, dass sich das Honorar des Sachverständigen oder die Entschädigung des sachverständigen Zeugen um 20 Prozent erhöht, wenn die Leistung zu mindestens 80 Prozent zwischen 23 und 6 Uhr oder an Sonn- oder Feiertagen erbracht wird.

(2) [1]Für Leistungen der in Abschnitt O des Gebührenverzeichnisses für ärztliche Leistungen (Anlage zur Gebührenordnung für Ärzte) bezeichneten Art bemisst sich das Honorar in entsprechender Anwendung dieses Gebührenverzeichnisses nach dem 1,3fachen Gebührensatz. [2]§ 4 Absatz 2 Satz 1, Absatz 2a Satz 1, Absatz 3 und 4 Satz 1 und § 10 der Gebührenordnung für Ärzte gelten entsprechend; im Übrigen bleiben die §§ 7 und 12 unberührt.

(3) Soweit für die Erbringung einer Leistung nach Absatz 1 oder Absatz 2 zusätzliche Zeit erforderlich ist, beträgt das Honorar für jede Stunde der zusätzlichen Zeit 80 Euro.

**§ 11[2] Honorar für Übersetzer.** (1) [1]Das Honorar für eine Übersetzung beträgt 1,80 Euro für jeweils angefangene 55 Anschläge des schriftlichen Textes, wenn der Text dem Übersetzer in editierbarer elektronischer Form zur Verfügung gestellt wird (Grundhonorar). [2]Andernfalls beträgt das Honorar 1,95 Euro für jeweils angefangene 55 Anschläge (erhöhtes Honorar). [3]Ist die Übersetzung wegen der besonderen Umstände des Einzelfalls besonders erschwert, insbesondere wegen der häufigen Verwendung von Fachausdrücken, der schweren Lesbarkeit des Textes, einer besonderen Eilbedürftigkeit oder weil es sich um eine in der Bundesrepublik Deutschland selten vorkommende Fremdsprache handelt, so beträgt das Grundhonorar 1,95 Euro und das erhöhte Honorar 2,10 Euro.

(2) [1]Maßgebend für die Anzahl der Anschläge ist der Text in der Zielsprache. [2]Werden jedoch nur in der Ausgangssprache lateinische Schriftzeichen verwendet, ist die Anzahl der Anschläge des Textes in der Ausgangssprache maßgebend. [3]Wäre eine Zählung der Anschläge mit unverhältnismäßigem Aufwand verbunden, so wird deren Anzahl unter Berücksichtigung der durchschnittlichen Anzahl der Anschläge je Zeile nach der Anzahl der Zeilen bestimmt.

(3) [1]Sind mehrere Texte zu übersetzen, ist die Höhe des Honorars für jeden Text gesondert zu bestimmen. [2]Für eine oder für mehrere Übersetzungen aufgrund desselben Auftrags beträgt das Honorar mindestens 20 Euro.

(4) Der Übersetzer erhält ein Honorar wie ein Dolmetscher, wenn

1. die Leistung des Übersetzers in der Überprüfung von Schriftstücken oder von Telekommunikationsaufzeichnungen auf bestimmte Inhalte besteht, ohne dass er insoweit eine schriftliche Übersetzung anfertigen muss, oder
2. die Leistung des Übersetzers darin besteht, aus einer Telekommunikationsaufzeichnung ein Wortprotokoll anzufertigen.

**§ 12[3] Ersatz für besondere Aufwendungen.** (1) [1]Soweit in diesem Gesetz nichts anderes bestimmt ist, sind mit der Vergütung nach den §§ 9 bis 11 auch die

[1] § 10 Abs. 2 Satz 2 geänd. mWv 1.8.2013 durch G v. 23.7.2013 (BGBl. I S. 2586); Abs. 1 Satz 2 angef., Abs. 3 geänd. mWv 1.1.2021 durch G v. 21.12.2020 (BGBl. I S. 3229).

[2] § 11 neu gef. mWv 1.1.2021 durch G v. 21.12.2020 (BGBl. I S. 3229).

[3] § 12 Abs. 1 Satz 2 Nr. 2 neu gef. mWv 1.8.2013 durch G v. 23.7.2013 (BGBl. I S. 2586); Abs. 1 Satz 2 Nr. 3 neu gef., Nr. 4 geänd. und Nr. 5 angef. mWv 1.1.2021 durch G v. 21.12.2020 (BGBl. I S. 3229).

üblichen Gemeinkosten sowie der mit der Erstattung des Gutachtens oder der Übersetzung üblicherweise verbundene Aufwand abgegolten. [2] Es werden jedoch gesondert ersetzt

1. die für die Vorbereitung und Erstattung des Gutachtens oder der Übersetzung aufgewendeten notwendigen besonderen Kosten, einschließlich der insoweit notwendigen Aufwendungen für Hilfskräfte, sowie die für eine Untersuchung verbrauchten Stoffe und Werkzeuge;
2. für jedes zur Vorbereitung und Erstattung des Gutachtens erforderliche Foto 2 Euro und, wenn die Fotos nicht Teil des schriftlichen Gutachtens sind (§ 7 Absatz 2), 0,50 Euro für den zweiten und jeden weiteren Abzug oder Ausdruck eines Fotos;
3. für die Erstellung des schriftlichen Gutachtens je angefangene 1 000 Anschläge 0,90 Euro, in Angelegenheiten, in denen der Sachverständige ein Honorar nach der Anlage 1 Teil 2 oder der Anlage 2 erhält, 1,50 Euro; ist die Zahl der Anschläge nicht bekannt, ist diese zu schätzen;
4. die auf die Vergütung entfallende Umsatzsteuer, sofern diese nicht nach § 19 Abs. 1 des Umsatzsteuergesetzes unerhoben bleibt;
5. die Aufwendungen für Post- und Telekommunikationsdienstleistungen; Sachverständige und Übersetzer können anstelle der tatsächlichen Aufwendungen eine Pauschale in Höhe von 20 Prozent des Honorars fordern, höchstens jedoch 15 Euro.

(2) Ein auf die Hilfskräfte (Absatz 1 Satz 2 Nr. 1) entfallender Teil der Gemeinkosten wird durch einen Zuschlag von 15 Prozent auf den Betrag abgegolten, der als notwendige Aufwendung für die Hilfskräfte zu ersetzen ist, es sei denn, die Hinzuziehung der Hilfskräfte hat keine oder nur unwesentlich erhöhte Gemeinkosten veranlasst.

**§ 13[1)] Besondere Vergütung.** (1) [1] Haben sich die Parteien oder Beteiligten dem Gericht gegenüber mit einer bestimmten oder einer von der gesetzlichen Regelung abweichenden Vergütung einverstanden erklärt, wird der Sachverständige, Dolmetscher oder Übersetzer unter Gewährung dieser Vergütung erst herangezogen, wenn ein ausreichender Betrag für die gesamte Vergütung an die Staatskasse gezahlt ist. [2] Hat in einem Verfahren nach dem Gesetz über Ordnungswidrigkeiten[2)] die Verfolgungsbehörde eine entsprechende Erklärung abgegeben, bedarf es auch dann keiner Vorschusszahlung, wenn die Verfolgungsbehörde nicht von der Zahlung der Kosten befreit ist. [3] In einem Verfahren, in dem Gerichtskosten in keinem Fall erhoben werden, genügt es, wenn ein die Mehrkosten deckender Betrag gezahlt worden ist, für den die Parteien oder Beteiligten nach Absatz 6 haften.

(2) [1] Die Erklärung nur einer Partei oder eines Beteiligten oder die Erklärung der Strafverfolgungsbehörde oder der Verfolgungsbehörde genügt, soweit sie sich

---

[1)] § 13 Abs. 3 angef. mWv 1.11.2005 durch G v. 16.8.2005 (BGBl. I S. 2437, geänd. durch G v. 22.12. 2006, BGBl. I S. 3416); Abs. 2 neu gef., Abs. 3 und 4 eingef., bish. Abs. 3 wird Abs. 5 und Satz 3 eingef., bish. Sätze 3–5 werden Sätze 4–6, Abs. 6 und 7 angef. mWv 31.12.2006 durch G v. 22.12.2006 (BGBl. I S. 3416); Abs. 3 Sätze 1 und 2 sowie Abs. 4 Satz 1 geänd. mWv 1.9.2009 durch G v. 17.12.2008 (BGBl. I S. 2586); Abs. 5 Sätze 2, 4 und 5 geänd. mWv 1.11.2012 durch G v. 19.10.2012 (BGBl. I S. 2182); Abs. 1 neu gef., Abs. 2 Sätze 1 und 2 geänd., Abs. 3 Satz 4 angef., Abs. 4 Satz 2 geänd., Abs. 6 neu gef., Abs. 7 aufgeh. mWv 1.8.2013 durch G v. 23.7.2013 (BGBl. I S. 2586); Abs. 2 Satz 2 und Abs. 3 Satz 4 geänd. mWv 1.1.2021 durch G v. 21.12.2020 (BGBl. I S. 3229).

[2)] Nr. **94**.

auf den Stundensatz nach § 9 oder bei schriftlichen Übersetzungen auf ein Honorar für jeweils angefangene 55 Anschläge nach § 11 bezieht und das Gericht zustimmt. [2]Die Zustimmung soll nur erteilt werden, wenn das Doppelte des nach § 9 oder § 11 zulässigen Honorars nicht überschritten wird. [3]Vor der Zustimmung hat das Gericht die andere Partei oder die anderen Beteiligten zu hören. [4]Die Zustimmung und die Ablehnung der Zustimmung sind unanfechtbar.

(3) [1]Derjenige, dem Prozess- oder Verfahrenskostenhilfe bewilligt worden ist, kann eine Erklärung nach Absatz 1 nur abgeben, die sich auf den Stundensatz nach § 9 oder bei schriftlichen Übersetzungen auf ein Honorar für jeweils angefangene 55 Anschläge nach § 11 bezieht. [2]Wäre er ohne Rücksicht auf die Prozess- oder Verfahrenskostenhilfe zur vorschussweisen Zahlung der Vergütung verpflichtet, hat er einen ausreichenden Betrag für das gegenüber der gesetzlichen Regelung oder der vereinbarten Vergütung (§ 14) zu erwartende zusätzliche Honorar an die Staatskasse zu zahlen; § 122 Abs. 1 Nr. 1 Buchstabe a der Zivilprozessordnung[1)] ist insoweit nicht anzuwenden. [3]Der Betrag wird durch unanfechtbaren Beschluss festgesetzt. [4]Zugleich bestimmt das Gericht, welchem Stundensatz die Leistung des Sachverständigen ohne Berücksichtigung der Erklärungen der Parteien oder Beteiligten zuzuordnen oder mit welchem Betrag für 55 Anschläge in diesem Fall eine Übersetzung zu honorieren wäre.

(4) [1]Ist eine Vereinbarung nach den Absätzen 1 und 3 zur zweckentsprechenden Rechtsverfolgung notwendig und ist derjenige, dem Prozess- oder Verfahrenskostenhilfe bewilligt worden ist, zur Zahlung des nach Absatz 3 Satz 2 erforderlichen Betrags außerstande, bedarf es der Zahlung nicht, wenn das Gericht seiner Erklärung zustimmt. [2]Die Zustimmung soll nur erteilt werden, wenn das Doppelte des nach § 9 oder § 11 zulässigen Honorars nicht überschritten wird. [3]Die Zustimmung und die Ablehnung der Zustimmung sind unanfechtbar.

(5) [1]Im Musterverfahren nach dem Kapitalanleger-Musterverfahrensgesetz[2)] ist die Vergütung unabhängig davon zu gewähren, ob ein ausreichender Betrag an die Staatskasse gezahlt ist. [2]Im Fall des Absatzes 2 genügt die Erklärung eines Beteiligten des Musterverfahrens. [3]Die Absätze 3 und 4 sind nicht anzuwenden. [4]Die Anhörung der übrigen Beteiligten des Musterverfahrens kann dadurch ersetzt werden, dass die Vergütungshöhe, für die die Zustimmung des Gerichts erteilt werden soll, öffentlich bekannt gemacht wird. [5]Die öffentliche Bekanntmachung wird durch Eintragung in das Klageregister nach § 4 des Kapitalanleger-Musterverfahrensgesetzes bewirkt. [6]Zwischen der öffentlichen Bekanntmachung und der Entscheidung über die Zustimmung müssen mindestens vier Wochen liegen.

(6) [1]Schuldet nach den kostenrechtlichen Vorschriften keine Partei oder kein Beteiligter die Vergütung, haften die Parteien oder Beteiligten, die eine Erklärung nach Absatz 1 oder Absatz 3 abgegeben haben, für die hierdurch entstandenen Mehrkosten als Gesamtschuldner, im Innenverhältnis nach Kopfteilen. [2]Für die Strafverfolgungs- oder Verfolgungsbehörde haftet diejenige Körperschaft, der die Behörde angehört, wenn die Körperschaft nicht von der Zahlung der Kosten befreit ist. [3]Der auf eine Partei oder einen Beteiligten entfallende Anteil bleibt unberücksichtigt, wenn das Gericht der Erklärung nach Absatz 4 zugestimmt hat. [4]Der Sachverständige, Dolmetscher oder Übersetzer hat eine Berechnung der gesetzlichen Vergütung einzureichen.

---

1) Nr. **100**.

2) **Schönfelder ErgBd. Nr. 105d.**

**§ 14[1] Vereinbarung der Vergütung.** Mit Sachverständigen, Dolmetschern und Übersetzern, die häufiger herangezogen werden, kann die oberste Landesbehörde, für die Gerichte und Behörden des Bundes die oberste Bundesbehörde, oder eine von diesen bestimmte Stelle eine Vereinbarung über die zu gewährende Vergütung treffen, deren Höhe die nach diesem Gesetz vorgesehene Vergütung nicht überschreiten darf.

## Abschnitt 4. Entschädigung von ehrenamtlichen Richtern

**§ 15[2] Grundsatz der Entschädigung.** (1) Ehrenamtliche Richter erhalten als Entschädigung

1. Fahrtkostenersatz (§ 5),
2. Entschädigung für Aufwand (§ 6),
3. Ersatz für sonstige Aufwendungen (§ 7),
4. Entschädigung für Zeitversäumnis (§ 16),
5. Entschädigung für Nachteile bei der Haushaltsführung (§ 17) sowie
6. Entschädigung für Verdienstausfall (§ 18).

(2) [1]Sofern die Entschädigung nach Stunden bemessen ist, wird sie für die gesamte Dauer der Heranziehung gewährt. [2]Dazu zählen auch notwendige Reise- und Wartezeiten sowie die Zeit, während der der ehrenamtliche Richter infolge der Heranziehung seiner beruflichen Tätigkeit nicht nachgehen konnte. [3]Eine Entschädigung wird für nicht mehr als zehn Stunden je Tag gewährt. [4]Die letzte begonnene Stunde wird voll gerechnet.

(3) Die Entschädigung wird auch gewährt,

1. wenn ehrenamtliche Richter von der zuständigen staatlichen Stelle zu Einführungs- und Fortbildungstagungen herangezogen werden,
2. wenn ehrenamtliche Richter bei den Gerichten der Arbeits- und der Sozialgerichtsbarkeit in dieser Eigenschaft an der Wahl von gesetzlich für sie vorgesehenen Ausschüssen oder an den Sitzungen solcher Ausschüsse teilnehmen (§§ 29, 38 des Arbeitsgerichtsgesetzes[3]), §§ 23, 35 Abs. 1, § 47 des Sozialgerichtsgesetzes[4])).

**§ 16[5] Entschädigung für Zeitversäumnis.** Die Entschädigung für Zeitversäumnis beträgt 7 Euro je Stunde.

**§ 17[6] Entschädigung für Nachteile bei der Haushaltsführung.** [1]Ehrenamtliche Richter, die einen eigenen Haushalt für mehrere Personen führen, erhalten neben der Entschädigung nach § 16 eine zusätzliche Entschädigung für Nachteile bei der Haushaltsführung von 17 Euro je Stunde, wenn sie nicht erwerbstätig sind oder wenn sie teilzeitbeschäftigt sind und außerhalb ihrer vereinbarten regelmäßigen täglichen Arbeitszeit herangezogen werden. [2]Ehrenamtliche Richter, die ein Erwerbsersatzeinkommen beziehen, stehen erwerbstätigen ehrenamtlichen Rich-

---

[1] § 14 geänd. mWv 1.4.2005 durch G v. 22.3.2005 (BGBl. I S. 837).

[2] § 15 Abs. 2 neu gef. mWv 1.1.2021 durch G v. 21.12.2020 (BGBl. I S. 3229).

[3] Nr. **83**.

[4] **Sartorius ErgBd. Nr. 415.**

[5] § 16 geänd. mWv 1.8.2013 durch G v. 23.7.2013 (BGBl. I S. 2586); geänd. mWv 1.1.2021 durch G v. 21.12.2020 (BGBl. I S. 3229).

[6] § 17 Satz 1 geänd., Satz 2 eingef., bish. Sätze 2 und 3 werden Sätze 3 und 4 mWv 1.8.2013 durch G v. 23.7.2013 (BGBl. I S. 2586); Satz 1 geänd. mWv 1.1.2021 durch G v. 21.12.2020 (BGBl. I S. 3229).

tern gleich. [3]Die Entschädigung von Teilzeitbeschäftigten wird für höchstens zehn Stunden je Tag gewährt abzüglich der Zahl an Stunden, die der vereinbarten regelmäßigen täglichen Arbeitszeit entspricht. [4]Die Entschädigung wird nicht gewährt, soweit Kosten einer notwendigen Vertretung erstattet werden.

**§ 18[1)] Entschädigung für Verdienstausfall.** [1]Für den Verdienstausfall wird neben der Entschädigung nach § 16 eine zusätzliche Entschädigung gewährt, die sich nach dem regelmäßigen Bruttoverdienst einschließlich der vom Arbeitgeber zu tragenden Sozialversicherungsbeiträge richtet, jedoch höchstens 29 Euro je Stunde beträgt. [2]Die Entschädigung beträgt bis zu 55 Euro je Stunde für ehrenamtliche Richter, die in demselben Verfahren an mehr als 20 Tagen herangezogen oder innerhalb eines Zeitraums von 30 Tagen an mindestens sechs Tagen ihrer regelmäßigen Erwerbstätigkeit entzogen werden. [3]Sie beträgt bis zu 73 Euro je Stunde für ehrenamtliche Richter, die in demselben Verfahren an mehr als 50 Tagen herangezogen werden.

## Abschnitt 5. Entschädigung von Zeugen und Dritten

**§ 19[2)] Grundsatz der Entschädigung.** (1) [1]Zeugen erhalten als Entschädigung
1. Fahrtkostenersatz (§ 5),
2. Entschädigung für Aufwand (§ 6),
3. Ersatz für sonstige Aufwendungen (§ 7),
4. Entschädigung für Zeitversäumnis (§ 20),
5. Entschädigung für Nachteile bei der Haushaltsführung (§ 21) sowie
6. Entschädigung für Verdienstausfall (§ 22).

[2]Dies gilt auch bei schriftlicher Beantwortung der Beweisfrage.

(2) [1]Sofern die Entschädigung nach Stunden bemessen ist, wird sie für die gesamte Dauer der Heranziehung gewährt. [2]Dazu zählen auch notwendige Reise- und Wartezeiten sowie die Zeit, während der der Zeuge infolge der Heranziehung seiner beruflichen Tätigkeit nicht nachgehen konnte. [3]Die Entschädigung wird für nicht mehr als zehn Stunden je Tag gewährt. [4]Die letzte bereits begonnene Stunde wird voll gerechnet, wenn insgesamt mehr als 30 Minuten auf die Heranziehung entfallen; andernfalls beträgt die Entschädigung die Hälfte des sich für die volle Stunde ergebenden Betrages.

(3) Soweit die Entschädigung durch die gleichzeitige Heranziehung in verschiedenen Angelegenheiten veranlasst ist, ist sie auf diese Angelegenheiten nach dem Verhältnis der Entschädigungen zu verteilen, die bei gesonderter Heranziehung begründet wären.

(4) Den Zeugen, die ihren gewöhnlichen Aufenthalt im Ausland haben, kann unter Berücksichtigung ihrer persönlichen Verhältnisse, insbesondere ihres regelmäßigen Erwerbseinkommens, nach billigem Ermessen eine höhere als die in Absatz 1 Satz 1 bestimmte Entschädigung gewährt werden.

---

[1)] § 18 Sätze 1–3 geänd. mWv 1.8.2013 durch G v. 23.7.2013 (BGBl. I S. 2586); Sätze 1–3 geänd. mWv 1.1.2021 durch G v. 21.12.2020 (BGBl. I S. 3229).

[2)] § 19 Abs. 2 neu gef., Abs. 4 geänd. mWv 1.1.2021 durch G v. 21.12.2020 (BGBl. I S. 3229).

**§ 20[1] Entschädigung für Zeitversäumnis.** Die Entschädigung für Zeitversäumnis beträgt 4 Euro je Stunde, soweit weder für einen Verdienstausfall noch für Nachteile bei der Haushaltsführung eine Entschädigung zu gewähren ist, es sei denn, dem Zeugen ist durch seine Heranziehung ersichtlich kein Nachteil entstanden.

**§ 21[2] Entschädigung für Nachteile bei der Haushaltsführung.** [1]Zeugen, die einen eigenen Haushalt für mehrere Personen führen, erhalten eine Entschädigung für Nachteile bei der Haushaltsführung von 17 Euro je Stunde, wenn sie nicht erwerbstätig sind oder wenn sie teilzeitbeschäftigt sind und außerhalb ihrer vereinbarten regelmäßigen täglichen Arbeitszeit herangezogen werden. [2]Zeugen, die ein Erwerbsersatzeinkommen beziehen, stehen erwerbstätigen Zeugen gleich. [3]Die Entschädigung von Teilzeitbeschäftigten wird für höchstens zehn Stunden je Tag gewährt abzüglich der Zahl an Stunden, die der vereinbarten regelmäßigen täglichen Arbeitszeit entspricht. [4]Die Entschädigung wird nicht gewährt, soweit Kosten einer notwendigen Vertretung erstattet werden.

**§ 22[3] Entschädigung für Verdienstausfall.** [1]Zeugen, denen ein Verdienstausfall entsteht, erhalten eine Entschädigung, die sich nach dem regelmäßigen Bruttoverdienst einschließlich der vom Arbeitgeber zu tragenden Sozialversicherungsbeiträge richtet und für jede Stunde höchstens 25 Euro beträgt. [2]Gefangene, die keinen Verdienstausfall aus einem privatrechtlichen Arbeitsverhältnis haben, erhalten Ersatz in Höhe der entgangenen Zuwendung der Vollzugsbehörde.

**§ 23[4] Entschädigung Dritter.** (1) Soweit von denjenigen, die Telekommunikationsdienste erbringen oder daran mitwirken (Telekommunikationsunternehmen), Anordnungen zur Überwachung der Telekommunikation umgesetzt oder Auskünfte erteilt werden, für die in der Anlage 3 zu diesem Gesetz besondere Entschädigungen bestimmt sind, bemisst sich die Entschädigung ausschließlich nach dieser Anlage.

(2) [1]Dritte, die aufgrund einer gerichtlichen Anordnung nach § 142 Abs. 1 Satz 1 oder § 144 Abs. 1 der Zivilprozessordnung[5] Urkunden, sonstige Unterlagen oder andere Gegenstände vorlegen oder deren Inaugenscheinnahme dulden, sowie Dritte, die aufgrund eines Beweiszwecken dienenden Ersuchens der Strafverfolgungs- oder Verfolgungsbehörde

1. Gegenstände herausgeben (§ 95 Abs. 1, § 98a der Strafprozessordnung[6]) oder die Pflicht zur Herausgabe entsprechend einer Anheimgabe der Strafverfolgungs- oder Verfolgungsbehörde abwenden oder
2. in anderen als den in Absatz 1 genannten Fällen Auskunft erteilen,

werden wie Zeugen entschädigt. [2]Bedient sich der Dritte eines Arbeitnehmers oder einer anderen Person, werden ihm die Aufwendungen dafür (§ 7) im

---

[1] § 20 geänd. mWv 1.8.2013 durch G v. 23.7.2013 (BGBl. I S. 2586); geänd. mWv 1.1.2021 durch G v. 21.12.2020 (BGBl. I S. 3229).

[2] § 21 Satz 1 geänd., Satz 2 eingef., bish. Sätze 2 und 3 werden Sätze 3 und 4 mWv 1.8.2013 durch G v. 23.7.2013 (BGBl. I S. 2586); Satz 1 geänd. mWv 1.1.2021 durch G v. 21.12.2020 (BGBl. I S. 3229).

[3] § 22 Satz 1 geänd. mWv 1.8.2013 durch G v. 23.7.2013 (BGBl. I S. 2586); Satz 1 geänd. mWv 1.1.2021 durch G v. 21.12.2020 (BGBl. I S. 3229).

[4] § 23 neu gef. mWv 1.7.2009 durch G v. 29.4.2009 (BGBl. I S. 994); Abs. 2 Satz 1 einl. Satzteil und Nr. 1 geänd. mWv 18.12.2015 durch G v. 10.12.2015 (BGBl. I S. 2218); Abs. 2 Satz 3 angef. mWv 1.1.2021 durch G v. 21.12.2020 (BGBl. I S. 3229).

[5] Nr. **100**.

[6] Nr. **90**.

Rahmen des § 22 ersetzt; § 19 Abs. 2 und 3 gilt entsprechend. [3]Die Sätze 1 und 2 gelten auch in den Fällen der Ermittlung von Amts wegen nach § 26 des Gesetzes über das Verfahren in Familiensachen und in den Angelegenheiten der freiwilligen Gerichtsbarkeit[1)], sofern der Dritte nicht kraft einer gesetzlichen Regelung zur Herausgabe oder Auskunftserteilung verpflichtet ist.

(3) [1]Die notwendige Benutzung einer eigenen Datenverarbeitungsanlage für Zwecke der Rasterfahndung wird entschädigt, wenn die Investitionssumme für die im Einzelfall benutzte Hard- und Software zusammen mehr als 10 000 Euro beträgt. [2]Die Entschädigung beträgt

1. bei einer Investitionssumme von mehr als 10 000 bis 25 000 Euro für jede Stunde der Benutzung 5 Euro; die gesamte Benutzungsdauer ist auf volle Stunden aufzurunden;
2. bei sonstigen Datenverarbeitungsanlagen
   a) neben der Entschädigung nach Absatz 2 für jede Stunde der Benutzung der Anlage bei der Entwicklung eines für den Einzelfall erforderlichen, besonderen Anwendungsprogramms 10 Euro und
   b) für die übrige Dauer der Benutzung einschließlich des hierbei erforderlichen Personalaufwands ein Zehnmillionstel der Investitionssumme je Sekunde für die Zeit, in der die Zentraleinheit belegt ist (CPU-Sekunde), höchstens 0,30 Euro je CPU-Sekunde.

[3]Die Investitionssumme und die verbrauchte CPU-Zeit sind glaubhaft zu machen.

(4) Der eigenen elektronischen Datenverarbeitungsanlage steht eine fremde gleich, wenn die durch die Auskunftserteilung entstandenen direkt zurechenbaren Kosten (§ 7) nicht sicher feststellbar sind.

## Abschnitt 6. Schlussvorschriften

**§ 24 Übergangsvorschrift.** [1]Die Vergütung und die Entschädigung sind nach bisherigem Recht zu berechnen, wenn der Auftrag an den Sachverständigen, Dolmetscher oder Übersetzer vor dem Inkrafttreten einer Gesetzesänderung erteilt oder der Berechtigte vor diesem Zeitpunkt herangezogen worden ist. [2]Dies gilt auch, wenn Vorschriften geändert werden, auf die dieses Gesetz verweist.

**§ 25 Übergangsvorschrift aus Anlass des Inkrafttretens dieses Gesetzes.** [1]Das Gesetz über die Entschädigung der ehrenamtlichen Richter in der Fassung der Bekanntmachung vom 1. Oktober 1969 (BGBl. I S. 1753), zuletzt geändert durch Artikel 1 Abs. 4 des Gesetzes vom 22. Februar 2002 (BGBl. I S. 981), und das Gesetz über die Entschädigung von Zeugen und Sachverständigen in der Fassung der Bekanntmachung vom 1. Oktober 1969 (BGBl. I S. 1756), zuletzt geändert durch Artikel 1 Abs. 5 des Gesetzes vom 22. Februar 2002 (BGBl. I S. 981), sowie Verweisungen auf diese Gesetze sind weiter anzuwenden, wenn der Auftrag an den Sachverständigen, Dolmetscher oder Übersetzer vor dem 1. Juli 2004 erteilt oder der Berechtigte vor diesem Zeitpunkt herangezogen worden ist. [2]Satz 1 gilt für Heranziehungen vor dem 1. Juli 2004 auch dann, wenn der Berechtigte in derselben Rechtssache auch nach dem 1. Juli 2004 herangezogen worden ist.

---

[1)] Nr. **112**.

**Anlage 1[1)]**
(zu § 9 Absatz 1 Satz 1)

## [Honorartabellen für Sachverständige]

### Teil 1

| Nr. | Sachgebietsbezeichnung | Stundensatz (Euro) |
|---|---|---|
| 1 | Abfallstoffe einschließlich Altfahrzeuge und -geräte | 115 |
| 2 | Akustik, Lärmschutz | 95 |
| 3 | Altlasten und Bodenschutz | 85 |
| *4* | *Bauwesen – soweit nicht Sachgebiet 14 – einschließlich technische Gebäudeausrüstung* | |
| 4.1 | Planung | 105 |
| 4.2 | handwerklich-technische Ausführung | 95 |
| 4.3 | Schadensfeststellung und -ursachenermittlung | 105 |
| 4.4 | Bauprodukte | 105 |
| 4.5 | Bauvertragswesen, Baubetrieb und Abrechnung von Bauleistungen | 105 |
| 4.6 | Geotechnik, Erd- und Grundbau | 100 |
| 5 | Berufskunde, Tätigkeitsanalyse und Expositionsermittlung | 105 |
| *6* | *Betriebswirtschaft* | |
| 6.1 | Unternehmensbewertung, Betriebsunterbrechungs- und -verlagerungsschäden | 135 |
| 6.2 | Besteuerung | 110 |
| 6.3 | Rechnungswesen | 105 |
| 6.4 | Honorarabrechnungen von Steuerberatern | 105 |
| 7 | Bewertung von Immobilien und Rechten an Immobilien | 115 |
| 8 | Brandursachenermittlung | 110 |
| 9 | Briefmarken, Medaillen und Münzen | 95 |
| 10 | Einbauküchen | 90 |
| *11* | *Elektronik, Elektro- und Informationstechnologie* | |
| 11.1 | Elektronik (insbesondere Mess-, Steuerungs- und Regelungselektronik) | 120 |
| 11.2 | Elektrotechnische Anlagen und Geräte | 115 |
| 11.3 | Kommunikations- und Informationstechnik | 115 |
| 11.4 | Informatik | 125 |
| 11.5 | Datenermittlung und -aufbereitung | 125 |
| 12 | Emissionen und Immissionen | 95 |
| 13 | Fahrzeugbau | 100 |
| 14 | Garten- und Landschaftsbau einschließlich Sportanlagenbau | 90 |

[1)] Anl. 1 neu gef. mWv 1.1.2021 durch G v. 21.12.2020 (BGBl. I S. 3229); geänd. mWv 1.1.2023 durch G v. 4.5.2021 (BGBl. I S. 882); geänd. mWv 3.7.2021 durch G v. 25.6.2021 (BGBl. I S. 2154).

| Nr. | Sachgebietsbezeichnung | Stundensatz (Euro) |
|---|---|---|
| 15 | Gesundheitshandwerke | 85 |
| 16 | Grafisches Gewerbe | 115 |
| 17 | Handschriften- und Dokumentenuntersuchung | 105 |
| 18 | Hausrat | 110 |
| 19 | Honorarabrechnungen von Architekten, Ingenieuren und Stadtplanern | 145 |
| 20 | Kältetechnik | 120 |
| *21* | *Kraftfahrzeuge* | |
| 21.1 | Kraftfahrzeugschäden und -bewertung | 120 |
| 21.2 | Kfz-Elektronik | 95 |
| 22 | Kunst und Antiquitäten | 85 |
| 23 | Lebensmittelchemie und -technologie | 135 |
| *24* | *Maschinen und Anlagen* | |
| 24.1 | Photovoltaikanlagen | 110 |
| 24.2 | Windkraftanlagen | 120 |
| 24.3 | Solarthermieanlagen | 110 |
| 24.4 | Maschinen und Anlagen im Übrigen | 130 |
| 25 | Medizintechnik und Medizinprodukte | 105 |
| 26 | Mieten und Pachten | 115 |
| 27 | Möbel und Inneneinrichtung | 90 |
| 28 | Musikinstrumente | 80 |
| 29 | Schiffe und Wassersportfahrzeuge | 95 |
| 30 | Schmuck, Juwelen, Perlen, Gold- und Silberwaren | 85 |
| 31 | Schweiß- und Fügetechnik | 95 |
| 32 | Spedition, Transport, Lagerwirtschaft und Ladungssicherung | 90 |
| 33 | Sprengtechnik | 90 |
| 34 | Textilien, Leder und Pelze | 70 |
| 35 | Tiere – Bewertung, Haltung, Tierschutz und Zucht | 85 |
| *36* | *Ursachenermittlung und Rekonstruktion von Unfällen* | |
| 36.1 | bei Luftfahrzeugen | 100 |
| 36.2 | bei sonstigen Fahrzeugen | 155 |
| 36.3 | bei Arbeitsunfällen | 125 |
| 36.4 | im Freizeit- und Sportbereich | 95 |
| 37 | Verkehrsregelungs- und Verkehrsüberwachungstechnik | 135 |
| *38* | *Vermessungs- und Katasterwesen* | |
| 38.1 | Vermessungstechnik | 80 |
| 38.2 | Vermessungs- und Katasterwesen im Übrigen | 100 |
| 39 | Waffen und Munition | 85 |

**Teil 2**

| Honorargruppe | Gegenstand medizinischer oder psychologischer Gutachten | Stundensatz (Euro) |
|---|---|---|
| M 1 | Einfache gutachtliche Beurteilungen ohne Kausalitätsfeststellungen, insbesondere<br>1. in Gebührenrechtsfragen,<br>2. zur Verlängerung einer Betreuung oder zur Überprüfung eines angeordneten Einwilligungsvorbehalts nach § 1825 des Bürgerlichen Gesetzbuchs,<br>3. zur Minderung der Erwerbsfähigkeit nach einer Monoverletzung. | 80 |
| M 2 | Beschreibende (Ist-Zustands-)Begutachtung nach standardisiertem Schema ohne Erörterung spezieller Kausalzusammenhänge mit einfacher medizinischer Verlaufsprognose und mit durchschnittlichem Schwierigkeitsgrad, insbesondere Gutachten<br>1. in Verfahren nach dem Neunten Buch Sozialgesetzbuch,<br>2. zur Erwerbsminderung oder Berufsunfähigkeit in Verfahren nach dem Sechsten Buch Sozialgesetzbuch,<br>3. zu rechtsmedizinischen und toxikologischen Fragestellungen im Zusammenhang mit der Feststellung einer Beeinträchtigung der Fahrtüchtigkeit durch Alkohol, Drogen, Medikamente oder Krankheiten,<br>4. zu spurenkundlichen oder rechtsmedizinischen Fragestellungen mit Befunderhebungen (z.B. bei Verletzungen und anderen Unfallfolgen),<br>5. zu einfachen Fragestellungen zur Schuldfähigkeit ohne besondere Schwierigkeiten der Persönlichkeitsdiagnostik,<br>6. zur Einrichtung oder Aufhebung einer Betreuung oder zur Anordnung oder Aufhebung eines Einwilligungsvorbehalts nach § 1825 des Bürgerlichen Gesetzbuchs,<br>7. zu Unterhaltsstreitigkeiten aufgrund einer Erwerbsminderung oder Berufsunfähigkeit,<br>8. zu neurologisch-psychologischen Fragestellungen in Verfahren nach der Fahrerlaubnis-Verordnung,<br>9. zur Haft-, Verhandlungs- oder Vernehmungsfähigkeit. | 90 |
| M 3 | Gutachten mit hohem Schwierigkeitsgrad (Begutachtungen spezieller Kausalzusammenhänge und/oder differenzialdiagnostischer Probleme und/oder Beurteilung der Prognose und/oder Beurteilung strittiger Kausalitätsfragen), insbesondere Gutachten<br>1. zum Kausalzusammenhang bei problematischen Verletzungsfolgen,<br>2. zu ärztlichen Behandlungsfehlern,<br>3. in Verfahren nach dem sozialen Entschädigungsrecht,<br>4. zur Schuldfähigkeit bei Schwierigkeiten der Persönlichkeitsdiagnostik,<br>5. in Verfahren zur Anordnung einer Maßregel der Besserung und Sicherung (in Verfahren zur Entziehung der Fahrerlaubnis zu neurologisch/psychologischen Fragestellungen),<br>6. zur Kriminalprognose,<br>7. zur Glaubhaftigkeit oder Aussagetüchtigkeit, | 120 |

| Honorargruppe | Gegenstand medizinischer oder psychologischer Gutachten | Stundensatz (Euro) |
|---|---|---|
| | 8. zur Widerstandsfähigkeit,<br>9. in Verfahren nach den §§ 3, 10, 17 und 105 des Jugendgerichtsgesetzes,<br>10. in Unterbringungsverfahren,<br>11. zur Fortdauer der Unterbringung im Maßregelvollzug über zehn Jahre hinaus,<br>12. zur Anordnung der Sicherungsverwahrung oder zur Prognose von Untergebrachten in der Sicherungsverwahrung,<br>13. in Verfahren nach den §§ 1829 und 1830 des Bürgerlichen Gesetzbuchs,<br>14. in Verfahren nach dem Transplantationsgesetz,<br>15. in Verfahren zur Regelung von Sorge- oder Umgangsrechten,<br>16. zu Fragestellungen der Hilfe zur Erziehung,<br>17. zur Geschäfts-, Testier- oder Prozessfähigkeit,<br>18. in Aufenthalts- oder Asylangelegenheiten,<br>19. zur persönlichen Eignung nach § 6 des Waffengesetzes,<br>20. zur Anerkennung von Berufskrankheiten, Arbeitsunfällen, zu den daraus folgenden Gesundheitsschäden und zur Minderung der Erwerbsfähigkeit nach dem Siebten Buch Sozialgesetzbuch,<br>21. zu rechtsmedizinischen, toxikologischen oder spurenkundlichen Fragestellungen im Zusammenhang mit einer abschließenden Todesursachenklärung, mit ärztlichen Behandlungsfehlern oder mit einer Beurteilung der Schuldfähigkeit,<br>22. in Verfahren nach dem Transsexuellengesetz. | |

**Anlage 2**[1)]
(zu § 10 Abs. 1 Satz 1)

## [Honorartabelle für besondere Leistungen]

| Nr. | Bezeichnung der Leistung | Honorar |
|---|---|---|
| | ***Abschnitt 1. Leichenschau und Obduktion*** | |
| | *Vorbemerkung 1:*<br>(1) Das Honorar in den Fällen der Nummern 100 und 102 bis 107 umfasst den zur Niederschrift gegebenen Bericht. In den Fällen der Nummern 102 bis 107 umfasst das Honorar auch das vorläufige Gutachten. Das Honorar nach den Nummern 102 bis 107 erhält jeder Obduzent gesondert.<br>(2) Aufwendungen für die Nutzung fremder Kühlzellen, Sektionssäle oder sonstiger Einrichtungen werden bis zu einem Betrag von 300 € gesondert erstattet, wenn die Nutzung wegen der großen Entfernung zwischen dem Fundort der Leiche und dem rechtsmedizinischen Institut geboten ist.<br>(3) Eine bildgebende Diagnostik, die über das klassische Röntgen hinausgeht, wird in den Fällen der Nummern 100 und 102 bis 107 gesondert vergütet, wenn sie von der heranziehenden Stelle besonders angeordnet wurde und Säuglinge, Arbeits- oder Verkehrsunfallopfer, Fälle von Behandlungsfehlervorwürfen oder Verstorbene nach äußerer Gewalteinwirkung betrifft. | |
| 100 | Besichtigung einer Leiche, von Teilen einer Leiche, eines Embryos oder eines Fetus oder Mitwirkung an einer richterlichen Leichenschau | 70,00 € |
| | für mehrere Leistungen bei derselben Gelegenheit jedoch höchstens | 170,00 € |
| 101 | Fertigung eines Berichts, der schriftlich zu erstatten oder nachträglich zur Niederschrift zu geben ist | 35,00 € |
| | für mehrere Leistungen bei derselben Gelegenheit jedoch höchstens | 120,00 € |
| 102 | Obduktion | 460,00 € |
| 103 | Obduktion unter besonders ungünstigen äußeren Bedingungen:<br>Das Honorar 102 beträgt | 600,00 € |
| 104 | Obduktion unter anderen besonders ungünstigen Bedingungen (Zustand der Leiche etc.):<br>Das Honorar 102 beträgt | 800,00 € |
| 105 | Obduktion mit zusätzlicher Präparation (Eröffnung der Rücken-, Gesäß- und Extremitätenweichteile):<br>Das Honorar 102 erhöht sich um | 140,00 € |
| 106 | Sektion von Teilen einer Leiche oder Öffnung eines Embryos oder nicht lebensfähigen Fetus | 120,00 € |
| 107 | Sektion oder Öffnung unter besonders ungünstigen Bedingungen:<br>Das Honorar 106 beträgt | 170,00 € |
| | ***Abschnitt 2. Befund*** | |
| 200 | Ausstellung eines Befundscheins oder Erteilung einer schriftlichen Auskunft ohne nähere gutachtliche Äußerung | 25,00 € |

[1)] Anl. 2 neu gef. mWv 1.1.2021 durch G v. 21.12.2020 (BGBl. I S. 3229).

| Nr. | Bezeichnung der Leistung | Honorar |
|---|---|---|
| 201 | Die Leistung der in Nummer 200 genannten Art ist außergewöhnlich umfangreich:<br>Das Honorar 200 beträgt ........................................ | bis zu 55,00 € |
| 202 | Ausstellung eines Zeugnisses über einen ärztlichen Befund mit von der heranziehenden Stelle geforderter kurzer gutachtlicher Äußerung oder eines Formbogengutachtens, wenn sich die Fragen auf Vorgeschichte, Angaben und Befund beschränken und nur ein kurzes Gutachten erfordern .................................... | 45,00 € |
| 203 | Die Leistung der in Nummer 202 genannten Art ist außergewöhnlich umfangreich:<br>Das Honorar 202 beträgt ........................................ | bis zu 90,00 € |

***Abschnitt 3. Untersuchungen, Blutentnahme, Entnahme von Proben für die genetische Analyse***

| Nr. | Bezeichnung der Leistung | Honorar |
|---|---|---|
| 300 | Untersuchung eines Lebensmittels, Bedarfsgegenstands, Arzneimittels, von Luft, Gasen, Böden, Klärschlämmen, Wässern oder Abwässern oder dergleichen und eine kurze schriftliche gutachtliche Äußerung:<br>Das Honorar beträgt für jede Einzelbestimmung je Probe ........................................................... | 5,00 bis 70,00 € |
| 301 | Die Leistung der in Nummer 300 genannten Art ist außergewöhnlich umfangreich oder schwierig:<br>Das Honorar 300 beträgt ........................................ | bis zu 1 000,00 € |
| 302 | Mikroskopische, physikalische, chemische, toxikologische, bakteriologische, serologische Untersuchung, wenn das Untersuchungsmaterial von Menschen oder Tieren stammt, soweit nicht in den Nummern 309 bis 317 oder 403 bis 411 geregelt:<br>Das Honorar beträgt je Organ oder Körperflüssigkeit<br>Das Honorar umfasst das verbrauchte Material, soweit es sich um geringwertige Stoffe handelt, und eine kurze gutachtliche Äußerung. | 5,00 bis 70,00 € |
| 303 | Die Leistung der in Nummer 302 genannten Art ist außergewöhnlich umfangreich oder schwierig:<br>Das Honorar 302 beträgt ........................................ | bis zu 1 000,00 € |
| 304 | Elektrophysiologische Untersuchung eines Menschen<br>Das Honorar umfasst eine kurze gutachtliche Äußerung und den mit der Untersuchung verbundenen Aufwand. | 20,00 bis 160,00 € |
| 305 | Raster-elektronische Untersuchung eines Menschen oder einer Leiche, auch mit Analysenzusatz .............<br>Das Honorar umfasst eine kurze gutachtliche Äußerung und den mit der Untersuchung verbundenen Aufwand. | 20,00 bis 430,00 € |
| 306 | Blutentnahme oder Entnahme einer Probe für die genetische Analyse ................................................<br>Das Honorar umfasst eine Niederschrift über die Feststellung der Identität. | 10,00 € |

| Nr. | Bezeichnung der Leistung | Honorar |
|---|---|---|
| 307 | Herstellung einer Probe für die genetische Analyse und ihre Überprüfung auf Geeignetheit (z.B. DNA-Menge, humane Herkunft, Ausmaß der Degradation)<br>Das Honorar umfasst das verbrauchte Material, soweit es sich um geringwertige Stoffe handelt, und eine kurze gutachtliche Äußerung. | bis zu 250,00 € |
| 308 | Entnahme einer Probe für die genetische Analyse von einem Asservat einschließlich Dokumentation:<br>je Probe ........ | 30,00 € |
| 309 | Untersuchung von autosomalen STR-Systemen, bis 16 Systeme:<br>je Probe ........ | 140,00 € |
| 310 | Untersuchung von autosomalen STR-Systemen, mehr als 16 Systeme:<br>je Probe ........ | 200,00 € |
| 311 | Untersuchung von autosomalen STR-Systemen, mehr als 30 Systeme:<br>je Probe ........ | 260,00 € |
| 312 | Untersuchung von X-STRs, bis 12 Systeme:<br>je Probe ........ | 140,00 € |
| 313 | Untersuchung von X-STRs, mehr als 12 Systeme:<br>je Probe ........ | 200,00 € |
| 314 | Untersuchung von Y-STRs, bis 17 Systeme:<br>je Probe ........ | 140,00 € |
| 315 | Untersuchung von Y-STRs, mehr als 17 Systeme:<br>je Probe ........ | 200,00 € |
| 316 | Untersuchung von Y-STRs, mehr als 27 Systeme:<br>je Probe ........ | 260,00 € |
| 317 | Untersuchung weiterer DNA-Marker, z.B. mtDNA, SNPs, Indels, DNA-Methylierung, sonstige komplexe genetische Merkmalsysteme:<br>je Probe ........ | bis zu 300,00 € |
| 318 | Biostatistische Berechnungen:<br>je Spur ........ | 30,00 € |

### *Abschnitt 4. Abstammungsgutachten*

*Vorbemerkung 4:*

(1) Das Honorar umfasst die gesamte Tätigkeit des Sachverständigen einschließlich aller Aufwendungen mit Ausnahme der Umsatzsteuer und mit Ausnahme der Auslagen für Probenentnahmen durch vom Sachverständigen beauftragte Personen, soweit nichts anderes bestimmt ist. Das Honorar umfasst ferner den Aufwand für die Anfertigung des schriftlichen Gutachtens und von drei Überstücken.

(2) Das Honorar für Leistungen der in Abschnitt M III 13 des Gebührenverzeichnisses für ärztliche Leistungen (Anlage zur GOÄ) bezeichneten Art bemisst sich in entsprechender Anwendung dieses Gebührenverzeichnisses nach dem 1,15fachen Gebührensatz. § 4 Abs. 2 Satz 1, Abs. 2a Satz 1, Abs. 3 und 4 Satz 1 und § 10 GOÄ gelten entsprechend.

| Nr. | Bezeichnung der Leistung | Honorar |
|---|---|---|
| 400 | Erstellung eines Gutachtens ........ | 170,00 € |

| Nr. | Bezeichnung der Leistung | Honorar |
|---|---|---|
| | Das Honorar umfasst<br>1. die administrative Abwicklung, insbesondere die Organisation der Probenentnahmen, und<br>2. das schriftliche Gutachten, erforderlichenfalls mit biostatistischer Auswertung. | |
| 401 | Biostatistische Berechnungen, wenn der mögliche Vater für die Untersuchung nicht zur Verfügung steht und andere mit ihm verwandte Personen an seiner Stelle in die Begutachtung einbezogen werden (Defizienzfall) oder bei Fragestellungen zur Voll- und Halbgeschwisterschaft:<br>je Person ........ | 30,00 € |
| | Beauftragt der Sachverständige eine andere Person mit der biostatistischen Berechnung, werden ihm abweichend von Vorbemerkung 4 Abs. 1 Satz 1 die hierfür anfallenden Auslagen ersetzt. | |
| 402 | Entnahme einer Probe für die genetische Analyse einschließlich der Niederschrift sowie der qualifizierten Aufklärung nach dem Gendiagnostikgesetz ........ | 30,00 € |
| 403 | Untersuchung von autosomalen STR-Systemen, bis 16 Systeme:<br>je Probe ........ | 140,00 € |
| 404 | Untersuchung von autosomalen STR-Systemen, mehr als 16 Systeme:<br>je Probe ........ | 200,00 € |
| 405 | Untersuchung von autosomalen STR-Systemen, mehr als 30 Systeme:<br>je Probe ........ | 260,00 € |
| 406 | Untersuchung von X-STRs, bis 12 Systeme:<br>je Probe ........ | 140,00 € |
| 407 | Untersuchung von X-STRs, mehr als 12 Systeme:<br>je Probe ........ | 200,00 € |
| 408 | Untersuchung von Y-STRs, bis 17 Systeme:<br>je Probe ........ | 140,00 € |
| 409 | Untersuchung von Y-STRs, mehr als 17 Systeme:<br>je Probe ........ | 200,00 € |
| 410 | Untersuchung von Y-STRs, mehr als 27 Systeme:<br>je Probe ........ | 260,00 € |
| 411 | Untersuchung weiterer DNA-Marker, z.B. mtDNA, SNPs, Indels, DNA-Methylierung, sonstige komplexe genetische Merkmalsysteme:<br>je Probe ........ | bis zu 300,00 € |
| 412 | Herstellung einer Probe für die genetische Analyse aus anderem Untersuchungsmaterial als Blut oder Mundschleimhautabstrichen einschließlich Durchführung des Tests auf Eignung und Dokumentation:<br>je Person ........ | bis zu 140,00 € |

**Anlage 3**[1)]
(zu § 23 Abs. 1)

## [Besondere Entschädigungen]

| Nr. | Tätigkeit | Höhe |
|---|---|---|
| Allgemeine Vorbemerkung:<br>(1) Die Entschädigung nach dieser Anlage schließt alle mit der Erledigung des Ersuchens der Strafverfolgungsbehörde verbundenen Tätigkeiten des Telekommunikationsunternehmens sowie etwa anfallende sonstige Aufwendungen (§ 7 JVEG) ein.<br>(2) Für Leistungen, die die Strafverfolgungsbehörden über eine zentrale Kontaktstelle des Generalbundesanwalts, des Bundeskriminalamtes, der Bundespolizei oder des Zollkriminalamtes oder über entsprechende für ein Bundesland oder für mehrere Bundesländer zuständige Kontaktstellen anfordern und abrechnen, ermäßigen sich die Entschädigungsbeträge nach den Nummern 100, 101, 300 bis 321 und 400 bis 402 um 20 Prozent, wenn bei der Anforderung darauf hingewiesen worden ist, dass es sich bei der anfordernden Stelle um eine zentrale Kontaktstelle handelt. | | |
| ***Abschnitt 1. Überwachung der Telekommunikation*** | | |
| Vorbemerkung 1:<br>(1) Die Vorschriften dieses Abschnitts gelten für die Heranziehung im Zusammenhang mit Funktionsprüfungen der Aufzeichnungs- und Auswertungseinrichtungen der berechtigten Stellen entsprechend.<br>(2) Leitungskosten werden nur entschädigt, wenn die betreffende Leitung innerhalb des Überwachungszeitraums mindestens einmal zur Übermittlung überwachter Telekommunikation an die Strafverfolgungsbehörde genutzt worden ist.<br>(3) Für die Überwachung eines Voice-over-IP-Anschlusses oder eines Zugangs zu einem elektronischen Postfach richtet sich die Entschädigung für die Leitungskosten nach den Nummern 102 bis 104. Dies gilt auch für die Überwachung eines Mobilfunkanschlusses, es sei denn, dass auch die Überwachung des über diesen Anschluss abgewickelten Datenverkehrs angeordnet worden ist und für die Übermittlung von Daten Leitungen mit Übertragungsgeschwindigkeiten von mehr als 144 kbit/s genutzt werden müssen und auch genutzt worden sind. In diesem Fall richtet sich die Entschädigung einheitlich nach den Nummern 111 bis 113. | | |
| 100 | Umsetzung einer Anordnung zur Überwachung der Telekommunikation, unabhängig von der Zahl der dem Anschluss zugeordneten Kennungen:<br>je Anschluss ......<br>Mit der Entschädigung ist auch der Aufwand für die Abschaltung der Maßnahme entgolten. | 100,00 € |
| 101 | Verlängerung einer Maßnahme zur Überwachung der Telekommunikation oder Umschaltung einer solchen Maßnahme auf Veranlassung der Strafverfolgungsbehörde auf einen anderen Anschluss dieser Stelle ....... | 35,00 € |
| | Leitungskosten für die Übermittlung der zu überwachenden Telekommunikation:<br>für jeden überwachten Anschluss, | |
| 102 | – wenn die Überwachungsmaßnahme nicht länger als eine Woche dauert ...... | 24,00 € |
| 103 | – wenn die Überwachungsmaßnahme länger als eine Woche, jedoch nicht länger als zwei Wochen dauert | 42,00 € |
| 104 | – wenn die Überwachungsmaßnahme länger als zwei Wochen dauert: | |

1) Anl. 3 angef. mWv 1.7.2009 durch G v. 29.4.2009 (BGBl. I S. 994); geänd. mWv 1.8.2013 durch G v. 23.7.2013 (BGBl. I S. 2586); mWv 18.12.2015 durch G v. 10.12.2015 (BGBl. I S. 2218); mWv 1.12. 2021 durch G v. 23.6.2021 (BGBl. I S. 1858).

| Nr. | Tätigkeit | Höhe |
|---|---|---|
| | je angefangenen Monat ........................................ | 75,00 € |
| | Der überwachte Anschluss ist ein ISDN-Basisanschluss: | |
| 105 | – Die Entschädigung nach Nummer 102 beträgt ....... | 40,00 € |
| 106 | – Die Entschädigung nach Nummer 103 beträgt ....... | 70,00 € |
| 107 | – Die Entschädigung nach Nummer 104 beträgt ....... | 125,00 € |
| | Der überwachte Anschluss ist ein ISDN-Primärmultiplexanschluss: | |
| 108 | – Die Entschädigung nach Nummer 102 beträgt ....... | 490,00 € |
| 109 | – Die Entschädigung nach Nummer 103 beträgt ....... | 855,00 € |
| 110 | – Die Entschädigung nach Nummer 104 beträgt ....... | 1 525,00 € |
| | Der überwachte Anschluss ist ein digitaler Teilnehmeranschluss mit einer Übertragungsgeschwindigkeit von mehr als 144 kbit/s, aber kein ISDN-Primärmultiplexanschluss: | |
| 111 | – Die Entschädigung nach Nummer 102 beträgt ....... | 65,00 € |
| 112 | – Die Entschädigung nach Nummer 103 beträgt ....... | 110,00 € |
| 113 | – Die Entschädigung nach Nummer 104 beträgt ....... | 200,00 € |
| | ***Abschnitt 2. Auskünfte über Bestandsdaten*** | |
| 200 | Auskunft über Bestandsdaten nach § 3 Nr. 6 TKG, sofern<br>1. die Auskunft nicht über das automatisierte Auskunftsverfahren nach § 173 TKG erteilt werden kann und die Unmöglichkeit der Auskunftserteilung auf diesem Wege nicht vom Unternehmen zu vertreten ist und<br>2. für die Erteilung der Auskunft nicht auf Verkehrsdaten zurückgegriffen werden muss: | |
| | je angefragten Kundendatensatz ................................ | 18,00 € |
| 201 | Auskunft über Bestandsdaten, zu deren Erteilung auf Verkehrsdaten zurückgegriffen werden muss: | |
| | für bis zu 10 in demselben Verfahren gleichzeitig angefragte Kennungen, die der Auskunftserteilung zugrunde liegen ........................................ | 35,00 € |
| | Bei mehr als 10 angefragten Kennungen wird die Pauschale für jeweils bis zu 10 weitere Kennungen erneut gewährt. Kennung ist auch eine IP-Adresse. | |
| 202 | Es muss auf Verkehrsdaten nach § 176 Abs. 2 bis 4 TKG zurückgegriffen werden: | |
| | Die Pauschale 201 beträgt ........................................ | 40,00 € |
| | ***Abschnitt 3. Auskünfte über Verkehrsdaten*** | |
| 300 | Auskunft über gespeicherte Verkehrsdaten: | |
| | für jede Kennung, die der Auskunftserteilung zugrunde liegt ........................................ | 30,00 € |

| Nr. | Tätigkeit | Höhe |
|---|---|---|
| | Die Mitteilung der die Kennung betreffenden Standortdaten ist mit abgegolten. | |
| 301 | Für die Auskunft muss auf Verkehrsdaten nach § 176 Abs. 2 bis 4 TKG zurückgegriffen werden:<br>Die Pauschale 300 beträgt ........................................ | 35,00 € |
| 302 | Die Auskunft wird im Fall der Nummer 300 aufgrund eines einheitlichen Ersuchens auch oder ausschließlich für künftig anfallende Verkehrsdaten zu bestimmten Zeitpunkten erteilt:<br>für die zweite und jede weitere in dem Ersuchen verlangte Teilauskunft ........................................ | 10,00 € |
| 303 | Auskunft über gespeicherte Verkehrsdaten zu Verbindungen, die zu einer bestimmten Zieladresse hergestellt wurden, durch Suche in allen Datensätzen der abgehenden Verbindungen eines Betreibers (Zielwahlsuche):<br>je Zieladresse ........................................<br>Die Mitteilung der Standortdaten der Zieladresse ist mit abgegolten. | 90,00 € |
| 304 | Für die Auskunft muss auf Verkehrsdaten nach § 176 Abs. 2 bis 4 TKG zurückgegriffen werden:<br>Die Pauschale 303 beträgt ........................................ | 110,00 € |
| 305 | Die Auskunft wird im Fall der Nummer 303 aufgrund eines einheitlichen Ersuchens auch oder ausschließlich für künftig anfallende Verkehrsdaten zu bestimmten Zeitpunkten erteilt:<br>für die zweite und jede weitere in dem Ersuchen verlangte Teilauskunft ........................................ | 70,00 € |
| 306 | Auskunft über gespeicherte Verkehrsdaten für eine von der Strafverfolgungsbehörde benannte Funkzelle (Funkzellenabfrage) ........................................ | 30,00 € |
| 307 | Für die Auskunft muss auf Verkehrsdaten nach § 176 Abs. 2 bis 4 TKG zurückgegriffen werden:<br>Die Pauschale 306 beträgt ........................................ | 35,00 € |
| 308 | Auskunft über gespeicherte Verkehrsdaten für mehr als eine von der Strafverfolgungsbehörde benannte Funkzelle:<br>Die Pauschale 306 erhöht sich für jede weitere Funkzelle um ........................................ | 4,00 € |
| 309 | Auskunft über gespeicherte Verkehrsdaten für mehr als eine von der Strafverfolgungsbehörde benannte Funkzelle und für die Auskunft muss auf Verkehrsdaten nach § 176 Abs. 2 bis 4 TKG zurückgegriffen werden:<br>Die Pauschale 306 erhöht sich für jede weitere Funkzelle um ........................................ | 5,00 € |
| 310 | Auskunft über gespeicherte Verkehrsdaten in Fällen, in denen lediglich Ort und Zeitraum bekannt sind: | |

| Nr. | Tätigkeit | Höhe |
|---|---|---|
| | Die Abfrage erfolgt für einen bestimmten, durch eine Adresse bezeichneten Standort ........ | 60,00 € |
| 311 | Für die Auskunft muss auf Verkehrsdaten nach § 176 Abs. 2 bis 4 TKG zurückgegriffen werden: | |
| | Die Pauschale 310 beträgt ........ | 70,00 € |
| | Die Auskunft erfolgt für eine Fläche: | |
| 312 | – Die Entfernung der am weitesten voneinander entfernten Punkte beträgt nicht mehr als 10 Kilometer: | |
| | Die Pauschale 310 beträgt ........ | 190,00 € |
| 313 | – Die Entfernung der am weitesten voneinander entfernten Punkte beträgt mehr als 10, aber nicht mehr als 25 Kilometer: | |
| | Die Pauschale 310 beträgt ........ | 490,00 € |
| 314 | – Die Entfernung der am weitesten voneinander entfernten Punkte beträgt mehr als 25, aber nicht mehr als 45 Kilometer: | |
| | Die Pauschale 310 beträgt ........ | 930,00 € |
| | Liegen die am weitesten voneinander entfernten Punkte mehr als 45 Kilometer auseinander, ist für den darüber hinausgehenden Abstand die Entschädigung nach den Nummern 312 bis 314 gesondert zu berechnen. | |
| | Die Auskunft erfolgt für eine Fläche und es muss auf Verkehrsdaten nach § 176 Abs. 2 bis 4 TKG zurückgegriffen werden: | |
| 315 | – Die Entfernung der am weitesten voneinander entfernten Punkte beträgt nicht mehr als 10 Kilometer: | |
| | Die Pauschale 310 beträgt ........ | 230,00 € |
| 316 | – Die Entfernung der am weitesten voneinander entfernten Punkte beträgt mehr als 10, aber nicht mehr als 25 Kilometer: | |
| | Die Pauschale 310 beträgt ........ | 590,00 € |
| 317 | – Die Entfernung der am weitesten voneinander entfernten Punkte beträgt mehr als 25, aber nicht mehr als 45 Kilometer: | |
| | Die Pauschale 310 beträgt ........ | 1 120,00 € |
| | Liegen die am weitesten voneinander entfernten Punkte mehr als 45 Kilometer auseinander, ist für den darüber hinausgehenden Abstand die Entschädigung nach den Nummern 315 bis 317 gesondert zu berechnen. | |
| 318 | Die Auskunft erfolgt für eine bestimmte Wegstrecke: | |
| | Die Pauschale 310 beträgt für jeweils angefangene 10 Kilometer Länge ........ | 110,00 € |
| 319 | Die Auskunft erfolgt für eine bestimmte Wegstrecke und es muss auf Verkehrsdaten nach § 176 Abs. 2 bis 4 TKG zurückgegriffen werden: | |

| Nr. | Tätigkeit | Höhe |
|---|---|---|
| | Die Pauschale 310 beträgt für jeweils angefangene 10 Kilometer Länge ........ | 130,00 € |
| 320 | Umsetzung einer Anordnung zur Übermittlung künftig anfallender Verkehrsdaten in Echtzeit: | |
| | je Anschluss ........ | 100,00 € |
| | Mit der Entschädigung ist auch der Aufwand für die Abschaltung der Übermittlung und die Mitteilung der den Anschluss betreffenden Standortdaten entgolten. | |
| 321 | Verlängerung der Maßnahme im Fall der Nummer 320 | 35,00 € |
| | Leitungskosten für die Übermittlung der Verkehrsdaten in den Fällen der Nummern 320 bis 321: | |
| 322 | – wenn die angeordnete Übermittlung nicht länger als eine Woche dauert ........ | 8,00 € |
| 323 | – wenn die angeordnete Übermittlung länger als eine Woche, aber nicht länger als zwei Wochen dauert .. | 14,00 € |
| 324 | – wenn die angeordnete Übermittlung länger als zwei Wochen dauert: | |
| | je angefangenen Monat ........ | 25,00 € |
| 325 | Übermittlung der Verkehrsdaten auf einem Datenträger ........ | 10,00 € |
| | ***Abschnitt 4. Sonstige Auskünfte*** | |
| 400 | Auskunft über den letzten dem Netz bekannten Standort eines Mobiltelefons (Standortabfrage) ........ | 90,00 € |
| 401 | Im Fall der Nummer 400 muss auf Verkehrsdaten nach § 176 Abs. 2 bis 4 TKG zurückgegriffen werden: | |
| | Die Pauschale 400 beträgt ........ | 110,00 € |
| 402 | Auskunft über die Struktur von Funkzellen: | |
| | je Funkzelle ........ | 35,00 € |

# 117. Gesetz über die Vergütung der Rechtsanwältinnen und Rechtsanwälte (Rechtsanwaltsvergütungsgesetz – RVG)

In der Fassung der Bekanntmachung vom 15. März 2022[1)]
(BGBl. I S. 610)

**FNA 368-3**

| Lfd. Nr. | Änderndes Gesetz | Datum | Fundstelle | Betroffen | Hinweis |
|---|---|---|---|---|---|
| 1. | Art. 15 Abs. 16 G zur Reform des Vormundschafts- und Betreuungsrechts | 4.5.2021 | BGBl. I S. 882 | § 1 | geänd. mWv 1.1.2023 |
| 2. | Art. 22 G zur Neuregelung des Berufsrechts der anwaltlichen und steuerberatenden Berufsausübungsgesellschaften sowie zur Änd. weiterer Vorschriften im Bereich der rechtsberatenden Berufe | 7.7.2021 | BGBl. I S. 2363 | Inhaltsübersicht, §§ 1, 41, 45 | geänd. mWv 1.8.2022 |
| 3. | Art. 7 G zur Durchführung der VO (EU) 2019/1111 sowie zur Änd. sonstiger Vorschriften | 10.8.2021 | BGBl. I S. 3424 | §§ 18, 19, Anl. 1 | geänd. mWv 1.8.2022 |
| 4. | Art. 5 G zur Durchführung des Haager Übereinkommens über die Anerkennung und Vollstreckung ausländischer Entscheidungen in Zivil- und Handelssachen sowie zur Änd. der ZPO, des BGB, des WohnungseigentumsG und des G zur Modernisierung des Strafverfahrens | 7.11.2022 | BGBl. I S. 1982 | § 19 | geänd. mit noch nicht bestimmtem Inkrafttreten |
| 5. | Art. 3 G zur Beschleunigung der Asylgerichtsverfahren und Asylverfahren | 21.12. 2022 | BGBl. I S. 2817, ber. 2023 I Nr. 63 | § 30, Anl. 1 | geänd. mWv 1.1.2023 |

## Vorbemerkung:

**Die Änderung durch G v. 7.11.2022 (BGBl. I S. 1982) tritt gem. Art. 9 Satz 2 dieses G erst an dem Tag in Kraft, an dem das Haager Übereinkommen vom 2. Juli 2019 über die Anerkennung und Vollstreckung ausländischer Entscheidungen in Zivil- und Handelssachen nach seinem Art. 28 für die Europäische Union mit Ausnahme des Königreiches Dänemark in Kraft tritt; sie ist im Text noch nicht berücksichtigt.**

1) Neubekanntmachung des RVG v. 5.5.2004 (BGBl. I S. 718, 788) in der ab 1.12.2021 geltenden Fassung.

**Inhaltsübersicht**[1)]



---

1) Inhaltsübersicht geänd. mWv 1.8.2022 durch G v. 7.7.2021 (BGBl. I S. 2363).

## Abschnitt 1. Allgemeine Vorschriften

**§ 1[1)] Geltungsbereich.** (1) [1] Die Vergütung (Gebühren und Auslagen) für anwaltliche Tätigkeiten der Rechtsanwältinnen und Rechtsanwälte bemisst sich nach diesem Gesetz. [2] Dies gilt auch für eine Tätigkeit als besonderer Vertreter nach den §§ 57 und 58 der Zivilprozessordnung[2)], nach § 118e der Bundesrechtsanwaltsordnung[3)], nach § 103b der Patentanwaltsordnung oder nach § 111c des Steuerberatungsgesetzes. [3] Andere Mitglieder einer Rechtsanwaltskammer, Partnerschaftsgesellschaften und sonstige Gesellschaften stehen einem Rechtsanwalt im Sinne dieses Gesetzes gleich.

(2) [1] Dieses Gesetz gilt nicht für eine Tätigkeit als Syndikusrechtsanwalt (§ 46 Absatz 2 der Bundesrechtsanwaltsordnung). [2] Es gilt ferner nicht für eine Tätigkeit als Vormund, Betreuer, Pfleger, Verfahrenspfleger, Verfahrensbeistand, Testaments-

---

[1)] § 1 Abs. 2 Satz 3 geänd. mWv 1.1.2023 durch G v. 4.5.2021 (BGBl. I S. 882); Abs. 1 Satz 2 geänd. mWv 1.8.2022 durch G v. 7.7.2021 (BGBl. I S. 2363).

[2)] Nr. **100**.

[3)] **Habersack, Deutsche Gesetze ErgBd. Nr. 98.**

vollstrecker, Insolvenzverwalter, Sachwalter, Mitglied des Gläubigerausschusses, Restrukturierungsbeauftragter, Sanierungsmoderator, Mitglied des Gläubigerbeirats, Nachlassverwalter, Zwangsverwalter, Treuhänder oder Schiedsrichter oder für eine ähnliche Tätigkeit. [3] § 1877 Absatz 3 des Bürgerlichen Gesetzbuchs[1)] und § 4 Absatz 2 des Vormünder- und Betreuervergütungsgesetzes[2)] bleiben unberührt.

(3) Die Vorschriften dieses Gesetzes über die Erinnerung und die Beschwerde gehen den Regelungen der für das zugrunde liegende Verfahren geltenden Verfahrensvorschriften vor.

**§ 2 Höhe der Vergütung.** (1) Die Gebühren werden, soweit dieses Gesetz nichts anderes bestimmt, nach dem Wert berechnet, den der Gegenstand der anwaltlichen Tätigkeit hat (Gegenstandswert).

(2) [1] Die Höhe der Vergütung bestimmt sich nach dem Vergütungsverzeichnis der Anlage 1 zu diesem Gesetz. [2] Gebühren werden auf den nächstliegenden Cent auf- oder abgerundet; 0,5 Cent werden aufgerundet.

**§ 3 Gebühren in sozialrechtlichen Angelegenheiten.** (1) [1] In Verfahren vor den Gerichten der Sozialgerichtsbarkeit, in denen das Gerichtskostengesetz[3)] nicht anzuwenden ist, entstehen Betragsrahmengebühren. [2] In sonstigen Verfahren werden die Gebühren nach dem Gegenstandswert berechnet, wenn der Auftraggeber nicht zu den in § 183 des Sozialgerichtsgesetzes[4)] genannten Personen gehört; im Verfahren nach § 201 Absatz 1 des Sozialgerichtsgesetzes werden die Gebühren immer nach dem Gegenstandswert berechnet. [3] In Verfahren wegen überlanger Gerichtsverfahren (§ 202 Satz 2 des Sozialgerichtsgesetzes) werden die Gebühren nach dem Gegenstandswert berechnet.

(2) Absatz 1 gilt entsprechend für eine Tätigkeit außerhalb eines gerichtlichen Verfahrens.

**§ 3a Vergütungsvereinbarung.** (1) [1] Eine Vereinbarung über die Vergütung bedarf der Textform. [2] Sie muss als Vergütungsvereinbarung oder in vergleichbarer Weise bezeichnet werden, von anderen Vereinbarungen mit Ausnahme der Auftragserteilung deutlich abgesetzt sein und darf nicht in der Vollmacht enthalten sein. [3] Sie hat einen Hinweis darauf zu enthalten, dass die gegnerische Partei, ein Verfahrensbeteiligter oder die Staatskasse im Falle der Kostenerstattung regelmäßig nicht mehr als die gesetzliche Vergütung erstatten muss. [4] Die Sätze 1 und 2 gelten nicht für eine Gebührenvereinbarung nach § 34.

(2) [1] In der Vereinbarung kann es dem Vorstand der Rechtsanwaltskammer überlassen werden, die Vergütung nach billigem Ermessen festzusetzen. [2] Ist die Festsetzung der Vergütung dem Ermessen eines Vertragsteils überlassen, so gilt die gesetzliche Vergütung als vereinbart.

(3) [1] Ist eine vereinbarte, eine nach Absatz 2 Satz 1 von dem Vorstand der Rechtsanwaltskammer festgesetzte oder eine nach § 4a für den Erfolgsfall vereinbarte Vergütung unter Berücksichtigung aller Umstände unangemessen hoch, kann sie im Rechtsstreit auf den angemessenen Betrag bis zur Höhe der gesetzlichen Vergütung herabgesetzt werden. [2] Vor der Herabsetzung hat das Gericht ein Gutachten des Vorstands der Rechtsanwaltskammer einzuholen; dies gilt nicht, wenn

---

[1)] Nr. **20**.

[2)] **Habersack, Deutsche Gesetze ErgBd. Nr. 49b.**

[3)] Nr. **115**.

[4)] **Sartorius ErgBd. Nr. 415.**

der Vorstand der Rechtsanwaltskammer die Vergütung nach Absatz 2 Satz 1 festgesetzt hat. [3]Das Gutachten ist kostenlos zu erstatten.

(4) [1]Eine Vereinbarung, nach der ein im Wege der Prozesskostenhilfe beigeordneter Rechtsanwalt für die von der Beiordnung erfasste Tätigkeit eine höhere als die gesetzliche Vergütung erhalten soll, ist nichtig. [2]Die Vorschriften des bürgerlichen Rechts über die ungerechtfertigte Bereicherung bleiben unberührt.

**§ 4 Unterschreitung der gesetzlichen Vergütung.** (1) [1]In außergerichtlichen Angelegenheiten kann eine niedrigere als die gesetzliche Vergütung vereinbart werden. [2]Sie muss in einem angemessenen Verhältnis zu Leistung, Verantwortung und Haftungsrisiko des Rechtsanwalts stehen. [3]Ist Gegenstand der außergerichtlichen Angelegenheit eine Inkassodienstleistung (§ 2 Absatz 2 Satz 1 des Rechtsdienstleistungsgesetzes[1)]) oder liegen die Voraussetzungen für die Bewilligung von Beratungshilfe vor, gilt Satz 2 nicht und kann der Rechtsanwalt ganz auf eine Vergütung verzichten. [4]§ 9 des Beratungshilfegesetzes[2)] bleibt unberührt.

(2) Ist Gegenstand der Angelegenheit eine Inkassodienstleistung in einem der in § 79 Absatz 2 Satz 2 Nummer 4 der Zivilprozessordnung[3)] genannten Verfahren, kann eine niedrigere als die gesetzliche Vergütung vereinbart werden oder kann der Rechtsanwalt ganz auf eine Vergütung verzichten.

**§ 4a Erfolgshonorar.** (1) [1]Ein Erfolgshonorar (§ 49b Absatz 2 Satz 1 der Bundesrechtsanwaltsordnung[4)]) darf nur vereinbart werden, wenn

1. sich der Auftrag auf eine Geldforderung von höchstens 2 000 Euro bezieht,
2. eine Inkassodienstleistung außergerichtlich oder in einem der in § 79 Absatz 2 Satz 2 Nummer 4 der Zivilprozessordnung[3)] genannten Verfahren erbracht wird oder
3. der Auftraggeber im Einzelfall bei verständiger Betrachtung ohne die Vereinbarung eines Erfolgshonorars von der Rechtsverfolgung abgehalten würde.

[2]Eine Vereinbarung nach Satz 1 Nummer 1 oder 2 ist unzulässig, soweit sich der Auftrag auf eine Forderung bezieht, die der Pfändung nicht unterworfen ist. [3]Für die Beurteilung nach Satz 1 Nummer 3 bleibt die Möglichkeit, Beratungs- oder Prozesskostenhilfe in Anspruch zu nehmen, außer Betracht.

(2) In anderen als den in Absatz 1 Satz 1 Nummer 2 genannten Angelegenheiten darf nur dann vereinbart werden, dass für den Fall des Misserfolgs keine oder eine geringere als die gesetzliche Vergütung zu zahlen ist, wenn für den Erfolgsfall ein angemessener Zuschlag auf die gesetzliche Vergütung vereinbart wird.

(3) In eine Vereinbarung über ein Erfolgshonorar sind aufzunehmen:

1. die Angabe, welche Vergütung bei Eintritt welcher Bedingungen verdient sein soll,
2. die Angabe, ob und gegebenenfalls welchen Einfluss die Vereinbarung auf die gegebenenfalls vom Auftraggeber zu zahlenden Gerichtskosten, Verwaltungskosten und die von diesem zu erstattenden Kosten anderer Beteiligter haben soll,
3. die wesentlichen Gründe, die für die Bemessung des Erfolgshonorars bestimmend sind, und

---

[1)] **Habersack, Deutsche Gesetze ErgBd. Nr. 99.**
[2)] **Habersack, Deutsche Gesetze ErgBd. Nr. 98b.**
[3)] Nr. **100**.
[4)] **Habersack, Deutsche Gesetze ErgBd. Nr. 98.**

4. im Fall des Absatzes 1 Satz 1 Nummer 3 die voraussichtliche gesetzliche Vergütung und gegebenenfalls die erfolgsunabhängige vertragliche Vergütung, zu der der Rechtsanwalt bereit wäre, den Auftrag zu übernehmen.

**§ 4b Fehlerhafte Vergütungsvereinbarung.** [1] Aus einer Vergütungsvereinbarung, die nicht den Anforderungen des § 3a Absatz 1 Satz 1 und 2 oder des § 4a Absatz 1 und 3 Nummer 1 und 4 entspricht, kann der Rechtsanwalt keine höhere als die gesetzliche Vergütung fordern. [2] Die Vorschriften des bürgerlichen Rechts über die ungerechtfertigte Bereicherung bleiben unberührt.

**§ 5 Vergütung für Tätigkeiten von Vertretern des Rechtsanwalts.** Die Vergütung für eine Tätigkeit, die der Rechtsanwalt nicht persönlich vornimmt, wird nach diesem Gesetz bemessen, wenn der Rechtsanwalt durch einen Rechtsanwalt, den allgemeinen Vertreter, einen Assessor bei einem Rechtsanwalt oder einen zur Ausbildung zugewiesenen Referendar vertreten wird.

**§ 6 Mehrere Rechtsanwälte.** Ist der Auftrag mehreren Rechtsanwälten zur gemeinschaftlichen Erledigung übertragen, erhält jeder Rechtsanwalt für seine Tätigkeit die volle Vergütung.

**§ 7 Mehrere Auftraggeber.** (1) Wird der Rechtsanwalt in derselben Angelegenheit für mehrere Auftraggeber tätig, erhält er die Gebühren nur einmal.

(2) [1] Jeder der Auftraggeber schuldet die Gebühren und Auslagen, die er schulden würde, wenn der Rechtsanwalt nur in seinem Auftrag tätig geworden wäre; die Dokumentenpauschale nach Nummer 7000 des Vergütungsverzeichnisses schuldet er auch insoweit, wie diese nur durch die Unterrichtung mehrerer Auftraggeber entstanden ist. [2] Der Rechtsanwalt kann aber insgesamt nicht mehr als die nach Absatz 1 berechneten Gebühren und die insgesamt entstandenen Auslagen fordern.

**§ 8 Fälligkeit, Hemmung der Verjährung.** (1) [1] Die Vergütung wird fällig, wenn der Auftrag erledigt oder die Angelegenheit beendet ist. [2] Ist der Rechtsanwalt in einem gerichtlichen Verfahren tätig, wird die Vergütung auch fällig, wenn eine Kostenentscheidung ergangen oder der Rechtszug beendet ist oder wenn das Verfahren länger als drei Monate ruht.

(2) [1] Die Verjährung der Vergütung für eine Tätigkeit in einem gerichtlichen Verfahren wird gehemmt, solange das Verfahren anhängig ist. [2] Die Hemmung endet mit der rechtskräftigen Entscheidung oder anderweitigen Beendigung des Verfahrens. [3] Ruht das Verfahren, endet die Hemmung drei Monate nach Eintritt der Fälligkeit. [4] Die Hemmung beginnt erneut, wenn das Verfahren weiter betrieben wird.

**§ 9 Vorschuss.** Der Rechtsanwalt kann von seinem Auftraggeber für die entstandenen und die voraussichtlich entstehenden Gebühren und Auslagen einen angemessenen Vorschuss fordern.

**§ 10 Berechnung.** (1) [1] Der Rechtsanwalt kann die Vergütung nur aufgrund einer von ihm unterzeichneten und dem Auftraggeber mitgeteilten Berechnung einfordern. [2] Der Lauf der Verjährungsfrist ist von der Mitteilung der Berechnung nicht abhängig.

(2) [1] In der Berechnung sind die Beträge der einzelnen Gebühren und Auslagen, Vorschüsse, eine kurze Bezeichnung des jeweiligen Gebührentatbestands, die Be-

zeichnung der Auslagen sowie die angewandten Nummern des Vergütungsverzeichnisses und bei Gebühren, die nach dem Gegenstandswert berechnet sind, auch dieser anzugeben. [2]Bei Entgelten für Post- und Telekommunikationsdienstleistungen genügt die Angabe des Gesamtbetrags.

(3) Hat der Auftraggeber die Vergütung gezahlt, ohne die Berechnung erhalten zu haben, kann er die Mitteilung der Berechnung noch fordern, solange der Rechtsanwalt zur Aufbewahrung der Handakten verpflichtet ist.

**§ 11 Festsetzung der Vergütung.** (1) [1]Soweit die gesetzliche Vergütung, eine nach § 42 festgestellte Pauschgebühr und die zu ersetzenden Aufwendungen (§ 670 des Bürgerlichen Gesetzbuchs[1)]) zu den Kosten des gerichtlichen Verfahrens gehören, werden sie auf Antrag des Rechtsanwalts oder des Auftraggebers durch das Gericht des ersten Rechtszugs festgesetzt. [2]Getilgte Beträge sind abzusetzen.

(2) [1]Der Antrag ist erst zulässig, wenn die Vergütung fällig ist. [2]Vor der Festsetzung sind die Beteiligten zu hören. [3]Die Vorschriften der jeweiligen Verfahrensordnung über das Kostenfestsetzungsverfahren mit Ausnahme des § 104 Absatz 2 Satz 3 der Zivilprozessordnung[2)] und die Vorschriften der Zivilprozessordnung über die Zwangsvollstreckung aus Kostenfestsetzungsbeschlüssen gelten entsprechend. [4]Das Verfahren vor dem Gericht des ersten Rechtszugs ist gebührenfrei. [5]In den Vergütungsfestsetzungsbeschluss sind die von dem Rechtsanwalt gezahlten Auslagen für die Zustellung des Beschlusses aufzunehmen. [6]Im Übrigen findet eine Kostenerstattung nicht statt; dies gilt auch im Verfahren über Beschwerden.

(3) [1]Im Verfahren vor den Gerichten der Verwaltungsgerichtsbarkeit, der Finanzgerichtsbarkeit und der Sozialgerichtsbarkeit wird die Vergütung vom Urkundsbeamten der Geschäftsstelle festgesetzt. [2]Die für die jeweilige Gerichtsbarkeit geltenden Vorschriften über die Erinnerung im Kostenfestsetzungsverfahren gelten entsprechend.

(4) Wird der vom Rechtsanwalt angegebene Gegenstandswert von einem Beteiligten bestritten, ist das Verfahren auszusetzen, bis das Gericht hierüber entschieden hat (§§ 32, 33 und 38 Absatz 1).

(5) [1]Die Festsetzung ist abzulehnen, soweit der Antragsgegner Einwendungen oder Einreden erhebt, die nicht im Gebührenrecht ihren Grund haben. [2]Hat der Auftraggeber bereits dem Rechtsanwalt gegenüber derartige Einwendungen oder Einreden erhoben, ist die Erhebung der Klage nicht von der vorherigen Einleitung des Festsetzungsverfahrens abhängig.

(6) [1]Anträge und Erklärungen können ohne Mitwirkung eines Bevollmächtigten schriftlich eingereicht oder zu Protokoll der Geschäftsstelle abgegeben werden. [2]§ 129a der Zivilprozessordnung gilt entsprechend. [3]Für die Bevollmächtigung gelten die Regelungen der für das zugrunde liegende Verfahren geltenden Verfahrensordnung entsprechend.

(7) Durch den Antrag auf Festsetzung der Vergütung wird die Verjährung wie durch Klageerhebung gehemmt.

(8) [1]Die Absätze 1 bis 7 gelten bei Rahmengebühren nur, wenn die Mindestgebühren geltend gemacht werden oder der Auftraggeber der Höhe der Gebühren ausdrücklich zugestimmt hat. [2]Die Festsetzung auf Antrag des Rechtsanwalts ist abzulehnen, wenn er die Zustimmungserklärung des Auftraggebers nicht mit dem Antrag vorlegt.

---

[1)] Nr. **20**.
[2)] Nr. **100**.

**§ 12 Anwendung von Vorschriften über die Prozesskostenhilfe.** [1]Die Vorschriften dieses Gesetzes für im Wege der Prozesskostenhilfe beigeordnete Rechtsanwälte und für Verfahren über die Prozesskostenhilfe sind bei Verfahrenskostenhilfe und im Fall des § 4a der Insolvenzordnung[1)] entsprechend anzuwenden. [2]Der Bewilligung von Prozesskostenhilfe steht die Stundung nach § 4a der Insolvenzordnung gleich.

**§ 12a Abhilfe bei Verletzung des Anspruchs auf rechtliches Gehör.**

(1) Auf die Rüge eines durch die Entscheidung nach diesem Gesetz beschwerten Beteiligten ist das Verfahren fortzuführen, wenn

1. ein Rechtsmittel oder ein anderer Rechtsbehelf gegen die Entscheidung nicht gegeben ist und
2. das Gericht den Anspruch dieses Beteiligten auf rechtliches Gehör in entscheidungserheblicher Weise verletzt hat.

(2) [1]Die Rüge ist innerhalb von zwei Wochen nach Kenntnis von der Verletzung des rechtlichen Gehörs zu erheben; der Zeitpunkt der Kenntniserlangung ist glaubhaft zu machen. [2]Nach Ablauf eines Jahres seit Bekanntmachung der angegriffenen Entscheidung kann die Rüge nicht mehr erhoben werden. [3]Formlos mitgeteilte Entscheidungen gelten mit dem dritten Tage nach Aufgabe zur Post als bekannt gemacht. [4]Die Rüge ist bei dem Gericht zu erheben, dessen Entscheidung angegriffen wird; § 33 Absatz 7 Satz 1 und 2 gilt entsprechend. [5]Die Rüge muss die angegriffene Entscheidung bezeichnen und das Vorliegen der in Absatz 1 Nummer 2 genannten Voraussetzungen darlegen.

(3) Den übrigen Beteiligten ist, soweit erforderlich, Gelegenheit zur Stellungnahme zu geben.

(4) [1]Das Gericht hat von Amts wegen zu prüfen, ob die Rüge an sich statthaft und ob sie in der gesetzlichen Form und Frist erhoben ist. [2]Mangelt es an einem dieser Erfordernisse, so ist die Rüge als unzulässig zu verwerfen. [3]Ist die Rüge unbegründet, weist das Gericht sie zurück. [4]Die Entscheidung ergeht durch unanfechtbaren Beschluss. [5]Der Beschluss soll kurz begründet werden.

(5) Ist die Rüge begründet, so hilft ihr das Gericht ab, indem es das Verfahren fortführt, soweit dies aufgrund der Rüge geboten ist.

(6) Kosten werden nicht erstattet.

**§ 12b Elektronische Akte, elektronisches Dokument.** [1]In Verfahren nach diesem Gesetz sind die verfahrensrechtlichen Vorschriften über die elektronische Akte und über das elektronische Dokument für das Verfahren anzuwenden, in dem der Rechtsanwalt die Vergütung erhält. [2]Im Fall der Beratungshilfe sind die entsprechenden Vorschriften des Gesetzes über das Verfahren in Familiensachen und in den Angelegenheiten der freiwilligen Gerichtsbarkeit[2)] anzuwenden.

**§ 12c Rechtsbehelfsbelehrung.** Jede anfechtbare Entscheidung hat eine Belehrung über den statthaften Rechtsbehelf sowie über das Gericht, bei dem dieser Rechtsbehelf einzulegen ist, über dessen Sitz und über die einzuhaltende Form und Frist zu enthalten.

---

[1)] Nr. **110**.
[2)] Nr. **112**.

## Abschnitt 2. Gebührenvorschriften

**§ 13 Wertgebühren.** (1) [1]Wenn sich die Gebühren nach dem Gegenstandswert richten, beträgt bei einem Gegenstandswert bis 500 Euro die Gebühr 49 Euro. [2]Die Gebühr erhöht sich bei einem

| Gegenstandswert bis … Euro | für jeden angefangenen Betrag von weiteren … Euro | um … Euro |
|---|---|---|
| 2 000 | 500 | 39 |
| 10 000 | 1 000 | 56 |
| 25 000 | 3 000 | 52 |
| 50 000 | 5 000 | 81 |
| 200 000 | 15 000 | 94 |
| 500 000 | 30 000 | 132 |
| über 500 000 | 50 000 | 165 |

[3]Eine Gebührentabelle für Gegenstandswerte bis 500 000 Euro ist diesem Gesetz als Anlage 2 beigefügt.

(2) Bei der Geschäftsgebühr für eine außergerichtliche Inkassodienstleistung, die eine unbestrittene Forderung betrifft (Absatz 2 der Anmerkung zu Nummer 2300 des Vergütungsverzeichnisses), beträgt bei einem Gegenstandswert bis 50 Euro die Gebühr abweichend von Absatz 1 Satz 1 30 Euro.

(3) Der Mindestbetrag einer Gebühr ist 15 Euro.

**§ 14 Rahmengebühren.** (1) [1]Bei Rahmengebühren bestimmt der Rechtsanwalt die Gebühr im Einzelfall unter Berücksichtigung aller Umstände, vor allem des Umfangs und der Schwierigkeit der anwaltlichen Tätigkeit, der Bedeutung der Angelegenheit sowie der Einkommens- und Vermögensverhältnisse des Auftraggebers, nach billigem Ermessen. [2]Ein besonderes Haftungsrisiko des Rechtsanwalts kann bei der Bemessung herangezogen werden. [3]Bei Rahmengebühren, die sich nicht nach dem Gegenstandswert richten, ist das Haftungsrisiko zu berücksichtigen. [4]Ist die Gebühr von einem Dritten zu ersetzen, ist die von dem Rechtsanwalt getroffene Bestimmung nicht verbindlich, wenn sie unbillig ist.

(2) Ist eine Rahmengebühr auf eine andere Rahmengebühr anzurechnen, ist die Gebühr, auf die angerechnet wird, so zu bestimmen, als sei der Rechtsanwalt zuvor nicht tätig gewesen.

(3) [1]Im Rechtsstreit hat das Gericht ein Gutachten des Vorstands der Rechtsanwaltskammer einzuholen, soweit die Höhe der Gebühr streitig ist; dies gilt auch im Verfahren nach § 495a der Zivilprozessordnung[1)]. [2]Das Gutachten ist kostenlos zu erstatten.

**§ 15 Abgeltungsbereich der Gebühren.** (1) Die Gebühren entgelten, soweit dieses Gesetz nichts anderes bestimmt, die gesamte Tätigkeit des Rechtsanwalts vom Auftrag bis zur Erledigung der Angelegenheit.

(2) Der Rechtsanwalt kann die Gebühren in derselben Angelegenheit nur einmal fordern.

---

[1)] Nr. **100**.

(3) Sind für Teile des Gegenstands verschiedene Gebührensätze anzuwenden, entstehen für die Teile gesondert berechnete Gebühren, jedoch nicht mehr als die aus dem Gesamtbetrag der Wertteile nach dem höchsten Gebührensatz berechnete Gebühr.

(4) Auf bereits entstandene Gebühren ist es, soweit dieses Gesetz nichts anderes bestimmt, ohne Einfluss, wenn sich die Angelegenheit vorzeitig erledigt oder der Auftrag endigt, bevor die Angelegenheit erledigt ist.

(5) [1] Wird der Rechtsanwalt, nachdem er in einer Angelegenheit tätig geworden ist, beauftragt, in derselben Angelegenheit weiter tätig zu werden, erhält er nicht mehr an Gebühren, als er erhalten würde, wenn er von vornherein hiermit beauftragt worden wäre. [2] Ist der frühere Auftrag seit mehr als zwei Kalenderjahren erledigt, gilt die weitere Tätigkeit als neue Angelegenheit und in diesem Gesetz bestimmte Anrechnungen von Gebühren entfallen. [3] Satz 2 gilt entsprechend, wenn ein Vergleich mehr als zwei Kalenderjahre nach seinem Abschluss angefochten wird oder wenn mehr als zwei Kalenderjahre nach Zustellung eines Beschlusses nach § 23 Absatz 3 Satz 1 des Kapitalanleger-Musterverfahrensgesetzes[1)] der Kläger einen Antrag nach § 23 Absatz 4 des Kapitalanleger-Musterverfahrensgesetzes auf Wiedereröffnung des Verfahrens stellt.

(6) Ist der Rechtsanwalt nur mit einzelnen Handlungen oder mit Tätigkeiten, die nach § 19 zum Rechtszug oder zum Verfahren gehören, beauftragt, erhält er nicht mehr an Gebühren als der mit der gesamten Angelegenheit beauftragte Rechtsanwalt für die gleiche Tätigkeit erhalten würde.

**§ 15a Anrechnung einer Gebühr.** (1) Sieht dieses Gesetz die Anrechnung einer Gebühr auf eine andere Gebühr vor, kann der Rechtsanwalt beide Gebühren fordern, jedoch nicht mehr als den um den Anrechnungsbetrag verminderten Gesamtbetrag der beiden Gebühren.

(2) [1] Sind mehrere Gebühren teilweise auf dieselbe Gebühr anzurechnen, so ist der anzurechnende Betrag für jede anzurechnende Gebühr gesondert zu ermitteln. [2] Bei Wertgebühren darf der Gesamtbetrag der Anrechnung jedoch denjenigen Anrechnungsbetrag nicht übersteigen, der sich ergeben würde, wenn eine Gebühr anzurechnen wäre, die sich aus dem Gesamtbetrag der betroffenen Wertteile nach dem höchsten für die Anrechnungen einschlägigen Gebührensatz berechnet. [3] Bei Betragsrahmengebühren darf der Gesamtbetrag der Anrechnung den für die Anrechnung bestimmten Höchstbetrag nicht übersteigen.

(3) Ein Dritter kann sich auf die Anrechnung nur berufen, soweit er den Anspruch auf eine der beiden Gebühren erfüllt hat, wegen eines dieser Ansprüche gegen ihn ein Vollstreckungstitel besteht oder beide Gebühren in demselben Verfahren gegen ihn geltend gemacht werden.

## Abschnitt 3. Angelegenheit

**§ 16 Dieselbe Angelegenheit.** Dieselbe Angelegenheit sind

1. das Verwaltungsverfahren auf Aussetzung oder Anordnung der sofortigen Vollziehung sowie über einstweilige Maßnahmen zur Sicherung der Rechte Dritter und jedes Verwaltungsverfahren auf Abänderung oder Aufhebung in den genannten Fällen;

---

[1)] **Habersack, Deutsche Gesetze ErgBd. Nr. 105d.**

2. das Verfahren über die Prozesskostenhilfe und das Verfahren, für das die Prozesskostenhilfe beantragt worden ist;
3. mehrere Verfahren über die Prozesskostenhilfe in demselben Rechtszug;
3a. das Verfahren zur Bestimmung des zuständigen Gerichts und das Verfahren, für das der Gerichtsstand bestimmt werden soll; dies gilt auch dann, wenn das Verfahren zur Bestimmung des zuständigen Gerichts vor Klageerhebung oder Antragstellung endet, ohne dass das zuständige Gericht bestimmt worden ist;
4. eine Scheidungssache oder ein Verfahren über die Aufhebung einer Lebenspartnerschaft und die Folgesachen;
5. das Verfahren über die Anordnung eines Arrests, zur Erwirkung eines Europäischen Beschlusses zur vorläufigen Kontenpfändung, über den Erlass einer einstweiligen Verfügung oder einstweiligen Anordnung, über die Anordnung oder Wiederherstellung der aufschiebenden Wirkung, über die Aufhebung der Vollziehung oder die Anordnung der sofortigen Vollziehung eines Verwaltungsakts und jedes Verfahren über deren Abänderung, Aufhebung oder Widerruf;
6. das Verfahren nach § 3 Absatz 1 des Gesetzes zur Ausführung des Vertrages zwischen der Bundesrepublik Deutschland und der Republik Österreich vom 6. Juni 1959 über die gegenseitige Anerkennung und Vollstreckung von gerichtlichen Entscheidungen, Vergleichen und öffentlichen Urkunden in Zivil- und Handelssachen in der im Bundesgesetzblatt Teil III, Gliederungsnummer 319-12, veröffentlichten bereinigten Fassung, das zuletzt durch Artikel 23 des Gesetzes vom 27. Juli 2001 (BGBl. I S. 1887) geändert worden ist, und das Verfahren nach § 3 Absatz 2 des genannten Gesetzes;
7. das Verfahren über die Zulassung der Vollziehung einer vorläufigen oder sichernden Maßnahme und das Verfahren über einen Antrag auf Aufhebung oder Änderung einer Entscheidung über die Zulassung der Vollziehung (§ 1041 der Zivilprozessordnung);
8. das schiedsrichterliche Verfahren und das gerichtliche Verfahren bei der Bestellung eines Schiedsrichters oder Ersatzschiedsrichters, über die Ablehnung eines Schiedsrichters oder über die Beendigung des Schiedsrichteramts, zur Unterstützung bei der Beweisaufnahme oder bei der Vornahme sonstiger richterlicher Handlungen;
9. das Verfahren vor dem Schiedsgericht und die gerichtlichen Verfahren über die Bestimmung einer Frist (§ 102 Absatz 3 des Arbeitsgerichtsgesetzes[1]), die Ablehnung eines Schiedsrichters (§ 103 Absatz 3 des Arbeitsgerichtsgesetzes) oder die Vornahme einer Beweisaufnahme oder einer Vereidigung (§ 106 Absatz 2 des Arbeitsgerichtsgesetzes);
10. im Kostenfestsetzungsverfahren und im Verfahren über den Antrag auf gerichtliche Entscheidung gegen einen Kostenfestsetzungsbescheid (§ 108 des Gesetzes über Ordnungswidrigkeiten[2]) einerseits und im Kostenansatzverfahren sowie im Verfahren über den Antrag auf gerichtliche Entscheidung gegen den Ansatz der Gebühren und Auslagen (§ 108 des Gesetzes über Ordnungswidrigkeiten) andererseits jeweils mehrere Verfahren über
    a) die Erinnerung,
    b) den Antrag auf gerichtliche Entscheidung,
    c) die Beschwerde in demselben Beschwerderechtszug;

---

[1] Nr. **83**.
[2] Nr. **94**.

11. das Rechtsmittelverfahren und das Verfahren über die Zulassung des Rechtsmittels; dies gilt nicht für das Verfahren über die Beschwerde gegen die Nichtzulassung eines Rechtsmittels;
12. das Verfahren über die Privatklage und die Widerklage und zwar auch im Fall des § 388 Absatz 2 der Strafprozessordnung[1] und
13. das erstinstanzliche Prozessverfahren und der erste Rechtszug des Musterverfahrens nach dem Kapitalanleger-Musterverfahrensgesetz[2].

**§ 17 Verschiedene Angelegenheiten.** Verschiedene Angelegenheiten sind

1. das Verfahren über ein Rechtsmittel und der vorausgegangene Rechtszug, soweit sich aus § 19 Absatz 1 Satz 2 Nummer 10a nichts anderes ergibt,

1a. jeweils das Verwaltungsverfahren, das einem gerichtlichen Verfahren vorausgehende und der Nachprüfung des Verwaltungsakts dienende weitere Verwaltungsverfahren (Vorverfahren, Einspruchsverfahren, Beschwerdeverfahren, Abhilfeverfahren), das Verfahren über die Beschwerde und die weitere Beschwerde nach der Wehrbeschwerdeordnung, das Verwaltungsverfahren auf Aussetzung oder Anordnung der sofortigen Vollziehung sowie über einstweilige Maßnahmen zur Sicherung der Rechte Dritter und ein gerichtliches Verfahren,

2. das Mahnverfahren und das streitige Verfahren,
3. das vereinfachte Verfahren über den Unterhalt Minderjähriger und das streitige Verfahren,
4. das Verfahren in der Hauptsache und ein Verfahren
   a) auf Anordnung eines Arrests oder zur Erwirkung eines Europäischen Beschlusses zur vorläufigen Kontenpfändung,
   b) auf Erlass einer einstweiligen Verfügung oder einer einstweiligen Anordnung,
   c) über die Anordnung oder Wiederherstellung der aufschiebenden Wirkung, über die Aufhebung der Vollziehung oder über die Anordnung der sofortigen Vollziehung eines Verwaltungsakts sowie
   d) über die Abänderung, die Aufhebung oder den Widerruf einer in einem Verfahren nach den Buchstaben a bis c ergangenen Entscheidung,
5. der Urkunden- oder Wechselprozess und das ordentliche Verfahren, das nach Abstandnahme vom Urkunden- oder Wechselprozess oder nach einem Vorbehaltsurteil anhängig bleibt (§§ 596, 600 der Zivilprozessordnung[3]),
6. das Schiedsverfahren und das Verfahren über die Zulassung der Vollziehung einer vorläufigen oder sichernden Maßnahme sowie das Verfahren über einen Antrag auf Aufhebung oder Änderung einer Entscheidung über die Zulassung der Vollziehung (§ 1041 der Zivilprozessordnung),
7. das gerichtliche Verfahren und ein vorausgegangenes
   a) Güteverfahren vor einer durch die Landesjustizverwaltung eingerichteten oder anerkannten Gütestelle (§ 794 Absatz 1 Nummer 1 der Zivilprozessordnung) oder, wenn die Parteien den Einigungsversuch einvernehmlich unternehmen, vor einer Gütestelle, die Streitbeilegung betreibt (§ 15a Absatz 3 des Einführungsgesetzes zur Zivilprozessordnung[4]),

---

[1] Nr. **90**.
[2] **Habersack, Deutsche Gesetze ErgBd. Nr. 105d.**
[3] Nr. **100**.
[4] Nr. **101**.

b) Verfahren vor einem Ausschuss der in § 111 Absatz 2 des Arbeitsgerichtsgesetzes[1] bezeichneten Art,

c) Verfahren vor dem Seemannsamt zur vorläufigen Entscheidung von Arbeitssachen und

d) Verfahren vor sonstigen gesetzlich eingerichteten Einigungsstellen, Gütestellen oder Schiedsstellen,

8. das Vermittlungsverfahren nach § 165 des Gesetzes über das Verfahren in Familiensachen und in den Angelegenheiten der freiwilligen Gerichtsbarkeit[2] und ein sich anschließendes gerichtliches Verfahren,
9. das Verfahren über ein Rechtsmittel und das Verfahren über die Beschwerde gegen die Nichtzulassung des Rechtsmittels,
10. das strafrechtliche Ermittlungsverfahren und

    a) ein nachfolgendes gerichtliches Verfahren und

    b) ein sich nach Einstellung des Ermittlungsverfahrens anschließendes Bußgeldverfahren,
11. das Bußgeldverfahren vor der Verwaltungsbehörde und das nachfolgende gerichtliche Verfahren,
12. das Strafverfahren und das Verfahren über die im Urteil vorbehaltene Sicherungsverwahrung und
13. das Wiederaufnahmeverfahren und das wiederaufgenommene Verfahren, wenn sich die Gebühren nach Teil 4 oder 5 des Vergütungsverzeichnisses richten.

**§ 18[3] Besondere Angelegenheiten.** (1) Besondere Angelegenheiten sind

1. jede Vollstreckungsmaßnahme zusammen mit den durch diese vorbereiteten weiteren Vollstreckungshandlungen bis zur Befriedigung des Gläubigers; dies gilt entsprechend im Verwaltungszwangsverfahren (Verwaltungsvollstreckungsverfahren);
2. jede Vollziehungsmaßnahme bei der Vollziehung eines Arrests oder einer einstweiligen Verfügung (§§ 928 bis 934 und 936 der Zivilprozessordnung[4]), die sich nicht auf die Zustellung beschränkt;
3. solche Angelegenheiten, in denen sich die Gebühren nach Teil 3 des Vergütungsverzeichnisses richten, jedes Beschwerdeverfahren, jedes Verfahren über eine Erinnerung gegen einen Kostenfestsetzungsbeschluss und jedes sonstige Verfahren über eine Erinnerung gegen eine Entscheidung des Rechtspflegers, soweit sich aus § 16 Nummer 10 nichts anderes ergibt;
4. das Verfahren über Einwendungen gegen die Erteilung der Vollstreckungsklausel, auf das § 732 der Zivilprozessordnung anzuwenden ist;
5. das Verfahren auf Erteilung einer weiteren vollstreckbaren Ausfertigung;
6. jedes Verfahren über Anträge nach den §§ 765a, 851a oder 851b der Zivilprozessordnung und jedes Verfahren über Anträge auf Änderung oder Aufhebung der getroffenen Anordnungen, jedes Verfahren über Anträge nach § 1084 Absatz 1, § 1096 oder § 1109 der Zivilprozessordnung, jedes Verfahren über Anträge auf Aussetzung der Vollstreckung nach § 44f des Internationalen

---

[1] Nr. **83**.
[2] Nr. **112**.
[3] § 18 Abs. 1 Nr. 6 geänd. mWv 1.8.2022 durch G v. 10.8.2021 (BGBl. I S. 3424).
[4] Nr. **100**.

Familienrechtsverfahrensgesetzes[1)] und über Anträge nach § 31 des Auslandsunterhaltsgesetzes[2)];
7. das Verfahren auf Zulassung der Austauschpfändung (§ 811a der Zivilprozessordnung);
8. das Verfahren über einen Antrag nach § 825 der Zivilprozessordnung;
9. die Ausführung der Zwangsvollstreckung in ein gepfändetes Vermögensrecht durch Verwaltung (§ 857 Absatz 4 der Zivilprozessordnung);
10. das Verteilungsverfahren (§ 858 Absatz 5, §§ 872 bis 877, 882 der Zivilprozessordnung);
11. das Verfahren auf Eintragung einer Zwangshypothek (§§ 867, 870a der Zivilprozessordnung);
12. die Vollstreckung der Entscheidung, durch die der Schuldner zur Vorauszahlung der Kosten, die durch die Vornahme einer Handlung entstehen, verurteilt wird (§ 887 Absatz 2 der Zivilprozessordnung);
13. das Verfahren zur Ausführung der Zwangsvollstreckung auf Vornahme einer Handlung durch Zwangsmittel (§ 888 der Zivilprozessordnung);
14. jede Verurteilung zu einem Ordnungsgeld gemäß § 890 Absatz 1 der Zivilprozessordnung;
15. die Verurteilung zur Bestellung einer Sicherheit im Fall des § 890 Absatz 3 der Zivilprozessordnung;
16. das Verfahren zur Abnahme der Vermögensauskunft (§§ 802f und 802g der Zivilprozessordnung);
17. das Verfahren auf Löschung der Eintragung im Schuldnerverzeichnis (§ 882e der Zivilprozessordnung);
18. das Ausüben der Veröffentlichungsbefugnis;
19. das Verfahren über Anträge auf Zulassung der Zwangsvollstreckung nach § 17 Absatz 4 der Schifffahrtsrechtlichen Verteilungsordnung;
20. das Verfahren über Anträge auf Aufhebung von Vollstreckungsmaßregeln (§ 8 Absatz 5 und § 41 der Schifffahrtsrechtlichen Verteilungsordnung) und
21. das Verfahren zur Anordnung von Zwangsmaßnahmen durch Beschluss nach § 35 des Gesetzes über das Verfahren in Familiensachen und in den Angelegenheiten der freiwilligen Gerichtsbarkeit[3)].

(2) Absatz 1 gilt entsprechend für
1. die Vollziehung eines Arrestes und
2. die Vollstreckung

nach den Vorschriften des Gesetzes über das Verfahren in Familiensachen und in den Angelegenheiten der freiwilligen Gerichtsbarkeit.

**§ 19[4)] Rechtszug; Tätigkeiten, die mit dem Verfahren zusammenhängen.** (1) [1] Zu dem Rechtszug oder dem Verfahren gehören auch alle Vorbereitungs-, Neben- und Abwicklungstätigkeiten und solche Verfahren, die mit dem Rechtszug oder Verfahren zusammenhängen, wenn die Tätigkeit nicht nach § 18 eine besondere Angelegenheit ist. [2] Hierzu gehören insbesondere

---

[1)] **Habersack, Deutsche Gesetze ErgBd. Nr. 103n.**
[2)] **Habersack, Deutsche Gesetze ErgBd. Nr. 103o.**
[3)] Nr. 112.
[4)] § 19 Abs. 1 Satz 2 Nr. 9a Buchst. b geänd. mWv 1.8.2022 durch G v. 10.8.2021 (BGBl. I S. 3424).

1. die Vorbereitung der Klage, des Antrags oder der Rechtsverteidigung, soweit kein besonderes gerichtliches oder behördliches Verfahren stattfindet;
1a. die Einreichung von Schutzschriften und die Anmeldung von Ansprüchen oder Rechtsverhältnissen zum Klageregister für Musterfeststellungsklagen sowie die Rücknahme der Anmeldung;
1b. die Verkündung des Streits (§ 72 der Zivilprozessordnung[1]);
2. außergerichtliche Verhandlungen;
3. Zwischenstreite, die Bestellung von Vertretern durch das in der Hauptsache zuständige Gericht, die Ablehnung von Richtern, Rechtspflegern, Urkundsbeamten der Geschäftsstelle oder Sachverständigen, die Entscheidung über einen Antrag betreffend eine Sicherungsanordnung, die Wertfestsetzung, die Beschleunigungsrüge nach § 155b des Gesetzes über das Verfahren in Familiensachen und in den Angelegenheiten der freiwilligen Gerichtsbarkeit[2];
4. das Verfahren vor dem beauftragten oder ersuchten Richter;
5. das Verfahren
   a) über die Erinnerung (§ 573 der Zivilprozessordnung),
   b) über die Rüge wegen Verletzung des Anspruchs auf rechtliches Gehör,
   c) nach Artikel 18 der Verordnung (EG) Nr. 861/2007[3] des Europäischen Parlaments und des Rates vom 13. Juni 2007 zur Einführung eines europäischen Verfahrens für geringfügige Forderungen,
   d) nach Artikel 20 der Verordnung (EG) Nr. 1896/2006[4] des Europäischen Parlaments und des Rates vom 12. Dezember 2006 zur Einführung eines Europäischen Mahnverfahrens und
   e) nach Artikel 19 der Verordnung (EG) Nr. 4/2009[5] über die Zuständigkeit, das anwendbare Recht, die Anerkennung und Vollstreckung von Entscheidungen und die Zusammenarbeit in Unterhaltssachen;
6. die Berichtigung und Ergänzung der Entscheidung oder ihres Tatbestands;
7. die Mitwirkung bei der Erbringung der Sicherheitsleistung und das Verfahren wegen deren Rückgabe;
8. die für die Geltendmachung im Ausland vorgesehene Vervollständigung der Entscheidung und die Bezifferung eines dynamisierten Unterhaltstitels;
9. die Zustellung oder Empfangnahme von Entscheidungen oder Rechtsmittelschriften und ihre Mitteilung an den Auftraggeber, die Einwilligung zur Einlegung der Sprungrevision oder Sprungrechtsbeschwerde, der Antrag auf Entscheidung über die Verpflichtung, die Kosten zu tragen, die nachträgliche Vollstreckbarerklärung eines Urteils auf besonderen Antrag, die Erteilung des Notfrist- und des Rechtskraftzeugnisses;
9a. die Ausstellung von Bescheinigungen, Bestätigungen oder Formblättern einschließlich deren Berichtigung, Aufhebung oder Widerruf nach
   a) § 1079 oder § 1110 der Zivilprozessordnung,
   b) § 39 Absatz 1 und § 48 des Internationalen Familienrechtsverfahrensgesetzes[6],

---

[1] Nr. **100**.
[2] Nr. **112**.
[3] **Habersack, Deutsche Gesetze ErgBd. Nr. 103e.**
[4] **Habersack, Deutsche Gesetze ErgBd. Nr. 103g.**
[5] **Habersack, Deutsche Gesetze ErgBd. Nr. 21d.**
[6] **Habersack, Deutsche Gesetze ErgBd. Nr. 103n.**

c) § 57 oder § 58 des Anerkennungs- und Vollstreckungsausführungsgesetzes[1)],
d) § 14 des EU-Gewaltschutzverfahrensgesetzes,
e) § 71 Absatz 1 des Auslandsunterhaltsgesetzes[2)],
f) § 27 des Internationalen Erbrechtsverfahrensgesetzes[3)] und
g) § 27 des Internationalen Güterrechtsverfahrensgesetzes[4)];

10. die Einlegung von Rechtsmitteln bei dem Gericht desselben Rechtszugs in Verfahren, in denen sich die Gebühren nach Teil 4, 5 oder 6 des Vergütungsverzeichnisses richten; die Einlegung des Rechtsmittels durch einen neuen Verteidiger gehört zum Rechtszug des Rechtsmittels;

10a. Beschwerdeverfahren, wenn sich die Gebühren nach Teil 4, 5 oder 6 des Vergütungsverzeichnisses richten und dort nichts anderes bestimmt ist oder keine besonderen Gebührentatbestande vorgesehen sind;

11. die vorläufige Einstellung, Beschränkung oder Aufhebung der Zwangsvollstreckung, wenn nicht eine abgesonderte mündliche Verhandlung hierüber stattfindet;

12. die einstweilige Einstellung oder Beschränkung der Vollstreckung und die Anordnung, dass Vollstreckungsmaßnahmen aufzuheben sind (§ 93 Absatz 1 des Gesetzes über das Verfahren in Familiensachen und in den Angelegenheiten der freiwilligen Gerichtsbarkeit), wenn nicht ein besonderer gerichtlicher Termin hierüber stattfindet;

13. die erstmalige Erteilung der Vollstreckungsklausel, wenn deswegen keine Klage erhoben wird;

14. die Kostenfestsetzung und die Einforderung der Vergütung;

15. (weggefallen)

16. die Zustellung eines Vollstreckungstitels, der Vollstreckungsklausel und der sonstigen in § 750 der Zivilprozessordnung genannten Urkunden und

17. die Herausgabe der Handakten oder ihre Übersendung an einen anderen Rechtsanwalt.

(2) Zu den in § 18 Absatz 1 Nummer 1 und 2 genannten Verfahren gehören ferner insbesondere

1. gerichtliche Anordnungen nach § 758a der Zivilprozessordnung sowie Beschlüsse nach §§ 90 und 91 Absatz 1 des Gesetzes über das Verfahren in Familiensachen und in den Angelegenheiten der freiwilligen Gerichtsbarkeit,
2. die Erinnerung nach § 766 der Zivilprozessordnung,
3. die Bestimmung eines Gerichtsvollziehers (§ 827 Absatz 1 und § 854 Absatz 1 der Zivilprozessordnung) oder eines Sequesters (§§ 848 und 855 der Zivilprozessordnung),
4. die Anzeige der Absicht, die Zwangsvollstreckung gegen eine juristische Person des öffentlichen Rechts zu betreiben,
5. die einer Verurteilung vorausgehende Androhung von Ordnungsgeld und
6. die Aufhebung einer Vollstreckungsmaßnahme.

---

**1) Habersack, Deutsche Gesetze ErgBd. Nr. 103a.**
**2) Habersack, Deutsche Gesetze ErgBd. Nr. 103o.**
**3) Habersack, Deutsche Gesetze ErgBd. Nr. 103p.**
**4) Habersack, Deutsche Gesetze ErgBd. Nr. 103q.**

**§ 20 Verweisung, Abgabe.** [1]Soweit eine Sache an ein anderes Gericht verwiesen oder abgegeben wird, sind die Verfahren vor dem verweisenden oder abgebenden und vor dem übernehmenden Gericht ein Rechtszug. [2]Wird eine Sache an ein Gericht eines niedrigeren Rechtszugs verwiesen oder abgegeben, ist das weitere Verfahren vor diesem Gericht ein neuer Rechtszug.

**§ 21 Zurückverweisung, Fortführung einer Folgesache als selbständige Familiensache.** (1) Soweit eine Sache an ein untergeordnetes Gericht zurückverwiesen wird, ist das weitere Verfahren vor diesem Gericht ein neuer Rechtszug.

(2) In den Fällen des § 146 des Gesetzes über das Verfahren in Familiensachen und in den Angelegenheiten der freiwilligen Gerichtsbarkeit[1)], auch in Verbindung mit § 270 des Gesetzes über das Verfahren in Familiensachen und in den Angelegenheiten der freiwilligen Gerichtsbarkeit, bildet das weitere Verfahren vor dem Familiengericht mit dem früheren einen Rechtszug.

(3) Wird eine Folgesache als selbständige Familiensache fortgeführt, sind das fortgeführte Verfahren und das frühere Verfahren dieselbe Angelegenheit.

## Abschnitt 4. Gegenstandswert

**§ 22 Grundsatz.** (1) In derselben Angelegenheit werden die Werte mehrerer Gegenstände zusammengerechnet.

(2) [1]Der Wert beträgt in derselben Angelegenheit höchstens 30 Millionen Euro, soweit durch Gesetz kein niedrigerer Höchstwert bestimmt ist. [2]Sind in derselben Angelegenheit mehrere Personen wegen verschiedener Gegenstände Auftraggeber, beträgt der Wert für jede Person höchstens 30 Millionen Euro, insgesamt jedoch nicht mehr als 100 Millionen Euro.

**§ 23 Allgemeine Wertvorschrift.** (1) [1]Soweit sich die Gerichtsgebühren nach dem Wert richten, bestimmt sich der Gegenstandswert im gerichtlichen Verfahren nach den für die Gerichtsgebühren geltenden Wertvorschriften. [2]In Verfahren, in denen Kosten nach dem Gerichtskostengesetz[2)] oder dem Gesetz über Gerichtskosten in Familiensachen[3)] erhoben werden, sind die Wertvorschriften des jeweiligen Kostengesetzes entsprechend anzuwenden, wenn für das Verfahren keine Gerichtsgebühr oder eine Festgebühr bestimmt ist. [3]Diese Wertvorschriften gelten auch entsprechend für die Tätigkeit außerhalb eines gerichtlichen Verfahrens, wenn der Gegenstand der Tätigkeit auch Gegenstand eines gerichtlichen Verfahrens sein könnte. [4]§ 22 Absatz 2 Satz 2 bleibt unberührt.

(2) [1]In Beschwerdeverfahren, in denen Gerichtsgebühren unabhängig vom Ausgang des Verfahrens nicht erhoben werden oder sich nicht nach dem Wert richten, ist der Wert unter Berücksichtigung des Interesses des Beschwerdeführers nach Absatz 3 Satz 2 zu bestimmen, soweit sich aus diesem Gesetz nichts anderes ergibt. [2]Der Gegenstandswert ist durch den Wert des zugrunde liegenden Verfahrens begrenzt. [3]In Verfahren über eine Erinnerung oder eine Rüge wegen Verletzung des rechtlichen Gehörs richtet sich der Wert nach den für Beschwerdeverfahren geltenden Vorschriften.

(3) [1]Soweit sich aus diesem Gesetz nichts anderes ergibt, gelten in anderen Angelegenheiten für den Gegenstandswert die Bewertungsvorschriften des Ge-

---

1) Nr. **112**.
2) Nr. **115**.
3) Nr. **118**.

richts- und Notarkostengesetzes[1)] und die §§ 37, 38, 42 bis 45 sowie 99 bis 102 des Gerichts- und Notarkostengesetzes entsprechend. [2]Soweit sich der Gegenstandswert aus diesen Vorschriften nicht ergibt und auch sonst nicht feststeht, ist er nach billigem Ermessen zu bestimmen; in Ermangelung genügender tatsächlicher Anhaltspunkte für eine Schätzung und bei nichtvermögensrechtlichen Gegenständen ist der Gegenstandswert mit 5000 Euro, nach Lage des Falles niedriger oder höher, jedoch nicht über 500 000 Euro anzunehmen.

**§ 23a Gegenstandswert im Verfahren über die Prozesskostenhilfe.**

(1) Im Verfahren über die Bewilligung der Prozesskostenhilfe oder die Aufhebung der Bewilligung nach § 124 Absatz 1 Nummer 1 der Zivilprozessordnung[2)] bestimmt sich der Gegenstandswert nach dem für die Hauptsache maßgebenden Wert; im Übrigen ist er nach dem Kosteninteresse nach billigem Ermessen zu bestimmen.

(2) Der Wert nach Absatz 1 und der Wert für das Verfahren, für das die Prozesskostenhilfe beantragt worden ist, werden nicht zusammengerechnet.

**§ 23b Gegenstandswert im Musterverfahren nach dem Kapitalanleger-Musterverfahrensgesetz.** Im Musterverfahren nach dem Kapitalanleger-Musterverfahrensgesetz[3)] bestimmt sich der Gegenstandswert nach der Höhe des von dem Auftraggeber oder gegen diesen im Ausgangsverfahren geltend gemachten Anspruchs, soweit dieser Gegenstand des Musterverfahrens ist.

**§ 24 Gegenstandswert im Sanierungs- und Reorganisationsverfahren nach dem Kreditinstitute-Reorganisationsgesetz.** Ist der Auftrag im Sanierungs- und Reorganisationsverfahren von einem Gläubiger erteilt, bestimmt sich der Wert nach dem Nennwert der Forderung.

**§ 25 Gegenstandswert in der Vollstreckung und bei der Vollziehung.**

(1) In der Zwangsvollstreckung, in der Vollstreckung, in Verfahren des Verwaltungszwangs und bei der Vollziehung eines Arrests oder einer einstweiligen Verfügung bestimmt sich der Gegenstandswert

1. nach dem Betrag der zu vollstreckenden Geldforderung einschließlich der Nebenforderungen; soll ein bestimmter Gegenstand gepfändet werden und hat dieser einen geringeren Wert, ist der geringere Wert maßgebend; wird künftig fällig werdendes Arbeitseinkommen nach § 850d Absatz 3 der Zivilprozessordnung[2)] gepfändet, sind die noch nicht fälligen Ansprüche nach § 51 Absatz 1 Satz 1 des Gesetzes über Gerichtskosten in Familiensachen[4)] und § 9 der Zivilprozessordnung zu bewerten; im Verteilungsverfahren (§ 858 Absatz 5, §§ 872 bis 877 und 882 der Zivilprozessordnung) ist höchstens der zu verteilende Geldbetrag maßgebend;
2. nach dem Wert der herauszugebenden oder zu leistenden Sachen; der Gegenstandswert darf jedoch den Wert nicht übersteigen, mit dem der Herausgabe- oder Räumungsanspruch nach den für die Berechnung von Gerichtskosten maßgeblichen Vorschriften zu bewerten ist;
3. nach dem Wert, den die zu erwirkende Handlung, Duldung oder Unterlassung für den Gläubiger hat, und

[1)] Nr. **119**.
[2)] Nr. **100**.
[3)] **Habersack, Deutsche Gesetze ErgBd. Nr. 105d.**
[4)] Nr. **118**.

4. in Verfahren über die Erteilung der Vermögensauskunft (§ 802c der Zivilprozessordnung) sowie in Verfahren über die Einholung von Auskünften Dritter über das Vermögen des Schuldners (§ 802l der Zivilprozessordnung) nach dem Betrag, der einschließlich der Nebenforderungen aus dem Vollstreckungstitel noch geschuldet wird; der Wert beträgt jedoch höchstens 2000 Euro.

(2) In Verfahren über Anträge des Schuldners ist der Wert nach dem Interesse des Antragstellers nach billigem Ermessen zu bestimmen.

**§ 26 Gegenstandswert in der Zwangsversteigerung.** In der Zwangsversteigerung bestimmt sich der Gegenstandswert

1. bei der Vertretung des Gläubigers oder eines anderen nach § 9 Nummer 1 und 2 des Gesetzes über die Zwangsversteigerung und die Zwangsverwaltung[1)] Beteiligten nach dem Wert des dem Gläubiger oder dem Beteiligten zustehenden Rechts; wird das Verfahren wegen einer Teilforderung betrieben, ist der Teilbetrag nur maßgebend, wenn es sich um einen nach § 10 Absatz 1 Nummer 5 des Gesetzes über die Zwangsversteigerung und die Zwangsverwaltung zu befriedigenden Anspruch handelt; Nebenforderungen sind mitzurechnen; der Wert des Gegenstands der Zwangsversteigerung (§ 66 Absatz 1, § 74a Absatz 5 des Gesetzes über die Zwangsversteigerung und die Zwangsverwaltung), im Verteilungsverfahren der zur Verteilung kommende Erlös, sind maßgebend, wenn sie geringer sind;
2. bei der Vertretung eines anderen Beteiligten, insbesondere des Schuldners, nach dem Wert des Gegenstands der Zwangsversteigerung, im Verteilungsverfahren nach dem zur Verteilung kommenden Erlös; bei Miteigentümern oder sonstigen Mitberechtigten ist der Anteil maßgebend;
3. bei der Vertretung eines Bieters, der nicht Beteiligter ist, nach dem Betrag des höchsten für den Auftraggeber abgegebenen Gebots, wenn ein solches Gebot nicht abgegeben ist, nach dem Wert des Gegenstands der Zwangsversteigerung.

**§ 27 Gegenstandswert in der Zwangsverwaltung.** [1]In der Zwangsverwaltung bestimmt sich der Gegenstandswert bei der Vertretung des Antragstellers nach dem Anspruch, wegen dessen das Verfahren beantragt ist; Nebenforderungen sind mitzurechnen; bei Ansprüchen auf wiederkehrende Leistungen ist der Wert der Leistungen eines Jahres maßgebend. [2]Bei der Vertretung des Schuldners bestimmt sich der Gegenstandswert nach dem zusammengerechneten Wert aller Ansprüche, wegen derer das Verfahren beantragt ist, bei der Vertretung eines sonstigen Beteiligten nach § 23 Absatz 3 Satz 2.

**§ 28 Gegenstandswert im Insolvenzverfahren.** (1) [1]Die Gebühren der Nummern 3313, 3317 sowie im Fall der Beschwerde gegen den Beschluss über die Eröffnung des Insolvenzverfahrens der Nummern 3500 und 3513 des Vergütungsverzeichnisses werden, wenn der Auftrag vom Schuldner erteilt ist, nach dem Wert der Insolvenzmasse (§ 58 des Gerichtskostengesetzes[2)]) berechnet. [2]Im Fall der Nummer 3313 des Vergütungsverzeichnisses beträgt der Gegenstandswert jedoch mindestens 4000 Euro.

(2) [1]Ist der Auftrag von einem Insolvenzgläubiger erteilt, werden die in Absatz 1 genannten Gebühren und die Gebühr nach Nummer 3314 nach dem Nennwert der Forderung berechnet. [2]Nebenforderungen sind mitzurechnen.

---

[1)] Nr. **108**.
[2)] Nr. **115**.

(3) Im Übrigen ist der Gegenstandswert im Insolvenzverfahren unter Berücksichtigung des wirtschaftlichen Interesses, das der Auftraggeber im Verfahren verfolgt, nach § 23 Absatz 3 Satz 2 zu bestimmen.

**§ 29 Gegenstandswert im Verteilungsverfahren nach der Schifffahrtsrechtlichen Verteilungsordnung.** Im Verfahren nach der Schifffahrtsrechtlichen Verteilungsordnung gilt § 28 entsprechend mit der Maßgabe, dass an die Stelle des Werts der Insolvenzmasse die festgesetzte Haftungssumme tritt.

**§ 29a Gegenstandswert in Verfahren nach dem Unternehmensstabilisierungs- und -restrukturierungsgesetz.** Der Gegenstandswert in Verfahren nach dem Unternehmensstabilisierungs- und -restrukturierungsgesetz[1] ist unter Berücksichtigung des wirtschaftlichen Interesses, das der Auftraggeber im Verfahren verfolgt, nach § 23 Absatz 3 Satz 2 zu bestimmen.

**§ 30[2] Gegenstandswert in gerichtlichen Verfahren nach dem Asylgesetz.**

(1) [1] In Klageverfahren nach dem Asylgesetz[3] beträgt der Gegenstandswert 5000 Euro, in den Fällen des § 77 Absatz 4 Satz 1 des Asylgesetzes 10 000 Euro, in Verfahren des vorläufigen Rechtsschutzes 2500 Euro. [2] Sind mehrere natürliche Personen an demselben Verfahren beteiligt, erhöht sich der Wert für jede weitere Person in Klageverfahren um 1000 Euro und in Verfahren des vorläufigen Rechtsschutzes um 500 Euro.

(2) Ist der nach Absatz 1 bestimmte Wert nach den besonderen Umständen des Einzelfalls unbillig, kann das Gericht einen höheren oder einen niedrigeren Wert festsetzen.

**§ 31 Gegenstandswert in gerichtlichen Verfahren nach dem Spruchverfahrensgesetz.** (1) [1] Vertritt der Rechtsanwalt im Verfahren nach dem Spruchverfahrensgesetz[4] einen von mehreren Antragstellern, bestimmt sich der Gegenstandswert nach dem Bruchteil des für die Gerichtsgebühren geltenden Geschäftswerts, der sich aus dem Verhältnis der Anzahl der Anteile des Auftraggebers zu der Gesamtzahl der Anteile aller Antragsteller ergibt. [2] Maßgeblicher Zeitpunkt für die Bestimmung der auf die einzelnen Antragsteller entfallenden Anzahl der Anteile ist der jeweilige Zeitpunkt der Antragstellung. [3] Ist die Anzahl der auf einen Antragsteller entfallenden Anteile nicht gerichtsbekannt, wird vermutet, dass er lediglich einen Anteil hält. [4] Der Wert beträgt mindestens 5000 Euro.

(2) Wird der Rechtsanwalt von mehreren Antragstellern beauftragt, sind die auf die einzelnen Antragsteller entfallenden Werte zusammenzurechnen; Nummer 1008 des Vergütungsverzeichnisses ist insoweit nicht anzuwenden.

**§ 31a Ausschlussverfahren nach dem Wertpapiererwerbs- und Übernahmegesetz.** [1] Vertritt der Rechtsanwalt im Ausschlussverfahren nach § 39b des Wertpapiererwerbs- und Übernahmegesetzes[5] einen Antragsgegner, bestimmt sich der Gegenstandswert nach dem Wert der Aktien, die dem Auftraggeber im Zeitpunkt der Antragstellung gehören. [2] § 31 Absatz 1 Satz 2 bis 4 und Absatz 2 gilt entsprechend.

---

[1] **Habersack, Deutsche Gesetze ErgBd. Nr. 110e.**
[2] § 30 Abs. 1 Satz 1 geänd. mWv 1.1.2023 durch G v. 21.12.2022 (BGBl. I S. 2817).
[3] **Sartorius Nr. 567.**
[4] **Habersack, Deutsche Gesetze ErgBd. Nr. 51b.**
[5] **Habersack, Deutsche Gesetze ErgBd. Nr. 58a.**

**§ 31b Gegenstandswert bei Zahlungsvereinbarungen.** Ist Gegenstand der Einigung eine Zahlungsvereinbarung (Gebühr 1000 Nummer 2 des Vergütungsverzeichnisses), beträgt der Gegenstandswert 50 Prozent des Anspruchs.

**§ 32 Wertfestsetzung für die Gerichtsgebühren.** (1) Wird der für die Gerichtsgebühren maßgebende Wert gerichtlich festgesetzt, ist die Festsetzung auch für die Gebühren des Rechtsanwalts maßgebend.

(2) [1] Der Rechtsanwalt kann aus eigenem Recht die Festsetzung des Werts beantragen und Rechtsmittel gegen die Festsetzung einlegen. [2] Rechtsbehelfe, die gegeben sind, wenn die Wertfestsetzung unterblieben ist, kann er aus eigenem Recht einlegen.

**§ 33 Wertfestsetzung für die Rechtsanwaltsgebühren.** (1) Berechnen sich die Gebühren in einem gerichtlichen Verfahren nicht nach dem für die Gerichtsgebühren maßgebenden Wert oder fehlt es an einem solchen Wert, setzt das Gericht des Rechtszugs den Wert des Gegenstands der anwaltlichen Tätigkeit auf Antrag durch Beschluss selbstständig fest.

(2) [1] Der Antrag ist erst zulässig, wenn die Vergütung fällig ist. [2] Antragsberechtigt sind der Rechtsanwalt, der Auftraggeber, ein erstattungspflichtiger Gegner und in den Fällen des § 45 die Staatskasse.

(3) [1] Gegen den Beschluss nach Absatz 1 können die Antragsberechtigten Beschwerde einlegen, wenn der Wert des Beschwerdegegenstands 200 Euro übersteigt. [2] Die Beschwerde ist auch zulässig, wenn sie das Gericht, das die angefochtene Entscheidung erlassen hat, wegen der grundsätzlichen Bedeutung der zur Entscheidung stehenden Frage in dem Beschluss zulässt. [3] Die Beschwerde ist nur zulässig, wenn sie innerhalb von zwei Wochen nach Zustellung der Entscheidung eingelegt wird.

(4) [1] Soweit das Gericht die Beschwerde für zulässig und begründet hält, hat es ihr abzuhelfen; im Übrigen ist die Beschwerde unverzüglich dem Beschwerdegericht vorzulegen. [2] Beschwerdegericht ist das nächsthöhere Gericht, in Zivilsachen der in § 119 Absatz 1 Nummer 1 des Gerichtsverfassungsgesetzes[1)] bezeichneten Art jedoch das Oberlandesgericht. [3] Eine Beschwerde an einen obersten Gerichtshof des Bundes findet nicht statt. [4] Das Beschwerdegericht ist an die Zulassung der Beschwerde gebunden; die Nichtzulassung ist unanfechtbar.

(5) [1] War der Beschwerdeführer ohne sein Verschulden verhindert, die Frist einzuhalten, ist ihm auf Antrag von dem Gericht, das über die Beschwerde zu entscheiden hat, Wiedereinsetzung in den vorigen Stand zu gewähren, wenn er die Beschwerde binnen zwei Wochen nach der Beseitigung des Hindernisses einlegt und die Tatsachen, welche die Wiedereinsetzung begründen, glaubhaft macht. [2] Ein Fehlen des Verschuldens wird vermutet, wenn eine Rechtsbehelfsbelehrung unterblieben oder fehlerhaft ist. [3] Nach Ablauf eines Jahres, von dem Ende der versäumten Frist an gerechnet, kann die Wiedereinsetzung nicht mehr beantragt werden. [4] Gegen die Ablehnung der Wiedereinsetzung findet die Beschwerde statt. [5] Sie ist nur zulässig, wenn sie innerhalb von zwei Wochen eingelegt wird. [6] Die Frist beginnt mit der Zustellung der Entscheidung. [7] Absatz 4 Satz 1 bis 3 gilt entsprechend.

(6) [1] Die weitere Beschwerde ist nur zulässig, wenn das Landgericht als Beschwerdegericht entschieden und sie wegen der grundsätzlichen Bedeutung der zur Entscheidung stehenden Frage in dem Beschluss zugelassen hat. [2] Sie kann nur

---

[1)] Nr. **95**.

darauf gestützt werden, dass die Entscheidung auf einer Verletzung des Rechts beruht; die §§ 546 und 547 der Zivilprozessordnung[1)] gelten entsprechend. [3] Über die weitere Beschwerde entscheidet das Oberlandesgericht. [4] Absatz 3 Satz 3, Absatz 4 Satz 1 und 4 und Absatz 5 gelten entsprechend.

(7) [1] Anträge und Erklärungen können ohne Mitwirkung eines Bevollmächtigten schriftlich eingereicht oder zu Protokoll der Geschäftsstelle abgegeben werden; § 129a der Zivilprozessordnung gilt entsprechend. [2] Für die Bevollmächtigung gelten die Regelungen der für das zugrunde liegende Verfahren geltenden Verfahrensordnung entsprechend. [3] Die Beschwerde ist bei dem Gericht einzulegen, dessen Entscheidung angefochten wird.

(8) [1] Das Gericht entscheidet über den Antrag durch eines seiner Mitglieder als Einzelrichter; dies gilt auch für die Beschwerde, wenn die angefochtene Entscheidung von einem Einzelrichter oder einem Rechtspfleger erlassen wurde. [2] Der Einzelrichter überträgt das Verfahren der Kammer oder dem Senat, wenn die Sache besondere Schwierigkeiten tatsächlicher oder rechtlicher Art aufweist oder die Rechtssache grundsätzliche Bedeutung hat. [3] Das Gericht entscheidet jedoch immer ohne Mitwirkung ehrenamtlicher Richter. [4] Auf eine erfolgte oder unterlassene Übertragung kann ein Rechtsmittel nicht gestützt werden.

(9) [1] Das Verfahren über den Antrag ist gebührenfrei. [2] Kosten werden nicht erstattet; dies gilt auch im Verfahren über die Beschwerde.

## Abschnitt 5. Außergerichtliche Beratung und Vertretung

**§ 34 Beratung, Gutachten und Mediation.** (1) [1] Für einen mündlichen oder schriftlichen Rat oder eine Auskunft (Beratung), die nicht mit einer anderen gebührenpflichtigen Tätigkeit zusammenhängen, für die Ausarbeitung eines schriftlichen Gutachtens und für die Tätigkeit als Mediator soll der Rechtsanwalt auf eine Gebührenvereinbarung hinwirken, soweit in Teil 2 Abschnitt 1 des Vergütungsverzeichnisses keine Gebühren bestimmt sind. [2] Wenn keine Vereinbarung getroffen worden ist, erhält der Rechtsanwalt Gebühren nach den Vorschriften des bürgerlichen Rechts. [3] Ist im Fall des Satzes 2 der Auftraggeber Verbraucher, beträgt die Gebühr für die Beratung oder für die Ausarbeitung eines schriftlichen Gutachtens jeweils höchstens 250 Euro; § 14 Absatz 1 gilt entsprechend; für ein erstes Beratungsgespräch beträgt die Gebühr jedoch höchstens 190 Euro.

(2) Wenn nichts anderes vereinbart ist, ist die Gebühr für die Beratung auf eine Gebühr für eine sonstige Tätigkeit, die mit der Beratung zusammenhängt, anzurechnen.

**§ 35 Hilfeleistung in Steuersachen.** (1) Für die Hilfeleistung bei der Erfüllung allgemeiner Steuerpflichten und bei der Erfüllung steuerlicher Buchführungs- und Aufzeichnungspflichten gelten die §§ 23 bis 39 der Steuerberatervergütungsverordnung in Verbindung mit den §§ 10 und 13 der Steuerberatervergütungsverordnung entsprechend.

(2) [1] Sieht dieses Gesetz die Anrechnung einer Geschäftsgebühr auf eine andere Gebühr vor, stehen die Gebühren nach den §§ 23, 24 und 31 der Steuerberatervergütungsverordnung, bei mehreren Gebühren deren Summe, einer Geschäftsgebühr nach Teil 2 des Vergütungsverzeichnisses gleich. [2] Bei der Ermittlung des Höchstbetrags des anzurechnenden Teils der Geschäftsgebühr ist der Gegenstandswert derjenigen Gebühr zugrunde zu legen, auf die angerechnet wird.

---

[1)] Nr. **100**.

**§ 36 Schiedsrichterliche Verfahren und Verfahren vor dem Schiedsgericht.** (1) Teil 3 Abschnitt 1, 2 und 4 des Vergütungsverzeichnisses ist auf die folgenden außergerichtlichen Verfahren entsprechend anzuwenden:

1. schiedsrichterliche Verfahren nach Buch 10 der Zivilprozessordnung[1)] und
2. Verfahren vor dem Schiedsgericht (§ 104 des Arbeitsgerichtsgesetzes[2)]).

(2) Im Verfahren nach Absatz 1 Nummer 1 erhält der Rechtsanwalt die Terminsgebühr auch, wenn der Schiedsspruch ohne mündliche Verhandlung erlassen wird.

## Abschnitt 6. Gerichtliche Verfahren

**§ 37 Verfahren vor den Verfassungsgerichten.** (1) Die Vorschriften für die Revision in Teil 4 Abschnitt 1 Unterabschnitt 3 des Vergütungsverzeichnisses gelten entsprechend in folgenden Verfahren vor dem Bundesverfassungsgericht oder dem Verfassungsgericht (Verfassungsgerichtshof, Staatsgerichtshof) eines Landes:

1. Verfahren über die Verwirkung von Grundrechten, den Verlust des Stimmrechts, den Ausschluss von Wahlen und Abstimmungen,
2. Verfahren über die Verfassungswidrigkeit von Parteien,
3. Verfahren über Anklagen gegen den Bundespräsidenten, gegen ein Regierungsmitglied eines Landes oder gegen einen Abgeordneten oder Richter und
4. Verfahren über sonstige Gegenstände, die in einem dem Strafprozess ähnlichen Verfahren behandelt werden.

(2) [1] In sonstigen Verfahren vor dem Bundesverfassungsgericht oder dem Verfassungsgericht eines Landes gelten die Vorschriften in Teil 3 Abschnitt 2 Unterabschnitt 2 des Vergütungsverzeichnisses entsprechend. [2] Der Gegenstandswert ist unter Berücksichtigung der in § 14 Absatz 1 genannten Umstände nach billigem Ermessen zu bestimmen; er beträgt mindestens 5000 Euro.

**§ 38 Verfahren vor dem Gerichtshof der Europäischen Gemeinschaften.**

(1) [1] In Vorabentscheidungsverfahren vor dem Gerichtshof der Europäischen Gemeinschaften gelten die Vorschriften in Teil 3 Abschnitt 2 Unterabschnitt 2 des Vergütungsverzeichnisses entsprechend. [2] Der Gegenstandswert bestimmt sich nach den Wertvorschriften, die für die Gerichtsgebühren des Verfahrens gelten, in dem vorgelegt wird. [3] Das vorlegende Gericht setzt den Gegenstandswert auf Antrag durch Beschluss fest. [4] § 33 Absatz 2 bis 9 gilt entsprechend.

(2) Ist in einem Verfahren, in dem sich die Gebühren nach Teil 4, 5 oder 6 des Vergütungsverzeichnisses richten, vorgelegt worden, sind in dem Vorabentscheidungsverfahren die Nummern 4130 und 4132 des Vergütungsverzeichnisses entsprechend anzuwenden.

(3) Die Verfahrensgebühr des Verfahrens, in dem vorgelegt worden ist, wird auf die Verfahrensgebühr des Verfahrens vor dem Gerichtshof der Europäischen Gemeinschaften angerechnet, wenn nicht eine im Verfahrensrecht vorgesehene schriftliche Stellungnahme gegenüber dem Gerichtshof der Europäischen Gemeinschaften abgegeben wird.

---

1) Nr. **100**.
2) Nr. **83**.

**§ 38a Verfahren vor dem Europäischen Gerichtshof für Menschenrechte.**

[1] In Verfahren vor dem Europäischen Gerichtshof für Menschenrechte gelten die Vorschriften in Teil 3 Abschnitt 2 Unterabschnitt 2 des Vergütungsverzeichnisses entsprechend. [2] Der Gegenstandswert ist unter Berücksichtigung der in § 14 Absatz 1 genannten Umstände nach billigem Ermessen zu bestimmen; er beträgt mindestens 5000 Euro.

**§ 39 Von Amts wegen beigeordneter Rechtsanwalt.** (1) Der Rechtsanwalt, der nach § 138 des Gesetzes über das Verfahren in Familiensachen und in den Angelegenheiten der freiwilligen Gerichtsbarkeit[1)], auch in Verbindung mit § 270 des Gesetzes über das Verfahren in Familiensachen und in den Angelegenheiten der freiwilligen Gerichtsbarkeit, dem Antragsgegner beigeordnet ist, kann von diesem die Vergütung eines zum Prozessbevollmächtigten bestellten Rechtsanwalts und einen Vorschuss verlangen.

(2) Der Rechtsanwalt, der nach § 109 Absatz 3 oder § 119a Absatz 6 des Strafvollzugsgesetzes[2)] einer Person beigeordnet ist, kann von dieser die Vergütung eines zum Verfahrensbevollmächtigten bestellten Rechtsanwalts und einen Vorschuss verlangen.

**§ 40 Als gemeinsamer Vertreter bestellter Rechtsanwalt.** Der Rechtsanwalt kann von den Personen, für die er nach § 67a Absatz 1 Satz 2 der Verwaltungsgerichtsordnung[3)] bestellt ist, die Vergütung eines von mehreren Auftraggebern zum Prozessbevollmächtigten bestellten Rechtsanwalts und einen Vorschuss verlangen.

**§ 41[4)] Besonderer Vertreter.** [1] Der Rechtsanwalt, der nach § 57 oder § 58 der Zivilprozessordnung[5)], § 118e der Bundesrechtsanwaltsordnung[6)], § 103b der Patentanwaltsordnung oder § 111c des Steuerberatungsgesetzes als besonderer Vertreter bestellt ist, kann von dem Vertretenen die Vergütung eines zum Prozessbevollmächtigten oder zum Verteidiger gewählten Rechtsanwalts verlangen. [2] Er kann von diesem keinen Vorschuss fordern. [3] § 126 der Zivilprozessordnung ist entsprechend anzuwenden.

**§ 41a Vertreter des Musterklägers.** (1) [1] Für das erstinstanzliche Musterverfahren nach dem Kapitalanleger-Musterverfahrensgesetz[7)] kann das Oberlandesgericht dem Rechtsanwalt, der den Musterkläger vertritt, auf Antrag eine besondere Gebühr bewilligen, wenn sein Aufwand im Vergleich zu dem Aufwand der Vertreter der beigeladenen Kläger höher ist. [2] Bei der Bemessung der Gebühr sind der Mehraufwand sowie der Vorteil und die Bedeutung für die beigeladenen Kläger zu berücksichtigen. [3] Die Gebühr darf eine Gebühr mit einem Gebührensatz von 0,3 nach § 13 Absatz 1 nicht überschreiten. [4] Hierbei ist als Wert die Summe der in sämtlichen nach § 8 des Kapitalanleger-Musterverfahrensgesetzes ausgesetzten Verfahren geltend gemachten Ansprüche zugrunde zu legen, soweit diese Ansprüche von den Feststellungszielen des Musterverfahrens betroffen sind,

---

1) Nr. **112**.
2) **Habersack, Deutsche Gesetze ErgBd. Nr. 91.**
3) **Sartorius Nr. 600.**
4) § 41 Überschrift und Satz 1 neu gef. mWv 1.8.2022 durch G v. 7.7.2021 (BGBl. I S. 2363).
5) Nr. **100**.
6) **Habersack, Deutsche Gesetze ErgBd. Nr. 98.**
7) **Habersack, Deutsche Gesetze ErgBd. Nr. 105d.**

höchstens jedoch 30 Millionen Euro. [5]Der Vergütungsanspruch gegen den Auftraggeber bleibt unberührt.

(2) [1]Der Antrag ist spätestens vor dem Schluss der mündlichen Verhandlung zu stellen. [2]Der Antrag und ergänzende Schriftsätze werden entsprechend § 12 Absatz 2 des Kapitalanleger-Musterverfahrensgesetzes bekannt gegeben. [3]Mit der Bekanntmachung ist eine Frist zur Erklärung zu setzen. [4]Die Landeskasse ist nicht zu hören.

(3) [1]Die Entscheidung kann mit dem Musterentscheid getroffen werden. [2]Die Entscheidung ist dem Musterkläger, den Musterbeklagten, den Beigeladenen sowie dem Rechtsanwalt mitzuteilen. [3]§ 16 Absatz 1 Satz 2 des Kapitalanleger-Musterverfahrensgesetzes ist entsprechend anzuwenden. [4]Die Mitteilung kann durch öffentliche Bekanntmachung ersetzt werden, § 11 Absatz 2 Satz 2 des Kapitalanleger-Musterverfahrensgesetzes ist entsprechend anzuwenden. [5]Die Entscheidung ist unanfechtbar.

(4) [1]Die Gebühr ist einschließlich der anfallenden Umsatzsteuer aus der Landeskasse zu zahlen. [2]Ein Vorschuss kann nicht gefordert werden.

## Abschnitt 7. Straf- und Bußgeldsachen sowie bestimmte sonstige Verfahren

**§ 42 Feststellung einer Pauschgebühr.** (1) [1]In Strafsachen, gerichtlichen Bußgeldsachen, Verfahren nach dem Gesetz über die internationale Rechtshilfe in Strafsachen[1)], in Verfahren nach dem IStGH-Gesetz, in Freiheitsentziehungs- und Unterbringungssachen sowie in Verfahren nach § 151 Nummer 6 und 7 des Gesetzes über das Verfahren in Familiensachen und in den Angelegenheiten der freiwilligen Gerichtsbarkeit[2)] stellt das Oberlandesgericht, zu dessen Bezirk das Gericht des ersten Rechtszugs gehört, auf Antrag des Rechtsanwalts eine Pauschgebühr für das ganze Verfahren oder für einzelne Verfahrensabschnitte durch unanfechtbaren Beschluss fest, wenn die in den Teilen 4 bis 6 des Vergütungsverzeichnisses bestimmten Gebühren eines Wahlanwalts wegen des besonderen Umfangs oder der besonderen Schwierigkeit nicht zumutbar sind. [2]Dies gilt nicht, soweit Wertgebühren entstehen. [3]Beschränkt sich die Feststellung auf einzelne Verfahrensabschnitte, sind die Gebühren nach dem Vergütungsverzeichnis, an deren Stelle die Pauschgebühr treten soll, zu bezeichnen. [4]Die Pauschgebühr darf das Doppelte der für die Gebühren eines Wahlanwalts geltenden Höchstbeträge nach den Teilen 4 bis 6 des Vergütungsverzeichnisses nicht übersteigen. [5]Für den Rechtszug, in dem der Bundesgerichtshof für das Verfahren zuständig ist, ist er auch für die Entscheidung über den Antrag zuständig.

(2) [1]Der Antrag ist zulässig, wenn die Entscheidung über die Kosten des Verfahrens rechtskräftig ist. [2]Der gerichtlich bestellte oder beigeordnete Rechtsanwalt kann den Antrag nur unter den Voraussetzungen des § 52 Absatz 1 Satz 1, Absatz 2, auch in Verbindung mit § 53 Absatz 1, stellen. [3]Der Auftraggeber, in den Fällen des § 52 Absatz 1 Satz 1 der Beschuldigte, ferner die Staatskasse und andere Beteiligte, wenn ihnen die Kosten des Verfahrens ganz oder zum Teil auferlegt worden sind, sind zu hören.

---

[1)] **Habersack, Deutsche Gesetze ErgBd. Nr. 90h.**
[2)] Nr. **112**.

(3) [1]Der Senat des Oberlandesgerichts ist mit einem Richter besetzt. [2]Der Richter überträgt die Sache dem Senat in der Besetzung mit drei Richtern, wenn es zur Sicherung einer einheitlichen Rechtsprechung geboten ist.

(4) Die Feststellung ist für das Kostenfestsetzungsverfahren, das Vergütungsfestsetzungsverfahren (§ 11) und für einen Rechtsstreit des Rechtsanwalts auf Zahlung der Vergütung bindend.

(5) [1]Die Absätze 1 bis 4 gelten im Bußgeldverfahren vor der Verwaltungsbehörde entsprechend. [2]Über den Antrag entscheidet die Verwaltungsbehörde. [3]Gegen die Entscheidung kann gerichtliche Entscheidung beantragt werden. [4]Für das Verfahren gilt § 62 des Gesetzes über Ordnungswidrigkeiten[1)].

**§ 43 Abtretung des Kostenerstattungsanspruchs.** [1]Tritt der Beschuldigte oder der Betroffene den Anspruch gegen die Staatskasse auf Erstattung von Anwaltskosten als notwendige Auslagen an den Rechtsanwalt ab, ist eine von der Staatskasse gegenüber dem Beschuldigten oder dem Betroffenen erklärte Aufrechnung insoweit unwirksam, als sie den Anspruch des Rechtsanwalts vereiteln oder beeinträchtigen würde. [2]Dies gilt jedoch nur, wenn zum Zeitpunkt der Aufrechnung eine Urkunde über die Abtretung oder eine Anzeige des Beschuldigten oder des Betroffenen über die Abtretung in den Akten vorliegt.

## Abschnitt 8. Beigeordneter oder bestellter Rechtsanwalt, Beratungshilfe

**§ 44 Vergütungsanspruch bei Beratungshilfe.** [1]Für die Tätigkeit im Rahmen der Beratungshilfe erhält der Rechtsanwalt eine Vergütung nach diesem Gesetz aus der Landeskasse, soweit nicht für die Tätigkeit in Beratungsstellen nach § 3 Absatz 1 des Beratungshilfegesetzes[2)] besondere Vereinbarungen getroffen sind. [2]Die Beratungshilfegebühr (Nummer 2500 des Vergütungsverzeichnisses) schuldet nur der Rechtsuchende.

**§ 45[3)] Vergütungsanspruch des beigeordneten oder bestellten Rechtsanwalts.** (1) Der im Wege der Prozesskostenhilfe beigeordnete oder zum besonderen Vertreter im Sinne des § 41 bestellte Rechtsanwalt erhält, soweit in diesem Abschnitt nichts anderes bestimmt ist, die gesetzliche Vergütung in Verfahren vor Gerichten des Bundes aus der Bundeskasse, in Verfahren vor Gerichten eines Landes aus der Landeskasse.

(2) Der Rechtsanwalt, der nach § 138 des Gesetzes über das Verfahren in Familiensachen und in den Angelegenheiten der freiwilligen Gerichtsbarkeit[4)], auch in Verbindung mit § 270 des Gesetzes über das Verfahren in Familiensachen und in den Angelegenheiten der freiwilligen Gerichtsbarkeit, nach § 109 Absatz 3 oder § 119a Absatz 6 des Strafvollzugsgesetzes[5)] beigeordnet oder nach § 67a Absatz 1 Satz 2 der Verwaltungsgerichtsordnung[6)] bestellt ist, kann eine Vergütung aus der Landeskasse verlangen, wenn der zur Zahlung Verpflichtete (§ 39 oder § 40) mit der Zahlung der Vergütung im Verzug ist.

---

[1)] Nr. **94**.
[2)] **Habersack, Deutsche Gesetze ErgBd. Nr. 98b.**
[3)] § 45 Abs. 1 geänd. mWv 1.8.2022 durch G v. 7.7.2021 (BGBl. I S. 2363).
[4)] Nr. **112**.
[5)] **Habersack, Deutsche Gesetze ErgBd. Nr. 91.**
[6)] **Sartorius Nr. 600.**

(3) [1] Ist der Rechtsanwalt sonst gerichtlich bestellt oder beigeordnet worden, erhält er die Vergütung aus der Landeskasse, wenn ein Gericht des Landes den Rechtsanwalt bestellt oder beigeordnet hat, im Übrigen aus der Bundeskasse. [2] Hat zuerst ein Gericht des Bundes und sodann ein Gericht des Landes den Rechtsanwalt bestellt oder beigeordnet, zahlt die Bundeskasse die Vergütung, die der Rechtsanwalt während der Dauer der Bestellung oder Beiordnung durch das Gericht des Bundes verdient hat, die Landeskasse die dem Rechtsanwalt darüber hinaus zustehende Vergütung. [3] Dies gilt entsprechend, wenn zuerst ein Gericht des Landes und sodann ein Gericht des Bundes den Rechtsanwalt bestellt oder beigeordnet hat.

(4) [1] Wenn der Verteidiger von der Stellung eines Wiederaufnahmeantrags abrät, hat er einen Anspruch gegen die Staatskasse nur dann, wenn er nach § 364b Absatz 1 Satz 1 der Strafprozessordnung[1)] bestellt worden ist oder das Gericht die Feststellung nach § 364b Absatz 1 Satz 2 der Strafprozessordnung getroffen hat. [2] Dies gilt auch im gerichtlichen Bußgeldverfahren (§ 85 Absatz 1 des Gesetzes über Ordnungswidrigkeiten[2)]).

(5) [1] Absatz 3 ist im Bußgeldverfahren vor der Verwaltungsbehörde entsprechend anzuwenden. [2] An die Stelle des Gerichts tritt die Verwaltungsbehörde.

**§ 46 Auslagen und Aufwendungen.** (1) Auslagen, insbesondere Reisekosten, werden nicht vergütet, wenn sie zur sachgemäßen Durchführung der Angelegenheit nicht erforderlich waren.

(2) [1] Wenn das Gericht des Rechtszugs auf Antrag des Rechtsanwalts vor Antritt der Reise feststellt, dass eine Reise erforderlich ist, ist diese Feststellung für das Festsetzungsverfahren (§ 55) bindend. [2] Im Bußgeldverfahren vor der Verwaltungsbehörde tritt an die Stelle des Gerichts die Verwaltungsbehörde. [3] Für Aufwendungen (§ 670 des Bürgerlichen Gesetzbuchs[3)]) gelten Absatz 1 und die Sätze 1 und 2 entsprechend; die Höhe zu ersetzender Kosten für die Zuziehung eines Dolmetschers oder Übersetzers ist auf die nach dem Justizvergütungs- und -entschädigungsgesetz[4)] zu zahlenden Beträge beschränkt.

(3) [1] Auslagen, die durch Nachforschungen zur Vorbereitung eines Wiederaufnahmeverfahrens entstehen, für das die Vorschriften der Strafprozessordnung[1)] gelten, werden nur vergütet, wenn der Rechtsanwalt nach § 364b Absatz 1 Satz 1 der Strafprozessordnung bestellt worden ist oder wenn das Gericht die Feststellung nach § 364b Absatz 1 Satz 2 der Strafprozessordnung getroffen hat. [2] Dies gilt auch im gerichtlichen Bußgeldverfahren (§ 85 Absatz 1 des Gesetzes über Ordnungswidrigkeiten[2)]).

**§ 47 Vorschuss.** (1) [1] Wenn dem Rechtsanwalt wegen seiner Vergütung ein Anspruch gegen die Staatskasse zusteht, kann er für die entstandenen Gebühren und die entstandenen und voraussichtlich entstehenden Auslagen aus der Staatskasse einen angemessenen Vorschuss fordern. [2] Der Rechtsanwalt, der nach § 138 des Gesetzes über das Verfahren in Familiensachen und in den Angelegenheiten der freiwilligen Gerichtsbarkeit[5)], auch in Verbindung mit § 270 des Gesetzes über das Verfahren in Familiensachen und in den Angelegenheiten der freiwilligen Gerichtsbarkeit, nach § 109 Absatz 3 oder § 119a Absatz 6 des Strafvollzugs-

1) Nr. **90**.
2) Nr. **94**.
3) Nr. **20**.
4) Nr. **116**.
5) Nr. **112**.

gesetzes[1] beigeordnet oder nach § 67a Absatz 1 Satz 2 der Verwaltungsgerichtsordnung[2] bestellt ist, kann einen Vorschuss nur verlangen, wenn der zur Zahlung Verpflichtete (§ 39 oder § 40) mit der Zahlung des Vorschusses im Verzug ist.

(2) Bei Beratungshilfe kann der Rechtsanwalt aus der Staatskasse keinen Vorschuss fordern.

**§ 48 Umfang des Anspruchs und der Beiordnung.** (1) [1]Der Vergütungsanspruch gegen die Staatskasse ist auf die gesetzliche Vergütung gerichtet und bestimmt sich nach den Beschlüssen, durch die die Prozesskostenhilfe bewilligt und der Rechtsanwalt beigeordnet oder bestellt worden ist, soweit nichts anderes bestimmt ist. [2]Erstreckt sich die Beiordnung auf den Abschluss eines Vertrags im Sinne der Nummer 1000 des Vergütungsverzeichnisses oder ist die Beiordnung oder die Bewilligung der Prozesskostenhilfe hierauf beschränkt, so umfasst der Anspruch alle gesetzlichen Gebühren und Auslagen, die durch die Tätigkeiten entstehen, die zur Herbeiführung der Einigung erforderlich sind.

(2) [1]In Angelegenheiten, in denen sich die Gebühren nach Teil 3 des Vergütungsverzeichnisses bestimmen und die Beiordnung eine Berufung, eine Beschwerde wegen des Hauptgegenstands, eine Revision oder eine Rechtsbeschwerde wegen des Hauptgegenstands betrifft, wird eine Vergütung aus der Staatskasse auch für die Rechtsverteidigung gegen ein Anschlussrechtsmittel und, wenn der Rechtsanwalt für die Erwirkung eines Arrests, einer einstweiligen Verfügung oder einer einstweiligen Anordnung beigeordnet ist, auch für deren Vollziehung oder Vollstreckung gewährt. [2]Dies gilt nicht, wenn der Beiordnungsbeschluss ausdrücklich etwas anderes bestimmt.

(3) [1]Die Beiordnung in einer Ehesache erstreckt sich im Fall des Abschlusses eines Vertrags im Sinne der Nummer 1000 des Vergütungsverzeichnisses auf alle mit der Herbeiführung der Einigung erforderlichen Tätigkeiten, soweit der Vertrag

1. den gegenseitigen Unterhalt der Ehegatten,
2. den Unterhalt gegenüber den Kindern im Verhältnis der Ehegatten zueinander,
3. die Sorge für die Person der gemeinschaftlichen minderjährigen Kinder,
4. die Regelung des Umgangs mit einem Kind,
5. die Rechtsverhältnisse an der Ehewohnung und den Haushaltsgegenständen,
6. die Ansprüche aus dem ehelichen Güterrecht oder
7. den Versorgungsausgleich

betrifft. [2]Satz 1 gilt im Fall der Beiordnung in Lebenspartnerschaftssachen nach § 269 Absatz 1 Nummer 1 und 2 des Gesetzes über das Verfahren in Familiensachen und in den Angelegenheiten der freiwilligen Gerichtsbarkeit[3] entsprechend.

(4) [1]Die Beiordnung in Angelegenheiten, in denen nach § 3 Absatz 1 Betragsrahmengebühren entstehen, erstreckt sich auf Tätigkeiten ab dem Zeitpunkt der Beantragung der Prozesskostenhilfe, wenn vom Gericht nichts anderes bestimmt ist. [2]Die Beiordnung erstreckt sich ferner auf die gesamte Tätigkeit im Verfahren über die Prozesskostenhilfe einschließlich der vorbereitenden Tätigkeit.

(5) [1]In anderen Angelegenheiten, die mit dem Hauptverfahren nur zusammenhängen, erhält der für das Hauptverfahren beigeordnete Rechtsanwalt eine Ver-

---

[1] **Habersack, Deutsche Gesetze ErgBd. Nr. 91.**
[2] **Sartorius Nr. 600.**
[3] Nr. **112.**

gütung aus der Staatskasse nur dann, wenn er ausdrücklich auch hierfür beigeordnet ist. [2] Dies gilt insbesondere für

1. die Zwangsvollstreckung, die Vollstreckung und den Verwaltungszwang;
2. das Verfahren über den Arrest, den Europäischen Beschluss zur vorläufigen Kontenpfändung, die einstweilige Verfügung und die einstweilige Anordnung;
3. das selbstständige Beweisverfahren;
4. das Verfahren über die Widerklage oder den Widerantrag, ausgenommen die Rechtsverteidigung gegen den Widerantrag in Ehesachen und in Lebenspartnerschaftssachen nach § 269 Absatz 1 Nummer 1 und 2 des Gesetzes über das Verfahren in Familiensachen und in den Angelegenheiten der freiwilligen Gerichtsbarkeit.

(6) [1] Wird der Rechtsanwalt in Angelegenheiten nach den Teilen 4 bis 6 des Vergütungsverzeichnisses im ersten Rechtszug bestellt oder beigeordnet, erhält er die Vergütung auch für seine Tätigkeit vor dem Zeitpunkt seiner Bestellung, in Strafsachen einschließlich seiner Tätigkeit vor Erhebung der öffentlichen Klage und in Bußgeldsachen einschließlich der Tätigkeit vor der Verwaltungsbehörde. [2] Wird der Rechtsanwalt in einem späteren Rechtszug beigeordnet, erhält er seine Vergütung in diesem Rechtszug auch für seine Tätigkeit vor dem Zeitpunkt seiner Bestellung. [3] Werden Verfahren verbunden und ist der Rechtsanwalt nicht in allen Verfahren bestellt oder beigeordnet, kann das Gericht die Wirkungen des Satzes 1 auch auf diejenigen Verfahren erstrecken, in denen vor der Verbindung keine Beiordnung oder Bestellung erfolgt war.

**§ 49 Wertgebühren aus der Staatskasse.** Bestimmen sich die Gebühren nach dem Gegenstandswert, werden bei einem Gegenstandswert von mehr als 4000 Euro anstelle der Gebühr nach § 13 Absatz 1 folgende Gebühren vergütet:

| Gegenstandswert bis … Euro | Gebühr … Euro | Gegenstandswert bis … Euro | Gebühr … Euro |
|---|---|---|---|
| 5 000 | 284 | 22 000 | 399 |
| 6 000 | 295 | 25 000 | 414 |
| 7 000 | 306 | 30 000 | 453 |
| 8 000 | 317 | 35 000 | 492 |
| 9 000 | 328 | 40 000 | 531 |
| 10 000 | 339 | 45 000 | 570 |
| 13 000 | 354 | 50 000 | 609 |
| 16 000 | 369 | über 50 000 | 659 |
| 19 000 | 384 | | |

**§ 50 Weitere Vergütung bei Prozesskostenhilfe.** (1) [1] Nach Deckung der in § 122 Absatz 1 Nummer 1 der Zivilprozessordnung[1)] bezeichneten Kosten und Ansprüche hat die Staatskasse über die auf sie übergegangenen Ansprüche des Rechtsanwalts hinaus weitere Beträge bis zur Höhe der Regelvergütung einzuziehen, wenn dies nach den Vorschriften der Zivilprozessordnung und nach den Bestimmungen, die das Gericht getroffen hat, zulässig ist. [2] Die weitere Vergütung ist festzusetzen, wenn das Verfahren durch rechtskräftige Entscheidung oder in sonstiger Weise beendet ist und die von der Partei zu zahlenden Beträge beglichen

1) Nr. **100**.

sind oder wegen dieser Beträge eine Zwangsvollstreckung in das bewegliche Vermögen der Partei erfolglos geblieben ist oder aussichtslos erscheint.

(2) Der beigeordnete Rechtsanwalt soll eine Berechnung seiner Regelvergütung unverzüglich zu den Prozessakten mitteilen.

(3) Waren mehrere Rechtsanwälte beigeordnet, bemessen sich die auf die einzelnen Rechtsanwälte entfallenden Beträge nach dem Verhältnis der jeweiligen Unterschiedsbeträge zwischen den Gebühren nach § 49 und den Regelgebühren; dabei sind Zahlungen, die nach § 58 auf den Unterschiedsbetrag anzurechnen sind, von diesem abzuziehen.

**§ 51 Festsetzung einer Pauschgebühr.** (1) [1] In Strafsachen, gerichtlichen Bußgeldsachen, Verfahren nach dem Gesetz über die internationale Rechtshilfe in Strafsachen[1)], in Verfahren nach dem IStGH-Gesetz, in Freiheitsentziehungs- und Unterbringungssachen sowie in Verfahren nach § 151 Nummer 6 und 7 des Gesetzes über das Verfahren in Familiensachen und in den Angelegenheiten der freiwilligen Gerichtsbarkeit[2)] ist dem gerichtlich bestellten oder beigeordneten Rechtsanwalt für das ganze Verfahren oder für einzelne Verfahrensabschnitte auf Antrag eine Pauschgebühr zu bewilligen, die über die Gebühren nach dem Vergütungsverzeichnis hinausgeht, wenn die in den Teilen 4 bis 6 des Vergütungsverzeichnisses bestimmten Gebühren wegen des besonderen Umfangs oder der besonderen Schwierigkeit nicht zumutbar sind. [2] Dies gilt nicht, soweit Wertgebühren entstehen. [3] Beschränkt sich die Bewilligung auf einzelne Verfahrensabschnitte, sind die Gebühren nach dem Vergütungsverzeichnis, an deren Stelle die Pauschgebühr treten soll, zu bezeichnen. [4] Eine Pauschgebühr kann auch für solche Tätigkeiten gewährt werden, für die ein Anspruch nach § 48 Absatz 6 besteht. [5] Auf Antrag ist dem Rechtsanwalt ein angemessener Vorschuss zu bewilligen, wenn ihm insbesondere wegen der langen Dauer des Verfahrens und der Höhe der zu erwartenden Pauschgebühr nicht zugemutet werden kann, die Festsetzung der Pauschgebühr abzuwarten.

(2) [1] Über die Anträge entscheidet das Oberlandesgericht, zu dessen Bezirk das Gericht des ersten Rechtszugs gehört, und im Fall der Beiordnung einer Kontaktperson (§ 34a des Einführungsgesetzes zum Gerichtsverfassungsgesetz[3)]) das Oberlandesgericht, in dessen Bezirk die Justizvollzugsanstalt liegt, durch unanfechtbaren Beschluss. [2] Der Bundesgerichtshof ist für die Entscheidung zuständig, soweit er den Rechtsanwalt bestellt hat. [3] In dem Verfahren ist die Staatskasse zu hören. [4] § 42 Absatz 3 ist entsprechend anzuwenden.

(3) [1] Absatz 1 gilt im Bußgeldverfahren vor der Verwaltungsbehörde entsprechend. [2] Über den Antrag nach Absatz 1 Satz 1 bis 3 entscheidet die Verwaltungsbehörde gleichzeitig mit der Festsetzung der Vergütung.

**§ 52 Anspruch gegen den Beschuldigten oder den Betroffenen.**

(1) [1] Der gerichtlich bestellte Rechtsanwalt kann von dem Beschuldigten die Zahlung der Gebühren eines gewählten Verteidigers verlangen; er kann jedoch keinen Vorschuss fordern. [2] Der Anspruch gegen den Beschuldigten entfällt insoweit, als die Staatskasse Gebühren gezahlt hat.

(2) [1] Der Anspruch kann nur insoweit geltend gemacht werden, als dem Beschuldigten ein Erstattungsanspruch gegen die Staatskasse zusteht oder das Gericht

---

[1)] **Habersack, Deutsche Gesetze ErgBd. Nr. 90h.**

[2)] Nr. **112**.

[3)] Nr. **95a**.

des ersten Rechtszugs auf Antrag des Verteidigers feststellt, dass der Beschuldigte ohne Beeinträchtigung des für ihn und seine Familie notwendigen Unterhalts zur Zahlung oder zur Leistung von Raten in der Lage ist. [2]Ist das Verfahren nicht gerichtlich anhängig geworden, entscheidet das Gericht, das den Verteidiger bestellt hat.

(3) [1]Wird ein Antrag nach Absatz 2 Satz 1 gestellt, setzt das Gericht dem Beschuldigten eine Frist zur Darlegung seiner persönlichen und wirtschaftlichen Verhältnisse; § 117 Absatz 2 bis 4 der Zivilprozessordnung[1)] gilt entsprechend. [2]Gibt der Beschuldigte innerhalb der Frist keine Erklärung ab, wird vermutet, dass er leistungsfähig im Sinne des Absatzes 2 Satz 1 ist.

(4) [1]Gegen den Beschluss nach Absatz 2 ist die sofortige Beschwerde nach den Vorschriften der §§ 304 bis 311a der Strafprozessordnung[2)] zulässig. [2]Dabei steht im Rahmen des § 44 Satz 2 der Strafprozessordnung die Rechtsbehelfsbelehrung des § 12c der Belehrung nach § 35a Satz 1 der Strafprozessordnung gleich.

(5) [1]Der für den Beginn der Verjährung maßgebende Zeitpunkt tritt mit der Rechtskraft der das Verfahren abschließenden gerichtlichen Entscheidung, in Ermangelung einer solchen mit der Beendigung des Verfahrens ein. [2]Ein Antrag des Verteidigers hemmt den Lauf der Verjährungsfrist. [3]Die Hemmung endet sechs Monate nach der Rechtskraft der Entscheidung des Gerichts über den Antrag.

(6) [1]Die Absätze 1 bis 3 und 5 gelten im Bußgeldverfahren entsprechend. [2]Im Bußgeldverfahren vor der Verwaltungsbehörde tritt an die Stelle des Gerichts die Verwaltungsbehörde.

**§ 53 Anspruch gegen den Auftraggeber, Anspruch des zum Beistand bestellten Rechtsanwalts gegen den Verurteilten.** (1) Für den Anspruch des dem Privatkläger, dem Nebenkläger, dem Antragsteller im Klageerzwingungsverfahren oder des sonst in Angelegenheiten, in denen sich die Gebühren nach Teil 4, 5 oder 6 des Vergütungsverzeichnisses bestimmen, beigeordneten Rechtsanwalts gegen seinen Auftraggeber gilt § 52 entsprechend.

(2) [1]Der dem Nebenkläger, dem nebenklageberechtigten Verletzten oder dem Zeugen als Beistand bestellte Rechtsanwalt kann die Gebühren eines gewählten Beistands aufgrund seiner Bestellung nur von dem Verurteilten verlangen. [2]Der Anspruch entfällt insoweit, als die Staatskasse die Gebühren bezahlt hat.

(3) [1]Der in Absatz 2 Satz 1 genannte Rechtsanwalt kann einen Anspruch aus einer Vergütungsvereinbarung nur geltend machen, wenn das Gericht des ersten Rechtszugs auf seinen Antrag feststellt, dass der Nebenkläger, der nebenklageberechtigte Verletzte oder der Zeuge zum Zeitpunkt des Abschlusses der Vereinbarung allein auf Grund seiner persönlichen und wirtschaftlichen Verhältnisse die Voraussetzungen für die Bewilligung von Prozesskostenhilfe in bürgerlichen Rechtsstreitigkeiten nicht erfüllt hätte. [2]Ist das Verfahren nicht gerichtlich anhängig geworden, entscheidet das Gericht, das den Rechtsanwalt als Beistand bestellt hat. [3]§ 52 Absatz 3 bis 5 gilt entsprechend.

**§ 53a Vergütungsanspruch bei gemeinschaftlicher Nebenklagevertretung.** [1]Stellt ein Gericht gemäß § 397b Absatz 3 der Strafprozessordnung[2)] fest, dass für einen nicht als Beistand bestellten oder beigeordneten Rechtsanwalt die Voraussetzungen einer Bestellung oder Beiordnung vorgelegen haben, so steht der Rechtsanwalt hinsichtlich der von ihm bis zu dem Zeitpunkt der Bestellung oder

---

[1)] Nr. **100**.
[2)] Nr. **90**.

Beiordnung eines anderen Rechtsanwalts erbrachten Tätigkeiten einem bestellten oder beigeordneten Rechtsanwalt gleich. [2]Der Rechtsanwalt erhält die Vergütung aus der Landeskasse, wenn die Feststellung von einem Gericht des Landes getroffen wird, im Übrigen aus der Bundeskasse.

**§ 54 Verschulden eines beigeordneten oder bestellten Rechtsanwalts.**

Hat der beigeordnete oder bestellte Rechtsanwalt durch schuldhaftes Verhalten die Beiordnung oder Bestellung eines anderen Rechtsanwalts veranlasst, kann er Gebühren, die auch für den anderen Rechtsanwalt entstehen, nicht fordern.

**§ 55 Festsetzung der aus der Staatskasse zu zahlenden Vergütungen und Vorschüsse.** (1) [1]Die aus der Staatskasse zu gewährende Vergütung und der Vorschuss hierauf werden auf Antrag des Rechtsanwalts von dem Urkundsbeamten der Geschäftsstelle des Gerichts des ersten Rechtszugs festgesetzt. [2]Ist das Verfahren nicht gerichtlich anhängig geworden, erfolgt die Festsetzung durch den Urkundsbeamten der Geschäftsstelle des Gerichts, das den Verteidiger bestellt hat.

(2) In Angelegenheiten, in denen sich die Gebühren nach Teil 3 des Vergütungsverzeichnisses bestimmen, erfolgt die Festsetzung durch den Urkundsbeamten des Gerichts des Rechtszugs, solange das Verfahren nicht durch rechtskräftige Entscheidung oder in sonstiger Weise beendet ist.

(3) Im Fall der Beiordnung einer Kontaktperson (§ 34a des Einführungsgesetzes zum Gerichtsverfassungsgesetz[1)]) erfolgt die Festsetzung durch den Urkundsbeamten der Geschäftsstelle des Landgerichts, in dessen Bezirk die Justizvollzugsanstalt liegt.

(4) Im Fall der Beratungshilfe wird die Vergütung von dem Urkundsbeamten der Geschäftsstelle des in § 4 Absatz 1 des Beratungshilfegesetzes[2)] bestimmten Gerichts festgesetzt.

(5) [1]§ 104 Absatz 2 Satz 1 und 2 der Zivilprozessordnung[3)] gilt entsprechend. [2]Der Antrag hat die Erklärung zu enthalten, ob und welche Zahlungen der Rechtsanwalt bis zum Tag der Antragstellung erhalten hat. [3]Bei Zahlungen auf eine anzurechnende Gebühr sind diese Zahlungen, der Satz oder der Betrag der Gebühr und bei Wertgebühren auch der zugrunde gelegte Wert anzugeben. [4]Zahlungen, die der Rechtsanwalt nach der Antragstellung erhalten hat, hat er unverzüglich anzuzeigen.

(6) [1]Der Urkundsbeamte kann vor einer Festsetzung der weiteren Vergütung (§ 50) den Rechtsanwalt auffordern, innerhalb einer Frist von einem Monat bei der Geschäftsstelle des Gerichts, dem der Urkundsbeamte angehört, Anträge auf Festsetzung der Vergütungen, für die ihm noch Ansprüche gegen die Staatskasse zustehen, einzureichen oder sich zu den empfangenen Zahlungen (Absatz 5 Satz 2) zu erklären. [2]Kommt der Rechtsanwalt der Aufforderung nicht nach, erlöschen seine Ansprüche gegen die Staatskasse.

(7) [1]Die Absätze 1 und 5 gelten im Bußgeldverfahren vor der Verwaltungsbehörde entsprechend. [2]An die Stelle des Urkundsbeamten der Geschäftsstelle tritt die Verwaltungsbehörde.

**§ 56 Erinnerung und Beschwerde.** (1) [1]Über Erinnerungen des Rechtsanwalts und der Staatskasse gegen die Festsetzung nach § 55 entscheidet das

---

[1)] Nr. **95a**.

[2)] **Habersack, Deutsche Gesetze ErgBd. Nr. 98b.**

[3)] Nr. **100**.

Gericht des Rechtszugs, bei dem die Festsetzung erfolgt ist, durch Beschluss. [2] Im Fall des § 55 Absatz 3 entscheidet die Strafkammer des Landgerichts. [3] Im Fall der Beratungshilfe entscheidet das nach § 4 Absatz 1 des Beratungshilfegesetzes[1)] zuständige Gericht.

(2) [1] Im Verfahren über die Erinnerung gilt § 33 Absatz 4 Satz 1, Absatz 7 und 8 und im Verfahren über die Beschwerde gegen die Entscheidung über die Erinnerung § 33 Absatz 3 bis 8 entsprechend. [2] Das Verfahren über die Erinnerung und über die Beschwerde ist gebührenfrei. [3] Kosten werden nicht erstattet.

**§ 57 Rechtsbehelf in Bußgeldsachen vor der Verwaltungsbehörde.** [1] Gegen Entscheidungen der Verwaltungsbehörde im Bußgeldverfahren nach den Vorschriften dieses Abschnitts kann gerichtliche Entscheidung beantragt werden. [2] Für das Verfahren gilt § 62 des Gesetzes über Ordnungswidrigkeiten[2)].

**§ 58 Anrechnung von Vorschüssen und Zahlungen.** (1) Zahlungen, die der Rechtsanwalt nach § 9 des Beratungshilfegesetzes[1)] erhalten hat, werden auf die aus der Landeskasse zu zahlende Vergütung angerechnet.

(2) [1] In Angelegenheiten, in denen sich die Gebühren nach Teil 3 des Vergütungsverzeichnisses bestimmen, sind Vorschüsse und Zahlungen, die der Rechtsanwalt vor oder nach der Beiordnung erhalten hat, zunächst auf die Vergütungen anzurechnen, für die ein Anspruch gegen die Staatskasse nicht oder nur unter den Voraussetzungen des § 50 besteht. [2] Ist eine Gebühr, für die kein Anspruch gegen die Staatskasse besteht, auf eine Gebühr anzurechnen, für die ein Anspruch gegen die Staatskasse besteht, so vermindert sich der Anspruch gegen die Staatskasse nur insoweit, als der Rechtsanwalt durch eine Zahlung auf die anzurechnende Gebühr und den Anspruch auf die ohne Anrechnung ermittelte andere Gebühr insgesamt mehr als den sich aus § 15a Absatz 1 ergebenden Gesamtbetrag erhalten würde.

(3) [1] In Angelegenheiten, in denen sich die Gebühren nach den Teilen 4 bis 6 des Vergütungsverzeichnisses bestimmen, sind Vorschüsse und Zahlungen, die der Rechtsanwalt vor oder nach der gerichtlichen Bestellung oder Beiordnung für seine Tätigkeit in einer gebührenrechtlichen Angelegenheit erhalten hat, auf die von der Staatskasse für diese Angelegenheit zu zahlenden Gebühren anzurechnen. [2] Hat der Rechtsanwalt Zahlungen empfangen, nachdem er Gebühren aus der Staatskasse erhalten hat, ist er zur Rückzahlung an die Staatskasse verpflichtet. [3] Die Anrechnung oder Rückzahlung erfolgt nur, soweit der Rechtsanwalt durch die Zahlungen insgesamt mehr als den doppelten Betrag der ihm ohne Berücksichtigung des § 51 aus der Staatskasse zustehenden Gebühren erhalten würde. [4] Sind die dem Rechtsanwalt nach Satz 3 verbleibenden Gebühren höher als die im Vergütungsverzeichnis vorgesehenen Höchstgebühren eines Wahlanwalts, ist auch der die Höchstgebühren übersteigende Betrag anzurechnen oder zurückzuzahlen.

**§ 59 Übergang von Ansprüchen auf die Staatskasse.** (1) [1] Soweit dem im Wege der Prozesskostenhilfe oder nach § 138 des Gesetzes über das Verfahren in Familiensachen und in den Angelegenheiten der freiwilligen Gerichtsbarkeit[3)], auch in Verbindung mit § 270 des Gesetzes über das Verfahren in Familiensachen und in den Angelegenheiten der freiwilligen Gerichtsbarkeit, beigeordneten oder

---

[1)] **Habersack, Deutsche Gesetze ErgBd. Nr. 98b.**
[2)] Nr. **94**.
[3)] Nr. **112**.

nach § 67a Absatz 1 Satz 2 der Verwaltungsgerichtsordnung[1)] bestellten Rechtsanwalt wegen seiner Vergütung ein Anspruch gegen die Partei oder einen ersatzpflichtigen Gegner zusteht, geht der Anspruch mit der Befriedigung des Rechtsanwalts durch die Staatskasse auf diese über. [2]Der Übergang kann nicht zum Nachteil des Rechtsanwalts geltend gemacht werden.

(2) [1]Für die Geltendmachung des Anspruchs sowie für die Erinnerung und die Beschwerde gelten die Vorschriften über die Kosten des gerichtlichen Verfahrens entsprechend. [2]Ansprüche der Staatskasse werden bei dem Gericht des ersten Rechtszugs angesetzt. [3]Ist das Gericht des ersten Rechtszugs ein Gericht des Landes und ist der Anspruch auf die Bundeskasse übergegangen, wird er insoweit bei dem jeweiligen obersten Gerichtshof des Bundes angesetzt.

(3) Absatz 1 gilt entsprechend bei Beratungshilfe.

**§ 59a Beiordnung und Bestellung durch Justizbehörden.** (1) [1]Für den durch die Staatsanwaltschaft bestellten Rechtsanwalt gelten die Vorschriften über den gerichtlich bestellten Rechtsanwalt entsprechend. [2]Ist das Verfahren nicht gerichtlich anhängig geworden, tritt an die Stelle des Gerichts des ersten Rechtszugs das Gericht, das für die gerichtliche Bestätigung der Bestellung zuständig ist.

(2) [1]Für den durch die Staatsanwaltschaft beigeordneten Zeugenbeistand gelten die Vorschriften über den gerichtlich beigeordneten Zeugenbeistand entsprechend. [2]Über Anträge nach § 51 Absatz 1 entscheidet das Oberlandesgericht, in dessen Bezirk die Staatsanwaltschaft ihren Sitz hat. [3]Hat der Generalbundesanwalt einen Zeugenbeistand beigeordnet, entscheidet der Bundesgerichtshof.

(3) [1]Für den nach § 87e des Gesetzes über die internationale Rechtshilfe in Strafsachen[2)] in Verbindung mit § 53 des Gesetzes über die internationale Rechtshilfe in Strafsachen durch das Bundesamt für Justiz bestellten Beistand gelten die Vorschriften über den gerichtlich bestellten Rechtsanwalt entsprechend. [2]An die Stelle des Urkundsbeamten der Geschäftsstelle tritt das Bundesamt. [3]Über Anträge nach § 51 Absatz 1 entscheidet das Bundesamt gleichzeitig mit der Festsetzung der Vergütung.

(4) [1]Gegen Entscheidungen der Staatsanwaltschaft und des Bundesamts für Justiz nach den Vorschriften dieses Abschnitts kann gerichtliche Entscheidung beantragt werden. [2]Zuständig ist das Landgericht, in dessen Bezirk die Justizbehörde ihren Sitz hat. [3]Bei Entscheidungen des Generalbundesanwalts entscheidet der Bundesgerichtshof.

## Abschnitt 9. Übergangs- und Schlussvorschriften

**§ 59b Bekanntmachung von Neufassungen.** [1]Das Bundesministerium der Justiz kann nach Änderungen den Wortlaut des Gesetzes feststellen und als Neufassung im Bundesgesetzblatt bekannt machen. [2]Die Bekanntmachung muss auf diese Vorschrift Bezug nehmen und angeben

1. den Stichtag, zu dem der Wortlaut festgestellt wird,
2. die Änderungen seit der letzten Veröffentlichung des vollständigen Wortlauts im Bundesgesetzblatt sowie
3. das Inkrafttreten der Änderungen.

---

**1) Sartorius Nr. 600.**
**2) Habersack, Deutsche Gesetze ErgBd. Nr. 90h.**

**§ 60 Übergangsvorschrift.** (1) [1]Für die Vergütung ist das bisherige Recht anzuwenden, wenn der unbedingte Auftrag zur Erledigung derselben Angelegenheit vor dem Inkrafttreten einer Gesetzesänderung erteilt worden ist. [2]Dies gilt auch für einen Vergütungsanspruch gegen die Staatskasse (§ 45, auch in Verbindung mit § 59a). [3]Steht dem Rechtsanwalt ein Vergütungsanspruch zu, ohne dass ihm zum Zeitpunkt der Beiordnung oder Bestellung ein unbedingter Auftrag desjenigen erteilt worden ist, dem er beigeordnet oder für den er bestellt wurde, so ist für diese Vergütung in derselben Angelegenheit bisheriges Recht anzuwenden, wenn die Beiordnung oder Bestellung des Rechtsanwalts vor dem Inkrafttreten einer Gesetzesänderung wirksam geworden ist. [4]Erfasst die Beiordnung oder Bestellung auch eine Angelegenheit, in der der Rechtsanwalt erst nach dem Inkrafttreten einer Gesetzesänderung erstmalig beauftragt oder tätig wird, so ist insoweit für die Vergütung neues Recht anzuwenden. [5]Das nach den Sätzen 2 bis 4 anzuwendende Recht findet auch auf Ansprüche des beigeordneten oder bestellten Rechtsanwalts Anwendung, die sich nicht gegen die Staatskasse richten. [6]Die Sätze 1 bis 5 gelten auch, wenn Vorschriften geändert werden, auf die dieses Gesetz verweist.

(2) Sind Gebühren nach dem zusammengerechneten Wert mehrerer Gegenstände zu bemessen, gilt für die gesamte Vergütung das bisherige Recht auch dann, wenn dies nach Absatz 1 nur für einen der Gegenstände gelten würde.

(3) In Angelegenheiten nach dem Pflegeberufegesetz[1)] ist bei der Bestimmung des Gegenstandswerts § 52 Absatz 4 Nummer 4 des Gerichtskostengesetzes[2)] nicht anzuwenden, wenn der unbedingte Auftrag zur Erledigung derselben Angelegenheit vor dem 15. August 2019 erteilt worden ist.

**§ 61 Übergangsvorschrift aus Anlass des Inkrafttretens dieses Gesetzes.**

(1) [1]Die Bundesgebührenordnung für Rechtsanwälte in der im Bundesgesetzblatt Teil III, Gliederungsnummer 368-1, veröffentlichten bereinigten Fassung, zuletzt geändert durch Artikel 2 Absatz 6 des Gesetzes vom 12. März 2004 (BGBl. I S. 390), und Verweisungen hierauf sind weiter anzuwenden, wenn der unbedingte Auftrag zur Erledigung derselben Angelegenheit im Sinne des § 15 vor dem 1. Juli 2004 erteilt oder der Rechtsanwalt vor diesem Zeitpunkt gerichtlich bestellt oder beigeordnet worden ist. [2]Ist der Rechtsanwalt am 1. Juli 2004 in derselben Angelegenheit und, wenn ein gerichtliches Verfahren anhängig ist, in demselben Rechtszug bereits tätig, gilt für das Verfahren über ein Rechtsmittel, das nach diesem Zeitpunkt eingelegt worden ist, dieses Gesetz. [3]§ 60 Absatz 2 ist entsprechend anzuwenden.

(2) Auf die Vereinbarung der Vergütung sind die Vorschriften dieses Gesetzes auch dann anzuwenden, wenn nach Absatz 1 die Vorschriften der Bundesgebührenordnung für Rechtsanwälte weiterhin anzuwenden und die Willenserklärungen beider Parteien nach dem 1. Juli 2004 abgegeben worden sind.

**§ 62 Verfahren nach dem Therapieunterbringungsgesetz.** Die Regelungen des Therapieunterbringungsgesetzes zur Rechtsanwaltsvergütung bleiben unberührt.

---

1) **Loseblatt-Textsammlung Arbeitsrecht Nr. 416.**
2) Nr. **115**.

**Anlage 1**[1)]
(zu § 2 Absatz 2)

# Vergütungsverzeichnis

**Gliederung**



---

[1)] Anl. 1 geänd. mWv 1.8.2022 durch G v. 10.8.2021 (BGBl. I S. 3424); geänd. mWv 1.1.2023 durch G v. 21.12.2022 (BGBl. I S. 2817, ber. 2023 I Nr. 63).

Abschnitt 2. Disziplinarverfahren, berufsgerichtliche Verfahren wegen der Verletzung einer Berufspflicht
Unterabschnitt 1. Allgemeine Gebühren
Unterabschnitt 2. Außergerichtliches Verfahren
Unterabschnitt 3. Gerichtliches Verfahren
Erster Rechtszug
Zweiter Rechtszug
Dritter Rechtszug
Unterabschnitt 4. Zusatzgebühr
Abschnitt 3. Gerichtliche Verfahren bei Freiheitsentziehung bei Unterbringung und bei sonstigen Zwangsmaßnahmen
Abschnitt 4. Gerichtliche Verfahren nach der Wehrbeschwerdeordnung
Abschnitt 5. Einzeltätigkeiten und Verfahren auf Aufhebung oder Änderung einer Disziplinarmaßnahme

**Teil 7. Auslagen**

## Teil 1. Allgemeine Gebühren

| Nr. | Gebührentatbestand | Gebühr oder Satz der Gebühr nach § 13 RVG |
|---|---|---|
| *Vorbemerkung 1:*<br>Die Gebühren dieses Teils entstehen neben den in anderen Teilen bestimmten Gebühren oder einer Gebühr für die Beratung nach § 34 RVG. | | |
| 1000 | Einigungsgebühr für die Mitwirkung beim Abschluss eines Vertrags<br>1. durch den der Streit oder die Ungewissheit über ein Rechtsverhältnis beseitigt wird ............................... | 1,5 |
| | 2. durch den die Erfüllung des Anspruchs geregelt wird bei gleichzeitigem vorläufigem Verzicht auf seine gerichtliche Geltendmachung oder, wenn bereits ein zur Zwangsvollstreckung geeigneter Titel vorliegt, bei gleichzeitigem vorläufigem Verzicht auf Vollstreckungsmaßnahmen (Zahlungsvereinbarung) ........... | 0,7 |
| | (1) Die Gebühr nach Nummer 1 entsteht nicht, wenn der Hauptanspruch anerkannt oder wenn auf ihn verzichtet wird. Im Privatklageverfahren ist Nummer 4147 anzuwenden.<br>(2) Die Gebühr entsteht auch für die Mitwirkung bei Vertragsverhandlungen, es sei denn, dass diese für den Abschluss des Vertrags im Sinne dieser Vorschrift nicht ursächlich war.<br>(3) Für die Mitwirkung bei einem unter einer aufschiebenden Bedingung oder unter dem Vorbehalt des Widerrufs geschlossenen Vertrag entsteht die Gebühr, wenn die Bedingung eingetreten ist oder der Vertrag nicht mehr widerrufen werden kann.<br>(4) Bei Rechtsverhältnissen des öffentlichen Rechts entsteht die Gebühr, soweit über die Ansprüche vertraglich verfügt werden kann. Absatz 1 Satz 1 und Absatz 2 sind anzuwenden.<br>(5) Die Gebühr entsteht nicht in Ehesachen und in Lebenspartnerschaftssachen (§ 269 Abs. 1 Nr. 1 und 2 FamFG). Wird ein Vertrag, insbesondere über den Unterhalt, im Hinblick auf die in Satz 1 genannten Verfahren geschlossen, bleibt der Wert dieser Verfahren bei der Berechnung der Gebühr außer Betracht. In Kindschaftssachen entsteht die Gebühr auch für die Mitwirkung an einer Vereinbarung, über deren Gegenstand nicht vertraglich verfügt werden kann. Absatz 1 Satz 1 ist entsprechend anzuwenden. | |
| 1001 | Aussöhnungsgebühr ................................................<br>Die Gebühr entsteht für die Mitwirkung bei der Aussöhnung, wenn der ernstliche Wille eines Ehegatten, eine Scheidungssache oder ein Verfahren auf Aufhebung der Ehe anhängig zu machen, hervorgetreten ist und die Ehegatten die eheliche Lebensgemeinschaft fortsetzen oder die eheliche Lebensgemeinschaft wieder aufnehmen. Dies gilt entsprechend bei Lebenspartnerschaften. | 1,5 |
| 1002 | Erledigungsgebühr, soweit nicht Nummer 1005 gilt.....<br>Die Gebühr entsteht, wenn sich eine Rechtssache ganz oder teilweise nach Aufhebung oder Änderung des mit einem Rechtsbehelf angefochtenen Verwaltungsakts durch die anwaltliche Mitwirkung erledigt. Das Gleiche gilt, wenn sich eine Rechtssache ganz oder teilweise durch Erlass eines bisher abgelehnten Verwaltungsakts erledigt. | 1,5 |

*(Fortsetzung nächstes Blatt)*

## Teil 1. Allgemeine Gebühren

| Nr. | Gebührentatbestand | Gebühr oder Satz der Gebühr nach § 13 RVG |
|---|---|---|
| 1003 | Über den Gegenstand ist ein anderes gerichtliches Verfahren als ein selbstständiges Beweisverfahren anhängig:<br>Die Gebühr 1000 Nr. 1 sowie die Gebühren 1001 und 1002 betragen ....................<br>(1) Dies gilt auch, wenn ein Verfahren über die Prozesskostenhilfe anhängig ist, soweit nicht lediglich Prozesskostenhilfe für ein selbständiges Beweisverfahren oder die gerichtliche Protokollierung des Vergleichs beantragt wird oder sich die Beiordnung auf den Abschluss eines Vertrags im Sinne der Nummer 1000 erstreckt (§ 48 Abs. 1 und 3 RVG). Die Anmeldung eines Anspruchs zum Musterverfahren nach dem KapMuG steht einem anhängigen gerichtlichen Verfahren gleich. Das Verfahren vor dem Gerichtsvollzieher steht einem gerichtlichen Verfahren gleich.<br>(2) In Kindschaftssachen entsteht die Gebühr auch für die Mitwirkung am Abschluss eines gerichtlich gebilligten Vergleichs (§ 156 Abs. 2 FamFG) und an einer Vereinbarung, über deren Gegenstand nicht vertraglich verfügt werden kann, wenn hierdurch eine gerichtliche Entscheidung entbehrlich wird oder wenn die Entscheidung der getroffenen Vereinbarung folgt. | 1,0 |
| 1004 | Über den Gegenstand ist ein Berufungs- oder Revisionsverfahren, ein Verfahren über die Beschwerde gegen die Nichtzulassung eines dieser Rechtsmittel oder ein Verfahren vor dem Rechtsmittelgericht über die Zulassung des Rechtsmittels anhängig:<br>Die Gebühr 1000 Nr. 1 sowie die Gebühren 1001 und 1002 betragen ....................<br>(1) Dies gilt auch in den in den Vorbemerkungen 3.2.1 und 3.2.2 genannten Beschwerde- und Rechtsbeschwerdeverfahren.<br>(2) Absatz 2 der Anmerkung zu Nummer 1003 ist anzuwenden. | 1,3 |
| 1005 | Einigung oder Erledigung in einem Verwaltungsverfahren in sozialrechtlichen Angelegenheiten, in denen im gerichtlichen Verfahren Betragsrahmengebühren entstehen (§ 3 RVG):<br>Die Gebühren 1000 und 1002 entstehen ....................<br>(1) Die Gebühr bestimmt sich einheitlich nach dieser Vorschrift, wenn in die Einigung Ansprüche aus anderen Verwaltungsverfahren einbezogen werden. Ist über einen Gegenstand ein gerichtliches Verfahren anhängig, bestimmt sich die Gebühr nach Nummer 1006. Maßgebend für die Höhe der Gebühr ist die höchste entstandene Geschäftsgebühr ohne Berücksichtigung einer Erhöhung nach Nummer 1008. Steht dem Rechtsanwalt ausschließlich eine Gebühr nach § 34 RVG zu, beträgt die Gebühr die Hälfte des in der Anmerkung zu Nummer 2302 genannten Betrags.<br>(2) Betrifft die Einigung oder Erledigung nur einen Teil der Angelegenheit, ist der auf diesen Teil der Angelegenheit entfallende Anteil an der Geschäftsgebühr unter Berücksichtigung der in § 14 Abs. 1 RVG genannten Umstände zu schätzen. | in Höhe der Geschäftsgebühr |

| Nr. | Gebührentatbestand | Gebühr oder Satz der Gebühr nach § 13 RVG |
|---|---|---|
| 1006 | Über den Gegenstand ist ein gerichtliches Verfahren anhängig:<br>Die Gebühr 1005 entsteht ..........................................<br>(1) Die Gebühr bestimmt sich auch dann einheitlich nach dieser Vorschrift, wenn in die Einigung Ansprüche einbezogen werden, die nicht in diesem Verfahren rechtshängig sind. Maßgebend für die Höhe der Gebühr ist die im Einzelfall bestimmte Verfahrensgebühr in der Angelegenheit, in der die Einigung erfolgt. Eine Erhöhung nach Nummer 1008 ist nicht zu berücksichtigen.<br>(2) Betrifft die Einigung oder Erledigung nur einen Teil der Angelegenheit, ist der auf diesen Teil der Angelegenheit entfallende Anteil an der Verfahrensgebühr unter Berücksichtigung der in § 14 Abs. 1 RVG genannten Umstände zu schätzen. | in Höhe der Verfahrensgebühr |
| 1007 | (weggefallen) | |
| 1008 | Auftraggeber sind in derselben Angelegenheit mehrere Personen:<br>Die Verfahrens- oder Geschäftsgebühr erhöht sich für jede weitere Person um ..........................................<br>(1) Dies gilt bei Wertgebühren nur, soweit der Gegenstand der anwaltlichen Tätigkeit derselbe ist.<br>(2) Die Erhöhung wird nach dem Betrag berechnet, an dem die Personen gemeinschaftlich beteiligt sind.<br>(3) Mehrere Erhöhungen dürfen einen Gebührensatz von 2,0 nicht übersteigen; bei Festgebühren dürfen die Erhöhungen das Doppelte der Festgebühr und bei Betragsrahmengebühren das Doppelte des Mindest- und Höchstbetrags nicht übersteigen.<br>(4) Im Fall der Anmerkung zu den Gebühren 2300 und 2302 erhöht sich der Gebührensatz oder Betrag dieser Gebühren entsprechend. | 0,3<br>oder 30 % bei Festgebühren, bei Betragsrahmengebühren erhöhen sich der Mindest- und Höchstbetrag um 30 % |
| 1009 | Hebegebühr<br>1. bis einschließlich 2 500,00 € ..................................<br>2. von dem Mehrbetrag bis einschließlich 10 000,00 €<br>3. von dem Mehrbetrag über 10 000,00 € ..................<br>(1) Die Gebühr wird für die Auszahlung oder Rückzahlung von entgegengenommenen Geldbeträgen erhoben.<br>(2) Unbare Zahlungen stehen baren Zahlungen gleich. Die Gebühr kann bei der Ablieferung an den Auftraggeber entnommen werden.<br>(3) Ist das Geld in mehreren Beträgen gesondert ausgezahlt oder zurückgezahlt, wird die Gebühr von jedem Betrag besonders erhoben.<br>(4) Für die Ablieferung oder Rücklieferung von Wertpapieren und Kostbarkeiten entsteht die in den Absätzen 1 bis 3 bestimmte Gebühr nach dem Wert.<br>(5) Die Hebegebühr entsteht nicht, soweit Kosten an ein Gericht oder eine Behörde weitergeleitet oder eingezogene Kosten an den Auftraggeber abgeführt oder eingezogene Beträge auf die Vergütung verrechnet werden. | <br><br>1,0 %<br>0,5 %<br>0,25 %<br>des aus- oder zurückgezahlten Betrags<br>– mindestens 1,00 € |
| 1010 | Zusatzgebühr für besonders umfangreiche Beweisaufnahmen in Angelegenheiten, in denen sich die Gebühren nach Teil 3 richten und mindestens drei gericht- | |

| Nr. | Gebührentatbestand | Gebühr oder Satz der Gebühr nach § 13 RVG |
|---|---|---|
| | liche Termine stattfinden, in denen Sachverständige oder Zeugen vernommen werden ................................<br>Die Gebühr entsteht für den durch besonders umfangreiche Beweisaufnahmen anfallenden Mehraufwand. | 0,3<br>oder bei Betragsrahmengebühren erhöhen sich der Mindest- und Höchstbetrag der Terminsgebühr um 30 % |

## Teil 2. Außergerichtliche Tätigkeiten einschließlich der Vertretung im Verwaltungsverfahren

| Nr. | Gebührentatbestand | Gebühr oder Satz der Gebühr nach § 13 RVG |
|---|---|---|
| *Vorbemerkung 2:*<br>(1) Die Vorschriften dieses Teils sind nur anzuwenden, soweit nicht die §§ 34 bis 36 RVG etwas anderes bestimmen.<br>(2) Für die Tätigkeit als Beistand für einen Zeugen oder Sachverständigen in einem Verwaltungsverfahren, für das sich die Gebühren nach diesem Teil bestimmen, entstehen die gleichen Gebühren wie für einen Bevollmächtigten in diesem Verfahren. Für die Tätigkeit als Beistand eines Zeugen oder Sachverständigen vor einem parlamentarischen Untersuchungsausschuss entstehen die gleichen Gebühren wie für die entsprechende Beistandsleistung in einem Strafverfahren des ersten Rechtszugs vor dem Oberlandesgericht. | | |
| | ***Abschnitt 1. Prüfung der Erfolgsaussicht eines Rechtsmittels*** | |
| 2100 | Gebühr für die Prüfung der Erfolgsaussicht eines Rechtsmittels, soweit in Nummer 2102 nichts anderes bestimmt ist ....................<br>Die Gebühr ist auf eine Gebühr für das Rechtsmittelverfahren anzurechnen. | 0,5 bis 1,0 |
| 2101 | Die Prüfung der Erfolgsaussicht eines Rechtsmittels ist mit der Ausarbeitung eines schriftlichen Gutachtens verbunden:<br>Die Gebühr 2100 beträgt .................... | 1,3 |
| 2102 | Gebühr für die Prüfung der Erfolgsaussicht eines Rechtsmittels in sozialrechtlichen Angelegenheiten, in denen im gerichtlichen Verfahren Betragsrahmengebühren entstehen (§ 3 RVG), und in den Angelegenheiten, für die nach den Teilen 4 bis 6 Betragsrahmengebühren entstehen ....................<br>Die Gebühr ist auf eine Gebühr für das Rechtsmittelverfahren anzurechnen. | 36,00 bis 384,00 € |
| 2103 | Die Prüfung der Erfolgsaussicht eines Rechtsmittels ist mit der Ausarbeitung eines schriftlichen Gutachtens verbunden:<br>Die Gebühr 2102 beträgt .................... | 60,00 bis 660,00 € |
| | ***Abschnitt 2. Herstellung des Einvernehmens*** | |
| 2200 | Geschäftsgebühr für die Herstellung des Einvernehmens nach § 28 EuRAG .................... | in Höhe der einem Bevollmächtigten oder Verteidiger zustehenden Verfahrensgebühr |
| 2201 | Das Einvernehmen wird nicht hergestellt:<br>Die Gebühr 2200 beträgt .................... | 0,1 bis 0,5 oder Mindestbetrag der einem Bevollmächtigten oder |

| Nr. | Gebührentatbestand | Gebühr oder Satz der Gebühr nach § 13 RVG |
|---|---|---|
| | | Verteidiger zustehenden Verfahrensgebühr |

### *Abschnitt 3. Vertretung*

*Vorbemerkung 2.3:*

(1) Im Verwaltungszwangsverfahren ist Teil 3 Abschnitt 3 Unterabschnitt 3 entsprechend anzuwenden.

(2) Dieser Abschnitt gilt nicht für die in den Teilen 4 bis 6 geregelten Angelegenheiten.

(3) Die Geschäftsgebühr entsteht für das Betreiben des Geschäfts einschließlich der Information und für die Mitwirkung bei der Gestaltung eines Vertrags.

(4) Soweit wegen desselben Gegenstands eine Geschäftsgebühr für eine Tätigkeit im Verwaltungsverfahren entstanden ist, wird diese Gebühr zur Hälfte, bei Wertgebühren jedoch höchstens mit einem Gebührensatz von 0,75, auf eine Geschäftsgebühr für eine Tätigkeit im weiteren Verwaltungsverfahren, das der Nachprüfung des Verwaltungsakts dient, angerechnet. Bei einer Betragsrahmengebühr beträgt der Anrechnungsbetrag höchstens 207,00 €. Bei einer Wertgebühr erfolgt die Anrechnung nach dem Wert des Gegenstands, der auch Gegenstand des weiteren Verfahrens ist.

(5) Absatz 4 gilt entsprechend bei einer Tätigkeit im Verfahren nach der Wehrbeschwerdeordnung, wenn darauf eine Tätigkeit im Beschwerdeverfahren oder wenn der Tätigkeit im Beschwerdeverfahren eine Tätigkeit im Verfahren der weiteren Beschwerde vor den Disziplinarvorgesetzten folgt.

(6) Soweit wegen desselben Gegenstands eine Geschäftsgebühr nach Nummer 2300 entstanden ist, wird diese Gebühr zur Hälfte, jedoch höchstens mit einem Gebührensatz von 0,75, auf eine Geschäftsgebühr nach Nummer 2303 angerechnet. Absatz 4 Satz 3 gilt entsprechend.

| Nr. | Gebührentatbestand | Gebühr oder Satz der Gebühr nach § 13 RVG |
|---|---|---|
| 2300 | Geschäftsgebühr, soweit in den Nummern 2302 und 2303 nichts anderes bestimmt ist ................................ | 0,5 bis 2,5 |
| | (1) Eine Gebühr von mehr als 1,3 kann nur gefordert werden, wenn die Tätigkeit umfangreich oder schwierig war.<br>(2) Ist Gegenstand der Tätigkeit eine Inkassodienstleistung, die eine unbestrittene Forderung betrifft, kann eine Gebühr von mehr als 0,9 nur gefordert werden, wenn die Inkassodienstleistung besonders umfangreich oder besonders schwierig war. In einfachen Fällen kann nur eine Gebühr von 0,5 gefordert werden; ein einfacher Fall liegt in der Regel vor, wenn die Forderung auf die erste Zahlungsaufforderung hin beglichen wird. Der Gebührensatz beträgt höchstens 1,3. | |
| 2301 | Der Auftrag beschränkt sich auf ein Schreiben einfacher Art:<br>Die Gebühr 2300 beträgt ........................................... | 0,3 |
| | Es handelt sich um ein Schreiben einfacher Art, wenn dieses weder schwierige rechtliche Ausführungen noch größere sachliche Auseinandersetzungen enthält. | |
| 2302 | Geschäftsgebühr in<br>1. sozialrechtlichen Angelegenheiten, in denen im gerichtlichen Verfahren Betragsrahmengebühren entstehen (§ 3 RVG), und<br>2. Verfahren nach der Wehrbeschwerdeordnung, wenn im gerichtlichen Verfahren das Verfahren vor dem Truppendienstgericht oder vor dem Bundesverwaltungsgericht an die Stelle des Verwaltungsrechtswegs gemäß § 82 SG tritt ........................................... | 60,00 bis 768,00 € |
| | Eine Gebühr von mehr als 359,00 € kann nur gefordert werden, wenn die Tätigkeit umfangreich oder schwierig war. | |

| Nr. | Gebührentatbestand | Gebühr oder Satz der Gebühr nach § 13 RVG |
|---|---|---|
| 2303 | Geschäftsgebühr für<br>1. Güteverfahren vor einer durch die Landesjustizverwaltung eingerichteten oder anerkannten Gütestelle (§ 794 Abs. 1 Nr. 1 ZPO) oder, wenn die Parteien den Einigungsversuch einvernehmlich unternehmen, vor einer Gütestelle, die Streitbeilegung betreibt (§ 15a Abs. 3 EGZPO),<br>2. Verfahren vor einem Ausschuss der in § 111 Abs. 2 des Arbeitsgerichtsgesetzes bezeichneten Art,<br>3. Verfahren vor dem Seemannsamt zur vorläufigen Entscheidung von Arbeitssachen und<br>4. Verfahren vor sonstigen gesetzlich eingerichteten Einigungsstellen, Gütestellen oder Schiedsstellen ........ | 1,5 |

***Abschnitt 4.*** (weggefallen)

***Abschnitt 5. Beratungshilfe***

*Vorbemerkung 2.5:*

Im Rahmen der Beratungshilfe entstehen Gebühren ausschließlich nach diesem Abschnitt.

| | | |
|---|---|---|
| 2500 | Beratungshilfegebühr ........................................<br>Neben der Gebühr werden keine Auslagen erhoben. Die Gebühr kann erlassen werden. | 15,00 € |
| 2501 | Beratungsgebühr ..............................................<br>(1) Die Gebühr entsteht für eine Beratung, wenn die Beratung nicht mit einer anderen gebührenpflichtigen Tätigkeit zusammenhängt.<br>(2) Die Gebühr ist auf eine Gebühr für eine sonstige Tätigkeit anzurechnen, die mit der Beratung zusammenhängt. | 38,50 € |
| 2502 | Beratungstätigkeit mit dem Ziel einer außergerichtlichen Einigung mit den Gläubigern über die Schuldenbereinigung auf der Grundlage eines Plans (§ 305 Abs. 1 Nr. 1 InsO):<br>Die Gebühr 2501 beträgt .......................................... | 77,00 € |
| 2503 | Geschäftsgebühr ..............................................<br>(1) Die Gebühr entsteht für das Betreiben des Geschäfts einschließlich der Information oder die Mitwirkung bei der Gestaltung eines Vertrags.<br>(2) Auf die Gebühren für ein anschließendes gerichtliches oder behördliches Verfahren ist diese Gebühr zur Hälfte anzurechnen. Auf die Gebühren für ein Verfahren auf Vollstreckbarerklärung eines Vergleichs nach den §§ 796a, 796b und 796c Abs. 2 Satz 2 ZPO ist die Gebühr zu einem Viertel anzurechnen. | 93,50 € |
| 2504 | Tätigkeit mit dem Ziel einer außergerichtlichen Einigung mit den Gläubigern über die Schuldenbereinigung auf der Grundlage eines Plans (§ 305 Abs. 1 Nr. 1 InsO):<br>Die Gebühr 2503 beträgt bei bis zu 5 Gläubigern......... | 297,00 € |
| 2505 | Es sind 6 bis 10 Gläubiger vorhanden:<br>Die Gebühr 2503 beträgt............................................ | 446,00 € |

| Nr. | Gebührentatbestand | Gebühr oder Satz der Gebühr nach § 13 RVG |
|---|---|---|
| 2506 | Es sind 11 bis 15 Gläubiger vorhanden:<br>Die Gebühr 2503 beträgt ............................................ | 594,00 € |
| 2507 | Es sind mehr als 15 Gläubiger vorhanden:<br>Die Gebühr 2503 beträgt ............................................ | 743,00 € |
| 2508 | Einigungs- und Erledigungsgebühr ............................<br>(1) Die Anmerkungen zu Nummern 1000 und 1002 sind anzuwenden.<br>(2) Die Gebühr entsteht auch für die Mitwirkung bei einer außergerichtlichen Einigung mit den Gläubigern über die Schuldenbereinigung auf der Grundlage eines Plans (§ 305 Abs. 1 Nr. 1 InsO). | 165,00 € |

## Teil 3. Zivilsachen, Verfahren der öffentlich-rechtlichen Gerichtsbarkeiten, Verfahren nach dem Strafvollzugsgesetz, auch in Verbindung mit § 92 des Jugendgerichtsgesetzes, und ähnliche Verfahren

| Nr. | Gebührentatbestand | Gebühr oder Satz der Gebühr nach § 13 RVG |
|---|---|---|

*Vorbemerkung 3:*

(1) Gebühren nach diesem Teil erhält der Rechtsanwalt, dem ein unbedingter Auftrag als Prozess- oder Verfahrensbevollmächtigter, als Beistand für einen Zeugen oder Sachverständigen oder für eine sonstige Tätigkeit in einem gerichtlichen Verfahren erteilt worden ist. Der Beistand für einen Zeugen oder Sachverständigen erhält die gleichen Gebühren wie ein Verfahrensbevollmächtigter.

(2) Die Verfahrensgebühr entsteht für das Betreiben des Geschäfts einschließlich der Information.

(3) Die Terminsgebühr entsteht sowohl für die Wahrnehmung von gerichtlichen Terminen als auch für die Wahrnehmung von außergerichtlichen Terminen und Besprechungen, wenn nichts anderes bestimmt ist. Sie entsteht jedoch nicht für die Wahrnehmung eines gerichtlichen Termins nur zur Verkündung einer Entscheidung. Die Gebühr für außergerichtliche Termine und Besprechungen entsteht für

1. die Wahrnehmung eines von einem gerichtlich bestellten Sachverständigen anberaumten Termins und
2. die Mitwirkung an Besprechungen, die auf die Vermeidung oder Erledigung des Verfahrens gerichtet sind; dies gilt nicht für Besprechungen mit dem Auftraggeber.

(4) Soweit wegen desselben Gegenstands eine Geschäftsgebühr nach Teil 2 entsteht, wird diese Gebühr zur Hälfte, bei Wertgebühren jedoch höchstens mit einem Gebührensatz von 0,75, auf die Verfahrensgebühr des gerichtlichen Verfahrens angerechnet. Bei Betragsrahmengebühren beträgt der Anrechnungsbetrag höchstens 207,00 €. Sind mehrere Gebühren entstanden, ist für die Anrechnung die zuletzt entstandene Gebühr maßgebend. Bei einer wertabhängigen Gebühr erfolgt die Anrechnung nach dem Wert des Gegenstands, der auch Gegenstand des gerichtlichen Verfahrens ist.

(5) Soweit der Gegenstand eines selbstständigen Beweisverfahrens auch Gegenstand eines Rechtsstreits ist oder wird, wird die Verfahrensgebühr des selbstständigen Beweisverfahrens auf die Verfahrensgebühr des Rechtszugs angerechnet.

(6) Soweit eine Sache an ein untergeordnetes Gericht zurückverwiesen wird, das mit der Sache bereits befasst war, ist die vor diesem Gericht bereits entstandene Verfahrensgebühr auf die Verfahrensgebühr für das erneute Verfahren anzurechnen.

(7) Die Verfahrensgebühr für einen Urkunden- oder Wechselprozess wird auf die Verfahrensgebühr für das ordentliche Verfahren angerechnet, wenn dieses nach Abstandnahme vom Urkunden- oder Wechselprozess oder nach einem Vorbehaltsurteil anhängig bleibt (§§ 596 und 600 ZPO).

(8) Die Vorschriften dieses Teils sind nicht anzuwenden, soweit Teil 6 besondere Vorschriften enthält.

### *Abschnitt 1. Erster Rechtszug*

*Vorbemerkung 3.1:*

Die Gebühren dieses Abschnitts entstehen in allen Verfahren, für die in den folgenden Abschnitten dieses Teils keine Gebühren bestimmt sind.

| Nr. | Gebührentatbestand | Gebühr oder Satz der Gebühr nach § 13 RVG |
|---|---|---|
| 3100 | Verfahrensgebühr, soweit in Nummer 3102 nichts anderes bestimmt ist ..........<br>(1) Die Verfahrensgebühr für ein vereinfachtes Verfahren über den Unterhalt Minderjähriger wird auf die Verfahrensgebühr angerechnet, die in dem nachfolgenden Rechtsstreit entsteht (§ 255 FamFG).<br>(2) Die Verfahrensgebühr für ein Vermittlungsverfahren nach § 165 FamFG wird auf die Verfahrensgebühr für ein sich anschließendes Verfahren angerechnet. | 1,3 |

| Nr. | Gebührentatbestand | Gebühr oder Satz der Gebühr nach § 13 RVG |
|---|---|---|
| 3101 | 1. Endigt der Auftrag, bevor der Rechtsanwalt die Klage, den ein Verfahren einleitenden Antrag oder einen Schriftsatz, der Sachanträge, Sachvortrag, die Zurücknahme der Klage oder die Zurücknahme des Antrags enthält, eingereicht oder bevor er einen gerichtlichen Termin wahrgenommen hat;<br>2. soweit Verhandlungen vor Gericht zur Einigung der Parteien oder der Beteiligten oder mit Dritten über in diesem Verfahren nicht rechtshängige Ansprüche geführt werden; der Verhandlung über solche Ansprüche steht es gleich, wenn beantragt ist, eine Einigung zu Protokoll zu nehmen oder das Zustandekommen einer Einigung festzustellen (§ 278 Abs. 6 ZPO), oder wenn eine Einigung dadurch erfolgt, dass die Beteiligten einen in der Form eines Beschlusses ergangenen Vorschlag schriftlich oder durch Erklärung zu Protokoll in der mündlichen Verhandlung gegenüber dem Gericht annehmen (§ 101 Abs. 1 Satz 2 SGG, § 106 Satz 2 VwGO); oder<br>3. soweit in einer Familiensache, die nur die Erteilung einer Genehmigung oder die Zustimmung des Familiengerichts zum Gegenstand hat, oder in einem Verfahren der freiwilligen Gerichtsbarkeit lediglich ein Antrag gestellt und eine Entscheidung entgegengenommen wird,<br>beträgt die Gebühr 3100 ........................................ | 0,8 |
| | (1) Soweit in den Fällen der Nummer 2 der sich nach § 15 Abs. 3 RVG ergebende Gesamtbetrag der Verfahrensgebühren die Gebühr 3100 übersteigt, wird der übersteigende Betrag auf eine Verfahrensgebühr angerechnet, die wegen desselben Gegenstands in einer anderen Angelegenheit entsteht.<br>(2) Nummer 3 ist in streitigen Verfahren der freiwilligen Gerichtsbarkeit, insbesondere in Verfahren nach dem Gesetz über das gerichtliche Verfahren in Landwirtschaftssachen, nicht anzuwenden. | |
| 3102 | Verfahrensgebühr für Verfahren vor den Sozialgerichten, in denen Betragsrahmengebühren entstehen (§ 3 RVG) ........................................ | 60,00 bis 660,00 € |
| 3103 | (weggefallen) | |
| 3104 | Terminsgebühr, soweit in Nummer 3106 nichts anderes bestimmt ist ........................................ | 1,2 |
| | (1) Die Gebühr entsteht auch, wenn<br>1. in einem Verfahren, für das mündliche Verhandlung vorgeschrieben ist, im Einverständnis mit den Parteien oder Beteiligten oder gemäß § 307 oder § 495a ZPO oder § 77 Abs. 2 AsylG ohne mündliche Verhandlung entschieden oder in einem solchen Verfahren mit oder ohne Mitwirkung des Gerichts ein Vertrag im Sinne der Nummer 1000 geschlossen wird oder eine Erledigung der Rechtssache im Sinne der Nummer 1002 eingetreten ist, | |

| Nr. | Gebührentatbestand | Gebühr oder Satz der Gebühr nach § 13 RVG |
|---|---|---|
| | 2. nach § 84 Abs. 1 Satz 1 VwGO oder § 105 Abs. 1 Satz 1 SGG durch Gerichtsbescheid entschieden wird und eine mündliche Verhandlung beantragt werden kann oder<br>3. das Verfahren vor dem Sozialgericht, für das mündliche Verhandlung vorgeschrieben ist, nach angenommenem Anerkenntnis ohne mündliche Verhandlung endet.<br>(2) Sind in dem Termin auch Verhandlungen zur Einigung über in diesem Verfahren nicht rechtshängige Ansprüche geführt worden, wird die Terminsgebühr, soweit sie den sich ohne Berücksichtigung der nicht rechtshängigen Ansprüche ergebenden Gebührenbetrag übersteigt, auf eine Terminsgebühr angerechnet, die wegen desselben Gegenstands in einer anderen Angelegenheit entsteht.<br>(3) Die Gebühr entsteht nicht, soweit lediglich beantragt ist, eine Einigung der Parteien oder der Beteiligten oder mit Dritten über nicht rechtshängige Ansprüche zu Protokoll zu nehmen.<br>(4) Eine in einem vorausgegangenen Mahnverfahren oder vereinfachten Verfahren über den Unterhalt Minderjähriger entstandene Terminsgebühr wird auf die Terminsgebühr des nachfolgenden Rechtsstreits angerechnet. | |
| 3105 | Wahrnehmung nur eines Termins, in dem eine Partei oder ein Beteiligter nicht erschienen oder nicht ordnungsgemäß vertreten ist und lediglich ein Antrag auf Versäumnisurteil, Versäumnisentscheidung oder zur Prozess-, Verfahrens- oder Sachleitung gestellt wird:<br>Die Gebühr 3104 beträgt ..........................................<br>(1) Die Gebühr entsteht auch, wenn<br>1. das Gericht bei Säumnis lediglich Entscheidungen zur Prozess-, Verfahrens- oder Sachleitung von Amts wegen trifft oder<br>2. eine Entscheidung gemäß § 331 Abs. 3 ZPO ergeht.<br>(2) § 333 ZPO ist nicht entsprechend anzuwenden. | 0,5 |
| 3106 | Terminsgebühr in Verfahren vor den Sozialgerichten, in denen Betragsrahmengebühren entstehen (§ 3 RVG)<br>Die Gebühr entsteht auch, wenn<br>1. in einem Verfahren, für das mündliche Verhandlung vorgeschrieben ist, im Einverständnis mit den Parteien ohne mündliche Verhandlung entschieden oder in einem solchen Verfahren mit oder ohne Mitwirkung des Gerichts ein Vertrag im Sinne der Nummer 1000 geschlossen wird oder eine Erledigung der Rechtssache im Sinne der Nummer 1002 eingetreten ist,<br>2. nach § 105 Abs. 1 Satz 1 SGG durch Gerichtsbescheid entschieden wird und eine mündliche Verhandlung beantragt werden kann oder<br>3. das Verfahren, für das mündliche Verhandlung vorgeschrieben ist, nach angenommenem Anerkenntnis ohne mündliche Verhandlung endet.<br>In den Fällen des Satzes 1 beträgt die Gebühr 90 % der in derselben Angelegenheit dem Rechtsanwalt zustehenden Verfahrensgebühr ohne Berücksichtigung einer Erhöhung nach Nummer 1008. | 60,00 bis 610,00 € |

| Nr. | Gebührentatbestand | Gebühr oder Satz der Gebühr nach § 13 RVG |
|---|---|---|
| | ***Abschnitt 2. Berufung, Revision, bestimmte Beschwerden und Verfahren vor dem Finanzgericht*** | |
| | *Vorbemerkung 3.2:*<br>(1) Dieser Abschnitt ist auch in Verfahren vor dem Rechtsmittelgericht über die Zulassung des Rechtsmittels anzuwenden.<br>(2) Wenn im Verfahren auf Anordnung eines Arrests, zur Erwirkung eines Europäischen Beschlusses zur vorläufigen Kontenpfändung oder auf Erlass einer einstweiligen Verfügung sowie im Verfahren über die Aufhebung, den Widerruf oder die Abänderung der genannten Entscheidungen das Rechtsmittelgericht als Gericht der Hauptsache anzusehen ist (§ 943, auch i.V.m. § 946 Abs. 1 Satz 2 ZPO), bestimmen sich die Gebühren nach den für die erste Instanz geltenden Vorschriften. Dies gilt entsprechend im Verfahren der einstweiligen Anordnung und im Verfahren auf Anordnung oder Wiederherstellung der aufschiebenden Wirkung, auf Aussetzung oder Aufhebung der Vollziehung oder Anordnung der sofortigen Vollziehung eines Verwaltungsakts. Satz 1 gilt ferner entsprechend in Verfahren über einen Antrag nach § 169 Abs. 2 Satz 5 und 6, § 173 Abs. 1 Satz 3 oder nach § 176 GWB. | |
| | ***Unterabschnitt 1. Berufung, bestimmte Beschwerden und Verfahren vor dem Finanzgericht*** | |
| | *Vorbemerkung 3.2.1:*<br>Dieser Unterabschnitt ist auch anzuwenden in Verfahren<br>1. vor dem Finanzgericht,<br>2. über Beschwerden<br>a) gegen die den Rechtszug beendenden Entscheidungen in Verfahren über Anträge auf Vollstreckbarerklärung ausländischer Titel oder auf Erteilung der Vollstreckungsklausel zu ausländischen Titeln sowie über Anträge auf Aufhebung oder Abänderung der Vollstreckbarerklärung oder der Vollstreckungsklausel,<br>b) gegen die Endentscheidung wegen des Hauptgegenstands in Familiensachen und in den Angelegenheiten der freiwilligen Gerichtsbarkeit,<br>c) gegen die den Rechtszug beendenden Entscheidungen im Beschlussverfahren vor den Gerichten für Arbeitssachen,<br>d) gegen die den Rechtszug beendenden Entscheidungen im personalvertretungsrechtlichen Beschlussverfahren vor den Gerichten der Verwaltungsgerichtsbarkeit,<br>e) nach dem GWB,<br>f) nach dem EnWG,<br>g) nach dem KSpG,<br>h) nach dem EU-VSchDG,<br>i) nach dem SpruchG,<br>j) nach dem WpÜG,<br>k) nach dem WRegG,<br>3. über Beschwerden<br>a) gegen die Entscheidung des Verwaltungs- oder Sozialgerichts wegen des Hauptgegenstands in Verfahren des vorläufigen oder einstweiligen Rechtsschutzes,<br>b) nach dem WpHG,<br>c) gegen die Entscheidung über den Widerspruch des Schuldners (§ 954 Abs. 1 Satz 1 ZPO) im Fall des Artikels 5 Buchstabe a der Verordnung (EU) Nr. 655/2014,<br>4. über Rechtsbeschwerden nach dem StVollzG, auch i.V.m. § 92 JGG. | |
| 3200 | Verfahrensgebühr, soweit in Nummer 3204 nichts anderes bestimmt ist ........................................ | 1,6 |
| 3201 | Vorzeitige Beendigung des Auftrags oder eingeschränkte Tätigkeit des Anwalts:<br>Die Gebühr 3200 beträgt ........................................<br>(1) Eine vorzeitige Beendigung liegt vor,<br>1. wenn der Auftrag endigt, bevor der Rechtsanwalt das Rechtsmittel eingelegt oder einen Schriftsatz, der Sachanträge, Sachvortrag, die | 1,1 |

| Nr. | Gebührentatbestand | Gebühr oder Satz der Gebühr nach § 13 RVG |
|---|---|---|
| | Zurücknahme der Klage oder die Zurücknahme des Rechtsmittels enthält, eingereicht oder bevor er einen gerichtlichen Termin wahrgenommen hat, oder<br>2. soweit Verhandlungen vor Gericht zur Einigung der Parteien oder der Beteiligten oder mit Dritten über in diesem Verfahren nicht rechtshängige Ansprüche geführt werden; der Verhandlung über solche Ansprüche steht es gleich, wenn beantragt ist, eine Einigung zu Protokoll zu nehmen oder das Zustandekommen einer Einigung festzustellen (§ 278 Abs. 6 ZPO).<br>Soweit in den Fällen der Nummer 2 der sich nach § 15 Abs. 3 RVG ergebende Gesamtbetrag der Verfahrensgebühren die Gebühr 3200 übersteigt, wird der übersteigende Betrag auf eine Verfahrensgebühr angerechnet, die wegen desselben Gegenstands in einer anderen Angelegenheit entsteht.<br>(2) Eine eingeschränkte Tätigkeit des Anwalts liegt vor, wenn sich seine Tätigkeit<br>1. in einer Familiensache, die nur die Erteilung einer Genehmigung oder die Zustimmung des Familiengerichts zum Gegenstand hat, oder<br>2. in einer Angelegenheit der freiwilligen Gerichtsbarkeit<br>auf die Einlegung und Begründung des Rechtsmittels und die Entgegennahme der Rechtsmittelentscheidung beschränkt. | |
| 3202 | Terminsgebühr, soweit in Nummer 3205 nichts anderes bestimmt ist ..........<br>(1) Absatz 1 Nr. 1 und 3 sowie die Absätze 2 und 3 der Anmerkung zu Nummer 3104 gelten entsprechend.<br>(2) Die Gebühr entsteht auch, wenn nach § 79a Abs. 2, § 90a oder § 94a FGO ohne mündliche Verhandlung durch Gerichtsbescheid entschieden wird. | 1,2 |
| 3203 | Wahrnehmung nur eines Termins, in dem eine Partei oder ein Beteiligter, im Berufungsverfahren der Berufungskläger, im Beschwerdeverfahren der Beschwerdeführer, nicht erschienen oder nicht ordnungsgemäß vertreten ist und lediglich ein Antrag auf Versäumnisurteil, Versäumnisentscheidung oder zur Prozess-, Verfahrens- oder Sachleitung gestellt wird:<br>Die Gebühr 3202 beträgt ..........<br>Die Anmerkung zu Nummer 3105 und Absatz 2 der Anmerkung zu Nummer 3202 gelten entsprechend. | 0,5 |
| 3204 | Verfahrensgebühr für Verfahren vor den Landessozialgerichten, in denen Betragsrahmengebühren entstehen (§ 3 RVG) .......... | 72,00 bis 816,00 € |
| 3205 | Terminsgebühr in Verfahren vor den Landessozialgerichten, in denen Betragsrahmengebühren entstehen (§ 3 RVG) ..........<br>Satz 1 Nr. 1 und 3 der Anmerkung zu Nummer 3106 gilt entsprechend. In den Fällen des Satzes 1 beträgt die Gebühr 75 % der in derselben Angelegenheit dem Rechtsanwalt zustehenden Verfahrensgebühr ohne Berücksichtigung einer Erhöhung nach Nummer 1008. | 60,00 bis 610,00 € |

| Nr. | Gebührentatbestand | Gebühr oder Satz der Gebühr nach § 13 RVG |
|---|---|---|
| | ***Unterabschnitt 2. Revision, bestimmte Beschwerden und Rechtsbeschwerden*** | |
| | *Vorbemerkung 3.2.2:*<br>Dieser Unterabschnitt ist auch anzuwenden in Verfahren<br>1. über Rechtsbeschwerden<br>a) in den in der Vorbemerkung 3.2.1 Nr. 2 genannten Fällen,<br>b) nach § 20 KapMuG und<br>c) nach § 1065 ZPO,<br>2. vor dem Bundesgerichtshof über Berufungen, Beschwerden oder Rechtsbeschwerden gegen Entscheidungen des Bundespatentgerichts und<br>3. vor dem Bundesfinanzhof über Beschwerden nach § 128 Abs. 3 FGO. | |
| 3206 | Verfahrensgebühr, soweit in Nummer 3212 nichts anderes bestimmt ist ........ | 1,6 |
| 3207 | Vorzeitige Beendigung des Auftrags oder eingeschränkte Tätigkeit des Anwalts:<br>Die Gebühr 3206 beträgt ........<br>Die Anmerkung zu Nummer 3201 gilt entsprechend. | 1,1 |
| 3208 | Im Verfahren können sich die Parteien oder die Beteiligten nur durch einen beim Bundesgerichtshof zugelassenen Rechtsanwalt vertreten lassen:<br>Die Gebühr 3206 beträgt ........ | 2,3 |
| 3209 | Vorzeitige Beendigung des Auftrags, wenn sich die Parteien oder die Beteiligten nur durch einen beim Bundesgerichtshof zugelassenen Rechtsanwalt vertreten lassen können:<br>Die Gebühr 3206 beträgt ........<br>Die Anmerkung zu Nummer 3201 gilt entsprechend. | 1,8 |
| 3210 | Terminsgebühr, soweit in Nummer 3213 nichts anderes bestimmt ist ........<br>Absatz 1 Nr. 1 und 3 sowie die Absätze 2 und 3 der Anmerkung zu Nummer 3104 und Absatz 2 der Anmerkung zu Nummer 3202 gelten entsprechend. | 1,5 |
| 3211 | Wahrnehmung nur eines Termins, in dem der Revisionskläger oder Beschwerdeführer nicht ordnungsgemäß vertreten ist und lediglich ein Antrag auf Versäumnisurteil, Versäumnisentscheidung oder zur Prozess-, Verfahrens- oder Sachleitung gestellt wird:<br>Die Gebühr 3210 beträgt ........<br>Die Anmerkung zu Nummer 3105 und Absatz 2 der Anmerkung zu Nummer 3202 gelten entsprechend. | 0,8 |
| 3212 | Verfahrensgebühr für Verfahren vor dem Bundessozialgericht, in denen Betragsrahmengebühren entstehen (§ 3 RVG) ........ | 96,00 bis 1 056,00 € |

| Nr. | Gebührentatbestand | Gebühr oder Satz der Gebühr nach § 13 RVG |
|---|---|---|
| 3213 | Terminsgebühr in Verfahren vor dem Bundessozialgericht, in denen Betragsrahmengebühren entstehen (§ 3 RVG) ..........<br>Satz 1 Nr. 1 und 3 sowie Satz 2 der Anmerkung zu Nummer 3106 gelten entsprechend. | 96,00 bis 990,00 € |
| | ***Abschnitt 3. Gebühren für besondere Verfahren*** | |
| | ***Unterabschnitt 1. Besondere erstinstanzliche Verfahren*** | |
| *Vorbemerkung 3.3.1:*<br>Die Terminsgebühr bestimmt sich nach Abschnitt 1. | | |
| 3300 | Verfahrensgebühr<br>1. für das Verfahren vor dem Oberlandesgericht nach § 129 VGG oder § 32 AgrarOLkG,<br>2. für das erstinstanzliche Verfahren vor dem Bundesverwaltungsgericht, dem Bundessozialgericht, dem Oberverwaltungsgericht (Verwaltungsgerichtshof) und dem Landessozialgericht sowie<br>3. für das Verfahren bei überlangen Gerichtsverfahren und strafrechtlichen Ermittlungsverfahren vor den Oberlandesgerichten, den Landessozialgerichten, den Oberverwaltungsgerichten, den Landesarbeitsgerichten oder einem obersten Gerichtshof des Bundes .......... | 1,6 |
| 3301 | Vorzeitige Beendigung des Auftrags:<br>Die Gebühr 3300 beträgt ..........<br>Die Anmerkung zu Nummer 3201 gilt entsprechend. | 1,0 |
| | ***Unterabschnitt 2. Mahnverfahren*** | |
| *Vorbemerkung 3.3.2:*<br>Die Terminsgebühr bestimmt sich nach Abschnitt 1. | | |
| 3305 | Verfahrensgebühr für die Vertretung des Antragstellers<br>Die Gebühr wird auf die Verfahrensgebühr für einen nachfolgenden Rechtsstreit angerechnet. | 1,0 |
| 3306 | Beendigung des Auftrags, bevor der Rechtsanwalt den verfahrenseinleitenden Antrag oder einen Schriftsatz, der Sachanträge, Sachvortrag oder die Zurücknahme des Antrags enthält, eingereicht hat:<br>Die Gebühr 3305 beträgt .......... | 0,5 |
| 3307 | Verfahrensgebühr für die Vertretung des Antragsgegners ..........<br>Die Gebühr wird auf die Verfahrensgebühr für einen nachfolgenden Rechtsstreit angerechnet. | 0,5 |
| 3308 | Verfahrensgebühr für die Vertretung des Antragstellers im Verfahren über den Antrag auf Erlass eines Vollstreckungsbescheids ..........<br>Die Gebühr entsteht neben der Gebühr 3305 nur, wenn innerhalb der Widerspruchsfrist kein Widerspruch erhoben oder der Widerspruch | 0,5 |

| Nr. | Gebührentatbestand | Gebühr oder Satz der Gebühr nach § 13 RVG |
|---|---|---|
| | gemäß § 703a Abs. 2 Nr. 4 ZPO beschränkt worden ist. Nummer 1008 ist nicht anzuwenden, wenn sich bereits die Gebühr 3305 erhöht. | |

### *Unterabschnitt 3. Vollstreckung und Vollziehung*

*Vorbemerkung 3.3.3:*

(1) Dieser Unterabschnitt gilt für
1. die Zwangsvollstreckung,
2. die Vollstreckung,
3. Verfahren des Verwaltungszwangs und
4. die Vollziehung eines Arrestes oder einstweiligen Verfügung,

soweit nachfolgend keine besonderen Gebühren bestimmt sind. Er gilt auch für Verfahren auf Eintragung einer Zwangshypothek (§§ 867 und 870a ZPO).

(2) Im Verfahren nach der Verordnung (EU) Nr. 655/2014 werden Gebühren nach diesem Unterabschnitt nur im Fall des Artikels 5 Buchstabe b der Verordnung (EU) Nr. 655/2014 erhoben. In den Fällen des Artikels 5 Buchstabe a der Verordnung (EU) Nr. 655/2014 bestimmen sich die Gebühren nach den für Arrestverfahren geltenden Vorschriften.

| Nr. | Gebührentatbestand | Gebühr oder Satz der Gebühr nach § 13 RVG |
|---|---|---|
| 3309 | Verfahrensgebühr | 0,3 |
| 3310 | Terminsgebühr<br>Die Gebühr entsteht für die Teilnahme an einem gerichtlichen Termin, einem Termin zur Abgabe der Vermögensauskunft oder zur Abnahme der eidesstattlichen Versicherung. | 0,3 |

### *Unterabschnitt 4. Zwangsversteigerung und Zwangsverwaltung*

| Nr. | Gebührentatbestand | Gebühr oder Satz der Gebühr nach § 13 RVG |
|---|---|---|
| 3311 | Verfahrensgebühr<br>Die Gebühr entsteht jeweils gesondert<br>1. für die Tätigkeit im Zwangsversteigerungsverfahren bis zur Einleitung des Verteilungsverfahrens;<br>2. im Zwangsversteigerungsverfahren für die Tätigkeit im Verteilungsverfahren, und zwar auch für eine Mitwirkung an einer außergerichtlichen Verteilung;<br>3. im Verfahren der Zwangsverwaltung für die Vertretung des Antragstellers im Verfahren über den Antrag auf Anordnung der Zwangsverwaltung oder auf Zulassung des Beitritts;<br>4. im Verfahren der Zwangsverwaltung für die Vertretung des Antragstellers im weiteren Verfahren einschließlich des Verteilungsverfahrens;<br>5. im Verfahren der Zwangsverwaltung für die Vertretung eines sonstigen Beteiligten im ganzen Verfahren einschließlich des Verteilungsverfahrens und<br>6. für die Tätigkeit im Verfahren über Anträge auf einstweilige Einstellung oder Beschränkung der Zwangsvollstreckung und einstweilige Einstellung des Verfahrens sowie für Verhandlungen zwischen Gläubiger und Schuldner mit dem Ziel der Aufhebung des Verfahrens. | 0,4 |
| 3312 | Terminsgebühr<br>Die Gebühr entsteht nur für die Wahrnehmung eines Versteigerungstermins für einen Beteiligten. Im Übrigen entsteht im Verfahren der Zwangsversteigerung und der Zwangsverwaltung keine Terminsgebühr. | 0,4 |

| Nr. | Gebührentatbestand | Gebühr oder Satz der Gebühr nach § 13 RVG |
|---|---|---|
| | ***Unterabschnitt 5. Insolvenzverfahren, Verteilungsverfahren nach der Schifffahrtsrechtlichen Verteilungsordnung, Verfahren nach dem Unternehmensstabilisierungs- und -restrukturierungsgesetz*** | |
| | *Vorbemerkung 3.3.5:*<br>(1) Die Gebührenvorschriften gelten für die Verteilungsverfahren nach der SVertO und Verfahren nach dem StaRUG, soweit dies ausdrücklich angeordnet ist.<br>(2) Bei der Vertretung mehrerer Gläubiger, die verschiedene Forderungen geltend machen, entstehen die Gebühren jeweils besonders. Das Gleiche gilt in Verfahren nach dem StaRUG, wenn mehrere Gläubiger verschiedene Rechte oder wenn mehrere am Schuldner beteiligte Personen Ansprüche aus ihren jeweiligen Beteiligungen geltend machen,<br>(3) Für die Vertretung des ausländischen Insolvenzverwalters entstehen die gleichen Gebühren wie für die Vertretung des Schuldners. | |
| 3313 | Verfahrensgebühr für die Vertretung des Schuldners im Eröffnungsverfahren ...<br>Die Gebühr entsteht auch im Verteilungsverfahren nach der SVertO. | 1,0 |
| 3314 | Verfahrensgebühr für die Vertretung des Gläubigers im Eröffnungsverfahren ...<br>Die Gebühr entsteht auch im Verteilungsverfahren nach der SVertO. | 0,5 |
| 3315 | Tätigkeit auch im Verfahren über den Schuldenbereinigungsplan:<br>Die Verfahrensgebühr 3313 beträgt ... | 1,5 |
| 3316 | Tätigkeit auch im Verfahren über den Schuldenbereinigungsplan:<br>Die Verfahrensgebühr 3314 beträgt ... | 1,0 |
| 3317 | Verfahrensgebühr für das Insolvenzverfahren ...<br>Die Gebühr entsteht auch im Verteilungsverfahren nach der SVertO, in einem Verfahren nach dem StaRUG und im Verfahren über Anträge nach Artikel 36 Abs. 9 der Verordnung (EU) 2015/848. | 1,0 |
| 3318 | Verfahrensgebühr für das Verfahren über einen Insolvenzplan ... | 1,0 |
| 3319 | Vertretung des Schuldners, der den Plan vorgelegt hat:<br>Die Verfahrensgebühr 3318 beträgt ... | 3,0 |
| 3320 | Die Tätigkeit beschränkt sich auf die Anmeldung einer Insolvenzforderung:<br>Die Verfahrensgebühr 3317 beträgt ...<br>Die Gebühr entsteht auch im Verteilungsverfahren nach der SVertO. | 0,5 |
| 3321 | Verfahrensgebühr für das Verfahren über einen Antrag auf Versagung oder Widerruf der Restschuldbefreiung<br>(1) Das Verfahren über mehrere gleichzeitig anhängige Anträge ist eine Angelegenheit.<br>(2) Die Gebühr entsteht auch gesondert, wenn der Antrag bereits vor Aufhebung des Insolvenzverfahrens gestellt wird. | 0,5 |
| 3322 | Verfahrensgebühr für das Verfahren über Anträge auf Zulassung der Zwangsvollstreckung nach § 17 Abs. 4 SVertO ... | 0,5 |

| Nr. | Gebührentatbestand | Gebühr oder Satz der Gebühr nach § 13 RVG |
|---|---|---|
| 3323 | Verfahrensgebühr für das Verfahren über Anträge auf Aufhebung von Vollstreckungsmaßregeln (§ 8 Abs. 5 und § 41 SVertO) ........ | 0,5 |

### *Unterabschnitt 6. Sonstige besondere Verfahren*

*Vorbemerkung 3.3.6:*

Die Terminsgebühr bestimmt sich nach Abschnitt 1, soweit in diesem Unterabschnitt nichts anderes bestimmt ist. Im Verfahren über die Prozesskostenhilfe bestimmt sich die Terminsgebühr nach den für dasjenige Verfahren geltenden Vorschriften, für das die Prozesskostenhilfe beantragt wird.

| Nr. | Gebührentatbestand | Gebühr oder Satz der Gebühr nach § 13 RVG |
|---|---|---|
| 3324 | Verfahrensgebühr für das Aufgebotsverfahren ........ | 1,0 |
| 3325 | Verfahrensgebühr für Verfahren nach § 148 Abs. 1 und 2, nach § 246a des Aktiengesetzes (auch i.V.m. § 20 Abs. 3 Satz 4 SchVG), nach § 319 Abs. 6 des Aktiengesetzes (auch i.V.m. § 327e Abs. 2 des Aktiengesetzes) oder nach § 16 Abs. 3 UmwG ........ | 0,75 |
| 3326 | Verfahrensgebühr für Verfahren vor den Gerichten für Arbeitssachen, wenn sich die Tätigkeit auf eine gerichtliche Entscheidung über die Bestimmung einer Frist (§ 102 Abs. 3 des Arbeitsgerichtsgesetzes), die Ablehnung eines Schiedsrichters (§ 103 Abs. 3 des Arbeitsgerichtsgesetzes) oder die Vornahme einer Beweisaufnahme oder einer Vereidigung (§ 106 Abs. 2 des Arbeitsgerichtsgesetzes) beschränkt ........ | 0,75 |
| 3327 | Verfahrensgebühr für gerichtliche Verfahren über die Bestellung eines Schiedsrichters oder Ersatzschiedsrichters, über die Ablehnung eines Schiedsrichters oder über die Beendigung des Schiedsrichteramts, zur Unterstützung bei der Beweisaufnahme oder bei der Vornahme sonstiger richterlicher Handlungen anlässlich eines schiedsrichterlichen Verfahrens ........ | 0,75 |
| 3328 | Verfahrensgebühr für Verfahren über die vorläufige Einstellung, Beschränkung, Aussetzung oder Aufhebung der Zwangsvollstreckung oder die einstweilige Einstellung oder Beschränkung der Vollstreckung und die Anordnung, dass Vollstreckungsmaßnahmen aufzuheben sind ........<br>Die Gebühr entsteht nicht, wenn die Tätigkeit zum Rechtszug gehört (§ 19 Abs. 1 Satz 2 Nr. 12 RVG). Wird der Antrag beim Vollstreckungsgericht und beim Prozessgericht gestellt, entsteht die Gebühr nur einmal. | 0,5 |
| 3329 | Verfahrensgebühr für Verfahren auf Vollstreckbarerklärung der durch Rechtsmittelanträge nicht angefochtenen Teile eines Urteils (§§ 537, 558 ZPO) ........ | 0,5 |

| Nr. | Gebührentatbestand | Gebühr oder Satz der Gebühr nach § 13 RVG |
|---|---|---|
| 3330 | Verfahrensgebühr für Verfahren über eine Rüge wegen Verletzung des Anspruchs auf rechtliches Gehör .......... | in Höhe der Verfahrensgebühr für das Verfahren, in dem die Rüge erhoben wird, höchstens 0,5, bei Betragsrahmengebühren höchstens 260,00 € |
| 3331 | Terminsgebühr in Verfahren über eine Rüge wegen Verletzung des Anspruchs auf rechtliches Gehör .......... | in Höhe der Terminsgebühr für das Verfahren, in dem die Rüge erhoben wird, höchstens 0,5, bei Betragsrahmengebühren höchstens 260,00 € |
| 3332 | Terminsgebühr in den in Nummern 3324 bis 3329 genannten Verfahren .......... | 0,5 |
| 3333 | Verfahrensgebühr für ein Verteilungsverfahren außerhalb der Zwangsversteigerung und der Zwangsverwaltung .......... | 0,4 |
| | Der Wert bestimmt sich nach § 26 Nr. 1 und 2 RVG. Eine Terminsgebühr entsteht nicht. | |
| 3334 | Verfahrensgebühr für Verfahren vor dem Prozessgericht oder dem Amtsgericht auf Bewilligung, Verlängerung oder Verkürzung einer Räumungsfrist (§§ 721, 794a ZPO), wenn das Verfahren mit dem Verfahren über die Hauptsache nicht verbunden ist .......... | 1,0 |
| 3335 | Verfahrensgebühr für das Verfahren über die Prozesskostenhilfe .......... | in Höhe der Verfahrensgebühr für das Verfahren, für das die Prozesskostenhilfe beantragt wird, höchstens 1,0, bei Betragsrahmengebühren höchstens 500,00 € |
| 3336 | (weggefallen) | |

| Nr. | Gebührentatbestand | Gebühr oder Satz der Gebühr nach § 13 RVG |
|---|---|---|
| 3337 | Vorzeitige Beendigung des Auftrags im Fall der Nummern 3324 bis 3327, 3334 und 3335:<br>Die Gebühren 3324 bis 3327, 3334 und 3335 betragen höchstens ............<br>Eine vorzeitige Beendigung liegt vor,<br>1. wenn der Auftrag endigt, bevor der Rechtsanwalt den das Verfahren einleitenden Antrag oder einen Schriftsatz, der Sachanträge, Sachvortrag oder die Zurücknahme des Antrags enthält, eingereicht oder bevor er einen gerichtlichen Termin wahrgenommen hat, oder<br>2. soweit lediglich beantragt ist, eine Einigung der Parteien oder der Beteiligten zu Protokoll zu nehmen oder soweit lediglich Verhandlungen vor Gericht zur Einigung geführt werden. | 0,5 |
| 3338 | Verfahrensgebühr für die Tätigkeit als Vertreter des Anmelders eines Anspruchs zum Musterverfahren (§ 10 Abs. 2 KapMuG) ............ | 0,8 |

### *Abschnitt 4. Einzeltätigkeiten*

*Vorbemerkung 3.4:*

Für in diesem Abschnitt genannte Tätigkeiten entsteht eine Terminsgebühr nur, wenn dies ausdrücklich bestimmt ist.

| Nr. | Gebührentatbestand | Gebühr oder Satz der Gebühr nach § 13 RVG |
|---|---|---|
| 3400 | Der Auftrag beschränkt sich auf die Führung des Verkehrs der Partei oder des Beteiligten mit dem Verfahrensbevollmächtigten:<br>Verfahrensgebühr ............<br>Die gleiche Gebühr entsteht auch, wenn im Einverständnis mit dem Auftraggeber mit der Übersendung der Akten an den Rechtsanwalt des höheren Rechtszugs gutachterliche Äußerungen verbunden sind. | in Höhe der dem Verfahrensbevollmächtigten zustehenden Verfahrensgebühr, höchstens 1,0, bei Betragsrahmengebühren höchstens 500,00 € |
| 3401 | Der Auftrag beschränkt sich auf die Vertretung in einem Termin im Sinne der Vorbemerkung 3 Abs. 3:<br>Verfahrensgebühr ............ | in Höhe der Hälfte der dem Verfahrensbevollmächtigten zustehenden Verfahrensgebühr |
| 3402 | Terminsgebühr in dem in Nummer 3401 genannten Fall ............ | in Höhe der einem Verfahrensbevollmächtigten zustehenden Terminsgebühr |

| Nr. | Gebührentatbestand | Gebühr oder Satz der Gebühr nach § 13 RVG |
|---|---|---|
| 3403 | Verfahrensgebühr für sonstige Einzeltätigkeiten, soweit in Nummer 3406 nichts anderes bestimmt ist .............<br>Die Gebühr entsteht für sonstige Tätigkeiten in einem gerichtlichen Verfahren, wenn der Rechtsanwalt nicht zum Prozess- oder Verfahrensbevollmächtigten bestellt ist, soweit in diesem Abschnitt nichts anderes bestimmt ist. | 0,8 |
| 3404 | Der Auftrag beschränkt sich auf ein Schreiben einfacher Art:<br>Die Gebühr 3403 beträgt .........................................<br>Die Gebühr entsteht insbesondere, wenn das Schreiben weder schwierige rechtliche Ausführungen noch größere sachliche Auseinandersetzungen enthält. | 0,3 |
| 3405 | Endet der Auftrag<br>1. im Fall der Nummer 3400, bevor der Verfahrensbevollmächtigte beauftragt oder der Rechtsanwalt gegenüber dem Verfahrensbevollmächtigten tätig geworden ist,<br>2. im Fall der Nummer 3401, bevor der Termin begonnen hat:<br>Die Gebühren 3400 und 3401 betragen .....................<br>Im Fall der Nummer 3403 gilt die Vorschrift entsprechend. | höchstens 0,5, bei Betragsrahmengebühren höchstens 250,00 € |
| 3406 | Verfahrensgebühr für sonstige Einzeltätigkeiten in Verfahren vor Gerichten der Sozialgerichtsbarkeit, wenn Betragsrahmengebühren entstehen (§ 3 RVG) ............<br>Die Anmerkung zu Nummer 3403 gilt entsprechend. | 36,00 bis 408,00 € |

### *Abschnitt 5. Beschwerde, Nichtzulassungsbeschwerde und Erinnerung*

*Vorbemerkung 3.5:*

Die Gebühren nach diesem Abschnitt entstehen nicht in den in den Vorbemerkungen 3.2.1 und 3.2.2 genannten Beschwerdeverfahren.

| Nr. | Gebührentatbestand | Gebühr oder Satz der Gebühr nach § 13 RVG |
|---|---|---|
| 3500 | Verfahrensgebühr für Verfahren über die Beschwerde und die Erinnerung, soweit in diesem Abschnitt keine besonderen Gebühren bestimmt sind ......................... | 0,5 |
| 3501 | Verfahrensgebühr für Verfahren vor den Gerichten der Sozialgerichtsbarkeit über die Beschwerde und die Erinnerung, wenn in den Verfahren Betragsrahmengebühren entstehen (§ 3 RVG), soweit in diesem Abschnitt keine besonderen Gebühren bestimmt sind ...... | 24,00 bis 250,00 € |
| 3502 | Verfahrensgebühr für das Verfahren über die Rechtsbeschwerde ............................................................. | 1,0 |
| 3503 | Vorzeitige Beendigung des Auftrags:<br>Die Gebühr 3502 beträgt ...........................................<br>Die Anmerkung zu Nummer 3201 ist entsprechend anzuwenden. | 0,5 |

| Nr. | Gebührentatbestand | Gebühr oder Satz der Gebühr nach § 13 RVG |
|---|---|---|
| 3504 | Verfahrensgebühr für das Verfahren über die Beschwerde gegen die Nichtzulassung der Berufung, soweit in Nummer 3511 nichts anderes bestimmt ist ................<br>Die Gebühr wird auf die Verfahrensgebühr für ein nachfolgendes Berufungsverfahren angerechnet. | 1,6 |
| 3505 | Vorzeitige Beendigung des Auftrags:<br>Die Gebühr 3504 beträgt ..........................................<br>Die Anmerkung zu Nummer 3201 ist entsprechend anzuwenden. | 1,0 |
| 3506 | Verfahrensgebühr für das Verfahren über die Beschwerde gegen die Nichtzulassung der Revision oder über die Beschwerde gegen die Nichtzulassung einer der in der Vorbemerkung 3.2.2 genannten Rechtsbeschwerden, soweit in Nummer 3512 nichts anderes bestimmt ist ..........................................<br>Die Gebühr wird auf die Verfahrensgebühr für ein nachfolgendes Revisions- oder Rechtsbeschwerdeverfahren angerechnet. | 1,6 |
| 3507 | Vorzeitige Beendigung des Auftrags:<br>Die Gebühr 3506 beträgt ..........................................<br>Die Anmerkung zu Nummer 3201 ist entsprechend anzuwenden. | 1,1 |
| 3508 | In dem Verfahren über die Beschwerde gegen die Nichtzulassung der Revision können sich die Parteien nur durch einen beim Bundesgerichtshof zugelassenen Rechtsanwalt vertreten lassen:<br>Die Gebühr 3506 beträgt .......................................... | 2,3 |
| 3509 | Vorzeitige Beendigung des Auftrags, wenn sich die Parteien nur durch einen beim Bundesgerichtshof zugelassenen Rechtsanwalt vertreten lassen können:<br>Die Gebühr 3506 beträgt ..........................................<br>Die Anmerkung zu Nummer 3201 ist entsprechend anzuwenden. | 1,8 |
| 3510 | Verfahrensgebühr für Beschwerdeverfahren vor dem Bundespatentgericht<br>1. nach dem Patentgesetz, wenn sich die Beschwerde gegen einen Beschluss richtet,<br>a) durch den die Vergütung bei Lizenzbereitschaftserklärung festgesetzt wird oder Zahlung der Vergütung an das Deutsche Patent- und Markenamt angeordnet wird,<br>b) durch den eine Anordnung nach § 50 Abs. 1 PatG oder die Aufhebung dieser Anordnung erlassen wird,<br>c) durch den die Anmeldung zurückgewiesen oder über die Aufrechterhaltung, den Widerruf oder die Beschränkung des Patents entschieden wird,<br>2. nach dem Gebrauchsmustergesetz, wenn sich die Beschwerde gegen einen Beschluss richtet,<br>a) durch den die Anmeldung zurückgewiesen wird, | |

| Nr. | Gebührentatbestand | Gebühr oder Satz der Gebühr nach § 13 RVG |
|---|---|---|
| | b) durch den über den Löschungsantrag entschieden wird,<br>3. nach dem Markengesetz, wenn sich die Beschwerde gegen einen Beschluss richtet,<br>a) durch den über die Anmeldung einer Marke, einen Widerspruch oder einen Antrag auf Löschung oder über die Erinnerung gegen einen solchen Beschluss entschieden worden ist oder<br>b) durch den ein Antrag auf Eintragung einer geographischen Angabe oder einer Ursprungsbezeichnung zurückgewiesen worden ist,<br>4. nach dem Halbleiterschutzgesetz, wenn sich die Beschwerde gegen einen Beschluss richtet,<br>a) durch den die Anmeldung zurückgewiesen wird,<br>b) durch den über den Löschungsantrag entschieden wird,<br>5. nach dem Designgesetz, wenn sich die Beschwerde gegen einen Beschluss richtet,<br>a) durch den die Anmeldung eines Designs zurückgewiesen worden ist,<br>b) durch den über den Löschungsantrag gemäß § 36 DesignG entschieden worden ist,<br>c) durch den über den Antrag auf Feststellung oder Erklärung der Nichtigkeit gemäß § 34a DesignG entschieden worden ist,<br>6. nach dem Sortenschutzgesetz, wenn sich die Beschwerde gegen einen Beschluss des Widerspruchsausschusses richtet ........................................ | 1,3 |
| 3511 | Verfahrensgebühr für das Verfahren über die Beschwerde gegen die Nichtzulassung der Berufung vor dem Landessozialgericht, wenn Betragsrahmengebühren entstehen (§ 3 RVG) ........................................<br>Die Gebühr wird auf die Verfahrensgebühr für ein nachfolgendes Berufungsverfahren angerechnet. | 72,00 bis 816,00 € |
| 3512 | Verfahrensgebühr für das Verfahren über die Beschwerde gegen die Nichtzulassung der Revision vor dem Bundessozialgericht, wenn Betragsrahmengebühren entstehen (§ 3 RVG) ........................................<br>Die Gebühr wird auf die Verfahrensgebühr für ein nachfolgendes Revisionsverfahren angerechnet. | 96,00 bis 1 056,00 € |
| 3513 | Terminsgebühr in den in Nummer 3500 genannten Verfahren ........................................ | 0,5 |
| 3514 | In dem Verfahren über die Beschwerde gegen die Zurückweisung des Antrags auf Anordnung eines Arrests, des Antrags auf Erlass eines Europäischen Beschlusses zur vorläufigen Kontenpfändung oder des Antrags auf Erlass einer einstweiligen Verfügung bestimmt das Beschwerdegericht Termin zur mündlichen Verhandlung: | |

| Nr. | Gebührentatbestand | Gebühr oder Satz der Gebühr nach § 13 RVG |
|---|---|---|
| | Die Gebühr 3513 beträgt ........................................ | 1,2 |
| 3515 | Terminsgebühr in den in Nummer 3501 genannten Verfahren ........................................ | 24,00 bis 250,00 € |
| 3516 | Terminsgebühr in den in Nummern 3502, 3504, 3506 und 3510 genannten Verfahren ........................ | 1,2 |
| 3517 | Terminsgebühr in den in Nummer 3511 genannten Verfahren ........................................ | 60,00 bis 610,00 € |
| 3518 | Terminsgebühr in den in Nummer 3512 genannten Verfahren ........................................ | 72,00 bis 792,00 € |

## Teil 4. Strafsachen

| Nr. | Gebührentatbestand | Gebühr oder Satz der Gebühr nach § 13 oder § 49 RVG | |
|---|---|---|---|
| | | Wahlanwalt | gerichtlich bestellter oder beigeordneter Rechtsanwalt |

*Vorbemerkung 4:*

(1) Für die Tätigkeit als Beistand oder Vertreter eines Privatklägers, eines Nebenklägers, eines Einziehungs- oder Nebenbeteiligten, eines Verletzten, eines Zeugen oder Sachverständigen und im Verfahren nach dem Strafrechtlichen Rehabilitierungsgesetz sind die Vorschriften dieses Teils entsprechend anzuwenden.

(2) Die Verfahrensgebühr entsteht für das Betreiben des Geschäfts einschließlich der Information.

(3) Die Terminsgebühr entsteht für die Teilnahme an gerichtlichen Terminen, soweit nichts anderes bestimmt ist. Der Rechtsanwalt erhält die Terminsgebühr auch, wenn er zu einem anberaumten Termin erscheint, dieser aber aus Gründen, die er nicht zu vertreten hat, nicht stattfindet. Dies gilt nicht, wenn er rechtzeitig von der Aufhebung oder Verlegung des Termins in Kenntnis gesetzt worden ist.

(4) Befindet sich der Beschuldigte nicht auf freiem Fuß, entsteht die Gebühr mit Zuschlag.

(5) Für folgende Tätigkeiten entstehen Gebühren nach den Vorschriften des Teils 3:

1. im Verfahren über die Erinnerung oder die Beschwerde gegen einen Kostenfestsetzungsbeschluss (§ 464b StPO) und im Verfahren über die Erinnerung gegen den Kostenansatz und im Verfahren über die Beschwerde gegen die Entscheidung über diese Erinnerung,
2. in der Zwangsvollstreckung aus Entscheidungen, die über einen aus der Straftat erwachsenen vermögensrechtlichen Anspruch oder die Erstattung von Kosten ergangen sind (§§ 406b, 464b StPO), für die Mitwirkung bei der Ausübung der Veröffentlichungsbefugnis und im Beschwerdeverfahren gegen eine dieser Entscheidungen.

### *Abschnitt 1. Gebühren des Verteidigers*

*Vorbemerkung 4.1:*

(1) Dieser Abschnitt ist auch anzuwenden auf die Tätigkeit im Verfahren über die im Urteil vorbehaltene Sicherungsverwahrung und im Verfahren über die nachträgliche Anordnung der Sicherungsverwahrung.

(2) Durch die Gebühren wird die gesamte Tätigkeit als Verteidiger entgolten. Hierzu gehören auch Tätigkeiten im Rahmen des Täter-Opfer-Ausgleichs, soweit der Gegenstand nicht vermögensrechtlich ist.

(3) Kommt es für eine Gebühr auf die Dauer der Teilnahme an der Hauptverhandlung an, so sind auch Wartezeiten und Unterbrechungen an einem Hauptverhandlungstag als Teilnahme zu berücksichtigen. Dies gilt nicht für Wartezeiten und Unterbrechungen, die der Rechtsanwalt zu vertreten hat, sowie für Unterbrechungen von jeweils mindestens einer Stunde, soweit diese unter Angabe einer konkreten Dauer der Unterbrechung oder eines Zeitpunkts der Fortsetzung der Hauptverhandlung angeordnet wurden.

#### *Unterabschnitt 1. Allgemeine Gebühren*

| | | | |
|---|---|---|---|
| 4100 | Grundgebühr ...................................<br>(1) Die Gebühr entsteht neben der Verfahrensgebühr für die erstmalige Einarbeitung in den Rechtsfall nur einmal, unabhängig davon, in welchem Verfahrensabschnitt sie erfolgt.<br>(2) Eine wegen derselben Tat oder Handlung bereits entstandene Gebühr 5100 ist anzurechnen. | 44,00 bis 396,00 € | 176,00 € |
| 4101 | Gebühr 4100 mit Zuschlag .................. | 44,00 bis 495,00 € | 216,00 € |

| Nr. | Gebührentatbestand | Gebühr oder Satz der Gebühr nach § 13 oder § 49 RVG | |
|---|---|---|---|
| | | Wahlanwalt | gerichtlich bestellter oder beigeordneter Rechtsanwalt |
| 4102 | Terminsgebühr für die Teilnahme an<br>1. richterlichen Vernehmungen und Augenscheinseinnahmen,<br>2. Vernehmungen durch die Staatsanwaltschaft oder eine andere Strafverfolgungsbehörde,<br>3. Terminen außerhalb der Hauptverhandlung, in denen über die Anordnung oder Fortdauer der Untersuchungshaft oder der einstweiligen Unterbringung verhandelt wird,<br>4. Verhandlungen im Rahmen des Täter-Opfer-Ausgleichs sowie<br>5. Sühneterminen nach § 380 StPO .....<br>Mehrere Termine an einem Tag gelten als ein Termin. Die Gebühr entsteht im vorbereitenden Verfahren und in jedem Rechtszug für die Teilnahme an jeweils bis zu drei Terminen einmal. | 44,00 bis 330,00 € | 150,00 € |
| 4103 | Gebühr 4102 mit Zuschlag .................. | 44,00 bis 413,00 € | 183,00 € |

### *Unterabschnitt 2. Vorbereitendes Verfahren*

*Vorbemerkung 4.1.2:*

Die Vorbereitung der Privatklage steht der Tätigkeit im vorbereitenden Verfahren gleich.

| | | | |
|---|---|---|---|
| 4104 | Verfahrensgebühr .................................<br>Die Gebühr entsteht für eine Tätigkeit in dem Verfahren bis zum Eingang der Anklageschrift, des Antrags auf Erlass eines Strafbefehls bei Gericht oder im beschleunigten Verfahren bis zum Vortrag der Anklage, wenn diese nur mündlich erhoben wird. | 44,00 bis 319,00 € | 145,00 € |
| 4105 | Gebühr 4104 mit Zuschlag ................. | 44,00 bis 399,00 € | 177,00 € |

### *Unterabschnitt 3. Gerichtliches Verfahren*

### *Erster Rechtszug*

| | | | |
|---|---|---|---|
| 4106 | Verfahrensgebühr für den ersten Rechtszug vor dem Amtsgericht .......... | 44,00 bis 319,00 € | 145,00 € |
| 4107 | Gebühr 4106 mit Zuschlag .................. | 44,00 bis 399,00 € | 177,00 € |
| 4108 | Terminsgebühr je Hauptverhandlungstag in den in Nummer 4106 genannten Verfahren .......................................... | 77,00 bis 528,00 € | 242,00 € |

| Nr. | Gebührentatbestand | Gebühr oder Satz der Gebühr nach § 13 oder § 49 RVG – Wahlanwalt | Gebühr oder Satz der Gebühr nach § 13 oder § 49 RVG – gerichtlich bestellter oder beigeordneter Rechtsanwalt |
|---|---|---|---|
| 4109 | Gebühr 4108 mit Zuschlag ................. | 77,00 bis 660,00 € | 295,00 € |
| 4110 | Der gerichtlich bestellte oder beigeordnete Rechtsanwalt nimmt mehr als 5 und bis 8 Stunden an der Hauptverhandlung teil:<br>Zusätzliche Gebühr neben der Gebühr 4108 oder 4109 ........................... | | 121,00 € |
| 4111 | Der gerichtlich bestellte oder beigeordnete Rechtsanwalt nimmt mehr als 8 Stunden an der Hauptverhandlung teil:<br>Zusätzliche Gebühr neben der Gebühr 4108 oder 4109 ........................... | | 242,00 € |
| 4112 | Verfahrensgebühr für den ersten Rechtszug vor der Strafkammer ..........<br>Die Gebühr entsteht auch für Verfahren<br>1. vor der Jugendkammer, soweit sich die Gebühr nicht nach Nummer 4118 bestimmt,<br>2. im Rehabilitierungsverfahren nach Abschnitt 2 StrRehaG. | 55,00 bis 352,00 € | 163,00 € |
| 4113 | Gebühr 4112 mit Zuschlag ................. | 55,00 bis 440,00 € | 198,00 € |
| 4114 | Terminsgebühr je Hauptverhandlungstag in den in Nummer 4112 genannten Verfahren ........................................ | 88,00 bis 616,00 € | 282,00 € |
| 4115 | Gebühr 4114 mit Zuschlag ................. | 88,00 bis 770,00 € | 343,00 € |
| 4116 | Der gerichtlich bestellte oder beigeordnete Rechtsanwalt nimmt mehr als 5 und bis 8 Stunden an der Hauptverhandlung teil:<br>Zusätzliche Gebühr neben der Gebühr 4114 oder 4115 ........................... | | 141,00 € |
| 4117 | Der gerichtlich bestellte oder beigeordnete Rechtsanwalt nimmt mehr als 8 Stunden an der Hauptverhandlung teil:<br>Zusätzliche Gebühr neben der Gebühr 4114 oder 4115 ........................... | | 282,00 € |
| 4118 | Verfahrensgebühr für den ersten Rechtszug vor dem Oberlandesgericht, dem Schwurgericht oder der Strafkammer nach den §§ 74a und 74c GVG ..... | 110,00 bis 759,00 € | 348,00 € |

| Nr. | Gebührentatbestand | Gebühr oder Satz der Gebühr nach § 13 oder § 49 RVG – Wahlanwalt | Gebühr oder Satz der Gebühr nach § 13 oder § 49 RVG – gerichtlich bestellter oder beigeordneter Rechtsanwalt |
|---|---|---|---|
| | Die Gebühr entsteht auch für Verfahren vor der Jugendkammer, soweit diese in Sachen entscheidet, die nach den allgemeinen Vorschriften zur Zuständigkeit des Schwurgerichts gehören. | | |
| 4119 | Gebühr 4118 mit Zuschlag ................. | 110,00 bis 949,00 € | 424,00 € |
| 4120 | Terminsgebühr je Hauptverhandlungstag in den in Nummer 4118 genannten Verfahren ................. | 143,00 bis 1 023,00 € | 466,00 € |
| 4121 | Gebühr 4120 mit Zuschlag ................. | 143,00 bis 1 279,00 € | 569,00 € |
| 4122 | Der gerichtlich bestellte oder beigeordnete Rechtsanwalt nimmt mehr als 5 und bis 8 Stunden an der Hauptverhandlung teil:<br>Zusätzliche Gebühr neben der Gebühr 4120 oder 4121 ................. | | 233,00 € |
| 4123 | Der gerichtlich bestellte oder beigeordnete Rechtsanwalt nimmt mehr als 8 Stunden an der Hauptverhandlung teil:<br>Zusätzliche Gebühr neben der Gebühr 4120 oder 4121 ................. | | 466,00 € |
| | ***Berufung*** | | |
| 4124 | Verfahrensgebühr für das Berufungsverfahren ................. | 88,00 bis 616,00 € | 282,00 € |
| | Die Gebühr entsteht auch für Beschwerdeverfahren nach § 13 StrRehaG. | | |
| 4125 | Gebühr 4124 mit Zuschlag ................. | 88,00 bis 770,00 € | 343,00 € |
| 4126 | Terminsgebühr je Hauptverhandlungstag im Berufungsverfahren ................. | 88,00 bis 616,00 € | 282,00 € |
| | Die Gebühr entsteht auch für Beschwerdeverfahren nach § 13 StrRehaG. | | |
| 4127 | Gebühr 4126 mit Zuschlag ................. | 88,00 bis 770,00 € | 343,00 € |
| 4128 | Der gerichtlich bestellte oder beigeordnete Rechtsanwalt nimmt mehr als 5 und bis 8 Stunden an der Hauptverhandlung teil:<br>Zusätzliche Gebühr neben der Gebühr 4126 oder 4127 ................. | | 141,00 € |

| Nr. | Gebührentatbestand | Gebühr oder Satz der Gebühr nach § 13 oder § 49 RVG | |
|---|---|---|---|
| | | Wahlanwalt | gerichtlich bestellter oder beigeordneter Rechtsanwalt |
| 4129 | Der gerichtlich bestellte oder beigeordnete Rechtsanwalt nimmt mehr als 8 Stunden an der Hauptverhandlung teil:<br>Zusätzliche Gebühr neben der Gebühr 4126 oder 4127 .................................. | | 282,00 € |
| | ***Revision*** | | |
| 4130 | Verfahrensgebühr für das Revisionsverfahren .................................................. | 132,00 bis 1 221,00 € | 541,00 € |
| 4131 | Gebühr 4130 mit Zuschlag .................. | 132,00 bis 1 526,00 € | 663,00 € |
| 4132 | Terminsgebühr je Hauptverhandlungstag im Revisionsverfahren .................. | 132,00 bis 616,00 € | 300,00 € |
| 4133 | Gebühr 4132 mit Zuschlag .................. | 132,00 bis 770,00 € | 361,00 € |
| 4134 | Der gerichtlich bestellte oder beigeordnete Rechtsanwalt nimmt mehr als 5 und bis 8 Stunden an der Hauptverhandlung teil:<br>Zusätzliche Gebühr neben der Gebühr 4132 oder 4133.................................... | | 150,00 € |
| 4135 | Der gerichtlich bestellte oder beigeordnete Rechtsanwalt nimmt mehr als 8 Stunden an der Hauptverhandlung teil:<br>Zusätzliche Gebühr neben der Gebühr 4132 oder 4133.................................... | | 300,00 € |

### *Unterabschnitt 4. Wiederaufnahmeverfahren*

*Vorbemerkung 4.1.4:*

Eine Grundgebühr entsteht nicht.

| | | | |
|---|---|---|---|
| 4136 | Geschäftsgebühr für die Vorbereitung eines Antrags ......................................<br>Die Gebühr entsteht auch, wenn von der Stellung eines Antrags abgeraten wird. | in Höhe der Verfahrensgebühr für den ersten Rechtszug | |
| 4137 | Verfahrensgebühr für das Verfahren über die Zulässigkeit des Antrags .................. | in Höhe der Verfahrensgebühr für den ersten Rechtszug | |
| 4138 | Verfahrensgebühr für das weitere Verfahren .................................................. | in Höhe der Verfahrensgebühr für den ersten Rechtszug | |

| Nr. | Gebührentatbestand | Gebühr oder Satz der Gebühr nach § 13 oder § 49 RVG – Wahlanwalt | Gebühr oder Satz der Gebühr nach § 13 oder § 49 RVG – gerichtlich bestellter oder beigeordneter Rechtsanwalt |
|---|---|---|---|
| 4139 | Verfahrensgebühr für das Beschwerdeverfahren (§ 372 StPO) ........................ | in Höhe der Verfahrensgebühr für den ersten Rechtszug | |
| 4140 | Terminsgebühr für jeden Verhandlungstag ........................ | in Höhe der Terminsgebühr für den ersten Rechtszug | |

### *Unterabschnitt 5. Zusätzliche Gebühren*

| Nr. | Gebührentatbestand | Wahlanwalt | gerichtlich bestellter oder beigeordneter Rechtsanwalt |
|---|---|---|---|
| 4141 | Durch die anwaltliche Mitwirkung wird die Hauptverhandlung entbehrlich:<br>Zusätzliche Gebühr ........................<br>(1) Die Gebühr entsteht, wenn<br>1. das Strafverfahren nicht nur vorläufig eingestellt wird oder<br>2. das Gericht beschließt, das Hauptverfahren nicht zu eröffnen oder<br>3. sich das gerichtliche Verfahren durch Rücknahme des Einspruchs gegen den Strafbefehl, der Berufung oder der Revision des Angeklagten oder eines anderen Verfahrensbeteiligten erledigt; ist bereits ein Termin zur Hauptverhandlung bestimmt, entsteht die Gebühr nur, wenn der Einspruch, die Berufung oder die Revision früher als zwei Wochen vor Beginn des Tages, der für die Hauptverhandlung vorgesehen war, zurückgenommen wird; oder<br>4. das Verfahren durch Beschluss nach § 411 Abs. 1 Satz 3 StPO endet.<br>Nummer 3 ist auf den Beistand oder Vertreter eines Privatklägers entsprechend anzuwenden, wenn die Privatklage zurückgenommen wird.<br>(2) Die Gebühr entsteht nicht, wenn eine auf die Förderung des Verfahrens gerichtete Tätigkeit nicht ersichtlich ist. Sie entsteht nicht neben der Gebühr 4147.<br>(3) Die Höhe der Gebühr richtet sich nach dem Rechtszug, in dem die Hauptverhandlung vermieden wurde. Für den Wahlanwalt bemisst sich die Gebühr nach der Rahmenmitte. Eine Erhöhung nach Nummer 1008 und der Zuschlag (Vorbemerkung 4 Abs. 4) sind nicht zu berücksichtigen. | in Höhe der Verfahrensgebühr | |
| 4142 | Verfahrensgebühr bei Einziehung und verwandten Maßnahmen ........................<br>(1) Die Gebühr entsteht für eine Tätigkeit für den Beschuldigten, die sich auf die Einziehung, dieser gleichstehende Rechtsfolgen (§ 439 StPO), die Abführung des Mehrerlöses oder auf eine diesen Zwecken dienende Beschlagnahme bezieht.<br>(2) Die Gebühr entsteht nicht, wenn der Gegenstandswert niedriger als 30,00 € ist. | 1,0 | 1,0 |

| Nr. | Gebührentatbestand | Gebühr oder Satz der Gebühr nach § 13 oder § 49 RVG | |
|---|---|---|---|
| | | Wahlanwalt | gerichtlich bestellter oder beigeordneter Rechtsanwalt |
| | (3) Die Gebühr entsteht für das Verfahren des ersten Rechtszugs einschließlich des vorbereitenden Verfahrens und für jeden weiteren Rechtszug. | | |
| 4143 | Verfahrensgebühr für das erstinstanzliche Verfahren über vermögensrechtliche Ansprüche (§ 403 StPO) ............. <br>(1) Die Gebühr entsteht auch, wenn der Anspruch erstmalig im Berufungsverfahren geltend gemacht wird. <br>(2) Die Gebühr wird zu einem Drittel auf die Verfahrensgebühr, die für einen bürgerlichen Rechtsstreit wegen desselben Anspruchs entsteht, angerechnet. | 2,0 | 2,0 |
| 4144 | Verfahrensgebühr im Berufungs- und Revisionsverfahren über vermögensrechtliche Ansprüche (§ 403 StPO) ...... | 2,5 | 2,5 |
| 4145 | Verfahrensgebühr für das Verfahren über die Beschwerde gegen den Beschluss, mit dem nach § 406 Abs. 5 Satz 2 StPO von einer Entscheidung abgesehen wird | 0,5 | 0,5 |
| 4146 | Verfahrensgebühr für das Verfahren über einen Antrag auf gerichtliche Entscheidung oder über die Beschwerde gegen eine den Rechtszug beendende Entscheidung nach § 25 Abs. 1 Satz 3 bis 5, § 13 StrRehaG ..................................... | 1,5 | 1,5 |
| 4147 | Einigungsgebühr im Privatklageverfahren bezüglich des Strafanspruchs und des Kostenerstattungsanspruchs: <br>Die Gebühr 1000 entsteht ..................... <br>Für einen Vertrag über sonstige Ansprüche entsteht eine weitere Einigungsgebühr nach Teil 1. Maßgebend für die Höhe der Gebühr ist die im Einzelfall bestimmte Verfahrensgebühr in der Angelegenheit, in der die Einigung erfolgt. Eine Erhöhung nach Nummer 1008 und der Zuschlag (Vorbemerkung 4 Abs. 4) sind nicht zu berücksichtigen. | in Höhe der Verfahrensgebühr | |

### *Abschnitt 2. Gebühren in der Strafvollstreckung*

*Vorbemerkung 4.2:*

Im Verfahren über die Beschwerde gegen die Entscheidung in der Hauptsache entstehen die Gebühren besonders.

| Nr. | Gebührentatbestand | Wahlanwalt | gerichtlich bestellter oder beigeordneter Rechtsanwalt |
|---|---|---|---|
| 4200 | Verfahrensgebühr als Verteidiger für ein Verfahren über <br>1. die Erledigung oder Aussetzung der Maßregel der Unterbringung <br>a) in der Sicherungsverwahrung, | | |

| Nr. | Gebührentatbestand | Gebühr oder Satz der Gebühr nach § 13 oder § 49 RVG – Wahlanwalt | gerichtlich bestellter oder beigeordneter Rechtsanwalt |
|---|---|---|---|
| | b) in einem psychiatrischen Krankenhaus oder<br>c) in einer Entziehungsanstalt,<br>2. die Aussetzung des Restes einer zeitigen Freiheitsstrafe oder einer lebenslangen Freiheitsstrafe oder<br>3. den Widerruf einer Strafaussetzung zur Bewährung oder den Widerruf der Aussetzung einer Maßregel der Besserung und Sicherung zur Bewährung ........ | 66,00 bis 737,00 € | 321,00 € |
| 4201 | Gebühr 4200 mit Zuschlag ........ | 66,00 bis 921,00 € | 395,00 € |
| 4202 | Terminsgebühr in den in Nummer 4200 genannten Verfahren ........ | 66,00 bis 330,00 € | 158,00 € |
| 4203 | Gebühr 4202 mit Zuschlag ........ | 66,00 bis 413,00 € | 192,00 € |
| 4204 | Verfahrensgebühr für sonstige Verfahren in der Strafvollstreckung ........ | 33,00 bis 330,00 € | 145,00 € |
| 4205 | Gebühr 4204 mit Zuschlag ........ | 33,00 bis 413,00 € | 178,00 € |
| 4206 | Terminsgebühr für sonstige Verfahren ... | 33,00 bis 330,00 € | 145,00 € |
| 4207 | Gebühr 4206 mit Zuschlag ........ | 33,00 bis 413,00 € | 178,00 € |

### *Abschnitt 3. Einzeltätigkeiten*

*Vorbemerkung 4.3:*

(1) Die Gebühren entstehen für einzelne Tätigkeiten, ohne dass dem Rechtsanwalt sonst die Verteidigung oder Vertretung übertragen ist.

(2) Beschränkt sich die Tätigkeit des Rechtsanwalts auf die Geltendmachung oder Abwehr eines aus der Straftat erwachsenen vermögensrechtlichen Anspruchs im Strafverfahren, so erhält er die Gebühren nach den Nummern 4143 bis 4145.

(3) Die Gebühr entsteht für jede der genannten Tätigkeiten gesondert, soweit nichts anderes bestimmt ist. § 15 RVG bleibt unberührt. Das Beschwerdeverfahren gilt als besondere Angelegenheit.

(4) Wird dem Rechtsanwalt die Verteidigung oder die Vertretung für das Verfahren übertragen, werden die nach diesem Abschnitt entstandenen Gebühren auf die für die Verteidigung oder Vertretung entstehenden Gebühren angerechnet.

| | | | |
|---|---|---|---|
| 4300 | Verfahrensgebühr für die Anfertigung oder Unterzeichnung einer Schrift<br>1. zur Begründung der Revision, | | |

| Nr. | Gebührentatbestand | Gebühr oder Satz der Gebühr nach § 13 oder § 49 RVG | |
|---|---|---|---|
| | | Wahlanwalt | gerichtlich bestellter oder beigeordneter Rechtsanwalt |
| | 2. zur Erklärung auf die von dem Staatsanwalt, Privatkläger oder Nebenkläger eingelegte Revision oder<br>3. in Verfahren nach den §§ 57a und 67e StGB ........................................<br>Neben der Gebühr für die Begründung der Revision entsteht für die Einlegung der Revision keine besondere Gebühr. | 66,00 bis 737,00 € | 321,00 € |
| 4301 | Verfahrensgebühr für<br>1. die Anfertigung oder Unterzeichnung einer Privatklage,<br>2. die Anfertigung oder Unterzeichnung einer Schrift zur Rechtfertigung der Berufung oder zur Beantwortung der von dem Staatsanwalt, Privatkläger oder Nebenkläger eingelegten Berufung,<br>3. die Führung des Verkehrs mit dem Verteidiger,<br>4. die Beistandsleistung für den Beschuldigten bei einer richterlichen Vernehmung, einer Vernehmung durch die Staatsanwaltschaft oder eine andere Strafverfolgungsbehörde oder in einer Hauptverhandlung, einer mündlichen Anhörung oder bei einer Augenscheinseinnahme,<br>5. die Beistandsleistung im Verfahren zur gerichtlichen Erzwingung der Anklage (§ 172 Abs. 2 bis 4, § 173 StPO) oder<br>6. sonstige Tätigkeiten in der Strafvollstreckung ........................................<br>Neben der Gebühr für die Rechtfertigung der Berufung entsteht für die Einlegung der Berufung keine besondere Gebühr. | 44,00 bis 506,00 € | 220,00 € |
| 4302 | Verfahrensgebühr für<br>1. die Einlegung eines Rechtsmittels,<br>2. die Anfertigung oder Unterzeichnung anderer Anträge, Gesuche oder Erklärungen oder<br>3. eine andere nicht in Nummer 4300 oder 4301 erwähnte Beistandsleistung | 33,00 bis 319,00 € | 141,00 € |

| Nr. | Gebührentatbestand | Gebühr oder Satz der Gebühr nach § 13 oder § 49 RVG | |
|---|---|---|---|
| | | Wahlanwalt | gerichtlich bestellter oder beigeordneter Rechtsanwalt |
| 4303 | Verfahrensgebühr für die Vertretung in einer Gnadensache ..............................<br>Der Rechtsanwalt erhält die Gebühr auch, wenn ihm die Verteidigung übertragen war. | 33,00 bis 330,00 € | |
| 4304 | Gebühr für den als Kontaktperson beigeordneten Rechtsanwalt (§ 34a EGGVG) .............................. | | 3 850,00 € |

## Teil 5. Bußgeldsachen

| Nr. | Gebührentatbestand | Gebühr oder Satz der Gebühr nach § 13 oder § 49 RVG – Wahlanwalt | Gebühr oder Satz der Gebühr nach § 13 oder § 49 RVG – gerichtlich bestellter oder beigeordneter Rechtsanwalt |
|---|---|---|---|

*Vorbemerkung 5:*

(1) Für die Tätigkeit als Beistand oder Vertreter eines Einziehungs- oder Nebenbeteiligten, eines Zeugen oder eines Sachverständigen sind die Vorschriften dieses Teils entsprechend anzuwenden.

(2) Die Verfahrensgebühr entsteht für das Betreiben des Geschäfts einschließlich der Information.

(3) Die Terminsgebühr entsteht für die Teilnahme an gerichtlichen Terminen, soweit nichts anderes bestimmt ist. Der Rechtsanwalt erhält die Terminsgebühr auch, wenn er zu einem anberaumten Termin erscheint, dieser aber aus Gründen, die er nicht zu vertreten hat, nicht stattfindet. Dies gilt nicht, wenn er rechtzeitig von der Aufhebung oder Verlegung des Termins in Kenntnis gesetzt worden ist.

(4) Für folgende Tätigkeiten entstehen Gebühren nach den Vorschriften des Teils 3:

1. für das Verfahren über die Erinnerung oder die Beschwerde gegen einen Kostenfestsetzungsbeschluss, für das Verfahren über die Erinnerung gegen den Kostenansatz, für das Verfahren über die Beschwerde gegen die Entscheidung über diese Erinnerung und für Verfahren über den Antrag auf gerichtliche Entscheidung gegen einen Kostenfestsetzungsbescheid und den Ansatz der Gebühren und Auslagen (§ 108 OWiG), dabei steht das Verfahren über den Antrag auf gerichtliche Entscheidung dem Verfahren über die Erinnerung oder die Beschwerde gegen einen Kostenfestsetzungsbeschluss gleich,
2. in der Zwangsvollstreckung aus Entscheidungen, die über die Erstattung von Kosten ergangen sind, und für das Beschwerdeverfahren gegen die gerichtliche Entscheidung nach Nummer 1.

### *Abschnitt 1. Gebühren des Verteidigers*

*Vorbemerkung 5.1:*

(1) Durch die Gebühren wird die gesamte Tätigkeit als Verteidiger entgolten.

(2) Hängt die Höhe der Gebühren von der Höhe der Geldbuße ab, ist die zum Zeitpunkt des Entstehens der Gebühr zuletzt festgesetzte Geldbuße maßgebend. Ist eine Geldbuße nicht festgesetzt, richtet sich die Höhe der Gebühren im Verfahren vor der Verwaltungsbehörde nach dem mittleren Betrag der in der Bußgeldvorschrift angedrohten Geldbuße. Sind in einer Rechtsvorschrift Regelsätze bestimmt, sind diese maßgebend. Mehrere Geldbußen sind zusammenzurechnen.

#### *Unterabschnitt 1. Allgemeine Gebühr*

| Nr. | Gebührentatbestand | Wahlanwalt | gerichtlich bestellter oder beigeordneter Rechtsanwalt |
|---|---|---|---|
| 5100 | Grundgebühr ......................................<br>(1) Die Gebühr entsteht neben der Verfahrensgebühr für die erstmalige Einarbeitung in den Rechtsfall nur einmal, unabhängig davon, in welchem Verfahrensabschnitt sie erfolgt.<br>(2) Die Gebühr entsteht nicht, wenn in einem vorangegangenen Strafverfahren für dieselbe Handlung oder Tat die Gebühr 4100 entstanden ist. | 33,00 bis 187,00 € | 88,00 € |

#### *Unterabschnitt 2. Verfahren vor der Verwaltungsbehörde*

*Vorbemerkung 5.1.2:*

(1) Zu dem Verfahren vor der Verwaltungsbehörde gehört auch das Verwarnungsverfahren und das Zwischenverfahren (§ 69 OWiG) bis zum Eingang der Akten bei Gericht.

(2) Die Terminsgebühr entsteht auch für die Teilnahme an Vernehmungen vor der Polizei oder der Verwaltungsbehörde.

| Nr. | Gebührentatbestand | Wahlanwalt | gerichtlich bestellter oder beigeordneter Rechtsanwalt |
|---|---|---|---|
| 5101 | Verfahrensgebühr bei einer Geldbuße von weniger als 60,00 € ....................... | 22,00 bis 121,00 € | 57,00 € |

| Nr. | Gebührentatbestand | Gebühr oder Satz der Gebühr nach § 13 oder § 49 RVG | |
|---|---|---|---|
| | | Wahlanwalt | gerichtlich bestellter oder beigeordneter Rechtsanwalt |
| 5102 | Terminsgebühr für jeden Tag, an dem ein Termin in den in Nummer 5101 genannten Verfahren stattfindet ........... | 22,00 bis 121,00 € | 57,00 € |
| 5103 | Verfahrensgebühr bei einer Geldbuße von 60,00 bis 5 000,00 € ..................... | 33,00 bis 319,00 € | 141,00 € |
| 5104 | Terminsgebühr für jeden Tag, an dem ein Termin in den in Nummer 5103 genannten Verfahren stattfindet ........... | 33,00 bis 319,00 € | 141,00 € |
| 5105 | Verfahrensgebühr bei einer Geldbuße von mehr als 5 000,00 € ..................... | 44,00 bis 330,00 € | 150,00 € |
| 5106 | Terminsgebühr für jeden Tag, an dem ein Termin in den in Nummer 5105 genannten Verfahren stattfindet ........... | 44,00 bis 330,00 € | 150,00 € |

### *Unterabschnitt 3. Gerichtliches Verfahren im ersten Rechtszug*

*Vorbemerkung 5.1.3:*

(1) Die Terminsgebühr entsteht auch für die Teilnahme an gerichtlichen Terminen außerhalb der Hauptverhandlung.

(2) Die Gebühren dieses Unterabschnitts entstehen für das Wiederaufnahmeverfahren einschließlich seiner Vorbereitung gesondert; die Verfahrensgebühr entsteht auch, wenn von der Stellung eines Wiederaufnahmeantrags abgeraten wird.

| | | | |
|---|---|---|---|
| 5107 | Verfahrensgebühr bei einer Geldbuße von weniger als 60,00 € ....................... | 22,00 bis 121,00 € | 57,00 € |
| 5108 | Terminsgebühr je Hauptverhandlungstag in den in Nummer 5107 genannten Verfahren ........................................... | 22,00 bis 264,00 € | 114,00 € |
| 5109 | Verfahrensgebühr bei einer Geldbuße von 60,00 bis 5 000,00 € ..................... | 33,00 bis 319,00 € | 141,00 € |
| 5110 | Terminsgebühr je Hauptverhandlungstag in den in Nummer 5109 genannten Verfahren ........................................... | 44,00 bis 517,00 € | 224,00 € |
| 5111 | Verfahrensgebühr bei einer Geldbuße von mehr als 5 000,00 € ....................... | 55,00 bis 385,00 € | 176,00 € |

| Nr. | Gebührentatbestand | Gebühr oder Satz der Gebühr nach § 13 oder § 49 RVG | |
|---|---|---|---|
| | | Wahlanwalt | gerichtlich bestellter oder beigeordneter Rechtsanwalt |
| 5112 | Terminsgebühr je Hauptverhandlungstag in den in Nummer 5111 genannten Verfahren | 88,00 bis 616,00 € | 282,00 € |
| | ***Unterabschnitt 4. Verfahren über die Rechtsbeschwerde*** | | |
| 5113 | Verfahrensgebühr | 88,00 bis 616,00 € | 282,00 € |
| 5114 | Terminsgebühr je Hauptverhandlungstag | 88,00 bis 616,00 € | 282,00 € |
| | ***Unterabschnitt 5. Zusätzliche Gebühren*** | | |
| 5115 | Durch die anwaltliche Mitwirkung wird das Verfahren vor der Verwaltungsbehörde erledigt oder die Hauptverhandlung entbehrlich:<br>Zusätzliche Gebühr<br>(1) Die Gebühr entsteht, wenn<br>1. das Verfahren nicht nur vorläufig eingestellt wird oder<br>2. der Einspruch gegen den Bußgeldbescheid zurückgenommen wird oder<br>3. der Bußgeldbescheid nach Einspruch von der Verwaltungsbehörde zurückgenommen und gegen einen neuen Bußgeldbescheid kein Einspruch eingelegt wird oder<br>4. sich das gerichtliche Verfahren durch Rücknahme des Einspruchs gegen den Bußgeldbescheid oder der Rechtsbeschwerde des Betroffenen oder eines anderen Verfahrensbeteiligten erledigt; ist bereits ein Termin zur Hauptverhandlung bestimmt, entsteht die Gebühr nur, wenn der Einspruch oder die Rechtsbeschwerde früher als zwei Wochen vor Beginn des Tages, der für die Hauptverhandlung vorgesehen war, zurückgenommen wird, oder<br>5. das Gericht nach § 72 Abs. 1 Satz 1 OWiG durch Beschluss entscheidet.<br>(2) Die Gebühr entsteht nicht, wenn eine auf die Förderung des Verfahrens gerichtete Tätigkeit nicht ersichtlich ist.<br>(3) Die Höhe der Gebühr richtet sich nach dem Rechtszug, in dem die Hauptverhandlung vermieden wurde. Für den Wahlanwalt bemisst sich die Gebühr nach der Rahmenmitte. | in Höhe der jeweiligen Verfahrensgebühr | |
| 5116 | Verfahrensgebühr bei Einziehung und verwandten Maßnahmen<br>(1) Die Gebühr entsteht für eine Tätigkeit für den Betroffenen, die sich auf die Einziehung oder dieser | 1,0 | 1,0 |

| Nr. | Gebührentatbestand | Gebühr oder Satz der Gebühr nach § 13 oder § 49 RVG | |
|---|---|---|---|
| | | Wahlanwalt | gerichtlich bestellter oder beigeordneter Rechtsanwalt |
| | gleichstehende Rechtsfolgen (§ 46 Abs. 1 OWiG, § 439 StPO) oder auf eine diesen Zwecken dienende Beschlagnahme bezieht.<br>(2) Die Gebühr entsteht nicht, wenn der Gegenstandswert niedriger als 30,00 € ist.<br>(3) Die Gebühr entsteht nur einmal für das Verfahren vor der Verwaltungsbehörde und für das gerichtliche Verfahren im ersten Rechtszug. Im Rechtsbeschwerdeverfahren entsteht die Gebühr besonders. | | |
| | ***Abschnitt 2. Einzeltätigkeiten*** | | |
| 5200 | Verfahrensgebühr .................................<br>(1) Die Gebühr entsteht für einzelne Tätigkeiten, ohne dass dem Rechtsanwalt sonst die Verteidigung übertragen ist.<br>(2) Die Gebühr entsteht für jede Tätigkeit gesondert, soweit nichts anderes bestimmt ist. § 15 RVG bleibt unberührt.<br>(3) Wird dem Rechtsanwalt die Verteidigung für das Verfahren übertragen, werden die nach dieser Nummer entstandenen Gebühren auf die für die Verteidigung entstehenden Gebühren angerechnet.<br>(4) Der Rechtsanwalt erhält die Gebühr für die Vertretung in der Vollstreckung und in einer Gnadensache auch, wenn ihm die Verteidigung übertragen war. | 22,00 bis 121,00 € | 57,00 € |

## Teil 6. Sonstige Verfahren

| Nr. | Gebührentatbestand | Gebühr: Wahlverteidiger oder Verfahrensbevollmächtigter | Gebühr: gerichtlich bestellter oder beigeordneter Rechtsanwalt |
|---|---|---|---|

*Vorbemerkung 6:*

(1) Für die Tätigkeit als Beistand für einen Zeugen oder Sachverständigen in einem Verfahren, für das sich die Gebühren nach diesem Teil bestimmen, entstehen die gleichen Gebühren wie für einen Verfahrensbevollmächtigten in diesem Verfahren.

(2) Die Verfahrensgebühr entsteht für das Betreiben des Geschäfts einschließlich der Information.

(3) Die Terminsgebühr entsteht für die Teilnahme an gerichtlichen Terminen, soweit nichts anderes bestimmt ist. Der Rechtsanwalt erhält die Terminsgebühr auch, wenn er zu einem anberaumten Termin erscheint, dieser aber aus Gründen, die er nicht zu vertreten hat, nicht stattfindet. Dies gilt nicht, wenn er rechtzeitig von der Aufhebung oder Verlegung des Termins in Kenntnis gesetzt worden ist.

### *Abschnitt 1. Verfahren nach dem Gesetz über die internationale Rechtshilfe in Strafsachen und Verfahren nach dem Gesetz über die Zusammenarbeit mit dem Internationalen Strafgerichtshof*

#### *Unterabschnitt 1. Verfahren vor der Verwaltungsbehörde*

*Vorbemerkung 6.1.1:*

Die Gebühr nach diesem Unterabschnitt entsteht für die Tätigkeit gegenüber der Bewilligungsbehörde in Verfahren nach Abschnitt 2 Unterabschnitt 2 des Neunten Teils des Gesetzes über die internationale Rechtshilfe in Strafsachen.

| | | | |
|---|---|---|---|
| 6100 | Verfahrensgebühr | 55,00 bis 374,00 € | 172,00 € |

#### *Unterabschnitt 2. Gerichtliches Verfahren*

| | | | |
|---|---|---|---|
| 6101 | Verfahrensgebühr | 110,00 bis 759,00 € | 348,00 € |
| 6102 | Terminsgebühr je Verhandlungstag | 143,00 bis 1 023,00 € | 466,00 € |

### *Abschnitt 2. Disziplinarverfahren, berufsgerichtliche Verfahren wegen der Verletzung einer Berufspflicht*

*Vorbemerkung 6.2:*

(1) Durch die Gebühren wird die gesamte Tätigkeit im Verfahren abgegolten.

(2) Für die Vertretung gegenüber der Aufsichtsbehörde außerhalb eines Disziplinarverfahrens entstehen Gebühren nach Teil 2.

(3) Für folgende Tätigkeiten entstehen Gebühren nach Teil 3:
1. für das Verfahren über die Erinnerung oder die Beschwerde gegen einen Kostenfestsetzungsbeschluss, für das Verfahren über die Erinnerung gegen den Kostenansatz und für das Verfahren über die Beschwerde gegen die Entscheidung über diese Erinnerung,
2. in der Zwangsvollstreckung aus einer Entscheidung, die über die Erstattung von Kosten ergangen ist, und für das Beschwerdeverfahren gegen diese Entscheidung.

#### *Unterabschnitt 1. Allgemeine Gebühren*

| | | | |
|---|---|---|---|
| 6200 | Grundgebühr<br>Die Gebühr entsteht neben der Verfahrensgebühr für die erstmalige Einarbeitung in den Rechtsfall nur einmal, unabhängig davon, in welchem Verfahrensabschnitt sie erfolgt. | 44,00 bis 385,00 € | 172,00 € |

| Nr. | Gebührentatbestand | Gebühr Wahlverteidiger oder Verfahrensbevollmächtigter | Gebühr gerichtlich bestellter oder beigeordneter Rechtsanwalt |
|---|---|---|---|
| 6201 | Terminsgebühr für jeden Tag, an dem ein Termin stattfindet .......................... Die Gebühr entsteht für die Teilnahme an außergerichtlichen Anhörungsterminen und außergerichtlichen Terminen zur Beweiserhebung. | 44,00 bis 407,00 € | 180,00 € |
| | ***Unterabschnitt 2. Außergerichtliches Verfahren*** | | |
| 6202 | Verfahrensgebühr ................................ (1) Die Gebühr entsteht gesondert für eine Tätigkeit in einem dem gerichtlichen Verfahren vorausgehenden und der Überprüfung der Verwaltungsentscheidung dienenden weiteren außergerichtlichen Verfahren. (2) Die Gebühr entsteht für eine Tätigkeit in dem Verfahren bis zum Eingang des Antrags oder der Anschuldigungsschrift bei Gericht. | 44,00 bis 319,00 € | 145,00 € |
| | ***Unterabschnitt 3. Gerichtliches Verfahren*** | | |
| | ***Erster Rechtszug*** | | |
| | *Vorbemerkung 6.2.3:* (1) Die nachfolgenden Gebühren entstehen für das Wiederaufnahmeverfahren einschließlich seiner Vorbereitung gesondert. (2) Kommt es für eine Gebühr auf die Dauer der Teilnahme an der Hauptverhandlung an, sind auch Wartezeiten und Unterbrechungen an einem Hauptverhandlungstag als Teilnahme zu berücksichtigen. Dies gilt nicht für Wartezeiten und Unterbrechungen, die der Rechtsanwalt zu vertreten hat, sowie für Unterbrechungen von jeweils mindestens einer Stunde, soweit diese unter Angabe einer konkreten Dauer der Unterbrechung oder eines Zeitpunkts der Fortsetzung der Hauptverhandlung angeordnet wurden. | | |
| 6203 | Verfahrensgebühr ................................ | 55,00 bis 352,00 € | 163,00 € |
| 6204 | Terminsgebühr je Verhandlungstag ....... | 88,00 bis 616,00 € | 282,00 € |
| 6205 | Der gerichtlich bestellte Rechtsanwalt nimmt mehr als 5 und bis 8 Stunden an der Hauptverhandlung teil: Zusätzliche Gebühr neben der Gebühr 6204 .................................................. | | 141,00 € |
| 6206 | Der gerichtlich bestellte Rechtsanwalt nimmt mehr als 8 Stunden an der Hauptverhandlung teil: Zusätzliche Gebühr neben der Gebühr 6204 .................................................. | | 282,00 € |
| | ***Zweiter Rechtszug*** | | |
| 6207 | Verfahrensgebühr ................................ | 88,00 bis 616,00 € | 282,00 € |
| 6208 | Terminsgebühr je Verhandlungstag ....... | 88,00 bis 616,00 € | 282,00 € |

| Nr. | Gebührentatbestand | Gebühr Wahlverteidiger oder Verfahrensbevollmächtigter | Gebühr gerichtlich bestellter oder beigeordneter Rechtsanwalt |
|---|---|---|---|
| 6209 | Der gerichtlich bestellte Rechtsanwalt nimmt mehr als 5 und bis 8 Stunden an der Hauptverhandlung teil:<br>Zusätzliche Gebühr neben der Gebühr 6208 ........ | | 141,00 € |
| 6210 | Der gerichtlich bestellte Rechtsanwalt nimmt mehr als 8 Stunden an der Hauptverhandlung teil:<br>Zusätzliche Gebühr neben der Gebühr 6208 ........ | | 282,00 € |
| | ***Dritter Rechtszug*** | | |
| 6211 | Verfahrensgebühr ........ | 132,00 bis 1 221,00 € | 541,00 € |
| 6212 | Terminsgebühr je Verhandlungstag ........ | 132,00 bis 605,00 € | 294,00 € |
| 6213 | Der gerichtlich bestellte Rechtsanwalt nimmt mehr als 5 und bis 8 Stunden an der Hauptverhandlung teil:<br>Zusätzliche Gebühr neben der Gebühr 6212 ........ | | 147,00 € |
| 6214 | Der gerichtlich bestellte Rechtsanwalt nimmt mehr als 8 Stunden an der Hauptverhandlung teil:<br>Zusätzliche Gebühr neben der Gebühr 6212 ........ | | 294,00 € |
| 6215 | Verfahrensgebühr für das Verfahren über die Beschwerde gegen die Nichtzulassung der Revision ........<br>Die Gebühr wird auf die Verfahrensgebühr für ein nachfolgendes Revisionsverfahren angerechnet. | 77,00 bis 1 221,00 € | 519,00 € |
| | ***Unterabschnitt 4. Zusatzgebühr*** | | |
| 6216 | Durch die anwaltliche Mitwirkung wird die mündliche Verhandlung entbehrlich:<br>Zusätzliche Gebühr ........<br>(1) Die Gebühr entsteht, wenn eine gerichtliche Entscheidung mit Zustimmung der Beteiligten ohne mündliche Verhandlung ergeht oder einer beabsichtigten Entscheidung ohne Hauptverhandlungstermin nicht widersprochen wird.<br>(2) Die Gebühr entsteht nicht, wenn eine auf die Förderung des Verfahrens gerichtete Tätigkeit nicht ersichtlich ist.<br>(3) Die Höhe der Gebühr richtet sich nach dem Rechtszug, in dem die Hauptverhandlung vermie- | in Höhe der jeweiligen Verfahrensgebühr | |

| Nr. | Gebührentatbestand | Gebühr Wahlverteidiger oder Verfahrensbevollmächtigter | Gebühr gerichtlich bestellter oder beigeordneter Rechtsanwalt |
|---|---|---|---|
| | den wurde. Für den Wahlanwalt bemisst sich die Gebühr nach der Rahmenmitte. | | |

***Abschnitt 3. Gerichtliche Verfahren bei Freiheitsentziehung, bei Unterbringung und bei sonstigen Zwangsmaßnahmen***

| Nr. | Gebührentatbestand | Wahlverteidiger oder Verfahrensbevollmächtigter | gerichtlich bestellter oder beigeordneter Rechtsanwalt |
|---|---|---|---|
| 6300 | Verfahrensgebühr in Freiheitsentziehungssachen nach § 415 FamFG, in Unterbringungssachen nach § 312 FamFG und in Verfahren nach § 151 Nr. 6 und 7 FamFG .......... Die Gebühr entsteht für jeden Rechtszug. | 44,00 bis 517,00 € | 224,00 € |
| 6301 | Terminsgebühr in den Fällen der Nummer 6300 .......... Die Gebühr entsteht für die Teilnahme an gerichtlichen Terminen. | 44,00 bis 517,00 € | 224,00 € |
| 6302 | Verfahrensgebühr in sonstigen Fällen .... Die Gebühr entsteht für jeden Rechtszug des Verfahrens über die Verlängerung oder Aufhebung einer Freiheitsentziehung nach den §§ 425 und 426 FamFG oder einer Unterbringungsmaßnahme nach den §§ 329 und 330 FamFG. | 22,00 bis 330,00 € | 141,00 € |
| 6303 | Terminsgebühr in den Fällen der Nummer 6302 .......... Die Gebühr entsteht für die Teilnahme an gerichtlichen Terminen. | 22,00 bis 330,00 € | 141,00 € |

***Abschnitt 4. Gerichtliche Verfahren nach der Wehrbeschwerdeordnung***

*Vorbemerkung 6.4:*

(1) Die Gebühren nach diesem Abschnitt entstehen in Verfahren auf gerichtliche Entscheidung nach der WBO, auch i.V.m. § 42 WDO, wenn das Verfahren vor dem Truppendienstgericht oder vor dem Bundesverwaltungsgericht an die Stelle des Verwaltungsrechtswegs gemäß § 82 SG tritt.

(2) Soweit wegen desselben Gegenstands eine Geschäftsgebühr nach Nummer 2302 für eine Tätigkeit im Verfahren über die Beschwerde oder über die weitere Beschwerde vor einem Disziplinarvorgesetzten entstanden ist, wird diese Gebühr zur Hälfte, höchstens jedoch mit einem Betrag von 207,00 €, auf die Verfahrensgebühr des gerichtlichen Verfahrens vor dem Truppendienstgericht oder dem Bundesverwaltungsgericht angerechnet. Sind mehrere Gebühren entstanden, ist für die Anrechnung die zuletzt entstandene Gebühr maßgebend.

| Nr. | Gebührentatbestand | Wahlverteidiger oder Verfahrensbevollmächtigter | gerichtlich bestellter oder beigeordneter Rechtsanwalt |
|---|---|---|---|
| 6400 | Verfahrensgebühr für das Verfahren auf gerichtliche Entscheidung vor dem Truppendienstgericht .......... | 88,00 bis 748,00 € | |
| 6401 | Terminsgebühr je Verhandlungstag in den in Nummer 6400 genannten Verfahren .......... | 88,00 bis 748,00 € | |
| 6402 | Verfahrensgebühr für das Verfahren auf gerichtliche Entscheidung vor dem Bundesverwaltungsgericht, im Verfahren über die Rechtsbeschwerde oder im | | |

| Nr. | Gebührentatbestand | Gebühr Wahlverteidiger oder Verfahrensbevollmächtigter | Gebühr gerichtlich bestellter oder beigeordneter Rechtsanwalt |
|---|---|---|---|
| | Verfahren über die Beschwerde gegen die Nichtzulassung der Rechtsbeschwerde ........................................<br>Die Gebühr für ein Verfahren über die Beschwerde gegen die Nichtzulassung der Rechtsbeschwerde wird auf die Gebühr für ein nachfolgendes Verfahren über die Rechtsbeschwerde angerechnet. | 110,00 bis 869,00 € | |
| 6403 | Terminsgebühr je Verhandlungstag in den in Nummer 6402 genannten Verfahren ........................................ | 110,00 bis 869,00 € | |

***Abschnitt 5. Einzeltätigkeiten und Verfahren auf Aufhebung oder Änderung einer Disziplinarmaßnahme***

| Nr. | Gebührentatbestand | Gebühr Wahlverteidiger oder Verfahrensbevollmächtigter | Gebühr gerichtlich bestellter oder beigeordneter Rechtsanwalt |
|---|---|---|---|
| 6500 | Verfahrensgebühr ................................<br>(1) Für eine Einzeltätigkeit entsteht die Gebühr, wenn dem Rechtsanwalt nicht die Verteidigung oder Vertretung übertragen ist.<br>(2) Die Gebühr entsteht für jede einzelne Tätigkeit gesondert, soweit nichts anderes bestimmt ist. § 15 RVG bleibt unberührt.<br>(3) Wird dem Rechtsanwalt die Verteidigung oder Vertretung für das Verfahren übertragen, werden die nach dieser Nummer entstandenen Gebühren auf die für die Verteidigung oder Vertretung entstehenden Gebühren angerechnet.<br>(4) Eine Gebühr nach dieser Vorschrift entsteht jeweils auch für das Verfahren nach der WDO vor einem Disziplinarvorgesetzten auf Aufhebung oder Änderung einer Disziplinarmaßnahme und im gerichtlichen Verfahren vor dem Wehrdienstgericht. | 22,00 bis 330,00 € | 141,00 € |

## Teil 7. Auslagen

| Nr. | Auslagentatbestand | Höhe |
|---|---|---|
| *Vorbemerkung 7:*<br>(1) Mit den Gebühren werden auch die allgemeinen Geschäftskosten entgolten. Soweit nachfolgend nichts anderes bestimmt ist, kann der Rechtsanwalt Ersatz der entstandenen Aufwendungen (§ 675 i.V.m. § 670 BGB) verlangen.<br>(2) Eine Geschäftsreise liegt vor, wenn das Reiseziel außerhalb der Gemeinde liegt, in der sich die Kanzlei oder die Wohnung des Rechtsanwalts befindet.<br>(3) Dient eine Reise mehreren Geschäften, sind die entstandenen Auslagen nach den Nummern 7003 bis 7006 nach dem Verhältnis der Kosten zu verteilen, die bei gesonderter Ausführung der einzelnen Geschäfte entstanden wären. Ein Rechtsanwalt, der seine Kanzlei an einen anderen Ort verlegt, kann bei Fortführung eines ihm vorher erteilten Auftrags Auslagen nach den Nummern 7003 bis 7006 nur insoweit verlangen, als sie auch von seiner bisherigen Kanzlei aus entstanden wären. | | |
| 7000 | Pauschale für die Herstellung und Überlassung von Dokumenten:<br>1. für Kopien und Ausdrucke<br>a) aus Behörden- und Gerichtsakten, soweit deren Herstellung zur sachgemäßen Bearbeitung der Rechtssache geboten war,<br>b) zur Zustellung oder Mitteilung an Gegner oder Beteiligte und Verfahrensbevollmächtigte aufgrund einer Rechtsvorschrift oder nach Aufforderung durch das Gericht, die Behörde oder die sonst das Verfahren führende Stelle, soweit hierfür mehr als 100 Seiten zu fertigen waren,<br>c) zur notwendigen Unterrichtung des Auftraggebers, soweit hierfür mehr als 100 Seiten zu fertigen waren,<br>d) in sonstigen Fällen nur, wenn sie im Einverständnis mit dem Auftraggeber zusätzlich, auch zur Unterrichtung Dritter, angefertigt worden sind: | |
| | für die ersten 50 abzurechnenden Seiten je Seite ....... | 0,50 € |
| | für jede weitere Seite ....... | 0,15 € |
| | für die ersten 50 abzurechnenden Seiten in Farbe je Seite ....... | 1,00 € |
| | für jede weitere Seite in Farbe ....... | 0,30 € |
| | 2. Überlassung von elektronisch gespeicherten Dateien oder deren Bereitstellung zum Abruf anstelle der in Nummer 1 Buchstabe d genannten Kopien und Ausdrucke:<br>je Datei ....... | 1,50 € |
| | für die in einem Arbeitsgang überlassenen, bereitgestellten oder in einem Arbeitsgang auf denselben Datenträger übertragenen Dokumente insgesamt höchstens ....... | 5,00 € |
| | (1) Die Höhe der Dokumentenpauschale nach Nummer 1 ist in derselben Angelegenheit und in gerichtlichen Verfahren in demselben Rechtszug einheitlich zu berechnen. Eine Übermittlung durch den Rechtsanwalt per Telefax steht der Herstellung einer Kopie gleich.<br>(2) Werden zum Zweck der Überlassung von elektronisch gespeicherten Dateien Dokumente im Einverständnis mit dem Auftraggeber zuvor von | |

| Nr. | Auslagentatbestand | Höhe |
| --- | --- | --- |
| | der Papierform in die elektronische Form übertragen, beträgt die Dokumentenpauschale nach Nummer 2 nicht weniger, als die Dokumentenpauschale im Fall der Nummer 1 betragen würde. | |
| 7001 | Entgelte für Post- und Telekommunikationsdienstleistungen ........<br>Für die durch die Geltendmachung der Vergütung entstehenden Entgelte kann kein Ersatz verlangt werden. | in voller Höhe |
| 7002 | Pauschale für Entgelte für Post- und Telekommunikationsdienstleistungen ........<br>(1) Die Pauschale kann in jeder Angelegenheit anstelle der tatsächlichen Auslagen nach 7001 gefordert werden.<br>(2) Werden Gebühren aus der Staatskasse gezahlt, sind diese maßgebend. | 20 % der Gebühren – höchstens 20,00 € |
| 7003 | Fahrtkosten für eine Geschäftsreise bei Benutzung eines eigenen Kraftfahrzeugs für jeden gefahrenen Kilometer ...<br>Mit den Fahrtkosten sind die Anschaffungs-, Unterhaltungs- und Betriebskosten sowie die Abnutzung des Kraftfahrzeugs abgegolten. | 0,42 € |
| 7004 | Fahrtkosten für eine Geschäftsreise bei Benutzung eines anderen Verkehrsmittels, soweit sie angemessen sind ....... | in voller Höhe |
| 7005 | Tage- und Abwesenheitsgeld bei einer Geschäftsreise | |
| | 1. von nicht mehr als 4 Stunden ........ | 30,00 € |
| | 2. von mehr als 4 bis 8 Stunden ........ | 50,00 € |
| | 3. von mehr als 8 Stunden ........<br>Bei Auslandsreisen kann zu diesen Beträgen ein Zuschlag von 50 % berechnet werden. | 80,00 € |
| 7006 | Sonstige Auslagen anlässlich einer Geschäftsreise, soweit sie angemessen sind ........ | in voller Höhe |
| 7007 | Im Einzelfall gezahlte Prämie für eine Haftpflichtversicherung für Vermögensschäden, soweit die Prämie auf Haftungsbeträge von mehr als 30 Mio. € entfällt ........<br>Soweit sich aus der Rechnung des Versicherers nichts anderes ergibt, ist von der Gesamtprämie der Betrag zu erstatten, der sich aus dem Verhältnis der 30 Mio. € übersteigenden Versicherungssumme zu der Gesamtversicherungssumme ergibt. | in voller Höhe |
| 7008 | Umsatzsteuer auf die Vergütung ........<br>Dies gilt nicht, wenn die Umsatzsteuer nach § 19 Abs. 1 UStG unerhoben bleibt. | in voller Höhe |

**Anlage 2**
(zu § 13 Absatz 1 Satz 3)

**[Gebührentabelle für Gegenstandswerte bis 500 000 Euro]**

| Gegenstandswert bis … € | Gebühr … € | Gegenstandswert bis …€ | Gebühr … € |
|---|---|---|---|
| **500** | 49,00 | **50 000** | 1 279,00 |
| **1 000** | 88,00 | **65 000** | 1 373,00 |
| **1 500** | 127,00 | **80 000** | 1 467,00 |
| **2 000** | 166,00 | **95 000** | 1 561,00 |
| **3 000** | 222,00 | **110 000** | 1 655,00 |
| **4 000** | 278,00 | **125 000** | 1 749,00 |
| **5 000** | 334,00 | **140 000** | 1 843,00 |
| **6 000** | 390,00 | **155 000** | 1 937,00 |
| **7 000** | 446,00 | **170 000** | 2 031,00 |
| **8 000** | 502,00 | **185 000** | 2 125,00 |
| **9 000** | 558,00 | **200 000** | 2 219,00 |
| **10 000** | 614,00 | **230 000** | 2 351,00 |
| **13 000** | 666,00 | **260 000** | 2 483,00 |
| **16 000** | 718,00 | **290 000** | 2 615,00 |
| **19 000** | 770,00 | **320 000** | 2 747,00 |
| **22 000** | 822,00 | **350 000** | 2 879,00 |
| **25 000** | 874,00 | **380 000** | 3 011,00 |
| **30 000** | 955,00 | **410 000** | 3 143,00 |
| **35 000** | 1 036,00 | **440 000** | 3 275,00 |
| **40 000** | 1 117,00 | **470 000** | 3 407,00 |
| **45 000** | 1 198,00 | **500 000** | 3 539,00 |

# 118. Gesetz über Gerichtskosten in Familiensachen (FamGKG)[1)]

Vom 17. Dezember 2008
(BGBl. I S. 2586, 2666)

**FNA 361-5**

| Lfd. Nr. | Änderndes Gesetz | Datum | Fundstelle | Betroffen | Hinweis |
|---|---|---|---|---|---|
| 1. | Art. 13 G zur Strukturreform des Versorgungsausgleichs | 3.4.2009 | BGBl. I S. 700 | § 50 | neu gef. mWv 1.9.2009 |
| 2. | Art. 4 G zur Änd. des Zugewinnausgleichs- und Vormundschaftsrechts | 6.7.2009 | BGBl. I S. 1696 | Inhaltsübersicht, Anl. 1 | geänd. mWv 1.9.2009 |
| | | | | § 48 | neu gef. mWv 1.9.2009 |
| 3. | Art. 3 Abs. 2 G zur Reform der Sachaufklärung in der Zwangsvollstreckung | 29.7.2009 | BGBl. I S. 2258 | Anl. 1 | geänd. mWv 1.1.2013 |
| 4. | Art. 14 G zur Umsetzung der DienstleistungsRL in der Justiz und zur Änd. weiterer Vorschriften | 22.12. 2010 | BGBl. I S. 2248 | Inhaltsübersicht, Anl. 1 | geänd. mWv 28.12.2010 |
| | | | | §§ 62a, 64 | eingef. mWv 28.12.2010 |
| 5. | Art. 10 G zur Durchführung der VO (EG) Nr. 4/2009 und zur Neuordnung bestehender Aus- und Durchführungsbestimmungen auf dem Gebiet des internationalen Unterhaltsverfahrensrechts | 23.5.2011 | BGBl. I S. 898 | Anl. 1 | geänd. mWv 18.6.2011 |
| 6. | Art. 7a G zur Förderung der Mediation und anderer Verfahren der außergerichtlichen Konfliktbeilegung[2)] | 21.7.2012 | BGBl. I S. 1577 | § 61a | eingef. mWv 26.7.2012 |
| 7. | Art. 10 G zur Einführung einer Rechtsbehelfsbelehrung im Zivilprozess und zur Änd. anderer Vorschriften | 5.12.2012 | BGBl. I S. 2418 | Inhaltsübersicht, § 59 | geänd. mWv 1.1.2014 |
| | | | | § 8a | eingef. mWv 1.1.2014 |
| 8. | Art. 8 Nr. 3 G zur Intensivierung des Einsatzes von Videokonferenztechnik in gerichtlichen und staatsanwaltschaftlichen Verfahren | 25.4.2013 | BGBl. I S. 935, geänd. 2013, S. 2586 | Anl. 1 | geänd. mWv 1.11.2013 |
| 9. | Art. 4 G zur Stärkung der Rechte des leiblichen, nicht rechtlichen Vaters | 4.7.2013 | BGBl. I S. 2176 | § 45 | geänd. mWv 13.7.2013 |

[1)] Verkündet als Art. 2 G zur Reform des Verfahrens in Familiensachen und in den Angelegenheiten der freiwilligen Gerichtsbarkeit (FGG-Reformgesetz – FGG-RG) v. 17.12.2008 (BGBl. I S. 2586, geänd. durch G v. 30.7.2009, BGBl. I S. 2449); Inkrafttreten gem. Art. 112 Abs. 1 dieses G am 1.9.2009.

[2)] **Amtl. Anm.:** Dieses Gesetz dient der Umsetzung der Richtlinie 2008/52/EG des Europäischen Parlaments und des Rates vom 21. Mai 2008 über bestimmte Aspekte der Mediation in Zivil- und Handelssachen (ABl. L 136 vom 24.5.2008, S. 3).

| Lfd. Nr. | Änderndes Gesetz | Datum | Fundstelle | Betroffen | Hinweis |
|---|---|---|---|---|---|
| 10. | Art. 5 2. Kostenrechtsmodernisierungs G | 23.7.2013 | BGBl. I S. 2586 | Inhaltsübers., §§ 1, 2, 9, 11, 14, 15, 16, 18, 19, 20, 23, 26, 28, 36, 38, 39, 40, 42, 43, 46, 51, 55, 58, 63, Anl. 1 | geänd. mWv 1.8.2013 |
| | | | | § 8, Anl. 2 | neu gef. mWv 1.8.2013 |
| | | | | § 62 | aufgeh. mWv 1.8.2013 |
| 11. | Art. 4 Abs. 49 G zur Strukturreform des Gebührenrechts des Bundes | 7.8.2013 | BGBl. I S. 3154, aufgeh. 2016, S. 1666 | Anl. 1 | geänd. mWv 14.8.2018, insoweit aufgeh. 2016, S. 1666 |
| 12. | Art. 21 G zur Förderung des elektronischen Rechtsverkehrs mit den Gerichten | 10.10. 2013 | BGBl. I S. 3786 | Anl. 1 | geänd. mWv 1.7.2014 |
| 13. | Art. 8 G zur Durchführung der VO (EU) Nr. 1215/ 2012 sowie zur Änd. sonstiger Vorschriften | 8.7.2014 | BGBl. I S. 890 | Anl. 1 | geänd. mWv 16.7.2014 |
| 14. | Art. 3 G zur Umsetzung der RL 2011/99/EU über die Europäische Schutzanordnung und zur Durchführung der VO (EU) Nr. 606/ 2013 über die gegenseitige Anerkennung von Schutzmaßnahmen in Zivilsachen[1] | 5.12.2014 | BGBl. I S. 1964 | §§ 21, 49, Anl. 1 | geänd. mWv 11.1.2015 |
| 15. | Art. 173 Zehnte ZuständigkeitsanpassungsVO | 31.8.2015 | BGBl. I S. 1474 | § 62a | geänd. mWv 8.9.2015 |
| 16. | Art. 4 G zur Änd. des Unterhaltsrechts und des Unterhaltsverfahrensrechts sowie zur Änd. der ZPO und kostenrechtlicher Vorschriften | 20.11. 2015 | BGBl. I S. 2018 | Anl. 1 | geänd. mWv 1.1.2017 |
| 17. | Art. 4 Abs. 45 G zur Aktualisierung der Strukturreform des Gebührenrechts des Bundes | 18.7.2016 | BGBl. I S. 1666 | Anl. 1 | geänd. mWv 1.10.2021 |
| 18. | Art. 10 EU-KontenpfändungsVO-DurchführungsG | 21.11. 2016 | BGBl. I S. 2591 | § 14, Anl. 1 | geänd. mWv 18.1.2017 |
| 19. | Art. 25 G zur Einführung der elektronischen Akte in der Justiz und zur weiteren Förderung des elektronischen Rechtsverkehrs | 5.7.2017 | BGBl. I S. 2208 | Anl. 1 | geänd. mWv 1.1.2018 |

[1] **Amtl. Anm.:** Dieses Gesetz dient der Umsetzung der Richtlinie 2011/99/EU des Europäischen Parlaments und des Rates über die Europäische Schutzanordnung (ABl. L 338 vom 21.12.2011, S. 2).

| Lfd. Nr. | Änderndes Gesetz | Datum | Fundstelle | Betroffen | Hinweis |
|---|---|---|---|---|---|
| 20. | Art. 3 G zur Einführung eines familiengerichtlichen Genehmigungsvorbehaltes für freiheitsentziehende Maßnahmen bei Kindern | 17.7.2017 | BGBl. I S. 2424 | Anl. 1 | geänd. mWv 1.10.2017 |
| 21. | Art. 6 G zum Internationalen Güterrecht und zur Änd. von Vorschriften des Internationalen Privatrechts | 17.12.2018 | BGBl. I S. 2573 | Anl. 1 | geänd. mWv 29.1.2019 |
| 22. | Art. 5 G zur Stärkung der Rechte von Betroffenen bei Fixierungen im Rahmen von Freiheitsentziehungen | 19.6.2019 | BGBl. I S. 840 | Anl. 1 | geänd. mWv 28.6.2019 |
| 23. | Art. 10 WohnungseigentumsmodernisierungsG (WEMoG) | 16.10.2020 | BGBl. I S. 2187 | Anl. 1 | geänd. mWv 23.10.2020 |
| 24. | Art. 2 KostenrechtsänderungsG 2021 | 21.12.2020 | BGBl. I S. 3229 | §§ 15, 28, 44, 45, Anl. 1 | geänd. mWv 1.1.2021 |
| | | | | Anl. 2 | neu gef. mWv 1.1.2021 |
| 25. | Art. 15 Abs. 11 G zur Reform des Vormundschafts- und Betreuungsrechts | 4.5.2021 | BGBl. I S. 882 | Anl. 1 | geänd. mWv 1.1.2023 |
| 26. | Art. 5 G zum Schutz von Kindern mit Varianten der Geschlechtsentwicklung | 12.5.2021 | BGBl. I S. 1082 | § 45 | geänd. mWv 22.5.2021 |
| 27. | Art. 6 G zur Durchführung der VO (EU) 2019/1111 sowie zur Änd. sonstiger Vorschriften | 10.8.2021 | BGBl. I S. 3424 | Anl. 1 | geänd. mWv 1.8.2022 |

**Inhaltsübersicht**[1)]

**Abschnitt 1. Allgemeine Vorschriften**



**Abschnitt 2. Fälligkeit**



**Abschnitt 3. Vorschuss und Vorauszahlung**



**Abschnitt 4. Kostenansatz**



**Abschnitt 5. Kostenhaftung**



**Abschnitt 6. Gebührenvorschriften**



**Abschnitt 7. Wertvorschriften**

Unterabschnitt 1. Allgemeine Wertvorschriften



---

[1)] Inhaltsübersicht geänd. mWv 1.9.2009 durch G v. 6.7.2009 (BGBl. I S. 1696); mWv 28.12.2010 durch G v. 22.12.2010 (BGBl. I S. 2248); mWv 1.1.2014 durch G v. 5.12.2012 (BGBl. I S. 2418); mWv 1.8.2013 durch G v. 23.7.2013 (BGBl. I S. 2586); sie wurde nichtamtlich an die nachträgliche Änderung mWv 26.7.2012 durch G v. 21.7.2012 (BGBl. I S. 1577) angepasst.

## Abschnitt 1. Allgemeine Vorschriften

**§ 1[1)] Geltungsbereich.** (1) [1]In Familiensachen einschließlich der Vollstreckung durch das Familiengericht und für Verfahren vor dem Oberlandesgericht nach § 107 des Gesetzes über das Verfahren in Familiensachen und in den Angelegenheiten der freiwilligen Gerichtsbarkeit[2)] werden Kosten (Gebühren und Auslagen) nur nach diesem Gesetz erhoben, soweit nichts anderes bestimmt ist. [2]Dies gilt auch für Verfahren über eine Beschwerde, die mit einem Verfahren nach Satz 1 in Zusammenhang steht. [3]Für das Mahnverfahren werden Kosten nach dem Gerichtskostengesetz[3)] erhoben.

(2) Die Vorschriften dieses Gesetzes über die Erinnerung und die Beschwerde gehen den Regelungen der für das zugrunde liegende Verfahren geltenden Verfahrensvorschriften vor.

**§ 2[4)] Kostenfreiheit.** (1) Der Bund und die Länder sowie die nach Haushaltsplänen des Bundes oder eines Landes verwalteten öffentlichen Anstalten und Kassen sind von der Zahlung der Kosten befreit.

(2) Sonstige bundesrechtliche oder landesrechtliche Vorschriften, durch die eine sachliche oder persönliche Befreiung von Kosten gewährt ist, bleiben unberührt.

---

[1)] § 1 Abs. 2 angef. mWv 1.8.2013 durch G v. 23.7.2013 (BGBl. I S. 2586).
[2)] Nr. **112**.
[3)] Nr. **115**.
[4)] § 2 Abs. 3 Satz 2 neu gef. mWv 1.8.2013 durch G v. 23.7.2013 (BGBl. I S. 2586).

(3) [1]Soweit jemandem, der von Kosten befreit ist, Kosten des Verfahrens auferlegt werden, sind Kosten nicht zu erheben; bereits erhobene Kosten sind zurückzuzahlen. [2]Das Gleiche gilt, soweit ein von der Zahlung der Kosten befreiter Beteiligter Kosten des Verfahrens übernimmt.

**§ 3 Höhe der Kosten.** (1) Die Gebühren richten sich nach dem Wert des Verfahrensgegenstands (Verfahrenswert), soweit nichts anderes bestimmt ist.

(2) Kosten werden nach dem Kostenverzeichnis der Anlage 1 zu diesem Gesetz erhoben.

**§ 4 Umgangspflegschaft.** Die besonderen Vorschriften für die Dauerpflegschaft sind auf die Umgangspflegschaft nicht anzuwenden.

**§ 5 Lebenspartnerschaftssachen.** In Lebenspartnerschaftssachen nach § 269 des Gesetzes über das Verfahren in Familiensachen und in den Angelegenheiten der freiwilligen Gerichtsbarkeit[1)] sind für

1. Verfahren nach Absatz 1 Nr. 1 dieser Vorschrift die Vorschriften für das Verfahren auf Scheidung der Ehe,
2. Verfahren nach Absatz 1 Nr. 2 dieser Vorschrift die Vorschriften für das Verfahren auf Feststellung des Bestehens oder Nichtbestehens einer Ehe zwischen den Beteiligten,
3. Verfahren nach Absatz 1 Nr. 3 bis 12 dieser Vorschrift die Vorschriften für Familiensachen nach § 111 Nr. 2, 4, 5 und 7 bis 9 des Gesetzes über das Verfahren in Familiensachen und in den Angelegenheiten der freiwilligen Gerichtsbarkeit und
4. Verfahren nach den Absätzen 2 und 3 dieser Vorschrift die Vorschriften für sonstige Familiensachen nach § 111 Nr. 10 des Gesetzes über das Verfahren in Familiensachen und in den Angelegenheiten der freiwilligen Gerichtsbarkeit

entsprechend anzuwenden.

**§ 6 Verweisung, Abgabe, Fortführung einer Folgesache als selbständige Familiensache.** (1) [1]Verweist ein erstinstanzliches Gericht oder ein Rechtsmittelgericht ein Verfahren an ein erstinstanzliches Gericht desselben oder eines anderen Zweiges der Gerichtsbarkeit, ist das frühere erstinstanzliche Verfahren als Teil des Verfahrens vor dem übernehmenden Gericht zu behandeln. [2]Das Gleiche gilt, wenn die Sache an ein anderes Gericht abgegeben wird.

(2) Wird eine Folgesache als selbständige Familiensache fortgeführt, ist das frühere Verfahren als Teil der selbständigen Familiensache zu behandeln.

(3) [1]Mehrkosten, die durch Anrufung eines Gerichts entstehen, zu dem der Rechtsweg nicht gegeben oder das für das Verfahren nicht zuständig ist, werden nur dann erhoben, wenn die Anrufung auf verschuldeter Unkenntnis der tatsächlichen oder rechtlichen Verhältnisse beruht. [2]Die Entscheidung trifft das Gericht, an das verwiesen worden ist.

**§ 7 Verjährung, Verzinsung.** (1) [1]Ansprüche auf Zahlung von Kosten verjähren in vier Jahren nach Ablauf des Kalenderjahres, in dem das Verfahren durch rechtskräftige Entscheidung über die Kosten, durch Vergleich oder in sonstiger Weise beendet ist. [2]Bei Vormundschaften und Dauerpflegschaften beginnt die Verjährung mit der Fälligkeit der Kosten.

---

1) Nr. **112**.

(2) [1] Ansprüche auf Rückerstattung von Kosten verjähren in vier Jahren nach Ablauf des Kalenderjahres, in dem die Zahlung erfolgt ist. [2] Die Verjährung beginnt jedoch nicht vor dem in Absatz 1 bezeichneten Zeitpunkt. [3] Durch Einlegung eines Rechtsbehelfs mit dem Ziel der Rückerstattung wird die Verjährung wie durch Klageerhebung gehemmt.

(3) [1] Auf die Verjährung sind die Vorschriften des Bürgerlichen Gesetzbuchs[1)] anzuwenden; die Verjährung wird nicht von Amts wegen berücksichtigt. [2] Die Verjährung der Ansprüche auf Zahlung von Kosten beginnt auch durch die Aufforderung zur Zahlung oder durch eine dem Schuldner mitgeteilte Stundung erneut. [3] Ist der Aufenthalt des Kostenschuldners unbekannt, genügt die Zustellung durch Aufgabe zur Post unter seiner letzten bekannten Anschrift. [4] Bei Kostenbeträgen unter 25 Euro beginnt die Verjährung weder erneut noch wird sie gehemmt.

(4) Ansprüche auf Zahlung und Rückerstattung von Kosten werden nicht verzinst.

**§ 8[2)] Elektronische Akte, elektronisches Dokument.** In Verfahren nach diesem Gesetz sind die verfahrensrechtlichen Vorschriften über die elektronische Akte und über das elektronische Dokument anzuwenden, die für das dem kostenrechtlichen Verfahren zugrunde liegende Verfahren gelten.

**§ 8a[3)] Rechtsbehelfsbelehrung.** Jede Kostenrechnung und jede anfechtbare Entscheidung hat eine Belehrung über den statthaften Rechtsbehelf sowie über das Gericht, bei dem dieser Rechtsbehelf einzulegen ist, über dessen Sitz und über die einzuhaltende Form und Frist zu enthalten.

## Abschnitt 2. Fälligkeit

**§ 9[4)] Fälligkeit der Gebühren in Ehesachen und selbständigen Familienstreitsachen.** (1) In Ehesachen und in selbständigen Familienstreitsachen wird die Verfahrensgebühr mit der Einreichung der Antragsschrift, der Einspruchs- oder Rechtsmittelschrift oder mit der Abgabe der entsprechenden Erklärung zu Protokoll fällig.

(2) Soweit die Gebühr eine Entscheidung oder sonstige gerichtliche Handlung voraussetzt, wird sie mit dieser fällig.

**§ 10 Fälligkeit bei Vormundschaften und Dauerpflegschaften.** Bei Vormundschaften und bei Dauerpflegschaften werden die Gebühren nach den Nummern 1311 und 1312 des Kostenverzeichnisses erstmals bei Anordnung und später jeweils zu Beginn eines Kalenderjahres, Auslagen sofort nach ihrer Entstehung fällig.

**§ 11[5)] Fälligkeit der Gebühren in sonstigen Fällen, Fälligkeit der Auslagen.** (1) Im Übrigen werden die Gebühren und die Auslagen fällig, wenn

1. eine unbedingte Entscheidung über die Kosten ergangen ist,

---

1) Nr. **20**.
2) § 8 neu gef. mWv 1.8.2013 durch G v. 23.7.2013 (BGBl. I S. 2586).
3) § 8a eingef. mWv 1.1.2014 durch G v. 5.12.2012 (BGBl. I S. 2418).
4) § 9 Abs. 1 geänd. mWv 1.8.2013 durch G v. 23.7.2013 (BGBl. I S. 2586).
5) § 11 Abs. 2 geänd. mWv 1.8.2013 durch G v. 23.7.2013 (BGBl. I S. 2586).

2. das Verfahren oder der Rechtszug durch Vergleich oder Zurücknahme beendet ist,
3. das Verfahren sechs Monate ruht oder sechs Monate nicht betrieben worden ist,
4. das Verfahren sechs Monate unterbrochen oder sechs Monate ausgesetzt war oder
5. das Verfahren durch anderweitige Erledigung beendet ist.

(2) Die Dokumentenpauschale sowie die Auslagen für die Versendung von Akten werden sofort nach ihrer Entstehung fällig.

## Abschnitt 3. Vorschuss und Vorauszahlung

**§ 12 Grundsatz.** In weiterem Umfang als das Gesetz über das Verfahren in Familiensachen und in den Angelegenheiten der freiwilligen Gerichtsbarkeit[1], die Zivilprozessordnung[2] und dieses Gesetz es gestatten, darf die Tätigkeit des Familiengerichts von der Sicherstellung oder Zahlung der Kosten nicht abhängig gemacht werden.

**§ 13 Verfahren nach dem Internationalen Familienrechtsverfahrensgesetz.** In Verfahren nach dem Internationalen Familienrechtsverfahrensgesetz[3] sind die Vorschriften dieses Abschnitts nicht anzuwenden.

**§ 14[4] Abhängigmachung in bestimmten Verfahren.** (1) [1] In Ehesachen und selbständigen Familienstreitsachen soll die Antragsschrift erst nach Zahlung der Gebühr für das Verfahren im Allgemeinen zugestellt werden. [2] Wird der Antrag erweitert, soll vor Zahlung der Gebühr für das Verfahren im Allgemeinen keine gerichtliche Handlung vorgenommen werden; dies gilt auch in der Rechtsmittelinstanz.

(2) Absatz 1 gilt nicht für den Widerantrag, ferner nicht für den Antrag auf Erlass einer einstweiligen Anordnung, auf Anordnung eines Arrests oder auf Erlass eines Europäischen Beschlusses zur vorläufigen Kontenpfändung.

(3) Im Übrigen soll in Verfahren, in denen der Antragsteller die Kosten schuldet (§ 21), vor Zahlung der Gebühr für das Verfahren im Allgemeinen keine gerichtliche Handlung vorgenommen werden.

**§ 15[5] Ausnahmen von der Abhängigmachung.** § 14 gilt nicht,

1. soweit dem Antragsteller Verfahrenskostenhilfe bewilligt ist,
2. wenn dem Antragsteller Gebührenfreiheit zusteht oder
3. wenn die beabsichtigte Rechtsverfolgung weder aussichtslos noch mutwillig erscheint und wenn glaubhaft gemacht wird, dass
   a) dem Antragsteller die alsbaldige Zahlung der Kosten mit Rücksicht auf seine Vermögenslage oder aus sonstigen Gründen Schwierigkeiten bereiten würde oder

---

[1] Nr. **112**.

[2] Nr. **100**.

[3] **Schönfelder ErgBd. Nr. 103n.**

[4] § 14 Überschrift neu gef., Abs. 1 Satz 1 geänd. mWv 1.8.2013 durch G v. 23.7.2013 (BGBl. I S. 2586); Abs. 2 neu gef. mWv 18.1.2017 durch G v. 21.11.2016 (BGBl. I S. 2591).

[5] § 15 Nr. 1 und 3 geänd. mWv 1.8.2013 durch G v. 23.7.2013 (BGBl. I S. 2586); Nr. 3 einl. Satzteil geänd. mWv 1.1.2021 durch G v. 21.12.2020 (BGBl. I S. 3229).

b) eine Verzögerung dem Antragsteller einen nicht oder nur schwer zu ersetzenden Schaden bringen würde; zur Glaubhaftmachung genügt in diesem Fall die Erklärung des zum Bevollmächtigten bestellten Rechtsanwalts.

**§ 16[1)] Auslagen.** (1) [1]Wird die Vornahme einer Handlung, mit der Auslagen verbunden sind, beantragt, hat derjenige, der die Handlung beantragt hat, einen zur Deckung der Auslagen hinreichenden Vorschuss zu zahlen. [2]Das Gericht soll die Vornahme einer Handlung, die nur auf Antrag vorzunehmen ist, von der vorherigen Zahlung abhängig machen.

(2) Die Herstellung und Überlassung von Dokumenten auf Antrag sowie die Versendung von Akten können von der vorherigen Zahlung eines die Auslagen deckenden Vorschusses abhängig gemacht werden.

(3) Bei Handlungen, die von Amts wegen vorgenommen werden, kann ein Vorschuss zur Deckung der Auslagen erhoben werden.

(4) Absatz 1 gilt nicht für die Anordnung einer Haft.

**§ 17 Fortdauer der Vorschusspflicht.** [1]Die Verpflichtung zur Zahlung eines Vorschusses bleibt bestehen, auch wenn die Kosten des Verfahrens einem anderen auferlegt oder von einem anderen übernommen sind. [2]§ 26 Abs. 2 gilt entsprechend.

## Abschnitt 4. Kostenansatz

**§ 18[2)] Kostenansatz.** (1) [1]Es werden angesetzt:

1. die Kosten des ersten Rechtszugs bei dem Gericht, bei dem das Verfahren im ersten Rechtszug anhängig ist oder zuletzt anhängig war,
2. die Kosten des Rechtsmittelverfahrens bei dem Rechtsmittelgericht.

[2]Dies gilt auch dann, wenn die Kosten bei einem ersuchten Gericht entstanden sind.

(2) Die Dokumentenpauschale sowie die Auslagen für die Versendung von Akten werden bei der Stelle angesetzt, bei der sie entstanden sind.

(3) [1]Der Kostenansatz kann im Verwaltungsweg berichtigt werden, solange nicht eine gerichtliche Entscheidung getroffen ist. [2]Ergeht nach der gerichtlichen Entscheidung über den Kostenansatz eine Entscheidung, durch die der Verfahrenswert anders festgesetzt wird, kann der Kostenansatz ebenfalls berichtigt werden.

**§ 19[3)] Nachforderung.** (1) [1]Wegen eines unrichtigen Ansatzes dürfen Kosten nur nachgefordert werden, wenn der berichtigte Ansatz dem Zahlungspflichtigen vor Ablauf des nächsten Kalenderjahres nach Absendung der den Rechtszug abschließenden Kostenrechnung (Schlusskostenrechnung), bei Vormundschaften und Dauerpflegschaften der Jahresrechnung, mitgeteilt worden ist. [2]Dies gilt nicht, wenn die Nachforderung auf vorsätzlich oder grob fahrlässig falschen Angaben des Kostenschuldners beruht oder wenn der ursprüngliche Kostenansatz unter einem bestimmten Vorbehalt erfolgt ist.

(2) Ist innerhalb der Frist des Absatzes 1 ein Rechtsbehelf wegen des Hauptgegenstands oder wegen der Kosten eingelegt oder dem Zahlungspflichtigen mit-

[1)] § 16 Abs. 2 geänd. mWv 1.8.2013 durch G v. 23.7.2013 (BGBl. I S. 2586).
[2)] § 18 Abs. 2 geänd. mWv 1.8.2013 durch G v. 23.7.2013 (BGBl. I S. 2586).
[3)] § 19 Abs. 2 geänd. mWv 1.8.2013 durch G v. 23.7.2013 (BGBl. I S. 2586).

geteilt worden, dass ein Wertermittlungsverfahren eingeleitet ist, ist die Nachforderung bis zum Ablauf des nächsten Kalenderjahres nach Beendigung dieser Verfahren möglich.

(3) Ist der Wert gerichtlich festgesetzt worden, genügt es, wenn der berichtigte Ansatz dem Zahlungspflichtigen drei Monate nach der letzten Wertfestsetzung mitgeteilt worden ist.

**§ 20[1)] Nichterhebung von Kosten.** (1) [1] Kosten, die bei richtiger Behandlung der Sache nicht entstanden wären, werden nicht erhoben. [2] Das Gleiche gilt für Auslagen, die durch eine von Amts wegen veranlasste Verlegung eines Termins oder Vertagung einer Verhandlung entstanden sind. [3] Für abweisende Entscheidungen sowie bei Zurücknahme eines Antrags kann von der Erhebung von Kosten abgesehen werden, wenn der Antrag auf unverschuldeter Unkenntnis der tatsächlichen oder rechtlichen Verhältnisse beruht.

(2) [1] Die Entscheidung trifft das Gericht. [2] Solange nicht das Gericht entschieden hat, können Anordnungen nach Absatz 1 im Verwaltungsweg erlassen werden. [3] Eine im Verwaltungsweg getroffene Anordnung kann nur im Verwaltungsweg geändert werden.

## Abschnitt 5. Kostenhaftung

**§ 21[2)] Kostenschuldner in Antragsverfahren, Vergleich.** (1) [1] In Verfahren, die nur durch Antrag eingeleitet werden, schuldet die Kosten, wer das Verfahren des Rechtszugs beantragt hat. [2] Dies gilt nicht

1. für den ersten Rechtszug in Gewaltschutzsachen und in Verfahren nach dem EU-Gewaltschutzverfahrensgesetz,
2. im Verfahren auf Erlass einer gerichtlichen Anordnung auf Rückgabe des Kindes oder über das Recht zum persönlichen Umgang nach dem Internationalen Familienrechtsverfahrensgesetz[3)],
3. für einen Minderjährigen in Verfahren, die seine Person betreffen, und
4. für einen Verfahrensbeistand.

[3] Im Verfahren, das gemäß § 700 Abs. 3 der Zivilprozessordnung[4)] dem Mahnverfahren folgt, schuldet die Kosten, wer den Vollstreckungsbescheid beantragt hat.

(2) Die Gebühr für den Abschluss eines gerichtlichen Vergleichs schuldet jeder, der an dem Abschluss beteiligt ist.

**§ 22 Kosten bei Vormundschaft und Dauerpflegschaft.** [1] Die Kosten bei einer Vormundschaft oder Dauerpflegschaft schuldet der von der Maßnahme betroffene Minderjährige. [2] Dies gilt nicht für Kosten, die das Gericht einem anderen auferlegt hat.

**§ 23[5)] Bestimmte sonstige Auslagen.** (1) [1] Die Dokumentenpauschale schuldet ferner, wer die Erteilung der Ausfertigungen, Kopien oder Ausdrucke beantragt hat. [2] Sind Kopien oder Ausdrucke angefertigt worden, weil der Beteiligte

---

[1)] § 20 Überschrift geänd. mWv 1.8.2013 durch G v. 23.7.2013 (BGBl. I S. 2586).

[2)] § 21 Abs. 1 Satz 2 Nr. 1 geänd. mWv 11.1.2015 durch G v. 5.12.2014 (BGBl. I S. 1964).

[3)] **Schönfelder ErgBd. Nr. 103n.**

[4)] Nr. **100**.

[5)] § 23 Abs. 1 Sätze 1 und 2, Abs. 2 geänd., Abs. 3 neu gef. mWv 1.8.2013 durch G v. 23.7.2013 (BGBl. I S. 2586).

es unterlassen hat, die erforderliche Zahl von Mehrfertigungen beizufügen, schuldet nur der Beteiligte die Dokumentenpauschale.

(2) Die Auslagen nach Nummer 2003 des Kostenverzeichnisses schuldet nur, wer die Versendung der Akte beantragt hat.

(3) Im Verfahren auf Bewilligung von Verfahrenskostenhilfe und im Verfahren auf Bewilligung grenzüberschreitender Prozesskostenhilfe ist der Antragsteller Schuldner der Auslagen, wenn

1. der Antrag zurückgenommen oder vom Gericht abgelehnt wird oder
2. die Übermittlung des Antrags von der Übermittlungsstelle oder das Ersuchen um Prozesskostenhilfe von der Empfangsstelle abgelehnt wird.

**§ 24 Weitere Fälle der Kostenhaftung.** Die Kosten schuldet ferner,

1. wem durch gerichtliche Entscheidung die Kosten des Verfahrens auferlegt sind;
2. wer sie durch eine vor Gericht abgegebene oder dem Gericht mitgeteilte Erklärung oder in einem vor Gericht abgeschlossenen oder dem Gericht mitgeteilten Vergleich übernommen hat; dies gilt auch, wenn bei einem Vergleich ohne Bestimmung über die Kosten diese als von beiden Teilen je zur Hälfte übernommen anzusehen sind;
3. wer für die Kostenschuld eines anderen kraft Gesetzes haftet und
4. der Verpflichtete für die Kosten der Vollstreckung; dies gilt nicht für einen Minderjährigen in Verfahren, die seine Person betreffen.

**§ 25 Erlöschen der Zahlungspflicht.** [1]Die durch gerichtliche Entscheidung begründete Verpflichtung zur Zahlung von Kosten erlischt, soweit die Entscheidung durch eine andere gerichtliche Entscheidung aufgehoben oder abgeändert wird. [2]Soweit die Verpflichtung zur Zahlung von Kosten nur auf der aufgehobenen oder abgeänderten Entscheidung beruht hat, werden bereits gezahlte Kosten zurückerstattet.

**§ 26[1)] Mehrere Kostenschuldner.** (1) Mehrere Kostenschuldner haften als Gesamtschuldner.

(2) [1]Soweit ein Kostenschuldner aufgrund von § 24 Nr. 1 oder Nr. 2 (Erstschuldner) haftet, soll die Haftung eines anderen Kostenschuldners nur geltend gemacht werden, wenn eine Zwangsvollstreckung in das bewegliche Vermögen des ersteren erfolglos geblieben ist oder aussichtslos erscheint. [2]Zahlungen des Erstschuldners mindern seine Haftung aufgrund anderer Vorschriften dieses Gesetzes auch dann in voller Höhe, wenn sich seine Haftung nur auf einen Teilbetrag bezieht.

(3) [1]Soweit einem Kostenschuldner, der aufgrund von § 24 Nr. 1 haftet (Entscheidungsschuldner), Verfahrenskostenhilfe bewilligt worden ist, darf die Haftung eines anderen Kostenschuldners nicht geltend gemacht werden; von diesem bereits erhobene Kosten sind zurückzuzahlen, soweit es sich nicht um eine Zahlung nach § 13 Abs. 1 und 3 des Justizvergütungs- und -entschädigungsgesetzes[2)] handelt und die Partei, der die Verfahrenskostenhilfe bewilligt worden ist, der besonderen Vergütung zugestimmt hat. [2]Die Haftung eines anderen Kostenschuldners darf auch nicht geltend gemacht werden, soweit dem Entscheidungsschuldner ein

[1)] § 26 Abs. 3 Satz 1 geänd., Abs. 4 angef. mWv 1.8.2013 durch G v. 23.7.2013 (BGBl. I S. 2586).
[2)] Nr. **116**.

Betrag für die Reise zum Ort einer Verhandlung, Anhörung oder Untersuchung und für die Rückreise gewährt worden ist.

(4) Absatz 3 ist entsprechend anzuwenden, soweit der Kostenschuldner aufgrund des § 24 Nummer 2 haftet, wenn

1. der Kostenschuldner die Kosten in einem vor Gericht abgeschlossenen, gegenüber dem Gericht angenommenen oder in einem gerichtlich gebilligten Vergleich übernommen hat,
2. der Vergleich einschließlich der Verteilung der Kosten, bei einem gerichtlich gebilligten Vergleich allein die Verteilung der Kosten, von dem Gericht vorgeschlagen worden ist und
3. das Gericht in seinem Vergleichsvorschlag ausdrücklich festgestellt hat, dass die Kostenregelung der sonst zu erwartenden Kostenentscheidung entspricht.

**§ 27 Haftung von Streitgenossen.** [1] Streitgenossen haften als Gesamtschuldner, wenn die Kosten nicht durch gerichtliche Entscheidung unter sie verteilt sind. [2] Soweit einen Streitgenossen nur Teile des Streitgegenstands betreffen, beschränkt sich seine Haftung als Gesamtschuldner auf den Betrag, der entstanden wäre, wenn das Verfahren nur diese Teile betroffen hätte.

## Abschnitt 6. Gebührenvorschriften

**§ 28[1)] Wertgebühren.** (1) [1] Wenn sich die Gebühren nach dem Verfahrenswert richten, beträgt bei einem Verfahrenswert bis 500 Euro die Gebühr 38 Euro. [2] Die Gebühr erhöht sich bei einem

| Verfahrenswert bis … Euro | für jeden angefangenen Betrag von weiteren … Euro | um … Euro |
|---|---|---|
| 2 000 | 500 | 20 |
| 10 000 | 1 000 | 21 |
| 25 000 | 3 000 | 29 |
| 50 000 | 5 000 | 38 |
| 200 000 | 15 000 | 132 |
| 500 000 | 30 000 | 198 |
| über 500 000 | 50 000 | 198 |

[3] Eine Gebührentabelle für Verfahrenswerte bis 500 000 Euro ist diesem Gesetz als Anlage 2 beigefügt.

(2) Der Mindestbetrag einer Gebühr ist 15 Euro.

**§ 29 Einmalige Erhebung der Gebühren.** Die Gebühr für das Verfahren im Allgemeinen und die Gebühr für eine Entscheidung werden in jedem Rechtszug hinsichtlich eines jeden Teils des Verfahrensgegenstands nur einmal erhoben.

**§ 30 Teile des Verfahrensgegenstands.** (1) Für Handlungen, die einen Teil des Verfahrensgegenstands betreffen, sind die Gebühren nur nach dem Wert dieses Teils zu berechnen.

---

1) § 28 Abs. 2 geänd. mWv 1.8.2013 durch G v. 23.7.2013 (BGBl. I S. 2586); Abs. 1 Sätze 1 und 2 neu gef. mWv 1.1.2021 durch G v. 21.12.2020 (BGBl. I S. 3229).

(2) Sind von einzelnen Wertteilen in demselben Rechtszug für gleiche Handlungen Gebühren zu berechnen, darf nicht mehr erhoben werden, als wenn die Gebühr von dem Gesamtbetrag der Wertteile zu berechnen wäre.

(3) Sind für Teile des Gegenstands verschiedene Gebührensätze anzuwenden, sind die Gebühren für die Teile gesondert zu berechnen; die aus dem Gesamtbetrag der Wertteile nach dem höchsten Gebührensatz berechnete Gebühr darf jedoch nicht überschritten werden.

**§ 31 Zurückverweisung, Abänderung oder Aufhebung einer Entscheidung.** (1) Wird eine Sache an ein Gericht eines unteren Rechtszugs zurückverwiesen, bildet das weitere Verfahren mit dem früheren Verfahren vor diesem Gericht einen Rechtszug im Sinne des § 29.

(2) [1]Das Verfahren über eine Abänderung oder Aufhebung einer Entscheidung gilt als besonderes Verfahren, soweit im Kostenverzeichnis nichts anderes bestimmt ist. [2]Dies gilt nicht für das Verfahren zur Überprüfung der Entscheidung nach § 166 Abs. 2 und 3 des Gesetzes über das Verfahren in Familiensachen und in den Angelegenheiten der freiwilligen Gerichtsbarkeit[1)].

**§ 32 Verzögerung des Verfahrens.** [1]Wird in einer selbständigen Familienstreitsache außer im Fall des § 335 der Zivilprozessordnung[2)] durch Verschulden eines Beteiligten oder seines Vertreters die Vertagung einer mündlichen Verhandlung oder die Anberaumung eines neuen Termins zur mündlichen Verhandlung nötig oder ist die Erledigung des Verfahrens durch nachträgliches Vorbringen von Angriffs- oder Verteidigungsmitteln, Beweismitteln oder Beweiseinreden, die früher vorgebracht werden konnten, verzögert worden, kann das Gericht dem Beteiligten von Amts wegen eine besondere Gebühr mit einem Gebührensatz von 1,0 auferlegen. [2]Die Gebühr kann bis auf einen Gebührensatz von 0,3 ermäßigt werden. [3]Dem Antragsteller, dem Antragsgegner oder dem Vertreter stehen der Nebenintervenient und sein Vertreter gleich.

## Abschnitt 7. Wertvorschriften

### Unterabschnitt 1. Allgemeine Wertvorschriften

**§ 33 Grundsatz.** (1) [1]In demselben Verfahren und in demselben Rechtszug werden die Werte mehrerer Verfahrensgegenstände zusammengerechnet, soweit nichts anderes bestimmt ist. [2]Ist mit einem nichtvermögensrechtlichen Anspruch ein aus ihm hergeleiteter vermögensrechtlicher Anspruch verbunden, ist nur ein Anspruch, und zwar der höhere, maßgebend.

(2) Der Verfahrenswert beträgt höchstens 30 Millionen Euro, soweit kein niedrigerer Höchstwert bestimmt ist.

**§ 34 Zeitpunkt der Wertberechnung.** [1]Für die Wertberechnung ist der Zeitpunkt der den jeweiligen Verfahrensgegenstand betreffenden ersten Antragstellung in dem jeweiligen Rechtszug entscheidend. [2]In Verfahren, die von Amts wegen eingeleitet werden, ist der Zeitpunkt der Fälligkeit der Gebühr maßgebend.

---

1) Nr. **112**.
2) Nr. **100**.

**§ 35 Geldforderung.** Ist Gegenstand des Verfahrens eine bezifferte Geldforderung, bemisst sich der Verfahrenswert nach deren Höhe, soweit nichts anderes bestimmt ist.

**§ 36[1] Genehmigung einer Erklärung oder deren Ersetzung.** (1) [1]Wenn in einer vermögensrechtlichen Angelegenheit Gegenstand des Verfahrens die Genehmigung einer Erklärung oder deren Ersetzung ist, bemisst sich der Verfahrenswert nach dem Wert des zugrunde liegenden Geschäfts. [2]§ 38 des Gerichts- und Notarkostengesetzes[2] und die für eine Beurkundung geltenden besonderen Geschäftswert- und Bewertungsvorschriften des Gerichts- und Notarkostengesetzes sind entsprechend anzuwenden.

(2) Mehrere Erklärungen, die denselben Gegenstand betreffen, insbesondere der Kauf und die Auflassung oder die Schulderklärung und die zur Hypotheken bestellung erforderlichen Erklärungen, sind als ein Verfahrensgegenstand zu bewerten.

(3) Der Wert beträgt in jedem Fall höchstens 1 Million Euro.

**§ 37 Früchte, Nutzungen, Zinsen und Kosten.** (1) Sind außer dem Hauptgegenstand des Verfahrens auch Früchte, Nutzungen, Zinsen oder Kosten betroffen, wird deren Wert nicht berücksichtigt.

(2) Soweit Früchte, Nutzungen, Zinsen oder Kosten ohne den Hauptgegenstand betroffen sind, ist deren Wert maßgebend, soweit er den Wert des Hauptgegenstands nicht übersteigt.

(3) Sind die Kosten des Verfahrens ohne den Hauptgegenstand betroffen, ist der Betrag der Kosten maßgebend, soweit er den Wert des Hauptgegenstands nicht übersteigt.

**§ 38[3] Stufenantrag.** Wird mit dem Antrag auf Rechnungslegung oder auf Vorlegung eines Vermögensverzeichnisses oder auf Abgabe einer eidesstattlichen Versicherung der Antrag auf Herausgabe desjenigen verbunden, was der Antragsgegner aus dem zugrunde liegenden Rechtsverhältnis schuldet, ist für die Wertberechnung nur einer der verbundenen Ansprüche, und zwar der höhere, maßgebend.

**§ 39[4] Antrag und Widerantrag, Hilfsanspruch, wechselseitige Rechtsmittel, Aufrechnung.** (1) [1]Mit einem Antrag und einem Widerantrag geltend gemachte Ansprüche, die nicht in getrennten Verfahren verhandelt werden, werden zusammengerechnet. [2]Ein hilfsweise geltend gemachter Anspruch wird mit dem Hauptanspruch zusammengerechnet, soweit eine Entscheidung über ihn ergeht. [3]Betreffen die Ansprüche im Fall des Satzes 1 oder des Satzes 2 denselben Gegenstand, ist nur der Wert des höheren Anspruchs maßgebend.

(2) Für wechselseitig eingelegte Rechtsmittel, die nicht in getrennten Verfahren verhandelt werden, ist Absatz 1 Satz 1 und 3 entsprechend anzuwenden.

(3) Macht ein Beteiligter hilfsweise die Aufrechnung mit einer bestrittenen Gegenforderung geltend, erhöht sich der Wert um den Wert der Gegenforderung, soweit eine der Rechtskraft fähige Entscheidung über sie ergeht.

---

[1] § 36 Abs. 1 Satz 2 neu gef. mWv 1.8.2013 durch G v. 23.7.2013 (BGBl. I S. 2586).
[2] Nr. **119**.
[3] § 38 Überschrift neu gef., Wortlaut geänd. mWv 1.8.2013 durch G v. 23.7.2013 (BGBl. I S. 2586).
[4] § 39 Überschrift, Abs. 1 Satz 1 geänd. mWv 1.8.2013 durch G v. 23.7.2013 (BGBl. I S. 2586).

(4) Bei einer Erledigung des Verfahrens durch Vergleich sind die Absätze 1 bis 3 entsprechend anzuwenden.

**§ 40**[1] **Rechtsmittelverfahren.** (1) [1]Im Rechtsmittelverfahren bestimmt sich der Verfahrenswert nach den Anträgen des Rechtsmittelführers. [2]Endet das Verfahren, ohne dass solche Anträge eingereicht werden, oder werden, wenn eine Frist für die Rechtsmittelbegründung vorgeschrieben ist, innerhalb dieser Frist Rechtsmittelanträge nicht eingereicht, ist die Beschwer maßgebend.

(2) [1]Der Wert ist durch den Wert des Verfahrensgegenstands des ersten Rechtszugs begrenzt. [2]Dies gilt nicht, soweit der Gegenstand erweitert wird.

(3) Im Verfahren über den Antrag auf Zulassung der Sprungrechtsbeschwerde ist Verfahrenswert der für das Rechtsmittelverfahren maßgebende Wert.

**§ 41 Einstweilige Anordnung.** [1]Im Verfahren der einstweiligen Anordnung ist der Wert in der Regel unter Berücksichtigung der geringeren Bedeutung gegenüber der Hauptsache zu ermäßigen. [2]Dabei ist von der Hälfte des für die Hauptsache bestimmten Werts auszugehen.

**§ 42**[2] **Auffangwert.** (1) Soweit in einer vermögensrechtlichen Angelegenheit der Verfahrenswert sich aus den Vorschriften dieses Gesetzes nicht ergibt und auch sonst nicht feststeht, ist er nach billigem Ermessen zu bestimmen.

(2) Soweit in einer nichtvermögensrechtlichen Angelegenheit der Verfahrenswert sich aus den Vorschriften dieses Gesetzes nicht ergibt, ist er unter Berücksichtigung aller Umstände des Einzelfalls, insbesondere des Umfangs und der Bedeutung der Sache und der Vermögens- und Einkommensverhältnisse der Beteiligten, nach billigem Ermessen zu bestimmen, jedoch nicht über 500 000 Euro.

(3) Bestehen in den Fällen der Absätze 1 und 2 keine genügenden Anhaltspunkte, ist von einem Wert von 5 000 Euro auszugehen.

### Unterabschnitt 2. Besondere Wertvorschriften

**§ 43**[3] **Ehesachen.** (1) [1]In Ehesachen ist der Verfahrenswert unter Berücksichtigung aller Umstände des Einzelfalls, insbesondere des Umfangs und der Bedeutung der Sache und der Vermögens- und Einkommensverhältnisse der Ehegatten, nach Ermessen zu bestimmen. [2]Der Wert darf nicht unter 3 000 Euro und nicht über 1 Million Euro angenommen werden.

(2) Für die Einkommensverhältnisse ist das in drei Monaten erzielte Nettoeinkommen der Ehegatten einzusetzen.

**§ 44**[4] **Verbund.** (1) Die Scheidungssache und die Folgesachen gelten als ein Verfahren.

(2) [1]Sind in § 137 Abs. 3 des Gesetzes über das Verfahren in Familiensachen und in den Angelegenheiten der freiwilligen Gerichtsbarkeit[5] genannte Kindschaftssachen Folgesachen, erhöht sich der Verfahrenswert nach § 43 für jede Kindschaftssache um 20 Prozent, höchstens um jeweils 4 000 Euro; eine Kindschaftssache ist auch dann als ein Gegenstand zu bewerten, wenn sie mehrere

[1] § 40 Abs. 1 Satz 2 neu gef. mWv 1.8.2013 durch G v. 23.7.2013 (BGBl. I S. 2586).
[2] § 42 Abs. 3 geänd. mWv 1.8.2013 durch G v. 23.7.2013 (BGBl. I S. 2586).
[3] § 43 Abs. 1 Satz 2 geänd. mWv 1.8.2013 durch G v. 23.7.2013 (BGBl. I S. 2586).
[4] § 44 Abs. 2 Satz 1 geänd. mWv 1.1.2021 durch G v. 21.12.2020 (BGBl. I S. 3229).
[5] Nr. **112**.

Kinder betrifft. 2 Die Werte der übrigen Folgesachen werden hinzugerechnet. 3 § 33 Abs. 1 Satz 2 ist nicht anzuwenden.

(3) Ist der Betrag, um den sich der Verfahrenswert der Ehesache erhöht (Absatz 2), nach den besonderen Umständen des Einzelfalls unbillig, kann das Gericht einen höheren oder einen niedrigeren Betrag berücksichtigen.

**§ 45[1)] Bestimmte Kindschaftssachen.** (1) In einer Kindschaftssache, die

1. die Übertragung oder Entziehung der elterlichen Sorge oder eines Teils der elterlichen Sorge,
2. das Umgangsrecht einschließlich der Umgangspflegschaft,
3. das Recht auf Auskunft über die persönlichen Verhältnisse des Kindes,
4. die Kindesherausgabe oder
5. die Genehmigung einer Einwilligung in einen operativen Eingriff bei einem Kind mit einer Variante der Geschlechtsentwicklung (§ 1631e Absatz 3 des Bürgerlichen Gesetzbuchs[2)])

betrifft, beträgt der Verfahrenswert 4 000 Euro.

(2) Eine Kindschaftssache nach Absatz 1 ist auch dann als ein Gegenstand zu bewerten, wenn sie mehrere Kinder betrifft.

(3) Ist der nach Absatz 1 bestimmte Wert nach den besonderen Umständen des Einzelfalls unbillig, kann das Gericht einen höheren oder einen niedrigeren Wert festsetzen.

**§ 46[3)] Übrige Kindschaftssachen.** (1) Wenn Gegenstand einer Kindschaftssache eine vermögensrechtliche Angelegenheit ist, gelten § 38 des Gerichts- und Notarkostengesetzes[4)] und die für eine Beurkundung geltenden besonderen Geschäftswert- und Bewertungsvorschriften des Gerichts- und Notarkostengesetzes entsprechend.

(2) 1 Bei Pflegschaften für einzelne Rechtshandlungen bestimmt sich der Verfahrenswert nach dem Wert des Gegenstands, auf den sich die Rechtshandlung bezieht. 2 Bezieht sich die Pflegschaft auf eine gegenwärtige oder künftige Mitberechtigung, ermäßigt sich der Wert auf den Bruchteil, der dem Anteil der Mitberechtigung entspricht. 3 Bei Gesamthandsverhältnissen ist der Anteil entsprechend der Beteiligung an dem Gesamthandvermögen zu bemessen.

(3) Der Wert beträgt in jedem Fall höchstens 1 Million Euro.

**§ 47 Abstammungssachen.** (1) In Abstammungssachen nach § 169 Nr. 1 und 4 des Gesetzes über das Verfahren in Familiensachen und in den Angelegenheiten der freiwilligen Gerichtsbarkeit[5)] beträgt der Verfahrenswert 2 000 Euro, in den übrigen Abstammungssachen 1 000 Euro.

(2) Ist der nach Absatz 1 bestimmte Wert nach den besonderen Umständen des Einzelfalls unbillig, kann das Gericht einen höheren oder einen niedrigeren Wert festsetzen.

---

[1)] § 45 Abs. 1 Nr. 2 geänd., Nr. 3 eingef., bish. Nr. 3 wird Nr. 4 mWv 13.7.2013 durch G v. 4.7.2013 (BGBl. I S. 2176); Abs. 1 abschl. Satzteil geänd. mWv 1.1.2021 durch G v. 21.12.2020 (BGBl. I S. 3229); Abs. 1 Nr. 3 und 4 geänd., Nr. 5 angef. mWv 22.5.2021 durch G v. 12.5.2021 (BGBl. I S. 1082).

[2)] Nr. **20**.

[3)] § 46 Abs. 1 und 2 Satz 1 geänd. mWv 1.8.2013 durch G v. 23.7.2013 (BGBl. I S. 2586).

[4)] Nr. **119**.

[5)] Nr. **112**.

**§ 48[1] Ehewohnungs- und Haushaltssachen.** (1) In Ehewohnungssachen nach § 200 Absatz 1 Nummer 1 des Gesetzes über das Verfahren in Familiensachen und in den Angelegenheiten der freiwilligen Gerichtsbarkeit[2] beträgt der Verfahrenswert 3 000 Euro, in Ehewohnungssachen nach § 200 Absatz 1 Nummer 2 des Gesetzes über das Verfahren in Familiensachen und in den Angelegenheiten der freiwilligen Gerichtsbarkeit 4 000 Euro.

(2) In Haushaltssachen nach § 200 Absatz 2 Nummer 1 des Gesetzes über das Verfahren in Familiensachen und in den Angelegenheiten der freiwilligen Gerichtsbarkeit beträgt der Wert 2 000 Euro, in Haushaltssachen nach § 200 Absatz 2 Nummer 2 des Gesetzes über das Verfahren in Familiensachen und in den Angelegenheiten der freiwilligen Gerichtsbarkeit 3 000 Euro.

(3) Ist der nach den Absätzen 1 und 2 bestimmte Wert nach den besonderen Umständen des Einzelfalls unbillig, kann das Gericht einen höheren oder einen niedrigeren Wert festsetzen.

**§ 49[3] Gewaltschutzsachen.** (1) In Gewaltschutzsachen nach § 1 des Gewaltschutzgesetzes[4] und in Verfahren nach dem EU-Gewaltschutzverfahrensgesetz beträgt der Verfahrenswert 2 000 Euro, in Gewaltschutzsachen nach § 2 des Gewaltschutzgesetzes 3 000 Euro.

(2) Ist der nach Absatz 1 bestimmte Wert nach den besonderen Umständen des Einzelfalls unbillig, kann das Gericht einen höheren oder einen niedrigeren Wert festsetzen.

**§ 50[5] Versorgungsausgleichssachen.** (1) [1] In Versorgungsausgleichssachen beträgt der Verfahrenswert für jedes Anrecht 10 Prozent, bei Ausgleichsansprüchen nach der Scheidung für jedes Anrecht 20 Prozent des in drei Monaten erzielten Nettoeinkommens der Ehegatten. [2] Der Wert nach Satz 1 beträgt insgesamt mindestens 1 000 Euro.

(2) In Verfahren über einen Auskunftsanspruch oder über die Abtretung von Versorgungsansprüchen beträgt der Verfahrenswert 500 Euro.

(3) Ist der nach den Absätzen 1 und 2 bestimmte Wert nach den besonderen Umständen des Einzelfalls unbillig, kann das Gericht einen höheren oder einen niedrigeren Wert festsetzen.

**§ 51[6] Unterhaltssachen und sonstige den Unterhalt betreffende Familiensachen.** (1) [1] In Unterhaltssachen und in sonstigen den Unterhalt betreffenden Familiensachen, soweit diese jeweils Familienstreitsachen sind und wiederkehrende Leistungen betreffen, ist der für die ersten zwölf Monate nach Einreichung des Antrags geforderte Betrag maßgeblich, höchstens jedoch der Gesamtbetrag der geforderten Leistung. [2] Bei Unterhaltsansprüchen nach den §§ 1612a bis 1612c des Bürgerlichen Gesetzbuchs[7] ist dem Wert nach Satz 1 der Monatsbetrag des zum Zeitpunkt der Einreichung des Antrags geltenden Mindestunterhalts nach der zu diesem Zeitpunkt maßgebenden Altersstufe zugrunde zu legen.

---

[1] § 48 neu gef. mWv 1.9.2009 durch G v. 6.7.2009 (BGBl. I S. 1696).

[2] Nr. **112**.

[3] § 49 Abs. 1 geänd. mWv 11.1.2015 durch G v. 5.12.2014 (BGBl. I S. 1964).

[4] **Schönfelder ErgBd. Nr. 49.**

[5] § 50 neu gef. mWv 1.9.2009 durch G v. 3.4.2009 (BGBl. I S. 700).

[6] § 51 Überschrift, Abs. 1 Sätze 1 und 2, Abs. 2 Satz 1 und Abs. 3 Satz 1 geänd., Abs. 2 Satz 2 neu gef. mWv 1.8.2013 durch G v. 23.7.2013 (BGBl. I S. 2586).

[7] Nr. **20**.

(2) [1] Die bei Einreichung des Antrags fälligen Beträge werden dem Wert hinzugerechnet. [2] Der Einreichung des Antrags wegen des Hauptgegenstands steht die Einreichung eines Antrags auf Bewilligung der Verfahrenskostenhilfe gleich, wenn der Antrag wegen des Hauptgegenstands alsbald nach Mitteilung der Entscheidung über den Antrag auf Bewilligung der Verfahrenskostenhilfe oder über eine alsbald eingelegte Beschwerde eingereicht wird. [3] Die Sätze 1 und 2 sind im vereinfachten Verfahren zur Festsetzung von Unterhalt Minderjähriger entsprechend anzuwenden.

(3) [1] In Unterhaltssachen, die nicht Familienstreitsachen sind, beträgt der Wert 500 Euro. [2] Ist der Wert nach den besonderen Umständen des Einzelfalls unbillig, kann das Gericht einen höheren Wert festsetzen.

**§ 52 Güterrechtssachen.** [1] Wird in einer Güterrechtssache, die Familienstreitsache ist, auch über einen Antrag nach § 1382 Abs. 5 oder nach § 1383 Abs. 3 des Bürgerlichen Gesetzbuchs[1] entschieden, handelt es sich um ein Verfahren. [2] Die Werte werden zusammengerechnet.

### Unterabschnitt 3. Wertfestsetzung

**§ 53 Angabe des Werts.** [1] Bei jedem Antrag ist der Verfahrenswert, wenn dieser nicht in einer bestimmten Geldsumme besteht, kein fester Wert bestimmt ist oder sich nicht aus früheren Anträgen ergibt, und nach Aufforderung auch der Wert eines Teils des Verfahrensgegenstands schriftlich oder zu Protokoll der Geschäftsstelle anzugeben. [2] Die Angabe kann jederzeit berichtigt werden.

**§ 54 Wertfestsetzung für die Zulässigkeit der Beschwerde.** Ist der Wert für die Zulässigkeit der Beschwerde festgesetzt, ist die Festsetzung auch für die Berechnung der Gebühren maßgebend, soweit die Wertvorschriften dieses Gesetzes nicht von den Wertvorschriften des Verfahrensrechts abweichen.

**§ 55[2] Wertfestsetzung für die Gerichtsgebühren.** (1) [1] Sind Gebühren, die sich nach dem Verfahrenswert richten, mit der Einreichung des Antrags, der Einspruchs- oder der Rechtsmittelschrift oder mit der Abgabe der entsprechenden Erklärung zu Protokoll fällig, setzt das Gericht sogleich den Wert ohne Anhörung der Beteiligten durch Beschluss vorläufig fest, wenn Gegenstand des Verfahrens nicht eine bestimmte Geldsumme in Euro ist oder für den Regelfall kein fester Wert bestimmt ist. [2] Einwendungen gegen die Höhe des festgesetzten Werts können nur im Verfahren über die Beschwerde gegen den Beschluss, durch den die Tätigkeit des Gerichts aufgrund dieses Gesetzes von der vorherigen Zahlung von Kosten abhängig gemacht wird, geltend gemacht werden.

(2) Soweit eine Entscheidung nach § 54 nicht ergeht oder nicht bindet, setzt das Gericht den Wert für die zu erhebenden Gebühren durch Beschluss fest, sobald eine Entscheidung über den gesamten Verfahrensgegenstand ergeht oder sich das Verfahren anderweitig erledigt.

(3) [1] Die Festsetzung kann von Amts wegen geändert werden

1. von dem Gericht, das den Wert festgesetzt hat, und
2. von dem Rechtsmittelgericht, wenn das Verfahren wegen des Hauptgegenstands oder wegen der Entscheidung über den Verfahrenswert, den Kostenansatz oder die Kostenfestsetzung in der Rechtsmittelinstanz schwebt.

---

[1] Nr. **20**.

[2] § 55 Abs. 1 Satz 1 geänd., Abs. 3 neu gef. mWv 1.8.2013 durch G v. 23.7.2013 (BGBl. I S. 2586).

²Die Änderung ist nur innerhalb von sechs Monaten zulässig, nachdem die Entscheidung wegen des Hauptgegenstands Rechtskraft erlangt oder das Verfahren sich anderweitig erledigt hat.

**§ 56 Schätzung des Werts.** ¹Wird eine Abschätzung durch Sachverständige erforderlich, ist in dem Beschluss, durch den der Verfahrenswert festgesetzt wird (§ 55), über die Kosten der Abschätzung zu entscheiden. ²Diese Kosten können ganz oder teilweise dem Beteiligten auferlegt werden, welcher die Abschätzung durch Unterlassen der ihm obliegenden Wertangabe, durch unrichtige Angabe des Werts, durch unbegründetes Bestreiten des angegebenen Werts oder durch eine unbegründete Beschwerde veranlasst hat.

## Abschnitt 8. Erinnerung und Beschwerde

**§ 57 Erinnerung gegen den Kostenansatz, Beschwerde.** (1) ¹Über Erinnerungen des Kostenschuldners und der Staatskasse gegen den Kostenansatz entscheidet das Gericht, bei dem die Kosten angesetzt sind. ²War das Verfahren im ersten Rechtszug bei mehreren Gerichten anhängig, ist das Gericht, bei dem es zuletzt anhängig war, auch insoweit zuständig, als Kosten bei den anderen Gerichten angesetzt worden sind.

(2) ¹Gegen die Entscheidung des Familiengerichts über die Erinnerung findet die Beschwerde statt, wenn der Wert des Beschwerdegegenstands 200 Euro übersteigt. ²Die Beschwerde ist auch zulässig, wenn sie das Familiengericht, das die angefochtene Entscheidung erlassen hat, wegen der grundsätzlichen Bedeutung der zur Entscheidung stehenden Frage in dem Beschluss zulässt.

(3) ¹Soweit das Familiengericht die Beschwerde für zulässig und begründet hält, hat es ihr abzuhelfen; im Übrigen ist die Beschwerde unverzüglich dem Oberlandesgericht vorzulegen. ²Das Oberlandesgericht ist an die Zulassung der Beschwerde gebunden; die Nichtzulassung ist unanfechtbar.

(4) ¹Anträge und Erklärungen können ohne Mitwirkung eines Rechtsanwalts schriftlich eingereicht oder zu Protokoll der Geschäftsstelle abgegeben werden; § 129a der Zivilprozessordnung[1)] gilt entsprechend. ²Für die Bevollmächtigung gelten die Regelungen des Gesetzes über das Verfahren in Familiensachen und in den Angelegenheiten der freiwilligen Gerichtsbarkeit[2)] entsprechend. ³Die Erinnerung ist bei dem Gericht einzulegen, das für die Entscheidung über die Erinnerung zuständig ist. ⁴Die Beschwerde ist bei dem Familiengericht einzulegen.

(5) ¹Das Gericht entscheidet über die Erinnerung und die Beschwerde durch eines seiner Mitglieder als Einzelrichter. ²Der Einzelrichter überträgt das Verfahren dem Senat, wenn die Sache besondere Schwierigkeiten tatsächlicher oder rechtlicher Art aufweist oder die Rechtssache grundsätzliche Bedeutung hat.

(6) ¹Erinnerung und Beschwerde haben keine aufschiebende Wirkung. ²Das Gericht oder das Beschwerdegericht kann auf Antrag oder von Amts wegen die aufschiebende Wirkung ganz oder teilweise anordnen; ist nicht der Einzelrichter zur Entscheidung berufen, entscheidet der Vorsitzende des Gerichts.

(7) Entscheidungen des Oberlandesgerichts sind unanfechtbar.

(8) ¹Die Verfahren sind gebührenfrei. ²Kosten werden nicht erstattet.

---

1) Nr. **100**.
2) Nr. **112**.

**§ 58[1] Beschwerde gegen die Anordnung einer Vorauszahlung.**

(1) [1] Gegen den Beschluss, durch den die Tätigkeit des Familiengerichts nur aufgrund dieses Gesetzes von der vorherigen Zahlung von Kosten abhängig gemacht wird, und wegen der Höhe des in diesem Fall im Voraus zu zahlenden Betrags findet stets die Beschwerde statt. [2] § 57 Abs. 3, 4 Satz 1 und 4, Abs. 5, 7 und 8 ist entsprechend anzuwenden. [3] Soweit sich der Beteiligte in dem Verfahren wegen des Hauptgegenstands vor dem Familiengericht durch einen Bevollmächtigten vertreten lassen muss, gilt dies auch im Beschwerdeverfahren.

(2) Im Fall des § 16 Abs. 2 ist § 57 entsprechend anzuwenden.

**§ 59[2] Beschwerde gegen die Festsetzung des Verfahrenswerts.** (1) [1] Gegen den Beschluss des Familiengerichts, durch den der Verfahrenswert für die Gerichtsgebühren festgesetzt worden ist (§ 55 Abs. 2), findet die Beschwerde statt, wenn der Wert des Beschwerdegegenstands 200 Euro übersteigt. [2] Die Beschwerde findet auch statt, wenn sie das Familiengericht wegen der grundsätzlichen Bedeutung der zur Entscheidung stehenden Frage in dem Beschluss zulässt. [3] Die Beschwerde ist nur zulässig, wenn sie innerhalb der in § 55 Abs. 3 Satz 2 bestimmten Frist eingelegt wird; ist der Verfahrenswert später als einen Monat vor Ablauf dieser Frist festgesetzt worden, kann sie noch innerhalb eines Monats nach Zustellung oder formloser Mitteilung des Festsetzungsbeschlusses eingelegt werden. [4] Im Fall der formlosen Mitteilung gilt der Beschluss mit dem dritten Tag nach Aufgabe zur Post als bekannt gemacht. [5] § 57 Abs. 3, 4 Satz 1, 2 und 4, Abs. 5 und 7 ist entsprechend anzuwenden.

(2) [1] War der Beschwerdeführer ohne sein Verschulden verhindert, die Frist einzuhalten, ist ihm auf Antrag vom Oberlandesgericht Wiedereinsetzung in den vorigen Stand zu gewähren, wenn er die Beschwerde binnen zwei Wochen nach der Beseitigung des Hindernisses einlegt und die Tatsachen, welche die Wiedereinsetzung begründen, glaubhaft macht. [2] Ein Fehlen des Verschuldens wird vermutet, wenn eine Rechtsbehelfsbelehrung unterblieben oder fehlerhaft ist. [3] Nach Ablauf eines Jahres, von dem Ende der versäumten Frist an gerechnet, kann die Wiedereinsetzung nicht mehr beantragt werden.

(3) [1] Die Verfahren sind gebührenfrei. [2] Kosten werden nicht erstattet.

**§ 60 Beschwerde gegen die Auferlegung einer Verzögerungsgebühr.**

[1] Gegen den Beschluss des Familiengerichts nach § 32 findet die Beschwerde statt, wenn der Wert des Beschwerdegegenstands 200 Euro übersteigt oder das Familiengericht die Beschwerde wegen der grundsätzlichen Bedeutung in dem Beschluss der zur Entscheidung stehenden Frage zugelassen hat. [2] § 57 Abs. 3, 4 Satz 1, 2 und 4, Abs. 5, 7 und 8 ist entsprechend anzuwenden.

**§ 61 Abhilfe bei Verletzung des Anspruchs auf rechtliches Gehör.**

(1) Auf die Rüge eines durch die Entscheidung beschwerten Beteiligten ist das Verfahren fortzuführen, wenn

1. ein Rechtsmittel oder ein anderer Rechtsbehelf gegen die Entscheidung nicht gegeben ist und
2. das Gericht den Anspruch dieses Beteiligten auf rechtliches Gehör in entscheidungserheblicher Weise verletzt hat.

---

[1] § 58 Abs. 1 Satz 3 geänd. mWv 1.8.2013 durch G v. 23.7.2013 (BGBl. I S. 2586).

[2] § 59 Abs. 2 Satz 2 eingef., bish. Satz 2 wird Satz 3 mWv 1.1.2014 durch G v. 5.12.2012 (BGBl. I S. 2418).

(2) [1]Die Rüge ist innerhalb von zwei Wochen nach Kenntnis von der Verletzung des rechtlichen Gehörs zu erheben; der Zeitpunkt der Kenntniserlangung ist glaubhaft zu machen. [2]Nach Ablauf eines Jahres seit Bekanntmachung der angegriffenen Entscheidung kann die Rüge nicht mehr erhoben werden. [3]Formlos mitgeteilte Entscheidungen gelten mit dem dritten Tage nach Aufgabe zur Post als bekannt gemacht. [4]Die Rüge ist bei dem Gericht zu erheben, dessen Entscheidung angegriffen wird; § 57 Abs. 4 Satz 1 und 2 gelten entsprechend. [5]Die Rüge muss die angegriffene Entscheidung bezeichnen und das Vorliegen der in Absatz 1 Nr. 2 genannten Voraussetzungen darlegen.

(3) Den übrigen Beteiligten ist, soweit erforderlich, Gelegenheit zur Stellungnahme zu geben.

(4) [1]Das Gericht hat von Amts wegen zu prüfen, ob die Rüge an sich statthaft und ob sie in der gesetzlichen Form und Frist erhoben ist. [2]Mangelt es an einem dieser Erfordernisse, so ist die Rüge als unzulässig zu verwerfen. [3]Ist die Rüge unbegründet, weist das Gericht sie zurück. [4]Die Entscheidung ergeht durch unanfechtbaren Beschluss. [5]Der Beschluss soll kurz begründet werden.

(5) Ist die Rüge begründet, so hilft ihr das Gericht ab, indem es das Verfahren fortführt, soweit dies aufgrund der Rüge geboten ist.

(6) Kosten werden nicht erstattet.

## Abschnitt 9. Schluss- und Übergangsvorschriften

**§ 61a[1)] Verordnungsermächtigung.** [1]Die Landesregierungen werden ermächtigt, durch Rechtsverordnung zu bestimmen, dass die von den Gerichten der Länder zu erhebenden Verfahrensgebühren in solchen Verfahren, die nur auf Antrag eingeleitet werden, über die im Kostenverzeichnis für den Fall der Zurücknahme des Antrags vorgesehene Ermäßigung hinaus weiter ermäßigt werden oder entfallen, wenn das gesamte Verfahren oder bei Verbundverfahren nach § 44 eine Folgesache nach einer Mediation oder nach einem anderen Verfahren der außergerichtlichen Konfliktbeilegung durch Zurücknahme des Antrags beendet wird und in der Antragsschrift mitgeteilt worden ist, dass eine Mediation oder ein anderes Verfahren der außergerichtlichen Konfliktbeilegung unternommen wird oder beabsichtigt ist, oder wenn das Gericht den Beteiligten die Durchführung einer Mediation oder eines anderen Verfahrens der außergerichtlichen Konfliktbeilegung vorgeschlagen hat. [2]Satz 1 gilt entsprechend für die im Beschwerdeverfahren von den Oberlandesgerichten zu erhebenden Verfahrensgebühren; an die Stelle der Antragsschrift tritt der Schriftsatz, mit dem die Beschwerde eingelegt worden ist.

**§ 62[2)]** *(aufgehoben)*

**§ 62a[3)] Bekanntmachung von Neufassungen.** [1]Das Bundesministerium der Justiz und für Verbraucherschutz kann nach Änderungen den Wortlaut des Gesetzes feststellen und als Neufassung im Bundesgesetzblatt bekannt machen. [2]Die Bekanntmachung muss auf diese Vorschrift Bezug nehmen und angeben

1. den Stichtag, zu dem der Wortlaut festgestellt wird,

---

[1)] § 61a eingef. mWv 26.7.2012 durch G v. 21.7.2012 (BGBl. I S. 1577).

[2)] § 62 aufgeh. mWv 1.8.2013 durch G v. 23.7.2013 (BGBl. I S. 2586).

[3)] § 62a eingef. mWv 28.12.2010 durch G v. 22.12.2010 (BGBl. I S. 2248); Satz 1 geänd. mWv 8.9.2015 durch VO v. 31.8.2015 (BGBl. I S. 1474).

2. die Änderungen seit der letzten Veröffentlichung des vollständigen Wortlauts im Bundesgesetzblatt sowie
3. das Inkrafttreten der Änderungen.

**§ 63[1] Übergangsvorschrift.** (1) [1]In Verfahren, die vor dem Inkrafttreten einer Gesetzesänderung anhängig geworden oder eingeleitet worden sind, werden die Kosten nach bisherigem Recht erhoben. [2]Dies gilt nicht im Verfahren über ein Rechtsmittel, das nach dem Inkrafttreten einer Gesetzesänderung eingelegt worden ist. [3]Die Sätze 1 und 2 gelten auch, wenn Vorschriften geändert werden, auf die dieses Gesetz verweist.

(2) In Verfahren, in denen Jahresgebühren erhoben werden, und in Fällen, in denen Absatz 1 keine Anwendung findet, gilt für Kosten, die vor dem Inkrafttreten einer Gesetzesänderung fällig geworden sind, das bisherige Recht.

**§ 64[2] Übergangsvorschrift für die Erhebung von Haftkosten.** Bis zum Erlass landesrechtlicher Vorschriften über die Höhe des Haftkostenbeitrags, der von einem Gefangenen zu erheben ist, sind die Nummern 2008 und 2009 des Kostenverzeichnisses in der bis zum 27. Dezember 2010 geltenden Fassung anzuwenden.

[1] § 63 Abs. 1 Satz 1 geänd., Abs. 2 neu gef. mWv 1.8.2013 durch G v. 23.7.2013 (BGBl. I S. 2586).
[2] § 64 angef. mWv 28.12.2010 durch G v. 22.12.2010 (BGBl. I S. 2248).

**Anlage 1[1)]**
(zu § 3 Abs. 2)

# Kostenverzeichnis

## Gliederung



---

1) Anl. 1 geänd. mWv 1.9.2009 durch G v. 6.7.2009 (BGBl. I S. 1696); mWv 1.1.2013 durch G v. 29.7. 2009 (BGBl. I S. 2258); mWv 28.12.2010 durch G v. 22.12.2010 (BGBl. I S. 2248); mWv 18.6.2011 durch G v. 23.5.2011 (BGBl. I S. 898); mWv 1.11.2013 durch G v. 25.4.2013 (BGBl. I S. 935, geänd. durch G v. 23.7.2013, BGBl. I S. 2586); mWv 1.8.2013 durch G v. 23.7.2013 (BGBl. I S. 2586); mWv 1.7.2014 durch G v. 10.10.2013 (BGBl. I S. 3786); mWv 16.7.2014 durch G v. 8.7.2014 (BGBl. I S. 890); mWv 11.1.2015 durch G v. 5.12.2014 (BGBl. I S. 1964); mWv 1.1.2017 durch G v. 20.11.2015 (BGBl. I S. 2018); mWv 1.10.2021 durch G v. 18.7.2016 (BGBl. I S. 1666); mWv 18.1.2017 durch G v. 21.11. 2016 (BGBl. I S. 2591); mWv 1.1.2018 durch G v. 5.7.2017 (BGBl. I S. 2208); mWv 1.10.2017 durch G v. 17.7.2017 (BGBl. I S. 2424); mWv 29.1.2019 durch G v. 17.12.2018 (BGBl. I S. 2573); mWv 28.6. 2019 durch G v. 19.6.2019 (BGBl. I S. 840); mWv 23.10.2020 durch G v. 16.10.2020 (BGBl. I S. 2187); mWv 1.1.2021 durch G v. 21.12.2020 (BGBl. I S. 3229); mWv 1.1.2023 durch G v. 4.5.2021 (BGBl. I S. 882); mWv 1.8.2022 durch G v. 10.8.2021 (BGBl. I S. 3424).

## Teil 1. Gebühren

| Nr. | Gebührentatbestand | Gebühr oder Satz der Gebühr nach § 28 FamGKG |
|---|---|---|
| | **Hauptabschnitt 1. Hauptsacheverfahren in Ehesachen einschließlich aller Folgesachen** | |
| | ***Abschnitt 1. Erster Rechtszug*** | |
| 1110 | Verfahren im Allgemeinen ............................................. | 2,0 |
| 1111 | Beendigung des Verfahrens hinsichtlich der Ehesache oder einer Folgesache durch<br>1. Zurücknahme des Antrags<br>a) vor dem Schluss der mündlichen Verhandlung,<br>b) in den Fällen des § 128 Abs. 2 ZPO vor dem Zeitpunkt, der dem Schluss der mündlichen Verhandlung entspricht,<br>c) im Fall des § 331 Abs. 3 ZPO vor Ablauf des Tages, an dem die Endentscheidung der Geschäftsstelle übermittelt wird,<br>2. Anerkenntnis- oder Verzichtsentscheidung oder Endentscheidung, die nach § 38 Abs. 4 Nr. 2 und 3 FamFG keine Begründung enthält oder nur deshalb eine Begründung enthält, weil zu erwarten ist, dass der Beschluss im Ausland geltend gemacht wird (§ 38 Abs. 5 Nr. 4 FamFG), mit Ausnahme der Endentscheidung in einer Scheidungssache,<br>3. gerichtlichen Vergleich oder<br>4. Erledigung in der Hauptsache, wenn keine Entscheidung über die Kosten ergeht oder die Entscheidung einer zuvor mitgeteilten Einigung über die Kostentragung oder einer Kostenübernahmeerklärung folgt,<br>es sei denn, dass bereits eine andere Endentscheidung als eine der in Nummer 2 genannten Entscheidungen vorausgegangen ist:<br>Die Gebühr 1110 ermäßigt sich auf ............................. | 0,5 |
| | (1) Wird im Verbund nicht das gesamte Verfahren beendet, ist auf die beendete Ehesache und auf eine oder mehrere beendete Folgesachen § 44 FamGKG anzuwenden und die Gebühr nur insoweit zu ermäßigen.<br>(2) Die Vervollständigung einer ohne Begründung hergestellten Endentscheidung (§ 38 Abs. 6 FamFG) steht der Ermäßigung nicht entgegen.<br>(3) Die Gebühr ermäßigt sich auch, wenn mehrere Ermäßigungstatbestände erfüllt sind. | |
| | ***Abschnitt 2. Beschwerde gegen die Endentscheidung wegen des Hauptgegenstands*** | |
| | *Vorbemerkung 1.1.2:*<br>Dieser Abschnitt ist auch anzuwenden, wenn sich die Beschwerde auf eine Folgesache beschränkt. | |
| 1120 | Verfahren im Allgemeinen ............................................. | 3,0 |
| 1121 | Beendigung des gesamten Verfahrens durch Zurücknahme der Beschwerde oder des Antrags, bevor die Schrift zur Begründung der Beschwerde bei Gericht eingegangen ist: | |

| Nr. | Gebührentatbestand | Gebühr oder Satz der Gebühr nach § 28 FamGKG |
|---|---|---|
| | Die Gebühr 1120 ermäßigt sich auf .............................<br>Die Erledigung in der Hauptsache steht der Zurücknahme gleich, wenn keine Entscheidung über die Kosten ergeht oder die Entscheidung einer zuvor mitgeteilten Einigung über die Kostentragung oder einer Kostenübernahmeerklärung folgt. | 0,5 |
| 1122 | Beendigung des Verfahrens hinsichtlich der Ehesache oder einer Folgesache, wenn nicht Nummer 1121 erfüllt ist, durch<br>1. Zurücknahme der Beschwerde oder des Antrags<br>a) vor dem Schluss der mündlichen Verhandlung oder,<br>b) falls eine mündliche Verhandlung nicht stattfindet, vor Ablauf des Tages, an dem die Endentscheidung der Geschäftsstelle übermittelt wird,<br>2. Anerkenntnis- oder Verzichtsentscheidung,<br>3. gerichtlichen Vergleich oder<br>4. Erledigung in der Hauptsache, wenn keine Entscheidung über die Kosten ergeht oder die Entscheidung einer zuvor mitgeteilten Einigung über die Kostentragung oder einer Kostenübernahmeerklärung folgt,<br>es sei denn, dass bereits eine andere als eine der in Nummer 2 genannten Endentscheidungen vorausgegangen ist:<br>Die Gebühr 1120 ermäßigt sich auf .............................<br>(1) Wird im Verbund nicht das gesamte Verfahren beendet, ist auf die beendete Ehesache und auf eine oder mehrere beendete Folgesachen § 44 FamGKG anzuwenden und die Gebühr nur insoweit zu ermäßigen.<br>(2) Die Gebühr ermäßigt sich auch, wenn mehrere Ermäßigungstatbestände erfüllt sind. | 1,0 |

***Abschnitt 3. Rechtsbeschwerde gegen die Endentscheidung wegen des Hauptgegenstands***

Vorbemerkung 1.1.3:

Dieser Abschnitt ist auch anzuwenden, wenn sich die Rechtsbeschwerde auf eine Folgesache beschränkt.

| Nr. | Gebührentatbestand | Gebühr oder Satz der Gebühr nach § 28 FamGKG |
|---|---|---|
| 1130 | Verfahren im Allgemeinen ............................................. | 4,0 |
| 1131 | Beendigung des gesamten Verfahrens durch Zurücknahme der Rechtsbeschwerde oder des Antrags, bevor die Schrift zur Begründung der Rechtsbeschwerde bei Gericht eingegangen ist:<br>Die Gebühr 1130 ermäßigt sich auf .............................<br>Die Erledigung in der Hauptsache steht der Zurücknahme gleich, wenn keine Entscheidung über die Kosten ergeht oder die Entscheidung einer zuvor mitgeteilten Einigung über die Kostentragung oder einer Kostenübernahmeerklärung folgt. | 1,0 |
| 1132 | Beendigung des Verfahrens hinsichtlich der Ehesache oder einer Folgesache durch Zurücknahme der Rechtsbeschwerde oder des Antrags vor Ablauf des Tages, an dem die Endentscheidung der Geschäftsstelle übermittelt wird, wenn nicht Nummer 1131 erfüllt ist: | |

| Nr. | Gebührentatbestand | Gebühr oder Satz der Gebühr nach § 28 FamGKG |
|---|---|---|
| | Die Gebühr 1130 ermäßigt sich auf ............................ | 2,0 |
| | Wird im Verbund nicht das gesamte Verfahren beendet, ist auf die beendete Ehesache und auf eine oder mehrere beendete Folgesachen § 44 FamGKG anzuwenden und die Gebühr nur insoweit zu ermäßigen. | |
| | ***Abschnitt 4. Zulassung der Sprungrechtsbeschwerde gegen die Endentscheidung wegen des Hauptgegenstands*** | |
| 1140 | Verfahren über die Zulassung der Sprungrechtsbeschwerde: | |
| | Soweit der Antrag abgelehnt wird ............................ | 1,0 |
| | **Hauptabschnitt 2. Hauptsacheverfahren in selbständigen Familienstreitsachen** | |
| | ***Abschnitt 1. Vereinfachtes Verfahren über den Unterhalt Minderjähriger*** | |
| | ***Unterabschnitt 1. Erster Rechtszug*** | |
| 1210 | Entscheidung über einen Antrag auf Festsetzung von Unterhalt nach § 249 Abs. 1 FamFG mit Ausnahme einer Festsetzung nach § 253 Abs. 1 Satz 2 FamFG ........ | 0,5 |
| | ***Unterabschnitt 2. Beschwerde gegen die Endentscheidung wegen des Hauptgegenstands*** | |
| 1211 | Verfahren über die Beschwerde nach § 256 FamFG gegen die Festsetzung von Unterhalt im vereinfachten Verfahren ............................ | 1,0 |
| 1212 | Beendigung des gesamten Verfahrens ohne Endentscheidung: | |
| | Die Gebühr 1211 ermäßigt sich auf ............................ | 0,5 |
| | (1) Wenn die Entscheidung nicht durch Verlesen der Entscheidungsformel bekannt gegeben worden ist, ermäßigt sich die Gebühr auch im Fall der Zurücknahme der Beschwerde vor Ablauf des Tages, an dem die Endentscheidung der Geschäftsstelle übermittelt wird.<br>(2) Eine Entscheidung über die Kosten steht der Ermäßigung nicht entgegen, wenn die Entscheidung einer zuvor mitgeteilten Einigung über die Kostentragung oder einer Kostenübernahmeerklärung folgt. | |
| | ***Unterabschnitt 3. Rechtsbeschwerde gegen die Endentscheidung wegen des Hauptgegenstands*** | |
| 1213 | Verfahren im Allgemeinen ............................ | 1,5 |
| 1214 | Beendigung des gesamten Verfahrens durch Zurücknahme der Rechtsbeschwerde oder des Antrags, bevor die Schrift zur Begründung der Rechtsbeschwerde bei Gericht eingegangen ist: | |
| | Die Gebühr 1213 ermäßigt sich auf ............................ | 0,5 |
| 1215 | Beendigung des gesamten Verfahrens durch Zurücknahme der Rechtsbeschwerde oder des Antrags vor Ablauf des Tages, an dem die Endentscheidung der Geschäftsstelle übermittelt wird, wenn nicht Nummer 1214 erfüllt ist: | |

| Nr. | Gebührentatbestand | Gebühr oder Satz der Gebühr nach § 28 FamGKG |
|---|---|---|
| | Die Gebühr 1213 ermäßigt sich auf ............................ | 1,0 |
| | ***Unterabschnitt 4. Zulassung der Sprungrechtsbeschwerde gegen die Endentscheidung wegen des Hauptgegenstands*** | |
| 1216 | Verfahren über die Zulassung der Sprungrechtsbeschwerde:<br>Soweit der Antrag abgelehnt wird ................................ | 0,5 |
| | ***Abschnitt 2. Verfahren im Übrigen*** | |
| | ***Unterabschnitt 1. Erster Rechtszug*** | |
| 1220 | Verfahren im Allgemeinen ............................................<br>Soweit wegen desselben Verfahrensgegenstands ein Mahnverfahren vorausgegangen ist, entsteht die Gebühr mit dem Eingang der Akten beim Familiengericht, an das der Rechtsstreit nach Erhebung des Widerspruchs oder Einlegung des Einspruchs abgegeben wird; in diesem Fall wird eine Gebühr 1100 des Kostenverzeichnisses zum GKG nach dem Wert des Verfahrensgegenstands angerechnet, der in das Streitverfahren übergegangen ist. | 3,0 |
| 1221 | Beendigung des gesamten Verfahrens durch<br>1. Zurücknahme des Antrags<br>a) vor dem Schluss der mündlichen Verhandlung,<br>b) in den Fällen des § 128 Abs. 2 ZPO vor dem Zeitpunkt, der dem Schluss der mündlichen Verhandlung entspricht,<br>c) im Fall des § 331 Abs. 3 ZPO vor Ablauf des Tages, an dem die Endentscheidung der Geschäftsstelle übermittelt wird,<br>wenn keine Entscheidung nach § 269 Abs. 3 Satz 3 ZPO über die Kosten ergeht oder die Entscheidung einer zuvor mitgeteilten Einigung über die Kostentragung oder einer Kostenübernahmeerklärung folgt,<br>2. Anerkenntnis- oder Verzichtsentscheidung oder Endentscheidung, die nach § 38 Abs. 4 Nr. 2 oder 3 FamFG keine Begründung enthält oder nur deshalb eine Begründung enthält, weil zu erwarten ist, dass der Beschluss im Ausland geltend gemacht wird (§ 38 Abs. 5 Nr. 4 FamFG),<br>3. gerichtlichen Vergleich oder<br>4. Erledigung in der Hauptsache, wenn keine Entscheidung über die Kosten ergeht oder die Entscheidung einer zuvor mitgeteilten Einigung über die Kostentragung oder einer Kostenübernahmeerklärung folgt,<br>es sei denn, dass bereits eine andere Endentscheidung als eine der in Nummer 2 genannten Entscheidungen vorausgegangen ist:<br>Die Gebühr 1220 ermäßigt sich auf ............................<br>(1) Die Zurücknahme des Antrags auf Durchführung des streitigen Verfahrens (§ 696 Abs. 1 ZPO), des Widerspruchs gegen den Mahnbescheid | 1,0 |

| Nr. | Gebührentatbestand | Gebühr oder Satz der Gebühr nach § 28 FamGKG |
|---|---|---|
| | oder des Einspruchs gegen den Vollstreckungsbescheid stehen der Zurücknahme des Antrags (Nummer 1) gleich.<br>(2) Die Vervollständigung einer ohne Begründung hergestellten Endentscheidung (§ 38 Abs. 6 FamFG) steht der Ermäßigung nicht entgegen.<br>(3) Die Gebühr ermäßigt sich auch, wenn mehrere Ermäßigungstatbestände erfüllt sind. | |

***Unterabschnitt 2. Beschwerde gegen die Endentscheidung wegen des Hauptgegenstands***

| Nr. | Gebührentatbestand | Gebühr oder Satz der Gebühr nach § 28 FamGKG |
|---|---|---|
| 1222 | Verfahren im Allgemeinen | 4,0 |
| 1223 | Beendigung des gesamten Verfahrens durch Zurücknahme der Beschwerde oder des Antrags, bevor die Schrift zur Begründung der Beschwerde bei Gericht eingegangen ist:<br>Die Gebühr 1222 ermäßigt sich auf<br>Die Erledigung in der Hauptsache steht der Zurücknahme gleich, wenn keine Entscheidung über die Kosten ergeht oder die Entscheidung einer zuvor mitgeteilten Einigung über die Kostentragung oder einer Kostenübernahmeerklärung folgt. | 1,0 |
| 1224 | Beendigung des gesamten Verfahrens, wenn nicht Nummer 1223 erfüllt ist, durch<br>1. Zurücknahme der Beschwerde oder des Antrags<br>a) vor dem Schluss der mündlichen Verhandlung oder,<br>b) falls eine mündliche Verhandlung nicht stattfindet, vor Ablauf des Tages, an dem die Endentscheidung der Geschäftsstelle übermittelt wird,<br>2. Anerkenntnis- oder Verzichtsentscheidung,<br>3. gerichtlichen Vergleich oder<br>4. Erledigung in der Hauptsache, wenn keine Entscheidung über die Kosten ergeht oder die Entscheidung einer zuvor mitgeteilten Einigung über die Kostentragung oder einer Kostenübernahmeerklärung folgt,<br>es sei denn, dass bereits eine andere Endentscheidung als eine der in Nummer 2 genannten Entscheidungen vorausgegangen ist:<br>Die Gebühr 1222 ermäßigt sich auf<br>Die Gebühr ermäßigt sich auch, wenn mehrere Ermäßigungstatbestände erfüllt sind. | 2,0 |

***Unterabschnitt 3. Rechtsbeschwerde gegen die Endentscheidung wegen des Hauptgegenstands***

| Nr. | Gebührentatbestand | Gebühr oder Satz der Gebühr nach § 28 FamGKG |
|---|---|---|
| 1225 | Verfahren im Allgemeinen | 5,0 |
| 1226 | Beendigung des gesamten Verfahrens durch Zurücknahme der Rechtsbeschwerde oder des Antrags, bevor die Schrift zur Begründung der Rechtsbeschwerde bei Gericht eingegangen ist:<br>Die Gebühr 1225 ermäßigt sich auf | 1,0 |

| Nr. | Gebührentatbestand | Gebühr oder Satz der Gebühr nach § 28 FamGKG |
|---|---|---|
| | Die Erledigung in der Hauptsache steht der Zurücknahme gleich, wenn keine Entscheidung über die Kosten ergeht oder die Entscheidung einer zuvor mitgeteilten Einigung über die Kostentragung oder einer Kostenübernahmeerklärung folgt. | |
| 1227 | Beendigung des gesamten Verfahrens durch Zurücknahme der Rechtsbeschwerde oder des Antrags vor Ablauf des Tages, an dem die Endentscheidung der Geschäftsstelle übermittelt wird, wenn nicht Nummer 1226 erfüllt ist:<br>Die Gebühr 1225 ermäßigt sich auf | 3,0 |
| | ***Unterabschnitt 4. Zulassung der Sprungrechtsbeschwerde gegen die Endentscheidung wegen des Hauptgegenstands*** | |
| 1228 | Verfahren über die Zulassung der Sprungrechtsbeschwerde:<br>Soweit der Antrag abgelehnt wird | 1,5 |
| 1229 | Verfahren über die Zulassung der Sprungrechtsbeschwerde:<br>Soweit der Antrag zurückgenommen oder das Verfahren durch anderweitige Erledigung beendet wird | 1,0 |
| | Die Gebühr entsteht nicht, soweit die Sprungrechtsbeschwerde zugelassen wird. | |
| | **Hauptabschnitt 3. Hauptsacheverfahren in selbständigen Familiensachen der freiwilligen Gerichtsbarkeit** | |
| | ***Abschnitt 1. Kindschaftssachen*** | |
| | *Vorbemerkung 1.3.1:*<br>(1) Keine Gebühren werden erhoben für<br>1. die Pflegschaft für ein bereits gezeugtes Kind,<br>2. Kindschaftssachen nach § 151 Nr. 6 und 7 FamFG und<br>3. ein Verfahren, das Aufgaben nach dem Jugendgerichtsgesetz betrifft.<br>(2) Von dem Minderjährigen werden Gebühren nach diesem Abschnitt nur erhoben, wenn zum Zeitpunkt der Fälligkeit der jeweiligen Gebühr sein Vermögen nach Abzug der Verbindlichkeiten mehr als 25 000 € beträgt; der in § 90 Abs. 2 Nr. 8 des Zwölften Buches Sozialgesetzbuch genannte Vermögenswert wird nicht mitgerechnet. | |
| | ***Unterabschnitt 1. Verfahren vor dem Familiengericht*** | |
| 1310 | Verfahren im Allgemeinen | 0,5 |
| | (1) Die Gebühr entsteht nicht für Verfahren,<br>1. die in den Rahmen einer Vormundschaft oder Pflegschaft fallen,<br>2. für die die Gebühr 1313 entsteht oder<br>3. die mit der Anordnung einer Pflegschaft enden.<br>(2) Für die Umgangspflegschaft werden neben der Gebühr für das Verfahren, in dem diese angeordnet wird, keine besonderen Gebühren erhoben. | |

| Nr. | Gebührentatbestand | Gebühr oder Satz der Gebühr nach § 28 FamGKG |
|---|---|---|
| 1311 | Jahresgebühr für jedes angefangene Kalenderjahr bei einer Vormundschaft oder Dauerpflegschaft, wenn nicht Nummer 1312 anzuwenden ist ...................................<br>(1) Für die Gebühr wird das Vermögen des von der Maßnahme betroffenen Minderjährigen nur berücksichtigt, soweit es nach Abzug der Verbindlichkeiten mehr als 25 000 € beträgt; der in § 90 Abs. 2 Nr. 8 des Zwölften Buches Sozialgesetzbuch genannte Vermögenswert wird nicht mitgerechnet. Ist Gegenstand der Maßnahme ein Teil des Vermögens, ist höchstens dieser Teil des Vermögens zu berücksichtigen.<br>(2) Für das bei Anordnung der Maßnahme oder bei der ersten Tätigkeit des Familiengerichts nach Eintritt der Vormundschaft laufende und das folgende Kalenderjahr wird nur eine Jahresgebühr erhoben.<br>(3) Erstreckt sich eine Maßnahme auf mehrere Minderjährige, wird die Gebühr für jeden Minderjährigen besonders erhoben.<br>(4) Geht eine Pflegschaft in eine Vormundschaft über, handelt es sich um ein einheitliches Verfahren.<br>(5) Dauert die Vormundschaft oder Dauerpflegschaft nicht länger als drei Monate, beträgt die Gebühr abweichend von dem in der Gebührenspalte bestimmten Mindestbetrag 100,00 €. | 5,00 € je angefangene 5 000,00 € des zu berücksichtigenden Vermögens – mindestens 50,00 € |
| 1312 | Jahresgebühr für jedes angefangene Kalenderjahr bei einer Dauerpflegschaft, die nicht unmittelbar das Vermögen oder Teile des Vermögens zum Gegenstand hat ..<br>Dauert die Dauerpflegschaft nicht länger als drei Monate, beträgt die Gebühr abweichend von dem in der Gebührenspalte bestimmten Mindestbetrag 100,00 €. | 200,00 € – höchstens eine Gebühr 1311 |
| 1313 | Verfahren im Allgemeinen bei einer Pflegschaft für einzelne Rechtshandlungen ...........................................<br>(1) Bei einer Pflegschaft für mehrere Minderjährige wird die Gebühr nur einmal aus dem zusammengerechneten Wert erhoben. Minderjährige, von denen nach Vorbemerkung 1.3.1 Abs. 2 keine Gebühr zu erheben ist, sind nicht zu berücksichtigen. Höchstgebühr ist die Summe der für alle zu berücksichtigenden Minderjährigen jeweils maßgebenden Gebühr 1311.<br>(2) Als Höchstgebühr ist die Gebühr 1311 in der Höhe zugrunde zu legen, in der sie bei einer Vormundschaft entstehen würde. Absatz 5 der Anmerkung zu Nummer 1311 ist nicht anzuwenden.<br>(3) Die Gebühr wird nicht erhoben, wenn für den Minderjährigen eine Vormundschaft oder eine Dauerpflegschaft, die sich auf denselben Gegenstand bezieht, besteht. | 0,5 – höchstens eine Gebühr 1311 |
| | ***Unterabschnitt 2. Beschwerde gegen die Endentscheidung wegen des Hauptgegenstands*** | |
| 1314 | Verfahren im Allgemeinen ........................................... | 1,0 |
| 1315 | Beendigung des gesamten Verfahrens ohne Endentscheidung:<br>Die Gebühr 1314 ermäßigt sich auf .............................<br>(1) Wenn die Entscheidung nicht durch Verlesen der Entscheidungsformel bekannt gegeben worden ist, ermäßigt sich die Gebühr auch im Fall der Zurücknahme der Beschwerde vor Ablauf des Tages, an dem die Endentscheidung der Geschäftsstelle übermittelt wird. | 0,5 |

| Nr. | Gebührentatbestand | Gebühr oder Satz der Gebühr nach § 28 FamGKG |
|---|---|---|
| | (2) Eine Entscheidung über die Kosten steht der Ermäßigung nicht entgegen, wenn die Entscheidung einer zuvor mitgeteilten Einigung über die Kostentragung oder einer Kostenübernahmeerklärung folgt.<br>(3) Die Billigung eines gerichtlichen Vergleichs (§ 156 Abs. 2 FamFG) steht der Ermäßigung nicht entgegen. | |

***Unterabschnitt 3. Rechtsbeschwerde gegen die Endentscheidung wegen des Hauptgegenstands***

| | | |
|---|---|---|
| 1316 | Verfahren im Allgemeinen | 1,5 |
| 1317 | Beendigung des gesamten Verfahrens durch Zurücknahme der Rechtsbeschwerde oder des Antrags, bevor die Schrift zur Begründung der Beschwerde bei Gericht eingegangen ist:<br>Die Gebühr 1316 ermäßigt sich auf | 0,5 |
| 1318 | Beendigung des gesamten Verfahrens durch Zurücknahme der Rechtsbeschwerde oder des Antrags vor Ablauf des Tages, an dem die Endentscheidung der Geschäftsstelle übermittelt wird, wenn nicht Nummer 1317 erfüllt ist:<br>Die Gebühr 1316 ermäßigt sich auf | 1,0 |

***Unterabschnitt 4. Zulassung der Sprungrechtsbeschwerde gegen die Endentscheidung wegen des Hauptgegenstands***

| | | |
|---|---|---|
| 1319 | Verfahren über die Zulassung der Sprungrechtsbeschwerde:<br>Soweit der Antrag abgelehnt wird | 0,5 |

***Abschnitt 2. Übrige Familiensachen der freiwilligen Gerichtsbarkeit***

*Vorbemerkung 1.3.2:*

(1) Dieser Abschnitt gilt für
1. Abstammungssachen,
2. Adoptionssachen, die einen Volljährigen betreffen,
3. Ehewohnungs- und Haushaltssachen,
4. Gewaltschutzsachen,
5. Versorgungsausgleichssachen sowie
6. Unterhaltssachen, Güterrechtssachen und sonstige Familiensachen (§ 111 Nr. 10 FamFG), die nicht Familienstreitsachen sind.

(2) In Adoptionssachen werden für Verfahren auf Ersetzung der Einwilligung zur Annahme als Kind neben den Gebühren für das Verfahren über die Annahme als Kind keine Gebühren erhoben.

(3) Für Verfahren über Bescheinigungen nach Abschnitt 3 Unterabschnitt 2 EUGewSchVG bestimmen sich die Gebühren nach Teil 1 Hauptabschnitt 7.

***Unterabschnitt 1. Erster Rechtszug***

| | | |
|---|---|---|
| 1320 | Verfahren im Allgemeinen | 2,0 |
| 1321 | Beendigung des gesamten Verfahrens<br>1. ohne Endentscheidung,<br>2. durch Zurücknahme des Antrags vor Ablauf des Tages, an dem die Endentscheidung der Geschäftsstelle übermittelt wird, wenn die Entscheidung nicht bereits | |

| Nr. | Gebührentatbestand | Gebühr oder Satz der Gebühr nach § 28 FamGKG |
|---|---|---|
| | durch Verlesen der Entscheidungsformel bekannt gegeben worden ist, oder<br>3. wenn die Endentscheidung keine Begründung enthält oder nur deshalb eine Begründung enthält, weil zu erwarten ist, dass der Beschluss im Ausland geltend gemacht wird (§ 38 Abs. 5 Nr. 4 FamFG):<br>Die Gebühr 1320 ermäßigt sich auf ............................ | 0,5 |
| | (1) Die Vervollständigung einer ohne Begründung hergestellten Endentscheidung (§ 38 Abs. 6 FamFG) steht der Ermäßigung nicht entgegen.<br>(2) Die Gebühr ermäßigt sich auch, wenn mehrere Ermäßigungstatbestände erfüllt sind. | |
| | ***Unterabschnitt 2. Beschwerde gegen die Endentscheidung wegen des Hauptgegenstands*** | |
| 1322 | Verfahren im Allgemeinen ............................ | 3,0 |
| 1323 | Beendigung des gesamten Verfahrens durch Zurücknahme der Beschwerde oder des Antrags, bevor die Schrift zur Begründung der Beschwerde bei Gericht eingegangen ist:<br>Die Gebühr 1322 ermäßigt sich auf ............................ | 0,5 |
| 1324 | Beendigung des gesamten Verfahrens ohne Endentscheidung, wenn nicht Nummer 1323 erfüllt ist:<br>Die Gebühr 1322 ermäßigt sich auf ............................ | 1,0 |
| | (1) Wenn die Entscheidung nicht durch Verlesen der Entscheidungsformel bekannt gegeben worden ist, ermäßigt sich die Gebühr auch im Fall der Zurücknahme der Beschwerde vor Ablauf des Tages, an dem die Endentscheidung der Geschäftsstelle übermittelt wird.<br>(2) Eine Entscheidung über die Kosten steht der Ermäßigung nicht entgegen, wenn die Entscheidung einer zuvor mitgeteilten Einigung über die Kostentragung oder einer Kostenübernahmeerklärung folgt. | |
| | ***Unterabschnitt 3. Rechtsbeschwerde gegen die Endentscheidung wegen des Hauptgegenstands*** | |
| 1325 | Verfahren im Allgemeinen ............................ | 4,0 |
| 1326 | Beendigung des gesamten Verfahrens durch Zurücknahme der Rechtsbeschwerde oder des Antrags, bevor die Schrift zur Begründung der Rechtsbeschwerde bei Gericht eingegangen ist:<br>Die Gebühr 1325 ermäßigt sich auf ............................ | 1,0 |
| 1327 | Beendigung des gesamten Verfahrens durch Zurücknahme der Rechtsbeschwerde oder des Antrags vor Ablauf des Tages, an dem die Endentscheidung der Geschäftsstelle übermittelt wird, wenn nicht Nummer 1326 erfüllt ist:<br>Die Gebühr 1325 ermäßigt sich auf ............................ | 2,0 |

| Nr. | Gebührentatbestand | Gebühr oder Satz der Gebühr nach § 28 FamGKG |
|---|---|---|
| | ***Unterabschnitt 4. Zulassung der Sprungrechtsbeschwerde gegen die Endentscheidung wegen des Hauptgegenstands*** | |
| 1328 | Verfahren über die Zulassung der Sprungrechtsbeschwerde:<br>Soweit der Antrag abgelehnt wird ................................. | 1,0 |
| | **Hauptabschnitt 4. Einstweiliger Rechtsschutz** | |
| | *Vorbemerkung 1.4:*<br>(1) Im Verfahren zur Erwirkung eines Europäischen Beschlusses zur vorläufigen Kontenpfändung werden Gebühren nach diesem Hauptabschnitt nur im Fall des Artikels 5 Buchstabe a der Verordnung (EU) Nr. 655/2014 erhoben. In den Fällen des Artikels 5 Buchstabe b der Verordnung (EU) Nr. 655/2014 bestimmen sich die Gebühren nach den für die Zwangsvollstreckung geltenden Vorschriften des GKG.<br>(2) Im Verfahren auf Erlass einer einstweiligen Anordnung und über deren Aufhebung oder Änderung werden die Gebühren nur einmal erhoben. Dies gilt entsprechend im Arrestverfahren und im Verfahren nach der Verordnung (EU) Nr. 655/2014. | |
| | ***Abschnitt 1. Einstweilige Anordnung in Kindschaftssachen*** | |
| | ***Unterabschnitt 1. Erster Rechtszug*** | |
| 1410 | Verfahren im Allgemeinen ............................................<br>Die Gebühr entsteht nicht für Verfahren, die in den Rahmen einer Vormundschaft oder Pflegschaft fallen, und für Verfahren, die eine *eine*[1] Kindschaftssache nach § 151 Nr. 6 und 7 FamFG betreffen. | 0,3 |
| | ***Unterabschnitt 2. Beschwerde gegen die Endentscheidung wegen des Hauptgegenstands*** | |
| 1411 | Verfahren im Allgemeinen ............................................ | 0,5 |
| 1412 | Beendigung des gesamten Verfahrens ohne Endentscheidung:<br>Die Gebühr 1411 ermäßigt sich auf ...........................<br>(1) Wenn die Entscheidung nicht durch Verlesen der Entscheidungsformel bekannt gegeben worden ist, ermäßigt sich die Gebühr auch im Fall der Zurücknahme der Beschwerde vor Ablauf des Tages, an dem die Endentscheidung der Geschäftsstelle übermittelt wird.<br>(2) Eine Entscheidung über die Kosten steht der Ermäßigung nicht entgegen, wenn die Entscheidung einer zuvor mitgeteilten Einigung über die Kostentragung oder einer Kostenübernahmeerklärung folgt. | 0,3 |
| | ***Abschnitt 2. Einstweilige Anordnung in den übrigen Familiensachen, Arrest und Europäischer Beschluss zur vorläufigen Kontenpfändung*** | |
| | *Vorbemerkung 1.4.2:*<br>Dieser Abschnitt gilt für Familienstreitsachen und die in Vorbemerkung 1.3.2 genannten Verfahren. | |
| | ***Unterabschnitt 1. Erster Rechtszug*** | |
| 1420 | Verfahren im Allgemeinen ............................................ | 1,5 |
| 1421 | Beendigung des gesamten Verfahrens ohne Endentscheidung: | |

[1] Wortlaut amtlich.

| Nr. | Gebührentatbestand | Gebühr oder Satz der Gebühr nach § 28 FamGKG |
|---|---|---|
| | Die Gebühr 1420 ermäßigt sich auf ............................ | 0,5 |
| | (1) Wenn die Entscheidung nicht durch Verlesen der Entscheidungsformel bekannt gegeben worden ist, ermäßigt sich die Gebühr auch im Fall der Zurücknahme des Antrags vor Ablauf des Tages, an dem die Endentscheidung der Geschäftsstelle übermittelt wird. | |
| | (2) Eine Entscheidung über die Kosten steht der Ermäßigung nicht entgegen, wenn die Entscheidung einer zuvor mitgeteilten Einigung über die Kostentragung oder einer Kostenübernahmeerklärung folgt. | |
| | ***Unterabschnitt 2. Beschwerde gegen die Endentscheidung wegen des Hauptgegenstands*** | |
| 1422 | Verfahren im Allgemeinen ............................ | 2,0 |
| 1423 | Beendigung des gesamten Verfahrens durch Zurücknahme der Beschwerde oder des Antrags, bevor die Schrift zur Begründung der Beschwerde bei Gericht eingegangen ist: | |
| | Die Gebühr 1422 ermäßigt sich auf ............................ | 0,5 |
| 1424 | Beendigung des gesamten Verfahrens ohne Endentscheidung, wenn nicht Nummer 1423 erfüllt ist: | |
| | Die Gebühr 1422 ermäßigt sich auf ............................ | 1,0 |
| | (1) Wenn die Entscheidung nicht durch Verlesen der Entscheidungsformel bekannt gegeben worden ist, ermäßigt sich die Gebühr auch im Fall der Zurücknahme der Beschwerde vor Ablauf des Tages, an dem die Endentscheidung der Geschäftsstelle übermittelt wird. | |
| | (2) Eine Entscheidung über die Kosten steht der Ermäßigung nicht entgegen, wenn die Entscheidung einer zuvor mitgeteilten Einigung über die Kostentragung oder einer Kostenübernahmeerklärung folgt. | |
| | **Hauptabschnitt 5. Besondere Gebühren** | |
| 1500 | Abschluss eines gerichtlichen Vergleichs: | |
| | Soweit ein Vergleich über nicht gerichtlich anhängige Gegenstände geschlossen wird ............................ | 0,25 |
| | Die Gebühr entsteht nicht im Verfahren über die Verfahrenskostenhilfe. Im Verhältnis zur Gebühr für das Verfahren im Allgemeinen ist § 30 Abs. 3 FamGKG entsprechend anzuwenden. | |
| 1501 | Auferlegung einer Gebühr nach § 32 FamGKG wegen Verzögerung des Verfahrens ............................ | wie vom Gericht bestimmt |
| 1502 | Anordnung von Zwangsmaßnahmen durch Beschluss nach § 35 FamFG: | |
| | je Anordnung ............................ | 22,00 € |
| 1503 | Selbständiges Beweisverfahren ............................ | 1,0 |
| | **Hauptabschnitt 6. Vollstreckung** | |
| | *Vorbemerkung 1.6:* | |
| | Die Vorschriften dieses Hauptabschnitts gelten für die Vollstreckung nach Buch 1 Abschnitt 8 des FamFG, soweit das Familiengericht zuständig ist. Für Handlungen durch das Vollstreckungs- oder Arrestgericht werden Gebühren nach dem GKG erhoben. | |

| Nr. | Gebührentatbestand | Gebühr oder Satz der Gebühr nach § 28 FamGKG |
|---|---|---|
| 1600 | Verfahren über den Antrag auf Erteilung einer weiteren vollstreckbaren Ausfertigung (§ 733 ZPO) ..................<br>Die Gebühr wird für jede weitere vollstreckbare Ausfertigung gesondert erhoben. Sind wegen desselben Anspruchs in einem Mahnverfahren gegen mehrere Personen gesonderte Vollstreckungsbescheide erlassen worden und werden hiervon gleichzeitig mehrere weitere vollstreckbare Ausfertigungen beantragt, wird die Gebühr nur einmal erhoben. | 22,00 € |
| 1601 | Anordnung der Vornahme einer vertretbaren Handlung durch einen Dritten .................................................. | 22,00 € |
| 1602 | Anordnung von Zwangs- oder Ordnungsmitteln:<br>je Anordnung ..................................................<br>Mehrere Anordnungen gelten als eine Anordnung, wenn sie dieselbe Verpflichtung betreffen. Dies gilt nicht, wenn Gegenstand der Verpflichtung die wiederholte Vornahme einer Handlung oder eine Unterlassung ist. | 22,00 € |
| 1603 | Verfahren zur Abnahme einer eidesstattlichen Versicherung (§ 94 FamFG) ..................................<br>Die Gebühr entsteht mit der Anordnung des Gerichts, dass der Verpflichtete eine eidesstattliche Versicherung abzugeben hat, oder mit dem Eingang des Antrags des Berechtigten. | 35,00 € |

## Hauptabschnitt 7. Verfahren mit Auslandsbezug

*Vorbemerkung 1.7:*

In Verfahren nach dem EUGewSchVG, mit Ausnahme der Verfahren über Bescheinigungen nach Abschnitt 3 Unterabschnitt 2 EUGewSchVG, bestimmen sich die Gebühren nach Teil 1 Hauptabschnitt 3 Abschnitt 2.

### *Abschnitt 1. Erster Rechtszug*

| Nr. | Gebührentatbestand | Gebühr oder Satz der Gebühr nach § 28 FamGKG |
|---|---|---|
| 1710 | Verfahren über Anträge auf<br>1. Erlass einer gerichtlichen Anordnung auf Rückgabe des Kindes oder über das Recht zum persönlichen Umgang nach dem IntFamRVG,<br>2. Vollstreckbarerklärung ausländischer Titel,<br>3. Feststellung, ob die ausländische Entscheidung anzuerkennen ist, einschließlich der Anordnungen nach § 33 IntFamRVG zur Wiederherstellung des Sorgeverhältnisses,<br>4. Erteilung der Vollstreckungsklausel zu ausländischen Titeln,<br>5. Aufhebung oder Abänderung von Entscheidungen in den in den Nummern 2 bis 4 genannten Verfahren und<br>6. Versagung der Vollstreckung nach den §§ 44b und 44c IntFamRVG .................................................. | 264,00 € |
| 1711 | Verfahren über den Antrag auf Ausstellung einer Bescheinigung nach § 57 AVAG, § 48 IntFamRVG, § 14 EUGewSchVG oder § 27 IntGüRVG oder auf Ausstellung des Formblatts oder der Bescheinigung nach § 71 Abs. 1 AUG .................................................. | 17,00 € |

| Nr. | Gebührentatbestand | Gebühr oder Satz der Gebühr nach § 28 FamGKG |
|---|---|---|
| 1712 | Verfahren über den Antrag auf Ausstellung einer Bestätigung nach § 1079 ZPO und auf Aussetzung der Vollstreckung nach § 44f IntFamRVG | 22,00 € |
| 1713 | Verfahren nach<br>1. § 3 Abs. 2 des Gesetzes zur Ausführung des Vertrags zwischen der Bundesrepublik Deutschland und der Republik Österreich vom 6. Juni 1959 über die gegenseitige Anerkennung und Vollstreckung von gerichtlichen Entscheidungen, Vergleichen und öffentlichen Urkunden in Zivil- und Handelssachen in der im Bundesgesetzblatt Teil III, Gliederungsnummer 319-12, veröffentlichten bereinigten Fassung, das zuletzt durch Artikel 23 des Gesetzes vom 27. Juli 2001 (BGBl. I S. 1887) geändert worden ist, und<br>2. § 34 Abs. 1 AUG | 66,00 € |
| 1714 | Verfahren über den Antrag nach § 107 Abs. 5, 6 und 8, § 108 Abs. 2 FamFG:<br>Der Antrag wird zurückgewiesen | 264,00 € |
| 1715 | Beendigung des gesamten Verfahrens durch Zurücknahme des Antrags vor Ablauf des Tages, an dem die Endentscheidung der Geschäftsstelle übermittelt wird, wenn die Entscheidung nicht bereits durch Verlesen der Entscheidungsformel bekannt gegeben worden ist:<br>Die Gebühr 1710 oder 1714 ermäßigt sich auf | 99,00 € |

***Abschnitt 2. Beschwerde und Rechtsbeschwerde gegen die Endentscheidung wegen des Hauptgegenstands***

| Nr. | Gebührentatbestand | Gebühr oder Satz der Gebühr nach § 28 FamGKG |
|---|---|---|
| 1720 | Verfahren über die Beschwerde oder Rechtsbeschwerde in den in den Nummern 1710, 1713 und 1714 genannten Verfahren | 396,00 € |
| 1721 | Beendigung des gesamten Verfahrens durch Zurücknahme der Beschwerde, der Rechtsbeschwerde oder des Antrags, bevor die Schrift zur Begründung des Rechtsmittels bei Gericht eingegangen ist:<br>Die Gebühr 1720 ermäßigt sich auf | 99,00 € |
| 1722 | Beendigung des gesamten Verfahrens ohne Endentscheidung, wenn nicht Nummer 1721 erfüllt ist:<br>Die Gebühr 1720 ermäßigt sich auf<br>(1) Wenn die Entscheidung nicht durch Verlesen der Entscheidungsformel bekannt gegeben worden ist, ermäßigt sich die Gebühr auch im Fall der Zurücknahme der Beschwerde oder der Rechtsbeschwerde vor Ablauf des Tages, an dem die Endentscheidung der Geschäftsstelle übermittelt wird.<br>(2) Eine Entscheidung über die Kosten steht der Ermäßigung nicht entgegen, wenn die Entscheidung einer zuvor mitgeteilten Einigung über die Kostentragung oder einer Kostenübernahmeerklärung folgt. | 198,00 € |

| Nr. | Gebührentatbestand | Gebühr oder Satz der Gebühr nach § 28 FamGKG |
|---|---|---|
| 1723 | Verfahren über die Beschwerde in<br>1. den in den Nummern 1711 und 1712 genannten Verfahren,<br>2. Verfahren nach § 245 FamFG oder<br>3. Verfahren über die Berichtigung oder den Widerruf einer Bestätigung nach § 1079 ZPO:<br>Die Beschwerde wird verworfen oder zurückgewiesen .. | 66,00 € |

**Hauptabschnitt 8. Rüge wegen Verletzung des Anspruchs auf rechtliches Gehör**

| Nr. | Gebührentatbestand | Gebühr oder Satz der Gebühr nach § 28 FamGKG |
|---|---|---|
| 1800 | Verfahren über die Rüge wegen Verletzung des Anspruchs auf rechtliches Gehör (§§ 44, 113 Abs. 1 Satz 2 FamFG, § 321a ZPO):<br>Die Rüge wird in vollem Umfang verworfen oder zurückgewiesen ........................................ | 66,00 € |

**Hauptabschnitt 9. Rechtsmittel im Übrigen**

***Abschnitt 1. Sonstige Beschwerden***

| Nr. | Gebührentatbestand | Gebühr oder Satz der Gebühr nach § 28 FamGKG |
|---|---|---|
| 1910 | Verfahren über die Beschwerde in den Fällen des § 71 Abs. 2, § 91a Abs. 2, § 99 Abs. 2, § 269 Abs. 5 oder § 494a Abs. 2 Satz 2 ZPO .................................... | 99,00 € |
| 1911 | Beendigung des gesamten Verfahrens ohne Endentscheidung:<br>Die Gebühr 1910 ermäßigt sich auf ............................<br>(1) Wenn die Entscheidung nicht durch Verlesen der Entscheidungsformel bekannt gegeben worden ist, ermäßigt sich die Gebühr auch im Fall der Zurücknahme der Beschwerde vor Ablauf des Tages, an dem die Endentscheidung der Geschäftsstelle übermittelt wird.<br>(2) Eine Entscheidung über die Kosten steht der Ermäßigung nicht entgegen, wenn die Entscheidung einer zuvor mitgeteilten Einigung über die Kostentragung oder einer Kostenübernahmeerklärung folgt. | 66,00 € |
| 1912 | Verfahren über eine nicht besonders aufgeführte Beschwerde, die nicht nach anderen Vorschriften gebührenfrei ist:<br>Die Beschwerde wird verworfen oder zurückgewiesen ..<br>Wird die Beschwerde nur teilweise verworfen oder zurückgewiesen, kann das Gericht die Gebühr nach billigem Ermessen auf die Hälfte ermäßigen oder bestimmen, dass eine Gebühr nicht zu erheben ist. | 66,00 € |

***Abschnitt 2. Sonstige Rechtsbeschwerden***

| Nr. | Gebührentatbestand | Gebühr oder Satz der Gebühr nach § 28 FamGKG |
|---|---|---|
| 1920 | Verfahren über die Rechtsbeschwerde in den Fällen von § 71 Abs. 1, § 91a Abs. 1, § 99 Abs. 2, § 269 Abs. 4 oder § 494a Abs. 2 Satz 2 ZPO .................................... | 198,00 € |
| 1921 | Beendigung des gesamten Verfahrens durch Zurücknahme der Rechtsbeschwerde oder des Antrags, bevor die Schrift zur Begründung der Rechtsbeschwerde bei Gericht eingegangen ist: | |

| Nr. | Gebührentatbestand | Gebühr oder Satz der Gebühr nach § 28 FamGKG |
|---|---|---|
| | Die Gebühr 1920 ermäßigt sich auf ............................ | 66,00 € |
| 1922 | Beendigung des gesamten Verfahrens durch Zurücknahme der Rechtsbeschwerde oder des Antrags vor Ablauf des Tages, an dem die Endentscheidung der Geschäftsstelle übermittelt wird, wenn nicht Nummer 1921 erfüllt ist: | |
| | Die Gebühr 1920 ermäßigt sich auf ............................ | 99,00 € |
| 1923 | Verfahren über eine nicht besonders aufgeführte Rechtsbeschwerde, die nicht nach anderen Vorschriften gebührenfrei ist: | |
| | Die Rechtsbeschwerde wird verworfen oder zurückgewiesen ............................ | 132,00 € |
| | Wird die Rechtsbeschwerde nur teilweise verworfen oder zurückgewiesen, kann das Gericht die Gebühr nach billigem Ermessen auf die Hälfte ermäßigen oder bestimmen, dass eine Gebühr nicht zu erheben ist. | |
| 1924 | Verfahren über die in Nummer 1923 genannten Rechtsbeschwerden: | |
| | Beendigung des gesamten Verfahrens durch Zurücknahme der Rechtsbeschwerde oder des Antrags vor Ablauf des Tages, an dem die Endentscheidung der Geschäftsstelle übermittelt wird ............................ | 66,00 € |
| | ***Abschnitt 3. Zulassung der Sprungrechtsbeschwerde in sonstigen Fällen*** | |
| 1930 | Verfahren über die Zulassung der Sprungrechtsbeschwerde in den nicht besonders aufgeführten Fällen: | |
| | Wenn der Antrag abgelehnt wird ............................ | 66,00 € |

## Teil 2. Auslagen

| Nr. | Auslagentatbestand | Höhe |
|---|---|---|
| *Vorbemerkung 2:*<br>(1) Auslagen, die durch eine für begründet befundene Beschwerde entstanden sind, werden nicht erhoben, soweit das Beschwerdeverfahren gebührenfrei ist; dies gilt jedoch nicht, soweit das Beschwerdegericht die Kosten dem Gegner des Beschwerdeführers auferlegt hat.<br>(2) Sind Auslagen durch verschiedene Rechtssachen veranlasst, werden sie auf die mehreren Rechtssachen angemessen verteilt.<br>(3) In Kindschaftssachen werden von dem Minderjährigen Auslagen nur unter den in Vorbemerkung 1.3.1 Abs. 2 genannten Voraussetzungen erhoben. In den in Vorbemerkung 1.3.1 Abs. 1 genannten Verfahren werden keine Auslagen erhoben; für Kindschaftssachen nach § 151 Nr. 6 und 7 FamFG gilt dies auch im Verfahren über den Erlass einer einstweiligen Anordnung. Die Sätze 1 und 2 gelten nicht für die Auslagen 2013.<br>(4) Bei Handlungen durch das Vollstreckungs- oder Arrestgericht werden Auslagen nach dem GKG erhoben. | | |
| 2000 | Pauschale für die Herstellung und Überlassung von Dokumenten: | |
| | 1. Ausfertigungen, Kopien und Ausdrucke bis zur Größe von DIN A3, die<br>a) auf Antrag angefertigt oder auf Antrag per Telefax übermittelt worden sind oder<br>b) angefertigt worden sind, weil die Partei oder ein Beteiligter es unterlassen hat, die erforderliche Zahl von Mehrfertigungen beizufügen; der Anfertigung steht es gleich, wenn per Telefax übermittelte Mehrfertigungen von der Empfangseinrichtung des Gerichts ausgedruckt werden: | |
| | für die ersten 50 Seiten je Seite | 0,50 € |
| | für jede weitere Seite | 0,15 € |
| | für die ersten 50 Seiten in Farbe je Seite | 1,00 € |
| | für jede weitere Seite in Farbe | 0,30 € |
| | 2. Entgelte für die Herstellung und Überlassung der in Nummer 1 genannten Kopien oder Ausdrucke in einer Größe von mehr als DIN A3 | in voller Höhe |
| | oder pauschal je Seite | 3,00 € |
| | oder pauschal je Seite in Farbe | 6,00 € |
| | 3. Überlassung von elektronisch gespeicherten Dateien oder deren Bereitstellung zum Abruf anstelle der in den Nummern 1 und 2 genannten Ausfertigungen, Kopien und Ausdrucke:<br>je Datei | 1,50 € |
| | für die in einem Arbeitsgang überlassenen, bereitgestellten oder in einem Arbeitsgang auf denselben Datenträger übertragenen Dokumente insgesamt höchstens | 5,00 € |
| | (1) Die Höhe der Dokumentenpauschale nach Nummer 1 ist in jedem Rechtszug, bei Vormundschaften und Dauerpflegschaften in jedem Kalenderjahr und für jeden Kostenschuldner nach § 23 Abs. 1 FamGKG gesondert zu berechnen; Gesamtschuldner gelten als ein Schuldner. | |

| Nr. | Auslagentatbestand | Höhe |
|---|---|---|
| | (2) Werden zum Zweck der Überlassung von elektronisch gespeicherten Dateien Dokumente zuvor auf Antrag von der Papierform in die elektronische Form übertragen, beträgt die Dokumentenpauschale nach Nummer 3 nicht weniger, als die Dokumentenpauschale im Fall der Nummer 1 für eine Schwarz-Weiß-Kopie ohne Rücksicht auf die Größe betragen würde.<br>(3) Frei von der Dokumentenpauschale sind für jeden Beteiligten und seinen bevollmächtigten Vertreter jeweils<br>1. eine vollständige Ausfertigung oder Kopie oder ein vollständiger Ausdruck jeder gerichtlichen Entscheidung und jedes vor Gericht abgeschlossenen Vergleichs,<br>2. eine Ausfertigung ohne Begründung und<br>3. eine Kopie oder ein Ausdruck jeder Niederschrift über eine Sitzung.<br>§ 191a Abs. 1 Satz 5 GVG bleibt unberührt.<br>(4) Bei der Gewährung der Einsicht in Akten wird eine Dokumentenpauschale nur erhoben, wenn auf besonderen Antrag ein Ausdruck einer elektronischen Akte oder ein Datenträger mit dem Inhalt einer elektronischen Akte übermittelt wird. | |
| 2001 | Auslagen für Telegramme | in voller Höhe |
| 2002 | Pauschale für Zustellungen mit Zustellungsurkunde, Einschreiben gegen Rückschein oder durch Justizbedienstete nach § 168 Abs. 1 ZPO je Zustellung<br>Neben Gebühren, die sich nach dem Verfahrenswert richten, wird die Zustellungspauschale nur erhoben, soweit in einem Rechtszug mehr als 10 Zustellungen anfallen. | 3,50 € |
| 2003 | Pauschale für die bei der Versendung von Akten auf Antrag anfallenden Auslagen an Transport- und Verpackungskosten je Sendung<br>Die Hin- und Rücksendung der Akten durch Gerichte gelten zusammen als eine Sendung. | 12,00 € |
| 2004 | Auslagen für öffentliche Bekanntmachungen<br>Auslagen werden nicht erhoben für die Bekanntmachung in einem elektronischen Informations- und Kommunikationssystem, wenn das Entgelt nicht für den Einzelfall oder nicht für ein einzelnes Verfahren berechnet wird. | in voller Höhe |
| 2005 | Nach dem JVEG zu zahlende Beträge<br>(1) Die Beträge werden auch erhoben, wenn aus Gründen der Gegenseitigkeit, der Verwaltungsvereinfachung oder aus vergleichbaren Gründen keine Zahlungen zu leisten sind. Ist aufgrund des § 1 Abs. 2 Satz 2 JVEG keine Vergütung zu zahlen, ist der Betrag zu erheben, der ohne diese Vorschrift zu zahlen wäre.<br>(2) Auslagen für Übersetzer, die zur Erfüllung der Rechte blinder oder sehbehinderter Personen herangezogen werden (§ 191a Abs. 1 GVG) und für Kommunikationshilfen zur Verständigung mit einer hör- oder sprachbehinderten Person (§ 186 GVG) werden nicht erhoben. | in voller Höhe |
| 2006 | Bei Geschäften außerhalb der Gerichtsstelle | |
| | 1. die den Gerichtspersonen aufgrund gesetzlicher Vorschriften gewährte Vergütung (Reisekosten, Auslagenersatz) und die Auslagen für die Bereitstellung von Räumen | in voller Höhe |
| | 2. für den Einsatz von Dienstkraftfahrzeugen für jeden gefahrenen Kilometer | 0,42 € |

| Nr. | Auslagentatbestand | Höhe |
|---|---|---|
| 2007 | Auslagen für<br>1. die Beförderung von Personen | in voller Höhe |
| | 2. Zahlungen an mittellose Personen für die Reise zum Ort einer Verhandlung oder Anhörung und für die Rückreise | bis zur Höhe der nach dem JVEG an Zeugen zu zahlenden Beträge |
| 2008 | Kosten einer Zwangshaft, auch aufgrund eines Haftbefehls in entsprechender Anwendung des § 802g ZPO<br>Maßgebend ist die Höhe des Haftkostenbeitrags, der nach Landesrecht von einem Gefangenen zu erheben ist. | in Höhe des Haftkostenbeitrags |
| 2009 | Kosten einer Ordnungshaft<br>Maßgebend ist die Höhe des Haftkostenbeitrags, der nach Landesrecht von einem Gefangenen zu erheben ist. Diese Kosten werden nur angesetzt, wenn der Haftkostenbeitrag auch von einem Gefangenen im Strafvollzug zu erheben wäre. | in Höhe des Haftkostenbeitrags |
| 2010 | Nach § 12 BGebG, dem 5. Abschnitt des Konsulargesetzes und der Besonderen Gebührenverordnung des Auswärtigen Amts nach § 22 Abs. 4 BGebG zu zahlende Beträge | in voller Höhe |
| 2011 | An deutsche Behörden für die Erfüllung von deren eigenen Aufgaben zu zahlende Gebühren sowie diejenigen Beträge, die diesen Behörden, öffentlichen Einrichtungen oder deren Bediensteten als Ersatz für Auslagen der in den Nummern 2000 bis 2009 bezeichneten Art zustehen<br>Die als Ersatz für Auslagen angefallenen Beträge werden auch erhoben, wenn aus Gründen der Gegenseitigkeit, der Verwaltungsvereinfachung oder aus vergleichbaren Gründen keine Zahlungen zu leisten sind. | in voller Höhe, die Auslagen begrenzt durch die Höchstsätze für die Auslagen 2000 bis 2009 |
| 2012 | Beträge, die ausländischen Behörden, Einrichtungen oder Personen im Ausland zustehen, sowie Kosten des Rechtshilfeverkehrs mit dem Ausland<br>Die Beträge werden auch erhoben, wenn aus Gründen der Gegenseitigkeit, der Verwaltungsvereinfachung oder aus vergleichbaren Gründen keine Zahlungen zu leisten sind. | in voller Höhe |
| 2013 | An den Verfahrensbeistand zu zahlende Beträge<br>Die Beträge werden von dem Minderjährigen nur nach Maßgabe des § 1808 Abs. 2 Satz 1 und des § 1880 Abs. 2 BGB erhoben. | in voller Höhe |
| 2014 | An den Umgangspfleger sowie an Verfahrenspfleger nach § 9 Abs. 5 FamFG, § 57 ZPO zu zahlende Beträge | in voller Höhe |
| 2015 | Pauschale für die Inanspruchnahme von Videokonferenzverbindungen:<br>je Verfahren für jede angefangene halbe Stunde | 15,00 € |

| Nr. | Auslagentatbestand | Höhe |
|---|---|---|
| 2016 | Umsatzsteuer auf die Kosten ..........................................<br>Dies gilt nicht, wenn die Umsatzsteuer nach § 19 Abs. 1 UStG unerhoben bleibt. | in voller Höhe |

**Anlage 2**[1)]
(zu § 28 Absatz 1 Satz 3)

### [Gebührentabelle für Verfahrenswerte bis 500 000 Euro]

| Verfahrenswert bis … € | Gebühr … € | Verfahrenswert bis … € | Gebühr … € |
|---|---|---|---|
| **500** | 38,00 | **50 000** | 601,00 |
| **1 000** | 58,00 | **65 000** | 733,00 |
| **1 500** | 78,00 | **80 000** | 865,00 |
| **2 000** | 98,00 | **95 000** | 997,00 |
| **3 000** | 119,00 | **110 000** | 1 129,00 |
| **4 000** | 140,00 | **125 000** | 1 261,00 |
| **5 000** | 161,00 | **140 000** | 1 393,00 |
| **6 000** | 182,00 | **155 000** | 1 525,00 |
| **7 000** | 203,00 | **170 000** | 1 657,00 |
| **8 000** | 224,00 | **185 000** | 1 789,00 |
| **9 000** | 245,00 | **200 000** | 1 921,00 |
| **10 000** | 266,00 | **230 000** | 2 119,00 |
| **13 000** | 295,00 | **260 000** | 2 317,00 |
| **16 000** | 324,00 | **290 000** | 2 515,00 |
| **19 000** | 353,00 | **320 000** | 2 713,00 |
| **22 000** | 382,00 | **350 000** | 2 911,00 |
| **25 000** | 411,00 | **380 000** | 3 109,00 |
| **30 000** | 449,00 | **410 000** | 3 307,00 |
| **35 000** | 487,00 | **440 000** | 3 505,00 |
| **40 000** | 525,00 | **470 000** | 3 703,00 |
| **45 000** | 563,00 | **500 000** | 3 901,00 |

1) Anl. 2 neu gef. mWv 1.1.2021 durch G v. 21.12.2020 (BGBl. I S. 3229).

# 119. Gesetz über Kosten der freiwilligen Gerichtsbarkeit für Gerichte und Notare (Gerichts- und Notarkostengesetz – GNotKG)[1)]

Vom 23. Juli 2013
(BGBl. I S. 2586)

**FNA 361-6**

| Lfd. Nr. | Änderndes Gesetz | Datum | Fundstelle | Betroffen | Hinweis |
|---|---|---|---|---|---|
| 1. | Art. 9 G zur Einführung einer Rechtsbehelfsbelehrung im Zivilprozess und zur Änd. anderer Vorschriften | 5.12.2012 | BGBl. I S. 2418, geänd. 2013, S. 2586 | Inhaltsübersicht, § 83<br>§ 7a | geänd. mWv 1.1.2014<br>eingef. mWv 1.1.2014 |
| 2. | Art. 8 Nr. 2 G zur Intensivierung des Einsatzes von Videokonferenztechnik in gerichtlichen und staatsanwaltschaftlichen Verfahren | 25.4.2013 | BGBl. I S. 935, geänd. 2013, S. 2586 | Anl. 1 | geänd. mWv 1.11.2013 |
| 3. | Art. 8 G zur Übertragung von Aufgaben im Bereich der freiwilligen Gerichtsbarkeit auf Notare | 26.6.2013 | BGBl. I S. 1800, geänd. 2013, S. 2586 | Inhaltsübersicht, §§ 2, 5, 23, 26, 31, Anl. 1<br>§ 118a<br>§ 66 | geänd. mWv 1.9.2013<br>eingef. mWv 1.9.2013<br>aufgeh. mWv 1.9.2013 |
| 4. | Art. 3 Abs. 1 G zur Änd. des HGB | 4.10.2013 | BGBl. I S. 3746 | Anl. 1 | geänd. mWv 10.10.2013 |
| 5. | Art. 22 G zur Förderung des elektronischen Rechtsverkehrs mit den Gerichten | 10.10. 2013 | BGBl. I S. 3786 | Anl. 1 | geänd. mWv 1.7.2014 |
| 6. | Art. 9 G zur Durchführung der VO (EU) Nr. 1215/ 2012 sowie zur Änd. sonstiger Vorschriften | 8.7.2014 | BGBl. I S. 890 | Anl. 1<br>Anl. 1 | geänd. mWv 16.7.2014<br>geänd. mWv 10.1.2015 |
| 7. | Art. 5 G zur Durchführung des Haager Übereinkommens v. 30.6.2005 über Gerichtsstandsvereinbarungen sowie zur Änd. des RPflG, GNotKG, AltersteilzeitG und SGB III | 10.12. 2014 | BGBl. I S. 2082 | §§ 6, 23, Anl. 1 | geänd. mWv 19.12.2014 |
| 8. | Art. 13 G zum Internationalen Erbrecht und zur Änd. von Vorschriften zum Erbschein sowie zur Änd. sonstiger Vorschriften | 29.6.2015 | BGBl. I S. 1042 | §§ 13, 18, 67, 69, 70, 98, Anl. 1<br>Inhaltsübersicht, §§ 18, 40, 62, Anl. 1 | geänd. mWv 4.7.2015<br>geänd. mWv 17.8.2015 |
| 9. | Art. 174 Zehnte ZuständigkeitsanpassungsVO | 31.8.2015 | BGBl. I S. 1474 | §§ 58, 133 | geänd. mWv 8.9.2015 |

[1)] Verkündet als Art. 1 2. KostenrechtsmodernisierungsG v. 23.7.2013 (BGBl. I S. 2586); Inkrafttreten gem. Art. 50 dieses G am 1.8.2013.

| Lfd. Nr. | Änderndes Gesetz | Datum | Fundstelle | Betroffen | Hinweis |
|---|---|---|---|---|---|
| 10. | Art. 4 G zur Abwicklung der staatlichen Notariate in Baden-Württemberg | 23.11. 2015 | BGBl. I S. 2090 | § 135 | geänd. mWv 1.1.2018 |
| 11. | Art. 123 Abs. 3 Zweites G über die weitere Bereinigung von Bundesrecht | 8.7.2016 | BGBl. I S. 1594 | § 58 | geänd. mWv 15.7.2016 |
| 12. | Art. 4 Abs. 46 G zur Aktualisierung der Strukturreform des Gebührenrechts des Bundes | 18.7.2016 | BGBl. I S. 1666 | Anl. 1 | geänd. mWv 1.10.2021 |
| 13. | Art. 11 EU-KontenpfändungsVO-DurchführungsG | 21.11. 2016 | BGBl. I S. 2591 | § 1 | geänd. mWv 18.1.2017 |
| 14. | Art. 6 Abs. 3 G zur Neuordnung der Aufbewahrung von Notariatsunterlagen und zur Einrichtung des Elektronischen Urkundenarchivs bei der Bundesnotarkammer sowie zur Änd. weiterer Gesetze | 1.6.2017 | BGBl. I S. 1396 | Anl. 1 | geänd. mWv 9.6.2017 |
| | | | | Anl. 1 | geänd. mWv 1.1.2022 |
| 15. | Art. 26 G zur Einführung der elektronischen Akte in der Justiz und zur weiteren Förderung des elektronischen Rechtsverkehrs | 5.7.2017 | BGBl. I S. 2208 | Anl. 1 | geänd. mWv 1.1.2018 |
| 16. | Art. 7 G zum Internationalen Güterrecht und zur Änd. von Vorschriften des Internationalen Privatrechts | 17.12. 2018 | BGBl. I S. 2573 | Anl. 1 | geänd. mWv 29.1.2019 |
| 17. | Art. 11 WohnungseigentumsmodernisierungsG (WEMoG) | 16.10. 2020 | BGBl. I S. 2187 | Anl. 1 | geänd. mWv 23.10.2020 |
| 18. | Art. 4 KostenrechtsänderungsG 2021 | 21.12. 2020 | BGBl. I S. 3229 | §§ 1, 34, 136, Anl. 1 | geänd. mWv 1.1.2021 |
| | | | | Anl. 2 | neu gef. mWv 1.1.2021 |
| 19. | Art. 15 Abs. 12 G zur Reform des Vormundschafts- und Betreuungsrechts | 4.5.2021 | BGBl. I S. 882 | Anl. 1 | geänd. mWv 1.1.2023 |
| 20. | Art. 24 Abs. 7 G zur Modernisierung des notariellen Berufsrechts und zur Änd. weiterer Vorschriften | 25.6.2021 | BGBl. I S. 2154 | Anl. 1 | geänd. mWv 1.8.2021 |
| 21. | Art. 7 G zur Vereinheitlichung des Stiftungsrechts und zur Änd. des InfektionsschutzG | 16.7.2021 | BGBl. I S. 2947 | Inhaltsübersicht, § 67, Anl. 1 | geänd. mWv 1.7.2023 |
| | | | | § 106 | geänd. mWv 1.1.2026 |
| 22. | Art. 10 G zur Umsetzung der Digitalisierungsrichtlinie (DiRUG)[1] | 5.7.2021 | BGBl. I S. 3338 | Inhaltsübersicht, §§ 19, 39, 58, 85, 121, Anl. 1 | geänd. mWv 1.8.2022 |

[1] **Amtl. Anm.:** Dieses Gesetz dient der Umsetzung der Richtlinie (EU) 2019/1151 des Europäischen Parlaments und des Rates vom 20. Juni 2019 zur Änderung der Richtlinie (EU) 2017/1132 im Hinblick auf den Einsatz digitaler Werkzeuge und Verfahren im Gesellschaftsrecht (ABl. L 186 vom 11.7.2019, S. 80).

| Lfd. Nr. | Änderndes Gesetz | Datum | Fundstelle | Betroffen | Hinweis |
|---|---|---|---|---|---|
| 23. | Art. 47 PersonengesellschaftsrechtsmodernisierungsG (MoPeG) | 10.8.2021 | BGBl. I S. 3436 | Inhaltsübersicht, §§ 23, 58, 67, 70, 105, 108, Anl. 1 | geänd. mWv 1.1.2024 |
| 24. | Art. 7 Abs. 5 G zur Abschaffung des Güterrechtsregisters und zur Änd. des COVID-19-InsolvenzaussetzungsG | 31.10. 2022 | BGBl. I S. 1966 | § 55, Anl. 1 | geänd. mWv 1.1.2023 |

**Vorbemerkung:**

**Die Änderungen durch G v. 16.7.2021 (BGBl. I S. 2947) treten teilweise erst mWv 1.1.2026 in Kraft und sind insoweit im Text noch nicht berücksichtigt.**

**Die Änderungen durch G v. 10.8.2021 (BGBl. I S. 3436) treten erst mWv 1.1.2024 in Kraft und sind im Text noch nicht berücksichtigt.**

## Inhaltsübersicht[1)]

### Kapitel 1. Vorschriften für Gerichte und Notare

Abschnitt 1. Allgemeine Vorschriften



---

1) Inhaltsübersicht geänd. mWv 1.1.2014 durch G v. 5.12.2012 (BGBl. I S. 2418, geänd. durch G v. 23.7.2013, BGBl. I S. 2586); mWv 1.9.2013 durch G v. 26.6.2013 (BGBl. I S. 1800, geänd. durch G v. 23.7.2013, BGBl. I S. 2586); mWv 17.8.2015 durch G v. 29.6.2015 (BGBl. I S. 1042); mWv 1.7.2023 durch G v. 16.7.2021 (BGBl. I S. 2947); mWv 1.8.2022 durch G v. 5.7.2021 (BGBl. I S. 3338).

## Kapitel 1. Vorschriften für Gerichte und Notare

### Abschnitt 1. Allgemeine Vorschriften

**§ 1[1)] Geltungsbereich.** (1) Soweit bundesrechtlich nichts anderes bestimmt ist, werden Kosten (Gebühren und Auslagen) durch die Gerichte in den Angelegenheiten der freiwilligen Gerichtsbarkeit und durch die Notare für ihre Amtstätigkeit nur nach diesem Gesetz erhoben.

(2) Angelegenheiten im Sinne des Absatzes 1 sind auch

1. Verfahren nach den §§ 98, 99, 132, 142, 145, 258, 260, 293c und 315 des Aktiengesetzes[2)],
2. Verfahren nach § 51b des Gesetzes betreffend die Gesellschaften mit beschränkter Haftung[3)],
3. Verfahren nach § 26 des SE-Ausführungsgesetzes,
4. Verfahren nach § 10 des Umwandlungsgesetzes[4)],
5. Verfahren nach dem Spruchverfahrensgesetz[5)],
6. Verfahren nach den §§ 39a und 39b des Wertpapiererwerbs- und Übernahmegesetzes über den Ausschluss von Aktionären,
7. Verfahren nach § 8 Absatz 3 Satz 4 des Gesetzes über die Mitbestimmung der Arbeitnehmer in den Aufsichtsräten und Vorständen der Unternehmen des Bergbaus und der Eisen und Stahl erzeugenden Industrie[6)],
8. Angelegenheiten des Registers für Pfandrechte an Luftfahrzeugen,
9. Verfahren nach der Verfahrensordnung für Höfesachen,
10. Pachtkreditsachen nach dem Pachtkreditgesetz[7)],
11. Verfahren nach dem Verschollenheitsgesetz[8)],
12. Verfahren nach dem Transsexuellengesetz,
13. Verfahren nach § 84 Absatz 2 und § 189 des Versicherungsvertragsgesetzes[9)],
14. Verfahren nach dem Personenstandsgesetz[10)],
15. Verfahren nach § 7 Absatz 3 des Erbbaurechtsgesetzes[11)],

---

[1)] § 1 Abs. 3 Satz 2 angef. mWv 18.1.2017 durch G v. 21.11.2016 (BGBl. I S. 2591); Abs. 2 Nr. 21 geänd. mWv 1.1.2021 durch G v. 21.12.2020 (BGBl. I S. 3229).

[2)] Nr. **51**.

[3)] Nr. **52**.

[4)] Nr. **52a**.

[5)] **Habersack, Deutsche Gesetze ErgBd. Nr. 51b.**

[6)] **Habersack, Deutsche Gesetze ErgBd. Nr. 82b.**

[7)] **Habersack, Deutsche Gesetze ErgBd. Nr. 42.**

[8)] **Habersack, Deutsche Gesetze ErgBd. Nr. 45.**

[9)] Nr. **62**.

[10)] **Habersack, Deutsche Gesetze ErgBd. Nr. 113.**

[11)] Nr. **41**.

16. Verteilungsverfahren, soweit sich die Kosten nicht nach dem Gerichtskostengesetz[1] bestimmen,
17. Verfahren über die Bewilligung der öffentlichen Zustellung einer Willenserklärung und die Bewilligung der Kraftloserklärung von Vollmachten (§ 132 Absatz 2 und § 176 Absatz 2 des Bürgerlichen Gesetzbuchs[2]),
18. Verfahren über Anordnungen über die Zulässigkeit der Verwendung von Verkehrsdaten,
19. Verfahren nach den §§ 23 bis 29 des Einführungsgesetzes zum Gerichtsverfassungsgesetz[3],
20. Verfahren nach § 138 Absatz 2 des Urheberrechtsgesetzes[4] und
21. gerichtliche Verfahren nach § 335a des Handelsgesetzbuchs[5].

(3) [1] Dieses Gesetz gilt nicht in Verfahren, in denen Kosten nach dem Gesetz über Gerichtskosten in Familiensachen[6] zu erheben sind. [2] In Verfahren nach der Verordnung (EU) Nr. 655/2014[7] des Europäischen Parlaments und des Rates vom 15. Mai 2014 zur Einführung eines Verfahrens für einen Europäischen Beschluss zur vorläufigen Kontenpfändung im Hinblick auf die Erleichterung der grenzüberschreitenden Eintreibung von Forderungen in Zivil- und Handelssachen werden Kosten nach dem Gerichtskostengesetz erhoben.

(4) Kosten nach diesem Gesetz werden auch erhoben für Verfahren über eine Beschwerde, die mit einem der in den Absätzen 1 und 2 genannten Verfahren im Zusammenhang steht.

(5) Soweit nichts anderes bestimmt ist, bleiben die landesrechtlichen Kostenvorschriften unberührt für
1. in Landesgesetzen geregelte Verfahren und Geschäfte der freiwilligen Gerichtsbarkeit sowie
2. solche Geschäfte der freiwilligen Gerichtsbarkeit, in denen nach Landesgesetz andere als gerichtliche Behörden oder Notare zuständig sind.

(6) Die Vorschriften dieses Gesetzes über die Erinnerung und die Beschwerde gehen den Regelungen der für das zugrunde liegende Verfahren geltenden Verfahrensvorschriften vor.

**§ 2[8] Kostenfreiheit bei Gerichtskosten.** (1) [1] Der Bund und die Länder sowie die nach Haushaltsplänen des Bundes oder eines Landes verwalteten öffentlichen Anstalten und Kassen sind von der Zahlung der Gerichtskosten befreit. [2] Bei der Vollstreckung wegen öffentlich-rechtlicher Geldforderungen ist maßgebend, wer ohne Berücksichtigung des § 252 der Abgabenordnung oder entsprechender Vorschriften Gläubiger der Forderung ist.

(2) Sonstige bundesrechtliche oder landesrechtliche Vorschriften, die eine sachliche oder persönliche Befreiung von Gerichtskosten gewähren, bleiben unberührt.

---

[1] Nr. **115**.
[2] Nr. **20**.
[3] Nr. **95a**.
[4] Nr. **65**.
[5] Nr. **50**.
[6] Nr. **118**.
[7] **Habersack, Deutsche Gesetze ErgBd. Nr. 103h.**
[8] § 2 Abs. 4 geänd. mWv 1.9.2013 durch G v. 26.6.2013 (BGBl. I S. 1800, geänd. durch G v. 23.7.2013, BGBl. I S. 2586).

(3) [1] Soweit jemandem, der von Gerichtskosten befreit ist, Kosten des Verfahrens auferlegt werden, sind Kosten nicht zu erheben; bereits erhobene Kosten sind zurückzuzahlen. [2] Das Gleiche gilt, außer in Grundbuch- und Registersachen, soweit ein von der Zahlung der Kosten befreiter Beteiligter die Kosten des Verfahrens übernimmt.

(4) Die persönliche Kosten- oder Gebührenfreiheit steht der Inanspruchnahme nicht entgegen, wenn die Haftung auf § 27 Nummer 3 beruht oder wenn der Kostenschuldner als Erbe nach § 24 für die Kosten haftet.

(5) Wenn in Grundbuch- und Registersachen einzelnen von mehreren Gesamtschuldnern Kosten- oder Gebührenfreiheit zusteht, so vermindert sich der Gesamtbetrag der Kosten oder der Gebühren um den Betrag, den die befreiten Beteiligten den Nichtbefreiten ohne Berücksichtigung einer abweichenden schuldrechtlichen Vereinbarung aufgrund gesetzlicher Vorschrift zu erstatten hätten.

**§ 3 Höhe der Kosten.** (1) Die Gebühren richten sich nach dem Wert, den der Gegenstand des Verfahrens oder des Geschäfts hat (Geschäftswert), soweit nichts anderes bestimmt ist.

(2) Kosten werden nach dem Kostenverzeichnis der Anlage 1 zu diesem Gesetz erhoben.

**§ 4 Auftrag an einen Notar.** Die Erteilung eines Auftrags an einen Notar steht der Stellung eines Antrags im Sinne dieses Kapitels gleich.

**§ 5[1)] Verweisung, Abgabe.** (1) [1] Verweist ein erstinstanzliches Gericht oder ein Rechtsmittelgericht ein Verfahren an ein erstinstanzliches Gericht desselben oder eines anderen Zweiges der Gerichtsbarkeit, ist das frühere erstinstanzliche Verfahren als Teil des Verfahrens vor dem übernehmenden Gericht zu behandeln. [2] Gleiches gilt, wenn die Sache an ein anderes Gericht abgegeben wird.

(2) [1] Mehrkosten, die durch Anrufung eines Gerichts entstehen, zu dem der Rechtsweg nicht gegeben ist oder das für das Verfahren nicht zuständig ist, werden nur dann erhoben, wenn die Anrufung auf verschuldeter Unkenntnis der tatsächlichen oder rechtlichen Verhältnisse beruht. [2] Die Entscheidung trifft das Gericht, an das verwiesen worden ist.

(3) Verweist der Notar ein Teilungsverfahren an einen anderen Notar, entstehen die Gebühren für jeden Notar gesondert.

**§ 6[2)] Verjährung, Verzinsung.** (1) [1] Ansprüche auf Zahlung von Gerichtskosten verjähren in vier Jahren nach Ablauf des Kalenderjahres, in dem das Verfahren durch rechtskräftige Entscheidung über die Kosten, durch Vergleich oder in sonstiger Weise beendet ist. [2] Bei Betreuungen und Pflegschaften, die nicht auf einzelne Rechtshandlungen beschränkt sind (Dauerbetreuungen, Dauerpflegschaften), sowie bei Nachlasspflegschaften, Nachlass- oder Gesamtgutsverwaltungen beginnt die Verjährung hinsichtlich der Jahresgebühren am Tag vor deren Fälligkeit, hinsichtlich der Auslagen mit deren Fälligkeit. [3] Ansprüche auf Zahlung von Notarkosten verjähren in vier Jahren nach Ablauf des Kalenderjahres, in dem die Kosten fällig geworden sind.

---

[1)] § 5 Abs. 3 angef. mWv 1.9.2013 durch G v. 26.6.2013 (BGBl. I S. 1800, geänd. durch G v. 23.7. 2013, BGBl. I S. 2586).

[2)] § 6 Abs. 1 Satz 2 geänd. mWv 19.12.2014 durch G v. 10.12.2014 (BGBl. I S. 2082).

(2) [1] Ansprüche auf Rückzahlung von Kosten verjähren in vier Jahren nach Ablauf des Kalenderjahres, in dem die Zahlung erfolgt ist. [2] Die Verjährung beginnt jedoch nicht vor dem jeweiligen in Absatz 1 bezeichneten Zeitpunkt. [3] Durch die Einlegung eines Rechtsbehelfs mit dem Ziel der Rückzahlung wird die Verjährung wie durch Klageerhebung gehemmt.

(3) [1] Auf die Verjährung sind die Vorschriften des Bürgerlichen Gesetzbuchs[1)] anzuwenden; die Verjährung wird nicht von Amts wegen berücksichtigt. [2] Die Verjährung der Ansprüche auf Zahlung von Kosten beginnt auch durch die Aufforderung zur Zahlung oder durch eine dem Schuldner mitgeteilte Stundung erneut; ist der Aufenthalt des Kostenschuldners unbekannt, so genügt die Zustellung durch Aufgabe zur Post unter seiner letzten bekannten Anschrift. [3] Bei Kostenbeträgen unter 25 Euro beginnt die Verjährung weder erneut noch wird sie oder ihr Ablauf gehemmt.

(4) Ansprüche auf Zahlung und Rückzahlung von Gerichtskosten werden nicht verzinst.

**§ 7 Elektronische Akte, elektronisches Dokument.** In Verfahren nach diesem Gesetz sind die verfahrensrechtlichen Vorschriften über die elektronische Akte und über das elektronische Dokument anzuwenden, die für das dem kostenrechtlichen Verfahren zugrunde liegende Verfahren gelten.

**§ 7a[2)] Rechtsbehelfsbelehrung.** Jede Kostenrechnung, jede anfechtbare Entscheidung und jede Kostenberechnung eines Notars hat eine Belehrung über den statthaften Rechtsbehelf sowie über die Stelle, bei der dieser Rechtsbehelf einzulegen ist, über deren Sitz und über die einzuhaltende Form und Frist zu enthalten.

## Abschnitt 2. Fälligkeit

**§ 8 Fälligkeit der Kosten in Verfahren mit Jahresgebühren.** [1] In Betreuungssachen und betreuungsgerichtlichen Zuweisungssachen werden die Jahresgebühren 11101, 11102 und 11104 des Kostenverzeichnisses, in Nachlasssachen die Jahresgebühr 12311 des Kostenverzeichnisses erstmals bei Anordnung und später jeweils zu Beginn eines Kalenderjahres fällig. [2] In diesen Fällen werden Auslagen sofort nach ihrer Entstehung fällig.

**§ 9 Fälligkeit der Gerichtsgebühren in sonstigen Fällen, Fälligkeit der gerichtlichen Auslagen.** (1) Im Übrigen werden die gerichtlichen Gebühren und Auslagen fällig, wenn

1. eine unbedingte Entscheidung über die Kosten ergangen ist,
2. das Verfahren oder der Rechtszug durch Vergleich oder Zurücknahme beendet ist,
3. das Verfahren sechs Monate ruht oder sechs Monate nicht betrieben worden ist,
4. das Verfahren sechs Monate unterbrochen oder sechs Monate ausgesetzt war oder
5. das Verfahren durch anderweitige Erledigung beendet ist.

---

1) Nr. **20**.
2) § 7a eingef. mWv 1.1.2014 durch G v. 5.12.2012 (BGBl. I S. 2418, geänd. durch G v. 23.7.2013, BGBl. I S. 2586).

(2) Die Dokumentenpauschale sowie die Auslagen für die Versendung von Akten werden sofort nach ihrer Entstehung fällig.

**§ 10 Fälligkeit der Notarkosten.** Notargebühren werden mit der Beendigung des Verfahrens oder des Geschäfts, Auslagen des Notars und die Gebühren 25300 und 25301 sofort nach ihrer Entstehung fällig.

### Abschnitt 3. Sicherstellung der Kosten

**§ 11 Zurückbehaltungsrecht.** [1] Urkunden, Ausfertigungen, Ausdrucke und Kopien sowie gerichtliche Unterlagen können nach billigem Ermessen zurückbehalten werden, bis die in der Angelegenheit entstandenen Kosten bezahlt sind. [2] Dies gilt nicht, soweit § 53 des Beurkundungsgesetzes[1)] der Zurückbehaltung entgegensteht.

**§ 12 Grundsatz für die Abhängigmachung bei Gerichtskosten.** In weiterem Umfang, als das Verfahrensrecht und dieses Gesetz es gestatten, darf die Tätigkeit des Gerichts von der Zahlung der Kosten oder von der Sicherstellung der Zahlung nicht abhängig gemacht werden.

**§ 13[2)] Abhängigmachung bei Gerichtsgebühren.** [1] In erstinstanzlichen gerichtlichen Verfahren, in denen der Antragsteller die Kosten schuldet (§ 22 Absatz 1), kann die beantragte Handlung oder eine sonstige gerichtliche Handlung von der Zahlung eines Vorschusses in Höhe der für die Handlung oder der für das Verfahren im Allgemeinen bestimmten Gebühr abhängig gemacht werden. [2] Satz 1 gilt in Grundbuch- und Nachlasssachen jedoch nur dann, wenn dies im Einzelfall zur Sicherung des Eingangs der Gebühr erforderlich erscheint.

**§ 14 Auslagen des Gerichts.** (1) [1] Wird eine gerichtliche Handlung beantragt, mit der Auslagen verbunden sind, hat derjenige, der die Handlung beantragt hat, einen zur Deckung der Auslagen ausreichenden Vorschuss zu zahlen. [2] Das Gericht soll eine Handlung, die nur auf Antrag vorzunehmen ist, von der vorherigen Zahlung abhängig machen; § 13 Satz 2 gilt entsprechend.

(2) Die Herstellung und Überlassung von Dokumenten auf Antrag sowie die Versendung von Akten können von der vorherigen Zahlung eines die Auslagen deckenden Vorschusses abhängig gemacht werden.

(3) [1] Bei Handlungen, die von Amts wegen vorgenommen werden, kann ein Vorschuss zur Deckung der Auslagen erhoben werden. [2] Im gerichtlichen Verfahren nach dem Spruchverfahrensgesetz ist ein solcher Vorschuss zu erheben.

(4) Absatz 1 gilt nicht in Freiheitsentziehungssachen und für die Anordnung einer Haft.

**§ 15 Abhängigmachung bei Notarkosten.** Die Tätigkeit des Notars kann von der Zahlung eines zur Deckung der Kosten ausreichenden Vorschusses abhängig gemacht werden.

**§ 16 Ausnahmen von der Abhängigmachung.** Die beantragte Handlung darf nicht von der Sicherstellung oder Zahlung der Kosten abhängig gemacht werden,

---

1) Nr. 23.
2) § 13 Satz 1 geänd. mWv 4.7.2015 durch G v. 29.6.2015 (BGBl. I S. 1042).

1. soweit dem Antragsteller Verfahrenskostenhilfe bewilligt ist oder im Fall des § 17 Absatz 2 der Bundesnotarordnung[1] der Notar die Urkundstätigkeit vorläufig gebührenfrei oder gegen Zahlung der Gebühren in Monatsraten zu gewähren hat,
2. wenn dem Antragsteller Gebührenfreiheit zusteht,
3. wenn ein Notar erklärt hat, dass er für die Kostenschuld des Antragstellers die persönliche Haftung übernimmt,
4. wenn die Tätigkeit weder aussichtslos noch ihre Inanspruchnahme mutwillig erscheint und wenn glaubhaft gemacht wird, dass
   a) dem Antragsteller die alsbaldige Zahlung der Kosten mit Rücksicht auf seine Vermögenslage oder aus sonstigen Gründen Schwierigkeiten bereiten würde oder
   b) eine Verzögerung dem Antragsteller einen nicht oder nur schwer zu ersetzenden Schaden bringen würde; zur Glaubhaftmachung genügt in diesem Fall die Erklärung des zum Bevollmächtigten bestellten Rechtsanwalts,
5. wenn aus einem anderen Grund das Verlangen nach vorheriger Zahlung oder Sicherstellung der Kosten nicht angebracht erscheint, insbesondere wenn die Berichtigung des Grundbuchs oder die Eintragung eines Widerspruchs beantragt wird oder die Rechte anderer Beteiligter beeinträchtigt werden.

**§ 17 Fortdauer der Vorschusspflicht.** [1]Die Verpflichtung zur Zahlung eines Vorschusses auf die Gerichtskosten bleibt bestehen, auch wenn die Kosten des Verfahrens einem anderen auferlegt oder von einem anderen übernommen sind. [2]§ 33 Absatz 1 gilt entsprechend.

## Abschnitt 4. Kostenerhebung

**§ 18[2] Ansatz der Gerichtskosten.** (1) [1]Im gerichtlichen Verfahren werden angesetzt

1. die Kosten des ersten Rechtszuges bei dem Gericht, bei dem das Verfahren im ersten Rechtszug anhängig ist oder zuletzt anhängig war,
2. die Kosten des Rechtsmittelverfahrens bei dem Rechtsmittelgericht.

[2]Dies gilt auch dann, wenn die Kosten bei einem ersuchten Gericht entstanden sind.

(2) [1]Die Kosten für

1. die Eröffnung von Verfügungen von Todes wegen und
2. die Beurkundung der Ausschlagung der Erbschaft oder der Anfechtung der Ausschlagung der Erbschaft

werden auch dann von dem nach § 343 des Gesetzes über das Verfahren in Familiensachen und in den Angelegenheiten der freiwilligen Gerichtsbarkeit[3] zuständigen Nachlassgericht erhoben, wenn die Eröffnung oder Beurkundung bei einem anderen Gericht stattgefunden hat. [2]Für Beurkundungen nach § 31 des Internationalen Erbrechtsverfahrensgesetzes[4] vom 29. Juni 2015 (BGBl. I S. 1042) gilt Absatz 1.

---

[1] **Habersack, Deutsche Gesetze ErgBd. Nr. 98a.**

[2] § 18 Abs. 3 Sätze 1 und 2 geänd. mWv 4.7.2015, Abs. 2 Satz 2 angef. mWv 17.8.2015 durch G v. 29.6.2015 (BGBl. I S. 1042).

[3] Nr. **112**.

[4] **Habersack, Deutsche Gesetze ErgBd. Nr. 103p.**

(3) [1] Für die Eintragung oder Löschung eines Gesamtrechts sowie für die Eintragung der Veränderung eines solchen Rechts bei mehreren Grundbuchämtern werden die Kosten im Fall der Nummer 14122, 14131 oder 14141 des Kostenverzeichnisses bei dem Gericht angesetzt, bei dessen Grundbuchamt der Antrag zuerst eingegangen ist. [2] Entsprechendes gilt für die Eintragung oder Löschung eines Gesamtrechts sowie für die Eintragung der Veränderung eines solchen Rechts bei mehreren Registergerichten im Fall der Nummer 14221, 14231 oder 14241 des Kostenverzeichnisses.

(4) Die Kosten für die Eintragung in das Schiffsregister bei Verlegung des Heimathafens oder des Heimatorts werden nur von dem Gericht des neuen Heimathafens oder Heimatorts angesetzt.

(5) Die Dokumentenpauschale sowie die Auslagen für die Versendung von Akten werden bei der Stelle angesetzt, bei der sie entstanden sind.

(6) [1] Der Kostenansatz kann im Verwaltungsweg berichtigt werden, solange keine gerichtliche Entscheidung getroffen ist. [2] Ergeht nach der gerichtlichen Entscheidung über den Kostenansatz eine Entscheidung, durch die der Geschäftswert anders festgesetzt wird, kann der Kostenansatz ebenfalls berichtigt werden.

**§ 19[1)] Einforderung der Notarkosten.** (1) [1] Die Notarkosten dürfen nur aufgrund einer dem Kostenschuldner mitgeteilten, von dem Notar unterschriebenen oder mit seiner qualifizierten elektronischen Signatur versehenen Berechnung eingefordert werden. [2] Der Lauf der Verjährungsfrist ist nicht von der Mitteilung der Berechnung abhängig.

(2) Die Berechnung muss enthalten

1. eine Bezeichnung des Verfahrens oder Geschäfts,
2. die angewandten Nummern des Kostenverzeichnisses,
3. den Geschäftswert bei Gebühren, die nach dem Geschäftswert berechnet sind,
4. die Beträge der einzelnen Gebühren und Auslagen, wobei bei den jeweiligen Dokumentenpauschalen (Nummern 32000 bis 32003) und bei den Entgelten für Post- und Telekommunikationsdienstleistungen (Nummer 32004) die Angabe des Gesamtbetrags genügt, und
5. die gezahlten Vorschüsse.

(3) Die Berechnung soll enthalten

1. eine kurze Bezeichnung des jeweiligen Gebührentatbestands und der Auslagen,
2. die Wertvorschriften der §§ 36, 40 bis 54, 97 bis 108, 112 bis 124, aus denen sich der Geschäftswert für die jeweilige Gebühr ergibt, und
3. die Werte der einzelnen Gegenstände, wenn sich der Geschäftswert aus der Summe der Werte mehrerer Verfahrensgegenstände ergibt (§ 35 Absatz 1).

(4) Eine Berechnung ist nur unwirksam, wenn sie nicht den Vorschriften der Absätze 1 und 2 entspricht.

(5) Wird eine Berechnung durch gerichtliche Entscheidung aufgehoben, weil sie nicht den Vorschriften des Absatzes 3 entspricht, bleibt ein bereits eingetretener Neubeginn der Verjährung unberührt.

(6) Der Notar hat eine Kopie oder einen Ausdruck der Berechnung zu seinen Akten zu nehmen oder die Berechnung elektronisch aufzubewahren.

---

1) § 19 Abs. 1 Satz 1 geänd. mWv 1.8.2022 durch G v. 5.7.2021 (BGBl. I S. 3338).

**§ 20 Nachforderung von Gerichtskosten.** (1) [1] Wegen eines unrichtigen Ansatzes dürfen Gerichtskosten nur nachgefordert werden, wenn der berichtigte Ansatz dem Zahlungspflichtigen vor Ablauf des nächsten Kalenderjahres nach Absendung der den Rechtszug abschließenden Kostenrechnung (Schlusskostenrechnung), bei Verfahren, in denen Jahresgebühren erhoben werden, nach Absendung der Jahresrechnung, mitgeteilt worden ist. [2] Dies gilt nicht, wenn die Nachforderung auf vorsätzlich oder grob fahrlässig falschen Angaben des Kostenschuldners beruht oder wenn der ursprüngliche Kostenansatz unter einem bestimmten Vorbehalt erfolgt ist.

(2) Ist innerhalb der Frist des Absatzes 1 ein Rechtsbehelf wegen des Hauptgegenstands oder wegen der Kosten eingelegt oder dem Zahlungspflichtigen mitgeteilt worden, dass ein Wertermittlungsverfahren eingeleitet ist, ist die Nachforderung bis zum Ablauf des nächsten Kalenderjahres nach Beendigung dieser Verfahren möglich.

(3) Ist der Wert gerichtlich festgesetzt worden, genügt es, wenn der berichtigte Ansatz dem Zahlungspflichtigen drei Monate nach der letzten Wertfestsetzung mitgeteilt worden ist.

**§ 21 Nichterhebung von Kosten.** (1) [1] Kosten, die bei richtiger Behandlung der Sache nicht entstanden wären, werden nicht erhoben. [2] Das Gleiche gilt für Auslagen, die durch eine von Amts wegen veranlasste Verlegung eines Termins oder Vertagung einer Verhandlung entstanden sind. [3] Für abweisende Entscheidungen sowie bei Zurücknahme eines Antrags kann von der Erhebung von Kosten abgesehen werden, wenn der Antrag auf unverschuldeter Unkenntnis der tatsächlichen oder rechtlichen Verhältnisse beruht.

(2) [1] Werden die Kosten von einem Gericht erhoben, trifft dieses die Entscheidung. [2] Solange das Gericht nicht entschieden hat, können Anordnungen nach Absatz 1 im Verwaltungsweg erlassen werden. [3] Eine im Verwaltungsweg getroffene Anordnung kann nur im Verwaltungsweg geändert werden.

## Abschnitt 5. Kostenhaftung

### Unterabschnitt 1. Gerichtskosten

**§ 22 Kostenschuldner in Antragsverfahren, Vergleich.** (1) In gerichtlichen Verfahren, die nur durch Antrag eingeleitet werden, schuldet die Kosten, wer das Verfahren des Rechtszugs beantragt hat, soweit nichts anderes bestimmt ist.

(2) Die Gebühr für den Abschluss eines gerichtlichen Vergleichs schuldet jeder, der an dem Abschluss beteiligt ist.

**§ 23[1)] Kostenschuldner in bestimmten gerichtlichen Verfahren.** Kostenschuldner

1. in Betreuungssachen und betreuungsgerichtlichen Zuweisungssachen ist der Betroffene, wenn ein Betreuer oder vorläufiger Betreuer bestellt oder eine Pflegschaft angeordnet worden ist;
2. bei einer Pflegschaft für gesammeltes Vermögen ist der Pfleger, jedoch nur mit dem gesammelten Vermögen;

---

[1)] § 23 Nr. 5 und 6 aufgeh. mWv 1.9.2013 durch G v. 26.6.2013 (BGBl. I S. 1800, geänd. durch G v. 23.7.2013, BGBl. I S. 2586); Nr. 1 neu gef. mWv 19.12.2014 durch G v. 10.12.2014 (BGBl. I S. 2082).

3. für die Gebühr für die Entgegennahme von Forderungsanmeldungen im Fall des § 2061 des Bürgerlichen Gesetzbuchs[1] ist derjenige Miterbe, der die Aufforderung erlassen hat;
4. für die Gebühr für die Entgegennahme
   a) einer Erklärung über die Anfechtung eines Testaments oder Erbvertrags,
   b) einer Anzeige des Vorerben oder des Nacherben über den Eintritt der Nacherbfolge,
   c) einer Anzeige des Verkäufers oder Käufers einer Erbschaft über den Verkauf, auch in den Fällen des § 2385 des Bürgerlichen Gesetzbuchs,
   d) eines Nachlassinventars oder einer Erklärung nach § 2004 des Bürgerlichen Gesetzbuchs oder
   e) der Erklärung eines Hoferben über die Wahl des Hofes gemäß § 9 Absatz 2 Satz 1 der Höfeordnung

   ist derjenige, der die Erklärung, die Anzeige oder das Nachlassinventar abgegeben hat;
5., 6. *(aufgehoben)*
7. in Handels-, Genossenschafts-, Partnerschafts- und Vereinsregistersachen bei Verfahren, die von Amts wegen durchgeführt werden, und bei Eintragungen, die von Amts wegen erfolgen, ist die Gesellschaft oder der Kaufmann, die Genossenschaft, die Partnerschaft oder der Verein;
8. für die Gebühr für die Entgegennahme, Prüfung und Aufbewahrung der zum Handels- oder Genossenschaftsregister einzureichenden Unterlagen ist das Unternehmen, für das die Unterlagen eingereicht werden;
9. im Verfahren zum Zweck der Verhandlung über die Dispache, soweit das Verfahren mit der Bestätigung der Dispache endet, sind die an dem Verfahren Beteiligten;
10. im Verfahren über die gerichtliche Entscheidung über die Zusammensetzung des Aufsichtsrats, das sich nach den §§ 98 und 99 des Aktiengesetzes[2] richtet, ist die Gesellschaft, soweit die Kosten nicht dem Antragsteller auferlegt sind;
11. im Verfahren über die Eintragung als Eigentümer im Wege der Grundbuchberichtigung von Amts wegen aufgrund des § 82a der Grundbuchordnung[3] ist der Eigentümer;
12. für die Eintragung des Erstehers als Eigentümer ist nur dieser;
13. für die Eintragung der Sicherungshypothek für Forderungen gegen den Ersteher sind der Gläubiger und der Ersteher;
14. im Verfahren nach dem Spruchverfahrensgesetz[4] ist nur der Antragsgegner, soweit das Gericht die Kosten den Antragstellern auferlegt hat, auch diese und
15. in Freiheitsentziehungssachen sind nur der Betroffene sowie im Rahmen ihrer gesetzlichen Unterhaltspflicht die zu seinem Unterhalt Verpflichteten, wenn die Kosten nicht der Verwaltungsbehörde auferlegt sind.

**§ 24 Kostenhaftung der Erben.** Kostenschuldner im gerichtlichen Verfahren
1. über die Eröffnung einer Verfügung von Todes wegen;

---

[1] Nr. **20**.
[2] Nr. **51**.
[3] Nr. **114**.
[4] **Habersack, Deutsche Gesetze ErgBd. Nr. 51b.**

2. über die Nachlasssicherung;
3. über eine Nachlasspflegschaft nach § 1961 des Bürgerlichen Gesetzbuchs[1)], wenn diese angeordnet wird;
4. über die Errichtung eines Nachlassinventars;
5. über eine Nachlassverwaltung, wenn diese angeordnet wird;
6. über die Pflegschaft für einen Nacherben;
7. über die Ernennung oder Entlassung eines Testamentsvollstreckers;
8. über die Entgegennahme von Erklärungen, die die Bestimmung der Person des Testamentsvollstreckers oder die Ernennung von Mitvollstreckern betreffen, oder über die Annahme, Ablehnung oder Kündigung des Amtes als Testamentsvollstrecker sowie
9. zur Ermittlung der Erben (§ 342 Absatz 1 Nummer 4 des Gesetzes über das Verfahren in Familiensachen und in den Angelegenheiten der freiwilligen Gerichtsbarkeit[2)])

sind nur die Erben, und zwar nach den Vorschriften des Bürgerlichen Gesetzbuchs über Nachlassverbindlichkeiten, wenn das Gericht nichts anderes bestimmt.

**§ 25 Kostenschuldner im Rechtsmittelverfahren, Gehörsrüge.** (1) Die nach § 22 Absatz 1 begründete Haftung für die Kosten eines Rechtsmittelverfahrens erlischt, wenn das Rechtsmittel ganz oder teilweise mit Erfolg eingelegt worden ist und das Gericht nicht über die Kosten entschieden hat oder die Kosten nicht von einem anderen Beteiligten übernommen worden sind.

(2) [1]Richtet sich eine Beschwerde gegen eine Entscheidung des Betreuungsgerichts und ist sie von dem Betreuten oder dem Pflegling oder im Interesse dieser Personen eingelegt, so schuldet die Kosten nur derjenige, dem das Gericht die Kosten auferlegt hat. [2]Entsprechendes gilt für ein sich anschließendes Rechtsbeschwerdeverfahren und für das Verfahren über die Rüge wegen Verletzung des Anspruchs auf rechtliches Gehör.

(3) Die §§ 23 und 24 gelten nicht im Rechtsmittelverfahren.

**§ 26[3)] Bestimmte sonstige gerichtliche Auslagen.** (1) [1]Die Dokumentenpauschale schuldet ferner, wer die Erteilung der Ausfertigungen, Kopien oder Ausdrucke beantragt hat. [2]Sind in einem gerichtlichen Verfahren Kopien oder Ausdrucke angefertigt worden, weil der Beteiligte es unterlassen hat, die erforderliche Zahl von Mehrfertigungen beizufügen, schuldet nur der Beteiligte die Dokumentenpauschale.

(2) Die Auslagen nach Nummer 31003 des Kostenverzeichnisses schuldet nur, wer die Versendung der Akte beantragt hat.

(3) In Unterbringungssachen schuldet der Betroffene nur Auslagen nach Nummer 31015 des Kostenverzeichnisses und nur, wenn die Gerichtskosten nicht einem anderen auferlegt worden sind.

(4) Im Verfahren auf Bewilligung von Verfahrenskostenhilfe und im Verfahren auf Bewilligung grenzüberschreitender Prozesskostenhilfe ist der Antragsteller Schuldner der Auslagen, wenn

1. der Antrag zurückgenommen oder vom Gericht abgelehnt wird oder

---

[1)] Nr. **20**.
[2)] Nr. **112**.
[3)] § 26 Abs. 5 angef. mWv 1.9.2013 durch G v. 26.6.2013 (BGBl. I S. 1800, geänd. durch G v. 23.7. 2013, BGBl. I S. 2586).

2. die Übermittlung des Antrags von der Übermittlungsstelle oder das Ersuchen um Prozesskostenhilfe von der Empfangsstelle abgelehnt wird.

(5) Die Auslagen einer öffentlichen Zustellung in Teilungssachen schulden die Anteilsberechtigten.

**§ 27 Weitere Fälle der Kostenhaftung.** Die Kosten schuldet ferner,
1. wem durch gerichtliche Entscheidung die Kosten des Verfahrens auferlegt sind;
2. wer sie durch eine vor Gericht abgegebene oder dem Gericht mitgeteilte Erklärung oder in einem vor Gericht abgeschlossenen oder dem Gericht mitgeteilten Vergleich übernommen hat; dies gilt auch, wenn bei einem Vergleich ohne Bestimmung über die Kosten diese als von beiden Teilen je zur Hälfte übernommen anzusehen sind;
3. wer für die Kostenschuld eines anderen kraft Gesetzes haftet und
4. der Verpflichtete für die Kosten der Vollstreckung.

**§ 28 Erlöschen der Zahlungspflicht.** [1] Die durch gerichtliche Entscheidung begründete Verpflichtung zur Zahlung von Kosten erlischt, soweit die Entscheidung durch eine andere gerichtliche Entscheidung aufgehoben oder abgeändert wird. [2] Soweit die Verpflichtung zur Zahlung von Kosten nur auf der aufgehobenen oder abgeänderten Entscheidung beruht hat, werden bereits gezahlte Kosten zurückerstattet.

### Unterabschnitt 2. Notarkosten

**§ 29 Kostenschuldner im Allgemeinen.** Die Notarkosten schuldet, wer
1. den Auftrag erteilt oder den Antrag gestellt hat,
2. die Kostenschuld gegenüber dem Notar übernommen hat oder
3. für die Kostenschuld eines anderen kraft Gesetzes haftet.

**§ 30 Haftung der Urkundsbeteiligten.** (1) Die Kosten des Beurkundungsverfahrens und die im Zusammenhang mit dem Beurkundungsverfahren anfallenden Kosten des Vollzugs und der Betreuungstätigkeiten schuldet ferner jeder, dessen Erklärung beurkundet worden ist.

(2) Werden im Beurkundungsverfahren die Erklärungen mehrerer Beteiligter beurkundet und betreffen die Erklärungen verschiedene Rechtsverhältnisse, beschränkt sich die Haftung des Einzelnen auf die Kosten, die entstanden wären, wenn die übrigen Erklärungen nicht beurkundet worden wären.

(3) Derjenige, der in einer notariellen Urkunde die Kosten dieses Beurkundungsverfahrens, die im Zusammenhang mit dem Beurkundungsverfahren anfallenden Kosten des Vollzugs und der Betreuungstätigkeiten oder sämtliche genannten Kosten übernommen hat, haftet insoweit auch gegenüber dem Notar.

**§ 31[1)] Besonderer Kostenschuldner.** (1) Schuldner der Kosten, die für die Beurkundung des Zuschlags bei der freiwilligen Versteigerung eines Grundstücks oder grundstücksgleichen Rechts anfallen, ist vorbehaltlich des § 29 Nummer 3 nur der Ersteher.

---

[1)] § 31 Abs. 3 Satz 2 angef. mWv 1.9.2013 durch G v. 26.6.2013 (BGBl. I S. 1800, geänd. durch G v. 23.7.2013, BGBl. I S. 2586).

(2) Für die Kosten, die durch die Errichtung eines Nachlassinventars und durch Tätigkeiten zur Nachlasssicherung entstehen, haften nur die Erben, und zwar nach den Vorschriften des Bürgerlichen Gesetzbuchs[1] über Nachlassverbindlichkeiten.

(3) [1] Schuldner der Kosten der Auseinandersetzung eines Nachlasses oder des Gesamtguts nach Beendigung der ehelichen, lebenspartnerschaftlichen oder fortgesetzten Gütergemeinschaft sind die Anteilsberechtigten; dies gilt nicht, soweit der Antrag zurückgenommen oder zurückgewiesen wurde. [2] Ferner sind die für das Amtsgericht geltenden Vorschriften über die Kostenhaftung entsprechend anzuwenden.

### Unterabschnitt 3. Mehrere Kostenschuldner

**§ 32 Mehrere Kostenschuldner.** (1) Mehrere Kostenschuldner haften als Gesamtschuldner.

(2) Sind durch besondere Anträge eines Beteiligten Mehrkosten entstanden, so fallen diese ihm allein zur Last.

**§ 33 Erstschuldner der Gerichtskosten.** (1) [1] Soweit ein Kostenschuldner im gerichtlichen Verfahren aufgrund von § 27 Nummer 1 oder Nummer 2 (Erstschuldner) haftet, soll die Haftung eines anderen Kostenschuldners nur geltend gemacht werden, wenn eine Zwangsvollstreckung in das bewegliche Vermögen des Erstschuldners erfolglos geblieben ist oder aussichtslos erscheint. [2] Zahlungen des Erstschuldners mindern seine Haftung aufgrund anderer Vorschriften dieses Gesetzes auch dann in voller Höhe, wenn sich seine Haftung nur auf einen Teilbetrag bezieht.

(2) [1] Soweit einem Kostenschuldner, der aufgrund von § 27 Nummer 1 haftet (Entscheidungsschuldner), Verfahrenskostenhilfe bewilligt worden ist, darf die Haftung eines anderen Kostenschuldners nicht geltend gemacht werden; von diesem bereits erhobene Kosten sind zurückzuzahlen, soweit es sich nicht um eine Zahlung nach § 13 Absatz 1 und 3 des Justizvergütungs- und -entschädigungsgesetzes[2] handelt und der Beteiligte, dem die Verfahrenskostenhilfe bewilligt worden ist, der besonderen Vergütung zugestimmt hat. [2] Die Haftung eines anderen Kostenschuldners darf auch nicht geltend gemacht werden, soweit dem Entscheidungsschuldner ein Betrag für die Reise zum Ort einer Verhandlung, Anhörung oder Untersuchung und für die Rückreise gewährt worden ist.

(3) Absatz 2 ist entsprechend anzuwenden, soweit der Kostenschuldner aufgrund des § 27 Nummer 2 haftet und wenn

1. der Kostenschuldner die Kosten in einem vor Gericht abgeschlossenen oder durch Schriftsatz gegenüber dem Gericht angenommenen Vergleich übernommen hat,
2. der Vergleich einschließlich der Verteilung der Kosten von dem Gericht vorgeschlagen worden ist und
3. das Gericht in seinem Vergleichsvorschlag ausdrücklich festgestellt hat, dass die Kostenregelung der sonst zu erwartenden Kostenentscheidung entspricht.

---

[1] Nr. **20**.
[2] Nr. **116**.

## Abschnitt 6. Gebührenvorschriften

**§ 34**[1] **Wertgebühren.** (1) Wenn sich die Gebühren nach dem Geschäftswert richten, bestimmt sich die Höhe der Gebühr nach Tabelle A oder Tabelle B.

(2) [1]Die Gebühr beträgt bei einem Geschäftswert bis 500 Euro nach Tabelle A 38 Euro, nach Tabelle B 15 Euro. [2]Die Gebühr erhöht sich bei einem

| Geschäftswert bis … Euro | für jeden angefangenen Betrag von weiteren … Euro | in **Tabelle A** um … Euro | in **Tabelle B** um … Euro |
|---|---|---|---|
| 2 000 | 500 | 20 | 4 |
| 10 000 | 1 000 | 21 | 6 |
| 25 000 | 3 000 | 29 | 8 |
| 50 000 | 5 000 | 38 | 10 |
| 200 000 | 15 000 | 132 | 27 |
| 500 000 | 30 000 | 198 | 50 |
| über 500 000 | 50 000 | 198 | |
| 5 000 000 | 50 000 | | 80 |
| 10 000 000 | 200 000 | | 130 |
| 20 000 000 | 250 000 | | 150 |
| 30 000 000 | 500 000 | | 280 |
| über 30 000 000 | 1 000 000 | | 120 |

(3) Gebührentabellen für Geschäftswerte bis 3 Millionen Euro sind diesem Gesetz als Anlage 2 beigefügt.

(4) Gebühren werden auf den nächstliegenden Cent auf- oder abgerundet; 0,5 Cent werden aufgerundet.

(5) Der Mindestbetrag einer Gebühr ist 15 Euro.

## Abschnitt 7. Wertvorschriften

### Unterabschnitt 1. Allgemeine Wertvorschriften

**§ 35 Grundsatz.** (1) In demselben Verfahren und in demselben Rechtszug werden die Werte mehrerer Verfahrensgegenstände zusammengerechnet, soweit nichts anderes bestimmt ist.

(2) Der Geschäftswert beträgt, wenn die Tabelle A anzuwenden ist, höchstens 30 Millionen Euro, wenn die Tabelle B anzuwenden ist, höchstens 60 Millionen Euro, wenn kein niedrigerer Höchstwert bestimmt ist.

**§ 36 Allgemeiner Geschäftswert.** (1) Soweit sich in einer vermögensrechtlichen Angelegenheit der Geschäftswert aus den Vorschriften dieses Gesetzes nicht ergibt und er auch sonst nicht feststeht, ist er nach billigem Ermessen zu bestimmen.

(2) Soweit sich in einer nichtvermögensrechtlichen Angelegenheit der Geschäftswert aus den Vorschriften dieses Gesetzes nicht ergibt, ist er unter Berücksichtigung aller Umstände des Einzelfalls, insbesondere des Umfangs und der

[1] § 34 Abs. 2 neu gef. mWv 1.1.2021 durch G v. 21.12.2020 (BGBl. I S. 3229).

Bedeutung der Sache und der Vermögens- und Einkommensverhältnisse der Beteiligten, nach billigem Ermessen zu bestimmen, jedoch nicht über 1 Million Euro.

(3) Bestehen in den Fällen der Absätze 1 und 2 keine genügenden Anhaltspunkte für eine Bestimmung des Werts, ist von einem Geschäftswert von 5 000 Euro auszugehen.

(4) [1] Wenn sich die Gerichtsgebühren nach den für Notare geltenden Vorschriften bestimmen, sind die für Notare geltenden Wertvorschriften entsprechend anzuwenden. [2] Wenn sich die Notargebühren nach den für Gerichte geltenden Vorschriften bestimmen, sind die für Gerichte geltenden Wertvorschriften entsprechend anzuwenden.

**§ 37 Früchte, Nutzungen, Zinsen, Vertragsstrafen, sonstige Nebengegenstände und Kosten.** (1) Sind außer dem Hauptgegenstand des Verfahrens auch Früchte, Nutzungen, Zinsen, Vertragsstrafen, sonstige Nebengegenstände oder Kosten betroffen, wird deren Wert nicht berücksichtigt.

(2) Soweit Früchte, Nutzungen, Zinsen, Vertragsstrafen, sonstige Nebengegenstände oder Kosten ohne den Hauptgegenstand betroffen sind, ist deren Wert maßgebend, soweit er den Wert des Hauptgegenstands nicht übersteigt.

(3) Sind die Kosten des Verfahrens ohne den Hauptgegenstand betroffen, ist der Betrag der Kosten maßgebend, soweit er den Wert des Hauptgegenstands nicht übersteigt.

**§ 38 Belastung mit Verbindlichkeiten.** [1] Verbindlichkeiten, die auf einer Sache oder auf einem Recht lasten, werden bei Ermittlung des Geschäftswerts nicht abgezogen, sofern nichts anderes bestimmt ist. [2] Dies gilt auch für Verbindlichkeiten eines Nachlasses, einer sonstigen Vermögensmasse und im Fall einer Beteiligung an einer Personengesellschaft auch für deren Verbindlichkeiten.

**§ 39[1)] Auskunftspflichten.** (1) [1] Ein Notar, der einen Antrag bei Gericht einreicht, hat dem Gericht den von ihm zugrunde gelegten Geschäftswert hinsichtlich eines jeden Gegenstands mitzuteilen, soweit dieser für die vom Gericht zu erhebenden Gebühren von Bedeutung ist. [2] Auf Ersuchen des Gerichts hat der Notar, der Erklärungen beurkundet hat, die bei Gericht eingereicht worden sind, oder Unterschriften oder Handzeichen unter oder qualifizierte elektronische Signaturen an solchen Erklärungen beglaubigt hat, in entsprechendem Umfang Auskunft zu erteilen.

(2) [1] Legt das Gericht seinem Kostenansatz einen von Absatz 1 abweichenden Geschäftswert zugrunde, so ist dieser dem Notar mitzuteilen. [2] Auf Ersuchen des Notars, der Erklärungen beurkundet oder beglaubigt hat, die bei Gericht eingereicht werden, hat das Gericht über die für die Geschäftswertbestimmung maßgeblichen Umstände Auskunft zu erteilen.

[1)] § 39 Abs. 1 Satz 2 geänd. mWv 1.8.2022 durch G v. 5.7.2021 (BGBl. I S. 3338).

### Unterabschnitt 2. Besondere Geschäftswertvorschriften

**§ 40[1)] Erbschein, Europäisches Nachlasszeugnis, Zeugnis über die Fortsetzung der Gütergemeinschaft und Testamentsvollstreckerzeugnis.**

(1) [1] Der Geschäftswert für das Verfahren zur

1. Abnahme der eidesstattlichen Versicherung zur Erlangung eines Erbscheins oder eines Europäischen Nachlasszeugnisses,
2. Erteilung eines Erbscheins oder Ausstellung eines Europäischen Nachlasszeugnisses, soweit dieses die Rechtsstellung und die Rechte der Erben oder Vermächtnisnehmer mit unmittelbarer Berechtigung am Nachlass betrifft,
3. Einziehung oder Kraftloserklärung eines Erbscheins,
4. Änderung oder zum Widerruf eines Europäischen Nachlasszeugnisses, soweit die Rechtsstellung und Rechte der Erben oder Vermächtnisnehmer mit unmittelbarer Berechtigung am Nachlass betroffen sind,

ist der Wert des Nachlasses im Zeitpunkt des Erbfalls. [2] Vom Erblasser herrührende Verbindlichkeiten werden abgezogen. [3] Ist in dem Erbschein lediglich die Hoferbfolge zu bescheinigen, ist Geschäftswert der Wert des Hofs. [4] Abweichend von Satz 2 werden nur die auf dem Hof lastenden Verbindlichkeiten mit Ausnahme der Hypotheken, Grund- und Rentenschulden (§ 15 Absatz 2 der Höfeordnung) abgezogen.

(2) [1] Beziehen sich die in Absatz 1 genannten Verfahren nur auf das Erbrecht eines Miterben, bestimmt sich der Geschäftswert nach dem Anteil dieses Miterben. [2] Entsprechendes gilt, wenn ein weiterer Miterbe einer bereits beurkundeten eidesstattlichen Versicherung beitritt.

(3) [1] Erstrecken sich die Wirkungen eines Erbscheins nur auf einen Teil des Nachlasses, bleiben diejenigen Gegenstände, die von der Erbscheinswirkung nicht erfasst werden, bei der Berechnung des Geschäftswerts außer Betracht; Nachlassverbindlichkeiten werden nicht abgezogen. [2] Macht der Kostenschuldner glaubhaft, dass der Geschäftswert nach Absatz 1 niedriger ist, so ist dieser maßgebend. [3] Die Sätze 1 und 2 finden auf die Ausstellung, die Änderung und den Widerruf eines Europäischen Nachlasszeugnisses entsprechende Anwendung.

(4) Auf ein Verfahren, das ein Zeugnis über die Fortsetzung der Gütergemeinschaft betrifft, sind die Absätze 1 bis 3 entsprechend anzuwenden; an die Stelle des Nachlasses tritt der halbe Wert des Gesamtguts der fortgesetzten Gütergemeinschaft.

(5) [1] In einem Verfahren, das ein Zeugnis über die Ernennung eines Testamentsvollstreckers betrifft, beträgt der Geschäftswert 20 Prozent des Nachlasswerts im Zeitpunkt des Erbfalls, wobei Nachlassverbindlichkeiten nicht abgezogen werden; die Absätze 2 und 3 sind entsprechend anzuwenden. [2] Dies gilt entsprechend, soweit die Angabe der Befugnisse des Testamentsvollstreckers Gegenstand eines Verfahrens wegen eines Europäischen Nachlasszeugnisses ist.

(6) Bei der Ermittlung des Werts und der Zusammensetzung des Nachlasses steht § 30 der Abgabenordnung einer Auskunft des Finanzamts nicht entgegen.

**§ 41 Zeugnisse zum Nachweis der Auseinandersetzung eines Nachlasses oder Gesamtguts.** In einem Verfahren, das ein Zeugnis nach den §§ 36 und 37 der Grundbuchordnung oder nach § 42 der Schiffsregisterordnung, auch in Ver-

---

[1)] § 40 Überschrift neu gef., Abs. 1 Satz 1 Nr. 1–3 geänd., Nr. 4, Abs. 3 Satz 3 und Abs. 5 Satz 2 angef. mWv 17.8.2015 durch G v. 29.6.2015 (BGBl. I S. 1042).

bindung mit § 74 der Schiffsregisterordnung oder § 86 des Gesetzes über Rechte an Luftfahrzeugen, betrifft, ist Geschäftswert der Wert der Gegenstände, auf die sich der Nachweis der Rechtsnachfolge erstreckt.

**§ 42 Wohnungs- und Teileigentum.** (1) [1] Bei der Begründung von Wohnungs- oder Teileigentum und bei Geschäften, die die Aufhebung oder das Erlöschen von Sondereigentum betreffen, ist Geschäftswert der Wert des bebauten Grundstücks. [2] Ist das Grundstück noch nicht bebaut, ist dem Grundstückswert der Wert des zu errichtenden Bauwerks hinzuzurechnen.

(2) Bei Wohnungs- und Teilerbbaurechten gilt Absatz 1 entsprechend, wobei an die Stelle des Grundstückswerts der Wert des Erbbaurechts tritt.

**§ 43 Erbbaurechtsbestellung.** [1] Wird bei der Bestellung eines Erbbaurechts als Entgelt ein Erbbauzins vereinbart, ist Geschäftswert der nach § 52 errechnete Wert des Erbbauzinses. [2] Ist der nach § 49 Absatz 2 errechnete Wert des Erbbaurechts höher, so ist dieser maßgebend.

**§ 44 Mithaft.** (1) [1] Bei der Einbeziehung eines Grundstücks in die Mithaft wegen eines Grundpfandrechts und bei der Entlassung aus der Mithaft bestimmt sich der Geschäftswert nach dem Wert des einbezogenen oder entlassenen Grundstücks, wenn dieser geringer als der Wert nach § 53 Absatz 1 ist. [2] Die Löschung eines Grundpfandrechts, bei dem bereits zumindest ein Grundstück aus der Mithaft entlassen worden ist, steht hinsichtlich der Geschäftswertbestimmung der Entlassung aus der Mithaft gleich.

(2) Absatz 1 gilt entsprechend für grundstücksgleiche Rechte.

(3) Absatz 1 gilt ferner entsprechend

1. für Schiffshypotheken mit der Maßgabe, dass an die Stelle des Grundstücks das Schiff oder das Schiffsbauwerk tritt, und
2. für Registerpfandrechte an einem Luftfahrzeug mit der Maßgabe, dass an die Stelle des Grundstücks das Luftfahrzeug tritt.

**§ 45 Rangverhältnisse und Vormerkungen.** (1) Bei Einräumung des Vorrangs oder des gleichen Rangs ist Geschäftswert der Wert des vortretenden Rechts, höchstens jedoch der Wert des zurücktretenden Rechts.

(2) [1] Die Vormerkung gemäß § 1179 des Bürgerlichen Gesetzbuchs[1)] zugunsten eines nach- oder gleichstehenden Berechtigten steht der Vorrangseinräumung gleich. [2] Dasselbe gilt für den Fall, dass ein nachrangiges Recht gegenüber einer vorrangigen Vormerkung wirksam sein soll. [3] Der Ausschluss des Löschungsanspruchs nach § 1179a Absatz 5 des Bürgerlichen Gesetzbuchs, auch in Verbindung mit § 1179b Absatz 2 des Bürgerlichen Gesetzbuchs, ist wie ein Rangrücktritt des Rechts zu behandeln, als dessen Inhalt der Ausschluss vereinbart wird.

(3) Geschäftswert einer sonstigen Vormerkung ist der Wert des vorgemerkten Rechts; § 51 Absatz 1 Satz 2 ist entsprechend anzuwenden.

### Unterabschnitt 3. Bewertungsvorschriften

**§ 46 Sache.** (1) Der Wert einer Sache wird durch den Preis bestimmt, der im gewöhnlichen Geschäftsverkehr nach der Beschaffenheit der Sache unter Berück-

---

[1)] Nr. **20**.

sichtigung aller den Preis beeinflussenden Umstände bei einer Veräußerung zu erzielen wäre (Verkehrswert).

(2) Steht der Verkehrswert nicht fest, ist er zu bestimmen

1. nach dem Inhalt des Geschäfts,
2. nach den Angaben der Beteiligten,
3. anhand von sonstigen amtlich bekannten Tatsachen oder Vergleichswerten aufgrund einer amtlichen Auskunft oder
4. anhand offenkundiger Tatsachen.

(3) [1] Bei der Bestimmung des Verkehrswerts eines Grundstücks können auch herangezogen werden

1. im Grundbuch eingetragene Belastungen,
2. aus den Grundakten ersichtliche Tatsachen oder Vergleichswerte oder
3. für Zwecke der Steuererhebung festgesetzte Werte.

[2] Im Fall der Nummer 3 steht § 30 der Abgabenordnung einer Auskunft des Finanzamts nicht entgegen.

(4) Eine Beweisaufnahme zur Feststellung des Verkehrswerts findet nicht statt.

**§ 47 Sache bei Kauf.** [1] Im Zusammenhang mit dem Kauf wird der Wert der Sache durch den Kaufpreis bestimmt. [2] Der Wert der vorbehaltenen Nutzungen und der vom Käufer übernommenen oder ihm sonst infolge der Veräußerung obliegenden Leistungen wird hinzugerechnet. [3] Ist der nach den Sätzen 1 und 2 ermittelte Wert niedriger als der Verkehrswert, ist der Verkehrswert maßgebend.

**§ 48 Land- und forstwirtschaftliches Vermögen.** (1) [1] Im Zusammenhang mit der Übergabe oder Zuwendung eines land- oder forstwirtschaftlichen Betriebs mit Hofstelle an eine oder mehrere natürliche Personen einschließlich der Abfindung weichender Erben beträgt der Wert des land- und forstwirtschaftlichen Vermögens im Sinne des Bewertungsgesetzes höchstens das Vierfache des letzten Einheitswerts, der zur Zeit der Fälligkeit der Gebühr bereits festgestellt ist, wenn

1. die unmittelbare Fortführung des Betriebs durch den Erwerber selbst beabsichtigt ist und
2. der Betrieb unmittelbar nach Vollzug der Übergabe oder Zuwendung einen nicht nur unwesentlichen Teil der Existenzgrundlage des zukünftigen Inhabers bildet.

[2] § 46 Absatz 3 Satz 2 gilt entsprechend. [3] Ist der Einheitswert noch nicht festgestellt, so ist dieser vorläufig zu schätzen; die Schätzung ist nach der ersten Feststellung des Einheitswerts zu berichtigen; die Frist des § 20 Absatz 1 beginnt erst mit der Feststellung des Einheitswerts. [4] In dem in Artikel 3 des Einigungsvertrages[1)] genannten Gebiet gelten für die Bewertung des land- und forstwirtschaftlichen Vermögens die Vorschriften des Dritten Abschnitts im Zweiten Teil des Bewertungsgesetzes mit Ausnahme von § 125 Absatz 3; § 126 Absatz 2 des Bewertungsgesetzes ist sinngemäß anzuwenden.

(2) Weicht der Gegenstand des gebührenpflichtigen Geschäfts vom Gegenstand der Einheitsbewertung oder vom Gegenstand der Bildung des Ersatzwirtschaftswerts wesentlich ab oder hat sich der Wert infolge bestimmter Umstände, die nach dem Feststellungszeitpunkt des Einheitswerts oder des Ersatzwirtschaftswerts ein-

---

[1)] **Habersack II Nr. 2.**

getreten sind, wesentlich verändert, so ist der nach den Grundsätzen der Einheitsbewertung oder der Bildung des Ersatzwirtschaftswerts geschätzte Wert maßgebend.

(3) Die Absätze 1 und 2 sind entsprechend anzuwenden für die Bewertung

1. eines Hofs im Sinne der Höfeordnung und
2. eines landwirtschaftlichen Betriebs in einem Verfahren aufgrund der Vorschriften über die gerichtliche Zuweisung eines Betriebs (§ 1 Nummer 2 des Gesetzes über das gerichtliche Verfahren in Landwirtschaftssachen[1]), sofern das Verfahren mit der Zuweisung endet.

**§ 49 Grundstücksgleiche Rechte.** (1) Die für die Bewertung von Grundstücken geltenden Vorschriften sind auf Rechte entsprechend anzuwenden, die den für Grundstücke geltenden Vorschriften unterliegen, soweit sich aus Absatz 2 nichts anderes ergibt.

(2) Der Wert eines Erbbaurechts beträgt 80 Prozent der Summe aus den Werten des belasteten Grundstücks und darauf errichteter Bauwerke; sofern die Ausübung des Rechts auf eine Teilfläche beschränkt ist, sind 80 Prozent vom Wert dieser Teilfläche zugrunde zu legen.

**§ 50 Bestimmte schuldrechtliche Verpflichtungen.** Der Wert beträgt bei einer schuldrechtlichen Verpflichtung

1. über eine Sache oder ein Recht nicht oder nur eingeschränkt zu verfügen, 10 Prozent des Verkehrswerts der Sache oder des Werts des Rechts;
2. zur eingeschränkten Nutzung einer Sache 20 Prozent des Verkehrswerts der Sache;
3. zur Errichtung eines Bauwerks, wenn es sich um
   a) ein Wohngebäude handelt, 20 Prozent des Verkehrswerts des unbebauten Grundstücks,
   b) ein gewerblich genutztes Bauwerk handelt, 20 Prozent der voraussichtlichen Herstellungskosten;
4. zu Investitionen 20 Prozent der Investitionssumme.

**§ 51 Erwerbs- und Veräußerungsrechte, Verfügungsbeschränkungen.**

(1) [1]Der Wert eines Ankaufsrechts oder eines sonstigen Erwerbs- oder Veräußerungsrechts ist der Wert des Gegenstands, auf den sich das Recht bezieht. [2]Der Wert eines Vorkaufs- oder Wiederkaufsrechts ist die Hälfte des Werts nach Satz 1.

(2) Der Wert einer Verfügungsbeschränkung, insbesondere nach den §§ 1365 und 1369 des Bürgerlichen Gesetzbuchs[2]) sowie einer Belastung gemäß § 1010 des Bürgerlichen Gesetzbuchs, beträgt 30 Prozent des von der Beschränkung betroffenen Gegenstands.

(3) Ist der nach den Absätzen 1 und 2 bestimmte Wert nach den besonderen Umständen des Einzelfalls unbillig, kann ein höherer oder ein niedrigerer Wert angenommen werden.

**§ 52 Nutzungs- und Leistungsrechte.** (1) Der Wert einer Dienstbarkeit, einer Reallast oder eines sonstigen Rechts oder Anspruchs auf wiederkehrende oder

---

[1]) **Habersack, Deutsche Gesetze ErgBd. Nr. 39a.**
[2]) Nr. **20.**

dauernde Nutzungen oder Leistungen einschließlich des Unterlassens oder Duldens bestimmt sich nach dem Wert, den das Recht für den Berechtigten oder für das herrschende Grundstück hat.

(2) [1] Ist das Recht auf eine bestimmte Zeit beschränkt, ist der auf die Dauer des Rechts entfallende Wert maßgebend. [2] Der Wert ist jedoch durch den auf die ersten 20 Jahre entfallenden Wert des Rechts beschränkt. [3] Ist die Dauer des Rechts außerdem auf die Lebensdauer einer Person beschränkt, darf der nach Absatz 4 bemessene Wert nicht überschritten werden.

(3) [1] Der Wert eines Rechts von unbeschränkter Dauer ist der auf die ersten 20 Jahre entfallende Wert. [2] Der Wert eines Rechts von unbestimmter Dauer ist der auf die ersten zehn Jahre entfallende Wert, soweit sich aus Absatz 4 nichts anderes ergibt.

(4) [1] Ist das Recht auf die Lebensdauer einer Person beschränkt, ist sein Wert

| bei einem Lebensalter von … | der auf die ersten … Jahre |
|---|---|
| bis zu 30 Jahren | 20 |
| über 30 Jahren bis zu 50 Jahren | 15 |
| über 50 Jahren bis zu 70 Jahren | 10 |
| über 70 Jahren | 5 |

entfallende Wert. [2] Hängt die Dauer des Rechts von der Lebensdauer mehrerer Personen ab, ist maßgebend,

1. wenn das Recht mit dem Tod des zuletzt Sterbenden erlischt, das Lebensalter der jüngsten Person,
2. wenn das Recht mit dem Tod des zuerst Sterbenden erlischt, das Lebensalter der ältesten Person.

(5) Der Jahreswert wird mit 5 Prozent des Werts des betroffenen Gegenstands oder Teils des betroffenen Gegenstands angenommen, sofern nicht ein anderer Wert festgestellt werden kann.

(6) [1] Für die Berechnung des Werts ist der Beginn des Rechts maßgebend. [2] Bildet das Recht später den Gegenstand eines gebührenpflichtigen Geschäfts, so ist der spätere Zeitpunkt maßgebend. [3] Ist der nach den vorstehenden Absätzen bestimmte Wert nach den besonderen Umständen des Einzelfalls unbillig, weil im Zeitpunkt des Geschäfts der Beginn des Rechts noch nicht feststeht oder das Recht in anderer Weise bedingt ist, ist ein niedrigerer Wert anzunehmen. [4] Der Wert eines durch Zeitablauf oder durch den Tod des Berechtigten erloschenen Rechts beträgt 0 Euro.

(7) Preisklauseln werden nicht berücksichtigt.

**§ 53 Grundpfandrechte und sonstige Sicherheiten.** (1) [1] Der Wert einer Hypothek, Schiffshypothek, eines Registerpfandrechts an einem Luftfahrzeug oder einer Grundschuld ist der Nennbetrag der Schuld. [2] Der Wert einer Rentenschuld ist der Nennbetrag der Ablösungssumme.

(2) Der Wert eines sonstigen Pfandrechts oder der sonstigen Sicherstellung einer Forderung durch Bürgschaft, Sicherungsübereignung oder dergleichen bestimmt sich nach dem Betrag der Forderung und, wenn der als Pfand oder zur Sicherung dienende Gegenstand einen geringeren Wert hat, nach diesem.

**§ 54 Bestimmte Gesellschaftsanteile.** [1] Wenn keine genügenden Anhaltspunkte für einen höheren Wert von Anteilen an Kapitalgesellschaften und von Kommanditbeteiligungen bestehen, bestimmt sich der Wert nach dem Eigenkapital im Sinne von § 266 Absatz 3 des Handelsgesetzbuchs[1)], das auf den jeweiligen Anteil oder die Beteiligung entfällt. [2]Grundstücke, Gebäude, grundstücksgleiche Rechte, Schiffe oder Schiffsbauwerke sind dabei nach den Bewertungsvorschriften dieses Unterabschnitts zu berücksichtigen. [3]Sofern die betreffenden Gesellschaften überwiegend vermögensverwaltend tätig sind, insbesondere als Immobilienverwaltungs-, Objekt-, Holding-, Besitz- oder sonstige Beteiligungsgesellschaft, ist der auf den jeweiligen Anteil oder die Beteiligung entfallende Wert des Vermögens der Gesellschaft maßgeblich; die Sätze 1 und 2 sind nicht anzuwenden.

## Kapitel 2. Gerichtskosten

### Abschnitt 1. Gebührenvorschriften

**§ 55[2)] Einmalige Erhebung der Gebühren.** (1) Die Gebühr für das Verfahren im Allgemeinen und die Gebühr für eine Entscheidung oder die Vornahme einer Handlung werden in jedem Rechtszug hinsichtlich eines jeden Teils des Verfahrensgegenstands nur einmal erhoben.

(2) Für Eintragungen in das Vereinsregister, Grundbuch, Schiffs- und Schiffsbauregister und in das Register für Pfandrechte an Luftfahrzeugen werden die Gebühren für jede Eintragung gesondert erhoben, soweit nichts anderes bestimmt ist.

**§ 56 Teile des Verfahrensgegenstands.** (1) Für Handlungen, die einen Teil des Verfahrensgegenstands betreffen, sind die Gebühren nur nach dem Wert dieses Teils zu berechnen.

(2) Sind von einzelnen Wertteilen in demselben Rechtszug für gleiche Handlungen Gebühren zu berechnen, darf nicht mehr erhoben werden, als wenn die Gebühr nach dem Gesamtbetrag der Wertteile zu berechnen wäre.

(3) Sind für Teile des Verfahrensgegenstands verschiedene Gebührensätze anzuwenden, sind die Gebühren für die Teile gesondert zu berechnen; die aus dem Gesamtbetrag der Wertteile nach dem höchsten Gebührensatz berechnete Gebühr darf jedoch nicht überschritten werden.

**§ 57 Zurückverweisung, Abänderung oder Aufhebung einer Entscheidung.** (1) Wird eine Sache an ein Gericht eines unteren Rechtszugs zurückverwiesen, bildet das weitere Verfahren mit dem früheren Verfahren vor diesem Gericht einen Rechtszug im Sinne des § 55.

(2) Das Verfahren über eine Abänderung oder Aufhebung einer Entscheidung gilt als besonderes Verfahren, soweit im Kostenverzeichnis nichts anderes bestimmt ist.

**§ 58[3)] Eintragungen in das Handels-, Partnerschafts- oder Genossenschaftsregister; Verordnungsermächtigung.** (1) [1]Gebühren werden nur aufgrund einer Rechtsverordnung (Handelsregistergebührenverordnung[4)]) erhoben für

---

[1)] Nr. **50**.

[2)] § 55 Abs. 2 geänd. mWv 1.1.2023 durch G v. 31.10.2022 (BGBl. I S. 1966).

[3)] § 58 Abs. 2 Satz 1 geänd. mWv 8.9.2015 durch VO v. 31.8.2015 (BGBl. I S. 1474); Abs. 1 Satz 1 Nr. 4 geänd. mWv 15.7.2016 durch G v. 8.7.2016 (BGBl. I S. 1594); Abs. 1 Satz 1 Nr. 3 und 4 geänd., Nr. 5 angef. mWv 1.8.2022 durch G v. 5.7.2021 (BGBl. I S. 3338).

[4)] **Habersack, Deutsche Gesetze ErgBd. Nr. 50f.**

1. Eintragungen in das Handels-, Partnerschafts- oder Genossenschaftsregister,
2. Fälle der Zurücknahme oder Zurückweisung von Anmeldungen zu diesen Registern,
3. die Entgegennahme, Prüfung und Aufbewahrung der zum Handels- oder Genossenschaftsregister einzureichenden Unterlagen,
4. die Übertragung von Schriftstücken in ein elektronisches Dokument nach § 9 Absatz 2 des Handelsgesetzbuchs[1)] sowie
5. die Bereitstellung von Registerdaten sowie von Dokumenten, die zum Register eingereicht wurden, zum Abruf.

[2] Keine Gebühren werden erhoben für die aus Anlass eines Insolvenzverfahrens von Amts wegen vorzunehmenden Eintragungen und für Löschungen nach § 395 des Gesetzes über das Verfahren in Familiensachen und in den Angelegenheiten der freiwilligen Gerichtsbarkeit[2)].

(2) [1] Die Rechtsverordnung nach Absatz 1 erlässt das Bundesministerium der Justiz und für Verbraucherschutz. [2] Sie bedarf der Zustimmung des Bundesrates. [3] Die Höhe der Gebühren richtet sich nach den auf die Amtshandlungen entfallenden durchschnittlichen Personal- und Sachkosten; Gebühren für Fälle der Zurücknahme oder Zurückweisung von Anmeldungen können jedoch bestimmt werden, indem die für die entsprechenden Eintragungen zu erhebenden Gebühren pauschal mit Ab- oder Zuschlägen versehen werden. [4] Die auf gebührenfreie Eintragungen entfallenden Personal- und Sachkosten können bei der Höhe der für andere Eintragungen festgesetzten Gebühren berücksichtigt werden.

## Abschnitt 2. Wertvorschriften

### Unterabschnitt 1. Allgemeine Wertvorschriften

**§ 59 Zeitpunkt der Wertberechnung.** [1] Für die Wertberechnung ist der Zeitpunkt der jeweiligen den Verfahrensgegenstand betreffenden ersten Antragstellung in dem jeweiligen Rechtszug entscheidend, soweit nichts anderes bestimmt ist. [2] In Verfahren, die von Amts wegen eingeleitet werden, ist der Zeitpunkt der Fälligkeit der Gebühr maßgebend.

**§ 60 Genehmigung oder Ersetzung einer Erklärung oder Genehmigung eines Rechtsgeschäfts.** (1) Wenn in einer vermögensrechtlichen Angelegenheit Gegenstand des Verfahrens die Genehmigung oder Ersetzung einer Erklärung oder die Genehmigung eines Rechtsgeschäfts ist, bemisst sich der Geschäftswert nach dem Wert des zugrunde liegenden Geschäfts.

(2) Mehrere Erklärungen, die denselben Gegenstand betreffen, insbesondere der Kauf und die Auflassung oder die Schulderklärung und die zur Hypothekenbestellung erforderlichen Erklärungen, sind als ein Verfahrensgegenstand zu bewerten.

(3) Der Wert beträgt in jedem Fall höchstens 1 Million Euro.

**§ 61 Rechtsmittelverfahren.** (1) [1] Im Rechtsmittelverfahren bestimmt sich der Geschäftswert nach den Anträgen des Rechtsmittelführers. [2] Endet das Verfahren, ohne dass solche Anträge eingereicht werden, oder werden bei einer Rechtsbeschwerde innerhalb der Frist für die Begründung Anträge nicht eingereicht, ist die Beschwer maßgebend.

---

1) Nr. **50**.
2) Nr. **112**.

(2) [1]Der Wert ist durch den Geschäftswert des ersten Rechtszugs begrenzt. [2]Dies gilt nicht, soweit der Gegenstand erweitert wird.

(3) Im Verfahren über den Antrag auf Zulassung der Sprungrechtsbeschwerde ist Gegenstandswert der für das Rechtsmittelverfahren maßgebende Wert.

**§ 62[1)] Einstweilige Anordnung, Aussetzung der Wirkungen eines Europäischen Nachlasszeugnisses.** [1]Im Verfahren der einstweiligen Anordnung und im Verfahren über die Aussetzung der Wirkungen eines Europäischen Nachlasszeugnisses ist der Wert in der Regel unter Berücksichtigung der geringeren Bedeutung gegenüber der Hauptsache zu ermäßigen. [2]Dabei ist von der Hälfte des für die Hauptsache bestimmten Werts auszugehen.

### Unterabschnitt 2. Besondere Geschäftswertvorschriften

**§ 63 Betreuungssachen und betreuungsgerichtliche Zuweisungssachen.** [1]Bei Betreuungen oder Pflegschaften, die einzelne Rechtshandlungen betreffen, ist Geschäftswert der Wert des Gegenstands, auf den sich die Rechtshandlung bezieht. [2]Bezieht sich die Betreuung oder Pflegschaft auf eine gegenwärtige oder künftige Mitberechtigung, ermäßigt sich der Wert auf den Bruchteil, der dem Anteil der Mitberechtigung entspricht. [3]Bei Gesamthandsverhältnissen ist der Anteil entsprechend der Beteiligung an dem Gesamthandvermögen zu bemessen.

**§ 64 Nachlasspflegschaften und Gesamtgutsverwaltung.** (1) Geschäftswert für eine Nachlassverwaltung, eine Gesamtgutsverwaltung oder eine sonstige Nachlasspflegschaft ist der Wert des von der Verwaltung betroffenen Vermögens.

(2) Ist der Antrag auf Anordnung einer Nachlasspflegschaft oder -verwaltung oder einer Gesamtgutsverwaltung von einem Gläubiger gestellt, so ist Geschäftswert der Betrag der Forderung, höchstens jedoch der sich nach Absatz 1 ergebende Betrag.

**§ 65 Ernennung und Entlassung von Testamentsvollstreckern.** Der Geschäftswert für das Verfahren über die Ernennung oder Entlassung eines Testamentsvollstreckers beträgt jeweils 10 Prozent des Werts des Nachlasses im Zeitpunkt des Erbfalls, wobei Nachlassverbindlichkeiten nicht abgezogen werden; § 40 Absatz 2 und 3 ist entsprechend anzuwenden.

**§ 66[2)]** *(aufgehoben)*

**§ 67[3)] Bestimmte unternehmensrechtliche Verfahren und bestimmte Vereinssachen.** (1) Der Geschäftswert in einem unternehmensrechtlichen Verfahren und in einem Verfahren in Vereinssachen beträgt

1. bei Kapitalgesellschaften und Versicherungsvereinen auf Gegenseitigkeit 60 000 Euro,
2. bei Personenhandels- und Partnerschaftsgesellschaften sowie bei Genossenschaften 30 000 Euro,
3. bei Vereinen 5000 Euro und

---

1) § 62 Überschrift und Satz 1 geänd. mWv 17.8.2015 durch G v. 29.6.2015 (BGBl. I S. 1042).

2) § 66 aufgeh. mWv 1.9.2013 durch G v. 26.6.2013 (BGBl. I S. 1800, geänd. durch G v. 23.7.2013, BGBl. I S. 2586).

3) § 67 Abs. 1 einl. Satzteil geänd. mWv 4.7.2015 durch G v. 29.6.2015 (BGBl. I S. 1042); Überschrift, Abs. 1 Nr. 3 geänd. mWv 1.7.2023 durch G v. 16.7.2021 (BGBl. I S. 2947).

4. in sonstigen Fällen 10 000 Euro,

wenn das Verfahren die Ernennung oder Abberufung von Personen betrifft.

(2) Der Geschäftswert im Verfahren über die Verpflichtung des Dispacheurs zur Aufmachung der Dispache (§ 403 des Gesetzes über das Verfahren in Familiensachen und in den Angelegenheiten der freiwilligen Gerichtsbarkeit[1)]) beträgt 10 000 Euro.

(3) Ist der nach Absatz 1 oder Absatz 2 bestimmte Wert nach den besonderen Umständen des Einzelfalls unbillig, kann das Gericht einen höheren oder einen niedrigeren Wert festsetzen.

**§ 68 Verhandlung über Dispache.** Geschäftswert in dem Verfahren zum Zweck der Verhandlung über die Dispache ist die Summe der Anteile, die die an der Verhandlung Beteiligten an dem Schaden zu tragen haben.

**§ 69[2)] Eintragungen im Grundbuch, Schiffs- oder Schiffsbauregister.**

(1) [1] Geschäftswert für die Eintragung desselben Eigentümers bei mehreren Grundstücken ist der zusammengerechnete Wert dieser Grundstücke, wenn das Grundbuch über diese bei demselben Grundbuchamt geführt wird, die Eintragungsanträge in demselben Dokument enthalten sind und am selben Tag beim Grundbuchamt eingehen. [2] Satz 1 ist auf grundstücksgleiche Rechte und auf Eintragungen in das Schiffs- und Schiffsbauregister entsprechend anzuwenden.

(2) [1] Geschäftswert für die Eintragung mehrerer Veränderungen, die sich auf dasselbe Recht beziehen, ist der zusammengerechnete Wert der Veränderungen, wenn die Eintragungsanträge in demselben Dokument enthalten sind und am selben Tag bei dem Grundbuchamt oder Registergericht eingehen. [2] Der Wert des Rechts darf auch bei mehreren Veränderungen nicht überschritten werden.

**§ 70[3)] Gemeinschaften zur gesamten Hand.** (1) [1] Ist oder wird eine Gesamthandsgemeinschaft im Grundbuch eingetragen, sind bei der Berechnung des Geschäftswerts die Anteile an der Gesamthandsgemeinschaft wie Bruchteile an dem Grundstück zu behandeln. [2] Im Zweifel gelten die Mitglieder der Gemeinschaft als zu gleichen Teilen am Gesamthandsvermögen beteiligt.

(2) [1] Ist eine Gesamthandsgemeinschaft im Grundbuch eingetragen und wird nunmehr ein Mitberechtigter der Gesamthandsgemeinschaft als Eigentümer oder werden nunmehr mehrere Mitberechtigte als Miteigentümer eingetragen, beträgt der Geschäftswert die Hälfte des Werts des Grundstücks. [2] Geht das Eigentum an dem Grundstück zu einem Bruchteil an einen oder mehrere Mitberechtigte der Gesamthandsgemeinschaft über, beträgt der Geschäftswert insoweit die Hälfte des Werts dieses Bruchteils.

(3) [1] Ein grundstücksgleiches oder sonstiges Recht steht einem Grundstück gleich; die Absätze 1 und 2 sind entsprechend anzuwenden. [2] Dies gilt auch für Rechte, die im Schiffsregister, im Schiffsbauregister und im Register für Pfandrechte an Luftfahrzeugen eingetragen sind. [3] Dabei treten an die Stelle der Grundstücke die in diese Register eingetragenen Schiffe, Schiffsbauwerke und Luftfahrzeuge, an die Stelle des Grundbuchamts das Registergericht.

(4) Die Absätze 1 bis 3 sind auf offene Handelsgesellschaften, Kommanditgesellschaften, Partnerschaften und Europäische wirtschaftliche Interessenvereinigungen

---

[1)] Nr. **112**.

[2)] § 69 Abs. 1 Satz 1 und Abs. 2 Satz 1 geänd. mWv 4.7.2015 durch G v. 29.6.2015 (BGBl. I S. 1042).

[3)] § 70 Abs. 3 Sätze 2 und 3 angef. mWv 4.7.2015 durch G v. 29.6.2015 (BGBl. I S. 1042).

nicht und auf Gesellschaften bürgerlichen Rechts nur für die Eintragung einer Änderung im Gesellschafterbestand anzuwenden.

**§ 71 Nachträgliche Erteilung eines Hypotheken-, Grundschuld- oder Rentenschuldbriefs.** (1) Bei der nachträglichen Erteilung eines Hypotheken-, Grundschuld- oder Rentenschuldbriefs ist Geschäftswert der für die Eintragung des Rechts maßgebende Wert.

(2) Für die nachträgliche Gesamtbrieferteilung gilt § 44 Absatz 1 entsprechend.

**§ 72 Gerichtliche Entscheidung über die abschließenden Feststellungen der Sonderprüfer.** (1) [1] Den Geschäftswert im gerichtlichen Verfahren über die abschließenden Feststellungen der Sonderprüfer nach § 259 Absatz 2 und 3 des Aktiengesetzes[1)] bestimmt das Gericht unter Berücksichtigung aller Umstände des einzelnen Falles nach billigem Ermessen, insbesondere unter Berücksichtigung der Bedeutung der Sache für die Parteien. [2] Er darf jedoch ein Zehntel des Grundkapitals oder, wenn dieses Zehntel mehr als 500 000 Euro beträgt, 500 000 Euro nur insoweit übersteigen, als die Bedeutung der Sache für den Kläger höher zu bewerten ist.

(2) Die Vorschriften über die Anordnung der Streitwertbegünstigung (§ 260 Absatz 4 Satz 2 in Verbindung mit § 247 Absatz 2 und 3 des Aktiengesetzes) sind anzuwenden.

**§ 73 Ausschlussverfahren nach dem Wertpapiererwerbs- und Übernahmegesetz.** Geschäftswert im Verfahren über den Ausschluss von Aktionären nach den §§ 39a und 39b des Wertpapiererwerbs- und Übernahmegesetzes ist der Betrag, der dem Wert aller Aktien entspricht, auf die sich der Ausschluss bezieht; der Geschäftswert beträgt mindestens 200 000 Euro und höchstens 7,5 Millionen Euro.

**§ 74 Verfahren nach dem Spruchverfahrensgesetz.** [1] Geschäftswert im gerichtlichen Verfahren nach dem Spruchverfahrensgesetz[2)] ist der Betrag, der von allen in § 3 des Spruchverfahrensgesetzes genannten Antragsberechtigten nach der Entscheidung des Gerichts zusätzlich zu dem ursprünglich angebotenen Betrag insgesamt gefordert werden kann; der Geschäftswert beträgt mindestens 200 000 Euro und höchstens 7,5 Millionen Euro. [2] Maßgeblicher Zeitpunkt für die Bestimmung des Werts ist der Tag nach Ablauf der Antragsfrist (§ 4 Absatz 1 des Spruchverfahrensgesetzes).

**§ 75 Gerichtliche Entscheidung über die Zusammensetzung des Aufsichtsrats.** Im gerichtlichen Verfahren über die Zusammensetzung des Aufsichtsrats, das sich nach den §§ 98 und 99 des Aktiengesetzes[1)] richtet, ist abweichend von § 36 Absatz 3 von einem Geschäftswert von 50 000 Euro auszugehen.

**§ 76 Bestimmte Verfahren vor dem Landwirtschaftsgericht.** Geschäftswert ist

1. in Feststellungsverfahren nach § 11 Absatz 1 Buchstabe g der Verfahrensordnung für Höfesachen der Wert des Hofs nach Abzug der Verbindlichkeiten,
2. in Wahlverfahren (§ 9 Absatz 2 Satz 1 der Höfeordnung) der Wert des gewählten Hofs nach Abzug der Verbindlichkeiten,

---

1) Nr. **51**.

2) **Habersack, Deutsche Gesetze ErgBd. Nr. 51b.**

3. in Fristsetzungsverfahren (§ 9 Absatz 2 Satz 2 der Höfeordnung) die Hälfte des Werts des wertvollsten der noch zur Wahl stehenden Höfe nach Abzug der Verbindlichkeiten,
4. in gerichtlichen Verfahren aufgrund der Vorschriften über Einwendungen gegen das siedlungsrechtliche Vorkaufsrecht (§ 1 Nummer 3 des Gesetzes über das gerichtliche Verfahren in Landwirtschaftssachen[1]) der Geschäftswert des zugrunde liegenden Kaufvertrags.

### Unterabschnitt 3. Wertfestsetzung

**§ 77 Angabe des Werts.** [1]Bei jedem Antrag ist der Geschäftswert und nach Aufforderung auch der Wert eines Teils des Verfahrensgegenstands schriftlich oder zu Protokoll der Geschäftsstelle anzugeben, es sei denn, Geschäftswert ist eine bestimmte Geldsumme, oder ein fester Wert ist gesetzlich bestimmt oder ergibt sich aus früheren Anträgen. [2]Die Angabe kann jederzeit berichtigt werden.

**§ 78 Wertfestsetzung für die Zulässigkeit der Beschwerde.** Ist der Wert für die Zulässigkeit der Beschwerde festgesetzt, so ist die Festsetzung auch für die Berechnung der Gebühren maßgebend, soweit die Wertvorschriften dieses Gesetzes nicht von den Wertvorschriften des Verfahrensrechts abweichen.

**§ 79 Festsetzung des Geschäftswerts.** (1) [1]Soweit eine Entscheidung nach § 78 nicht ergeht oder nicht bindet, setzt das Gericht den Wert für die zu erhebenden Gebühren durch Beschluss fest, sobald eine Entscheidung über den gesamten Verfahrensgegenstand ergeht oder sich das Verfahren anderweitig erledigt. [2]Satz 1 gilt nicht, wenn
1. Gegenstand des Verfahrens eine bestimmte Geldsumme in Euro ist,
2. zumindest für den Regelfall ein fester Wert bestimmt ist oder
3. sich der Wert nach den Vorschriften dieses Gesetzes unmittelbar aus einer öffentlichen Urkunde oder aus einer Mitteilung des Notars (§ 39) ergibt.

[3]In den Fällen des Satzes 2 setzt das Gericht den Wert nur fest, wenn ein Zahlungspflichtiger oder die Staatskasse dies beantragt, oder wenn es eine Festsetzung für angemessen hält.

(2) [1]Die Festsetzung kann von Amts wegen geändert werden
1. von dem Gericht, das den Wert festgesetzt hat, und
2. von dem Rechtsmittelgericht, wenn das Verfahren wegen des Hauptgegenstands oder wegen der Entscheidung über den Geschäftswert, den Kostenansatz oder die Kostenfestsetzung in der Rechtsmittelinstanz schwebt.

[2]Die Änderung ist nur innerhalb von sechs Monaten zulässig, nachdem die Entscheidung wegen des Hauptgegenstands Rechtskraft erlangt oder das Verfahren sich anderweitig erledigt hat.

**§ 80 Schätzung des Geschäftswerts.** [1]Wird eine Schätzung des Geschäftswerts durch Sachverständige erforderlich, ist in dem Beschluss, durch den der Wert festgesetzt wird (§ 79), über die Kosten der Schätzung zu entscheiden. [2]Diese Kosten können ganz oder teilweise einem Beteiligten auferlegt werden, der durch Unterlassung der Wertangabe, durch unrichtige Angabe des Werts, durch unbe-

---

[1]) **Habersack, Deutsche Gesetze ErgBd. Nr. 39a.**

gründetes Bestreiten des angegebenen Werts oder durch unbegründete Beschwerde die Schätzung veranlasst hat.

### Abschnitt 3. Erinnerung und Beschwerde

**§ 81 Erinnerung gegen den Kostenansatz, Beschwerde.** (1) [1] Über Erinnerungen des Kostenschuldners und der Staatskasse gegen den Kostenansatz einschließlich der Ausübung des Zurückbehaltungsrechts (§ 11) entscheidet das Gericht, bei dem die Kosten angesetzt sind. [2] War das Verfahren im ersten Rechtszug bei mehreren Gerichten anhängig, ist das Gericht, bei dem es zuletzt anhängig war, auch insoweit zuständig, als Kosten bei den anderen Gerichten angesetzt worden sind.

(2) [1] Gegen die Entscheidung über die Erinnerung ist die Beschwerde statthaft, wenn der Wert des Beschwerdegegenstands 200 Euro übersteigt. [2] Die Beschwerde ist auch zulässig, wenn sie das Gericht, das die angefochtene Entscheidung erlassen hat, wegen der grundsätzlichen Bedeutung der zur Entscheidung stehenden Frage in dem Beschluss zulässt.

(3) [1] Soweit das Gericht die Beschwerde für zulässig und begründet hält, hat es ihr abzuhelfen; im Übrigen ist die Beschwerde unverzüglich dem Beschwerdegericht vorzulegen. [2] Beschwerdegericht ist das nächsthöhere Gericht, in Verfahren der in § 119 Absatz 1 Nummer 1 Buchstabe b des Gerichtsverfassungsgesetzes[1)] bezeichneten Art jedoch das Oberlandesgericht. [3] Eine Beschwerde an einen obersten Gerichtshof des Bundes findet nicht statt. [4] Das Beschwerdegericht ist an die Zulassung der Beschwerde gebunden; die Nichtzulassung ist unanfechtbar.

(4) [1] Die weitere Beschwerde ist nur zulässig, wenn das Landgericht als Beschwerdegericht entschieden und sie wegen der grundsätzlichen Bedeutung der zur Entscheidung stehenden Frage in dem Beschluss zugelassen hat. [2] Die weitere Beschwerde kann nur darauf gestützt werden, dass die Entscheidung auf einer Verletzung des Rechts beruht; die §§ 546 und 547 der Zivilprozessordnung[2)] gelten entsprechend. [3] Beschwerdegericht ist das Oberlandesgericht. [4] Absatz 3 Satz 1 und 4 gilt entsprechend.

(5) [1] Anträge und Erklärungen können ohne Mitwirkung eines Rechtsanwalts schriftlich eingereicht oder zu Protokoll der Geschäftsstelle abgegeben werden; § 129a der Zivilprozessordnung gilt entsprechend. [2] Für die Bevollmächtigung gelten die Regelungen der für das zugrunde liegende Verfahren geltenden Verfahrensordnung entsprechend. [3] Die Erinnerung ist bei dem Gericht einzulegen, das für die Entscheidung über die Erinnerung zuständig ist. [4] Die Beschwerde ist bei dem Gericht einzulegen, dessen Entscheidung angefochten wird.

(6) [1] Das Gericht entscheidet über die Erinnerung und die Beschwerde durch eines seiner Mitglieder als Einzelrichter; dies gilt auch für die Beschwerde, wenn die angefochtene Entscheidung von einem Einzelrichter oder einem Rechtspfleger erlassen wurde. [2] Der Einzelrichter überträgt das Verfahren dem Gericht zur Entscheidung in der im Gerichtsverfassungsgesetz vorgeschriebenen Besetzung, wenn die Sache besondere Schwierigkeiten tatsächlicher oder rechtlicher Art aufweist oder die Rechtssache grundsätzliche Bedeutung hat. [3] Das Gericht entscheidet jedoch immer ohne Mitwirkung ehrenamtlicher Richter. [4] Auf eine Übertragung oder deren Unterlassungen kann ein Rechtsmittel nicht gestützt werden.

---

1) Nr. **95**.
2) Nr. **100**.

(7) [1] Erinnerung und Beschwerde haben keine aufschiebende Wirkung. [2] Das Gericht oder das Beschwerdegericht kann auf Antrag oder von Amts wegen die aufschiebende Wirkung ganz oder teilweise anordnen; ist nicht der Einzelrichter zur Entscheidung berufen, entscheidet der Vorsitzende des Gerichts.

(8) [1] Die Verfahren sind gebührenfrei. [2] Kosten werden nicht erstattet.

**§ 82 Beschwerde gegen die Anordnung einer Vorauszahlung.** (1) [1] Gegen den Beschluss, durch den aufgrund dieses Gesetzes die Tätigkeit des Gerichts von der vorherigen Zahlung von Kosten abhängig gemacht wird, und wegen der Höhe des in diesem Fall im Voraus zu zahlenden Betrags ist stets die Beschwerde statthaft. [2] § 81 Absatz 3 bis 5 Satz 1 und 4 und Absatz 6 und 8 ist entsprechend anzuwenden.

(2) Im Fall des § 14 Absatz 2 ist § 81 entsprechend anzuwenden.

**§ 83[1)] Beschwerde gegen die Festsetzung des Geschäftswerts.** (1) [1] Gegen den Beschluss, durch den der Geschäftswert für die Gerichtsgebühren festgesetzt worden ist (§ 79), ist die Beschwerde statthaft, wenn der Wert des Beschwerdegegenstands 200 Euro übersteigt. [2] Die Beschwerde ist auch statthaft, wenn sie das Gericht, das die angefochtene Entscheidung erlassen hat, wegen der grundsätzlichen Bedeutung der zur Entscheidung stehenden Frage in dem Beschluss zulässt. [3] Die Beschwerde ist nur zulässig, wenn sie innerhalb der in § 79 Absatz 2 Satz 2 bestimmten Frist eingelegt wird; ist der Geschäftswert später als einen Monat vor Ablauf dieser Frist festgesetzt worden, kann sie noch innerhalb eines Monats nach Zustellung oder formloser Mitteilung des Festsetzungsbeschlusses eingelegt werden. [4] Im Fall der formlosen Mitteilung gilt der Beschluss mit dem dritten Tag nach Aufgabe zur Post als bekannt gemacht. [5] § 81 Absatz 3 bis 5 Satz 1 und 4 und Absatz 6 ist entsprechend anzuwenden. [6] Die weitere Beschwerde ist innerhalb eines Monats nach Zustellung der Entscheidung des Beschwerdegerichts einzulegen.

(2) [1] War der Beschwerdeführer ohne sein Verschulden verhindert, die Frist einzuhalten, ist ihm auf Antrag von dem Gericht, das über die Beschwerde zu entscheiden hat, Wiedereinsetzung in den vorigen Stand zu gewähren, wenn er die Beschwerde binnen zwei Wochen nach der Beseitigung des Hindernisses einlegt und die Tatsachen, welche die Wiedereinsetzung begründen, glaubhaft macht. [2] Ein Fehlen des Verschuldens wird vermutet, wenn eine Rechtsbehelfsbelehrung unterblieben oder fehlerhaft ist. [3] Nach Ablauf eines Jahres, von dem Ende der versäumten Frist an gerechnet, kann die Wiedereinsetzung nicht mehr beantragt werden. [4] Gegen die Entscheidung über den Antrag findet die Beschwerde statt. [5] Sie ist nur zulässig, wenn sie innerhalb von zwei Wochen eingelegt wird. [6] Die Frist beginnt mit der Zustellung der Entscheidung. [7] § 81 Absatz 3 Satz 1 bis 3, Absatz 5 Satz 1, 2 und 4 sowie Absatz 6 ist entsprechend anzuwenden.

(3) [1] Die Verfahren sind gebührenfrei. [2] Kosten werden nicht erstattet.

**§ 84 Abhilfe bei Verletzung des Anspruchs auf rechtliches Gehör.**

(1) Auf die Rüge eines durch die Entscheidung nach diesem Gesetz beschwerten Beteiligten ist das Verfahren fortzuführen, wenn

1. ein Rechtsmittel oder ein anderer Rechtsbehelf gegen die Entscheidung nicht gegeben ist und

---

[1)] § 83 Abs. 2 Satz 2 eingef., bish. Sätze 2–6 werden Sätze 3–7 mWv 1.1.2014 durch G v. 5.12.2012 (BGBl. I S. 2418, geänd. durch G v. 23.7.2013, BGBl. I S. 2586).

2. das Gericht den Anspruch dieses Beteiligten auf rechtliches Gehör in entscheidungserheblicher Weise verletzt hat.

(2) [1]Die Rüge ist innerhalb von zwei Wochen nach Kenntnis von der Verletzung des rechtlichen Gehörs zu erheben; der Zeitpunkt der Kenntniserlangung ist glaubhaft zu machen. [2]Nach Ablauf eines Jahres seit Bekanntmachung der angegriffenen Entscheidung kann die Rüge nicht mehr erhoben werden. [3]Formlos mitgeteilte Entscheidungen gelten mit dem dritten Tag nach Aufgabe zur Post als bekannt gemacht. [4]Die Rüge ist bei dem Gericht zu erheben, dessen Entscheidung angegriffen wird; § 81 Absatz 5 Satz 1 und 2 gilt entsprechend. [5]Die Rüge muss die angegriffene Entscheidung bezeichnen und das Vorliegen der in Absatz 1 Nummer 2 genannten Voraussetzungen darlegen.

(3) Den übrigen Beteiligten ist, soweit erforderlich, Gelegenheit zur Stellungnahme zu geben.

(4) [1]Das Gericht hat von Amts wegen zu prüfen, ob die Rüge an sich statthaft ist und ob sie in der gesetzlichen Form und Frist erhoben ist. [2]Mangelt es an einem dieser Erfordernisse, so ist die Rüge als unzulässig zu verwerfen. [3]Ist die Rüge unbegründet, weist das Gericht sie zurück. [4]Die Entscheidung ergeht durch unanfechtbaren Beschluss. [5]Der Beschluss soll kurz begründet werden.

(5) Ist die Rüge begründet, so hilft ihr das Gericht ab, indem es das Verfahren fortführt, soweit dies aufgrund der Rüge geboten ist.

(6) Kosten werden nicht erstattet.

## Kapitel 3. Notarkosten

### Abschnitt 1. Allgemeine Vorschriften

**§ 85[1)] Notarielle Verfahren.** (1) Notarielle Verfahren im Sinne dieses Gesetzes sind das Beurkundungsverfahren (Teil 2 Hauptabschnitt 1 des Kostenverzeichnisses) und die sonstigen notariellen Verfahren (Teil 2 Hauptabschnitt 3 des Kostenverzeichnisses).

(2) Das Beurkundungsverfahren im Sinne dieses Gesetzes ist auf die Errichtung einer Niederschrift (§§ 8, 16b und 36 des Beurkundungsgesetzes[2)]) gerichtet.

**§ 86 Beurkundungsgegenstand.** (1) Beurkundungsgegenstand ist das Rechtsverhältnis, auf das sich die Erklärungen beziehen, bei Tatsachenbeurkundungen die beurkundete Tatsache oder der beurkundete Vorgang.

(2) Mehrere Rechtsverhältnisse, Tatsachen oder Vorgänge sind verschiedene Beurkundungsgegenstände, soweit in § 109 nichts anderes bestimmt ist.

**§ 87 Sprechtage außerhalb der Geschäftsstelle.** Hält ein Notar außerhalb seiner Geschäftsstelle regelmäßige Sprechtage ab, so gilt dieser Ort als Amtssitz im Sinne dieses Gesetzes.

### Abschnitt 2. Kostenerhebung

**§ 88 Verzinsung des Kostenanspruchs.** [1]Der Kostenschuldner hat die Kostenforderung zu verzinsen, wenn ihm eine vollstreckbare Ausfertigung der Kostenberechnung (§ 19) zugestellt wird, die Angaben über die Höhe der zu verzinsenden Forderung, den Verzinsungsbeginn und den Zinssatz enthält. [2]Die Verzinsung

---

[1)] § 85 Abs. 2 geänd. mWv 1.8.2022 durch G v. 5.7.2021 (BGBl. I S. 3338).
[2)] Nr. **23**.

beginnt einen Monat nach der Zustellung. [3]Der jährliche Zinssatz beträgt fünf Prozentpunkte über dem Basiszinssatz nach § 247 des Bürgerlichen Gesetzbuchs[1)].

**§ 89 Beitreibung der Kosten und Zinsen.** [1]Die Kosten und die auf diese entfallenden Zinsen werden aufgrund einer mit der Vollstreckungsklausel des Notars versehenen Ausfertigung der Kostenberechnung (§ 19) nach den Vorschriften der Zivilprozessordnung[2)] beigetrieben; § 798 der Zivilprozessordnung gilt entsprechend. [2]In der Vollstreckungsklausel, die zum Zweck der Zwangsvollstreckung

*(Fortsetzung nächstes Blatt)*

[1)] Nr. **20**.
[2)] Nr. **100**.

gegen einen zur Duldung der Zwangsvollstreckung Verpflichteten erteilt wird, ist die Duldungspflicht auszusprechen.

**§ 90 Zurückzahlung, Schadensersatz.** (1) [1] Wird die Kostenberechnung abgeändert oder ist der endgültige Kostenbetrag geringer als der erhobene Vorschuss, so hat der Notar die zu viel empfangenen Beträge zu erstatten. [2] Hatte der Kostenschuldner einen Antrag auf Entscheidung des Landgerichts nach § 127 Absatz 1 innerhalb eines Monats nach der Zustellung der vollstreckbaren Ausfertigung gestellt, so hat der Notar darüber hinaus den Schaden zu ersetzen, der dem Kostenschuldner durch die Vollstreckung oder durch eine zur Abwendung der Vollstreckung erbrachte Leistung entstanden ist. [3] Im Fall des Satzes 2 hat der Notar den zu viel empfangenen Betrag vom Tag des Antragseingangs bei dem Landgericht an mit jährlich fünf Prozentpunkten über dem Basiszinssatz nach § 247 des Bürgerlichen Gesetzbuchs[1)] zu verzinsen; die Geltendmachung eines weitergehenden Schadens ist nicht ausgeschlossen. [4] Im Übrigen kann der Kostenschuldner eine Verzinsung des zu viel gezahlten Betrags nicht fordern.

(2) [1] Über die Verpflichtungen gemäß Absatz 1 wird auf Antrag des Kostenschuldners in dem Verfahren nach § 127 entschieden. [2] Die Entscheidung ist nach den Vorschriften der Zivilprozessordnung vollstreckbar.

## Abschnitt 3. Gebührenvorschriften

**§ 91 Gebührenermäßigung.** (1) [1] Erhebt ein Notar die in Teil 2 Hauptabschnitt 1 oder 4 oder in den Nummern 23803 und 25202 des Kostenverzeichnisses bestimmten Gebühren von

1. dem Bund, einem Land sowie einer nach dem Haushaltsplan des Bundes oder eines Landes für Rechnung des Bundes oder eines Landes verwalteten öffentlichen Körperschaft oder Anstalt,
2. einer Gemeinde, einem Gemeindeverband, einer sonstigen Gebietskörperschaft oder einem Zusammenschluss von Gebietskörperschaften, einem Regionalverband, einem Zweckverband,
3. einer Kirche oder einer sonstigen Religions- oder Weltanschauungsgemeinschaft, jeweils soweit sie die Rechtsstellung einer juristischen Person des öffentlichen Rechts hat,

und betrifft die Angelegenheit nicht deren wirtschaftliche Unternehmen, so ermäßigen sich die Gebühren bei einem Geschäftswert von mehr als 25 000 Euro bis zu einem

| Geschäftswert von ... Euro | um ... Prozent |
|---|---|
| 110 000 | 30 |
| 260 000 | 40 |
| 1 000 000 | 50 |
| über 1 000 000 | 60 |

1) Nr. **20**.

[2] Eine ermäßigte Gebühr darf jedoch die Gebühr nicht unterschreiten, die bei einem niedrigeren Geschäftswert nach Satz 1 zu erheben ist. [3] Wenn das Geschäft mit dem Erwerb eines Grundstücks oder grundstücksgleichen Rechts zusammenhängt, ermäßigen sich die Gebühren nur, wenn dargelegt wird, dass eine auch nur teilweise Weiterveräußerung an einen nichtbegünstigten Dritten nicht beabsichtigt ist. [4] Ändert sich diese Absicht innerhalb von drei Jahren nach Beurkundung der Auflassung, entfällt eine bereits gewährte Ermäßigung. [5] Der Begünstigte ist verpflichtet, den Notar zu unterrichten.

(2) Die Gebührenermäßigung ist auch einer Körperschaft, Vereinigung oder Stiftung zu gewähren, wenn

1. diese ausschließlich und unmittelbar mildtätige oder kirchliche Zwecke im Sinne der Abgabenordnung verfolgt,
2. die Voraussetzung nach Nummer 1 durch einen Freistellungs- oder Körperschaftsteuerbescheid oder durch eine vorläufige Bescheinigung des Finanzamts nachgewiesen wird und
3. dargelegt wird, dass die Angelegenheit nicht einen steuerpflichtigen wirtschaftlichen Geschäftsbetrieb betrifft.

(3) Die Ermäßigung erstreckt sich auf andere Beteiligte, die mit dem Begünstigten als Gesamtschuldner haften, nur insoweit, als sie von dem Begünstigten aufgrund gesetzlicher Vorschrift Erstattung verlangen können.

(4) Soweit die Haftung auf der Vorschrift des § 29 Nummer 3 (Haftung nach bürgerlichem Recht) beruht, kann sich der Begünstigte gegenüber dem Notar nicht auf die Gebührenermäßigung berufen.

**§ 92 Rahmengebühren.** (1) Bei Rahmengebühren bestimmt der Notar die Gebühr im Einzelfall unter Berücksichtigung des Umfangs der erbrachten Leistung nach billigem Ermessen.

(2) Bei den Gebühren für das Beurkundungsverfahren im Fall der vorzeitigen Beendigung und bei den Gebühren für die Fertigung eines Entwurfs ist für die vollständige Erstellung des Entwurfs die Höchstgebühr zu erheben.

(3) Ist eine Gebühr für eine vorausgegangene Tätigkeit auf eine Rahmengebühr anzurechnen, so ist bei der Bemessung der Gebühr auch die vorausgegangene Tätigkeit zu berücksichtigen.

**§ 93 Einmalige Erhebung der Gebühren.** (1) [1] Die Gebühr für ein Verfahren sowie die Vollzugs- und die Betreuungsgebühr werden in demselben notariellen Verfahren jeweils nur einmal erhoben. [2] Die Vollzugs- und die Betreuungsgebühr werden bei der Fertigung eines Entwurfs jeweils nur einmal erhoben.

(2) [1] Werden in einem Beurkundungsverfahren ohne sachlichen Grund mehrere Beurkundungsgegenstände zusammengefasst, gilt das Beurkundungsverfahren hinsichtlich jedes dieser Beurkundungsgegenstände als besonderes Verfahren. [2] Ein sachlicher Grund ist insbesondere anzunehmen, wenn hinsichtlich jedes Beurkundungsgegenstands die gleichen Personen an dem Verfahren beteiligt sind oder der rechtliche Verknüpfungswille in der Urkunde zum Ausdruck kommt.

**§ 94 Verschiedene Gebührensätze.** (1) Sind für die einzelnen Beurkundungsgegenstände oder für Teile davon verschiedene Gebührensätze anzuwenden, entstehen insoweit gesondert berechnete Gebühren, jedoch nicht mehr als die nach dem höchsten Gebührensatz berechnete Gebühr aus dem Gesamtbetrag der Werte.

(2) [1] Soweit mehrere Beurkundungsgegenstände als ein Gegenstand zu behandeln sind (§ 109), wird die Gebühr nach dem höchsten in Betracht kommenden Gebührensatz berechnet. [2] Sie beträgt jedoch nicht mehr als die Summe der Gebühren, die bei getrennter Beurkundung entstanden wären.

## Abschnitt 4. Wertvorschriften

### Unterabschnitt 1. Allgemeine Wertvorschriften

**§ 95 Mitwirkung der Beteiligten.** [1] Die Beteiligten sind verpflichtet, bei der Wertermittlung mitzuwirken. [2] Sie haben ihre Erklärungen über tatsächliche Umstände vollständig und wahrheitsgemäß abzugeben. [3] Kommen die Beteiligten ihrer Mitwirkungspflicht nicht nach, ist der Wert nach billigem Ermessen zu bestimmen.

**§ 96 Zeitpunkt der Wertberechnung.** Für die Wertberechnung ist der Zeitpunkt der Fälligkeit der Gebühr maßgebend.

### Unterabschnitt 2. Beurkundung

**§ 97 Verträge und Erklärungen.** (1) Der Geschäftswert bei der Beurkundung von Verträgen und Erklärungen bestimmt sich nach dem Wert des Rechtsverhältnisses, das Beurkundungsgegenstand ist.

(2) Handelt es sich um Veränderungen eines Rechtsverhältnisses, so darf der Wert des von der Veränderung betroffenen Rechtsverhältnisses nicht überschritten werden, und zwar auch dann nicht, wenn es sich um mehrere Veränderungen desselben Rechtsverhältnisses handelt.

(3) Bei Verträgen, die den Austausch von Leistungen zum Gegenstand haben, ist nur der Wert der Leistungen des einen Teils maßgebend; wenn der Wert der Leistungen verschieden ist, ist der höhere maßgebend.

**§ 98[1] Vollmachten und Zustimmungen.** (1) Bei der Beurkundung einer Vollmacht zum Abschluss eines bestimmten Rechtsgeschäfts oder bei der Beurkundung einer Zustimmungserklärung ist Geschäftswert die Hälfte des Geschäftswerts für die Beurkundung des Geschäfts, auf das sich die Vollmacht oder die Zustimmungserklärung bezieht.

(2) [1] Bei Vollmachten und Zustimmungserklärungen aufgrund einer gegenwärtigen oder künftigen Mitberechtigung ermäßigt sich der nach Absatz 1 bestimmte Geschäftswert auf den Bruchteil, der dem Anteil der Mitberechtigung entspricht. [2] Entsprechendes gilt für Zustimmungserklärungen nach dem Umwandlungsgesetz[2] durch die in § 2 des Umwandlungsgesetzes bezeichneten Anteilsinhaber. [3] Bei Gesamthandsverhältnissen ist der Anteil entsprechend der Beteiligung an dem Gesamthandsvermögen zu bemessen.

(3) [1] Der Geschäftswert bei der Beurkundung einer allgemeinen Vollmacht ist nach billigem Ermessen zu bestimmen; dabei sind der Umfang der erteilten Vollmacht und das Vermögen des Vollmachtgebers angemessen zu berücksichtigen. [2] Der zu bestimmende Geschäftswert darf die Hälfte des Vermögens des Auftraggebers nicht übersteigen. [3] Bestehen keine genügenden Anhaltspunkte für eine Bestimmung des Werts, ist von einem Geschäftswert von 5 000 Euro auszugehen.

---

[1] § 98 Abs. 3 Satz 3 angef. mWv 4. 7. 2015 durch G v. 29. 6. 2015 (BGBl. I S. 1042).

[2] Nr. **52 a**.

(4) In allen Fällen beträgt der anzunehmende Geschäftswert höchstens 1 Million Euro.

(5) Für den Widerruf einer Vollmacht gelten die vorstehenden Vorschriften entsprechend.

**§ 99 Miet-, Pacht- und Dienstverträge.** (1) [1] Der Geschäftswert bei der Beurkundung eines Miet- oder Pachtvertrags ist der Wert aller Leistungen des Mieters oder Pächters während der gesamten Vertragszeit. [2] Bei Miet- oder Pachtverträgen von unbestimmter Vertragsdauer ist der auf die ersten fünf Jahre entfallende Wert der Leistungen maßgebend; ist jedoch die Auflösung des Vertrags erst zu einem späteren Zeitpunkt zulässig, ist dieser maßgebend. [3] In keinem Fall darf der Geschäftswert den auf die ersten 20 Jahre entfallenden Wert übersteigen.

(2) Der Geschäftswert bei der Beurkundung eines Dienstvertrags, eines Geschäftsbesorgungsvertrags oder eines ähnlichen Vertrags ist der Wert aller Bezüge des zur Dienstleistung oder Geschäftsbesorgung Verpflichteten während der gesamten Vertragszeit, höchstens jedoch der Wert der auf die ersten fünf Jahre entfallenden Bezüge.

**§ 100 Güterrechtliche Angelegenheiten.** (1) [1] Der Geschäftswert

1. bei der Beurkundung von Eheverträgen im Sinne des § 1408 des Bürgerlichen Gesetzbuchs[1)], die sich nicht auf Vereinbarungen über den Versorgungsausgleich beschränken, und
2. bei der Beurkundung von Anmeldungen aufgrund solcher Verträge

ist die Summe der Werte der gegenwärtigen Vermögen beider Ehegatten. [2] Betrifft der Ehevertrag nur das Vermögen eines Ehegatten, ist nur dessen Vermögen maßgebend. [3] Bei Ermittlung des Vermögens werden Verbindlichkeiten bis zur Hälfte des nach Satz 1 oder 2 maßgeblichen Werts abgezogen. [4] Verbindlichkeiten eines Ehegatten werden nur von seinem Vermögen abgezogen.

(2) Betrifft der Ehevertrag nur bestimmte Vermögenswerte, auch wenn sie dem Anfangsvermögen hinzuzurechnen wären, oder bestimmte güterrechtliche Ansprüche, so ist deren Wert, höchstens jedoch der Wert nach Absatz 1 maßgebend.

*(Fortsetzung nächstes Blatt)*

[1)] Nr. **20**.

(3) Betrifft der Ehevertrag Vermögenswerte, die noch nicht zum Vermögen des Ehegatten gehören, werden sie mit 30 Prozent ihres Werts berücksichtigt, wenn sie im Ehevertrag konkret bezeichnet sind.

(4) Die Absätze 1 bis 3 gelten entsprechend bei Lebenspartnerschaftsverträgen.

**§ 101. Annahme als Kind.** In Angelegenheiten, die die Annahme eines Minderjährigen betreffen, beträgt der Geschäftswert 5000 Euro.

**§ 102. Erbrechtliche Angelegenheiten.** (1) 1 Geschäftswert bei der Beurkundung einer Verfügung von Todes wegen ist, wenn über den ganzen Nachlass oder einen Bruchteil verfügt wird, der Wert des Vermögens oder der Wert des entsprechenden Bruchteils des Vermögens. 2 Verbindlichkeiten des Erblassers werden abgezogen, jedoch nur bis zur Hälfte des Werts des Vermögens. 3 Vermächtnisse und Auflagen werden nur bei Verfügung über einen Bruchteil und nur mit dem Anteil ihres Werts hinzugerechnet, der dem Bruchteil entspricht, über den nicht verfügt wird.

(2) 1 Verfügt der Erblasser außer über die Gesamtrechtsnachfolge daneben über Vermögenswerte, die noch nicht zu seinem Vermögen gehören, jedoch in der Verfügung von Todes wegen konkret bezeichnet sind, wird deren Wert hinzugerechnet. 2 Von dem Begünstigten zu übernehmende Verbindlichkeiten werden abgezogen, jedoch nur bis zur Hälfte des Vermögenswerts. 3 Die Sätze 1 und 2 gelten bei gemeinschaftlichen Testamenten und gegenseitigen Erbverträgen nicht für Vermögenswerte, die bereits nach Absatz 1 berücksichtigt sind.

(3) Betrifft die Verfügung von Todes wegen nur bestimmte Vermögenswerte, ist deren Wert maßgebend; Absatz 2 Satz 2 gilt entsprechend.

(4) 1 Bei der Beurkundung eines Erbverzichts-, Zuwendungsverzichts- oder Pflichtteilsverzichtsvertrags gilt Absatz 1 Satz 1 und 2 entsprechend; soweit der Zuwendungsverzicht ein Vermächtnis betrifft, gilt Absatz 3 entsprechend. 2 Das Pflichtteilsrecht ist wie ein entsprechender Bruchteil des Nachlasses zu behandeln.

(5) 1 Die Absätze 1 bis 3 gelten entsprechend für die Beurkundung der Anfechtung oder des Widerrufs einer Verfügung von Todes wegen sowie für den Rücktritt von einem Erbvertrag. 2 Hat eine Erklärung des einen Teils nach Satz 1 im Fall eines gemeinschaftlichen Testaments oder eines Erbvertrags die Unwirksamkeit von Verfügungen des anderen Teils zur Folge, ist der Wert der Verfügungen des anderen Teils dem Wert nach Satz 1 hinzuzurechnen.

**§ 103. Erklärungen gegenüber dem Nachlassgericht, Anträge an das Nachlassgericht.** (1) Werden in einer vermögensrechtlichen Angelegenheit Erklärungen, die gegenüber dem Nachlassgericht abzugeben sind, oder Anträge an das Nachlassgericht beurkundet, ist Geschäftswert der Wert des betroffenen Vermögens oder des betroffenen Bruchteils nach Abzug der Verbindlichkeiten zum Zeitpunkt der Beurkundung.

(2) Bei der Beurkundung von Erklärungen über die Ausschlagung des Anfalls eines Hofes (§ 11 der Höfeordnung) gilt Absatz 1 entsprechend.

**§ 104. Rechtswahl.** (1) Bei der Beurkundung einer Rechtswahl, die die allgemeinen oder güterrechtlichen Wirkungen der Ehe betrifft, beträgt der

Geschäftswert 30 Prozent des Werts, der sich in entsprechender Anwendung des § 100 ergibt.

(2) Bei der Beurkundung einer Rechtswahl, die eine Rechtsnachfolge von Todes wegen betrifft, beträgt der Geschäftswert 30 Prozent des Werts, der sich in entsprechender Anwendung des § 102 ergibt.

(3) Bei der Beurkundung einer Rechtswahl in sonstigen Fällen beträgt der Geschäftswert 30 Prozent des Geschäftswerts für die Beurkundung des Rechtsgeschäfts, für das die Rechtswahl bestimmt ist.

**§ 105. Anmeldung zu bestimmten Registern.** (1) 1 Bei den folgenden Anmeldungen zum Handelsregister ist Geschäftswert der in das Handelsregister einzutragende Geldbetrag, bei Änderung bereits eingetragener Geldbeträge der Unterschiedsbetrag:

1. erste Anmeldung einer Kapitalgesellschaft; ein in der Satzung bestimmtes genehmigtes Kapital ist dem Grund- oder Stammkapital hinzuzurechnen;
2. erste Anmeldung eines Versicherungsvereins auf Gegenseitigkeit;
3. Erhöhung oder Herabsetzung des Stammkapitals einer Gesellschaft mit beschränkter Haftung;
4. Beschluss der Hauptversammlung einer Aktiengesellschaft oder einer Kommanditgesellschaft auf Aktien über
   a) Maßnahmen der Kapitalbeschaffung (§§ 182 bis 221 des Aktiengesetzes); dem Beschluss über die genehmigte Kapitalerhöhung steht der Beschluss über die Verlängerung der Frist gleich, innerhalb derer der Vorstand das Kapital erhöhen kann;
   b) Maßnahmen der Kapitalherabsetzung (§§ 222 bis 240 des Aktiengesetzes);
5. erste Anmeldung einer Kommanditgesellschaft; maßgebend ist die Summe der Kommanditeinlagen; hinzuzurechnen sind 30 000 Euro für den ersten und 15 000 Euro für jeden weiteren persönlich haftenden Gesellschafter;
6. Eintritt eines Kommanditisten in eine bestehende Personenhandelsgesellschaft oder Ausscheiden eines Kommanditisten; ist ein Kommanditist als Nachfolger eines anderen Kommanditisten oder ein bisher persönlich haftender Gesellschafter als Kommanditist oder ein bisheriger Kommanditist als persönlich haftender Gesellschafter einzutragen, ist die einfache Kommanditeinlage maßgebend;
7. Erhöhung oder Herabsetzung einer Kommanditeinlage.

2 Der Geschäftswert beträgt mindestens 30 000 Euro.

(2) Bei sonstigen Anmeldungen zum Handelsregister sowie bei Anmeldungen zum Partnerschafts- und Genossenschaftsregister bestimmt sich der Geschäftswert nach den Absätzen 3 bis 5.

(3) Der Geschäftswert beträgt bei der ersten Anmeldung

1. eines Einzelkaufmanns 30 000 Euro,
2. einer offenen Handelsgesellschaft oder einer Partnerschaftsgesellschaft mit zwei Gesellschaftern 45 000 Euro; hat die offene Handelsgesellschaft oder die Partnerschaftsgesellschaft mehr als zwei Gesellschafter, erhöht sich der Wert für den dritten und jeden weiteren Gesellschafter um jeweils 15 000 Euro,

3. einer Genossenschaft oder einer juristischen Person (§ 33 des Handelsgesetzbuchs) 60 000 Euro.

(4) Bei einer späteren Anmeldung beträgt der Geschäftswert, wenn diese

1. eine Kapitalgesellschaft betrifft, 1 Prozent des eingetragenen Grund- oder Stammkapitals, mindestens 30 000 Euro;
2. einen Versicherungsverein auf Gegenseitigkeit betrifft, 60 000 Euro;
3. eine Personenhandels- oder Partnerschaftsgesellschaft betrifft, 30 000 Euro; bei Eintritt oder Ausscheiden von mehr als zwei persönlich haftenden Gesellschaftern oder Partnern sind als Geschäftswert 15 000 Euro für jeden eintretenden oder ausscheidenden Gesellschafter oder Partner anzunehmen;
4. einen Einzelkaufmann, eine Genossenschaft oder eine juristische Person (§ 33 des Handelsgesetzbuchs) betrifft, 30 000 Euro.

(5) Ist eine Anmeldung nur deshalb erforderlich, weil sich eine Anschrift geändert hat, oder handelt es sich um eine ähnliche Anmeldung, die für das Unternehmen keine wirtschaftliche Bedeutung hat, so beträgt der Geschäftswert 5 000 Euro.

(6) [1]Der in Absatz 1 Satz 2 und in Absatz 4 Nummer 1 bestimmte Mindestwert gilt nicht

1. für die Gründung einer Gesellschaft gemäß § 2 Absatz 1 a des Gesetzes betreffend die Gesellschaften mit beschränkter Haftung und
2. für Änderungen des Gesellschaftsvertrags einer gemäß § 2 Absatz 1 a des Gesetzes betreffend die Gesellschaften mit beschränkter Haftung gegründeten Gesellschaft, wenn die Gesellschaft auch mit dem geänderten Gesellschaftsvertrag hätte gemäß § 2 Absatz 1 a des Gesetzes betreffend die Gesellschaften mit beschränkter Haftung gegründet werden können.

[2]Reine sprachliche Abweichungen vom Musterprotokoll oder die spätere Streichung der auf die Gründung verweisenden Formulierungen stehen der Anwendung des Satzes 1 nicht entgegen.

**§ 106. Höchstwert für Anmeldungen zu bestimmten Registern.** [1]Bei der Beurkundung von Anmeldungen zu einem in § 105 genannten Register und zum Vereinsregister beträgt der Geschäftswert höchstens 1 Million Euro. [2]Dies gilt auch dann, wenn mehrere Anmeldungen in einem Beurkundungsverfahren zusammengefasst werden.

**§ 107. Gesellschaftsrechtliche Verträge, Satzungen und Pläne.**

(1) [1]Bei der Beurkundung von Gesellschaftsverträgen und Satzungen sowie von Plänen und Verträgen nach dem Umwandlungsgesetz beträgt der Geschäftswert mindestens 30 000 Euro und höchstens 10 Millionen Euro. [2]Der in Satz 1 bestimmte Mindestwert gilt nicht bei der Beurkundung von Gesellschaftsverträgen und Satzungen in den Fällen des § 105 Absatz 6.

(2) [1]Bei der Beurkundung von Verträgen zwischen verbundenen Unternehmen (§ 15 des Aktiengesetzes) über die Veräußerung oder über die Verpflichtung zur Veräußerung von Gesellschaftsanteilen und -beteiligungen beträgt der Geschäftswert höchstens 10 Millionen Euro. [2]Satz 1 gilt nicht, sofern die betroffene Gesellschaft überwiegend vermögensverwaltend tätig ist, insbesondere als Immobilienverwaltungs-, Objekt-, Holding-, Besitz- oder sonstige Beteiligungsgesellschaft.

**§ 108. Beschlüsse von Organen.** (1) [1]Für den Geschäftswert bei der Beurkundung von Beschlüssen von Organen von Kapital-, Personenhandels- und Partnerschaftsgesellschaften sowie von Versicherungsvereinen auf Gegenseitigkeit, juristischen Personen (§ 33 des Handelsgesetzbuchs) oder Genossenschaften, deren Gegenstand keinen bestimmten Geldwert hat, gilt § 105 Absatz 4 und 6 entsprechend. [2]Bei Beschlüssen, deren Gegenstand einen bestimmten Geldwert hat, beträgt der Wert nicht weniger als der sich nach § 105 Absatz 1 ergebende Wert.

(2) Bei der Beurkundung von Beschlüssen im Sinne des Absatzes 1, welche die Zustimmung zu einem bestimmten Rechtsgeschäft enthalten, ist der Geschäftswert wie bei der Beurkundung des Geschäfts zu bestimmen, auf das sich der Zustimmungsbeschluss bezieht.

(3) [1]Der Geschäftswert bei der Beurkundung von Beschlüssen nach dem Umwandlungsgesetz ist der Wert des Vermögens des übertragenden oder formwechselnden Rechtsträgers. [2]Bei Abspaltungen oder Ausgliederungen ist der Wert des übergehenden Vermögens maßgebend.

(4) Der Geschäftswert bei der Beurkundung von Beschlüssen von Organen einer Gesellschaft bürgerlichen Rechts, deren Gegenstand keinen bestimmten Geldwert hat, beträgt 30 000 Euro.

(5) Der Geschäftswert von Beschlüssen von Gesellschafts-, Stiftungs- und Vereinsorganen sowie von ähnlichen Organen beträgt höchstens 5 Millionen Euro, auch wenn mehrere Beschlüsse mit verschiedenem Gegenstand in einem Beurkundungsverfahren zusammengefasst werden.

**§ 109. Derselbe Beurkundungsgegenstand.** (1) [1]Derselbe Beurkundungsgegenstand liegt vor, wenn Rechtsverhältnisse zueinander in einem Abhängigkeitsverhältnis stehen und das eine Rechtsverhältnis unmittelbar dem Zweck des anderen Rechtsverhältnisses dient. [2]Ein solches Abhängigkeitsverhältnis liegt nur vor, wenn das andere Rechtsverhältnis der Erfüllung, Sicherung oder sonstigen Durchführung des einen Rechtsverhältnisses dient. [3]Dies gilt auch bei der Beurkundung von Erklärungen Dritter und von Erklärungen der Beteiligten zugunsten Dritter. [4]Ein Abhängigkeitsverhältnis liegt insbesondere vor zwischen

1. dem Kaufvertrag und
   a) der Übernahme einer durch ein Grundpfandrecht am Kaufgrundstück gesicherten Darlehensschuld,
   b) der zur Löschung von Grundpfandrechten am Kaufgegenstand erforderlichen Erklärungen sowie
   c) jeder zur Belastung des Kaufgegenstands dem Käufer erteilten Vollmacht;
   
   die Beurkundung des Zuschlags in der freiwilligen Versteigerung steht dem Kaufvertrag gleich;
2. dem Gesellschaftsvertrag und der Auflassung bezüglich eines einzubringenden Grundstücks;
3. der Bestellung eines dinglichen Rechts und der zur Verschaffung des beabsichtigten Rangs erforderlichen Rangänderungserklärungen; § 45 Absatz 2 gilt entsprechend;
4. der Begründung eines Anspruchs und den Erklärungen zur Schaffung eines Titels gemäß § 794 Absatz 1 Nummer 5 der Zivilprozessordnung.

5 In diesen Fällen bestimmt sich der Geschäftswert nur nach dem Wert des Rechtsverhältnisses, zu dessen Erfüllung, Sicherung oder sonstiger Durchführung die anderen Rechtsverhältnisse dienen.

(2) 1 Derselbe Beurkundungsgegenstand sind auch
1. der Vorschlag zur Person eines möglichen Betreuers und eine Patientenverfügung;
2. der Widerruf einer Verfügung von Todes wegen, die Aufhebung oder Anfechtung eines Erbvertrags oder der Rücktritt von einem Erbvertrag jeweils mit der Errichtung einer neuen Verfügung von Todes wegen;
3. die zur Bestellung eines Grundpfandrechts erforderlichen Erklärungen und die Schulderklärung bis zur Höhe des Nennbetrags des Grundpfandrechts;
4. bei Beschlüssen von Organen einer Vereinigung oder Stiftung
   a) jeder Beschluss und eine damit im Zusammenhang stehende Änderung des Gesellschaftsvertrags oder der Satzung,
   b) der Beschluss über eine Kapitalerhöhung oder -herabsetzung und die weiteren damit im Zusammenhang stehenden Beschlüsse,
   c) mehrere Änderungen des Gesellschaftsvertrags oder der Satzung, deren Gegenstand keinen bestimmten Geldwert hat,
   d) mehrere Wahlen, sofern nicht Einzelwahlen stattfinden,
   e) mehrere Beschlüsse über die Entlastung von Verwaltungsträgern, sofern nicht Einzelbeschlüsse gefasst werden,
   f) Wahlen und Beschlüsse über die Entlastung der Verwaltungsträger, sofern nicht einzeln abgestimmt wird,
   g) Beschlüsse von Organen verschiedener Vereinigungen bei Umwandlungsvorgängen, sofern die Beschlüsse denselben Beschlussgegenstand haben.

2 In diesen Fällen bestimmt sich der Geschäftswert nach dem höchsten in Betracht kommenden Wert.

**§ 110. Verschiedene Beurkundungsgegenstände.** Abweichend von § 109 Absatz 1 sind verschiedene Beurkundungsgegenstände
1. Beschlüsse von Organen einer Vereinigung oder Stiftung und Erklärungen,
2. ein Veräußerungsvertrag und
   a) Erklärungen zur Finanzierung der Gegenleistung gegenüber Dritten,
   b) Erklärungen zur Bestellung von subjektiv-dinglichen Rechten sowie
   c) ein Verzicht auf Steuerbefreiungen gemäß § 9 Absatz 1 des Umsatzsteuergesetzes sowie
3. Erklärungen gemäß § 109 Absatz 2 Satz 1 Nummer 1 und Vollmachten.

**§ 111. Besondere Beurkundungsgegenstände.** Als besonderer Beurkundungsgegenstand gelten stets
1. vorbehaltlich der Regelung in § 109 Absatz 2 Nummer 2 eine Verfügung von Todes wegen,
2. ein Ehevertrag im Sinne von § 1408 Absatz 1 des Bürgerlichen Gesetzbuchs,

3. eine Anmeldung zu einem Register und
4. eine Rechtswahl nach dem internationalen Privatrecht.

### Unterabschnitt 3. Vollzugs- und Betreuungstätigkeiten

**§ 112. Vollzug des Geschäfts.** [1]Der Geschäftswert für den Vollzug ist der Geschäftswert des zugrunde liegenden Beurkundungsverfahrens. [2]Liegt der zu vollziehenden Urkunde kein Beurkundungsverfahren zugrunde, ist der Geschäftswert derjenige Wert, der maßgeblich wäre, wenn diese Urkunde Gegenstand eines Beurkundungsverfahrens wäre.

**§ 113. Betreuungstätigkeiten.** (1) Der Geschäftswert für die Betreuungsgebühr ist wie bei der Beurkundung zu bestimmen.

(2) Der Geschäftswert für die Treuhandgebühr ist der Wert des Sicherungsinteresses.

### Unterabschnitt 4. Sonstige notarielle Geschäfte

**§ 114. Rückgabe eines Erbvertrags aus der notariellen Verwahrung.** Der Geschäftswert für die Rückgabe eines Erbvertrags aus der notariellen Verwahrung bestimmt sich nach § 102 Absatz 1 bis 3.

**§ 115. Vermögensverzeichnis, Siegelung.** [1]Der Geschäftswert für die Aufnahme von Vermögensverzeichnissen sowie für Siegelungen und Entsiegelungen ist der Wert der verzeichneten oder versiegelten Gegenstände. [2]Dies gilt auch für die Mitwirkung als Urkundsperson bei der Aufnahme von Vermögensverzeichnissen.

**§ 116. Freiwillige Versteigerung von Grundstücken.** (1) Bei der freiwilligen Versteigerung von Grundstücken oder grundstücksgleichen Rechten ist der Geschäftswert nach dem Wert der zu versteigernden Grundstücke oder grundstücksgleichen Rechte zu bemessen für
1. die Verfahrensgebühr,
2. die Gebühr für die Aufnahme einer Schätzung und
3. die Gebühr für die Abhaltung eines Versteigerungstermins.

(2) Bei der Versteigerung mehrerer Grundstücke wird die Gebühr für die Beurkundung des Zuschlags für jeden Ersteher nach der Summe seiner Gebote erhoben; ist der zusammengerechnete Wert der ihm zugeschlagenen Grundstücke oder grundstücksgleichen Rechten höher, so ist dieser maßgebend.

**§ 117. Versteigerung von beweglichen Sachen und von Rechten.** Bei der Versteigerung von beweglichen Sachen und von Rechten bemisst sich der Geschäftswert nach der Summe der Werte der betroffenen Sachen und Rechte.

**§ 118. Vorbereitung der Zwangsvollstreckung.** Im Verfahren über die Vollstreckbarerklärung eines Schiedsspruchs mit vereinbartem Wortlaut oder über die Erteilung einer vollstreckbaren Ausfertigung bemisst sich der Geschäftswert nach den Ansprüchen, die Gegenstand der Vollstreckbarerklärung oder der vollstreckbaren Ausfertigung sein sollen.

**§ 118a**[1] **Teilungssachen.** [1] Geschäftswert in Teilungssachen nach § 342 Absatz 2 Nummer 1 des Gesetzes über das Verfahren in Familiensachen und in den Angelegenheiten der freiwilligen Gerichtsbarkeit[2] ist der Wert des den Gegenstand der Auseinandersetzung bildenden Nachlasses oder Gesamtguts oder des von der Auseinandersetzung betroffenen Teils davon. [2] Die Werte mehrerer selbständiger Vermögensmassen, die in demselben Verfahren auseinandergesetzt werden, werden zusammengerechnet. [3] Trifft die Auseinandersetzung des Gesamtguts einer Gütergemeinschaft mit der Auseinandersetzung des Nachlasses eines Ehegatten oder Lebenspartners zusammen, wird der Wert des Gesamtguts und des übrigen Nachlasses zusammengerechnet.

**§ 119 Entwurf.** (1) Bei der Fertigung eines Entwurfs bestimmt sich der Geschäftswert nach den für die Beurkundung geltenden Vorschriften.

(2) Der Geschäftswert für die Fertigung eines Serienentwurfs ist die Hälfte des Werts aller zum Zeitpunkt der Entwurfsfertigung beabsichtigten Einzelgeschäfte.

**§ 120 Beratung bei einer Haupt- oder Gesellschafterversammlung.**

[1] Der Geschäftswert für die Beratung bei der Vorbereitung oder Durchführung einer Hauptversammlung oder einer Gesellschafterversammlung bemisst sich nach der Summe der Geschäftswerte für die Beurkundung der in der Versammlung zu fassenden Beschlüsse. [2] Der Geschäftswert beträgt höchstens 5 Millionen Euro.

**§ 121**[3] **Beglaubigung von Unterschriften, Handzeichen oder qualifizierten elektronischen Signaturen.** Der Geschäftswert für die Beglaubigung von Unterschriften, Handzeichen oder qualifizierten elektronischen Signaturen bestimmt sich nach den für die Beurkundung der Erklärung geltenden Vorschriften.

**§ 122 Rangbescheinigung.** Geschäftswert einer Mitteilung über die dem Grundbuchamt bei Einreichung eines Antrags vorliegenden weiteren Anträge einschließlich des sich daraus ergebenden Rangs für das beantragte Recht (Rangbescheinigung) ist der Wert des beantragten Rechts.

**§ 123 Gründungsprüfung.** [1] Geschäftswert einer Gründungsprüfung gemäß § 33 Absatz 3 des Aktiengesetzes[4] ist die Summe aller Einlagen. [2] Der Geschäftswert beträgt höchstens 10 Millionen Euro.

**§ 124 Verwahrung.** [1] Der Geschäftswert bei der Verwahrung von Geldbeträgen bestimmt sich nach der Höhe des jeweils ausgezahlten Betrags. [2] Bei der Entgegennahme von Wertpapieren und Kostbarkeiten zur Verwahrung ist Geschäftswert der Wert der Wertpapiere oder Kostbarkeiten.

## Abschnitt 5. Gebührenvereinbarung

**§ 125 Verbot der Gebührenvereinbarung.** Vereinbarungen über die Höhe der Kosten sind unwirksam, soweit sich aus der folgenden Vorschrift nichts anderes ergibt.

---

[1] § 118a eingef. mWv 1.9.2013 durch G v. 26.6.2013 (BGBl. I S. 1800, geänd. durch G v. 23.7.2013, BGBl. I S. 2586).

[2] Nr. **112**.

[3] § 121 Überschrift und Wortlaut geänd. mWv 1.8.2022 durch G v. 5.7.2021 (BGBl. I S. 3338).

[4] Nr. **51**.

**§ 126 Öffentlich-rechtlicher Vertrag.** (1) [1]Für die Tätigkeit des Notars als Mediator oder Schlichter ist durch öffentlich-rechtlichen Vertrag eine Gegenleistung in Geld zu vereinbaren. [2]Dasselbe gilt für notarielle Amtstätigkeiten, für die in diesem Gesetz keine Gebühr bestimmt ist und die nicht mit anderen gebührenpflichtigen Tätigkeiten zusammenhängen. [3]Die Gegenleistung muss unter Berücksichtigung aller Umstände des Geschäfts, insbesondere des Umfangs und der Schwierigkeit, angemessen sein. [4]Sofern nichts anderes vereinbart ist, werden die Auslagen nach den gesetzlichen Bestimmungen erhoben.

(2) Der Vertrag bedarf der Schriftform.

(3) [1]Die §§ 19, 88 bis 90 gelten entsprechend. [2]Der vollstreckbaren Ausfertigung der Kostenberechnung ist eine beglaubigte Kopie oder ein beglaubigter Ausdruck des öffentlich-rechtlichen Vertrags beizufügen.

## Abschnitt 6. Gerichtliches Verfahren in Notarkostensachen

**§ 127 Antrag auf gerichtliche Entscheidung.** (1) [1]Gegen die Kostenberechnung (§ 19), einschließlich der Verzinsungspflicht (§ 88), gegen die Zahlungspflicht, die Ausübung des Zurückbehaltungsrechts (§ 11) und die Erteilung der Vollstreckungsklausel kann die Entscheidung des Landgerichts, in dessen Bezirk der Notar den Amtssitz hat, beantragt werden. [2]Antragsberechtigt ist der Kostenschuldner und, wenn der Kostenschuldner dem Notar gegenüber die Kostenberechnung beanstandet, auch der Notar.

(2) [1]Nach Ablauf des Kalenderjahres, das auf das Jahr folgt, in dem die vollstreckbare Ausfertigung der Kostenberechnung zugestellt ist, können neue Anträge nach Absatz 1 nicht mehr gestellt werden. [2]Soweit die Einwendungen gegen den Kostenanspruch auf Gründen beruhen, die nach der Zustellung der vollstreckbaren Ausfertigung entstanden sind, können sie auch nach Ablauf dieser Frist geltend gemacht werden.

**§ 128 Verfahren.** (1) [1]Das Gericht soll vor der Entscheidung die Beteiligten, die vorgesetzte Dienstbehörde des Notars und, wenn eine Kasse gemäß § 113 der Bundesnotarordnung[1)] errichtet ist, auch diese hören. [2]Betrifft der Antrag die Bestimmung der Gebühr durch den Notar nach § 92 Absatz 1 oder die Kostenberechnung aufgrund eines öffentlich-rechtlichen Vertrags, soll das Gericht ein Gutachten des Vorstands der Notarkammer einholen. [3]Ist eine Kasse nach § 113 der Bundesnotarordnung errichtet, tritt diese an die Stelle der Notarkammer. [4]Das Gutachten ist kostenlos zu erstatten.

(2) [1]Entspricht bei einer Rahmengebühr die vom Notar bestimmte Gebühr nicht der Vorschrift des § 92 Absatz 1, setzt das Gericht die Gebühr fest. [2]Liegt ein zulässiger öffentlich-rechtlicher Vertrag vor und entspricht die vereinbarte Gegenleistung nicht der Vorschrift des § 126 Absatz 1 Satz 3, setzt das Gericht die angemessene Gegenleistung fest.

(3) Das Gericht kann die Entscheidung über den Antrag durch Beschluss einem seiner Mitglieder zur Entscheidung als Einzelrichter übertragen, wenn die Sache keine besonderen Schwierigkeiten tatsächlicher oder rechtlicher Art aufweist und keine grundsätzliche Bedeutung hat.

---

[1)] **Habersack, Deutsche Gesetze ErgBd. Nr. 98a.**

**§ 129 Beschwerde und Rechtsbeschwerde.** (1) Gegen die Entscheidung des Landgerichts findet ohne Rücksicht auf den Wert des Beschwerdegegenstands die Beschwerde statt.

(2) Gegen die Entscheidung des Oberlandesgerichts findet die Rechtsbeschwerde statt.

**§ 130 Gemeinsame Vorschriften.** (1) [1] Der Antrag auf Entscheidung des Landgerichts, die Beschwerde und die Rechtsbeschwerde haben keine aufschiebende Wirkung. [2] Das Gericht oder das Beschwerdegericht kann auf Antrag oder von Amts wegen die aufschiebende Wirkung ganz oder teilweise anordnen; ist nicht der Einzelrichter zur Entscheidung berufen, entscheidet der Vorsitzende des Gerichts.

(2) [1] Die dem Notar vorgesetzte Dienstbehörde kann diesen in jedem Fall anweisen, die Entscheidung des Landgerichts herbeizuführen, Beschwerde oder Rechtsbeschwerde zu erheben. [2] Die hierauf ergehenden gerichtlichen Entscheidungen können auch auf eine Erhöhung der Kostenberechnung lauten. [3] Gerichtskosten hat der Notar in diesen Verfahren nicht zu tragen. [4] Außergerichtliche Kosten anderer Beteiligter, die der Notar in diesen Verfahren zu tragen hätte, sind der Landeskasse aufzuerlegen.

(3) [1] Auf die Verfahren sind im Übrigen die Vorschriften des Gesetzes über das Verfahren in Familiensachen und in den Angelegenheiten der freiwilligen Gerichtsbarkeit[1)] anzuwenden. [2] § 10 Absatz 4 des Gesetzes über das Verfahren in Familiensachen und in den Angelegenheiten der freiwilligen Gerichtsbarkeit ist auf den Notar nicht anzuwenden.

**§ 131 Abhilfe bei Verletzung des Anspruchs auf rechtliches Gehör.** [1] Die Vorschriften des Gesetzes über das Verfahren in Familiensachen und in den Angelegenheiten der freiwilligen Gerichtsbarkeit[1)] über die Abhilfe bei Verletzung des Anspruchs auf rechtliches Gehör sind anzuwenden. [2] § 10 Absatz 4 des Gesetzes über das Verfahren in Familiensachen und in den Angelegenheiten der freiwilligen Gerichtsbarkeit ist auf den Notar nicht anzuwenden.

## Kapitel 4. Schluss- und Übergangsvorschriften

**§ 132 Verhältnis zu anderen Gesetzen.** Artikel 1 Absatz 2 und Artikel 2 des Einführungsgesetzes zum Bürgerlichen Gesetzbuche[2)] sind entsprechend anzuwenden.

**§ 133[3)] Bekanntmachung von Neufassungen.** [1] Das Bundesministerium der Justiz und für Verbraucherschutz kann nach Änderungen den Wortlaut des Gesetzes feststellen und als Neufassung im Bundesgesetzblatt bekannt machen. [2] Die Bekanntmachung muss auf diese Vorschrift Bezug nehmen und angeben

1. den Stichtag, zu dem der Wortlaut festgestellt wird,
2. die Änderungen seit der letzten Veröffentlichung des vollständigen Wortlauts im Bundesgesetzblatt sowie
3. das Inkrafttreten der Änderungen.

---

1) Nr. **112**.
2) Nr. **21**.
3) § 133 Satz 1 geänd. mWv 8.9.2015 durch VO v. 31.8.2015 (BGBl. I S. 1474).

**§ 134 Übergangsvorschrift.** (1) [1]In gerichtlichen Verfahren, die vor dem Inkrafttreten einer Gesetzesänderung anhängig geworden oder eingeleitet worden sind, werden die Kosten nach bisherigem Recht erhoben. [2]Dies gilt nicht im Verfahren über ein Rechtsmittel, das nach dem Inkrafttreten einer Gesetzesänderung eingelegt worden ist. [3]Die Sätze 1 und 2 gelten auch, wenn Vorschriften geändert werden, auf die dieses Gesetz verweist. [4]In Verfahren, in denen Jahresgebühren erhoben werden, und in Fällen, in denen die Sätze 1 und 2 keine Anwendung finden, gilt für Kosten, die vor dem Inkrafttreten einer Gesetzesänderung fällig geworden sind, das bisherige Recht.

(2) Für notarielle Verfahren oder Geschäfte, für die ein Auftrag vor dem Inkrafttreten einer Gesetzesänderung erteilt worden ist, werden die Kosten nach bisherigem Recht erhoben.

**§ 135[1)] Sonderregelung für Baden-Württemberg.** (1) Solange und soweit im Land Baden-Württemberg die Gebühren für die Tätigkeit des Notars der Staatskasse zufließen, ist § 2 anstelle von § 91 anzuwenden.

(2) [1]Solange im Land Baden-Württemberg anderen als gerichtlichen Behörden die Aufgaben des Grundbuchamts, des Betreuungs- oder des Nachlassgerichts übertragen sind, sind die Kosten gleichwohl nach diesem Gesetz zu erheben. [2]Der Geschäftswert ist nur auf Antrag festzusetzen. [3]Über die Festsetzung des Geschäftswerts und über die Erinnerung gegen den Kostenansatz entscheidet das Amtsgericht, in dessen Bezirk die Behörde ihren Sitz hat.

(3) Ein Notariatsabwickler steht einem Notariatsverwalter gleich.

**§ 136[2)] Übergangsvorschrift zum 2. Kostenrechtsmodernisierungsgesetz.** (1) Die Kostenordnung in der im Bundesgesetzblatt Teil III, Gliederungsnummer 361-1, veröffentlichten bereinigten Fassung, die zuletzt durch Artikel 8 des Gesetzes vom 26. Juni 2013 (BGBl. I S. 1800) geändert worden ist, und Verweisungen hierauf sind weiter anzuwenden

1. in gerichtlichen Verfahren, die vor dem Inkrafttreten des 2. Kostenrechtsmodernisierungsgesetzes vom 23. Juli 2013 (BGBl. I S. 2586) anhängig geworden oder eingeleitet worden sind; die Jahresgebühr 12311 wird in diesen Verfahren nicht erhoben;
2. in gerichtlichen Verfahren über ein Rechtsmittel, das vor dem Inkrafttreten des 2. Kostenrechtsmodernisierungsgesetzes vom 23. Juli 2013 (BGBl. I S. 2586) eingelegt worden ist;
3. hinsichtlich der Jahresgebühren in Verfahren vor dem Betreuungsgericht, die vor dem Inkrafttreten des 2. Kostenrechtsmodernisierungsgesetzes vom 23. Juli 2013 (BGBl. I S. 2586) fällig geworden sind;
4. in notariellen Verfahren oder bei notariellen Geschäften, für die ein Auftrag vor dem Inkrafttreten des 2. Kostenrechtsmodernisierungsgesetzes vom 23. Juli 2013 (BGBl. I S. 2586) erteilt worden ist;
5. in allen übrigen Fällen, wenn die Kosten vor dem Tag vor dem Inkrafttreten des 2. Kostenrechtsmodernisierungsgesetzes vom 23. Juli 2013 (BGBl. I S. 2586) fällig geworden sind.

---

1) § 135 Abs. 3 angef. mWv 1.1.2018 durch G v. 23.11.2015 (BGBl. I S. 2090).
2) § 136 Abs. 4 geänd. mWv 1.1.2021 durch G v. 21.12.2020 (BGBl. I S. 3229).

(2) Soweit Gebühren nach diesem Gesetz anzurechnen sind, sind auch nach der Kostenordnung für entsprechende Tätigkeiten entstandene Gebühren anzurechnen.

(3) Soweit für ein notarielles Hauptgeschäft die Kostenordnung nach Absatz 1 weiter anzuwenden ist, gilt dies auch für die damit zusammenhängenden Vollzugs- und Betreuungstätigkeiten sowie für zu Vollzugszwecken gefertigte Entwürfe.

(4) Bis zum Erlass landesrechtlicher Vorschriften über die Höhe des Haftkostenbeitrags, der von einem Gefangenen zu erheben ist, ist anstelle der Nummern 31010 und 31011 des Kostenverzeichnisses § 137 Absatz 1 Nummer 12 der Kostenordnung in der bis zum 27. Dezember 2010 geltenden Fassung anzuwenden.

(5) [1] Absatz 1 ist auf die folgenden Vorschriften in ihrer bis zum Tag vor dem Inkrafttreten des 2. Kostenrechtsmodernisierungsgesetzes vom 23. Juli 2013 (BGBl. I S. 2586) geltenden Fassung entsprechend anzuwenden:

1. § 30 des Einführungsgesetzes zum Gerichtsverfassungsgesetz[1)],
2. § 15 des Spruchverfahrensgesetzes[2)],
3. § 12 Absatz 3, die §§ 33 bis 43, 44 Absatz 2 sowie die §§ 45 und 47 des Gesetzes über das gerichtliche Verfahren in Landwirtschaftssachen[3)],
4. § 102 des Gesetzes über Rechte an Luftfahrzeugen,
5. § 100 Absatz 1 und 3 des Sachenrechtsbereinigungsgesetzes[4)],
6. § 39b Absatz 1 und 6 des Wertpapiererwerbs- und Übernahmegesetzes[5)],
7. § 99 Absatz 6, § 132 Absatz 5 und § 260 Absatz 4 des Aktiengesetzes[6)],
8. § 51b des Gesetzes betreffend die Gesellschaften mit beschränkter Haftung[7)],
9. § 62 Absatz 5 und 6 des Bereinigungsgesetzes für deutsche Auslandsbonds,
10. § 138 Absatz 2 des Urheberrechtsgesetzes[8)],
11. die §§ 18 bis 24 der Verfahrensordnung für Höfesachen,
12. § 18 des Gesetzes zur Ergänzung des Gesetzes über die Mitbestimmung der Arbeitnehmer in den Aufsichtsräten und Vorständen der Unternehmen des Bergbaus und der Eisen und Stahl erzeugenden Industrie[9)] und
13. § 65 Absatz 3 des Landwirtschaftsanpassungsgesetzes[10)].

[2] An die Stelle der Kostenordnung treten dabei die in Satz 1 genannten Vorschriften.

---

1) Nr. 95a.
2) **Habersack, Deutsche Gesetze ErgBd. Nr. 51b.**
3) **Habersack, Deutsche Gesetze ErgBd. Nr. 39a.**
4) **Habersack II Nr. 6.**
5) **Habersack, Deutsche Gesetze ErgBd. Nr. 58a.**
6) Nr. 51.
7) Nr. 52.
8) Nr. 65.
9) **Habersack, Deutsche Gesetze ErgBd. Nr. 82c.**
10) **Habersack II Nr. 127.**

## Anlage 1[1)]
(zu § 3 Absatz 2)

# Kostenverzeichnis

### Gliederung



---

1) Anl. 1 geänd. mWv 1.11.2013 durch G v. 25.4.2013 (BGBl. I S. 935, geänd. durch G v. 23.7.2013, BGBl. I S. 2586); mWv 1.9.2013 durch G v. 26.6.2013 (BGBl. I S. 1800, geänd. durch G v. 23.7.2013, BGBl. I S. 2586); mWv 10.10.2013 durch G v. 4.10.2013 (BGBl. I S. 3746); mWv 1.7.2014 durch G v. 10.10.2013 (BGBl. I S. 3786); mWv 16.7.2014 und mWv 10.1.2015 durch G v. 8.7.2014 (BGBl. I S. 890); mWv 19.12.2014 durch G v. 10.12.2014 (BGBl. I S. 2082); mWv 4.7.2015 und mWv 17.8.2015 durch G v. 29.6.2015 (BGBl. I S. 1042); mWv 1.10.2021 durch G v. 18.7.2016 (BGBl. I S. 1666); mWv 9.6.2017 und mWv 1.1.2022 durch G v. 1.6. 2017 (BGBl. I S. 1396); mWv 1.1.2018 durch G v. 5.7.2017 (BGBl. I S. 2208); mWv 29.1.2019 durch G v. 17.12.2018 (BGBl. I S. 2573); mWv 23.10.2020 durch G v. 16.10.2020 (BGBl. I S. 2187); mWv 1.1.2021 durch G v. 21.12.2020 (BGBl. I S. 3229); mWv 1.1.2023 durch G v. 4.5.2021 (BGBl. I S. 882); mWv 1.8.2021 durch G v. 25.6.2021 (BGBl. I S. 2154); mWv 1.7.2023 durch G v. 16.7.2021 (BGBl. I S. 2947); mWv 1.8.2022 durch G v. 5.7.2021 (BGBl. I S. 3338); mWv 1.1.2023 durch G v. 31.10.2022 (BGBl. I S. 1966).

Abschnitt 2. Rüge wegen Verletzung des Anspruchs auf rechtliches Gehör

**Teil 2. Notargebühren**

Hauptabschnitt 1. Beurkundungsverfahren
Abschnitt 1. Verträge, bestimmte Erklärungen sowie Beschlüsse von Organen einer Vereinigung oder Stiftung
Abschnitt 2. Sonstige Erklärungen, Tatsachen und Vorgänge
Abschnitt 3. Vorzeitige Beendigung des Beurkundungsverfahrens
Hauptabschnitt 2. Vollzug eines Geschäfts und Betreuungstätigkeiten
Abschnitt 1. Vollzug
Unterabschnitt 1. Vollzug eines Geschäfts
Unterabschnitt 2. Vollzug in besonderen Fällen
Abschnitt 2. Betreuungstätigkeiten
Hauptabschnitt 3. Sonstige notarielle Verfahren
Abschnitt 1. Rückgabe eines Erbvertrags aus der notariellen Verwahrung
Abschnitt 2. Verlosung, Auslosung
Abschnitt 3. Eid, eidesstattliche Versicherung, Vernehmung von Zeugen und Sachverständigen
Abschnitt 4. Wechsel- und Scheckprotest
Abschnitt 5. Vermögensverzeichnis und Siegelung
Abschnitt 6. Freiwillige Versteigerung von Grundstücken
Abschnitt 7. Versteigerung von beweglichen Sachen und von Rechten
Abschnitt 8. Vorbereitung der Zwangsvollstreckung
Abschnitt 9. Teilungssachen
Hauptabschnitt 4. Entwurf und Beratung
Abschnitt 1. Entwurf
Abschnitt 2. Beratung
Hauptabschnitt 5. Sonstige Geschäfte
Abschnitt 1. Beglaubigungen und sonstige Zeugnisse (§§ 39, 39a BeurkG)
Abschnitt 2. Andere Bescheinigungen und sonstige Geschäfte
Abschnitt 3. Verwahrung von Geld, Wertpapieren und Kostbarkeiten
Hauptabschnitt 6. Zusatzgebühren

**Teil 3. Auslagen**

Hauptabschnitt 1. Auslagen der Gerichte
Hauptabschnitt 2. Auslagen der Notare

## Teil 1. Gerichtsgebühren

| Nr. | Gebührentatbestand | Gebühr oder Satz der Gebühr nach § 34 GNotKG<br>**– Tabelle A** |
|---|---|---|
| | *Vorbemerkung 1:*<br>(1) Im Verfahren der einstweiligen Anordnung bestimmen sich die Gebühren nach Hauptabschnitt 6.<br>(2) Für eine Niederschrift, die nach den Vorschriften des Beurkundungsgesetzes errichtet wird, und für die Abnahme der eidesstattlichen Versicherung nach § 352 Abs. 3 Satz 3 FamFG oder § 36 Abs. 2 Satz 1 IntErbRVG erhebt das Gericht Gebühren nach Teil 2.<br>(3) In einem Verfahren, für das sich die Kosten nach diesem Gesetz bestimmen, ist die Bestellung eines Pflegers für das Verfahren und deren Aufhebung Teil des Verfahrens, für das der Pfleger bestellt worden ist. Bestellung und Aufhebung sind gebührenfrei. | |
| | **Hauptabschnitt 1. Betreuungssachen und betreuungsgerichtliche Zuweisungssachen** | |
| | *Vorbemerkung 1.1:*<br>(1) In Betreuungssachen werden von dem Betroffenen Gebühren nach diesem Hauptabschnitt nur erhoben, wenn zum Zeitpunkt der Fälligkeit der jeweiligen Gebühr sein Vermögen nach Abzug der Verbindlichkeiten mehr als 25 000 € beträgt; der in § 90 Abs. 2 Nr. 8 des Zwölften Buches Sozialgesetzbuch genannte Vermögenswert wird nicht mitgerechnet.<br>(2) Im Verfahren vor dem Registergericht über die Bestellung eines Vertreters des Schiffseigentümers nach § 42 Abs. 2 des Gesetzes über Rechte an eingetragenen Schiffen und Schiffsbauwerken werden die gleichen Gebühren wie für eine betreuungsgerichtliche Zuweisungssache nach § 340 Nr. 2 FamFG erhoben. | |
| | ***Abschnitt 1. Verfahren vor dem Betreuungsgericht*** | |
| | *Vorbemerkung 1.1.1:*<br>Dieser Abschnitt ist auch anzuwenden, wenn ein vorläufiger Betreuer bestellt worden ist. | |
| 11100 | Verfahren im Allgemeinen ......................................<br>Die Gebühr entsteht nicht für Verfahren,<br>1. die in den Rahmen einer bestehenden Betreuung oder Pflegschaft fallen,<br>2. für die die Gebühr 11103 oder 11105 entsteht oder<br>3. die mit der Bestellung eines Betreuers oder der Anordnung einer Pflegschaft enden. | 0,5 |
| 11101 | Jahresgebühr für jedes angefangene Kalenderjahr bei einer Dauerbetreuung, wenn nicht Nummer 11102 anzuwenden ist ......................................<br>(1) Für die Gebühr wird das Vermögen des von der Maßnahme Betroffenen nur berücksichtigt, soweit es nach Abzug der Verbindlichkeiten mehr als 25 000 € beträgt; der in § 90 Abs. 2 Nr. 8 des Zwölften Buches Sozialgesetzbuch genannte Vermögenswert wird nicht mitgerechnet. Ist Gegenstand der Betreuung ein Teil des Vermögens, ist höchstens dieser Teil des Vermögens zu berücksichtigen.<br>(2) Für das bei der ersten Bestellung eines Betreuers laufende und das folgende Kalenderjahr wird nur eine Jahresgebühr erhoben. Geht eine vorläufige Betreuung in eine endgültige über, handelt es sich um ein einheitliches Verfahren.<br>(3) Dauert die Betreuung nicht länger als drei Monate, beträgt die Gebühr abweichend von dem in der Gebührenspalte bestimmten Mindestbetrag 100,00 €. | 10,00 € je angefangene 5 000,00 € des zu berücksichtigenden Vermögens – mindestens 200,00 € |
| 11102 | Jahresgebühr für jedes angefangene Kalenderjahr bei einer Dauerbetreuung, die nicht unmittelbar das Ver- | |

| Nr. | Gebührentatbestand | Gebühr oder Satz der Gebühr nach § 34 GNotKG – Tabelle A |
|---|---|---|
| | mögen oder Teile des Vermögens zum Gegenstand hat ......... (1) Für das bei der ersten Bestellung eines Betreuers laufende und das folgende Kalenderjahr wird nur eine Jahresgebühr erhoben. Geht eine vorläufige Betreuung in eine endgültige über, handelt es sich um ein einheitliches Verfahren. (2) Dauert die Betreuung nicht länger als drei Monate, beträgt die Gebühr abweichend von dem in der Gebührenspalte bestimmten Mindestbetrag 100,00 €. | 300,00 € – höchstens eine Gebühr 11101 |
| 11103 | Verfahren im Allgemeinen bei einer Betreuung für einzelne Rechtshandlungen ......... (1) Die Gebühr wird nicht neben einer Gebühr 11101 oder 11102 erhoben. (2) Absatz 3 der Anmerkung zu Nummer 11101 ist nicht anzuwenden. | 0,5 – höchstens eine Gebühr 11101 |
| 11104 | Jahresgebühr für jedes angefangene Kalenderjahr bei einer Dauerpflegschaft ......... (1) Ist Gegenstand der Pflegschaft ein Teil des Vermögens, ist höchstens dieser Teil des Vermögens zu berücksichtigen. (2) Für das bei der ersten Bestellung eines Pflegers laufende und das folgende Kalenderjahr wird nur eine Jahresgebühr erhoben. (3) Erstreckt sich die Pflegschaft auf mehrere Betroffene, wird die Gebühr für jeden Betroffenen gesondert erhoben. (4) Dauert die Pflegschaft nicht länger als drei Monate, beträgt die Gebühr abweichend von dem in der Gebührenspalte bestimmten Mindestbetrag 100,00 €. | 10,00 € je angefangene 5 000,00 € des reinen Vermögens – mindestens 200,00 € |
| 11105 | Verfahren im Allgemeinen bei einer Pflegschaft für einzelne Rechtshandlungen ......... (1) Die Gebühr wird nicht neben einer Gebühr 11104 erhoben. (2) Erstreckt sich die Pflegschaft auf mehrere Betroffene, ist Höchstgebühr die Summe der Gebühren 11104. (3) Absatz 4 der Anmerkung zu Nummer 11104 ist nicht anzuwenden. | 0,5 – höchstens eine Gebühr 11104 |

***Abschnitt 2. Beschwerde gegen die Endentscheidung wegen des Hauptgegenstands***

| | | |
|---|---|---|
| 11200 | Verfahren im Allgemeinen ......... | 1,0 |
| 11201 | Beendigung des gesamten Verfahrens ohne Endentscheidung: Die Gebühr 11200 ermäßigt sich auf ......... (1) Wenn die Entscheidung nicht durch Verlesen der Entscheidungsformel bekannt gegeben worden ist, ermäßigt sich die Gebühr auch im Fall der Zurücknahme der Beschwerde oder des Antrags vor Ablauf des Tages, an dem die Endentscheidung der Geschäftsstelle übermittelt wird. (2) Eine Entscheidung über die Kosten steht der Ermäßigung nicht entgegen, wenn die Entscheidung einer zuvor mitgeteilten Einigung über die Kostentragung oder einer Kostenübernahmeerklärung folgt. | 0,5 |

| Nr. | Gebührentatbestand | Gebühr oder Satz der Gebühr nach § 34 GNotKG **– Tabelle A** |
|---|---|---|
| | ***Abschnitt 3. Rechtsbeschwerde gegen die Endentscheidung wegen des Hauptgegenstands*** | |
| 11300 | Verfahren im Allgemeinen ........................................ | 1,5 |
| 11301 | Beendigung des gesamten Verfahrens durch Zurücknahme der Rechtsbeschwerde oder des Antrags, bevor die Schrift zur Begründung der Beschwerde bei Gericht eingegangen ist:<br>Die Gebühr 11300 ermäßigt sich auf ........................ | 0,5 |
| 11302 | Beendigung des gesamten Verfahrens durch Zurücknahme der Rechtsbeschwerde oder des Antrags vor Ablauf des Tages, an dem die Endentscheidung der Geschäftsstelle übermittelt wird, wenn nicht Nummer 11301 erfüllt ist:<br>Die Gebühr 11300 ermäßigt sich auf ........................ | 1,0 |
| | ***Abschnitt 4. Zulassung der Sprungrechtsbeschwerde gegen die Endentscheidung wegen des Hauptgegenstands*** | |
| 11400 | Verfahren über die Zulassung der Sprungrechtsbeschwerde:<br>Soweit der Antrag abgelehnt wird ........................ | 0,5 |

| Nr. | Gebührentatbestand | Gebühr oder Satz der Gebühr nach § 34 GNotKG **– Tabelle B** |
|---|---|---|
| | **Hauptabschnitt 2. Nachlasssachen** | |
| | *Vorbemerkung 1.2:*<br>(1) Gebühren nach diesem Hauptabschnitt werden auch für das Erbscheinsverfahren vor dem Landwirtschaftsgericht und für die Entgegennahme der Erklärung eines Hoferben über die Wahl des Hofes erhoben.<br>(2) Die Gebühr für das Verfahren zur Abnahme der eidesstattlichen Versicherung nach § 2006 BGB bestimmt sich nach Hauptabschnitt 5 Abschnitt 2. | |
| | ***Abschnitt 1. Verwahrung und Eröffnung von Verfügungen von Todes wegen*** | |
| 12100 | Annahme einer Verfügung von Todes wegen in besondere amtliche Verwahrung ........................<br>Mit der Gebühr wird auch die Verwahrung, die Mitteilung nach § 347 FamFG und die Herausgabe abgegolten. | 75,00 € |
| 12101 | Eröffnung einer Verfügung von Todes wegen ..........<br>Werden mehrere Verfügungen von Todes wegen desselben Erblassers bei demselben Gericht gleichzeitig eröffnet, so ist nur eine Gebühr zu erheben. | 100,00 € |
| | ***Abschnitt 2. Erbschein, Europäisches Nachlasszeugnis und andere Zeugnisse*** | |
| | *Vorbemerkung 1.2.2:*<br>(1) Dieser Abschnitt gilt für Verfahren über den Antrag auf Erteilung<br>1. eines Erbscheins, | |

| Nr. | Gebührentatbestand | Gebühr oder Satz der Gebühr nach § 34 GNotKG – Tabelle B |
|---|---|---|
| | 2. eines Zeugnisses über die Fortsetzung der Gütergemeinschaft,<br>3. eines Zeugnisses nach § 36 oder § 37 der Grundbuchordnung oder § 42 der Schiffsregisterordnung, auch in Verbindung mit § 74 der Schiffsregisterordnung oder § 86 des Gesetzes über Rechte an Luftfahrzeugen, und<br>4. eines Testamentsvollstreckerzeugnisses<br>sowie für das Verfahren über deren Einziehung oder Kraftloserklärung.<br>(2) Dieser Abschnitt gilt ferner für Verfahren über den Antrag auf Ausstellung eines Europäischen Nachlasszeugnisses sowie über dessen Änderung oder Widerruf. Für Verfahren über die Aussetzung der Wirkungen eines Europäischen Nachlasszeugnisses werden Gebühren nach Hauptabschnitt 6 Abschnitt 2 erhoben.<br>(3) Endentscheidungen im Sinne dieses Abschnitts sind auch der Beschluss nach § 352e Abs. 1 FamFG und die Ausstellung eines Europäischen Nachlasszeugnisses. | |
| | ***Unterabschnitt 1. Erster Rechtszug*** | |
| | *Vorbemerkung 1.2.2.1:*<br>Die Ausstellung des Europäischen Nachlasszeugnisses durch das Beschwerdegericht steht der Ausstellung durch das Nachlassgericht gleich. | |
| 12210 | Verfahren über den Antrag auf Erteilung eines Erbscheins oder eines Zeugnisses oder auf Ausstellung eines Europäischen Nachlasszeugnisses, wenn nicht Nummer 12213 anzuwenden ist ............................... | 1,0 |
| | (1) Für die Abnahme der eidesstattlichen Versicherung wird die Gebühr gesondert erhoben (Vorbemerkung 1 Abs. 2).<br>(2) Ist die Gebühr bereits für ein Verfahren über den Antrag auf Erteilung eines Erbscheins entstanden, wird sie mit 75 % auf eine Gebühr für ein Verfahren über den Antrag auf Ausstellung eines Europäischen Nachlasszeugnisses angerechnet, wenn sich der Erbschein und das Europäische Nachlasszeugnis nicht widersprechen. Dies gilt entsprechend, wenn zuerst die Gebühr für ein Verfahren über den Antrag auf Ausstellung eines Europäischen Nachlasszeugnisses entstanden ist. | |
| 12211 | Beendigung des gesamten Verfahrens<br>1. ohne Endentscheidung oder<br>2. durch Zurücknahme des Antrags vor Ablauf des Tages, an dem die Endentscheidung der Geschäftsstelle übermittelt wird, wenn die Entscheidung nicht bereits durch Verlesen der Entscheidungsformel bekannt gegeben worden ist:<br>Die Gebühr 12210 ermäßigt sich auf ......................... | 0,3 – höchstens 200,00 € |
| 12212 | Beendigung des Verfahrens ohne Erteilung des Erbscheins oder des Zeugnisses oder ohne Ausstellung des Europäischen Nachlasszeugnisses, wenn nicht Nummer 12211 erfüllt ist:<br>Die Gebühr 12210 ermäßigt sich auf ......................... | 0,5 – höchstens 400,00 € |

| Nr. | Gebührentatbestand | Gebühr oder Satz der Gebühr nach § 34 GNotKG – **Tabelle B** |
|---|---|---|
| 12213 | Verfahren über den Antrag auf Erteilung eines weiteren Testamentsvollstreckerzeugnisses bezüglich desselben Nachlasses oder desselben Teils des Nachlasses | 0,3 |
| 12214 | Beendigung des Verfahrens ohne Erteilung des Zeugnisses:<br>Die Gebühr 12213 beträgt | höchstens 200,00 € |
| 12215 | Verfahren über die Einziehung oder Kraftloserklärung<br>1. eines Erbscheins,<br>2. eines Zeugnisses über die Fortsetzung der Gütergemeinschaft,<br>3. eines Testamentsvollstreckerzeugnisses oder<br>4. eines Zeugnisses nach § 36 oder § 37 der Grundbuchordnung oder nach § 42 auch i.V.m. § 74 der Schiffsregisterordnung | 0,5 – höchstens 400,00 € |
| 12216 | Verfahren über den Widerruf eines Europäischen Nachlasszeugnisses | 0,5 – höchstens 400,00 € |
| 12217 | Verfahren über die Änderung eines Europäischen Nachlasszeugnisses | 1,0 |
| 12218 | Erteilung einer beglaubigten Abschrift eines Europäischen Nachlasszeugnisses nach Beendigung des Verfahrens auf Ausstellung des Europäischen Nachlasszeugnisses oder Verlängerung der Gültigkeitsfrist einer beglaubigten Abschrift eines Europäischen Nachlasszeugnisses<br>Neben der Gebühr wird keine Dokumentenpauschale erhoben. | 20,00 € |

***Unterabschnitt 2. Beschwerde gegen die Endentscheidung wegen des Hauptgegenstands***

| | | |
|---|---|---|
| 12220 | Verfahren im Allgemeinen | 1,0 – höchstens 800,00 € |
| 12221 | Beendigung des gesamten Verfahrens durch Zurücknahme der Beschwerde oder des Antrags, bevor die Schrift zur Begründung der Beschwerde bei Gericht eingegangen ist:<br>Die Gebühr 12220 ermäßigt sich auf | 0,3 – höchstens 200,00 € |

| Nr. | Gebührentatbestand | Gebühr oder Satz der Gebühr nach § 34 GNotKG – Tabelle B |
|---|---|---|
| 12222 | Beendigung des gesamten Verfahrens ohne Endentscheidung, wenn nicht Nummer 12221 erfüllt ist:<br>Die Gebühr 12220 ermäßigt sich auf ......................<br>(1) Wenn die Entscheidung nicht durch Verlesen der Entscheidungsformel bekannt gegeben worden ist, ermäßigt sich die Gebühr auch im Fall der Zurücknahme der Beschwerde oder des Antrags vor Ablauf des Tages, an dem die Endentscheidung der Geschäftsstelle übermittelt wird.<br>(2) Eine Entscheidung über die Kosten steht der Ermäßigung nicht entgegen, wenn die Entscheidung einer zuvor mitgeteilten Einigung über die Kostentragung oder einer Kostenübernahmeerklärung folgt. | 0,5 – höchstens 400,00 € |
| | ***Unterabschnitt 3. Rechtsbeschwerde gegen die Endentscheidung wegen des Hauptgegenstands*** | |
| 12230 | Verfahren im Allgemeinen ........................................ | 1,5 – höchstens 1 200,00 € |
| 12231 | Beendigung des gesamten Verfahrens durch Zurücknahme der Rechtsbeschwerde oder des Antrags, bevor die Schrift zur Begründung der Beschwerde bei Gericht eingegangen ist:<br>Die Gebühr 12230 ermäßigt sich auf ...................... | 0,5 – höchstens 400,00 € |
| 12232 | Beendigung des gesamten Verfahrens durch Zurücknahme der Rechtsbeschwerde oder des Antrags vor Ablauf des Tages, an dem die Endentscheidung der Geschäftsstelle übermittelt wird, wenn nicht Nummer 12231 erfüllt ist:<br>Die Gebühr 12230 ermäßigt sich auf ...................... | 1,0 – höchstens 800,00 € |
| | ***Unterabschnitt 4. Zulassung der Sprungrechtsbeschwerde gegen die Endentscheidung wegen des Hauptgegenstands*** | |
| 12240 | Verfahren über die Zulassung der Sprungrechtsbeschwerde:<br>Soweit der Antrag abgelehnt wird: .......................... | 0,5 – höchstens 400,00 € |

| Nr. | Gebührentatbestand | Gebühr oder Satz der Gebühr nach § 34 GNotKG – **Tabelle A** |
|---|---|---|
| | ***Abschnitt 3. Sicherung des Nachlasses einschließlich der Nachlasspflegschaft, Nachlass- und Gesamtgutsverwaltung*** | |
| | ***Unterabschnitt 1. Erster Rechtszug*** | |
| 12310 | Verfahren im Allgemeinen .........................................<br>Die Gebühr entsteht nicht für Verfahren, die in den Rahmen einer bestehenden Nachlasspflegschaft oder Nachlass- oder Gesamtgutsverwaltung fallen. Dies gilt auch für das Verfahren, das mit der Nachlasspflegschaft oder der Nachlass- oder Gesamtgutsverwaltung endet. | 0,5 |
| 12311 | Jahresgebühr für jedes Kalenderjahr bei einer Nachlasspflegschaft, die nicht auf einzelne Rechtshandlungen beschränkt ist, oder bei einer Nachlass- oder Gesamtgutsverwaltung .........................................<br>(1) Ist Gegenstand des Verfahrens ein Teil des Nachlasses, ist höchstens dieser Teil des Nachlasses zu berücksichtigen. Verbindlichkeiten werden nicht abgezogen.<br>(2) Für das bei der ersten Bestellung eines Nachlasspflegers oder bei der Anordnung der Nachlass- oder Gesamtgutsverwaltung laufende und das folgende Kalenderjahr wird nur eine Jahresgebühr erhoben.<br>(3) Dauert die Nachlasspflegschaft nicht länger als drei Monate, beträgt die Gebühr abweichend von dem in der Gebührenspalte bestimmten Mindestbetrag 100,00 €. | 10,00 € je angefangene 5 000,00 € des Nachlasswerts – mindestens 200,00 € |
| 12312 | Verfahren im Allgemeinen bei einer Nachlasspflegschaft für einzelne Rechtshandlungen .....................<br>(1) Die Gebühr wird nicht neben der Gebühr 12311 erhoben.<br>(2) Absatz 3 der Anmerkung zu Nummer 12311 ist nicht anzuwenden. | 0,5 – höchstens eine Gebühr 12311 |
| | ***Unterabschnitt 2. Beschwerde gegen die Endentscheidung wegen des Hauptgegenstands*** | |
| 12320 | Verfahren im Allgemeinen ......................................... | 1,0 |
| 12321 | Beendigung des gesamten Verfahrens ohne Endentscheidung:<br>Die Gebühr 12320 ermäßigt sich auf .......................<br>(1) Wenn die Entscheidung nicht durch Verlesen der Entscheidungsformel bekannt gegeben worden ist, ermäßigt sich die Gebühr auch, wenn die Beschwerde vor Ablauf des Tages, an dem die Endentscheidung der Geschäftsstelle übermittelt wird, zurückgenommen wird.<br>(2) Eine Entscheidung über die Kosten steht der Ermäßigung nicht entgegen, wenn die Entscheidung einer zuvor mitgeteilten Einigung über die Kostentragung oder einer Kostenübernahmeerklärung folgt. | 0,5 |
| | ***Unterabschnitt 3. Rechtsbeschwerde gegen die Endentscheidung wegen des Hauptgegenstands*** | |
| 12330 | Verfahren im Allgemeinen ......................................... | 1,5 |
| 12331 | Beendigung des gesamten Verfahrens durch Zurücknahme der Rechtsbeschwerde oder des Antrags, be- | |

| Nr. | Gebührentatbestand | Gebühr oder Satz der Gebühr nach § 34 GNotKG – **Tabelle A** |
|---|---|---|
| | vor die Schrift zur Begründung der Beschwerde bei Gericht eingegangen ist:<br>Die Gebühr 12330 ermäßigt sich auf ...................... | 0,5 |
| 12332 | Beendigung des gesamten Verfahrens durch Zurücknahme der Rechtsbeschwerde oder des Antrags vor Ablauf des Tages, an dem die Endentscheidung der Geschäftsstelle übermittelt wird, wenn nicht Nummer 12331 erfüllt ist:<br>Die Gebühr 12330 ermäßigt sich auf ...................... | 1,0 |

***Unterabschnitt 4. Zulassung der Sprungrechtsbeschwerde gegen die Endentscheidung wegen des Hauptgegenstands***

| Nr. | Gebührentatbestand | Gebühr |
|---|---|---|
| 12340 | Verfahren über die Zulassung der Sprungrechtsbeschwerde:<br>Soweit der Antrag abgelehnt wird: .......................... | 0,5 |

***Abschnitt 4. Entgegennahme von Erklärungen, Fristbestimmungen, Nachlassinventar, Testamentsvollstreckung***

***Unterabschnitt 1. Entgegennahme von Erklärungen, Fristbestimmungen und Nachlassinventar***

| Nr. | Gebührentatbestand | Gebühr |
|---|---|---|
| 12410 | Entgegennahme von Erklärungen und Anzeigen ......<br>(1) Die Gebühr entsteht für die Entgegennahme<br>1. einer Forderungsanmeldung im Fall des § 2061 BGB,<br>2. einer Erklärung über die Anfechtung eines Testaments oder Erbvertrags (§§ 2081, 2281 Abs. 2 BGB),<br>3. einer Anzeige des Vorerben oder des Nacherben über den Eintritt der Nacherbfolge (§ 2146 BGB),<br>4. einer Erklärung betreffend die Bestimmung der Person des Testamentsvollstreckers oder die Ernennung von Mitvollstreckern (§ 2198 Abs. 1 Satz 2 und § 2199 Abs. 3 BGB), die Annahme oder Ablehnung des Amtes des Testamentsvollstreckers (§ 2202 BGB) sowie die Kündigung dieses Amtes (§ 2226 BGB),<br>5. einer Anzeige des Verkäufers oder Käufers einer Erbschaft über den Verkauf nach § 2384 BGB sowie einer Anzeige in den Fällen des § 2385 BGB,<br>6. eines Nachlassinventars oder einer Erklärung nach § 2004 BGB oder<br>7. der Erklärung eines Hoferben über die Wahl des Hofes gemäß § 9 Abs. 2 Satz 1 HöfeO.<br>(2) Für die gleichzeitige Entgegennahme mehrerer Forderungsanmeldungen, Erklärungen oder Anzeigen nach derselben Nummer entsteht die Gebühr nur einmal. | 15,00 € |
| 12411 | Verfahren über<br>1. eine Fristbestimmung nach den §§ 2151, 2153 bis 2155, 2192, 2193 BGB,<br>2. die Bestimmung einer Inventarfrist,<br>3. die Bestimmung einer neuen Inventarfrist,<br>4. die Verlängerung der Inventarfrist oder | |

| Nr. | Gebührentatbestand | Gebühr oder Satz der Gebühr nach § 34 GNotKG **– Tabelle A** |
|---|---|---|
| | 5. eine Fristbestimmung, die eine Testamentsvollstreckung betrifft | 25,00 € |
| 12412 | Verfahren über den Antrag des Erben, einen Notar mit der amtlichen Aufnahme des Nachlassinventars zu beauftragen | 40,00 € |
| 12413 | Verfahren über die Erteilung einer Bescheinigung, die die Annahme des Amtes als Testamentsvollstrecker bestätigt | 50,00 € |

### *Unterabschnitt 2. Testamentsvollstreckung*

*Vorbemerkung 1.2.4.2:*

Die Gebühren für die Entgegennahme von Erklärungen und für das Verfahren über eine Fristbestimmung bestimmen sich nach Unterabschnitt 1, die Gebühr für das Verfahren auf Erteilung eines Testamentsvollstreckerzeugnisses sowie dessen Einziehung oder Kraftloserklärung nach Abschnitt 2.

| Nr. | Gebührentatbestand | Gebühr oder Satz der Gebühr nach § 34 GNotKG – Tabelle A |
|---|---|---|
| 12420 | Verfahren über die Ernennung oder Entlassung von Testamentsvollstreckern und über sonstige anlässlich einer Testamentsvollstreckung zu treffenden Anordnungen | 0,5 |
| 12421 | Verfahren über die Beschwerde gegen die Endentscheidung wegen des Hauptgegenstands | 1,0 |
| 12422 | Beendigung des gesamten Verfahrens ohne Endentscheidung:<br>Die Gebühr 12421 ermäßigt sich auf<br>(1) Wenn die Entscheidung nicht durch Verlesen der Entscheidungsformel bekannt gegeben worden ist, ermäßigt sich die Gebühr auch im Fall der Zurücknahme der Beschwerde oder des Antrags vor Ablauf des Tages, an dem die Endentscheidung der Geschäftsstelle übermittelt wird.<br>(2) Eine Entscheidung über die Kosten steht der Ermäßigung nicht entgegen, wenn die Entscheidung einer zuvor mitgeteilten Einigung über die Kostentragung oder einer Kostenübernahmeerklärung folgt. | 0,5 |
| 12425 | Verfahren über die Rechtsbeschwerde gegen die Endentscheidung wegen des Hauptgegenstands | 1,5 |
| 12426 | Beendigung des gesamten Verfahrens durch Zurücknahme der Rechtsbeschwerde oder des Antrags, bevor die Schrift zur Begründung der Beschwerde bei Gericht eingegangen ist:<br>Die Gebühr 12425 ermäßigt sich auf | 0,5 |
| 12427 | Beendigung des gesamten Verfahrens durch Zurücknahme der Rechtsbeschwerde oder des Antrags vor Ablauf des Tages, an dem die Endentscheidung der Geschäftsstelle übermittelt wird, wenn nicht Nummer 12426 erfüllt ist:<br>Die Gebühr 12425 ermäßigt sich auf | 1,0 |

| Nr. | Gebührentatbestand | Gebühr oder Satz der Gebühr nach § 34 GNotKG **– Tabelle A** |
|---|---|---|
| 12428 | Verfahren über die Zulassung der Sprungrechtsbeschwerde:<br>Soweit der Antrag abgelehnt wird: | 0,5 |

### *Abschnitt 5. Übrige Nachlasssachen*

#### *Unterabschnitt 1. (aufgehoben)*

#### *Unterabschnitt 2. Stundung des Pflichtteilsanspruchs*

| Nr. | Gebührentatbestand | Gebühr oder Satz der Gebühr nach § 34 GNotKG – Tabelle A |
|---|---|---|
| 12520 | Verfahren im Allgemeinen | 2,0 |
| 12521 | Beendigung des gesamten Verfahrens<br>1. ohne Endentscheidung,<br>2. durch Zurücknahme des Antrags vor Ablauf des Tages, an dem die Endentscheidung der Geschäftsstelle übermittelt wird, wenn die Entscheidung nicht bereits durch Verlesen der Entscheidungsformel bekannt gegeben worden ist, oder<br>3. wenn die Endentscheidung keine Begründung enthält oder nur deshalb eine Begründung enthält, weil zu erwarten ist, dass der Beschluss im Ausland geltend gemacht wird (§ 38 Abs. 5 Nr. 4 FamFG):<br>Die Gebühr 12520 ermäßigt sich auf<br>(1) Die Vervollständigung einer ohne Begründung hergestellten Endentscheidung (§ 38 Abs. 6 FamFG) steht der Ermäßigung nicht entgegen.<br>(2) Die Gebühr ermäßigt sich auch, wenn mehrere Ermäßigungstatbestände erfüllt sind. | 0,5 |

#### *Unterabschnitt 3. Beschwerde gegen die Endentscheidung wegen des Hauptgegenstands*

| Nr. | Gebührentatbestand | Gebühr oder Satz der Gebühr nach § 34 GNotKG – Tabelle A |
|---|---|---|
| 12530 | Verfahren im Allgemeinen | 3,0 |
| 12531 | Beendigung des gesamten Verfahrens durch Zurücknahme der Beschwerde oder des Antrags, bevor die Schrift zur Begründung der Beschwerde bei Gericht eingegangen ist:<br>Die Gebühr 12530 ermäßigt sich auf | 0,5 |
| 12532 | Beendigung des gesamten Verfahrens ohne Endentscheidung, wenn nicht Nummer 12531 erfüllt ist:<br>Die Gebühr 12530 ermäßigt sich auf<br>(1) Wenn die Entscheidung nicht durch Verlesen der Entscheidungsformel bekannt gegeben worden ist, ermäßigt sich die Gebühr auch im Fall der Zurücknahme der Beschwerde oder des Antrags vor Ablauf des Tages, an dem die Endentscheidung der Geschäftsstelle übermittelt wird.<br>(2) Eine Entscheidung über die Kosten steht der Ermäßigung nicht entgegen, wenn die Entscheidung einer zuvor mitgeteilten Einigung über die Kostentragung oder einer Kostenübernahmeerklärung folgt. | 1,0 |

| Nr. | Gebührentatbestand | Gebühr oder Satz der Gebühr nach § 34 GNotKG **– Tabelle A** |
|---|---|---|
| | ***Unterabschnitt 4. Rechtsbeschwerde gegen die Endentscheidung wegen des Hauptgegenstands*** | |
| 12540 | Verfahren im Allgemeinen ......................................... | 4,0 |
| 12541 | Beendigung des gesamten Verfahrens durch Zurücknahme der Rechtsbeschwerde oder des Antrags, bevor die Schrift zur Begründung der Beschwerde bei Gericht eingegangen ist:<br>Die Gebühr 12540 ermäßigt sich auf ............................ | 1,0 |
| 12542 | Beendigung des gesamten Verfahrens durch Zurücknahme der Rechtsbeschwerde oder des Antrags vor Ablauf des Tages, an dem die Endentscheidung der Geschäftsstelle übermittelt wird, wenn nicht Nummer 12541 erfüllt ist:<br>Die Gebühr 12540 ermäßigt sich auf ............................ | 2,0 |
| | ***Unterabschnitt 5. Zulassung der Sprungrechtsbeschwerde gegen die Endentscheidung wegen des Hauptgegenstands*** | |
| 12550 | Verfahren über die Zulassung der Sprungrechtsbeschwerde:<br>Soweit der Antrag abgelehnt wird: ............................ | 1,0 |
| | **Hauptabschnitt 3. Registersachen sowie unternehmensrechtliche und ähnliche Verfahren** | |
| | *Vorbemerkung 1.3:*<br>(1) Dieser Hauptabschnitt gilt für<br>1. Registersachen (§ 374 FamFG), soweit die Gebühren nicht aufgrund einer Rechtsverordnung nach § 58 Abs. 1 GNotKG erhoben werden,<br>2. unternehmensrechtliche Verfahren (§ 375 FamFG) und ähnliche Verfahren sowie<br>3. bestimmte Vereinssachen.<br>(2) Gebühren werden nicht erhoben<br>1. für die aus Anlass eines Insolvenzverfahrens von Amts wegen vorzunehmenden Eintragungen,<br>2. für die Löschung von Eintragungen (§ 395 FamFG) und<br>3. von berufsständischen Organen im Rahmen ihrer Beteiligung nach § 380 FamFG. | |
| | ***Abschnitt 1. Vereinsregistersachen*** | |
| 13100 | Verfahren über die Ersteintragung in das Vereinsregister ............................................. | 75,00 € |
| 13101 | Verfahren über eine spätere Eintragung in das Vereinsregister ............................................. | 50,00 € |
| | (1) Bei einer Sitzverlegung in den Bezirk eines anderen Registergerichts wird die Gebühr für eine spätere Eintragung nur durch das Gericht erhoben, in dessen Bezirk der Sitz verlegt worden ist.<br>(2) Die Gebühr wird für mehrere Eintragungen nur einmal erhoben, wenn die Anmeldungen am selben Tag beim Registergericht eingegangen sind und denselben Verein betreffen.<br>(3) Für die Eintragung<br>1. des Erlöschens des Vereins, | |

| Nr. | Gebührentatbestand | Gebühr oder Satz der Gebühr nach § 34 GNotKG – **Tabelle A** |
|---|---|---|
| | 2. der Beendigung der Liquidation des Vereins,<br>3. der Fortführung als nichtrechtsfähiger Verein,<br>4. des Verzichts auf die Rechtsfähigkeit oder<br>5. der Entziehung der Rechtsfähigkeit<br>und für die Schließung des Registerblatts wird keine Gebühr erhoben. | |
| 13102 | Bereitstellung von Daten oder Dokumenten zum Abruf ..........<br>Die Gebühr entsteht neben jeder Gebühr für eine Eintragung in das Vereinsregister nach diesem Abschnitt gesondert. | 1/3 der für die Eintragung bestimmten Gebühr |

***Abschnitt 2.*** *(aufgehoben)*

***Abschnitt 3. Zwangs- und Ordnungsgeld in Verfahren nach den §§ 389 bis 392 FamFG***

***Unterabschnitt 1. Erster Rechtszug***

| | | |
|---|---|---|
| 13310 | Festsetzung von Zwangs- oder Ordnungsgeld:<br>je Festsetzung .......... | 100,00 € |
| 13311 | Verwerfung des Einspruchs .......... | 100,00 € |

***Unterabschnitt 2. Beschwerde gegen die Endentscheidung wegen des Hauptgegenstands***

| | | |
|---|---|---|
| 13320 | Verfahren im Allgemeinen:<br>Die Beschwerde wird verworfen oder zurückgewiesen ..........<br>Wird die Beschwerde nur teilweise verworfen oder zurückgewiesen, kann das Gericht die Gebühr nach billigem Ermessen auf die Hälfte ermäßigen oder bestimmen, dass eine Gebühr nicht zu erheben ist. | 150,00 € |
| 13321 | Verfahren im Allgemeinen:<br>Beendigung des gesamten Verfahrens durch Zurücknahme der Beschwerde oder des Antrags, bevor die Schrift zur Begründung der Beschwerde bei Gericht eingegangen ist .......... | 75,00 € |
| 13322 | Verfahren im Allgemeinen:<br>Beendigung des gesamten Verfahrens durch Zurücknahme der Beschwerde oder des Antrags vor Ablauf des Tages, an dem die Endentscheidung der Geschäftsstelle übermittelt wird, wenn die Entscheidung nicht bereits durch Verlesen der Entscheidungsformel bekannt gegeben worden ist, oder wenn nicht Nummer 13321 erfüllt ist .......... | 100,00 € |

| Nr. | Gebührentatbestand | Gebühr oder Satz der Gebühr nach § 34 GNotKG **– Tabelle A** |
|---|---|---|
| | ***Unterabschnitt 3. Rechtsbeschwerde gegen die Endentscheidung wegen des Hauptgegenstands*** | |
| 13330 | Verfahren im Allgemeinen:<br>Die Rechtsbeschwerde wird verworfen oder zurückgewiesen ............<br>Wird die Rechtsbeschwerde nur teilweise verworfen oder zurückgewiesen, kann das Gericht die Gebühr nach billigem Ermessen auf die Hälfte ermäßigen oder bestimmen, dass eine Gebühr nicht zu erheben ist. | 200,00 € |
| 13331 | Verfahren im Allgemeinen:<br>Beendigung des gesamten Verfahrens durch Zurücknahme der Rechtsbeschwerde oder des Antrags, bevor die Schrift zur Begründung der Beschwerde bei Gericht eingegangen ist ............ | 100,00 € |
| 13332 | Verfahren im Allgemeinen:<br>Beendigung des gesamten Verfahrens durch Zurücknahme der Rechtsbeschwerde oder des Antrags vor Ablauf des Tages, an dem die Endentscheidung der Geschäftsstelle übermittelt wird, wenn nicht Nummer 13331 erfüllt ist ............ | 150,00 € |
| | ***Abschnitt 4. Löschungs- und Auflösungsverfahren sowie Verfahren über die Entziehung der Rechtsfähigkeit eines Vereins vor dem Amtsgericht*** | |
| 13400 | Verfahren über<br>1. den Widerspruch gegen eine beabsichtigte Löschung (§§ 393 bis 398 FamFG),<br>2. den Widerspruch gegen die beabsichtigte Feststellung eines Mangels der Satzung oder des Gesellschaftsvertrages (§ 399 FamFG) oder<br>3. die Entziehung der Rechtsfähigkeit eines Vereins | 1,0 |
| | ***Abschnitt 5. Unternehmensrechtliche und ähnliche Verfahren, Verfahren vor dem Registergericht und Vereinssachen vor dem Amtsgericht*** | |
| | *Vorbemerkung 1.3.5:*<br>Die Vorschriften dieses Abschnitts gelten für<br>1. unternehmensrechtliche Verfahren nach § 375 FamFG und für Verfahren vor dem Registergericht,<br>2. Verfahren vor dem Landgericht nach<br>a) den §§ 98, 99, 132, 142, 145, 258, 260, 293c und 315 des Aktiengesetzes,<br>b) § 51b GmbHG,<br>c) § 26 des SEAG,<br>d) § 10 UmwG,<br>e) dem SpruchG und<br>f) den §§ 39a und 39b WpÜG,<br>3. Verfahren vor dem Oberlandesgericht nach § 8 Abs. 3 des Gesetzes über die Mitbestimmung der Arbeitnehmer in den Aufsichtsräten und Vorständen der Unternehmen des Bergbaus und der Eisen und Stahl erzeugenden Industrie und<br>4. Vereinssachen über<br>a) die Notbestellung von Vorstandsmitgliedern oder Liquidatoren, | |

| Nr. | Gebührentatbestand | Gebühr oder Satz der Gebühr nach § 34 GNotKG **– Tabelle A** |
|---|---|---|
| | b) die Ermächtigung von Mitgliedern zur Berufung der Mitgliederversammlung einschließlich der Anordnungen über die Führung des Vorsitzes.<br><br>Gebühren nach diesem Abschnitt werden auch erhoben, soweit die für Vereine geltenden §§ 29 und 48 BGB entsprechend anzuwenden sind. | |
| 13500 | Verfahren im Allgemeinen ........................................<br>Die Festsetzung einer Vergütung für Personen, die vom Gericht bestellt worden sind, gehört zum Rechtszug. | 2,0 |
| 13501 | Soweit das Verfahren zum Zweck der Verhandlung über die Dispache ohne deren Bestätigung beendet wird:<br>Die Gebühr 13500 ermäßigt sich auf ........................ | 1,0 |
| 13502 | Soweit das Verfahren zum Zweck der Verhandlung über die Dispache vor Eintritt in die Verhandlung durch Zurücknahme des Antrags oder auf andere Weise erledigt wird:<br>Die Gebühr 13500 ermäßigt sich auf ........................ | 0,5 |
| 13503 | Soweit im Verfahren nach dem SpruchG lediglich ein Beschluss nach § 11 Abs. 4 Satz 2 SpruchG ergeht:<br>Die Gebühr 13500 ermäßigt sich auf ........................ | 1,0 |
| 13504 | Beendigung des gesamten Verfahrens, soweit nicht die Nummer 13501 oder 13502 anzuwenden ist,<br>1. ohne Endentscheidung,<br>2. durch Zurücknahme des Antrags vor Ablauf des Tages, an dem die Endentscheidung der Geschäftsstelle übermittelt oder ohne Beteiligung der Geschäftsstelle bekannt gegeben wird, wenn sie nicht bereits durch Verlesen der Entscheidungsformel bekannt gegeben worden ist:<br>Die Gebühr 13500 ermäßigt sich auf ........................ | 0,5 |
| | ***Abschnitt 6. Rechtsmittelverfahren in den in den Abschnitten 4 und 5 genannten Verfahren*** | |
| | ***Unterabschnitt 1. Beschwerde gegen die Endentscheidung wegen des Hauptgegenstands*** | |
| 13610 | Verfahren im Allgemeinen ........................................ | 3,0 |
| 13611 | Beendigung des gesamten Verfahrens durch Zurücknahme der Beschwerde oder des Antrags, bevor die Schrift zur Begründung der Beschwerde bei Gericht eingegangen ist:<br>Die Gebühr 13610 ermäßigt sich auf ........................ | 0,5 |
| 13612 | Beendigung des gesamten Verfahrens ohne Endentscheidung, wenn nicht Nummer 13611 erfüllt ist:<br>Die Gebühr 13610 ermäßigt sich auf ........................<br>(1) Wenn die Entscheidung nicht durch Verlesen der Entscheidungsformel bekannt gegeben worden ist, ermäßigt sich die Gebühr auch | 1,0 |

| Nr. | Gebührentatbestand | Gebühr oder Satz der Gebühr nach § 34 GNotKG **– Tabelle A** |
|---|---|---|
| | im Fall der Zurücknahme der Beschwerde oder des Antrags vor Ablauf des Tages, an dem die Endentscheidung der Geschäftsstelle übermittelt wird.<br>(2) Eine Entscheidung über die Kosten steht der Ermäßigung nicht entgegen, wenn die Entscheidung einer zuvor mitgeteilten Einigung über die Kostentragung oder einer Kostenübernahmeerklärung folgt. | |
| | ***Unterabschnitt 2. Rechtsbeschwerde gegen die Endentscheidung wegen des Hauptgegenstands*** | |
| 13620 | Verfahren im Allgemeinen | 4,0 |
| 13621 | Beendigung des gesamten Verfahrens durch Zurücknahme der Rechtsbeschwerde oder des Antrags, bevor die Schrift zur Begründung der Beschwerde bei Gericht eingegangen ist:<br>Die Gebühr 13620 ermäßigt sich auf | 1,0 |
| 13622 | Beendigung des gesamten Verfahrens durch Zurücknahme der Rechtsbeschwerde oder des Antrags vor Ablauf des Tages, an dem die Endentscheidung der Geschäftsstelle übermittelt wird, wenn nicht Nummer 13621 erfüllt ist:<br>Die Gebühr 13620 ermäßigt sich auf | 2,0 |
| | ***Unterabschnitt 3. Zulassung der Sprungrechtsbeschwerde gegen die Endentscheidung wegen des Hauptgegenstands*** | |
| 13630 | Verfahren über die Zulassung der Sprungrechtsbeschwerde:<br>Soweit der Antrag abgelehnt wird: | 1,0 |

| Nr. | Gebührentatbestand | Gebühr oder Satz der Gebühr nach § 34 GNotKG **– Tabelle B** |
|---|---|---|

## Hauptabschnitt 4. Grundbuchsachen, Schiffs- und Schiffsbauregistersachen und Angelegenheiten des Registers für Pfandrechte an Luftfahrzeugen

*Vorbemerkung 1.4:*

(1) Die für Grundstücke geltenden Vorschriften sind auf Rechte entsprechend anzuwenden, die den für Grundstücke geltenden Vorschriften unterliegen.

(2) Gebühren werden nicht erhoben für

1. Eintragungen und Löschungen, die gemäß § 18 Abs. 2 oder § 53 der Grundbuchordnung von Amts wegen erfolgen,
2. Eintragungen und Löschungen, die auf Ersuchen oder Anordnung eines Gerichts, insbesondere des Insolvenz- oder Vollstreckungsgerichts erfolgen; ausgenommen sind die Eintragung des Erstehers als Eigentümer, die Eintragung der Sicherungshypothek für die Forderung gegen den Ersteher und Eintragungen aufgrund einer einstweiligen Verfügung (§ 941 ZPO), und
3. Eintragungen oder Löschungen, die nach den Vorschriften der Insolvenzordnung statt auf Ersuchen des Insolvenzgerichts auf Antrag des Insolvenzverwalters oder, wenn kein Verwalter bestellt ist, auf Antrag des Schuldners erfolgen.

| Nr. | Gebührentatbestand | Gebühr oder Satz der Gebühr nach § 34 GNotKG – Tabelle B |
|---|---|---|
| (3) Wird derselbe Eigentümer oder dasselbe Recht bei mehreren Grundstücken, Schiffen, Schiffsbauwerken oder Luftfahrzeugen eingetragen, über die das Grundbuch oder Register bei demselben Amtsgericht geführt wird, wird die Gebühr nur einmal erhoben, wenn die Eintragungsanträge in demselben Dokument enthalten und am selben Tag beim Grundbuchamt oder beim Registergericht eingegangen sind. Als dasselbe Recht gelten auch nicht gesamtrechtsfähige inhaltsgleiche Rechte und Vormerkungen, die bei mehreren Grundstücken für denselben Berechtigten eingetragen werden. Die Sätze 1 und 2 gelten für die Eintragung von Veränderungen, Löschungen und Entlassungen aus der Mithaft entsprechend.<br>(4) Bezieht sich die Eintragung einer Veränderung auf mehrere Rechte, wird die Gebühr für jedes Recht gesondert erhoben, auch wenn es nur der Eintragung eines einheitlichen Vermerks bedarf.<br>(5) Beziehen sich mehrere Veränderungen auf dasselbe Recht, wird die Gebühr nur einmal erhoben, wenn die Eintragungsanträge in demselben Dokument enthalten und am selben Tag beim Grundbuchamt oder beim Registergericht eingegangen sind.<br>(6) Für die Bestellung eines Vertreters des Schiffseigentümers nach § 42 Abs 2 des Gesetzes über Rechte an eingetragenen Schiffen und Schiffsbauwerken durch das Registergericht werden die Gebühren nach Hauptabschnitt 1 wie für eine betreuungsgerichtliche Zuweisungssache nach § 340 Nr. 2 FamFG erhoben. | | |
| | ***Abschnitt 1. Grundbuchsachen*** | |
| | ***Unterabschnitt 1. Eigentum*** | |
| 14110 | Eintragung<br>1. eines Eigentümers oder von Miteigentümern oder<br>2. von Gesellschaftern einer Gesellschaft bürgerlichen Rechts im Wege der Grundbuchberichtigung ...... | 1,0 |
| | (1) Die Gebühr wird nicht für die Eintragung von Erben des eingetragenen Eigentümers oder von Erben des Gesellschafters bürgerlichen Rechts erhoben, wenn der Eintragungsantrag binnen zwei Jahren seit dem Erbfall bei dem Grundbuchamt eingereicht wird. Dies gilt auch, wenn die Erben erst infolge einer Erbauseinandersetzung eingetragen werden.<br>(2) Die Gebühr wird ferner nicht bei der Begründung oder Aufhebung von Wohnungs- oder Teileigentum erhoben, wenn damit keine weitergehende Veränderung der Eigentumsverhältnisse verbunden ist. | |
| 14111 | Die Eintragung im Wege der Grundbuchberichtigung erfolgt aufgrund des § 82a der Grundbuchordnung von Amts wegen:<br>Die Gebühr 14110 beträgt ...................................... | 2,0 |
| | Daneben wird für das Verfahren vor dem Grundbuchamt oder dem Nachlassgericht keine weitere Gebühr erhoben. | |
| 14112 | Eintragung der vertraglichen Einräumung von Sondereigentum oder Anlegung der Wohnungs- oder Teileigentumsgrundbücher im Fall des § 8 WEG ...... | 1,0 |
| | ***Unterabschnitt 2. Belastungen*** | |
| *Vorbemerkung 1.4.1.2:*<br>Dieser Unterabschnitt gilt für die Eintragung einer Hypothek, Grundschuld oder Rentenschuld, einer Dienstbarkeit, eines Dauerwohnrechts, eines Dauernutzungsrechts, eines Vorkaufsrechts, einer Reallast, eines Erbbaurechts oder eines ähnlichen Rechts an einem Grundstück. | | |

| Nr. | Gebührentatbestand | Gebühr oder Satz der Gebühr nach § 34 GNotKG **– Tabelle B** |
|---|---|---|
| 14120 | Eintragung einer Briefhypothek, Briefgrundschuld oder Briefrentenschuld | 1,3 |
| 14121 | Eintragung eines sonstigen Rechts | 1,0 |
| 14122 | Eintragung eines Gesamtrechts, wenn das Grundbuch bei verschiedenen Grundbuchämtern geführt wird:<br>Die Gebühren 14120 und 14121 erhöhen sich ab dem zweiten für jedes weitere beteiligte Grundbuchamt um<br>Diese Vorschrift ist anzuwenden, wenn der Antrag für mehrere Grundbuchämter gleichzeitig bei einem Grundbuchamt gestellt wird oder bei gesonderter Antragstellung, wenn die Anträge innerhalb eines Monats bei den beteiligten Grundbuchämtern eingehen. | 0,2 |
| 14123 | Eintragung eines Rechts, das bereits an einem anderen Grundstück besteht, wenn nicht die Nummer 14122 anzuwenden ist | 0,5 |
| 14124 | Nachträgliche Erteilung eines Hypotheken-, Grundschuld- oder Rentenschuldbriefs, Herstellung eines Teilbriefs oder eines neuen Briefs<br>Sind die belasteten Grundstücke bei verschiedenen Grundbuchämtern eingetragen, so werden für die gemäß § 59 Abs. 2 der Grundbuchordnung zu erteilenden besonderen Briefe die Gebühren gesondert erhoben. | 0,5 |
| 14125 | Ergänzung des Inhalts eines Hypotheken-, Grundschuld- oder Rentenschuldbriefs, die auf Antrag vorgenommen wird (§ 57 Abs. 2 und § 70 der Grundbuchordnung) | 25,00 € |
| | ***Unterabschnitt 3. Veränderung von Belastungen*** | |
| 14130 | Eintragung der Veränderung einer in der Vorbemerkung 1.4.1.2 genannten Belastung<br>(1) Als Veränderung eines Rechts gilt auch die Löschungsvormerkung (§ 1179 BGB). Für sie wird keine Gebühr erhoben, wenn ihre Eintragung zugunsten des Berechtigten gleichzeitig mit dem Antrag auf Eintragung des Rechts beantragt wird.<br>(2) Änderungen des Ranges eingetragener Rechte sind nur als Veränderungen des zurücktretenden Rechts zu behandeln, Löschungsvormerkungen zugunsten eines nach- oder gleichstehenden Gläubigers nur als Veränderungen des Rechts, auf dessen Löschung der vorgemerkte Anspruch gerichtet ist. | 0,5 |
| 14131 | Eintragung der Veränderung eines Gesamtrechts, wenn das Grundbuch bei verschiedenen Grundbuchämtern geführt wird:<br>Die Gebühr 14130 erhöht sich ab dem zweiten für jedes weitere beteiligte Grundbuchamt um<br>Diese Vorschrift ist anzuwenden, wenn der Antrag für mehrere Grundbuchämter gleichzeitig bei einem Grundbuchamt gestellt wird oder bei gesonderter Antragstellung, wenn die Anträge innerhalb eines Monats bei den beteiligten Grundbuchämtern eingehen. | 0,1 |

| Nr. | Gebührentatbestand | Gebühr oder Satz der Gebühr nach § 34 GNotKG – Tabelle B |
|---|---|---|
| | ***Unterabschnitt 4. Löschung von Belastungen und Entlassung aus der Mithaft*** | |
| | *Vorbemerkung 1.4.1.4:*<br>Dieser Unterabschnitt gilt für die Löschung einer Hypothek, Grundschuld oder Rentenschuld, einer Dienstbarkeit, eines Dauerwohnrechts, eines Dauernutzungsrechts, eines Vorkaufsrechts, einer Reallast, eines Erbbaurechts oder eines ähnlichen Rechts an einem Grundstück. | |
| 14140 | Löschung in Abteilung III des Grundbuchs ............. | 0,5 |
| 14141 | Löschung eines Gesamtrechts, wenn das Grundbuch bei verschiedenen Grundbuchämtern geführt wird:<br>Die Gebühr 14140 erhöht sich ab dem zweiten für jedes weitere beteiligte Grundbuchamt um ............<br>Diese Vorschrift ist anzuwenden, wenn der Antrag für mehrere Grundbuchämter gleichzeitig bei einem Grundbuchamt gestellt wird oder bei gesonderter Antragstellung, wenn die Anträge innerhalb eines Monats bei den beteiligten Grundbuchämtern eingehen. | 0,1 |
| 14142 | Eintragung der Entlassung aus der Mithaft ............... | 0,3 |
| 14143 | Löschung im Übrigen ............................................... | 25,00 € |
| | ***Unterabschnitt 5. Vormerkungen und Widersprüche*** | |
| 14150 | Eintragung einer Vormerkung ................................ | 0,5 |
| 14151 | Eintragung eines Widerspruchs ............................ | 50,00 € |
| 14152 | Löschung einer Vormerkung .................................. | 25,00 € |
| | ***Unterabschnitt 6. Sonstige Eintragungen*** | |
| 14160 | Sonstige Eintragung ............................................... | 50,00 € |
| | Die Gebühr wird erhoben für die Eintragung<br>1. eines Vermerks über Rechte, die dem jeweiligen Eigentümer zustehen, einschließlich des Vermerks hierüber auf dem Grundbuchblatt des belasteten Grundstücks;<br>2. der ohne Eigentumsübergang stattfindenden Teilung außer im Fall des § 7 Abs. 1 der Grundbuchordnung;<br>3. der ohne Eigentumsübergang stattfindenden Vereinigung oder Zuschreibung von Grundstücken; dies gilt nicht, wenn die das amtliche Verzeichnis (§ 2 Abs. 2 der Grundbuchordnung) führende Behörde bescheinigt, dass die Grundstücke örtlich und wirtschaftlich ein einheitliches Grundstück darstellen oder die Grundstücke zu einem Hof gehören;<br>4. einer oder mehrerer gleichzeitig beantragter Belastungen nach § 1010 BGB; die Gebühr wird für jeden belasteten Anteil gesondert erhoben, auch wenn es nur der Eintragung eines Vermerks bedarf, oder<br>5. einer oder mehrerer gleichzeitig beantragter Änderungen des Inhalts oder Eintragung der Aufhebung des Sondereigentums; die Gebühr wird für jedes betroffene Sondereigentum gesondert erhoben; die Summe der zu erhebenden Gebühren beträgt in diesem Fall höchstens 500,00 €, bei der Löschung einer Veräußerungsbeschränkung nach § 12 des Wohnungseigentumsgesetzes höchstens 100,00 €. | |

| Nr. | Gebührentatbestand | Gebühr oder Satz der Gebühr nach § 34 GNotKG – Tabelle B |
|---|---|---|
| | ***Abschnitt 2. Schiffs- und Schiffsbauregistersachen*** | |
| | ***Unterabschnitt 1. Registrierung des Schiffs und Eigentum*** | |
| 14210 | Eintragung eines Schiffs | 1,0 |
| 14211 | Löschung der Eintragung eines Schiffs, dessen Anmeldung dem Eigentümer freisteht, auf Antrag des Eigentümers (§ 20 Abs. 2 Satz 2 der Schiffsregisterordnung) | 50,00 € |
| 14212 | Löschung der Eintragung eines Schiffsbauwerks auf Antrag des Eigentümers des Schiffsbauwerks und des Inhabers der Schiffswerft, ohne dass die Löschung ihren Grund in der Ablieferung des Bauwerks ins Ausland oder im Untergang des Bauwerks hat | 50,00 € |
| 14213 | Eintragung eines neuen Eigentümers | 1,0 |
| | ***Unterabschnitt 2. Belastungen*** | |
| | *Vorbemerkung 1.4.2.2:*<br>Die Übertragung der im Schiffsbauregister eingetragenen Hypotheken in das Schiffsregister ist gebührenfrei. | |
| 14220 | Eintragung einer Schiffshypothek, eines Arrestpfandrechts oder eines Nießbrauchs | 1,0 |
| 14221 | Eintragung eines Gesamtrechts, das Schiffe oder Schiffsbauwerke belastet, für die das Register bei verschiedenen Gerichten geführt wird:<br>Die Gebühr 14220 erhöht sich ab dem zweiten Gericht für jedes beteiligte Gericht um<br>Diese Vorschrift ist anzuwenden, wenn der Antrag für mehrere Registergerichte gleichzeitig bei einem Registergericht gestellt wird oder bei gesonderter Antragstellung, wenn die Anträge innerhalb eines Monats bei den beteiligten Registergerichten eingehen. | 0,2 |
| 14222 | Eintragung eines Rechts, das bereits an einem anderen Schiff oder Schiffsbauwerk besteht, wenn nicht die Nummer 14221 anzuwenden ist | 0,5 |
| | ***Unterabschnitt 3. Veränderungen*** | |
| 14230 | Eintragung einer Veränderung, die sich auf eine Schiffshypothek, ein Arrestpfandrecht oder einen Nießbrauch bezieht | 0,5 |
| 14231 | Eintragung der Veränderung eines Gesamtrechts, wenn das Register bei verschiedenen Gerichten geführt wird:<br>Die Gebühr 14230 erhöht sich ab dem zweiten für jedes weitere beteiligte Gericht um<br>Diese Vorschrift ist anzuwenden, wenn der Antrag für mehrere Registergerichte gleichzeitig bei einem Registergericht gestellt wird oder bei gesonderter Antragstellung, wenn die Anträge innerhalb eines Monats bei den beteiligten Registergerichten eingehen. | 0,1 |

| Nr. | Gebührentatbestand | Gebühr oder Satz der Gebühr nach § 34 GNotKG – Tabelle B |
|---|---|---|
| | ***Unterabschnitt 4. Löschung und Entlassung aus der Mithaft*** | |
| 14240 | Löschung einer Schiffshypothek, eines Arrestpfandrechts oder eines Nießbrauchs | 0,5 |
| 14241 | Löschung eines Gesamtrechts, das Schiffe oder Schiffsbauwerke belastet, für die das Register bei verschiedenen Gerichten geführt wird:<br>Die Gebühr 14240 erhöht sich ab dem zweiten für jedes weitere beteiligte Gericht um<br>Diese Vorschrift ist anzuwenden, wenn der Antrag für mehrere Registergerichte gleichzeitig bei einem Registergericht gestellt wird oder bei gesonderter Antragstellung, wenn die Anträge innerhalb eines Monats bei den beteiligten Registergerichten eingehen. | 0,1 |
| 14242 | Eintragung der Entlassung aus der Mithaft | 0,3 |
| | ***Unterabschnitt 5. Vormerkungen und Widersprüche*** | |
| 14250 | Eintragung einer Vormerkung | 0,5 |
| 14251 | Eintragung eines Widerspruchs | 50,00 € |
| 14252 | Löschung einer Vormerkung | 25,00 € |
| | ***Unterabschnitt 6. Schiffsurkunden*** | |
| 14260 | Erteilung des Schiffszertifikats oder des Schiffsbriefs | 25,00 € |
| 14261 | Vermerk von Veränderungen auf dem Schiffszertifikat oder dem Schiffsbrief | 25,00 € |
| | ***Abschnitt 3. Angelegenheiten des Registers für Pfandrechte an Luftfahrzeugen*** | |
| | ***Unterabschnitt 1. Belastungen*** | |
| 14310 | Eintragung eines Registerpfandrechts | 1,0 |
| 14311 | Eintragung eines Registerpfandrechts, das bereits an einem anderen Luftfahrzeug besteht | 0,5 |
| | ***Unterabschnitt 2. Veränderungen*** | |
| 14320 | Eintragung der Veränderung eines Registerpfandrechts | 0,5 |
| | ***Unterabschnitt 3. Löschung und Entlassung aus der Mithaft*** | |
| 14330 | Löschung eines Registerpfandrechts | 0,5 |
| 14331 | Eintragung der Entlassung aus der Mithaft | 0,3 |
| | ***Unterabschnitt 4. Vormerkungen und Widersprüche*** | |
| 14340 | Eintragung einer Vormerkung | 0,5 |
| 14341 | Eintragung eines Widerspruchs | 50,00 € |
| 14342 | Löschung einer Vormerkung | 25,00 € |

| Nr. | Gebührentatbestand | Gebühr oder Satz der Gebühr nach § 34 GNotKG **– Tabelle B** |
|---|---|---|
| | ***Abschnitt 4. Zurückweisung und Zurücknahme von Anträgen*** | |
| | *Vorbemerkung 1.4.4:*<br>Dieser Abschnitt gilt für die Zurückweisung und die Zurücknahme von Anträgen, die auf die Vornahme von Geschäften gerichtet sind, deren Gebühren sich nach diesem Hauptabschnitt bestimmen. Die in diesem Abschnitt bestimmten Mindestgebühren sind auch dann zu erheben, wenn für die Vornahme des Geschäfts keine Gebühr anfällt. | |
| 14400 | Zurückweisung eines Antrags<br>Von der Erhebung von Kosten kann abgesehen werden, wenn der Antrag auf unverschuldeter Unkenntnis der tatsächlichen oder rechtlichen Verhältnisse beruht. § 21 Abs. 2 GNotKG gilt entsprechend. | 50 % der für die Vornahme des Geschäfts bestimmten Gebühr – mindestens 15,00 €, höchstens 400,00 € |
| 14401 | Zurücknahme eines Antrags vor Eintragung oder vor Ablauf des Tages, an dem die Entscheidung über die Zurückweisung der Geschäftsstelle übermittelt oder ohne Beteiligung der Geschäftsstelle bekannt gegeben wird<br>Von der Erhebung von Kosten kann abgesehen werden, wenn der Antrag auf unverschuldeter Unkenntnis der tatsächlichen oder rechtlichen Verhältnisse beruht. § 21 Abs. 2 GNotKG gilt entsprechend. | 25 % der für die Vornahme des Geschäfts bestimmten Gebühr – mindestens 15,00 €, höchstens 250,00 € |
| | ***Abschnitt 5. Rechtsmittel*** | |
| | *Vorbemerkung 1.4.5:*<br>Sind für die Vornahme des Geschäfts Festgebühren bestimmt, richten sich die Gebühren im Rechtsmittelverfahren nach Hauptabschnitt 9. | |
| | ***Unterabschnitt 1. Beschwerde gegen die Endentscheidung wegen des Hauptgegenstands*** | |
| 14510 | Verfahren im Allgemeinen:<br>Soweit die Beschwerde verworfen oder zurückgewiesen wird | 1,0 – höchstens 800,00 € |
| 14511 | Verfahren im Allgemeinen:<br>Beendigung des gesamten Verfahrens ohne Endentscheidung<br>Diese Gebühr ist auch zu erheben, wenn die Beschwerde vor Ablauf des Tages, an dem die Endentscheidung der Geschäftsstelle übermittelt wird, zurückgenommen wird. | 0,5 – höchstens 400,00 € |

| Nr. | Gebührentatbestand | Gebühr oder Satz der Gebühr nach § 34 GNotKG **– Tabelle B** |
|---|---|---|
| | ***Unterabschnitt 2. Rechtsbeschwerde gegen die Endentscheidung wegen des Hauptgegenstands*** | |
| 14520 | Verfahren im Allgemeinen:<br>Soweit die Rechtsbeschwerde verworfen oder zurückgewiesen wird ............................................... | 1,5 – höchstens 1 200,00 € |
| 14521 | Verfahren im Allgemeinen:<br>Beendigung des gesamten Verfahrens durch Zurücknahme der Rechtsbeschwerde oder des Antrags, bevor die Schrift zur Begründung der Beschwerde bei Gericht eingegangen ist .......................................... | 0,5 – höchstens 400,00 € |
| 14522 | Verfahren im Allgemeinen:<br>Beendigung des gesamten Verfahrens durch Zurücknahme der Rechtsbeschwerde oder des Antrags vor Ablauf des Tages, an dem die Endentscheidung der Geschäftsstelle übermittelt wird, wenn nicht Nummer 14521 erfüllt ist: ........................................... | 1,0 – höchstens 800,00 € |
| | ***Unterabschnitt 3. Zulassung der Sprungrechtsbeschwerde gegen die Endentscheidung wegen des Hauptgegenstands*** | |
| 14530 | Verfahren über die Zulassung der Sprungrechtsbeschwerde:<br>Soweit der Antrag abgelehnt wird: .......................... | 0,5 – höchstens 400,00 € |

| Nr. | Gebührentatbestand | Gebühr oder Satz der Gebühr nach § 34 GNotKG **– Tabelle A** |
|---|---|---|

## Hauptabschnitt 5. Übrige Angelegenheiten der freiwilligen Gerichtsbarkeit

### *Abschnitt 1. Verfahren vor dem Landwirtschaftsgericht und Pachtkreditsachen im Sinne des Pachtkreditgesetzes*

*Vorbemerkung 1.5.1:*

(1) Für Erbscheinsverfahren durch das Landwirtschaftsgericht bestimmen sich die Gebühren nach Hauptabschnitt 2 Abschnitt 2, für die Entgegennahme der Erklärung eines Hoferben über die Wahl des Hofs gemäß § 9 Abs. 2 Satz 1 HöfeO nach Nummer 12410. Für die Entgegennahme der Ausschlagung des Anfalls des Hofs nach § 11 HöfeO wird keine Gebühr erhoben.

| Nr. | Gebührentatbestand | Gebühr oder Satz der Gebühr nach § 34 GNotKG **– Tabelle A** |
|---|---|---|
| (2) Die nach Landesrecht für die Beanstandung eines Landpachtvertrags nach dem LPachtVG zuständige Landwirtschaftsbehörde und die Genehmigungsbehörde nach dem GrdstVG sowie deren übergeordnete Behörde und die Siedlungsbehörde sind von der Zahlung von Gerichtsgebühren befreit. | | |
| ***Unterabschnitt 1. Erster Rechtszug*** | | |
| *Vorbemerkung 1.5.1.1:*<br>In gerichtlichen Verfahren aufgrund der Vorschriften des LPachtVG und der §§ 588, 590, 591, 593, 594d, 595 und 595a BGB werden keine Gebühren erhoben, wenn das Gericht feststellt, dass der Vertrag nicht zu beanstanden ist. | | |
| 15110 | Verfahren<br>1. aufgrund der Vorschriften über die gerichtliche Zuweisung eines Betriebes (§ 1 Nr. 2 des Gesetzes über das gerichtliche Verfahren in Landwirtschaftssachen),<br>2. über Feststellungen nach § 11 Abs. 1 Buchstabe g HöfeVfO,<br>3. zur Regelung und Entscheidung der mit dem Hofübergang zusammenhängenden Fragen im Fall des § 14 Abs. 3 HöfeO,<br>4. über sonstige Anträge und Streitigkeiten nach § 18 Abs. 1 HöfeO und nach § 25 HöfeVfO und<br>5. Verfahren nach dem LwAnpG, soweit nach § 65 Abs. 2 LwAnpG die Vorschriften des Zweiten Abschnitts des Gesetzes über das gerichtliche Verfahren in Landwirtschaftssachen entsprechend anzuwenden sind ........................................ | 2,0 |
| 15111 | Beendigung des gesamten Verfahrens<br>1. ohne Endentscheidung,<br>2. durch Zurücknahme des Antrags vor Ablauf des Tages, an dem die Endentscheidung der Geschäftsstelle übermittelt wird, wenn die Entscheidung nicht bereits durch Verlesen der Entscheidungsformel bekannt gegeben worden ist:<br>Die Gebühr 15110 ermäßigt sich auf ........................ | 1,0 |
| 15112 | Verfahren im Übrigen ........................................<br>(1) Die Gebühr entsteht auch für das Verfahren vor dem Landwirtschaftsgericht über das Ersuchen an das Grundbuchamt um Eintragung oder Löschung des Hofvermerks (§ 3 Abs. 1 HöfeVfO).<br>(2) Die Gebühr wird in Pachtkreditsachen erhoben für<br>1. jede Niederlegung eines Verpfändungsvertrages,<br>2. die Entgegennahme der Anzeige über die Abtretung der Forderung und<br>3. die Herausgabe des Verpfändungsvertrages.<br>Neben einer Gebühr für die Niederlegung wird eine Gebühr für die Erteilung einer Bescheinigung über die erfolgte Niederlegung nicht erhoben. | 0,5 |

| Nr. | Gebührentatbestand | Gebühr oder Satz der Gebühr nach § 34 GNotKG – Tabelle A |
|---|---|---|
| | ***Unterabschnitt 2. Beschwerde gegen die Endentscheidung wegen des Hauptgegenstands*** | |
| 15120 | Verfahren über die Beschwerde in den in Nummer 15110 genannten Verfahren | 3,0 |
| 15121 | Beendigung des gesamten Verfahrens durch Zurücknahme der Beschwerde oder des Antrags, bevor die Schrift zur Begründung der Beschwerde bei Gericht eingegangen ist:<br>Die Gebühr 15120 ermäßigt sich auf | 0,5 |
| 15122 | Beendigung des gesamten Verfahrens ohne Endentscheidung, wenn nicht Nummer 15121 erfüllt ist:<br>Die Gebühr 15120 ermäßigt sich auf<br>(1) Wenn die Entscheidung nicht durch Verlesen der Entscheidungsformel bekannt gegeben worden ist, ermäßigt sich die Gebühr auch im Fall der Zurücknahme der Beschwerde oder des Antrags vor Ablauf des Tages, an dem die Endentscheidung der Geschäftsstelle übermittelt wird.<br>(2) Eine Entscheidung über die Kosten steht der Ermäßigung nicht entgegen, wenn die Entscheidung einer zuvor mitgeteilten Einigung über die Kostentragung oder einer Kostenübernahmeerklärung folgt. | 1,0 |
| 15123 | Verfahren über die Beschwerde in den in Nummer 15112 genannten Verfahren | 1,0 |
| 15124 | Beendigung des gesamten Verfahrens durch Zurücknahme der Beschwerde oder des Antrags, bevor die Schrift zur Begründung der Beschwerde bei Gericht eingegangen ist:<br>Die Gebühr 15123 ermäßigt sich auf | 0,3 |
| 15125 | Beendigung des gesamten Verfahrens ohne Endentscheidung, wenn nicht Nummer 15124 erfüllt ist:<br>Die Gebühr 15123 ermäßigt sich auf<br>(1) Wenn die Entscheidung nicht durch Verlesen der Entscheidungsformel bekannt gegeben worden ist, ermäßigt sich die Gebühr auch im Fall der Zurücknahme der Beschwerde oder des Antrags vor Ablauf des Tages, an dem die Endentscheidung der Geschäftsstelle übermittelt wird.<br>(2) Eine Entscheidung über die Kosten steht der Ermäßigung nicht entgegen, wenn die Entscheidung einer zuvor mitgeteilten Einigung über die Kostentragung oder einer Kostenübernahmeerklärung folgt. | 0,5 |
| | ***Unterabschnitt 3. Rechtsbeschwerde gegen die Endentscheidung wegen des Hauptgegenstands*** | |
| 15130 | Verfahren über die Rechtsbeschwerde in den in Nummer 15110 genannten Verfahren | 4,0 |
| 15131 | Beendigung des gesamten Verfahrens durch Zurücknahme der Rechtsbeschwerde oder des Antrags, be- | |

| Nr. | Gebührentatbestand | Gebühr oder Satz der Gebühr nach § 34 GNotKG **– Tabelle A** |
|---|---|---|
| | vor die Schrift zur Begründung der Beschwerde bei Gericht eingegangen ist: | |
| | Die Gebühr 15130 ermäßigt sich auf ............................ | 1,0 |
| 15132 | Beendigung des gesamten Verfahrens durch Zurücknahme der Rechtsbeschwerde oder des Antrags vor Ablauf des Tages, an dem die Endentscheidung der Geschäftsstelle übermittelt wird, wenn nicht Nummer 15131 erfüllt ist: | |
| | Die Gebühr 15130 ermäßigt sich auf ............................ | 2,0 |
| 15133 | Verfahren über die Rechtsbeschwerde in den in Nummer 15112 genannten Verfahren ............................ | 1,5 |
| 15134 | Beendigung des gesamten Verfahrens durch Zurücknahme der Rechtsbeschwerde oder des Antrags, bevor die Schrift zur Begründung der Beschwerde bei Gericht eingegangen ist: | |
| | Die Gebühr 15133 ermäßigt sich auf ............................ | 0,5 |
| 15135 | Beendigung des gesamten Verfahrens durch Zurücknahme der Rechtsbeschwerde oder des Antrags vor Ablauf des Tages, an dem die Endentscheidung der Geschäftsstelle übermittelt wird, wenn nicht Nummer 15134 erfüllt ist: | |
| | Die Gebühr 15133 ermäßigt sich auf ............................ | 1,0 |

### *Unterabschnitt 4. Zulassung der Sprungrechtsbeschwerde gegen die Endentscheidung wegen des Hauptgegenstands*

| | | |
|---|---|---|
| 15140 | Verfahren über die Zulassung der Sprungrechtsbeschwerde in den in Nummer 15110 genannten Verfahren: | |
| | Soweit der Antrag abgelehnt wird: ............................ | 1,0 |
| 15141 | Verfahren über die Zulassung der Sprungrechtsbeschwerde in den in Nummer 15112 genannten Verfahren: | |
| | Soweit der Antrag abgelehnt wird: ............................ | 0,5 |

## *Abschnitt 2. Übrige Verfahren*

*Vorbemerkung 1.5.2:*

In Verfahren nach dem PStG werden Gebühren nur erhoben, wenn ein Antrag zurückgenommen oder zurückgewiesen wird.

### *Unterabschnitt 1. Erster Rechtszug*

| | | |
|---|---|---|
| 15210 | Verfahren nach dem<br>1. Verschollenheitsgesetz oder<br>2. TSG ............................<br>Die Verfahren nach § 9 Abs. 1 und 2 TSG gelten zusammen als ein Verfahren. | 1,0 |

| Nr. | Gebührentatbestand | Gebühr oder Satz der Gebühr nach § 34 GNotKG – Tabelle A |
|---|---|---|
| 15211 | Beendigung des gesamten Verfahrens<br>1. ohne Endentscheidung oder<br>2. durch Zurücknahme des Antrags vor Ablauf des Tages, an dem die Endentscheidung der Geschäftsstelle übermittelt wird, wenn die Entscheidung nicht bereits durch Verlesen der Entscheidungsformel bekannt gegeben worden ist:<br>Die Gebühr 15210 ermäßigt sich auf ...................... | 0,3 |
| 15212 | Verfahren<br>1. in weiteren Angelegenheiten der freiwilligen Gerichtsbarkeit (§ 410 FamFG), einschließlich Verfahren auf Abnahme einer nicht vor dem Vollstreckungsgericht zu erklärenden eidesstattlichen Versicherung, in denen § 260 BGB aufgrund bundesrechtlicher Vorschriften entsprechend anzuwenden ist, und Verfahren vor dem Nachlassgericht zur Abnahme der eidesstattlichen Versicherung nach § 2006 BGB,<br>2. nach § 84 Abs. 2, § 189 VVG,<br>3. in Aufgebotssachen (§ 433 FamFG),<br>4. in Freiheitsentziehungssachen (§ 415 FamFG),<br>5. nach dem PStG,<br>6. nach § 7 Abs. 3 ErbbauRG und<br>7. über die Bewilligung der öffentlichen Zustellung einer Willenserklärung und die Bewilligung der Kraftloserklärung von Vollmachten (§ 132 Abs. 2 und § 176 Abs. 2 BGB) sowie<br>Verteilungsverfahren nach den §§ 65, 119 BauGB; nach § 74 Nr. 3, § 75 FlurbG, § 94 BBergG, § 55 Bundesleistungsgesetz, § 8 der Verordnung über das Verfahren zur Festsetzung von Entschädigung und Härteausgleich nach dem Energiesicherungsgesetz und nach § 54 Landbeschaffungsgesetz .................... | 0,5 |
| | (1) Die Bestellung des Verwahrers in den Fällen der §§ 432, 1217, 1281 und 2039 BGB sowie die Festsetzung der von ihm beanspruchten Vergütung und seiner Aufwendungen gelten zusammen als ein Verfahren.<br>(2) Das Verfahren betreffend die Zahlungssperre (§ 480 FamFG) und ein anschließendes Aufgebotsverfahren sowie das Verfahren über die Aufhebung der Zahlungssperre (§ 482 FamFG) gelten zusammen als ein Verfahren. | |
| 15213 | Verfahren über den Antrag auf Erlass einer Anordnung über die Zulässigkeit der Verwendung von Verkehrsdaten nach<br>1. § 140b Abs. 9 des Patentgesetzes,<br>2. § 24b Abs. 9 GebrMG, auch in Verbindung mit § 9 Abs. 2 HalblSchG, | |

| Nr. | Gebührentatbestand | Gebühr oder Satz der Gebühr nach § 34 GNotKG **– Tabelle A** |
|---|---|---|
| | 3. § 19 Abs. 9 MarkenG,<br>4. § 101 Abs. 9 des Urheberrechtsgesetzes,<br>5. § 46 Abs. 9 DesignG,<br>6. § 37b Abs. 9 des Sortenschutzgesetzes | 200,00 € |
| 15214 | Der Antrag wird zurückgenommen:<br>Die Gebühr 15213 ermäßigt sich auf | 50,00 € |
| 15215 | Verfahren nach § 46 IntErbRVG oder nach § 31 IntGüRVG über die Authentizität einer Urkunde | 60,00 € |

***Unterabschnitt 2. Beschwerde gegen die Endentscheidung wegen des Hauptgegenstands***

| Nr. | Gebührentatbestand | Gebühr oder Satz der Gebühr nach § 34 GNotKG – Tabelle A |
|---|---|---|
| 15220 | Verfahren über die Beschwerde in den in Nummer 15210 genannten Verfahren | 2,0 |
| 15221 | Beendigung des gesamten Verfahrens durch Zurücknahme der Beschwerde oder des Antrags, bevor die Schrift zur Begründung der Beschwerde bei Gericht eingegangen ist:<br>Die Gebühr 15220 ermäßigt sich auf | 0,5 |
| 15222 | Beendigung des gesamten Verfahrens ohne Endentscheidung, wenn nicht Nummer 15221 erfüllt ist:<br>Die Gebühr 15220 ermäßigt sich auf<br>(1) Wenn die Entscheidung nicht durch Verlesen der Entscheidungsformel bekannt gegeben worden ist, ermäßigt sich die Gebühr auch im Fall der Zurücknahme der Beschwerde oder des Antrags vor Ablauf des Tages, an dem die Endentscheidung der Geschäftsstelle übermittelt wird.<br>(2) Eine Entscheidung über die Kosten steht der Ermäßigung nicht entgegen, wenn die Entscheidung einer zuvor mitgeteilten Einigung über die Kostentragung oder einer Kostenübernahmeerklärung folgt. | 1,0 |
| 15223 | Verfahren über die Beschwerde in den in Nummer 15212 genannten Verfahren | 1,0 |
| 15224 | Beendigung des gesamten Verfahrens ohne Endentscheidung:<br>Die Gebühr 15223 ermäßigt sich auf<br>(1) Wenn die Entscheidung nicht durch Verlesen der Entscheidungsformel bekannt gegeben worden ist, ermäßigt sich die Gebühr auch im Fall der Zurücknahme der Beschwerde oder des Antrags vor Ablauf des Tages, an dem die Endentscheidung der Geschäftsstelle übermittelt wird.<br>(2) Eine Entscheidung über die Kosten steht der Ermäßigung nicht entgegen, wenn die Entscheidung einer zuvor mitgeteilten Einigung über die Kostentragung oder einer Kostenübernahmeerklärung folgt. | 0,5 |
| 15225 | Verfahren über die Beschwerde in den in Nummer 15213 genannten Verfahren:<br>Die Beschwerde wird verworfen oder zurückgewiesen | 200,00 € |

| Nr. | Gebührentatbestand | Gebühr oder Satz der Gebühr nach § 34 GNotKG – Tabelle A |
|---|---|---|
| | Wird die Beschwerde nur teilweise verworfen oder zurückgewiesen, kann das Gericht die Gebühr nach billigem Ermessen auf die Hälfte ermäßigen oder bestimmen, dass eine Gebühr nicht zu erheben ist. | |
| 15226 | Verfahren über die Beschwerde in den in Nummer 15213 genannten Verfahren: Beendigung des gesamten Verfahrens durch Zurücknahme der Beschwerde oder des Antrags, bevor die Schrift zur Begründung der Beschwerde bei Gericht eingegangen ist | 100,00 € |
| 15227 | Verfahren über die Beschwerde in den in Nummer 15213 genannten Verfahren: Beendigung des gesamten Verfahrens durch Zurücknahme der Beschwerde oder des Antrags vor Ablauf des Tages, an dem die Endentscheidung der Geschäftsstelle übermittelt wird, wenn die Entscheidung nicht bereits durch Verlesen der Entscheidungsformel bekannt gegeben worden ist, oder wenn nicht Nummer 15226 erfüllt ist | 150,00 € |

***Unterabschnitt 3. Rechtsbeschwerde gegen die Endentscheidung wegen des Hauptgegenstands***

| Nr. | Gebührentatbestand | Gebühr oder Satz der Gebühr nach § 34 GNotKG – Tabelle A |
|---|---|---|
| 15230 | Verfahren über die Rechtsbeschwerde in den in Nummer 15210 genannten Verfahren | 3,0 |
| 15231 | Beendigung des gesamten Verfahrens durch Zurücknahme der Rechtsbeschwerde oder des Antrags, bevor die Schrift zur Begründung der Beschwerde bei Gericht eingegangen ist: Die Gebühr 15230 ermäßigt sich auf | 1,0 |
| 15232 | Beendigung des gesamten Verfahrens durch Zurücknahme der Rechtsbeschwerde oder des Antrags vor Ablauf des Tages, an dem die Endentscheidung der Geschäftsstelle übermittelt wird, wenn nicht Nummer 15231 erfüllt ist: Die Gebühr 15230 ermäßigt sich auf | 2,0 |
| 15233 | Verfahren über die Rechtsbeschwerde in den in Nummer 15212 genannten Verfahren | 1,5 |
| 15234 | Beendigung des gesamten Verfahrens durch Zurücknahme der Rechtsbeschwerde oder des Antrags, bevor die Schrift zur Begründung der Beschwerde bei Gericht eingegangen ist: Die Gebühr 15233 ermäßigt sich auf | 0,5 |
| 15235 | Beendigung des gesamten Verfahrens durch Zurücknahme der Rechtsbeschwerde oder des Antrags vor Ablauf des Tages, an dem die Endentscheidung der | |

| Nr. | Gebührentatbestand | Gebühr oder Satz der Gebühr nach § 34 GNotKG – Tabelle A |
|---|---|---|
| | Geschäftsstelle übermittelt wird, wenn nicht Nummer 15234 erfüllt ist: Die Gebühr 15233 ermäßigt sich auf ............ | 1,0 |

***Unterabschnitt 4. Zulassung der Sprungrechtsbeschwerde gegen die Endentscheidung wegen des Hauptgegenstands***

| Nr. | Gebührentatbestand | Gebühr oder Satz der Gebühr nach § 34 GNotKG – Tabelle A |
|---|---|---|
| 15240 | Verfahren über die Zulassung der Sprungrechtsbeschwerde in den in Nummer 15210 genannten Verfahren: Soweit der Antrag abgelehnt wird: ............ | 1,0 |
| 15241 | Verfahren über die Zulassung der Sprungrechtsbeschwerde in den in Nummer 15212 genannten Verfahren: Soweit der Antrag abgelehnt wird: ............ | 0,5 |

***Abschnitt 3. Übrige Verfahren vor dem Oberlandesgericht***

*Vorbemerkung 1.5.3:*

Dieser Abschnitt gilt für Verfahren über die Anfechtung von Justizverwaltungsakten nach den §§ 23 bis 29 des Einführungsgesetzes zum Gerichtsverfassungsgesetz und Verfahren nach § 138 Abs. 2 des Urheberrechtsgesetzes.

| Nr. | Gebührentatbestand | Gebühr oder Satz der Gebühr nach § 34 GNotKG – Tabelle A |
|---|---|---|
| | Verfahrensgebühr: | |
| 15300 | – der Antrag wird zurückgenommen ............ | 0,5 |
| 15301 | – der Antrag wird zurückgewiesen ............ | 1,0 |

## Hauptabschnitt 6. Einstweiliger Rechtsschutz

*Vorbemerkung 1.6:*

Im Verfahren über den Erlass einer einstweiligen Anordnung und über deren Aufhebung oder Änderung werden die Gebühren nur einmal erhoben.

***Abschnitt 1. Verfahren, wenn in der Hauptsache die Tabelle A anzuwenden ist***

*Vorbemerkung 1.6.1:*

In Betreuungssachen werden von dem Betroffenen Gebühren nur unter den in Vorbemerkung 1.1 Abs. 1 genannten Voraussetzungen erhoben.

***Unterabschnitt 1. Erster Rechtszug***

| Nr. | Gebührentatbestand | Gebühr oder Satz der Gebühr nach § 34 GNotKG – Tabelle A |
|---|---|---|
| 16110 | Verfahren im Allgemeinen, wenn die Verfahrensgebühr für den ersten Rechtszug in der Hauptsache weniger als 2,0 betragen würde ............<br>(1) Die Gebühr entsteht nicht für Verfahren, die in den Rahmen einer bestehenden Betreuung oder Pflegschaft fallen, auch wenn nur ein vorläufiger Betreuer bestellt ist.<br>(2) Die Gebühr entsteht ferner nicht, wenn das Verfahren mit der Bestellung eines vorläufigen Betreuers endet. In diesem Fall entstehen Gebühren nach Hauptabschnitt 1 Abschnitt 1 wie nach der Bestellung eines nicht nur vorläufigen Betreuers. | 0,3 |
| 16111 | Die Gebühr für die Hauptsache würde 2,0 betragen: Die Gebühr 16110 beträgt ............ | 1,5 |

| Nr. | Gebührentatbestand | Gebühr oder Satz der Gebühr nach § 34 GNotKG – Tabelle A |
|---|---|---|
| 16112 | Beendigung des gesamten Verfahrens im Fall der Nummer 16111 ohne Endentscheidung:<br>Die Gebühr 16111 ermäßigt sich auf ........................<br>(1) Wenn die Entscheidung nicht durch Verlesen der Entscheidungsformel bekannt gegeben worden ist, ermäßigt sich die Gebühr auch im Fall der Zurücknahme des Antrags vor Ablauf des Tages, an dem die Endentscheidung der Geschäftsstelle übermittelt wird.<br>(2) Eine Entscheidung über die Kosten steht der Ermäßigung nicht entgegen, wenn die Entscheidung einer zuvor mitgeteilten Einigung über die Kostentragung oder einer Kostenübernahmeerklärung folgt. | 0,5 |

***Unterabschnitt 2. Beschwerde gegen die Endentscheidung wegen des Hauptgegenstands***

| | | |
|---|---|---|
| 16120 | Verfahren im Allgemeinen, wenn sich die Gebühr für den ersten Rechtszug nach Nummer 16110 bestimmt ........................ | 0,5 |
| 16121 | Verfahren im Allgemeinen, wenn sich die Gebühr für den ersten Rechtszug nach Nummer 16111 bestimmt ........................ | 2,0 |
| 16122 | Beendigung des gesamten Verfahrens im Fall der Nummer 16120 ohne Endentscheidung:<br>Die Gebühr 16120 ermäßigt sich auf ........................<br>(1) Wenn die Entscheidung nicht durch Verlesen der Entscheidungsformel bekannt gegeben worden ist, ermäßigt sich die Gebühr auch im Fall der Zurücknahme der Beschwerde oder des Antrags vor Ablauf des Tages, an dem die Endentscheidung der Geschäftsstelle übermittelt wird.<br>(2) Eine Entscheidung über die Kosten steht der Ermäßigung nicht entgegen, wenn die Entscheidung einer zuvor mitgeteilten Einigung über die Kostentragung oder einer Kostenübernahmeerklärung folgt. | 0,3 |
| 16123 | Beendigung des gesamten Verfahrens im Fall der Nummer 16121 durch Zurücknahme der Beschwerde oder des Antrags, bevor die Schrift zur Begründung der Beschwerde bei Gericht eingegangen ist:<br>Die Gebühr 16121 ermäßigt sich auf ........................ | 0,5 |
| 16124 | Beendigung des gesamten Verfahrens im Fall der Nummer 16121 ohne Endentscheidung, wenn nicht Nummer 16123 erfüllt ist:<br>Die Gebühr 16121 ermäßigt sich auf ........................<br>(1) Wenn die Entscheidung nicht durch Verlesen der Entscheidungsformel bekannt gegeben worden ist, ermäßigt sich die Gebühr auch im Fall der Zurücknahme der Beschwerde oder des Antrags vor Ablauf des Tages, an dem die Endentscheidung der Geschäftsstelle übermittelt wird.<br>(2) Eine Entscheidung über die Kosten steht der Ermäßigung nicht entgegen, wenn die Entscheidung einer zuvor mitgeteilten Einigung über die Kostentragung oder einer Kostenübernahmeerklärung folgt. | 1,0 |

| Nr. | Gebührentatbestand | Gebühr oder Satz der Gebühr nach § 34 GNotKG **– Tabelle B** |
|---|---|---|
| | ***Abschnitt 2. Verfahren, wenn in der Hauptsache die Tabelle B anzuwenden ist*** | |
| | *Vorbemerkung 1.6.2:* Die Vorschriften dieses Abschnitts gelten auch für Verfahren über die Aussetzung der Wirkungen eines Europäischen Nachlasszeugnisses. | |
| | ***Unterabschnitt 1. Erster Rechtszug*** | |
| 16210 | Verfahren im Allgemeinen, wenn die Verfahrensgebühr für den ersten Rechtszug in der Hauptsache weniger als 2,0 betragen würde | 0,3 |
| 16211 | Die Gebühr für die Hauptsache würde 2,0 betragen: Die Gebühr 16210 beträgt | 1,5 |
| 16212 | Beendigung des gesamten Verfahrens im Fall der Nummer 16211 ohne Endentscheidung: Die Gebühr 16211 ermäßigt sich auf<br>(1) Wenn die Entscheidung nicht durch Verlesen der Entscheidungsformel bekannt gegeben worden ist, ermäßigt sich die Gebühr auch im Fall der Zurücknahme des Antrags vor Ablauf des Tages, an dem die Endentscheidung der Geschäftsstelle übermittelt wird.<br>(2) Eine Entscheidung über die Kosten steht der Ermäßigung nicht entgegen, wenn die Entscheidung einer zuvor mitgeteilten Einigung über die Kostentragung oder einer Kostenübernahmeerklärung folgt. | 0,5 |
| | ***Unterabschnitt 2. Beschwerde gegen die Endentscheidung wegen des Hauptgegenstands*** | |
| 16220 | Verfahren im Allgemeinen, wenn sich die Gebühr für den ersten Rechtszug nach Nummer 16210 bestimmt | 0,5 |
| 16221 | Verfahren im Allgemeinen, wenn sich die Gebühr für den ersten Rechtszug nach Nummer 16211 bestimmt | 2,0 |
| 16222 | Beendigung des gesamten Verfahrens im Fall der Nummer 16220 ohne Endentscheidung: Die Gebühr 16220 ermäßigt sich auf<br>(1) Wenn die Entscheidung nicht durch Verlesen der Entscheidungsformel bekannt gegeben worden ist, ermäßigt sich die Gebühr auch im Fall der Zurücknahme der Beschwerde oder des Antrags vor Ablauf des Tages, an dem die Endentscheidung der Geschäftsstelle übermittelt wird.<br>(2) Eine Entscheidung über die Kosten steht der Ermäßigung nicht entgegen, wenn die Entscheidung einer zuvor mitgeteilten Einigung über die Kostentragung oder einer Kostenübernahmeerklärung folgt. | 0,3 |
| 16223 | Beendigung des gesamten Verfahrens im Fall der Nummer 16221 durch Zurücknahme der Beschwerde oder des Antrags, bevor die Schrift zur Begründung der Beschwerde bei Gericht eingegangen ist: Die Gebühr 16221 ermäßigt sich auf | 0,5 |

| Nr. | Gebührentatbestand | Gebühr oder Satz der Gebühr nach § 34 GNotKG **– Tabelle B** |
|---|---|---|
| 16224 | Beendigung des gesamten Verfahrens im Fall der Nummer 16221 ohne Endentscheidung, wenn nicht Nummer 16223 erfüllt ist:<br>Die Gebühr 16221 ermäßigt sich auf ........................<br>(1) Wenn die Entscheidung nicht durch Verlesen der Entscheidungsformel bekannt gegeben worden ist, ermäßigt sich die Gebühr auch im Fall der Zurücknahme der Beschwerde oder des Antrags vor Ablauf des Tages, an dem die Endentscheidung der Geschäftsstelle übermittelt wird.<br>(2) Eine Entscheidung über die Kosten steht der Ermäßigung nicht entgegen, wenn die Entscheidung einer zuvor mitgeteilten Einigung über die Kostentragung oder einer Kostenübernahmeerklärung folgt. | 1,0 |

| Nr. | Gebührentatbestand | Gebühr oder Satz der Gebühr nach § 34 GNotKG **– Tabelle A** |
|---|---|---|
| | **Hauptabschnitt 7. Besondere Gebühren** | |
| | Erteilung von Ausdrucken oder Fertigung von Kopien aus einem Register oder aus dem Grundbuch auf Antrag oder deren beantragte Ergänzung oder Bestätigung: | |
| 17000 | – Ausdruck oder unbeglaubigte Kopie ........................ | 10,00 € |
| 17001 | – amtlicher Ausdruck oder beglaubigte Kopie ..........<br>Neben den Gebühren 17000 und 17001 wird keine Dokumentenpauschale erhoben. | 20,00 € |
| | Anstelle eines Ausdrucks wird in den Fällen der Nummern 17000 und 17001 die elektronische Übermittlung einer Datei beantragt: | |
| 17002 | – unbeglaubigte Datei ............................................ | 5,00 € |
| 17003 | – beglaubigte Datei ................................................<br>Werden zwei elektronische Dateien gleichen Inhalts in unterschiedlichen Dateiformaten gleichzeitig übermittelt, wird die Gebühr 17002 oder 17003 nur einmal erhoben. Sind beide Gebührentatbestände erfüllt, wird die höhere Gebühr erhoben. | 10,00 € |
| 17004 | Erteilung<br>1. eines Zeugnisses des Grundbuchamts,<br>2. einer Bescheinigung aus einem Register,<br>3. einer beglaubigten Abschrift des Verpfändungsvertrags nach § 16 Abs. 1 Satz 3 des Pachtkreditgesetzes oder<br>4. einer Bescheinigung nach § 16 Abs. 2 des Pachtkreditgesetzes ................................................ | 20,00 € |
| 17005 | Abschluss eines gerichtlichen Vergleichs:<br>Soweit ein Vergleich über nicht gerichtlich anhängige Gegenstände geschlossen wird ............................ | 0,25 |

| Nr. | Gebührentatbestand | Gebühr oder Satz der Gebühr nach § 34 GNotKG – **Tabelle A** |
|---|---|---|
| | Die Gebühr entsteht nicht im Verfahren über die Prozess- oder Verfahrenskostenhilfe. Im Verhältnis zur Gebühr für das Verfahren im Allgemeinen ist § 56 Abs. 3 GNotKG entsprechend anzuwenden. | |
| 17006 | Anordnung von Zwangsmaßnahmen durch Beschluss nach § 35 FamFG: je Anordnung: | 22,00 € |

| Nr. | Gebührentatbestand | Gebühr oder Satz der Gebühr nach § 34 GNotKG – **Tabelle B** |
|---|---|---|
| | **Hauptabschnitt 8. Vollstreckung** | |
| | *Vorbemerkung 1.8:* Die Vorschriften dieses Hauptabschnitts gelten für die Vollstreckung nach Buch 1 Abschnitt 8 des FamFG. Für Handlungen durch das Vollstreckungsgericht werden Gebühren nach dem GKG erhoben. | |
| 18000 | Verfahren über die Erteilung einer vollstreckbaren Ausfertigung einer notariellen Urkunde, wenn der Eintritt einer Tatsache oder einer Rechtsnachfolge zu prüfen ist (§§ 726 bis 729 ZPO) | 0,5 |
| 18001 | Verfahren über den Antrag auf Erteilung einer weiteren vollstreckbaren Ausfertigung (§ 733 ZPO) | 22,00 € |
| | Die Gebühr wird für jede weitere vollstreckbare Ausfertigung gesondert erhoben. | |
| 18002 | Anordnung der Vornahme einer vertretbaren Handlung durch einen Dritten | 22,00 € |
| 18003 | Anordnung von Zwangs- oder Ordnungsmitteln: je Anordnung | 22,00 € |
| | Mehrere Anordnungen gelten als eine Anordnung, wenn sie dieselbe Verpflichtung betreffen. Dies gilt nicht, wenn Gegenstand der Verpflichtung die wiederholte Vornahme einer Handlung oder eine Unterlassung ist. | |
| 18004 | Verfahren zur Abnahme einer eidesstattlichen Versicherung (§ 94 FamFG) | 35,00 € |
| | Die Gebühr entsteht mit der Anordnung des Gerichts, dass der Verpflichtete eine eidesstattliche Versicherung abzugeben hat, oder mit dem Eingang des Antrags des Berechtigten. | |
| | **Hauptabschnitt 9. Rechtsmittel im Übrigen und Rüge wegen Verletzung des Anspruchs auf rechtliches Gehör** | |
| | ***Abschnitt 1. Rechtsmittel im Übrigen*** | |
| | ***Unterabschnitt 1. Sonstige Beschwerden*** | |
| 19110 | Verfahren über die Beschwerde in den Fällen des § 129 GNotKG und des § 372 Abs. 1 FamFG | 99,00 € |
| 19111 | Beendigung des gesamten Verfahrens ohne Endentscheidung: | |

| Nr. | Gebührentatbestand | Gebühr oder Satz der Gebühr nach § 34 GNotKG **– Tabelle B** |
|---|---|---|
| | Die Gebühr 19110 ermäßigt sich auf ........................<br>(1) Wenn die Entscheidung nicht durch Verlesen der Entscheidungsformel bekannt gegeben worden ist, ermäßigt sich die Gebühr auch im Fall der Zurücknahme der Beschwerde oder des Antrags vor Ablauf des Tages, an dem die Endentscheidung der Geschäftsstelle übermittelt wird.<br>(2) Eine Entscheidung über die Kosten steht der Ermäßigung nicht entgegen, wenn die Entscheidung einer zuvor mitgeteilten Einigung über die Kostentragung oder einer Kostenübernahmeerklärung folgt. | 66,00 € |
| 19112 | Verfahren über die Beschwerde gegen Entscheidungen, die sich auf Tätigkeiten des Registergerichts beziehen, für die Gebühren nach der HRegGebV zu erheben sind:<br>Die Beschwerde wird verworfen oder zurückgewiesen ........................<br>Wird die Beschwerde nur wegen eines Teils der Anmeldung verworfen oder zurückgewiesen, ist für die Höhe der Gebühr die für die Eintragung nur dieses Teils der Anmeldung vorgesehene Gebühr maßgebend. | 3,5 der Gebühr für die Eintragung nach der HRegGebV |
| 19113 | Verfahren über die in Nummer 19112 genannte Beschwerde:<br>Beendigung des gesamten Verfahrens durch Zurücknahme der Beschwerde oder des Antrags, bevor die Schrift zur Begründung der Beschwerde bei Gericht eingegangen ist ........................ | 0,5 der Gebühr für die Eintragung nach der HRegGebV |
| 19114 | Verfahren über die in Nummer 19112 genannte Beschwerde:<br>Beendigung des gesamten Verfahrens ohne Endentscheidung, wenn nicht Nummer 19113 erfüllt ist ......<br>Diese Gebühr ist auch zu erheben, wenn die Entscheidung nicht durch Verlesen der Entscheidungsformel bekannt gegeben worden ist, die Beschwerde jedoch vor Ablauf des Tages zurückgenommen wird, an dem die Endentscheidung der Geschäftsstelle übermittelt wird. | 1,5 der Gebühr für die Eintragung nach der HRegGebV |
| 19115 | Verfahren über die Beschwerde nach § 335a Abs. 1 HGB:<br>Die Beschwerde wird verworfen oder zurückgewiesen ........................<br>Wird die Beschwerde nur teilweise verworfen oder zurückgewiesen, kann das Gericht die Gebühr nach billigem Ermessen auf die Hälfte ermäßigen oder bestimmen, dass eine Gebühr nicht zu erheben ist. | 150,00 € |

| Nr. | Gebührentatbestand | Gebühr oder Satz der Gebühr nach § 34 GNotKG **– Tabelle B** |
|---|---|---|
| 19116 | Verfahren über eine nicht besonders aufgeführte Beschwerde, die nicht nach anderen Vorschriften gebührenfrei ist:<br>Die Beschwerde wird verworfen oder zurückgewiesen .....<br>Wird die Beschwerde nur teilweise verworfen oder zurückgewiesen, kann das Gericht die Gebühr nach billigem Ermessen auf die Hälfte ermäßigen oder bestimmen, dass eine Gebühr nicht zu erheben ist. | 66,00 € |
| | ***Unterabschnitt 2. Sonstige Rechtsbeschwerden*** | |
| 19120 | Verfahren über die Rechtsbeschwerde in den Fällen des § 129 GNotKG und des § 372 Abs. 1 FamFG ..... | 198,00 € |
| 19121 | Beendigung des gesamten Verfahrens durch Zurücknahme der Rechtsbeschwerde oder des Antrags, bevor die Schrift zur Begründung der Rechtsbeschwerde bei Gericht eingegangen ist:<br>Die Gebühr 19120 ermäßigt sich auf ..... | 66,00 € |
| 19122 | Beendigung des gesamten Verfahrens durch Zurücknahme der Rechtsbeschwerde oder des Antrags vor Ablauf des Tages, an dem die Endentscheidung der Geschäftsstelle übermittelt wird, wenn nicht Nummer 19121 erfüllt ist:<br>Die Gebühr 19120 ermäßigt sich auf ..... | 99,00 € |
| 19123 | Verfahren über die Rechtsbeschwerde gegen Entscheidungen, die sich auf Tätigkeiten des Registergerichts beziehen, für die Gebühren nach der HRegGebV zu erheben sind:<br>Die Rechtsbeschwerde wird verworfen oder zurückgewiesen .....<br>Wird die Rechtsbeschwerde nur wegen eines Teils der Anmeldung verworfen oder zurückgewiesen, bestimmt sich die Höhe der Gebühr nach der Gebühr für die Eintragung nur dieses Teils der Anmeldung. | 5,0 der Gebühr für die Eintragung nach der HRegGebV |
| 19124 | Verfahren über die in Nummer 19123 genannte Rechtsbeschwerde:<br>Beendigung des gesamten Verfahrens durch Zurücknahme der Rechtsbeschwerde oder des Antrags, bevor die Schrift zur Begründung der Beschwerde bei Gericht eingegangen ist ..... | 1,0 der Gebühr für die Eintragung nach der HRegGebV |

| Nr. | Gebührentatbestand | Gebühr oder Satz der Gebühr nach § 34 GNotKG **– Tabelle B** |
|---|---|---|
| 19125 | Verfahren über die in Nummer 19123 genannte Rechtsbeschwerde:<br>Beendigung des gesamten Verfahrens durch Zurücknahme der Rechtsbeschwerde oder des Antrags vor Ablauf des Tages, an dem die Endentscheidung der Geschäftsstelle übermittelt wird, wenn nicht Nummer 19124 erfüllt ist | 2,5<br>der Gebühr für die Eintragung nach der HRegGebV |
| 19126 | Verfahren über die Rechtsbeschwerde in den Fällen des § 335a Abs. 3 HGB:<br>Die Rechtsbeschwerde wird verworfen oder zurückgewiesen<br>Wird die Rechtsbeschwerde nur teilweise verworfen oder zurückgewiesen, kann das Gericht die Gebühr nach billigem Ermessen auf die Hälfte ermäßigen oder bestimmen, dass eine Gebühr nicht zu erheben ist. | 300,00 € |
| 19127 | Verfahren über die in Nummer 19126 genannte Rechtsbeschwerde:<br>Beendigung des gesamten Verfahrens durch Zurücknahme der Rechtsbeschwerde oder des Antrags vor Ablauf des Tages, an dem die Endentscheidung der Geschäftsstelle übermittelt wird | 150,00 € |
| 19128 | Verfahren über eine nicht besonders aufgeführte Rechtsbeschwerde, die nicht nach anderen Vorschriften gebührenfrei ist:<br>Die Rechtsbeschwerde wird verworfen oder zurückgewiesen<br>Wird die Rechtsbeschwerde nur teilweise verworfen oder zurückgewiesen, kann das Gericht die Gebühr nach billigem Ermessen auf die Hälfte ermäßigen oder bestimmen, dass eine Gebühr nicht zu erheben ist. | 132,00 € |
| 19129 | Verfahren über die in Nummer 19128 genannte Rechtsbeschwerde:<br>Beendigung des gesamten Verfahrens durch Zurücknahme der Rechtsbeschwerde oder des Antrags vor Ablauf des Tages, an dem die Endentscheidung der Geschäftsstelle übermittelt wird | 66,00 € |
| | ***Unterabschnitt 3. Zulassung der Sprungrechtsbeschwerde in sonstigen Fällen*** | |
| 19130 | Verfahren über die Zulassung der Sprungrechtsbeschwerde in den nicht besonders aufgeführten Fällen:<br>Der Antrag wird abgelehnt | 66,00 € |

| Nr. | Gebührentatbestand | Gebühr oder Satz der Gebühr nach § 34 GNotKG **– Tabelle B** |
|---|---|---|
| | ***Abschnitt 2. Rüge wegen Verletzung des Anspruchs auf rechtliches Gehör*** | |
| 19200 | Verfahren über die Rüge wegen Verletzung des Anspruchs auf rechtliches Gehör:<br>Die Rüge wird in vollem Umfang verworfen oder zurückgewiesen ........................................ | 66,00 € |

## Teil 2. Notargebühren

| Nr. | Gebührentatbestand | Gebühr oder Satz der Gebühr nach § 34 GNotKG – **Tabelle B** |
|---|---|---|

*Vorbemerkung 2:*

(1) In den Fällen, in denen es für die Gebührenberechnung maßgeblich ist, dass ein bestimmter Notar eine Tätigkeit vorgenommen hat, steht diesem Notar der Aktenverwahrer gemäß § 51 BNotO, der Notariatsverwalter gemäß § 56 BNotO oder ein anderer Notar, mit dem der Notar am Ort seines Amtssitzes zur gemeinsamen Berufsausübung verbunden ist oder mit dem er dort gemeinsame Geschäftsräume unterhält, gleich.

(2) Bundes- oder landesrechtliche Vorschriften, die Gebühren- oder Auslagenbefreiung gewähren, sind nicht auf den Notar anzuwenden. Außer in den Fällen der Kostenerstattung zwischen den Trägern der Sozialhilfe gilt die in § 64 Abs. 2 Satz 3 Nr. 2 SGB X bestimmte Gebührenfreiheit auch für den Notar.

(3) Beurkundungen nach § 67 Abs. 1 BeurkG und die Bezifferung dynamisierter Unterhaltstitel zur Zwangsvollstreckung im Ausland sind gebührenfrei.

### Hauptabschnitt 1. Beurkundungsverfahren

*Vorbemerkung 2.1:*

(1) Die Gebühr für das Beurkundungsverfahren entsteht für die Vorbereitung und Durchführung der Beurkundung in Form einer Niederschrift (§§ 8, 16b und 36 BeurkG) einschließlich der Beschaffung der Information.

(2) Durch die Gebühren dieses Hauptabschnitts werden auch abgegolten
1. die Übermittlung von Anträgen und Erklärungen an ein Gericht oder eine Behörde,
2. die Stellung von Anträgen im Namen der Beteiligten bei einem Gericht oder einer Behörde,
3. die Erledigung von Beanstandungen einschließlich des Beschwerdeverfahrens und
4. bei Änderung eines Gesellschaftsvertrags oder einer Satzung die Erteilung einer für die Anmeldung zum Handelsregister erforderlichen Bescheinigung des neuen vollständigen Wortlauts des Gesellschaftsvertrags oder der Satzung.

#### *Abschnitt 1. Verträge, bestimmte Erklärungen sowie Beschlüsse von Organen einer Vereinigung oder Stiftung*

*Vorbemerkung 2.1.1:*

Dieser Abschnitt ist auch anzuwenden im Verfahren zur Beurkundung der folgenden Erklärungen:
1. Antrag auf Abschluss eines Vertrags oder Annahme eines solchen Antrags oder
2. gemeinschaftliches Testament.

| | | |
|---|---|---|
| 21100 | Beurkundungsverfahren ........................................... | 2,0 – mindestens 120,00 € |
| 21101 | Gegenstand des Beurkundungsverfahrens ist<br>1. die Annahme eines Antrags auf Abschluss eines Vertrags oder<br>2. ein Verfügungsgeschäft und derselbe Notar hat für eine Beurkundung, die das zugrunde liegende Rechtsgeschäft betrifft, die Gebühr 21100 oder 23603 erhoben:<br>Die Gebühr 21100 beträgt ....................................<br>(1) Als zugrunde liegendes Rechtsgeschäft gilt nicht eine Verfügung von Todes wegen.<br>(2) Die Gebühr für die Beurkundung des Zuschlags in einer freiwilligen Versteigerung von Grundstücken oder grundstücksgleichen Rechten bestimmt sich nach Nummer 23603. | 0,5 – mindestens 30,00 € |

| Nr. | Gebührentatbestand | Gebühr oder Satz der Gebühr nach § 34 GNotKG **– Tabelle B** |
|---|---|---|
| 21102 | Gegenstand des Beurkundungsverfahrens ist<br>1. ein Verfügungsgeschäft und das zugrunde liegende Rechtsgeschäft ist bereits beurkundet und Nummer 21101 nicht anzuwenden oder<br>2. die Aufhebung eines Vertrags:<br>Die Gebühr 21100 beträgt ........................................ | 1,0<br>– mindestens<br>60,00 € |

### *Abschnitt 2. Sonstige Erklärungen, Tatsachen und Vorgänge*

*Vorbemerkung 2.1.2:*

(1) Die Gebühr für die Beurkundung eines Antrags zum Abschluss eines Vertrages und für die Beurkundung der Annahme eines solchen Antrags sowie für die Beurkundung eines gemeinschaftlichen Testaments bestimmt sich nach Abschnitt 1, die Gebühr für die Beurkundung des Zuschlags bei der freiwilligen Versteigerung von Grundstücken oder grundstücksgleichen Rechten bestimmt sich nach Nummer 23603.

(2) Die Beurkundung der in der Anmerkung zu Nummer 23603 genannten Erklärungen wird durch die Gebühr 23603 mit abgegolten, wenn die Beurkundung in der Niederschrift über die Versteigerung erfolgt.

| Nr. | Gebührentatbestand | Gebühr oder Satz der Gebühr nach § 34 GNotKG – Tabelle B |
|---|---|---|
| 21200 | Beurkundungsverfahren ........................................<br>Unerheblich ist, ob eine Erklärung von einer oder von mehreren Personen abgegeben wird. | 1,0<br>– mindestens<br>60,00 € |
| 21201 | Beurkundungsgegenstand ist<br>1. der Widerruf einer letztwilligen Verfügung,<br>2. der Rücktritt von einem Erbvertrag,<br>3. die Anfechtung einer Verfügung von Todes wegen,<br>4. ein Antrag oder eine Bewilligung nach der Grundbuchordnung, der Schiffsregisterordnung oder dem Gesetz über Rechte an Luftfahrzeugen oder die Zustimmung des Eigentümers zur Löschung eines Grundpfandrechts oder eines vergleichbaren Pfandrechts,<br>5. eine Anmeldung zum Handelsregister oder zu einem ähnlichen Register,<br>6. ein Antrag an das Nachlassgericht,<br>7. eine Erklärung, die gegenüber dem Nachlassgericht abzugeben ist, oder<br>8. die Zustimmung zur Annahme als Kind:<br>Die Gebühr 21200 beträgt ........................................<br>In dem in Vorbemerkung 2.3.3 Abs. 2 genannten Fall ist das Beurkundungsverfahren für den Antrag an das Nachlassgericht durch die Gebühr 23300 für die Abnahme der eidesstattlichen Versicherung mit abgegolten; im Übrigen bleiben die Vorschriften in Hauptabschnitt 1 unberührt. | 0,5<br>– mindestens<br>30,00 € |

| Nr. | Gebührentatbestand | Gebühr oder Satz der Gebühr nach § 34 GNotKG – Tabelle B |
|---|---|---|
| | ***Abschnitt 3. Vorzeitige Beendigung des Beurkundungsverfahrens*** | |
| | *Vorbemerkung 2.1.3:*<br>(1) Ein Beurkundungsverfahren ist vorzeitig beendet, wenn vor Unterzeichnung der Niederschrift durch den Notar oder bevor der Notar die elektronische Niederschrift mit seiner qualifizierten elektronischen Signatur versehen hat der Beurkundungsauftrag zurückgenommen oder zurückgewiesen wird oder der Notar feststellt, dass nach seiner Überzeugung mit der beauftragten Beurkundung aus Gründen, die nicht in seiner Person liegen, nicht mehr zu rechnen ist. Wird das Verfahren länger als 6 Monate nicht mehr betrieben, ist in der Regel nicht mehr mit der Beurkundung zu rechnen.<br>(2) Führt der Notar nach der vorzeitigen Beendigung des Beurkundungsverfahrens demnächst auf der Grundlage der bereits erbrachten notariellen Tätigkeit ein erneutes Beurkundungsverfahren durch, wird die nach diesem Abschnitt zu erhebende Gebühr auf die Gebühr für das erneute Beurkundungsverfahren angerechnet.<br>(3) Der Fertigung eines Entwurfs im Sinne der nachfolgenden Vorschriften steht die Überprüfung, Änderung oder Ergänzung eines dem Notar vorgelegten Entwurfs gleich. | |
| 21300 | Vorzeitige Beendigung des Beurkundungsverfahrens<br>1. vor Ablauf des Tages, an dem ein vom Notar gefertigter Entwurf an einen Beteiligten durch Aufgabe zur Post versandt worden ist,<br>2. vor der Übermittlung eines vom Notar gefertigten Entwurfs per Telefax, vor der elektronischen Übermittlung als Datei oder vor Aushändigung oder<br>3. bevor der Notar mit allen Beteiligten in einem zum Zweck der Beurkundung vereinbarten Termin auf der Grundlage eines von ihm gefertigten Entwurfs verhandelt hat:<br>Die jeweilige Gebühr für das Beurkundungsverfahren ermäßigt sich auf ........................................ | 20,00 € |
| 21301 | In den Fällen der Nummer 21300 hat der Notar persönlich oder schriftlich beraten:<br>Die jeweilige Gebühr für das Beurkundungsverfahren ermäßigt sich auf eine Gebühr ........................... | in Höhe der jeweiligen Beratungsgebühr |
| 21302 | Vorzeitige Beendigung des Verfahrens nach einem der in Nummer 21300 genannten Zeitpunkte in den Fällen der Nummer 21100:<br>Die Gebühr 21100 ermäßigt sich auf ........................ | 0,5 bis 2,0 – mindestens 120,00 € |
| 21303 | Vorzeitige Beendigung des Verfahrens nach einem der in Nummer 21300 genannten Zeitpunkte in den Fällen der Nummern 21102 und 21200:<br>Die Gebühren 21102 und 21200 ermäßigen sich auf | 0,3 bis 1,0 – mindestens 60,00 € |

| Nr. | Gebührentatbestand | Gebühr oder Satz der Gebühr nach § 34 GNotKG **– Tabelle B** |
|---|---|---|
| 21304 | Vorzeitige Beendigung des Verfahrens nach einem der in Nummer 21300 genannten Zeitpunkte in den Fällen der Nummern 21101 und 21201:<br>Die Gebühren 21101 und 21201 ermäßigen sich auf | 0,3 bis 0,5<br>– mindestens 30,00 € |

## Hauptabschnitt 2. Vollzug eines Geschäfts und Betreuungstätigkeiten

*Vorbemerkung 2.2:*

(1) Gebühren nach diesem Hauptabschnitt entstehen nur, wenn dem Notar für seine Tätigkeit ein besonderer Auftrag erteilt worden ist; dies gilt nicht für die Gebühren 22114, 22125 und die Gebühr 22200 im Fall der Nummer 6 der Anmerkung.

(2) Entsteht für eine Tätigkeit eine Gebühr nach diesem Hauptabschnitt, fällt bei demselben Notar insoweit keine Gebühr für die Fertigung eines Entwurfs und keine Gebühr nach Nummer 25204 an.

### *Abschnitt 1. Vollzug*

### *Unterabschnitt 1. Vollzug eines Geschäfts*

*Vorbemerkung 2.2.1.1:*

(1) Die Vorschriften dieses Unterabschnitts sind anzuwenden, wenn der Notar eine Gebühr für das Beurkundungsverfahren oder für die Fertigung eines Entwurfs erhält, die das zugrunde liegende Geschäft betrifft. Die Vollzugsgebühr entsteht für die

1. Anforderung und Prüfung einer Erklärung oder Bescheinigung nach öffentlich-rechtlichen Vorschriften, mit Ausnahme der Unbedenklichkeitsbescheinigung des Finanzamts,
2. Anforderung und Prüfung einer anderen als der in Nummer 4 genannten gerichtlichen Entscheidung oder Bescheinigung, dies gilt auch für die Ermittlung des Inhalts eines ausländischen Registers,
3. Fertigung, Änderung oder Ergänzung der Liste der Gesellschafter (§ 8 Abs. 1 Nr. 3, § 40 GmbHG) oder der Liste der Personen, welche neue Geschäftsanteile übernommen haben (§ 57 Abs. 3 Nr. 2 GmbHG),
4. Anforderung und Prüfung einer Entscheidung des Familien-, Betreuungs- oder Nachlassgerichts einschließlich aller Tätigkeiten des Notars gemäß den §§ 1855 und 1856 BGB im Namen der Beteiligten sowie die Erteilung einer Bescheinigung über die Wirksamkeit oder Unwirksamkeit des Rechtsgeschäfts,
5. Anforderung und Prüfung einer Vollmachtsbestätigung oder einer privatrechtlichen Zustimmungserklärung,
6. Anforderung und Prüfung einer privatrechtlichen Verzichtserklärung,
7. Anforderung und Prüfung einer Erklärung über die Ausübung oder Nichtausübung eines privatrechtlichen Vorkaufs- oder Wiederkaufsrechts,
8. Anforderung und Prüfung einer Erklärung über die Zustimmung zu einer Schuldübernahme oder einer Entlassung aus der Haftung,
9. Anforderung und Prüfung einer Erklärung oder sonstigen Urkunde zur Verfügung über ein Recht an einem Grundstück oder einem grundstücksgleichen Recht sowie zur Löschung oder Inhaltsänderung einer sonstigen Eintragung im Grundbuch oder in einem Register oder Anforderung und Prüfung einer Erklärung, inwieweit ein Grundpfandrecht eine Verbindlichkeit sichert,
10. Anforderung und Prüfung einer Verpflichtungserklärung betreffend eine in Nummer 9 genannte Verfügung oder einer Erklärung über die Nichtausübung eines Rechts und
11. über die in den Nummern 1 und 2 genannten Tätigkeiten hinausgehende Tätigkeit für die Beteiligten gegenüber der Behörde, dem Gericht oder der Körperschaft oder Anstalt des öffentlichen Rechts.

Die Vollzugsgebühr entsteht auch, wenn die Tätigkeit vor der Beurkundung vorgenommen wird.

(2) Zustimmungsbeschlüsse stehen Zustimmungserklärungen gleich.

(3) Wird eine Vollzugstätigkeit unter Beteiligung eines ausländischen Gerichts oder einer ausländischen Behörde vorgenommen, bestimmt sich die Vollzugsgebühr nach Unterabschnitt 2.

| Nr. | Gebührentatbestand | Gebühr oder Satz der Gebühr nach § 34 GNotKG – **Tabelle B** |
|---|---|---|
| 22110 | Vollzugsgebühr ........................................ | 0,5 |
| 22111 | Vollzugsgebühr, wenn die Gebühr für das zugrunde liegende Beurkundungsverfahren weniger als 2,0 beträgt: | |
| | Die Gebühr 22110 beträgt ..................................... | 0,3 |
| | Vollzugsgegenstand sind lediglich die in der Vorbemerkung 2.2.1.1 Abs. 1 Satz 2 Nr. 1 bis 3 genannten Tätigkeiten: | |
| | Die Gebühren 22110 und 22111 betragen | |
| 22112 | – für jede Tätigkeit nach Vorbemerkung 2.2.1.1 Abs. 1 Satz 2 Nr. 1 und 2 ........................................ | höchstens 50,00 € |
| 22113 | – für jede Tätigkeit nach Vorbemerkung 2.2.1.1 Abs. 1 Satz 2 Nr. 3 ............................................. | höchstens 250,00 € |
| 22114 | Erzeugung von strukturierten Daten in Form der Extensible Markup Language (XML) oder in einem nach dem Stand der Technik vergleichbaren Format für eine automatisierte Weiterbearbeitung ................ | 0,2 – höchstens 125,00 € |
| 22115 | Neben der Gebühr 22114 entstehen andere Gebühren dieses Unterabschnitts: | |
| | Die Gebühr 22114 beträgt: .................................... | 0,1 – höchstens 125,00 € |

### *Unterabschnitt 2. Vollzug in besonderen Fällen*

*Vorbemerkung 2.2.1.2:*

Die Gebühren dieses Unterabschnitts entstehen, wenn der Notar

1. keine Gebühr für ein Beurkundungsverfahren oder für die Fertigung eines Entwurfs erhalten hat, die das zu vollziehende Geschäft betrifft, oder
2. eine Vollzugstätigkeit unter Beteiligung eines ausländischen Gerichts oder einer ausländischen Behörde vornimmt.

| | | |
|---|---|---|
| 22120 | Vollzugsgebühr für die in Vorbemerkung 2.2.1.1 Abs. 1 Satz 2 genannten Tätigkeiten, wenn die Gebühr für ein die Urkunde betreffendes Beurkundungsverfahren 2,0 betragen würde ........................ | 1,0 |
| 22121 | Vollzugsgebühr für die in Vorbemerkung 2.2.1.1 Abs. 1 Satz 2 genannten Tätigkeiten, wenn die Gebühr für ein die Urkunde betreffendes Beurkundungsverfahren weniger als 2,0 betragen würde ........ | 0,5 |
| 22122 | Überprüfung, ob die Urkunde bei Gericht eingereicht werden kann ................................................ | 0,5 |
| | (1) Die Gebühr entsteht nicht neben einer der Gebühren 22120 und 22121. | |

| Nr. | Gebührentatbestand | Gebühr oder Satz der Gebühr nach § 34 GNotKG **– Tabelle B** |
|---|---|---|
| | (2) Die Gebühr entsteht nicht für die Prüfung der Eintragungsfähigkeit in den Fällen des § 378 Abs. 3 FamFG und des § 15 Abs. 3 der Grundbuchordnung. | |
| 22123 | Erledigung von Beanstandungen einschließlich des Beschwerdeverfahrens ........................................ | 0,5 |
| | Die Gebühr entsteht nicht neben einer der Gebühren 22120 bis 22122. | |
| 22124 | Die Tätigkeit beschränkt sich auf<br>1. die Übermittlung von Anträgen, Erklärungen oder Unterlagen an ein Gericht, eine Behörde oder einen Dritten oder die Stellung von Anträgen im Namen der Beteiligten,<br>2. die Prüfung der Eintragungsfähigkeit in den Fällen des § 378 Abs. 3 FamFG und des § 15 Abs. 3 der Grundbuchordnung ........................................ | 20,00 € |
| | (1) Die Gebühr entsteht nur, wenn nicht eine Gebühr nach den Nummern 22120 bis 22123 anfällt.<br>(2) Die Gebühr nach Nummer 2 entsteht nicht neben der Gebühr 25100 oder 25101.<br>(3) Die Gebühr entsteht auch, wenn Tätigkeiten nach Nummer 1 und nach Nummer 2 ausgeübt werden. In diesem Fall wird die Gebühr nur einmal erhoben. | |
| 22125 | Erzeugung von strukturierten Daten in Form der Extensible Markup Language (XML) oder einem nach dem Stand der Technik vergleichbaren Format für eine automatisierte Weiterbearbeitung ................ | 0,5<br>– höchstens 250,00 € |
| | (1) Die Gebühr entsteht neben anderen Gebühren dieses Unterabschnitts gesondert.<br>(2) Die Gebühr entsteht nicht neben der Gebühr 25101. | |
| | ***Abschnitt 2. Betreuungstätigkeiten*** | |
| 22200 | Betreuungsgebühr ........................................ | 0,5 |
| | Die Betreuungsgebühr entsteht für die<br>1. Erteilung einer Bescheinigung über den Eintritt der Wirksamkeit von Verträgen, Erklärungen und Beschlüssen,<br>2. Prüfung und Mitteilung des Vorliegens von Fälligkeitsvoraussetzungen einer Leistung oder Teilleistung,<br>3. Beachtung einer Auflage eines an dem Beurkundungsverfahren Beteiligten im Rahmen eines Treuhandauftrags, eine Urkunde oder Auszüge einer Urkunde nur unter bestimmten Bedingungen herauszugeben, wenn die Herausgabe nicht lediglich davon abhängt, dass ein Beteiligter der Herausgabe zustimmt, oder die Erklärung der Bewilligung nach § 19 der Grundbuchordnung aufgrund einer Vollmacht, wenn diese nur unter bestimmten Bedingungen abgegeben werden soll,<br>4. Prüfung und Beachtung der Auszahlungsvoraussetzungen von verwahrtem Geld und der Ablieferungsvoraussetzungen von verwahrten Wertpapieren und Kostbarkeiten,<br>5. Anzeige oder Anmeldung einer Tatsache, insbesondere einer Abtretung oder Verpfändung, an einen nicht an dem Beurkundungsverfahren Beteiligten zur Erzielung einer Rechtsfolge, wenn sich | |

| Nr. | Gebührentatbestand | Gebühr oder Satz der Gebühr nach § 34 GNotKG **– Tabelle B** |
|---|---|---|
| | die Tätigkeit des Notars nicht darauf beschränkt, dem nicht am Beurkundungsverfahren Beteiligten die Urkunde oder eine Kopie oder eine Ausfertigung der Urkunde zu übermitteln,<br>6. Erteilung einer Bescheinigung über Veränderungen hinsichtlich der Personen der Gesellschafter oder des Umfangs ihrer Beteiligung (§ 40 Abs. 2 GmbHG), wenn Umstände außerhalb der Urkunde zu prüfen sind, und<br>7. Entgegennahme der für den Gläubiger bestimmten Ausfertigung einer Grundpfandrechtsbestellungsurkunde zur Herbeiführung der Bindungswirkung gemäß § 873 Abs. 2 BGB. | |
| 22201 | Treuhandgebühr ..................................................<br>Die Treuhandgebühr entsteht für die Beachtung von Auflagen durch einen nicht unmittelbar an dem Beurkundungsverfahren Beteiligten, eine Urkunde oder Auszüge einer Urkunde nur unter bestimmten Bedingungen herauszugeben. Die Gebühr entsteht für jeden Treuhandauftrag gesondert. | 0,5 |

## Hauptabschnitt 3. Sonstige notarielle Verfahren

*Vorbemerkung 2.3:*

Mit den Gebühren dieses Hauptabschnitts wird auch die Fertigung einer Niederschrift abgegolten. Nummer 23603 bleibt unberührt.

### *Abschnitt 1. Rückgabe eines Erbvertrags aus der notariellen Verwahrung*

| | | |
|---|---|---|
| 23100 | Verfahrensgebühr ..................................................<br>Wenn derselbe Notar demnächst nach der Rückgabe eines Erbvertrags eine erneute Verfügung von Todes wegen desselben Erblassers beurkundet, wird die Gebühr auf die Gebühr für das Beurkundungsverfahren angerechnet. Bei einer Mehrheit von Erblassern erfolgt die Anrechnung nach Kopfteilen. | 0,3 |

### *Abschnitt 2. Verlosung, Auslosung*

| | | |
|---|---|---|
| 23200 | Verfahrensgebühr ..................................................<br>Die Gebühr entsteht auch, wenn der Notar Prüfungstätigkeiten übernimmt. | 2,0 |
| 23201 | Vorzeitige Beendigung des Verfahrens:<br>Die Gebühr 23200 ermäßigt sich auf ........................ | 0,5 |

### *Abschnitt 3. Eid, eidesstattliche Versicherung, Vernehmung von Zeugen und Sachverständigen*

*Vorbemerkung 2.3.3:*

(1) Die Gebühren entstehen nur, wenn das in diesem Abschnitt genannte Verfahren oder Geschäft nicht Teil eines anderen Verfahrens oder Geschäfts ist.

(2) Wird mit der Niederschrift über die Abnahme der eidesstattlichen Versicherung zugleich ein Antrag an das Nachlassgericht beurkundet, wird mit der Gebühr 23300 insoweit auch das Beurkundungsverfahren abgegolten.

| | | |
|---|---|---|
| 23300 | Verfahren zur Abnahme von Eiden und eidesstattlichen Versicherungen ........................................... | 1,0 |
| 23301 | Vorzeitige Beendigung des Verfahrens:<br>Die Gebühr 23300 beträgt ........................................ | 0,3 |
| 23302 | Vernehmung von Zeugen und Sachverständigen ....... | 1,0 |

| Nr. | Gebührentatbestand | Gebühr oder Satz der Gebühr nach § 34 GNotKG – **Tabelle B** |
|---|---|---|
| | ***Abschnitt 4. Wechsel- und Scheckprotest*** | |
| | *Vorbemerkung 2.3.4:*<br>Neben den Gebühren dieses Abschnitts werden die Gebühren 25300 und 26002 nicht erhoben. | |
| 23400 | Verfahren über die Aufnahme eines Wechsel- und Scheckprotests<br>Die Gebühr fällt auch dann an, wenn ohne Aufnahme des Protestes an den Notar gezahlt oder ihm die Zahlung nachgewiesen wird. | 0,5 |
| 23401 | Verfahren über die Aufnahme eines jeden Protests wegen Verweigerung der Ehrenannahme oder wegen unterbliebener Ehrenzahlung, wenn der Wechsel Notadressen enthält | 0,3 |
| | ***Abschnitt 5. Vermögensverzeichnis und Siegelung*** | |
| | *Vorbemerkung 2.3.5:*<br>Neben den Gebühren dieses Abschnitts wird die Gebühr 26002 nicht erhoben. | |
| 23500 | Verfahren über die Aufnahme eines Vermögensverzeichnisses einschließlich der Siegelung<br>Die Gebühr entsteht nicht, wenn die Aufnahme des Vermögensverzeichnisses Teil eines beurkundeten Vertrags ist. | 2,0 |
| 23501 | Vorzeitige Beendigung des Verfahrens:<br>Die Gebühr 23500 ermäßigt sich auf | 0,5 |
| 23502 | Mitwirkung als Urkundsperson bei der Aufnahme eines Vermögensverzeichnisses einschließlich der Siegelung | 1,0 |
| 23503 | Siegelung, die nicht mit den Gebühren 23500 oder 23502 abgegolten ist, und Entsiegelung | 0,5 |
| | ***Abschnitt 6. Freiwillige Versteigerung von Grundstücken*** | |
| | *Vorbemerkung 2.3.6:*<br>Die Vorschriften dieses Abschnitts sind auf die freiwillige Versteigerung von Grundstücken und grundstücksgleichen Rechten durch den Notar zum Zwecke der Veräußerung oder Verpachtung anzuwenden. | |
| 23600 | Verfahrensgebühr | 0,5 |
| 23601 | Aufnahme einer Schätzung | 0,5 |
| 23602 | Abhaltung eines Versteigerungstermins:<br>für jeden Termin<br>Der Versteigerungstermin gilt als abgehalten, wenn zur Abgabe von Geboten aufgefordert ist. | 1,0 |
| 23603 | Beurkundung des Zuschlags<br>Die Beurkundung bleibt gebührenfrei, wenn sie in der Niederschrift über die Versteigerung erfolgt und wenn<br>1. der Meistbietende die Rechte aus dem Meistgebot oder der Veräußerer den Anspruch gegen den Ersteher abtritt, oder<br>2. der Meistbietende erklärt, für einen Dritten geboten zu haben, oder<br>3. ein Dritter den Erklärungen nach Nummer 2 beitritt. | 1,0 |

| Nr. | Gebührentatbestand | Gebühr oder Satz der Gebühr nach § 34 GNotKG – **Tabelle B** |
|---|---|---|
| | Das Gleiche gilt, wenn nach Maßgabe der Versteigerungsbedingungen für den Anspruch gegen den Ersteher die Bürgschaft übernommen oder eine sonstige Sicherheit bestellt und dies in dem Protokoll über die Versteigerung beurkundet wird. | |
| | ***Abschnitt 7. Versteigerung von beweglichen Sachen und von Rechten*** | |
| 23700 | Verfahrensgebühr .......... <br> (1) Die Gebühr entsteht für die Versteigerung von beweglichen Sachen, von Früchten auf dem Halm oder von Holz auf dem Stamm sowie von Forderungen oder sonstigen Rechten. <br> (2) Ein Betrag in Höhe der Kosten kann aus dem Erlös vorweg entnommen werden. | 3,0 |
| 23701 | Beendigung des Verfahrens vor Aufforderung zur Abgabe von Geboten: <br> Die Gebühr 23700 ermäßigt sich auf .......... | 0,5 |
| | ***Abschnitt 8. Vorbereitung der Zwangsvollstreckung*** | |
| 23800 | Verfahren über die Vollstreckbarerklärung eines Anwaltsvergleichs nach § 796a ZPO .......... | 66,00 € |
| 23801 | Verfahren über die Vollstreckbarerklärung eines Schiedsspruchs mit vereinbartem Wortlaut (§ 1053 ZPO) .......... | 2,0 |
| 23802 | Beendigung des gesamten Verfahrens durch Zurücknahme des Antrags: <br> Die Gebühr 23801 ermäßigt sich auf .......... | 1,0 |
| 23803 | Verfahren über die Erteilung einer vollstreckbaren Ausfertigung, wenn der Eintritt einer Tatsache oder einer Rechtsnachfolge zu prüfen ist (§§ 726 bis 729 ZPO) .......... | 0,5 |
| 23804 | Verfahren über den Antrag auf Erteilung einer weiteren vollstreckbaren Ausfertigung (§ 797 Abs. 2, § 733 ZPO) .......... <br> Die Gebühr wird für jede weitere vollstreckbare Ausfertigung gesondert erhoben. | 22,00 € |
| 23805 | Verfahren über die Ausstellung einer Bestätigung nach § 1079 ZPO oder über die Ausstellung einer Bescheinigung nach § 1110 ZPO .......... | 22,00 € |
| 23806 | Verfahren über einen Antrag auf Vollstreckbarerklärung einer notariellen Urkunde nach § 55 Abs. 3 AVAG, nach § 35 Abs. 3 AUG, nach § 3 Abs. 4 IntErbRVG oder nach § 4 Abs. 4 IntGüRVG .......... | 264,00 € |
| 23807 | Beendigung des gesamten Verfahrens durch Zurücknahme des Antrags: <br> Die Gebühr 23806 ermäßigt sich auf .......... | 99,00 € |

| Nr. | Gebührentatbestand | Gebühr oder Satz der Gebühr nach § 34 GNotKG **– Tabelle B** |
|---|---|---|
| 23808 | Verfahren über die Ausstellung einer Bescheinigung nach § 57 AVAG, § 27 IntErbRVG oder § 27 IntGüRVG oder für die Ausstellung des Formblatts oder der Bescheinigung nach § 71 Abs. 1 AUG ............... | 17,00 € |

### *Abschnitt 9. Teilungssachen*

*Vorbemerkung 2.3.9:*

(1) Dieser Abschnitt gilt für Teilungssachen zur Vermittlung der Auseinandersetzung des Nachlasses und des Gesamtguts einer Gütergemeinschaft nach Beendigung der ehelichen, lebenspartnerschaftlichen oder fortgesetzten Gütergemeinschaft (§ 342 Abs. 2 Nr. 1 FamFG).

(2) Neben den Gebühren dieses Abschnitts werden gesonderte Gebühren erhoben für
1. die Aufnahme von Vermögensverzeichnissen und Schätzungen,
2. Versteigerungen und
3. das Beurkundungsverfahren, jedoch nur, wenn Gegenstand ein Vertrag ist, der mit einem Dritten zum Zweck der Auseinandersetzung geschlossen wird.

| Nr. | Gebührentatbestand | Gebühr oder Satz der Gebühr nach § 34 GNotKG – Tabelle B |
|---|---|---|
| 23900 | Verfahrensgebühr ................................................. | 6,0 |
| 23901 | Soweit das Verfahren vor Eintritt in die Verhandlung durch Zurücknahme oder auf andere Weise endet, ermäßigt sich die Gebühr 23900 auf ....................... | 1,5 |
| 23902 | Soweit der Notar das Verfahren vor Eintritt in die Verhandlung wegen Unzuständigkeit an einen anderen Notar verweist, ermäßigt sich die Gebühr 23900 auf .................................................................... | 1,5 – höchstens 100,00 € |
| 23903 | Das Verfahren wird nach Eintritt in die Verhandlung<br>1. ohne Bestätigung der Auseinandersetzung abgeschlossen oder<br>2. wegen einer Vereinbarung der Beteiligten über die Zuständigkeit an einen anderen Notar verwiesen:<br>Die Gebühr 23900 ermäßigt sich auf ....................... | 3,0 |

## Hauptabschnitt 4. Entwurf und Beratung

### *Abschnitt 1. Entwurf*

*Vorbemerkung 2.4.1:*

(1) Gebühren nach diesem Abschnitt entstehen, wenn außerhalb eines Beurkundungsverfahrens ein Entwurf für ein bestimmtes Rechtsgeschäft oder eine bestimmte Erklärung im Auftrag eines Beteiligten gefertigt worden ist. Sie entstehen jedoch nicht in den Fällen der Vorbemerkung 2.2 Abs. 2.

(2) Beglaubigt der Notar, der den Entwurf gefertigt hat, demnächst unter dem Entwurf eine oder mehrere Unterschriften, Handzeichen oder qualifizierte elektronische Signaturen, entstehen für die erstmaligen Beglaubigungen, die an ein und demselben Tag erfolgen, keine Gebühren.

(3) Gebühren nach diesem Abschnitt entstehen auch, wenn der Notar keinen Entwurf gefertigt, aber einen ihm vorgelegten Entwurf überprüft, geändert oder ergänzt hat. Dies gilt nicht für die Prüfung der Eintragungsfähigkeit in den Fällen des § 378 Abs. 3 FamFG und des § 15 Abs. 3 der Grundbuchordnung.

(4) Durch die Gebühren dieses Abschnitts werden auch abgegolten
1. die Übermittlung von Anträgen und Erklärungen an ein Gericht oder eine Behörde,
2. die Stellung von Anträgen im Namen der Beteiligten bei einem Gericht oder einer Behörde und

| Nr. | Gebührentatbestand | Gebühr oder Satz der Gebühr nach § 34 GNotKG – Tabelle B |
|---|---|---|
| | 3. die Erledigung von Beanstandungen einschließlich des Beschwerdeverfahrens. (5) Gebühren nach diesem Abschnitt entstehen auch für die Fertigung eines Entwurfs zur beabsichtigten Verwendung für mehrere gleichartige Rechtsgeschäfte oder Erklärungen (Serienentwurf). Absatz 3 gilt entsprechend. (6) Wenn der Notar demnächst nach Fertigung eines Entwurfs auf der Grundlage dieses Entwurfs ein Beurkundungsverfahren durchführt, wird eine Gebühr nach diesem Abschnitt auf die Gebühr für das Beurkundungsverfahren angerechnet. (7) Der Notar ist berechtigt, dem Auftraggeber die Gebühren für die Fertigung eines Serienentwurfs bis zu einem Jahr nach Fälligkeit zu stunden. | |
| 24100 | Fertigung eines Entwurfs, wenn die Gebühr für das Beurkundungsverfahren 2,0 betragen würde ............ | 0,5 bis 2,0 – mindestens 120,00 € |
| 24101 | Fertigung eines Entwurfs, wenn die Gebühr für das Beurkundungsverfahren 1,0 betragen würde ............ | 0,3 bis 1,0 – mindestens 60,00 € |
| 24102 | Fertigung eines Entwurfs, wenn die Gebühr für das Beurkundungsverfahren 0,5 betragen würde ............ | 0,3 bis 0,5 – mindestens 30,00 € |
| 24103 | Auf der Grundlage eines von demselben Notar gefertigten Serienentwurfs finden Beurkundungsverfahren statt: Die Gebühren dieses Abschnitts ermäßigen sich jeweils um ............................................................ | die Gebühr für das Beurkundungsverfahren |

### *Abschnitt 2. Beratung*

| Nr. | Gebührentatbestand | Gebühr oder Satz der Gebühr nach § 34 GNotKG – Tabelle B |
|---|---|---|
| 24200 | Beratungsgebühr .............................................. (1) Die Gebühr entsteht für eine Beratung, soweit der Beratungsgegenstand nicht Gegenstand eines anderen gebührenpflichtigen Verfahrens oder Geschäfts ist. (2) Soweit derselbe Gegenstand demnächst Gegenstand eines anderen gebührenpflichtigen Verfahrens oder Geschäfts ist, ist die Beratungsgebühr auf die Gebühr für das andere Verfahren oder Geschäft anzurechnen. | 0,3 bis 1,0 |
| 24201 | Der Beratungsgegenstand könnte auch Beurkundungsgegenstand sein und die Beurkundungsgebühr würde 1,0 betragen: Die Gebühr 24200 beträgt ........................................ | 0,3 bis 0,5 |
| 24202 | Der Beratungsgegenstand könnte auch Beurkundungsgegenstand sein und die Beurkundungsgebühr würde weniger als 1,0 betragen: Die Gebühr 24200 beträgt ........................................ | 0,3 |

| Nr. | Gebührentatbestand | Gebühr oder Satz der Gebühr nach § 34 GNotKG **– Tabelle B** |
|---|---|---|
| 24203 | Beratung bei der Vorbereitung oder Durchführung einer Hauptversammlung oder Gesellschafterversammlung ...<br>Die Gebühr entsteht, soweit der Notar die Gesellschaft über die im Rahmen eines Beurkundungsverfahrens bestehenden Amtspflichten hinaus berät. | 0,5 bis 2,0 |

## Hauptabschnitt 5. Sonstige Geschäfte

### *Abschnitt 1. Beglaubigungen und sonstige Zeugnisse (§§ 39, 39a BeurkG)*

| Nr. | Gebührentatbestand | Gebühr oder Satz der Gebühr nach § 34 GNotKG – Tabelle B |
|---|---|---|
| 25100 | Beglaubigung einer Unterschrift, eines Handzeichens oder einer qualifizierten elektronischen Signatur ...<br>(1) Die Gebühr entsteht nicht in den in Vorbemerkung 2.4.1 Abs. 2 genannten Fällen.<br>(2) Mit der Gebühr ist die Beglaubigung mehrerer Unterschriften, Handzeichen oder qualifizierter elektronischer Signaturen abgegolten, wenn diese in einem einzigen Vermerk erfolgt. | 0,2<br>– mindestens 20,00 €, höchstens 70,00 € |
| 25101 | Die Beglaubigung erfolgt für<br>1. eine Erklärung, für die nach den Staatsschuldbuchgesetzen eine öffentliche Beglaubigung vorgeschrieben ist,<br>2. eine Zustimmung gemäß § 27 der Grundbuchordnung sowie einen damit verbundenen Löschungsantrag gemäß § 13 der Grundbuchordnung,<br>3. den Nachweis der Verwaltereigenschaft gemäß § 26 Abs. 4 WEG:<br>Die Gebühr 25100 beträgt ... | 20,00 € |
| 25102 | Beglaubigung von Dokumenten ...<br>(1) Neben der Gebühr wird keine Dokumentenpauschale erhoben.<br>(2) Die Gebühr wird nicht erhoben für die Erteilung<br>1. beglaubigter Kopien oder Ausdrucke der vom Notar aufgenommenen oder entworfenen oder in Urschrift in seiner dauernden Verwahrung befindlichen Urkunden und<br>2. beglaubigter Kopien vorgelegter Vollmachten und Ausweise über die Berechtigung eines gesetzlichen Vertreters, die der vom Notar gefertigten Niederschrift beizulegen sind (§ 12 BeurkG).<br>(3) Einer Kopie im Sinne des Absatzes 2 steht ein in ein elektronisches Dokument übertragenes Schriftstück gleich, insbesondere wenn dieses einer vom Notar gefertigten elektronischen Niederschrift beigefügt ist (§ 16d des Beurkundungsgesetzes). | 1,00 € für jede angefangene Seite<br>– mindestens 10,00 € |
| 25103 | Sicherstellung der Zeit, zu der eine Privaturkunde ausgestellt ist, einschließlich der über die Vorlegung ausgestellten Bescheinigung ... | 20,00 € |
| 25104 | Erteilung von Bescheinigungen über Tatsachen oder Verhältnisse, die urkundlich nachgewiesen oder offenkundig sind, einschließlich der Identitätsfeststellung, wenn sie über die §§ 10 und 40 Abs. 4 BeurkG hinaus selbständige Bedeutung hat ... | 1,0 |

| Nr. | Gebührentatbestand | Gebühr oder Satz der Gebühr nach § 34 GNotKG – Tabelle B |
|---|---|---|
| | Die Gebühr entsteht nicht, wenn die Erteilung der Bescheinigung eine Betreuungstätigkeit nach Nummer 22200 darstellt. | |
| | ***Abschnitt 2. Andere Bescheinigungen und sonstige Geschäfte*** | |
| 25200 | Erteilung einer Bescheinigung nach § 21 Abs. 1 BNotO | 15,00 € für jedes Registerblatt, dessen Einsicht zur Erteilung erforderlich ist |
| 25201 | Rangbescheinigung (§ 122 GNotKG) | 0,3 |
| 25202 | Herstellung eines Teilhypotheken-, -grundschuld- oder -rentenschuldbriefs | 0,3 |
| 25203 | Erteilung einer Bescheinigung über das im Inland oder im Ausland geltende Recht einschließlich von Tatsachen | 0,3 bis 1,0 |
| 25204 | Abgabe einer Erklärung aufgrund einer Vollmacht anstelle einer in öffentlich beglaubigter Form durch die Beteiligten abzugebenden Erklärung<br>Die Gebühr entsteht nicht, wenn für die Tätigkeit eine Betreuungsgebühr anfällt. | in Höhe der für die Fertigung des Entwurfs der Erklärung zu erhebenden Gebühr |
| 25205 | Tätigkeit als zu einer Beurkundung zugezogener zweiter Notar<br>(1) Daneben wird die Gebühr 26002 oder 26003 nicht erhoben.<br>(2) Der zuziehende Notar teilt dem zugezogenen Notar die Höhe der von ihm zu erhebenden Gebühr für das Beurkundungsverfahren mit. | in Höhe von 50 % der dem beurkundenden Notar zustehenden Gebühr für das Beurkundungsverfahren |
| 25206 | Gründungsprüfung gemäß § 33 Abs. 3 des Aktiengesetzes | 1,0 – mindestens 1 000,00 € |
| 25207 | Erwirkung der Apostille oder der Legalisation einschließlich der Beglaubigung durch den Präsidenten des Landgerichts | 25,00 € |
| 25208 | Erwirkung der Legalisation, wenn weitere Beglaubigungen notwendig sind:<br>Die Gebühr 25207 beträgt | 50,00 € |

| Nr. | Gebührentatbestand | Gebühr oder Satz der Gebühr nach § 34 GNotKG **– Tabelle B** |
|---|---|---|
| 25209 | Einsicht in das Grundbuch, in öffentliche Register und Akten einschließlich der Mitteilung des Inhalts an den Beteiligten ..................<br>Die Gebühr entsteht nur, wenn die Tätigkeit nicht mit einem gebührenpflichtigen Verfahren oder Geschäft zusammenhängt. | 15,00 € |
| | Erteilung von Abdrucken aus einem Register oder aus dem Grundbuch auf Antrag oder deren beantragte Ergänzung oder Bestätigung: | |
| 25210 | – Abdruck .................. | 10,00 € |
| 25211 | – beglaubigter Abdruck ..................<br>Neben den Gebühren 25210 und 25211 wird keine Dokumentenpauschale erhoben. | 15,00 € |
| | Anstelle eines Abdrucks wird in den Fällen der Nummern 25210 und 25211 die elektronische Übermittlung einer Datei beantragt: | |
| 25212 | – unbeglaubigte Datei .................. | 5,00 € |
| 25213 | – beglaubigte Datei ..................<br>Werden zwei elektronische Dateien gleichen Inhalts in unterschiedlichen Dateiformaten gleichzeitig übermittelt, wird die Gebühr 25212 oder 25213 nur einmal erhoben. Sind beide Gebührentatbestände erfüllt, wird die höhere Gebühr erhoben. | 10,00 € |
| 25214 | Erteilung einer Bescheinigung nach § 21 Abs. 3 BNotO .................. | 15,00 € |

### *Abschnitt 3. Verwahrung von Geld, Wertpapieren und Kostbarkeiten*

*Vorbemerkung 2.5.3:*

(1) Die Gebühren dieses Abschnitts entstehen neben Gebühren für Betreuungstätigkeiten gesondert.

(2) § 35 Abs. 2 GNotKG und Nummer 32013 sind nicht anzuwenden.

| | | |
|---|---|---|
| 25300 | Verwahrung von Geldbeträgen:<br>je Auszahlung ..................<br>Der Notar kann die Gebühr bei der Ablieferung an den Auftraggeber entnehmen. | 1,0<br>– soweit der Betrag 13 Mio. € übersteigt: 0,1 % des Auszahlungsbetrags |
| 25301 | Entgegennahme von Wertpapieren und Kostbarkeiten zur Verwahrung ..................<br>Durch die Gebühr wird die Verwahrung mit abgegolten. | 1,0<br>– soweit der Wert 13 Mio. € übersteigt: 0,1 % des Werts |

| Nr. | Gebührentatbestand | Gebühr oder Satz der Gebühr nach § 34 GNotKG – **Tabelle B** |
|---|---|---|
| | **Hauptabschnitt 6. Zusatzgebühren** | |
| 26000 | Tätigkeiten, die auf Verlangen der Beteiligten an Sonntagen und allgemeinen Feiertagen, an Sonnabenden vor 8 und nach 13 Uhr sowie an den übrigen Werktagen außerhalb der Zeit von 8 bis 18 Uhr vorgenommen werden ..........<br>(1) Treffen mehrere der genannten Voraussetzungen zu, so wird die Gebühr nur einmal erhoben.<br>(2) Die Gebühr fällt nur an, wenn bei den einzelnen Geschäften nichts anderes bestimmt ist. | in Höhe von 30 % der für das Verfahren oder das Geschäft zu erhebenden Gebühr – höchstens 30,00 € |
| 26001 | Abgabe der zu beurkundenden Erklärung eines Beteiligten in einer fremden Sprache ohne Hinzuziehung eines Dolmetschers sowie Beurkundung, Beglaubigung oder Bescheinigung in einer fremden Sprache oder Übersetzung einer Erklärung in eine andere Sprache ..........<br>Mit der Gebühr ist auch die Erteilung einer Bescheinigung gemäß § 50 BeurkG abgegolten. | in Höhe von 30 % der für das Beurkundungsverfahren, für eine Beglaubigung oder Bescheinigung zu erhebenden Gebühr – höchstens 5 000,00 € |
| 26002 | Die Tätigkeit wird auf Verlangen eines Beteiligten außerhalb der Geschäftsstelle des Notars vorgenommen:<br>Zusatzgebühr für jede angefangene halbe Stunde der Abwesenheit, wenn nicht die Gebühr 26003 entsteht<br>(1) Nimmt der Notar mehrere Geschäfte vor, so entsteht die Gebühr nur einmal. Sie ist auf die einzelnen Geschäfte unter Berücksichtigung der für jedes Geschäft aufgewandten Zeit angemessen zu verteilen.<br>(2) Die Zusatzgebühr wird auch dann erhoben, wenn ein Geschäft aus einem in der Person eines Beteiligten liegenden Grund nicht vorgenommen wird.<br>(3) Neben dieser Gebühr wird kein Tages- und Abwesenheitsgeld (Nummer 32008) erhoben. | 50,00 € |
| 26003 | Die Tätigkeit wird auf Verlangen eines Beteiligten außerhalb der Geschäftsstelle des Notars vorgenommen und betrifft ausschließlich | |

| Nr. | Gebührentatbestand | Gebühr oder Satz der Gebühr nach § 34 GNotKG **– Tabelle B** |
|---|---|---|
| | 1. die Errichtung, Aufhebung oder Änderung einer Verfügung von Todes wegen,<br>2. die Errichtung, den Widerruf oder die Änderung einer Vollmacht, die zur Registrierung im Zentralen Vorsorgeregister geeignet ist,<br>3. die Abgabe einer Erklärung gemäß § 1816 Abs. 2 BGB betreffend die Person eines Betreuers oder<br>4. eine Willensäußerung eines Beteiligten hinsichtlich seiner medizinischen Behandlung oder deren Abbruch:<br>Zusatzgebühr ...........................................................<br>Die Gebühr entsteht für jeden Auftraggeber nur einmal. Im Übrigen gelten die Absätze 2 und 3 der Anmerkung zu Nummer 26002 entsprechend. | 50,00 € |

## Teil 3. Auslagen

| Nr. | Auslagentatbestand | Höhe |
|---|---|---|
| *Vorbemerkung 3:*<br>Sind Auslagen durch verschiedene Rechtssachen veranlasst, werden sie auf die Rechtssachen angemessen verteilt. Dies gilt auch, wenn die Auslagen durch Notar- und Rechtsanwaltsgeschäfte veranlasst sind. | | |
| **Hauptabschnitt 1. Auslagen der Gerichte** | | |
| *Vorbemerkung 3.1:*<br>(1) Auslagen, die durch eine für begründet befundene Beschwerde entstanden sind, werden nicht erhoben, soweit das Beschwerdeverfahren gebührenfrei ist; dies gilt jedoch nicht, soweit das Beschwerdegericht die Kosten dem Gegner des Beschwerdeführers auferlegt hat.<br>(2) In Betreuungssachen werden von dem Betroffenen Auslagen nur unter den in Vorbemerkung 1.1 Abs. 1 genannten Voraussetzungen erhoben. Satz 1 gilt nicht für die Auslagen 31015. | | |
| 31000 | Pauschale für die Herstellung und Überlassung von Dokumenten:<br>1. Ausfertigungen, Kopien und Ausdrucke bis zur Größe von DIN A 3, die<br>a) auf Antrag angefertigt oder auf Antrag per Telefax übermittelt worden sind oder<br>b) angefertigt worden sind, weil zu den Akten gegebene Urkunden, von denen eine Kopie zurückbehalten werden muss, zurückgefordert werden; in diesem Fall wird die bei den Akten zurückbehaltene Kopie gebührenfrei beglaubigt: | |
| | für die ersten 50 Seiten je Seite | 0,50 € |
| | für jede weitere Seite | 0,15 € |
| | für die ersten 50 Seiten in Farbe je Seite | 1,00 € |
| | für jede weitere Seite in Farbe | 0,30 € |
| | 2. Entgelte für die Herstellung und Überlassung der in Nummer 1 genannten Kopien oder Ausdrucke in einer Größe von mehr als DIN A3 | in voller Höhe |
| | oder pauschal je Seite | 3,00 € |
| | oder pauschal je Seite in Farbe | 6,00 € |
| | 3. Überlassung von elektronisch gespeicherten Dateien oder deren Bereitstellung zum Abruf anstelle der in den Nummern 1 und 2 genannten Ausfertigungen, Kopien und Ausdrucke: | |
| | je Datei | 1,50 € |
| | für die in einem Arbeitsgang überlassenen, bereitgestellten oder in einem Arbeitsgang auf denselben Datenträger übertragenen Dokumente insgesamt höchstens | 5,00 € |
| | (1) Die Höhe der Dokumentenpauschale nach Nummer 1 ist in gerichtlichen Verfahren in jedem Rechtszug, bei Dauerbetreuungen und -pflegschaften in jedem Kalenderjahr und für jeden Kostenschuldner nach § 26 Abs. 1 GNotKG gesondert zu berechnen. Gesamtschuldner gelten als ein Schuldner.<br>(2) Werden zum Zweck der Überlassung von elektronisch gespeicherten Dateien Dokumente zuvor auf Antrag von der Papierform | |

| Nr. | Auslagentatbestand | Höhe |
|---|---|---|
| | in die elektronische Form übertragen, beträgt die Dokumentenpauschale nach Nummer 3 nicht weniger, als die Dokumentenpauschale im Fall der Nummer 1 für eine Schwarz-Weiß-Kopie ohne Rücksicht auf die Größe betragen würde.<br>(3) Frei von der Dokumentenpauschale sind für jeden Beteiligten und seinen bevollmächtigten Vertreter jeweils<br>1. bei Beurkundungen von Verträgen zwei Ausfertigungen, Kopien oder Ausdrucke, bei sonstigen Beurkundungen eine Ausfertigung, eine Kopie oder ein Ausdruck;<br>2. eine vollständige Ausfertigung oder Kopie oder ein vollständiger Ausdruck jeder gerichtlichen Entscheidung und jedes vor Gericht abgeschlossenen Vergleichs,<br>3. eine Ausfertigung ohne Begründung und<br>4. eine Kopie oder ein Ausdruck jeder Niederschrift über eine Sitzung.<br>(4) § 191a Abs. 1 Satz 5 GVG bleibt unberührt.<br>(5) Bei der Gewährung der Einsicht in Akten wird eine Dokumentenpauschale nur erhoben, wenn auf besonderen Antrag ein Ausdruck einer elektronischen Akte oder ein Datenträger mit dem Inhalt einer elektronischen Akte übermittelt wird. | |
| 31001 | Auslagen für Telegramme ........................................ | in voller Höhe |
| 31002 | Pauschale für Zustellungen mit Zustellungsurkunde, Einschreiben gegen Rückschein oder durch Justizbedienstete nach § 168 Abs. 1 ZPO je Zustellung ........<br>Neben Gebühren, die sich nach dem Geschäftswert richten, wird die Zustellungspauschale nur erhoben, soweit in einem Rechtszug mehr als 10 Zustellungen anfallen. | 3,50 € |
| 31003 | Pauschale für die bei der Versendung von Akten auf Antrag anfallenden Auslagen an Transport- und Verpackungskosten je Sendung ....................................<br>Die Hin- und Rücksendung der Akten durch Gerichte gelten zusammen als eine Sendung. | 12,00 € |
| 31004 | Auslagen für öffentliche Bekanntmachungen ............<br>Auslagen werden nicht erhoben für die Bekanntmachung in einem elektronischen Informations- und Kommunikationssystem, wenn das Entgelt nicht für den Einzelfall oder nicht für ein einzelnes Verfahren berechnet wird. | in voller Höhe |
| 31005 | Nach dem JVEG zu zahlende Beträge ......................<br>(1) Die Beträge werden auch erhoben, wenn aus Gründen der Gegenseitigkeit, der Verwaltungsvereinfachung oder aus vergleichbaren Gründen keine Zahlungen zu leisten sind. Ist aufgrund des § 1 Abs. 2 Satz 2 JVEG keine Vergütung zu zahlen, ist der Betrag zu erheben, der ohne diese Vorschrift zu zahlen wäre.<br>(2) Nicht erhoben werden Beträge, die an ehrenamtliche Richter (§ 1 Abs. 1 Satz 1 Nr. 2 JVEG), an Übersetzer, die zur Erfüllung der Rechte blinder oder sehbehinderter Personen herangezogen werden (§ 191a Abs. 1 GVG), und an Kommunikationshilfen zur Verständigung mit einer hör- oder sprachbehinderten Person (§ 186 GVG) gezahlt werden. | in voller Höhe |
| 31006 | Bei Geschäften außerhalb der Gerichtsstelle<br>1. die den Gerichtspersonen aufgrund gesetzlicher Vorschriften gewährte Vergütung (Reisekosten, | |

| Nr. | Auslagentatbestand | Höhe |
|---|---|---|
| | Auslagenersatz) und die Auslagen für die Bereitstellung von Räumen ......................................... | in voller Höhe |
| | 2. für den Einsatz von Dienstkraftfahrzeugen für jeden gefahrenen Kilometer .............................. | 0,42 € |
| 31007 | An Rechtsanwälte zu zahlende Beträge mit Ausnahme der nach § 59 RVG auf die Staatskasse übergegangenen Ansprüche ................................................ | in voller Höhe |
| 31008 | Auslagen für<br>1. die Beförderung von Personen ......................... | in voller Höhe |
| | 2. Zahlungen an mittellose Personen für die Reise zum Ort einer Verhandlung oder Anhörung sowie für die Rückreise.......................................... | bis zur Höhe der nach dem JVEG an Zeugen zu zahlenden Beträge |
| 31009 | An Dritte zu zahlende Beträge für<br>1. die Beförderung von Tieren und Sachen mit Ausnahme der für Postdienstleistungen zu zahlenden Entgelte, die Verwahrung von Tieren und Sachen sowie die Fütterung von Tieren ............. | in voller Höhe |
| | 2. die Durchsuchung oder Untersuchung von Räumen und Sachen einschließlich der die Durchsuchung oder Untersuchung vorbereitenden Maßnahmen ................................................... | in voller Höhe |
| 31010 | Kosten einer Zwangshaft ........................................<br>Maßgebend ist die Höhe des Haftkostenbeitrags, der nach Landesrecht von einem Gefangenen zu erheben ist. | in Höhe des Haftkostenbeitrags |
| 31011 | Kosten einer Ordnungshaft ......................................<br>Maßgebend ist die Höhe des Haftkostenbeitrags, der nach Landesrecht von einem Gefangenen zu erheben ist. Diese Kosten werden nur angesetzt, wenn der Haftkostenbeitrag auch von einem Gefangenen im Strafvollzug zu erheben wäre. | in Höhe des Haftkostenbeitrags |
| 31012 | Nach § 12 BGebG, dem 5. Abschnitt des Konsulargesetzes und der Besonderen Gebührenverordnung des Auswärtigen Amts nach § 22 Abs. 4 BGebG zu zahlende Beträge ................................................ | in voller Höhe |
| 31013 | An deutsche Behörden für die Erfüllung von deren eigenen Aufgaben zu zahlende Gebühren sowie diejenigen Beträge, die diesen Behörden, öffentlichen Einrichtungen oder deren Bediensteten als Ersatz für Auslagen der in den Nummern 31000 bis 31012 bezeichneten Art zustehen ......................................<br>Die als Ersatz für Auslagen angefallenen Beträge werden auch erhoben, wenn aus Gründen der Gegenseitigkeit, der Verwaltungsvereinfachung oder aus vergleichbaren Gründen keine Zahlungen zu leisten sind. | in voller Höhe, die Auslagen begrenzt durch die Höchstsätze für die Auslagen 31000 bis 31012 |

| Nr. | Auslagentatbestand | Höhe |
|---|---|---|
| 31014 | Beträge, die ausländischen Behörden, Einrichtungen oder Personen im Ausland zustehen, sowie Kosten des Rechtshilfeverkehrs mit dem Ausland ................<br>Die Beträge werden auch erhoben, wenn aus Gründen der Gegenseitigkeit, der Verwaltungsvereinfachung oder aus vergleichbaren Gründen keine Zahlungen zu leisten sind. | in voller Höhe |
| 31015 | An den Verfahrenspfleger zu zahlende Beträge ..........<br>Die Beträge werden von dem Betroffenen nur nach Maßgabe des § 1880 Abs. 2 BGB erhoben. | in voller Höhe |
| 31016 | Pauschale für die Inanspruchnahme von Videokonferenzverbindungen:<br>je Verfahren für jede angefangene halbe Stunde ........ | 15,00 € |
| 31017 | Umsatzsteuer auf die Kosten ...................................<br>Dies gilt nicht, wenn die Umsatzsteuer nach § 19 Abs. 1 UStG unerhoben bleibt. | in voller Höhe |

## Hauptabschnitt 2. Auslagen der Notare

*Vorbemerkung 3.2:*

(1) Mit den Gebühren werden auch die allgemeinen Geschäftskosten entgolten.

(2) Eine Geschäftsreise liegt vor, wenn das Reiseziel außerhalb der Gemeinde liegt, in der sich der Amtssitz oder die Wohnung des Notars befindet.

| Nr. | Auslagentatbestand | Höhe |
|---|---|---|
| 32000 | Pauschale für die Herstellung und Überlassung von Ausfertigungen, Kopien und Ausdrucken (Dokumentenpauschale) bis zur Größe von DIN A3, die auf besonderen Antrag angefertigt oder per Telefax übermittelt worden sind: | |
| | für die ersten 50 Seiten je Seite ................................ | 0,50 € |
| | für jede weitere Seite ................................................ | 0,15 € |
| | für die ersten 50 Seiten in Farbe je Seite .................. | 1,00 € |
| | für jede weitere Seite in Farbe ................................<br>Dieser Auslagentatbestand gilt nicht für die Fälle der Nummer 32001 Nr. 2 und 3. | 0,30 € |
| 32001 | Dokumentenpauschale für Ausfertigungen, Kopien und Ausdrucke bis zur Größe von DIN A3, die<br>1. ohne besonderen Antrag von eigenen Niederschriften, eigenen Entwürfen und von Urkunden, auf denen der Notar eine Unterschrift beglaubigt hat, angefertigt oder per Telefax übermittelt worden sind; dies gilt nur, wenn die Dokumente nicht beim Notar verbleiben;<br>2. in einem Beurkundungsverfahren auf besonderen Antrag angefertigt oder per Telefax übermittelt worden sind; dies gilt nur, wenn der Antrag spätestens bei der Aufnahme der Niederschrift gestellt wird;<br>3. bei einem Auftrag zur Erstellung eines Entwurfs auf besonderen Antrag angefertigt oder per Telefax übermittelt worden sind; dies gilt nur, wenn der | |

| Nr. | Auslagentatbestand | Höhe |
|---|---|---|
| | Antrag spätestens am Tag vor der Versendung des Entwurfs gestellt wird: | |
| | je Seite ... | 0,15 € |
| | je Seite in Farbe ... | 0,30 € |
| 32002 | Dokumentenpauschale für die Überlassung von elektronisch gespeicherten Dateien oder deren Bereitstellung zum Abruf anstelle der in den Nummern 32000 und 32001 genannten Dokumente ohne Rücksicht auf die Größe der Vorlage: | |
| | je Datei ... | 1,50 € |
| | für die in einem Arbeitsgang überlassenen, bereitgestellten oder in einem Arbeitsgang auf denselben Datenträger übertragenen Dokumente insgesamt höchstens ... | 5,00 € |
| | Werden zum Zweck der Überlassung von elektronisch gespeicherten Dateien Dokumente zuvor auf Antrag von der Papierform in die elektronische Form übertragen, beträgt die Dokumentenpauschale nicht weniger, als die Dokumentenpauschale im Fall der Nummer 32000 für eine Schwarz-Weiß-Kopie betragen würde. | |
| 32003 | Entgelte für die Herstellung von Kopien oder Ausdrucken der in den Nummern 32000 und 32001 genannten Art in einer Größe von mehr als DIN A3 | in voller Höhe |
| | oder pauschal je Seite ... | 3,00 € |
| | oder pauschal je Seite in Farbe ... | 6,00 € |
| 32004 | Entgelte für Post- und Telekommunikationsdienstleistungen ... | in voller Höhe |
| | (1) Für die durch die Geltendmachung der Kosten entstehenden Entgelte kann kein Ersatz verlangt werden. | |
| | (2) Für Zustellungen mit Zustellungsurkunde und für Einschreiben gegen Rückschein ist der in Nummer 31002 bestimmte Betrag anzusetzen. | |
| 32005 | Pauschale für Entgelte für Post- und Telekommunikationsdienstleistungen ... | 20 % der Gebühren – höchstens 20,00 € |
| | Die Pauschale kann in jedem notariellen Verfahren und bei sonstigen notariellen Geschäften anstelle der tatsächlichen Auslagen nach Nummer 32004 gefordert werden. Ein notarielles Geschäft und der sich hieran anschließende Vollzug sowie sich hieran anschließende Betreuungstätigkeiten gelten insoweit zusammen als ein Geschäft. | |
| 32006 | Fahrtkosten für eine Geschäftsreise bei Benutzung eines eigenen Kraftfahrzeugs für jeden gefahrenen Kilometer ... | 0,42 € |
| | Mit den Fahrtkosten sind die Anschaffungs-, Unterhaltungs- und Betriebskosten sowie die Abnutzung des Kraftfahrzeugs abgegolten. | |
| 32007 | Fahrtkosten für eine Geschäftsreise bei Benutzung eines anderen Verkehrsmittels, soweit sie angemessen sind ... | in voller Höhe |
| 32008 | Tage- und Abwesenheitsgeld bei einer Geschäftsreise | |
| | 1. von nicht mehr als 4 Stunden ... | 30,00 € |
| | 2. von mehr als 4 bis 8 Stunden ... | 50,00 € |

| Nr. | Auslagentatbestand | Höhe |
|---|---|---|
| | 3. von mehr als 8 Stunden | 80,00 € |
| | Das Tage- und Abwesenheitsgeld wird nicht neben der Gebühr 26002 oder 26003 erhoben. | |
| 32009 | Sonstige Auslagen anlässlich einer Geschäftsreise, soweit sie angemessen sind | in voller Höhe |
| 32010 | An Dolmetscher, Übersetzer und Urkundszeugen zu zahlende Vergütungen sowie Kosten eines zugezogenen zweiten Notars | in voller Höhe |
| 32011 | Nach dem JVKostG für den Abruf von Daten im automatisierten Abrufverfahren zu zahlende Beträge | in voller Höhe |
| 32012 | Im Einzelfall gezahlte Prämie für eine Haftpflichtversicherung für Vermögensschäden, wenn die Versicherung auf schriftliches Verlangen eines Beteiligten abgeschlossen wird | in voller Höhe |
| 32013 | Im Einzelfall gezahlte Prämie für eine Haftpflichtversicherung für Vermögensschäden, soweit die Prämie auf Haftungsbeträge von mehr als 60 Mio. € entfällt und wenn nicht Nummer 32012 erfüllt ist | in voller Höhe |
| | Soweit sich aus der Rechnung des Versicherers nichts anderes ergibt, ist von der Gesamtprämie der Betrag zu erstatten, der sich aus dem Verhältnis der 60 Mio. € übersteigenden Versicherungssumme zu der Gesamtversicherungssumme ergibt. | |
| 32014 | Umsatzsteuer auf die Kosten | in voller Höhe |
| | Dies gilt nicht, wenn die Umsatzsteuer nach § 19 Abs. 1 UStG unerhoben bleibt. | |
| 32015 | Sonstige Aufwendungen | in voller Höhe |
| | Sonstige Aufwendungen sind solche, die der Notar aufgrund eines ausdrücklichen Auftrags und für Rechnung eines Beteiligten erbringt. Solche Aufwendungen sind insbesondere verauslagte Gerichtskosten und Gebühren in Angelegenheiten des Zentralen Vorsorge- oder Testamentsregisters sowie des Elektronischen Urkundenarchivs. | |
| 32016 | Pauschale für die Inanspruchnahme des Videokommunikationssystems der Bundesnotarkammer (§ 78p BNotO): | |
| | 1. für die Beglaubigung einer qualifizierten elektronischen Signatur | 8,00 € |
| | 2. für das Beurkundungsverfahren | 25,00 € |
| | Erfolgt die Beglaubigung mehrerer qualifizierter elektronischer Signaturen in einem einzigen Vermerk, entsteht die Pauschale nur einmal. | |

**Anlage 2**[1)]
(zu § 34 Absatz 3)

**[Gebührentabellen für Geschäftswerte bis 3 000 000 Euro]**

| Geschäftswert bis … € | Gebühr **Tabelle A** … € | Gebühr **Tabelle B** … € |
|---:|---:|---:|
| **500** | 38,00 | 15,00 |
| **1 000** | 58,00 | 19,00 |
| **1 500** | 78,00 | 23,00 |
| **2 000** | 98,00 | 27,00 |
| **3 000** | 119,00 | 33,00 |
| **4 000** | 140,00 | 39,00 |
| **5 000** | 161,00 | 45,00 |
| **6 000** | 182,00 | 51,00 |
| **7 000** | 203,00 | 57,00 |
| **8 000** | 224,00 | 63,00 |
| **9 000** | 245,00 | 69,00 |
| **10 000** | 266,00 | 75,00 |
| **13 000** | 295,00 | 83,00 |
| **16 000** | 324,00 | 91,00 |
| **19 000** | 353,00 | 99,00 |
| **22 000** | 382,00 | 107,00 |
| **25 000** | 411,00 | 115,00 |
| **30 000** | 449,00 | 125,00 |
| **35 000** | 487,00 | 135,00 |
| **40 000** | 525,00 | 145,00 |
| **45 000** | 563,00 | 155,00 |
| **50 000** | 601,00 | 165,00 |
| **65 000** | 733,00 | 192,00 |
| **80 000** | 865,00 | 219,00 |
| **95 000** | 997,00 | 246,00 |
| **110 000** | 1 129,00 | 273,00 |
| **125 000** | 1 261,00 | 300,00 |
| **140 000** | 1 393,00 | 327,00 |
| **155 000** | 1 525,00 | 354,00 |
| **170 000** | 1 657,00 | 381,00 |
| **185 000** | 1 789,00 | 408,00 |
| **200 000** | 1 921,00 | 435,00 |
| **230 000** | 2 119,00 | 485,00 |
| **260 000** | 2 317,00 | 535,00 |
| **290 000** | 2 515,00 | 585,00 |

1) Anl. 2 neu gef. mWv 1.1.2021 durch G v. 21.12.2020 (BGBl. I S. 3229).

| Geschäftswert bis … € | Gebühr **Tabelle A** … € | Gebühr **Tabelle B** … € |
|---|---|---|
| **320 000** | 2 713,00 | 635,00 |
| **350 000** | 2 911,00 | 685,00 |
| **380 000** | 3 109,00 | 735,00 |
| **410 000** | 3 307,00 | 785,00 |
| **440 000** | 3 505,00 | 835,00 |
| **470 000** | 3 703,00 | 885,00 |
| **500 000** | 3 901,00 | 935,00 |
| **550 000** | 4 099,00 | 1 015,00 |
| **600 000** | 4 297,00 | 1 095,00 |
| **650 000** | 4 495,00 | 1 175,00 |
| **700 000** | 4 693,00 | 1 255,00 |
| **750 000** | 4 891,00 | 1 335,00 |
| **800 000** | 5 089,00 | 1 415,00 |
| **850 000** | 5 287,00 | 1 495,00 |
| **900 000** | 5 485,00 | 1 575,00 |
| **950 000** | 5 683,00 | 1 655,00 |
| **1 000 000** | 5 881,00 | 1 735,00 |
| **1 050 000** | 6 079,00 | 1 815,00 |
| **1 100 000** | 6 277,00 | 1 895,00 |
| **1 150 000** | 6 475,00 | 1 975,00 |
| **1 200 000** | 6 673,00 | 2 055,00 |
| **1 250 000** | 6 871,00 | 2 135,00 |
| **1 300 000** | 7 069,00 | 2 215,00 |
| **1 350 000** | 7 267,00 | 2 295,00 |
| **1 400 000** | 7 465,00 | 2 375,00 |
| **1 450 000** | 7 663,00 | 2 455,00 |
| **1 500 000** | 7 861,00 | 2 535,00 |
| **1 550 000** | 8 059,00 | 2 615,00 |
| **1 600 000** | 8 257,00 | 2 695,00 |
| **1 650 000** | 8 455,00 | 2 775,00 |
| **1 700 000** | 8 653,00 | 2 855,00 |
| **1 750 000** | 8 851,00 | 2 935,00 |
| **1 800 000** | 9 049,00 | 3 015,00 |
| **1 850 000** | 9 247,00 | 3 095,00 |
| **1 900 000** | 9 445,00 | 3 175,00 |
| **1 950 000** | 9 643,00 | 3 255,00 |
| **2 000 000** | 9 841,00 | 3 335,00 |
| **2 050 000** | 10 039,00 | 3 415,00 |
| **2 100 000** | 10 237,00 | 3 495,00 |

| Geschäftswert bis … € | Gebühr **Tabelle A** … € | Gebühr **Tabelle B** … € |
|---|---|---|
| **2 150 000** | 10 435,00 | 3 575,00 |
| **2 200 000** | 10 633,00 | 3 655,00 |
| **2 250 000** | 10 831,00 | 3 735,00 |
| **2 300 000** | 11 029,00 | 3 815,00 |
| **2 350 000** | 11 227,00 | 3 895,00 |
| **2 400 000** | 11 425,00 | 3 975,00 |
| **2 450 000** | 11 623,00 | 4 055,00 |
| **2 500 000** | 11 821,00 | 4 135,00 |
| **2 550 000** | 12 019,00 | 4 215,00 |
| **2 600 000** | 12 217,00 | 4 295,00 |
| **2 650 000** | 12 415,00 | 4 375,00 |
| **2 700 000** | 12 613,00 | 4 455,00 |
| **2 750 000** | 12 811,00 | 4 535,00 |
| **2 800 000** | 13 009,00 | 4 615,00 |
| **2 850 000** | 13 207,00 | 4 695,00 |
| **2 900 000** | 13 405,00 | 4 775,00 |
| **2 950 000** | 13 603,00 | 4 855,00 |
| **3 000 000** | 13 801,00 | 4 935,00 |

# 120. Gesetz über Kosten in Angelegenheiten der Justizverwaltung (Justizverwaltungskostengesetz – JVKostG)[1]

Vom 23. Juli 2013
(BGBl. I S. 2586, 2655)

**FNA 363-5**

| Lfd. Nr. | Änderndes Gesetz | Datum | Fundstelle | Betroffen | Hinweis |
|---|---|---|---|---|---|
| 1. | Art. 12 G zur Einführung einer Rechtsbehelfsbelehrung im Zivilprozess und zur Änd. anderer Vorschriften | 5.12.2012 | BGBl. I S. 2418, geänd. 2013, S. 2586 | § 22 | geänd. mWv 1.1.2014 |
| 2. | Art. 2 G zur Schlichtung im Luftverkehr | 11.6.2013 | BGBl. I S. 1545, geänd. 2013, S. 2586 | Anl. | geänd. mWv 1.11.2013 |
| 3. | Art. 8 Abs. 5 Bilanzrichtlinie-UmsetzungsG | 17.7.2015 | BGBl. I S. 1245 | Anl. | geänd. mWv 23.7.2015 |
| 4. | Art. 176 Zehnte ZuständigkeitsanpassungsVO | 31.8.2015 | BGBl. I S. 1474 | § 23 | geänd. mWv 8.9.2015 |
| 5. | Art. 7 G zur Änd. des Unterhaltsrechts und des Unterhaltsverfahrensrechts sowie zur Änd. der ZPO und kostenrechtlicher Vorschriften | 20.11. 2015 | BGBl. I S. 2018 | Inhaltsübersicht, § 1, Anl.<br>§ 15a | geänd. mWv 1.1.2016<br>eingef. mWv 1.1.2016 |
| 6. | Art. 5 G zur Umsetzung der RL über alternative Streitbeilegung in Verbraucherangelegenheiten und zur Durchführung der VO über Online-Streitbeilegung in Verbraucherangelegenheiten[2] | 19.2.2016 | BGBl. I S. 254 | Inhaltsübersicht, § 14, Anl.<br>§ 16a | geänd. mWv 1.4.2016<br>eingef. mWv 1.4.2016 |
| 7. | Art. 123 Abs. 4 Zweites G über die weitere Bereinigung von Bundesrecht | 8.7.2016 | BGBl. I S. 1594 | Anl. | geänd. mWv 15.7.2016 |
| 8. | Art. 15 Abs. 7 EU-KontenpfändungsVO-DurchführungsG | 21.11. 2016 | BGBl. I S. 2591 | Inhaltsübersicht, §§ 1, 17, Anl. | geänd. mWv 1.7.2017 |
| 9. | Art. 10 G zur Neuordnung der Aufbewahrung von Notariatsunterlagen und zur Einrichtung des Elektron. | 1.6.2017 | BGBl. I S. 1396 | Anl. | geänd. mWv 23.6.2017 |

[1] Verkündet als Art. 2 2. KostenrechtsmodernisierungsG v. 23.7.2013 (BGBl. I S. 2586); Inkrafttreten gem. Art. 50 dieses G am 1.8.2013.

[2] **Amtl. Anm.:** Dieses Gesetz dient der Umsetzung der Richtlinie 2013/11/EU des Europäischen Parlaments und des Rates vom 21. Mai 2013 über die alternative Beilegung verbraucherrechtlicher Streitigkeiten und zur Änderung der Verordnung (EG) Nr. 2006/2004 und der Richtlinie 2009/22/EG (Richtlinie über alternative Streitbeilegung in Verbraucherangelegenheiten) (ABl. L 165 vom 18.6.2013, S. 63).

| Lfd. Nr. | Änderndes Gesetz | Datum | Fund-stelle | Betroffen | Hinweis |
|---|---|---|---|---|---|
| | Urkundenarchivs bei der Bundesnotarkammer sowie zur Änd. weiterer Gesetze | | | | |
| 10. | Art. 27 G zur Einführung der elektronischen Akte in der Justiz und zur weiteren Förderung des elektronischen Rechtsverkehrs | 5.7.2017 | BGBl. I S. 2208 | Anl. | geänd. mWv 1.1.2018 |
| 11. | Art. 2 Siebtes G zur Änd. des BundeszentralregisterG | 18.7.2017 | BGBl. I S. 2732, geänd. 2019, S. 1626 | Anl. | geänd. mWv 31.8.2018 |
| 12. | Art. 6 G zur Förderung der Freizügigkeit von EU-Bürgerinnen und -Bürgern sowie zur Neuregelung verschiedener Aspekte des Internationalen Adoptionsrechts | 31.1.2019 | BGBl. I S. 54 | Anl. | geänd. mWv 16.2.2019 |
| 13. | Art. 56 Zweites Datenschutz-Anpassungs- und UmsetzungsG EU[1] | 20.11.2019 | BGBl. I S. 1626 | Anl. | geänd. mWv 26.11.2019 |
| 14. | Art. 2 Drittes G zur Harmonisierung des Haftungsrechts im Luftverkehr | 10.7.2020 | BGBl. I S. 1655 | Anl. | geänd. mWv 17.7.2020 |
| 15. | Art. 5 KostenrechtsänderungsG 2021 | 21.12.2020 | BGBl. I S. 3229 | Inhaltsübersicht, §§ 11, 22, 25, Anl.<br>§ 5a | geänd. mWv 1.1.2021<br>eingef. mWv 1.1.2021 |
| 16. | Art. 4 Abs. 1 AdoptionshilfeG | 12.2.2021 | BGBl. I S. 226 | Anl. | geänd. mWv 1.4.2021 |
| 17. | Art. 15 Abs. 13 G zur Reform des Vormundschafts- und Betreuungsrechts | 4.5.2021 | BGBl. I S. 882 | Anl. | geänd. mWv 1.1.2023 |
| 18. | Art. 11 G zur Umsetzung der Digitalisierungsrichtlinie (DiRUG)[2] | 5.7.2021 | BGBl. I S. 3338 | §§ 1, 6, 16, Anl. | geänd. mWv 1.8.2022 |
| 19. | Art. 48 PersonengesellschaftsrechtsmodernisierungsG (MoPeG) | 10.8.2021 | BGBl. I S. 3436 | Anl. | geänd. mWv 1.1.2024 |
| 20. | Art. 7 G zur Stärkung der Aufsicht bei Rechtsdienstleistungen und zur Änd. weiterer Vorschriften | 10.3.2023 | BGBl. 2023 I Nr. 64 | § 1, Anl. | geänd. mWv 1.1.2025 |

[1] **Amtl. Anm.:** Dieses Gesetz dient der Umsetzung der Richtlinie (EU) 2016/680 des Europäischen Parlaments und des Rates vom 27. April 2016 zum Schutz natürlicher Personen bei der Verarbeitung personenbezogener Daten durch die zuständigen Behörden zum Zweck der Verhütung, Ermittlung, Aufdeckung oder Verfolgung von Straftaten oder der Strafvollstreckung sowie zum freien Datenverkehr und zur Aufhebung des Rahmenbeschlusses 2008/977/JI des Rates (ABl. L 119 vom 4.5.2016, S. 89; L 127 vom 23.5.2018, S. 9).

[2] **Amtl. Anm.:** Dieses Gesetz dient der Umsetzung der Richtlinie (EU) 2019/1151 des Europäischen Parlaments und des Rates vom 20. Juni 2019 zur Änderung der Richtlinie (EU) 2017/1132 im Hinblick auf den Einsatz digitaler Werkzeuge und Verfahren im Gesellschaftsrecht (ABl. L 186 vom 11.7.2019, S. 80).

| Lfd. Nr. | Änderndes Gesetz | Datum | Fundstelle | Betroffen | Hinweis |
|---|---|---|---|---|---|
| 21. | Art. 4 G zur Umsetzung der RL (EU) 2021/2101 im Hinblick auf die Offenlegung von Ertragsteuerinformationen durch bestimmte Unternehmen und Zweigniederlassungen sowie zur Änd. des VerbraucherstreitbeilegungsG und des PflichtversicherungsG[1] | 19.6.2023 | BGBl. 2023 I Nr. 154 | Anl. | geänd. mWv 22.6.2023 |

**Vorbemerkung:**
**Die Änderung durch G v. 10.8.2021 (BGBl. I S. 3436) tritt erst mWv 1.1. 2024 in Kraft und ist im Text noch nicht berücksichtigt.**
**Die Änderungen durch G v. 10.3.2023 (BGBl. 2023 I Nr. 64) treten erst mWv 1.1.2025 in Kraft und sind im Text noch nicht berücksichtigt.**

[1] **Amtl. Anm.:** Die Artikel 1 bis 9 dieses Gesetzes dienen der Umsetzung der Richtlinie (EU) 2021/2101 des Europäischen Parlaments und des Rates vom 24. November 2021 zur Änderung der Richtlinie 2013/34/EU im Hinblick auf die Offenlegung von Ertragsteuerinformationen durch bestimmte Unternehmen und Zweigniederlassungen (ABl. L 429 vom 1.12.2021, S. 1). […]

**Inhaltsübersicht**[1)]



## Abschnitt 1. Allgemeine Vorschriften

**§ 1**[2)] **Geltungsbereich.** (1) Dieses Gesetz gilt für die Erhebung von Kosten (Gebühren und Auslagen) durch die Justizbehörden des Bundes in Justizverwaltungsangelegenheiten, soweit nichts anderes bestimmt ist.

(2) [1]Dieses Gesetz gilt für die Justizbehörden der Länder in folgenden Justizverwaltungsangelegenheiten:

1. Befreiung von der Beibringung des Ehefähigkeitszeugnisses (§ 1309 Absatz 2 des Bürgerlichen Gesetzbuchs[3)]),

---

[1)] Inhaltsübersicht geänd. mWv 1.1.2016 durch G v. 20.11.2015 (BGBl. I S. 2018); mWv 1.4.2016 durch G v. 19.2.2016 (BGBl. I S. 254); mWv 1.7.2017 durch G v. 21.11.2016 (BGBl. I S. 2591); mWv 1.1.2021 durch G v. 21.12.2020 (BGBl. I S. 3229).

[2)] § 1 Abs. 2 Satz 1 Nr. 5a eingef. mWv 1.1.2016 durch G v. 20.11.2015 (BGBl. I S. 2018); Abs. 2 Satz 1 Nr. 7 und Satz 2 geänd. mWv 1.7.2017 durch G v. 21.11.2016 (BGBl. I S. 2591); Abs. 2 Satz 1 Nr. 4 neu gef., Nr. 5a aufgeh. mWv 1.8.2022 durch G v. 5.7.2021 (BGBl. I S. 3338).

[3)] Nr. **20**.

2. Anerkennung ausländischer Entscheidungen in Ehesachen (§ 107 des Gesetzes über das Verfahren in Familiensachen und in den Angelegenheiten der freiwilligen Gerichtsbarkeit[1]),
3. Registrierung nach dem Rechtsdienstleistungsgesetz,
4. Einstellung von Schutzschriften in das Schutzschriftenregister,
5. automatisiertes Abrufverfahren in Grundbuchangelegenheiten, in Angelegenheiten der Schiffsregister, des Schiffsbauregisters und des Registers für Pfandrechte an Luftfahrzeugen,
6. Rechtshilfeverkehr mit dem Ausland in zivilrechtlichen Angelegenheiten sowie
7. besondere Mahnung nach § 5 Absatz 2 des Justizbeitreibungsgesetzes[2].

[2] Im Fall des Satzes 1 Nummer 7 steht eine andere Behörde, die nach § 2 Absatz 1 Satz 2 und 3 des Justizbeitreibungsgesetzes an die Stelle der Gerichtskasse tritt, einer Justizbehörde gleich.

(3) Dieses Gesetz gilt ferner für den Rechtshilfeverkehr in strafrechtlichen Angelegenheiten mit dem Ausland, mit einem internationalen Strafgerichtshof und mit anderen zwischen- und überstaatlichen Einrichtungen einschließlich der gerichtlichen Verfahren.

(4) Die Vorschriften dieses Gesetzes über das gerichtliche Verfahren sind auch dann anzuwenden, wenn in Justizverwaltungsangelegenheiten der Länder die Kosten nach landesrechtlichen Vorschriften erhoben werden.

**§ 2 Kostenfreiheit.** (1) Der Bund und die Länder sowie die nach den Haushaltsplänen des Bundes oder eines Landes verwalteten öffentlichen Anstalten und Kassen sind von der Zahlung der Gebühren befreit.

(2) Von der Zahlung der Gebühren sind auch ausländische Behörden im Geltungsbereich der Richtlinie 2006/123/EG[3] des Europäischen Parlaments und des Rates vom 12. Dezember 2006 über Dienstleistungen im Binnenmarkt (ABl. L 376 vom 27.12.2006, S. 36) befreit, wenn sie auf der Grundlage des Kapitels VI der Richtlinie Auskunft aus den in Teil 1 Hauptabschnitt 1 Abschnitt 4 oder Abschnitt 5 des Kostenverzeichnisses bezeichneten Registern oder Grundbüchern erhalten und wenn vergleichbaren deutschen Behörden für diese Auskunft Gebührenfreiheit zustünde.

(3) Von den in § 380 des Gesetzes über das Verfahren in Familiensachen und in den Angelegenheiten der freiwilligen Gerichtsbarkeit[1] genannten Stellen werden Gebühren nach Teil 1 Hauptabschnitt 1 Abschnitt 4 des Kostenverzeichnisses nicht erhoben, wenn die Abrufe erforderlich sind, um ein vom Gericht gefordertes Gutachten zu erstatten.

(4) Sonstige bundesrechtliche oder landesrechtliche Vorschriften, durch die eine sachliche oder persönliche Befreiung von Kosten gewährt ist, bleiben unberührt.

**§ 3 Kostenfreie Amtshandlungen.** Keine Kosten mit Ausnahme der Dokumentenpauschale werden erhoben

1. für Amtshandlungen, die durch Anzeigen, Anträge und Beschwerden in Angelegenheiten der Strafverfolgung, der Anordnung oder der Vollstreckung von Maßregeln der Besserung und Sicherung oder der Verfolgung einer Ordnungs-

---

[1] Nr. 112.
[2] Nr. 122.
[3] **Loseblatt-Textsammlung Arbeitsrecht Nr. 866.**

widrigkeit oder der Vollstreckung einer gerichtlichen Bußgeldentscheidung veranlasst werden;
2. in Gnadensachen;
3. in Angelegenheiten des Bundeszentralregisters außer für die Erteilung von Führungszeugnissen nach den §§ 30, 30a und 30b des Bundeszentralregistergesetzes[1)];
4. in Angelegenheiten des Gewerbezentralregisters außer für die Erteilung von Auskünften nach § 150 der Gewerbeordnung[2)];
5. im Verfahren über Anträge nach dem Gesetz über die Entschädigung für Strafverfolgungsmaßnahmen sowie über Anträge auf Entschädigung für sonstige Nachteile, die jemandem ohne sein Verschulden aus einem Straf- oder Bußgeldverfahren erwachsen sind;
6. für die Tätigkeit der Staatsanwaltschaft im Aufgebotsverfahren.

**§ 4 Höhe der Kosten.** (1) Kosten werden nach der Anlage zu diesem Gesetz erhoben.

(2) [1]Bei Rahmengebühren setzt die Justizbehörde, die die gebührenpflichtige Amtshandlung vornimmt, die Höhe der Gebühr fest. [2]Sie hat dabei insbesondere die Bedeutung der Angelegenheit für die Beteiligten, Umfang und Schwierigkeit der Amtshandlung sowie die Einkommens- und Vermögensverhältnisse des Kostenschuldners zu berücksichtigen.

(3) [1]Bei der Ablehnung oder Zurücknahme eines Antrags kann die Justizbehörde dem Antragsteller eine Gebühr bis zur Hälfte der für die Vornahme der Amtshandlung bestimmten Gebühr auferlegen, bei Rahmengebühren jedoch nicht weniger als den Mindestbetrag. [2]Das Gleiche gilt für die Bestätigung der Ablehnung durch die übergeordnete Justizbehörde.

**§ 5 Verjährung, Verzinsung.** (1) Ansprüche auf Zahlung von Kosten verjähren in vier Jahren nach Ablauf des Kalenderjahrs, in dem die Kosten fällig geworden sind.

(2) [1]Ansprüche auf Rückerstattung von Kosten verjähren in vier Jahren nach Ablauf des Kalenderjahrs, in dem die Zahlung erfolgt ist. [2]Die Verjährung beginnt jedoch nicht vor dem in Absatz 1 bezeichneten Zeitpunkt. [3]Durch die Einlegung eines Rechtsbehelfs mit dem Ziel der Rückerstattung wird die Verjährung wie durch Klageerhebung gehemmt.

(3) [1]Auf die Verjährung sind die Vorschriften des Bürgerlichen Gesetzbuchs anzuwenden; die Verjährung wird nicht von Amts wegen berücksichtigt. [2]Die Verjährung der Ansprüche auf Zahlung von Kosten beginnt auch durch die Aufforderung zur Zahlung oder durch eine dem Schuldner mitgeteilte Stundung erneut. [3]Ist der Aufenthalt des Kostenschuldners unbekannt, so genügt die Zustellung durch Aufgabe zur Post unter seiner letzten bekannten Anschrift. [4]Bei Kostenbeträgen unter 25 Euro beginnt die Verjährung weder erneut noch wird sie oder ihr Ablauf gehemmt.

(4) Ansprüche auf Zahlung und Rückerstattung von Kosten werden nicht verzinst.

---

1) Nr. **92**.
2) **Sartorius Nr. 800.**

**§ 5a[1] Elektronische Akte, elektronisches Dokument, Rechtsbehelfsbelehrung.** Für die elektronische Akte, das elektronische Dokument sowie die Rechtsbehelfsbelehrung gelten die §§ 5a und 5b des Gerichtskostengesetzes[2] entsprechend.

## Abschnitt 2. Fälligkeit und Sicherstellung der Kosten

**§ 6[3] Fälligkeit der Kosten im Allgemeinen.** (1) [1] Kosten werden, soweit nichts anderes bestimmt ist, mit der Beendigung der gebührenpflichtigen Amtshandlung fällig. [2] Wenn eine Kostenentscheidung der Justizbehörde ergeht, werden entstandene Kosten mit Erlass der Kostenentscheidung, später entstehende Kosten sofort fällig.

(2) Die Gebühren für den Abruf von Daten oder Dokumenten aus einem Register oder dem Grundbuch und für die Übermittlung von Unterlagen durch das Unternehmensregister in den Fällen der Nummer 1440 des Kostenverzeichnisses werden am 15. Tag des auf den Abruf oder die Übermittlung folgenden Monats fällig, sofern sie nicht über ein elektronisches Bezahlsystem sofort beglichen werden.

(3) Die Jahresgebühr für die Führung des Unternehmensregisters wird jeweils am 31. Dezember für das abgelaufene Kalenderjahr fällig.

**§ 7 Fälligkeit bestimmter Auslagen.** Die Dokumentenpauschale sowie die Auslagen für die Versendung von Akten werden sofort nach ihrer Entstehung fällig.

**§ 8 Vorschuss.** (1) Die Justizbehörde kann die Zahlung eines Kostenvorschusses verlangen.

(2) Sie kann die Vornahme der Amtshandlung von der Zahlung oder Sicherstellung des Vorschusses abhängig machen.

**§ 9 Zurückbehaltungsrecht.** Urkunden, Ausfertigungen, Ausdrucke und Kopien können nach billigem Ermessen zurückbehalten werden, bis die in der Angelegenheit erwachsenen Kosten bezahlt sind.

## Abschnitt 3. Kostenerhebung

**§ 10 Ermäßigung der Gebühren und Absehen von der Kostenerhebung.**

Die Justizbehörde kann ausnahmsweise, wenn dies mit Rücksicht auf die wirtschaftlichen Verhältnisse des Kostenschuldners oder aus Billigkeitsgründen geboten erscheint, die Gebühren ermäßigen oder von der Erhebung der Kosten absehen.

**§ 11[4] Absehen von der Kostenerhebung wegen des öffentlichen Interesses.** (1) Die Justizbehörde kann von der Erhebung der Gebühr für die Beglaubigung von Kopien, Ausdrucken, Auszügen und Dateien absehen, wenn die Beglaubigung für Zwecke verlangt wird, deren Verfolgung überwiegend im öffentlichen Interesse liegt.

---

[1] § 5a eingef. mWv 1.1.2021 durch G v. 21.12.2020 (BGBl. I S. 3229).
[2] Nr. **115**.
[3] § 6 Abs. 2 geänd. mWv 1.8.2022 durch G v. 5.7.2021 (BGBl. I S. 3338).
[4] § 11 Abs. 2 Satz 2 aufgeh. mWv 1.1.2021 durch G v. 21.12.2020 (BGBl. I S. 3229).

(2) Die Justizbehörde kann von der Erhebung der Dokumenten- und Datenträgerpauschale ganz oder teilweise absehen, wenn

1. Kopien oder Ausdrucke gerichtlicher Entscheidungen für Zwecke verlangt werden, deren Verfolgung überwiegend im öffentlichen Interesse liegt, oder
2. Kopien oder Ausdrucke amtlicher Bekanntmachungen anderen Tageszeitungen als den amtlichen Bekanntmachungsblättern auf Antrag zum unentgeltlichen Abdruck überlassen werden.

**§ 12 Nichterhebung von Kosten in bestimmten Fällen.** [1]Kosten in den Fällen des § 1 Absatz 3 werden nicht erhoben, wenn auf die Erstattung

1. nach § 75 des Gesetzes über die internationale Rechtshilfe in Strafsachen[1)],
2. nach § 71 des IStGH-Gesetzes oder
3. nach europäischen Rechtsvorschriften oder völkerrechtlichen Vereinbarungen, die besondere Kostenregelungen vorsehen,

ganz oder teilweise verzichtet worden ist. [2]In den in Satz 1 bezeichneten Angelegenheiten wird eine Dokumenten- oder Datenträgerpauschale in keinem Fall erhoben. [3]Das Gleiche gilt für Auslagen nach Nummer 9001 des Kostenverzeichnisses zum Gerichtskostengesetz.

**§ 13 Nichterhebung von Kosten bei unrichtiger Sachbehandlung.** Kosten, die bei richtiger Behandlung der Sache nicht entstanden wären, werden nicht erhoben.

## Abschnitt 4. Kostenhaftung

**§ 14[2)] Amtshandlungen auf Antrag.** (1) Die Kosten für Amtshandlungen, die auf Antrag durchgeführt werden, schuldet, wer den Antrag gestellt hat, soweit nichts anderes bestimmt ist.

(2) [1]Absatz 1 gilt nicht in den in § 12 Satz 1 bezeichneten Angelegenheiten für den Verfolgten oder Verurteilten sowie im Schlichtungsverfahren nach § 57a des Luftverkehrsgesetzes[3)]. [2]Die §§ 57a und 87n Absatz 6 des Gesetzes über die internationale Rechtshilfe in Strafsachen[1)] bleiben unberührt.

**§ 15 Datenabruf aus einem Register oder dem Grundbuch.** [1]Die Gebühren für den Abruf von Daten oder Dokumenten aus einem Register oder dem Grundbuch schuldet derjenige, der den Abruf tätigt. [2]Erfolgt der Abruf unter einer Kennung, die aufgrund der Anmeldung zum Abrufverfahren vergeben worden ist, ist Schuldner der Gebühren derjenige, der sich zum Abrufverfahren angemeldet hat.

**§ 15a[4)] Schutzschriftenregister.** Die Gebühr für die Einstellung einer Schutzschrift schuldet derjenige, der die Schutzschrift eingereicht hat.

**§ 16[5)] Unternehmensregister.** (1) Die Jahresgebühr für die Führung des Unternehmensregisters schuldet

---

[1)] **Habersack, Deutsche Gesetze ErgBd. Nr. 90h.**

[2)] § 14 Abs. 2 Satz 1 geänd. mWv 1.4.2016 durch G v. 19.2.2016 (BGBl. I S. 254).

[3)] **Sartorius ErgBd. Nr. 975.**

[4)] § 15a eingef. mWv 1.1.2016 durch G v. 20.11.2015 (BGBl. I S. 2018).

[5)] § 16 Abs. 1 Nr. 1 neu gef., Abs. 2 und 3 angef. mWv 1.8.2022 durch G v. 5.7.2021 (BGBl. I S. 3338).

1. jedes Unternehmen, das seine Rechnungslegungsunterlagen oder Unternehmensberichte der das Unternehmensregister führenden Stelle zur Einstellung in das Unternehmensregister zu übermitteln hat, und
2. jedes Unternehmen, das in dem betreffenden Kalenderjahr nach § 8b Absatz 2 Nummer 9 und 10, Absatz 3 Satz 1 Nummer 2 des Handelsgesetzbuchs[1] selbst oder durch einen von ihm beauftragten Dritten Daten an das Unternehmensregister übermittelt hat.

(2) Die Gebühr für das Verfahren zur Einstellung von Unterlagen in das Unternehmensregister schuldet derjenige, der die Unterlagen selbst oder durch einen von ihm beauftragten Dritten an das Unternehmensregister übermittelt hat.

(3) Die Gebühr für das Verfahren zur Registrierung nach § 3 Absatz 2 und 3 der Unternehmensregisterverordnung[2] schuldet der zu registrierende Nutzer.

**§ 16a[3] Behördliche Schlichtung nach § 57a des Luftverkehrsgesetzes[4].**

Die Gebühr 1220 des Kostenverzeichnisses schuldet nur das Luftfahrtunternehmen.

**§ 17[5] Mahnung bei der Forderungseinziehung nach dem Justizbeitreibungsgesetz.** Die Gebühr für die Mahnung bei der Forderungseinziehung schuldet derjenige Kostenschuldner, der nach § 5 Absatz 2 des Justizbeitreibungsgesetzes[6] besonders gemahnt worden ist.

**§ 18 Weitere Fälle der Kostenhaftung.** Die Kosten schuldet ferner derjenige,
1. dem durch eine Entscheidung der Justizbehörde oder des Gerichts die Kosten auferlegt sind,
2. der sie durch eine vor der Justizbehörde abgegebene oder ihr mitgeteilten Erklärung übernommen hat und
3. der nach den Vorschriften des bürgerlichen Rechts für die Kostenschuld eines anderen kraft Gesetzes haftet.

**§ 19 Mehrere Kostenschuldner.** Mehrere Kostenschuldner haften als Gesamtschuldner.

## Abschnitt 5. Öffentlich-rechtlicher Vertrag

**§ 20 Übermittlung gerichtlicher Entscheidungen.** (1) Für die Übermittlung gerichtlicher Entscheidungen in Form elektronisch auf Datenträgern gespeicherter Daten kann durch öffentlich-rechtlichen Vertrag anstelle der zu erhebenden Auslagen eine andere Art der Gegenleistung vereinbart werden, deren Wert den ansonsten zu erhebenden Auslagen entspricht.

(2) Werden neben der Übermittlung gerichtlicher Entscheidungen zusätzliche Leistungen beantragt, insbesondere eine Auswahl der Entscheidungen nach besonderen Kriterien, und entsteht hierdurch ein nicht unerheblicher Aufwand, so ist

[1] Nr. **50**.
[2] **Habersack, Deutsche Gesetze ErgBd. Nr. 50e.**
[3] § 16a eingef. mWv 1.4.2016 durch G v. 19.2.2016 (BGBl. I S. 254).
[4] **Sartorius ErgBd. Nr. 975.**
[5] § 17 Überschrift und Wortlaut geänd. mWv 1.7.2017 durch G v. 21.11.2016 (BGBl. I S. 2591).
[6] Nr. **122**.

durch öffentlich-rechtlichen Vertrag eine Gegenleistung zu vereinbaren, die zur Deckung der anfallenden Aufwendungen ausreicht.

(3) Werden Entscheidungen für Zwecke verlangt, deren Verfolgung überwiegend im öffentlichen Interesse liegt, so kann auch eine niedrigere Gegenleistung vereinbart oder auf eine Gegenleistung verzichtet werden.

**§ 21 Auskunft für wissenschaftliche Forschungsvorhaben.** [1] Erfordert die Erteilung einer Auskunft für wissenschaftliche Forschungsvorhaben aus den vom Bundesamt für Justiz geführten Registern einen erheblichen Aufwand, ist eine Gegenleistung zu vereinbaren, welche die notwendigen Aufwendungen deckt. [2] § 10 ist entsprechend anzuwenden.

## Abschnitt 6. Rechtsbehelf und gerichtliches Verfahren

**§ 22[1)] Einwendungen und gerichtliches Verfahren.** (1) [1] Über Einwendungen gegen den Ansatz der Kosten oder gegen Maßnahmen nach den §§ 8 und 9 entscheidet das Amtsgericht, in dessen Bezirk die Justizbehörde ihren Sitz hat. [2] Für das gerichtliche Verfahren sind § 66 Absatz 2 bis 8 sowie die §§ 67 und 69a des Gerichtskostengesetzes[2)] entsprechend anzuwenden.

(2) Betreffen gerichtliche Verfahren nach Absatz 1 Justizverwaltungsangelegenheiten der Vorstände der Gerichte der Verwaltungs-, Finanz-, Sozial- und Arbeitsgerichtsbarkeit, in denen Kosten nach landesrechtlichen Vorschriften erhoben werden, entscheidet anstelle des Amtsgerichts das Eingangsgericht der jeweiligen Gerichtsbarkeit, in dessen Bezirk die Behörde ihren Sitz hat.

## Abschnitt 7. Schluss- und Übergangsvorschriften

**§ 23[3)] Bekanntmachung von Neufassungen.** [1] Das Bundesministerium der Justiz und für Verbraucherschutz kann nach Änderungen den Wortlaut des Gesetzes feststellen und als Neufassung im Bundesgesetzblatt bekannt machen. [2] Die Bekanntmachung muss auf diese Vorschrift Bezug nehmen und angeben

1. den Stichtag, zu dem der Wortlaut festgestellt wird,
2. die Änderungen seit der letzten Veröffentlichung des vollständigen Wortlauts im Bundesgesetzblatt sowie
3. das Inkrafttreten der Änderungen.

**§ 24 Übergangsvorschrift.** [1] Das bisherige Recht ist anzuwenden auf Kosten

1. für Amtshandlungen, die auf Antrag durchgeführt werden, wenn der Antrag vor dem Inkrafttreten einer Gesetzesänderung bei der Justizbehörde eingegangen ist,
2. für ein gerichtliches Verfahren, wenn das Verfahren vor dem Inkrafttreten einer Gesetzesänderung anhängig geworden ist,
3. für den Abruf von Daten und Dokumenten aus einem Register oder dem Grundbuch, wenn die Kosten vor dem ersten Tag des auf das Inkrafttreten einer Gesetzesänderung folgenden Monats fällig geworden sind,

---

1) § 22 Abs. 1 Satz 2 geänd. mWv 1.1.2014 durch G v. 5.12.2012 (BGBl. I S. 2418, geänd. durch G v. 23.7.2013, BGBl. I S. 2586); Abs. 1 Satz 2 geänd. mWv 1.1.2021 durch G v. 21.12.2020 (BGBl. I S. 3229).

2) Nr. **115**.

3) § 23 Satz 1 geänd. mWv 8.9.2015 durch VO v. 31.8.2015 (BGBl. I S. 1474).

4. in den übrigen Fällen, wenn die Kosten vor dem Inkrafttreten einer Gesetzesänderung fällig geworden sind.

[2]Dies gilt auch, wenn Vorschriften geändert werden, auf die das Justizverwaltungskostengesetz verweist.

**§ 25[1)] Übergangsvorschrift aus Anlass des Inkrafttretens dieses Gesetzes.**

(1) Die Justizverwaltungskostenordnung in der im Bundesgesetzblatt Teil III, Gliederungsnummer 363-1, veröffentlichten bereinigten Fassung, die zuletzt durch Artikel 2 des Gesetzes vom 11. Juni 2013 (BGBl. I S. 1545) geändert worden ist, und Verweisungen hierauf sind weiter anzuwenden auf Kosten

1. für Amtshandlungen, die auf Antrag durchgeführt werden, wenn der Antrag vor dem Inkrafttreten des 2. Kostenrechtsmodernisierungsgesetzes vom 23. Juli 2013 (BGBl. I S. 2586) bei der Justizbehörde eingegangen ist,
2. für ein gerichtliches Verfahren, wenn das Verfahren vor dem Inkrafttreten des 2. Kostenrechtsmodernisierungsgesetzes vom 23. Juli 2013 (BGBl. I S. 2586) anhängig geworden ist,
3. für den Abruf von Daten und Dokumenten aus einem Register oder dem Grundbuch, wenn die Kosten vor dem ersten Tag des auf das Inkrafttreten des 2. Kostenrechtsmodernisierungsgesetzes vom 23. Juli 2013 (BGBl. I S. 2586) folgenden Kalendermonats fällig geworden sind,
4. in den übrigen Fällen, wenn die Kosten vor dem Inkrafttreten des 2. Kostenrechtsmodernisierungsgesetzes vom 23. Juli 2013 (BGBl. I S. 2586) fällig geworden sind.

(2) Soweit wegen der Erhebung von Haftkosten die Vorschriften des Gerichtskostengesetzes entsprechend anzuwenden sind, ist auch § 73 des Gerichtskostengesetzes[2)] entsprechend anzuwenden.

---

[1)] § 25 Abs. 2 geänd. mWv 1.1.2021 durch G v. 21.12.2020 (BGBl. I S. 3229).
[2)] Nr. **115**.

## Anlage[1)]
(zu § 4 Absatz 1)

# Kostenverzeichnis

### Gliederung



## Teil 1. Gebühren

| Nr. | Gebührentatbestand | Gebührenbetrag |
|---|---|---|
| | **Hauptabschnitt 1. Register- und Grundbuchangelegenheiten** | |
| | ***Abschnitt 1. Rechtsdienstleistungsregister*** | |
| 1110 | Registrierung nach dem RDG .................................<br>Bei Registrierung einer juristischen Person oder einer Gesellschaft ohne Rechtspersönlichkeit wird mit der Gebühr auch die Eintragung einer qualifizierten Person in das Rechtsdienstleistungsregister abgegolten. | 150,00 € |
| 1111 | Eintragung einer qualifizierten Person in das Rechtsdienstleistungsregister, wenn die Eintragung nicht durch die Gebühr 1110 abgegolten ist:<br>je Person ............................................................ | 150,00 € |

[1)] Anl. geänd. mWv 1.11.2013 durch G v. 11.6.2013 (BGBl. I S. 1545, geänd. durch G v. 23.7.2013, BGBl. I S. 2586); mWv 23.7.2015 durch G v. 17.7.2015 (BGBl. I S. 1245); mWv 1.1.2016 durch G v. 20.11.2015 (BGBl. I S. 2018); mWv 1.4.2016 durch G v. 19.2.2016 (BGBl. I S. 254); mWv 15.7.2016 durch G v. 8.7.2016 (BGBl. I S. 1594); mWv 1.7.2017 durch G v. 21.11.2016 (BGBl. I S. 2591); mWv 23.6.2017 durch G v. 1.6.2017 (BGBl. I S. 1396); mWv 1.1.2018 durch G v. 5.7.2017 (BGBl. I S. 2208); mWv 31.8.2018 durch G v. 18.7.2017 (BGBl. I S. 2732, geänd. durch G v. 20.11.2019, BGBl. I S. 1626); mWv 16.2.2019 durch G v. 31.1.2019 (BGBl. I S. 54); mWv 26.11.2019 durch G v. 20.11.2019 (BGBl. I S. 1626); mWv 17.7.2020 durch G v. 10.7.2020 (BGBl. I S. 1655); mWv 1.1.2021 durch G v. 21.12.2020 (BGBl. I S. 3229); mWv 1.4.2021 durch G v. 12.2.2021 (BGBl. I S. 226); mWv 1.1.2023 durch G v. 4.5.2021 (BGBl. I S. 882); mWv 1.8.2022 durch G v. 5.7.2021 (BGBl. I S. 3338); mWv 22.6.2023 durch G v. 19.6.2023 (BGBl. 2023 I Nr. 154).

| Nr. | Gebührentatbestand | Gebührenbetrag |
|---|---|---|
| 1112 | Widerruf oder Rücknahme der Registrierung .............. | 75,00 € |

### *Abschnitt 2.* (*aufgehoben*)

### *Abschnitt 3. Bundeszentral- und Gewerbezentralregister*

*Vorbemerkung 1.1.3:*

Die Gebühr 1130 wird nicht erhoben, wenn ein Führungszeugnis zur Ausübung einer ehrenamtlichen Betreuung (§ 19 Abs. 1, § 21 BtOG) oder einer ehrenamtlichen Tätigkeit benötigt wird, die für eine gemeinnützige Einrichtung, für eine Behörde oder im Rahmen eines der in § 32 Abs. 4 Nr. 2 Buchstabe d EStG genannten Dienste ausgeübt wird.

| Nr. | Gebührentatbestand | Gebührenbetrag |
|---|---|---|
| 1130 | Führungszeugnis nach § 30, § 30a oder § 30b BZRG .... | 13,00 € |
| 1131 | (*aufgehoben*) | |
| 1132 | Auskunft nach § 150 Absatz 1 Satz 1 der Gewerbeordnung ........................................................................ | 13,00 € |

### *Abschnitt 4.* (*aufgehoben*)

### *Abschnitt 5. Einrichtung und Nutzung des automatisierten Abrufverfahrens in Grundbuchangelegenheiten, in Angelegenheiten der Schiffsregister, des Schiffsbauregisters und des Registers für Pfandrechte an Luftfahrzeugen*

*Vorbemerkung 1.1.5:*

(1) Dieser Abschnitt gilt für den Abruf von Daten und Dokumenten aus dem vom Grundbuchamt oder dem Registergericht geführten Datenbestand. Für den Aufruf von Daten und Dokumenten in der Geschäftsstelle des Grundbuchamts oder des Registergerichts werden keine Gebühren erhoben. Der Abruf von Daten aus den Verzeichnissen (§ 12a Abs. 1 der Grundbuchordnung, § 31 Abs. 1, § 55 Satz 2 SchRegDV, §§ 10 und 11 Abs. 3 Satz 2 LuftRegV) und der Abruf des Zeitpunkts der letzten Änderung des Grundbuchs oder Registers sind gebührenfrei.

(2) Neben den Gebühren werden keine Auslagen erhoben.

| Nr. | Gebührentatbestand | Gebührenbetrag |
|---|---|---|
| 1150 | Genehmigung der Landesjustizverwaltung zur Teilnahme am eingeschränkten Abrufverfahren (§ 133 Abs. 4 Satz 3 der Grundbuchordnung, auch i.V.m. § 69 Abs. 1 Satz 2 SchRegDV, und § 15 LuftRegV) ........................<br>Mit der Gebühr ist die Einrichtung des Abrufverfahrens für den Empfänger mit abgegolten. Mit der Gebühr für die Genehmigung in einem Land sind auch weitere Genehmigungen in anderen Ländern abgegolten. | 50,00 € |
| 1151 | Abruf von Daten aus dem Grundbuch oder Register:<br>für jeden Abruf aus einem Grundbuch- oder Registerblatt ........................................................................ | 8,00 € |
| 1152 | Abruf von Dokumenten, die zu den Grund- oder Registerakten genommen wurden:<br>für jedes abgerufene Dokument .................................. | 1,50 € |

### *Abschnitt 6. Schutzschriftenregister*

| Nr. | Gebührentatbestand | Gebührenbetrag |
|---|---|---|
| 1160 | Einstellung einer Schutzschrift ..................................... | 83,00 € |

## Hauptabschnitt 2. Verfahren des Bundesamts für Justiz

### *Abschnitt 1. Ordnungsgeldverfahren*

*Vorbemerkung 1.2.1:*

Wird ein Ordnungsgeldverfahren gegen mehrere Personen durchgeführt, entstehen die Gebühren für jede Person gesondert.

| Nr. | Gebührentatbestand | Gebühren-betrag |
|---|---|---|
| 1210 | Durchführung eines Ordnungsgeldverfahrens nach § 335 HGB | 100,00 € |
| 1211 | Festsetzung eines zweiten und jedes weiteren Ordnungsgelds jeweils | 100,00 € |
| | ***Abschnitt 2. Schlichtung nach § 57a LuftVG*** | |
| 1220 | Verfahrensgebühr<br>Die Gebühr entsteht nicht, wenn dem Fluggast die Gebühr 1224 auferlegt oder das Schlichtungsbegehren dem Luftfahrtunternehmen nicht zugeleitet wird. | 330,00 € |
| 1221 | Beendigung des gesamten Verfahrens infolge Anerkennung der Forderung des Fluggastes durch das Luftfahrtunternehmen innerhalb von vier Wochen ab Zuleitung des Schlichtungsbegehrens:<br>Die Gebühr 1220 ermäßigt sich auf | 75,00 € |
| 1222 | Beendigung des gesamten Verfahrens vor Absendung des Schlichtungsvorschlags an die Beteiligten in anderen als den in Nummer 1221 genannten Fällen:<br>Die Gebühr 1220 ermäßigt sich auf | 150,00 € |
| 1223 | Anspruchsteller sind in einem Verfahren mehrere Fluggäste:<br>Die Verfahrensgebühr erhöht sich für jeden weiteren Fluggast um | 30,00 € |
| 1224 | Auferlegung einer Gebühr nach § 57a Absatz 3 LuftVG | 30,00 € |
| | **Hauptabschnitt 3. Justizverwaltungsangelegenheiten mit Auslandsbezug** | |
| | ***Abschnitt 1. Beglaubigungen und Bescheinigungen*** | |
| 1310 | Beglaubigung von amtlichen Unterschriften für den Auslandsverkehr<br>Die Gebühr wird nur einmal erhoben, auch wenn eine weitere Beglaubigung durch die übergeordnete Justizbehörde erforderlich ist. | 25,00 € |
| 1311 | Bescheinigungen über die Beurkundungsbefugnis eines Justizbeamten, die zum Gebrauch einer Urkunde im Ausland verlangt werden<br>Die Gebühr wird nicht erhoben, wenn eine Beglaubigungsgebühr nach Nummer 1310 zum Ansatz kommt. | 15,00 € |
| | ***Abschnitt 2. Rechtshilfeverkehr in zivilrechtlichen Angelegenheiten*** | |
| | *Vorbemerkung 1.3.2:*<br>Gebühren nach diesem Abschnitt werden nur in Zivilsachen und in Angelegenheiten der freiwilligen Gerichtsbarkeit erhoben. Die Gebühren nach den Nummern 1321 und 1322 werden auch dann erhoben, wenn die Zustellung oder Rechtshilfehandlung wegen unbekannten Aufenthalts des Empfängers oder sonst Beteiligten oder aus ähnlichen Gründen nicht ausgeführt werden kann. In den Fällen der Nummern 1321 und 1322 werden Gebühren und Auslagen nicht erhoben, wenn die Gegenseitigkeit verbürgt ist. Die Bestimmungen der Staatsverträge bleiben unberührt. | |
| 1320 | Prüfung von Rechtshilfeersuchen in das Ausland | 15,00 bis 55,00 € |

| Nr. | Gebührentatbestand | Gebührenbetrag |
|---|---|---|
| 1321 | Erledigung von Zustellungsanträgen in ausländischen Rechtsangelegenheiten | 15,00 € |
| 1322 | Erledigung von Rechtshilfeersuchen in ausländischen Rechtsangelegenheiten | 15,00 bis 255,00 € |
| | ***Abschnitt 3. Sonstige Angelegenheiten mit Auslandsbezug*** | |
| 1330 | Befreiung von der Beibringung des Ehefähigkeitszeugnisses (§ 1309 Abs. 2 BGB) | 15,00 bis 305,00 € |
| 1331 | Feststellung der Landesjustizverwaltung, dass die Voraussetzungen für die Anerkennung einer ausländischen Entscheidung vorliegen oder nicht vorliegen (§ 107 FamFG)<br>Die Gebühr wird auch erhoben, wenn die Entscheidung der Landesjustizverwaltung von dem Oberlandesgericht oder in der Rechtsbeschwerdeinstanz aufgehoben wird und das Gericht in der Sache selbst entscheidet. Die Landesjustizverwaltung entscheidet in diesem Fall über die Höhe der Gebühr erneut. Sie ist in diesem Fall so zu bemessen, als hätte die Landesjustizverwaltung die Feststellung selbst getroffen. | 15,00 bis 305,00 € |
| 1332 | Mitwirkung der Bundeszentralstelle für Auslandsadoption (§ 1 Abs. 1 AdÜbAG) bei Übermittlungen an die zentrale Behörde des Heimatstaates (§ 4 Abs. 6 AdÜbAG)<br>Die Gebühr wird in einem Adoptionsvermittlungsverfahren nur einmal erhoben. | 15,00 bis 155,00 € |
| 1333 | Bestätigungen nach § 9 AdÜbAG | 40,00 bis 100,00 € |
| 1334 | Bescheinigungen nach § 7d AdVermiG | 40,00 bis 100,00 € |
| 1335 | Ausstellung eines mehrsprachigen Formulars gemäß Artikel 7 der Verordnung (EU) 2016/1191 (§ 1119 ZPO)<br>Sind die Kosten für die zugrunde liegende öffentliche Urkunde nachweislich geringer als der Gebührenbetrag, ist die Gebühr auf den Betrag der Kosten zu ermäßigen. | 25,00 € |
| | **Hauptabschnitt 4. Unternehmensregister** | |
| | ***Abschnitt 1. Jahresgebühren*** | |
| | *Vorbemerkung 1.4.1:*<br>Mit der Jahresgebühr nach diesem Abschnitt wird der gesamte Aufwand zur Führung des Unternehmensregisters entgolten, mit Ausnahme der Einstellung von Rechnungslegungsunterlagen und Unternehmensberichten nach den Abschnitten 2 und 3 sowie der Übermittlung von Rechnungslegungsunterlagen im Fall der Nummer 1440. Sie umfasst jedoch nicht den Aufwand für die Erteilung von Ausdrucken oder Kopien, die Überlassung von elektronisch gespeicherten Dokumenten und die Beglaubigung von Kopien, Ausdrucken, Auszügen und Dateien. | |
| 1410 | Jahresgebühr für die Führung des Unternehmensregisters für jedes Kalenderjahr, wenn das Unternehmen bei der Offenlegung der Rechnungslegungsunterlagen oder Unternehmensberichte die Erleichterungen nach § 326 HGB in Anspruch nehmen kann | 3,00 € |

| Nr. | Gebührentatbestand | Gebühren-betrag |
|---|---|---|
| | (1) Die Gebühr entsteht für jedes Kalenderjahr, für das ein Unternehmen die Rechnungslegungsunterlagen oder Unternehmensberichte der das Unternehmensregister führenden Stelle zur Einstellung in das Unternehmensregister zu übermitteln hat. Dies gilt auch, wenn die zu übermittelnden Unterlagen nur einen Teil des Kalenderjahres umfassen.<br>(2) Die Gebühr wird nicht erhoben, wenn für das Kalenderjahr die Gebühr 1412 entstanden ist. | |
| 1411 | Das Unternehmen kann die Erleichterungen nach § 326 HGB nicht in Anspruch nehmen:<br>Die Gebühr 1410 beträgt ........................................ | 6,00 € |
| 1412 | Jahresgebühr für die Führung des Unternehmensregisters für jedes Kalenderjahr, in dem das Unternehmen Daten nach § 8b Abs. 2 Nr. 9 und 10 HGB oder nach § 114 Abs. 1 Satz 4, § 115 Abs. 1 Satz 4, § 116 Abs. 2 Satz 3 oder den §§ 117 oder 118 Abs. 4 Satz 4 WpHG selbst oder durch einen von ihm beauftragten Dritten an das Unternehmensregister übermittelt hat ......................... | 30,00 € |

### *Abschnitt 2. Einstellung von Rechnungslegungsunterlagen*

*Vorbemerkung 1.4.2:*

(1) Mit den Gebühren nach diesem Abschnitt wird der Aufwand für die Einstellung von Rechnungslegungsunterlagen sowie für eine Prüfung nach § 329 HGB entgolten.

(2) Werden gleichzeitig mehrere Unterlagen übermittelt, die das Unternehmen für dasselbe Geschäftsjahr zu übermitteln hat und erfüllt die Einstellung dieser Unterlagen den Tatbestand derselben Gebühr mehrfach, so handelt es sich nur um ein Verfahren. Das Gleiche gilt, wenn vor der Einstellung in das Unternehmensregister Unterlagen ergänzt oder geändert übermittelt werden; in diesen Fällen erhöhen sich die Gebühren dieses Abschnitts um 50 Prozent.

(3) Wird vor der Einstellung der Unterlagen in das Unternehmensregister verlangt, die Unterlagen nicht in das Unternehmensregister einzustellen, ermäßigen sich die Gebühren nach diesem Abschnitt um 50 Prozent. Die Gebühren entstehen nicht, wenn im Fall des Satzes 1 die Nichteinstellung an demselben Kalendertag verlangt wird, an dem die Übermittlung der Unterlagen erfolgt ist.

| | | |
|---|---|---|
| | Verfahren zur Einstellung von Unterlagen | |
| 1420 | der Einzelrechnungslegung von Kleinstkapitalgesellschaften (§ 267a HGB) und ihnen gleichgestellten Personenhandelsgesellschaften (§ 264a Abs. 1 i.V.m. § 267a HGB) nach § 325 Abs. 1 Satz 2 HGB sowie von Kleinstgenossenschaften (§ 336 Abs. 2 Satz 3 i.V.m. § 267a HGB) nach § 339 Abs. 1 HGB ........................................ | 18,50 € |
| 1421 | der Einzelrechnungslegung von kleinen Kapitalgesellschaften (§ 267 Abs. 1 HGB) und ihnen gleichgestellten kleinen Personenhandelsgesellschaften (§ 264a Abs. 1 i.V.m. § 267 Abs. 1 HGB) nach § 325 Abs. 1 Satz 2 HGB sowie von kleinen Genossenschaften (§ 336 Abs. 2 Satz 1 Nr. 2 i.V.m. § 267 Abs. 1 HGB) nach § 339 Abs. 1 HGB ........................................ | 25,00 € |
| 1422 | der Einzelrechnungslegung von mittelgroßen Kapitalgesellschaften (§ 267 Abs. 2 HGB) und ihnen gleichgestellten mittelgroßen Personenhandelsgesellschaften (§ 264a Abs. 1 i.V.m. § 267 Abs. 2 HGB) nach § 325 Abs. 1 Satz 2 HGB sowie von mittelgroßen Genossenschaften | |

| Nr. | Gebührentatbestand | Gebührenbetrag |
|---|---|---|
| | (§ 336 Abs. 2 Satz 1 Nr. 2 i.V.m. § 267 Abs. 2 HGB) nach § 339 Abs. 1 HGB ............................................ | 55,00 € |
| 1423 | der Einzelrechnungslegung<br>– von großen Kapitalgesellschaften (§ 267 Abs. 3 HGB) und ihnen gleichgestellten großen Personenhandelsgesellschaften (§ 264a Abs. 1 i.V.m. § 267 Abs. 3 HGB) nach § 325 Abs. 1 Satz 2 HGB sowie von großen Genossenschaften (§ 336 Abs. 2 Satz 1 Nr. 2 i.V.m. § 267 Abs. 3 HGB) nach § 339 Abs. 1 HGB,<br>– von kapitalmarktorientierten Kapitalgesellschaften (§ 264d HGB) und ihnen gleichgestellten kapitalmarktorientierten Personenhandelsgesellschaften (§ 264a Abs. 1 i.V.m. § 264d HGB) nach § 325 Abs. 1 Satz 2 HGB sowie von kapitalmarktorientierten Genossenschaften nach § 339 Abs. 1 HGB,<br>– von Kreditinstituten und Zweigniederlassungen im Sinne des § 340 Abs. 1 Satz 1 HGB, Finanzdienstleistungsinstituten im Sinne des § 340 Abs. 4 Satz 1 HGB, Wertpapierinstituten im Sinne des § 340 Abs. 4a Satz 1 HGB und Instituten im Sinne des § 340 Abs. 5 Satz 1 HGB, jeweils nach § 340l Abs. 1 Satz 1 HGB,<br>– von Versicherungsunternehmen im Sinne des § 341 Abs. 1 und 2 HGB, Pensionsfonds im Sinne des § 341 Abs. 4 Satz 1 HGB und Versicherungsvereinen auf Gegenseitigkeit (§ 172 Satz 2 VAG), jeweils nach § 341l Abs. 1 Satz 1 HGB,<br>– von externen Kapitalverwaltungsgesellschaften (§ 17 Abs. 2 Satz 1 Nr. 1 KAGB) nach § 38 Abs. 1 Satz 1 KAGB i.V.m. § 340l Abs. 1 Satz 1 HGB, von Investmentaktiengesellschaften nach § 123 Abs. 1 Satz 1 Nr. 1, auch i.V.m. § 148 Abs. 1 KAGB, sowie von geschlossenen inländischen Publikums-AIF, die nach § 353 Abs. 5 Satz 1 KAGB zur Rechnungslegung verpflichtet sind, nach § 325 Abs. 1 Satz 2 HGB,<br>– von Emittenten von Vermögensanlagen, die nach § 24 VermAnlG zur Rechnungslegung verpflichtet sind, nach § 325 Abs. 1 Satz 2 oder § 339 Abs. 1 HGB sowie<br>– von Unternehmen, die nach den §§ 1 und 3 PublG zur Rechnungslegung verpflichtet sind, nach § 9 Abs. 1 PublG:<br>a) für Unterlagen, die im Format Extensible Markup Language (XML) übermittelt werden ..................... | 110,00 € |

| Nr. | Gebührentatbestand | Gebühren-betrag |
|---|---|---|
| | b) für Unterlagen, die in dem Offenlegungsformat nach § 328 Abs. 1 Satz 4 HGB übermittelt werden | 330,00 € |
| | Neben dieser Gebühr werden die Gebühren 1420 bis 1422 nicht erhoben. Werden Unterlagen in unterschiedlichen Dateiformaten übermittelt, wird die höhere Gebühr erhoben. | |
| 1424 | der Einzelrechnungslegung<br>– von Unternehmen im Sinne des § 6b Abs. 1 Satz 1 EnWG nach § 6b Abs. 4 EnWG,<br>– von Betreibern von Wasserstoffnetzen nach § 28k Abs. 2 Satz 4 i.V.m. § 6b Abs. 4 EnWG sowie<br>– von Unternehmen im Sinne des § 7 Abs. 1 und 3 TKG nach § 7 Abs. 2 Satz 6 TKG | 55,00 € |
| | Für die Einstellung dieser Unterlagen werden die Gebühren 1420 bis 1423 nicht erhoben. | |
| 1425 | der Einzelrechnungslegung von Eisenbahnen nach § 7 Abs. 1 Satz 1 ERegG | 45,00 € |
| | Für die Einstellung dieser Unterlagen werden die Gebühren 1420 bis 1423 nicht erhoben. | |
| 1426 | der Konzernrechnungslegung nach § 325 Abs. 3, § 340l Abs. 1 Satz 1 oder § 341l Abs. 1 Satz 1 HGB oder nach § 15 Abs. 1 Satz 1 PublG: | |
| | a) für Unterlagen, die im Format Extensible Markup Language (XML) übermittelt werden | 330,00 € |
| | b) für Unterlagen, die in dem Offenlegungsformat nach § 328 Abs. 1 Satz 4 HGB übermittelt werden | 550,00 € |
| | Werden Unterlagen in unterschiedlichen Dateiformaten übermittelt, wird die höhere Gebühr erhoben. | |
| 1427 | der Rechnungslegung von Kapitalgesellschaften mit Sitz in einem anderen Staat durch eine inländische Zweigniederlassung nach § 325a HGB sowie von Unternehmen mit Sitz in einem anderen Staat durch eine inländische Zweigniederlassung nach § 340l Abs. 2 HGB: | |
| | a) für Unterlagen, die im Format Extensible Markup Language (XML) übermittelt werden | 55,00 € |
| | b) für Unterlagen, die in einem anderen Format übermittelt werden | 275,00 € |
| | Werden Unterlagen in unterschiedlichen Dateiformaten übermittelt, wird die höhere Gebühr erhoben. | |
| 1428 | nach § 264 Abs. 3 Satz 1 Nr. 5, § 264b Nr. 4, § 291 Abs. 1 Satz 1 oder § 292 Abs. 1 Nr. 4 HGB | 30,00 € |
| 1429 | nach § 2 Abs. 2, § 12 Abs. 2 oder § 2 Abs. 3 Satz 6, auch i.V.m. § 12 Abs. 3 Satz 3 PublG | 30,00 € |

| Nr. | Gebührentatbestand | Gebührenbetrag |
|---|---|---|
| | ***Abschnitt 3. Einstellung von Unternehmensberichten*** | |
| | *Vorbemerkung 1.4.3:*<br>(1) Mit den Gebühren nach diesem Abschnitt wird der Aufwand für die Einstellung von Unternehmensberichten sowie für eine Prüfung nach § 329 HGB entgolten.<br>(2) Wird ein Unternehmensbericht vor der Einstellung in das Unternehmensregister ergänzt oder geändert übermittelt, handelt es sich nur um ein Verfahren; in diesen Fällen erhöhen sich die Gebühren dieses Abschnitts um 50 Prozent.<br>(3) Wird vor der Einstellung des Unternehmensberichts in das Unternehmensregister verlangt, diesen nicht in das Unternehmensregister einzustellen, ermäßigen sich die Gebühren nach diesem Abschnitt um 50 Prozent. Die Gebühren entstehen nicht, wenn im Fall des Satzes 1 die Nichteinstellung an demselben Kalendertag verlangt wird, an dem die Übermittlung des Unternehmensberichts erfolgt ist. | |
| | Verfahren zur Einstellung | |
| 1430 | eines Jahresfinanzberichts nach § 114 Abs. 1 Satz 4 WpHG | 440,00 € |
| 1431 | eines Halbjahresfinanzberichts nach § 115 Abs. 1 Satz 4 WpHG | 110,00 € |
| 1432 | eines Jahresberichts nach § 160 Abs. 1 oder § 353 Abs. 5 Satz 2 KAGB oder nach § 23 Abs. 1 VermAnlG | 110,00 € |
| 1433 | eines Halbjahresberichts nach § 123 Abs. 2 Satz 1 KAGB | 85,00 € |
| 1434 | eines Jahresfinanzberichts nach § 6 Abs. 1 TKG | 110,00 € |
| 1435 | eines Zahlungs- oder Konzernzahlungsberichts nach § 341w HGB | 65,00 € |
| 1436 | eines Zahlungs- oder Konzernzahlungsberichts nach § 116 Abs. 2 Satz 3 WpHG | 55,00 € |
| 1437 | eines Berichts zur Gleichstellung und Entgeltgleichheit nach § 22 Abs. 4 EntgTranspG | 55,00 € |
| 1438 | eines gesonderten nichtfinanziellen Berichts nach § 289b Abs. 3 Satz 1 Nr. 2 Buchstabe a HGB oder eines gesonderten nichtfinanziellen Konzernberichts nach § 315b Abs. 3 Satz 1 Nr. 2 Buchstabe a HGB | 55,00 € |
| 1439 | eines Ertragsteuerinformationsberichts nach § 342m HGB | 220,00 € |
| | ***Abschnitt 4. Sonstige Gebühren*** | |
| 1440 | Übermittlung zur Einsichtnahme von Unterlagen, die nach § 326 Abs. 2 Satz 1 oder § 325 Abs. 2b Nr. 3 HGB zur dauerhaften Hinterlegung eingestellt wurden:<br>für jede übermittelte Unterlage | 1,00 € |
| 1441 | Verfahren zur Registrierung nach § 3 Abs. 2 und 3 URV; die Identitätsprüfung erfolgt anhand | |
| | a) eines elektronischen Identitätsnachweises oder elektronischen Identifizierungsmittels nach § 3 Abs. 3 Satz 3 Nr. 1 oder Nr. 2 URV | 12,00 € |
| | b) einer von der registerführenden Stelle zur Verfügung gestellten Identifizierungsmethode nach § 3 Abs. 3 Satz 3 Nr. 3 URV | 22,00 € |

| Nr. | Gebührentatbestand | Gebührenbetrag |
|---|---|---|
| | **Hauptabschnitt 5. Sonstige Gebühren** | |
| 1500 | Beglaubigung von Kopien, Ausdrucken, Auszügen und Dateien ...<br>Die Gebühr wird nur erhoben, wenn die Beglaubigung beantragt ist; dies gilt nicht für Ausdrucke aus dem Unternehmensregister und für an deren Stelle tretende Dateien. Wird die Kopie oder der Ausdruck von der Justizbehörde selbst hergestellt, so kommt die Dokumentenpauschale (Nummer 2000) hinzu. | 0,50 € für jede angefangene Seite – mindestens: 5,00 € |
| 1501 | Bescheinigungen und schriftliche Auskünfte aus Akten und Büchern ...<br>Die Gebühr wird auch für eine Bescheinigung erhoben, aus der sich ergibt, dass entsprechende Akten nicht geführt werden oder ein entsprechendes Verfahren nicht anhängig ist. | 15,00 € |
| 1502 | Zeugnisse über das im Bund oder in den Ländern geltende Recht ... | 15,00 bis 255,00 € |
| 1503 | Mahnung nach § 5 Abs. 2 JBeitrG ... | 5,00 € |

## Teil 2. Auslagen

| Nr. | Auslagentatbestand | Höhe |
|---|---|---|
| | *Vorbemerkung 2:*<br>Für die Erhebung der Auslagen ist Teil 9 des Kostenverzeichnisses zum GKG entsprechend anzuwenden, soweit nachfolgend nichts anderes bestimmt ist. | |
| 2000 | Pauschale für die Herstellung und Überlassung von Dokumenten:<br>1. Ausfertigungen, Kopien und Ausdrucke, die auf Antrag angefertigt oder auf Antrag per Telefax übermittelt worden sind:<br>für die ersten 50 Seiten je Seite ...<br>für jede weitere Seite ...<br>2. Überlassung von elektronisch gespeicherten Dateien oder deren Bereitstellung zum Abruf anstelle der in Nummer 1 genannten Ausfertigungen, Kopien und Ausdrucke:<br>je Datei ...<br>für die in einem Arbeitsgang überlassenen, bereitgestellten oder in einem Arbeitsgang auf denselben Datenträger übertragenen Dokumente insgesamt höchstens ...<br>(1) Die Höhe der Dokumentenpauschale nach Nummer 1 ist für jeden Antrag und im gerichtlichen Verfahren in jedem Rechtszug und für jeden Kostenschuldner nach § 14 JVKostG gesondert zu berechnen; Gesamtschuldner gelten als ein Schuldner.<br>(2) Werden zum Zweck der Überlassung von elektronisch gespeicherten Dateien Dokumente zuvor auf Antrag von der Papierform in die elektronische Form übertragen, beträgt die Dokumentenpauschale nach Nummer 2 nicht weniger, als die Dokumentenpauschale im Fall der Nummer 1 betragen würde. | <br><br><br>0,50 €<br>0,15 €<br><br>1,50 €<br>5,00 € |

| Nr. | Auslagentatbestand | Höhe |
|---|---|---|
| | (3) Frei von der Dokumentenpauschale sind für jede Partei, jeden Beteiligten, jeden Beschuldigten und deren bevollmächtigte Vertreter jeweils<br>1. eine vollständige Ausfertigung oder Kopie oder ein vollständiger Ausdruck jeder gerichtlichen oder behördlichen Entscheidung und jedes vor Gericht abgeschlossenen Vergleichs,<br>2. eine Ausfertigung ohne Tatbestand und Entscheidungsgründe und<br>3. eine Kopie oder ein Ausdruck jedes Protokolls über eine Sitzung.<br>§ 191a Abs. 1 Satz 5 GVG bleibt unberührt.<br>(4) Bei der Gewährung der Einsicht in Akten wird eine Dokumentenpauschale nur erhoben, wenn auf besonderen Antrag ein Ausdruck einer elektronischen Akte oder ein Datenträger mit dem Inhalt einer elektronischen Akte übermittelt wird.<br>(5) Keine Dokumentenpauschale wird erhoben, wenn Daten im Internet zur allgemeinen Nutzung bereitgestellt werden. | |
| 2001 | Dokumentenpauschale für einfache Kopien und Ausdrucke gerichtlicher Entscheidungen, die zur Veröffentlichung in Entscheidungssammlungen oder Fachzeitschriften beantragt werden:<br>Die Dokumentenpauschale nach Nummer 2000 beträgt für jede Entscheidung höchstens .................................... | 5,00 € |
| 2002 | Datenträgerpauschale .................................................<br>Die Datenträgerpauschale wird neben der Dokumentenpauschale bei der Übermittlung elektronisch gespeicherter Daten auf Datenträgern erhoben. | 3,00 € |

# 122. Justizbeitreibungsgesetz (JBeitrG)

In der Fassung der Bekanntmachung vom 27. Juni 2017[1)]
(BGBl. I S. 1926)

FNA 365-1

| Lfd. Nr. | Änderndes Gesetz | Datum | Fundstelle | Betroffen | Hinweis |
|---|---|---|---|---|---|
| 1. | Art. 14 EU-Kontenpfändungs VO-DurchführungsG | 21.11. 2016 | BGBl. I S. 2591, geänd. 2017, S. 2208 | § 6<br>§ 6 | geänd. mWv 1.1.2018<br>geänd. mWv 1.1.2022 |
| 2. | Art. 5 G zur Verbesserung der Sachaufklärung in der Verwaltungsvollstreckung | 30.6.2017 | BGBl. I S. 2094 | § 6 | geänd. mWv 6.7.2017 |
| 3. | Art. 3 Abs. 4 Pfändungsschutzkonto-FortentwicklungsG | 22.11. 2020 | BGBl. I S. 2466 | § 6 | geänd. mWv 1.12.2021 |
| 4. | Art. 4 Abs. 5 G zur Verbesserung des Schutzes von Gerichtsvollziehern vor Gewalt sowie zur Änd. weiterer zwangsvollstreckungsrechtlicher Vorschriften und zur Änd. des InfektionsschutzG | 7.5.2021 | BGBl. I S. 850 | § 6 | geänd. mWv 1.1.2022 |
| 5. | Art. 15 Abs. 14 G zur Reform des Vormundschafts- und Betreuungsrechts | 4.5.2021 | BGBl. I S. 882 | § 1 | geänd. mWv 1.1.2023 |

**§ 1**[2)] **[Nach diesem Gesetz beizutreibende Ansprüche]** (1) Nach diesem Gesetz werden folgende Ansprüche beigetrieben, soweit sie von Justizbehörden des Bundes einzuziehen sind:

1. Geldstrafen und andere Ansprüche, deren Beitreibung sich nach den Vorschriften über die Vollstreckung von Geldstrafen richtet;
2. gerichtlich erkannte Geldbußen und Nebenfolgen einer Ordnungswidrigkeit, die zu einer Geldzahlung verpflichten;
2a. Ansprüche aus gerichtlichen Anordnungen über die Einziehung oder die Unbrauchbarmachung einer Sache;
2b. Ansprüche aus gerichtlichen Anordnungen über die Herausgabe von Akten und sonstigen Unterlagen nach § 407a Absatz 5 Satz 2 der Zivilprozessordnung[3)];
3. Ordnungs- und Zwangsgelder;
4. Gerichtskosten;
4a. Ansprüche auf Zahlung der vom Gericht im Verfahren der Prozesskostenhilfe oder nach § 4b der Insolvenzordnung[4)] bestimmten Beträge;

---

1) Neubekanntmachung der JustizbeitreibungsO v. 11.3.1937 (RGBl. I S. 298) unter neuer Überschrift in der ab 1.7.2017 geltenden Fassung.
2) § 1 Abs. 1 Nr. 4b geänd. mWv 1.1.2023 durch G v. 4.5.2021 (BGBl. I S. 882).
3) Nr. **100**.
4) Nr. **110**.

4b. nach den §§ 168d, 292 und 292a des Gesetzes über das Verfahren in Familiensachen und in den Angelegenheiten der freiwilligen Gerichtsbarkeit[1] festgesetzte Ansprüche;

5. Zulassungs- und Prüfungsgebühren;

6. alle sonstigen Justizverwaltungsabgaben;

7. Kosten der Gerichtsvollzieher und Vollziehungsbeamten, soweit sie selbständig oder gleichzeitig mit einem Anspruch, der nach diesem Gesetz vollstreckt wird, bei dem Auftraggeber oder Ersatzpflichtigen beigetrieben werden;

8. Ansprüche gegen Beamte, nichtbeamtete Beisitzer und Vertrauenspersonen, gegen Rechtsanwälte, Vormünder, Betreuer, Pfleger und Verfahrenspfleger, gegen Zeugen und Sachverständige sowie gegen mittellose Personen auf Erstattung von Beträgen, die ihnen in einem gerichtlichen Verfahren zuviel gezahlt sind;

9. Ansprüche gegen Beschuldigte und Nebenbeteiligte auf Erstattung von Beträgen, die ihnen in den Fällen der §§ 465, 467, 467a, 470, 472b, 473 der Strafprozessordnung zuviel gezahlt sind;

10. alle sonstigen Ansprüche, die nach Bundes- oder Landesrecht im Verwaltungszwangsverfahren beigetrieben werden können, soweit nicht ein Bundesgesetz vorschreibt, dass sich die Vollstreckung nach dem Verwaltungsvollstreckungsgesetz[2] oder der Abgabenordnung richtet.

(2) Dieses Gesetz findet auch auf die Einziehung von Ansprüchen im Sinne des Absatzes 1 durch Justizbehörden der Länder Anwendung, soweit die Ansprüche auf bundesrechtlicher Regelung beruhen.

(3) Die Vorschriften dieses Gesetzes über das gerichtliche Verfahren finden auch dann Anwendung, wenn sonstige Ansprüche durch die Justizbehörden der Länder im Verwaltungszwangsverfahren eingezogen werden.

(4) Werden zusammen mit einem Anspruch nach Absatz 1 Nummer 1 bis 3 die Kosten des Verfahrens beigetrieben, so gelten auch für die Kosten die Vorschriften über die Vollstreckung dieses Anspruchs.[3]

(5) [1]Nach diesem Gesetz werden auch die Gebühren und Auslagen des Deutschen Patentamts und die sonstigen dem Absatz 1 entsprechenden Ansprüche, die beim Deutschen Patentamt entstehen, beigetrieben. [2]Dies gilt auch für Ansprüche gegen Patentanwälte und Erlaubnisscheininhaber.

(6) [1]Die Landesregierungen werden ermächtigt, durch Rechtsverordnung abweichend von diesem Gesetz zu bestimmen, dass Gerichtskosten in den Fällen des § 109 Absatz 2 des Gesetzes über Ordnungswidrigkeiten[4] und des § 27 des Gerichtskostengesetzes[5] nach Vorschriften des Landesrechts beigetrieben werden. [2]Die Landesregierungen können die Ermächtigung durch Rechtsverordnung auf die Landesjustizverwaltung übertragen.

*(Fortsetzung nächstes Blatt)*

---

[1] Nr. **112**.
[2] **Sartorius Nr. 112.**
[3] Siehe die Einforderungs- und BeitreibungsAO (EBAO) v. 1.8.2011 (BAnz. Nr. 112a S. 1, 22).
[4] Nr. **94**.
[5] Nr. **115**.

**§ 2 [Gerichtskassen als Vollstreckungsbehörden]** (1) [1]Die Beitreibung obliegt in den Fällen des § 1 Absatz 1 Nummer 1 bis 3 den nach den Verfahrensgesetzen für die Vollstreckung dieser Ansprüche zuständigen Stellen, soweit nicht die in Absatz 2 bezeichnete Vollstreckungsbehörde zuständig ist, im Übrigen den Gerichtskassen als Vollstreckungsbehörden. [2]Die Landesregierungen werden ermächtigt, an Stelle der Gerichtskassen andere Behörden als Vollstreckungsbehörden zu bestimmen.[1)] [3]Die Landesregierungen können die Ermächtigung auf die Landesjustizverwaltung übertragen.

(2) Vollstreckungsbehörde für Ansprüche, die beim Bundesverfassungsgericht, Bundesministerium der Justiz und für Verbraucherschutz, Bundesgerichtshof, Bundesverwaltungsgericht, Bundesfinanzhof, Generalbundesanwalt beim Bundesgerichtshof, Bundespatentgericht, Deutschen Patent- und Markenamt, Bundesamt für Justiz oder dem mit der Führung des Unternehmensregisters im Sinn des § 8b des Handelsgesetzbuchs[2)] Beliehenen entstehen, ist das Bundesamt für Justiz.

(3) [1]Von den in Absatz 1 bezeichneten Vollstreckungsbehörden ist diejenige zuständig, die den beizutreibenden Anspruch einzuziehen hat. [2]Dem Vollziehungsbeamten obliegende Vollstreckungshandlungen kann die Vollstreckungsbehörde außerhalb ihres Amtsbezirks durch einen Vollziehungsbeamten vornehmen lassen, der für den Ort der Vollstreckung zuständig ist. [3]Die Unzuständigkeit einer Vollstreckungsbehörde berührt die Wirksamkeit ihrer Vollstreckungsmaßnahmen nicht.

(4) Die Vollstreckungsbehörden haben einander Amtshilfe zu leisten.

**§ 3 [Zustellungen]** [1]Zustellungen sind nur erforderlich, soweit dies besonders bestimmt ist. [2]Sie werden sinngemäß nach den Vorschriften der Zivilprozessordnung[3)] über Zustellungen von Amts wegen bewirkt. [3]Die dem Gericht vorbehaltenen Anordnungen trifft die Vollstreckungsbehörde.

**§ 4 [Vollstreckungsschuldner]** [1]Die Vollstreckung kann gegen jeden durchgeführt werden, der nach den für den beizutreibenden Anspruch geltenden besonderen Vorschriften oder kraft Gesetzes nach den Vorschriften des bürgerlichen Rechts zur Leistung oder zur Duldung der Vollstreckung verpflichtet ist. [2]Aus einer Zwangshypothek, die für einen der im § 1 bezeichneten Ansprüche eingetragen ist, kann auch gegen den Rechtsnachfolger des Schuldners in das belastete Grundstück vollstreckt werden.

**§ 5 [Beginn der Vollstreckung]** (1) [1]Die Vollstreckung darf erst beginnen, wenn der beizutreibende Anspruch fällig ist. [2]In den Fällen des § 1 Absatz 1 Nummer 8 und 9 darf die Vollstreckung erst beginnen, wenn der Zahlungspflichtige von den ihm zustehenden Rechtsbehelfen binnen zwei Wochen nach der Zahlungsaufforderung oder nach der Mitteilung einer Entscheidung über seine Einwendungen gegen die Zahlungsaufforderung keinen Gebrauch gemacht hat.

---

[1)] Andere Behörden (auch Staatsanwaltschaften) wurden bestimmt: **Baden-Württemberg:** VO v. 7.10. 1995 (GBl. S. 766), zuletzt geänd. durch VO v. 13.11.2018 (GBl. S. 435); **Bayern:** VO v. 17.12.2004 (GVBl. S. 585), geänd. durch v. 28.11.2017 (GVBl. S. 587); **Brandenburg:** VO v. 23.4.2018 (GVBl. II Nr. 29); **Bremen:** VO v. 31.10.1972 (Brem.GBl. S. 237), zuletzt geänd. durch G v. 18.12.1974 (Brem.GBl. S. 351); **Mecklenburg-Vorpommern:** LandesVO v. 2.2.2017 (GVOBl. M-V S. 14); **Nordrhein-Westfalen:** VO v. 20.4.2018 (GV. NRW. S. 238); **Rheinland-Pfalz:** LandesVO v. 15.1.1975 (GVBl. S. 64); **Sachsen:** § 29b VO **(Habersack II Nr. 245c/2)**.

[2)] Nr. **50**.

[3)] Nr. **100**.

[3] Vorschriften, wonach aus vollstreckbaren Entscheidungen oder Verpflichtungserklärungen erst nach deren Zustellung vollstreckt werden darf, bleiben unberührt.

(2) In der Regel soll der Vollstreckungsschuldner (§ 4) vor Beginn der Vollstreckung zur Leistung innerhalb von zwei Wochen schriftlich aufgefordert und nach vergeblichem Ablauf der Frist besonders gemahnt werden.

**§ 6[1)] [Anzuwendende Vorschriften]** (1) Für die Vollstreckung gelten nach Maßgabe der Absätze 2 bis 4 folgende Vorschriften sinngemäß:

1. §§ 735 bis 737, 739 bis 741, 743, 745 bis 748, 753 Absatz 4 und 5, §§ 755, 757a, 758, 758a, 759, 761, 762, 764, 765a, 766, 771 bis 776, 778, 779, 781 bis 784, 786, 788, 789, 792, 793, 802a bis 802i, 802j Absatz 1 und 3, §§ 802k bis 827, 828 Absatz 2 und 3, §§ 829 bis 837a, 840 Absatz 1, Absatz 2 Satz 2, §§ 841 bis 886, 899 bis 910 der Zivilprozessordnung[2)],
2. sonstige Vorschriften des Bundesrechts, die die Zwangsvollstreckung aus Urteilen in bürgerlichen Rechtsstreitigkeiten beschränken, sowie
3. die landesrechtlichen Vorschriften über die Zwangsvollstreckung gegen Gemeindeverbände oder Gemeinden.

(2) [1] An die Stelle des Gläubigers tritt die Vollstreckungsbehörde. [2] Bei der Zwangsvollstreckung in Forderungen und andere Vermögensrechte wird der Pfändungs- und der Überweisungsbeschluss von der Vollstreckungsbehörde erlassen. [3] Die Aufforderung zur Abgabe der in § 840 Absatz 1 der Zivilprozessordnung genannten Erklärungen ist in den Pfändungsbeschluss aufzunehmen.

(3) [1] An die Stelle des Gerichtsvollziehers tritt der Vollziehungsbeamte. [2] Der Vollziehungsbeamte wird zur Annahme der Leistung, zur Ausstellung von Empfangsbekenntnissen und zu Vollstreckungshandlungen durch einen schriftlichen Auftrag der Vollstreckungsbehörde ermächtigt. [3] Aufträge, die mit Hilfe automatischer Einrichtungen erstellt werden, werden mit dem Dienstsiegel versehen; einer Unterschrift bedarf es nicht. [4] Der Vollziehungsbeamte hat im Auftrag der Vollstreckungsbehörde auch die in § 840 Absatz 1 der Zivilprozessordnung bezeichneten Erklärungen entgegenzunehmen. [5] Die in § 845 der Zivilprozessordnung bezeichnete Benachrichtigung hat der Vollziehungsbeamte nach den Vorschriften der Zivilprozessordnung über die Zustellung auf Betreiben der Parteien zuzustellen.

(4) Gepfändete Forderungen sind nicht an Zahlungs statt zu überweisen.

(5) Die Vollstreckungsbehörden dürfen das Bundeszentralamt für Steuern ersuchen, bei den Kreditinstituten die in § 93b Absatz 1 und 1a der Abgabenordnung bezeichneten Daten, ausgenommen die Identifikationsnummer nach § 139b der Abgabenordnung, abzurufen, wenn

1. die Ladung zu dem Termin zur Abgabe der Vermögensauskunft an den Vollstreckungsschuldner nicht zustellbar ist und
   a) die Anschrift, unter der die Zustellung ausgeführt werden sollte, mit der Anschrift übereinstimmt, die von einer der in § 755 Absatz 1 und 2 der Zivilprozessordnung genannten Stellen innerhalb von drei Monaten vor oder nach dem Zustellungsversuch mitgeteilt wurde, oder

---

[1)] § 6 Abs. 1 Nr. 1 geänd. mWv 1.1.2018 und mWv 1.1.2022 durch G v. 21.11.2016 (BGBl. I S. 2591); Abs. 5 angef. mWv 6.7.2017 durch G v. 30.6.2017 (BGBl. I S. 2094); Abs. 1 Nr. 1 geänd. mWv 1.12.2021 durch G v. 22.11.2020 (BGBl. I S. 2466); Abs. 1 Nr. 1 geänd., Abs. 5 neu gef. mWv 1.1.2022 durch G v. 7.5.2021 (BGBl. I S. 850).

[2)] Nr. **100**.

b) die Meldebehörde nach dem Zustellungsversuch die Auskunft erteilt, dass ihr keine derzeitige Anschrift des Vollstreckungsschuldners bekannt ist, oder

c) die Meldebehörde innerhalb von drei Monaten vor Erteilung des Vollstreckungsauftrags die Auskunft erteilt hat, dass ihr keine derzeitige Anschrift des Vollstreckungsschuldners bekannt ist;

2. der Vollstreckungsschuldner seiner Pflicht zur Abgabe der Vermögensauskunft in dem dem Ersuchen zugrundeliegenden Vollstreckungsverfahren nicht nachkommt oder
3. bei einer Vollstreckung in die in der Vermögensauskunft aufgeführten Vermögensgegenstände eine vollständige Befriedigung der Forderung nicht zu erwarten ist.

**§ 7 [Vermögensauskunft, Vollstreckung in unbewegliches Vermögen]**

[1] Die Abnahme der Vermögensauskunft beantragt die Vollstreckungsbehörde bei dem zuständigen Gerichtsvollzieher; die Vollstreckung in unbewegliches Vermögen beantragt sie bei dem zuständigen Amtsgericht. [2] Der Antrag ersetzt den vollstreckbaren Schuldtitel. [3] Eine Zustellung des Antrags an den Schuldner ist nicht erforderlich. [4] Die Vollstreckungsbehörde kann die bei dem zentralen Vollstreckungsgericht nach § 802k Absatz 1 der Zivilprozessordnung[1)] verwalteten Vermögensverzeichnisse zu Vollstreckungszwecken abrufen.

**§ 8 [Einwendungen]** (1) [1] Einwendungen, die den beizutreibenden Anspruch selbst, die Haftung für den Anspruch oder die Verpflichtung zur Duldung der Vollstreckung betreffen, sind vom Schuldner gerichtlich geltend zu machen

bei Ansprüchen nach § 1 Absatz 1 Nummer 4, 6, 7

nach den Vorschriften über Erinnerungen gegen den Kostenansatz,

bei Ansprüchen gegen nichtbeamtete Beisitzer, Vertrauenspersonen, Rechtsanwälte, Zeugen, Sachverständige und mittellose Personen (§ 1 Absatz 1 Nummer 8)

nach den Vorschriften über die Feststellung eines Anspruchs dieser Personen,

bei Ansprüchen nach § 1 Absatz 1 Nummer 9

nach den Vorschriften über Erinnerungen gegen den Festsetzungsbeschluss. [2] Die Einwendung, dass mit einer Gegenforderung aufgerechnet worden sei, ist in diesen Verfahren nur zulässig, wenn die Gegenforderung anerkannt oder gerichtlich festgestellt ist. [3] Das Gericht kann anordnen, dass die Beitreibung bis zum Erlass der Entscheidung gegen oder ohne Sicherheitsleistung eingestellt werde und dass die Vollstreckungsmaßregeln gegen Sicherheitsleistung aufzuheben seien.

(2) [1] Für Einwendungen, die auf Grund der §§ 781 bis 784, 786 der Zivilprozessordnung[1)] erhoben werden, gelten die Vorschriften der §§ 767, 769, 770 der Zivilprozessordnung sinngemäß. [2] Für die Klage ist das Gericht zuständig, in dessen Bezirk die Vollstreckung stattgefunden hat.

**§ 9 [Einstweilige Einstellung; Zahlungsnachweis; Stundung]** (1) Werden Einwendungen gegen die Vollstreckung erhoben, so kann die Vollstreckungsbehörde die Vollstreckungsmaßnahmen einstweilen einstellen, aufheben oder von weiteren Vollstreckungsmaßnahmen Abstand nehmen, bis über die Einwendung endgültig entschieden ist.

---

[1)] Nr. **100**.

(2) Der Vollziehungsbeamte hat von der Pfändung abzusehen, wenn ihm die Zahlung oder Stundung der Schuld nachgewiesen wird.

**§ 10 [Anwendung des GKG und des GvKostG]** (1) Bei der Pfändung von Forderungen oder anderen Vermögensrechten gelten die Vorschriften des Gerichtskostengesetzes[1] sinngemäß.

(2) Für die Tätigkeit des Vollziehungsbeamten gelten die Vorschriften des Gerichtsvollzieherkostengesetzes[2] sinngemäß.

**§ 11** (Inkrafttreten)

[1] Nr. **115**.
[2] Nr. **123**.

# 123. Gesetz über Kosten der Gerichtsvollzieher (Gerichtsvollzieherkostengesetz – GvKostG)[1)]

Vom 19. April 2001

(BGBl. I S. 623)

**FNA 362-2**

| Lfd. Nr. | Änderndes Gesetz | Datum | Fundstelle | Betroffen | Hinweis |
|---|---|---|---|---|---|
| 1. | Art. 3 G zur Neuordnung des Gerichtsvollzieherkostenrechts | 19.4.2001 | BGBl. I S. 623, geänd. 2001, S. 3422 | §§ 2, 8, Anl. | geänd. mWv 1.1.2002 |
| 2. | Art. 2 Abs. 22 ZustellungsreformG | 25.6.2001 | BGBl. I S. 1206, geänd. 2001, S. 3422 | § 11, Anl. | geänd. mWv 1.7.2002 |
| 3. | Art. 5 Abs. 8 SchuldrechtsmodernisierungsG[2)] | 26.11.2001 | BGBl. I S. 3138 | § 8 | geänd. mWv 1.1.2002 |
| 4. | Art. 9 Abs. 3 Elektronische Register/JustizkostenG | 10.12.2001 | BGBl. I S. 3422 | Inhaltsübersicht, § 8, Anl. | geänd. mWv 15.12.2001 |
| 5. | Art. 8 GewaltschutzG-EinführungsG | 11.12.2001 | BGBl. I S. 3513 | Anl. | geänd. mWv 2.1.2002 |
| 6. | Art. 1 Abs. 3 Ermäßigungssatz-AufhebungsG | 22.2.2002 | BGBl. I S. 981 | § 20 | geänd. mWv 1.3.2002 |
| 7. | Art. 19 OLG-VertretungsÄndG | 23.7.2002 | BGBl. I S. 2850 | §§ 3, 4, 10, Anl. | geänd. mWv 1.8.2002 |
| 8. | Art. 24 Viertes G für moderne Dienstleistungen am Arbeitsmarkt | 24.12.2003 | BGBl. I S. 2954, aufgeh. 2004, S. 3220 | § 2 | geänd. mWv 1.1.2005, insoweit aufgeh. 2004, S. 3220 |
| 9. | Art. 40 G zur Einordnung des Sozialhilferechts in das SGB | 27.12.2003 | BGBl. I S. 3022, aufgeh. 2004, S. 3220 | § 2 | geänd. mWv 1.1.2005, insoweit aufgeh. 2004, S. 3220 |
| 10. | Art. 4 Abs. 30 KostenrechtsmodernisierungsG | 5.5.2004 | BGBl. I S. 718 | Inhaltsübersicht, §§ 5, 8, Anl.<br>§ 20 | geänd. mWv 1.7.2004<br>aufgeh. mWv 1.7.2004 |
| 11. | Art. 10 Kommunales OptionsG | 30.7.2004 | BGBl. I S. 2014 | § 2 | geänd. mWv 6.8.2004 |
| 12. | Art. 13 AnhörungsrügenG | 9.12.2004 | BGBl. I S. 3220 | §§ 2, 5 | geänd. mWv 1.1.2005 |
| 13. | Art. 14 Abs. 3 JustizkommunikationsG | 22.3.2005 | BGBl. I S. 837 | § 5, Anl. | geänd. mWv 1.4.2005 |

[1)] Verkündet als Art. 1 G zur Neuordnung des Gerichtsvollzieherkostenrechts (GvKostRNeuOG) v. 19.4.2001 (BGBl. I S. 623); Inkrafttreten gem. Art. 4 dieses G am 1.5.2001.

[2)] **Amtl. Anm.:** *(abgedruckt in Änderungstabelle Nr.* ***95****)*

| Lfd. Nr. | Änderndes Gesetz | Datum | Fund-stelle | Betroffen | Hinweis |
|---|---|---|---|---|---|
| 14. | Art. 47 Abs. 3 FGG-ReformG[1] | 17.12. 2008 | BGBl. I S. 2586 | §§ 3, 4, 13, 15, Anl. | geänd. mWv 1.9.2009 |
| 15. | Art. 3 Abs. 3 G zur Reform der Sachaufklärung in der Zwangsvollstreckung | 29.7.2009 | BGBl. I S. 2258 | §§ 3, 10, 18, Anl. | geänd. mWv 1.1.2013 |
| 16. | Art. 3 G über die Internetversteigerung in der Zwangsvollstreckung und zur Änd. anderer Gesetze | 30.7.2009 | BGBl. I S. 2474 | Anl. | geänd. mWv 5.8.2009 |
| 17. | Art. 11 G zur Einführung einer Rechtsbehelfsbelehrung im Zivilprozess und zur Änd. anderer Vorschr. | 5.12.2012 | BGBl. I S. 2418 | Inhaltsübersicht | geänd. mWv 1.1.2014 |
| | | | | § 3a | eingef. mWv 1.1.2014 |
| 18. | Art. 7 MietrechtsänderungsG | 11.3.2013 | BGBl. I S. 434 | § 17, Anl. | geänd. mWv 1.5.2013 |
| 19. | Art. 6 2. KostenrechtsmodernisierungsG | 23.7.2013 | BGBl. I S. 2586 | Inhaltsübersicht, §§ 3, 5, 10, 12, 13, 15, 17, Abschnitt 4 und 5, Anl. | geänd. mWv 1.8.2013 |
| | | | | Abschnitt 3 (§ 12a) | eingef. mWv 1.8.2013 |
| 20. | Art. 12 EU-KontenpfändungsVO-DurchführungsG | 21.11. 2016 | BGBl. I S. 2591 | §§ 3, 10, Anl. | geänd. mWv 26.11.2016 |
| 21. | Art. 17 G zur Regelung des Sozialen Entschädigungsrechts | 12.12. 2019 | BGBl. I S. 2652 | Inhaltsübersicht, § 2 | geänd. mWv 1.1.2024 |
| | | | | § 20 | neu gef. mWv 1.1.2024 |
| 22. | Art. 12 WohnungseigentumsmodernisierungsG (WEMoG) | 16.10. 2020 | BGBl. I S. 2187 | Anl. | geänd. mWv 23.10.2020 |
| 23. | Art. 3 KostenrechtsänderungsG 2021 | 21.12. 2020 | BGBl. I S. 3229 | §§ 3, 7, Anl. | geänd. mWv 1.1.2021 |
| 24. | Art. 4 Abs. 4 G zur Verbesserung des Schutzes von Gerichtsvollziehern vor Gewalt sowie zur Änd. weiterer zwangsvollstreckungsrechtl. Vorschriften und zur Änd. des InfektionsschutzG | 7.5.2021 | BGBl. I S. 850 | Anl. | geänd. mWv 1.1.2022 |
| 25. | Art. 26 G über die Entschädigung der Soldatinnen und Soldaten und zur Neuordnung des Soldatenversorgungsrechts | 20.8.2021 | BGBl. I S. 3932 | Inhaltsübersicht, § 2 | geänd. mWv 1.1.2025 |
| | | | | § 20 | aufgeh. mit Ablauf des 31.12. 2024 |
| 26. | Art. 20 G zum Ausbau des elektronischen Rechtsverkehrs mit den Gerichten und zur Änd. weiterer Vorschriften[2] | 5.10.2021 | BGBl. I S. 4607 | Anl. | geänd. mWv 1.11.2021 |

[1] Beachte hierzu Übergangsvorschrift in Art. 111 FGG-RG (Nr. **112a**).

[2] **Amtl. Anm.:** Notifiziert gemäß der Richtlinie (EU) 2015/1535 des Europäischen Parlaments und des Rates vom 9. September 2015 über ein Informationsverfahren auf dem Gebiet der technischen Vorschriften und der Vorschriften für die Dienste der Informationsgesellschaft (ABl. L 241 vom 17.9.2015, S. 1).

**Inhaltsübersicht**[1]



## Abschnitt 1. Allgemeine Vorschriften

**§ 1 Geltungsbereich** (1) Für die Tätigkeit des Gerichtsvollziehers, für die er nach Bundes- oder Landesrecht sachlich zuständig ist, werden Kosten (Gebühren und Auslagen) nur nach diesem Gesetz erhoben.

(2) Landesrechtliche Vorschriften über die Kosten der Vollstreckung im Verwaltungszwangsverfahren bleiben unberührt.

**§ 2**[2] **Kostenfreiheit.** (1) [1] Von der Zahlung der Kosten sind befreit der Bund, die Länder und die nach dem Haushaltsplan des Bundes oder eines Landes für Rechnung des Bundes oder eines Landes verwalteten öffentlichen Körperschaften oder Anstalten, bei einer Zwangsvollstreckung nach § 885 der Zivilprozessord-

---

[1] Inhaltsübersicht geänd. mWv 15.12.2001 durch G v. 10.12.2001 (BGBl. I S. 3422); mWv 1.1.2014 durch G v. 5.12.2012 (BGBl. I S. 2418); mWv 1.8.2013 durch G v. 23.7.2013 (BGBl. I S. 2586); **mWv 1.1.2024** durch G v. 12.12.2019 (BGBl. I S. 2652); **mWv 1.1.2025** durch G v. 20.8.2021 (BGBl. I S. 3932); sie wurde nichtamtlich an die nachträglichen Änderungen mWv 1.7.2004 durch G v. 5.5.2004 (BGBl. I S. 718) angepasst.

[2] § 2 Abs. 1 Satz 1 geänd. mWv 1.1.2002 durch G v. 19.4.2001 (BGBl. I S. 623); Abs. 2 Satz 1 neu gef. mWv 1.1.2005 durch G v. 9.12.2004 (BGBl. I S. 3220); Abs. 2 Satz 1 geänd. **mWv 1.1.2024** durch G v. 12.12.2019 (BGBl. I S. 2652); Abs. 2 Satz 1 geänd. **mWv 1.1.2025** durch G v. 20.8.2021 (BGBl. I S. 3932).

nung[1]) wegen der Auslagen jedoch nur, soweit diese einen Betrag von 5 000 Euro nicht übersteigen. ²Bei der Vollstreckung wegen öffentlich-rechtlicher Geldforderungen ist maßgebend, wer ohne Berücksichtigung des § 252 der Abgabenordnung oder entsprechender Vorschriften Gläubiger der Forderung ist.

(2) ¹Bei der Durchführung des Zwölften Buches Sozialgesetzbuch[2]) sind die Träger der Sozialhilfe, bei der Durchführung des Zweiten Buches Sozialgesetzbuch[3]) die nach diesem Buch zuständigen Träger der Leistungen, bei der Durchführung des Achten Buches Sozialgesetzbuch[4]) die Träger der öffentlichen Jugendhilfe ***[bis 31.12.2023:*** und bei der Durchführung der ihnen obliegenden Aufgaben nach dem Bundesversorgungsgesetz[5]) die Träger der Kriegsopferfürsorge***]*** ***[vom 1.1.2024 bis 31.12.2024:*** *und bei der Durchführung der Besonderen Leistungen im Einzelfall nach dem Vierzehnten Buch Sozialgesetzbuch[6]) die Träger der Sozialen Entschädigung****]*** ***[ab 1.1.2025:*** *, bei der Durchführung der Besonderen Leistungen im Einzelfall nach dem Vierzehnten Buch Sozialgesetzbuch die Träger der Sozialen Entschädigung und bei der Durchführung der Leistungen nach Kapitel 5 des Soldatenentschädigungsgesetzes der Träger der Soldatenentschädigung****]*** von den Gebühren befreit. ²Sonstige Vorschriften, die eine sachliche oder persönliche Befreiung von Kosten gewähren, gelten für Gerichtsvollzieherkosten nur insoweit, als sie ausdrücklich auch diese Kosten umfassen.

(3) Landesrechtliche Vorschriften, die in weiteren Fällen eine sachliche oder persönliche Befreiung von Gerichtsvollzieherkosten gewähren, bleiben unberührt.

(4) Die Befreiung von der Zahlung der Kosten oder der Gebühren steht der Entnahme der Kosten aus dem Erlös (§ 15) nicht entgegen.

**§ 3[7]) Auftrag.** (1) ¹Ein Auftrag umfasst alle Amtshandlungen, die zu seiner Durchführung erforderlich sind; einem Vollstreckungsauftrag können mehrere Vollstreckungstitel zugrunde liegen. ²Werden bei der Durchführung eines Auftrags mehrere Amtshandlungen durch verschiedene Gerichtsvollzieher erledigt, die ihren Amtssitz in verschiedenen Amtsgerichtsbezirken haben, gilt die Tätigkeit jedes Gerichtsvollziehers als Durchführung eines besonderen Auftrags. ³Jeweils verschiedene Aufträge sind die Zustellung auf Betreiben der Parteien, die Vollstreckung einschließlich der Verwertung und besondere Geschäfte nach Abschnitt 4 des Kostenverzeichnisses, soweit sie nicht Nebengeschäft sind. ⁴Die Vollziehung eines Haftbefehls ist ein besonderer Auftrag.

(2) ¹Es handelt sich jedoch um denselben Auftrag, wenn der Gerichtsvollzieher gleichzeitig beauftragt wird,

1. einen oder mehrere Vollstreckungstitel zuzustellen und hieraus gegen den Zustellungsempfänger zu vollstrecken,

---

[1]) Nr. **100.**
[2]) **Sartorius ErgBd. Nr. 412.**
[3]) **Sartorius ErgBd. Nr. 402.**
[4]) **Habersack, Deutsche Gesetze ErgBd. Nr. 46.**
[5]) **Aichberger, SGB Nr. 20/10.**
[6]) **Aichberger, SGB Nr. 14.**
[7]) § 3 Abs. 1 Satz 1 neu gef., Sätze 3 und 4 angef., Abs. 2 Satz 1 Nr. 1 geänd., Nr. 2 neu gef., Satz 2 eingef., bish. Satz 2 wird Satz 3, Abs. 4 Satz 3 eingef., bish. Sätze 3 und 4 werden Sätze 4 und 5 mWv 1.8. 2002 durch G v. 23.7.2002 (BGBl. I S. 2850); Abs. 3 Satz 2 und Abs. 4 Satz 3 geänd. mWv 1.1.2013 durch G v. 29.7.2009 (BGBl. I S. 2258); Abs. 1 Satz 3 geänd. mWv 1.8.2013 durch G v. 23.7.2013 (BGBl. I S. 2586); Abs. 2 Satz 1 Nr. 3 neu gef., Satz 2 eingef., bish. Sätze 2 und 3 werden Sätze 3 und 4 mWv 26.11.2016 durch G v. 21.11.2016 (BGBl. I S. 2591); Abs. 2 Satz 2 Nr. 2 geänd. mWv 1.1.2021 durch G v. 21.12.2020 (BGBl. I S. 3229).

2. mehrere Zustellungen an denselben Zustellungsempfänger oder an Gesamtschuldner zu bewirken oder
3. mehrere Vollstreckungshandlungen gegen denselben Vollstreckungsschuldner oder Verpflichteten (Schuldner) oder Vollstreckungshandlungen gegen Gesamtschuldner auszuführen.

[2] Der Gerichtsvollzieher gilt auch dann als gleichzeitig beauftragt, wenn
1. der Auftrag zur Abnahme der Vermögensauskunft mit einem Vollstreckungsauftrag verbunden ist (§ 807 Absatz 1 der Zivilprozessordnung[1]), es sei denn, der Gerichtsvollzieher nimmt die Vermögensauskunft nur deshalb nicht ab, weil der Schuldner nicht anwesend ist, oder
2. der Auftrag, eine gütliche Erledigung der Sache zu versuchen, in der Weise mit einem Auftrag auf Vornahme einer Amtshandlung nach § 802a Absatz 2 Satz 1 Nummer 2 oder Nummer 4 der Zivilprozessordnung verbunden ist, dass diese Amtshandlung nur im Fall des Scheiterns des Versuchs der gütlichen Erledigung vorgenommen werden soll.

[3] Bei allen Amtshandlungen nach § 845 Abs. 1 der Zivilprozessordnung handelt es sich um denselben Auftrag. [4] Absatz 1 Satz 2 bleibt unberührt.

(3) [1] Ein Auftrag ist erteilt, wenn er dem Gerichtsvollzieher oder der Geschäftsstelle des Gerichts, deren Vermittlung oder Mitwirkung in Anspruch genommen wird, zugegangen ist. [2] Wird der Auftrag zur Abnahme der Vermögensauskunft mit einem Vollstreckungsauftrag verbunden (§ 807 Abs. 1 der Zivilprozessordnung), gilt der Auftrag zur Abnahme der Vermögensauskunft als erteilt, sobald die Voraussetzungen nach § 807 Abs. 1 der Zivilprozessordnung vorliegen.

(4) [1] Ein Auftrag gilt als durchgeführt, wenn er zurückgenommen worden ist oder seiner Durchführung oder weiteren Durchführung Hinderungsgründe entgegenstehen. [2] Dies gilt nicht, wenn der Auftraggeber zur Fortführung des Auftrags eine richterliche Anordnung nach § 758a der Zivilprozessordnung beibringen muss und diese Anordnung dem Gerichtsvollzieher innerhalb eines Zeitraumes von drei Monaten zugeht, der mit dem ersten Tag des auf die Absendung einer entsprechenden Anforderung an den Auftraggeber folgenden Kalendermonats beginnt. [3] Satz 2 ist entsprechend anzuwenden, wenn der Schuldner zu dem Termin zur Abnahme der Vermögensauskunft nicht erscheint oder die Abgabe der Vermögensauskunft ohne Grund verweigert und der Gläubiger innerhalb des in Satz 2 genannten Zeitraums einen Auftrag zur Vollziehung eines Haftbefehls erteilt. [4] Der Zurücknahme steht es gleich, wenn der Gerichtsvollzieher dem Auftraggeber mitteilt, dass er den Auftrag als zurückgenommen betrachtet, weil damit zu rechnen ist, die Zwangsvollstreckung werde fruchtlos verlaufen, und wenn der Auftraggeber nicht bis zum Ablauf des auf die Absendung der Mitteilung folgenden Kalendermonats widerspricht. [5] Der Zurücknahme steht es auch gleich, wenn im Falle des § 4 Abs. 1 Satz 1 und 2 der geforderte Vorschuss nicht bis zum Ablauf des auf die Absendung der Vorschussanforderung folgenden Kalendermonats beim Gerichtsvollzieher eingegangen ist.

**§ 3a[2] Rechtsbehelfsbelehrung.** Jede Kostenrechnung und jede anfechtbare Entscheidung hat eine Belehrung über den statthaften Rechtsbehelf sowie über die Stelle, bei der dieser Rechtsbehelf einzulegen ist, über deren Sitz und über die einzuhaltende Form zu enthalten.

---

[1] Nr. **100**.
[2] § 3a eingef. mWv 1.1.2014 durch G v. 5.12.2012 (BGBl. I S. 2418).

**§ 4[1)] Vorschuss.** (1) [1]Der Auftraggeber ist zur Zahlung eines Vorschusses verpflichtet, der die voraussichtlich entstehenden Kosten deckt. [2]Die Durchführung des Auftrags kann von der Zahlung des Vorschusses abhängig gemacht werden. [3]Die Sätze 1 und 2 gelten nicht, wenn der Auftrag vom Gericht erteilt wird oder dem Auftraggeber Prozess- oder Verfahrenskostenhilfe bewilligt ist. [4]Sie gelten ferner nicht für die Erhebung von Gebührenvorschüssen, wenn aus einer Entscheidung eines Gerichts für Arbeitssachen oder aus einem vor diesem Gericht abgeschlossenen Vergleich zu vollstrecken ist.

(2) [1]Reicht ein Vorschuss nicht aus, um die zur Aufrechterhaltung einer Vollstreckungsmaßnahme voraussichtlich erforderlichen Auslagen zu decken, gilt Absatz 1 entsprechend. [2]In diesem Fall ist der Auftraggeber zur Leistung eines weiteren Vorschusses innerhalb einer Frist von mindestens zwei Wochen aufzufordern. [3]Nach Ablauf der Frist kann der Gerichtsvollzieher die Vollstreckungsmaßnahme aufheben, wenn die Aufforderung verbunden mit einem Hinweis auf die Folgen der Nichtzahlung nach den Vorschriften der Zivilprozessordnung[2)] zugestellt worden ist und die geforderte Zahlung nicht bei dem Gerichtsvollzieher eingegangen ist.

(3) In den Fällen des § 3 Abs. 4 Satz 2 bis 5 bleibt die Verpflichtung zur Zahlung der vorzuschießenden Beträge bestehen.

**§ 5[3)] Kostenansatz, Erinnerung, Beschwerde, Gehörsrüge.** (1) [1]Die Kosten werden von dem Gerichtsvollzieher angesetzt, der den Auftrag durchgeführt hat. [2]Der Kostenansatz kann im Verwaltungswege berichtigt werden, solange nicht eine gerichtliche Entscheidung getroffen ist.

(2) [1]Über die Erinnerung des Kostenschuldners und der Staatskasse gegen den Kostenansatz entscheidet, soweit nicht nach § 766 Abs. 2 der Zivilprozessordnung[2)] das Vollstreckungsgericht zuständig ist, das Amtsgericht, in dessen Bezirk der Gerichtsvollzieher seinen Amtssitz hat. [2]Auf die Erinnerung und die Beschwerde ist § 66 Absatz 2 bis 8 des Gerichtskostengesetzes[4)], auf die Rüge wegen Verletzung des Anspruchs auf rechtliches Gehör ist § 69a des Gerichtskostengesetzes entsprechend anzuwenden.

(3) Auf die Erinnerung des Kostenschuldners gegen die Anordnung des Gerichtsvollziehers, die Durchführung des Auftrags oder die Aufrechterhaltung einer Vollstreckungsmaßnahme von der Zahlung eines Vorschusses abhängig zu machen, und auf die Beschwerde ist Absatz 2 entsprechend anzuwenden.

(4) Für Verfahren nach den Absätzen 1 bis 3 sind die Vorschriften der Zivilprozessordnung über die elektronische Akte und über das elektronische Dokument anzuwenden.

**§ 6 Nachforderung.** Wegen unrichtigen Ansatzes dürfen Kosten nur nachgefordert werden, wenn der berichtigte Ansatz vor Ablauf des nächsten Kalenderjahres nach Durchführung des Auftrags dem Zahlungspflichtigen mitgeteilt worden ist.

---

[1)] § 4 Abs. 3 geänd. mWv 1.8.2002 durch G v. 23.7.2002 (BGBl. I S. 2850); Abs. 1 Satz 3 geänd. mWv 1.9.2009 durch G v. 17.12.2008 (BGBl. I S. 2586).

[2)] Nr. **100**.

[3)] § 5 Abs. 2 Sätze 3 und 4 aufgeh. mWv 1.7.2004 durch G v. 5.5.2004 (BGBl. I S. 718); Abs. 2 Satz 2 neu gef. mWv 1.4.2005 durch G v. 22.3.2005 (BGBl. I S. 837); Überschrift neu gef, Abs. 2 Satz 2 geänd., Abs. 4 angef. mWv 1.8.2013 durch G v. 23.7.2013 (BGBl. I S. 2586).

[4)] Nr. **115**.

**§ 7[1)] Nichterhebung von Kosten wegen unrichtiger Sachbehandlung.**

(1) [1] Kosten, die bei richtiger Behandlung der Sache nicht entstanden wären, werden nicht erhoben. [2] Das Gleiche gilt für Auslagen, die durch eine von Amts wegen veranlasste Verlegung eines Termins oder einer Maßnahme entstanden sind.

(2) [1] Die Entscheidung trifft der Gerichtsvollzieher. [2] § 5 Abs. 2 ist entsprechend anzuwenden. [3] Solange nicht das Gericht entschieden hat, kann eine Anordnung nach Absatz 1 im Verwaltungsweg erlassen werden. [4] Eine im Verwaltungsweg getroffene Anordnung kann nur im Verwaltungsweg geändert werden.

**§ 8[2)] Verjährung, Verzinsung.** (1) Ansprüche auf Zahlung von Kosten verjähren in vier Jahren nach Ablauf des Kalenderjahres, in dem die Kosten fällig geworden sind.

(2) [1] Ansprüche auf Rückerstattung von Kosten verjähren in vier Jahren nach Ablauf des Kalenderjahres, in dem die Zahlung erfolgt ist. [2] Die Verjährung beginnt jedoch nicht vor dem in Absatz 1 bezeichneten Zeitpunkt. [3] Durch die Einlegung eines Rechtsbehelfs mit dem Ziel der Rückerstattung wird die Verjährung wie durch Klageerhebung gehemmt.

(3) [1] Auf die Verjährung sind die Vorschriften des Bürgerlichen Gesetzbuchs[3)] anzuwenden; die Verjährung wird nicht von Amts wegen berücksichtigt. [2] Die Verjährung der Ansprüche auf Zahlung von Kosten beginnt auch durch die Aufforderung zur Zahlung oder durch eine dem Kostenschuldner mitgeteilte Stundung erneut. [3] Ist der Aufenthalt des Kostenschuldners unbekannt, so genügt die Zustellung durch Aufgabe zur Post unter seiner letzten bekannten Anschrift. [4] Bei Kostenbeträgen unter 25 Euro beginnt die Verjährung weder erneut noch wird sie oder ihr Ablauf gehemmt.

(4) Ansprüche auf Zahlung und Rückerstattung von Kosten werden nicht verzinst.

**§ 9 Höhe der Kosten.** Kosten werden nach dem Kostenverzeichnis der Anlage zu diesem Gesetz erhoben, soweit nichts anderes bestimmt ist.

## Abschnitt 2. Gebührenvorschriften

**§ 10[4)] Abgeltungsbereich der Gebühren.** (1) [1] Bei Durchführung desselben Auftrags wird eine Gebühr nach derselben Nummer des Kostenverzeichnisses nur einmal erhoben. [2] Dies gilt nicht für die nach Abschnitt 6 des Kostenverzeichnisses zu erhebenden Gebühren, wenn für die Erledigung mehrerer Amtshandlungen Gebühren nach verschiedenen Nummern des Kostenverzeichnisses zu erheben wären. [3] Eine Gebühr nach dem genannten Abschnitt wird nicht neben der entsprechenden Gebühr für die Erledigung der Amtshandlung erhoben.

---

[1)] § 7 Abs. 1 Satz 2 angef. mWv 1.1.2021 durch G v. 21.12.2020 (BGBl. I S. 3229).

[2)] § 8 Überschrift neu gef., Abs. 4 angef. mWv 15.12.2001 durch G v. 10.12.2001 (BGBl. I S. 3422); Abs. 3 Satz 4 geänd. mWv 1.1.2002 durch G v. 19.4.2001 (BGBl. I S. 623); Abs 2 Satz 1 und Abs. 3 Satz 4 geänd., Abs. 2 Satz 3 angef., Abs. 3 Satz 2 neu gef. mWv 1.1.2002 durch G v. 26.11.2001 (BGBl. I S. 3138); Abs. 2 Satz 3 geänd. mWv 1.7.2004 durch G v. 5.5.2004 (BGBl. I S. 718).

[3)] Nr. **20**.

[4)] § 10 Abs. 2 Satz 4 angef., Abs. 3 Sätze 1 und 2 geänd. mWv 1.8.2002 durch G v. 23.7.2002 (BGBl. I S. 2850); Abs. 1 Satz 2 geänd., Abs. 2 Satz 3 neu gef., Satz 4 aufgeh., Abs. 3 Sätze 1 und 2 geänd. mWv 1.8.2013 durch G v. 23.7.2013 (BGBl. I S. 2586); Abs. 2 Satz 3 Nr. 3 geänd. mWv 26.11.2016 durch G v. 21.11.2016 (BGBl. I S. 2591).

(2) [1] Ist der Gerichtsvollzieher beauftragt, die gleiche Vollstreckungshandlung wiederholt vorzunehmen, sind die Gebühren für jede Vollstreckungshandlung gesondert zu erheben. [2] Dasselbe gilt, wenn der Gerichtsvollzieher auch ohne ausdrückliche Weisung des Auftraggebers die weitere Vollstreckung betreibt, weil nach dem Ergebnis der Verwertung der Pfandstücke die Vollstreckung nicht zur vollen Befriedigung des Auftraggebers führt oder Pfandstücke bei dem Schuldner abhanden gekommen oder beschädigt worden sind. [3] Gesondert zu erheben sind

1. eine Gebühr nach Abschnitt 1 des Kostenverzeichnisses für jede Zustellung,
2. eine Gebühr nach Nummer 430 des Kostenverzeichnisses für jede Zahlung,
3. eine Gebühr nach Nummer 440 oder Nummer 441 des Kostenverzeichnisses für die Erhebung von Daten bei jeder der in den §§ 755 und 802l der Zivilprozessordnung[1)] genannten Stellen und
4. eine Gebühr nach Nummer 600 des Kostenverzeichnisses für jede nicht erledigte Zustellung.

(3) [1] Ist der Gerichtsvollzieher gleichzeitig beauftragt, Vollstreckungshandlungen gegen Gesamtschuldner auszuführen, sind die Gebühren nach den Nummern 200, 205, 260, 261, 262 und 270 des Kostenverzeichnisses für jeden Gesamtschuldner gesondert zu erheben. [2] Das Gleiche gilt für die in Abschnitt 6 des Kostenverzeichnisses bestimmten Gebühren, wenn Amtshandlungen der in den Nummern 205, 260, 261, 262 und 270 des Kostenverzeichnisses genannten Art nicht erledigt worden sind.

**§ 11[2)] Tätigkeit zur Nachtzeit, an Sonnabenden, Sonn- und Feiertagen.** Wird der Gerichtsvollzieher auf Verlangen zur Nachtzeit (§ 758a Abs. 4 Satz 2 der Zivilprozessordnung[1)]) oder an einem Sonnabend, Sonntag oder Feiertag tätig, so werden die doppelten Gebühren erhoben.

**§ 12[3)] Siegelungen, Vermögensverzeichnisse, Proteste und ähnliche Geschäfte.** Die Gebühren für Wechsel- und Scheckproteste, für Siegelungen und Entsiegelungen, für die Aufnahme von Vermögensverzeichnissen sowie für die Mitwirkung als Urkundsperson bei der Aufnahme von Vermögensverzeichnissen bestimmen sich nach den für Notare geltenden Regelungen des Gerichts- und Notarkostengesetzes[4)].

## Abschnitt 3.[5)] Auslagenvorschriften

**§ 12a[5)] Erhöhtes Wegegeld.** (1) Die Landesregierungen werden ermächtigt, durch Rechtsverordnung eine höhere Stufe nach Nummer 711 des Kostenverzeichnisses für Wege festzusetzen, die von bestimmten Gerichtsvollziehern in bestimmte Regionen des Bezirks eines Amtsgerichts zurückzulegen sind, wenn die kürzeste öffentlich nutzbare Wegstrecke erheblich von der nach der Luftlinie bemessenen Entfernung abweicht, weil ein nicht nur vorübergehendes Hindernis besteht.

---

1) Nr. **100**.

2) § 11 geänd. mWv 1.7.2002 durch G v. 25.6.2001 (BGBl. I S. 1206).

3) § 12 Abs. 2 aufgeh., bish. Abs. 1 Satz 2 aufgeh. und bish. Satz 1 geänd. mWv 1.8.2013 durch G v. 23.7.2013 (BGBl. I S. 2586).

4) Nr. **119**.

5) Abschnitt 3 (§ 12a) eingef. mWv 1.8.2013 durch G v. 23.7.2013 (BGBl. I S. 2586).

(2) Eine erhebliche Abweichung nach Absatz 1 liegt vor, wenn die kürzeste öffentlich nutzbare Wegstrecke sowohl vom Amtsgericht als auch vom Geschäftszimmer des Gerichtsvollziehers mindestens doppelt so weit ist wie die nach der Luftlinie bemessene Entfernung.

(3) In der Rechtsverordnung ist die niedrigste Stufe festzusetzen, bei der eine erhebliche Abweichung nach Absatz 2 nicht mehr vorliegt.

(4) Die Landesregierungen können die Ermächtigung durch Rechtsverordnung auf die Landesjustizverwaltung übertragen.

## Abschnitt 4.[1)] Kostenzahlung

**§ 13[2)] Kostenschuldner.** (1) [1] Kostenschuldner sind

1. der Auftraggeber,
2. der Vollstreckungsschuldner für die notwendigen Kosten der Zwangsvollstreckung und
3. der Verpflichtete für die notwendigen Kosten der Vollstreckung.

[2] Schuldner der Auslagen nach den Nummern 714 und 715 des Kostenverzeichnisses ist nur der Ersteher.

(2) Mehrere Kostenschuldner haften als Gesamtschuldner.

(3) Wird der Auftrag vom Gericht erteilt, so gelten die Kosten als Auslagen des gerichtlichen Verfahrens.

**§ 14 Fälligkeit.** [1] Gebühren werden fällig, wenn der Auftrag durchgeführt ist oder länger als zwölf Kalendermonate ruht. [2] Auslagen werden sofort nach ihrer Entstehung fällig.

**§ 15[3)] Entnahmerecht.** (1) [1] Kosten, die im Zusammenhang mit der Versteigerung oder dem Verkauf von beweglichen Sachen, von Früchten, die vom Boden noch nicht getrennt sind, sowie von Forderungen oder anderen Vermögensrechten, ferner bei der öffentlichen Verpachtung an den Meistbietenden und bei der Mitwirkung bei einer Versteigerung durch einen Dritten (§ 825 Abs. 2 der Zivilprozessordnung) entstehen, können dem Erlös vorweg entnommen werden. [2] Dies gilt auch für die Kosten der Entfernung von Pfandstücken aus dem Gewahrsam des Schuldners, des Gläubigers oder eines Dritten, ferner für die Kosten des Transports und der Lagerung.

(2) Andere als die in Absatz 1 genannten Kosten oder ein hierauf zu zahlender Vorschuss können bei der Ablieferung von Geld an den Auftraggeber oder bei der Hinterlegung von Geld für den Auftraggeber entnommen werden.

(3) [1] Die Absätze 1 und 2 gelten nicht, soweit § 459b der Strafprozessordnung oder § 94 des Gesetzes über Ordnungswidrigkeiten entgegensteht. [2] Sie gelten ferner nicht, wenn dem Auftraggeber Prozess- oder Verfahrenskostenhilfe bewilligt ist. [3] Bei mehreren Auftraggebern stehen die Sätze 1 und 2 einer Vorwegentnahme aus dem Erlös (Absatz 1) nicht entgegen, wenn deren Voraussetzungen nicht für alle Auftraggeber vorliegen. [4] Die Sätze 1 und 2 stehen einer Entnahme aus dem

---

1) Bish. Abschnitt 3 wird Abschnitt 4 mWv 1.8.2013 durch G v. 23.7.2013 (BGBl. I S. 2586).

2) § 13 Abs. 1 neu gef. mWv 1.9.2009 durch G v. 17.12.2008 (BGBl. I S. 2586); Abs. 1 Satz 2 angef. mWv 1.8.2013 durch G v. 23.7.2013 (BGBl. I S. 2586).

3) § 15 Abs. 3 Satz 2 geänd. mWv 1.9.2009 durch G v. 17.12.2008 (BGBl. I S. 2586); Abs. 2 geänd. mWv 1.8.2013 durch G v. 23.7.2013 (BGBl. I S. 2586).

Erlös auch nicht entgegen, wenn der Erlös höher ist als die Summe der Forderungen aller Auftraggeber.

**§ 16 Verteilung der Verwertungskosten.** Reicht der Erlös einer Verwertung nicht aus, um die in § 15 Abs. 1 bezeichneten Kosten zu decken, oder wird ein Erlös nicht erzielt, sind diese Kosten im Verhältnis der Forderungen zu verteilen.

**§ 17[1)] Verteilung der Auslagen bei der Durchführung mehrerer Aufträge.** [1] Auslagen, die in anderen als den in § 15 Abs. 1 genannten Fällen bei der gleichzeitigen Durchführung mehrerer Aufträge entstehen, sind nach der Zahl der Aufträge zu verteilen, soweit die Auslagen nicht ausschließlich bei der Durchführung eines Auftrags entstanden sind. [2] Das Wegegeld (Nummer 711 des Kostenverzeichnisses) und die Auslagenpauschale (Nummer 716 des Kostenverzeichnisses) sind für jeden Auftrag gesondert zu erheben.

## Abschnitt 5.[2)] Übergangs- und Schlussvorschriften

**§ 18[3)] Übergangsvorschrift.** (1) [1] Die Kosten sind nach bisherigem Recht zu erheben, wenn der Auftrag vor dem Inkrafttreten einer Gesetzesänderung erteilt worden ist, Kosten der in § 15 Abs. 1 genannten Art jedoch nur, wenn sie vor dem Inkrafttreten einer Gesetzesänderung entstanden sind. [2] Wenn der Auftrag zur Abnahme der Vermögensauskunft mit einem Vollstreckungsauftrag verbunden ist, ist der Zeitpunkt maßgebend, zu dem der Vollstreckungsauftrag erteilt ist.

(2) Absatz 1 gilt auch, wenn Vorschriften geändert werden, auf die dieses Gesetz verweist.

**§ 19 Übergangsvorschrift aus Anlass des Inkrafttretens dieses Gesetzes.**

(1) [1] Die Kosten sind vorbehaltlich des Absatzes 2 nach dem Gesetz über Kosten der Gerichtsvollzieher in der im Bundesgesetzblatt Teil III, Gliederungsnummer 362-1, veröffentlichten bereinigten Fassung, zuletzt geändert durch Artikel 2 Abs. 5 des Gesetzes vom 17. Dezember 1997 (BGBl. I S. 3039), zu erheben, wenn der Auftrag vor dem Inkrafttreten dieses Gesetzes erteilt worden ist; § 3 Abs. 3 Satz 1 und § 18 Abs. 1 Satz 2 sind anzuwenden. [2] Werden solche Aufträge und Aufträge, die nach dem Inkrafttreten dieses Gesetzes erteilt worden sind, durch dieselbe Amtshandlung erledigt, sind die Gebühren insoweit gesondert zu erheben.

(2) Kosten der in § 15 Abs. 1 genannten Art sind nach neuem Recht zu erheben, soweit sie nach dem Inkrafttreten dieses Gesetzes entstanden sind.

***[§ 20 bis 31.12.2023:]***

**§ 20[4)]** *(aufgehoben)*

***[§ 20 vom 1.1.2024 bis 31.12.2024:]***

***§ 20[5)] Übergangsregelung aus Anlass des Gesetzes zur Regelung des Sozialen Entschädigungsrechts.*** *Für Personen, die Leistungen nach dem Soldatenversorgungsgesetz in der Fassung der Bekanntmachung vom 16. September 2009 (BGBl. I S. 3054), das*

1) § 17 Satz 2 geänd. mWv 1.5.2013 durch G v. 11.3.2013 (BGBl. I S. 434); Satz 2 geänd. mWv 1.8.2013 durch G v. 23.7.2013 (BGBl. I S. 2586).

2) Bish. Abschnitt 4 wird Abschnitt 5 mWv 1.8.2013 durch G v. 23.7.2013 (BGBl. I S. 2586).

3) § 18 Abs. 1 Satz 2 geänd. mWv 1.1.2013 durch G v. 29.7.2009 (BGBl. I S. 2258).

4) § 20 aufgeh. mWv 1.7.2004 durch G v. 5.5.2004 (BGBl. I S. 718).

5) § 20 neu angef. **mWv 1.1.2024** durch G v. 12.12.2019 (BGBl. I S. 2652).

*zuletzt durch Artikel 19 des Gesetzes vom 4. August 2019 (BGBl. I S. 1147) geändert worden ist, in Verbindung mit dem Bundesversorgungsgesetz[1] in der Fassung der Bekanntmachung vom 22. Januar 1982 (BGBl. I S. 21), das zuletzt durch Artikel 1 der Verordnung vom 13. Juni 2019 (BGBl. I S. 793) geändert worden ist, erhalten, gelten die Vorschriften des § 2 Absatz 2 Satz 1 in der am 31. Dezember 2023 geltenden Fassung weiter.*

***[§ 20 ab 1.1.2025:]***
**§ 20**[2] *(aufgehoben)*

**Anlage**[3]
(zu § 9)

## Kostenverzeichnis

**Gliederung**

Abschnitt 1. Zustellung auf Betreiben der Parteien (§ 191 ZPO)
Abschnitt 2. Vollstreckung
Abschnitt 3. Verwertung
Abschnitt 4. Besondere Geschäfte
Abschnitt 5. Zeitzuschlag
Abschnitt 6. Nicht erledigte Amtshandlung
Abschnitt 7. Auslagen

| Nr. | Gebührentatbestand | Gebühr |
|---|---|---|
| | **Abschnitt 1. Zustellung auf Betreiben der Parteien (§ 191 ZPO)** | |
| | Vorbemerkung 1:<br>(1) Die Zustellung an den Zustellungsbevollmächtigten mehrerer Beteiligter gilt als eine Zustellung.<br>(2) Die Gebühr nach Nummer 100 oder 101 wird auch erhoben, wenn der Gerichtsvollzieher die Ladung zum Termin zur Abnahme der Vermögensauskunft (§ 802f ZPO) oder den Pfändungs- und Überweisungsbeschluss an den Schuldner (§ 829 Abs. 2 Satz 2, auch i.V.m. § 835 Abs. 3 Satz 1 ZPO) zustellt. | |
| 100 | Persönliche Zustellung durch den Gerichtsvollzieher ..... | 11,00 € |
| 101 | Sonstige Zustellung ..... | 3,30 € |
| 102 | Beglaubigung eines Schriftstückes, das dem Gerichtsvollzieher zum Zwecke der Zustellung übermittelt wurde (§ 193 Abs. 1 ZPO)<br>je Seite .....<br>Eine angefangene Seite wird voll berechnet. | Gebühr in Höhe der Dokumentenpauschale |

[1] **Aichberger, SGB Nr. 20/10.**
[2] § 20 aufgeh. **mWv 1.1.2025** durch G v. 20.8.2021 (BGBl. I S. 3932).
[3] Anl. neu gef. mWv 1.1.2002 durch G v. 19.4.2001 (BGBl. I S. 623, geänd. durch G v. 10.12.2001, BGBl. I S. 3422); geänd. mWv 1.7.2002 durch G v. 25.6.2001 (BGBl. I S. 1206, geänd. durch G v. 10.12. 2001, BGBl. I S. 3422); mWv 2.1.2002 durch G v. 11.12.2001 (BGBl. I S. 3513); mWv 1.8.2002 durch G v. 23.7.2002 (BGBl. I S. 2850); mWv 1.7.2004 durch G v. 5.5.2004 (BGBl. I S. 718); mWv 1.4.2005 durch G v. 22.3.2005 (BGBl. I S. 837); mWv 1.9.2009 durch G v. 17.12.2008 (BGBl. I S. 2586); mWv 1.1.2013 durch G v. 29.7.2009 (BGBl. I S. 2258); mWv 5.8.2009 durch G v. 30.7.2009 (BGBl. I S. 2474); mWv 1.5.2013 durch G v. 11.3.2013 (BGBl. I S. 434); mWv 1.8.2013 durch G v. 23.7.2013 (BGBl. I S. 2586); mWv 26.11.2016 durch G v. 21.11.2016 (BGBl. I S. 2591); mWv 23.10.2020 durch G v. 16.10. 2020 (BGBl. I S. 2187); mWv 1.1.2021 durch G v. 21.12.2020 (BGBl. I S. 3229); mWv 1.1.2022 durch G v. 7.5.2021 (BGBl. I S. 850); mWv 1.11.2021 durch G v. 5.10.2021 (BGBl. I S. 4607).

| Nr. | Gebührentatbestand | Gebühr |
|---|---|---|
| | **Abschnitt 2. Vollstreckung** | |
| 200 | Amtshandlung nach § 845 Abs. 1 Satz 2 ZPO (Vorpfändung) ........ | 17,60 € |
| 205 | Bewirkung einer Pfändung (§ 808 Abs. 1, 2 Satz 2, §§ 809, 826 oder § 831 ZPO) ........<br>Neben dieser Gebühr wird gegebenenfalls ein Zeitzuschlag nach Nummer 500 erhoben. | 28,60 € |
| 206 | Übernahme beweglicher Sachen zum Zwecke der Verwertung in den Fällen der §§ 847 und 854 ZPO ........ | 17,60 € |
| 207 | Versuch einer gütlichen Erledigung der Sache (§ 802b ZPO) ........<br>Die Gebühr entsteht auch im Fall der gütlichen Erledigung. | 17,60 € |
| 208 | Der Gerichtsvollzieher ist gleichzeitig mit einer auf eine Maßnahme nach § 802a Abs. 2 Satz 1 Nr. 2 oder Nr. 4 ZPO gerichteten Amtshandlung beauftragt:<br>Die Gebühr 207 ermäßigt sich auf ........ | 8,80 € |
| 210 | Übernahme des Vollstreckungsauftrags von einem anderen Gerichtsvollzieher, wenn der Schuldner unter Mitnahme der Pfandstücke in einen anderen Amtsgerichtsbezirk verzogen ist ........ | 17,60 € |
| 220 | Entfernung von Pfandstücken, die im Gewahrsam des Schuldners, des Gläubigers oder eines Dritten belassen waren ........<br>Die Gebühr wird auch dann nur einmal erhoben, wenn die Pfandstücke aufgrund mehrerer Aufträge entfernt werden. Neben dieser Gebühr wird gegebenenfalls ein Zeitzuschlag nach Nummer 500 erhoben. | 17,60 € |
| 221 | Wegnahme oder Entgegennahme beweglicher Sachen durch den zur Vollstreckung erschienenen Gerichtsvollzieher ........<br>Neben dieser Gebühr wird gegebenenfalls ein Zeitzuschlag nach Nummer 500 erhoben. | 28,60 € |
| 230 | Wegnahme oder Entgegennahme einer Person durch den zur Vollstreckung erschienenen Gerichtsvollzieher ..<br>Neben dieser Gebühr wird gegebenenfalls ein Zeitzuschlag nach Nummer 500 erhoben. Sind mehrere Personen wegzunehmen, werden die Gebühren für jede Person gesondert erhoben. | 57,20 € |
| 240 | Entsetzung aus dem Besitz unbeweglicher Sachen oder eingetragener Schiffe oder Schiffsbauwerke und die Einweisung in den Besitz ........<br>Neben dieser Gebühr wird gegebenenfalls ein Zeitzuschlag nach Nummer 500 erhoben. | 150,00 € |
| 241 | Der Gerichtsvollzieher ist nicht mit der Wegschaffung beweglicher Sachen beauftragt:<br>Die Gebühr 240 ermäßigt sich auf ........<br>Mit der Gebühr sind auch die Dokumentation der frei beweglichen Sachen im Protokoll und die Nutzung elektronischer Bildaufzeichnungsmittel abgegolten. | 100,00 € |

| Nr. | Gebührentatbestand | Gebühr |
|---|---|---|
| 242 | Wegnahme ausländischer Schiffe, die in das Schiffsregister eingetragen werden müssten, wenn sie deutsche Schiffe wären, und ihre Übergabe an den Gläubiger ...... | 143,00 € |
| | Neben dieser Gebühr wird gegebenenfalls ein Zeitzuschlag nach Nummer 500 erhoben. | |
| 243 | Übergabe unbeweglicher Sachen an den Verwalter im Falle der Zwangsversteigerung oder Zwangsverwaltung | 107,80 € |
| | Neben dieser Gebühr wird gegebenenfalls ein Zeitzuschlag nach Nummer 500 erhoben. | |
| 250 | Zuziehung zur Beseitigung des Widerstandes (§ 892 ZPO) oder zur Beseitigung einer andauernden Zuwiderhandlung gegen eine Anordnung nach § 1 GewSchG (§ 96 Abs. 1 FamFG) sowie Anwendung von unmittelbarem Zwang auf Anordnung des Gerichts im Fall des § 90 FamFG .................................................. | 57,20 € |
| | Neben dieser Gebühr wird gegebenenfalls ein Zeitzuschlag nach Nummer 500 erhoben. | |
| 260 | Abnahme der Vermögensauskunft nach den §§ 802c, 802d Abs. 1 oder nach § 807 ZPO .............................. | 36,30 € |
| 261 | Übermittlung eines mit eidesstattlicher Versicherung abgegebenen Vermögensverzeichnisses an einen Drittgläubiger (§ 802d Abs. 1 Satz 2, Abs. 2 ZPO) .................... | 36,30 € |
| 262 | Abnahme der eidesstattlichen Versicherung nach § 836 Abs. 3 oder § 883 Abs. 2 ZPO ...................................... | 41,80 € |
| 270 | Verhaftung, Nachverhaftung, zwangsweise Vorführung | 42,90 € |

## Abschnitt 3. Verwertung

Vorbemerkung 3:

Die Gebühren werden bei jeder Verwertung nur einmal erhoben. Dieselbe Verwertung liegt auch vor, wenn der Gesamterlös aus der Versteigerung oder dem Verkauf mehrerer Gegenstände einheitlich zu verteilen ist oder zu verteilen wäre und wenn im Falle der Versteigerung oder des Verkaufs die Verwertung in einem Termin, bei einer Versteigerung im Internet in einem Ausgebot, erfolgt.

| Nr. | Gebührentatbestand | Gebühr |
|---|---|---|
| 300 | Versteigerung, Verkauf oder Verwertung in anderer Weise nach § 825 Abs. 1 ZPO von<br>– beweglichen Sachen,<br>– Früchten, die noch nicht vom Boden getrennt sind,<br>– Forderungen oder anderen Vermögensrechten ........... | 57,20 € |
| | Neben dieser Gebühr wird gegebenenfalls ein Zeitzuschlag nach Nummer 500 erhoben. Dies gilt nicht bei einer Versteigerung im Internet. | |
| 301 | Öffentliche Verpachtung an den Meistbietenden .......... | 57,20 € |
| | Neben dieser Gebühr wird gegebenenfalls ein Zeitzuschlag nach Nummer 500 erhoben. | |
| 302 | Anberaumung eines neuen Versteigerungs- oder Verpachtungstermins oder das nochmalige Ausgebot bei einer Versteigerung im Internet .................................... | 11,00 € |
| | (1) Die Gebühr wird für die Anberaumung eines neuen Versteigerungs- oder Verpachtungstermins nur erhoben, wenn der vorherige Termin auf Antrag des Gläubigers oder des Antragstellers oder nach den Vorschriften der §§ 765a, 775, 802b ZPO nicht stattgefunden hat oder wenn der | |

| Nr. | Gebührentatbestand | Gebühr |
|---|---|---|
| | Termin infolge des Ausbleibens von Bietern oder wegen ungenügender Gebote erfolglos geblieben ist.<br>(2) Die Gebühr wird für das nochmalige Ausgebot bei einer Versteigerung im Internet nur erhoben, wenn das vorherige Ausgebot auf Antrag des Gläubigers oder des Antragstellers oder nach den Vorschriften der §§ 765a, 775, 802b ZPO abgebrochen worden ist oder wenn das Ausgebot infolge des Ausbleibens von Geboten oder wegen ungenügender Gebote erfolglos geblieben ist. | |
| 310 | Mitwirkung bei der Versteigerung durch einen Dritten (§ 825 Abs. 2 ZPO) ...<br>Neben dieser Gebühr wird gegebenenfalls ein Zeitzuschlag nach Nummer 500 erhoben. | 17,60 € |
| | **Abschnitt 4. Besondere Geschäfte** | |
| 400 | Bewachung und Verwahrung eines Schiffes, eines Schiffsbauwerks oder eines Luftfahrzeugs (§§ 165, 170, 170a, 171, 171c, 171g, 171h ZVG, § 99 Abs. 2, § 106 Abs. 1 Nr. 1 des Gesetzes über Rechte an Luftfahrzeugen) ...<br>Neben dieser Gebühr wird gegebenenfalls ein Zeitzuschlag nach Nummer 500 erhoben. | 107,80 € |
| 401 | Feststellung der Mieter oder Pächter von Grundstücken im Auftrag des Gerichts je festgestellte Person ...<br>Die Gebühr wird auch erhoben, wenn die Ermittlungen nicht zur Feststellung eines Mieters oder Pächters führen. | 7,70 € |
| 410 | Tatsächliches Angebot einer Leistung (§§ 293, 294 BGB) außerhalb der Zwangsvollstreckung ... | 17,60 € |
| 411 | Beurkundung eines Leistungsangebots ...<br>Die Gebühr entfällt, wenn die Gebühr nach Nummer 410 zu erheben ist. | 7,70 € |
| 420 | Entfernung von Gegenständen aus dem Gewahrsam des Inhabers zum Zwecke der Versteigerung oder Verwahrung außerhalb der Zwangsvollstreckung ... | 17,60 € |
| 430 | Entgegennahme einer Zahlung, wenn diese nicht ausschließlich auf Kosten nach diesem Gesetz entfällt, die bei der Durchführung des Auftrags entstanden sind ...<br>Die Gebühr wird auch erhoben, wenn der Gerichtsvollzieher einen entgegengenommenen Scheck selbst einzieht oder einen Scheck aufgrund eines entsprechenden Auftrags des Auftraggebers an diesen weiterleitet. Die Gebühr wird nicht bei Wechsel- oder Scheckprotesten für die Entgegennahme der Wechsel- oder Schecksumme (Artikel 84 des Wechselgesetzes, Artikel 55 Abs. 3 des Scheckgesetzes) erhoben. | 4,40 € |
| 440 | Erhebung von Daten bei einer der in § 755 Abs. 2, § 802l Abs. 1 ZPO genannten Stellen ...<br>Die Gebühr entsteht nicht, wenn die Auskunft nach § 882c Abs. 3 Satz 2 ZPO eingeholt wird. | 14,30 € |
| 441 | Erhebung von Daten bei einer der in § 755 Abs. 1 ZPO genannten Stellen ...<br>Die Gebühr entsteht nicht, wenn die Auskunft nach § 882c Abs. 3 Satz 2 ZPO eingeholt wird. | 5,50 € |
| 442 | Übermittlung von Daten nach § 802l Abs. 4 ZPO ... | 5,50 € |

| Nr. | Gebührentatbestand | Gebühr |
|---|---|---|
| | **Abschnitt 5. Zeitzuschlag** | |
| 500 | Zeitzuschlag, sofern dieser bei der Gebühr vorgesehen ist, wenn die Erledigung der Amtshandlung nach dem Inhalt des Protokolls mehr als 3 Stunden in Anspruch nimmt, für jede weitere angefangene Stunde ................ | 22,00 € |
| | Maßgebend ist die Dauer der Amtshandlung vor Ort. | |
| | **Abschnitt 6. Nicht erledigte Amtshandlung** | |
| | Vorbemerkung 6:<br>Gebühren nach diesem Abschnitt werden erhoben, wenn eine Amtshandlung, mit deren Erledigung der Gerichtsvollzieher beauftragt worden ist, aus Rechtsgründen oder infolge von Umständen, die weder in der Person des Gerichtsvollziehers liegen noch von seiner Entschließung abhängig sind, nicht erledigt wird. Dies gilt insbesondere auch, wenn nach dem Inhalt des Protokolls pfändbare Gegenstände nicht vorhanden sind oder die Pfändung nach § 803 Abs. 2, § 811 Absatz 4 und § 851b Absatz 4 Satz 3 ZPO zu unterbleiben hat. Eine Gebühr wird nicht erhoben, wenn der Auftrag an einen anderen Gerichtsvollzieher abgegeben wird oder hätte abgegeben werden können. | |
| | Nicht erledigte | |
| 600 | – Zustellung (Nummern 100 und 101) ........................ | 3,30 € |
| 601 | – Wegnahme einer Person (Nummer 230) .................. | 28,60 € |
| 602 | – Entsetzung aus dem Besitz (Nummer 240), Wegnahme ausländischer Schiffe (Nummer 242) oder Übergabe an den Verwalter (Nummer 243) ...................... | 35,20 € |
| 603 | – Beurkundung eines Leistungsangebots (Nummer 411) | 6,60 € |
| 604 | – Amtshandlung der in den Nummern 205 bis 207, 210 bis 221, 250 bis 301, 310, 400, 410 und 420 genannten Art ........................................................ | 16,50 € |
| | Die Gebühr für die nicht abgenommene Vermögensauskunft wird nicht erhoben, wenn diese deshalb nicht abgenommen wird, weil der Schuldner sie innerhalb der letzten zwei Jahre bereits abgegeben hat (§ 802d Abs. 1 Satz 1 ZPO). Für einen nicht erledigten Versuch einer gütlichen Erledigung der Sache wird in dem in Nummer 208 genannten Fall eine Gebühr nicht erhoben. | |

| Nr. | Auslagentatbestand | Höhe |
|---|---|---|
| | **Abschnitt 7. Auslagen** | |
| 700 | Pauschale für die Herstellung und Überlassung von Dokumenten: | |
| | 1. Kopien und Ausdrucke, | |
| | a) die auf Antrag angefertigt oder per Telefax übermittelt werden, | |
| | b) die angefertigt werden, weil der Auftraggeber es unterlassen hat, die erforderliche Zahl von Mehrfertigungen beizufügen: | |
| | für die ersten 50 Seiten je Seite ................................ | 0,50 € |
| | für jede weitere Seite ................................................ | 0,15 € |
| | für die ersten 50 Seiten in Farbe je Seite .................. | 1,00 € |
| | für jede weitere Seite in Farbe ................................ | 0,30 € |

| Nr. | Auslagentatbestand | Höhe |
|---|---|---|
| | 2. Überlassung von elektronisch gespeicherten Dateien oder deren Bereitstellung zum Abruf anstelle der in Nummer 1 genannten Kopien und Ausdrucke:<br>je Datei | 1,50 € |
| | für die in einem Arbeitsgang überlassenen, bereitgestellten oder in einem Arbeitsgang auf denselben Datenträger übertragenen Dokumente insgesamt höchstens | 5,00 € |
| | (1) Die Höhe der Dokumentenpauschale nach Nummer 1 ist bei Durchführung eines jeden Auftrags und für jeden Kostenschuldner nach § 13 Abs. 1 Nr. 1 GvKostG gesondert zu berechnen; Gesamtschuldner gelten als ein Schuldner.<br>(2) Werden zum Zweck der Überlassung von elektronisch gespeicherten Dateien Dokumente zuvor auf Antrag von der Papierform in die elektronische Form übertragen, beträgt die Dokumentenpauschale nach Nummer 2 nicht weniger als die Dokumentenpauschale im Fall der Nummer 1 betragen würde.<br>(3) § 191a Abs. 1 Satz 5 GVG bleibt unberührt.<br>(4) Eine Dokumentenpauschale für die erste Kopie oder den ersten Ausdruck des Vermögensverzeichnisses und der Niederschrift über die Abgabe der Vermögensauskunft wird von demjenigen Kostenschuldner nicht erhoben, von dem die Gebühr 260 oder 261 zu erheben ist. Entsprechendes gilt, wenn anstelle der in Satz 1 genannten Kopien oder Ausdrucke elektronisch gespeicherte Dateien überlassen werden (§ 802d Abs. 2 ZPO). | |
| 701 | Entgelte für Zustellungen mit Zustellungsurkunde | in voller Höhe |
| 702 | Auslagen für öffentliche Bekanntmachungen und Einstellung eines Ausgebots auf einer Versteigerungsplattform zur Versteigerung im Internet | in voller Höhe |
| | Auslagen werden nicht erhoben für die Bekanntmachung oder Einstellung in einem elektronischen Informations- und Kommunikationssystem, wenn das Entgelt nicht für den Einzelfall oder nicht für ein einzelnes Verfahren berechnet wird. | |
| 703 | Nach dem JVEG an Zeugen, Sachverständige, Dolmetscher und Übersetzer zu zahlende Beträge | in voller Höhe |
| | (1) Die Beträge werden auch erhoben, wenn aus Gründen der Gegenseitigkeit, der Verwaltungsvereinfachung oder aus vergleichbaren Gründen keine Zahlungen zu leisten sind.<br>(2) Auslagen für Kommunikationshilfen zur Verständigung mit einer hör- oder sprachbehinderten Person (§ 186 GVG) und für Übersetzer, die zur Erfüllung der Rechte blinder oder sehbehinderter Personen herangezogen werden (§ 191a Abs. 1 GVG), werden nicht erhoben. | |
| 704 | An die zum Öffnen von Türen und Behältnissen sowie an die zur Durchsuchung von Schuldnern zugezogenen Personen zu zahlende Beträge | in voller Höhe |
| 705 | Kosten für die Umschreibung eines auf den Namen lautenden Wertpapiers oder für die Wiederinkurssetzung eines Inhaberpapiers | in voller Höhe |

| Nr. | Auslagentatbestand | Höhe |
|---|---|---|
| 706 | Kosten, die von einem Kreditinstitut erhoben werden, weil ein Scheck des Schuldners nicht eingelöst wird ....... | in voller Höhe |
| 707 | An Dritte zu zahlende Beträge für die Beförderung von Personen, Tieren und Sachen, das Verwahren von Tieren und Sachen, das Füttern von Tieren, die Beaufsichtigung von Sachen sowie das Abernten von Früchten .............. | in voller Höhe |
| | Diese Vorschrift ist nicht anzuwenden bei dem Transport von Sachen oder Tieren an den Ersteher oder an einen von diesem benannten Dritten im Rahmen der Verwertung. | |
| 708 | An deutsche Behörden für die Erfüllung von deren eigenen Aufgaben zu zahlende Gebühren sowie diejenigen Auslagen, die diesen Behörden, öffentlichen Einrichtungen oder deren Bediensteten als Ersatz für Auslagen der in den Nummern 700 und 701 bezeichneten Art zustehen ........................................................................ | in voller Höhe |
| 709 | Kosten für Arbeitshilfen ........................................... | in voller Höhe |
| 710 | Pauschale für die Benutzung von eigenen Beförderungsmitteln des Gerichtsvollziehers zur Beförderung von Personen und Sachen je Fahrt ................................. | 6,00 € |
| 711 | Wegegeld je Auftrag für zurückgelegte Wegstrecken, wenn sich aus einer Rechtsverordnung nach § 12a GvKostG nichts anderes ergibt, | |
| | – Stufe 1: bis zu 10 Kilometer .................................. | 3,25 € |
| | – Stufe 2: von mehr als 10 Kilometern bis 20 Kilometer .................................................................... | 6,50 € |
| | – Stufe 3: von mehr als 20 Kilometern bis 30 Kilometer .................................................................... | 9,75 € |
| | – Stufe 4: von mehr als 30 Kilometern bis 40 Kilometer .................................................................... | 13,00 € |
| | – Stufe 5: von mehr als 40 Kilometern ...................... | 16,25 € |
| | (1) Das Wegegeld wird erhoben, wenn der Gerichtsvollzieher zur Durchführung des Auftrags Wegstrecken innerhalb des Bezirks des Amtsgerichts, dem der Gerichtsvollzieher zugewiesen ist, oder innerhalb des dem Gerichtsvollzieher zugewiesenen Bezirks eines anderen Amtsgerichts zurückgelegt hat. | |
| | (2) Maßgebend ist die Entfernung von dem Amtsgericht, dem der Gerichtsvollzieher zugewiesen ist, zum Ort der Amtshandlung, wenn nicht die Entfernung vom Geschäftszimmer des Gerichtsvollziehers geringer ist. Werden mehrere Wege zurückgelegt, ist der Weg mit der weitesten Entfernung maßgebend. Die Entfernung ist nach der Luftlinie zu messen. | |
| | (3) Wegegeld wird nicht erhoben für<br>1. die sonstige Zustellung (Nummer 101),<br>2. die Versteigerung von Pfandstücken, die sich in der Pfandkammer befinden, und<br>3. im Rahmen des allgemeinen Geschäftsbetriebes zurückzulegende Wege, insbesondere zur Post und zum Amtsgericht. | |
| | (4) In den Fällen des § 10 Abs. 2 Satz 1 und 2 GvKostG wird das Wegegeld für jede Vollstreckungshandlung, im Falle der Vorpfändung für jede Zustellung an einen Drittschuldner gesondert erhoben. Zieht der | |

| Nr. | Auslagentatbestand | Höhe |
|---|---|---|
| | Gerichtsvollzieher Teilbeträge ein (§ 802b ZPO), wird das Wegegeld für den Einzug des zweiten und sodann jedes weiteren Teilbetrages je einmal gesondert erhoben. Das Wegegeld für den Einzug einer Rate entsteht bereits mit dem ersten Versuch, die Rate einzuziehen. | |
| 712 | Bei Geschäften außerhalb des Bezirks des Amtsgerichts, dem der Gerichtsvollzieher zugewiesen ist, oder außerhalb des dem Gerichtsvollzieher zugewiesenen Bezirks eines anderen Amtsgerichts, Reisekosten nach den für den Gerichtsvollzieher geltenden beamtenrechtlichen Vorschriften | in voller Höhe |
| 713 | Pauschale für die Dokumentation mittels geeigneter elektronischer Bildaufzeichnungsmittel (§ 885a Abs. 2 Satz 2 ZPO)<br>Mit der Pauschale sind insbesondere die Aufwendungen für die elektronische Datenaufbewahrung abgegolten. | 5,00 € |
| 714 | An Dritte zu zahlende Beträge für den Versand oder den Transport von Sachen oder Tieren im Rahmen der Verwertung an den Ersteher oder an einen von diesem benannten Dritten und für eine von dem Ersteher beantragte Versicherung für den Versand oder den Transport | in voller Höhe |
| 715 | Kosten für die Verpackung im Fall der Nummer 714 | in voller Höhe – mindestens 3,00 € |
| 716 | Pauschale für sonstige bare Auslagen je Auftrag | 20 % der zu erhebenden Gebühren – mindestens 3,00 €, höchstens 10,00 € |
| 717 | Umsatzsteuer auf die Kosten<br>Dies gilt nicht, wenn die Umsatzsteuer nach § 19 Abs. 1 UStG unerhoben bleibt. | in voller Höhe |

# Anhang: Gebührentabelle

| Streitwert bis zu Euro | Volle Gebühr § 13 RVG (117) | Beigeordn. RA § 49 RVG (117) | § 34 GKG (115) | § 34 GNotKG (119) Tabelle A | Tabelle B |
|---|---|---|---|---|---|
| 250 | | | | | |
| 500 | 49 | | 38 | 38 | 15 |
| 750 | | | | | |
| 1 000 | 88 | | 58 | 58 | 19 |
| 1 250 | | | | | |
| 1 500 | 127 | | 78 | 78 | 23 |
| 1 750 | | | | | |
| 2 000 | 166 | | 98 | 98 | 27 |
| 2 500 | | | | | |
| 3 000 | 222 | | 119 | 119 | 33 |
| 3 500 | | | | | |
| 4 000 | 278 | | 140 | 140 | 39 |
| 4 500 | | | | | |
| 5 000 | 334 | 284 | 161 | 161 | 45 |
| 5 500 | | | | | |
| 6 000 | 390 | 295 | 182 | 182 | 51 |
| 6 500 | | | | | |
| 7 000 | 446 | 306 | 203 | 203 | 57 |
| 7 500 | | | | | |
| 8 000 | 502 | 317 | 224 | 224 | 63 |
| 8 500 | | | | | |
| 9 000 | 558 | 328 | 245 | 245 | 69 |
| 9 500 | | | | | |
| 10 000 | 614 | 339 | 266 | 266 | 75 |
| 10 500 | | | | | |
| 11 000 | | | | | |
| 11 500 | | | | | |
| 12 000 | | | | | |
| 13 000 | 666 | 354 | 295 | 295 | 83 |
| 14 000 | | | | | |
| 15 000 | | | | | |
| 16 000 | 718 | 369 | 324 | 324 | 91 |
| 17 000 | | | | | |
| 18 000 | | | | | |

Gebührentabelle

| Streitwert bis zu Euro | Volle Gebühr § 13 RVG **(117)** | Beigeordn. RA § 49 RVG **(117)** | § 34 GKG **(115)** | § 34 GNotKG **(119)** **Tabelle A** | **Tabelle B** |
|---|---|---|---|---|---|
| 19 000 | 770 | 384 | 353 | 353 | 99 |
| 20 000 | | | | | |
| 21 000 | | | | | |
| 22 000 | 822 | 399 | 382 | 382 | 107 |
| 23 000 | | | | | |
| 24 000 | | | | | |
| 25 000 | 874 | 414 | 411 | 411 | 115 |
| 26 000 | | | | | |
| 28 000 | | | | | |
| 29 000 | | | | | |
| 30 000 | 955 | 453 | 449 | 449 | 125 |
| 32 000 | | | | | |
| 34 000 | | | | | |
| 35 000 | 1036 | 492 | 487 | 487 | 135 |
| 36 000 | | | | | |
| 38 000 | | | | | |
| 40 000 | 1 117 | 531 | 525 | 525 | 145 |
| 41 000 | | | | | |
| 42 000 | | | | | |
| 44 000 | | | | | |
| 45 000 | 1 198 | 570 | 563 | 563 | 155 |
| 46 000 | | | | | |
| 47 000 | | | | | |
| 48 000 | | | | | |
| 50 000 | 1 279 | 609 | 601 | 601 | 165 |
| 52 000 | | | | | |
| 54 000 | | | | | |
| 55 000 | | | | | |
| 56 000 | | | | | |
| 58 000 | | | | | |
| 60 000 | | 659 | | | |
| 62 000 | | | | | |
| 64 000 | | | | | |
| 65 000 | 1373 | | 733 | 733 | 192 |
| 66 000 | | | | | |
| 68 000 | | | | | |
| 70 000 | | 659 | | | |
| 72 000 | | | | | |

| Streitwert bis zu Euro | Volle Gebühr | | | | |
|---|---|---|---|---|---|
| | § 13 RVG **(117)** | Beigeordn. RA § 49 RVG **(117)** | § 34 GKG **(115)** | § 34 GNotKG **(119)** | |
| | | | | **Tabelle A** | **Tabelle B** |
| 74 000 | | | | | |
| 75 000 | | | | | |
| 76 000 | | | | | |
| 78 000 | | | | | |
| 80 000 | 1 467 | 659 | 865 | 865 | 219 |
| 82 000 | | | | | |
| 84 000 | | | | | |
| 85 000 | | | | | |
| 86 000 | | | | | |
| 88 000 | | | | | |
| 90 000 | | 659 | | | |
| 92 000 | | | | | |
| 94 000 | | | | | |
| 95 000 | 1 561 | | 997 | 997 | 246 |
| 96 000 | | | | | |
| 98 000 | | | | | |
| 100 000 | | 659 | | | |
| 102 000 | | | | | |
| 104 000 | | | | | |
| 105 000 | | | | | |
| 106 000 | | | | | |
| 108 000 | | | | | |
| 110 000 | 1 655 | 659 | 1 129 | 1 129 | 273 |
| 112 000 | | | | | |
| 114 000 | | | | | |
| 115 000 | | | | | |
| 116 000 | | | | | |
| 118 000 | | | | | |
| 120 000 | | 659 | | | |
| 122 000 | | | | | |
| 124 000 | | | | | |
| 125 000 | 1 749[1)] | 659[2)] | 1 261[3)] | 1 261[4)] | 300[5)] |

[1)] Von einem Mehrbetrag bis 200 000 Euro für je angefangene 15 000 Euro 94 Euro,
von einem Mehrbetrag bis 500 000 Euro für je angefangene 30 000 Euro 132 Euro,
von einem Mehrbetrag über 500 000 Euro für je angefangene 50 000 Euro 165 Euro.

[2)] Bei mehr als 50 000 Euro beträgt die volle Gebühr 659 Euro.

[3)] Von einem Mehrbetrag bis 200 000 Euro für je angefangene 15 000 Euro 132 Euro,
von einem Mehrbetrag bis 500 000 Euro für je angefangene 30 000 Euro 198 Euro,
von einem Mehrbetrag über 500 000 Euro für je angefangene 50 000 Euro 198 Euro.

# Gebührentabelle

| | | |
|---|---|---|
| 4) Von einem Mehrbetrag bis 200 000 Euro | für je angefangene 15 000 Euro | 179 Euro, |
| von einem Mehrbetrag bis 500 000 Euro | für je angefangene 30 000 Euro | 198 Euro, |
| von einem Mehrbetrag über 500 000 Euro | für je angefangene 50 000 Euro | 198 Euro. |
| 5) Von einem Mehrbetrag bis 200 000 Euro | für je angefangene 15 000 Euro | 27 Euro, |
| von einem Mehrbetrag bis 500 000 Euro | für je angefangene 30 000 Euro | 50 Euro, |
| von einem Mehrbetrag bis 5 000 000 Euro | für je angefangene 50 000 Euro | 80 Euro, |
| von einem Mehrbetrag bis 10 000 000 Euro | für je angefangene 200 000 Euro | 130 Euro, |
| von einem Mehrbetrag bis 20 000 000 Euro | für je angefangene 250 000 Euro | 150 Euro, |
| von einem Mehrbetrag bis 30 000 000 Euro | für je angefangene 500 000 Euro | 280 Euro, |
| von einem Mehrbetrag über 30 000 000 Euro | für je angefangene 1 000 000 Euro | 120 Euro. |

# Wichtige Registerzeichen

der ordentlichen Gerichte und Behörden

(Auszug)

**Abkürzungsverzeichnis**

| | |
|---|---|
| AG | Amtsgericht |
| alle Ger. | alle Gerichte |
| ArbG | Arbeitsgericht |
| BAG | Bundesarbeitsgericht |
| BGH | Bundesgerichtshof |
| BPatG | Bundespatentgericht |
| GenB-Anw. | Generalbundesanwalt |
| GenStA | Generalstaatsanwalt |
| GV | Gerichtsvollzieher |
| LAG | Landesarbeitsgericht |
| LG | Landgericht |
| OLG | Oberlandesgericht |
| StA | Staatsanwaltschaft |

| Zeichen | Sachgebiet | Behörde/ Gericht |
|---|---|---|
| **I** | Beurkundungen | AG |
| **II** | Sonstige Verfahren der freiwilligen Gerichtsbarkeit | AG |
| **III** | Standesamtssachen | AG |
| **IV** | Verfügungen von Todes wegen | AG |
| **V** | Auseinandersetzungen | AG |
| **VI** | Sonstige Nachlasssachen | AG |
| **VII** | Vormundschaften | AG |
| **VIII** | Pflegschaften | AG |
| **IX** | Beistandschaften | AG |
| **X** | Andere vormundschaftsgerichtliche Angelegenheiten | AG |
| **XI** | Erziehungsbeistandschaften | AG |
| **XII** | Fürsorgeerziehungen | AG |
| **XIV** | Unterbringungssachen | AG |
| **XV** | Landwirtschaftssachen | AG |
| **XVI** | Adoptionssachen | AG |
| **XVII** | Betreuungssachen | AG |
| **ABR** | Allgemeine Rechtsbeschwerdeverfahren | BAG |
| **AktE** | Anträge auf gerichtliche Entscheidung nach dem AktG, dem EGAktG und verwandten Gesetzen | LG |
| **AktG** | Freigabeverfahren nach dem Aktien- und Umwandlungsgesetz | OLG |
| **AR** | Allgemeines Register | alle Ger. |
| **AR(Kart)** | Kartellbußgeldverfahren | GenB-Anw. |
| **ARP** | Allgemeines Register für polit. Sachen | GenB-Anw. |

| Zeichen | Sachgebiet | Behörde/ Gericht |
|---|---|---|
| **ARs** | Gerichtsstandbestimmungen in Strafsachen, Auslieferungssachen | BGH |
| **ARV** | Vorlagen nach §§ 80, 86 BetrVG | BAG |
| **ARZ** | Allgemeines Register in Zivilsachen | BGH |
| **Ausl** | Auslieferungs- und Rechtshilfesachen | GenStA |
| **AZA** | Prozesskostenhilfeanträge außerhalb anhängiger Verfahren | BAG |
| **AZB** | Revisionsbeschwerden | BAG |
| **AZR** | Revisionsverfahren | BAG |
| **B** | Mahnverfahren | AG |
| **Ba** | Mahnverfahren | ArbG |
| **BGs** | Teilregister für Strafsachen (einzelne Anordnungen des Ermittlungsrichters) | BGH |
| **BJs** | Ermittlungsverfahren des GBAs beim BGH | GenB-Anw. |
| **Bs** | Privatklage- und Bußgeldsachen | AG |
| **BSch** | Zusatz bei Binnenschiffahrtssachen | AG, OLG |
| **BSR** | Binnenschiffsregister | AG |
| **BV** | Beschlussverfahren | ArbG |
| **BVGa** | Arreste und einstweilige Verfügungen in Beschlussverfahren | ArbG |
| **BVL** | Erstinstanzliche Beschlussverfahren | LAG |
| **BZR** | Bundeszentralregister | |
| **C** | Allgemeine Zivilsachen | AG |
| **Ca** | Allgemeine Zivilsachen | ArbG |
| **Cs** | Strafbefehlsverfahren | AG |
| **DG** | Dienstgericht für Richter | LG, OLG |
| **DGH** | Dienstgerichtshof für Richter | OLG |
| **DR** | Aufträge an Gerichtsvollzieher | AG |
| **Ds** | Strafsachen des Einzelrichters | AG |
| **DV** | Erstinstanzliche Disziplinarverfahren gegen Richter | LG |
| **EK** | Entschädigungsklagen wegen überlanger Gerichtsverfahren | OLG |
| **E-(pat)** | Beschwerden in Patent-, Gebrauchsmuster-, Sortenschutz- und Warenzeichensachen | BPatG |
| **EU** | Europäisches Mahnverfahren | AG |
| **EWs** | Entlassungs- und Widerrufsverfahren | StA |
| **F** | Familiensachen | AG |
| **FA** | Verfahren der Führungsaufsicht | StA |
| **FH** | Familiensachen außerhalb anhängiger Verfahren | AG |
| **Ga** | Arreste und einstweilige Verfügungen | ArbG |
| **GH** | Register für Gerichtshilfe | |
| **GnR** | Genossenschaftsregister | AG |

| Zeichen | Sachgebiet | Behörde/ Gericht |
|---|---|---|
| **Gns** | Gnadensachen | StA |
| **GR** | Güterrechtsregister | AG |
| **Gs** | Einzelne richterliche Anordnungen in Strafsachen | AG |
| **GS** | Großer Senat | BAG |
| **GSSt** | Großer Senat in Strafsachen | BGH |
| **GSZ** | Großer Senat in Zivilsachen | BGH |
| **H** | Anträge außerhalb anhängiger allgemeiner Zivilverfahren | AG |
| **Ha** | Anträge außerhalb anhängiger Verfahren erster Instanz | ArbG |
| **HEs** | Register für Haftentscheidungen | OLG |
| **HRA** | Handelsregister (Einzelkaufleute, Personengesellschaften) | AG |
| **HRB** | Handelsregister (Kapitalgesellschaften) | AG |
| **Hs** | Zivilsachen | StA |
| **IK** | Verbraucherinsolvenzverfahren | AG |
| **IN** | Insolvenzverfahren | AG |
| **J** | Verteilungssachen | AG |
| **JL** | Aufträge der Justizbehörden an Gerichtsvollzieher | GV |
| **Js** | Ermittlungsverfahren in Strafsachen | StA |
| **K** | Zwangsversteigerungsverfahren | AG |
| **KapJs** | Ermittlungsverfahren in Kapitalstrafsachen | StA |
| **Kart.** | Zusatz bei Kartellsachen | alle Ger. |
| **Kb** | Eingangsliste für Grundbuchsachen | AG |
| **KLs** | Zusatz bei Strafsachen vor der Großen Strafkammer | LG |
| **KRB** | Rechtsbeschwerden gegen Kartell-Ordnungswidrigkeitsverfahren | BGH |
| **Ks** | Zusatz bei Schwurgerichtsverfahren | LG |
| **KVR** | Rechtsbeschwerdeverfahren in Kartell-Verwaltungssachen | BGH |
| **KVZ** | Nichtzulassungsbeschwerden in Kartellsachen | BGH |
| **KZA** | Anträge in Kartellsachen außerhalb anhängiger Revisionsverfahren | BGH |
| **KZB** | Rechtsbeschwerden und Beschwerden in bürgerlichen Rechtsstreitigkeiten in Kartellsachen | BGH |
| **KZR** | Beschwerden und Revisionen in bürgerlichen Rechtsstreitigkeiten in Kartellsachen | BGH |
| **L** | Zwangsverwaltungsverfahren | AG |
| **Li** | Zwangslizenzverfahren | BPatG |

| Zeichen | Sachgebiet | Behörde/ Gericht |
|---|---|---|
| **LiQ** | Einstweilige Verfügung in Zwangslizenzverfahren | BPatG |
| **Lir** | Rücknahmeklagen in Zwangslizenzsachen | BPatG |
| **Ls** | Strafsachen vor dem Schöffengericht | AG |
| **M** | Allgemeine Zwangsvollstreckungssverfahren | AG |
| **MR** | Musterregistersachen | AG |
| **MüJs** | Ermittlungsverfahren wegen Geld- und Wertzeichenfälschungen | StA |
| **N** | Konkursverfahren oder Gesamtvollstreckung | AG |
| **Ni** | Patentnichtigkeitsverfahren | BPatG |
| **Ns** | Berufungen in Strafsachen | LG |
| **O** | Allgemeine Zivilsachen 1. Instanz | LG |
| **Oa** | Erstinstanzliche Prozesssachen | LAG |
| **OH** | Anträge außerhalb anhängiger Verfahren der 1. Instanz | LG |
| **OJs** | Erstinstanzliche Strafsachen | GenStA |
| **OPJs** | Ermittlungsverfahren bei Betäubungsmitteldelikten | StA |
| **OWi** | Bußgeldverfahren oder Zusatz zu Aktenzeichen von Gerichten StA | AG |
| **Pk** | Pachtkreditregister | AG |
| **PKH** | Prozesskostenhilfe | alle Gerichte |
| **PR** | Partnerschaftsregister | AG |
| **Ps** | Berufungsverfahren in Privatklagesachen | LG |
| **Qs** | Beschwerden in Straf- und Bußgeldsachen | LG |
| **RE-Miet** | Rechtsentscheide in Mietsachen | OLG |
| **RNS** | Register für Schiedssprüche, schiedsrichterliche Vergleiche und Anwaltsvergleiche | ArbG |
| **Rs** | Zivilsachen und Entschädigung | GenStA |
| **S** | Berufungen in Zivilsachen | LG |
| **Sa** | Berufungsverfahren | LAG |
| **SaGa** | Arreste und einstweilige Verfügungen | LAG |
| **SBR** | Schiffsbauregistersachen | AG |
| **SH** | Anträge außerhalb anhängiger Berufungsverfahren | LG |
| **SHa** | Anträge außerhalb anhängiger Berufungsverfahren | LAG |
| **Ss** | Revisionen in Strafsachen, Rechtsbeschwerden in Bußgeldsachen | GenStA, OLG |
| **SSR** | Seeschiffsregister | AG |
| **StB** | Beschwerden in Strafsachen | BGH |

| Zeichen | Sachgebiet | Behörde/ Gericht |
|---|---|---|
| **StE** | Verfahren in erstinstanzlichen Strafsachen beim BGH | GenB-Anw. |
| **StR** | Revisionen in Strafsachen | BSH |
| **StRR** | Revisionsregister in Strafsachen | BGH, GenB-Anw |
| **StrEs** | Register für Entschädigungssachen nach dem StrEG | GenStA |
| **StVK** | Verfahren vor der Strafvollstreckungskammer | LG |
| **T** | Teilungsversteigerungsverfahren | AG |
| **T** | Beschwerde in Zivilsachen | LG |
| **TaBV** | Beschwerden in Beschlussverfahren | LAG |
| **TaBVG** | Arreste und einstweilige Verfügungen in Beschlussverfahren | LAG |
| **TaBVHa** | Anträge außerhalb der in der Beschwerdeinstanz anhängigen Beschlussverfahren | LAG |
| **U** | Berufungen in Zivilsachen | OLG |
| **UF** | Berufungen und Beschwerden gegen Entscheidungen in Familiensachen | OLG |
| **UFH** | Anträge außerhalb anhängiger Berufungsverfahren in Familiensachen | OLG |
| **UH** | Anträge außerhalb anhängiger Berufungsverfahren | OLG |
| **UJs** | Ermittlungsverfahren gegen Unbekannt | StA |
| **UmwJs** | Ermittlungsverfahren in Umweltstrafsachen | StA |
| **VA** | Entscheidungen über Justizverwaltungsakte in Zivilsachen | OLG |
| **VAs** | Entscheidungen über Justizverwaltungsakte in Strafsachen | OLG |
| **VerwB** | Verwahrungsbuch für Verfügungen von Todes wegen | AG |
| **VGS** | Vereinigte Große Senate | BGH |
| **VN** | Vergleichsverfahren | AG |
| **VR** | Vereinsregister | AG |
| **VRG** | Vorlagen nach §§ 80, 84, 86 BVerfGG | BGH |
| **VRJs** | Vollstreckungsregister für Jugendgerichtssachen | AG |
| **VRs** | Strafvollstreckungssachen | StA |
| **Vs** | Revisionen in Privatklagesachen | OLG |
| **W** | Beschwerden in Zivilsachen | OLG |
| **WF** | Sonstige Beschwerden in Familiensachen | OLG |
| **WiJs** | Ermittlungsverfahren in Wirtschaftsstrafsachen | StA |
| **Ws** | Beschwerden in Straf- und Bußgeldsachen | OLG |
| **Wx** | Weitere Beschwerden in freiwilliger Gerichtsbarkeit | OLG |

| Zeichen | Sachgebiet | Behörde/ Gericht |
|---|---|---|
| **ZA** | Anträge außerhalb anhängiger Revisionsverfahren | BGH |
| **ZB** | Beschwerden, Rechtsbeschwerden, weitere Beschwerden | BGH |
| **ZR** | Revisionen in Zivilsachen und Berufungen in Patentnichtigkeitsverfahren | BGH |
| **ZR(Ü)** | Entschädigungsklagen wegen überlanger Gerichtsverfahren | BGH |
| **Zs** | Beschwerden in Strafsachen | GenStA |
| **ZS-(pat)** | Anträge außerhalb anhängiger Patentsachen | BPatG |

## Registerzeichen des Bundesverfassungsgerichts

| Zeichen | Bedeutung |
|---|---|
| **BvA** | Verwirkung von Grundrechten (Art. 18 GG) |
| **BvB** | Verfahren auch nach § 13 Nr. 2 a BVerfGG |
| **BvC** | Verfahren auch nach § 13 Nr. 3 a BVerfGG |
| **BvD** | Anklagen gegen den Bundespräsidenten (Art. 61 GG) |
| **BvE** | Verfassungsstreitigkeiten zwischen Bundesorganen (Art. 93 Abs. 1 Nr. 1 GG) |
| **BvF** | Normenkontrolle auf Antrag von Verfassungsorganen (Art. 93 Abs.1 Nr. 2 GG) |
| **BvG** | Verfassungsstreitigkeiten zwischen Bund und Ländern (Art. 93 Abs.1 Nr. 3 und Art. 84 Abs. 4 Satz 2 GG) |
| **BvH** | Öffentlich-rechtliche Streitigkeiten nach Art. 93 Abs.1 Nr. 4 GG |
| **BvJ** | Richteranklagen (Art. 98 Abs. 2 und 5 GG) |
| **BvK** | Landesverfassungsstreitigkeiten kraft landesrechtlicher Zuweisung (Art. 99 GG) |
| **BvL** | Normenkontrolle auf Vorlage der Gerichte (Art. 100 Abs. 1 GG) |
| **BvM** | Völkerrechtsregel als Teil des Bundesrechts (Art. 100 Abs. 2 GG) |
| **BvN** | Auslegung des Grundgesetzes auf Vorlage eines Landesverfassungsgerichts (Art. 100 Abs. 3 GG) |
| **BvO** | Meinungsverschiedenheiten über das Fortgelten von Recht als Bundesrecht (Art.126 GG) |
| **BvP** | Verfahren in den sonst durch Bundesgesetz zugewiesenen Fällen (Art. 93 Abs. 2 GG) |
| **BvQ** | Einstweilige Anordnungen (§ 32 BVerfGG) |
| **BvR** | Verfassungsbeschwerden (Art. 93 Abs. 1 Nr. 4 a und 4 b GG) |
| **BvT** | Sonstige Verfahren |
| **BVW** | Verfahren nach § 13 Nr. 6 a BVerfGG |
| **BVX** | Verfahren nach § 13 Nr. 11 a BVerfGG |
| **BVY** | Verfahren nach § 13 Nr. 6 b BVerfGG |
| **PBvS** | Beendigung des Amtes eines Richters des BVerfG bei Dienstunfähigkeit oder aus sonstigen Gründen (§ 105 BVerfGG) |
| **PBvU** | Plenarentscheidungen (§ 16 BVerfGG) |
| Zusatz „**Vz**“ | Verzögerungsbeschwerden nach § 97 b BVerfGG |

# Sachverzeichnis

**Stand: August 2023**

Die fetten Zahlen bezeichnen die Gesetze (siehe Inhaltsverzeichnis I S. 1 ff.), die mageren deren Artikel oder Paragraphen.
Die Buchstaben ä, ö und ü sind wie a, o und u in das Alphabet eingeordnet.

Für handschriftliche Notizen

Für handschriftliche Notizen

Für handschriftliche Notizen

Für handschriftliche Notizen

Für handschriftliche Notizen

Für handschriftliche Notizen

Für handschriftliche Notizen

Für handschriftliche Notizen

Für handschriftliche Notizen

Für handschriftliche Notizen

Für handschriftliche Notizen

Für handschriftliche Notizen

Für handschriftliche Notizen

Für handschriftliche Notizen

Für handschriftliche Notizen

Für handschriftliche Notizen

Für handschriftliche Notizen

Für handschriftliche Notizen

Für handschriftliche Notizen

Für handschriftliche Notizen